PRESENTADA A

_____

POR _____

FECHA _____

SANTA BIBLIA

HOLY BIBLE

Antigua Versión
de Casiodoro de Reina (1569)
Revisada por Cipriano de Valera (1602)
Otras Revisiones: 1862, 1909 y 1960

y Cotejada Posteriormente
Con Diversas Traducciones y con
los Textos Hebreo y Griego

Revisión de 1960

New International Version

BROADMAN & HOLMAN PUBLISHERS
Nashville, Tennessee

Color	Binding	ISBN	Holman Code
Black	Bonded	1-55819-256-5	4644-50
Black	Bonded Indexed	1-55819-257-3	4644-51
Burgundy	Bonded	1-55819-258-1	4644-52
Burgundy	Bonded Indexed	1-55819-259-X	4644-53
Black	Imitation	1-55819-260-3	4644-54
Black	Imitation Indexed	1-55819-261-1	4644-55
Burgundy	Imitation	1-55819-262-X	4644-56
Burgundy	Imitation Indexed	1-55819-263-8	4644-57
Black	Imitation Hardcover	1-55819-264-6	4644-58
Black	Imitation Hardcover Indexed	1-55819-265-4	4644-59

Impreso en los Estados Unidos de América
2   3   4   5   6   98   97   96   95

PREFACE

THE NEW INTERNATIONAL VERSION is a completely new translation of the Holy Bible made by over a hundred scholars working directly from the best available Hebrew, Aramaic and Greek texts. It had its beginning in 1965 when, after several years of exploratory study by committees from the Christian Reformed Church and the National Association of Evangelicals, a group of scholars met at Palos Heights Illinois, and concurred in the need for a new translation of the Bible in contemporary English. This group, though not made up of official church representatives, was transdenominational. Its conclusion was endorsed by a large number of leaders from many denominations who met in Chicago in 1966.

Responsibility for the new version was delegated by the Palos Heights group to a self-governing body of fifteen, the Committee on Bible Translation, composed for the most part of biblical scholars from colleges, universities and seminaries. In 1967 the New York Bible Society (now the International Bible Society) generously undertook the financial sponsorship of the project—a sponsorship that made it possible to enlist the help of many distinguished scholars. The fact that participants from the United States, Great Britain, Canada, Australia and New Zealand worked together gave the project its international scope. That they were from many denominations—including Anglican, Assemblies of God, Baptist, Brethren, Christian Reformed, Church of Christ, Evangelical Free, Lutheran, Mennonite, Methodist, Nazarene, Presbyterian, Wesleyan and other churches—helped to safeguard the translation from sectarian bias.

How it was made helps to give the New International Version its distinctiveness. The translation of each book was assigned to a team of scholars. Next, one of the Intermediate Editorial Committees revised the initial translation, with constant reference to the Hebrew, Aramaic or Greek. Their work then went to one of the General Editorial Committees, which checked it in detail and made another thorough revision. This revision in turn was carefully reviewed by the Committee on Bible Translation, which made further changes and then released the final version for publication. In this way the entire Bible underwent three revisions, during each of which the translation was examined for its faithfulness to the original languages and for its English style.

All this involved many thousands of hours of research and discussion regarding the meaning of the texts and the precise way of putting them into English. It may well be that no other translation has been made by a more thorough process of review and revision from committee to committee than this one.

From the beginning of the project, the Committee on Bible Translation held to certain goals for the New International Version: that it would be an accurate translation and one that would have clarity and literary quality and so prove suitable for public and private reading, teaching, preaching, memorizing and liturgical use. The Committee also sought to preserve some measure of continuity with the long tradition of translating the Scriptures into English.

In working toward these goals, the translators were united in their commitment to the authority and infallibility of the Bible as God's Word in written form. They believe that it contains the divine answer to the deepest needs of humanity, that it sheds unique light on our path in a dark world, and that it sets forth the way to our eternal well-being.

The first concern of the translators has been the accuracy of the translation and its fidelity to the thought of the biblical writers. They have weighed the significance of the lexical and grammatical details of the Hebrew, Aramaic and Greek texts. At the same time, they have striven for more than a word-for-word translation. Because thought patterns and syntax differ from language to language, faithful communication of the meaning of the writers of the Bible demands frequent modifications in sentence structure and constant regard for the contextual meanings of words.

A sensitive feeling for style does not always accompany scholarship. Accordingly the Committee on Bible Translation submitted the developing version to a number of stylistic consultants. Two of them read every book of both Old and New Testaments twice—once before and once after the last major revision—and made invaluable suggestions. Samples of the translation were tested for clarity and ease of reading by various kinds of people—young and old, highly educated and less well educated, ministers and laymen.

Concern for clear and natural English—that the New International Version should be idiomatic but not idiosyncratic, contemporary but not dated—motivated the translators and consultants. At the same time, they tried to reflect the differing styles of the biblical writers. In view of the international use of English, the translators sought to avoid obvious Americanisms on the one hand and obvious Anglicisms on the other. A British edition reflects the comparatively few differences of significant idiom and of spelling.

As for the traditional pronouns "thou," "thee" and "thine" in reference to the Deity, the translators judged that to use these archaisms (along with the old verb forms such as "doest," "wouldest" and 'hadst") would violate accuracy in translation. Neither Hebrew, Aramaic nor Greek uses special pronouns for the persons of the Godhead. A present-day translation is not enhanced by forms that in the time of the King James Version were used in everyday speech, whether referring to God or man.

For the Old Testament the standard Hebrew text, the Masoretic Text as published in the latest editions of *Biblia Hebraica, was* used throughout. The Dead Sea Scrolls contain material bearing on an earlier stage of the Hebrew text. They were consulted, as were the Samaritan Pentateuch and the ancient scribal traditions relating to textual changes. Sometimes a variant Hebrew reading in the margin of the Masoretic Text was followed instead of the text itself. Such instances, being variants within the Masoretic tradition, are not specified by footnotes. In rare cases, words in the consonantal text were divided differently from the way they appear in the Masoretic Text. Footnotes indicate this. The translators also consulted the more important early versions—the Septuagint; Aquila, Symmachus and Theodotion; the Vulgate; the Syriac Peshitta; the Targums; and for the Psalms the *Juxta Hebraica* of Jerome. Readings from these versions were occasionally followed where the Masoretic Text seemed doubtful and where accepted principles of textual criticism showed that one or more of these textual witnesses appeared to provide the correct reading. Such instances are footnoted. Sometimes vowel letters and vowel signs did not, in the judgment of the translators, represent the correct vowels for the original consonantal text. Accordingly some words were read with a different set of vowels. These instances are usually not indicated by footnotes.

The Greek text used in translating the New Testament was an eclectic one. No other piece of ancient literature has such an abundance of manuscript witnesses as does the New Testament. Where existing manuscripts differ, the translators made their choice of readings according to accepted principles of New Testament textual criticism. Footnotes call attention to places where there was uncertainty about what the original text was. The best current printed texts of the Greek New Testament were used.

There is a sense in which the work of translation is never wholly finished. This applies to all great literature and uniquely so to the Bible. In 1973 the New Testament in the New International Version was published. Since then, suggestions for corrections and revisions have been received from various sources. The Committee on Bible Translation carefully considered the suggestions and adopted a number of them. These were incorporated in the first printing of the entire Bible in 1978. Additional revisions were made by the Committee on Bible Translation in 1983 and appear in printings after that date.

As in other ancient documents, the precise meaning of the biblical texts is sometimes uncertain. This is more often the case with the Hebrew and Aramaic texts than with the Greek text. Although archaeological and linguistic discoveries in this century aid in understanding difficult passages some uncertainties remain. The more significant of these have been called to the reader's attention in the footnotes.

In regard to the divine name *YHWH*, commonly referred to as the *Tetragrammaton,* the translators adopted the device used in most English versions of rendering that name as "Lord" in capital letters to distinguish it from *Adonai,* another Hebrew word rendered "Lord," for which small letters are used. Wherever the two names stand together in the Old Testament as a compound name of God, they are rendered "Sovereign Lord."

Because for most readers today the phrases "the Lord of hosts" and "God of hosts" have little meaning, this version renders them "the Lord Almighty" and "God Almighty." These renderings convey the sense of the Hebrew, namely, "he who is sovereign over all the 'hosts' (powers) in heaven and on earth, especially over the 'hosts' (armies) of Israel." For readers unacquainted with Hebrew this does not make clear the distinction between *Sabaoth* ("hosts" or "Almighty") and *Shaddai* (which can also be translated "Almighty"), but the latter occurs infrequently and is always footnoted. When *Adonai* and *YHWH Sabaoth* occur together, they are rendered "the Lord, the Lord Almighty."

PREFACE

As for other proper nouns, the familiar spellings of the King James Version are generally retained. Names traditionally spelled with "ch," except where it is final, are usually spelled in this translation with "k" or "c," since the biblical languages do not have the sound that "ch" frequently indicates in English—for example, in *chant*. For well-known names such as Zechariah, however, the traditional spelling has been retained. Variation in the spelling of names in the original languages has usually not been indicated. Where a person or place has two or more different names in the Hebrew, Aramaic or Greek texts, the more familiar one has generally been used, with footnotes where needed.

To achieve clarity the translators sometimes supplied words not in the original texts but required by the context. If there was uncertainty about such material, it is enclosed in brackets. Also for the sake of clarity or style, nouns, including some proper nouns, are sometimes substituted for pronouns, and vice versa. And though the Hebrew writers often shifted back and forth between first, second and third personal pronouns without change of antecedent, this translation often makes them uniform, in accordance with English style and without the use of footnotes.

Poetical passages are printed as poetry, that is, with indentation of lines and with separate stanzas. These are generally designed to reflect the structure of Hebrew poetry. This poetry is normally characterized by parallelism in balanced lines. Most of the poetry in the Bible is in the Old Testament, and scholars differ regarding the scansion of Hebrew lines. The translators determined the stanza divisions for the most part by analysis of the subject matter. The stanzas therefore serve as poetic paragraphs.

As an aid to the reader, italicized sectional headings are inserted in most of the books. They are not to be regarded as part of the NIV text, are not for oral reading, and are not intended to dictate the interpretation of the sections they head.

The footnotes in this version are of several kinds, most of which need no explanation. Those giving alternative translations begin with "Or" and generally introduce the alternative with the last word preceding it in the text, except when it is a single-word alternative; in poetry quoted in a footnote a slant mark indicates a line division. Footnotes introduced by "Or" do not have uniform significance. In some cases two possible translations were considered to have about equal validity. In other cases, though the translators were convinced that the translation in the text was correct, they judged that another interpretation was possible and of sufficient importance to be represented in a footnote.

In the New Testament, footnotes that refer to uncertainty regarding the original text are introduced by "Some manuscripts" or similar expressions. In the Old Testament, evidence for the reading chosen is given first and evidence for the alternative is added after a semicolon (for example: Septuagint; Hebrew *father*). In such notes the term "Hebrew" refers to the Masoretic Text.

It should be noted that minerals, flora and fauna, architectural details, articles of clothing and jewelry, musical instruments and other articles cannot always be identified with precision. Also measures of capacity in the biblical period are particularly uncertain (see the table of weights and measures following the text).

Like all translations of the Bible, made as they are by imperfect man, this one undoubtedly falls short of its goals. Yet we are grateful to God for the extent to which he has enabled us to realize these goals and for the strength he has given us and our colleagues to complete our task. We offer this version of the Bible to him in whose name and for whose glory it has been made. We pray that it will lead many into a better understanding of the Holy Scriptures and a fuller knowledge of Jesus Christ the incarnate Word, of whom the Scriptures so faithfully testify.

The Committee on Bible Translation

June 1978
(Revised August 1 983)

Names of the translators and editors may be secured
from the International Bible Society,
translation sponsors of the New International Version,
P. O. Box 62970, Colorado Springs, Colorado, 80962-2970.

ÍNDICE/CONTENTS

Libros del Antiguo Testamento/Books of the Old Testament

Libros del Nuevo Testamento/Books of the New Testament

EL

ANTIGUO TESTAMENTO

Versión Reina y Valera Revisión 1960

THE

OLD TESTAMENT

New International Version

GÉNESIS

La creación

1 ¹ En el principio creó Dios los cielos y la tierra. ² Y la tierra estaba desordenada y vacía, y las tinieblas estaban sobre la faz del abismo, y el Espíritu de Dios se movía sobre la faz de las aguas.

³ Y dijo Dios: Sea la luz; y fue la luz.

⁴ Y vio Dios que la luz era buena; y separó Dios la luz de las tinieblas.

⁵ Y llamó Dios a la luz Día, y a las tinieblas llamó Noche. Y fue la tarde y la mañana un día.

⁶ Luego dijo Dios: Haya expansión en medio de las aguas, y separe las aguas de las aguas.

⁷ E hizo Dios la expansión, y separó las aguas que estaban debajo de la expansión, de las aguas que estaban sobre la expansión. Y fue así.

⁸ Y llamó Dios a la expansión Cielos. Y fue la tarde y la mañana el día segundo.

⁹ Dijo también Dios: Júntense las aguas que están debajo de los cielos en un lugar, y descúbrase lo seco. Y fue así.

¹⁰ Y llamó Dios a lo seco Tierra, y a la reunión de las aguas llamó Mares. Y vio Dios que era bueno.

¹¹ Después dijo Dios: Produzca la tierra hierba verde, hierba que dé semilla; árbol de fruto que dé fruto según su género, que su semilla esté en él, sobre la tierra. Y fue así.

¹² Produjo, pues, la tierra hierba verde, hierba que da semilla según su naturaleza, y árbol que da fruto, cuya semilla está en él, según su género. Y vio Dios que era bueno.

¹³ Y fue la tarde y la mañana el día tercero.

¹⁴ Dijo luego Dios: Haya lumbreras en la expansión de los cielos para separar el día de la noche; y sirvan de señales para las estaciones, para días y años,

¹⁵ y sean por lumbreras en la expansión de los cielos para alumbrar sobre la tierra. Y fue así.

¹⁶ E hizo Dios las dos grandes lumbreras; la lumbrera mayor para que señorease en el día, y la lumbrera menor para que señorease en la noche; hizo también las estrellas.

¹⁷ Y las puso Dios en la expansión de los cielos para alumbrar sobre la tierra,

¹⁸ y señorear en el día y en la noche, y para separar la luz de las tinieblas. Y vio Dios que era bueno.

¹⁹ Y fue la tarde y la mañana el día cuarto.

²⁰ Dijo Dios: Produzcan las aguas seres vivientes, y aves que vuelen sobre la tierra, en la abierta expansión de los cielos.

²¹ Y creó Dios los grandes monstruos marinos, y todo ser viviente que se mueve, que las aguas produjeron según su género, y toda ave alada según su especie. Y vio Dios que era bueno.

²² Y Dios los bendijo, diciendo: Fructificad y multiplicaos, y llenad las aguas en los mares, y multiplíquense las aves en la tierra.

²³ Y fue la tarde y la mañana el día quinto.

GENESIS

The Beginning

1 In the beginning God created the heavens and the earth. ²Now the earth was *a* formless and empty, darkness was over the surface of the deep, and the Spirit of God was hovering over the waters.

³And God said, "Let there be light," and there was light. ⁴God saw that the light was good, and he separated the light from the darkness. ⁵God called the light "day," and the darkness he called "night." And there was evening, and there was morning—the first day.

⁶And God said, "Let there be an expanse between the waters to separate water from water." ⁷So God made the expanse and separated the water under the expanse from the water above it. And it was so. ⁸God called the expanse "sky." And there was evening, and there was morning—the second day.

⁹And God said, "Let the water under the sky be gathered to one place, and let dry ground appear." And it was so. ¹⁰God called the dry ground "land," and the gathered waters he called "seas." And God saw that it was good.

¹¹Then God said, "Let the land produce vegetation: seed-bearing plants and trees on the land that bear fruit with seed in it, according to their various kinds." And it was so. ¹²The land produced vegetation: plants bearing seed according to their kinds and trees bearing fruit with seed in it according to their kinds. And God saw that it was good. ¹³And there was evening, and there was morning—the third day.

¹⁴And God said, "Let there be lights in the expanse of the sky to separate the day from the night, and let them serve as signs to mark seasons and days and years, ¹⁵and let them be lights in the expanse of the sky to give light on the earth." And it was so. ¹⁶God made two great lights—the greater light to govern the day and the lesser light to govern the night. He also made the stars. ¹⁷God set them in the expanse of the sky to give light on the earth, ¹⁸to govern the day and the night, and to separate light from darkness. And God saw that it was good. ¹⁹And there was evening, and there was morning—the fourth day.

²⁰And God said, "Let the water teem with living creatures, and let birds fly above the earth across the expanse of the sky." ²¹So God created the great creatures of the sea and every living and moving thing with which the water teems, according to their kinds, and every winged bird according to its kind. And God saw that it was good. ²²God blessed them and said, "Be fruitful and increase in number and fill the water in the seas, and let the birds increase on the earth." ²³And there was evening. and there was morning—the fifth day.

a 2 Or possibly *became*

24 Luego dijo Dios: Produzca la tierra seres vivientes según su género, bestias y serpientes y animales de la tierra según su especie. Y fue así.

25 E hizo Dios animales de la tierra según su género, y ganado según su género, y todo animal que se arrastra sobre la tierra según su especie. Y vio Dios que era bueno.

26 Entonces dijo Dios: Hagamos al hombre a nuestra imagen, conforme a nuestra semejanza; y señoree en los peces del mar, en las aves de los cielos, en las bestias, en toda la tierra, y en todo animal que se arrastra sobre la tierra.

27 Y creó Dios al hombre a su imagen, a imagen de Dios lo creó; varón y hembra los creó.

28 Y los bendijo Dios, y les dijo: Fructificad y multiplicaos; llenad la tierra, y sojuzgadla, y señoread en los peces del mar, en las aves de los cielos, y en todas las bestias que se mueven sobre la tierra.

29 Y dijo Dios: He aquí que os he dado toda planta que da semilla, que está sobre toda la tierra, y todo árbol en que hay fruto y que da semilla; os serán para comer.

30 Y a toda bestia de la tierra, y a todas las aves de los cielos, y a todo lo que se arrastra sobre la tierra, en que hay vida, toda planta verde les será para comer. Y fue así.

31 Y vio Dios todo lo que había hecho, y he aquí que era bueno en gran manera. Y fue la tarde y la mañana el día sexto.

2 1 Fueron, pues, acabados los cielos y la tierra, y todo el ejército de ellos.

2 Y acabó Dios en el día séptimo la obra que hizo; y reposó el día séptimo de toda la obra que hizo.

3 Y bendijo Dios al día séptimo, y lo santificó, porque en él reposó de toda la obra que había hecho en la creación.

El hombre en el huerto del Edén

4 Estos son los orígenes de los cielos y de la tierra cuando fueron creados, el día que Jehová Dios hizo la tierra y los cielos,

5 y toda planta del campo antes que fuese en la tierra, y toda hierba del campo antes que naciese; porque Jehová Dios aún no había hecho llover sobre la tierra, ni había hombre para que labrase la tierra,

6 sino que subía de la tierra un vapor, el cual regaba toda la faz de la tierra.

7 Entonces Jehová Dios formó al hombre del polvo de la tierra, y sopló en su nariz aliento de vida, y fue el hombre un ser viviente.

8 Y Jehová Dios plantó un huerto en Edén, al oriente; y puso allí al hombre que había formado.

24 And God said, "Let the land produce living creatures according to their kinds: livestock, creatures that move along the ground, and wild animals, each according to its kind." And it was so. 25 God made the wild animals according to their kinds, the livestock according to their kinds, and all the creatures that move along the ground according to their kinds. And God saw that it was good.

26 Then God said, "Let us make man in our image, in our likeness, and let them rule over the fish of the sea and the birds of the air, over the livestock, over all the earth,b and over all the creatures that move along the ground."

27 So God created man in his own image,
in the image of God he created him;
male and female he created them.

28 God blessed them and said to them, "Be fruitful and increase in number; fill the earth and subdue it. Rule over the fish of the sea and the birds of the air and over every living creature that moves on the ground."

29 Then God said, "I give you every seed-bearing plant on the face of the whole earth and every tree that has fruit with seed in it. They will be yours for food. 30 And to all the beasts of the earth and all the birds of the air and all the creatures that move on the ground—everything that has the breath of life in it—I give every green plant for food." And it was so.

31 God saw all that he had made, and it was very good. And there was evening, and there was morning—the sixth day.

2 Thus the heavens and the earth were completed in all their vast array.

2 By the seventh day God had finished the work he had been doing; so on the seventh day he restedc from all his work. 3 And God blessed the seventh day and made it holy, because on it he rested from all the work of creating that he had done.

Adam and Eve

4 This is the account of the heavens and the earth when they were created.

When the Lord God made the earth and the heavens— 5 and no shrub of the field had yet appeared on the earthd and no plant of the field had yet sprung up, for the Lord God had not sent rain on the earthd and there was no man to work the ground, 6 but streamse came up from the earth and watered the whole surface of the ground— 7 the Lord God formed the manf from the dust of the ground and breathed into his nostrils the breath of life, and the man became a living being.

8 Now the Lord God had planted a garden in the east, in Eden; and there he put the man he had formed.

---

b26 Hebrew; Syriac *all the wild animals*   c2 Or *ceased*; also in verse 3   d5 Or *land*; also in verse 6   e6 Or *mist*   f7 The Hebrew for *man (adam)* sounds like and may be related to the Hebrew for *ground (adamah)*; it is also the name *Adam* (see Gen. 2:20).

9 Y Jehová Dios hizo nacer de la tierra todo árbol delicioso a la vista, y bueno para comer; también el árbol de vida en medio del huerto, y el árbol de la ciencia del bien y del mal.

10 Y salía de Edén un río para regar el huerto, y de allí se repartía en cuatro brazos.

11 El nombre del uno era Pisón; éste es el que rodea toda la tierra de Havila, donde hay oro;

12 y el oro de aquella tierra es bueno; hay allí también bedelio y ónice.

13 El nombre del segundo río es Gihón; éste es el que rodea toda la tierra de Cus.

14 Y el nombre del tercer río es Hidekel; éste es el que va al oriente de Asiria. Y el cuarto río es el Eufrates.

15 Tomó, pues, Jehová Dios al hombre, y lo puso en el huerto de Edén, para que lo labrara y lo guardase.

16 Y mandó Jehová Dios al hombre, diciendo: De todo árbol del huerto podrás comer;

17 mas del árbol de la ciencia del bien y del mal no comerás; porque el día que de él comieres, ciertamente morirás.

18 Y dijo Jehová Dios: No es bueno que el hombre esté solo; le haré ayuda idónea para él.

19 Jehová Dios formó, pues, de la tierra toda bestia del campo, y toda ave de los cielos, y las trajo a Adán para que viese cómo las había de llamar; y todo lo que Adán llamó a los animales vivientes, ese es su nombre.

20 Y puso Adán nombre a toda bestia y ave de los cielos y a todo ganado del campo; mas para Adán no se halló ayuda idónea para él.

21 Entonces Jehová Dios hizo caer sueño profundo sobre Adán, y mientras éste dormía, tomó una de sus costillas, y cerró la carne en su lugar.

22 Y de la costilla que Jehová Dios tomó del hombre, hizo una mujer, y la trajo al hombre.

23 Dijo entonces Adán: Esto es ahora hueso de mis huesos y carne de mi carne; ésta será llamada Varona,a porque del varónb fue tomada.

24 Por tanto, dejará el hombre a su padre y a su madre, y se unirá a su mujer, y serán una sola carne.

25 Y estaban ambos desnudos, Adán y su mujer, y no se avergonzaban.

Desobediencia del hombre

3 1 Pero la serpiente era astuta, más que todos los animales del campo que Jehová Dios había hecho; la cual dijo a la mujer: ¿Conque Dios os ha dicho: No comáis de todo árbol del huerto?

2 Y la mujer respondió a la serpiente: Del fruto de los árboles del huerto podemos comer;

3 pero del fruto del árbol que está en medio del huerto dijo Dios: No comeréis de él, ni le tocaréis, para que no muráis.

4 Entonces la serpiente dijo a la mujer: No moriréis;

5 sino que sabe Dios que el día que comáis de él, serán abiertos vuestros ojos, y seréis como Dios, sabiendo el bien y el mal.

9 And the LORD God made all kinds of trees grow out of the ground — trees that were pleasing to the eye and good for food. In the middle of the garden were the tree of life and the tree of the knowledge of good and evil.

10 A river watering the garden flowed from Eden; from there it was separated into four headwaters. 11 The name of the first is the Pishon; it winds through the entire land of Havilah, where there is gold. 12 (The gold of that land is good; aromatic resin$g$ and onyx are also there.) 13 The name of the second river is the Gihon; it winds through the entire land of Cush.h 14 The name of the third river is the Tigris; it runs along the east side of Asshur. And the fourth river is the Euphrates.

15 The LORD God took the man and put him in the Garden of Eden to work it and take care of it. 16 And the LORD God commanded the man, "You are free to eat from any tree in the garden; 17 but you must not eat from the tree of the knowledge of good and evil, for when you eat of it you will surely die."

18 The LORD God said, "It is not good for the man to be alone. I will make a helper suitable for him."

19 Now the LORD God had formed out of the ground all the beasts of the field and all the birds of the air. He brought them to the man to see what he would name them; and whatever the man called each living creature, that was its name. 20 So the man gave names to all the livestock, the birds of the air and all the beasts of the field.

But for Adam$i$ no suitable helper was found. 21 So the LORD God caused the man to fall into a deep sleep; and while he was sleeping, he took one of the man's ribs$j$ and closed up the place with flesh. 22 Then the LORD God made a woman from the rib$k$ he had taken out of the man, and he brought her to the man.

23 The man said,

"This is now bone of my bones
     and flesh of my flesh;
she shall be called 'woman,'l
     for she was taken out of man."

24 For this reason a man will leave his father and mother and be united to his wife, and they will become one flesh.

25 The man and his wife were both naked, and they felt no shame.

The Fall of Man

3 Now the serpent was more crafty than any of the wild animals the LORD God had made. He said to the woman, "Did God really say, 'You must not eat from any tree in the garden'?"

2 The woman said to the serpent, "We may eat fruit from the trees in the garden, 3 but God did say, 'You must not eat fruit from the tree that is in the middle of the garden, and you must not touch it, or you will die.'"

4 "You will not surely die," the serpent said to the woman. 5 "For God knows that when you eat of it your eyes will be opened, and you will be like God, knowing good and evil."

---

*a*Heb. *Ishshah.*   *b*Heb. *Ish.*

g 12 Or *good; pearls*   *h* 13 Possibly southeast Mesopotamia
i 20 Or *the man*   *j* 21 Or *took part of the man's side*   *k* 22 Or
part   *l* 23 The Hebrew for *woman* sounds like the Hebrew for *man*.

6 Y vio la mujer que el árbol era bueno para comer, y que era agradable a los ojos, y árbol codiciable para alcanzar la sabiduría; y tomó de su fruto, y comió; y dio también a su marido, el cual comió así como ella.

7 Entonces fueron abiertos los ojos de ambos, y conocieron que estaban desnudos; entonces cosieron hojas de higuera, y se hicieron delantales.

8 Y oyeron la voz de Jehová Dios que se paseaba en el huerto, al aire del día; y el hombre y su mujer se escondieron de la presencia de Jehová Dios entre los árboles del huerto.

9 Mas Jehová Dios llamó al hombre, y le dijo: ¿Dónde estás tú?

10 Y él respondió: Oí tu voz en el huerto, y tuve miedo, porque estaba desnudo; y me escondí.

11 Y Dios le dijo: ¿Quién te enseñó que estabas desnudo? ¿Has comido del árbol de que yo te mandé no comieses?

12 Y el hombre respondió: La mujer que me diste por compañera me dio del árbol, y yo comí.

13 Entonces Jehová Dios dijo a la mujer: ¿Qué es lo que has hecho? Y dijo la mujer: La serpiente me engañó, y comí.

14 Y Jehová Dios dijo a la serpiente: Por cuanto esto hiciste, maldita serás entre todas las bestias y entre todos los animales del campo; sobre tu pecho andarás, y polvo comerás todos los días de tu vida.

15 Y pondré enemistad entre ti y la mujer, y entre tu simiente y la simiente suya; ésta te herirá en la cabeza, y tú le herirás en el calcañar.

16 A la mujer dijo: Multiplicaré en gran manera los dolores en tus preñeces; con dolor darás a luz los hijos; y tu deseo será para tu marido, c y él se enseñoreará de ti.

17 Y al hombre dijo: Por cuanto obedeciste a la voz de tu mujer, y comiste del árbol de que te mandé diciendo: No comerás de él; maldita será la tierra por tu causa; con dolor comerás de ella todos los días de tu vida.

18 Espinos y cardos te producirá, y comerás plantas del campo.

19 Con el sudor de tu rostro comerás el pan hasta que vuelvas a la tierra, porque de ella fuiste tomado; pues polvo eres, y al polvo volverás.

20 Y llamó Adán el nombre de su mujer, Eva, d por cuanto ella era madre de todos los vivientes.

21 Y Jehová Dios hizo al hombre y a su mujer túnicas de pieles, y los vistió.

22 Y dijo Jehová Dios: He aquí el hombre es como uno de nosotros, sabiendo el bien y el mal; ahora, pues, que no alargue su mano, y tome también del árbol de la vida, y coma, y viva para siempre.

6 When the woman saw that the fruit of the tree was good for food and pleasing to the eye, and also desirable for gaining wisdom, she took some and ate it. She also gave some to her husband, who was with her, and he ate it. 7 Then the eyes of both of them were opened, and they realized they were naked; so they sewed fig leaves together and made coverings for themselves.

8 Then the man and his wife heard the sound of the LORD God as he was walking in the garden in the cool of the day, and they hid from the LORD God among the trees of the garden. 9 But the LORD God called to the man, "Where are you?"

10 He answered, "I heard you in the garden, and I was afraid because I was naked; so I hid."

11 And he said, "Who told you that you were naked? Have you eaten from the tree that I commanded you not to eat from?"

12 The man said, "The woman you put here with me—she gave me some fruit from the tree, and I ate it."

13 Then the LORD God said to the woman, "What is this you have done?"

The woman said, "The serpent deceived me, and I ate."

14 So the LORD God said to the serpent, "Because you have done this,

"Cursed are you above all the livestock
    and all the wild animals!
You will crawl on your belly
    and you will eat dust
    all the days of your life.
15 And I will put enmity
    between you and the woman,
    and between your offspring m and hers;
he will crush n your head,
    and you will strike his heel."

16 To the woman he said,

"I will greatly increase your pains in childbearing;
    with pain you will give birth to children.
Your desire will be for your husband,
    and he will rule over you."

17 To Adam he said, "Because you listened to your wife and ate from the tree about which I commanded you, 'You must not eat of it,'

"Cursed is the ground because of you;
    through painful toil you will eat of it
    all the days of your life.
18 It will produce thorns and thistles for you,
    and you will eat the plants of the field.
19 By the sweat of your brow
    you will eat your food
until you return to the ground,
    since from it you were taken;
for dust you are
    and to dust you will return."

20 Adam o named his wife Eve, p because she would become the mother of all the living.

21 The LORD God made garments of skin for Adam and his wife and clothed them. 22 And the LORD God said, "The man has now become like one of us, knowing good and evil. He must not be allowed to reach out his hand and take also from the tree of life and eat, and live forever." 23 So the LORD God banished him from

---

c O, tu voluntad será sujeta a tu marido.   d El nombre en hebreo se asemeja a la palabra que se usa para viviente.

m 15 Or seed   n 15 Or strike   o 20 Or The man   p 20 Eve probably means living.

23 Y lo sacó Jehová del huerto del Edén, para que labrase la tierra de que fue tomado.

24 Echó, pues, fuera al hombre, y puso al oriente del huerto de Edén querubines, y una espada encendida que se revolvía por todos lados, para guardar el camino del árbol de la vida.

Caín y Abel

4 ¹ Conoció Adán a su mujer Eva, la cual concibió y dio a luz a Caín, y dijo: Por voluntad de Jehová he adquirido e varón.

² Después dio a luz a su hermano Abel. Y Abel fue pastor de ovejas, y Caín fue labrador de la tierra.

³ Y aconteció andando el tiempo, que Caín trajo del fruto de la tierra una ofrenda a Jehová.

⁴ Y Abel trajo también de los primogénitos de sus ovejas, de lo más gordo de ellas. Y miró Jehová con agrado a Abel y a su ofrenda;

⁵ pero no miró con agrado a Caín y a la ofrenda suya. Y se ensañó Caín en gran manera, y decayó su semblante.

⁶ Entonces Jehová dijo a Caín: ¿Por qué te has ensañado, y por qué ha decaído tu semblante?

⁷ Si bien hicieres, ¿no serás enaltecido? y si no hicieres bien, el pecado está a la puerta; con todo esto, a ti será su deseo, y tú te enseñorearás de él.f

⁸ Y dijo Caín a su hermano Abel: Salgamos al campo. Y aconteció que estando ellos en el campo, Caín se levantó contra su hermano Abel, y lo mató.

⁹ Y Jehová dijo a Caín: ¿Dónde está Abel tu hermano? Y él respondió: No sé. ¿Soy yo acaso guarda de mi hermano?

¹⁰ Y él le dijo: ¿Qué has hecho? La voz de la sangre de tu hermano clama a mí desde la tierra.

¹¹ Ahora, pues, maldito seas tú de la tierra, que abrió su boca para recibir de tu mano la sangre de tu hermano.

¹² Cuando labres la tierra, no te volverá a dar su fuerza; errante y extranjero serás en la tierra.

¹³ Y dijo Caín a Jehová: Grande es mi castigo para ser soportado.

¹⁴ He aquí me echas hoy de la tierra, y de tu presencia me esconderé, y seré errante y extranjero en la tierra; y sucederá que cualquiera que me hallare, me matará.

¹⁵ Y le respondió Jehová: Ciertamente cualquiera que matare a Caín, siete veces será castigado. Entonces Jehová puso señal en Caín, para que no lo matase cualquiera que le hallara.

¹⁶ Salió, pues, Caín de delante de Jehová, y habitó en tierra de Nod,g al oriente de Edén.

¹⁷ Y conoció Caín a su mujer, la cual concibió y dio a luz a Enoc; y edificó una ciudad, y llamó el nombre de la ciudad del nombre de su hijo, Enoc.

¹⁸ Y a Enoc le nació Irad, e Irad engendró a Mehujael, y Mehujael engendró a Metusael, y Metusael engendró a Lamec.

¹⁹ Y Lamec tomó para sí dos mujeres; el nombre de la una fue Ada, y el nombre de la otra, Zila.

²⁰ Y Ada dio a luz a Jabal, el cual fue padre de los que habitan en tiendas y crían ganados.

²¹ Y el nombre de su hermano fue Jubal, el cual fue padre de todos los que tocan arpa y flauta.

²² Y Zila también dio a luz a Tubal-caín, artífice de toda obra de bronce y de hierro; y la hermana de Tubal-caín fue Naama.

the Garden of Eden to work the ground from which he had been taken. 24After he drove the man out, he placed on the east side q of the Garden of Eden cherubim and a flaming sword flashing back and forth to guard the way to the tree of life.

Cain and Abel

4 Adamr lay with his wife Eve, and she became pregnant and gave birth to Cain.s She said, "With the help of the Lord I have brought fortht a man." 2Later she gave birth to his brother Abel.

Now Abel kept flocks, and Cain worked the soil. 3In the course of time Cain brought some of the fruits of the soil as an offering to the Lord. 4But Abel brought fat portions from some of the firstborn of his flock. The Lord looked with favor on Abel and his offering, 5but on Cain and his offering he did not look with favor. So Cain was very angry, and his face was downcast.

6Then the Lord said to Cain, "Why are you angry? Why is your face downcast? 7If you do what is right, will you not be accepted? But if you do not do what is right, sin is crouching at your door; it desires to have you, but you must master it."

8Now Cain said to his brother Abel, "Let's go out to the field."u And while they were in the field, Cain attacked his brother Abel and killed him.

9Then the Lord said to Cain, "Where is your brother Abel?"

"I don't know," he replied. "Am I my brother's keeper?"

10The Lord said, "What have you done? Listen! Your brother's blood cries out to me from the ground. 11Now you are under a curse and driven from the ground, which opened its mouth to receive your brother's blood from your hand. 12When you work the ground, it will no longer yield its crops for you. You will be a restless wanderer on the earth."

13Cain said to the Lord, "My punishment is more than I can bear. 14Today you are driving me from the land, and I will be hidden from your presence; I will be a restless wanderer on the earth, and whoever finds me will kill me."

15But the Lord said to him, "Not sov; if anyone kills Cain, he will suffer vengeance seven times over." Then the Lord put a mark on Cain so that no one who found him would kill him. 16So Cain went out from the Lord's presence and lived in the land of Nod,w east of Eden.

17Cain lay with his wife, and she became pregnant and gave birth to Enoch. Cain was then building a city, and he named it after his son Enoch. 18To Enoch was born Irad, and Irad was the father of Mehujael, and Mehujael was the father of Methushael, and Methushael was the father of Lamech.

19Lamech married two women, one named Adah and the other Zillah. 20Adah gave birth to Jabal; he was the father of those who live in tents and raise livestock. 21His brother's name was Jubal; he was the father of all who play the harp and flute. 22Zillah also had a son, Tubal-Cain, who forged all kinds of tools out ofx bronze and iron. Tubal-Cain's sister was Naamah.

---

q24 Or placed in front　r1 Or The man　s1 Cain sounds like the Hebrew for brought forth or acquired.　t1 Or have acquired　u8 Samaritan Pentateuch, Septuagint, Vulgate and Syriac; Masoretic Text does not have "Let's go out to the field."　v15 Septuagint, Vulgate and Syriac; Hebrew Very well　w16 Nod means wandering (see verses 12 and 14).　x22 Or who instructed all who work in

eHeb. qanah, adquirir.　fO, a ti será sujeto.　gEsto es, Errante.

23 Y dijo Lamec a sus mujeres:
Ada y Zila, oíd mi voz;
Mujeres de Lamec, escuchad mi dicho:
Que un varón mataré por mi herida,
Y un joven por mi golpe.
24 Si siete veces será vengado Caín,
Lamec en verdad setenta veces siete lo será.

25 Y conoció de nuevo Adán a su mujer, la cual dio a luz un hijo, y llamó su nombre Set: *h* Porque Dios (dijo ella) me ha sustituido otro hijo en lugar de Abel, a quien mató Caín.
26 Y a Set también le nació un hijo, y llamó su nombre Enós. Entonces los hombres comenzaron a invocar el nombre de Jehová.

Los descendientes de Adán

5 1 Este es el libro de las generaciones de Adán. El día en que creó Dios al hombre, a semejanza de Dios lo hizo.
2 Varón y hembra los creó; y los bendijo, y llamó el nombre de ellos Adán, el día en que fueron creados.
3 Y vivió Adán ciento treinta años, y engendró un hijo a su semejanza, conforme a su imagen, y llamó su nombre Set.
4 Y fueron los días de Adán después que engendró a Set, ochocientos años, y engendró hijos e hijas.
5 Y fueron todos los días que vivió Adán novecientos treinta años; y murió.
6 Vivió Set ciento cinco años, y engendró a Enós.
7 Y vivió Set, después que engendró a Enós, ochocientos siete años, y engendró hijos e hijas.
8 Y fueron todos los días de Set novecientos doce años; y murió.
9 Vivió Enós noventa años, y engendró a Cainán.
10 Y vivió Enós, después que engendró a Cainán, ochocientos quince años, y engendró hijos e hijas.
11 Y fueron todos los días de Enós novecientos cinco años; y murió.
12 Vivió Cainán setenta años, y engendró a Mahalaleel.
13 Y vivió Cainán, después que engendró a Mahalaleel, ochocientos cuarenta años, y engendró hijos e hijas.
14 Y fueron todos los días de Cainán novecientos diez años; y murió.
15 Vivió Mahalaleel sesenta y cinco años, y engendró a Jared.
16 Y vivió Mahalaleel, después que engendró a Jared, ochocientos treinta años, y engendró hijos e hijas.
17 Y fueron todos los días de Mahalaleel ochocientos noventa y cinco años; y murió.
18 Vivió Jared ciento sesenta y dos años, y engendró a Enoc.
19 Y vivió Jared, después que engendró a Enoc, ochocientos años, y engendró hijos e hijas.
20 Y fueron todos los días de Jared novecientos sesenta y dos años; y murió.
21 Vivió Enoc sesenta y cinco años, y engendró a Matusalén.
22 Y caminó Enoc con Dios, después que engendró a Matusalén, trescientos años, y engendró hijos e hijas.
23 Y fueron todos los días de Enoc trescientos sesenta y cinco años.
24 Caminó, pues, Enoc con Dios, y desapareció, porque le llevó Dios.
25 Vivió Matusalén ciento ochenta y siete años, y engendró a Lamec.

23 Lamech said to his wives,
"Adah and Zillah, listen to me;
wives of Lamech, hear my words.
I have killed *y* a man for wounding me,
a young man for injuring me.
24 If Cain is avenged seven times,
then Lamech seventy-seven times."

25 Adam lay with his wife again, and she gave birth to a son and named him Seth, *z* saying, "God has granted me another child in place of Abel, since Cain killed him." 26 Seth also had a son, and he named him Enosh.
At that time men began to call on *a* the name of the Lord.

From Adam to Noah

5 This is the written account of Adam's line.
When God created man, he made him in the likeness of God. 2 He created them male and female and blessed them. And when they were created, he called them "man. *b*"
3 When Adam had lived 130 years, he had a son in his own likeness, in his own image; and he named him Seth. 4 After Seth was born, Adam lived 800 years and had other sons and daughters. 5 Altogether, Adam lived 930 years, and then he died.
6 When Seth had lived 105 years, he became the father *c* of Enosh. 7 And after he became the father of Enosh, Seth lived 807 years and had other sons and daughters. 8 Altogether, Seth lived 912 years, and then he died.
9 When Enosh had lived 90 years, he became the father of Kenan. 10 And after he became the father of Kenan, Enosh lived 815 years and had other sons and daughters. 11 Altogether, Enosh lived 905 years, and then he died.
12 When Kenan had lived 70 years, he became the father of Mahalalel. 13 And after he became the father of Mahalalel, Kenan lived 840 years and had other sons and daughters. 14 Altogether, Kenan lived 910 years, and then he died.
15 When Mahalalel had lived 65 years, he became the father of Jared. 16 And after he became the father of Jared, Mahalalel lived 830 years and had other sons and daughters. 17 Altogether, Mahalalel lived 895 years, and then he died.
18 When Jared had lived 162 years, he became the father of Enoch. 19 And after he became the father of Enoch, Jared lived 800 years and had other sons and daughters. 20 Altogether, Jared lived 962 years, and then he died.
21 When Enoch had lived 65 years, he became the father of Methuselah. 22 And after he became the father of Methuselah, Enoch walked with God 300 years and had other sons and daughters. 23 Altogether, Enoch lived 365 years. 24 Enoch walked with God; then he was no more, because God took him away.
25 When Methuselah had lived 187 years, he became the father of Lamech. 26 And after he became the

---

y23 Or *I will kill*   *z25 Seth* probably means *granted.*   *a26* Or *to proclaim*   *b2* Hebrew *adam*   *c6 Father* may mean *ancestor;* also in verses 7-26.

*h*Esto es, *Sustitución.*

²⁶Y vivió Matusalén, después que engendró a Lamec, setecientos ochenta y dos años, y engendró hijos e hijas.
²⁷Fueron, pues, todos los días de Matusalén novecientos sesenta y nueve años; y murió.

²⁸Vivió Lamec ciento ochenta y dos años, y engendró un hijo;
²⁹y llamó su nombre Noé,ⁱ diciendo: Este nos aliviará de nuestras obras y del trabajo de nuestras manos, a causa de la tierra que Jehová maldijo.
³⁰Y vivió Lamec, después que engendró a Noé, quinientos noventa y cinco años, y engendró hijos e hijas.
³¹Y fueron todos los días de Lamec setecientos setenta y siete años; y murió.
³²Y siendo Noé de quinientos años, engendró a Sem, a Cam y a Jafet.

La maldad de los hombres

6 ¹Aconteció que cuando comenzaron los hombres a multiplicarse sobre la faz de la tierra, y les nacieron hijas,
²que viendo los hijos de Dios que las hijas de los hombres eran hermosas, tomaron para sí mujeres, escogiendo entre todas.
³Y dijo Jehová: No contenderá mi espíritu con el hombre para siempre, porque ciertamente él es carne; mas serán sus días ciento veinte años.
⁴Había gigantes en la tierra en aquellos días, y también después que se llegaron los hijos de Dios a las hijas de los hombres, y les engendraron hijos. Estos fueron los valientes que desde la antigüedad fueron varones de renombre.
⁵Y vio Jehová que la maldad de los hombres era mucha en la tierra, y que todo designio de los pensamientos del corazón de ellos era de continuo solamente el mal.
⁶Y se arrepintió Jehová de haber hecho hombre en la tierra, y le dolió en su corazón.
⁷Y dijo Jehová: Raeré de sobre la faz de la tierra a los hombres que he creado, desde el hombre hasta la bestia, y hasta el reptil y las aves del cielo; pues me arrepiento de haberlos hecho.
⁸Pero Noé halló gracia ante los ojos de Jehová.

Noé construye el arca

⁹Estas son las generaciones de Noé: Noé, varón justo, era perfecto en sus generaciones; con Dios caminó Noé.
¹⁰Y engendró Noé tres hijos: a Sem, a Cam y a Jafet.
¹¹Y se corrompió la tierra delante de Dios, y estaba la tierra llena de violencia.
¹²Y miró Dios la tierra, y he aquí que estaba corrompida; porque toda carne había corrompido su camino sobre la tierra.
¹³Dijo, pues, Dios a Noé: He decidido el fin de todo ser, porque la tierra está llena de violencia a causa de ellos; y he aquí que yo los destruiré con la tierra.
¹⁴Hazte un arca de madera de gofer; harás aposentos en el arca, y la calafatearás con brea por dentro y por fuera.
¹⁵Y de esta manera la harás: de trescientos codos la longitud del arca, de cincuenta codos su anchura, y de treinta codos su altura.
¹⁶Una ventana harás al arca, y la acabarás a un codo de elevación por la parte de arriba; y pondrás la puerta del arca a su lado; y le harás piso bajo, segundo y tercero.
¹⁷Y he aquí que yo traigo un diluvio de aguas sobre la tierra, para destruir toda carne en que haya espíritu de vida debajo del cielo; todo lo que hay en la tierra morirá.
¹⁸Mas estableceré mi pacto contigo, y entrarás en el arca tú, tus hijos, tu mujer, y las mujeres de tus hijos contigo.

---

father of Lamech, Methuselah lived 782 years and had other sons and daughters. ²⁷Altogether, Methuselah lived 969 years, and then he died.

²⁸When Lamech had lived 182 years, he had a son. ²⁹He named him Noah ᵈ and said, "He will comfort us in the labor and painful toil of our hands caused by the ground the LORD has cursed." ³⁰After Noah was born, Lamech lived 595 years and had other sons and daughters. ³¹Altogether, Lamech lived 777 years, and then he died.

³²After Noah was 500 years old, he became the father of Shem, Ham and Japheth.

The Flood

6 When men began to increase in number on the earth and daughters were born to them, ²the sons of God saw that the daughters of men were beautiful, and they married any of them they chose. ³Then the LORD said, "My Spirit will not contend with ᵉ man forever, for he is mortal ᶠ; his days will be a hundred and twenty years."
⁴The Nephilim were on the earth in those days—and also afterward—when the sons of God went to the daughters of men and had children by them. They were the heroes of old, men of renown.
⁵The LORD saw how great man's wickedness on the earth had become, and that every inclination of the thoughts of his heart was only evil all the time. ⁶The LORD was grieved that he had made man on the earth, and his heart was filled with pain. ⁷So the LORD said, "I will wipe mankind, whom I have created, from the face of the earth—men and animals, and creatures that move along the ground, and birds of the air—for I am grieved that I have made them." ⁸But Noah found favor in the eyes of the LORD.

⁹This is the account of Noah.

Noah was a righteous man, blameless among the people of his time, and he walked with God. ¹⁰Noah had three sons: Shem, Ham and Japheth.

¹¹Now the earth was corrupt in God's sight and was full of violence. ¹²God saw how corrupt the earth had become, for all the people on earth had corrupted their ways. ¹³So God said to Noah, "I am going to put an end to all people, for the earth is filled with violence because of them. I am surely going to destroy both them and the earth. ¹⁴So make yourself an ark of cypress ᵍ wood; make rooms in it and coat it with pitch inside and out. ¹⁵This is how you are to build it: The ark is to be 450 feet long, 75 feet wide and 45 feet high. ʰ ¹⁶Make a roof for it and finish ⁱ the ark to within 18 inches ʲ of the top. Put a door in the side of the ark and make lower, middle and upper decks. ¹⁷I am going to bring floodwaters on the earth to destroy all life under the heavens, every creature that has the breath of life in it. Everything on earth will perish. ¹⁸But I will establish my covenant with you, and you will enter the ark—you and your sons and

---

ᵈ29 *Noah* sounds like the Hebrew for *comfort.*   ᵉ3 Or *My spirit will not remain in*   ᶠ3 Or *corrupt*   ᵍ14 The meaning of the Hebrew for this word is uncertain.   ʰ15 Hebrew *300 cubits long, 50 cubits wide and 30 cubits high* (about 140 meters long, 23 meters wide and 13.5 meters high)   ⁱ16 Or *Make an opening for light by finishing*   ʲ16 Hebrew *a cubit* (about 0.5 meter)

ⁱEsto es, *Consuelo, o Descanso.*

¹⁹Y de todo lo que vive, de toda carne, dos de cada especie meterás en el arca, para que tengan vida contigo; macho y hembra serán.
²⁰De las aves según su especie, y de las bestias según su especie, de todo reptil de la tierra según su especie, dos de cada especie entrarán contigo, para que tengan vida.
²¹Y toma contigo de todo alimento que se come, y almacénalo, y servirá de sustento para ti y para ellos.
²²Y lo hizo así Noé; hizo conforme a todo lo que Dios le mandó.

El diluvio

7 ¹Dijo luego Jehová a Noé: Entra tú y toda tu casa en el arca; porque a ti he visto justo delante de mí en esta generación.
²De todo animal limpio tomarás siete parejas, macho y su hembra; mas de los animales que no son limpios, una pareja, el macho y su hembra.
³También de las aves de los cielos, siete parejas, macho y hembra, para conservar viva la especie sobre la faz de la tierra.
⁴Porque pasados aún siete días, yo haré llover sobre la tierra cuarenta días y cuarenta noches; y raeré de sobre la faz de la tierra a todo ser viviente que hice.
⁵E hizo Noé conforme a todo lo que le mandó Jehová.
⁶Era Noé de seiscientos años cuando el diluvio de las aguas vino sobre la tierra.
⁷Y por causa de las aguas del diluvio entró Noé al arca, y con él sus hijos, su mujer, y las mujeres de sus hijos.
⁸De los animales limpios, y de los animales que no eran limpios, y de las aves, y de todo lo que se arrastra sobre la tierra,
⁹de dos en dos entraron con Noé en el arca; macho y hembra, como mandó Dios a Noé.
¹⁰Y sucedió que al séptimo día las aguas del diluvio vinieron sobre la tierra.
¹¹El año seiscientos de la vida de Noé, en el mes segundo, a los diecisiete días del mes, aquel día fueron rotas todas las fuentes del grande abismo, y las cataratas de los cielos fueron abiertas,
¹²y hubo lluvia sobre la tierra cuarenta días y cuarenta noches.
¹³En este mismo día entraron Noé, y Sem, Cam y Jafet hijos de Noé, la mujer de Noé, y las tres mujeres de sus hijos, con él en el arca;
¹⁴ellos, y todos los animales silvestres según sus especies, y todos los animales domesticados según sus especies, y todo reptil que se arrastra sobre la tierra según su especie, y toda ave según su especie, y todo pájaro de toda especie.
¹⁵Vinieron, pues, con Noé al arca, de dos en dos de toda carne en que había espíritu de vida.
¹⁶Y los que vinieron, macho y hembra de toda carne vinieron, como le había mandado Dios; y Jehová le cerró la puerta.
¹⁷Y fue el diluvio cuarenta días sobre la tierra; y las aguas crecieron, y alzaron el arca, y se elevó sobre la tierra.
¹⁸Y subieron las aguas y crecieron en gran manera sobre la tierra; y flotaba el arca sobre la superficie de las aguas.
¹⁹Y las aguas subieron mucho sobre la tierra; y todos los montes altos que había debajo de todos los cielos, fueron cubiertos.
²⁰Quince codos más alto subieron las aguas, después que fueron cubiertos los montes.
²¹Y murió toda carne que se mueve sobre la tierra, así de aves como de ganado y de bestias, y de todo reptil que se arrastra sobre la tierra, y todo hombre.
²²Todo lo que tenía aliento de espíritu de vida en sus narices, todo lo que había en la tierra, murió.

your wife and your sons' wives with you. ¹⁹You are to bring into the ark two of all living creatures, male and female, to keep them alive with you. ²⁰Two of every kind of bird, of every kind of animal and of every kind of creature that moves along the ground will come to you to be kept alive. ²¹You are to take every kind of food that is to be eaten and store it away as food for you and for them."
²²Noah did everything just as God commanded him.

7 The Lᴏʀᴅ then said to Noah, "Go into the ark, you and your whole family, because I have found you righteous in this generation. ²Take with you seven^k of every kind of clean animal, a male and its mate, and two of every kind of unclean animal, a male and its mate, ³and also seven of every kind of bird, male and female, to keep their various kinds alive throughout the earth. ⁴Seven days from now I will send rain on the earth for forty days and forty nights, and I will wipe from the face of the earth every living creature I have made."
⁵And Noah did all that the Lᴏʀᴅ commanded him.
⁶Noah was six hundred years old when the floodwaters came on the earth. ⁷And Noah and his sons and his wife and his sons' wives entered the ark to escape the waters of the flood. ⁸Pairs of clean and unclean animals, of birds and of all creatures that move along the ground, ⁹male and female, came to Noah and entered the ark, as God had commanded Noah. ¹⁰And after the seven days the floodwaters came on the earth.
¹¹In the six hundredth year of Noah's life, on the seventeenth day of the second month — on that day all the springs of the great deep burst forth, and the floodgates of the heavens were opened. ¹²And rain fell on the earth forty days and forty nights.
¹³On that very day Noah and his sons, Shem, Ham and Japheth, together with his wife and the wives of his three sons, entered the ark. ¹⁴They had with them every wild animal according to its kind, all livestock according to their kinds, every creature that moves along the ground according to its kind and every bird according to its kind, everything with wings. ¹⁵Pairs of all creatures that have the breath of life in them came to Noah and entered the ark. ¹⁶The animals going in were male and female of every living thing, as God had commanded Noah. Then the Lᴏʀᴅ shut him in.
¹⁷For forty days the flood kept coming on the earth, and as the waters increased they lifted the ark high above the earth. ¹⁸The waters rose and increased greatly on the earth, and the ark floated on the surface of the water. ¹⁹They rose greatly on the earth, and all the high mountains under the entire heavens were covered. ²⁰The waters rose and covered the mountains to a depth of more than twenty feet.^{l,m} ²¹Every living thing that moved on the earth perished — birds, livestock, wild animals, all the creatures that swarm over the earth, and all mankind. ²²Everything on dry land that had the breath of life in its nostrils died. ²³Every

^k2 Or *seven pairs*; also in verse 3   ^l20 Hebrew *fifteen cubits* (about 6.9 meters)   ^m20 Or *rose more than twenty feet, and the mountains were covered*

23 Así fue destruido todo ser que vivía sobre la faz de la tierra, desde el hombre hasta la bestia, los reptiles, y las aves del cielo; y fueron raídos de la tierra, y quedó solamente Noé, y los que con él estaban en el arca.
24 Y prevalecieron las aguas sobre la tierra ciento cincuenta días.

8 1 Y se acordó Dios de Noé, y de todos los animales, y de todas las bestias que estaban con él en el arca; e hizo pasar Dios un viento sobre la tierra, y disminuyeron las aguas.
2 Y se cerraron las fuentes del abismo y las cataratas de los cielos; y la lluvia de los cielos fue detenida.
3 Y las aguas decrecían gradualmente de sobre la tierra; y se retiraron las aguas al cabo de ciento cincuenta días.
4 Y reposó el arca en el mes séptimo, a los diecisiete días del mes, sobre los montes de Ararat.
5 Y las aguas fueron decreciendo hasta el mes décimo; en el décimo, al primero del mes, se descubrieron las cimas de los montes.
6 Sucedió que al cabo de cuarenta días abrió Noé la ventana del arca que había hecho,
7 y envió un cuervo, el cual salió, y estuvo yendo y volviendo hasta que las aguas se secaron sobre la tierra.
8 Envió también de sí una paloma, para ver si las aguas se habían retirado de sobre la faz de la tierra.
9 Y no halló la paloma donde sentar la planta de su pie, y volvió a él al arca, porque las aguas estaban aún sobre la faz de toda la tierra. Entonces él extendió su mano, y tomándola, la hizo entrar consigo en el arca.
10 Esperó aún otros siete días, y volvió a enviar la paloma fuera del arca.
11 Y la paloma volvió a él a la hora de la tarde; y he aquí que traía una hoja de olivo en el pico; y entendió Noé que las aguas se habían retirado de sobre la tierra.
12 Y esperó aún otros siete días, y envió la paloma, la cual no volvió ya más a él.
13 Y sucedió que en el año seiscientos uno de Noé, en el mes primero, el día primero del mes, las aguas se secaron sobre la tierra; y quitó Noé la cubierta del arca, y miró, y he aquí que la faz de la tierra estaba seca.
14 Y en el mes segundo, a los veintisiete días del mes, se secó la tierra.
15 Entonces habló Dios a Noé, diciendo:
16 Sal del arca tú, y tu mujer, y tus hijos, y las mujeres de tus hijos contigo.
17 Todos los animales que están contigo de toda carne, de aves y de bestias y de todo reptil que se arrastra sobre la tierra, sacarás contigo; y vayan por la tierra, y fructifiquen y multiplíquense sobre la tierra.
18 Entonces salió Noé, y sus hijos, su mujer, y las mujeres de sus hijos con él.
19 Todos los animales, y todo reptil y toda ave, todo lo que se mueve sobre la tierra según sus especies, salieron del arca.
20 Y edificó Noé un altar a Jehová, y tomó de todo animal limpio y de toda ave limpia, y ofreció holocausto en el altar.
21 Y percibió Jehová olor grato; y dijo Jehová en su corazón: No volveré más a maldecir la tierra por causa del hombre; porque el intento del corazón del hombre es malo desde su juventud; ni volveré más a destruir todo ser viviente, como he hecho.

living thing on the face of the earth was wiped out; men and animals and the creatures that move along the ground and the birds of the air were wiped from the earth. Only Noah was left, and those with him in the ark.
24 The waters flooded the earth for a hundred and fifty days.

8 But God remembered Noah and all the wild animals and the livestock that were with him in the ark, and he sent a wind over the earth, and the waters receded. 2 Now the springs of the deep and the floodgates of the heavens had been closed, and the rain had stopped falling from the sky. 3 The water receded steadily from the earth. At the end of the hundred and fifty days the water had gone down, 4 and on the seventeenth day of the seventh month the ark came to rest on the mountains of Ararat. 5 The waters continued to recede until the tenth month, and on the first day of the tenth month the tops of the mountains became visible.

6 After forty days Noah opened the window he had made in the ark 7 and sent out a raven, and it kept flying back and forth until the water had dried up from the earth. 8 Then he sent out a dove to see if the water had receded from the surface of the ground. 9 But the dove could find no place to set its feet because there was water over all the surface of the earth; so it returned to Noah in the ark. He reached out his hand and took the dove and brought it back to himself in the ark. 10 He waited seven more days and again sent out the dove from the ark. 11 When the dove returned to him in the evening, there in its beak was a freshly plucked olive leaf! Then Noah knew that the water had receded from the earth. 12 He waited seven more days and sent the dove out again, but this time it did not return to him.

13 By the first day of the first month of Noah's six hundred and first year, the water had dried up from the earth. Noah then removed the covering from the ark and saw that the surface of the ground was dry. 14 By the twenty-seventh day of the second month the earth was completely dry.

15 Then God said to Noah, 16 "Come out of the ark, you and your wife and your sons and their wives. 17 Bring out every kind of living creature that is with you — the birds, the animals, and all the creatures that move along the ground — so they can multiply on the earth and be fruitful and increase in number upon it."

18 So Noah came out, together with his sons and his wife and his sons' wives. 19 All the animals and all the creatures that move along the ground and all the birds — everything that moves on the earth — came out of the ark, one kind after another.

20 Then Noah built an altar to the LORD and, taking some of all the clean animals and clean birds, he sacrificed burnt offerings on it. 21 The LORD smelled the pleasing aroma and said in his heart: "Never again will I curse the ground because of man, even though [n] every inclination of his heart is evil from childhood. And never again will I destroy all living creatures, as I have done.

n21 Or man, for

22 Mientras la tierra permanezca, no cesarán la sementera y la siega, el frío y el calor, el verano y el invierno, y el día y la noche.

Pacto de Dios con Noé

9 ¹ Bendijo Dios a Noé y a sus hijos, y les dijo: Fructificad y multiplicaos, y llenad la tierra.
² El temor y el miedo de vosotros estarán sobre todo animal de la tierra, y sobre toda ave de los cielos, en todo lo que se mueve sobre la tierra, y en todos los peces del mar; en vuestra mano son entregados.
³ Todo lo que se mueve y vive, os será para mantenimiento: así como las legumbres y plantas verdes, os lo he dado todo.
⁴ Pero carne con su vida, que es su sangre, no comeréis.
⁵ Porque ciertamente demandaré la sangre de vuestras vidas; de mano de todo animal la demandaré, y de mano del hombre; de mano del varón su hermano demandaré la vida del hombre.
⁶ El que derramare sangre de hombre, por el hombre su sangre será derramada; porque a imagen de Dios es hecho el hombre.
⁷ Mas vosotros fructificad y multiplicaos; procread abundantemente en la tierra, y multiplicaos en ella.

⁸ Y habló Dios a Noé y a sus hijos con él, diciendo:
⁹ He aquí que yo establezco mi pacto con vosotros, y con vuestros descendientes después de vosotros;
¹⁰ y con todo ser viviente que está con vosotros; aves, animales y toda bestia de la tierra que está con vosotros, desde todos los que salieron del arca hasta todo animal de la tierra.
¹¹ Estableceré mi pacto con vosotros, y no exterminaré ya más toda carne con aguas de diluvio, ni habrá más diluvio para destruir la tierra.
¹² Y dijo Dios: Esta es la señal del pacto que yo establezco entre mí y vosotros y todo ser viviente que está con vosotros, por siglos perpetuos:
¹³ Mi arco he puesto en las nubes, el cual será por señal del pacto entre mí y la tierra.
¹⁴ Y sucederá que cuando haga venir nubes sobre la tierra, se dejará ver entonces mi arco en las nubes.
¹⁵ Y me acordaré del pacto mío, que hay entre mí y vosotros y todo ser viviente de toda carne; y no habrá más diluvio de aguas para destruir toda carne.
¹⁶ Estará el arco en las nubes, y lo veré, y me acordaré del pacto perpetuo entre Dios y todo ser viviente, con toda carne que hay sobre la tierra.
¹⁷ Dijo, pues, Dios a Noé: Esta es la señal del pacto que he establecido entre mí y toda carne que está sobre la tierra.

Embriaguez de Noé

¹⁸ Y los hijos de Noé que salieron del arca fueron Sem, Cam y Jafet; y Cam es el padre de Canaán.
¹⁹ Estos tres son los hijos de Noé, y de ellos fue llena toda la tierra.
²⁰ Después comenzó Noé a labrar la tierra, y plantó una viña;
²¹ y bebió del vino, y se embriagó, y estaba descubierto en medio de su tienda.
²² Y Cam, padre de Canaán, vio la desnudez de su padre, y lo dijo a sus dos hermanos que estaban afuera.

22 "As long as the earth endures,
　　seedtime and harvest,
　　cold and heat,
　　summer and winter,
　　day and night
　　will never cease."

God's Covenant With Noah

9 Then God blessed Noah and his sons, saying to them, "Be fruitful and increase in number and fill the earth. ²The fear and dread of you will fall upon all the beasts of the earth and all the birds of the air, upon every creature that moves along the ground, and upon all the fish of the sea; they are given into your hands. ³Everything that lives and moves will be food for you. Just as I gave you the green plants, I now give you everything.

⁴"But you must not eat meat that has its lifeblood still in it. ⁵And for your lifeblood I will surely demand an accounting. I will demand an accounting from every animal. And from each man, too, I will demand an accounting for the life of his fellow man.

⁶"Whoever sheds the blood of man,
　　by man shall his blood be shed;
for in the image of God
　　has God made man.

⁷As for you, be fruitful and increase in number; multiply on the earth and increase upon it."

⁸Then God said to Noah and to his sons with him: ⁹"I now establish my covenant with you and with your descendants after you ¹⁰and with every living creature that was with you—the birds, the livestock and all the wild animals, all those that came out of the ark with you—every living creature on earth. ¹¹I establish my covenant with you: Never again will all life be cut off by the waters of a flood; never again will there be a flood to destroy the earth."

¹²And God said, "This is the sign of the covenant I am making between me and you and every living creature with you, a covenant for all generations to come: ¹³I have set my rainbow in the clouds, and it will be the sign of the covenant between me and the earth. ¹⁴Whenever I bring clouds over the earth and the rainbow appears in the clouds, ¹⁵I will remember my covenant between me and you and all living creatures of every kind. Never again will the waters become a flood to destroy all life. ¹⁶Whenever the rainbow appears in the clouds, I will see it and remember the everlasting covenant between God and all living creatures of every kind on the earth."

¹⁷So God said to Noah, "This is the sign of the covenant I have established between me and all life on the earth."

The Sons of Noah

¹⁸The sons of Noah who came out of the ark were Shem, Ham and Japheth. (Ham was the father of Canaan.) ¹⁹These were the three sons of Noah, and from them came the people who were scattered over the earth.

²⁰Noah, a man of the soil, proceeded ᵒ to plant a vineyard. ²¹When he drank some of its wine, he became drunk and lay uncovered inside his tent. ²²Ham, the father of Canaan, saw his father's nakedness and told his two brothers outside. ²³But Shem and Japheth

ᵒ20 Or soil, was the first

23 Entonces Sem y Jafet tomaron la ropa, y la pusieron sobre sus propios hombros, y andando hacia atrás, cubrieron la desnudez de su padre, teniendo vueltos sus rostros, y así no vieron la desnudez de su padre.
24 Y despertó Noé de su embriaguez, y supo lo que le había hecho su hijo más joven,
25 y dijo:
Maldito sea Canaán;
Siervo de siervos será a sus hermanos.
26 Dijo más:
Bendito por Jehová mi Dios sea Sem,
Y sea Canaán su siervo.
27 Engrandezca Dios a Jafet,
Y habite en las tiendas de Sem,
Y sea Canaán su siervo.
28 Y vivió Noé después del diluvio trescientos cincuenta años.
29 Y fueron todos los días de Noé novecientos cincuenta años; y murió.

Los descendientes de los hijos de Noé

10 1 Estas son las generaciones de los hijos de Noé: Sem, Cam y Jafet, a quienes nacieron hijos después del diluvio.
2 Los hijos de Jafet: Gomer, Magog, Madai, Javán, Tubal, Mesec y Tiras.
3 Los hijos de Gomer: Askenaz, Rifat y Togarma.
4 Los hijos de Javán: Elisa, Tarsis, Quitim y Dodanim.
5 De éstos se poblaron las costas, cada cual según su lengua, conforme a sus familias en sus naciones.
6 Los hijos de Cam: Cus, Mizraim, Fut y Canaán.
7 Y los hijos de Cus: Seba, Havila, Sabta, Raama y Sabteca. Y los hijos de Raama: Seba y Dedán.
8 Y Cus engendró a Nimrod, quien llegó a ser el primer poderoso en la tierra.
9 Este fue vigoroso cazador delante de Jehová; por lo cual se dice: Así como Nimrod, vigoroso cazador delante de Jehová.
10 Y fue el comienzo de su reino Babel, Erec, Acad y Calne, en la tierra de Sinar.
11 De esta tierra salió para Asiria, y edificó Nínive, Rehobot, Cala,
12 y Resén entre Nínive y Cala, la cual es ciudad grande.
13 Mizraim engendró a Ludim, a Anamim, a Lehabim, a Naftuhim,
14 a Patrusim, a Casluhim, de donde salieron los filisteos, y a Caftorim.

took a garment and laid it across their shoulders; then they walked in backward and covered their father's nakedness. Their faces were turned the other way so that they would not see their father's nakedness.
24 When Noah awoke from his wine and found out what his youngest son had done to him, 25 he said,

"Cursed be Canaan!
The lowest of slaves
will he be to his brothers."

26 He also said,

"Blessed be the LORD, the God of Shem!
May Canaan be the slave of Shem. p
27 May God extend the territory of Japheth q;
may Japheth live in the tents of Shem,
and may Canaan be his r slave."

28 After the flood Noah lived 350 years. 29 Altogether, Noah lived 950 years, and then he died.

The Table of Nations

10 This is the account of Shem, Ham and Japheth, Noah's sons, who themselves had sons after the flood.

The Japhethites

2 The sons s of Japheth:
Gomer, Magog, Madai, Javan, Tubal, Meshech and Tiras.
3 The sons of Gomer:
Ashkenaz, Riphath and Togarmah.
4 The sons of Javan:
Elishah, Tarshish, the Kittim and the Rodanim. t 5 (From these the maritime peoples spread out into their territories by their clans within their nations, each with its own language.)

The Hamites

6 The sons of Ham:
Cush, Mizraim, u Put and Canaan.
7 The sons of Cush:
Seba, Havilah, Sabtah, Raamah and Sabteca.
The sons of Raamah:
Sheba and Dedan.

8 Cush was the father v of Nimrod, who grew to be a mighty warrior on the earth. 9 He was a mighty hunter before the LORD; that is why it is said, "Like Nimrod, a mighty hunter before the LORD." 10 The first centers of his kingdom were Babylon, Erech, Akkad and Calneh, in w Shinar. x 11 From that land he went to Assyria, where he built Nineveh, Rehoboth Ir, y Calah 12 and Resen, which is between Nineveh and Calah; that is the great city.

13 Mizraim was the father of
the Ludites, Anamites, Lehabites, Naphtuhites, 14 Pathrusites, Casluhites (from whom the Philistines came) and Caphtorites.

15 Y Canaán engendró a Sidón su primogénito, a Het,
16 al jebuseo, al amorreo, al gergeseo,
17 al heveo, al araceo, al sineo,
18 al arvadeo, al zemareo y al hamateo; y después se dispersaron las familias de los cananeos.
19 Y fue el territorio de los cananeos desde Sidón, en dirección a Gerar, hasta Gaza; y en dirección de Sodoma, Gomorra, Adma y Zeboim, hasta Lasa.
20 Estos son los hijos de Cam por sus familias, por sus lenguas, en sus tierras, en sus naciones.
21 También le nacieron hijos a Sem, padre de todos los hijos de Heber, y hermano mayor de Jafet.
22 Los hijos de Sem fueron Elam, Asur, Arfaxad, Lud y Aram.
23 Y los hijos de Aram: Uz, Hul, Geter y Mas.
24 Arfaxad engendró a Sala, y Sala engendró a Heber.
25 Y a Heber nacieron dos hijos: el nombre del uno fue Peleg,*j* porque en sus días fue repartida la tierra; y el nombre de su hermano, Joctán.
26 Y Joctán engendró a Almodad, Selef, Hazar-mavet, Jera,
27 Adoram, Uzal, Dicla,
28 Obal, Abimael, Seba,
29 Ofir, Havila y Jobab; todos estos fueron hijos de Joctán.
30 Y la tierra en que habitaron fue desde Mesa en dirección de Sefar, hasta la región montañosa del oriente.
31 Estos fueron los hijos de Sem por sus familias, por sus lenguas, en sus tierras, en sus naciones.
32 Estas son las familias de los hijos de Noé por sus descendencias, en sus naciones; y de éstos se esparcieron las naciones en la tierra después del diluvio.

La torre de Babel

11 1 Tenía entonces toda la tierra una sola lengua y unas mismas palabras.
2 Y aconteció que cuando salieron de oriente, hallaron una llanura en la tierra de Sinar, y se establecieron allí.
3 Y se dijeron unos a otros: Vamos, hagamos ladrillo y cozámoslo con fuego. Y les sirvió el ladrillo en lugar de piedra, y el asfalto en lugar de mezcla.
4 Y dijeron: Vamos, edifiquémonos una ciudad y una torre, cuya cúspide llegue al cielo; y hagámonos un nombre, por si fuéremos esparcidos sobre la faz de toda la tierra.
5 Y descendió Jehová para ver la ciudad y la torre que edificaban los hijos de los hombres.
6 Y dijo Jehová: He aquí el pueblo es uno, y todos éstos tienen un solo lenguaje; y han comenzado la obra, y nada les hará desistir ahora de lo que han pensado hacer.
7 Ahora, pues, descendamos, y confundamos allí su lengua, para que ninguno entienda el habla de su compañero.
8 Así los esparció Jehová desde allí sobre la faz de toda la tierra, y dejaron de edificar la ciudad.

15 Canaan was the father of
Sidon his firstborn,*z* and of the Hittites,
16 Jebusites, Amorites, Girgashites, 17 Hivites, Arkites, Sinites, 18 Arvadites, Zemarites and Hamathites.

Later the Canaanite clans scattered 19 and the borders of Canaan reached from Sidon toward Gerar as far as Gaza, and then toward Sodom, Gomorrah, Admah and Zeboiim, as far as Lasha.
20 These are the sons of Ham by their clans and languages, in their territories and nations.

The Semites

21 Sons were also born to Shem, whose older brother was*a* Japheth; Shem was the ancestor of all the sons of Eber.

22 The sons of Shem:
Elam, Asshur, Arphaxad, Lud and Aram.
23 The sons of Aram:
Uz, Hul, Gether and Meshech.*b*
24 Arphaxad was the father of*c* Shelah,
and Shelah the father of Eber.
25 Two sons were born to Eber:
One was named Peleg,*d* because in his time the earth was divided; his brother was named Joktan.
26 Joktan was the father of
Almodad, Sheleph, Hazarmaveth, Jerah, 27 Hadoram, Uzal, Diklah, 28 Obal, Abimael, Sheba, 29 Ophir, Havilah and Jobab. All these were sons of Joktan.

30 The region where they lived stretched from Mesha toward Sephar, in the eastern hill country.
31 These are the sons of Shem by their clans and languages, in their territories and nations.

32 These are the clans of Noah's sons, according to their lines of descent, within their nations. From these the nations spread out over the earth after the flood.

The Tower of Babel

11 Now the whole world had one language and a common speech. 2 As men moved eastward,*e* they found a plain in Shinar*f* and settled there.
3 They said to each other, "Come, let's make bricks and bake them thoroughly." They used brick instead of stone, and tar for mortar. 4 Then they said, "Come, let us build ourselves a city, with a tower that reaches to the heavens, so that we may make a name for ourselves and not be scattered over the face of the whole earth."
5 But the LORD came down to see the city and the tower that the men were building. 6 The LORD said, "If as one people speaking the same language they have begun to do this, then nothing they plan to do will be impossible for them. 7 Come, let us go down and confuse their language so they will not understand each other."
8 So the LORD scattered them from there over all the earth, and they stopped building the city. 9 That is why

---

z 15 Or *of the Sidonians, the foremost*   *a* 21 Or *Shem, the older brother of*   *b* 23 See Septuagint and 1 Chron. 1:17; Hebrew *Mash*   *c* 24 Hebrew; Septuagint *father of Cainan, and Cainan was the father of*   *d* 25 *Peleg* means division.   *e* 2 Or *from the east*; or *in the east*   *f* 2 That is, Babylonia

j Esto es, *División.*

9 Por esto fue llamado el nombre de ella Babel, porque allí confundió k Jehová el lenguaje de toda la tierra, y desde allí los esparció sobre la faz de toda la tierra.

Los descendientes de Sem

10 Estas son las generaciones de Sem: Sem, de edad de cien años, engendró a Arfaxad, dos años después del diluvio.
11 Y vivió Sem, después que engendró a Arfaxad, quinientos años, y engendró hijos e hijas.
12 Arfaxad vivió treinta y cinco años, y engendró a Sala.
13 Y vivió Arfaxad, después que engendró a Sala, cuatrocientos tres años, y engendró hijos e hijas.
14 Sala vivió treinta años, y engendró a Heber.
15 Y vivió Sala, después que engendró a Heber, cuatrocientos tres años, y engendró hijos e hijas.
16 Heber vivió treinta y cuatro años, y engendró a Peleg.
17 Y vivió Heber, después que engendró a Peleg, cuatrocientos treinta años, y engendró hijos e hijas.
18 Peleg vivió treinta años, y engendró a Reu.
19 Y vivió Peleg, después que engendró a Reu, doscientos nueve años, y engendró hijos e hijas.
20 Reu vivió treinta y dos años, y engendró a Serug.
21 Y vivió Reu, después que engendró a Serug, doscientos siete años, y engendró hijos e hijas.
22 Serug vivió treinta años, y engendró a Nacor.
23 Y vivió Serug, después que engendró a Nacor, doscientos años, y engendró hijos e hijas.
24 Nacor vivió veintinueve años, y engendró a Taré.
25 Y vivió Nacor, después que engendró a Taré, ciento diecinueve años, y engendró hijos e hijas.
26 Taré vivió setenta años, y engendró a Abram, a Nacor y a Harán.

Los descendientes de Taré

27 Estas son las generaciones de Taré: Taré engendró a Abram, a Nacor y a Harán; y Harán engendró a Lot.
28 Y murió Harán antes que su padre Taré en la tierra de su nacimiento, en Ur de los caldeos.
29 Y tomaron Abram y Nacor para sí mujeres; el nombre de la mujer de Abram era Sarai, y el nombre de la mujer de Nacor, Milca, hija de Harán, padre de Milca y de Isca.
30 Mas Sarai era estéril, y no tenía hijo.
31 Y tomó Taré a Abram su hijo, y a Lot hijo de Harán, hijo de su hijo, y a Sarai su nuera, mujer de Abram su hijo, y salió con ellos de Ur de los caldeos, para ir a la tierra de Canaán; y vinieron hasta Harán, y se quedaron allí.
32 Y fueron los días de Taré doscientos cinco años; y murió Taré en Harán.

it was called Babel g—because there the LORD confused the language of the whole world. From there the LORD scattered them over the face of the whole earth.

From Shem to Abram

10 This is the account of Shem.

Two years after the flood, when Shem was 100 years old, he became the father h of Arphaxad. 11 And after he became the father of Arphaxad, Shem lived 500 years and had other sons and daughters.
12 When Arphaxad had lived 35 years, he became the father of Shelah. 13 And after he became the father of Shelah, Arphaxad lived 403 years and had other sons and daughters. i
14 When Shelah had lived 30 years, he became the father of Eber. 15 And after he became the father of Eber, Shelah lived 403 years and had other sons and daughters.
16 When Eber had lived 34 years, he became the father of Peleg. 17 And after he became the father of Peleg, Eber lived 430 years and had other sons and daughters.
18 When Peleg had lived 30 years, he became the father of Reu. 19 And after he became the father of Reu, Peleg lived 209 years and had other sons and daughters.
20 When Reu had lived 32 years, he became the father of Serug. 21 And after he became the father of Serug, Reu lived 207 years and had other sons and daughters.
22 When Serug had lived 30 years, he became the father of Nahor. 23 And after he became the father of Nahor, Serug lived 200 years and had other sons and daughters.
24 When Nahor had lived 29 years, he became the father of Terah. 25 And after he became the father of Terah, Nahor lived 119 years and had other sons and daughters.
26 After Terah had lived 70 years, he became the father of Abram, Nahor and Haran.

27 This is the account of Terah.

Terah became the father of Abram, Nahor and Haran. And Haran became the father of Lot. 28 While his father Terah was still alive, Haran died in Ur of the Chaldeans, in the land of his birth. 29 Abram and Nahor both married. The name of Abram's wife was Sarai, and the name of Nahor's wife was Milcah; she was the daughter of Haran, the father of both Milcah and Iscah. 30 Now Sarai was barren; she had no children.
31 Terah took his son Abram, his grandson Lot son of Haran, and his daughter-in-law Sarai, the wife of his son Abram, and together they set out from Ur of the Chaldeans to go to Canaan. But when they came to Haran, they settled there.
32 Terah lived 205 years, and he died in Haran.

---

g 9 That is, Babylon; *Babel* sounds like the Hebrew for *confused.*
h 10 *Father* may mean *ancestor;* also in verses 11-25.
i 12,13 Hebrew; Septuagint (see also Luke 3:35, 36 and note at Gen. 10:24) *35 years, he became the father of Cainan.* 13 *And after he became the father of Cainan, Arphaxad lived 430 years and had other sons and daughters, and then he died. When Cainan had lived 130 years, he became the father of Shelah. And after he became the father of Shelah, Cainan lived 330 years and had other sons and daughters*

k Compárese la palabra hebrea *balal,* confundir.

Dios llama a Abram

12 ¹Pero Jehová había dicho a Abram: Vete de tu tierra y de tu parentela, y de la casa de tu padre, a la tierra que te mostraré.

²Y haré de ti una nación grande, y te bendeciré, y engrandeceré tu nombre, y serás bendición.

³Bendeciré a los que te bendijeren, y a los que te maldijeren maldeciré; y serán benditas en ti todas las familias de la tierra.

⁴Y se fue Abram, como Jehová le dijo; y Lot fue con él. Y era Abram de edad de setenta y cinco años cuando salió de Harán.

⁵Tomó, pues, Abram a Sarai su mujer, y a Lot hijo de su hermano, y todos sus bienes que habían ganado y las personas que habían adquirido en Harán, y salieron para ir a tierra de Canaán; y a tierra de Canaán llegaron.

⁶Y pasó Abram por aquella tierra hasta el lugar de Siquem, hasta el encino de More; y el cananeo estaba entonces en la tierra.

⁷Y apareció Jehová a Abram, y le dijo: A tu descendencia daré esta tierra. Y edificó allí un altar a Jehová, quien le había aparecido.

⁸Luego se pasó de allí a un monte al oriente de Bet-el, y plantó su tienda, teniendo a Bet-el al occidente y Hai al oriente; y edificó allí altar a Jehová, e invocó el nombre de Jehová.

⁹Y Abram partió de allí, caminando y yendo hacia el Neguev.

Abram en Egipto

¹⁰Hubo entonces hambre en la tierra, y descendió Abram a Egipto para morar allá; porque era grande el hambre en la tierra.

¹¹Y aconteció que cuando estaba para entrar en Egipto, dijo a Sarai su mujer: He aquí, ahora conozco que eres mujer de hermoso aspecto;

¹²y cuando te vean los egipcios, dirán: Su mujer es; y me matarán a mí, y a ti te reservarán la vida.

¹³Ahora, pues, dí que eres mi hermana, para que me vaya bien por causa tuya, y viva mi alma por causa de ti.

¹⁴Y aconteció que cuando entró Abram en Egipto, los egipcios vieron que la mujer era hermosa en gran manera.

¹⁵También la vieron los príncipes de Faraón, y la alabaron delante de él; y fue llevada la mujer a casa de Faraón.

¹⁶E hizo bien a Abram por causa de ella; y él tuvo ovejas, vacas, asnos, siervos, criadas, asnas y camellos.

¹⁷Mas Jehová hirió a Faraón y a su casa con grandes plagas, por causa de Sarai mujer de Abram.

¹⁸Entonces Faraón llamó a Abram, y le dijo: ¿Qué es esto que has hecho conmigo? ¿Por qué no me declaraste que era tu mujer?

¹⁹¿Por qué dijiste: Es mi hermana, poniéndome en ocasión de tomarla para mí por mujer? Ahora, pues, he aquí tu mujer; tómala, y vete.

²⁰Entonces Faraón dio orden a su gente acerca de Abram; y le acompañaron, y a su mujer, con todo lo que tenía.

Abram y Lot se separan

13 ¹Subió, pues, Abram de Egipto hacia el Neguev, él y su mujer, con todo lo que tenía, y con él Lot.

²Y Abram era riquísimo en ganado, en plata y en oro.

The Call of Abram

12 The Lord had said to Abram, "Leave your country, your people and your father's household and go to the land I will show you.

²"I will make you into a great nation
    and I will bless you;
I will make your name great,
    and you will be a blessing.
³I will bless those who bless you,
    and whoever curses you I will curse;
and all peoples on earth
    will be blessed through you."

⁴So Abram left, as the Lord had told him; and Lot went with him. Abram was seventy-five years old when he set out from Haran. ⁵He took his wife Sarai, his nephew Lot, all the possessions they had accumulated and the people they had acquired in Haran, and they set out for the land of Canaan, and they arrived there.

⁶Abram traveled through the land as far as the site of the great tree of Moreh at Shechem. At that time the Canaanites were in the land. ⁷The Lord appeared to Abram and said, "To your offspring/ I will give this land." So he built an altar there to the Lord, who had appeared to him.

⁸From there he went on toward the hills east of Bethel and pitched his tent, with Bethel on the west and Ai on the east. There he built an altar to the Lord and called on the name of the Lord. ⁹Then Abram set out and continued toward the Negev.

Abram in Egypt

¹⁰Now there was a famine in the land, and Abram went down to Egypt to live there for a while because the famine was severe. ¹¹As he was about to enter Egypt, he said to his wife Sarai, "I know what a beautiful woman you are. ¹²When the Egyptians see you, they will say, 'This is his wife.' Then they will kill me but will let you live. ¹³Say you are my sister, so that I will be treated well for your sake and my life will be spared because of you."

¹⁴When Abram came to Egypt, the Egyptians saw that she was a very beautiful woman. ¹⁵And when Pharaoh's officials saw her, they praised her to Pharaoh, and she was taken into his palace. ¹⁶He treated Abram well for her sake, and Abram acquired sheep and cattle, male and female donkeys, menservants and maidservants, and camels.

¹⁷But the Lord inflicted serious diseases on Pharaoh and his household because of Abram's wife Sarai. ¹⁸So Pharaoh summoned Abram. "What have you done to me?" he said. "Why didn't you tell me she was your wife? ¹⁹Why did you say, 'She is my sister,' so that I took her to be my wife? Now then, here is your wife. Take her and go!" ²⁰Then Pharaoh gave orders about Abram to his men, and they sent him on his way, with his wife and everything he had.

Abram and Lot Separate

13 So Abram went up from Egypt to the Negev, with his wife and everything he had, and Lot went with him. ²Abram had become very wealthy in livestock and in silver and gold.

7 Or seed

3 Y volvió por sus jornadas desde el Neguev hacia Bet-el, hasta el lugar donde había estado antes su tienda entre Bet-el y Hai,

4 al lugar del altar que había hecho allí antes; e invocó allí Abram el nombre de Jehová.

5 También Lot, que andaba con Abram, tenía ovejas, vacas y tiendas.

6 Y la tierra no era suficiente para que habitasen juntos, pues sus posesiones eran muchas, y no podían morar en un mismo lugar.

7 Y hubo contienda entre los pastores del ganado de Abram y los pastores del ganado de Lot; y el cananeo y el ferezeo habitaban entonces en la tierra.

8 Entonces Abram dijo a Lot: No haya ahora altercado entre nosotros dos, entre mis pastores y los tuyos, porque somos hermanos.

9 ¿No está toda la tierra delante de ti? Yo te ruego que te apartes de mí. Si fueres a la mano izquierda, yo iré a la derecha; y si tú a la derecha, yo iré a la izquierda.

10 Y alzó Lot sus ojos, y vio toda la llanura del Jordán, que toda ella era de riego, como el huerto de Jehová, como la tierra de Egipto en la dirección de Zoar, antes que destruyese Jehová a Sodoma y a Gomorra.

11 Entonces Lot escogió para sí toda la llanura del Jordán; y se fue Lot hacia el oriente, y se apartaron el uno del otro.

12 Abram acampó en la tierra de Canaán, en tanto que Lot habitó en las ciudades de la llanura, y fue poniendo sus tiendas hasta Sodoma.

13 Mas los hombres de Sodoma eran malos y pecadores contra Jehová en gran manera.

14 Y Jehová dijo a Abram, después que Lot se apartó de él: Alza ahora tus ojos, y mira desde el lugar donde estás hacia el norte y el sur, y al oriente y al occidente.

15 Porque toda la tierra que ves, la daré a ti y a tu descendencia para siempre.

16 Y haré tu descendencia como el polvo de la tierra; que si alguno puede contar el polvo de la tierra, también tu descendencia será contada.

17 Levántate, vé por la tierra a lo largo de ella y a su ancho; porque a ti la daré.

18 Abram, pues, removiendo su tienda, vino y moró en el encinar de Mamre, que está en Hebrón, y edificó allí altar a Jehová.

Abram liberta a Lot

14 1 Aconteció en los días de Amrafel rey de Sinar, Arioc rey de Elasar, Quedorlaomer rey de Elam, y Tidal rey de Goim,

2 que éstos hicieron guerra contra Bera rey de Sodoma, contra Birsa rey de Gomorra, contra Sinab rey de Adma, contra Semeber rey de Zeboim, y contra el rey de Bela, la cual es Zoar.

3 Todos éstos se juntaron en el valle de Sidim, que es el Mar Salado.

4 Doce años habían servido a Quedorlaomer, y en el décimotercero se rebelaron.

5 Y en el año décimocuarto vino Quedorlaomer, y los reyes que estaban de su parte, y derrotaron a los refaítas en Astarot Karnaim, a los zuzitas en Ham, a los emitas en Save-quiriataim,

6 y a los horeos en el monte de Seir, hasta la llanura de Parán, que está junto al desierto.

7 Y volvieron y vinieron a En-mispat, que es Cades, y devastaron todo el país de los amalecitas, también al amorreo que habitaba en Hazezontamar.

3 From the Negev he went from place to place until he came to Bethel, to the place between Bethel and Ai 4 where his tent had been earlier and where he had first built an altar. There Abram called on the name of the LORD.

5 Now Lot, who was moving about with Abram, also had flocks and herds and tents. 6 But the land could not support them while they stayed together, for their possessions were so great that they were not able to stay together. 7 And quarreling arose between Abram's herdsmen and the herdsmen of Lot. The Canaanites and Perizzites were also living in the land at that time.

8 So Abram said to Lot, "Let's not have any quarreling between you and me, or between your herdsmen and mine, for we are brothers. 9 Is not the whole land before you? Let's part company. If you go to the left, I'll go to the right; if you go to the right, I'll go to the left."

10 Lot looked up and saw that the whole plain of the Jordan was well watered, like the garden of the LORD, like the land of Egypt, toward Zoar. (This was before the LORD destroyed Sodom and Gomorrah.) 11 So Lot chose for himself the whole plain of the Jordan and set out toward the east. The two men parted company: 12 Abram lived in the land of Canaan, while Lot lived among the cities of the plain and pitched his tents near Sodom. 13 Now the men of Sodom were wicked and were sinning greatly against the LORD.

14 The LORD said to Abram after Lot had parted from him, "Lift up your eyes from where you are and look north and south, east and west. 15 All the land that you see I will give to you and your offspringk forever. 16 I will make your offspring like the dust of the earth, so that if anyone could count the dust, then your offspring could be counted. 17 Go, walk through the length and breadth of the land, for I am giving it to you."

18 So Abram moved his tents and went to live near the great trees of Mamre at Hebron, where he built an altar to the LORD.

Abram Rescues Lot

14 At this time Amraphel king of Shinar,l Arioch king of Ellasar, Kedorlaomer king of Elam and Tidal king of Goiim 2 went to war against Bera king of Sodom, Birsha king of Gomorrah, Shinab king of Admah, Shemeber king of Zeboiim, and the king of Bela (that is, Zoar). 3 All these latter kings joined forces in the Valley of Siddim (the Salt Seam). 4 For twelve years they had been subject to Kedorlaomer, but in the thirteenth year they rebelled.

5 In the fourteenth year, Kedorlaomer and the kings allied with him went out and defeated the Rephaites in Ashteroth Karnaim, the Zuzites in Ham, the Emites in Shaveh Kiriathaim 6 and the Horites in the hill country of Seir, as far as El Paran near the desert. 7 Then they turned back and went to En Mishpat (that is, Kadesh), and they conquered the whole territory of the Amalekites, as well as the Amorites who were living in Hazazon Tamar.

k15 Or seed; also in verse 16   l1 That is, Babylonia; also in verse 9   m3 That is, the Dead Sea

8 Y salieron el rey de Sodoma, el rey de Gomorra, el rey de Adma, el rey de Zeboim y el rey de Bela, que es Zoar, y ordenaron contra ellos batalla en el valle de Sidim; 9 esto es, contra Quedorlaomer rey de Elam, Tidal rey de Goim, Amrafel rey de Sinar, y Arioc rey de Elasar; cuatro reyes contra cinco.

10 Y el valle de Sidim estaba lleno de pozos de asfalto; y cuando huyeron el rey de Sodoma y el de Gomorra, algunos cayeron allí; y los demás huyeron al monte. 11 Y tomaron toda la riqueza de Sodoma y de Gomorra, y todas sus provisiones, y se fueron. 12 Tomaron también a Lot, hijo del hermano de Abram, que moraba en Sodoma, y sus bienes, y se fueron.

13 Y vino uno de los que escaparon, y lo anunció a Abram el hebreo, que habitaba en el encinar de Mamre el amorreo, hermano de Escol y hermano de Aner, los cuales eran aliados de Abram. 14 Oyó Abram que su pariente estaba prisionero, y armó a sus criados, los nacidos en su casa, trescientos dieciocho, y los siguió hasta Dan. 15 Y cayó sobre ellos de noche, él y sus siervos, y les atacó, y les fue siguiendo hasta Hoba al norte de Damasco. 16 Y recobró todos los bienes, y también a Lot su pariente y sus bienes, y a las mujeres y demás gente.

Melquisedec bendice a Abram

17 Cuando volvía de la derrota de Quedorlaomer y de los reyes que con él estaban, salió el rey de Sodoma a recibirlo al valle de Save, que es el Valle del Rey. 18 Entonces Melquisedec, rey de Salem y sacerdote del Dios Altísimo, sacó pan y vino; 19 y le bendijo, diciendo: Bendito sea Abram del Dios Altísimo, creador de los cielos y de la tierra; 20 y bendito sea el Dios Altísimo, que entregó tus enemigos en tu mano. Y le dio Abram los diezmos de todo. 21 Entonces el rey de Sodoma dijo a Abram: Dame las personas, y toma para ti los bienes. 22 Y respondió Abram al rey de Sodoma: He alzado mi mano a Jehová Dios Altísimo, creador de los cielos y de la tierra, 23 que desde un hilo hasta una correa de calzado, nada tomaré de todo lo que es tuyo, para que no digas: Yo enriquecí a Abram; 24 excepto solamente lo que comieron los jóvenes, y la parte de los varones que fueron conmigo, Aner, Escol y Mamre, los cuales tomarán su parte.

Dios promete a Abram un hijo

15 1 Después de estas cosas vino la palabra de Jehová a Abram en visión, diciendo: No temas, Abram; yo soy tu escudo, y tu galardón será sobremanera grande. 2 Y respondió Abram: Señor Jehová, ¿qué me darás, siendo así que ando sin hijo, y el mayordomo de mi casa es ese damasceno Eliezer? 3 Dijo también Abram: Mira que no me has dado prole, y he aquí que será mi heredero un esclavo nacido en mi casa.

8 Then the king of Sodom, the king of Gomorrah, the king of Admah, the king of Zeboiim and the king of Bela (that is, Zoar) marched out and drew up their battle lines in the Valley of Siddim 9 against Kedorlaomer king of Elam, Tidal king of Goiim, Amraphel king of Shinar and Arioch king of Ellasar — four kings against five. 10 Now the Valley of Siddim was full of tar pits, and when the kings of Sodom and Gomorrah fled, some of the men fell into them and the rest fled to the hills. 11 The four kings seized all the goods of Sodom and Gomorrah and all their food; then they went away. 12 They also carried off Abram's nephew Lot and his possessions, since he was living in Sodom.

13 One who had escaped came and reported this to Abram the Hebrew. Now Abram was living near the great trees of Mamre the Amorite, a brother n of Eshcol and Aner, all of whom were allied with Abram. 14 When Abram heard that his relative had been taken captive, he called out the 318 trained men born in his household and went in pursuit as far as Dan. 15 During the night Abram divided his men to attack them and he routed them, pursuing them as far as Hobah, north of Damascus. 16 He recovered all the goods and brought back his relative Lot and his possessions, together with the women and the other people.

17 After Abram returned from defeating Kedorlaomer and the kings allied with him, the king of Sodom came out to meet him in the Valley of Shaveh (that is, the King's Valley).

18 Then Melchizedek king of Salem o brought out bread and wine. He was priest of God Most High, 19 and he blessed Abram, saying,

"Blessed be Abram by God Most High,
    Creator p of heaven and earth.
20 And blessed be q God Most High,
    who delivered your enemies into your hand."

Then Abram gave him a tenth of everything.
21 The king of Sodom said to Abram, "Give me the people and keep the goods for yourself."

22 But Abram said to the king of Sodom, "I have raised my hand to the LORD, God Most High, Creator of heaven and earth, and have taken an oath 23 that I will accept nothing belonging to you, not even a thread or the thong of a sandal, so that you will never be able to say, 'I made Abram rich.' 24 I will accept nothing but what my men have eaten and the share that belongs to the men who went with me — to Aner, Eshcol and Mamre. Let them have their share."

God's Covenant With Abram

15 After this, the word of the LORD came to Abram in a vision:

"Do not be afraid, Abram.
    I am your shield, r
    your very great reward. s"

2 But Abram said, "O Sovereign LORD, what can you give me since I remain childless and the one who will inherit t my estate is Eliezer of Damascus?" 3 And Abram said, "You have given me no children; so a servant in my household will be my heir."

---

n 13 Or a relative; or an ally   o 18 That is, Jerusalem   p 19 Or Possessor; also in verse 22   q 20 Or And praise be to   r 1 Or sovereign   s 1 Or shield; / your reward will be very great   t 2 The meaning of the Hebrew for this phrase is uncertain.

4 Luego vino a él palabra de Jehová, diciendo: No te heredará éste, sino un hijo tuyo será el que te heredará.

5 Y lo llevó fuera, y le dijo: Mira ahora los cielos, y cuenta las estrellas, si las puedes contar. Y le dijo: Así será tu descendencia.

6 Y creyó a Jehová, y le fue contado por justicia.

7 Y le dijo: Yo soy Jehová, que te saqué de Ur de los caldeos, para darte a heredar esta tierra.

8 Y él respondió: Señor Jehová, ¿en qué conoceré que la he de heredar?

9 Y le dijo: Tráeme una becerra de tres años, y una cabra de tres años, y un carnero de tres años, una tórtola también, y un palomino.

10 Y tomó él todo esto, y los partió por la mitad, y puso cada mitad una enfrente de la otra; mas no partió las aves.

11 Y descendían aves de rapiña sobre los cuerpos muertos, y Abram las ahuyentaba.

12 Mas a la caída del sol sobrecogió el sueño a Abram, y he aquí que el temor de una grande oscuridad cayó sobre él.

13 Entonces Jehová dijo a Abram: Ten por cierto que tu descendencia morará en tierra ajena, y será esclava allí, y será oprimida cuatrocientos años.

14 Mas también a la nación a la cual servirán, juzgaré yo; y después de esto saldrán con gran riqueza.

15 Y tú vendrás a tus padres en paz, y serás sepultado en buena vejez.

16 Y en la cuarta generación volverán acá; porque aún no ha llegado a su colmo la maldad del amorreo hasta aquí.

17 Y sucedió que puesto el sol, y ya oscurecido, se veía un horno humeando, y una antorcha de fuego que pasaba por entre los animales divididos.

18 En aquel día hizo Jehová un pacto con Abram, diciendo: A tu descendencia daré esta tierra, desde el río de Egipto hasta el río grande, el río Eufrates;

19 la tierra de los ceneos, los cenezeos, los cadmoneos,

20 los heteos, los ferezeos, los refaítas,

21 los amorreos, los cananeos, los gergeseos y los jebuseos.

Agar e Ismael

16 1 Sarai mujer de Abram no le daba hijos; y ella tenía una sierva egipcia, que se llamaba Agar.

2 Dijo entonces Sarai a Abram: Ya ves que Jehová me ha hecho estéril; te ruego, pues, que te llegues a mi sierva; quizá tendré hijos de ella. Y atendió Abram al ruego de Sarai.

3 Y Sarai mujer de Abram tomó a Agar su sierva egipcia, al cabo de diez años que había habitado Abram en la tierra de Canaán, y la dio por mujer a Abram su marido.

4 Y él se llegó a Agar, la cual concibió; y cuando vio que había concebido, miraba con desprecio a su señora.

5 Entonces Sarai dijo a Abram: Mi afrenta sea sobre ti; yo te di mi sierva por mujer, y viéndose encinta, me mira con desprecio; juzgue Jehová entre tú y yo.

6 Y respondió Abram a Sarai: He aquí, tu sierva está en tu mano; haz con ella lo que bien te parezca. Y como Sarai la afligía, ella huyó de su presencia.

4 Then the word of the LORD came to him: "This man will not be your heir, but a son coming from your own body will be your heir." 5 He took him outside and said, "Look up at the heavens and count the stars — if indeed you can count them." Then he said to him, "So shall your offspring be."

6 Abram believed the LORD, and he credited it to him as righteousness.

7 He also said to him, "I am the LORD, who brought you out of Ur of the Chaldeans to give you this land to take possession of it."

8 But Abram said, "O Sovereign LORD, how can I know that I will gain possession of it?"

9 So the LORD said to him, "Bring me a heifer, a goat and a ram, each three years old, along with a dove and a young pigeon."

10 Abram brought all these to him, cut them in two and arranged the halves opposite each other; the birds, however, he did not cut in half. 11 Then birds of prey came down on the carcasses, but Abram drove them away.

12 As the sun was setting, Abram fell into a deep sleep, and a thick and dreadful darkness came over him. 13 Then the LORD said to him, "Know for certain that your descendants will be strangers in a country not their own, and they will be enslaved and mistreated four hundred years. 14 But I will punish the nation they serve as slaves, and afterward they will come out with great possessions. 15 You, however, will go to your fathers in peace and be buried at a good old age. 16 In the fourth generation your descendants will come back here, for the sin of the Amorites has not yet reached its full measure."

17 When the sun had set and darkness had fallen, a smoking firepot with a blazing torch appeared and passed between the pieces. 18 On that day the LORD made a covenant with Abram and said, "To your descendants I give this land, from the river u of Egypt to the great river, the Euphrates — 19 the land of the Kenites, Kenizzites, Kadmonites, 20 Hittites, Perizzites, Rephaites, 21 Amorites, Canaanites, Girgashites and Jebusites."

Hagar and Ishmael

16 Now Sarai, Abram's wife, had borne him no children. But she had an Egyptian maidservant named Hagar; 2 so she said to Abram, "The LORD has kept me from having children. Go, sleep with my maidservant; perhaps I can build a family through her."

Abram agreed to what Sarai said. 3 So after Abram had been living in Canaan ten years, Sarai his wife took her Egyptian maidservant Hagar and gave her to her husband to be his wife. 4 He slept with Hagar, and she conceived.

When she knew she was pregnant, she began to despise her mistress. 5 Then Sarai said to Abram, "You are responsible for the wrong I am suffering. I put my servant in your arms, and now that she knows she is pregnant, she despises me. May the LORD judge between you and me."

6 "Your servant is in your hands," Abram said. "Do with her whatever you think best." Then Sarai mistreated Hagar; so she fled from her.

u 18 Or Wadi

7Y la halló el ángel de Jehová junto a una fuente de agua en el desierto, junto a la fuente que está en el camino de Shur.

8Y le dijo: Agar, sierva de Sarai, ¿de dónde vienes tú, y a dónde vas? Y ella respondió: Huyo de delante de Sarai mi señora.

9Y le dijo el ángel de Jehová: Vuélvete a tu señora, y ponte sumisa bajo su mano.

10Le dijo también el ángel de Jehová: Multiplicaré tanto tu descendencia, que no podrá ser contada a causa de la multitud.

11Además le dijo el ángel de Jehová: He aquí que has concebido, y darás a luz un hijo, y llamarás su nombre Ismael,*l* porque Jehová ha oído tu aflicción.

12Y él será hombre fiero; su mano será contra todos, y la mano de todos contra él, y delante de todos sus hermanos habitará.

13Entonces llamó el nombre de Jehová que con ella hablaba: Tú eres Dios que ve; porque dijo: ¿No he visto también aquí al que me ve?

14Por lo cual llamó al pozo: Pozo del Viviente-que-me-ve. He aquí está entre Cades y Bered.

15Y Agar dio a luz un hijo a Abram, y llamó Abram el nombre del hijo que le dio Agar, Ismael.

16Era Abram de edad de ochenta y seis años, cuando Agar dio a luz a Ismael.

La circuncisión, señal del pacto

17 1Era Abram de edad de noventa y nueve años, cuando le apareció Jehová y le dijo: Yo soy el Dios Todopoderoso; anda delante de mí y sé perfecto.

2Y pondré mi pacto entre mí y ti, y te multiplicaré en gran manera.

3Entonces Abram se postró sobre su rostro, y Dios habló con él, diciendo:

4He aquí mi pacto es contigo, y serás padre de muchedumbre de gentes.

5Y no se llamará más tu nombre Abram,*m* sino que será tu nombre Abraham,*n* porque te he puesto por padre de muchedumbre de gentes.

6Y te multiplicaré en gran manera, y haré naciones de ti, y reyes saldrán de ti.

7Y estableceré mi pacto entre mí y ti, y tu descendencia después de ti en sus generaciones, por pacto perpetuo, para ser tu Dios, y el de tu descendencia después de ti.

8Y te daré a ti, y a tu descendencia después de ti, la tierra en que moras, toda la tierra de Canaán en heredad perpetua; y seré el Dios de ellos.

9Dijo de nuevo Dios a Abraham: En cuanto a ti, guardarás mi pacto, tú y tu descendencia después de ti por sus generaciones.

10Este es mi pacto, que guardaréis entre mí y vosotros y tu descendencia después de ti: Será circuncidado todo varón de entre vosotros.

11Circuncidaréis, pues, la carne de vuestro prepucio, y será por señal del pacto entre mí y vosotros.

12Y de edad de ocho días será circuncidado todo varón entre vosotros por vuestras generaciones; el nacido en casa, y el comprado por dinero a cualquier extranjero, que no fuere de tu linaje.

13Debe ser circuncidado el nacido en tu casa, y el comprado por tu dinero; y estará mi pacto en vuestra carne por pacto perpetuo.

7The angel of the LORD found Hagar near a spring in the desert; it was the spring that is beside the road to Shur. 8And he said, "Hagar, servant of Sarai, where have you come from, and where are you going?"

"I'm running away from my mistress Sarai," she answered.

9Then the angel of the LORD told her, "Go back to your mistress and submit to her." 10The angel added, "I will so increase your descendants that they will be too numerous to count."

11The angel of the LORD also said to her:

"You are now with child
    and you will have a son.
You shall name him Ishmael,*v*
    for the LORD has heard of your misery.
12He will be a wild donkey of a man;
    his hand will be against everyone
    and everyone's hand against him,
and he will live in hostility
    toward*w* all his brothers."

13She gave this name to the LORD who spoke to her: "You are the God who sees me," for she said, "I have now seen*x* the One who sees me." 14That is why the well was called Beer Lahai Roi*y*; it is still there, between Kadesh and Bered.

15So Hagar bore Abram a son, and Abram gave the name Ishmael to the son she had borne. 16Abram was eighty-six years old when Hagar bore him Ishmael.

The Covenant of Circumcision

17 When Abram was ninety-nine years old, the LORD appeared to him and said, "I am God Almighty*z*; walk before me and be blameless. 2I will confirm my covenant between me and you and will greatly increase your numbers."

3Abram fell facedown, and God said to him, 4"As for me, this is my covenant with you: You will be the father of many nations. 5No longer will you be called Abram*a*; your name will be Abraham,*b* for I have made you a father of many nations. 6I will make you very fruitful; I will make nations of you, and kings will come from you. 7I will establish my covenant as an everlasting covenant between me and you and your descendants after you for the generations to come, to be your God and the God of your descendants after you. 8The whole land of Canaan, where you are now an alien, I will give as an everlasting possession to you and your descendants after you; and I will be their God."

9Then God said to Abraham, "As for you, you must keep my covenant, you and your descendants after you for the generations to come. 10This is my covenant with you and your descendants after you, the covenant you are to keep: Every male among you shall be circumcised. 11You are to undergo circumcision, and it will be the sign of the covenant between me and you. 12For the generations to come every male among you who is eight days old must be circumcised, including those born in your household or bought with money from a foreigner—those who are not your offspring. 13Whether born in your household or bought with your money, they must be circumcised. My covenant in your flesh is to be an everlasting covenant. 14Any

---

*l*Esto es, *Dios oye.*   *m*Esto es, *Padre enaltecido.*
*n*Entendido aquí, *Padre de una multitud.*

*v*11 Ishmael means *God hears.*   *w*12 Or *live to the east / of*
*x*13 Or *seen the back of*   *y*14 Beer Lahai Roi means *well of the Living One who sees me.*   *z*1 Hebrew *El-Shaddai*   *a*5 Abram means *exalted father.*   *b*5 Abraham means *father of many.*

14 Y el varón incircunciso, el que no hubiere circuncidado la carne de su prepucio, aquella persona será cortada de su pueblo; ha violado mi pacto.

15 Dijo también Dios a Abraham: A Sarai tu mujer no la llamarás Sarai, mas Sara*o* será su nombre.

16 Y la bendeciré, y también te daré de ella hijo; sí, la bendeciré, y vendrá a ser madre de naciones; reyes de pueblos vendrán de ella.

17 Entonces Abraham se postró sobre su rostro, y se rió, y dijo en su corazón: ¿A hombre de cien años ha de nacer hijo? ¿Y Sara, ya de noventa años, ha de concebir?

18 Y dijo Abraham a Dios: Ojalá Ismael viva delante de ti.

19 Respondió Dios: Ciertamente Sara tu mujer te dará a luz un hijo, y llamarás su nombre Isaac;*p* y confirmaré mi pacto con él como pacto perpetuo para sus descendientes después de él.

20 Y en cuanto a Ismael, también te he oído; he aquí que le bendeciré, y le haré fructificar y multiplicar mucho en gran manera; doce príncipes engendrará, y haré de él una gran nación.

21 Mas yo estableceré mi pacto con Isaac, el que Sara te dará a luz por este tiempo el año que viene.

22 Y acabó de hablar con él, y subió Dios de estar con Abraham.

23 Entonces tomó Abraham a Ismael su hijo, y a todos los siervos nacidos en su casa, y a todos los comprados por su dinero, a todo varón entre los domésticos de la casa de Abraham, y circuncidó la carne del prepucio de ellos en aquel mismo día, como Dios le había dicho.

24 Era Abraham de edad de noventa y nueve años cuando circuncidó la carne de su prepucio.

25 E Ismael su hijo era de trece años, cuando fue circuncidada la carne de su prepucio.

26 En el mismo día fueron circuncidados Abraham e Ismael su hijo.

27 Y todos los varones de su casa, el siervo nacido en casa, y el comprado del extranjero por dinero, fueron circuncidados con él.

Promesa del nacimiento de Isaac

18 1 Después le apareció Jehová en el encinar de Mamre, estando él sentado a la puerta de su tienda en el calor del día.

2 Y alzó sus ojos y miró, y he aquí tres varones que estaban junto a él; y cuando los vio, salió corriendo de la puerta de su tienda a recibirlos, y se postró en tierra.

3 y dijo: Señor, si ahora he hallado gracia en tus ojos, te ruego que no pases de tu siervo.

4 Que se traiga ahora un poco de agua, y lavad vuestros pies; y recostaos debajo de un árbol,

5 y traeré un bocado de pan, y sustentad vuestro corazón, y después pasaréis; pues por eso habéis pasado cerca de vuestro siervo. Y ellos dijeron: Haz así como has dicho.

6 Entonces Abraham fue de prisa a la tienda a Sara, y le dijo: Toma pronto tres medidas de flor de harina, y amasa y haz panes cocidos debajo del rescoldo.

7 Y corrió Abraham a las vacas, y tomó un becerro tierno y bueno, y lo dio al criado, y éste se dio prisa a prepararlo.

8 Tomó también mantequilla y leche, y el becerro que había preparado, y lo puso delante de ellos; y él se estuvo con ellos debajo del árbol, y comieron.

9 Y le dijeron: ¿Dónde está Sara tu mujer? Y él respondió: Aquí en la tienda.

uncircumcised male, who has not been circumcised in the flesh, will be cut off from his people; he has broken my covenant."

15 God also said to Abraham, "As for Sarai your wife, you are no longer to call her Sarai; her name will be Sarah. 16 I will bless her and will surely give you a son by her. I will bless her so that she will be the mother of nations; kings of peoples will come from her."

17 Abraham fell facedown; he laughed and said to himself, "Will a son be born to a man a hundred years old? Will Sarah bear a child at the age of ninety?" 18 And Abraham said to God, "If only Ishmael might live under your blessing!"

19 Then God said, "Yes, but your wife Sarah will bear you a son, and you will call him Isaac.*c* I will establish my covenant with him as an everlasting covenant for his descendants after him. 20 And as for Ishmael, I have heard you: I will surely bless him; I will make him fruitful and will greatly increase his numbers. He will be the father of twelve rulers, and I will make him into a great nation. 21 But my covenant I will establish with Isaac, whom Sarah will bear to you by this time next year." 22 When he had finished speaking with Abraham, God went up from him.

23 On that very day Abraham took his son Ishmael and all those born in his household or bought with his money, every male in his household, and circumcised them, as God told him. 24 Abraham was ninety-nine years old when he was circumcised, 25 and his son Ishmael was thirteen; 26 Abraham and his son Ishmael were both circumcised on that same day. 27 And every male in Abraham's household, including those born in his household or bought from a foreigner, was circumcised with him.

The Three Visitors

18 The LORD appeared to Abraham near the great trees of Mamre while he was sitting at the entrance to his tent in the heat of the day. 2 Abraham looked up and saw three men standing nearby. When he saw them, he hurried from the entrance of his tent to meet them and bowed low to the ground.

3 He said, "If I have found favor in your eyes, my lord,*d* do not pass your servant by. 4 Let a little water be brought, and then you may all wash your feet and rest under this tree. 5 Let me get you something to eat, so you can be refreshed and then go on your way— now that you have come to your servant."

"Very well," they answered, "do as you say."

6 So Abraham hurried into the tent to Sarah. "Quick," he said, "get three seahs*e* of fine flour and knead it and bake some bread."

7 Then he ran to the herd and selected a choice, tender calf and gave it to a servant, who hurried to prepare it. 8 He then brought some curds and milk and the calf that had been prepared, and set these before them. While they ate, he stood near them under a tree.

9 "Where is your wife Sarah?" they asked him.

"There, in the tent," he said.

10Entonces dijo: De cierto volveré a ti; y según el tiempo de la vida, he aquí que Sara tu mujer tendrá un hijo. Y Sara escuchaba a la puerta de la tienda, que estaba detrás de él. 11Y Abraham y Sara eran viejos, de edad avanzada; y a Sara le había cesado ya la costumbre de las mujeres. 12Se rió, pues, Sara entre sí, diciendo: ¿Después que he envejecido tendré deleite, siendo también mi señor ya viejo? 13Entonces Jehová dijo a Abraham: ¿Por qué se ha reído Sara diciendo: ¿Será cierto que he de dar a luz siendo ya vieja? 14¿Hay para Dios alguna cosa difícil? Al tiempo señalado volveré a ti, y según el tiempo de la vida, Sara tendrá un hijo. 15Entonces Sara negó, diciendo: No me reí; porque tuvo miedo. Y él dijo: No es así, sino que te has reído.

Abraham intercede por Sodoma

16Y los varones se levantaron de allí, y miraron hacia Sodoma; y Abraham iba con ellos acompañándolos. 17Y Jehová dijo: ¿Encubriré yo a Abraham lo que voy a hacer, 18habiendo de ser Abraham una nación grande y fuerte, y habiendo de ser benditas en él todas las naciones de la tierra? 19Porque yo sé que mandará a sus hijos y a su casa después de sí, que guarden el camino de Jehová, haciendo justicia y juicio, para que haga venir Jehová sobre Abraham lo que ha hablado acerca de él. 20Entonces Jehová le dijo: Por cuanto el clamor contra Sodoma y Gomorra se aumenta más y más, y el pecado de ellos se ha agravado en extremo, 21descenderé ahora, y veré si han consumado su obra según el clamor que ha venido hasta mí; y si no, lo sabré. 22Y se apartaron de allí los varones, y fueron hacia Sodoma; pero Abraham estaba aún delante de Jehová. 23Y se acercó Abraham y dijo: ¿Destruirás también al justo con el impío? 24Quizá haya cincuenta justos dentro de la ciudad: ¿destruirás también y no perdonarás al lugar por amor a los cincuenta justos que estén dentro de él? 25Lejos de ti el hacer tal, que hagas morir al justo con el impío, y que sea el justo tratado como el impío; nunca tal hagas. El Juez de toda la tierra, ¿no ha de hacer lo que es justo? 26Entonces respondió Jehová: Si hallare en Sodoma cincuenta justos dentro de la ciudad, perdonaré a todo este lugar por amor a ellos. 27Y Abraham replicó y dijo: He aquí ahora que he comenzado a hablar a mi Señor, aunque soy polvo y ceniza. 28Quizá faltarán de cincuenta justos cinco; ¿destruirás por aquellos cinco toda la ciudad? Y dijo: No la destruiré, si hallare allí cuarenta y cinco. 29Y volvió a hablarle, y dijo: Quizá se hallarán allí cuarenta. Y respondió: No lo haré por amor a los cuarenta. 30Y dijo: No se enoje ahora mi Señor, si hablare: quizá se hallarán allí treinta. Y respondió: No lo haré si hallare allí treinta.

10Then the Lord*f* said, "I will surely return to you about this time next year, and Sarah your wife will have a son."

Now Sarah was listening at the entrance to the tent, which was behind him. 11Abraham and Sarah were already old and well advanced in years, and Sarah was past the age of childbearing. 12So Sarah laughed to herself as she thought, "After I am worn out and my master*g* is old, will I now have this pleasure?"

13Then the Lord said to Abraham, "Why did Sarah laugh and say, 'Will I really have a child, now that I am old?' 14Is anything too hard for the Lord? I will return to you at the appointed time next year and Sarah will have a son."

15Sarah was afraid, so she lied and said, "I did not laugh."

But he said, "Yes, you did laugh."

Abraham Pleads for Sodom

16When the men got up to leave, they looked down toward Sodom, and Abraham walked along with them to see them on their way. 17Then the Lord said, "Shall I hide from Abraham what I am about to do? 18Abraham will surely become a great and powerful nation, and all nations on earth will be blessed through him. 19For I have chosen him, so that he will direct his children and his household after him to keep the way of the Lord by doing what is right and just, so that the Lord will bring about for Abraham what he has promised him."

20Then the Lord said, "The outcry against Sodom and Gomorrah is so great and their sin so grievous 21that I will go down and see if what they have done is as bad as the outcry that has reached me. If not, I will know."

22The men turned away and went toward Sodom, but Abraham remained standing before the Lord.*h* 23Then Abraham approached him and said: "Will you sweep away the righteous with the wicked? 24What if there are fifty righteous people in the city? Will you really sweep it away and not spare*i* the place for the sake of the fifty righteous people in it? 25Far be it from you to do such a thing—to kill the righteous with the wicked, treating the righteous and the wicked alike. Far be it from you! Will not the Judge*j* of all the earth do right?"

26The Lord said, "If I find fifty righteous people in the city of Sodom, I will spare the whole place for their sake."

27Then Abraham spoke up again: "Now that I have been so bold as to speak to the Lord, though I am nothing but dust and ashes, 28what if the number of the righteous is five less than fifty? Will you destroy the whole city because of five people?"

"If I find forty-five there," he said, "I will not destroy it."

29Once again he spoke to him, "What if only forty are found there?"

He said, "For the sake of forty, I will not do it."

30Then he said, "May the Lord not be angry, but let me speak. What if only thirty can be found there?"

He answered, "I will not do it if I find thirty there."

---

f 10 Hebrew *Then he   g12* Or *husband   h22* Masoretic Text; an ancient Hebrew scribal tradition *but the Lord remained standing before Abraham   i24* Or *forgive;* also in verse 26   *j25* Or *Ruler*

31 Y dijo: He aquí ahora que he emprendido el hablar a mi Señor: quizá se hallarán allí veinte. No la destruiré, respondió, por amor a los veinte.

32 Y volvió a decir: No se enoje ahora mi Señor, si hablare solamente una vez: quizá se hallarán allí diez. No la destruiré, respondió, por amor a los diez.

33 Y Jehová se fue, luego que acabó de hablar a Abraham; y Abraham volvió a su lugar.

Destrucción de Sodoma y Gomorra

19 1 Llegaron, pues, los dos ángeles a Sodoma a la caída de la tarde; y Lot estaba sentado a la puerta de Sodoma. Y viéndolos Lot, se levantó a recibirlos, y se inclinó hacia el suelo,

2 y dijo: Ahora, mis señores, os ruego que vengáis a casa de vuestro siervo y os hospedéis, y lavaréis vuestros pies; y por la mañana os levantaréis, y seguiréis vuestro camino. Y ellos respondieron: No, que en la calle nos quedaremos esta noche.

3 Mas él porfió con ellos mucho, y fueron con él, y entraron en su casa; y les hizo banquete, y coció panes sin levadura, y comieron.

4 Pero antes que se acostasen, rodearon la casa los hombres de la ciudad, los varones de Sodoma, todo el pueblo junto, desde el más joven hasta el más viejo.

5 Y llamaron a Lot, y le dijeron: ¿Dónde están los varones que vinieron a ti esta noche? Sácalos, para que los conozcamos.

6 Entonces Lot salió a ellos a la puerta, y cerró la puerta tras sí,

7 y dijo: Os ruego, hermanos míos, que no hagáis tal maldad.

8 He aquí ahora yo tengo dos hijas que no han conocido varón; os las sacaré fuera, y haced de ellas como bien os pareciere; solamente que a estos varones no hagáis nada, pues que vinieron a la sombra de mi tejado.

9 Y ellos respondieron: Quita allá; y añadieron: Vino este extraño para habitar entre nosotros, ¿y habrá de erigirse en juez? Ahora te haremos más mal que a ellos. Y hacían gran violencia al varón, a Lot, y se acercaron para romper la puerta.

10 Entonces los varones alargaron la mano, y metieron a Lot en casa con ellos, y cerraron la puerta.

11 Y a los hombres que estaban a la puerta de la casa hirieron con ceguera desde el menor hasta el mayor, de manera que se fatigaban buscando la puerta.

12 Y dijeron los varones a Lot: ¿Tienes aquí alguno más? Yernos, y tus hijos y tus hijas, y todo lo que tienes en la ciudad, sácalo de este lugar;

13 porque vamos a destruir este lugar, por cuanto el clamor contra ellos ha subido de punto delante de Jehová; por tanto, Jehová nos ha enviado para destruirlo.

14 Entonces salió Lot y habló a sus yernos, los que habían de tomar sus hijas, y les dijo: Levantaos, salid de este lugar; porque Jehová va a destruir esta ciudad. Mas pareció a sus yernos como que se burlaba.

15 Y al rayar el alba, los ángeles daban prisa a Lot, diciendo: Levántate, toma tu mujer, y tus dos hijas que se hallan aquí, para que no perezcas en el castigo de la ciudad.

31 Abraham said, "Now that I have been so bold as to speak to the Lord, what if only twenty can be found there?"

He said, "For the sake of twenty, I will not destroy it."

32 Then he said, "May the Lord not be angry, but let me speak just once more. What if only ten can be found there?"

He answered, "For the sake of ten, I will not destroy it."

33 When the Lord had finished speaking with Abraham, he left, and Abraham returned home.

Sodom and Gomorrah Destroyed

19 The two angels arrived at Sodom in the evening, and Lot was sitting in the gateway of the city. When he saw them, he got up to meet them and bowed down with his face to the ground. 2 "My lords," he said, "please turn aside to your servant's house. You can wash your feet and spend the night and then go on your way early in the morning."

"No," they answered, "we will spend the night in the square."

3 But he insisted so strongly that they did go with him and entered his house. He prepared a meal for them, baking bread without yeast, and they ate. 4 Before they had gone to bed, all the men from every part of the city of Sodom — both young and old — surrounded the house. 5 They called to Lot, "Where are the men who came to you tonight? Bring them out to us so that we can have sex with them."

6 Lot went outside to meet them and shut the door behind him 7 and said, "No, my friends. Don't do this wicked thing. 8 Look, I have two daughters who have never slept with a man. Let me bring them out to you, and you can do what you like with them. But don't do anything to these men, for they have come under the protection of my roof."

9 "Get out of our way," they replied. And they said, "This fellow came here as an alien, and now he wants to play the judge! We'll treat you worse than them." They kept bringing pressure on Lot and moved forward to break down the door.

10 But the men inside reached out and pulled Lot back into the house and shut the door. 11 Then they struck the men who were at the door of the house, young and old, with blindness so that they could not find the door.

12 The two men said to Lot, "Do you have anyone else here — sons-in-law, sons or daughters, or anyone else in the city who belongs to you? Get them out of here, 13 because we are going to destroy this place. The outcry to the Lord against its people is so great that he has sent us to destroy it."

14 So Lot went out and spoke to his sons-in-law, who were pledged to marry k his daughters. He said, "Hurry and get out of this place, because the Lord is about to destroy the city!" But his sons-in-law thought he was joking.

15 With the coming of dawn, the angels urged Lot, saying, "Hurry! Take your wife and your two daughters who are here, or you will be swept away when the city is punished."

k 14 Or *were married to*

16 Y deteniéndose él, los varones asieron de su mano, y de la mano de su mujer y de las manos de sus dos hijas, según la misericordia de Jehová para con él; y lo sacaron y lo pusieron fuera de la ciudad.

17 Y cuando los hubieron llevado fuera, dijeron: Escapa por tu vida; no mires tras ti, ni pares en toda esta llanura; escapa al monte, no sea que perezcas.

18 Pero Lot les dijo: No, yo os ruego, señores míos.

19 He aquí ahora ha hallado vuestro siervo gracia en vuestros ojos, y habéis engrandecido vuestra misericordia que habéis hecho conmigo dándome la vida; mas yo no podré escapar al monte, no sea que me alcance el mal, y muera.

20 He aquí ahora esta ciudad está cerca para huir allá, la cual es pequeña; dejadme escapar ahora allá (¿no es ella pequeña?), y salvaré mi vida.

21 Y le respondió: He aquí he recibido también tu súplica sobre esto, y no destruiré la ciudad de que has hablado.

22 Date prisa, escápate allá; porque nada podré hacer hasta que hayas llegado allí. Por eso fue llamado el nombre de la ciudad, Zoar. q

23 El sol salía sobre la tierra, cuando Lot llegó a Zoar.

24 Entonces Jehová hizo llover sobre Sodoma y sobre Gomorra azufre y fuego de parte de Jehová desde los cielos;

25 y destruyó las ciudades, y toda aquella llanura, con todos los moradores de aquellas ciudades, y el fruto de la tierra.

26 Entonces la mujer de Lot miró atrás, a espaldas de él, y se volvió estatua de sal.

27 Y subió Abraham por la mañana al lugar donde había estado delante de Jehová.

28 Y miró hacia Sodoma y Gomorra, y hacia toda la tierra de aquella llanura miró; y he aquí que el humo subía de la tierra como el humo de un horno.

29 Así, cuando destruyó Dios las ciudades de la llanura, Dios se acordó de Abraham, y envió fuera a Lot de en medio de la destrucción, al asolar las ciudades donde Lot estaba.

30 Pero Lot subió de Zoar y moró en el monte, y sus dos hijas con él; porque tuvo miedo de quedarse en Zoar, y habitó en una cueva él y sus dos hijas.

31 Entonces la mayor dijo a la menor: Nuestro padre es viejo, y no queda varón en la tierra que entre a nosotras conforme a la costumbre de toda la tierra.

32 Ven, demos a beber vino a nuestro padre, y durmamos con él, y conservaremos de nuestro padre descendencia.

33 Y dieron a beber vino a su padre aquella noche, y entró la mayor, y durmió con su padre; mas él no sintió cuándo se acostó ella, ni cuándo se levantó.

34 El día siguiente, dijo la mayor a la menor: He aquí, yo dormí la noche pasada con mi padre; démosle a beber vino también esta noche, y entra y duerme con él, para que conservemos de nuestro padre descendencia.

35 Y dieron a beber vino a su padre también aquella noche, y se levantó la menor, y durmió con él; pero él no echó de ver cuándo se acostó ella, ni cuándo se levantó.

36 Y las dos hijas de Lot concibieron de su padre.

37 Y dio a luz la mayor un hijo, y llamó su nombre Moab, el cual es padre de los moabitas hasta hoy.

38 La menor también dio a luz un hijo, y llamó su nombre Ben-ammi, el cual es padre de los amonitas hasta hoy.

16 When he hesitated, the men grasped his hand and the hands of his wife and of his two daughters and led them safely out of the city, for the LORD was merciful to them. 17 As soon as they had brought them out, one of them said, "Flee for your lives! Don't look back, and don't stop anywhere in the plain! Flee to the mountains or you will be swept away!"

18 But Lot said to them, "No, my lords,l please! 19 Your m servant has found favor in your m eyes, and you m have shown great kindness to me in sparing my life. But I can't flee to the mountains; this disaster will overtake me, and I'll die. 20 Look, here is a town near enough to run to, and it is small. Let me flee to it—it is very small, isn't it? Then my life will be spared."

21 He said to him, "Very well, I will grant this request too; I will not overthrow the town you speak of. 22 But flee there quickly, because I cannot do anything until you reach it." (That is why the town was called Zoar. n)

23 By the time Lot reached Zoar, the sun had risen over the land. 24 Then the LORD rained down burning sulfur on Sodom and Gomorrah—from the LORD out of the heavens. 25 Thus he overthrew those cities and the entire plain, including all those living in the cities—and also the vegetation in the land. 26 But Lot's wife looked back, and she became a pillar of salt.

27 Early the next morning Abraham got up and returned to the place where he had stood before the LORD. 28 He looked down toward Sodom and Gomorrah, toward all the land of the plain, and he saw dense smoke rising from the land, like smoke from a furnace.

29 So when God destroyed the cities of the plain, he remembered Abraham, and he brought Lot out of the catastrophe that overthrew the cities where Lot had lived.

Lot and His Daughters

30 Lot and his two daughters left Zoar and settled in the mountains, for he was afraid to stay in Zoar. He and his two daughters lived in a cave. 31 One day the older daughter said to the younger, "Our father is old, and there is no man around here to lie with us, as is the custom all over the earth. 32 Let's get our father to drink wine and then lie with him and preserve our family line through our father."

33 That night they got their father to drink wine, and the older daughter went in and lay with him. He was not aware of it when she lay down or when she got up.

34 The next day the older daughter said to the younger, "Last night I lay with my father. Let's get him to drink wine again tonight, and you go in and lie with him so we can preserve our family line through our father." 35 So they got their father to drink wine that night also, and the younger daughter went and lay with him. Again he was not aware of it when she lay down or when she got up.

36 So both of Lot's daughters became pregnant by their father. 37 The older daughter had a son, and she named him Moabo; he is the father of the Moabites of today. 38 The younger daughter also had a son, and she named him Ben-Ammip; he is the father of the Ammonites of today.

---

l 18 Or No, Lord; or No, my lord   m 19 The Hebrew is singular.
n 22 Zoar means small.   o 37 Moab sounds like the Hebrew for from father.   p 38 Ben-Ammi means son of my people.

q Esto es, Pequeña.

Abraham y Abimelec

20 ¹De allí partió Abraham a la tierra del Neguev, y acampó entre Cades y Shur, y habitó como forastero en Gerar.

²Y dijo Abraham de Sara su mujer: Es mi hermana. Y Abimelec rey de Gerar envió y tomó a Sara.

³Pero Dios vino a Abimelec en sueños de noche, y le dijo: He aquí, muerto eres, a causa de la mujer que has tomado, la cual es casada con marido.

⁴Mas Abimelec no se había llegado a ella, y dijo: Señor, ¿matarás también al inocente?

⁵¿No me dijo él: Mi hermana es; y ella también dijo: Es mi hermano? Con sencillez de mi corazón y con limpieza de mis manos he hecho esto.

⁶Y le dijo Dios en sueños: Yo también sé que con integridad de tu corazón has hecho esto; y yo también te detuve de pecar contra mí, y así no te permití que la tocases.

⁷Ahora, pues, devuelve la mujer a su marido; porque es profeta, y orará por ti, y vivirás. Y si no la devolvieres, sabe que de cierto morirás tú, y todos los tuyos.

⁸Entonces Abimelec se levantó de mañana y llamó a todos sus siervos, y dijo todas estas palabras en los oídos de ellos; y temieron los hombres en gran manera.

⁹Después llamó Abimelec a Abraham, y le dijo: ¿Qué nos has hecho? ¿En qué pequé yo contra ti, que has atraído sobre mí y sobre mi reino tan grande pecado? Lo que no debiste hacer has hecho conmigo.

¹⁰Dijo también Abimelec a Abraham: ¿Qué pensabas, para que hicieses esto?

¹¹Y Abraham respondió: Porque dije para mí: Ciertamente no hay temor de Dios en este lugar, y me matarán por causa de mi mujer.

¹²Y a la verdad también es mi hermana, hija de mi padre, mas no hija de mi madre, y la tomé por mujer.

¹³Y cuando Dios me hizo salir errante de la casa de mi padre, yo le dije: Esta es la merced que tú harás conmigo, que en todos los lugares adonde lleguemos, digas de mí: Mi hermano es.

¹⁴Entonces Abimelec tomó ovejas y vacas, y siervos y siervas, y se los dio a Abraham, y le devolvió a Sara su mujer.

¹⁵Y dijo Abimelec: He aquí mi tierra está delante de ti; habita donde bien te parezca.

¹⁶Y a Sara dijo: He aquí he dado mil monedas de plata a tu hermano; mira que él te es como un velo para los ojos de todos los que están contigo, y para con todos; así fue vindicada.

¹⁷Entonces Abraham oró a Dios; y Dios sanó a Abimelec y a su mujer, y a sus siervas, y tuvieron hijos.

¹⁸Porque Jehová había cerrado completamente toda matriz de la casa de Abimelec, a causa de Sara mujer de Abraham.

Nacimiento de Isaac

21 ¹Visitó Jehová a Sara, como había dicho, e hizo Jehová con Sara como había hablado.

²Y Sara concibió y dio a Abraham un hijo en su vejez, en el tiempo que Dios le había dicho.

³Y llamó Abraham el nombre de su hijo que le nació, que le dio a luz Sara, Isaac.

⁴Y circuncidó Abraham a su hijo Isaac de ocho días, como Dios le había mandado.

⁵Y era Abraham de cien años cuando nació Isaac su hijo.

Abraham and Abimelech

20 Now Abraham moved on from there into the region of the Negev and lived between Kadesh and Shur. For a while he stayed in Gerar, ²and there Abraham said of his wife Sarah, "She is my sister." Then Abimelech king of Gerar sent for Sarah and took her.

³But God came to Abimelech in a dream one night and said to him, "You are as good as dead because of the woman you have taken; she is a married woman."

⁴Now Abimelech had not gone near her, so he said, "Lord, will you destroy an innocent nation? ⁵Did he not say to me, 'She is my sister,' and didn't she also say, 'He is my brother'? I have done this with a clear conscience and clean hands."

⁶Then God said to him in the dream, "Yes, I know you did this with a clear conscience, and so I have kept you from sinning against me. That is why I did not let you touch her. ⁷Now return the man's wife, for he is a prophet, and he will pray for you and you will live. But if you do not return her, you may be sure that you and all yours will die."

⁸Early the next morning Abimelech summoned all his officials, and when he told them all that had happened, they were very much afraid. ⁹Then Abimelech called Abraham in and said, "What have you done to us? How have I wronged you that you have brought such great guilt upon me and my kingdom? You have done things to me that should not be done." ¹⁰And Abimelech asked Abraham, "What was your reason for doing this?"

¹¹Abraham replied, "I said to myself, 'There is surely no fear of God in this place, and they will kill me because of my wife.' ¹²Besides, she really is my sister, the daughter of my father though not of my mother; and she became my wife. ¹³And when God had me wander from my father's household, I said to her, 'This is how you can show your love to me: Everywhere we go, say of me, "He is my brother." ' "

¹⁴Then Abimelech brought sheep and cattle and male and female slaves and gave them to Abraham, and he returned Sarah his wife to him. ¹⁵And Abimelech said, "My land is before you; live wherever you like."

¹⁶To Sarah he said, "I am giving your brother a thousand shekels*q* of silver. This is to cover the offense against you before all who are with you; you are completely vindicated."

¹⁷Then Abraham prayed to God, and God healed Abimelech, his wife and his slave girls so they could have children again, ¹⁸for the LORD had closed up every womb in Abimelech's household because of Abraham's wife Sarah.

The Birth of Isaac

21 Now the LORD was gracious to Sarah as he had said, and the LORD did for Sarah what he had promised. ²Sarah became pregnant and bore a son to Abraham in his old age, at the very time God had promised him. ³Abraham gave the name Isaac*r* to the son Sarah bore him. ⁴When his son Isaac was eight days old, Abraham circumcised him, as God commanded him. ⁵Abraham was a hundred years old when his son Isaac was born to him.

---

q 16 That is, about 25 pounds (about 11.5 kilograms)   r 3 Isaac means he laughs.

6 Entonces dijo Sara: Dios me ha hecho reir, y cualquiera que lo oyere, se reirá conmigo.

7 Y añadió: ¿Quién dijera a Abraham que Sara habría de dar de mamar a hijos? Pues le he dado un hijo en su vejez.

Agar e Ismael son echados de la casa de Abraham

8 Y creció el niño, y fue destetado; e hizo Abraham gran banquete el día que fue destetado Isaac.

9 Y vio Sara que el hijo de Agar la egipcia, el cual ésta le había dado a luz a Abraham, se burlaba de su hijo Isaac.

10 Por tanto, dijo a Abraham: Echa a esta sierva y a su hijo, porque el hijo de esta sierva no ha de heredar con Isaac mi hijo.

11 Este dicho pareció grave en gran manera a Abraham a causa de su hijo.

12 Entonces dijo Dios a Abraham: No te parezca grave a causa del muchacho y de tu sierva; en todo lo que te dijere Sara, oye su voz, porque en Isaac te será llamada descendencia.

13 Y también del hijo de la sierva haré una nación, porque es tu descendiente.

14 Entonces Abraham se levantó muy de mañana, y tomó pan, y un odre de agua, y lo dio a Agar, poniéndolo sobre su hombro, y le entregó el muchacho, y la despidió. Y ella salió y anduvo errante por el desierto de Beerseba.

15 Y le faltó el agua del odre, y echó al muchacho debajo de un arbusto,

16 y se fue y se sentó enfrente, a distancia de un tiro de arco; porque decía: No veré cuando el muchacho muera. Y cuando ella se sentó enfrente, el muchacho alzó su voz y lloró.

17 Y oyó Dios la voz del muchacho; y el ángel de Dios llamó a Agar desde el cielo, y le dijo: ¿Qué tienes, Agar? No temas; porque Dios ha oído la voz del muchacho en donde está.

18 Levántate, alza al muchacho, y sostenlo con tu mano, porque yo haré de él una gran nación.

19 Entonces Dios le abrió los ojos, y vio una fuente de agua; y fue y llenó el odre de agua, y dio de beber al muchacho.

20 Y Dios estaba con el muchacho; y creció, y habitó en el desierto, y fue tirador de arco.

21 Y habitó en el desierto de Parán; y su madre le tomó mujer de la tierra de Egipto.

Pacto entre Abraham y Abimelec

22 Aconteció en aquel mismo tiempo que habló Abimelec, y Ficol príncipe de su ejército, a Abraham, diciendo: Dios está contigo en todo cuanto haces.

23 Ahora, pues, júrame aquí por Dios, que no faltarás a mí, ni a mi hijo ni a mi nieto, sino que conforme a la bondad que yo hice contigo, harás tú conmigo, y con la tierra en donde has morado.

24 Y respondió Abraham: Yo juraré.

25 Y Abraham reconvino a Abimelec a causa de un pozo de agua, que los siervos de Abimelec le habían quitado.

26 Y respondió Abimelec: No sé quién haya hecho esto, ni tampoco tú me lo hiciste saber, ni yo lo he oído hasta hoy.

27 Y tomó Abraham ovejas y vacas, y dio a Abimelec; e hicieron ambos pacto.

28 Entonces puso Abraham siete corderas del rebaño aparte.

29 Y dijo Abimelec a Abraham: ¿Qué significan esas siete corderas que has puesto aparte?

30 Y él respondió: Que estas siete corderas tomarás de mi mano, para que me sirvan de testimonio de que yo cavé este pozo.

6 Sarah said, "God has brought me laughter, and everyone who hears about this will laugh with me."
7 And she added, "Who would have said to Abraham that Sarah would nurse children? Yet I have borne him a son in his old age."

Hagar and Ishmael Sent Away

8 The child grew and was weaned, and on the day Isaac was weaned Abraham held a great feast. 9 But Sarah saw that the son whom Hagar the Egyptian had borne to Abraham was mocking, 10 and she said to Abraham, "Get rid of that slave woman and her son, for that slave woman's son will never share in the inheritance with my son Isaac."

11 The matter distressed Abraham greatly because it concerned his son. 12 But God said to him, "Do not be so distressed about the boy and your maidservant. Listen to whatever Sarah tells you, because it is through Isaac that your offspring^s will be reckoned. 13 I will make the son of the maidservant into a nation also, because he is your offspring."

14 Early the next morning Abraham took some food and a skin of water and gave them to Hagar. He set them on her shoulders and then sent her off with the boy. She went on her way and wandered in the desert of Beersheba.

15 When the water in the skin was gone, she put the boy under one of the bushes. 16 Then she went off and sat down nearby, about a bowshot away, for she thought, "I cannot watch the boy die." And as she sat there nearby, she^t began to sob.

17 God heard the boy crying, and the angel of God called to Hagar from heaven and said to her, "What is the matter, Hagar? Do not be afraid; God has heard the boy crying as he lies there. 18 Lift the boy up and take him by the hand, for I will make him into a great nation."

19 Then God opened her eyes and she saw a well of water. So she went and filled the skin with water and gave the boy a drink.

20 God was with the boy as he grew up. He lived in the desert and became an archer. 21 While he was living in the Desert of Paran, his mother got a wife for him from Egypt.

The Treaty at Beersheba

22 At that time Abimelech and Phicol the commander of his forces said to Abraham, "God is with you in everything you do. 23 Now swear to me here before God that you will not deal falsely with me or my children or my descendants. Show to me and the country where you are living as an alien the same kindness I have shown to you."

24 Abraham said, "I swear it."

25 Then Abraham complained to Abimelech about a well of water that Abimelech's servants had seized. 26 But Abimelech said, "I don't know who has done this. You did not tell me, and I heard about it only today."

27 So Abraham brought sheep and cattle and gave them to Abimelech, and the two men made a treaty. 28 Abraham set apart seven ewe lambs from the flock, 29 and Abimelech asked Abraham, "What is the meaning of these seven ewe lambs you have set apart by themselves?"

30 He replied, "Accept these seven lambs from my hand as a witness that I dug this well."

s12 Or *seed* t16 Hebrew; Septuagint *the child*

³¹Por esto llamó a aquel lugar Beerseba;ʳ porque allí juraron ambos.

³²Así hicieron pacto en Beerseba; y se levantó Abimelec, y Ficol príncipe de su ejército, y volvieron a tierra de los filisteos.

³³Y plantó Abraham un árbol tamarisco en Beerseba, e invocó allí el nombre de Jehová Dios eterno.

³⁴Y moró Abraham en tierra de los filisteos muchos días.

Dios ordena a Abraham que sacrifique a Isaac

22 ¹Aconteció después de estas cosas, que probó Dios a Abraham, y le dijo: Abraham. Y él respondió: Heme aquí.

²Y dijo: Toma ahora tu hijo, tu único, Isaac, a quien amas, y vete a tierra de Moriah, y ofrécelo allí en holocausto sobre uno de los montes que yo te diré.

³Y Abraham se levantó muy de mañana, y enalbardó su asno, y tomó consigo dos siervos suyos, y a Isaac su hijo; y cortó leña para el holocausto, y se levantó, y fue al lugar que Dios le dijo.

⁴Al tercer día alzó Abraham sus ojos, y vio el lugar de lejos.

⁵Entonces dijo Abraham a sus siervos: Esperad aquí con el asno, y yo y el muchacho iremos hasta allí y adoraremos, y volveremos a vosotros.

⁶Y tomó Abraham la leña del holocausto, y la puso sobre Isaac su hijo, y él tomó en su mano el fuego y el cuchillo; y fueron ambos juntos.

⁷Entonces habló Isaac a Abraham su padre, y dijo: Padre mío. Y él respondió: Heme aquí, mi hijo. Y él dijo: He aquí el fuego y la leña; mas ¿dónde está el cordero para el holocausto?

⁸Y respondió Abraham: Dios se proveerá de cordero para el holocausto, hijo mío. E iban juntos.

⁹Y cuando llegaron al lugar que Dios le había dicho, edificó allí Abraham un altar, y compuso la leña, y ató a Isaac su hijo, y lo puso en el altar sobre la leña.

¹⁰Y extendió Abraham su mano y tomó el cuchillo para degollar a su hijo.

¹¹Entonces el ángel de Jehová le dio voces desde el cielo, y dijo: Abraham, Abraham. Y él respondió: Heme aquí.

¹²Y dijo: No extiendas tu mano sobre el muchacho, ni le hagas nada; porque ya conozco que temes a Dios, por cuanto no me rehusaste tu hijo, tu único.

¹³Entonces alzó Abraham sus ojos y miró, y he aquí a sus espaldas un carnero trabado en un zarzal por sus cuernos; y fue Abraham y tomó el carnero, y lo ofreció en holocausto en lugar de su hijo.

¹⁴Y llamó Abraham el nombre de aquel lugar, Jehová proveerá.ˢ Por tanto se dice hoy: En el monte de Jehová será provisto.

¹⁵Y llamó el ángel de Jehová a Abraham segunda vez desde el cielo,

¹⁶y dijo: Por mí mismo he jurado, dice Jehová, que por cuanto has hecho esto, y no me has rehusado tu hijo, tu único hijo;

³¹So that place was called Beersheba, ᵘ because the two men swore an oath there.

³²After the treaty had been made at Beersheba, Abimelech and Phicol the commander of his forces returned to the land of the Philistines. ³³Abraham planted a tamarisk tree in Beersheba, and there he called upon the name of the LORD, the Eternal God. ³⁴And Abraham stayed in the land of the Philistines for a long time.

Abraham Tested

22 Some time later God tested Abraham. He said to him, "Abraham!"

"Here I am," he replied.

²Then God said, "Take your son, your only son, Isaac, whom you love, and go to the region of Moriah. Sacrifice him there as a burnt offering on one of the mountains I will tell you about."

³Early the next morning Abraham got up and saddled his donkey. He took with him two of his servants and his son Isaac. When he had cut enough wood for the burnt offering, he set out for the place God had told him about. ⁴On the third day Abraham looked up and saw the place in the distance. ⁵He said to his servants, "Stay here with the donkey while I and the boy go over there. We will worship and then we will come back to you."

⁶Abraham took the wood for the burnt offering and placed it on his son Isaac, and he himself carried the fire and the knife. As the two of them went on together, ⁷Isaac spoke up and said to his father Abraham, "Father?"

"Yes, my son?" Abraham replied.

"The fire and wood are here," Isaac said, "but where is the lamb for the burnt offering?"

⁸Abraham answered, "God himself will provide the lamb for the burnt offering, my son." And the two of them went on together.

⁹When they reached the place God had told him about, Abraham built an altar there and arranged the wood on it. He bound his son Isaac and laid him on the altar, on top of the wood. ¹⁰Then he reached out his hand and took the knife to slay his son. ¹¹But the angel of the LORD called out to him from heaven, "Abraham! Abraham!"

"Here I am," he replied.

¹²"Do not lay a hand on the boy," he said. "Do not do anything to him. Now I know that you fear God, because you have not withheld from me your son, your only son."

¹³Abraham looked up and there in a thicket he saw a ramᵛ caught by its horns. He went over and took the ram and sacrificed it as a burnt offering instead of his son. ¹⁴So Abraham called that place The LORD Will Provide. And to this day it is said, "On the mountain of the LORD it will be provided."

¹⁵The angel of the LORD called to Abraham from heaven a second time ¹⁶and said, "I swear by myself, declares the LORD, that because you have done this and

17 de cierto te bendeciré, y multiplicaré tu descendencia como las estrellas del cielo y como la arena que está a la orilla del mar; y tu descendencia poseerá las puertas de sus enemigos.

18 En tu simiente serán benditas todas las naciones de la tierra, por cuanto obedeciste a mi voz.

19 Y volvió Abraham a sus siervos, y se levantaron y se fueron juntos a Beerseba; y habitó Abraham en Beerseba.

20 Aconteció después de estas cosas, que fue dada noticia a Abraham, diciendo: He aquí que también Milca ha dado a luz hijos a Nacor tu hermano:

21 Uz su primogénito, Buz su hermano, Kemuel padre de Aram,

22 Quesed, Hazo, Pildas, Jidlaf y Betuel.

23 Y Betuel fue el padre de Rebeca. Estos son los ocho hijos que dio a luz Milca, de Nacor hermano de Abraham.

24 Y su concubina, que se llamaba Reúma, dio a luz también a Teba, a Gaham, a Tahas y a Maaca.

have not withheld your son, your only son, 17 I will surely bless you and make your descendants as numerous as the stars in the sky and as the sand on the seashore. Your descendants will take possession of the cities of their enemies, 18 and through your offspring w all nations on earth will be blessed, because you have obeyed me."

19 Then Abraham returned to his servants, and they set off together for Beersheba. And Abraham stayed in Beersheba.

Nahor's Sons

20 Some time later Abraham was told, "Milcah is also a mother; she has borne sons to your brother Nahor: 21 Uz the firstborn, Buz his brother, Kemuel (the father of Aram), 22 Kesed, Hazo, Pildash, Jidlaph and Bethuel." 23 Bethuel became the father of Rebekah. Milcah bore these eight sons to Abraham's brother Nahor. 24 His concubine, whose name was Reumah, also had sons: Tebah, Gaham, Tahash and Maacah.

Muerte y sepultura de Sara

23 1 Fue la vida de Sara ciento veintisiete años; tantos fueron los años de la vida de Sara.

2 Y murió Sara en Quiriat-arba, que es Hebrón, en la tierra de Canaán; y vino Abraham a hacer duelo por Sara, y a llorarla.

3 Y se levantó Abraham de delante de su muerta, y habló a los hijos de Het, diciendo:

4 Extranjero y forastero soy entre vosotros; dadme propiedad para sepultura entre vosotros, y sepultaré mi muerta de delante de mí.

5 Y respondieron los hijos de Het a Abraham, y le dijeron:

6 Oyenos, señor nuestro; eres un príncipe de Dios entre nosotros; en lo mejor de nuestros sepulcros sepulta a tu muerta; ninguno de nosotros te negará su sepulcro, ni te impedirá que entierres tu muerta.

7 Y Abraham se levantó, y se inclinó al pueblo de aquella tierra, a los hijos de Het,

8 y habló con ellos, diciendo: Si tenéis voluntad de que yo sepulte mi muerta de delante de mí, oídme, e interceded por mí con Efrón hijo de Zohar,

9 para que me dé la cueva de Macpela, que tiene al extremo de su heredad; que por su justo precio me la dé, para posesión de sepultura en medio de vosotros.

10 Este Efrón estaba entre los hijos de Het; y respondió Efrón heteo a Abraham, en presencia de los hijos de Het, de todos los que entraban por la puerta de su ciudad, diciendo:

11 No, señor mío, óyeme: te doy la heredad, y te doy también la cueva que está en ella; en presencia de los hijos de mi pueblo te la doy; sepulta tu muerta.

12 Entonces Abraham se inclinó delante del pueblo de la tierra,

13 y respondió a Efrón en presencia del pueblo de la tierra, diciendo: Antes, si te place, te ruego que me oigas. Yo daré el precio de la heredad; tómalo de mí, y sepultaré en ella mi muerta.

14 Respondió Efrón a Abraham, diciéndole:

15 Señor mío, escúchame: la tierra vale cuatrocientos siclos de plata; ¿qué es esto entre tú y yo? Entierra, pues, tu muerta.

16 Entonces Abraham se convino con Efrón, y pesó Abraham a Efrón el dinero que dijo, en presencia de los hijos de Het, cuatrocientos siclos de plata, de buena ley entre mercaderes.

The Death of Sarah

23 Sarah lived to be a hundred and twenty-seven years old. 2 She died at Kiriath Arba (that is, Hebron) in the land of Canaan, and Abraham went to mourn for Sarah and to weep over her.

3 Then Abraham rose from beside his dead wife and spoke to the Hittites. x He said, 4 "I am an alien and a stranger among you. Sell me some property for a burial site here so I can bury my dead."

5 The Hittites replied to Abraham, 6 "Sir, listen to us. You are a mighty prince among us. Bury your dead in the choicest of our tombs. None of us will refuse you his tomb for burying your dead."

7 Then Abraham rose and bowed down before the people of the land, the Hittites. 8 He said to them, "If you are willing to let me bury my dead, then listen to me and intercede with Ephron son of Zohar on my behalf 9 so he will sell me the cave of Machpelah, which belongs to him and is at the end of his field. Ask him to sell it to me for the full price as a burial site among you."

10 Ephron the Hittite was sitting among his people and he replied to Abraham in the hearing of all the Hittites who had come to the gate of his city. 11 "No, my lord," he said. "Listen to me; I give y you the field, and I give y you the cave that is in it. I give y it to you in the presence of my people. Bury your dead."

12 Again Abraham bowed down before the people of the land 13 and he said to Ephron in their hearing, "Listen to me, if you will. I will pay the price of the field. Accept it from me so I can bury my dead there."

14 Ephron answered Abraham, 15 "Listen to me, my lord; the land is worth four hundred shekels z of silver, but what is that between me and you? Bury your dead."

16 Abraham agreed to Ephron's terms and weighed out for him the price he had named in the hearing of the Hittites: four hundred shekels of silver, according to the weight current among the merchants.

---

w 18 Or *seed*   x 3 Or *the sons of Heth*; also in verses 5, 7, 10, 16, 18 and 20   y 11 Or *sell*   z 15 That is, about 10 pounds (about 4.5 kilograms)

17 Y quedó la heredad de Efrón que estaba en Macpela al oriente de Mamre, la heredad con la cueva que estaba en ella, y todos los árboles que había en la heredad, y en todos sus contornos,

18 como propiedad de Abraham, en presencia de los hijos de Het y de todos los que entraban por la puerta de la ciudad.

19 Después de esto sepultó Abraham a Sara su mujer en la cueva de la heredad de Macpela al oriente de Mamre, que es Hebrón, en la tierra de Canaán.

20 Y quedó la heredad y la cueva que en ella había, de Abraham, como una posesión para sepultura, recibida de los hijos de Het.

Abraham busca esposa para Isaac

24 1 Era Abraham ya viejo, y bien avanzado en años; y Jehová había bendecido a Abraham en todo.
2 Y dijo Abraham a un criado suyo, el más viejo de su casa, que era el que gobernaba en todo lo que tenía: Pon ahora tu mano debajo de mi muslo,
3 y te juramentaré por Jehová, Dios de los cielos y Dios de la tierra, que no tomarás para mi hijo mujer de las hijas de los cananeos, entre los cuales yo habito;
4 sino que irás a mi tierra y a mi parentela, y tomarás mujer para mi hijo Isaac.
5 El criado le respondió: Quizá la mujer no querrá venir en pos de mí a esta tierra. ¿Volveré, pues, tu hijo a la tierra de donde saliste?
6 Y Abraham le dijo: Guárdate que no vuelvas a mi hijo allá.
7 Jehová, Dios de los cielos, que me tomó de la casa de mi padre y de la tierra de mi parentela, y me habló y me juró, diciendo: A tu descendencia daré esta tierra; él enviará su ángel delante de ti, y tú traerás de allá mujer para mi hijo.
8 Y si la mujer no quisiere venir en pos de ti, serás libre de este mi juramento; solamente que no vuelvas allá a mi hijo.
9 Entonces el criado puso su mano debajo del muslo de Abraham su señor, y le juró sobre este negocio.
10 Y el criado tomó diez camellos de los camellos de su señor, y se fue, tomando toda clase de regalos escogidos de su señor; y puesto en camino, llegó a Mesopotamia, a la ciudad de Nacor.
11 E hizo arrodillar los camellos fuera de la ciudad, junto a un pozo de agua, a la hora de la tarde, la hora en que salen las doncellas por agua.
12 Y dijo: Oh Jehová, Dios de mi señor Abraham, dame, te ruego, el tener hoy buen encuentro, y haz misericordia con mi señor Abraham.
13 He aquí yo estoy junto a la fuente de agua, y las hijas de los varones de esta ciudad salen por agua.
14 Sea, pues, que la doncella a quien yo dijere: Baja tu cántaro, te ruego, para que yo beba, y ella respondiere: Bebe, y también daré de beber a tus camellos; que sea ésta la que tú has destinado para tu siervo Isaac; y en esto conoceré que habrás hecho misericordia con mi señor.
15 Y aconteció que antes que él acabase de hablar, he aquí Rebeca, que había nacido a Betuel, hijo de Milca mujer de Nacor hermano de Abraham, la cual salía con su cántaro sobre su hombro.
16 Y la doncella era de aspecto muy hermoso, virgen, a la que varón no había conocido; la cual descendió a la fuente, y llenó su cántaro, y se volvía.
17 Entonces el criado corrió hacia ella, y dijo: Te ruego que me des a beber un poco de agua de tu cántaro.

Isaac and Rebekah

24 Abraham was now old and well advanced in years, and the LORD had blessed him in every way. 2 He said to the chief a servant in his household, the one in charge of all that he had, "Put your hand under my thigh. 3 I want you to swear by the LORD, the God of heaven and the God of earth, that you will not get a wife for my son from the daughters of the Canaanites, among whom I am living, 4 but will go to my country and my own relatives and get a wife for my son Isaac."

5 The servant asked him, "What if the woman is unwilling to come back with me to this land? Shall I then take your son back to the country you came from?"

6 "Make sure that you do not take my son back there," Abraham said. 7 "The LORD, the God of heaven, who brought me out of my father's household and my native land and who spoke to me and promised me on oath, saying, 'To your offspring b I will give this land' — he will send his angel before you so that you can get a wife for my son from there. 8 If the woman is unwilling to come back with you, then you will be released from this oath of mine. Only do not take my son back there." 9 So the servant put his hand under the thigh of his master Abraham and swore an oath to him concerning this matter.

10 Then the servant took ten of his master's camels and left, taking with him all kinds of good things from his master. He set out for Aram Naharaim c and made his way to the town of Nahor. 11 He had the camels kneel down near the well outside the town; it was toward evening, the time the women go out to draw water.

12 Then he prayed, "O LORD, God of my master Abraham, give me success today, and show kindness to my master Abraham. 13 See, I am standing beside this spring, and the daughters of the townspeople are coming out to draw water. 14 May it be that when I say to a girl, 'Please let down your jar that I may have a drink,' and she says, 'Drink, and I'll water your camels too' — let her be the one you have chosen for your servant Isaac. By this I will know that you have shown kindness to my master."

15 Before he had finished praying, Rebekah came out with her jar on her shoulder. She was the daughter of Bethuel son of Milcah, who was the wife of Abraham's brother Nahor. 16 The girl was very beautiful, a virgin; no man had ever lain with her. She went down to the spring, filled her jar and came up again.

17 The servant hurried to meet her and said, "Please give me a little water from your jar."

a 2 Or oldest   b 7 Or seed   c 10 That is, Northwest Mesopotamia

18 Ella respondió: Bebe, señor mío; y se dio prisa a bajar su cántaro sobre su mano, y le dio a beber.

19 Y cuando acabó de darle de beber, dijo: También para tus camellos sacaré agua, hasta que acaben de beber.

20 Y se dio prisa, y vació su cántaro en la pila, y corrió otra vez al pozo para sacar agua, y sacó para todos sus camellos.

21 Y el hombre estaba maravillado de ella, callando, para saber si Jehová había prosperado su viaje, o no.

22 Y cuando los camellos acabaron de beber, le dio el hombre un pendiente de oro que pesaba medio siclo, y dos brazaletes que pesaban diez,

23 y dijo: ¿De quién eres hija? Te ruego que me digas: ¿hay en casa de tu padre lugar donde posemos?

24 Y ella respondió: Soy hija de Betuel hijo de Milca, el cual ella dio a luz a Nacor.

25 Y añadió: También hay en nuestra casa paja y mucho forraje, y lugar para posar.

26 El hombre entonces se inclinó, y adoró a Jehová,

27 y dijo: Bendito sea Jehová, Dios de mi amo Abraham, que no apartó de mi amo su misericordia y su verdad, guiándome Jehová en el camino a casa de los hermanos de mi amo.

28 Y la doncella corrió, e hizo saber en casa de su madre estas cosas.

29 Y Rebeca tenía un hermano que se llamaba Labán, el cual corrió afuera hacia el hombre, a la fuente.

30 Y cuando vio el pendiente y los brazaletes en las manos de su hermana, que decía: Así me habló aquel hombre, vino a él; y he aquí que estaba con los camellos junto a la fuente.

31 Y le dijo: Ven, bendito de Jehová; ¿por qué estás fuera? He preparado la casa, y el lugar para los camellos.

32 Entonces el hombre vino a casa, y Labán desató los camellos; y les dio paja y forraje, y agua para lavar los pies de él, y los pies de los hombres que con él venían.

33 Y le pusieron delante qué comer; mas él dijo: No comeré hasta que haya dicho mi mensaje. Y él le dijo: Habla.

34 Entonces dijo: Yo soy criado de Abraham.

35 Y Jehová ha bendecido mucho a mi amo, y él se ha engrandecido; y le ha dado ovejas y vacas, plata y oro, siervos y siervas, camellos y asnos.

36 Y Sara, mujer de mi amo, dio a luz en su vejez un hijo a mi señor, quien le ha dado a él todo cuanto tiene.

37 Y mi amo me hizo jurar, diciendo: No tomarás para mi hijo mujer de las hijas de los cananeos, en cuya tierra habito;

38 sino que irás a la casa de mi padre y a mi parentela, y tomarás mujer para mi hijo.

39 Y yo dije: Quizás la mujer no querrá seguirme.

40 Entonces él me respondió: Jehová, en cuya presencia he andado, enviará su ángel contigo, y prosperará tu camino; y tomarás para mi hijo mujer de mi familia y de la casa de mi padre.

41 Entonces serás libre de mi juramento, cuando hayas llegado a mi familia; y si no te la dieren, serás libre de mi juramento.

42 Llegué, pues, hoy a la fuente, y dije: Jehová, Dios de mi señor Abraham, si tú prosperas ahora mi camino por el cual ando,

18 "Drink, my lord," she said, and quickly lowered the jar to her hands and gave him a drink.

19 After she had given him a drink, she said, "I'll draw water for your camels too, until they have finished drinking." 20 So she quickly emptied her jar into the trough, ran back to the well to draw more water, and drew enough for all his camels. 21 Without saying a word, the man watched her closely to learn whether or not the LORD had made his journey successful.

22 When the camels had finished drinking, the man took out a gold nose ring weighing a beka d and two gold bracelets weighing ten shekels. e 23 Then he asked, "Whose daughter are you? Please tell me, is there room in your father's house for us to spend the night?"

24 She answered him, "I am the daughter of Bethuel, the son that Milcah bore to Nahor." 25 And she added, "We have plenty of straw and fodder, as well as room for you to spend the night."

26 Then the man bowed down and worshiped the LORD, 27 saying, "Praise be to the LORD, the God of my master Abraham, who has not abandoned his kindness and faithfulness to my master. As for me, the LORD has led me on the journey to the house of my master's relatives."

28 The girl ran and told her mother's household about these things. 29 Now Rebekah had a brother named Laban, and he hurried out to the man at the spring. 30 As soon as he had seen the nose ring, and the bracelets on his sister's arms, and had heard Rebekah tell what the man said to her, he went out to the man and found him standing by the camels near the spring. 31 "Come, you who are blessed by the LORD," he said. "Why are you standing out here? I have prepared the house and a place for the camels."

32 So the man went to the house, and the camels were unloaded. Straw and fodder were brought for the camels, and water for him and his men to wash their feet. 33 Then food was set before him, but he said, "I will not eat until I have told you what I have to say."

"Then tell us," Laban said.

34 So he said, "I am Abraham's servant. 35 The LORD has blessed my master abundantly, and he has become wealthy. He has given him sheep and cattle, silver and gold, menservants and maidservants, and camels and donkeys. 36 My master's wife Sarah has borne him a son in her f old age, and he has given him everything he owns. 37 And my master made me swear an oath, and said, 'You must not get a wife for my son from the daughters of the Canaanites, in whose land I live, 38 but go to my father's family and to my own clan, and get a wife for my son.'

39 "Then I asked my master, 'What if the woman will not come back with me?'

40 "He replied, 'The LORD, before whom I have walked, will send his angel with you and make your journey a success, so that you can get a wife for my son from my own clan and from my father's family. 41 Then, when you go to my clan, you will be released from my oath even if they refuse to give her to you — you will be released from my oath.'

42 "When I came to the spring today, I said, 'O LORD, God of my master Abraham, if you will, please grant success to the journey on which I have come. 43 See, I am standing beside this spring; if a

d 22 That is, about 1/5 ounce (about 5.5 grams)   e 22 That is, about 4 ounces (about 110 grams)   f 36 Or his

43 he aquí yo estoy junto a la fuente de agua; sea, pues, que la doncella que saliere por agua, a la cual dijere: Dame de beber, te ruego, un poco de agua de tu cántaro,

44 y ella me respondiere: Bebe tú, y también para tus camellos sacaré agua; sea ésta la mujer que destinó Jehová para el hijo de mi señor.

45 Antes que acabase de hablar en mi corazón, he aquí Rebeca, que salía con su cántaro sobre su hombro; y descendió a la fuente, y sacó agua; y le dije: Te ruego que me des de beber.

46 Y bajó prontamente su cántaro de encima de sí, y dijo: Bebe, y también a tus camellos daré de beber. Y bebí, y dio también de beber a mis camellos.

47 Entonces le pregunté, y dije: ¿De quién eres hija? Y ella respondió: Hija de Betuel hijo de Nacor, que le dio a luz Milca. Entonces le puse un pendiente en su nariz, y brazaletes en sus brazos;

48 y me incliné y adoré a Jehová, y bendije a Jehová Dios de mi señor Abraham, que me había guiado por camino de verdad para tomar la hija del hermano de mi señor para su hijo.

49 Ahora, pues, si vosotros hacéis misericordia y verdad con mi señor, declarádmelo; y si no, declarádmelo; y me iré a la diestra o a la siniestra.

50 Entonces Labán y Betuel respondieron y dijeron: De Jehová ha salido esto; no podemos hablarte malo ni bueno.

51 He ahí Rebeca delante de ti; tómala y vete, y sea mujer del hijo de tu señor, como lo ha dicho Jehová.

52 Cuando el criado de Abraham oyó sus palabras, se inclinó en tierra ante Jehová.

53 Y sacó el criado alhajas de plata y alhajas de oro, y vestidos, y dio a Rebeca; también dio cosas preciosas a su hermano y a su madre.

54 Y comieron y bebieron él y los varones que venían con él, y durmieron; y levantándose de mañana, dijo: Enviadme a mi señor.

55 Entonces respondieron su hermano y su madre: Espere la doncella con nosotros a lo menos diez días, y después irá.

56 Y él les dijo: No me detengáis, ya que Jehová ha prosperado mi camino; despachadme para que me vaya a mi señor.

57 Ellos respondieron entonces: Llamemos a la doncella y preguntémosle.

58 Y llamaron a Rebeca, y le dijeron: ¿Irás tú con este varón? Y ella respondió: Sí, iré.

59 Entonces dejaron ir a Rebeca su hermana, y a su nodriza, y al criado de Abraham y a sus hombres.

60 Y bendijeron a Rebeca, y le dijeron: Hermana nuestra, sé madre de millares de millares. Y posean tus descendientes la puerta de sus enemigos.

61 Entonces se levantó Rebeca y sus doncellas, y montaron en los camellos, y siguieron al hombre; y el criado tomó a Rebeca, y se fue.

62 Y venía Isaac del pozo del Viviente-que-me-ve; porque él habitaba en el Neguev.

63 Y había salido Isaac a meditar al campo, a la hora de la tarde; y alzando sus ojos miró, y he aquí los camellos que venían.

64 Rebeca también alzó sus ojos, y vio a Isaac, y descendió del camello;

maiden comes out to draw water and I say to her, "Please let me drink a little water from your jar," 44 and if she says to me, "Drink, and I'll draw water for your camels too," let her be the one the LORD has chosen for my master's son.'

45 "Before I finished praying in my heart, Rebekah came out, with her jar on her shoulder. She went down to the spring and drew water, and I said to her, 'Please give me a drink.'

46 "She quickly lowered her jar from her shoulder and said, 'Drink, and I'll water your camels too.' So I drank, and she watered the camels also.

47 "I asked her, 'Whose daughter are you?'

"She said, 'The daughter of Bethuel son of Nahor, whom Milcah bore to him.'

"Then I put the ring in her nose and the bracelets on her arms, 48 and I bowed down and worshiped the LORD. I praised the LORD, the God of my master Abraham, who had led me on the right road to get the granddaughter of my master's brother for his son. 49 Now if you will show kindness and faithfulness to my master, tell me; and if not, tell me, so I may know which way to turn."

50 Laban and Bethuel answered, "This is from the LORD; we can say nothing to you one way or the other. 51 Here is Rebekah; take her and go, and let her become the wife of your master's son, as the LORD has directed."

52 When Abraham's servant heard what they said, he bowed down to the ground before the LORD. 53 Then the servant brought out gold and silver jewelry and articles of clothing and gave them to Rebekah; he also gave costly gifts to her brother and to her mother. 54 Then he and the men who were with him ate and drank and spent the night there.

When they got up the next morning, he said, "Send me on my way to my master."

55 But her brother and her mother replied, "Let the girl remain with us ten days or so; then you$g$ may go."

56 But he said to them, "Do not detain me, now that the LORD has granted success to my journey. Send me on my way so I may go to my master."

57 Then they said, "Let's call the girl and ask her about it." 58 So they called Rebekah and asked her, "Will you go with this man?"

"I will go," she said.

59 So they sent their sister Rebekah on her way, along with her nurse and Abraham's servant and his men. 60 And they blessed Rebekah and said to her,

"Our sister, may you increase
    to thousands upon thousands;
may your offspring possess
    the gates of their enemies."

61 Then Rebekah and her maids got ready and mounted their camels and went back with the man. So the servant took Rebekah and left.

62 Now Isaac had come from Beer Lahai Roi, for he was living in the Negev. 63 He went out to the field one evening to meditate,h and as he looked up, he saw camels approaching. 64 Rebekah also looked up and

---

g 55 Or she h 63 The meaning of the Hebrew for this word is uncertain.

65 porque había preguntado al criado: ¿Quién es este varón que viene por el campo hacia nosotros? Y el criado había respondido: Este es mi señor. Ella entonces tomó el velo, y se cubrió.
66 Entonces el criado contó a Isaac todo lo que había hecho.
67 Y la trajo Isaac a la tienda de su madre Sara, y tomó a Rebeca por mujer, y la amó; y se consoló Isaac después de la muerte de su madre.

Los descendientes de Abraham y Cetura

25 1 Abraham tomó otra mujer, cuyo nombre era Cetura,
2 la cual le dio a luz a Zimram, Jocsán, Medán, Madián, Isbac y Súa.
3 Y Jocsán engendró a Seba y a Dedán; e hijos de Dedán fueron Asurim Letusim y Leumim.
4 E hijos de Madián: Efa, Efer, Hanoc, Abida y Elda. Todos estos fueron hijos de Cetura.
5 Y Abraham dio todo cuanto tenía a Isaac.
6 Pero a los hijos de sus concubinas dio Abraham dones, y los envió lejos de Isaac su hijo, mientras él vivía, hacia el oriente, a la tierra oriental.

Muerte y sepultura de Abraham

7 Y estos fueron los días que vivió Abraham: ciento setenta y cinco años.
8 Y exhaló el espíritu, y murió Abraham en buena vejez, anciano y lleno de años, y fue unido a su pueblo.
9 Y lo sepultaron Isaac e Ismael sus hijos en la cueva de Macpela, en la heredad de Efrón hijo de Zohar heteo, que está enfrente de Mamre,
10 heredad que compró Abraham de los hijos de Het; allí fue sepultado Abraham, y Sara su mujer.
11 Y sucedió, después de muerto Abraham, que Dios bendijo a Isaac su hijo; y habitó Isaac junto al pozo del Viviente-que-me-ve.

Los descendientes de Ismael

12 Estos son los descendientes de Ismael hijo de Abraham, a quien le dio a luz Agar egipcia, sierva de Sara;
13 estos, pues, son los nombres de los hijos de Ismael, nombrados en el orden de su nacimiento: El primogénito de Ismael, Nebaiot; luego Cedar, Adbeel, Mibsam,
14 Misma, Duma, Massa,
15 Hadar, Tema, Jetur, Nafis y Cedema.
16 Estos son los hijos de Ismael, y estos sus nombres, por sus villas y por sus campamentos; doce príncipes por sus familias.
17 Y estos fueron los años de la vida de Ismael, ciento treinta y siete años; y exhaló el espíritu Ismael, y murió, y fue unido a su pueblo.
18 Y habitaron desde Havila hasta Shur, que está enfrente de Egipto viniendo a Asiria; y murió en presencia de todos sus hermanos.

Nacimiento de Jacob y Esaú

19 Estos son los descendientes de Isaac hijo de Abraham: Abraham engendró a Isaac,
20 y era Isaac de cuarenta años cuando tomó por mujer a Rebeca, hija de Betuel arameo de Padan-aram, hermana de Labán arameo.
21 Y oró Isaac a Jehová por su mujer, que era estéril; y lo aceptó Jehová, y concibió Rebeca su mujer.
22 Y los hijos luchaban dentro de ella; y dijo: Si es así, ¿para qué vivo yo? Y fue a consultar a Jehová;

saw Isaac. She got down from her camel 65 and asked the servant, "Who is that man in the field coming to meet us?"
"He is my master," the servant answered. So she took her veil and covered herself.
66 Then the servant told Isaac all he had done. 67 Isaac brought her into the tent of his mother Sarah, and he married Rebekah. So she became his wife, and he loved her; and Isaac was comforted after his mother's death.

The Death of Abraham

25 Abraham took[i] another wife, whose name was Keturah. 2 She bore him Zimran, Jokshan, Medan, Midian, Ishbak and Shuah. 3 Jokshan was the father of Sheba and Dedan; the descendants of Dedan were the Asshurites, the Letushites and the Leummites. 4 The sons of Midian were Ephah, Epher, Hanoch, Abida and Eldaah. All these were descendants of Keturah.
5 Abraham left everything he owned to Isaac. 6 But while he was still living, he gave gifts to the sons of his concubines and sent them away from his son Isaac to the land of the east.
7 Altogether, Abraham lived a hundred and seventy-five years. 8 Then Abraham breathed his last and died at a good old age, an old man and full of years; and he was gathered to his people. 9 His sons Isaac and Ishmael buried him in the cave of Machpelah near Mamre, in the field of Ephron son of Zohar the Hittite, 10 the field Abraham had bought from the Hittites.[j] There Abraham was buried with his wife Sarah. 11 After Abraham's death, God blessed his son Isaac, who then lived near Beer Lahai Roi.

Ishmael's Sons

12 This is the account of Abraham's son Ishmael, whom Sarah's maidservant, Hagar the Egyptian, bore to Abraham.
13 These are the names of the sons of Ishmael, listed in the order of their birth: Nebaioth the firstborn of Ishmael, Kedar, Adbeel, Mibsam, 14 Mishma, Dumah, Massa, 15 Hadad, Tema, Jetur, Naphish and Kedemah. 16 These were the sons of Ishmael, and these are the names of the twelve tribal rulers according to their settlements and camps. 17 Altogether, Ishmael lived a hundred and thirty-seven years. He breathed his last and died, and he was gathered to his people. 18 His descendants settled in the area from Havilah to Shur, near the border of Egypt, as you go toward Asshur. And they lived in hostility toward[k] all their brothers.

Jacob and Esau

19 This is the account of Abraham's son Isaac.

Abraham became the father of Isaac, 20 and Isaac was forty years old when he married Rebekah daughter of Bethuel the Aramean from Paddan Aram[l] and sister of Laban the Aramean.
21 Isaac prayed to the LORD on behalf of his wife, because she was barren. The LORD answered his prayer, and his wife Rebekah became pregnant. 22 The babies jostled each other within her, and she said, "Why is this happening to me?" So she went to inquire of the LORD.

---

i1 Or had taken   j10 Or the sons of Heth   k18 Or lived to the east of   l20 That is, Northwest Mesopotamia

23 y le respondió Jehová:

Dos naciones hay en tu seno,
Y dos pueblos serán divididos desde tus entrañas;
El un pueblo será más fuerte que el otro pueblo,
Y el mayor servirá al menor.

24 Cuando se cumplieron sus días para dar a luz, he aquí había gemelos en su vientre. 25 Y salió el primero rubio, y era todo velludo como una pelliza; y llamaron su nombre Esaú. 26 Después salió su hermano, trabada su mano al calcañar de Esaú; y fue llamado su nombre Jacob. t Y era Isaac de edad de sesenta años cuando ella los dio a luz.

Esaú vende su primogenitura

27 Y crecieron los niños, y Esaú fue diestro en la caza, hombre del campo; pero Jacob era varón quieto, que habitaba en tiendas. 28 Y amó Isaac a Esaú, porque comía de su caza; mas Rebeca amaba a Jacob. 29 Y guisó Jacob un potaje; y volviendo Esaú del campo, cansado, 30 dijo a Jacob: Te ruego que me des a comer de ese guiso rojo, pues estoy muy cansado. Por tanto fue llamado su nombre Edom. u 31 Jacob respondió: Véndeme en este día tu primogenitura. 32 Entonces dijo Esaú: He aquí yo me voy a morir; ¿para qué, pues, me servirá la primogenitura? 33 Y dijo Jacob: Júramelo en este día. Y él le juró, y vendió a Jacob su primogenitura. 34 Entonces Jacob dio a Esaú pan y del guisado de las lentejas; y él comió y bebió, y se levantó y se fue. Así menospreció Esaú la primogenitura.

Isaac en Gerar

26 1 Después hubo hambre en la tierra, además de la primera hambre que hubo en los días de Abraham; y se fue Isaac a Abimelec rey de los filisteos, en Gerar. 2 Y se le apareció Jehová, y le dijo: No desciendas a Egipto; habita en la tierra que yo te diré. 3 Habita como forastero en esta tierra, y estaré contigo, y te bendeciré; porque a ti y a tu descendencia daré todas estas tierras, y confirmaré el juramento que hice a Abraham tu padre. 4 Multiplicaré tu descendencia como las estrellas del cielo, y daré a tu descendencia todas estas tierras; y todas las naciones de la tierra serán benditas en tu simiente, 5 por cuanto oyó Abraham mi voz, y guardó mi precepto, mis mandamientos, mis estatutos y mis leyes. 6 Habitó, pues, Isaac en Gerar.

7 Y los hombres de aquel lugar le preguntaron acerca de su mujer; y él respondió: Es mi hermana; porque tuvo miedo de decir: Es mi mujer; pensando que tal vez los hombres del lugar lo matarían por causa de Rebeca, pues ella era de hermoso aspecto. 8 Sucedió que después que él estuvo allí muchos días, Abimelec, rey de los filisteos, mirando por una ventana, vio a Isaac que acariciaba a Rebeca su mujer. 9 Y llamó Abimelec a Isaac, y dijo: He aquí ella es de cierto tu mujer. ¿Cómo, pues, dijiste: Es mi hermana? E Isaac le respondió: Porque dije: Quizá moriré por causa de ella. 10 Y Abimelec dijo: ¿Por qué nos has hecho esto? Por poco hubiera dormido alguno del pueblo con tu mujer, y hubieras traído sobre nosotros el pecado.

23 The LORD said to her,

"Two nations are in your womb,
and two peoples from within you will be separated;
one people will be stronger than the other,
and the older will serve the younger."

24 When the time came for her to give birth, there were twin boys in her womb. 25 The first to come out was red, and his whole body was like a hairy garment; so they named him Esau. m 26 After this, his brother came out, with his hand grasping Esau's heel; so he was named Jacob. n Isaac was sixty years old when Rebekah gave birth to them.

27 The boys grew up, and Esau became a skillful hunter, a man of the open country, while Jacob was a quiet man, staying among the tents. 28 Isaac, who had a taste for wild game, loved Esau, but Rebekah loved Jacob.

29 Once when Jacob was cooking some stew, Esau came in from the open country, famished. 30 He said to Jacob, "Quick, let me have some of that red stew! I'm famished!" (That is why he was also called Edom. o) 31 Jacob replied, "First sell me your birthright." 32 "Look, I am about to die," Esau said. "What good is the birthright to me?" 33 But Jacob said, "Swear to me first." So he swore an oath to him, selling his birthright to Jacob. 34 Then Jacob gave Esau some bread and some lentil stew. He ate and drank, and then got up and left. So Esau despised his birthright.

Isaac and Abimelech

26 Now there was a famine in the land—besides the earlier famine of Abraham's time—and Isaac went to Abimelech king of the Philistines in Gerar. 2 The LORD appeared to Isaac and said, "Do not go down to Egypt; live in the land where I tell you to live. 3 Stay in this land for a while, and I will be with you and will bless you. To you and your descendants I will give all these lands and will confirm the oath I swore to your father Abraham. 4 I will make your descendants as numerous as the stars in the sky and will give them all these lands, and through your offspringp all nations on earth will be blessed, 5 because Abraham obeyed me and kept my requirements, my commands, my decrees and my laws." 6 So Isaac stayed in Gerar.

7 When the men of that place asked him about his wife, he said, "She is my sister," because he was afraid to say, "She is my wife." He thought, "The men of this place might kill me on account of Rebekah, because she is beautiful."

8 When Isaac had been there a long time, Abimelech king of the Philistines looked down from a window and saw Isaac caressing his wife Rebekah. 9 So Abimelech summoned Isaac and said, "She is really your wife! Why did you say, 'She is my sister'?"

Isaac answered him, "Because I thought I might lose my life on account of her."

10 Then Abimelech said, "What is this you have done to us? One of the men might well have slept with your wife, and you would have brought guilt upon us."

---

t Esto es, *el que toma por el calcañar*, o *el que suplanta*.
u Esto es, *Rojo*.

m 25 *Esau* may mean *hairy*; he was also called Edom, which means *red*.   n 26 *Jacob* means *he grasps the heel* (figuratively, *he deceives*).   o 30 *Edom* means *red*.   p 4 Or *seed*

11 Entonces Abimelec mandó a todo el pueblo, diciendo: El que tocare a este hombre o a su mujer, de cierto morirá.

12 Y sembró Isaac en aquella tierra, y cosechó aquel año ciento por uno; y le bendijo Jehová.

13 El varón se enriqueció, y fue prosperado, y se engrandeció hasta hacerse muy poderoso.

14 Y tuvo hato de ovejas, y hato de vacas, y mucha labranza; y los filisteos le tuvieron envidia.

15 Y todos los pozos que habían abierto los criados de Abraham su padre en sus días, los filisteos los habían cegado y llenado de tierra.

16 Entonces dijo Abimelec a Isaac: Apártate de nosotros, porque mucho más poderoso que nosotros te has hecho.

17 E Isaac se fue de allí, y acampó en el valle de Gerar, y habitó allí.

18 Y volvió a abrir Isaac los pozos de agua que habían abierto en los días de Abraham su padre, y que los filisteos habían cegado después de la muerte de Abraham; y los llamó por los nombres que su padre los había llamado.

19 Pero cuando los siervos de Isaac cavaron en el valle, y hallaron allí un pozo de aguas vivas,

20 los pastores de Gerar riñeron con los pastores de Isaac, diciendo: El agua es nuestra. Por eso llamó el nombre del pozo Esek, v porque habían altercado con él.

21 Y abrieron otro pozo, y también riñeron sobre él; y llamó su nombre Sitna. w

22 Y se apartó de allí, y abrió otro pozo, y no riñeron sobre él; y llamó su nombre Rehobot, x y dijo: Porque ahora Jehová nos ha prosperado, y fructificaremos en la tierra.

23 Y de allí subió a Beerseba.

24 Y se le apareció Jehová aquella noche, y le dijo: Yo soy el Dios de Abraham tu padre; no temas, porque yo estoy contigo, y te bendeciré, y multiplicaré tu descendencia por amor de Abraham mi siervo.

25 Y edificó allí un altar, e invocó el nombre de Jehová, y plantó allí su tienda; y abrieron allí los siervos de Isaac un pozo.

26 Y Abimelec vino a él desde Gerar, y Ahuzat, amigo suyo, y Ficol, capitán de su ejército.

27 Y les dijo Isaac: ¿Por qué venís a mí, pues que me habéis aborrecido, y me echasteis de entre vosotros?

28 Y ellos respondieron: Hemos visto que Jehová está contigo; y dijimos: Haya ahora juramento entre nosotros, entre tú y nosotros, y haremos pacto contigo,

29 que no nos hagas mal, como nosotros no te hemos tocado, y como solamente te hemos hecho bien, y te enviamos en paz; tú eres ahora bendito de Jehová.

30 Entonces él les hizo banquete, y comieron y bebieron.

31 Y se levantaron de madrugada, y juraron el uno al otro; e Isaac los despidió, y ellos se despidieron de él en paz.

32 En aquel día sucedió que vinieron los criados de Isaac, y le dieron nuevas acerca del pozo que habían abierto, y le dijeron: Hemos hallado agua.

33 Y lo llamó Seba; por esta causa el nombre de aquella ciudad es Beerseba hasta este día.

34 Y cuando Esaú era de cuarenta años, tomó por mujer a Judit hija de Beeri heteo, y a Basemat hija de Elón heteo;

35 y fueron amargura de espíritu para Isaac y para Rebeca.

11 So Abimelech gave orders to all the people: "Anyone who molests this man or his wife shall surely be put to death."

12 Isaac planted crops in that land and the same year reaped a hundredfold, because the Lord blessed him. 13 The man became rich, and his wealth continued to grow until he became very wealthy. 14 He had so many flocks and herds and servants that the Philistines envied him. 15 So all the wells that his father's servants had dug in the time of his father Abraham, the Philistines stopped up, filling them with earth.

16 Then Abimelech said to Isaac, "Move away from us; you have become too powerful for us."

17 So Isaac moved away from there and encamped in the Valley of Gerar and settled there. 18 Isaac reopened the wells that had been dug in the time of his father Abraham, which the Philistines had stopped up after Abraham died, and he gave them the same names his father had given them.

19 Isaac's servants dug in the valley and discovered a well of fresh water there. 20 But the herdsmen of Gerar quarreled with Isaac's herdsmen and said, "The water is ours!" So he named the well Esek, q because they disputed with him. 21 Then they dug another well, but they quarreled over that one also; so he named it Sitnah. r 22 He moved on from there and dug another well, and no one quarreled over it. He named it Rehoboth, s saying, "Now the Lord has given us room and we will flourish in the land."

23 From there he went up to Beersheba. 24 That night the Lord appeared to him and said, "I am the God of your father Abraham. Do not be afraid, for I am with you; I will bless you and will increase the number of your descendants for the sake of my servant Abraham."

25 Isaac built an altar there and called on the name of the Lord. There he pitched his tent, and there his servants dug a well.

26 Meanwhile, Abimelech had come to him from Gerar, with Ahuzzath his personal adviser and Phicol the commander of his forces. 27 Isaac asked them, "Why have you come to me, since you were hostile to me and sent me away?"

28 They answered, "We saw clearly that the Lord was with you; so we said, 'There ought to be a sworn agreement between us' — between us and you. Let us make a treaty with you 29 that you will do us no harm, just as we did not molest you but always treated you well and sent you away in peace. And now you are blessed by the Lord."

30 Isaac then made a feast for them, and they ate and drank. 31 Early the next morning the men swore an oath to each other. Then Isaac sent them on their way, and they left him in peace.

32 That day Isaac's servants came and told him about the well they had dug. They said, "We've found water!" 33 He called it Shibah, t and to this day the name of the town has been Beersheba. u

34 When Esau was forty years old, he married Judith daughter of Beeri the Hittite, and also Basemath daughter of Elon the Hittite. 35 They were a source of grief to Isaac and Rebekah.

---

q20 Esek means dispute.   r21 Sitnah means opposition.
s22 Rehoboth means room.   t33 Shibah can mean oath or seven.   u33 Beersheba can mean well of the oath or well of seven.

v Esto es, Contención.   w Esto es, Enemistad.   x Esto es, Lugares amplios o espaciosos.

Jacob obtiene la bendición de Isaac

27 ¹Aconteció que cuando Isaac envejeció, y sus ojos se oscurecieron quedando sin vista, llamó a Esaú su hijo mayor, y le dijo: Hijo mío. Y él respondió: Heme aquí.

²Y él dijo: He aquí ya soy viejo, no sé el día de mi muerte. ³Toma, pues, ahora tus armas, tu aljaba y tu arco, y sal al campo y tráeme caza; ⁴y hazme un guisado como a mí me gusta, y tráemelo, y comeré, para que yo te bendiga antes que muera.

⁵Y Rebeca estaba oyendo, cuando hablaba Isaac a Esaú su hijo; y se fue Esaú al campo para buscar la caza que había de traer.

⁶Entonces Rebeca habló a Jacob su hijo, diciendo: He aquí yo he oído a tu padre que hablaba con Esaú tu hermano, diciendo: ⁷Tráeme caza y hazme un guisado, para que coma, y te bendiga en presencia de Jehová antes que yo muera. ⁸Ahora, pues, hijo mío, obedece a mi voz en lo que te mando. ⁹Vé ahora al ganado, y tráeme de allí dos buenos cabritos de las cabras, y haré de ellos viandas para tu padre, como a él le gusta; ¹⁰y tú las llevarás a tu padre, y comerá, para que él te bendiga antes de su muerte.

¹¹Y Jacob dijo a Rebeca su madre: He aquí, Esaú mi hermano es hombre velloso, y yo lampiño. ¹²Quizá me palpará mi padre, y me tendrá por burlador, y traeré sobre mí maldición y no bendición. ¹³Y su madre respondió: Hijo mío, sea sobre mí tu maldición; solamente obedece a mi voz y vé y tráemelos. ¹⁴Entonces él fue y los tomó, y los trajo a su madre; y su madre hizo guisados, como a su padre le gustaba.

¹⁵Y tomó Rebeca los vestidos de Esaú su hijo mayor, los preciosos, que ella tenía en casa, y vistió a Jacob su hijo menor; ¹⁶y cubrió sus manos y la parte de su cuello donde no tenía vello, con las pieles de los cabritos; ¹⁷y entregó los guisados y el pan que había preparado, en manos de Jacob su hijo.

¹⁸Entonces éste fue a su padre y dijo: Padre mío. E Isaac respondió: Heme aquí; ¿quién eres, hijo mío? ¹⁹Y Jacob dijo a su padre: Yo soy Esaú tu primogénito; he hecho como me dijiste: levántate ahora, y siéntate, y come de mi caza, para que me bendigas. ²⁰Entonces Isaac dijo a su hijo: ¿Cómo es que la hallaste tan pronto, hijo mío? Y él respondió: Porque Jehová tu Dios hizo que la encontrase delante de mí. ²¹E Isaac dijo a Jacob: Acércate ahora, y te palparé, hijo mío, por si eres mi hijo Esaú o no. ²²Y se acercó Jacob a su padre Isaac, quien le palpó, y dijo: La voz es la voz de Jacob, pero las manos, las manos de Esaú. ²³Y no le conoció, porque sus manos eran vellosas como las manos de Esaú; y le bendijo. ²⁴Y dijo: ¿Eres tú mi hijo Esaú? Y Jacob respondió: Yo soy. ²⁵Dijo también: Acércamela, y comeré de la caza de mi hijo, para que yo te bendiga; y Jacob se la acercó, e Isaac comió; le trajo también vino, y bebió. ²⁶Y le dijo Isaac su padre: Acércate ahora, y bésame, hijo mío. ²⁷Y Jacob se acercó, y le besó; y olió Isaac el olor de sus vestidos, y le bendijo, diciendo:

Mira, el olor de mi hijo,
Como el olor del campo que Jehová ha bendecido;

Jacob Gets Isaac's Blessing

27 When Isaac was old and his eyes were so weak that he could no longer see, he called for Esau his older son and said to him, "My son."

"Here I am," he answered.

²Isaac said, "I am now an old man and don't know the day of my death. ³Now then, get your weapons— your quiver and bow—and go out to the open country to hunt some wild game for me. ⁴Prepare me the kind of tasty food I like and bring it to me to eat, so that I may give you my blessing before I die."

⁵Now Rebekah was listening as Isaac spoke to his son Esau. When Esau left for the open country to hunt game and bring it back, ⁶Rebekah said to her son Jacob, "Look, I overheard your father say to your brother Esau, ⁷'Bring me some game and prepare me some tasty food to eat, so that I may give you my blessing in the presence of the LORD before I die.' ⁸Now, my son, listen carefully and do what I tell you: ⁹Go out to the flock and bring me two choice young goats, so I can prepare some tasty food for your father, just the way he likes it. ¹⁰Then take it to your father to eat, so that he may give you his blessing before he dies."

¹¹Jacob said to Rebekah his mother, "But my brother Esau is a hairy man, and I'm a man with smooth skin. ¹²What if my father touches me? I would appear to be tricking him and would bring down a curse on myself rather than a blessing."

¹³His mother said to him, "My son, let the curse fall on me. Just do what I say; go and get them for me."

¹⁴So he went and got them and brought them to his mother, and she prepared some tasty food, just the way his father liked it. ¹⁵Then Rebekah took the best clothes of Esau her older son, which she had in the house, and put them on her younger son Jacob. ¹⁶She also covered his hands and the smooth part of his neck with the goatskins. ¹⁷Then she handed to her son Jacob the tasty food and the bread she had made.

¹⁸He went to his father and said, "My father."

"Yes, my son," he answered. "Who is it?"

¹⁹Jacob said to his father, "I am Esau your firstborn. I have done as you told me. Please sit up and eat some of my game so that you may give me your blessing."

²⁰Isaac asked his son, "How did you find it so quickly, my son?"

"The LORD your God gave me success," he replied.

²¹Then Isaac said to Jacob, "Come near so I can touch you, my son, to know whether you really are my son Esau or not."

²²Jacob went close to his father Isaac, who touched him and said, "The voice is the voice of Jacob, but the hands are the hands of Esau." ²³He did not recognize him, for his hands were hairy like those of his brother Esau; so he blessed him. ²⁴"Are you really my son Esau?" he asked.

"I am," he replied.

²⁵Then he said, "My son, bring me some of your game to eat, so that I may give you my blessing."

Jacob brought it to him and he ate; and he brought some wine and he drank. ²⁶Then his father Isaac said to him, "Come here, my son, and kiss me."

²⁷So he went to him and kissed him. When Isaac caught the smell of his clothes, he blessed him and said,

"Ah, the smell of my son
is like the smell of a field
that the LORD has blessed.

28 Dios, pues, te dé del rocío del cielo,
  Y de las grosuras de la tierra,
  Y abundancia de trigo y de mosto.
29 Sírvante pueblos,
  Y naciones se inclinen a ti;
  Sé señor de tus hermanos,
  Y se inclinen ante ti los hijos de tu madre.
  Malditos los que te maldijeren,
  Y benditos los que te b endijeren.,
30 Y aconteció, luego que Isaac acabó de bendecir a Jacob, y apenas había salido Jacob de delante de Isaac su padre, que Esaú su hermano volvió de cazar.
31 E hizo él también guisados, y trajo a su padre, y le dijo: Levántese mi padre, y coma de la caza de su hijo, para que me bendiga.
32 Entonces Isaac su padre le dijo: ¿Quién eres tú? Y él le dijo: Yo soy tu hijo, tu primogénito, Esaú.
33 Y se estremeció Isaac grandemente, y dijo: ¿Quién es el que vino aquí, que trajo caza, y me dio, y comí de todo antes que tú vinieses? Yo le bendije, y será bendito.
34 Cuando Esaú oyó las palabras de su padre, clamó con una muy grande y muy amarga exclamación, y le dijo: Bendíceme también a mí, padre mío.
35 Y él dijo: Vino tu hermano con engaño, y tomó tu bendición.
36 Y Esaú respondió: Bien llamaron su nombre Jacob, pues ya me ha suplantado dos veces: se apoderó de mi primogenitura, y he aquí ahora ha tomado mi bendición. Y dijo: ¿No has guardado bendición para mí?
37 Isaac respondió y dijo a Esaú: He aquí yo le he puesto por señor tuyo, y le he dado por siervos a todos sus hermanos; de trigo y de vino le he provisto; ¿qué, pues, te haré a ti ahora, hijo mío?
38 Y Esaú respondió a su padre: ¿No tienes más que una sola bendición, padre mío? Bendíceme también a mí, padre mío. Y alzó Esaú su voz, y lloró.
39 Entonces Isaac su padre habló y le dijo:
  He aquí, será tu habitación en grosuras de la tierra,
  Y del rocío de los cielos de arriba;
40 Y por tu espada vivirás, y a tu hermano servirás;
  Y sucederá cuando te fortalezcas,
  Que descargarás su yugo de tu cerviz.,

Jacob huye de Esaú

41 Y aborreció Esaú a Jacob por la bendición con que su padre le había bendecido, y dijo en su corazón: Llegarán los días del luto de mi padre, y yo mataré a mi hermano Jacob.
42 Y fueron dichas a Rebeca las palabras de Esaú su hijo mayor; y ella envió y llamó a Jacob su hijo menor, y le dijo: He aquí, Esaú tu hermano se consuela acerca de ti con la idea de matarte.
43 Ahora pues, hijo mío, obedece a mi voz; levántate y huye a casa de Labán mi hermano en Harán,
44 y mora con él algunos días, hasta que el enojo de tu hermano se mitigue;
45 hasta que se aplaque la ira de tu hermano contra ti, y olvide lo que le has hecho; yo enviaré entonces, y te traeré de allá. ¿Por qué seré privada de vosotros ambos en un día?

28 May God give you of heaven's dew
  and of earth's richness—
  an abundance of grain and new wine.
29 May nations serve you
  and peoples bow down to you.
  Be lord over your brothers,
  and may the sons of your mother bow down
    to you.
  May those who curse you be cursed
  and those who bless you be blessed."

30 After Isaac finished blessing him and Jacob had scarcely left his father's presence, his brother Esau came in from hunting. 31 He too prepared some tasty food and brought it to his father. Then he said to him, "My father, sit up and eat some of my game, so that you may give me your blessing."
32 His father Isaac asked him, "Who are you?"
  "I am your son," he answered, "your firstborn, Esau."
33 Isaac trembled violently and said, "Who was it, then, that hunted game and brought it to me? I ate it just before you came and I blessed him—and indeed he will be blessed!"
34 When Esau heard his father's words, he burst out with a loud and bitter cry and said to his father, "Bless me—me too, my father!"
35 But he said, "Your brother came deceitfully and took your blessing."
36 Esau said, "Isn't he rightly named Jacob[v]? He has deceived me these two times: He took my birthright, and now he's taken my blessing!" Then he asked, "Haven't you reserved any blessing for me?"
37 Isaac answered Esau, "I have made him lord over you and have made all his relatives his servants, and I have sustained him with grain and new wine. So what can I possibly do for you, my son?"
38 Esau said to his father, "Do you have only one blessing, my father? Bless me too, my father!" Then Esau wept aloud.
39 His father Isaac answered him,

  "Your dwelling will be
    away from the earth's richness,
    away from the dew of heaven above.
40 You will live by the sword
  and you will serve your brother.
  But when you grow restless,
  you will throw his yoke
    from off your neck."

Jacob Flees to Laban

41 Esau held a grudge against Jacob because of the blessing his father had given him. He said to himself, "The days of mourning for my father are near; then I will kill my brother Jacob."
42 When Rebekah was told what her older son Esau had said, she sent for her younger son Jacob and said to him, "Your brother Esau is consoling himself with the thought of killing you. 43 Now then, my son, do what I say: Flee at once to my brother Laban in Haran. 44 Stay with him for a while until your brother's fury subsides. 45 When your brother is no longer angry with you and forgets what you did to him, I'll send word for you to come back from there. Why should I lose both of you in one day?"

---

[v]36 Jacob means he grasps the heel (figuratively, he deceives).

46Y dijo Rebeca a Isaac: Fastidio tengo de mi vida, a causa de las hijas de Het. Si Jacob toma mujer de las hijas de Het, como éstas, de las hijas de esta tierra, ¿para qué quiero la vida?

28 1Entonces Isaac llamó a Jacob, y lo bendijo, y le mandó diciendo: No tomes mujer de las hijas de Canaán.

2Levántate, vé a Padan-aram, a casa de Betuel, padre de tu madre, y toma allí mujer de las hijas de Labán, hermano de tu madre.

3Y el Dios omnipotente te bendiga, y te haga fructificar y te multiplique, hasta llegar a ser multitud de pueblos;

4y te dé la bendición de Abraham, a tu descendencia contigo, para que heredes la tierra en que moras, que Dios dio a Abraham.

5Así envió Isaac a Jacob, el cual fue a Padan-aram, a Labán hijo de Betuel arameo, hermano de Rebeca madre de Jacob y de Esaú.

6Y vio Esaú cómo Isaac había bendecido a Jacob, y le había enviado a Padan-aram, para tomar para sí mujer de allí; y que cuando le bendijo, le había mandado diciendo: No tomarás mujer de las hijas de Canaán;

7y que Jacob había obedecido a su padre y a su madre, y se había ido a Padan-aram.

8Vio asimismo Esaú que las hijas de Canaán parecían mal a Isaac su padre;

9y se fue Esaú a Ismael, y tomó para sí por mujer a Mahalat, hija de Ismael hijo de Abraham, hermana de Nebaiot, además de sus otras mujeres.

Dios se aparece a Jacob en Bet-el

10Salió, pues, Jacob de Beerseba, y fue a Harán.

11Y llegó a un cierto lugar, y durmió allí, porque ya el sol se había puesto; y tomó de las piedras de aquel paraje y puso a su cabecera, y se acostó en aquel lugar.

12Y soñó: y he aquí una escalera que estaba apoyada en tierra, y su extremo tocaba en el cielo; y he aquí ángeles de Dios que subían y descendían por ella.

13Y he aquí, Jehová estaba en lo alto de ella, el cual dijo: Yo soy Jehová, el Dios de Abraham tu padre, y el Dios de Isaac; la tierra en que estás acostado te la daré a ti y a tu descendencia.

14Será tu descendencia como el polvo de la tierra, y te extenderás al occidente, al oriente, al norte y al sur; y todas las familias de la tierra serán benditas en ti y en tu simiente.

15He aquí, yo estoy contigo, y te guardaré por dondequiera que fueres, y volveré a traerte a esta tierra; porque no te dejaré hasta que haya hecho lo que te he dicho.

16Y despertó Jacob de su sueño, y dijo: Ciertamente Jehová está en este lugar, y yo no lo sabía.

17Y tuvo miedo, y dijo: ¡Cuán terrible es este lugar! No es otra cosa que casa de Dios, y puerta del cielo.

18Y se levantó Jacob de mañana, y tomó la piedra que había puesto de cabecera, y la alzó por señal, y derramó aceite encima de ella.

19Y llamó el nombre de aquel lugar Bet-el,y aunque Luzz era el nombre de la ciudad primero.

20E hizo Jacob voto, diciendo: Si fuere Dios conmigo, y me guardare en este viaje en que voy, y me diere pan para comer y vestido para vestir,

46Then Rebekah said to Isaac, "I'm disgusted with living because of these Hittite women. If Jacob takes a wife from among the women of this land, from Hittite women like these, my life will not be worth living."

28 So Isaac called for Jacob and blessedw him and commanded him: "Do not marry a Canaanite woman. 2Go at once to Paddan Aram,x to the house of your mother's father Bethuel. Take a wife for yourself there, from among the daughters of Laban, your mother's brother. 3May God Almightyy bless you and make you fruitful and increase your numbers until you become a community of peoples. 4May he give you and your descendants the blessing given to Abraham, so that you may take possession of the land where you now live as an alien, the land God gave to Abraham."

5Then Isaac sent Jacob on his way, and he went to Paddan Aram, to Laban son of Bethuel the Aramean, the brother of Rebekah, who was the mother of Jacob and Esau.

6Now Esau learned that Isaac had blessed Jacob and had sent him to Paddan Aram to take a wife from there, and that when he blessed him he commanded him, "Do not marry a Canaanite woman," 7and that Jacob had obeyed his father and mother and had gone to Paddan Aram. 8Esau then realized how displeasing the Canaanite women were to his father Isaac; 9so he went to Ishmael and married Mahalath, the sister of Nebaioth and daughter of Ishmael son of Abraham, in addition to the wives he already had.

Jacob's Dream at Bethel

10Jacob left Beersheba and set out for Haran. 11When he reached a certain place, he stopped for the night because the sun had set. Taking one of the stones there, he put it under his head and lay down to sleep. 12He had a dream in which he saw a stairwayz resting on the earth, with its top reaching to heaven, and the angels of God were ascending and descending on it. 13There above ita stood the LORD, and he said: "I am the LORD, the God of your father Abraham and the God of Isaac. I will give you and your descendants the land on which you are lying. 14Your descendants will be like the dust of the earth, and you will spread out to the west and to the east, to the north and to the south. All peoples on earth will be blessed through you and your offspring. 15I am with you and will watch over you wherever you go, and I will bring you back to this land. I will not leave you until I have done what I have promised you."

16When Jacob awoke from his sleep, he thought, "Surely the LORD is in this place, and I was not aware of it." 17He was afraid and said, "How awesome is this place! This is none other than the house of God; this is the gate of heaven."

18Early the next morning Jacob took the stone he had placed under his head and set it up as a pillar and poured oil on top of it. 19He called that place Bethel,b though the city used to be called Luz.

20Then Jacob made a vow, saying, "If God will be with me and will watch over me on this journey I am taking and will give me food to eat and clothes to wear

---

yEsto es, *Casa de Dios.*   zEsto es, *Almendro.*

w1 Or *greeted* x2 That is, Northwest Mesopotamia; also in verses 5, 6 and 7 y3 Hebrew *El-Shaddai* z12 Or *ladder* a13 Or *There beside him* b19 *Bethel* means house of God.

21 y si volviere en paz a casa de mi padre, Jehová será mi Dios.

22 Y esta piedra que he puesto por señal, será casa de Dios; y de todo lo que me dieres, el diezmo apartaré para ti.

Jacob sirve a Labán por Raquel y Lea

29 1 Siguió luego Jacob su camino, y fue a la tierra de los orientales.

2 Y miró, y vio un pozo en el campo; y he aquí tres rebaños de ovejas que yacían cerca de él, porque de aquel pozo abrevaban los ganados; y había una gran piedra sobre la boca del pozo.

3 Y juntaban allí todos los rebaños; y revolvían la piedra de la boca del pozo, y abrevaban las ovejas, y volvían la piedra sobre la boca del pozo a su lugar.

4 Y les dijo Jacob: Hermanos míos, ¿de dónde sois? Y ellos respondieron: De Harán somos.

5 El les dijo: ¿Conocéis a Labán hijo de Nacor? Y ellos dijeron: Sí, le conocemos.

6 Y él les dijo: ¿Está bien? Y ellos dijeron: Bien, y he aquí Raquel su hija viene con las ovejas.

7 Y él dijo: He aquí es aún muy de día; no es tiempo todavía de recoger el ganado; abrevad las ovejas, e id a apacentarlas.

8 Y ellos respondieron: No podemos, hasta que se junten todos los rebaños, y remuevan la piedra de la boca del pozo, para que abrevemos las ovejas.

9 Mientras él aún hablaba con ellos, Raquel vino con el rebaño de su padre, porque ella era la pastora.

10 Y sucedió que cuando Jacob vio a Raquel, hija de Labán hermano de su madre, y las ovejas de Labán el hermano de su madre, se acercó Jacob y removió la piedra de la boca del pozo, y abrevó el rebaño de Labán hermano de su madre.

11 Y Jacob besó a Raquel, y alzó su voz y lloró.

12 Y Jacob dijo a Raquel que él era hermano de su padre, y que era hijo de Rebeca; y ella corrió, y dio las nuevas a su padre.

13 Así que oyó Labán las nuevas de Jacob, hijo de su hermana, corrió a recibirlo, y lo abrazó, lo besó, y lo trajo a su casa; y él contó a Labán todas estas cosas.

14 Y Labán le dijo: Ciertamente hueso mío y carne mía eres. Y estuvo con él durante un mes.

15 Entonces dijo Labán a Jacob: ¿Por ser tú mi hermano, me servirás de balde? Dime cuál será tu salario.

16 Y Labán tenía dos hijas: el nombre de la mayor era Lea, y el nombre de la menor, Raquel.

17 Y los ojos de Lea eran delicados, pero Raquel era de lindo semblante y de hermoso parecer.

18 Y Jacob amó a Raquel, y dijo: Yo te serviré siete años por Raquel tu hija menor.

19 Y Labán respondió: Mejor es que te la dé a ti, y no que la dé a otro hombre; quédate conmigo.

20 Así sirvió Jacob por Raquel siete años; y le parecieron como pocos días, porque la amaba.

21 Entonces dijo Jacob a Labán: Dame mi mujer, porque mi tiempo se ha cumplido, para unirme a ella.

22 Entonces Labán juntó a todos los varones de aquel lugar, e hizo banquete.

23 Y sucedió que a la noche tomó a Lea su hija, y se la trajo; y él se llegó a ella.

Jacob Arrives in Paddan Aram

29 Then Jacob continued on his journey and came to the land of the eastern peoples. 2There he saw a well in the field, with three flocks of sheep lying near it because the flocks were watered from that well. The stone over the mouth of the well was large. 3When all the flocks were gathered there, the shepherds would roll the stone away from the well's mouth and water the sheep. Then they would return the stone to its place over the mouth of the well.

4Jacob asked the shepherds, "My brothers, where are you from?"

"We're from Haran," they replied.

5He said to them, "Do you know Laban, Nahor's grandson?"

"Yes, we know him," they answered.

6Then Jacob asked them, "Is he well?"

"Yes, he is," they said, "and here comes his daughter Rachel with the sheep."

7"Look," he said, "the sun is still high; it is not time for the flocks to be gathered. Water the sheep and take them back to pasture."

8"We can't," they replied, "until all the flocks are gathered and the stone has been rolled away from the mouth of the well. Then we will water the sheep."

9While he was still talking with them, Rachel came with her father's sheep, for she was a shepherdess. 10When Jacob saw Rachel daughter of Laban, his mother's brother, and Laban's sheep, he went over and rolled the stone away from the mouth of the well and watered his uncle's sheep. 11Then Jacob kissed Rachel and began to weep aloud. 12He had told Rachel that he was a relative of her father and a son of Rebekah. So she ran and told her father.

13As soon as Laban heard the news about Jacob, his sister's son, he hurried to meet him. He embraced him and kissed him and brought him to his home, and there Jacob told him all these things. 14Then Laban said to him, "You are my own flesh and blood."

Jacob Marries Leah and Rachel

After Jacob had stayed with him for a whole month, 15Laban said to him, "Just because you are a relative of mine, should you work for me for nothing? Tell me what your wages should be."

16Now Laban had two daughters; the name of the older was Leah, and the name of the younger was Rachel. 17Leah had weak e eyes, but Rachel was lovely in form, and beautiful. 18Jacob was in love with Rachel and said, "I'll work for you seven years in return for your younger daughter Rachel."

19Laban said, "It's better that I give her to you than to some other man. Stay here with me." 20So Jacob served seven years to get Rachel, but they seemed like only a few days to him because of his love for her.

21Then Jacob said to Laban, "Give me my wife. My time is completed, and I want to lie with her."

22So Laban brought together all the people of the place and gave a feast. 23But when evening came, he took his daughter Leah and gave her to Jacob, and Jacob lay with her. 24And Laban gave his servant girl

c 20,21 Or Since God . . . father's house, the LORD   d 21,22 Or house, and the LORD will be my God, 22then   e 17 Or delicate

24Y dio Labán su sierva Zilpa a su hija Lea por criada.
25Venida la mañana, he aquí que era Lea; y Jacob dijo a Labán: ¿Qué es esto que me has hecho? ¿No te he servido por Raquel? ¿Por qué, pues, me has engañado?
26Y Labán respondió: No se hace así en nuestro lugar, que se dé la menor antes de la mayor.
27Cumple la semana de ésta, y se te dará también la otra, por el servicio que hagas conmigo otros siete años.
28E hizo Jacob así, y cumplió la semana de aquélla; y él le dio a Raquel su hija por mujer.
29Y dio Labán a Raquel su hija su sierva Bilha por criada.
30Y se llegó también a Raquel, y la amó también más que a Lea; y sirvió a Labán aún otros siete años.

Los hijos de Jacob

31Y vio Jehová que Lea era menospreciada, y le dio hijos; pero Raquel era estéril.
32Y concibió Lea, y dio a luz un hijo, y llamó su nombre Rubén,a porque dijo: Ha mirado Jehová mi aflicción; ahora, por tanto, me amará mi marido.
33Concibió otra vez, y dio a luz un hijo, y dijo: Por cuanto oyób Jehová que yo era menospreciada, me ha dado también éste. Y llamó su nombre Simeón.
34Y concibió otra vez, y dio a luz un hijo, y dijo: Ahora esta vez se unirác mi marido conmigo, porque le he dado a luz tres hijos; por tanto, llamó su nombre Leví.
35Concibió otra vez, y dio a luz un hijo, y dijo: Esta vez alabaréd a Jehová; por esto llamó su nombre Judá; y dejó de dar a luz.

30 1Viendo Raquel que no daba hijos a Jacob, tuvo envidia de su hermana, y decía a Jacob: Dame hijos, o si no, me muero.
2Y Jacob se enojó contra Raquel, y dijo: ¿Soy yo acaso Dios, que te impidió el fruto de tu vientre?
3Y ella dijo: He aquí mi sierva Bilha; llégate a ella, y dará a luz sobre mis rodillas, y yo también tendré hijos de ella.
4Así le dio a Bilha su sierva por mujer; y Jacob se llegó a ella.
5Y concibió Bilha, y dio a luz un hijo a Jacob.
6Dijo entonces Raquel: Me juzgó Dios, y también oyó mi voz, y me dio un hijo. Por tanto llamó su nombre Dan.e
7Concibió otra vez Bilha la sierva de Raquel, y dio a luz un segundo hijo a Jacob.
8Y dijo Raquel: Con luchas de Dios he contendidof con mi hermana, y he vencido. Y llamó su nombre Neftalí.
9Viendo, pues, Lea, que había dejado de dar a luz, tomó a Zilpa su sierva, y la dio a Jacob por mujer,
10Y Zilpa sierva de Lea dio a luz un hijo a Jacob.
11Y dijo Lea: Vino la ventura; y llamó su nombre Gad.g
12Luego Zilpa la sierva de Lea dio a luz otro hijo a Jacob.

Zilpah to his daughter as her maidservant.
25When morning came, there was Leah! So Jacob said to Laban, "What is this you have done to me? I served you for Rachel, didn't I? Why have you deceived me?"
26Laban replied, "It is not our custom here to give the younger daughter in marriage before the older one. 27Finish this daughter's bridal week; then we will give you the younger one also, in return for another seven years of work."
28And Jacob did so. He finished the week with Leah, and then Laban gave him his daughter Rachel to be his wife. 29Laban gave his servant girl Bilhah to his daughter Rachel as her maidservant. 30Jacob lay with Rachel also, and he loved Rachel more than Leah. And he worked for Laban another seven years.

Jacob's Children

31When the LORD saw that Leah was not loved, he opened her womb, but Rachel was barren. 32Leah became pregnant and gave birth to a son. She named him Reuben,f for she said, "It is because the LORD has seen my misery. Surely my husband will love me now."
33She conceived again, and when she gave birth to a son she said, "Because the LORD heard that I am not loved, he gave me this one too." So she named him Simeon.g
34Again she conceived, and when she gave birth to a son she said, "Now at last my husband will become attached to me, because I have borne him three sons." So he was named Levi.h
35She conceived again, and when she gave birth to a son she said, "This time I will praise the LORD." So she named him Judah.i Then she stopped having children.

30 When Rachel saw that she was not bearing Jacob any children, she became jealous of her sister. So she said to Jacob, "Give me children, or I'll die!"
2Jacob became angry with her and said, "Am I in the place of God, who has kept you from having children?"
3Then she said, "Here is Bilhah, my maidservant. Sleep with her so that she can bear children for me and that through her I too can build a family."
4So she gave him her servant Bilhah as a wife. Jacob slept with her, 5and she became pregnant and bore him a son. 6Then Rachel said, "God has vindicated me; he has listened to my plea and given me a son." Because of this she named him Dan.j
7Rachel's servant Bilhah conceived again and bore Jacob a second son. 8Then Rachel said, "I have had a great struggle with my sister, and I have won." So she named him Naphtali.k
9When Leah saw that she had stopped having children, she took her maidservant Zilpah and gave her to Jacob as a wife. 10Leah's servant Zilpah bore Jacob a son. 11Then Leah said, "What good fortune!"l So she named him Gad.m
12Leah's servant Zilpah bore Jacob a second son.

---

f32 Reuben sounds like the Hebrew for he has seen my misery; the name means see, a son. g33 Simeon probably means one who hears. h34 Levi sounds like and may be derived from the Hebrew for attached. i35 Judah sounds like and may be derived from the Hebrew for praise. j6 Dan here means he has vindicated. k8 Naphtali means my struggle. l11 Or "A troop is coming!" m11 Gad can mean good fortune or a troop.

aEsto es, Ved, un hijo. bHeb. shama. cHeb. lawah.
dHeb. hodah. eEsto es, El juzgó. fHeb. niftal.
gEsto es, Fortuna.

13 Y dijo Lea: Para dicha mía; porque las mujeres me dirán dichosa; y llamó su nombre Aser. h

14 Fue Rubén en tiempo de la siega de los trigos, y halló mandrágoras en el campo, y las trajo a Lea su madre; y dijo Raquel a Lea: Te ruego que me des de las mandrágoras de tu hijo.

15 Y ella respondió: ¿Es poco que hayas tomado mi marido, sino que también te has de llevar las mandrágoras de mi hijo? Y dijo Raquel: Pues dormirá contigo esta noche por las mandrágoras de tu hijo.

16 Cuando, pues, Jacob volvía del campo a la tarde, salió Lea a él, y le dijo: Llégate a mí, porque a la verdad te he alquilado por las mandrágoras de mi hijo. Y durmió con ella aquella noche.

17 Y oyó Dios a Lea; y concibió, y dio a luz el quinto hijo a Jacob.

18 Y dijo Lea: Dios me ha dado mi recompensa, i por cuanto di mi sierva a mi marido; por eso llamó su nombre Isacar.

19 Después concibió Lea otra vez, y dio a luz el sexto hijo a Jacob.

20 Y dijo Lea: Dios me ha dado una buena dote; ahora morará/ conmigo mi marido, porque le he dado a luz seis hijos; y llamó su nombre Zabulón.

21 Después dio a luz una hija, y llamó su nombre Dina.

22 Y se acordó Dios de Raquel, y la oyó Dios, y le concedió hijos.

23 Y concibió, y dio a luz un hijo, y dijo: Dios ha quitado mi afrenta;

24 y llamó su nombre José, k diciendo: Añádame Jehová otro hijo.

Tretas de Jacob y de Labán

25 Aconteció cuando Raquel hubo dado a luz a José, que Jacob dijo a Labán: Envíame, e iré a mi lugar, y a mi tierra.

26 Dame mis mujeres y mis hijos, por las cuales he servido contigo, y déjame ir; pues tú sabes los servicios que te he hecho.

27 Y Labán le respondió: Halle yo ahora gracia en tus ojos, y quédate; he experimentado que Jehová me ha bendecido por tu causa.

28 Y dijo: Señálame tu salario, y yo lo daré.

29 Y él respondió: Tú sabes cómo te he servido, y cómo ha estado tu ganado conmigo.

30 Porque poco tenías antes de mi venida, y ha crecido en gran número, y Jehová te ha bendecido con mi llegada; y ahora, ¿cuándo trabajaré también por mi propia casa?

31 Y él dijo: ¿Qué te daré? Y respondió Jacob: No me des nada; si hicieres por mí esto, volveré a apacentar tus ovejas.

32 Yo pasaré hoy por todo tu rebaño, poniendo aparte todas las ovejas manchadas y salpicadas de color, y todas las ovejas de color oscuro, y las manchadas y salpicadas de color entre las cabras; y esto será mi salario.

33 Así responderá por mí mi honradez mañana, cuando vengas a reconocer mi salario; toda la que no fuere pintada ni manchada en las cabras, y de color oscuro entre mis ovejas, se me ha de tener como de hurto.

34 Dijo entonces Labán: Mira, sea como tú dices.

13 Then Leah said, "How happy I am! The women will call me happy." So she named him Asher. n

14 During wheat harvest, Reuben went out into the fields and found some mandrake plants, which he brought to his mother Leah. Rachel said to Leah, "Please give me some of your son's mandrakes."

15 But she said to her, "Wasn't it enough that you took away my husband? Will you take my son's mandrakes too?"

"Very well," Rachel said, "he can sleep with you tonight in return for your son's mandrakes."

16 So when Jacob came in from the fields that evening, Leah went out to meet him. "You must sleep with me," she said. "I have hired you with my son's mandrakes." So he slept with her that night.

17 God listened to Leah, and she became pregnant and bore Jacob a fifth son. 18 Then Leah said, "God has rewarded me for giving my maidservant to my husband." So she named him Issachar. o

19 Leah conceived again and bore Jacob a sixth son. 20 Then Leah said, "God has presented me with a precious gift. This time my husband will treat me with honor, because I have borne him six sons." So she named him Zebulun. p

21 Some time later she gave birth to a daughter and named her Dinah.

22 Then God remembered Rachel; he listened to her and opened her womb. 23 She became pregnant and gave birth to a son and said, "God has taken away my disgrace." 24 She named him Joseph, q and said, "May the LORD add to me another son."

Jacob's Flocks Increase

25 After Rachel gave birth to Joseph, Jacob said to Laban, "Send me on my way so I can go back to my own homeland. 26 Give me my wives and children, for whom I have served you, and I will be on my way. You know how much work I've done for you."

27 But Laban said to him, "If I have found favor in your eyes, please stay. I have learned by divination that r the LORD has blessed me because of you." 28 He added, "Name your wages, and I will pay them."

29 Jacob said to him, "You know how I have worked for you and how your livestock has fared under my care. 30 The little you had before I came has increased greatly, and the LORD has blessed you wherever I have been. But now, when may I do something for my own household?"

31 "What shall I give you?" he asked.

"Don't give me anything," Jacob replied. "But if you will do this one thing for me, I will go on tending your flocks and watching over them: 32 Let me go through all your flocks today and remove from them every speckled or spotted sheep, every dark-colored lamb and every spotted or speckled goat. They will be my wages. 33 And my honesty will testify for me in the future, whenever you check on the wages you have paid me. Any goat in my possession that is not speckled or spotted, or any lamb that is not dark-colored, will be considered stolen."

34 "Agreed," said Laban. "Let it be as you have said."

---

hEsto es, Feliz.   iHeb. sakar.   jHeb. zabal.   kEsto es, El añade.

n13 Asher means happy.   o18 Issachar sounds like the Hebrew for reward.   p20 Zebulun probably means honor.   q24 Joseph means may he add.   r27 Or possibly have become rich and

35 Y Labán apartó aquel día los machos cabríos manchados y rayados, y todas las cabras manchadas y salpicadas de color, y toda aquella que tenía en sí algo de blanco, y todas las de color oscuro entre las ovejas, y las puso en mano de sus hijos.

36 Y puso tres días de camino entre sí y Jacob; y Jacob apacentaba las otras ovejas de Labán.

37 Tomó luego Jacob varas verdes de álamo, de avellano y de castaño, y descortezó en ellas mondaduras blancas, descubriendo así lo blanco de las varas.

38 Y puso las varas que había mondado delante del ganado, en los canales de los abrevaderos del agua donde venían a beber las ovejas, las cuales procreaban cuando venían a beber.

39 Así concebían las ovejas delante de las varas; y parían borregos listados, pintados y salpicados de diversos colores.

40 Y apartaba Jacob los corderos, y ponía con su propio rebaño los listados y todo lo que era oscuro del hato de Labán. Y ponía su hato aparte, y no lo ponía con las ovejas de Labán.

41 Y sucedía que cuantas veces se hallaban en celo las ovejas más fuertes, Jacob ponía las varas delante de las ovejas en los abrevaderos, para que concibiesen a la vista de las varas.

42 Pero cuando venían las ovejas más débiles, no las ponía; así eran las más débiles para Labán, y las más fuertes para Jacob.

43 Y se enriqueció el varón muchísimo, y tuvo muchas ovejas, y siervas y siervos, y camellos y asnos.

31 1 Y oía Jacob las palabras de los hijos de Labán, que decían: Jacob ha tomado todo lo que era de nuestro padre, y de lo que era de nuestro padre ha adquirido toda esta riqueza.

2 Miraba también Jacob el semblante de Labán, y veía que no era para con él como había sido antes.

3 También Jehová dijo a Jacob: Vuélvete a la tierra de tus padres, y a tu parentela, y yo estaré contigo.

4 Envió, pues, Jacob, y llamó a Raquel y a Lea al campo donde estaban sus ovejas,

5 y les dijo: Veo que el semblante de vuestro padre no es para conmigo como era antes; mas el Dios de mi padre ha estado conmigo.

6 Vosotras sabéis que con todas mis fuerzas he servido a vuestro padre;

7 y vuestro padre me ha engañado, y me ha cambiado el salario diez veces; pero Dios no le ha permitido que me hiciese mal.

8 Si él decía así: Los pintados serán tu salario, entonces todas las ovejas parían pintados; y si decía así: Los listados serán tu salario; entonces todas las ovejas parían listados.

9 Así quitó Dios el ganado de vuestro padre, y me lo dio a mí.

10 Y sucedió que al tiempo que las ovejas estaban en celo, alcé yo mis ojos y vi en sueños, y he aquí los machos que cubrían a las hembras eran listados, pintados y abigarrados.

11 Y me dijo el ángel de Dios en sueños: Jacob. Y yo dije: Heme aquí.

12 Y él dijo: Alza ahora tus ojos, y verás que todos los machos que cubren a las hembras son listados, pintados y abigarrados; porque yo he visto todo lo que Labán te ha hecho.

13 Yo soy el Dios de Bet-el, donde tú ungiste la piedra, y donde me hiciste un voto. Levántate ahora y sal de esta tierra, y vuélvete a la tierra de tu nacimiento.

35 That same day he removed all the male goats that were streaked or spotted, and all the speckled or spotted female goats (all that had white on them) and all the dark-colored lambs, and he placed them in the care of his sons. 36 Then he put a three-day journey between himself and Jacob, while Jacob continued to tend the rest of Laban's flocks.

37 Jacob, however, took fresh-cut branches from poplar, almond and plane trees and made white stripes on them by peeling the bark and exposing the white inner wood of the branches. 38 Then he placed the peeled branches in all the watering troughs, so that they would be directly in front of the flocks when they came to drink. When the flocks were in heat and came to drink, 39 they mated in front of the branches. And they bore young that were streaked or speckled or spotted. 40 Jacob set apart the young of the flock by themselves, but made the rest face the streaked and dark-colored animals that belonged to Laban. Thus he made separate flocks for himself and did not put them with Laban's animals. 41 Whenever the stronger females were in heat, Jacob would place the branches in the troughs in front of the animals so they would mate near the branches, 42 but if the animals were weak, he would not place them there. So the weak animals went to Laban and the strong ones to Jacob. 43 In this way the man grew exceedingly prosperous and came to own large flocks, and maidservants and menservants, and camels and donkeys.

Jacob Flees From Laban

31 Jacob heard that Laban's sons were saying, "Jacob has taken everything our father owned and has gained all this wealth from what belonged to our father." 2 And Jacob noticed that Laban's attitude toward him was not what it had been.

3 Then the LORD said to Jacob, "Go back to the land of your fathers and to your relatives, and I will be with you."

4 So Jacob sent word to Rachel and Leah to come out to the fields where his flocks were. 5 He said to them, "I see that your father's attitude toward me is not what it was before, but the God of my father has been with me. 6 You know that I've worked for your father with all my strength, 7 yet your father has cheated me by changing my wages ten times. However, God has not allowed him to harm me. 8 If he said, 'The speckled ones will be your wages,' then all the flocks gave birth to speckled young; and if he said, 'The streaked ones will be your wages,' then all the flocks bore streaked young. 9 So God has taken away your father's livestock and has given them to me.

10 "In breeding season I once had a dream in which I looked up and saw that the male goats mating with the flock were streaked, speckled or spotted. 11 The angel of God said to me in the dream, 'Jacob.' I answered, 'Here I am.' 12 And he said, 'Look up and see that all the male goats mating with the flock are streaked, speckled or spotted, for I have seen all that Laban has been doing to you. 13 I am the God of Bethel, where you anointed a pillar and where you made a vow to me. Now leave this land at once and go back to your native land.' "

14 Respondieron Raquel y Lea, y le dijeron: ¿Tenemos acaso parte o heredad en la casa de nuestro padre?
15 ¿No nos tiene ya como por extrañas, pues que nos vendió, y aun se ha comido del todo nuestro precio?
16 Porque toda la riqueza que Dios ha quitado a nuestro padre, nuestra es y de nuestros hijos; ahora, pues, haz todo lo que Dios te ha dicho.

Jacob huye de Labán

17 Entonces se levantó Jacob, y subió sus hijos y sus mujeres sobre los camellos,
18 y puso en camino todo su ganado, y todo cuanto había adquirido, el ganado de su ganancia que había obtenido en Padan-aram, para volverse a Isaac su padre en la tierra de Canaán.
19 Pero Labán había ido a trasquilar sus ovejas; y Raquel hurtó los ídolos de su padre.
20 Y Jacob engañó a Labán arameo, no haciéndole saber que se iba.
21 Huyó, pues, con todo lo que tenía; y se levantó y pasó el Eufrates, y se dirigió al monte de Galaad.
22 Y al tercer día fue dicho a Labán que Jacob había huido.
23 Entonces Labán tomó a sus parientes consigo, y fue tras Jacob camino de siete días, y le alcanzó en el monte de Galaad.
24 Y vino Dios a Labán arameo en sueños aquella noche, y le dijo: Guárdate que no hables a Jacob descomedidamente.
25 Alcanzó, pues, Labán a Jacob; y éste había fijado su tienda en el monte; y Labán acampó con sus parientes en el monte de Galaad.
26 Y dijo Labán a Jacob: ¿Qué has hecho, que me engañaste, y has traído a mis hijas como prisioneras de guerra?
27 ¿Por qué te escondiste para huir, y me engañaste, y no me lo hiciste saber para que yo te despidiera con alegría y con cantares, con tamborín y arpa?
28 Pues ni aun me dejaste besar a mis hijos y mis hijas. Ahora, locamente has hecho.
29 Poder hay en mi mano para haceros mal; mas el Dios de tu padre me habló anoche diciendo: Guárdate que no hables a Jacob descomedidamente.
30 Y ya que te ibas, porque tenías deseo de la casa de tu padre, ¿por qué me hurtaste mis dioses?
31 Respondió Jacob y dijo a Labán: Porque tuve miedo; pues pensé que quizá me quitarías por fuerza tus hijas.
32 Aquel en cuyo poder hallares tus dioses, no viva; delante de nuestros hermanos reconoce lo que yo tenga tuyo, y llévatelo. Jacob no sabía que Raquel los había hurtado.
33 Entró Labán en la tienda de Jacob, en la tienda de Lea, y en la tienda de las dos siervas, y no los halló; y salió de la tienda de Lea, y entró en la tienda de Raquel.
34 Pero tomó Raquel los ídolos y los puso en una albarda de un camello, y se sentó sobre ellos; y buscó Labán en toda la tienda, y no los halló.
35 Y ella dijo a su padre: No se enoje mi señor, porque no me puedo levantar delante de ti; pues estoy con la costumbre de las mujeres. Y él buscó, pero no halló los ídolos.
36 Entonces Jacob se enojó, y riñó con Labán; y respondió Jacob y dijo a Labán: ¿Qué transgresión es la mía? ¿Cuál es mi pecado, para que con tanto ardor hayas venido en mi persecución?
37 Pues que has buscado en todas mis cosas, ¿qué has hallado de todos los enseres de tu casa? Ponlo aquí delante de mis hermanos y de los tuyos, y juzguen entre nosotros.

14 Then Rachel and Leah replied, "Do we still have any share in the inheritance of our father's estate?
15 Does he not regard us as foreigners? Not only has he sold us, but he has used up what was paid for us.
16 Surely all the wealth that God took away from our father belongs to us and our children. So do whatever God has told you."
17 Then Jacob put his children and his wives on camels, 18 and he drove all his livestock ahead of him, along with all the goods he had accumulated in Paddan Aram,s to go to his father Isaac in the land of Canaan.
19 When Laban had gone to shear his sheep, Rachel stole her father's household gods. 20 Moreover, Jacob deceived Laban the Aramean by not telling him he was running away. 21 So he fled with all he had, and crossing the River,t he headed for the hill country of Gilead.

Laban Pursues Jacob

22 On the third day Laban was told that Jacob had fled. 23 Taking his relatives with him, he pursued Jacob for seven days and caught up with him in the hill country of Gilead. 24 Then God came to Laban the Aramean in a dream at night and said to him, "Be careful not to say anything to Jacob, either good or bad."
25 Jacob had pitched his tent in the hill country of Gilead when Laban overtook him, and Laban and his relatives camped there too. 26 Then Laban said to Jacob, "What have you done? You've deceived me, and you've carried off my daughters like captives in war. 27 Why did you run off secretly and deceive me? Why didn't you tell me, so I could send you away with joy and singing to the music of tambourines and harps? 28 You didn't even let me kiss my grandchildren and my daughters good-by. You have done a foolish thing. 29 I have the power to harm you; but last night the God of your father said to me, 'Be careful not to say anything to Jacob, either good or bad.' 30 Now you have gone off because you longed to return to your father's house. But why did you steal my gods?"
31 Jacob answered Laban, "I was afraid, because I thought you would take your daughters away from me by force. 32 But if you find anyone who has your gods, he shall not live. In the presence of our relatives, see for yourself whether there is anything of yours here with me; and if so, take it." Now Jacob did not know that Rachel had stolen the gods.
33 So Laban went into Jacob's tent and into Leah's tent and into the tent of the two maidservants, but he found nothing. After he came out of Leah's tent, he entered Rachel's tent. 34 Now Rachel had taken the household gods and put them inside her camel's saddle and was sitting on them. Laban searched through everything in the tent but found nothing.
35 Rachel said to her father, "Don't be angry, my lord, that I cannot stand up in your presence; I'm having my period." So he searched but could not find the household gods.
36 Jacob was angry and took Laban to task. "What is my crime?" he asked Laban. "What sin have I committed that you hunt me down? 37 Now that you have searched through all my goods, what have you found that belongs to your household? Put it here in front of your relatives and mine, and let them judge between the two of us.

---

s18 That is, Northwest Mesopotamia   t21 That is, the Euphrates

38 Estos veinte años he estado contigo; tus ovejas y tus cabras nunca abortaron, ni yo comí carnero de tus ovejas. 39 Nunca te traje lo arrebatado por las fieras: yo pagaba el daño; lo hurtado así de día como de noche, a mí me lo cobrabas. 40 De día me consumía el calor, y de noche la helada, y el sueño huía de mis ojos. 41 Así he estado veinte años en tu casa; catorce años te serví por tus dos hijas, y seis años por tu ganado, y has cambiado mi salario diez veces. 42 Si el Dios de mi padre, Dios de Abraham y temor de Isaac, no estuviera conmigo, de cierto me enviarías ahora con las manos vacías; pero Dios vio mi aflicción y el trabajo de mis manos, y te reprendió anoche.

43 Respondió Labán y dijo a Jacob: Las hijas son hijas mías, y los hijos, hijos míos son, y las ovejas son mis ovejas, y todo lo que tú ves es mío: ¿y qué puedo yo hacer hoy a estas mis hijas, o a sus hijos que ellas han dado a luz? 44 Ven, pues, ahora, y hagamos pacto tú y yo, y sea por testimonio entre nosotros dos. 45 Entonces Jacob tomó una piedra, y la levantó por señal. 46 Y dijo Jacob a sus hermanos: Recoged piedras. Y tomaron piedras e hicieron un majano, y comieron allí sobre aquel majano. 47 Y lo llamó Labán, Jegar Sahaduta; *l* y lo llamó Jacob, Galaad. *m* 48 Porque Labán dijo: Este majano es testigo hoy entre nosotros dos; por eso fue llamado su nombre Galaad; 49 y Mizpa, *n* por cuanto dijo: Atalaye Jehová entre tú y yo, cuando nos apartemos el uno del otro. 50 Si afligieres a mis hijas, o si tomares otras mujeres además de mis hijas, nadie está con nosotros; mira, Dios es testigo entre nosotros dos. 51 Dijo más Labán a Jacob: He aquí este majano, y he aquí esta señal, que he erigido entre tú y yo. 52 Testigo sea este majano, y testigo sea esta señal, que ni yo pasaré de este majano contra ti, ni tú pasarás de este majano ni de esta señal contra mí, para mal. 53 El Dios de Abraham y el Dios de Nacor juzgue entre nosotros, el Dios de sus padres. Y Jacob juró por aquel a quien temía Isaac su padre. 54 Entonces Jacob immoló víctimas en el monte, y llamó a sus hermanos a comer pan; y comieron pan, y durmieron aquella noche en el monte. 55 Y se levantó Labán de mañana, y besó sus hijos y sus hijas, y los bendijo; y regresó y se volvió a su lugar.

Jacob se prepara para el encuentro con Esaú

32 1 Jacob siguió su camino, y le salieron al encuentro ángeles de Dios. 2 Y dijo Jacob cuando los vio: Campamento de Dios es este; y llamó el nombre de aquel lugar Mahanaim. *o* 3 Y envió Jacob mensajeros delante de sí a Esaú su hermano, a la tierra de Seir, campo de Edom. 4 Y les mandó diciendo: Así diréis a mi señor Esaú: Así dice tu siervo Jacob: Con Labán he morado, y me he detenido hasta ahora; 5 y tengo vacas, asnos, ovejas, y siervos y siervas; y envié a decirlo a mi señor, para hallar gracia en tus ojos.

38 "I have been with you for twenty years now. Your sheep and goats have not miscarried, nor have I eaten rams from your flocks. 39 I did not bring you animals torn by wild beasts; I bore the loss myself. And you demanded payment from me for whatever was stolen by day or night. 40 This was my situation: The heat consumed me in the daytime and the cold at night, and sleep fled from my eyes. 41 It was like this for the twenty years I was in your household. I worked for you fourteen years for your two daughters and six years for your flocks, and you changed my wages ten times. 42 If the God of my father, the God of Abraham and the Fear of Isaac, had not been with me, you would surely have sent me away empty-handed. But God has seen my hardship and the toil of my hands, and last night he rebuked you."

43 Laban answered Jacob, "The women are my daughters, the children are my children, and the flocks are my flocks. All you see is mine. Yet what can I do today about these daughters of mine, or about the children they have borne? 44 Come now, let's make a covenant, you and I, and let it serve as a witness between us."

45 So Jacob took a stone and set it up as a pillar. 46 He said to his relatives, "Gather some stones." So they took stones and piled them in a heap, and they ate there by the heap. 47 Laban called it Jegar Sahadutha, *u* and Jacob called it Galeed. *v*

48 Laban said, "This heap is a witness between you and me today." That is why it was called Galeed. 49 It was also called Mizpah, *w* because he said, "May the LORD keep watch between you and me when we are away from each other. 50 If you mistreat my daughters or if you take any wives besides my daughters, even though no one is with us, remember that God is a witness between you and me."

51 Laban also said to Jacob, "Here is this heap, and here is this pillar I have set up between you and me. 52 This heap is a witness, and this pillar is a witness, that I will not go past this heap to your side to harm you and that you will not go past this heap and pillar to my side to harm me. 53 May the God of Abraham and the God of Nahor, the God of their father, judge between us."

So Jacob took an oath in the name of the Fear of his father Isaac. 54 He offered a sacrifice there in the hill country and invited his relatives to a meal. After they had eaten, they spent the night there.

55 Early the next morning Laban kissed his grandchildren and his daughters and blessed them. Then he left and returned home.

Jacob Prepares to Meet Esau

32 Jacob also went on his way, and the angels of God met him. 2 When Jacob saw them, he said, "This is the camp of God!" So he named that place Mahanaim. *x* 3 Jacob sent messengers ahead of him to his brother Esau in the land of Seir, the country of Edom. 4 He instructed them: "This is what you are to say to my master Esau: 'Your servant Jacob says, I have been staying with Laban and have remained there till now. 5 I have cattle and donkeys, sheep and goats, menservants and maidservants. Now I am sending this message to my lord, that I may find favor in your eyes.' "

---

l Arameo, *El majano del testimonio.* *m* Heb. *El majano del testimonio.* *n* Esto es, *Atalaya* *o* Entendido aquí, *Dos campamentos.*

u 47 The Aramaic *Jegar Sahadutha* means *witness heap.* *v* 47 The Hebrew *Galeed* means *witness heap.* *w* 49 *Mizpah* means *watchtower.* *x* 2 *Mahanaim* means *two camps.*

6 Y los mensajeros volvieron a Jacob, diciendo: Vinimos a tu hermano Esaú, y él también viene a recibirte, y cuatrocientos hombres con él.

7 Entonces Jacob tuvo gran temor, y se angustió; y distribuyó el pueblo que tenía consigo, y las ovejas y las vacas y los camellos, en dos campamentos.

8 Y dijo: Si viene Esaú contra un campamento y lo ataca, el otro campamento escapará.

9 Y dijo Jacob: Dios de mi padre Abraham, y Dios de mi padre Isaac, Jehová, que me dijiste: Vuélvete a tu tierra y a tu parentela, y yo te haré bien;

10 menor soy que todas las misericordias y que toda la verdad que has usado para con tu siervo; pues con mi cayado pasé este Jordán, y ahora estoy sobre dos campamentos.

11 Líbrame ahora de la mano de mi hermano, de la mano de Esaú, porque le temo; no venga acaso y me hiera la madre con los hijos.

12 Y tú has dicho: Yo te haré bien, y tu descendencia será como la arena del mar, que no se puede contar por la multitud.

13 Y durmió allí aquella noche, y tomó de lo que le vino a la mano un presente para su hermano Esaú:

14 doscientas cabras y veinte machos cabríos, doscientas ovejas y veinte carneros,

15 treinta camellas paridas con sus crías, cuarenta vacas y diez novillos, veinte asnas y diez borricos.

16 Y lo entregó a sus siervos, cada manada de por sí; y dijo a sus siervos: Pasad delante de mí, y poned espacio entre manada y manada.

17 Y mandó al primero, diciendo: Si Esaú mi hermano te encontrare, y te preguntare, diciendo: ¿De quién eres? ¿y adónde vas? ¿y para quién es esto que llevas delante de ti?

18 entonces dirás: Es un presente de tu siervo Jacob, que envía a mi señor Esaú; y he aquí también él viene tras nosotros.

19 Mandó también al segundo, y al tercero, y a todos los que iban tras aquellas manadas, diciendo: Conforme a esto hablaréis a Esaú, cuando le hallareis.

20 Y diréis también: He aquí tu siervo Jacob viene tras nosotros. Porque dijo: Apaciguaré su ira con el presente que va delante de mí, y después veré su rostro; quizá le seré acepto.

21 Pasó, pues, el presente delante de él; y él durmió aquella noche en el campamento.

Jacob lucha con el ángel en Peniel

22 Y se levantó aquella noche, y tomó sus dos mujeres, y sus dos siervas, y sus once hijos, y pasó el vado de Jaboc.

23 Los tomó, pues, e hizo pasar el arroyo a ellos y a todo lo que tenía.

24 Así se quedó Jacob solo; y luchó con él un varón hasta que rayaba el alba.

25 Y cuando el varón vio que no podía con él, tocó en el sitio del encaje de su muslo, y se descoyuntó el muslo de Jacob mientras con él luchaba.

26 Y dijo: Déjame, porque raya el alba. Y Jacob le respondió: No te dejaré, si no me bendices.

27 Y el varón le dijo: ¿Cuál es tu nombre? Y él respondió: Jacob.

28 Y el varón le dijo: No se dirá más tu nombre Jacob, sino Israel; p porque has luchado con Dios y con los hombres, y has vencido.

29 Entonces Jacob le preguntó, y dijo: Decláreme ahora tu nombre. Y el varón respondió: ¿Por qué me preguntas por mi nombre? Y lo bendijo allí.

6 When the messengers returned to Jacob, they said, "We went to your brother Esau, and now he is coming to meet you, and four hundred men are with him."

7 In great fear and distress Jacob divided the people who were with him into two groups,y and the flocks and herds and camels as well. 8 He thought, "If Esau comes and attacks one group,z the groupz that is left may escape."

9 Then Jacob prayed, "O God of my father Abraham, God of my father Isaac, O LORD, who said to me, 'Go back to your country and your relatives, and I will make you prosper,' 10 I am unworthy of all the kindness and faithfulness you have shown your servant. I had only my staff when I crossed this Jordan, but now I have become two groups. 11 Save me, I pray, from the hand of my brother Esau, for I am afraid he will come and attack me, and also the mothers with their children. 12 But you have said, 'I will surely make you prosper and will make your descendants like the sand of the sea, which cannot be counted.'"

13 He spent the night there, and from what he had with him he selected a gift for his brother Esau: 14 two hundred female goats and twenty male goats, two hundred ewes and twenty rams, 15 thirty female camels with their young, forty cows and ten bulls, and twenty female donkeys and ten male donkeys. 16 He put them in the care of his servants, each herd by itself, and said to his servants, "Go ahead of me, and keep some space between the herds."

17 He instructed the one in the lead: "When my brother Esau meets you and asks, 'To whom do you belong, and where are you going, and who owns all these animals in front of you?' 18 then you are to say, 'They belong to your servant Jacob. They are a gift sent to my lord Esau, and he is coming behind us.'"

19 He also instructed the second, the third and all the others who followed the herds: "You are to say the same thing to Esau when you meet him. 20 And be sure to say, 'Your servant Jacob is coming behind us.'" For he thought, "I will pacify him with these gifts I am sending on ahead; later, when I see him, perhaps he will receive me." 21 So Jacob's gifts went on ahead of him, but he himself spent the night in the camp.

Jacob Wrestles With God

22 That night Jacob got up and took his two wives, his two maidservants and his eleven sons and crossed the ford of the Jabbok. 23 After he had sent them across the stream, he sent over all his possessions. 24 So Jacob was left alone, and a man wrestled with him till daybreak. 25 When the man saw that he could not overpower him, he touched the socket of Jacob's hip so that his hip was wrenched as he wrestled with the man. 26 Then the man said, "Let me go, for it is daybreak."

But Jacob replied, "I will not let you go unless you bless me."

27 The man asked him, "What is your name?"

"Jacob," he answered.

28 Then the man said, "Your name will no longer be Jacob, but Israel,a because you have struggled with God and with men and have overcome."

29 Jacob said, "Please tell me your name."

But he replied, "Why do you ask my name?" Then he blessed him there.

---

pEsto es, El que lucha con Dios, o Dios lucha.

y7 Or camps; also in verse 10   z8 Or camp   a28 Israel means he struggles with God.

30 Y llamó Jacob el nombre de aquel lugar, Peniel; *q* porque dijo: Vi a Dios cara a cara, y fue librada mi alma. 31 Y cuando había pasado Peniel, le salió el sol; y cojeaba de su cadera.
32 Por esto no comen los hijos de Israel, hasta hoy día, del tendón que se contrajo, el cual está en el encaje del muslo; porque tocó a Jacob este sitio de su muslo en el tendón que se contrajo.

Reconciliación entre Jacob y Esaú

33 1 Alzando Jacob sus ojos, miró, y he aquí venía Esaú, y los cuatrocientos hombres con él; entonces repartió él los niños entre Lea y Raquel y las dos siervas. 2 Y puso las siervas y sus niños delante, luego a Lea y sus niños, y a Raquel y a José los últimos. 3 Y él pasó delante de ellos y se inclinó a tierra siete veces, hasta que llegó a su hermano. 4 Pero Esaú corrió a su encuentro y le abrazó, y se echó sobre su cuello, y le besó; y lloraron. 5 Y alzó sus ojos y vio a las mujeres y los niños, y dijo: ¿Quiénes son éstos? Y él respondió: Son los niños que Dios ha dado a tu siervo. 6 Luego vinieron las siervas, ellas y sus niños, y se inclinaron. 7 Y vino Lea con sus niños, y se inclinaron; y después llegó José y Raquel, y también se inclinaron. 8 Y Esaú dijo: ¿Qué te propones con todos estos grupos que he encontrado? Y Jacob respondió: El hallar gracia en los ojos de mi señor. 9 Y dijo Esaú: Suficiente tengo yo, hermano mío; sea para ti lo que es tuyo. 10 Y dijo Jacob: No, yo te ruego; si he hallado ahora gracia en tus ojos, acepta mi presente, porque he visto tu rostro, como si hubiera visto el rostro de Dios, pues que con tanto favor me has recibido. 11 Acepta, te ruego, mi presente que te he traído, porque Dios me ha hecho merced, y todo lo que hay aquí es mío. E insistió con él, y Esaú lo tomó. 12 Y Esaú dijo: Anda, vamos; y yo iré delante de ti. 13 Y Jacob le dijo: Mi señor sabe que los niños son tiernos, y que tengo ovejas y vacas paridas; y si las fatigan, en un día morirán todas las ovejas. 14 Pase ahora mi señor delante de su siervo, y yo me iré poco a poco al paso del ganado que va delante de mí, y al paso de los niños, hasta que llegue a mi señor a Seir. 15 Y Esaú dijo: Dejaré ahora contigo de la gente que viene conmigo. Y Jacob dijo: ¿Para qué esto? Halle yo gracia en los ojos de mi señor. 16 Así volvió Esaú aquel día por su camino a Seir. 17 Y Jacob fue a Sucot, y edificó allí casa para sí, e hizo cabañas para su ganado; por tanto, llamó el nombre de aquel lugar Sucot. *r* 18 Después Jacob llegó sano y salvo a la ciudad de Siquem, que está en la tierra de Canaán, cuando venía de Padan-aram; y acampó delante de la ciudad. 19 Y compró una parte del campo, donde plantó su tienda, de mano de los hijos de Hamor padre de Siquem, por cien monedas. *s*

Jacob Meets Esau

33 Jacob looked up and there was Esau, coming with his four hundred men; so he divided the children among Leah, Rachel and the two maidservants. 2 He put the maidservants and their children in front, Leah and her children next, and Rachel and Joseph in the rear. 3 He himself went on ahead and bowed down to the ground seven times as he approached his brother.

4 But Esau ran to meet Jacob and embraced him; he threw his arms around his neck and kissed him. And they wept. 5 Then Esau looked up and saw the women and children. "Who are these with you?" he asked.

Jacob answered, "They are the children God has graciously given your servant."

6 Then the maidservants and their children approached and bowed down. 7 Next, Leah and her children came and bowed down. Last of all came Joseph and Rachel, and they too bowed down.

8 Esau asked, "What do you mean by all these droves I met?"

"To find favor in your eyes, my lord," he said.

9 But Esau said, "I already have plenty, my brother. Keep what you have for yourself."

10 "No, please!" said Jacob. "If I have found favor in your eyes, accept this gift from me. For to see your face is like seeing the face of God, now that you have received me favorably. 11 Please accept the present that was brought to you, for God has been gracious to me and I have all I need." And because Jacob insisted, Esau accepted it.

12 Then Esau said, "Let us be on our way; I'll accompany you."

13 But Jacob said to him, "My lord knows that the children are tender and that I must care for the ewes and cows that are nursing their young. If they are driven hard just one day, all the animals will die. 14 So let my lord go on ahead of his servant, while I move along slowly at the pace of the droves before me and that of the children, until I come to my lord in Seir."

15 Esau said, "Then let me leave some of my men with you."

"But why do that?" Jacob asked. "Just let me find favor in the eyes of my lord."

16 So that day Esau started on his way back to Seir. 17 Jacob, however, went to Succoth, where he built a place for himself and made shelters for his livestock. That is why the place is called Succoth. *d*

18 After Jacob came from Paddan Aram, *e* he arrived safely at the *f* city of Shechem in Canaan and camped within sight of the city. 19 For a hundred pieces of silver, *g* he bought from the sons of Hamor, the father of Shechem, the plot of ground where he pitched his

---

b30 Peniel means *face of God.*   *c31* Hebrew *Penuel,* a variant of *Peniel*   *d17 Succoth* means *shelters.*   *e18* That is, Northwest Mesopotamia   *f18* Or *arrived at Shalem, a*   *g19* Hebrew *hundred kesitahs;* a kesitah was a unit of money of unknown weight and value.

qEsto es, El rostro de Dios.   *rEsto es, Cabañas.*
sHeb. cien kesitas.

20 Y erigió allí un altar, y lo llamó El-Elohe-Israel. *t*

La deshonra de Dina vengada

34 1 Salió Dina la hija de Lea, la cual ésta había dado a luz a Jacob, a ver a las hijas del país.
2 Y la vio Siquem hijo de Hamor heveo, príncipe de aquella tierra, y la tomó, y se acostó con ella, y la deshonró.
3 Pero su alma se apegó a Dina la hija de Lea, y se enamoró de la joven, y habló al corazón de ella.
4 Y habló Siquem a Hamor su padre, diciendo: Tómame por mujer a esta joven.
5 Pero oyó Jacob que Siquem había amancillado a Dina su hija; y estando sus hijos con su ganado en el campo, calló Jacob hasta que ellos viniesen.
6 Y se dirigió Hamor padre de Siquem a Jacob, para hablar con él.
7 Y los hijos de Jacob vinieron del campo cuando lo supieron; y se entristecieron los varones, y se enojaron mucho, porque hizo vileza en Israel acostándose con la hija de Jacob, lo que no se debía haber hecho.
8 Y Hamor habló con ellos, diciendo: El alma de mi hijo Siquem se ha apegado a vuestra hija; os ruego que se la deis por mujer.
9 Y emparentad con nosotros; dadnos vuestras hijas, y tomad vosotros las nuestras.
10 Y habitad con nosotros, porque la tierra estará delante de vosotros; morad y negociad en ella, y tomad en ella posesión.
11 Siquem también dijo al padre de Dina y a los hermanos de ella: Halle yo gracia en vuestros ojos, y daré lo que me dijereis.
12 Aumentad a cargo mío mucha dote y dones, y yo daré cuanto me dijereis; y dadme la joven por mujer.
13 Pero respondieron los hijos de Jacob a Siquem y a Hamor su padre con palabras engañosas, por cuanto había amancillado a Dina su hermana.
14 Y les dijeron: No podemos hacer esto de dar nuestra hermana a hombre incircunciso, porque entre nosotros es abominación.
15 Mas con esta condición os complaceremos: si habéis de ser como nosotros, que se circuncide entre vosotros todo varón.
16 Entonces os daremos nuestras hijas, y tomaremos nosotros las vuestras; y habitaremos con vosotros, y seremos un pueblo.
17 Mas si no nos prestareis oído para circuncidaros, tomaremos nuestra hija y nos iremos.
18 Y parecieron bien sus palabras a Hamor, y a Siquem hijo de Hamor.
19 Y no tardó el joven en hacer aquello, porque la hija de Jacob le había agradado; y él era el más distinguido de toda la casa de su padre.
20 Entonces Hamor y Siquem su hijo vinieron a la puerta de su ciudad, y hablaron a los varones de su ciudad, diciendo:
21 Estos varones son pacíficos con nosotros, y habitarán en el país, y traficarán en él; pues he aquí la tierra es bastante ancha para ellos; nosotros tomaremos sus hijas por mujeres, y les daremos las nuestras.
22 Mas con esta condición consentirán estos hombres en habitar con nosotros, para que seamos un pueblo: que se circuncide todo varón entre nosotros, así como ellos son circuncidados.
23 Su ganado, sus bienes y todas sus bestias serán nuestros; solamente convengamos con ellos, y habitarán con nosotros.

t Esto es, Dios, el Dios de Israel.

tent. 20There he set up an altar and called it El Elohe Israel. *h*

Dinah and the Shechemites

34 Now Dinah, the daughter Leah had borne to Jacob, went out to visit the women of the land. 2When Shechem son of Hamor the Hivite, the ruler of that area, saw her, he took her and violated her. 3His heart was drawn to Dinah daughter of Jacob, and he loved the girl and spoke tenderly to her. 4And Shechem said to his father Hamor, "Get me this girl as my wife."

5When Jacob heard that his daughter Dinah had been defiled, his sons were in the fields with his livestock; so he kept quiet about it until they came home. 6Then Shechem's father Hamor went out to talk with Jacob. 7Now Jacob's sons had come in from the fields as soon as they heard what had happened. They were filled with grief and fury, because Shechem had done a disgraceful thing in *i* Israel by lying with Jacob's daughter—a thing that should not be done.

8But Hamor said to them, "My son Shechem has his heart set on your daughter. Please give her to him as his wife. 9Intermarry with us; give us your daughters and take our daughters for yourselves. 10You can settle among us; the land is open to you. Live in it, trade *j* in it, and acquire property in it."

11Then Shechem said to Dinah's father and brothers, "Let me find favor in your eyes, and I will give you whatever you ask. 12Make the price for the bride and the gift I am to bring as great as you like, and I'll pay whatever you ask me. Only give me the girl as my wife."

13Because their sister Dinah had been defiled, Jacob's sons replied deceitfully as they spoke to Shechem and his father Hamor. 14They said to them, "We can't do such a thing; we can't give our sister to a man who is not circumcised. That would be a disgrace to us. 15We will give our consent to you on one condition only: that you become like us by circumcising all your males. 16Then we will give you our daughters and take your daughters for ourselves. We'll settle among you and become one people with you. 17But if you will not agree to be circumcised, we'll take our sister *k* and go."

18Their proposal seemed good to Hamor and his son Shechem. 19The young man, who was the most honored of all his father's household, lost no time in doing what they said, because he was delighted with Jacob's daughter. 20So Hamor and his son Shechem went to the gate of their city to speak to their fellow townsmen. 21"These men are friendly toward us," they said. "Let them live in our land and trade in it; the land has plenty of room for them. We can marry their daughters and they can marry ours. 22But the men will consent to live with us as one people only on the condition that our males be circumcised, as they themselves are. 23Won't their livestock, their property and all their other animals become ours? So let us give our consent to them, and they will settle among us."

h20 El Elohe Israel can mean God, the God of Israel or mighty is the God of Israel.   i7 Or against   j10 Or move about freely; also in verse 21   k17 Hebrew daughter

24Y obedecieron a Hamor y a Siquem su hijo todos los que salían por la puerta de la ciudad, y circuncidaron a todo varón, a cuantos salían por la puerta de su ciudad.

25Pero sucedió que al tercer día, cuando sentían ellos el mayor dolor, dos de los hijos de Jacob, Simeón y Leví, hermanos de Dina, tomaron cada uno su espada, y vinieron contra la ciudad, que estaba desprevenida, y mataron a todo varón.

26Y a Hamor y a Siquem su hijo los mataron a filo de espada; y tomaron a Dina de casa de Siquem, y se fueron.

27Y los hijos de Jacob vinieron a los muertos, y saquearon la ciudad, por cuanto habían amancillado a su hermana.

28Tomaron sus ovejas y vacas y sus asnos, y lo que había en la ciudad y en el campo,

29y todos sus bienes; llevaron cautivos a todos sus niños y sus mujeres, y robaron todo lo que había en casa.

30Entonces dijo Jacob a Simeón y a Leví: Me habéis turbado con hacerme abominable a los moradores de esta tierra, el cananeo y el ferezeo; y teniendo yo pocos hombres, se juntarán contra mí y me atacarán, y seré destruido yo y mi casa.

31Pero ellos respondieron: ¿Había él de tratar a nuestra hermana como a una ramera?

Dios bendice a Jacob en Bet-el

35 1Dijo Dios a Jacob: Levántate y sube a Bet-el, y quédate allí; y haz allí un altar al Dios que te apareció cuando huías de tu hermano Esaú.

2Entonces Jacob dijo a su familia y a todos los que con él estaban: Quitad los dioses ajenos que hay entre vosotros, y limpiaos, y mudad vuestros vestidos.

3Y levantémonos, y subamos a Bet-el; y haré allí altar al Dios que me respondió en el día de mi angustia, y ha estado conmigo en el camino que he andado.

4Así dieron a Jacob todos los dioses ajenos que había en poder de ellos, y los zarcillos que estaban en sus orejas; y Jacob los escondió debajo de una encina que estaba junto a Siquem.

5Y salieron, y el terror de Dios estuvo sobre las ciudades que había en sus alrededores, y no persiguieron a los hijos de Jacob.

6Y llegó Jacob a Luz, que está en tierra de Canaán (esta es Bet-el), él y todo el pueblo que con él estaba.

7Y edificó allí un altar, y llamó al lugar El-bet-el, u porque allí le había aparecido Dios, cuando huía de su hermano.

8Entonces murió Débora, ama de Rebeca, y fue sepultada al pie de Bet-el, debajo de una encina, la cual fue llamada Alón-bacut. v

9Apareció otra vez Dios a Jacob, cuando había vuelto de Padan-aram, y le bendijo.

10Y le dijo Dios: Tu nombre es Jacob; no se llamará más tu nombre Jacob, sino Israel será tu nombre; y llamó su nombre Israel.

11También le dijo Dios: Yo soy el Dios omnipotente: crece y multiplícate; una nación y conjunto de naciones procederán de ti, y reyes saldrán de tus lomos.

12La tierra que he dado a Abraham y a Isaac, la daré a ti, y a tu descendencia después de ti daré la tierra.

13Y se fue de él Dios, del lugar en donde había hablado con él.

14Y Jacob erigió una señal en el lugar donde había hablado con él, una señal de piedra, y derramó sobre ella libación, y echó sobre ella aceite.

24All the men who went out of the city gate agreed with Hamor and his son Shechem, and every male in the city was circumcised.

25Three days later, while all of them were still in pain, two of Jacob's sons, Simeon and Levi, Dinah's brothers, took their swords and attacked the unsuspecting city, killing every male. 26They put Hamor and his son Shechem to the sword and took Dinah from Shechem's house and left. 27The sons of Jacob came upon the dead bodies and looted the city where l their sister had been defiled. 28They seized their flocks and herds and donkeys and everything else of theirs in the city and out in the fields. 29They carried off all their wealth and all their women and children, taking as plunder everything in the houses.

30Then Jacob said to Simeon and Levi, "You have brought trouble on me by making me a stench to the Canaanites and Perizzites, the people living in this land. We are few in number, and if they join forces against me and attack me, I and my household will be destroyed."

31But they replied, "Should he have treated our sister like a prostitute?"

Jacob Returns to Bethel

35 Then God said to Jacob, "Go up to Bethel and settle there, and build an altar there to God, who appeared to you when you were fleeing from your brother Esau."

2So Jacob said to his household and to all who were with him, "Get rid of the foreign gods you have with you, and purify yourselves and change your clothes. 3Then come, let us go up to Bethel, where I will build an altar to God, who answered me in the day of my distress and who has been with me wherever I have gone." 4So they gave Jacob all the foreign gods they had and the rings in their ears, and Jacob buried them under the oak at Shechem. 5Then they set out, and the terror of God fell upon the towns all around them so that no one pursued them.

6Jacob and all the people with him came to Luz (that is, Bethel) in the land of Canaan. 7There he built an altar, and he called the place El Bethel, m because it was there that God revealed himself to him when he was fleeing from his brother.

8Now Deborah, Rebekah's nurse, died and was buried under the oak below Bethel. So it was named Allon Bacuth. n

9After Jacob returned from Paddan Aram, o God appeared to him again and blessed him. 10God said to him, "Your name is Jacob, p but you will no longer be called Jacob; your name will be Israel. q" So he named him Israel.

11And God said to him, "I am God Almighty r; be fruitful and increase in number. A nation and a community of nations will come from you, and kings will come from your body. 12The land I gave to Abraham and Isaac I also give to you, and I will give this land to your descendants after you." 13Then God went up from him at the place where he had talked with him.

14Jacob set up a stone pillar at the place where God had talked with him, and he poured out a drink offer-

---

l 27 Or *because*   m 7 El Bethel means *God of Bethel.*
n 8 Allon Bacuth means *oak of weeping.*   o 9 That is, Northwest Mesopotamia; also in verse 26   p 10 Jacob means *he grasps the heel* (figuratively, *he deceives*).   q 10 Israel means *he struggles with God.*   r 11 Hebrew *El-Shaddai*

uEsto es, *Dios de Bet-el.*   vEsto es, *La encina del llanto.*

15 Y llamó Jacob el nombre de aquel lugar donde Dios había hablado con él, Bet-el.

Muerte de Raquel

16 Después partieron de Bet-el; y había aún como media legua de tierra para llegar a Efrata, cuando dio a luz Raquel, y hubo trabajo en su parto.
17 Y aconteció, como había trabajo en su parto, que le dijo la partera: No temas, que también tendrás este hijo.
18 Y aconteció que al salírsele el alma (pues murió), llamó su nombre Benoni; *w* mas su padre lo llamó Benjamín. *x*
19 Así murió Raquel, y fue sepultada en el camino de Efrata, la cual es Belén.
20 Y levantó Jacob un pilar sobre su sepultura; esta es la señal de la sepultura de Raquel hasta hoy.
21 Y salió Israel, y plantó su tienda más allá de Migdal-edar.

Los hijos de Jacob

22 Aconteció que cuando moraba Israel en aquella tierra, fue Rubén y durmió con Bilha la concubina de su padre; lo cual llegó a saber Israel. Ahora bien, los hijos de Israel fueron doce:
23 los hijos de Lea: Rubén el primogénito de Jacob; Simeón, Leví, Judá, Isacar y Zabulón.
24 Los hijos de Raquel: José y Benjamín.
25 Los hijos de Bilha, sierva de Raquel: Dan y Neftalí.
26 Y los hijos de Zilpa, sierva de Lea: Gad y Aser. Estos fueron los hijos de Jacob, que le nacieron en Padan-aram.

Muerte de Isaac

27 Después vino Jacob a Isaac su padre a Mamre, a la ciudad de Arba, que es Hebrón, donde habitaron Abraham e Isaac.
28 Y fueron los días de Isaac ciento ochenta años.
29 Y exhaló Isaac el espíritu, y murió, y fue recogido a su pueblo, viejo y lleno de días; y lo sepultaron Esaú y Jacob sus hijos.

Los descendientes de Esaú

36

1 Estas son las generaciones de Esaú, el cual es Edom:
2 Esaú tomó sus mujeres de las hijas de Canaán: a Ada, hija de Elón heteo, a Aholibama, hija de Aná, hijo de Zibeón heveo,
3 y a Basemat hija de Ismael, hermana de Nebaiot.
4 Ada dio a luz a Esaú a Elifaz; y Basemat dio a luz a Reuel.
5 Y Aholibama dio a luz a Jeús, a Jaalam y a Coré; estos son los hijos de Esaú, que le nacieron en la tierra de Canaán.
6 Y Esaú tomó sus mujeres, sus hijos y sus hijas, y todas las personas de su casa, y sus ganados, y todas sus bestias, y todo cuanto había adquirido en la tierra de Canaán, y se fue a otra tierra, separándose de Jacob su hermano.
7 Porque los bienes de ellos eran muchos; y no podían habitar juntos, ni la tierra en donde moraban los podía sostener a causa de sus ganados.
8 Y Esaú habitó en el monte de Seir; Esaú es Edom.
9 Estos son los linajes de Esaú, padre de Edom, en el monte de Seir.

ing on it; he also poured oil on it. 15 Jacob called the place where God had talked with him Bethel. *s*

The Deaths of Rachel and Isaac

16 Then they moved on from Bethel. While they were still some distance from Ephrath, Rachel began to give birth and had great difficulty. 17 And as she was having great difficulty in childbirth, the midwife said to her, "Don't be afraid, for you have another son." 18 As she breathed her last — for she was dying — she named her son Ben-Oni. *t* But his father named him Benjamin. *u*
19 So Rachel died and was buried on the way to Ephrath (that is, Bethlehem). 20 Over her tomb Jacob set up a pillar, and to this day that pillar marks Rachel's tomb.
21 Israel moved on again and pitched his tent beyond Migdal Eder. 22 While Israel was living in that region, Reuben went in and slept with his father's concubine Bilhah, and Israel heard of it.

Jacob had twelve sons:
23 The sons of Leah:
　　Reuben the firstborn of Jacob,
　　Simeon, Levi, Judah, Issachar and Zebulun.
24 The sons of Rachel:
　　Joseph and Benjamin.
25 The sons of Rachel's maidservant Bilhah:
　　Dan and Naphtali.
26 The sons of Leah's maidservant Zilpah:
　　Gad and Asher.
These were the sons of Jacob, who were born to him in Paddan Aram.

27 Jacob came home to his father Isaac in Mamre, near Kiriath Arba (that is, Hebron), where Abraham and Isaac had stayed. 28 Isaac lived a hundred and eighty years. 29 Then he breathed his last and died and was gathered to his people, old and full of years. And his sons Esau and Jacob buried him.

Esau's Descendants

36

This is the account of Esau (that is, Edom).

2 Esau took his wives from the women of Canaan: Adah daughter of Elon the Hittite, and Oholibamah daughter of Anah and granddaughter of Zibeon the Hivite — 3 also Basemath daughter of Ishmael and sister of Nebaioth.
4 Adah bore Eliphaz to Esau, Basemath bore Reuel, 5 and Oholibamah bore Jeush, Jalam and Korah. These were the sons of Esau, who were born to him in Canaan.
6 Esau took his wives and sons and daughters and all the members of his household, as well as his livestock and all his other animals and all the goods he had acquired in Canaan, and moved to a land some distance from his brother Jacob. 7 Their possessions were too great for them to remain together; the land where they were staying could not support them both because of their livestock. 8 So Esau (that is, Edom) settled in the hill country of Seir.

9 This is the account of Esau the father of the Edomites in the hill country of Seir.

---

w Esto es, *Hijo de mi tristeza.*　　　*x* Esto es, *Hijo de la mano derecha.*

s 15 Bethel means *house of God.*　　*t* 18 Ben-Oni means *son of my trouble.*　　*u* 18 Benjamin means *son of my right hand.*

10 Estos son los nombres de los hijos de Esaú: Elifaz, hijo de Ada mujer de Esaú; Reuel, hijo de Basemat mujer de Esaú.

11 Y los hijos de Elifaz fueron Temán, Omar, Zefo, Gatam y Cenaz.

12 Y Timna fue concubina de Elifaz hijo de Esaú, y ella le dio a luz a Amalec; estos son los hijos de Ada, mujer de Esaú.

13 Los hijos de Reuel fueron Nahat, Zera, Sama y Miza; estos son los hijos de Basemat mujer de Esaú.

14 Estos fueron los hijos de Aholibama mujer de Esaú, hija de Aná, que fue hijo de Zibeón: ella dio a luz a Jeús, Jaalam y Coré, hijos de Esaú.

15 Estos son los jefes de entre los hijos de Esaú: hijos de Elifaz, primogénito de Esaú: los jefes Temán, Omar, Zefo, Cenaz,

16 Coré, Gatam y Amalec; estos son los jefes de Elifaz en la tierra de Edom; estos fueron los hijos de Ada.

17 Y estos son los hijos de Reuel, hijo de Esaú: los jefes Nahat, Zera, Sama y Miza; estos son los jefes de la línea de Reuel en la tierra de Edom; estos hijos vienen de Basemat mujer de Esaú.

18 Y estos son los hijos de Aholibama mujer de Esaú: los jefes Jeús, Jaalam y Coré; estos fueron los jefes que salieron de Aholibama mujer de Esaú, hija de Aná.

19 Estos, pues, son los hijos de Esaú, y sus jefes; él es Edom.

20 Estos son los hijos de Seir horeo, moradores de aquella tierra: Lotán, Sobal, Zibeón, Aná,

21 Disón, Ezer y Disán; estos son los jefes de los horeos, hijos de Seir, en la tierra de Edom.

22 Los hijos de Lotán fueron Hori y Hemam; y Timna fue hermana de Lotán.

23 Los hijos de Sobal fueron Alván, Manahat, Ebal, Sefo y Onam.

24 Y los hijos de Zibeón fueron Aja y Aná. Este Aná es el que descubrió manantiales en el desierto, cuando apacentaba los asnos de Zibeón su padre.

25 Los hijos de Aná fueron Disón, y Aholibama hija de Aná.

26 Estos fueron los hijos de Disón: Hemdán, Esbán, Itrán y Querán.

27 Y estos fueron los hijos de Ezer: Bilhán, Zaaván y Acán.

28 Estos fueron los hijos de Disán: Uz y Arán.

29 Y estos fueron los jefes de los horeos: los jefes Lotán, Sobal, Zibeón, Aná,

30 Disón, Ezer y Disán; estos fueron los jefes de los horeos, por sus mandos en la tierra de Seir.

31 Y los reyes que reinaron en la tierra de Edom, antes que reinase rey sobre los hijos de Israel, fueron estos:

10 These are the names of Esau's sons:
Eliphaz, the son of Esau's wife Adah, and Reuel, the son of Esau's wife Basemath.

11 The sons of Eliphaz:
Teman, Omar, Zepho, Gatam and Kenaz.

12 Esau's son Eliphaz also had a concubine named Timna, who bore him Amalek. These were grandsons of Esau's wife Adah.

13 The sons of Reuel:
Nahath, Zerah, Shammah and Mizzah. These were grandsons of Esau's wife Basemath.

14 The sons of Esau's wife Oholibamah daughter of Anah and granddaughter of Zibeon, whom she bore to Esau:
Jeush, Jalam and Korah.

15 These were the chiefs among Esau's descendants:
The sons of Eliphaz the firstborn of Esau:
Chiefs Teman, Omar, Zepho, Kenaz, 16 Korah,ᵛ Gatam and Amalek. These were the chiefs descended from Eliphaz in Edom; they were grandsons of Adah.

17 The sons of Esau's son Reuel:
Chiefs Nahath, Zerah, Shammah and Mizzah. These were the chiefs descended from Reuel in Edom; they were grandsons of Esau's wife Basemath.

18 The sons of Esau's wife Oholibamah:
Chiefs Jeush, Jalam and Korah. These were the chiefs descended from Esau's wife Oholibamah daughter of Anah.

19 These were the sons of Esau (that is, Edom), and these were their chiefs.

20 These were the sons of Seir the Horite, who were living in the region:
Lotan, Shobal, Zibeon, Anah, 21 Dishon, Ezer and Dishan. These sons of Seir in Edom were Horite chiefs.

22 The sons of Lotan:
Hori and Homam. ʷ Timna was Lotan's sister.

23 The sons of Shobal:
Alvan, Manahath, Ebal, Shepho and Onam.

24 The sons of Zibeon:
Aiah and Anah. This is the Anah who discovered the hot springsˣ in the desert while he was grazing the donkeys of his father Zibeon.

25 The children of Anah:
Dishon and Oholibamah daughter of Anah.

26 The sons of Dishonʸ:
Hemdan, Eshban, Ithran and Keran.

27 The sons of Ezer:
Bilhan, Zaavan and Akan.

28 The sons of Dishan:
Uz and Aran.

29 These were the Horite chiefs:
Lotan, Shobal, Zibeon, Anah, 30 Dishon, Ezer and Dishan. These were the Horite chiefs, according to their divisions, in the land of Seir.

The Rulers of Edom

31 These were the kings who reigned in Edom before any Israelite king reignedᶻ:

ᵛ16 Masoretic Text; Samaritan Pentateuch (see also Gen. 36:11 and 1 Chron. 1:36) does not have *Korah*.   ʷ22 Hebrew *Hemam*, a variant of *Homam* (see 1 Chron. 1:39)   ˣ24 Vulgate; Syriac *discovered water;* the meaning of the Hebrew for this word is uncertain.   ʸ26 Hebrew *Dishan*, a variant of *Dishon*   ᶻ31 Or *before an Israelite king reigned over them*

32 Bela hijo de Beor reinó en Edom; y el nombre de su ciudad fue Dinaba.

33 Murió Bela, y reinó en su lugar Jobab hijo de Zera, de Bosra.

34 Murió Jobab, y en su lugar reinó Husam, de tierra de Temán.

35 Murió Husam, y reinó en su lugar Hadad hijo de Bedad, el que derrotó a Madián en el campo de Moab; y el nombre de su ciudad fue Avit.

36 Murió Hadad, y en su lugar reinó Samla de Masreca.

37 Murió Samla, y reinó en su lugar Saúl de Rehobot junto al Eufrates.

38 Murió Saúl, y en lugar suyo reinó Baal-hanán hijo de Acbor.

39 Y murió Baal-hanán hijo de Acbor, y reinó Hadar en lugar suyo; y el nombre de su ciudad fue Pau; y el nombre de su mujer, Mehetabel hija de Matred, hija de Mezaab.

40 Estos, pues, son los nombres de los jefes de Esaú por sus linajes, por sus lugares, y sus nombres: Timna, Alva, Jetet,

41 Aholibama, Ela, Pinón,

42 Cenaz, Temán, Mibzar,

43 Magdiel e Iram. Estos fueron los jefes de Edom según sus moradas en la tierra de su posesión. Edom es el mismo Esaú, padre de los edomitas.

José es vendido por sus hermanos

37 ¹ Habitó Jacob en la tierra donde había morado su padre, en la tierra de Canaán.

² Esta es la historia de la familia de Jacob: José, siendo de edad de diecisiete años, apacentaba las ovejas con sus hermanos; y el joven estaba con los hijos de Bilha y con los hijos de Zilpa, mujeres de su padre; e informaba José a su padre la mala fama de ellos.

³ Y amaba Israel a José más que a todos sus hijos, porque lo había tenido en su vejez; y le hizo una túnica de diversos colores.

⁴ Y viendo sus hermanos que su padre lo amaba más que a todos sus hermanos, le aborrecían, y no podían hablarle pacíficamente.

⁵ Y soñó José un sueño, y lo contó a sus hermanos; y ellos llegaron a aborrecerle más todavía.

⁶ Y él les dijo: Oíd ahora este sueño que he soñado:

⁷ He aquí que atábamos manojos en medio del campo, y he aquí que mi manojo se levantaba y estaba derecho, y que vuestros manojos estaban alrededor y se inclinaban al mío.

⁸ Le respondieron sus hermanos: ¿Reinarás tú sobre nosotros, o señorearás sobre nosotros? Y le aborrecieron aun más a causa de sus sueños y sus palabras.

⁹ Soñó aun otro sueño, y lo contó a sus hermanos, diciendo: He aquí que he soñado otro sueño, y he aquí que el sol y la luna y once estrellas se inclinaban a mí.

¹⁰ Y lo contó a su padre y a sus hermanos; y su padre le reprendió, y le dijo: ¿Qué sueño es este que soñaste? ¿Acaso vendremos yo y tu madre y tus hermanos a postrarnos en tierra ante ti?

32 Bela son of Beor became king of Edom. His city was named Dinhabah.

33 When Bela died, Jobab son of Zerah from Bozrah succeeded him as king.

34 When Jobab died, Husham from the land of the Temanites succeeded him as king.

35 When Husham died, Hadad son of Bedad, who defeated Midian in the country of Moab, succeeded him as king. His city was named Avith.

36 When Hadad died, Samlah from Masrekah succeeded him as king.

37 When Samlah died, Shaul from Rehoboth on the river[a] succeeded him as king.

38 When Shaul died, Baal-Hanan son of Acbor succeeded him as king.

39 When Baal-Hanan son of Acbor died, Hadad[b] succeeded him as king. His city was named Pau, and his wife's name was Mehetabel daughter of Matred, the daughter of Me-Zahab.

40 These were the chiefs descended from Esau, by name, according to their clans and regions:

Timna, Alvah, Jetheth, 41 Oholibamah, Elah, Pinon, 42 Kenaz, Teman, Mibzar, 43 Magdiel and Iram. These were the chiefs of Edom, according to their settlements in the land they occupied.

This was Esau the father of the Edomites.

Joseph's Dreams

37 Jacob lived in the land where his father had stayed, the land of Canaan.

² This is the account of Jacob.

Joseph, a young man of seventeen, was tending the flocks with his brothers, the sons of Bilhah and the sons of Zilpah, his father's wives, and he brought their father a bad report about them.

³ Now Israel loved Joseph more than any of his other sons, because he had been born to him in his old age; and he made a richly ornamented[c] robe for him.

⁴ When his brothers saw that their father loved him more than any of them, they hated him and could not speak a kind word to him.

⁵ Joseph had a dream, and when he told it to his brothers, they hated him all the more. ⁶ He said to them, "Listen to this dream I had: ⁷ We were binding sheaves of grain out in the field when suddenly my sheaf rose and stood upright, while your sheaves gathered around mine and bowed down to it."

⁸ His brothers said to him, "Do you intend to reign over us? Will you actually rule us?" And they hated him all the more because of his dream and what he had said.

⁹ Then he had another dream, and he told it to his brothers. "Listen," he said, "I had another dream, and this time the sun and moon and eleven stars were bowing down to me."

¹⁰ When he told his father as well as his brothers, his father rebuked him and said, "What is this dream you had? Will your mother and I and your brothers actually come and bow down to the ground before you?" ¹¹ His

---

a 37 Possibly the Euphrates   b 39 Many manuscripts of the Masoretic Text, Samaritan Pentateuch and Syriac (see also 1 Chron. 1:50); most manuscripts of the Masoretic Text *Hadar*   c 3 The meaning of the Hebrew for *richly ornamented* is uncertain; also in verses 23 and 32.

11 Y sus hermanos le tenían envidia, mas su padre meditaba en esto.

12 Después fueron sus hermanos a apacentar las ovejas de su padre en Siquem.

13 Y dijo Israel a José: Tus hermanos apacientan las ovejas en Siquem: ven, y te enviaré a ellos. Y él respondió: Heme aquí.

14 E Israel le dijo: Vé ahora, mira cómo están tus hermanos y cómo están las ovejas, y tráeme la respuesta. Y lo envió del valle de Hebrón, y llegó a Siquem.

15 Y lo halló un hombre, andando él errante por el campo, y le preguntó aquel hombre, diciendo: ¿Qué buscas?

16 José respondió: Busco a mis hermanos; te ruego que me muestres dónde están apacentando.

17 Aquel hombre respondió: Ya se han ido de aquí; y yo les oí decir: Vamos a Dotán. Entonces José fue tras de sus hermanos, y los halló en Dotán.

18 Cuando ellos lo vieron de lejos, antes que llegara cerca de ellos, conspiraron contra él para matarle.

19 Y dijeron el uno al otro: He aquí viene el soñador.

20 Ahora, pues, venid, y matémosle y echémosle en una cisterna, y diremos: Alguna mala bestia lo devoró; y veremos qué será de sus sueños.

21 Cuando Rubén oyó esto, lo libró de sus manos, y dijo: No lo matemos.

22 Y les dijo Rubén: No derraméis sangre; echadlo en esta cisterna que está en el desierto, y no pongáis mano en él; por librarlo así de sus manos, para hacerlo volver a su padre.

23 Sucedió, pues, que cuando llegó José a sus hermanos, ellos quitaron a José su túnica, la túnica de colores que tenía sobre sí;

24 y le tomaron y le echaron en la cisterna; pero la cisterna estaba vacía, no había en ella agua.

25 Y se sentaron a comer pan; y alzando los ojos miraron, y he aquí una compañía de ismaelitas que venía de Galaad, y sus camellos traían aromas, bálsamo y mirra, e iban a llevarlo a Egipto.

26 Entonces Judá dijo a sus hermanos: ¿Qué provecho hay en que matemos a nuestro hermano y encubramos su muerte?

27 Venid, y vendámosle a los ismaelitas, y no sea nuestra mano sobre él; porque él es nuestro hermano, nuestra propia carne. Y sus hermanos convinieron con él.

28 Y cuando pasaban los madianitas mercaderes, sacaron ellos a José de la cisterna, y le trajeron arriba, y le vendieron a los ismaelitas por veinte piezas de plata. Y llevaron a José a Egipto.

29 Después Rubén volvió a la cisterna, y no halló a José dentro, y rasgó sus vestidos.

30 Y volvió a sus hermanos, y dijo: El joven no parece; y yo, ¿adónde iré yo?

31 Entonces tomaron ellos la túnica de José, y degollaron un cabrito de las cabras, y tiñeron la túnica con la sangre;

32 y enviaron la túnica de colores y la trajeron a su padre, y dijeron: Esto hemos hallado; reconoce ahora si es la túnica de tu hijo, o no.

33 Y él la reconoció, y dijo: La túnica de mi hijo es; alguna mala bestia lo devoró; José ha sido despedazado.

34 Entonces Jacob rasgó sus vestidos, y puso cilicio sobre sus lomos, y guardó luto por su hijo muchos días.

35 Y se levantaron todos sus hijos y todas sus hijas para

brothers were jealous of him, but his father kept the matter in mind.

Joseph Sold by His Brothers

12 Now his brothers had gone to graze their father's flocks near Shechem, 13 and Israel said to Joseph, "As you know, your brothers are grazing the flocks near Shechem. Come, I am going to send you to them."

"Very well," he replied.

14 So he said to him, "Go and see if all is well with your brothers and with the flocks, and bring word back to me." Then he sent him off from the Valley of Hebron.

When Joseph arrived at Shechem, 15 a man found him wandering around in the fields and asked him, "What are you looking for?"

16 He replied, "I'm looking for my brothers. Can you tell me where they are grazing their flocks?"

17 "They have moved on from here," the man answered. "I heard them say, 'Let's go to Dothan.' "

So Joseph went after his brothers and found them near Dothan. 18 But they saw him in the distance, and before he reached them, they plotted to kill him.

19 "Here comes that dreamer!" they said to each other. 20 "Come now, let's kill him and throw him into one of these cisterns and say that a ferocious animal devoured him. Then we'll see what comes of his dreams."

21 When Reuben heard this, he tried to rescue him from their hands. "Let's not take his life," he said. 22 "Don't shed any blood. Throw him into this cistern here in the desert, but don't lay a hand on him." Reuben said this to rescue him from them and take him back to his father.

23 So when Joseph came to his brothers, they stripped him of his robe — the richly ornamented robe he was wearing — 24 and they took him and threw him into the cistern. Now the cistern was empty; there was no water in it.

25 As they sat down to eat their meal, they looked up and saw a caravan of Ishmaelites coming from Gilead. Their camels were loaded with spices, balm and myrrh, and they were on their way to take them down to Egypt.

26 Judah said to his brothers, "What will we gain if we kill our brother and cover up his blood? 27 Come, let's sell him to the Ishmaelites and not lay our hands on him; after all, he is our brother, our own flesh and blood." His brothers agreed.

28 So when the Midianite merchants came by, his brothers pulled Joseph up out of the cistern and sold him for twenty shekels _d_ of silver to the Ishmaelites, who took him to Egypt.

29 When Reuben returned to the cistern and saw that Joseph was not there, he tore his clothes. 30 He went back to his brothers and said, "The boy isn't there! Where can I turn now?"

31 Then they got Joseph's robe, slaughtered a goat and dipped the robe in the blood. 32 They took the ornamented robe back to their father and said, "We found this. Examine it to see whether it is your son's robe."

33 He recognized it and said, "It is my son's robe! Some ferocious animal has devoured him. Joseph has surely been torn to pieces."

34 Then Jacob tore his clothes, put on sackcloth and mourned for his son many days. 35 All his sons and

d28 That is, about 8 ounces (about 0.2 kilogram)

consolarlo; mas él no quiso recibir consuelo, y dijo: Descenderé enlutado a mi hijo hasta el Seol.*y* Y lo lloró su padre.

36 Y los madianitas lo vendieron en Egipto a Potifar, oficial de Faraón, capitán de la guardia.

Judá y Tamar

38 1 Aconteció en aquel tiempo, que Judá se apartó de sus hermanos y se fue a un varón adulamita que se llamaba Hira.

2 Y vio allí Judá la hija de un hombre cananeo, el cual se llamaba Súa; y la tomó, y se llegó a ella.

3 Y ella concibió, y dio a luz un hijo, y llamó su nombre Er.

4 Concibió otra vez, y dio a luz un hijo, y llamó su nombre Onán.

5 Y volvió a concebir, y dio a luz un hijo, y llamó su nombre Sela. Y estaba en Quezib cuando lo dio a luz.

6 Después Judá tomó mujer para su primogénito Er, la cual se llamaba Tamar.

7 Y Er, el primogénito de Judá, fue malo ante los ojos de Jehová, y le quitó Jehová la vida.

8 Entonces Judá dijo a Onán: Llégate a la mujer de tu hermano, y despósate con ella, y levanta descendencia a tu hermano.

9 Y sabiendo Onán que la descendencia no había de ser suya, sucedía que cuando se llegaba a la mujer de su hermano, vertía en tierra, por no dar descendencia a su hermano.

10 Y desagradó en ojos de Jehová lo que hacía, y a él también le quitó la vida.

11 Y Judá dijo a Tamar su nuera: Quédate viuda en casa de tu padre, hasta que crezca Sela mi hijo; porque dijo: No sea que muera él también como sus hermanos. Y se fue Tamar, y estuvo en casa de su padre.

12 Pasaron muchos días, y murió la hija de Súa, mujer de Judá. Después Judá se consoló, y subía a los trasquiladores de sus ovejas a Timnat, él y su amigo Hira el adulamita.

13 Y fue dado aviso a Tamar, diciendo: He aquí tu suegro sube a Timnat a trasquilar sus ovejas.

14 Entonces se quitó ella los vestidos de su viudez, y se cubrió con un velo, y se arrebozó, y se puso a la entrada de Enaim junto al camino de Timnat: porque veía que había crecido Sela, y ella no era dada a él por mujer.

15 Y la vio Judá, y la tuvo por ramera, porque ella había cubierto su rostro.

16 Y se apartó del camino hacia ella, y le dijo: Déjame ahora llegarme a ti: pues no sabía que era su nuera; y ella dijo: ¿Qué me darás por llegarte a mí?

17 El respondió: Yo te enviaré del ganado un cabrito de las cabras. Y ella dijo: Dame una prenda hasta que lo envíes.

18 Entonces Judá dijo: ¿Qué prenda te daré? Ella respondió: Tu sello, y tu cordón, y tu báculo que tienes en tu mano. Y él se los dio, y se llegó a ella, y ella concibió de él.

19 Luego se levantó y se fue, y se quitó el velo de sobre sí, y se vistió las ropas de su viudez.

20 Y Judá envió el cabrito de las cabras por medio de su amigo el adulamita, para que éste recibiese la prenda de la mujer; pero no la halló.

daughters came to comfort him, but he refused to be comforted. "No," he said, "in mourning will I go down to the grave*e* to my son." So his father wept for him.

36 Meanwhile, the Midianites*f* sold Joseph in Egypt to Potiphar, one of Pharaoh's officials, the captain of the guard.

Judah and Tamar

38 At that time, Judah left his brothers and went down to stay with a man of Adullam named Hirah. 2 There Judah met the daughter of a Canaanite man named Shua. He married her and lay with her; 3 she became pregnant and gave birth to a son, who was named Er. 4 She conceived again and gave birth to a son and named him Onan. 5 She gave birth to still another son and named him Shelah. It was at Kezib that she gave birth to him.

6 Judah got a wife for Er, his firstborn, and her name was Tamar. 7 But Er, Judah's firstborn, was wicked in the LORD's sight; so the LORD put him to death.

8 Then Judah said to Onan, "Lie with your brother's wife and fulfill your duty to her as a brother-in-law to produce offspring for your brother." 9 But Onan knew that the offspring would not be his; so whenever he lay with his brother's wife, he spilled his semen on the ground to keep from producing offspring for his brother. 10 What he did was wicked in the LORD's sight; so he put him to death also.

11 Judah then said to his daughter-in-law Tamar, "Live as a widow in your father's house until my son Shelah grows up." For he thought, "He may die too, just like his brothers." So Tamar went to live in her father's house.

12 After a long time Judah's wife, the daughter of Shua, died. When Judah had recovered from his grief, he went up to Timnah, to the men who were shearing his sheep, and his friend Hirah the Adullamite went with him.

13 When Tamar was told, "Your father-in-law is on his way to Timnah to shear his sheep," 14 she took off her widow's clothes, covered herself with a veil to disguise herself, and then sat down at the entrance to Enaim, which is on the road to Timnah. For she saw that, though Shelah had now grown up, she had not been given to him as his wife.

15 When Judah saw her, he thought she was a prostitute, for she had covered her face. 16 Not realizing that she was his daughter-in-law, he went over to her by the roadside and said, "Come now, let me sleep with you."

"And what will you give me to sleep with you?" she asked.

17 "I'll send you a young goat from my flock," he said.

"Will you give me something as a pledge until you send it?" she asked.

18 He said, "What pledge should I give you?"

"Your seal and its cord, and the staff in your hand," she answered. So he gave them to her and slept with her, and she became pregnant by him. 19 After she left, she took off her veil and put on her widow's clothes again.

20 Meanwhile Judah sent the young goat by his friend the Adullamite in order to get his pledge back from the woman, but he did not find her. 21 He asked

---

*y*Nombre hebreo del lugar de los muertos.

e35 Hebrew *Sheol*   *f36* Samaritan Pentateuch, Septuagint, Vulgate and Syriac (see also verse 28); Masoretic Text *Medanites*

21 Y preguntó a los hombres de aquel lugar, diciendo: ¿Dónde está la ramera de Enaim junto al camino? Y ellos le dijeron: No ha estado aquí ramera alguna.

22 Entonces él se volvió a Judá, y dijo: No la he hallado; y también los hombres del lugar dijeron: Aquí no ha estado ramera.

23 Y Judá dijo: Tómeselo para sí, para que no seamos menospreciados; he aquí yo he enviado este cabrito, y tú no la hallaste.

24 Sucedió que al cabo de unos tres meses fue dado aviso a Judá, diciendo: Tamar tu nuera ha fornicado, y ciertamente está encinta a causa de las fornicaciones. Y Judá dijo: Sacadla, y sea quemada.

25 Pero ella, cuando la sacaban, envió a decir a su suegro: Del varón cuyas son estas cosas, estoy encinta. También dijo: Mira ahora de quién son estas cosas, el sello, el cordón y el báculo.

26 Entonces Judá los reconoció, y dijo: Más justa es ella que yo, por cuanto no la he dado a Sela mi hijo. Y nunca más la conoció.

27 Y aconteció que al tiempo de dar a luz, he aquí había gemelos en su seno.

28 Sucedió cuando daba a luz, que sacó la mano el uno, y la partera tomó y ató a su mano un hilo de grana, diciendo: Este salió primero.

29 Pero volviendo él a meter la mano, he aquí salió su hermano; y ella dijo: ¡Qué brecha te has abierto! Y llamó su nombre Fares. *z*

30 Después salió su hermano, el que tenía en su mano el hilo de grana, y llamó su nombre Zara.

José y la esposa de Potifar

39 1 Llevado, pues, José a Egipto, Potifar oficial de Faraón, capitán de la guardia, varón egipcio, lo compró de los ismaelitas que lo habían llevado allá.

2 Mas Jehová estaba con José, y fue varón próspero; y estaba en la casa de su amo el egipcio.

3 Y vio su amo que Jehová estaba con él, y que todo lo que él hacía, Jehová lo hacía prosperar en su mano.

4 Así halló José gracia en sus ojos, y le servía; y él le hizo mayordomo de su casa y entregó en su poder todo lo que tenía.

5 Y aconteció que desde cuando le dio el encargo de su casa y de todo lo que tenía, Jehová bendijo la casa del egipcio a causa de José, y la bendición de Jehová estaba sobre todo lo que tenía, así en casa como en el campo.

6 Y dejó todo lo que tenía en mano de José, y con él no se preocupaba de cosa alguna sino del pan que comía. Y era José de hermoso semblante y bella presencia.

7 Aconteció después de esto, que la mujer de su amo puso sus ojos en José, y dijo: Duerme conmigo.

8 Y él no quiso, y dijo a la mujer de su amo: He aquí que mi señor no se preocupa conmigo de lo que hay en casa, y ha puesto en mi mano todo lo que tiene.

9 No hay otro mayor que yo en esta casa, y ninguna cosa me ha reservado sino a ti, por cuanto tú eres su mujer; ¿cómo, pues, haría yo este grande mal, y pecaría contra Dios?

10 Hablando ella a José cada día, y no escuchándola él para acostarse al lado de ella, para estar con ella,

11 aconteció que entró él un día en casa para hacer su oficio, y no había nadie de los de casa allí.

---

the men who lived there, "Where is the shrine prostitute who was beside the road at Enaim?"

"There hasn't been any shrine prostitute here," they said.

22 So he went back to Judah and said, "I didn't find her. Besides, the men who lived there said, 'There hasn't been any shrine prostitute here.' "

23 Then Judah said, "Let her keep what she has, or we will become a laughingstock. After all, I did send her this young goat, but you didn't find her."

24 About three months later Judah was told, "Your daughter-in-law Tamar is guilty of prostitution, and as a result she is now pregnant."

Judah said, "Bring her out and have her burned to death!"

25 As she was being brought out, she sent a message to her father-in-law. "I am pregnant by the man who owns these," she said. And she added, "See if you recognize whose seal and cord and staff these are."

26 Judah recognized them and said, "She is more righteous than I, since I wouldn't give her to my son Shelah." And he did not sleep with her again.

27 When the time came for her to give birth, there were twin boys in her womb. 28 As she was giving birth, one of them put out his hand; so the midwife took a scarlet thread and tied it on his wrist and said, "This one came out first." 29 But when he drew back his hand, his brother came out, and she said, "So this is how you have broken out!" And he was named Perez. *g* 30 Then his brother, who had the scarlet thread on his wrist, came out and he was given the name Zerah. *h*

Joseph and Potiphar's Wife

39 Now Joseph had been taken down to Egypt. Potiphar, an Egyptian who was one of Pharaoh's officials, the captain of the guard, bought him from the Ishmaelites who had taken him there.

2 The LORD was with Joseph and he prospered, and he lived in the house of his Egyptian master. 3 When his master saw that the LORD was with him and that the LORD gave him success in everything he did, 4 Joseph found favor in his eyes and became his attendant. Potiphar put him in charge of his household, and he entrusted to his care everything he owned. 5 From the time he put him in charge of his household and of all that he owned, the LORD blessed the household of the Egyptian because of Joseph. The blessing of the LORD was on everything Potiphar had, both in the house and in the field. 6 So he left in Joseph's care everything he had; with Joseph in charge, he did not concern himself with anything except the food he ate.

Now Joseph was well-built and handsome, 7 and after a while his master's wife took notice of Joseph and said, "Come to bed with me!"

8 But he refused. "With me in charge," he told her, "my master does not concern himself with anything in the house; everything he owns he has entrusted to my care. 9 No one is greater in this house than I am. My master has withheld nothing from me except you, because you are his wife. How then could I do such a wicked thing and sin against God?" 10 And though she spoke to Joseph day after day, he refused to go to bed with her or even be with her.

11 One day he went into the house to attend to his duties, and none of the household servants was inside.

---

*z*Esto es, *Rotura*, o *Brecha*.

g29 Perez means *breaking out.*   *h30 Zerah* can mean *scarlet* or *brightness.*

12 Y ella lo asió por su ropa, diciendo: Duerme conmigo. Entonces él dejó su ropa en las manos de ella, y huyó y salió.

13 Cuando vio ella que le había dejado su ropa en sus manos, y había huido fuera,

14 llamó a los de casa, y les habló diciendo: Mirad, nos ha traído un hebreo para que hiciese burla de nosotros. Vino él a mí para dormir conmigo, y yo di grandes voces;

15 y viendo que yo alzaba la voz y gritaba, dejó junto a mí su ropa, y huyó y salió.

16 Y ella puso junto a sí la ropa de José, hasta que vino su señor a su casa.

17 Entonces le habló ella las mismas palabras, diciendo: El siervo hebreo que nos trajiste, vino a mí para deshonrarme.

18 Y cuando yo alcé mi voz y grité, él dejó su ropa junto a mí y huyó fuera.

19 Y sucedió que cuando oyó el amo de José las palabras que su mujer le hablaba, diciendo: Así me ha tratado tu siervo, se encendió su furor.

20 Y tomó su amo a José, y lo puso en la cárcel, donde estaban los presos del rey, y estuvo allí en la cárcel.

21 Pero Jehová estaba con José y le extendió su misericordia, y le dio gracia en los ojos del jefe de la cárcel.

22 Y el jefe de la cárcel entregó en mano de José el cuidado de todos los presos que había en aquella prisión; todo lo que se hacía allí, él lo hacía.

23 No necesitaba atender el jefe de la cárcel cosa alguna de las que estaban al cuidado de José, porque Jehová estaba con José, y lo que él hacía, Jehová lo prosperaba.

José interpreta dos sueños

40 1 Aconteció después de estas cosas, que el copero del rey de Egipto y el panadero delinquieron contra su señor el rey de Egipto.

2 Y se enojó Faraón contra sus dos oficiales, contra el jefe de los coperos y contra el jefe de los panaderos,

3 y los puso en prisión en la casa del capitán de la guardia, en la cárcel donde José estaba preso.

4 Y el capitán de la guardia encargó de ellos a José, y él les servía; y estuvieron días en la prisión.

5 Y ambos, el copero y el panadero del rey de Egipto, que estaban arrestados en la prisión, tuvieron un sueño, cada uno su propio sueño en una misma noche, cada uno con su propio significado.

6 Vino a ellos José por la mañana, y los miró, y he aquí que estaban tristes.

7 Y él preguntó a aquellos oficiales de Faraón, que estaban con él en la prisión de la casa de su señor, diciendo: ¿Por qué parecen hoy mal vuestros semblantes?

8 Ellos le dijeron: Hemos tenido un sueño, y no hay quien lo interprete. Entonces les dijo José: ¿No son de Dios las interpretaciones? Contádmelo ahora.

9 Entonces el jefe de los coperos contó su sueño a José, y le dijo: Yo soñaba que veía una vid delante de mí,

10 y en la vid tres sarmientos; y ella como que brotaba, y arrojaba su flor, viniendo a madurar sus racimos de uvas.

11 Y que la copa de Faraón estaba en mi mano, y tomaba yo las uvas y las exprimía en la copa de Faraón, y daba yo la copa en mano de Faraón.

12 Y le dijo José: Esta es su interpretación: los tres sarmientos son tres días.

13 Al cabo de tres días levantará Faraón tu cabeza, y te restituirá a tu puesto, y darás la copa a Faraón en su mano, como solías hacerlo cuando eras su copero.

14 Acuérdate, pues, de mí cuando tengas ese bien, y te ruego que uses conmigo de misericordia, y hagas mención de mí a Faraón, y me saques de esta casa.

12 She caught him by his cloak and said, "Come to bed with me!" But he left his cloak in her hand and ran out of the house.

13 When she saw that he had left his cloak in her hand and had run out of the house, 14 she called her household servants. "Look," she said to them, "this Hebrew has been brought to us to make sport of us! He came in here to sleep with me, but I screamed. 15 When he heard me scream for help, he left his cloak beside me and ran out of the house."

16 She kept his cloak beside her until his master came home. 17 Then she told him this story: "That Hebrew slave you brought us came to me to make sport of me. 18 But as soon as I screamed for help, he left his cloak beside me and ran out of the house."

19 When his master heard the story his wife told him, saying, "This is how your slave treated me," he burned with anger. 20 Joseph's master took him and put him in prison, the place where the king's prisoners were confined.

But while Joseph was there in the prison, 21 the LORD was with him; he showed him kindness and granted him favor in the eyes of the prison warden. 22 So the warden put Joseph in charge of all those held in the prison, and he was made responsible for all that was done there. 23 The warden paid no attention to anything under Joseph's care, because the LORD was with Joseph and gave him success in whatever he did.

The Cupbearer and the Baker

40 Some time later, the cupbearer and the baker of the king of Egypt offended their master, the king of Egypt. 2 Pharaoh was angry with his two officials, the chief cupbearer and the chief baker, 3 and put them in custody in the house of the captain of the guard, in the same prison where Joseph was confined. 4 The captain of the guard assigned them to Joseph, and he attended them.

After they had been in custody for some time, 5 each of the two men — the cupbearer and the baker of the king of Egypt, who were being held in prison — had a dream the same night, and each dream had a meaning of its own.

6 When Joseph came to them the next morning, he saw that they were dejected. 7 So he asked Pharaoh's officials who were in custody with him in his master's house, "Why are your faces so sad today?"

8 "We both had dreams," they answered, "but there is no one to interpret them."

Then Joseph said to them, "Do not interpretations belong to God? Tell me your dreams."

9 So the chief cupbearer told Joseph his dream. He said to him, "In my dream I saw a vine in front of me, 10 and on the vine were three branches. As soon as it budded, it blossomed, and its clusters ripened into grapes. 11 Pharaoh's cup was in my hand, and I took the grapes, squeezed them into Pharaoh's cup and put the cup in his hand."

12 "This is what it means," Joseph said to him. "The three branches are three days. 13 Within three days Pharaoh will lift up your head and restore you to your position, and you will put Pharaoh's cup in his hand, just as you used to do when you were his cupbearer. 14 But when all goes well with you, remember me and show me kindness; mention me to Pharaoh and get me

15 Porque fui hurtado de la tierra de los hebreos; y tampoco he hecho aquí por qué me pusiesen en la cárcel.

16 Viendo el jefe de los panaderos que había interpretado para bien, dijo a José: También yo soñé que veía tres canastillos blancos sobre mi cabeza.

17 En el canastillo más alto había de toda clase de manjares de pastelería para Faraón; y las aves las comían del canastillo de sobre mi cabeza.

18 Entonces respondió José, y dijo: Esta es su interpretación: Los tres canastillos tres días son.

19 Al cabo de tres días quitará Faraón tu cabeza de sobre ti, y te hará colgar en la horca, y las aves comerán tu carne de sobre ti.

20 Al tercer día, que era el día del cumpleaños de Faraón, el rey hizo banquete a todos sus sirvientes; y alzó la cabeza del jefe de los coperos, y la cabeza del jefe de los panaderos, entre sus servidores.

21 E hizo volver a su oficio al jefe de los coperos, y dio éste la copa en mano de Faraón.

22 Mas hizo ahorcar al jefe de los panaderos, como lo había interpretado.

23 Y el jefe de los coperos no se acordó de José, sino que le olvidó.

José interpreta el sueño de Faraón

41 1 Aconteció que pasados dos años tuvo Faraón un sueño. Le parecía que estaba junto al río;

2 y que del río subían siete vacas, hermosas a la vista, y muy gordas, y pacían en el prado.

3 Y que tras ellas subían del río otras siete vacas de feo aspecto y enjutas de carne, y se pararon cerca de las vacas hermosas a la orilla del río;

4 y que las vacas de feo aspecto y enjutas de carne devoraban a las siete vacas hermosas y muy gordas. Y despertó Faraón.

5 Se durmió de nuevo, y soñó la segunda vez: Que siete espigas llenas y hermosas crecían de una sola caña,

6 y que después de ellas salían otras siete espigas menudas y abatidas del viento solano;

7 y las siete espigas menudas devoraban a las siete espigas gruesas y llenas. Y despertó Faraón, y he aquí que era sueño.

8 Sucedió que por la mañana estaba agitado su espíritu, y envió e hizo llamar a todos los magos de Egipto, y a todos sus sabios; y les contó Faraón sus sueños, mas no había quien los pudiese interpretar a Faraón.

9 Entonces el jefe de los coperos habló a Faraón, diciendo: Me acuerdo hoy de mis faltas.

10 Cuando Faraón se enojó contra sus siervos, nos echó a la prisión de la casa del capitán de la guardia a mí y al jefe de los panaderos.

11 Y él y yo tuvimos un sueño en la misma noche, y cada sueño tenía su propio significado.

12 Estaba allí con nosotros un joven hebreo, siervo del capitán de la guardia; y se lo contamos, y él nos interpretó nuestros sueños, y declaró a cada uno conforme a su sueño.

13 Y aconteció que como él nos los interpretó, así fue: yo fui restablecido en mi puesto, y el otro fue colgado.

14 Entonces Faraón envió y llamó a José. Y lo sacaron apresuradamente de la cárcel, y se afeitó, y mudó sus vestidos, y vino a Faraón.

15 Y dijo Faraón a José: Yo he tenido un sueño, y no hay quien lo interprete; mas he oído decir de ti, que oyes sueños para interpretarlos.

16 Respondió José a Faraón, diciendo: No está en mí; Dios será el que dé respuesta propicia a Faraón.

---

out of this prison. 15 For I was forcibly carried off from the land of the Hebrews, and even here I have done nothing to deserve being put in a dungeon."

16 When the chief baker saw that Joseph had given a favorable interpretation, he said to Joseph, "I too had a dream: On my head were three baskets of bread. *i* 17 In the top basket were all kinds of baked goods for Pharaoh, but the birds were eating them out of the basket on my head."

18 "This is what it means," Joseph said. "The three baskets are three days. 19 Within three days Pharaoh will lift off your head and hang you on a tree. *j* And the birds will eat away your flesh."

20 Now the third day was Pharaoh's birthday, and he gave a feast for all his officials. He lifted up the heads of the chief cupbearer and the chief baker in the presence of his officials: 21 He restored the chief cupbearer to his position, so that he once again put the cup into Pharaoh's hand, 22 but he hanged *k* the chief baker, just as Joseph had said to them in his interpretation.

23 The chief cupbearer, however, did not remember Joseph; he forgot him.

Pharaoh's Dreams

41 When two full years had passed, Pharaoh had a dream: He was standing by the Nile, 2 when out of the river there came up seven cows, sleek and fat, and they grazed among the reeds. 3 After them, seven other cows, ugly and gaunt, came up out of the Nile and stood beside those on the riverbank. 4 And the cows that were ugly and gaunt ate up the seven sleek, fat cows. Then Pharaoh woke up.

5 He fell asleep again and had a second dream: Seven heads of grain, healthy and good, were growing on a single stalk. 6 After them, seven other heads of grain sprouted — thin and scorched by the east wind. 7 The thin heads of grain swallowed up the seven healthy, full heads. Then Pharaoh woke up; it had been a dream.

8 In the morning his mind was troubled, so he sent for all the magicians and wise men of Egypt. Pharaoh told them his dreams, but no one could interpret them for him.

9 Then the chief cupbearer said to Pharaoh, "Today I am reminded of my shortcomings. 10 Pharaoh was once angry with his servants, and he imprisoned me and the chief baker in the house of the captain of the guard. 11 Each of us had a dream the same night, and each dream had a meaning of its own. 12 Now a young Hebrew was there with us, a servant of the captain of the guard. We told him our dreams, and he interpreted them for us, giving each man the interpretation of his dream. 13 And things turned out exactly as he interpreted them to us: I was restored to my position, and the other man was hanged. *k*"

14 So Pharaoh sent for Joseph, and he was quickly brought from the dungeon. When he had shaved and changed his clothes, he came before Pharaoh.

15 Pharaoh said to Joseph, "I had a dream, and no one can interpret it. But I have heard it said of you that when you hear a dream you can interpret it."

16 "I cannot do it," Joseph replied to Pharaoh, "but God will give Pharaoh the answer he desires."

---

i 16 Or three wicker baskets   j 19 Or and impale you on a pole
k 22,13 Or impaled

¹⁷Entonces Faraón dijo a José: En mi sueño me parecía que estaba a la orilla del río;
¹⁸y que del río subían siete vacas de gruesas carnes y hermosa apariencia, que pacían en el prado.
¹⁹Y que otras siete vacas subían después de ellas, flacas y de muy feo aspecto; tan extenuadas, que no he visto otras semejantes en fealdad en toda la tierra de Egipto.
²⁰Y las vacas flacas y feas devoraban a las siete primeras vacas gordas;
²¹y éstas entraban en sus entrañas, mas no se conocía que hubiesen entrado, porque la apariencia de las flacas era aún mala, como al principio. Y yo desperté.
²²Vi también soñando, que siete espigas crecían en una misma caña, llenas y hermosas.
²³Y que otras siete espigas menudas, marchitas, abatidas del viento solano, crecían después de ellas;
²⁴y las espigas menudas devoraban a las siete espigas hermosas; y lo he dicho a los magos, mas no hay quien me lo interprete.
²⁵Entonces respondió José a Faraón: El sueño de Faraón es uno mismo; Dios ha mostrado a Faraón lo que va a hacer.
²⁶Las siete vacas hermosas siete años son; y las espigas hermosas son siete años: el sueño es uno mismo.
²⁷También las siete vacas flacas y feas que subían tras ellas, son siete años; y las siete espigas menudas y marchitas del viento solano, siete años serán de hambre.
²⁸Esto es lo que respondo a Faraón. Lo que Dios va a hacer, lo ha mostrado a Faraón.
²⁹He aquí vienen siete años de gran abundancia en toda la tierra de Egipto.
³⁰Y tras ellos seguirán siete años de hambre; y toda la abundancia será olvidada en la tierra de Egipto, y el hambre consumirá la tierra.
³¹Y aquella abundancia no se echará de ver, a causa del hambre siguiente la cual será gravísima.
³²Y el suceder el sueño a Faraón dos veces, significa que la cosa es firme de parte de Dios, y que Dios se apresura a hacerla.
³³Por tanto, provéase ahora Faraón de un varón prudente y sabio, y póngalo sobre la tierra de Egipto.
³⁴Haga esto Faraón, y ponga gobernadores sobre el país, y quinte la tierra de Egipto en los siete años de la abundancia.
³⁵Y junten toda la provisión de estos buenos años que vienen, y recojan el trigo bajo la mano de Faraón para mantenimiento de las ciudades; y guárdenlo.
³⁶Y esté aquella provisión en depósito para el país, para los siete años de hambre que habrá en la tierra de Egipto; y el país no perecerá de hambre.

José, gobernador de Egipto

³⁷El asunto pareció bien a Faraón y a sus siervos,
³⁸y dijo Faraón a sus siervos: ¿Acaso hallaremos a otro hombre como éste, en quien esté el espíritu de Dios?
³⁹Y dijo Faraón a José: Pues que Dios te ha hecho saber todo esto, no hay entendido ni sabio como tú.
⁴⁰Tú estarás sobre mi casa, y por tu palabra se gobernará todo mi pueblo; solamente en el trono seré yo mayor que tú.
⁴¹Dijo además Faraón a José: He aquí yo te he puesto sobre toda la tierra de Egipto.
⁴²Entonces Faraón quitó su anillo de su mano, y lo puso en la mano de José, y lo hizo vestir de ropas de lino finísimo, y puso un collar de oro en su cuello.

¹⁷Then Pharaoh said to Joseph, "In my dream I was standing on the bank of the Nile, ¹⁸when out of the river there came up seven cows, fat and sleek, and they grazed among the reeds. ¹⁹After them, seven other cows came up—scrawny and very ugly and lean. I had never seen such ugly cows in all the land of Egypt. ²⁰The lean, ugly cows ate up the seven fat cows that came up first. ²¹But even after they ate them, no one could tell that they had done so; they looked just as ugly as before. Then I woke up.
²²"In my dreams I also saw seven heads of grain, full and good, growing on a single stalk. ²³After them, seven other heads sprouted—withered and thin and scorched by the east wind. ²⁴The thin heads of grain swallowed up the seven good heads. I told this to the magicians, but none could explain it to me."
²⁵Then Joseph said to Pharaoh, "The dreams of Pharaoh are one and the same. God has revealed to Pharaoh what he is about to do. ²⁶The seven good cows are seven years, and the seven good heads of grain are seven years; it is one and the same dream. ²⁷The seven lean, ugly cows that came up afterward are seven years, and so are the seven worthless heads of grain scorched by the east wind: They are seven years of famine.
²⁸"It is just as I said to Pharaoh: God has shown Pharaoh what he is about to do. ²⁹Seven years of great abundance are coming throughout the land of Egypt, ³⁰but seven years of famine will follow them. Then all the abundance in Egypt will be forgotten, and the famine will ravage the land. ³¹The abundance in the land will not be remembered, because the famine that follows it will be so severe. ³²The reason the dream was given to Pharaoh in two forms is that the matter has been firmly decided by God, and God will do it soon.
³³"And now let Pharaoh look for a discerning and wise man and put him in charge of the land of Egypt. ³⁴Let Pharaoh appoint commissioners over the land to take a fifth of the harvest of Egypt during the seven years of abundance. ³⁵They should collect all the food of these good years that are coming and store up the grain under the authority of Pharaoh, to be kept in the cities for food. ³⁶This food should be held in reserve for the country, to be used during the seven years of famine that will come upon Egypt, so that the country may not be ruined by the famine."
³⁷The plan seemed good to Pharaoh and to all his officials. ³⁸So Pharaoh asked them, "Can we find anyone like this man, one in whom is the spirit of God^l?"
³⁹Then Pharaoh said to Joseph, "Since God has made all this known to you, there is no one so discerning and wise as you. ⁴⁰You shall be in charge of my palace, and all my people are to submit to your orders. Only with respect to the throne will I be greater than you."

Joseph in Charge of Egypt

⁴¹So Pharaoh said to Joseph, "I hereby put you in charge of the whole land of Egypt." ⁴²Then Pharaoh took his signet ring from his finger and put it on Joseph's finger. He dressed him in robes of fine linen and put a gold chain around his neck. ⁴³He had him ride

^l38 Or *of the gods*

43 y lo hizo subir en su segundo carro, y pregonaron delante de él: ¡Doblad la rodilla!; *a* y lo puso sobre toda la tierra de Egipto.

44 Y dijo Faraón a José: Yo soy Faraón; y sin ti ninguno alzará su mano ni su pie en toda la tierra de Egipto.

45 Y llamó Faraón el nombre de José, Zafnat-panea; y le dio por mujer a Asenat, hija de Potifera sacerdote de On. Y salió José por toda la tierra de Egipto.

46 Era José de edad de treinta años cuando fue presentado delante de Faraón rey de Egipto; y salió José de delante de Faraón, y recorrió toda la tierra de Egipto.

47 En aquellos siete años de abundancia la tierra produjo a montones.

48 Y él reunió todo el alimento de los siete años de abundancia que hubo en la tierra de Egipto, y guardó alimento en las ciudades, poniendo en cada ciudad el alimento del campo de sus alrededores.

49 Recogió José trigo como arena del mar, mucho en extremo, hasta no poderse contar, porque no tenía número.

50 Y nacieron a José dos hijos antes que viniese el primer año del hambre, los cuales le dio a luz Asenat, hija de Potifera sacerdote de On.

51 Y llamó José el nombre del primogénito, Manasés; *b* porque dijo: Dios me hizo olvidar todo mi trabajo, y toda la casa de mi padre.

52 Y llamó el nombre del segundo, Efraín; *c* porque dijo: Dios me hizo fructificar en la tierra de mi aflicción.

53 Así se cumplieron los siete años de abundancia que hubo en la tierra de Egipto.

54 Y comenzaron a venir los siete años del hambre, como José había dicho; y hubo hambre en todos los países, mas en toda la tierra de Egipto había pan.

55 Cuando se sintió el hambre en toda la tierra de Egipto, el pueblo clamó a Faraón por pan. Y dijo Faraón a todos los egipcios: Id a José, y haced lo que él os dijere.

56 Y el hambre estaba por toda la extensión del país. Entonces abrió José todo granero donde había, y vendía a los egipcios; porque había crecido el hambre en la tierra de Egipto.

57 Y de toda la tierra venían a Egipto para comprar de José, porque por toda la tierra había crecido el hambre.

Los hermanos de José vienen por alimentos

42 1 Viendo Jacob que en Egipto había alimentos, dijo a sus hijos: ¿Por qué os estáis mirando?

2 Y dijo: He aquí, yo he oído que hay víveres en Egipto; descended allá, y comprad de allí para nosotros, para que podamos vivir, y no muramos.

3 Y descendieron los diez hermanos de José a comprar trigo en Egipto.

4 Mas Jacob no envió a Benjamín, hermano de José, con sus hermanos; porque dijo: No sea que le acontezca algún desastre.

5 Vinieron los hijos de Israel a comprar entre los que venían; porque había hambre en la tierra de Canaán.

6 Y José era el señor de la tierra, quien le vendía a todo el pueblo de la tierra; y llegaron los hermanos de José, y se inclinaron a él rostro a tierra.

7 Y José, cuando vio a sus hermanos, los conoció; mas hizo como que no los conocía, y les habló ásperamente, y les dijo: ¿De dónde habéis venido? Ellos respondieron: De la tierra de Canaán, para comprar alimentos.

in a chariot as his second-in-command, *m* and men shouted before him, "Make way *n*!" Thus he put him in charge of the whole land of Egypt.

44 Then Pharaoh said to Joseph, "I am Pharaoh, but without your word no one will lift hand or foot in all Egypt." 45 Pharaoh gave Joseph the name Zaphenath-Paneah and gave him Asenath daughter of Potiphera, priest of On,*o* to be his wife. And Joseph went throughout the land of Egypt.

46 Joseph was thirty years old when he entered the service of Pharaoh king of Egypt. And Joseph went out from Pharaoh's presence and traveled throughout Egypt. 47 During the seven years of abundance the land produced plentifully. 48 Joseph collected all the food produced in those seven years of abundance in Egypt and stored it in the cities. In each city he put the food grown in the fields surrounding it. 49 Joseph stored up huge quantities of grain, like the sand of the sea; it was so much that he stopped keeping records because it was beyond measure.

50 Before the years of famine came, two sons were born to Joseph by Asenath daughter of Potiphera, priest of On. 51 Joseph named his firstborn Manasseh*p* and said, "It is because God has made me forget all my trouble and all my father's household." 52 The second son he named Ephraim*q* and said, "It is because God has made me fruitful in the land of my suffering."

53 The seven years of abundance in Egypt came to an end, 54 and the seven years of famine began, just as Joseph had said. There was famine in all the other lands, but in the whole land of Egypt there was food. 55 When all Egypt began to feel the famine, the people cried to Pharaoh for food. Then Pharaoh told all the Egyptians, "Go to Joseph and do what he tells you."

56 When the famine had spread over the whole country, Joseph opened the storehouses and sold grain to the Egyptians, for the famine was severe throughout Egypt. 57 And all the countries came to Egypt to buy grain from Joseph, because the famine was severe in all the world.

Joseph's Brothers Go to Egypt

42 When Jacob learned that there was grain in Egypt, he said to his sons, "Why do you just keep looking at each other?" 2 He continued, "I have heard that there is grain in Egypt. Go down there and buy some for us, so that we may live and not die."

3 Then ten of Joseph's brothers went down to buy grain from Egypt. 4 But Jacob did not send Benjamin, Joseph's brother, with the others, because he was afraid that harm might come to him. 5 So Israel's sons were among those who went to buy grain, for the famine was in the land of Canaan also.

6 Now Joseph was the governor of the land, the one who sold grain to all its people. So when Joseph's brothers arrived, they bowed down to him with their faces to the ground. 7 As soon as Joseph saw his brothers, he recognized them, but he pretended to be a stranger and spoke harshly to them. "Where do you come from?" he asked.

"From the land of Canaan," they replied, "to buy food."

---

*m*43 Or *in the chariot of his second-in-command*; or *in his second chariot*   *n*43 Or *Bow down*   *o*45 That is, Heliopolis; also in verse 50   *p*51 *Manasseh* sounds like and may be derived from the Hebrew for *forget.*   *q*52 *Ephraim* sounds like the Hebrew for *twice fruitful.*

---

a *Abrek,* probablemente una palabra egipcia semejante en sonido a la palabra hebrea que significa *arrodillarse.*   *b* Esto es, *El que hace olvidar.*   *c* De una palabra hebrea que significa *fructífero.*

8 José, pues, conoció a sus hermanos; pero ellos no le conocieron.

9 Entonces se acordó José de los sueños que había tenido acerca de ellos, y les dijo: Espías sois; por ver lo descubierto del país habéis venido.

10 Ellos le respondieron: No, señor nuestro, sino que tus siervos han venido a comprar alimentos.

11 Todos nosotros somos hijos de un varón; somos hombres honrados; tus siervos nunca fueron espías.

12 Pero José les dijo: No; para ver lo descubierto del país habéis venido.

13 Y ellos respondieron: Tus siervos somos doce hermanos, hijos de un varón en la tierra de Canaán; y he aquí el menor está hoy con nuestro padre, y otro no parece.

14 Y José les dijo: Eso es lo que os he dicho, afirmando que sois espías.

15 En esto seréis probados: Vive Faraón, que no saldréis de aquí, sino cuando vuestro hermano menor viniere aquí.

16 Enviad a uno de vosotros y traiga a vuestro hermano, y vosotros quedad presos, y vuestras palabras serán probadas, si hay verdad en vosotros; y si no, vive Faraón, que sois espías.

17 Entonces los puso juntos en la cárcel por tres días.

18 Y al tercer día les dijo José: Haced esto, y vivid: Yo temo a Dios.

19 Si sois hombres honrados, quede preso en la casa de vuestra cárcel uno de vuestros hermanos, y vosotros id y llevad el alimento para el hambre de vuestra casa.

20 Pero traeréis a vuestro hermano menor, y serán verificadas vuestras palabras, y no moriréis. Y ellos lo hicieron así.

21 Y decían el uno al otro: Verdaderamente hemos pecado contra nuestro hermano, pues vimos la angustia de su alma cuando nos rogaba, y no le escuchamos; por eso ha venido sobre nosotros esta angustia.

22 Entonces Rubén les respondió, diciendo: ¿No os hablé yo y dije: No pequéis contra el joven, y no escuchasteis? He aquí también se nos demanda su sangre.

23 Pero ellos no sabían que los entendía José, porque había intérprete entre ellos.

24 Y se apartó José de ellos, y lloró; después volvió a ellos, y les habló, y tomó de entre ellos a Simeón, y lo aprisionó a vista de ellos.

25 Después mandó José que llenaran sus sacos de trigo, y devolviesen el dinero de cada uno de ellos, poniéndolo en su saco, y les diesen comida para el camino; y así se hizo con ellos.

26 Y ellos pusieron su trigo sobre sus asnos, y se fueron de allí.

27 Pero abriendo uno de ellos su saco para dar de comer a su asno en el mesón, vio su dinero que estaba en la boca de su costal.

28 Y dijo a sus hermanos: Mi dinero se me ha devuelto, y helo aquí en mi saco. Entonces se les sobresaltó el corazón, y espantados dijeron el uno al otro: ¿Qué es esto que nos ha hecho Dios?

29 Y venidos a Jacob su padre en tierra de Canaán, le contaron todo lo que les había acontecido, diciendo:

30 Aquel varón, el señor de la tierra, nos habló ásperamente, y nos trató como a espías de la tierra.

31 Y nosotros le dijimos: Somos hombres honrados, nunca fuimos espías.

32 Somos doce hermanos, hijos de nuestro padre; uno no parece, y el menor está hoy con nuestro padre en la tierra de Canaán.

33 Entonces aquel varón, el señor de la tierra, nos dijo: En esto conoceré que sois hombres honrados: dejad conmigo uno de vuestros hermanos, y tomad para el hambre de vuestras casas, y andad,

8 Although Joseph recognized his brothers, they did not recognize him. 9 Then he remembered his dreams about them and said to them, "You are spies! You have come to see where our land is unprotected."

10 "No, my lord," they answered. "Your servants have come to buy food. 11 We are all the sons of one man. Your servants are honest men, not spies."

12 "No!" he said to them. "You have come to see where our land is unprotected."

13 But they replied, "Your servants were twelve brothers, the sons of one man, who lives in the land of Canaan. The youngest is now with our father, and one is no more."

14 Joseph said to them, "It is just as I told you: You are spies! 15 And this is how you will be tested: As surely as Pharaoh lives, you will not leave this place unless your youngest brother comes here. 16 Send one of your number to get your brother; the rest of you will be kept in prison, so that your words may be tested to see if you are telling the truth. If you are not, then as surely as Pharaoh lives, you are spies!" 17 And he put them all in custody for three days.

18 On the third day, Joseph said to them, "Do this and you will live, for I fear God: 19 If you are honest men, let one of your brothers stay here in prison, while the rest of you go and take grain back for your starving households. 20 But you must bring your youngest brother to me, so that your words may be verified and that you may not die." This they proceeded to do.

21 They said to one another, "Surely we are being punished because of our brother. We saw how distressed he was when he pleaded with us for his life, but we would not listen; that's why this distress has come upon us."

22 Reuben replied, "Didn't I tell you not to sin against the boy? But you wouldn't listen! Now we must give an accounting for his blood." 23 They did not realize that Joseph could understand them, since he was using an interpreter.

24 He turned away from them and began to weep, but then turned back and spoke to them again. He had Simeon taken from them and bound before their eyes.

25 Joseph gave orders to fill their bags with grain, to put each man's silver back in his sack, and to give them provisions for their journey. After this was done for them, 26 they loaded their grain on their donkeys and left.

27 At the place where they stopped for the night one of them opened his sack to get feed for his donkey, and he saw his silver in the mouth of his sack. 28 "My silver has been returned," he said to his brothers. "Here it is in my sack."

Their hearts sank and they turned to each other trembling and said, "What is this that God has done to us?"

29 When they came to their father Jacob in the land of Canaan, they told him all that had happened to them. They said, 30 "The man who is lord over the land spoke harshly to us and treated us as though we were spying on the land. 31 But we said to him, 'We are honest men; we are not spies. 32 We were twelve brothers, sons of one father. One is no more, and the youngest is now with our father in Canaan.'

33 "Then the man who is lord over the land said to us, 'This is how I will know whether you are honest men: Leave one of your brothers here with me, and take food for your starving households and go. 34 But

34 y traedme a vuestro hermano el menor, para que yo sepa que no sois espías, sino hombres honrados; así os daré a vuestro hermano, y negociaréis en la tierra.

35 Y aconteció que vaciando ellos sus sacos, he aquí que en el saco de cada uno estaba el atado de su dinero; y viendo ellos y su padre los atados de su dinero, tuvieron temor.

36 Entonces su padre Jacob les dijo: Me habéis privado de mis hijos; José no parece, ni Simeón tampoco, y a Benjamín le llevaréis; contra mí son todas estas cosas.

37 Y Rubén habló a su padre, diciendo: Harás morir a mis dos hijos, si no te lo devuelvo; entrégalo en mi mano, que yo lo devolveré a ti.

38 Y él dijo: No descenderá mi hijo con vosotros, pues su hermano ha muerto, y él solo ha quedado; y si le aconteciere algún desastre en el camino por donde vais, haréis descender mis canas con dolor al Seol.

Los hermanos de José regresan con Benjamín

43 1 El hambre era grande en la tierra; 2 y aconteció que cuando acabaron de comer el trigo que trajeron de Egipto, les dijo su padre: Volved, y comprad para nosotros un poco de alimento.

3 Respondió Judá, diciendo: Aquel varón nos protestó con ánimo resuelto, diciendo: No veréis mi rostro si no traéis a vuestro hermano con vosotros.

4 Si enviares a nuestro hermano con nosotros, descenderemos y te compraremos alimento.

5 Pero si no le enviares, no descenderemos; porque aquel varón nos dijo: No veréis mi rostro si no traéis a vuestro hermano con vosotros.

6 Dijo entonces Israel: ¿Por qué me hicisteis tanto mal, declarando al varón que teníais otro hermano?

7 Y ellos respondieron: Aquel varón nos preguntó expresamente por nosotros, y por nuestra familia, diciendo: ¿Vive aún vuestro padre? ¿Tenéis otro hermano? Y le declaramos conforme a estas palabras. ¿Acaso podíamos saber que él nos diría: Haced venir a vuestro hermano?

8 Entonces Judá dijo a Israel su padre: Envía al joven conmigo, y nos levantaremos e iremos, a fin de que vivamos y no muramos nosotros, y tú, y nuestros niños.

9 Yo te respondo por él; a mí me pedirás cuenta. Si yo no te lo vuelvo a traer, y si no lo pongo delante de ti, seré para ti el culpable para siempre;

10 pues si no nos hubiéramos detenido, ciertamente hubiéramos ya vuelto dos veces.

11 Entonces Israel su padre les respondió: Pues que así es, hacedlo; tomad de lo mejor de la tierra en vuestros sacos, y llevad a aquel varón un presente, un poco de bálsamo, un poco de miel, aromas y mirra, nueces y almendras.

12 Y tomad en vuestras manos doble cantidad de dinero, y llevad en vuestra mano el dinero vuelto en las bocas de vuestros costales; quizá fue equivocación.

13 Tomad también a vuestro hermano, y levantaos, y volved a aquel varón.

14 Y el Dios Omnipotente os dé misericordia delante de aquel varón, y os suelte al otro vuestro hermano, y a este Benjamín. Y si he de ser privado de mis hijos, séalo.

15 Entonces tomaron aquellos varones el presente, y tomaron en su mano doble cantidad de dinero, y a Benjamín; y se levantaron y descendieron a Egipto, y se presentaron delante de José.

bring your youngest brother to me so I will know that you are not spies but honest men. Then I will give your brother back to you, and you can trade *r* in the land.' "

35 As they were emptying their sacks, there in each man's sack was his pouch of silver! When they and their father saw the money pouches, they were frightened. 36 Their father Jacob said to them, "You have deprived me of my children. Joseph is no more and Simeon is no more, and now you want to take Benjamin. Everything is against me!"

37 Then Reuben said to his father, "You may put both of my sons to death if I do not bring him back to you. Entrust him to my care, and I will bring him back."

38 But Jacob said, "My son will not go down there with you; his brother is dead and he is the only one left. If harm comes to him on the journey you are taking, you will bring my gray head down to the grave *s* in sorrow."

The Second Journey to Egypt

43 Now the famine was still severe in the land. 2 So when they had eaten all the grain they had brought from Egypt, their father said to them, "Go back and buy us a little more food."

3 But Judah said to him, "The man warned us solemnly, 'You will not see my face again unless your brother is with you.' 4 If you will send our brother along with us, we will go down and buy food for you. 5 But if you will not send him, we will not go down, because the man said to us, 'You will not see my face again unless your brother is with you.' "

6 Israel asked, "Why did you bring this trouble on me by telling the man you had another brother?"

7 They replied, "The man questioned us closely about ourselves and our family. 'Is your father still living?' he asked us. 'Do you have another brother?' We simply answered his questions. How were we to know he would say, 'Bring your brother down here'?"

8 Then Judah said to Israel his father, "Send the boy along with me and we will go at once, so that we and you and our children may live and not die. 9 I myself will guarantee his safety; you can hold me personally responsible for him. If I do not bring him back to you and set him here before you, I will bear the blame before you all my life. 10 As it is, if we had not delayed, we could have gone and returned twice."

11 Then their father Israel said to them, "If it must be, then do this: Put some of the best products of the land in your bags and take them down to the man as a gift—a little balm and a little honey, some spices and myrrh, some pistachio nuts and almonds. 12 Take double the amount of silver with you, for you must return the silver that was put back into the mouths of your sacks. Perhaps it was a mistake. 13 Take your brother also and go back to the man at once. 14 And may God Almighty *t* grant you mercy before the man so that he will let your other brother and Benjamin come back with you. As for me, if I am bereaved, I am bereaved."

15 So the men took the gifts and double the amount of silver, and Benjamin also. They hurried down to

---

r34 Or *move about freely*   *s38* Hebrew *Sheol*   *t14* Hebrew *El-Shaddai*

16Y vio José a Benjamín con ellos, y dijo al mayordomo de su casa: Lleva a casa a esos hombres, y degüella una res y prepárala, pues estos hombres comerán conmigo al mediodía.

17E hizo el hombre como José dijo, y llevó a los hombres a casa de José.

18Entonces aquellos hombres tuvieron temor, cuando fueron llevados a casa de José, y decían: Por el dinero que fue devuelto en nuestros costales la primera vez nos han traído aquí, para tendernos lazo, y atacarnos, y tomarnos por siervos a nosotros, y a nuestros asnos.

19Y se acercaron al mayordomo de la casa de José, y le hablaron a la entrada de la casa.

20Y dijeron: Ay, señor nuestro, nosotros en realidad de verdad descendimos al principio a comprar alimentos.

21Y aconteció que cuando llegamos al mesón y abrimos nuestros costales, he aquí el dinero de cada uno estaba en la boca de su costal, nuestro dinero en su justo peso; y lo hemos vuelto a traer con nosotros.

22Hemos también traído en nuestras manos otro dinero para comprar alimentos; nosotros no sabemos quién haya puesto nuestro dinero en nuestros costales.

23El les respondió: Paz a vosotros, no temáis; vuestro Dios y el Dios de vuestro padre os dio el tesoro en vuestros costales; yo recibí vuestro dinero. Y sacó a Simeón a ellos.

24Y llevó aquel varón a los hombres a casa de José; y les dio agua, y lavaron sus pies, y dio de comer a sus asnos.

25Y ellos prepararon el presente entretanto que venía José a mediodía, porque habían oído que allí habrían de comer pan.

26Y vino José a casa, y ellos le trajeron el presente que tenían en su mano dentro de la casa, y se inclinaron ante él hasta la tierra.

27Entonces les preguntó José cómo estaban, y dijo: ¿Vuestro padre, el anciano que dijisteis, lo pasa bien? ¿Vive todavía?

28Y ellos respondieron: Bien va a tu siervo nuestro padre; aún vive. Y se inclinaron, e hicieron reverencia.

29Y alzando José sus ojos vio a Benjamín su hermano, hijo de su madre, y dijo: ¿Es éste vuestro hermano menor, de quien me hablasteis? Y dijo: Dios tenga misericordia de ti, hijo mío.

30Entonces José se apresuró, porque se conmovieron sus entrañas a causa de su hermano, y buscó dónde llorar; y entró en su cámara, y lloró allí.

31Y lavó su rostro y salió, y se contuvo, y dijo: Poned pan.

32Y pusieron para él aparte, y separadamente para ellos, y aparte para los egipcios que con él comían; porque los egipcios no pueden comer pan con los hebreos, lo cual es abominación a los egipcios.

33Y se sentaron delante de él, el mayor conforme a su primogenitura, y el menor conforme a su menor edad; y estaban aquellos hombres atónitos mirándose el uno al otro.

34Y José tomó viandas de delante de sí para ellos; mas la porción de Benjamín era cinco veces mayor que cualquiera de las de ellos. Y bebieron, y se alegraron con él.

La copa de José

44 1Mandó José al mayordomo de su casa, diciendo: Llena de alimento los costales de estos varones, cuanto puedan llevar, y pon el dinero de cada uno en la boca de su costal.

2Y pondrás mi copa, la copa de plata, en la boca del costal del menor, con el dinero de su trigo. Y él hizo como dijo José.

3Venida la mañana, los hombres fueron despedidos con sus asnos.

Egypt and presented themselves to Joseph. 16When Joseph saw Benjamin with them, he said to the steward of his house, "Take these men to my house, slaughter an animal and prepare dinner; they are to eat with me at noon."

17The man did as Joseph told him and took the men to Joseph's house. 18Now the men were frightened when they were taken to his house. They thought, "We were brought here because of the silver that was put back into our sacks the first time. He wants to attack us and overpower us and seize us as slaves and take our donkeys."

19So they went up to Joseph's steward and spoke to him at the entrance to the house. 20"Please, sir," they said, "we came down here the first time to buy food. 21But at the place where we stopped for the night we opened our sacks and each of us found his silver—the exact weight—in the mouth of his sack. So we have brought it back with us. 22We have also brought additional silver with us to buy food. We don't know who put our silver in our sacks."

23"It's all right," he said. "Don't be afraid. Your God, the God of your father, has given you treasure in your sacks; I received your silver." Then he brought Simeon out to them.

24The steward took the men into Joseph's house, gave them water to wash their feet and provided fodder for their donkeys. 25They prepared their gifts for Joseph's arrival at noon, because they had heard that they were to eat there.

26When Joseph came home, they presented to him the gifts they had brought into the house, and they bowed down before him to the ground. 27He asked them how they were, and then he said, "How is your aged father you told me about? Is he still living?"

28They replied, "Your servant our father is still alive and well." And they bowed low to pay him honor.

29As he looked about and saw his brother Benjamin, his own mother's son, he asked, "Is this your youngest brother, the one you told me about?" And he said, "God be gracious to you, my son." 30Deeply moved at the sight of his brother, Joseph hurried out and looked for a place to weep. He went into his private room and wept there.

31After he had washed his face, he came out and, controlling himself, said, "Serve the food."

32They served him by himself, the brothers by themselves, and the Egyptians who ate with him by themselves, because Egyptians could not eat with Hebrews, for that is detestable to Egyptians. 33The men had been seated before him in the order of their ages, from the firstborn to the youngest; and they looked at each other in astonishment. 34When portions were served to them from Joseph's table, Benjamin's portion was five times as much as anyone else's. So they feasted and drank freely with him.

A Silver Cup in a Sack

44 Now Joseph gave these instructions to the steward of his house: "Fill the men's sacks with as much food as they can carry, and put each man's silver in the mouth of his sack. 2Then put my cup, the silver one, in the mouth of the youngest one's sack, along with the silver for his grain." And he did as Joseph said.

3As morning dawned, the men were sent on their way with their donkeys. 4They had not gone far from

4 Habiendo ellos salido de la ciudad, de la que aún no se habían alejado, dijo José a su mayordomo: Levántate y sigue a esos hombres; y cuando los alcances, diles: ¿Por qué habéis vuelto mal por bien? ¿Por qué habéis robado mi copa de plata?

5 ¿No es ésta en la que bebe mi señor, y por la que suele adivinar? Habéis hecho mal en lo que hicisteis.

6 Cuando él los alcanzó, les dijo estas palabras.

7 Y ellos le respondieron: ¿Por qué dice nuestro señor tales cosas? Nunca tal hagan tus siervos.

8 He aquí, el dinero que hallamos en la boca de nuestros costales, te lo volvimos a traer desde la tierra de Canaán; ¿cómo, pues, habíamos de hurtar de casa de tu señor plata ni oro?

9 Aquel de tus siervos en quien fuere hallada la copa, que muera, y aun nosotros seremos siervos de mi señor.

10 Y él dijo: También ahora sea conforme a vuestras palabras; aquel en quien se hallare será mi siervo, y vosotros seréis sin culpa.

11 Ellos entonces se dieron prisa, y derribando cada uno su costal en tierra, abrió cada cual el costal suyo.

12 Y buscó; desde el mayor comenzó, y acabó en el menor; y la copa fue hallada en el costal de Benjamín.

13 Entonces ellos rasgaron sus vestidos, y cargó cada uno su asno y volvieron a la ciudad.

14 Vino Judá con sus hermanos a casa de José, que aún estaba allí, y se postraron delante de él en tierra.

15 Y les dijo José: ¿Qué acción es esta que habéis hecho? ¿No sabéis que un hombre como yo sabe adivinar?

16 Entonces dijo Judá: ¿Qué diremos a mi señor? ¿Qué hablaremos, o con qué nos justificaremos? Dios ha hallado la maldad de tus siervos; he aquí, nosotros somos siervos de mi señor, nosotros, y también aquel en cuyo poder fue hallada la copa.

17 José respondió: Nunca yo tal haga. El varón en cuyo poder fue hallada la copa, él será mi siervo; vosotros id en paz a vuestro padre.

Judá intercede por Benjamín

18 Entonces Judá se acercó a él, y dijo: Ay, señor mío, te ruego que permitas que hable tu siervo una palabra en oídos de mi señor, y no se encienda tu enojo contra tu siervo, pues tú eres como Faraón.

19 Mi señor preguntó a sus siervos, diciendo: ¿Tenéis padre o hermano?

20 Y nosotros respondimos a mi señor: Tenemos un padre anciano, y un hermano joven, pequeño aún, que le nació en su vejez; y un hermano suyo murió, y él solo quedó de los hijos de su madre; y su padre lo ama.

21 Y tú dijiste a tus siervos: Traédmelo, y pondré mis ojos sobre él.

22 Y nosotros dijimos a mi señor: El joven no puede dejar a su padre, porque si lo dejare, su padre morirá.

23 Y dijiste a tus siervos: Si vuestro hermano menor no desciende con vosotros, no veréis más mi rostro.

24 Aconteció, pues, que cuando llegamos a mi padre tu siervo, le contamos las palabras de mi señor.

25 Y dijo nuestro padre: Volved a comprarnos un poco de alimento.

26 Y nosotros respondimos: No podemos ir; si nuestro hermano va con nosotros, iremos; porque no podremos ver el rostro del varón, si no está con nosotros nuestro hermano el menor.

27 Entonces tu siervo mi padre nos dijo: Vosotros sabéis que dos hijos me dio a luz mi mujer;

28 y el uno salió de mi presencia, y pienso de cierto que fue despedazado, y hasta ahora no lo he visto;

the city when Joseph said to his steward, "Go after those men at once, and when you catch up with them, say to them, 'Why have you repaid good with evil? 5 Isn't this the cup my master drinks from and also uses for divination? This is a wicked thing you have done.' "

6 When he caught up with them, he repeated these words to them. 7 But they said to him, "Why does my lord say such things? Far be it from your servants to do anything like that! 8 We even brought back to you from the land of Canaan the silver we found inside the mouths of our sacks. So why would we steal silver or gold from your master's house? 9 If any of your servants is found to have it, he will die; and the rest of us will become my lord's slaves."

10 "Very well, then," he said, "let it be as you say. Whoever is found to have it will become my slave; the rest of you will be free from blame."

11 Each of them quickly lowered his sack to the ground and opened it. 12 Then the steward proceeded to search, beginning with the oldest and ending with the youngest. And the cup was found in Benjamin's sack. 13 At this, they tore their clothes. Then they all loaded their donkeys and returned to the city.

14 Joseph was still in the house when Judah and his brothers came in, and they threw themselves to the ground before him. 15 Joseph said to them, "What is this you have done? Don't you know that a man like me can find things out by divination?"

16 "What can we say to my lord?" Judah replied. "What can we say? How can we prove our innocence? God has uncovered your servants' guilt. We are now my lord's slaves—we ourselves and the one who was found to have the cup."

17 But Joseph said, "Far be it from me to do such a thing! Only the man who was found to have the cup will become my slave. The rest of you, go back to your father in peace."

18 Then Judah went up to him and said: "Please, my lord, let your servant speak a word to my lord. Do not be angry with your servant, though you are equal to Pharaoh himself. 19 My lord asked his servants, 'Do you have a father or a brother?' 20 And we answered, 'We have an aged father, and there is a young son born to him in his old age. His brother is dead, and he is the only one of his mother's sons left, and his father loves him.'

21 "Then you said to your servants, 'Bring him down to me so I can see him for myself.' 22 And we said to my lord, 'The boy cannot leave his father; if he leaves him, his father will die.' 23 But you told your servants, 'Unless your youngest brother comes down with you, you will not see my face again.' 24 When we went back to your servant my father, we told him what my lord had said.

25 "Then our father said, 'Go back and buy a little more food.' 26 But we said, 'We cannot go down. Only if our youngest brother is with us will we go. We cannot see the man's face unless our youngest brother is with us.'

27 "Your servant my father said to us, 'You know that my wife bore me two sons. 28 One of them went away from me, and I said, "He has surely been torn to

29Y si tomáis también a éste de delante de mí, y le aconte-ce algún desastre, haréis descender mis canas con dolor al Seol.

30Ahora, pues, cuando vuelva yo a tu siervo mi padre, si el joven no va conmigo, como su vida está ligada a la vida de él,

31sucederá que cuando no vea al joven, morirá; y tus siervos harán descender las canas de tu siervo nuestro padre con dolor al Seol.

32Como tu siervo salió por fiador del joven con mi padre, diciendo: Si no te lo vuelvo a traer, entonces yo seré culpable ante mi padre para siempre;

33te ruego, por tanto, que quede ahora tu siervo en lugar del joven por siervo de mi señor, y que el joven vaya con sus hermanos.

34Porque ¿cómo volveré yo a mi padre sin el joven? No podré, por no ver el mal que sobrevendrá a mi padre.

José se da a conocer a sus hermanos

45 1No podía ya José contenerse delante de todos los que estaban al lado suyo, y clamó: Haced salir de mi presencia a todos. Y no quedó nadie con él, al darse a conocer José a sus hermanos.

2Entonces se dio a llorar a gritos; y oyeron los egipcios, y oyó también la casa de Faraón.

3Y dijo José a sus hermanos: Yo soy José; ¿vive aún mi padre? Y sus hermanos no pudieron responderle, porque estaban turbados delante de él.

4Entonces dijo José a sus hermanos: Acercaos ahora a mí. Y ellos se acercaron. Y él dijo: Yo soy José vuestro hermano, el que vendisteis para Egipto.

5Ahora, pues, no os entristezcáis, ni os pese de haberme vendido acá; porque para preservación de vida me envió Dios delante de vosotros.

6Pues ya ha habido dos años de hambre en medio de la tierra, y aún quedan cinco años en los cuales ni habrá arada ni siega.

7Y Dios me envió delante de vosotros, para preservaros posteridad sobre la tierra, y para daros vida por medio de gran liberación.

8Así, pues, no me enviasteis acá vosotros, sino Dios, que me ha puesto por padre de Faraón y por señor de toda su casa, y por gobernador en toda la tierra de Egipto.

9Daos prisa, id a mi padre y decidle; Así dice tu hijo José: Dios me ha puesto por señor de todo Egipto; ven a mí, no te detengas.

10Habitarás en la tierra de Gosén, y estarás cerca de mí, tú y tus hijos, y los hijos de tus hijos, tus ganados y tus vacas, y todo lo que tienes.

11Y allí te alimentaré, pues aún quedan cinco años de hambre, para que no perezcas de pobreza tú y tu casa, y todo lo que tienes.

12He aquí, vuestros ojos ven, y los ojos de mi hermano Benjamín, que mi boca os habla.

13Haréis, pues, saber a mi padre toda mi gloria en Egipto, y todo lo que habéis visto; y daos prisa, y traed a mi padre acá.

14Y se echó sobre el cuello de Benjamín su hermano, y lloró; y también Benjamín lloró sobre su cuello.

15Y besó a todos sus hermanos, y lloró sobre ellos; y después sus hermanos hablaron con él.

16Y se oyó la noticia en la casa de Faraón, diciendo: Los hermanos de José han venido. Y esto agradó en los ojos de Faraón y de sus siervos.

17Y dijo Faraón a José: Dí a tus hermanos: Haced esto: cargad vuestras bestias, e id, volved a la tierra de Canaán;

pieces." And I have not seen him since. 29If you take this one from me too and harm comes to him, you will bring my gray head down to the grave u in misery.'

30"So now, if the boy is not with us when I go back to your servant my father and if my father, whose life is closely bound up with the boy's life, 31sees that the boy isn't there, he will die. Your servants will bring the gray head of our father down to the grave in sorrow. 32Your servant guaranteed the boy's safety to my fa-ther. I said, 'If I do not bring him back to you, I will bear the blame before you, my father, all my life!'

33"Now then, please let your servant remain here as my lord's slave in place of the boy, and let the boy return with his brothers. 34How can I go back to my father if the boy is not with me? No! Do not let me see the misery that would come upon my father."

Joseph Makes Himself Known

45 Then Joseph could no longer control himself before all his attendants, and he cried out, "Have everyone leave my presence!" So there was no one with Joseph when he made himself known to his brothers. 2And he wept so loudly that the Egyptians heard him, and Pharaoh's household heard about it.

3Joseph said to his brothers, "I am Joseph! Is my father still living?" But his brothers were not able to answer him, because they were terrified at his pres-ence.

4Then Joseph said to his brothers, "Come close to me." When they had done so, he said, "I am your brother Joseph, the one you sold into Egypt! 5And now, do not be distressed and do not be angry with yourselves for selling me here, because it was to save lives that God sent me ahead of you. 6For two years now there has been famine in the land, and for the next five years there will not be plowing and reaping. 7But God sent me ahead of you to preserve for you a rem-nant on earth and to save your lives by a great deliver-ance. v

8"So then, it was not you who sent me here, but God. He made me father to Pharaoh, lord of his entire household and ruler of all Egypt. 9Now hurry back to my father and say to him, 'This is what your son Joseph says: God has made me lord of all Egypt. Come down to me; don't delay. 10You shall live in the region of Goshen and be near me—you, your children and grandchildren, your flocks and herds, and all you have. 11I will provide for you there, because five years of famine are still to come. Otherwise you and your household and all who belong to you will become destitute.'

12"You can see for yourselves, and so can my broth-er Benjamin, that it is really I who am speaking to you. 13Tell my father about all the honor accorded me in Egypt and about everything you have seen. And bring my father down here quickly."

14Then he threw his arms around his brother Benja-min and wept, and Benjamin embraced him, weeping. 15And he kissed all his brothers and wept over them. Afterward his brothers talked with him.

16When the news reached Pharaoh's palace that Joseph's brothers had come, Pharaoh and all his offi-cials were pleased. 17Pharaoh said to Joseph, "Tell your brothers, 'Do this: Load your animals and return to the land of Canaan, 18and bring your father and your

u29 Hebrew *Sheol*; also in verse 31   v7 Or *save you as a great band of survivors*

18 y tomad a vuestro padre y a vuestras familias y venid a mí, porque yo os daré lo bueno de la tierra de Egipto, y comeréis de la abundancia de la tierra.

19 Y tú manda: Haced esto: tomaos de la tierra de Egipto carros para vuestros niños y vuestras mujeres, y traed a vuestro padre, y venid.

20 Y no os preocupéis por vuestros enseres, porque la riqueza de la tierra de Egipto será vuestra.

21 Y lo hicieron así los hijos de Israel; y les dio José carros conforme a la orden de Faraón, y les suministró víveres para el camino.

22 A cada uno de todos ellos dio mudas de vestidos, y a Benjamín dio trescientas piezas de plata, y cinco mudas de vestidos.

23 Y a su padre envió esto: diez asnos cargados de lo mejor de Egipto, y diez asnas cargadas de trigo, y pan y comida, para su padre en el camino.

24 Y despidió a sus hermanos, y ellos se fueron. Y él les dijo: No riñáis por el camino.

25 Y subieron de Egipto, y llegaron a la tierra de Canaán a Jacob su padre.

26 Y le dieron las nuevas, diciendo: José vive aún; y él es señor en toda la tierra de Egipto. Y el corazón de Jacob se afligió, porque no los creía.

27 Y ellos le contaron todas las palabras de José, que él les había hablado; y viendo Jacob los carros que José enviaba para llevarlo, su espíritu revivió.

28 Entonces dijo Israel: Basta; José mi hijo vive todavía; iré, y le veré antes que yo muera.

Jacob y su familia en Egipto

46 1 Salió Israel con todo lo que tenía, y vino a Beerseba, y ofreció sacrificios al Dios de su padre Isaac.
2 Y habló Dios a Israel en visiones de noche, y dijo: Jacob, Jacob. Y él respondió: Heme aquí.

3 Y dijo: Yo soy Dios, el Dios de tu padre; no temas de descender a Egipto, porque allí yo haré de ti una gran nación.

4 Yo descenderé contigo a Egipto, y yo también te haré volver; y la mano de José cerrará tus ojos.

5 Y se levantó Jacob de Beerseba; y tomaron los hijos de Israel a su padre Jacob, y a sus niños, y a sus mujeres, en los carros que Faraón había enviado para llevarlo.

6 Y tomaron sus ganados, y sus bienes que habían adquirido en la tierra de Canaán, y vinieron a Egipto, Jacob y toda su descendencia consigo;

7 sus hijos, y los hijos de sus hijos consigo; sus hijas, y las hijas de sus hijos, y a toda su descendencia trajo consigo a Egipto.

8 Y estos son los nombres de los hijos de Israel, que entraron en Egipto, Jacob y sus hijos: Rubén, el primogénito de Jacob.

9 Y los hijos de Rubén: Hanoc, Falú, Hezrón y Carmi.

10 Los hijos de Simeón: Jemuel, Jamín, Ohad, Jaquín, Zohar, y Saúl hijo de la cananea.

11 Los hijos de Leví: Gersón, Coat y Merari.

12 Los hijos de Judá: Er, Onán, Sela, Fares y Zara; mas Er y Onán murieron en la tierra de Canaán. Y los hijos de Fares fueron Hezrón y Hamul.

families back to me. I will give you the best of the land of Egypt and you can enjoy the fat of the land.'

19 "You are also directed to tell them, 'Do this: Take some carts from Egypt for your children and your wives, and get your father and come. 20 Never mind about your belongings, because the best of all Egypt will be yours.' "

21 So the sons of Israel did this. Joseph gave them carts, as Pharaoh had commanded, and he also gave them provisions for their journey. 22 To each of them he gave new clothing, but to Benjamin he gave three hundred shekels w of silver and five sets of clothes. 23 And this is what he sent to his father: ten donkeys loaded with the best things of Egypt, and ten female donkeys loaded with grain and bread and other provisions for his journey. 24 Then he sent his brothers away, and as they were leaving he said to them, "Don't quarrel on the way!"

25 So they went up out of Egypt and came to their father Jacob in the land of Canaan. 26 They told him, "Joseph is still alive! In fact, he is ruler of all Egypt." Jacob was stunned; he did not believe them. 27 But when they told him everything Joseph had said to them, and when he saw the carts Joseph had sent to carry him back, the spirit of their father Jacob revived. 28 And Israel said, "I'm convinced! My son Joseph is still alive. I will go and see him before I die."

Jacob Goes to Egypt

46 So Israel set out with all that was his, and when he reached Beersheba, he offered sacrifices to the God of his father Isaac.

2 And God spoke to Israel in a vision at night and said, "Jacob! Jacob!"

"Here I am," he replied.

3 "I am God, the God of your father," he said. "Do not be afraid to go down to Egypt, for I will make you into a great nation there. 4 I will go down to Egypt with you, and I will surely bring you back again. And Joseph's own hand will close your eyes."

5 Then Jacob left Beersheba, and Israel's sons took their father Jacob and their children and their wives in the carts that Pharaoh had sent to transport him. 6 They also took with them their livestock and the possessions they had acquired in Canaan, and Jacob and all his offspring went to Egypt. 7 He took with him to Egypt his sons and grandsons and his daughters and granddaughters—all his offspring.

8 These are the names of the sons of Israel (Jacob and his descendants) who went to Egypt:

Reuben the firstborn of Jacob.
9 The sons of Reuben:
　Hanoch, Pallu, Hezron and Carmi.
10 The sons of Simeon:
　Jemuel, Jamin, Ohad, Jakin, Zohar and Shaul
　the son of a Canaanite woman.
11 The sons of Levi:
　Gershon, Kohath and Merari.
12 The sons of Judah:
　Er, Onan, Shelah, Perez and Zerah (but Er and
　Onan had died in the land of Canaan).
　The sons of Perez:
　　Hezron and Hamul.

---

w 22 That is, about 7 1/2 pounds (about 3.5 kilograms)

13 Los hijos de Isacar: Tola, Fúa, Job y Simrón.

14 Los hijos de Zabulón: Sered, Elón y Jahleel.

15 Estos fueron los hijos de Lea, los que dio a luz a Jacob en Padan-aram, y además su hija Dina; treinta y tres las personas todas de sus hijos e hijas.

16 Los hijos de Gad: Zifión, Hagui, Ezbón, Suni, Eri, Arodi y Areli.

17 Y los hijos de Aser: Imna, Isúa, Isúi, Bería, y Sera hermana de ellos. Los hijos de Bería: Heber y Malquiel.

18 Estos fueron los hijos de Zilpa, la que Labán dio a su hija Lea, y dio a luz éstos a Jacob; por todas dieciséis personas.

19 Los hijos de Raquel, mujer de Jacob: José y Benjamín.

20 Y nacieron a José en la tierra de Egipto Manasés y Efraín, los que le dio a luz Asenat, hija de Potifera sacerdote de On.

21 Los hijos de Benjamín fueron Bela, Bequer, Asbel, Gera, Naamán, Ehi, Ros, Mupim, Hupim y Ard.

22 Estos fueron los hijos de Raquel, que nacieron a Jacob; por todas catorce personas.

23 Los hijos de Dan: Husim.

24 Los hijos de Neftalí: Jahzeel, Guni, Jezer y Silem.

25 Estos fueron los hijos de Bilha, la que dio Labán a Raquel su hija, y dio a luz éstos a Jacob; por todas siete personas.

26 Todas las personas que vinieron con Jacob a Egipto, procedentes de sus lomos, sin las mujeres de los hijos de Jacob, todas las personas fueron sesenta y seis.

27 Y los hijos de José, que le nacieron en Egipto dos personas. Todas las personas de la casa de Jacob, que entraron en Egipto, fueron setenta.

28 Y envió Jacob a Judá delante de sí a José, para que le viniese a ver en Gosén; y llegaron a la tierra de Gosén.

29 Y José unció su carro y vino a recibir a Israel su padre en Gosén; y se manifestó a él, y se echó sobre su cuello, y lloró sobre su cuello largamente.

30 Entonces Israel dijo a José: Muera yo ahora, ya que he visto tu rostro, y sé que aún vives.

31 Y José dijo a sus hermanos, y a la casa de su padre: Subiré y lo haré saber a Faraón, y le diré: Mis hermanos y la casa de mi padre, que estaban en la tierra de Canaán, han venido a mí.

32 Y los hombres son pastores de ovejas, porque son hombres ganaderos; y han traído sus ovejas y sus vacas, y todo lo que tenían.

33 Y cuando Faraón os llamare y dijere: ¿Cuál es vuestro oficio?

13 The sons of Issachar:
    Tola, Puah,ˣ Jashubʸ and Shimron.

14 The sons of Zebulun:
    Sered, Elon and Jahleel.

15 These were the sons Leah bore to Jacob in Paddan Aram,ᶻ besides his daughter Dinah. These sons and daughters of his were thirty-three in all.

16 The sons of Gad:
    Zephon,ᵃ Haggi, Shuni, Ezbon, Eri, Arodi and Areli.

17 The sons of Asher:
    Imnah, Ishvah, Ishvi and Beriah.
    Their sister was Serah.
    The sons of Beriah:
        Heber and Malkiel.

18 These were the children born to Jacob by Zilpah, whom Laban had given to his daughter Leah—sixteen in all.

19 The sons of Jacob's wife Rachel:
    Joseph and Benjamin. 20 In Egypt, Manasseh and Ephraim were born to Joseph by Asenath daughter of Potiphera, priest of On.ᵇ

21 The sons of Benjamin:
    Bela, Beker, Ashbel, Gera, Naaman, Ehi, Rosh, Muppim, Huppim and Ard.

22 These were the sons of Rachel who were born to Jacob—fourteen in all.

23 The son of Dan:
    Hushim.

24 The sons of Naphtali:
    Jahziel, Guni, Jezer and Shillem.

25 These were the sons born to Jacob by Bilhah, whom Laban had given to his daughter Rachel—seven in all.

26 All those who went to Egypt with Jacob—those who were his direct descendants, not counting his sons' wives—numbered sixty-six persons. 27 With the two sonsᶜ who had been born to Joseph in Egypt, the members of Jacob's family, which went to Egypt, were seventyᵈ in all.

28 Now Jacob sent Judah ahead of him to Joseph to get directions to Goshen. When they arrived in the region of Goshen, 29 Joseph had his chariot made ready and went to Goshen to meet his father Israel. As soon as Joseph appeared before him, he threw his arms around his fatherᵉ and wept for a long time.

30 Israel said to Joseph, "Now I am ready to die, since I have seen for myself that you are still alive."

31 Then Joseph said to his brothers and to his father's household, "I will go up and speak to Pharaoh and will say to him, 'My brothers and my father's household, who were living in the land of Canaan, have come to me. 32 The men are shepherds; they tend livestock, and they have brought along their flocks and herds and everything they own.' 33 When Pharaoh calls you in and asks, 'What is your occupation?' 34 you should

---

ˣ13 Samaritan Pentateuch and Syriac (see also 1 Chron. 7:1); Masoretic Text *Puvah*   ʸ13 Samaritan Pentateuch and some Septuagint manuscripts (see also Num. 26:24 and 1 Chron. 7:1); Masoretic Text *Iob*   ᶻ15 That is, Northwest Mesopotamia   ᵃ16 Samaritan Pentateuch and Septuagint (see also Num. 26:15); Masoretic Text *Ziphion*   ᵇ20 That is, Heliopolis   ᶜ27 Hebrew; Septuagint *the nine children*   ᵈ27 Hebrew (see also Exodus 1:5 and footnote); Septuagint (see also Acts 7:14) *seventy-five*   ᵉ29 Hebrew *around him*

34entonces diréis: Hombres de ganadería han sido tus siervos desde nuestra juventud hasta ahora, nosotros y nuestros padres; a fin de que moréis en la tierra de Gosén, porque para los egipcios es abominación todo pastor de ovejas.

47 1Vino José y lo hizo saber a Faraón, y dijo: Mi padre y mis hermanos, y sus ovejas y sus vacas, con todo lo que tienen, han venido de la tierra de Canaán, y he aquí están en la tierra de Gosén.
2Y de los postreros de sus hermanos tomó cinco varones, y los presentó delante de Faraón.
3Y Faraón dijo a sus hermanos: ¿Cual es vuestro oficio? Y ellos respondieron a Faraón: Pastores de ovejas son tus siervos, así nosotros como nuestros padres.
4Dijeron además a Faraón: Para morar en esta tierra hemos venido; porque no hay pasto para las ovejas de tus siervos, pues el hambre es grave en la tierra de Canaán; por tanto, te rogamos ahora que permitas que habiten tus siervos en la tierra de Gosén.
5Entonces Faraón habló a José, diciendo: Tu padre y tus hermanos han venido a ti.
6La tierra de Egipto delante de ti está; en lo mejor de la tierra haz habitar a tu padre y a tus hermanos; habiten en la tierra de Gosén; y si entiendes que hay entre ellos hombres capaces, ponlos por mayorales del ganado mío.
7También José introdujo a Jacob su padre, y lo presentó delante de Faraón; y Jacob bendijo a Faraón.
8Y dijo Faraón a Jacob: ¿Cuántos son los días de los años de tu vida?
9Y Jacob respondió a Faraón: Los días de los años de mi peregrinación son ciento treinta años; pocos y malos han sido los días de los años de mi vida, y no han llegado a los días de los años de la vida de mis padres en los días de su peregrinación.
10Y Jacob bendijo a Faraón, y salió de la presencia de Faraón.
11Así José hizo habitar a su padre y a sus hermanos, y les dio posesión en la tierra de Egipto, en lo mejor de la tierra, en la tierra de Ramesés, como mandó Faraón.
12Y alimentaba José a su padre y a sus hermanos, y a toda la casa de su padre, con pan, según el número de los hijos.
13No había pan en toda la tierra, y el hambre era muy grave, por lo que desfalleció de hambre la tierra de Egipto y la tierra de Canaán.
14Y recogió José todo el dinero que había en la tierra de Egipto y en la tierra de Canaán, por los alimentos que de él compraban; y metió José el dinero en casa de Faraón.
15Acabado el dinero de la tierra de Egipto y de la tierra de Canaán, vino todo Egipto a José, diciendo: Danos pan; ¿por qué moriremos delante de ti, por haberse acabado el dinero?
16Y José dijo: Dad vuestros ganados y yo os daré por vuestros ganados, si se ha acabado el dinero.
17Y ellos trajeron sus ganados a José, y José les dio alimentos por caballos, y por el ganado de las ovejas, y por el ganado de las vacas, y por asnos; y les sustentó de pan por todos sus ganados aquel año.
18Acabado aquel año, vinieron a él el segundo año, y le dijeron: No encubrimos a nuestro señor que el dinero ciertamente se ha acabado; también el ganado es ya de nuestro señor; nada ha quedado delante de nuestro señor sino nuestros cuerpos y nuestra tierra.
19¿Por qué moriremos delante de tus ojos, así nosotros

answer, 'Your servants have tended livestock from our boyhood on, just as our fathers did.' Then you will be allowed to settle in the region of Goshen, for all shepherds are detestable to the Egyptians."

47 Joseph went and told Pharaoh, "My father and brothers, with their flocks and herds and everything they own, have come from the land of Canaan and are now in Goshen." 2He chose five of his brothers and presented them before Pharaoh.
3Pharaoh asked the brothers, "What is your occupation?"
"Your servants are shepherds," they replied to Pharaoh, "just as our fathers were." 4They also said to him, "We have come to live here awhile, because the famine is severe in Canaan and your servants' flocks have no pasture. So now, please let your servants settle in Goshen."
5Pharaoh said to Joseph, "Your father and your brothers have come to you, 6and the land of Egypt is before you; settle your father and your brothers in the best part of the land. Let them live in Goshen. And if you know of any among them with special ability, put them in charge of my own livestock."
7Then Joseph brought his father Jacob in and presented him before Pharaoh. After Jacob blessed*f* Pharaoh, 8Pharaoh asked him, "How old are you?"
9And Jacob said to Pharaoh, "The years of my pilgrimage are a hundred and thirty. My years have been few and difficult, and they do not equal the years of the pilgrimage of my fathers." 10Then Jacob blessed*g* Pharaoh and went out from his presence.
11So Joseph settled his father and his brothers in Egypt and gave them property in the best part of the land, the district of Rameses, as Pharaoh directed. 12Joseph also provided his father and his brothers and all his father's household with food, according to the number of their children.

Joseph and the Famine

13There was no food, however, in the whole region because the famine was severe; both Egypt and Canaan wasted away because of the famine. 14Joseph collected all the money that was to be found in Egypt and Canaan in payment for the grain they were buying, and he brought it to Pharaoh's palace. 15When the money of the people of Egypt and Canaan was gone, all Egypt came to Joseph and said, "Give us food. Why should we die before your eyes? Our money is used up."
16"Then bring your livestock," said Joseph. "I will sell you food in exchange for your livestock, since your money is gone." 17So they brought their livestock to Joseph, and he gave them food in exchange for their horses, their sheep and goats, their cattle and donkeys. And he brought them through that year with food in exchange for all their livestock.
18When that year was over, they came to him the following year and said, "We cannot hide from our lord the fact that since our money is gone and our livestock belongs to you, there is nothing left for our lord except our bodies and our land. 19Why should we perish

---

*f*7 Or greeted   *g*10 Or said farewell to

como nuestra tierra? Cómpranos a nosotros y a nuestra tierra por pan, y seremos nosotros y nuestra tierra siervos de Faraón; y danos semilla para que vivamos y no muramos, y no sea asolada la tierra.

20 Entonces compró José toda la tierra de Egipto para Faraón; pues los egipcios vendieron cada uno sus tierras, porque se agravó el hambre sobre ellos; y la tierra vino a ser de Faraón.

21 Y al pueblo lo hizo pasar a las ciudades, desde un extremo al otro del territorio de Egipto.

22 Solamente la tierra de los sacerdotes no compró, por cuanto los sacerdotes tenían ración de Faraón, y ellos comían la ración que Faraón les daba; por eso no vendieron su tierra.

23 Y José dijo al pueblo: He aquí os he comprado hoy, a vosotros y a vuestra tierra, para Faraón; ved aquí semilla, y sembraréis la tierra.

24 De los frutos daréis el quinto a Faraón, y las cuatro partes serán vuestras para sembrar las tierras, y para vuestro mantenimiento, y de los que están en vuestras casas, y para que coman vuestros niños.

25 Y ellos respondieron: La vida nos has dado; hallemos gracia en ojos de nuestro señor, y seamos siervos de Faraón.

26 Entonces José lo puso por ley hasta hoy sobre la tierra de Egipto, señalando para Faraón el quinto, excepto sólo la tierra de los sacerdotes, que no fue de Faraón.

27 Así habitó Israel en la tierra de Egipto, en la tierra de Gosén; y tomaron posesión de ella, y se aumentaron, y se multiplicaron en gran manera.

28 Y vivió Jacob en la tierra de Egipto diecisiete años; y fueron los días de Jacob, los años de su vida, ciento cuarenta y siete años.

29 Y llegaron los días de Israel para morir, y llamó a José su hijo, y le dijo: Si he hallado ahora gracia en tus ojos, te ruego que pongas tu mano debajo de mi muslo, y harás conmigo misericordia y verdad. Te ruego que no me entierres en Egipto.

30 Mas cuando duerma con mis padres, me llevarás de Egipto y me sepultarás en el sepulcro de ellos. Y José respondió: Haré como tú dices.

31 E Israel dijo: Júramelo. Y José le juró. Entonces Israel se inclinó sobre la cabecera de la cama.

Jacob bendice a Efraín y a Manasés

48 1 Sucedió después de estas cosas que dijeron a José: He aquí tu padre está enfermo. Y él tomó consigo a sus dos hijos, Manasés y Efraín.

2 Y se le hizo saber a Jacob, diciendo: He aquí tu hijo José viene a ti. Entonces se esforzó Israel, y se sentó sobre la cama,

3 y dijo a José: El Dios Omnipotente me apareció en Luz en la tierra de Canaán, y me bendijo,

4 y me dijo: He aquí yo te haré crecer, y te multiplicaré, y te pondré por estirpe de naciones; y daré esta tierra a tu descendencia después de ti por heredad perpetua.

5 Y ahora tus dos hijos Efraín y Manasés, que te nacieron en la tierra de Egipto, antes que viniese a ti a la tierra de Egipto, míos son; como Rubén y Simeón, serán míos.

6 Y los que después de ellos has engendrado, serán tuyos; por el nombre de sus hermanos serán llamados en sus heredades.

before your eyes—we and our land as well? Buy us and our land in exchange for food, and we with our land will be in bondage to Pharaoh. Give us seed so that we may live and not die, and that the land may not become desolate."

20 So Joseph bought all the land in Egypt for Pharaoh. The Egyptians, one and all, sold their fields, because the famine was too severe for them. The land became Pharaoh's, 21 and Joseph reduced the people to servitude,h from one end of Egypt to the other. 22 However, he did not buy the land of the priests, because they received a regular allotment from Pharaoh and had food enough from the allotment Pharaoh gave them. That is why they did not sell their land.

23 Joseph said to the people, "Now that I have bought you and your land today for Pharaoh, here is seed for you so you can plant the ground. 24 But when the crop comes in, give a fifth of it to Pharaoh. The other four-fifths you may keep as seed for the fields and as food for yourselves and your households and your children."

25 "You have saved our lives," they said. "May we find favor in the eyes of our lord; we will be in bondage to Pharaoh."

26 So Joseph established it as a law concerning land in Egypt—still in force today—that a fifth of the produce belongs to Pharaoh. It was only the land of the priests that did not become Pharaoh's.

27 Now the Israelites settled in Egypt in the region of Goshen. They acquired property there and were fruitful and increased greatly in number.

28 Jacob lived in Egypt seventeen years, and the years of his life were a hundred and forty-seven. 29 When the time drew near for Israel to die, he called for his son Joseph and said to him, "If I have found favor in your eyes, put your hand under my thigh and promise that you will show me kindness and faithfulness. Do not bury me in Egypt, 30 but when I rest with my fathers, carry me out of Egypt and bury me where they are buried."

"I will do as you say," he said.

31 "Swear to me," he said. Then Joseph swore to him, and Israel worshiped as he leaned on the top of his staff.i

Manasseh and Ephraim

48 Some time later Joseph was told, "Your father is ill." So he took his two sons Manasseh and Ephraim along with him. 2 When Jacob was told, "Your son Joseph has come to you," Israel rallied his strength and sat up on the bed.

3 Jacob said to Joseph, "God Almightyj appeared to me at Luz in the land of Canaan, and there he blessed me 4 and said to me, 'I am going to make you fruitful and will increase your numbers. I will make you a community of peoples, and I will give this land as an everlasting possession to your descendants after you.'

5 "Now then, your two sons born to you in Egypt before I came to you here will be reckoned as mine; Ephraim and Manasseh will be mine, just as Reuben and Simeon are mine. 6 Any children born to you after them will be yours; in the territory they inherit they will be reckoned under the names of their brothers.

---

h21 Samaritan Pentateuch and Septuagint (see also Vulgate); Masoretic Text and he moved the people into the cities   i31 Or Israel bowed down at the head of his bed   j3 Hebrew El-Shaddai

7Porque cuando yo venía de Padan-aram, se me murió Raquel en la tierra de Canaán, en el camino, como media legua de tierra viniendo a Efrata; y la sepulté allí en el camino de Efrata, que es Belén.

8Y vio Israel los hijos de José, y dijo: ¿Quiénes son éstos? 9Y respondió José a su padre: Son mis hijos, que Dios me ha dado aquí. Y él dijo: Acércalos ahora a mí, y los bendeciré.

10Y los ojos de Israel estaban tan agravados por la vejez, que no podía ver. Les hizo, pues, acercarse a él, y él les besó y les abrazó.

11Y dijo Israel a José: No pensaba yo ver tu rostro, y he aquí Dios me ha hecho ver también a tu descendencia. 12Entonces José los sacó de entre sus rodillas, y se inclinó a tierra.

13Y los tomó José a ambos, Efraín a su derecha, a la izquierda de Israel, y Manasés a su izquierda, a la derecha de Israel; y los acercó a él.

14Entonces Israel extendió su mano derecha, y la puso sobre la cabeza de Efraín, que era el menor, y su mano izquierda sobre la cabeza de Manasés, colocando así sus manos adrede, aunque Manasés era el primogénito.

15Y bendijo a José, diciendo: El Dios en cuya presencia anduvieron mis padres Abraham e Isaac, el Dios que me mantiene desde que yo soy hasta este día, 16el Angel que me liberta de todo mal, bendiga a estos jóvenes; y sea perpetuado en ellos mi nombre, y el nombre de mis padres Abraham e Isaac, y multiplíquense en gran manera en medio de la tierra.

17Pero viendo José que su padre ponía la mano derecha sobre la cabeza de Efraín, le causó esto disgusto; y asió la mano de su padre, para cambiarla de la cabeza de Efraín a la cabeza de Manasés.

18Y dijo José a su padre: No así, padre mío, porque éste es el primogénito; pon tu mano derecha sobre su cabeza. 19Mas su padre no quiso, y dijo: Lo sé, hijo mío, lo sé; también él vendrá a ser un pueblo, y será también engrandecido; pero su hermano menor será más grande que él, y su descendencia formará multitud de naciones.

20Y los bendijo aquel día, diciendo: En ti bendecirá Israel, diciendo: Hágate Dios como a Efraín y como a Manasés. Y puso a Efraín antes de Manasés.

21Y dijo Israel a José: He aquí yo muero; pero Dios estará con vosotros, y os hará volver a la tierra de vuestros padres. 22Y yo te he dado a ti una parte más que a tus hermanos, la cual tomé yo de mano del amorreo con mi espada y con mi arco.

7As I was returning from Paddan,k to my sorrow Rachel died in the land of Canaan while we were still on the way, a little distance from Ephrath. So I buried her there beside the road to Ephrath" (that is, Bethlehem).

8When Israel saw the sons of Joseph, he asked, "Who are these?"

9"They are the sons God has given me here," Joseph said to his father.

Then Israel said, "Bring them to me so I may bless them."

10Now Israel's eyes were failing because of old age, and he could hardly see. So Joseph brought his sons close to him, and his father kissed them and embraced them.

11Israel said to Joseph, "I never expected to see your face again, and now God has allowed me to see your children too."

12Then Joseph removed them from Israel's knees and bowed down with his face to the ground. 13And Joseph took both of them, Ephraim on his right toward Israel's left hand and Manasseh on his left toward Israel's right hand, and brought them close to him. 14But Israel reached out his right hand and put it on Ephraim's head, though he was the younger, and crossing his arms, he put his left hand on Manasseh's head, even though Manasseh was the firstborn.

15Then he blessed Joseph and said,

"May the God before whom my fathers
    Abraham and Isaac walked,
the God who has been my shepherd
    all my life to this day,
16the Angel who has delivered me from all harm
    —may he bless these boys.
May they be called by my name
    and the names of my fathers Abraham and
        Isaac,
and may they increase greatly
    upon the earth."

17When Joseph saw his father placing his right hand on Ephraim's head he was displeased; so he took hold of his father's hand to move it from Ephraim's head to Manasseh's head. 18Joseph said to him, "No, my father, this one is the firstborn; put your right hand on his head."

19But his father refused and said, "I know, my son, I know. He too will become a people, and he too will become great. Nevertheless, his younger brother will be greater than he, and his descendants will become a group of nations." 20He blessed them that day and said,

"In yourl name will Israel pronounce this
        blessing:
'May God make you like Ephraim and
    Manasseh.' "

So he put Ephraim ahead of Manasseh.

21Then Israel said to Joseph, "I am about to die, but God will be with youm and take youm back to the land of yourm fathers. 22And to you, as one who is over your brothers, I give the ridge of landn I took from the Amorites with my sword and my bow."

Profecía de Jacob acerca de sus hijos

49 1 Y llamó Jacob a sus hijos, y dijo: Juntaos, y os
declararé lo que os ha de acontecer en los días
venideros.

2 Juntaos y oíd, hijos de Jacob,
Y escuchad a vuestro padre Israel.
3 Rubén, tú eres mi primogénito, mi fortaleza, y el
principio de mi vigor;
Principal en dignidad, principal en poder.
4 Impetuoso como las aguas, no serás el principal,
Por cuanto subiste al lecho de tu padre;
Entonces te envileciste, subiendo a mi estrado.
5 Simeón y Leví son hermanos;
Armas de iniquidad sus armas.
6 En su consejo no entre mi alma,
Ni mi espíritu se junte en su compañía.
Porque en su furor mataron hombres,
Y en su temeridad desjarretaron toros.
7 Maldito su furor, que fue fiero;
Y su ira, que fue dura.
Yo los apartaré en Jacob,
Y los esparciré en Israel.
8 Judá, te alabarán tus hermanos;
Tu mano en la cerviz de tus enemigos;
Los hijos de tu padre se inclinarán a ti.
9 Cachorro de león, Judá;
De la presa subiste, hijo mío.
Se encorvó, se echó como león,
Así como león viejo: ¿quién lo despertará?
10 No será quitado el cetro de Judá,
Ni el legislador de entre sus pies,
Hasta que venga Siloh;
Y a él se congregarán los pueblos.
11 Atando a la vid su pollino,
Y a la cepa el hijo de su asna,
Lavó en el vino su vestido,
Y en la sangre de uvas su manto.
12 Sus ojos, rojos del vino,
Y sus dientes blancos de la leche.
13 Zabulón en puertos de mar habitará;
Será para puerto de naves,
Y su límite hasta Sidón.
14 Isacar, asno fuerte
Que se recuesta entre los apriscos;
15 Y vio que el descanso era bueno, y que la tierra era
deleitosa;
Y bajó su hombro para llevar,
Y sirvió en tributo.
16 Dan juzgará a su pueblo,
Como una de las tribus de Israel.
17 Será Dan serpiente junto al camino,
Víbora junto a la senda,
Que muerde los talones del caballo,
Y hace caer hacia atrás al jinete.
18 Tu salvación esperé, oh Jehová.

Jacob Blesses His Sons

49 Then Jacob called for his sons and said: "Gather around so I can tell you what will happen
to you in days to come.

2 "Assemble and listen, sons of Jacob;
listen to your father Israel.

3 "Reuben, you are my firstborn,
my might, the first sign of my strength,
excelling in honor, excelling in power.
4 Turbulent as the waters, you will no longer
excel,
for you went up onto your father's bed,
onto my couch and defiled it.

5 "Simeon and Levi are brothers—
their swords[o] are weapons of violence.
6 Let me not enter their council,
let me not join their assembly,
for they have killed men in their anger
and hamstrung oxen as they pleased.
7 Cursed be their anger, so fierce,
and their fury, so cruel!
I will scatter them in Jacob
and disperse them in Israel.

8 "Judah,[p] your brothers will praise you;
your hand will be on the neck of your
enemies;
your father's sons will bow down to you.
9 You are a lion's cub, O Judah;
you return from the prey, my son.
Like a lion he crouches and lies down,
like a lioness—who dares to rouse him?
10 The scepter will not depart from Judah,
nor the ruler's staff from between his feet,
until he comes to whom it belongs[q]
and the obedience of the nations is his.
11 He will tether his donkey to a vine,
his colt to the choicest branch;
he will wash his garments in wine,
his robes in the blood of grapes.
12 His eyes will be darker than wine,
his teeth whiter than milk.[r]

13 "Zebulun will live by the seashore
and become a haven for ships;
his border will extend toward Sidon.

14 "Issachar is a rawboned[s] donkey
lying down between two saddlebags.[t]
15 When he sees how good is his resting place
and how pleasant is his land,
he will bend his shoulder to the burden
and submit to forced labor.

16 "Dan[u] will provide justice for his people
as one of the tribes of Israel.
17 Dan will be a serpent by the roadside,
a viper along the path,
that bites the horse's heels
so that its rider tumbles backward.

18 "I look for your deliverance, O LORD.

[o] 5 The meaning of the Hebrew for this word is uncertain.
[p] 8 *Judah* sounds like and may be derived from the Hebrew for *praise.* [q] 10 Or *until Shiloh comes;* or *until he comes to whom tribute belongs* [r] 12 Or *will be dull from wine, / his teeth white from milk* [s] 14 Or *strong* [t] 14 Or *campfires*
[u] 16 *Dan* here means *he provides justice.*

¹⁹Gad, ejército lo acometerá;
Mas él acometerá al fin.
²⁰El pan de Aser será substancioso,
Y él dará deleites al rey.
²¹Neftalí, cierva suelta,
Que pronunciará dichos hermosos.
²²Rama fructífera es José,
Rama fructífera junto a una fuente,
Cuyos vástagos se extienden sobre el muro.
²³Le causaron amargura,
Le asaetearon,
Y le aborrecieron los arqueros;
²⁴Mas su arco se mantuvo poderoso,
Y los brazos de sus manos se fortalecieron
Por las manos del Fuerte de Jacob
(Por el nombre del Pastor, la
Roca de Israel),
²⁵Por el Dios de tu padre, el cual te ayudará,
Por el Dios Omnipotente, el cual te bendecirá
Con bendiciones de los cielos de arriba,
Con bendiciones del abismo que está abajo,
Con bendiciones de los pechos y del vientre.
²⁶Las bendiciones de tu padre
Fueron mayores que las bendiciones de mis
progenitores;
Hasta el término de los collados eternos
Serán sobre la cabeza de José,
Y sobre la frente del que fue apartado de entre sus
hermanos.
²⁷Benjamín es lobo arrebatador;
A la mañana comerá la presa,
Y a la tarde repartirá los despojos.

Muerte y sepelio de Jacob

²⁸Todos éstos fueron las doce tribus de Israel, y esto fue lo que su padre les dijo, al bendecirlos; a cada uno por su bendición los bendijo.
²⁹Les mandó luego, y les dijo: Yo voy a ser reunido con mi pueblo. Sepultadme con mis padres en la cueva que está en el campo de Efrón el heteo,
³⁰en la cueva que está en el campo de Macpela, al oriente de Mamre en la tierra de Canaán, la cual compró Abraham con el mismo campo de Efrón el heteo, para heredad de sepultura.
³¹Allí sepultaron a Abraham y a Sara su mujer; allí sepultaron a Isaac y a Rebeca su mujer; allí también sepulté yo a Lea.
³²La compra del campo y de la cueva que está en él, fue de los hijos de Het.
³³Y cuando acabó Jacob de dar mandamientos a sus hijos, encogió sus pies en la cama, y expiró, y fue reunido con sus padres.

50 ¹Entonces se echó José sobre el rostro de su padre, y lloró sobre él, y lo besó.
²Y mandó José a sus siervos los médicos que embalsamasen a su padre; y los médicos embalsamaron a Israel.
³Y le cumplieron cuarenta días, porque así cumplían los días de los embalsamados, y lo lloraron los egipcios setenta días.

¹⁹"Gad ᵛ will be attacked by a band of raiders,
but he will attack them at their heels.
²⁰"Asher's food will be rich;
he will provide delicacies fit for a king.
²¹"Naphtali is a doe set free
that bears beautiful fawns. ʷ
²²"Joseph is a fruitful vine,
a fruitful vine near a spring,
whose branches climb over a wall. ˣ
²³With bitterness archers attacked him;
they shot at him with hostility.
²⁴But his bow remained steady,
his strong arms stayedʸ limber,
because of the hand of the Mighty One of Jacob,
because of the Shepherd, the Rock of Israel,
²⁵because of your father's God, who helps you,
because of the Almighty,ᶻ who blesses you
with blessings of the heavens above,
blessings of the deep that lies below,
blessings of the breast and womb.
²⁶Your father's blessings are greater
than the blessings of the ancient mountains,
thanᵃ the bounty of the age-old hills.
Let all these rest on the head of Joseph,
on the brow of the prince amongᵇ his
brothers.
²⁷"Benjamin is a ravenous wolf;
in the morning he devours the prey,
in the evening he divides the plunder."

²⁸All these are the twelve tribes of Israel, and this is what their father said to them when he blessed them, giving each the blessing appropriate to him.

The Death of Jacob

²⁹Then he gave them these instructions: "I am about to be gathered to my people. Bury me with my fathers in the cave in the field of Ephron the Hittite, ³⁰the cave in the field of Machpelah, near Mamre in Canaan, which Abraham bought as a burial place from Ephron the Hittite, along with the field. ³¹There Abraham and his wife Sarah were buried, there Isaac and his wife Rebekah were buried, and there I buried Leah. ³²The field and the cave in it were bought from the Hittites. ᶜ"

³³When Jacob had finished giving instructions to his sons, he drew his feet up into the bed, breathed his last and was gathered to his people.

50 Joseph threw himself upon his father and wept over him and kissed him. ²Then Joseph directed the physicians in his service to embalm his father Israel. So the physicians embalmed him, ³taking a full forty days, for that was the time required for embalming. And the Egyptians mourned for him seventy days.

ᵛ19 Gad can mean attack and band of raiders. ʷ21 Or free; / he utters beautiful words ˣ22 Or Joseph is a wild colt, / a wild colt near a spring, / a wild donkey on a terraced hill ʸ23,24 Or archers will attack . . . will shoot . . . will remain . . . will stay ᶻ25 Hebrew Shaddai ᵃ26 Or of my progenitors, / as great as ᵇ26 Or the one separated from ᶜ32 Or the sons of Heth

4 Y pasados los días de su luto, habló José a los de la casa de Faraón, diciendo: Si he hallado ahora gracia en vuestros ojos, os ruego que habléis en oídos de Faraón, diciendo: 5 Mi padre me hizo jurar, diciendo: He aquí que voy a morir; en el sepulcro que cavé para mí en la tierra de Canaán, allí me sepultarás; ruego, pues, que vaya yo ahora y sepulte a mi padre, y volveré.
6 Y Faraón dijo: Vé, y sepulta a tu padre, como él te hizo jurar.
7 Entonces José subió para sepultar a su padre; y subieron con él todos los siervos de Faraón, los ancianos de su casa, y todos los ancianos de la tierra de Egipto,
8 y toda la casa de José, y sus hermanos, y la casa de su padre; solamente dejaron en la tierra de Gosén sus niños, y sus ovejas y sus vacas.
9 Subieron también con él carros y gente de a caballo, y se hizo un escuadrón muy grande.
10 Y llegaron hasta la era de Atad, que está al otro lado del Jordán, y endecharon allí con grande y muy triste lamentación; y José hizo a su padre duelo por siete días.
11 Y viendo los moradores de la tierra, los cananeos, el llanto en la era de Atad, dijeron: Llanto grande es este de los egipcios; por eso fue llamado su nombre Abel-mizraim, d que está al otro lado del Jordán.
12 Hicieron, pues, sus hijos con él según les había mandado;
13 pues lo llevaron sus hijos a la tierra de Canaán, y lo sepultaron en la cueva del campo de Macpela, la que había comprado Abraham con el mismo campo, para heredad de sepultura, de Efrón el heteo, al oriente de Mamre.
14 Y volvió José a Egipto, él y sus hermanos, y todos los que subieron con él a sepultar a su padre, después que lo hubo sepultado.

Muerte de José

15 Viendo los hermanos de José que su padre era muerto, dijeron: Quizá nos aborrecerá José, y nos dará el pago de todo el mal que le hicimos.
16 Y enviaron a decir a José: Tu padre mandó antes de su muerte, diciendo:
17 Así diréis a José: Te ruego que perdones ahora la maldad de tus hermanos y su pecado, porque mal te trataron; por tanto, ahora te rogamos que perdones la maldad de los siervos del Dios de tu padre. Y José lloró mientras hablaban.
18 Vinieron también sus hermanos y se postraron delante de él, y dijeron: Henos aquí por siervos tuyos.
19 Y les respondió José: No temáis; ¿acaso estoy yo en lugar de Dios?
20 Vosotros pensasteis mal contra mí, mas Dios lo encaminó a bien, para hacer lo que vemos hoy, para mantener en vida a mucho pueblo.
21 Ahora, pues, no tengáis miedo; yo os sustentaré a vosotros y a vuestros hijos. Así los consoló, y les habló al corazón.
22 Y habitó José en Egipto, él y la casa de su padre; y vivió José ciento diez años.
23 Y vio José los hijos de Efraín hasta la tercera generación; también los hijos de Maquir hijo de Manasés fueron criados sobre las rodillas de José.
24 Y José dijo a sus hermanos: Yo voy a morir; mas Dios ciertamente os visitará, y os hará subir de esta tierra a la tierra que juró a Abraham, a Isaac y a Jacob.

4 When the days of mourning had passed, Joseph said to Pharaoh's court, "If I have found favor in your eyes, speak to Pharaoh for me. Tell him, 5 'My father made me swear an oath and said, "I am about to die; bury me in the tomb I dug for myself in the land of Canaan." Now let me go up and bury my father; then I will return.' "
6 Pharaoh said, "Go up and bury your father, as he made you swear to do."
7 So Joseph went up to bury his father. All Pharaoh's officials accompanied him — the dignitaries of his court and all the dignitaries of Egypt — 8 besides all the members of Joseph's household and his brothers and those belonging to his father's household. Only their children and their flocks and herds were left in Goshen. 9 Chariots and horsemen d also went up with him. It was a very large company.
10 When they reached the threshing floor of Atad, near the Jordan, they lamented loudly and bitterly; and there Joseph observed a seven-day period of mourning for his father. 11 When the Canaanites who lived there saw the mourning at the threshing floor of Atad, they said, "The Egyptians are holding a solemn ceremony of mourning." That is why that place near the Jordan is called Abel Mizraim. e
12 So Jacob's sons did as he had commanded them: 13 They carried him to the land of Canaan and buried him in the cave in the field of Machpelah, near Mamre, which Abraham had bought as a burial place from Ephron the Hittite, along with the field. 14 After burying his father, Joseph returned to Egypt, together with his brothers and all the others who had gone with him to bury his father.

Joseph Reassures His Brothers

15 When Joseph's brothers saw that their father was dead, they said, "What if Joseph holds a grudge against us and pays us back for all the wrongs we did to him?" 16 So they sent word to Joseph, saying, "Your father left these instructions before he died: 17 'This is what you are to say to Joseph: I ask you to forgive your brothers the sins and the wrongs they committed in treating you so badly.' Now please forgive the sins of the servants of the God of your father." When their message came to him, Joseph wept.
18 His brothers then came and threw themselves down before him. "We are your slaves," they said.
19 But Joseph said to them, "Don't be afraid. Am I in the place of God? 20 You intended to harm me, but God intended it for good to accomplish what is now being done, the saving of many lives. 21 So then, don't be afraid. I will provide for you and your children." And he reassured them and spoke kindly to them.

The Death of Joseph

22 Joseph stayed in Egypt, along with all his father's family. He lived a hundred and ten years 23 and saw the third generation of Ephraim's children. Also the children of Makir son of Manasseh were placed at birth on Joseph's knees. f
24 Then Joseph said to his brothers, "I am about to die. But God will surely come to your aid and take you up out of this land to the land he promised on oath to

---

d Esto es, *Pradera de Egipto*, o *Llanto de Egipto*.

d 9 Or *charioteers*   e 11 *Abel Mizraim* means *mourning of the Egyptians.*   f 23 That is, were counted as his

25 E hizo jurar José a los hijos de Israel, diciendo: Dios ciertamente os visitará, y haréis llevar de aquí mis huesos. 26 Y murió José a la edad de ciento diez años; y lo embalsamaron, y fue puesto en un ataúd en Egipto.

Abraham, Isaac and Jacob." 25And Joseph made the sons of Israel swear an oath and said, "God will surely come to your aid, and then you must carry my bones up from this place."

26So Joseph died at the age of a hundred and ten. And after they embalmed him, he was placed in a coffin in Egypt.

LIBRO SEGUNDO DE MOISÉS
ÉXODO

EXODUS

Aflicción de los israelitas en Egipto

1 ¹ Estos son los nombres de los hijos de Israel que entraron en Egipto con Jacob; cada uno entró con su familia:
² Rubén, Simeón, Leví, Judá,
³ Isacar, Zabulón, Benjamín,
⁴ Dan, Neftalí, Gad y Aser.
⁵ Todas las personas que le nacieron a Jacob fueron setenta. Y José estaba en Egipto.
⁶ Y murió José, y todos sus hermanos, y toda aquella generación.
⁷ Y los hijos de Israel fructificaron y se multiplicaron, y fueron aumentados y fortalecidos en extremo, y se llenó de ellos la tierra.

⁸ Entretanto, se levantó sobre Egipto un nuevo rey que no conocía a José; y dijo a su pueblo:
⁹ He aquí, el pueblo de los hijos de Israel es mayor y más fuerte que nosotros.
¹⁰ Ahora, pues, seamos sabios para con él, para que no se multiplique, y acontezca que viniendo guerra, él también se una a nuestros enemigos y pelee contra nosotros, y se vaya de la tierra.
¹¹ Entonces pusieron sobre ellos comisarios de tributos que los molestasen con sus cargas; y edificaron para Faraón las ciudades de almacenaje, Pitón y Ramesés.
¹² Pero cuanto más los oprimían, tanto más se multiplicaban y crecían, de manera que los egipcios temían a los hijos de Israel.
¹³ Y los egipcios hicieron servir a los hijos de Israel con dureza,
¹⁴ y amargaron su vida con dura servidumbre, en hacer barro y ladrillo, y en toda labor del campo y en todo su servicio, al cual los obligaban con rigor.
¹⁵ Y habló el rey de Egipto a las parteras de las hebreas, una de las cuales se llamaba Sifra, y otra Fúa, y les dijo:
¹⁶ Cuando asistáis a las hebreas en sus partos, y veáis el sexo, si es hijo, matadlo; y si es hija, entonces viva.
¹⁷ Pero las parteras temieron a Dios, y no hicieron como les mandó el rey de Egipto, sino que preservaron la vida a los niños.
¹⁸ Y el rey de Egipto hizo llamar a las parteras y les dijo: ¿Por qué habéis hecho esto, que habéis preservado la vida a los niños?
¹⁹ Y las parteras respondieron a Faraón: Porque las mujeres hebreas no son como las egipcias; pues son robustas, y dan a luz antes que la partera venga a ellas.
²⁰ Y Dios hizo bien a las parteras; y el pueblo se multiplicó y se fortaleció en gran manera.
²¹ Y por haber las parteras temido a Dios, él prosperó sus familias.
²² Entonces Faraón mandó a todo su pueblo, diciendo: Echad al río a todo hijo que nazca, y a toda hija preservad la vida.

Nacimiento de Moisés

2 ¹ Un varón de la familia de Leví fue y tomó por mujer a una hija de Leví,

The Israelites Oppressed

1 These are the names of the sons of Israel who went to Egypt with Jacob, each with his family: ²Reuben, Simeon, Levi and Judah; ³Issachar, Zebulun and Benjamin; ⁴Dan and Naphtali; Gad and Asher. ⁵The descendants of Jacob numbered seventy[a] in all; Joseph was already in Egypt.

⁶Now Joseph and all his brothers and all that generation died, ⁷but the Israelites were fruitful and multiplied greatly and became exceedingly numerous, so that the land was filled with them.

⁸Then a new king, who did not know about Joseph, came to power in Egypt. ⁹"Look," he said to his people, "the Israelites have become much too numerous for us. ¹⁰Come, we must deal shrewdly with them or they will become even more numerous and, if war breaks out, will join our enemies, fight against us and leave the country."

¹¹So they put slave masters over them to oppress them with forced labor, and they built Pithom and Rameses as store cities for Pharaoh. ¹²But the more they were oppressed, the more they multiplied and spread; so the Egyptians came to dread the Israelites ¹³and worked them ruthlessly. ¹⁴They made their lives bitter with hard labor in brick and mortar and with all kinds of work in the fields; in all their hard labor the Egyptians used them ruthlessly.

¹⁵The king of Egypt said to the Hebrew midwives, whose names were Shiphrah and Puah, ¹⁶"When you help the Hebrew women in childbirth and observe them on the delivery stool, if it is a boy, kill him; but if it is a girl, let her live." ¹⁷The midwives, however, feared God and did not do what the king of Egypt had told them to do; they let the boys live. ¹⁸Then the king of Egypt summoned the midwives and asked them, "Why have you done this? Why have you let the boys live?"

¹⁹The midwives answered Pharaoh, "Hebrew women are not like Egyptian women; they are vigorous and give birth before the midwives arrive."

²⁰So God was kind to the midwives and the people increased and became even more numerous. ²¹And because the midwives feared God, he gave them families of their own.

²²Then Pharaoh gave this order to all his people: "Every boy that is born[b] you must throw into the Nile, but let every girl live."

The Birth of Moses

2 Now a man of the house of Levi married a Levite woman, ²and she became pregnant and gave birth

---

ᵃ5 Masoretic Text (see also Gen. 46:27); Dead Sea Scrolls and Septuagint (see also Acts 7:14 and note at Gen. 46:27) *seventy-five*
ᵇ22 Masoretic Text; Samaritan Pentateuch, Septuagint and Targums *born to the Hebrews*

2 la que concibió, y dio a luz un hijo; y viéndole que era hermoso, le tuvo escondido tres meses.

3 Pero no pudiendo ocultarle más tiempo, tomó una arquilla de juncos y la calafateó con asfalto y brea, y colocó en ella al niño y lo puso en un carrizal a la orilla del río.

4 Y una hermana suya se puso a lo lejos, para ver lo que le acontecería.

5 Y la hija de Faraón descendió a lavarse al río, y paseándose sus doncellas por la ribera del río, vio ella la arquilla en el carrizal, y envió una criada suya a que la tomase.

6 Y cuando la abrió, vio al niño; y he aquí que el niño lloraba. Y teniendo compasión de él, dijo: De los niños de los hebreos es éste.

7 Entonces su hermana dijo a la hija de Faraón: ¿Iré a llamarte una nodriza de las hebreas, para que te críe este niño?

8 Y la hija de Faraón respondió: Vé. Entonces fue la doncella, y llamó a la madre del niño,

9 a la cual dijo la hija de Faraón: Lleva a este niño y críamelo, y yo te lo pagaré. Y la mujer tomó al niño y lo crió.

10 Y cuando el niño creció, ella lo trajo a la hija de Faraón, la cual lo prohijó, y le puso por nombre Moisés,a diciendo: Porque de las aguas lo saqué.b

Moisés huye de Egipto

11 En aquellos días sucedió que crecido ya Moisés, salió a sus hermanos, y los vio en sus duras tareas, y observó a un egipcio que golpeaba a uno de los hebreos, sus hermanos.

12 Entonces miró a todas partes, y viendo que no parecía nadie, mató al egipcio y lo escondió en la arena.

13 Al día siguiente salió y vio a dos hebreos que reñían; entonces dijo al que maltrataba al otro: ¿Por qué golpeas a tu prójimo?

14 Y él respondió: ¿Quién te ha puesto a ti por príncipe y juez sobre nosotros? ¿Piensas matarme como mataste al egipcio? Entonces Moisés tuvo miedo, y dijo: Ciertamente esto ha sido descubierto.

15 Oyendo Faraón acerca de este hecho, procuró matar a Moisés; pero Moisés huyó de delante de Faraón, y habitó en la tierra de Madián.

16 Y estando sentado junto al pozo, siete hijas que tenía el sacerdote de Madián vinieron a sacar agua para llenar las pilas y dar de beber a las ovejas de su padre.

17 Mas los pastores vinieron y las echaron de allí; entonces Moisés se levantó y las defendió, y dio de beber a sus ovejas.

18 Y volviendo ellas a Reuel su padre, él les dijo: ¿Por qué habéis venido hoy tan pronto?

19 Ellas respondieron: Un varón egipcio nos defendió de mano de los pastores, y también nos sacó el agua, y dio de beber a las ovejas.

20 Y dijo a sus hijas: ¿Dónde está? ¿Por qué habéis dejado a ese hombre? Llamadle para que coma.

21 Y Moisés convino en morar con aquel varón; y él dio su hija Séfora por mujer a Moisés.

22 Y ella le dio a luz un hijo; y él le puso por nombre Gersón, porque dijo: Forasteroc soy en tierra ajena.

23 Aconteció que después de muchos días murió el rey de Egipto, y los hijos de Israel gemían a causa de la servidumbre, y clamaron; y subió a Dios el clamor de ellos con motivo de su servidumbre.

24 Y oyó Dios el gemido de ellos, y se acordó de su pacto con Abraham, Isaac y Jacob.

25 Y miró Dios a los hijos de Israel, y los reconoció Dios.

to a son. When she saw that he was a fine child, she hid him for three months. 3But when she could hide him no longer, she got a papyrus basket for him and coated it with tar and pitch. Then she placed the child in it and put it among the reeds along the bank of the Nile. 4His sister stood at a distance to see what would happen to him.

5Then Pharaoh's daughter went down to the Nile to bathe, and her attendants were walking along the river bank. She saw the basket among the reeds and sent her slave girl to get it. 6She opened it and saw the baby. He was crying, and she felt sorry for him. "This is one of the Hebrew babies," she said.

7Then his sister asked Pharaoh's daughter, "Shall I go and get one of the Hebrew women to nurse the baby for you?"

8"Yes, go," she answered. And the girl went and got the baby's mother. 9Pharaoh's daughter said to her, "Take this baby and nurse him for me, and I will pay you." So the woman took the baby and nursed him. 10When the child grew older, she took him to Pharaoh's daughter and he became her son. She named him Moses,c saying, "I drew him out of the water."

Moses Flees to Midian

11One day, after Moses had grown up, he went out to where his own people were and watched them at their hard labor. He saw an Egyptian beating a Hebrew, one of his own people. 12Glancing this way and that and seeing no one, he killed the Egyptian and hid him in the sand. 13The next day he went out and saw two Hebrews fighting. He asked the one in the wrong, "Why are you hitting your fellow Hebrew?"

14The man said, "Who made you ruler and judge over us? Are you thinking of killing me as you killed the Egyptian?" Then Moses was afraid and thought, "What I did must have become known."

15When Pharaoh heard of this, he tried to kill Moses, but Moses fled from Pharaoh and went to live in Midian, where he sat down by a well. 16Now a priest of Midian had seven daughters, and they came to draw water and fill the troughs to water their father's flock. 17Some shepherds came along and drove them away, but Moses got up and came to their rescue and watered their flock.

18When the girls returned to Reuel their father, he asked them, "Why have you returned so early today?"

19They answered, "An Egyptian rescued us from the shepherds. He even drew water for us and watered the flock."

20"And where is he?" he asked his daughters. "Why did you leave him? Invite him to have something to eat."

21Moses agreed to stay with the man, who gave his daughter Zipporah to Moses in marriage. 22Zipporah gave birth to a son, and Moses named him Gershom,d saying, "I have become an alien in a foreign land."

23During that long period, the king of Egypt died. The Israelites groaned in their slavery and cried out, and their cry for help because of their slavery went up to God. 24God heard their groaning and he remembered his covenant with Abraham, with Isaac and with Jacob. 25So God looked on the Israelites and was concerned about them.

---

aHeb. *Mosheh.*　　bHeb. *mashah.*　　cHeb. *ger.*

c10 *Moses* sounds like the Hebrew for *draw out.*　　d22 *Gershom* sounds like the Hebrew for *an alien there.*

Llamamiento de Moisés

3 ¹Apacentando Moisés las ovejas de Jetro su suegro, sacerdote de Madián, llevó las ovejas a través del desierto, y llegó hasta Horeb, monte de Dios. ²Y se le apareció el Angel de Jehová en una llama de fuego en medio de una zarza; y él miró, y vio que la zarza ardía en fuego, y la zarza no se consumía. ³Entonces Moisés dijo: Iré yo ahora y veré esta grande visión, por qué causa la zarza no se quema.

⁴Viendo Jehová que él iba a ver, lo llamó Dios de en medio de la zarza, y dijo: ¡Moisés, Moisés! Y él respondió: Heme aquí. ⁵Y dijo: No te acerques; quita tu calzado de tus pies, porque el lugar en que tú estás, tierra santa es. ⁶Y dijo: Yo soy el Dios de tu padre, Dios de Abraham, Dios de Isaac, y Dios de Jacob. Entonces Moisés cubrió su rostro, porque tuvo miedo de mirar a Dios.

⁷Dijo luego Jehová: Bien he visto la aflicción de mi pueblo que está en Egipto, y he oído su clamor a causa de sus exactores; pues he conocido sus angustias, ⁸y he descendido para librarlos de mano de los egipcios, y sacarlos de aquella tierra a una tierra buena y ancha, a tierra que fluye leche y miel, a los lugares del cananeo, del heteo, del amorreo, del ferezeo, del heveo y del jebuseo. ⁹El clamor, pues, de los hijos de Israel ha venido delante de mí, y también he visto la opresión con que los egipcios los oprimen. ¹⁰Ven, por tanto, ahora, y te enviaré a Faraón, para que saques de Egipto a mi pueblo, los hijos de Israel. ¹¹Entonces Moisés respondió a Dios: ¿Quién soy yo para que vaya a Faraón, y saque de Egipto a los hijos de Israel? ¹²Y él respondió: Vé, porque yo estaré contigo; y esto te será por señal de que yo te he enviado: cuando hayas sacado de Egipto al pueblo, serviréis a Dios sobre este monte.

¹³Dijo Moisés a Dios: He aquí que llego yo a los hijos de Israel, y les digo: El Dios de vuestros padres me ha enviado a vosotros. Si ellos me preguntaren: ¿Cuál es su nombre?, ¿qué les responderé? ¹⁴Y respondió Dios a Moisés: YO SOY EL QUE SOY. Y dijo: Así dirás a los hijos de Israel: Yo soy me envió a vosotros. ¹⁵Además dijo Dios a Moisés: Así dirás a los hijos de Israel: Jehová, *d* el Dios de vuestros padres, el Dios de Abraham, Dios de Isaac y Dios de Jacob, me ha enviado a vosotros. Este es mi nombre para siempre; con él se me recordará por todos los siglos. ¹⁶Vé, y reúne a los ancianos de Israel, y diles: Jehová, el Dios de vuestros padres, el Dios de Abraham, de Isaac y de Jacob, me apareció diciendo: En verdad os he visitado, y he visto lo que se os hace en Egipto; ¹⁷y he dicho: Yo os sacaré de la aflicción de Egipto a la tierra del cananeo, del heteo, del amorreo, del ferezeo, del heveo y del jebuseo, a una tierra que fluye leche y miel. ¹⁸Y oirán tu voz; e irás tú, y los ancianos de Israel, al rey de Egipto, y le diréis: Jehová el Dios de los hebreos nos ha encontrado; por tanto, nosotros iremos ahora camino de tres días por el desierto, para que ofrezcamos sacrificios a Jehová nuestro Dios. ¹⁹Mas yo sé que el rey de Egipto no os dejará ir sino por mano fuerte.

Moses and the Burning Bush

3 Now Moses was tending the flock of Jethro his father-in-law, the priest of Midian, and he led the flock to the far side of the desert and came to Horeb, the mountain of God. ²There the angel of the LORD appeared to him in flames of fire from within a bush. Moses saw that though the bush was on fire it did not burn up. ³So Moses thought, "I will go over and see this strange sight—why the bush does not burn up."

⁴When the LORD saw that he had gone over to look, God called to him from within the bush, "Moses! Moses!"

And Moses said, "Here I am."

⁵"Do not come any closer," God said. "Take off your sandals, for the place where you are standing is holy ground." ⁶Then he said, "I am the God of your father, the God of Abraham, the God of Isaac and the God of Jacob." At this, Moses hid his face, because he was afraid to look at God.

⁷The LORD said, "I have indeed seen the misery of my people in Egypt. I have heard them crying out because of their slave drivers, and I am concerned about their suffering. ⁸So I have come down to rescue them from the hand of the Egyptians and to bring them up out of that land into a good and spacious land, a land flowing with milk and honey—the home of the Canaanites, Hittites, Amorites, Perizzites, Hivites and Jebusites. ⁹And now the cry of the Israelites has reached me, and I have seen the way the Egyptians are oppressing them. ¹⁰So now, go. I am sending you to Pharaoh to bring my people the Israelites out of Egypt."

¹¹But Moses said to God, "Who am I, that I should go to Pharaoh and bring the Israelites out of Egypt?"

¹²And God said, "I will be with you. And this will be the sign to you that it is I who have sent you: When you have brought the people out of Egypt, you *e* will worship God on this mountain."

¹³Moses said to God, "Suppose I go to the Israelites and say to them, 'The God of your fathers has sent me to you,' and they ask me, 'What is his name?' Then what shall I tell them?"

¹⁴God said to Moses, "I AM WHO I AM. *f* This is what you are to say to the Israelites: 'I AM has sent me to you.'"

¹⁵God also said to Moses, "Say to the Israelites, 'The LORD, *g* the God of your fathers—the God of Abraham, the God of Isaac and the God of Jacob—has sent me to you.' This is my name forever, the name by which I am to be remembered from generation to generation.

¹⁶"Go, assemble the elders of Israel and say to them, 'The LORD, the God of your fathers—the God of Abraham, Isaac and Jacob—appeared to me and said: I have watched over you and have seen what has been done to you in Egypt. ¹⁷And I have promised to bring you up out of your misery in Egypt into the land of the Canaanites, Hittites, Amorites, Perizzites, Hivites and Jebusites—a land flowing with milk and honey.'

¹⁸"The elders of Israel will listen to you. Then you and the elders are to go to the king of Egypt and say to him, 'The LORD, the God of the Hebrews, has met with us. Let us take a three-day journey into the desert to offer sacrifices to the LORD our God.' ¹⁹But I know that the king of Egypt will not let you go unless a mighty hand compels him. ²⁰So I will stretch out my

---

d El nombre Jehová representa el nombre divino YHWH que aquí se relaciona con el verbo *hayah*, ser.

e 12 The Hebrew is plural.   *f* 14 Or *I WILL BE WHAT I WILL BE*
g 15 The Hebrew for LORD sounds like and may be derived from the Hebrew for *I AM* in verse 14.

20 Pero yo extenderé mi mano, y heriré a Egipto con todas mis maravillas que haré en él, y entonces os dejará ir. 21 Y yo daré a este pueblo gracia en los ojos de los egipcios, para que cuando salgáis, no vayáis con las manos vacías; 22 sino que pedirá cada mujer a su vecina y a su huéspeda alhajas de plata, alhajas de oro, y vestidos, los cuales pondréis sobre vuestros hijos y vuestras hijas; y despojaréis a Egipto.

4 1 Entonces Moisés respondió diciendo: He aquí que ellos no me creerán, ni oirán mi voz; porque dirán: No te ha aparecido Jehová.

2 Y Jehová dijo: ¿Qué es eso que tienes en tu mano? Y él respondió: Una vara.

3 El le dijo: Echala en tierra. Y él la echó en tierra, y se hizo una culebra; y Moisés huía de ella.

4 Entonces dijo Jehová a Moisés: Extiende tu mano, y tómala por la cola. Y él extendió su mano, y la tomó, y se volvió vara en su mano.

5 Por esto creerán que se te ha aparecido Jehová, el Dios de tus padres, el Dios de Abraham, Dios de Isaac y Dios de Jacob.

6 Le dijo además Jehová: Mete ahora tu mano en tu seno. Y él metió la mano en su seno; y cuando la sacó, he aquí que su mano estaba leprosa como la nieve.

7 Y dijo: Vuelve a meter tu mano en tu seno. Y él volvió a meter su mano en su seno; y al sacarla de nuevo del seno, he aquí que se había vuelto como la otra carne.

8 Si aconteciere que no te creyeren ni obedecieren a la voz de la primera señal, creerán a la voz de la postrera.

9 Y si aún no creyeren a estas dos señales, ni oyeren tu voz, tomarás de las aguas del río y las derramarás en tierra; y se cambiarán aquellas aguas que tomarás del río y se harán sangre en la tierra.

10 Entonces dijo Moisés a Jehová: ¡Ay, Señor! nunca he sido hombre de fácil palabra, ni antes, ni desde que tú hablas a tu siervo; porque soy tardo en el habla y torpe de lengua.

11 Y Jehová le respondió: ¿Quién dio la boca al hombre? ¿O quién hizo al mudo y al sordo, al que ve y al ciego? ¿No soy yo Jehová?

12 Ahora, pues, vé, y yo estaré con tu boca, y te enseñaré lo que hayas de hablar.

13 Y él dijo: ¡Ay, Señor! envía, te ruego, por medio del que debes enviar.

14 Entonces Jehová se enojó contra Moisés, y dijo: ¿No conozco yo a tu hermano Aarón, levita, y que él habla bien? Y he aquí que él saldrá a recibirte, y al verte se alegrará en su corazón.

15 Tú hablarás a él, y pondrás en su boca las palabras, y yo estaré con tu boca y con la suya, y os enseñaré lo que hayáis de hacer.

16 Y él hablará por ti al pueblo; él te será a ti en lugar de boca, y tú serás para él en lugar de Dios.

17 Y tomarás en tu mano esta vara, con la cual harás las señales.

Moisés vuelve a Egipto

18 Así se fue Moisés, y volviendo a su suegro Jetro, le dijo: Iré ahora, y volveré a mis hermanos que están en Egipto, para ver si aún viven. Y Jetro dijo a Moisés: Vé en paz.

hand and strike the Egyptians with all the wonders that I will perform among them. After that, he will let you go. 21 "And I will make the Egyptians favorably disposed toward this people, so that when you leave you will not go empty-handed. 22 Every woman is to ask her neighbor and any woman living in her house for articles of silver and gold and for clothing, which you will put on your sons and daughters. And so you will plunder the Egyptians."

Signs for Moses

4 Moses answered, "What if they do not believe me or listen to me and say, 'The LORD did not appear to you'?"

2 Then the LORD said to him, "What is that in your hand?"

"A staff," he replied.

3 The LORD said, "Throw it on the ground."

Moses threw it on the ground and it became a snake, and he ran from it. 4 Then the LORD said to him, "Reach out your hand and take it by the tail." So Moses reached out and took hold of the snake and it turned back into a staff in his hand. 5 "This," said the LORD, "is so that they may believe that the LORD, the God of their fathers—the God of Abraham, the God of Isaac and the God of Jacob—has appeared to you."

6 Then the LORD said, "Put your hand inside your cloak." So Moses put his hand into his cloak, and when he took it out, it was leprous, h like snow.

7 "Now put it back into your cloak," he said. So Moses put his hand back into his cloak, and when he took it out, it was restored, like the rest of his flesh.

8 Then the LORD said, "If they do not believe you or pay attention to the first miraculous sign, they may believe the second. 9 But if they do not believe these two signs or listen to you, take some water from the Nile and pour it on the dry ground. The water you take from the river will become blood on the ground."

10 Moses said to the LORD, "O Lord, I have never been eloquent, neither in the past nor since you have spoken to your servant. I am slow of speech and tongue."

11 The LORD said to him, "Who gave man his mouth? Who makes him deaf or mute? Who gives him sight or makes him blind? Is it not I, the LORD? 12 Now go; I will help you speak and will teach you what to say."

13 But Moses said, "O Lord, please send someone else to do it."

14 Then the LORD's anger burned against Moses and he said, "What about your brother, Aaron the Levite? I know he can speak well. He is already on his way to meet you, and his heart will be glad when he sees you. 15 You shall speak to him and put words in his mouth; I will help both of you speak and will teach you what to do. 16 He will speak to the people for you, and it will be as if he were your mouth and as if you were God to him. 17 But take this staff in your hand so you can perform miraculous signs with it."

Moses Returns to Egypt

18 Then Moses went back to Jethro his father-in-law and said to him, "Let me go back to my own people in Egypt to see if any of them are still alive." Jethro said, "Go, and I wish you well."

---

h6 The Hebrew word was used for various diseases affecting the skin—not necessarily leprosy.

19 Dijo también Jehová a Moisés en Madián: Vé y vuélvete a Egipto, porque han muerto todos los que procuraban tu muerte.

20 Entonces Moisés tomó su mujer y sus hijos, y los puso sobre un asno, y volvió a tierra de Egipto. Tomó también Moisés la vara de Dios en su mano.

21 Y dijo Jehová a Moisés: Cuando hayas vuelto a Egipto, mira que hagas delante de Faraón todas las maravillas que he puesto en tu mano; pero yo endureceré su corazón, de modo que no dejará ir al pueblo.

22 Y dirás a Faraón: Jehová ha dicho así: Israel es mi hijo, mi primogénito.

23 Ya te he dicho que dejes ir a mi hijo, para que me sirva, mas no has querido dejarlo ir; he aquí yo voy a matar a tu hijo, tu primogénito.

24 Y aconteció en el camino, que en una posada Jehová le salió al encuentro, y quiso matarlo.

25 Entonces Séfora tomó un pedernal afilado y cortó el prepucio de su hijo, y lo echó a sus pies, diciendo: A la verdad tú me eres un esposo de sangre.

26 Así le dejó luego ir. Y ella dijo: Esposo de sangre, a causa de la circuncisión.

27 Y Jehová dijo a Aarón: Vé a recibir a Moisés al desierto. Y él fue, y lo encontró en el monte de Dios, y le besó.

28 Entonces contó Moisés a Aarón todas las palabras de Jehová que le enviaba, y todas las señales que le había dado.

29 Y fueron Moisés y Aarón, y reunieron a todos los ancianos de los hijos de Israel.

30 Y habló Aarón acerca de todas las cosas que Jehová había dicho a Moisés, e hizo las señales delante de los ojos del pueblo.

31 Y el pueblo creyó; y oyendo que Jehová había visitado a los hijos de Israel, y que había visto su aflicción, se inclinaron y adoraron.

Moisés y Aarón ante Faraón

5 1 Después Moisés y Aarón entraron a la presencia de Faraón y le dijeron: Jehová el Dios de Israel dice así: Deja ir a mi pueblo a celebrarme fiesta en el desierto.

2 Y Faraón respondió: ¿Quién es Jehová, para que yo oiga su voz y deje ir a Israel? Yo no conozco a Jehová, ni tampoco dejaré ir a Israel.

3 Y ellos dijeron: El Dios de los hebreos nos ha encontrado; iremos, pues, ahora, camino de tres días por el desierto, y ofreceremos sacrificios a Jehová nuestro Dios, para que no venga sobre nosotros con peste o con espada.

4 Entonces el rey de Egipto les dijo: Moisés y Aarón, ¿por qué hacéis cesar al pueblo de su trabajo? Volved a vuestras tareas.

5 Dijo también Faraón: He aquí el pueblo de la tierra es ahora mucho, y vosotros les hacéis cesar de sus tareas.

6 Y mandó Faraón aquel mismo día a los cuadrilleros del pueblo que lo tenían a su cargo, y a sus capataces, diciendo:

7 De aquí en adelante no daréis paja al pueblo para hacer ladrillo, como hasta ahora; vayan ellos y recojan por sí mismos la paja.

8 Y les impondréis la misma tarea de ladrillo que hacían antes, y no les disminuiréis nada; porque están ociosos, por eso levantan la voz diciendo: Vamos y ofrezcamos sacrificios a nuestro Dios.

9 Agrávese la servidumbre sobre ellos, para que se ocupen en ella, y no atiendan a palabras mentirosas.

10 Y saliendo los cuadrilleros del pueblo y sus capataces, hablaron al pueblo, diciendo: Así ha dicho Faraón: Yo no os doy paja.

19 Now the LORD had said to Moses in Midian, "Go back to Egypt, for all the men who wanted to kill you are dead." 20 So Moses took his wife and sons, put them on a donkey and started back to Egypt. And he took the staff of God in his hand.

21 The LORD said to Moses, "When you return to Egypt, see that you perform before Pharaoh all the wonders I have given you the power to do. But I will harden his heart so that he will not let the people go. 22 Then say to Pharaoh, 'This is what the LORD says: Israel is my firstborn son, 23 and I told you, "Let my son go, so he may worship me." But you refused to let him go; so I will kill your firstborn son.' "

24 At a lodging place on the way, the LORD met Moses,[i] and was about to kill him. 25 But Zipporah took a flint knife, cut off her son's foreskin and touched Moses' feet with it.[j] "Surely you are a bridegroom of blood to me," she said. 26 So the LORD let him alone. (At that time she said "bridegroom of blood," referring to circumcision.)

27 The LORD said to Aaron, "Go into the desert to meet Moses." So he met Moses at the mountain of God and kissed him. 28 Then Moses told Aaron everything the LORD had sent him to say, and also about all the miraculous signs he had commanded him to perform.

29 Moses and Aaron brought together all the elders of the Israelites, 30 and Aaron told them everything the LORD had said to Moses. He also performed the signs before the people, 31 and they believed. And when they heard that the LORD was concerned about them and had seen their misery, they bowed down and worshiped.

Bricks Without Straw

5 Afterward Moses and Aaron went to Pharaoh and said, "This is what the LORD, the God of Israel, says: 'Let my people go, so that they may hold a festival to me in the desert.' "

2 Pharaoh said, "Who is the LORD, that I should obey him and let Israel go? I do not know the LORD and I will not let Israel go."

3 Then they said, "The God of the Hebrews has met with us. Now let us take a three-day journey into the desert to offer sacrifices to the LORD our God, or he may strike us with plagues or with the sword."

4 But the king of Egypt said, "Moses and Aaron, why are you taking the people away from their labor? Get back to your work!" 5 Then Pharaoh said, "Look, the people of the land are now numerous, and you are stopping them from working."

6 That same day Pharaoh gave this order to the slave drivers and foremen in charge of the people: 7 "You are no longer to supply the people with straw for making bricks; let them go and gather their own straw. 8 But require them to make the same number of bricks as before; don't reduce the quota. They are lazy; that is why they are crying out, 'Let us go and sacrifice to our God.' 9 Make the work harder for the men so that they keep working and pay no attention to lies."

10 Then the slave drivers and the foremen went out and said to the people, "This is what Pharaoh says: 'I will not give you any more straw. 11 Go and get your

---

i24 Or Moses' son; Hebrew him   j25 Or and drew near Moses' feet

11 Id vosotros y recoged la paja donde la halléis; pero nada se disminuirá de vuestra tarea.

12 Entonces el pueblo se esparció por toda la tierra de Egipto para recoger rastrojo en lugar de paja.

13 Y los cuadrilleros los apremiaban, diciendo: Acabad vuestra obra, la tarea de cada día en su día, como cuando se os daba paja.

14 Y azotaban a los capataces de los hijos de Israel que los cuadrilleros de Faraón habían puesto sobre ellos, diciendo: ¿Por qué no habéis cumplido vuestra tarea de ladrillo ni ayer ni hoy, como antes?

15 Y los capataces de los hijos de Israel vinieron a Faraón y se quejaron a él, diciendo: ¿Por qué lo haces así con tus siervos?

16 No se da paja a tus siervos, y con todo nos dicen: Haced el ladrillo. Y he aquí tus siervos son azotados, y el pueblo tuyo es el culpable.

17 Y él respondió: Estáis ociosos, sí, ociosos, y por eso decís: Vamos y ofrezcamos sacrificios a Jehová.

18 Id pues, ahora, y trabajad. No se os dará paja, y habéis de entregar la misma tarea de ladrillo.

19 Entonces los capataces de los hijos de Israel se vieron en aflicción, al decírseles: No se disminuirá nada de vuestro ladrillo, de la tarea de cada día.

20 Y encontrando a Moisés y a Aarón, que estaban a la vista de ellos cuando salían de la presencia de Faraón,

21 les dijeron: Mire Jehová sobre vosotros, y juzgue; pues nos habéis hecho abominables delante de Faraón y de sus siervos, poniéndoles la espada en la mano para que nos maten.

Jehová comisiona a Moisés y a Aarón

22 Entonces Moisés se volvió a Jehová, y dijo: Señor, ¿por qué afliges a este pueblo? ¿Para qué me enviaste?

23 Porque desde que yo vine a Faraón para hablarle en tu nombre, ha afligido a este pueblo; y tú no has librado a tu pueblo.

6 1 Jehová respondió a Moisés: Ahora verás lo que yo haré a Faraón; porque con mano fuerte los dejará ir, y con mano fuerte los echará de su tierra.

2 Habló todavía Dios a Moisés, y le dijo: Yo soy Jehová.

3 Y aparecí a Abraham, a Isaac y a Jacob como Dios Omnipotente, mas en mi nombre Jehová no me di a conocer a ellos.

4 También establecí mi pacto con ellos, de darles la tierra de Canaán, la tierra en que fueron forasteros, y en la cual habitaron.

5 Asimismo yo he oído el gemido de los hijos de Israel, a quienes hacen servir los egipcios, y me he acordado de mi pacto.

6 Por tanto, dirás a los hijos de Israel: Yo soy Jehová; y yo os sacaré de debajo de las tareas pesadas de Egipto, y os libraré de su servidumbre, y os redimiré con brazo extendido, y con juicios grandes;

7 y os tomaré por mi pueblo y seré vuestro Dios; y vosotros sabréis que yo soy Jehová vuestro Dios, que os sacó de debajo de las tareas pesadas de Egipto.

8 Y os meteré en la tierra por la cual alcé mi mano jurando que la daría a Abraham, a Isaac y a Jacob; y yo os la daré por heredad. Yo Jehová.

9 De esta manera habló Moisés a los hijos de Israel; pero ellos no escuchaban a Moisés a causa de la congoja de espíritu, y de la dura servidumbre.

own straw wherever you can find it, but your work will not be reduced at all.' " 12 So the people scattered all over Egypt to gather stubble to use for straw. 13 The slave drivers kept pressing them, saying, "Complete the work required of you for each day, just as when you had straw." 14 The Israelite foremen appointed by Pharaoh's slave drivers were beaten and were asked, "Why didn't you meet your quota of bricks yesterday or today, as before?"

15 Then the Israelite foremen went and appealed to Pharaoh: "Why have you treated your servants this way? 16 Your servants are given no straw, yet we are told, 'Make bricks!' Your servants are being beaten, but the fault is with your own people."

17 Pharaoh said, "Lazy, that's what you are—lazy! That is why you keep saying, 'Let us go and sacrifice to the LORD.' 18 Now get to work. You will not be given any straw, yet you must produce your full quota of bricks."

19 The Israelite foremen realized they were in trouble when they were told, "You are not to reduce the number of bricks required of you for each day." 20 When they left Pharaoh, they found Moses and Aaron waiting to meet them, 21 and they said, "May the LORD look upon you and judge you! You have made us a stench to Pharaoh and his officials and have put a sword in their hand to kill us."

God Promises Deliverance

22 Moses returned to the LORD and said, "O Lord, why have you brought trouble upon this people? Is this why you sent me? 23 Ever since I went to Pharaoh to speak in your name, he has brought trouble upon this people, and you have not rescued your people at all."

6 Then the LORD said to Moses, "Now you will see what I will do to Pharaoh: Because of my mighty hand he will let them go; because of my mighty hand he will drive them out of his country."

2 God also said to Moses, "I am the LORD. 3 I appeared to Abraham, to Isaac and to Jacob as God Almighty, *k* but by my name the LORD *l* I did not make myself known to them. *m* 4 I also established my covenant with them to give them the land of Canaan, where they lived as aliens. 5 Moreover, I have heard the groaning of the Israelites, whom the Egyptians are enslaving, and I have remembered my covenant.

6 "Therefore, say to the Israelites: 'I am the LORD, and I will bring you out from under the yoke of the Egyptians. I will free you from being slaves to them, and I will redeem you with an outstretched arm and with mighty acts of judgment. 7 I will take you as my own people, and I will be your God. Then you will know that I am the LORD your God, who brought you out from under the yoke of the Egyptians. 8 And I will bring you to the land I swore with uplifted hand to give to Abraham, to Isaac and to Jacob. I will give it to you as a possession. I am the LORD.' "

9 Moses reported this to the Israelites, but they did not listen to him because of their discouragement and cruel bondage.

---

k3 Hebrew *El-Shaddai*   *l3* See note at Exodus 3:15.   *m3* Or *Almighty, and by my name the LORD did I not let myself be known to them?*

10 Y habló Jehová a Moisés, diciendo:

11 Entra y habla a Faraón rey de Egipto, que deje ir de su tierra a los hijos de Israel.

12 Y respondió Moisés delante de Jehová: He aquí, los hijos de Israel no me escuchan; ¿cómo, pues, me escuchará Faraón, siendo yo torpe de labios?

13 Entonces Jehová habló a Moisés y a Aarón y les dio mandamiento para los hijos de Israel, y para Faraón rey de Egipto, para que sacasen a los hijos de Israel de la tierra de Egipto.

14 Estos son los jefes de las familias de sus padres: Los hijos de Rubén, el primogénito de Israel: Hanoc, Falú, Hezrón y Carmi; estas son las familias de Rubén.

15 Los hijos de Simeón: Jemuel, Jamín, Ohad, Jaquín, Zohar, y Saúl hijo de una cananea. Estas son las familias de Simeón.

16 Estos son los nombres de los hijos de Leví por sus linajes: Gersón, Coat y Merari. Y los años de la vida de Leví fueron ciento treinta y siete años.

17 Los hijos de Gersón: Libni y Simei, por sus familias.

18 Y los hijos de Coat: Amram, Izhar, Hebrón y Uziel. Y los años de la vida de Coat fueron ciento treinta y tres años.

19 Y los hijos de Merari: Mahli y Musi. Estas son las familas de Leví por sus linajes.

20 Y Amram tomó por mujer a Jocabed su tía, la cual dio a luz a Aarón y a Moisés. Y los años de la vida de Amram fueron ciento treinta y siete años.

21 Los hijos de Izhar: Coré, Nefeg y Zicri.

22 Y los hijos de Uziel: Misael, Elzafán y Sitri.

23 Y tomó Aarón por mujer a Elisabet hija de Aminadab, hermana de Naasón; la cual dio a luz a Nadab, Abiú, Eleazar e Itamar.

24 Los hijos de Coré: Asir, Elcana y Abiasaf. Estas son las familias de los coreítas.

25 Y Eleazar hijo de Aarón tomó para sí mujer de las hijas de Futiel, la cual dio a luz a Finees. Y estos son los jefes de los padres de los levitas por sus familias.

26 Este es aquel Aarón y aquel Moisés, a los cuales Jehová dijo: Sacad a los hijos de Israel de la tierra de Egipto por sus ejércitos.

27 Estos son los que hablaron a Faraón rey de Egipto, para sacar de Egipto a los hijos de Israel. Moisés y Aarón fueron éstos.

28 Cuando Jehová habló a Moisés en la tierra de Egipto,

29 entonces Jehová habló a Moisés, diciendo: Yo soy JEHOVA; dí a Faraón rey de Egipto todas las cosas que yo te digo a ti.

30 Y Moisés respondió delante de Jehová: He aquí, yo soy torpe de labios; ¿cómo, pues, me ha de oir Faraón?

7 1 Jehová dijo a Moisés: Mira, yo te he constituido dios para Faraón, y tu hermano Aarón será tu profeta.
2 Tú dirás todas las cosas que yo te mande, y Aarón tu hermano hablará a Faraón, para que deje ir de su tierra a los hijos de Israel.

10 Then the LORD said to Moses, 11 "Go, tell Pharaoh king of Egypt to let the Israelites go out of his country."

12 But Moses said to the LORD, "If the Israelites will not listen to me, why would Pharaoh listen to me, since I speak with faltering lips n?"

Family Record of Moses and Aaron

13 Now the LORD spoke to Moses and Aaron about the Israelites and Pharaoh king of Egypt, and he commanded them to bring the Israelites out of Egypt.

14 These were the heads of their families o:

The sons of Reuben the firstborn son of Israel were Hanoch and Pallu, Hezron and Carmi. These were the clans of Reuben.

15 The sons of Simeon were Jemuel, Jamin, Ohad, Jakin, Zohar and Shaul the son of a Canaanite woman. These were the clans of Simeon.

16 These were the names of the sons of Levi according to their records: Gershon, Kohath and Merari. Levi lived 137 years.

17 The sons of Gershon, by clans, were Libni and Shimei.

18 The sons of Kohath were Amram, Izhar, Hebron and Uzziel. Kohath lived 133 years.

19 The sons of Merari were Mahli and Mushi. These were the clans of Levi according to their records.

20 Amram married his father's sister Jochebed, who bore him Aaron and Moses. Amram lived 137 years.

21 The sons of Izhar were Korah, Nepheg and Zicri.

22 The sons of Uzziel were Mishael, Elzaphan and Sithri.

23 Aaron married Elisheba, daughter of Amminadab and sister of Nahshon, and she bore him Nadab and Abihu, Eleazar and Ithamar.

24 The sons of Korah were Assir, Elkanah and Abiasaph. These were the Korahite clans.

25 Eleazar son of Aaron married one of the daughters of Putiel, and she bore him Phinehas.

These were the heads of the Levite families, clan by clan.

26 It was this same Aaron and Moses to whom the LORD said, "Bring the Israelites out of Egypt by their divisions." 27 They were the ones who spoke to Pharaoh king of Egypt about bringing the Israelites out of Egypt. It was the same Moses and Aaron.

Aaron to Speak for Moses

28 Now when the LORD spoke to Moses in Egypt, 29 he said to him, "I am the LORD. Tell Pharaoh king of Egypt everything I tell you."

30 But Moses said to the LORD, "Since I speak with faltering lips, why would Pharaoh listen to me?"

7 Then the LORD said to Moses, "See, I have made you like God to Pharaoh, and your brother Aaron will be your prophet. 2 You are to say everything I command you, and your brother Aaron is to tell Pharaoh to let the Israelites go out of his country. 3 But I will

---

n 12 Hebrew *I am uncircumcised of lips*; also in verse 30
o 14 The Hebrew for *families* here and in verse 25 refers to units larger than clans.

³ Y yo endureceré el corazón de Faraón, y multiplicaré en la tierra de Egipto mis señales y mis maravillas.

⁴ Y Faraón no os oirá; mas yo pondré mi mano sobre Egipto, y sacaré a mis ejércitos, mi pueblo, los hijos de Israel, de la tierra de Egipto, con grandes juicios.

⁵ Y sabrán los egipcios que yo soy Jehová, cuando extienda mi mano sobre Egipto, y saque a los hijos de Israel de en medio de ellos.

⁶ E hizo Moisés y Aarón como Jehová les mandó; así lo hicieron.

⁷ Era Moisés de edad de ochenta años, y Aarón de edad de ochenta y tres, cuando hablaron a Faraón.

La vara de Aarón

⁸ Habló Jehová a Moisés y a Aarón, diciendo:

⁹ Si Faraón os respondiere diciendo: Mostrad milagro; diréis a Aarón: Toma tu vara, y échala delante de Faraón, para que se haga culebra.

¹⁰ Vinieron, pues, Moisés y Aarón a Faraón, e hicieron como Jehová lo había mandado. Y echó Aarón su vara delante de Faraón y de sus siervos, y se hizo culebra.

¹¹ Entonces llamó también Faraón sabios y hechiceros, e hicieron también lo mismo los hechiceros de Egipto con sus encantamientos;

¹² pues echó cada uno su vara, las cuales se volvieron culebras; mas la vara de Aarón devoró las varas de ellos.

¹³ Y el corazón de Faraón se endureció, y no los escuchó, como Jehová lo había dicho.

La plaga de sangre

¹⁴ Entonces Jehová dijo a Moisés: El corazón de Faraón está endurecido, y no quiere dejar ir al pueblo.

¹⁵ Vé por la mañana a Faraón, he aquí que él sale al río; y tú ponte a la ribera delante de él, y toma en tu mano la vara que se volvió culebra,

¹⁶ y dile: Jehová el Dios de los hebreos me ha enviado a ti, diciendo: Deja ir a mi pueblo, para que me sirva en el desierto; y he aquí que hasta ahora no has querido oir.

¹⁷ Así ha dicho Jehová: En esto conocerás que yo soy Jehová: he aquí, yo golpearé con la vara que tengo en mi mano el agua que está en el río, y se convertirá en sangre.

¹⁸ Y los peces que hay en el río morirán, y hederá el río, y los egipcios tendrán asco de beber el agua del río.

¹⁹ Jehová dijo a Moisés: Dí a Aarón: Toma tu vara, y extiende tu mano sobre las aguas de Egipto, sobre sus ríos, sobre sus arroyos y sobre sus estanques, y sobre todos sus depósitos de aguas, para que se conviertan en sangre, y haya sangre por toda la región de Egipto, así en los vasos de madera como en los de piedra.

²⁰ Y Moisés y Aarón hicieron como Jehová lo mandó; y alzando la vara golpeó las aguas que había en el río, en presencia de Faraón y de sus siervos; y todas las aguas que había en el río se convirtieron en sangre.

²¹ Asimismo los peces que había en el río murieron; y el río se corrompió, tanto que los egipcios no podían beber de él. Y hubo sangre por toda la tierra de Egipto.

²² Y los hechiceros de Egipto hicieron lo mismo con sus encantamientos; y el corazón de Faraón se endureció, y no los escuchó; como Jehová lo había dicho.

²³ Y Faraón se volvió y fue a su casa, y no dio atención tampoco a esto.

²⁴ Y en todo Egipto hicieron pozos alrededor del río para beber, porque no podían beber de las aguas del río.

²⁵ Y se cumplieron siete días después que Jehová hirió el río.

harden Pharaoh's heart, and though I multiply my miraculous signs and wonders in Egypt, ⁴he will not listen to you. Then I will lay my hand on Egypt and with mighty acts of judgment I will bring out my divisions, my people the Israelites. ⁵And the Egyptians will know that I am the Lord when I stretch out my hand against Egypt and bring the Israelites out of it."

⁶Moses and Aaron did just as the Lord commanded them. ⁷Moses was eighty years old and Aaron eighty-three when they spoke to Pharaoh.

Aaron's Staff Becomes a Snake

⁸The Lord said to Moses and Aaron, ⁹"When Pharaoh says to you, 'Perform a miracle,' then say to Aaron, 'Take your staff and throw it down before Pharaoh,' and it will become a snake."

¹⁰So Moses and Aaron went to Pharaoh and did just as the Lord commanded. Aaron threw his staff down in front of Pharaoh and his officials, and it became a snake. ¹¹Pharaoh then summoned wise men and sorcerers, and the Egyptian magicians also did the same things by their secret arts: ¹²Each one threw down his staff and it became a snake. But Aaron's staff swallowed up their staffs. ¹³Yet Pharaoh's heart became hard and he would not listen to them, just as the Lord had said.

The Plague of Blood

¹⁴Then the Lord said to Moses, "Pharaoh's heart is unyielding; he refuses to let the people go. ¹⁵Go to Pharaoh in the morning as he goes out to the water. Wait on the bank of the Nile to meet him, and take in your hand the staff that was changed into a snake. ¹⁶Then say to him, 'The Lord, the God of the Hebrews, has sent me to say to you: Let my people go, so that they may worship me in the desert. But until now you have not listened. ¹⁷This is what the Lord says: By this you will know that I am the Lord: With the staff that is in my hand I will strike the water of the Nile, and it will be changed into blood. ¹⁸The fish in the Nile will die, and the river will stink; the Egyptians will not be able to drink its water.' "

¹⁹The Lord said to Moses, "Tell Aaron, 'Take your staff and stretch out your hand over the waters of Egypt—over the streams and canals, over the ponds and all the reservoirs'—and they will turn to blood. Blood will be everywhere in Egypt, even in the wooden buckets and stone jars."

²⁰Moses and Aaron did just as the Lord had commanded. He raised his staff in the presence of Pharaoh and his officials and struck the water of the Nile, and all the water was changed into blood. ²¹The fish in the Nile died, and the river smelled so bad that the Egyptians could not drink its water. Blood was everywhere in Egypt.

²²But the Egyptian magicians did the same things by their secret arts, and Pharaoh's heart became hard; he would not listen to Moses and Aaron, just as the Lord had said. ²³Instead, he turned and went into his palace, and did not take even this to heart. ²⁴And all the Egyptians dug along the Nile to get drinking water, because they could not drink the water of the river.

The Plague of Frogs

²⁵Seven days passed after the Lord struck the Nile.

La plaga de ranas

8 ¹ Entonces Jehová dijo a Moisés: Entra a la presencia de Faraón y dile: Jehová ha dicho así: Deja ir a mi pueblo, para que me sirva.

² Y si no lo quisieres dejar ir, he aquí yo castigaré con ranas todos tus territorios.

³ Y el río criará ranas, las cuales subirán y entrarán en tu casa, en la cámara donde duermes, y sobre tu cama, y en las casas de tus siervos, en tu pueblo, en tus hornos y en tus artesas.

⁴ Y las ranas subirán sobre ti, sobre tu pueblo, y sobre todos tus siervos.

⁵ Y Jehová dijo a Moisés: Dí a Aarón: Extiende tu mano con tu vara sobre los ríos, arroyos y estanques, para que haga subir ranas sobre la tierra de Egipto.

⁶ Entonces Aarón extendió su mano sobre las aguas de Egipto, y subieron ranas que cubrieron la tierra de Egipto.

⁷ Y los hechiceros hicieron lo mismo con sus encantamientos, e hicieron venir ranas sobre la tierra de Egipto.

⁸ Entonces Faraón llamó a Moisés y a Aarón, y les dijo: Orad a Jehová para que quite las ranas de mí y de mi pueblo, y dejaré ir a tu pueblo para que ofrezca sacrificios a Jehová.

⁹ Y dijó Moisés a Faraón: Dígnate indicarme cuándo debo orar por ti, por tus siervos y por tu pueblo, para que las ranas sean quitadas de ti y de tus casas, y que solamente queden en el río.

¹⁰ Y él dijo: Mañana. Y Moisés respondió: Se hará conforme a tu palabra, para que conozcas que no hay como Jehová nuestro Dios.

¹¹ Y las ranas se irán de ti, y de tus casas, de tus siervos y de tu pueblo, y solamente quedarán en el río.

¹² Entonces salieron Moisés y Aarón de la presencia de Faraón. Y clamó Moisés a Jehová tocante a las ranas que había mandado a Faraón.

¹³ E hizo Jehová conforme a la palabra de Moisés, y murieron las ranas de las casas, de los cortijos y de los campos.

¹⁴ Y las juntaron en montones, y apestaba la tierra.

¹⁵ Pero viendo Faraón que le habían dado reposo, endureció su corazón y no los escuchó, como Jehová lo había dicho.

La plaga de piojos

¹⁶ Entonces Jehová dijo a Moisés: Dí a Aarón: Extiende tu vara y golpea el polvo de la tierra, para que se vuelva piojos por todo el país de Egipto.

¹⁷ Y ellos lo hicieron así; y Aarón extendió su mano con su vara, y golpeó el polvo de la tierra, el cual se volvió piojos, así en los hombres como en las bestias; todo el polvo de la tierra se volvió piojos en todo el país de Egipto.

¹⁸ Y los hechiceros hicieron así también, para sacar piojos con sus encantamientos; pero no pudieron. Y hubo piojos tanto en los hombres como en las bestias.

¹⁹ Entonces los hechiceros dijeron a Faraón: Dedo de Dios es éste. Mas el corazón de Faraón se endureció, y no los escuchó, como Jehová lo había dicho.

La plaga de moscas

²⁰ Jehová dijo a Moisés: Levántate de mañana y ponte delante de Faraón, he aquí él sale al río; y dile: Jehová ha dicho así: Deja ir a mi pueblo, para que me sirva.

²¹ Porque si no dejas ir a mi pueblo, he aquí yo enviaré sobre ti, sobre tus siervos, sobre tu pueblo y sobre tus casas toda clase de moscas; y las casas de los egipcios se llenarán de toda clase de moscas, y asimismo la tierra donde ellos estén.

8 ¹ Then the LORD said to Moses, "Go to Pharaoh and say to him, 'This is what the LORD says: Let my people go, so that they may worship me. ²If you refuse to let them go, I will plague your whole country with frogs. ³The Nile will teem with frogs. They will come up into your palace and your bedroom and onto your bed, into the houses of your officials and on your people, and into your ovens and kneading troughs. ⁴The frogs will go up on you and your people and all your officials.'"

⁵ Then the LORD said to Moses, "Tell Aaron, 'Stretch out your hand with your staff over the streams and canals and ponds, and make frogs come up on the land of Egypt.' "

⁶ So Aaron stretched out his hand over the waters of Egypt, and the frogs came up and covered the land. ⁷ But the magicians did the same things by their secret arts; they also made frogs come up on the land of Egypt.

⁸ Pharaoh summoned Moses and Aaron and said, "Pray to the LORD to take the frogs away from me and my people, and I will let your people go to offer sacrifices to the LORD."

⁹ Moses said to Pharaoh, "I leave to you the honor of setting the time for me to pray for you and your officials and your people that you and your houses may be rid of the frogs, except for those that remain in the Nile."

¹⁰ "Tomorrow," Pharaoh said.

Moses replied, "It will be as you say, so that you may know there is no one like the LORD our God. ¹¹ The frogs will leave you and your houses, your officials and your people; they will remain only in the Nile."

¹² After Moses and Aaron left Pharaoh, Moses cried out to the LORD about the frogs he had brought on Pharaoh. ¹³ And the LORD did what Moses asked. The frogs died in the houses, in the courtyards and in the fields. ¹⁴ They were piled into heaps, and the land reeked of them. ¹⁵ But when Pharaoh saw that there was relief, he hardened his heart and would not listen to Moses and Aaron, just as the LORD had said.

The Plague of Gnats

¹⁶ Then the LORD said to Moses, "Tell Aaron, 'Stretch out your staff and strike the dust of the ground,' and throughout the land of Egypt the dust will become gnats." ¹⁷ They did this, and when Aaron stretched out his hand with the staff and struck the dust of the ground, gnats came upon men and animals. All the dust throughout the land of Egypt became gnats. ¹⁸ But when the magicians tried to produce gnats by their secret arts, they could not. And the gnats were on men and animals.

¹⁹ The magicians said to Pharaoh, "This is the finger of God." But Pharaoh's heart was hard and he would not listen, just as the LORD had said.

The Plague of Flies

²⁰ Then the LORD said to Moses, "Get up early in the morning and confront Pharaoh as he goes to the water and say to him, 'This is what the LORD says: Let my people go, so that they may worship me. ²¹If you do not let my people go, I will send swarms of flies on you and your officials, on your people and into your houses. The houses of the Egyptians will be full of flies, and even the ground where they are.

22Y aquel día yo apartaré la tierra de Gosén, en la cual habita mi pueblo, para que ninguna clase de moscas haya en ella, a fin de que sepas que yo soy Jehová en medio de la tierra.
23Y yo pondré redención entre mi pueblo y el tuyo. Mañana será esta señal.
24Y Jehová lo hizo así, y vino toda clase de moscas molestísimas sobre la casa de Faraón, sobre las casas de sus siervos, y sobre todo el país de Egipto; y la tierra fue corrompida a causa de ellas.
25Entonces Faraón llamó a Moisés y a Aarón, y les dijo: Andad, ofreced sacrificio a vuestro Dios en la tierra.
26Y Moisés respondió: No conviene que hagamos así, porque ofreceríamos a Jehová nuestro Dios la abominación de los egipcios. He aquí, si sacrificáramos la abominación de los egipcios delante de ellos, ¿no nos apedrearían?
27Camino de tres días iremos por el desierto, y ofreceremos sacrificios a Jehová nuestro Dios, como él nos dirá.
28Dijo Faraón: Yo os dejaré ir para que ofrezcáis sacrificios a Jehová vuestro Dios en el desierto, con tal que no vayáis más lejos; orad por mí.
29Y respondió Moisés: He aquí, al salir yo de tu presencia, rogaré a Jehová que las diversas clases de moscas se vayan de Faraón, y de sus siervos, y de su pueblo mañana; con tal que Faraón no falte más, no dejando ir al pueblo a dar sacrificio a Jehová.
30Entonces Moisés salió de la presencia de Faraón, y oró a Jehová.
31Y Jehová hizo conforme a la palabra de Moisés, y quitó todas aquellas moscas de Faraón, de sus siervos y de su pueblo, sin que quedara una.
32Mas Faraón endureció aun esta vez su corazón, y no dejó ir al pueblo.

La plaga en el ganado

9 1Entonces Jehová dijo a Moisés: Entra a la presencia de Faraón, y dile: Jehová, el Dios de los hebreos, dice así: Deja ir a mi pueblo, para que me sirva.
2Porque si no lo quieres dejar ir, y lo detienes aún,
3he aquí la mano de Jehová estará sobre tus ganados que están en el campo, caballos, asnos, camellos, vacas y ovejas, con plaga gravísima.
4Y Jehová hará separación entre los ganados de Israel y los de Egipto, de modo que nada muera de todo lo de los hijos de Israel.
5Y Jehová fijó plazo, diciendo: Mañana hará Jehová esta cosa en la tierra.
6Al día siguiente Jehová hizo aquello, y murió todo el ganado de Egipto; mas del ganado de los hijos de Israel no murió uno.
7Entonces Faraón envió, y he aquí que del ganado de los hijos de Israel no había muerto uno. Mas el corazón de Faraón se endureció, y no dejó ir al pueblo.

La plaga de úlceras

8Y Jehová dijo a Moisés y a Aarón: Tomad puñados de ceniza de un horno, y la esparcirá Moisés hacia el cielo delante de Faraón;
9y vendrá a ser polvo sobre toda la tierra de Egipto, y producirá sarpullido con úlceras en los hombres y en las bestias, por todo el país de Egipto.
10Y tomaron ceniza del horno, y se pusieron delante de Faraón, y la esparció Moisés hacia el cielo; y hubo sarpullido que produjo úlceras tanto en los hombres como en las bestias.
11Y los hechiceros no podían estar delante de Moisés a causa del sarpullido, porque hubo sarpullido en los hechiceros y en todos los egipcios.

22" 'But on that day I will deal differently with the land of Goshen, where my people live; no swarms of flies will be there, so that you will know that I, the LORD, am in this land. 23I will make a distinctionp between my people and your people. This miraculous sign will occur tomorrow.' "
24And the LORD did this. Dense swarms of flies poured into Pharaoh's palace and into the houses of his officials, and throughout Egypt the land was ruined by the flies.
25Then Pharaoh summoned Moses and Aaron and said, "Go, sacrifice to your God here in the land."
26But Moses said, "That would not be right. The sacrifices we offer the LORD our God would be detestable to the Egyptians. And if we offer sacrifices that are detestable in their eyes, will they not stone us? 27We must take a three-day journey into the desert to offer sacrifices to the LORD our God, as he commands us."
28Pharaoh said, "I will let you go to offer sacrifices to the LORD your God in the desert, but you must not go very far. Now pray for me."
29Moses answered, "As soon as I leave you, I will pray to the LORD, and tomorrow the flies will leave Pharaoh and his officials and his people. Only be sure that Pharaoh does not act deceitfully again by not letting the people go to offer sacrifices to the LORD."
30Then Moses left Pharaoh and prayed to the LORD, 31and the LORD did what Moses asked: The flies left Pharaoh and his officials and his people; not a fly remained. 32But this time also Pharaoh hardened his heart and would not let the people go.

The Plague on Livestock

9 Then the LORD said to Moses, "Go to Pharaoh and say to him, 'This is what the LORD, the God of the Hebrews, says: "Let my people go, so that they may worship me." 2If you refuse to let them go and continue to hold them back, 3the hand of the LORD will bring a terrible plague on your livestock in the field — on your horses and donkeys and camels and on your cattle and sheep and goats. 4But the LORD will make a distinction between the livestock of Israel and that of Egypt, so that no animal belonging to the Israelites will die.' "
5The LORD set a time and said, "Tomorrow the LORD will do this in the land." 6And the next day the LORD did it: All the livestock of the Egyptians died, but not one animal belonging to the Israelites died. 7Pharaoh sent men to investigate and found that not even one of the animals of the Israelites had died. Yet his heart was unyielding and he would not let the people go.

The Plague of Boils

8Then the LORD said to Moses and Aaron, "Take handfuls of soot from a furnace and have Moses toss it into the air in the presence of Pharaoh. 9It will become fine dust over the whole land of Egypt, and festering boils will break out on men and animals throughout the land."
10So they took soot from a furnace and stood before Pharaoh. Moses tossed it into the air, and festering boils broke out on men and animals. 11The magicians could not stand before Moses because of the boils that

p23 Septuagint and Vulgate; Hebrew *will put a deliverance*

12Pero Jehová endureció el corazón de Faraón, y no los oyó, como Jehová lo había dicho a Moisés.

La plaga de granizo

13Entonces Jehová dijo a Moisés: Levántate de mañana, y ponte delante de Faraón, y dile: Jehová, el Dios de los hebreos, dice así: Deja ir a mi pueblo, para que me sirva. 14Porque yo enviaré esta vez todas mis plagas a tu corazón, sobre tus siervos y sobre tu pueblo, para que entiendas que no hay otro como yo en toda la tierra. 15Porque ahora yo extenderé mi mano para herirte a ti y a tu pueblo de plaga, y serás quitado de la tierra. 16Y a la verdad yo te he puesto para mostrar en ti mi poder, y para que mi nombre sea anunciado en toda la tierra. 17¿Todavía te ensoberbeces contra mi pueblo, para no dejarlos ir? 18He aquí que mañana a estas horas yo haré llover granizo muy pesado, cual nunca hubo en Egipto, desde el día que se fundó hasta ahora. 19Envía, pues, a recoger tu ganado, y todo lo que tienes en el campo; porque todo hombre o animal que se halle en el campo, y no sea recogido a casa, el granizo caerá sobre él, y morirá. 20De los siervos de Faraón, el que tuvo temor de la palabra de Jehová hizo huir sus criados y su ganado a casa; 21mas el que no puso en su corazón la palabra de Jehová, dejó sus criados y sus ganados en el campo.

22Y Jehová dijo a Moisés: Extiende tu mano hacia el cielo, para que venga granizo en toda la tierra de Egipto sobre los hombres, y sobre las bestias, y sobre toda la hierba del campo en el país de Egipto. 23Y Moisés extendió su vara hacia el cielo, y Jehová hizo tronar y granizar, y el fuego se descargó sobre la tierra; y Jehová hizo llover granizo sobre la tierra de Egipto. 24Hubo, pues, granizo, y fuego mezclado con el granizo, tan grande, cual nunca hubo en toda la tierra de Egipto desde que fue habitada. 25Y aquel granizo hirió en toda la tierra de Egipto todo lo que estaba en el campo, así hombres como bestias; asimismo destrozó el granizo toda la hierba del campo, y desgajó todos los árboles del país. 26Solamente en la tierra de Gosén, donde estaban los hijos de Israel, no hubo granizo.

27Entonces Faraón envió a llamar a Moisés y a Aarón, y les dijo: He pecado esta vez; Jehová es justo, y yo y mi pueblo impíos. 28Orad a Jehová para que cesen los truenos de Dios y el granizo, y yo os dejaré ir, y no os detendréis más. 29Y le respondió Moisés: Tan pronto salga yo de la ciudad, extenderé mis manos a Jehová, y los truenos cesarán, y no habrá más granizo; para que sepas que de Jehová es la tierra. 30Pero yo sé que ni tú ni tus siervos temeréis todavía la presencia de Jehová Dios. 31El lino, pues, y la cebada fueron destrozados, porque la cebada estaba ya espigada, y el lino en caña. 32Mas el trigo y el centeno no fueron destrozados, porque eran tardíos. 33Y salido Moisés de la presencia de Faraón, fuera de la ciudad, extendió sus manos a Jehová, y cesaron los truenos y el granizo, y la lluvia no cayó más sobre la tierra. 34Y viendo Faraón que la lluvia había cesado, y el granizo y los truenos, se obstinó en pecar, y endurecieron su corazón él y sus siervos. 35Y el corazón de Faraón se endureció, y no dejó ir a los hijos de Israel, como Jehová lo había dicho por medio de Moisés.

were on them and on all the Egyptians. 12But the Lord hardened Pharaoh's heart and he would not listen to Moses and Aaron, just as the Lord had said to Moses.

The Plague of Hail

13Then the Lord said to Moses, "Get up early in the morning, confront Pharaoh and say to him, 'This is what the Lord, the God of the Hebrews, says: Let my people go, so that they may worship me, 14or this time I will send the full force of my plagues against you and against your officials and your people, so you may know that there is no one like me in all the earth. 15For by now I could have stretched out my hand and struck you and your people with a plague that would have wiped you off the earth. 16But I have raised you up q for this very purpose, that I might show you my power and that my name might be proclaimed in all the earth. 17You still set yourself against my people and will not let them go. 18Therefore, at this time tomorrow I will send the worst hailstorm that has ever fallen on Egypt, from the day it was founded till now. 19Give an order now to bring your livestock and everything you have in the field to a place of shelter, because the hail will fall on every man and animal that has not been brought in and is still out in the field, and they will die.' "

20Those officials of Pharaoh who feared the word of the Lord hurried to bring their slaves and their livestock inside. 21But those who ignored the word of the Lord left their slaves and livestock in the field.

22Then the Lord said to Moses, "Stretch out your hand toward the sky so that hail will fall all over Egypt—on men and animals and on everything growing in the fields of Egypt." 23When Moses stretched out his staff toward the sky, the Lord sent thunder and hail, and lightning flashed down to the ground. So the Lord rained hail on the land of Egypt; 24hail fell and lightning flashed back and forth. It was the worst storm in all the land of Egypt since it had become a nation. 25Throughout Egypt hail struck everything in the fields—both men and animals; it beat down everything growing in the fields and stripped every tree. 26The only place it did not hail was the land of Goshen, where the Israelites were.

27Then Pharaoh summoned Moses and Aaron. "This time I have sinned," he said to them. "The Lord is in the right, and I and my people are in the wrong. 28Pray to the Lord, for we have had enough thunder and hail. I will let you go; you don't have to stay any longer."

29Moses replied, "When I have gone out of the city, I will spread out my hands in prayer to the Lord. The thunder will stop and there will be no more hail, so you may know that the earth is the Lord's. 30But I know that you and your officials still do not fear the Lord God."

31(The flax and barley were destroyed, since the barley had headed and the flax was in bloom. 32The wheat and spelt, however, were not destroyed, because they ripen later.)

33Then Moses left Pharaoh and went out of the city. He spread out his hands toward the Lord; the thunder and hail stopped, and the rain no longer poured down on the land. 34When Pharaoh saw that the rain and hail and thunder had stopped, he sinned again: He and his officials hardened their hearts. 35So Pharaoh's heart was hard and he would not let the Israelites go, just as the Lord had said through Moses.

q 16 Or have spared you

La plaga de langostas

10 ¹Jehová dijo a Moisés: Entra a la presencia de Faraón; porque yo he endurecido su corazón, y el corazón de sus siervos, para mostrar entre ellos estas mis señales,

²y para que cuentes a tus hijos y a tus nietos las cosas que yo hice en Egipto, y mis señales que hice entre ellos; para que sepáis que yo soy Jehová.

³Entonces vinieron Moisés y Aarón a Faraón, y le dijeron: Jehová el Dios de los hebreos ha dicho así: ¿Hasta cuándo no querrás humillarte delante de mí? Deja ir a mi pueblo, para que me sirva.

⁴Y si aún rehúsas dejarlo ir, he aquí que mañana yo traeré sobre tu territorio la langosta,

⁵la cual cubrirá la faz de la tierra, de modo que no pueda verse la tierra; y ella comerá lo que escapó, lo que os quedó del granizo; comerá asimismo todo árbol que os fructifica en el campo.

⁶Y llenará tus casas, y las casas de todos tus siervos, y las casas de todos los egipcios, cual nunca vieron tus padres ni tus abuelos, desde que ellos fueron sobre la tierra hasta hoy. Y se volvió y salió de delante de Faraón.

⁷Entonces los siervos de Faraón le dijeron: ¿Hasta cuándo será este hombre un lazo para nosotros? Deja ir a estos hombres, para que sirvan a Jehová su Dios. ¿Acaso no sabes todavía que Egipto está ya destruido?

⁸Y Moisés y Aarón volvieron a ser llamados ante Faraón, el cual les dijo: Andad, servid a Jehová vuestro Dios. ¿Quiénes son los que han de ir?

⁹Moisés respondió: Hemos de ir con nuestros niños y con nuestros viejos, con nuestros hijos y con nuestras hijas; con nuestras ovejas y con nuestras vacas hemos de ir; porque es nuestra fiesta solemne para Jehová.

¹⁰Y él les dijo: ¡Así sea Jehová con vosotros! ¿Cómo os voy a dejar ir a vosotros y a vuestros niños? ¡Mirad cómo el mal está delante de vuestro rostro!

¹¹No será así; id ahora vosotros los varones, y servid a Jehová, pues esto es lo que vosotros pedisteis. Y los echaron de la presencia de Faraón.

¹²Entonces Jehová dijo a Moisés: Extiende tu mano sobre la tierra de Egipto para traer la langosta, a fin de que suba sobre el país de Egipto, y consuma todo lo que el granizo dejó.

¹³Y extendió Moisés su vara sobre la tierra de Egipto, y Jehová trajo un viento oriental sobre el país todo aquel día y toda aquella noche; y al venir la mañana el viento oriental trajo la langosta.

¹⁴Y subió la langosta sobre toda la tierra de Egipto, y se asentó en todo el país de Egipto en tan gran cantidad como no la hubo antes ni la habrá después;

¹⁵y cubrió la faz de todo el país, y oscureció la tierra; y consumió toda la hierba de la tierra, y todo el fruto de los árboles que había dejado el granizo; no quedó cosa verde en árboles ni en hierba del campo, en toda la tierra de Egipto.

¹⁶Entonces Faraón se apresuró a llamar a Moisés y a Aarón, y dijo: He pecado contra Jehová vuestro Dios, y contra vosotros.

¹⁷Mas os ruego ahora que perdonéis mi pecado solamente esta vez, y que oréis a Jehová vuestro Dios que quite de mí al menos esta plaga mortal.

¹⁸Y salió Moisés de delante de Faraón, y oró a Jehová.

¹⁹Entonces Jehová trajo un fortísimo viento occidental, y quitó la langosta y la arrojó en el Mar Rojo; ni una langosta quedó en todo el país de Egipto.

²⁰Pero Jehová endureció el corazón de Faraón, y éste no dejó ir a los hijos de Israel.

The Plague of Locusts

10 Then the Lord said to Moses, "Go to Pharaoh, for I have hardened his heart and the hearts of his officials so that I may perform these miraculous signs of mine among them ²that you may tell your children and grandchildren how I dealt harshly with the Egyptians and how I performed my signs among them, and that you may know that I am the Lord."

³So Moses and Aaron went to Pharaoh and said to him, "This is what the Lord, the God of the Hebrews, says: 'How long will you refuse to humble yourself before me? Let my people go, so that they may worship me. ⁴If you refuse to let them go, I will bring locusts into your country tomorrow. ⁵They will cover the face of the ground so that it cannot be seen. They will devour what little you have left after the hail, including every tree that is growing in your fields. ⁶They will fill your houses and those of all your officials and all the Egyptians—something neither your fathers nor your forefathers have ever seen from the day they settled in this land till now.' " Then Moses turned and left Pharaoh.

⁷Pharaoh's officials said to him, "How long will this man be a snare to us? Let the people go, so that they may worship the Lord their God. Do you not yet realize that Egypt is ruined?"

⁸Then Moses and Aaron were brought back to Pharaoh. "Go, worship the Lord your God," he said. "But just who will be going?"

⁹Moses answered, "We will go with our young and old, with our sons and daughters, and with our flocks and herds, because we are to celebrate a festival to the Lord."

¹⁰Pharaoh said, "The Lord be with you—if I let you go, along with your women and children! Clearly you are bent on evil.ʳ ¹¹No! Have only the men go; and worship the Lord, since that's what you have been asking for." Then Moses and Aaron were driven out of Pharaoh's presence.

¹²And the Lord said to Moses, "Stretch out your hand over Egypt so that locusts will swarm over the land and devour everything growing in the fields, everything left by the hail."

¹³So Moses stretched out his staff over Egypt, and the Lord made an east wind blow across the land all that day and all that night. By morning the wind had brought the locusts; ¹⁴they invaded all Egypt and settled down in every area of the country in great numbers. Never before had there been such a plague of locusts, nor will there ever be again. ¹⁵They covered all the ground until it was black. They devoured all that was left after the hail—everything growing in the fields and the fruit on the trees. Nothing green remained on tree or plant in all the land of Egypt.

¹⁶Pharaoh quickly summoned Moses and Aaron and said, "I have sinned against the Lord your God and against you. ¹⁷Now forgive my sin once more and pray to the Lord your God to take this deadly plague away from me."

¹⁸Moses then left Pharaoh and prayed to the Lord. ¹⁹And the Lord changed the wind to a very strong west wind, which caught up the locusts and carried them into the Red Sea.ˢ Not a locust was left anywhere in Egypt. ²⁰But the Lord hardened Pharaoh's heart, and he would not let the Israelites go.

ʳ10 Or *Be careful, trouble is in store for you!*   ˢ19 Hebrew *Yam Suph*; that is, Sea of Reeds

La plaga de tinieblas

21 Jehová dijo a Moisés: Extiende tu mano hacia el cielo, para que haya tinieblas sobre la tierra de Egipto, tanto que cualquiera las palpe.

22 Y extendió Moisés su mano hacia el cielo, y hubo densas tinieblas sobre toda la tierra de Egipto, por tres días.

23 Ninguno vio a su prójimo, ni nadie se levantó de su lugar en tres días; mas todos los hijos de Israel tenían luz en sus habitaciones.

24 Entonces Faraón hizo llamar a Moisés, y dijo: Id, servid a Jehová; solamente queden vuestras ovejas y vuestras vacas; vayan también vuestros niños con vosotros.

25 Y Moisés respondió: Tú también nos darás sacrificios y holocaustos que sacrifiquemos para Jehová nuestro Dios.

26 Nuestros ganados irán también con nosotros; no quedará ni una pezuña; porque de ellos hemos de tomar para servir a Jehová nuestro Dios, y no sabemos con qué hemos de servir a Jehová hasta que lleguemos allá.

27 Pero Jehová endureció el corazón de Faraón, y no quiso dejarlos ir.

28 Y le dijo Faraón: Retírate de mí; guárdate que no veas más mi rostro, porque en cualquier día que vieres mi rostro, morirás.

29 Y Moisés respondió: Bien has dicho; no veré más tu rostro.

Anunciada la muerte de los primogénitos

11 1 Jehová dijo a Moisés: Una plaga traeré aún sobre Faraón y sobre Egipto, después de la cual él os dejará ir de aquí; y seguramente os echará de aquí del todo.

2 Habla ahora al pueblo, y que cada uno pida a su vecino, y cada una a su vecina, alhajas de plata y de oro.

3 Y Jehová dio gracia al pueblo en los ojos de los egipcios. También Moisés era tenido por gran varón en la tierra de Egipto, a los ojos de los siervos de Faraón, y a los ojos del pueblo.

4 Dijo, pues, Moisés: Jehová ha dicho así: A la medianoche yo saldré por en medio de Egipto,

5 y morirá todo primogénito en tierra de Egipto, desde el primogénito de Faraón que se sienta en su trono, hasta el primogénito de la sierva que está tras el molino, y todo primogénito de las bestias.

6 Y habrá gran clamor por toda la tierra de Egipto, cual nunca hubo, ni jamás habrá.

7 Pero contra todos los hijos de Israel, desde el hombre hasta la bestia, ni un perro moverá su lengua, para que sepáis que Jehová hace diferencia entre los egipcios y los israelitas.

8 Y descenderán a mí todos estos tus siervos, e inclinados delante de mí dirán: Vete, tú y todo el pueblo que está debajo de ti; y después de esto yo saldré. Y salió muy enojado de la presencia de Faraón.

9 Y Jehová dijo a Moisés: Faraón no os oirá, para que mis maravillas se multipliquen en la tierra de Egipto.

10 Y Moisés y Aarón hicieron todos estos prodigios delante de Faraón; pues Jehová había endurecido el corazón de Faraón, y no envió a los hijos de Israel fuera de su país.

La Pascua

12 1 Habló Jehová a Moisés y a Aarón en la tierra de Egipto, diciendo:

2 Este mes os será principio de los meses; para vosotros será éste el primero en los meses del año.

The Plague of Darkness

21 Then the LORD said to Moses, "Stretch out your hand toward the sky so that darkness will spread over Egypt—darkness that can be felt." 22 So Moses stretched out his hand toward the sky, and total darkness covered all Egypt for three days. 23 No one could see anyone else or leave his place for three days. Yet all the Israelites had light in the places where they lived.

24 Then Pharaoh summoned Moses and said, "Go, worship the LORD. Even your women and children may go with you; only leave your flocks and herds behind."

25 But Moses said, "You must allow us to have sacrifices and burnt offerings to present to the LORD our God. 26 Our livestock too must go with us; not a hoof is to be left behind. We have to use some of them in worshiping the LORD our God, and until we get there we will not know what we are to use to worship the LORD."

27 But the LORD hardened Pharaoh's heart, and he was not willing to let them go. 28 Pharaoh said to Moses, "Get out of my sight! Make sure you do not appear before me again! The day you see my face you will die."

29 "Just as you say," Moses replied, "I will never appear before you again."

The Plague on the Firstborn

11 Now the LORD had said to Moses, "I will bring one more plague on Pharaoh and on Egypt. After that, he will let you go from here, and when he does, he will drive you out completely. 2 Tell the people that men and women alike are to ask their neighbors for articles of silver and gold." 3 (The LORD made the Egyptians favorably disposed toward the people, and Moses himself was highly regarded in Egypt by Pharaoh's officials and by the people.)

4 So Moses said, "This is what the LORD says: 'About midnight I will go throughout Egypt. 5 Every firstborn son in Egypt will die, from the firstborn son of Pharaoh, who sits on the throne, to the firstborn son of the slave girl, who is at her hand mill, and all the firstborn of the cattle as well. 6 There will be loud wailing throughout Egypt—worse than there has ever been or ever will be again. 7 But among the Israelites not a dog will bark at any man or animal.' Then you will know that the LORD makes a distinction between Egypt and Israel. 8 All these officials of yours will come to me, bowing down before me and saying, 'Go, you and all the people who follow you!' After that I will leave." Then Moses, hot with anger, left Pharaoh.

9 The LORD had said to Moses, "Pharaoh will refuse to listen to you—so that my wonders may be multiplied in Egypt." 10 Moses and Aaron performed all these wonders before Pharaoh, but the LORD hardened Pharaoh's heart, and he would not let the Israelites go out of his country.

The Passover

12 The LORD said to Moses and Aaron in Egypt, 2 "This month is to be for you the first month, the first month of your year. 3 Tell the whole communi-

3 Hablad a toda la congregación de Israel, diciendo: En el diez de este mes tómese cada uno un cordero según las familias de los padres, un cordero por familia.

4 Mas si la familia fuere tan pequeña que no baste para comer el cordero, entonces él y su vecino inmediato a su casa tomarán uno según el número de las personas; conforme al comer de cada hombre, haréis la cuenta sobre el cordero.

5 El animal será sin defecto, macho de un año; lo tomaréis de las ovejas o de las cabras.

6 Y lo guardaréis hasta el día catorce de este mes, y lo inmolará toda la congregación del pueblo de Israel entre las dos tardes.

7 Y tomarán de la sangre, y la pondrán en los dos postes y en el dintel de las casas en que lo han de comer.

8 Y aquella noche comerán la carne asada al fuego, y panes sin levadura; con hierbas amargas lo comerán.

9 Ninguna cosa comeréis de él cruda, ni cocida en agua, sino asada al fuego; su cabeza con sus pies y sus entrañas.

10 Ninguna cosa dejaréis de él hasta la mañana; y lo que quedare hasta la mañana, lo quemaréis en el fuego.

11 Y lo comeréis así: ceñidos vuestros lomos, vuestro calzado en vuestros pies, y vuestro bordón en vuestra mano; y lo comeréis apresuradamente; es la Pascua de Jehová.

12 Pues yo pasaré aquella noche por la tierra de Egipto, y heriré a todo primogénito en la tierra de Egipto, así de los hombres como de las bestias; y ejecutaré mis juicios en todos los dioses de Egipto. Yo Jehová.

13 Y la sangre os será por señal en las casas donde vosotros estéis; y veré la sangre y pasaré de vosotros, y no habrá en vosotros plaga de mortandad cuando hiera la tierra de Egipto.

14 Y este día os será en memoria, y lo celebraréis como fiesta solemne para Jehová durante vuestras generaciones; por estatuto perpetuo lo celebraréis.

15 Siete días comeréis panes sin levadura; y así el primer día haréis que no haya levadura en vuestras casas; porque cualquiera que comiere leudado desde el primer día hasta el séptimo, será cortado de Israel.

16 El primer día habrá santa convocación, y asimismo en el séptimo día tendréis una santa convocación; ninguna obra se hará en ellos, excepto solamente que preparéis lo que cada cual haya de comer.

17 Y guardaréis la fiesta de los panes sin levadura, porque en este mismo día saqué vuestras huestes de la tierra de Egipto; por tanto, guardaréis este mandamiento en vuestras generaciones por costumbre perpetua.

18 En el mes primero comeréis los panes sin levadura, desde el día catorce del mes por la tarde hasta el veintiuno del mes por la tarde.

19 Por siete días no se hallará levadura en vuestras casas; porque cualquiera que comiere leudado, así extranjero como natural del país, será cortado de la congregación de Israel.

20 Ninguna cosa leudada comeréis; en todas vuestras habitaciones comeréis panes sin levadura.

21 Y Moisés convocó a todos los ancianos de Israel, y les dijo: Sacad y tomaos corderos por vuestras familias, y sacrificad la pascua.

22 Y tomad un manojo de hisopo, y mojadlo en la sangre que estará en un lebrillo, y untad el dintel y los dos postes con la sangre que estará en el lebrillo; y ninguno de vosotros salga de las puertas de su casa hasta la mañana.

23 Porque Jehová pasará hiriendo a los egipcios; y cuando vea la sangre en el dintel y en los dos postes, pasará Jehová aquella puerta, y no dejará entrar al heridor en vuestras casas para herir.

ty of Israel that on the tenth day of this month each man is to take a lamb*t* for his family, one for each household. 4If any household is too small for a whole lamb, they must share one with their nearest neighbor, having taken into account the number of people there are. You are to determine the amount of lamb needed in accordance with what each person will eat. 5The animals you choose must be year-old males without defect, and you may take them from the sheep or the goats. 6Take care of them until the fourteenth day of the month, when all the people of the community of Israel must slaughter them at twilight. 7Then they are to take some of the blood and put it on the sides and tops of the doorframes of the houses where they eat the lambs. 8That same night they are to eat the meat roasted over the fire, along with bitter herbs, and bread made without yeast. 9Do not eat the meat raw or cooked in water, but roast it over the fire—head, legs and inner parts. 10Do not leave any of it till morning; if some is left till morning, you must burn it. 11This is how you are to eat it: with your cloak tucked into your belt, your sandals on your feet and your staff in your hand. Eat it in haste; it is the LORD's Passover.

12"On that same night I will pass through Egypt and strike down every firstborn—both men and animals—and I will bring judgment on all the gods of Egypt. I am the LORD. 13The blood will be a sign for you on the houses where you are; and when I see the blood, I will pass over you. No destructive plague will touch you when I strike Egypt.

14"This is a day you are to commemorate; for the generations to come you shall celebrate it as a festival to the LORD—a lasting ordinance. 15For seven days you are to eat bread made without yeast. On the first day remove the yeast from your houses, for whoever eats anything with yeast in it from the first day through the seventh must be cut off from Israel. 16On the first day hold a sacred assembly, and another one on the seventh day. Do no work at all on these days, except to prepare food for everyone to eat—that is all you may do.

17"Celebrate the Feast of Unleavened Bread, because it was on this very day that I brought your divisions out of Egypt. Celebrate this day as a lasting ordinance for the generations to come. 18In the first month you are to eat bread made without yeast, from the evening of the fourteenth day until the evening of the twenty-first day. 19For seven days no yeast is to be found in your houses. And whoever eats anything with yeast in it must be cut off from the community of Israel, whether he is an alien or native-born. 20Eat nothing made with yeast. Wherever you live, you must eat unleavened bread."

21Then Moses summoned all the elders of Israel and said to them, "Go at once and select the animals for your families and slaughter the Passover lamb. 22Take a bunch of hyssop, dip it into the blood in the basin and put some of the blood on the top and on both sides of the doorframe. Not one of you shall go out the door of his house until morning. 23When the LORD goes through the land to strike down the Egyptians, he will see the blood on the top and sides of the doorframe and will pass over that doorway, and he will not permit the destroyer to enter your houses and strike you down.

---

t3 The Hebrew word can mean *lamb* or *kid*; also in verse 4.

24 Guardaréis esto por estatuto para vosotros y para vuestros hijos para siempre.

25 Y cuando entréis en la tierra que Jehová os dará, como prometió, guardaréis este rito.

26 Y cuando os dijeren vuestros hijos: ¿Qué es este rito vuestro?,

27 vosotros responderéis: Es la víctima de la pascua de Jehová, el cual pasó por encima de las casas de los hijos de Israel en Egipto, cuando hirió a los egipcios, y libró nuestras casas. Entonces el pueblo se inclinó y adoró.

28 Y los hijos de Israel fueron e hicieron puntualmente así, como Jehová había mandado a Móisés y a Aarón.

Muerte de los primogénitos

29 Y aconteció que a la medianoche Jehová hirió a todo primogénito en la tierra de Egipto, desde el primogénito de Faraón que se sentaba sobre su trono hasta el primogénito del cautivo que estaba en la cárcel, y todo primogénito de los animales.

30 Y se levantó aquella noche Faraón, él y todos sus siervos, y todos los egipcios; y hubo un gran clamor en Egipto, porque no había casa donde no hubiese un muerto.

31 E hizo llamar a Moisés y a Aarón de noche, y les dijo: Salid de en medio de mi pueblo vosotros y los hijos de Israel, e id, servid a Jehová, como habéis dicho.

32 Tomad también vuestras ovejas y vuestras vacas, como habéis dicho, e idos; y bendecidme también a mí.

33 Y los egipcios apremiaban al pueblo, dándose prisa a echarlos de la tierra; porque decían: Todos somos muertos.

34 Y llevó el pueblo su masa antes que se leudase, sus masas envueltas en sus sábanas sobre sus hombros.

35 E hicieron los hijos de Israel conforme al mandamiento de Moisés, pidiendo de los egipcios alhajas de plata, y de oro, y vestidos.

36 Y Jehová dio gracia al pueblo delante de los egipcios, y les dieron cuanto pedían; así despojaron a los egipcios.

Los israelitas salen de Egipto

37 Partieron los hijos de Israel de Ramesés a Sucot, como seiscientos mil hombres de a pie, sin contar los niños.

38 También subió con ellos grande multitud de toda clase de gentes, y ovejas, y muchísimo ganado.

39 Y cocieron tortas sin levadura de la masa que habían sacado de Egipto, pues no había leudado, porque al echarlos fuera los egipcios, no habían tenido tiempo ni para prepararse comida.

40 El tiempo que los hijos de Israel habitaron en Egipto fue cuatrocientos treinta años.

41 Y pasados los cuatrocientos treinta años, en el mismo día todas las huestes de Jehová salieron de la tierra de Egipto.

42 Es noche de guardar para Jehová, por haberlos sacado en ella de la tierra de Egipto. Esta noche deben guardarla para Jehová todos los hijos de Israel en sus generaciones.

43 Y Jehová dijo a Moisés y a Aarón: Esta es la ordenanza de la pascua; ningún extraño comerá de ella.

44 Mas todo siervo humano comprado por dinero comerá de ella, después que lo hubieres circuncidado.

45 El extranjero y el jornalero no comerán de ella.

46 Se comerá en una casa, y no llevarás de aquella carne fuera de ella, ni quebraréis hueso suyo.

47 Toda la congregación de Israel lo hará.

24 "Obey these instructions as a lasting ordinance for you and your descendants. 25 When you enter the land that the LORD will give you as he promised, observe this ceremony. 26 And when your children ask you, 'What does this ceremony mean to you?' 27 then tell them, 'It is the Passover sacrifice to the LORD, who passed over the houses of the Israelites in Egypt and spared our homes when he struck down the Egyptians.'" Then the people bowed down and worshiped. 28 The Israelites did just what the LORD commanded Moses and Aaron.

29 At midnight the LORD struck down all the firstborn in Egypt, from the firstborn of Pharaoh, who sat on the throne, to the firstborn of the prisoner, who was in the dungeon, and the firstborn of all the livestock as well. 30 Pharaoh and all his officials and all the Egyptians got up during the night, and there was loud wailing in Egypt, for there was not a house without someone dead.

The Exodus

31 During the night Pharaoh summoned Moses and Aaron and said, "Up! Leave my people, you and the Israelites! Go, worship the LORD as you have requested. 32 Take your flocks and herds, as you have said, and go. And also bless me."

33 The Egyptians urged the people to hurry and leave the country. "For otherwise," they said, "we will all die!" 34 So the people took their dough before the yeast was added, and carried it on their shoulders in kneading troughs wrapped in clothing. 35 The Israelites did as Moses instructed and asked the Egyptians for articles of silver and gold and for clothing. 36 The LORD had made the Egyptians favorably disposed toward the people, and they gave them what they asked for; so they plundered the Egyptians.

37 The Israelites journeyed from Rameses to Succoth. There were about six hundred thousand men on foot, besides women and children. 38 Many other people went up with them, as well as large droves of livestock, both flocks and herds. 39 With the dough they had brought from Egypt, they baked cakes of unleavened bread. The dough was without yeast because they had been driven out of Egypt and did not have time to prepare food for themselves.

40 Now the length of time the Israelite people lived in Egypt*u* was 430 years. 41 At the end of the 430 years, to the very day, all the LORD's divisions left Egypt. 42 Because the LORD kept vigil that night to bring them out of Egypt, on this night all the Israelites are to keep vigil to honor the LORD for the generations to come.

Passover Restrictions

43 The LORD said to Moses and Aaron, "These are the regulations for the Passover:

"No foreigner is to eat of it. 44 Any slave you have bought may eat of it after you have circumcised him, 45 but a temporary resident and a hired worker may not eat of it.

46 "It must be eaten inside one house; take none of the meat outside the house. Do not break any of the bones. 47 The whole community of Israel must celebrate it.

---

u40 Masoretic Text; Samaritan Pentateuch and Septuagint *Egypt and Canaan*

48 Mas si algún extranjero morare contigo, y quisiere celebrar la pascua para Jehová, séale circuncidado todo varón, y entonces la celebrará, y será como uno de vuestra nación; pero ningún incircunciso comerá de ella.

49 La misma ley será para el natural, y para el extranjero que habitare entre vosotros.

50 Así lo hicieron todos los hijos de Israel; como mandó Jehová a Moisés y a Aarón, así lo hicieron.

51 Y en aquel mismo día sacó Jehová a los hijos de Israel de la tierra de Egipto por sus ejércitos.

Consagración de los primogénitos

13 1 Jehová habló a Moisés, diciendo: 2 Conságrame todo primogénito. Cualquiera que abre matriz entre los hijos de Israel, así de los hombres como de los animales, mío es.

3 Y Moisés dijo al pueblo: Tened memoria de este día, en el cual habéis salido de Egipto, de la casa de servidumbre, pues Jehová os ha sacado de aquí con mano fuerte; por tanto, no comeréis leudado.

4 Vosotros salís hoy en el mes de Abib.

5 Y cuando Jehová te hubiere metido en la tierra del cananeo, del heteo, del amorreo, del heveo y del jebuseo, la cual juró a tus padres que te daría, tierra que destila leche y miel, harás esta celebración en este mes.

6 Siete días comerás pan sin leudar, y el séptimo día será fiesta para Jehová.

7 Por los siete días se comerán los panes sin levadura, y no se verá contigo nada leudado, ni levadura, en todo tu territorio.

8 Y lo contarás en aquel día a tu hijo, diciendo: Se hace esto con motivo de lo que Jehová hizo conmigo cuando me sacó de Egipto.

9 Y te será como una señal sobre tu mano, y como un memorial delante de tus ojos, para que la ley de Jehová esté en tu boca; por cuanto con mano fuerte te sacó Jehová de Egipto.

10 Por tanto, tú guardarás este rito en su tiempo de año en año.

11 Y cuando Jehová te haya metido en la tierra del cananeo, como te ha jurado a ti y a tus padres, y cuando te la hubiere dado,

12 dedicarás a Jehová todo aquel que abriere matriz, y asimismo todo primer nacido de tus animales; los machos serán de Jehová.

13 Mas todo primogénito de asno redimirás con un cordero; y si no lo redimieres, quebrarás su cerviz. También redimirás al primogénito de tus hijos.

14 Y cuando mañana te pregunte tu hijo, diciendo: ¿Qué es esto?, le dirás: Jehová nos sacó con mano fuerte de Egipto, de casa de servidumbre;

15 y endureciéndose Faraón para no dejarnos ir, Jehová hizo morir en la tierra de Egipto a todo primogénito, desde el primogénito humano hasta el primogénito de la bestia; y por esta causa yo sacrifico para Jehová todo primogénito macho, y redimo al primogénito de mis hijos.

16 Te será, pues, como una señal sobre tu mano, y por un memorial delante de tus ojos, por cuanto Jehová nos sacó de Egipto con mano fuerte.

La columna de nube y de fuego

17 Y luego que Faraón dejó ir al pueblo, Dios no los llevó por el camino de la tierra de los filisteos, que estaba cerca; porque dijo Dios: Para que no se arrepienta el pueblo cuando vea la guerra, y se vuelva a Egipto.

18 Mas hizo Dios que el pueblo rodease por el camino del desierto del Mar Rojo. Y subieron los hijos de Israel de Egipto armados.

48 "An alien living among you who wants to celebrate the LORD's Passover must have all the males in his household circumcised; then he may take part like one born in the land. No uncircumcised male may eat of it. 49 The same law applies to the native-born and to the alien living among you."

50 All the Israelites did just what the LORD had commanded Moses and Aaron. 51 And on that very day the LORD brought the Israelites out of Egypt by their divisions.

Consecration of the Firstborn

13 The LORD said to Moses, 2 "Consecrate to me every firstborn male. The first offspring of every womb among the Israelites belongs to me, whether man or animal."

3 Then Moses said to the people, "Commemorate this day, the day you came out of Egypt, out of the land of slavery, because the LORD brought you out of it with a mighty hand. Eat nothing containing yeast. 4 Today, in the month of Abib, you are leaving. 5 When the LORD brings you into the land of the Canaanites, Hittites, Amorites, Hivites and Jebusites—the land he swore to your forefathers to give you, a land flowing with milk and honey—you are to observe this ceremony in this month: 6 For seven days eat bread made without yeast and on the seventh day hold a festival to the LORD. 7 Eat unleavened bread during those seven days; nothing with yeast in it is to be seen among you, nor shall any yeast be seen anywhere within your borders. 8 On that day tell your son, 'I do this because of what the LORD did for me when I came out of Egypt.' 9 This observance will be for you like a sign on your hand and a reminder on your forehead that the law of the LORD is to be on your lips. For the LORD brought you out of Egypt with his mighty hand. 10 You must keep this ordinance at the appointed time year after year.

11 "After the LORD brings you into the land of the Canaanites and gives it to you, as he promised on oath to you and your forefathers, 12 you are to give over to the LORD the first offspring of every womb. All the firstborn males of your livestock belong to the LORD. 13 Redeem with a lamb every firstborn donkey, but if you do not redeem it, break its neck. Redeem every firstborn among your sons.

14 "In days to come, when your son asks you, 'What does this mean?' say to him, 'With a mighty hand the LORD brought us out of Egypt, out of the land of slavery. 15 When Pharaoh stubbornly refused to let us go, the LORD killed every firstborn in Egypt, both man and animal. This is why I sacrifice to the LORD the first male offspring of every womb and redeem each of my firstborn sons.' 16 And it will be like a sign on your hand and a symbol on your forehead that the LORD brought us out of Egypt with his mighty hand."

Crossing the Sea

17 When Pharaoh let the people go, God did not lead them on the road through the Philistine country, though that was shorter. For God said, "If they face war, they might change their minds and return to Egypt." 18 So God led the people around by the desert road toward the Red Sea.v The Israelites went up out of Egypt armed for battle.

v18 Hebrew *Yam Suph*; that is, Sea of Reeds

19Tomó también consigo Moisés los huesos de José, el cual había juramentado a los hijos de Israel, diciendo: Dios ciertamente os visitará, y haréis subir mis huesos de aquí con vosotros.

20Y partieron de Sucot y acamparon en Etam, a la entrada del desierto.

21Y Jehová iba delante de ellos de día en una columna de nube para guiarlos por el camino, y de noche en una columna de fuego para alumbrarles, a fin de que anduviesen de día y de noche.

22Nunca se apartó de delante del pueblo la columna de nube de día, ni de noche la columna de fuego.

Los israelitas cruzan el Mar Rojo

14 1Habló Jehová a Moisés, diciendo: 2Dí a los hijos de Israel que den la vuelta y acampen delante de Pi-hahirot, entre Migdol y el mar hacia Baal-zefón; delante de él acamparéis junto al mar. 3Porque Faraón dirá de los hijos de Israel: Encerrados están en la tierra, el desierto los ha encerrado.

4Y yo endureceré el corazón de Faraón para que los siga; y seré glorificado en Faraón y en todo su ejército, y sabrán los egipcios que yo soy Jehová. Y ellos lo hicieron así.

5Y fue dado aviso al rey de Egipto, que el pueblo huía; y el corazón de Faraón y de sus siervos se volvió contra el pueblo, y dijeron: ¿Cómo hemos hecho esto de haber dejado ir a Israel, para que no nos sirva?

6Y unció su carro, y tomó consigo su pueblo; 7y tomó seiscientos carros escogidos, y todos los carros de Egipto, y los capitanes sobre ellos.

8Y endureció Jehová el corazón de Faraón rey de Egipto, y él siguió a los hijos de Israel; pero los hijos de Israel habían salido con mano poderosa.

9Siguiéndolos, pues, los egipcios, con toda la caballería y carros de Faraón, su gente de a caballo, y todo su ejército, los alcanzaron acampados junto al mar, al lado de Pi-hahirot, delante de Baal-zefón.

10Y cuando Faraón se hubo acercado, los hijos de Israel alzaron sus ojos, y he aquí que los egipcios venían tras ellos; por lo que los hijos de Israel temieron en gran manera, y clamaron a Jehová.

11Y dijeron a Moisés: ¿No había sepulcros en Egipto, que nos has sacado para que muramos en el desierto? ¿Por qué has hecho así con nosotros, que nos has sacado de Egipto? 12¿No es esto lo que te hablamos en Egipto, diciendo: Déjanos servir a los egipcios? Porque mejor nos fuera servir a los egipcios, que morir nosotros en el desierto.

13Y Moisés dijo al pueblo: No temáis; estad firmes, y ved la salvación que Jehová hará hoy con vosotros; porque los egipcios que hoy habéis visto, nunca más para siempre los veréis.

14Jehová peleará por vosotros, y vosotros estaréis tranquilos.

15Entonces Jehová dijo a Moisés: ¿Por qué clamas a mí? Dí a los hijos de Israel que marchen.

16Y tú alza tu vara, y extiende tu mano sobre el mar, y divídelo, y entren los hijos de Israel por en medio del mar, en seco.

17Y he aquí, yo endureceré el corazón de los egipcios para que los sigan; y yo me glorificaré en Faraón y en todo su ejército, en sus carros y en su caballería; 18y sabrán los egipcios que yo soy Jehová, cuando me glorifique en Faraón, en sus carros y en su gente de a caballo.

19Y el ángel de Dios que iba delante del campamento de Israel, se apartó e iba en pos de ellos; y asimismo la columna de nube que iba delante de ellos se apartó y se puso a sus espaldas,

19Moses took the bones of Joseph with him because Joseph had made the sons of Israel swear an oath. He had said, "God will surely come to your aid, and then you must carry my bones up with you from this place." w

20After leaving Succoth they camped at Etham on the edge of the desert. 21By day the LORD went ahead of them in a pillar of cloud to guide them on their way and by night in a pillar of fire to give them light, so that they could travel by day or night. 22Neither the pillar of cloud by day nor the pillar of fire by night left its place in front of the people.

14 Then the LORD said to Moses, 2"Tell the Israelites to turn back and encamp near Pi Hahiroth, between Migdol and the sea. They are to encamp by the sea, directly opposite Baal Zephon. 3Pharaoh will think, 'The Israelites are wandering around the land in confusion, hemmed in by the desert.' 4And I will harden Pharaoh's heart, and he will pursue them. But I will gain glory for myself through Pharaoh and all his army, and the Egyptians will know that I am the LORD." So the Israelites did this.

5When the king of Egypt was told that the people had fled, Pharaoh and his officials changed their minds about them and said, "What have we done? We have let the Israelites go and have lost their services!" 6So he had his chariot made ready and took his army with him. 7He took six hundred of the best chariots, along with all the other chariots of Egypt, with officers over all of them. 8The LORD hardened the heart of Pharaoh king of Egypt, so that he pursued the Israelites, who were marching out boldly. 9The Egyptians—all Pharaoh's horses and chariots, horsemenx and troops—pursued the Israelites and overtook them as they camped by the sea near Pi Hahiroth, opposite Baal Zephon.

10As Pharaoh approached, the Israelites looked up, and there were the Egyptians, marching after them. They were terrified and cried out to the LORD. 11They said to Moses, "Was it because there were no graves in Egypt that you brought us to the desert to die? What have you done to us by bringing us out of Egypt? 12Didn't we say to you in Egypt, 'Leave us alone; let us serve the Egyptians'? It would have been better for us to serve the Egyptians than to die in the desert!"

13Moses answered the people, "Do not be afraid. Stand firm and you will see the deliverance the LORD will bring you today. The Egyptians you see today you will never see again. 14The LORD will fight for you; you need only to be still."

15Then the LORD said to Moses, "Why are you crying out to me? Tell the Israelites to move on. 16Raise your staff and stretch out your hand over the sea to divide the water so that the Israelites can go through the sea on dry ground. 17I will harden the hearts of the Egyptians so that they will go in after them. And I will gain glory through Pharaoh and all his army, through his chariots and his horsemen. 18The Egyptians will know that I am the LORD when I gain glory through Pharaoh, his chariots and his horsemen.

19Then the angel of God, who had been traveling in front of Israel's army, withdrew and went behind them. The pillar of cloud also moved from in front and stood behind them, 20coming between the armies of

w19 See Gen. 50:25.   x9 Or charioteers; also in verses 17, 18, 23, 26 and 28

20e iba entre el campamento de los egipcios y el campamento de Israel; y era nube y tinieblas para aquéllos, y alumbraba a Israel de noche, y en toda aquella noche nunca se acercaron los unos a los otros.
21Y extendió Moisés su mano sobre el mar, e hizo Jehová que el mar se retirase por recio viento oriental toda aquella noche; y volvió el mar en seco, y las aguas quedaron divididas.
22Entonces los hijos de Israel entraron por en medio del mar, en seco, teniendo las aguas como muro a su derecha y a su izquierda.
23Y siguiéndolos los egipcios, entraron tras ellos hasta la mitad del mar, toda la caballería de Faraón, sus carros y su gente de a caballo.
24Aconteció a la vigilia de la mañana, que Jehová miró el campamento de los egipcios desde la columna de fuego y nube, y trastornó el campamento de los egipcios,
25y quitó las ruedas de sus carros, y los trastornó gravemente. Entonces los egipcios dijeron: Huyamos de delante de Israel, porque Jehová pelea por ellos contra los egipcios.
26Y Jehová dijo a Moisés: Extiende tu mano sobre el mar, para que las aguas vuelvan sobre los egipcios, sobre sus carros, y sobre su caballería.
27Entonces Moisés extendió su mano sobre el mar, y cuando amaneció, el mar se volvió en toda su fuerza, y los egipcios al huir se encontraban con el mar; y Jehová derribó a los egipcios en medio del mar.
28Y volvieron las aguas, y cubrieron los carros y la caballería, y todo el ejército de Faraón que había entrado tras ellos en el mar; no quedó de ellos ni uno.
29Y los hijos de Israel fueron por en medio del mar, en seco, teniendo las aguas por muro a su derecha y a su izquierda.
30Así salvó Jehová aquel día a Israel de mano de los egipcios; e Israel vio a los egipcios muertos a la orilla del mar.
31Y vio Israel aquel grande hecho que Jehová ejecutó contra los egipcios; y el pueblo temió a Jehová, y creyeron a Jehová y a Moisés su siervo.

Cántico de Moisés y de María

15 1 Entonces cantó Moisés y los hijos de Israel este cántico a Jehová, y dijeron:
Cantaré yo a Jehová, porque se ha magnificado
grandemente;
Ha echado en el mar al caballo y al jinete.
2Jehová es mi fortaleza y mi cántico,
Y ha sido mi salvación.
Este es mi Dios, y lo alabaré;
Dios de mi padre, y lo enalteceré.
3Jehová es varón de guerra;
Jehová es su nombre.
4Echó en el mar los carros de Faraón y su ejército;
Y sus capitanes escogidos fueron hundidos en el
Mar Rojo.
5Los abismos los cubrieron;
Descendieron a las profundidades como piedra.
6Tu diestra, oh Jehová, ha sido magnificada en
poder;
Tu diestra, oh Jehová, ha quebrantado al enemigo.

Egypt and Israel. Throughout the night the cloud brought darkness to the one side and light to the other side; so neither went near the other all night long.
21Then Moses stretched out his hand over the sea, and all that night the Lord drove the sea back with a strong east wind and turned it into dry land. The waters were divided, 22and the Israelites went through the sea on dry ground, with a wall of water on their right and on their left.
23The Egyptians pursued them, and all Pharaoh's horses and chariots and horsemen followed them into the sea. 24During the last watch of the night the Lord looked down from the pillar of fire and cloud at the Egyptian army and threw it into confusion. 25He made the wheels of their chariots come off^y so that they had difficulty driving. And the Egyptians said, "Let's get away from the Israelites! The Lord is fighting for them against Egypt."
26Then the Lord said to Moses, "Stretch out your hand over the sea so that the waters may flow back over the Egyptians and their chariots and horsemen."
27Moses stretched out his hand over the sea, and at daybreak the sea went back to its place. The Egyptians were fleeing toward^z it, and the Lord swept them into the sea. 28The water flowed back and covered the chariots and horsemen—the entire army of Pharaoh that had followed the Israelites into the sea. Not one of them survived.
29But the Israelites went through the sea on dry ground, with a wall of water on their right and on their left. 30That day the Lord saved Israel from the hands of the Egyptians, and Israel saw the Egyptians lying dead on the shore. 31And when the Israelites saw the great power the Lord displayed against the Egyptians, the people feared the Lord and put their trust in him and in Moses his servant.

The Song of Moses and Miriam

15 Then Moses and the Israelites sang this song to the Lord:

"I will sing to the Lord,
 for he is highly exalted.
The horse and its rider
 he has hurled into the sea.
2The Lord is my strength and my song;
 he has become my salvation.
He is my God, and I will praise him,
 my father's God, and I will exalt him.
3The Lord is a warrior;
 the Lord is his name.
4Pharaoh's chariots and his army
 he has hurled into the sea.
The best of Pharaoh's officers
 are drowned in the Red Sea. a
5The deep waters have covered them;
 they sank to the depths like a stone.

6"Your right hand, O Lord,
 was majestic in power.
Your right hand, O Lord,
 shattered the enemy.

---

y25 Or *He jammed the wheels of their chariots* (see Samaritan Pentateuch, Septuagint and Syriac)   z27 Or *from*   a4 Hebrew *Yam Suph*; that is, Sea of Reeds; also in verse 22

7Y con la grandeza de tu poder has derribado a los
    que se levantaron contra ti.
Enviaste tu ira; los consumió como a hojarasca.
8Al soplo de tu aliento se amontonaron las aguas;
Se juntaron las corrientes como en un montón;
Los abismos se cuajaron en medio del mar.
9El enemigo dijo:
Perseguiré, apresaré, repartiré despojos;
Mi alma se saciará de ellos;
Sacaré mi espada, los destruirá mi mano.
10Soplaste con tu viento; los cubrió el mar;
Se hundieron como plomo en las impetuosas aguas.
11¿Quién como tú, oh Jehová, entre los dioses?
¿Quién como tú, magnífico en santidad,
Terrible en maravillosas hazañas, hacedor de
    prodigios?
12Extendiste tu diestra;
La tierra los tragó.
13Condujiste en tu misericordia a este pueblo que
    redimiste;
Lo llevaste con tu poder a tu santa morada.
14Lo oirán los pueblos, y temblarán;
Se apoderará dolor de la tierra de los filisteos.
15Entonces los caudillos de Edom se turbarán;
A los valientes de Moab les sobrecogerá temblor;
Se acobardarán todos los moradores de Canaán.
16Caiga sobre ellos temblor y espanto;
A la grandeza de tu brazo enmudezcan como una
    piedra;
Hasta que haya pasado tu pueblo, oh Jehová,
Hasta que haya pasado este pueblo que tú
    rescataste.
17Tú los introducirás y los plantarás en el monte de tu
    heredad,
En el lugar de tu morada, que tú has preparado, oh
    Jehová,
En el santuario que tus manos, oh Jehová, han
    afirmado.
18Jehová reinará eternamente y para siempre.
19Porque Faraón entró cabalgando con sus carros y su
gente de a caballo en el mar, y Jehová hizo volver las aguas
del mar sobre ellos; mas los hijos de Israel pasaron en seco
por en medio del mar.
20Y María la profetisa, hermana de Aarón, tomó un pandero en su mano, y todas las mujeres salieron en pos de ella
con panderos y danzas.
21Y María les respondía:
Cantad a Jehová, porque en extremo se ha
    engrandecido;
Ha echado en el mar al caballo y al jinete.

El agua amarga de Mara

22E hizo Moisés que partiese Israel del Mar Rojo, y
salieron al desierto de Shur; y anduvieron tres días por el
desierto sin hallar agua.

7In the greatness of your majesty
    you threw down those who opposed you.
You unleashed your burning anger;
    it consumed them like stubble.
8By the blast of your nostrils
    the waters piled up.
The surging waters stood firm like a wall;
    the deep waters congealed in the heart of the
    sea.
9"The enemy boasted,
    'I will pursue, I will overtake them.
I will divide the spoils;
    I will gorge myself on them.
I will draw my sword
    and my hand will destroy them.'
10But you blew with your breath,
    and the sea covered them.
They sank like lead
    in the mighty waters.
11"Who among the gods is like you, O Lord?
    Who is like you—
        majestic in holiness,
        awesome in glory,
        working wonders?
12You stretched out your right hand
    and the earth swallowed them.
13"In your unfailing love you will lead
    the people you have redeemed.
In your strength you will guide them
    to your holy dwelling.
14The nations will hear and tremble;
    anguish will grip the people of Philistia.
15The chiefs of Edom will be terrified,
    the leaders of Moab will be seized with
        trembling,
    the people b of Canaan will melt away;
16   terror and dread will fall upon them.
By the power of your arm
    they will be as still as a stone—
until your people pass by, O Lord,
    until the people you bought c pass by.
17You will bring them in and plant them
    on the mountain of your inheritance—
the place, O Lord, you made for your dwelling,
    the sanctuary, O Lord, your hands established.
18The Lord will reign
    for ever and ever."

19When Pharaoh's horses, chariots and horsemen d
went into the sea, the Lord brought the waters of the
sea back over them, but the Israelites walked through
the sea on dry ground. 20Then Miriam the prophetess,
Aaron's sister, took a tambourine in her hand, and all
the women followed her, with tambourines and dancing. 21Miriam sang to them:

"Sing to the Lord,
    for he is highly exalted.
The horse and its rider
    he has hurled into the sea."

The Waters of Marah and Elim

22Then Moses led Israel from the Red Sea and they
went into the Desert of Shur. For three days they
traveled in the desert without finding water. 23When

b15 Or rulers   c16 Or created   d19 Or charioteers

23Y llegaron a Mara, y no pudieron beber las aguas de Mara, porque eran amargas; por eso le pusieron el nombre de Mara. e
24Entonces el pueblo murmuró contra Moisés, y dijo: ¿Qué hemos de beber?
25Y Moisés clamó a Jehová, y Jehová le mostró un árbol; y lo echó en las aguas, y las aguas se endulzaron. Allí les dio estatutos y ordenanzas, y allí los probó;
26y dijo: Si oyeres atentamente la voz de Jehová tu Dios, e hicieres lo recto delante de sus ojos, y dieres oído a sus mandamientos, y guardares todos sus estatutos, ninguna enfermedad de las que envié a los egipcios te enviaré a ti; porque yo soy Jehová tu sanador.
27Y llegaron a Elim, donde había doce fuentes de aguas, y setenta palmeras; y acamparon allí junto a las aguas.

Dios da el maná

16 1Partió luego de Elim toda la congregación de los hijos de Israel, y vino al desierto de Sin, que está entre Elim y Sinaí, a los quince días del segundo mes después que salieron de la tierra de Egipto.
2Y toda la congregación de los hijos de Israel murmuró contra Moisés y Aarón en el desierto;
3y les decían los hijos de Israel: Ojalá hubiéramos muerto por mano de Jehová en la tierra de Egipto, cuando nos sentábamos a las ollas de carne, cuando comíamos pan hasta saciarnos; pues nos habéis sacado a este desierto para matar de hambre a toda esta multitud.
4Y Jehová dijo a Moisés: He aquí yo os haré llover pan del cielo; y el pueblo saldrá, y recogerá diariamente la porción de un día, para que yo lo pruebe si anda en mi ley, o no.
5Mas en el sexto día prepararán para guardar el doble de lo que suelen recoger cada día.
6Entonces dijeron Moisés y Aarón a todos los hijos de Israel: En la tarde sabréis que Jehová os ha sacado de la tierra de Egipto,
7y a la mañana veréis la gloria de Jehová; porque él ha oído vuestras murmuraciones contra Jehová; porque nosotros, ¿qué somos, para que vosotros murmuréis contra nosotros?
8Dijo también Moisés: Jehová os dará en la tarde carne para comer, y en la mañana pan hasta saciaros; porque Jehová ha oído vuestras murmuraciones con que habéis murmurado contra él; porque nosotros, ¿qué somos? Vuestras murmuraciones no son contra nosotros, sino contra Jehová.
9Y dijo Moisés a Aarón: Dí a toda la congregación de los hijos de Israel: Acercaos a la presencia de Jehová, porque él ha oído vuestras murmuraciones.
10Y hablando Aarón a toda la congregación de los hijos de Israel, miraron hacia el desierto, y he aquí la gloria de Jehová apareció en la nube.
11Y Jehová habló a Moisés, diciendo:
12Yo he oído las murmuraciones de los hijos de Israel; háblales, diciendo: Al caer la tarde comeréis carne, y por la mañana os saciaréis de pan, y sabréis que yo soy Jehová vuestro Dios.
13Y venida la tarde, subieron codornices que cubrieron el campamento; y por la mañana descendió rocío en derredor del campamento.
14Y cuando el rocío cesó de descender, he aquí sobre la faz del desierto una cosa menuda, redonda, menuda como una escarcha sobre la tierra.

they came to Marah, they could not drink its water because it was bitter. (That is why the place is called Marah. e) 24So the people grumbled against Moses, saying, "What are we to drink?"
25Then Moses cried out to the LORD, and the LORD showed him a piece of wood. He threw it into the water, and the water became sweet.
There the LORD made a decree and a law for them, and there he tested them. 26He said, "If you listen carefully to the voice of the LORD your God and do what is right in his eyes, if you pay attention to his commands and keep all his decrees, I will not bring on you any of the diseases I brought on the Egyptians, for I am the LORD, who heals you."
27Then they came to Elim, where there were twelve springs and seventy palm trees, and they camped there near the water.

Manna and Quail

16 The whole Israelite community set out from Elim and came to the Desert of Sin, which is between Elim and Sinai, on the fifteenth day of the second month after they had come out of Egypt. 2In the desert the whole community grumbled against Moses and Aaron. 3The Israelites said to them, "If only we had died by the LORD's hand in Egypt! There we sat around pots of meat and ate all the food we wanted, but you have brought us out into this desert to starve this entire assembly to death."
4Then the LORD said to Moses, "I will rain down bread from heaven for you. The people are to go out each day and gather enough for that day. In this way I will test them and see whether they will follow my instructions. 5On the sixth day they are to prepare what they bring in, and that is to be twice as much as they gather on the other days."
6So Moses and Aaron said to all the Israelites, "In the evening you will know that it was the LORD who brought you out of Egypt, 7and in the morning you will see the glory of the LORD, because he has heard your grumbling against him. Who are we, that you should grumble against us?" 8Moses also said, "You will know that it was the LORD when he gives you meat to eat in the evening and all the bread you want in the morning, because he has heard your grumbling against him. Who are we? You are not grumbling against us, but against the LORD."
9Then Moses told Aaron, "Say to the entire Israelite community, 'Come before the LORD, for he has heard your grumbling.'"
10While Aaron was speaking to the whole Israelite community, they looked toward the desert, and there was the glory of the LORD appearing in the cloud.
11The LORD said to Moses, 12"I have heard the grumbling of the Israelites. Tell them, 'At twilight you will eat meat, and in the morning you will be filled with bread. Then you will know that I am the LORD your God.'"
13That evening quail came and covered the camp, and in the morning there was a layer of dew around the camp. 14When the dew was gone, thin flakes like frost on the ground appeared on the desert floor.

eEsto es, *Amargura.*

e23 *Marah* means *bitter.*

15 Y viéndolo los hijos de Israel, se dijeron unos a otros: ¿Qué es esto? porque no sabían qué era. Entonces Moisés les dijo: Es el pan que Jehová os da para comer.

16 Esto es lo que Jehová ha mandado: Recoged de él cada uno según lo que pudiere comer; un gomer por cabeza, conforme al número de vuestras personas, tomaréis cada uno para los que están en su tienda.

17 Y los hijos de Israel lo hicieron así; y recogieron unos más, otros menos;

18 y lo medían por gomer, y no sobró al que había recogido mucho, ni faltó al que había recogido poco; cada uno recogió conforme a lo que había de comer.

19 Y les dijo Moisés: Ninguno deje nada de ello para mañana.

20 Mas ellos no obedecieron a Moisés, sino que algunos dejaron de ello para otro día, y crió gusanos, y hedió; y se enojó contra ellos Moisés.

21 Y lo recogían cada mañana, cada uno según lo que había de comer; y luego que el sol calentaba, se derretía.

22 En el sexto día recogieron doble porción de comida, dos gomeres para cada uno; y todos los príncipes de la congregación vinieron y se lo hicieron saber a Moisés.

23 Y él les dijo: Esto es lo que ha dicho Jehová: Mañana es el santo día de reposo, * el reposo consagrado a Jehová; lo que habéis de cocer, cocedlo hoy, y lo que habéis de cocinar, cocinadlo; y todo lo que os sobrare, guardadlo para mañana.

24 Y ellos lo guardaron hasta la mañana, según lo que Moisés había mandado, y no se agusanó, ni hedió.

25 Y dijo Moisés: Comedlo hoy, porque hoy es día de reposo * para Jehová; hoy no hallaréis en el campo.

26 Seis días lo recogeréis; mas el séptimo día es día de reposo; * en él no se hallará.

27 Y aconteció que algunos del pueblo salieron en el séptimo día a recoger, y no hallaron.

28 Y Jehová dijo a Móisés: ¿Hasta cuándo no querréis guardar mis mandamientos y mis leyes?

29 Mirad que Jehová os dio el día de reposo, * y por eso en el sexto día os da pan para dos días. Estése, pues, cada uno en su lugar, y nadie salga de él en el séptimo día.

30 Así el pueblo reposó el séptimo día.

31 Y la casa de Israel lo llamó Maná; f y era como semilla de culantro, blanco, y su sabor como de hojuelas con miel.

32 Y dijo Moisés: Esto es lo que Jehová ha mandado: Llenad un gomer de él, y guardadlo para vuestros descendientes, a fin de que vean el pan que yo os di a comer en el desierto, cuando yo os saqué de la tierra de Egipto.

33 Y dijo Moisés a Aarón: Toma una vasija y pon en ella un gomer de maná, y ponlo delante de Jehová, para que sea guardado para vuestros descendientes.

34 Y Aarón lo puso delante del Testimonio para guardarlo, como Jehová lo mandó a Moisés.

35 Así comieron los hijos de Israel maná cuarenta años, hasta que llegaron a tierra habitada; maná comieron hasta que llegaron a los límites de la tierra de Canaán.

36 Y un gomer es la décima parte de un efa.

15 When the Israelites saw it, they said to each other, "What is it?" For they did not know what it was.

Moses said to them, "It is the bread the LORD has given you to eat. 16 This is what the LORD has commanded: 'Each one is to gather as much as he needs. Take an omer f for each person you have in your tent.' "

17 The Israelites did as they were told; some gathered much, some little. 18 And when they measured it by the omer, he who gathered much did not have too much, and he who gathered little did not have too little. Each one gathered as much as he needed.

19 Then Moses said to them, "No one is to keep any of it until morning."

20 However, some of them paid no attention to Moses; they kept part of it until morning, but it was full of maggots and began to smell. So Moses was angry with them.

21 Each morning everyone gathered as much as he needed, and when the sun grew hot, it melted away. 22 On the sixth day, they gathered twice as much— two omers g for each person—and the leaders of the community came and reported this to Moses. 23 He said to them, "This is what the LORD commanded: 'Tomorrow is to be a day of rest, a holy Sabbath to the LORD. So bake what you want to bake and boil what you want to boil. Save whatever is left and keep it until morning.' "

24 So they saved it until morning, as Moses commanded, and it did not stink or get maggots in it. 25 "Eat it today," Moses said, "because today is a Sabbath to the LORD. You will not find any of it on the ground today. 26 Six days you are to gather it, but on the seventh day, the Sabbath, there will not be any."

27 Nevertheless, some of the people went out on the seventh day to gather it, but they found none. 28 Then the LORD said to Moses, "How long will you h refuse to keep my commands and my instructions? 29 Bear in mind that the LORD has given you the Sabbath; that is why on the sixth day he gives you bread for two days. Everyone is to stay where he is on the seventh day; no one is to go out." 30 So the people rested on the seventh day.

31 The people of Israel called the bread manna. i It was white like coriander seed and tasted like wafers made with honey. 32 Moses said, "This is what the LORD has commanded: 'Take an omer of manna and keep it for the generations to come, so they can see the bread I gave you to eat in the desert when I brought you out of Egypt.' "

33 So Moses said to Aaron, "Take a jar and put an omer of manna in it. Then place it before the LORD to be kept for the generations to come."

34 As the LORD commanded Moses, Aaron put the manna in front of the Testimony, that it might be kept. 35 The Israelites ate manna forty years, until they came to a land that was settled; they ate manna until they reached the border of Canaan.

36 (An omer is one tenth of an ephah.)

---

*Aquí equivale a *sábado*   fEsto es, *¿Qué es esto?*

f16 That is, probably about 2 quarts (about 2 liters); also in verses 18, 32, 33 and 36   g22 That is, probably about 4 quarts (about 4.5 liters)   h28 The Hebrew is plural.   i31 *Manna* means *What is it?* (see verse 15).

Agua de la roca

17 ¹Toda la congregación de los hijos de Israel partió del desierto de Sin por sus jornadas, conforme al mandamiento de Jehová, y acamparon en Refidim; y no había agua para que el pueblo bebiese.
²Y altercó el pueblo con Moisés, y dijeron: Danos agua para que bebamos. Y Moisés les dijo: ¿Por qué altercáis conmigo? ¿Por qué tentáis a Jehová?
³Así que el pueblo tuvo allí sed, y murmuró contra Moisés, y dijo: ¿Por qué nos hiciste subir de Egipto para matarnos de sed a nosotros, a nuestros hijos y a nuestros ganados?
⁴Entonces clamó Moisés a Jehová, diciendo: ¿Qué haré con este pueblo? De aquí a un poco me apedrearán.
⁵Y Jehová dijo a Moisés: Pasa delante del pueblo, y toma contigo de los ancianos de Israel; y toma también en tu mano tu vara con que golpeaste el río, y vé.
⁶He aquí que yo estaré delante de ti allí sobre la peña en Horeb; y golpearás la peña, y saldrán de ella aguas, y beberá el pueblo. Y Moisés lo hizo así en presencia de los ancianos de Israel.
⁷Y llamó el nombre de aquel lugar Masah*g* y Meriba,*h* por la rencilla de los hijos de Israel, y porque tentaron a Jehová, diciendo: ¿Está, pues, Jehová entre nosotros, o no?

Guerra con Amalec

⁸Entonces vino Amalec y peleó contra Israel en Refidim.
⁹Y dijo Moisés a Josué: Escógenos varones, y sal a pelear contra Amalec; mañana yo estaré sobre la cumbre del collado, y la vara de Dios en mi mano.
¹⁰E hizo Josué como le dijo Moisés, peleando contra Amalec; y Moisés y Aarón y Hur subieron a la cumbre del collado.
¹¹Y sucedía que cuando alzaba Moisés su mano, Israel prevalecía; mas cuando él bajaba su mano, prevalecía Amalec.
¹²Y las manos de Moisés se cansaban; por lo que tomaron una piedra, y la pusieron debajo de él, y se sentó sobre ella; y Aarón y Hur sostenían sus manos, el uno de un lado y el otro de otro; así hubo en sus manos firmeza hasta que se puso el sol.
¹³Y Josué deshizo a Amalec y a su pueblo a filo de espada.
¹⁴Y Jehová dijo a Moisés: Escribe esto para memoria en un libro, y dí a Josué que raeré del todo la memoria de Amalec de debajo del cielo.
¹⁵Y Moisés edificó un altar, y llamó su nombre Jehová-nisi;*i*
¹⁶y dijo: Por cuanto la mano de Amalec se levantó contra el trono de Jehová, Jehová tendrá guerra con Amalec de generación en generación.

Jetro visita a Moisés

18 ¹Oyó Jetro sacerdote de Madián, suegro de Moisés, todas las cosas que Dios había hecho con Moisés, y con Israel su pueblo, y cómo Jehová había sacado a Israel de Egipto.
²Y tomó Jetro suegro de Moisés a Séfora la mujer de Moisés, después que él la envió,
³y a sus dos hijos; el uno se llamaba Gersón, porque dijo: Forastero*j* he sido en tierra ajena;
⁴y el otro se llamaba Eliezer,*k* porque dijo: El Dios de mi

Water From the Rock

17 The whole Israelite community set out from the Desert of Sin, traveling from place to place as the Lᴏʀᴅ commanded. They camped at Rephidim, but there was no water for the people to drink. ²So they quarreled with Moses and said, "Give us water to drink."
Moses replied, "Why do you quarrel with me? Why do you put the Lᴏʀᴅ to the test?"
³But the people were thirsty for water there, and they grumbled against Moses. They said, "Why did you bring us up out of Egypt to make us and our children and livestock die of thirst?"
⁴Then Moses cried out to the Lᴏʀᴅ, "What am I to do with these people? They are almost ready to stone me."
⁵The Lᴏʀᴅ answered Moses, "Walk on ahead of the people. Take with you some of the elders of Israel and take in your hand the staff with which you struck the Nile, and go. ⁶I will stand there before you by the rock at Horeb. Strike the rock, and water will come out of it for the people to drink." So Moses did this in the sight of the elders of Israel. ⁷And he called the place Massah*j* and Meribah*k* because the Israelites quarreled and because they tested the Lᴏʀᴅ saying, "Is the Lᴏʀᴅ among us or not?"

The Amalekites Defeated

⁸The Amalekites came and attacked the Israelites at Rephidim. ⁹Moses said to Joshua, "Choose some of our men and go out to fight the Amalekites. Tomorrow I will stand on top of the hill with the staff of God in my hands."
¹⁰So Joshua fought the Amalekites as Moses had ordered, and Moses, Aaron and Hur went to the top of the hill. ¹¹As long as Moses held up his hands, the Israelites were winning, but whenever he lowered his hands, the Amalekites were winning. ¹²When Moses' hands grew tired, they took a stone and put it under him and he sat on it. Aaron and Hur held his hands up—one on one side, one on the other—so that his hands remained steady till sunset. ¹³So Joshua overcame the Amalekite army with the sword.
¹⁴Then the Lᴏʀᴅ said to Moses, "Write this on a scroll as something to be remembered and make sure that Joshua hears it, because I will completely blot out the memory of Amalek from under heaven."
¹⁵Moses built an altar and called it The Lᴏʀᴅ is my Banner. ¹⁶He said, "For hands were lifted up to the throne of the Lᴏʀᴅ. The*l* Lᴏʀᴅ will be at war against the Amalekites from generation to generation."

Jethro Visits Moses

18 Now Jethro, the priest of Midian and father-in-law of Moses, heard of everything God had done for Moses and for his people Israel, and how the Lᴏʀᴅ had brought Israel out of Egypt.
²After Moses had sent away his wife Zipporah, his father-in-law Jethro received her ³and her two sons. One son was named Gershom,*m* for Moses said, "I have become an alien in a foreign land"; ⁴and the other was named Eliezer,*n* for he said, "My father's God

---

j7 Massah means *testing.*   *k7 Meribah* means *quarreling.*
l16 Or *"Because a hand was against the throne of the Lᴏʀᴅ, the*
m3 Gershom sounds like the Hebrew for *an alien there.*
n4 Eliezer means *my God is helper.*

padre me ayudó, y me libró de la espada de Faraón.
5 Y Jetro el suegro de Moisés, con los hijos y la mujer de éste, vino a Moisés en el desierto, donde estaba acampado junto al monte de Dios;

6 y dijo a Moisés: Yo tu suegro Jetro vengo a ti, con tu mujer, y sus dos hijos con ella.

7 Y Moisés salió a recibir a su suegro, y se inclinó, y lo besó; y se preguntaron el uno al otro cómo estaban, y vinieron a la tienda.

8 Y Moisés contó a su suegro todas las cosas que Jehová había hecho a Faraón y a los egipcios por amor de Israel, y todo el trabajo que habían pasado en el camino, y cómo los había librado Jehová.

9 Y se alegró Jetro de todo el bien que Jehová había hecho a Israel, al haberlo librado de mano de los egipcios.

10 Y Jetro dijo: Bendito sea Jehová, que os libró de mano de los egipcios, y de la mano de Faraón, y que libró al pueblo de la mano de los egipcios.

11 Ahora conozco que Jehová es más grande que todos los dioses; porque en lo que se ensoberbecieron prevaleció contra ellos.

12 Y tomó Jetro, suegro de Moisés, holocaustos y sacrificios para Dios; y vino Aarón y todos los ancianos de Israel para comer con el suegro de Moisés delante de Dios.

Nombramiento de jueces

13 Aconteció que al día siguiente se sentó Moisés a juzgar al pueblo; y el pueblo estuvo delante de Moisés desde la mañana hasta la tarde.

14 Viendo el suegro de Moisés todo lo que él hacía con el pueblo, dijo: ¿Qué es esto que haces tú con el pueblo? ¿Por qué te sientas tú solo, y todo el pueblo está delante de ti desde la mañana hasta la tarde?

15 Y Moisés respondió a su suegro: Porque el pueblo viene a mí para consultar a Dios.

16 Cuando tienen asuntos, vienen a mí; y yo juzgo entre el uno y el otro, y declaro las ordenanzas de Dios y sus leyes.

17 Entonces el suegro de Moisés le dijo: No está bien lo que haces.

18 Desfallecerás del todo, tú, y también este pueblo que está contigo; porque el trabajo es demasiado pesado para ti; no podrás hacerlo tú solo.

19 Oye ahora mi voz; yo te aconsejaré, y Dios estará contigo. Está tú por el pueblo delante de Dios, y somete tú los asuntos a Dios.

20 Y enseña a ellos las ordenanzas y las leyes, y muéstrales el camino por donde deben andar, y lo que han de hacer.

21 Además escoge tú de entre todo el pueblo varones de virtud, temerosos de Dios, varones de verdad, que aborrezcan la avaricia; y ponlos sobre el pueblo por jefes de millares, de centenas, de cincuenta y de diez.

22 Ellos juzgarán al pueblo en todo tiempo; y todo asunto grave lo traerán a ti, y ellos juzgarán todo asunto pequeño. Así aliviarás la carga de sobre ti, y la llevarán ellos contigo.

23 Si esto hicieres, y Dios te lo mandare, tú podrás sostenerte, y también todo este pueblo irá en paz a su lugar.

24 Y oyó Moisés la voz de su suegro, e hizo todo lo que dijo.

25 Escogió Moisés varones de virtud de entre todo Israel, y los puso por jefes sobre el pueblo, sobre mil, sobre ciento, sobre cincuenta, y sobre diez.

26 Y juzgaban al pueblo en todo tiempo; el asunto difícil lo traían a Moisés, y ellos juzgaban todo asunto pequeño.

27 Y despidió Moisés a su suegro, y éste se fue a su tierra.

was my helper; he saved me from the sword of Pharaoh."

5 Jethro, Moses' father-in-law, together with Moses' sons and wife, came to him in the desert, where he was camped near the mountain of God. 6 Jethro had sent word to him, "I, your father-in-law Jethro, am coming to you with your wife and her two sons."

7 So Moses went out to meet his father-in-law and bowed down and kissed him. They greeted each other and then went into the tent. 8 Moses told his father-in-law about everything the LORD had done to Pharaoh and the Egyptians for Israel's sake and about all the hardships they had met along the way and how the LORD had saved them.

9 Jethro was delighted to hear about all the good things the LORD had done for Israel in rescuing them from the hand of the Egyptians. 10 He said, "Praise be to the LORD, who rescued you from the hand of the Egyptians and of Pharaoh, and who rescued the people from the hand of the Egyptians. 11 Now I know that the LORD is greater than all other gods, for he did this to those who had treated Israel arrogantly." 12 Then Jethro, Moses' father-in-law, brought a burnt offering and other sacrifices to God, and Aaron came with all the elders of Israel to eat bread with Moses' father-in-law in the presence of God.

13 The next day Moses took his seat to serve as judge for the people, and they stood around him from morning till evening. 14 When his father-in-law saw all that Moses was doing for the people, he said, "What is this you are doing for the people? Why do you alone sit as judge, while all these people stand around you from morning till evening?"

15 Moses answered him, "Because the people come to me to seek God's will. 16 Whenever they have a dispute, it is brought to me, and I decide between the parties and inform them of God's decrees and laws."

17 Moses' father-in-law replied, "What you are doing is not good. 18 You and these people who come to you will only wear yourselves out. The work is too heavy for you; you cannot handle it alone. 19 Listen now to me and I will give you some advice, and may God be with you. You must be the people's representative before God and bring their disputes to him. 20 Teach them the decrees and laws, and show them the way to live and the duties they are to perform. 21 But select capable men from all the people — men who fear God, trustworthy men who hate dishonest gain — and appoint them as officials over thousands, hundreds, fifties and tens. 22 Have them serve as judges for the people at all times, but have them bring every difficult case to you; the simple cases they can decide themselves. That will make your load lighter, because they will share it with you. 23 If you do this and God so commands, you will be able to stand the strain, and all these people will go home satisfied."

24 Moses listened to his father-in-law and did everything he said. 25 He chose capable men from all Israel and made them leaders of the people, officials over thousands, hundreds, fifties and tens. 26 They served as judges for the people at all times. The difficult cases they brought to Moses, but the simple ones they decided themselves.

27 Then Moses sent his father-in-law on his way, and Jethro returned to his own country.

Israel en Sinaí

19 1 En el mes tercero de la salida de los hijos de Israel
de la tierra de Egipto, en el mismo día llegaron al
desierto de Sinaí.
2 Habían salido de Refidim, y llegaron al desierto de Sinaí,
y acamparon en el desierto; y acampó allí Israel delante del
monte.
3 Y Moisés subió a Dios; y Jehová lo llamó desde el monte,
diciendo: Así dirás a la casa de Jacob, y anunciarás a los
hijos de Israel:
4 Vosotros visteis lo que hice a los egipcios, y cómo os tomé
sobre alas de águilas, y os he traído a mí.
5 Ahora, pues, si diereis oído a mi voz, y guardareis mi
pacto, vosotros seréis mi especial tesoro sobre todos los
pueblos; porque mía es toda la tierra.
6 Y vosotros me seréis un reino de sacerdotes, y gente
santa. Estas son las palabras que dirás a los hijos de Israel.
7 Entonces vino Moisés, y llamó a los ancianos del pueblo, y expuso en presencia de ellos todas estas palabras que
Jehová le había mandado.
8 Y todo el pueblo respondió a una, y dijeron: Todo lo que
Jehová ha dicho, haremos. Y Moisés refirió a Jehová las
palabras del pueblo.
9 Entonces Jehová dijo a Moisés: He aquí, yo vengo a ti en
una nube espesa, para que el pueblo oiga mientras yo hablo
contigo, y también para que te crean para siempre. Y
Moisés refirió las palabras del pueblo a Jehová.
10 Y Jehová dijo a Moisés: Vé al pueblo, y santifícalos hoy
y mañana; y laven sus vestidos,
11 y estén preparados para el día tercero, porque al tercer
día Jehová descenderá a ojos de todo el pueblo sobre el
monte de Sinaí.
12 Y señalarás término al pueblo en derredor, diciendo:
Guardaos, no subáis al monte, ni toquéis sus límites; cualquiera que tocare el monte, de seguro morirá.
13 No lo tocará mano, porque será apedreado o asaeteado;
sea animal o sea hombre, no vivirá. Cuando suene largamente la bocina, subirán al monte.
14 Y descendió Moisés del monte al pueblo, y santificó al
pueblo; y lavaron sus vestidos.
15 Y dijo al pueblo: Estad preparados para el tercer día; no
toquéis mujer.
16 Aconteció que al tercer día, cuando vino la mañana,
vinieron truenos y relámpagos, y espesa nube sobre el
monte, y sonido de bocina muy fuerte; y se estremeció
todo el pueblo que estaba en el campamento.
17 Y Moisés sacó del campamento al pueblo para recibir a
Dios; y se detuvieron al pie del monte.
18 Todo el monte Sinaí humeaba, porque Jehová había
descendido sobre él en fuego; y el humo subía como el
humo de un horno, y todo el monte se estremecía en gran
manera.
19 El sonido de la bocina iba aumentando en extremo;
Moisés hablaba, y Dios le respondía con voz tronante.
20 Y descendió Jehová sobre el monte Sinaí, sobre la cumbre del monte; y llamó Jehová a Moisés a la cumbre del
monte, y Moisés subió.
21 Y Jehová dijo a Moisés: Desciende, ordena al pueblo que
no traspase los límites para ver a Jehová, porque caerá
multitud de ellos.
22 Y también que se santifiquen los sacerdotes que se acercan a Jehová, para que Jehová no haga en ellos estrago.

At Mount Sinai

19 In the third month after the Israelites left
Egypt—on the very day—they came to the
Desert of Sinai. 2After they set out from Rephidim, they
entered the Desert of Sinai, and Israel camped there in
the desert in front of the mountain.
3Then Moses went up to God, and the LORD called
to him from the mountain and said, "This is what you
are to say to the house of Jacob and what you are to
tell the people of Israel: 4'You yourselves have seen
what I did to Egypt, and how I carried you on eagles'
wings and brought you to myself. 5Now if you obey me
fully and keep my covenant, then out of all nations you
will be my treasured possession. Although the whole
earth is mine, 6you[o] will be for me a kingdom of
priests and a holy nation.' These are the words you are
to speak to the Israelites."
7So Moses went back and summoned the elders of
the people and set before them all the words the LORD
had commanded him to speak. 8The people all responded together, "We will do everything the LORD
has said." So Moses brought their answer back to the
LORD.
9The LORD said to Moses, "I am going to come to
you in a dense cloud, so that the people will hear me
speaking with you and will always put their trust in
you." Then Moses told the LORD what the people had
said.
10And the LORD said to Moses, "Go to the people
and consecrate them today and tomorrow. Have them
wash their clothes 11and be ready by the third day,
because on that day the LORD will come down on
Mount Sinai in the sight of all the people. 12Put limits
for the people around the mountain and tell them, 'Be
careful that you do not go up the mountain or touch
the foot of it. Whoever touches the mountain shall
surely be put to death. 13He shall surely be stoned or
shot with arrows; not a hand is to be laid on him.
Whether man or animal, he shall not be permitted to
live.' Only when the ram's horn sounds a long blast
may they go up to the mountain."
14After Moses had gone down the mountain to the
people, he consecrated them, and they washed their
clothes. 15Then he said to the people, "Prepare yourselves for the third day. Abstain from sexual relations."
16On the morning of the third day there was thunder and lightning, with a thick cloud over the mountain, and a very loud trumpet blast. Everyone in the
camp trembled. 17Then Moses led the people out of
the camp to meet with God, and they stood at the foot
of the mountain. 18Mount Sinai was covered with
smoke, because the LORD descended on it in fire. The
smoke billowed up from it like smoke from a furnace,
the whole mountain[p] trembled violently, 19and the
sound of the trumpet grew louder and louder. Then
Moses spoke and the voice of God answered him.[q]
20The LORD descended to the top of Mount Sinai
and called Moses to the top of the mountain. So Moses
went up 21and the LORD said to him, "Go down and
warn the people so they do not force their way through
to see the LORD and many of them perish. 22Even the
priests, who approach the LORD, must consecrate
themselves, or the LORD will break out against them."

[o] 5,6 Or *possession, for the whole earth is mine.* [6]*You*
[p] 18 Most Hebrew manuscripts; a few Hebrew manuscripts and Septuagint *all the people* [q] 19 Or *and God answered him with thunder*

23 Moisés dijo a Jehová: El pueblo no podrá subir al monte Sinaí, porque tú nos has mandado diciendo: Señala límites al monte, y santifícalo.

24 Y Jehová le dijo: Vé, desciende, y subirás tú, y Aarón contigo; mas los sacerdotes y el pueblo no traspasen el límite para subir a Jehová, no sea que haga en ellos estrago.

25 Entonces Moisés descendió y se lo dijo al pueblo.

Los Diez Mandamientos

20 1 Y habló Dios todas estas palabras, diciendo: 2 Yo soy Jehová tu Dios, que te saqué de la tierra de Egipto, de casa de servidumbre.

3 No tendrás dioses ajenos delante de mí.

4 No te harás imagen, ni ninguna semejanza de lo que esté arriba en el cielo, ni abajo en la tierra, ni en las aguas debajo de la tierra.

5 No te inclinarás a ellas, ni las honrarás; porque yo soy Jehová tu Dios, fuerte, celoso, que visito la maldad de los padres sobre los hijos hasta la tercera y cuarta generación de los que me aborrecen,

6 y hago misericordia a millares, a los que me aman y guardan mis mandamientos.

7 No tomarás el nombre de Jehová tu Dios en vano; porque no dará por inocente Jehová al que tomare su nombre en vano.

8 Acuérdate del día de reposo * para santificarlo.

9 Seis días trabajarás, y harás toda tu obra;

10 mas el séptimo día es reposo * para Jehová tu Dios; no hagas en él obra alguna, tú, ni tu hijo, ni tu hija, ni tu siervo, ni tu criada, ni tu bestia, ni tu extranjero que está dentro de tus puertas.

11 Porque en seis días hizo Jehová los cielos y la tierra, el mar, y todas las cosas que en ellos hay, y reposó en el séptimo día; por tanto, Jehová bendijo el día de reposo * y lo santificó.

12 Honra a tu padre y a tu madre, para que tus días se alarguen en la tierra que Jehová tu Dios te da.

13 No matarás.

14 No cometerás adulterio.

15 No hurtarás.

16 No hablarás contra tu prójimo falso testimonio.

17 No codiciarás la casa de tu prójimo, no codiciarás la mujer de tu prójimo, ni su siervo, ni su criada, ni su buey, ni su asno, ni cosa alguna de tu prójimo.

El terror del pueblo

18 Todo el pueblo observaba el estruendo y los relámpagos, y el sonido de la bocina, y el monte que humeaba; y viéndolo el pueblo, temblaron, y se pusieron de lejos.

19 Y dijeron a Moisés: Habla tú con nosotros, y nosotros oiremos; pero no hable Dios con nosotros, para que no muramos.

20 Y Moisés respondió al pueblo: No temáis; porque para probaros vino Dios, y para que su temor esté delante de vosotros, para que no pequéis.

21 Entonces el pueblo estuvo a lo lejos, y Moisés se acercó a la oscuridad en la cual estaba Dios.

23 Moses said to the LORD, "The people cannot come up Mount Sinai, because you yourself warned us, 'Put limits around the mountain and set it apart as holy.' "

24 The LORD replied, "Go down and bring Aaron up with you. But the priests and the people must not force their way through to come up to the LORD, or he will break out against them."

25 So Moses went down to the people and told them.

The Ten Commandments

20 And God spoke all these words:

2 "I am the LORD your God, who brought you out of Egypt, out of the land of slavery.

3 "You shall have no other gods before r me.

4 "You shall not make for yourself an idol in the form of anything in heaven above or on the earth beneath or in the waters below. 5 You shall not bow down to them or worship them; for I, the LORD your God, am a jealous God, punishing the children for the sin of the fathers to the third and fourth generation of those who hate me, 6 but showing love to a thousand generations of those who love me and keep my commandments.

7 "You shall not misuse the name of the LORD your God, for the LORD will not hold anyone guiltless who misuses his name.

8 "Remember the Sabbath day by keeping it holy. 9 Six days you shall labor and do all your work, 10 but the seventh day is a Sabbath to the LORD your God. On it you shall not do any work, neither you, nor your son or daughter, nor your manservant or maidservant, nor your animals, nor the alien within your gates. 11 For in six days the LORD made the heavens and the earth, the sea, and all that is in them, but he rested on the seventh day. Therefore the LORD blessed the Sabbath day and made it holy.

12 "Honor your father and your mother, so that you may live long in the land the LORD your God is giving you.

13 "You shall not murder.

14 "You shall not commit adultery.

15 "You shall not steal.

16 "You shall not give false testimony against your neighbor.

17 "You shall not covet your neighbor's house. You shall not covet your neighbor's wife, or his manservant or maidservant, his ox or donkey, or anything that belongs to your neighbor."

18 When the people saw the thunder and lightning and heard the trumpet and saw the mountain in smoke, they trembled with fear. They stayed at a distance 19 and said to Moses, "Speak to us yourself and we will listen. But do not have God speak to us or we will die."

20 Moses said to the people, "Do not be afraid. God has come to test you, so that the fear of God will be with you to keep you from sinning."

21 The people remained at a distance, while Moses approached the thick darkness where God was.

---

*Aquí equivale a *sábado*

r3 Or *besides*

22 Y Jehová dijo a Moisés: Así dirás a los hijos de Israel: Vosotros habéis visto que he hablado desde el cielo con vosotros.

23 No hagáis conmigo dioses de plata, ni dioses de oro os haréis.

24 Altar de tierra harás para mí, y sacrificarás sobre él tus holocaustos y tus ofrendas de paz, tus ovejas y tus vacas; en todo lugar donde yo hiciere que esté la memoria de mi nombre, vendré a ti y te bendeciré.

25 Y si me hicieres altar de piedras, no las labres de cantería; porque si alzares herramienta sobre él, lo profanarás.

26 No subirás por gradas a mi altar, para que tu desnudez no se descubra junto a él.

Leyes sobre los esclavos

21 1 Estas son las leyes que les propondrás. 2 Si comprares siervo hebreo, seis años servirá; mas al séptimo saldrá libre, de balde.

3 Si entró solo, solo saldrá; si tenía mujer, saldrá él y su mujer con él.

4 Si su amo le hubiere dado mujer, y ella le diere hijos o hijas, la mujer y sus hijos serán de su amo, y él saldrá solo.

5 Y si el siervo dijere: Yo amo a mi señor, a mi mujer y a mis hijos, no saldré libre;

6 entonces su amo lo llevará ante los jueces, y le hará estar junto a la puerta o al poste; y su amo le horadará la oreja con lesna, y será su siervo para siempre.

7 Y cuando alguno vendiere su hija por sierva, no saldrá ella como suelen salir los siervos.

8 Si no agradare a su señor, por lo cual no la tomó por esposa, se le permitirá que se rescate, y no la podrá vender a pueblo extraño cuando la desechare.

9 Mas si la hubiere desposado con su hijo, hará con ella según la costumbre de las hijas.

10 Si tomare para él otra mujer, no disminuirá su alimento, ni su vestido, ni el deber conyugal.

11 Y si ninguna de estas tres cosas hiciere, ella saldrá de gracia, sin dinero.

Leyes sobre actos de violencia

12 El que hiriere a alguno, haciéndole así morir, él morirá.

13 Mas el que no pretendía herirlo, sino que Dios lo puso en sus manos, entonces yo te señalaré lugar al cual ha de huir.

14 Pero si alguno se ensoberbeciere contra su prójimo y lo matare con alevosía, de mi altar lo quitarás para que muera.

15 El que hiriere a su padre o a su madre, morirá.

16 Asimismo el que robare una persona y la vendiere, o si fuere hallada en sus manos, morirá.

17 Igualmente el que maldijere a su padre o a su madre, morirá.

18 Además, si algunos riñeren, y uno hiriere a su prójimo con piedra o con el puño, y éste no muriere, pero cayere en cama;

19 si se levantare y anduviere fuera sobre su báculo, entonces será absuelto el que lo hirió; solamente le satisfará por

Idols and Altars

22 Then the LORD said to Moses, "Tell the Israelites this: 'You have seen for yourselves that I have spoken to you from heaven: 23 Do not make any gods to be alongside me; do not make for yourselves gods of silver or gods of gold.

24 " 'Make an altar of earth for me and sacrifice on it your burnt offerings and fellowship offerings, *s* your sheep and goats and your cattle. Wherever I cause my name to be honored, I will come to you and bless you. 25 If you make an altar of stones for me, do not build it with dressed stones, for you will defile it if you use a tool on it. 26 And do not go up to my altar on steps, lest your nakedness be exposed on it.'

21 "These are the laws you are to set before them:

Hebrew Servants

2 "If you buy a Hebrew servant, he is to serve you for six years. But in the seventh year, he shall go free, without paying anything. 3 If he comes alone, he is to go free alone; but if he has a wife when he comes, she is to go with him. 4 If his master gives him a wife and she bears him sons or daughters, the woman and her children shall belong to her master, and only the man shall go free.

5 "But if the servant declares, 'I love my master and my wife and children and do not want to go free,' 6 then his master must take him before the judges. *t* He shall take him to the door or the doorpost and pierce his ear with an awl. Then he will be his servant for life.

7 "If a man sells his daughter as a servant, she is not to go free as menservants do. 8 If she does not please the master who has selected her for himself, *u* he must let her be redeemed. He has no right to sell her to foreigners, because he has broken faith with her. 9 If he selects her for his son, he must grant her the rights of a daughter. 10 If he marries another woman, he must not deprive the first one of her food, clothing and marital rights. 11 If he does not provide her with these three things, she is to go free, without any payment of money.

Personal Injuries

12 "Anyone who strikes a man and kills him shall surely be put to death. 13 However, if he does not do it intentionally, but God lets it happen, he is to flee to a place I will designate. 14 But if a man schemes and kills another man deliberately, take him away from my altar and put him to death.

15 "Anyone who attacks *v* his father or his mother must be put to death.

16 "Anyone who kidnaps another and either sells him or still has him when he is caught must be put to death.

17 "Anyone who curses his father or mother must be put to death.

18 "If men quarrel and one hits the other with a stone or with his fist *w* and he does not die but is confined to bed, 19 the one who struck the blow will not be held

---

s24 Traditionally *peace offerings*   *t6* Or *before God*   *u8* Or *master so that he does not choose her*   *v15* Or *kills*   *w18* Or *with a tool*

lo que estuvo sin trabajar, y hará que le curen.

20 Y si alguno hiriere a su siervo o a su sierva con palo, y muriere bajo su mano, será castigado;

21 mas si sobreviviere por un día o dos, no será castigado, porque es de su propiedad.

22 Si algunos riñeren, e hirieren a mujer embarazada, y ésta abortare, pero sin haber muerte, serán penados conforme a lo que les impusiere el marido de la mujer y juzgaren los jueces.

23 Mas si hubiere muerte, entonces pagarás vida por vida,

24 ojo por ojo, diente por diente, mano por mano, pie por pie,

25 quemadura por quemadura, herida por herida, golpe por golpe.

Leyes sobre responsabilidades de amos y dueños

26 Si alguno hiriere el ojo de su siervo, o el ojo de su sierva, y lo dañare, le dará libertad por razón de su ojo.

27 Y si hiciere saltar un diente de su siervo, o un diente de su sierva, por su diente le dejará ir libre.

28 Si un buey acorneare a hombre o a mujer, y a causa de ello muriere, el buey será apedreado, y no será comida su carne; mas el dueño del buey será absuelto.

29 Pero si el buey fuere acorneador desde tiempo atrás, y a su dueño se le hubiere notificado, y no lo hubiere guardado, y matare a hombre o mujer, el buey será apedreado, y también morirá su dueño.

30 Si le fuere impuesto precio de rescate, entonces dará por el rescate de su persona cuanto le fuere impuesto.

31 Haya acorneado a hijo, o haya acorneado a hija, conforme a este juicio se hará con él.

32 Si el buey acorneare a un siervo o a una sierva, pagará su dueño treinta siclos de plata, y el buey será apedreado.

33 Y si alguno abriere un pozo, o cavare cisterna, y no la cubriere, y cayere allí buey o asno,

34 el dueño de la cisterna pagará el daño, resarciendo a su dueño, y lo que fue muerto será suyo.

35 Y si el buey de alguno hiriere al buey de su prójimo de modo que muriere, entonces venderán el buey vivo y partirán el dinero de él, y también partirán el buey muerto.

36 Mas si era notorio que el buey era acorneador desde tiempo atrás, y su dueño no lo hubiere guardado, pagará buey por buey, y el buey muerto será suyo.

Leyes sobre la restitución

22 1 Cuando alguno hurtare buey u oveja, y lo degollare o vendiere, por aquel buey pagará cinco bueyes, y por aquella oveja cuatro ovejas.

2 Si el ladrón fuere hallado forzando una casa, y fuere herido y muriere, el que lo hirió no será culpado de su muerte.

3 Pero si fuere de día, el autor de la muerte será reo de homicidio. El ladrón hará completa restitución; si no tuviere con qué, será vendido por su hurto.

4 Si fuere hallado con el hurto en la mano, vivo, sea buey o asno u oveja, pagará el doble.

5 Si alguno hiciere pastar en campo o viña, y metiere su bestia en campo de otro, de lo mejor de su campo y de lo mejor de su viña pagará.

---

responsible if the other gets up and walks around outside with his staff; however, he must pay the injured man for the loss of his time and see that he is completely healed.

20 "If a man beats his male or female slave with a rod and the slave dies as a direct result, he must be punished, 21 but he is not to be punished if the slave gets up after a day or two, since the slave is his property.

22 "If men who are fighting hit a pregnant woman and she gives birth prematurely x but there is no serious injury, the offender must be fined whatever the woman's husband demands and the court allows. 23 But if there is serious injury, you are to take life for life, 24 eye for eye, tooth for tooth, hand for hand, foot for foot, 25 burn for burn, wound for wound, bruise for bruise.

26 "If a man hits a manservant or maidservant in the eye and destroys it, he must let the servant go free to compensate for the eye. 27 And if he knocks out the tooth of a manservant or maidservant, he must let the servant go free to compensate for the tooth.

28 "If a bull gores a man or a woman to death, the bull must be stoned to death, and its meat must not be eaten. But the owner of the bull will not be held responsible. 29 If, however, the bull has had the habit of goring and the owner has been warned but has not kept it penned up and it kills a man or woman, the bull must be stoned and the owner also must be put to death. 30 However, if payment is demanded of him, he may redeem his life by paying whatever is demanded. 31 This law also applies if the bull gores a son or daughter. 32 If the bull gores a male or female slave, the owner must pay thirty shekels y of silver to the master of the slave, and the bull must be stoned.

33 "If a man uncovers a pit or digs one and fails to cover it and an ox or a donkey falls into it, 34 the owner of the pit must pay for the loss; he must pay its owner, and the dead animal will be his.

35 "If a man's bull injures the bull of another and it dies, they are to sell the live one and divide both the money and the dead animal equally. 36 However, if it was known that the bull had the habit of goring, yet the owner did not keep it penned up, the owner must pay, animal for animal, and the dead animal will be his.

Protection of Property

22 "If a man steals an ox or a sheep and slaughters it or sells it, he must pay back five head of cattle for the ox and four sheep for the sheep.

2 "If a thief is caught breaking in and is struck so that he dies, the defender is not guilty of bloodshed; 3 but if it happens z after sunrise, he is guilty of bloodshed.

"A thief must certainly make restitution, but if he has nothing, he must be sold to pay for his theft.

4 "If the stolen animal is found alive in his possession—whether ox or donkey or sheep—he must pay back double.

5 "If a man grazes his livestock in a field or vineyard and lets them stray and they graze in another man's field, he must make restitution from the best of his own field or vineyard.

---

x22 Or *she has a miscarriage*   y32 That is, about 12 ounces (about 0.3 kilogram)   z3 Or *if he strikes him*

6 Cuando se prendiere fuego, y al quemar espinos quemare mieses amontonadas o en pie, o campo, el que encendió el fuego pagará lo quemado.

7 Cuando alguno diere a su prójimo plata o alhajas a guardar, y fuere hurtado de la casa de aquel hombre, si el ladrón fuere hallado, pagará el doble.

8 Si el ladrón no fuere hallado, entonces el dueño de la casa será presentado a los jueces, para que se vea si ha metido su mano en los bienes de su prójimo.

9 En toda clase de fraude, sobre buey, sobre asno, sobre oveja, sobre vestido, sobre toda cosa perdida, cuando alguno dijere: Esto es mío, la causa de ambos vendrá delante de los jueces; y el que los jueces condenaren, pagará el doble a su prójimo.

10 Si alguno hubiere dado a su prójimo asno, o buey, u oveja, o cualquier otro animal a guardar, y éste muriere o fuere estropeado, o fuere llevado sin verlo nadie;

11 juramento de Jehová habrá entre ambos, de que no metió su mano a los bienes de su prójimo; y su dueño lo aceptará, y el otro no pagará.

12 Mas si le hubiere sido hurtado, resarcirá a su dueño.

13 Y si le hubiere sido arrebatado por fiera, le traerá testimonio, y no pagará lo arrebatado.

14 Pero si alguno hubiere tomado prestada bestia de su prójimo, y fuere estropeada o muerta, estando ausente su dueño, deberá pagarla.

15 Si el dueño estaba presente, no la pagará. Si era alquilada, reciba el dueño el alquiler.

Leyes humanitarias

16 Si alguno engañare a una doncella que no fuere desposada, y durmiere con ella, deberá dotarla y tomarla por mujer.

17 Si su padre no quisiere dársela, él le pesará plata conforme a la dote de las vírgenes.

18 A la hechicera no dejarás que viva.

19 Cualquiera que cohabitare con bestia, morirá.

20 El que ofreciere sacrificio a dioses excepto solamente a Jehová, será muerto.

21 Y al extranjero no engañarás ni angustiarás, porque extranjeros fuisteis vosotros en la tierra de Egipto.

22 A ninguna viuda ni huérfano afligiréis.

23 Porque si tú llegas a afligirles, y ellos clamaren a mí, ciertamente oiré yo su clamor;

24 y mi furor se encenderá, y os mataré a espada, y vuestras mujeres serán viudas, y huérfanos vuestros hijos.

25 Cuando prestares dinero a uno de mi pueblo, al pobre que está contigo, no te portarás con él como logrero, ni le impondrás usura.

26 Si tomares en prenda el vestido de tu prójimo, a la puesta del sol se lo devolverás.

27 Porque sólo eso es su cubierta, es su vestido para cubrir su cuerpo. ¿En qué dormirá? Y cuando él clamare a mí, yo le oiré, porque soy misericordioso.

28 No injuriarás a los jueces,ᶦ ni maldecirás al príncipe de tu pueblo.

6 "If a fire breaks out and spreads into thornbushes so that it burns shocks of grain or standing grain or the whole field, the one who started the fire must make restitution.

7 "If a man gives his neighbor silver or goods for safekeeping and they are stolen from the neighbor's house, the thief, if he is caught, must pay back double.

8 But if the thief is not found, the owner of the house must appear before the judges[a] to determine whether he has laid his hands on the other man's property. 9 In all cases of illegal possession of an ox, a donkey, a sheep, a garment, or any other lost property about which somebody says, 'This is mine,' both parties are to bring their cases before the judges. The one whom the judges declare[b] guilty must pay back double to his neighbor.

10 "If a man gives a donkey, an ox, a sheep or any other animal to his neighbor for safekeeping and it dies or is injured or is taken away while no one is looking, 11 the issue between them will be settled by the taking of an oath before the LORD that the neighbor did not lay hands on the other person's property. The owner is to accept this, and no restitution is required. 12 But if the animal was stolen from the neighbor, he must make restitution to the owner. 13 If it was torn to pieces by a wild animal, he shall bring in the remains as evidence and he will not be required to pay for the torn animal.

14 "If a man borrows an animal from his neighbor and it is injured or dies while the owner is not present, he must make restitution. 15 But if the owner is with the animal, the borrower will not have to pay. If the animal was hired, the money paid for the hire covers the loss.

Social Responsibility

16 "If a man seduces a virgin who is not pledged to be married and sleeps with her, he must pay the bride-price, and she shall be his wife. 17 If her father absolutely refuses to give her to him, he must still pay the bride-price for virgins.

18 "Do not allow a sorceress to live.

19 "Anyone who has sexual relations with an animal must be put to death.

20 "Whoever sacrifices to any god other than the LORD must be destroyed.[c]

21 "Do not mistreat an alien or oppress him, for you were aliens in Egypt.

22 "Do not take advantage of a widow or an orphan. 23 If you do and they cry out to me, I will certainly hear their cry. 24 My anger will be aroused, and I will kill you with the sword; your wives will become widows and your children fatherless.

25 "If you lend money to one of my people among you who is needy, do not be like a moneylender; charge him no interest.[d] 26 If you take your neighbor's cloak as a pledge, return it to him by sunset, 27 because his cloak is the only covering he has for his body. What else will he sleep in? When he cries out to me, I will hear, for I am compassionate.

28 "Do not blaspheme God[e] or curse the ruler of your people.

ᵃ8 Or *before God*; also in verse 9   ᵇ9 Or *whom God declares*
ᶜ20 The Hebrew term refers to the irrevocable giving over of things or persons to the LORD, often by totally destroying them.
ᵈ25 Or *excessive interest*   ᵉ28 Or *Do not revile the judges*

ᶦO, *a Dios.*

29 No demorarás la primicia de tu cosecha ni de tu lagar. Me darás el primogénito de tus hijos.

30 Lo mismo harás con el de tu buey y de tu oveja; siete días estará con su madre, y al octavo día me lo darás.

31 Y me seréis varones santos. No comeréis carne destrozada por las fieras en el campo; a los perros la echaréis.

23

1 No admitirás falso rumor. No te concertarás con el impío para ser testigo falso.

2 No seguirás a los muchos para hacer mal, ni responderás en litigio inclinándote a los más para hacer agravios; 3 ni al pobre distinguirás en su causa.

4 Si encontrares el buey de tu enemigo o su asno extraviado, vuelve a llevárselo.

5 Si vieres el asno del que te aborrece caído debajo de su carga, ¿le dejarás sin ayuda? Antes bien le ayudarás a levantarlo.

6 No pervertirás el derecho de tu mendigo en su pleito. 7 De palabra de mentira te alejarás, y no matarás al inocente y justo; porque yo no justificaré al impío.

8 No recibirás presente; porque el presente ciega a los que ven, y pervierte las palabras de los justos.

9 Y no angustiarás al extranjero; porque vosotros sabéis cómo es el alma del extranjero, ya que extranjeros fuisteis en la tierra de Egipto.

10 Seis años sembrarás tu tierra, y recogerás su cosecha; 11 mas el séptimo año la dejarás libre, para que coman los pobres de tu pueblo; y de lo que quedare comerán las bestias del campo; así harás con tu viña y con tu olivar.

12 Seis días trabajarás, y al séptimo día reposarás, para que descanse tu buey y tu asno, y tome refrigerio el hijo de tu sierva, y el extranjero.

13 Y todo lo que os he dicho, guardadlo. Y nombre de otros dioses no mentaréis, ni se oirá de vuestra boca.

Las tres fiestas anuales

14 Tres veces en el año me celebraréis fiesta.

15 La fiesta de los panes sin levadura guardarás. Siete días comerás los panes sin levadura, como yo te mandé, en el tiempo del mes de Abib, porque en él saliste de Egipto; y ninguno se presentará delante de mí con las manos vacías.

16 También la fiesta de la siega, los primeros frutos de tus labores, que hubieres sembrado en el campo, y la fiesta de la cosecha a la salida del año, cuando hayas recogido los frutos de tus labores del campo.

17 Tres veces en el año se presentará todo varón delante de Jehová el Señor.

18 No ofrecerás con pan leudo la sangre de mi sacrificio, ni la grosura de mi víctima quedará de la noche hasta la mañana.

29 "Do not hold back offerings from your granaries or your vats.*f*

"You must give me the firstborn of your sons. 30 Do the same with your cattle and your sheep. Let them stay with their mothers for seven days, but give them to me on the eighth day.

31 "You are to be my holy people. So do not eat the meat of an animal torn by wild beasts; throw it to the dogs.

Laws of Justice and Mercy

23

"Do not spread false reports. Do not help a wicked man by being a malicious witness.

2 "Do not follow the crowd in doing wrong. When you give testimony in a lawsuit, do not pervert justice by siding with the crowd, 3 and do not show favoritism to a poor man in his lawsuit.

4 "If you come across your enemy's ox or donkey wandering off, be sure to take it back to him. 5 If you see the donkey of someone who hates you fallen down under its load, do not leave it there; be sure you help him with it.

6 "Do not deny justice to your poor people in their lawsuits. 7 Have nothing to do with a false charge and do not put an innocent or honest person to death, for I will not acquit the guilty.

8 "Do not accept a bribe, for a bribe blinds those who see and twists the words of the righteous.

9 "Do not oppress an alien; you yourselves know how it feels to be aliens, because you were aliens in Egypt.

Sabbath Laws

10 "For six years you are to sow your fields and harvest the crops, 11 but during the seventh year let the land lie unplowed and unused. Then the poor among your people may get food from it, and the wild animals may eat what they leave. Do the same with your vineyard and your olive grove.

12 "Six days do your work, but on the seventh day do not work, so that your ox and your donkey may rest and the slave born in your household, and the alien as well, may be refreshed.

13 "Be careful to do everything I have said to you. Do not invoke the names of other gods; do not let them be heard on your lips.

The Three Annual Festivals

14 "Three times a year you are to celebrate a festival to me.

15 "Celebrate the Feast of Unleavened Bread; for seven days eat bread made without yeast, as I commanded you. Do this at the appointed time in the month of Abib, for in that month you came out of Egypt.

"No one is to appear before me empty-handed.

16 "Celebrate the Feast of Harvest with the firstfruits of the crops you sow in your field.

"Celebrate the Feast of Ingathering at the end of the year, when you gather in your crops from the field.

17 "Three times a year all the men are to appear before the Sovereign LORD.

18 "Do not offer the blood of a sacrifice to me along with anything containing yeast.

"The fat of my festival offerings must not be kept until morning.

---

f29 The meaning of the Hebrew for this phrase is uncertain.

¹⁹ Las primicias de los primeros frutos de tu tierra traerás a la casa de Jehová tu Dios. No guisarás el cabrito en la leche de su madre.

El Angel de Jehová enviado
para guiar a Israel

²⁰ He aquí yo envío mi Angel delante de ti para que te guarde en el camino, y te introduzca en el lugar que yo he preparado.

²¹ Guárdate delante de él, y oye su voz; no le seas rebelde; porque él no perdonará vuestra rebelión, porque mi nombre está en él.

²² Pero si en verdad oyeres su voz e hicieres todo lo que yo te dijere, seré enemigo de tus enemigos, y afligiré a los que te afligieren.

²³ Porque mi Angel irá delante de ti, y te llevará a la tierra del amorreo, del heteo, del ferezeo, del cananeo, del heveo y del jebuseo, a los cuales yo haré destruir.

²⁴ No te inclinarás a sus dioses, ni los servirás, ni harás como ellos hacen; antes los destruirás del todo, y quebrarás totalmente sus estatuas.

²⁵ Mas a Jehová vuestro Dios serviréis y él bendecirá tu pan y tus aguas; y yo quitaré toda enfermedad de en medio de ti.

²⁶ No habrá mujer que aborte, ni estéril en tu tierra; y yo completaré el número de tus días.

²⁷ Yo enviaré mi terror delante de ti, y consternaré a todo pueblo donde entres, y te daré la cerviz de todos tus enemigos.

²⁸ Enviaré delante de ti la avispa, que eche fuera al heveo, al cananeo y al heteo, de delante de ti.

²⁹ No los echaré de delante de ti en un año, para que no quede la tierra desierta, y se aumenten contra ti las fieras del campo.

³⁰ Poco a poco los echaré de delante de ti, hasta que te multipliques y tomes posesión de la tierra.

³¹ Y fijaré tus límites desde el Mar Rojo hasta el mar de los filisteos, y desde el desierto hasta el Eufrates; porque pondré en tus manos a los moradores de la tierra, y tú los echarás de delante de ti.

³² No harás alianza con ellos, ni con sus dioses.

³³ En tu tierra no habitarán, no sea que te hagan pecar contra mí sirviendo a sus dioses, porque te será tropiezo.

Moisés y los ancianos en el Monte Sinaí

24 ¹ Dijo Jehová a Moisés: Sube ante Jehová, tú, y Aarón, Nadab, y Abiú, y setenta de los ancianos de Israel; y os inclinaréis desde lejos.

² Pero Moisés solo se acercará a Jehová; y ellos no se acerquen, ni suba el pueblo con él.

³ Y Moisés vino y contó al pueblo todas las palabras de Jehová, y todas las leyes; y todo el pueblo respondió a una voz, y dijo: Haremos todas las palabras que Jehová ha dicho.

⁴ Y Moisés escribió todas las palabras de Jehová, y levantándose de mañana edificó un altar al pie del monte, y doce columnas, según las doce tribus de Israel.

⁵ Y envió jóvenes de los hijos de Israel, los cuales ofrecieron holocaustos y becerros como sacrificios de paz a Jehová.

⁶ Y Moisés tomó la mitad de la sangre, y la puso en tazones, y esparció la otra mitad de la sangre sobre el altar.

⁷ Y tomó el libro del pacto y lo leyó a oídos del pueblo, el

¹⁹ "Bring the best of the firstfruits of your soil to the house of the LORD your God.

"Do not cook a young goat in its mother's milk.

God's Angel to Prepare the Way

²⁰ "See, I am sending an angel ahead of you to guard you along the way and to bring you to the place I have prepared. ²¹ Pay attention to him and listen to what he says. Do not rebel against him; he will not forgive your rebellion, since my Name is in him. ²² If you listen carefully to what he says and do all that I say, I will be an enemy to your enemies and will oppose those who oppose you. ²³ My angel will go ahead of you and bring you into the land of the Amorites, Hittites, Perizzites, Canaanites, Hivites and Jebusites, and I will wipe them out. ²⁴ Do not bow down before their gods or worship them or follow their practices. You must demolish them and break their sacred stones to pieces. ²⁵ Worship the LORD your God, and his blessing will be on your food and water. I will take away sickness from among you, ²⁶ and none will miscarry or be barren in your land. I will give you a full life span.

²⁷ "I will send my terror ahead of you and throw into confusion every nation you encounter. I will make all your enemies turn their backs and run. ²⁸ I will send the hornet ahead of you to drive the Hivites, Canaanites and Hittites out of your way. ²⁹ But I will not drive them out in a single year, because the land would become desolate and the wild animals too numerous for you. ³⁰ Little by little I will drive them out before you, until you have increased enough to take possession of the land.

³¹ "I will establish your borders from the Red Sea g to the Sea of the Philistines, h and from the desert to the River. i I will hand over to you the people who live in the land and you will drive them out before you. ³² Do not make a covenant with them or with their gods. ³³ Do not let them live in your land, or they will cause you to sin against me, because the worship of their gods will certainly be a snare to you."

The Covenant Confirmed

24 Then he said to Moses, "Come up to the LORD, you and Aaron, Nadab and Abihu, and seventy of the elders of Israel. You are to worship at a distance, ²but Moses alone is to approach the LORD; the others must not come near. And the people may not come up with him."

³ When Moses went and told the people all the LORD's words and laws, they responded with one voice, "Everything the LORD has said we will do." ⁴ Moses then wrote down everything the LORD had said.

He got up early the next morning and built an altar at the foot of the mountain and set up twelve stone pillars representing the twelve tribes of Israel. ⁵ Then he sent young Israelite men, and they offered burnt offerings and sacrificed young bulls as fellowship offerings j to the LORD. ⁶ Moses took half of the blood and put it in bowls, and the other half he sprinkled on the altar. ⁷ Then he took the Book of the Covenant and

---

g31 Hebrew *Yam Suph*; that is, Sea of Reeds　　*h31* That is, the Mediterranean　　*i31* That is, the Euphrates　　*j5* Traditionally *peace offerings*

cual dijo: Haremos todas las cosas que Jehová ha dicho, y obedeceremos.

8 Entonces Moisés tomó la sangre y roció sobre el pueblo, y dijo: He aquí la sangre del pacto que Jehová ha hecho con vosotros sobre todas estas cosas.

9 Y subieron Moisés y Aarón, Nadab y Abiú, y setenta de los ancianos de Israel;

10 y vieron al Dios de Israel; y había debajo de sus pies como un embaldosado de zafiro, semejante al cielo cuando está sereno.

11 Mas no extendió su mano sobre los príncipes de los hijos de Israel; y vieron a Dios, y comieron y bebieron.

12 Entonces Jehová dijo a Moisés: Sube a mí al monte, y espera allá, y te daré tablas de piedra, y la ley, y mandamientos que he escrito para enseñarles.

13 Y se levantó Moisés con Josué su servidor, y Moisés subió al monte de Dios.

14 Y dijo a los ancianos: Esperadnos aquí hasta que volvamos a vosotros; y he aquí Aarón y Hur están con vosotros; el que tuviere asuntos, acuda a ellos.

15 Entonces Moisés subió al monte, y una nube cubrió el monte.

16 Y la gloria de Jehová reposó sobre el monte Sinaí, y la nube lo cubrió por seis días; y al séptimo día llamó a Moisés de en medio de la nube.

17 Y la apariencia de la gloria de Jehová era como un fuego abrasador en la cumbre del monte, a los ojos de los hijos de Israel.

18 Y entró Moisés en medio de la nube, y subió al monte; y estuvo Moisés en el monte cuarenta días y cuarenta noches.

La ofrenda para el tabernáculo

25 1 Jehová habló a Móisés, diciendo: 2 Dí a los hijos de Israel que tomen para mí ofrenda; de todo varón que la diere de su voluntad, de corazón, tomaréis mi ofrenda.

3 Esta es la ofrenda que tomaréis de ellos: oro, plata, cobre,
4 azul, púrpura, carmesí, lino fino, pelo de cabras,
5 pieles de carneros teñidas de rojo, pieles de tejones, madera de acacia,
6 aceite para el alumbrado, especias para el aceite de la unción y para el incienso aromático,
7 piedras de ónice, y piedras de engaste para el efod y para el pectoral.
8 Y harán un santuario para mí, y habitaré en medio de ellos.
9 Conforme a todo lo que yo te muestre, el diseño del tabernáculo, y el diseño de todos sus utensilios, así lo haréis.

El arca del testimonio

10 Harán también un arca de madera de acacia, cuya longitud será de dos codos y medio, su anchura de codo y medio, y su altura de codo y medio.

11 Y la cubrirás de oro puro por dentro y por fuera, y harás sobre ella una cornisa de oro alrededor.

12 Fundirás para ella cuatro anillos de oro, que pondrás en sus cuatro esquinas; dos anillos a un lado de ella, y dos anillos al otro lado.

13 Harás unas varas de madera de acacia, las cuales cubrirás de oro.

14 Y meterás las varas por los anillos a los lados del arca, para llevar el arca con ellas.

15 Las varas quedarán en los anillos del arca; no se quitarán de ella.

16 Y pondrás en el arca el testimonio que yo te daré.

read it to the people. They responded, "We will do everything the Lord has said; we will obey."

8 Moses then took the blood, sprinkled it on the people and said, "This is the blood of the covenant that the Lord has made with you in accordance with all these words."

9 Moses and Aaron, Nadab and Abihu, and the seventy elders of Israel went up 10 and saw the God of Israel. Under his feet was something like a pavement made of sapphire, k clear as the sky itself. 11 But God did not raise his hand against these leaders of the Israelites; they saw God, and they ate and drank.

12 The Lord said to Moses, "Come up to me on the mountain and stay here, and I will give you the tablets of stone, with the law and commands I have written for their instruction."

13 Then Moses set out with Joshua his aide, and Moses went up on the mountain of God. 14 He said to the elders, "Wait here for us until we come back to you. Aaron and Hur are with you, and anyone involved in a dispute can go to them."

15 When Moses went up on the mountain, the cloud covered it, 16 and the glory of the Lord settled on Mount Sinai. For six days the cloud covered the mountain, and on the seventh day the Lord called to Moses from within the cloud. 17 To the Israelites the glory of the Lord looked like a consuming fire on top of the mountain. 18 Then Moses entered the cloud as he went on up the mountain. And he stayed on the mountain forty days and forty nights.

Offerings for the Tabernacle

25 The Lord said to Moses, 2 "Tell the Israelites to bring me an offering. You are to receive the offering for me from each man whose heart prompts him to give. 3 These are the offerings you are to receive from them: gold, silver and bronze; 4 blue, purple and scarlet yarn and fine linen; goat hair; 5 ram skins dyed red and hides of sea cows l; acacia wood; 6 olive oil for the light; spices for the anointing oil and for the fragrant incense; 7 and onyx stones and other gems to be mounted on the ephod and breastpiece.

8 "Then have them make a sanctuary for me, and I will dwell among them. 9 Make this tabernacle and all its furnishings exactly like the pattern I will show you.

The Ark

10 "Have them make a chest of acacia wood — two and a half cubits long, a cubit and a half wide, and a cubit and a half high. m 11 Overlay it with pure gold, both inside and out, and make a gold molding around it. 12 Cast four gold rings for it and fasten them to its four feet, with two rings on one side and two rings on the other. 13 Then make poles of acacia wood and overlay them with gold. 14 Insert the poles into the rings on the sides of the chest to carry it. 15 The poles are to remain in the rings of this ark; they are not to be removed. 16 Then put in the ark the Testimony, which I will give you.

---

k 10 Or *lapis lazuli*　　l 5 That is, dugongs　　m 10 That is, about 3 3/4 feet (about 1.1 meters) long and 2 1/4 feet (about 0.7 meter) wide and high

17 Y harás un propiciatorio de oro fino, cuya longitud será de dos codos y medio, y su anchura de codo y medio.
18 Harás también dos querubines de oro; labrados a martillo los harás en los dos extremos del propiciatorio.
19 Harás, pues, un querubín en un extremo, y un querubín en el otro extremo; de una pieza con el propiciatorio harás los querubines en sus dos extremos.
20 Y los querubines extenderán por encima las alas, cubriendo con sus alas el propiciatorio; sus rostros el uno enfrente del otro, mirando al propiciatorio los rostros de los querubines.
21 Y pondrás el propiciatorio encima del arca, y en el arca pondrás el testimonio que yo te daré.
22 Y de allí me declararé a ti, y hablaré contigo de sobre el propiciatorio, de entre los dos querubines que están sobre el arca del testimonio, todo lo que yo te mandare para los hijos de Israel.

La mesa para el pan de la proposición

23 Harás asimismo una mesa de madera de acacia; su longitud será de dos codos, y de un codo su anchura, y su altura de codo y medio.
24 Y la cubrirás de oro puro, y le harás una cornisa de oro alrededor.
25 Le harás también una moldura alrededor, de un palmo menor de anchura, y harás a la moldura una cornisa de oro alrededor.
26 Y le harás cuatro anillos de oro, los cuales pondrás en las cuatro esquinas que corresponden a sus cuatro patas.
27 Los anillos estarán debajo de la moldura, para lugares de las varas para llevar la mesa.
28 Harás las varas de madera de acacia, y las cubrirás de oro, y con ellas será llevada la mesa.
29 Harás también sus platos, sus cucharas, sus cubiertas y sus tazones, con que se libará; de oro fino los harás.
30 Y pondrás sobre la mesa el pan de la proposición delante de mí continuamente.

El candelero de oro

31 Harás además un candelero de oro puro; labrado a martillo se hará el candelero; su pie, su caña, sus copas, sus manzanas y sus flores, serán de lo mismo.
32 Y saldrán seis brazos de sus lados; tres brazos del candelero a un lado, y tres brazos al otro lado.
33 Tres copas en forma de flor de almendro en un brazo, una manzana y una flor; y tres copas en forma de flor de almendro en otro brazo, una manzana y una flor; así en los seis brazos que salen del candelero;
34 y en la caña central del candelero cuatro copas en forma de flor de almendro, sus manzanas y sus flores.
35 Habrá una manzana debajo de dos brazos del mismo, otra manzana debajo de otros dos brazos del mismo, y otra manzana debajo de los otros dos brazos del mismo, así para los seis brazos que salen del candelero.
36 Sus manzanas y sus brazos serán de una pieza, todo ello una pieza labrada a martillo, de oro puro.
37 Y le harás siete lamparillas, las cuales encenderás para que alumbren hacia adelante.
38 También sus despabiladeras y sus platillos, de oro puro.
39 De un talento de oro fino lo harás, con todos estos utensilios.
40 Mira y hazlos conforme al modelo que te ha sido mostrado en el monte.

17 "Make an atonement cover[n] of pure gold — two and a half cubits long and a cubit and a half wide.[o] 18 And make two cherubim out of hammered gold at the ends of the cover. 19 Make one cherub on one end and the second cherub on the other; make the cherubim of one piece with the cover, at the two ends. 20 The cherubim are to have their wings spread upward, overshadowing the cover with them. The cherubim are to face each other, looking toward the cover. 21 Place the cover on top of the ark and put in the ark the Testimony, which I will give you. 22 There, above the cover between the two cherubim that are over the ark of the Testimony, I will meet with you and give you all my commands for the Israelites.

The Table

23 "Make a table of acacia wood — two cubits long, a cubit wide and a cubit and a half high.[p] 24 Overlay it with pure gold and make a gold molding around it. 25 Also make around it a rim a handbreadth[q] wide and put a gold molding on the rim. 26 Make four gold rings for the table and fasten them to the four corners, where the four legs are. 27 The rings are to be close to the rim to hold the poles used in carrying the table. 28 Make the poles of acacia wood, overlay them with gold and carry the table with them. 29 And make its plates and dishes of pure gold, as well as its pitchers and bowls for the pouring out of offerings. 30 Put the bread of the Presence on this table to be before me at all times.

The Lampstand

31 "Make a lampstand of pure gold and hammer it out, base and shaft; its flowerlike cups, buds and blossoms shall be of one piece with it. 32 Six branches are to extend from the sides of the lampstand — three on one side and three on the other. 33 Three cups shaped like almond flowers with buds and blossoms are to be on one branch, three on the next branch, and the same for all six branches extending from the lampstand. 34 And on the lampstand there are to be four cups shaped like almond flowers with buds and blossoms. 35 One bud shall be under the first pair of branches extending from the lampstand, a second bud under the second pair, and a third bud under the third pair — six branches in all. 36 The buds and branches shall all be of one piece with the lampstand, hammered out of pure gold.

37 "Then make its seven lamps and set them up on it so that they light the space in front of it. 38 Its wick trimmers and trays are to be of pure gold. 39 A talent[r] of pure gold is to be used for the lampstand and all these accessories. 40 See that you make them according to the pattern shown you on the mountain.

---

n 17 Traditionally *a mercy seat*   o 17 That is, about 3 3/4 feet (about 1.1 meters) long and 2 1/4 feet (about 0.7 meter) wide
p 23 That is, about 3 feet (about 0.9 meter) long and 1 1/2 feet (about 0.5 meter) wide and 2 1/4 feet (about 0.7 meter) high
q 25 That is, about 3 inches (about 8 centimeters)   r 39 That is, about 75 pounds (about 34 kilograms)

El tabernáculo

26 ¹ Harás el tabernáculo de diez cortinas de lino torcido, azul, púrpura y carmesí; y lo harás con querubines de obra primorosa.

² La longitud de una cortina de veintiocho codos, y la anchura de la misma cortina de cuatro codos; todas las cortinas tendrán una misma medida.

³ Cinco cortinas estarán unidas una con la otra, y las otras cinco cortinas unidas una con la otra.

⁴ Y harás lazadas de azul en la orilla de la última cortina de la primera unión; lo mismo harás en la orilla de la cortina de la segunda unión.

⁵ Cincuenta lazadas harás en la primera cortina, y cincuenta lazadas harás en la orilla de la cortina que está en la segunda unión; las lazadas estarán contrapuestas la una a la otra.

⁶ Harás también cincuenta corchetes de oro, con los cuales enlazarás las cortinas la una con la otra, y se formará un tabernáculo.

⁷ Harás asimismo cortinas de pelo de cabra para una cubierta sobre el tabernáculo; once cortinas harás.

⁸ La longitud de cada cortina será de treinta codos, y la anchura de cada cortina de cuatro codos; una misma medida tendrán las once cortinas.

⁹ Y unirás cinco cortinas aparte y las otras seis cortinas aparte; y doblarás la sexta cortina en el frente del tabernáculo.

¹⁰ Y harás cincuenta lazadas en la orilla de la cortina, al borde en la unión, y cincuenta lazadas en la orilla de la cortina de la segunda unión.

¹¹ Harás asimismo cincuenta corchetes de bronce, los cuales meterás por las lazadas; y enlazarás las uniones para que se haga una sola cubierta.

¹² Y la parte que sobra en las cortinas de la tienda, la mitad de la cortina que sobra, colgará a espaldas del tabernáculo.

¹³ Y un codo de un lado, y otro codo del otro lado, que sobra a lo largo de las cortinas de la tienda, colgará sobre los lados del tabernáculo a un lado y al otro, para cubrirlo.

¹⁴ Harás también a la tienda una cubierta de pieles de carneros teñidas de rojo, y una cubierta de pieles de tejones encima.

¹⁵ Y harás para el tabernáculo tablas de madera de acacia, que estén derechas.

¹⁶ La longitud de cada tabla será de diez codos, y de codo y medio la anchura.

¹⁷ Dos espigas tendrá cada tabla, para unirlas una con otra; así harás todas las tablas del tabernáculo.

¹⁸ Harás, pues, las tablas del tabernáculo; veinte tablas al lado del mediodía, al sur.

¹⁹ Y harás cuarenta basas de plata debajo de las veinte tablas; dos basas debajo de una tabla para sus dos espigas, y dos basas debajo de otra tabla para sus dos espigas.

²⁰ Y al otro lado del tabernáculo, al lado del norte, veinte tablas;

²¹ y sus cuarenta basas de plata; dos basas debajo de una tabla, y dos basas debajo de otra tabla.

²² Y para el lado posterior del tabernáculo, al occidente, harás seis tablas.

²³ Harás además dos tablas para las esquinas del tabernáculo en los dos ángulos posteriores;

²⁴ las cuales se unirán desde abajo, y asimismo se juntarán por su alto con un gozne; así será con las otras dos; serán para las dos esquinas.

²⁵ De suerte que serán ocho tablas, con sus basas de plata, dieciséis basas; dos basas debajo de una tabla, y dos basas debajo de otra tabla.

²⁶ Harás también cinco barras de madera de acacia, para las tablas de un lado del tabernáculo,

The Tabernacle

26 "Make the tabernacle with ten curtains of finely twisted linen and blue, purple and scarlet yarn, with cherubim worked into them by a skilled craftsman. ²All the curtains are to be the same size—twenty-eight cubits long and four cubits wide. ˢ ³Join five of the curtains together, and do the same with the other five. ⁴Make loops of blue material along the edge of the end curtain in one set, and do the same with the end curtain in the other set. ⁵Make fifty loops on one curtain and fifty loops on the end curtain of the other set, with the loops opposite each other. ⁶Then make fifty gold clasps and use them to fasten the curtains together so that the tabernacle is a unit.

⁷"Make curtains of goat hair for the tent over the tabernacle—eleven altogether. ⁸All eleven curtains are to be the same size—thirty cubits long and four cubits wide. ᵗ ⁹Join five of the curtains together into one set and the other six into another set. Fold the sixth curtain double at the front of the tent. ¹⁰Make fifty loops along the edge of the end curtain in one set and also along the edge of the end curtain in the other set. ¹¹Then make fifty bronze clasps and put them in the loops to fasten the tent together as a unit. ¹²As for the additional length of the tent curtains, the half curtain that is left over is to hang down at the rear of the tabernacle. ¹³The tent curtains will be a cubit ᵘ longer on both sides; what is left will hang over the sides of the tabernacle so as to cover it. ¹⁴Make for the tent a covering of ram skins dyed red, and over that a covering of hides of sea cows. ᵛ

¹⁵"Make upright frames of acacia wood for the tabernacle. ¹⁶Each frame is to be ten cubits long and a cubit and a half wide, ʷ ¹⁷with two projections set parallel to each other. Make all the frames of the tabernacle in this way. ¹⁸Make twenty frames for the south side of the tabernacle ¹⁹and make forty silver bases to go under them—two bases for each frame, one under each projection. ²⁰For the other side, the north side of the tabernacle, make twenty frames ²¹and forty silver bases—two under each frame. ²²Make six frames for the far end, that is, the west end of the tabernacle, ²³and make two frames for the corners at the far end. ²⁴At these two corners they must be double from the bottom all the way to the top, and fitted into a single ring; both shall be like that. ²⁵So there will be eight frames and sixteen silver bases—two under each frame.

²⁶"Also make crossbars of acacia wood: five for the frames on one side of the tabernacle, ²⁷five for those

---

ˢ*2* That is, about 42 feet (about 12.5 meters) long and 6 feet (about 1.8 meters) wide   ᵗ*8* That is, about 45 feet (about 13.5 meters) long and 6 feet (about 1.8 meters) wide   ᵘ*13* That is, about 1 1/2 feet (about 0.5 meter)   ᵛ*14* That is, dugongs   ʷ*16* That is, about 15 feet (about 4.5 meters) long and 2 1/4 feet (about 0.7 meter) wide

27 y cinco barras para las tablas del otro lado del tabernáculo, y cinco barras para las tablas del lado posterior del tabernáculo, al occidente.

28 Y la barra de en medio pasará por en medio de las tablas, de un extremo al otro.

29 Y cubrirás de oro las tablas, y harás sus anillos de oro para meter por ellos las barras; también cubrirás de oro las barras.

30 Y alzarás el tabernáculo conforme al modelo que te fue mostrado en el monte.

31 También harás un velo de azul, púrpura, carmesí y lino torcido; será hecho de obra primorosa, con querubines;

32 y lo pondrás sobre cuatro columnas de madera de acacia cubiertas de oro; sus capiteles de oro, sobre basas de plata.

33 Y pondrás el velo debajo de los corchetes, y meterás allí, del velo adentro, el arca del testimonio; y aquel velo os hará separación entre el lugar santo y el santísimo.

34 Pondrás el propiciatorio sobre el arca del testimonio en el lugar santísimo.

35 Y pondrás la mesa fuera del velo, y el candelero enfrente de la mesa al lado sur del tabernáculo; y pondrás la mesa al lado del norte.

36 Harás para la puerta del tabernáculo una cortina de azul, púrpura, carmesí y lino torcido, obra de recamador.

37 Y harás para la cortina cinco columnas de madera de acacia, las cuales cubrirás de oro, con sus capiteles de oro; y fundirás cinco basas de bronce para ellas.

El altar de bronce

27 1 Harás también un altar de madera de acacia de cinco codos de longitud, y de cinco codos de anchura; será cuadrado el altar, y su altura de tres codos.

2 Y le harás cuernos en sus cuatro esquinas; los cuernos serán parte del mismo; y lo cubrirás de bronce.

3 Harás también sus calderos para recoger la ceniza, y sus paletas, sus tazones, sus garfios y sus braseros; harás todos sus utensilios de bronce.

4 Y le harás un enrejado de bronce de obra de rejilla, y sobre la rejilla harás cuatro anillos de bronce a sus cuatro esquinas.

5 Y la pondrás dentro del cerco del altar abajo; y llegará la rejilla hasta la mitad del altar.

6 Harás también varas para el altar, varas de madera de acacia, las cuales cubrirás de bronce.

7 Y las varas se meterán por los anillos, y estarán aquellas varas a ambos lados del altar cuando sea llevado.

8 Lo harás hueco, de tablas; de la manera que te fue mostrado en el monte, así lo harás.

El atrio del tabernáculo

9 Asimismo harás el atrio del tabernáculo. Al lado meridional, al sur, tendrá el atrio cortinas de lino torcido, de cien codos de longitud para un lado.

10 Sus veinte columnas y sus veinte basas serán de bronce; los capiteles de las columnas y sus molduras, de plata.

11 De la misma manera al lado del norte habrá a lo largo cortinas de cien codos de longitud, y sus veinte columnas con sus veinte basas de bronce; los capiteles de sus columnas y sus molduras, de plata.

12 El ancho del atrio, del lado occidental, tendrá cortinas de cincuenta codos; sus columnas diez, con sus diez basas.

13 Y en el ancho del atrio por el lado del oriente, al este, habrá cincuenta codos.

14 Las cortinas a un lado de la entrada serán de quince codos; sus columnas tres, con sus tres basas.

on the other side, and five for the frames on the west, at the far end of the tabernacle. 28 The center crossbar is to extend from end to end at the middle of the frames. 29 Overlay the frames with gold and make gold rings to hold the crossbars. Also overlay the crossbars with gold.

30 "Set up the tabernacle according to the plan shown you on the mountain.

31 "Make a curtain of blue, purple and scarlet yarn and finely twisted linen, with cherubim worked into it by a skilled craftsman. 32 Hang it with gold hooks on four posts of acacia wood overlaid with gold and standing on four silver bases. 33 Hang the curtain from the clasps and place the ark of the Testimony behind the curtain. The curtain will separate the Holy Place from the Most Holy Place. 34 Put the atonement cover on the ark of the Testimony in the Most Holy Place. 35 Place the table outside the curtain on the north side of the tabernacle and put the lampstand opposite it on the south side.

36 "For the entrance to the tent make a curtain of blue, purple and scarlet yarn and finely twisted linen— the work of an embroiderer. 37 Make gold hooks for this curtain and five posts of acacia wood overlaid with gold. And cast five bronze bases for them.

The Altar of Burnt Offering

27 "Build an altar of acacia wood, three cubits x high; it is to be square, five cubits long and five cubits wide. y 2 Make a horn at each of the four corners, so that the horns and the altar are of one piece, and overlay the altar with bronze. 3 Make all its utensils of bronze—its pots to remove the ashes, and its shovels, sprinkling bowls, meat forks and firepans. 4 Make a grating for it, a bronze network, and make a bronze ring at each of the four corners of the network. 5 Put it under the ledge of the altar so that it is halfway up the altar. 6 Make poles of acacia wood for the altar and overlay them with bronze. 7 The poles are to be inserted into the rings so they will be on two sides of the altar when it is carried. 8 Make the altar hollow, out of boards. It is to be made just as you were shown on the mountain.

The Courtyard

9 "Make a courtyard for the tabernacle. The south side shall be a hundred cubits z long and is to have curtains of finely twisted linen, 10 with twenty posts and twenty bronze bases and with silver hooks and bands on the posts. 11 The north side shall also be a hundred cubits long and is to have curtains, with twenty posts and twenty bronze bases and with silver hooks and bands on the posts.

12 "The west end of the courtyard shall be fifty cubits a wide and have curtains, with ten posts and ten bases. 13 On the east end, toward the sunrise, the courtyard shall also be fifty cubits wide. 14 Curtains fifteen cubits b long are to be on one side of the entrance,

---

x1 That is, about 4 1/2 feet (about 1.3 meters)   y1 That is, about 7 1/2 feet (about 2.3 meters) long and wide   z9 That is, about 150 feet (about 46 meters); also in verse 11   a12 That is, about 75 feet (about 23 meters); also in verse 13   b14 That is, about 22 1/2 feet (about 6.9 meters); also in verse 15

15 Y al otro lado, quince codos de cortinas; sus columnas tres, con sus tres basas.

16 Y para la puerta del atrio habrá una cortina de veinte codos, de azul, púrpura y carmesí, y lino torcido, de obra de recamador; sus columnas cuatro, con sus cuatro basas.

17 Todas las columnas alrededor del atrio estarán ceñidas de plata; sus capiteles de plata, y sus basas de bronce.

18 La longitud del atrio será de cien codos, y la anchura cincuenta por un lado y cincuenta por el otro, y la altura de cinco codos; sus cortinas de lino torcido, y sus basas de bronce.

19 Todos los utensilios del tabernáculo en todo su servicio, y todas sus estacas, y todas las estacas del atrio, serán de bronce.

Aceite para las lámparas

20 Y mandarás a los hijos de Israel que te traigan aceite puro de olivas machacadas, para el alumbrado, para hacer arder continuamente las lámparas.

21 En el tabernáculo de reunión, afuera del velo que está delante del testimonio, las pondrá en orden Aarón y sus hijos para que ardan delante de Jehová desde la tarde hasta la mañana, como estatuto perpetuo de los hijos de Israel por sus generaciones.

Las vestiduras de los sacerdotes

28 1 Harás llegar delante de ti a Aarón tu hermano, y a sus hijos consigo, de entre los hijos de Israel, para que sean mis sacerdotes; a Aarón y a Nadab, Abiú, Eleazar e Itamar hijos de Aarón.

2 Y harás vestiduras sagradas a Aarón tu hermano, para honra y hermosura.

3 Y tú hablarás a todos los sabios de corazón, a quienes yo he llenado de espíritu de sabiduría, para que hagan las vestiduras de Aarón, para consagrarle para que sea mi sacerdote.

4 Las vestiduras que harán son estas: el pectoral, el efod, el manto, la túnica bordada, la mitra y el cinturón. Hagan, pues, las vestiduras sagradas para Aarón tu hermano, y para sus hijos, para que sean mis sacerdotes.

5 Tomarán oro, azul, púrpura, carmesí y lino torcido,

6 y harán el efod de oro, azul, púrpura, carmesí y lino torcido, de obra primorosa.

7 Tendrá dos hombreras que se junten a sus dos extremos, y así se juntará.

8 Y su cinto de obra primorosa que estará sobre él, será de la misma obra, parte del mismo; de oro, azul, púrpura, carmesí y lino torcido.

9 Y tomarás dos piedras de ónice, y grabarás en ellas los nombres de los hijos de Israel;

10 seis de sus nombres en una piedra, y los otros seis nombres en la otra piedra, conforme al orden de nacimiento de ellos.

11 De obra de grabador en piedra, como grabaduras de sello, harás grabar las dos piedras con los nombres de los hijos de Israel; les harás alrededor engastes de oro.

12 Y pondrás las dos piedras sobre las hombreras del efod, para piedras memoriales a los hijos de Israel; y Aarón llevará los nombres de ellos delante de Jehová sobre sus dos hombros por memorial.

13 Harás, pues, los engastes de oro,

14 y dos cordones de oro fino, los cuales harás en forma de trenza; y fijarás los cordones de forma de trenza en los engastes.

with three posts and three bases, 15 and curtains fifteen cubits long are to be on the other side, with three posts and three bases.

16 "For the entrance to the courtyard, provide a curtain twenty cubits c long, of blue, purple and scarlet yarn and finely twisted linen — the work of an embroiderer — with four posts and four bases. 17 All the posts around the courtyard are to have silver bands and hooks, and bronze bases. 18 The courtyard shall be a hundred cubits long and fifty cubits wide, d with curtains of finely twisted linen five cubits e high, and with bronze bases. 19 All the other articles used in the service of the tabernacle, whatever their function, including all the tent pegs for it and those for the courtyard, are to be of bronze.

Oil for the Lampstand

20 "Command the Israelites to bring you clear oil of pressed olives for the light so that the lamps may be kept burning. 21 In the Tent of Meeting, outside the curtain that is in front of the Testimony, Aaron and his sons are to keep the lamps burning before the LORD from evening till morning. This is to be a lasting ordinance among the Israelites for the generations to come.

The Priestly Garments

28 "Have Aaron your brother brought to you from among the Israelites, along with his sons Nadab and Abihu, Eleazar and Ithamar, so they may serve me as priests. 2 Make sacred garments for your brother Aaron, to give him dignity and honor. 3 Tell all the skilled men to whom I have given wisdom in such matters that they are to make garments for Aaron, for his consecration, so he may serve me as priest. 4 These are the garments they are to make: a breastpiece, an ephod, a robe, a woven tunic, a turban and a sash. They are to make these sacred garments for your brother Aaron and his sons, so they may serve me as priests. 5 Have them use gold, and blue, purple and scarlet yarn, and fine linen.

The Ephod

6 "Make the ephod of gold, and of blue, purple and scarlet yarn, and of finely twisted linen — the work of a skilled craftsman. 7 It is to have two shoulder pieces attached to two of its corners, so it can be fastened. 8 Its skillfully woven waistband is to be like it — of one piece with the ephod and made with gold, and with blue, purple and scarlet yarn, and with finely twisted linen.

9 "Take two onyx stones and engrave on them the names of the sons of Israel 10 in the order of their birth — six names on one stone and the remaining six on the other. 11 Engrave the names of the sons of Israel on the two stones the way a gem cutter engraves a seal. Then mount the stones in gold filigree settings 12 and fasten them on the shoulder pieces of the ephod as memorial stones for the sons of Israel. Aaron is to bear the names on his shoulders as a memorial before the LORD. 13 Make gold filigree settings 14 and two braided chains of pure gold, like a rope, and attach the chains to the settings.

---

c 16 That is, about 30 feet (about 9 meters)   d 18 That is, about 150 feet (about 46 meters) long and 75 feet (about 23 meters) wide   e 18 That is, about 7 1/2 feet (about 2.3 meters)

15 Harás asimismo el pectoral del juicio de obra primorosa; lo harás conforme a la obra del efod, de oro, azul, púrpura, carmesí y lino torcido.
16 Será cuadrado y doble, de un palmo de largo y un palmo de ancho;
17 y lo llenarás de pedrería en cuatro hileras de piedras; una hilera de una piedra sárdica, un topacio y un carbunclo;
18 la segunda hilera, una esmeralda, un zafiro y un diamante;
19 la tercera hilera, un jacinto, una ágata y una amatista;
20 la cuarta hilera, un berilo, un ónice y un jaspe. Todas estarán montadas en engastes de oro.
21 Y las piedras serán según los nombres de los hijos de Israel, doce según sus nombres; como grabaduras de sello cada una con su nombre, serán según las doce tribus.
22 Harás también en el pectoral cordones de hechura de trenzas de oro fino.
23 Y harás en el pectoral dos anillos de oro, los cuales pondrás a los dos extremos del pectoral.
24 Y fijarás los dos cordones de oro en los dos anillos a los dos extremos del pectoral;
25 y pondrás los dos extremos de los dos cordones sobre los dos engastes, y los fijarás a las hombreras del efod en su parte delantera.
26 Harás también dos anillos de oro, los cuales pondrás a los dos extremos del pectoral, en su orilla que está al lado del efod hacia adentro.
27 Harás asimismo los dos anillos de oro, los cuales fijarás en la parte delantera de las dos hombreras del efod, hacia abajo, delante de su juntura sobre el cinto del efod.
28 Y juntarán el pectoral por sus anillos a los dos anillos del efod con un cordón de azul, para que esté sobre el cinto del efod, y no se separe el pectoral del efod.
29 Y llevará Aarón los nombres de los hijos de Israel en el pectoral del juicio sobre su corazón, cuando entre en el santuario, por memorial delante de Jehová continuamente.
30 Y pondrás en el pectoral del juicio Urim y Tumim, para que estén sobre el corazón de Aarón cuando entre delante de Jehová; y llevará siempre Aarón el juicio de los hijos de Israel sobre su corazón delante de Jehová.
31 Harás el manto del efod todo de azul;
32 y en medio de él por arriba habrá una abertura, la cual tendrá un borde alrededor de obra tejida, como el cuello de un coselete, para que no se rompa.
33 Y en sus orlas harás granadas de azul, púrpura y carmesí alrededor, y entre ellas campanillas de oro alrededor.
34 Una campanilla de oro y una granada, otra campanilla de oro y otra granada, en toda la orla del manto alrededor.
35 Y estará sobre Aarón cuando ministre; y se oirá su sonido cuando él entre en el santuario delante de Jehová y cuando salga, para que no muera.
36 Harás además una lámina de oro fino, y grabarás en ella como grabadura de sello, SANTIDAD A JEHOVÁ.
37 Y la pondrás con un cordón de azul, y estará sobre la mitra; por la parte delantera de la mitra estará.
38 Y estará sobre la frente de Aarón, y llevará Aarón las faltas cometidas en todas las cosas santas, que los hijos de Israel hubieren consagrado en todas sus santas ofrendas; y sobre su frente estará continuamente, para que obtengan gracia delante de Jehová.
39 Y bordarás una túnica de lino, y harás una mitra de lino; harás también un cinto de obra de recamador.
40 Y para los hijos de Aarón harás túnicas; también les

The Breastpiece

15 "Fashion a breastpiece for making decisions — the work of a skilled craftsman. Make it like the ephod: of gold, and of blue, purple and scarlet yarn, and of finely twisted linen. 16 It is to be square — a span f long and a span wide — and folded double. 17 Then mount four rows of precious stones on it. In the first row there shall be a ruby, a topaz and a beryl; 18 in the second row a turquoise, a sapphire g and an emerald; 19 in the third row a jacinth, an agate and an amethyst; 20 in the fourth row a chrysolite, an onyx and a jasper. h Mount them in gold filigree settings. 21 There are to be twelve stones, one for each of the names of the sons of Israel, each engraved like a seal with the name of one of the twelve tribes.
22 "For the breastpiece make braided chains of pure gold, like a rope. 23 Make two gold rings for it and fasten them to two corners of the breastpiece. 24 Fasten the two gold chains to the rings at the corners of the breastpiece, 25 and the other ends of the chains to the two settings, attaching them to the shoulder pieces of the ephod at the front. 26 Make two gold rings and attach them to the other two corners of the breastpiece on the inside edge next to the ephod. 27 Make two more gold rings and attach them to the bottom of the shoulder pieces on the front of the ephod, close to the seam just above the waistband of the ephod. 28 The rings of the breastpiece are to be tied to the rings of the ephod with blue cord, connecting it to the waistband, so that the breastpiece will not swing out from the ephod.
29 "Whenever Aaron enters the Holy Place, he will bear the names of the sons of Israel over his heart on the breastpiece of decision as a continuing memorial before the LORD. 30 Also put the Urim and the Thummim in the breastpiece, so they may be over Aaron's heart whenever he enters the presence of the LORD. Thus Aaron will always bear the means of making decisions for the Israelites over his heart before the LORD.

Other Priestly Garments

31 "Make the robe of the ephod entirely of blue cloth, 32 with an opening for the head in its center. There shall be a woven edge like a collar i around this opening, so that it will not tear. 33 Make pomegranates of blue, purple and scarlet yarn around the hem of the robe, with gold bells between them. 34 The gold bells and the pomegranates are to alternate around the hem of the robe. 35 Aaron must wear it when he ministers. The sound of the bells will be heard when he enters the Holy Place before the LORD and when he comes out, so that he will not die.
36 "Make a plate of pure gold and engrave on it as on a seal: HOLY TO THE LORD. 37 Fasten a blue cord to it to attach it to the turban; it is to be on the front of the turban. 38 It will be on Aaron's forehead, and he will bear the guilt involved in the sacred gifts the Israelites consecrate, whatever their gifts may be. It will be on Aaron's forehead continually so that they will be acceptable to the LORD.
39 "Weave the tunic of fine linen and make the turban of fine linen. The sash is to be the work of an embroiderer. 40 Make tunics, sashes and headbands for

---

f 16 That is, about 9 inches (about 22 centimeters)   g 18 Or lapis lazuli   h 20 The precise identification of some of these precious stones is uncertain.   i 32 The meaning of the Hebrew for this word is uncertain.

harás cintos, y les harás tiaras para honra y hermosura.
41Y con ellos vestirás a Aarón tu hermano, y a sus hijos
con él; y los ungirás, y los consagrarás y santificarás, para
que sean mis sacerdotes.
42Y les harás calzoncillos de lino para cubrir su desnudez;
serán desde los lomos hasta los muslos.
43Y estarán sobre Aarón y sobre sus hijos cuando entren
en el tabernáculo de reunión, o cuando se acerquen al altar
para servir en el santuario, para que no lleven pecado y
mueran. Es estatuto perpetuo para él, y para su descendencia después de él.

Consagración de Aarón y de sus hijos

29 1Esto es lo que les harás para consagrarlos, para
que sean mis sacerdotes: Toma un becerro de la
vacada, y dos carneros sin defecto;
2y panes sin levadura, y tortas sin levadura amasadas con
aceite, y hojaldres sin levadura untadas con aceite; las
harás de flor de harina de trigo.
3Y las pondrás en un canastillo, y en el canastillo las
ofrecerás, con el becerro y los dos carneros.
4Y llevarás a Aarón y a sus hijos a la puerta del tabernáculo
de reunión, y los lavarás con agua.
5Y tomarás las vestiduras, y vestirás a Aarón la túnica, el
manto del efod, el efod y el pectoral, y le ceñirás con el
cinto del efod;
6y pondrás la mitra sobre su cabeza, y sobre la mitra
pondrás la diadema santa.
7Luego tomarás el aceite de la unción, y lo derramarás
sobre su cabeza, y le ungirás.
8Y harás que se acerquen sus hijos, y les vestirás las
túnicas.
9Les ceñirás el cinto a Aarón y a sus hijos, y les atarás las
tiaras, y tendrán el sacerdocio por derecho perpetuo. Así
consagrarás a Aarón y a sus hijos.
10Después llevarás el becerro delante del tabernáculo
de reunión, y Aarón y sus hijos pondrán sus manos sobre
la cabeza del becerro.
11Y matarás el becerro delante de Jehová, a la puerta del
tabernáculo de reunión.
12Y de la sangre del becerro tomarás y pondrás sobre los
cuernos del altar con tu dedo, y derramarás toda la demás
sangre al pie del altar.
13Tomarás también toda la grosura que cubre los intestinos, la grosura de sobre el hígado, los dos riñones, y la
grosura que está sobre ellos, y lo quemarás sobre el altar.
14Pero la carne del becerro, y su piel y su estiércol, los
quemarás a fuego fuera del campamento; es ofrenda por
el pecado.
15Asimismo tomarás uno de los carneros, y Aarón y sus
hijos pondrán sus manos sobre la cabeza del carnero.
16Y matarás el carnero, y con su sangre rociarás sobre el
altar alrededor.
17Cortarás el carnero en pedazos, y lavarás sus intestinos
y sus piernas, y las pondrás sobre sus trozos y sobre su
cabeza.
18Y quemarás todo el carnero sobre el altar; es holocausto
de olor grato para Jehová, es ofrenda quemada a Jehová.
19Tomarás luego el otro carnero, y Aarón y sus hijos
pondrán sus manos sobre la cabeza del carnero.
20Y matarás el carnero, y tomarás de su sangre y la pondrás
sobre el lóbulo de la oreja derecha de Aarón, sobre el
lóbulo de la oreja de sus hijos, sobre el dedo pulgar de las
manos derechas de ellos, y sobre el dedo pulgar de los pies
derechos de ellos, y rociarás la sangre sobre el altar alrededor.

Aaron's sons, to give them dignity and honor. 41After
you put these clothes on your brother Aaron and his
sons, anoint and ordain them. Consecrate them so they
may serve me as priests.
42"Make linen undergarments as a covering for the
body, reaching from the waist to the thigh. 43Aaron
and his sons must wear them whenever they enter the
Tent of Meeting or approach the altar to minister in the
Holy Place, so that they will not incur guilt and die.
"This is to be a lasting ordinance for Aaron and his
descendants.

Consecration of the Priests

29 "This is what you are to do to consecrate them,
so they may serve me as priests: Take a young
bull and two rams without defect. 2And from fine
wheat flour, without yeast, make bread, and cakes
mixed with oil, and wafers spread with oil. 3Put them
in a basket and present them in it—along with the bull
and the two rams. 4Then bring Aaron and his sons to
the entrance to the Tent of Meeting and wash them
with water. 5Take the garments and dress Aaron with
the tunic, the robe of the ephod, the ephod itself and
the breastpiece. Fasten the ephod on him by its skillfully woven waistband. 6Put the turban on his head and
attach the sacred diadem to the turban. 7Take the
anointing oil and anoint him by pouring it on his head.
8Bring his sons and dress them in tunics 9and put
headbands on them. Then tie sashes on Aaron and his
sons./ The priesthood is theirs by a lasting ordinance.
In this way you shall ordain Aaron and his sons.
10"Bring the bull to the front of the Tent of Meeting,
and Aaron and his sons shall lay their hands on its
head. 11Slaughter it in the LORD's presence at the
entrance to the Tent of Meeting. 12Take some of the
bull's blood and put it on the horns of the altar with
your finger, and pour out the rest of it at the base of
the altar. 13Then take all the fat around the inner parts,
the covering of the liver, and both kidneys with the fat
on them, and burn them on the altar. 14But burn the
bull's flesh and its hide and its offal outside the camp.
It is a sin offering.
15"Take one of the rams, and Aaron and his sons
shall lay their hands on its head. 16Slaughter it and take
the blood and sprinkle it against the altar on all sides.
17Cut the ram into pieces and wash the inner parts and
the legs, putting them with the head and the other
pieces. 18Then burn the entire ram on the altar. It is
a burnt offering to the LORD, a pleasing aroma, an
offering made to the LORD by fire.
19"Take the other ram, and Aaron and his sons shall
lay their hands on its head. 20Slaughter it, take some
of its blood and put it on the lobes of the right ears of
Aaron and his sons, on the thumbs of their right hands,
and on the big toes of their right feet. Then sprinkle
blood against the altar on all sides. 21And take some

19 Hebrew; Septuagint on them

21 Y con la sangre que estará sobre el altar, y el aceite de la unción, rociarás sobre Aarón, sobre sus vestiduras, sobre sus hijos, y sobre las vestiduras de éstos; y él será santificado, y sus vestiduras, y sus hijos, y las vestiduras de sus hijos con él.
22 Luego tomarás del carnero la grosura, y la cola, y la grosura que cubre los intestinos, y la grosura del hígado, y los dos riñones, y la grosura que está sobre ellos, y la espaldilla derecha; porque es carnero de consagración.
23 También una torta grande de pan, y una torta de pan de aceite, y una hojaldre del canastillo de los panes sin levadura presentado a Jehová.
24 y lo pondrás todo en las manos de Aarón, y en las manos de sus hijos; y lo mecerás como ofrenda mecida delante de Jehová.
25 Después lo tomarás de sus manos y lo harás arder en el altar, sobre el holocausto, por olor grato delante de Jehová. Es ofrenda encendida a Jehová.
26 Y tomarás el pecho del carnero de las consagraciones, que es de Aarón, y lo mecerás por ofrenda mecida delante de Jehová; y será porción tuya.
27 Y apartarás m el pecho de la ofrenda mecida, y la espaldilla de la ofrenda elevada, lo que fue mecido y lo que fue elevado del carnero de las consagraciones de Aarón y de sus hijos,
28 y será para Aarón y para sus hijos como estatuto perpetuo para los hijos de Israel, porque es ofrenda elevada; y será una ofrenda elevada de los hijos de Israel, de sus sacrificios de paz, porción de ellos elevada en ofrenda a Jehová.
29 Y las vestiduras santas, que son de Aarón, serán de sus hijos después de él, para ser ungidos en ellas, y para ser en ellas consagrados.
30 Por siete días las vestirá el que de sus hijos tome su lugar como sacerdote, cuando venga al tabernáculo de reunión para servir en el santuario.
31 Y tomarás el carnero de las consagraciones, y cocerás su carne en lugar santo.
32 Y Aarón y sus hijos comerán la carne del carnero, y el pan que estará en el canastillo, a la puerta del tabernáculo de reunión.
33 Y comerán aquellas cosas con las cuales se hizo expiación, para llenar sus manos para consagrarlos; mas el extraño no las comerá, porque son santas.
34 Y si sobrare hasta la mañana algo de la carne de las consagraciones y del pan, quemarás al fuego lo que hubiere sobrado; no se comerá, porque es cosa santa.
35 Así, pues, harás a Aarón y a sus hijos, conforme a todo lo que yo te he mandado; por siete días los consagrarás.
36 Cada día ofrecerás el becerro del sacrificio por el pecado, para las expiaciones; y purificarás el altar cuando hagas expiación por él, y lo ungirás para santificarlo.
37 Por siete días harás expiación por el altar, y lo santificarás, y será un altar santísimo: cualquiera cosa que tocare el altar, será santificada.

Las ofrendas diarias

38 Esto es lo que ofrecerás sobre el altar: dos corderos de un año cada día, continuamente.
39 Ofrecerás uno de los corderos por la mañana, y el otro cordero ofrecerás a la caída de la tarde.
40 Además, con cada cordero una décima parte de un efa de flor de harina amasada con la cuarta parte de un hin de aceite de olivas machacadas; y para la libación, la cuarta parte de un hin de vino.

of the blood on the altar and some of the anointing oil and sprinkle it on Aaron and his garments and on his sons and their garments. Then he and his sons and their garments will be consecrated.
22 "Take from this ram the fat, the fat tail, the fat around the inner parts, the covering of the liver, both kidneys with the fat on them, and the right thigh. (This is the ram for the ordination.) 23 From the basket of bread made without yeast, which is before the LORD, take a loaf, and a cake made with oil, and a wafer. 24 Put all these in the hands of Aaron and his sons and wave them before the LORD as a wave offering. 25 Then take them from their hands and burn them on the altar along with the burnt offering for a pleasing aroma to the LORD, an offering made to the LORD by fire. 26 After you take the breast of the ram for Aaron's ordination, wave it before the LORD as a wave offering, and it will be your share.
27 "Consecrate those parts of the ordination ram that belong to Aaron and his sons: the breast that was waved and the thigh that was presented. 28 This is always to be the regular share from the Israelites for Aaron and his sons. It is the contribution the Israelites are to make to the LORD from their fellowship offerings. k
29 "Aaron's sacred garments will belong to his descendants so that they can be anointed and ordained in them. 30 The son who succeeds him as priest and comes to the Tent of Meeting to minister in the Holy Place is to wear them seven days.
31 "Take the ram for the ordination and cook the meat in a sacred place. 32 At the entrance to the Tent of Meeting, Aaron and his sons are to eat the meat of the ram and the bread that is in the basket. 33 They are to eat these offerings by which atonement was made for their ordination and consecration. But no one else may eat them, because they are sacred. 34 And if any of the meat of the ordination ram or any bread is left over till morning, burn it up. It must not be eaten, because it is sacred.
35 "Do for Aaron and his sons everything I have commanded you, taking seven days to ordain them. 36 Sacrifice a bull each day as a sin offering to make atonement. Purify the altar by making atonement for it, and anoint it to consecrate it. 37 For seven days make atonement for the altar and consecrate it. Then the altar will be most holy, and whatever touches it will be holy.
38 "This is what you are to offer on the altar regularly each day: two lambs a year old. 39 Offer one in the morning and the other at twilight. 40 With the first lamb offer a tenth of an ephah l of fine flour mixed with a quarter of a hin m of oil from pressed olives, and

m O, santificarás.

k 28 Traditionally *peace offerings*　　l 40 That is, probably about 2 quarts (about 2 liters)　　m 40 That is, probably about 1 quart (about 1 liter)

41 Y ofrecerás el otro cordero a la caída de la tarde, haciendo conforme a la ofrenda de la mañana, y conforme a su libación, en olor grato; ofrenda encendida a Jehová.
42 Esto será el holocausto continuo por vuestras generaciones, a la puerta del tabernáculo de reunión, delante de Jehová, en el cual me reuniré con vosotros, para hablaros allí.
43 Allí me reuniré con los hijos de Israel; y el lugar será santificado con mi gloria.
44 Y santificaré el tabernáculo de reunión y el altar; santificaré asimismo a Aarón y a sus hijos, para que sean mis sacerdotes.
45 Y habitaré entre los hijos de Israel, y seré su Dios.
46 Y conocerán que yo soy Jehová su Dios, que los saqué de la tierra de Egipto, para habitar en medio de ellos. Yo Jehová su Dios.

El altar del incienso

30 ¹ Harás asimismo un altar para quemar el incienso; de madera de acacia lo harás.
² Su longitud será de un codo, y su anchura de un codo; será cuadrado, y su altura de dos codos; y sus cuernos serán parte del mismo.
³ Y lo cubrirás de oro puro, su cubierta, sus paredes en derredor y sus cuernos; y le harás en derredor una cornisa de oro.
⁴ Le harás también dos anillos de oro debajo de su cornisa, a sus dos esquinas a ambos lados suyos, para meter las varas con que será llevado.
⁵ Harás las varas de madera de acacia, y las cubrirás de oro.
⁶ Y lo pondrás delante del velo que está junto al arca del testimonio, delante del propiciatorio que está sobre el testimonio, donde me encontraré contigo.
⁷ Y Aarón quemará incienso aromático sobre él; cada mañana cuando aliste las lámparas lo quemará.
⁸ Y cuando Aarón encienda las lámparas al anochecer, quemará el incienso; rito perpetuo delante de Jehová por vuestras generaciones.
⁹ No ofreceréis sobre él incienso extraño, ni holocausto, ni ofrenda; ni tampoco derramaréis sobre él libación.
¹⁰ Y sobre sus cuernos hará Aarón expiación una vez en el año con la sangre del sacrificio por el pecado para expiación; una vez en el año hará expiación sobre él por vuestras generaciones; será muy santo a Jehová.

El dinero del rescate

¹¹ Habló también Jehová a Moisés, diciendo:
¹² Cuando tomes el número de los hijos de Israel conforme a la cuenta de ellos, cada uno dará a Jehová el rescate de su persona, cuando los cuentes, para que no haya en ellos mortandad cuando los hayas contado.
¹³ Esto dará todo aquel que sea contado; medio siclo, conforme al siclo del santuario. El siclo es de veinte geras. La mitad de un siclo será la ofrenda a Jehová.
¹⁴ Todo el que sea contado, de veinte años arriba, dará la ofrenda a Jehová.
¹⁵ Ni el rico aumentará, ni el pobre disminuirá del medio siclo, cuando dieren la ofrenda a Jehová para hacer expiación por vuestras personas.
¹⁶ Y tomarás de los hijos de Israel el dinero de las expiaciones, y lo darás para el servicio del tabernáculo de reunión; y será por memorial a los hijos de Israel delante de Jehová, para hacer expiación por vuestras personas.

La fuente de bronce

¹⁷ Habló más Jehová a Moisés, diciendo:

a quarter of a hin of wine as a drink offering. 41 Sacrifice the other lamb at twilight with the same grain offering and its drink offering as in the morning—a pleasing aroma, an offering made to the LORD by fire.
42 "For the generations to come this burnt offering is to be made regularly at the entrance to the Tent of Meeting before the LORD. There I will meet you and speak to you; 43 there also I will meet with the Israelites, and the place will be consecrated by my glory.
44 "So I will consecrate the Tent of Meeting and the altar and will consecrate Aaron and his sons to serve me as priests. 45 Then I will dwell among the Israelites and be their God. 46 They will know that I am the LORD their God, who brought them out of Egypt so that I might dwell among them. I am the LORD their God.

The Altar of Incense

30 "Make an altar of acacia wood for burning incense. ²It is to be square, a cubit long and a cubit wide, and two cubits high^n—its horns of one piece with it. ³Overlay the top and all the sides and the horns with pure gold, and make a gold molding around it. ⁴Make two gold rings for the altar below the molding—two on opposite sides—to hold the poles used to carry it. ⁵Make the poles of acacia wood and overlay them with gold. ⁶Put the altar in front of the curtain that is before the ark of the Testimony—before the atonement cover that is over the Testimony—where I will meet with you.
7 "Aaron must burn fragrant incense on the altar every morning when he tends the lamps. ⁸He must burn incense again when he lights the lamps at twilight so incense will burn regularly before the LORD for the generations to come. ⁹Do not offer on this altar any other incense or any burnt offering or grain offering, and do not pour a drink offering on it. ¹⁰Once a year Aaron shall make atonement on its horns. This annual atonement must be made with the blood of the atoning sin offering for the generations to come. It is most holy to the LORD."

Atonement Money

11 Then the LORD said to Moses, ¹²"When you take a census of the Israelites to count them, each one must pay the LORD a ransom for his life at the time he is counted. Then no plague will come on them when you number them. ¹³Each one who crosses over to those already counted is to give a half shekel,^{o} according to the sanctuary shekel, which weighs twenty gerahs. This half shekel is an offering to the LORD. ¹⁴All who cross over, those twenty years old or more, are to give an offering to the LORD. ¹⁵The rich are not to give more than a half shekel and the poor are not to give less when you make the offering to the LORD to atone for your lives. ¹⁶Receive the atonement money from the Israelites and use it for the service of the Tent of Meeting. It will be a memorial for the Israelites before the LORD, making atonement for your lives."

Basin for Washing

17 Then the LORD said to Moses, ¹⁸"Make a bronze

$n2$ That is, about 1 1/2 feet (about 0.5 meter) long and wide and about 3 feet (about 0.9 meter) high $o13$ That is, about 1/5 ounce (about 6 grams); also in verse 15

18 Harás también una fuente de bronce, con su base de bronce, para lavar; y la colocarás entre el tabernáculo de reunión y el altar, y pondrás en ella agua.
19 Y de ella se lavarán Aarón y sus hijos las manos y los pies.
20 Cuando entren en el tabernáculo de reunión, se lavarán con agua, para que no mueran; y cuando se acerquen al altar para ministrar, para quemar la ofrenda encendida para Jehová,
21 se lavarán las manos y los pies, para que no mueran. Y lo tendrán por estatuto perpetuo él y su descendencia por sus generaciones.

El aceite de la unción, y el incienso

22 Habló más Jehová a Moisés, diciendo:
23 Tomarás especias finas: de mirra excelente quinientos siclos, y de canela aromática la mitad, esto es, doscientos cincuenta, de cálamo aromático doscientos cincuenta,
24 de casia quinientos, según el siclo del santuario, y de aceite de olivas un hin.
25 Y harás de ello el aceite de la santa unción; superior ungüento, según el arte del perfumador, será el aceite de la unción santa.
26 Con él ungirás el tabernáculo de reunión, el arca del testimonio,
27 la mesa con todos sus utensilios, el candelero con todos sus utensilios, el altar del incienso,
28 el altar del holocausto con todos sus utensilios, y la fuente y su base.
29 Así los consagrarás, y serán cosas santísimas; todo lo que tocare en ellos, será santificado.
30 Ungirás también a Aarón y a sus hijos, y los consagrarás para que sean mis sacerdotes.
31 Y hablarás a los hijos de Israel, diciendo: Este será mi aceite de la santa unción por vuestras generaciones.
32 Sobre carne de hombre no será derramado, ni haréis otro semejante, conforme a su composición; santo es, y por santo lo tendréis vosotros.
33 Cualquiera que compusiere ungüento semejante, y que pusiere de él sobre extraño, será cortado de entre su pueblo.
34 Dijo además Jehová a Moisés: Toma especias aromáticas, estacte y uña aromática y gálbano aromático e incienso puro; de todo en igual peso,
35 y harás de ello el incienso, un perfume según el arte del perfumador, bien mezclado, puro y santo.
36 Y molerás parte de él en polvo fino, y lo pondrás delante del testimonio en el tabernáculo de reunión, donde yo me mostraré a ti. Os será cosa santísima.
37 Como este incienso que harás, no os haréis otro según su composición; te será cosa sagrada para Jehová.
38 Cualquiera que hiciere otro como este para olerlo, será cortado de entre su pueblo.

Llamamiento de Bezaleel y de Aholiab

31 1 Habló Jehová a Moisés, diciendo:
2 Mira, yo he llamado por nombre a Bezaleel hijo de Uri, hijo de Hur, de la tribu de Judá;
3 y lo he llenado del Espíritu de Dios, en sabiduría y en inteligencia, en ciencia y en todo arte,
4 para inventar diseños, para trabajar en oro, en plata y en bronce,
5 y en artificio de piedras para engastarlas, y en artificio de madera; para trabajar en toda clase de labor.
6 Y he aquí que yo he puesto con él a Aholiab hijo de Ahisamac, de la tribu de Dan; y he puesto sabiduría en el ánimo de todo sabio de corazón, para que hagan todo lo que te he mandado;

basin, with its bronze stand, for washing. Place it between the Tent of Meeting and the altar, and put water in it. 19 Aaron and his sons are to wash their hands and feet with water from it. 20 Whenever they enter the Tent of Meeting, they shall wash with water so that they will not die. Also, when they approach the altar to minister by presenting an offering made to the LORD by fire, 21 they shall wash their hands and feet so that they will not die. This is to be a lasting ordinance for Aaron and his descendants for the generations to come."

Anointing Oil

22 Then the LORD said to Moses, 23 "Take the following fine spices: 500 shekels p of liquid myrrh, half as much (that is, 250 shekels) of fragrant cinnamon, 250 shekels of fragrant cane, 24 500 shekels of cassia — all according to the sanctuary shekel — and a hin q of olive oil. 25 Make these into a sacred anointing oil, a fragrant blend, the work of a perfumer. It will be the sacred anointing oil. 26 Then use it to anoint the Tent of Meeting, the ark of the Testimony, 27 the table and all its articles, the lampstand and its accessories, the altar of incense, 28 the altar of burnt offering and all its utensils, and the basin with its stand. 29 You shall consecrate them so they will be most holy, and whatever touches them will be holy.

30 "Anoint Aaron and his sons and consecrate them so they may serve me as priests. 31 Say to the Israelites, 'This is to be my sacred anointing oil for the generations to come. 32 Do not pour it on men's bodies and do not make any oil with the same formula. It is sacred, and you are to consider it sacred. 33 Whoever makes perfume like it and whoever puts it on anyone other than a priest must be cut off from his people.' "

Incense

34 Then the LORD said to Moses, "Take fragrant spices — gum resin, onycha and galbanum — and pure frankincense, all in equal amounts, 35 and make a fragrant blend of incense, the work of a perfumer. It is to be salted and pure and sacred. 36 Grind some of it to powder and place it in front of the Testimony in the Tent of Meeting, where I will meet with you. It shall be most holy to you. 37 Do not make any incense with this formula for yourselves; consider it holy to the LORD. 38 Whoever makes any like it to enjoy its fragrance must be cut off from his people."

Bezalel and Oholiab

31 Then the LORD said to Moses, 2 "See, I have chosen Bezalel son of Uri, the son of Hur, of the tribe of Judah, 3 and I have filled him with the Spirit of God, with skill, ability and knowledge in all kinds of crafts — 4 to make artistic designs for work in gold, silver and bronze, 5 to cut and set stones, to work in wood, and to engage in all kinds of craftsmanship. 6 Moreover, I have appointed Oholiab son of Ahisamach, of the tribe of Dan, to help him. Also I have given skill to all the craftsmen to make everything I

---

p 23 That is, about 12 1/2 pounds (about 6 kilograms)
q 24 That is, probably about 4 quarts (about 4 liters)

7 el tabernáculo de reunión, el arca del testimonio, el propiciatorio que está sobre ella, y todos los utensilios del tabernáculo,

8 la mesa y sus utensilios, el candelero limpio y todos sus utensilios, el altar del incienso,

9 el altar del holocausto y todos sus utensilios, la fuente y su base,

10 los vestidos del servicio, las vestiduras santas para Aarón el sacerdote, las vestiduras de sus hijos para que ejerzan el sacerdocio,

11 el aceite de la unción, y el incienso aromático para el santuario; harán conforme a todo lo que te he mandado.

El día de reposo como señal

12 Habló además Jehová a Moisés, diciendo:

13 Tú hablarás a los hijos de Israel, diciendo: En verdad vosotros guardaréis mis días de reposo; * porque es señal entre mí y vosotros por vuestras generaciones, para que sepáis que yo soy Jehová que os santifico.

14 Así que guardaréis el día de reposo, * porque santo es a vosotros; el que lo profanare, de cierto morirá; porque cualquiera que hiciere obra alguna en él, aquella persona será cortada de en medio de su pueblo.

15 Seis días se trabajará, mas el día séptimo es día de reposo * consagrado a Jehová; cualquiera que trabaje en el día de reposo, * ciertamente morirá.

16 Guardarán, pues, el día de reposo * los hijos de Israel, celebrándolo por sus generaciones por pacto perpetuo.

17 Señal es para siempre entre mí y los hijos de Israel; porque en seis días hizo Jehová los cielos y la tierra, y en el séptimo día cesó y reposó.

El becerro de oro

18 Y dio a Moisés, cuando acabó de hablar con él en el monte de Sinaí, dos tablas del testimonio, tablas de piedra escritas con el dedo de Dios.

32 1 Viendo el pueblo que Moisés tardaba en descender del monte, se acercaron entonces a Aarón, y le dijeron: Levántate, haznos dioses que vayan delante de nosotros; porque a este Moisés, el varón que nos sacó de la tierra de Egipto, no sabemos qué le haya acontecido.

2 Y Aarón les dijo: Apartad los zarcillos de oro que están en las orejas de vuestras mujeres, de vuestros hijos y de vuestras hijas, y traédmelos.

3 Entonces todo el pueblo apartó los zarcillos de oro que tenían en sus orejas, y los trajeron a Aarón;

4 y él los tomó de las manos de ellos, y le dio forma con buril, e hizo de ello un becerro de fundición. Entonces dijeron: Israel, estos son tus dioses, que te sacaron de la tierra de Egipto.

5 Y viendo esto Aarón, edificó un altar delante del becerro; y pregonó Aarón, y dijo: Mañana será fiesta para Jehová.

6 Y al día siguiente madrugaron, y ofrecieron holocaustos, y presentaron ofrendas de paz; y se sentó el pueblo a comer y a beber, y se levantó a regocijarse.

7 Entonces Jehová dijo a Moisés: Anda, desciende, porque tu pueblo que sacaste de la tierra de Egipto se ha corrompido.

have commanded you: 7 the Tent of Meeting, the ark of the Testimony with the atonement cover on it, and all the other furnishings of the tent— 8 the table and its articles, the pure gold lampstand and all its accessories, the altar of incense, 9 the altar of burnt offering and all its utensils, the basin with its stand— 10 and also the woven garments, both the sacred garments for Aaron the priest and the garments for his sons when they serve as priests, 11 and the anointing oil and fragrant incense for the Holy Place. They are to make them just as I commanded you."

The Sabbath

12 Then the LORD said to Moses, 13 "Say to the Israelites, 'You must observe my Sabbaths. This will be a sign between me and you for the generations to come, so you may know that I am the LORD, who makes you holy.r

14 " 'Observe the Sabbath, because it is holy to you. Anyone who desecrates it must be put to death; whoever does any work on that day must be cut off from his people. 15 For six days, work is to be done, but the seventh day is a Sabbath of rest, holy to the LORD. Whoever does any work on the Sabbath day must be put to death. 16 The Israelites are to observe the Sabbath, celebrating it for the generations to come as a lasting covenant. 17 It will be a sign between me and the Israelites forever, for in six days the LORD made the heavens and the earth, and on the seventh day he abstained from work and rested.' "

18 When the LORD finished speaking to Moses on Mount Sinai, he gave him the two tablets of the Testimony, the tablets of stone inscribed by the finger of God.

The Golden Calf

32 When the people saw that Moses was so long in coming down from the mountain, they gathered around Aaron and said, "Come, make us godss who will go before us. As for this fellow Moses who brought us up out of Egypt, we don't know what has happened to him."

2 Aaron answered them, "Take off the gold earrings that your wives, your sons and your daughters are wearing, and bring them to me." 3 So all the people took off their earrings and brought them to Aaron. 4 He took what they handed him and made it into an idol cast in the shape of a calf, fashioning it with a tool. Then they said, "These are your gods,t O Israel, who brought you up out of Egypt."

5 When Aaron saw this, he built an altar in front of the calf and announced, "Tomorrow there will be a festival to the LORD." 6 So the next day the people rose early and sacrificed burnt offerings and presented fellowship offerings.u Afterward they sat down to eat and drink and got up to indulge in revelry.

7 Then the LORD said to Moses, "Go down, because your people, whom you brought up out of Egypt, have become corrupt. 8 They have been quick to turn away

r13 Or who sanctifies you; or who sets you apart as holy
s1 Or a god; also in verses 23 and 31   t4 Or This is your god; also in verse 8   u6 Traditionally peace offerings

8 Pronto se han apartado del camino que yo les mandé; se han hecho un becerro de fundición, y lo han adorado, y le han ofrecido sacrificios, y han dicho: Israel, estos son tus dioses, que te sacaron de la tierra de Egipto.

9 Dijo más Jehová a Moisés: Yo he visto a este pueblo, que por cierto es pueblo de dura cerviz.

10 Ahora, pues, déjame que se encienda mi ira en ellos, y los consuma; y de ti yo haré una nación grande.

11 Entonces Moisés oró en presencia de Jehová su Dios, y dijo: Oh Jehová, ¿por qué se encenderá tu furor contra tu pueblo, que tú sacaste de la tierra de Egipto con gran poder y con mano fuerte?

12 ¿Por qué han de hablar los egipcios, diciendo: Para mal los sacó, para matarlos en los montes, y para raerlos de sobre la faz de la tierra? Vuélvete del ardor de tu ira, y arrepiéntete de este mal contra tu pueblo.

13 Acuérdate de Abraham, de Isaac y de Israel tus siervos, a los cuales has jurado por ti mismo, y les has dicho: Yo multiplicaré vuestra descendencia como las estrellas del cielo; y daré a vuestra descendencia toda esta tierra de que he hablado, y la tomarán por heredad para siempre.

14 Entonces Jehová se arrepintió del mal que dijo que había de hacer a su pueblo.

15 Y volvió Moisés y descendió del monte, trayendo en su mano las dos tablas del testimonio, las tablas escritas por ambos lados; de uno y otro lado estaban escritas.

16 Y las tablas eran obra de Dios, y la escritura era escritura de Dios grabada sobre las tablas.

17 Cuando oyó Josué el clamor del pueblo que gritaba, dijo a Moisés: Alarido de pelea hay en el campamento.

18 Y él respondió: No es voz de alaridos de fuertes, ni voz de alaridos de débiles; voz de cantar oigo yo.

19 Y aconteció que cuando él llegó al campamento, y vio el becerro y las danzas, ardió la ira de Moisés, y arrojó las tablas de sus manos, y las quebró al pie del monte.

20 Y tomó el becerro que habían hecho, y lo quemó en el fuego, y lo molió hasta reducirlo a polvo, que esparció sobre las aguas, y lo dio a beber a los hijos de Israel.

21 Y dijo Moisés a Aarón: ¿Qué te ha hecho este pueblo, que has traído sobre él tan gran pecado?

22 Y respondió Aarón: No se enoje mi señor; tú conoces al pueblo, que es inclinado a mal.

23 Porque me dijeron: Haznos dioses que vayan delante de nosotros; porque a este Moisés, el varón que nos sacó de la tierra de Egipto, no sabemos qué le haya acontecido.

24 Y yo les respondí: ¿Quién tiene oro? Apartadlo. Y me lo dieron, y lo eché en el fuego, y salió este becerro.

25 Y viendo Moisés que el pueblo estaba desenfrenado, porque Aarón lo había permitido, para vergüenza entre sus enemigos,

26 se puso Moisés a la puerta del campamento, y dijo: ¿Quién está por Jehová? Júntese conmigo. Y se juntaron con él todos los hijos de Leví.

27 Y él les dijo: Así ha dicho Jehová, el Dios de Israel: Poned cada uno su espada sobre su muslo; pasad y volved de puerta a puerta por el campamento, y matad cada uno a su hermano, y a su amigo, y a su pariente.

28 Y los hijos de Leví lo hicieron conforme al dicho de Moisés; y cayeron del pueblo en aquel día como tres mil hombres.

from what I commanded them and have made themselves an idol cast in the shape of a calf. They have bowed down to it and sacrificed to it and have said, 'These are your gods, O Israel, who brought you up out of Egypt.'

9 "I have seen these people," the LORD said to Moses, "and they are a stiff-necked people. 10 Now leave me alone so that my anger may burn against them and that I may destroy them. Then I will make you into a great nation."

11 But Moses sought the favor of the LORD his God. "O LORD," he said, "why should your anger burn against your people, whom you brought out of Egypt with great power and a mighty hand? 12 Why should the Egyptians say, 'It was with evil intent that he brought them out, to kill them in the mountains and to wipe them off the face of the earth'? Turn from your fierce anger; relent and do not bring disaster on your people. 13 Remember your servants Abraham, Isaac and Israel, to whom you swore by your own self: 'I will make your descendants as numerous as the stars in the sky and I will give your descendants all this land I promised them, and it will be their inheritance forever.' " 14 Then the LORD relented and did not bring on his people the disaster he had threatened.

15 Moses turned and went down the mountain with the two tablets of the Testimony in his hands. They were inscribed on both sides, front and back. 16 The tablets were the work of God; the writing was the writing of God, engraved on the tablets.

17 When Joshua heard the noise of the people shouting, he said to Moses, "There is the sound of war in the camp."

18 Moses replied:

"It is not the sound of victory,
    it is not the sound of defeat;
    it is the sound of singing that I hear."

19 When Moses approached the camp and saw the calf and the dancing, his anger burned and he threw the tablets out of his hands, breaking them to pieces at the foot of the mountain. 20 And he took the calf they had made and burned it in the fire; then he ground it to powder, scattered it on the water and made the Israelites drink it.

21 He said to Aaron, "What did these people do to you, that you led them into such great sin?"

22 "Do not be angry, my lord," Aaron answered. "You know how prone these people are to evil. 23 They said to me, 'Make us gods who will go before us. As for this fellow Moses who brought us up out of Egypt, we don't know what has happened to him.' 24 So I told them, 'Whoever has any gold jewelry, take it off.' Then they gave me the gold, and I threw it into the fire, and out came this calf!'

25 Moses saw that the people were running wild and that Aaron had let them get out of control and so become a laughingstock to their enemies. 26 So he stood at the entrance to the camp and said, "Whoever is for the LORD, come to me." And all the Levites rallied to him.

27 Then he said to them, "This is what the LORD, the God of Israel, says: 'Each man strap a sword to his side. Go back and forth through the camp from one end to the other, each killing his brother and friend and neighbor.' " 28 The Levites did as Moses commanded, and that day about three thousand of the people died.

²⁹ Entonces Moisés dijo: Hoy os habéis consagrado a Jehová, pues cada uno se ha consagrado en su hijo y en su hermano, para que él dé bendición hoy sobre vosotros.

³⁰ Y aconteció que al día siguiente dijo Moisés al pueblo: Vosotros habéis cometido un gran pecado, pero yo subiré ahora a Jehová; quizá le aplacaré acerca de vuestro pecado.

³¹ Entonces volvió Moisés a Jehová, y dijo: Te ruego, pues este pueblo ha cometido un gran pecado, porque se hicieron dioses de oro,

³² que perdones ahora su pecado, y si no, ráeme ahora de tu libro que has escrito.

³³ Y Jehová respondió a Moisés: Al que pecare contra mí, a éste raeré yo de mi libro.

³⁴ Vé, pues, ahora, lleva a este pueblo a donde te he dicho; he aquí mi ángel irá delante de ti; pero en el día del castigo, yo castigaré en ellos su pecado.

³⁵ Y Jehová hirió al pueblo, porque habían hecho el becerro que formó Aarón.

²⁹ Then Moses said, "You have been set apart to the LORD today, for you were against your own sons and brothers, and he has blessed you this day."

³⁰ The next day Moses said to the people, "You have committed a great sin. But now I will go up to the LORD; perhaps I can make atonement for your sin."

³¹ So Moses went back to the LORD and said, "Oh, what a great sin these people have committed! They have made themselves gods of gold. ³²But now, please forgive their sin—but if not, then blot me out of the book you have written."

³³ The LORD replied to Moses, "Whoever has sinned against me I will blot out of my book. ³⁴Now go, lead the people to the place I spoke of, and my angel will go before you. However, when the time comes for me to punish, I will punish them for their sin."

³⁵ And the LORD struck the people with a plague because of what they did with the calf Aaron had made.

La presencia de Dios prometida

33 ¹ Jehová dijo a Moisés: Anda, sube de aquí, tú y el pueblo que sacaste de la tierra de Egipto, a la tierra de la cual juré a Abraham, Isaac y Jacob, diciendo: A tu descendencia la daré;

² y yo enviaré delante de ti el ángel, y echaré fuera al cananeo y al amorreo, al heteo, al ferezeo, al heveo y al jebuseo

³ (a la tierra que fluye leche y miel); pero yo no subiré en medio de ti, porque eres pueblo de dura cerviz, no sea que te consuma en el camino.

⁴ Y oyendo el pueblo esta mala noticia, vistieron luto, y ninguno se puso sus atavíos.

⁵ Porque Jehová había dicho a Moisés: Dí a los hijos de Israel: Vosotros sois pueblo de dura cerviz; en un momento subiré en medio de ti, y te consumiré. Quítate, pues, ahora tus atavíos, para que yo sepa lo que te he de hacer.

⁶ Entonces los hijos de Israel se despojaron de sus atavíos desde el monte Horeb.

⁷ Y Moisés tomó el tabernáculo, y lo levantó lejos, fuera del campamento, y lo llamó el Tabernáculo de Reunión. Y cualquiera que buscaba a Jehová, salía al tabernáculo de reunión que estaba fuera del campamento.

⁸ Y sucedía que cuando salía Moisés al tabernáculo, todo el pueblo se levantaba, y cada cual estaba en pie a la puerta de su tienda, y miraban en pos de Moisés, hasta que él entraba en el tabernáculo.

⁹ Cuando Moisés entraba en el tabernáculo, la columna de nube descendía y se ponía a la puerta del tabernáculo, y Jehová hablaba con Moisés.

¹⁰ Y viendo todo el pueblo la columna de nube que estaba a la puerta del tabernáculo, se levantaba cada uno a la puerta de su tienda y adoraba.

¹¹ Y hablaba Jehová a Moisés cara a cara, como habla cualquiera a su compañero. Y él volvía al campamento; pero el joven Josué hijo de Nun, su servidor, nunca se apartaba de en medio del tabernáculo.

¹² Y dijo Moisés a Jehová: Mira, tú me dices a mí: Saca este pueblo; y tú no me has declarado a quién enviarás conmigo. Sin embargo, tú dices: Yo te he conocido por tu nombre, y has hallado también gracia en mis ojos.

¹³ Ahora, pues, si he hallado gracia en tus ojos, te ruego que me muestres ahora tu camino, para que te conozca, y halle gracia en tus ojos; y mira que esta gente es pueblo tuyo.

¹⁴ Y él dijo: Mi presencia irá contigo, y te daré descanso.

¹⁵ Y Moisés respondió: Si tu presencia no ha de ir conmigo,

33 ¹ Then the LORD said to Moses, "Leave this place, you and the people you brought up out of Egypt, and go up to the land I promised on oath to Abraham, Isaac and Jacob, saying, 'I will give it to your descendants.' ²I will send an angel before you and drive out the Canaanites, Amorites, Hittites, Perizzites, Hivites and Jebusites. ³Go up to the land flowing with milk and honey. But I will not go with you, because you are a stiff-necked people and I might destroy you on the way."

⁴ When the people heard these distressing words, they began to mourn and no one put on any ornaments. ⁵For the LORD had said to Moses, "Tell the Israelites, 'You are a stiff-necked people. If I were to go with you even for a moment, I might destroy you. Now take off your ornaments and I will decide what to do with you.' " ⁶So the Israelites stripped off their ornaments at Mount Horeb.

The Tent of Meeting

⁷ Now Moses used to take a tent and pitch it outside the camp some distance away, calling it the "tent of meeting." Anyone inquiring of the LORD would go to the tent of meeting outside the camp. ⁸And whenever Moses went out to the tent, all the people rose and stood at the entrances to their tents, watching Moses until he entered the tent. ⁹As Moses went into the tent, the pillar of cloud would come down and stay at the entrance, while the LORD spoke with Moses. ¹⁰Whenever the people saw the pillar of cloud standing at the entrance to the tent, they all stood and worshiped, each at the entrance to his tent. ¹¹The LORD would speak to Moses face to face, as a man speaks with his friend. Then Moses would return to the camp, but his young aide Joshua son of Nun did not leave the tent.

Moses and the Glory of the LORD

¹² Moses said to the LORD, "You have been telling me, 'Lead these people,' but you have not let me know whom you will send with me. You have said, 'I know you by name and you have found favor with me.' ¹³If you are pleased with me, teach me your ways so I may know you and continue to find favor with you. Remember that this nation is your people."

¹⁴ The LORD replied, "My Presence will go with you, and I will give you rest."

no nos saques de aquí.

16¿Y en qué se conocerá aquí que he hallado gracia en tus ojos, yo y tu pueblo, sino en que tú andes con nosotros, y que yo y tu pueblo seamos apartados de todos los pueblos que están sobre la faz de la tierra?

17Y Jehová dijo a Moisés: También haré esto que has dicho, por cuanto has hallado gracia en mis ojos, y te he conocido por tu nombre.

18El entonces dijo: Te ruego que me muestres tu gloria.

19Y le respondió: Yo haré pasar todo mi bien delante de tu rostro, y proclamaré el nombre de Jehová delante de ti; y tendré misericordia del que tendré misericordia, y seré clemente para con el que seré clemente.

20Dijo más: No podrás ver mi rostro; porque no me verá hombre, y vivirá.

21Y dijo aún Jehová: He aquí un lugar junto a mí, y tú estarás sobre la peña;

22y cuando pase mi gloria, yo te pondré en una hendidura de la peña, y te cubriré con mi mano hasta que haya pasado.

23Después apartaré mi mano, y verás mis espaldas; mas no se verá mi rostro.

El pacto renovado

34 1Y Jehová dijo a Moisés: Alísate dos tablas de piedra como las primeras, y escribiré sobre esas tablas las palabras que estaban en las tablas primeras que quebraste.

2Prepárate, pues, para mañana, y sube de mañana al monte de Sinaí, y preséntate ante mí sobre la cumbre del monte.

3Y no suba hombre contigo, ni parezca alguno en todo el monte; ni ovejas ni bueyes pazcan delante del monte.

4Y Moisés alisó dos tablas de piedra como las primeras; y se levantó de mañana y subió al monte Sinaí, como le mandó Jehová, y llevó en su mano las dos tablas de piedra.

5Y Jehová descendió en la nube, y estuvo allí con él, proclamando el nombre de Jehová.

6Y pasando Jehová por delante de él, proclamó: ¡Jehová! ¡Jehová! fuerte, misericordioso y piadoso; tardo para la ira, y grande en misericordia y verdad;

7que guarda misericordia a millares, que perdona la iniquidad, la rebelión y el pecado, y que de ningún modo tendrá por inocente al malvado; que visita la iniquidad de los padres sobre los hijos y sobre los hijos de los hijos, hasta la tercera y cuarta generación.

8Entonces Moisés, apresurándose, bajó la cabeza hacia el suelo y adoró.

9Y dijo: Si ahora, Señor, he hallado gracia en tus ojos, vaya ahora el Señor en medio de nosotros; porque es un pueblo de dura cerviz; y perdona nuestra iniquidad y nuestro pecado, y tómanos por tu heredad.

10Y él contestó: He aquí, yo hago pacto delante de todo tu pueblo; haré maravillas que no han sido hechas en toda la tierra, ni en nación alguna, y verá todo el pueblo en medio del cual estás tú, la obra de Jehová; porque será cosa tremenda la que yo haré contigo.

Advertencia contra la idolatría de Canaán

11Guarda lo que yo te mando hoy; he aquí que yo echo de delante de tu presencia al amorreo, al cananeo, al heteo, al ferezeo, al heveo y al jebuseo.

12Guárdate de hacer alianza con los moradores de la tierra donde has de entrar, para que no sean tropezadero en medio de ti.

13Derribaréis sus altares, y quebraréis sus estatuas, y cortaréis sus imágenes de Asera.

14Porque no te has de inclinar a ningún otro dios, pues

15Then Moses said to him, "If your Presence does not go with us, do not send us up from here. 16How will anyone know that you are pleased with me and with your people unless you go with us? What else will distinguish me and your people from all the other people on the face of the earth?"

17And the LORD said to Moses, "I will do the very thing you have asked, because I am pleased with you and I know you by name."

18Then Moses said, "Now show me your glory."

19And the LORD said, "I will cause all my goodness to pass in front of you, and I will proclaim my name, the LORD, in your presence. I will have mercy on whom I will have mercy, and I will have compassion on whom I will have compassion. 20But," he said, "you cannot see my face, for no one may see me and live."

21Then the LORD said, "There is a place near me where you may stand on a rock. 22When my glory passes by, I will put you in a cleft in the rock and cover you with my hand until I have passed by. 23Then I will remove my hand and you will see my back; but my face must not be seen."

The New Stone Tablets

34 The LORD said to Moses, "Chisel out two stone tablets like the first ones, and I will write on them the words that were on the first tablets, which you broke. 2Be ready in the morning, and then come up on Mount Sinai. Present yourself to me there on top of the mountain. 3No one is to come with you or be seen anywhere on the mountain; not even the flocks and herds may graze in front of the mountain."

4So Moses chiseled out two stone tablets like the first ones and went up Mount Sinai early in the morning, as the LORD had commanded him; and he carried the two stone tablets in his hands. 5Then the LORD came down in the cloud and stood there with him and proclaimed his name, the LORD. 6And he passed in front of Moses, proclaiming, "The LORD, the LORD, the compassionate and gracious God, slow to anger, abounding in love and faithfulness, 7maintaining love to thousands, and forgiving wickedness, rebellion and sin. Yet he does not leave the guilty unpunished; he punishes the children and their children for the sin of the fathers to the third and fourth generation."

8Moses bowed to the ground at once and worshiped. 9"O Lord, if I have found favor in your eyes," he said, "then let the Lord go with us. Although this is a stiff-necked people, forgive our wickedness and our sin, and take us as your inheritance."

10Then the LORD said: "I am making a covenant with you. Before all your people I will do wonders never before done in any nation in all the world. The people you live among will see how awesome is the work that I, the LORD, will do for you. 11Obey what I command you today. I will drive out before you the Amorites, Canaanites, Hittites, Perizzites, Hivites and Jebusites. 12Be careful not to make a treaty with those who live in the land where you are going, or they will be a snare among you. 13Break down their altars, smash their sacred stones and cut down their Asherah poles.v 14Do not worship any other god, for the LORD,

---

v13 That is, symbols of the goddess Asherah

Jehová, cuyo nombre es Celoso, Dios celoso es.

15 Por tanto, no harás alianza con los moradores de aquella tierra; porque fornicarán en pos de sus dioses, y ofrecerán sacrificios a sus dioses, y te invitarán, y comerás de sus sacrificios;

16 o tomando de sus hijas para tus hijos, y fornicando sus hijas en pos de sus dioses, harán fornicar también a tus hijos en pos de los dioses de ellas.

17 No te harás dioses de fundición.

Fiestas anuales

18 La fiesta de los panes sin levadura guardarás; siete días comerás pan sin levadura, según te he mandado, en el tiempo señalado del mes de Abib; porque en el mes de Abib saliste de Egipto.

19 Todo primer nacido, mío es; y de tu ganado todo primogénito de vaca o de oveja, que sea macho.

20 Pero redimirás con cordero el primogénito del asno; y si no lo redimieres, quebrarás su cerviz. Redimirás todo primogénito de tus hijos; y ninguno se presentará delante de mí con las manos vacías.

21 Seis días trabajarás, mas en el séptimo día descansarás; aun en la arada y en la siega, descansarás.

22 También celebrarás la fiesta de las semanas, la de las primicias de la siega del trigo, y la fiesta de la cosecha a la salida del año.

23 Tres veces en el año se presentará todo varón tuyo delante de Jehová el Señor, Dios de Israel.

24 Porque yo arrojaré a las naciones de tu presencia, y ensancharé tu territorio; y ninguno codiciará tu tierra, cuando subas para presentarte delante de Jehová tu Dios tres veces en el año.

25 No ofrecerás cosa leudada junto con la sangre de mi sacrificio, ni se dejará hasta la mañana nada del sacrificio de la fiesta de la pascua.

26 Las primicias de los primeros frutos de tu tierra llevarás a la casa de Jehová tu Dios. No cocerás el cabrito en la leche de su madre.

Moisés y las tablas de la ley

27 Y Jehová dijo a Moisés: Escribe tú estas palabras; porque conforme a estas palabras he hecho pacto contigo y con Israel.

28 Y él estuvo allí con Jehová cuarenta días y cuarenta noches; no comió pan, ni bebió agua; y escribió en tablas las palabras del pacto, los diez mandamientos.

29 Y aconteció que descendiendo Moisés del monte Sinaí con las dos tablas del testimonio en su mano, al descender del monte, no sabía Moisés que la piel de su rostro resplandecía, después que hubo hablado con Dios.

30 Y Aarón y todos los hijos de Israel miraron a Moisés, y he aquí la piel de su rostro era resplandeciente; y tuvieron miedo de acercarse a él.

31 Entonces Moisés los llamó; y Aarón y todos los príncipes de la congregación volvieron a él, y Moisés les habló.

32 Después se acercaron todos los hijos de Israel, a los cuales mandó todo lo que Jehová le había dicho en el monte Sinaí.

33 Y cuando acabó Moisés de hablar con ellos, puso un velo sobre su rostro.

34 Cuando venía Moisés delante de Jehová para hablar con él, se quitaba el velo hasta que salía; y saliendo, decía a los hijos de Israel lo que le era mandado.

35 Y al mirar los hijos de Israel el rostro de Moisés, veían que la piel de su rostro era resplandeciente; y volvía Moisés a poner el velo sobre su rostro, hasta que entraba a hablar con Dios.

whose name is Jealous, is a jealous God.

15 "Be careful not to make a treaty with those who live in the land; for when they prostitute themselves to their gods and sacrifice to them, they will invite you and you will eat their sacrifices. 16 And when you choose some of their daughters as wives for your sons and those daughters prostitute themselves to their gods, they will lead your sons to do the same.

17 "Do not make cast idols.

18 "Celebrate the Feast of Unleavened Bread. For seven days eat bread made without yeast, as I commanded you. Do this at the appointed time in the month of Abib, for in that month you came out of Egypt.

19 "The first offspring of every womb belongs to me, including all the firstborn males of your livestock, whether from herd or flock. 20 Redeem the firstborn donkey with a lamb, but if you do not redeem it, break its neck. Redeem all your firstborn sons.

"No one is to appear before me empty-handed.

21 "Six days you shall labor, but on the seventh day you shall rest; even during the plowing season and harvest you must rest.

22 "Celebrate the Feast of Weeks with the firstfruits of the wheat harvest, and the Feast of Ingathering at the turn of the year. w 23 Three times a year all your men are to appear before the Sovereign LORD, the God of Israel. 24 I will drive out nations before you and enlarge your territory, and no one will covet your land when you go up three times each year to appear before the LORD your God.

25 "Do not offer the blood of a sacrifice to me along with anything containing yeast, and do not let any of the sacrifice from the Passover Feast remain until morning.

26 "Bring the best of the firstfruits of your soil to the house of the LORD your God.

"Do not cook a young goat in its mother's milk."

27 Then the LORD said to Moses, "Write down these words, for in accordance with these words I have made a covenant with you and with Israel." 28 Moses was there with the LORD forty days and forty nights without eating bread or drinking water. And he wrote on the tablets the words of the covenant—the Ten Commandments.

The Radiant Face of Moses

29 When Moses came down from Mount Sinai with the two tablets of the Testimony in his hands, he was not aware that his face was radiant because he had spoken with the LORD. 30 When Aaron and all the Israelites saw Moses, his face was radiant, and they were afraid to come near him. 31 But Moses called to them; so Aaron and all the leaders of the community came back to him, and he spoke to them. 32 Afterward all the Israelites came near him, and he gave them all the commands the LORD had given him on Mount Sinai.

33 When Moses finished speaking to them, he put a veil over his face. 34 But whenever he entered the LORD's presence to speak with him, he removed the veil until he came out. And when he came out and told the Israelites what he had been commanded, 35 they saw that his face was radiant. Then Moses would put the veil back over his face until he went in to speak with the LORD.

w 22 That is, in the fall

Reglamento del día de reposo

35 ¹Moisés convocó a toda la congregación de los hijos de Israel y les dijo: Estas son las cosas que Jehová ha mandado que sean hechas:
²Seis días se trabajará, mas el día séptimo os será santo, día de reposo * para Jehová; cualquiera que en él hiciere trabajo alguno, morirá.
³No encenderéis fuego en ninguna de vuestras moradas en el día de reposo. *

La ofrenda para el tabernáculo

⁴Y habló Moisés a toda la congregación de los hijos de Israel, diciendo: Esto es lo que Jehová ha mandado:
⁵Tomad de entre vosotros ofrenda para Jehová; todo generoso de corazón la traerá a Jehová; oro, plata, bronce,
⁶azul, púrpura, carmesí, lino fino, pelo de cabras,
⁷pieles de carneros teñidas de rojo, pieles de tejones, madera de acacia,
⁸aceite para el alumbrado, especias para el aceite de la unción y para el incienso aromático,
⁹y piedras de ónice y piedras de engaste para el efod y para el pectoral.

La obra del tabernáculo

¹⁰Todo sabio de corazón de entre vosotros vendrá y hará todas las cosas que Jehová ha mandado:
¹¹el tabernáculo, su tienda, su cubierta, sus corchetes, sus tablas, sus barras, sus columnas y sus basas;
¹²el arca y sus varas, el propiciatorio, y el velo de la tienda;
¹³la mesa y sus varas, y todos sus utensilios, y el pan de la proposición;
¹⁴el candelero del alumbrado y sus utensilios, sus lámparas, y el aceite para el alumbrado;
¹⁵el altar del incienso y sus varas, el aceite de la unción, el incienso aromático, la cortina de la puerta para la entrada del tabernáculo;
¹⁶el altar del holocausto, su enrejado de bronce y sus varas, y todos sus utensilios, y la fuente con su base;
¹⁷las cortinas del atrio, sus columnas y sus basas, la cortina de la puerta del atrio;
¹⁸las estacas del tabernáculo, y las estacas del atrio y sus cuerdas;
¹⁹las vestiduras del servicio para ministrar en el santuario, las sagradas vestiduras de Aarón el sacerdote, y las vestiduras de sus hijos para servir en el sacerdocio.

El pueblo trae la ofrenda

²⁰Y salió toda la congregación de los hijos de Israel de delante de Moisés.
²¹Y vino todo varón a quien su corazón estimuló, y todo aquel a quien su espíritu le dio voluntad, con ofrenda a Jehová para la obra del tabernáculo de reunión y para toda su obra, y para las sagradas vestiduras.
²²Vinieron así hombres como mujeres, todos los voluntarios de corazón, y trajeron cadenas y zarcillos, anillos y brazaletes y toda clase de joyas de oro; y todos presentaban ofrenda de oro a Jehová.
²³Todo hombre que tenía azul, púrpura, carmesí, lino fino, pelo de cabras, pieles de carneros teñidas de rojo, o pieles de tejones, lo traía.
²⁴Todo el que ofrecía ofrenda de plata o de bronce traía a Jehová la ofrenda; y todo el que tenía madera de acacia la traía para toda la obra del servicio.
²⁵Además todas las mujeres sabias de corazón hilaban con sus manos, y traían lo que habían hilado: azul, púrpura, carmesí o lino fino.

Sabbath Regulations

35 Moses assembled the whole Israelite community and said to them, "These are the things the LORD has commanded you to do: ²For six days, work is to be done, but the seventh day shall be your holy day, a Sabbath of rest to the LORD. Whoever does any work on it must be put to death. ³Do not light a fire in any of your dwellings on the Sabbath day."

Materials for the Tabernacle

⁴Moses said to the whole Israelite community, "This is what the LORD has commanded: ⁵From what you have, take an offering for the LORD. Everyone who is willing is to bring to the LORD an offering of gold, silver and bronze; ⁶blue, purple and scarlet yarn and fine linen; goat hair; ⁷ram skins dyed red and hides of sea cowsˣ; acacia wood; ⁸olive oil for the light; spices for the anointing oil and for the fragrant incense; ⁹and onyx stones and other gems to be mounted on the ephod and breastpiece.

¹⁰"All who are skilled among you are to come and make everything the LORD has commanded: ¹¹the tabernacle with its tent and its covering, clasps, frames, crossbars, posts and bases; ¹²the ark with its poles and the atonement cover and the curtain that shields it; ¹³the table with its poles and all its articles and the bread of the Presence; ¹⁴the lampstand that is for light with its accessories, lamps and oil for the light; ¹⁵the altar of incense with its poles, the anointing oil and fragrant incense; the curtain for the doorway at the entrance to the tabernacle; ¹⁶the altar of burnt offering with its bronze grating, its poles and all its utensils; the bronze basin with its stand; ¹⁷the curtains of the courtyard with its posts and bases, and the curtain for the entrance to the courtyard; ¹⁸the tent pegs for the tabernacle and for the courtyard, and their ropes; ¹⁹the woven garments worn for ministering in the sanctuary—both the sacred garments for Aaron the priest and the garments for his sons when they serve as priests."

²⁰Then the whole Israelite community withdrew from Moses' presence, ²¹and everyone who was willing and whose heart moved him came and brought an offering to the LORD for the work on the Tent of Meeting, for all its service, and for the sacred garments. ²²All who were willing, men and women alike, came and brought gold jewelry of all kinds: brooches, earrings, rings and ornaments. They all presented their gold as a wave offering to the LORD. ²³Everyone who had blue, purple or scarlet yarn or fine linen, or goat hair, ram skins dyed red or hides of sea cows brought them. ²⁴Those presenting an offering of silver or bronze brought it as an offering to the LORD, and everyone who had acacia wood for any part of the work brought it. ²⁵Every skilled woman spun with her hands and brought what she had spun—blue, purple

---

26 Y todas las mujeres cuyo corazón las impulsó en sabiduría hilaron pelo de cabra.

27 Los príncipes trajeron piedras de ónice, y las piedras de los engastes para el efod y el pectoral,

28 y las especias aromáticas, y el aceite para el alumbrado, y para el aceite de la unción, y para el incienso aromático.

29 De los hijos de Israel, así hombres como mujeres, todos los que tuvieron corazón voluntario para traer para toda la obra, que Jehová había mandado por medio de Moisés que hiciesen, trajeron ofrenda voluntaria a Jehová.

Llamamiento de Bezaleel y de Aholiab

30 Y dijo Moisés a los hijos de Israel: Mirad, Jehová ha nombrado a Bezaleel hijo de Uri, hijo de Hur, de la tribu de Judá;

31 y lo ha llenado del Espíritu de Dios, en sabiduría, en inteligencia, en ciencia y en todo arte,

32 para proyectar diseños, para trabajar en oro, en plata y en bronce,

33 y en la talla de piedras de engaste, y en obra de madera, para trabajar en toda labor ingeniosa.

34 Y ha puesto en su corazón el que pueda enseñar, así él como Aholiab hijo de Ahisamac, de la tribu de Dan;

35 y los ha llenado de sabiduría de corazón, para que hagan toda obra de arte y de invención, y de bordado en azul, en púrpura, en carmesí, en lino fino y en telar, para que hagan toda labor, e inventen todo diseño.

36 ¹ Así, pues, Bezaleel y Aholiab, y todo hombre sabio de corazón a quien Jehová dio sabiduría e inteligencia para saber hacer toda la obra del servicio del santuario, harán todas las cosas que ha mandado Jehová.

Moisés suspende la ofrenda del pueblo

2 Y Moisés llamó a Bezaleel y a Aholiab y a todo varón sabio de corazón, en cuyo corazón había puesto Jehová sabiduría, todo hombre a quien su corazón le movió a venir a la obra para trabajar en ella.

3 Y tomaron de delante de Moisés toda la ofrenda que los hijos de Israel habían traído para la obra del servicio del santuario, a fin de hacerla. Y ellos seguían trayéndole ofrenda voluntaria cada mañana.

4 Tanto, que vinieron todos los maestros que hacían toda la obra del santuario, cada uno de la obra que hacía,

5 y hablaron a Moisés, diciendo: El pueblo trae mucho más de lo que se necesita para la obra que Jehová ha mandado que se haga.

6 Entonces Moisés mandó pregonar por el campamento, diciendo: Ningún hombre ni mujer haga más para la ofrenda del santuario. Así se le impidió al pueblo ofrecer más;

7 pues tenían material abundante para hacer toda la obra, y sobraba.

Construcción del tabernáculo

8 Todos los sabios de corazón de entre los que hacían la obra, hicieron el tabernáculo de diez cortinas de lino torcido, azul, púrpura y carmesí; las hicieron con querubines de obra primorosa.

9 La longitud de una cortina era de veintiocho codos, y la anchura de cuatro codos; todas las cortinas eran de igual medida.

10 Cinco de las cortinas las unió entre sí, y asimismo unió las otras cinco cortinas entre sí.

11 E hizo lazadas de azul en la orilla de la cortina que estaba al extremo de la primera serie; e hizo lo mismo en la orilla de la cortina final de la segunda serie.

or scarlet yarn or fine linen. 26And all the women who were willing and had the skill spun the goat hair. 27The leaders brought onyx stones and other gems to be mounted on the ephod and breastpiece. 28They also brought spices and olive oil for the light and for the anointing oil and for the fragrant incense. 29All the Israelite men and women who were willing brought to the LORD freewill offerings for all the work the LORD through Moses had commanded them to do.

Bezalel and Oholiab

30Then Moses said to the Israelites, "See, the LORD has chosen Bezalel son of Uri, the son of Hur, of the tribe of Judah, 31and he has filled him with the Spirit of God, with skill, ability and knowledge in all kinds of crafts— 32to make artistic designs for work in gold, silver and bronze, 33to cut and set stones, to work in wood and to engage in all kinds of artistic craftsmanship. 34And he has given both him and Oholiab son of Ahisamach, of the tribe of Dan, the ability to teach others. 35He has filled them with skill to do all kinds of work as craftsmen, designers, embroiderers in blue, purple and scarlet yarn and fine linen, and weavers— all of them master craftsmen and designers.

36 ¹So Bezalel, Oholiab and every skilled person to whom the LORD has given skill and ability to know how to carry out all the work of constructing the sanctuary are to do the work just as the Lord has commanded."

2Then Moses summoned Bezalel and Oholiab and every skilled person to whom the LORD had given ability and who was willing to come and do the work. 3They received from Moses all the offerings the Israelites had brought to carry out the work of constructing the sanctuary. And the people continued to bring freewill offerings morning after morning. 4So all the skilled craftsmen who were doing all the work on the sanctuary left their work 5and said to Moses, "The people are bringing more than enough for doing the work the LORD commanded to be done."

6Then Moses gave an order and they sent this word throughout the camp: "No man or woman is to make anything else as an offering for the sanctuary." And so the people were restrained from bringing more, 7because what they already had was more than enough to do all the work.

The Tabernacle

8All the skilled men among the workmen made the tabernacle with ten curtains of finely twisted linen and blue, purple and scarlet yarn, with cherubim worked into them by a skilled craftsman. 9All the curtains were the same size—twenty-eight cubits long and four cubits wide.y 10They joined five of the curtains together and did the same with the other five. 11Then they made loops of blue material along the edge of the end curtain in one set, and the same was done with the end curtain in the other set. 12They also made fifty loops

y9 That is, about 42 feet (about 12.5 meters) long and 6 feet (about 1.8 meters) wide

¹²Cincuenta lazadas hizo en la primera cortina, y otras cincuenta en la orilla de la cortina de la segunda serie; las lazadas de la una correspondían a las de la otra.

¹³Hizo también cincuenta corchetes de oro, con los cuales enlazó las cortinas una con otra, y así quedó formado un tabernáculo.

¹⁴Hizo asimismo cortinas de pelo de cabra para una tienda sobre el tabernáculo; once cortinas hizo.

¹⁵La longitud de una cortina era de treinta codos, y la anchura de cuatro codos; las once cortinas tenían una misma medida.

¹⁶Y unió cinco de las cortinas aparte, y las otras seis cortinas aparte.

¹⁷Hizo además cincuenta lazadas en la orilla de la cortina que estaba al extremo de la primera serie, y otras cincuenta lazadas en la orilla de la cortina final de la segunda serie.

¹⁸Hizo también cincuenta corchetes de bronce para enlazar la tienda, de modo que fuese una.

¹⁹E hizo para la tienda una cubierta de pieles de carneros teñidas de rojo, y otra cubierta de pieles de tejones encima.

²⁰Además hizo para el tabernáculo las tablas de madera de acacia, derechas.

²¹La longitud de cada tabla era de diez codos, y de codo y medio la anchura.

²²Cada tabla tenía dos espigas, para unirlas una con otra; así hizo todas las tablas del tabernáculo.

²³Hizo, pues, las tablas para el tabernáculo; veinte tablas al lado del sur, al mediodía.

²⁴Hizo también cuarenta basas de plata debajo de las veinte tablas: dos basas debajo de una tabla, para sus dos espigas, y dos basas debajo de otra tabla para sus dos espigas.

²⁵Y para el otro lado del tabernáculo, al lado norte, hizo otras veinte tablas,

²⁶con sus cuarenta basas de plata; dos basas debajo de una tabla, y dos basas debajo de otra tabla.

²⁷Y para el lado occidental del tabernáculo hizo seis tablas.

²⁸Para las esquinas del tabernáculo en los dos lados hizo dos tablas,

²⁹las cuales se unían desde abajo, y por arriba se ajustaban con un gozne; así hizo a la una y a la otra en las dos esquinas.

³⁰Eran, pues, ocho tablas, y sus basas de plata dieciséis; dos basas debajo de cada tabla.

³¹Hizo también las barras de madera de acacia; cinco para las tablas de un lado del tabernáculo,

³²cinco barras para las tablas del otro lado del tabernáculo, y cinco barras para las tablas del lado posterior del tabernáculo hacia el occidente.

³³E hizo que la barra de en medio pasase por en medio de las tablas de un extremo al otro.

³⁴Y cubrió de oro las tablas, e hizo de oro los anillos de ellas, por donde pasasen las barras; cubrió también de oro las barras.

³⁵Hizo asimismo el velo de azul, púrpura, carmesí y lino torcido; lo hizo con querubines de obra primorosa.

³⁶Y para él hizo cuatro columnas de madera de acacia, y las cubrió de oro, y sus capiteles eran de oro; y fundió para ellas cuatro basas de plata.

³⁷Hizo también el velo para la puerta del tabernáculo, de azul, púrpura, carmesí y lino torcido, obra de recamador;

³⁸y sus cinco columnas con sus capiteles; y cubrió de oro los capiteles y las molduras, e hizo de bronce sus cinco basas.

on one curtain and fifty loops on the end curtain of the other set, with the loops opposite each other. ¹³Then they made fifty gold clasps and used them to fasten the two sets of curtains together so that the tabernacle was a unit.

¹⁴They made curtains of goat hair for the tent over the tabernacle—eleven altogether. ¹⁵All eleven curtains were the same size—thirty cubits long and four cubits wide.ᶻ ¹⁶They joined five of the curtains into one set and the other six into another set. ¹⁷Then they made fifty loops along the edge of the end curtain in one set and also along the edge of the end curtain in the other set. ¹⁸They made fifty bronze clasps to fasten the tent together as a unit. ¹⁹Then they made for the tent a covering of ram skins dyed red, and over that a covering of hides of sea cows.ᵃ

²⁰They made upright frames of acacia wood for the tabernacle. ²¹Each frame was ten cubits long and a cubit and a half wide,ᵇ ²²with two projections set parallel to each other. They made all the frames of the tabernacle in this way. ²³They made twenty frames for the south side of the tabernacle ²⁴and made forty silver bases to go under them—two bases for each frame, one under each projection. ²⁵For the other side, the north side of the tabernacle, they made twenty frames ²⁶and forty silver bases—two under each frame. ²⁷They made six frames for the far end, that is, the west end of the tabernacle, ²⁸and two frames were made for the corners of the tabernacle at the far end. ²⁹At these two corners the frames were double from the bottom all the way to the top and fitted into a single ring; both were made alike. ³⁰So there were eight frames and sixteen silver bases—two under each frame.

³¹They also made crossbars of acacia wood: five for the frames on one side of the tabernacle, ³²five for those on the other side, and five for the frames on the west, at the far end of the tabernacle. ³³They made the center crossbar so that it extended from end to end at the middle of the frames. ³⁴They overlaid the frames with gold and made gold rings to hold the crossbars. They also overlaid the crossbars with gold.

³⁵They made the curtain of blue, purple and scarlet yarn and finely twisted linen, with cherubim worked into it by a skilled craftsman. ³⁶They made four posts of acacia wood for it and overlaid them with gold. They made gold hooks for them and cast their four silver bases. ³⁷For the entrance to the tent they made a curtain of blue, purple and scarlet yarn and finely twisted linen—the work of an embroiderer; ³⁸and they made five posts with hooks for them. They overlaid the tops of the posts and their bands with gold and made their five bases of bronze.

ᶻ15 That is, about 45 feet (about 13.5 meters) long and 6 feet (about 1.8 meters) wide   ᵃ19 That is, dugongs   ᵇ21 That is, about 15 feet (about 4.5 meters) long and 2 1/4 feet (about 0.7 meter) wide

Mobiliario del tabernáculo

37 ¹Hizo también Bezaleel el arca de madera de acacia; su longitud era de dos codos y medio, su anchura de codo y medio, y su altura de codo y medio. ²Y la cubrió de oro puro por dentro y por fuera, y le hizo una cornisa de oro en derredor.

³Además fundió para ella cuatro anillos de oro a sus cuatro esquinas; en un lado dos anillos y en el otro lado dos anillos. ⁴Hizo también varas de madera de acacia, y las cubrió de oro.

⁵Y metió las varas por los anillos a los lados del arca, para llevar el arca. ⁶Hizo asimismo el propiciatorio de oro puro; su longitud de dos codos y medio, y su anchura de codo y medio. ⁷Hizo también los dos querubines de oro, labrados a martillo, en los dos extremos del propiciatorio.

⁸Un querubín a un extremo, y otro querubín al otro extremo; de una pieza con el propiciatorio hizo los querubines a sus dos extremos. ⁹Y los querubines extendían sus alas por encima, cubriendo con sus alas el propiciatorio; y sus rostros el uno enfrente del otro miraban hacia el propiciatorio.

¹⁰Hizo también la mesa de madera de acacia; su longitud de dos codos, su anchura de un codo, y de codo y medio su altura; ¹¹y la cubrió de oro puro, y le hizo una cornisa de oro alrededor. ¹²Le hizo también una moldura de un palmo menor de anchura alrededor, e hizo en derredor de la moldura una cornisa de oro.

¹³Le hizo asimismo de fundición cuatro anillos de oro, y los puso a las cuatro esquinas que correspondían a las cuatro patas de ella. ¹⁴Debajo de la moldura estaban los anillos, por los cuales se metían las varas para llevar la mesa. ¹⁵E hizo las varas de madera de acacia para llevar la mesa, y las cubrió de oro. ¹⁶También hizo los utensilios que habían de estar sobre la mesa, sus platos, sus cucharas, sus cubiertos y sus tazones con que se había de libar, de oro fino.

¹⁷Hizo asimismo el candelero de oro puro, labrado a martillo; su pie, su caña, sus copas, sus manzanas y sus flores eran de lo mismo. ¹⁸De sus lados salían seis brazos; tres brazos de un lado del candelero, y otros tres brazos del otro lado del candelero.

¹⁹En un brazo, tres copas en forma de flor de almendro, una manzana y una flor, y en otro brazo tres copas en figura de flor de almendro, una manzana y una flor; así en los seis brazos que salían del candelero. ²⁰Y en la caña del candelero había cuatro copas en figura de flor de almendro, sus manzanas y sus flores, ²¹y una manzana debajo de dos brazos del mismo, y otra manzana debajo de otros dos brazos del mismo, y otra manzana debajo de los otros dos brazos del mismo, conforme a los seis brazos que salían de él. ²²Sus manzanas y sus brazos eran de lo mismo; todo era una pieza labrada a martillo, de oro puro. ²³Hizo asimismo sus siete lamparillas, sus despabiladeras y sus platillos, de oro puro. ²⁴De un talento de oro puro lo hizo, con todos sus utensilios.

The Ark

37 Bezalel made the ark of acacia wood — two and a half cubits long, a cubit and a half wide, and a cubit and a half high.^{c} ²He overlaid it with pure gold, both inside and out, and made a gold molding around it. ³He cast four gold rings for it and fastened them to its four feet, with two rings on one side and two rings on the other. ⁴Then he made poles of acacia wood and overlaid them with gold. ⁵And he inserted the poles into the rings on the sides of the ark to carry it.

⁶He made the atonement cover of pure gold — two and a half cubits long and a cubit and a half wide.^{d} ⁷Then he made two cherubim out of hammered gold at the ends of the cover. ⁸He made one cherub on one end and the second cherub on the other; at the two ends he made them of one piece with the cover. ⁹The cherubim had their wings spread upward, overshadowing the cover with them. The cherubim faced each other, looking toward the cover.

The Table

¹⁰They^e made the table of acacia wood — two cubits long, a cubit wide, and a cubit and a half high.^{f} ¹¹Then they overlaid it with pure gold and made a gold molding around it. ¹²They also made around it a rim a handbreadth^g wide and put a gold molding on the rim. ¹³They cast four gold rings for the table and fastened them to the four corners, where the four legs were. ¹⁴The rings were put close to the rim to hold the poles used in carrying the table. ¹⁵The poles for carrying the table were made of acacia wood and were overlaid with gold. ¹⁶And they made from pure gold the articles for the table — its plates and dishes and bowls and its pitchers for the pouring out of drink offerings.

The Lampstand

¹⁷They made the lampstand of pure gold and hammered it out, base and shaft; its flowerlike cups, buds and blossoms were of one piece with it. ¹⁸Six branches extended from the sides of the lampstand — three on one side and three on the other. ¹⁹Three cups shaped like almond flowers with buds and blossoms were on one branch, three on the next branch and the same for all six branches extending from the lampstand. ²⁰And on the lampstand were four cups shaped like almond flowers with buds and blossoms. ²¹One bud was under the first pair of branches extending from the lampstand, a second bud under the second pair, and a third bud under the third pair — six branches in all. ²²The buds and the branches were all of one piece with the lampstand, hammered out of pure gold.

²³They made its seven lamps, as well as its wick trimmers and trays, of pure gold. ²⁴They made the lampstand and all its accessories from one talent^h of pure gold.

$^c1$ That is, about 3 3/4 feet (about 1.1 meters) long and 2 1/4 feet (about 0.7 meter) wide and high $^d6$ That is, about 3 3/4 feet (about 1.1 meters) long and 2 1/4 feet (about 0.7 meter) wide $^e10$ Or *He*; also in verses 11-29 $^f10$ That is, about 3 feet (about 0.9 meter) long, 1 1/2 feet (about 0.5 meter) wide, and 2 1/4 feet (about 0.7 meter) high $^g12$ That is, about 3 inches (about 8 centimeters) $^h24$ That is, about 75 pounds (about 34 kilograms)

25 Hizo también el altar del incienso, de madera de acacia; de un codo su longitud, y de otro codo su anchura; era cuadrado, y su altura de dos codos; y sus cuernos de la misma pieza.

26 Y lo cubrió de oro puro, su cubierta y sus paredes alrededor, y sus cuernos, y le hizo una cornisa de oro alrededor.

27 Le hizo también dos anillos de oro debajo de la cornisa en las dos esquinas a los dos lados, para meter por ellos las varas con que había de ser conducido.

28 E hizo las varas de madera de acacia, y las cubrió de oro.

29 Hizo asimismo el aceite santo de la unción, y el incienso puro, aromático, según el arte del perfumador.

38 1 Igualmente hizo de madera de acacia el altar del holocausto; su longitud de cinco codos, y su anchura de otros cinco codos, cuadrado, y de tres codos de altura.

2 E hizo sus cuernos a sus cuatro esquinas los cuales eran de la misma pieza, y lo cubrió de bronce.

3 Hizo asimismo todos los utensilios del altar; calderos, tenazas, tazones, garfios y palas; todos sus utensilios los hizo de bronce.

4 E hizo para el altar un enrejado de bronce de obra de rejilla, que puso por debajo de su cerco hasta la mitad del altar.

5 También fundió cuatro anillos a los cuatro extremos del enrejado de bronce, para meter las varas.

6 E hizo las varas de madera de acacia, y las cubrió de bronce.

7 Y metió las varas por los anillos a los lados del altar, para llevarlo con ellas; hueco lo hizo, de tablas.

8 También hizo la fuente de bronce y su base de bronce, de los espejos de las mujeres que velaban a la puerta del tabernáculo de reunión.

El atrio del tabernáculo

9 Hizo asimismo el atrio; del lado sur, al mediodía, las cortinas del atrio eran de cien codos, de lino torcido.

10 Sus columnas eran veinte, con sus veinte basas de bronce; los capiteles de las columnas y sus molduras, de plata.

11 Y del lado norte cortinas de cien codos; sus columnas, veinte, con sus veinte basas de bronce; los capiteles de las columnas y sus molduras, de plata.

12 Del lado del occidente, cortinas de cincuenta codos; sus columnas diez, y sus diez basas; los capiteles de las columnas y sus molduras, de plata.

13 Del lado oriental, al este, cortinas de cincuenta codos;

14 a un lado cortinas de quince codos, sus tres columnas y sus tres basas;

15 al otro lado, de uno y otro lado de la puerta del atrio, cortinas de quince codos, con sus tres columnas y sus tres basas.

16 Todas las cortinas del atrio alrededor eran de lino torcido.

17 Las basas de las columnas eran de bronce; los capiteles de las columnas y sus molduras, de plata; asimismo las cubiertas de las cabezas de ellas, de plata; y todas las columnas del atrio tenían molduras de plata.

The Altar of Incense

25 They made the altar of incense out of acacia wood. It was square, a cubit long and a cubit wide, and two cubits high^i—its horns of one piece with it. 26 They overlaid the top and all the sides and the horns with pure gold, and made a gold molding around it. 27 They made two gold rings below the molding—two on opposite sides—to hold the poles used to carry it. 28 They made the poles of acacia wood and overlaid them with gold.

29 They also made the sacred anointing oil and the pure, fragrant incense—the work of a perfumer.

The Altar of Burnt Offering

38 They ^{j} built the altar of burnt offering of acacia wood, three cubits^k high; it was square, five cubits long and five cubits wide.^{l} 2 They made a horn at each of the four corners, so that the horns and the altar were of one piece, and they overlaid the altar with bronze. 3 They made all its utensils of bronze—its pots, shovels, sprinkling bowls, meat forks and firepans. 4 They made a grating for the altar, a bronze network, to be under its ledge, halfway up the altar. 5 They cast bronze rings to hold the poles for the four corners of the bronze grating. 6 They made the poles of acacia wood and overlaid them with bronze. 7 They inserted the poles into the rings so they would be on the sides of the altar for carrying it. They made it hollow, out of boards.

Basin for Washing

8 They made the bronze basin and its bronze stand from the mirrors of the women who served at the entrance to the Tent of Meeting.

The Courtyard

9 Next they made the courtyard. The south side was a hundred cubits^m long and had curtains of finely twisted linen, 10 with twenty posts and twenty bronze bases, and with silver hooks and bands on the posts. 11 The north side was also a hundred cubits long and had twenty posts and twenty bronze bases, with silver hooks and bands on the posts.

12 The west end was fifty cubits^n wide and had curtains, with ten posts and ten bases, with silver hooks and bands on the posts. 13 The east end, toward the sunrise, was also fifty cubits wide. 14 Curtains fifteen cubits^o long were on one side of the entrance, with three posts and three bases, 15 and curtains fifteen cubits long were on the other side of the entrance to the courtyard, with three posts and three bases. 16 All the curtains around the courtyard were of finely twisted linen. 17 The bases for the posts were bronze. The hooks and bands on the posts were silver, and their tops were overlaid with silver; so all the posts of the courtyard had silver bands.

---

^{i}25 That is, about 1 1/2 feet (about 0.5 meter) long and wide, and about 3 feet (about 0.9 meter) high ^{j}1 Or He; also in verses 2-9 ^{k}1 That is, about 4 1/2 feet (about 1.3 meters) ^{l}1 That is, about 7 1/2 feet (about 2.3 meters) long and wide ^{m}9 That is, about 150 feet (about 46 meters) ^{n}12 That is, about 75 feet (about 23 meters) ^{o}14 That is, about 22 1/2 feet (about 6.9 meters)

18 La cortina de la entrada del atrio era de obra de recamador, de azul, púrpura, carmesí y lino torcido; era de veinte codos de longitud, y su anchura, o sea su altura, era de cinco codos, lo mismo que las cortinas del atrio.
19 Sus columnas eran cuatro, con sus cuatro basas de bronce y sus capiteles de plata; y las cubiertas de los capiteles de ellas, y sus molduras, de plata.
20 Todas las estacas del tabernáculo y del atrio alrededor eran de bronce.

Dirección de la obra

21 Estas son las cuentas del tabernáculo, del tabernáculo del testimonio, las que se hicieron por orden de Moisés por obra de los levitas bajo la dirección de Itamar hijo del sacerdote Aarón.
22 Y Bezaleel hijo de Uri, hijo de Hur, de la tribu de Judá, hizo todas las cosas que Jehová mandó a Moisés.
23 Y con él estaba Aholiab hijo de Ahisamac, de la tribu de Dan, artífice, diseñador y recamador en azul, púrpura, carmesí y lino fino.

Metales usados en el santuario

24 Todo el oro empleado en la obra, en toda la obra del santuario, el cual fue oro de la ofrenda, fue veintinueve talentos y setecientos treinta siclos, según el siclo del santuario.
25 Y la plata de los empadronados de la congregación fue cien talentos y mil setecientos setenta y cinco siclos, según el siclo del santuario;
26 medio siclo por cabeza, según el siclo del santuario; a todos los que pasaron por el censo, de edad de veinte años arriba, que fueron seiscientos tres mil quinientos cincuenta.
27 Hubo además cien talentos de plata para fundir las basas del santuario y las basas del velo; en cien basas, cien talentos, a talento por basa.
28 Y de los mil setecientos setenta y cinco siclos hizo los capiteles de las columnas, y cubrió los capiteles de ellas, y las ciñó.
29 El bronce ofrendado fue setenta talentos y dos mil cuatrocientos siclos,
30 del cual fueron hechas las basas de la puerta del tabernáculo de reunión, y el altar de bronce y su enrejado de bronce, y todos los utensilios del altar,
31 las basas del atrio alrededor, las basas de la puerta del atrio, y todas las estacas del tabernáculo y todas las estacas del atrio alrededor.

Hechura de las vestiduras de los sacerdotes

39 1 Del azul, púrpura y carmesí hicieron las vestiduras del ministerio para ministrar en el santuario, y asimismo hicieron las vestiduras sagradas para Aarón, como Jehová lo había mandado a Moisés.
2 Hizo también el efod de oro, de azul, púrpura, carmesí y lino torcido.
3 Y batieron láminas de oro, y cortaron hilos para tejerlos entre el azul, la púrpura, el carmesí y el lino, con labor primorosa.

18 The curtain for the entrance to the courtyard was of blue, purple and scarlet yarn and finely twisted linen—the work of an embroiderer. It was twenty cubits*p* long and, like the curtains of the courtyard, five cubits*q* high, 19 with four posts and four bronze bases. Their hooks and bands were silver, and their tops were overlaid with silver. 20 All the tent pegs of the tabernacle and of the surrounding courtyard were bronze.

The Materials Used

21 These are the amounts of the materials used for the tabernacle, the tabernacle of the Testimony, which were recorded at Moses' command by the Levites under the direction of Ithamar son of Aaron, the priest. 22 (Bezalel son of Uri, the son of Hur, of the tribe of Judah, made everything the LORD commanded Moses; 23 with him was Oholiab son of Ahisamach, of the tribe of Dan—a craftsman and designer, and an embroiderer in blue, purple and scarlet yarn and fine linen.) 24 The total amount of the gold from the wave offering used for all the work on the sanctuary was 29 talents and 730 shekels,*r* according to the sanctuary shekel.
25 The silver obtained from those of the community who were counted in the census was 100 talents and 1,775 shekels,*s* according to the sanctuary shekel— 26 one beka per person, that is, half a shekel,*t* according to the sanctuary shekel, from everyone who had crossed over to those counted, twenty years old or more, a total of 603,550 men. 27 The 100 talents*u* of silver were used to cast the bases for the sanctuary and for the curtain—100 bases from the 100 talents, one talent for each base. 28 They used the 1,775 shekels*v* to make the hooks for the posts, to overlay the tops of the posts, and to make their bands.
29 The bronze from the wave offering was 70 talents and 2,400 shekels.*w* 30 They used it to make the bases for the entrance to the Tent of Meeting, the bronze altar with its bronze grating and all its utensils, 31 the bases for the surrounding courtyard and those for its entrance and all the tent pegs for the tabernacle and those for the surrounding courtyard.

The Priestly Garments

39 From the blue, purple and scarlet yarn they made woven garments for ministering in the sanctuary. They also made sacred garments for Aaron, as the LORD commanded Moses.

The Ephod

2 They*x* made the ephod of gold, and of blue, purple and scarlet yarn, and of finely twisted linen. 3 They hammered out thin sheets of gold and cut strands to be worked into the blue, purple and scarlet yarn and fine linen—the work of a skilled craftsman. 4 They

p18 That is, about 30 feet (about 9 meters)　*q18* That is, about 7 1/2 feet (about 2.3 meters)　*r24* The weight of the gold was a little over one ton (about 1 metric ton).　*s25* The weight of the silver was a little over 3 3/4 tons (about 3.4 metric tons).　*t26* That is, about 1/5 ounce (about 5.5 grams)　*u27* That is, about 3 3/4 tons (about 3.4 metric tons)　*v28* That is, about 45 pounds (about 20 kilograms)　*w29* The weight of the bronze was about 2 1/2 tons (about 2.4 metric tons).　*x2* Or *He*; also in verses 7, 8 and 22

4 Hicieron las hombreras para que se juntasen, y se unían en sus dos extremos.

5 Y el cinto del efod que estaba sobre él era de lo mismo, de igual labor; de oro, azul, púrpura, carmesí y lino torcido, como Jehová lo había mandado a Moisés.

6 Y labraron las piedras de ónice montadas en engastes de oro, con grabaduras de sello con los nombres de los hijos de Israel,

7 y las puso sobre las hombreras del efod, por piedras memoriales para los hijos de Israel, como Jehová lo había mandado a Moisés.

8 Hizo también el pectoral de obra primorosa como la obra del efod, de oro, azul, púrpura, carmesí y lino torcido.

9 Era cuadrado; doble hicieron el pectoral; su longitud era de un palmo, y de un palmo su anchura, cuando era doblado.

10 Y engastaron en él cuatro hileras de piedras. La primera hilera era un sardio, un topacio y un carbunclo; esta era la primera hilera.

11 La segunda hilera, una esmeralda, un zafiro y un diamante.

12 La tercera hilera, un jacinto, una ágata y una amatista.

13 Y la cuarta hilera, un berilo, un ónice y un jaspe, todas montadas y encajadas en engastes de oro.

14 Y las piedras eran conforme a los nombres de los hijos de Israel, doce según los nombres de ellos; como grabaduras de sello, cada una con su nombre, según las doce tribus.

15 Hicieron también sobre el pectoral los cordones de forma de trenza, de oro puro.

16 Hicieron asimismo dos engastes y dos anillos de oro, y pusieron dos anillos de oro en los dos extremos del pectoral,

17 y fijaron los dos cordones de oro en aquellos dos anillos a los extremos del pectoral.

18 Fijaron también los otros dos extremos de los dos cordones de oro en los dos engastes que pusieron sobre las hombreras del efod por delante.

19 E hicieron otros dos anillos de oro que pusieron en los dos extremos del pectoral, en su orilla, frente a la parte baja del efod.

20 Hicieron además dos anillos de oro que pusieron en la parte delantera de las dos hombreras del efod, hacia abajo, cerca de su juntura, sobre el cinto del efod.

21 Y ataron el pectoral por sus anillos a los anillos del efod con un cordón de azul, para que estuviese sobre el cinto del mismo efod y no se separase el pectoral del efod, como Jehová lo había mandado a Moisés.

22 Hizo también el manto del efod de obra de tejedor, todo de azul,

23 con su abertura en medio de él, como el cuello de un coselete, con un borde alrededor de la abertura, para que no se rompiese.

24 E hicieron en las orillas del manto granadas de azul, púrpura, carmesí y lino torcido.

25 Hicieron también campanillas de oro puro, y pusieron campanillas entre las granadas en las orillas del manto, alrededor, entre las granadas;

26 una campanilla y una granada, otra campanilla y otra granada alrededor, en las orillas del manto, para ministrar, como Jehová lo mandó a Moisés.

27 Igualmente hicieron las túnicas de lino fino de obra de tejedor, para Aarón y para sus hijos.

28 Asimismo la mitra de lino fino, y los adornos de las tiaras de lino fino, y los calzoncillos de lino, de lino torcido.

29 También el cinto de lino torcido, de azul, púrpura y carmesí, de obra de recamador, como Jehová lo mandó a Moisés.

made shoulder pieces for the ephod, which were attached to two of its corners, so it could be fastened. 5 Its skillfully woven waistband was like it—of one piece with the ephod and made with gold, and with blue, purple and scarlet yarn, and with finely twisted linen, as the LORD commanded Moses.

6 They mounted the onyx stones in gold filigree settings and engraved them like a seal with the names of the sons of Israel. 7 Then they fastened them on the shoulder pieces of the ephod as memorial stones for the sons of Israel, as the LORD commanded Moses.

The Breastpiece

8 They fashioned the breastpiece—the work of a skilled craftsman. They made it like the ephod: of gold, and of blue, purple and scarlet yarn, and of finely twisted linen. 9 It was square—a span y long and a span wide—and folded double. 10 Then they mounted four rows of precious stones on it. In the first row there was a ruby, a topaz and a beryl; 11 in the second row a turquoise, a sapphire z and an emerald; 12 in the third row a jacinth, an agate and an amethyst; 13 in the fourth row a chrysolite, an onyx and a jasper. a They were mounted in gold filigree settings. 14 There were twelve stones, one for each of the names of the sons of Israel, each engraved like a seal with the name of one of the twelve tribes.

15 For the breastpiece they made braided chains of pure gold, like a rope. 16 They made two gold filigree settings and two gold rings, and fastened the rings to two of the corners of the breastpiece. 17 They fastened the two gold chains to the rings at the corners of the breastpiece, 18 and the other ends of the chains to the two settings, attaching them to the shoulder pieces of the ephod at the front. 19 They made two gold rings and attached them to the other two corners of the breastpiece on the inside edge next to the ephod. 20 Then they made two more gold rings and attached them to the bottom of the shoulder pieces on the front of the ephod, close to the seam just above the waistband of the ephod. 21 They tied the rings of the breastpiece to the rings of the ephod with blue cord, connecting it to the waistband so that the breastpiece would not swing out from the ephod—as the LORD commanded Moses.

Other Priestly Garments

22 They made the robe of the ephod entirely of blue cloth—the work of a weaver— 23 with an opening in the center of the robe like the opening of a collar, b and a band around this opening, so that it would not tear. 24 They made pomegranates of blue, purple and scarlet yarn and finely twisted linen around the hem of the robe. 25 And they made bells of pure gold and attached them around the hem between the pomegranates. 26 The bells and pomegranates alternated around the hem of the robe to be worn for ministering, as the LORD commanded Moses.

27 For Aaron and his sons, they made tunics of fine linen—the work of a weaver— 28 and the turban of fine linen, the linen headbands and the undergarments of finely twisted linen. 29 The sash was of finely twisted linen and blue, purple and scarlet yarn—the work of an embroiderer—as the LORD commanded Moses.

---

y9 That is, about 9 inches (about 22 centimeters)   z11 Or lapis lazuli   a13 The precise identification of some of these precious stones is uncertain.   b23 The meaning of the Hebrew for this word is uncertain.

30 Hicieron asimismo la lámina de la diadema santa de oro puro, y escribieron en ella como grabado de sello: SANTIDAD A JEHOVÁ.
31 Y pusieron en ella un cordón de azul para colocarla sobre la mitra por arriba, como Jehová lo había mandado a Moisés.

La obra del tabernáculo terminada

32 Así fue acabada toda la obra del tabernáculo, del tabernáculo de reunión; e hicieron los hijos de Israel como Jehová lo había mandado a Moisés; así lo hicieron.
33 Y trajeron el tabernáculo a Moisés, el tabernáculo y todos sus utensilios; sus corchetes, sus tablas, sus barras, sus columnas, sus basas;
34 la cubierta de pieles de carnero teñidas de rojo, la cubierta de pieles de tejones, el velo del frente;
35 el arca del testimonio y sus varas, el propiciatorio;
36 la mesa, todos sus vasos, el pan de la proposición;
37 el candelero puro, sus lamparillas, las lamparillas que debían mantenerse en orden, y todos sus utensilios, el aceite para el alumbrado;
38 el altar de oro, el aceite de la unción, el incienso aromático, la cortina para la entrada del tabernáculo;
39 el altar de bronce con su enrejado de bronce, sus varas y todos sus utensilios, la fuente y su base;
40 las cortinas del atrio, sus columnas y sus basas, la cortina para la entrada del atrio, sus cuerdas y sus estacas, y todos los utensilios del servicio del tabernáculo, del tabernáculo de reunión;
41 las vestiduras del servicio para ministrar en el santuario, las sagradas vestiduras para Aarón el sacerdote, y las vestiduras de sus hijos, para ministrar en el sacerdocio.
42 En conformidad a todas las cosas que Jehová había mandado a Moisés, así hicieron los hijos de Israel toda la obra.
43 Y vio Moisés toda la obra, y he aquí que la habían hecho como Jehová había mandado; y los bendijo.

Moisés erige el tabernáculo

40 1 Luego Jehová habló a Moisés, diciendo:
2 En el primer día del mes primero harás levantar el tabernáculo, el tabernáculo de reunión;
3 y pondrás en él el arca del testimonio, y la cubrirás con el velo.
4 Meterás la mesa y la pondrás en orden; meterás también el candelero y encenderás sus lámparas,
5 y pondrás el altar de oro para el incienso delante del arca del testimonio, y pondrás la cortina delante a la entrada del tabernáculo.
6 Después pondrás el altar del holocausto delante de la entrada del tabernáculo, del tabernáculo de reunión.
7 Luego pondrás la fuente entre el tabernáculo de reunión y el altar, y pondrás agua en ella.
8 Finalmente pondrás el atrio alrededor, y la cortina a la entrada del atrio.
9 Y tomarás el aceite de la unción y ungirás el tabernáculo, y todo lo que está en él; y lo santificarás con todos sus utensilios, y será santo.
10 Ungirás también el altar del holocausto y todos sus utensilios; y santificarás el altar, y será un altar santísimo.
11 Asimismo ungirás la fuente y su base, y la santificarás.
12 Y llevarás a Aarón y a sus hijos a la puerta del tabernáculo de reunión, y los lavarás con agua.
13 Y harás vestir a Aarón las vestiduras sagradas, y lo ungirás, y lo consagrarás, para que sea mi sacerdote.
14 Después harás que se acerquen sus hijos, y les vestirás las túnicas;

30 They made the plate, the sacred diadem, out of pure gold and engraved on it, like an inscription on a seal: HOLY TO THE LORD. 31 Then they fastened a blue cord to it to attach it to the turban, as the LORD commanded Moses.

Moses Inspects the Tabernacle

32 So all the work on the tabernacle, the Tent of Meeting, was completed. The Israelites did everything just as the LORD commanded Moses. 33 Then they brought the tabernacle to Moses: the tent and all its furnishings, its clasps, frames, crossbars, posts and bases; 34 the covering of ram skins dyed red, the covering of hides of sea cows c and the shielding curtain; 35 the ark of the Testimony with its poles and the atonement cover; 36 the table with all its articles and the bread of the Presence; 37 the pure gold lampstand with its row of lamps and all its accessories, and the oil for the light; 38 the gold altar, the anointing oil, the fragrant incense, and the curtain for the entrance to the tent; 39 the bronze altar with its bronze grating, its poles and all its utensils; the basin with its stand; 40 the curtains of the courtyard with its posts and bases, and the curtain for the entrance to the courtyard; the ropes and tent pegs for the courtyard; all the furnishings for the tabernacle, the Tent of Meeting; 41 and the woven garments worn for ministering in the sanctuary, both the sacred garments for Aaron the priest and the garments for his sons when serving as priests.

42 The Israelites had done all the work just as the LORD had commanded Moses. 43 Moses inspected the work and saw that they had done it just as the LORD had commanded. So Moses blessed them.

Setting Up the Tabernacle

40 Then the LORD said to Moses: 2 "Set up the tabernacle, the Tent of Meeting, on the first day of the first month. 3 Place the ark of the Testimony in it and shield the ark with the curtain. 4 Bring in the table and set out what belongs on it. Then bring in the lampstand and set up its lamps. 5 Place the gold altar of incense in front of the ark of the Testimony and put the curtain at the entrance to the tabernacle.
6 "Place the altar of burnt offering in front of the entrance to the tabernacle, the Tent of Meeting; 7 place the basin between the Tent of Meeting and the altar and put water in it. 8 Set up the courtyard around it and put the curtain at the entrance to the courtyard.
9 "Take the anointing oil and anoint the tabernacle and everything in it; consecrate it and all its furnishings, and it will be holy. 10 Then anoint the altar of burnt offering and all its utensils; consecrate the altar, and it will be most holy. 11 Anoint the basin and its stand and consecrate them.
12 "Bring Aaron and his sons to the entrance to the Tent of Meeting and wash them with water. 13 Then dress Aaron in the sacred garments, anoint him and consecrate him so he may serve me as priest. 14 Bring his sons and dress them in tunics. 15 Anoint them just

c 34 That is, dugongs

15 y los ungirás, como ungiste a su padre, y serán mis sacerdotes, y su unción les servirá por sacerdocio perpetuo, por sus generaciones.

16 Y Moisés hizo conforme a todo lo que Jehová le mandó; así lo hizo.

17 Así, en el día primero del primer mes, en el segundo año, el tabernáculo fue erigido.

18 Moisés hizo levantar el tabernáculo, y asentó sus basas, y colocó sus tablas, y puso sus barras, e hizo alzar sus columnas.

19 Levantó la tienda sobre el tabernáculo, y puso la sobrecubierta encima del mismo, como Jehová había mandado a Moisés.

20 Y tomó el testimonio y lo puso dentro del arca, y colocó las varas en el arca, y encima el propiciatorio sobre el arca.

21 Luego metió el arca en el tabernáculo, y puso el velo extendido, y ocultó el arca del testimonio, como Jehová había mandado a Moisés.

22 Puso la mesa en el tabernáculo de reunión, al lado norte de la cortina, fuera del velo,

23 y sobre ella puso por orden los panes delante de Jehová, como Jehová había mandado a Moisés.

24 Puso el candelero en el tabernáculo de reunión, enfrente de la mesa, al lado sur de la cortina,

25 y encendió las lámparas delante de Jehová, como Jehová había mandado a Moisés.

26 Puso también el altar de oro en el tabernáculo de reunión, delante del velo,

27 y quemó sobre él incienso aromático, como Jehová había mandado a Moisés.

28 Puso asimismo la cortina a la entrada del tabernáculo.

29 Y colocó el altar del holocausto a la entrada del tabernáculo, del tabernáculo de reunión, y sacrificó sobre él holocausto y ofrenda, como Jehová había mandado a Moisés.

30 Y puso la fuente entre el tabernáculo de reunión y el altar, y puso en ella agua para lavar.

31 Y Moisés y Aarón y sus hijos lavaban en ella sus manos y sus pies.

32 Cuando entraban en el tabernáculo de reunión, y cuando se acercaban al altar, se lavaban, como Jehová había mandado a Moisés.

33 Finalmente erigió el atrio alrededor del tabernáculo y del altar, y puso la cortina a la entrada del atrio. Así acabó Moisés la obra.

La nube sobre el tabernáculo

34 Entonces una nube cubrió el tabernáculo de reunión, y la gloria de Jehová llenó el tabernáculo.

35 Y no podía Moisés entrar en el tabernáculo de reunión, porque la nube estaba sobre él, y la gloria de Jehová lo llenaba.

36 Y cuando la nube se alzaba del tabernáculo, los hijos de Israel se movían en todas sus jornadas;

37 pero si la nube no se alzaba, no se movían hasta el día en que ella se alzaba.

38 Porque la nube de Jehová estaba de día sobre el tabernáculo, y el fuego estaba de noche sobre él, a vista de toda la casa de Israel, en todas sus jornadas.

as you anointed their father, so they may serve me as priests. Their anointing will be to a priesthood that will continue for all generations to come." 16Moses did everything just as the LORD commanded him.

17So the tabernacle was set up on the first day of the first month in the second year. 18When Moses set up the tabernacle, he put the bases in place, erected the frames, inserted the crossbars and set up the posts. 19Then he spread the tent over the tabernacle and put the covering over the tent, as the LORD commanded him.

20He took the Testimony and placed it in the ark, attached the poles to the ark and put the atonement cover over it. 21Then he brought the ark into the tabernacle and hung the shielding curtain and shielded the ark of the Testimony, as the LORD commanded him.

22Moses placed the table in the Tent of Meeting on the north side of the tabernacle outside the curtain 23and set out the bread on it before the LORD, as the LORD commanded him.

24He placed the lampstand in the Tent of Meeting opposite the table on the south side of the tabernacle 25and set up the lamps before the LORD, as the LORD commanded him.

26Moses placed the gold altar in the Tent of Meeting in front of the curtain 27and burned fragrant incense on it, as the LORD commanded him. 28Then he put up the curtain at the entrance to the tabernacle.

29He set the altar of burnt offering near the entrance to the tabernacle, the Tent of Meeting, and offered on it burnt offerings and grain offerings, as the LORD commanded him.

30He placed the basin between the Tent of Meeting and the altar and put water in it for washing, 31and Moses and Aaron and his sons used it to wash their hands and feet. 32They washed whenever they entered the Tent of Meeting or approached the altar, as the LORD commanded Moses.

33Then Moses set up the courtyard around the tabernacle and altar and put up the curtain at the entrance to the courtyard. And so Moses finished the work.

The Glory of the LORD

34Then the cloud covered the Tent of Meeting, and the glory of the LORD filled the tabernacle. 35Moses could not enter the Tent of Meeting because the cloud had settled upon it, and the glory of the LORD filled the tabernacle.

36In all the travels of the Israelites, whenever the cloud lifted from above the tabernacle, they would set out; 37but if the cloud did not lift, they did not set out—until the day it lifted. 38So the cloud of the LORD was over the tabernacle by day, and fire was in the cloud by night, in the sight of all the house of Israel during all their travels.

LIBRO TERCERO DE MOISÉS
LEVÍTICO

LEVITICUS

Los holocaustos

1 ¹ Llamó Jehová a Moisés, y habló con él desde el tabernáculo de reunión, diciendo:
² Habla a los hijos de Israel y diles: Cuando alguno de entre vosotros ofrece ofrenda a Jehová, de ganado vacuno u ovejuno haréis vuestra ofrenda.
³ Si su ofrenda fuere holocausto vacuno, macho sin defecto lo ofrecerá; de su voluntad lo ofrecerá a la puerta del tabernáculo de reunión delante de Jehová.
⁴ Y pondrá su mano sobre la cabeza del holocausto, y será aceptado para expiación suya.
⁵ Entonces degollará el becerro en la presencia de Jehová; y los sacerdotes hijos de Aarón ofrecerán la sangre, y la rociarán alrededor sobre el altar, el cual está a la puerta del tabernáculo de reunión.
⁶ Y desollará el holocausto, y lo dividirá en sus piezas.
⁷ Y los hijos del sacerdote Aarón pondrán fuego sobre el altar, y compondrán la leña sobre el fuego.
⁸ Luego los sacerdotes hijos de Aarón acomodarán las piezas, la cabeza y la grosura de los intestinos, sobre la leña que está sobre el fuego que habrá encima del altar;
⁹ y lavará con agua los intestinos y las piernas, y el sacerdote hará arder todo sobre el altar; holocausto es, ofrenda encendida de olor grato para Jehová.
¹⁰ Si su ofrenda para holocausto fuere del rebaño, de las ovejas o de las cabras, macho sin defecto lo ofrecerá.
¹¹ Y lo degollará al lado norte del altar delante de Jehová; y los sacerdotes hijos de Aarón rociarán su sangre sobre el altar alrededor.
¹² Lo dividirá en sus piezas, con su cabeza y la grosura de los intestinos; y el sacerdote las acomodará sobre la leña que está sobre el fuego que habrá encima del altar;
¹³ y lavará las entrañas y las piernas con agua; y el sacerdote lo ofrecerá todo, y lo hará arder sobre el altar; holocausto es, ofrenda encendida de olor grato para Jehová.
¹⁴ Si la ofrenda para Jehová fuere holocausto de aves, presentará su ofrenda de tórtolas, o de palominos.
¹⁵ Y el sacerdote la ofrecerá sobre el altar, y le quitará la cabeza, y hará que arda en el altar; y su sangre será exprimida sobre la pared del altar.
¹⁶ Y le quitará el buche y las plumas, lo cual echará junto al altar, hacia el oriente, en el lugar de las cenizas.
¹⁷ Y la henderá por sus alas, pero no la dividirá en dos; y el sacerdote la hará arder sobre el altar, sobre la leña que estará en el fuego; holocausto es, ofrenda encendida de olor grato para Jehová.

Las ofrendas

2 ¹ Cuando alguna persona ofreciere oblación a Jehová, su ofrenda será flor de harina, sobre la cual echará aceite, y pondrá sobre ella incienso,
² y la traerá a los sacerdotes, hijos de Aarón; y de ello tomará el sacerdote su puño lleno de la flor de harina y del aceite, con todo el incienso, y lo hará arder sobre el altar para memorial; ofrenda encendida es, de olor grato a Jehová.
³ Y lo que resta de la ofrenda será de Aarón y de sus hijos; es cosa santísima de las ofrendas que se queman para Jehová.

The Burnt Offering

1 The LORD called to Moses and spoke to him from the Tent of Meeting. He said, ²"Speak to the Israelites and say to them: 'When any of you brings an offering to the LORD, bring as your offering an animal from either the herd or the flock.
³ "'If the offering is a burnt offering from the herd, he is to offer a male without defect. He must present it at the entrance to the Tent of Meeting so that it *a* will be acceptable to the LORD. ⁴He is to lay his hand on the head of the burnt offering, and it will be accepted on his behalf to make atonement for him. ⁵He is to slaughter the young bull before the LORD, and then Aaron's sons the priests shall bring the blood and sprinkle it against the altar on all sides at the entrance to the Tent of Meeting. ⁶He is to skin the burnt offering and cut it into pieces. ⁷The sons of Aaron the priest are to put fire on the altar and arrange wood on the fire. ⁸Then Aaron's sons the priests shall arrange the pieces, including the head and the fat, on the burning wood that is on the altar. ⁹He is to wash the inner parts and the legs with water, and the priest is to burn all of it on the altar. It is a burnt offering, an offering made by fire, an aroma pleasing to the LORD.
¹⁰"'If the offering is a burnt offering from the flock, from either the sheep or the goats, he is to offer a male without defect. ¹¹He is to slaughter it at the north side of the altar before the LORD, and Aaron's sons the priests shall sprinkle its blood against the altar on all sides. ¹²He is to cut it into pieces, and the priest shall arrange them, including the head and the fat, on the burning wood that is on the altar. ¹³He is to wash the inner parts and the legs with water, and the priest is to bring all of it and burn it on the altar. It is a burnt offering, an offering made by fire, an aroma pleasing to the LORD.
¹⁴"'If the offering to the LORD is a burnt offering of birds, he is to offer a dove or a young pigeon. ¹⁵The priest shall bring it to the altar, wring off the head and burn it on the altar; its blood shall be drained out on the side of the altar. ¹⁶He is to remove the crop with its contents *b* and throw it to the east side of the altar, where the ashes are. ¹⁷He shall tear it open by the wings, not severing it completely, and then the priest shall burn it on the wood that is on the fire on the altar. It is a burnt offering, an offering made by fire, an aroma pleasing to the LORD.

The Grain Offering

2 "'When someone brings a grain offering to the LORD, his offering is to be of fine flour. He is to pour oil on it, put incense on it ²and take it to Aaron's sons the priests. The priest shall take a handful of the fine flour and oil, together with all the incense, and burn this as a memorial portion on the altar, an offering made by fire, an aroma pleasing to the LORD. ³The rest of the grain offering belongs to Aaron and his sons; it is a most holy part of the offerings made to the LORD by fire.

---

a3 Or *he*   *b16* Or *crop and the feathers*; the meaning of the Hebrew for this word is uncertain.

4 Cuando ofrecieres ofrenda cocida en horno, será de tortas de flor de harina sin levadura amasadas con aceite, y hojaldres sin levadura untadas con aceite.

5 Mas si ofrecieres ofrenda de sartén, será de flor de harina sin levadura, amasada con aceite,

6 la cual partirás en piezas, y echarás sobre ella aceite; es ofrenda.

7 Si ofrecieres ofrenda cocida en cazuela, se hará de flor de harina con aceite.

8 Y traerás a Jehová la ofrenda que se hará de estas cosas, y la presentarás al sacerdote, el cual la llevará al altar.

9 Y tomará el sacerdote de aquella ofrenda lo que sea para su memorial, y lo hará arder sobre el altar; ofrenda encendida de olor grato a Jehová.

10 Y lo que resta de la ofrenda será de Aarón y de sus hijos; es cosa santísima de las ofrendas que se queman para Jehová.

11 Ninguna ofrenda que ofreciereis a Jehová será con levadura; porque de ninguna cosa leuda, ni de ninguna miel, se ha de quemar ofrenda para Jehová.

12 Como ofrenda de primicias las ofreceréis a Jehová; mas no subirán sobre el altar en olor grato.

13 Y sazonarás con sal toda ofrenda que presentes, y no harás que falte jamás de tu ofrenda la sal del pacto de tu Dios; en toda ofrenda tuya ofrecerás sal.

14 Si ofrecieres a Jehová ofrenda de primicias, tostarás al fuego las espigas verdes, y el grano desmenuzado ofrecerás como ofrenda de tus primicias.

15 Y pondrás sobre ella aceite, y pondrás sobre ella incienso; es ofrenda.

16 Y el sacerdote hará arder el memorial de él, parte del grano desmenuzado y del aceite, con todo el incienso; es ofrenda encendida para Jehová.

Ofrendas de paz

3 1 Si su ofrenda fuere sacrificio de paz, si hubiere de ofrecerla de ganado vacuno, sea macho o hembra, sin defecto la ofrecerá delante de Jehová.

2 Pondrá su mano sobre la cabeza de su ofrenda, y la degollará a la puerta del tabernáculo de reunión; y los sacerdotes hijos de Aarón rociarán su sangre sobre el altar alrededor.

3 Luego ofrecerá del sacrificio de paz, como ofrenda encendida a Jehová, la grosura que cubre los intestinos, y toda la grosura que está sobre las entrañas,

4 y los dos riñones y la grosura que está sobre ellos, y sobre los ijares; y con los riñones quitará la grosura de los intestinos que está sobre el hígado.

5 Y los hijos de Aarón harán arder esto en el altar, sobre el holocausto que estará sobre la leña que habrá encima del fuego; es ofrenda de olor grato para Jehová.

6 Mas si de ovejas fuere su ofrenda para sacrificio de paz a Jehová, sea macho o hembra, la ofrecerá sin defecto.

7 Si ofreciere cordero por su ofrenda, lo ofrecerá delante de Jehová.

8 Pondrá su mano sobre la cabeza de su ofrenda, y después la degollará delante del tabernáculo de reunión; y los hijos de Aarón rociarán su sangre sobre el altar alrededor.

9 Y del sacrificio de paz ofrecerá por ofrenda encendida a Jehová la grosura, la cola entera, la cual quitará a raíz del espinazo, la grosura que cubre todos los intestinos, y toda la que está sobre las entrañas.

10 Asimismo los dos riñones y la grosura que está sobre ellos, y la que está sobre los ijares; y con los riñones quitará la grosura de sobre el hígado.

11 Y el sacerdote hará arder esto sobre el altar; vianda es de ofrenda encendida para Jehová.

4 " 'If you bring a grain offering baked in an oven, it is to consist of fine flour: cakes made without yeast and mixed with oil, or c wafers made without yeast and spread with oil. 5 If your grain offering is prepared on a griddle, it is to be made of fine flour mixed with oil, and without yeast. 6 Crumble it and pour oil on it; it is a grain offering. 7 If your grain offering is cooked in a pan, it is to be made of fine flour and oil. 8 Bring the grain offering made of these things to the LORD; present it to the priest, who shall take it to the altar. 9 He shall take out the memorial portion from the grain offering and burn it on the altar as an offering made by fire, an aroma pleasing to the LORD. 10 The rest of the grain offering belongs to Aaron and his sons; it is a most holy part of the offerings made to the LORD by fire.

11 " 'Every grain offering you bring to the LORD must be made without yeast, for you are not to burn any yeast or honey in an offering made to the LORD by fire. 12 You may bring them to the LORD as an offering of the firstfruits, but they are not to be offered on the altar as a pleasing aroma. 13 Season all your grain offerings with salt. Do not leave the salt of the covenant of your God out of your grain offerings; add salt to all your offerings.

14 " 'If you bring a grain offering of firstfruits to the LORD, offer crushed heads of new grain roasted in the fire. 15 Put oil and incense on it; it is a grain offering. 16 The priest shall burn the memorial portion of the crushed grain and the oil, together with all the incense, as an offering made to the LORD by fire.

The Fellowship Offering

3 " 'If someone's offering is a fellowship offering, d and he offers an animal from the herd, whether male or female, he is to present before the LORD an animal without defect. 2 He is to lay his hand on the head of his offering and slaughter it at the entrance to the Tent of Meeting. Then Aaron's sons the priests shall sprinkle the blood against the altar on all sides. 3 From the fellowship offering he is to bring a sacrifice made to the LORD by fire: all the fat that covers the inner parts or is connected to them, 4 both kidneys with the fat on them near the loins, and the covering of the liver, which he will remove with the kidneys. 5 Then Aaron's sons are to burn it on the altar on top of the burnt offering that is on the burning wood, as an offering made by fire, an aroma pleasing to the LORD.

6 " 'If he offers an animal from the flock as a fellowship offering to the LORD, he is to offer a male or female without defect. 7 If he offers a lamb, he is to present it before the LORD. 8 He is to lay his hand on the head of his offering and slaughter it in front of the Tent of Meeting. Then Aaron's sons shall sprinkle its blood against the altar on all sides. 9 From the fellowship offering he is to bring a sacrifice made to the LORD by fire: its fat, the entire fat tail cut off close to the backbone, all the fat that covers the inner parts or is connected to them, 10 both kidneys with the fat on them near the loins, and the covering of the liver, which he will remove with the kidneys. 11 The priest shall burn them on the altar as food, an offering made to the LORD by fire.

c4 Or and   d1 Traditionally peace offering; also in verses 3, 6 and 9

12 Si fuere cabra su ofrenda, la ofrecerá delante de Jehová.

13 Pondrá su mano sobre la cabeza de ella, y la degollará delante del tabernáculo de reunión; y los hijos de Aarón rociarán su sangre sobre el altar alrededor.

14 Después ofrecerá de ella su ofrenda encendida a Jehová; la grosura que cubre los intestinos, y toda la grosura que está sobre las entrañas,

15 los dos riñones, la grosura que está sobre ellos, y la que está sobre los ijares; y con los riñones quitará la grosura de sobre el hígado.

16 Y el sacerdote hará arder esto sobre el altar; vianda es de ofrenda que se quema en olor grato a Jehová; toda la grosura es de Jehová.

17 Estatuto perpetuo será por vuestras edades, dondequiera que habitéis, que ninguna grosura ni ninguna sangre comeréis.

Ofrendas por el pecado

4 1 Habló Jehová a Moisés, diciendo:
2 Habla a los hijos de Israel y diles: Cuando alguna persona pecare por yerro en alguno de los mandamientos de Jehová sobre cosas que no se han de hacer, e hiciere alguna de ellas;

3 si el sacerdote ungido pecare según el pecado del pueblo, ofrecerá a Jehová, por su pecado que habrá cometido, un becerro sin defecto para expiación.

4 Traerá el becerro a la puerta del tabernáculo de reunión delante de Jehová, y pondrá su mano sobre la cabeza del becerro, y lo degollará delante de Jehová.

5 Y el sacerdote ungido tomará de la sangre del becerro, y la traerá al tabernáculo de reunión;

6 y mojará el sacerdote su dedo en la sangre, y rociará de aquella sangre siete veces delante de Jehová, hacia el velo del santuario.

7 Y el sacerdote pondrá de esa sangre sobre los cuernos del altar del incienso aromático, que está en el tabernáculo de reunión delante de Jehová; y echará el resto de la sangre del becerro al pie del altar del holocausto, que está a la puerta del tabernáculo de reunión.

8 Y tomará del becerro para la expiación toda su grosura, la que cubre los intestinos, y la que está sobre las entrañas,

9 los dos riñones, la grosura que está sobre ellos, y la que está sobre los ijares; y con los riñones quitará la grosura de sobre el hígado,

10 de la manera que se quita del buey del sacrificio de paz; y el sacerdote la hará arder sobre el altar del holocausto.

11 Y la piel del becerro, y toda su carne, con su cabeza, sus piernas, sus intestinos y su estiércol,

12 en fin, todo el becerro sacará fuera del campamento a un lugar limpio, donde se echan las cenizas, y lo quemará al fuego sobre la leña; en donde se echan las cenizas será quemado.

13 Si toda la congregación de Israel hubiere errado, y el yerro estuviere oculto a los ojos del pueblo, y hubieren hecho algo contra alguno de los mandamientos de Jehová en cosas que no se han de hacer, y fueren culpables;

14 luego que llegue a ser conocido el pecado que cometieren, la congregación ofrecerá un becerro por expiación, y lo traerán delante del tabernáculo de reunión.

15 Y los ancianos de la congregación pondrán sus manos sobre la cabeza del becerro delante de Jehová, y en presencia de Jehová degollarán aquel becerro.

16 Y el sacerdote ungido meterá de la sangre del becerro en el tabernáculo de reunión,

17 y mojará el sacerdote su dedo en la misma sangre, y rociará siete veces delante de Jehová hacia el velo.

12 "'If his offering is a goat, he is to present it before the LORD. 13He is to lay his hand on its head and slaughter it in front of the Tent of Meeting. Then Aaron's sons shall sprinkle its blood against the altar on all sides. 14From what he offers he is to make this offering to the LORD by fire: all the fat that covers the inner parts or is connected to them, 15both kidneys with the fat on them near the loins, and the covering of the liver, which he will remove with the kidneys. 16The priest shall burn them on the altar as food, an offering made by fire, a pleasing aroma. All the fat is the LORD's.

17 "'This is a lasting ordinance for the generations to come, wherever you live: You must not eat any fat or any blood.'"

The Sin Offering

4 The LORD said to Moses, 2"Say to the Israelites: 'When anyone sins unintentionally and does what is forbidden in any of the LORD's commands—

3 "'If the anointed priest sins, bringing guilt on the people, he must bring to the LORD a young bull without defect as a sin offering for the sin he has committed. 4He is to present the bull at the entrance to the Tent of Meeting before the LORD. He is to lay his hand on its head and slaughter it before the LORD. 5Then the anointed priest shall take some of the bull's blood and carry it into the Tent of Meeting. 6He is to dip his finger into the blood and sprinkle some of it seven times before the LORD, in front of the curtain of the sanctuary. 7The priest shall then put some of the blood on the horns of the altar of fragrant incense that is before the LORD in the Tent of Meeting. The rest of the bull's blood he shall pour out at the base of the altar of burnt offering at the entrance to the Tent of Meeting. 8He shall remove all the fat from the bull of the sin offering—the fat that covers the inner parts or is connected to them, 9both kidneys with the fat on them near the loins, and the covering of the liver, which he will remove with the kidneys— 10just as the fat is removed from the ox[e] sacrificed as a fellowship offering.[f] Then the priest shall burn them on the altar of burnt offering. 11But the hide of the bull and all its flesh, as well as the head and legs, the inner parts and offal— 12that is, all the rest of the bull—he must take outside the camp to a place ceremonially clean, where the ashes are thrown, and burn it in a wood fire on the ash heap.

13 "'If the whole Israelite community sins unintentionally and does what is forbidden in any of the LORD's commands, even though the community is unaware of the matter, they are guilty. 14When they become aware of the sin they committed, the assembly must bring a young bull as a sin offering and present it before the Tent of Meeting. 15The elders of the community are to lay their hands on the bull's head before the LORD, and the bull shall be slaughtered before the LORD. 16Then the anointed priest is to take some of the bull's blood into the Tent of Meeting. 17He shall dip his finger into the blood and sprinkle it before the LORD seven times in front of the curtain. 18He is to put some

e10 The Hebrew word can include both male and female.
f10 Traditionally peace offering; also in verses 26, 31 and 35

18 Y de aquella sangre pondrá sobre los cuernos del altar que está delante de Jehová en el tabernáculo de reunión, y derramará el resto de la sangre al pie del altar del holocausto, que está a la puerta del tabernáculo de reunión.

19 Y le quitará toda la grosura y la hará arder sobre el altar.

20 Y hará de aquel becerro como hizo con el becerro de la expiación; lo mismo hará de él; así hará el sacerdote expiación por ellos, y obtendrán perdón.

21 Y sacará el becerro fuera del campamento, y lo quemará como quemó el primer becerro; expiación es por la congregación.

22 Cuando pecare un jefe, e hiciere por yerro algo contra alguno de todos los mandamientos de Jehová su Dios sobre cosas que no se han de hacer, y pecare;

23 luego que conociere su pecado que cometió, presentará por su ofrenda un macho cabrío sin defecto.

24 Y pondrá su mano sobre la cabeza del macho cabrío, y lo degollará en el lugar donde se degüella el holocausto, delante de Jehová; es expiación.

25 Y con su dedo el sacerdote tomará de la sangre de la expiación, y la pondrá sobre los cuernos del altar del holocausto, y derramará el resto de la sangre al pie del altar del holocausto,

26 y quemará toda su grosura sobre el altar, como la grosura del sacrificio de paz; así el sacerdote hará por él la expiación de su pecado, y tendrá perdón.

27 Si alguna persona del pueblo pecare por yerro, haciendo algo contra alguno de los mandamientos de Jehová en cosas que no se han de hacer, y delinquiere;

28 luego que conociere su pecado que cometió, traerá por su ofrenda una cabra, una cabra sin defecto, por su pecado que cometió.

29 Y pondrá su mano sobre la cabeza de la ofrenda de la expiación, y la degollará en el lugar del holocausto.

30 Luego con su dedo el sacerdote tomará de la sangre, y la pondrá sobre los cuernos del altar del holocausto, y derramará el resto de la sangre al pie del altar.

31 Y le quitará toda su grosura, de la manera que fue quitada la grosura del sacrificio de paz; y el sacerdote la hará arder sobre el altar en olor grato a Jehová; así hará el sacerdote expiación por él, y será perdonado.

32 Y si por su ofrenda por el pecado trajere cordero, hembra sin defecto traerá.

33 Y pondrá su mano sobre la cabeza de la ofrenda de expiación, y la degollará por expiación en el lugar donde se degüella el holocausto.

34 Después con su dedo el sacerdote tomará de la sangre de la expiación, y la pondrá sobre los cuernos del altar del holocausto, y derramará el resto de la sangre al pie del altar.

35 Y le quitará toda su grosura, como fue quitada la grosura del sacrificio de paz, y el sacerdote la hará arder en el altar sobre la ofrenda encendida a Jehová; y le hará el sacerdote expiación de su pecado que habrá cometido, y será perdonado.

5 1 Si alguno pecare por haber sido llamado a testificar, y fuere testigo que vio, o supo, y no lo denunciare, él llevará su pecado.

2 Asimismo la persona que hubiere tocado cualquiera cosa inmunda, sea cadáver de bestia inmunda, o cadáver de animal inmundo, o cadáver de reptil inmundo, bien que no lo supiere, será inmunda y habrá delinquido.

of the blood on the horns of the altar that is before the LORD in the Tent of Meeting. The rest of the blood he shall pour out at the base of the altar of burnt offering at the entrance to the Tent of Meeting. 19 He shall remove all the fat from it and burn it on the altar, 20 and do with this bull just as he did with the bull for the sin offering. In this way the priest will make atonement for them, and they will be forgiven. 21 Then he shall take the bull outside the camp and burn it as he burned the first bull. This is the sin offering for the community.

22 " 'When a leader sins unintentionally and does what is forbidden in any of the commands of the LORD his God, he is guilty. 23 When he is made aware of the sin he committed, he must bring as his offering a male goat without defect. 24 He is to lay his hand on the goat's head and slaughter it at the place where the burnt offering is slaughtered before the LORD. It is a sin offering. 25 Then the priest shall take some of the blood of the sin offering with his finger and put it on the horns of the altar of burnt offering and pour out the rest of the blood at the base of the altar. 26 He shall burn all the fat on the altar as he burned the fat of the fellowship offering. In this way the priest will make atonement for the man's sin, and he will be forgiven.

27 " 'If a member of the community sins unintentionally and does what is forbidden in any of the LORD's commands, he is guilty. 28 When he is made aware of the sin he committed, he must bring as his offering for the sin he committed a female goat without defect. 29 He is to lay his hand on the head of the sin offering and slaughter it at the place of the burnt offering. 30 Then the priest is to take some of the blood with his finger and put it on the horns of the altar of burnt offering and pour out the rest of the blood at the base of the altar. 31 He shall remove all the fat, just as the fat is removed from the fellowship offering, and the priest shall burn it on the altar as an aroma pleasing to the LORD. In this way the priest will make atonement for him, and he will be forgiven.

32 " 'If he brings a lamb as his sin offering, he is to bring a female without defect. 33 He is to lay his hand on its head and slaughter it for a sin offering at the place where the burnt offering is slaughtered. 34 Then the priest shall take some of the blood of the sin offering with his finger and put it on the horns of the altar of burnt offering and pour out the rest of the blood at the base of the altar. 35 He shall remove all the fat, just as the fat is removed from the lamb of the fellowship offering, and the priest shall burn it on the altar on top of the offerings made to the LORD by fire. In this way the priest will make atonement for him for the sin he has committed, and he will be forgiven.

5 " 'If a person sins because he does not speak up when he hears a public charge to testify regarding something he has seen or learned about, he will be held responsible.

2 " 'Or if a person touches anything ceremonially unclean — whether the carcasses of unclean wild animals or of unclean livestock or of unclean creatures that move along the ground — even though he is unaware of it, he has become unclean and is guilty.

3 O si tocare inmundicia de hombre, cualquiera inmundicia suya con que fuere inmundo, y no lo echare de ver, si después llegare a saberlo, será culpable.

4 O si alguno jurare a la ligera con sus labios hacer mal o hacer bien, en cualquiera cosa que el hombre profiere con juramento, y él no lo entendiere; si después lo entiende, será culpable por cualquiera de estas cosas.

5 Cuando pecare en alguna de estas cosas, confesará aquello en que pecó,

6 y para su expiación traerá a Jehová por su pecado que cometió, una hembra de los rebaños, una cordera o una cabra como ofrenda de expiación; y el sacerdote le hará expiación por su pecado.

7 Y si no tuviere lo suficiente para un cordero, traerá a Jehová en expiación por su pecado que cometió, dos tórtolas o dos palominos, el uno para expiación, y el otro para holocausto.

8 Y los traerá al sacerdote, el cual ofrecerá primero el que es para expiación; y le arrancará de su cuello la cabeza, mas no la separará por completo.

9 Y rociará de la sangre de la expiación sobre la pared del altar; y lo que sobrare de la sangre lo exprimirá al pie del altar; es expiación.

10 Y del otro hará holocausto conforme al rito; así el sacerdote hará expiación por el pecado de aquel que lo cometió, y será perdonado.

11 Mas si no tuviere lo suficiente para dos tórtolas, o dos palominos, el que pecó traerá como ofrenda la décima parte de un efa de flor de harina para expiación. No pondrá sobre ella aceite, ni sobre ella pondrá incienso, porque es expiación.

12 La traerá, pues, al sacerdote, y el sacerdote tomará de ella su puño lleno, para memoria de él, y la hará arder en el altar sobre las ofrendas encendidas a Jehová; es expiación.

13 Y hará el sacerdote expiación por él en cuanto al pecado que cometió en alguna de estas cosas, y será perdonado; y el sobrante será del sacerdote, como la ofrenda de vianda.

Ofrendas expiatorias

14 Habló más Jehová a Moisés, diciendo:

15 Cuando alguna persona cometiere falta, y pecare por yerro en las cosas santas de Jehová, traerá por su culpa a Jehová un carnero sin defecto de los rebaños, conforme a tu estimación en siclos de plata del siclo del santuario, en ofrenda por el pecado.

16 Y pagará lo que hubiere defraudado de las cosas santas, y añadirá a ello la quinta parte, y lo dará al sacerdote; y el sacerdote hará expiación por él con el carnero del sacrificio por el pecado, y será perdonado.

17 Finalmente, si una persona pecare, o hiciere alguna de todas aquellas cosas que por mandamiento de Jehová no se han de hacer, aun sin hacerlo a sabiendas, es culpable, y llevará su pecado.

18 Traerá, pues, al sacerdote para expiación, según tú lo estimes, un carnero sin defecto de los rebaños; y el sacerdote le hará expiación por el yerro que cometió por ignorancia, y será perdonado.

19 Es infracción, y ciertamente delinquió contra Jehová.

6 1 Habló Jehová a Moisés, diciendo:
2 Cuando una persona pecare e hiciere prevaricación

---

3 " 'Or if he touches human uncleanness — anything that would make him unclean — even though he is unaware of it, when he learns of it he will be guilty.

4 " 'Or if a person thoughtlessly takes an oath to do anything, whether good or evil — in any matter one might carelessly swear about — even though he is unaware of it, in any case when he learns of it he will be guilty.

5 " 'When anyone is guilty in any of these ways, he must confess in what way he has sinned 6and, as a penalty for the sin he has committed, he must bring to the LORD a female lamb or goat from the flock as a sin offering; and the priest shall make atonement for him for his sin.

7 " 'If he cannot afford a lamb, he is to bring two doves or two young pigeons to the LORD as a penalty for his sin — one for a sin offering and the other for a burnt offering. 8He is to bring them to the priest, who shall first offer the one for the sin offering. He is to wring its head from its neck, not severing it completely, 9and is to sprinkle some of the blood of the sin offering against the side of the altar; the rest of the blood must be drained out at the base of the altar. It is a sin offering. 10The priest shall then offer the other as a burnt offering in the prescribed way and make atonement for him for the sin he has committed, and he will be forgiven.

11 " 'If, however, he cannot afford two doves or two young pigeons, he is to bring as an offering for his sin a tenth of an ephah*g* of fine flour for a sin offering. He must not put oil or incense on it, because it is a sin offering. 12He is to bring it to the priest, who shall take a handful of it as a memorial portion and burn it on the altar on top of the offerings made to the LORD by fire. It is a sin offering. 13In this way the priest will make atonement for him for any of these sins he has committed, and he will be forgiven. The rest of the offering will belong to the priest, as in the case of the grain offering.' "

The Guilt Offering

14 The LORD said to Moses: 15"When a person commits a violation and sins unintentionally in regard to any of the LORD's holy things, he is to bring to the LORD as a penalty a ram from the flock, one without defect and of the proper value in silver, according to the sanctuary shekel.*h* It is a guilt offering. 16He must make restitution for what he has failed to do in regard to the holy things, add a fifth of the value to that and give it all to the priest, who will make atonement for him with the ram as a guilt offering, and he will be forgiven.

17 "If a person sins and does what is forbidden in any of the LORD's commands, even though he does not know it, he is guilty and will be held responsible. 18He is to bring to the priest as a guilt offering a ram from the flock, one without defect and of the proper value. In this way the priest will make atonement for him for the wrong he has committed unintentionally, and he will be forgiven. 19It is a guilt offering; he has been guilty of*i* wrongdoing against the LORD."

6 The LORD said to Moses: 2"If anyone sins and is unfaithful to the LORD by deceiving his neighbor

---

g11 That is, probably about 2 quarts (about 2 liters)   *h15* That is, about 2/5 ounce (about 11.5 grams)   *i19* Or *has made full expiation for his*

contra Jehová, y negare a su prójimo lo encomendado o dejado en su mano, o bien robare o calumniare a su prójimo,

3 o habiendo hallado lo perdido después lo negare, y jurare en falso; en alguna de todas aquellas cosas en que suele pecar el hombre,

4 entonces, habiendo pecado y ofendido, restituirá aquello que robó, o el daño de la calumnia, o el depósito que se le encomendó, o lo perdido que halló,

5 o todo aquello sobre que hubiere jurado falsamente; lo restituirá por entero a aquel a quien pertenece, y añadirá a ello la quinta parte, en el día de su expiación.

6 Y para expiación de su culpa traerá a Jehová un carnero sin defecto de los rebaños, conforme a tu estimación, y lo dará al sacerdote para la expiación.

7 Y el sacerdote hará expiación por él delante de Jehová, y obtendrá perdón de cualquiera de todas las cosas en que suele ofender.

Leyes de los sacrificios

8 Habló aún Jehová a Moisés, diciendo:

9 Manda a Aarón y a sus hijos, y diles: Esta es la ley del holocausto: el holocausto estará sobre el fuego encendido sobre el altar toda la noche, hasta la mañana; el fuego del altar arderá en él.

10 Y el sacerdote se pondrá su vestidura de lino, y vestirá calzoncillos de lino sobre su cuerpo; y cuando el fuego hubiere consumido el holocausto, apartará él las cenizas de sobre el altar, y las pondrá junto al altar.

11 Después se quitará sus vestiduras y se pondrá otras ropas, y sacará las cenizas fuera del campamento a un lugar limpio.

12 Y el fuego encendido sobre el altar no se apagará, sino que el sacerdote pondrá en él leña cada mañana, y acomodará el holocausto sobre él, y quemará sobre él las grosuras de los sacrificios de paz.

13 El fuego arderá continuamente en el altar; no se apagará.

14 Esta es la ley de la ofrenda: La ofrecerán los hijos de Aarón delante de Jehová ante el altar.

15 Y tomará de ella un puñado de la flor de harina de la ofrenda, y de su aceite, y todo el incienso que está sobre la ofrenda, y lo hará arder sobre el altar por memorial en olor grato a Jehová.

16 Y el sobrante de ella lo comerán Aarón y sus hijos; sin levadura se comerá en lugar santo; en el atrio del tabernáculo de reunión lo comerán.

17 No se cocerá con levadura; la he dado a ellos por su porción de mis ofrendas encendidas; es cosa santísima, como el sacrificio por el pecado, y como el sacrificio por la culpa.

18 Todos los varones de los hijos de Aarón comerán de ella. Estatuto perpetuo será para vuestras generaciones tocante a las ofrendas encendidas para Jehová; toda cosa que tocare en ellas será santificada.

19 Habló también Jehová a Moisés, diciendo:

20 Esta es la ofrenda de Aarón y de sus hijos, que ofrecerán a Jehová el día que fueren ungidos: la décima parte de un efa de flor de harina, ofrenda perpetua, la mitad a la mañana y la mitad a la tarde.

21 En sartén se preparará con aceite; frita la traerás, y los pedazos cocidos de la ofrenda ofrecerás en olor grato a Jehová.

22 Y el sacerdote que en lugar de Aarón fuere ungido de entre sus hijos, hará igual ofrenda. Es estatuto perpetuo de Jehová; toda ella será quemada.

about something entrusted to him or left in his care or stolen, or if he cheats him, 3 or if he finds lost property and lies about it, or if he swears falsely, or if he commits any such sin that people may do — 4 when he thus sins and becomes guilty, he must return what he has stolen or taken by extortion, or what was entrusted to him, or the lost property he found, 5 or whatever it was he swore falsely about. He must make restitution in full, add a fifth of the value to it and give it all to the owner on the day he presents his guilt offering. 6 And as a penalty he must bring to the priest, that is, to the LORD, his guilt offering, a ram from the flock, one without defect and of the proper value. 7 In this way the priest will make atonement for him before the LORD, and he will be forgiven for any of these things he did that made him guilty."

The Burnt Offering

8 The LORD said to Moses: 9 "Give Aaron and his sons this command: 'These are the regulations for the burnt offering: The burnt offering is to remain on the altar hearth throughout the night, till morning, and the fire must be kept burning on the altar. 10 The priest shall then put on his linen clothes, with linen undergarments next to his body, and shall remove the ashes of the burnt offering that the fire has consumed on the altar and place them beside the altar. 11 Then he is to take off these clothes and put on others, and carry the ashes outside the camp to a place that is ceremonially clean. 12 The fire on the altar must be kept burning; it must not go out. Every morning the priest is to add firewood and arrange the burnt offering on the fire and burn the fat of the fellowship offerings/ on it. 13 The fire must be kept burning on the altar continuously; it must not go out.

The Grain Offering

14 " 'These are the regulations for the grain offering: Aaron's sons are to bring it before the LORD, in front of the altar. 15 The priest is to take a handful of fine flour and oil, together with all the incense on the grain offering, and burn the memorial portion on the altar as an aroma pleasing to the LORD. 16 Aaron and his sons shall eat the rest of it, but it is to be eaten without yeast in a holy place; they are to eat it in the courtyard of the Tent of Meeting. 17 It must not be baked with yeast; I have given it as their share of the offerings made to me by fire. Like the sin offering and the guilt offering, it is most holy. 18 Any male descendant of Aaron may eat it. It is his regular share of the offerings made to the LORD by fire for the generations to come. Whatever touches them will become holy.k "

19 The LORD also said to Moses, 20 "This is the offering Aaron and his sons are to bring to the LORD on the day he l is anointed: a tenth of an ephahm of fine flour as a regular grain offering, half of it in the morning and half in the evening. 21 Prepare it with oil on a griddle; bring it well-mixed and present the grain offering broken n in pieces as an aroma pleasing to the LORD. 22 The son who is to succeed him as anointed priest shall prepare it. It is the LORD's regular share and is to

---

l12 Traditionally *peace offerings*   k18 Or *Whoever touches them must be holy*; similarly in verse 27   l20 Or *each*
m20 That is, probably about 2 quarts (about 2 liters)   n21 The meaning of the Hebrew for this word is uncertain.

23 Toda ofrenda de sacerdote será enteramente quemada; no se comerá.

24 Y habló Jehová a Moisés, diciendo:

25 Habla a Aarón y a sus hijos, y diles: Esta es la ley del sacrificio expiatorio: en el lugar donde se degüella el holocausto, será degollada la ofrenda por el pecado delante de Jehová; es cosa santísima.

26 El sacerdote que la ofreciere por el pecado, la comerá; en lugar santo será comida, en el atrio del tabernáculo de reunión.

27 Todo lo que tocare su carne, será santificado; y si salpicare su sangre sobre el vestido, lavarás aquello sobre que cayere, en lugar santo.

28 Y la vasija de barro en que fuere cocida, será quebrada; y si fuere cocida en vasija de bronce, será fregada y lavada con agua.

29 Todo varón de entre los sacerdotes la comerá; es cosa santísima.

30 Mas no se comerá ninguna ofrenda de cuya sangre se metiere en el tabernáculo de reunión para hacer expiación en el santuario; al fuego será quemada.

7 1 Asimismo esta es la ley del sacrificio por la culpa; es cosa muy santa.

2 En el lugar donde degüellan el holocausto, degollarán la víctima por la culpa; y rociará su sangre alrededor sobre el altar.

3 Y de ella ofrecerá toda su grosura, la cola, y la grosura que cubre los intestinos,

4 los dos riñones, la grosura que está sobre ellos, y la que está sobre los ijares; y con los riñones quitará la grosura de sobre el hígado.

5 Y el sacerdote lo hará arder sobre el altar, ofrenda encendida a Jehová; es expiación de la culpa.

6 Todo varón de entre los sacerdotes la comerá; será comida en lugar santo; es cosa muy santa.

7 Como el sacrificio por el pecado, así es el sacrificio por la culpa; una misma ley tendrán; será del sacerdote que hiciere la expiación con ella.

8 Y el sacerdote que ofreciere holocausto de alguno, la piel del holocausto que ofreciere será para él.

9 Asimismo toda ofrenda que se cociere en horno, y todo lo que fuere preparado en sartén o en cazuela, será del sacerdote que lo ofreciere.

10 Y toda ofrenda amasada con aceite, o seca, será de todos los hijos de Aarón, tanto de uno como de otro.

11 Y esta es la ley del sacrificio de paz que se ofrecerá a Jehová:

12 Si se ofreciere en acción de gracias, ofrecerá por sacrificio de acción de gracias tortas sin levadura amasadas con aceite, y hojaldres sin levadura untadas con aceite, y flor de harina frita en tortas amasadas con aceite.

13 Con tortas de pan leudo presentará su ofrenda en el sacrificio de acciones de gracias de paz.

14 Y de toda la ofrenda presentará una parte por ofrenda elevada a Jehová, y será del sacerdote que rociare la sangre de los sacrificios de paz.

15 Y la carne del sacrificio de paz en acción de gracias se comerá en el día que fuere ofrecida; no dejarán de ella nada para otro día.

16 Mas si el sacrificio de su ofrenda fuere voto, o voluntario, será comido en el día que ofreciere su sacrificio, y lo que de él quedare, lo comerán al día siguiente;

17 y lo que quedare de la carne del sacrificio hasta el tercer día, será quemado en el fuego.

be burned completely. 23 Every grain offering of a priest shall be burned completely; it must not be eaten."

The Sin Offering

24 The LORD said to Moses, 25 "Say to Aaron and his sons: 'These are the regulations for the sin offering: The sin offering is to be slaughtered before the LORD in the place the burnt offering is slaughtered; it is most holy. 26 The priest who offers it shall eat it; it is to be eaten in a holy place, in the courtyard of the Tent of Meeting. 27 Whatever touches any of the flesh will become holy, and if any of the blood is spattered on a garment, you must wash it in a holy place. 28 The clay pot the meat is cooked in must be broken; but if it is cooked in a bronze pot, the pot is to be scoured and rinsed with water. 29 Any male in a priest's family may eat it; it is most holy. 30 But any sin offering whose blood is brought into the Tent of Meeting to make atonement in the Holy Place must not be eaten; it must be burned.

The Guilt Offering

7 " 'These are the regulations for the guilt offering, which is most holy: 2 The guilt offering is to be slaughtered in the place where the burnt offering is slaughtered, and its blood is to be sprinkled against the altar on all sides. 3 All its fat shall be offered: the fat tail and the fat that covers the inner parts, 4 both kidneys with the fat on them near the loins, and the covering of the liver, which is to be removed with the kidneys. 5 The priest shall burn them on the altar as an offering made to the LORD by fire. It is a guilt offering. 6 Any male in a priest's family may eat it, but it must be eaten in a holy place; it is most holy.

7 " 'The same law applies to both the sin offering and the guilt offering: They belong to the priest who makes atonement with them. 8 The priest who offers a burnt offering for anyone may keep its hide for himself. 9 Every grain offering baked in an oven or cooked in a pan or on a griddle belongs to the priest who offers it, 10 and every grain offering, whether mixed with oil or dry, belongs equally to all the sons of Aaron.

The Fellowship Offering

11 " 'These are the regulations for the fellowship offering[o] a person may present to the LORD:

12 " 'If he offers it as an expression of thankfulness, then along with this thank offering he is to offer cakes of bread made without yeast and mixed with oil, wafers made without yeast and spread with oil, and cakes of fine flour well-kneaded and mixed with oil. 13 Along with his fellowship offering of thanksgiving he is to present an offering with cakes of bread made with yeast. 14 He is to bring one of each kind as an offering, a contribution to the LORD; it belongs to the priest who sprinkles the blood of the fellowship offerings. 15 The meat of his fellowship offering of thanksgiving must be eaten on the day it is offered; he must leave none of it till morning.

16 " 'If, however, his offering is the result of a vow or is a freewill offering, the sacrifice shall be eaten on the day he offers it, but anything left over may be eaten on the next day. 17 Any meat of the sacrifice left over till the third day must be burned up. 18 If any meat of

---

o 11 Traditionally *peace offering*; also in verses 13-37

18 Si se comiere de la carne del sacrificio de paz al tercer día, el que lo ofreciere no será acepto, ni le será contado; abominación será, y la persona que de él comiere llevará su pecado.

19 Y la carne que tocare alguna cosa inmunda, no se comerá; al fuego será quemada. Toda persona limpia podrá comer la carne;

20 pero la persona que comiere la carne del sacrificio de paz, el cual es de Jehová, estando inmunda, aquella persona será cortada de entre su pueblo.

21 Además, la persona que tocare alguna cosa inmunda, inmundicia de hombre, o animal inmundo, o cualquier abominación inmunda, y comiere la carne del sacrificio de paz, el cual es de Jehová, aquella persona será cortada de entre su pueblo.

22 Habló más Jehová a Moisés, diciendo:

23 Habla a los hijos de Israel, diciendo: Ninguna grosura de buey ni de cordero ni de cabra comeréis.

24 La grosura de animal muerto, y la grosura del que fue despedazado por fieras, se dispondrá para cualquier otro uso, mas no la comeréis.

25 Porque cualquiera que comiere grosura de animal, del cual se ofrece a Jehová ofrenda encendida, la persona que lo comiere será cortada de entre su pueblo.

26 Además, ninguna sangre comeréis en ningún lugar en donde habitéis, ni de aves ni de bestias.

27 Cualquiera persona que comiere de alguna sangre, la tal persona será cortada de entre su pueblo.

28 Habló más Jehová a Moisés, diciendo:

29 Habla a los hijos de Israel y diles: El que ofreciere sacrificio de paz a Jehová, traerá su ofrenda del sacrificio de paz ante Jehová.

30 Sus manos traerán las ofrendas que se han de quemar ante Jehová; traerá la grosura con el pecho; el pecho para que sea mecido como sacrificio mecido delante de Jehová.

31 Y la grosura la hará arder el sacerdote en el altar, mas el pecho será de Aarón y de sus hijos.

32 Y daréis al sacerdote para ser elevada en ofrenda, la espaldilla derecha de vuestros sacrificios de paz.

33 El que de los hijos de Aarón ofreciere la sangre de los sacrificios de paz, y la grosura, recibirá la espaldilla derecha como porción suya.

34 Porque he tomado de los sacrificios de paz de los hijos de Israel el pecho que se mece y la espaldilla elevada en ofrenda, y lo he dado a Aarón el sacerdote y a sus hijos, como estatuto perpetuo para los hijos de Israel.

35 Esta es la porción de Aarón y la porción de sus hijos, de las ofrendas encendidas a Jehová, desde el día que él los consagró para ser sacerdotes de Jehová,

36 la cual mandó Jehová que les diesen, desde el día que él los ungió de entre los hijos de Israel, como estatuto perpetuo en sus generaciones.

37 Esta es la ley del holocausto, de la ofrenda, del sacrificio por el pecado, del sacrificio por la culpa, de las consagraciones y del sacrificio de paz,

38 la cual mandó Jehová a Moisés en el monte de Sinaí, el día que mandó a los hijos de Israel que ofreciesen sus ofrendas a Jehová, en el desierto de Sinaí.

Consagración de Aarón y de sus hijos

8 1 Habló Jehová a Moisés, diciendo:
2 Toma a Aarón y a sus hijos con él, y las vestiduras, el aceite de la unción, el becerro de la expiación, los dos carneros, y el canastillo de los panes sin levadura;
3 y reúne toda la congregación a la puerta del tabernáculo de reunión.

---

the fellowship offering is eaten on the third day, it will not be accepted. It will not be credited to the one who offered it, for it is impure; the person who eats any of it will be held responsible.

19 'Meat that touches anything ceremonially unclean must not be eaten; it must be burned up. As for other meat, anyone ceremonially clean may eat it. 20 But if anyone who is unclean eats any meat of the fellowship offering belonging to the LORD, that person must be cut off from his people. 21 If anyone touches something unclean — whether human uncleanness or an unclean animal or any unclean, detestable thing — and then eats any of the meat of the fellowship offering belonging to the LORD, that person must be cut off from his people.' "

Eating Fat and Blood Forbidden

22 The LORD said to Moses, 23 "Say to the Israelites: 'Do not eat any of the fat of cattle, sheep or goats. 24 The fat of an animal found dead or torn by wild animals may be used for any other purpose, but you must not eat it. 25 Anyone who eats the fat of an animal from which an offering by fire may be ᵖ made to the LORD must be cut off from his people. 26 And wherever you live, you must not eat the blood of any bird or animal. 27 If anyone eats blood, that person must be cut off from his people.' "

The Priests' Share

28 The LORD said to Moses, 29 "Say to the Israelites: 'Anyone who brings a fellowship offering to the LORD is to bring part of it as his sacrifice to the LORD. 30 With his own hands he is to bring the offering made to the LORD by fire; he is to bring the fat, together with the breast, and wave the breast before the LORD as a wave offering. 31 The priest shall burn the fat on the altar, but the breast belongs to Aaron and his sons. 32 You are to give the right thigh of your fellowship offerings to the priest as a contribution. 33 The son of Aaron who offers the blood and the fat of the fellowship offering shall have the right thigh as his share. 34 From the fellowship offerings of the Israelites, I have taken the breast that is waved and the thigh that is presented and have given them to Aaron the priest and his sons as their regular share from the Israelites.' "

35 This is the portion of the offerings made to the LORD by fire that were allotted to Aaron and his sons on the day they were presented to serve the LORD as priests. 36 On the day they were anointed, the LORD commanded that the Israelites give this to them as their regular share for the generations to come.

37 These, then, are the regulations for the burnt offering, the grain offering, the sin offering, the guilt offering, the ordination offering and the fellowship offering, 38 which the LORD gave Moses on Mount Sinai on the day he commanded the Israelites to bring their offerings to the LORD, in the Desert of Sinai.

The Ordination of Aaron and His Sons

8 The LORD said to Moses, 2 "Bring Aaron and his sons, their garments, the anointing oil, the bull for the sin offering, the two rams and the basket containing bread made without yeast, 3 and gather the entire assembly at the entrance to the Tent of Meeting."

ᵖ25 Or *fire is*

4 Hizo, pues, Moisés como Jehová le mandó, y se reunió la congregación a la puerta del tabernáculo de reunión.

5 Y dijo Moisés a la congregación: Esto es lo que Jehová ha mandado hacer.

6 Entonces Moisés hizo acercarse a Aarón y a sus hijos, y los lavó con agua.

7 Y puso sobre él la túnica, y le ciñó con el cinto; le vistió después el manto, y puso sobre él el efod, y lo ciñó con el cinto del efod, y lo ajustó con él.

8 Luego le puso encima el pectoral, y puso dentro del mismo los Urim y Tumim.

9 Después puso la mitra sobre su cabeza, y sobre la mitra, en frente, puso la lámina de oro, la diadema santa, como Jehová había mandado a Moisés.

10 Y tomó Moisés el aceite de la unción y ungió el tabernáculo y todas las cosas que estaban en él, y las santificó.

11 Y roció de él sobre el altar siete veces, y ungió el altar y todos sus utensilios, y la fuente y su base, para santificarlos.

12 Y derramó del aceite de la unción sobre la cabeza de Aarón, y lo ungió para santificarlo.

13 Después Moisés hizo acercarse los hijos de Aarón, y les vistió las túnicas, les ciñó con cintos, y les ajustó las tiaras, como Jehová lo había mandado a Moisés.

14 Luego hizo traer el becerro de la expiación, y Aarón y sus hijos pusieron sus manos sobre la cabeza del becerro de la expiación,

15 y lo degolló; y Moisés tomó la sangre, y puso con su dedo sobre los cuernos del altar alrededor, y purificó el altar; y echó la demás sangre al pie del altar, y lo santificó para reconciliar sobre él.

16 Después tomó toda la grosura que estaba sobre los intestinos, y la grosura del hígado, y los dos riñones, y la grosura de ellos, y lo hizo arder Moisés sobre el altar.

17 Mas el becerro, su piel, su carne y su estiércol, lo quemó al fuego fuera del campamento, como Jehová lo había mandado a Moisés.

18 Después hizo que trajeran el carnero del holocausto, y Aarón y sus hijos pusieron sus manos sobre la cabeza del carnero;

19 y lo degolló; y roció Moisés la sangre sobre el altar alrededor,

20 y cortó el carnero en trozos; y Moisés hizo arder la cabeza, y los trozos, y la grosura.

21 Lavó luego con agua los intestinos y las piernas, y quemó Moisés todo el carnero sobre el altar; holocausto de olor grato, ofrenda encendida para Jehová, como Jehová lo había mandado a Moisés.

22 Después hizo que trajeran el otro carnero, el carnero de las consagraciones, y Aarón y sus hijos pusieron sus manos sobre la cabeza del carnero.

23 Y lo degolló; y tomó Moisés de la sangre, y la puso sobre el lóbulo de la oreja derecha de Aarón, sobre el dedo pulgar de su mano derecha, y sobre el dedo pulgar de su pie derecho.

24 Hizo acercarse luego los hijos de Aarón, y puso Moisés de la sangre sobre el lóbulo de sus orejas derechas, sobre los pulgares de sus manos derechas, y sobre los pulgares de sus pies derechos; y roció Moisés la sangre sobre el altar alrededor.

25 Después tomó la grosura, la cola, toda la grosura que estaba sobre los intestinos, la grosura del hígado, los dos riñones y la grosura de ellos, y la espaldilla derecha.

26 Y del canastillo de los panes sin levadura, que estaba delante de Jehová, tomó una torta sin levadura, y una torta de pan de aceite, y una hojaldre, y lo puso con la grosura y con la espaldilla derecha.

4 Moses did as the LORD commanded him, and the assembly gathered at the entrance to the Tent of Meeting.

5 Moses said to the assembly, "This is what the LORD has commanded to be done." 6 Then Moses brought Aaron and his sons forward and washed them with water. 7 He put the tunic on Aaron, tied the sash around him, clothed him with the robe and put the ephod on him. He also tied the ephod to him by its skillfully woven waistband; so it was fastened on him. 8 He placed the breastpiece on him and put the Urim and Thummim in the breastpiece. 9 Then he placed the turban on Aaron's head and set the gold plate, the sacred diadem, on the front of it, as the LORD commanded Moses.

10 Then Moses took the anointing oil and anointed the tabernacle and everything in it, and so consecrated them. 11 He sprinkled some of the oil on the altar seven times, anointing the altar and all its utensils and the basin with its stand, to consecrate them. 12 He poured some of the anointing oil on Aaron's head and anointed him to consecrate him. 13 Then he brought Aaron's sons forward, put tunics on them, tied sashes around them and put headbands on them, as the LORD commanded Moses.

14 He then presented the bull for the sin offering, and Aaron and his sons laid their hands on its head. 15 Moses slaughtered the bull and took some of the blood, and with his finger he put it on all the horns of the altar to purify the altar. He poured out the rest of the blood at the base of the altar. So he consecrated it to make atonement for it. 16 Moses also took all the fat around the inner parts, the covering of the liver, and both kidneys and their fat, and burned it on the altar. 17 But the bull with its hide and its flesh and its offal he burned up outside the camp, as the LORD commanded Moses.

18 He then presented the ram for the burnt offering, and Aaron and his sons laid their hands on its head. 19 Then Moses slaughtered the ram and sprinkled the blood against the altar on all sides. 20 He cut the ram into pieces and burned the head, the pieces and the fat. 21 He washed the inner parts and the legs with water and burned the whole ram on the altar as a burnt offering, a pleasing aroma, an offering made to the LORD by fire, as the LORD commanded Moses.

22 He then presented the other ram, the ram for the ordination, and Aaron and his sons laid their hands on its head. 23 Moses slaughtered the ram and took some of its blood and put it on the lobe of Aaron's right ear, on the thumb of his right hand and on the big toe of his right foot. 24 Moses also brought Aaron's sons forward and put some of the blood on the lobes of their right ears, on the thumbs of their right hands and on the big toes of their right feet. Then he sprinkled blood against the altar on all sides. 25 He took the fat, the fat tail, all the fat around the inner parts, the covering of the liver, both kidneys and their fat and the right thigh. 26 Then from the basket of bread made without yeast, which was before the LORD, he took a cake of bread, and one made with oil, and a wafer; he put these on the fat portions and on the right thigh. 27 He put all

27 Y lo puso todo en las manos de Aarón, y en las manos de sus hijos, e hizo mecerlo como ofrenda mecida delante de Jehová.

28 Después tomó aquellas cosas Moisés de las manos de ellos, y las hizo arder en el altar sobre el holocausto; eran las consagraciones en olor grato, ofrenda encendida a Jehová.

29 Y tomó Moisés el pecho, y lo meció, ofrenda mecida delante de Jehová; del carnero de las consagraciones aquella fue la parte de Moisés, como Jehová lo había mandado a Moisés.

30 Luego tomó Moisés del aceite de la unción, y de la sangre que estaba sobre el altar, y roció sobre Aarón, y sobre sus vestiduras, sobre sus hijos, y sobre las vestiduras de sus hijos con él; y santificó a Aarón y sus vestiduras y a sus hijos y las vestiduras de sus hijos con él.

31 Y dijo Moisés a Aarón y a sus hijos: Hervid la carne a la puerta del tabernáculo de reunión; y comedla allí con el pan que está en el canastillo de las consagraciones, según yo he mandado, diciendo: Aarón y sus hijos la comerán.

32 Y lo que sobre de la carne y del pan, lo quemaréis al fuego.

33 De la puerta del tabernáculo de reunión no saldréis en siete días, hasta el día que se cumplan los días de vuestras consagraciones; porque por siete días seréis consagrados.

34 De la manera que hoy se ha hecho, mandó hacer Jehová para expiaros.

35 A la puerta, pues, del tabernáculo de reunión estaréis día y noche por siete días, y guardaréis la ordenanza delante de Jehová, para que no muráis; porque así me ha sido mandado.

36 Y Aarón y sus hijos hicieron todas las cosas que mandó Jehová por medio de Moisés.

Los sacrificios de Aarón

9 1 En el día octavo, Moisés llamó a Aarón y a sus hijos, y a los ancianos de Israel;

2 y dijo a Aarón: Toma de la vacada un becerro para expiación, y un carnero para holocausto, sin defecto, y ofrécelos delante de Jehová.

3 Y a los hijos de Israel hablarás diciendo: Tomad un macho cabrío para expiación, y un becerro y un cordero de un año, sin defecto, para holocausto.

4 Asimismo un buey y un carnero para sacrificio de paz, que inmoléis delante de Jehová, y una ofrenda amasada con aceite; porque Jehová se aparecerá hoy a vosotros.

5 Y llevaron lo que mandó Moisés delante del tabernáculo de reunión, y vino toda la congregación y se puso delante de Jehová.

6 Entonces Moisés dijo: Esto es lo que mandó Jehová; hacedlo, y la gloria de Jehová se os aparecerá.

7 Y dijo Moisés a Aarón: Acércate al altar, y haz tu expiación y tu holocausto, y haz la reconciliación por ti y por el pueblo; haz también la ofrenda del pueblo, y haz la reconciliación por ellos, como ha mandado Jehová.

8 Entonces se acercó Aarón al altar y degolló el becerro de la expiación que era por él.

9 Y los hijos de Aarón le trajeron la sangre; y él mojó su dedo en la sangre, y puso de ella sobre los cuernos del altar, y derramó el resto de la sangre al pie del altar.

10 E hizo arder sobre el altar la grosura con los riñones y la grosura del hígado de la expiación, como Jehová lo había mandado a Moisés.

11 Mas la carne y la piel las quemó al fuego fuera del campamento.

---

these in the hands of Aaron and his sons and waved them before the LORD as a wave offering. 28 Then Moses took them from their hands and burned them on the altar on top of the burnt offering as an ordination offering, a pleasing aroma, an offering made to the LORD by fire. 29 He also took the breast — Moses' share of the ordination ram — and waved it before the LORD as a wave offering, as the LORD commanded Moses.

30 Then Moses took some of the anointing oil and some of the blood from the altar and sprinkled them on Aaron and his garments and on his sons and their garments. So he consecrated Aaron and his garments and his sons and their garments.

31 Moses then said to Aaron and his sons, "Cook the meat at the entrance to the Tent of Meeting and eat it there with the bread from the basket of ordination offerings, as I commanded, saying,*q* 'Aaron and his sons are to eat it.' 32 Then burn up the rest of the meat and the bread. 33 Do not leave the entrance to the Tent of Meeting for seven days, until the days of your ordination are completed, for your ordination will last seven days. 34 What has been done today was commanded by the LORD to make atonement for you. 35 You must stay at the entrance to the Tent of Meeting day and night for seven days and do what the LORD requires, so you will not die; for that is what I have been commanded." 36 So Aaron and his sons did everything the LORD commanded through Moses.

The Priests Begin Their Ministry

9 On the eighth day Moses summoned Aaron and his sons and the elders of Israel. 2 He said to Aaron, "Take a bull calf for your sin offering and a ram for your burnt offering, both without defect, and present them before the LORD. 3 Then say to the Israelites: 'Take a male goat for a sin offering, a calf and a lamb — both a year old and without defect — for a burnt offering, 4 and an ox*r* and a ram for a fellowship offering*s* to sacrifice before the LORD, together with a grain offering mixed with oil. For today the LORD will appear to you.'"

5 They took the things Moses commanded to the front of the Tent of Meeting, and the entire assembly came near and stood before the LORD. 6 Then Moses said, "This is what the LORD has commanded you to do, so that the glory of the LORD may appear to you."

7 Moses said to Aaron, "Come to the altar and sacrifice your sin offering and your burnt offering and make atonement for yourself and the people; sacrifice the offering that is for the people and make atonement for them, as the LORD has commanded."

8 So Aaron came to the altar and slaughtered the calf as a sin offering for himself. 9 His sons brought the blood to him, and he dipped his finger into the blood and put it on the horns of the altar; the rest of the blood he poured out at the base of the altar. 10 On the altar he burned the fat, the kidneys and the covering of the liver from the sin offering, as the LORD commanded Moses; 11 the flesh and the hide he burned up outside the camp.

q31 Or *I was commanded:*   *r4* The Hebrew word can include both male and female; also in verses 18 and 19.   *s4* Traditionally *peace offering*; also in verses 18 and 22

12 Degolló asimismo el holocausto, y los hijos de Aarón le presentaron la sangre, la cual roció él alrededor sobre el altar.

13 Después le presentaron el holocausto pieza por pieza, y la cabeza; y lo hizo quemar sobre el altar.

14 Luego lavó los intestinos y las piernas, y los quemó sobre el holocausto en el altar.

15 Ofreció también la ofrenda del pueblo, y tomó el macho cabrío que era para la expiación del pueblo, y lo degolló, y lo ofreció por el pecado como el primero.

16 Y ofreció el holocausto, e hizo según el rito.

17 Ofreció asimismo la ofrenda, y llenó de ella su mano, y la hizo quemar sobre el altar, además del holocausto de la mañana.

18 Degolló también el buey y el carnero en sacrificio de paz, que era del pueblo; y los hijos de Aarón le presentaron la sangre, la cual roció él sobre el altar alrededor;

19 y las grosuras del buey y del carnero, la cola, la grosura que cubre los intestinos, los riñones, y la grosura del hígado;

20 y pusieron las grosuras sobre los pechos, y él las quemó sobre el altar.

21 Pero los pechos, con la espaldilla derecha, los meció Aarón como ofrenda mecida delante de Jehová, como Jehová lo había mandado a Moisés.

22 Después alzó Aarón sus manos hacia el pueblo y lo bendijo; y después de hacer la expiación, el holocausto y el sacrificio de paz, descendió.

23 Y entraron Moisés y Aarón en el tabernáculo de reunión, y salieron y bendijeron al pueblo; y la gloria de Jehová se apareció a todo el pueblo.

24 Y salió fuego de delante de Jehová, y consumió el holocausto con las grosuras sobre el altar; y viéndolo todo el pueblo, alabaron, y se postraron sobre sus rostros.

El pecado de Nadab y Abiú

10 1 Nadab y Abiú, hijos de Aarón, tomaron cada uno su incensario, y pusieron en ellos fuego, sobre el cual pusieron incienso, y ofrecieron delante de Jehová fuego extraño, que él nunca les mandó.

2 Y salió fuego de delante de Jehová y los quemó, y murieron delante de Jehová.

3 Entonces dijo Moisés a Aarón: Esto es lo que habló Jehová, diciendo: En los que a mí se acercan me santificaré, y en presencia de todo el pueblo seré glorificado. Y Aarón calló.

4 Y llamó Moisés a Misael y a Elzafán, hijos de Uziel tío de Aarón, y les dijo: Acercaos y sacad a vuestros hermanos de delante del santuario, fuera del campamento.

5 Y ellos se acercaron y los sacaron con sus túnicas fuera del campamento, como dijo Moisés.

6 Entonces Moisés dijo a Aarón, y a Eleazar e Itamar sus hijos: No descubráis vuestras cabezas, ni rasguéis vuestros vestidos en señal de duelo, para que no muráis, ni se levante la ira sobre toda la congregación; pero vuestros hermanos, toda la casa de Israel, sí lamentarán por el incendio que Jehová ha hecho.

7 Ni saldréis de la puerta del tabernáculo de reunión, porque moriréis; por cuanto el aceite de la unción de Jehová está sobre vosotros. Y ellos hicieron conforme al dicho de Moisés.

12 Then he slaughtered the burnt offering. His sons handed him the blood, and he sprinkled it against the altar on all sides. 13 They handed him the burnt offering piece by piece, including the head, and he burned them on the altar. 14 He washed the inner parts and the legs and burned them on top of the burnt offering on the altar.

15 Aaron then brought the offering that was for the people. He took the goat for the people's sin offering and slaughtered it and offered it for a sin offering as he did with the first one.

16 He brought the burnt offering and offered it in the prescribed way. 17 He also brought the grain offering, took a handful of it and burned it on the altar in addition to the morning's burnt offering.

18 He slaughtered the ox and the ram as the fellowship offering for the people. His sons handed him the blood, and he sprinkled it against the altar on all sides. 19 But the fat portions of the ox and the ram — the fat tail, the layer of fat, the kidneys and the covering of the liver — 20 these they laid on the breasts, and then Aaron burned the fat on the altar. 21 Aaron waved the breasts and the right thigh before the LORD as a wave offering, as Moses commanded.

22 Then Aaron lifted his hands toward the people and blessed them. And having sacrificed the sin offering, the burnt offering and the fellowship offering, he stepped down.

23 Moses and Aaron then went into the Tent of Meeting. When they came out, they blessed the people; and the glory of the LORD appeared to all the people. 24 Fire came out from the presence of the LORD and consumed the burnt offering and the fat portions on the altar. And when all the people saw it, they shouted for joy and fell facedown.

The Death of Nadab and Abihu

10 Aaron's sons Nadab and Abihu took their censers, put fire in them and added incense; and they offered unauthorized fire before the LORD, contrary to his command. 2 So fire came out from the presence of the LORD and consumed them, and they died before the LORD. 3 Moses then said to Aaron, "This is what the LORD spoke of when he said:

" 'Among those who approach me
     I will show myself holy;
in the sight of all the people
     I will be honored.' "

Aaron remained silent.

4 Moses summoned Mishael and Elzaphan, sons of Aaron's uncle Uzziel, and said to them, "Come here; carry your cousins outside the camp, away from the front of the sanctuary." 5 So they came and carried them, still in their tunics, outside the camp, as Moses ordered.

6 Then Moses said to Aaron and his sons Eleazar and Ithamar, "Do not let your hair become unkempt,[t] and do not tear your clothes, or you will die and the LORD will be angry with the whole community. But your relatives, all the house of Israel, may mourn for those the LORD has destroyed by fire. 7 Do not leave the entrance to the Tent of Meeting or you will die, because the LORD's anointing oil is on you." So they did as Moses said.

---

t6 Or *Do not uncover your heads*

8 Y Jehová habló a Aarón, diciendo:

9 Tú, y tus hijos contigo, no beberéis vino ni sidra cuando entréis en el tabernáculo de reunión, para que no muráis; estatuto perpetuo será para vuestras generaciones,

10 para poder discernir entre lo santo y lo profano, y entre lo inmundo y lo limpio,

11 y para enseñar a los hijos de Israel todos los estatutos que Jehová les ha dicho por medio de Moisés.

12 Y Moisés dijo a Aarón, y a Eleazar y a Itamar sus hijos que habían quedado: Tomad la ofrenda que queda de las ofrendas encendidas a Jehová, y comedla sin levadura junto al altar, porque es cosa muy santa.

13 La comeréis, pues, en lugar santo; porque esto es para ti y para tus hijos, de las ofrendas encendidas a Jehová, pues que así me ha sido mandado.

14 Comeréis asimismo en lugar limpio, tú y tus hijos y tus hijas contigo, el pecho mecido y la espaldilla elevada, porque por derecho son tuyos y de tus hijos, dados de los sacrificios de paz de los hijos de Israel.

15 Con las ofrendas de las grosuras que se han de quemar, traerán la espaldilla que se ha de elevar y el pecho que será mecido como ofrenda mecida delante de Jehová; y será por derecho perpetuo tuyo y de tus hijos, como Jehová lo ha mandado.

16 Y Moisés preguntó por el macho cabrío de la expiación, y se halló que había sido quemado; y se enojó contra Eleazar e Itamar, los hijos que habían quedado de Aarón, diciendo:

17 ¿Por qué no comisteis la expiación en lugar santo? Pues es muy santa, y la dio él a vosotros para llevar la iniquidad de la congregación, para que sean reconciliados delante de Jehová.

18 Ved que la sangre no fue llevada dentro del santuario; y vosotros debíais comer la ofrenda en el lugar santo, como yo mandé.

19 Y respondió Aarón a Moisés: He aquí hoy han ofrecido su expiación y su holocausto delante de Jehová; pero a mí me han sucedido estas cosas, y si hubiera yo comido hoy del sacrificio de expiación, ¿sería esto grato a Jehová?

20 Y cuando Moisés oyó esto, se dio por satisfecho.

Animales limpios e inmundos

11 1 Habló Jehová a Moisés y a Aarón, diciéndoles: 2 Hablad a los hijos de Israel y decidles: Estos son los animales que comeréis de entre todos los animales que hay sobre la tierra.

3 De entre los animales, todo el que tiene pezuña hendida y que rumia, éste comeréis.

4 Pero de los que rumian o que tienen pezuña, no comeréis éstos: el camello, porque rumia pero no tiene pezuña hendida, lo tendréis por inmundo.

5 También el conejo, porque rumia, pero no tiene pezuña, lo tendréis por inmundo.

6 Asimismo la liebre, porque rumia, pero no tiene pezuña, la tendréis por inmunda.

7 También el cerdo, porque tiene pezuñas, y es de pezuñas hendidas, pero no rumia, lo tendréis por inmundo.

8 De la carne de ellos no comeréis, ni tocaréis su cuerpo muerto; los tendréis por inmundos.

9 Esto comeréis de todos los animales que viven en las aguas: todos los que tienen aletas y escamas en las aguas del mar, y en los ríos, estos comeréis.

10 Pero todos los que no tienen aletas ni escamas en el mar y en los ríos, así de todo lo que se mueve como de toda cosa viviente que está en las aguas, los tendréis en abominación.

11 Os serán, pues, abominación; de su carne no comeréis, y abominaréis sus cuerpos muertos.

8 Then the LORD said to Aaron, 9 "You and your sons are not to drink wine or other fermented drink whenever you go into the Tent of Meeting, or you will die. This is a lasting ordinance for the generations to come. 10 You must distinguish between the holy and the common, between the unclean and the clean, 11 and you must teach the Israelites all the decrees the LORD has given them through Moses."

12 Moses said to Aaron and his remaining sons, Eleazar and Ithamar, "Take the grain offering left over from the offerings made to the LORD by fire and eat it prepared without yeast beside the altar, for it is most holy. 13 Eat it in a holy place, because it is your share and your sons' share of the offerings made to the LORD by fire; for so I have been commanded. 14 But you and your sons and your daughters may eat the breast that was waved and the thigh that was presented. Eat them in a ceremonially clean place; they have been given to you and your children as your share of the Israelites' fellowship offerings. *u* 15 The thigh that was presented and the breast that was waved must be brought with the fat portions of the offerings made by fire, to be waved before the LORD as a wave offering. This will be the regular share for you and your children, as the LORD has commanded."

16 When Moses inquired about the goat of the sin offering and found that it had been burned up, he was angry with Eleazar and Ithamar, Aaron's remaining sons, and asked, 17 "Why didn't you eat the sin offering in the sanctuary area? It is most holy; it was given to you to take away the guilt of the community by making atonement for them before the LORD. 18 Since its blood was not taken into the Holy Place, you should have eaten the goat in the sanctuary area, as I commanded."

19 Aaron replied to Moses, "Today they sacrificed their sin offering and their burnt offering before the LORD, but such things as this have happened to me. Would the LORD have been pleased if I had eaten the sin offering today?" 20 When Moses heard this, he was satisfied.

Clean and Unclean Food

11 The LORD said to Moses and Aaron, 2 "Say to the Israelites: 'Of all the animals that live on land, these are the ones you may eat: 3 You may eat any animal that has a split hoof completely divided and that chews the cud.

4 " 'There are some that only chew the cud or only have a split hoof, but you must not eat them. The camel, though it chews the cud, does not have a split hoof; it is ceremonially unclean for you. 5 The coney, *v* though it chews the cud, does not have a split hoof; it is unclean for you. 6 The rabbit, though it chews the cud, does not have a split hoof; it is unclean for you. 7 And the pig, though it has a split hoof completely divided, does not chew the cud; it is unclean for you. 8 You must not eat their meat or touch their carcasses; they are unclean for you.

9 " 'Of all the creatures living in the water of the seas and the streams, you may eat any that have fins and scales. 10 But all creatures in the seas or streams that do not have fins and scales—whether among all the swarming things or among all the other living creatures in the water—you are to detest. 11 And since you are to detest them, you must not eat their meat and you

---

u 14 Traditionally *peace offerings*   *v 5* That is, the hyrax or rock badger

12 Todo lo que no tuviere aletas y escamas en las aguas, lo tendréis en abominación.

13 Y de las aves, éstas tendréis en abominación; no se comerán, serán abominación: el águila, el quebrantahuesos, el azor,

14 El gallinazo, el milano según su especie;

15 todo cuervo según su especie;

16 el avestruz, la lechuza, la gaviota, el gavilán según su especie;

17 el buho, el somormujo, el ibis,

18 el calamón, el pelícano, el buitre,

19 la cigüeña, la garza según su especie, la abubilla y el murciélago.

20 Todo insecto alado que anduviere sobre cuatro patas, tendréis en abominación.

21 Pero esto comeréis de todo insecto alado que anda sobre cuatro patas, que tuviere piernas además de sus patas para saltar con ellas sobre la tierra;

22 estos comeréis de ellos: la langosta según su especie, el langostín según su especie, el argol según su especie, y el hagab según su especie.

23 Todo insecto alado que tenga cuatro patas, tendréis en abominación.

24 Y por estas cosas seréis inmundos; cualquiera que tocare sus cuerpos muertos será inmundo hasta la noche,

25 y cualquiera que llevare algo de sus cadáveres lavará sus vestidos, y será inmundo hasta la noche.

26 Todo animal de pezuña, pero que no tiene pezuña hendida, ni rumia, tendréis por inmundo; y cualquiera que los tocare será inmundo.

27 Y de todos los animales que andan en cuatro patas, tendréis por inmundo a cualquiera que ande sobre sus garras; y todo el que tocare sus cadáveres será inmundo hasta la noche.

28 Y el que llevare sus cadáveres, lavará sus vestidos, y será inmundo hasta la noche; los tendréis por inmundos.

29 Y tendréis por inmundos a estos animales que se mueven sobre la tierra: la comadreja, el ratón, la rana según su especie,

30 el erizo, el cocodrilo, el lagarto, la lagartija y el camaleón.

31 Estos tendréis por inmundos de entre los animales que se mueven, y cualquiera que los tocare cuando estuvieren muertos será inmundo hasta la noche.

32 Y todo aquello sobre que cayere algo de ellos después de muertos, será inmundo; sea cosa de madera, vestido, piel, saco, sea cualquier instrumento con que se trabaja, será metido en agua, y quedará inmundo hasta la noche; entonces quedará limpio.

33 Toda vasija de barro dentro de la cual cayere alguno de ellos será inmunda, así como todo lo que estuviere en ella, y quebraréis la vasija.

34 Todo alimento que se come, sobre el cual cayere el agua de tales vasijas, será inmundo; y toda bebida que hubiere en esas vasijas será inmunda.

35 Todo aquello sobre que cayere algo del cadáver de ellos será inmundo; el horno u hornillos se derribarán; son inmundos, y por inmundos los tendréis.

36 Con todo, la fuente y la cisterna donde se recogen aguas serán limpias; mas lo que hubiere tocado en los cadáveres será inmundo.

37 Y si cayere algo de los cadáveres sobre alguna semilla que se haya de sembrar, será limpia.

38 Mas si se hubiere puesto agua en la semilla, y cayere algo de los cadáveres sobre ella, la tendréis por inmunda.

39 Y si algún animal que tuviereis para comer muriere, el que tocare su cadáver será inmundo hasta la noche.

must detest their carcasses. 12Anything living in the water that does not have fins and scales is to be detestable to you.

13 " 'These are the birds you are to detest and not eat because they are detestable: the eagle, the vulture, the black vulture, 14the red kite, any kind of black kite, 15any kind of raven, 16the horned owl, the screech owl, the gull, any kind of hawk, 17the little owl, the cormorant, the great owl, 18the white owl, the desert owl, the osprey, 19the stork, any kind of heron, the hoopoe and the bat. w

20 " 'All flying insects that walk on all fours are to be detestable to you. 21There are, however, some winged creatures that walk on all fours that you may eat: those that have jointed legs for hopping on the ground. 22Of these you may eat any kind of locust, katydid, cricket or grasshopper. 23But all other winged creatures that have four legs you are to detest.

24 " 'You will make yourselves unclean by these; whoever touches their carcasses will be unclean till evening. 25Whoever picks up one of their carcasses must wash his clothes, and he will be unclean till evening.

26 " 'Every animal that has a split hoof not completely divided or that does not chew the cud is unclean for you; whoever touches ˌthe carcass ofˌ any of them will be unclean. 27Of all the animals that walk on all fours, those that walk on their paws are unclean for you; whoever touches their carcasses will be unclean till evening. 28Anyone who picks up their carcasses must wash his clothes, and he will be unclean till evening. They are unclean for you.

29 " 'Of the animals that move about on the ground, these are unclean for you: the weasel, the rat, any kind of great lizard, 30the gecko, the monitor lizard, the wall lizard, the skink and the chameleon. 31Of all those that move along the ground, these are unclean for you. Whoever touches them when they are dead will be unclean till evening. 32When one of them dies and falls on something, that article, whatever its use, will be unclean, whether it is made of wood, cloth, hide or sackcloth. Put it in water; it will be unclean till evening, and then it will be clean. 33If one of them falls into a clay pot, everything in it will be unclean, and you must break the pot. 34Any food that could be eaten but has water on it from such a pot is unclean, and any liquid that could be drunk from it is unclean. 35Anything that one of their carcasses falls on becomes unclean; an oven or cooking pot must be broken up. They are unclean, and you are to regard them as unclean. 36A spring, however, or a cistern for collecting water remains clean, but anyone who touches one of these carcasses is unclean. 37If a carcass falls on any seeds that are to be planted, they remain clean. 38But if water has been put on the seed and a carcass falls on it, it is unclean for you.

39 " 'If an animal that you are allowed to eat dies, anyone who touches the carcass will be unclean till evening. 40Anyone who eats some of the carcass must

---

w19 The precise identification of some of the birds, insects and animals in this chapter is uncertain.

40 Y el que comiere del cuerpo muerto, lavará sus vestidos y será inmundo hasta la noche; asimismo el que sacare el cuerpo muerto, lavará sus vestidos y será inmundo hasta la noche.

41 Y todo reptil que se arrastra sobre la tierra es abominación; no se comerá.

42 Todo lo que anda sobre el pecho, y todo lo que anda sobre cuatro o más patas, de todo animal que se arrastra sobre la tierra, no lo comeréis, porque es abominación.

43 No hagáis abominables vuestras personas con ningún animal que se arrastra, ni os contaminéis con ellos, ni seáis inmundos por ellos.

44 Porque yo soy Jehová vuestro Dios; vosotros por tanto os santificaréis, y seréis santos, porque yo soy santo; así que no contaminéis vuestras personas con ningún animal que se arrastre sobre la tierra.

45 Porque yo soy Jehová, que os hago subir de la tierra de Egipto para ser vuestro Dios: seréis, pues, santos, porque yo soy santo.

46 Esta es la ley acerca de las bestias, y las aves, y todo ser viviente que se mueve en las aguas, y todo animal que se arrastra sobre la tierra,

47 para hacer diferencia entre lo inmundo y lo limpio, y entre los animales que se pueden comer y los animales que no se pueden comer.

La purificación de la mujer después del parto

12 1 Habló Jehová a Moisés, diciendo: 2 Habla a los hijos de Israel y diles: La mujer cuando conciba y dé a luz varón, será inmunda siete días; conforme a los días de su menstruación será inmunda.

3 Y al octavo día se circuncidará al niño.

4 Mas ella permanecerá treinta y tres días purificándose de su sangre; ninguna cosa santa tocará, ni vendrá al santuario, hasta cuando sean cumplidos los días de su purificación.

5 Y si diere a luz hija, será inmunda dos semanas, conforme a su separación, y sesenta y seis días estará purificándose de su sangre.

6 Cuando los días de su purificación fueren cumplidos, por hijo o por hija, traerá un cordero de un año para holocausto, y un palomino o una tórtola para expiación, a la puerta del tabernáculo de reunión, al sacerdote;

7 y él los ofrecerá delante de Jehová, y hará expiación por ella, y será limpia del flujo de su sangre. Esta es la ley para la que diere a luz hijo o hija.

8 Y si no tiene lo suficiente para un cordero, tomará entonces dos tórtolas o dos palominos, uno para holocausto y otro para expiación; y el sacerdote hará expiación por ella, y será limpia.

Leyes acerca de la lepra

13 1 Habló Jehová a Moisés y a Aarón, diciendo: 2 Cuando el hombre tuviere en la piel de su cuerpo hinchazón, o erupción, o mancha blanca, y hubiere en la piel de su cuerpo como llaga de lepra, será traído a Aarón el sacerdote o a uno de sus hijos los sacerdotes.

3 Y el sacerdote mirará la llaga en la piel del cuerpo; si el

wash his clothes, and he will be unclean till evening. Anyone who picks up the carcass must wash his clothes, and he will be unclean till evening.

41 " 'Every creature that moves about on the ground is detestable; it is not to be eaten. 42 You are not to eat any creature that moves about on the ground, whether it moves on its belly or walks on all fours or on many feet; it is detestable. 43 Do not defile yourselves by any of these creatures. Do not make yourselves unclean by means of them or be made unclean by them. 44 I am the LORD your God; consecrate yourselves and be holy, because I am holy. Do not make yourselves unclean by any creature that moves about on the ground. 45 I am the LORD who brought you up out of Egypt to be your God; therefore be holy, because I am holy.

46 " 'These are the regulations concerning animals, birds, every living thing that moves in the water and every creature that moves about on the ground. 47 You must distinguish between the unclean and the clean, between living creatures that may be eaten and those that may not be eaten.' "

Purification After Childbirth

12 The LORD said to Moses, 2 "Say to the Israelites: 'A woman who becomes pregnant and gives birth to a son will be ceremonially unclean for seven days, just as she is unclean during her monthly period. 3 On the eighth day the boy is to be circumcised. 4 Then the woman must wait thirty-three days to be purified from her bleeding. She must not touch anything sacred or go to the sanctuary until the days of her purification are over. 5 If she gives birth to a daughter, for two weeks the woman will be unclean, as during her period. Then she must wait sixty-six days to be purified from her bleeding.

6 " 'When the days of her purification for a son or daughter are over, she is to bring to the priest at the entrance to the Tent of Meeting a year-old lamb for a burnt offering and a young pigeon or a dove for a sin offering. 7 He shall offer them before the LORD to make atonement for her, and then she will be ceremonially clean from her flow of blood.

" 'These are the regulations for the woman who gives birth to a boy or a girl. 8 If she cannot afford a lamb, she is to bring two doves or two young pigeons, one for a burnt offering and the other for a sin offering. In this way the priest will make atonement for her, and she will be clean.' "

Regulations About Infectious Skin Diseases

13 The LORD said to Moses and Aaron, 2 "When anyone has a swelling or a rash or a bright spot on his skin that may become an infectious skin disease,x he must be brought to Aaron the priest or to one of his sonsy who is a priest. 3 The priest is to

---

x2 Traditionally *leprosy*; the Hebrew word was used for various diseases affecting the skin—not necessarily leprosy; also elsewhere in this chapter.   y2 Or *descendants*

pelo en la llaga se ha vuelto blanco, y pareciere la llaga más profunda que la piel de la carne, llaga de lepra es; y el sacerdote le reconocerá, y le declarará inmundo.

4 Y si en la piel de su cuerpo hubiere mancha blanca, pero que no pareciere más profunda que la piel, ni el pelo se hubiere vuelto blanco, entonces el sacerdote encerrará al llagado por siete días.

5 Y al séptimo día el sacerdote lo mirará; y si la llaga conserva el mismo aspecto, no habiéndose extendido en la piel, entonces el sacerdote le volverá a encerrar por otros siete días.

6 Y al séptimo día el sacerdote le reconocerá de nuevo; y si parece haberse oscurecido la llaga, y que no ha cundido en la piel, entonces el sacerdote lo declarará limpio: era erupción; y lavará sus vestidos, y será limpio.

7 Pero si se extendiere la erupción en la piel después que él se mostró al sacerdote para ser limpio, deberá mostrarse otra vez al sacerdote.

8 Y si reconociéndolo el sacerdote ve que la erupción se ha extendido en la piel, lo declarará inmundo: es lepra.

9 Cuando hubiere llaga de lepra en el hombre, será traído al sacerdote.

10 Y éste lo mirará, y si apareciere tumor blanco en la piel, el cual haya mudado el color del pelo, y se descubre asimismo la carne viva,

11 es lepra crónica en la piel de su cuerpo; y le declarará inmundo el sacerdote, y no le encerrará, porque es inmundo.

12 Mas si brotare la lepra cundiendo por la piel, de modo que cubriere toda la piel del llagado desde la cabeza hasta sus pies, hasta donde pueda ver el sacerdote,

13 entonces éste lo reconocerá; y si la lepra hubiere cubierto todo su cuerpo, declarará limpio al llagado; toda ella se ha vuelto blanca, y él es limpio.

14 Mas el día que apareciere en él la carne viva, será inmundo.

15 Y el sacerdote mirará la carne viva, y lo declarará inmundo. Es inmunda la carne viva; es lepra.

16 Mas cuando la carne viva cambiare y se volviere blanca, entonces vendrá al sacerdote,

17 y el sacerdote mirará; y si la llaga se hubiere vuelto blanca, el sacerdote declarará limpio al que tenía la llaga, y será limpio.

18 Y cuando en la piel de la carne hubiere divieso, y se sanare,

19 y en el lugar del divieso hubiere una hinchazón, o una mancha blanca rojiza, será mostrado al sacerdote.

20 Y el sacerdote mirará; y si pareciere estar más profunda que la piel, y su pelo se hubiere vuelto blanco, el sacerdote lo declarará inmundo; es llaga de lepra que se originó en el divieso.

21 Y si el sacerdote la considerare, y no apareciere en ella pelo blanco, ni fuere más profunda que la piel, sino oscura, entonces el sacerdote le encerrará por siete días;

22 y si se fuere extendiendo por la piel, entonces el sacerdote lo declarará inmundo; es llaga.

23 Pero si la mancha blanca se estuviere en su lugar, y no se hubiere extendido, es la cicatriz del divieso, y el sacerdote lo declarará limpio.

24 Asimismo cuando hubiere en la piel del cuerpo quemadura de fuego, y hubiere en lo sanado del fuego mancha blanquecina, rojiza o blanca,

25 el sacerdote la mirará; y si el pelo se hubiere vuelto blanco en la mancha, y ésta pareciere ser más profunda que la piel, es lepra que salió en la quemadura; y el sacerdote lo declarará inmundo, por ser llaga de lepra.

examine the sore on his skin, and if the hair in the sore has turned white and the sore appears to be more than skin deep,z it is an infectious skin disease. When the priest examines him, he shall pronounce him ceremonially unclean. 4If the spot on his skin is white but does not appear to be more than skin deep and the hair in it has not turned white, the priest is to put the infected person in isolation for seven days. 5On the seventh day the priest is to examine him, and if he sees that the sore is unchanged and has not spread in the skin, he is to keep him in isolation another seven days. 6On the seventh day the priest is to examine him again, and if the sore has faded and has not spread in the skin, the priest shall pronounce him clean; it is only a rash. The man must wash his clothes, and he will be clean. 7But if the rash does spread in his skin after he has shown himself to the priest to be pronounced clean, he must appear before the priest again. 8The priest is to examine him, and if the rash has spread in the skin, he shall pronounce him unclean; it is an infectious disease.

9"When anyone has an infectious skin disease, he must be brought to the priest. 10The priest is to examine him, and if there is a white swelling in the skin that has turned the hair white and if there is raw flesh in the swelling, 11it is a chronic skin disease and the priest shall pronounce him unclean. He is not to put him in isolation, because he is already unclean.

12"If the disease breaks out all over his skin and, so far as the priest can see, it covers all the skin of the infected person from head to foot, 13the priest is to examine him, and if the disease has covered his whole body, he shall pronounce that person clean. Since it has all turned white, he is clean. 14But whenever raw flesh appears on him, he will be unclean. 15When the priest sees the raw flesh, he shall pronounce him unclean. The raw flesh is unclean; he has an infectious disease. 16Should the raw flesh change and turn white, he must go to the priest. 17The priest is to examine him, and if the sores have turned white, the priest shall pronounce the infected person clean; then he will be clean.

18"When someone has a boil on his skin and it heals, 19and in the place where the boil was, a white swelling or reddish-white spot appears, he must present himself to the priest. 20The priest is to examine it, and if it appears to be more than skin deep and the hair in it has turned white, the priest shall pronounce him unclean. It is an infectious skin disease that has broken out where the boil was. 21But if, when the priest examines it, there is no white hair in it and it is not more than skin deep and has faded, then the priest is to put him in isolation for seven days. 22If it is spreading in the skin, the priest shall pronounce him unclean; it is infectious. 23But if the spot is unchanged and has not spread, it is only a scar from the boil, and the priest shall pronounce him clean.

24"When someone has a burn on his skin and a reddish-white or white spot appears in the raw flesh of the burn, 25the priest is to examine the spot, and if the hair in it has turned white, and it appears to be more than skin deep, it is an infectious disease that has broken out in the burn. The priest shall pronounce him unclean; it is an infectious skin disease. 26But if the

---

z3 Or *be lower than the rest of the skin*; also elsewhere in this chapter

26 Mas si el sacerdote la mirare, y no apareciere en la mancha pelo blanco, ni fuere más profunda que la piel, sino que estuviere oscura, le encerrará el sacerdote por siete días.

27 Y al séptimo día el sacerdote la reconocerá; y si se hubiere ido extendiendo por la piel, el sacerdote lo declarará inmundo; es llaga de lepra.

28 Pero si la mancha se estuviere en su lugar, y no se hubiere extendido en la piel, sino que estuviere oscura, es la cicatriz de la quemadura; el sacerdote lo declarará limpio, porque señal de la quemadura es.

29 Y al hombre o mujer que le saliere llaga en la cabeza, o en la barba,

30 el sacerdote mirará la llaga; y si pareciere ser más profunda que la piel, y el pelo de ella fuere amarillento y delgado, entonces el sacerdote le declarará inmundo; es tiña, es lepra de la cabeza o de la barba.

31 Mas cuando el sacerdote hubiere mirado la llaga de la tiña, y no pareciere ser más profunda que la piel, ni hubiere en ella pelo negro, el sacerdote encerrará por siete días al llagado de la tiña;

32 y al séptimo día el sacerdote mirará la llaga; y si la tiña no pareciere haberse extendido, ni hubiere en ella pelo amarillento, ni pareciere la tiña más profunda que la piel,

33 entonces le hará que se rasure, pero no rasurará el lugar afectado; y el sacerdote encerrará por otros siete días al que tiene la tiña.

34 Y al séptimo día mirará el sacerdote la tiña; y si la tiña no hubiere cundido en la piel, ni pareciere ser más profunda que la piel, el sacerdote lo declarará limpio; y lavará sus vestidos y será limpio.

35 Pero si la tiña se hubiere ido extendiendo en la piel después de su purificación,

36 entonces el sacerdote la mirará; y si la tiña hubiere cundido en la piel, no busque el sacerdote el pelo amarillento; es inmundo.

37 Mas si le pareciere que la tiña está detenida, y que ha salido en ella el pelo negro, la tiña está sanada; él está limpio, y limpio lo declarará el sacerdote.

38 Asimismo cuando el hombre o la mujer tuviere en la piel de su cuerpo manchas, manchas blancas,

39 el sacerdote mirará, y si en la piel de su cuerpo aparecieren manchas blancas algo oscurecidas, es empeine que brotó en la piel; está limpia la persona.

40 Y el hombre, cuando se le cayere el cabello, es calvo, pero limpio.

41 Y si hacia su frente se le cayere el cabello, es calvo por delante, pero limpio.

42 Mas cuando en la calva o en la antecalva hubiere llaga blanca rojiza, lepra es que brota en su calva o en su antecalva.

43 Entonces el sacerdote lo mirará, y si pareciere la hinchazón de la llaga blanca rojiza en su calva o en su antecalva, como el parecer de la lepra de la piel del cuerpo,

44 leproso es, es inmundo, y el sacerdote lo declarará luego inmundo; en su cabeza tiene la llaga.

45 Y el leproso en quien hubiere llaga llevará vestidos rasgados y su cabeza descubierta, y embozado pregonará: ¡Inmundo! ¡inmundo!

46 Todo el tiempo que la llaga estuviere en él, será inmundo; estará impuro, y habitará solo; fuera del campamento será su morada.

47 Cuando en un vestido hubiere plaga de lepra, ya sea vestido de lana, o de lino,

48 o en urdimbre o en trama de lino o de lana, o en cuero, o en cualquiera obra de cuero;

priest examines it and there is no white hair in the spot and if it is not more than skin deep and has faded, then the priest is to put him in isolation for seven days. 27 On the seventh day the priest is to examine him, and if it is spreading in the skin, the priest shall pronounce him unclean; it is an infectious skin disease. 28 If, however, the spot is unchanged and has not spread in the skin but has faded, it is a swelling from the burn, and the priest shall pronounce him clean; it is only a scar from the burn.

29 "If a man or woman has a sore on the head or on the chin, 30 the priest is to examine the sore, and if it appears to be more than skin deep and the hair in it is yellow and thin, the priest shall pronounce that person unclean; it is an itch, an infectious disease of the head or chin. 31 But if, when the priest examines this kind of sore, it does not seem to be more than skin deep and there is no black hair in it, then the priest is to put the infected person in isolation for seven days. 32 On the seventh day the priest is to examine the sore, and if the itch has not spread and there is no yellow hair in it and it does not appear to be more than skin deep, 33 he must be shaved except for the diseased area, and the priest is to keep him in isolation another seven days. 34 On the seventh day the priest is to examine the itch, and if it has not spread in the skin and appears to be no more than skin deep, the priest shall pronounce him clean. He must wash his clothes, and he will be clean. 35 But if the itch does spread in the skin after he is pronounced clean, 36 the priest is to examine him, and if the itch has spread in the skin, the priest does not need to look for yellow hair; the person is unclean. 37 If, however, in his judgment it is unchanged and black hair has grown in it, the itch is healed. He is clean, and the priest shall pronounce him clean.

38 "When a man or woman has white spots on the skin, 39 the priest is to examine them, and if the spots are dull white, it is a harmless rash that has broken out on the skin; that person is clean.

40 "When a man has lost his hair and is bald, he is clean. 41 If he has lost his hair from the front of his scalp and has a bald forehead, he is clean. 42 But if he has a reddish-white sore on his bald head or forehead, it is an infectious disease breaking out on his head or forehead. 43 The priest is to examine him, and if the swollen sore on his head or forehead is reddish-white like an infectious skin disease, 44 the man is diseased and is unclean. The priest shall pronounce him unclean because of the sore on his head.

45 "The person with such an infectious disease must wear torn clothes, let his hair be unkempt,[a] cover the lower part of his face and cry out, 'Unclean! Unclean!' 46 As long as he has the infection he remains unclean. He must live alone; he must live outside the camp.

Regulations About Mildew

47 "If any clothing is contaminated with mildew— any woolen or linen clothing, 48 any woven or knitted material of linen or wool, any leather or anything made

---

a 45 Or clothes, uncover his head

⁴⁹y la plaga fuere verdosa, o rojiza, en vestido o en cuero, en urdimbre o en trama, o en cualquiera obra de cuero; plaga es de lepra, y se ha de mostrar al sacerdote.

⁵⁰Y el sacerdote mirará la plaga, y encerrará la cosa plagada por siete días.

⁵¹Y al séptimo día mirará la plaga; y si se hubiere extendido la plaga en el vestido, en la urdimbre o en la trama, en el cuero, o en cualquiera obra que se hace de cuero, lepra maligna es la plaga; inmunda será.

⁵²Será quemado el vestido, la urdimbre o trama de lana o de lino, o cualquiera obra de cuero en que hubiere tal plaga, porque lepra maligna es; al fuego será quemada.

⁵³Y si el sacerdote mirare, y no pareciere que la plaga se haya extendido en el vestido, en la urdimbre o en la trama, o en cualquiera obra de cuero,

⁵⁴entonces el sacerdote mandará que laven donde está la plaga, y lo encerrará otra vez por siete días.

⁵⁵Y el sacerdote mirará después que la plaga fuere lavada; y si pareciere que la plaga no ha cambiado de aspecto, aunque no se haya extendido la plaga, inmunda es; la quemarás al fuego; es corrosión penetrante, esté lo raído en el derecho o en el revés de aquella cosa.

⁵⁶Mas si el sacerdote la viere, y pareciere que la plaga se ha oscurecido después que fue lavada, la cortará del vestido, del cuero, de la urdimbre o de la trama.

⁵⁷Y si apareciere de nuevo en el vestido, la urdimbre o trama, o en cualquiera cosa de cuero, extendiéndose en ellos, quemarás al fuego aquello en que estuviere la plaga.

⁵⁸Pero el vestido, la urdimbre o la trama, o cualquiera cosa de cuero que lavares, y que se le quitare la plaga, se lavará segunda vez, y entonces será limpia.

⁵⁹Esta es la ley para la plaga de la lepra del vestido de lana o de lino, o de urdimbre o de trama, o de cualquiera cosa de cuero, para que sea declarada limpia o inmunda.

14 ¹Y habló Jehová a Moisés, diciendo: ²Esta será la ley para el leproso cuando se limpiare: Será traído al sacerdote,

³y éste saldrá fuera del campamento y lo examinará; y si ve que está sana la plaga de la lepra del leproso,

⁴el sacerdote mandará luego que se tomen para el que se purifica dos avecillas vivas, limpias, y madera de cedro, grana e hisopo.

⁵Y mandará el sacerdote matar una avecilla en un vaso de barro sobre aguas corrientes.

⁶Después tomará la avecilla viva, el cedro, la grana y el hisopo, y los mojará con la avecilla viva en la sangre de la avecilla muerta sobre las aguas corrientes;

⁷y rociará siete veces sobre el que se purifica de la lepra, y le declarará limpio; y soltará la avecilla viva en el campo.

⁸Y el que se purifica lavará sus vestidos, y raerá todo su pelo, y se lavará con agua, y será limpio; y después entrará en el campamento, y morará fuera de su tienda siete días.

⁹Y el séptimo día raerá todo el pelo de su cabeza, su barba y las cejas de sus ojos y todo su pelo, y lavará sus vestidos, y lavará su cuerpo en agua, y será limpio.

¹⁰El día octavo tomará dos corderos sin defecto, y una cordera de un año sin tacha, y tres décimas de efa de flor

of leather — ⁴⁹and if the contamination in the clothing, or leather, or woven or knitted material, or any leather article, is greenish or reddish, it is a spreading mildew and must be shown to the priest. ⁵⁰The priest is to examine the mildew and isolate the affected article for seven days. ⁵¹On the seventh day he is to examine it, and if the mildew has spread in the clothing, or the woven or knitted material, or the leather, whatever its use, it is a destructive mildew; the article is unclean. ⁵²He must burn up the clothing, or the woven or knitted material of wool or linen, or any leather article that has the contamination in it, because the mildew is destructive; the article must be burned up.

⁵³"But if, when the priest examines it, the mildew has not spread in the clothing, or the woven or knitted material, or the leather article, ⁵⁴he shall order that the contaminated article be washed. Then he is to isolate it for another seven days. ⁵⁵After the affected article has been washed, the priest is to examine it, and if the mildew has not changed its appearance, even though it has not spread, it is unclean. Burn it with fire, whether the mildew has affected one side or the other. ⁵⁶If, when the priest examines it, the mildew has faded after the article has been washed, he is to tear the contaminated part out of the clothing, or the leather, or the woven or knitted material. ⁵⁷But if it reappears in the clothing, or in the woven or knitted material, or in the leather article, it is spreading, and whatever has the mildew must be burned with fire. ⁵⁸The clothing, or the woven or knitted material, or any leather article that has been washed and is rid of the mildew, must be washed again, and it will be clean."

⁵⁹These are the regulations concerning contamination by mildew in woolen or linen clothing, woven or knitted material, or any leather article, for pronouncing them clean or unclean.

Cleansing From Infectious Skin Diseases

14 The LORD said to Moses, ²"These are the regulations for the diseased person at the time of his ceremonial cleansing, when he is brought to the priest: ³The priest is to go outside the camp and examine him. If the person has been healed of his infectious skin disease,[b] ⁴the priest shall order that two live clean birds and some cedar wood, scarlet yarn and hyssop be brought for the one to be cleansed. ⁵Then the priest shall order that one of the birds be killed over fresh water in a clay pot. ⁶He is then to take the live bird and dip it, together with the cedar wood, the scarlet yarn and the hyssop, into the blood of the bird that was killed over the fresh water. ⁷Seven times he shall sprinkle the one to be cleansed of the infectious disease and pronounce him clean. Then he is to release the live bird in the open fields.

⁸"The person to be cleansed must wash his clothes, shave off all his hair and bathe with water; then he will be ceremonially clean. After this he may come into the camp, but he must stay outside his tent for seven days. ⁹On the seventh day he must shave off all his hair; he must shave his head, his beard, his eyebrows and the rest of his hair. He must wash his clothes and bathe himself with water, and he will be clean.

---

b3 Traditionally *leprosy*; the Hebrew word was used for various diseases affecting the skin—not necessarily leprosy; also elsewhere in this chapter.

de harina para ofrenda amasada con aceite, y un log de aceite.

11 Y el sacerdote que le purifica presentará delante de Jehová al que se ha de limpiar, con aquellas cosas, a la puerta del tabernáculo de reunión;

12 y tomará el sacerdote un cordero y lo ofrecerá por la culpa, con el log de aceite, y lo mecerá como ofrenda mecida delante de Jehová.

13 Y degollará el cordero en el lugar donde se degüella el sacrificio por el pecado y el holocausto, en el lugar del santuario; porque como la víctima por el pecado, así también la víctima por la culpa es del sacerdote; es cosa muy sagrada.

14 Y el sacerdote tomará de la sangre de la víctima por la culpa, y la pondrá el sacerdote sobre el lóbulo de la oreja derecha del que se purifica, sobre el pulgar de su mano derecha y sobre el pulgar de su pie derecho.

15 Asimismo el sacerdote tomará del log de aceite, y lo echará sobre la palma de su mano izquierda,

16 y mojará su dedo derecho en el aceite que tiene en su mano izquierda, y esparcirá del aceite con su dedo siete veces delante de Jehová.

17 Y de lo que quedare del aceite que tiene en su mano, pondrá el sacerdote sobre el lóbulo de la oreja derecha del que se purifica, sobre el pulgar de su mano derecha y sobre el pulgar de su pie derecho, encima de la sangre del sacrificio por la culpa.

18 Y lo que quedare del aceite que tiene en su mano, lo pondrá sobre la cabeza del que se purifica; y hará el sacerdote expiación por él delante de Jehová.

19 Ofrecerá luego el sacerdote el sacrificio por el pecado, y hará expiación por el que se ha de purificar de su inmundicia; y después degollará el holocausto,

20 y hará subir el sacerdote el holocausto y la ofrenda sobre el altar. Así hará el sacerdote expiación por él, y será limpio.

21 Mas si fuere pobre, y no tuviere para tanto, entonces tomará un cordero para ser ofrecido como ofrenda mecida por la culpa, para reconciliarse, y una décima de efa de flor de harina amasada con aceite para ofrenda, y un log de aceite,

22 y dos tórtolas o dos palominos, según pueda; uno será para expiación por el pecado, y el otro para holocausto.

23 Al octavo día de su purificación traerá estas cosas al sacerdote, a la puerta del tabernáculo de reunión, delante de Jehová.

24 Y el sacerdote tomará el cordero de la expiación por la culpa, y el log de aceite, y los mecerá el sacerdote como ofrenda mecida delante de Jehová.

25 Luego degollará el cordero de la culpa, y el sacerdote tomará de la sangre de la culpa, y la pondrá sobre el lóbulo de la oreja derecha del que se purifica, sobre el pulgar de su mano derecha y sobre el pulgar de su pie derecho.

26 Y el sacerdote echará del aceite sobre la palma de su mano izquierda;

27 y con su dedo derecho el sacerdote rociará del aceite que tiene en su mano izquierda, siete veces delante de Jehová.

28 También el sacerdote pondrá del aceite que tiene en su mano sobre el lóbulo de la oreja derecha del que se purifica, sobre el pulgar de su mano derecha y sobre el pulgar de su pie derecho, en el lugar de la sangre de la culpa.

29 Y lo que sobre del aceite que el sacerdote tiene en su mano, lo pondrá sobre la cabeza del que se purifica, para reconciliarlo delante de Jehová.

30 Asimismo ofrecerá una de las tórtolas o uno de los palominos, según pueda.

31 Uno en sacrificio de expiación por el pecado, y el otro

10 "On the eighth day he must bring two male lambs and one ewe lamb a year old, each without defect, along with three-tenths of an ephah c of fine flour mixed with oil for a grain offering, and one log d of oil. 11 The priest who pronounces him clean shall present both the one to be cleansed and his offerings before the LORD at the entrance to the Tent of Meeting.

12 "Then the priest is to take one of the male lambs and offer it as a guilt offering, along with the log of oil; he shall wave them before the LORD as a wave offering. 13 He is to slaughter the lamb in the holy place where the sin offering and the burnt offering are slaughtered. Like the sin offering, the guilt offering belongs to the priest; it is most holy. 14 The priest is to take some of the blood of the guilt offering and put it on the lobe of the right ear of the one to be cleansed, on the thumb of his right hand and on the big toe of his right foot. 15 The priest shall then take some of the log of oil, pour it in the palm of his own left hand, 16 dip his right forefinger into the oil in his palm, and with his finger sprinkle some of it before the LORD seven times. 17 The priest is to put some of the oil remaining in his palm on the lobe of the right ear of the one to be cleansed, on the thumb of his right hand and on the big toe of his right foot, on top of the blood of the guilt offering. 18 The rest of the oil in his palm the priest shall put on the head of the one to be cleansed and make atonement for him before the LORD.

19 "Then the priest is to sacrifice the sin offering and make atonement for the one to be cleansed from his uncleanness. After that, the priest shall slaughter the burnt offering 20 and offer it on the altar, together with the grain offering, and make atonement for him, and he will be clean.

21 "If, however, he is poor and cannot afford these, he must take one male lamb as a guilt offering to be waved to make atonement for him, together with a tenth of an ephah e of fine flour mixed with oil for a grain offering, a log of oil, 22 and two doves or two young pigeons, which he can afford, one for a sin offering and the other for a burnt offering.

23 "On the eighth day he must bring them for his cleansing to the priest at the entrance to the Tent of Meeting, before the LORD. 24 The priest is to take the lamb for the guilt offering, together with the log of oil, and wave them before the LORD as a wave offering. 25 He shall slaughter the lamb for the guilt offering and take some of its blood and put it on the lobe of the right ear of the one to be cleansed, on the thumb of his right hand and on the big toe of his right foot. 26 The priest is to pour some of the oil into the palm of his own left hand, 27 and with his right forefinger sprinkle some of the oil from his palm seven times before the LORD. 28 Some of the oil in his palm he is to put on the same places he put the blood of the guilt offering—on the lobe of the right ear of the one to be cleansed, on the thumb of his right hand and on the big toe of his right foot. 29 The rest of the oil in his palm the priest shall put on the head of the one to be cleansed, to make atonement for him before the LORD. 30 Then he shall sacrifice the doves or the young pigeons, which the person can afford, 31 one f as a sin offering and the

---

c 10 That is, probably about 6 quarts (about 6.5 liters)   d 10 That is, probably about 2/3 pint (about 0.3 liter); also in verses 12, 15, 21 and 24   e 21 That is, probably about 2 quarts (about 2 liters)   f 31 Septuagint and Syriac; Hebrew 31 such as the person can afford, one

en holocausto, además de la ofrenda; y hará el sacerdote expiación por el que se ha de purificar, delante de Jehová.

32 Esta es la ley para el que hubiere tenido plaga de lepra, y no tuviere más para su purificación.

33 Habló también Jehová a Moisés y a Aarón, diciendo: 34 Cuando hayáis entrado en la tierra de Canaán, la cual yo os doy en posesión, si pusiere yo plaga de lepra en alguna casa de la tierra de vuestra posesión,

35 vendrá aquel de quien fuere la casa y dará aviso al sacerdote, diciendo: Algo como plaga ha aparecido en mi casa.

36 Entonces el sacerdote mandará desocupar la casa antes que entre a mirar la plaga, para que no sea contaminado todo lo que estuviere en la casa; y después el sacerdote entrará a examinarla.

37 Y examinará la plaga; y si se vieren manchas en las paredes de la casa, manchas verdosas o rojizas, las cuales parecieren más profundas que la superficie de la pared,

38 el sacerdote saldrá de la casa a la puerta de ella, y cerrará la casa por siete días.

39 Y al séptimo día volverá el sacerdote, y la examinará; y si la plaga se hubiere extendido en las paredes de la casa,

40 entonces mandará el sacerdote, y arrancarán las piedras en que estuviere la plaga, y las echarán fuera de la ciudad en lugar inmundo.

41 Y hará raspar la casa por dentro alrededor, y derramarán fuera de la ciudad, en lugar inmundo, el barro que rasparen.

42 Y tomarán otras piedras y las pondrán en lugar de las piedras quitadas; y tomarán otro barro y recubrirán la casa.

43 Y si la plaga volviere a brotar en aquella casa, después que hizo arrancar las piedras y raspar la casa, y después que fue recubierta,

44 entonces el sacerdote entrará y la examinará; y si pareciere haberse extendido la plaga en la casa, es lepra maligna en la casa; inmunda es.

45 Derribará, por tanto, la tal casa, sus piedras, sus maderos y toda la mezcla de la casa; y sacarán todo fuera de la ciudad a lugar inmundo.

46 Y cualquiera que entrare en aquella casa durante los días en que la mandó cerrar, será inmundo hasta la noche.

47 Y el que durmiere en aquella casa, lavará sus vestidos; también el que comiere en la casa lavará sus vestidos.

48 Mas si entrare el sacerdote y la examinare, y viere que la plaga no se ha extendido en la casa después que fue recubierta, el sacerdote declarará limpia la casa, porque la plaga ha desaparecido.

49 Entonces tomará para limpiar la casa dos avecillas, y madera de cedro, grana e hisopo;

50 y degollará una avecilla en una vasija de barro sobre aguas corrientes.

51 Y tomará el cedro, el hisopo, la grana y la avecilla viva, y los mojará en la sangre de la avecilla muerta y en las aguas corrientes, y rociará la casa siete veces.

52 Y purificará la casa con la sangre de la avecilla, con las aguas corrientes, con la avecilla viva, la madera de cedro, el hisopo y la grana.

53 Luego soltará la avecilla viva fuera de la ciudad sobre la faz del campo. Así hará expiación por la casa, y será limpia.

54 Esta es la ley acerca de toda plaga de lepra y de tiña.

55 y de la lepra del vestido, y de la casa,

56 y acerca de la hinchazón, y de la erupción, y de la mancha blanca,

57 para enseñar cuándo es inmundo, y cuándo limpio. Esta es la ley tocante a la lepra.

other as a burnt offering, together with the grain offering. In this way the priest will make atonement before the Lord on behalf of the one to be cleansed."

32 These are the regulations for anyone who has an infectious skin disease and who cannot afford the regular offerings for his cleansing.

Cleansing From Mildew

33 The Lord said to Moses and Aaron, 34 "When you enter the land of Canaan, which I am giving you as your possession, and I put a spreading mildew in a house in that land, 35 the owner of the house must go and tell the priest, 'I have seen something that looks like mildew in my house.' 36 The priest is to order the house to be emptied before he goes in to examine the mildew, so that nothing in the house will be pronounced unclean. After this the priest is to go in and inspect the house. 37 He is to examine the mildew on the walls, and if it has greenish or reddish depressions that appear to be deeper than the surface of the wall, 38 the priest shall go out the doorway of the house and close it up for seven days. 39 On the seventh day the priest shall return to inspect the house. If the mildew has spread on the walls, 40 he is to order that the contaminated stones be torn out and thrown into an unclean place outside the town. 41 He must have all the inside walls of the house scraped and the material that is scraped off dumped into an unclean place outside the town. 42 Then they are to take other stones to replace these and take new clay and plaster the house.

43 "If the mildew reappears in the house after the stones have been torn out and the house scraped and plastered, 44 the priest is to go and examine it and, if the mildew has spread in the house, it is a destructive mildew; the house is unclean. 45 It must be torn down — its stones, timbers and all the plaster — and taken out of the town to an unclean place.

46 "Anyone who goes into the house while it is closed up will be unclean till evening. 47 Anyone who sleeps or eats in the house must wash his clothes.

48 "But if the priest comes to examine it and the mildew has not spread after the house has been plastered, he shall pronounce the house clean, because the mildew is gone. 49 To purify the house he is to take two birds and some cedar wood, scarlet yarn and hyssop. 50 He shall kill one of the birds over fresh water in a clay pot. 51 Then he is to take the cedar wood, the hyssop, the scarlet yarn and the live bird, dip them into the blood of the dead bird and the fresh water, and sprinkle the house seven times. 52 He shall purify the house with the bird's blood, the fresh water, the live bird, the cedar wood, the hyssop and the scarlet yarn. 53 Then he is to release the live bird in the open fields outside the town. In this way he will make atonement for the house, and it will be clean."

54 These are the regulations for any infectious skin disease, for an itch, 55 for mildew in clothing or in a house, 56 and for a swelling, a rash or a bright spot, 57 to determine when something is clean or unclean.

These are the regulations for infectious skin diseases and mildew.

Impurezas físicas

15 ¹ Habló Jehová a Moisés y a Aarón, diciendo: ² Hablad a los hijos de Israel y decidles: Cualquier varón, cuando tuviere flujo de semen, será inmundo.

³ Y esta será su inmundicia en su flujo: sea que su cuerpo destiló a causa de su flujo, o que deje de destilar a causa de su flujo, él será inmundo.

⁴ Toda cama en que se acostare el que tuviere flujo, será inmunda; y toda cosa sobre que se sentare, inmunda será.

⁵ Y cualquiera que tocare su cama lavará sus vestidos; se lavará también a sí mismo con agua, y será inmundo hasta la noche.

⁶ Y el que se sentare sobre aquello en que se hubiere sentado el que tiene flujo, lavará sus vestidos, se lavará también a sí mismo con agua, y será inmundo hasta la noche.

⁷ Asimismo el que tocare el cuerpo del que tiene flujo, lavará sus vestidos, y a sí mismo se lavará con agua, y será inmundo hasta la noche.

⁸ Y si el que tiene flujo escupiere sobre el limpio, éste lavará sus vestidos, y después de haberse lavado con agua, será inmundo hasta la noche.

⁹ Y toda montura sobre que cabalgare el que tuviere flujo será inmunda.

¹⁰ Cualquiera que tocare cualquiera cosa que haya estado debajo de él, será inmundo hasta la noche; y el que la llevare, lavará sus vestidos, y después de lavarse con agua, será inmundo hasta la noche.

¹¹ Y todo aquel a quien tocare el que tiene flujo, y no lavare con agua sus manos, lavará sus vestidos, y a sí mismo se lavará con agua, y será inmundo hasta la noche.

¹² La vasija de barro que tocare el que tiene flujo será quebrada, y toda vasija de madera será lavada con agua.

¹³ Cuando se hubiere limpiado de su flujo el que tiene flujo, contará siete días desde su purificación, y lavará sus vestidos, y lavará su cuerpo en aguas corrientes, y será limpio.

¹⁴ Y el octavo día tomará dos tórtolas o dos palominos, y vendrá delante de Jehová a la puerta del tabernáculo de reunión, y los dará al sacerdote;

¹⁵ y el sacerdote hará del uno ofrenda por el pecado, y del otro holocausto; y el sacerdote le purificará de su flujo delante de Jehová.

¹⁶ Cuando el hombre tuviere emisión de semen, lavará en agua todo su cuerpo, y será inmundo hasta la noche.

¹⁷ Y toda vestidura, o toda piel sobre la cual cayere la emisión del semen, se lavará con agua, y será inmunda hasta la noche.

¹⁸ Y cuando un hombre yaciere con una mujer y tuviere emisión de semen, ambos se lavarán con agua, y serán inmundos hasta la noche.

¹⁹ Cuando la mujer tuviere flujo de sangre, y su flujo fuere en su cuerpo, siete días estará apartada; y cualquiera que la tocare será inmundo hasta la noche.

²⁰ Todo aquello sobre que ella se acostare mientras estuviere separada, será inmundo; también todo aquello sobre que se sentare será inmundo.

²¹ Y cualquiera que tocare su cama, lavará sus vestidos, y después de lavarse con agua, será inmundo hasta la noche.

²² También cualquiera que tocare cualquier mueble sobre que ella se hubiere sentado, lavará sus vestidos; se lavará luego a sí mismo con agua, y será inmundo hasta la noche.

²³ Y lo que estuviere sobre la cama, o sobre la silla en que ella se hubiere sentado, el que lo tocare será inmundo hasta la noche.

²⁴ Si alguno durmiere con ella, y su menstruo fuere sobre él, será inmundo por siete días; y toda cama sobre que durmiere, será inmunda.

Discharges Causing Uncleanness

15 The LORD said to Moses and Aaron, ²"Speak to the Israelites and say to them: 'When any man has a bodily discharge, the discharge is unclean. ³Whether it continues flowing from his body or is blocked, it will make him unclean. This is how his discharge will bring about uncleanness:

⁴" 'Any bed the man with a discharge lies on will be unclean, and anything he sits on will be unclean. ⁵Anyone who touches his bed must wash his clothes and bathe with water, and he will be unclean till evening. ⁶Whoever sits on anything that the man with a discharge sat on must wash his clothes and bathe with water, and he will be unclean till evening.

⁷" 'Whoever touches the man who has a discharge must wash his clothes and bathe with water, and he will be unclean till evening.

⁸" 'If the man with the discharge spits on someone who is clean, that person must wash his clothes and bathe with water, and he will be unclean till evening.

⁹" 'Everything the man sits on when riding will be unclean, ¹⁰and whoever touches any of the things that were under him will be unclean till evening; whoever picks up those things must wash his clothes and bathe with water, and he will be unclean till evening.

¹¹" 'Anyone the man with a discharge touches without rinsing his hands with water must wash his clothes and bathe with water, and he will be unclean till evening.

¹²" 'A clay pot that the man touches must be broken, and any wooden article is to be rinsed with water.

¹³" 'When a man is cleansed from his discharge, he is to count off seven days for his ceremonial cleansing; he must wash his clothes and bathe himself with fresh water, and he will be clean. ¹⁴On the eighth day he must take two doves or two young pigeons and come before the LORD to the entrance to the Tent of Meeting and give them to the priest. ¹⁵The priest is to sacrifice them, the one for a sin offering and the other for a burnt offering. In this way he will make atonement before the LORD for the man because of his discharge.

¹⁶" 'When a man has an emission of semen, he must bathe his whole body with water, and he will be unclean till evening. ¹⁷Any clothing or leather that has semen on it must be washed with water, and it will be unclean till evening. ¹⁸When a man lies with a woman and there is an emission of semen, both must bathe with water, and they will be unclean till evening.

¹⁹" 'When a woman has her regular flow of blood, the impurity of her monthly period will last seven days, and anyone who touches her will be unclean till evening.

²⁰" 'Anything she lies on during her period will be unclean, and anything she sits on will be unclean. ²¹Whoever touches her bed must wash his clothes and bathe with water, and he will be unclean till evening. ²²Whoever touches anything she sits on must wash his clothes and bathe with water, and he will be unclean till evening. ²³Whether it is the bed or anything she was sitting on, when anyone touches it, he will be unclean till evening.

²⁴" 'If a man lies with her and her monthly flow touches him, he will be unclean for seven days; any bed he lies on will be unclean.

25 Y la mujer, cuando siguiere el flujo de su sangre por muchos días fuera del tiempo de su costumbre, o cuando tuviere flujo de sangre más de su costumbre, todo el tiempo de su flujo será inmunda como en los días de su costumbre.
26 Toda cama en que durmiere todo el tiempo de su flujo, le será como la cama de su costumbre; y todo mueble sobre que se sentare, será inmundo, como la impureza de su costumbre.
27 Cualquiera que tocare esas cosas será inmundo; y lavará sus vestidos, y a sí mismo se lavará con agua, y será inmundo hasta la noche.
28 Y cuando fuere libre de su flujo, contará siete días, y después será limpia.
29 Y el octavo día tomará consigo dos tórtolas o dos palominos, y los traerá al sacerdote, a la puerta del tabernáculo de reunión;
30 y el sacerdote hará del uno ofrenda por el pecado, y del otro holocausto; y la purificará el sacerdote delante de Jehová del flujo de su impureza.
31 Así apartaréis de sus impurezas a los hijos de Israel, a fin de que no mueran por sus impurezas por haber contaminado mi tabernáculo que está entre ellos.
32 Esta es la ley para el que tiene flujo, y para el que tiene emisión de semen, viniendo a ser inmundo a causa de ello;
33 y para la que padece su costumbre, y para el que tuviere flujo, sea varón o mujer, y para el hombre que durmiere con mujer inmunda.

El día de la expiación

16 1 Habló Jehová a Moisés después de la muerte de los dos hijos de Aarón, cuando se acercaron delante de Jehová, y murieron.
2 Y Jehová dijo a Moisés: Dí a Aarón tu hermano, que no en todo tiempo entre en el santuario detrás del velo, delante del propiciatorio que está sobre el arca, para que no muera; porque yo apareceré en la nube sobre el propiciatorio.
3 Con esto entrará Aarón en el santuario: con un becerro para expiación, y un carnero para holocausto.
4 Se vestirá la túnica santa de lino, y sobre su cuerpo tendrá calzoncillos de lino, y se ceñirá el cinto de lino, y con la mitra de lino se cubrirá. Son las santas vestiduras; con ellas se ha de vestir después de lavar su cuerpo con agua.
5 Y de la congregación de los hijos de Israel tomará dos machos cabríos para expiación, y un carnero para holocausto.
6 Y hará traer Aarón el becerro de la expiación que es suyo, y hará la reconciliación por sí y por su casa.
7 Después tomará los dos machos cabríos y los presentará delante de Jehová, a la puerta del tabernáculo de reunión.
8 Y echará suertes Aarón sobre los dos machos cabríos; una suerte por Jehová, y otra suerte por Azazel.
9 Y hará traer Aarón el macho cabrío sobre el cual cayere la suerte por Jehová, y lo ofrecerá en expiación.
10 Mas el macho cabrío sobre el cual cayere la suerte por Azazel, lo presentará vivo delante de Jehová para hacer la reconciliación sobre él, para enviarlo a Azazel al desierto.
11 Y hará traer Aarón el becerro que era para expiación suya, y hará la reconciliación por sí y por su casa, y degollará en expiación el becerro que es suyo.
12 Después tomará un incensario lleno de brasas de fuego del altar de delante de Jehová, y sus puños llenos del perfume aromático molido, y lo llevará detrás del velo.

25 " 'When a woman has a discharge of blood for many days at a time other than her monthly period or has a discharge that continues beyond her period, she will be unclean as long as she has the discharge, just as in the days of her period. 26Any bed she lies on while her discharge continues will be unclean, as is her bed during her monthly period, and anything she sits on will be unclean, as during her period. 27Whoever touches them will be unclean; he must wash his clothes and bathe with water, and he will be unclean till evening.
28 " 'When she is cleansed from her discharge, she must count off seven days, and after that she will be ceremonially clean. 29On the eighth day she must take two doves or two young pigeons and bring them to the priest at the entrance to the Tent of Meeting. 30The priest is to sacrifice one for a sin offering and the other for a burnt offering. In this way he will make atonement for her before the LORD for the uncleanness of her discharge.
31 " 'You must keep the Israelites separate from things that make them unclean, so they will not die in their uncleanness for defiling my dwelling place,g which is among them.' "
32 These are the regulations for a man with a discharge, for anyone made unclean by an emission of semen, 33for a woman in her monthly period, for a man or a woman with a discharge, and for a man who lies with a woman who is ceremonially unclean.

The Day of Atonement

16 The LORD spoke to Moses after the death of the two sons of Aaron who died when they approached the LORD. 2The LORD said to Moses: "Tell your brother Aaron not to come whenever he chooses into the Most Holy Place behind the curtain in front of the atonement cover on the ark, or else he will die, because I appear in the cloud over the atonement cover.
3 "This is how Aaron is to enter the sanctuary area: with a young bull for a sin offering and a ram for a burnt offering. 4He is to put on the sacred linen tunic, with linen undergarments next to his body; he is to tie the linen sash around him and put on the linen turban. These are sacred garments; so he must bathe himself with water before he puts them on. 5From the Israelite community he is to take two male goats for a sin offering and a ram for a burnt offering.
6 "Aaron is to offer the bull for his own sin offering to make atonement for himself and his household. 7Then he is to take the two goats and present them before the LORD at the entrance to the Tent of Meeting. 8He is to cast lots for the two goats—one lot for the LORD and the other for the scapegoat.h 9Aaron shall bring the goat whose lot falls to the LORD and sacrifice it for a sin offering. 10But the goat chosen by lot as the scapegoat shall be presented alive before the LORD to be used for making atonement by sending it into the desert as a scapegoat.
11 "Aaron shall bring the bull for his own sin offering to make atonement for himself and his household, and he is to slaughter the bull for his own sin offering. 12He is to take a censer full of burning coals from the altar before the LORD and two handfuls of finely ground fragrant incense and take them behind the curtain.

g31 Or my tabernacle　　h8 That is, the goat of removal; Hebrew azazel; also in verses 10 and 26

13 Y pondrá el perfume sobre el fuego delante de Jehová, y la nube del perfume cubrirá el propiciatorio que está sobre el testimonio, para que no muera.
14 Tomará luego de la sangre del becerro, y la rociará con su dedo hacia el propiciatorio al lado oriental; hacia el propiciatorio esparcirá con su dedo siete veces de aquella sangre.
15 Después degollará el macho cabrío en expiación por el pecado del pueblo, y llevará la sangre detrás del velo adentro, y hará de la sangre como hizo con la sangre del becerro, y la esparcirá sobre el propiciatorio y delante del propiciatorio.
16 Así purificará el santuario, a causa de las impurezas de los hijos de Israel, de sus rebeliones y de todos sus pecados; de la misma manera hará también al tabernáculo de reunión, el cual reside entre ellos en medio de sus impurezas.
17 Ningún hombre estará en el tabernáculo de reunión cuando él entre a hacer la expiación en el santuario, hasta que él salga, y haya hecho la expiación por sí, por su casa y por toda la congregación de Israel.
18 Y saldrá al altar que está delante de Jehová, y lo expiará, y tomará de la sangre del becerro y de la sangre del macho cabrío, y la pondrá sobre los cuernos del altar alrededor.
19 Y esparcirá sobre él de la sangre con su dedo siete veces, y lo limpiará, y lo santificará de las inmundicias de los hijos de Israel.
20 Cuando hubiere acabado de expiar el santuario y el tabernáculo de reunión y el altar, hará traer el macho cabrío vivo;
21 y pondrá Aarón sus dos manos sobre la cabeza del macho cabrío vivo, y confesará sobre él todas las iniquidades de los hijos de Israel, todas sus rebeliones y todos sus pecados, poniéndolos así sobre la cabeza del macho cabrío, y lo enviará al desierto por mano de un hombre destinado para esto.
22 Y aquel macho cabrío llevará sobre sí todas las iniquidades de ellos a tierra inhabitada; y dejará ir el macho cabrío por el desierto.
23 Después vendrá Aarón al tabernáculo de reunión, y se quitará las vestiduras de lino que había vestido para entrar en el santuario, y las pondrá allí.
24 Lavará luego su cuerpo con agua en el lugar del santuario, y después de ponerse sus vestidos saldrá, y hará su holocausto, y el holocausto del pueblo, y hará la expiación por sí y por el pueblo.
25 Y quemará en el altar la grosura del sacrificio por el pecado.
26 El que hubiere llevado el macho cabrío a Azazel, lavará sus vestidos, lavará también con agua su cuerpo, y después entrará en el campamento.
27 Y sacarán fuera del campamento el becerro y el macho cabrío inmolados por el pecado, cuya sangre fue llevada al santuario para hacer la expiación; y quemarán en el fuego su piel, su carne y su estiércol.
28 El que los quemare lavará sus vestidos, lavará también su cuerpo con agua, y después podrá entrar en el campamento.
29 Y esto tendréis por estatuto perpetuo: En el mes séptimo, a los diez días del mes, afligiréis vuestras almas, y ninguna obra haréis, ni el natural ni el extranjero que mora entre vosotros.
30 Porque en este día se hará expiación por vosotros, y seréis limpios de todos vuestros pecados delante de Jehová.
31 Día de reposo es para vosotros, y afligiréis vuestras almas; es estatuto perpetuo.
32 Hará la expiación el sacerdote que fuere ungido y consagrado para ser sacerdote en lugar de su padre; y se vestirá las vestiduras de lino, las vestiduras sagradas.

13 He is to put the incense on the fire before the LORD, and the smoke of the incense will conceal the atonement cover above the Testimony, so that he will not die. 14 He is to take some of the bull's blood and with his finger sprinkle it on the front of the atonement cover; then he shall sprinkle some of it with his finger seven times before the atonement cover.
15 "He shall then slaughter the goat for the sin offering for the people and take its blood behind the curtain and do with it as he did with the bull's blood: He shall sprinkle it on the atonement cover and in front of it. 16 In this way he will make atonement for the Most Holy Place because of the uncleanness and rebellion of the Israelites, whatever their sins have been. He is to do the same for the Tent of Meeting, which is among them in the midst of their uncleanness. 17 No one is to be in the Tent of Meeting from the time Aaron goes in to make atonement in the Most Holy Place until he comes out, having made atonement for himself, his household and the whole community of Israel.
18 "Then he shall come out to the altar that is before the LORD and make atonement for it. He shall take some of the bull's blood and some of the goat's blood and put it on all the horns of the altar. 19 He shall sprinkle some of the blood on it with his finger seven times to cleanse it and to consecrate it from the uncleanness of the Israelites.
20 "When Aaron has finished making atonement for the Most Holy Place, the Tent of Meeting and the altar, he shall bring forward the live goat. 21 He is to lay both hands on the head of the live goat and confess over it all the wickedness and rebellion of the Israelites—all their sins—and put them on the goat's head. He shall send the goat away into the desert in the care of a man appointed for the task. 22 The goat will carry on itself all their sins to a solitary place; and the man shall release it in the desert.
23 "Then Aaron is to go into the Tent of Meeting and take off the linen garments he put on before he entered the Most Holy Place, and he is to leave them there. 24 He shall bathe himself with water in a holy place and put on his regular garments. Then he shall come out and sacrifice the burnt offering for himself and the burnt offering for the people, to make atonement for himself and for the people. 25 He shall also burn the fat of the sin offering on the altar.
26 "The man who releases the goat as a scapegoat must wash his clothes and bathe himself with water; afterward he may come into the camp. 27 The bull and the goat for the sin offerings, whose blood was brought into the Most Holy Place to make atonement, must be taken outside the camp; their hides, flesh and offal are to be burned up. 28 The man who burns them must wash his clothes and bathe himself with water; afterward he may come into the camp.
29 "This is to be a lasting ordinance for you: On the tenth day of the seventh month you must deny yourselves¹ and not do any work—whether native-born or an alien living among you— 30 because on this day atonement will be made for you, to cleanse you. Then, before the LORD, you will be clean from all your sins. 31 It is a sabbath of rest, and you must deny yourselves; it is a lasting ordinance. 32 The priest who is anointed and ordained to succeed his father as high priest is to make atonement. He is to put on the sacred linen

29 Or must fast; also in verse 31

33 Y hará la expiación por el santuario santo, y el tabernáculo de reunión; también hará expiación por el altar, por los sacerdotes y por todo el pueblo de la congregación.

34 Y esto tendréis como estatuto perpetuo, para hacer expiación una vez al año por todos los pecados de Israel. Y Moisés lo hizo como Jehová le mandó.

El santuario único

17 1 Habló Jehová a Moisés, diciendo: 2 Habla a Aarón y a sus hijos, y a todos los hijos de Israel, y diles: Esto es lo que ha mandado Jehová: 3 Cualquier varón de la casa de Israel que degollare buey o cordero o cabra, en el campamento o fuera de él, 4 y no lo trajere a la puerta del tabernáculo de reunión para ofrecer ofrenda a Jehová delante del tabernáculo de Jehová, será culpado de sangre el tal varón; sangre derramó; será cortado el tal varón de entre su pueblo, 5 a fin de que traigan los hijos de Israel sus sacrificios, los que sacrifican en medio del campo, para que los traigan a Jehová a la puerta del tabernáculo de reunión al sacerdote, y sacrifiquen ellos sacrificios de paz a Jehová. 6 Y el sacerdote esparcirá la sangre sobre el altar de Jehová a la puerta del tabernáculo de reunión, y quemará la grosura en olor grato a Jehová. 7 Y nunca más sacrificarán sus sacrificios a los demonios, tras de los cuales han fornicado; tendrán esto por estatuto perpetuo por sus edades. 8 Les dirás también: Cualquier varón de la casa de Israel, o de los extranjeros que moran entre vosotros, que ofreciere holocausto o sacrificio, 9 y no lo trajere a la puerta del tabernáculo de reunión para hacerlo a Jehová, el tal varón será igualmente cortado de su pueblo.

Prohibición de comer la sangre

10 Si cualquier varón de la casa de Israel, o de los extranjeros que moran entre ellos, comiere alguna sangre, yo pondré mi rostro contra la persona que comiere sangre, y la cortaré de entre su pueblo. 11 Porque la vida de la carne en la sangre está, y yo os la he dado para hacer expiación sobre el altar por vuestras almas; y la misma sangre hará expiación de la persona. 12 Por tanto, he dicho a los hijos de Israel: Ninguna persona de vosotros comerá sangre, ni el extranjero que mora entre vosotros comerá sangre. 13 Y cualquier varón de los hijos de Israel, o de los extranjeros que moran entre ellos, que cazare animal o ave que sea de comer, derramará su sangre y la cubrirá con tierra. 14 Porque la vida de toda carne es su sangre; por tanto, he dicho a los hijos de Israel: No comeréis la sangre de ninguna carne, porque la vida de toda carne es su sangre; cualquiera que la comiere será cortado. 15 Y cualquier persona, así de los naturales como de los extranjeros, que comiere animal mortecino o despedazado por fiera, lavará sus vestidos y a sí misma se lavará con agua, y será inmunda hasta la noche; entonces será limpia. 16 Y si no los lavare, ni lavare su cuerpo, llevará su iniquidad.

Actos de inmoralidad prohibidos

18 1 Habló Jehová a Moisés, diciendo: 2 Habla a los hijos de Israel, y diles: Yo soy Jehová vuestro Dios.

garments 33and make atonement for the Most Holy Place, for the Tent of Meeting and the altar, and for the priests and all the people of the community.

34"This is to be a lasting ordinance for you: Atonement is to be made once a year for all the sins of the Israelites."

And it was done, as the Lord commanded Moses.

Eating Blood Forbidden

17 The Lord said to Moses, 2"Speak to Aaron and his sons and to all the Israelites and say to them: 'This is what the Lord has commanded: 3Any Israelite who sacrifices an ox, / a lamb or a goat in the camp or outside of it 4instead of bringing it to the entrance to the Tent of Meeting to present it as an offering to the Lord in front of the tabernacle of the Lord—that man shall be considered guilty of bloodshed; he has shed blood and must be cut off from his people. 5This is so the Israelites will bring to the Lord the sacrifices they are now making in the open fields. They must bring them to the priest, that is, to the Lord, at the entrance to the Tent of Meeting and sacrifice them as fellowship offerings.k 6The priest is to sprinkle the blood against the altar of the Lord at the entrance to the Tent of Meeting and burn the fat as an aroma pleasing to the Lord. 7They must no longer offer any of their sacrifices to the goat idolsl to whom they prostitute themselves. This is to be a lasting ordinance for them and for the generations to come.'

8"Say to them: 'Any Israelite or any alien living among them who offers a burnt offering or sacrifice 9and does not bring it to the entrance to the Tent of Meeting to sacrifice it to the Lord—that man must be cut off from his people.

10" 'Any Israelite or any alien living among them who eats any blood—I will set my face against that person who eats blood and will cut him off from his people. 11For the life of a creature is in the blood, and I have given it to you to make atonement for yourselves on the altar; it is the blood that makes atonement for one's life. 12Therefore I say to the Israelites, "None of you may eat blood, nor may an alien living among you eat blood."

13" 'Any Israelite or any alien living among you who hunts any animal or bird that may be eaten must drain out the blood and cover it with earth, 14because the life of every creature is its blood. That is why I have said to the Israelites, "You must not eat the blood of any creature, because the life of every creature is its blood; anyone who eats it must be cut off."

15" 'Anyone, whether native-born or alien, who eats anything found dead or torn by wild animals must wash his clothes and bathe with water, and he will be ceremonially unclean till evening; then he will be clean. 16But if he does not wash his clothes and bathe himself, he will be held responsible.' "

Unlawful Sexual Relations

18 The Lord said to Moses, 2"Speak to the Israelites and say to them: 'I am the Lord your God.

/3 The Hebrew word can include both male and female.
k5 Traditionally *peace offerings*   l7 Or *demons*

3 No haréis como hacen en la tierra de Egipto, en la cual morasteis; ni haréis como hacen en la tierra de Canaán, a la cual yo os conduzco, ni andaréis en sus estatutos. 4 Mis ordenanzas pondréis por obra, y mis estatutos guardaréis, andando en ellos. Yo Jehová vuestro Dios. 5 Por tanto, guardaréis mis estatutos y mis ordenanzas, los cuales haciendo el hombre, vivirá en ellos. Yo Jehová.

6 Ningún varón se llegue a parienta próxima alguna, para descubrir su desnudez. Yo Jehová.
7 La desnudez de tu padre, o la desnudez de tu madre, no descubrirás; tu madre es, no descubrirás su desnudez.
8 La desnudez de la mujer de tu padre no descubrirás; es la desnudez de tu padre.
9 La desnudez de tu hermana, hija de tu padre o hija de tu madre, nacida en casa o nacida fuera, su desnudez no descubrirás.
10 La desnudez de la hija de tu hijo, o de la hija de tu hija, su desnudez no descubrirás, porque es la desnudez tuya.
11 La desnudez de la hija de la mujer de tu padre, engendrada de tu padre, tu hermana es; su desnudez no descubrirás.
12 La desnudez de la hermana de tu padre no descubrirás; es parienta de tu padre.
13 La desnudez de la hermana de tu madre no descubrirás, porque parienta de tu madre es.
14 La desnudez del hermano de tu padre no descubrirás; no llegarás a su mujer; es mujer del hermano de tu padre.
15 La desnudez de tu nuera no descubrirás; mujer es de tu hijo, no descubrirás su desnudez.
16 La desnudez de la mujer de tu hermano no descubrirás; es la desnudez de tu hermano.
17 La desnudez de la mujer y de su hija no descubrirás; no tomarás la hija de su hijo, ni la hija de su hija, para descubrir su desnudez; son parientas, es maldad.
18 No tomarás mujer juntamente con su hermana, para hacerla su rival, descubriendo su desnudez delante de ella en su vida.
19 Y no llegarás a la mujer para descubrir su desnudez mientras esté en su impureza menstrual.
20 Además, no tendrás acto carnal con la mujer de tu prójimo, contaminándote con ella.
21 Y no des hijo tuyo para ofrecerlo por fuego a Moloc; no contamines así el nombre de tu Dios. Yo Jehová.
22 No te echarás con varón como con mujer; es abominación.
23 Ni con ningún animal tendrás ayuntamiento amancillándote con él, ni mujer alguna se pondrá delante de animal para ayuntarse con él; es perversión.
24 En ninguna de estas cosas os amancillaréis; pues en todas estas cosas se han corrompido las naciones que yo echo de delante de vosotros,
25 y la tierra fue contaminada; y yo visité su maldad sobre ella, y la tierra vomitó sus moradores.
26 Guardad, pues, vosotros mis estatutos y mis ordenanzas, y no hagáis ninguna de estas abominaciones, ni el natural ni el extranjero que mora entre vosotros
27 (porque todas estas abominaciones hicieron los hombres de aquella tierra que fueron antes de vosotros, y la tierra fue contaminada);
28 no sea que la tierra os vomite por haberla contaminado, como vomitó a la nación que la habitó antes de vosotros.

3 You must not do as they do in Egypt, where you used to live, and you must not do as they do in the land of Canaan, where I am bringing you. Do not follow their practices. 4 You must obey my laws and be careful to follow my decrees. I am the LORD your God. 5 Keep my decrees and laws, for the man who obeys them will live by them. I am the LORD.

6 " 'No one is to approach any close relative to have sexual relations. I am the LORD.
7 " 'Do not dishonor your father by having sexual relations with your mother. She is your mother; do not have relations with her.
8 " 'Do not have sexual relations with your father's wife; that would dishonor your father.
9 " 'Do not have sexual relations with your sister, either your father's daughter or your mother's daughter, whether she was born in the same home or elsewhere.
10 " 'Do not have sexual relations with your son's daughter or your daughter's daughter; that would dishonor you.
11 " 'Do not have sexual relations with the daughter of your father's wife, born to your father; she is your sister.
12 " 'Do not have sexual relations with your father's sister; she is your father's close relative.
13 " 'Do not have sexual relations with your mother's sister, because she is your mother's close relative.
14 " 'Do not dishonor your father's brother by approaching his wife to have sexual relations; she is your aunt.
15 " 'Do not have sexual relations with your daughter-in-law. She is your son's wife; do not have relations with her.
16 " 'Do not have sexual relations with your brother's wife; that would dishonor your brother.
17 " 'Do not have sexual relations with both a woman and her daughter. Do not have sexual relations with either her son's daughter or her daughter's daughter; they are her close relatives. That is wickedness.
18 " 'Do not take your wife's sister as a rival wife and have sexual relations with her while your wife is living.
19 " 'Do not approach a woman to have sexual relations during the uncleanness of her monthly period.
20 " 'Do not have sexual relations with your neighbor's wife and defile yourself with her.
21 " 'Do not give any of your children to be sacrificed[m] to Molech, for you must not profane the name of your God. I am the LORD.
22 " 'Do not lie with a man as one lies with a woman; that is detestable.
23 " 'Do not have sexual relations with an animal and defile yourself with it. A woman must not present herself to an animal to have sexual relations with it; that is a perversion.
24 " 'Do not defile yourselves in any of these ways, because this is how the nations that I am going to drive out before you became defiled. 25 Even the land was defiled; so I punished it for its sin, and the land vomited out its inhabitants. 26 But you must keep my decrees and my laws. The native-born and the aliens living among you must not do any of these detestable things, 27 for all these things were done by the people who lived in the land before you, and the land became defiled. 28 And if you defile the land, it will vomit you out as it vomited out the nations that were before you.

m 21 Or *to be passed through the fire*

29 Porque cualquiera que hiciere alguna de todas estas abominaciones, las personas que las hicieren serán cortadas de entre su pueblo.

30 Guardad, pues, mi ordenanza, no haciendo las costumbres abominables que practicaron antes de vosotros, y no os contaminéis en ellas. Yo Jehová vuestro Dios.

Leyes de santidad y de justicia

19 1 Habló Jehová a Moisés, diciendo:
2 Habla a toda la congregación de los hijos de Israel, y diles: Santos seréis, porque santo soy yo Jehová vuestro Dios.

3 Cada uno temerá a su madre y a su padre, y mis días de reposo *guardaréis. Yo Jehová vuestro Dios.

4 No os volveréis a los ídolos, ni haréis para vosotros dioses de fundición. Yo Jehová vuestro Dios.

5 Y cuando ofreciereis sacrificio de ofrenda de paz a Jehová, ofrecedlo de tal manera que seáis aceptos.

6 Será comido el día que lo ofreciereis, y el día siguiente; y lo que quedare para el tercer día, será quemado en el fuego.

7 Y si se comiere el día tercero, será abominación; no será acepto,

8 y el que lo comiere llevará su delito, por cuanto profanó lo santo de Jehová; y la tal persona será cortada de su pueblo.

9 Cuando siegues la mies de tu tierra, no segarás hasta el último rincón de ella, ni espigarás tu tierra segada.

10 Y no rebuscarás tu viña, ni recogerás el fruto caído de tu viña; para el pobre y para el extranjero lo dejarás. Yo Jehová vuestro Dios.

11 No hurtaréis, y no engañaréis ni mentiréis el uno al otro.

12 Y no juraréis falsamente por mi nombre, profanando así el nombre de tu Dios. Yo Jehová.

13 No oprimirás a tu prójimo, ni le robarás. No retendrás el salario del jornalero en tu casa hasta la mañana.

14 No maldecirás al sordo, y delante del ciego no pondrás tropiezo, sino que tendrás temor de tu Dios. Yo Jehová.

15 No harás injusticia en el juicio, ni favoreciendo al pobre ni complaciendo al grande; con justicia juzgarás a tu prójimo.

16 No andarás chismeando entre tu pueblo. No atentarás contra la vida de tu prójimo. Yo Jehová.

17 No aborrecerás a tu hermano en tu corazón; razonarás con tu prójimo, para que no participes de su pecado.

18 No te vengarás, ni guardarás rencor a los hijos de tu pueblo, sino amarás a tu prójimo como a ti mismo. Yo Jehová.

19 Mis estatutos guardarás. No harás ayuntar tu ganado con animales de otra especie; tu campo no sembrarás con mezcla de semillas, y no te pondrás vestidos con mezcla de hilos.

20 Si un hombre yaciere con una mujer que fuere sierva desposada con alguno, y no estuviere rescatada, ni le hubiere sido dada libertad, ambos serán azotados; no morirán, por cuanto ella no es libre.

21 Y él traerá a Jehová, a la puerta del tabernáculo de reunión, un carnero en expiación por su culpa.

29 " 'Everyone who does any of these detestable things — such persons must be cut off from their people. 30 Keep my requirements and do not follow any of the detestable customs that were practiced before you came and do not defile yourselves with them. I am the LORD your God.' "

Various Laws

19 The LORD said to Moses, 2 "Speak to the entire assembly of Israel and say to them: 'Be holy because I, the LORD your God, am holy.

3 " 'Each of you must respect his mother and father, and you must observe my Sabbaths. I am the LORD your God.

4 " 'Do not turn to idols or make gods of cast metal for yourselves. I am the LORD your God.

5 " 'When you sacrifice a fellowship offering[n] to the LORD, sacrifice it in such a way that it will be accepted on your behalf. 6 It shall be eaten on the day you sacrifice it or on the next day; anything left over until the third day must be burned up. 7 If any of it is eaten on the third day, it is impure and will not be accepted. 8 Whoever eats it will be held responsible because he has desecrated what is holy to the LORD; that person must be cut off from his people.

9 " 'When you reap the harvest of your land, do not reap to the very edges of your field or gather the gleanings of your harvest. 10 Do not go over your vineyard a second time or pick up the grapes that have fallen. Leave them for the poor and the alien. I am the LORD your God.

11 " 'Do not steal.

" 'Do not lie.

" 'Do not deceive one another.

12 " 'Do not swear falsely by my name and so profane the name of your God. I am the LORD.

13 " 'Do not defraud your neighbor or rob him.

" 'Do not hold back the wages of a hired man overnight.

14 " 'Do not curse the deaf or put a stumbling block in front of the blind, but fear your God. I am the LORD.

15 " 'Do not pervert justice; do not show partiality to the poor or favoritism to the great, but judge your neighbor fairly.

16 " 'Do not go about spreading slander among your people.

" 'Do not do anything that endangers your neighbor's life. I am the LORD.

17 " 'Do not hate your brother in your heart. Rebuke your neighbor frankly so you will not share in his guilt.

18 " 'Do not seek revenge or bear a grudge against one of your people, but love your neighbor as yourself. I am the LORD.

19 " 'Keep my decrees.

" 'Do not mate different kinds of animals.

" 'Do not plant your field with two kinds of seed.

" 'Do not wear clothing woven of two kinds of material.

20 " 'If a man sleeps with a woman who is a slave girl promised to another man but who has not been ransomed or given her freedom, there must be due punishment. Yet they are not to be put to death, because she had not been freed. 21 The man, however, must bring a ram to the entrance to the Tent of Meeting for a guilt offering to the LORD. 22 With the ram of the guilt

---

*Aquí equivale a *sábado*

n 5 Traditionally *peace offering*

22 Y con el carnero de la expiación lo reconciliará el sacerdote delante de Jehová, por su pecado que cometió; y se le perdonará su pecado que ha cometido.

23 Y cuando entréis en la tierra, y plantéis toda clase de árboles frutales, consideraréis como incircunciso lo primero de su fruto; tres años os será incircunciso; su fruto no se comerá.

24 Y el cuarto año todo su fruto será consagrado en alabanzas a Jehová.

25 Mas al quinto año comeréis el fruto de él, para que os haga crecer su fruto. Yo Jehová vuestro Dios.

26 No comeréis cosa alguna con sangre. No seréis agoreros, ni adivinos.

27 No haréis tonsura en vuestras cabezas, ni dañaréis la punta de vuestra barba.

28 Y no haréis rasguños en vuestro cuerpo por un muerto, ni imprimiréis en vosotros señal alguna. Yo Jehová.

29 No contaminarás a tu hija haciéndola fornicar, para que no se prostituya la tierra y se llene de maldad.

30 Mis días de reposo * guardaréis, y mi santuario tendréis en reverencia. Yo Jehová.

31 No os volváis a los encantadores ni a los adivinos; no los consultéis, contaminándoos con ellos. Yo Jehová vuestro Dios.

32 Delante de las canas te levantarás, y honrarás el rostro del anciano, y de tu Dios tendrás temor. Yo Jehová.

33 Cuando el extranjero morare con vosotros en vuestra tierra, no le oprimiréis.

34 Como a un natural de vosotros tendréis al extranjero que more entre vosotros, y lo amarás como a ti mismo; porque extranjeros fuisteis en la tierra de Egipto. Yo Jehová vuestro Dios.

35 No hagáis injusticia en juicio, en medida de tierra, en peso ni en otra medida.

36 Balanzas justas, pesas justas y medidas justas tendréis. Yo Jehová vuestro Dios, que os saqué de la tierra de Egipto.

37 Guardad, pues, todos mis estatutos y todas mis ordenanzas, y ponedlos por obra. Yo Jehová.

Penas por actos de inmoralidad

20 1 Habló Jehová a Moisés, diciendo: 2 Dirás asimismo a los hijos de Israel: Cualquier varón de los hijos de Israel, o de los extranjeros que moran en Israel, que ofreciere alguno de sus hijos a Moloc, de seguro morirá; el pueblo de la tierra lo apedreará.

3 Y yo pondré mi rostro contra el tal varón, y lo cortaré de entre su pueblo, por cuanto dio de sus hijos a Moloc, contaminando mi santuario y profanando mi santo nombre.

4 Si el pueblo de la tierra cerrare sus ojos respecto de aquel varón que hubiere dado de sus hijos a Moloc, para no matarle,

5 entonces yo pondré mi rostro contra aquel varón y contra su familia, y le cortaré de entre su pueblo, con todos los que fornicaron en pos de él prostituyéndose con Moloc.

6 Y la persona que atendiere a encantadores o adivinos, para prostituirse tras de ellos, yo pondré mi rostro contra la tal persona, y la cortaré de entre su pueblo.

7 Santificaos, pues, y sed santos, porque yo Jehová soy vuestro Dios.

8 Y guardad mis estatutos, y ponedlos por obra. Yo Jehová que os santifico.

9 Todo hombre que maldijere a su padre o a su madre, de cierto morirá; a su padre o a su madre maldijo; su sangre será sobre él.

offering the priest is to make atonement for him before the LORD for the sin he has committed, and his sin will be forgiven.

23 'When you enter the land and plant any kind of fruit tree, regard its fruit as forbidden. o For three years you are to consider it forbidden o; it must not be eaten. 24 In the fourth year all its fruit will be holy, an offering of praise to the LORD. 25 But in the fifth year you may eat its fruit. In this way your harvest will be increased. I am the LORD your God.

26 'Do not eat any meat with the blood still in it.
" 'Do not practice divination or sorcery.

27 'Do not cut the hair at the sides of your head or clip off the edges of your beard.

28 'Do not cut your bodies for the dead or put tattoo marks on yourselves. I am the LORD.

29 " 'Do not degrade your daughter by making her a prostitute, or the land will turn to prostitution and be filled with wickedness.

30 'Observe my Sabbaths and have reverence for my sanctuary. I am the LORD.

31 'Do not turn to mediums or seek out spiritists, for you will be defiled by them. I am the LORD your God.

32 'Rise in the presence of the aged, show respect for the elderly and revere your God. I am the LORD.

33 " 'When an alien lives with you in your land, do not mistreat him. 34 The alien living with you must be treated as one of your native-born. Love him as yourself, for you were aliens in Egypt. I am the LORD your God.

35 " 'Do not use dishonest standards when measuring length, weight or quantity. 36 Use honest scales and honest weights, an honest ephah p and an honest hin. q I am the LORD your God, who brought you out of Egypt.

37 " 'Keep all my decrees and all my laws and follow them. I am the LORD.' "

Punishments for Sin

20 The LORD said to Moses, 2 "Say to the Israelites: 'Any Israelite or any alien living in Israel who gives r any of his children to Molech must be put to death. The people of the community are to stone him. 3 I will set my face against that man and I will cut him off from his people; for by giving his children to Molech, he has defiled my sanctuary and profaned my holy name. 4 If the people of the community close their eyes when that man gives one of his children to Molech and they fail to put him to death, 5 I will set my face against that man and his family and will cut off from their people both him and all who follow him in prostituting themselves to Molech.

6 " 'I will set my face against the person who turns to mediums and spiritists to prostitute himself by following them, and I will cut him off from his people.

7 " 'Consecrate yourselves and be holy, because I am the LORD your God. 8 Keep my decrees and follow them. I am the LORD, who makes you holy. s

9 " 'If anyone curses his father or mother, he must be put to death. He has cursed his father or his mother, and his blood will be on his own head.

---

*Aquí equivale a *sábado*

o23 Hebrew *uncircumcised*   p36 An ephah was a dry measure.
q36 A hin was a liquid measure.   r2 Or *sacrifices*; also in verses 3 and 4   s8 Or *who sanctifies you*; or *who sets you apart as holy*

10 Si un hombre cometiere adulterio con la mujer de su prójimo, el adúltero y la adúltera indefectiblemente serán muertos.

11 Cualquiera que yaciere con la mujer de su padre, la desnudez de su padre descubrió; ambos han de ser muertos; su sangre será sobre ellos.

12 Si alguno durmiere con su nuera, ambos han de morir; cometieron grave perversión; su sangre será sobre ellos.

13 Si alguno se ayuntare con varón como con mujer, abominación hicieron; ambos han de ser muertos; sobre ellos será su sangre.

14 El que tomare mujer y a la madre de ella, comete vileza; quemarán con fuego a él y a ellas, para que no haya vileza entre vosotros.

15 Cualquiera que tuviere cópula con bestia, ha de ser muerto, y mataréis a la bestia.

16 Y si una mujer se llegare a algún animal para ayuntarse con él, a la mujer y al animal matarás; morirán indefectiblemente; su sangre será sobre ellos.

17 Si alguno tomare a su hermana, hija de su padre o hija de su madre, y viere su desnudez, y ella viere la suya, es cosa execrable; por tanto serán muertos a ojos de los hijos de su pueblo; descubrió la desnudez de su hermana; su pecado llevará.

18 Cualquiera que durmiere con mujer menstruosa, y descubriere su desnudez, su fuente descubrió, y ella descubrió la fuente de su sangre; ambos serán cortados de entre su pueblo.

19 La desnudez de la hermana de tu madre, o de la hermana de tu padre, no descubrirás; porque al descubrir la desnudez de su parienta, su iniquidad llevarán.

20 Cualquiera que durmiere con la mujer del hermano de su padre, la desnudez del hermano de su padre descubrió; su pecado llevarán; morirán sin hijos.

21 Y el que tomare la mujer de su hermano, comete inmundicia; la desnudez de su hermano descubrió; sin hijos serán.

22 Guardad, pues, todos mis estatutos y todas mis ordenanzas, y ponedlos por obra, no sea que os vomite la tierra en la cual yo os introduzco para que habitéis en ella.

23 Y no andéis en las prácticas de las naciones que yo echaré de delante de vosotros; porque ellos hicieron todas estas cosas, y los tuve en abominación.

24 Pero a vosotros os he dicho: Vosotros poseeréis la tierra de ellos, y yo os la daré para que la poseáis por heredad, tierra que fluye leche y miel. Yo Jehová vuestro Dios, que os he apartado de los pueblos.

25 Por tanto, vosotros haréis diferencia entre animal limpio e inmundo, y entre ave inmunda y limpia; y no contaminéis vuestras personas con los animales, ni con las aves, ni con nada que se arrastra sobre la tierra, los cuales os he apartado por inmundos.

26 Habéis, pues, de serme santos, porque yo Jehová soy santo, y os he apartado de los pueblos para que seáis míos.

27 Y el hombre o la mujer que evocare espíritus de muertos o se entregare a la adivinación, ha de morir; serán apedreados; su sangre será sobre ellos.

10 " 'If a man commits adultery with another man's wife—with the wife of his neighbor—both the adulterer and the adulteress must be put to death.

11 " 'If a man sleeps with his father's wife, he has dishonored his father. Both the man and the woman must be put to death; their blood will be on their own heads.

12 " 'If a man sleeps with his daughter-in-law, both of them must be put to death. What they have done is a perversion; their blood will be on their own heads.

13 " 'If a man lies with a man as one lies with a woman, both of them have done what is detestable. They must be put to death; their blood will be on their own heads.

14 " 'If a man marries both a woman and her mother, it is wicked. Both he and they must be burned in the fire, so that no wickedness will be among you.

15 " 'If a man has sexual relations with an animal, he must be put to death, and you must kill the animal.

16 " 'If a woman approaches an animal to have sexual relations with it, kill both the woman and the animal. They must be put to death; their blood will be on their own heads.

17 " 'If a man marries his sister, the daughter of either his father or his mother, and they have sexual relations, it is a disgrace. They must be cut off before the eyes of their people. He has dishonored his sister and will be held responsible.

18 " 'If a man lies with a woman during her monthly period and has sexual relations with her, he has exposed the source of her flow, and she has also uncovered it. Both of them must be cut off from their people.

19 " 'Do not have sexual relations with the sister of either your mother or your father, for that would dishonor a close relative; both of you would be held responsible.

20 " 'If a man sleeps with his aunt, he has dishonored his uncle. They will be held responsible; they will die childless.

21 " 'If a man marries his brother's wife, it is an act of impurity; he has dishonored his brother. They will be childless.

22 " 'Keep all my decrees and laws and follow them, so that the land where I am bringing you to live may not vomit you out. 23 You must not live according to the customs of the nations I am going to drive out before you. Because they did all these things, I abhorred them. 24 But I said to you, "You will possess their land; I will give it to you as an inheritance, a land flowing with milk and honey." I am the LORD your God, who has set you apart from the nations.

25 " 'You must therefore make a distinction between clean and unclean animals and between unclean and clean birds. Do not defile yourselves by any animal or bird or anything that moves along the ground—those which I have set apart as unclean for you. 26 You are to be holy to me t because I, the LORD, am holy, and I have set you apart from the nations to be my own.

27 " 'A man or woman who is a medium or spiritist among you must be put to death. You are to stone them; their blood will be on their own heads.' "

---

t26 Or be my holy ones

Santidad de los sacerdotes

21 ¹Jehová dijo a Moisés: Habla a los sacerdotes hijos de Aarón, y diles que no se contaminen por un muerto en sus pueblos.

²Mas por su pariente cercano, por su madre o por su padre, o por su hijo o por su hermano,

³o por su hermana virgen, a él cercana, la cual no haya tenido marido, por ella se contaminará.

⁴No se contaminará como cualquier hombre de su pueblo, haciéndose inmundo.

⁵No harán tonsura en su cabeza, ni raerán la punta de su barba, ni en su carne harán rasguños.

⁶Santos serán a su Dios, y no profanarán el nombre de su Dios, porque las ofrendas encendidas para Jehová y el pan de su Dios ofrecen; por tanto, serán santos.

⁷Con mujer ramera o infame no se casarán, ni con mujer repudiada de su marido; porque el sacerdote es santo a su Dios.

⁸Le santificarás, por tanto, pues el pan de tu Dios ofrece; santo será para ti, porque santo soy yo Jehová que os santifico.

⁹Y la hija del sacerdote, si comenzare a fornicar, a su padre deshonra; quemada será al fuego.

¹⁰Y el sumo sacerdote entre sus hermanos, sobre cuya cabeza fue derramado el aceite de la unción, y que fue consagrado para llevar las vestiduras, no descubrirá su cabeza, ni rasgará sus vestidos,

¹¹ni entrará donde haya alguna persona muerta; ni por su padre ni por su madre se contaminará.

¹²Ni saldrá del santuario, ni profanará el santuario de su Dios; porque la consagración por el aceite de la unción de su Dios está sobre él. Yo Jehová.

¹³Tomará por esposa a una mujer virgen.

¹⁴No tomará viuda, ni repudiada, ni infame ni ramera, sino tomará de su pueblo una virgen por mujer,

¹⁵para que no profane su descendencia en sus pueblos; porque yo Jehová soy el que los santifico.

¹⁶Y Jehová habló a Moisés, diciendo:

¹⁷Habla a Aarón y dile: Ninguno de tus descendientes por sus generaciones, que tenga algún defecto, se acercará para ofrecer el pan de su Dios.

¹⁸Porque ningún varón en el cual haya defecto se acercará; varón ciego, o cojo, o mutilado, o sobrado,

¹⁹o varón que tenga quebradura de pie o rotura de mano,

²⁰o jorobado, o enano, o que tenga nube en el ojo, o que tenga sarna, o empeine, o testículo magullado.

²¹Ningún varón de la descendencia del sacerdote Aarón, en el cual haya defecto, se acercará para ofrecer las ofrendas encendidas para Jehová. Hay defecto en él; no se acercará a ofrecer el pan de su Dios.

²²Del pan de su Dios, de lo muy santo y de las cosas santificadas, podrá comer.

²³Pero no se acercará tras el velo, ni se acercará al altar, por cuanto hay defecto en él; para que no profane mi santuario, porque yo Jehová soy el que los santifico.

²⁴Y Moisés habló esto a Aarón, y a sus hijos, y a todos los hijos de Israel.

Santidad de las ofrendas

22 ¹Habló Jehová a Moisés, diciendo:
²Dí a Aarón y a sus hijos que se abstengan de las

Rules for Priests

21 The LORD said to Moses, "Speak to the priests, the sons of Aaron, and say to them: 'A priest must not make himself ceremonially unclean for any of his people who die, ²except for a close relative, such as his mother or father, his son or daughter, his brother, ³or an unmarried sister who is dependent on him since she has no husband—for her he may make himself unclean. ⁴He must not make himself unclean for people related to him by marriage,ᵘ and so defile himself.

⁵" 'Priests must not shave their heads or shave off the edges of their beards or cut their bodies. ⁶They must be holy to their God and must not profane the name of their God. Because they present the offerings made to the LORD by fire, the food of their God, they are to be holy.

⁷" 'They must not marry women defiled by prostitution or divorced from their husbands, because priests are holy to their God. ⁸Regard them as holy, because they offer up the food of your God. Consider them holy, because I the LORD am holy—I who make you holy.ᵛ

⁹" 'If a priest's daughter defiles herself by becoming a prostitute, she disgraces her father; she must be burned in the fire.

¹⁰" 'The high priest, the one among his brothers who has had the anointing oil poured on his head and who has been ordained to wear the priestly garments, must not let his hair become unkemptʷ or tear his clothes. ¹¹He must not enter a place where there is a dead body. He must not make himself unclean, even for his father or mother, ¹²nor leave the sanctuary of his God or desecrate it, because he has been dedicated by the anointing oil of his God. I am the LORD.

¹³" 'The woman he marries must be a virgin. ¹⁴He must not marry a widow, a divorced woman, or a woman defiled by prostitution, but only a virgin from his own people, ¹⁵so he will not defile his offspring among his people. I am the LORD, who makes him holy.ˣ' "

¹⁶The LORD said to Moses, ¹⁷"Say to Aaron: 'For the generations to come none of your descendants who has a defect may come near to offer the food of his God. ¹⁸No man who has any defect may come near: no man who is blind or lame, disfigured or deformed; ¹⁹no man with a crippled foot or hand, ²⁰or who is hunchbacked or dwarfed, or who has any eye defect, or who has festering or running sores or damaged testicles. ²¹No descendant of Aaron the priest who has any defect is to come near to present the offerings made to the LORD by fire. He has a defect; he must not come near to offer the food of his God. ²²He may eat the most holy food of his God, as well as the holy food; ²³yet because of his defect, he must not go near the curtain or approach the altar, and so desecrate my sanctuary. I am the LORD, who makes them holy.ʸ' "

²⁴So Moses told this to Aaron and his sons and to all the Israelites.

22 The LORD said to Moses, ²"Tell Aaron and his sons to treat with respect the sacred offerings

---

ᵘ4 Or *unclean as a leader among his people*   ᵛ8 Or *who sanctify you*; or *who set you apart as holy*   ʷ10 Or *not uncover his head*   ˣ15 Or *who sanctifies him*; or *who sets him apart as holy*   ʸ23 Or *who sanctifies them*; or *who sets them apart as holy*

cosas santas que los hijos de Israel me han dedicado, y no profanen mi santo nombre. Yo Jehová.

3 Diles: Todo varón de toda vuestra descendencia en vuestras generaciones, que se acercare a las cosas sagradas que los hijos de Israel consagran a Jehová, teniendo inmundicia sobre sí, será cortado de mi presencia. Yo Jehová.

4 Cualquier varón de la descendencia de Aarón que fuere leproso, o padeciere flujo, no comerá de las cosas sagradas hasta que esté limpio. El que tocare cualquiera cosa de cadáveres, o el varón que hubiere tenido derramamiento de semen,

5 o el varón que hubiere tocado cualquier reptil por el cual será inmundo, u hombre por el cual venga a ser inmundo, conforme a cualquiera inmundicia suya;

6 la persona que lo tocare será inmunda hasta la noche, y no comerá de las cosas sagradas antes que haya lavado su cuerpo con agua.

7 Cuando el sol se pusiere, será limpio; y después podrá comer las cosas sagradas, porque su alimento es.

8 Mortecino ni despedazado por fiera no comerá, contaminándose en ello. Yo Jehová.

9 Guarden, pues, mi ordenanza, para que no lleven pecado por ello, no sea que así mueran cuando la profanen. Yo Jehová que los santifico.

10 Ningún extraño comerá cosa sagrada; el huésped del sacerdote, y el jornalero, no comerán cosa sagrada.

11 Mas cuando el sacerdote comprare algún esclavo por dinero, éste podrá comer de ella, así como también el nacido en su casa podrá comer de su alimento.

12 La hija del sacerdote, si se casare con varón extraño, no comerá de la ofrenda de las cosas sagradas.

13 Pero si la hija del sacerdote fuere viuda o repudiada, y no tuviere prole y se hubiere vuelto a la casa de su padre, como en su juventud, podrá comer del alimento de su padre; pero ningún extraño coma de él.

14 Y el que por yerro comiere cosa sagrada, añadirá a ella una quinta parte, y la dará al sacerdote con la cosa sagrada.

15 No profanarán, pues, las cosas santas de los hijos de Israel, las cuales apartan para Jehová;

16 pues les harían llevar la iniquidad del pecado, comiendo las cosas santas de ellos; porque yo Jehová soy el que los santifico.

17 También habló Jehová a Moisés, diciendo:

18 Habla a Aarón y a sus hijos, y a todos los hijos de Israel, y diles: Cualquier varón de la casa de Israel, o de los extranjeros en Israel, que ofreciere su ofrenda en pago de sus votos, o como ofrendas voluntarias ofrecidas en holocausto a Jehová,

19 para que sea aceptado, ofreceréis macho sin defecto de entre el ganado vacuno, de entre los corderos, o de entre las cabras.

20 Ninguna cosa en que haya defecto ofreceréis, porque no será acepto por vosotros.

21 Asimismo, cuando alguno ofreciere sacrificio en ofrenda de paz a Jehová para cumplir un voto, o como ofrenda voluntaria, sea de vacas o de ovejas, para que sea aceptado será sin defecto.

22 Ciego, perniquebrado, mutilado, verrugoso, sarnoso o roñoso, no ofreceréis éstos a Jehová, ni de ellos pondréis ofrenda encendida sobre el altar de Jehová.

the Israelites consecrate to me, so they will not profane my holy name. I am the LORD.

3 "Say to them: 'For the generations to come, if any of your descendants is ceremonially unclean and yet comes near the sacred offerings that the Israelites consecrate to the LORD, that person must be cut off from my presence. I am the LORD.

4 " 'If a descendant of Aaron has an infectious skin disease[z] or a bodily discharge, he may not eat the sacred offerings until he is cleansed. He will also be unclean if he touches something defiled by a corpse or by anyone who has an emission of semen, 5 or if he touches any crawling thing that makes him unclean, or any person who makes him unclean, whatever the uncleanness may be. 6 The one who touches any such thing will be unclean till evening. He must not eat any of the sacred offerings unless he has bathed himself with water. 7 When the sun goes down, he will be clean, and after that he may eat the sacred offerings, for they are his food. 8 He must not eat anything found dead or torn by wild animals, and so become unclean through it. I am the LORD.

9 " 'The priests are to keep my requirements so that they do not become guilty and die for treating them with contempt. I am the LORD, who makes them holy.[a]

10 " 'No one outside a priest's family may eat the sacred offering, nor may the guest of a priest or his hired worker eat it. 11 But if a priest buys a slave with money, or if a slave is born in his household, that slave may eat his food. 12 If a priest's daughter marries anyone other than a priest, she may not eat any of the sacred contributions. 13 But if a priest's daughter becomes a widow or is divorced, yet has no children, and she returns to live in her father's house as in her youth, she may eat of her father's food. No unauthorized person, however, may eat any of it.

14 " 'If anyone eats a sacred offering by mistake, he must make restitution to the priest for the offering and add a fifth of the value to it. 15 The priests must not desecrate the sacred offerings the Israelites present to the LORD 16 by allowing them to eat the sacred offerings and so bring upon them guilt requiring payment. I am the LORD, who makes them holy.' "

Unacceptable Sacrifices

17 The LORD said to Moses, 18 "Speak to Aaron and his sons and to all the Israelites and say to them: 'If any of you — either an Israelite or an alien living in Israel — presents a gift for a burnt offering to the LORD, either to fulfill a vow or as a freewill offering, 19 you must present a male without defect from the cattle, sheep or goats in order that it may be accepted on your behalf. 20 Do not bring anything with a defect, because it will not be accepted on your behalf. 21 When anyone brings from the herd or flock a fellowship offering[b] to the LORD to fulfill a special vow or as a freewill offering, it must be without defect or blemish to be acceptable. 22 Do not offer to the LORD the blind, the injured or the maimed, or anything with warts or festering or running sores. Do not place any of these on the altar as an offering made to the LORD by fire. 23 You may, howev-

z4 Traditionally leprosy; the Hebrew word was used for various diseases affecting the skin—not necessarily leprosy.   a9 Or who sanctifies them; or who sets them apart as holy; also in verse 16   b21 Traditionally peace offering

23 Buey o carnero que tenga de más o de menos, podrás ofrecer por ofrenda voluntaria; pero en pago de voto no será acepto.

24 No ofreceréis a Jehová animal con testículos heridos o magullados, rasgados o cortados, ni en vuestra tierra lo ofreceréis.

25 Ni de mano de extranjeros tomarás estos animales para ofrecerlos como el pan de vuestro Dios, porque su corrupción está en ellos; hay en ellos defecto, no se os aceptarán.

26 Y habló Jehová a Moisés, diciendo:

27 El becerro o el cordero o la cabra, cuando naciere, siete días estará mamando de su madre; mas desde el octavo día en adelante será acepto para ofrenda de sacrificio encendido a Jehová.

28 Y sea vaca u oveja, no degollaréis en un mismo día a ella y a su hijo.

29 Y cuando ofreciereis sacrificio de acción de gracias a Jehová, lo sacrificaréis de manera que sea aceptable.

30 En el mismo día se comerá; no dejaréis de él para otro día. Yo Jehová.

31 Guardad, pues, mis mandamientos, y cumplidlos. Yo Jehová.

32 Y no profanéis mi santo nombre, para que yo sea santificado en medio de los hijos de Israel. Yo Jehová que os santifico,

33 que os saqué de la tierra de Egipto, para ser vuestro Dios. Yo Jehová.

Las fiestas solemnes

23 ¹ Habló Jehová a Moisés, diciendo: ² Habla a los hijos de Israel y diles: Las fiestas solemnes de Jehová, las cuales proclamaréis como santas convocaciones, serán estas:

³ Seis días se trabajará, mas el séptimo día será de reposo,* santa convocación; ningún trabajo haréis; día de reposo* es de Jehová en dondequiera que habitéis.

⁴ Estas son las fiestas solemnes de Jehová, las convocaciones santas, a las cuales convocaréis en sus tiempos:

⁵ en el mes primero, a los catorce del mes, entre las dos tardes, pascua es de Jehová.

⁶ Y a los quince días de este mes es la fiesta solemne de los panes sin levadura a Jehová; siete días comeréis panes sin levadura.

⁷ El primer día tendréis santa convocación; ningún trabajo de siervos haréis.

⁸ Y ofreceréis a Jehová siete días ofrenda encendida; el séptimo día será santa convocación; ningún trabajo de siervo haréis.

⁹ Y habló Jehová a Moisés, diciendo:

10 Habla a los hijos de Israel y diles: Cuando hayáis entrado en la tierra que yo os doy, y seguéis su mies, traeréis al sacerdote una gavilla por primicia de los primeros frutos de vuestra siega.

11 Y el sacerdote mecerá la gavilla delante de Jehová, para que seáis aceptos; el día siguiente del día de reposo* la mecerá.

12 Y el día que ofrezcáis la gavilla, ofreceréis un cordero de un año, sin defecto, en holocausto a Jehová.

13 Su ofrenda será dos décimas de efa de flor de harina

er, present as a freewill offering an ox c or a sheep that is deformed or stunted, but it will not be accepted in fulfillment of a vow. 24 You must not offer to the LORD an animal whose testicles are bruised, crushed, torn or cut. You must not do this in your own land, 25 and you must not accept such animals from the hand of a foreigner and offer them as the food of your God. They will not be accepted on your behalf, because they are deformed and have defects.' "

26 The LORD said to Moses, 27 "When a calf, a lamb or a goat is born, it is to remain with its mother for seven days. From the eighth day on, it will be acceptable as an offering made to the LORD by fire. 28 Do not slaughter a cow or a sheep and its young on the same day.

29 "When you sacrifice a thank offering to the LORD, sacrifice it in such a way that it will be accepted on your behalf. 30 It must be eaten that same day; leave none of it till morning. I am the LORD.

31 "Keep my commands and follow them. I am the LORD. 32 Do not profane my holy name. I must be acknowledged as holy by the Israelites. I am the LORD, who makes d you holy e 33 and who brought you out of Egypt to be your God. I am the LORD."

23 The LORD said to Moses, 2 "Speak to the Israelites and say to them: 'These are my appointed feasts, the appointed feasts of the LORD, which you are to proclaim as sacred assemblies.

The Sabbath

3 " 'There are six days when you may work, but the seventh day is a Sabbath of rest, a day of sacred assembly. You are not to do any work; wherever you live, it is a Sabbath to the LORD.

The Passover and Unleavened Bread

4 " 'These are the LORD's appointed feasts, the sacred assemblies you are to proclaim at their appointed times: 5 The LORD's Passover begins at twilight on the fourteenth day of the first month. 6 On the fifteenth day of that month the LORD's Feast of Unleavened Bread begins; for seven days you must eat bread made without yeast. 7 On the first day hold a sacred assembly and do no regular work. 8 For seven days present an offering made to the LORD by fire. And on the seventh day hold a sacred assembly and do no regular work.' "

Firstfruits

9 The LORD said to Moses, 10 "Speak to the Israelites and say to them: 'When you enter the land I am going to give you and you reap its harvest, bring to the priest a sheaf of the first grain you harvest. 11 He is to wave the sheaf before the LORD so it will be accepted on your behalf; the priest is to wave it on the day after the Sabbath. 12 On the day you wave the sheaf, you must sacrifice as a burnt offering to the LORD a lamb a year old without defect, 13 together with its grain offering of

---

*Aquí equivale a *sábado*

c23 The Hebrew word can include both male and female.
d32 Or *made*   e32 Or *who sanctifies you*; or *who sets you apart as holy*

amasada con aceite, ofrenda encendida a Jehová en olor gratísimo; y su libación será de vino, la cuarta parte de un hin.

14 No comeréis pan, ni grano tostado, ni espiga fresca, hasta este mismo día, hasta que hayáis ofrecido la ofrenda de vuestro Dios; estatuto perpetuo es por vuestras edades en dondequiera que habitéis.

15 Y contaréis desde el día que sigue al día de reposo, * desde el día en que ofrecisteis la gavilla de la ofrenda mecida; siete semanas cumplidas serán.

16 Hasta el día siguiente del séptimo día de reposo * contaréis cincuenta días; entonces ofreceréis el nuevo grano a Jehová.

17 De vuestras habitaciones traeréis dos panes para ofrenda mecida, que serán de dos décimas de efa de flor de harina, cocidos con levadura, como primicias para Jehová.

18 Y ofreceréis con el pan siete corderos de un año, sin defecto, un becerro de la vacada, y dos carneros; serán holocausto a Jehová, con su ofrenda y sus libaciones, ofrenda encendida de olor grato para Jehová.

19 Ofreceréis además un macho cabrío por expiación, y dos corderos de un año en sacrificio de ofrenda de paz.

20 Y el sacerdote los presentará como ofrenda mecida delante de Jehová, con el pan de las primicias y los dos corderos; serán cosa sagrada a Jehová para el sacerdote.

21 Y convocaréis en este mismo día santa convocación; ningún trabajo de siervos haréis; estatuto perpetuo en dondequiera que habitéis por vuestras generaciones.

22 Cuando segareis la mies de vuestra tierra, no segaréis hasta el último rincón de ella, ni espigarás tu siega; para el pobre y para el extranjero la dejarás. Yo Jehová vuestro Dios.

23 Y habló Jehová a Moisés, diciendo:

24 Habla a los hijos de Israel y diles: En el mes séptimo, al primero del mes tendréis día de reposo, una conmemoración al son de trompetas, y una santa convocación.

25 Ningún trabajo de siervos haréis; y ofreceréis ofrenda encendida a Jehová.

26 También habló Jehová a Moisés, diciendo:

27 A los diez días de este mes séptimo será el día de expiación; tendréis santa convocación, y afligiréis vuestras almas, y ofreceréis ofrenda encendida a Jehová.

28 Ningún trabajo haréis en este día; porque es día de expiación, para reconciliaros delante de Jehová vuestro Dios.

29 Porque toda persona que no se afligiere en este mismo día, será cortada de su pueblo.

30 Y cualquiera persona que hiciere trabajo alguno en este día, yo destruiré a la tal persona de entre su pueblo.

31 Ningún trabajo haréis; estatuto perpetuo es por vuestras generaciones en dondequiera que habitéis.

32 Día de reposo será a vosotros, y afligiréis vuestras almas, comenzando a los nueve días del mes en la tarde; de tarde a tarde guardaréis vuestro reposo.

33 Y habló Jehová a Moisés, diciendo:

34 Habla a los hijos de Israel y diles: A los quince días de este mes séptimo será la fiesta solemne de los tabernáculos a Jehová por siete días.

two-tenths of an ephah f of fine flour mixed with oil — an offering made to the LORD by fire, a pleasing aroma — and its drink offering of a quarter of a hin g of wine. 14 You must not eat any bread, or roasted or new grain, until the very day you bring this offering to your God. This is to be a lasting ordinance for the generations to come, wherever you live.

Feast of Weeks

15 " 'From the day after the Sabbath, the day you brought the sheaf of the wave offering, count off seven full weeks. 16 Count off fifty days up to the day after the seventh Sabbath, and then present an offering of new grain to the LORD. 17 From wherever you live, bring two loaves made of two-tenths of an ephah of fine flour, baked with yeast, as a wave offering of firstfruits to the LORD. 18 Present with this bread seven male lambs, each a year old and without defect, one young bull and two rams. They will be a burnt offering to the LORD, together with their grain offerings and drink offerings — an offering made by fire, an aroma pleasing to the LORD. 19 Then sacrifice one male goat for a sin offering and two lambs, each a year old, for a fellowship offering. h 20 The priest is to wave the two lambs before the LORD as a wave offering, together with the bread of the firstfruits. They are a sacred offering to the LORD for the priest. 21 On that same day you are to proclaim a sacred assembly and do no regular work. This is to be a lasting ordinance for the generations to come, wherever you live.

22 " 'When you reap the harvest of your land, do not reap to the very edges of your field or gather the gleanings of your harvest. Leave them for the poor and the alien. I am the LORD your God.' "

Feast of Trumpets

23 The LORD said to Moses, 24 "Say to the Israelites: 'On the first day of the seventh month you are to have a day of rest, a sacred assembly commemorated with trumpet blasts. 25 Do no regular work, but present an offering made to the LORD by fire.' "

Day of Atonement

26 The LORD said to Moses, 27 "The tenth day of this seventh month is the Day of Atonement. Hold a sacred assembly and deny yourselves, i and present an offering made to the LORD by fire. 28 Do no work on that day, because it is the Day of Atonement, when atonement is made for you before the LORD your God. 29 Anyone who does not deny himself on that day must be cut off from his people. 30 I will destroy from among his people anyone who does any work on that day. 31 You shall do no work at all. This is to be a lasting ordinance for the generations to come, wherever you live. 32 It is a sabbath of rest for you, and you must deny yourselves. From the evening of the ninth day of the month until the following evening you are to observe your sabbath."

Feast of Tabernacles

33 The LORD said to Moses, 34 "Say to the Israelites: 'On the fifteenth day of the seventh month the LORD's Feast of Tabernacles begins, and it lasts for seven days.

---

f 13 That is, probably about 4 quarts (about 4.5 liters); also in verse 17   g 13 That is, probably about 1 quart (about 1 liter)
h 19 Traditionally *peace offering*   i 27 Or *and fast*; also in verses 29 and 32

35 El primer día habrá santa convocación; ningún trabajo de siervos haréis.

36 Siete días ofreceréis ofrenda encendida a Jehová; el octavo día tendréis santa convocación, y ofreceréis ofrenda encendida a Jehová; es fiesta, ningún trabajo de siervos haréis.

37 Estas son las fiestas solemnes de Jehová, a las que convocaréis santas reuniones, para ofrecer ofrenda encendida a Jehová, holocausto y ofrenda, sacrificio y libaciones, cada cosa en su tiempo,

38 además de los días de reposo * de Jehová, de vuestros dones, de todos vuestros votos, y de todas vuestras ofrendas voluntarias que acostumbráis dar a Jehová.

39 Pero a los quince días del mes séptimo, cuando hayáis recogido el fruto de la tierra, haréis fiesta a Jehová por siete días; el primer día será de reposo, y el octavo día será también día de reposo.

40 Y tomaréis el primer día ramas con fruto de árbol hermoso, ramas de palmeras, ramas de árboles frondosos, y sauces de los arroyos, y os regocijaréis delante de Jehová vuestro Dios por siete días.

41 Y le haréis fiesta a Jehová por siete días cada año; será estatuto perpetuo por vuestras generaciones; en el mes séptimo la haréis.

42 En tabernáculos habitaréis siete días; todo natural de Israel habitará en tabernáculos,

43 para que sepan vuestros descendientes que en tabernáculos hice yo habitar a los hijos de Israel cuando los saqué de la tierra de Egipto. Yo Jehová vuestro Dios.

44 Así habló Moisés a los hijos de Israel sobre las fiestas solemnes de Jehová.

Aceite para las lámparas

24 1 Habló Jehová a Moisés, diciendo:
2 Manda a los hijos de Israel que te traigan para el alumbrado aceite puro de olivas machacadas, para hacer arder las lámparas continuamente.

3 Fuera del velo del testimonio, en el tabernáculo de reunión, las dispondrá Aarón desde la tarde hasta la mañana delante de Jehová; es estatuto perpetuo por vuestras generaciones.

4 Sobre el candelero limpio pondrá siempre en orden las lámparas delante de Jehová.

El pan de la proposición

5 Y tomarás flor de harina, y cocerás de ella doce tortas; cada torta será de dos décimas de efa.

6 Y las pondrás en dos hileras, seis en cada hilera, sobre la mesa limpia delante de Jehová.

7 Pondrás también sobre cada hilera incienso puro, y será para el pan como perfume, ofrenda encendida a Jehová.

8 Cada día de reposo * lo pondrá continuamente en orden delante de Jehová, en nombre de los hijos de Israel, como pacto perpetuo.

9 Y será de Aarón y de sus hijos, los cuales lo comerán en lugar santo; porque es cosa muy santa para él, de las ofrendas encendidas a Jehová, por derecho perpetuo.

Castigo del blasfemo

10 En aquel tiempo el hijo de una mujer israelita, el cual era hijo de un egipcio, salió entre los hijos de Israel; y el hijo de la israelita y un hombre de Israel riñeron en el campamento.

11 Y el hijo de la mujer israelita blasfemó el Nombre, y maldijo; entonces lo llevaron a Moisés. Y su madre se llamaba Selomit, hija de Dibri, de la tribu de Dan.

35 The first day is a sacred assembly; do no regular work. 36 For seven days present offerings made to the LORD by fire, and on the eighth day hold a sacred assembly and present an offering made to the LORD by fire. It is the closing assembly; do no regular work.

37 (" 'These are the LORD's appointed feasts, which you are to proclaim as sacred assemblies for bringing offerings made to the LORD by fire — the burnt offerings and grain offerings, sacrifices and drink offerings required for each day. 38 These offerings are in addition to those for the LORD's Sabbaths and *i* in addition to your gifts and whatever you have vowed and all the freewill offerings you give to the LORD.)

39 " 'So beginning with the fifteenth day of the seventh month, after you have gathered the crops of the land, celebrate the festival to the LORD for seven days; the first day is a day of rest, and the eighth day also is a day of rest. 40 On the first day you are to take choice fruit from the trees, and palm fronds, leafy branches and poplars, and rejoice before the LORD your God for seven days. 41 Celebrate this as a festival to the LORD for seven days each year. This is to be a lasting ordinance for the generations to come; celebrate it in the seventh month. 42 Live in booths for seven days: All native-born Israelites are to live in booths 43 so your descendants will know that I had the Israelites live in booths when I brought them out of Egypt. I am the LORD your God.' "

44 So Moses announced to the Israelites the appointed feasts of the LORD.

Oil and Bread Set Before the LORD

24 The LORD said to Moses, 2 "Command the Israelites to bring you clear oil of pressed olives for the light so that the lamps may be kept burning continually. 3 Outside the curtain of the Testimony in the Tent of Meeting, Aaron is to tend the lamps before the LORD from evening till morning, continually. This is to be a lasting ordinance for the generations to come. 4 The lamps on the pure gold lampstand before the LORD must be tended continually.

5 "Take fine flour and bake twelve loaves of bread, using two-tenths of an ephah *k* for each loaf. 6 Set them in two rows, six in each row, on the table of pure gold before the LORD. 7 Along each row put some pure incense as a memorial portion to represent the bread and to be an offering made to the LORD by fire. 8 This bread is to be set out before the LORD regularly, Sabbath after Sabbath, on behalf of the Israelites, as a lasting covenant. 9 It belongs to Aaron and his sons, who are to eat it in a holy place, because it is a most holy part of their regular share of the offerings made to the LORD by fire."

A Blasphemer Stoned

10 Now the son of an Israelite mother and an Egyptian father went out among the Israelites, and a fight broke out in the camp between him and an Israelite. 11 The son of the Israelite woman blasphemed the Name with a curse; so they brought him to Moses. (His mother's name was Shelomith, the daughter of Dibri

---

*Aquí equivale a *sábado*

i 38 Or *These feasts are in addition to the LORD's Sabbaths, and these offerings are*   *k* 5 That is, probably about 4 quarts (about 4.5 liters)

12 Y lo pusieron en la cárcel, hasta que les fuese declarado por palabra de Jehová.

13 Y Jehová habló a Moisés, diciendo:

14 Saca al blasfemo fuera del campamento, y todos los que le oyeron pongan sus manos sobre la cabeza de él, y apedréelo toda la congregación.

15 Y a los hijos de Israel hablarás, diciendo: Cualquiera que maldijere a su Dios, llevará su iniquidad.

16 Y el que blasfemare el nombre de Jehová, ha de ser muerto; toda la congregación lo apedreará; así el extranjero como el natural, si blasfemare el Nombre, que muera.

17 Asimismo el hombre que hiere de muerte a cualquiera persona, que sufra la muerte.

18 El que hiere a algún animal ha de restituirlo, animal por animal.

19 Y el que causare lesión en su prójimo, según hizo, así le sea hecho:

20 rotura por rotura, ojo por ojo, diente por diente; según la lesión que haya hecho a otro, tal se hará a él.

21 El que hiere algún animal ha de restituirlo; mas el que hiere de muerte a un hombre, que muera.

22 Un mismo estatuto tendréis para el extranjero, como para el natural; porque yo soy Jehová vuestro Dios.

23 Y habló Moisés a los hijos de Israel, y ellos sacaron del campamento al blasfemo y lo apedrearon. Y los hijos de Israel hicieron según Jehová había mandado a Moisés.

El año de reposo de la tierra y el año del jubileo

25 1 Jehová habló a Moisés en el monte de Sinaí, diciendo:

2 Habla a los hijos de Israel y diles: Cuando hayáis entrado en la tierra que yo os doy, la tierra guardará reposo para Jehová.

3 Seis años sembrarás tu tierra, y seis años podarás tu viña y recogerás sus frutos.

4 Pero el séptimo año la tierra tendrá descanso, reposo para Jehová; no sembrarás tu tierra, ni podarás tu viña.

5 Lo que de suyo naciere en tu tierra segada, no lo segarás, y las uvas de tu viñedo no vendimiarás; año de reposo será para la tierra.

6 Mas el descanso de la tierra te dará para comer a ti, a tu siervo, a tu sierva, a tu criado, y a tu extranjero que morare contigo;

7 y a tu animal, y a la bestia que hubiere en tu tierra, será todo el fruto de ella para comer.

8 Y contarás siete semanas de años, siete veces siete años, de modo que los días de las siete semanas de años vendrán a serte cuarenta y nueve años.

9 Entonces harás tocar fuertemente la trompeta en el mes séptimo a los diez días del mes; el día de la expiación haréis tocar la trompeta por toda vuestra tierra.

10 Y santificaréis el año cincuenta, y pregonaréis libertad en la tierra a todos sus moradores; ese año os será de jubileo, y volveréis cada uno a vuestra posesión, y cada cual volverá a su familia.

11 El año cincuenta os será jubileo; no sembraréis, ni segaréis lo que naciere de suyo en la tierra, ni vendimiaréis sus viñedos,

12 porque es jubileo; santo será a vosotros; el producto de la tierra comeréis.

13 En este año de jubileo volveréis cada uno a vuestra posesión.

14 Y cuando vendiereis algo a vuestro prójimo, o comprareis de mano de vuestro prójimo, no engañe ninguno a su hermano.

the Danite.) 12 They put him in custody until the will of the LORD should be made clear to them.

13 Then the LORD said to Moses: 14 "Take the blasphemer outside the camp. All those who heard him are to lay their hands on his head, and the entire assembly is to stone him. 15 Say to the Israelites: 'If anyone curses his God, he will be held responsible; 16 anyone who blasphemes the name of the LORD must be put to death. The entire assembly must stone him. Whether an alien or native-born, when he blasphemes the Name, he must be put to death.

17 " 'If anyone takes the life of a human being, he must be put to death. 18 Anyone who takes the life of someone's animal must make restitution—life for life. 19 If anyone injures his neighbor, whatever he has done must be done to him: 20 fracture for fracture, eye for eye, tooth for tooth. As he has injured the other, so he is to be injured. 21 Whoever kills an animal must make restitution, but whoever kills a man must be put to death. 22 You are to have the same law for the alien and the native-born. I am the LORD your God.' "

23 Then Moses spoke to the Israelites, and they took the blasphemer outside the camp and stoned him. The Israelites did as the LORD commanded Moses.

The Sabbath Year

25 The LORD said to Moses on Mount Sinai, 2 "Speak to the Israelites and say to them: 'When you enter the land I am going to give you, the land itself must observe a sabbath to the LORD. 3 For six years sow your fields, and for six years prune your vineyards and gather their crops. 4 But in the seventh year the land is to have a sabbath of rest, a sabbath to the LORD. Do not sow your fields or prune your vineyards. 5 Do not reap what grows of itself or harvest the grapes of your untended vines. The land is to have a year of rest. 6 Whatever the land yields during the sabbath year will be food for you—for yourself, your manservant and maidservant, and the hired worker and temporary resident who live among you, 7 as well as for your livestock and the wild animals in your land. Whatever the land produces may be eaten.

The Year of Jubilee

8 " 'Count off seven sabbaths of years—seven times seven years—so that the seven sabbaths of years amount to a period of forty-nine years. 9 Then have the trumpet sounded everywhere on the tenth day of the seventh month; on the Day of Atonement sound the trumpet throughout your land. 10 Consecrate the fiftieth year and proclaim liberty throughout the land to all its inhabitants. It shall be a jubilee for you; each one of you is to return to his family property and each to his own clan. 11 The fiftieth year shall be a jubilee for you; do not sow and do not reap what grows of itself or harvest the untended vines. 12 For it is a jubilee and is to be holy for you; eat only what is taken directly from the fields.

13 " 'In this Year of Jubilee everyone is to return to his own property.

14 " 'If you sell land to one of your countrymen or buy any from him, do not take advantage of each other.

15 Conforme al número de los años después del jubileo comprarás de tu prójimo; conforme al número de los años de los frutos te venderá él a ti.

16 Cuanto mayor fuere el número de los años, aumentarás el precio, y cuanto menor fuere el número, disminuirás el precio; porque según el número de las cosechas te venderá él.

17 Y no engañe ninguno a su prójimo, sino temed a vuestro Dios; porque yo soy Jehová vuestro Dios.

18 Ejecutad, pues, mis estatutos y guardad mis ordenanzas, y ponedlos por obra, y habitaréis en la tierra seguros;

19 y la tierra dará su fruto, y comeréis hasta saciaros, y habitaréis en ella con seguridad.

20 Y si dijereis: ¿Qué comeremos el séptimo año? He aquí no hemos de sembrar, ni hemos de recoger nuestros frutos;

21 entonces yo os enviaré mi bendición el sexto año, y ella hará que haya fruto por tres años.

22 Y sembraréis el año octavo, y comeréis del fruto añejo; hasta el año noveno, hasta que venga su fruto, comeréis del añejo.

23 La tierra no se venderá a perpetuidad, porque la tierra mía es; pues vosotros forasteros y extranjeros sois para conmigo.

24 Por tanto, en toda la tierra de vuestra posesión otorgaréis rescate a la tierra.

25 Cuando tu hermano empobreciere, y vendiere algo de su posesión, entonces su pariente más próximo vendrá y rescatará lo que su hermano hubiere vendido.

26 Y cuando el hombre no tuviere rescatador, y consiguiere lo suficiente para el rescate,

27 entonces contará los años desde que vendió, y pagará lo que quedare al varón a quien vendió, y volverá a su posesión.

28 Mas si no consiguiere lo suficiente para que se la devuelvan, lo que vendió estará en poder del que lo compró hasta el año del jubileo; y al jubileo saldrá, y él volverá a su posesión.

29 El varón que vendiere casa de habitación en ciudad amurallada, tendrá facultad de redimirla hasta el término de un año desde la venta; un año será el término de poderse redimir.

30 Y si no fuere rescatada dentro de un año entero, la casa que estuviere en la ciudad amurallada quedará para siempre en poder de aquel que la compró, y para sus descendientes; no saldrá en el jubileo.

31 Mas las casas de las aldeas que no tienen muro alrededor serán estimadas como los terrenos del campo; podrán ser rescatadas, y saldrán en el jubileo.

32 Pero en cuanto a las ciudades de los levitas, éstos podrán rescatar en cualquier tiempo las casas en las ciudades de su posesión.

33 Y el que comprare de los levitas saldrá de la casa vendida, o de la ciudad de su posesión, en el jubileo, por cuanto las casas de las ciudades de los levitas son la posesión de ellos entre los hijos de Israel.

34 Mas la tierra del ejido de sus ciudades no se venderá, porque es perpetua posesión de ellos.

35 Y cuando tu hermano empobreciere y se acogiere a ti, tú lo ampararás; como forastero y extranjero vivirá contigo.

36 No tomarás de él usura ni ganancia, sino tendrás temor de tu Dios, y tu hermano vivirá contigo.

37 No le darás tu dinero a usura, ni tus víveres a ganancia.

38 Yo Jehová vuestro Dios, que os saqué de la tierra de Egipto, para daros la tierra de Canaán, para ser vuestro Dios.

15 You are to buy from your countryman on the basis of the number of years since the Jubilee. And he is to sell to you on the basis of the number of years left for harvesting crops. 16 When the years are many, you are to increase the price, and when the years are few, you are to decrease the price, because what he is really selling you is the number of crops. 17 Do not take advantage of each other, but fear your God. I am the LORD your God.

18 " 'Follow my decrees and be careful to obey my laws, and you will live safely in the land. 19 Then the land will yield its fruit, and you will eat your fill and live there in safety. 20 You may ask, "What will we eat in the seventh year if we do not plant or harvest our crops?" 21 I will send you such a blessing in the sixth year that the land will yield enough for three years. 22 While you plant during the eighth year, you will eat from the old crop and will continue to eat from it until the harvest of the ninth year comes in.

23 " 'The land must not be sold permanently, because the land is mine and you are but aliens and my tenants. 24 Throughout the country that you hold as a possession, you must provide for the redemption of the land.

25 " 'If one of your countrymen becomes poor and sells some of his property, his nearest relative is to come and redeem what his countryman has sold. 26 If, however, a man has no one to redeem it for him but he himself prospers and acquires sufficient means to redeem it, 27 he is to determine the value for the years since he sold it and refund the balance to the man to whom he sold it; he can then go back to his own property. 28 But if he does not acquire the means to repay him, what he sold will remain in the possession of the buyer until the Year of Jubilee. It will be returned in the Jubilee, and he can then go back to his property.

29 " 'If a man sells a house in a walled city, he retains the right of redemption a full year after its sale. During that time he may redeem it. 30 If it is not redeemed before a full year has passed, the house in the walled city shall belong permanently to the buyer and his descendants. It is not to be returned in the Jubilee. 31 But houses in villages without walls around them are to be considered as open country. They can be redeemed, and they are to be returned in the Jubilee.

32 " 'The Levites always have the right to redeem their houses in the Levitical towns, which they possess. 33 So the property of the Levites is redeemable—that is, a house sold in any town they hold—and is to be returned in the Jubilee, because the houses in the towns of the Levites are their property among the Israelites. 34 But the pastureland belonging to their towns must not be sold; it is their permanent possession.

35 " 'If one of your countrymen becomes poor and is unable to support himself among you, help him as you would an alien or a temporary resident, so he can continue to live among you. 36 Do not take interest of any kind l from him, but fear your God, so that your countryman may continue to live among you. 37 You must not lend him money at interest or sell him food at a profit. 38 I am the LORD your God, who brought you out of Egypt to give you the land of Canaan and to be your God.

---

l 36 Or *take excessive interest*; similarly in verse 37

39 Y cuando tu hermano empobreciere, estando contigo, y se vendiere a ti, no le harás servir como esclavo.
40 Como criado, como extranjero estará contigo; hasta el año del jubileo te servirá.
41 Entonces saldrá libre de tu casa; él y sus hijos consigo, y volverá a su familia, y a la posesión de sus padres se restituirá.
42 Porque son mis siervos, los cuales saqué yo de la tierra de Egipto; no serán vendidos a manera de esclavos.
43 No te enseñorearás de él con dureza, sino tendrás temor de tu Dios.
44 Así tu esclavo como tu esclava que tuvieres, serán de las gentes que están en vuestro alrededor; de ellos podréis comprar esclavos y esclavas.
45 También podréis comprar de los hijos de los forasteros que viven entre vosotros, y de las familias de ellos nacidos en vuestra tierra, que están con vosotros, los cuales podréis tener por posesión.
46 Y los podréis dejar en herencia para vuestros hijos después de vosotros, como posesión hereditaria; para siempre os serviréis de ellos; pero en vuestros hermanos los hijos de Israel no os enseñorearéis cada uno sobre su hermano con dureza.

47 Si el forastero o el extranjero que está contigo se enriqueciere, y tu hermano que está junto a él empobreciere, y se vendiere al forastero o extranjero que está contigo, o a alguno de la familia del extranjero;
48 después que se hubiere vendido, podrá ser rescatado; uno de sus hermanos lo rescatará.
49 O su tío o el hijo de su tío lo rescatará, o un pariente cercano de su familia lo rescatará; o si sus medios alcanzaren, él mismo se rescatará.
50 Hará la cuenta con el que lo compró, desde el año que se vendió a él hasta el año del jubileo; y ha de apreciarse el precio de su venta conforme al número de los años, y se contará el tiempo que estuvo con él conforme al tiempo de un criado asalariado.
51 Si aún fueren muchos años, conforme a ellos devolverá para su rescate, del dinero por el cual se vendió.
52 Y si quedare poco tiempo hasta el año del jubileo, entonces hará un cálculo con él, y devolverá su rescate conforme a sus años.
53 Como con el tomado a salario anualmente hará con él; no se enseñoreará en él con rigor delante de tus ojos.
54 Y si no se rescatare en esos años, en el año del jubileo saldrá, él y sus hijos con él.
55 Porque mis siervos son los hijos de Israel; son siervos míos, a los cuales saqué de la tierra de Egipto. Yo Jehová vuestro Dios.

Bendiciones de la obediencia

26 1 No haréis para vosotros ídolos, ni escultura, ni os levantaréis estatua, ni pondréis en vuestra tierra piedra pintada para inclinaros a ella; porque yo soy Jehová vuestro Dios.
2 Guardad mis días de reposo, * y tened en reverencia mi santuario. Yo Jehová.
3 Si anduviereis en mis decretos y guardareis mis mandamientos, y los pusiereis por obra,
4 yo daré vuestra lluvia en su tiempo, y la tierra rendirá sus productos, y el árbol del campo dará su fruto.
5 Vuestra trilla alcanzará a la vendimia, y la vendimia alcanzará a la sementera, y comeréis vuestro pan hasta saciaros, y habitaréis seguros en vuestra tierra.

39 'If one of your countrymen becomes poor among you and sells himself to you, do not make him work as a slave. 40 He is to be treated as a hired worker or a temporary resident among you; he is to work for you until the Year of Jubilee. 41 Then he and his children are to be released, and he will go back to his own clan and to the property of his forefathers. 42 Because the Israelites are my servants, whom I brought out of Egypt, they must not be sold as slaves. 43 Do not rule over them ruthlessly, but fear your God.

44 " 'Your male and female slaves are to come from the nations around you; from them you may buy slaves. 45 You may also buy some of the temporary residents living among you and members of their clans born in your country, and they will become your property. 46 You can will them to your children as inherited property and can make them slaves for life, but you must not rule over your fellow Israelites ruthlessly.

47 " 'If an alien or a temporary resident among you becomes rich and one of your countrymen becomes poor and sells himself to the alien living among you or to a member of the alien's clan, 48 he retains the right of redemption after he has sold himself. One of his relatives may redeem him: 49 An uncle or a cousin or any blood relative in his clan may redeem him. Or if he prospers, he may redeem himself. 50 He and his buyer are to count the time from the year he sold himself up to the Year of Jubilee. The price for his release is to be based on the rate paid to a hired man for that number of years. 51 If many years remain, he must pay for his redemption a larger share of the price paid for him. 52 If only a few years remain until the Year of Jubilee, he is to compute that and pay for his redemption accordingly. 53 He is to be treated as a man hired from year to year; you must see to it that his owner does not rule over him ruthlessly.

54 " 'Even if he is not redeemed in any of these ways, he and his children are to be released in the Year of Jubilee, 55 for the Israelites belong to me as servants. They are my servants, whom I brought out of Egypt. I am the LORD your God.

Reward for Obedience

26 " 'Do not make idols or set up an image or a sacred stone for yourselves, and do not place a carved stone in your land to bow down before it. I am the LORD your God.

2 " 'Observe my Sabbaths and have reverence for my sanctuary. I am the LORD.

3 " 'If you follow my decrees and are careful to obey my commands, 4 I will send you rain in its season, and the ground will yield its crops and the trees of the field their fruit. 5 Your threshing will continue until grape harvest and the grape harvest will continue until planting, and you will eat all the food you want and live in safety in your land.

---

*Aquí equivale a *sábado*

6 Y yo daré paz en la tierra, y dormiréis, y no habrá quien os espante; y haré quitar de vuestra tierra las malas bestias, y la espada no pasará por vuestro país.

7 Y perseguiréis a vuestros enemigos, y caerán a espada delante de vosotros.

8 Cinco de vosotros perseguirán a ciento, y ciento de vosotros perseguirán a diez mil, y vuestros enemigos caerán a filo de espada delante de vosotros.

9 Porque yo me volveré a vosotros, y os haré crecer, y os multiplicaré, y afirmaré mi pacto con vosotros.

10 Comeréis lo añejo de mucho tiempo, y pondréis fuera lo añejo para guardar lo nuevo.

11 Y pondré mi morada en medio de vosotros, y mi alma no os abominará;

12 y andaré entre vosotros, y yo seré vuestro Dios, y vosotros seréis mi pueblo.

13 Yo Jehová vuestro Dios, que os saqué de la tierra de Egipto, para que no fueseis sus siervos, y rompí las coyundas de vuestro yugo, y os he hecho andar con el rostro erguido.

Consecuencias de la desobediencia

14 Pero si no me oyereis, ni hiciereis todos estos mis mandamientos,

15 y si desdeñareis mis decretos, y vuestra alma menospreciare mis estatutos, no ejecutando todos mis mandamientos, e invalidando mi pacto,

16 yo también haré con vosotros esto: enviaré sobre vosotros terror, extenuación y calentura, que consuman los ojos y atormenten el alma; y sembraréis en vano vuestra semilla, porque vuestros enemigos la comerán.

17 Pondré mi rostro contra vosotros, y seréis heridos delante de vuestros enemigos; y los que os aborrecen se enseñorearán de vosotros, y huiréis sin que haya quien os persiga.

18 Y si aun con estas cosas no me oyereis, yo volveré a castigaros siete veces más por vuestros pecados.

19 Y quebrantaré la soberbia de vuestro orgullo, y haré vuestro cielo como hierro, y vuestra tierra como bronce.

20 Vuestra fuerza se consumirá en vano, porque vuestra tierra no dará su producto, y los árboles de la tierra no darán su fruto.

21 Si anduviereis conmigo en oposición, y no me quisiereis oir, yo añadiré sobre vosotros siete veces más plagas según vuestros pecados.

22 Enviaré también contra vosotros bestias fieras que os arrebaten vuestros hijos, y destruyan vuestro ganado, y os reduzcan en número, y vuestros caminos sean desiertos.

23 Y si con estas cosas no fuereis corregidos, sino que anduviereis conmigo en oposición,

24 yo también procederé en contra de vosotros, y os heriré aún siete veces por vuestros pecados.

25 Traeré sobre vosotros espada vengadora, en vindicación del pacto; y si buscareis refugio en vuestras ciudades, yo enviaré pestilencia entre vosotros, y seréis entregados en mano del enemigo.

26 Cuando yo os quebrante el sustento del pan, cocerán diez mujeres vuestro pan en un horno, y os devolverán vuestro pan por peso; y comeréis, y no os saciaréis.

27 Si aun con esto no me oyereis, sino que procediereis conmigo en oposición,

28 yo procederé en contra de vosotros con ira, y os castigaré aún siete veces por vuestros pecados.

29 Y comeréis la carne de vuestros hijos, y comeréis la carne de vuestras hijas.

30 Destruiré vuestros lugares altos, y derribaré vuestras imágenes, y pondré vuestros cuerpos muertos sobre los cuerpos muertos de vuestros ídolos, y mi alma os abominará.

6 " 'I will grant peace in the land, and you will lie down and no one will make you afraid. I will remove savage beasts from the land, and the sword will not pass through your country. 7 You will pursue your enemies, and they will fall by the sword before you. 8 Five of you will chase a hundred, and a hundred of you will chase ten thousand, and your enemies will fall by the sword before you.

9 " 'I will look on you with favor and make you fruitful and increase your numbers, and I will keep my covenant with you. 10 You will still be eating last year's harvest when you will have to move it out to make room for the new. 11 I will put my dwelling place m among you, and I will not abhor you. 12 I will walk among you and be your God, and you will be my people. 13 I am the LORD your God, who brought you out of Egypt so that you would no longer be slaves to the Egyptians; I broke the bars of your yoke and enabled you to walk with heads held high.

Punishment for Disobedience

14 " 'But if you will not listen to me and carry out all these commands, 15 and if you reject my decrees and abhor my laws and fail to carry out all my commands and so violate my covenant, 16 then I will do this to you: I will bring upon you sudden terror, wasting diseases and fever that will destroy your sight and drain away your life. You will plant seed in vain, because your enemies will eat it. 17 I will set my face against you so that you will be defeated by your enemies; those who hate you will rule over you, and you will flee even when no one is pursuing you.

18 " 'If after all this you will not listen to me, I will punish you for your sins seven times over. 19 I will break down your stubborn pride and make the sky above you like iron and the ground beneath you like bronze. 20 Your strength will be spent in vain, because your soil will not yield its crops, nor will the trees of the land yield their fruit.

21 " 'If you remain hostile toward me and refuse to listen to me, I will multiply your afflictions seven times over, as your sins deserve. 22 I will send wild animals against you, and they will rob you of your children, destroy your cattle and make you so few in number that your roads will be deserted.

23 " 'If in spite of these things you do not accept my correction but continue to be hostile toward me, 24 I myself will be hostile toward you and will afflict you for your sins seven times over. 25 And I will bring the sword upon you to avenge the breaking of the covenant. When you withdraw into your cities, I will send a plague among you, and you will be given into enemy hands. 26 When I cut off your supply of bread, ten women will be able to bake your bread in one oven, and they will dole out the bread by weight. You will eat, but you will not be satisfied.

27 " 'If in spite of this you still do not listen to me but continue to be hostile toward me, 28 then in my anger I will be hostile toward you, and I myself will punish you for your sins seven times over. 29 You will eat the flesh of your sons and the flesh of your daughters. 30 I will destroy your high places, cut down your incense altars and pile your dead bodies on the lifeless forms

---

m 11 Or *my tabernacle*

31 Haré desiertas vuestras ciudades, y asolaré vuestros santuarios, y no oleré la fragancia de vuestro suave perfume.
32 Asolaré también la tierra, y se pasmarán por ello vuestros enemigos que en ella moren;
33 y a vosotros os esparciré entre las naciones, y desenvainaré espada en pos de vosotros; y vuestra tierra estará asolada, y desiertas vuestras ciudades.
34 Entonces la tierra gozará sus días de reposo, todos los días que esté asolada, mientras vosotros estéis en la tierra de vuestros enemigos; la tierra descansará entonces y gozará sus días de reposo.
35 Todo el tiempo que esté asolada, descansará por lo que no reposó en los días de reposo cuando habitabais en ella.
36 Y a los que queden de vosotros infundiré en sus corazones tal cobardía, en la tierra de sus enemigos, que el sonido de una hoja que se mueva los perseguirá, y huirán como ante la espada, y caerán sin que nadie los persiga.
37 Tropezarán los unos con los otros como si huyeran ante la espada, aunque nadie los persiga; y no podréis resistir delante de vuestros enemigos.
38 Y pereceréis entre las naciones, y la tierra de vuestros enemigos os consumirá.
39 Y los que queden de vosostros decaerán en las tierras de vuestros enemigos por su iniquidad; y por la iniquidad de sus padres decaerán con ellos.
40 Y confesarán su iniquidad, y la iniquidad de sus padres, por su prevaricación con que prevaricaron contra mí; y también porque anduvieron conmigo en oposición,
41 yo también habré andado en contra de ellos, y los habré hecho entrar en la tierra de sus enemigos; y entonces se humillará su corazón incircunciso, y reconocerán su pecado.
42 Entonces yo me acordaré de mi pacto con Jacob, y asimismo de mi pacto con Isaac, y también de mi pacto con Abraham me acordaré, y haré memoria de la tierra.
43 Pero la tierra será abandonada por ellos, y gozará sus días de reposo, estando desierta a causa de ellos; y entonces se someterán al castigo de sus iniquidades; por cuanto menospreciaron mis ordenanzas, y su alma tuvo fastidio de mis estatutos.
44 Y aun con todo esto, estando ellos en tierra de sus enemigos, yo no los desecharé, ni los abominaré para consumirlos, invalidando mi pacto con ellos; porque yo Jehová soy su Dios.
45 Antes me acordaré de ellos por el pacto antiguo, cuando los saqué de la tierra de Egipto a los ojos de las naciones, para ser su Dios. Yo Jehová.
46 Estos son los estatutos, ordenanzas y leyes que estableció Jehová entre sí y los hijos de Israel en el monte de Sinaí por mano de Moisés.

Cosas consagradas a Dios

27 1 Habló Jehová a Moisés, diciendo:
2 Habla a los hijos de Israel y diles: Cuando alguno hiciere especial voto a Jehová, según la estimación de las personas que se hayan de redimir, lo estimarás así:
3 En cuanto al varón de veinte años hasta sesenta, lo estimarás en cincuenta siclos de plata, según el siclo del santuario.
4 Y si fuere mujer, la estimarás en treinta siclos.
5 Y si fuere de cinco años hasta veinte, al varón lo estimarás en veinte siclos, y a la mujer en diez siclos.

of your idols, and I will abhor you. 31 I will turn your cities into ruins and lay waste your sanctuaries, and I will take no delight in the pleasing aroma of your offerings. 32 I will lay waste the land, so that your enemies who live there will be appalled. 33 I will scatter you among the nations and will draw out my sword and pursue you. Your land will be laid waste, and your cities will lie in ruins. 34 Then the land will enjoy its sabbath years all the time that it lies desolate and you are in the country of your enemies; then the land will rest and enjoy its sabbaths. 35 All the time that it lies desolate, the land will have the rest it did not have during the sabbaths you lived in it.
36 " 'As for those of you who are left, I will make their hearts so fearful in the lands of their enemies that the sound of a windblown leaf will put them to flight. They will run as though fleeing from the sword, and they will fall, even though no one is pursuing them. 37 They will stumble over one another as though fleeing from the sword, even though no one is pursuing them. So you will not be able to stand before your enemies. 38 You will perish among the nations; the land of your enemies will devour you. 39 Those of you who are left will waste away in the lands of their enemies because of their sins; also because of their fathers' sins they will waste away.
40 " 'But if they will confess their sins and the sins of their fathers—their treachery against me and their hostility toward me, 41 which made me hostile toward them so that I sent them into the land of their enemies—then when their uncircumcised hearts are humbled and they pay for their sin, 42 I will remember my covenant with Jacob and my covenant with Isaac and my covenant with Abraham, and I will remember the land. 43 For the land will be deserted by them and will enjoy its sabbaths while it lies desolate without them. They will pay for their sins because they rejected my laws and abhorred my decrees. 44 Yet in spite of this, when they are in the land of their enemies, I will not reject them or abhor them so as to destroy them completely, breaking my covenant with them. I am the LORD their God. 45 But for their sake I will remember the covenant with their ancestors whom I brought out of Egypt in the sight of the nations to be their God. I am the LORD.' "
46 These are the decrees, the laws and the regulations that the LORD established on Mount Sinai between himself and the Israelites through Moses.

Redeeming What Is the LORD's

27 The LORD said to Moses, 2 "Speak to the Israelites and say to them: 'If anyone makes a special vow to dedicate persons to the LORD by giving equivalent values, 3 set the value of a male between the ages of twenty and sixty at fifty shekels n of silver, according to the sanctuary shekel o; 4 and if it is a female, set her value at thirty shekels. p 5 If it is a person between the ages of five and twenty, set the value of a male at twenty shekels q and of a female at ten shekels. r 6 If

n3 That is, about 1 1/4 pounds (about 0.6 kilogram); also in verse 16　o3 That is, about 2/5 ounce (about 11.5 grams); also in verse 25　p4 That is, about 12 ounces (about 0.3 kilogram)　q5 That is, about 8 ounces (about 0.2 kilogram)　r5 That is, about 4 ounces (about 110 grams); also in verse 7

6 Y si fuere de un mes hasta cinco años, entonces estimarás al varón en cinco siclos de plata, y a la mujer en tres siclos de plata.

7 Mas si fuere de sesenta años o más, al varón lo estimarás en quince siclos, y a la mujer en diez siclos.

8 Pero si fuere muy pobre para pagar tu estimación, entonces será llevado ante el sacerdote, quien fijará el precio; conforme a la posibilidad del que hizo el voto, le fijará precio el sacerdote.

9 Y si fuere animal de los que se ofrece ofrenda a Jehová, todo lo que de los tales se diere a Jehová será santo.

10 No será cambiado ni trocado, bueno por malo, ni malo por bueno; y si se permutare un animal por otro, él y el dado en cambio de él serán sagrados.

11 Si fuere algún animal inmundo, de que no se ofrece ofrenda a Jehová, entonces el animal será puesto delante del sacerdote,

12 y el sacerdote lo valorará, sea bueno o sea malo; conforme a la estimación del sacerdote, así será.

13 Y si lo quisiere rescatar, añadirá sobre tu valuación la quinta parte.

14 Cuando alguno dedicare su casa consagrándola a Jehová, la valorará el sacerdote, sea buena o sea mala; según la valorare el sacerdote, así quedará.

15 Mas si el que dedicó su casa deseare rescatarla, añadirá a tu valuación la quinta parte del valor de ella, y será suya.

16 Si alguno dedicare de la tierra de su posesión a Jehová, tu estimación será conforme a su siembra; un homer de siembra de cebada se valorará en cincuenta siclos de plata.

17 Y si dedicare su tierra desde el año del jubileo, conforme a tu estimación quedará.

18 Mas si después del jubileo dedicare su tierra, entonces el sacerdote hará la cuenta del dinero conforme a los años que quedaren hasta el año del jubileo, y se rebajará de tu estimación.

19 Y si el que dedicó la tierra quisiere redimirla, añadirá a tu estimación la quinta parte del precio de ella, y se le quedará para él.

20 Mas si él no rescatare la tierra, y la tierra se vendiere a otro, no la rescatará más;

21 sino que cuando saliere en el jubileo, la tierra será santa para Jehová, como tierra consagrada; la posesión de ella será del sacerdote.

22 Y si dedicare alguno a Jehová la tierra que él compró, que no era de la tierra de su herencia,

23 entonces el sacerdote calculará con él la suma de tu estimación hasta el año del jubileo, y aquel día dará tu precio señalado, cosa consagrada a Jehová.

24 En el año del jubileo, volverá la tierra a aquél de quien él la compró, cuya es la herencia de la tierra.

25 Y todo lo que valorares será conforme al siclo del santuario; el siclo tiene veinte geras.

26 Pero el primogénito de los animales, que por la primogenitura es de Jehová, nadie lo dedicará; sea buey u oveja, de Jehová es.

27 Mas si fuere de los animales inmundos, lo rescatarán conforme a tu estimación, y añadirán sobre ella la quinta parte de su precio; y si no lo rescataren, se venderá conforme a tu estimación.

28 Pero no se venderá ni se rescatará ninguna cosa consagrada, que alguno hubiere dedicado a Jehová; de todo lo que tuviere, de hombres y animales, y de las tierras de su posesión, todo lo consagrado será cosa santísima para Jehová.

it is a person between one month and five years, set the value of a male at five shekels s of silver and that of a female at three shekels t of silver. 7 If it is a person sixty years old or more, set the value of a male at fifteen shekels u and of a female at ten shekels. 8 If anyone making the vow is too poor to pay the specified amount, he is to present the person to the priest, who will set the value for him according to what the man making the vow can afford.

9 " 'If what he vowed is an animal that is acceptable as an offering to the LORD, such an animal given to the LORD becomes holy. 10 He must not exchange it or substitute a good one for a bad one, or a bad one for a good one; if he should substitute one animal for another, both it and the substitute become holy. 11 If what he vowed is a ceremonially unclean animal—one that is not acceptable as an offering to the LORD—the animal must be presented to the priest, 12 who will judge its quality as good or bad. Whatever value the priest then sets, that is what it will be. 13 If the owner wishes to redeem the animal, he must add a fifth to its value.

14 " 'If a man dedicates his house as something holy to the LORD, the priest will judge its quality as good or bad. Whatever value the priest then sets, so it will remain. 15 If the man who dedicates his house redeems it, he must add a fifth to its value, and the house will again become his.

16 " 'If a man dedicates to the LORD part of his family land, its value is to be set according to the amount of seed required for it—fifty shekels of silver to a homer v of barley seed. 17 If he dedicates his field during the Year of Jubilee, the value that has been set remains. 18 But if he dedicates his field after the Jubilee, the priest will determine the value according to the number of years that remain until the next Year of Jubilee, and its set value will be reduced. 19 If the man who dedicates the field wishes to redeem it, he must add a fifth to its value, and the field will again become his. 20 If, however, he does not redeem the field, or if he has sold it to someone else, it can never be redeemed. 21 When the field is released in the Jubilee, it will become holy, like a field devoted to the LORD; it will become the property of the priests. w

22 " 'If a man dedicates to the LORD a field he has bought, which is not part of his family land, 23 the priest will determine its value up to the Year of Jubilee, and the man must pay its value on that day as something holy to the LORD. 24 In the Year of Jubilee the field will revert to the person from whom he bought it, the one whose land it was. 25 Every value is to be set according to the sanctuary shekel, twenty gerahs to the shekel.

26 " 'No one, however, may dedicate the firstborn of an animal, since the firstborn already belongs to the LORD; whether an ox x or a sheep, it is the LORD's. 27 If it is one of the unclean animals, he may buy it back at its set value, adding a fifth of the value to it. If he does not redeem it, it is to be sold at its set value.

28 " 'But nothing that a man owns and devotes y to the LORD—whether man or animal or family land—may be sold or redeemed; everything so devoted is most holy to the LORD.

---

s 6 That is, about 2 ounces (about 55 grams)   t 6 That is, about 1 1/4 ounces (about 35 grams)   u 7 That is, about 6 ounces (about 170 grams)   v 16 That is, probably about 6 bushels (about 220 liters)   w 21 Or priest   x 26 The Hebrew word can include both male and female.   y 28 The Hebrew term refers to the irrevocable giving over of things or persons to the LORD.

²⁹ Ninguna persona separada como anatema podrá ser rescatada; indefectiblemente ha de ser muerta.

³⁰ Y el diezmo de la tierra, así de la simiente de la tierra como del fruto de los árboles, de Jehová es; es cosa dedicada a Jehová.

³¹ Y si alguno quisiere rescatar algo del diezmo, añadirá la quinta parte de su precio por ello.

³² Y todo diezmo de vacas o de ovejas, de todo lo que pasa bajo la vara, el diezmo será consagrado a Jehová.

³³ No mirará si es bueno o malo, ni lo cambiará; y si lo cambiare, tanto él como el que se dio en cambio serán cosas sagradas; no podrán ser rescatados.

³⁴ Estos son los mandamientos que ordenó Jehová a Moisés para los hijos de Israel, en el monte de Sinaí.

²⁹ "'No person devoted to destruction^z may be ransomed; he must be put to death.

³⁰ "'A tithe of everything from the land, whether grain from the soil or fruit from the trees, belongs to the LORD; it is holy to the LORD. ³¹If a man redeems any of his tithe, he must add a fifth of the value to it. ³²The entire tithe of the herd and flock—every tenth animal that passes under the shepherd's rod—will be holy to the LORD. ³³He must not pick out the good from the bad or make any substitution. If he does make a substitution, both the animal and its substitute become holy and cannot be redeemed.'"

³⁴These are the commands the LORD gave Moses on Mount Sinai for the Israelites.

^z29 The Hebrew term refers to the irrevocable giving over of things or persons to the LORD, often by totally destroying them.

LIBRO CUARTO DE MOISÉS
NÚMEROS

Censo de Israel en Sinaí

1 ¹ Habló Jehová a Moisés en el desierto de Sinaí, en el tabernáculo de reunión, en el día primero del mes segundo, en el segundo año de su salida de la tierra de Egipto, diciendo:

² Tomad el censo de toda la congregación de los hijos de Israel por sus familias, por las casas de sus padres, con la cuenta de los nombres, todos los varones por sus cabezas.

³ De veinte años arriba, todos los que pueden salir a la guerra en Israel, los contaréis tú y Aarón por sus ejércitos.

⁴ Y estará con vosotros un varón de cada tribu, cada uno jefe de la casa de sus padres.

⁵ Estos son los nombres de los varones que estarán con vosotros: De la tribu de Rubén, Elisur hijo de Sedeur.

⁶ De Simeón, Selumiel hijo de Zurisadai.

⁷ De Judá, Naasón hijo de Aminadab.

⁸ De Isacar, Natanael hijo de Zuar.

⁹ De Zabulón, Eliab hijo de Helón.

¹⁰ De los hijos de José: de Efraín, Elisama hijo de Amiud; de Manasés, Gamaliel hijo de Pedasur.

¹¹ De Benjamín, Abidán hijo de Gedeoni.

¹² De Dan, Ahiezer hijo de Amisadai.

¹³ De Aser, Pagiel hijo de Ocrán.

¹⁴ De Gad, Eliasaf hijo de Deuel.

¹⁵ De Neftalí, Ahira hijo de Enán.

¹⁶ Estos eran los nombrados de entre la congregación, príncipes de las tribus de sus padres, capitanes de los millares de Israel.

¹⁷ Tomaron, pues, Moisés y Aarón a estos varones que fueron designados por sus nombres,

¹⁸ y reunieron a toda la congregación en el día primero del mes segundo, y fueron agrupados por familias, según las casas de sus padres, conforme a la cuenta de los nombres por cabeza, de veinte años arriba.

¹⁹ Como Jehová lo había mandado a Moisés, los contó en el desierto de Sinaí.

²⁰ De los hijos de Rubén, primogénito de Israel, por su descendencia, por sus familias, según las casas de sus padres, conforme a la cuenta de los nombres por cabeza, todos los varones de veinte años arriba, todos los que podían salir a la guerra;

²¹ los contados de la tribu de Rubén fueron cuarenta y seis mil quinientos.

²² De los hijos de Simeón, por su descendencia, por sus familias, según las casas de sus padres, fueron contados conforme a la cuenta de los nombres por cabeza, todos los varones de veinte años arriba, todos los que podían salir a la guerra;

²³ los contados de la tribu de Simeón fueron cincuenta y nueve mil trescientos.

²⁴ De los hijos de Gad, por su descendencia, por sus familias, según las casas de sus padres, conforme a la cuenta de los nombres, de veinte años arriba, todos los que podían salir a la guerra;

²⁵ los contados de la tribu de Gad fueron cuarenta y cinco mil seiscientos cincuenta.

²⁶ De los hijos de Judá, por su descendencia, por sus familias, según las casas de sus padres, conforme a la cuenta de los nombres, de veinte años arriba, todos los que podían salir a la guerra;

NUMBERS

The Census

1 The LORD spoke to Moses in the Tent of Meeting in the Desert of Sinai on the first day of the second month of the second year after the Israelites came out of Egypt. He said: ²"Take a census of the whole Israelite community by their clans and families, listing every man by name, one by one. ³You and Aaron are to number by their divisions all the men in Israel twenty years old or more who are able to serve in the army. ⁴One man from each tribe, each the head of his family, is to help you. ⁵These are the names of the men who are to assist you:

from Reuben, Elizur son of Shedeur;
⁶from Simeon, Shelumiel son of Zurishaddai;
⁷from Judah, Nahshon son of Amminadab;
⁸from Issachar, Nethanel son of Zuar;
⁹from Zebulun, Eliab son of Helon;
¹⁰from the sons of Joseph:
from Ephraim, Elishama son of Ammihud;
from Manasseh, Gamaliel son of Pedahzur;
¹¹from Benjamin, Abidan son of Gideoni;
¹²from Dan, Ahiezer son of Ammishaddai;
¹³from Asher, Pagiel son of Ocran;
¹⁴from Gad, Eliasaph son of Deuel;
¹⁵from Naphtali, Ahira son of Enan."

¹⁶These were the men appointed from the community, the leaders of their ancestral tribes. They were the heads of the clans of Israel.

¹⁷Moses and Aaron took these men whose names had been given, ¹⁸and they called the whole community together on the first day of the second month. The people indicated their ancestry by their clans and families, and the men twenty years old or more were listed by name, one by one, ¹⁹as the LORD commanded Moses. And so he counted them in the Desert of Sinai:

²⁰From the descendants of Reuben the firstborn son of Israel:

All the men twenty years old or more who were able to serve in the army were listed by name, one by one, according to the records of their clans and families. ²¹The number from the tribe of Reuben was 46,500.

²²From the descendants of Simeon:

All the men twenty years old or more who were able to serve in the army were counted and listed by name, one by one, according to the records of their clans and families. ²³The number from the tribe of Simeon was 59,300.

²⁴From the descendants of Gad:

All the men twenty years old or more who were able to serve in the army were listed by name, according to the records of their clans and families. ²⁵The number from the tribe of Gad was 45,650.

²⁶From the descendants of Judah:

All the men twenty years old or more who were able to serve in the army were listed by name, according to the records of their clans

27 los contados de la tribu de Judá fueron setenta y cuatro mil seiscientos.

28 De los hijos de Isacar, por su descendencia, por sus familias, según las casas de sus padres, conforme a la cuenta de los nombres, de veinte años arriba, todos los que podían salir a la guerra;

29 los contados de la tribu de Isacar fueron cincuenta y cuatro mil cuatrocientos.

30 De los hijos de Zabulón, por su descendencia, por sus familias, según las casas de sus padres, conforme a la cuenta de sus nombres, de veinte años arriba, todos los que podían salir a la guerra;

31 los contados de la tribu de Zabulón fueron cincuenta y siete mil cuatrocientos.

32 De los hijos de José; de los hijos de Efraín, por su descendencia, por sus familias, según las casas de sus padres, conforme a la cuenta de los nombres, de veinte años arriba, todos los que podían salir a la guerra;

33 los contados de la tribu de Efraín fueron cuarenta mil quinientos.

34 Y de los hijos de Manasés, por su descendencia, por sus familias, según las casas de sus padres, conforme a la cuenta de los nombres, de veinte años arriba, todos los que podían salir a la guerra;

35 los contados de la tribu de Manasés fueron treinta y dos mil doscientos.

36 De los hijos de Benjamín, por su descendencia, por sus familias, según las casas de sus padres, conforme a la cuenta de los nombres, de veinte años arriba, todos los que podían salir a la guerra;

37 los contados de la tribu de Benjamín fueron treinta y cinco mil cuatrocientos.

38 De los hijos de Dan, por su descendencia, por sus familias, según las casas de sus padres, conforme a la cuenta de los nombres, de veinte años arriba, todos los que podían salir a la guerra;

39 los contados de la tribu de Dan fueron sesenta y dos mil setecientos.

40 De los hijos de Aser, por su descendencia, por sus familias, según las casas de sus padres, conforme a la cuenta de los nombres, de veinte años arriba, todos los que podían salir a la guerra;

41 los contados de la tribu de Aser fueron cuarenta y un mil quinientos.

42 De los hijos de Neftalí, por su descendencia, por sus familias, según las casas de sus padres, conforme a la cuenta de los nombres, de veinte años arriba, todos los que podían salir a la guerra;

43 los contados de la tribu de Neftalí fueron cincuenta y tres mil cuatrocientos.

44 Estos fueron los contados, los cuales contaron Moisés y Aarón, con los príncipes de Israel, doce varones, uno por cada casa de sus padres.

45 Y todos los contados de los hijos de Israel por las casas de sus padres, de veinte años arriba, todos los que podían salir a la guerra en Israel,

46 fueron todos los contados seiscientos tres mil quinientos cincuenta.

Nombramiento de los levitas

47 Pero los levitas, según la tribu de sus padres, no fueron contados entre ellos;

48 porque habló Jehová a Moisés, diciendo:

49 Solamente no contarás la tribu de Leví, ni tomarás la cuenta de ellos entre los hijos de Israel,

and families. 27 The number from the tribe of Judah was 74,600.

28 From the descendants of Issachar:
All the men twenty years old or more who were able to serve in the army were listed by name, according to the records of their clans and families. 29 The number from the tribe of Issachar was 54,400.

30 From the descendants of Zebulun:
All the men twenty years old or more who were able to serve in the army were listed by name, according to the records of their clans and families. 31 The number from the tribe of Zebulun was 57,400.

32 From the sons of Joseph:
From the descendants of Ephraim:
All the men twenty years old or more who were able to serve in the army were listed by name, according to the records of their clans and families. 33 The number from the tribe of Ephraim was 40,500.

34 From the descendants of Manasseh:
All the men twenty years old or more who were able to serve in the army were listed by name, according to the records of their clans and families. 35 The number from the tribe of Manasseh was 32,200.

36 From the descendants of Benjamin:
All the men twenty years old or more who were able to serve in the army were listed by name, according to the records of their clans and families. 37 The number from the tribe of Benjamin was 35,400.

38 From the descendants of Dan:
All the men twenty years old or more who were able to serve in the army were listed by name, according to the records of their clans and families. 39 The number from the tribe of Dan was 62,700.

40 From the descendants of Asher:
All the men twenty years old or more who were able to serve in the army were listed by name, according to the records of their clans and families. 41 The number from the tribe of Asher was 41,500.

42 From the descendants of Naphtali:
All the men twenty years old or more who were able to serve in the army were listed by name, according to the records of their clans and families. 43 The number from the tribe of Naphtali was 53,400.

44 These were the men counted by Moses and Aaron and the twelve leaders of Israel, each one representing his family. 45 All the Israelites twenty years old or more who were able to serve in Israel's army were counted according to their families. 46 The total number was 603,550.

47 The families of the tribe of Levi, however, were not counted along with the others. 48 The LORD had said to Moses: 49 "You must not count the tribe of Levi or include them in the census of the other Israelites.

50 sino que pondrás a los levitas en el tabernáculo del testimonio, y sobre todos sus utensilios, y sobre todas las cosas que le pertenecen; ellos llevarán el tabernáculo y todos sus enseres, y ellos servirán en él, y acamparán alrededor del tabernáculo.

51 Y cuando el tabernáculo haya de trasladarse, los levitas lo desarmarán, y cuando el tabernáculo haya de detenerse, los levitas lo armarán; y el extraño que se acercare morirá.

52 Los hijos de Israel acamparán cada uno en su campamento, y cada uno junto a su bandera, por sus ejércitos;

53 pero los levitas acamparán alrededor del tabernáculo del testimonio, para que no haya ira sobre la congregación de los hijos de Israel; y los levitas tendrán la guarda del tabernáculo del testimonio.

54 E hicieron los hijos de Israel conforme a todas las cosas que mandó Jehová a Moisés; así lo hicieron.

Campamentos y jefes de las tribus

2 ¹ Habló Jehová a Moisés y a Aarón, diciendo: ² Los hijos de Israel acamparán cada uno junto a su bandera, bajo las enseñas de las casas de sus padres; alrededor del tabernáculo de reunión acamparán.

³ Estos acamparán al oriente, al este: la bandera del campamento de Judá, por sus ejércitos; y el jefe de los hijos de Judá, Naasón hijo de Aminadab. ⁴ Su cuerpo de ejército, con sus contados, setenta y cuatro mil seiscientos.

⁵ Junto a él acamparán los de la tribu de Isacar; y el jefe de los hijos de Isacar, Natanael hijo de Zuar. ⁶ Su cuerpo de ejército, con sus contados, cincuenta y cuatro mil cuatrocientos.

⁷ Y la tribu de Zabulón; y el jefe de los hijos de Zabulón, Eliab hijo de Helón. ⁸ Su cuerpo de ejército, con sus contados, cincuenta y siete mil cuatrocientos.

⁹ Todos los contados en el campamento de Judá, ciento ochenta y seis mil cuatrocientos, por sus ejércitos, marcharán delante.

10 La bandera del campamento de Rubén estará al sur, por sus ejércitos; y el jefe de los hijos de Rubén, Elisur hijo de Sedeur. 11 Su cuerpo de ejército, con sus contados, cuarenta y seis mil quinientos.

12 Acamparán junto a él los de la tribu de Simeón; y el jefe de los hijos de Simeón, Selumiel hijo de Zurisadai. 13 Su cuerpo de ejército, con sus contados, cincuenta y nueve mil trescientos.

14 Y la tribu de Gad; y el jefe de los hijos de Gad, Eliasaf hijo de Reuel. 15 Su cuerpo de ejército, con sus contados, cuarenta y cinco mil seiscientos cincuenta.

16 Todos los contados en el campamento de Rubén, ciento cincuenta y un mil cuatrocientos cincuenta, por sus ejércitos, marcharán los segundos.

17 Luego irá el tabernáculo de reunión, con el campamento de los levitas, en medio de los campamentos en el orden en que acampan; así marchará cada uno junto a su bandera.

18 La bandera del campamento de Efraín por sus ejércitos, al occidente; y el jefe de los hijos de Efraín, Elisama hijo de Amiud. 19 Su cuerpo de ejército, con sus contados, cuarenta mil quinientos.

20 Junto a él estará la tribu de Manasés; y el jefe de los hijos de Manasés, Gamaliel hijo de Pedasur. 21 Su cuerpo de ejército, con sus contados, treinta y dos mil doscientos.

50 Instead, appoint the Levites to be in charge of the tabernacle of the Testimony—over all its furnishings and everything belonging to it. They are to carry the tabernacle and all its furnishings; they are to take care of it and encamp around it. 51 Whenever the tabernacle is to move, the Levites are to take it down, and whenever the tabernacle is to be set up, the Levites shall do it. Anyone else who goes near it shall be put to death. 52 The Israelites are to set up their tents by divisions, each man in his own camp under his own standard. 53 The Levites, however, are to set up their tents around the tabernacle of the Testimony so that wrath will not fall on the Israelite community. The Levites are to be responsible for the care of the tabernacle of the Testimony."

54 The Israelites did all this just as the LORD commanded Moses.

The Arrangement of the Tribal Camps

2 The LORD said to Moses and Aaron: 2"The Israelites are to camp around the Tent of Meeting some distance from it, each man under his standard with the banners of his family."

3 On the east, toward the sunrise, the divisions of the camp of Judah are to encamp under their standard. The leader of the people of Judah is Nahshon son of Amminadab. 4 His division numbers 74,600.

5 The tribe of Issachar will camp next to them. The leader of the people of Issachar is Nethanel son of Zuar. 6 His division numbers 54,400.

7 The tribe of Zebulun will be next. The leader of the people of Zebulun is Eliab son of Helon. 8 His division numbers 57,400.

9 All the men assigned to the camp of Judah, according to their divisions, number 186,400. They will set out first.

10 On the south will be the divisions of the camp of Reuben under their standard. The leader of the people of Reuben is Elizur son of Shedeur. 11 His division numbers 46,500.

12 The tribe of Simeon will camp next to them. The leader of the people of Simeon is Shelumiel son of Zurishaddai. 13 His division numbers 59,300.

14 The tribe of Gad will be next. The leader of the people of Gad is Eliasaph son of Deuel.ᵃ 15 His division numbers 45,650.

16 All the men assigned to the camp of Reuben, according to their divisions, number 151,450. They will set out second.

17 Then the Tent of Meeting and the camp of the Levites will set out in the middle of the camps. They will set out in the same order as they encamp, each in his own place under his standard.

18 On the west will be the divisions of the camp of Ephraim under their standard. The leader of the people of Ephraim is Elishama son of Ammihud. 19 His division numbers 40,500.

20 The tribe of Manasseh will be next to them. The leader of the people of Manasseh is Gamaliel son of Pedahzur. 21 His division numbers 32,200.

ᵃ 14 Many manuscripts of the Masoretic Text, Samaritan Pentateuch and Vulgate (see also Num. 1:14); most manuscripts of the Masoretic Text *Reuel*

22 Y la tribu de Benjamín; y el jefe de los hijos de Benjamín, Abidán hijo de Gedeoni.
23 Y su cuerpo de ejército, con sus contados, treinta y cinco mil cuatrocientos.
24 Todos los contados en el campamento de Efraín, ciento ocho mil cien, por sus ejércitos, irán los terceros.
25 La bandera del campamento de Dan estará al norte, por sus ejércitos; y el jefe de los hijos de Dan, Ahiezer hijo de Amisadai.
26 Su cuerpo de ejército, con sus contados, sesenta y dos mil setecientos.
27 Junto a él acamparán los de la tribu de Aser; y el jefe de los hijos de Aser, Pagiel hijo de Ocrán.
28 Su cuerpo de ejército, con sus contados, cuarenta y un mil quinientos.
29 Y la tribu de Neftalí; y el jefe de los hijos de Neftalí, Ahira hijo de Enán.
30 Su cuerpo de ejército, con sus contados, cincuenta y tres mil cuatrocientos.
31 Todos los contados en el campamento de Dan, ciento cincuenta y siete mil seiscientos, irán los últimos tras sus banderas.
32 Estos son los contados de los hijos de Israel, según las casas de sus padres; todos los contados por campamentos, por sus ejércitos, seiscientos tres mil quinientos cincuenta.
33 Mas los levitas no fueron contados entre los hijos de Israel, como Jehová lo mandó a Moisés.
34 E hicieron los hijos de Israel conforme a todas las cosas que Jehová mandó a Moisés; así acamparon por sus banderas, y así marcharon cada uno por sus familias, según las casas de sus padres.

Censo y deberes de los levitas

3 ¹ Estos son los descendientes de Aarón y de Moisés, en el día en que Jehová habló a Moisés en el monte de Sinaí.
² Y estos son los nombres de los hijos de Aarón: Nadab el primogénito, Abiú, Eleazar e Itamar.
³ Estos son los nombres de los hijos de Aarón, sacerdotes ungidos, a los cuales consagró para ejercer el sacerdocio.
⁴ Pero Nadab y Abiú murieron delante de Jehová cuando ofrecieron fuego extraño delante de Jehova en el desierto de Sinaí; y no tuvieron hijos; y Eleazar e Itamar ejercieron el sacerdocio delante de Aarón su padre.
⁵ Jehová habló a Moisés, diciendo:
⁶ Haz que se acerque la tribu de Leví, y hazla estar delante del sacerdote Aarón, para que le sirvan,
⁷ y desempeñen el encargo de él, y el encargo de toda la congregación delante del tabernáculo de reunión para servir en el ministerio del tabernáculo;
⁸ y guarden todos los utensilios del tabernáculo de reunión, y todo lo encargado a ellos por los hijos de Israel, y ministren en el servicio del tabernáculo.
⁹ Y darás los levitas a Aarón y a sus hijos; le son enteramente dados de entre los hijos de Israel.
¹⁰ Y constituirás a Aarón y a sus hijos para que ejerzan su sacerdocio; y el extraño que se acercare, morirá.
¹¹ Habló además Jehová a Moisés, diciendo:
¹² He aquí, yo he tomado a los levitas de entre los hijos de Israel en lugar de todos los primogénitos, los primeros nacidos entre los hijos de Israel; serán, pues, míos los levitas.
¹³ Porque mío es todo primogénito; desde el día en que yo hice morir a todos los primogénitos en la tierra de Egipto, santifiqué para mí a todos los primogénitos en Israel, así de hombres como de animales; míos serán. Yo Jehová.
¹⁴ Y Jehová habló a Moisés en el desierto de Sinaí, diciendo:

22 The tribe of Benjamin will be next. The leader of the people of Benjamin is Abidan son of Gideoni. 23 His division numbers 35,400.

24 All the men assigned to the camp of Ephraim, according to their divisions, number 108,100. They will set out third.

25 On the north will be the divisions of the camp of Dan, under their standard. The leader of the people of Dan is Ahiezer son of Ammishaddai. 26 His division numbers 62,700.
27 The tribe of Asher will camp next to them. The leader of the people of Asher is Pagiel son of Ocran. 28 His division numbers 41,500.
29 The tribe of Naphtali will be next. The leader of the people of Naphtali is Ahira son of Enan. 30 His division numbers 53,400.
31 All the men assigned to the camp of Dan number 157,600. They will set out last, under their standards.

32 These are the Israelites, counted according to their families. All those in the camps, by their divisions, number 603,550. 33 The Levites, however, were not counted along with the other Israelites, as the LORD commanded Moses.

34 So the Israelites did everything the LORD commanded Moses; that is the way they encamped under their standards, and that is the way they set out, each with his clan and family.

The Levites

3 This is the account of the family of Aaron and Moses at the time the LORD talked with Moses on Mount Sinai.
2 The names of the sons of Aaron were Nadab the firstborn and Abihu, Eleazar and Ithamar. 3 Those were the names of Aaron's sons, the anointed priests, who were ordained to serve as priests. 4 Nadab and Abihu, however, fell dead before the LORD when they made an offering with unauthorized fire before him in the Desert of Sinai. They had no sons; so only Eleazar and Ithamar served as priests during the lifetime of their father Aaron.
5 The LORD said to Moses, 6 "Bring the tribe of Levi and present them to Aaron the priest to assist him. 7 They are to perform duties for him and for the whole community at the Tent of Meeting by doing the work of the tabernacle. 8 They are to take care of all the furnishings of the Tent of Meeting, fulfilling the obligations of the Israelites by doing the work of the tabernacle. 9 Give the Levites to Aaron and his sons; they are the Israelites who are to be given wholly to him. b 10 Appoint Aaron and his sons to serve as priests; anyone else who approaches the sanctuary must be put to death."

11 The LORD also said to Moses, 12 "I have taken the Levites from among the Israelites in place of the first male offspring of every Israelite woman. The Levites are mine, 13 for all the firstborn are mine. When I struck down all the firstborn in Egypt, I set apart for myself every firstborn in Israel, whether man or animal. They are to be mine. I am the LORD."

14 The LORD said to Moses in the Desert of Sinai,

b 9 Most manuscripts of the Masoretic Text; some manuscripts of the Masoretic Text, Samaritan Pentateuch and Septuagint (see also Num. 8:16) to me

15 Cuenta los hijos de Leví según las casas de sus padres, por sus familias; contarás todos los varones de un mes arriba.
16 Y Moisés los contó conforme a la palabra de Jehová, como le fue mandado.
17 Los hijos de Leví fueron estos por sus nombres: Gersón, Coat y Merari.
18 Y los nombres de los hijos de Gersón por sus familias son estos: Libni y Simei.
19 Los hijos de Coat por sus familias son: Amram, Izhar, Hebrón y Uziel.
20 Y los hijos de Merari por sus familias: Mahli y Musi. Estas son las familias de Leví, según las casas de sus padres.
21 De Gersón era la familia de Libni y la de Simei; estas son las familias de Gersón.
22 Los contados de ellos conforme a la cuenta de todos los varones de un mes arriba, los contados de ellos fueron siete mil quinientos.
23 Las familias de Gersón acamparán a espaldas del tabernáculo, al occidente;
24 y el jefe del linaje de los gersonitas, Eliasaf hijo de Lael.
25 A cargo de los hijos de Gersón, en el tabernáculo de reunión, estarán el tabernáculo, la tienda y su cubierta, la cortina de la puerta del tabernáculo de reunión,
26 las cortinas del atrio, y la cortina de la puerta del atrio, que está junto al tabernáculo y junto al altar alrededor; asimismo sus cuerdas para todo su servicio.
27 De Coat eran la familia de los amramitas, la familia de los izharitas, la familia de los hebronitas y la familia de los uzielitas; estas son las familias coatitas.
28 El número de todos los varones de un mes arriba era ocho mil seiscientos, que tenían la guarda del santuario.
29 Las familias de los hijos de Coat acamparán al lado del tabernáculo, al sur;
30 y el jefe del linaje de las familias de Coat, Elizafán hijo de Uziel.
31 A cargo de ellos estarán el arca, la mesa, el candelero, los altares, los utensilios del santuario con que ministran, y el velo con todo su servicio.
32 Y el principal de los jefes de los levitas será Eleazar hijo del sacerdote Aarón, jefe de los que tienen la guarda del santuario.
33 De Merari era la familia de los mahlitas y la familia de los musitas; estas son las familias de Merari.
34 Los contados de ellos conforme al número de todos los varones de un mes arriba fueron seis mil doscientos.
35 Y el jefe de la casa del linaje de Merari, Zuriel hijo de Abihail; acamparán al lado del tabernáculo, al norte.
36 A cargo de los hijos de Merari estará la custodia de las tablas del tabernáculo, sus barras, sus columnas, sus basas y todos sus enseres, con todo su servicio;
37 y las columnas alrededor del atrio, sus basas, sus estacas y sus cuerdas.
38 Los que acamparán delante del tabernáculo al oriente, delante del tabernáculo de reunión al este, serán Moisés y Aarón y sus hijos, teniendo la guarda del santuario en lugar de los hijos de Israel; y el extraño que se acercare, morirá.
39 Todos los contados de los levitas, que Moisés y Aarón conforme a la palabra de Jehová contaron por sus familias, todos los varones de un mes arriba, fueron veintidós mil.

15 "Count the Levites by their families and clans. Count every male a month old or more." 16 So Moses counted them, as he was commanded by the word of the LORD. 17 These were the names of the sons of Levi:
    Gershon, Kohath and Merari.
18 These were the names of the Gershonite clans:
    Libni and Shimei.
19 The Kohathite clans:
    Amram, Izhar, Hebron and Uzziel.
20 The Merarite clans:
    Mahli and Mushi.
These were the Levite clans, according to their families.

21 To Gershon belonged the clans of the Libnites and Shimeites; these were the Gershonite clans. 22 The number of all the males a month old or more who were counted was 7,500. 23 The Gershonite clans were to camp on the west, behind the tabernacle. 24 The leader of the families of the Gershonites was Eliasaph son of Lael. 25 At the Tent of Meeting the Gershonites were responsible for the care of the tabernacle and tent, its coverings, the curtain at the entrance to the Tent of Meeting, 26 the curtains of the courtyard, the curtain at the entrance to the courtyard surrounding the tabernacle and altar, and the ropes—and everything related to their use.

27 To Kohath belonged the clans of the Amramites, Izharites, Hebronites and Uzzielites; these were the Kohathite clans. 28 The number of all the males a month old or more was 8,600. c The Kohathites were responsible for the care of the sanctuary. 29 The Kohathite clans were to camp on the south side of the tabernacle. 30 The leader of the families of the Kohathite clans was Elizaphan son of Uzziel. 31 They were responsible for the care of the ark, the table, the lampstand, the altars, the articles of the sanctuary used in ministering, the curtain, and everything related to their use. 32 The chief leader of the Levites was Eleazar son of Aaron, the priest. He was appointed over those who were responsible for the care of the sanctuary.

33 To Merari belonged the clans of the Mahlites and the Mushites; these were the Merarite clans. 34 The number of all the males a month old or more who were counted was 6,200. 35 The leader of the families of the Merarite clans was Zuriel son of Abihail; they were to camp on the north side of the tabernacle. 36 The Merarites were appointed to take care of the frames of the tabernacle, its crossbars, posts, bases, all its equipment, and everything related to their use, 37 as well as the posts of the surrounding courtyard with their bases, tent pegs and ropes.

38 Moses and Aaron and his sons were to camp to the east of the tabernacle, toward the sunrise, in front of the Tent of Meeting. They were responsible for the care of the sanctuary on behalf of the Israelites. Anyone else who approached the sanctuary was to be put to death.

39 The total number of Levites counted at the LORD's command by Moses and Aaron according to their clans, including every male a month old or more, was 22,000.

---

c28 Hebrew; some Septuagint manuscripts 8,300

Rescate de los primogénitos

40 Y Jehová dijo a Moisés: Cuenta todos los primogénitos varones de los hijos de Israel de un mes arriba, y cuéntalos por sus nombres.

41 Y tomarás a los levitas para mí en lugar de todos los primogénitos de los hijos de Israel, y los animales de los levitas en lugar de todos los primogénitos de los animales de los hijos de Israel. Yo Jehová.

42 Contó Moisés, como Jehová le mandó, todos los primogénitos de los hijos de Israel.

43 Y todos los primogénitos varones, conforme al número de sus nombres, de un mes arriba, fueron veintidós mil doscientos setenta y tres.

44 Luego habló Jehová a Moisés, diciendo:

45 Toma los levitas en lugar de todos los primogénitos de los hijos de Israel, y los animales de los levitas en lugar de sus animales; y los levitas serán míos. Yo Jehová.

46 Y para el rescate de los doscientos setenta y tres de los primogénitos de los hijos de Israel, que exceden a los levitas,

47 tomarás cinco siclos por cabeza; conforme al siclo del santuario los tomarás. El siclo tiene veinte geras.

48 Y darás a Aarón y a sus hijos el dinero del rescate de los que exceden.

49 Tomó, pues, Moisés el dinero del rescate de los que excedían el número de los redimidos por los levitas,

50 y recibió de los primogénitos de los hijos de Israel, en dinero, mil trescientos sesenta y cinco siclos, conforme al siclo del santuario.

51 Y Moisés dio el dinero de los rescates a Aarón y a sus hijos, conforme a la palabra de Jehová, según lo que Jehová había mandado a Moisés.

Tareas de los levitas

4 1 Habló Jehová a Moisés y a Aarón, diciendo:

2 Toma la cuenta de los hijos de Coat de entre los hijos de Leví, por sus familias, según las casas de sus padres,

3 de edad de treinta años arriba hasta cincuenta años, todos los que entran en compañía para servir en el tabernáculo de reunión.

4 El oficio de los hijos de Coat en el tabernáculo de reunión, en el lugar santísimo, será este:

5 Cuando haya de mudarse el campamento, vendrán Aarón y sus hijos y desarmarán el velo de la tienda, y cubrirán con él el arca del testimonio;

6 y pondrán sobre ella la cubierta de pieles de tejones, y extenderán encima un paño todo de azul, y le pondrán sus varas.

7 Sobre la mesa de la proposición extenderán un paño azul, y pondrán sobre ella las escudillas, las cucharas, las copas y los tazones para libar; y el pan continuo estará sobre ella.

8 Y extenderán sobre ella un paño carmesí, y lo cubrirán con la cubierta de pieles de tejones; y le pondrán sus varas.

9 Tomarán un paño azul y cubrirán el candelero del alumbrado, sus lamparillas, sus despabiladeras, sus platillos, y todos sus utensilios del aceite con que se sirve;

10 y lo pondrán con todos sus utensilios en una cubierta de pieles de tejones, y lo colocarán sobre unas parihuelas.

11 Sobre el altar de oro extenderán un paño azul, y lo cubrirán con la cubierta de pieles de tejones, y le pondrán sus varas.

12 Y tomarán todos los utensilios del servicio de que hacen uso en el santuario, y los pondrán en un paño azul, y los cubrirán con una cubierta de pieles de tejones, y los colocarán sobre unas parihuelas.

---

40 The LORD said to Moses, "Count all the firstborn Israelite males who are a month old or more and make a list of their names. 41 Take the Levites for me in place of all the firstborn of the Israelites, and the livestock of the Levites in place of all the firstborn of the livestock of the Israelites. I am the LORD."

42 So Moses counted all the firstborn of the Israelites, as the LORD commanded him. 43 The total number of firstborn males a month old or more, listed by name, was 22,273.

44 The LORD also said to Moses, 45 "Take the Levites in place of all the firstborn of Israel, and the livestock of the Levites in place of their livestock. The Levites are to be mine. I am the LORD. 46 To redeem the 273 firstborn Israelites who exceed the number of the Levites, 47 collect five shekels d for each one, according to the sanctuary shekel, which weighs twenty gerahs. 48 Give the money for the redemption of the additional Israelites to Aaron and his sons."

49 So Moses collected the redemption money from those who exceeded the number redeemed by the Levites. 50 From the firstborn of the Israelites he collected silver weighing 1,365 shekels, e according to the sanctuary shekel. 51 Moses gave the redemption money to Aaron and his sons, as he was commanded by the word of the LORD.

The Kohathites

4 The LORD said to Moses and Aaron: 2 "Take a census of the Kohathite branch of the Levites by their clans and families. 3 Count all the men from thirty to fifty years of age who come to serve in the work in the Tent of Meeting.

4 "This is the work of the Kohathites in the Tent of Meeting: the care of the most holy things. 5 When the camp is to move, Aaron and his sons are to go in and take down the shielding curtain and cover the ark of the Testimony with it. 6 Then they are to cover this with hides of sea cows, f spread a cloth of solid blue over that and put the poles in place.

7 "Over the table of the Presence they are to spread a blue cloth and put on it the plates, dishes and bowls, and the jars for drink offerings; the bread that is continually there is to remain on it. 8 Over these they are to spread a scarlet cloth, cover that with hides of sea cows and put its poles in place.

9 "They are to take a blue cloth and cover the lampstand that is for light, together with its lamps, its wick trimmers and trays, and all its jars for the oil used to supply it. 10 Then they are to wrap it and all its accessories in a covering of hides of sea cows and put it on a carrying frame.

11 "Over the gold altar they are to spread a blue cloth and cover that with hides of sea cows and put its poles in place.

12 "They are to take all the articles used for ministering in the sanctuary, wrap them in a blue cloth, cover that with hides of sea cows and put them on a carrying frame.

---

d47 That is, about 2 ounces (about 55 grams)   e50 That is, about 35 pounds (about 15.5 kilograms)   f6 That is, dugongs; also in verses 8, 10, 11, 12, 14 and 25

13 Quitarán la ceniza del altar, y extenderán sobre él un paño de púrpura.

14 Y pondrán sobre él todos sus instrumentos de que se sirve: las paletas, los garfios, los braseros y los tazones, todos los utensilios del altar; y extenderán sobre él la cubierta de pieles de tejones, y le pondrán además las varas.

15 Y cuando acaben Aarón y sus hijos de cubrir el santuario y todos los utensilios del santuario, cuando haya de mudarse el campamento, vendrán después de ello los hijos de Coat para llevarlos; pero no tocarán cosa santa, no sea que mueran. Estas serán las cargas de los hijos de Coat en el tabernáculo de reunión.

16 Pero a cargo de Eleazar hijo del sacerdote Aarón estará el aceite del alumbrado, el incienso aromático, la ofrenda continua y el aceite de la unción; el cargo de todo el tabernáculo y de todo lo que está en él, del santuario y de sus utensilios.

17 Habló también Jehová a Moisés y a Aarón, diciendo:
18 No haréis que perezca la tribu de las familias de Coat de entre los levitas.
19 Para que cuando se acerquen al lugar santísimo vivan, y no mueran, haréis con ellos esto: Aarón y sus hijos vendrán y los pondrán a cada uno en su oficio y en su cargo.
20 No entrarán para ver cuando cubran las cosas santas, porque morirán.

21 Además habló Jehová a Moisés, diciendo:
22 Toma también el número de los hijos de Gersón según las casas de sus padres, por sus familias.
23 De edad de treinta años arriba hasta cincuenta años los contarás, todos los que entran en compañía para servir en el tabernáculo de reunión.
24 Este será el oficio de las familias de Gersón, para ministrar y para llevar:
25 Llevarán las cortinas del tabernáculo, el tabernáculo de reunión, su cubierta, la cubierta de pieles de tejones que está encima de él, la cortina de la puerta del tabernáculo de reunión,
26 las cortinas del atrio, la cortina de la puerta del atrio, que está cerca del tabernáculo y cerca del altar alrededor, sus cuerdas, y todos los instrumentos de su servicio y todo lo que será hecho para ellos; así servirán.
27 Según la orden de Aarón y de sus hijos será todo el ministerio de los hijos de Gersón en todos sus cargos, y en todo su servicio; y les encomendaréis en guarda todos sus cargos.
28 Este es el servicio de las familias de los hijos de Gersón en el tabernáculo de reunión; y el cargo de ellos estará bajo la dirección de Itamar hijo del sacerdote Aarón.

29 Contarás los hijos de Merari por sus familias, según las casas de sus padres.
30 Desde el de edad de treinta años arriba hasta el de cincuenta años los contarás; todos los que entran en compañía para servir en el tabernáculo de reunión.
31 Este será el deber de su cargo para todo su servicio en el tabernáculo de reunión: las tablas del tabernáculo, sus barras, sus columnas y sus basas,
32 las columnas del atrio alrededor y sus basas, sus estacas y sus cuerdas, con todos sus instrumentos y todo su servicio; y consignarás por sus nombres todos los utensilios que ellos tienen que transportar.
33 Este será el servicio de las familias de los hijos de Merari para todo su ministerio en el tabernáculo de reunión, bajo la dirección de Itamar hijo del sacerdote Aarón.

34 Moisés, pues, y Aarón, y los jefes de la congregación, contaron a los hijos de Coat por sus familias y según las casas de sus padres,

13 "They are to remove the ashes from the bronze altar and spread a purple cloth over it. 14 Then they are to place on it all the utensils used for ministering at the altar, including the firepans, meat forks, shovels and sprinkling bowls. Over it they are to spread a covering of hides of sea cows and put its poles in place.

15 "After Aaron and his sons have finished covering the holy furnishings and all the holy articles, and when the camp is ready to move, the Kohathites are to come to do the carrying. But they must not touch the holy things or they will die. The Kohathites are to carry those things that are in the Tent of Meeting.

16 "Eleazar son of Aaron, the priest, is to have charge of the oil for the light, the fragrant incense, the regular grain offering and the anointing oil. He is to be in charge of the entire tabernacle and everything in it, including its holy furnishings and articles."

17 The LORD said to Moses and Aaron, 18 "See that the Kohathite tribal clans are not cut off from the Levites. 19 So that they may live and not die when they come near the most holy things, do this for them: Aaron and his sons are to go into the sanctuary and assign to each man his work and what he is to carry. 20 But the Kohathites must not go in to look at the holy things, even for a moment, or they will die."

The Gershonites

21 The LORD said to Moses, 22 "Take a census also of the Gershonites by their families and clans. 23 Count all the men from thirty to fifty years of age who come to serve in the work at the Tent of Meeting.

24 "This is the service of the Gershonite clans as they work and carry burdens: 25 They are to carry the curtains of the tabernacle, the Tent of Meeting, its covering and the outer covering of hides of sea cows, the curtains for the entrance to the Tent of Meeting, 26 the curtains of the courtyard surrounding the tabernacle and altar, the curtain for the entrance, the ropes and all the equipment used in its service. The Gershonites are to do all that needs to be done with these things. 27 All their service, whether carrying or doing other work, is to be done under the direction of Aaron and his sons. You shall assign to them as their responsibility all they are to carry. 28 This is the service of the Gershonite clans at the Tent of Meeting. Their duties are to be under the direction of Ithamar son of Aaron, the priest.

The Merarites

29 "Count the Merarites by their clans and families. 30 Count all the men from thirty to fifty years of age who come to serve in the work at the Tent of Meeting. 31 This is their duty as they perform service at the Tent of Meeting: to carry the frames of the tabernacle, its crossbars, posts and bases, 32 as well as the posts of the surrounding courtyard with their bases, tent pegs, ropes, all their equipment and everything related to their use. Assign to each man the specific things he is to carry. 33 This is the service of the Merarite clans as they work at the Tent of Meeting under the direction of Ithamar son of Aaron, the priest."

The Numbering of the Levite Clans

34 Moses, Aaron and the leaders of the community counted the Kohathites by their clans and families.

35 desde el de edad de treinta años arriba hasta el de edad de cincuenta años; todos los que entran en compañía para ministrar en el tabernáculo de reunión.

36 Y fueron los contados de ellos por sus familias, dos mil setecientos cincuenta.

37 Estos fueron los contados de las familias de Coat, todos los que ministran en el tabernáculo de reunión, los cuales contaron Moisés y Aarón, como lo mandó Jehová por medio de Moisés.

38 Y los contados de los hijos de Gersón por sus familias, según las casas de sus padres,

39 desde el de edad de treinta años arriba hasta el de edad de cincuenta años, todos los que entran en compañía para ministrar en el tabernáculo de reunión;

40 los contados de ellos por sus familias, según las casas de sus padres, fueron dos mil seiscientos treinta.

41 Estos son los contados de las familias de los hijos de Gersón, todos los que ministran en el tabernáculo de reunión, los cuales contaron Moisés y Aarón por mandato de Jehová.

42 Y los contados de las familias de los hijos de Merari, por sus familias, según las casas de sus padres,

43 desde el de edad de treinta años arriba hasta el de edad de cincuenta años, todos los que entran en compañía para ministrar en el tabernáculo de reunión;

44 los contados de ellos, por sus familias, fueron tres mil doscientos.

45 Estos fueron los contados de las familias de los hijos de Merari, los cuales contaron Moisés y Aarón, según lo mandó Jehová por medio de Moisés.

46 Todos los contados de los levitas que Moisés y Aarón y los jefes de Israel contaron por sus familias, y según las casas de sus padres,

47 desde el de edad de treinta años arriba hasta el de edad de cincuenta años, todos los que entraban para ministrar en el servicio y tener cargo de obra en el tabernáculo de reunión,

48 los contados de ellos fueron ocho mil quinientos ochenta.

49 Como lo mandó Jehová por medio de Moisés fueron contados, cada uno según su oficio y según su cargo; los cuales contó él, como le fue mandado.

Todo inmundo es echado fuera del campamento

5 1 Jehová habló a Moisés, diciendo:
2 Manda a los hijos de Israel que echen del campamento a todo leproso, y a todos los que padecen flujo de semen, y a todo contaminado con muerto.

3 Así a hombres como a mujeres echaréis; fuera del campamento los echaréis, para que no contaminen el campamento de aquellos entre los cuales yo habito.

4 Y lo hicieron así los hijos de Israel, y los echaron fuera del campamento; como Jehová dijo a Moisés, así lo hicieron los hijos de Israel.

Ley sobre la restitución

5 Además habló Jehová a Moisés, diciendo:
6 Di a los hijos de Israel: El hombre o la mujer que cometiere alguno de todos los pecados con que los hombres prevarican contra Jehová y delinquen,
7 aquella persona confesará el pecado que cometió, y compensará enteramente el daño, y añadirá sobre ello la quinta parte, y lo dará a aquel contra quien pecó.

35 All the men from thirty to fifty years of age who came to serve in the work in the Tent of Meeting, 36 counted by clans, were 2,750. 37 This was the total of all those in the Kohathite clans who served in the Tent of Meeting. Moses and Aaron counted them according to the LORD's command through Moses.

38 The Gershonites were counted by their clans and families. 39 All the men from thirty to fifty years of age who came to serve in the work at the Tent of Meeting, 40 counted by their clans and families, were 2,630. 41 This was the total of those in the Gershonite clans who served at the Tent of Meeting. Moses and Aaron counted them according to the LORD's command.

42 The Merarites were counted by their clans and families. 43 All the men from thirty to fifty years of age who came to serve in the work at the Tent of Meeting, 44 counted by their clans, were 3,200. 45 This was the total of those in the Merarite clans. Moses and Aaron counted them according to the LORD's command through Moses.

46 So Moses, Aaron and the leaders of Israel counted all the Levites by their clans and families. 47 All the men from thirty to fifty years of age who came to do the work of serving and carrying the Tent of Meeting 48 numbered 8,580. 49 At the LORD's command through Moses, each was assigned his work and told what to carry.

Thus they were counted, as the LORD commanded Moses.

The Purity of the Camp

5 The LORD said to Moses, 2 "Command the Israelites to send away from the camp anyone who has an infectious skin disease *g* or a discharge of any kind, or who is ceremonially unclean because of a dead body. 3 Send away male and female alike; send them outside the camp so they will not defile their camp, where I dwell among them." 4 The Israelites did this; they sent them outside the camp. They did just as the LORD had instructed Moses.

Restitution for Wrongs

5 The LORD said to Moses, 6 "Say to the Israelites: 'When a man or woman wrongs another in any way *h* and so is unfaithful to the LORD, that person is guilty 7 and must confess the sin he has committed. He must make full restitution for his wrong, add one fifth to it and give it all to the person he has wronged. 8 But if

g 2 Traditionally leprosy; *the Hebrew word was used for various diseases affecting the skin—not necessarily leprosy.* *h 6 Or woman commits any wrong common to mankind*

⁸Y si aquel hombre no tuviere pariente al cual sea resarcido el daño, se dará la indemnización del agravio a Jehová entregándola al sacerdote, además del carnero de las expiaciones, con el cual hará expiación por él.

⁹Toda ofrenda de todas las cosas santas que los hijos de Israel presentaren al sacerdote, suya será.

¹⁰Y lo santificado de cualquiera será suyo; asimismo lo que cualquiera diere al sacerdote, suyo será.

Ley sobre los celos

¹¹También Jehová habló a Moisés, diciendo:

¹²Habla a los hijos de Israel y diles: Si la mujer de alguno se descarriare, y le fuere infiel,

¹³y alguno cohabitare con ella, y su marido no lo hubiese visto por haberse ella amancillado ocultamente, ni hubiere testigo contra ella, ni ella hubiere sido sorprendida en el acto;

¹⁴si viniere sobre él espíritu de celos, y tuviere celos de su mujer, habiéndose ella amancillado; o viniere sobre él espíritu de celos, y tuviere celos de su mujer, no habiéndose ella amancillado;

¹⁵entonces el marido traerá su mujer al sacerdote, y con ella traerá su ofrenda, la décima parte de un efa de harina de cebada; no echará sobre ella aceite, ni pondrá sobre ella incienso, porque es ofrenda de celos, ofrenda recordativa, que trae a la memoria el pecado.

¹⁶Y el sacerdote hará que ella se acerque y se ponga delante de Jehová.

¹⁷Luego tomará el sacerdote del agua santa en un vaso de barro; tomará también el sacerdote del polvo que hubiere en el suelo del tabernáculo, y lo echará en el agua.

¹⁸Y hará el sacerdote estar en pie a la mujer delante de Jehová, y descubrirá la cabeza de la mujer, y pondrá sobre sus manos la ofrenda recordativa, que es la ofrenda de celos; y el sacerdote tendrá en la mano las aguas amargas que acarrean maldición.

¹⁹Y el sacerdote la conjurará y le dirá: Si ninguno ha dormido contigo, y si no te has apartado de tu marido a inmundicia, libre seas de estas aguas amargas que traen maldición;

²⁰mas si te has descarriado de tu marido y te has amancillado, y ha cohabitado contigo alguno fuera de tu marido

²¹(el sacerdote conjurará a la mujer con juramento de maldición, y dirá a la mujer): Jehová te haga maldición y execración en medio de tu pueblo, haciendo Jehová que tu muslo caiga y que tu vientre se hinche;

²²y estas aguas que dan maldición entren en tus entrañas, y hagan hinchar tu vientre y caer tu muslo. Y la mujer dirá: Amén, amén.

²³El sacerdote escribirá estas maldiciones en un libro, y las borrará con las aguas amargas;

²⁴y dará a beber a la mujer las aguas amargas que traen maldición; y las aguas que obran maldición entrarán en ella para amargar.

²⁵Después el sacerdote tomará de la mano de la mujer la ofrenda de los celos, y la mecerá delante de Jehová, y la ofrecerá delante del altar.

²⁶Y tomará el sacerdote un puñado de la ofrenda en memoria de ella, y lo quemará sobre el altar, y después dará a beber las aguas a la mujer.

²⁷Le dará, pues, a beber las aguas; y si fuere inmunda y hubiere sido infiel a su marido, las aguas que obran maldición entrarán en ella para amargar, y su vientre se hinchará y caerá su muslo; y la mujer será maldición en medio de su pueblo.

²⁸Mas si la mujer no fuere inmunda, sino que estuviere limpia, ella será libre, y será fecunda.

that person has no close relative to whom restitution can be made for the wrong, the restitution belongs to the LORD and must be given to the priest, along with the ram with which atonement is made for him. ⁹All the sacred contributions the Israelites bring to a priest will belong to him. ¹⁰Each man's sacred gifts are his own, but what he gives to the priest will belong to the priest.'

The Test for an Unfaithful Wife

¹¹Then the LORD said to Moses, ¹²"Speak to the Israelites and say to them: 'If a man's wife goes astray and is unfaithful to him ¹³by sleeping with another man, and this is hidden from her husband and her impurity is undetected (since there is no witness against her and she has not been caught in the act), ¹⁴and if feelings of jealousy come over her husband and he suspects his wife and she is impure—or if he is jealous and suspects her even though she is not impure— ¹⁵then he is to take his wife to the priest. He must also take an offering of a tenth of an ephah i of barley flour on her behalf. He must not pour oil on it or put incense on it, because it is a grain offering for jealousy, a reminder offering to draw attention to guilt.

¹⁶" 'The priest shall bring her and have her stand before the LORD. ¹⁷Then he shall take some holy water in a clay jar and put some dust from the tabernacle floor into the water. ¹⁸After the priest has had the woman stand before the LORD, he shall loosen her hair and place in her hands the reminder offering, the grain offering for jealousy, while he himself holds the bitter water that brings a curse. ¹⁹Then the priest shall put the woman under oath and say to her, "If no other man has slept with you and you have not gone astray and become impure while married to your husband, may this bitter water that brings a curse not harm you. ²⁰But if you have gone astray while married to your husband and you have defiled yourself by sleeping with a man other than your husband"— ²¹here the priest is to put the woman under this curse of the oath— "may the LORD cause your people to curse and denounce you when he causes your thigh to waste away and your abdomen to swell. j ²²May this water that brings a curse enter your body so that your abdomen swells and your thigh wastes away. k"

" 'Then the woman is to say, "Amen. So be it."

²³" 'The priest is to write these curses on a scroll and then wash them off into the bitter water. ²⁴He shall have the woman drink the bitter water that brings a curse, and this water will enter her and cause bitter suffering. ²⁵The priest is to take from her hands the grain offering for jealousy, wave it before the LORD and bring it to the altar. ²⁶The priest is then to take a handful of the grain offering as a memorial offering and burn it on the altar; after that, he is to have the woman drink the water. ²⁷If she has defiled herself and been unfaithful to her husband, then when she is made to drink the water that brings a curse, it will go into her and cause bitter suffering; her abdomen will swell and her thigh waste away, l and she will become accursed among her people. ²⁸If, however, the woman has not defiled herself and is free from impurity, she will be cleared of guilt and will be able to have children.

---

i 15 That is, probably about 2 quarts (about 2 liters) j 21 Or *causes you to have a miscarrying womb and barrenness* k 22 Or *body and cause you to be barren and have a miscarrying womb* l 27 Or *suffering; she will have barrenness and a miscarrying womb*

29 Esta es la ley de los celos, cuando la mujer cometiere infidelidad contra su marido, y se amancillare;

30 o del marido sobre el cual pasare espíritu de celos, y tuviere celos de su mujer; la presentará entonces delante de Jehová, y el sacerdote ejecutará en ella toda esta ley.

31 El hombre será libre de iniquidad, y la mujer llevará su pecado.

El voto de los nazareos

6 1 Habló Jehová a Moisés, diciendo: 2 Habla a los hijos de Israel y diles: El hombre o la mujer que se apartare haciendo voto de nazareo, a para dedicarse a Jehová,

3 se abstendrá de vino y de sidra; no beberá vinagre de vino, ni vinagre de sidra, ni beberá ningún licor de uvas, ni tampoco comerá uvas frescas ni secas.

4 Todo el tiempo de su nazareato, de todo lo que se hace de la vid, desde los granillos hasta el hollejo, no comerá.

5 Todo el tiempo del voto de su nazareato no pasará navaja sobre su cabeza; hasta que sean cumplidos los días de su apartamiento a Jehová, será santo; dejará crecer su cabello.

6 Todo el tiempo que se aparte para Jehová, no se acercará a persona muerta.

7 Ni aun por su padre ni por su madre, ni por su hermano ni por su hermana, podrá contaminarse cuando mueran; porque la consagración de su Dios tiene sobre su cabeza.

8 Todo el tiempo de su nazareato, será santo para Jehová.

9 Si alguno muriere súbitamente junto a él, su cabeza consagrada será contaminada; por tanto, el día de su purificación raerá su cabeza; al séptimo día la raerá.

10 Y el día octavo traerá dos tórtolas o dos palominos al sacerdote, a la puerta del tabernáculo de reunión.

11 Y el sacerdote ofrecerá el uno en expiación, y el otro en holocausto; y hará expiación de lo que pecó a causa del muerto, y santificará su cabeza en aquel día.

12 Y consagrará para Jehová los días de su nazareato, y traerá un cordero de un año en expiación por la culpa; y los días primeros serán anulados, por cuanto fue contaminado su nazareato.

13 Esta es, pues, la ley del nazareo el día que se cumpliere el tiempo de su nazareato: Vendrá a la puerta del tabernáculo de reunión,

14 y ofrecerá su ofrenda a Jehová, un cordero de un año sin tacha en holocausto, y una cordera de un año sin defecto en expiación, y un carnero sin defecto por ofrenda de paz.

15 Además un canastillo de tortas sin levadura, de flor de harina amasadas con aceite, y hojaldres sin levadura untadas con aceite, y su ofrenda y sus libaciones.

16 Y el sacerdote lo ofrecerá delante de Jehová, y hará su expiación y su holocausto;

17 y ofrecerá el carnero en ofrenda de paz a Jehová, con el canastillo de los panes sin levadura; ofrecerá asimismo el sacerdote su ofrenda y sus libaciones.

18 Entonces el nazareo raerá a la puerta del tabernáculo de reunión su cabeza consagrada, y tomará los cabellos de su cabeza consagrada y los pondrá sobre el fuego que está debajo de la ofrenda de paz.

29 " 'This, then, is the law of jealousy when a woman goes astray and defiles herself while married to her husband, 30 or when feelings of jealousy come over a man because he suspects his wife. The priest is to have her stand before the LORD and is to apply this entire law to her. 31 The husband will be innocent of any wrongdoing, but the woman will bear the consequences of her sin.' "

The Nazirite

6 The LORD said to Moses, 2 "Speak to the Israelites and say to them: 'If a man or woman wants to make a special vow, a vow of separation to the LORD as a Nazirite, 3 he must abstain from wine and other fermented drink and must not drink vinegar made from wine or from other fermented drink. He must not drink grape juice or eat grapes or raisins. 4 As long as he is a Nazirite, he must not eat anything that comes from the grapevine, not even the seeds or skins.

5 " 'During the entire period of his vow of separation no razor may be used on his head. He must be holy until the period of his separation to the LORD is over; he must let the hair of his head grow long. 6 Throughout the period of his separation to the LORD he must not go near a dead body. 7 Even if his own father or mother or brother or sister dies, he must not make himself ceremonially unclean on account of them, because the symbol of his separation to God is on his head. 8 Throughout the period of his separation he is consecrated to the LORD.

9 " 'If someone dies suddenly in his presence, thus defiling the hair he has dedicated, he must shave his head on the day of his cleansing—the seventh day. 10 Then on the eighth day he must bring two doves or two young pigeons to the priest at the entrance to the Tent of Meeting. 11 The priest is to offer one as a sin offering and the other as a burnt offering to make atonement for him because he sinned by being in the presence of the dead body. That same day he is to consecrate his head. 12 He must dedicate himself to the LORD for the period of his separation and must bring a year-old male lamb as a guilt offering. The previous days do not count, because he became defiled during his separation.

13 " 'Now this is the law for the Nazirite when the period of his separation is over. He is to be brought to the entrance to the Tent of Meeting. 14 There he is to present his offerings to the LORD: a year-old male lamb without defect for a burnt offering, a year-old ewe lamb without defect for a sin offering, a ram without defect for a fellowship offering, m 15 together with their grain offerings and drink offerings, and a basket of bread made without yeast—cakes made of fine flour mixed with oil, and wafers spread with oil.

16 " 'The priest is to present them before the LORD and make the sin offering and the burnt offering. 17 He is to present the basket of unleavened bread and is to sacrifice the ram as a fellowship offering to the LORD, together with its grain offering and drink offering.

18 " 'Then at the entrance to the Tent of Meeting, the Nazirite must shave off the hair that he dedicated. He is to take the hair and put it in the fire that is under the sacrifice of the fellowship offering.

---

a Esto es, *separado*, o *consagrado*.

m 14 Traditionally *peace offering*; also in verses 17 and 18

19Después tomará el sacerdote la espaldilla cocida del carnero, una torta sin levadura del canastillo, y una hojaldre sin levadura, y las pondrá sobre las manos del nazareo, después que fuere raída su cabeza consagrada;
20y el sacerdote mecerá aquello como ofrenda mecida delante de Jehová, lo cual será cosa santa del sacerdote, además del pecho mecido y de la espaldilla separada; después el nazareo podrá beber vino.
21Esta es la ley del nazareo que hiciere voto de su ofrenda a Jehová por su nazareato, además de lo que sus recursos le permitieren; según el voto que hiciere, así hará, conforme a la ley de su nazareato.

La bendición sacerdotal

22Jehová habló a Moisés, diciendo:
23Habla a Aarón y a sus hijos y diles: Así bendeciréis a los hijos de Israel, diciéndoles:
24Jehová te bendiga, y te guarde;
25Jehová haga resplandecer su rostro sobre ti, y tenga de ti misericordia;
26Jehová alce sobre ti su rostro, y ponga en ti paz.
27Y pondrán mi nombre sobre los hijos de Israel, y yo los bendeciré.

Ofrendas para la dedicación del altar

7 1Aconteció que cuando Moisés hubo acabado de levantar el tabernáculo, y lo hubo ungido y santificado, con todos sus utensilios, y asimismo ungido y santificado el altar y todos sus utensilios,
2entonces los príncipes de Israel, los jefes de las casas de sus padres, los cuales eran los príncipes de las tribus, que estaban sobre los contados, ofrecieron;
3y trajeron sus ofrendas delante de Jehová, seis carros cubiertos y doce bueyes; por cada dos príncipes un carro, y cada uno un buey, y los ofrecieron delante del tabernáculo.
4Y Jehová habló a Moisés, diciendo:
5Tómalos de ellos, y serán para el servicio del tabernáculo de reunión; y los darás a los levitas, a cada uno conforme a su ministerio.
6Entonces Moisés recibió los carros y los bueyes, y los dio a los levitas.
7Dos carros y cuatro bueyes dio a los hijos de Gersón, conforme a su ministerio,
8y a los hijos de Merari dio cuatro carros y ocho bueyes, conforme a su ministerio bajo la mano de Itamar hijo del sacerdote Aarón.
9Pero a los hijos de Coat no les dio, porque llevaban sobre sí en los hombros el servicio del santuario.
10Y los príncipes trajeron ofrendas para la dedicación del altar el día en que fue ungido, ofreciendo los príncipes su ofrenda delante del altar.
11Y Jehová dijo a Moisés: Ofrecerán su ofrenda, un príncipe un día, y otro príncipe otro día, para la dedicación del altar.
12Y el que ofreció su ofrenda el primer día fue Naasón hijo de Aminadab, de la tribu de Judá.

19" 'After the Nazirite has shaved off the hair of his dedication, the priest is to place in his hands a boiled shoulder of the ram, and a cake and a wafer from the basket, both made without yeast. 20The priest shall then wave them before the LORD as a wave offering; they are holy and belong to the priest, together with the breast that was waved and the thigh that was presented. After that, the Nazirite may drink wine.
21" 'This is the law of the Nazirite who vows his offering to the LORD in accordance with his separation, in addition to whatever else he can afford. He must fulfill the vow he has made, according to the law of the Nazirite.' "

The Priestly Blessing

22The LORD said to Moses, 23"Tell Aaron and his sons, 'This is how you are to bless the Israelites. Say to them:
24" ' "The LORD bless you
　　and keep you;
25the LORD make his face shine upon you
　　and be gracious to you;
26the LORD turn his face toward you
　　and give you peace." '
27"So they will put my name on the Israelites, and I will bless them."

Offerings at the Dedication of the Tabernacle

7 When Moses finished setting up the tabernacle, he anointed it and consecrated it and all its furnishings. He also anointed and consecrated the altar and all its utensils. 2Then the leaders of Israel, the heads of families who were the tribal leaders in charge of those who were counted, made offerings. 3They brought as their gifts before the LORD six covered carts and twelve oxen—an ox from each leader and a cart from every two. These they presented before the tabernacle.
4The LORD said to Moses, 5"Accept these from them, that they may be used in the work at the Tent of Meeting. Give them to the Levites as each man's work requires."
6So Moses took the carts and oxen and gave them to the Levites. 7He gave two carts and four oxen to the Gershonites, as their work required, 8and he gave four carts and eight oxen to the Merarites, as their work required. They were all under the direction of Ithamar son of Aaron, the priest. 9But Moses did not give any to the Kohathites, because they were to carry on their shoulders the holy things, for which they were responsible.
10When the altar was anointed, the leaders brought their offerings for its dedication and presented them before the altar. 11For the LORD had said to Moses, "Each day one leader is to bring his offering for the dedication of the altar."
12The one who brought his offering on the first day was Nahshon son of Amminadab of the tribe of Judah.

13 Su ofrenda fue un plato de plata de ciento treinta siclos de peso, y un jarro de plata de setenta siclos, al siclo del santuario, ambos llenos de flor de harina amasada con aceite para ofrenda;
14 una cuchara de oro de diez siclos, llena de incienso;
15 un becerro, un carnero, un cordero de un año para holocausto;
16 un macho cabrío para expiación;
17 y para ofrenda de paz, dos bueyes, cinco carneros, cinco machos cabríos y cinco corderos de un año. Esta fue la ofrenda de Naasón hijo de Aminadab.

18 El segundo día ofreció Natanael hijo de Zuar, príncipe de Isacar.
19 Ofreció como su ofrenda un plato de plata de ciento treinta siclos de peso, y un jarro de plata de setenta siclos, al siclo del santuario, ambos llenos de flor de harina amasada con aceite para ofrenda;
20 una cuchara de oro de diez siclos, llena de incienso;
21 un becerro, un carnero, un cordero de un año para holocausto;
22 un macho cabrío para expiación;
23 y para ofrenda de paz, dos bueyes, cinco carneros, cinco machos cabríos y cinco corderos de un año. Esta fue la ofrenda de Natanael hijo de Zuar.

24 El tercer día, Eliab hijo de Helón, príncipe de los hijos de Zabulón.
25 Y su ofrenda fue un plato de plata de ciento treinta siclos de peso, y un jarro de plata de setenta siclos, al siclo del santuario, ambos llenos de flor de harina amasada con aceite para ofrenda;
26 una cuchara de oro de diez siclos, llena de incienso;
27 un becerro, un carnero, un cordero de un año para holocausto;
28 un macho cabrío para expiación;
29 y para ofrenda de paz, dos bueyes, cinco carneros, cinco machos cabríos y cinco corderos de un año. Esta fue la ofrenda de Eliab hijo de Helón.

30 El cuarto día, Elisur hijo de Sedeur, príncipe de los hijos de Rubén.
31 Y su ofrenda fue un plato de plata de ciento treinta siclos de peso, y un jarro de plata de setenta siclos, al siclo del santuario, ambos llenos de flor de harina amasada con aceite para ofrenda;
32 una cuchara de oro de diez siclos, llena de incienso;
33 un becerro, un carnero, un cordero de un año para holocausto;
34 un macho cabrío para expiación;
35 y para ofrenda de paz, dos bueyes, cinco carneros, cinco machos cabríos y cinco corderos de un año. Esta fue la ofrenda de Elisur hijo de Sedeur.

36 El quinto día, Selumiel hijo de Zurisadai, príncipe de los hijos de Simeón.

13 His offering was one silver plate weighing a hundred and thirty shekels, [n] and one silver sprinkling bowl weighing seventy shekels, [o] both according to the sanctuary shekel, each filled with fine flour mixed with oil as a grain offering; 14 one gold dish weighing ten shekels, [p] filled with incense; 15 one young bull, one ram and one male lamb a year old, for a burnt offering; 16 one male goat for a sin offering; 17 and two oxen, five rams, five male goats and five male lambs a year old, to be sacrificed as a fellowship offering. [q] This was the offering of Nahshon son of Amminadab.

18 On the second day Nethanel son of Zuar, the leader of Issachar, brought his offering.
19 The offering he brought was one silver plate weighing a hundred and thirty shekels, and one silver sprinkling bowl weighing seventy shekels, both according to the sanctuary shekel, each filled with fine flour mixed with oil as a grain offering; 20 one gold dish weighing ten shekels, filled with incense; 21 one young bull, one ram and one male lamb a year old, for a burnt offering; 22 one male goat for a sin offering; 23 and two oxen, five rams, five male goats and five male lambs a year old, to be sacrificed as a fellowship offering. This was the offering of Nethanel son of Zuar.

24 On the third day, Eliab son of Helon, the leader of the people of Zebulun, brought his offering.
25 His offering was one silver plate weighing a hundred and thirty shekels, and one silver sprinkling bowl weighing seventy shekels, both according to the sanctuary shekel, each filled with fine flour mixed with oil as a grain offering; 26 one gold dish weighing ten shekels, filled with incense; 27 one young bull, one ram and one male lamb a year old, for a burnt offering; 28 one male goat for a sin offering; 29 and two oxen, five rams, five male goats and five male lambs a year old, to be sacrificed as a fellowship offering. This was the offering of Eliab son of Helon.

30 On the fourth day Elizur son of Shedeur, the leader of the people of Reuben, brought his offering.
31 His offering was one silver plate weighing a hundred and thirty shekels, and one silver sprinkling bowl weighing seventy shekels, both according to the sanctuary shekel, each filled with fine flour mixed with oil as a grain offering; 32 one gold dish weighing ten shekels, filled with incense; 33 one young bull, one ram and one male lamb a year old, for a burnt offering; 34 one male goat for a sin offering; 35 and two oxen, five rams, five male goats and five male lambs a year old, to be sacrificed as a fellowship offering. This was the offering of Elizur son of Shedeur.

36 On the fifth day Shelumiel son of Zurishaddai, the leader of the people of Simeon, brought his offering.

---

[n]13 That is, about 3 1/4 pounds (about 1.5 kilograms); also elsewhere in this chapter   [o]13 That is, about 1 3/4 pounds (about 0.8 kilogram); also elsewhere in this chapter   [p]14 That is, about 4 ounces (about 110 grams); also elsewhere in this chapter   [q]17 Traditionally *peace offering*; also elsewhere in this chapter

37 Y su ofrenda fue un plato de plata de ciento treinta siclos de peso, y un jarro de plata de setenta siclos, al siclo del santuario, ambos llenos de flor de harina amasada con aceite para ofrenda;
38 una cuchara de oro de diez siclos, llena de incienso;
39 un becerro, un carnero, un cordero de un año para holocausto;
40 un macho cabrío para expiación;
41 y para ofrenda de paz, dos bueyes, cinco carneros, cinco machos cabríos y cinco corderos de un año. Esta fue la ofrenda de Selumiel hijo de Zurisadai.

42 El sexto día, Eliasaf hijo de Deuel, príncipe de los hijos de Gad.
43 Y su ofrenda fue un plato de plata de ciento treinta siclos de peso, y un jarro de plata de setenta siclos, al siclo del santuario, ambos llenos de flor de harina amasada con aceite para ofrenda;
44 una cuchara de oro de diez siclos, llena de incienso;
45 un becerro, un carnero, un cordero de un año para holocausto;
46 un macho cabrío para expiación;
47 y para ofrenda de paz, dos bueyes, cinco carneros, cinco machos cabríos y cinco corderos de un año. Esta fue la ofrenda de Eliasaf hijo de Deuel.

48 El séptimo día, el príncipe de los hijos de Efraín, Elisama hijo de Amiud.
49 Y su ofrenda fue un plato de plata de ciento treinta siclos de peso, y un jarro de plata de setenta siclos, al siclo del santuario, ambos llenos de flor de harina amasada con aceite para ofrenda;
50 una cuchara de oro de diez siclos, llena de incienso;
51 un becerro, un carnero, un cordero de un año para holocausto;
52 un macho cabrío para expiación;
53 y para ofrenda de paz, dos bueyes, cinco carneros, cinco machos cabríos y cinco corderos de un año. Esta fue la ofrenda de Elisama hijo de Amiud.

54 El octavo día, el príncipe de los hijos de Manasés, Gamaliel hijo de Pedasur.
55 Y su ofrenda fue un plato de plata de ciento treinta siclos de peso, y un jarro de plata de setenta siclos, al siclo del santuario, ambos llenos de flor de harina amasada con aceite para ofrenda;
56 una cuchara de oro de diez siclos, llena de incienso;
57 un becerro, un carnero, un cordero de un año para holocausto;
58 un macho cabrío para expiación;
59 y para ofrenda de paz, dos bueyes, cinco carneros, cinco machos cabríos y cinco corderos de un año. Esta fue la ofrenda de Gamaliel hijo de Pedasur.

60 El noveno día, el príncipe de los hijos de Benjamín, Abidán hijo de Gedeoni.
61 Y su ofrenda fue un plato de plata de ciento treinta siclos de peso, y un jarro de plata de setenta siclos, al siclo del santuario, ambos llenos de flor de harina amasada con aceite para ofrenda;
62 una cuchara de oro de diez siclos, llena de incienso;
63 un becerro, un carnero, un cordero de un año para holocausto;
64 un macho cabrío para expiación;
65 y para ofrenda de paz, dos bueyes, cinco carneros, cinco

37 His offering was one silver plate weighing a hundred and thirty shekels, and one silver sprinkling bowl weighing seventy shekels, both according to the sanctuary shekel, each filled with fine flour mixed with oil as a grain offering; 38 one gold dish weighing ten shekels, filled with incense; 39 one young bull, one ram and one male lamb a year old, for a burnt offering; 40 one male goat for a sin offering; 41 and two oxen, five rams, five male goats and five male lambs a year old, to be sacrificed as a fellowship offering. This was the offering of Shelumiel son of Zurishaddai.

42 On the sixth day Eliasaph son of Deuel, the leader of the people of Gad, brought his offering. 43 His offering was one silver plate weighing a hundred and thirty shekels, and one silver sprinkling bowl weighing seventy shekels, both according to the sanctuary shekel, each filled with fine flour mixed with oil as a grain offering; 44 one gold dish weighing ten shekels, filled with incense; 45 one young bull, one ram and one male lamb a year old, for a burnt offering; 46 one male goat for a sin offering; 47 and two oxen, five rams, five male goats and five male lambs a year old, to be sacrificed as a fellowship offering. This was the offering of Eliasaph son of Deuel.

48 On the seventh day Elishama son of Ammihud, the leader of the people of Ephraim, brought his offering. 49 His offering was one silver plate weighing a hundred and thirty shekels, and one silver sprinkling bowl weighing seventy shekels, both according to the sanctuary shekel, each filled with fine flour mixed with oil as a grain offering; 50 one gold dish weighing ten shekels, filled with incense; 51 one young bull, one ram and one male lamb a year old, for a burnt offering; 52 one male goat for a sin offering; 53 and two oxen, five rams, five male goats and five male lambs a year old, to be sacrificed as a fellowship offering. This was the offering of Elishama son of Ammihud.

54 On the eighth day Gamaliel son of Pedahzur, the leader of the people of Manasseh, brought his offering. 55 His offering was one silver plate weighing a hundred and thirty shekels, and one silver sprinkling bowl weighing seventy shekels, both according to the sanctuary shekel, each filled with fine flour mixed with oil as a grain offering; 56 one gold dish weighing ten shekels, filled with incense; 57 one young bull, one ram and one male lamb a year old, for a burnt offering; 58 one male goat for a sin offering; 59 and two oxen, five rams, five male goats and five male lambs a year old, to be sacrificed as a fellowship offering. This was the offering of Gamaliel son of Pedahzur.

60 On the ninth day Abidan son of Gideoni, the leader of the people of Benjamin, brought his offering. 61 His offering was one silver plate weighing a hundred and thirty shekels, and one silver sprinkling bowl weighing seventy shekels, both according to the sanctuary shekel, each filled with fine flour mixed with oil as a grain offering; 62 one gold dish weighing ten shekels, filled with incense; 63 one young bull, one ram and one male lamb a year old, for a burnt offering; 64 one male goat for a sin offering; 65 and two oxen, five rams,

machos cabríos y cinco corderos de un año. Esta fue la ofrenda de Abidán hijo de Gedeoni.

66 El décimo día, el príncipe de los hijos de Dan, Ahiezer hijo de Amisadai.

67 Y su ofrenda fue un plato de plata de ciento treinta siclos de peso, y un jarro de plata de setenta siclos, al siclo del santuario, ambos llenos de flor de harina amasada con aceite para ofrenda;

68 una cuchara de oro de diez siclos, llena de incienso;

69 un becerro, un carnero, un cordero de un año para holocausto;

70 un macho cabrío para expiación;

71 y para ofrenda de paz, dos bueyes, cinco carneros, cinco machos cabríos y cinco corderos de un año. Esta fue la ofrenda de Ahiezer hijo de Amisadai.

72 El undécimo día, el príncipe de los hijos de Aser, Pagiel hijo de Ocrán.

73 Y su ofrenda fue un plato de plata de ciento treinta siclos de peso, y un jarro de plata de setenta siclos, al siclo del santuario, ambos llenos de flor de harina amasada con aceite para ofrenda;

74 una cuchara de oro de diez siclos, llena de incienso;

75 un becerro, un carnero, un cordero de un año para holocausto;

76 un macho cabrío para expiación;

77 y para ofrenda de paz, dos bueyes, cinco carneros, cinco machos cabríos y cinco corderos de un año. Esta fue la ofrenda de Pagiel hijo de Ocrán.

78 El duodécimo día, el príncipe de los hijos de Neftalí, Ahira hijo de Enán.

79 Su ofrenda fue un plato de plata de ciento treinta siclos de peso, y un jarro de plata de setenta siclos, al siclo del santuario, ambos llenos de flor de harina amasada con aceite para ofrenda;

80 una cuchara de oro de diez siclos, llena de incienso;

81 un becerro, un carnero, un cordero de un año para holocausto;

82 un macho cabrío para expiación;

83 y para ofrenda de paz, dos bueyes, cinco carneros, cinco machos cabríos y cinco corderos de un año. Esta fue la ofrenda de Ahira hijo de Enán.

84 Esta fue la ofrenda que los príncipes de Israel ofrecieron para la dedicación del altar, el día en que fue ungido: doce platos de plata, doce jarros de plata, doce cucharas de oro.

85 Cada plato de ciento treinta siclos y cada jarro de setenta; toda la plata de la vajilla, dos mil cuatrocientos siclos, al siclo del santuario.

86 Las doce cucharas de oro llenas de incienso, de diez siclos cada cuchara, al siclo del santuario; todo el oro de las cucharas, ciento veinte siclos.

87 Todos los bueyes para holocausto, doce becerros; doce los carneros, doce los corderos de un año, con su ofrenda, y doce los machos cabríos para expiación.

88 Y todos los bueyes de la ofrenda de paz, veinticuatro novillos, sesenta los carneros, sesenta los machos cabríos, y sesenta los corderos de un año. Esta fue la ofrenda para la dedicación del altar, después que fue ungido.

five male goats and five male lambs a year old, to be sacrificed as a fellowship offering. This was the offering of Abidan son of Gideoni.

66 On the tenth day Ahiezer son of Ammishaddai, the leader of the people of Dan, brought his offering.

67 His offering was one silver plate weighing a hundred and thirty shekels, and one silver sprinkling bowl weighing seventy shekels, both according to the sanctuary shekel, each filled with fine flour mixed with oil as a grain offering; 68 one gold dish weighing ten shekels, filled with incense; 69 one young bull, one ram and one male lamb a year old, for a burnt offering; 70 one male goat for a sin offering; 71 and two oxen, five rams, five male goats and five male lambs a year old, to be sacrificed as a fellowship offering. This was the offering of Ahiezer son of Ammishaddai.

72 On the eleventh day Pagiel son of Ocran, the leader of the people of Asher, brought his offering.

73 His offering was one silver plate weighing a hundred and thirty shekels, and one silver sprinkling bowl weighing seventy shekels, both according to the sanctuary shekel, each filled with fine flour mixed with oil as a grain offering; 74 one gold dish weighing ten shekels, filled with incense; 75 one young bull, one ram and one male lamb a year old, for a burnt offering; 76 one male goat for a sin offering; 77 and two oxen, five rams, five male goats and five male lambs a year old, to be sacrificed as a fellowship offering. This was the offering of Pagiel son of Ocran.

78 On the twelfth day Ahira son of Enan, the leader of the people of Naphtali, brought his offering.

79 His offering was one silver plate weighing a hundred and thirty shekels, and one silver sprinkling bowl weighing seventy shekels, both according to the sanctuary shekel, each filled with fine flour mixed with oil as a grain offering; 80 one gold dish weighing ten shekels, filled with incense; 81 one young bull, one ram and one male lamb a year old, for a burnt offering; 82 one male goat for a sin offering; 83 and two oxen, five rams, five male goats and five male lambs a year old, to be sacrificed as a fellowship offering. This was the offering of Ahira son of Enan.

84 These were the offerings of the Israelite leaders for the dedication of the altar when it was anointed: twelve silver plates, twelve silver sprinkling bowls and twelve gold dishes. 85 Each silver plate weighed a hundred and thirty shekels, and each sprinkling bowl seventy shekels. Altogether, the silver dishes weighed two thousand four hundred shekels, r according to the sanctuary shekel. 86 The twelve gold dishes filled with incense weighed ten shekels each, according to the sanctuary shekel. Altogether, the gold dishes weighed a hundred and twenty shekels. s 87 The total number of animals for the burnt offering came to twelve young bulls, twelve rams and twelve male lambs a year old, together with their grain offering. Twelve male goats were used for the sin offering. 88 The total number of animals for the sacrifice of the fellowship offering came to twenty-four oxen, sixty rams, sixty male goats and sixty male lambs a year old. These were the offerings for the dedication of the altar after it was anointed.

r 85 That is, about 60 pounds (about 28 kilograms)   s 86 That is, about 3 pounds (about 1.4 kilograms)

89 Y cuando entraba Moisés en el tabernáculo de reunión, para hablar con Dios, oía la voz que le hablaba de encima del propiciatorio que estaba sobre el arca del testimonio, de entre los dos querubines; y hablaba con él.

Aarón enciende las lámparas

8 1 Habló Jehová a Moisés, diciendo:
2 Habla a Aarón y dile: Cuando enciendas las lámparas, las siete lámparas alumbrarán hacia adelante del candelero.
3 Y Aarón lo hizo así; encendió hacia la parte anterior del candelero sus lámparas, como Jehová lo mandó a Moisés.
4 Y esta era la hechura del candelero, de oro labrado a martillo; desde su pie hasta sus flores era labrado a martillo; conforme al modelo que Jehová mostró a Moisés, así hizo el candelero.

Consagración de los levitas

5 También Jehová habló a Moisés, diciendo:
6 Toma a los levitas de entre los hijos de Israel, y haz expiación por ellos.
7 Así harás para expiación por ellos: Rocía sobre ellos el agua de la expiación, y haz pasar la navaja sobre todo su cuerpo, y lavarán sus vestidos, y serán purificados.
8 Luego tomarán un novillo, con su ofrenda de flor de harina amasada con aceite; y tomarás otro novillo para expiación.
9 Y harás que los levitas se acerquen delante del tabernáculo de reunión, y reunirás a toda la congregación de los hijos de Israel.
10 Y cuando hayas acercado a los levitas delante de Jehová, pondrán los hijos de Israel sus manos sobre los levitas;
11 y ofrecerá Aarón los levitas delante de Jehová en ofrenda de los hijos de Israel, y servirán en el ministerio de Jehová.
12 Y los levitas pondrán sus manos sobre las cabezas de los novillos; y ofrecerás el uno por expiación, y el otro en holocausto a Jehová, para hacer expiación por los levitas.
13 Y presentarás a los levitas delante de Aarón, y delante de sus hijos, y los ofrecerás en ofrenda a Jehová.
14 Así apartarás a los levitas de entre los hijos de Israel, y serán míos los levitas.
15 Después de eso vendrán los levitas a ministrar en el tabernáculo de reunión; serán purificados, y los ofrecerás en ofrenda.
16 Porque enteramente me son dedicados a mí los levitas de entre los hijos de Israel, en lugar de todo primer nacido; los he tomado para mí en lugar de los primogénitos de todos los hijos de Israel.
17 Porque mío es todo primogénito de entre los hijos de Israel, así de hombres como de animales; desde el día que yo herí a todo primogénito en la tierra de Egipto, los santifiqué para mí.
18 Y he tomado a los levitas en lugar de todos los primogénitos de los hijos de Israel.
19 Y yo he dado yo dos levitas a Aarón y a sus hijos de entre los hijos de Israel, para que ejerzan el ministerio de los hijos de Israel en el tabernáculo de reunión, y reconcilien a los hijos de Israel; para que no haya plaga en los hijos de Israel, al acercarse los hijos de Israel al santuario.
20 Y Moisés y Aarón y toda la congregación de los hijos de Israel hicieron con los levitas conforme a todas las cosas que mandó Jehová a Moisés acerca de los levitas; así hicieron con ellos los hijos de Israel.
21 Y los levitas se purificaron, y lavaron sus vestidos; y Aarón los ofreció en ofrenda delante de Jehová, e hizo Aarón expiación por ellos para purificarlos.

89 When Moses entered the Tent of Meeting to speak with the LORD, he heard the voice speaking to him from between the two cherubim above the atonement cover on the ark of the Testimony. And he spoke with him.

Setting Up the Lamps

8 The LORD said to Moses, 2 "Speak to Aaron and say to him, 'When you set up the seven lamps, they are to light the area in front of the lampstand.' "
3 Aaron did so; he set up the lamps so that they faced forward on the lampstand, just as the LORD commanded Moses. 4 This is how the lampstand was made: It was made of hammered gold—from its base to its blossoms. The lampstand was made exactly like the pattern the LORD had shown Moses.

The Setting Apart of the Levites

5 The LORD said to Moses: 6 "Take the Levites from among the other Israelites and make them ceremonially clean. 7 To purify them, do this: Sprinkle the water of cleansing on them; then have them shave their whole bodies and wash their clothes, and so purify themselves. 8 Have them take a young bull with its grain offering of fine flour mixed with oil; then you are to take a second young bull for a sin offering. 9 Bring the Levites to the front of the Tent of Meeting and assemble the whole Israelite community. 10 You are to bring the Levites before the LORD, and the Israelites are to lay their hands on them. 11 Aaron is to present the Levites before the LORD as a wave offering from the Israelites, so that they may be ready to do the work of the LORD.

12 "After the Levites lay their hands on the heads of the bulls, use the one for a sin offering to the LORD and the other for a burnt offering, to make atonement for the Levites. 13 Have the Levites stand in front of Aaron and his sons and then present them as a wave offering to the LORD. 14 In this way you are to set the Levites apart from the other Israelites, and the Levites will be mine.

15 "After you have purified the Levites and presented them as a wave offering, they are to come to do their work at the Tent of Meeting. 16 They are the Israelites who are to be given wholly to me. I have taken them as my own in place of the firstborn, the first male offspring from every Israelite woman. 17 Every firstborn male in Israel, whether man or animal, is mine. When I struck down all the firstborn in Egypt, I set them apart for myself. 18 And I have taken the Levites in place of all the firstborn sons in Israel. 19 Of all the Israelites, I have given the Levites as gifts to Aaron and his sons to do the work at the Tent of Meeting on behalf of the Israelites and to make atonement for them so that no plague will strike the Israelites when they go near the sanctuary.

20 Moses, Aaron and the whole Israelite community did with the Levites just as the LORD commanded Moses. 21 The Levites purified themselves and washed their clothes. Then Aaron presented them as a wave offering before the LORD and made atonement for them

22 Así vinieron después los levitas para ejercer su ministerio en el tabernáculo de reunión delante de Aarón y delante de sus hijos; de la manera que mandó Jehová a Moisés acerca de los levitas, así hicieron con ellos.

23 Luego habló Jehová a Moisés, diciendo:

24 Los levitas de veinticinco años arriba entrarán a ejercer su ministerio en el servicio del tabernáculo de reunión.

25 Pero desde los cincuenta años cesarán de ejercer su ministerio, y nunca más lo ejercerán.

26 Servirán con sus hermanos en el tabernáculo de reunión, para hacer la guardia, pero no servirán en el ministerio. Así harás con los levitas en cuanto a su ministerio.

Celebración de la pascua

9 1 Habló Jehová a Moisés en el desierto de Sinaí, en el segundo año de su salida de la tierra de Egipto, en el mes primero, diciendo:

2 Los hijos de Israel celebrarán la pascua a su tiempo.

3 El decimocuarto día de este mes, entre las dos tardes, la celebraréis a su tiempo; conforme a todos sus ritos y conforme a todas sus leyes la celebraréis.

4 Y habló Moisés a los hijos de Israel para que celebrasen la pascua.

5 Celebraron la pascua en el mes primero, a los catorce días del mes, entre las dos tardes, en el desierto de Sinaí; conforme a todas las cosas que mandó Jehová a Moisés, así hicieron los hijos de Israel.

6 Pero hubo algunos que estaban inmundos a causa de muerto, y no pudieron celebrar la pascua aquel día; y vinieron delante de Moisés y delante de Aarón aquel día,

7 y le dijeron aquellos hombres: Nosotros estamos inmundos por causa de muerto; ¿por qué seremos impedidos de ofrecer ofrenda a Jehová a su tiempo entre los hijos de Israel?

8 Y Moisés les respondió: Esperad, y oiré lo que ordena Jehová acerca de vosotros.

9 Y Jehová habló a Moisés, diciendo:

10 Habla a los hijos de Israel, diciendo: Cualquiera de vosotros o de vuestros descendientes, que estuviere inmundo por causa de muerto o estuviere de viaje lejos, celebrará la pascua a Jehová.

11 En el mes segundo, a los catorce días del mes, entre las dos tardes, la celebrarán; con panes sin levadura y hierbas amargas la comerán.

12 No dejarán del animal sacrificado para la mañana, ni quebrarán hueso de él; conforme a todos los ritos de la pascua la celebrarán.

13 Mas el que estuviere limpio, y no estuviere de viaje, si dejare de celebrar la pascua, la tal persona será cortada de entre su pueblo; por cuanto no ofreció a su tiempo la ofrenda de Jehová, el tal hombre llevará su pecado.

14 Y si morare con vosotros extranjero, y celebrare la pascua a Jehová, conforme al rito de la pascua y conforme a sus leyes la celebrará; un mismo rito tendréis, tanto el extranjero como el natural de la tierra.

La nube sobre el tabernáculo

15 El día que el tabernáculo fue erigido, la nube cubrió el tabernáculo sobre la tienda del testimonio; y a la tarde había sobre el tabernáculo como una apariencia de fuego, hasta la mañana.

16 Así era continuamente: la nube lo cubría de día, y de noche la apariencia de fuego.

17 Cuando se alzaba la nube del tabernáculo, los hijos de Israel partían; y en el lugar donde la nube paraba, allí acampaban los hijos de Israel.

to purify them. 22 After that, the Levites came to do their work at the Tent of Meeting under the supervision of Aaron and his sons. They did with the Levites just as the LORD commanded Moses.

23 The LORD said to Moses, 24 "This applies to the Levites: Men twenty-five years old or more shall come to take part in the work at the Tent of Meeting, 25 but at the age of fifty, they must retire from their regular service and work no longer. 26 They may assist their brothers in performing their duties at the Tent of Meeting, but they themselves must not do the work. This, then, is how you are to assign the responsibilities of the Levites."

The Passover

9 The LORD spoke to Moses in the Desert of Sinai in the first month of the second year after they came out of Egypt. He said, 2 "Have the Israelites celebrate the Passover at the appointed time. 3 Celebrate it at the appointed time, at twilight on the fourteenth day of this month, in accordance with all its rules and regulations."

4 So Moses told the Israelites to celebrate the Passover, 5 and they did so in the Desert of Sinai at twilight on the fourteenth day of the first month. The Israelites did everything just as the LORD commanded Moses.

6 But some of them could not celebrate the Passover on that day because they were ceremonially unclean on account of a dead body. So they came to Moses and Aaron that same day 7 and said to Moses, "We have become unclean because of a dead body, but why should we be kept from presenting the LORD's offering with the other Israelites at the appointed time?"

8 Moses answered them, "Wait until I find out what the LORD commands concerning you."

9 Then the LORD said to Moses, 10 "Tell the Israelites: 'When any of you or your descendants are unclean because of a dead body or are away on a journey, they may still celebrate the LORD's Passover. 11 They are to celebrate it on the fourteenth day of the second month at twilight. They are to eat the lamb, together with unleavened bread and bitter herbs. 12 They must not leave any of it till morning or break any of its bones. When they celebrate the Passover, they must follow all the regulations. 13 But if a man who is ceremonially clean and not on a journey fails to celebrate the Passover, that person must be cut off from his people because he did not present the LORD's offering at the appointed time. That man will bear the consequences of his sin.

14 " 'An alien living among you who wants to celebrate the LORD's Passover must do so in accordance with its rules and regulations. You must have the same regulations for the alien and the native-born.' "

The Cloud Above the Tabernacle

15 On the day the tabernacle, the Tent of the Testimony, was set up, the cloud covered it. From evening till morning the cloud above the tabernacle looked like fire. 16 That is how it continued to be; the cloud covered it, and at night it looked like fire. 17 Whenever the cloud lifted from above the Tent, the Israelites set out; wherever the cloud settled, the Israelites encamped.

18 Al mandato de Jehová los hijos de Israel partían, y al mandato de Jehová acampaban; todos los días que la nube estaba sobre el tabernáculo, permanecían acampados.
19 Cuando la nube se detenía sobre el tabernáculo muchos días, entonces los hijos de Israel guardaban la ordenanza de Jehová, y no partían.
20 Y cuando la nube estaba sobre el tabernáculo pocos días, al mandato de Jehová acampaban, y al mandato de Jehová partían.
21 Y cuando la nube se detenía desde la tarde hasta la mañana, o cuando a la mañana la nube se levantaba, ellos partían; o si había estado un día, y a la noche la nube se levantaba, entonces partían.
22 O si dos días, o un mes, o un año, mientras la nube se detenía sobre el tabernáculo permaneciendo sobre él, los hijos de Israel seguían acampados, y no se movían; mas cuando ella se alzaba, ellos partían.
23 Al mandato de Jehová acampaban, y al mandato de Jehová partían, guardando la ordenanza de Jehová como Jehová lo había dicho por medio de Moisés.

Las trompetas de plata

10 1 Jehová habló a Moisés, diciendo:
2 Hazte dos trompetas de plata; de obra de martillo las harás, las cuales te servirán para convocar la congregación, y para hacer mover los campamentos.
3 Y cuando las tocaren, toda la congregación se reunirá ante ti a la puerta del tabernáculo de reunión.
4 Mas cuando tocaren sólo una, entonces se congregarán ante ti los príncipes, los jefes de los millares de Israel.
5 Y cuando tocareis alarma, entonces moverán los campamentos de los que están acampados al oriente.
6 Y cuando tocareis alarma la segunda vez, entonces moverán los campamentos de los que están acampados al sur; alarma tocarán para sus partidas.
7 Pero para reunir la congregación tocaréis, mas no con sonido de alarma.
8 Y los hijos de Aarón, los sacerdotes, tocarán las trompetas; y las tendréis por estatuto perpetuo por vuestras generaciones.
9 Y cuando saliereis a la guerra en vuestra tierra contra el enemigo que os molestare, tocaréis alarma con las trompetas; y seréis recordados por Jehová vuestro Dios, y seréis salvos de vuestros enemigos.
10 Y en el día de vuestra alegría, y en vuestras solemnidades, y en los principios de vuestros meses, tocaréis las trompetas sobre vuestros holocaustos, y sobre los sacrificios de paz, y os serán por memoria delante de vuestro Dios. Yo Jehová vuestro Dios.

Los israelitas salen de Sinaí

11 En el año segundo, en el mes segundo, a los veinte días del mes, la nube se alzó del tabernáculo del testimonio.
12 Y partieron los hijos de Israel del desierto de Sinaí según el orden de marcha; y se detuvo la nube en el desierto de Parán.
13 Partieron la primera vez al mandato de Jehová por medio de Moisés.
14 La bandera del campamento de los hijos de Judá comenzó a marchar primero, por sus ejércitos; y Naasón hijo de Aminadab estaba sobre su cuerpo de ejército.
15 Sobre el cuerpo de ejército de la tribu de los hijos de Isacar, Natanael hijo de Zuar.
16 Y sobre el cuerpo de ejército de la tribu de los hijos de Zabulón, Eliab hijo de Helón.

18 At the LORD's command the Israelites set out, and at his command they encamped. As long as the cloud stayed over the tabernacle, they remained in camp. 19 When the cloud remained over the tabernacle a long time, the Israelites obeyed the LORD's order and did not set out. 20 Sometimes the cloud was over the tabernacle only a few days; at the LORD's command they would encamp, and then at his command they would set out. 21 Sometimes the cloud stayed only from evening till morning, and when it lifted in the morning, they set out. Whether by day or by night, whenever the cloud lifted, they set out. 22 Whether the cloud stayed over the tabernacle for two days or a month or a year, the Israelites would remain in camp and not set out; but when it lifted, they would set out. 23 At the LORD's command they encamped, and at the LORD's command they set out. They obeyed the LORD's order, in accordance with his command through Moses.

The Silver Trumpets

10 The LORD said to Moses: 2 "Make two trumpets of hammered silver, and use them for calling the community together and for having the camps set out. 3 When both are sounded, the whole community is to assemble before you at the entrance to the Tent of Meeting. 4 If only one is sounded, the leaders — the heads of the clans of Israel — are to assemble before you. 5 When a trumpet blast is sounded, the tribes camping on the east are to set out. 6 At the sounding of a second blast, the camps on the south are to set out. The blast will be the signal for setting out. 7 To gather the assembly, blow the trumpets, but not with the same signal.

8 "The sons of Aaron, the priests, are to blow the trumpets. This is to be a lasting ordinance for you and the generations to come. 9 When you go into battle in your own land against an enemy who is oppressing you, sound a blast on the trumpets. Then you will be remembered by the LORD your God and rescued from your enemies. 10 Also at your times of rejoicing — your appointed feasts and New Moon festivals — you are to sound the trumpets over your burnt offerings and fellowship offerings, t and they will be a memorial for you before your God. I am the LORD your God."

The Israelites Leave Sinai

11 On the twentieth day of the second month of the second year, the cloud lifted from above the tabernacle of the Testimony. 12 Then the Israelites set out from the Desert of Sinai and traveled from place to place until the cloud came to rest in the Desert of Paran. 13 They set out, this first time, at the LORD's command through Moses.

14 The divisions of the camp of Judah went first, under their standard. Nahshon son of Amminadab was in command. 15 Nethanel son of Zuar was over the division of the tribe of Issachar, 16 and Eliab son of Helon was over the division of the tribe of Zebulun.

---

t 10 Traditionally *peace offerings*

17 Después que estaba ya desarmado el tabernáculo, se movieron los hijos de Gersón y los hijos de Merari, que lo llevaban.

18 Luego comenzó a marchar la bandera del campamento de Rubén por sus ejércitos; y Elisur hijo de Sedeur estaba sobre su cuerpo de ejército.

19 Sobre el cuerpo de ejército de la tribu de los hijos de Simeón, Selumiel hijo de Zurisadai.

20 Y sobre el cuerpo de ejército de la tribu de los hijos de Gad, Eliasaf hijo de Deuel.

21 Luego comenzaron a marchar los coatitas llevando el santuario; y entretanto que ellos llegaban, los otros acondicionaron el tabernáculo.

22 Después comenzó a marchar la bandera del campamento de los hijos de Efraín por sus ejércitos; y Elisama hijo de Amiud estaba sobre su cuerpo de ejército.

23 Sobre el cuerpo de ejército de la tribu de los hijos de Manasés, Gamaliel hijo de Pedasur.

24 Y sobre el cuerpo de ejército de la tribu de los hijos de Benjamín, Abidán hijo de Gedeoni.

25 Luego comenzó a marchar la bandera del campamento de los hijos de Dan por sus ejércitos, a retaguardia de todos los campamentos; y Ahiezer hijo de Amisadai estaba sobre su cuerpo de ejército.

26 Sobre el cuerpo de ejército de la tribu de los hijos de Aser, Pagiel hijo de Ocrán.

27 Y sobre el cuerpo de ejército de la tribu de los hijos de Neftalí, Ahira hijo de Enán.

28 Este era el orden de marcha de los hijos de Israel por sus ejércitos cuando partían.

29 Entonces dijo Moisés a Hobab, hijo de Ragüel madianita, su suegro: Nosotros partimos para el lugar del cual Jehová ha dicho: Yo os lo daré. Ven con nosotros, y te haremos bien; porque Jehová ha prometido el bien a Israel.

30 Y él le respondió: Yo no iré, sino que me marcharé a mi tierra y a mi parentela.

31 Y él le dijo: Te ruego que no nos dejes; porque tú conoces los lugares donde hemos de acampar en el desierto, y nos serás en lugar de ojos.

32 Y si vienes con nosotros, cuando tengamos el bien que Jehová nos ha de hacer, nosotros te haremos bien.

33 Así partieron del monte de Jehová camino de tres días; y el arca del pacto de Jehová fue delante de ellos camino de tres días, buscándoles lugar de descanso.

34 Y la nube de Jehová iba sobre ellos de día, desde que salieron del campamento.

35 Cuando el arca se movía, Moisés decía: Levántate, oh Jehová, y sean dispersados tus enemigos, y huyan de tu presencia los que te aborrecen.

36 Y cuando ella se detenía, decía: Vuelve, oh Jehová, a los millares de millares de Israel.

Jehová envía codornices

11 1 Aconteció que el pueblo se quejó a oídos de Jehová; y lo oyó Jehová, y ardió su ira, y se encendió en ellos fuego de Jehová, y consumió uno de los extremos del campamento.

2 Entonces el pueblo clamó a Moisés, y Moisés oró a Jehová, y el fuego se extinguió.

3 Y llamó a aquel lugar Tabera, b porque el fuego de Jehová se encendió en ellos.

4 Y la gente extranjera que se mezcló con ellos tuvo un vivo deseo, y los hijos de Israel también volvieron a llorar y dijeron: ¡Quién nos diera a comer carne!

17 Then the tabernacle was taken down, and the Gershonites and Merarites, who carried it, set out.

18 The divisions of the camp of Reuben went next, under their standard. Elizur son of Shedeur was in command. 19 Shelumiel son of Zurishaddai was over the division of the tribe of Simeon, 20 and Eliasaph son of Deuel was over the division of the tribe of Gad. 21 Then the Kohathites set out, carrying the holy things. The tabernacle was to be set up before they arrived.

22 The divisions of the camp of Ephraim went next, under their standard. Elishama son of Ammihud was in command. 23 Gamaliel son of Pedahzur was over the division of the tribe of Manasseh, 24 and Abidan son of Gideoni was over the division of the tribe of Benjamin.

25 Finally, as the rear guard for all the units, the divisions of the camp of Dan set out, under their standard. Ahiezer son of Ammishaddai was in command. 26 Pagiel son of Ocran was over the division of the tribe of Asher, 27 and Ahira son of Enan was over the division of the tribe of Naphtali. 28 This was the order of march for the Israelite divisions as they set out.

29 Now Moses said to Hobab son of Reuel the Midianite, Moses' father-in-law, "We are setting out for the place about which the LORD said, 'I will give it to you.' Come with us and we will treat you well, for the LORD has promised good things to Israel."

30 He answered, "No, I will not go; I am going back to my own land and my own people."

31 But Moses said, "Please do not leave us. You know where we should camp in the desert, and you can be our eyes. 32 If you come with us, we will share with you whatever good things the LORD gives us."

33 So they set out from the mountain of the LORD and traveled for three days. The ark of the covenant of the LORD went before them during those three days to find them a place to rest. 34 The cloud of the LORD was over them by day when they set out from the camp.

35 Whenever the ark set out, Moses said,

"Rise up, O LORD!
    May your enemies be scattered;
    may your foes flee before you."

36 Whenever it came to rest, he said,

"Return, O LORD,
    to the countless thousands of Israel."

Fire From the LORD

11 Now the people complained about their hardships in the hearing of the LORD, and when he heard them his anger was aroused. Then fire from the LORD burned among them and consumed some of the outskirts of the camp. 2 When the people cried out to Moses, he prayed to the LORD and the fire died down. 3 So that place was called Taberah, u because fire from the LORD had burned among them.

Quail From the LORD

4 The rabble with them began to crave other food, and again the Israelites started wailing and said, "If only we had meat to eat! 5 We remember the fish we

---

b Esto es, *Incendio*.

u 3 *Taberah* means *burning*.

5 Nos acordamos del pescado que comíamos en Egipto de balde, de los pepinos, los melones, los puerros, las cebollas y los ajos;

6 y ahora nuestra alma se seca; pues nada sino este maná ven nuestros ojos.

7 Y era el maná como semilla de culantro, y su color como color de bedelio.

8 El pueblo se esparcía y lo recogía, y lo molía en molinos o lo majaba en morteros, y lo cocía en caldera o hacía de él tortas; su sabor era como sabor de aceite nuevo.

9 Y cuando descendía el rocío sobre el campamento de noche, el maná descendía sobre él.

10 Y oyó Moisés al pueblo, que lloraba por sus familias, cada uno a la puerta de su tienda; y la ira de Jehová se encendió en gran manera; también le pareció mal a Moisés.

11 Y dijo Moisés a Jehová: ¿Por qué has hecho mal a tu siervo? ¿y por qué no he hallado gracia en tus ojos, que has puesto la carga de todo este pueblo sobre mí?

12 ¿Concebí yo a todo este pueblo? ¿Lo engendré yo, para que me digas: Llévalo en tu seno, como lleva la que cría al que mama, a la tierra de la cual juraste a sus padres?

13 ¿De dónde conseguiré yo carne para dar a todo este pueblo? Porque lloran a mí, diciendo: Danos carne que comamos.

14 No puedo yo solo soportar a todo este pueblo, que me es pesado en demasía.

15 Y si así lo haces tú conmigo, yo te ruego que me des muerte, si he hallado gracia en tus ojos; y que yo no vea mi mal.

16 Entonces Jehová dijo a Moisés: Reúneme setenta varones de los ancianos de Israel, que tú sabes que son ancianos del pueblo y sus principales; y tráelos a la puerta del tabernáculo de reunión, y esperen allí contigo.

17 Y yo descenderé y hablaré allí contigo, y tomaré del espíritu que está en ti, y pondré en ellos; y llevarán contigo la carga del pueblo, y no la llevarás tú solo.

18 Pero al pueblo dirás: Santificaos para mañana, y comeréis carne; porque habéis llorado en oídos de Jehová, diciendo: ¡Quién nos diera a comer carne! ¡Ciertamente mejor nos iba en Egipto! Jehová, pues, os dará carne, y comeréis.

19 No comeréis un día, ni dos días, ni cinco días, ni diez días, ni veinte días,

20 sino hasta un mes entero, hasta que os salga por las narices, y la aborrezcáis, por cuanto menospreciasteis a Jehová que está en medio de vosotros, y llorasteis delante de él, diciendo: ¿Para qué salimos acá de Egipto?

21 Entonces dijo Moisés: Seiscientos mil de a pie es el pueblo en medio del cual yo estoy; ¡y tú dices: Les daré carne, y comerán un mes entero!

22 ¿Se degollarán para ellos ovejas y bueyes que les basten? ¿o se juntarán para ellos todos los peces del mar para que tengan abasto?

23 Entonces Jehová respondió a Moisés: ¿Acaso se ha acortado la mano de Jehová? Ahora verás si se cumple mi palabra, o no.

24 Y salió Moisés y dijo al pueblo las palabras de Jehová; y reunió a los setenta varones de los ancianos del pueblo, y los hizo estar alrededor del tabernáculo.

25 Entonces Jehová descendió en la nube, y le habló; y tomó del espíritu que estaba en él, y lo puso en los setenta varones ancianos; y cuando posó sobre ellos el espíritu, profetizaron, y no cesaron.

ate in Egypt at no cost—also the cucumbers, melons, leeks, onions and garlic. 6But now we have lost our appetite; we never see anything but this manna!"

7The manna was like coriander seed and looked like resin. 8The people went around gathering it, and then ground it in a handmill or crushed it in a mortar. They cooked it in a pot or made it into cakes. And it tasted like something made with olive oil. 9When the dew settled on the camp at night, the manna also came down.

10Moses heard the people of every family wailing, each at the entrance to his tent. The LORD became exceedingly angry, and Moses was troubled. 11He asked the LORD, "Why have you brought this trouble on your servant? What have I done to displease you that you put the burden of all these people on me? 12Did I conceive all these people? Did I give them birth? Why do you tell me to carry them in my arms, as a nurse carries an infant, to the land you promised on oath to their forefathers? 13Where can I get meat for all these people? They keep wailing to me, 'Give us meat to eat!' 14I cannot carry all these people by myself; the burden is too heavy for me. 15If this is how you are going to treat me, put me to death right now—if I have found favor in your eyes—and do not let me face my own ruin."

16The LORD said to Moses: "Bring me seventy of Israel's elders who are known to you as leaders and officials among the people. Have them come to the Tent of Meeting, that they may stand there with you. 17I will come down and speak with you there, and I will take of the Spirit that is on you and put the Spirit on them. They will help you carry the burden of the people so that you will not have to carry it alone.

18"Tell the people: 'Consecrate yourselves in preparation for tomorrow, when you will eat meat. The LORD heard you when you wailed, "If only we had meat to eat! We were better off in Egypt!" Now the LORD will give you meat, and you will eat it. 19You will not eat it for just one day, or two days, or five, ten or twenty days, 20but for a whole month—until it comes out of your nostrils and you loathe it—because you have rejected the LORD, who is among you, and have wailed before him, saying, "Why did we ever leave Egypt?" ' "

21But Moses said, "Here I am among six hundred thousand men on foot, and you say, 'I will give them meat to eat for a whole month!' 22Would they have enough if flocks and herds were slaughtered for them? Would they have enough if all the fish in the sea were caught for them?"

23The LORD answered Moses, "Is the LORD's arm too short? You will now see whether or not what I say will come true for you."

24So Moses went out and told the people what the LORD had said. He brought together seventy of their elders and had them stand around the Tent. 25Then the LORD came down in the cloud and spoke with him, and he took of the Spirit that was on him and put the Spirit on the seventy elders. When the Spirit rested on them, they prophesied, but they did not do so again. v

v 25 Or prophesied and continued to do so

26 Y habían quedado en el campamento dos varones, llamados el uno Eldad y el otro Medad, sobre los cuales también reposó el espíritu; estaban éstos entre los inscritos, pero no habían venido al tabernáculo; y profetizaron en el campamento.

27 Y corrió un joven y dio aviso a Moisés, y dijo: Eldad y Medad profetizan en el campamento.

28 Entonces respondió Josué hijo de Nun, ayudante de Moisés, uno de sus jóvenes, y dijo: Señor mío Moisés, impídelos.

29 Y Moisés le respondió: ¿Tienes tú celos por mí? Ojalá todo el pueblo de Jehová fuese profeta, y que Jehová pusiera su espíritu sobre ellos.

30 Y Moisés volvió al campamento, él y los ancianos de Israel.

31 Y vino un viento de Jehová, y trajo codornices del mar, y las dejó sobre el campamento, un día de camino a un lado, y un día de camino al otro, alrededor del campamento, y casi dos codos sobre la faz de la tierra.

32 Entonces el pueblo estuvo levantado todo aquel día y toda la noche, y todo el día siguiente, y recogieron codornices; el que menos, recogió diez montones; y las tendieron para sí a lo largo alrededor del campamento.

33 Aún estaba la carne entre los dientes de ellos, antes que fuese masticada, cuando la ira de Jehová se encendió en el pueblo, e hirió Jehová al pueblo con una plaga muy grande.

34 Y llamó el nombre de aquel lugar Kibrot-hataava, c por cuanto allí sepultaron al pueblo codicioso.

35 De Kibrot-hataava partió el pueblo a Hazerot, y se quedó en Hazerot.

María y Aarón murmuran contra Moisés

12 1 María y Aarón hablaron contra Moisés a causa de la mujer cusita que había tomado; porque él había tomado mujer cusita.

2 Y dijeron: ¿Solamente por Moisés ha hablado Jehová? ¿No ha hablado también por nosotros? Y lo oyó Jehová.

3 Y aquel varón Moisés era muy manso, más que todos los hombres que había sobre la tierra.

4 Luego dijo Jehová a Moisés, a Aarón y a María: Salid vosotros tres al tabernáculo de reunión. Y salieron ellos tres.

5 Entonces Jehová descendió en la columna de la nube, y se puso a la puerta del tabernáculo, y llamó a Aarón y a María; y salieron ambos.

6 Y él les dijo: Oíd ahora mis palabras. Cuando haya entre vosotros profeta de Jehová, le apareceré en visión, en sueños hablaré con él.

7 No así a mi siervo Moisés, que es fiel en toda mi casa.

8 Cara a cara hablaré con él, y claramente, y no por figuras; y verá la apariencia de Jehová. ¿Por qué, pues, no tuvisteis temor de hablar contra mi siervo Moisés?

9 Entonces la ira de Jehová se encendió contra ellos; y se fue.

10 Y la nube se apartó del tabernáculo, y he aquí que María estaba leprosa como la nieve; y miró Aarón a María, y he aquí que estaba leprosa.

26However, two men, whose names were Eldad and Medad, had remained in the camp. They were listed among the elders, but did not go out to the Tent. Yet the Spirit also rested on them, and they prophesied in the camp. 27A young man ran and told Moses, "Eldad and Medad are prophesying in the camp."

28Joshua son of Nun, who had been Moses' aide since youth, spoke up and said, "Moses, my lord, stop them!"

29But Moses replied, "Are you jealous for my sake? I wish that all the LORD's people were prophets and that the LORD would put his Spirit on them!" 30Then Moses and the elders of Israel returned to the camp.

31Now a wind went out from the LORD and drove quail in from the sea. It brought them w down all around the camp to about three feet x above the ground, as far as a day's walk in any direction. 32All that day and night and all the next day the people went out and gathered quail. No one gathered less than ten homers. y Then they spread them out all around the camp. 33But while the meat was still between their teeth and before it could be consumed, the anger of the LORD burned against the people, and he struck them with a severe plague. 34Therefore the place was named Kibroth Hattaavah, z because there they buried the people who had craved other food.

35From Kibroth Hattaavah the people traveled to Hazeroth and stayed there.

Miriam and Aaron Oppose Moses

12 Miriam and Aaron began to talk against Moses because of his Cushite wife, for he had married a Cushite. 2"Has the LORD spoken only through Moses?" they asked. "Hasn't he also spoken through us?" And the LORD heard this.

3(Now Moses was a very humble man, more humble than anyone else on the face of the earth.)

4At once the LORD said to Moses, Aaron and Miriam, "Come out to the Tent of Meeting, all three of you." So the three of them came out. 5Then the LORD came down in a pillar of cloud; he stood at the entrance to the Tent and summoned Aaron and Miriam. When both of them stepped forward, 6he said, "Listen to my words:

"When a prophet of the LORD is among you,
   I reveal myself to him in visions,
   I speak to him in dreams.
7But this is not true of my servant Moses;
   he is faithful in all my house.
8With him I speak face to face,
   clearly and not in riddles;
   he sees the form of the LORD.
Why then were you not afraid
   to speak against my servant Moses?"

9The anger of the LORD burned against them, and he left them.

10When the cloud lifted from above the Tent, there stood Miriam—leprous, a like snow. Aaron turned toward her and saw that she had leprosy; 11and he said

---

w 31 Or *They flew*   x 31 Hebrew *two cubits* (about 1 meter)
y 32 That is, probably about 60 bushels (about 2.2 kiloliters)
z 34 *Kibroth Hattaavah* means *graves of craving.* a 10 The
Hebrew word was used for various diseases affecting the skin—not
necessarily leprosy.

11 Y dijo Aarón a Moisés: ¡Ah! señor mío, no pongas ahora sobre nosotros este pecado; porque locamente hemos actuado, y hemos pecado.

12 No quede ella ahora como el que nace muerto, que al salir del vientre de su madre, tiene ya medio consumida su carne.

13 Entonces Moisés clamó a Jehová, diciendo: Te ruego, oh Dios, que la sanes ahora.

14 Respondió Jehová a Moisés: Pues si su padre hubiera escupido en su rostro, ¿no se avergonzaría por siete días? Sea echada fuera del campamento por siete días, y después volverá a la congregación.

15 Así María fue echada del campamento siete días; y el pueblo no pasó adelante hasta que se reunió María con ellos.

16 Después el pueblo partió de Hazerot, y acamparon en el desierto de Parán.

Misión de los doce espías

13 1 Y Jehová habló a Moisés, diciendo: 2 Envía tú hombres que reconozcan la tierra de Canaán, la cual yo doy a los hijos de Israel; de cada tribu de sus padres enviaréis un varón, cada uno príncipe entre ellos.

3 Y Moisés los envió desde el desierto de Parán, conforme a la palabra de Jehová; y todos aquellos varones eran príncipes de los hijos de Israel.

4 Estos son sus nombres: De la tribu de Rubén, Samúa hijo de Zacur.

5 De la tribu de Simeón, Safat hijo de Horí.

6 De la tribu de Judá, Caleb hijo de Jefone.

7 De la tribu de Isacar, Igal hijo de José.

8 De la tribu de Efraín, Óseas hijo de Nun.

9 De la tribu de Benjamín, Palti hijo de Rafú.

10 De la tribu de Zabulón, Gadiel hijo de Sodi.

11 De la tribu de José: de la tribu de Manasés, Gadi hijo de Susi.

12 De la tribu de Dan, Amiel hijo de Gemali.

13 De la tribu de Aser, Setur hijo de Micael.

14 De la tribu de Neftalí, Nahbi hijo de Vapsi.

15 De la tribu de Gad, Geuel hijo de Maqui.

16 Estos son los nombres de los varones que Moisés envió a reconocer la tierra; y a Óseas hijo de Nun le puso Moisés el nombre de Josué.

17 Los envió, pues, Moisés a reconocer la tierra de Canaán, diciéndoles: Subid de aquí al Neguev, y subid al monte,

18 y observad la tierra cómo es, y el pueblo que la habita, si es fuerte o débil, si poco o numeroso;

19 cómo es la tierra habitada, si es buena o mala; y cómo son las ciudades habitadas, si son campamentos o plazas fortificadas;

20 y cómo es el terreno, si es fértil o estéril, si en él hay árboles o no; y esforzaos, y tomad del fruto del país. Y era el tiempo de las primeras uvas.

21 Y ellos subieron, y reconocieron la tierra desde el desierto de Zin hasta Rehob, entrando en Hamat.

22 Y subieron al Neguev y vinieron hasta Hebrón; y allí estaban Ahimán, Sesai y Talmai, hijos de Anac. Hebrón fue edificada siete años antes de Zoán en Egipto.

23 Y llegaron hasta el arroyo de Escol, y de allí cortaron un sarmiento con un racimo de uvas, el cual trajeron dos en un palo, y de las granadas y de los higos.

24 Y se llamó aquel lugar el Valle de Escol, d por el racimo que cortaron de allí los hijos de Israel.

to Moses, "Please, my lord, do not hold against us the sin we have so foolishly committed. 12 Do not let her be like a stillborn infant coming from its mother's womb with its flesh half eaten away."

13 So Moses cried out to the LORD, "O God, please heal her!"

14 The LORD replied to Moses, "If her father had spit in her face, would she not have been in disgrace for seven days? Confine her outside the camp for seven days; after that she can be brought back." 15 So Miriam was confined outside the camp for seven days, and the people did not move on till she was brought back.

16 After that, the people left Hazeroth and encamped in the Desert of Paran.

Exploring Canaan

13 The LORD said to Moses, 2 "Send some men to explore the land of Canaan, which I am giving to the Israelites. From each ancestral tribe send one of its leaders."

3 So at the LORD's command Moses sent them out from the Desert of Paran. All of them were leaders of the Israelites. 4 These are their names:

from the tribe of Reuben, Shammua son of Zaccur;

5 from the tribe of Simeon, Shaphat son of Hori;

6 from the tribe of Judah, Caleb son of Jephunneh;

7 from the tribe of Issachar, Igal son of Joseph;

8 from the tribe of Ephraim, Hoshea son of Nun;

9 from the tribe of Benjamin, Palti son of Raphu;

10 from the tribe of Zebulun, Gaddiel son of Sodi;

11 from the tribe of Manasseh (a tribe of Joseph), Gaddi son of Susi;

12 from the tribe of Dan, Ammiel son of Gemalli;

13 from the tribe of Asher, Sethur son of Michael;

14 from the tribe of Naphtali, Nahbi son of Vophsi;

15 from the tribe of Gad, Geuel son of Maki.

16 These are the names of the men Moses sent to explore the land. (Moses gave Hoshea son of Nun the name Joshua.)

17 When Moses sent them to explore Canaan, he said, "Go up through the Negev and on into the hill country. 18 See what the land is like and whether the people who live there are strong or weak, few or many. 19 What kind of land do they live in? Is it good or bad? What kind of towns do they live in? Are they unwalled or fortified? 20 How is the soil? Is it fertile or poor? Are there trees on it or not? Do your best to bring back some of the fruit of the land." (It was the season for the first ripe grapes.)

21 So they went up and explored the land from the Desert of Zin as far as Rehob, toward Lebo b Hamath. 22 They went up through the Negev and came to Hebron, where Ahiman, Sheshai and Talmai, the descendants of Anak, lived. (Hebron had been built seven years before Zoan in Egypt.) 23 When they reached the Valley of Eshcol, c they cut off a branch bearing a single cluster of grapes. Two of them carried it on a pole between them, along with some pomegranates and figs. 24 That place was called the Valley of Eshcol because of the cluster of grapes the Israelites cut off

---

d Esto es, del Racimo.

b 21 Or toward the entrance to   c 23 Eshcol means cluster; also in verse 24.

25 Y volvieron de reconocer la tierra al fin de cuarenta días.

26 Y anduvieron y vinieron a Moisés y a Aarón, y a toda la congregación de los hijos de Israel, en el desierto de Parán, en Cades, y dieron la información a ellos y a toda la congregación, y les mostraron el fruto de la tierra.

27 Y les contaron, diciendo: Nosotros llegamos a la tierra a la cual nos enviaste, la que ciertamente fluye leche y miel; y este es el fruto de ella.

28 Mas el pueblo que habita aquella tierra es fuerte, y las ciudades muy grandes y fortificadas; y también vimos allí a los hijos de Anac.

29 Amalec habita el Neguev, y el heteo, el jebuseo y el amorreo habitan en el monte, y el cananeo habita junto al mar, y a la ribera del Jordán.

30 Entonces Caleb hizo callar al pueblo delante de Moisés, y dijo: Subamos luego, y tomemos posesión de ella; porque más podremos nosotros que ellos.

31 Mas los varones que subieron con él, dijeron: No podremos subir contra aquel pueblo, porque es más fuerte que nosotros.

32 Y hablaron mal entre los hijos de Israel, de la tierra que habían reconocido, diciendo: La tierra por donde pasamos para reconocerla, es tierra que traga a sus moradores; y todo el pueblo que vimos en medio de ella son hombres de grande estatura.

33 También vimos allí gigantes, hijos de Anac, raza de los gigantes, y éramos nosotros, a nuestro parecer, como langostas; y así les parecíamos a ellos.

Los israelitas se rebelan contra Jehová

14 1 Entonces toda la congregación gritó, y dio voces; y el pueblo lloró aquella noche.

2 Y se quejaron contra Moisés y contra Aarón todos los hijos de Israel; y les dijo toda la multitud: ¡Ojalá muriéramos en la tierra de Egipto; o en este desierto ojalá muriéramos!

3 ¿Y por qué nos trae Jehová a esta tierra para caer a espada, y que nuestras mujeres y nuestros niños sean por presa? ¿No nos sería mejor volvernos a Egipto?

4 Y decían el uno al otro: Designemos un capitán, y volvámonos a Egipto.

5 Entonces Moisés y Aarón se postraron sobre sus rostros delante de toda la multitud de la congregación de los hijos de Israel.

6 Y Josué hijo de Nun y Caleb hijo de Jefone, que eran de los que habían reconocido la tierra, rompieron sus vestidos,

7 y hablaron a toda la congregación de los hijos de Israel, diciendo: La tierra por donde pasamos para reconocerla, es tierra en gran manera buena.

8 Si Jehová se agradare de nosotros, él nos llevará a esta tierra, y nos la entregará; tierra que fluye leche y miel.

9 Por tanto, no seáis rebeldes contra Jehová, ni temáis al pueblo de esta tierra; porque nosotros los comeremos como pan; su amparo se ha apartado de ellos, y con nosotros está Jehová; no los temáis.

10 Entonces toda la multitud habló de apedrearlos. Pero la gloria de Jehová se mostró en el tabernáculo de reunión a todos los hijos de Israel,

11 y Jehová dijo a Moisés: ¿Hasta cuándo me ha de irritar este pueblo? ¿Hasta cuándo no me creerán, con todas las señales que he hecho en medio de ellos?

12 Yo los heriré de mortandad y los destruiré, y a ti te pondré sobre gente más grande y más fuerte que ellos.

13 Pero Moisés respondió a Jehová: Lo oirán luego los egipcios, porque de en medio de ellos sacaste a este pueblo con tu poder;

there. 25 At the end of forty days they returned from exploring the land.

Report on the Exploration

26 They came back to Moses and Aaron and the whole Israelite community at Kadesh in the Desert of Paran. There they reported to them and to the whole assembly and showed them the fruit of the land. 27 They gave Moses this account: "We went into the land to which you sent us, and it does flow with milk and honey! Here is its fruit. 28 But the people who live there are powerful, and the cities are fortified and very large. We even saw descendants of Anak there. 29 The Amalekites live in the Negev; the Hittites, Jebusites and Amorites live in the hill country; and the Canaanites live near the sea and along the Jordan."

30 Then Caleb silenced the people before Moses and said, "We should go up and take possession of the land, for we can certainly do it."

31 But the men who had gone up with him said, "We can't attack those people; they are stronger than we are." 32 And they spread among the Israelites a bad report about the land they had explored. They said, "The land we explored devours those living in it. All the people we saw there are of great size. 33 We saw the Nephilim there (the descendants of Anak come from the Nephilim). We seemed like grasshoppers in our own eyes, and we looked the same to them."

The People Rebel

14 That night all the people of the community raised their voices and wept aloud. 2 All the Israelites grumbled against Moses and Aaron, and the whole assembly said to them, "If only we had died in Egypt! Or in this desert! 3 Why is the LORD bringing us to this land only to let us fall by the sword? Our wives and children will be taken as plunder. Wouldn't it be better for us to go back to Egypt?" 4 And they said to each other, "We should choose a leader and go back to Egypt."

5 Then Moses and Aaron fell facedown in front of the whole Israelite assembly gathered there. 6 Joshua son of Nun and Caleb son of Jephunneh, who were among those who had explored the land, tore their clothes 7 and said to the entire Israelite assembly, "The land we passed through and explored is exceedingly good. 8 If the LORD is pleased with us, he will lead us into that land, a land flowing with milk and honey, and will give it to us. 9 Only do not rebel against the LORD. And do not be afraid of the people of the land, because we will swallow them up. Their protection is gone, but the LORD is with us. Do not be afraid of them."

10 But the whole assembly talked about stoning them. Then the glory of the LORD appeared at the Tent of Meeting to all the Israelites. 11 The LORD said to Moses, "How long will these people treat me with contempt? How long will they refuse to believe in me, in spite of all the miraculous signs I have performed among them? 12 I will strike them down with a plague and destroy them, but I will make you into a nation greater and stronger than they."

13 Moses said to the LORD, "Then the Egyptians will hear about it! By your power you brought these people up from among them. 14 And they will tell the inhabi-

14 y lo dirán a los habitantes de esta tierra, los cuales han oído que tú, oh Jehová, estabas en medio de este pueblo, que cara a cara aparecías tú, oh Jehová, y que tu nube estaba sobre ellos, y que de día ibas delante de ellos en columna de nube, y de noche en columna de fuego; 15 y que has hecho morir a este pueblo como a un solo hombre; y las gentes que hubieren oído tu fama hablarán, diciendo:

16 Por cuanto no pudo Jehová meter este pueblo en la tierra de la cual les había jurado, los mató en el desierto.

17 Ahora, pues, yo te ruego que sea magnificado el poder del Señor, como lo hablaste, diciendo:

18 Jehová, tardo para la ira y grande en misericordia, que perdona la iniquidad y la rebelión, aunque de ningún modo tendrá por inocente al culpable; que visita la maldad de los padres sobre los hijos hasta los terceros y hasta los cuartos.

19 Perdona ahora la iniquidad de este pueblo según la grandeza de tu misericordia, y como has perdonado a este pueblo desde Egipto hasta aquí.

Jehová castiga a Israel

20 Entonces Jehová dijo: Yo lo he perdonado conforme a tu dicho.

21 Mas tan ciertamente como vivo yo, y mi gloria llena toda la tierra,

22 todos los que vieron mi gloria y mis señales que he hecho en Egipto y en el desierto, y me han tentado ya diez veces, y no han oído mi voz,

23 no verán la tierra de la cual juré a sus padres; no, ninguno de los que me han irritado la verá.

24 Pero a mi siervo Caleb, por cuanto hubo en él otro espíritu, y decidió ir en pos de mí, yo le meteré en la tierra donde entró, y su descendencia la tendrá en posesión.

25 Ahora bien, el amalecita y el cananeo habitan en el valle; volveos mañana y salid al desierto, camino del Mar Rojo.

26 Y Jehová habló a Moisés y a Aarón, diciendo:

27 ¿Hasta cuándo oiré esta depravada multitud que murmura contra mí, las querellas de los hijos de Israel, que de mí se quejan?

28 Diles: Vivo yo, dice Jehová, que según habéis hablado a mis oídos, así haré yo con vosotros.

29 En este desierto caerán vuestros cuerpos; todo el número de los que fueron contados de entre vosotros, de veinte años arriba, los cuales han murmurado contra mí.

30 Vosotros a la verdad no entraréis en la tierra, por la cual alcé mi mano y juré que os haría habitar en ella; exceptuando a Caleb hijo de Jefone, y a Josué hijo de Nun.

31 Pero a vuestros niños, de los cuales dijisteis que serían por presa, yo los introduciré, y ellos conocerán la tierra que vosotros despreciasteis.

32 En cuanto a vosotros, vuestros cuerpos caerán en este desierto.

33 Y vuestros hijos andarán pastoreando en el desierto cuarenta años, y ellos llevarán vuestras rebeldías, hasta que vuestros cuerpos sean consumidos en el desierto.

34 Conforme al número de los días, de los cuarenta días en que reconocisteis la tierra, llevaréis vuestras iniquidades cuarenta años, un año por cada día; y conoceréis mi castigo.

35 Yo Jehová he hablado; así haré a toda esta multitud perversa que se ha juntado contra mí; en este desierto serán consumidos, y ahí morirán.

Muerte de los diez espías malvados

36 Y los varones que Moisés envió a reconocer la tierra, y que al volver habían hecho murmurar contra él a toda la congregación, desacreditando aquel país,

tants of this land about it. They have already heard that you, O Lord, are with these people and that you, O Lord, have been seen face to face, that your cloud stays over them, and that you go before them in a pillar of cloud by day and a pillar of fire by night. 15 If you put these people to death all at one time, the nations who have heard this report about you will say, 16 'The Lord was not able to bring these people into the land he promised them on oath; so he slaughtered them in the desert.'

17 "Now may the Lord's strength be displayed, just as you have declared: 18 'The Lord is slow to anger, abounding in love and forgiving sin and rebellion. Yet he does not leave the guilty unpunished; he punishes the children for the sin of the fathers to the third and fourth generation.' 19 In accordance with your great love, forgive the sin of these people, just as you have pardoned them from the time they left Egypt until now."

20 The Lord replied, "I have forgiven them, as you asked. 21 Nevertheless, as surely as I live and as surely as the glory of the Lord fills the whole earth, 22 not one of the men who saw my glory and the miraculous signs I performed in Egypt and in the desert but who disobeyed me and tested me ten times— 23 not one of them will ever see the land I promised on oath to their forefathers. No one who has treated me with contempt will ever see it. 24 But because my servant Caleb has a different spirit and follows me wholeheartedly, I will bring him into the land he went to, and his descendants will inherit it. 25 Since the Amalekites and Canaanites are living in the valleys, turn back tomorrow and set out toward the desert along the route to the Red Sea. *d*"

26 The Lord said to Moses and Aaron: 27 "How long will this wicked community grumble against me? I have heard the complaints of these grumbling Israelites. 28 So tell them, 'As surely as I live, declares the Lord, I will do to you the very things I heard you say: 29 In this desert your bodies will fall— every one of you twenty years old or more who was counted in the census and who has grumbled against me. 30 Not one of you will enter the land I swore with uplifted hand to make your home, except Caleb son of Jephunneh and Joshua son of Nun. 31 As for your children that you said would be taken as plunder, I will bring them in to enjoy the land you have rejected. 32 But you— your bodies will fall in this desert. 33 Your children will be shepherds here for forty years, suffering for your unfaithfulness, until the last of your bodies lies in the desert. 34 For forty years— one year for each of the forty days you explored the land— you will suffer for your sins and know what it is like to have me against you.' 35 I, the Lord, have spoken, and I will surely do these things to this whole wicked community, which has banded together against me. They will meet their end in this desert; here they will die."

36 So the men Moses had sent to explore the land, who returned and made the whole community grumble against him by spreading a bad report about it—

d25 Hebrew Yam Suph; that is, Sea of Reeds

37 aquellos varones que habían hablado mal de la tierra, murieron de plaga delante de Jehová.

38 Pero Josué hijo de Nun y Caleb hijo de Jefone quedaron con vida, de entre aquellos hombres que habían ido a reconocer la tierra.

La derrota en Horma

39 Y Moisés dijo estas cosas a todos los hijos de Israel, y el pueblo se enlutó mucho.

40 Y se levantaron por la mañana y subieron a la cumbre del monte, diciendo: Henos aquí para subir al lugar del cual ha hablado Jehová; porque hemos pecado.

41 Y dijo Moisés: ¿Por qué quebrantáis el mandamiento de Jehová? Esto tampoco os saldrá bien.

42 No subáis, porque Jehová no está en medio de vosotros, no seáis heridos delante de vuestros enemigos.

43 Porque el amalecita y el cananeo están allí delante de vosotros, y caeréis a espada; pues por cuanto os habéis negado a seguir a Jehová, por eso no estará Jehová con vosotros.

44 Sin embargo, se obstinaron en subir a la cima del monte; pero el arca del pacto de Jehová, y Moisés, no se apartaron de en medio del campamento.

45 Y descendieron el amalecita y el cananeo que habitaban en aquel monte, y los hirieron y los derrotaron, persiguiéndolos hasta Horma.

Leyes sobre las ofrendas

15 1 Jehová habló a Moisés, diciendo: 2 Habla a los hijos de Israel, y diles: Cuando hayáis entrado en la tierra de vuestra habitación que yo os doy, 3 y hagáis ofrenda encendida a Jehová, holocausto, o sacrificio, por especial voto, o de vuestra voluntad, o para ofrecer en vuestras fiestas solemnes olor grato a Jehová, de vacas o de ovejas;

4 entonces el que presente su ofrenda a Jehová traerá como ofrenda la décima parte de un efa de flor de harina, amasada con la cuarta parte de un hin de aceite.

5 De vino para la libación ofrecerás la cuarta parte de un hin, además del holocausto o del sacrificio, por cada cordero.

6 Por cada carnero harás ofrenda de dos décimas de flor de harina, amasada con la tercera parte de un hin de aceite;

7 y de vino para la libación ofrecerás la tercera parte de un hin, en olor grato a Jehová.

8 Cuando ofrecieres novillo en holocausto o sacrificio, por especial voto, o de paz a Jehová,

9 ofrecerás con el novillo una ofrenda de tres décimas de flor de harina, amasada con la mitad de un hin de aceite;

10 y de vino para la libación ofrecerás la mitad de un hin, en ofrenda encendida de olor grato a Jehová.

11 Así se hará con cada buey, o carnero, o cordero de las ovejas, o cabrito.

12 Conforme al número así haréis con cada uno, según el número de ellos.

13 Todo natural hará estas cosas así, para ofrecer ofrenda encendida de olor grato a Jehová.

14 Y cuando habitare con vosotros extranjero, o cualquiera que estuviere entre vosotros por vuestras generaciones, si hiciere ofrenda encendida de olor grato a Jehová, como vosotros hiciereis, así hará él.

37 these men responsible for spreading the bad report about the land were struck down and died of a plague before the LORD. 38 Of the men who went to explore the land, only Joshua son of Nun and Caleb son of Jephunneh survived.

39 When Moses reported this to all the Israelites, they mourned bitterly. 40 Early the next morning they went up toward the high hill country. "We have sinned," they said. "We will go up to the place the LORD promised."

41 But Moses said, "Why are you disobeying the LORD's command? This will not succeed! 42 Do not go up, because the LORD is not with you. You will be defeated by your enemies, 43 for the Amalekites and Canaanites will face you there. Because you have turned away from the LORD, he will not be with you and you will fall by the sword."

44 Nevertheless, in their presumption they went up toward the high hill country, though neither Moses nor the ark of the LORD's covenant moved from the camp. 45 Then the Amalekites and Canaanites who lived in that hill country came down and attacked them and beat them down all the way to Hormah.

Supplementary Offerings

15 The LORD said to Moses, 2 "Speak to the Israelites and say to them: 'After you enter the land I am giving you as a home 3 and you present to the LORD offerings made by fire, from the herd or the flock, as an aroma pleasing to the LORD—whether burnt offerings or sacrifices, for special vows or freewill offerings or festival offerings— 4 then the one who brings his offering shall present to the LORD a grain offering of a tenth of an ephah *e* of fine flour mixed with a quarter of a hin *f* of oil. 5 With each lamb for the burnt offering or the sacrifice, prepare a quarter of a hin of wine as a drink offering.

6 "'With a ram prepare a grain offering of two-tenths of an ephah *g* of fine flour mixed with a third of a hin *h* of oil, 7 and a third of a hin of wine as a drink offering. Offer it as an aroma pleasing to the LORD.

8 "'When you prepare a young bull as a burnt offering or sacrifice, for a special vow or a fellowship offering *i* to the LORD, 9 bring with the bull a grain offering of three-tenths of an ephah *j* of fine flour mixed with half a hin *k* of oil. 10 Also bring half a hin of wine as a drink offering. It will be an offering made by fire, an aroma pleasing to the LORD. 11 Each bull or ram, each lamb or young goat, is to be prepared in this manner. 12 Do this for each one, for as many as you prepare.

13 "'Everyone who is native-born must do these things in this way when he brings an offering made by fire as an aroma pleasing to the LORD. 14 For the generations to come, whenever an alien or anyone else living among you presents an offering made by fire as an aroma pleasing to the LORD, he must do exactly as you do. 15 The community is to have the same rules for you

---

e4 That is, probably about 2 quarts (about 2 liters)   *f4* That is, probably about 1 quart (about 1 liter); also in verse 5   *g6* That is, probably about 4 quarts (about 4.5 liters)   *h6* That is, probably about 1 1/4 quarts (about 1.2 liters); also in verse 7   *i8* Traditionally *peace offering*   *j9* That is, probably about 6 quarts (about 6.5 liters)   *k9* That is, probably about 2 quarts (about 2 liters); also in verse 10

15 Un mismo estatuto tendréis vosotros de la congregación y el extranjero que con vosotros mora; será estatuto perpetuo por vuestras generaciones; como vosotros, así será el extranjero delante de Jehová.

16 Una misma ley y un mismo decreto tendréis, vosotros y el extranjero que con vosotros mora.

17 También habló Jehová a Moisés, diciendo:

18 Habla a los hijos de Israel, y diles: Cuando hayáis entrado en la tierra a la cual yo os llevo,

19 cuando comencéis a comer del pan de la tierra, ofreceréis ofrenda a Jehová.

20 De lo primero que amaséis, ofreceréis una torta en ofrenda; como la ofrenda de la era, así la ofreceréis.

21 De las primicias de vuestra masa daréis a Jehová ofrenda por vuestras generaciones.

22 Y cuando errareis, y no hiciereis todos estos mandamientos que Jehová ha dicho a Moisés,

23 todas las cosas que Jehová os ha mandado por medio de Moisés, desde el día que Jehová lo mandó, y en adelante por vuestras edades,

24 si el pecado fue hecho por yerro con ignorancia de la congregación, toda la congregación ofrecerá un novillo por holocausto en olor grato a Jehová, con su ofrenda y su libación conforme a la ley, y un macho cabrío en expiación.

25 Y el sacerdote hará expiación por toda la congregación de los hijos de Israel; y les será perdonado, porque yerro es; y ellos traerán sus ofrendas, ofrenda encendida a Jehová, y sus expiaciones delante de Jehová por sus yerros.

26 Y será perdonado a toda la congregación de los hijos de Israel, y al extranjero que mora entre ellos, por cuanto es yerro de todo el pueblo.

27 Si una persona pecare por yerro, ofrecerá una cabra de un año para expiación.

28 Y el sacerdote hará expiación por la persona que haya pecado por yerro; cuando pecare por yerro delante de Jehová, la reconciliará, y le será perdonado.

29 El nacido entre los hijos de Israel, y el extranjero que habitare entre ellos, una misma ley tendréis para el que hiciere algo por yerro.

30 Mas la persona que hiciere algo con soberbia, así el natural como el extranjero, ultraja a Jehová; esa persona será cortada de en medio de su pueblo.

31 Por cuanto tuvo en poco la palabra de Jehová, y menospreció su mandamiento, enteramente será cortada esa persona; su iniquidad caerá sobre ella.

Lapidación de un violador del día de reposo

32 Estando los hijos de Israel en el desierto, hallaron a un hombre que recogía leña en día de reposo. *

33 Y los que le hallaron recogiendo leña, lo trajeron a Moisés y a Aarón, y a toda la congregación;

34 y lo pusieron en la cárcel, porque no estaba declarado qué se le había de hacer.

35 Y Jehová dijo a Moisés: Irremisiblemente muera aquel hombre; apedréelo toda la congregación fuera del campamento.

36 Entonces lo sacó la congregación fuera del campamento, y lo apedrearon, y murió, como Jehová mandó a Moisés.

Franjas en los vestidos

37 Y Jehová habló a Moisés, diciendo:

38 Habla a los hijos de Israel, y diles que se hagan franjas en los bordes de sus vestidos, por sus generaciones; y pongan en cada franja de los bordes un cordón de azul.

---

and for the alien living among you; this is a lasting ordinance for the generations to come. You and the alien shall be the same before the LORD: 16The same laws and regulations will apply both to you and to the alien living among you.' "

17The LORD said to Moses, 18"Speak to the Israelites and say to them: 'When you enter the land to which I am taking you 19and you eat the food of the land, present a portion as an offering to the LORD. 20Present a cake from the first of your ground meal and present it as an offering from the threshing floor. 21Throughout the generations to come you are to give this offering to the LORD from the first of your ground meal.

Offerings for Unintentional Sins

22 'Now if you unintentionally fail to keep any of these commands the LORD gave Moses — 23any of the LORD's commands to you through him, from the day the LORD gave them and continuing through the generations to come — 24and if this is done unintentionally without the community being aware of it, then the whole community is to offer a young bull for a burnt offering as an aroma pleasing to the LORD, along with its prescribed grain offering and drink offering, and a male goat for a sin offering. 25The priest is to make atonement for the whole Israelite community, and they will be forgiven, for it was not intentional and they have brought to the LORD for their wrong an offering made by fire and a sin offering. 26The whole Israelite community and the aliens living among them will be forgiven, because all the people were involved in the unintentional wrong.

27 'But if just one person sins unintentionally, he must bring a year-old female goat for a sin offering. 28The priest is to make atonement before the LORD for the one who erred by sinning unintentionally, and when atonement has been made for him, he will be forgiven. 29One and the same law applies to everyone who sins unintentionally, whether he is a native-born Israelite or an alien.

30 'But anyone who sins defiantly, whether native-born or alien, blasphemes the LORD, and that person must be cut off from his people. 31Because he has despised the LORD's word and broken his commands, that person must surely be cut off; his guilt remains on him.' "

The Sabbath-Breaker Put to Death

32While the Israelites were in the desert, a man was found gathering wood on the Sabbath day. 33Those who found him gathering wood brought him to Moses and Aaron and the whole assembly, 34and they kept him in custody, because it was not clear what should be done to him. 35Then the LORD said to Moses, "The man must die. The whole assembly must stone him outside the camp." 36So the assembly took him outside the camp and stoned him to death, as the LORD commanded Moses.

Tassels on Garments

37The LORD said to Moses, 38"Speak to the Israelites and say to them: 'Throughout the generations to come

---

*Aquí equivale a *sábado*

39 Y os servirá de franja, para que cuando lo veáis os acordéis de todos los mandamientos de Jehová, para ponerlos por obra; y no miréis en pos de vuestro corazón y de vuestros ojos, en pos de los cuales os prostituyáis.

40 Para que os acordéis, y hagáis todos mis mandamientos, y seáis santos a vuestro Dios.

41 Yo Jehová vuestro Dios, que os saqué de la tierra de Egipto, para ser vuestro Dios. Yo Jehová vuestro Dios.

La rebelión de Coré

16 1 Coré hijo de Izhar, hijo de Coat, hijo de Leví, y Datán y Abiram hijos de Eliab, y On hijo de Pelet, de los hijos de Rubén, tomaron gente,

2 y se levantaron contra Moisés con doscientos cincuenta varones de los hijos de Israel, príncipes de la congregación, de los del consejo, varones de renombre.

3 Y se juntaron contra Moisés y Aarón y les dijeron: ¡Basta ya de vosotros! Porque toda la congregación, todos ellos son santos, y en medio de ellos está Jehová; ¿por qué, pues, os levantáis vosotros sobre la congregación de Jehová?

4 Cuando oyó esto Moisés, se postró sobre su rostro;

5 y habló a Coré y a todo su séquito, diciendo: Mañana mostrará Jehová quién es suyo, y quién es santo, y hará que se acerque a él; al que él escogiere, él lo acercará a sí.

6 Haced esto: tomaos incensarios, Coré y todo su séquito,

7 y poned fuego en ellos, y poned en ellos incienso delante de Jehová mañana; y el varón a quien Jehová escogiere, aquel será el santo; esto os baste, hijos de Leví.

8 Dijo más Moisés a Coré: Oíd ahora, hijos de Leví:

9 ¿Os es poco que el Dios de Israel os haya apartado de la congregación de Israel, acercándoos a él para que ministréis en el servicio del tabernáculo de Jehová, y estéis delante de la congregación para ministrarles,

10 y que te hizo acercar a ti, y a todos tus hermanos los hijos de Leví contigo? ¿Procuráis también el sacerdocio?

11 Por tanto, tú y todo tu séquito sois los que os juntáis contra Jehová; pues Aarón, ¿qué es, para que contra él murmuréis?

12 Y envió Moisés a llamar a Datán y Abiram, hijos de Eliab; mas ellos respondieron: No iremos allá.

13 ¿Es poco que nos hayas hecho venir de una tierra que destila leche y miel, para hacernos morir en el desierto, sino que también te enseñorees de nosotros imperiosamente?

14 Ni tampoco nos has metido tú en tierra que fluya leche y miel, ni nos has dado heredades de tierras y viñas. ¿Sacarás los ojos de estos hombres? No subiremos.

15 Entonces Moisés se enojó en gran manera, y dijo a Jehová: No mires a su ofrenda; ni aun un asno he tomado de ellos, ni a ninguno de ellos he hecho mal.

16 Después dijo Moisés a Coré: Tú y todo tu séquito, poneos mañana delante de Jehová; tú, y ellos, y Aarón;

17 y tomad cada uno su incensario y poned incienso en ellos, y acercaos delante de Jehová cada uno con su incensario, doscientos cincuenta incensarios; tú también, y Aarón, cada uno con su incensario.

18 Y tomó cada uno su incensario, y pusieron en ellos fuego, y echaron en ellos incienso, y se pusieron a la puerta del tabernáculo de reunión con Moisés y Aarón.

19 Ya Coré había hecho juntar contra ellos toda la congregación a la puerta del tabernáculo de reunión; entonces la gloria de Jehová apareció a toda la congregación.

20 Y Jehová habló a Moisés y a Aarón, diciendo:

21 Apartaos de entre esta congregación, y los consumiré en un momento.

you are to make tassels on the corners of your garments, with a blue cord on each tassel. 39 You will have these tassels to look at and so you will remember all the commands of the LORD, that you may obey them and not prostitute yourselves by going after the lusts of your own hearts and eyes. 40 Then you will remember to obey all my commands and will be consecrated to your God. 41 I am the LORD your God, who brought you out of Egypt to be your God. I am the LORD your God.' "

Korah, Dathan and Abiram

16 Korah son of Izhar, the son of Kohath, the son of Levi, and certain Reubenites—Dathan and Abiram, sons of Eliab, and On son of Peleth—became insolent[l] 2 and rose up against Moses. With them were 250 Israelite men, well-known community leaders who had been appointed members of the council. 3 They came as a group to oppose Moses and Aaron and said to them, "You have gone too far! The whole community is holy, every one of them, and the LORD is with them. Why then do you set yourselves above the LORD's assembly?"

4 When Moses heard this, he fell facedown. 5 Then he said to Korah and all his followers: "In the morning the LORD will show who belongs to him and who is holy, and he will have that person come near him. The man he chooses he will cause to come near him. 6 You, Korah, and all your followers are to do this: Take censers 7 and tomorrow put fire and incense in them before the LORD. The man the LORD chooses will be the one who is holy. You Levites have gone too far!"

8 Moses also said to Korah, "Now listen, you Levites! 9 Isn't it enough for you that the God of Israel has separated you from the rest of the Israelite community and brought you near himself to do the work at the LORD's tabernacle and to stand before the community and minister to them? 10 He has brought you and all your fellow Levites near himself, but now you are trying to get the priesthood too. 11 It is against the LORD that you and all your followers have banded together. Who is Aaron that you should grumble against him?"

12 Then Moses summoned Dathan and Abiram, the sons of Eliab. But they said, "We will not come! 13 Isn't it enough that you have brought us up out of a land flowing with milk and honey to kill us in the desert? And now you also want to lord it over us? 14 Moreover, you haven't brought us into a land flowing with milk and honey or given us an inheritance of fields and vineyards. Will you gouge out the eyes of[m] these men? No, we will not come!"

15 Then Moses became very angry and said to the LORD, "Do not accept their offering. I have not taken so much as a donkey from them, nor have I wronged any of them."

16 Moses said to Korah, "You and all your followers are to appear before the LORD tomorrow—you and they and Aaron. 17 Each man is to take his censer and put incense in it—250 censers in all—and present it before the LORD. You and Aaron are to present your censers also." 18 So each man took his censer, put fire and incense in it, and stood with Moses and Aaron at the entrance to the Tent of Meeting. 19 When Korah had gathered all his followers in opposition to them at the entrance to the Tent of Meeting, the glory of the LORD appeared to the entire assembly. 20 The LORD said

---

l 1 Or Peleth—took ˌmenˌ   m 14 Or you make slaves of; or you deceive

22 Y ellos se postraron sobre sus rostros, y dijeron: Dios, Dios de los espíritus de toda carne, ¿no es un solo hombre el que pecó? ¿Por qué airarte contra toda la congregación? 23 Entonces Jehová habló a Moisés, diciendo: 24 Habla a la congregación y diles: Apartaos de en derredor de la tienda de Coré, Datán y Abiram.

25 Entonces Moisés se levantó y fue a Datán y a Abiram, y los ancianos de Israel fueron en pos de él. 26 Y él habló a la congregación, diciendo: Apartaos ahora de las tiendas de estos hombres impíos, y no toquéis ninguna cosa suya, para que no perezcáis en todos sus pecados. 27 Y se apartaron de las tiendas de Coré, de Datán y de Abiram en derredor; y Datán y Abiram salieron y se pusieron a las puertas de sus tiendas, con sus mujeres, sus hijos y sus pequeñuelos. 28 Y dijo Moisés: En esto conoceréis que Jehová me ha enviado para que hiciese todas estas cosas, y que no las hice de mi propia voluntad. 29 Si como mueren todos los hombres murieren éstos, o si ellos al ser visitados siguen la suerte de todos los hombres, Jehová no me envió. 30 Mas si Jehová hiciere algo nuevo, y la tierra abriere su boca y los tragare con todas sus cosas, y descendieren vivos al Seol, entonces conoceréis que estos hombres irritaron a Jehová.

31 Y aconteció que cuando cesó él de hablar todas estas palabras, se abrió la tierra que estaba debajo de ellos. 32 Abrió la tierra su boca, y los tragó a ellos, a sus casas, a todos los hombres de Coré, y a todos sus bienes. 33 Y ellos, con todo lo que tenían, descendieron vivos al Seol, y los cubrió la tierra, y perecieron de en medio de la congregación. 34 Y todo Israel, los que estaban en derredor de ellos, huyeron al grito de ellos; porque decían: No nos trague también la tierra. 35 También salió fuego de delante de Jehová, y consumió a los doscientos cincuenta hombres que ofrecían el incienso.

36 Entonces Jehová habló a Moisés, diciendo: 37 Dí a Eleazar hijo del sacerdote Aarón, que tome los incensarios de en medio del incendio, y derrame más allá el fuego; porque son santificados 38 los incensarios de estos que pecaron contra sus almas; y harán de ellos planchas batidas para cubrir el altar; por cuanto ofrecieron con ellos delante de Jehová, son santificados, y serán como señal a los hijos de Israel. 39 Y el sacerdote Eleazar tomó los incensarios de bronce con que los quemados habían ofrecido; y los batieron para cubrir el altar, 40 en recuerdo para los hijos de Israel, de que ningún extraño que no sea de la descendencia de Aarón se acerque para ofrecer incienso delante de Jehová, para que no sea como Coré y como su séquito; según se lo dijo Jehová por medio de Moisés.

41 El día siguiente, toda la congregación de los hijos de Israel murmuró contra Moisés y Aarón, diciendo: Vosotros habéis dado muerte al pueblo de Jehová. 42 Y aconteció que cuando se juntó la congregación contra Moisés y Aarón, miraron hacia el tabernáculo de reunión, y he aquí la nube lo había cubierto, y apareció la gloria de Jehová. 43 Y vinieron Moisés y Aarón delante del tabernáculo de reunión. 44 Y Jehová habló a Moisés, diciendo: 45 Apartaos de en medio de esta congregación, y los consumiré en un momento. Y ellos se postraron sobre sus rostros.

to Moses and Aaron, 21 "Separate yourselves from this assembly so I can put an end to them at once."

22 But Moses and Aaron fell facedown and cried out, "O God, God of the spirits of all mankind, will you be angry with the entire assembly when only one man sins?"

23 Then the LORD said to Moses, 24 "Say to the assembly, 'Move away from the tents of Korah, Dathan and Abiram.' "

25 Moses got up and went to Dathan and Abiram, and the elders of Israel followed him. 26 He warned the assembly, "Move back from the tents of these wicked men! Do not touch anything belonging to them, or you will be swept away because of all their sins." 27 So they moved away from the tents of Korah, Dathan and Abiram. Dathan and Abiram had come out and were standing with their wives, children and little ones at the entrances to their tents.

28 Then Moses said, "This is how you will know that the LORD has sent me to do all these things and that it was not my idea: 29 If these men die a natural death and experience only what usually happens to men, then the LORD has not sent me. 30 But if the LORD brings about something totally new, and the earth opens its mouth and swallows them, with everything that belongs to them, and they go down alive into the grave,[n] then you will know that these men have treated the LORD with contempt."

31 As soon as he finished saying all this, the ground under them split apart 32 and the earth opened its mouth and swallowed them, with their households and all Korah's men and all their possessions. 33 They went down alive into the grave, with everything they owned; the earth closed over them, and they perished and were gone from the community. 34 At their cries, all the Israelites around them fled, shouting, "The earth is going to swallow us too!"

35 And fire came out from the LORD and consumed the 250 men who were offering the incense.

36 The LORD said to Moses, 37 "Tell Eleazar son of Aaron, the priest, to take the censers out of the smoldering remains and scatter the coals some distance away, for the censers are holy— 38 the censers of the men who sinned at the cost of their lives. Hammer the censers into sheets to overlay the altar, for they were presented before the LORD and have become holy. Let them be a sign to the Israelites."

39 So Eleazar the priest collected the bronze censers brought by those who had been burned up, and he had them hammered out to overlay the altar, 40 as the LORD directed him through Moses. This was to remind the Israelites that no one except a descendant of Aaron should come to burn incense before the LORD, or he would become like Korah and his followers.

41 The next day the whole Israelite community grumbled against Moses and Aaron. "You have killed the LORD's people," they said.

42 But when the assembly gathered in opposition to Moses and Aaron and turned toward the Tent of Meeting, suddenly the cloud covered it and the glory of the LORD appeared. 43 Then Moses and Aaron went to the front of the Tent of Meeting, 44 and the LORD said to Moses, 45 "Get away from this assembly so I can put an end to them at once." And they fell facedown.

n 30 Hebrew *Sheol*; also in verse 33

46 Y dijo Moisés a Aarón: Toma el incensario, y pon en él fuego del altar, y sobre él pon incienso, y vé pronto a la congregación, y haz expiación por ellos, porque el furor ha salido de la presencia de Jehová; la mortandad ha comenzado.

47 Entonces tomó Aarón el incensario, como Moisés dijo, y corrió en medio de la congregación; y he aquí que la mortandad había comenzado en el pueblo; y él puso incienso, e hizo expiación por el pueblo,

48 y se puso entre los muertos y los vivos; y cesó la mortandad.

49 Y los que murieron en aquella mortandad fueron catorce mil setecientos, sin los muertos por la rebelión de Coré.

50 Después volvió Aarón a Moisés a la puerta del tabernáculo de reunión, cuando la mortandad había cesado.

La vara de Aarón florece

17 1 Luego habló Jehová a Moisés, diciendo: 2 Habla a los hijos de Israel, y toma de ellos una vara por cada casa de los padres, de todos los príncipes de ellos, doce varas conforme a las casas de sus padres; y escribirás el nombre de cada uno sobre su vara.

3 Y escribirás el nombre de Aarón sobre la vara de Leví; porque cada jefe de familia de sus padres tendrá una vara.

4 Y las pondrás en el tabernáculo de reunión delante del testimonio, donde yo me manifestaré a vosotros.

5 Y florecerá la vara del varón que yo escoja, y haré cesar de delante de mí las quejas de los hijos de Israel con que murmuran contra vosotros.

6 Y Moisés habló a los hijos de Israel, y todos los príncipes de ellos le dieron varas; cada príncipe por las casas de sus padres una vara, en total doce varas; y la vara de Aarón estaba entre las varas de ellos.

7 Y Moisés puso las varas delante de Jehová en el tabernáculo del testimonio.

8 Y aconteció que el día siguiente vino Moisés al tabernáculo del testimonio; y he aquí que la vara de Aarón de la casa de Leví había reverdecido, y echado flores, y arrojado renuevos, y producido almendras.

9 Entonces sacó Moisés todas las varas de delante de Jehová a todos los hijos de Israel; y ellos lo vieron, y tomaron cada uno su vara.

10 Y Jehová dijo a Moisés: Vuelve la vara de Aarón delante del testimonio, para que se guarde por señal a los hijos rebeldes; y harás cesar sus quejas de delante de mí, para que no mueran.

11 E hizo Moisés como le mandó Jehová, así lo hizo.

12 Entonces los hijos de Israel hablaron a Moisés, diciendo: He aquí nosotros somos muertos, perdidos somos, todos nosotros somos perdidos.

13 Cualquiera que se acercare, el que viniere al tabernáculo de Jehová, morirá. ¿Acabaremos por perecer todos?

Sostenimiento de sacerdotes y levitas

18 1 Jehová dijo a Aarón: Tú y tus hijos, y la casa de tu padre contigo, llevaréis el pecado del santuario; y tú y tus hijos contigo llevaréis el pecado de vuestro sacerdocio.

2 Y a tus hermanos también, la tribu de Leví, la tribu de tu padre, haz que se acerquen a ti y se junten contigo, y te servirán; y tú y tus hijos contigo serviréis delante del tabernáculo del testimonio.

3 Y guardarán lo que tú ordenes, y el cargo de todo el tabernáculo; mas no se acercarán a los utensilios santos ni al altar, para que no mueran ellos y vosotros.

4 Se juntarán, pues, contigo, y tendrán el cargo del tabernáculo de reunión en todo el servicio del tabernáculo; ningún extraño se ha de acercar a vosotros.

46 Then Moses said to Aaron, "Take your censer and put incense in it, along with fire from the altar, and hurry to the assembly to make atonement for them. Wrath has come out from the LORD; the plague has started." 47 So Aaron did as Moses said, and ran into the midst of the assembly. The plague had already started among the people, but Aaron offered the incense and made atonement for them. 48 He stood between the living and the dead, and the plague stopped. 49 But 14,700 people died from the plague, in addition to those who had died because of Korah. 50 Then Aaron returned to Moses at the entrance to the Tent of Meeting, for the plague had stopped.

The Budding of Aaron's Staff

17 The LORD said to Moses, 2 "Speak to the Israelites and get twelve staffs from them, one from the leader of each of their ancestral tribes. Write the name of each man on his staff. 3 On the staff of Levi write Aaron's name, for there must be one staff for the head of each ancestral tribe. 4 Place them in the Tent of Meeting in front of the Testimony, where I meet with you. 5 The staff belonging to the man I choose will sprout, and I will rid myself of this constant grumbling against you by the Israelites."

6 So Moses spoke to the Israelites, and their leaders gave him twelve staffs, one for the leader of each of their ancestral tribes, and Aaron's staff was among them. 7 Moses placed the staffs before the LORD in the Tent of the Testimony.

8 The next day Moses entered the Tent of the Testimony and saw that Aaron's staff, which represented the house of Levi, had not only sprouted but had budded, blossomed and produced almonds. 9 Then Moses brought out all the staffs from the LORD's presence to all the Israelites. They looked at them, and each man took his own staff.

10 The LORD said to Moses, "Put back Aaron's staff in front of the Testimony, to be kept as a sign to the rebellious. This will put an end to their grumbling against me, so that they will not die." 11 Moses did just as the LORD commanded him.

12 The Israelites said to Moses, "We will die! We are lost, we are all lost! 13 Anyone who even comes near the tabernacle of the LORD will die. Are we all going to die?"

Duties of Priests and Levites

18 The LORD said to Aaron, "You, your sons and your father's family are to bear the responsibility for offenses against the sanctuary, and you and your sons alone are to bear the responsibility for offenses against the priesthood. 2 Bring your fellow Levites from your ancestral tribe to join you and assist you when you and your sons minister before the Tent of the Testimony. 3 They are to be responsible to you and are to perform all the duties of the Tent, but they must not go near the furnishings of the sanctuary or the altar, or both they and you will die. 4 They are to join you and be responsible for the care of the Tent of Meeting—all the work at the Tent—and no one else may come near where you are.

5 Y tendréis el cuidado del santuario, y el cuidado del altar, para que no venga más la ira sobre los hijos de Israel. 6 Porque he aquí, yo he tomado a vuestros hermanos los levitas de entre los hijos de Israel, dados a vosotros en don de Jehová, para que sirvan en el ministerio del tabernáculo de reunión.

7 Mas tú y tus hijos contigo guardaréis vuestro sacerdocio en todo lo relacionado con el altar, y del velo adentro, y ministraréis. Yo os he dado en don el servicio de vuestro sacerdocio; y el extraño que se acerque, morirá.

8 Dijo más Jehová a Aarón: He aquí yo te he dado también el cuidado de mis ofrendas; todas las cosas consagradas de los hijos de Israel te he dado por razón de la unción, y a tus hijos, por estatuto perpetuo. 9 Esto será tuyo de la ofrenda de las cosas santas, reservadas del fuego; toda ofrenda de ellos, todo presente suyo, y toda expiación por el pecado de ellos, y toda expiación por la culpa de ellos, que me han de presentar, será cosa muy santa para ti y para tus hijos. 10 En el santuario la comerás; todo varón comerá de ella; cosa santa será para ti. 11 Esto también será tuyo: la ofrenda elevada de sus dones, y todas las ofrendas mecidas de los hijos de Israel, he dado a ti y a tus hijos y a tus hijas contigo, por estatuto perpetuo; todo limpio en tu casa comerá de ellas. 12 De aceite, de mosto y de trigo, todo lo más escogido, las primicias de ello, que presentarán a Jehová, para ti las he dado. 13 Las primicias de todas las cosas de la tierra de ellos, las cuales traerán a Jehová, serán tuyas; todo limpio en tu casa comerá de ellas. 14 Todo lo consagrado por voto en Israel será tuyo. 15 Todo lo que abre matriz, de toda carne que ofrecerán a Jehová, así de hombres como de animales, será tuyo; pero harás que se redima el primogénito del hombre; también harás redimir el primogénito de animal inmundo. 16 De un mes harás efectuar el rescate de ellos, conforme a tu estimación, por el precio de cinco siclos, conforme al siclo del santuario, que es de veinte geras.

17 Mas el primogénito de vaca, el primogénito de oveja y el primogénito de cabra, no redimirás; santificados son; la sangre de ellos rociarás sobre el altar, y quemarás la grosura de ellos, ofrenda encendida en olor grato a Jehová. 18 Y la carne de ellos será tuya; como el pecho de la ofrenda mecida y como la espaldilla derecha, será tuya. 19 Todas las ofrendas elevadas de las cosas santas, que los hijos de Israel ofrecieren a Jehová, las he dado para ti, y para tus hijos y para tus hijas contigo, por estatuto perpetuo; pacto de sal perpetuo es delante de Jehová para ti y para tu descendencia contigo.

20 Y Jehová dijo a Aarón: De la tierra de ellos no tendrás heredad, ni entre ellos tendrás parte. Yo soy tu parte y tu heredad en medio de los hijos de Israel.

21 Y he aquí yo he dado a los hijos de Leví todos los diezmos en Israel por heredad, por su ministerio, por cuanto ellos sirven en el ministerio del tabernáculo de reunión. 22 Y no se acercarán más los hijos de Israel al tabernáculo de reunión, para que no lleven pecado por el cual mueran. 23 Mas los levitas harán el servicio del tabernáculo de reunión, y ellos llevarán su iniquidad; estatuto perpetuo para vuestros descendientes; y no poseerán heredad entre los hijos de Israel.

5 "You are to be responsible for the care of the sanctuary and the altar, so that wrath will not fall on the Israelites again. 6 I myself have selected your fellow Levites from among the Israelites as a gift to you, dedicated to the LORD to do the work at the Tent of Meeting. 7 But only you and your sons may serve as priests in connection with everything at the altar and inside the curtain. I am giving you the service of the priesthood as a gift. Anyone else who comes near the sanctuary must be put to death."

Offerings for Priests and Levites

8 Then the LORD said to Aaron, "I myself have put you in charge of the offerings presented to me; all the holy offerings the Israelites give me I give to you and your sons as your portion and regular share. 9 You are to have the part of the most holy offerings that is kept from the fire. From all the gifts they bring me as most holy offerings, whether grain or sin or guilt offerings, that part belongs to you and your sons. 10 Eat it as something most holy; every male shall eat it. You must regard it as holy.

11 "This also is yours: whatever is set aside from the gifts of all the wave offerings of the Israelites. I give this to you and your sons and daughters as your regular share. Everyone in your household who is ceremonially clean may eat it.

12 "I give you all the finest olive oil and all the finest new wine and grain they give the LORD as the firstfruits of their harvest. 13 All the land's firstfruits that they bring to the LORD will be yours. Everyone in your household who is ceremonially clean may eat it.

14 "Everything in Israel that is devoted*o* to the LORD is yours. 15 The first offspring of every womb, both man and animal, that is offered to the LORD is yours. But you must redeem every firstborn son and every firstborn male of unclean animals. 16 When they are a month old, you must redeem them at the redemption price set at five shekels*p* of silver, according to the sanctuary shekel, which weighs twenty gerahs.

17 "But you must not redeem the firstborn of an ox, a sheep or a goat; they are holy. Sprinkle their blood on the altar and burn their fat as an offering made by fire, an aroma pleasing to the LORD. 18 Their meat is to be yours, just as the breast of the wave offering and the right thigh are yours. 19 Whatever is set aside from the holy offerings the Israelites present to the LORD I give to you and your sons and daughters as your regular share. It is an everlasting covenant of salt before the LORD for both you and your offspring."

20 The LORD said to Aaron, "You will have no inheritance in their land, nor will you have any share among them; I am your share and your inheritance among the Israelites.

21 "I give to the Levites all the tithes in Israel as their inheritance in return for the work they do while serving at the Tent of Meeting. 22 From now on the Israelites must not go near the Tent of Meeting, or they will bear the consequences of their sin and will die. 23 It is the Levites who are to do the work at the Tent of Meeting and bear the responsibility for offenses against it. This is a lasting ordinance for the generations to come. They will receive no inheritance among the

---

o14 The Hebrew term refers to the irrevocable giving over of things or persons to the LORD.   *p16* That is, about 2 ounces (about 55 grams)

24 Porque a los levitas he dado por heredad los diezmos de los hijos de Israel, que ofrecerán a Jehová en ofrenda; por lo cual les he dicho: Entre los hijos de Israel no poseerán heredad.

25 Y habló Jehová a Moisés, diciendo:

26 Así hablarás a los levitas, y les dirás: Cuando toméis de los hijos de Israel los diezmos que os he dado de ellos por vuestra heredad, vosotros presentaréis de ellos en ofrenda mecida a Jehová el diezmo de los diezmos.

27 Y se os contará vuestra ofrenda como grano de la era, y como producto del lagar.

28 Así ofreceréis también vosotros ofrenda a Jehová de todos vuestros diezmos que recibáis de los hijos de Israel; y daréis de ellos la ofrenda de Jehová al sacerdote Aarón.

29 De todos vuestros dones ofreceréis toda ofrenda a Jehová; de todo lo mejor de ellos ofreceréis la porción que ha de ser consagrada.

30 Y les dirás: Cuando ofreciereis lo mejor de ellos, será contado a los levitas como producto de la era, y como producto del lagar.

31 Y lo comeréis en cualquier lugar, vosotros y vuestras familias; pues es vuestra remuneración por vuestro ministerio en el tabernáculo de reunión.

32 Y no llevaréis pecado por ello, cuando hubiereis ofrecido la mejor parte de él; y no contaminaréis las cosas santas de los hijos de Israel, y no moriréis.

Israelites. 24 Instead, I give to the Levites as their inheritance the tithes that the Israelites present as an offering to the LORD. That is why I said concerning them: 'They will have no inheritance among the Israelites.' "

25 The LORD said to Moses, 26 "Speak to the Levites and say to them: 'When you receive from the Israelites the tithe I give you as your inheritance, you must present a tenth of that tithe as the LORD's offering. 27 Your offering will be reckoned to you as grain from the threshing floor or juice from the winepress. 28 In this way you also will present an offering to the LORD from all the tithes you receive from the Israelites. From these tithes you must give the LORD's portion to Aaron the priest. 29 You must present as the LORD's portion the best and holiest part of everything given to you.'

30 "Say to the Levites: 'When you present the best part, it will be reckoned to you as the product of the threshing floor or the winepress. 31 You and your households may eat the rest of it anywhere, for it is your wages for your work at the Tent of Meeting. 32 By presenting the best part of it you will not be guilty in this matter; then you will not defile the holy offerings of the Israelites, and you will not die.' "

La purificación de los inmundos

19 1 Jehová habló a Moisés y a Aarón, diciendo: 2 Esta es la ordenanza de la ley que Jehová ha prescrito, diciendo: Dí a los hijos de Israel que te traigan una vaca alazana, perfecta, en la cual no haya falta, sobre la cual no se haya puesto yugo;

3 y la daréis a Eleazar el sacerdote, y él la sacará fuera del campamento, y la hará degollar en su presencia.

4 Y Eleazar el sacerdote tomará de la sangre con su dedo, y rociará hacia la parte delantera del tabernáculo de reunión con la sangre de ella siete veces;

5 y hará quemar la vaca ante sus ojos; su cuero y su carne y su sangre, con su estiércol, hará quemar.

6 Luego tomará el sacerdote madera de cedro, e hisopo, y escarlata, y lo echará en medio del fuego en que arde la vaca.

7 El sacerdote lavará luego sus vestidos, lavará también su cuerpo con agua, y después entrará en el campamento; y será inmundo el sacerdote hasta la noche.

8 Asimismo el que la quemó lavará sus vestidos en agua, también lavará en agua su cuerpo, y será inmundo hasta la noche.

9 Y un hombre limpio recogerá las cenizas de la vaca y las pondrá fuera del campamento en lugar limpio, y las guardará la congregación de los hijos de Israel para el agua de purificación; es una expiación.

10 Y el que recogió las cenizas de la vaca lavará sus vestidos, y será inmundo hasta la noche; y será estatuto perpetuo para los hijos de Israel, y para el extranjero que mora entre ellos.

11 El que tocare cadáver de cualquier persona será inmundo siete días.

12 Al tercer día se purificará con aquella agua, y al séptimo día será limpio; y si al tercer día no se purificare, no será limpio al séptimo día.

13 Todo aquel que tocare cadáver de cualquier persona, y no se purificare, el tabernáculo de Jehová contaminó, y aquella persona será cortada de Israel; por cuanto el agua de la purificación no fue rociada sobre él, inmundo será, y su inmundicia será sobre él.

The Water of Cleansing

19 The LORD said to Moses and Aaron: 2 "This is a requirement of the law that the LORD has commanded: Tell the Israelites to bring you a red heifer without defect or blemish and that has never been under a yoke. 3 Give it to Eleazar the priest; it is to be taken outside the camp and slaughtered in his presence. 4 Then Eleazar the priest is to take some of its blood on his finger and sprinkle it seven times toward the front of the Tent of Meeting. 5 While he watches, the heifer is to be burned—its hide, flesh, blood and offal. 6 The priest is to take some cedar wood, hyssop and scarlet wool and throw them onto the burning heifer. 7 After that, the priest must wash his clothes and bathe himself with water. He may then come into the camp, but he will be ceremonially unclean till evening. 8 The man who burns it must also wash his clothes and bathe with water, and he too will be unclean till evening.

9 "A man who is clean shall gather up the ashes of the heifer and put them in a ceremonially clean place outside the camp. They shall be kept by the Israelite community for use in the water of cleansing; it is for purification from sin. 10 The man who gathers up the ashes of the heifer must also wash his clothes, and he too will be unclean till evening. This will be a lasting ordinance both for the Israelites and for the aliens living among them.

11 "Whoever touches the dead body of anyone will be unclean for seven days. 12 He must purify himself with the water on the third day and on the seventh day; then he will be clean. But if he does not purify himself on the third and seventh days, he will not be clean. 13 Whoever touches the dead body of anyone and fails to purify himself defiles the LORD's tabernacle. That person must be cut off from Israel. Because the water of cleansing has not been sprinkled on him, he is unclean; his uncleanness remains on him.

14 Esta es la ley para cuando alguno muera en la tienda: cualquiera que entre en la tienda, y todo el que esté en ella, será inmundo siete días.

15 Y toda vasija abierta, cuya tapa no esté bien ajustada, será inmunda;

16 y cualquiera que tocare algún muerto a espada sobre la faz del campo, o algún cadáver, o hueso humano, o sepulcro, siete días será inmundo.

17 Y para el inmundo tomarán de la ceniza de la vaca quemada de la expiación, y echarán sobre ella agua corriente en un recipiente;

18 y un hombre limpio tomará hisopo, y lo mojará en el agua, y rociará sobre la tienda, sobre todos los muebles, sobre las personas que allí estuvieren, y sobre aquel que hubiere tocado el hueso, o el asesinado, o el muerto, o el sepulcro.

19 Y el limpio rociará sobre el inmundo al tercero y al séptimo día; y cuando lo haya purificado al día séptimo, él lavará luego sus vestidos, y a sí mismo se lavará con agua, y será limpio a la noche.

20 Y el que fuere inmundo, y no se purificare, la tal persona será cortada de entre la congregación, por cuanto contaminó el tabernáculo de Jehová; no fue rociada sobre él el agua de la purificación; es inmundo.

21 Les será estatuto perpetuo; también el que rociare el agua de la purificación lavará sus vestidos; y el que tocare el agua de la purificación será inmundo hasta la noche.

22 Y todo lo que el inmundo tocare, será inmundo; y la persona que lo tocare será inmunda hasta la noche.

Agua de la roca

20 1 Llegaron los hijos de Israel, toda la congregación, al desierto de Zin, en el mes primero, y acampó el pueblo en Cades; y allí murió María, y allí fue sepultada.

2 Y porque no había agua para la congregación, se juntaron contra Moisés y Aarón.

3 Y habló el pueblo contra Moisés, diciendo: ¡Ojalá hubiéramos muerto cuando perecieron nuestros hermanos delante de Jehová!

4 ¿Por qué hiciste venir la congregación de Jehová a este desierto, para que muramos aquí nosotros y nuestras bestias?

5 ¿Y por qué nos has hecho subir de Egipto, para traernos a este mal lugar? No es lugar de sementera, de higueras, de viñas ni de granadas; ni aun de agua para beber.

6 Y se fueron Moisés y Aarón de delante de la congregación a la puerta del tabernáculo de reunión, y se postraron sobre sus rostros; y la gloria de Jehová apareció sobre ellos.

7 Y habló Jehová a Moisés, diciendo:

8 Toma la vara, y reúne la congregación, tú y Aarón tu hermano, y hablad a la peña a vista de ellos; y ella dará su agua, y les sacarás aguas de la peña, y darás de beber a la congregación y a sus bestias.

9 Entonces Moisés tomó la vara de delante de Jehová, como él le mandó.

10 Y reunieron Moisés y Aarón a la congregación delante de la peña, y les dijo: ¡Oíd ahora, rebeldes! ¿Os hemos de hacer salir aguas de esta peña?

11 Entonces alzó Moisés su mano y golpeó la peña con su vara dos veces; y salieron muchas aguas, y bebió la congregación, y sus bestias.

12 Y Jehová dijo a Moisés y a Aarón: Por cuanto no creísteis en mí, para santificarme delante de los hijos de Israel, por tanto, no meteréis esta congregación en la tierra que les he dado.

14 "This is the law that applies when a person dies in a tent: Anyone who enters the tent and anyone who is in it will be unclean for seven days, 15 and every open container without a lid fastened on it will be unclean.

16 "Anyone out in the open who touches someone who has been killed with a sword or someone who has died a natural death, or anyone who touches a human bone or a grave, will be unclean for seven days.

17 "For the unclean person, put some ashes from the burned purification offering into a jar and pour fresh water over them. 18 Then a man who is ceremonially clean is to take some hyssop, dip it in the water and sprinkle the tent and all the furnishings and the people who were there. He must also sprinkle anyone who has touched a human bone or a grave or someone who has been killed or someone who has died a natural death. 19 The man who is clean is to sprinkle the unclean person on the third and seventh days, and on the seventh day he is to purify him. The person being cleansed must wash his clothes and bathe with water, and that evening he will be clean. 20 But if a person who is unclean does not purify himself, he must be cut off from the community, because he has defiled the sanctuary of the LORD. The water of cleansing has not been sprinkled on him, and he is unclean. 21 This is a lasting ordinance for them.

"The man who sprinkles the water of cleansing must also wash his clothes, and anyone who touches the water of cleansing will be unclean till evening. 22 Anything that an unclean person touches becomes unclean, and anyone who touches it becomes unclean till evening."

Water From the Rock

20 In the first month the whole Israelite community arrived at the Desert of Zin, and they stayed at Kadesh. There Miriam died and was buried.

2 Now there was no water for the community, and the people gathered in opposition to Moses and Aaron. 3 They quarreled with Moses and said, "If only we had died when our brothers fell dead before the LORD! 4 Why did you bring the LORD's community into this desert, that we and our livestock should die here? 5 Why did you bring us up out of Egypt to this terrible place? It has no grain or figs, grapevines or pomegranates. And there is no water to drink!"

6 Moses and Aaron went from the assembly to the entrance to the Tent of Meeting and fell facedown, and the glory of the LORD appeared to them. 7 The LORD said to Moses, 8 "Take the staff, and you and your brother Aaron gather the assembly together. Speak to that rock before their eyes and it will pour out its water. You will bring water out of the rock for the community so they and their livestock can drink."

9 So Moses took the staff from the LORD's presence, just as he commanded him. 10 He and Aaron gathered the assembly together in front of the rock and Moses said to them, "Listen, you rebels, must we bring you water out of this rock?" 11 Then Moses raised his arm and struck the rock twice with his staff. Water gushed out, and the community and their livestock drank.

12 But the LORD said to Moses and Aaron, "Because you did not trust in me enough to honor me as holy in the sight of the Israelites, you will not bring this community into the land I give them."

13 Estas son las aguas de la rencilla, e por las cuales conten-dieron los hijos de Israel con Jehová, y él se santificó en ellos.

Edom rehúsa dar paso a Israel

14 Envió Moisés embajadores al rey de Edom desde Cades, diciendo: Así dice Israel tu hermano: Tú has sabido todo el trabajo que nos ha venido;

15 cómo nuestros padres descendieron a Egipto, y estuvi-mos en Egipto largo tiempo, y los egipcios nos maltrataron, y a nuestros padres;

16 y clamamos a Jehová, el cual oyó nuestra voz, y envió un ángel, y nos sacó de Egipto; y he aquí estamos en Cades, ciudad cercana a tus fronteras.

17 Te rogamos que pasemos por tu tierra. No pasaremos por labranza, ni por viña, ni beberemos agua de pozos; por el camino real iremos, sin apartarnos a diestra ni a sinies-tra, hasta que hayamos pasado tu territorio.

18 Edom le respondió: No pasarás por mi país; de otra manera, saldré contra ti armado.

19 Y los hijos de Israel dijeron: Por el camino principal iremos; y si bebiéremos tus aguas yo y mis ganados, daré el precio de ellas; déjame solamente pasar a pie, nada más.

20 Pero él respondió: No pasarás. Y salió Edom contra él con mucho pueblo, y mano fuerte.

21 No quiso, pues, Edom dejar pasar a Israel por su territo-rio, y se desvió Israel de él.

Aarón muere en el Monte Hor

22 Y partiendo de Cades los hijos de Israel, toda aquella congregación, vinieron al monte de Hor.

23 Y Jehová habló a Moisés y a Aarón en el monte de Hor, en la frontera de la tierra de Edom, diciendo:

24 Aarón será reunido a su pueblo, pues no entrará en la tierra que yo di a los hijos de Israel, por cuanto fuisteis rebeldes a mi mandamiento en las aguas de la rencilla.

25 Toma a Aarón y a Eleazar su hijo, y hazlos subir al monte de Hor,

26 y desnuda a Aarón de sus vestiduras, y viste con ellas a Eleazar su hijo; porque Aarón será reunido a su pueblo, y allí morirá.

27 Y Moisés hizo como Jehová le mandó; y subieron al monte de Hor a la vista de toda la congregación.

28 Y Moisés desnudó a Aarón de sus vestiduras, y se las vistió a Eleazar su hijo; y Aarón murió allí en la cumbre del monte, y Moisés y Eleazar descendieron del monte.

29 Y viendo toda la congregación que Aarón había muerto, le hicieron duelo por treinta días todas las familias de Israel.

El rey de Arad ataca a Israel

21 1 Cuando el cananeo, el rey de Arad, que habitaba en el Neguev, oyó que venía Israel por el camino de Atarim, peleó contra Israel, y tomó de él prisioneros.

13These were the waters of Meribah, q where the Israelites quarreled with the LORD and where he showed himself holy among them.

Edom Denies Israel Passage

14Moses sent messengers from Kadesh to the king of Edom, saying:

"This is what your brother Israel says: You know about all the hardships that have come upon us. 15Our forefathers went down into Egypt, and we lived there many years. The Egyp-tians mistreated us and our fathers, 16but when we cried out to the LORD, he heard our cry and sent an angel and brought us out of Egypt.

"Now we are here at Kadesh, a town on the edge of your territory. 17Please let us pass through your country. We will not go through any field or vineyard, or drink water from any well. We will travel along the king's highway and not turn to the right or to the left until we have passed through your territory."

18But Edom answered:

"You may not pass through here; if you try, we will march out and attack you with the sword."

19The Israelites replied:

"We will go along the main road, and if we or our livestock drink any of your water, we will pay for it. We only want to pass through on foot — nothing else."

20Again they answered:

"You may not pass through."

Then Edom came out against them with a large and powerful army. 21Since Edom refused to let them go through their territory, Israel turned away from them.

The Death of Aaron

22The whole Israelite community set out from Ka-desh and came to Mount Hor. 23At Mount Hor, near the border of Edom, the LORD said to Moses and Aaron, 24"Aaron will be gathered to his people. He will not enter the land I give the Israelites, because both of you rebelled against my command at the waters of Meribah. 25Get Aaron and his son Eleazar and take them up Mount Hor. 26Remove Aaron's garments and put them on his son Eleazar, for Aaron will be gathered to his people; he will die there."

27Moses did as the LORD commanded: They went up Mount Hor in the sight of the whole community. 28Moses removed Aaron's garments and put them on his son Eleazar. And Aaron died there on top of the mountain. Then Moses and Eleazar came down from the mountain, 29and when the whole community learned that Aaron had died, the entire house of Israel mourned for him thirty days.

Arad Destroyed

21 When the Canaanite king of Arad, who lived in the Negev, heard that Israel was coming along the road to Atharim, he attacked the Israelites and captured some of them. 2Then Israel made this

---

2 Entonces Israel hizo voto a Jehová, y dijo: Si en efecto entregares este pueblo en mi mano, yo destruiré sus ciudades.

3 Y Jehová escuchó la voz de Israel, y entregó al cananeo, y los destruyó a ellos y a sus ciudades; y llamó el nombre de aquel lugar Horma./

La serpiente de bronce

4 Después partieron del monte de Hor, camino del Mar Rojo, para rodear la tierra de Edom; y se desanimó el pueblo por el camino.

5 Y habló el pueblo contra Dios y contra Moisés: ¿Por qué nos hiciste subir de Egipto para que muramos en este desierto? Pues no hay pan ni agua, y nuestra alma tiene fastidio de este pan tan liviano.

6 Y Jehová envió entre el pueblo serpientes ardientes, que mordían al pueblo; y murió mucho pueblo de Israel.

7 Entonces el pueblo vino a Moisés y dijo: Hemos pecado por haber hablado contra Jehová, y contra ti; ruega a Jehová que quite de nosotros estas serpientes. Y Moisés oró por el pueblo.

8 Y Jehová dijo a Moisés: Hazte una serpiente ardiente, y ponla sobre una asta; y cualquiera que fuere mordido y mirare a ella, vivirá.

9 Y Moisés hizo una serpiente de bronce, y la puso sobre una asta; y cuando alguna serpiente mordía a alguno, miraba a la serpiente de bronce, y vivía.

Los israelitas rodean la tierra de Moab

10 Después partieron los hijos de Israel y acamparon en Obot.

11 Y partiendo de Obot, acamparon en Ije-abarim, en el desierto que está enfrente de Moab, al nacimiento del sol.

12 Partieron de allí, y acamparon en el valle de Zered.

13 De allí partieron, y acamparon al otro lado de Arnón, que está en el desierto, y que sale del territorio del amorreo; porque Arnón es límite de Moab, entre Moab y el amorreo.

14 Por tanto se dice en el libro de las batallas de Jehová:
Lo que hizo en el Mar Rojo,
Y en los arroyos de Arnón;

15 Y a la corriente de los arroyos
Que va a parar en Ar,
Y descansa en el límite de Moab.

16 De allí vinieron a Beer:ᵍ este es el pozo del cual Jehová dijo a Moisés: Reúne al pueblo, y les daré agua.

17 Entonces cantó Israel este cántico:
Sube, oh pozo; a él cantad;

18 Pozo, el cual cavaron los señores.
Lo cavaron los príncipes del pueblo,
Y el legislador, con sus báculos.
Del desierto vinieron a Matana,

19 y de Matana a Nahaliel, y de Nahaliel a Bamot;

20 y de Bamot al valle que está en los campos de Moab, y a la cumbre de Pisga, que mira hacia el desierto.

Israel derrota a Sehón

21 Entonces envió Israel embajadores a Sehón rey de los amorreos, diciendo:

vow to the LORD: "If you will deliver these people into our hands, we will totally destroyʳ their cities." 3 The LORD listened to Israel's plea and gave the Canaanites over to them. They completely destroyed them and their towns; so the place was named Hormah.ˢ

The Bronze Snake

4 They traveled from Mount Hor along the route to the Red Sea,ᵗ to go around Edom. But the people grew impatient on the way; 5 they spoke against God and against Moses, and said, "Why have you brought us up out of Egypt to die in the desert? There is no bread! There is no water! And we detest this miserable food!"

6 Then the LORD sent venomous snakes among them; they bit the people and many Israelites died. 7 The people came to Moses and said, "We sinned when we spoke against the LORD and against you. Pray that the LORD will take the snakes away from us." So Moses prayed for the people.

8 The LORD said to Moses, "Make a snake and put it up on a pole; anyone who is bitten can look at it and live." 9 So Moses made a bronze snake and put it up on a pole. Then when anyone was bitten by a snake and looked at the bronze snake, he lived.

The Journey to Moab

10 The Israelites moved on and camped at Oboth. 11 Then they set out from Oboth and camped in Iye Abarim, in the desert that faces Moab toward the sunrise. 12 From there they moved on and camped in the Zered Valley. 13 They set out from there and camped alongside the Arnon, which is in the desert extending into Amorite territory. The Arnon is the border of Moab, between Moab and the Amorites. 14 That is why the Book of the Wars of the LORD says:

". . . Waheb in Suphahᵘ and the ravines,
    the Arnon 15 andᵛ the slopes of the ravines
that lead to the site of Ar
    and lie along the border of Moab."

16 From there they continued on to Beer, the well where the LORD said to Moses, "Gather the people together and I will give them water."

17 Then Israel sang this song:

"Spring up, O well!
    Sing about it,
18 about the well that the princes dug,
    that the nobles of the people sank—
    the nobles with scepters and staffs."

Then they went from the desert to Mattanah, 19 from Mattanah to Nahaliel, from Nahaliel to Bamoth, 20 and from Bamoth to the valley in Moab where the top of Pisgah overlooks the wasteland.

Defeat of Sihon and Og

21 Israel sent messengers to say to Sihon king of the Amorites:

/Esto es, *Destrucción.*   ᵍEsto es, *Pozo.*

ʳ2 The Hebrew term refers to the irrevocable giving over of things or persons to the LORD, often by totally destroying them; also in verse 3.   ˢ3 *Hormah* means *destruction.*   ᵗ4 Hebrew *Yam Suph*; that is, Sea of Reeds   ᵘ14 The meaning of the Hebrew for this phrase is uncertain.   ᵛ14,15 Or *I have been given from Suphah and the ravines / of the Arnon* 15 *to*

22 Pasaré por tu tierra; no nos iremos por los sembrados, ni por las viñas; no beberemos las aguas de los pozos; por el camino real iremos, hasta que pasemos tu territorio.
23 Mas Sehón no dejó pasar a Israel por su territorio, sino que juntó Sehón todo su pueblo y salió contra Israel en el desierto, y vino a Jahaza y peleó contra Israel.
24 Y lo hirió Israel a filo de espada, y tomó su tierra desde Arnón hasta Jaboc, hasta los hijos de Amón; porque la frontera de los hijos de Amón era fuerte.
25 Y tomó Israel todas estas ciudades, y habitó Israel en todas las ciudades del amorreo, en Hesbón y en todas sus aldeas.
26 Porque Hesbón era la ciudad de Sehón rey de los amorreos, el cual había tenido guerra antes con el rey de Moab, y tomado de su poder toda su tierra hasta Arnón.
27 Por tanto dicen los proverbistas:
Venid a Hesbón,
Edifíquese y repárese la ciudad de Sehón.
28 Porque fuego salió de Hesbón,
Y llama de la ciudad de Sehón,
Y consumió a Ar de Moab,
A los señores de las alturas de Arnón.
29 ¡Ay de ti, Moab!
Pereciste, pueblo de Quemos.
Fueron puestos sus hijos en huida,
Y sus hijas en cautividad,
Por Sehón rey de los amorreos.
30 Mas devastamos el reino de ellos;
Pereció Hesbón hasta Dibón,
Y destruimos hasta Nofa y Medeba.

Israel derrota a Og de Basán

31 Así habitó Israel en la tierra del amorreo.
32 También envió Moisés a reconocer a Jazer; y tomaron sus aldeas, y echaron al amorreo que estaba allí.
33 Y volvieron, y subieron camino de Basán; y salió contra ellos Og rey de Basán, él y todo su pueblo, para pelear en Edrei.
34 Entonces Jehová dijo a Moisés: No le tengas miedo, porque en tu mano lo he entregado, a él y a todo su pueblo, y a su tierra; y harás de él como hiciste de Sehón rey de los amorreos, que habitaba en Hesbón.
35 E hirieron a él y a sus hijos, y a toda su gente, sin que le quedara uno, y se apoderaron de su tierra.

Balac manda llamar a Balaam

22 1 Partieron los hijos de Israel, y acamparon en los campos de Moab junto al Jordán, frente a Jericó.
2 Y vio Balac hijo de Zipor todo lo que Israel había hecho al amorreo.
3 Y Moab tuvo gran temor a causa del pueblo, porque era mucho; y se angustió Moab a causa de los hijos de Israel.
4 Y dijo Moab a los ancianos de Madián: Ahora lamerá esta gente todos nuestros contornos, como lame el buey la grama del campo. Y Balac hijo de Zipor era entonces rey de Moab.

22 "Let us pass through your country. We will not turn aside into any field or vineyard, or drink water from any well. We will travel along the king's highway until we have passed through your territory."

23 But Sihon would not let Israel pass through his territory. He mustered his entire army and marched out into the desert against Israel. When he reached Jahaz, he fought with Israel. 24 Israel, however, put him to the sword and took over his land from the Arnon to the Jabbok, but only as far as the Ammonites, because their border was fortified. 25 Israel captured all the cities of the Amorites and occupied them, including Heshbon and all its surrounding settlements. 26 Heshbon was the city of Sihon king of the Amorites, who had fought against the former king of Moab and had taken from him all his land as far as the Arnon.
27 That is why the poets say:

"Come to Heshbon and let it be rebuilt;
let Sihon's city be restored.

28 "Fire went out from Heshbon,
a blaze from the city of Sihon.
It consumed Ar of Moab,
the citizens of Arnon's heights.
29 Woe to you, O Moab!
You are destroyed, O people of Chemosh!
He has given up his sons as fugitives
and his daughters as captives
to Sihon king of the Amorites.

30 "But we have overthrown them;
Heshbon is destroyed all the way to Dibon.
We have demolished them as far as Nophah,
which extends to Medeba."

31 So Israel settled in the land of the Amorites.
32 After Moses had sent spies to Jazer, the Israelites captured its surrounding settlements and drove out the Amorites who were there. 33 Then they turned and went up along the road toward Bashan, and Og king of Bashan and his whole army marched out to meet them in battle at Edrei.
34 The LORD said to Moses, "Do not be afraid of him, for I have handed him over to you, with his whole army and his land. Do to him what you did to Sihon king of the Amorites, who reigned in Heshbon."
35 So they struck him down, together with his sons and his whole army, leaving them no survivors. And they took possession of his land.

Balak Summons Balaam

22 Then the Israelites traveled to the plains of Moab and camped along the Jordan across from Jericho. w
2 Now Balak son of Zippor saw all that Israel had done to the Amorites, 3 and Moab was terrified because there were so many people. Indeed, Moab was filled with dread because of the Israelites.
4 The Moabites said to the elders of Midian, "This horde is going to lick up everything around us, as an ox licks up the grass of the field."
So Balak son of Zippor, who was king of Moab at that time, 5 sent messengers to summon Balaam son of

---

w 1 Hebrew *Jordan of Jericho*; possibly an ancient name for the Jordan River

5 Por tanto, envió mensajeros a Balaam hijo de Beor, en Petor, que está junto al río en la tierra de los hijos de su pueblo, para que lo llamasen, diciendo: Un pueblo ha salido de Egipto, y he aquí cubre la faz de la tierra, y habita delante de mí.

6 Ven pues, ahora, te ruego, maldíceme este pueblo, porque es más fuerte que yo; quizá yo pueda herirlo y echarlo de la tierra; pues yo sé que el que tú bendigas será bendito, y el que tú maldigas será maldito.

7 Fueron los ancianos de Moab y los ancianos de Madián con las dádivas de adivinación en su mano, y llegaron a Balaam y le dijeron las palabras de Balac.

8 El les dijo: Reposad aquí esta noche, y yo os daré respuesta según Jehová me hablare. Así los príncipes de Moab se quedaron con Balaam.

9 Y vino Dios a Balaam, y le dijo: ¿Qué varones son estos que están contigo?

10 Y Balaam respondió a Dios: Balac hijo de Zipor, rey de Moab, ha enviado a decirme:

11 He aquí, este pueblo que ha salido de Egipto cubre la faz de la tierra; ven pues, ahora, y maldícemelo; quizá podré pelear contra él y echarlo.

12 Entonces dijo Dios a Balaam: No vayas con ellos, ni maldigas al pueblo, porque bendito es.

13 Así Balaam se levantó por la mañana y dijo a los príncipes de Balac: Volveos a vuestra tierra, porque Jehová no me quiere dejar ir con vosotros.

14 Y los príncipes de Moab se levantaron, y vinieron a Balac y dijeron: Balaam no quiso venir con nosotros.

15 Volvió Balac a enviar otra vez más príncipes, y más honorables que los otros;

16 los cuales vinieron a Balaam, y le dijeron: Así dice Balac, hijo de Zipor: Te ruego que no dejes de venir a mí;

17 porque sin duda te honraré mucho, y haré todo lo que me digas; ven, pues, ahora, maldíceme a este pueblo.

18 Y Balaam respondió y dijo a los siervos de Balac: Aunque Balac me diese su casa llena de plata y oro, no puedo traspasar la palabra de Jehová mi Dios para hacer cosa chica ni grande.

19 Os ruego, por tanto, ahora, que reposéis aquí esta noche, para que yo sepa qué me vuelve a decir Jehová.

20 Y vino Dios a Balaam de noche, y le dijo: Si vinieron para llamarte estos hombres, levántate y vete con ellos; pero harás lo que yo te diga.

El ángel y el asna de Balaam

21 Así Balaam se levantó por la mañana, y enalbardó su asna y fue con los príncipes de Moab.

22 Y la ira de Dios se encendió porque él iba; y el ángel de Jehová se puso en el camino por adversario suyo. Iba, pues, él montado sobre su asna, y con él dos criados suyos.

23 Y el asna vio al ángel de Jehová, que estaba en el camino con su espada desnuda en su mano; y se apartó el asna del camino, e iba por el campo. Entonces azotó Balaam al asna para hacerla volver al camino.

24 Pero el ángel de Jehová se puso en una senda de viñas que tenía pared a un lado y pared al otro.

25 Y viendo el asna al ángel de Jehová, se pegó a la pared, y apretó contra la pared el pie de Balaam; y él volvió a azotarla.

Beor, who was at Pethor, near the River,ˣ in his native land. Balak said:

"A people has come out of Egypt; they cover the face of the land and have settled next to me. 6 Now come and put a curse on these people, because they are too powerful for me. Perhaps then I will be able to defeat them and drive them out of the country. For I know that those you bless are blessed, and those you curse are cursed."

7 The elders of Moab and Midian left, taking with them the fee for divination. When they came to Balaam, they told him what Balak had said.

8 "Spend the night here," Balaam said to them, "and I will bring you back the answer the LORD gives me." So the Moabite princes stayed with him.

9 God came to Balaam and asked, "Who are these men with you?"

10 Balaam said to God, "Balak son of Zippor, king of Moab, sent me this message: 11 'A people that has come out of Egypt covers the face of the land. Now come and put a curse on them for me. Perhaps then I will be able to fight them and drive them away.'"

12 But God said to Balaam, "Do not go with them. You must not put a curse on those people, because they are blessed."

13 The next morning Balaam got up and said to Balak's princes, "Go back to your own country, for the LORD has refused to let me go with you."

14 So the Moabite princes returned to Balak and said, "Balaam refused to come with us."

15 Then Balak sent other princes, more numerous and more distinguished than the first. 16 They came to Balaam and said:

"This is what Balak son of Zippor says: Do not let anything keep you from coming to me, 17 because I will reward you handsomely and do whatever you say. Come and put a curse on these people for me."

18 But Balaam answered them, "Even if Balak gave me his palace filled with silver and gold, I could not do anything great or small to go beyond the command of the LORD my God. 19 Now stay here tonight as the others did, and I will find out what else the LORD will tell me."

20 That night God came to Balaam and said, "Since these men have come to summon you, go with them, but do only what I tell you."

Balaam's Donkey

21 Balaam got up in the morning, saddled his donkey and went with the princes of Moab. 22 But God was very angry when he went, and the angel of the LORD stood in the road to oppose him. Balaam was riding on his donkey, and his two servants were with him. 23 When the donkey saw the angel of the LORD standing in the road with a drawn sword in his hand, she turned off the road into a field. Balaam beat her to get her back on the road.

24 Then the angel of the LORD stood in a narrow path between two vineyards, with walls on both sides. 25 When the donkey saw the angel of the LORD, she pressed close to the wall, crushing Balaam's foot against it. So he beat her again.

ˣ5 That is, the Euphrates

26 Y el ángel de Jehová pasó más allá, y se puso en una angostura donde no había camino para apartarse ni a derecha ni a izquierda. 27 Y viendo el asna al ángel de Jehová, se echó debajo de Balaam; y Balaam se enojó y azotó al asna con un palo. 28 Entonces Jehová abrió la boca al asna, la cual dijo a Balaam: ¿Qué te he hecho, que me has azotado estas tres veces? 29 Y Balaam respondió al asna: Porque te has burlado de mí. ¡Ojalá tuviera espada en mi mano, que ahora te mataría! 30 Y el asna dijo a Balaam: ¿No soy yo tu asna? Sobre mí has cabalgado desde que tú me tienes hasta este día; ¿he acostumbrado hacerlo así contigo? Y él respondió: No.

31 Entonces Jehová abrió los ojos de Balaam, y vio al ángel de Jehová que estaba en el camino, y tenía su espada desnuda en su mano. Y Balaam hizo reverencia, y se inclinó sobre su rostro. 32 Y el ángel de Jehová le dijo: ¿Por qué has azotado tu asna estas tres veces? He aquí yo he salido para resistirte, porque tu camino es perverso delante de mí. 33 El asna me ha visto, y se ha apartado luego de delante de mí estas tres veces; y si de mí no se hubiera apartado, yo también ahora te mataría a ti, y a ella dejaría viva. 34 Entonces Balaam dijo al ángel de Jehová: He pecado, porque no sabía que tú te ponías delante de mí en el camino; mas ahora, si te parece mal, yo me volveré. 35 Y el ángel de Jehová dijo a Balaam: Vé con esos hombres; pero la palabra que yo te diga, esa hablarás. Así Balaam fue con los príncipes de Balac.

36 Oyendo Balac que Balaam venía, salió a recibirlo a la ciudad de Moab, que está junto al límite de Arnón, que está al extremo de su territorio. 37 Y Balac dijo a Balaam: ¿No envié yo a llamarte? ¿Por qué no has venido a mí? ¿No puedo yo honrarte? 38 Balaam respondió a Balac: He aquí yo he venido a ti; mas ¿podré ahora hablar alguna cosa? La palabra que Dios pusiere en mi boca, esa hablaré. 39 Y fue Balaam con Balac, y vinieron a Quiriat-huzot. 40 Y Balac hizo matar bueyes y ovejas, y envió a Balaam, y a los príncipes que estaban con él.

Balaam bendice a Israel

41 El día siguiente, Balac tomó a Balaam y lo hizo subir a Bamot-baal, y desde allí vio a los más cercanos del pueblo.

23 1 Y Balaam dijo a Balac: Edifícame aquí siete altares, y prepárame aquí siete becerros y siete carneros. 2 Balac hizo como le dijo Balaam; y ofrecieron Balac y Balaam un becerro y un carnero en cada altar. 3 Y Balaam dijo a Balac: Ponte junto a tu holocausto, y yo iré; quizá Jehová me vendrá al encuentro, y cualquiera cosa que me mostrare, te avisaré. Y se fue a un monte descubierto. 4 Y vino Dios al encuentro de Balaam, y éste le dijo: Siete altares he ordenado, y en cada altar he ofrecido un becerro y un carnero. 5 Y Jehová puso palabra en la boca de Balaam, y le dijo: Vuelve a Balac, y dile así. 6 Y volvió a él, y he aquí estaba él junto a su holocausto, él y todos los príncipes de Moab.

26 Then the angel of the LORD moved on ahead and stood in a narrow place where there was no room to turn, either to the right or to the left. 27 When the donkey saw the angel of the LORD, she lay down under Balaam, and he was angry and beat her with his staff. 28 Then the LORD opened the donkey's mouth, and she said to Balaam, "What have I done to you to make you beat me these three times?"

29 Balaam answered the donkey, "You have made a fool of me! If I had a sword in my hand, I would kill you right now."

30 The donkey said to Balaam, "Am I not your own donkey, which you have always ridden, to this day? Have I been in the habit of doing this to you?"

"No," he said.

31 Then the LORD opened Balaam's eyes, and he saw the angel of the LORD standing in the road with his sword drawn. So he bowed low and fell facedown.

32 The angel of the LORD asked him, "Why have you beaten your donkey these three times? I have come here to oppose you because your path is a reckless one before me.y 33 The donkey saw me and turned away from me these three times. If she had not turned away, I would certainly have killed you by now, but I would have spared her."

34 Balaam said to the angel of the LORD, "I have sinned. I did not realize you were standing in the road to oppose me. Now if you are displeased, I will go back."

35 The angel of the LORD said to Balaam, "Go with the men, but speak only what I tell you." So Balaam went with the princes of Balak.

36 When Balak heard that Balaam was coming, he went out to meet him at the Moabite town on the Arnon border, at the edge of his territory. 37 Balak said to Balaam, "Did I not send you an urgent summons? Why didn't you come to me? Am I really not able to reward you?"

38 "Well, I have come to you now," Balaam replied. "But can I say just anything? I must speak only what God puts in my mouth."

39 Then Balaam went with Balak to Kiriath Huzoth. 40 Balak sacrificed cattle and sheep, and gave some to Balaam and the princes who were with him. 41 The next morning Balak took Balaam up to Bamoth Baal, and from there he saw part of the people.

Balaam's First Oracle

23 Balaam said, "Build me seven altars here, and prepare seven bulls and seven rams for me." 2 Balak did as Balaam said, and the two of them offered a bull and a ram on each altar.

3 Then Balaam said to Balak, "Stay here beside your offering while I go aside. Perhaps the LORD will come to meet with me. Whatever he reveals to me I will tell you." Then he went off to a barren height.

4 God met with him, and Balaam said, "I have prepared seven altars, and on each altar I have offered a bull and a ram."

5 The LORD put a message in Balaam's mouth and said, "Go back to Balak and give him this message."

6 So he went back to him and found him standing beside his offering, with all the princes of Moab. 7 Then

---

y32 The meaning of the Hebrew for this clause is uncertain.

7 Y él tomó su parábola, y dijo:
De Aram me trajo Balac,
Rey de Moab, de los montes del oriente;
Ven, maldíceme a Jacob,
Y ven, execra a Israel.
8 ¿Por qué maldeciré yo al que Dios no maldijo?
¿Y por qué he de execrar al que Jehová no ha execrado?
9 Porque de la cumbre de las peñas lo veré,
Y desde los collados lo miraré;
He aquí un pueblo que habitará confiado, h
Y no será contado entre las naciones.
10 ¿Quién contará el polvo de Jacob,
O el número de la cuarta parte de Israel?
Muera yo la muerte de los rectos,
Y mi postrimería sea como la suya.
11 Entonces Balac dijo a Balaam: ¿Qué me has hecho? Te he traído para que maldigas a mis enemigos, y he aquí has proferido bendiciones.
12 El respondió y dijo: ¿No cuidaré de decir lo que Jehová ponga en mi boca?
13 Y dijo Balac: Te ruego que vengas conmigo a otro lugar desde el cual los veas; solamente los más cercanos verás, y no los verás todos; y desde allí me los maldecirás.
14 Y lo llevó al campo de Zofim, a la cumbre de Pisga, y edificó siete altares, y ofreció un becerro y un carnero en cada altar.
15 Entonces él dijo a Balac: Ponte aquí junto a tu holocausto, y yo iré a encontrar a Dios allí.
16 Y Jehová salió al encuentro de Balaam, y puso palabra en su boca, y le dijo: Vuelve a Balac, y dile así.
17 Y vino a él, y he aquí que él estaba junto a su holocausto, y con él los príncipes de Moab; y le dijo Balac: ¿Qué ha dicho Jehová?
18 Entonces él tomó su parábola, y dijo:
Balac, levántate y oye;
Escucha mis palabras, hijo de Zipor:
19 Dios no es hombre, para que mienta,
Ni hijo de hombre para que se arrepienta.
El dijo, ¿y no hará?
Habló, ¿y no lo ejecutará?
20 He aquí, he recibido orden de bendecir;
El dio bendición y no podré revocarla.
21 No ha notado iniquidad en Jacob,
Ní ha visto perversidad en Israel.
Jehová su Dios está con él,
Y júbilo de rey en él.
22 Dios los ha sacado de Egipto;
Tiene fuerzas como de búfalo.
23 Porque contra Jacob no hay agüero,
Ni adivinación contra Israel.
Como ahora, será dicho de Jacob y de Israel:
¡ Lo que ha hecho Dios!
24 He aquí el pueblo que como león se levantará,
Y como león se erguirá;
No se echará hasta que devore la presa,
Y beba la sangre de los muertos.

Balaam uttered his oracle:

"Balak brought me from Aram,
    the king of Moab from the eastern mountains.
'Come,' he said, 'curse Jacob for me;
    come, denounce Israel.'
8 How can I curse
    those whom God has not cursed?
How can I denounce
    those whom the LORD has not denounced?
9 From the rocky peaks I see them,
    from the heights I view them.
I see a people who live apart
    and do not consider themselves one of the nations.
10 Who can count the dust of Jacob
    or number the fourth part of Israel?
Let me die the death of the righteous,
    and may my end be like theirs!"

11 Balak said to Balaam, "What have you done to me? I brought you to curse my enemies, but you have done nothing but bless them!"

12 He answered, "Must I not speak what the LORD puts in my mouth?"

Balaam's Second Oracle

13 Then Balak said to him, "Come with me to another place where you can see them; you will see only a part but not all of them. And from there, curse them for me." 14 So he took him to the field of Zophim on the top of Pisgah, and there he built seven altars and offered a bull and a ram on each altar.

15 Balaam said to Balak, "Stay here beside your offering while I meet with him over there."

16 The LORD met with Balaam and put a message in his mouth and said, "Go back to Balak and give him this message."

17 So he went to him and found him standing beside his offering, with the princes of Moab. Balak asked him, "What did the LORD say?"

18 Then he uttered his oracle:

"Arise, Balak, and listen;
    hear me, son of Zippor.
19 God is not a man, that he should lie,
    nor a son of man, that he should change his mind.
Does he speak and then not act?
    Does he promise and not fulfill?
20 I have received a command to bless;
    he has blessed, and I cannot change it.

21 "No misfortune is seen in Jacob,
    no misery observed in Israel. z
The LORD their God is with them;
    the shout of the King is among them.
22 God brought them out of Egypt;
    they have the strength of a wild ox.
23 There is no sorcery against Jacob,
    no divination against Israel.
It will now be said of Jacob
    and of Israel, 'See what God has done!'
24 The people rise like a lioness;
    they rouse themselves like a lion
that does not rest till he devours his prey
    and drinks the blood of his victims."

h O, solo.

z 21 Or He has not looked on Jacob's offenses / or on the wrongs found in Israel.

25 Entonces Balac dijo a Balaam: Ya que no lo maldices, tampoco lo bendigas.

26 Balaam respondió y dijo a Balac: ¿No te he dicho que todo lo que Jehová me diga, eso tengo que hacer?

27 Y dijo Balac a Balaam: Te ruego que vengas, te llevaré a otro lugar; por ventura parecerá bien a Dios que desde allí me lo maldigas.

28 Y Balac llevó a Balaam a la cumbre de Peor, que mira hacia el desierto. *i*

29 Entonces Balaam dijo a Balac: Edifícame aquí siete altares, y prepárame aquí siete becerros y siete carneros.

30 Y Balac hizo como Balaam le dijo; y ofreció un becerro y un carnero en cada altar.

24
1 Cuando vio Balaam que parecía bien a Jehová que él bendijese a Israel, no fue, como la primera y segunda vez, en busca de agüero, sino que puso su rostro hacia el desierto;

2 y alzando sus ojos, vio a Israel alojado por sus tribus; y el Espíritu de Dios vino sobre él.

3 Entonces tomó su parábola, y dijo:
Dijo Balaam hijo de Beor,
Y dijo el varón de ojos abiertos;

4 Dijo el que oyó los dichos de Dios,
El que vio la visión del Omnipotente;
Caído, pero abiertos los ojos:

5 ¡Cuán hermosas son tus tiendas, oh Jacob,
Tus habitaciones, oh Israel!

6 Como arroyos están extendidas,
Como huertos junto al río,
Como áloes plantados por Jehová,
Como cedros junto a las aguas.

7 De sus manos destilarán aguas,
Y su descendencia será en muchas aguas;
Enaltecerá su rey más que Agag,
Y su reino será engrandecido.

8 Dios lo sacó de Egipto;
Tiene fuerzas como de búfalo.
Devorará a las naciones enemigas,
Desmenuzará sus huesos,
Y las traspasará con sus saetas.

9 Se encorvará para echarse como león,
Y como leona; ¿quién lo despertará?
Benditos los que te bendijeren,
Y malditos los que te maldijeren.

Profecía de Balaam

10 Entonces se encendió la ira de Balac contra Balaam, y batiendo sus manos le dijo: Para maldecir a mis enemigos te he llamado, y he aquí los has bendecido ya tres veces.

11 Ahora huye a tu lugar; yo dije que te honraría, mas he aquí que Jehová te ha privado de honra.

12 Y Balaam le respondió: ¿No lo declaré yo también a tus mensajeros que me enviaste, diciendo:

13 Si Balac me diese su casa llena de plata y oro, yo no podré traspasar el dicho de Jehová para hacer cosa buena ni mala de mi arbitrio, mas lo que hable Jehová, eso diré yo?

14 He aquí, yo me voy ahora a mi pueblo; por tanto, ven, te indicaré lo que este pueblo ha de hacer a tu pueblo en los postreros días.

25 Then Balak said to Balaam, "Neither curse them at all nor bless them at all!"

26 Balaam answered, "Did I not tell you I must do whatever the LORD says?"

Balaam's Third Oracle

27 Then Balak said to Balaam, "Come, let me take you to another place. Perhaps it will please God to let you curse them for me from there." 28 And Balak took Balaam to the top of Peor, overlooking the wasteland.

29 Balaam said, "Build me seven altars here, and prepare seven bulls and seven rams for me." 30 Balak did as Balaam had said, and offered a bull and a ram on each altar.

24
Now when Balaam saw that it pleased the LORD to bless Israel, he did not resort to sorcery as at other times, but turned his face toward the desert. 2 When Balaam looked out and saw Israel encamped tribe by tribe, the Spirit of God came upon him 3 and he uttered his oracle:

"The oracle of Balaam son of Beor,
the oracle of one whose eye sees clearly,
4 the oracle of one who hears the words of God,
who sees a vision from the Almighty, *a*
who falls prostrate, and whose eyes are opened:

5 "How beautiful are your tents, O Jacob,
your dwelling places, O Israel!

6 "Like valleys they spread out,
like gardens beside a river,
like aloes planted by the LORD,
like cedars beside the waters.

7 Water will flow from their buckets;
their seed will have abundant water.

"Their king will be greater than Agag;
their kingdom will be exalted.

8 "God brought them out of Egypt;
they have the strength of a wild ox.
They devour hostile nations
and break their bones in pieces;
with their arrows they pierce them.

9 Like a lion they crouch and lie down,
like a lioness — who dares to rouse them?

"May those who bless you be blessed
and those who curse you be cursed!"

10 Then Balak's anger burned against Balaam. He struck his hands together and said to him, "I summoned you to curse my enemies, but you have blessed them these three times. 11 Now leave at once and go home! I said I would reward you handsomely, but the LORD has kept you from being rewarded."

12 Balaam answered Balak, "Did I not tell the messengers you sent me, 13 'Even if Balak gave me his palace filled with silver and gold, I could not do anything of my own accord, good or bad, to go beyond the command of the LORD — and I must say only what the LORD says'? 14 Now I am going back to my people, but come, let me warn you of what this people will do to your people in days to come."

---

i O, *Jesimón.*

a 4 Hebrew *Shaddai;* also in verse 16

15 Y tomó su parábola, y dijo:
Dijo Balaam hijo de Beor,
Dijo el varón de ojos abiertos;
16 Dijo el que oyó los dichos de Jehová,
Y el que sabe la ciencia del Altísimo,
El que vio la visión del Omnipotente;
Caído, pero abiertos los ojos:
17 Lo veré, mas no ahora;
Lo miraré, mas no de cerca;
Saldrá ESTRELLA de Jacob,
Y se levantará cetro de Israel,
Y herirá las sienes de Moab,
Y destruirá a todos los hijos de Set.
18 Será tomada Edom,
Será también tomada Seir por sus enemigos,
E Israel se portará varonilmente.
19 De Jacob saldrá el dominador,
Y destruirá lo que quedare de la ciudad.
20 Y viendo a Amalec, tomó su parábola y dijo:
Amalec, cabeza de naciones;
Mas al fin perecerá para siempre.
21 Y viendo al ceneo, tomó su parábola y dijo:
Fuerte es tu habitación;
Pon en la peña tu nido;
22 Porque el ceneo será echado,
Cuando Asiria te llevará cautivo.
23 Tomó su parábola otra vez, y dijo:
¡Ay! ¿quién vivirá cuando hiciere Dios estas cosas?
24 Vendrán naves de la costa de Quitim,
Y afligirán a Asiria, afligirán también a Heber;
Mas él también perecerá para siempre.
25 Entonces se levantó Balaam y se fue, y volvió a su lugar; y también Balac se fue por su camino.

Israel acude a Baal-peor

25 1 Moraba Israel en Sitim; y el pueblo empezó a fornicar con las hijas de Moab,
2 las cuales invitaban al pueblo a los sacrificios de sus dioses; y el pueblo comió, y se inclinó a sus dioses.
3 Así acudió el pueblo a Baal-peor; y el furor de Jehová se encendió contra Israel.
4 Y Jehová dijo a Moisés: Toma a todos los príncipes del pueblo, y ahórcalos ante Jehová delante del sol, y el ardor de la ira de Jehová se apartará de Israel.
5 Entonces Moisés dijo a los jueces de Israel: Matad cada uno a aquellos de los vuestros que se han juntado con Baal-peor.
6 Y he aquí un varón de los hijos de Israel vino y trajo una madianita a sus hermanos, a ojos de Moisés y de toda la congregación de los hijos de Israel, mientras lloraban ellos a la puerta del tabernáculo de reunión.
7 Y lo vio Finees hijo de Eleazar, hijo del sacerdote Aarón, y se levantó de en medio de la congregación, y tomó una lanza en su mano;
8 y fue tras el varón de Israel a la tienda, y los alanceó a

Balaam's Fourth Oracle

15 Then he uttered his oracle:

"The oracle of Balaam son of Beor,
the oracle of one whose eye sees clearly,
16 the oracle of one who hears the words of God,
who has knowledge from the Most High,
who sees a vision from the Almighty,
who falls prostrate, and whose eyes are
opened:

17 "I see him, but not now;
I behold him, but not near.
A star will come out of Jacob;
a scepter will rise out of Israel.
He will crush the foreheads of Moab,
the skulls *b* of *c* all the sons of Sheth. *d*
18 Edom will be conquered;
Seir, his enemy, will be conquered,
but Israel will grow strong.
19 A ruler will come out of Jacob
and destroy the survivors of the city."

Balaam's Final Oracles

20 Then Balaam saw Amalek and uttered his oracle:

"Amalek was first among the nations,
but he will come to ruin at last."

21 Then he saw the Kenites and uttered his oracle:

"Your dwelling place is secure,
your nest is set in a rock;
22 yet you Kenites will be destroyed
when Asshur takes you captive."

23 Then he uttered his oracle:

"Ah, who can live when God does this? *e*
24　Ships will come from the shores of Kittim;
they will subdue Asshur and Eber,
but they too will come to ruin."

25 Then Balaam got up and returned home and Balak went his own way.

Moab Seduces Israel

25 While Israel was staying in Shittim, the men began to indulge in sexual immorality with Moabite women, 2 who invited them to the sacrifices to their gods. The people ate and bowed down before these gods. 3 So Israel joined in worshiping the Baal of Peor. And the LORD's anger burned against them.
4 The LORD said to Moses, "Take all the leaders of these people, kill them and expose them in broad daylight before the LORD, so that the LORD's fierce anger may turn away from Israel."
5 So Moses said to Israel's judges, "Each of you must put to death those of your men who have joined in worshiping the Baal of Peor."
6 Then an Israelite man brought to his family a Midianite woman right before the eyes of Moses and the whole assembly of Israel while they were weeping at the entrance to the Tent of Meeting. 7 When Phinehas son of Eleazar, the son of Aaron, the priest, saw this, he left the assembly, took a spear in his hand 8 and

b17 Samaritan Pentateuch (see also Jer. 48:45); the meaning of the word in the Masoretic Text is uncertain.　*c17* Or possibly *Moab, / batter*　*d17* Or *all the noisy boasters*　*e23* Masoretic Text; with a different word division of the Hebrew *A people will gather from the north.*

ambos, al varón de Israel, y a la mujer por su vientre. Y cesó la mortandad de los hijos de Israel.

9 Y murieron de aquella mortandad veinticuatro mil.

10 Entonces Jehová habló a Moisés, diciendo:

11 Finees hijo de Eleazar, hijo del sacerdote Aarón, ha hecho apartar mi furor de los hijos de Israel, llevado de celo entre ellos; por lo cual yo no he consumido en mi celo a los hijos de Israel.

12 Por tanto diles: He aquí yo establezco mi pacto de paz con él;

13 y tendrá él, y su descendencia después de él, el pacto del sacerdocio perpetuo, por cuanto tuvo celo por su Dios e hizo expiación por los hijos de Israel.

14 Y el nombre del varón que fue muerto con la madianita era Zimri hijo de Salu, jefe de una familia de la tribu de Simeón.

15 Y el nombre de la mujer madianita muerta era Cozbi hija de Zur, príncipe de pueblos, padre de familia en Madián.

16 Y Jehová habló a Moisés, diciendo:

17 Hostigad a los madianitas, y heridlos,

18 por cuanto ellos os afligieron a vosotros con sus ardides con que os han engañado en lo tocante a Baal-peor, y en lo tocante a Cozbi hija del príncipe de Madián, su hermana, la cual fue muerta el día de la mortandad por causa de Baal-peor.

Censo del pueblo en Moab

26 1 Aconteció después de la mortandad, que Jehová habló a Moisés y a Eleazar hijo del sacerdote Aarón, diciendo:

2 Tomad el censo de toda la congregación de los hijos de Israel, de veinte años arriba, por las casas de sus padres, todos los que pueden salir a la guerra en Israel.

3 Y Moisés y el sacerdote Eleazar hablaron con ellos en los campos de Moab, junto al Jordán frente a Jericó, diciendo:

4 Contaréis el pueblo de veinte años arriba, como mandó Jehová a Moisés y a los hijos de Israel que habían salido de tierra de Egipto.

5 Rubén, primogénito de Israel; los hijos de Rubén: de Enoc, la familia de los enoquitas; de Falú, la familia de los faluitas;

6 de Hezrón, la familia de los hezronitas; de Carmi, la familia de los carmitas.

7 Estas son las familias de los rubenitas; y fueron contados de ellas cuarenta y tres mil setecientos treinta.

8 Los hijos de Falú: Eliab.

9 Y los hijos de Eliab: Nemuel, Datán y Abiram. Estos Datán y Abiram fueron los del consejo de la congregación, que se rebelaron contra Moisés y Aarón con el grupo de Coré, cuando se rebelaron contra Jehová;

10 y la tierra abrió su boca y los tragó a ellos y a Coré, cuando aquel grupo murió, cuando consumió el fuego a doscientos cincuenta varones, para servir de escarmiento.

11 Mas los hijos de Coré no murieron.

12 Los hijos de Simeón por sus familias: de Nemuel, la familia de los nemuelitas; de Jamín, la familia de los jaminitas; de Jaquín, la familia de los jaquinitas;

13 de Zera, la familia de los zeraítas; de Saúl, la familia de los saulitas.

14 Estas son las familias de los simeonitas, veintidós mil doscientos.

followed the Israelite into the tent. He drove the spear through both of them — through the Israelite and into the woman's body. Then the plague against the Israelites was stopped; 9but those who died in the plague numbered 24,000.

10 The LORD said to Moses, 11"Phinehas son of Eleazar, the son of Aaron, the priest, has turned my anger away from the Israelites; for he was as zealous as I am for my honor among them, so that in my zeal I did not put an end to them. 12Therefore tell him I am making my covenant of peace with him. 13He and his descendants will have a covenant of a lasting priesthood, because he was zealous for the honor of his God and made atonement for the Israelites."

14 The name of the Israelite who was killed with the Midianite woman was Zimri son of Salu, the leader of a Simeonite family. 15And the name of the Midianite woman who was put to death was Cozbi daughter of Zur, a tribal chief of a Midianite family.

16 The LORD said to Moses, 17"Treat the Midianites as enemies and kill them, 18because they treated you as enemies when they deceived you in the affair of Peor and their sister Cozbi, the daughter of a Midianite leader, the woman who was killed when the plague came as a result of Peor."

The Second Census

26 After the plague the LORD said to Moses and Eleazar son of Aaron, the priest, 2"Take a census of the whole Israelite community by families — all those twenty years old or more who are able to serve in the army of Israel." 3So on the plains of Moab by the Jordan across from Jericho,f Moses and Eleazar the priest spoke with them and said, 4"Take a census of the men twenty years old or more, as the LORD commanded Moses."

These were the Israelites who came out of Egypt:

5 The descendants of Reuben, the firstborn son of Israel, were:

through Hanoch, the Hanochite clan;
through Pallu, the Palluite clan;
6through Hezron, the Hezronite clan;
through Carmi, the Carmite clan.

7 These were the clans of Reuben; those numbered were 43,730.

8 The son of Pallu was Eliab, 9and the sons of Eliab were Nemuel, Dathan and Abiram. The same Dathan and Abiram were the community officials who rebelled against Moses and Aaron and were among Korah's followers when they rebelled against the LORD. 10The earth opened its mouth and swallowed them along with Korah, whose followers died when the fire devoured the 250 men. And they served as a warning sign. 11The line of Korah, however, did not die out.

12 The descendants of Simeon by their clans were:
through Nemuel, the Nemuelite clan;
through Jamin, the Jaminite clan;
through Jakin, the Jakinite clan;
13through Zerah, the Zerahite clan;
through Shaul, the Shaulite clan.

14 These were the clans of Simeon; there were 22,200 men.

f 3 Hebrew *Jordan of Jericho;* possibly an ancient name for the Jordan River; also in verse 63

15 Los hijos de Gad por sus familias: de Zefón, la familia de los zefonitas; de Hagui, la familia de los haguitas; de Suni, la familia de los sunitas;

16 de Ozni, la familia de los oznitas; de Eri, la familia de los eritas;

17 de Arod, la familia de los aroditas; de Areli, la familia de los arelitas.

18 Estas son las familias de Gad; y fueron contados de ellas cuarenta mil quinientos.

19 Los hijos de Judá: Er y Onán; y Er y Onán murieron en la tierra de canaán.

20 Y fueron los hijos de Judá por sus familias: de Sela, la familia de los selaítas; de Fares, la familia de los faresitas; de Zera, la familia de los zeraítas.

21 Y fueron los hijos de Fares: de Hezrón, la familia de los hezronitas; de Hamul, la familia de los hamulitas.

22 Estas son las familias de Judá, y fueron contados de ellas setenta y seis mil quinientos.

23 Los hijos de Isacar por sus familias; de Tola, la familia de los tolaítas; de Fúa, la familia de los funitas;

24 de Jasub, la familia de los jasubitas; de Simrón, la familia de los simronitas.

25 Estas son las familias de Isacar, y fueron contados de ellas sesenta y cuatro mil trescientos.

26 Los hijos de Zabulón por sus familias: de Sered, la familia de los sereditas; de Elón, la familia de los elonitas; de Jahleel, la familia de los jahleelitas.

27 Estas son las familias de los zabulonitas, y fueron contados de ellas sesenta mil quinientos.

28 Los hijos de José por sus familias: Manasés y Efraín.

29 Los hijos de Manasés: de Maquir, la familia de los maquiritas; y Maquir engendró a Galaad; de Galaad, la familia de los galaaditas.

30 Estos son los hijos de Galaad: de Jezer, la familia de los jezeritas; de Helec, la familia de los helequitas;

31 de Asriel, la familia de los asrielitas; de Siquem, la familia de los siquemitas;

32 de Semida, la familia de los semidaítas; de Hefer, la familia de los heferitas.

33 Y Zelofehad hijo de Hefer no tuvo hijos sino hijas; y los nombres de las hijas de Zelofehad fueron Maala, Noa, Hogla, Milca y Tirsa.

34 Estas son las familias de Manasés; y fueron contados de ellas cincuenta y dos mil setecientos.

35 Estos son los hijos de Efraín por sus familias: de Sutela, la familia de los sutelaítas; de Bequer, la familia de los bequeritas; de Tahán, la familia de los tahanitas.

36 Y estos son los hijos de Sutela: de Erán, la familia de los eranitas.

15 The descendants of Gad by their clans were:
through Zephon, the Zephonite clan;
through Haggi, the Haggite clan;
through Shuni, the Shunite clan;

16 through Ozni, the Oznite clan;
through Eri, the Erite clan;

17 through Arodi,g the Arodite clan;
through Areli, the Arelite clan.

18 These were the clans of Gad; those numbered were 40,500.

19 Er and Onan were sons of Judah, but they died in Canaan.

20 The descendants of Judah by their clans were:
through Shelah, the Shelanite clan;
through Perez, the Perezite clan;
through Zerah, the Zerahite clan.

21 The descendants of Perez were:
through Hezron, the Hezronite clan;
through Hamul, the Hamulite clan.

22 These were the clans of Judah; those numbered were 76,500.

23 The descendants of Issachar by their clans were:
through Tola, the Tolaite clan;
through Puah, the Puiteh clan;

24 through Jashub, the Jashubite clan;
through Shimron, the Shimronite clan.

25 These were the clans of Issachar; those numbered were 64,300.

26 The descendants of Zebulun by their clans were:
through Sered, the Seredite clan;
through Elon, the Elonite clan;
through Jahleel, the Jahleelite clan.

27 These were the clans of Zebulun; those numbered were 60,500.

28 The descendants of Joseph by their clans through Manasseh and Ephraim were:

29 The descendants of Manasseh:
through Makir, the Makirite clan (Makir was the father of Gilead);
through Gilead, the Gileadite clan.

30 These were the descendants of Gilead:
through Iezer, the Iezerite clan;
through Helek, the Helekite clan;

31 through Asriel, the Asrielite clan;
through Shechem, the Shechemite clan;

32 through Shemida, the Shemidaite clan;
through Hepher, the Hepherite clan.

33 (Zelophehad son of Hepher had no sons; he had only daughters, whose names were Mahlah, Noah, Hoglah, Milcah and Tirzah.)

34 These were the clans of Manasseh; those numbered were 52,700.

35 These were the descendants of Ephraim by their clans:
through Shuthelah, the Shuthelahite clan;
through Beker, the Bekerite clan;
through Tahan, the Tahanite clan.

36 These were the descendants of Shuthelah:
through Eran, the Eranite clan.

g17 Samaritan Pentateuch and Syriac (see also Gen. 46:16); Masoretic Text *Arod*　h23 Samaritan Pentateuch, Septuagint, Vulgate and Syriac (see also 1 Chron. 7:1); Masoretic Text *through Puvah, the Punite*

37 Estas son las familias de los hijos de Efraín; y fueron contados de ellas treinta y dos mil quinientos. Estos son los hijos de José por sus familias.

38 Los hijos de Benjamín por sus familias: de Bela, la familia de los belaítas; de Asbel, la familia de los asbelitas; de Ahiram, la familia de los ahiramitas;

39 de Sufam, la familia de los sufamitas; de Hufam, la familia de los hufamitas.

40 Y los hijos de Bela fueron Ard y Naamán: de Ard, la familia de los arditas; de Naamán, la familia de los naamitas.

41 Estos son los hijos de Benjamín por sus familias; y fueron contados de ellos cuarenta y cinco mil seiscientos.

42 Estos son los hijos de Dan por sus familias: de Súham, la familia de los suhamitas. Estas son las familias de Dan por sus familias.

43 De los suhamitas fueron contados sesenta y cuatro mil cuatrocientos.

44 Los hijos de Aser por sus familias: de Imna, la familia de los imnitas; de Isúi, la familia de los isuitas; de Bería, la familia de los beriaítas.

45 Los hijos de Bería: de Heber, la familia de los heberitas; de Malquiel, la familia de los malquielitas.

46 Y el nombre de la hija de Aser fue Sera.

47 Estas son las familias de los hijos de Aser; y fueron contados de ellas cincuenta y tres mil cuatrocientos.

48 Los hijos de Neftalí, por sus familias: de Jahzeel, la familia de los jahzeelitas; de Guni, la familia de los gunitas;

49 de Jezer, la familia de los jezeritas; de Silem, la familia de los silemitas.

50 Estas son las familias de Neftalí por sus familias; y fueron contados de ellas cuarenta y cinco mil cuatrocientos.

51 Estos son los contados de los hijos de Israel, seiscientos un mil setecientos treinta.

Orden para la repartición de la tierra

52 Y habló Jehová a Moisés, diciendo:

53 A éstos se repartirá la tierra en heredad, por la cuenta de los nombres.

54 A los más darás mayor heredad, y a los menos menor; y a cada uno se le dará su heredad conforme a sus contados.

55 Pero la tierra será repartida por suerte; y por los nombres de las tribus de sus padres heredarán.

56 Conforme a la suerte será repartida su heredad entre el grande y el pequeño.

Censo de la tribu de Leví

57 Los contados de los levitas por sus familias son estos: de Gersón, la familia de los gersonitas; de Coat, la familia de los coatitas; de Merari, la familia de los meraritas.

58 Estas son las familias de los levitas: la familia de los libnitas, la familia de los hebronitas, la familia de los mahlitas, la familia de los musitas, la familia de los coreítas. Y Coat engendró a Amram.

37 These were the clans of Ephraim; those numbered were 32,500.

These were the descendants of Joseph by their clans.

38 The descendants of Benjamin by their clans were:
     through Bela, the Belaite clan;
     through Ashbel, the Ashbelite clan;
     through Ahiram, the Ahiramite clan;
39   through Shupham, *i* the Shuphamite clan;
     through Hupham, the Huphamite clan.
40 The descendants of Bela through Ard and Naaman were:
     through Ard, *j* the Ardite clan;
     through Naaman, the Naamite clan.
41 These were the clans of Benjamin; those numbered were 45,600.

42 These were the descendants of Dan by their clans:
     through Shuham, the Shuhamite clan.
These were the clans of Dan: 43 All of them were Shuhamite clans; and those numbered were 64,400.

44 The descendants of Asher by their clans were:
     through Imnah, the Imnite clan;
     through Ishvi, the Ishvite clan;
     through Beriah, the Beriite clan;
45 and through the descendants of Beriah:
     through Heber, the Heberite clan;
     through Malkiel, the Malkielite clan.
46 (Asher had a daughter named Serah.)
47 These were the clans of Asher; those numbered were 53,400.

48 The descendants of Naphtali by their clans were:
     through Jahzeel, the Jahzeelite clan;
     through Guni, the Gunite clan;
49   through Jezer, the Jezerite clan;
     through Shillem, the Shillemite clan.
50 These were the clans of Naphtali; those numbered were 45,400.

51 The total number of the men of Israel was 601,730.

52 The Lord said to Moses, 53 "The land is to be allotted to them as an inheritance based on the number of names. 54 To a larger group give a larger inheritance, and to a smaller group a smaller one; each is to receive its inheritance according to the number of those listed. 55 Be sure that the land is distributed by lot. What each group inherits will be according to the names for its ancestral tribe. 56 Each inheritance is to be distributed by lot among the larger and smaller groups."

57 These were the Levites who were counted by their clans:
     through Gershon, the Gershonite clan;
     through Kohath, the Kohathite clan;
     through Merari, the Merarite clan.
58 These also were Levite clans:
     the Libnite clan,
     the Hebronite clan,
     the Mahlite clan,
     the Mushite clan,
     the Korahite clan.
     (Kohath was the forefather of Amram; 59 the

---

i 39 A few manuscripts of the Masoretic Text, Samaritan Pentateuch, Vulgate and Syriac (see also Septuagint); most manuscripts of the Masoretic Text *Shephupham*   *j* 40 Samaritan Pentateuch and Vulgate (see also Septuagint); Masoretic Text does not have *through Ard.*

59 La mujer de Amram se llamó Jocabed, hija de Leví, que le nació a Leví en Egipto; ésta dio a luz de Amram a Aarón y a Moisés, y a María su hermana.
60 Y a Aarón le nacieron Nadab, Abiú, Eleazar e Itamar.
61 Pero Nadab y Abiú murieron cuando ofrecieron fuego extraño delante de Jehová.
62 De los levitas fueron contados veintitrés mil, todos varones de un mes arriba; porque no fueron contados entre los hijos de Israel, por cuanto no les había de ser dada heredad entre los hijos de Israel.

Caleb y Josué sobreviven

63 Estos son los contados por Moisés y el sacerdote Eleazar, los cuales contaron los hijos de Israel en los campos de Moab, junto al Jordán frente a Jericó.
64 Y entre éstos ninguno hubo de los contados por Moisés y el sacerdote Aarón, quienes contaron a los hijos de Israel en el desierto de Sinaí.
65 Porque Jehová había dicho de ellos: Morirán en el desierto; y no quedó varón de ellos, sino Caleb hijo de Jefone y Josué hijo de Nun.

Petición de las hijas de Zelofehad

27 1 Vinieron las hijas de Zelofehad hijo de Hefer, hijo de Galaad, hijo de Maquir, hijo de Manasés, de las familias de Manasés hijo de José, los nombres de las cuales eran Maala, Noa, Hogla, Milca y Tirsa;
2 y se presentaron delante de Moisés y delante del sacerdote Eleazar, y delante de los príncipes y de toda la congregación, a la puerta del tabernáculo de reunión, y dijeron:
3 Nuestro padre murió en el desierto; y él no estuvo en la compañía de los que se juntaron contra Jehová en el grupo de Coré, sino que en su propio pecado murió, y no tuvo hijos.
4 ¿Por qué será quitado el nombre de nuestro padre de entre su familia, por no haber tenido hijo? Danos heredad entre los hermanos de nuestro padre.
5 Y Moisés llevó su causa delante de Jehová.
6 Y Jehová respondió a Moisés, diciendo:
7 Bien dicen las hijas de Zelofehad; les darás la posesión de una heredad entre los hermanos de su padre, y traspasarás la heredad de su padre a ellas.
8 Y a los hijos de Israel hablarás, diciendo: Cuando alguno muriere sin hijos, traspasaréis su herencia a su hija.
9 Si no tuviere hija, daréis su herencia a sus hermanos;
10 y si no tuviere hermanos, daréis su herencia a los hermanos de su padre.
11 Y si su padre no tuviere hermanos, daréis su herencia a su pariente más cercano de su linaje, y de éste será; y para los hijos de Israel esto será por estatuto de derecho, como Jehová mandó a Moisés.

Josué es designado como sucesor de Moisés

12 Jehová dijo a Moisés: Sube a este monte Abarim, y verás la tierra que he dado a los hijos de Israel.
13 Y después que la hayas visto, tú también serás reunido a tu pueblo, como fue reunido tu hermano Aarón.
14 Pues fuisteis rebeldes a mi mandato en el desierto de Zin, en la rencilla de la congregación, no santificándome en las aguas a ojos de ellos. Estas son las aguas de la rencilla de Cades en el desierto de Zin.
15 Entonces respondió Moisés a Jehová, diciendo:
16 Ponga Jehová, Dios de los espíritus de toda carne, un varón sobre la congregación,
17 que salga delante de ellos y que entre delante de ellos, que los saque y los introduzca, para que la congregación de Jehová no sea como ovejas sin pastor.

name of Amram's wife was Jochebed, a descendant of Levi, who was born to the Levites[k] in Egypt. To Amram she bore Aaron, Moses and their sister Miriam. 60Aaron was the father of Nadab and Abihu, Eleazar and Ithamar. 61But Nadab and Abihu died when they made an offering before the LORD with unauthorized fire.)
62All the male Levites a month old or more numbered 23,000. They were not counted along with the other Israelites because they received no inheritance among them.

63These are the ones counted by Moses and Eleazar the priest when they counted the Israelites on the plains of Moab by the Jordan across from Jericho. 64Not one of them was among those counted by Moses and Aaron the priest when they counted the Israelites in the Desert of Sinai. 65For the LORD had told those Israelites they would surely die in the desert, and not one of them was left except Caleb son of Jephunneh and Joshua son of Nun.

Zelophehad's Daughters

27 The daughters of Zelophehad son of Hepher, the son of Gilead, the son of Makir, the son of Manasseh, belonged to the clans of Manasseh son of Joseph. The names of the daughters were Mahlah, Noah, Hoglah, Milcah and Tirzah. They approached 2the entrance to the Tent of Meeting and stood before Moses, Eleazar the priest, the leaders and the whole assembly, and said, 3"Our father died in the desert. He was not among Korah's followers, who banded together against the LORD, but he died for his own sin and left no sons. 4Why should our father's name disappear from his clan because he had no son? Give us property among our father's relatives."
5So Moses brought their case before the LORD 6and the LORD said to him, 7"What Zelophehad's daughters are saying is right. You must certainly give them property as an inheritance among their father's relatives and turn their father's inheritance over to them.
8"Say to the Israelites, 'If a man dies and leaves no son, turn his inheritance over to his daughter. 9If he has no daughter, give his inheritance to his brothers. 10If he has no brothers, give his inheritance to his father's brothers. 11If his father had no brothers, give his inheritance to the nearest relative in his clan, that he may possess it. This is to be a legal requirement for the Israelites, as the LORD commanded Moses.' "

Joshua to Succeed Moses

12Then the LORD said to Moses, "Go up this mountain in the Abarim range and see the land I have given the Israelites. 13After you have seen it, you too will be gathered to your people, as your brother Aaron was, 14for when the community rebelled at the waters in the Desert of Zin, both of you disobeyed my command to honor me as holy before their eyes." (These were the waters of Meribah Kadesh, in the Desert of Zin.)
15Moses said to the LORD, 16"May the LORD, the God of the spirits of all mankind, appoint a man over this community 17to go out and come in before them, one who will lead them out and bring them in, so the LORD's people will not be like sheep without a shepherd."

---

k 59 Or *Jochebed, a daughter of Levi, who was born to Levi*

18 Y Jehová dijo a Moisés: Toma a Josué hijo de Nun, varón en el cual hay espíritu, y pondrás tu mano sobre él;
19 y lo pondrás delante del sacerdote Eleazar, y delante de toda la congregación; y le darás el cargo en presencia de ellos.
20 Y pondrás de tu dignidad sobre él, para que toda la congregación de los hijos de Israel le obedezca.
21 El se pondrá delante del sacerdote Eleazar, y le consultará por el juicio del Urim delante de Jehová; por el dicho de él saldrán, y por el dicho de él entrarán, él y todos los hijos de Israel con él, y toda la congregación.
22 Y Moisés hizo como Jehová le había mandado, pues tomó a Josué y lo puso delante del sacerdote Eleazar, y de toda la congregación;
23 y puso sobre él sus manos, y le dio el cargo, como Jehová había mandado por mano de Moisés.

Las ofrendas diarias

28 1 Habló Jehová a Moisés, diciendo:
2 Manda a los hijos de Israel, y diles: Mi ofrenda, mi pan con mis ofrendas encendidas en olor grato a mí, guardaréis, ofreciéndomelo a su tiempo.
3 Y les dirás: Esta es la ofrenda encendida que ofreceréis a Jehová: dos corderos sin tacha de un año, cada día, será el holocausto continuo.
4 Un cordero ofrecerás por la mañana, y el otro cordero ofrecerás a la caída de la tarde;
5 y la décima parte de un efa de flor de harina, amasada con un cuarto de un hin de aceite de olivas machacadas, en ofrenda.
6 Es holocausto continuo, que fue ordenado en el monte Sinaí para olor grato, ofrenda encendida a Jehová.
7 Y su libación, la cuarta parte de un hin con cada cordero; derramarás libación de vino superior ante Jehová en el santuario.
8 Y ofrecerás el segundo cordero a la caída de la tarde; conforme a la ofrenda de la mañana y conforme a su libación ofrecerás, ofrenda encendida en olor grato a Jehová.

Ofrendas mensuales y del día de reposo

9 Mas el día de reposo, * dos corderos de un año sin defecto, y dos décimas de flor de harina amasada con aceite, como ofrenda, con su libación.
10 Es el holocausto de cada día de reposo, * además del holocausto continuo y su libación.
11 Al comienzo de vuestros meses ofreceréis en holocausto a Jehová dos becerros de la vacada, un carnero, y siete corderos de un año sin defecto;
12 y tres décimas de flor de harina amasada con aceite, como ofrenda con cada becerro; y dos décimas de flor de harina amasada con aceite, como ofrenda con cada carnero;
13 y una décima de flor de harina amasada con aceite, en ofrenda que se ofrecerá con cada cordero; holocausto de olor grato, ofrenda encendida a Jehová.

18 So the LORD said to Moses, "Take Joshua son of Nun, a man in whom is the spirit, l and lay your hand on him. 19 Have him stand before Eleazar the priest and the entire assembly and commission him in their presence. 20 Give him some of your authority so the whole Israelite community will obey him. 21 He is to stand before Eleazar the priest, who will obtain decisions for him by inquiring of the Urim before the LORD. At his command he and the entire community of the Israelites will go out, and at his command they will come in."
22 Moses did as the LORD commanded him. He took Joshua and had him stand before Eleazar the priest and the whole assembly. 23 Then he laid his hands on him and commissioned him, as the LORD instructed through Moses.

Daily Offerings

28 The LORD said to Moses, 2 "Give this command to the Israelites and say to them: 'See that you present to me at the appointed time the food for my offerings made by fire, as an aroma pleasing to me.' 3 Say to them: 'This is the offering made by fire that you are to present to the LORD: two lambs a year old without defect, as a regular burnt offering each day. 4 Prepare one lamb in the morning and the other at twilight, 5 together with a grain offering of a tenth of an ephah m of fine flour mixed with a quarter of a hin n of oil from pressed olives. 6 This is the regular burnt offering instituted at Mount Sinai as a pleasing aroma, an offering made to the LORD by fire. 7 The accompanying drink offering is to be a quarter of a hin of fermented drink with each lamb. Pour out the drink offering to the LORD at the sanctuary. 8 Prepare the second lamb at twilight, along with the same kind of grain offering and drink offering that you prepare in the morning. This is an offering made by fire, an aroma pleasing to the LORD.

Sabbath Offerings

9 " 'On the Sabbath day, make an offering of two lambs a year old without defect, together with its drink offering and a grain offering of two-tenths of an ephah o of fine flour mixed with oil. 10 This is the burnt offering for every Sabbath, in addition to the regular burnt offering and its drink offering.

Monthly Offerings

11 " 'On the first of every month, present to the LORD a burnt offering of two young bulls, one ram and seven male lambs a year old, all without defect. 12 With each bull there is to be a grain offering of three-tenths of an ephah p of fine flour mixed with oil; with the ram, a grain offering of two-tenths of an ephah of fine flour mixed with oil; 13 and with each lamb, a grain offering of a tenth of an ephah of fine flour mixed with oil. This is for a burnt offering, a pleasing aroma, an offering made to the LORD by fire. 14 With each bull there is to

*Aquí equivale a *sábado*

l 18 Or *Spirit*   m 5 That is, probably about 2 quarts (about 2 liters); also in verses 13, 21 and 29   n 5 That is, probably about 1 quart (about 1 liter); also in verses 7 and 14   o 9 That is, probably about 4 quarts (about 4.5 liters); also in verses 12, 20 and 28   p 12 That is, probably about 6 quarts (about 6.5 liters); also in verses 20 and 28

14 Y sus libaciones de vino, medio hin con cada becerro, y la tercera parte de un hin con cada carnero, y la cuarta parte de un hin con cada cordero. Este es el holocausto de cada mes por todos los meses del año.

15 Y un macho cabrío en expiación se ofrecerá a Jehová, además del holocausto continuo con su libación.

Ofrendas de las fiestas solemnes

16 Pero en el mes primero, a los catorce días del mes, será la pascua de Jehová.

17 Y a los quince días de este mes, la fiesta solemne; por siete días se comerán panes sin levadura.

18 El primer día será santa convocación; ninguna obra de siervos haréis.

19 Y ofreceréis como ofrenda encendida en holocausto a Jehová, dos becerros de la vacada, y un carnero, y siete corderos de un año; serán sin defecto.

20 Y su ofrenda de harina amasada con aceite: tres décimas con cada becerro, y dos décimas con cada carnero;

21 y con cada uno de los siete corderos ofreceréis una décima.

22 Y un macho cabrío por expiación, para reconciliaros.

23 Esto ofreceréis además del holocausto de la mañana, que es el holocausto continuo.

24 Conforme a esto ofreceréis cada uno de los siete días, vianda y ofrenda encendida en olor grato a Jehová; se ofrecerá además del holocausto continuo, con su libación.

25 Y el séptimo día tendréis santa convocación; ninguna obra de siervos haréis.

26 Además, el día de las primicias, cuando presentéis ofrenda nueva a Jehová en vuestras semanas, tendréis santa convocación; ninguna obra de siervos haréis.

27 Y ofreceréis en holocausto, en olor grato a Jehová, dos becerros de la vacada, un carnero, siete corderos de un año;

28 y la ofrenda de ellos, flor de harina amasada con aceite, tres décimas con cada becerro, dos décimas con cada carnero,

29 y con cada uno de los siete corderos una décima;

30 y un macho cabrío para hacer expiación por vosotros.

31 Los ofreceréis, además del holocausto continuo con sus ofrendas, y sus libaciones; serán sin defecto.

29 1 En el séptimo mes, el primero del mes, tendréis santa convocación; ninguna obra de siervos haréis; os será día de sonar las trompetas.

2 Y ofreceréis holocausto en olor grato a Jehová, un becerro de la vacada, un carnero, siete corderos de un año sin defecto;

3 y la ofrenda de ellos, de flor de harina amasada con aceite, tres décimas de efa con cada becerro, dos décimas con cada carnero,

4 y con cada uno de los siete corderos, una décima;

5 y un macho cabrío por expiación, para reconciliaros,

6 además del holocausto del mes y su ofrenda, y el holocausto continuo y su ofrenda, y sus libaciones conforme a su ley, como ofrenda encendida a Jehová en olor grato.

be a drink offering of half a hin q of wine; with the ram, a third of a hin r; and with each lamb, a quarter of a hin. This is the monthly burnt offering to be made at each new moon during the year. 15 Besides the regular burnt offering with its drink offering, one male goat is to be presented to the LORD as a sin offering.

The Passover

16 " 'On the fourteenth day of the first month the LORD's Passover is to be held. 17 On the fifteenth day of this month there is to be a festival; for seven days eat bread made without yeast. 18 On the first day hold a sacred assembly and do no regular work. 19 Present to the LORD an offering made by fire, a burnt offering of two young bulls, one ram and seven male lambs a year old, all without defect. 20 With each bull prepare a grain offering of three-tenths of an ephah of fine flour mixed with oil; with the ram, two-tenths; 21 and with each of the seven lambs, one-tenth. 22 Include one male goat as a sin offering to make atonement for you. 23 Prepare these in addition to the regular morning burnt offering. 24 In this way prepare the food for the offering made by fire every day for seven days as an aroma pleasing to the LORD; it is to be prepared in addition to the regular burnt offering and its drink offering. 25 On the seventh day hold a sacred assembly and do no regular work.

Feast of Weeks

26 " 'On the day of firstfruits, when you present to the LORD an offering of new grain during the Feast of Weeks, hold a sacred assembly and do no regular work. 27 Present a burnt offering of two young bulls, one ram and seven male lambs a year old as an aroma pleasing to the LORD. 28 With each bull there is to be a grain offering of three-tenths of an ephah of fine flour mixed with oil; with the ram, two-tenths; 29 and with each of the seven lambs, one-tenth. 30 Include one male goat to make atonement for you. 31 Prepare these together with their drink offerings, in addition to the regular burnt offering and its grain offering. Be sure the animals are without defect.

Feast of Trumpets

29 " 'On the first day of the seventh month hold a sacred assembly and do no regular work. It is a day for you to sound the trumpets. 2 As an aroma pleasing to the LORD, prepare a burnt offering of one young bull, one ram and seven male lambs a year old, all without defect. 3 With the bull prepare a grain offering of three-tenths of an ephah s of fine flour mixed with oil; with the ram, two-tenths t; 4 and with each of the seven lambs, one-tenth. u 5 Include one male goat as a sin offering to make atonement for you. 6 These are in addition to the monthly and daily burnt offerings with their grain offerings and drink offerings as specified. They are offerings made to the LORD by fire—a pleasing aroma.

---

q 14 That is, probably about 2 quarts (about 2 liters)　　r 14 That is, probably about 1 1/4 quarts (about 1.2 liters)　　s 3 That is, probably about 6 quarts (about 6.5 liters); also in verses 9 and 14　　t 3 That is, probably about 4 quarts (about 4.5 liters); also in verses 9 and 14　　u 4 That is, probably about 2 quarts (about 2 liters); also in verses 10 and 15

7 En el diez de este mes séptimo tendréis santa convocación, y afligiréis vuestras almas; ninguna obra haréis;
8 y ofreceréis en holocausto a Jehová en olor grato, un becerro de la vacada, un carnero, y siete corderos de un año; serán sin defecto.
9 Y sus ofrendas, flor de harina amasada con aceite, tres décimas de efa con cada becerro, dos décimas con cada carnero,
10 y con cada uno de los siete corderos, una décima,
11 y un macho cabrío por expiación; además de la ofrenda de las expiaciones por el pecado, y del holocausto continuo y de sus ofrendas y de sus libaciones.
12 También a los quince días del mes séptimo tendréis santa convocación; ninguna obra de siervos haréis, y celebraréis fiesta solemne a Jehová por siete días.
13 Y ofreceréis en holocausto, en ofrenda encendida a Jehová en olor grato, trece becerros de la vacada, dos carneros, y catorce corderos de un año; han de ser sin defecto.
14 Y las ofrendas de ellos, de flor de harina amasada con aceite, tres décimas de efa con cada uno de los trece becerros, dos décimas con cada uno de los dos carneros,
15 y con cada uno de los catorce corderos, una décima;
16 y un macho cabrío por expiación; además del holocausto continuo, su ofrenda y su libación.
17 El segundo día, doce becerros de la vacada, dos carneros, catorce corderos de un año sin defecto,
18 y sus ofrendas y sus libaciones con los becerros, con los carneros y con los corderos, según el número de ellos, conforme a la ley;
19 y un macho cabrío por expiación; además del holocausto continuo, y su ofrenda y su libación.
20 El día tercero, once becerros, dos carneros, catorce corderos de un año sin defecto;
21 y sus ofrendas y sus libaciones con los becerros, con los carneros y con los corderos, según el número de ellos, conforme a la ley;
22 y un macho cabrío por expiación; además del holocausto continuo, y su ofrenda y su libación.
23 El cuarto día, diez becerros, dos carneros, catorce corderos de un año sin defecto;
24 sus ofrendas y sus libaciones con los becerros, con los carneros y con los corderos, según el número de ellos, conforme a la ley;
25 y un macho cabrío por expiación; además del holocausto continuo, su ofrenda y su libación.
26 El quinto día, nueve becerros, dos carneros, catorce corderos de un año sin defecto;
27 y sus ofrendas y sus libaciones con los becerros, con los carneros y con los corderos, según el número de ellos, conforme a la ley;
28 y un macho cabrío por expiación; además del holocausto continuo, su ofrenda y su libación.
29 El sexto día, ocho becerros, dos carneros, catorce corderos de un año sin defecto;
30 y sus ofrendas y sus libaciones con los becerros, con los carneros y con los corderos, según el número de ellos, conforme a la ley;
31 y un macho cabrío por expiación; además del holocausto continuo, su ofrenda y su libación.
32 El séptimo día, siete becerros, dos carneros, catorce corderos de un año sin defecto;
33 y sus ofrendas y sus libaciones con los becerros, con los carneros y con los corderos, según el número de ellos, conforme a la ley;

Day of Atonement

7 " 'On the tenth day of this seventh month hold a sacred assembly. You must deny yourselves[v] and do no work. 8Present as an aroma pleasing to the Lord a burnt offering of one young bull, one ram and seven male lambs a year old, all without defect. 9With the bull prepare a grain offering of three-tenths of an ephah of fine flour mixed with oil; with the ram, two-tenths; 10and with each of the seven lambs, one-tenth. 11Include one male goat as a sin offering, in addition to the sin offering for atonement and the regular burnt offering with its grain offering, and their drink offerings.

Feast of Tabernacles

12 " 'On the fifteenth day of the seventh month, hold a sacred assembly and do no regular work. Celebrate a festival to the Lord for seven days. 13Present an offering made by fire as an aroma pleasing to the Lord, a burnt offering of thirteen young bulls, two rams and fourteen male lambs a year old, all without defect. 14With each of the thirteen bulls prepare a grain offering of three-tenths of an ephah of fine flour mixed with oil; with each of the two rams, two-tenths; 15and with each of the fourteen lambs, one-tenth. 16Include one male goat as a sin offering, in addition to the regular burnt offering with its grain offering and drink offering.
17 " 'On the second day prepare twelve young bulls, two rams and fourteen male lambs a year old, all without defect. 18With the bulls, rams and lambs, prepare their grain offerings and drink offerings according to the number specified. 19Include one male goat as a sin offering, in addition to the regular burnt offering with its grain offering, and their drink offerings.
20 " 'On the third day prepare eleven bulls, two rams and fourteen male lambs a year old, all without defect. 21With the bulls, rams and lambs, prepare their grain offerings and drink offerings according to the number specified. 22Include one male goat as a sin offering, in addition to the regular burnt offering with its grain offering and drink offering.
23 " 'On the fourth day prepare ten bulls, two rams and fourteen male lambs a year old, all without defect. 24With the bulls, rams and lambs, prepare their grain offerings and drink offerings according to the number specified. 25Include one male goat as a sin offering, in addition to the regular burnt offering with its grain offering and drink offering.
26 " 'On the fifth day prepare nine bulls, two rams and fourteen male lambs a year old, all without defect. 27With the bulls, rams and lambs, prepare their grain offerings and drink offerings according to the number specified. 28Include one male goat as a sin offering, in addition to the regular burnt offering with its grain offering and drink offering.
29 " 'On the sixth day prepare eight bulls, two rams and fourteen male lambs a year old, all without defect. 30With the bulls, rams and lambs, prepare their grain offerings and drink offerings according to the number specified. 31Include one male goat as a sin offering, in addition to the regular burnt offering with its grain offering and drink offering.
32 " 'On the seventh day prepare seven bulls, two rams and fourteen male lambs a year old, all without defect. 33With the bulls, rams and lambs, prepare their grain offerings and drink offerings according to the number specified. 34Include one male goat as a sin

---

v7 Or *must fast*

³⁴y un macho cabrío por expiación, además del holocausto continuo, con su ofrenda y su libación.

³⁵El octavo día tendréis solemnidad; ninguna obra de siervos haréis.

³⁶Y ofreceréis en holocausto, en ofrenda encendida de olor grato a Jehová, un becerro, un carnero, siete corderos de un año sin defecto;

³⁷sus ofrendas y sus libaciones con el becerro, con el carnero y con los corderos, según el número de ellos, conforme a la ley;

³⁸y un macho cabrío por expiación, además del holocausto continuo, con su ofrenda y su libación.

³⁹Estas cosas ofreceréis a Jehová en vuestras fiestas solemnes, además de vuestros votos, y de vuestras ofrendas voluntarias, para vuestros holocaustos, y para vuestras ofrendas, y para vuestras libaciones, y para vuestras ofrendas de paz.

⁴⁰Y Moisés dijo a los hijos de Israel conforme a todo lo que Jehová le había mandado.

Ley de los votos

30 ¹Habló Moisés a los príncipes de las tribus de los hijos de Israel, diciendo: Esto es lo que Jehová ha mandado.

²Cuando alguno hiciere voto a Jehová, o hiciere juramento ligando su alma con obligación, no quebrantará su palabra; hará conforme a todo lo que salió de su boca.

³Mas la mujer, cuando hiciere voto a Jehová, y se ligare con obligación en casa de su padre, en su juventud;

⁴si su padre oyere su voto, y la obligación con que ligó su alma, y su padre callare a ello, todos los votos de ella serán firmes, y toda obligación con que hubiere ligado su alma, firme será.

⁵Mas si su padre le vedare el día que oyere todos sus votos y sus obligaciones con que ella hubiere ligado su alma, no serán firmes; y Jehová la perdonará, por cuanto su padre se lo vedó.

⁶Pero si fuere casada e hiciere votos, o pronunciare de sus labios cosa con que obligue su alma,

⁷si su marido lo oyere, y cuando lo oyere callare a ello, los votos de ella serán firmes, y la obligación con que ligó su alma, firme será.

⁸Pero si cuando su marido lo oyó, le vedó, entonces el voto que ella hizo, y lo que pronunció de sus labios con que ligó su alma, será nulo; y Jehová la perdonará.

⁹Pero todo voto de viuda o repudiada, con que ligare su alma, será firme.

¹⁰Y si hubiere hecho voto en casa de su marido, y hubiere ligado su alma con obligación de juramento,

¹¹si su marido oyó, y calló a ello y no le vedó, entonces todos sus votos serán firmes, y toda obligación con que hubiere ligado su alma, firme será.

¹²Mas si su marido los anuló el día que los oyó, todo lo que salió de sus labios cuanto a sus votos, y cuanto a la obligación de su alma, será nulo; su marido los anuló, y Jehová la perdonará.

¹³Todo voto, y todo juramento obligándose a afligir el alma, su marido lo confirmará, o su marido lo anulará.

¹⁴Pero si su marido callare a ello de día en día, entonces confirmó todos sus votos, y todas las obligaciones que están sobre ella; los confirmó, por cuanto calló a ello el día que lo oyó.

¹⁵Mas si los anulare después de haberlos oído, entonces él llevará el pecado de ella.

¹⁶Estas son las ordenanzas que Jehová mandó a Moisés entre el varón y su mujer, y entre el padre y su hija durante su juventud en casa de su padre.

offering, in addition to the regular burnt offering with its grain offering and drink offering.

³⁵"'On the eighth day hold an assembly and do no regular work. ³⁶Present an offering made by fire as an aroma pleasing to the Lord, a burnt offering of one bull, one ram and seven male lambs a year old, all without defect. ³⁷With the bull, the ram and the lambs, prepare their grain offerings and drink offerings according to the number specified. ³⁸Include one male goat as a sin offering, in addition to the regular burnt offering with its grain offering and drink offering.

³⁹"'In addition to what you vow and your freewill offerings, prepare these for the Lord at your appointed feasts: your burnt offerings, grain offerings, drink offerings and fellowship offerings. ʷ "

⁴⁰Moses told the Israelites all that the Lord commanded him.

Vows

30 Moses said to the heads of the tribes of Israel: "This is what the Lord commands: ²When a man makes a vow to the Lord or takes an oath to obligate himself by a pledge, he must not break his word but must do everything he said.

³"When a young woman still living in her father's house makes a vow to the Lord or obligates herself by a pledge ⁴and her father hears about her vow or pledge but says nothing to her, then all her vows and every pledge by which she obligated herself will stand. ⁵But if her father forbids her when he hears about it, none of her vows or the pledges by which she obligated herself will stand; the Lord will release her because her father has forbidden her.

⁶"If she marries after she makes a vow or after her lips utter a rash promise by which she obligates herself ⁷and her husband hears about it but says nothing to her, then her vows or the pledges by which she obligated herself will stand. ⁸But if her husband forbids her when he hears about it, he nullifies the vow that obligates her or the rash promise by which she obligates herself, and the Lord will release her.

⁹"Any vow or obligation taken by a widow or divorced woman will be binding on her.

¹⁰"If a woman living with her husband makes a vow or obligates herself by a pledge under oath ¹¹and her husband hears about it but says nothing to her and does not forbid her, then all her vows or the pledges by which she obligated herself will stand. ¹²But if her husband nullifies them when he hears about them, then none of the vows or pledges that came from her lips will stand. Her husband has nullified them, and the Lord will release her. ¹³Her husband may confirm or nullify any vow she makes or any sworn pledge to deny herself. ¹⁴But if her husband says nothing to her about it from day to day, then he confirms all her vows or the pledges binding on her. He confirms them by saying nothing to her when he hears about them. ¹⁵If, however, he nullifies them some time after he hears about them, then he is responsible for her guilt."

¹⁶These are the regulations the Lord gave Moses concerning relationships between a man and his wife, and between a father and his young daughter still living in his house.

ʷ39 Traditionally *peace offerings*

Venganza de Israel contra Madián

31 [1] Jehová habló a Moisés, diciendo: [2] Haz la venganza de los hijos de Israel contra los madianitas; después serás recogido a tu pueblo.

[3] Entonces Moisés habló al pueblo, diciendo: Armaos algunos de vosotros para la guerra, y vayan contra Madián y hagan la venganza de Jehová en Madián.

[4] Mil de cada tribu de todas las tribus de los hijos de Israel, enviaréis a la guerra.

[5] Así fueron dados de los millares de Israel, mil por cada tribu, doce mil en pie de guerra.

[6] Y Moisés los envió a la guerra; mil de cada tribu envió; y Finees hijo del sacerdote Eleazar fue a la guerra con los vasos del santuario, y con las trompetas en su mano para tocar.

[7] Y pelearon contra Madián, como Jehová lo mandó a Moisés, y mataron a todo varón.

[8] Mataron también, entre los muertos de ellos, a los reyes de Madián, Evi, Requem, Zur, Hur y Reba, cinco reyes de Madián; también a Balaam hijo de Beor mataron a espada.

[9] Y los hijos de Israel llevaron cautivas a las mujeres de los madianitas, a sus niños, y todas sus bestias y todos sus ganados; y arrebataron todos sus bienes,

[10] e incendiaron todas sus ciudades, aldeas y habitaciones.

[11] Y tomaron todo el despojo, y todo el botín, así de hombres como de bestias.

[12] Y trajeron a Moisés y al sacerdote Eleazar, y a la congregación de los hijos de Israel, los cautivos y el botín y los despojos al campamento, en los llanos de Moab, que están junto al Jordán frente a Jericó.

[13] Y salieron Moisés y el sacerdote Eleazar, y todos los príncipes de la congregación, a recibirlos fuera del campamento.

[14] Y se enojó Moisés contra los capitanes del ejército, contra los jefes de millares y de centenas que volvían de la guerra,

[15] y les dijo Moisés: ¿Por qué habéis dejado con vida a todas las mujeres?

[16] He aquí, por consejo de Balaam ellas fueron causa de que los hijos de Israel prevaricasen contra Jehová en lo tocante a Baal-peor, por lo que hubo mortandad en la congregación de Jehová.

[17] Matad, pues, ahora a todos los varones de entre los niños; matad también a toda mujer que haya conocido varón carnalmente.

[18] Pero a todas las niñas entre las mujeres, que no hayan conocido varón, las dejaréis con vida.

[19] Y vosotros, cualquiera que haya dado muerte a persona, y cualquiera que haya tocado muerto, permaneced fuera del campamento siete días, y os purificaréis al tercer día y al séptimo, vosotros y vuestros cautivos.

[20] Asimismo purificaréis todo vestido, y toda prenda de pieles, y toda obra de pelo de cabra, y todo utensilio de madera.

Repartición del botín

[21] Y el sacerdote Eleazar dijo a los hombres de guerra que venían de la guerra: Esta es la ordenanza de la ley que Jehová ha mandado a Moisés:

[22] Ciertamente el oro y la plata, el bronce, hierro, estaño y plomo,

[23] todo lo que resiste el fuego, por fuego lo haréis pasar, y será limpio, bien que en las aguas de purificación habrá de purificarse; y haréis pasar por agua todo lo que no resiste el fuego.

[24] Además lavaréis vuestros vestidos el séptimo día, y así seréis limpios; y después entraréis en el campamento.

[25] Y Jehová habló a Moisés, diciendo:

Vengeance on the Midianites

31 The Lord said to Moses, [2] "Take vengeance on the Midianites for the Israelites. After that, you will be gathered to your people."

[3] So Moses said to the people, "Arm some of your men to go to war against the Midianites and to carry out the Lord's vengeance on them. [4] Send into battle a thousand men from each of the tribes of Israel." [5] So twelve thousand men armed for battle, a thousand from each tribe, were supplied from the clans of Israel. [6] Moses sent them into battle, a thousand from each tribe, along with Phinehas son of Eleazar, the priest, who took with him articles from the sanctuary and the trumpets for signaling.

[7] They fought against Midian, as the Lord commanded Moses, and killed every man. [8] Among their victims were Evi, Rekem, Zur, Hur and Reba—the five kings of Midian. They also killed Balaam son of Beor with the sword. [9] The Israelites captured the Midianite women and children and took all the Midianite herds, flocks and goods as plunder. [10] They burned all the towns where the Midianites had settled, as well as all their camps. [11] They took all the plunder and spoils, including the people and animals, [12] and brought the captives, spoils and plunder to Moses and Eleazar the priest and the Israelite assembly at their camp on the plains of Moab, by the Jordan across from Jericho.[x]

[13] Moses, Eleazar the priest and all the leaders of the community went to meet them outside the camp. [14] Moses was angry with the officers of the army—the commanders of thousands and commanders of hundreds—who returned from the battle.

[15] "Have you allowed all the women to live?" he asked them. [16] "They were the ones who followed Balaam's advice and were the means of turning the Israelites away from the Lord in what happened at Peor, so that a plague struck the Lord's people. [17] Now kill all the boys. And kill every woman who has slept with a man, [18] but save for yourselves every girl who has never slept with a man.

[19] "All of you who have killed anyone or touched anyone who was killed must stay outside the camp seven days. On the third and seventh days you must purify yourselves and your captives. [20] Purify every garment as well as everything made of leather, goat hair or wood."

[21] Then Eleazar the priest said to the soldiers who had gone into battle, "This is the requirement of the law that the Lord gave Moses: [22] Gold, silver, bronze, iron, tin, lead [23] and anything else that can withstand fire must be put through the fire, and then it will be clean. But it must also be purified with the water of cleansing. And whatever cannot withstand fire must be put through that water. [24] On the seventh day wash your clothes and you will be clean. Then you may come into the camp."

Dividing the Spoils

[25] The Lord said to Moses, [26] "You and Eleazar the

---

[x]12 Hebrew *Jordan of Jericho*; possibly an ancient name for the Jordan River

26 Toma la cuenta del botín que se ha hecho, así de las personas como de las bestias, tú y el sacerdote Eleazar, y los jefes de los padres de la congregación;

27 y partirás por mitades el botín entre los que pelearon, los que salieron a la guerra, y toda la congregación.

28 Y apartarás para Jehová el tributo de los hombres de guerra que salieron a la guerra; de quinientos, uno, así de las personas como de los bueyes, de los asnos y de las ovejas.

29 De la mitad de ellos lo tomarás; y darás al sacerdote Eleazar la ofrenda de Jehová.

30 Y de la mitad perteneciente a los hijos de Israel tomarás uno de cada cincuenta de las personas, de los bueyes, de los asnos, de las ovejas y de todo animal, y los darás a los levitas, que tienen la guarda del tabernáculo de Jehová.

31 E hicieron Moisés y el sacerdote Eleazar como Jehová mandó a Moisés.

32 Y fue el botín, el resto del botín que tomaron los hombres de guerra, seiscientas setenta y cinco mil ovejas,

33 setenta y dos mil bueyes,

34 y sesenta y un mil asnos.

35 En cuanto a personas, de mujeres que no habían conocido varón, eran por todas treinta y dos mil.

36 Y la mitad, la parte de los que habían salido a la guerra, fue el número de trescientas treinta y siete mil quinientas ovejas;

37 y el tributo de las ovejas para Jehová fue seiscientas setenta y cinco.

38 De los bueyes, treinta y seis mil; y de ellos el tributo para Jehová, setenta y dos.

39 De los asnos, treinta mil quinientos; y de ellos el tributo para Jehová, sesenta y uno.

40 Y de las personas, dieciséis mil; y de ellas el tributo para Jehová, treinta y dos personas.

41 Y dio Moisés el tributo, para ofrenda elevada a Jehová, al sacerdote Eleazar, como Jehová lo mandó a Moisés.

42 Y de la mitad para los hijos de Israel, que apartó Moisés de los hombres que habían ido a la guerra

43 (la mitad para la congregación fue: de las ovejas, trescientas treinta y siete mil quinientas;

44 de los bueyes, treinta y seis mil;

45 de los asnos, treinta mil quinientos;

46 y de las personas, dieciséis mil);

47 de la mitad, pues, para los hijos de Israel, tomó Moisés uno de cada cincuenta, así de las personas como de los animales, y los dio a los levitas, que tenían la guarda del tabernáculo de Jehová, como Jehová lo había mandado a Moisés.

48 Vinieron a Moisés los jefes de los millares de aquel ejército, los jefes de millares y de centenas,

49 y dijeron a Moisés: Tus siervos han tomado razón de los hombres de guerra que están en nuestro poder, y ninguno ha faltado de nosotros.

50 Por lo cual hemos ofrecido a Jehová ofrenda, cada uno de lo que ha hallado, alhajas de oro, brazaletes, manillas, anillos, zarcillos y cadenas, para hacer expiación por nuestras almas delante de Jehová.

51 Y Moisés y el sacerdote Eleazar recibieron el oro de ellos, alhajas, todas elaboradas.

52 Y todo el oro de la ofrenda que ofrecieron a Jehová los jefes de millares y de centenas fue dieciséis mil setecientos cincuenta siclos.

53 Los hombres del ejército habían tomado botín cada uno para sí.

54 Recibieron, pues, Moisés y el sacerdote Eleazar el oro de los jefes de millares y de centenas, y lo trajeron al tabernáculo de reunión, por memoria de los hijos de Israel delante de Jehová.

priest and the family heads of the community are to count all the people and animals that were captured. 27Divide the spoils between the soldiers who took part in the battle and the rest of the community. 28From the soldiers who fought in the battle, set apart as tribute for the LORD one out of every five hundred, whether persons, cattle, donkeys, sheep or goats. 29Take this tribute from their half share and give it to Eleazar the priest as the LORD's part. 30From the Israelites' half, select one out of every fifty, whether persons, cattle, donkeys, sheep, goats or other animals. Give them to the Levites, who are responsible for the care of the LORD's tabernacle." 31So Moses and Eleazar the priest did as the LORD commanded Moses.

32The plunder remaining from the spoils that the soldiers took was 675,000 sheep, 33372,000 cattle, 3461,000 donkeys 35and 32,000 women who had never slept with a man.

36The half share of those who fought in the battle was:

337,500 sheep, 37of which the tribute for the LORD was 675;

3836,000 cattle, of which the tribute for the LORD was 72;

3930,500 donkeys, of which the tribute for the LORD was 61;

4016,000 people, of which the tribute for the LORD was 32.

41Moses gave the tribute to Eleazar the priest as the LORD's part, as the LORD commanded Moses.

42The half belonging to the Israelites, which Moses set apart from that of the fighting men — 43the community's half—was 337,500 sheep, 44436,000 cattle, 45530,500 donkeys 46and 16,000 people. 47From the Israelites' half, Moses selected one out of every fifty persons and animals, as the LORD commanded him, and gave them to the Levites, who were responsible for the care of the LORD's tabernacle.

48Then the officers who were over the units of the army—the commanders of thousands and commanders of hundreds—went to Moses 49and said to him, "Your servants have counted the soldiers under our command, and not one is missing. 50So we have brought as an offering to the LORD the gold articles each of us acquired—armlets, bracelets, signet rings, earrings and necklaces—to make atonement for ourselves before the LORD."

51Moses and Eleazar the priest accepted from them the gold—all the crafted articles. 52All the gold from the commanders of thousands and commanders of hundreds that Moses and Eleazar presented as a gift to the LORD weighed 16,750 shekels.y 53Each soldier had taken plunder for himself. 54Moses and Eleazar the priest accepted the gold from the commanders of thousands and commanders of hundreds and brought it into the Tent of Meeting as a memorial for the Israelites before the LORD.

---

y52 That is, about 420 pounds (about 190 kilograms)

Rubén y Gad se establecen al oriente del Jordán

32 ¹Los hijos de Rubén y los hijos de Gad tenían una muy inmensa muchedumbre de ganado; y vieron la tierra de Jazer y de Galaad, y les pareció el país lugar de ganado.

²Vinieron, pues, los hijos de Gad y los hijos de Rubén, y hablaron a Moisés y al sacerdote Eleazar, y a los príncipes de la congregación, diciendo:

³Atarot, Dibón, Jazer, Nimra, Hesbón, Eleale, Sebam, Nebo y Beón,

⁴la tierra que Jehová hirió delante de la congregación de Israel, es tierra de ganado, y tus siervos tienen ganado.

⁵Por tanto, dijeron, si hallamos gracia en tus ojos, dése esta tierra a tus siervos en heredad, y no nos hagas pasar el Jordán.

⁶Y respondió Moisés a los hijos de Gad y a los hijos de Rubén: ¿Irán vuestros hermanos a la guerra, y vosotros os quedaréis aquí?

⁷¿Y por qué desanimáis a los hijos de Israel, para que no pasen a la tierra que les ha dado Jehová?

⁸Así hicieron vuestros padres, cuando los envié desde Cades-barnea para que viesen la tierra.

⁹Subieron hasta el torrente de Escol, y después que vieron la tierra, desalentaron a los hijos de Israel para que no viniesen a la tierra que Jehová les había dado.

¹⁰Y la ira de Jehová se encendió entonces, y juró diciendo:

¹¹No verán los varones que subieron de Egipto de veinte años arriba, la tierra que prometí con juramento a Abraham, Isaac y Jacob, por cuanto no fueron perfectos en pos de mí;

¹²excepto Caleb hijo de Jefone cenezeo, y Josué hijo de Nun, que fueron perfectos en pos de Jehová.

¹³Y la ira de Jehová se encendió contra Israel, y los hizo andar errantes cuarenta años por el desierto, hasta que fue acabada toda aquella generación que había hecho mal delante de Jehová.

¹⁴Y he aquí, vosotros habéis sucedido en lugar de vuestros padres, prole de hombres pecadores, para añadir aún a la ira de Jehová contra Israel.

¹⁵Si os volviereis de en pos de él, él volverá otra vez a dejaros en el desierto, y destruiréis a todo este pueblo.

¹⁶Entonces ellos vinieron a Moisés y dijeron: Edificaremos aquí majadas para nuestro ganado, y ciudades para nuestros niños;

¹⁷y nosotros nos armaremos, e iremos con diligencia delante de los hijos de Israel, hasta que los metamos en su lugar; y nuestros niños quedarán en ciudades fortificadas a causa de los moradores del país.

¹⁸No volveremos a nuestras casas hasta que los hijos de Israel posean cada uno su heredad.

¹⁹Porque no tomaremos heredad con ellos al otro lado del Jordán ni adelante, por cuanto tendremos ya nuestra heredad a este otro lado del Jordán al oriente.

²⁰Entonces les respondió Moisés: Si lo hacéis así, si os disponéis para ir delante de Jehová a la guerra,

²¹y todos vosotros pasáis armados el Jordán delante de Jehová, hasta que haya echado a sus enemigos de delante de sí,

²²y sea el país sojuzgado delante de Jehová; luego volveréis, y seréis libres de culpa para con Jehová, y para con Israel; y esta tierra será vuestra en heredad delante de Jehová.

²³Mas si así no lo hacéis, he aquí habréis pecado ante Jehová; y sabed que vuestro pecado os alcanzará.

²⁴Edificaos ciudades para vuestros niños, y majadas para vuestras ovejas, y haced lo que ha declarado vuestra boca.

The Transjordan Tribes

32 The Reubenites and Gadites, who had very large herds and flocks, saw that the lands of Jazer and Gilead were suitable for livestock. ²So they came to Moses and Eleazar the priest and to the leaders of the community, and said, ³"Ataroth, Dibon, Jazer, Nimrah, Heshbon, Elealeh, Sebam, Nebo and Beon— ⁴the land the LORD subdued before the people of Israel—are suitable for livestock, and your servants have livestock. ⁵If we have found favor in your eyes," they said, "let this land be given to your servants as our possession. Do not make us cross the Jordan."

⁶Moses said to the Gadites and Reubenites, "Shall your countrymen go to war while you sit here? ⁷Why do you discourage the Israelites from going over into the land the LORD has given them? ⁸This is what your fathers did when I sent them from Kadesh Barnea to look over the land. ⁹After they went up to the Valley of Eshcol and viewed the land, they discouraged the Israelites from entering the land the LORD had given them. ¹⁰The LORD's anger was aroused that day and he swore this oath: ¹¹'Because they have not followed me wholeheartedly, not one of the men twenty years old or more who came up out of Egypt will see the land I promised on oath to Abraham, Isaac and Jacob— ¹²not one except Caleb son of Jephunneh the Kenizzite and Joshua son of Nun, for they followed the LORD wholeheartedly.' ¹³The LORD's anger burned against Israel and he made them wander in the desert forty years, until the whole generation of those who had done evil in his sight was gone.

¹⁴"And here you are, a brood of sinners, standing in the place of your fathers and making the LORD even more angry with Israel. ¹⁵If you turn away from following him, he will again leave all this people in the desert, and you will be the cause of their destruction."

¹⁶Then they came up to him and said, "We would like to build pens here for our livestock and cities for our women and children. ¹⁷But we are ready to arm ourselves and go ahead of the Israelites until we have brought them to their place. Meanwhile our women and children will live in fortified cities, for protection from the inhabitants of the land. ¹⁸We will not return to our homes until every Israelite has received his inheritance. ¹⁹We will not receive any inheritance with them on the other side of the Jordan, because our inheritance has come to us on the east side of the Jordan."

²⁰Then Moses said to them, "If you will do this—if you will arm yourselves before the LORD for battle, ²¹and if all of you will go armed over the Jordan before the LORD until he has driven his enemies out before him— ²²then when the land is subdued before the LORD, you may return and be free from your obligation to the LORD and to Israel. And this land will be your possession before the LORD.

²³"But if you fail to do this, you will be sinning against the LORD; and you may be sure that your sin will find you out. ²⁴Build cities for your women and children, and pens for your flocks, but do what you have promised."

25 Y hablaron los hijos de Gad y los hijos de Rubén a Moisés, diciendo: Tus siervos harán como mi señor ha mandado.

26 Nuestros niños, nuestras mujeres, nuestros ganados y todas nuestras bestias, estarán ahí en las ciudades de Galaad;

27 y tus siervos, armados todos para la guerra, pasarán delante de Jehová a la guerra, de la manera que mi señor dice.

28 Entonces les encomendó Moisés al sacerdote Eleazar, y a Josué hijo de Nun, y a los príncipes de los padres de las tribus de los hijos de Israel.

29 Y les dijo Moisés: Si los hijos de Gad y los hijos de Rubén pasan con vosotros el Jordán, armados todos para la guerra delante de Jehová, luego que el país sea sojuzgado delante de vosotros, les daréis la tierra de Galaad en posesión;

30 mas si no pasan armados con vosotros, entonces tendrán posesión entre vosotros, en la tierra de Canaán.

31 Y los hijos de Gad y los hijos de Rubén respondieron diciendo: Haremos lo que Jehová ha dicho a tus siervos.

32 Nosotros pasaremos armados delante de Jehová a la tierra de Canaán, y la posesión de nuestra heredad será a este lado del Jordán.

33 Así Moisés dio a los hijos de Gad, a los hijos de Rubén, y a la media tribu de Manasés hijo de José, el reino de Sehón rey amorreo y el reino de Og rey de Basán, la tierra con sus ciudades y sus territorios, las ciudades del país alrededor.

34 Y los hijos de Gad edificaron Dibón, Atarot, Aroer,

35 Atarot-sofán, Jazer, Jogbeha,

36 Bet-nimra y Bet-arán, ciudades fortificadas; hicieron también majadas para ovejas.

37 Y los hijos de Rubén edificaron Hesbón, Eleale, Quiriataim,

38 Nebo, Baal-meón (mudados los nombres) y Sibma; y pusieron nombres a las ciudades que edificaron.

39 Los hijos de Maquir hijo de Manasés fueron a Galaad, y la tomaron, y echaron al amorreo que estaba en ella.

40 Y Moisés dio Galaad a Maquir hijo de Manasés, el cual habitó en ella.

41 También Jair hijo de Manasés fue y tomó sus aldeas, y les puso por nombre Havot-jair./

42 Asimismo Noba fue y tomó Kenat y sus aldeas, y lo llamó Noba, conforme a su nombre.

Jornadas de Israel desde Egipto hasta el Jordán

33 ¹ Estas son las jornadas de los hijos de Israel, que salieron de la tierra de Egipto por sus ejércitos, bajo el mando de Moisés y Aarón.

2 Moisés escribió sus salidas conforme a sus jornadas por mandato de Jehová. Estas, pues, son sus jornadas con arreglo a sus salidas.

3 De Ramesés salieron en el mes primero, a los quince días del mes primero; el segundo día de la pascua salieron los hijos de Israel con mano poderosa, a vista de todos los egipcios,

4 mientras enterraban los egipcios a los que Jehová había herido de muerte de entre ellos, a todo primogénito; también había hecho Jehová juicios contra sus dioses.

5 Salieron, pues, los hijos de Israel de Ramesés, y acamparon en Sucot.

6 Salieron de Sucot y acamparon en Etam, que está al confín del desierto.

7 Salieron de Etam y volvieron sobre Pi-hahirot, que está delante de Baal-zefón, y acamparon delante de Migdol.

25 The Gadites and Reubenites said to Moses, "We your servants will do as our lord commands. 26 Our children and wives, our flocks and herds will remain here in the cities of Gilead. 27 But your servants, every man armed for battle, will cross over to fight before the LORD, just as our lord says."

28 Then Moses gave orders about them to Eleazar the priest and Joshua son of Nun and to the family heads of the Israelite tribes. 29 He said to them, "If the Gadites and Reubenites, every man armed for battle, cross over the Jordan with you before the LORD, then when the land is subdued before you, give them the land of Gilead as their possession. 30 But if they do not cross over with you armed, they must accept their possession with you in Canaan."

31 The Gadites and Reubenites answered, "Your servants will do what the LORD has said. 32 We will cross over before the LORD into Canaan armed, but the property we inherit will be on this side of the Jordan."

33 Then Moses gave to the Gadites, the Reubenites and the half-tribe of Manasseh son of Joseph the kingdom of Sihon king of the Amorites and the kingdom of Og king of Bashan — the whole land with its cities and the territory around them.

34 The Gadites built up Dibon, Ataroth, Aroer, 35 Atroth Shophan, Jazer, Jogbehah, 36 Beth Nimrah and Beth Haran as fortified cities, and built pens for their flocks. 37 And the Reubenites rebuilt Heshbon, Elealeh and Kiriathaim, 38 as well as Nebo and Baal Meon (these names were changed) and Sibmah. They gave names to the cities they rebuilt.

39 The descendants of Makir son of Manasseh went to Gilead, captured it and drove out the Amorites who were there. 40 So Moses gave Gilead to the Makirites, the descendants of Manasseh, and they settled there. 41 Jair, a descendant of Manasseh, captured their settlements and called them Havvoth Jair.z 42 And Nobah captured Kenath and its surrounding settlements and called it Nobah after himself.

Stages in Israel's Journey

33 Here are the stages in the journey of the Israelites when they came out of Egypt by divisions under the leadership of Moses and Aaron. 2 At the LORD's command Moses recorded the stages in their journey. This is their journey by stages:

3 The Israelites set out from Rameses on the fifteenth day of the first month, the day after the Passover. They marched out boldly in full view of all the Egyptians, 4 who were burying all their firstborn, whom the LORD had struck down among them; for the LORD had brought judgment on their gods.

5 The Israelites left Rameses and camped at Succoth.

6 They left Succoth and camped at Etham, on the edge of the desert.

7 They left Etham, turned back to Pi Hahiroth, to the east of Baal Zephon, and camped near Migdol.

/Esto es, *las aldeas de Jair.*

z41 Or *them the settlements of Jair*

8 Salieron de Pi-hahirot y pasaron por en medio del mar al desierto, y anduvieron tres días de camino por el desierto de Etam, y acamparon en Mara.
9 Salieron de Mara y vinieron a Elim, donde había doce fuentes de aguas, y setenta palmeras; y acamparon allí.
10 Salieron de Elim y acamparon junto al Mar Rojo.
11 Salieron del Mar Rojo y acamparon en el desierto de Sin.
12 Salieron del desierto de Sin y acamparon en Dofca.
13 Salieron de Dofca y acamparon en Alús.
14 Salieron de Alús y acamparon en Refidim, donde el pueblo no tuvo aguas para beber.
15 Salieron de Refidim y acamparon en el desierto de Sinaí.
16 Salieron del desierto de Sinaí y acamparon en Kibrot-hataava.
17 Salieron de Kibrot-hataava y acamparon en Hazerot.
18 Salieron de Hazerot y acamparon en Ritma.
19 Salieron de Ritma y acamparon en Rimón-peres.
20 Salieron de Rimón-peres y acamparon en Libna.
21 Salieron de Libna y acamparon en Rissa.
22 Salieron de Rissa y acamparon en Ceelata.
23 Salieron de Ceelata y acamparon en el monte de Sefer.
24 Salieron del monte de Sefer y acamparon en Harada.
25 Salieron de Harada y acamparon en Macelot.
26 Salieron de Macelot y acamparon en Tahat.
27 Salieron de Tahat y acamparon en Tara.
28 Salieron de Tara y acamparon en Mitca.
29 Salieron de Mitca y acamparon en Hasmona.
30 Salieron de Hasmona y acamparon en Moserot.
31 Salieron de Moserot y acamparon en Bene-jaacán.
32 Salieron de Bene-jaacán y acamparon en el monte de Gidgad.
33 Salieron del monte de Gidgad y acamparon en Jotbata.
34 Salieron de Jotbata y acamparon en Abrona.
35 Salieron de Abrona y acamparon en Ezión-geber.
36 Salieron de Ezión-geber y acamparon en el desierto de Zin, que es Cades.
37 Y salieron de Cades y acamparon en el monte de Hor, en la extremidad del país de Edom.
38 Y subió el sacerdote Aarón al monte de Hor, conforme al dicho de Jehová, y allí murió a los cuarenta años de la salida de los hijos de Israel de la tierra de Egipto, en el mes quinto, en el primero del mes.
39 Era Aarón de edad de ciento veintitrés años, cuando murió en el monte de Hor.
40 Y el cananeo, rey de Arad, que habitaba en el Neguev en la tierra de Canaán, oyó que habían venido los hijos de Israel.

8 They left Pi Hahiroth[a] and passed through the sea into the desert, and when they had traveled for three days in the Desert of Etham, they camped at Marah.
9 They left Marah and went to Elim, where there were twelve springs and seventy palm trees, and they camped there.
10 They left Elim and camped by the Red Sea.[b]
11 They left the Red Sea and camped in the Desert of Sin.
12 They left the Desert of Sin and camped at Dophkah.
13 They left Dophkah and camped at Alush.
14 They left Alush and camped at Rephidim, where there was no water for the people to drink.
15 They left Rephidim and camped in the Desert of Sinai.
16 They left the Desert of Sinai and camped at Kibroth Hattaavah.
17 They left Kibroth Hattaavah and camped at Hazeroth.
18 They left Hazeroth and camped at Rithmah.
19 They left Rithmah and camped at Rimmon Perez.
20 They left Rimmon Perez and camped at Libnah.
21 They left Libnah and camped at Rissah.
22 They left Rissah and camped at Kehelathah.
23 They left Kehelathah and camped at Mount Shepher.
24 They left Mount Shepher and camped at Haradah.
25 They left Haradah and camped at Makheloth.
26 They left Makheloth and camped at Tahath.
27 They left Tahath and camped at Terah.
28 They left Terah and camped at Mithcah.
29 They left Mithcah and camped at Hashmonah.
30 They left Hashmonah and camped at Moseroth.
31 They left Moseroth and camped at Bene Jaakan.
32 They left Bene Jaakan and camped at Hor Haggidgad.
33 They left Hor Haggidgad and camped at Jotbathah.
34 They left Jotbathah and camped at Abronah.
35 They left Abronah and camped at Ezion Geber.
36 They left Ezion Geber and camped at Kadesh, in the Desert of Zin.
37 They left Kadesh and camped at Mount Hor, on the border of Edom. 38 At the LORD's command Aaron the priest went up Mount Hor, where he died on the first day of the fifth month of the fortieth year after the Israelites came out of Egypt. 39 Aaron was a hundred and twenty-three years old when he died on Mount Hor.
40 The Canaanite king of Arad, who lived in the Negev of Canaan, heard that the Israelites were coming.

a8 Many manuscripts of the Masoretic Text, Samaritan Pentateuch and Vulgate; most manuscripts of the Masoretic Text *left from before Hahiroth*   b10 Hebrew *Yam Suph*; that is, Sea of Reeds; also in verse 11

41 Y salieron del monte de Hor y acamparon en Zalmona.

42 Salieron de Zalmona y acamparon en Punón.

43 Salieron de Punón y acamparon en Obot.

44 Salieron de Obot y acamparon en Ije-abarim, en la frontera de Moab.

45 Salieron de Ije-abarim y acamparon en Dibón-gad.

46 Salieron de Dibón-gad y acamparon en Almón-diblataim.

47 Salieron de Almón-diblataim y acamparon en los montes de Abarim, delante de Nebo.

48 Salieron de los montes de Abarim y acamparon en los campos de Moab, junto al Jordán, frente a Jericó.

49 Finalmente acamparon junto al Jordán, desde Bet-jesimot hasta Abel-sitim, en los campos de Moab.

Límites y repartición de Canaán

50 Y habló Jehová a Moisés en los campos de Moab junto al Jordán frente a Jericó, diciendo:

51 Habla a los hijos de Israel, y diles: Cuando hayáis pasado el Jordán entrando en la tierra de Canaán,

52 echaréis de delante de vosotros a todos los moradores del país, y destruiréis todos sus ídolos de piedra, y todas sus imágenes de fundición, y destruiréis todos sus lugares altos;

53 y echaréis a los moradores de la tierra, y habitaréis en ella; porque yo os la he dado para que sea vuestra propiedad.

54 Y heredaréis la tierra por sorteo por vuestras familias; a los muchos daréis mucho por herencia, y a los pocos daréis menos por herencia; donde le cayere la suerte, allí la tendrá cada uno; por las tribus de vuestros padres heredaréis.

55 Y si no echareis a los moradores del país de delante de vosotros, sucederá que los que dejareis de ellos serán por aguijones en vuestros ojos y por espinas en vuestros costados, y os afligirán sobre la tierra en que vosotros habitareis.

56 Además, haré a vosotros como yo pensé hacerles a ellos.

34 1 Y Jehová habló a Moisés, diciendo:
2 Manda a los hijos de Israel y diles: Cuando hayáis entrado en la tierra de Canaán, esto es, la tierra que os ha de caer en herencia, la tierra de Canaán según sus limites,

3 tendréis el lado del sur desde el desierto de Zin hasta la frontera de Edom; y será el límite del sur al extremo del Mar Salado hacia el oriente.

4 Este límite os irá rodeando desde el sur hasta la subida de Acrabim, y pasará hasta Zin; y se extenderá del sur a Cades-barnea; y continuará a Hasaradar, y pasará hasta Asmón.

5 Rodeará este límite desde Asmón hasta el torrente de Egipto, y sus remates serán al occidente.

6 Y el límite occidental será el Mar Grande; este límite será el límite occidental.

7 El límite del norte será este: desde el Mar Grande trazaréis al monte de Hor.

8 Del monte de Hor trazaréis a la entrada de Hamat, y seguirá aquel límite hasta Zedad;

9 y seguirá este límite hasta Zifrón, y terminará en Hazar-enán; este será el límite del norte.

10 Por límite al oriente trazaréis desde Hazar-enán hasta Sefam;

11 y bajará este límite desde Sefam a Ribla, al oriente de Aín; y descenderá el límite, y llegará a la costa del mar de Cineret, al oriente.

12 Después descenderá este límite al Jordán, y terminará en

41 They left Mount Hor and camped at Zalmonah.

42 They left Zalmonah and camped at Punon.

43 They left Punon and camped at Oboth.

44 They left Oboth and camped at Iye Abarim, on the border of Moab.

45 They left Iyim c and camped at Dibon Gad.

46 They left Dibon Gad and camped at Almon Diblathaim.

47 They left Almon Diblathaim and camped in the mountains of Abarim, near Nebo.

48 They left the mountains of Abarim and camped on the plains of Moab by the Jordan across from Jericho. d 49 There on the plains of Moab they camped along the Jordan from Beth Jeshimoth to Abel Shittim.

50 On the plains of Moab by the Jordan across from Jericho the LORD said to Moses, 51 "Speak to the Israelites and say to them: 'When you cross the Jordan into Canaan, 52 drive out all the inhabitants of the land before you. Destroy all their carved images and their cast idols, and demolish all their high places. 53 Take possession of the land and settle in it, for I have given you the land to possess. 54 Distribute the land by lot, according to your clans. To a larger group give a larger inheritance, and to a smaller group a smaller one. Whatever falls to them by lot will be theirs. Distribute it according to your ancestral tribes.

55 " 'But if you do not drive out the inhabitants of the land, those you allow to remain will become barbs in your eyes and thorns in your sides. They will give you trouble in the land where you will live. 56 And then I will do to you what I plan to do to them.' "

Boundaries of Canaan

34 The LORD said to Moses, 2 "Command the Israelites and say to them: 'When you enter Canaan, the land that will be allotted to you as an inheritance will have these boundaries:

3 " 'Your southern side will include some of the Desert of Zin along the border of Edom. On the east, your southern boundary will start from the end of the Salt Sea, e 4 cross south of Scorpion f Pass, continue on to Zin and go south of Kadesh Barnea. Then it will go to Hazar Addar and over to Azmon, 5 where it will turn, join the Wadi of Egypt and end at the Sea. g

6 " 'Your western boundary will be the coast of the Great Sea. This will be your boundary on the west.

7 " 'For your northern boundary, run a line from the Great Sea to Mount Hor 8 and from Mount Hor to Lebo h Hamath. Then the boundary will go to Zedad, 9 continue to Ziphron and end at Hazar Enan. This will be your boundary on the north.

10 " 'For your eastern boundary, run a line from Hazar Enan to Shepham. 11 The boundary will go down from Shepham to Riblah on the east side of Ain and continue along the slopes east of the Sea of Kinnereth. i 12 Then the boundary will go down along the

---

c 45 That is, Iye Abarim　d 48 Hebrew *Jordan of Jericho*; possibly an ancient name for the Jordan River; also in verse 50　e 3 That is, the Dead Sea; also in verse 12　f 4 Hebrew *Akrabbim*　g 5 That is, the Mediterranean; also in verses 6 and 7　h 8 Or *to the entrance to*　i 11 That is, Galilee

el Mar Salado: esta será vuestra tierra por sus límites alrededor.

13 Y mandó Moisés a los hijos de Israel, diciendo: Esta es la tierra que se os repartirá en heredades por sorteo, que mandó Jehová que diese a las nueve tribus, y a la media tribu;

14 porque la tribu de los hijos de Rubén según las casas de sus padres, y la tribu de los hijos de Gad según las casas de sus padres, y la media tribu de Manasés, han tomado su heredad.

15 Dos tribus y media tomaron su heredad a este lado del Jordán frente a Jericó al oriente, al nacimiento del sol.

16 Y habló Jehová a Moisés, diciendo:

17 Estos son los nombres de los varones que os repartirán la tierra: El sacerdote Eleazar, y Josué hijo de Nun.

18 Tomaréis también de cada tribu un príncipe, para dar la posesión de la tierra.

19 Y estos son los nombres de los varones: De la tribu de Judá, Caleb hijo de Jefone.

20 De la tribu de los hijos de Simeón, Semuel hijo de Amiud.

21 De la tribu de Benjamín, Elidad hijo de Quislón.

22 De la tribu de los hijos de Dan, el príncipe Buqui hijo de Jogli.

23 De los hijos de José: de la tribu de los hijos de Manasés, el príncipe Haniel hijo de Efod,

24 y de la tribu de los hijos de Efraín, el príncipe Kemuel hijo de Siftán.

25 De la tribu de los hijos de Zabulón, el príncipe Elizafán hijo de Parnac.

26 De la tribu de los hijos de Isacar, el príncipe Paltiel hijo de Azán.

27 De la tribu de los hijos de Aser, el príncipe Ahiud hijo de Selomi.

28 Y de la tribu de los hijos de Neftalí, el príncipe Pedael hijo de Amiud.

29 A éstos mandó Jehová que hiciesen la repartición de las heredades a los hijos de Israel en la tierra de Canaán.

Herencia de los levitas

35 1 Habló Jehová a Moisés en los campos de Moab, junto al Jordán frente a Jericó, diciendo:

2 Manda a los hijos de Israel que den a los levitas, de la posesión de su heredad, ciudades en que habiten; también daréis a los levitas los ejidos de esas ciudades alrededor de ellas.

3 Y tendrán ellos las ciudades para habitar, y los ejidos de ellas serán para sus animales, para sus ganados y para todas sus bestias.

4 Y los ejidos de las ciudades que daréis a los levitas serán mil codos alrededor, desde el muro de la ciudad para afuera.

5 Luego mediréis fuera de la ciudad al lado del oriente dos mil codos, al lado del sur dos mil codos, al lado del occidente dos mil codos, y al lado del norte dos mil codos, y la ciudad estará en medio; esto tendrán por los ejidos de las ciudades.

6 Y de las ciudades que daréis a los levitas, seis ciudades serán de refugio, las cuales daréis para que el homicida se refugie allá; y además de éstas daréis cuarenta y dos ciudades.

7 Todas las ciudades que daréis a los levitas serán cuarenta y ocho ciudades con sus ejidos.

Jordan and end at the Salt Sea.

" 'This will be your land, with its boundaries on every side.' "

13 Moses commanded the Israelites: "Assign this land by lot as an inheritance. The LORD has ordered that it be given to the nine and a half tribes, 14 because the families of the tribe of Reuben, the tribe of Gad and the half-tribe of Manasseh have received their inheritance. 15 These two and a half tribes have received their inheritance on the east side of the Jordan of Jericho,*j* toward the sunrise."

16 The LORD said to Moses, 17 "These are the names of the men who are to assign the land for you as an inheritance: Eleazar the priest and Joshua son of Nun. 18 And appoint one leader from each tribe to help assign the land. 19 These are their names:

Caleb son of Jephunneh,
    from the tribe of Judah;
20 Shemuel son of Ammihud,
    from the tribe of Simeon;
21 Elidad son of Kislon,
    from the tribe of Benjamin;
22 Bukki son of Jogli,
    the leader from the tribe of Dan;
23 Hanniel son of Ephod,
    the leader from the tribe of Manasseh son of Joseph;
24 Kemuel son of Shiphtan,
    the leader from the tribe of Ephraim son of Joseph;
25 Elizaphan son of Parnach,
    the leader from the tribe of Zebulun;
26 Paltiel son of Azzan,
    the leader from the tribe of Issachar;
27 Ahihud son of Shelomi,
    the leader from the tribe of Asher;
28 Pedahel son of Ammihud,
    the leader from the tribe of Naphtali."

29 These are the men the LORD commanded to assign the inheritance to the Israelites in the land of Canaan.

Towns for the Levites

35 On the plains of Moab by the Jordan across from Jericho,*k* the LORD said to Moses, 2 "Command the Israelites to give the Levites towns to live in from the inheritance the Israelites will possess. And give them pasturelands around the towns. 3 Then they will have towns to live in and pasturelands for their cattle, flocks and all their other livestock.

4 "The pasturelands around the towns that you give the Levites will extend out fifteen hundred feet*l* from the town wall. 5 Outside the town, measure three thousand feet*m* on the east side, three thousand on the south side, three thousand on the west and three thousand on the north, with the town in the center. They will have this area as pastureland for the towns.

Cities of Refuge

6 "Six of the towns you give the Levites will be cities of refuge, to which a person who has killed someone may flee. In addition, give them forty-two other towns. 7 In all you must give the Levites forty-eight towns, together with their pasturelands. 8 The towns you give

j 15 Jordan of Jericho was possibly an ancient name for the Jordan River.   *k 1 Hebrew Jordan of Jericho;* possibly an ancient name for the Jordan River   *l 4 Hebrew a thousand cubits* (about 450 meters)   *m 5 Hebrew two thousand cubits* (about 900 meters)

8 Y en cuanto a las ciudades que diereis de la heredad de los hijos de Israel, del que tiene mucho tomaréis mucho, y del que tiene poco tomaréis poco; cada uno dará de sus ciudades a los levitas según la posesión que heredará.

Ciudades de refugio

9 Habló Jehová a Moisés, diciendo:

10 Habla a los hijos de Israel, y diles: Cuando hayáis pasado al otro lado del Jordán a la tierra de Canaán,

11 os señalaréis ciudades, ciudades de refugio tendréis, donde huya el homicida que hiriere a alguno de muerte sin intención.

12 Y os serán aquellas ciudades para refugiarse del vengador, y no morirá el homicida hasta que entre en juicio delante de la congregación.

13 De las ciudades, pues, que daréis, tendréis seis ciudades de refugio.

14 Tres ciudades daréis a este lado del Jordán, y tres ciudades daréis en la tierra de Canaán, las cuales serán ciudades de refugio.

15 Estas seis ciudades serán de refugio para los hijos de Israel, y para el extranjero y el que more entre ellos, para que huya allá cualquiera que hiriere de muerte a otro sin intención.

16 Si con instrumento de hierro lo hiriere y muriere, homicida es; el homicida morirá.

17 Y si con piedra en la mano, que pueda dar muerte, lo hiriere y muriere, homicida es; el homicida morirá.

18 Y si con instrumento de palo en la mano, que pueda dar muerte, lo hiriere y muriere, homicida es; el homicida morirá.

19 El vengador de la sangre, él dará muerte al homicida; cuando lo encontrare, él lo matará.

20 Y si por odio lo empujó, o echó sobre él alguna cosa por asechanzas, y muere;

21 o por enemistad lo hirió con su mano, y murió, el heridor morirá; es homicida; el vengador de la sangre matará al homicida cuando lo encontrare.

22 Mas si casualmente lo empujó sin enemistades, o echó sobre él cualquier instrumento sin asechanzas,

23 o bien, sin verlo hizo caer sobre él alguna piedra que pudo matarlo, y muriere, y él no era su enemigo, ni procuraba su mal;

24 entonces la congregación juzgará entre el que causó la muerte y el vengador de la sangre conforme a estas leyes;

25 y la congregación librará al homicida de mano del vengador de la sangre, y la congregación lo hará volver a su ciudad de refugio, en la cual se había refugiado; y morará en ella hasta que muera el sumo sacerdote, el cual fue ungido con el aceite santo.

26 Mas si el homicida saliere fuera de los límites de su ciudad de refugio, en la cual se refugió,

27 y el vengador de la sangre le hallare fuera del límite de la ciudad de su refugio, y el vengador de la sangre matare al homicida, no se le culpará por ello;

28 pues en su ciudad de refugio deberá aquél habitar hasta que muera el sumo sacerdote; y después que haya muerto el sumo sacerdote, el homicida volverá a la tierra de su posesión.

Ley sobre los testigos y sobre el rescate

29 Estas cosas os serán por ordenanza de derecho por vuestras edades, en todas vuestras habitaciones.

30 Cualquiera que diere muerte a alguno, por dicho de testigos morirá el homicida; mas un solo testigo no hará fe contra una persona para que muera.

31 Y no tomaréis precio por la vida del homicida, porque está condenado a muerte; indefectiblemente morirá.

the Levites from the land the Israelites possess are to be given in proportion to the inheritance of each tribe: Take many towns from a tribe that has many, but few from one that has few."

9 Then the LORD said to Moses: 10 "Speak to the Israelites and say to them: 'When you cross the Jordan into Canaan, 11 select some towns to be your cities of refuge, to which a person who has killed someone accidentally may flee. 12 They will be places of refuge from the avenger, so that a person accused of murder may not die before he stands trial before the assembly. 13 These six towns you give will be your cities of refuge. 14 Give three on this side of the Jordan and three in Canaan as cities of refuge. 15 These six towns will be a place of refuge for Israelites, aliens and any other people living among them, so that anyone who has killed another accidentally can flee there.

16 " 'If a man strikes someone with an iron object so that he dies, he is a murderer; the murderer shall be put to death. 17 Or if anyone has a stone in his hand that could kill, and he strikes someone so that he dies, he is a murderer; the murderer shall be put to death. 18 Or if anyone has a wooden object in his hand that could kill, and he hits someone so that he dies, he is a murderer; the murderer shall be put to death. 19 The avenger of blood shall put the murderer to death; when he meets him, he shall put him to death. 20 If anyone with malice aforethought shoves another or throws something at him intentionally so that he dies 21 or if in hostility he hits him with his fist so that he dies, that person shall be put to death; he is a murderer. The avenger of blood shall put the murderer to death when he meets him.

22 " 'But if without hostility someone suddenly shoves another or throws something at him unintentionally 23 or, without seeing him, drops a stone on him that could kill him, and he dies, then since he was not his enemy and he did not intend to harm him, 24 the assembly must judge between him and the avenger of blood according to these regulations. 25 The assembly must protect the one accused of murder from the avenger of blood and send him back to the city of refuge to which he fled. He must stay there until the death of the high priest, who was anointed with the holy oil.

26 " 'But if the accused ever goes outside the limits of the city of refuge to which he has fled 27 and the avenger of blood finds him outside the city, the avenger of blood may kill the accused without being guilty of murder. 28 The accused must stay in his city of refuge until the death of the high priest; only after the death of the high priest may he return to his own property.

29 " 'These are to be legal requirements for you throughout the generations to come, wherever you live.

30 " 'Anyone who kills a person is to be put to death as a murderer only on the testimony of witnesses. But no one is to be put to death on the testimony of only one witness.

31 " 'Do not accept a ransom for the life of a murderer, who deserves to die. He must surely be put to death.

32 Ni tampoco tomaréis precio del que huyó a su ciudad de refugio, para que vuelva a vivir en su tierra, hasta que muera el sumo sacerdote.

33 Y no contaminaréis la tierra donde estuviereis; porque esta sangre amancillará la tierra, y la tierra no será expiada de la sangre que fue derramada en ella, sino por la sangre del que la derramó.

34 No contaminéis, pues, la tierra donde habitáis, en medio de la cual yo habito; porque yo Jehová habito en medio de los hijos de Israel.

Ley del casamiento de las herederas

36 1 Llegaron los príncipes de los padres de la familia de Galaad hijo de Maquir, hijo de Manasés, de las familias de los hijos de José; y hablaron delante de Moisés y de los príncipes, jefes de las casas paternas de los hijos de Israel,

2 y dijeron: Jehová mandó a mi señor que por sorteo diese la tierra a los hijos de Israel en posesión; también ha mandado Jehová a mi señor, que dé la posesión de Zelofehad nuestro hermano a sus hijas.

3 Y si ellas se casaren con algunos de los hijos de las otras tribus de los hijos de Israel, la herencia de ellas será así quitada de la herencia de nuestros padres, y será añadida a la herencia de la tribu a que se unan; y será quitada de la porción de nuestra heredad.

4 Y cuando viniere el jubileo de los hijos de Israel, la heredad de ellas será añadida a la heredad de la tribu de sus maridos; así la heredad de ellas será quitada de la heredad de la tribu de nuestros padres.

5 Entonces Moisés mandó a los hijos de Israel por mandato de Jehová, diciendo: La tribu de los hijos de José habla rectamente.

6 Esto es lo que ha mandado Jehová acerca de las hijas de Zelofehad, diciendo: Cásense como a ellas les plazca, pero en la familia de la tribu de su padre se casarán,

7 para que la heredad de los hijos de Israel no sea traspasada de tribu en tribu; porque cada uno de los hijos de Israel estará ligado a la heredad de la tribu de sus padres.

8 Y cualquiera hija que tenga heredad en las tribus de los hijos de Israel, con alguno de la familia de la tribu de su padre se casará, para que los hijos de Israel posean cada uno la heredad de sus padres,

9 y no ande la heredad rodando de una tribu a otra, sino que cada una de las tribus de los hijos de Israel estará ligada a su heredad.

10 Como Jehová mandó a Moisés, así hicieron las hijas de Zelofehad.

11 Y así Maala, Tirsa, Hogla, Milca y Noa, hijas de Zelofehad, se casaron con hijos de sus tíos paternos.

12 Se casaron en la familia de los hijos de Manasés, hijo de José; y la heredad de ellas quedó en la tribu de la familia de su padre.

13 Estos son los mandamientos y los estatutos que mandó Jehová por medio de Moisés a los hijos de Israel en los campos de Moab, junto al Jordán, frente a Jericó.

32 " 'Do not accept a ransom for anyone who has fled to a city of refuge and so allow him to go back and live on his own land before the death of the high priest.

33 " 'Do not pollute the land where you are. Bloodshed pollutes the land, and atonement cannot be made for the land on which blood has been shed, except by the blood of the one who shed it. 34 Do not defile the land where you live and where I dwell, for I, the LORD, dwell among the Israelites.' "

Inheritance of Zelophehad's Daughters

36 The family heads of the clan of Gilead son of Makir, the son of Manasseh, who were from the clans of the descendants of Joseph, came and spoke before Moses and the leaders, the heads of the Israelite families. 2 They said, "When the LORD commanded my lord to give the land as an inheritance to the Israelites by lot, he ordered you to give the inheritance of our brother Zelophehad to his daughters. 3 Now suppose they marry men from other Israelite tribes; then their inheritance will be taken from our ancestral inheritance and added to that of the tribe they marry into. And so part of the inheritance allotted to us will be taken away. 4 When the Year of Jubilee for the Israelites comes, their inheritance will be added to that of the tribe into which they marry, and their property will be taken from the tribal inheritance of our forefathers."

5 Then at the LORD's command Moses gave this order to the Israelites: "What the tribe of the descendants of Joseph is saying is right. 6 This is what the LORD commands for Zelophehad's daughters: They may marry anyone they please as long as they marry within the tribal clan of their father. 7 No inheritance in Israel is to pass from tribe to tribe, for every Israelite shall keep the tribal land inherited from his forefathers. 8 Every daughter who inherits land in any Israelite tribe must marry someone in her father's tribal clan, so that every Israelite will possess the inheritance of his fathers. 9 No inheritance may pass from tribe to tribe, for each Israelite tribe is to keep the land it inherits."

10 So Zelophehad's daughters did as the LORD commanded Moses. 11 Zelophehad's daughters—Mahlah, Tirzah, Hoglah, Milcah and Noah—married their cousins on their father's side. 12 They married within the clans of the descendants of Manasseh son of Joseph, and their inheritance remained in their father's clan and tribe.

13 These are the commands and regulations the LORD gave through Moses to the Israelites on the plains of Moab by the Jordan across from Jericho. n

---

n 13 Hebrew *Jordan of Jericho*; possibly an ancient name for the Jordan River

DEUTERONOMIO

DEUTERONOMY

Moisés recuerda a Israel las promesas de Jehová en Horeb

1 ¹ Estas son las palabras que habló Moisés a todo Israel a este lado del Jordán en el desierto, en el Arabá frente al Mar Rojo, entre Parán, Tofel, Labán, Hazerot y Dizahab. ² Once jornadas hay desde Horeb, camino del monte de Seir, hasta Cades-barnea.

³ Y aconteció que a los cuarenta años, en el mes undécimo, el primero del mes, Moisés habló a los hijos de Israel conforme a todas las cosas que Jehová le había mandado acerca de ellos,

⁴ después que derrotó a Sehón rey de los amorreos, el cual habitaba en Hesbón, y a Og rey de Basán que habitaba en Astarot en Edrei.

⁵ De este lado del Jordán, en tierra de Moab, resolvió Moisés declarar esta ley, diciendo:

⁶ Jehová nuestro Dios nos habló en Horeb, diciendo: Habéis estado bastante tiempo en este monte.

⁷ Volveos e id al monte del amorreo y a todas sus comarcas, en el Arabá, en el monte, en los valles, en el Neguev, y junto a la costa del mar, a la tierra del cananeo, y al Líbano, hasta el gran río, el río Eufrates.

⁸ Mirad, yo os he entregado la tierra; entrad y poseed la tierra que Jehová juró a vuestros padres Abraham, Isaac y Jacob, que les daría a ellos y a su descendencia después de ellos.

Nombramiento de jueces

⁹ En aquel tiempo yo os hablé diciendo: Yo solo no puedo llevaros.

¹⁰ Jehová vuestro Dios os ha multiplicado, y he aquí hoy vosotros sois como las estrellas del cielo en multitud.

¹¹ ¡Jehová Dios de vuestros padres os haga mil veces más de lo que ahora sois, y os bendiga, como os ha prometido!

¹² ¿Cómo llevaré yo solo vuestras molestias, vuestras cargas y vuestros pleitos?

¹³ Dadme de entre vosotros, de vuestras tribus, varones sabios y entendidos y expertos, para que yo los ponga por vuestros jefes.

¹⁴ Y me respondisteis y dijisteis: Bueno es hacer lo que has dicho.

¹⁵ Y tomé a los principales de vuestras tribus, varones sabios y expertos, y los puse por jefes sobre vosotros, jefes de millares, de centenas, de cincuenta y de diez, y gobernadores de vuestras tribus.

¹⁶ Y entonces mandé a vuestros jueces, diciendo: Oíd entre vuestros hermanos, y juzgad justamente entre el hombre y su hermano, y el extranjero.

¹⁷ No hagáis distinción de persona en el juicio; así al pequeño como al grande oiréis; no tendréis temor de ninguno, porque el juicio es de Dios; y la causa que os fuere difícil, la traeréis a mí, y yo la oiré.

¹⁸ Os mandé, pues, en aquel tiempo, todo lo que habíais de hacer.

Misión de los doce espías

¹⁹ Y salidos de Horeb, anduvimos todo aquel grande y terrible desierto que habéis visto, por el camino del monte del amorreo, como Jehová nuestro Dios nos lo mandó; y llegamos hasta Cades-barnea.

The Command to Leave Horeb

1 These are the words Moses spoke to all Israel in the desert east of the Jordan—that is, in the Arabah—opposite Suph, between Paran and Tophel, Laban, Hazeroth and Dizahab. ²(It takes eleven days to go from Horeb to Kadesh Barnea by the Mount Seir road.)

³In the fortieth year, on the first day of the eleventh month, Moses proclaimed to the Israelites all that the LORD had commanded him concerning them. ⁴This was after he had defeated Sihon king of the Amorites, who reigned in Heshbon, and at Edrei had defeated Og king of Bashan, who reigned in Ashtaroth.

⁵East of the Jordan in the territory of Moab, Moses began to expound this law, saying:

⁶The LORD our God said to us at Horeb, "You have stayed long enough at this mountain. ⁷Break camp and advance into the hill country of the Amorites; go to all the neighboring peoples in the Arabah, in the mountains, in the western foothills, in the Negev and along the coast, to the land of the Canaanites and to Lebanon, as far as the great river, the Euphrates. ⁸See, I have given you this land. Go in and take possession of the land that the LORD swore he would give to your fathers—to Abraham, Isaac and Jacob—and to their descendants after them."

The Appointment of Leaders

⁹At that time I said to you, "You are too heavy a burden for me to carry alone. ¹⁰The LORD your God has increased your numbers so that today you are as many as the stars in the sky. ¹¹May the LORD, the God of your fathers, increase you a thousand times and bless you as he has promised! ¹²But how can I bear your problems and your burdens and your disputes all by myself? ¹³Choose some wise, understanding and respected men from each of your tribes, and I will set them over you."

¹⁴You answered me, "What you propose to do is good."

¹⁵So I took the leading men of your tribes, wise and respected men, and appointed them to have authority over you—as commanders of thousands, of hundreds, of fifties and of tens and as tribal officials. ¹⁶And I charged your judges at that time: Hear the disputes between your brothers and judge fairly, whether the case is between brother Israelites or between one of them and an alien. ¹⁷Do not show partiality in judging; hear both small and great alike. Do not be afraid of any man, for judgment belongs to God. Bring me any case too hard for you, and I will hear it. ¹⁸And at that time I told you everything you were to do.

Spies Sent Out

¹⁹Then, as the LORD our God commanded us, we set out from Horeb and went toward the hill country of the Amorites through all that vast and dreadful desert that you have seen, and so we reached Kadesh

20 Entonces os dije: Habéis llegado al monte del amorreo, el cual Jehová nuestro Dios nos da.

21 Mira, Jehová tu Dios te ha entregado la tierra; sube y toma posesión de ella, como Jehová el Dios de tus padres te ha dicho; no temas ni desmayes.

22 Y vinisteis a mí todos vosotros, y dijisteis: Enviemos varones delante de nosotros que nos reconozcan la tierra, y a su regreso nos traigan razón del camino por donde hemos de subir, y de las ciudades adonde hemos de llegar.

23 Y el dicho me pareció bien; y tomé doce varones de entre vosotros, un varón por cada tribu.

24 Y se encaminaron, y subieron al monte, y llegaron hasta el valle de Escol, y reconocieron la tierra.

25 Y tomaron en sus manos del fruto del país, y nos lo trajeron, y nos dieron cuenta, y dijeron: Es buena la tierra que Jehová nuestro Dios nos da.

26 Sin embargo, no quisisteis subir, antes fuisteis rebeldes al mandato de Jehová vuestro Dios;

27 y murmurasteis en vuestras tiendas, diciendo: Porque Jehová nos aborrece, nos ha sacado de tierra de Egipto, para entregarnos en manos del amorreo para destruirnos.

28 ¿A dónde subiremos? Nuestros hermanos han atemorizado nuestro corazón, diciendo: Este pueblo es mayor y más alto que nosotros, las ciudades grandes y amuralladas hasta el cielo; y también vimos allí a los hijos de Anac.

29 Entonces os dije: No temáis, ni tengáis miedo de ellos.

30 Jehová vuestro Dios, el cual va delante de vosotros, él peleará por vosotros, conforme a todas las cosas que hizo por vosotros en Egipto delante de vuestros ojos.

31 Y en el desierto has visto que Jehová tu Dios te ha traído, como trae el hombre a su hijo, por todo el camino que habéis andado, hasta llegar a este lugar.

32 Y aun con esto no creísteis a Jehová vuestro Dios,

33 quien iba delante de vosotros por el camino para reconoceros el lugar donde habíais de acampar, con fuego de noche para mostraros el camino por donde anduvieseis, y con nube de día.

Dios castiga a Israel

34 Y oyó Jehová la voz de vuestras palabras, y se enojó, y juró diciendo:

35 No verá hombre alguno de estos, de esta mala generación, la buena tierra que juré que había de dar a vuestros padres,

36 excepto Caleb hijo de Jefone; él la verá, y a él le daré la tierra que pisó, y a sus hijos; porque ha seguido fielmente a Jehová.

37 También contra mí se airó Jehová por vosotros, y me dijo: Tampoco tú entrarás allá.

38 Josué hijo de Nun, el cual te sirve, él entrará allá; anímale, porque él la hará heredar a Israel.

39 Y vuestros niños, de los cuales dijisteis que servirían de botín, y vuestros hijos que no saben hoy lo bueno ni lo malo, ellos entrarán allá, y a ellos la daré, y ellos la heredarán.

40 Pero vosotros volveos e id al desierto, camino del Mar Rojo.

La derrota en Horma

41 Entonces respondisteis y me dijisteis: Hemos pecado contra Jehová; nosotros subiremos y pelearemos, conforme a todo lo que Jehová nuestro Dios nos ha mandado. Y os armasteis cada uno con sus armas de guerra, y os preparasteis para subir al monte.

42 Y Jehová me dijo: Diles: No subáis, ni peleéis, pues no estoy entre vosotros; para que no seáis derrotados por vuestros enemigos.

Barnea. 20 Then I said to you, "You have reached the hill country of the Amorites, which the LORD our God is giving us. 21 See, the LORD your God has given you the land. Go up and take possession of it as the LORD, the God of your fathers, told you. Do not be afraid; do not be discouraged."

22 Then all of you came to me and said, "Let us send men ahead to spy out the land for us and bring back a report about the route we are to take and the towns we will come to."

23 The idea seemed good to me; so I selected twelve of you, one man from each tribe. 24 They left and went up into the hill country, and came to the Valley of Eshcol and explored it. 25 Taking with them some of the fruit of the land, they brought it down to us and reported, "It is a good land that the LORD our God is giving us."

Rebellion Against the LORD

26 But you were unwilling to go up; you rebelled against the command of the LORD your God. 27 You grumbled in your tents and said, "The LORD hates us; so he brought us out of Egypt to deliver us into the hands of the Amorites to destroy us. 28 Where can we go? Our brothers have made us lose heart. They say, 'The people are stronger and taller than we are; the cities are large, with walls up to the sky. We even saw the Anakites there.' "

29 Then I said to you, "Do not be terrified; do not be afraid of them. 30 The LORD your God, who is going before you, will fight for you, as he did for you in Egypt, before your very eyes, 31 and in the desert. There you saw how the LORD your God carried you, as a father carries his son, all the way you went until you reached this place."

32 In spite of this, you did not trust in the LORD your God, 33 who went ahead of you on your journey, in fire by night and in a cloud by day, to search out places for you to camp and to show you the way you should go.

34 When the LORD heard what you said, he was angry and solemnly swore: 35 "Not a man of this evil generation shall see the good land I swore to give your forefathers, 36 except Caleb son of Jephunneh. He will see it, and I will give him and his descendants the land he set his feet on, because he followed the LORD wholeheartedly."

37 Because of you the LORD became angry with me also and said, "You shall not enter it, either. 38 But your assistant, Joshua son of Nun, will enter it. Encourage him, because he will lead Israel to inherit it. 39 And the little ones that you said would be taken captive, your children who do not yet know good from bad—they will enter the land. I will give it to them and they will take possession of it. 40 But as for you, turn around and set out toward the desert along the route to the Red Sea.ª"

41 Then you replied, "We have sinned against the LORD. We will go up and fight, as the LORD our God commanded us." So every one of you put on his weapons, thinking it easy to go up into the hill country.

42 But the LORD said to me, "Tell them, 'Do not go up and fight, because I will not be with you. You will be defeated by your enemies.' "

ª40 Hebrew *Yam Suph*; that is, Sea of Reeds

43 Y os hablé, y no disteis oído; antes fuisteis rebeldes al mandato de Jehová, y persistiendo con altivez subisteis al monte.

44 Pero salió a vuestro encuentro el amorreo, que habitaba en aquel monte, y os persiguieron como hacen las avispas, y os derrotaron en Seir, hasta Horma.

45 Y volvisteis y llorasteis delante de Jehová, pero Jehová no escuchó vuestra voz, ni os prestó oído.

46 Y estuvisteis en Cades por muchos días, los días que habéis estado allí.

Los años en el desierto

2 ¹ Luego volvimos y salimos al desierto, camino del Mar Rojo, como Jehová me había dicho; y rodeamos el monte de Seir por mucho tiempo.

2 Y Jehová me habló, diciendo:

3 Bastante habéis rodeado este monte; volveos al norte.

4 Y manda al pueblo, diciendo: Pasando vosotros por el territorio de vuestros hermanos los hijos de Esaú, que habitan en Seir, ellos tendrán miedo de vosotros; mas vosotros guardaos mucho.

5 No os metáis con ellos, porque no os daré de su tierra ni aun lo que cubre la planta de un pie; porque yo he dado por heredad a Esaú el monte de Seir.

6 Compraréis de ellos por dinero los alimentos, y comeréis; y también compraréis de ellos el agua, y beberéis;

7 pues Jehová tu Dios te ha bendecido en toda obra de tus manos; él sabe que andas por este gran desierto; estos cuarenta años Jehová tu Dios ha estado contigo, y nada te ha faltado.

8 Y nos alejamos del territorio de nuestros hermanos los hijos de Esaú, que habitaban en Seir, por el camino del Arabá desde Elat y Ezión-geber; y volvimos, y tomamos el camino del desierto de Moab.

9 Y Jehová me dijo: No molestes a Moab, ni te empeñes con ellos en guerra, porque no te daré posesión de su tierra; porque yo he dado a Ar por heredad a los hijos de Lot.

10 (Los emitas habitaron en ella antes, pueblo grande y numeroso, y alto como los hijos de Anac.

11 Por gigantes eran ellos tenidos también, como los hijos de Anac; y los moabitas los llaman emitas.

12 Y en Seir habitaron antes los horeos, a los cuales echaron los hijos de Esaú; y los arrojaron de su presencia, y habitaron en lugar de ellos, como hizo Israel en la tierra que les dio Jehová por posesión.)

13 Levantaos ahora, y pasad el arroyo de Zered. Y pasamos el arroyo de Zered.

14 Y los días que anduvimos de Cades-barnea hasta cuando pasamos el arroyo de Zered fueron treinta y ocho años; hasta que se acabó toda la generación de los hombres de guerra de en medio del campamento, como Jehová les había jurado.

15 Y también la mano de Jehová vino sobre ellos para destruirlos de en medio del campamento, hasta acabarlos.

16 Y aconteció que después que murieron todos los hombres de guerra de entre el pueblo,

17 Jehová me habló, diciendo:

18 Tú pasarás hoy el territorio de Moab, a Ar.

19 Y cuando te acerques a los hijos de Amón, no los molestes, ni contiendas con ellos; porque no te daré posesión de la tierra de los hijos de Amón, pues a los hijos de Lot la he dado por heredad.

20 (Por tierra de gigantes fue también ella tenida; habitaron en ella gigantes en otro tiempo, a los cuales los amonitas llamaban zomzomeos;

43 So I told you, but you would not listen. You rebelled against the LORD's command and in your arrogance you marched up into the hill country. 44 The Amorites who lived in those hills came out against you; they chased you like a swarm of bees and beat you down from Seir all the way to Hormah. 45 You came back and wept before the LORD, but he paid no attention to your weeping and turned a deaf ear to you. 46 And so you stayed in Kadesh many days—all the time you spent there.

Wanderings in the Desert

2 Then we turned back and set out toward the desert along the route to the Red Sea, b as the LORD had directed me. For a long time we made our way around the hill country of Seir.

2 Then the LORD said to me, 3 "You have made your way around this hill country long enough; now turn north. 4 Give the people these orders: 'You are about to pass through the territory of your brothers the descendants of Esau, who live in Seir. They will be afraid of you, but be very careful. 5 Do not provoke them to war, for I will not give you any of their land, not even enough to put your foot on. I have given Esau the hill country of Seir as his own. 6 You are to pay them in silver for the food you eat and the water you drink.' "

7 The LORD your God has blessed you in all the work of your hands. He has watched over your journey through this vast desert. These forty years the LORD your God has been with you, and you have not lacked anything.

8 So we went on past our brothers the descendants of Esau, who live in Seir. We turned from the Arabah road, which comes up from Elath and Ezion Geber, and traveled along the desert road of Moab.

9 Then the LORD said to me, "Do not harass the Moabites or provoke them to war, for I will not give you any part of their land. I have given Ar to the descendants of Lot as a possession."

10 (The Emites used to live there—a people strong and numerous, and as tall as the Anakites. 11 Like the Anakites, they too were considered Rephaites, but the Moabites called them Emites. 12 Horites used to live in Seir, but the descendants of Esau drove them out. They destroyed the Horites from before them and settled in their place, just as Israel did in the land the LORD gave them as their possession.)

13 And the LORD said, "Now get up and cross the Zered Valley." So we crossed the valley.

14 Thirty-eight years passed from the time we left Kadesh Barnea until we crossed the Zered Valley. By then, that entire generation of fighting men had perished from the camp, as the LORD had sworn to them. 15 The LORD's hand was against them until he had completely eliminated them from the camp.

16 Now when the last of these fighting men among the people had died, 17 the LORD said to me, 18 "Today you are to pass by the region of Moab at Ar. 19 When you come to the Ammonites, do not harass them or provoke them to war, for I will not give you possession of any land belonging to the Ammonites. I have given it as a possession to the descendants of Lot."

20 (That too was considered a land of the Rephaites, who used to live there; but the Ammonites called them

---

b 1 Hebrew *Yam Suph*; that is, Sea of Reeds

²¹pueblo grande y numeroso, y alto, como los hijos de Anac; a los cuales Jehová destruyó delante de los amonitas. Estos sucedieron a aquéllos, y habitaron en su lugar, ²²como hizo Jehová con los hijos de Esaú que habitaban en Seir, delante de los cuales destruyó a los horeos; y ellos sucedieron a éstos, y habitaron en su lugar hasta hoy. ²³Y a los aveos que habitaban en aldeas hasta Gaza, los caftoreos que salieron de Caftor los destruyeron, y habitaron en su lugar.)

²⁴Levantaos, salid, y pasad el arroyo de Arnón; he aquí he entregado en tu mano a Sehón rey de Hesbón, amorreo, y a su tierra; comienza a tomar posesión de ella, y entra en guerra con él. ²⁵Hoy comenzaré a poner tu temor y tu espanto sobre los pueblos debajo de todo el cielo, los cuales oirán tu fama, y temblarán y se angustiarán delante de ti.

Israel derrota a Sehón

²⁶Y envié mensajeros desde el desierto de Cademot a Sehón rey de Hesbón con palabras de paz, diciendo: ²⁷Pasaré por tu tierra por el camino; por el camino iré, sin apartarme ni a diestra ni a siniestra. ²⁸La comida me venderás por dinero, y comeré; el agua también me darás por dinero, y beberé; solamente pasaré a pie, ²⁹como lo hicieron conmigo los hijos de Esaú que habitaban en Seir, y los moabitas que habitaban en Ar; hasta que cruce el Jordán a la tierra que nos da Jehová nuestro Dios. ³⁰Mas Sehón rey de Hesbón no quiso que pasásemos por el territorio suyo; porque Jehová tu Dios había endurecido su espíritu, y obstinado su corazón para entregarlo en tu mano, como hasta hoy. ³¹Y me dijo Jehová: He aquí yo he comenzado a entregar delante de ti a Sehón y a su tierra; comienza a tomar posesión de ella para que la heredes. ³²Y nos salió Sehón al encuentro, él y todo su pueblo, para pelear en Jahaza. ³³Mas Jehová nuestro Dios lo entregó delante de nosotros; y lo derrotamos a él y a sus hijos, y a todo su pueblo. ³⁴Tomamos entonces todas sus ciudades, y destruimos todas las ciudades, hombres, mujeres y niños; no dejamos ninguno. ³⁵Solamente tomamos para nosotros los ganados, y los despojos de las ciudades que habíamos tomado. ³⁶Desde Aroer, que está junto a la ribera del arroyo de Arnón, y la ciudad que está en el valle, hasta Galaad, no hubo ciudad que escapase de nosotros; todas las entregó Jehová nuestro Dios en nuestro poder. ³⁷Solamente a la tierra de los hijos de Amón no llegamos; ni a todo lo que está a la orilla del arroyo de Jaboc ni a las ciudades del monte, ni a lugar alguno que Jehová nuestro Dios había prohibido.

Israel derrota a Og rey de Basán

3 ¹Volvimos, pues, y subimos camino de Basán, y nos salió al encuentro Og rey de Basán para pelear, él y todo su pueblo, en Edrei. ²Y me dijo Jehová: No tengas temor de él, porque en tu mano he entregado a él y a todo su pueblo, con su tierra; y harás con él como hiciste con Sehón rey amorreo, que habitaba en Hesbón. ³Y Jehová nuestro Dios entregó también en nuestra mano a Og rey de Basán, y a todo su pueblo, al cual derrotamos hasta acabar con todos.

Zamzummites. ²¹They were a people strong and numerous, and as tall as the Anakites. The LORD destroyed them from before the Ammonites, who drove them out and settled in their place. ²²The LORD had done the same for the descendants of Esau, who lived in Seir, when he destroyed the Horites from before them. They drove them out and have lived in their place to this day. ²³And as for the Avvites who lived in villages as far as Gaza, the Caphtorites coming out from Caphtor*c* destroyed them and settled in their place.)

Defeat of Sihon King of Heshbon

²⁴"Set out now and cross the Arnon Gorge. See, I have given into your hand Sihon the Amorite, king of Heshbon, and his country. Begin to take possession of it and engage him in battle. ²⁵This very day I will begin to put the terror and fear of you on all the nations under heaven. They will hear reports of you and will tremble and be in anguish because of you."

²⁶From the desert of Kedemoth I sent messengers to Sihon king of Heshbon offering peace and saying, ²⁷"Let us pass through your country. We will stay on the main road; we will not turn aside to the right or to the left. ²⁸Sell us food to eat and water to drink for their price in silver. Only let us pass through on foot — ²⁹as the descendants of Esau, who live in Seir, and the Moabites, who live in Ar, did for us — until we cross the Jordan into the land the LORD our God is giving us." ³⁰But Sihon king of Heshbon refused to let us pass through. For the LORD your God had made his spirit stubborn and his heart obstinate in order to give him into your hands, as he has now done.

³¹The LORD said to me, "See, I have begun to deliver Sihon and his country over to you. Now begin to conquer and possess his land."

³²When Sihon and all his army came out to meet us in battle at Jahaz, ³³the LORD our God delivered him over to us and we struck him down, together with his sons and his whole army. ³⁴At that time we took all his towns and completely destroyed*d* them — men, women and children. We left no survivors. ³⁵But the livestock and the plunder from the towns we had captured we carried off for ourselves. ³⁶From Aroer on the rim of the Arnon Gorge, and from the town in the gorge, even as far as Gilead, not one town was too strong for us. The LORD our God gave us all of them. ³⁷But in accordance with the command of the LORD our God, you did not encroach on any of the land of the Ammonites, neither the land along the course of the Jabbok nor that around the towns in the hills.

Defeat of Og King of Bashan

3 Next we turned and went up along the road toward Bashan, and Og king of Bashan with his whole army marched out to meet us in battle at Edrei. ²The LORD said to me, "Do not be afraid of him, for I have handed him over to you with his whole army and his land. Do to him what you did to Sihon king of the Amorites, who reigned in Heshbon."

³So the LORD our God also gave into our hands Og king of Bashan and all his army. We struck them down, leaving no survivors. ⁴At that time we took all his

---

c 23 That is, Crete   *d 34* The Hebrew term refers to the irrevocable giving over of things or persons to the LORD, often by totally destroying them.

4 Y tomamos entonces todas sus ciudades; no quedó ciudad que no les tomásemos; sesenta ciudades, toda la tierra de Argob, del reino de Og en Basán.

5 Todas estas eran ciudades fortificadas con muros altos, con puertas y barras, sin contar otras muchas ciudades sin muro.

6 Y las destruimos, como hicimos a Sehón rey de Hesbón, matando en toda ciudad a hombres, mujeres y niños.

7 Y tomamos para nosotros todo el ganado, y los despojos de las ciudades.

8 También tomamos en aquel tiempo la tierra desde el arroyo de Arnón hasta el monte de Hermón, de manos de los dos reyes amorreos que estaban a este lado del Jordán.

9 (Los sidonios llaman a Hermón, Sirión; y los amorreos, Senir.)

10 Todas las ciudades de la llanura, y todo Galaad, y todo Basán hasta Salca y Edrei, ciudades del reino de Og en Basán.

11 Porque únicamente Og rey de Basán había quedado del resto de los gigantes. Su cama, una cama de hierro, ¿no está en Rabá de los hijos de Amón? La longitud de ella es de nueve codos, y su anchura de cuatro codos, según el codo de un hombre.

Rubén, Gad y la media tribu de Manasés se establecen al oriente del Jordán

12 Y esta tierra que heredamos en aquel tiempo, desde Aroer, que está junto al arroyo de Arnón, y la mitad del monte de Galaad con sus ciudades, la di a los rubenitas y a los gaditas;

13 y el resto de Galaad, y todo Basán, del reino de Og, toda la tierra de Argob, que se llamaba la tierra de los gigantes, lo di a la media tribu de Manasés.

14 Jair hijo de Manasés tomó toda la tierra de Argob hasta el límite con Gesur y Maaca, y la llamó por su nombre, Basán-havot-jair, hasta hoy.

15 Y Galaad se lo di a Maquir.

16 Y a los rubenitas y gaditas les di de Galaad hasta el arroyo de Arnón, teniendo por límite el medio del valle, hasta el arroyo de Jaboc, el cual es límite de los hijos de Amón;

17 también el Arabá, con el Jordán como límite desde Cineret hasta el mar del Arabá, el Mar Salado, al pie de las laderas del Pisga al oriente.

18 Y os mandé entonces, diciendo: Jehová vuestro Dios os ha dado esta tierra por heredad; pero iréis armados todos los valientes delante de vuestros hermanos los hijos de Israel.

19 Solamente vuestras mujeres, vuestros hijos y vuestros ganados (yo sé que tenéis mucho ganado), quedarán en las ciudades que os he dado,

20 hasta que Jehová dé reposo a vuestros hermanos, así como a vosotros, y hereden ellos también la tierra que Jehová vuestro Dios les da al otro lado del Jordán; entonces os volveréis cada uno a la heredad que yo os he dado.

21 Ordené también a Josué en aquel tiempo, diciendo: Tus ojos vieron todo lo que Jehová vuestro Dios ha hecho a aquellos dos reyes; así hará Jehová a todos los reinos a los cuales pasarás tú.

22 No los temáis; porque Jehová vuestro Dios, él es el que pelea por vosotros.

No se le permite a Moisés entrar a Canaán

23 Y oré a Jehová en aquel tiempo, diciendo:

24 Señor Jehová, tú has comenzado a mostrar a tu siervo tu grandeza, y tu mano poderosa; porque ¿qué dios hay

cities. There was not one of the sixty cities that we did not take from them—the whole region of Argob, Og's kingdom in Bashan. 5 All these cities were fortified with high walls and with gates and bars, and there were also a great many unwalled villages. 6 We completely destroyed[e] them, as we had done with Sihon king of Heshbon, destroying[e] every city—men, women and children. 7 But all the livestock and the plunder from their cities we carried off for ourselves.

8 So at that time we took from these two kings of the Amorites the territory east of the Jordan, from the Arnon Gorge as far as Mount Hermon. 9 (Hermon is called Sirion by the Sidonians; the Amorites call it Senir.) 10 We took all the towns on the plateau, and all Gilead, and all Bashan as far as Salecah and Edrei, towns of Og's kingdom in Bashan. 11 (Only Og king of Bashan was left of the remnant of the Rephaites. His bed[f] was made of iron and was more than thirteen feet long and six feet wide.[g] It is still in Rabbah of the Ammonites.)

Division of the Land

12 Of the land that we took over at that time, I gave the Reubenites and the Gadites the territory north of Aroer by the Arnon Gorge, including half the hill country of Gilead, together with its towns. 13 The rest of Gilead and also all of Bashan, the kingdom of Og, I gave to the half tribe of Manasseh. (The whole region of Argob in Bashan used to be known as a land of the Rephaites. 14 Jair, a descendant of Manasseh, took the whole region of Argob as far as the border of the Geshurites and the Maacathites; it was named after him, so that to this day Bashan is called Havvoth Jair.[h]) 15 And I gave Gilead to Makir. 16 But to the Reubenites and the Gadites I gave the territory extending from Gilead down to the Arnon Gorge (the middle of the gorge being the border) and out to the Jabbok River, which is the border of the Ammonites. 17 Its western border was the Jordan in the Arabah, from Kinnereth to the Sea of the Arabah (the Salt Sea[i]), below the slopes of Pisgah.

18 I commanded you at that time: "The LORD your God has given you this land to take possession of it. But all your able-bodied men, armed for battle, must cross over ahead of your brother Israelites. 19 However, your wives, your children and your livestock (I know you have much livestock) may stay in the towns I have given you, 20 until the LORD gives rest to your brothers as he has to you, and they too have taken over the land that the LORD your God is giving them, across the Jordan. After that, each of you may go back to the possession I have given you."

Moses Forbidden to Cross the Jordan

21 At that time I commanded Joshua: "You have seen with your own eyes all that the LORD your God has done to these two kings. The LORD will do the same to all the kingdoms over there where you are going. 22 Do not be afraid of them; the LORD your God himself will fight for you."

23 At that time I pleaded with the LORD: 24 "O Sovereign LORD, you have begun to show to your servant

---

e6 The Hebrew term refers to the irrevocable giving over of things or persons to the LORD, often by totally destroying them.
f11 Or *sarcophagus*   g11 Hebrew *nine cubits long and four cubits wide* (about 4 meters long and 1.8 meters wide)   h14 Or *called the settlements of Jair*   i17 That is, the Dead Sea

en el cielo ni en la tierra que haga obras y proezas como las tuyas?

25 Pase yo, te ruego, y vea aquella tierra buena que está más allá del Jordán, aquel buen monte, y el Líbano.

26 Pero Jehová se había enojado contra mí a causa de vosotros, por lo cual no me escuchó; y me dijo Jehová: Basta, no me hables más de este asunto.

27 Sube a la cumbre del Pisga y alza tus ojos al oeste, y al norte, y al sur, y al este, y mira con tus propios ojos; porque no pasarás el Jordán.

28 Y manda a Josué, y anímalo, y fortalécelo; porque él ha de pasar delante de este pueblo, y él les hará heredar la tierra que verás.

29 Y paramos en el valle delante de Bet-peor.

Moisés exhorta a la obediencia

4 1 Ahora, pues, oh Israel, oye los estatutos y decretos que yo os enseño, para que los ejecutéis, y viváis, y entréis y poseáis la tierra que Jehová el Dios de vuestros padres os da.

2 No añadiréis a la palabra que yo os mando, ni disminuiréis de ella, para que guardéis los mandamientos de Jehová vuestro Dios que yo os ordeno.

3 Vuestros ojos vieron lo que hizo Jehová con motivo de Baal-peor; que a todo hombre que fue en pos de Baal-peor destruyó Jehová tu Dios de en medio de ti.

4 Mas vosotros que seguisteis a Jehová vuestro Dios, todos estáis vivos hoy.

5 Mirad, yo os he enseñado estatutos y decretos, como Jehová mi Dios me mandó, para que hagáis así en medio de la tierra en la cual entráis para tomar posesión de ella.

6 Guardadlos, pues, y ponedlos por obra; porque esta es vuestra sabiduría y vuestra inteligencia ante los ojos de los pueblos, los cuales oirán todos estos estatutos, y dirán: Ciertamente pueblo sabio y entendido, nación grande es esta.

7 Porque ¿qué nación grande hay que tenga dioses tan cercanos a ellos como lo está Jehová nuestro Dios en todo cuanto le pedimos?

8 Y ¿qué nación grande hay que tenga estatutos y juicios justos como es toda esta ley que yo pongo hoy delante de vosotros?

La experiencia de Israel en Horeb

9 Por tanto, guárdate, y guarda tu alma con diligencia, para que no te olvides de las cosas que tus ojos han visto, ni se aparten de tu corazón todos los días de tu vida; antes bien, las enseñarás a tus hijos, y a los hijos de tus hijos.

10 El día que estuviste delante de Jehová tu Dios en Horeb, cuando Jehová me dijo: Reúneme el pueblo, para que yo les haga oír mis palabras, las cuales aprenderán, para temerme todos los días que vivieren sobre la tierra, y las enseñarán a sus hijos;

11 y os acercasteis y os pusisteis al pie del monte; y el monte ardía en fuego hasta en medio de los cielos con tinieblas, nube y oscuridad;

12 y habló Jehová con vosotros de en medio del fuego; oísteis la voz de sus palabras, mas a excepción de oír la voz, ninguna figura visteis.

13 Y él os anunció su pacto, el cual os mandó poner por obra; los diez mandamientos, y los escribió en dos tablas de piedra.

14 A mí también me mandó Jehová en aquel tiempo que os enseñase los estatutos y juicios, para que los pusieseis por obra en la tierra a la cual pasáis a tomar posesión de ella.

your greatness and your strong hand. For what god is there in heaven or on earth who can do the deeds and mighty works you do? 25 Let me go over and see the good land beyond the Jordan—that fine hill country and Lebanon."

26 But because of you the LORD was angry with me and would not listen to me. "That is enough," the LORD said. "Do not speak to me anymore about this matter. 27 Go up to the top of Pisgah and look west and north and south and east. Look at the land with your own eyes, since you are not going to cross this Jordan. 28 But commission Joshua, and encourage and strengthen him, for he will lead this people across and will cause them to inherit the land that you will see." 29 So we stayed in the valley near Beth Peor.

Obedience Commanded

4 Hear now, O Israel, the decrees and laws I am about to teach you. Follow them so that you may live and may go in and take possession of the land that the LORD, the God of your fathers, is giving you. 2 Do not add to what I command you and do not subtract from it, but keep the commands of the LORD your God that I give you.

3 You saw with your own eyes what the LORD did at Baal Peor. The LORD your God destroyed from among you everyone who followed the Baal of Peor, 4 but all of you who held fast to the LORD your God are still alive today.

5 See, I have taught you decrees and laws as the LORD my God commanded me, so that you may follow them in the land you are entering to take possession of it. 6 Observe them carefully, for this will show your wisdom and understanding to the nations, who will hear about all these decrees and say, "Surely this great nation is a wise and understanding people." 7 What other nation is so great as to have their gods near them the way the LORD our God is near us whenever we pray to him? 8 And what other nation is so great as to have such righteous decrees and laws as this body of laws I am setting before you today?

9 Only be careful, and watch yourselves closely so that you do not forget the things your eyes have seen or let them slip from your heart as long as you live. Teach them to your children and to their children after them. 10 Remember the day you stood before the LORD your God at Horeb, when he said to me, "Assemble the people before me to hear my words so that they may learn to revere me as long as they live in the land and may teach them to their children." 11 You came near and stood at the foot of the mountain while it blazed with fire to the very heavens, with black clouds and deep darkness. 12 Then the LORD spoke to you out of the fire. You heard the sound of words but saw no form; there was only a voice. 13 He declared to you his covenant, the Ten Commandments, which he commanded you to follow and then wrote them on two stone tablets. 14 And the LORD directed me at that time to teach you the decrees and laws you are to follow in the land that you are crossing the Jordan to possess.

Advertencia contra la idolatría

15 Guardad, pues, mucho vuestras almas; pues ninguna figura visteis el día que Jehová habló con vosotros de en medio del fuego;

16 para que no os corrompáis y hagáis para vosotros escultura, imagen de figura alguna, efigie de varón o hembra, 17 figura de animal alguno que está en la tierra, figura de ave alguna alada que vuele por el aire,

18 figura de ningún animal que se arrastre sobre la tierra, figura de pez alguno que haya en el agua debajo de la tierra.

19 No sea que alces tus ojos al cielo, y viendo el sol y la luna y las estrellas, y todo el ejército del cielo, seas impulsado, y te inclines a ellos y les sirvas; porque Jehová tu Dios los ha concedido a todos los pueblos debajo de todos los cielos.

20 Pero a vosotros Jehová os tomó, y os ha sacado del horno de hierro, de Egipto, para que seáis el pueblo de su heredad como en este día.

21 Y Jehová se enojó contra mí por causa de vosotros, y juró que yo no pasaría el Jordán, ni entraría en la buena tierra que Jehová tu Dios te da por heredad.

22 Así que yo voy a morir en esta tierra, y no pasaré el Jordán; mas vosotros pasaréis, y poseeréis aquella buena tierra.

23 Guardaos, no os olvidéis del pacto de Jehová vuestro Dios, que él estableció con vosotros, y no os hagáis escultura o imagen de ninguna cosa que Jehová tu Dios te ha prohibido.

24 Porque Jehová tu Dios es fuego consumidor, Dios celoso.

25 Cuando hayáis engendrado hijos y nietos, y hayáis envejecido en la tierra, si os corrompiereis e hiciereis escultura o imagen de cualquier cosa, e hiciereis lo malo ante los ojos de Jehová vuestro Dios, para enojarlo;

26 yo pongo hoy por testigos al cielo y a la tierra, que pronto pereceréis totalmente de la tierra hacia la cual pasáis el Jordán para tomar posesión de ella; no estaréis en ella largos días sin que seáis destruidos.

27 Y Jehová os esparcirá entre los pueblos, y quedaréis pocos en número entre las naciones a las cuales os llevará Jehová.

28 Y serviréis allí a dioses hechos de manos de hombres, de madera y piedra, que no ven, ni oyen, ni comen, ni huelen.

29 Mas si desde allí buscares a Jehová tu Dios, lo hallarás, si lo buscares de todo tu corazón y de toda tu alma.

30 Cuando estuvieres en angustia, y te alcanzaren todas estas cosas, si en los postreros días te volvieres a Jehová tu Dios, y oyeres su voz;

31 porque Dios misericordioso es Jehová tu Dios; no te dejará, ni te destruirá, ni se olvidará del pacto que les juró a tus padres.

32 Porque pregunta ahora si en los tiempos pasados que han sido antes de ti, desde el día que creó Dios al hombre sobre la tierra, si desde un extremo del cielo al otro se ha hecho cosa semejante a esta gran cosa, o se haya oído otra como ella.

33 ¿Ha oído pueblo alguno la voz de Dios, hablando de en medio del fuego, como tú la has oído, sin perecer?

34 ¿O ha intentado Dios venir a tomar para sí una nación de en medio de otra nación, con pruebas, con señales, con milagros y con guerra, y mano poderosa y brazo extendido, y hechos aterradores como todo lo que hizo con vosotros Jehová vuestro Dios en Egipto ante tus ojos?

35 A ti te fue mostrado, para que supieses que Jehová es Dios, y no hay otro fuera de él.

Idolatry Forbidden

15 You saw no form of any kind the day the LORD spoke to you at Horeb out of the fire. Therefore watch yourselves very carefully, 16 so that you do not become corrupt and make for yourselves an idol, an image of any shape, whether formed like a man or a woman, 17 or like any animal on earth or any bird that flies in the air, 18 or like any creature that moves along the ground or any fish in the waters below. 19 And when you look up to the sky and see the sun, the moon and the stars—all the heavenly array—do not be enticed into bowing down to them and worshiping things the LORD your God has apportioned to all the nations under heaven. 20 But as for you, the LORD took you and brought you out of the iron-smelting furnace, out of Egypt, to be the people of his inheritance, as you now are.

21 The LORD was angry with me because of you, and he solemnly swore that I would not cross the Jordan and enter the good land the LORD your God is giving you as your inheritance. 22 I will die in this land; I will not cross the Jordan; but you are about to cross over and take possession of that good land. 23 Be careful not to forget the covenant of the LORD your God that he made with you; do not make for yourselves an idol in the form of anything the LORD your God has forbidden. 24 For the LORD your God is a consuming fire, a jealous God.

25 After you have had children and grandchildren and have lived in the land a long time—if you then become corrupt and make any kind of idol, doing evil in the eyes of the LORD your God and provoking him to anger, 26 I call heaven and earth as witnesses against you this day that you will quickly perish from the land that you are crossing the Jordan to possess. You will not live there long but will certainly be destroyed. 27 The LORD will scatter you among the peoples, and only a few of you will survive among the nations to which the LORD will drive you. 28 There you will worship man-made gods of wood and stone, which cannot see or hear or eat or smell. 29 But if from there you seek the LORD your God, you will find him if you look for him with all your heart and with all your soul. 30 When you are in distress and all these things have happened to you, then in later days you will return to the LORD your God and obey him. 31 For the LORD your God is a merciful God; he will not abandon or destroy you or forget the covenant with your forefathers, which he confirmed to them by oath.

The LORD Is God

32 Ask now about the former days, long before your time, from the day God created man on the earth; ask from one end of the heavens to the other. Has anything so great as this ever happened, or has anything like it ever been heard of? 33 Has any other people heard the voice of God/ speaking out of fire, as you have, and lived? 34 Has any god ever tried to take for himself one nation out of another nation, by testings, by miraculous signs and wonders, by war, by a mighty hand and an outstretched arm, or by great and awesome deeds, like all the things the LORD your God did for you in Egypt before your very eyes? 35 You were shown these things so that you might know that the LORD is God; besides him there is no

/33 Or of a god

36 Desde los cielos te hizo oír su voz, para enseñarte; y sobre la tierra te mostró su gran fuego, y has oído sus palabras de en medio del fuego.

37 Y por cuanto él amó a tus padres, escogió a su descendencia después de ellos, y te sacó de Egipto con su presencia y con su gran poder,

38 para echar de delante de tu presencia naciones grandes y más fuertes que tú, y para introducirte y darte su tierra por heredad, como hoy.

39 Aprende pues, hoy, y reflexiona en tu corazón que Jehová es Dios arriba en el cielo y abajo en la tierra, y no hay otro.

40 Y guarda sus estatutos y sus mandamientos, los cuales yo te mando hoy, para que te vaya bien a ti y a tus hijos después de ti, y prolongues tus días sobre la tierra que Jehová tu Dios te da para siempre.

Las ciudades de refugio al oriente del Jordán

41 Entonces apartó Moisés tres ciudades a este lado del Jordán al nacimiento del sol,

42 para que huyese allí el homicida que matase a su prójimo sin intención, sin haber tenido enemistad con él nunca antes; y que huyendo a una de estas ciudades salvase su vida:

43 Beser en el desierto, en tierra de la llanura, para los rubenitas; Ramot en Galaad para los gaditas, y Golán en Basán para los de Manasés.

Moisés recapitula la promulgación de la ley

44 Esta, pues, es la ley que Moisés puso delante de los hijos de Israel.

45 Estos son los testimonios, los estatutos y los decretos que habló Moisés a los hijos de Israel cuando salieron de Egipto;

46 a este lado del Jordán, en el valle delante de Bet-peor, en la tierra de Sehón rey de los amorreos que habitaba en Hesbón, al cual derrotó Moisés con los hijos de Israel, cuando salieron de Egipto;

47 y poseyeron su tierra, y la tierra de Og rey de Basán; dos reyes de los amorreos que estaban de este lado del Jordán, al oriente.

48 Desde Aroer, que está junto a la ribera del arroyo de Arnón, hasta el monte de Sion, que es Hermón;

49 y todo el Arabá de este lado del Jordán, al oriente, hasta el mar del Arabá, al pie de las laderas del Pisga.

Los Diez Mandamientos

5 1 Llamó Moisés a todo Israel y les dijo: Oye, Israel, los estatutos y decretos que yo pronuncio hoy en vuestros oídos; aprendedlos, y guardadlos, para ponerlos por obra.

2 Jehová nuestro Dios hizo pacto con nosotros en Horeb.

3 No con nuestros padres hizo Jehová este pacto, sino con nosotros todos los que estamos aquí hoy vivos.

4 Cara a cara habló Jehová con vosotros en el monte de en medio del fuego.

5 Yo estaba entonces entre Jehová y vosotros, para declararos la palabra de Jehová; porque vosotros tuvisteis temor del fuego, y no subisteis al monte. Dijo:

6 Yo soy Jehová tu Dios, que te saqué de tierra de Egipto, de casa de servidumbre.

7 No tendrás dioses ajenos delante de mí.

8 No harás para ti escultura, ni imagen alguna de cosa que está arriba en los cielos, ni abajo en la tierra, ni en las aguas debajo de la tierra.

other. 36 From heaven he made you hear his voice to discipline you. On earth he showed you his great fire, and you heard his words from out of the fire. 37 Because he loved your forefathers and chose their descendants after them, he brought you out of Egypt by his Presence and his great strength, 38 to drive out before you nations greater and stronger than you and to bring you into their land to give it to you for your inheritance, as it is today.

39 Acknowledge and take to heart this day that the LORD is God in heaven above and on the earth below. There is no other. 40 Keep his decrees and commands, which I am giving you today, so that it may go well with you and your children after you and that you may live long in the land the LORD your God gives you for all time.

Cities of Refuge

41 Then Moses set aside three cities east of the Jordan, 42 to which anyone who had killed a person could flee if he had unintentionally killed his neighbor without malice aforethought. He could flee into one of these cities and save his life. 43 The cities were these: Bezer in the desert plateau, for the Reubenites; Ramoth in Gilead, for the Gadites; and Golan in Bashan, for the Manassites.

Introduction to the Law

44 This is the law Moses set before the Israelites. 45 These are the stipulations, decrees and laws Moses gave them when they came out of Egypt 46 and were in the valley near Beth Peor east of the Jordan, in the land of Sihon king of the Amorites, who reigned in Heshbon and was defeated by Moses and the Israelites as they came out of Egypt. 47 They took possession of his land and the land of Og king of Bashan, the two Amorite kings east of the Jordan. 48 This land extended from Aroer on the rim of the Arnon Gorge to Mount Siyon [k] (that is, Hermon), 49 and included all the Arabah east of the Jordan, as far as the Sea of the Arabah, [l] below the slopes of Pisgah.

The Ten Commandments

5 Moses summoned all Israel and said:
Hear, O Israel, the decrees and laws I declare in your hearing today. Learn them and be sure to follow them. 2 The LORD our God made a covenant with us at Horeb. 3 It was not with our fathers that the LORD made this covenant, but with us, with all of us who are alive here today. 4 The LORD spoke to you face to face out of the fire on the mountain. 5 (At that time I stood between the LORD and you to declare to you the word of the LORD, because you were afraid of the fire and did not go up the mountain.) And he said:

6 "I am the LORD your God, who brought you out of Egypt, out of the land of slavery.

7 "You shall have no other gods before [m] me.

8 "You shall not make for yourself an idol in the form of anything in heaven above or on the earth beneath or in the waters below. 9 You

---

k48 Hebrew; Syriac (see also Deut. 3:9) *Sirion*   *l49* That is, the Dead Sea   *m7* Or *besides*

9 No te inclinarás a ellas ni las servirás; porque yo soy Jehová tu Dios, fuerte, celoso, que visito la maldad de los padres sobre los hijos hasta la tercera y cuarta generación de los que me aborrecen,

10 y que hago misericordia a millares, a los que me aman y guardan mis mandamientos.

11 No tomarás el nombre de Jehová tu Dios en vano; porque Jehová no dará por inocente al que tome su nombre en vano.

12 Guardarás el día de reposo * para santificarlo, como Jehová tu Dios te ha mandado.

13 Seis días trabajarás, y harás toda tu obra;

14 mas el séptimo día es reposo * a Jehová tu Dios; ninguna obra harás tú, ni tu hijo, ni tu hija, ni tu siervo, ni tu sierva, ni tu buey, ni tu asno, ni ningún animal tuyo, ni el extranjero que está dentro de tus puertas, para que descanse tu siervo y tu sierva como tú.

15 Acuérdate que fuiste siervo en tierra de Egipto, y que Jehová tu Dios te sacó de allá con mano fuerte y brazo extendido; por lo cual Jehová tu Dios te ha mandado que guardes el día de reposo. *

16 Honra a tu padre y a tu madre, como Jehová tu Dios te ha mandado, para que sean prolongados tus días, y para que te vaya bien sobre la tierra que Jehová tu Dios te da.

17 No matarás.

18 No cometerás adulterio.

19 No hurtarás.

20 No dirás falso testimonio contra tu prójimo.

21 No codiciarás la mujer de tu prójimo, ni desearás la casa de tu prójimo, ni su tierra, ni su siervo, ni su sierva, ni su buey, ni su asno, ni cosa alguna de tu prójimo.

El terror del pueblo

22 Estas palabras habló Jehová a toda vuestra congregación en el monte, de en medio del fuego, de la nube y de la oscuridad, a gran voz; y no añadió más. Y las escribió en dos tablas de piedra, las cuales me dio a mí.

23 Y aconteció que cuando vosotros oísteis la voz de en medio de las tinieblas, y visteis al monte que ardía en fuego, vinisteis a mí, todos los príncipes de vuestras tribus, y vuestros ancianos,

24 y dijisteis: He aquí Jehová nuestro Dios nos ha mostrado su gloria y su grandeza, y hemos oído su voz de en medio del fuego; hoy hemos visto que Jehová habla al hombre, y éste aún vive.

25 Ahora, pues, ¿por qué vamos a morir? Porque este gran fuego nos consumirá; si oyéremos otra vez la voz de Jehová nuestro Dios, moriremos.

26 Porque ¿qué es el hombre, para que oiga la voz del Dios viviente que habla de en medio del fuego, como nosotros la oímos, y aún viva?

27 Acércate tú, y oye todas las cosas que dijere Jehová nuestro Dios; y tú nos dirás todo lo que Jehová nuestro Dios te dijere, y nosotros oiremos y haremos.

28 Y oyó Jehová la voz de vuestras palabras cuando me hablabais, y me dijo Jehová: He oído la voz de las palabras de este pueblo, que ellos te han hablado; bien está todo lo que han dicho.

29 ¡Quién diera que tuviesen tal corazón, que me temiesen y guardasen todos los días todos mis mandamientos, para que a ellos y a sus hijos les fuese bien para siempre!

shall not bow down to them or worship them; for I, the LORD your God, am a jealous God, punishing the children for the sin of the fathers to the third and fourth generation of those who hate me, 10 but showing love to a thousand generations, of those who love me and keep my commandments.

11 "You shall not misuse the name of the LORD your God, for the LORD will not hold anyone guiltless who misuses his name.

12 "Observe the Sabbath day by keeping it holy, as the LORD your God has commanded you. 13 Six days you shall labor and do all your work, 14 but the seventh day is a Sabbath to the LORD your God. On it you shall not do any work, neither you, nor your son or daughter, nor your manservant or maidservant, nor your ox, your donkey or any of your animals, nor the alien within your gates, so that your manservant and maidservant may rest, as you do. 15 Remember that you were slaves in Egypt and that the LORD your God brought you out of there with a mighty hand and an outstretched arm. Therefore the LORD your God has commanded you to observe the Sabbath day.

16 "Honor your father and your mother, as the LORD your God has commanded you, so that you may live long and that it may go well with you in the land the LORD your God is giving you.

17 "You shall not murder.

18 "You shall not commit adultery.

19 "You shall not steal.

20 "You shall not give false testimony against your neighbor.

21 "You shall not covet your neighbor's wife. You shall not set your desire on your neighbor's house or land, his manservant or maidservant, his ox or donkey, or anything that belongs to your neighbor."

22 These are the commandments the LORD proclaimed in a loud voice to your whole assembly there on the mountain from out of the fire, the cloud and the deep darkness; and he added nothing more. Then he wrote them on two stone tablets and gave them to me.

23 When you heard the voice out of the darkness, while the mountain was ablaze with fire, all the leading men of your tribes and your elders came to me. 24 And you said, "The LORD our God has shown us his glory and his majesty, and we have heard his voice from the fire. Today we have seen that a man can live even if God speaks with him. 25 But now, why should we die? This great fire will consume us, and we will die if we hear the voice of the LORD our God any longer. 26 For what mortal man has ever heard the voice of the living God speaking out of fire, as we have, and survived? 27 Go near and listen to all that the LORD our God says. Then tell us whatever the LORD our God tells you. We will listen and obey."

28 The LORD heard you when you spoke to me and the LORD said to me, "I have heard what this people said to you. Everything they said was good. 29 Oh, that their hearts would be inclined to fear me and keep all my commands always, so that it might go well with them and their children forever!

---

*Aquí equivale a *sábado*

30 Vé y diles: Volveos a vuestras tiendas.

31 Y tú quédate aquí conmigo, y te diré todos los mandamientos y estatutos y decretos que les enseñarás, a fin de que los pongan ahora por obra en la tierra que yo les doy por posesión.

32 Mirad, pues, que hagáis como Jehová vuestro Dios os ha mandado; no os apartéis a diestra ni a siniestra.

33 Andad en todo el camino que Jehová vuestro Dios os ha mandado, para que viváis y os vaya bien, y tengáis largos días en la tierra que habéis de poseer.

El gran mandamiento

6 1 Estos, pues, son los mandamientos, estatutos y decretos que Jehová vuestro Dios mandó que os enseñase, para que los pongáis por obra en la tierra a la cual pasáis vosotros para tomarla;

2 para que temas a Jehová tu Dios, guardando todos sus estatutos y sus mandamientos que yo te mando, tú, tu hijo, y el hijo de tu hijo, todos los días de tu vida, para que tus días sean prolongados.

3 Oye, pues, oh Israel, y cuida de ponerlos por obra, para que te vaya bien en la tierra que fluye leche y miel, y os multipliquéis, como te ha dicho Jehová el Dios de tus padres.

4 Oye, Israel: Jehová nuestro Dios, Jehová uno es.

5 Y amarás a Jehová tu Dios de todo tu corazón, y de toda tu alma, y con todas tus fuerzas.

6 Y estas palabras que yo te mando hoy, estarán sobre tu corazón;

7 y las repetirás a tus hijos, y hablarás de ellas estando en tu casa, y andando por el camino, y al acostarte, y cuando te levantes.

8 Y las atarás como una señal en tu mano, y estarán como frontales entre tus ojos;

9 y las escribirás en los postes de tu casa, y en tus puertas.

Exhortaciones a la obediencia

10 Cuando Jehová tu Dios te haya introducido en la tierra que juró a tus padres Abraham, Isaac y Jacob que te daría, en ciudades grandes y buenas que tú no edificaste,

11 y casas llenas de todo bien, que tú no llenaste, y cisternas cavadas que tú no cavaste, viñas y olivares que no plantaste, y luego que comas y te sacies,

12 cuídate de no olvidarte de Jehová, que te sacó de la tierra de Egipto, de casa de servidumbre.

13 A Jehová tu Dios temerás, y a él solo servirás, y por su nombre jurarás.

14 No andaréis en pos de dioses ajenos, de los dioses de los pueblos que están en vuestros contornos;

15 porque el Dios celoso, Jehová tu Dios, en medio de ti está; para que no se inflame el furor de Jehová tu Dios contra ti, y te destruya de sobre la tierra.

16 No tentaréis a Jehová vuestro Dios, como lo tentasteis en Masah.

17 Guardad cuidadosamente los mandamientos de Jehová vuestro Dios, y sus testimonios y sus estatutos que te ha mandado.

18 Y haz lo recto y bueno ante los ojos de Jehová, para que te vaya bien, y entres y poseas la buena tierra que Jehová juró a tus padres;

19 para que él arroje a tus enemigos de delante de ti, como Jehová ha dicho.

20 Mañana cuando te preguntare tu hijo, diciendo: ¿Qué significan los testimonios y estatutos y decretos que Jehová nuestro Dios os mandó?

21 entonces dirás a tu hijo: Nosotros éramos siervos de Faraón en Egipto, y Jehová nos sacó de Egipto con mano poderosa.

30 "Go, tell them to return to their tents. 31 But you stay here with me so that I may give you all the commands, decrees and laws you are to teach them to follow in the land I am giving them to possess."

32 So be careful to do what the Lord your God has commanded you; do not turn aside to the right or to the left. 33 Walk in all the way that the Lord your God has commanded you, so that you may live and prosper and prolong your days in the land that you will possess.

Love the Lord Your God

6 These are the commands, decrees and laws the Lord your God directed me to teach you to observe in the land that you are crossing the Jordan to possess, 2 so that you, your children and their children after them may fear the Lord your God as long as you live by keeping all his decrees and commands that I give you, and so that you may enjoy long life. 3 Hear, O Israel, and be careful to obey so that it may go well with you and that you may increase greatly in a land flowing with milk and honey, just as the Lord, the God of your fathers, promised you.

4 Hear, O Israel: The Lord our God, the Lord is one.n 5 Love the Lord your God with all your heart and with all your soul and with all your strength. 6 These commandments that I give you today are to be upon your hearts. 7 Impress them on your children. Talk about them when you sit at home and when you walk along the road, when you lie down and when you get up. 8 Tie them as symbols on your hands and bind them on your foreheads. 9 Write them on the doorframes of your houses and on your gates.

10 When the Lord your God brings you into the land he swore to your fathers, to Abraham, Isaac and Jacob, to give you—a land with large, flourishing cities you did not build, 11 houses filled with all kinds of good things you did not provide, wells you did not dig, and vineyards and olive groves you did not plant—then when you eat and are satisfied, 12 be careful that you do not forget the Lord, who brought you out of Egypt, out of the land of slavery.

13 Fear the Lord your God, serve him only and take your oaths in his name. 14 Do not follow other gods, the gods of the peoples around you; 15 for the Lord your God, who is among you, is a jealous God and his anger will burn against you, and he will destroy you from the face of the land. 16 Do not test the Lord your God as you did at Massah. 17 Be sure to keep the commands of the Lord your God and the stipulations and decrees he has given you. 18 Do what is right and good in the Lord's sight, so that it may go well with you and you may go in and take over the good land that the Lord promised on oath to your forefathers, 19 thrusting out all your enemies before you, as the Lord said.

20 In the future, when your son asks you, "What is the meaning of the stipulations, decrees and laws the Lord our God has commanded you?" 21 tell him: "We were slaves of Pharaoh in Egypt, but the Lord brought us out of Egypt with a mighty hand. 22 Before our eyes

22Jehová hizo señales y milagros grandes y terribles en Egipto, sobre Faraón y sobre toda su casa, delante de nuestros ojos;

23y nos sacó de allá, para traernos y darnos la tierra que juró a nuestros padres.

24Y nos mandó Jehová que cumplamos todos estos estatutos, y que temamos a Jehová nuestro Dios, para que nos vaya bien todos los días, y para que nos conserve la vida, como hasta hoy.

25Y tendremos justicia cuando cuidemos de poner por obra todos estos mandamientos delante de Jehová nuestro Dios, como él nos ha mandado.

Advertencias contra la idolatría de Canaán

7 1Cuando Jehová tu Dios te haya introducido en la tierra en la cual entrarás para tomarla, y haya echado de delante de ti a muchas naciones, al heteo, al gergeseo, al amorreo, al cananeo, al ferezeo, al heveo y al jebuseo, siete naciones mayores y más poderosas que tú,

2y Jehová tu Dios las haya entregado delante de ti, y las hayas derrotado, las destruirás del todo; no harás con ellas alianza, ni tendrás de ellas misericordia.

3Y no emparentarás con ellas; no darás tu hija a su hijo, ni tomarás a su hija para tu hijo.

4Porque desviará a tu hijo de en pos de mí, y servirán a dioses ajenos; y el furor de Jehová se encenderá sobre vosotros, y te destruirá pronto.

5Mas así habéis de hacer con ellos: sus altares destruiréis, y quebraréis sus estatuas, y destruiréis sus imágenes de Asera, y quemaréis sus esculturas en el fuego.

Un pueblo santo para Jehová

6Porque tú eres pueblo santo para Jehová tu Dios; Jehová tu Dios te ha escogido para serle un pueblo especial, más que todos los pueblos que están sobre la tierra.

7No por ser vosotros más que todos los pueblos os ha querido Jehová y os ha escogido, pues vosotros erais el más insignificante de todos los pueblos;

8sino por cuanto Jehová os amó, y quiso guardar el juramento que juró a vuestros padres, os ha sacado Jehová con mano poderosa, y os ha rescatado de servidumbre, de la mano de Faraón rey de Egipto.

9Conoce, pues, que Jehová tu Dios es Dios, Dios fiel, que guarda el pacto y la misericordia a los que le aman y guardan sus mandamientos, hasta mil generaciones;

10y que da el pago en persona al que le aborrece, destruyéndolo; y no se demora con el que le odia, en persona le dará el pago.

11Guarda, por tanto, los mandamientos, estatutos y decretos que yo te mando hoy que cumplas.

Bendiciones de la obediencia

12Y por haber oído estos decretos, y haberlos guardado y puesto por obra, Jehová tu Dios guardará contigo el pacto y la misericordia que juró a tus padres;

13Y te amará, te bendecirá y te multiplicará, y bendecirá el fruto de tu vientre y el fruto de tu tierra, tu grano, tu mosto, tu aceite, la cría de tus vacas, y los rebaños de tus ovejas, en la tierra que juró a tus padres que te daría.

14Bendito serás más que todos los pueblos; no habrá en ti varón ni hembra estéril, ni en tus ganados.

15Y quitará Jehová de ti toda enfermedad; y todas las malas

the LORD sent miraculous signs and wonders—great and terrible—upon Egypt and Pharaoh and his whole household. 23But he brought us out from there to bring us in and give us the land that he promised on oath to our forefathers. 24The LORD commanded us to obey all these decrees and to fear the LORD our God, so that we might always prosper and be kept alive, as is the case today. 25And if we are careful to obey all this law before the LORD our God, as he has commanded us, that will be our righteousness."

Driving Out the Nations

7 When the LORD your God brings you into the land you are entering to possess and drives out before you many nations—the Hittites, Girgashites, Amorites, Canaanites, Perizzites, Hivites and Jebusites, seven nations larger and stronger than you— 2and when the LORD your God has delivered them over to you and you have defeated them, then you must destroy them totally.o Make no treaty with them, and show them no mercy. 3Do not intermarry with them. Do not give your daughters to their sons or take their daughters for your sons, 4for they will turn your sons away from following me to serve other gods, and the LORD's anger will burn against you and will quickly destroy you. 5This is what you are to do to them: Break down their altars, smash their sacred stones, cut down their Asherah polesp and burn their idols in the fire. 6For you are a people holy to the LORD your God. The LORD your God has chosen you out of all the peoples on the face of the earth to be his people, his treasured possession.

7The LORD did not set his affection on you and choose you because you were more numerous than other peoples, for you were the fewest of all peoples. 8But it was because the LORD loved you and kept the oath he swore to your forefathers that he brought you out with a mighty hand and redeemed you from the land of slavery, from the power of Pharaoh king of Egypt. 9Know therefore that the LORD your God is God; he is the faithful God, keeping his covenant of love to a thousand generations of those who love him and keep his commands. 10But

those who hate him he will repay to their face by
    destruction;
he will not be slow to repay to their face those
    who hate him.

11Therefore, take care to follow the commands, decrees and laws I give you today.

12If you pay attention to these laws and are careful to follow them, then the LORD your God will keep his covenant of love with you, as he swore to your forefathers. 13He will love you and bless you and increase your numbers. He will bless the fruit of your womb, the crops of your land—your grain, new wine and oil—the calves of your herds and the lambs of your flocks in the land that he swore to your forefathers to give you. 14You will be blessed more than any other people; none of your men or women will be childless, nor any of your livestock without young. 15The LORD

---

o2 The Hebrew term refers to the irrevocable giving over of things or persons to the LORD, often by totally destroying them; also in verse 26.   p5 That is, symbols of the goddess Asherah; here and elsewhere in Deuteronomy

plagas de Egipto, que tú conoces, no las pondrá sobre ti, antes las pondrá sobre todos los que te aborrecieren.

16 Y consumirás a todos los pueblos que te da Jehová tu Dios; no los perdonará tu ojo, ni servirás a sus dioses, porque te será tropiezo.

17 Si dijeres en tu corazón: Estas naciones son mucho más numerosas que yo; ¿cómo las podré exterminar?

18 no tengas temor de ellas; acuérdate bien de lo que hizo Jehová tu Dios con Faraón y con todo Egipto;

19 de las grandes pruebas que vieron tus ojos, y de las señales y milagros, y de la mano poderosa y el brazo extendido con que Jehová tu Dios te sacó; así hará Jehová tu Dios con todos los pueblos de cuya presencia tú temieres.

20 También enviará Jehová tu Dios avispas sobre ellos, hasta que perezcan los que quedaren y los que se hubieren escondido de delante de ti.

21 No desmayes delante de ellos, porque Jehová tu Dios está en medio de ti, Dios grande y temible.

22 Y Jehová tu Dios echará a estas naciones de delante de ti poco a poco; no podrás acabar con ellas en seguida, para que las fieras del campo no se aumenten contra ti.

23 Mas Jehová tu Dios las entregará delante de ti, y él las quebrantará con grande destrozo, hasta que sean destruidas.

24 El entregará sus reyes en tu mano, y tú destruirás el nombre de ellos de debajo del cielo; nadie te hará frente hasta que los destruyas.

25 Las esculturas de sus dioses quemarás en el fuego; no codiciarás plata ni oro de ellas para tomarlo para ti, para que no tropieces en ello, pues es abominación a Jehová tu Dios;

26 y no traerás cosa abominable a tu casa, para que no seas anatema; del todo la aborrecerás y la abominarás, porque es anatema.

La buena tierra que han de poseer

8 1 Cuidaréis de poner por obra todo mandamiento que yo os ordeno hoy, para que viváis, y seáis multiplicados, y entréis y poseáis la tierra que Jehová prometió con juramento a vuestros padres.

2 Y te acordarás de todo el camino por donde te ha traído Jehová tu Dios estos cuarenta años en el desierto, para afligirte, para probarte, para saber lo que había en tu corazón, si habías de guardar o no sus mandamientos.

3 Y te afligió, y te hizo tener hambre, y te sustentó con maná, comida que no conocías tú, ni tus padres la habían conocido, para hacerte saber que no sólo de pan vivirá el hombre, mas de todo lo que sale de la boca de Jehová vivirá el hombre.

4 Tu vestido nunca se envejeció sobre ti, ni el pie se te ha hinchado en estos cuarenta años.

5 Reconoce asimismo en tu corazón, que como castiga el hombre a su hijo, así Jehová tu Dios te castiga.

6 Guardarás, pues, los mandamientos de Jehová tu Dios, andando en sus caminos, y temiéndole.

7 Porque Jehová tu Dios te introduce en la buena tierra, tierra de arroyos, de aguas, de fuentes y de manantiales, que brotan en vegas y montes;

8 tierra de trigo y cebada, de vides, higueras y granados; tierra de olivos, de aceite y de miel;

9 tierra en la cual no comerás el pan con escasez, ni te faltará nada en ella; tierra cuyas piedras son hierro, y de cuyos montes sacarás cobre.

10 Y comerás y te saciarás, y bendecirás a Jehová tu Dios por la buena tierra que te habrá dado.

will keep you free from every disease. He will not inflict on you the horrible diseases you knew in Egypt, but he will inflict them on all who hate you. 16You must destroy all the peoples the LORD your God gives over to you. Do not look on them with pity and do not serve their gods, for that will be a snare to you.

17You may say to yourselves, "These nations are stronger than we are. How can we drive them out?" 18But do not be afraid of them; remember well what the LORD your God did to Pharaoh and to all Egypt. 19You saw with your own eyes the great trials, the miraculous signs and wonders, the mighty hand and outstretched arm, with which the LORD your God brought you out. The LORD your God will do the same to all the peoples you now fear. 20Moreover, the LORD your God will send the hornet among them until even the survivors who hide from you have perished. 21Do not be terrified by them, for the LORD your God, who is among you, is a great and awesome God. 22The LORD your God will drive out those nations before you, little by little. You will not be allowed to eliminate them all at once, or the wild animals will multiply around you. 23But the LORD your God will deliver them over to you, throwing them into great confusion until they are destroyed. 24He will give their kings into your hand, and you will wipe out their names from under heaven. No one will be able to stand up against you; you will destroy them. 25The images of their gods you are to burn in the fire. Do not covet the silver and gold on them, and do not take it for yourselves, or you will be ensnared by it, for it is detestable to the LORD your God. 26Do not bring a detestable thing into your house or you, like it, will be set apart for destruction. Utterly abhor and detest it, for it is set apart for destruction.

Do Not Forget the LORD

8 Be careful to follow every command I am giving you today, so that you may live and increase and may enter and possess the land that the LORD promised on oath to your forefathers. 2Remember how the LORD your God led you all the way in the desert these forty years, to humble you and to test you in order to know what was in your heart, whether or not you would keep his commands. 3He humbled you, causing you to hunger and then feeding you with manna, which neither you nor your fathers had known, to teach you that man does not live on bread alone but on every word that comes from the mouth of the LORD. 4Your clothes did not wear out and your feet did not swell during these forty years. 5Know then in your heart that as a man disciplines his son, so the LORD your God disciplines you.

6Observe the commands of the LORD your God, walking in his ways and revering him. 7For the LORD your God is bringing you into a good land — a land with streams and pools of water, with springs flowing in the valleys and hills; 8a land with wheat and barley, vines and fig trees, pomegranates, olive oil and honey; 9a land where bread will not be scarce and you will lack nothing; a land where the rocks are iron and you can dig copper out of the hills. 10When you have eaten and are satisfied, praise the LORD your God for the good land he has given you.

Amonestación de no olvidar a Dios

11 Cuídate de no olvidarte de Jehová tu Dios, para cumplir sus mandamientos, sus decretos y sus estatutos que yo te ordeno hoy;

12 no suceda que comas y te sacies, y edifiques buenas casas en que habites,

13 y tus vacas y tus ovejas se aumenten, y la plata y el oro se te multipliquen, y todo lo que tuvieres se aumente;

14 y se enorgullezca tu corazón, y te olvides de Jehová tu Dios, que te sacó de tierra de Egipto, de casa de servidumbre;

15 que te hizo caminar por un desierto grande y espantoso, lleno de serpientes ardientes, y de escorpiones, y de sed, donde no había agua, y él te sacó agua de la roca del pedernal;

16 que te sustentó con maná en el desierto, comida que tus padres no habían conocido, afligiéndote y probándote, para a la postre hacerte bien;

17 y digas en tu corazón: Mi poder y la fuerza de mi mano me han traído esta riqueza.

18 Sino acuérdate de Jehová tu Dios, porque él te da el poder para hacer las riquezas, a fin de confirmar su pacto que juró a tus padres, como en este día.

19 Mas si llegares a olividarte de Jehová tu Dios y anduvieres en pos de dioses ajenos, y les sirvieres y a ellos te inclinares, yo lo afirmo hoy contra vosotros, que de cierto pereceréis.

20 Como las naciones que Jehová destruirá delante de vosotros, así pereceréis, por cuanto no habréis atendido a la voz de Jehová vuestro Dios.

Dios destruirá a las naciones de Canaán

9 1 Oye, Israel: tú vas hoy a pasar el Jordán, para entrar a desposeer a naciones más numerosas y más poderosas que tú, ciudades grandes y amuralladas hasta el cielo; 2 un pueblo grande y alto, hijos de los anaceos, de los cuales tienes tú conocimiento, y has oído decir: ¿Quién se sostendrá delante de los hijos de Anac?

3 Entiende, pues, hoy, que es Jehová tu Dios el que pasa delante de ti como fuego consumidor, que los destruirá y humillará delante de ti; y tú los echarás, y los destruirás en seguida, como Jehová te ha dicho.

4 No pienses en tu corazón cuando Jehová tu Dios los haya echado de delante de ti, diciendo: Por mi justicia me ha traído Jehová a poseer esta tierra; pues por la impiedad de estas naciones Jehová las arroja de delante de ti.

5 No por tu justicia, ni por la rectitud de tu corazón entras a poseer la tierra de ellos, sino por la impiedad de estas naciones Jehová tu Dios las arroja de delante de ti, y para confirmar la palabra que Jehová juró a tus padres Abraham, Isaac y Jacob.

La rebelión de Israel en Horeb

6 Por tanto, sabe que no es por tu justicia que Jehová tu Dios te da esta buena tierra para tomarla; porque pueblo duro de cerviz eres tú.

7 Acuérdate, no olvides que has provocado la ira de Jehová tu Dios en el desierto; desde el día que saliste de la tierra de Egipto, hasta que entrasteis en este lugar, habéis sido rebeldes a Jehová.

8 En Horeb provocasteis a ira a Jehová, y se enojó Jehová contra vosotros para destruiros.

9 Cuando yo subí al monte para recibir las tablas de piedra, las tablas del pacto que Jehová hizo con vosotros, estuve

Not Because of Israel's Righteousness

11 Be careful that you do not forget the LORD your God, failing to observe his commands, his laws and his decrees that I am giving you this day. 12 Otherwise, when you eat and are satisfied, when you build fine houses and settle down, 13 and when your herds and flocks grow large and your silver and gold increase and all you have is multiplied, 14 then your heart will become proud and you will forget the LORD your God, who brought you out of Egypt, out of the land of slavery. 15 He led you through the vast and dreadful desert, that thirsty and waterless land, with its venomous snakes and scorpions. He brought you water out of hard rock. 16 He gave you manna to eat in the desert, something your fathers had never known, to humble and to test you so that in the end it might go well with you. 17 You may say to yourself, "My power and the strength of my hands have produced this wealth for me." 18 But remember the LORD your God, for it is he who gives you the ability to produce wealth, and so confirms his covenant, which he swore to your forefathers, as it is today.

19 If you ever forget the LORD your God and follow other gods and worship and bow down to them, I testify against you today that you will surely be destroyed. 20 Like the nations the LORD destroyed before you, so you will be destroyed for not obeying the LORD your God.

9 Hear, O Israel. You are now about to cross the Jordan to go in and dispossess nations greater and stronger than you, with large cities that have walls up to the sky. 2 The people are strong and tall—Anakites! You know about them and have heard it said: "Who can stand up against the Anakites?" 3 But be assured today that the LORD your God is the one who goes across ahead of you like a devouring fire. He will destroy them; he will subdue them before you. And you will drive them out and annihilate them quickly, as the LORD has promised you.

4 After the LORD your God has driven them out before you, do not say to yourself, "The LORD has brought me here to take possession of this land because of my righteousness." No, it is on account of the wickedness of these nations that the LORD is going to drive them out before you. 5 It is not because of your righteousness or your integrity that you are going in to take possession of their land; but on account of the wickedness of these nations, the LORD your God will drive them out before you, to accomplish what he swore to your fathers, to Abraham, Isaac and Jacob. 6 Understand, then, that it is not because of your righteousness that the LORD your God is giving you this good land to possess, for you are a stiff-necked people.

The Golden Calf

7 Remember this and never forget how you provoked the LORD your God to anger in the desert. From the day you left Egypt until you arrived here, you have been rebellious against the LORD. 8 At Horeb you aroused the LORD's wrath so that he was angry enough to destroy you. 9 When I went up on the mountain to

entonces en el monte cuarenta días y cuarenta noches, sin comer pan ni beber agua;

10 y me dio Jehová las dos tablas de piedra escritas con el dedo de Dios; y en ellas estaba escrito según todas las palabras que os habló Jehová en el monte, de en medio del fuego, el día de la asamblea.

11 Sucedió al fin de los cuarenta días y cuarenta noches, que Jehová me dio las dos tablas de piedra, las tablas del pacto.

12 Y me dijo Jehová: Levántate, desciende pronto de aquí, porque tu pueblo que sacaste de Egipto se ha corrompido; pronto se han apartado del camino que yo les mandé; se han hecho una imagen de fundición.

13 Y me habló Jehová, diciendo: He observado a ese pueblo, y he aquí que es pueblo duro de cerviz.

14 Déjame que los destruya, y borre su nombre de debajo del cielo, y yo te pondré sobre una nación fuerte y mucho más numerosa que ellos.

15 Y volví y descendí del monte, el cual ardía en fuego, con las tablas del pacto en mis dos manos.

16 Y miré, y he aquí habíais pecado contra Jehová vuestro Dios; os habíais hecho un becerro de fundición, apartándoos pronto del camino que Jehová os había mandado.

17 Entonces tomé las dos tablas y las arrojé de mis dos manos, y las quebré delante de vuestros ojos.

18 Y me postré delante de Jehová como antes, cuarenta días y cuarenta noches; no comí pan ni bebí agua, a causa de todo vuestro pecado que habíais cometido haciendo el mal ante los ojos de Jehová para enojarlo.

19 Porque temí a causa del furor y de la ira con que Jehová estaba enojado contra vosotros para destruiros. Pero Jehová me escuchó aun esta vez.

20 Contra Aarón también se enojó Jehová en gran manera para destruirlo; y también oré por Aarón en aquel entonces.

21 Y tomé el objeto de vuestro pecado, el becerro que habíais hecho, y lo quemé en el fuego, y lo desmenucé moliéndolo muy bien, hasta que fue reducido a polvo; y eché el polvo de él en el arroyo que descendía del monte.

22 También en Tabera, en Masah y en Kibrot-hataava provocasteis a ira a Jehová.

23 Y cuando Jehová os envió desde Cades-barnea, diciendo: Subid y poseed la tierra que yo os he dado, también fuisteis rebeldes al mandato de Jehová vuestro Dios, y no le creísteis, ni obedecisteis a su voz.

24 Rebeldes habéis sido a Jehová desde el día que yo os conozco.

25 Me postré, pues, delante de Jehová; cuarenta días y cuarenta noches estuve postrado, porque Jehová dijo que os había de destruir.

26 Y oré a Jehová, diciendo: Oh Señor Jehová, no destruyas a tu pueblo y a tu heredad que has redimido con tu grandeza, que sacaste de Egipto con mano poderosa.

27 Acuérdate de tus siervos Abraham, Isaac y Jacob; no mires a la dureza de este pueblo, ni a su impiedad ni a su pecado,

28 no sea que digan los de la tierra de donde nos sacaste: Por cuanto no pudo Jehová introducirlos en la tierra que les había prometido, o porque los aborrecía, los sacó para matarlos en el desierto.

29 Y ellos son tu pueblo y tu heredad, que sacaste con tu gran poder y con tu brazo extendido.

receive the tablets of stone, the tablets of the covenant that the LORD had made with you, I stayed on the mountain forty days and forty nights; I ate no bread and drank no water. 10 The LORD gave me two stone tablets inscribed by the finger of God. On them were all the commandments the LORD proclaimed to you on the mountain out of the fire, on the day of the assembly.

11 At the end of the forty days and forty nights, the LORD gave me the two stone tablets, the tablets of the covenant. 12 Then the LORD told me, "Go down from here at once, because your people whom you brought out of Egypt have become corrupt. They have turned away quickly from what I commanded them and have made a cast idol for themselves."

13 And the LORD said to me, "I have seen this people, and they are a stiff-necked people indeed! 14 Let me alone, so that I may destroy them and blot out their name from under heaven. And I will make you into a nation stronger and more numerous than they."

15 So I turned and went down from the mountain while it was ablaze with fire. And the two tablets of the covenant were in my hands. q 16 When I looked, I saw that you had sinned against the LORD your God; you had made for yourselves an idol cast in the shape of a calf. You had turned aside quickly from the way that the LORD had commanded you. 17 So I took the two tablets and threw them out of my hands, breaking them to pieces before your eyes.

18 Then once again I fell prostrate before the LORD for forty days and forty nights; I ate no bread and drank no water, because of all the sin you had committed, doing what was evil in the LORD's sight and so provoking him to anger. 19 I feared the anger and wrath of the LORD, for he was angry enough with you to destroy you. But again the LORD listened to me. 20 And the LORD was angry enough with Aaron to destroy him, but at that time I prayed for Aaron too. 21 Also I took that sinful thing of yours, the calf you had made, and burned it in the fire. Then I crushed it and ground it to powder as fine as dust and threw the dust into a stream that flowed down the mountain.

22 You also made the LORD angry at Taberah, at Massah and at Kibroth Hattaavah.

23 And when the LORD sent you out from Kadesh Barnea, he said, "Go up and take possession of the land I have given you." But you rebelled against the command of the LORD your God. You did not trust him or obey him. 24 You have been rebellious against the LORD ever since I have known you.

25 I lay prostrate before the LORD those forty days and forty nights because the LORD had said he would destroy you. 26 I prayed to the LORD and said, "O Sovereign LORD, do not destroy your people, your own inheritance that you redeemed by your great power and brought out of Egypt with a mighty hand. 27 Remember your servants Abraham, Isaac and Jacob. Overlook the stubbornness of this people, their wickedness and their sin. 28 Otherwise, the country from which you brought us will say, 'Because the LORD was not able to take them into the land he had promised them, and because he hated them, he brought them out to put them to death in the desert.' 29 But they are your people, your inheritance that you brought out by your great power and your outstretched arm."

q 15 Or And I had the two tablets of the covenant with me, one in each hand

El pacto renovado

10 [1] En aquel tiempo Jehová me dijo: Lábrate dos tablas de piedra como las primeras, y sube a mí al monte, y hazte un arca de madera;

[2] y escribiré en aquellas tablas las palabras que estaban en las primeras tablas que quebraste; y las pondrás en el arca.

[3] E hice un arca de madera de acacia, y labré dos tablas de piedra como las primeras, y subí al monte con las dos tablas en mi mano.

[4] Y escribió en las tablas conforme a la primera escritura, los diez mandamientos que Jehová os había hablado en el monte de en medio del fuego, el día de la asamblea; y me las dio Jehová.

[5] Y volví y descendí del monte, y puse las tablas en el arca que había hecho; y allí están, como Jehová me mandó.

[6] (Después salieron los hijos de Israel de Beerot-bene-jaacán a a Mosera; allí murió Aarón, y allí fue sepultado, y en lugar suyo tuvo el sacerdocio su hijo Eleazar.

[7] De allí partieron a Gudgoda, y de Gudgoda a Jotbata, tierra de arroyos de aguas.

[8] En aquel tiempo apartó Jehová la tribu de Leví para que llevase el arca del pacto de Jehová, para que estuviese delante de Jehová para servirle, y para bendecir en su nombre, hasta hoy,

[9] por lo cual Leví no tuvo parte ni heredad con sus hermanos; Jehová es su heredad, como Jehová tu Dios le dijo.)

[10] Y yo estuve en el monte como los primeros días, cuarenta días y cuarenta noches; y Jehová también me escuchó esta vez, y no quiso Jehová destruirte.

[11] Y me dijo Jehová: Levántate, anda, para que marches delante del pueblo, para que entren y posean la tierra que juré a sus padres que les había de dar.

Lo que Dios exige

[12] Ahora, pues, Israel, ¿qué pide Jehová tu Dios de ti, sino que temas a Jehová tu Dios, que andes en todos sus caminos, y que lo ames, y sirvas a Jehová tu Dios con todo tu corazón y con toda tu alma;

[13] que guardes los mandamientos de Jehová y sus estatutos, que yo te prescribo hoy, para que tengas prosperidad?

[14] He aquí, de Jehová tu Dios son los cielos, y los cielos de los cielos, la tierra, y todas las cosas que hay en ella.

[15] Solamente de tus padres se agradó Jehová para amarlos, y escogió su descendencia después de ellos, a vosotros, de entre todos los pueblos, como en este día.

[16] Circuncidad, pues, el prepucio de vuestro corazón, y no endurezcáis más vuestra cerviz.

[17] Porque Jehová vuestro Dios es Dios de dioses, y Señor de señores, Dios grande, poderoso y temible, que no hace acepción de personas, ni toma cohecho;

[18] que hace justicia al huérfano y a la viuda; que ama también al extranjero dándole pan y vestido.

[19] Amaréis, pues, al extranjero; porque extranjeros fuisteis en la tierra de Egipto.

[20] A Jehová tu Dios temerás, a él solo servirás, a él seguirás, y por su nombre jurarás.

[21] El es el objeto de tu alabanza, y él es tu Dios, que ha hecho contigo estas cosas grandes y terribles que tus ojos han visto.

[22] Con setenta personas descendieron tus padres a Egipto, y ahora Jehová te ha hecho como las estrellas del cielo en multitud.

Tablets Like the First Ones

10 At that time the LORD said to me, "Chisel out two stone tablets like the first ones and come up to me on the mountain. Also make a wooden chest. r [2] I will write on the tablets the words that were on the first tablets, which you broke. Then you are to put them in the chest."

[3] So I made the ark out of acacia wood and chiseled out two stone tablets like the first ones, and I went up on the mountain with the two tablets in my hands. [4] The LORD wrote on these tablets what he had written before, the Ten Commandments he had proclaimed to you on the mountain, out of the fire, on the day of the assembly. And the LORD gave them to me. [5] Then I came back down the mountain and put the tablets in the ark I had made, as the LORD commanded me, and they are there now.

[6] (The Israelites traveled from the wells of the Jaakanites to Moserah. There Aaron died and was buried, and Eleazar his son succeeded him as priest. [7] From there they traveled to Gudgodah and on to Jotbathah, a land with streams of water. [8] At that time the LORD set apart the tribe of Levi to carry the ark of the covenant of the LORD, to stand before the LORD to minister and to pronounce blessings in his name, as they still do today. [9] That is why the Levites have no share or inheritance among their brothers; the LORD is their inheritance, as the LORD your God told them.)

[10] Now I had stayed on the mountain forty days and nights, as I did the first time, and the LORD listened to me at this time also. It was not his will to destroy you. [11] "Go," the LORD said to me, "and lead the people on their way, so that they may enter and possess the land that I swore to their fathers to give them."

Fear the LORD

[12] And now, O Israel, what does the LORD your God ask of you but to fear the LORD your God, to walk in all his ways, to love him, to serve the LORD your God with all your heart and with all your soul, [13] and to observe the LORD's commands and decrees that I am giving you today for your own good?

[14] To the LORD your God belong the heavens, even the highest heavens, the earth and everything in it. [15] Yet the LORD set his affection on your forefathers and loved them, and he chose you, their descendants, above all the nations, as it is today. [16] Circumcise your hearts, therefore, and do not be stiff-necked any longer. [17] For the LORD your God is God of gods and Lord of lords, the great God, mighty and awesome, who shows no partiality and accepts no bribes. [18] He defends the cause of the fatherless and the widow, and loves the alien, giving him food and clothing. [19] And you are to love those who are aliens, for you yourselves were aliens in Egypt. [20] Fear the LORD your God and serve him. Hold fast to him and take your oaths in his name. [21] He is your praise; he is your God, who performed for you those great and awesome wonders you saw with your own eyes. [22] Your forefathers who went down into Egypt were seventy in all, and now the LORD your God has made you as numerous as the stars in the sky.

---

a O, los pozos de los hijos de Jaacán.   r 1 That is, an ark

La grandeza de Jehová

11 ¹Amarás, pues, a Jehová tu Dios, y guardarás sus ordenanzas, sus estatutos, sus decretos y sus mandamientos, todos los días.

²Y comprended hoy, porque no hablo con vuestros hijos que no han sabido ni visto el castigo de Jehová vuestro Dios, su grandeza, su mano poderosa, y su brazo extendido,

³y sus señales, y sus obras que hizo en medio de Egipto a Faraón rey de Egipto, y a toda su tierra;

⁴y lo que hizo al ejército de Egipto, a sus caballos y a sus carros; cómo precipitó las aguas del Mar Rojo sobre ellos, cuando venían tras vosotros, y Jehová los destruyó hasta hoy;

⁵y lo que ha hecho con vosotros en el desierto, hasta que habéis llegado a este lugar;

⁶y lo que hizo con Datán y Abiram, hijos de Eliab hijo de Rubén; cómo abrió su boca la tierra, y los tragó con sus familias, sus tiendas, y todo su ganado, en medio de todo Israel.

⁷Mas vuestros ojos han visto todas las grandes obras que Jehová ha hecho.

Bendiciones de la Tierra Prometida

⁸Guardad, pues, todos los mandamientos que yo os prescribo hoy, para que seáis fortalecidos, y entréis y poseáis la tierra a la cual pasáis para tomarla;

⁹y para que os sean prolongados los días sobre la tierra, de la cual juró Jehová a vuestros padres, que había de darla a ellos y a su descendencia, tierra que fluye leche y miel.

¹⁰La tierra a la cual entras para tomarla no es como la tierra de Egipto de donde habéis salido, donde sembrabas tu semilla, y regabas con tu pie, como huerto de hortaliza.

¹¹La tierra a la cual pasáis para tomarla es tierra de montes y de vegas, que bebe las aguas de la lluvia del cielo;

¹²tierra de la cual Jehová tu Dios cuida; siempre están sobre ella los ojos de Jehová tu Dios, desde el principio del año hasta el fin.

¹³Si obedeciereis cuidadosamente a mis mandamientos que yo os prescribo hoy, amando a Jehová vuestro Dios, y sirviéndole con todo vuestro corazón, y con toda vuestra alma,

¹⁴yo daré la lluvia de vuestra tierra a su tiempo, la temprana y la tardía; y recogerás tu grano, tu vino y tu aceite.

¹⁵Daré también hierba en tu campo para tus ganados; y comerás, y te saciarás.

¹⁶Guardaos, pues, que vuestro corazón no se infatúe, y os apartéis y sirváis a dioses ajenos, y os inclinéis a ellos;

¹⁷y se encienda el furor de Jehová sobre vosotros, y cierre los cielos, y no haya lluvia, ni la tierra dé su fruto, y perezcáis pronto de la buena tierra que os da Jehová.

¹⁸Por tanto, pondréis estas mis palabras en vuestro corazón y en vuestra alma, y las ataréis como señal en vuestra mano, y serán por frontales entre vuestros ojos.

¹⁹Y las enseñaréis a vuestros hijos, hablando de ellas cuando te sientes en tu casa, cuando andes por el camino, cuando te acuestes, y cuando te levantes,

²⁰y las escribirás en los postes de tu casa, y en tus puertas;

²¹para que sean vuestros días, y los días de vuestros hijos, tan numerosos sobre la tierra que Jehová juró a vuestros padres que les había de dar, como los días de los cielos sobre la tierra.

²²Porque si guardareis cuidadosamente todos estos mandamientos que yo os prescribo para que los cumpláis, y si amareis a Jehová vuestro Dios, andando en todos sus caminos, y siguiéndole a él,

Love and Obey the Lᴏʀᴅ

11 Love the Lᴏʀᴅ your God and keep his requirements, his decrees, his laws and his commands always. ²Remember today that your children were not the ones who saw and experienced the discipline of the Lᴏʀᴅ your God: his majesty, his mighty hand, his outstretched arm; ³the signs he performed and the things he did in the heart of Egypt, both to Pharaoh king of Egypt and to his whole country; ⁴what he did to the Egyptian army, to its horses and chariots, how he overwhelmed them with the waters of the Red Seaˢ as they were pursuing you, and how the Lᴏʀᴅ brought lasting ruin on them. ⁵It was not your children who saw what he did for you in the desert until you arrived at this place, ⁶and what he did to Dathan and Abiram, sons of Eliab the Reubenite, when the earth opened its mouth right in the middle of all Israel and swallowed them up with their households, their tents and every living thing that belonged to them. ⁷But it was your own eyes that saw all these great things the Lᴏʀᴅ has done.

⁸Observe therefore all the commands I am giving you today, so that you may have the strength to go in and take over the land that you are crossing the Jordan to possess, ⁹and so that you may live long in the land that the Lᴏʀᴅ swore to your forefathers to give to them and their descendants, a land flowing with milk and honey. ¹⁰The land you are entering to take over is not like the land of Egypt, from which you have come, where you planted your seed and irrigated it by foot as in a vegetable garden. ¹¹But the land you are crossing the Jordan to take possession of is a land of mountains and valleys that drinks rain from heaven. ¹²It is a land the Lᴏʀᴅ your God cares for; the eyes of the Lᴏʀᴅ your God are continually on it from the beginning of the year to its end.

¹³So if you faithfully obey the commands I am giving you today—to love the Lᴏʀᴅ your God and to serve him with all your heart and with all your soul— ¹⁴then I will send rain on your land in its season, both autumn and spring rains, so that you may gather in your grain, new wine and oil. ¹⁵I will provide grass in the fields for your cattle, and you will eat and be satisfied.

¹⁶Be careful, or you will be enticed to turn away and worship other gods and bow down to them. ¹⁷Then the Lᴏʀᴅ's anger will burn against you, and he will shut the heavens so that it will not rain and the ground will yield no produce, and you will soon perish from the good land the Lᴏʀᴅ is giving you. ¹⁸Fix these words of mine in your hearts and minds; tie them as symbols on your hands and bind them on your foreheads. ¹⁹Teach them to your children, talking about them when you sit at home and when you walk along the road, when you lie down and when you get up. ²⁰Write them on the doorframes of your houses and on your gates, ²¹so that your days and the days of your children may be many in the land that the Lᴏʀᴅ swore to give your forefathers, as many as the days that the heavens are above the earth.

²²If you carefully observe all these commands I am giving you to follow—to love the Lᴏʀᴅ your God, to walk in all his ways and to hold fast to him— ²³then

23 Jehová también echará de delante de vosotros a todas estas naciones, y desposeeréis naciones grandes y más poderosas que vosotros.
24 Todo lugar que pisare la planta de vuestro pie será vuestro; desde el desierto hasta el Líbano, desde el río Eufrates hasta el mar occidental será vuestro territorio.
25 Nadie se sostendrá delante de vosotros; miedo y temor de vosotros pondrá Jehová vuestro Dios sobre toda la tierra que pisareis, como él os ha dicho.
26 He aquí yo pongo hoy delante de vosotros la bendición y la maldición:
27 la bendición, si oyereis los mandamientos de Jehová vuestro Dios, que yo os prescribo hoy,
28 y la maldición, si no oyereis los mandamientos de Jehová vuestro Dios, y os apartareis del camino que yo os ordeno hoy, para ir en pos de dioses ajenos que no habéis conocido.
29 Y cuando Jehová tu Dios te haya introducido en la tierra a la cual vas para tomarla, pondrás la bendición sobre el monte Gerizim, y la maldición sobre el monte Ebal,
30 los cuales están al otro lado del Jordán, tras el camino del occidente en la tierra del cananeo, que habita en el Arabá frente a Gilgal, junto al encinar de More.
31 Porque vosotros pasáis el Jordán para ir a poseer la tierra que os da Jehová vuestro Dios; y la tomaréis, y habitaréis en ella.
32 Cuidaréis, pues, de cumplir todos los estatutos y decretos que yo presento hoy delante de vosotros.

El santuario único

12 1 Estos son los estatutos y decretos que cuidaréis de poner por obra en la tierra que Jehová el Dios de tus padres te ha dado para que tomes posesión de ella, todos los días que vosotros viviereis sobre la tierra.
2 Destruiréis enteramente todos los lugares donde las naciones que vosotros heredaréis sirvieron a sus dioses, sobre los montes altos, y sobre los collados, y debajo de todo árbol frondoso.
3 Derribaréis sus altares, y quebraréis sus estatuas, y sus imágenes de Asera consumiréis con fuego; y destruiréis las esculturas de sus dioses, y raeréis su nombre de aquel lugar.
4 No haréis así a Jehová vuestro Dios,
5 sino que el lugar que Jehová vuestro Dios escogiere de entre todas vuestras tribus, para poner allí su nombre para su habitación, ése buscaréis, y allá iréis.
6 Y allí llevaréis vuestros holocaustos, vuestros sacrificios, vuestros diezmos, y la ofrenda elevada de vuestras manos, vuestros votos, vuestras ofrendas voluntarias, y las primicias de vuestras vacas y de vuestras ovejas;
7 y comeréis allí delante de Jehová vuestro Dios, y os alegaréis, vosotros y vuestras familias, en toda obra de vuestras manos en la cual Jehová tu Dios te hubiere bendecido.
8 No haréis como todo lo que hacemos nosotros aquí ahora, cada uno lo que bien le parece,
9 porque hasta ahora no habéis entrado al reposo y a la heredad que os da Jehová vuestro Dios.
10 Mas pasaréis el Jordán, y habitaréis en la tierra que Jehová vuestro Dios os hace heredar; y él os dará reposo de todos vuestros enemigos alrededor, y habitaréis seguros.
11 Y al lugar que Jehová vuestro Dios escogiere para poner en él su nombre, allí llevaréis todas las cosas que yo os mando: vuestros holocaustos, vuestros sacrificios, vuestros diezmos, las ofrendas elevadas de vuestras manos, y todo lo escogido de los votos que hubiereis prometido a Jehová.

the Lord will drive out all these nations before you, and you will dispossess nations larger and stronger than you. 24 Every place where you set your foot will be yours: Your territory will extend from the desert to Lebanon, and from the Euphrates River to the western sea. *t* 25 No man will be able to stand against you. The Lord your God, as he promised you, will put the terror and fear of you on the whole land, wherever you go.
26 See, I am setting before you today a blessing and a curse — 27 the blessing if you obey the commands of the Lord your God that I am giving you today; 28 the curse if you disobey the commands of the Lord your God and turn from the way that I command you today by following other gods, which you have not known. 29 When the Lord your God has brought you into the land you are entering to possess, you are to proclaim on Mount Gerizim the blessings, and on Mount Ebal the curses. 30 As you know, these mountains are across the Jordan, west of the road, *u* toward the setting sun, near the great trees of Moreh, in the territory of those Canaanites living in the Arabah in the vicinity of Gilgal. 31 You are about to cross the Jordan to enter and take possession of the land the Lord your God is giving you. When you have taken it over and are living there, 32 be sure that you obey all the decrees and laws I am setting before you today.

The One Place of Worship

12 These are the decrees and laws you must be careful to follow in the land that the Lord, the God of your fathers, has given you to possess — as long as you live in the land. 2 Destroy completely all the places on the high mountains and on the hills and under every spreading tree where the nations you are dispossessing worship their gods. 3 Break down their altars, smash their sacred stones and burn their Asherah poles in the fire; cut down the idols of their gods and wipe out their names from those places.
4 You must not worship the Lord your God in their way. 5 But you are to seek the place the Lord your God will choose from among all your tribes to put his Name there for his dwelling. To that place you must go; 6 there bring your burnt offerings and sacrifices, your tithes and special gifts, what you have vowed to give and your freewill offerings, and the firstborn of your herds and flocks. 7 There, in the presence of the Lord your God, you and your families shall eat and shall rejoice in everything you have put your hand to, because the Lord your God has blessed you.
8 You are not to do as we do here today, everyone as he sees fit, 9 since you have not yet reached the resting place and the inheritance the Lord your God is giving you. 10 But you will cross the Jordan and settle in the land the Lord your God is giving you as an inheritance, and he will give you rest from all your enemies around you so that you will live in safety. 11 Then to the place the Lord your God will choose as a dwelling for his Name — there you are to bring everything I command you: your burnt offerings and sacrifices, your tithes and special gifts, and all the choice

---

t24 That is, the Mediterranean   *u30* Or *Jordan, westward*

12 Y os alegraréis delante de Jehová vuestro Dios, vosotros, vuestros hijos, vuestras hijas, vuestros siervos y vuestras siervas, y el levita que habite en vuestras poblaciones; por cuanto no tiene parte ni heredad con vosotros.

13 Cuídate de no ofrecer tus holocaustos en cualquier lugar que vieres;

14 sino que en el lugar que Jehová escogiere, en una de tus tribus, allí ofrecerás tus holocaustos, y allí harás todo lo que yo te mando.

15 Con todo, podrás matar y comer carne en todas tus poblaciones conforme a tu deseo, según la bendición que Jehová tu Dios te haya dado; el inmundo y el limpio la podrá comer, como la de gacela o de ciervo.

16 Solamente que sangre no comeréis; sobre la tierra la derramaréis como agua.

17 Ni comerás en tus poblaciones el diezmo de tu grano, de tu vino o de tu aceite, ni las primicias de tus vacas, ni de tus ovejas, ni los votos que prometieres, ni las ofrendas voluntarias, ni las ofrendas elevadas de tus manos;

18 sino delante de Jehová tu Dios las comerás, en el lugar que Jehová tu Dios hubiere escogido, tú, tu hijo, tu hija, tu siervo, tu sierva, y el levita que habita en tus poblaciones; te alegrarás delante de Jehová tu Dios de toda la obra de tus manos.

19 Ten cuidado de no desamparar al levita en todos tus días sobre la tierra.

20 Cuando Jehová tu Dios ensanchare tu territorio, como él te ha dicho, y tú dijeres: Comeré carne, porque deseaste comerla, conforme a lo que deseaste podrás comer.

21 Si estuviere lejos de ti el lugar que Jehová tu Dios escogiere para poner allí su nombre, podrás matar de tus vacas y de tus ovejas que Jehová te hubiere dado, como te he mandado yo, y comerás en tus puertas según todo lo que desaeres.

22 Lo mismo que se come la gacela y el ciervo, así las podrás comer; el inmundo y el limpio podrán comer también de ellas.

23 Solamente que te mantengas firme en no comer sangre; porque la sangre es la vida, y no comerás la vida juntamente con su carne.

24 No la comerás; en tierra la derramarás como agua.

25 No comerás de ella, para que te vaya bien a ti y a tus hijos después de ti, cuando hicieres lo recto ante los ojos de Jehová.

26 Pero las cosas que hubieres consagrado, y tus votos, las tomarás, y vendrás con ellas al lugar que Jehová hubiere escogido;

27 y ofrecerás tus holocaustos, la carne y la sangre, sobre el altar de Jehová tu Dios; y la sangre de tus sacrificios será derramada sobre el altar de Jehová tu Dios, y podrás comer la carne.

28 Guarda y escucha todas estas palabras que yo te mando, para que haciendo lo bueno y lo recto ante los ojos de Jehová tu Dios, te vaya bien a ti y a tus hijos después de ti para siempre.

Advertencias contra la idolatría

29 Cuando Jehová tu Dios haya destruido delante de ti las naciones adonde tú vas para poseerlas, y las heredes, y habites en su tierra,

30 guárdate que no tropieces yendo en pos de ellas, después que sean destruidas delante de ti; no preguntes acerca de sus dioses, diciendo: De la manera que servían aquellas naciones a sus dioses, yo también les serviré.

possessions you have vowed to the Lord. 12And there rejoice before the Lord your God, you, your sons and daughters, your menservants and maidservants, and the Levites from your towns, who have no allotment or inheritance of their own. 13Be careful not to sacrifice your burnt offerings anywhere you please. 14Offer them only at the place the Lord will choose in one of your tribes, and there observe everything I command you.

15Nevertheless, you may slaughter your animals in any of your towns and eat as much of the meat as you want, as if it were gazelle or deer, according to the blessing the Lord your God gives you. Both the ceremonially unclean and the clean may eat it. 16But you must not eat the blood; pour it out on the ground like water. 17You must not eat in your own towns the tithe of your grain and new wine and oil, or the firstborn of your herds and flocks, or whatever you have vowed to give, or your freewill offerings or special gifts. 18Instead, you are to eat them in the presence of the Lord your God at the place the Lord your God will choose — you, your sons and daughters, your menservants and maidservants, and the Levites from your towns — and you are to rejoice before the Lord your God in everything you put your hand to. 19Be careful not to neglect the Levites as long as you live in your land.

20When the Lord your God has enlarged your territory as he promised you, and you crave meat and say, "I would like some meat," then you may eat as much of it as you want. 21If the place where the Lord your God chooses to put his Name is too far away from you, you may slaughter animals from the herds and flocks the Lord has given you, as I have commanded you, and in your own towns you may eat as much of them as you want. 22Eat them as you would gazelle or deer. Both the ceremonially unclean and the clean may eat. 23But be sure you do not eat the blood, because the blood is the life, and you must not eat the life with the meat. 24You must not eat the blood; pour it out on the ground like water. 25Do not eat it, so that it may go well with you and your children after you, because you will be doing what is right in the eyes of the Lord.

26But take your consecrated things and whatever you have vowed to give, and go to the place the Lord will choose. 27Present your burnt offerings on the altar of the Lord your God, both the meat and the blood. The blood of your sacrifices must be poured beside the altar of the Lord your God, but you may eat the meat. 28Be careful to obey all these regulations I am giving you, so that it may always go well with you and your children after you, because you will be doing what is good and right in the eyes of the Lord your God.

29The Lord your God will cut off before you the nations you are about to invade and dispossess. But when you have driven them out and settled in their land, 30and after they have been destroyed before you, be careful not to be ensnared by inquiring about their gods, saying, "How do these nations serve their gods? We will do the same." 31You must not worship the

31 No harás así a Jehová tu Dios; porque toda cosa abominable que Jehová aborrece, hicieron ellos a sus dioses; pues aun a sus hijos y a sus hijas quemaban en el fuego a sus dioses.

32 Cuidarás de hacer todo lo que yo te mando; no añadirás a ello, ni de ello quitarás.

13 1 Cuando se levantare en medio de ti profeta, o soñador de sueños, y te anunciare señal o prodigios,

2 y si se cumpliere la señal o prodigio que él te anunció, diciendo: Vamos en pos de dioses ajenos, que no conociste, y sirvámosles;

3 no darás oído a las palabras de tal profeta, ni al tal soñador de sueños; porque Jehová vuestro Dios os está probando, para saber si amáis a Jehová vuestro Dios con todo vuestro corazón, y con toda vuestra alma.

4 En pos de Jehová vuestro Dios andaréis; a él temeréis, guardaréis sus mandamientos y escucharéis su voz, a él serviréis, y a él seguiréis.

5 Tal profeta o soñador de sueños ha de ser muerto, por cuanto aconsejó rebelión contra Jehová vuestro Dios que te sacó de tierra de Egipto y te rescató de casa de servidumbre, y trató de apartarte del camino por el cual Jehová tu Dios te mandó que anduvieses; y así quitarás el mal de en medio de ti.

6 Si te incitare tu hermano, hijo de tu madre, o tu hijo, tu hija, tu mujer o tu amigo íntimo, diciendo en secreto: Vamos y sirvamos a dioses ajenos, que ni tú ni tus padres conocisteis,

7 de los dioses de los pueblos que están en vuestros alrededores, cerca de ti o lejos de ti, desde un extremo de la tierra hasta el otro extremo de ella;

8 no consentirás con él, ni le prestarás oído; ni tu ojo le compadecerá, ni le tendrás misericordia, ni lo encubrirás,

9 sino que lo matarás; tu mano se alzará primero sobre él para matarle, y después la mano de todo el pueblo.

10 Le apedrearás hasta que muera, por cuanto procuró apartarte de Jehová tu Dios, que te sacó de tierra de Egipto, de casa de servidumbre;

11 para que todo Israel oiga, y tema, y no vuelva a hacer en medio de ti cosa semejante a esta.

12 Si oyeres que se dice de alguna de tus ciudades que Jehová tu Dios te da para vivir en ellas,

13 que han salido de en medio de ti hombres impíos que han instigado a los moradores de su ciudad, diciendo: Vamos y sirvamos a dioses ajenos, que vosotros no conocisteis;

14 tú inquirirás, y buscarás y preguntarás con diligencia; y si pareciere verdad, cosa cierta, que tal abominación se hizo en medio de ti,

15 irremisiblemente herirás a filo de espada a los moradores de aquella ciudad, destruyéndola con todo lo que en ella hubiere, y también matarás sus ganados a filo de espada.

16 Y juntarás todo su botín en medio de la plaza, y consumirás con fuego la ciudad y todo su botín, todo ello, como holocausto a Jehová tu Dios, y llegará a ser un montón de ruinas para siempre; nunca más será edificada.

17 Y no se pegará a tu mano nada del anatema, para que Jehová se aparte del ardor de su ira, y tenga de ti misericordia, y tenga compasión de ti, y te multiplique, como lo juró a tus padres,

18 cuando obedecieres a la voz de Jehová tu Dios, guardando todos sus mandamientos que yo te mando hoy, para hacer lo recto ante los ojos de Jehová tu Dios.

LORD your God in their way, because in worshiping their gods, they do all kinds of detestable things the LORD hates. They even burn their sons and daughters in the fire as sacrifices to their gods.

32 See that you do all I command you; do not add to it or take away from it.

Worshiping Other Gods

13 If a prophet, or one who foretells by dreams, appears among you and announces to you a miraculous sign or wonder, 2 and if the sign or wonder of which he has spoken takes place, and he says, "Let us follow other gods" (gods you have not known) "and let us worship them," 3 you must not listen to the words of that prophet or dreamer. The LORD your God is testing you to find out whether you love him with all your heart and with all your soul. 4 It is the LORD your God you must follow, and him you must revere. Keep his commands and obey him; serve him and hold fast to him. 5 That prophet or dreamer must be put to death, because he preached rebellion against the LORD your God, who brought you out of Egypt and redeemed you from the land of slavery; he has tried to turn you from the way the LORD your God commanded you to follow. You must purge the evil from among you.

6 If your very own brother, or your son or daughter, or the wife you love, or your closest friend secretly entices you, saying, "Let us go and worship other gods" (gods that neither you nor your fathers have known, 7 gods of the peoples around you, whether near or far, from one end of the land to the other), 8 do not yield to him or listen to him. Show him no pity. Do not spare him or shield him. 9 You must certainly put him to death. Your hand must be the first in putting him to death, and then the hands of all the people. 10 Stone him to death, because he tried to turn you away from the LORD your God, who brought you out of Egypt, out of the land of slavery. 11 Then all Israel will hear and be afraid, and no one among you will do such an evil thing again.

12 If you hear it said about one of the towns the LORD your God is giving you to live in 13 that wicked men have arisen among you and have led the people of their town astray, saying, "Let us go and worship other gods" (gods you have not known), 14 then you must inquire, probe and investigate it thoroughly. And if it is true and it has been proved that this detestable thing has been done among you, 15 you must certainly put to the sword all who live in that town. Destroy it completely,ᵛ both its people and its livestock. 16 Gather all the plunder of the town into the middle of the public square and completely burn the town and all its plunder as a whole burnt offering to the LORD your God. It is to remain a ruin forever, never to be rebuilt. 17 None of those condemned thingsᵛ shall be found in your hands, so that the LORD will turn from his fierce anger; he will show you mercy, have compassion on you, and increase your numbers, as he promised on oath to your forefathers, 18 because you obey the LORD your God, keeping all his commands that I am giving you today and doing what is right in his eyes.

ᵛ 15,17 The Hebrew term refers to the irrevocable giving over of things or persons to the LORD, often by totally destroying them.

14 ¹Hijos sois de Jehová vuestro Dios; no os sajaréis, ni os raparéis a causa de muerto.

²Porque eres pueblo santo a Jehová tu Dios, y Jehová te ha escogido para que le seas un pueblo único de entre todos los pueblos que están sobre la tierra.

Animales limpios e inmundos

³Nada abominable comerás.

⁴Estos son los animales que podréis comer: el buey, la oveja, la cabra,

⁵el ciervo, la gacela, el corzo, la cabra montés, el íbice, el antílope y el carnero montés.

⁶Y todo animal de pezuñas, que tiene hendidura de dos uñas, y que rumiare entre los animales, ese podréis comer.

⁷Pero estos no comeréis, entre los que rumian o entre los que tienen pezuña hendida: camello, liebre y conejo; porque rumian, mas no tienen pezuña hendida, serán inmundos;

⁸ni cerdo, porque tiene pezuña hendida, mas no rumia; os será inmundo. De la carne de éstos no comeréis, ni tocaréis sus cuerpos muertos.

⁹De todo lo que está en el agua, de éstos podréis comer: todo lo que tiene aleta y escama,

¹⁰Mas todo lo que no tiene aleta y escama, no comeréis; inmundo será.

¹¹Toda ave limpia podréis comer.

¹²Y estas son de las que no podréis comer: el águila, el quebrantahuesos, y el azor,

¹³el gallinazo, el milano según su especie,

¹⁴todo cuervo según su especie,

¹⁵el avestruz, la lechuza, la gaviota y el gavilán según sus especies,

¹⁶el buho, el ibis, el calamón,

¹⁷el pelícano, el buitre, el somormujo,

¹⁸la cigüeña, la garza según su especie, la abubilla y el murciélago.

¹⁹Todo insecto alado será inmundo; no se comerá.

²⁰Toda ave limpia podréis comer.

²¹Ninguna cosa mortecina comeréis; al extranjero que está en tus poblaciones la darás, y él podrá comerla; o véndela a un extranjero, porque tú eres pueblo santo a Jehová tu Dios. No cocerás el cabrito en la leche de su madre.

La ley del diezmo

²²Indefectiblemente diezmarás todo el producto del grano que rindiere tu campo cada año.

²³Y comerás delante de Jehová tu Dios en el lugar que él escogiere para poner allí su nombre, el diezmo de tu grano, de tu vino y de tu aceite, y las primicias de tus manadas y de tus ganados, para que aprendas a temer a Jehová tu Dios todos los días.

²⁴Y si el camino fuere tan largo que no puedas llevarlo, por estar lejos de ti el lugar que Jehová tu Dios hubiere escogido para poner en él su nombre, cuando Jehová tu Dios te bendijere,

²⁵entonces lo venderás y guardarás el dinero en tu mano, y vendrás al lugar que Jehová tu Dios escogiere;

²⁶darás el dinero por todo lo que deseas, por vacas, por ovejas, por vino, por sidra, o por cualquier cosa que tú deseares; y comerás allí delante de Jehová tu Dios, y te alegrarás tú y tu familia.

²⁷Y no desampararás al levita que habitare en tus poblaciones; porque no tiene parte ni heredad contigo.

²⁸Al fin de cada tres años sacarás todo el diezmo de tus productos de aquel año, y lo guardarás en tus ciudades.

Clean and Unclean Food

14 You are the children of the Lord your God. Do not cut yourselves or shave the front of your heads for the dead, ²for you are a people holy to the Lord your God. Out of all the peoples on the face of the earth, the Lord has chosen you to be his treasured possession.

³Do not eat any detestable thing. ⁴These are the animals you may eat: the ox, the sheep, the goat, ⁵the deer, the gazelle, the roe deer, the wild goat, the ibex, the antelope and the mountain sheep. ʷ ⁶You may eat any animal that has a split hoof divided in two and that chews the cud. ⁷However, of those that chew the cud or that have a split hoof completely divided you may not eat the camel, the rabbit or the coney. ˣ Although they chew the cud, they do not have a split hoof; they are ceremonially unclean for you. ⁸The pig is also unclean; although it has a split hoof, it does not chew the cud. You are not to eat their meat or touch their carcasses.

⁹Of all the creatures living in the water, you may eat any that has fins and scales. ¹⁰But anything that does not have fins and scales you may not eat; for you it is unclean.

¹¹You may eat any clean bird. ¹²But these you may not eat: the eagle, the vulture, the black vulture, ¹³the red kite, the black kite, any kind of falcon, ¹⁴any kind of raven, ¹⁵the horned owl, the screech owl, the gull, any kind of hawk, ¹⁶the little owl, the great owl, the white owl, ¹⁷the desert owl, the osprey, the cormorant, ¹⁸the stork, any kind of heron, the hoopoe and the bat.

¹⁹All flying insects that swarm are unclean to you; do not eat them. ²⁰But any winged creature that is clean you may eat.

²¹Do not eat anything you find already dead. You may give it to an alien living in any of your towns, and he may eat it, or you may sell it to a foreigner. But you are a people holy to the Lord your God.

Do not cook a young goat in its mother's milk.

Tithes

²²Be sure to set aside a tenth of all that your fields produce each year. ²³Eat the tithe of your grain, new wine and oil, and the firstborn of your herds and flocks in the presence of the Lord your God at the place he will choose as a dwelling for his Name, so that you may learn to revere the Lord your God always. ²⁴But if that place is too distant and you have been blessed by the Lord your God and cannot carry your tithe (because the place where the Lord will choose to put his Name is so far away), ²⁵then exchange your tithe for silver, and take the silver with you and go to the place the Lord your God will choose. ²⁶Use the silver to buy whatever you like: cattle, sheep, wine or other fermented drink, or anything you wish. Then you and your household shall eat there in the presence of the Lord your God and rejoice. ²⁷And do not neglect the Levites living in your towns, for they have no allotment or inheritance of their own.

²⁸At the end of every three years, bring all the tithes of that year's produce and store it in your towns, ²⁹so

---

ʷ5 The precise identification of some of the birds and animals in this chapter is uncertain.   ˣ7 That is, the hyrax or rock badger

29 Y vendrá el levita, que no tiene parte ni heredad contigo, y el extranjero, el huérfano y la viuda que hubiere en tus poblaciones, y comerán y serán saciados; para que Jehová tu Dios te bendiga en toda obra que tus manos hicieren.

El año de remisión

15 1 Cada siete años harás remisión. 2 Y esta es la manera de la remisión: perdonará a su deudor todo aquel que hizo empréstito de su mano, con el cual obligó a su prójimo; no lo demandará más a su prójimo, o a su hermano, porque es pregonada la remisión de Jehová.

3 Del extranjero demandarás el reintegro; pero lo que tu hermano tuviere tuyo, lo perdonará tu mano,

4 para que así no haya en medio de ti mendigo; porque Jehová te bendecirá con abundancia en la tierra que Jehová tu Dios te da por heredad para que la tomes en posesión,

5 si escuchares fielmente la voz de Jehová tu Dios, para guardar y cumplir todos estos mandamientos que yo te ordeno hoy.

6 Ya que Jehová tu Dios te habrá bendecido, como te ha dicho, prestarás entonces a muchas naciones, mas tú no tomarás prestado; tendrás dominio sobre muchas naciones, pero sobre ti no tendrán dominio.

Préstamos a los pobres

7 Cuando haya en medio de ti menesteroso de alguno de tus hermanos en alguna de tus ciudades, en la tierra que Jehová tu Dios te da, no endurecerás tu corazón, ni cerrarás tu mano contra tu hermano pobre,

8 sino abrirás a él tu mano liberalmente, y en efecto le prestarás lo que necesite.

9 Guárdate de tener en tu corazón pensamiento perverso, diciendo: Cerca está el año séptimo, el de la remisión, y mires con malos ojos a tu hermano menesteroso para no darle; porque él podrá clamar contra ti a Jehová, y se te contará por pecado.

10 Sin falta le darás, y no serás de mezquino corazón cuando le des; porque por ello te bendecirá Jehová tu Dios en todos tus hechos, y en todo lo que emprendas.

11 Porque no faltarán menesterosos en medio de la tierra; por eso yo te mando, diciendo: Abrirás tu mano a tu hermano, al pobre y al menesteroso en tu tierra.

Leyes sobre los esclavos

12 Si se vendiere a ti tu hermano hebreo o hebrea, y te hubiere servido seis años, al séptimo le despedirás libre.

13 Y cuando lo despidieres libre, no le enviarás con las manos vacías.

14 Le abastecerás liberalmente de tus ovejas, de tu era y de tu lagar; le darás de aquello en que Jehová te hubiere bendecido.

15 Y te acordarás de que fuiste siervo en la tierra de Egipto, y que Jehová tu Dios te rescató; por tanto yo te mando esto hoy.

16 Si él te dijere: No te dejaré; porque te ama a ti y a tu casa, y porque le va bien contigo;

17 entonces tomarás una lesna, y horadarás su oreja contra la puerta, y será tu siervo para siempre; así también harás a tu criada.

18 No te parezca duro cuando le enviares libre, pues por la mitad del costo de un jornalero te sirvió seis años; y Jehová tu Dios te bendecirá en todo cuanto hicieres.

that the Levites (who have no allotment or inheritance of their own) and the aliens, the fatherless and the widows who live in your towns may come and eat and be satisfied, and so that the LORD your God may bless you in all the work of your hands.

The Year for Canceling Debts

15 At the end of every seven years you must cancel debts. 2 This is how it is to be done: Every creditor shall cancel the loan he has made to his fellow Israelite. He shall not require payment from his fellow Israelite or brother, because the LORD's time for canceling debts has been proclaimed. 3 You may require payment from a foreigner, but you must cancel any debt your brother owes you. 4 However, there should be no poor among you, for in the land the LORD your God is giving you to possess as your inheritance, he will richly bless you, 5 if only you fully obey the LORD your God and are careful to follow all these commands I am giving you today. 6 For the LORD your God will bless you as he has promised, and you will lend to many nations but will borrow from none. You will rule over many nations but none will rule over you.

7 If there is a poor man among your brothers in any of the towns of the land that the LORD your God is giving you, do not be hardhearted or tightfisted toward your poor brother. 8 Rather be openhanded and freely lend him whatever he needs. 9 Be careful not to harbor this wicked thought: "The seventh year, the year for canceling debts, is near," so that you do not show ill will toward your needy brother and give him nothing. He may then appeal to the LORD against you, and you will be found guilty of sin. 10 Give generously to him and do so without a grudging heart; then because of this the LORD your God will bless you in all your work and in everything you put your hand to. 11 There will always be poor people in the land. Therefore I command you to be openhanded toward your brothers and toward the poor and needy in your land.

Freeing Servants

12 If a fellow Hebrew, a man or a woman, sells himself to you and serves you six years, in the seventh year you must let him go free. 13 And when you release him, do not send him away empty-handed. 14 Supply him liberally from your flock, your threshing floor and your winepress. Give to him as the LORD your God has blessed you. 15 Remember that you were slaves in Egypt and the LORD your God redeemed you. That is why I give you this command today.

16 But if your servant says to you, "I do not want to leave you," because he loves you and your family and is well off with you, 17 then take an awl and push it through his ear lobe into the door, and he will become your servant for life. Do the same for your maidservant. 18 Do not consider it a hardship to set your servant free, because his service to you these six years has been worth twice as much as that of a hired hand. And the LORD your God will bless you in everything you do.

Consagración de los primogénitos machos

19 Consagrarás a Jehová tu Dios todo primogénito macho de tus vacas y de tus ovejas; no te servirás del primogénito de tus vacas, ni trasquilarás el primogénito de tus ovejas.

20 Delante de Jehová tu Dios los comerás cada año, tú y tu familia, en el lugar que Jehová escogiere.

21 Y si hubiere en él defecto, si fuere ciego, o cojo, o hubiere en él cualquier falta, no lo sacrificarás a Jehová tu Dios.

22 En tus poblaciones lo comerás; el inmundo lo mismo que el limpio comerán de él, como de una gacela o de un ciervo.

23 Solamente que no comas su sangre; sobre la tierra la derramarás como agua.

Fiestas anuales

16 1 Guardarás el mes de Abib, y harás pascua a Jehová tu Dios; porque en el mes de Abib te sacó Jehová tu Dios de Egipto, de noche.

2 Y sacrificarás la pascua a Jehová tu Dios, de las ovejas y de las vacas, en el lugar que Jehová escogiere para que habite allí su nombre.

3 No comerás con ella pan con levadura; siete días comerás con ella pan sin levadura, pan de aflicción, porque aprisa saliste de tierra de Egipto; para que todos los días de tu vida te acuerdes del día en que saliste de la tierra de Egipto.

4 Y no se verá levadura contigo en todo tu territorio por siete días; y de la carne que matares en la tarde del primer día, no quedará hasta la mañana.

5 No podrás sacrificar la pascua en cualquiera de las ciudades que Jehová tu Dios te da;

6 sino en el lugar que Jehová tu Dios escogiere para que habite allí su nombre, sacrificarás la pascua por la tarde a la puesta del sol, a la hora que saliste de Egipto.

7 Y la asarás y comerás en el lugar que Jehová tu Dios hubiere escogido; y por la mañana regresarás y volverás a tu habitación.

8 Seis días comerás pan sin levadura, y el séptimo día será fiesta solemne a Jehová tu Dios; no trabajarás en él.

9 Siete semanas contarás; desde que comenzare a meterse la hoz en las mieses comenzarás a contar las siete semanas.

10 Y harás la fiesta solemne de las semanas a Jehová tu Dios; de la abundancia voluntaria de tu mano será lo que dieres, según Jehová tu Dios te hubiere bendecido.

11 Y te alegrarás delante de Jehová tu Dios, tú, tu hijo, tu hija, tu siervo, tu sierva, el levita que habitare en tus ciudades, y el extranjero, el huérfano y la viuda que estuvieren en medio de ti, en el lugar que Jehová tu Dios hubiere escogido para poner allí su nombre.

12 Y acuérdate de que fuiste siervo en Egipto; por tanto, guardarás y cumplirás estos estatutos.

13 La fiesta solemne de los tabernáculos harás por siete días, cuando hayas hecho la cosecha de tu era y de tu lagar.

14 Y te alegrarás en tus fiestas solemnes, tú, tu hijo, tu hija, tu siervo, tu sierva, y el levita, el extranjero, el huérfano y la viuda que viven en tus poblaciones.

15 Siete días celebrarás fiesta solemne a Jehová tu Dios en el lugar que Jehová escogiere; porque te habrá bendecido Jehová tu Dios en todos tus frutos, y en toda la obra de tus manos, y estarás verdaderamente alegre.

The Firstborn Animals

19 Set apart for the LORD your God every firstborn male of your herds and flocks. Do not put the firstborn of your oxen to work, and do not shear the firstborn of your sheep. 20 Each year you and your family are to eat them in the presence of the LORD your God at the place he will choose. 21 If an animal has a defect, is lame or blind, or has any serious flaw, you must not sacrifice it to the LORD your God. 22 You are to eat it in your own towns. Both the ceremonially unclean and the clean may eat it, as if it were gazelle or deer. 23 But you must not eat the blood; pour it out on the ground like water.

Passover

16 Observe the month of Abib and celebrate the Passover of the LORD your God, because in the month of Abib he brought you out of Egypt by night. 2 Sacrifice as the Passover to the LORD your God an animal from your flock or herd at the place the LORD will choose as a dwelling for his Name. 3 Do not eat it with bread made with yeast, but for seven days eat unleavened bread, the bread of affliction, because you left Egypt in haste — so that all the days of your life you may remember the time of your departure from Egypt. 4 Let no yeast be found in your possession in all your land for seven days. Do not let any of the meat you sacrifice on the evening of the first day remain until morning.

5 You must not sacrifice the Passover in any town the LORD your God gives you 6 except in the place he will choose as a dwelling for his Name. There you must sacrifice the Passover in the evening, when the sun goes down, on the anniversary y of your departure from Egypt. 7 Roast it and eat it at the place the LORD your God will choose. Then in the morning return to your tents. 8 For six days eat unleavened bread and on the seventh day hold an assembly to the LORD your God and do no work.

Feast of Weeks

9 Count off seven weeks from the time you begin to put the sickle to the standing grain. 10 Then celebrate the Feast of Weeks to the LORD your God by giving a freewill offering in proportion to the blessings the LORD your God has given you. 11 And rejoice before the LORD your God at the place he will choose as a dwelling for his Name — you, your sons and daughters, your menservants and maidservants, the Levites in your towns, and the aliens, the fatherless and the widows living among you. 12 Remember that you were slaves in Egypt, and follow carefully these decrees.

Feast of Tabernacles

13 Celebrate the Feast of Tabernacles for seven days after you have gathered the produce of your threshing floor and your winepress. 14 Be joyful at your Feast — you, your sons and daughters, your menservants and maidservants, and the Levites, the aliens, the fatherless and the widows who live in your towns. 15 For seven days celebrate the Feast to the LORD your God at the place the LORD will choose. For the LORD your God will bless you in all your harvest and in all the work of your hands, and your joy will be complete.

y 6 Or *down, at the time of day*

16 Tres veces cada año aparecerá todo varón tuyo delante de Jehová tu Dios en el lugar que él escogiere: en la fiesta solemne de los panes sin levadura, y en la fiesta solemne de las semanas, y en la fiesta solemne de los tabernáculos. Y ninguno se presentará delante de Jehová con las manos vacías;

17 cada uno con la ofrenda de su mano, conforme a la bendición que Jehová tu Dios te hubiere dado.

Administración de la justicia

18 Jueces y oficiales pondrás en todas tus ciudades que Jehová tu Dios te dará en tus tribus, los cuales juzgarán al pueblo con justo juicio.

19 No tuerzas el derecho; no hagas acepción de personas, ni tomes soborno; porque el soborno ciega los ojos de los sabios, y pervierte las palabras de los justos.

20 La justicia, la justicia seguirás, para que vivas y heredes la tierra que Jehová tu Dios te da.

21 No plantarás ningún árbol para Asera cerca del altar de Jehová tu Dios, que tú te habrás hecho,

22 ni te levantarás estatua, lo cual aborrece Jehová tu Dios.

17 1 No ofrecerás en sacrificio a Jehová tu Dios, buey o cordero en el cual haya falta o alguna cosa mala, pues es abominación a Jehová tu Dios.

2 Cuando se hallare en medio de ti, en alguna de tus ciudades que Jehová tu Dios te da, hombre o mujer que haya hecho mal ante los ojos de Jehová tu Dios traspasando su pacto,

3 que hubiere ido y servido a dioses ajenos, y se hubiere inclinado a ellos, ya sea al sol, o a la luna, o a todo el ejército del cielo, lo cual yo he prohibido;

4 y te fuere dado aviso, y después que oyeres y hubieres indagado bien, la cosa pareciere de verdad cierta, que tal abominación ha sido hecha en Israel;

5 entonces sacarás a tus puertas al hombre o a la mujer que hubiere hecho esta mala cosa, sea hombre o mujer, y los apedrearás, y así morirán.

6 Por dicho de dos o de tres testigos morirá el que hubiere de morir; no morirá por el dicho de un solo testigo.

7 La mano de los testigos caerá primero sobre él para matarlo, y después la mano de todo el pueblo; así quitarás el mal de en medio de ti.

8 Cuando alguna cosa te fuere difícil en el juicio, entre una clase de homicidio y otra, entre una clase de derecho legal y otra, y entre una clase de herida y otra, en negocios de litigio en tus ciudades; entonces te levantarás y recurrirás al lugar que Jehová tu Dios escogiere;

9 y vendrás a los sacerdotes levitas, y al juez que hubiere en aquellos días, y preguntarás; y ellos te enseñarán la sentencia del juicio.

10 Y harás según la sentencia que te indiquen los del lugar que Jehová escogiere, y cuidarás de hacer según todo lo que te manifiesten.

11 Según la ley que te enseñen, y según el juicio que te digan, harás; no te apartarás ni a diestra ni a siniestra de la sentencia que te declaren.

12 Y el hombre que procediere con soberbia, no obedeciendo al sacerdote que está para ministrar allí delante de Jehová tu Dios, o al juez, el tal morirá; y quitarás el mal de en medio de Israel.

13 Y todo el pueblo oirá, y temerá, y no se ensoberbecerá.

16 Three times a year all your men must appear before the Lord your God at the place he will choose: at the Feast of Unleavened Bread, the Feast of Weeks and the Feast of Tabernacles. No man should appear before the Lord empty-handed: 17 Each of you must bring a gift in proportion to the way the Lord your God has blessed you.

Judges

18 Appoint judges and officials for each of your tribes in every town the Lord your God is giving you, and they shall judge the people fairly. 19 Do not pervert justice or show partiality. Do not accept a bribe, for a bribe blinds the eyes of the wise and twists the words of the righteous. 20 Follow justice and justice alone, so that you may live and possess the land the Lord your God is giving you.

Worshiping Other Gods

21 Do not set up any wooden Asherah pole *z* beside the altar you build to the Lord your God, 22 and do not erect a sacred stone, for these the Lord your God hates.

17 Do not sacrifice to the Lord your God an ox or a sheep that has any defect or flaw in it, for that would be detestable to him.

2 If a man or woman living among you in one of the towns the Lord gives you is found doing evil in the eyes of the Lord your God in violation of his covenant, 3 and contrary to my command has worshiped other gods, bowing down to them or to the sun or the moon or the stars of the sky, 4 and this has been brought to your attention, then you must investigate it thoroughly. If it is true and it has been proved that this detestable thing has been done in Israel, 5 take the man or woman who has done this evil deed to your city gate and stone that person to death. 6 On the testimony of two or three witnesses a man shall be put to death, but no one shall be put to death on the testimony of only one witness. 7 The hands of the witnesses must be the first in putting him to death, and then the hands of all the people. You must purge the evil from among you.

Law Courts

8 If cases come before your courts that are too difficult for you to judge—whether bloodshed, lawsuits or assaults—take them to the place the Lord your God will choose. 9 Go to the priests, who are Levites, and to the judge who is in office at that time. Inquire of them and they will give you the verdict. 10 You must act according to the decisions they give you at the place the Lord will choose. Be careful to do everything they direct you to do. 11 Act according to the law they teach you and the decisions they give you. Do not turn aside from what they tell you, to the right or to the left. 12 The man who shows contempt for the judge or for the priest who stands ministering there to the Lord your God must be put to death. You must purge the evil from Israel. 13 All the people will hear and be afraid, and will not be contemptuous again.

---

z 21 Or *Do not plant any tree dedicated to Asherah*

Instrucciones acerca de un rey

14 Cuando hayas entrado en la tierra que Jehová tu Dios te da, y tomes posesión de ella y la habites, y digas: Pondré un rey sobre mí, como todas las naciones que están en mis alrededores;
15 ciertamente pondrás por rey sobre ti al que Jehová tu Dios escogiere; de entre tus hermanos pondrás rey sobre ti; no podrás poner sobre ti a hombre extranjero, que no sea tu hermano.
16 Pero él no aumentará para sí caballos, ni hará volver al pueblo a Egipto con el fin de aumentar caballos; porque Jehová os ha dicho: No volváis nunca por este camino.
17 Ni tomará para sí muchas mujeres, para que su corazón no se desvíe; ni plata ni oro amontonará para sí en abundancia.
18 Y cuando se siente sobre el trono de su reino, entonces escribirá para sí en un libro una copia de esta ley, del original que está al cuidado de los sacerdotes levitas;
19 y lo tendrá consigo, y leerá en él todos los días de su vida, para que aprenda a temer a Jehová su Dios, para guardar todas las palabras de esta ley y estos estatutos, para ponerlos por obra;
20 para que no se eleve su corazón sobre sus hermanos, ni se aparte del mandamiento a diestra ni a siniestra; a fin de que prolongue sus días en su reino, él y sus hijos, en medio de Israel.

Las porciones de los levitas

18 1 Los sacerdotes levitas, es decir, toda la tribu de Leví, no tendrán parte ni heredad en Israel; de las ofrendas quemadas a Jehová y de la heredad de él comerán.
2 No tendrán, pues, heredad entre sus hermanos; Jehová es su heredad, como él les ha dicho.
3 Y este será el derecho de los sacerdotes de parte del pueblo, de los que ofrecieren en sacrificio buey o cordero: darán al sacerdote la espaldilla, las quijadas y el cuajar.
4 Las primicias de tu grano, de tu vino y de tu aceite, y las primicias de la lana de tus ovejas le darás;
5 porque le ha escogido Jehová tu Dios de entre todas tus tribus, para que esté para administrar en el nombre de Jehová, él y sus hijos para siempre.
6 Y cuando saliere un levita de alguna de tus ciudades de entre todo Israel, donde hubiere vivido, y viniere con todo el deseo de su alma al lugar que Jehová escogiere,
7 ministrará en el nombre de Jehová su Dios como todos sus hermanos los levitas que estuvieren allí delante de Jehová.
8 Igual ración a la de los otros comerá, además de sus patrimonios.

Amonestación contra costumbres paganas

9 Cuando entres a la tierra que Jehová tu Dios te da, no aprenderás a hacer según las abominaciones de aquellas naciones.
10 No sea hallado en ti quien haga pasar a su hijo o a su hija por el fuego, ni quien practique adivinación, ni agorero, ni sortílego, ni hechicero,
11 ni encantador, ni adivino, ni mago, ni quien consulte a los muertos.
12 Porque es abominación para con Jehová cualquiera que hace estas cosas, y por estas abominaciones Jehová tu Dios echa estas naciones de delante de ti.
13 Perfecto serás delante de Jehová tu Dios.

The King

14 When you enter the land the LORD your God is giving you and have taken possession of it and settled in it, and you say, "Let us set a king over us like all the nations around us," 15 be sure to appoint over you the king the LORD your God chooses. He must be from among your own brothers. Do not place a foreigner over you, one who is not a brother Israelite. 16 The king, moreover, must not acquire great numbers of horses for himself or make the people return to Egypt to get more of them, for the LORD has told you, "You are not to go back that way again." 17 He must not take many wives, or his heart will be led astray. He must not accumulate large amounts of silver and gold.
18 When he takes the throne of his kingdom, he is to write for himself on a scroll a copy of this law, taken from that of the priests, who are Levites. 19 It is to be with him, and he is to read it all the days of his life so that he may learn to revere the LORD his God and follow carefully all the words of this law and these decrees 20 and not consider himself better than his brothers and turn from the law to the right or to the left. Then he and his descendants will reign a long time over his kingdom in Israel.

Offerings for Priests and Levites

18 The priests, who are Levites—indeed the whole tribe of Levi—are to have no allotment or inheritance with Israel. They shall live on the offerings made to the LORD by fire, for that is their inheritance. 2 They shall have no inheritance among their brothers; the LORD is their inheritance, as he promised them.
3 This is the share due the priests from the people who sacrifice a bull or a sheep: the shoulder, the jowls and the inner parts. 4 You are to give them the firstfruits of your grain, new wine and oil, and the first wool from the shearing of your sheep, 5 for the LORD your God has chosen them and their descendants out of all your tribes to stand and minister in the LORD's name always.
6 If a Levite moves from one of your towns anywhere in Israel where he is living, and comes in all earnestness to the place the LORD will choose, 7 he may minister in the name of the LORD his God like all his fellow Levites who serve there in the presence of the LORD. 8 He is to share equally in their benefits, even though he has received money from the sale of family possessions.

Detestable Practices

9 When you enter the land the LORD your God is giving you, do not learn to imitate the detestable ways of the nations there. 10 Let no one be found among you who sacrifices his son or daughter in *a* the fire, who practices divination or sorcery, interprets omens, engages in witchcraft, 11 or casts spells, or who is a medium or spiritist or who consults the dead. 12 Anyone who does these things is detestable to the LORD, and because of these detestable practices the LORD your God will drive out those nations before you. 13 You must be blameless before the LORD your God.

a 10 Or who makes his son or daughter pass through

14 Porque estas naciones que vas a heredar, a agoreros y a adivinos oyen; mas a ti no te ha permitido esto Jehová tu Dios.

Dios promete un profeta como Moisés

15 Profeta de en medio de ti, de tus hermanos, como yo, te levantará Jehová tu Dios; a él oiréis;

16 conforme a todo lo que pediste a Jehová tu Dios en Horeb el día de la asamblea, diciendo: No vuelva yo a oir la voz de Jehová mi Dios, ni vea yo más este gran fuego, para que no muera.

17 Y Jehová me dijo: Han hablado bien en lo que han dicho.

18 Profeta les levantaré de en medio de sus hermanos, como tú; y pondré mis palabras en su boca, y él les hablará todo lo que yo le mandare.

19 Mas a cualquiera que no oyere mis palabras que él hablare en mi nombre, yo le pediré cuenta.

20 El profeta que tuviere la presunción de hablar palabra en mi nombre, a quien yo no le haya mandado hablar, o que hablare en nombre de dioses ajenos, el tal profeta morirá.

21 Y si dijeres en tu corazón: ¿Cómo conoceremos la palabra que Jehová no ha hablado?;

22 si el profeta hablare en nombre de Jehová, y no se cumpliere lo que dijo, ni aconteciere, es palabra que Jehová no ha hablado; con presunción la habló el tal profeta; no tengas temor de él.

Las ciudades de refugio

19 1 Cuando Jehová tu Dios destruya a las naciones cuya tierra Jehová tu Dios te da a ti, y tú las heredes, y habites en sus ciudades, y en sus casas;

2 te apartarás tres ciudades en medio de la tierra que Jehová tu Dios te da para que la poseas.

3 Arreglarás los caminos, y dividirás en tres partes la tierra que Jehová tu Dios te dará en heredad, y será para que todo homicida huya allí.

4 Y este es el caso del homicida que huirá allí, y vivirá: aquel que hiriere a su prójimo sin intención y sin haber tenido enemistad con él anteriormente;

5 como el que fuere con su prójimo al monte a cortar leña, y al dar su mano el golpe con el hacha para cortar algún leño, saltare el hierro del cabo, y diere contra su prójimo y éste muriere; aquél huirá a una de estas ciudades, y vivirá;

6 no sea que el vengador de la sangre, enfurecido, persiga al homicida, y le alcance por ser largo el camino, y le hiera de muerte, no debiendo ser condenado a muerte por cuanto no tenía enemistad con su prójimo anteriormente.

7 Por tanto yo te mando, diciendo: Separarás tres ciudades.

8 Y si Jehová tu Dios ensanchare tu territorio, como lo juró a tus padres, y te diere toda la tierra que prometió dar a tus padres,

9 siempre y cuando guardares todos estos mandamientos que yo te prescribo hoy, para ponerlos por obra; que ames a Jehová tu Dios y andes en sus caminos todos los días; entonces añadirás tres ciudades más a estas tres,

10 para que no sea derramada sangre inocente en medio de la tierra que Jehová tu Dios te da por heredad, y no seas culpado de derramamiento de sangre.

11 Pero si hubiere alguno que aborreciere a su prójimo y lo acechare, y se levantare contra él y lo hiriere de muerte, y muriere; si huyere a alguna de estas ciudades,

12 entonces los ancianos de su ciudad enviarán y lo sacarán de allí, y lo entregarán en mano del vengador de la sangre para que muera.

13 No le compadecerás; y quitarás de Israel la sangre inocente, y te irá bien.

The Prophet

14 The nations you will dispossess listen to those who practice sorcery or divination. But as for you, the LORD your God has not permitted you to do so. 15 The LORD your God will raise up for you a prophet like me from among your own brothers. You must listen to him. 16 For this is what you asked of the LORD your God at Horeb on the day of the assembly when you said, "Let us not hear the voice of the LORD our God nor see this great fire anymore, or we will die."

17 The LORD said to me: "What they say is good. 18 I will raise up for them a prophet like you from among their brothers; I will put my words in his mouth, and he will tell them everything I command him. 19 If anyone does not listen to my words that the prophet speaks in my name, I myself will call him to account. 20 But a prophet who presumes to speak in my name anything I have not commanded him to say, or a prophet who speaks in the name of other gods, must be put to death."

21 You may say to yourselves, "How can we know when a message has not been spoken by the LORD?" 22 If what a prophet proclaims in the name of the LORD does not take place or come true, that is a message the LORD has not spoken. That prophet has spoken presumptuously. Do not be afraid of him.

Cities of Refuge

19 When the LORD your God has destroyed the nations whose land he is giving you, and when you have driven them out and settled in their towns and houses, 2 then set aside for yourselves three cities centrally located in the land the LORD your God is giving you to possess. 3 Build roads to them and divide into three parts the land the LORD your God is giving you as an inheritance, so that anyone who kills a man may flee there.

4 This is the rule concerning the man who kills another and flees there to save his life — one who kills his neighbor unintentionally, without malice aforethought. 5 For instance, a man may go into the forest with his neighbor to cut wood, and as he swings his ax to fell a tree, the head may fly off and hit his neighbor and kill him. That man may flee to one of these cities and save his life. 6 Otherwise, the avenger of blood might pursue him in a rage, overtake him if the distance is too great, and kill him even though he is not deserving of death, since he did it to his neighbor without malice aforethought. 7 This is why I command you to set aside for yourselves three cities.

8 If the LORD your God enlarges your territory, as he promised on oath to your forefathers, and gives you the whole land he promised them, 9 because you carefully follow all these laws I command you today — to love the LORD your God and to walk always in his ways — then you are to set aside three more cities. 10 Do this so that innocent blood will not be shed in your land, which the LORD your God is giving you as your inheritance, and so that you will not be guilty of bloodshed.

11 But if a man hates his neighbor and lies in wait for him, assaults and kills him, and then flees to one of these cities, 12 the elders of his town shall send for him, bring him back from the city, and hand him over to the avenger of blood to die. 13 Show him no pity. You must purge from Israel the guilt of shedding innocent blood, so that it may go well with you.

14 En la heredad que poseas en la tierra que Jehová tu Dios te da, no reducirás los límites de la propiedad de tu prójimo, que fijaron los antiguos.

Leyes sobre el testimonio

15 No se tomará en cuenta a un solo testigo contra ninguno en cualquier delito ni en cualquier pecado, en relación con cualquiera ofensa cometida. Sólo por el testimonio de dos o tres testigos se mantendrá la acusación. 16 Cuando se levantare testigo falso contra alguno, para testificar contra él, 17 entonces los dos litigantes se presentarán delante de Jehová, y delante de los sacerdotes y de los jueces que hubiere en aquellos días. 18 Y los jueces inquirirán bien; y si aquel testigo resultare falso, y hubiere acusado falsamente a su hermano, 19 entonces haréis a él como él pensó hacer a su hermano; y quitarás el mal de en medio de ti. 20 Y los que quedaren oirán y temerán, y no volverán a hacer más una maldad semejante en medio de ti. 21 Y no le compadecerás; vida por vida, ojo por ojo, diente por diente, mano por mano, pie por pie.

Leyes sobre la guerra

20 1 Cuando salgas a la guerra contra tus enemigos, si vieres caballos y carros, y un pueblo más grande que tú, no tengas temor de ellos, porque Jehová tu Dios está contigo, el cual te sacó de tierra de Egipto. 2 Y cuando os acerquéis para combatir, se pondrá en pie el sacerdote y hablará al pueblo, 3 y les dirá: Oye, Israel, vosotros os juntáis hoy en batalla contra vuestros enemigos; no desmaye vuestro corazón, no temáis, ni os azoréis, ni tampoco os desalentéis delante de ellos; 4 porque Jehová vuestro Dios va con vosotros, para pelear por vosotros contra vuestros enemigos, para salvaros. 5 Y los oficiales hablarán al pueblo, diciendo: ¿Quién ha edificado casa nueva, y no la ha estrenado? Vaya, y vuélvase a su casa, no sea que muera en la batalla, y algún otro la estrene. 6 ¿Y quién ha plantado viña, y no ha disfrutado de ella? Vaya, y vuélvase a su casa, no sea que muera en la batalla, y algún otro la disfrute. 7 ¿Y quién se ha desposado con mujer, y no la ha tomado? Vaya, y vuélvase a su casa, no sea que muera en la batalla, y algún otro la tome. 8 Y volverán los oficiales a hablar al pueblo, y dirán: ¿Quién es hombre medroso y pusilánime? Vaya, y vuélvase a su casa, y no apoque el corazón de sus hermanos, como el corazón suyo. 9 Y cuando los oficiales acaben de hablar al pueblo, entonces los capitanes del ejército tomarán el mando a la cabeza del pueblo. 10 Cuando te acerques a una ciudad para combatirla, le intimarás la paz. 11 Y si respondiere: Paz, y te abriere, todo el pueblo que en ella fuere hallado te será tributario, y te servirá. 12 Mas si no hiciere paz contigo, y emprendiere guerra contigo, entonces la sitiarás. 13 Luego que Jehová tu Dios la entregue en tu mano, herirás a todo varón suyo a filo de espada. 14 Solamente las mujeres y los niños, y los animales, y todo lo que haya en la ciudad, todo su botín tomarás para ti; y comerás del botín de tus enemigos, los cuales Jehová tu Dios te entregó. 15 Así harás a todas las ciudades que estén muy lejos de ti, que no sean de las ciudades de estas naciones.

14 Do not move your neighbor's boundary stone set up by your predecessors in the inheritance you receive in the land the LORD your God is giving you to possess.

Witnesses

15 One witness is not enough to convict a man accused of any crime or offense he may have committed. A matter must be established by the testimony of two or three witnesses. 16 If a malicious witness takes the stand to accuse a man of a crime, 17 the two men involved in the dispute must stand in the presence of the LORD before the priests and the judges who are in office at the time. 18 The judges must make a thorough investigation, and if the witness proves to be a liar, giving false testimony against his brother, 19 then do to him as he intended to do to his brother. You must purge the evil from among you. 20 The rest of the people will hear of this and be afraid, and never again will such an evil thing be done among you. 21 Show no pity: life for life, eye for eye, tooth for tooth, hand for hand, foot for foot.

Going to War

20 When you go to war against your enemies and see horses and chariots and an army greater than yours, do not be afraid of them, because the LORD your God, who brought you up out of Egypt, will be with you. 2 When you are about to go into battle, the priest shall come forward and address the army. 3 He shall say: "Hear, O Israel, today you are going into battle against your enemies. Do not be fainthearted or afraid; do not be terrified or give way to panic before them. 4 For the LORD your God is the one who goes with you to fight for you against your enemies to give you victory."

5 The officers shall say to the army: "Has anyone built a new house and not dedicated it? Let him go home, or he may die in battle and someone else may dedicate it. 6 Has anyone planted a vineyard and not begun to enjoy it? Let him go home, or he may die in battle and someone else enjoy it. 7 Has anyone become pledged to a woman and not married her? Let him go home, or he may die in battle and someone else marry her." 8 Then the officers shall add, "Is any man afraid or fainthearted? Let him go home so that his brothers will not become disheartened too." 9 When the officers have finished speaking to the army, they shall appoint commanders over it.

10 When you march up to attack a city, make its people an offer of peace. 11 If they accept and open their gates, all the people in it shall be subject to forced labor and shall work for you. 12 If they refuse to make peace and they engage you in battle, lay siege to that city. 13 When the LORD your God delivers it into your hand, put to the sword all the men in it. 14 As for the women, the children, the livestock and everything else in the city, you may take these as plunder for yourselves. And you may use the plunder the LORD your God gives you from your enemies. 15 This is how you are to treat all the cities that are at a distance from you and do not belong to the nations nearby.

16 Pero de las ciudades de estos pueblos que Jehová tu Dios te da por heredad, ninguna persona dejarás con vida, 17 sino que los destruirás completamente: al heteo, al amorreo, al cananeo, al ferezeo, al heveo y al jebuseo, como Jehová tu Dios te ha mandado;

18 para que no os enseñen a hacer según todas sus abominaciones que ellos han hecho para sus dioses, y pequéis contra Jehová vuestro Dios.

19 Cuando sities a alguna ciudad, peleando contra ella muchos días para tomarla, no destruirás sus árboles metiendo hacha en ellos, porque de ellos podrás comer; y no los talarás, porque el árbol del campo no es hombre para venir contra ti en el sitio.

20 Mas el árbol que sepas que no lleva fruto, podrás destruirlo y talarlo, para construir baluarte contra la ciudad que te hace la guerra, hasta sojuzgarla.

Expiación de un asesinato cuyo autor se desconoce

21 1 Si en la tierra que Jehová tu Dios te da para que la poseas, fuere hallado alguien muerto, tendido en el campo, y no se supiere quién lo mató,

2 entonces tus ancianos y tus jueces saldrán y medirán la distancia hasta las ciudades que están alrededor del muerto.

3 Y los ancianos de la ciudad más cercana al lugar donde fuere hallado el muerto, tomarán de las vacas una becerra que no haya trabajado, que no haya llevado yugo;

4 y los ancianos de aquella ciudad traerán la becerra a un valle escabroso, que nunca haya sido arado ni sembrado, y quebrarán la cerviz de la becerra allí en el valle.

5 Entonces vendrán los sacerdotes hijos de Leví, porque a ellos escogió Jehová tu Dios para que le sirvan, y para bendecir en el nombre de Jehová; y por la palabra de ellos se decidirá toda disputa y toda ofensa.

6 Y todos los ancianos de la ciudad más cercana al lugar donde fuere hallado el muerto lavarán sus manos sobre la becerra cuya cerviz fue quebrada en el valle;

7 y protestarán y dirán: Nuestras manos no han derramado esta sangre, ni nuestros ojos lo han visto.

8 Perdona a tu pueblo Israel, al cual redimiste, oh Jehová; y no culpes de sangre inocente a tu pueblo Israel. Y la sangre les será perdonada.

9 Y tú quitarás la culpa de la sangre inocente de en medio de ti, cuando hicieres lo que es recto ante los ojos de Jehová.

Diversas leyes

10 Cuando salieres a la guerra contra tus enemigos, y Jehová tu Dios los entregare en tu mano, y tomares de ellos cautivos,

11 y vieres entre los cautivos a alguna mujer hermosa, y la codiciares, y la tomares para ti por mujer,

12 la meterás en tu casa; y ella rapará su cabeza, y cortará sus uñas,

13 y se quitará el vestido de su cautiverio, y se quedará en tu casa; y llorará a su padre y a su madre un mes entero; y después podrás llegarte a ella, y tú serás su marido, y ella será tu mujer.

14 Y si no te agradare, la dejarás en libertad; no la venderás por dinero, ni la tratarás como esclava, por cuanto la humillaste.

15 Si un hombre tuviere dos mujeres, la una amada y la otra aborrecida, y la amada y la aborrecida le hubieren dado hijos, y el hijo primogénito fuere de la aborrecida;

16 en el día que hiciere heredar a sus hijos lo que tuviere,

16 However, in the cities of the nations the LORD your God is giving you as an inheritance, do not leave alive anything that breathes. 17 Completely destroy [b] them — the Hittites, Amorites, Canaanites, Perizzites, Hivites and Jebusites — as the LORD your God has commanded you. 18 Otherwise, they will teach you to follow all the detestable things they do in worshiping their gods, and you will sin against the LORD your God.

19 When you lay siege to a city for a long time, fighting against it to capture it, do not destroy its trees by putting an ax to them, because you can eat their fruit. Do not cut them down. Are the trees of the field people, that you should besiege them? [c] 20 However, you may cut down trees that you know are not fruit trees and use them to build siege works until the city at war with you falls.

Atonement for an Unsolved Murder

21 If a man is found slain, lying in a field in the land the LORD your God is giving you to possess, and it is not known who killed him, 2 your elders and judges shall go out and measure the distance from the body to the neighboring towns. 3 Then the elders of the town nearest the body shall take a heifer that has never been worked and has never worn a yoke 4 and lead her down to a valley that has not been plowed or planted and where there is a flowing stream. There in the valley they are to break the heifer's neck. 5 The priests, the sons of Levi, shall step forward, for the LORD your God has chosen them to minister and to pronounce blessings in the name of the LORD and to decide all cases of dispute and assault. 6 Then all the elders of the town nearest the body shall wash their hands over the heifer whose neck was broken in the valley, 7 and they shall declare: "Our hands did not shed this blood, nor did our eyes see it done. 8 Accept this atonement for your people Israel, whom you have redeemed, O LORD, and do not hold your people guilty of the blood of an innocent man." And the bloodshed will be atoned for. 9 So you will purge from yourselves the guilt of shedding innocent blood, since you have done what is right in the eyes of the LORD.

Marrying a Captive Woman

10 When you go to war against your enemies and the LORD your God delivers them into your hands and you take captives, 11 if you notice among the captives a beautiful woman and are attracted to her, you may take her as your wife. 12 Bring her into your home and have her shave her head, trim her nails 13 and put aside the clothes she was wearing when captured. After she has lived in your house and mourned her father and mother for a full month, then you may go to her and be her husband and she shall be your wife. 14 If you are not pleased with her, let her go wherever she wishes. You must not sell her or treat her as a slave, since you have dishonored her.

The Right of the Firstborn

15 If a man has two wives, and he loves one but not the other, and both bear him sons but the firstborn is the son of the wife he does not love, 16 when he wills

---

[b] 17 The Hebrew term refers to the irrevocable giving over of things or persons to the LORD, often by totally destroying them.
[c] 19 Or *down to use in the siege, for the fruit trees are for the benefit of man.*

no podrá dar el derecho de primogenitura al hijo de la amada con preferencia al hijo de la aborrecida, que es el primogénito;

17 mas al hijo de la aborrecida reconocerá como primogénito, para darle el doble de lo que correspondiere a cada uno de los demás; porque él es el principio de su vigor, y suyo es el derecho de la primogenitura.

18 Si alguno tuviere un hijo contumaz y rebelde, que no obedeciere a la voz de su padre ni a la voz de su madre, y habiéndole castigado, no les obedeciere;

19 entonces lo tomarán su padre y su madre, y lo sacarán ante los ancianos de su ciudad, y a la puerta del lugar donde viva;

20 y dirán a los ancianos de la ciudad: Este nuestro hijo es contumaz y rebelde, no obedece a nuestra voz; es glotón y borracho.

21 Entonces todos los hombres de su ciudad lo apedrearán, y morirá; así quitarás el mal de en medio de ti, y todo Israel oirá, y temerá.

22 Si alguno hubiere cometido algún crimen digno de muerte, y lo hiciereis morir, y lo colgareis en un madero,

23 no dejarás que su cuerpo pase la noche sobre el madero; sin falta lo enterrarás el mismo día, porque maldito por Dios es el colgado; y no contaminarás tu tierra que Jehová tu Dios te da por heredad.

22 ¹ Si vieres extraviado el buey de tu hermano, o su cordero, no le negarás tu ayuda; lo volverás a tu hermano.

2 Y si tu hermano no fuere tu vecino, o no lo conocieres, lo recogerás en tu casa, y estará contigo hasta que tu hermano lo busque, y se lo devolverás.

3 Así harás con su asno, así harás también con su vestido, y lo mismo harás con toda cosa de tu hermano que se le perdiere y tú la hallares; no podrás negarle tu ayuda.

4 Si vieres el asno de tu hermano, o su buey, caído en el camino, no te apartarás de él; le ayudarás a levantarlo.

5 No vestirá la mujer traje de hombre, ni el hombre vestirá ropa de mujer; porque abominación es a Jehová tu Dios cualquiera que esto hace.

6 Cuando encuentres por el camino algún nido de ave en cualquier árbol, o sobre la tierra, con pollos o huevos, y la madre echada sobre los pollos o sobre los huevos, no tomarás la madre con los hijos.

7 Dejarás ir a la madre, y tomarás los pollos para ti, para que te vaya bien, y prolongues tus días.

8 Cuando edifiques casa nueva, harás pretil a tu terrado, para que no eches culpa de sangre sobre tu casa, si de él cayere alguno.

9 No sembrarás tu viña con semillas diversas, no sea que se pierda todo, tanto la semilla que sembraste como el fruto de la viña.

10 No ararás con buey y con asno juntamente.

11 No vestirás ropa de lana y lino juntamente.

12 Te harás flecos en las cuatro puntas de tu manto con que te cubras.

Leyes sobre la castidad

13 Cuando alguno tomare mujer, y después de haberse llegado a ella la aborreciere,

14 y le atribuyere faltas que den que hablar, y dijere: A esta mujer tomé, y me llegué a ella, y no la hallé virgen;

his property to his sons, he must not give the rights of the firstborn to the son of the wife he loves in preference to his actual firstborn, the son of the wife he does not love. 17He must acknowledge the son of his unloved wife as the firstborn by giving him a double share of all he has. That son is the first sign of his father's strength. The right of the firstborn belongs to him.

A Rebellious Son

18If a man has a stubborn and rebellious son who does not obey his father and mother and will not listen to them when they discipline him, 19his father and mother shall take hold of him and bring him to the elders at the gate of his town. 20They shall say to the elders, "This son of ours is stubborn and rebellious. He will not obey us. He is a profligate and a drunkard." 21Then all the men of his town shall stone him to death. You must purge the evil from among you. All Israel will hear of it and be afraid.

Various Laws

22If a man guilty of a capital offense is put to death and his body is hung on a tree, 23you must not leave his body on the tree overnight. Be sure to bury him that same day, because anyone who is hung on a tree is under God's curse. You must not desecrate the land the LORD your God is giving you as an inheritance.

22 If you see your brother's ox or sheep straying, do not ignore it but be sure to take it back to him. 2If the brother does not live near you or if you do not know who he is, take it home with you and keep it until he comes looking for it. Then give it back to him. 3Do the same if you find your brother's donkey or his cloak or anything he loses. Do not ignore it.

4If you see your brother's donkey or his ox fallen on the road, do not ignore it. Help him get it to its feet.

5A woman must not wear men's clothing, nor a man wear women's clothing, for the LORD your God detests anyone who does this.

6If you come across a bird's nest beside the road, either in a tree or on the ground, and the mother is sitting on the young or on the eggs, do not take the mother with the young. 7You may take the young, but be sure to let the mother go, so that it may go well with you and you may have a long life.

8When you build a new house, make a parapet around your roof so that you may not bring the guilt of bloodshed on your house if someone falls from the roof.

9Do not plant two kinds of seed in your vineyard; if you do, not only the crops you plant but also the fruit of the vineyard will be defiled. d

10Do not plow with an ox and a donkey yoked together.

11Do not wear clothes of wool and linen woven together.

12Make tassels on the four corners of the cloak you wear.

Marriage Violations

13If a man takes a wife and, after lying with her, dislikes her 14and slanders her and gives her a bad name, saying, "I married this woman, but when I approached her, I did not find proof of her virginity,"

---

d9 Or *be forfeited to the sanctuary*

15 entonces el padre de la joven y su madre tomarán y sacarán las señales de la virginidad de la doncella a los ancianos de la ciudad, en la puerta;

16 y dirá el padre de la joven a los ancianos: Yo di mi hija a este hombre por mujer, y él la aborrece;

17 y he aquí, él le atribuye faltas que dan que hablar, diciendo: No he hallado virgen a tu hija; pero ved aquí las señales de la virginidad de mi hija. Y extenderán la vestidura delante de los ancianos de la ciudad.

18 Entonces los ancianos de la ciudad tomarán al hombre y lo castigarán;

19 y le multarán en cien piezas de plata, las cuales darán al padre de la joven, por cuanto esparció mala fama sobre una virgen de Israel; y la tendrá por mujer, y no podrá despedirla en todos sus días.

20 Mas si resultare ser verdad que no se halló virginidad en la joven,

21 entonces la sacarán a la puerta de la casa de su padre, y la apedrearán los hombres de su ciudad, y morirá, por cuanto hizo vileza en Israel fornicando en casa de su padre; así quitarás el mal de en medio de ti.

22 Si fuere sorprendido alguno acostado con una mujer casada con marido, ambos morirán; el hombre que se acostó con la mujer, y la mujer también; así quitarás el mal de Israel.

23 Si hubiere una muchacha virgen desposada con alguno, y alguno la hallare en la ciudad, y se acostare con ella;

24 entonces los sacaréis a ambos a la puerta de la ciudad, y los apedrearéis, y morirán; la joven porque no dio voces en la ciudad, y el hombre porque humilló a la mujer de su prójimo; así quitarás el mal de en medio de ti.

25 Mas si un hombre hallare en el campo a la joven desposada, y la forzare aquel hombre, acostándose con ella, morirá solamente el hombre que se acostó con ella;

26 mas a la joven no le harás nada; no hay en ella culpa de muerte; pues como cuando alguno se levanta contra su prójimo y le quita la vida, así es en este caso.

27 Porque él la halló en el campo; dio voces la joven desposada, y no hubo quien la librase.

28 Cuando algún hombre hallare a una joven virgen que no fuere desposada, y la tomare y se acostare con ella, y fueren descubiertos;

29 entonces el hombre que se acostó con ella dará al padre de la joven cincuenta piezas de plata, y ella será su mujer, por cuanto la humilló; no la podrá despedir en todos sus días.

30 Ninguno tomará la mujer de su padre, ni profanará el lecho de su padre.

Los excluidos de la congregación

23 1 No entrará en la congregación de Jehová el que tenga magullados los testículos, o amputado su miembro viril.

2 No entrará bastardo en la congregación de Jehová; ni hasta la décima generación no entrarán en la congregación de Jehová.

3 No entrará amonita ni moabita en la congregación de Jehová, ni hasta la décima generación de ellos; no entrarán en la congregación de Jehová para siempre,

4 por cuanto no os salieron a recibir con pan y agua al camino, cuando salisteis de Egipto, y porque alquilaron contra ti a Balaam hijo de Beor, de Petor en Mesopotamia, para maldecirte.

5 Mas no quiso Jehová tu Dios oir a Balaam; y Jehová tu Dios te convirtió la maldición en bendición, porque Jehová tu Dios te amaba.

6 No procurarás la paz de ellos ni su bien en todos los días para siempre.

15 then the girl's father and mother shall bring proof that she was a virgin to the town elders at the gate. 16 The girl's father will say to the elders, "I gave my daughter in marriage to this man, but he dislikes her. 17 Now he has slandered her and said, 'I did not find your daughter to be a virgin.' But here is the proof of my daughter's virginity." Then her parents shall display the cloth before the elders of the town, 18 and the elders shall take the man and punish him. 19 They shall fine him a hundred shekels of silver *e* and give them to the girl's father, because this man has given an Israelite virgin a bad name. She shall continue to be his wife; he must not divorce her as long as he lives.

20 If, however, the charge is true and no proof of the girl's virginity can be found, 21 she shall be brought to the door of her father's house and there the men of her town shall stone her to death. She has done a disgraceful thing in Israel by being promiscuous while still in her father's house. You must purge the evil from among you.

22 If a man is found sleeping with another man's wife, both the man who slept with her and the woman must die. You must purge the evil from Israel.

23 If a man happens to meet in a town a virgin pledged to be married and he sleeps with her, 24 you shall take both of them to the gate of that town and stone them to death—the girl because she was in a town and did not scream for help, and the man because he violated another man's wife. You must purge the evil from among you.

25 But if out in the country a man happens to meet a girl pledged to be married and rapes her, only the man who has done this shall die. 26 Do nothing to the girl; she has committed no sin deserving death. This case is like that of someone who attacks and murders his neighbor, 27 for the man found the girl out in the country, and though the betrothed girl screamed, there was no one to rescue her.

28 If a man happens to meet a virgin who is not pledged to be married and rapes her and they are discovered, 29 he shall pay the girl's father fifty shekels of silver. *f* He must marry the girl, for he has violated her. He can never divorce her as long as he lives.

30 A man is not to marry his father's wife; he must not dishonor his father's bed.

Exclusion From the Assembly

23 No one who has been emasculated by crushing or cutting may enter the assembly of the Lord. 2 No one born of a forbidden marriage *g* nor any of his descendants may enter the assembly of the Lord, even down to the tenth generation.

3 No Ammonite or Moabite or any of his descendants may enter the assembly of the Lord, even down to the tenth generation. 4 For they did not come to meet you with bread and water on your way when you came out of Egypt, and they hired Balaam son of Beor from Pethor in Aram Naharaim *h* to pronounce a curse on you. 5 However, the Lord your God would not listen to Balaam but turned the curse into a blessing for you, because the Lord your God loves you. 6 Do not seek a treaty of friendship with them as long as you live.

e 19 That is, about 2 1/2 pounds (about 1 kilogram)   *f 29* That is, about 1 1/4 pounds (about 0.6 kilogram)   *g 2* Or *one of illegitimate birth*   *h 4* That is, Northwest Mesopotamia

7 No aborrecerás al edomita, porque es tu hermano; no aborrecerás al egipcio, porque forastero fuiste en su tierra. 8 Los hijos que nacieren de ellos, en la tercera generación entrarán en la congregación de Jehová.

Leyes sanitarias

9 Cuando salieres a campaña contra tus enemigos, te guardarás de toda cosa mala.

10 Si hubiere en medio de ti alguno que no fuere limpio, por razón de alguna impureza acontecida de noche, saldrá fuera del campamento, y no entrará en él.

11 Pero al caer la noche se lavará con agua, y cuando se hubiere puesto el sol, podrá entrar en el campamento.

12 Tendrás un lugar fuera del campamento adonde salgas;

13 tendrás también entre tus armas una estaca; y cuando estuvieres allí fuera, cavarás con ella, y luego al volverte cubrirás tu excremento;

14 porque Jehová tu Dios anda en medio de tu campamento, para librarte y para entregar a tus enemigos delante de ti; por tanto, tu campamento ha de ser santo, para que él no vea en ti cosa inmunda, y se vuelva de en pos de ti.

Leyes humanitarias

15 No entregarás a su señor el siervo que se huyere a ti de su amo.

16 Morará contigo, en medio de ti, en el lugar que escogiere en alguna de tus ciudades, donde a bien tuviere; no le oprimirás.

17 No haya ramera de entre las hijas de Israel, ni haya sodomita de entre los hijos de Israel.

18 No traerás la paga de una ramera ni el precio de un perro a la casa de Jehová tu Dios por ningún voto; porque abominación es a Jehová tu Dios tanto lo uno como lo otro.

19 No exigirás de tu hermano interés de dinero, ni interés de comestibles, ni de cosa alguna de que se suele exigir interés.

20 Del extraño podrás exigir interés, mas de tu hermano no lo exigirás, para que te bendiga Jehová tu Dios en toda obra de tus manos en la tierra adonde vas para tomar posesión de ella.

21 Cuando haces voto a Jehová tu Dios, no tardes en pagarlo; porque ciertamente lo demandará Jehová tu Dios de ti, y sería pecado en ti.

22 Mas cuando te abstengas de prometer, no habrá en ti pecado.

23 Pero lo que hubiere salido de tus labios, lo guardarás y lo cumplirás, conforme lo prometiste a Jehová tu Dios, pagando la ofrenda voluntaria que prometiste con tu boca.

24 Cuando entres en la viña de tu prójimo, podrás comer uvas hasta saciarte; mas no pondrás en tu cesto.

25 Cuando entres en la mies de tu prójimo, podrás arrancar espigas con tu mano; mas no aplicarás hoz a la mies de tu prójimo.

24 1 Cuando alguno tomare mujer y se casare con ella, si no le agradare por haber hallado en ella alguna cosa indecente, le escribirá carta de divorcio, y se la entregará en su mano, y la despedirá de su casa.

2 Y salida de su casa, podrá ir y casarse con otro hombre.

3 Pero si la aborreciere este último, y le escribiere carta de divorcio, y se la entregare en su mano, y la despidiere de su casa; o si hubiere muerto el postrer hombre que la tomó por mujer,

7 Do not abhor an Edomite, for he is your brother. Do not abhor an Egyptian, because you lived as an alien in his country. 8 The third generation of children born to them may enter the assembly of the LORD.

Uncleanness in the Camp

9 When you are encamped against your enemies, keep away from everything impure. 10 If one of your men is unclean because of a nocturnal emission, he is to go outside the camp and stay there. 11 But as evening approaches he is to wash himself, and at sunset he may return to the camp.

12 Designate a place outside the camp where you can go to relieve yourself. 13 As part of your equipment have something to dig with, and when you relieve yourself, dig a hole and cover up your excrement. 14 For the LORD your God moves about in your camp to protect you and to deliver your enemies to you. Your camp must be holy, so that he will not see among you anything indecent and turn away from you.

Miscellaneous Laws

15 If a slave has taken refuge with you, do not hand him over to his master. 16 Let him live among you wherever he likes and in whatever town he chooses. Do not oppress him.

17 No Israelite man or woman is to become a shrine prostitute. 18 You must not bring the earnings of a female prostitute or of a male prostitute *i* into the house of the LORD your God to pay any vow, because the LORD your God detests them both.

19 Do not charge your brother interest, whether on money or food or anything else that may earn interest. 20 You may charge a foreigner interest, but not a brother Israelite, so that the LORD your God may bless you in everything you put your hand to in the land you are entering to possess.

21 If you make a vow to the LORD your God, do not be slow to pay it, for the LORD your God will certainly demand it of you and you will be guilty of sin. 22 But if you refrain from making a vow, you will not be guilty. 23 Whatever your lips utter you must be sure to do, because you made your vow freely to the LORD your God with your own mouth.

24 If you enter your neighbor's vineyard, you may eat all the grapes you want, but do not put any in your basket. 25 If you enter your neighbor's grainfield, you may pick kernels with your hands, but you must not put a sickle to his standing grain.

24 If a man marries a woman who becomes displeasing to him because he finds something indecent about her, and he writes her a certificate of divorce, gives it to her and sends her from his house, 2 and if after she leaves his house she becomes the wife of another man, 3 and her second husband dislikes her and writes her a certificate of divorce, gives it to her and sends her from his house, or if he dies, 4 then her

---

i 18 Hebrew of a dog

4 no podrá su primer marido, que la despidió, volverla a tomar para que sea su mujer, después que fue envilecida; porque es abominación delante de Jehová, y no has de pervertir la tierra que Jehová tu Dios te da por heredad.

5 Cuando alguno fuere recién casado, no saldrá a la guerra, ni en ninguna cosa se le ocupará; libre estará en su casa por un año, para alegrar a la mujer que tomó.

6 No tomarás en prenda la muela del molino, ni la de abajo ni la de arriba; porque sería tomar en prenda la vida del hombre.

7 Cuando fuere hallado alguno que hubiere hurtado a uno de sus hermanos los hijos de Israel, y le hubiere esclavizado, o le hubiere vendido, morirá el tal ladrón, y quitarás el mal de en medio de ti.

8 En cuanto a la plaga de la lepra, ten cuidado de observar diligentemente y hacer según todo lo que os enseñaren los sacerdotes levitas; según yo les he mandado, así cuidaréis de hacer.

9 Acuérdate de lo que hizo Jehová tu Dios a María en el camino, después que salisteis de Egipto.

10 Cuando entregares a tu prójimo alguna cosa prestada, no entrarás en su casa para tomarle prenda.

11 Te quedarás fuera, y el hombre a quien prestaste te sacará la prenda.

12 Y si el hombre fuere pobre, no te acostarás reteniendo aún su prenda.

13 Sin falta le devolverás la prenda cuando el sol se ponga, para que pueda dormir en su ropa, y te bendiga; y te será justicia delante de Jehová tu Dios.

14 No oprimirás al jornalero pobre y menesteroso, ya sea de tus hermanos o de los extranjeros que habitan en tu tierra dentro de tus ciudades;

15 En su día le darás su jornal, y no se pondrá el sol sin dárselo; pues es pobre, y con él sustenta su vida; para que no clame contra ti a Jehová, y sea en ti pecado.

16 Los padres no morirán por los hijos, ni los hijos por los padres; cada uno morirá por su pecado.

17 No torcerás el derecho del extranjero ni del huérfano, ni tomarás en prenda la ropa de la viuda,

18 sino que te acordarás que fuiste siervo en Egipto, y que de allí te rescató Jehová tu Dios; por tanto, yo te mando que hagas esto.

19 Cuando siegues tu mies en tu campo, y olvides alguna gavilla en el campo, no volverás para recogerla; será para el extranjero, para el huérfano y para la viuda; para que te bendiga Jehová tu Dios en toda obra de tus manos.

20 Cuando sacudas tus olivos, no recorrerás las ramas que hayas dejado tras de ti; serán para el extranjero, para el huérfano y para la viuda.

21 Cuando vendimies tu viña, no rebuscarás tras de ti; será para el extranjero, para el huérfano y para la viuda.

22 Y acuérdate que fuiste siervo en tierra de Egipto; por tanto, yo te mando que hagas esto.

25 1 Si hubiere pleito entre algunos, y acudieren al tribunal para que los jueces los juzguen, éstos absolverán al justo, y condenarán al culpable.

2 Y si el delincuente mereciere ser azotado, entonces el juez le hará echar en tierra, y le hará azotar en su presencia; según su delito será el número de azotes.

first husband, who divorced her, is not allowed to marry her again after she has been defiled. That would be detestable in the eyes of the LORD. Do not bring sin upon the land the LORD your God is giving you as an inheritance.

5 If a man has recently married, he must not be sent to war or have any other duty laid on him. For one year he is to be free to stay at home and bring happiness to the wife he has married.

6 Do not take a pair of millstones—not even the upper one—as security for a debt, because that would be taking a man's livelihood as security.

7 If a man is caught kidnapping one of his brother Israelites and treats him as a slave or sells him, the kidnapper must die. You must purge the evil from among you.

8 In cases of leprous/ diseases be very careful to do exactly as the priests, who are Levites, instruct you. You must follow carefully what I have commanded them. 9 Remember what the LORD your God did to Miriam along the way after you came out of Egypt.

10 When you make a loan of any kind to your neighbor, do not go into his house to get what he is offering as a pledge. 11 Stay outside and let the man to whom you are making the loan bring the pledge out to you. 12 If the man is poor, do not go to sleep with his pledge in your possession. 13 Return his cloak to him by sunset so that he may sleep in it. Then he will thank you, and it will be regarded as a righteous act in the sight of the LORD your God.

14 Do not take advantage of a hired man who is poor and needy, whether he is a brother Israelite or an alien living in one of your towns. 15 Pay him his wages each day before sunset, because he is poor and is counting on it. Otherwise he may cry to the LORD against you, and you will be guilty of sin.

16 Fathers shall not be put to death for their children, nor children put to death for their fathers; each is to die for his own sin.

17 Do not deprive the alien or the fatherless of justice, or take the cloak of the widow as a pledge. 18 Remember that you were slaves in Egypt and the LORD your God redeemed you from there. That is why I command you to do this.

19 When you are harvesting in your field and you overlook a sheaf, do not go back to get it. Leave it for the alien, the fatherless and the widow, so that the LORD your God may bless you in all the work of your hands. 20 When you beat the olives from your trees, do not go over the branches a second time. Leave what remains for the alien, the fatherless and the widow. 21 When you harvest the grapes in your vineyard, do not go over the vines again. Leave what remains for the alien, the fatherless and the widow. 22 Remember that you were slaves in Egypt. That is why I command you to do this.

25 When men have a dispute, they are to take it to court and the judges will decide the case, acquitting the innocent and condemning the guilty. 2 If the guilty man deserves to be beaten, the judge shall make him lie down and have him flogged in his presence with the number of lashes his crime deserves,

/8 The Hebrew word was used for various diseases affecting the skin—not necessarily leprosy.

3 Se podrá dar cuarenta azotes, no más; no sea que, si lo hirieren con muchos azotes más que éstos, se sienta tu hermano envilecido delante de tus ojos.

4 No pondrás bozal al buey cuando trillare.

5 Cuando hermanos habitaren juntos, y muriere alguno de ellos, y no tuviere hijo, la mujer del muerto no se casará fuera con hombre extraño; su cuñado se llegará a ella, y la tomará por su mujer, y hará con ella parentesco.

6 Y el primogénito que ella diere a luz sucederá en el nombre de su hermano muerto, para que el nombre de éste no sea borrado de Israel.

7 Y si el hombre no quisiere tomar a su cuñada, irá entonces su cuñada a la puerta, a los ancianos, y dirá: Mi cuñado no quiere suscitar nombre en Israel a su hermano; no quiere emparentar conmigo.

8 Entonces los ancianos de aquella ciudad lo harán venir, y hablarán con él; y si él se levantare y dijere: No quiero tomarla,

9 se acercará entonces su cuñada a él delante de los ancianos, y le quitará el calzado del pie, y le escupirá en el rostro, y hablará y dirá: Así será hecho al varón que no quiere edificar la casa de su hermano.

10 Y se le dará este nombre en Israel: La casa del descalzado.

11 Si algunos riñeren uno con otro, y se acercare la mujer de uno para librar a su marido de mano del que le hiere, y alargando su mano asiere de sus partes vergonzosas,

12 le cortarás entonces la mano; no la perdonarás.

13 No tendrás en tu bolsa pesa grande y pesa chica,

14 ni tendrás en tu casa efa grande y efa pequeño.

15 Pesa exacta y justa tendrás; efa cabal y justo tendrás, para que tus días sean prolongados sobre la tierra que Jehová tu Dios te da.

16 Porque abominación es a Jehová tu Dios cualquiera que hace esto, y cualquiera que hace injusticia.

Orden de exterminar a Amalec

17 Acuérdate de lo que hizo Amalec contigo en el camino, cuando salías de Egipto;

18 de cómo te salió al encuentro en el camino, y te desbarató la retaguardia de todos los débiles que iban detrás de ti, cuando tú estabas cansado y trabajado; y no tuvo ningún temor de Dios.

19 Por tanto, cuando Jehová tu Dios te dé descanso de todos tus enemigos alrededor, en la tierra que Jehová tu Dios te da por heredad para que la poseas, borrarás la memoria de Amalec de debajo del cielo; no lo olvides.

Primicias y diezmos

26 1 Cuando hayas entrado en la tierra que Jehová tu Dios te da por herencia, y tomes posesión de ella y la habites,

2 entonces tomarás de las primicias de todos los frutos que sacares de la tierra que Jehová tu Dios te da, y las pondrás en una canasta, e irás al lugar que Jehová tu Dios escogiere para hacer habitar allí su nombre.

3 Y te presentarás al sacerdote que hubiere en aquellos días, y le dirás: Declaro hoy a Jehová tu Dios, que he entrado en la tierra que juró Jehová a nuestros padres que nos daría.

4 Y el sacerdote tomará la canasta de tu mano, y la pondrá delante del altar de Jehová tu Dios.

5 Entonces hablarás y dirás delante de Jehová tu Dios: Un arameo a punto de perecer fue mi padre, el cual descendió a Egipto y habitó allí con pocos hombres, y allí creció y llegó a ser una nación grande, fuerte y numerosa;

6 y los egipcios nos maltrataron y nos afligieron, y pusieron sobre nosotros dura servidumbre.

3 but he must not give him more than forty lashes. If he is flogged more than that, your brother will be degraded in your eyes.

4 Do not muzzle an ox while it is treading out the grain.

5 If brothers are living together and one of them dies without a son, his widow must not marry outside the family. Her husband's brother shall take her and marry her and fulfill the duty of a brother-in-law to her. 6 The first son she bears shall carry on the name of the dead brother so that his name will not be blotted out from Israel.

7 However, if a man does not want to marry his brother's wife, she shall go to the elders at the town gate and say, "My husband's brother refuses to carry on his brother's name in Israel. He will not fulfill the duty of a brother-in-law to me." 8 Then the elders of his town shall summon him and talk to him. If he persists in saying, "I do not want to marry her," 9 his brother's widow shall go up to him in the presence of the elders, take off one of his sandals, spit in his face and say, "This is what is done to the man who will not build up his brother's family line." 10 That man's line shall be known in Israel as The Family of the Unsandaled.

11 If two men are fighting and the wife of one of them comes to rescue her husband from his assailant, and she reaches out and seizes him by his private parts, 12 you shall cut off her hand. Show her no pity.

13 Do not have two differing weights in your bag—one heavy, one light. 14 Do not have two differing measures in your house—one large, one small. 15 You must have accurate and honest weights and measures, so that you may live long in the land the LORD your God is giving you. 16 For the LORD your God detests anyone who does these things, anyone who deals dishonestly.

17 Remember what the Amalekites did to you along the way when you came out of Egypt. 18 When you were weary and worn out, they met you on your journey and cut off all who were lagging behind; they had no fear of God. 19 When the LORD your God gives you rest from all the enemies around you in the land he is giving you to possess as an inheritance, you shall blot out the memory of Amalek from under heaven. Do not forget!

Firstfruits and Tithes

26 When you have entered the land the LORD your God is giving you as an inheritance and have taken possession of it and settled in it, 2 take some of the firstfruits of all that you produce from the soil of the land the LORD your God is giving you and put them in a basket. Then go to the place the LORD your God will choose as a dwelling for his Name 3 and say to the priest in office at the time, "I declare today to the LORD your God that I have come to the land the LORD swore to our forefathers to give us." 4 The priest shall take the basket from your hands and set it down in front of the altar of the LORD your God. 5 Then you shall declare before the LORD your God: "My father was a wandering Aramean, and he went down into Egypt with a few people and lived there and became a great nation, powerful and numerous. 6 But the Egyptians mistreated us and made us suffer, putting us to hard labor. 7 Then we cried out to the LORD, the God

7 Y clamamos a Jehová el Dios de nuestros padres; y Jehová oyó nuestra voz, y vio nuestra aflicción, nuestro trabajo y nuestra opresión;

8 y Jehová nos sacó de Egipto con mano fuerte, con brazo extendido, con grande espanto, y con señales y con milagros;

9 y nos trajo a este lugar, y nos dio esta tierra, tierra que fluye leche y miel.

10 Y ahora, he aquí he traído las primicias del fruto de la tierra que me diste, oh Jehová. Y lo dejarás delante de Jehová tu Dios, y adorarás delante de Jehová tu Dios.

11 Y te alegrarás en todo el bien que Jehová tu Dios te haya dado a ti y a tu casa, así tú como el levita y el extranjero que está en medio de ti.

12 Cuando acabes de diezmar todo el diezmo de tus frutos en el año tercero, el año del diezmo, darás también al levita, al extranjero, al huérfano y a la viuda; y comerán en tus aldeas, y se saciarán.

13 Y dirás delante de Jehová tu Dios: He sacado lo consagrado de mi casa, y también lo he dado al levita, al extranjero, al huérfano y a la viuda, conforme a todo lo que me has mandado; no he transgredido tus mandamientos, ni me he olvidado de ellos.

14 No he comido de ello en mi luto, ni he gastado de ello estando yo inmundo, ni de ello he ofrecido a los muertos; he obedecido a la voz de Jehová mi Dios, he hecho conforme a todo lo que me has mandado.

15 Mira desde tu morada santa, desde el cielo, y bendice a tu pueblo Israel, y a la tierra que nos has dado, como juraste a nuestros padres, tierra que fluye leche y miel.

16 Jehová tu Dios te manda hoy que cumplas estos estatutos y decretos; cuida, pues, de ponerlos por obra con todo tu corazón y con toda tu alma.

17 Has declarado solemnemente hoy que Jehová es tu Dios, y que andarás en sus caminos, y guardarás sus estatutos, sus mandamientos y sus decretos, y que escucharás su voz.

18 Y Jehová ha declarado hoy que tú eres pueblo suyo, de su exclusiva posesión, como te lo ha prometido, para que guardes todos sus mandamientos;

19 a fin de exaltarte sobre todas las naciones que hizo, para loor y fama y gloria, y para que seas un pueblo santo a Jehová tu Dios, como él ha dicho.

Orden de escribir la ley en piedras sobre el Monte Ebal

27 1 Ordenó Moisés, con los ancianos de Israel, al pueblo, diciendo: Guardaréis todos los mandamientos que yo os prescribo hoy.

2 Y el día que pases el Jordán a la tierra que Jehová tu Dios te da, levantarás piedras grandes, y las revocarás con cal;

3 y escribirás en ellas todas las palabras de esta ley, cuando hayas pasado para entrar en la tierra que Jehová tu Dios te da, tierra que fluye leche y miel, como Jehová el Dios de tus padres te ha dicho.

4 Cuando, pues, hayas pasado el Jordán, levantarás estas piedras que yo os mando hoy, en el monte Ebal, y las revocarás con cal;

5 y edificarás allí un altar a Jehová tu Dios, altar de piedras; no alzarás sobre ellas instrumento de hierro.

6 De piedras enteras edificarás el altar de Jehová tu Dios, y ofrecerás sobre él holocausto a Jehová tu Dios;

7 y sacrificarás ofrendas de paz, y comerás allí, y te alegrarás delante de Jehová tu Dios.

of our fathers, and the LORD heard our voice and saw our misery, toil and oppression. 8 So the LORD brought us out of Egypt with a mighty hand and an outstretched arm, with great terror and with miraculous signs and wonders. 9 He brought us to this place and gave us this land, a land flowing with milk and honey; 10 and now I bring the firstfruits of the soil that you, O LORD, have given me." Place the basket before the LORD your God and bow down before him. 11 And you and the Levites and the aliens among you shall rejoice in all the good things the LORD your God has given to you and your household.

12 When you have finished setting aside a tenth of all your produce in the third year, the year of the tithe, you shall give it to the Levite, the alien, the fatherless and the widow, so that they may eat in your towns and be satisfied. 13 Then say to the LORD your God: "I have removed from my house the sacred portion and have given it to the Levite, the alien, the fatherless and the widow, according to all you commanded. I have not turned aside from your commands nor have I forgotten any of them. 14 I have not eaten any of the sacred portion while I was in mourning, nor have I removed any of it while I was unclean, nor have I offered any of it to the dead. I have obeyed the LORD my God; I have done everything you commanded me. 15 Look down from heaven, your holy dwelling place, and bless your people Israel and the land you have given us as you promised on oath to our forefathers, a land flowing with milk and honey."

Follow the LORD's Commands

16 The LORD your God commands you this day to follow these decrees and laws; carefully observe them with all your heart and with all your soul. 17 You have declared this day that the LORD is your God and that you will walk in his ways, that you will keep his decrees, commands and laws, and that you will obey him. 18 And the LORD has declared this day that you are his people, his treasured possession as he promised, and that you are to keep all his commands. 19 He has declared that he will set you in praise, fame and honor high above all the nations he has made and that you will be a people holy to the LORD your God, as he promised.

The Altar on Mount Ebal

27 Moses and the elders of Israel commanded the people: "Keep all these commands that I give you today. 2 When you have crossed the Jordan into the land the LORD your God is giving you, set up some large stones and coat them with plaster. 3 Write on them all the words of this law when you have crossed over to enter the land the LORD your God is giving you, a land flowing with milk and honey, just as the LORD, the God of your fathers, promised you. 4 And when you have crossed the Jordan, set up these stones on Mount Ebal, as I command you today, and coat them with plaster. 5 Build there an altar to the LORD your God, an altar of stones. Do not use any iron tool upon them. 6 Build the altar of the LORD your God with fieldstones and offer burnt offerings on it to the LORD your God. 7 Sacrifice fellowship offerings k there, eating them and

k 7 Traditionally *peace offerings*

8Y escribirás muy claramente en las piedras todas las palabras de esta ley.

9Y Moisés, con los sacerdotes levitas, habló a todo Israel, diciendo: Guarda silencio y escucha, oh Israel; hoy has venido a ser pueblo de Jehová tu Dios.

10Oirás, pues, la voz de Jehová tu Dios, y cumplirás sus mandamientos y sus estatutos, que yo te ordeno hoy.

Las maldiciones en el monte Ebal

11Y mandó Moisés al pueblo en aquel día, diciendo: 12Cuando hayas pasado el Jordán, estos estarán sobre el monte Gerizim para bendecir al pueblo: Simeón, Leví, Judá, Isacar, José y Benjamín.

13Y éstos estarán sobre el monte Ebal para pronunciar la maldición: Rubén, Gad, Aser, Zabulón, Dan y Neftalí.

14Y hablarán los levitas, y dirán a todo varón de Israel en alta voz:

15Maldito el hombre que hiciere escultura o imagen de fundición, abominación a Jehová, obra de mano de artífice, y la pusiere en oculto. Y todo el pueblo responderá y dirá: Amén.

16Maldito el que deshonrare a su padre o a su madre. Y dirá todo el pueblo: Amén.

17Maldito el que redujere el límite de su prójimo. Y dirá todo el pueblo: Amén.

18Maldito el que hiciere errar al ciego en el camino. Y dirá todo el pueblo: Amén.

19Maldito el que pervirtiere el derecho del extranjero, del huérfano y de la viuda. Y dirá todo el pueblo: Amén.

20Maldito el que se acostare con la mujer de su padre, por cuanto descubrió el regazo de su padre. Y dirá todo el pueblo: Amén.

21Maldito el que se ayuntare con cualquier bestia. Y dirá todo el pueblo: Amén.

22Maldito el que se acostare con su hermana, hija de su padre, o hija de su madre. Y dirá todo el pueblo: Amén.

23Maldito el que se acostare con su suegra. Y dirá todo el pueblo: Amén.

24Maldito el que hiriere a su prójimo ocultamente. Y dirá todo el pueblo: Amén.

25Maldito el que recibiere soborno para quitar la vida al inocente. Y dirá todo el pueblo: Amén.

26Maldito el que no confirmare las palabras de esta ley para hacerlas. Y dirá todo el pueblo: Amén.

Bendiciones de la obediencia

28 1Acontecerá que si oyeres atentamente la voz de Jehová tu Dios, para guardar y poner por obra todos sus mandamientos que yo te prescribo hoy, también Jehová tu Dios te exaltará sobre todas las naciones de la tierra.

2Y vendrán sobre ti todas estas bendiciones, y te alcanzarán, si oyeres la voz de Jehová tu Dios.

---

rejoicing in the presence of the LORD your God. 8And you shall write very clearly all the words of this law on these stones you have set up."

Curses From Mount Ebal

9Then Moses and the priests, who are Levites, said to all Israel, "Be silent, O Israel, and listen! You have now become the people of the LORD your God. 10Obey the LORD your God and follow his commands and decrees that I give you today."

11On the same day Moses commanded the people:

12When you have crossed the Jordan, these tribes shall stand on Mount Gerizim to bless the people: Simeon, Levi, Judah, Issachar, Joseph and Benjamin. 13And these tribes shall stand on Mount Ebal to pronounce curses: Reuben, Gad, Asher, Zebulun, Dan and Naphtali.

14The Levites shall recite to all the people of Israel in a loud voice:

15"Cursed is the man who carves an image or casts an idol — a thing detestable to the LORD, the work of the craftsman's hands — and sets it up in secret."

Then all the people shall say, "Amen!"

16"Cursed is the man who dishonors his father or his mother."

Then all the people shall say, "Amen!"

17"Cursed is the man who moves his neighbor's boundary stone."

Then all the people shall say, "Amen!"

18"Cursed is the man who leads the blind astray on the road."

Then all the people shall say, "Amen!"

19"Cursed is the man who withholds justice from the alien, the fatherless or the widow."

Then all the people shall say, "Amen!"

20"Cursed is the man who sleeps with his father's wife, for he dishonors his father's bed."

Then all the people shall say, "Amen!"

21"Cursed is the man who has sexual relations with any animal."

Then all the people shall say, "Amen!"

22"Cursed is the man who sleeps with his sister, the daughter of his father or the daughter of his mother."

Then all the people shall say, "Amen!"

23"Cursed is the man who sleeps with his mother-in-law."

Then all the people shall say, "Amen!"

24"Cursed is the man who kills his neighbor secretly."

Then all the people shall say, "Amen!"

25"Cursed is the man who accepts a bribe to kill an innocent person."

Then all the people shall say, "Amen!"

26"Cursed is the man who does not uphold the words of this law by carrying them out."

Then all the people shall say, "Amen!"

Blessings for Obedience

28 If you fully obey the LORD your God and carefully follow all his commands I give you today, the LORD your God will set you high above all the nations on earth. 2All these blessings will come upon you and accompany you if you obey the LORD your God:

3 Bendito serás tú en la ciudad, y bendito tú en el campo.
4 Bendito el fruto de tu vientre, el fruto de tu tierra, el fruto de tus bestias, la cría de tus vacas y los rebaños de tus ovejas.
5 Benditas serán tu canasta y tu artesa de amasar.
6 Bendito serás en tu entrar, y bendito en tu salir.

7 Jehová derrotará a tus enemigos que se levantaren contra ti; por un camino saldrán contra ti, y por siete caminos huirán de delante de ti.
8 Jehová te enviará su bendición sobre tus graneros, y sobre todo aquello en que pusieres tu mano; y te bendecirá en la tierra que Jehová tu Dios te da.
9 Te confirmará Jehová por pueblo santo suyo, como te lo ha jurado, cuando guardares los mandamientos de Jehová tu Dios, y anduvieres en sus caminos.
10 Y verán todos los pueblos de la tierra que el nombre de Jehová es invocado sobre ti, y te temerán.
11 Y te hará Jehová sobreabundar en bienes, en el fruto de tu vientre, en el fruto de tu bestia, y en el fruto de tu tierra, en el país que Jehová juró a tus padres que te había de dar.
12 Te abrirá Jehová su buen tesoro, el cielo, para enviar la lluvia a tu tierra en su tiempo, y para bendecir toda obra de tus manos. Y prestarás a muchas naciones, y tú no pedirás prestado.
13 Te pondrá Jehová por cabeza, y no por cola; y estarás encima solamente, y no estarás debajo, si obedecieres los mandamientos de Jehová tu Dios, que yo te ordeno hoy, para que los guardes y cumplas,
14 y si no te apartares de todas las palabras que yo te mando hoy, ni a diestra ni a siniestra, para ir tras dioses ajenos y servirles.

Consecuencias de la desobediencia

15 Pero acontecerá, si no oyeres la voz de Jehová tu Dios, para procurar cumplir todos sus mandamientos y sus estatutos que yo te intimo hoy, que vendrán sobre ti todas estas maldiciones, y te alcanzarán.
16 Maldito serás tú en la ciudad, y maldito en el campo.
17 Maldita tu canasta, y tu artesa de amasar.
18 Maldito el fruto de tu vientre, el fruto de tu tierra, la cría de tus vacas, y los rebaños de tus ovejas.
19 Maldito serás en tu entrar, y maldito en tu salir.
20 Y Jehová enviará contra ti la maldición, quebranto y asombro en todo cuanto pusieres mano e hicieres, hasta que seas destruido, y perezcas pronto a causa de la maldad de tus obras por las cuales me habrás dejado.
21 Jehová traerá sobre ti mortandad, hasta que te consuma de la tierra a la cual entras para tomar posesión de ella.
22 Jehová te herirá de tisis, de fiebre, de inflamación y de ardor, con sequía, con calamidad repentina y con añublo; y te perseguirán hasta que perezcas.
23 Y los cielos que están sobre tu cabeza serán de bronce, y la tierra que está debajo de ti, de hierro.
24 Dará Jehová por lluvia a tu tierra polvo y ceniza; de los cielos descenderán sobre ti hasta que perezcas.

3 You will be blessed in the city and blessed in the country.
4 The fruit of your womb will be blessed, and the crops of your land and the young of your livestock — the calves of your herds and the lambs of your flocks.
5 Your basket and your kneading trough will be blessed.
6 You will be blessed when you come in and blessed when you go out.

7 The LORD will grant that the enemies who rise up against you will be defeated before you. They will come at you from one direction but flee from you in seven.
8 The LORD will send a blessing on your barns and on everything you put your hand to. The LORD your God will bless you in the land he is giving you.
9 The LORD will establish you as his holy people, as he promised you on oath, if you keep the commands of the LORD your God and walk in his ways. 10 Then all the peoples on earth will see that you are called by the name of the LORD, and they will fear you. 11 The LORD will grant you abundant prosperity — in the fruit of your womb, the young of your livestock and the crops of your ground — in the land he swore to your forefathers to give you.
12 The LORD will open the heavens, the storehouse of his bounty, to send rain on your land in season and to bless all the work of your hands. You will lend to many nations but will borrow from none. 13 The LORD will make you the head, not the tail. If you pay attention to the commands of the LORD your God that I give you this day and carefully follow them, you will always be at the top, never at the bottom. 14 Do not turn aside from any of the commands I give you today, to the right or to the left, following other gods and serving them.

Curses for Disobedience

15 However, if you do not obey the LORD your God and do not carefully follow all his commands and decrees I am giving you today, all these curses will come upon you and overtake you:

16 You will be cursed in the city and cursed in the country.
17 Your basket and your kneading trough will be cursed.
18 The fruit of your womb will be cursed, and the crops of your land, and the calves of your herds and the lambs of your flocks.
19 You will be cursed when you come in and cursed when you go out.

20 The LORD will send on you curses, confusion and rebuke in everything you put your hand to, until you are destroyed and come to sudden ruin because of the evil you have done in forsaking him. *l* 21 The LORD will plague you with diseases until he has destroyed you from the land you are entering to possess. 22 The LORD will strike you with wasting disease, with fever and inflammation, with scorching heat and drought, with blight and mildew, which will plague you until you perish. 23 The sky over your head will be bronze, the ground beneath you iron. 24 The LORD will turn the rain of your country into dust and powder; it will come down from the skies until you are destroyed.

25 Jehová te entregará derrotado delante de tus enemigos; por un camino saldrás contra ellos, y por siete caminos huirás delante de ellos; y serás vejado por todos los reinos de la tierra.

26 Y tus cadáveres servirán de comida a toda ave del cielo y fiera de la tierra, y no habrá quien las espante.

27 Jehová te herirá con la úlcera de Egipto, con tumores, con sarna, y con comezón de que no puedas ser curado.

28 Jehová te herirá con locura, ceguera y turbación de espíritu;

29 y palparás a mediodía como palpa el ciego en la oscuridad, y no serás prosperado en tus caminos; y no serás sino oprimido y robado todos los días, y no habrá quien te salve.

30 Te desposarás con mujer, y otro varón dormirá con ella; edificarás casa, y no habitarás en ella; plantarás viña, y no la disfrutarás.

31 Tu buey será matado delante de tus ojos, y tú no comerás de él; tu asno será arrebatado de delante de ti, y no te será devuelto; tus ovejas serán dadas a tus enemigos, y no tendrás quien te las rescate.

32 Tus hijos y tus hijas serán entregados a otro pueblo, y tus ojos lo verán, y desfallecerán por ellos todo el día; y no habrá fuerza en tu mano.

33 El fruto de tu tierra y de todo tu trabajo comerá pueblo que no conociste; y no serás sino oprimido y quebrantado todos los días.

34 Y enloquecerás a causa de lo que verás con tus ojos.

35 Te herirá Jehová con maligna pústula en las rodillas y en las piernas, desde la planta de tu pie hasta tu coronilla, sin que puedas ser curado.

36 Jehová te llevará a ti, y al rey que hubieres puesto sobre ti, a nación que no conociste ni tú ni tus padres; y allá servirás a dioses ajenos, al palo y a la piedra.

37 Y serás motivo de horror, y servirás de refrán y de burla a todos los pueblos a los cuales te llevará Jehová.

38 Sacarás mucha semilla al campo, y recogerás poco, porque la langosta lo consumirá.

39 Plantarás viñas y labrarás, pero no beberás vino, ni recogerás uvas, porque el gusano se las comerá.

40 Tendrás olivos en todo tu territorio, mas no te ungirás con el aceite, porque tu aceituna se caerá.

41 Hijos e hijas engendrarás, y no serán para ti, porque irán en cautiverio.

42 Toda tu arboleda y el fruto de tu tierra serán consumidos por la langosta.

43 El extranjero que estará en medio de ti se elevará sobre ti muy alto, y tú descenderás muy abajo.

44 El te prestará a ti, y tú no le prestarás a él; él será por cabeza, y tú serás por cola.

45 Y vendrán sobre ti todas estas maldiciones, y te perseguirán, y te alcanzarán hasta que perezcas; por cuanto no habrás atendido a la voz de Jehová tu Dios, para guardar sus mandamientos y sus estatutos, que él te mandó;

46 y serán en ti por señal y por maravilla, y en tu descendencia para siempre.

47 Por cuanto no serviste a Jehová tu Dios con alegría y con gozo de corazón, por la abundancia de todas las cosas,

48 servirás, por tanto, a tus enemigos que enviare Jehová contra ti, con hambre y con sed y con desnudez, y con falta de todas las cosas; y él pondrá yugo de hierro sobre tu cuello, hasta destruirte.

49 Jehová traerá contra ti una nación de lejos, del extremo de la tierra, que vuele como águila, nación cuya lengua no entiendas;

50 gente fiera de rostro, que no tendrá respeto al anciano, ni perdonará al niño;

25 The Lord will cause you to be defeated before your enemies. You will come at them from one direction but flee from them in seven, and you will become a thing of horror to all the kingdoms on earth. 26 Your carcasses will be food for all the birds of the air and the beasts of the earth, and there will be no one to frighten them away. 27 The Lord will afflict you with the boils of Egypt and with tumors, festering sores and the itch, from which you cannot be cured. 28 The Lord will afflict you with madness, blindness and confusion of mind. 29 At midday you will grope about like a blind man in the dark. You will be unsuccessful in everything you do; day after day you will be oppressed and robbed, with no one to rescue you.

30 You will be pledged to be married to a woman, but another will take her and ravish her. You will build a house, but you will not live in it. You will plant a vineyard, but you will not even begin to enjoy its fruit. 31 Your ox will be slaughtered before your eyes, but you will eat none of it. Your donkey will be forcibly taken from you and will not be returned. Your sheep will be given to your enemies, and no one will rescue them. 32 Your sons and daughters will be given to another nation, and you will wear out your eyes watching for them day after day, powerless to lift a hand. 33 A people that you do not know will eat what your land and labor produce, and you will have nothing but cruel oppression all your days. 34 The sights you see will drive you mad. 35 The Lord will afflict your knees and legs with painful boils that cannot be cured, spreading from the soles of your feet to the top of your head.

36 The Lord will drive you and the king you set over you to a nation unknown to you or your fathers. There you will worship other gods, gods of wood and stone. 37 You will become a thing of horror and an object of scorn and ridicule to all the nations where the Lord will drive you.

38 You will sow much seed in the field but you will harvest little, because locusts will devour it. 39 You will plant vineyards and cultivate them but you will not drink the wine or gather the grapes, because worms will eat them. 40 You will have olive trees throughout your country but you will not use the oil, because the olives will drop off. 41 You will have sons and daughters but you will not keep them, because they will go into captivity. 42 Swarms of locusts will take over all your trees and the crops of your land.

43 The alien who lives among you will rise above you higher and higher, but you will sink lower and lower. 44 He will lend to you, but you will not lend to him. He will be the head, but you will be the tail.

45 All these curses will come upon you. They will pursue you and overtake you until you are destroyed, because you did not obey the Lord your God and observe the commands and decrees he gave you. 46 They will be a sign and a wonder to you and your descendants forever. 47 Because you did not serve the Lord your God joyfully and gladly in the time of prosperity, 48 therefore in hunger and thirst, in nakedness and dire poverty, you will serve the enemies the Lord sends against you. He will put an iron yoke on your neck until he has destroyed you.

49 The Lord will bring a nation against you from far away, from the ends of the earth, like an eagle swooping down, a nation whose language you will not understand, 50 a fierce-looking nation without respect for the old or pity for the young. 51 They will devour the young

51 y comerá el fruto de tu bestia y el fruto de tu tierra, hasta que perezcas; y no te dejará grano, ni mosto, ni aceite, ni la cría de tus vacas, ni los rebaños de tus ovejas, hasta destruirte.

52 Pondrá sitio a todas tus ciudades, hasta que caigan tus muros altos y fortificados en que tú confías, en toda tu tierra; sitiará, pues, todas tus ciudades y toda la tierra que Jehová tu Dios te hubiere dado.

53 Y comerás el fruto de tu vientre, la carne de tus hijos y de tus hijas que Jehová tu Dios te dio, en el sitio y en el apuro con que te angustiará tu enemigo.

54 El hombre tierno en medio de ti, y el muy delicado, mirará con malos ojos a su hermano, y a la mujer de su seno, y al resto de sus hijos que le quedaren;

55 para no dar a alguno de ellos de la carne de sus hijos, que él comiere, por no haberle quedado nada, en el asedio y en el apuro con que tu enemigo te oprimirá en todas tus ciudades.

56 La tierna y la delicada entre vosotros, que nunca la planta de su pie intentaría sentar sobre la tierra, de pura delicadeza y ternura, mirará con malos ojos al marido de su seno, a su hijo, a su hija,

57 al recién nacido que sale de entre sus pies, y a sus hijos que diere a luz; pues los comerá ocultamente, por la carencia de todo, en el asedio y en el apuro con que tu enemigo te oprimirá en tus ciudades.

58 Si no cuidares de poner por obra todas las palabras de esta ley que están escritas en este libro, temiendo este nombre glorioso y temible: Jehová Tu Dios,

59 entonces Jehová aumentará maravillosamente tus plagas y las plagas de tu descendencia, plagas grandes y permanentes, y enfermedades malignas y duraderas;

60 y traerá sobre ti todos los males de Egipto, delante de los cuales temiste, y no te dejarán.

61 Asimismo toda enfermedad y toda plaga que no está escrita en el libro de esta ley, Jehová la enviará sobre ti, hasta que seas destruido.

62 Y quedaréis pocos en número, en lugar de haber sido como las estrellas del cielo en multitud, por cuanto no obedecisteis a la voz de Jehová tu Dios.

63 Así como Jehová se gozaba en haceros bien y en multiplicaros, así se gozará Jehová en arruinaros y en destruiros; y seréis arrancados de sobre la tierra a la cual entráis para tomar posesión de ella.

64 Y Jehová te esparcirá por todos los pueblos, desde un extremo de la tierra hasta el otro extremo; y allí servirás a dioses ajenos que no conociste tú ni tus padres, al leño y a la piedra.

65 Y ni aun entre estas naciones descansarás, ni la planta de tu pie tendrá reposo; pues allí te dará Jehová corazón temeroso, y desfallecimiento de ojos, y tristeza de alma;

66 y tendrás tu vida como algo que pende delante de ti, y estarás temeroso de noche y de día, y no tendrás seguridad de tu vida.

67 Por la mañana dirás: ¡Quién diera que fuese la tarde! y a la tarde dirás: ¡Quién diera que fuese la mañana! por el miedo de tu corazón con que estarás amedrentado, y por lo que verán tus ojos.

68 Y Jehová te hará volver a Egipto en naves, por el camino del cual te ha dicho: Nunca más volverás; y allí seréis vendidos a vuestros enemigos por esclavos y por esclavas, y no habrá quien os compre.

Pacto de Jehová con Israel en Moab

29 1 Estas son las palabras del pacto que Jehová mandó a Moisés que celebrase con los hijos de Israel en la tierra de Moab, además del pacto que concertó con ellos en Horeb.

---

of your livestock and the crops of your land until you are destroyed. They will leave you no grain, new wine or oil, nor any calves of your herds or lambs of your flocks until you are ruined. 52They will lay siege to all the cities throughout your land until the high fortified walls in which you trust fall down. They will besiege all the cities throughout the land the LORD your God is giving you.

53Because of the suffering that your enemy will inflict on you during the siege, you will eat the fruit of the womb, the flesh of the sons and daughters the LORD your God has given you. 54Even the most gentle and sensitive man among you will have no compassion on his own brother or the wife he loves or his surviving children, 55and he will not give to one of them any of the flesh of his children that he is eating. It will be all he has left because of the suffering your enemy will inflict on you during the siege of all your cities. 56The most gentle and sensitive woman among you — so sensitive and gentle that she would not venture to touch the ground with the sole of her foot — will begrudge the husband she loves and her own son or daughter 57the afterbirth from her womb and the children she bears. For she intends to eat them secretly during the siege and in the distress that your enemy will inflict on you in your cities.

58If you do not carefully follow all the words of this law, which are written in this book, and do not revere this glorious and awesome name — the LORD your God — 59the LORD will send fearful plagues on you and your descendants, harsh and prolonged disasters, and severe and lingering illnesses. 60He will bring upon you all the diseases of Egypt that you dreaded, and they will cling to you. 61The LORD will also bring on you every kind of sickness and disaster not recorded in this Book of the Law, until you are destroyed. 62You who were as numerous as the stars in the sky will be left but few in number, because you did not obey the LORD your God. 63Just as it pleased the LORD to make you prosper and increase in number, so it will please him to ruin and destroy you. You will be uprooted from the land you are entering to possess.

64Then the LORD will scatter you among all nations, from one end of the earth to the other. There you will worship other gods — gods of wood and stone, which neither you nor your fathers have known. 65Among those nations you will find no repose, no resting place for the sole of your foot. There the LORD will give you an anxious mind, eyes weary with longing, and a despairing heart. 66You will live in constant suspense, filled with dread both night and day, never sure of your life. 67In the morning you will say, "If only it were evening!" and in the evening, "If only it were morning!" — because of the terror that will fill your hearts and the sights that your eyes will see. 68The LORD will send you back in ships to Egypt on a journey I said you should never make again. There you will offer yourselves for sale to your enemies as male and female slaves, but no one will buy you.

Renewal of the Covenant

29 These are the terms of the covenant the LORD commanded Moses to make with the Israelites in Moab, in addition to the covenant he had made with them at Horeb.

2 Moisés, pues, llamó a todo Israel, y les dijo: Vosotros habéis visto todo lo que Jehová ha hecho delante de vuestros ojos en la tierra de Egipto a Faraón y a todos sus siervos, y a toda su tierra,
3 las grandes pruebas que vieron vuestros ojos, las señales y las grandes maravillas.
4 Pero hasta hoy Jehová no os ha dado corazón para entender, ni ojos para ver, ni oídos para oír.
5 Y yo os he traído cuarenta años en el desierto; vuestros vestidos no se han envejecido sobre vosotros, ni vuestro calzado se ha envejecido sobre vuestro pie.
6 No habéis comido pan, ni bebisteis vino ni sidra; para que supierais que yo soy Jehová vuestro Dios.
7 Y llegasteis a este lugar, y salieron Sehón rey de Hesbón y Og rey de Basán delante de nosotros para pelear, y los derrotamos;
8 y tomamos su tierra, y la dimos por heredad a Rubén y a Gad y a la media tribu de Manasés.
9 Guardaréis, pues, las palabras de este pacto, y las pondréis por obra, para que prosperéis en todo lo que hiciereis.
10 Vosotros todos estáis hoy en presencia de Jehová vuestro Dios; los cabezas de vuestras tribus, vuestros ancianos y vuestros oficiales, todos los varones de Israel;
11 vuestros niños, vuestras mujeres, y tus extranjeros que habitan en medio de tu campamento, desde el que corta tu leña hasta el que saca tu agua;
12 para que entres en el pacto de Jehová tu Dios, y en su juramento, que Jehová tu Dios concierta hoy contigo,
13 para confirmarte hoy como su pueblo, y para que él te sea a ti por Dios, de la manera que él te ha dicho, y como lo juró a tus padres Abraham, Isaac y Jacob.
14 Y no solamente con vosotros hago yo este pacto y este juramento,
15 sino con los que están aquí presentes hoy con nosotros delante de Jehová nuestro Dios, y con los que no están aquí hoy con nosotros.
16 Porque vosotros sabéis cómo habitamos en la tierra de Egipto, y cómo hemos pasado por en medio de las naciones por las cuales habéis pasado;
17 y habéis visto sus abominaciones y sus ídolos de madera y piedra, de plata y oro, que tienen consigo.
18 No sea que haya entre vosotros varón o mujer, o familia o tribu, cuyo corazón se aparte hoy de Jehová nuestro Dios, para ir a servir a los dioses de esas naciones; no sea que haya en medio de vosotros raíz que produzca hiel y ajenjo,
19 y suceda que al oír las palabras de esta maldición, él se bendiga en su corazón, diciendo: Tendré paz, aunque ande en la dureza de mi corazón, a fin de que con la embriaguez quite la sed.
20 No querrá Jehová perdonarlo, sino que entonces humeará la ira de Jehová y su celo sobre el tal hombre, y se asentará sobre él toda maldición escrita en este libro, y Jehová borrará su nombre de debajo del cielo;
21 y lo apartará Jehová de todas las tribus de Israel para mal, conforme a todas las maldiciones del pacto escrito en este libro de la ley.
22 Y dirán las generaciones venideras, vuestros hijos que se levanten después de vosotros, y el extranjero que vendrá de lejanas tierras, cuando vieren las plagas de aquella tierra, y sus enfermedades de que Jehová la habrá hecho enfermar
23 (azufre y sal, abrasada toda su tierra; no será sembrada, ni producirá, ni crecerá en ella hierba alguna, como sucedió en la destrucción de Sodoma y de Gomorra, de Adma y de Zeboim, las cuales Jehová destruyó en su furor y en su ira);

2 Moses summoned all the Israelites and said to them:

Your eyes have seen all that the LORD did in Egypt to Pharaoh, to all his officials and to all his land. 3 With your own eyes you saw those great trials, those miraculous signs and great wonders. 4 But to this day the LORD has not given you a mind that understands or eyes that see or ears that hear. 5 During the forty years that I led you through the desert, your clothes did not wear out, nor did the sandals on your feet. 6 You ate no bread and drank no wine or other fermented drink. I did this so that you might know that I am the LORD your God.

7 When you reached this place, Sihon king of Heshbon and Og king of Bashan came out to fight against us, but we defeated them. 8 We took their land and gave it as an inheritance to the Reubenites, the Gadites and the half-tribe of Manasseh.

9 Carefully follow the terms of this covenant, so that you may prosper in everything you do. 10 All of you are standing today in the presence of the LORD your God— your leaders and chief men, your elders and officials, and all the other men of Israel, 11 together with your children and your wives, and the aliens living in your camps who chop your wood and carry your water. 12 You are standing here in order to enter into a covenant with the LORD your God, a covenant the LORD is making with you this day and sealing with an oath, 13 to confirm you this day as his people, that he may be your God as he promised you and as he swore to your fathers, Abraham, Isaac and Jacob. 14 I am making this covenant, with its oath, not only with you 15 who are standing here with us today in the presence of the LORD our God but also with those who are not here today.

16 You yourselves know how we lived in Egypt and how we passed through the countries on the way here. 17 You saw among them their detestable images and idols of wood and stone, of silver and gold. 18 Make sure there is no man or woman, clan or tribe among you today whose heart turns away from the LORD our God to go and worship the gods of those nations; make sure there is no root among you that produces such bitter poison.

19 When such a person hears the words of this oath, he invokes a blessing on himself and therefore thinks, "I will be safe, even though I persist in going my own way." This will bring disaster on the watered land as well as the dry. m 20 The LORD will never be willing to forgive him; his wrath and zeal will burn against that man. All the curses written in this book will fall upon him, and the LORD will blot out his name from under heaven. 21 The LORD will single him out from all the tribes of Israel for disaster, according to all the curses of the covenant written in this Book of the Law.

22 Your children who follow you in later generations and foreigners who come from distant lands will see the calamities that have fallen on the land and the diseases with which the LORD has afflicted it. 23 The whole land will be a burning waste of salt and sulfur— nothing planted, nothing sprouting, no vegetation growing on it. It will be like the destruction of Sodom and Gomorrah, Admah and Zeboiim, which the LORD overthrew in fierce anger. 24 All the nations will ask:

---

m 19 Or *way, in order to add drunkenness to thirst."*

24 más aún, todas las naciones dirán: ¿Por qué hizo esto Jehová a esta tierra? ¿Qué significa el ardor de esta gran ira?

25 Y responderán: Por cuanto dejaron el pacto de Jehová el Dios de sus padres, que él concertó con ellos cuando los sacó de la tierra de Egipto,

26 y fueron y sirvieron a dioses ajenos, y se inclinaron a ellos, dioses que no conocían, y que ninguna cosa les habían dado.

27 Por tanto, se encendió la ira de Jehová contra esta tierra, para traer sobre ella todas las maldiciones escritas en este libro;

28 y Jehová los desarraigó de su tierra con ira, con furor y con grande indignación, y los arrojó a otra tierra, como hoy se ve.

29 Las cosas secretas pertenecen a Jehová nuestro Dios; mas las reveladas son para nosotros y para nuestros hijos para siempre, para que cumplamos todas las palabras de esta ley.

Condiciones para la restauración y la bendición

30 1 Sucederá que cuando hubieren venido sobre ti todas estas cosas, la bendición y la maldición que he puesto delante de ti, y te arrepintieres en medio de todas las naciones adonde te hubiere arrojado Jehová tu Dios,

2 y te convirtieres a Jehová tu Dios, y obedecieres a su voz conforme a todo lo que yo te mando hoy, tú y tus hijos, con todo tu corazón y con toda tu alma,

3 entonces Jehová hará volver a tus cautivos, y tendrá misericordia de ti, y volverá a recogerte de entre todos los pueblos adonde te hubiere esparcido Jehová tu Dios.

4 Aun cuando tus desterrados estuvieren en las partes más lejanas que hay debajo del cielo, de allí te recogerá Jehová tu Dios, y de allá te tomará;

5 y te hará volver Jehová tu Dios a la tierra que heredaron tus padres, y será tuya; y te hará bien, y te multiplicará más que a tus padres.

6 Y circuncidará Jehová tu Dios tu corazón, y el corazón de tu descendencia, para que ames a Jehová tu Dios con todo tu corazón y con toda tu alma, a fin de que vivas.

7 Y pondrá Jehová tu Dios todas estas maldiciones sobre tus enemigos, y sobre tus aborrecedores que te persiguieron.

8 Y tú volverás, y oirás la voz de Jehová, y pondrás por obra todos sus mandamientos que yo te ordeno hoy.

9 Y te hará Jehová tu Dios abundar en toda obra de tus manos, en el fruto de tu vientre, en el fruto de tu bestia, y en el fruto de tu tierra, para bien; porque Jehová volverá a gozarse sobre ti para bien, de la manera que se gozó sobre tus padres,

10 cuando obedecieres a la voz de Jehová tu Dios, para guardar sus mandamientos y sus estatutos escritos en este libro de la ley; cuando te convirtieres a Jehová tu Dios con todo tu corazón y con toda tu alma.

11 Porque este mandamiento que yo te ordeno hoy no es demasiado difícil para ti, ni está lejos.

12 No está en el cielo, para que digas: ¿Quién subirá por nosotros al cielo, y nos lo traerá y nos lo hará oír para que lo cumplamos?

13 Ni está al otro lado del mar, para que digas: ¿Quién pasará por nosotros el mar, para que nos lo traiga y nos lo haga oír, a fin de que lo cumplamos?

14 Porque muy cerca de ti está la palabra, en tu boca y en tu corazón, para que la cumplas.

15 Mira, yo he puesto delante de ti hoy la vida y el bien, la muerte y el mal;

16 porque yo te mando hoy que ames a Jehová tu Dios, que

"Why has the LORD done this to this land? Why this fierce, burning anger?"

25 And the answer will be: "It is because this people abandoned the covenant of the LORD, the God of their fathers, the covenant he made with them when he brought them out of Egypt. 26 They went off and worshiped other gods and bowed down to them, gods they did not know, gods he had not given them. 27 Therefore the LORD's anger burned against this land, so that he brought on it all the curses written in this book. 28 In furious anger and in great wrath the LORD uprooted them from their land and thrust them into another land, as it is now."

29 The secret things belong to the LORD our God, but the things revealed belong to us and to our children forever, that we may follow all the words of this law.

Prosperity After Turning to the LORD

30 When all these blessings and curses I have set before you come upon you and you take them to heart wherever the LORD your God disperses you among the nations, 2 and when you and your children return to the LORD your God and obey him with all your heart and with all your soul according to everything I command you today, 3 then the LORD your God will restore your fortunes [n] and have compassion on you and gather you again from all the nations where he scattered you. 4 Even if you have been banished to the most distant land under the heavens, from there the LORD your God will gather you and bring you back. 5 He will bring you to the land that belonged to your fathers, and you will take possession of it. He will make you more prosperous and numerous than your fathers. 6 The LORD your God will circumcise your hearts and the hearts of your descendants, so that you may love him with all your heart and with all your soul, and live. 7 The LORD your God will put all these curses on your enemies who hate and persecute you. 8 You will again obey the LORD and follow all his commands I am giving you today. 9 Then the LORD your God will make you most prosperous in all the work of your hands and in the fruit of your womb, the young of your livestock and the crops of your land. The LORD will again delight in you and make you prosperous, just as he delighted in your fathers, 10 if you obey the LORD your God and keep his commands and decrees that are written in this Book of the Law and turn to the LORD your God with all your heart and with all your soul.

The Offer of Life or Death

11 Now what I am commanding you today is not too difficult for you or beyond your reach. 12 It is not up in heaven, so that you have to ask, "Who will ascend into heaven to get it and proclaim it to us so we may obey it?" 13 Nor is it beyond the sea, so that you have to ask, "Who will cross the sea to get it and proclaim it to us so we may obey it?" 14 No, the word is very near you; it is in your mouth and in your heart so you may obey it.

15 See, I set before you today life and prosperity, death and destruction. 16 For I command you today to

---

n3 Or *will bring you back from captivity*

andes en sus caminos, y guardes sus mandamientos, sus estatutos y sus decretos, para que vivas y seas multiplicado, y Jehová tu Dios te bendiga en la tierra a la cual entras para tomar posesión de ella.

17 Mas si tu corazón se apartare y no oyeres, y te dejares extraviar, y te inclinares a dioses ajenos y les sirvieres, 18 yo os protesto hoy que de cierto pereceréis; no prolongaréis vuestros días sobre la tierra adonde vais, pasando el Jordán, para entrar en posesión de ella.

19 A los cielos y a la tierra llamo por testigos hoy contra vosotros, que os he puesto delante la vida y la muerte, la bendición y la maldición; escoge, pues, la vida, para que vivas tú y tu descendencia;

20 amando a Jehová tu Dios, atendiendo a su voz, y siguiéndole a él; porque él es vida para ti, y prolongación de tus días; a fin de que habites sobre la tierra que juró Jehová a tus padres, Abraham, Isaac y Jacob, que les había de dar.

Josué es instalado como sucesor de Moisés

31 1 Fue Moisés y habló estas palabras a todo Israel, 2 y les dijo: Este día soy de edad de ciento veinte años; no puedo más salir ni entrar; además de esto Jehová me ha dicho: No pasarás este Jordán.

3 Jehová tu Dios, él pasa delante de ti; él destruirá a estas naciones delante de ti, y las heredarás; Josué será el que pasará delante de ti, como Jehová ha dicho.

4 Y hará Jehová con ellos como hizo con Sehón y con Og, reyes de los amorreos, y con su tierra, a quienes destruyó.

5 Y los entregará Jehová delante de vosotros, y haréis con ellos conforme a todo lo que os he mandado.

6 Esforzaos y cobrad ánimo; no temáis, ni tengáis miedo de ellos, porque Jehová tu Dios es el que va contigo; no te dejará, ni te desamparará.

7 Y llamó Moisés a Josué, y le dijo en presencia de todo Israel: Esfuérzate y anímate; porque tú entrarás con este pueblo a la tierra que juró Jehová a sus padres que les daría, y tú se la harás heredar.

8 Y Jehová va delante de ti; él estará contigo, no te dejará, ni te desamparará; no temas ni te intimides.

9 Y escribió Moisés esta ley, y la dio a los sacerdotes hijos de Leví, que llevaban el arca del pacto de Jehová, y a todos los ancianos de Israel.

10 Y les mandó Moisés, diciendo: Al fin de cada siete años, en el año de la remisión, en la fiesta de los tabernáculos, 11 cuando viniere todo Israel a presentarse delante de Jehová tu Dios en el lugar que él escogiere, leerás esta ley delante de todo Israel a oídos de ellos.

12 Harás congregar al pueblo, varones y mujeres y niños, y tus extranjeros que estuvieren en tus ciudades, para que oigan y aprendan, y teman a Jehová vuestro Dios, y cuiden de cumplir todas las palabras de esta ley;

13 y los hijos de ellos que no supieron, oigan, y aprendan a temer a Jehová vuestro Dios todos los días que viviereis sobre la tierra adonde vais, pasando el Jordán, para tomar posesión de ella.

14 Y Jehová dijo a Moisés: He aquí se ha acercado el día de tu muerte; llama a Josué, y esperad en el tabernáculo de reunión para que yo le dé el cargo. Fueron, pues, Moisés y Josué, y esperaron en el tabernáculo de reunión.

love the LORD your God, to walk in his ways, and to keep his commands, decrees and laws; then you will live and increase, and the LORD your God will bless you in the land you are entering to possess.

17 But if your heart turns away and you are not obedient, and if you are drawn away to bow down to other gods and worship them, 18 I declare to you this day that you will certainly be destroyed. You will not live long in the land you are crossing the Jordan to enter and possess.

19 This day I call heaven and earth as witnesses against you that I have set before you life and death, blessings and curses. Now choose life, so that you and your children may live 20 and that you may love the LORD your God, listen to his voice, and hold fast to him. For the LORD is your life, and he will give you many years in the land he swore to give to your fathers, Abraham, Isaac and Jacob.

Joshua to Succeed Moses

31 Then Moses went out and spoke these words to all Israel: 2 "I am now a hundred and twenty years old and I am no longer able to lead you. The LORD has said to me, 'You shall not cross the Jordan.' 3 The LORD your God himself will cross over ahead of you. He will destroy these nations before you, and you will take possession of their land. Joshua also will cross over ahead of you, as the LORD said. 4 And the LORD will do to them what he did to Sihon and Og, the kings of the Amorites, whom he destroyed along with their land. 5 The LORD will deliver them to you, and you must do to them all that I have commanded you. 6 Be strong and courageous. Do not be afraid or terrified because of them, for the LORD your God goes with you; he will never leave you nor forsake you."

7 Then Moses summoned Joshua and said to him in the presence of all Israel, "Be strong and courageous, for you must go with this people into the land that the LORD swore to their forefathers to give them, and you must divide it among them as their inheritance. 8 The LORD himself goes before you and will be with you; he will never leave you nor forsake you. Do not be afraid; do not be discouraged."

The Reading of the Law

9 So Moses wrote down this law and gave it to the priests, the sons of Levi, who carried the ark of the covenant of the LORD, and to all the elders of Israel. 10 Then Moses commanded them: "At the end of every seven years, in the year for canceling debts, during the Feast of Tabernacles, 11 when all Israel comes to appear before the LORD your God at the place he will choose, you shall read this law before them in their hearing. 12 Assemble the people — men, women and children, and the aliens living in your towns — so they can listen and learn to fear the LORD your God and follow carefully all the words of this law. 13 Their children, who do not know this law, must hear it and learn to fear the LORD your God as long as you live in the land you are crossing the Jordan to possess."

Israel's Rebellion Predicted

14 The LORD said to Moses, "Now the day of your death is near. Call Joshua and present yourselves at the Tent of Meeting, where I will commission him." So Moses and Joshua came and presented themselves at the Tent of Meeting.

15 Y se apareció Jehová en el tabernáculo, en la columna de nube; y la columna de nube se puso sobre la puerta del tabernáculo.

16 Y Jehová dijo a Moisés: He aquí, tú vas a dormir con tus padres, y este pueblo se levantará y fornicará tras los dioses ajenos de la tierra adonde va para estar en medio de ella; y me dejará, e invalidará mi pacto que he concertado con él;

17 y se encenderá mi furor contra él en aquel día; y los abandonaré, y esconderé de ellos mi rostro, y serán consumidos; y vendrán sobre ellos muchos males y angustias, y dirán en aquel día: ¿No me han venido estos males porque no está mi Dios en medio de mí?

18 Pero ciertamente yo esconderé mi rostro en aquel día, por todo el mal que ellos habrán hecho, por haberse vuelto a dioses ajenos.

19 Ahora pues, escribíos este cántico, y enséñalo a los hijos de Israel; ponlo en boca de ellos, para que este cántico me sea por testigo contra los hijos de Israel.

20 Porque yo les introduciré en la tierra que juré a sus padres, la cual fluye leche y miel; y comerán y se saciarán, y engordarán; y se volverán a dioses ajenos y les servirán, y me enojarán, e invalidarán mi pacto.

21 Y cuando les vinieren muchos males y angustias, entonces este cántico responderá en su cara como testigo, pues será recordado por la boca de sus descendientes; porque yo conozco lo que se proponen de antemano, antes que los introduzca en la tierra que juré darles.

22 Y Moisés escribió este cántico aquel día, y lo enseñó a los hijos de Israel.

23 Y dio orden a Josué hijo de Nun, y dijo: Esfuérzate y anímate, pues tú introducirás a los hijos de Israel en la tierra que les juré, y yo estaré contigo.

Orden de guardar la ley junto al arca

24 Y cuando acabó Moisés de escribir las palabras de esta ley en un libro hasta concluirse,

25 dio órdenes Moisés a los levitas que llevaban el arca del pacto de Jehová, diciendo:

26 Tomad este libro de la ley, y ponedlo al lado del arca del pacto de Jehová vuestro Dios, y esté allí por testigo contra ti.

27 Porque yo conozco tu rebelión, y tu dura cerviz; he aquí que aun viviendo yo con vosotros hoy, sois rebeldes a Jehová; ¿cuánto más después que yo haya muerto?

28 Congregad a mí todos los ancianos de vuestras tribus, y a vuestros oficiales, y hablaré en sus oídos estas palabras, y llamaré por testigos contra ellos a los cielos y a la tierra.

29 Porque yo sé que después de mi muerte, ciertamente os corromperéis y os apartaréis del camino que os he mandado; y que os ha de venir mal en los postreros días, por haber hecho mal ante los ojos de Jehová, enojándole con la obra de vuestras manos.

Cántico de Moisés

30 Entonces habló Moisés a oídos de toda la congregación de Israel las palabras de este cántico hasta acabarlo.

32 1 Escuchad, cielos, y hablaré;
     Y oiga la tierra los dichos de mi boca.
2 Goteará como la lluvia mi enseñanza;
   Destilará como el rocío mi razonamiento;
   Como la llovizna sobre la grama,
   Y como las gotas sobre la hierba;
3 Porque el nombre de Jehová proclamaré.
   Engrandeced a nuestro Dios.

15 Then the LORD appeared at the Tent in a pillar of cloud, and the cloud stood over the entrance to the Tent. 16 And the LORD said to Moses: "You are going to rest with your fathers, and these people will soon prostitute themselves to the foreign gods of the land they are entering. They will forsake me and break the covenant I made with them. 17 On that day I will become angry with them and forsake them; I will hide my face from them, and they will be destroyed. Many disasters and difficulties will come upon them, and on that day they will ask, 'Have not these disasters come upon us because our God is not with us?' 18 And I will certainly hide my face on that day because of all their wickedness in turning to other gods.

19 "Now write down for yourselves this song and teach it to the Israelites and have them sing it, so that it may be a witness for me against them. 20 When I have brought them into the land flowing with milk and honey, the land I promised on oath to their forefathers, and when they eat their fill and thrive, they will turn to other gods and worship them, rejecting me and breaking my covenant. 21 And when many disasters and difficulties come upon them, this song will testify against them, because it will not be forgotten by their descendants. I know what they are disposed to do, even before I bring them into the land I promised them on oath." 22 So Moses wrote down this song that day and taught it to the Israelites.

23 The LORD gave this command to Joshua son of Nun: "Be strong and courageous, for you will bring the Israelites into the land I promised them on oath, and I myself will be with you."

24 After Moses finished writing in a book the words of this law from beginning to end, 25 he gave this command to the Levites who carried the ark of the covenant of the LORD: 26 "Take this Book of the Law and place it beside the ark of the covenant of the LORD your God. There it will remain as a witness against you. 27 For I know how rebellious and stiff-necked you are. If you have been rebellious against the LORD while I am still alive and with you, how much more will you rebel after I die! 28 Assemble before me all the elders of your tribes and all your officials, so that I can speak these words in their hearing and call heaven and earth to testify against them. 29 For I know that after my death you are sure to become utterly corrupt and to turn from the way I have commanded you. In days to come, disaster will fall upon you because you will do evil in the sight of the LORD and provoke him to anger by what your hands have made."

The Song of Moses

30 And Moses recited the words of this song from beginning to end in the hearing of the whole assembly of Israel:

32 Listen, O heavens, and I will speak;
     hear, O earth, the words of my mouth.
2 Let my teaching fall like rain
   and my words descend like dew,
 like showers on new grass,
   like abundant rain on tender plants.

3 I will proclaim the name of the LORD.
   Oh, praise the greatness of our God!

⁴El es la Roca, cuya obra es perfecta,
  Porque todos sus caminos son rectitud;
  Dios de verdad, y sin ninguna iniquidad en él;
  Es justo y recto.
⁵La corrupción no es suya; de sus hijos es la
      mancha,
  Generación torcida y perversa.
⁶¿Así pagáis a Jehová,
  Pueblo loco e ignorante?
  ¿No es él tu padre que te creó?
  El te hizo y te estableció.
⁷Acuérdate de los tiempos antiguos,
  Considera los años de muchas generaciones;
  Pregunta a tu padre, y él te declarará;
  A tus ancianos, y ellos te dirán.
⁸Cuando el Altísimo hizo heredar a las naciones,
  Cuando hizo dividir a los hijos de los hombres,
  Estableció los límites de los pueblos
  Según el número de los hijos de Israel.
⁹Porque la porción de Jehová es su pueblo;
  Jacob la heredad que le tocó.
¹⁰Le halló en tierra de desierto,
  Y en yermo de horrible soledad;
  Lo trajo alrededor, lo instruyó,
  Lo guardó como a la niña de su ojo.
¹¹Como el águila que excita su nidada,
  Revolotea sobre sus pollos,
  Extiende sus alas, los toma,
  Los lleva sobre sus plumas,
¹²Jehová solo le guió,
  Y con él no hubo dios extraño.
¹³Lo hizo subir sobre las alturas de la tierra,
  Y comió los frutos del campo,
  E hizo que chupase miel de la peña,
  Y aceite del duro pedernal;
¹⁴Mantequilla de vacas y leche de ovejas,
  Con grosura de corderos,
  Y carneros de Basán; también machos cabríos,
  Con lo mejor del trigo;
  Y de la sangre de la uva bebiste vino.
¹⁵Pero engordó Jesurún, y tiró coces
  (Engordaste, te cubriste de grasa);
  Entonces abandonó al Dios que lo hizo,
  Y menospreció la Roca de su salvación.
¹⁶Le despertaron a celos con los dioses ajenos;
  Lo provocaron a ira con abominaciones.
¹⁷Sacrificaron a los demonios, y no a Dios;
  A dioses que no habían conocido,
  A nuevos dioses venidos de cerca,
  Que no habían temido vuestros padres.
¹⁸De la Roca que te creó te olvidaste;
  Te has olvidado de Dios tu creador.
¹⁹Y lo vio Jehová, y se encendió en ira
  Por el menosprecio de sus hijos y de sus hijas.
²⁰Y dijo: Esconderé de ellos mi rostro,
  Veré cuál será su fin;
  Porque son una generación perversa,
  Hijos infieles.

⁴He is the Rock, his works are perfect,
  and all his ways are just.
  A faithful God who does no wrong,
  upright and just is he.
⁵They have acted corruptly toward him;
  to their shame they are no longer his children,
  but a warped and crooked generation. o
⁶Is this the way you repay the LORD,
  O foolish and unwise people?
  Is he not your Father, your Creator, p
  who made you and formed you?
⁷Remember the days of old;
  consider the generations long past.
  Ask your father and he will tell you,
  your elders, and they will explain to you.
⁸When the Most High gave the nations their
      inheritance,
  when he divided all mankind,
  he set up boundaries for the peoples
  according to the number of the sons of
      Israel. q
⁹For the LORD's portion is his people,
  Jacob his allotted inheritance.
¹⁰In a desert land he found him,
  in a barren and howling waste.
  He shielded him and cared for him;
  he guarded him as the apple of his eye,
¹¹like an eagle that stirs up its nest
  and hovers over its young,
  that spreads its wings to catch them
  and carries them on its pinions.
¹²The LORD alone led him;
  no foreign god was with him.
¹³He made him ride on the heights of the land
  and fed him with the fruit of the fields.
  He nourished him with honey from the rock,
  and with oil from the flinty crag,
¹⁴with curds and milk from herd and flock
  and with fattened lambs and goats,
  with choice rams of Bashan
  and the finest kernels of wheat.
  You drank the foaming blood of the grape.
¹⁵Jeshurun r grew fat and kicked;
  filled with food, he became heavy and sleek.
  He abandoned the God who made him
  and rejected the Rock his Savior.
¹⁶They made him jealous with their foreign gods
  and angered him with their detestable idols.
¹⁷They sacrificed to demons, which are not God—
  gods they had not known,
  gods that recently appeared,
  gods your fathers did not fear.
¹⁸You deserted the Rock, who fathered you;
  you forgot the God who gave you birth.
¹⁹The LORD saw this and rejected them
  because he was angered by his sons and
      daughters.
²⁰"I will hide my face from them," he said,
  "and see what their end will be;
  for they are a perverse generation,
  children who are unfaithful.

---

o 5 Or *Corrupt are they and not his children, / a generation warped and twisted to their shame*   p 6 Or *Father, who bought you*   q 8 Masoretic Text; Dead Sea Scrolls (see also Septuagint) *sons of God*   r 15 Jeshurun means *the upright one*, that is, Israel.

²¹ Ellos me movieron a celos con lo que no es Dios;
Me provocaron a ira con sus ídolos;
Yo también los moveré a celos con un pueblo que
no es pueblo,
Los provocaré a ira con una nación insensata.
²² Porque fuego se ha encendido en mi ira,
Y arderá hasta las profundidades del Seol;
Devorará la tierra y sus frutos,
Y abrasará los fundamentos de los montes.
²³ Yo amontonaré males sobre ellos;
Emplearé en ellos mis saetas.
²⁴ Consumidos serán de hambre, y devorados de fiebre
ardiente
Y de peste amarga;
Diente de fieras enviaré también sobre ellos,
Con veneno de serpientes de la tierra.
²⁵ Por fuera desolará la espada,
Y dentro de las cámaras el espanto;
Así al joven como a la doncella,
Al niño de pecho como al hombre cano.
²⁶ Yo había dicho que los esparciría lejos,
Que haría cesar de entre los hombres la memoria
de ellos,
²⁷ De no haber temido la provocación del enemigo,
No sea que se envanezcan sus adversarios,
No sea que digan: Nuestra mano poderosa
Ha hecho todo esto, y no Jehová.
²⁸ Porque son nación privada de consejos,
Y no hay en ellos entendimiento.
²⁹ ¡Ojalá fueran sabios, que comprendieran esto,
Y se dieran cuenta del fin que les espera!
³⁰ ¿Cómo podría perseguir uno a mil,
Y dos hacer huir a diez mil,
Si su Roca no los hubiese vendido,
Y Jehová no los hubiera entregado?
³¹ Porque la roca de ellos no es como nuestra Roca,
Y aun nuestros enemigos son de ello jueces.
³² Porque de la vid de Sodoma es la vid de ellos,
Y de los campos de Gomorra;
Las uvas de ellos son uvas ponzoñosas,
Racimos muy amargos tienen.
³³ Veneno de serpientes es su vino,
Y ponzoña cruel de áspides.
³⁴ ¿No tengo yo esto guardado conmigo,
Sellado en mis tesoros?
³⁵ Mía es la venganza y la retribución;
A su tiempo su pie resbalará,
Porque el día de su aflicción está cercano,
Y lo que les está preparado se apresura.
³⁶ Porque Jehová juzgará a su pueblo,
Y por amor de sus siervos se arrepentirá,
Cuando viere que la fuerza pereció,
Y que no queda ni siervo ni libre.
³⁷ Y dirá: ¿Dónde están sus dioses,
La roca en que se refugiaban;
³⁸ Que comían la grosura de sus sacrificios,
Y bebían el vino de sus libaciones?
Levántense, que os ayuden
Y os defiendan.
³⁹ Ved ahora que yo, yo soy,
Y no hay dioses conmigo;
Yo hago morir, y yo hago vivir;
Yo hiero, y yo sano;
Y no hay quien pueda librar de mi mano.

²¹ They made me jealous by what is no god
and angered me with their worthless idols.
I will make them envious by those who are not a
people;
I will make them angry by a nation that has
no understanding.
²² For a fire has been kindled by my wrath,
one that burns to the realm of death ˢ below.
It will devour the earth and its harvests
and set afire the foundations of the mountains.
²³ "I will heap calamities upon them
and spend my arrows against them.
²⁴ I will send wasting famine against them,
consuming pestilence and deadly plague;
I will send against them the fangs of wild beasts,
the venom of vipers that glide in the dust.
²⁵ In the street the sword will make them childless;
in their homes terror will reign.
Young men and young women will perish,
infants and gray-haired men.
²⁶ I said I would scatter them
and blot out their memory from mankind,
²⁷ but I dreaded the taunt of the enemy,
lest the adversary misunderstand
and say, 'Our hand has triumphed;
the LORD has not done all this.' "
²⁸ They are a nation without sense,
there is no discernment in them.
²⁹ If only they were wise and would understand this
and discern what their end will be!
³⁰ How could one man chase a thousand,
or two put ten thousand to flight,
unless their Rock had sold them,
unless the LORD had given them up?
³¹ For their rock is not like our Rock,
as even our enemies concede.
³² Their vine comes from the vine of Sodom
and from the fields of Gomorrah.
Their grapes are filled with poison,
and their clusters with bitterness.
³³ Their wine is the venom of serpents,
the deadly poison of cobras.
³⁴ "Have I not kept this in reserve
and sealed it in my vaults?
³⁵ It is mine to avenge; I will repay.
In due time their foot will slip;
their day of disaster is near
and their doom rushes upon them."
³⁶ The LORD will judge his people
and have compassion on his servants
when he sees their strength is gone
and no one is left, slave or free.
³⁷ He will say: "Now where are their gods,
the rock they took refuge in,
³⁸ the gods who ate the fat of their sacrifices
and drank the wine of their drink offerings?
Let them rise up to help you!
Let them give you shelter!
³⁹ "See now that I myself am He!
There is no god besides me.
I put to death and I bring to life,
I have wounded and I will heal,
and no one can deliver out of my hand.

ˢ22 Hebrew *to Sheol*

40 Porque yo alzaré a los cielos mi mano,
Y diré: Vivo yo para siempre,
41 Si afilare mi reluciente espada,
Y echare mano del juicio,
Yo tomaré venganza de mis enemigos,
Y daré la retribución a los que me aborrecen.
42 Embriagaré de sangre mis saetas,
Y mi espada devorará carne;
En la sangre de los muertos y de los cautivos,
En las cabezas de larga cabellera del enemigo.
43 Alabad, naciones, a su pueblo,
Porque él vengará la sangre de sus siervos,
Y tomará venganza de sus enemigos,
Y hará expiación por la tierra de su pueblo.

44 Vino Moisés y recitó todas las palabras de este cántico a oídos del pueblo, él y Josué hijo de Nun. 45 Y acabó Moisés de recitar todas estas palabras a todo Israel; 46 y les dijo: Aplicad vuestro corazón a todas las palabras que yo os testifico hoy, para que las mandéis a vuestros hijos, a fin de que cuiden de cumplir todas las palabras de esta ley. 47 Porque no os es cosa vana; es vuestra vida, y por medio de esta ley haréis prolongar vuestros días sobre la tierra adonde vais, pasando el Jordán, para tomar posesión de ella.

Se le permite a Moisés contemplar la tierra de Canaán

48 Y habló Jehová a Moisés aquel mismo día, diciendo: 49 Sube a este monte de Abarim, al monte Nebo, situado en la tierra de Moab que está frente a Jericó, y mira la tierra de Canaán, que yo doy por heredad a los hijos de Israel; 50 y muere en el monte al cual subes, y sé unido a tu pueblo, así como murió Aarón tu hermano en el monte Hor, y fue unido a su pueblo; 51 por cuanto pecasteis contra mí en medio de los hijos de Israel en las aguas de Meriba de Cades, en el desierto de Zin; porque no me santificasteis en medio de los hijos de Israel. 52 Verás, por tanto, delante de ti la tierra; mas no entrarás allá, a la tierra que doy a los hijos de Israel.

Moisés bendice a las doce tribus de Israel

33 1 Esta es la bendición con la cual bendijo Moisés varón de Dios a los hijos de Israel, antes que muriese. 2 Dijo:

Jehová vino de Sinaí,
Y de Seir les esclareció;
Resplandeció desde el monte de Parán,
Y vino de entre diez millares de santos,
Con la ley de fuego a su mano derecha.
3 Aun amó a su pueblo;
Todos los consagrados a él estaban en su mano;
Por tanto, ellos siguieron en tus pasos,
Recibiendo dirección de ti,
4 Cuando Moisés nos ordenó una ley,
Como heredad a la congregación de Jacob.
5 Y fue rey en Jesurún,
Cuando se congregaron los jefes del pueblo
Con las tribus de Israel.

40 I lift my hand to heaven and declare:
As surely as I live forever,
41 when I sharpen my flashing sword
and my hand grasps it in judgment,
I will take vengeance on my adversaries
and repay those who hate me.
42 I will make my arrows drunk with blood,
while my sword devours flesh:
the blood of the slain and the captives,
the heads of the enemy leaders."

43 Rejoice, O nations, with his people,[t][u]
for he will avenge the blood of his servants;
he will take vengeance on his enemies
and make atonement for his land and people.

44 Moses came with Joshua[v] son of Nun and spoke all the words of this song in the hearing of the people. 45 When Moses finished reciting all these words to all Israel, 46 he said to them, "Take to heart all the words I have solemnly declared to you this day, so that you may command your children to obey carefully all the words of this law. 47 They are not just idle words for you — they are your life. By them you will live long in the land you are crossing the Jordan to possess."

Moses to Die on Mount Nebo

48 On that same day the LORD told Moses, 49 "Go up into the Abarim Range to Mount Nebo in Moab, across from Jericho, and view Canaan, the land I am giving the Israelites as their own possession. 50 There on the mountain that you have climbed you will die and be gathered to your people, just as your brother Aaron died on Mount Hor and was gathered to his people. 51 This is because both of you broke faith with me in the presence of the Israelites at the waters of Meribah Kadesh in the Desert of Zin and because you did not uphold my holiness among the Israelites. 52 Therefore, you will see the land only from a distance; you will not enter the land I am giving to the people of Israel."

Moses Blesses the Tribes

33 This is the blessing that Moses the man of God pronounced on the Israelites before his death. 2 He said:

"The LORD came from Sinai
and dawned over them from Seir;
he shone forth from Mount Paran.
He came with[w] myriads of holy ones
from the south, from his mountain slopes.[x]
3 Surely it is you who love the people;
all the holy ones are in your hand.
At your feet they all bow down,
and from you receive instruction,
4 the law that Moses gave us,
the possession of the assembly of Jacob.
5 He was king over Jeshurun[y]
when the leaders of the people assembled,
along with the tribes of Israel.

---

t43 Or *Make his people rejoice, O nations*   u43 Masoretic Text; Dead Sea Scrolls (see also Septuagint) *people, / and let all the angels worship him /*   v44 Hebrew *Hoshea*, a variant of *Joshua*   w2 Or *from*   x2 The meaning of the Hebrew for this phrase is uncertain.   y5 *Jeshurun* means *the upright one*, that is, Israel; also in verse 26.

6 Viva Rubén, y no muera;
Y no sean pocos sus varones.
7 Y esta bendición profirió para Judá. Dijo así:
Oye, oh Jehová, la voz de Judá,
Y llévalo a su pueblo;
Sus manos le basten,
Y tú seas su ayuda contra sus enemigos.
8 A Leví dijo:
Tu Tumim y tu Urim sean para tu varón piadoso,
A quien probaste en Masah,
Con quien contendiste en las aguas de Meriba,
9 Quien dijo de su padre y de su madre: Nunca los he visto;
Y no reconoció a sus hermanos,
Ni a sus hijos conoció;
Pues ellos guardaron tus palabras,
Y cumplieron tu pacto.
10 Ellos enseñarán tus juicios a Jacob,
Y tu ley a Israel;
Pondrán el incienso delante de ti,
Y el holocausto sobre tu altar.
11 Bendice oh Jehová lo que hicieren,
Y recibe con agrado la obra de sus manos;
Hiere los lomos de sus enemigos,
Y de los que lo aborrecieren, para que nunca se levanten.
12 A Benjamín dijo:
El amado de Jehová habitará confiado cerca de él;
Lo cubrirá siempre,
Y entre sus hombros morará.
13 A José dijo:
Bendita de Jehová sea tu tierra,
Con lo mejor de los cielos, con el rocío,
Y con el abismo que está abajo.
14 Con los más escogidos frutos del sol,
Con el rico producto de la luna,
15 Con el fruto más fino de los montes antiguos,
Con la abundancia de los collados eternos,
16 Y con las mejores dádivas de la tierra y su plenitud;
Y la gracia del que habitó en la zarza
Venga sobre la cabeza de José,
Y sobre la frente de aquel que es príncipe entre sus hermanos.
17 Como el primogénito de su toro es su gloria,
Y sus astas como astas de búfalo;
Con ellas acorneará a los pueblos juntos hasta los fines de la tierra;
Ellos son los diez millares de Efraín,
Y ellos son los millares de Manasés.
18 A Zabulón dijo:
Alégrate, Zabulón, cuando salieres;
Y tú, Isacar, en tus tiendas.
19 Llamarán a los pueblos a su monte;
Allí sacrificarán sacrificios de justicia,
Por lo cual chuparán la abundancia de los mares,
Y los tesoros escondidos de la arena.

6 "Let Reuben live and not die,
nor z his men be few."
7 And this he said about Judah:

"Hear, O Lord, the cry of Judah;
bring him to his people.
With his own hands he defends his cause.
Oh, be his help against his foes!"

8 About Levi he said:

"Your Thummim and Urim belong
to the man you favored.
You tested him at Massah;
you contended with him at the waters of Meribah.
9 He said of his father and mother,
'I have no regard for them.'
He did not recognize his brothers
or acknowledge his own children,
but he watched over your word
and guarded your covenant.
10 He teaches your precepts to Jacob
and your law to Israel.
He offers incense before you
and whole burnt offerings on your altar.
11 Bless all his skills, O Lord,
and be pleased with the work of his hands.
Smite the loins of those who rise up against him;
strike his foes till they rise no more."

12 About Benjamin he said:

"Let the beloved of the Lord rest secure in him,
for he shields him all day long,
and the one the Lord loves rests between his shoulders."

13 About Joseph he said:

"May the Lord bless his land
with the precious dew from heaven above
and with the deep waters that lie below;
14 with the best the sun brings forth
and the finest the moon can yield;
15 with the choicest gifts of the ancient mountains
and the fruitfulness of the everlasting hills;
16 with the best gifts of the earth and its fullness
and the favor of him who dwelt in the burning bush.
Let all these rest on the head of Joseph,
on the brow of the prince among a his brothers.
17 In majesty he is like a firstborn bull;
his horns are the horns of a wild ox.
With them he will gore the nations,
even those at the ends of the earth.
Such are the ten thousands of Ephraim;
such are the thousands of Manasseh."

18 About Zebulun he said:

"Rejoice, Zebulun, in your going out,
and you, Issachar, in your tents.
19 They will summon peoples to the mountain
and there offer sacrifices of righteousness;
they will feast on the abundance of the seas,
on the treasures hidden in the sand."

z6 Or but let   a16 Or of the one separated from

20 A Gad dijo:
Bendito el que hizo ensanchar a Gad;
Como león reposa,
Y arrebata brazo y testa.
21 Escoge lo mejor de la tierra para sí,
Porque allí le fue reservada la porción del legislador.
Y vino en la delantera del pueblo;
Con Israel ejecutó los mandatos y los justos decretos
de Jehová.
22 A Dan dijo:
Dan es cachorro de león
Que salta desde Basán.
23 A Neftalí dijo:
Neftalí, saciado de favores,
Y lleno de la bendición de Jehová,
Posee el occidente y el sur.
24 A Aser dijo:
Bendito sobre los hijos sea Aser;
Sea el amado de sus hermanos,
Y moje en aceite su pie.
25 Hierro y bronce serán tus cerrojos,
Y como tus días serán tus fuerzas.
26 No hay como el Dios de Jesurún,
Quien cabalga sobre los cielos para tu ayuda,
Y sobre las nubes con su grandeza.
27 El eterno Dios es tu refugio,
Y acá abajo los brazos eternos;
El echó de delante de ti al enemigo,
Y dijo: Destruye.
28 E Israel habitará confiado, la fuente de Jacob
habitará sola
En tierra de grano y de vino;
También sus cielos destilarán rocío.
29 Bienaventurado tú, oh Israel.
¿Quién como tú,
Pueblo salvo por Jehová,
Escudo de tu socorro,
Y espada de tu triunfo?
Así que tus enemigos serán humillados,
Y tú hollarás sobre sus alturas.

Muerte y sepultura de Moisés

34 ¹ Subió Moisés de los campos de Moab al monte Nebo, a la cumbre del Pisga, que está enfrente de Jericó; y le mostró Jehová toda la tierra de Galaad hasta Dan,
² todo Neftalí, y la tierra de Efraín y de Manasés, toda la tierra de Judá hasta el mar occidental;
³ el Neguev, y la llanura, la vega de Jericó, ciudad de las palmeras, hasta Zoar.
⁴ Y le dijo Jehová: Esta es la tierra de que juré a Abraham, a Isaac y a Jacob, diciendo: A tu descendencia la daré. Te he permitido verla con tus ojos, mas no pasarás allá.
⁵ Y murió allí Moisés siervo de Jehová, en la tierra de Moab, conforme al dicho de Jehová.
⁶ Y lo enterró en el valle, en la tierra de Moab, enfrente de Bet-peor; y ninguno conoce el lugar de su sepultura hasta hoy.
⁷ Era Moisés de edad de ciento veinte años cuando murió; sus ojos nunca se oscurecieron, ni perdió su vigor.

20 About Gad he said:

"Blessed is he who enlarges Gad's domain!
Gad lives there like a lion,
tearing at arm or head.
21 He chose the best land for himself;
the leader's portion was kept for him.
When the heads of the people assembled,
he carried out the LORD's righteous will,
and his judgments concerning Israel."

22 About Dan he said:

"Dan is a lion's cub,
springing out of Bashan."

23 About Naphtali he said:

"Naphtali is abounding with the favor of the
LORD
and is full of his blessing;
he will inherit southward to the lake."

24 About Asher he said:

"Most blessed of sons is Asher;
let him be favored by his brothers,
and let him bathe his feet in oil.
25 The bolts of your gates will be iron and bronze,
and your strength will equal your days.

26 "There is no one like the God of Jeshurun,
who rides on the heavens to help you
and on the clouds in his majesty.
27 The eternal God is your refuge,
and underneath are the everlasting arms.
He will drive out your enemy before you,
saying, 'Destroy him!'
28 So Israel will live in safety alone;
Jacob's spring is secure
in a land of grain and new wine,
where the heavens drop dew.
29 Blessed are you, O Israel!
Who is like you,
a people saved by the LORD?
He is your shield and helper
and your glorious sword.
Your enemies will cower before you,
and you will trample down their high
places. ᵇ"

The Death of Moses

34 Then Moses climbed Mount Nebo from the plains of Moab to the top of Pisgah, across from Jericho. There the LORD showed him the whole land — from Gilead to Dan, ²all of Naphtali, the territory of Ephraim and Manasseh, all the land of Judah as far as the western sea, ᶜ ³the Negev and the whole region from the Valley of Jericho, the City of Palms, as far as Zoar. ⁴Then the LORD said to him, "This is the land I promised on oath to Abraham, Isaac and Jacob when I said, 'I will give it to your descendants.' I have let you see it with your eyes, but you will not cross over into it."

⁵And Moses the servant of the LORD died there in Moab, as the LORD had said. ⁶He buried him ᵈ in Moab, in the valley opposite Beth Peor, but to this day no one knows where his grave is. ⁷Moses was a hundred and twenty years old when he died, yet his eyes were not weak nor his strength gone. ⁸The Israelites

ᵇ29 Or *will tread upon their bodies*   ᶜ2 That is, the
Mediterranean   ᵈ6 Or *He was buried*

8 Y lloraron los hijos de Israel a Moisés en los campos de Moab treinta días; y así se cumplieron los días del lloro y del luto de Moisés.

9 Y Josué hijo de Nun fue lleno del espíritu de sabiduría, porque Moisés había puesto sus manos sobre él; y los hijos de Israel le obedecieron, e hicieron como Jehová mandó a Moisés.

10 Y nunca más se levantó profeta en Israel como Moisés, a quien haya conocido Jehová cara a cara;

11 nadie como él en todas las señales y prodigios que Jehová le envió a hacer en tierra de Egipto, a Faraón y a todos sus siervos y a toda su tierra,

12 y en el gran poder y en los hechos grandiosos y terribles que Moisés hizo a la vista de todo Israel.

grieved for Moses in the plains of Moab thirty days, until the time of weeping and mourning was over.

9 Now Joshua son of Nun was filled with the spirit *e* of wisdom because Moses had laid his hands on him. So the Israelites listened to him and did what the LORD had commanded Moses.

10 Since then, no prophet has risen in Israel like Moses, whom the LORD knew face to face, 11 who did all those miraculous signs and wonders the LORD sent him to do in Egypt — to Pharaoh and to all his officials and to his whole land. 12 For no one has ever shown the mighty power or performed the awesome deeds that Moses did in the sight of all Israel.

e 9 Or *Spirit*

JOSUÉ

JOSHUA

Preparativos para la conquista

1 ¹ Aconteció después de la muerte de Moisés siervo de Jehová, que Jehová habló a Josué hijo de Nun, servidor de Moisés, diciendo:
² Mi siervo Moisés ha muerto; ahora, pues, levántate y pasa este Jordán, tú y todo este pueblo, a la tierra que yo les doy a los hijos de Israel.
³ Yo os he entregado, como lo había dicho a Moisés, todo lugar que pisare la planta de vuestro pie.
⁴ Desde el desierto y el Líbano hasta el gran río Eufrates, toda la tierra de los heteos hasta el gran mar donde se pone el sol, será vuestro territorio.
⁵ Nadie te podrá hacer frente en todos los días de tu vida; como estuve con Moisés, estaré contigo; no te dejaré, ni te desampararé.
⁶ Esfuérzate y sé valiente; porque tú repartirás a este pueblo por heredad la tierra de la cual juré a sus padres que la daría a ellos.
⁷ Solamente esfuérzate y sé muy valiente, para cuidar de hacer conforme a toda la ley que mi siervo Moisés te mandó; no te apartes de ella ni a diestra ni a siniestra, para que seas prosperado en todas las cosas que emprendas.
⁸ Nunca se apartará de tu boca este libro de la ley, sino que de día y de noche meditarás en él, para que guardes y hagas conforme a todo lo que en él está escrito; porque entonces harás prosperar tu camino, y todo te saldrá bien.
⁹ Mira que te mando que te esfuerces y seas valiente; no temas ni desmayes, porque Jehová tu Dios estará contigo en dondequiera que vayas.
¹⁰ Y Josué mandó a los oficiales del pueblo, diciendo:
¹¹ Pasad por en medio del campamento y mandad al pueblo, diciendo: Preparaos comida, porque dentro de tres días pasaréis el Jordán para entrar a poseer la tierra que Jehová vuestro Dios os da en posesión.
¹² También habló Josué a los rubenitas y gaditas y a la media tribu de Manasés, diciendo:
¹³ Acordaos de la palabra que Moisés, siervo de Jehová, os mandó diciendo: Jehová vuestro Dios os ha dado reposo, y os ha dado esta tierra.
¹⁴ Vuestras mujeres, vuestros niños y vuestros ganados quedarán en la tierra que Moisés os ha dado a este lado del Jordán; mas vosotros, todos los valientes y fuertes, pasaréis armados delante de vuestros hermanos, y les ayudaréis,
¹⁵ hasta tanto que Jehová haya dado reposo a vuestros hermanos como a vosotros, y que ellos también posean la tierra que Jehová vuestro Dios les da; y después volveréis vosotros a la tierra de vuestra herencia, la cual Moisés siervo de Jehová os ha dado, a este lado del Jordán hacia donde nace el sol; y entraréis en posesión de ella.
¹⁶ Entonces respondieron a Josué, diciendo: Nosotros haremos todas las cosas que nos has mandado, e iremos adondequiera que nos mandes.
¹⁷ De la manera que obedecimos a Moisés en todas las cosas, así te obedeceremos a ti; solamente que Jehová tu Dios esté contigo, como estuvo con Moisés.
¹⁸ Cualquiera que fuere rebelde a tu mandamiento, y no obedeciere a tus palabras en todas las cosas que le mandes, que muera; solamente que te esfuerces y seas valiente.

The LORD Commands Joshua

1 After the death of Moses the servant of the LORD, the LORD said to Joshua son of Nun, Moses' aide:
²"Moses my servant is dead. Now then, you and all these people, get ready to cross the Jordan River into the land I am about to give to them—to the Israelites.
³I will give you every place where you set your foot, as I promised Moses. ⁴Your territory will extend from the desert to Lebanon, and from the great river, the Euphrates—all the Hittite country—to the Great Sea*ᵃ* on the west. ⁵No one will be able to stand up against you all the days of your life. As I was with Moses, so I will be with you; I will never leave you nor forsake you.
⁶"Be strong and courageous, because you will lead these people to inherit the land I swore to their forefathers to give them. ⁷Be strong and very courageous. Be careful to obey all the law my servant Moses gave you; do not turn from it to the right or to the left, that you may be successful wherever you go. ⁸Do not let this Book of the Law depart from your mouth; meditate on it day and night, so that you may be careful to do everything written in it. Then you will be prosperous and successful. ⁹Have I not commanded you? Be strong and courageous. Do not be terrified; do not be discouraged, for the LORD your God will be with you wherever you go."
¹⁰So Joshua ordered the officers of the people: ¹¹"Go through the camp and tell the people, 'Get your supplies ready. Three days from now you will cross the Jordan here to go in and take possession of the land the LORD your God is giving you for your own.'"
¹²But to the Reubenites, the Gadites and the half-tribe of Manasseh, Joshua said, ¹³"Remember the command that Moses the servant of the LORD gave you: 'The LORD your God is giving you rest and has granted you this land.' ¹⁴Your wives, your children and your livestock may stay in the land that Moses gave you east of the Jordan, but all your fighting men, fully armed, must cross over ahead of your brothers. You are to help your brothers ¹⁵until the LORD gives them rest, as he has done for you, and until they too have taken possession of the land the LORD your God is giving them. After that, you may go back and occupy your own land, which Moses the servant of the LORD gave you east of the Jordan toward the sunrise."
¹⁶Then they answered Joshua, "Whatever you have commanded us we will do, and wherever you send us we will go. ¹⁷Just as we fully obeyed Moses, so we will obey you. Only may the LORD your God be with you as he was with Moses. ¹⁸Whoever rebels against your word and does not obey your words, whatever you may command them, will be put to death. Only be strong and courageous!"

ᵃ4 *That is, the Mediterranean*

Josué envía espías a Jericó

2 ¹Josué hijo de Nun envió desde Sitim dos espías secretamente, diciéndoles: Andad, reconoced la tierra, y a Jericó. Y ellos fueron, y entraron en casa de una ramera que se llamaba Rahab, y posaron allí.

²Y fue dado aviso al rey de Jericó, diciendo: He aquí que hombres de los hijos de Israel han venido aquí esta noche para espiar la tierra.

³Entonces el rey de Jericó envió a decir a Rahab: Saca a los hombres que han venido a ti, y han entrado a tu casa; porque han venido para espiar toda la tierra.

⁴Pero la mujer había tomado a los dos hombres y los había escondido; y dijo: Es verdad que unos hombres vinieron a mí, pero no supe de dónde eran.

⁵Y cuando se iba a cerrar la puerta, siendo ya oscuro, esos hombres se salieron, y no sé a dónde han ido; seguidlos aprisa, y los alcanzaréis.

⁶Mas ella los había hecho subir al terrado, y los había escondido entre los manojos de lino que tenía puestos en el terrado.

⁷Y los hombres fueron tras ellos por el camino del Jordán, hasta los vados; y la puerta fue cerrada después que salieron los perseguidores.

⁸Antes que ellos se durmiesen, ella subió al terrado, y les dijo:

⁹Sé que Jehová os ha dado esta tierra; porque el temor de vosotros ha caído sobre nosotros, y todos los moradores del país ya han desmayado por causa de vosotros.

¹⁰Porque hemos oído que Jehová hizo secar las aguas del Mar Rojo delante de vosotros cuando salisteis de Egipto, y lo que habéis hecho a los dos reyes de los amorreos que estaban al otro lado del Jordán, a Sehón y a Og, a los cuales habéis destruido.

¹¹Oyendo esto, ha desmayado nuestro corazón; ni ha quedado más aliento en hombre alguno por causa de vosotros, porque Jehová vuestro Dios es Dios arriba en los cielos y abajo en la tierra.

¹²Os ruego pues, ahora, que me juréis por Jehová, que como he hecho misericordia con vosotros, así la haréis vosotros con la casa de mi padre, de lo cual me daréis una señal segura;

¹³y que salvaréis la vida a mi padre y a mi madre, a mis hermanos y hermanas, y a todo lo que es suyo; y que libraréis nuestras vidas de la muerte.

¹⁴Ellos le respondieron: Nuestra vida responderá por la vuestra, si no denunciareis este asunto nuestro; y cuando Jehová nos haya dado la tierra, nosotros haremos contigo misericordia y verdad.

¹⁵Entonces ella los hizo descender con una cuerda por la ventana; porque su casa estaba en el muro de la ciudad, y ella vivía en el muro.

¹⁶Y les dijo: Marchaos al monte, para que los que fueron tras vosotros no os encuentren; y estad escondidos allí tres días, hasta que los que os siguen hayan vuelto; y después os iréis por vuestro camino.

¹⁷Y ellos le dijeron: Nosotros quedaremos libres de este juramento con que nos has juramentado.

¹⁸He aquí, cuando nosotros entremos en la tierra, tú atarás este cordón de grana a la ventana por la cual nos descolgaste; y reunirás en tu casa a tu padre y a tu madre, a tus hermanos y a toda la familia de tu padre.

¹⁹Cualquiera que saliere fuera de las puertas de tu casa, su sangre será sobre su cabeza, y nosotros sin culpa. Mas cualquiera que se estuviere en casa contigo, su sangre será sobre nuestra cabeza, si mano le tocare.

²⁰Y si tú denunciares este nuestro asunto, nosotros quedaremos libres de este tu juramento con que nos has juramentado.

Rahab and the Spies

2 Then Joshua son of Nun secretly sent two spies from Shittim. "Go, look over the land," he said, "especially Jericho." So they went and entered the house of a prostitute[b] named Rahab and stayed there.

²The king of Jericho was told, "Look! Some of the Israelites have come here tonight to spy out the land." ³So the king of Jericho sent this message to Rahab: "Bring out the men who came to you and entered your house, because they have come to spy out the whole land."

⁴But the woman had taken the two men and hidden them. She said, "Yes, the men came to me, but I did not know where they had come from. ⁵At dusk, when it was time to close the city gate, the men left. I don't know which way they went. Go after them quickly. You may catch up with them." ⁶(But she had taken them up to the roof and hidden them under the stalks of flax she had laid out on the roof.) ⁷So the men set out in pursuit of the spies on the road that leads to the fords of the Jordan, and as soon as the pursuers had gone out, the gate was shut.

⁸Before the spies lay down for the night, she went up on the roof ⁹and said to them, "I know that the LORD has given this land to you and that a great fear of you has fallen on us, so that all who live in this country are melting in fear because of you. ¹⁰We have heard how the LORD dried up the water of the Red Sea[c] for you when you came out of Egypt, and what you did to Sihon and Og, the two kings of the Amorites east of the Jordan, whom you completely destroyed.[d] ¹¹When we heard of it, our hearts melted and everyone's courage failed because of you, for the LORD your God is God in heaven above and on the earth below. ¹²Now then, please swear to me by the LORD that you will show kindness to my family, because I have shown kindness to you. Give me a sure sign ¹³that you will spare the lives of my father and mother, my brothers and sisters, and all who belong to them, and that you will save us from death."

¹⁴"Our lives for your lives!" the men assured her. "If you don't tell what we are doing, we will treat you kindly and faithfully when the LORD gives us the land."

¹⁵So she let them down by a rope through the window, for the house she lived in was part of the city wall. ¹⁶Now she had said to them, "Go to the hills so the pursuers will not find you. Hide yourselves there three days until they return, and then go on your way."

¹⁷The men said to her, "This oath you made us swear will not be binding on us ¹⁸unless, when we enter the land, you have tied this scarlet cord in the window through which you let us down, and unless you have brought your father and mother, your brothers and all your family into your house. ¹⁹If anyone goes outside your house into the street, his blood will be on his own head; we will not be responsible. As for anyone who is in the house with you, his blood will be on our head if a hand is laid on him. ²⁰But if you tell what we are doing, we will be released from the oath you made us swear."

---

[b]1 Or possibly *an innkeeper*   [c]10 Hebrew *Yam Suph*; that is, Sea of Reeds   [d]10 The Hebrew term refers to the irrevocable giving over of things or persons to the LORD, often by totally destroying them.

21 Ella respondió: Sea así como habéis dicho. Luego los despidió, y se fueron; y ella ató el cordón de grana a la ventana.

22 Y caminando ellos, llegaron al monte y estuvieron allí tres días, hasta que volvieron los que los perseguían; y los que los persiguieron buscaron por todo el camino, pero no los hallaron.

23 Entonces volvieron los dos hombres; descendieron del monte, y pasaron, y vinieron a Josué hijo de Nun, y le contaron todas las cosas que les habían acontecido.

24 Y dijeron a Josué: Jehová ha entregado toda la tierra en nuestras manos; y también todos los moradores del país desmayan delante de nosotros.

El paso del Jordán

3 ¹ Josué se levantó de mañana, y él y todos los hijos de Israel partieron de Sitim y vinieron hasta el Jordán, y reposaron allí antes de pasarlo.

2 Y después de tres días, los oficiales recorrieron el campamento,

3 y mandaron al pueblo, diciendo: Cuando veáis el arca del pacto de Jehová vuestro Dios, y los levitas sacerdotes que la llevan, vosotros saldréis de vuestro lugar y marcharéis en pos de ella,

4 a fin de que sepáis el camino por donde habéis de ir; por cuanto vosotros no habéis pasado antes de ahora por este camino. Pero entre vosotros y ella haya distancia como de dos mil codos; no os acercaréis a ella.

5 Y Josué dijo al pueblo: Santificaos, porque Jehová hará mañana maravillas entre vosotros.

6 Y habló Josué a los sacerdotes, diciendo: Tomad el arca del pacto, y pasad delante del pueblo. Y ellos tomaron el arca del pacto y fueron delante del pueblo.

7 Entonces Jehová dijo a Josué: Desde este día comenzaré a engrandecerte delante de los ojos de todo Israel, para que entiendan que como estuve con Moisés, así estaré contigo.

8 Tú, pues, mandarás a los sacerdotes que llevan el arca del pacto, diciendo: Cuando hayáis entrado hasta el borde del agua del Jordán, pararéis en el Jordán.

9 Y Josué dijo a los hijos de Israel: Acercaos, y escuchad las palabras de Jehová vuestro Dios.

10 Y añadió Josué: En esto conoceréis que el Dios viviente está en medio de vosotros, y que él echará de delante de vosotros al cananeo, al heteo, al heveo, al ferezeo, al gergeseo, al amorreo y al jebuseo.

11 He aquí, el arca del pacto del Señor de toda la tierra pasará delante de vosotros en medio del Jordán.

12 Tomad, pues, ahora doce hombres de las tribus de Israel, uno de cada tribu.

13 Y cuando las plantas de los pies de los sacerdotes que llevan el arca de Jehová, Señor de toda la tierra, se asienten en las aguas del Jordán, las aguas del Jordán se dividirán; porque las aguas que vienen de arriba se detendrán en un montón.

14 Y aconteció cuando partió el pueblo de sus tiendas para pasar el Jordán, con los sacerdotes delante del pueblo llevando el arca del pacto,

15 cuando los que llevaban el arca entraron en el Jordán, y los pies de los sacerdotes que llevaban el arca fueron mojados a la orilla del agua (porque el Jordán suele desbordarse por todas sus orillas todo el tiempo de la siega),

16 las aguas que venían de arriba se detuvieron como en un montón bien lejos de la ciudad de Adam, que está al lado de Saretán, y las que descendían al mar del Arabá, al Mar Salado, se acabaron, y fueron divididas; y el pueblo pasó en dirección de Jericó.

21 "Agreed," she replied. "Let it be as you say." So she sent them away and they departed. And she tied the scarlet cord in the window.

22 When they left, they went into the hills and stayed there three days, until the pursuers had searched all along the road and returned without finding them. 23 Then the two men started back. They went down out of the hills, forded the river and came to Joshua son of Nun and told him everything that had happened to them. 24 They said to Joshua, "The Lord has surely given the whole land into our hands; all the people are melting in fear because of us."

Crossing the Jordan

3 Early in the morning Joshua and all the Israelites set out from Shittim and went to the Jordan, where they camped before crossing over. 2 After three days the officers went throughout the camp, 3 giving orders to the people: "When you see the ark of the covenant of the Lord your God, and the priests, who are Levites, carrying it, you are to move out from your positions and follow it. 4 Then you will know which way to go, since you have never been this way before. But keep a distance of about a thousand yards[e] between you and the ark; do not go near it."

5 Joshua told the people, "Consecrate yourselves, for tomorrow the Lord will do amazing things among you."

6 Joshua said to the priests, "Take up the ark of the covenant and pass on ahead of the people." So they took it up and went ahead of them.

7 And the Lord said to Joshua, "Today I will begin to exalt you in the eyes of all Israel, so they may know that I am with you as I was with Moses. 8 Tell the priests who carry the ark of the covenant: 'When you reach the edge of the Jordan's waters, go and stand in the river.'"

9 Joshua said to the Israelites, "Come here and listen to the words of the Lord your God. 10 This is how you will know that the living God is among you and that he will certainly drive out before you the Canaanites, Hittites, Hivites, Perizzites, Girgashites, Amorites and Jebusites. 11 See, the ark of the covenant of the Lord of all the earth will go into the Jordan ahead of you. 12 Now then, choose twelve men from the tribes of Israel, one from each tribe. 13 And as soon as the priests who carry the ark of the Lord—the Lord of all the earth—set foot in the Jordan, its waters flowing downstream will be cut off and stand up in a heap."

14 So when the people broke camp to cross the Jordan, the priests carrying the ark of the covenant went ahead of them. 15 Now the Jordan is at flood stage all during harvest. Yet as soon as the priests who carried the ark reached the Jordan and their feet touched the water's edge, 16 the water from upstream stopped flowing. It piled up in a heap a great distance away, at a town called Adam in the vicinity of Zarethan, while the water flowing down to the Sea of the Arabah (the Salt Sea[f]) was completely cut off. So the people crossed over opposite Jericho. 17 The priests who carried the

e 4 Hebrew about two thousand cubits (about 900 meters)
f 16 That is, the Dead Sea

17 Mas los sacerdotes que llevaban el arca del pacto de Jehová, estuvieron en seco, firmes en medio del Jordán, hasta que todo el pueblo hubo acabado de pasar el Jordán; y todo Israel pasó en seco.

Las doce piedras tomadas del Jordán

4 1 Cuando toda la gente hubo acabado de pasar el Jordán, Jehová habló a Josué, diciendo:
2 Tomad del pueblo doce hombres, uno de cada tribu,
3 y mandadles, diciendo: Tomad de aquí de en medio del Jordán, del lugar donde están firmes los pies de los sacerdotes, doce piedras, las cuales pasaréis con vosotros, y levantadlas en el lugar donde habéis de pasar la noche.
4 Entonces Josué llamó a los doce hombres a los cuales él había designado de entre los hijos de Israel, uno de cada tribu.
5 Y les dijo Josué: Pasad delante del arca de Jehová vuestro Dios a la mitad del Jordán, y cada uno de vosotros tome una piedra sobre su hombro, conforme al número de las tribus de los hijos de Israel,
6 para que esto sea señal entre vosotros; y cuando vuestros hijos preguntaren a sus padres mañana, diciendo: ¿Qué significan estas piedras?
7 les responderéis: Que las aguas del Jordán fueron divididas delante del arca del pacto de Jehová; cuando ella pasó el Jordán, las aguas del Jordán se dividieron; y estas piedras servirán de monumento conmemorativo a los hijos de Israel para siempre.
8 Y los hijos de Israel lo hicieron así como Josué les mandó: tomaron doce piedras de en medio del Jordán, como Jehová lo había dicho a Josué, conforme al número de las tribus de los hijos de Israel, y las pasaron al lugar donde acamparon, y las levantaron allí.
9 Josué también levantó doce piedras en medio del Jordán, en el lugar donde estuvieron los pies de los sacerdotes que llevaban el arca del pacto; y han estado allí hasta hoy.
10 Y los sacerdotes que llevaban el arca se pararon en medio del Jordán hasta que se hizo todo lo que Jehová había mandado a Josué que dijese al pueblo, conforme a todas las cosas que Moisés había mandado a Josué; y el pueblo se dio prisa y pasó.
11 Y cuando todo el pueblo acabó de pasar, también pasó el arca de Jehová, y los sacerdotes, en presencia del pueblo.
12 También los hijos de Rubén y los hijos de Gad y la media tribu de Manasés pasaron armados delante de los hijos de Israel, según Moisés les había dicho;
13 como cuarenta mil hombres armados, listos para la guerra, pasaron hacia la llanura de Jericó delante de Jehová.
14 En aquel día Jehová engrandeció a Josué a los ojos de todo Israel; y le temieron, como habían temido a Moisés, todos los días de su vida.
15 Luego Jehová habló a Josué, diciendo:
16 Manda a los sacerdotes que llevan el arca del testimonio, que suban del Jordán.
17 Y Josué mandó a los sacerdotes, diciendo: Subid del Jordán.
18 Y aconteció que cuando los sacerdotes que llevaban el arca del pacto de Jehová subieron de en medio del Jordán, y las plantas de los pies de los sacerdotes estuvieron en lugar seco, las aguas del Jordán se volvieron a su lugar, corriendo como antes sobre todos sus bordes.
19 Y el pueblo subió del Jordán el día diez del mes primero, y acamparon en Gilgal, al lado oriental de Jericó.
20 Y Josué erigió en Gilgal las doce piedras que habían traído del Jordán.
21 Y habló a los hijos de Israel, diciendo: Cuando mañana preguntaren vuestros hijos a sus padres, y dijeren: ¿Qué significan estas piedras?

ark of the covenant of the LORD stood firm on dry ground in the middle of the Jordan, while all Israel passed by until the whole nation had completed the crossing on dry ground.

4 When the whole nation had finished crossing the Jordan, the LORD said to Joshua, 2 "Choose twelve men from among the people, one from each tribe, 3 and tell them to take up twelve stones from the middle of the Jordan from right where the priests stood and to carry them over with you and put them down at the place where you stay tonight."
4 So Joshua called together the twelve men he had appointed from the Israelites, one from each tribe, 5 and said to them, "Go over before the ark of the LORD your God into the middle of the Jordan. Each of you is to take up a stone on his shoulder, according to the number of the tribes of the Israelites, 6 to serve as a sign among you. In the future, when your children ask you, 'What do these stones mean?' 7 tell them that the flow of the Jordan was cut off before the ark of the covenant of the LORD. When it crossed the Jordan, the waters of the Jordan were cut off. These stones are to be a memorial to the people of Israel forever."
8 So the Israelites did as Joshua commanded them. They took twelve stones from the middle of the Jordan, according to the number of the tribes of the Israelites, as the LORD had told Joshua; and they carried them over with them to their camp, where they put them down. 9 Joshua set up the twelve stones that had been*g* in the middle of the Jordan at the spot where the priests who carried the ark of the covenant had stood. And they are there to this day.
10 Now the priests who carried the ark remained standing in the middle of the Jordan until everything the LORD had commanded Joshua was done by the people, just as Moses had directed Joshua. The people hurried over, 11 and as soon as all of them had crossed, the ark of the LORD and the priests came to the other side while the people watched. 12 The men of Reuben, Gad and the half-tribe of Manasseh crossed over, armed, in front of the Israelites, as Moses had directed them. 13 About forty thousand armed for battle crossed over before the LORD to the plains of Jericho for war.
14 That day the LORD exalted Joshua in the sight of all Israel; and they revered him all the days of his life, just as they had revered Moses.
15 Then the LORD said to Joshua, 16 "Command the priests carrying the ark of the Testimony to come up out of the Jordan."
17 So Joshua commanded the priests, "Come up out of the Jordan."
18 And the priests came up out of the river carrying the ark of the covenant of the LORD. No sooner had they set their feet on the dry ground than the waters of the Jordan returned to their place and ran at flood stage as before.
19 On the tenth day of the first month the people went up from the Jordan and camped at Gilgal on the eastern border of Jericho. 20 And Joshua set up at Gilgal the twelve stones they had taken out of the Jordan. 21 He said to the Israelites, "In the future when your descendants ask their fathers, 'What do these stones

---

g 9 Or *Joshua also set up twelve stones*

22 declararéis a vuestros hijos, diciendo: Israel pasó en seco por este Jordán.

23 Porque Jehová vuestro Dios secó las aguas del Jordán delante de vosotros, hasta que habíais pasado, a la manera que Jehová vuestro Dios lo había hecho en el Mar Rojo, el cual secó delante de nosotros hasta que pasamos;

24 para que todos los pueblos de la tierra conozcan que la mano de Jehová es poderosa; para que temáis a Jehová vuestro Dios todos los días.

La circuncisión y la pascua en Gilgal

5 1 Cuando todos los reyes de los amorreos que estaban al otro lado del Jordán al occidente, y todos los reyes de los cananeos que estaban cerca del mar, oyeron cómo Jehová había secado las aguas del Jordán delante de los hijos de Israel hasta que hubieron pasado, desfalleció su corazón, y no hubo más aliento en ellos delante de los hijos de Israel.

2 En aquel tiempo Jehová dijo a Josué: Hazte cuchillos afilados, y vuelve a circuncidar la segunda vez a los hijos de Israel.

3 Y Josué se hizo cuchillos afilados, y circuncidó a los hijos de Israel en el collado de Aralot. a

4 Esta es la causa por la cual Josué los circuncidó: Todo el pueblo que había salido de Egipto, los varones, todos los hombres de guerra, habían muerto en el desierto, por el camino, después que salieron de Egipto.

5 Pues todos los del pueblo que habían salido, estaban circuncidados; mas todo el pueblo que había nacido en el desierto, por el camino, después que hubieron salido de Egipto, no estaba circuncidado.

6 Porque los hijos de Israel anduvieron por el desierto cuarenta años, hasta que todos los hombres de guerra que habían salido de Egipto fueron consumidos, por cuanto no obedecieron a la voz de Jehová; por lo cual Jehová les juró que no les dejaría ver la tierra de la cual Jehová había jurado a sus padres que nos la daría, tierra que fluye leche y miel.

7 A los hijos de ellos, que él había hecho suceder en su lugar, Josué los circuncidó; pues eran incircuncisos, porque no habían sido circuncidados por el camino.

8 Y cuando acabaron de circuncidar a toda la gente, se quedaron en el mismo lugar en el campamento, hasta que sanaron.

9 Y Jehová dijo a Josué: Hoy he quitado de vosotros el oprobio de Egipto; por lo cual el nombre de aquel lugar fue llamado Gilgal, b hasta hoy.

10 Y los hijos de Israel acamparon en Gilgal, y celebraron la pascua a los catorce días del mes, por la tarde, en los llanos de Jericó.

11 Al otro día de la pascua comieron del fruto de la tierra, los panes sin levadura, y en el mismo día espigas nuevas tostadas.

12 Y el maná cesó el día siguiente, desde que comenzaron a comer del fruto de la tierra; y los hijos de Israel nunca más tuvieron maná, sino que comieron de los frutos de la tierra de Canaán aquel año.

Josué y el varón con la espada desenvainada

13 Estando Josué cerca de Jericó, alzó sus ojos y vio un varón que estaba delante de él, el cual tenía una espada desenvainada en su mano. Y Josué, yendo hacia él, le dijo: ¿Eres de los nuestros, o de nuestros enemigos?

mean?' 22 tell them, 'Israel crossed the Jordan on dry ground.' 23 For the LORD your God dried up the Jordan before you until you had crossed over. The LORD your God did to the Jordan just what he had done to the Red Sea h when he dried it up before us until we had crossed over. 24 He did this so that all the peoples of the earth might know that the hand of the LORD is powerful and so that you might always fear the LORD your God."

Circumcision at Gilgal

5 Now when all the Amorite kings west of the Jordan and all the Canaanite kings along the coast heard how the LORD had dried up the Jordan before the Israelites until we had crossed over, their hearts melted and they no longer had the courage to face the Israelites.

2 At that time the LORD said to Joshua, "Make flint knives and circumcise the Israelites again." 3 So Joshua made flint knives and circumcised the Israelites at Gibeath Haaraloth. i

4 Now this is why he did so: All those who came out of Egypt—all the men of military age—died in the desert on the way after leaving Egypt. 5 All the people that came out had been circumcised, but all the people born in the desert during the journey from Egypt had not. 6 The Israelites had moved about in the desert forty years until all the men who were of military age when they left Egypt had died, since they had not obeyed the LORD. For the LORD had sworn to them that they would not see the land that he had solemnly promised their fathers to give us, a land flowing with milk and honey. 7 So he raised up their sons in their place, and these were the ones Joshua circumcised. They were still uncircumcised because they had not been circumcised on the way. 8 And after the whole nation had been circumcised, they remained where they were in camp until they were healed.

9 Then the LORD said to Joshua, "Today I have rolled away the reproach of Egypt from you." So the place has been called Gilgal / to this day.

10 On the evening of the fourteenth day of the month, while camped at Gilgal on the plains of Jericho, the Israelites celebrated the Passover. 11 The day after the Passover, that very day, they ate some of the produce of the land: unleavened bread and roasted grain. 12 The manna stopped the day after k they ate this food from the land; there was no longer any manna for the Israelites, but that year they ate of the produce of Canaan.

The Fall of Jericho

13 Now when Joshua was near Jericho, he looked up and saw a man standing in front of him with a drawn sword in his hand. Joshua went up to him and asked, "Are you for us or for our enemies?"

---

a Esto es, *de los Prepucios.*   b Heb. *galal,* rodar.

h 23 Hebrew *Yam Suph;* that is, Sea of Reeds   i 3 *Gibeath Haaraloth* means *hill of foreskins.*   j 9 *Gilgal* sounds like the Hebrew for *roll.*   k 12 Or *the day*

14 El respondió: No; mas como Príncipe del ejército de Jehová he venido ahora. Entonces Josué, postrándose sobre su rostro en tierra, le adoró; y le dijo: ¿Qué dice mi Señor a su siervo?

15 Y el Príncipe del ejército de Jehová respondió a Josué: Quita el calzado de tus pies, porque el lugar donde estás es santo. Y Josué así lo hizo.

La toma de Jericó

6 1 Ahora, Jericó estaba cerrada, bien cerrada, a causa de los hijos de Israel; nadie entraba ni salía.

2 Mas Jehová dijo a Josué: Mira, yo he entregado en tu mano a Jericó y a su rey, con sus varones de guerra.

3 Rodearéis, pues, la ciudad todos los hombres de guerra, yendo alrededor de la ciudad una vez; y esto haréis durante seis días.

4 Y siete sacerdotes llevarán siete bocinas de cuernos de carnero delante del arca; y al séptimo día daréis siete vueltas a la ciudad, y los sacerdotes tocarán las bocinas.

5 Y cuando toquen prolongadamente el cuerno de carnero, así que oigáis el sonido de la bocina, todo el pueblo gritará a gran voz, y el muro de la ciudad caerá; entonces subirá el pueblo, cada uno derecho hacia adelante.

6 Llamando, pues, Josué hijo de Nun a los sacerdotes, les dijo: Llevad el arca del pacto, y siete sacerdotes lleven bocinas de cuerno de carnero delante del arca de Jehová.

7 Y dijo al pueblo: Pasad, y rodead la ciudad; y los que están armados pasarán delante del arca de Jehová.

8 Y así que Josué hubo hablado al pueblo, los siete sacerdotes, llevando las siete bocinas de cuerno de carnero, pasaron delante del arca de Jehová, y tocaron las bocinas; y el arca del pacto de Jehová los seguía.

9 Y los hombres armados iban delante de los sacerdotes que tocaban las bocinas, y la retaguardia iba tras el arca, mientras las bocinas sonaban continuamente.

10 Y Josué mandó al pueblo, diciendo: Vosotros no gritaréis, ni se oirá vuestra voz, ni saldrá palabra de vuestra boca, hasta el día que yo os diga: Gritad; entonces gritaréis.

11 Así que él hizo que el arca de Jehová diera una vuelta alrededor de la ciudad, y volvieron luego al campamento, y allí pasaron la noche.

12 Y Josué se levantó de mañana, y los sacerdotes tomaron el arca de Jehová.

13 Y los siete sacerdotes, llevando las siete bocinas de cuerno de carnero, fueron delante del arca de Jehová, andando siempre y tocando las bocinas; y los hombres armados iban delante de ellos, y la retaguardia iba tras el arca de Jehová, mientras las bocinas tocaban continuamente.

14 Así dieron otra vuelta a la ciudad el segundo día, y volvieron al campamento; y de esta manera hicieron durante seis días.

15 Al séptimo día se levantaron al despuntar el alba, y dieron vuelta a la ciudad de la misma manera siete veces; solamente este día dieron vuelta alrededor de ella siete veces.

16 Y cuando los sacerdotes tocaron las bocinas la séptima vez, Josué dijo al pueblo: Gritad, porque Jehová os ha entregado la ciudad.

17 Y será la ciudad anatema a Jehová, con todas las cosas que están en ella; solamente Rahab la ramera vivirá, con todos los que estén en casa con ella, por cuanto escondió a los mensajeros que enviamos.

18 Pero vosotros guardaos del anatema; ni toquéis, ni toméis alguna cosa del anatema, no sea que hagáis anatema el campamento de Israel, y lo turbéis.

14 "Neither," he replied, "but as commander of the army of the LORD I have now come." Then Joshua fell facedown to the ground in reverence, and asked him, "What message does my Lord *l* have for his servant?"

15 The commander of the LORD's army replied, "Take off your sandals, for the place where you are standing is holy." And Joshua did so.

6 Now Jericho was tightly shut up because of the Israelites. No one went out and no one came in.

2 Then the LORD said to Joshua, "See, I have delivered Jericho into your hands, along with its king and its fighting men. 3 March around the city once with all the armed men. Do this for six days. 4 Have seven priests carry trumpets of rams' horns in front of the ark. On the seventh day, march around the city seven times, with the priests blowing the trumpets. 5 When you hear them sound a long blast on the trumpets, have all the people give a loud shout; then the wall of the city will collapse and the people will go up, every man straight in."

6 So Joshua son of Nun called the priests and said to them, "Take up the ark of the covenant of the LORD and have seven priests carry trumpets in front of it." 7 And he ordered the people, "Advance! March around the city, with the armed guard going ahead of the ark of the LORD."

8 When Joshua had spoken to the people, the seven priests carrying the seven trumpets before the LORD went forward, blowing their trumpets, and the ark of the LORD's covenant followed them. 9 The armed guard marched ahead of the priests who blew the trumpets, and the rear guard followed the ark. All this time the trumpets were sounding. 10 But Joshua had commanded the people, "Do not give a war cry, do not raise your voices, do not say a word until the day I tell you to shout. Then shout!" 11 So he had the ark of the LORD carried around the city, circling it once. Then the people returned to camp and spent the night there.

12 Joshua got up early the next morning and the priests took up the ark of the LORD. 13 The seven priests carrying the seven trumpets went forward, marching before the ark of the LORD and blowing the trumpets. The armed men went ahead of them and the rear guard followed the ark of the LORD, while the trumpets kept sounding. 14 So on the second day they marched around the city once and returned to the camp. They did this for six days.

15 On the seventh day, they got up at daybreak and marched around the city seven times in the same manner, except that on that day they circled the city seven times. 16 The seventh time around, when the priests sounded the trumpet blast, Joshua commanded the people, "Shout! For the LORD has given you the city! 17 The city and all that is in it are to be devoted *m* to the LORD. Only Rahab the prostitute *n* and all who are with her in her house shall be spared, because she hid the spies we sent. 18 But keep away from the devoted things, so that you will not bring about your own destruction by taking any of them. Otherwise you will make the camp of Israel liable to destruction and bring

---

l 14 Or *lord*   *m 17* The Hebrew term refers to the irrevocable giving over of things or persons to the LORD, often by totally destroying them; also in verses 18 and 21.   *n 17* Or possibly *innkeeper*; also in verses 22 and 25

19Mas toda la plata y el oro, y los utensilios de bronce y de hierro, sean consagrados a Jehová, y entren en el tesoro de Jehová.

20Entonces el pueblo gritó, y los sacerdotes tocaron las bocinas; y aconteció que cuando el pueblo hubo oído el sonido de la bocina, gritó con gran vocerío, y el muro se derrumbó. El pueblo subió luego a la ciudad, cada uno derecho hacia adelante, y la tomaron.

21Y destruyeron a filo de espada todo lo que en la ciudad había; hombres y mujeres, jóvenes y viejos, hasta los bueyes, las ovejas, y los asnos.

22Mas Josué dijo a los dos hombres que habían reconocido la tierra: Entrad en casa de la mujer ramera, y haced salir de allí a la mujer y a todo lo que fuere suyo, como lo jurasteis.

23Y los espías entraron y sacaron a Rahab, a su padre, a su madre, a sus hermanos y todo lo que era suyo; y también sacaron a toda su parentela, y los pusieron fuera del campamento de Israel.

24Y consumieron con fuego la ciudad, y todo lo que en ella había; solamente pusieron en el tesoro de la casa de Jehová la plata y el oro, y los utensilios de bronce y de hierro.

25Mas Josué salvó la vida a Rahab la ramera, y a la casa de su padre, y a todo lo que ella tenía; y habitó ella entre los israelitas hasta hoy, por cuanto escondió a los mensajeros que Josué había enviado a reconocer a Jericó.

26En aquel tiempo hizo Josué un juramento, diciendo: Maldito delante de Jehová el hombre que se levantare y reedificare esta ciudad de Jericó. Sobre su primogénito eche los cimientos de ella, y sobre su hijo menor asiente sus puertas.

27Estaba, pues, Jehová con Josué, y su nombre se divulgó por toda la tierra.

El pecado de Acán

7 1 Pero los hijos de Israel cometieron una prevaricación en cuanto al anatema; porque Acán hijo de Carmi, hijo de Zabdi, hijo de Zera, de la tribu de Judá, tomó del anatema; y la ira de Jehová se encendió contra los hijos de Israel.

2Después Josué envió hombres desde Jericó a Hai, que estaba junto a Bet-avén hacia el oriente de Bet-el; y les habló diciendo: Subid y reconoced la tierra. Y ellos subieron y reconocieron a Hai.

3Y volviendo a Josué, le dijeron: No suba todo el pueblo, sino suban como dos mil o tres mil hombres, y tomarán a Hai; no fatigues a todo el pueblo yendo allí, porque son pocos.

4Y subieron allá del pueblo como tres mil hombres, los cuales huyeron delante de los de Hai.

5Y los de Hai mataron de ellos a unos treinta y seis hombres, y los siguieron desde la puerta hasta Sebarim, y los derrotaron en la bajada; por lo cual el corazón del pueblo desfalleció y vino a ser como agua.

6Entonces Josué rompió sus vestidos, y se postró en tierra sobre su rostro delante del arca de Jehová hasta caer la tarde, él y los ancianos de Israel; y echaron polvo sobre sus cabezas.

7Y Josué dijo: ¡Ah, Señor Jehová! ¿Por qué hiciste pasar a este pueblo el Jordán, para entregarnos en las manos de los amorreos, para que nos destruyan? ¡Ojalá nos hubiéramos quedado al otro lado del Jordán!

---

trouble on it. 19All the silver and gold and the articles of bronze and iron are sacred to the Lord and must go into his treasury."

20When the trumpets sounded, the people shouted, and at the sound of the trumpet, when the people gave a loud shout, the wall collapsed; so every man charged straight in, and they took the city. 21They devoted the city to the Lord and destroyed with the sword every living thing in it—men and women, young and old, cattle, sheep and donkeys.

22Joshua said to the two men who had spied out the land, "Go into the prostitute's house and bring her out and all who belong to her, in accordance with your oath to her." 23So the young men who had done the spying went in and brought out Rahab, her father and mother and brothers and all who belonged to her. They brought out her entire family and put them in a place outside the camp of Israel.

24Then they burned the whole city and everything in it, but they put the silver and gold and the articles of bronze and iron into the treasury of the Lord's house. 25But Joshua spared Rahab the prostitute, with her family and all who belonged to her, because she hid the men Joshua had sent as spies to Jericho—and she lives among the Israelites to this day.

26At that time Joshua pronounced this solemn oath: "Cursed before the Lord is the man who undertakes to rebuild this city, Jericho:

"At the cost of his firstborn son
    will he lay its foundations;
at the cost of his youngest
    will he set up its gates."

27So the Lord was with Joshua, and his fame spread throughout the land.

Achan's Sin

7 But the Israelites acted unfaithfully in regard to the devoted things*o*; Achan son of Carmi, the son of Zimri,*p* the son of Zerah, of the tribe of Judah, took some of them. So the Lord's anger burned against Israel.

2Now Joshua sent men from Jericho to Ai, which is near Beth Aven to the east of Bethel, and told them, "Go up and spy out the region." So the men went up and spied out Ai.

3When they returned to Joshua, they said, "Not all the people will have to go up against Ai. Send two or three thousand men to take it and do not weary all the people, for only a few men are there." 4So about three thousand men went up; but they were routed by the men of Ai, 5who killed about thirty-six of them. They chased the Israelites from the city gate as far as the stone quarries*q* and struck them down on the slopes. At this the hearts of the people melted and became like water.

6Then Joshua tore his clothes and fell facedown to the ground before the ark of the Lord, remaining there till evening. The elders of Israel did the same, and sprinkled dust on their heads. 7And Joshua said, "Ah, Sovereign Lord, why did you ever bring this people across the Jordan to deliver us into the hands of the Amorites to destroy us? If only we had been content to stay on the other side of the Jordan! 8O Lord, what

o 1 The Hebrew term refers to the irrevocable giving over of things or persons to the Lord, often by totally destroying them; also in verses 11, 12, 13 and 15.   *p 1* See Septuagint and 1 Chron. 2:6; Hebrew *Zabdi*; also in verses 17 and 18.   *q 5* Or *as far as Shebarim*

8 ¡Ay, Señor! ¿qué diré, ya que Israel ha vuelto la espalda delante de sus enemigos?

9 Porque los cananeos y todos los moradores de la tierra oirán, y nos rodearán, y borrarán nuestro nombre de sobre la tierra; y entonces, ¿qué harás tú a tu grande nombre?

10 Y Jehová dijo a Josué: Levántate; ¿por qué te postras así sobre tu rostro?

11 Israel ha pecado, y aun han quebrantado mi pacto que yo les mandé; y también han tomado del anatema, y hasta han hurtado, han mentido, y aun lo han guardado entre sus enseres.

12 Por esto los hijos de Israel no podrán hacer frente a sus enemigos, sino que delante de sus enemigos volverán la espalda, por cuanto han venido a ser anatema; ni estaré más con vosotros, si no destruyereis el anatema de en medio de vosotros.

13 Levántate, santifica al pueblo, y dí: Santificaos para mañana; porque Jehová el Dios de Israel dice así: Anatema hay en medio de ti, Israel; no podrás hacer frente a tus enemigos, hasta que hayáis quitado el anatema de en medio de vosotros.

14 Os acercaréis, pues, mañana por vuestras tribus; y la tribu que Jehová tomare, se acercará por sus familias; y la familia que Jehová tomare, se acercará por sus casas; y la casa que Jehová tomare, se acercará por los varones;

15 y el que fuere sorprendido en el anatema, será quemado, él y todo lo que tiene, por cuanto ha quebrantado el pacto de Jehová, y ha cometido maldad en Israel.

16 Josué, pues, levantándose de mañana, hizo acercar a Israel por sus tribus; y fue tomada la tribu de Judá.

17 Y haciendo acercar a la tribu de Judá, fue tomada la familia de los de Zera; y haciendo luego acercar a la familia de los de Zera por los varones, fue tomado Zabdi.

18 Hizo acercar su casa por los varones, y fue tomado Acán hijo de Carmi, hijo de Zabdi, hijo de Zera, de la tribu de Judá.

19 Entonces Josué dijo a Acán: Hijo mío, da gloria a Jehová el Dios de Israel, y dale alabanza, y declárame ahora lo que has hecho; no me lo encubras.

20 Y Acán respondió a Josué diciendo: Verdaderamente yo he pecado contra Jehová el Dios de Israel, y así y así he hecho.

21 Pues vi entre los despojos un manto babilónico muy bueno, y doscientos siclos de plata, y un lingote de oro de peso de cincuenta siclos, lo cual codicié y tomé; y he aquí que está escondido bajo tierra en medio de mi tienda, y el dinero debajo de ello.

22 Josué entonces envió mensajeros, los cuales fueron corriendo a la tienda; y he aquí estaba escondido en su tienda, y el dinero debajo de ello.

23 Y tomándolo de en medio de la tienda, lo trajeron a Josué y a todos los hijos de Israel, y lo pusieron delante de Jehová.

24 Entonces Josué, y todo Israel con él, tomaron a Acán hijo de Zera, el dinero, el manto, el lingote de oro, sus hijos, sus hijas, sus bueyes, sus asnos, sus ovejas, su tienda y todo cuanto tenía, y lo llevaron todo al valle de Acor.

25 Y le dijo Josué: ¿Por qué nos has turbado? Túrbete Jehová en este día. Y todos los israelitas los apedrearon, y los quemaron después de apedrearlos.

26 Y levantaron sobre él un gran montón de piedras, que permanece hasta hoy. Y Jehová se volvió del ardor de su ira. Y por esto aquel lugar se llama el Valle de Acor, c hasta hoy.

can I say, now that Israel has been routed by its enemies? 9 The Canaanites and the other people of the country will hear about this and they will surround us and wipe out our name from the earth. What then will you do for your own great name?"

10 The LORD said to Joshua, "Stand up! What are you doing down on your face? 11 Israel has sinned; they have violated my covenant, which I commanded them to keep. They have taken some of the devoted things; they have stolen, they have lied, they have put them with their own possessions. 12 That is why the Israelites cannot stand against their enemies; they turn their backs and run because they have been made liable to destruction. I will not be with you anymore unless you destroy whatever among you is devoted to destruction.

13 "Go, consecrate the people. Tell them, 'Consecrate yourselves in preparation for tomorrow; for this is what the LORD, the God of Israel, says: That which is devoted is among you, O Israel. You cannot stand against your enemies until you remove it.

14 " 'In the morning, present yourselves tribe by tribe. The tribe that the LORD takes shall come forward clan by clan; the clan that the LORD takes shall come forward family by family; and the family that the LORD takes shall come forward man by man. 15 He who is caught with the devoted things shall be destroyed by fire, along with all that belongs to him. He has violated the covenant of the LORD and has done a disgraceful thing in Israel!' "

16 Early the next morning Joshua had Israel come forward by tribes, and Judah was taken. 17 The clans of Judah came forward, and he took the Zerahites. He had the clan of the Zerahites come forward by families, and Zimri was taken. 18 Joshua had his family come forward man by man, and Achan son of Carmi, the son of Zimri, the son of Zerah, of the tribe of Judah, was taken.

19 Then Joshua said to Achan, "My son, give glory to the LORD, r the God of Israel, and give him the praise. s Tell me what you have done; do not hide it from me."

20 Achan replied, "It is true! I have sinned against the LORD, the God of Israel. This is what I have done: 21 When I saw in the plunder a beautiful robe from Babylonia, t two hundred shekels u of silver and a wedge of gold weighing fifty shekels, v I coveted them and took them. They are hidden in the ground inside my tent, with the silver underneath."

22 So Joshua sent messengers, and they ran to the tent, and there it was, hidden in his tent, with the silver underneath. 23 They took the things from the tent, brought them to Joshua and all the Israelites and spread them out before the LORD.

24 Then Joshua, together with all Israel, took Achan son of Zerah, the silver, the robe, the gold wedge, his sons and daughters, his cattle, donkeys and sheep, his tent and all that he had, to the Valley of Achor. 25 Joshua said, "Why have you brought this trouble on us? The LORD will bring trouble on you today."

Then all Israel stoned him, and after they had stoned the rest, they burned them. 26 Over Achan they heaped up a large pile of rocks, which remains to this day. Then the LORD turned from his fierce anger. Therefore that place has been called the Valley of Achor w ever since.

---

r 19 A solemn charge to tell the truth   s 19 Or and confess to him   t 21 Hebrew Shinar   u 21 That is, about 5 pounds (about 2.3 kilograms)   v 21 That is, about 1 1/4 pounds (about 0.6 kilogram)   w 26 Achor means trouble.

c Esto es, turbación.

Toma y destrucción de Hai

8 ¹ Jehová dijo a Josué: No temas ni desmayes; toma contigo toda la gente de guerra, y levántate y sube a Hai. Mira, yo he entregado en tu mano al rey de Hai, a su pueblo, a su ciudad y a su tierra.

² Y harás a Hai y a su rey como hiciste a Jericó y a su rey; sólo que sus despojos y sus bestias tomaréis para vosotros. Pondrás, pues, emboscadas a la ciudad detrás de ella.

³ Entonces se levantaron Josué y toda la gente de guerra, para subir contra Hai; y escogió Josué treinta mil hombres fuertes, los cuales envió de noche.

⁴ Y les mandó, diciendo: Atended, pondréis emboscada a la ciudad detrás de ella; no os alejaréis mucho de la ciudad, y estaréis todos dispuestos.

⁵ Y yo y todo el pueblo que está conmigo nos acercaremos a la ciudad; y cuando salgan ellos contra nosotros, como hicieron antes, huiremos delante de ellos.

⁶ Y ellos saldrán tras nosotros, hasta que los alejemos de la ciudad; porque dirán: Huyen de nosotros como la primera vez. Huiremos, pues, delante de ellos.

⁷ Entonces vosotros os levantaréis de la emboscada y tomaréis la ciudad; pues Jehová vuestro Dios la entregará en vuestras manos.

⁸ Y cuando la hayáis tomado, le prenderéis fuego. Haréis conforme a la palabra de Jehová; mirad que os lo he mandado.

⁹ Entonces Josué los envió; y ellos se fueron a la emboscada, y se pusieron entre Bet-el y Hai, al occidente de Hai; y Josué se quedó aquella noche en medio del pueblo.

¹⁰ Levantándose Josué muy de mañana, pasó revista al pueblo, y subió él, con los ancianos de Israel, delante del pueblo contra Hai.

¹¹ Y toda la gente de guerra que con él estaba, subió y se acercó, y llegaron delante de la ciudad, y acamparon al norte de Hai; y el valle estaba entre él y Hai.

¹² Y tomó como cinco mil hombres, y los puso en emboscada entre Bet-el y Hai, al occidente de la ciudad.

¹³ Así dispusieron al pueblo: todo el campamento al norte de la ciudad, y su emboscada al occidente de la ciudad, y Josué avanzó aquella noche hasta la mitad del valle.

¹⁴ Y aconteció que viéndolo el rey de Hai, él y su pueblo se apresuraron y madrugaron; y al tiempo señalado, los hombres de la ciudad salieron al encuentro de Israel para combatir, frente al Arabá, no sabiendo que estaba puesta emboscada a espaldas de la ciudad.

¹⁵ Entonces Josué y todo Israel se fingieron vencidos y huyeron delante de ellos por el camino del desierto.

¹⁶ Y todo el pueblo que estaba en Hai se juntó para seguirles; y siguieron a Josué, siendo así alejados de la ciudad.

¹⁷ Y no quedó hombre en Hai ni en Bet-el, que no saliera tras de Israel; y por seguir a Israel dejaron la ciudad abierta.

¹⁸ Entonces Jehová dijo a Josué: Extiende la lanza que tienes en tu mano hacia Hai, porque yo la entregaré en tu mano. Y Josué extendió hacia la ciudad la lanza que en su mano tenía.

¹⁹ Y levantándose prontamente de su lugar los que estaban en la emboscada, corrieron luego que él alzó su mano, y vinieron a la ciudad, y la tomaron, y se apresuraron a prenderle fuego.

²⁰ Y los hombres de Hai volvieron el rostro, y al mirar, he aquí que el humo de la ciudad subía al cielo, y no pudieron huir ni a una parte ni a otra, porque el pueblo que iba huyendo hacia el desierto se volvió contra los que les seguían.

²¹ Josué y todo Israel, viendo que los de la emboscada habían tomado la ciudad, y que el humo de la ciudad subía, se volvieron y atacaron a los de Hai.

Ai Destroyed

8 Then the LORD said to Joshua, "Do not be afraid; do not be discouraged. Take the whole army with you, and go up and attack Ai. For I have delivered into your hands the king of Ai, his people, his city and his land. ²You shall do to Ai and its king as you did to Jericho and its king, except that you may carry off their plunder and livestock for yourselves. Set an ambush behind the city."

³So Joshua and the whole army moved out to attack Ai. He chose thirty thousand of his best fighting men and sent them out at night ⁴with these orders: "Listen carefully. You are to set an ambush behind the city. Don't go very far from it. All of you be on the alert. ⁵I and all those with me will advance on the city, and when the men come out against us, as they did before, we will flee from them. ⁶They will pursue us until we have lured them away from the city, for they will say, 'They are running away from us as they did before.' So when we flee from them, ⁷you are to rise up from ambush and take the city. The LORD your God will give it into your hand. ⁸When you have taken the city, set it on fire. Do what the LORD has commanded. See to it; you have my orders."

⁹Then Joshua sent them off, and they went to the place of ambush and lay in wait between Bethel and Ai, to the west of Ai — but Joshua spent that night with the people.

¹⁰Early the next morning Joshua mustered his men, and he and the leaders of Israel marched before them to Ai. ¹¹The entire force that was with him marched up and approached the city and arrived in front of it. They set up camp north of Ai, with the valley between them and the city. ¹²Joshua had taken about five thousand men and set them in ambush between Bethel and Ai, to the west of the city. ¹³They had the soldiers take up their positions — all those in the camp to the north of the city and the ambush to the west of it. That night Joshua went into the valley.

¹⁴When the king of Ai saw this, he and all the men of the city hurried out early in the morning to meet Israel in battle at a certain place overlooking the Arabah. But he did not know that an ambush had been set against him behind the city. ¹⁵Joshua and all Israel let themselves be driven back before them, and they fled toward the desert. ¹⁶All the men of Ai were called to pursue them, and they pursued Joshua and were lured away from the city. ¹⁷Not a man remained in Ai or Bethel who did not go after Israel. They left the city open and went in pursuit of Israel.

¹⁸Then the LORD said to Joshua, "Hold out toward Ai the javelin that is in your hand, for into your hand I will deliver the city." So Joshua held out his javelin toward Ai. ¹⁹As soon as he did this, the men in the ambush rose quickly from their position and rushed forward. They entered the city and captured it and quickly set it on fire.

²⁰The men of Ai looked back and saw the smoke of the city rising against the sky, but they had no chance to escape in any direction, for the Israelites who had been fleeing toward the desert had turned back against their pursuers. ²¹For when Joshua and all Israel saw that the ambush had taken the city and that smoke was going up from the city, they turned around and at-

22 Y los otros salieron de la ciudad a su encuentro, y así fueron encerrados en medio de Israel, los unos por un lado, y los otros por el otro. Y los hirieron hasta que no quedó ninguno de ellos que escapase.

23 Pero tomaron vivo al rey de Hai, y lo trajeron a Josué.

24 Y cuando los israelitas acabaron de matar a todos los moradores de Hai en el campo y en el desierto a donde los habían perseguido, y todos habían caído a filo de espada hasta ser consumidos, todos los israelitas volvieron a Hai, y también la hirieron a filo de espada.

25 Y el número de los que cayeron aquel día, hombres y mujeres, fue de doce mil, todos los de Hai.

26 Porque Josué no retiró su mano que había extendido con la lanza, hasta que hubo destruido por completo a todos los moradores de Hai.

27 Pero los israelitas tomaron para sí las bestias y los despojos de la ciudad, conforme a la palabra de Jehová que le había mandado a Josué.

28 Y Josué quemó a Hai y la redujo a un montón de escombros, asolada para siempre hasta hoy.

29 Y al rey de Hai lo colgó de un madero hasta caer la noche; y cuando el sol se puso, mandó Josué que quitasen del madero su cuerpo, y lo echasen a la puerta de la ciudad; y levantaron sobre él un gran montón de piedras, que permanece hasta hoy.

Lectura de la ley en el Monte Ebal

30 Entonces Josué edificó un altar a Jehová Dios de Israel en el monte Ebal,

31 como Moisés siervo de Jehová lo había mandado a los hijos de Israel, como está escrito en el libro de la ley de Moisés, un altar de piedras enteras sobre las cuales nadie alzó hierro; y ofrecieron sobre él holocaustos a Jehová, y sacrificaron ofrendas de paz.

32 También escribió allí sobre las piedras una copia de la ley de Moisés, la cual escribió delante de los hijos de Israel.

33 Y todo Israel, con sus ancianos, oficiales y jueces, estaba de pie a uno y otro lado del arca, en presencia de los sacerdotes levitas que llevaban el arca del pacto de Jehová, así los extranjeros como los naturales. La mitad de ellos estaba hacia el monte Gerizim, y la otra mitad hacia el monte Ebal, de la manera que Moisés, siervo de Jehová, lo había mandado antes, para que bendijesen primeramente al pueblo de Israel.

34 Después de esto, leyó todas las palabras de la ley, las bendiciones y las maldiciones, conforme a todo lo que está escrito en el libro de la ley.

35 No hubo palabra alguna de todo cuanto mandó Moisés, que Josué no hiciese leer delante de toda la congregación de Israel, y de las mujeres, de los niños, y de los extranjeros que moraban entre ellos.

Astucia de los gabaonitas

9 1 Cuando oyeron estas cosas todos los reyes que estaban a este lado del Jordán, así en las montañas como en los llanos, y en toda la costa del Mar Grande delante del Líbano, los heteos, amorreos, cananeos, ferezeos, heveos y jebuseos,

2 se concertaron para pelear contra Josué e Israel.

3 Mas los moradores de Gabaón, cuando oyeron lo que Josué había hecho a Jericó y a Hai,

tacked the men of Ai. 22The men of the ambush also came out of the city against them, so that they were caught in the middle, with Israelites on both sides. Israel cut them down, leaving them neither survivors nor fugitives. 23But they took the king of Ai alive and brought him to Joshua.

24When Israel had finished killing all the men of Ai in the fields and in the desert where they had chased them, and when every one of them had been put to the sword, all the Israelites returned to Ai and killed those who were in it. 25Twelve thousand men and women fell that day—all the people of Ai. 26For Joshua did not draw back the hand that held out his javelin until he had destroyed*x* all who lived in Ai. 27But Israel did carry off for themselves the livestock and plunder of this city, as the LORD had instructed Joshua.

28So Joshua burned Ai and made it a permanent heap of ruins, a desolate place to this day. 29He hung the king of Ai on a tree and left him there until evening. At sunset, Joshua ordered them to take his body from the tree and throw it down at the entrance of the city gate. And they raised a large pile of rocks over it, which remains to this day.

The Covenant Renewed at Mount Ebal

30Then Joshua built on Mount Ebal an altar to the LORD, the God of Israel, 31as Moses the servant of the LORD had commanded the Israelites. He built it according to what is written in the Book of the Law of Moses—an altar of uncut stones, on which no iron tool had been used. On it they offered to the LORD burnt offerings and sacrificed fellowship offerings.*y* 32There, in the presence of the Israelites, Joshua copied on stones the law of Moses, which he had written. 33All Israel, aliens and citizens alike, with their elders, officials and judges, were standing on both sides of the ark of the covenant of the LORD, facing those who carried it—the priests, who were Levites. Half of the people stood in front of Mount Gerizim and half of them in front of Mount Ebal, as Moses the servant of the LORD had formerly commanded when he gave instructions to bless the people of Israel.

34Afterward, Joshua read all the words of the law—the blessings and the curses—just as it is written in the Book of the Law. 35There was not a word of all that Moses had commanded that Joshua did not read to the whole assembly of Israel, including the women and children, and the aliens who lived among them.

The Gibeonite Deception

9 Now when all the kings west of the Jordan heard about these things—those in the hill country, in the western foothills, and along the entire coast of the Great Sea*z* as far as Lebanon (the kings of the Hittites, Amorites, Canaanites, Perizzites, Hivites and Jebusites)— 2they came together to make war against Joshua and Israel.

3However, when the people of Gibeon heard what

---

x26 The Hebrew term refers to the irrevocable giving over of things or persons to the LORD, often by totally destroying them. *y31* Traditionally *peace offerings* *z1* That is, the Mediterranean

4 usaron de astucia; pues fueron y se fingieron embajado-res, y tomaron sacos viejos sobre sus asnos, y cueros viejos de vino, rotos y remendados,

5 y zapatos viejos y recosidos en sus pies, con vestidos viejos sobre sí; y todo el pan que traían para el camino era seco y mohoso.

6 Y vinieron a Josué al campamento en Gilgal, y le dijeron a él y a los de Israel: Nosotros venimos de tierra muy lejana; haced, pues, ahora alianza con nosotros.

7 Y los de Israel respondieron a los heveos: Quizás habitáis en medio de nosotros. ¿Cómo, pues, podremos hacer alianza con vosotros?

8 Ellos respondieron a Josué: Nosotros somos tus siervos. Y Josué les dijo: ¿Quiénes sois vosotros, y de dónde venís?

9 Y ellos respondieron: Tus siervos han venido de tierra muy lejana, por causa del nombre de Jehová tu Dios; porque hemos oído su fama, y todo lo que hizo en Egipto,

10 y todo lo que hizo a los dos reyes de los amorreos que estaban al otro lado del Jordán: a Sehón rey de Hesbón, y a Og rey de Basán, que estaba en Astarot.

11 Por lo cual nuestros ancianos y todos los moradores de nuestra tierra nos dijeron: Tomad en vuestras manos provi-sión para el camino, e id al encuentro de ellos, y decidles: Nosotros somos vuestros siervos; haced ahora alianza con nosotros.

12 Este nuestro pan lo tomamos caliente de nuestras casas para el camino el día que salimos para venir a vosotros; y helo aquí ahora ya seco y mohoso.

13 Estos cueros de vino también los llenamos nuevos; helos aquí ya rotos; también estos nuestros vestidos y nuestros zapatos están ya viejos a causa de lo muy largo del camino.

14 Y los hombres de Israel tomaron de las provisiones de ellos, y no consultaron a Jehová.

15 Y Josué hizo paz con ellos, y celebró con ellos alianza concediéndoles la vida; y también lo juraron los príncipes de la congregación.

16 Pasados tres días después que hicieron alianza con ellos, oyeron que eran sus vecinos, y que habitaban en medio de ellos.

17 Y salieron los hijos de Israel, y al tercer día llegaron a las ciudades de ellos; y sus ciudades eran Gabaón, Cafira, Beerot y Quiriat-jearim.

18 Y no los mataron los hijos de Israel, por cuanto los príncipes de la congregación les habían jurado por Jehová el Dios de Israel. Y toda la congregación murmuraba contra los príncipes.

19 Mas todos los príncipes respondieron a toda la congrega-ción: Nosotros les hemos jurado por Jehová Dios de Israel; por tanto, ahora no les podemos tocar.

20 Esto haremos con ellos: les dejaremos vivir, para que no venga ira sobre nosotros por causa del juramento que les hemos hecho.

21 Dijeron, pues, de ellos los príncipes: Dejadlos vivir; y fueron constituidos leñadores y aguadores para toda la congregación, concediéndoles la vida, según les habían prometido los príncipes.

22 Y llamándolos Josué, les habló diciendo: ¿Por qué nos habéis engañado, diciendo: Habitamos muy lejos de voso-tros, siendo así que moráis en medio de nosotros?

23 Ahora, pues, malditos sois, y no dejará de haber de entre vosotros siervos, y quien corte la leña y saque el agua para la casa de mi Dios.

24 Y ellos respondieron a Josué y dijeron: Como fue dado a entender a tus siervos que Jehová tu Dios había mandado a Moisés su siervo que os había de dar toda la tierra, y que había de destruir a todos los moradores de la tierra delante de vosotros, por esto temimos en gran manera por nuestras vidas a causa de vosotros, e hicimos esto.

Joshua had done to Jericho and Ai, 4they resorted to a ruse: They went as a delegation whose donkeys were loaded a with worn-out sacks and old wineskins, cracked and mended. 5The men put worn and patched sandals on their feet and wore old clothes. All the bread of their food supply was dry and moldy. 6Then they went to Joshua in the camp at Gilgal and said to him and the men of Israel, "We have come from a distant country; make a treaty with us."

7The men of Israel said to the Hivites, "But perhaps you live near us. How then can we make a treaty with you?"

8"We are your servants," they said to Joshua.

But Joshua asked, "Who are you and where do you come from?"

9They answered: "Your servants have come from a very distant country because of the fame of the LORD your God. For we have heard reports of him: all that he did in Egypt, 10and all that he did to the two kings of the Amorites east of the Jordan—Sihon king of Heshbon, and Og king of Bashan, who reigned in Ashtaroth. 11And our elders and all those living in our country said to us, 'Take provisions for your journey; go and meet them and say to them, "We are your servants; make a treaty with us." ' 12This bread of ours was warm when we packed it at home on the day we left to come to you. But now see how dry and moldy it is. 13And these wineskins that we filled were new, but see how cracked they are. And our clothes and sandals are worn out by the very long journey."

14The men of Israel sampled their provisions but did not inquire of the LORD. 15Then Joshua made a treaty of peace with them to let them live, and the leaders of the assembly ratified it by oath.

16Three days after they made the treaty with the Gibeonites, the Israelites heard that they were neigh-bors, living near them. 17So the Israelites set out and on the third day came to their cities: Gibeon, Kephirah, Beeroth and Kiriath Jearim. 18But the Israelites did not attack them, because the leaders of the assembly had sworn an oath to them by the LORD, the God of Israel.

The whole assembly grumbled against the leaders, 19but all the leaders answered, "We have given them our oath by the LORD, the God of Israel, and we cannot touch them now. 20This is what we will do to them: We will let them live, so that wrath will not fall on us for breaking the oath we swore to them." 21They continued, "Let them live, but let them be woodcutters and water carriers for the entire community." So the leaders' promise to them was kept.

22Then Joshua summoned the Gibeonites and said, "Why did you deceive us by saying, 'We live a long way from you,' while actually you live near us? 23You are now under a curse: You will never cease to serve as woodcutters and water carriers for the house of my God."

24They answered Joshua, "Your servants were clear-ly told how the LORD your God had commanded his servant Moses to give you the whole land and to wipe out all its inhabitants from before you. So we feared for our lives because of you, and that is why we did this.

a 4 Most Hebrew manuscripts; some Hebrew manuscripts, Vulgate and Syriac (see also Septuagint) They prepared provisions and loaded their donkeys

25 Ahora, pues, henos aquí en tu mano; lo que te pareciere bueno y recto hacer de nosotros, hazlo.

26 Y él lo hizo así con ellos; pues los libró de la mano de los hijos de Israel, y no los mataron.

27 Y Josué los destinó aquel día a ser leñadores y aguadores para la congregación, y para el altar de Jehová en el lugar que Jehová eligiese, lo que son hasta hoy.

Derrota de los amorreos

10 1 Cuando Adonisedec rey de Jerusalén oyó que Josué había tomado a Hai, y que la había asolado (como había hecho a Jericó y a su rey, así hizo a Hai y a su rey), y que los moradores de Gabaón habían hecho paz con los israelitas, y que estaban entre ellos,

2 tuvo gran temor; porque Gabaón era una gran ciudad, como una de las ciudades reales, y mayor que Hai, y todos sus hombres eran fuertes.

3 Por lo cual Adonisedec rey de Jerusalén envió a Hoham rey de Hebrón, a Piream rey de Jarmut, a Jafía rey de Laquis y a Debir rey de Eglón, diciendo:

4 Subid a mí y ayudadme, y combatamos a Gabaón; porque ha hecho paz con Josué y con los hijos de Israel.

5 Y cinco reyes de los amorreos, el rey de Jerusalén, el rey de Hebrón, el rey de Jarmut, el rey de Laquis y el rey de Eglón, se juntaron y subieron, ellos con todos sus ejércitos, y acamparon cerca de Gabaón, y pelearon contra ella.

6 Entonces los moradores de Gabaón enviaron a decir a Josué al campamento en Gilgal: No niegues ayuda a tus siervos; sube prontamente a nosotros para defendernos y ayudarnos; porque todos los reyes de los amorreos que habitan en las montañas se han unido contra nosotros.

7 Y subió Josué de Gilgal, él y todo el pueblo de guerra con él, y todos los hombres valientes.

8 Y Jehová dijo a Josué: No tengas temor de ellos; porque yo los he entregado en tu mano, y ninguno de ellos prevalecerá delante de ti.

9 Y Josué vino a ellos de repente, habiendo subido toda la noche desde Gilgal.

10 Y Jehová los llenó de consternación delante de Israel, y los hirió con gran mortandad en Gabaón; y los siguió por el camino que sube a Bet-horón, y los hirió hasta Azeca y Maceda.

11 Y mientras iban huyendo de los israelitas, a la bajada de Bet-horón, Jehová arrojó desde el cielo grandes piedras sobre ellos hasta Azeca, y murieron; y fueron más los que murieron por las piedras del granizo, que los que los hijos de Israel mataron a espada.

12 Entonces Josué habló a Jehová el día en que Jehová entregó al amorreo delante de los hijos de Israel, y dijo en presencia de los israelitas:

Sol, detente en Gabaón;
Y tú, luna, en el valle de Ajalón.

13 Y el sol se detuvo y la luna se paró,
Hasta que la gente se hubo vengado de sus
enemigos.

¿No está escrito esto en el libro de Jaser? Y el sol se paró en medio del cielo, y no se apresuró a ponerse casi un día entero.

14 Y no hubo día como aquel, ni antes ni después de él, habiendo atendido Jehová a la voz de un hombre; porque Jehová peleaba por Israel.

15 Y Josué, y todo Israel con él, volvió al campamento en Gilgal.

---

25 We are now in your hands. Do to us whatever seems good and right to you."

26 So Joshua saved them from the Israelites, and they did not kill them. 27 That day he made the Gibeonites woodcutters and water carriers for the community and for the altar of the LORD at the place the LORD would choose. And that is what they are to this day.

The Sun Stands Still

10 Now Adoni-Zedek king of Jerusalem heard that Joshua had taken Ai and totally destroyed[b] it, doing to Ai and its king as he had done to Jericho and its king, and that the people of Gibeon had made a treaty of peace with Israel and were living near them. 2 He and his people were very much alarmed at this, because Gibeon was an important city, like one of the royal cities; it was larger than Ai, and all its men were good fighters. 3 So Adoni-Zedek king of Jerusalem appealed to Hoham king of Hebron, Piram king of Jarmuth, Japhia king of Lachish and Debir king of Eglon. 4 "Come up and help me attack Gibeon," he said, "because it has made peace with Joshua and the Israelites."

5 Then the five kings of the Amorites — the kings of Jerusalem, Hebron, Jarmuth, Lachish and Eglon — joined forces. They moved up with all their troops and took up positions against Gibeon and attacked it.

6 The Gibeonites then sent word to Joshua in the camp at Gilgal: "Do not abandon your servants. Come up to us quickly and save us! Help us, because all the Amorite kings from the hill country have joined forces against us."

7 So Joshua marched up from Gilgal with his entire army, including all the best fighting men. 8 The LORD said to Joshua, "Do not be afraid of them; I have given them into your hand. Not one of them will be able to withstand you."

9 After an all-night march from Gilgal, Joshua took them by surprise. 10 The LORD threw them into confusion before Israel, who defeated them in a great victory at Gibeon. Israel pursued them along the road going up to Beth Horon and cut them down all the way to Azekah and Makkedah. 11 As they fled before Israel on the road down from Beth Horon to Azekah, the LORD hurled large hailstones down on them from the sky, and more of them died from the hailstones than were killed by the swords of the Israelites.

12 On the day the LORD gave the Amorites over to Israel, Joshua said to the LORD in the presence of Israel:

"O sun, stand still over Gibeon,
O moon, over the Valley of Aijalon."
13 So the sun stood still,
and the moon stopped,
till the nation avenged itself on[c] its enemies,

as it is written in the Book of Jashar.

The sun stopped in the middle of the sky and delayed going down about a full day. 14 There has never been a day like it before or since, a day when the LORD listened to a man. Surely the LORD was fighting for Israel!

15 Then Joshua returned with all Israel to the camp at Gilgal.

---

b 1 The Hebrew term refers to the irrevocable giving over of things or persons to the LORD, often by totally destroying them; also in verses 28, 35, 37, 39 and 40.   c 13 Or *nation triumphed over*

16 Y los cinco reyes huyeron, y se escondieron en una cueva en Maceda.

17 Y fue dado aviso a Josué que los cinco reyes habían sido hallados escondidos en una cueva en Maceda.

18 Entonces Josué dijo: Rodad grandes piedras a la entrada de la cueva, y poned hombres junto a ella para que los guarden;

19 y vosotros no os detengáis, sino seguid a vuestros enemigos, y heridles la retaguardia, sin dejarles entrar en sus ciudades; porque Jehová vuestro Dios los ha entregado en vuestra mano.

20 Y aconteció que cuando Josué y los hijos de Israel acabaron de herirlos con gran mortandad hasta destruirlos, los que quedaron de ellos se metieron en las ciudades fortificadas.

21 Todo el pueblo volvió sano y salvo a Josué, al campamento en Maceda; no hubo quien moviese su lengua contra ninguno de los hijos de Israel.

22 Entonces dijo Josué: Abrid la entrada de la cueva, y sacad de ella a esos cinco reyes.

23 Y lo hicieron así, y sacaron de la cueva a aquellos cinco reyes: al rey de Jerusalén, al rey de Hebrón, al rey de Jarmut, al rey de Laquis y al rey de Eglón.

24 Y cuando los hubieron llevado a Josué, llamó Josué a todos los varones de Israel, y dijo a los principales de la gente de guerra que habían venido con él: Acercaos, y poned vuestros pies sobre los cuellos de estos reyes. Y ellos se acercaron y pusieron sus pies sobre los cuellos de ellos.

25 Y Josué les dijo: No temáis, ni os atemoricéis; sed fuertes y valientes, porque así hará Jehová a todos vuestros enemigos contra los cuales peleáis.

26 Y después de esto Josué los hirió y los mató, y los hizo colgar en cinco maderos; y quedaron colgados en los maderos hasta caer la noche.

27 Y cuando el sol se iba a poner, mandó Josué que los quitasen de los maderos, y los echasen en la cueva donde se habían escondido; y pusieron grandes piedras a la entrada de la cueva, las cuales permanecen hasta hoy.

28 En aquel mismo día tomó Josué a Maceda, y la hirió a filo de espada, y mató a su rey; por completo los destruyó, con todo lo que en ella tenía vida, sin dejar nada; e hizo al rey de Maceda como había hecho al rey de Jericó.

29 Y de Maceda pasó Josué, y todo Israel con él, a Libna; y peleó contra Libna;

30 y Jehová la entregó también a ella y a su rey en manos de Israel; y la hirió a filo de espada, con todo lo que en ella tenía vida, sin dejar nada; e hizo a su rey de la manera como había hecho al rey de Jericó.

31 Y Josué, y todo Israel con él, pasó de Libna a Laquis, y acampó cerca de ella, y la combatió;

32 y Jehová entregó a Laquis en mano de Israel, y la tomó al día siguiente, y la hirió a filo de espada, con todo lo que en ella tenía vida, así como había hecho en Libna.

33 Entonces Horam rey de Gezer subió en ayuda de Laquis; mas a él y a su pueblo destruyó Josué, hasta no dejar a ninguno de ellos.

34 De Laquis pasó Josué, y todo Israel con él, a Eglón; y acamparon cerca de ella, y la combatieron;

35 y la tomaron el mismo día, y la hirieron a filo de espada; y aquel día mató a todo lo que en ella tenía vida, como había hecho en Laquis.

36 Subió luego Josué, y todo Israel con él, de Eglón a Hebrón, y la combatieron;

37 Y tomándola, la hirieron a filo de espada, a su rey y a todas sus ciudades, con todo lo que en ella tenía vida, sin dejar nada; como había hecho a Eglón, así la destruyeron con todo lo que en ella tenía vida.

Five Amorite Kings Killed

16 Now the five kings had fled and hidden in the cave at Makkedah. 17 When Joshua was told that the five kings had been found hiding in the cave at Makkedah, 18 he said, "Roll large rocks up to the mouth of the cave, and post some men there to guard it. 19 But don't stop! Pursue your enemies, attack them from the rear and don't let them reach their cities, for the LORD your God has given them into your hand."

20 So Joshua and the Israelites destroyed them completely—almost to a man—but the few who were left reached their fortified cities. 21 The whole army then returned safely to Joshua in the camp at Makkedah, and no one uttered a word against the Israelites.

22 Joshua said, "Open the mouth of the cave and bring those five kings out to me." 23 So they brought the five kings out of the cave—the kings of Jerusalem, Hebron, Jarmuth, Lachish and Eglon. 24 When they had brought these kings to Joshua, he summoned all the men of Israel and said to the army commanders who had come with him, "Come here and put your feet on the necks of these kings." So they came forward and placed their feet on their necks.

25 Joshua said to them, "Do not be afraid; do not be discouraged. Be strong and courageous. This is what the LORD will do to all the enemies you are going to fight." 26 Then Joshua struck and killed the kings and hung them on five trees, and they were left hanging on the trees until evening.

27 At sunset Joshua gave the order and they took them down from the trees and threw them into the cave where they had been hiding. At the mouth of the cave they placed large rocks, which are there to this day.

28 That day Joshua took Makkedah. He put the city and its king to the sword and totally destroyed everyone in it. He left no survivors. And he did to the king of Makkedah as he had done to the king of Jericho.

Southern Cities Conquered

29 Then Joshua and all Israel with him moved on from Makkedah to Libnah and attacked it. 30 The LORD also gave that city and its king into Israel's hand. The city and everyone in it Joshua put to the sword. He left no survivors there. And he did to its king as he had done to the king of Jericho.

31 Then Joshua and all Israel with him moved on from Libnah to Lachish; he took up positions against it and attacked it. 32 The LORD handed Lachish over to Israel, and Joshua took it on the second day. The city and everyone in it he put to the sword, just as he had done to Libnah. 33 Meanwhile, Horam king of Gezer had come up to help Lachish, but Joshua defeated him and his army—until no survivors were left.

34 Then Joshua and all Israel with him moved on from Lachish to Eglon; they took up positions against it and attacked it. 35 They captured it that same day and put it to the sword and totally destroyed everyone in it, just as they had done to Lachish.

36 Then Joshua and all Israel with him went up from Eglon to Hebron and attacked it. 37 They took the city and put it to the sword, together with its king, its villages and everyone in it. They left no survivors. Just as at Eglon, they totally destroyed it and everyone in it.

38 Después volvió Josué, y todo Israel con él, sobre Debir, y combatió contra ella;

39 y la tomó, y a su rey, y a todas sus ciudades; y las hirieron a filo de espada, y destruyeron todo lo que allí dentro tenía vida, sin dejar nada; como había hecho a Hebrón, y como había hecho a Libna y a su rey, así hizo a Debir y a su rey.

40 Hirió, pues, Josué toda la región de las montañas, del Neguev, de los llanos y de las laderas, y a todos sus reyes, sin dejar nada; todo lo que tenía vida lo mató, como Jehová Dios de Israel se lo había mandado.

41 Y los hirió Josué desde Cadesbarnea hasta Gaza, y toda la tierra de Gosén hasta Gabaón.

42 Todos estos reyes y sus tierras los tomó Josué de una vez; porque Jehová el Dios de Israel peleaba por Israel.

43 Y volvió Josué, y todo Israel con él, al campamento en Gilgal.

Derrota de la alianza de Jabín

11 1 Cuando oyó esto Jabín rey de Hazor, envió mensaje a Jobab rey de Madón, al rey de Simrón, al rey de Acsaf,

2 y a los reyes que estaban en la región del norte en las montañas, y en el Arabá al sur de Cineret, en los llanos, y en las regiones de Dor al occidente;

3 y al cananeo que estaba al oriente y al occidente, al amorreo, al heteo, al ferezeo, al jebuseo en las montañas, y al heveo al pie de Hermón en tierra de Mizpa.

4 Estos salieron, y con ellos todos sus ejércitos, mucha gente, como la arena que está a la orilla del mar en multitud, con muchísimos caballos y carros de guerra.

5 Todos estos reyes se unieron, y vinieron y acamparon unidos junto a las aguas de Merom, para pelear contra Israel.

6 Mas Jehová dijo a Josué: No tengas temor de ellos, porque mañana a esta hora yo entregaré a todos ellos muertos delante de Israel; desjarretarás sus caballos, y sus carros quemarás a fuego.

7 Y Josué, y toda la gente de guerra con él, vino de repente contra ellos junto a las aguas de Merom.

8 Y los entregó Jehová en manos de Israel, y los hirieron y los siguieron hasta Sidón la grande y hasta Misrefotmaim, y hasta el llano de Mizpa al oriente, hiriéndolos hasta que no les dejaron ninguno.

9 Y Josué hizo con ellos como Jehová le había mandado: desjarretó sus caballos, y sus carros quemó a fuego.

10 Y volviendo Josué, tomó en el mismo tiempo a Hazor, y mató a espada a su rey; pues Hazor había sido antes cabeza de todos estos reinos.

11 Y mataron a espada todo cuanto en ella tenía vida, destruyéndolo por completo, sin quedar nada que respirase; y a Hazor pusieron fuego.

12 Asimismo tomó Josué todas las ciudades de aquellos reyes, y a todos los reyes de ellas, y los hirió a filo de espada, y los destruyó, como Moisés siervo de Jehová lo había mandado.

13 Pero a todas las ciudades que estaban sobre colinas, no las quemó Israel; únicamente a Hazor quemó Josué.

14 Y los hijos de Israel tomaron para sí todo el botín y las bestias de aquellas ciudades; mas a todos los hombres hirieron a filo de espada hasta destruirlos, sin dejar alguno con vida.

15 De la manera que Jehová lo había mandado a Moisés su siervo, así Moisés lo mandó a Josué; y así Josué lo hizo, sin quitar palabra de todo lo que Jehová había mandado a Moisés.

38 Then Joshua and all Israel with him turned around and attacked Debir. 39 They took the city, its king and its villages, and put them to the sword. Everyone in it they totally destroyed. They left no survivors. They did to Debir and its king as they had done to Libnah and its king and to Hebron.

40 So Joshua subdued the whole region, including the hill country, the Negev, the western foothills and the mountain slopes, together with all their kings. He left no survivors. He totally destroyed all who breathed, just as the LORD, the God of Israel, had commanded. 41 Joshua subdued them from Kadesh Barnea to Gaza and from the whole region of Goshen to Gibeon. 42 All these kings and their lands Joshua conquered in one campaign, because the LORD, the God of Israel, fought for Israel.

43 Then Joshua returned with all Israel to the camp at Gilgal.

Northern Kings Defeated

11 When Jabin king of Hazor heard of this, he sent word to Jobab king of Madon, to the kings of Shimron and Acshaph, 2 and to the northern kings who were in the mountains, in the Arabah south of Kinnereth, in the western foothills and in Naphoth Dor d on the west; 3 to the Canaanites in the east and west; to the Amorites, Hittites, Perizzites and Jebusites in the hill country; and to the Hivites below Hermon in the region of Mizpah. 4 They came out with all their troops and a large number of horses and chariots—a huge army, as numerous as the sand on the seashore. 5 All these kings joined forces and made camp together at the Waters of Merom, to fight against Israel.

6 The LORD said to Joshua, "Do not be afraid of them, because by this time tomorrow I will hand all of them over to Israel, slain. You are to hamstring their horses and burn their chariots."

7 So Joshua and his whole army came against them suddenly at the Waters of Merom and attacked them, 8 and the LORD gave them into the hand of Israel. They defeated them and pursued them all the way to Greater Sidon, to Misrephoth Maim, and to the Valley of Mizpah on the east, until no survivors were left. 9 Joshua did to them as the LORD had directed: He hamstrung their horses and burned their chariots.

10 At that time Joshua turned back and captured Hazor and put its king to the sword. (Hazor had been the head of all these kingdoms.) 11 Everyone in it they put to the sword. They totally destroyed e them, not sparing anything that breathed, and he burned up Hazor itself.

12 Joshua took all these royal cities and their kings and put them to the sword. He totally destroyed them, as Moses the servant of the LORD had commanded. 13 Yet Israel did not burn any of the cities built on their mounds—except Hazor, which Joshua burned. 14 The Israelites carried off for themselves all the plunder and livestock of these cities, but all the people they put to the sword until they completely destroyed them, not sparing anyone that breathed. 15 As the LORD commanded his servant Moses, so Moses commanded Joshua, and Joshua did it; he left nothing undone of all that the LORD commanded Moses.

---

d 2 Or in the heights of Dor   e 11 The Hebrew term refers to the irrevocable giving over of things or persons to the LORD, often by totally destroying them; also in verses 12, 20 and 21.

Josué se apodera de toda la tierra

16 Tomó, pues, Josué toda aquella tierra, las montañas, todo el Neguev, toda la tierra de Gosén, los llanos, el Arabá, las montañas de Israel y sus valles. 17 Desde el monte Halac, que sube hacia Seir, hasta Baal-gad en la llanura del Líbano, a la falda del monte Hermón; tomó asimismo a todos sus reyes, y los hirió y mató. 18 Por mucho tiempo tuvo guerra Josué con estos reyes. 19 No hubo ciudad que hiciese paz con los hijos de Israel, salvo los heveos que moraban en Gabaón; todo lo tomaron en guerra. 20 Porque esto vino de Jehová, que endurecía el corazón de ellos para que resistiesen con guerra a Israel, para destruirlos, y que no les fuese hecha misericordia, sino que fuesen desarraigados, como Jehová lo había mandado a Moisés. 21 También en aquel tiempo vino Josué y destruyó a los anaceos de los montes de Hebrón, de Debir, de Anab, de todos los montes de Judá y de todos los montes de Israel; Josué los destruyó a ellos y a sus ciudades. 22 Ninguno de los anaceos quedó en la tierra de los hijos de Israel; solamente quedaron en Gaza, en Gat y en Asdod. 23 Tomó, pues, Josué toda la tierra, conforme a todo lo que Jehová había dicho a Moisés; y la entregó Josué a los israelitas por herencia conforme a su distribución según sus tribus; y la tierra descansó de la guerra.

Reyes derrotados por Moisés

12 1 Estos son los reyes de la tierra que los hijos de Israel derrotaron y cuya tierra poseyeron al otro lado del Jordán hacia donde nace el sol, desde el arroyo de Arnón hasta el monte Hermón, y todo el Arabá al oriente: 2 Sehón rey de los amorreos, que habitaba en Hesbón, y señoreaba desde Aroer, que está a la ribera del arroyo de Arnón, y desde en medio del valle, y la mitad de Galaad, hasta el arroyo de Jaboc, término de los hijos de Amón; 3 y el Arabá hasta el mar de Cineret, al oriente; y hasta el mar del Arabá, el Mar Salado, al oriente, por el camino de Bet-jesimot, y desde el sur al pie de las laderas del Pisga. 4 Y el territorio de Og rey de Basán, que había quedado de los refaítas, el cual habitaba en Astarot y en Edrei, 5 y dominaba en el monte Hermón, en Salca, en todo Basán hasta los límites de Gesur y de Maaca, y la mitad de Galaad, territorio de Sehón rey de Hesbón. 6 A éstos derrotaron Moisés siervo de Jehová y los hijos de Israel; y Moisés siervo de Jehová dio aquella tierra en posesión a los rubenitas, a los gaditas y a la media tribu de Manasés.

Reyes derrotados por Josué

7 Y estos son los reyes de la tierra que derrotaron Josué y los hijos de Israel, a este lado del Jordán hacia el occidente, desde Baal-gad en el llano del Líbano hasta el monte de Halac que sube hacia Seir; y Josué dio la tierra en posesión a las tribus de Israel, conforme a su distribución; 8 en las montañas, en los valles, en el Arabá, en las laderas, en el desierto y en el Neguev; el heteo, el amorreo, el cananeo, el ferezeo, el heveo y el jebuseo.

16 So Joshua took this entire land: the hill country, all the Negev, the whole region of Goshen, the western foothills, the Arabah and the mountains of Israel with their foothills, 17 from Mount Halak, which rises toward Seir, to Baal Gad in the Valley of Lebanon below Mount Hermon. He captured all their kings and struck them down, putting them to death. 18 Joshua waged war against all these kings for a long time. 19 Except for the Hivites living in Gibeon, not one city made a treaty of peace with the Israelites, who took them all in battle. 20 For it was the LORD himself who hardened their hearts to wage war against Israel, so that he might destroy them totally, exterminating them without mercy, as the LORD had commanded Moses.

21 At that time Joshua went and destroyed the Anakites from the hill country: from Hebron, Debir and Anab, from all the hill country of Judah, and from all the hill country of Israel. Joshua totally destroyed them and their towns. 22 No Anakites were left in Israelite territory; only in Gaza, Gath and Ashdod did any survive. 23 So Joshua took the entire land, just as the LORD had directed Moses, and he gave it as an inheritance to Israel according to their tribal divisions.

Then the land had rest from war.

List of Defeated Kings

12 These are the kings of the land whom the Israelites had defeated and whose territory they took over east of the Jordan, from the Arnon Gorge to Mount Hermon, including all the eastern side of the Arabah:

2 Sihon king of the Amorites,
who reigned in Heshbon. He ruled from Aroer on the rim of the Arnon Gorge — from the middle of the gorge — to the Jabbok River, which is the border of the Ammonites. This included half of Gilead. 3 He also ruled over the eastern Arabah from the Sea of Kinnereth/ to the Sea of the Arabah (the Salt Sea&), to Beth Jeshimoth, and then southward below the slopes of Pisgah.

4 And the territory of Og king of Bashan,
one of the last of the Rephaites, who reigned in Ashtaroth and Edrei. 5 He ruled over Mount Hermon, Salecah, all of Bashan to the border of the people of Geshur and Maacah, and half of Gilead to the border of Sihon king of Heshbon.

6 Moses, the servant of the LORD, and the Israelites conquered them. And Moses the servant of the LORD gave their land to the Reubenites, the Gadites and the half-tribe of Manasseh to be their possession.

7 These are the kings of the land that Joshua and the Israelites conquered on the west side of the Jordan, from Baal Gad in the Valley of Lebanon to Mount Halak, which rises toward Seir (their lands Joshua gave as an inheritance to the tribes of Israel according to their tribal divisions — 8 the hill country, the western foothills, the Arabah, the mountain slopes, the desert and the Negev — the lands of the Hittites, Amorites, Canaanites, Perizzites, Hivites and Jebusites):

/3 That is, Galilee   &3 That is, the Dead Sea

9 El rey de Jericó, uno; el rey de Hai, que está al lado de Bet-el, otro;
10 el rey de Jerusalén, otro; el rey de Hebrón, otro;
11 el rey de Jarmut, otro; el rey de Laquis, otro;
12 el rey de Eglón, otro; el rey de Gezer, otro;
13 el rey de Debir, otro; el rey de Geder, otro;
14 el rey de Horma, otro; el rey de Arad, otro;
15 el rey de Libna, otro; el rey de Adulam, otro;
16 el rey de Maceda, otro; el rey de Bet-el, otro;
17 el rey de Tapúa, otro; el rey de Hefer, otro;
18 el rey de Afec, otro; el rey de Sarón, otro;
19 el rey de Madón, otro; el rey de Hazor, otro;
20 el rey de Simron-merón, otro; el rey de Acsaf, otro;
21 el rey de Taanac, otro; el rey de Meguido, otro;
22 el rey de Cedes, otro; el rey de Jocneam del Carmelo, otro;
23 el rey de Dor, de la provincia de Dor, otro; el rey de Goim en Gilgal, otro;
24 el rey de Tirsa, otro; treinta y un reyes por todos.

Tierra aún sin conquistar

13 1 Siendo Josué ya viejo, entrado en años, Jehová le dijo: Tú eres ya viejo, de edad avanzada, y queda aún mucha tierra por poseer.
2 Esta es la tierra que queda: todos los territorios de los filisteos, y todos los de los gesureos;
3 desde Sihor, que está al oriente de Egipto, hasta el límite de Ecrón al norte, que se considera de los cananeos; de los cinco príncipes de los filisteos, el gazeo, el asdodeo, el ascaloneo, el geteo y el ecroneo; también los aveos;
4 al sur toda la tierra de los cananeos, y Mehara, que es de los sidonios, hasta Afec, hasta los límites del amorreo;
5 la tierra de los giblitas, y todo el Líbano hacia donde sale el sol, desde Baal-gad al pie del monte Hermón, hasta la entrada de Hamat;
6 todos los que habitan en las montañas desde el Líbano hasta Misrefotmaim, todos los sidonios; yo los exterminaré delante de los hijos de Israel; solamente repartirás tú por suerte el país a los israelitas por heredad, como te he mandado.
7 Reparte, pues, ahora esta tierra en heredad a las nueve tribus, y a la media tribu de Manasés.
8 Porque los rubenitas y gaditas y la otra mitad de Manasés recibieron ya su heredad, la cual les dio Moisés al otro lado del Jordán al oriente, según se la dio Moisés siervo de Jehová;

---

9 the king of Jericho   one
the king of Ai (near Bethel)   one
10 the king of Jerusalem   one
the king of Hebron   one
11 the king of Jarmuth   one
the king of Lachish   one
12 the king of Eglon   one
the king of Gezer   one
13 the king of Debir   one
the king of Geder   one
14 the king of Hormah   one
the king of Arad   one
15 the king of Libnah   one
the king of Adullam   one
16 the king of Makkedah   one
the king of Bethel   one
17 the king of Tappuah   one
the king of Hepher   one
18 the king of Aphek   one
the king of Lasharon   one
19 the king of Madon   one
the king of Hazor   one
20 the king of Shimron Meron   one
the king of Acshaph   one
21 the king of Taanach   one
the king of Megiddo   one
22 the king of Kedesh   one
the king of Jokneam in Carmel   one
23 the king of Dor (in Naphoth Dor ʰ)   one
the king of Goyim in Gilgal   one
24 the king of Tirzah   one
thirty-one kings in all.

Land Still to Be Taken

13 When Joshua was old and well advanced in years, the Lᴏʀᴅ said to him, "You are very old, and there are still very large areas of land to be taken over.

2 "This is the land that remains: all the regions of the Philistines and Geshurites: 3 from the Shihor River on the east of Egypt to the territory of Ekron on the north, all of it counted as Canaanite (the territory of the five Philistine rulers in Gaza, Ashdod, Ashkelon, Gath and Ekron — that of the Avvites); 4 from the south, all the land of the Canaanites, from Arah of the Sidonians as far as Aphek, the region of the Amorites, 5 the area of the Gebalites ⁱ; and all Lebanon to the east, from Baal Gad below Mount Hermon to Lebo ʲ Hamath.

6 "As for all the inhabitants of the mountain regions from Lebanon to Misrephoth Maim, that is, all the Sidonians, I myself will drive them out before the Israelites. Be sure to allocate this land to Israel for an inheritance, as I have instructed you, 7 and divide it as an inheritance among the nine tribes and half of the tribe of Manasseh."

Division of the Land East of the Jordan

8 The other half of Manasseh, ᵏ the Reubenites and the Gadites had received the inheritance that Moses had given them east of the Jordan, as he, the servant of the Lᴏʀᴅ, had assigned it to them.

ʰ23 Or *in the heights of Dor* ⁱ5 That is, the area of Byblos ʲ5 Or *to the entrance to* ᵏ8 Hebrew *With it* (that is, with the other half of Manasseh)

9 desde Aroer, que está a la orilla del arroyo de Arnón, y la ciudad que está en medio del valle, y toda la llanura de Medeba, hasta Dibón;

10 todas las ciudades de Sehón rey de los amorreos, el cual reinó en Hesbón, hasta los límites de los hijos de Amón;

11 y Galaad, y los territorios de los gesureos y de los maacateos, y todo el monte Hermón, y toda la tierra de Basán hasta Salca;

12 todo el reino de Og en Basán, el cual reinó en Astarot y en Edrei, el cual había quedado del resto de los refaítas; pues Moisés los derrotó, y los echó.

13 Mas a los gesureos y a los maacateos no los echaron los hijos de Israel, sino que Gesur y Maaca habitaron entre los israelitas hasta hoy.

El territorio que distribuyó Moisés

14 Pero a la tribu de Leví no dio heredad; los sacrificios de Jehová Dios de Israel son su heredad, como él les había dicho.

15 Dio, pues, Moisés a la tribu de los hijos de Rubén conforme a sus familias.

16 Y fue el territorio de ellos desde Aroer, que está a la orilla del arroyo de Arnón, y la ciudad que está en medio del valle, y toda la llanura hasta Medeba;

17 Hesbón, con todas sus ciudades que están en la llanura; Dibón, Bamot-baal, Bet-baal-meón,

18 Jahaza, Cademot, Mefaat,

19 Quiriataim, Sibma, Zaret-sahar en el monte del valle,

20 Bet-peor, las laderas de Pisga, Bet-jesimot,

21 todas las ciudades de la llanura, y todo el reino de Sehón rey de los amorreos, que reinó en Hesbón, al cual derrotó Moisés, y a los príncipes de Madián, Evi, Requem, Zur, Hur y Reba, príncipes de Sehón que habitaban en aquella tierra.

22 También mataron a espada los hijos de Israel a Balaam el adivino, hijo de Beor, entre los demás que mataron.

23 Y el Jordán fue el límite del territorio de los hijos de Rubén. Esta fue la heredad de los hijos de Rubén conforme a sus familias, estas ciudades con sus aldeas.

24 Dio asimismo Moisés a la tribu de Gad, a los hijos de Gad, conforme a sus familias.

25 El territorio de ellos fue Jazer, y todas las ciudades de Galaad, y la mitad de la tierra de los hijos de Amón hasta Aroer, que está enfrente de Rabá.

26 Y desde Hesbón hasta Ramatmizpa, y Betonim; y desde Mahanaim hasta el límite de Debir;

27 y en el valle, Bet-aram, Bet-nimra, Sucot y Zafón, resto del reino de Sehón rey de Hesbón; el Jordán y su límite hasta el extremo del mar de Cineret al otro lado del Jordán, al oriente.

28 Esta es la heredad de los hijos de Gad por sus familias, estas ciudades con sus aldeas.

29 También dio Moisés heredad a la media tribu de Manasés; y fue para la media tribu de los hijos de Manasés, conforme a sus familias.

30 El territorio de ellos fue desde Mahanaim, todo Basán, todo el reino de Og rey de Basán, y todas las aldeas de Jair que están en Basán, sesenta poblaciones,

9 It extended from Aroer on the rim of the Arnon Gorge, and from the town in the middle of the gorge, and included the whole plateau of Medeba as far as Dibon, 10 and all the towns of Sihon king of the Amorites, who ruled in Heshbon, out to the border of the Ammonites. 11 It also included Gilead, the territory of the people of Geshur and Maacah, all of Mount Hermon and all Bashan as far as Salecah— 12 that is, the whole kingdom of Og in Bashan, who had reigned in Ashtaroth and Edrei and had survived as one of the last of the Rephaites. Moses had defeated them and taken over their land. 13 But the Israelites did not drive out the people of Geshur and Maacah, so they continue to live among the Israelites to this day.

14 But to the tribe of Levi he gave no inheritance, since the offerings made by fire to the Lord, the God of Israel, are their inheritance, as he promised them.

15 This is what Moses had given to the tribe of Reuben, clan by clan:

16 The territory from Aroer on the rim of the Arnon Gorge, and from the town in the middle of the gorge, and the whole plateau past Medeba 17 to Heshbon and all its towns on the plateau, including Dibon, Bamoth Baal, Beth Baal Meon, 18 Jahaz, Kedemoth, Mephaath, 19 Kiriathaim, Sibmah, Zereth Shahar on the hill in the valley, 20 Beth Peor, the slopes of Pisgah, and Beth Jeshimoth 21 —all the towns on the plateau and the entire realm of Sihon king of the Amorites, who ruled at Heshbon. Moses had defeated him and the Midianite chiefs, Evi, Rekem, Zur, Hur and Reba—princes allied with Sihon—who lived in that country. 22 In addition to those slain in battle, the Israelites had put to the sword Balaam son of Beor, who practiced divination. 23 The boundary of the Reubenites was the bank of the Jordan. These towns and their villages were the inheritance of the Reubenites, clan by clan.

24 This is what Moses had given to the tribe of Gad, clan by clan:

25 The territory of Jazer, all the towns of Gilead and half the Ammonite country as far as Aroer, near Rabbah; 26 and from Heshbon to Ramath Mizpah and Betonim, and from Mahanaim to the territory of Debir; 27 and in the valley, Beth Haram, Beth Nimrah, Succoth and Zaphon with the rest of the realm of Sihon king of Heshbon (the east side of the Jordan, the territory up to the end of the Sea of Kinnereth /). 28 These towns and their villages were the inheritance of the Gadites, clan by clan.

29 This is what Moses had given to the half-tribe of Manasseh, that is, to half the family of the descendants of Manasseh, clan by clan:

30 The territory extending from Mahanaim and including all of Bashan, the entire realm of Og king of Bashan—all the settlements of Jair in Bashan, sixty towns, 31 half of Gilead, and Ashta-

31 y la mitad de Galaad, y Astarot y Edrei, ciudades del reino de Og en Basán, para los hijos de Maquir hijo de Manasés, para la mitad de los hijos de Maquir conforme a sus familias.

32 Esto es lo que Moisés repartió en heredad en los llanos de Moab, al otro lado del Jordán de Jericó, al oriente. 33 Mas a la tribu de Leví no dio Moisés heredad; Jehová Dios de Israel es la heredad de ellos, como él les había dicho.

Canaán repartida por suerte

14 1 Esto, pues, es lo que los hijos de Israel tomaron por heredad en la tierra de Canaán, lo cual les repartieron el sacerdote Eleazar, Josué hijo de Nun, y las cabezas de los padres de las tribus de los hijos de Israel. 2 Por suerte se les dio su heredad, como Jehová había mandado a Moisés que se diera a las nueve tribus y a la media tribu. 3 Porque a las dos tribus y a la media tribu les había dado Moisés heredad al otro lado del Jordán; mas a los levitas no les dio heredad entre ellos. 4 Porque los hijos de José fueron dos tribus, Manasés y Efraín; y no dieron parte a los levitas en la tierra sino ciudades en que morasen, con los ejidos de ellas para sus ganados y rebaños. 5 De la manera que Jehová lo había mandado a Moisés, así lo hicieron los hijos de Israel en el repartimiento de la tierra.

Caleb recibe Hebrón

6 Y los hijos de Judá vinieron a Josué en Gilgal; y Caleb, hijo de Jefone cenezeo, le dijo: Tú sabes lo que Jehová dijo a Moisés, varón de Dios, en Cades-barnea, tocante a mí y a ti. 7 Yo era de edad de cuarenta años cuando Moisés siervo de Jehová me envió de Cades-barnea a reconocer la tierra; y yo le traje noticias como lo sentía en mi corazón. 8 Y mis hermanos, los que habían subido conmigo, hicieron desfallecer el corazón del pueblo; pero yo cumplí siguiendo a Jehová mi Dios. 9 Entonces Moisés juró diciendo: Ciertamente la tierra que holló tu pie será para ti, y para tus hijos en herencia perpetua, por cuanto cumpliste siguiendo a Jehová mi Dios. 10 Ahora bien, Jehová me ha hecho vivir, como él dijo, estos cuarenta y cinco años, desde el tiempo que Jehová habló estas palabras a Moisés, cuando Israel andaba por el desierto; y ahora, he aquí, hoy soy de edad de ochenta y cinco años. 11 Todavía estoy tan fuerte como el día que Moisés me envió; cual era mi fuerza entonces, tal es ahora mi fuerza para la guerra, y para salir y para entrar. 12 Dame, pues, ahora este monte, del cual habló Jehová aquel día; porque tú oíste en aquel día que los anaceos están allí, y que hay ciudades grandes y fortificadas. Quizá Jehová estará conmigo, y los echaré, como Jehová ha dicho. 13 Josué entonces le bendijo, y dio a Caleb hijo de Jefone a Hebrón por heredad. 14 Por tanto, Hebrón vino a ser heredad de Caleb hijo de Jefone cenezeo, hasta hoy, por cuanto había seguido cumplidamente a Jehová Dios de Israel. 15 Mas el nombre de Hebrón fue antes Quiriat-arba; d porque Arba fue un hombre grande entre los anaceos. Y la tierra descansó de la guerra.

roth and Edrei (the royal cities of Og in Bashan). This was for the descendants of Makir son of Manasseh—for half of the sons of Makir, clan by clan.

32 This is the inheritance Moses had given when he was in the plains of Moab across the Jordan east of Jericho. 33 But to the tribe of Levi, Moses had given no inheritance; the LORD, the God of Israel, is their inheritance, as he promised them.

Division of the Land West of the Jordan

14 Now these are the areas the Israelites received as an inheritance in the land of Canaan, which Eleazar the priest, Joshua son of Nun and the heads of the tribal clans of Israel allotted to them. 2 Their inheritances were assigned by lot to the nine-and-a-half tribes, as the LORD had commanded through Moses. 3 Moses had granted the two-and-a-half tribes their inheritance east of the Jordan but had not granted the Levites an inheritance among the rest, 4 for the sons of Joseph had become two tribes—Manasseh and Ephraim. The Levites received no share of the land but only towns to live in, with pasturelands for their flocks and herds. 5 So the Israelites divided the land, just as the LORD had commanded Moses.

Hebron Given to Caleb

6 Now the men of Judah approached Joshua at Gilgal, and Caleb son of Jephunneh the Kenizzite said to him, "You know what the LORD said to Moses the man of God at Kadesh Barnea about you and me. 7 I was forty years old when Moses the servant of the LORD sent me from Kadesh Barnea to explore the land. And I brought him back a report according to my convictions, 8 but my brothers who went up with me made the hearts of the people melt with fear. I, however, followed the LORD my God wholeheartedly. 9 So on that day Moses swore to me, 'The land on which your feet have walked will be your inheritance and that of your children forever, because you have followed the LORD my God wholeheartedly.' m

10 "Now then, just as the LORD promised, he has kept me alive for forty-five years since the time he said this to Moses, while Israel moved about in the desert. So here I am today, eighty-five years old! 11 I am still as strong today as the day Moses sent me out; I'm just as vigorous to go out to battle now as I was then. 12 Now give me this hill country that the LORD promised me that day. You yourself heard then that the Anakites were there and their cities were large and fortified, but, the LORD helping me, I will drive them out just as he said."

13 Then Joshua blessed Caleb son of Jephunneh and gave him Hebron as his inheritance. 14 So Hebron has belonged to Caleb son of Jephunneh the Kenizzite ever since, because he followed the LORD, the God of Israel, wholeheartedly. 15 (Hebron used to be called Kiriath Arba after Arba, who was the greatest man among the Anakites.)

Then the land had rest from war.

---

d Esto es, *la ciudad de Arba.*   m 9 Deut. 1:36

El territorio de Judá

15 1 La parte que tocó en suerte a la tribu de los hijos
de Judá, conforme a sus familias, llegaba hasta la
frontera de Edom, teniendo el desierto de Zin al sur como
extremo meridional.
2 Y su límite por el lado del sur fue desde la costa del Mar
Salado, desde la bahía que mira hacia el sur;
3 y salía hacia el sur de la subida de Acrabim, pasando hasta
Zin; y subiendo por el sur hasta Cades-barnea, pasaba a
Hezrón, y subiendo por Adar daba vuelta a Carca.
4 De allí pasaba a Asmón, y salía al arroyo de Egipto, y
terminaba en el mar. Este, pues, os será el límite del sur.
5 El límite oriental es el Mar Salado hasta la desembocadura del Jordán. Y el límite del lado del norte, desde la bahía
del mar en la desembocadura del Jordán;
6 y sube este límite por Bet-hogla, y pasa al norte de Bet-arabá, y de aquí sube a la piedra de Bohán hijo de Rubén.
7 Luego sube a Debir desde el valle de Acor; y al norte mira
sobre Gilgal, que está enfrente de la subida de Adumín,
que está al sur del arroyo; y pasa hasta las aguas de
En-semes, y sale a la fuente de Rogel.
8 Y sube este límite por el valle del hijo de Hinom al lado
sur del jebuseo, que es Jerusalén. Luego sube por la cumbre del monte que está enfrente del valle de Hinom hacia
el occidente, el cual está al extremo del valle de Refaim,
por el lado del norte.
9 Y rodea este límite desde la cumbre del monte hasta la
fuente de las aguas de Neftoa, y sale a las ciudades del
monte de Efrón, rodeando luego a Baala, que es Quiriat-
jearim.
10 Después gira este límite desde Baala hacia el occidente
al monte de Seir; y pasa al lado del monte de Jearim hacia
el norte, el cual es Quesalón, y desciende a Bet-semes, y
pasa a Timna.
11 Sale luego al lado de Ecrón hacia el norte; y rodea a
Sicrón, y pasa por el monte de Baala, y sale a Jabneel y
termina en el mar.
12 El límite del occidente es el Mar Grande. Este fue el
límite de los hijos de Judá, por todo el contorno, conforme
a sus familias.

Caleb conquista Hebrón y Debir

13 Mas a Caleb hijo de Jefone dio su parte entre los hijos
de Judá, conforme al mandamiento de Jehová a Josué; la
ciudad de Quiriat-arba padre de Anac, que es Hebrón.
14 Y Caleb echó de allí a los tres hijos de Anac, a Sesai,
Ahimán y Talmai, hijos de Anac.
15 De aquí subió contra los que moraban en Debir; y el
nombre de Debir era antes Quiriat-sefer.
16 Y dijo Caleb: Al que atacare a Quiriat-sefer, y la tomare,
yo le daré mi hija Acsa por mujer.
17 Y la tomó Otoniel, hijo de Cenaz hermano de Caleb; y
él le dio su hija Acsa por mujer.
18 Y aconteció que cuando la llevaba, él la persuadió que
pidiese a su padre tierras para labrar. Ella entonces se bajó
del asno. Y Caleb le dijo: ¿Qué tienes?
19 Y ella respondió: Concédeme un don; puesto que me
has dado tierra del Neguev, dame también fuentes de
aguas. El entonces le dio las fuentes de arriba, y las de
abajo.

Allotment for Judah

15 The allotment for the tribe of Judah, clan by
clan, extended down to the territory of Edom,
to the Desert of Zin in the extreme south.
2 Their southern boundary started from the bay
at the southern end of the Salt Sea,[n] 3 crossed
south of Scorpion[o] Pass, continued on to Zin
and went over to the south of Kadesh Barnea.
Then it ran past Hezron up to Addar and curved
around to Karka. 4 It then passed along to Azmon
and joined the Wadi of Egypt, ending at the sea.
This is their[p] southern boundary.
5 The eastern boundary is the Salt Sea as far as
the mouth of the Jordan.
The northern boundary started from the bay of
the sea at the mouth of the Jordan, 6 went up to
Beth Hoglah and continued north of Beth Arabah
to the Stone of Bohan son of Reuben. 7 The
boundary then went up to Debir from the Valley
of Achor and turned north to Gilgal, which faces
the Pass of Adummim south of the gorge. It
continued along to the waters of En Shemesh and
came out at En Rogel. 8 Then it ran up the Valley
of Ben Hinnom along the southern slope of the
Jebusite city (that is, Jerusalem). From there it
climbed to the top of the hill west of the Hinnom
Valley at the northern end of the Valley of Rephaim. 9 From the hilltop the boundary headed toward the spring of the waters of Nephtoah, came
out at the towns of Mount Ephron and went
down toward Baalah (that is, Kiriath Jearim).
10 Then it curved westward from Baalah to
Mount Seir, ran along the northern slope of
Mount Jearim (that is, Kesalon), continued down
to Beth Shemesh and crossed to Timnah. 11 It
went to the northern slope of Ekron, turned
toward Shikkeron, passed along to Mount Baalah
and reached Jabneel. The boundary ended at the
sea.
12 The western boundary is the coastline of the
Great Sea.[q]
These are the boundaries around the people of Judah
by their clans.

13 In accordance with the LORD's command to him,
Joshua gave to Caleb son of Jephunneh a portion in
Judah—Kiriath Arba, that is, Hebron. (Arba was the
forefather of Anak.) 14 From Hebron Caleb drove out
the three Anakites—Sheshai, Ahiman and Talmai—
descendants of Anak. 15 From there he marched against
the people living in Debir (formerly called Kiriath Sepher). 16 And Caleb said, "I will give my daughter
Acsah in marriage to the man who attacks and captures
Kiriath Sepher." 17 Othniel son of Kenaz, Caleb's brother, took it; so Caleb gave his daughter Acsah to him
in marriage.
18 One day when she came to Othniel, she urged
him[r] to ask her father for a field. When she got off
her donkey, Caleb asked her, "What can I do for you?"
19 She replied, "Do me a special favor. Since you
have given me land in the Negev, give me also springs
of water." So Caleb gave her the upper and lower
springs.

[n] *2* That is, the Dead Sea; also in verse 5 [o] *3* Hebrew *Akrabbim*
[p] *4* Hebrew *your* [q] *12* That is, the Mediterranean; also in verse 47 [r] *18* Hebrew and some Septuagint manuscripts; other Septuagint manuscripts (see also note at Judges 1:14) *Othniel, he urged her*

Las ciudades de Judá

20 Esta, pues, es la heredad de la tribu de los hijos de Judá por sus familias.
21 Y fueron las ciudades de la tribu de los hijos de Judá en el extremo sur, hacia la frontera de Edom: Cabseel, Edar, Jagur,
22 Cina, Dimona, Adada,
23 Cedes, Hazor, Itnán,
24 Zif, Telem, Bealot,
25 Hazor-hadata, Queriot, Hezrón (que es Hazor),
26 Amam, Sema, Molada,
27 Hazar-gada, Hesmón, Bet-pelet,
28 Hazar-sual, Beerseba, Bizotia,
29 Baala, Iim, Esem,
30 Eltolad, Quesil, Horma,
31 Siclag, Madmana, Sansana,
32 Lebaot, Silhim, Aín y Rimón; por todas veintinueve ciudades con sus aldeas.
33 En las llanuras, Estaol, Zora, Asena,
34 Zanoa, En-ganim, Tapúa, Enam,
35 Jarmut, Adulam, Soco, Azeca,
36 Saaraim, Aditaim, Gedera y Gederotaim; catorce ciudades con sus aldeas.
37 Zenán, Hadasa, Migdal-gad,
38 Dileán, Mizpa, Jocteel,
39 Laquis, Boscat, Eglón,
40 Cabón, Lahmam, Quitlis,
41 Gederot, Bet-dagón, Naama y Maceda; dieciséis ciudades con sus aldeas.
42 Libna, Eter, Asán,
43 Jifta, Asena, Nezib,
44 Keila, Aczib y Maresa; nueve ciudades con sus aldeas.
45 Ecrón con sus villas y sus aldeas.
46 Desde Ecrón hasta el mar, todas las que están cerca de Asdod con sus aldeas.
47 Asdod con sus villas y sus aldeas; Gaza con sus villas y sus aldeas hasta el río de Egipto, y el Mar Grande con sus costas.
48 Y en las montañas, Samir, Jatir, Soco,
49 Dana, Quiriat-sana (que es Debir);
50 Anab, Estemoa, Anim,
51 Gosén, Holón y Gilo; once ciudades con sus aldeas.
52 Arab, Duma, Esán,
53 Janum, Bet-tapúa, Afeca,
54 Humta, Quiriat-arba (la cual es Hebrón) y Sior; nueve ciudades con sus aldeas.
55 Maón, Carmel, Zif, Juta,
56 Jezreel, Jocdeam, Zanoa,
57 Caín, Gabaa y Timna; diez ciudades con sus aldeas.
58 Halhul, Bet-sur, Gedor,
59 Maarat, Bet-anot y Eltecón; seis ciudades con sus aldeas.
60 Quiriat-baal (que es Quiriat-jearim) y Rabá; dos ciudades con sus aldeas.
61 En el desierto, Bet-arabá, Midín, Secaca,
62 Nibsán, la Ciudad de la Sal y Engadi; seis ciudades con sus aldeas.
63 Mas a los jebuseos que habitaban en Jerusalén, los hijos de Judá no pudieron arrojarlos; y ha quedado el jebuseo en Jerusalén con los hijos de Judá hasta hoy.

20 This is the inheritance of the tribe of Judah, clan by clan:
21 The southernmost towns of the tribe of Judah in the Negev toward the boundary of Edom were:
Kabzeel, Eder, Jagur, 22 Kinah, Dimonah, Adadah, 23 Kedesh, Hazor, Ithnan, 24 Ziph, Telem, Bealoth, 25 Hazor Hadattah, Kerioth Hezron (that is, Hazor), 26 Amam, Shema, Moladah, 27 Hazar Gaddah, Heshmon, Beth Pelet, 28 Hazar Shual, Beersheba, Biziothiah, 29 Baalah, Iim, Ezem, 30 Eltolad, Kesil, Hormah, 31 Ziklag, Madmannah, Sansannah, 32 Lebaoth, Shilhim, Ain and Rimmon—a total of twenty-nine towns and their villages.
33 In the western foothills:
Eshtaol, Zorah, Ashnah, 34 Zanoah, En Gannim, Tappuah, Enam, 35 Jarmuth, Adullam, Socoh, Azekah, 36 Shaaraim, Adithaim and Gederah (or Gederothaim)s—fourteen towns and their villages.
37 Zenan, Hadashah, Migdal Gad, 38 Dilean, Mizpah, Joktheel, 39 Lachish, Bozkath, Eglon, 40 Cabbon, Lahmas, Kitlish, 41 Gederoth, Beth Dagon, Naamah and Makkedah—sixteen towns and their villages.
42 Libnah, Ether, Ashan, 43 Iphtah, Ashnah, Nezib, 44 Keilah, Aczib and Mareshah—nine towns and their villages.
45 Ekron, with its surrounding settlements and villages; 46 west of Ekron, all that were in the vicinity of Ashdod, together with their villages; 47 Ashdod, its surrounding settlements and villages; and Gaza, its settlements and villages, as far as the Wadi of Egypt and the coastline of the Great Sea.
48 In the hill country:
Shamir, Jattir, Socoh, 49 Dannah, Kiriath Sannah (that is, Debir), 50 Anab, Eshtemoh, Anim, 51 Goshen, Holon and Giloh—eleven towns and their villages.
52 Arab, Dumah, Eshan, 53 Janim, Beth Tappuah, Aphekah, 54 Humtah, Kiriath Arba (that is, Hebron) and Zior—nine towns and their villages.
55 Maon, Carmel, Ziph, Juttah, 56 Jezreel, Jokdeam, Zanoah, 57 Kain, Gibeah and Timnah—ten towns and their villages.
58 Halhul, Beth Zur, Gedor, 59 Maarath, Beth Anoth and Eltekon—six towns and their villages.
60 Kiriath Baal (that is, Kiriath Jearim) and Rabbah—two towns and their villages.
61 In the desert:
Beth Arabah, Middin, Secacah, 62 Nibshan, the City of Salt and En Gedi—six towns and their villages.
63 Judah could not dislodge the Jebusites, who were living in Jerusalem; to this day the Jebusites live there with the people of Judah.

s 36 Or Gederah and Gederothaim

Territorio de Efraín y de Manasés

16 ¹ Tocó en suerte a los hijos de José desde el Jordán de Jericó hasta las aguas de Jericó hacia el oriente, hacia el desierto que sube de Jericó por las montañas de Bet-el.

² Y de Bet-el sale a Luz, y pasa a lo largo del territorio de los arquitas hasta Atarot,

³ y baja hacia el occidente al territorio de los jafletitas, hasta el límite de Bet-horón la de abajo, y hasta Gezer; y sale al mar.

⁴ Recibieron, pues, su heredad los hijos de José, Manasés y Efraín.

⁵ Y en cuanto al territorio de los hijos de Efraín por sus familias, el límite de su heredad al lado del oriente fue desde Atarot-adar hasta Bet-horón la de arriba.

⁶ Continúa el límite hasta el mar, y hasta Micmetat al norte, y da vuelta hacia el oriente hasta Taanat-silo, y de aquí pasa a Janoa.

⁷ De Janoa desciende a Atarot y a Naarat, y toca Jericó y sale al Jordán.

⁸ Y de Tapúa se vuelve hacia el mar, al arroyo de Caná, y sale al mar. Esta es la heredad de la tribu de los hijos de Efraín por sus familias.

⁹ Hubo también ciudades que se apartaron para los hijos de Efraín en medio de la heredad de los hijos de Manasés, todas ciudades con sus aldeas.

¹⁰ Pero no arrojaron al cananeo que habitaba en Gezer; antes quedó el cananeo en medio de Efraín, hasta hoy, y fue tributario.

17 ¹ Se echaron también suertes para la tribu de Manasés, porque fue primogénito de José. Maquir, primogénito de Manasés y padre de Galaad, el cual fue hombre de guerra, tuvo Galaad y Basán.

² Se echaron también suertes para los otros hijos de Manasés conforme a sus familias: los hijos de Abiezer, los hijos de Helec, los hijos de Asriel, los hijos de Siquem, los hijos de Hefer y los hijos de Semida; éstos fueron los hijos varones de Manasés hijo de José, por sus familias.

³ Pero Zelofehad hijo de Hefer, hijo de Galaad, hijo de Maquir, hijo de Manasés, no tuvo hijos sino hijas, los nombres de las cuales son estos: Maala, Noa, Hogla, Milca y Tirsa.

⁴ Estas vinieron delante del sacerdote Eleazar y de Josué hijo de Nun, y de los príncipes, y dijeron: Jehová mandó a Moisés que nos diese heredad entre nuestros hermanos. Y él les dio heredad entre los hermanos del padre de ellas, conforme al dicho de Jehová.

⁵ Y le tocaron a Manasés diez partes además de la tierra de Galaad y de Basán que está al otro lado del Jordán,

⁶ porque las hijas de Manasés tuvieron heredad entre sus hijos; y la tierra de Galaad fue de los otros hijos de Manasés.

⁷ Y fue el territorio de Manasés desde Aser hasta Micmetat, que está enfrente de Siquem; y va al sur, hasta los que habitan en Tapúa.

⁸ La tierra de Tapúa fue de Manasés; pero Tapúa misma, que está junto al límite de Manasés, es de los hijos de Efraín.

⁹ Desciende este límite al arroyo de Caná, hacia el sur del arroyo. Estas ciudades de Efraín están entre las ciudades de Manasés; y el límite de Manasés es desde el norte del mismo arroyo, y sus salidas son al mar.

Allotment for Ephraim and Manasseh

16 The allotment for Joseph began at the Jordan of Jericho, ᵗ east of the waters of Jericho, and went up from there through the desert into the hill country of Bethel. ²It went on from Bethel (that is, Luz), ᵘ crossed over to the territory of the Arkites in Ataroth, ³descended westward to the territory of the Japhletites as far as the region of Lower Beth Horon and on to Gezer, ending at the sea.

⁴So Manasseh and Ephraim, the descendants of Joseph, received their inheritance.

⁵This was the territory of Ephraim, clan by clan:

The boundary of their inheritance went from Ataroth Addar in the east to Upper Beth Horon ⁶and continued to the sea. From Micmethath on the north it curved eastward to Taanath Shiloh, passing by it to Janoah on the east. ⁷Then it went down from Janoah to Ataroth and Naarah, touched Jericho and came out at the Jordan. ⁸From Tappuah the border went west to the Kanah Ravine and ended at the sea. This was the inheritance of the tribe of the Ephraimites, clan by clan. ⁹It also included all the towns and their villages that were set aside for the Ephraimites within the inheritance of the Manassites.

¹⁰They did not dislodge the Canaanites living in Gezer; to this day the Canaanites live among the people of Ephraim but are required to do forced labor.

17 This was the allotment for the tribe of Manasseh as Joseph's firstborn, that is, for Makir, Manasseh's firstborn. Makir was the ancestor of the Gileadites, who had received Gilead and Bashan because the Makirites were great soldiers. ²So this allotment was for the rest of the people of Manasseh—the clans of Abiezer, Helek, Asriel, Shechem, Hepher and Shemida. These are the other male descendants of Manasseh son of Joseph by their clans.

³Now Zelophehad son of Hepher, the son of Gilead, the son of Makir, the son of Manasseh, had no sons but only daughters, whose names were Mahlah, Noah, Hoglah, Milcah and Tirzah. ⁴They went to Eleazar the priest, Joshua son of Nun, and the leaders and said, "The LORD commanded Moses to give us an inheritance among our brothers." So Joshua gave them an inheritance along with the brothers of their father, according to the LORD's command. ⁵Manasseh's share consisted of ten tracts of land besides Gilead and Bashan east of the Jordan, ⁶because the daughters of the tribe of Manasseh received an inheritance among the sons. The land of Gilead belonged to the rest of the descendants of Manasseh.

⁷The territory of Manasseh extended from Asher to Micmethath east of Shechem. The boundary ran southward from there to include the people living at En Tappuah. ⁸(Manasseh had the land of Tappuah, but Tappuah itself, on the boundary of Manasseh, belonged to the Ephraimites.) ⁹Then the boundary continued south to the Kanah Ravine. There were towns belonging to Ephraim lying among the towns of Manasseh, but the boundary of Manasseh was the northern side of the ravine and ended at the sea. ¹⁰On the

---

ᵗ1 *Jordan of Jericho* was possibly an ancient name for the Jordan River.   ᵘ2 Septuagint; Hebrew *Bethel to Luz*

10 Efraín al sur, y Manasés al norte, y el mar es su límite; y se encuentra con Aser al norte, y con Isacar al oriente.
11 Tuvo también Manasés en Isacar y en Aser a Bet-seán y sus aldeas, a Ibleam y sus aldeas, a los moradores de Dor y sus aldeas, a los moradores de Endor y sus aldeas, a los moradores de Taanac y sus aldeas, y a los moradores de Meguido y sus aldeas; tres provincias.
12 Mas los hijos de Manasés no pudieron arrojar a los de aquellas ciudades; y el cananeo persistió en habitar en aquella tierra.
13 Pero cuando los hijos de Israel fueron lo suficientemente fuertes, hicieron tributario al cananeo, mas no lo arrojaron.
14 Y los hijos de José hablaron a Josué, diciendo: ¿Por qué nos has dado por heredad una sola suerte y una sola parte, siendo nosotros un pueblo tan grande, y que Jehová nos ha bendecido hasta ahora?
15 Y Josué les respondió: Si sois pueblo tan grande, subid al bosque, y haceos desmontes allí en la tierra de los ferezeos y de los refaítas, ya que el monte de Efraín es estrecho para vosotros.
16 Y los hijos de José dijeron: No nos bastará a nosotros este monte; y todos los cananeos que habitan la tierra de la llanura, tienen carros herrados; los que están en Bet-seán y en sus aldeas, y los que están en el valle de Jezreel.
17 Entonces Josué respondió a la casa de José, a Efraín y a Manasés, diciendo: Tú eres gran pueblo, y tienes grande poder; no tendrás una sola parte,
18 sino que aquel monte será tuyo; pues aunque es bosque, tú lo desmontarás y lo poseerás hasta sus límites más lejanos; porque tú arrojarás al cananeo, aunque tenga carros herrados, y aunque sea fuerte.

Territorios de las demás tribus

18 1 Toda la congregación de los hijos de Israel se reunió en Silo, y erigieron allí el tabernáculo de reunión, después que la tierra les fue sometida.
2 Pero habían quedado de los hijos de Israel siete tribus a las cuales aún no habían repartido su posesión.
3 Y Josué dijo a los hijos de Israel: ¿Hasta cuándo seréis negligentes para venir a poseer la tierra que os ha dado Jehová el Dios de vuestros padres?
4 Señalad tres varones de cada tribu, para que yo los envíe, y que ellos se levanten y recorran la tierra, y la describan conforme a sus heredades, y vuelvan a mí.
5 Y la dividirán en siete partes; y Judá quedará en su territorio al sur, y los de la casa de José en el suyo al norte.
6 Vosotros, pues, delinearéis la tierra en siete partes, y me traeréis la descripción aquí, y yo os echaré suertes aquí delante de Jehová nuestro Dios.
7 Pero los levitas ninguna parte tienen entre vosotros, porque el sacerdocio de Jehová es la heredad de ellos; Gad también y Rubén, y la media tribu de Manasés, ya han recibido su heredad al otro lado del Jordán al oriente, la cual les dio Moisés siervo de Jehová.
8 Levantándose, pues, aquellos varones, fueron; y mandó Josué a los que iban para delinear la tierra, diciéndoles: Id, recorred la tierra y delineadla, y volved a mí, para que yo os eche suertes aquí delante de Jehová en Silo.
9 Fueron, pues, aquellos varones y recorrieron la tierra, delineándola por ciudades en siete partes en un libro, y volvieron a Josué al campamento en Silo.
10 Y Josué les echó suertes delante de Jehová en Silo; y allí

south the land belonged to Ephraim, on the north to Manasseh. The territory of Manasseh reached the sea and bordered Asher on the north and Issachar on the east.
11 Within Issachar and Asher, Manasseh also had Beth Shan, Ibleam and the people of Dor, Endor, Taanach and Megiddo, together with their surrounding settlements (the third in the list is Naphoth v).
12 Yet the Manassites were not able to occupy these towns, for the Canaanites were determined to live in that region. 13 However, when the Israelites grew stronger, they subjected the Canaanites to forced labor but did not drive them out completely.
14 The people of Joseph said to Joshua, "Why have you given us only one allotment and one portion for an inheritance? We are a numerous people and the LORD has blessed us abundantly."
15 "If you are so numerous," Joshua answered, "and if the hill country of Ephraim is too small for you, go up into the forest and clear land for yourselves there in the land of the Perizzites and Rephaites."
16 The people of Joseph replied, "The hill country is not enough for us, and all the Canaanites who live in the plain have iron chariots, both those in Beth Shan and its settlements and those in the Valley of Jezreel."
17 But Joshua said to the house of Joseph — to Ephraim and Manasseh — "You are numerous and very powerful. You will have not only one allotment 18 but the forested hill country as well. Clear it, and its farthest limits will be yours; though the Canaanites have iron chariots and though they are strong, you can drive them out."

Division of the Rest of the Land

18 The whole assembly of the Israelites gathered at Shiloh and set up the Tent of Meeting there. The country was brought under their control, 2 but there were still seven Israelite tribes who had not yet received their inheritance.
3 So Joshua said to the Israelites: "How long will you wait before you begin to take possession of the land that the LORD, the God of your fathers, has given you? 4 Appoint three men from each tribe. I will send them out to make a survey of the land and to write a description of it, according to the inheritance of each. Then they will return to me. 5 You are to divide the land into seven parts. Judah is to remain in its territory on the south and the house of Joseph in its territory on the north. 6 After you have written descriptions of the seven parts of the land, bring them here to me and I will cast lots for you in the presence of the LORD our God. 7 The Levites, however, do not get a portion among you, because the priestly service of the LORD is their inheritance. And Gad, Reuben and the half-tribe of Manasseh have already received their inheritance on the east side of the Jordan. Moses the servant of the LORD gave it to them."
8 As the men started on their way to map out the land, Joshua instructed them, "Go and make a survey of the land and write a description of it. Then return to me, and I will cast lots for you here at Shiloh in the presence of the LORD." 9 So the men left and went through the land. They wrote its description on a scroll, town by town, in seven parts, and returned to Joshua in the camp at Shiloh. 10 Joshua then cast lots

v11 That is, Naphoth Dor

repartió Josué la tierra a los hijos de Israel por sus porciones.

11 Y se sacó la suerte de la tribu de los hijos de Benjamín conforme a sus familias; y el territorio adjudicado a ella quedó entre los hijos de Judá y los hijos de José.

12 Fue el límite de ellos al lado del norte desde el Jordán, y sube hacia el lado de Jericó al norte; sube después al monte hacia el occidente, y viene a salir al desierto de Bet-avén.

13 De allí pasa en dirección de Luz, al lado sur de Luz (que es Bet-el), y desciende de Atarot-adar al monte que está al sur de Bet-horón la de abajo.

14 Y tuerce hacia el oeste por el lado sur del monte que está delante de Bet-horón al sur; y viene a salir a Quiriat-baal (que es Quiriat-jearim), ciudad de los hijos de Judá. Este es el lado del occidente.

15 El lado del sur es desde el extremo de Quiriat-jearim, y sale al occidente, a la fuente de las aguas de Neftoa; 16 y desciende este límite al extremo del monte que está delante del valle del hijo de Hinom, que está al norte en el valle de Refaim; desciende luego al valle de Hinom, al lado sur del jebuseo, y de allí desciende a la fuente de Rogel.

17 Luego se inclina hacia el norte y sale a En-semes, y de allí a Gelilot, que está delante de la subida de Adumín, y desciende a la piedra de Bohán hijo de Rubén,

18 y pasa al lado que está enfrente del Arabá, y desciende al Arabá.

19 Y pasa el límite al lado norte de Bet-hogla, y termina en la bahía norte del Mar Salado, a la extremidad sur del Jordán; este es el límite sur.

20 Y el Jordán era el límite al lado del oriente. Esta es la heredad de los hijos de Benjamín por sus límites alrededor, conforme a sus familias.

21 Las ciudades de la tribu de los hijos de Benjamín, por sus familias, fueron Jericó, Bet-hogla, el valle de Casis, 22 Bet-arabá, Zemaraim, Bet-el, 23 Avim, Pará, Ofra, 24 Quefar-haamoni, Ofni y Geba; doce ciudades con sus aldeas; 25 Gabaón, Ramá, Beerot, 26 Mizpa, Cafira, Mozah, 27 Requem, Irpeel, Tarala, 28 Zela, Elef, Jebús (que es Jerusalén), Gabaa y Quiriat; catorce ciudades con sus aldeas. Esta es la heredad de los hijos de Benjamín conforme a sus familias.

19 1 La segunda suerte tocó a Simeón, para la tribu de los hijos de Simeón conforme a sus familias; y su heredad fue en medio de la heredad de los hijos de Judá. 2 Y tuvieron en su heredad a Beerseba, Seba, Molada, 3 Hazar-sual, Bala, Ezem, 4 Eltolad, Betul, Horma, 5 Siclag, Bet-marcabot, Hazar-susa, 6 Bet-lebaot y Saruhén; trece ciudades con sus aldeas;

for them in Shiloh in the presence of the LORD, and there he distributed the land to the Israelites according to their tribal divisions.

Allotment for Benjamin

11 The lot came up for the tribe of Benjamin, clan by clan. Their allotted territory lay between the tribes of Judah and Joseph:

12 On the north side their boundary began at the Jordan, passed the northern slope of Jericho and headed west into the hill country, coming out at the desert of Beth Aven. 13 From there it crossed to the south slope of Luz (that is, Bethel) and went down to Ataroth Addar on the hill south of Lower Beth Horon.

14 From the hill facing Beth Horon on the south the boundary turned south along the western side and came out at Kiriath Baal (that is, Kiriath Jearim), a town of the people of Judah. This was the western side.

15 The southern side began at the outskirts of Kiriath Jearim on the west, and the boundary came out at the spring of the waters of Nephtoah. 16 The boundary went down to the foot of the hill facing the Valley of Ben Hinnom, north of the Valley of Rephaim. It continued down the Hinnom Valley along the southern slope of the Jebusite city and so to En Rogel. 17 It then curved north, went to En Shemesh, continued to Geliloth, which faces the Pass of Adummim, and ran down to the Stone of Bohan son of Reuben. 18 It continued to the northern slope of Beth Arabah[w] and on down into the Arabah. 19 It then went to the northern slope of Beth Hoglah and came out at the northern bay of the Salt Sea,[x] at the mouth of the Jordan in the south. This was the southern boundary.

20 The Jordan formed the boundary on the eastern side.

These were the boundaries that marked out the inheritance of the clans of Benjamin on all sides.

21 The tribe of Benjamin, clan by clan, had the following cities:

Jericho, Beth Hoglah, Emek Keziz, 22 Beth Arabah, Zemaraim, Bethel, 23 Avvim, Parah, Ophrah, 24 Kephar Ammoni, Ophni and Geba—twelve towns and their villages.

25 Gibeon, Ramah, Beeroth, 26 Mizpah, Kephirah, Mozah, 27 Rekem, Irpeel, Taralah, 28 Zelah, Haeleph, the Jebusite city (that is, Jerusalem), Gibeah and Kiriath—fourteen towns and their villages.

This was the inheritance of Benjamin for its clans.

Allotment for Simeon

19 The second lot came out for the tribe of Simeon, clan by clan. Their inheritance lay within the territory of Judah. 2 It included:

Beersheba (or Sheba),[y] Moladah, 3 Hazar Shual, Balah, Ezem, 4 Eltolad, Bethul, Hormah, 5 Ziklag, Beth Marcaboth, Hazar Susah, 6 Beth Lebaoth and Sharuhen—thirteen towns and their villages;

---

w 18 Septuagint; Hebrew *slope facing the Arabah*   x 19 That is, the Dead Sea   y 2 Or *Beersheba, Sheba*; 1 Chron. 4:28 does not have *Sheba*.

7 Aín, Rimón, Eter y Asán; cuatro ciudades con sus aldeas; 8 y todas las aldeas que estaban alrededor de estas ciudades hasta Baalatbeer, que es Ramat del Neguev. Esta es la heredad de la tribu de los hijos de Simeón conforme a sus familias.

9 De la suerte de los hijos de Judá fue sacada la heredad de los hijos de Simeón, por cuanto la parte de los hijos de Judá era excesiva para ellos; así que los hijos de Simeón tuvieron su heredad en medio de la de Judá.

10 La tercera suerte tocó a los hijos de Zabulón conforme a sus familias; y el territorio de su heredad fue hasta Sarid. 11 Y su límite sube hacia el occidente a Marala y llega hasta Dabeset, y de allí hasta el arroyo que está delante de Jocneam; 12 y gira de Sarid hacia el oriente, hacia donde nace el sol, hasta el límite de Quislot-tabor, sale a Daberat, y sube a Jafía. 13 Pasando de allí hacia el lado oriental a Gat-hefer y a Ita-cazín, sale a Rimón rodeando a Nea. 14 Luego, al norte, el límite gira hacia Hanatón, viniendo a salir al valle de Jefte-el; 15 y abarca Catat, Naalal, Simrón, Idala y Belén; doce ciudades con sus aldeas. 16 Esta es la heredad de los hijos de Zabulón conforme a sus familias; estas ciudades con sus aldeas.

17 La cuarta suerte correspondió a Isacar, a los hijos de Isacar conforme a sus familias. 18 Y fue su territorio Jezreel, Quesulot, Sunem, 19 Hafaraim, Sihón, Anaharat, 20 Rabit, Quisión, Abez, 21 Remet, En-ganim, En-hada y Betpases. 22 Y llega este límite hasta Tabor, Sahazima y Bet-semes, y termina en el Jordán; dieciséis ciudades con sus aldeas. 23 Esta es la heredad de la tribu de los hijos de Isacar conforme a sus familias; estas ciudades con sus aldeas.

24 La quinta suerte correspondió a la tribu de los hijos de Aser conforme a sus familias. 25 Y su territorio abarcó Helcat, Halí, Betén, Acsaf, 26 Alamelec, Amad y Miseal; y llega hasta Carmelo al occidente, y a Sihorlibnat. 27 Después da vuelta hacia el oriente a Bet-dagón y llega a Zabulón, al valle de Jefte-el al norte, a Bet-emec y a Neiel, y sale a Cabul al norte. 28 Y abarca a Hebrón, Rehob, Hamón y Caná, hasta la gran Sidón. 29 De allí este límite tuerce hacia Ramá, y hasta la ciudad fortificada de Tiro, y gira hacia Hosa, y sale al mar desde el territorio de Aczib. 30 Abarca también Uma, Afec y Rehob; veintidós ciudades con sus aldeas. 31 Esta es la heredad de la tribu de los hijos de Aser conforme a sus familias; estas ciudades con sus aldeas.

32 La sexta suerte correspondió a los hijos de Neftalí conforme a sus familias. 33 Y abarcó su territorio desde Helef, Alón-saananim, Adami-neceb y Jabneel, hasta Lacum, y sale al Jordán.

7 Ain, Rimmon, Ether and Ashan—four towns and their villages— 8 and all the villages around these towns as far as Baalath Beer (Ramah in the Negev).

This was the inheritance of the tribe of the Simeonites, clan by clan. 9 The inheritance of the Simeonites was taken from the share of Judah, because Judah's portion was more than they needed. So the Simeonites received their inheritance within the territory of Judah.

Allotment for Zebulun

10 The third lot came up for Zebulun, clan by clan:
The boundary of their inheritance went as far as Sarid. 11 Going west it ran to Maralah, touched Dabbesheth, and extended to the ravine near Jokneam. 12 It turned east from Sarid toward the sunrise to the territory of Kisloth Tabor and went on to Daberath and up to Japhia. 13 Then it continued eastward to Gath Hepher and Eth Kazin; it came out at Rimmon and turned toward Neah. 14 There the boundary went around on the north to Hannathon and ended at the Valley of Iphtah El. 15 Included were Kattath, Nahalal, Shimron, Idalah and Bethlehem. There were twelve towns and their villages.

16 These towns and their villages were the inheritance of Zebulun, clan by clan.

Allotment for Issachar

17 The fourth lot came out for Issachar, clan by clan. 18 Their territory included:
Jezreel, Kesulloth, Shunem, 19 Hapharaim, Shion, Anaharath, 20 Rabbith, Kishion, Ebez, 21 Remeth, En Gannim, En Haddah and Beth Pazzez. 22 The boundary touched Tabor, Shahazumah and Beth Shemesh, and ended at the Jordan. There were sixteen towns and their villages.

23 These towns and their villages were the inheritance of the tribe of Issachar, clan by clan.

Allotment for Asher

24 The fifth lot came out for the tribe of Asher, clan by clan. 25 Their territory included:
Helkath, Hali, Beten, Acshaph, 26 Allammelech, Amad and Mishal. On the west the boundary touched Carmel and Shihor Libnath. 27 It then turned east toward Beth Dagon, touched Zebulun and the Valley of Iphtah El, and went north to Beth Emek and Neiel, passing Cabul on the left. 28 It went to Abdon, z Rehob, Hammon and Kanah, as far as Greater Sidon. 29 The boundary then turned back toward Ramah and went to the fortified city of Tyre, turned toward Hosah and came out at the sea in the region of Aczib, 30 Ummah, Aphek and Rehob. There were twenty-two towns and their villages.

31 These towns and their villages were the inheritance of the tribe of Asher, clan by clan.

Allotment for Naphtali

32 The sixth lot came out for Naphtali, clan by clan: 33 Their boundary went from Heleph and the large tree in Zaanannim, passing Adami Nekeb and Jabneel to Lakkum and ending at the Jordan.

---

z 28 Some Hebrew manuscripts (see also Joshua 21:30); most Hebrew manuscripts Ebron

34 Y giraba el límite hacia el occidente a Aznot-tabor, y de allí pasaba a Hucoc, y llegaba hasta Zabulón al sur, y al occidente confinaba con Aser, y con Judá por el Jordán hacia donde nace el sol.
35 Y las ciudades fortificadas son Sidim, Zer, Hamat, Racat, Cineret,
36 Adama, Ramá, Hazor,
37 Cedes, Edrei, En-hazor,
38 Irón, Migdal-el, Horem, Bet-anat y Bet-semes; diecinueve ciudades con sus aldeas.
39 Esta es la heredad de la tribu de los hijos de Neftalí conforme a sus familias; estas ciudades con sus aldeas.
40 La séptima suerte correspondió a la tribu de los hijos de Dan conforme a sus familias.
41 Y fue el territorio de su heredad, Zora, Estaol, Ir-semes,
42 Saalabín, Ajalón, Jetla,
43 Elón, Timnat, Ecrón,
44 Elteque, Gibetón, Baalat,
45 Jehúd, Bene-berac, Gat-rimón,
46 Mejarcón y Racón, con el territorio que está delante de Jope.
47 Y les faltó territorio a los hijos de Dan; y subieron los hijos de Dan y combatieron a Lesem, y tomándola la hirieron a filo de espada, y tomaron posesión de ella y habitaron en ella; y llamaron a Lesem, Dan, del nombre de Dan su padre.
48 Esta es la heredad de la tribu de los hijos de Dan conforme a sus familias; estas ciudades con sus aldeas.
49 Y después que acabaron de repartir la tierra en heredad por sus territorios, dieron los hijos de Israel heredad a Josué hijo de Nun en medio de ellos;
50 según la palabra de Jehová, le dieron la ciudad que él pidió, Timnat-sera, en el monte de Efraín; y él reedificó la ciudad y habitó en ella.
51 Estas son las heredades que el sacerdote Eleazar, y Josué hijo de Nun, y los cabezas de los padres, entregaron por suerte en posesión a las tribus de los hijos de Israel en Silo, delante de Jehová, a la entrada del tabernáculo de reunión; y acabaron de repartir la tierra.

Josué señala ciudades de refugio

20 1 Habló Jehová a Josué, diciendo:
2 Habla a los hijos de Israel y diles: Señalaos las ciudades de refugio, de las cuales yo os hablé por medio de Moisés,
3 para que se acoja allí el homicida que matare a alguno por accidente y no a sabiendas; y os servirán de refugio contra el vengador de la sangre.
4 Y el que se acogiere a alguna de aquellas ciudades, se presentará a la puerta de la ciudad, y expondrá sus razones en oídos de los ancianos de aquella ciudad; y ellos le recibirán consigo dentro de la ciudad, y le darán lugar para que habite con ellos.
5 Si el vengador de la sangre le siguiere, no entregarán en su mano al homicida, por cuanto hirió a su prójimo por accidente, y no tuvo con él ninguna enemistad antes.
6 Y quedará en aquella ciudad hasta que comparezca en juicio delante de la congregación, y hasta la muerte del que fuere sumo sacerdote en aquel tiempo; entonces el homicida podrá volver a su ciudad y a su casa y a la ciudad de donde huyó.
7 Entonces señalaron a Cedes en Galilea, en el monte de Neftalí, Siquem en el monte de Efraín, y Quiriat-arba (que es Hebrón) en el monte de Judá.
8 Y al otro lado del Jordán al oriente de Jericó, señalaron a Beser en el desierto, en la llanura de la tribu de Rubén, Ramot en Galaad de la tribu de Gad, y Golán en Basán de la tribu de Manasés.

34 The boundary ran west through Aznoth Tabor and came out at Hukkok. It touched Zebulun on the south, Asher on the west and the Jordan a on the east. 35 The fortified cities were Ziddim, Zer, Hammath, Rakkath, Kinnereth, 36 Adamah, Ramah, Hazor, 37 Kedesh, Edrei, En Hazor, 38 Iron, Migdal El, Horem, Beth Anath and Beth Shemesh. There were nineteen towns and their villages.
39 These towns and their villages were the inheritance of the tribe of Naphtali, clan by clan.

Allotment for Dan

40 The seventh lot came out for the tribe of Dan, clan by clan. 41 The territory of their inheritance included:
Zorah, Eshtaol, Ir Shemesh, 42 Shaalabbin, Aijalon, Ithlah, 43 Elon, Timnah, Ekron, 44 Eltekeh, Gibbethon, Baalath, 45 Jehud, Bene Berak, Gath Rimmon, 46 Me Jarkon and Rakkon, with the area facing Joppa.
47 (But the Danites had difficulty taking possession of their territory, so they went up and attacked Leshem, took it, put it to the sword and occupied it. They settled in Leshem and named it Dan after their forefather.)
48 These towns and their villages were the inheritance of the tribe of Dan, clan by clan.

Allotment for Joshua

49 When they had finished dividing the land into its allotted portions, the Israelites gave Joshua son of Nun an inheritance among them, 50 as the LORD had commanded. They gave him the town he asked for — Timnath Serah b in the hill country of Ephraim. And he built up the town and settled there.
51 These are the territories that Eleazar the priest, Joshua son of Nun and the heads of the tribal clans of Israel assigned by lot at Shiloh in the presence of the LORD at the entrance to the Tent of Meeting. And so they finished dividing the land.

Cities of Refuge

20 Then the LORD said to Joshua: 2 "Tell the Israelites to designate the cities of refuge, as I instructed you through Moses, 3 so that anyone who kills a person accidentally and unintentionally may flee there and find protection from the avenger of blood.
4 "When he flees to one of these cities, he is to stand in the entrance of the city gate and state his case before the elders of that city. Then they are to admit him into their city and give him a place to live with them. 5 If the avenger of blood pursues him, they must not surrender the one accused, because he killed his neighbor unintentionally and without malice aforethought. 6 He is to stay in that city until he has stood trial before the assembly and until the death of the high priest who is serving at that time. Then he may go back to his own home in the town from which he fled."
7 So they set apart Kedesh in Galilee in the hill country of Naphtali, Shechem in the hill country of Ephraim, and Kiriath Arba (that is, Hebron) in the hill country of Judah. 8 On the east side of the Jordan of Jericho c they designated Bezer in the desert on the plateau in the tribe of Reuben, Ramoth in Gilead in the tribe of Gad, and Golan in Bashan in the tribe of Manasseh. 9 Any of the Israelites or any alien living

a 34 Septuagint; Hebrew west, and Judah, the Jordan.   b 50 Also known as Timnath Heres (see Judges 2:9)   c 8 Jordan of Jericho was possibly an ancient name for the Jordan River.

9 Estas fueron las ciudades señaladas para todos los hijos de Israel, y para el extranjero que morase entre ellos, para que se acogiese a ellas cualquiera que hiriese a alguno por accidente, a fin de que no muriese por mano del vengador de la sangre, hasta que compareciese delante de la congregación.

Ciudades de los levitas

21 1 Los jefes de los padres de los levitas vinieron al sacerdote Eleazar, a Josué hijo de Nun y a los cabezas de los padres de las tribus de los hijos de Israel, 2 y les hablaron en Silo en la tierra de Canaán, diciendo: Jehová mandó por medio de Moisés que nos fuesen dadas ciudades donde habitar, con sus ejidos para nuestros ganados.

3 Entonces los hijos de Israel dieron de su propia herencia a los levitas, conforme al mandato de Jehová, estas ciudades con sus ejidos.

4 Y la suerte cayó sobre las familias de los coatitas; y los hijos de Aarón el sacerdote, que eran de los levitas, obtuvieron por suerte de la tribu de Judá, de la tribu de Simeón y de la tribu de Benjamín, trece ciudades.

5 Y los otros hijos de Coat obtuvieron por suerte diez ciudades de las familias de la tribu de Efraín, de la tribu de Dan y de la media tribu de Manasés.

6 Los hijos de Gersón obtuvieron por suerte, de las familias de la tribu de Isacar, de la tribu de Aser, de la tribu de Neftalí y de la media tribu de Manasés en Basán, trece ciudades.

7 Los hijos de Merari según sus familias obtuvieron de la tribu de Rubén, de la tribu de Gad y de la tribu de Zabulón, doce ciudades.

8 Dieron, pues, los hijos de Israel a los levitas estas ciudades con sus ejidos, por suertes, como había mandado Jehová por conducto de Moisés.

9 De la tribu de los hijos de Judá, y de la tribu de los hijos de Simeón, dieron estas ciudades que fueron nombradas, 10 las cuales obtuvieron los hijos de Aarón de las familias de Coat, de los hijos de Leví; porque para ellos fue la suerte en primer lugar.

11 Les dieron Quiriat-arba del padre de Anac, la cual es Hebrón, en el monte de Judá, con sus ejidos en sus contornos.

12 Mas el campo de la ciudad y sus aldeas dieron a Caleb hijo de Jefone, por posesión suya.

13 Y a los hijos del sacerdote Aarón dieron Hebrón con sus ejidos como ciudad de refugio para los homicidas; además, Libna con sus ejidos,

14 Jatir con sus ejidos, Estemoa con sus ejidos,

15 Holón con sus ejidos, Debir con sus ejidos,

16 Aín con sus ejidos, Juta con sus ejidos y Bet-semes con sus ejidos; nueve ciudades de estas dos tribus;

17 y de la tribu de Benjamín, Gabaón con sus ejidos, Geba con sus ejidos,

18 Anatot con sus ejidos, Almón con sus ejidos; cuatro ciudades.

19 Todas las ciudades de los sacerdotes hijos de Aarón son trece con sus ejidos.

20 Mas las familias de los hijos de Coat, levitas, los que quedaban de los hijos de Coat, recibieron por suerte ciudades de la tribu de Efraín.

21 Les dieron Siquem con sus ejidos, en el monte de Efraín, como ciudad de refugio para los homicidas; además, Gezer con su ejido,

22 Kibsaim con sus ejidos y Bet-horón con sus ejidos; cuatro ciudades.

23 De la tribu de Dan, Elteque con sus ejidos, Gibetón con sus ejidos,

among them who killed someone accidentally could flee to these designated cities and not be killed by the avenger of blood prior to standing trial before the assembly.

Towns for the Levites

21 Now the family heads of the Levites approached Eleazar the priest, Joshua son of Nun, and the heads of the other tribal families of Israel 2 at Shiloh in Canaan and said to them, "The LORD commanded through Moses that you give us towns to live in, with pasturelands for our livestock." 3 So, as the LORD had commanded, the Israelites gave the Levites the following towns and pasturelands out of their own inheritance:

4 The first lot came out for the Kohathites, clan by clan. The Levites who were descendants of Aaron the priest were allotted thirteen towns from the tribes of Judah, Simeon and Benjamin. 5 The rest of Kohath's descendants were allotted ten towns from the clans of the tribes of Ephraim, Dan and half of Manasseh.

6 The descendants of Gershon were allotted thirteen towns from the clans of the tribes of Issachar, Asher, Naphtali and the half-tribe of Manasseh in Bashan.

7 The descendants of Merari, clan by clan, received twelve towns from the tribes of Reuben, Gad and Zebulun.

8 So the Israelites allotted to the Levites these towns and their pasturelands, as the LORD had commanded through Moses.

9 From the tribes of Judah and Simeon they allotted the following towns by name 10 (these towns were assigned to the descendants of Aaron who were from the Kohathite clans of the Levites, because the first lot fell to them):

11 They gave them Kiriath Arba (that is, Hebron), with its surrounding pastureland, in the hill country of Judah. (Arba was the forefather of Anak.) 12 But the fields and villages around the city they had given to Caleb son of Jephunneh as his possession.

13 So to the descendants of Aaron the priest they gave Hebron (a city of refuge for one accused of murder), Libnah, 14 Jattir, Eshtemoa, 15 Holon, Debir, 16 Ain, Juttah and Beth Shemesh, together with their pasturelands—nine towns from these two tribes.

17 And from the tribe of Benjamin they gave them Gibeon, Geba, 18 Anathoth and Almon, together with their pasturelands—four towns.

19 All the towns for the priests, the descendants of Aaron, were thirteen, together with their pasturelands.

20 The rest of the Kohathite clans of the Levites were allotted towns from the tribe of Ephraim:

21 In the hill country of Ephraim they were given Shechem (a city of refuge for one accused of murder) and Gezer, 22 Kibzaim and Beth Horon, together with their pasturelands—four towns.

23 Also from the tribe of Dan they received

24 Ajalón con sus ejidos y Gat-rimón con sus ejidos; cuatro ciudades.

25 Y de la media tribu de Manasés, Taanac con sus ejidos y Gat-rimón con sus ejidos; dos ciudades.

26 Todas las ciudades para el resto de las familias de los hijos de Coat fueron diez con sus ejidos.

27 A los hijos de Gersón de las familias de los levitas, dieron de la media tribu de Manasés a Golán en Basán con sus ejidos como ciudad de refugio para los homicidas, y además, Beestera con sus ejidos; dos ciudades.

28 De la tribu de Isacar, Cisón con sus ejidos, Daberat con sus ejidos,

29 Jarmut con sus ejidos y En-ganim con sus ejidos; cuatro ciudades.

30 De la tribu de Aser, Miseal con sus ejidos, Abdón con sus ejidos,

31 Helcat con sus ejidos y Rehob con sus ejidos; cuatro ciudades.

32 Y de la tribu de Neftalí, Cedes en Galilea con sus ejidos como ciudad de refugio para los homicidas, y además, Hamot-dor con sus ejidos y Cartán con sus ejidos; tres ciudades.

33 Todas las ciudades de los gersonitas por sus familias fueron trece ciudades con sus ejidos.

34 Y a las familias de los hijos de Merari, levitas que quedaban, se les dio de la tribu de Zabulón, Jocneam con sus ejidos, Carta con sus ejidos,

35 Dimna con sus ejidos y Naalal con sus ejidos; cuatro ciudades.

36 Y de la tribu de Rubén, Beser con sus ejidos, Jahaza con sus ejidos,

37 Cademot con sus ejidos y Mefaat con sus ejidos; cuatro ciudades.

38 De la tribu de Gad, Ramot de Galaad con sus ejidos como ciudad de refugio para los homicidas; además, Mahanaim con sus ejidos,

39 Hesbón con sus ejidos y Jazer con sus ejidos; cuatro ciudades.

40 Todas las ciudades de los hijos de Merari por sus familias, que restaban de las familias de los levitas, fueron por sus suertes doce ciudades.

41 Y todas las ciudades de los levitas en medio de la posesión de los hijos de Israel, fueron cuarenta y ocho ciudades con sus ejidos.

42 Y estas ciudades estaban apartadas la una de la otra, cada cual con sus ejidos alrededor de ella; así fue con todas estas ciudades.

Israel ocupa la tierra

43 De esta manera dio Jehová a Israel toda la tierra que había jurado dar a sus padres, y la poseyeron y habitaron en ella.

44 Y Jehová les dio reposo alrededor, conforme a todo lo que había jurado a sus padres; y ninguno de todos sus enemigos pudo hacerles frente, porque Jehová entregó en sus manos a todos sus enemigos.

45 No faltó palabra de todas las buenas promesas que Jehová había hecho a la casa de Israel; todo se cumplió.

El altar junto al Jordán

22 1 Entonces Josué llamó a los rubenitas, a los gaditas, y a la media tribu de Manasés,

2 y les dijo: Vosotros habéis guardado todo lo que Moisés siervo de Jehová os mandó, y habéis obedecido a mi voz en todo lo que os he mandado.

3 No habéis dejado a vuestros hermanos en este largo tiempo hasta el día de hoy, sino que os habéis cuidado de guardar los mandamientos de Jehová vuestro Dios.

Eltekeh, Gibbethon, 24 Aijalon and Gath Rimmon, together with their pasturelands—four towns.

25 From half the tribe of Manasseh they received Taanach and Gath Rimmon, together with their pasturelands—two towns.

26 All these ten towns and their pasturelands were given to the rest of the Kohathite clans.

27 The Levite clans of the Gershonites were given:
from the half-tribe of Manasseh,
Golan in Bashan (a city of refuge for one accused of murder) and Be Eshtarah, together with their pasturelands—two towns;

28 from the tribe of Issachar,
Kishion, Daberath, 29 Jarmuth and En Gannim, together with their pasturelands—four towns;

30 from the tribe of Asher,
Mishal, Abdon, 31 Helkath and Rehob, together with their pasturelands—four towns;

32 from the tribe of Naphtali,
Kedesh in Galilee (a city of refuge for one accused of murder), Hammoth Dor and Kartan, together with their pasturelands—three towns.

33 All the towns of the Gershonite clans were thirteen, together with their pasturelands.

34 The Merarite clans (the rest of the Levites) were given:
from the tribe of Zebulun,
Jokneam, Kartah, 35 Dimnah and Nahalal, together with their pasturelands—four towns;

36 from the tribe of Reuben,
Bezer, Jahaz, 37 Kedemoth and Mephaath, together with their pasturelands—four towns;

38 from the tribe of Gad,
Ramoth in Gilead (a city of refuge for one accused of murder), Mahanaim, 39 Heshbon and Jazer, together with their pasturelands—four towns in all.

40 All the towns allotted to the Merarite clans, who were the rest of the Levites, were twelve.

41 The towns of the Levites in the territory held by the Israelites were forty-eight in all, together with their pasturelands. 42 Each of these towns had pasturelands surrounding it; this was true for all these towns.

43 So the LORD gave Israel all the land he had sworn to give their forefathers, and they took possession of it and settled there. 44 The LORD gave them rest on every side, just as he had sworn to their forefathers. Not one of their enemies withstood them; the LORD handed all their enemies over to them. 45 Not one of all the LORD's good promises to the house of Israel failed; every one was fulfilled.

Eastern Tribes Return Home

22 Then Joshua summoned the Reubenites, the Gadites and the half-tribe of Manasseh 2 and said to them, "You have done all that Moses the servant of the LORD commanded, and you have obeyed me in everything I commanded. 3 For a long time now—to this very day—you have not deserted your brothers but have carried out the mission the LORD your God gave you. 4 Now that the LORD your God has

4 Ahora, pues, que Jehová vuestro Dios ha dado reposo a vuestros hermanos, como lo había prometido, volved, regresad a vuestras tiendas, a la tierra de vuestras posesiones, que Moisés siervo de Jehová os dio al otro lado del Jordán.
5 Solamente que con diligencia cuidéis de cumplir el mandamiento y la ley que Moisés siervo de Jehová os ordenó: que améis a Jehová vuestro Dios, y andéis en todos sus caminos; que guardéis sus mandamientos, y le sigáis a él, y le sirváis de todo vuestro corazón y de toda vuestra alma.
6 Y bendiciéndolos, Josué los despidió, y se fueron a sus tiendas.
7 También a la media tribu de Manasés había dado Moisés posesión en Basán; mas a la otra mitad dio Josué heredad entre sus hermanos a este lado del Jordán, al occidente; y también a éstos envió Josué a sus tiendas, después de haberlos bendecido.
8 Y les habló diciendo: Volved a vuestras tiendas con grandes riquezas, con mucho ganado, con plata, con oro, y bronce, y muchos vestidos; compartid con vuestros hermanos el botín de vuestros enemigos.
9 Así los hijos de Rubén y los hijos de Gad y la media tribu de Manasés, se volvieron, separándose de los hijos de Israel, desde Silo, que está en la tierra de Canaán, para ir a la tierra de Galaad, a la tierra de sus posesiones, de la cual se habían posesionado conforme al mandato de Jehová por conducto de Moisés.
10 Y llegando a los límites del Jordán que está en la tierra de Canaán, los hijos de Rubén y los hijos de Gad y la media tribu de Manasés edificaron allí un altar junto al Jordán, un altar de grande apariencia.
11 Y los hijos de Israel oyeron decir que los hijos de Rubén y los hijos de Gad y la media tribu de Manasés habían edificado un altar frente a la tierra de Canaán, en los límites del Jordán, del lado de los hijos de Israel.
12 Cuando oyeron esto los hijos de Israel, se juntó toda la congregación de los hijos de Israel en Silo, para subir a pelear contra ellos.
13 Y enviaron los hijos de Israel a los hijos de Rubén y a los hijos de Gad y a la media tribu de Manasés en tierra de Galaad, a Finees hijo del sacerdote Eleazar,
14 y a diez príncipes con él: un príncipe por cada casa paterna de todas las tribus de Israel, cada uno de los cuales era jefe de la casa de sus padres entre los millares de Israel.
15 Los cuales fueron a los hijos de Rubén y a los hijos de Gad y a la media tribu de Manasés, en la tierra de Galaad, y les hablaron diciendo:
16 Toda la congregación de Jehová dice así: ¿Qué transgresión es esta con que prevaricáis contra el Dios de Israel para apartaros hoy de seguir a Jehová, edificándoos altar para ser rebeldes contra Jehová?
17 ¿No ha sido bastante la maldad de Peor, de la que no estamos aún limpios hasta este día, por la cual vino la mortandad en la congregación de Jehová,
18 para que vosotros os apartéis hoy de seguir a Jehová? Vosotros os rebeláis hoy contra Jehová, y mañana se airará él contra toda la congregación de Israel.
19 Si os parece que la tierra de vuestra posesión es inmunda, pasaos a la tierra de la posesión de Jehová, en la cual está el tabernáculo de Jehová, y tomad posesión entre nosotros; pero no os rebeléis contra Jehová, ni os rebeléis contra nosotros, edificándoos altar además del altar de Jehová nuestro Dios.
20 ¿No cometió Acán hijo de Zera prevaricación en el anatema, y vino ira sobre toda la congregación de Israel? Y aquel hombre no pereció solo en su iniquidad.
21 Entonces los hijos de Rubén y los hijos de Gad y la media tribu de Manasés respondieron y dijeron a los cabezas de los millares de Israel:

given your brothers rest as he promised, return to your homes in the land that Moses the servant of the Lord gave you on the other side of the Jordan. 5But be very careful to keep the commandment and the law that Moses the servant of the Lord gave you: to love the Lord your God, to walk in all his ways, to obey his commands, to hold fast to him and to serve him with all your heart and all your soul."
6Then Joshua blessed them and sent them away, and they went to their homes. 7(To the half-tribe of Manasseh Moses had given land in Bashan, and to the other half of the tribe Joshua gave land on the west side of the Jordan with their brothers.) When Joshua sent them home, he blessed them, 8saying, "Return to your homes with your great wealth—with large herds of livestock, with silver, gold, bronze and iron, and a great quantity of clothing—and divide with your brothers the plunder from your enemies."
9So the Reubenites, the Gadites and the half-tribe of Manasseh left the Israelites at Shiloh in Canaan to return to Gilead, their own land, which they had acquired in accordance with the command of the Lord through Moses.
10When they came to Geliloth near the Jordan in the land of Canaan, the Reubenites, the Gadites and the half-tribe of Manasseh built an imposing altar there by the Jordan. 11And when the Israelites heard that they had built the altar on the border of Canaan at Geliloth near the Jordan on the Israelite side, 12the whole assembly of Israel gathered at Shiloh to go to war against them.
13So the Israelites sent Phinehas son of Eleazar, the priest, to the land of Gilead—to Reuben, Gad and the half-tribe of Manasseh. 14With him they sent ten of the chief men, one for each of the tribes of Israel, each the head of a family division among the Israelite clans.
15When they went to Gilead—to Reuben, Gad and the half-tribe of Manasseh—they said to them: 16"The whole assembly of the Lord says: 'How could you break faith with the God of Israel like this? How could you turn away from the Lord and build yourselves an altar in rebellion against him now? 17Was not the sin of Peor enough for us? Up to this very day we have not cleansed ourselves from that sin, even though a plague fell on the community of the Lord! 18And are you now turning away from the Lord?
" 'If you rebel against the Lord today, tomorrow he will be angry with the whole community of Israel. 19If the land you possess is defiled, come over to the Lord's land, where the Lord's tabernacle stands, and share the land with us. But do not rebel against the Lord or against us by building an altar for yourselves, other than the altar of the Lord our God. 20When Achan son of Zerah acted unfaithfully regarding the devoted things,d did not wrath come upon the whole community of Israel? He was not the only one who died for his sin.' "
21Then Reuben, Gad and the half-tribe of Manasseh

d20 The Hebrew term refers to the irrevocable giving over of things or persons to the Lord, often by totally destroying them.

22 Jehová Dios de los dioses, Jehová Dios de los dioses, él sabe, y hace saber a Israel: si fue por rebelión o por prevaricación contra Jehová, no nos salves hoy. 23 Si nos hemos edificado altar para volvernos de en pos de Jehová, o para sacrificar holocausto u ofrenda, o para ofrecer sobre él ofrendas de paz, el mismo Jehová nos lo demande. 24 Lo hicimos más bien por temor de que mañana vuestros hijos digan a nuestros hijos: ¿Qué tenéis vosotros con Jehová Dios de Israel? 25 Jehová ha puesto por lindero el Jordán entre nosotros y vosotros, oh hijos de Rubén e hijos de Gad; no tenéis vosotros parte en Jehová; y así vuestros hijos harían que nuestros hijos dejasen de temer a Jehová. 26 Por esto dijimos: Edifiquemos ahora un altar, no para holocausto ni para sacrificio, 27 sino para que sea un testimonio entre nosotros y vosotros, y entre los que vendrán después de nosotros, de que podemos hacer el servicio de Jehová delante de él con nuestros holocaustos, con nuestros sacrificios y con nuestras ofrendas de paz; y no digan mañana vuestros hijos a los nuestros: Vosotros no tenéis parte en Jehová. 28 Nosotros, pues, dijimos: Si aconteciere que tal digan a nosotros, o a nuestras generaciones en lo por venir, entonces responderemos: Mirad el símil del altar de Jehová, el cual hicieron nuestros padres, no para holocaustos o sacrificios, sino para que fuese testimonio entre nosotros y vosotros. 29 Nunca tal acontezca que nos rebelemos contra Jehová, o que nos apartemos hoy de seguir a Jehová, edificando altar para holocaustos, para ofrenda o para sacrificio, además del altar de Jehová nuestro Dios que está delante de su tabernáculo.

30 Oyendo Finees el sacerdote y los príncipes de la congregación, y los jefes de los millares de Israel que con él estaban, las palabras que hablaron los hijos de Rubén y los hijos de Gad y los hijos de Manasés, les pareció bien todo ello. 31 Y dijo Finees hijo del sacerdote Eleazar a los hijos de Rubén, a los hijos de Gad y a los hijos de Manasés: Hoy hemos entendido que Jehová está entre nosotros, pues que no habéis intentado esta traición contra Jehová. Ahora habéis librado a los hijos de Israel de la mano de Jehová.

32 Y Finees hijo del sacerdote Eleazar, y los príncipes, dejaron a los hijos de Rubén y a los hijos de Gad, y regresaron de la tierra de Galaad a la tierra de Canaán, a los hijos de Israel, a los cuales dieron la respuesta. 33 Y el asunto pareció bien a los hijos de Israel, y bendijeron a Dios los hijos de Israel; y no hablaron más de subir contra ellos en guerra, para destruir la tierra en que habitaban los hijos de Rubén y los hijos de Gad. 34 Y los hijos de Rubén y los hijos de Gad pusieron por nombre al altar Ed; e porque testimonio es entre nosotros que Jehová es Dios.

Exhortación de Josué al pueblo

23 1 Aconteció, muchos días después que Jehová diera reposo a Israel de todos sus enemigos alrededor, que Josué, siendo ya viejo y avanzado en años, 2 llamó a todo Israel, a sus ancianos, sus príncipes, sus jueces y sus oficiales, y les dijo: Yo ya soy viejo y avanzado en años. 3 Y vosotros habéis visto todo lo que Jehová vuestro Dios ha hecho con todas estas naciones por vuestra causa; porque Jehová vuestro Dios es quien ha peleado por vosotros.

replied to the heads of the clans of Israel: 22 "The Mighty One, God, the LORD! The Mighty One, God, the LORD! He knows! And let Israel know! If this has been in rebellion or disobedience to the LORD, do not spare us this day. 23 If we have built our own altar to turn away from the LORD and to offer burnt offerings and grain offerings, or to sacrifice fellowship offerings e on it, may the LORD himself call us to account.

24 "No! We did it for fear that some day your descendants might say to ours, 'What do you have to do with the LORD, the God of Israel? 25 The LORD has made the Jordan a boundary between us and you—you Reubenites and Gadites! You have no share in the LORD.' So your descendants might cause ours to stop fearing the LORD.

26 "That is why we said, 'Let us get ready and build an altar—but not for burnt offerings or sacrifices.' 27 On the contrary, it is to be a witness between us and you and the generations that follow, that we will worship the LORD at his sanctuary with our burnt offerings, sacrifices and fellowship offerings. Then in the future your descendants will not be able to say to ours, 'You have no share in the LORD.'

28 "And we said, 'If they ever say this to us, or to our descendants, we will answer: Look at the replica of the LORD's altar, which our fathers built, not for burnt offerings and sacrifices, but as a witness between us and you.'

29 "Far be it from us to rebel against the LORD and turn away from him today by building an altar for burnt offerings, grain offerings and sacrifices, other than the altar of the LORD our God that stands before his tabernacle."

30 When Phinehas the priest and the leaders of the community—the heads of the clans of the Israelites—heard what Reuben, Gad and Manasseh had to say, they were pleased. 31 And Phinehas son of Eleazar, the priest, said to Reuben, Gad and Manasseh, "Today we know that the LORD is with us, because you have not acted unfaithfully toward the LORD in this matter. Now you have rescued the Israelites from the LORD's hand."

32 Then Phinehas son of Eleazar, the priest, and the leaders returned to Canaan from their meeting with the Reubenites and Gadites in Gilead and reported to the Israelites. 33 They were glad to hear the report and praised God. And they talked no more about going to war against them to devastate the country where the Reubenites and the Gadites lived.

34 And the Reubenites and the Gadites gave the altar this name: A Witness Between Us that the LORD is God.

Joshua's Farewell to the Leaders

23 After a long time had passed and the LORD had given Israel rest from all their enemies around them, Joshua, by then old and well advanced in years, 2 summoned all Israel—their elders, leaders, judges and officials—and said to them: "I am old and well advanced in years. 3 You yourselves have seen everything the LORD your God has done to all these nations for your sake; it was the LORD your God who fought for you. 4 Remember how I have allotted as an inheri-

e Esto es, *Testimonio*.

e 23 Traditionally *peace offerings*; also in verse 27

4He aquí os he repartido por suerte, en herencia para vuestras tribus, estas naciones, así las destruidas como las que quedan, desde el Jordán hasta el Mar Grande, hacia donde se pone el sol.

5Y Jehová vuestro Dios las echará de delante de vosotros, y las arrojará de vuestra presencia; y vosotros poseeréis sus tierras, como Jehová vuestro Dios os ha dicho.

6Esforzaos, pues, mucho en guardar y hacer todo lo que está escrito en el libro de la ley de Moisés, sin apartaros de ello ni a diestra ni a siniestra;

7para que no os mezcléis con estas naciones que han quedado con vosotros, ni hagáis mención ni juréis por el nombre de sus dioses, ni los sirváis, ni os inclinéis a ellos.

8Mas a Jehová vuestro Dios seguiréis, como habéis hecho hasta hoy.

9Pues ha arrojado Jehová delante de vosotros grandes y fuertes naciones, y hasta hoy nadie ha podido resistir delante de vuestro rostro.

10Un varón de vosotros perseguirá a mil; porque Jehová vuestro Dios es quien pelea por vosotros, como él os dijo.

11Guardad, pues, con diligencia vuestras almas, para que améis a Jehová vuestro Dios.

12Porque si os apartareis, y os uniereis a lo que resta de estas naciones que han quedado con vosotros, y si concertareis con ellas matrimonios, mezclándoos con ellas, y ellas con vosotros,

13sabed que Jehová vuestro Dios no arrojará más a estas naciones delante de vosotros, sino que os serán por lazo, por tropiezo, por azote para vuestros costados y por espinas para vuestros ojos, hasta que perezcáis de esta buena tierra que Jehová vuestro Dios os ha dado.

14Y he aquí que yo estoy para entrar hoy por el camino de toda la tierra; reconoced, pues, con todo vuestro corazón y con toda vuestra alma, que no ha faltado una palabra de todas las buenas palabras que Jehová vuestro Dios había dicho de vosotros; todas os han acontecido, no ha faltado ninguna de ellas.

15Pero así como ha venido sobre vosotros toda palabra buena que Jehová vuestro Dios os había dicho, también traerá Jehová sobre vosotros toda palabra mala, hasta destruiros de sobre la buena tierra que Jehová vuestro Dios os ha dado,

16si traspasareis el pacto de Jehová vuestro Dios que él os ha mandado, yendo y honrando a dioses ajenos, e inclinándoos a ellos. Entonces la ira de Jehová se encenderá contra vosotros, y pereceréis prontamente de esta buena tierra que él os ha dado.

Discurso de despedida de Josué

24 1Reunió Josué a todas las tribus de Israel en Siquem, y llamó a los ancianos de Israel, sus príncipes, sus jueces y sus oficiales; y se presentaron delante de Dios.

2Y dijo Josué a todo el pueblo: Así dice Jehová, Dios de Israel: Vuestros padres habitaron antiguamente al otro lado del río, esto es, Taré, padre de Abraham y de Nacor; y servían a dioses extraños.

3Y yo tomé a vuestro padre Abraham del otro lado del río, y lo traje por toda la tierra de Canaán, y aumenté su descendencia, y le di Isaac.

4A Isaac di Jacob y Esaú. Y a Esaú di el monte de Seir, para que lo poseyese; pero Jacob y sus hijos descendieron a Egipto.

5Y yo envié a Moisés y a Aarón, y herí a Egipto, conforme a lo que hice en medio de él, y después os saqué.

tance for your tribes all the land of the nations that remain—the nations I conquered—between the Jordan and the Great Sea∫ in the west. 5The LORD your God himself will drive them out of your way. He will push them out before you, and you will take possession of their land, as the LORD your God promised you.

6"Be very strong; be careful to obey all that is written in the Book of the Law of Moses, without turning aside to the right or to the left. 7Do not associate with these nations that remain among you; do not invoke the names of their gods or swear by them. You must not serve them or bow down to them. 8But you are to hold fast to the LORD your God, as you have until now.

9"The LORD has driven out before you great and powerful nations; to this day no one has been able to withstand you. 10One of you routs a thousand, because the LORD your God fights for you, just as he promised. 11So be very careful to love the LORD your God.

12"But if you turn away and ally yourselves with the survivors of these nations that remain among you and if you intermarry with them and associate with them, 13then you may be sure that the LORD your God will no longer drive out these nations before you. Instead, they will become snares and traps for you, whips on your backs and thorns in your eyes, until you perish from this good land, which the LORD your God has given you.

14"Now I am about to go the way of all the earth. You know with all your heart and soul that not one of all the good promises the LORD your God gave you has failed. Every promise has been fulfilled; not one has failed. 15But just as every good promise of the LORD your God has come true, so the LORD will bring on you all the evil he has threatened, until he has destroyed you from this good land he has given you. 16If you violate the covenant of the LORD your God, which he commanded you, and go and serve other gods and bow down to them, the LORD's anger will burn against you, and you will quickly perish from the good land he has given you."

The Covenant Renewed at Shechem

24 Then Joshua assembled all the tribes of Israel at Shechem. He summoned the elders, leaders, judges and officials of Israel, and they presented themselves before God.

2Joshua said to all the people, "This is what the LORD, the God of Israel, says: 'Long ago your forefathers, including Terah the father of Abraham and Nahor, lived beyond the River𝑔 and worshiped other gods. 3But I took your father Abraham from the land beyond the River and led him throughout Canaan and gave him many descendants. I gave him Isaac, 4and to Isaac I gave Jacob and Esau. I assigned the hill country of Seir to Esau, but Jacob and his sons went down to Egypt.

5" 'Then I sent Moses and Aaron, and I afflicted the Egyptians by what I did there, and I brought you out.

∫4 That is, the Mediterranean　　𝑔2 That is, the Euphrates; also in verses 3, 14 and 15

6 Saqué a vuestros padres de Egipto; y cuando llegaron al mar, los egipcios siguieron a vuestros padres hasta el Mar Rojo con carros y caballería.

7 Y cuando ellos clamaron a Jehová, él puso oscuridad entre vosotros y los egipcios, e hizo venir sobre ellos el mar, el cual los cubrió; y vuestros ojos vieron lo que hice en Egipto. Después estuvisteis muchos días en el desierto.

8 Yo os introduje en la tierra de los amorreos, que habitaban al otro lado del Jordán, los cuales pelearon contra vosotros; mas yo los entregué en vuestras manos, y poseísteis su tierra, y los destruí de delante de vosotros.

9 Después se levantó Balac hijo de Zipor, rey de los moabitas, y peleó contra Israel; y envió a llamar a Balaam hijo de Beor, para que os maldijese.

10 Mas yo no quise escuchar a Balaam, por lo cual os bendijo repetidamente, y os libré de sus manos.

11 Pasasteis el Jordán, y vinisteis a Jericó, y los moradores de Jericó pelearon contra vosotros: los amorreos, ferezeos, cananeos, heteos, gergeseos, heveos y jebuseos, y yo los entregué en vuestras manos.

12 Y envié delante de vosotros tábanos, los cuales los arrojaron de delante de vosotros, esto es, a los dos reyes de los amorreos; no con tu espada, ni con tu arco.

13 Y os di la tierra por la cual nada trabajasteis, y las ciudades que no edificasteis, en las cuales moráis; y de las viñas y olivares que no plantasteis, coméis.

14 Ahora, pues, temed a Jehová, y servidle con integridad y en verdad; y quitad de entre vosotros los dioses a los cuales sirvieron vuestros padres al otro lado del río, y en Egipto; y servid a Jehová.

15 Y si mal os parece servir a Jehová, escogeos hoy a quién sirváis; si a los dioses a quienes sirvieron vuestros padres, cuando estuvieron al otro lado del río, o a los dioses de los amorreos en cuya tierra habitáis; pero yo y mi casa serviremos a Jehová.

16 Entonces el pueblo respondió y dijo: Nunca tal acontezca, que dejemos a Jehová para servir a otros dioses;

17 porque Jehová nuestro Dios es el que nos sacó a nosotros y a nuestros padres de la tierra de Egipto, de la casa de servidumbre; el que ha hecho estas grandes señales, y nos ha guardado por todo el camino por donde hemos andado, y en todos los pueblos por entre los cuales pasamos.

18 Y Jehová arrojó de delante de nosotros a todos los pueblos, y al amorreo que habitaba en la tierra; nosotros, pues, también serviremos a Jehová, porque él es nuestro Dios.

19 Entonces Josué dijo al pueblo: No podréis servir a Jehová, porque él es Dios santo, y Dios celoso; no sufrirá vuestras rebeliones y vuestros pecados.

20 Si dejareis a Jehová y sirviereis a dioses ajenos, él se volverá y os hará mal, y os consumirá, después que os ha hecho bien.

21 El pueblo entonces dijo a Josué: No, sino que a Jehová serviremos.

22 Y Josué respondió al pueblo: Vosotros sois testigos contra vosotros mismos, de que habéis elegido a Jehová para servirle. Y ellos respondieron: Testigos somos.

23 Quitad, pues, ahora los dioses ajenos que están entre vosotros, e inclinad vuestro corazón a Jehová Dios de Israel.

24 Y el pueblo respondió a Josué: A Jehová nuestro Dios serviremos, y a su voz obedeceremos.

25 Entonces Josué hizo pacto con el pueblo el mismo día, y les dio estatutos y leyes en Siquem.

6 When I brought your fathers out of Egypt, you came to the sea, and the Egyptians pursued them with chariots and horsemen *h* as far as the Red Sea. *i* 7 But they cried to the LORD for help, and he put darkness between you and the Egyptians; he brought the sea over them and covered them. You saw with your own eyes what I did to the Egyptians. Then you lived in the desert for a long time.

8 " 'I brought you to the land of the Amorites who lived east of the Jordan. They fought against you, but I gave them into your hands. I destroyed them from before you, and you took possession of their land. 9 When Balak son of Zippor, the king of Moab, prepared to fight against Israel, he sent for Balaam son of Beor to put a curse on you. 10 But I would not listen to Balaam, so he blessed you again and again, and I delivered you out of his hand.

11 " 'Then you crossed the Jordan and came to Jericho. The citizens of Jericho fought against you, as did also the Amorites, Perizzites, Canaanites, Hittites, Girgashites, Hivites and Jebusites, but I gave them into your hands. 12 I sent the hornet ahead of you, which drove them out before you—also the two Amorite kings. You did not do it with your own sword and bow. 13 So I gave you a land on which you did not toil and cities you did not build; and you live in them and eat from vineyards and olive groves that you did not plant.'

14 "Now fear the LORD and serve him with all faithfulness. Throw away the gods your forefathers worshiped beyond the River and in Egypt, and serve the LORD. 15 But if serving the LORD seems undesirable to you, then choose for yourselves this day whom you will serve, whether the gods your forefathers served beyond the River, or the gods of the Amorites, in whose land you are living. But as for me and my household, we will serve the LORD."

16 Then the people answered, "Far be it from us to forsake the LORD to serve other gods! 17 It was the LORD our God himself who brought us and our fathers up out of Egypt, from that land of slavery, and performed those great signs before our eyes. He protected us on our entire journey and among all the nations through which we traveled. 18 And the LORD drove out before us all the nations, including the Amorites, who lived in the land. We too will serve the LORD, because he is our God."

19 Joshua said to the people, "You are not able to serve the LORD. He is a holy God; he is a jealous God. He will not forgive your rebellion and your sins. 20 If you forsake the LORD and serve foreign gods, he will turn and bring disaster on you and make an end of you, after he has been good to you."

21 But the people said to Joshua, "No! We will serve the LORD."

22 Then Joshua said, "You are witnesses against yourselves that you have chosen to serve the LORD."

"Yes, we are witnesses," they replied.

23 "Now then," said Joshua, "throw away the foreign gods that are among you and yield your hearts to the LORD, the God of Israel."

24 And the people said to Joshua, "We will serve the LORD our God and obey him."

25 On that day Joshua made a covenant for the people, and there at Shechem he drew up for them decrees and laws. 26 And Joshua recorded these things in the

---

h 6 Or *charioteers*   *i 6* Hebrew *Yam Suph*; that is, Sea of Reeds

26 Y escribió Josué estas palabras en el libro de la ley de Dios; y tomando una gran piedra, la levantó allí debajo de la encina que estaba junto al santuario de Jehová.

27 Y dijo Josué a todo el pueblo: He aquí esta piedra nos servirá de testigo, porque ella ha oído todas las palabras que Jehová nos ha hablado; será, pues, testigo contra vosotros, para que no mintáis contra vuestro Dios.

28 Y envió Josué al pueblo, cada uno a su posesión.

Muerte de Josué

29 Después de estas cosas murió Josué hijo de Nun, siervo de Jehová, siendo de ciento diez años.

30 Y le sepultaron en su heredad en Timnat-sera, que está en el monte de Efraín, al norte del monte de Gaas.

31 Y sirvió Israel a Jehová todo el tiempo de Josué, y todo el tiempo de los ancianos que sobrevivieron a Josué y que sabían todas las obras que Jehová había hecho por Israel.

Sepultura de los huesos de José en Siquem

32 Y enterraron en Siquem los huesos de José, que los hijos de Israel habían traído de Egipto, en la parte del campo que Jacob compró de los hijos de Hamor padre de Siquem, por cien piezas de dinero; f y fue posesión de los hijos de José.

Muerte de Eleazar

33 También murió Eleazar hijo de Aarón, y lo enterraron en el collado de Finees su hijo, que le fue dado en el monte de Efraín.

_____

f Heb. *kesitas.*

Book of the Law of God. Then he took a large stone and set it up there under the oak near the holy place of the LORD.

27 "See!" he said to all the people. "This stone will be a witness against us. It has heard all the words the LORD has said to us. It will be a witness against you if you are untrue to your God."

Buried in the Promised Land

28 Then Joshua sent the people away, each to his own inheritance.

29 After these things, Joshua son of Nun, the servant of the LORD, died at the age of a hundred and ten.
30 And they buried him in the land of his inheritance, at Timnath Serah j in the hill country of Ephraim, north of Mount Gaash.

31 Israel served the LORD throughout the lifetime of Joshua and of the elders who outlived him and who had experienced everything the LORD had done for Israel.

32 And Joseph's bones, which the Israelites had brought up from Egypt, were buried at Shechem in the tract of land that Jacob bought for a hundred pieces of silver k from the sons of Hamor, the father of Shechem. This became the inheritance of Joseph's descendants.

33 And Eleazar son of Aaron died and was buried at Gibeah, which had been allotted to his son Phinehas in the hill country of Ephraim.

_____

j 30 Also known as *Timnath Heres* (see Judges 2:9)
k 32 Hebrew *hundred kesitahs*; a kesitah was a unit of money of unknown weight and value.

JUECES

JUDGES

Judá y Simeón capturan a Adoni-bezec

1 ¹ Aconteció después de la muerte de Josué, que los hijos de Israel consultaron a Jehová, diciendo: ¿Quién de nosotros subirá primero a pelear contra los cananeos? ²Y Jehová respondió: Judá subirá; he aquí que yo he entregado la tierra en sus manos.

³ Y Judá dijo a Simeón su hermano: Sube conmigo al territorio que se me ha adjudicado, y peleemos contra el cananeo, y yo también iré contigo al tuyo. Y Simeón fue con él.

⁴ Y subió Judá, y Jehová entregó en sus manos al cananeo y al ferezeo; e hirieron de ellos en Bezec a diez mil hombres.

⁵ Y hallaron a Adoni-bezec en Bezec, y pelearon contra él; y derrotaron al cananeo y al ferezeo.

⁶ Mas Adoni-bezec huyó; y le siguieron y le prendieron, y le cortaron los pulgares de las manos y de los pies.

⁷ Entonces dijo Adoni-bezec: Setenta reyes, cortados los pulgares de sus manos y de sus pies, recogían las migajas debajo de mi mesa; como yo hice, así me ha pagado Dios. Y le llevaron a Jerusalén, donde murió.

Judá conquista Jerusalén y Hebrón

⁸ Y combatieron los hijos de Judá a Jerusalén y la tomaron, y pasaron a sus habitantes a filo de espada y pusieron fuego a la ciudad.

⁹ Después los hijos de Judá descendieron para pelear contra el cananeo que habitaba en las montañas, en el Neguev, y en los llanos.

¹⁰ Y marchó Judá contra el cananeo que habitaba en Hebrón, la cual se llamaba antes Quiriat-arba; e hirieron a Sesai, a Ahimán y a Talmai.

Otoniel conquista Debir y recibe a Acsa

¹¹ De allí fue a los que habitaban en Debir, que antes se llamaba Quiriat-sefer.

¹² Y dijo Caleb: El que atacare a Quiriat-sefer y la tomare, yo le daré Acsa mi hija por mujer.

¹³ Y la tomó Otoniel hijo de Cenaz, hermano menor de Caleb; y él le dio Acsa su hija por mujer.

¹⁴ Y cuando ella se iba con él, la persuadió que pidiese a su padre un campo. Y ella se bajó del asno, y Caleb le dijo: ¿Qué tienes?

¹⁵ Ella entonces le respondió: Concédeme un don; puesto que me has dado tierra del Neguev, dame también fuentes de aguas. Entonces Caleb le dio las fuentes de arriba y las fuentes de abajo.

Extensión de las conquistas de Judá y de Benjamín

¹⁶ Y los hijos del ceneo, suegro de Moisés, subieron de la ciudad de las palmeras con los hijos de Judá al desierto de Judá, que está en el Neguev cerca de Arad; y fueron y habitaron con el pueblo.

¹⁷ Y fue Judá con su hermano Simeón, y derrotaron al cananeo que habitaba en Sefat, y la asolaron; y pusieron por nombre a la ciudad, Horma.

¹⁸ Tomó también Judá a Gaza con su territorio, Ascalón con su territorio y Ecrón con su territorio.

Israel Fights the Remaining Canaanites

1 After the death of Joshua, the Israelites asked the LORD, "Who will be the first to go up and fight for us against the Canaanites?"

²The LORD answered, "Judah is to go; I have given the land into their hands."

³Then the men of Judah said to the Simeonites their brothers, "Come up with us into the territory allotted to us, to fight against the Canaanites. We in turn will go with you into yours." So the Simeonites went with them.

⁴When Judah attacked, the LORD gave the Canaanites and Perizzites into their hands and they struck down ten thousand men at Bezek. ⁵It was there that they found Adoni-Bezek and fought against him, putting to rout the Canaanites and Perizzites. ⁶Adoni-Bezek fled, but they chased him and caught him, and cut off his thumbs and big toes.

⁷Then Adoni-Bezek said, "Seventy kings with their thumbs and big toes cut off have picked up scraps under my table. Now God has paid me back for what I did to them." They brought him to Jerusalem, and he died there.

⁸The men of Judah attacked Jerusalem also and took it. They put the city to the sword and set it on fire.

⁹After that, the men of Judah went down to fight against the Canaanites living in the hill country, the Negev and the western foothills. ¹⁰They advanced against the Canaanites living in Hebron (formerly called Kiriath Arba) and defeated Sheshai, Ahiman and Talmai.

¹¹From there they advanced against the people living in Debir (formerly called Kiriath Sepher). ¹²And Caleb said, "I will give my daughter Acsah in marriage to the man who attacks and captures Kiriath Sepher." ¹³Othniel son of Kenaz, Caleb's younger brother, took it; so Caleb gave his daughter Acsah to him in marriage.

¹⁴One day when she came to Othniel, she urged him*a* to ask her father for a field. When she got off her donkey, Caleb asked her, "What can I do for you?"

¹⁵She replied, "Do me a special favor. Since you have given me land in the Negev, give me also springs of water." Then Caleb gave her the upper and lower springs.

¹⁶The descendants of Moses' father-in-law, the Kenite, went up from the City of Palms*b* with the men of Judah to live among the people of the Desert of Judah in the Negev near Arad.

¹⁷Then the men of Judah went with the Simeonites their brothers and attacked the Canaanites living in Zephath, and they totally destroyed*c* the city. Therefore it was called Hormah.*d* ¹⁸The men of Judah also took*e* Gaza, Ashkelon and Ekron — each city with its territory.

a14 Hebrew; Septuagint and Vulgate *Othniel, he urged her*
b16 That is, Jericho   *c17* The Hebrew term refers to the irrevocable giving over of things or persons to the LORD, often by totally destroying them.   *d17* *Hormah* means *destruction.*
e18 Hebrew; Septuagint *Judah did not take*

19 Y Jehová estaba con Judá, quien arrojó a los de las montañas; mas no pudo arrojar a los que habitaban en los llanos, los cuales tenían carros herrados.

20 Y dieron Hebrón a Caleb, como Moisés había dicho; y él arrojó de allí a los tres hijos de Anac.

21 Mas al jebuseo que habitaba en Jerusalén no lo arrojaron los hijos de Benjamín, y el jebuseo habitó con los hijos de Benjamín en Jerusalén hasta hoy.

José conquista Bet-el

22 También la casa de José subió contra Bet-el; y Jehová estaba con ellos.

23 Y la casa de José puso espías en Bet-el, ciudad que antes se llamaba Luz.

24 Y los que espiaban vieron a un hombre que salía de la ciudad, y le dijeron: Muéstranos ahora la entrada de la ciudad, y haremos contigo misericordia.

25 Y él les mostró la entrada a la ciudad, y la hirieron a filo de espada; pero dejaron ir a aquel hombre con toda su familia.

26 Y se fue el hombre a la tierra de los heteos, y edificó una ciudad a la cual llamó Luz; y este es su nombre hasta hoy.

Extensión de las conquistas de Manasés y de Efraín

27 Tampoco Manasés arrojó a los de Bet-seán, ni a los de sus aldeas, ni a los de Taanac y sus aldeas, ni a los de Dor y sus aldeas, ni a los habitantes de Ibleam y sus aldeas, ni a los que habitan en Meguido y en sus aldeas; y el cananeo persistía en habitar en aquella tierra.

28 Pero cuando Israel se sintió fuerte hizo al cananeo tributario, mas no lo arrojó.

29 Tampoco Efraín arrojó al cananeo que habitaba en Gezer, sino que habitó el cananeo en medio de ellos en Gezer.

Extensión de las conquistas de las demás tribus

30 Tampoco Zabulón arrojó a los que habitaban en Quitrón, ni a los que habitaban en Naalal, sino que el cananeo habitó en medio de él, y le fue tributario.

31 Tampoco Aser arrojó a los que habitaban en Aco, ni a los que habitaban en Sidón, en Ahlab, en Aczib, en Helba, en Afec y en Rehob.

32 Y moró Aser entre los cananeos que habitaban en la tierra; pues no los arrojó.

33 Tampoco Neftalí arrojó a los que habitaban en Bet-semes, ni a los que habitaban en Bet-anat, sino que moró entre los cananeos que habitaban en la tierra; mas le fueron tributarios los moradores de Bet-semes y los moradores de Bet-anat.

34 Los amorreos acosaron a los hijos de Dan hasta el monte, y no los dejaron descender a los llanos.

35 Y el amorreo persistió en habitar en el monte de Heres, en Ajalón y en Saalbim; pero cuando la casa de José cobró fuerzas, lo hizo tributario.

36 Y el límite del amorreo fue desde la subida de Acrabim, desde Sela hacia arriba.

El ángel de Jehová en Boquim

2 1 El ángel de Jehová subió de Gilgal a Boquim, y dijo: Yo os saqué de Egipto, y os introduje en la tierra de la cual había jurado a vuestros padres, diciendo: No invalidaré jamás mi pacto con vosotros,

2 con tal que vosotros no hagáis pacto con los moradores de esta tierra, cuyos altares habéis de derribar; mas voso-

19 The Lord was with the men of Judah. They took possession of the hill country, but they were unable to drive the people from the plains, because they had iron chariots. 20 As Moses had promised, Hebron was given to Caleb, who drove from it the three sons of Anak. 21 The Benjamites, however, failed to dislodge the Jebusites, who were living in Jerusalem; to this day the Jebusites live there with the Benjamites.

22 Now the house of Joseph attacked Bethel, and the Lord was with them. 23 When they sent men to spy out Bethel (formerly called Luz), 24 the spies saw a man coming out of the city and they said to him, "Show us how to get into the city and we will see that you are treated well." 25 So he showed them, and they put the city to the sword but spared the man and his whole family. 26 He then went to the land of the Hittites, where he built a city and called it Luz, which is its name to this day.

27 But Manasseh did not drive out the people of Beth Shan or Taanach or Dor or Ibleam or Megiddo and their surrounding settlements, for the Canaanites were determined to live in that land. 28 When Israel became strong, they pressed the Canaanites into forced labor but never drove them out completely. 29 Nor did Ephraim drive out the Canaanites living in Gezer, but the Canaanites continued to live there among them. 30 Neither did Zebulun drive out the Canaanites living in Kitron or Nahalol, who remained among them; but they did subject them to forced labor. 31 Nor did Asher drive out those living in Acco or Sidon or Ahlab or Aczib or Helbah or Aphek or Rehob, 32 and because of this the people of Asher lived among the Canaanite inhabitants of the land. 33 Neither did Naphtali drive out those living in Beth Shemesh or Beth Anath; but the Naphtalites too lived among the Canaanite inhabitants of the land, and those living in Beth Shemesh and Beth Anath became forced laborers for them. 34 The Amorites confined the Danites to the hill country, not allowing them to come down into the plain. 35 And the Amorites were determined also to hold out in Mount Heres, Aijalon and Shaalbim, but when the power of the house of Joseph increased, they too were pressed into forced labor. 36 The boundary of the Amorites was from Scorpion[f] Pass to Sela and beyond.

The Angel of the Lord at Bokim

2 The angel of the Lord went up from Gilgal to Bokim and said, "I brought you up out of Egypt and led you into the land that I swore to give to your forefathers. I said, 'I will never break my covenant with you, 2 and you shall not make a covenant with the

f 36 Hebrew Akrabbim

tros no habéis atendido a mi voz. ¿Por qué habéis hecho esto?

3 Por tanto, yo también digo: No los echaré de delante de vosotros, sino que serán azotes para vuestros costados, y sus dioses os serán tropezadero.

4 Cuando el ángel de Jehová habló estas palabras a todos los hijos de Israel, el pueblo alzó su voz y lloró.

5 Y llamaron el nombre de aquel lugar Boquim, *a* y ofrecieron allí sacrificios a Jehová.

Muerte de Josué

6 Porque ya Josué había despedido al pueblo, y los hijos de Israel se habían ido cada uno a su heredad para poseerla.

7 Y el pueblo había servido a Jehová todo el tiempo de Josué, y todo el tiempo de los ancianos que sobrevivieron a Josué, los cuales habían visto todas las grandes obras de Jehová, que él había hecho por Israel.

8 Pero murió Josué hijo de Nun, siervo de Jehová, siendo de ciento diez años.

9 Y lo sepultaron en su heredad en Timnat-sera, en el monte de Efraín, al norte del monte de Gaas.

10 Y toda aquella generación también fue reunida a sus padres. Y se levantó después de ellos otra generación que no conocía a Jehová, ni la obra que él había hecho por Israel.

Apostasía de Israel, y la obra de los jueces

11 Después los hijos de Israel hicieron lo malo ante los ojos de Jehová, y sirvieron a los baales.

12 Dejaron a Jehová el Dios de sus padres, que los había sacado de la tierra de Egipto, y se fueron tras otros dioses, los dioses de los pueblos que estaban en sus alrededores, a los cuales adoraron; y provocaron a ira a Jehová.

13 Y dejaron a Jehová, y adoraron a Baal y a Astarot.

14 Y se encendió contra Israel el furor de Jehová, el cual los entregó en manos de robadores que los despojaron, y los vendió en mano de sus enemigos de alrededor; y no pudieron ya hacer frente a sus enemigos.

15 Por dondequiera que salían, la mano de Jehová estaba contra ellos para mal, como Jehová había dicho, y como Jehová se lo había jurado; y tuvieron gran aflicción.

16 Y Jehová levantó jueces que los librasen de mano de los que les despojaban;

17 pero tampoco oyeron a sus jueces, sino que fueron tras dioses ajenos, a los cuales adoraron; se apartaron pronto del camino en que anduvieron sus padres obedeciendo a los mandamientos de Jehová; ellos no hicieron así.

18 Y cuando Jehová les levantaba jueces, Jehová estaba con el juez, y los libraba de mano de los enemigos todo el tiempo de aquel juez; porque Jehová era movido a misericordia por sus gemidos a causa de los que los oprimían y afligían.

19 Mas acontecía que al morir el juez, ellos volvían atrás, y se corrompían más que sus padres, siguiendo a dioses ajenos para servirles, e inclinándose delante de ellos; y no se apartaban de sus obras, ni de su obstinado camino.

20 Y la ira de Jehová se encendió contra Israel, y dijo: Por cuanto este pueblo traspasa mi pacto que ordené a sus padres, y no obedece a mi voz,

21 tampoco yo volveré más a arrojar de delante de ellos a ninguna de las naciones que dejó Josué cuando murió;

22 para probar con ellas a Israel, si procurarían o no seguir el camino de Jehová, andando en él, como lo siguieron sus padres.

23 Por esto dejó Jehová a aquellas naciones, sin arrojarlas de una vez, y no las entregó en mano de Josué.

a Esto es, *los que lloran.*

people of this land, but you shall break down their altars.' Yet you have disobeyed me. Why have you done this? 3 Now therefore I tell you that I will not drive them out before you; they will be ₜthorns₎ in your sides and their gods will be a snare to you."

4 When the angel of the LORD had spoken these things to all the Israelites, the people wept aloud, 5 and they called that place Bokim.*g* There they offered sacrifices to the LORD.

Disobedience and Defeat

6 After Joshua had dismissed the Israelites, they went to take possession of the land, each to his own inheritance. 7 The people served the LORD throughout the lifetime of Joshua and of the elders who outlived him and who had seen all the great things the LORD had done for Israel.

8 Joshua son of Nun, the servant of the LORD, died at the age of a hundred and ten. 9 And they buried him in the land of his inheritance, at Timnath Heres*h* in the hill country of Ephraim, north of Mount Gaash.

10 After that whole generation had been gathered to their fathers, another generation grew up, who knew neither the LORD nor what he had done for Israel. 11 Then the Israelites did evil in the eyes of the LORD and served the Baals. 12 They forsook the LORD, the God of their fathers, who had brought them out of Egypt. They followed and worshiped various gods of the peoples around them. They provoked the LORD to anger 13 because they forsook him and served Baal and the Ashtoreths. 14 In his anger against Israel the LORD handed them over to raiders who plundered them. He sold them to their enemies all around, whom they were no longer able to resist. 15 Whenever Israel went out to fight, the hand of the LORD was against them to defeat them, just as he had sworn to them. They were in great distress.

16 Then the LORD raised up judges,*i* who saved them out of the hands of these raiders. 17 Yet they would not listen to their judges but prostituted themselves to other gods and worshiped them. Unlike their fathers, they quickly turned from the way in which their fathers had walked, the way of obedience to the LORD's commands. 18 Whenever the LORD raised up a judge for them, he was with the judge and saved them out of the hands of their enemies as long as the judge lived; for the LORD had compassion on them as they groaned under those who oppressed and afflicted them. 19 But when the judge died, the people returned to ways even more corrupt than those of their fathers, following other gods and serving and worshiping them. They refused to give up their evil practices and stubborn ways.

20 Therefore the LORD was very angry with Israel and said, "Because this nation has violated the covenant that I laid down for their forefathers and has not listened to me, 21 I will no longer drive out before them any of the nations Joshua left when he died. 22 I will use them to test Israel and see whether they will keep the way of the LORD and walk in it as their forefathers did." 23 The LORD had allowed those nations to remain; he did not drive them out at once by giving them into the hands of Joshua.

g 5 *Bokim* means *weepers.*   *h* 9 Also known as *Timnath Serah* (see Joshua 19:50 and 24:30)   *i* 16 Or *leaders;* similarly in verses 17-19

Naciones que fueron dejadas para probar a Israel

3 [1] Estas, pues, son las naciones que dejó Jehová para probar con ellas a Israel, a todos aquellos que no habían conocido todas las guerras de Canaán; [2] solamente para que el linaje de los hijos de Israel conociese la guerra, para que la enseñasen a los que antes no la habían conocido; [3] los cinco príncipes de los filisteos, todos los cananeos, los sidonios, y los heveos que habitaban en el monte Líbano, desde el monte de Baal-hermón hasta llegar a Hamat. [4] Y fueron para probar con ellos a Israel, para saber si obedecerían a los mandamientos de Jehová, que él había dado a sus padres por mano de Moisés. [5] Así los hijos de Israel habitaban entre los cananeos, heteos, amorreos, ferezeos, heveos y jebuseos. [6] Y tomaron de sus hijas por mujeres, y dieron sus hijas a los hijos de ellos, y sirvieron a sus dioses.

Otoniel liberta a Israel de Cusan-risataim

[7] Hicieron, pues, los hijos de Israel lo malo ante los ojos de Jehová, y olvidaron a Jehová su Dios, y sirvieron a los baales y a las imágenes de Asera. [8] Y la ira de Jehová se encendió contra Israel, y los vendió en manos de Cusan-risataim rey de Mesopotamia; y sirvieron los hijos de Israel a Cusan-risataim ocho años. [9] Entonces clamaron los hijos de Israel a Jehová; y Jehová levantó un libertador a los hijos de Israel y los libró; esto es, a Otoniel hijo de Cenaz, hermano menor de Caleb. [10] Y el Espíritu de Jehová vino sobre él, y juzgó a Israel, y salió a batalla, y Jehová entregó en su mano a Cusan-risataim rey de Siria, y prevaleció su mano contra Cusan-risataim. [11] Y reposó la tierra cuarenta años; y murió Otoniel hijo de Cenaz.

Aod liberta a Israel de Moab

[12] Volvieron los hijos de Israel a hacer lo malo ante los ojos de Jehová; y Jehová fortaleció a Eglón rey de Moab contra Israel, por cuanto habían hecho lo malo ante los ojos de Jehová. [13] Este juntó consigo a los hijos de Amón y de Amalec, y vino e hirió a Israel, y tomó la ciudad de las palmeras. [14] Y sirvieron los hijos de Israel a Eglón rey de los moabitas dieciocho años. [15] Y clamaron los hijos de Israel a Jehová; y Jehová les levantó un libertador, a Aod hijo de Gera, benjamita, el cual era zurdo. Y los hijos de Israel enviaron con él un presente a Eglón rey de Moab. [16] Y Aod se había hecho un puñal de dos filos, de un codo de largo; y se lo ciñó debajo de sus vestidos a su lado derecho. [17] Y entregó el presente a Eglón rey de Moab; y era Eglón hombre muy grueso. [18] Y luego que hubo entregado el presente, despidió a la gente que lo había traído. [19] Mas él se volvió desde los ídolos que están en Gilgal, y dijo: Rey, una palabra secreta tengo que decirte. El entonces dijo: Calla. Y salieron de delante de él todos los que con él estaban. [20] Y se le acercó Aod, estando él sentado solo en su sala de verano. Y Aod dijo: Tengo palabra de Dios para ti. El entonces se levantó de la silla. [21] Entonces alargó Aod su mano izquierda, y tomó el puñal de su lado derecho, y se lo metió por el vientre, [22] de tal manera que la empuñadura entró también tras la

3 These are the nations the LORD left to test all those Israelites who had not experienced any of the wars in Canaan [2] (he did this only to teach warfare to the descendants of the Israelites who had not had previous battle experience): [3] the five rulers of the Philistines, all the Canaanites, the Sidonians, and the Hivites living in the Lebanon mountains from Mount Baal Hermon to Lebo*i* Hamath. [4] They were left to test the Israelites to see whether they would obey the LORD's commands, which he had given their forefathers through Moses. [5] The Israelites lived among the Canaanites, Hittites, Amorites, Perizzites, Hivites and Jebusites. [6] They took their daughters in marriage and gave their own daughters to their sons, and served their gods.

Othniel

[7] The Israelites did evil in the eyes of the LORD; they forgot the LORD their God and served the Baals and the Asherahs. [8] The anger of the LORD burned against Israel so that he sold them into the hands of Cushan-Rishathaim king of Aram Naharaim,*k* to whom the Israelites were subject for eight years. [9] But when they cried out to the LORD, he raised up for them a deliverer, Othniel son of Kenaz, Caleb's younger brother, who saved them. [10] The Spirit of the LORD came upon him, so that he became Israel's judge*l* and went to war. The LORD gave Cushan-Rishathaim king of Aram into the hands of Othniel, who overpowered him. [11] So the land had peace for forty years, until Othniel son of Kenaz died.

Ehud

[12] Once again the Israelites did evil in the eyes of the LORD, and because they did this evil the LORD gave Eglon king of Moab power over Israel. [13] Getting the Ammonites and Amalekites to join him, Eglon came and attacked Israel, and they took possession of the City of Palms.*m* [14] The Israelites were subject to Eglon king of Moab for eighteen years. [15] Again the Israelites cried out to the LORD, and he gave them a deliverer—Ehud, a left-handed man, the son of Gera the Benjamite. The Israelites sent him with tribute to Eglon king of Moab. [16] Now Ehud had made a double-edged sword about a foot and a half*n* long, which he strapped to his right thigh under his clothing. [17] He presented the tribute to Eglon king of Moab, who was a very fat man. [18] After Ehud had presented the tribute, he sent on their way the men who had carried it. [19] At the idols*o* near Gilgal he himself turned back and said, "I have a secret message for you, O king."

The king said, "Quiet!" And all his attendants left him.

[20] Ehud then approached him while he was sitting alone in the upper room of his summer palace*p* and said, "I have a message from God for you." As the king rose from his seat, [21] Ehud reached with his left hand, drew the sword from his right thigh and plunged it into the king's belly. [22] Even the handle sank in after the

---

13 Or *to the entrance to*　*k8* That is, Northwest Mesopotamia
l10 Or *leader*　*m13* That is, Jericho　*n16* Hebrew *a cubit*
(about 0.5 meter)　*o19* Or *the stone quarries*; also in verse 26
p20 The meaning of the Hebrew for this phrase is uncertain.

hoja, y la gordura cubrió la hoja, porque no sacó el puñal de su vientre; y salió el estiércol.

23 Y salió Aod al corredor, y cerró tras sí las puertas de la sala y las aseguró con el cerrojo.

24 Cuando él hubo salido, vinieron los siervos del rey, los cuales viendo las puertas de la sala cerradas, dijeron: Sin duda él cubre sus pies en la sala de verano.

25 Y habiendo esperado hasta estar confusos, porque él no abría las puertas de la sala, tomaron la llave y abrieron; y he aquí su señor caído en tierra, muerto.

26 Mas entre tanto que ellos se detuvieron, Aod escapó, y pasando los ídolos, se puso a salvo en Seirat.

27 Y cuando había entrado, tocó el cuerno en el monte de Efraín, y los hijos de Israel descendieron con él del monte, y él iba delante de ellos.

28 Entonces él les dijo: Seguidme, porque Jehová ha entregado a vuestros enemigos los moabitas en vuestras manos. Y descendieron en pos de él, y tomaron los vados del Jordán a Moab, y no dejaron pasar a ninguno.

29 Y en aquel tiempo mataron de los moabitas como diez mil hombres, todos valientes y todos hombres de guerra; no escapó ninguno.

30 Así fue subyugado Moab aquel día bajo la mano de Israel; y reposó la tierra ochenta años.

Samgar liberta a Israel de los filisteos

31 Después de él fue Samgar hijo de Anat, el cual mató a seiscientos hombres de los filisteos con una aguijada de bueyes; y él también salvó a Israel.

Débora y Barac derrotan a Sísara

4 1 Después de la muerte de Aod, los hijos de Israel volvieron a hacer lo malo ante los ojos de Jehová. 2 Y Jehová los vendió en mano de Jabín rey de Canaán, el cual reinó en Hazor; y el capitán de su ejército se llamaba Sísara, el cual habitaba en Haroset-goim. 3 Entonces los hijos de Israel clamaron a Jehová, porque aquél tenía novecientos carros herrados, y había oprimido con crueldad a los hijos de Israel por veinte años.

4 Gobernaba en aquel tiempo a Israel una mujer, Débora, profetisa, mujer de Lapidot; 5 y acostumbraba sentarse bajo la palmera de Débora, entre Ramá y Bet-el, en el monte de Efraín; y los hijos de Israel subían a ella a juicio.

6 Y ella envió a llamar a Barac hijo de Abinoam, de Cedes de Neftalí, y le dijo: ¿No te ha mandado Jehová Dios de Israel, diciendo: Vé, junta a tu gente en el monte de Tabor, y toma contigo diez mil hombres de la tribu de Neftalí y de la tribu de Zabulón; 7 y yo atraeré hacia ti al arroyo de Cisón a Sísara, capitán del ejército de Jabín, con sus carros y su ejército, y lo entregaré en tus manos?

8 Barac le respondió: Si tú fueres conmigo, yo iré; pero si no fueres conmigo, no iré.

9 Ella dijo: Iré contigo; mas no será tuya la gloria de la jornada que emprendes, porque en mano de mujer venderá Jehová a Sísara. Y levantándose Débora, fue con Barac a Cedes.

10 Y juntó Barac a Zabulón y a Neftalí en Cedes, y subió con diez mil hombres a su mando; y Débora subió con él.

11 Y Heber ceneo, de los hijos de Hobad suegro de Moisés, se había apartado de los ceneos, y había plantado sus tiendas en el valle de Zaanaim, que está junto a Cedes.

blade, which came out his back. Ehud did not pull the sword out, and the fat closed in over it. 23 Then Ehud went out to the porch *q*; he shut the doors of the upper room behind him and locked them.

24 After he had gone, the servants came and found the doors of the upper room locked. They said, "He must be relieving himself in the inner room of the house." 25 They waited to the point of embarrassment, but when he did not open the doors of the room, they took a key and unlocked them. There they saw their lord fallen to the floor, dead.

26 While they waited, Ehud got away. He passed by the idols and escaped to Seirah. 27 When he arrived there, he blew a trumpet in the hill country of Ephraim, and the Israelites went down with him from the hills, with him leading them.

28 "Follow me," he ordered, "for the LORD has given Moab, your enemy, into your hands." So they followed him down and, taking possession of the fords of the Jordan that led to Moab, they allowed no one to cross over. 29 At that time they struck down about ten thousand Moabites, all vigorous and strong; not a man escaped. 30 That day Moab was made subject to Israel, and the land had peace for eighty years.

Shamgar

31 After Ehud came Shamgar son of Anath, who struck down six hundred Philistines with an oxgoad. He too saved Israel.

Deborah

4 After Ehud died, the Israelites once again did evil in the eyes of the LORD. 2 So the LORD sold them into the hands of Jabin, a king of Canaan, who reigned in Hazor. The commander of his army was Sisera, who lived in Harosheth Haggoyim. 3 Because he had nine hundred iron chariots and had cruelly oppressed the Israelites for twenty years, they cried to the LORD for help.

4 Deborah, a prophetess, the wife of Lappidoth, was leading *r* Israel at that time. 5 She held court under the Palm of Deborah between Ramah and Bethel in the hill country of Ephraim, and the Israelites came to her to have their disputes decided. 6 She sent for Barak son of Abinoam from Kedesh in Naphtali and said to him, "The LORD, the God of Israel, commands you: 'Go, take with you ten thousand men of Naphtali and Zebulun and lead the way to Mount Tabor. 7 I will lure Sisera, the commander of Jabin's army, with his chariots and his troops to the Kishon River and give him into your hands.' "

8 Barak said to her, "If you go with me, I will go; but if you don't go with me, I won't go."

9 "Very well," Deborah said, "I will go with you. But because of the way you are going about this, *s* the honor will not be yours, for the LORD will hand Sisera over to a woman." So Deborah went with Barak to Kedesh, 10 where he summoned Zebulun and Naphtali. Ten thousand men followed him, and Deborah also went with him.

11 Now Heber the Kenite had left the other Kenites, the descendants of Hobab, Moses' brother-in-law, *t* and pitched his tent by the great tree in Zaanannim near Kedesh.

---

q 23 The meaning of the Hebrew for this word is uncertain.
r 4 Traditionally *judging*　　*s 9* Or *But on the expedition you are undertaking*　　*t 11* Or *father-in-law*

12 Vinieron, pues, a Sísara las nuevas de que Barac hijo de Abinoam había subido al monte de Tabor.

13 Y reunió Sísara todos sus carros, novecientos carros herrados, con todo el pueblo que con él estaba, desde Haroset-goim hasta el arroyo de Cisón.

14 Entonces Débora dijo a Barac: Levántate, porque este es el día en que Jehová ha entregado a Sísara en tus manos. ¿No ha salido Jehová delante de ti? Y Barac descendió del monte de Tabor, y diez mil hombres en pos de él.

15 Y Jehová quebrantó a Sísara, a todos sus carros y a todo su ejército, a filo de espada delante de Barac; y Sísara descendió del carro, y huyó a pie.

16 Mas Barac siguió los carros y el ejército hasta Haroset-goim, y todo el ejército de Sísara cayó a filo de espada, hasta no quedar ni uno.

17 Y Sísara huyó a pie a la tienda de Jael mujer de Heber ceneo; porque había paz entre Jabín rey de Hazor y la casa de Heber ceneo.

18 Y saliendo Jael a recibir a Sísara, le dijo: Ven, señor mío, ven a mí, no tengas temor. Y él vino a ella a la tienda, y ella le cubrió con una manta.

19 Y él le dijo: Te ruego me des de beber un poco de agua, pues tengo sed. Y ella abrió un odre de leche y le dio de beber, y le volvió a cubrir.

20 Y él le dijo: Estate a la puerta de la tienda; y si alguien viniere, y te preguntare, diciendo: ¿Hay aquí alguno? tú responderás que no.

21 Pero Jael mujer de Heber tomó una estaca de la tienda, y poniendo un mazo en su mano, se le acercó calladamente y le metió la estaca por las sienes, y la enclavó en la tierra, pues él estaba cargado de sueño y cansado; y así murió.

22 Y siguiendo Barac a Sísara, Jael salió a recibirlo, y le dijo: Ven, y té mostraré al varón que tú buscas. Y él entró donde ella estaba, y he aquí Sísara yacía muerto con la estaca por la sien.

23 Así abatió Dios aquel día a Jabín, rey de Canaán, delante de los hijos de Israel.

24 Y la mano de los hijos de Israel fue endureciéndose más y más contra Jabín rey de Canaán, hasta que lo destruyeron.

Cántico de Débora y de Barac

5 1 Aquel día cantó Débora con Barac hijo de Abinoam, diciendo:

2 Por haberse puesto al frente los caudillos en Israel,
Por haberse ofrecido voluntariamente el pueblo,
Load a Jehová.

3 Oíd, reyes; escuchad, oh príncipes;
Yo cantaré a Jehová,
Cantaré salmos a Jehová, el Dios de Israel.

4 Cuando saliste de Seir, oh Jehová,
Cuando te marchaste de los campos de Edom,
La tierra tembló, y los cielos destilaron,
Y las nubes gotearon aguas.

5 Los montes temblaron delante de Jehová,
Aquel Sinaí, delante de Jehová Dios de Israel.

6 En los días de Samgar hijo de Anat,
En los días de Jael, quedaron abandonados los caminos,
Y los que andaban por las sendas se apartaban por senderos torcidos.

12 When they told Sisera that Barak son of Abinoam had gone up to Mount Tabor, 13 Sisera gathered together his nine hundred iron chariots and all the men with him, from Harosheth Haggoyim to the Kishon River.

14 Then Deborah said to Barak, "Go! This is the day the LORD has given Sisera into your hands. Has not the LORD gone ahead of you?" So Barak went down Mount Tabor, followed by ten thousand men. 15 At Barak's advance, the LORD routed Sisera and all his chariots and army by the sword, and Sisera abandoned his chariot and fled on foot. 16 But Barak pursued the chariots and army as far as Harosheth Haggoyim. All the troops of Sisera fell by the sword; not a man was left.

17 Sisera, however, fled on foot to the tent of Jael, the wife of Heber the Kenite, because there were friendly relations between Jabin king of Hazor and the clan of Heber the Kenite.

18 Jael went out to meet Sisera and said to him, "Come, my lord, come right in. Don't be afraid." So he entered her tent, and she put a covering over him.

19 "I'm thirsty," he said. "Please give me some water." She opened a skin of milk, gave him a drink, and covered him up.

20 "Stand in the doorway of the tent," he told her. "If someone comes by and asks you, 'Is anyone here?' say 'No.'"

21 But Jael, Heber's wife, picked up a tent peg and a hammer and went quietly to him while he lay fast asleep, exhausted. She drove the peg through his temple into the ground, and he died.

22 Barak came by in pursuit of Sisera, and Jael went out to meet him. "Come," she said, "I will show you the man you're looking for." So he went in with her, and there lay Sisera with the tent peg through his temple — dead.

23 On that day God subdued Jabin, the Canaanite king, before the Israelites. 24 And the hand of the Israelites grew stronger and stronger against Jabin, the Canaanite king, until they destroyed him.

The Song of Deborah

5 On that day Deborah and Barak son of Abinoam sang this song:

2 "When the princes in Israel take the lead,
when the people willingly offer themselves —
praise the LORD!

3 "Hear this, you kings! Listen, you rulers!
I will sing to[u] the LORD, I will sing;
I will make music to[v] the LORD, the God of Israel.

4 "O LORD, when you went out from Seir,
when you marched from the land of Edom,
the earth shook, the heavens poured,
the clouds poured down water.

5 The mountains quaked before the LORD, the One of Sinai,
before the LORD, the God of Israel.

6 "In the days of Shamgar son of Anath,
in the days of Jael, the roads were abandoned;
travelers took to winding paths.

7 Las aldeas quedaron abandonadas en Israel, habían
    decaído,
  Hasta que yo Débora me levanté,
  Me levanté como madre en Israel.
8 Cuando escogían nuevos dioses,
  La guerra estaba a las puertas;
  ¿Se veía escudo o lanza
  Entre cuarenta mil en Israel?
9 Mi corazón es para vosotros, jefes de Israel,
  Para los que voluntariamente os ofrecisteis entre el
    pueblo.
  Load a Jehová.
10 Vosotros los que cabalgáis en asnas blancas,
  Los que presidís en juicio,
  Y vosotros los que viajáis, hablad.
11 Lejos del ruido de los arqueros, en los abrevaderos,
  Allí repetirán los triunfos de Jehová,
  Los triunfos de sus aldeas en Israel;
  Entonces marchará hacia las puertas el pueblo de
    Jehová.
12 Despierta, despierta, Débora;
  Despierta, despierta, entona cántico.
  Levántate, Barac, y lleva tus cautivos, hijo de
    Abinoam.
13 Entonces marchó el resto de los nobles;
  El pueblo de Jehová marchó por él en contra de los
    poderosos.
14 De Efraín vinieron los radicados en Amalec,
  En pos de ti, Benjamín, entre tus pueblos;
  De Maquir descendieron príncipes,
  Y de Zabulón los que tenían vara de mando.
15 Caudillos también de Isacar fueron con Débora;
  Y como Barac, también Isacar
  Se precipitó a pie en el valle.
  Entre las familias de Rubén
  Hubo grandes resoluciones del corazón.
16 ¿Por qué te quedaste entre los rediles,
  Para oir los balidos de los rebaños?
  Entre las familias de Rubén
  Hubo grandes propósitos del corazón.
17 Galaad se quedó al otro lado del Jordán;
  Y Dan, ¿por qué se estuvo junto a las naves?
  Se mantuvo Aser a la ribera del mar,
  Y se quedó en sus puertos.
18 El pueblo de Zabulón expuso su vida a la muerte,
  Y Neftalí en las alturas del campo.
19 Vinieron reyes y pelearon;
  Entonces pelearon los reyes de Canaán,
  En Taanac, junto a las aguas de Meguido,
  Mas no llevaron ganancia alguna de dinero.
20 Desde los cielos pelearon las estrellas;
  Desde sus órbitas pelearon contra Sísara.
21 Los barrió el torrente de Cisón,
  El antiguo torrente, el torrente de Cisón.
  Marcha, oh alma mía, con poder.
22 Entonces resonaron los cascos de los caballos
  Por el galopar, por el galopar de sus valientes.

7 Village life w in Israel ceased,
    ceased until I, x Deborah, arose,
    arose a mother in Israel.
8 When they chose new gods,
    war came to the city gates,
  and not a shield or spear was seen
    among forty thousand in Israel.
9 My heart is with Israel's princes,
    with the willing volunteers among the people.
    Praise the LORD!

10 "You who ride on white donkeys,
    sitting on your saddle blankets,
    and you who walk along the road,
  consider 11 the voice of the singers y at the
    watering places.
  They recite the righteous acts of the LORD,
    the righteous acts of his warriors z in Israel.

"Then the people of the LORD
  went down to the city gates.
12 'Wake up, wake up, Deborah!
  Wake up, wake up, break out in song!
Arise, O Barak!
  Take captive your captives, O son of Abinoam.'

13 "Then the men who were left
    came down to the nobles;
  the people of the LORD
    came to me with the mighty.
14 Some came from Ephraim, whose roots were in
    Amalek;
  Benjamin was with the people who followed
    you.
From Makir captains came down,
  from Zebulun those who bear a commander's
    staff.
15 The princes of Issachar were with Deborah;
  yes, Issachar was with Barak,
    rushing after him into the valley.
In the districts of Reuben
  there was much searching of heart.
16 Why did you stay among the campfires a
  to hear the whistling for the flocks?
In the districts of Reuben
  there was much searching of heart.
17 Gilead stayed beyond the Jordan.
  And Dan, why did he linger by the ships?
Asher remained on the coast
  and stayed in his coves.
18 The people of Zebulun risked their very lives;
  so did Naphtali on the heights of the field.

19 "Kings came, they fought;
    the kings of Canaan fought
  at Taanach by the waters of Megiddo,
    but they carried off no silver, no plunder.
20 From the heavens the stars fought,
    from their courses they fought against Sisera.
21 The river Kishon swept them away,
    the age-old river, the river Kishon.
  March on, my soul; be strong!
22 Then thundered the horses' hoofs—
    galloping, galloping go his mighty steeds.

w 7 Or *Warriors*   x 7 Or *you*   y 11 Or *archers*; the meaning of
the Hebrew for this word is uncertain.   z 11 Or *villagers*
a 16 Or *saddlebags*

23Maldecid a Meroz, dijo el ángel de Jehová;
Maldecid severamente a sus moradores,
Porque no vinieron al socorro de Jehová,
Al socorro de Jehová contra los fuertes.
24Bendita sea entre las mujeres Jael,
Mujer de Heber ceneo;
Sobre las mujeres bendita sea en la tienda.
25El pidió agua, y ella le dio leche;
En tazón de nobles le presentó crema.
26Tendió su mano a la estaca,
Y su diestra al mazo de trabajadores,
Y golpeó a Sísara; hirió su cabeza,
Y le horadó, y atravesó sus sienes.
27Cayó encorvado entre sus pies, quedó tendido;
Entre sus pies cayó encorvado;
Donde se encorvó, allí cayó muerto.
28La madre de Sísara se asoma a la ventana,
Y por entre las celosías a voces dice:
¿Por qué tarda su carro en venir?
¿Por qué las ruedas de sus carros se detienen?
29Las más avisadas de sus damas le respondían,
Y aun ella se respondía a sí misma:
30¿No han hallado botín, y lo están repartiendo?
A cada uno una doncella, o dos;
Las vestiduras de colores para Sísara,
Las vestiduras bordadas de colores;
La ropa de color bordada de ambos lados, para los
jefes de los que tomaron el botín.
31Así perezcan todos tus enemigos, oh Jehová;
Mas los que te aman, sean como el sol cuando sale
en su fuerza.
Y la tierra reposó cuarenta años.

Llamamiento de Gedeón

6 1Los hijos de Israel hicieron lo malo ante los ojos de Jehová; y Jehová los entregó en mano de Madián por siete años.
2Y la mano de Madián prevaleció contra Israel. Y los hijos de Israel, por causa de los madianitas, se hicieron cuevas en los montes, y cavernas, y lugares fortificados.
3Pues sucedía que cuando Israel había sembrado, subían los madianitas y amalecitas y los hijos del oriente contra ellos; subían y los atacaban.
4Y acampando contra ellos destruían los frutos de la tierra, hasta llegar a Gaza; y no dejaban qué comer en Israel, ni ovejas, ni bueyes, ni asnos.
5Porque subían ellos y sus ganados, y venían con sus tiendas en grande multitud como langostas; ellos y sus camellos eran innumerables; así venían a la tierra para devastarla.
6De este modo empobrecía Israel en gran manera por causa de Madián; y los hijos de Israel clamaron a Jehová.
7Y cuando los hijos de Israel clamaron a Jehová, a causa de los madianitas,
8Jehová envió a los hijos de Israel un varón profeta, el cual les dijo: Así ha dicho Jehová Dios de Israel: Yo os hice salir de Egipto, y os saqué de la casa de servidumbre.
9Os libré de mano de los egipcios, y de mano de todos los que os afligieron, a los cuales eché de delante de vosotros, y os di su tierra;
10y os dije: Yo soy Jehová vuestro Dios; no temáis a los dioses de los amorreos, en cuya tierra habitáis; pero no habéis obedecido a mi voz.

23'Curse Meroz,' said the angel of the LORD.
'Curse its people bitterly,
because they did not come to help the LORD,
to help the LORD against the mighty.'

24"Most blessed of women be Jael,
the wife of Heber the Kenite,
most blessed of tent-dwelling women.
25He asked for water, and she gave him milk;
in a bowl fit for nobles she brought him
curdled milk.
26Her hand reached for the tent peg,
her right hand for the workman's hammer.
She struck Sisera, she crushed his head,
she shattered and pierced his temple.
27At her feet he sank,
he fell; there he lay.
At her feet he sank, he fell;
where he sank, there he fell—dead.

28"Through the window peered Sisera's mother;
behind the lattice she cried out,
'Why is his chariot so long in coming?
Why is the clatter of his chariots delayed?'
29The wisest of her ladies answer her;
indeed, she keeps saying to herself,
30'Are they not finding and dividing the spoils:
a girl or two for each man,
colorful garments as plunder for Sisera,
colorful garments embroidered,
highly embroidered garments for my neck—
all this as plunder?'

31"So may all your enemies perish, O LORD!
But may they who love you be like the sun
when it rises in its strength."

Then the land had peace forty years.

Gideon

6 Again the Israelites did evil in the eyes of the LORD, and for seven years he gave them into the hands of the Midianites. 2Because the power of Midian was so oppressive, the Israelites prepared shelters for themselves in mountain clefts, caves and strongholds. 3Whenever the Israelites planted their crops, the Midianites, Amalekites and other eastern peoples invaded the country. 4They camped on the land and ruined the crops all the way to Gaza and did not spare a living thing for Israel, neither sheep nor cattle nor donkeys. 5They came up with their livestock and their tents like swarms of locusts. It was impossible to count the men and their camels; they invaded the land to ravage it. 6Midian so impoverished the Israelites that they cried out to the LORD for help.

7When the Israelites cried to the LORD because of Midian, 8he sent them a prophet, who said, "This is what the LORD, the God of Israel, says: I brought you up out of Egypt, out of the land of slavery. 9I snatched you from the power of Egypt and from the hand of all your oppressors. I drove them from before you and gave you their land. 10I said to you, 'I am the LORD your God; do not worship the gods of the Amorites, in whose land you live.' But you have not listened to me."

11 Y vino el ángel de Jehová, y se sentó debajo de la encina que está en Ofra, la cual era de Joás abiezerita; y su hijo Gedeón estaba sacudiendo el trigo en el lagar, para esconderlo de los madianitas.

12 Y el ángel de Jehová se le apareció, y le dijo: Jehová está contigo, varón esforzado y valiente.

13 Y Gedeón le respondió: Ah, señor mío, si Jehová está con nosotros, ¿por qué nos ha sobrevenido todo esto? ¿Y dónde están todas sus maravillas, que nuestros padres nos han contado, diciendo: ¿No nos sacó Jehová de Egipto? Y ahora Jehová nos ha desamparado, y nos ha entregado en mano de los madianitas.

14 Y mirándole Jehová, le dijo: Vé con esta tu fuerza, y salvarás a Israel de la mano de los madianitas. ¿No te envío yo?

15 Entonces le respondió: Ah, señor mío, ¿con qué salvaré yo a Israel? He aquí que mi familia es pobre en Manasés, y yo el menor en la casa de mi padre.

16 Jehová le dijo: Ciertamente yo estaré contigo, y derrotarás a los madianitas como a un solo hombre.

17 Y él respondió: Yo te ruego que si he hallado gracia delante de ti, me des señal de que tú has hablado conmigo.

18 Te ruego que no te vayas de aquí hasta que vuelva a ti, y saque mi ofrenda y la ponga delante de ti. Y él respondió: Yo esperaré hasta que vuelvas.

19 Y entrando Gedeón, preparó un cabrito, y panes sin levadura de un efa de harina; y puso la carne en un canastillo, y el caldo en una olla, y sacándolo se lo presentó debajo de aquella encina.

20 Entonces el ángel de Dios le dijo: Toma la carne y los panes sin levadura, y ponlos sobre esta peña, y vierte el caldo. Y él lo hizo así.

21 Y extendiendo el ángel de Jehová el báculo que tenía en su mano, tocó con la punta la carne y los panes sin levadura; y subió fuego de la peña, el cual consumió la carne y los panes sin levadura. Y el ángel de Jehová desapareció de su vista.

22 Viendo entonces Gedeón que era el ángel de Jehová, dijo: Ah, Señor Jehová, que he visto al ángel de Jehová cara a cara.

23 Pero Jehová le dijo: Paz a ti; no tengas temor, no morirás.

24 Y edificó allí Gedeón altar a Jehová, y lo llamó Jehová-salom; *b* el cual permanece hasta hoy en Ofra de los abiezeritas.

25 Aconteció que la misma noche le dijo Jehová: Toma un toro del hato de tu padre, el segundo toro de siete años, y derriba el altar de Baal que tu padre tiene, y corta también la imagen de Asera que está junto a él;

26 y edifica altar a Jehová tu Dios en la cumbre de este peñasco en lugar conveniente; y tomando el segundo toro, sacrifícalo en holocausto con la madera de la imagen de Asera que habrás cortado.

27 Entonces Gedeón tomó diez hombres de sus siervos, e hizo como Jehová le dijo. Mas temiendo hacerlo de día, por la familia de su padre y por los hombres de la ciudad, lo hizo de noche.

28 Por la mañana, cuando los de la ciudad se levantaron, he aquí que el altar de Baal estaba derribado, y cortada la imagen de Asera que estaba junto a él, y el segundo toro había sido ofrecido en holocausto sobre el altar edificado.

29 Y se dijeron unos a otros: ¿Quién ha hecho esto? Y buscando e inquiriendo, les dijeron: Gedeón hijo de Joás lo ha hecho. Entonces los hombres de la ciudad dijeron a Joás:

11 The angel of the Lord came and sat down under the oak in Ophrah that belonged to Joash the Abiezrite, where his son Gideon was threshing wheat in a winepress to keep it from the Midianites. 12 When the angel of the Lord appeared to Gideon, he said, "The Lord is with you, mighty warrior."

13 "But sir," Gideon replied, "if the Lord is with us, why has all this happened to us? Where are all his wonders that our fathers told us about when they said, 'Did not the Lord bring us up out of Egypt?' But now the Lord has abandoned us and put us into the hand of Midian."

14 The Lord turned to him and said, "Go in the strength you have and save Israel out of Midian's hand. Am I not sending you?"

15 "But Lord, *b*" Gideon asked, "how can I save Israel? My clan is the weakest in Manasseh, and I am the least in my family."

16 The Lord answered, "I will be with you, and you will strike down all the Midianites together."

17 Gideon replied, "If now I have found favor in your eyes, give me a sign that it is really you talking to me. 18 Please do not go away until I come back and bring my offering and set it before you."

And the Lord said, "I will wait until you return."

19 Gideon went in, prepared a young goat, and from an ephah *c* of flour he made bread without yeast. Putting the meat in a basket and its broth in a pot, he brought them out and offered them to him under the oak.

20 The angel of God said to him, "Take the meat and the unleavened bread, place them on this rock, and pour out the broth." And Gideon did so. 21 With the tip of the staff that was in his hand, the angel of the Lord touched the meat and the unleavened bread. Fire flared from the rock, consuming the meat and the bread. And the angel of the Lord disappeared. 22 When Gideon realized that it was the angel of the Lord, he exclaimed, "Ah, Sovereign Lord! I have seen the angel of the Lord face to face!"

23 But the Lord said to him, "Peace! Do not be afraid. You are not going to die."

24 So Gideon built an altar to the Lord there and called it The Lord is Peace. To this day it stands in Ophrah of the Abiezrites.

25 That same night the Lord said to him, "Take the second bull from your father's herd, the one seven years old. *d* Tear down your father's altar to Baal and cut down the Asherah pole *e* beside it. 26 Then build a proper kind of *f* altar to the Lord your God on the top of this height. Using the wood of the Asherah pole that you cut down, offer the second *g* bull as a burnt offering."

27 So Gideon took ten of his servants and did as the Lord told him. But because he was afraid of his family and the men of the town, he did it at night rather than in the daytime.

28 In the morning when the men of the town got up, there was Baal's altar, demolished, with the Asherah pole beside it cut down and the second bull sacrificed on the newly built altar!

29 They asked each other, "Who did this?"

When they carefully investigated, they were told, "Gideon son of Joash did it."

---

b 15 Or *sir* *c 19* That is, probably about 3/5 bushel (about 22 liters) *d 25* Or *Take a full-grown, mature bull from your father's herd* *e 25* That is, a symbol of the goddess Asherah; here and elsewhere in Judges *f 26* Or *build with layers of stone an* *g 26* Or *full-grown*; also in verse 28

*b*Esto es, *Jehová es paz.*

30 Saca a tu hijo para que muera, porque ha derribado el altar de Baal y ha cortado la imagen de Asera que estaba junto a él.

31 Y Joás respondió a todos los que estaban junto a él: ¿Contenderéis vosotros por Baal? ¿Defenderéis su causa? Cualquiera que contienda por él, que muera esta mañana. Si es un dios, contienda por sí mismo con el que derribó su altar.

32 Aquel día Gedeón fue llamado Jerobaal, esto es: Contienda Baal contra él, por cuanto derribó su altar.

33 Pero todos los madianitas y amalecitas y los del oriente se juntaron a una, y pasando acamparon en el valle de Jezreel.

34 Entonces el Espíritu de Jehová vino sobre Gedeón, y cuando éste tocó el cuerno, los abiezeritas se reunieron con él.

35 Y envió mensajeros por todo Manasés, y ellos también se juntaron con él; asimismo envió mensajeros a Aser, a Zabulón y a Neftalí, los cuales salieron a encontrarles.

36 Y Gedeón dijo a Dios: Si has de salvar a Israel por mi mano, como has dicho,

37 he aquí que yo pondré un vellón de lana en la era; y si el rocío estuviere en el vellón solamente, quedando seca toda la otra tierra, entonces entenderé que salvarás a Israel por mi mano, como lo has dicho.

38 Y aconteció así, pues cuando se levantó de mañana, exprimió el vellón y sacó de él el rocío, un tazón lleno de agua.

39 Mas Gedeón dijo a Dios: No se encienda tu ira contra mí, si aún hablare esta vez; solamente probaré ahora otra vez con el vellón. Te ruego que solamente el vellón quede seco, y el rocío sobre la tierra.

40 Y aquella noche lo hizo Dios así; sólo el vellón quedó seco, y en toda la tierra hubo rocío.

Gedeón derrota a los madianitas

7 1 Levantándose, pues, de mañana Jerobaal, el cual es Gedeón, y todo el pueblo que estaba con él, acamparon junto a la fuente de Harod; y tenía el campamento de los madianitas al norte, más allá del collado de More, en el valle.

2 Y Jehová dijo a Gedeón: El pueblo que está contigo es mucho para que yo entregue a los madianitas en su mano, no sea que se alabe Israel contra mí, diciendo: Mi mano me ha salvado.

3 Ahora, pues, haz pregonar en oídos del pueblo, diciendo: Quien tema y se estremezca, madrugue y devuélvase desde el monte de Galaad. Y se devolvieron de los del pueblo veintidós mil, y quedaron diez mil.

4 Y Jehová dijo a Gedeón: Aún es mucho el pueblo; llévalos a las aguas, y allí te los probaré; y del que yo te diga: Vaya éste contigo, irá contigo; mas de cualquiera que yo te diga: Este no vaya contigo, el tal no irá.

5 Entonces llevó el pueblo a las aguas; y Jehová dijo a Gedeón: Cualquiera que lamiere las aguas con su lengua como lame el perro, a aquél pondrás aparte; asimismo a cualquiera que se doblare sobre sus rodillas para beber.

6 Y fue el número de los que lamieron llevando el agua con la mano a su boca, trescientos hombres; y todo el resto del pueblo se dobló sobre sus rodillas para beber las aguas.

7 Entonces Jehová dijo a Gedeón: Con estos trescientos hombres que lamieron el agua os salvaré, y entregaré a los madianitas en tus manos; y váyase toda la demás gente cada uno a su lugar.

8 Y habiendo tomado provisiones para el pueblo, y sus

30 The men of the town demanded of Joash, "Bring out your son. He must die, because he has broken down Baal's altar and cut down the Asherah pole beside it."

31 But Joash replied to the hostile crowd around him, "Are you going to plead Baal's cause? Are you trying to save him? Whoever fights for him shall be put to death by morning! If Baal really is a god, he can defend himself when someone breaks down his altar." 32 So that day they called Gideon "Jerub-Baal,*h*" saying, "Let Baal contend with him," because he broke down Baal's altar.

33 Now all the Midianites, Amalekites and other eastern peoples joined forces and crossed over the Jordan and camped in the Valley of Jezreel. 34 Then the Spirit of the LORD came upon Gideon, and he blew a trumpet, summoning the Abiezrites to follow him. 35 He sent messengers throughout Manasseh, calling them to arms, and also into Asher, Zebulun and Naphtali, so that they too went up to meet them.

36 Gideon said to God, "If you will save Israel by my hand as you have promised— 37 look, I will place a wool fleece on the threshing floor. If there is dew only on the fleece and all the ground is dry, then I will know that you will save Israel by my hand, as you said." 38 And that is what happened. Gideon rose early the next day; he squeezed the fleece and wrung out the dew—a bowlful of water.

39 Then Gideon said to God, "Do not be angry with me. Let me make just one more request. Allow me one more test with the fleece. This time make the fleece dry and the ground covered with dew." 40 That night God did so. Only the fleece was dry; all the ground was covered with dew.

Gideon Defeats the Midianites

7 Early in the morning, Jerub-Baal (that is, Gideon) and all his men camped at the spring of Harod. The camp of Midian was north of them in the valley near the hill of Moreh. 2 The LORD said to Gideon, "You have too many men for me to deliver Midian into their hands. In order that Israel may not boast against me that her own strength has saved her, 3 announce now to the people, 'Anyone who trembles with fear may turn back and leave Mount Gilead.' " So twenty-two thousand men left, while ten thousand remained.

4 But the LORD said to Gideon, "There are still too many men. Take them down to the water, and I will sift them for you there. If I say, 'This one shall go with you,' he shall go; but if I say, 'This one shall not go with you,' he shall not go."

5 So Gideon took the men down to the water. There the LORD told him, "Separate those who lap the water with their tongues like a dog from those who kneel down to drink." 6 Three hundred men lapped with their hands to their mouths. All the rest got down on their knees to drink.

7 The LORD said to Gideon, "With the three hundred men that lapped I will save you and give the Midianites into your hands. Let all the other men go, each to his own place." 8 So Gideon sent the rest of the Israelites

h 32 Jerub-Baal means *let Baal contend.*

trompetas, envió a todos los israelitas cada uno a su tienda, y retuvo a aquellos trescientos hombres; y tenía el campamento de Madián abajo en el valle.

⁹Aconteció que aquella noche Jehová le dijo: Levántate, y desciende al campamento; porque yo lo he entregado en tus manos.

¹⁰Y si tienes temor de descender, baja tú con Fura tu criado al campamento,

¹¹y oirás lo que hablan; y entonces tus manos se esforzarán, y descenderás al campamento. Y él descendió con Fura su criado hasta los puestos avanzados de la gente armada que estaba en el campamento.

¹²Y los madianitas, los amalecitas y los hijos del oriente estaban tendidos en el valle como langostas en multitud, y sus camellos eran innumerables como la arena que está a la ribera del mar en multitud.

¹³Cuando llegó Gedeón, he aquí que un hombre estaba contando a su compañero un sueño, diciendo: He aquí yo soñé un sueño: Veía un pan de cebada que rodaba hasta el campamento de Madián, y llegó a la tienda, y la golpeó de tal manera que cayó, y la trastornó de arriba abajo, y la tienda cayó.

¹⁴Y su compañero respondió y dijo: Esto no es otra cosa sino la espada de Gedeón hijo de Joás, varón de Israel. Dios ha entregado en sus manos a los madianitas con todo el campamento.

¹⁵Cuando Gedeón oyó el relato del sueño y su interpretación, adoró; y vuelto al campamento de Israel, dijo: Levantaos, porque Jehová ha entregado el campamento de Madián en vuestras manos.

¹⁶Y repartiendo los trescientos hombres en tres escuadrones, dio a todos ellos trompetas en sus manos, y cántaros vacíos con teas ardiendo dentro de los cántaros.

¹⁷Y les dijo: Miradme a mí, y haced como hago yo; he aquí que cuando yo llegue al extremo del campamento, haréis vosotros como hago yo.

¹⁸Yo tocaré la trompeta, y todos los que estarán conmigo; y vosotros tocaréis entonces las trompetas alrededor de todo el campamento, y diréis: ¡Por Jehová y por Gedeón!

¹⁹Llegaron, pues, Gedeón y los cien hombres que llevaba consigo, al extremo del campamento, al principio de la guardia de la medianoche, cuando acababan de renovar los centinelas; y tocaron las trompetas, y quebraron los cántaros que llevaban en sus manos.

²⁰Y los tres escuadrones tocaron las trompetas, y quebrando los cántaros tomaron en la mano izquierda las teas, y en la derecha las trompetas con que tocaban, y gritaron: ¡Por la espada de Jehová y de Gedeón!

²¹Y se estuvieron firmes cada uno en su puesto en derredor del campamento; entonces todo el ejército echó a correr dando gritos y huyendo.

²²Y los trescientos tocaban las trompetas; y Jehová puso la espada de cada uno contra su compañero en todo el campamento. Y el ejército huyó hasta Bet-sita, en dirección de Zerera, y hasta la frontera de Abel-mehola en Tabat.

²³Y juntándose los de Israel, de Neftalí, de Aser y de todo Manasés, siguieron a los madianitas.

²⁴Gedeón también envió mensajeros por todo el monte de Efraín, diciendo: Descended al encuentro de los madianitas, y tomad los vados de Bet-bara y del Jordán antes que ellos lleguen. Y juntos todos los hombres de Efraín, tomaron los vados de Bet-bara y del Jordán.

²⁵Y tomaron a dos príncipes de los madianitas, Oreb y Zeeb; y mataron a Oreb en la peña de Oreb, y a Zeeb lo mataron en el lagar de Zeeb; y después que siguieron a los madianitas, trajeron las cabezas de Oreb y de Zeeb a Gedeón al otro lado del Jordán.

to their tents but kept the three hundred, who took over the provisions and trumpets of the others.

Now the camp of Midian lay below him in the valley. ⁹During that night the LORD said to Gideon, "Get up, go down against the camp, because I am going to give it into your hands. ¹⁰If you are afraid to attack, go down to the camp with your servant Purah ¹¹and listen to what they are saying. Afterward, you will be encouraged to attack the camp." So he and Purah his servant went down to the outposts of the camp. ¹²The Midianites, the Amalekites and all the other eastern peoples had settled in the valley, thick as locusts. Their camels could no more be counted than the sand on the seashore.

¹³Gideon arrived just as a man was telling a friend his dream. "I had a dream," he was saying. "A round loaf of barley bread came tumbling into the Midianite camp. It struck the tent with such force that the tent overturned and collapsed."

¹⁴His friend responded, "This can be nothing other than the sword of Gideon son of Joash, the Israelite. God has given the Midianites and the whole camp into his hands."

¹⁵When Gideon heard the dream and its interpretation, he worshiped God. He returned to the camp of Israel and called out, "Get up! The LORD has given the Midianite camp into your hands." ¹⁶Dividing the three hundred men into three companies, he placed trumpets and empty jars in the hands of all of them, with torches inside.

¹⁷"Watch me," he told them. "Follow my lead. When I get to the edge of the camp, do exactly as I do. ¹⁸When I and all who are with me blow our trumpets, then from all around the camp blow yours and shout, 'For the LORD and for Gideon.' "

¹⁹Gideon and the hundred men with him reached the edge of the camp at the beginning of the middle watch, just after they had changed the guard. They blew their trumpets and broke the jars that were in their hands. ²⁰The three companies blew the trumpets and smashed the jars. Grasping the torches in their left hands and holding in their right hands the trumpets they were to blow, they shouted, "A sword for the LORD and for Gideon!" ²¹While each man held his position around the camp, all the Midianites ran, crying out as they fled.

²²When the three hundred trumpets sounded, the LORD caused the men throughout the camp to turn on each other with their swords. The army fled to Beth Shittah toward Zererah as far as the border of Abel Meholah near Tabbath. ²³Israelites from Naphtali, Asher and all Manasseh were called out, and they pursued the Midianites. ²⁴Gideon sent messengers throughout the hill country of Ephraim, saying, "Come down against the Midianites and seize the waters of the Jordan ahead of them as far as Beth Barah."

So all the men of Ephraim were called out and they took the waters of the Jordan as far as Beth Barah. ²⁵They also captured two of the Midianite leaders, Oreb and Zeeb. They killed Oreb at the rock of Oreb, and Zeeb at the winepress of Zeeb. They pursued the Midianites and brought the heads of Oreb and Zeeb to Gideon, who was by the Jordan.

Gedeón captura a los reyes de Madián

8 ¹ Pero los hombres de Efraín le dijeron: ¿Qué es esto que has hecho con nosotros, no llamándonos cuando ibas a la guerra contra Madián? Y le reconvinieron fuertemente.

² A los cuales él respondió: ¿Qué he hecho yo ahora comparado con vosotros? ¿No es el rebusco de Efraín mejor que la vendimia de Abiezer?

³ Dios ha entregado en vuestras manos a Oreb y a Zeeb, príncipes de Madián; ¿y qué he podido yo hacer comparado con vosotros? Entonces el enojo de ellos contra él se aplacó, luego que él habló esta palabra.

⁴ Y vino Gedeón al Jordán, y pasó él y los trescientos hombres que traía consigo, cansados, mas todavía persiguiendo.

⁵ Y dijo a los de Sucot: Yo os ruego que deis a la gente que me sigue algunos bocados de pan; porque están cansados, y yo persigo a Zeba y Zalmuna, reyes de Madián.

⁶ Y los principales de Sucot respondieron: ¿Están ya Zeba y Zalmuna en tu mano, para que demos pan a tu ejército?

⁷ Y Gedeón dijo: Cuando Jehová haya entregado en mi mano a Zeba y a Zalmuna, yo trillaré vuestra carne con espinos y abrojos del desierto.

⁸ De allí subió a Peniel, y les dijo las mismas palabras. Y los de Peniel le respondieron como habían respondido los de Sucot.

⁹ Y él habló también a los de Peniel, diciendo: Cuando yo vuelva en paz, derribaré esta torre.

¹⁰ Y Zeba y Zalmuna estaban en Carcor, y con ellos su ejército como de quince mil hombres, todos los que habían quedado de todo el ejército de los hijos del oriente; pues habían caído ciento veinte mil hombres que sacaban espada.

¹¹ Subiendo, pues, Gedeón por el camino de los que habitaban en tiendas al oriente de Noba y de Jogbeha, atacó el campamento, porque el ejército no estaba en guardia.

¹² Y huyendo Zeba y Zalmuna, él los siguió; y prendió a los dos reyes de Madián, Zeba y Zalmuna, y llenó de espanto a todo el ejército.

¹³ Entonces Gedeón hijo de Joás volvió de la batalla antes que el sol subiese,

¹⁴ y tomó a un joven de los hombres de Sucot, y le preguntó; y él le dio por escrito los nombres de los principales y de los ancianos de Sucot, setenta y siete varones.

¹⁵ Y entrando a los hombres de Sucot, dijo: He aquí a Zeba y a Zalmuna, acerca de los cuales me zaheristeis, diciendo: ¿Están ya en tu mano Zeba y Zalmuna, para que demos nosotros pan a tus hombres cansados?

¹⁶ Y tomó a los ancianos de la ciudad, y espinos y abrojos del desierto, y castigó con ellos a los de Sucot.

¹⁷ Asimismo derribó la torre de Peniel, y mató a los de la ciudad.

¹⁸ Luego dijo a Zeba y a Zalmuna: ¿Qué aspecto tenían aquellos hombres que matasteis en Tabor? Y ellos respondieron: Como tú, así eran ellos; cada uno parecía hijo de rey.

¹⁹ Y él dijo: Mis hermanos eran, hijos de mi madre. ¡Vive Jehová, que si les hubierais conservado la vida, yo no os mataría!

²⁰ Y dijo a Jeter su primogénito: Levántate, y mátalos. Pero el joven no desenvainó su espada, porque tenía temor, pues era aún muchacho.

²¹ Entonces dijeron Zeba y Zalmuna: Levántate tú, y mátanos; porque como es el varón, tal es su valentía. Y Gedeón se levantó, y mató a Zeba y a Zalmuna; y tomó los adornos de lunetas que sus camellos traían al cuello.

Zebah and Zalmunna

8 Now the Ephraimites asked Gideon, "Why have you treated us like this? Why didn't you call us when you went to fight Midian?" And they criticized him sharply.

² But he answered them, "What have I accomplished compared to you? Aren't the gleanings of Ephraim's grapes better than the full grape harvest of Abiezer? ³ God gave Oreb and Zeeb, the Midianite leaders, into your hands. What was I able to do compared to you?" At this, their resentment against him subsided.

⁴ Gideon and his three hundred men, exhausted yet keeping up the pursuit, came to the Jordan and crossed it. ⁵ He said to the men of Succoth, "Give my troops some bread; they are worn out, and I am still pursuing Zebah and Zalmunna, the kings of Midian."

⁶ But the officials of Succoth said, "Do you already have the hands of Zebah and Zalmunna in your possession? Why should we give bread to your troops?"

⁷ Then Gideon replied, "Just for that, when the LORD has given Zebah and Zalmunna into my hand, I will tear your flesh with desert thorns and briers."

⁸ From there he went up to Peniel *i* and made the same request of them, but they answered as the men of Succoth had. ⁹ So he said to the men of Peniel, "When I return in triumph, I will tear down this tower."

¹⁰ Now Zebah and Zalmunna were in Karkor with a force of about fifteen thousand men, all that were left of the armies of the eastern peoples; a hundred and twenty thousand swordsmen had fallen. ¹¹ Gideon went up by the route of the nomads east of Nobah and Jogbehah and fell upon the unsuspecting army. ¹² Zebah and Zalmunna, the two kings of Midian, fled, but he pursued them and captured them, routing their entire army.

¹³ Gideon son of Joash then returned from the battle by the Pass of Heres. ¹⁴ He caught a young man of Succoth and questioned him, and the young man wrote down for him the names of the seventy-seven officials of Succoth, the elders of the town. ¹⁵ Then Gideon came and said to the men of Succoth, "Here are Zebah and Zalmunna, about whom you taunted me by saying, 'Do you already have the hands of Zebah and Zalmunna in your possession? Why should we give bread to your exhausted men?' " ¹⁶ He took the elders of the town and taught the men of Succoth a lesson by punishing them with desert thorns and briers. ¹⁷ He also pulled down the tower of Peniel and killed the men of the town.

¹⁸ Then he asked Zebah and Zalmunna, "What kind of men did you kill at Tabor?"

"Men like you," they answered, "each one with the bearing of a prince."

¹⁹ Gideon replied, "Those were my brothers, the sons of my own mother. As surely as the LORD lives, if you had spared their lives, I would not kill you." ²⁰ Turning to Jether, his oldest son, he said, "Kill them!" But Jether did not draw his sword, because he was only a boy and was afraid.

²¹ Zebah and Zalmunna said, "Come, do it yourself. 'As is the man, so is his strength.' " So Gideon stepped forward and killed them, and took the ornaments off their camels' necks.

---

i 8 Hebrew *Penuel*, a variant of *Peniel*; also in verses 9 and 17

22 Y los israelitas dijeron a Gedeón: Sé nuestro señor, tú, y tu hijo, y tu nieto; pues que nos has librado de mano de Madián.
23 Mas Gedeón respondió: No seré señor sobre vosotros, ni mi hijo os señoreará: Jehová señoreará sobre vosotros.
24 Y les dijo Gedeón: Quiero haceros una petición; que cada uno me dé los zarcillos de su botín (pues traían zarcillos de oro, porque eran ismaelitas).
25 Ellos respondieron: De buena gana te los daremos. Y tendiendo un manto, echó allí cada uno los zarcillos de su botín.
26 Y fue el peso de los zarcillos de oro que él pidió, mil setecientos siclos de oro, sin las planchas y joyeles y vestidos de púrpura que traían los reyes de Madián, y sin los collares que traían sus camellos al cuello.
27 Y Gedeón hizo de ellos un efod, el cual hizo guardar en su ciudad de Ofra; y todo Israel se prostituyó tras de ese efod en aquel lugar; y fue tropezadero a Gedeón y a su casa.
28 Así fue subyugado Madián delante de los hijos de Israel, y nunca más volvió a levantar cabeza. Y reposó la tierra cuarenta años en los días de Gedeón.
29 Luego Jerobaal hijo de Joás fue y habitó en su casa.
30 Y tuvo Gedeón setenta hijos que constituyeron su descendencia, porque tuvo muchas mujeres.
31 También su concubina que estaba en Siquem le dio un hijo, y le puso por nombre Abimelec.
32 Y murió Gedeón hijo de Joás en buena vejez, y fue sepultado en el sepulcro de su padre Joás, en Ofra de los abiezeritas.
33 Pero aconteció que cuando murió Gedeón, los hijos de Israel volvieron a prostituirse yendo tras los baales, y escogieron por dios a Baal-berit.
34 Y no se acordaron los hijos de Israel de Jehová su Dios, que los había librado de todos sus enemigos en derredor;
35 ni se mostraron agradecidos con la casa de Jerobaal, el cual es Gedeón, conforme a todo el bien que él había hecho a Israel.

Reinado de Abimelec

9 1 Abimelec hijo de Jerobaal fue a Siquem, a los hermanos de su madre, y habló con ellos, y con toda la familia de la casa del padre de su madre, diciendo:
2 Yo os ruego que digáis en oídos de todos los de Siquem: ¿Qué os parece mejor, que os gobiernen setenta hombres, todos los hijos de Jerobaal, o que os gobierne un solo hombre? Acordaos que yo soy hueso vuestro, y carne vuestra.
3 Y hablaron por él los hermanos de su madre en oídos de todos los de Siquem todas estas palabras; y el corazón de ellos se inclinó a favor de Abimelec, porque decían: Nuestro hermano es.
4 Y le dieron setenta siclos de plata del templo de Baal-berit, con los cuales Abimelec alquiló hombres ociosos y vagabundos, que le siguieron.
5 Y viniendo a la casa de su padre en Ofra, mató a sus hermanos los hijos de Jerobaal, setenta varones, sobre una misma piedra; pero quedó Jotam el hijo menor de Jerobaal, que se escondió.
6 Entonces se juntaron todos los de Siquem con toda la casa de Milo, y fueron y eligieron a Abimelec por rey, cerca de la llanura del pilar que estaba en Siquem.
7 Cuando se lo dijeron a Jotam, fue y se puso en la cumbre del monte de Gerizim y alzando su voz clamó y les dijo: Oídme, varones de Siquem, y así os oiga Dios.

Gideon's Ephod

22 The Israelites said to Gideon, "Rule over us—you, your son and your grandson—because you have saved us out of the hand of Midian."
23 But Gideon told them, "I will not rule over you, nor will my son rule over you. The LORD will rule over you." 24 And he said, "I do have one request, that each of you give me an earring from your share of the plunder." (It was the custom of the Ishmaelites to wear gold earrings.)
25 They answered, "We'll be glad to give them." So they spread out a garment, and each man threw a ring from his plunder onto it. 26 The weight of the gold rings he asked for came to seventeen hundred shekels,[j] not counting the ornaments, the pendants and the purple garments worn by the kings of Midian or the chains that were on their camels' necks. 27 Gideon made the gold into an ephod, which he placed in Ophrah, his town. All Israel prostituted themselves by worshiping it there, and it became a snare to Gideon and his family.

Gideon's Death

28 Thus Midian was subdued before the Israelites and did not raise its head again. During Gideon's lifetime, the land enjoyed peace forty years.
29 Jerub-Baal son of Joash went back home to live. 30 He had seventy sons of his own, for he had many wives. 31 His concubine, who lived in Shechem, also bore him a son, whom he named Abimelech. 32 Gideon son of Joash died at a good old age and was buried in the tomb of his father Joash in Ophrah of the Abiezrites.
33 No sooner had Gideon died than the Israelites again prostituted themselves to the Baals. They set up Baal-Berith as their god and 34 did not remember the LORD their God, who had rescued them from the hands of all their enemies on every side. 35 They also failed to show kindness to the family of Jerub-Baal (that is, Gideon) for all the good things he had done for them.

Abimelech

9 Abimelech son of Jerub-Baal went to his mother's brothers in Shechem and said to them and to all his mother's clan, 2 "Ask all the citizens of Shechem, 'Which is better for you: to have all seventy of Jerub-Baal's sons rule over you, or just one man?' Remember, I am your flesh and blood."
3 When the brothers repeated all this to the citizens of Shechem, they were inclined to follow Abimelech, for they said, "He is our brother." 4 They gave him seventy shekels[k] of silver from the temple of Baal-Berith, and Abimelech used it to hire reckless adventurers, who became his followers. 5 He went to his father's home in Ophrah and on one stone murdered his seventy brothers, the sons of Jerub-Baal. But Jotham, the youngest son of Jerub-Baal, escaped by hiding. 6 Then all the citizens of Shechem and Beth Millo gathered beside the great tree at the pillar in Shechem to crown Abimelech king.
7 When Jotham was told about this, he climbed up on the top of Mount Gerizim and shouted to them, "Listen to me, citizens of Shechem, so that God may listen to you. 8 One day the trees went out to anoint

j26 That is, about 43 pounds (about 19.5 kilograms)　　k4 That is, about 1 3/4 pounds (about 0.8 kilogram)

8 Fueron una vez los árboles a elegir rey sobre sí, y dijeron al olivo: Reina sobre nosotros.

9 Mas el olivo respondió: ¿He de dejar mi aceite, con el cual en mí se honra a Dios y a los hombres, para ir a ser grande sobre los árboles?

10 Y dijeron los árboles a la higuera: Anda tú, reina sobre nosotros.

11 Y respondió la higuera: ¿He de dejar mi dulzura y mi buen fruto, para ir a ser grande sobre los árboles?

12 Dijeron luego los árboles a la vid: Pues ven tú, reina sobre nosotros.

13 Y la vid les respondió: ¿He de dejar mi mosto, que alegra a Dios y a los hombres, para ir a ser grande sobre los árboles?

14 Dijeron entonces todos los árboles a la zarza: Anda tú, reina sobre nosotros.

15 Y la zarza respondió a los árboles: Si en verdad me elegís por rey sobre vosotros, venid, abrigaos bajo de mi sombra; y si no, salga fuego de la zarza y devore a los cedros del Líbano.

16 Ahora, pues, si con verdad y con integridad habéis procedido en hacer rey a Abimelec, y si habéis actuado bien con Jerobaal y con su casa, y si le habéis pagado conforme a la obra de sus manos

17 (porque mi padre peleó por vosotros, y expuso su vida al peligro para libraros de mano de Madián,

18 y vosotros os habéis levantado hoy contra la casa de mi padre, y habéis matado a sus hijos, setenta varones sobre una misma piedra; y habéis puesto por rey sobre los de Siquem a Abimelec hijo de su criada, por cuanto es vuestro hermano);

19 si con verdad y con integridad habéis procedido hoy con Jerobaal y con su casa, que gocéis de Abimelec, y él goce de vosotros.

20 Y si no, fuego salga de Abimelec, que consuma a los de Siquem y a la casa de Milo, y fuego salga de los de Siquem y de la casa de Milo, que consuma a Abimelec.

21 Y escapó Jotam y huyó, y se fue a Beer, y allí se estuvo por miedo de Abimelec su hermano.

22 Después que Abimelec hubo dominado sobre Israel tres años,

23 envió Dios un mal espíritu entre Abimelec y los hombres de Siquem, y los de Siquem se levantaron contra Abimelec;

24 para que la violencia hecha a los setenta hijos de Jerobaal, y la sangre de ellos, recayera sobre Abimelec su hermano que los mató, y sobre los hombres de Siquem que fortalecieron las manos de él para matar a sus hermanos.

25 Y los de Siquem pusieron en las cumbres de los montes asechadores que robaban a todos los que pasaban junto a ellos por el camino; de lo cual fue dado aviso a Abimelec.

26 Y Gaal hijo de Ebed vino con sus hermanos y se pasaron a Siquem, y los de Siquem pusieron en él su confianza.

27 Y saliendo al campo, vendimiaron sus viñedos, y pisaron la uva e hicieron fiesta; y entrando en el templo de sus dioses, comieron y bebieron, y maldijeron a Abimelec.

28 Y Gaal hijo de Ebed dijo: ¿Quién es Abimelec, y qué es Siquem, para que nosotros le sirvamos? ¿No es hijo de Jerobaal, y no es Zebul ayudante suyo? Servid a los varones de Hamor padre de Siquem; pero ¿por qué le hemos de servir a él?

29 Ojalá estuviera este pueblo bajo mi mano, pues yo arrojaría luego a Abimelec, y diría a Abimelec: Aumenta tus ejércitos, y sal.

30 Cuando Zebul gobernador de la ciudad oyó las palabras de Gaal hijo de Ebed, se encendió en ira,

a king for themselves. They said to the olive tree, 'Be our king.'

9 "But the olive tree answered, 'Should I give up my oil, by which both gods and men are honored, to hold sway over the trees?'

10 "Next, the trees said to the fig tree, 'Come and be our king.'

11 "But the fig tree replied, 'Should I give up my fruit, so good and sweet, to hold sway over the trees?'

12 "Then the trees said to the vine, 'Come and be our king.'

13 "But the vine answered, 'Should I give up my wine, which cheers both gods and men, to hold sway over the trees?'

14 "Finally all the trees said to the thornbush, 'Come and be our king.'

15 "The thornbush said to the trees, 'If you really want to anoint me king over you, come and take refuge in my shade; but if not, then let fire come out of the thornbush and consume the cedars of Lebanon!'

16 "Now if you have acted honorably and in good faith when you made Abimelech king, and if you have been fair to Jerub-Baal and his family, and if you have treated him as he deserves— 17 and to think that my father fought for you, risked his life to rescue you from the hand of Midian 18 (but today you have revolted against my father's family, murdered his seventy sons on a single stone, and made Abimelech, the son of his slave girl, king over the citizens of Shechem because he is your brother)— 19 if then you have acted honorably and in good faith toward Jerub-Baal and his family today, may Abimelech be your joy, and may you be his, too! 20 But if you have not, let fire come out from Abimelech and consume you, citizens of Shechem and Beth Millo, and let fire come out from you, citizens of Shechem and Beth Millo, and consume Abimelech!"

21 Then Jotham fled, escaping to Beer, and he lived there because he was afraid of his brother Abimelech.

22 After Abimelech had governed Israel three years, 23 God sent an evil spirit between Abimelech and the citizens of Shechem, who acted treacherously against Abimelech. 24 God did this in order that the crime against Jerub-Baal's seventy sons, the shedding of their blood, might be avenged on their brother Abimelech and on the citizens of Shechem, who had helped him murder his brothers. 25 In opposition to him these citizens of Shechem set men on the hilltops to ambush and rob everyone who passed by, and this was reported to Abimelech.

26 Now Gaal son of Ebed moved with his brothers into Shechem, and its citizens put their confidence in him. 27 After they had gone out into the fields and gathered the grapes and trodden them, they held a festival in the temple of their god. While they were eating and drinking, they cursed Abimelech. 28 Then Gaal son of Ebed said, "Who is Abimelech, and who is Shechem, that we should be subject to him? Isn't he Jerub-Baal's son, and isn't Zebul his deputy? Serve the men of Hamor, Shechem's father! Why should we serve Abimelech? 29 If only this people were under my command! Then I would get rid of him. I would say to Abimelech, 'Call out your whole army!' "[1]

30 When Zebul the governor of the city heard what

---

[1] 29 Septuagint; Hebrew him." Then he said to Abimelech, "Call out your whole army!"

31 y envió secretamente mensajeros a Abimelec, diciendo: He aquí que Gaal hijo de Ebed y sus hermanos han venido a Siquem, y he aquí que están sublevando la ciudad contra ti.

32 Levántate, pues, ahora de noche, tú y el pueblo que está contigo, y pon emboscadas en el campo.

33 Y por la mañana al salir el sol madruga y cae sobre la ciudad; y cuando él y el pueblo que está con él salgan contra ti, tú harás con él según se presente la ocasión.

34 Levantándose, pues, de noche Abimelec y todo el pueblo que con él estaba, pusieron emboscada contra Siquem con cuatro compañías.

35 Y Gaal hijo de Ebed salió, y se puso a la entrada de la puerta de la ciudad; y Abimelec y todo el pueblo que con él estaba, se levantaron de la emboscada.

36 Y viendo Gaal al pueblo, dijo a Zebul: He allí gente que desciende de las cumbres de los montes. Y Zebul le respondió: Tú ves la sombra de los montes como si fueran hombres.

37 Volvió Gaal a hablar, y dijo: He allí gente que desciende de en medio de la tierra, y una tropa viene por el camino de la encina de los adivinos.

38 Y Zebul le respondió: ¿Dónde está ahora tu boca con que decías: ¿Quién es Abimelec para que le sirvamos? ¿No es este el pueblo que tenías en poco? Sal pues, ahora, y pelea con él.

39 Y Gaal salió delante de los de Siquem, y peleó contra Abimelec.

40 Mas lo persiguió Abimelec, y Gaal huyó delante de él; y cayeron heridos muchos hasta la entrada de la puerta.

41 Y Abimelec se quedó en Aruma; y Zebul echó fuera a Gaal y a sus hermanos, para que no morasen en Siquem.

42 Aconteció el siguiente día, que el pueblo salió al campo; y fue dado aviso a Abimelec,

43 el cual, tomando gente, la repartió en tres compañías, y puso emboscadas en el campo; y cuando miró, he aquí el pueblo que salía de la ciudad; y se levantó contra ellos y los atacó,

44 Porque Abimelec y la compañía que estaba con él acometieron con ímpetu, y se detuvieron a la entrada de la puerta de la ciudad, y las otras dos compañías acometieron a todos los que estaban en el campo, y los mataron.

45 Y Abimelec peleó contra la ciudad todo aquel día, y tomó la ciudad, y mató al pueblo que en ella estaba; y asoló la ciudad, y la sembró de sal.

46 Cuando oyeron esto todos los que estaban en la torre de Siquem, se metieron en la fortaleza del templo del dios Berit.

47 Y fue dado aviso a Abimelec, de que estaban reunidos todos los hombres de la torre de Siquem.

48 Entonces subió Abimelec al monte de Salmón, él y toda la gente que con él estaba; y tomó Abimelec un hacha en su mano, y cortó una rama de los árboles, y levantándola se la puso sobre sus hombros, diciendo al pueblo que estaba con él: Lo que me habéis visto hacer, apresuraos a hacerlo como yo.

49 Y todo el pueblo cortó también cada uno su rama, y siguieron a Abimelec, y las pusieron junto a la fortaleza, y prendieron fuego con ellas a la fortaleza, de modo que todos los de la torre de Siquem murieron, como unos mil hombres y mujeres.

50 Después Abimelec se fue a Tebes, y puso sitio a Tebes, y la tomó.

51 En medio de aquella ciudad había una torre fortificada, a la cual se retiraron todos los hombres y las mujeres, y todos los señores de la ciudad; y cerrando tras sí las puertas, se subieron al techo de la torre.

Gaal son of Ebed said, he was very angry. 31 Under cover he sent messengers to Abimelech, saying, "Gaal son of Ebed and his brothers have come to Shechem and are stirring up the city against you. 32 Now then, during the night you and your men should come and lie in wait in the fields. 33 In the morning at sunrise, advance against the city. When Gaal and his men come out against you, do whatever your hand finds to do."

34 So Abimelech and all his troops set out by night and took up concealed positions near Shechem in four companies. 35 Now Gaal son of Ebed had gone out and was standing at the entrance to the city gate just as Abimelech and his soldiers came out from their hiding place.

36 When Gaal saw them, he said to Zebul, "Look, people are coming down from the tops of the mountains!"

Zebul replied, "You mistake the shadows of the mountains for men."

37 But Gaal spoke up again: "Look, people are coming down from the center of the land, and a company is coming from the direction of the soothsayers' tree."

38 Then Zebul said to him, "Where is your big talk now, you who said, 'Who is Abimelech that we should be subject to him?' Aren't these the men you ridiculed? Go out and fight them!"

39 So Gaal led out m the citizens of Shechem and fought Abimelech. 40 Abimelech chased him, and many fell wounded in the flight—all the way to the entrance to the gate. 41 Abimelech stayed in Arumah, and Zebul drove Gaal and his brothers out of Shechem.

42 The next day the people of Shechem went out to the fields, and this was reported to Abimelech. 43 So he took his men, divided them into three companies and set an ambush in the fields. When he saw the people coming out of the city, he rose to attack them. 44 Abimelech and the companies with him rushed forward to a position at the entrance to the city gate. Then two companies rushed upon those in the fields and struck them down. 45 All that day Abimelech pressed his attack against the city until he had captured it and killed its people. Then he destroyed the city and scattered salt over it.

46 On hearing this, the citizens in the tower of Shechem went into the stronghold of the temple of El-Berith. 47 When Abimelech heard that they had assembled there, 48 he and all his men went up Mount Zalmon. He took an ax and cut off some branches, which he lifted to his shoulders. He ordered the men with him, "Quick! Do what you have seen me do!" 49 So all the men cut branches and followed Abimelech. They piled them against the stronghold and set it on fire over the people inside. So all the people in the tower of Shechem, about a thousand men and women, also died.

50 Next Abimelech went to Thebez and besieged it and captured it. 51 Inside the city, however, was a strong tower, to which all the men and women—all the people of the city—fled. They locked themselves in and climbed up on the tower roof. 52 Abimelech

m 39 Or *Gaal went out in the sight of*

52 Y vino Abimelec a la torre, y combatiéndola, llegó hasta la puerta de la torre para prenderle fuego.

53 Mas una mujer dejó caer un pedazo de una rueda de molino sobre la cabeza de Abimelec, y le rompió el cráneo.

54 Entonces llamó apresuradamente a su escudero, y le dijo: Saca tu espada y mátame, para que no se diga de mí: Una mujer lo mató. Y su escudero le atravesó, y murió.

55 Y cuando los israelitas vieron muerto a Abimelec, se fueron cada uno a su casa.

56 Así pagó Dios a Abimelec el mal que hizo contra su padre, matando a sus setenta hermanos.

57 Y todo el mal de los hombres de Siquem lo hizo Dios volver sobre sus cabezas, y vino sobre ellos la maldición de Jotam hijo de Jerobaal.

Tola y Jair juzgan a Israel

10 1 Después de Abimelec, se levantó para librar a Israel Tola hijo de Fúa, hijo de Dodo, varón de Isacar, el cual habitaba en Samir en el monte de Efraín. 2 Y juzgó a Israel veintitrés años; y murió, y fue sepultado en Samir.

3 Tras él se levantó Jair galaadita, el cual juzgó a Israel veintidós años.

4 Este tuvo treinta hijos, que cabalgaban sobre treinta asnos; y tenían treinta ciudades, que se llaman las ciudades de Jair hasta hoy, las cuales están en la tierra de Galaad.

5 Y murió Jair, y fue sepultado en Camón.

Jefté liberta a Israel de los amonitas

6 Pero los hijos de Israel volvieron a hacer lo malo ante los ojos de Jehová, y sirvieron a los baales y a Astarot, a los dioses de Siria, a los dioses de Sidón, a los dioses de Moab, a los dioses de los hijos de Amón y a los dioses de los filisteos; y dejaron a Jehová, y no le sirvieron.

7 Y se encendió la ira de Jehová contra Israel, y los entregó en mano de los filisteos, y en mano de los hijos de Amón;

8 los cuales oprimieron y quebrantaron a los hijos de Israel en aquel tiempo dieciocho años, a todos los hijos de Israel que estaban al otro lado del Jordán en la tierra del amorreo, que está en Galaad.

9 Y los hijos de Amón pasaron el Jordán para hacer también guerra contra Judá y contra Benjamín y la casa de Efraín; y fue afligido Israel en gran manera.

10 Entonces los hijos de Israel clamaron a Jehová, diciendo: Nosotros hemos pecado contra ti; porque hemos dejado a nuestro Dios, y servido a los baales.

11 Y Jehová respondió a los hijos de Israel: ¿No habéis sido oprimidos de Egipto, de los amorreos, de los amonitas, de los filisteos,

12 de los de Sidón, de Amalec y de Maón, y clamando a mí no os libré de sus manos?

13 Mas vosotros me habéis dejado, y habéis servido a dioses ajenos; por tanto, yo no os libraré más.

14 Andad y clamad a los dioses que os habéis elegido; que os libren ellos en el tiempo de vuestra aflicción.

15 Y los hijos de Israel respondieron a Jehová: Hemos pecado; haz tú con nosotros como bien te parezca; sólo te rogamos que nos libres en este día.

16 Y quitaron de entre sí los dioses ajenos, y sirvieron a Jehová; y él fue angustiado a causa de la aflicción de Israel.

17 Entonces se juntaron los hijos de Amón, y acamparon en Galaad; se juntaron asimismo los hijos de Israel, y acamparon en Mizpa.

18 Y los príncipes y el pueblo de Galaad dijeron el uno al otro: ¿Quién comenzará la batalla contra los hijos de Amón? Será caudillo sobre todos los que habitan en Galaad.

went to the tower and stormed it. But as he approached the entrance to the tower to set it on fire, 53 a woman dropped an upper millstone on his head and cracked his skull.

54 Hurriedly he called to his armor-bearer, "Draw your sword and kill me, so that they can't say, 'A woman killed him.'" So his servant ran him through, and he died. 55 When the Israelites saw that Abimelech was dead, they went home.

56 Thus God repaid the wickedness that Abimelech had done to his father by murdering his seventy brothers. 57 God also made the men of Shechem pay for all their wickedness. The curse of Jotham son of Jerub-Baal came on them.

Tola

10 After the time of Abimelech a man of Issachar, Tola son of Puah, the son of Dodo, rose to save Israel. He lived in Shamir, in the hill country of Ephraim. 2 He led[n] Israel twenty-three years; then he died, and was buried in Shamir.

Jair

3 He was followed by Jair of Gilead, who led Israel twenty-two years. 4 He had thirty sons, who rode thirty donkeys. They controlled thirty towns in Gilead, which to this day are called Havvoth Jair.[o] 5 When Jair died, he was buried in Kamon.

Jephthah

6 Again the Israelites did evil in the eyes of the LORD. They served the Baals and the Ashtoreths, and the gods of Aram, the gods of Sidon, the gods of Moab, the gods of the Ammonites and the gods of the Philistines. And because the Israelites forsook the LORD and no longer served him, 7 he became angry with them. He sold them into the hands of the Philistines and the Ammonites, 8 who that year shattered and crushed them. For eighteen years they oppressed all the Israelites on the east side of the Jordan in Gilead, the land of the Amorites. 9 The Ammonites also crossed the Jordan to fight against Judah, Benjamin and the house of Ephraim; and Israel was in great distress. 10 Then the Israelites cried out to the LORD, "We have sinned against you, forsaking our God and serving the Baals."

11 The LORD replied, "When the Egyptians, the Amorites, the Ammonites, the Philistines, 12 the Sidonians, the Amalekites and the Maonites[p] oppressed you and you cried to me for help, did I not save you from their hands? 13 But you have forsaken me and served other gods, so I will no longer save you. 14 Go and cry out to the gods you have chosen. Let them save you when you are in trouble!"

15 But the Israelites said to the LORD, "We have sinned. Do with us whatever you think best, but please rescue us now." 16 Then they got rid of the foreign gods among them and served the LORD. And he could bear Israel's misery no longer.

17 When the Ammonites were called to arms and camped in Gilead, the Israelites assembled and camped at Mizpah. 18 The leaders of the people of Gilead said to each other, "Whoever will launch the attack against the Ammonites will be the head of all those living in Gilead."

---

n2 Traditionally *judged*; also in verse 3   o4 Or *called the settlements of Jair*   p12 Hebrew; some Septuagint manuscripts *Midianites*

11 ¹Jefté galaadita era esforzado y valeroso; era hijo de una mujer ramera, y el padre de Jefté era Galaad.

²Pero la mujer de Galaad le dio hijos, los cuales, cuando crecieron, echaron fuera a Jefté, diciéndole: No heredarás en la casa de nuestro padre, porque eres hijo de otra mujer.

³Huyó, pues, Jefté de sus hermanos, y habitó en tierra de Tob; y se juntaron con él hombres ociosos, los cuales salían con él.

⁴Aconteció andando el tiempo, que los hijos de Amón hicieron guerra contra Israel.

⁵Y cuando los hijos de Amón hicieron guerra contra Israel, los ancianos de Galaad fueron a traer a Jefté de la tierra de Tob;

⁶y dijeron a Jefté: Ven, y serás nuestro jefe, para que peleemos contra los hijos de Amón.

⁷Jefté respondió a los ancianos de Galaad: ¿No me aborrecisteis vosotros, y me echasteis de la casa de mi padre? ¿Por qué, pues, venís ahora a mí cuando estáis en aflicción?

⁸Y los ancianos de Galaad respondieron a Jefté: Por esta misma causa volvemos ahora a ti, para que vengas con nosotros y pelees contra los hijos de Amón, y seas caudillo de todos los que moramos en Galaad.

⁹Jefté entonces dijo a los ancianos de Galaad: Si me hacéis volver para que pelee contra los hijos de Amón, y Jehová los entregare delante de mí, ¿seré yo vuestro caudillo?

¹⁰Y los ancianos de Galaad respondieron a Jefté: Jehová sea testigo entre nosotros, si no hiciéremos como tú dices.

¹¹Entonces Jefté vino con los ancianos de Galaad, y el pueblo lo eligió por su caudillo y jefe; y Jefté habló todas sus palabras delante de Jehová en Mizpa.

¹²Y envió Jefté mensajeros al rey de los amonitas, diciendo: ¿Qué tienes tú conmigo, que has venido a mí para hacer guerra contra mi tierra?

¹³El rey de los amonitas respondió a los mensajeros de Jefté: Por cuanto Israel tomó mi tierra, cuando subió de Egipto, desde Arnón hasta Jaboc y el Jordán; ahora, pues, devuélvela en paz.

¹⁴Y Jefté volvió a enviar otros mensajeros al rey de los amonitas,

¹⁵para decirle: Jefté ha dicho así: Israel no tomó tierra de Moab, ni tierra de los hijos de Amón.

¹⁶Porque cuando Israel subió de Egipto, anduvo por el desierto hasta el Mar Rojo, y llegó a Cades.

¹⁷Entonces Israel envió mensajeros al rey de Edom, diciendo: Yo te ruego que me dejes pasar por tu tierra; pero el rey de Edom no los escuchó. Envió también al rey de Moab, el cual tampoco quiso; se quedó, por tanto, Israel en Cades.

¹⁸Después, yendo por el desierto, rodeó la tierra de Edom y la tierra de Moab, y viniendo por el lado oriental de la tierra de Moab, acampó al otro lado de Arnón, y no entró en territorio de Moab; porque Arnón es territorio de Moab.

¹⁹Y envió Israel mensajeros a Sehón rey de los amorreos, rey de Hesbón, diciéndole: Te ruego que me dejes pasar por tu tierra hasta mi lugar.

²⁰Mas Sehón no se fio de Israel para darle paso por su territorio, sino que reuniendo Sehón toda su gente, acampó en Jahaza, y peleó contra Israel.

²¹Pero Jehová Dios de Israel entregó a Sehón y a todo su pueblo en mano de Israel, y los derrotó; y se apoderó Israel de toda la tierra de los amorreos que habitaban en aquel país.

²²Se apoderaron también de todo el territorio del amorreo desde Arnón hasta Jaboc, y desde el desierto hasta el Jordán.

11 Jephthah the Gileadite was a mighty warrior. His father was Gilead; his mother was a prostitute. ²Gilead's wife also bore him sons, and when they were grown up, they drove Jephthah away. "You are not going to get any inheritance in our family," they said, "because you are the son of another woman." ³So Jephthah fled from his brothers and settled in the land of Tob, where a group of adventurers gathered around him and followed him.

⁴Some time later, when the Ammonites made war on Israel, ⁵the elders of Gilead went to get Jephthah from the land of Tob. ⁶"Come," they said, "be our commander, so we can fight the Ammonites."

⁷Jephthah said to them, "Didn't you hate me and drive me from my father's house? Why do you come to me now, when you're in trouble?"

⁸The elders of Gilead said to him, "Nevertheless, we are turning to you now; come with us to fight the Ammonites, and you will be our head over all who live in Gilead."

⁹Jephthah answered, "Suppose you take me back to fight the Ammonites and the LORD gives them to me— will I really be your head?"

¹⁰The elders of Gilead replied, "The LORD is our witness; we will certainly do as you say." ¹¹So Jephthah went with the elders of Gilead, and the people made him head and commander over them. And he repeated all his words before the LORD in Mizpah.

¹²Then Jephthah sent messengers to the Ammonite king with the question: "What do you have against us that you have attacked our country?"

¹³The king of the Ammonites answered Jephthah's messengers, "When Israel came up out of Egypt, they took away my land from the Arnon to the Jabbok, all the way to the Jordan. Now give it back peaceably."

¹⁴Jephthah sent back messengers to the Ammonite king, ¹⁵saying:

"This is what Jephthah says: Israel did not take the land of Moab or the land of the Ammonites. ¹⁶But when they came up out of Egypt, Israel went through the desert to the Red Sea *q* and on to Kadesh. ¹⁷Then Israel sent messengers to the king of Edom, saying, 'Give us permission to go through your country,' but the king of Edom would not listen. They sent also to the king of Moab, and he refused. So Israel stayed at Kadesh.

¹⁸"Next they traveled through the desert, skirted the lands of Edom and Moab, passed along the eastern side of the country of Moab, and camped on the other side of the Arnon. They did not enter the territory of Moab, for the Arnon was its border.

¹⁹"Then Israel sent messengers to Sihon king of the Amorites, who ruled in Heshbon, and said to him, 'Let us pass through your country to our own place.' ²⁰Sihon, however, did not trust Israel *r* to pass through his territory. He mustered all his men and encamped at Jahaz and fought with Israel.

²¹"Then the LORD, the God of Israel, gave Sihon and all his men into Israel's hands, and they defeated them. Israel took over all the land of the Amorites who lived in that country, ²²capturing all of it from the Arnon to the Jabbok and from the desert to the Jordan.

q 16 Hebrew *Yam Suph;* that is, Sea of Reeds   *r 20* Or *however, would not make an agreement for Israel*

23 Así que, lo que Jehová Dios de Israel desposeyó al amorreo delante de su pueblo Israel, ¿pretendes tú apoderarte de él?

24 Lo que te hiciere poseer Quemos tu dios, ¿no lo poseerías tú? Así, todo lo que desposeyó Jehová nuestro Dios delante de nosotros, nosotros lo poseeremos.

25 ¿Eres tú ahora mejor en algo que Balac hijo de Zipor, rey de Moab? ¿Tuvo él cuestión contra Israel, o hizo guerra contra ellos?

26 Cuando Israel ha estado habitando por trescientos años a Hesbón y sus aldeas, a Aroer y sus aldeas, y todas las ciudades que están en el territorio de Arnón, ¿por qué no las habéis recobrado en ese tiempo?

27 Así que, yo nada he pecado contra ti, mas tú haces mal conmigo peleando contra mí. Jehová, que es el juez, juzgue hoy entre los hijos de Israel y los hijos de Amón.

28 Mas el rey de los hijos de Amón no atendió a las razones que Jefté le envió.

29 Y el Espíritu de Jehová vino sobre Jefté; y pasó por Galaad y Manasés, y de allí pasó a Mizpa de Galaad, y de Mizpa de Galaad pasó a los hijos de Amón.

30 Y Jefté hizo voto a Jehová, diciendo: Si entregares a los amonitas en mis manos,

31 cualquiera que saliere de las puertas de mi casa a recibirme, cuando regrese victorioso de los amonitas, será de Jehová, y lo ofreceré en holocausto.

32 Y fue Jefté hacia los hijos de Amón para pelear contra ellos; y Jehová los entregó en su mano.

33 Y desde Aroer hasta llegar a Minit, veinte ciudades, y hasta la vega de las viñas, los derrotó con muy grande estrago. Así fueron sometidos los amonitas por los hijos de Israel.

34 Entonces volvió Jefté a Mizpa, a su casa; y he aquí su hija que salía a recibirle con panderos y danzas, y ella era sola, su hija única; no tenía fuera de ella hijo ni hija.

35 Y cuando él la vio, rompió sus vestidos, diciendo: ¡Ay, hija mía! en verdad me has abatido, y tú misma has venido a ser causa de mi dolor; porque le he dado palabra a Jehová, y no podré retractarme.

36 Ella entonces le respondió: Padre mío, si le has dado palabra a Jehová, haz de mí conforme a lo que prometiste, ya que Jehová ha hecho venganza en tus enemigos los hijos de Amón.

37 Y volvió a decir a su padre: Concédeme esto: déjame por dos meses que vaya y descienda por los montes, y llore mi virginidad, yo y mis compañeras.

38 Él entonces dijo: Vé. Y la dejó por dos meses. Y ella fue con sus compañeras, y lloró su virginidad por los montes.

39 Pasados los dos meses volvió a su padre, quien hizo de ella conforme al voto que había hecho. Y ella nunca conoció varón.

40 Y se hizo costumbre en Israel, que de año en año fueran las doncellas de Israel a endechar a la hija de Jefté galaadita, cuatro días en el año.

12 1 Entonces se reunieron los varones de Efraín, y pasaron hacia el norte, y dijeron a Jefté: ¿Por qué fuiste a hacer guerra contra los hijos de Amón, y no nos llamaste para que fuéramos contigo? Nosotros quemaremos tu casa contigo.

2 Y Jefté les respondió: Yo y mi pueblo teníamos una gran contienda con los hijos de Amón, y os llamé, y no me defendisteis de su mano.

23 "Now since the LORD, the God of Israel, has driven the Amorites out before his people Israel, what right have you to take it over? 24 Will you not take what your god Chemosh gives you? Likewise, whatever the LORD our God has given us, we will possess. 25 Are you better than Balak son of Zippor, king of Moab? Did he ever quarrel with Israel or fight with them? 26 For three hundred years Israel occupied Heshbon, Aroer, the surrounding settlements and all the towns along the Arnon. Why didn't you retake them during that time? 27 I have not wronged you, but you are doing me wrong by waging war against me. Let the LORD, the Judge,s decide the dispute this day between the Israelites and the Ammonites."

28 The king of Ammon, however, paid no attention to the message Jephthah sent him.

29 Then the Spirit of the LORD came upon Jephthah. He crossed Gilead and Manasseh, passed through Mizpah of Gilead, and from there he advanced against the Ammonites. 30 And Jephthah made a vow to the LORD: "If you give the Ammonites into my hands, 31 whatever comes out of the door of my house to meet me when I return in triumph from the Ammonites will be the LORD's, and I will sacrifice it as a burnt offering."

32 Then Jephthah went over to fight the Ammonites, and the LORD gave them into his hands. 33 He devastated twenty towns from Aroer to the vicinity of Minnith, as far as Abel Keramim. Thus Israel subdued Ammon.

34 When Jephthah returned to his home in Mizpah, who should come out to meet him but his daughter, dancing to the sound of tambourines! She was an only child. Except for her he had neither son nor daughter. 35 When he saw her, he tore his clothes and cried, "Oh! My daughter! You have made me miserable and wretched, because I have made a vow to the LORD that I cannot break."

36 "My father," she replied, "you have given your word to the LORD. Do to me just as you promised, now that the LORD has avenged you of your enemies, the Ammonites. 37 But grant me this one request," she said. "Give me two months to roam the hills and weep with my friends, because I will never marry."

38 "You may go," he said. And he let her go for two months. She and the girls went into the hills and wept because she would never marry. 39 After the two months, she returned to her father and he did to her as he had vowed. And she was a virgin.

From this comes the Israelite custom 40 that each year the young women of Israel go out for four days to commemorate the daughter of Jephthah the Gileadite.

Jephthah and Ephraim

12 The men of Ephraim called out their forces, crossed over to Zaphon and said to Jephthah, "Why did you go to fight the Ammonites without calling us to go with you? We're going to burn down your house over your head."

2 Jephthah answered, "I and my people were engaged in a great struggle with the Ammonites, and although I called, you didn't save me out of their

s27 Or Ruler

3 Viendo, pues, que no me defendíais, arriesgué mi vida, y pasé contra los hijos de Amón, y Jehová me los entregó; ¿por qué, pues, habéis subido hoy contra mí para pelear conmigo?

4 Entonces reunió Jefté a todos los varones de Galaad, y peleó contra Efraín; y los de Galaad derrotaron a Efraín, porque habían dicho: Vosotros sois fugitivos de Efraín, vosotros los galaaditas, en medio de Efraín y de Manasés. 5 Y los galaaditas tomaron los vados del Jordán a los de Efraín; y aconteció que cuando decían los fugitivos de Efraín: Quiero pasar, los de Galaad les preguntaban: ¿Eres tú efrateo? Si él respondía: No, 6 entonces le decían: Ahora, pues, dí Shibolet. Y él decía Sibolet; porque no podía pronunciarlo correctamente. Entonces le echaban mano, y le degollaban junto a los vados del Jordán. Y murieron entonces de los de Efraín cuarenta y dos mil.

7 Y Jefté juzgó a Israel seis años; y murió Jefté galaadita, y fue sepultado en una de las ciudades de Galaad.

Ibzán, Elón y Abdón, jueces de Israel

8 Después de él juzgó a Israel Ibzán de Belén, 9 el cual tuvo treinta hijos y treinta hijas, las cuales casó fuera, y tomó de fuera treinta hijas para sus hijos; y juzgó a Israel siete años. 10 Y murió Ibzán, y fue sepultado en Belén. 11 Después de él juzgó a Israel Elón zabulonita, el cual juzgó a Israel diez años. 12 Y murió Elón zabulonita, y fue sepultado en Ajalón en la tierra de Zabulón. 13 Después de él juzgó a Israel Abdón hijo de Hilel, piratonita. 14 Este tuvo cuarenta hijos y treinta nietos, que cabalgaban sobre setenta asnos; y juzgó a Israel ocho años. 15 Y murió Abdón hijo de Hilel piratonita, y fue sepultado en Piratón, en la tierra de Efraín, en el monte de Amalec.

Nacimiento de Sansón

13 1 Los hijos de Israel volvieron a hacer lo malo ante los ojos de Jehová; y Jehová los entregó en mano de los filisteos por cuarenta años.

2 Y había un hombre de Zora, de la tribu de Dan, el cual se llamaba Manoa; y su mujer era estéril, y nunca había tenido hijos. 3 A esta mujer apareció el ángel de Jehová, y le dijo: He aquí que tú eres estéril, y nunca has tenido hijos; pero concebirás y darás a luz un hijo. 4 Ahora, pues, no bebas vino ni sidra, ni comas cosa inmunda. 5 Pues he aquí que concebirás y darás a luz un hijo; y navaja no pasará sobre su cabeza, porque el niño será nazareo a Dios desde su nacimiento, y él comenzará a salvar a Israel de mano de los filisteos. 6 Y la mujer vino y se lo contó a su marido, diciendo: Un varón de Dios vino a mí, cuyo aspecto era como el aspecto de un ángel de Dios, temible en gran manera; y no le pregunté de dónde ni quién era, ni tampoco él me dijo su nombre. 7 Y me dijo: He aquí que tú concebirás, y darás a luz un hijo; por tanto, ahora no bebas vino, ni sidra, ni comas cosa inmunda, porque este niño será nazareo a Dios desde su nacimiento hasta el día de su muerte.

8 Entonces oró Manoa a Jehová, y dijo: Ah, Señor mío, yo te ruego que aquel varón de Dios que enviaste, vuelva ahora a venir a nosotros, y nos enseñe lo que hayamos de hacer con el niño que ha de nacer.

hands. 3 When I saw that you wouldn't help, I took my life in my hands and crossed over to fight the Ammonites, and the LORD gave me the victory over them. Now why have you come up today to fight me?"

4 Jephthah then called together the men of Gilead and fought against Ephraim. The Gileadites struck them down because the Ephraimites had said, "You Gileadites are renegades from Ephraim and Manasseh." 5 The Gileadites captured the fords of the Jordan leading to Ephraim, and whenever a survivor of Ephraim said, "Let me cross over," the men of Gilead asked him, "Are you an Ephraimite?" If he replied, "No," 6 they said, "All right, say 'Shibboleth.'" If he said, "Sibboleth," because he could not pronounce the word correctly, they seized him and killed him at the fords of the Jordan. Forty-two thousand Ephraimites were killed at that time.

7 Jephthah led t Israel six years. Then Jephthah the Gileadite died, and was buried in a town in Gilead.

Ibzan, Elon and Abdon

8 After him, Ibzan of Bethlehem led Israel. 9 He had thirty sons and thirty daughters. He gave his daughters away in marriage to those outside his clan, and for his sons he brought in thirty young women as wives from outside his clan. Ibzan led Israel seven years. 10 Then Ibzan died, and was buried in Bethlehem.

11 After him, Elon the Zebulunite led Israel ten years. 12 Then Elon died, and was buried in Aijalon in the land of Zebulun.

13 After him, Abdon son of Hillel, from Pirathon, led Israel. 14 He had forty sons and thirty grandsons, who rode on seventy donkeys. He led Israel eight years. 15 Then Abdon son of Hillel died, and was buried at Pirathon in Ephraim, in the hill country of the Amalekites.

The Birth of Samson

13 Again the Israelites did evil in the eyes of the LORD, so the LORD delivered them into the hands of the Philistines for forty years.

2 A certain man of Zorah, named Manoah, from the clan of the Danites, had a wife who was sterile and remained childless. 3 The angel of the LORD appeared to her and said, "You are sterile and childless, but you are going to conceive and have a son. 4 Now see to it that you drink no wine or other fermented drink and that you do not eat anything unclean, 5 because you will conceive and give birth to a son. No razor may be used on his head, because the boy is to be a Nazirite, set apart to God from birth, and he will begin the deliverance of Israel from the hands of the Philistines."

6 Then the woman went to her husband and told him, "A man of God came to me. He looked like an angel of God, very awesome. I didn't ask him where he came from, and he didn't tell me his name. 7 But he said to me, 'You will conceive and give birth to a son. Now then, drink no wine or other fermented drink and do not eat anything unclean, because the boy will be a Nazirite of God from birth until the day of his death.'"

8 Then Manoah prayed to the LORD: "O Lord, I beg you, let the man of God you sent to us come again to teach us how to bring up the boy who is to be born."

t 7 Traditionally *judged*; also in verses 8-14

9 Y Dios oyó la voz de Manoa; y el ángel de Dios volvió otra vez a la mujer, estando ella en el campo; mas su marido Manoa no estaba con ella.

10 Y la mujer corrió prontamente a avisarle a su marido, diciéndole: Mira que se me ha aparecido aquel varón que vino a mí el otro día.

11 Y se levantó Manoa, y siguió a su mujer; y vino al varón y le dijo: ¿Eres tú aquel varón que habló a la mujer? Y él dijo: Yo soy.

12 Entonces Manoa dijo: Cuando tus palabras se cumplan, ¿cómo debe ser la manera de vivir del niño, y qué debemos hacer con él?

13 Y el ángel de Jehová respondió a Manoa: La mujer se guardará de todas las cosas que yo le dije.

14 No tomará nada que proceda de la vid; no beberá vino ni sidra, y no comerá cosa inmunda; guardará todo lo que le mandé.

15 Entonces Manoa dijo al ángel de Jehová: Te ruego nos permitas detenerte, y te prepararemos un cabrito.

16 Y el ángel de Jehová respondió a Manoa: Aunque me detengas, no comeré de tu pan; mas si quieres hacer holocausto, ofrécelo a Jehová. Y no sabía Manoa que aquél fuese ángel de Jehová.

17 Entonces dijo Manoa al ángel de Jehová: ¿Cuál es tu nombre, para que cuando se cumpla tu palabra te honremos?

18 Y el ángel de Jehová respondió: ¿Por qué preguntas por mi nombre, que es admirable?

19 Y Manoa tomó un cabrito y una ofrenda, y los ofreció sobre una peña a Jehová; y el ángel hizo milagro ante los ojos de Manoa y de su mujer.

20 Porque aconteció que cuando la llama subía del altar hacia el cielo, el ángel de Jehová subió en la llama del altar ante los ojos de Manoa y de su mujer, los cuales se postraron en tierra.

21 Y el ángel de Jehová no volvió a aparecer a Manoa ni a su mujer. Entonces conoció Manoa que era el ángel de Jehová.

22 Y dijo Manoa a su mujer: Ciertamente moriremos, porque a Dios hemos visto.

23 Y su mujer le respondió: Si Jehová nos quisiera matar, no aceptaría de nuestras manos el holocausto y la ofrenda, ni nos hubiera mostrado todas estas cosas, ni ahora nos habría anunciado esto.

24 Y la mujer dio a luz un hijo, y le puso por nombre Sansón. Y el niño creció, y Jehová lo bendijo.

25 Y el Espíritu de Jehová comenzó a manifestarse en él en los campamentos de Dan, entre Zora y Estaol.

Sansón y la mujer filistea de Timnat

14 1 Descendió Sansón a Timnat, y vio en Timnat a una mujer de las hijas de los filisteos.

2 Y subió, y lo declaró a su padre y a su madre, diciendo: Yo he visto en Timnat una mujer de las hijas de los filisteos; os ruego que me la toméis por mujer.

3 Y su padre y su madre le dijeron: ¿No hay mujer entre las hijas de tus hermanos, ni en todo nuestro pueblo, para que vayas tú a tomar mujer de los filisteos incircuncisos? Y Sansón respondió a su padre: Tómame ésta por mujer, porque ella me agrada.

4 Mas su padre y su madre no sabían que esto venía de Jehová, porque él buscaba ocasión contra los filisteos; pues en aquel tiempo los filisteos dominaban sobre Israel.

9 God heard Manoah, and the angel of God came again to the woman while she was out in the field; but her husband Manoah was not with her. 10 The woman hurried to tell her husband, "He's here! The man who appeared to me the other day!"

11 Manoah got up and followed his wife. When he came to the man, he said, "Are you the one who talked to my wife?"

"I am," he said.

12 So Manoah asked him, "When your words are fulfilled, what is to be the rule for the boy's life and work?"

13 The angel of the LORD answered, "Your wife must do all that I have told her. 14 She must not eat anything that comes from the grapevine, nor drink any wine or other fermented drink nor eat anything unclean. She must do everything I have commanded her."

15 Manoah said to the angel of the LORD, "We would like you to stay until we prepare a young goat for you."

16 The angel of the LORD replied, "Even though you detain me, I will not eat any of your food. But if you prepare a burnt offering, offer it to the LORD." (Manoah did not realize that it was the angel of the LORD.)

17 Then Manoah inquired of the angel of the LORD, "What is your name, so that we may honor you when your word comes true?"

18 He replied, "Why do you ask my name? It is beyond understanding.ᵘ" 19 Then Manoah took a young goat, together with the grain offering, and sacrificed it on a rock to the LORD. And the LORD did an amazing thing while Manoah and his wife watched: 20 As the flame blazed up from the altar toward heaven, the angel of the LORD ascended in the flame. Seeing this, Manoah and his wife fell with their faces to the ground. 21 When the angel of the LORD did not show himself again to Manoah and his wife, Manoah realized that it was the angel of the LORD.

22 "We are doomed to die!" he said to his wife. "We have seen God!"

23 But his wife answered, "If the LORD had meant to kill us, he would not have accepted a burnt offering and grain offering from our hands, nor shown us all these things or now told us this."

24 The woman gave birth to a boy and named him Samson. He grew and the LORD blessed him, 25 and the Spirit of the LORD began to stir him while he was in Mahaneh Dan, between Zorah and Eshtaol.

Samson's Marriage

14 Samson went down to Timnah and saw there a young Philistine woman. 2 When he returned, he said to his father and mother, "I have seen a Philistine woman in Timnah; now get her for me as my wife."

3 His father and mother replied, "Isn't there an acceptable woman among your relatives or among all our people? Must you go to the uncircumcised Philistines to get a wife?"

But Samson said to his father, "Get her for me. She's the right one for me." 4 (His parents did not know that this was from the LORD, who was seeking an occasion to confront the Philistines; for at that time they were

---

ᵘ18 Or is wonderful

5 Y Sansón descendió con su padre y con su madre a Timnat; y cuando llegaron a las viñas de Timnat, he aquí un león joven que venía rugiendo hacia él. 6 Y el Espíritu de Jehová vino sobre Sansón, quien despedazó al león como quien despedaza un cabrito, sin tener nada en su mano; y no declaró ni a su padre ni a su madre lo que había hecho. 7 Descendió, pues, y habló a la mujer; y ella agradó a Sansón.

8 Y volviendo después de algunos días para tomarla, se apartó del camino para ver el cuerpo muerto del león; y he aquí que en el cuerpo del león había un enjambre de abejas, y un panal de miel. 9 Y tomándolo en sus manos, se fue comiéndolo por el camino; y cuando alcanzó a su padre y a su madre, les dio también a ellos que comiesen; mas no les descubrió que había tomado aquella miel del cuerpo del león.

10 Vino, pues, su padre adonde estaba la mujer, y Sansón hizo allí banquete; porque así solían hacer los jóvenes. 11 Y aconteció que cuando ellos le vieron, tomaron treinta compañeros para que estuviesen con él. 12 Y Sansón les dijo: Yo os propondré ahora un enigma, y si en los siete días del banquete me lo declaráis y descifráis, yo os daré treinta vestidos de lino y treinta vestidos de fiesta. 13 Mas si no me lo podéis declarar, entonces vosotros me daréis a mí los treinta vestidos de lino y los vestidos de fiesta. Y ellos respondieron: Propón tu enigma, y lo oiremos. 14 Entonces les dijo:

Del devorador salió comida,
Y del fuerte salió dulzura.

Y ellos no pudieron declararle el enigma en tres días.

15 Al séptimo día dijeron a la mujer de Sansón: Induce a tu marido a que nos declare este enigma, para que no te quememos a ti y a la casa de tu padre. ¿Nos habéis llamado aquí para despojarnos? 16 Y lloró la mujer de Sansón en presencia de él, y dijo: Solamente me aborreces, y no me amas, pues no me declaras el enigma que propusiste a los hijos de mi pueblo. Y él respondió: He aquí que ni a mi padre ni a mi madre lo he declarado, ¿y te lo había de declarar a ti? 17 Y ella lloró en presencia de él los siete días que ellos tuvieron banquete; mas al séptimo día él se lo declaró, porque le presionaba; y ella lo declaró a los hijos de su pueblo. 18 Al séptimo día, antes que el sol se pusiese, los de la ciudad le dijeron:

¿Qué cosa más dulce que la miel?
¿Y qué cosa más fuerte que el león?

Y él les respondió:

Si no araseis con mi novilla,
Nunca hubierais descubierto mi enigma.

19 Y el Espíritu de Jehová vino sobre él, y descendió a Ascalón y mató a treinta hombres de ellos; y tomando sus despojos, dio las mudas de vestidos a los que habían explicado el enigma; y encendido en enojo se volvió a la casa de su padre. 20 Y la mujer de Sansón fue dada a su compañero, al cual él había tratado como su amigo.

ruling over Israel.) 5 Samson went down to Timnah together with his father and mother. As they approached the vineyards of Timnah, suddenly a young lion came roaring toward him. 6 The Spirit of the LORD came upon him in power so that he tore the lion apart with his bare hands as he might have torn a young goat. But he told neither his father nor his mother what he had done. 7 Then he went down and talked with the woman, and he liked her.

8 Some time later, when he went back to marry her, he turned aside to look at the lion's carcass. In it was a swarm of bees and some honey, 9 which he scooped out with his hands and ate as he went along. When he rejoined his parents, he gave them some, and they too ate it. But he did not tell them that he had taken the honey from the lion's carcass.

10 Now his father went down to see the woman. And Samson made a feast there, as was customary for bridegrooms. 11 When he appeared, he was given thirty companions.

12 "Let me tell you a riddle," Samson said to them. "If you can give me the answer within the seven days of the feast, I will give you thirty linen garments and thirty sets of clothes. 13 If you can't tell me the answer, you must give me thirty linen garments and thirty sets of clothes."

"Tell us your riddle," they said. "Let's hear it."

14 He replied,

"Out of the eater, something to eat;
out of the strong, something sweet."

For three days they could not give the answer.

15 On the fourthᵛ day, they said to Samson's wife, "Coax your husband into explaining the riddle for us, or we will burn you and your father's household to death. Did you invite us here to rob us?"

16 Then Samson's wife threw herself on him, sobbing, "You hate me! You don't really love me. You've given my people a riddle, but you haven't told me the answer."

"I haven't even explained it to my father or mother," he replied, "so why should I explain it to you?" 17 She cried the whole seven days of the feast. So on the seventh day he finally told her, because she continued to press him. She in turn explained the riddle to her people.

18 Before sunset on the seventh day the men of the town said to him,

"What is sweeter than honey?
What is stronger than a lion?"

Samson said to them,

"If you had not plowed with my heifer,
you would not have solved my riddle."

19 Then the Spirit of the LORD came upon him in power. He went down to Ashkelon, struck down thirty of their men, stripped them of their belongings and gave their clothes to those who had explained the riddle. Burning with anger, he went up to his father's house. 20 And Samson's wife was given to the friend who had attended him at his wedding.

ᵛ15 Some Septuagint manuscripts and Syriac; Hebrew seventh

Samson's Vengeance on the Philistines

15 ¹Aconteció después de algún tiempo, que en los días de la siega del trigo Sansón visitó a su mujer con un cabrito, diciendo: Entraré a mi mujer en el aposento. Mas el padre de ella no lo dejó entrar.

²Y dijo el padre de ella: Me persuadí de que la aborrecías, y la di a tu compañero. Mas su hermana menor, ¿no es más hermosa que ella? Tómala, pues, en su lugar.

³Entonces le dijo Sansón: Sin culpa seré esta vez respecto de los filisteos, si mal les hiciere.

⁴Y fue Sansón y cazó trescientas zorras, y tomó teas, y juntó cola con cola, y puso una tea entre cada dos colas.

⁵Después, encendiendo las teas, soltó las zorras en los sembrados de los filisteos y quemó las mieses amontonadas y en pie, viñas y olivares.

⁶Y dijeron los filisteos: ¿Quién hizo esto? Y les contestaron: Sansón, el yerno del timnateo, porque le quitó su mujer y la dio a su compañero. Y vinieron los filisteos y la quemaron a ella y a su padre.

⁷Y Sansón les dijo: Ya que así habéis hecho, juro que me vengaré de vosotros, y después desistiré.

⁸Y los hirió cadera y muslo con gran mortandad; y descendió y habitó en la cueva de la peña de Etam.

Sansón derrota a los filisteos en Lehi

⁹Entonces los filisteos subieron y acamparon en Judá, y se extendieron por Lehi.

¹⁰Y los varones de Judá les dijeron: ¿Por qué habéis subido contra nosotros? Y ellos respondieron: A prender a Sansón hemos subido, para hacerle como él nos ha hecho.

¹¹Y vinieron tres mil hombres de Judá a la cueva de la peña de Etam, y dijeron a Sansón: ¿No sabes tú que los filisteos dominan sobre nosotros? ¿Por qué nos has hecho esto? Y él les respondió: Yo les he hecho como ellos me hicieron.

¹²Ellos entonces le dijeron: Nosotros hemos venido para prenderte y entregarte en mano de los filisteos. Y Sansón les respondió: Juradme que vosotros no me mataréis.

¹³Y ellos le respondieron, diciendo: No; solamente te prenderemos, y te entregaremos en sus manos; mas no te mataremos. Entonces le ataron con dos cuerdas nuevas, y le hicieron venir de la peña.

¹⁴Y así que vino hasta Lehi, los filisteos salieron gritando a su encuentro; pero el Espíritu de Jehová vino sobre él, y las cuerdas que estaban en sus brazos se volvieron como lino quemado con fuego, y las ataduras se cayeron de sus manos.

¹⁵Y hallando una quijada de asno fresca aún, extendió la mano y la tomó, y mató con ella a mil hombres.

¹⁶Entonces Sansón dijo:

Con la quijada de un asno, un montón, dos montones;
Con la quijada de un asno maté a mil hombres.

¹⁷Y acabando de hablar, arrojó de su mano la quijada, y llamó a aquel lugar Ramat-lehi.c

¹⁸Y teniendo gran sed, clamó luego a Jehová, y dijo: Tú has dado esta grande salvación por mano de tu siervo; ¿y moriré yo ahora de sed, y caeré en mano de los incircuncisos?

¹⁹Entonces abrió Dios la cuenca que hay en Lehi; y salió de allí agua, y él bebió, y recobró su espíritu, y se reanimó. Por esto llamó el nombre de aquel lugar, En-hacore,d el cual está en Lehi, hasta hoy.

15 ¹Later on, at the time of wheat harvest, Samson took a young goat and went to visit his wife. He said, "I'm going to my wife's room." But her father would not let him go in.

²"I was so sure you thoroughly hated her," he said, "that I gave her to your friend. Isn't her younger sister more attractive? Take her instead."

³Samson said to them, "This time I have a right to get even with the Philistines; I will really harm them." ⁴So he went out and caught three hundred foxes and tied them tail to tail in pairs. He then fastened a torch to every pair of tails, ⁵lit the torches and let the foxes loose in the standing grain of the Philistines. He burned up the shocks and standing grain, together with the vineyards and olive groves.

⁶When the Philistines asked, "Who did this?" they were told, "Samson, the Timnite's son-in-law, because his wife was given to his friend."

So the Philistines went up and burned her and her father to death. ⁷Samson said to them, "Since you've acted like this, I won't stop until I get my revenge on you." ⁸He attacked them viciously and slaughtered many of them. Then he went down and stayed in a cave in the rock of Etam.

⁹The Philistines went up and camped in Judah, spreading out near Lehi. ¹⁰The men of Judah asked, "Why have you come to fight us?"

"We have come to take Samson prisoner," they answered, "to do to him as he did to us."

¹¹Then three thousand men from Judah went down to the cave in the rock of Etam and said to Samson, "Don't you realize that the Philistines are rulers over us? What have you done to us?"

He answered, "I merely did to them what they did to me."

¹²They said to him, "We've come to tie you up and hand you over to the Philistines."

Samson said, "Swear to me that you won't kill me yourselves."

¹³"Agreed," they answered. "We will only tie you up and hand you over to them. We will not kill you." So they bound him with two new ropes and led him up from the rock. ¹⁴As he approached Lehi, the Philistines came toward him shouting. The Spirit of the LORD came upon him in power. The ropes on his arms became like charred flax, and the bindings dropped from his hands. ¹⁵Finding a fresh jawbone of a donkey, he grabbed it and struck down a thousand men.

¹⁶Then Samson said,

"With a donkey's jawbone
I have made donkeys of them.w
With a donkey's jawbone
I have killed a thousand men."

¹⁷When he finished speaking, he threw away the jawbone; and the place was called Ramath Lehi.x

¹⁸Because he was very thirsty, he cried out to the LORD, "You have given your servant this great victory. Must I now die of thirst and fall into the hands of the uncircumcised?" ¹⁹Then God opened up the hollow place in Lehi, and water came out of it. When Samson drank, his strength returned and he revived. So the spring was called En Hakkore,y and it is still there in Lehi.

---

cEsto es, *Colina de la Quijada.*   dEsto es, *la fuente del que clamó.*

w16 Or *made a heap or two*; the Hebrew for *donkey* sounds like the Hebrew for *heap.*   x17 *Ramath Lehi* means *jawbone hill.* y19 *En Hakkore* means *caller's spring.*

20 Y juzgó a Israel en los días de los filisteos veinte años.

Sansón en Gaza

16 1 Fue Sansón a Gaza, y vio allí a una mujer ramera, y se llegó a ella.

2 Y fue dicho a los de Gaza: Sansón ha venido acá. Y lo rodearon, y acecharon toda aquella noche a la puerta de la ciudad; y estuvieron callados toda aquella noche, diciendo: Hasta la luz de la mañana; entonces lo mataremos. 3 Mas Sansón durmió hasta la medianoche; y a la medianoche se levantó, y tomando las puertas de la ciudad con sus dos pilares y su cerrojo, se las echó al hombro, y se fue y las subió a la cumbre del monte que está delante de Hebrón.

Sansón y Dalila

4 Después de esto aconteció que se enamoró de una mujer en el valle de Sorec, la cual se llamaba Dalila. 5 Y vinieron a ella los príncipes de los filisteos, y le dijeron: Engáñale e infórmate en qué consiste su gran fuerza, y cómo lo podríamos vencer, para que lo atemos y lo dominemos; y cada uno de nosotros te dará mil cien siclos de plata.

6 Y Dalila dijo a Sansón: Yo te ruego que me declares en qué consiste tu gran fuerza, y cómo podrás ser atado para ser dominado.

7 Y le respondió Sansón: Si me ataren con siete mimbres verdes que aún no estén enjutos, entonces me debilitaré y seré como cualquiera de los hombres.

8 Y los príncipes de los filisteos le trajeron siete mimbres verdes que aún no estaban enjutos, y ella le ató con ellos. 9 Y ella tenía hombres en acecho en el aposento. Entonces ella le dijo: ¡Sansón, los filisteos contra ti! Y él rompió los mimbres, como se rompe una cuerda de estopa cuando toca el fuego; y no se supo el secreto de su fuerza.

10 Entonces Dalila dijo a Sansón: He aquí tú me has engañado, y me has dicho mentiras; descúbreme, pues, ahora, te ruego, cómo podrás ser atado.

11 Y él le dijo: Si me ataren fuertemente con cuerdas nuevas que no se hayan usado, yo me debilitaré, y seré como cualquiera de los hombres.

12 Y Dalila tomó cuerdas nuevas, y le ató con ellas, y le dijo: ¡Sansón, los filisteos sobre ti! Y los espías estaban en el aposento. Mas él las rompió de sus brazos como un hilo.

13 Y Dalila dijo a Sansón: Hasta ahora me engañas, y tratas conmigo con mentiras. Descúbreme, pues, ahora, cómo podrás ser atado. El entonces le dijo: Si tejieres siete guedejas de mi cabeza con la tela y las asegurares con la estaca.

14 Y ella las aseguró con la estaca, y le dijo: ¡Sansón, los filisteos sobre ti! Mas despertando él de su sueño, arrancó la estaca del telar con la tela.

15 Y ella le dijo: ¿Cómo dices: Yo te amo, cuando tu corazón no está conmigo? Ya me has engañado tres veces, y no me has descubierto aún en qué consiste tu gran fuerza.

Samson and Delilah

16 20 Samson led z Israel for twenty years in the days of the Philistines.

One day Samson went to Gaza, where he saw a prostitute. He went in to spend the night with her. 2 The people of Gaza were told, "Samson is here!" So they surrounded the place and lay in wait for him all night at the city gate. They made no move during the night, saying, "At dawn we'll kill him."

3 But Samson lay there only until the middle of the night. Then he got up and took hold of the doors of the city gate, together with the two posts, and tore them loose, bar and all. He lifted them to his shoulders and carried them to the top of the hill that faces Hebron.

4 Some time later, he fell in love with a woman in the Valley of Sorek whose name was Delilah. 5 The rulers of the Philistines went to her and said, "See if you can lure him into showing you the secret of his great strength and how we can overpower him so we may tie him up and subdue him. Each one of us will give you eleven hundred shekels a of silver."

6 So Delilah said to Samson, "Tell me the secret of your great strength and how you can be tied up and subdued."

7 Samson answered her, "If anyone ties me with seven fresh thongs b that have not been dried, I'll become as weak as any other man."

8 Then the rulers of the Philistines brought her seven fresh thongs that had not been dried, and she tied him with them. 9 With men hidden in the room, she called to him, "Samson, the Philistines are upon you!" But he snapped the thongs as easily as a piece of string snaps when it comes close to a flame. So the secret of his strength was not discovered.

10 Then Delilah said to Samson, "You have made a fool of me; you lied to me. Come now, tell me how you can be tied."

11 He said, "If anyone ties me securely with new ropes that have never been used, I'll become as weak as any other man."

12 So Delilah took new ropes and tied him with them. Then, with men hidden in the room, she called to him, "Samson, the Philistines are upon you!" But he snapped the ropes off his arms as if they were threads.

13 Delilah then said to Samson, "Until now, you have been making a fool of me and lying to me. Tell me how you can be tied."

He replied, "If you weave the seven braids of my head into the fabric on the loom and tighten it with the pin, I'll become as weak as any other man." So while he was sleeping, Delilah took the seven braids of his head, wove them into the fabric 14 and c tightened it with the pin.

Again she called to him, "Samson, the Philistines are upon you!" He awoke from his sleep and pulled up the pin and the loom, with the fabric.

15 Then she said to him, "How can you say, 'I love you,' when you won't confide in me? This is the third time you have made a fool of me and haven't told me the secret of your great strength." 16 With such nagging

---

z 20 Traditionally judged　a 5 That is, about 28 pounds (about 13 kilograms)　b 7 Or bowstrings; also in verses 8 and 9　c 13,14 Some Septuagint manuscripts; Hebrew "I can, if you weave the seven braids of my head into the fabric on the loom." 14 So she

16 Y aconteció que, presionándole ella cada día con sus palabras e importunándole, su alma fue reducida a mortal angustia.

17 Le descubrió, pues, todo su corazón, y le dijo: Nunca a mi cabeza llegó navaja; porque soy nazareo de Dios desde el vientre de mi madre. Si fuere rapado, mi fuerza se apartará de mí, y me debilitaré y seré como todos los hombres.

18 Viendo Dalila que él le había descubierto todo su corazón, envió a llamar a los principales de los filisteos, diciendo: Venid esta vez, porque él me ha descubierto todo su corazón. Y los principales de los filisteos vinieron a ella, trayendo en su mano el dinero.

19 Y ella hizo que él se durmiese sobre sus rodillas, y llamó a un hombre, quien le rapó las siete guedejas de su cabeza; y ella comenzó a afligirlo, pues su fuerza se apartó de él.

20 Y le dijo: ¡Sansón, los filisteos sobre ti! Y luego que despertó él de su sueño, se dijo: Esta vez saldré como las otras y me escaparé. Pero él no sabía que Jehová ya se había apartado de él.

21 Mas los filisteos le echaron mano, y le sacaron los ojos, y le llevaron a Gaza; y le ataron con cadenas para que moliese en la cárcel.

22 Y el cabello de su cabeza comenzó a crecer, después que fue rapado.

Muerte de Sansón

23 Entonces los principales de los filisteos se juntaron para ofrecer sacrificio a Dagón su dios y para alegrarse; y dijeron: Nuestro dios entregó en nuestras manos a Sansón nuestro enemigo.

24 Y viéndolo el pueblo, alabaron a su dios, diciendo: Nuestro dios entregó en nuestras manos a nuestro enemigo, y al destruidor de nuestra tierra, el cual había dado muerte a muchos de nosotros.

25 Y aconteció que cuando sintieron alegría en su corazón, dijeron: Llamad a Sansón, para que nos divierta. Y llamaron a Sansón de la cárcel, y sirvió de juguete delante de ellos; y lo pusieron entre las columnas.

26 Entonces Sansón dijo al joven que le guiaba de la mano: Acércame, y hazme palpar las columnas sobre las que descansa la casa, para que me apoye sobre ellas.

27 Y la casa estaba llena de hombres y mujeres, y todos los principales de los filisteos estaban allí; y en el piso alto había como tres mil hombres y mujeres, que estaban mirando el escarnio de Sansón.

28 Entonces clamó Sansón a Jehová, y dijo: Señor Jehová, acuérdate ahora de mí, y fortaléceme, te ruego, solamente esta vez, oh Dios, para que de una vez tome venganza de los filisteos por mis dos ojos.

29 Asió luego Sansón las dos columnas de en medio, sobre las que descansaba la casa, y echó todo su peso sobre ellas, su mano derecha sobre una y su mano izquierda sobre la otra.

30 Y dijo Sansón: Muera yo con los filisteos. Entonces se inclinó con toda su fuerza, y cayó la casa sobre los principales, y sobre todo el pueblo que estaba en ella. Y los que mató al morir fueron muchos más que los que había matado durante su vida.

31 Y descendieron sus hermanos y toda la casa de su padre, y le tomaron, y le llevaron, y le sepultaron entre Zora y Estaol, en el sepulcro de su padre Manoa. Y él juzgó a Israel veinte años.

she prodded him day after day until he was tired to death.

17 So he told her everything. "No razor has ever been used on my head," he said, "because I have been a Nazirite set apart to God since birth. If my head were shaved, my strength would leave me, and I would become as weak as any other man."

18 When Delilah saw that he had told her everything, she sent word to the rulers of the Philistines, "Come back once more; he has told me everything." So the rulers of the Philistines returned with the silver in their hands. 19 Having put him to sleep on her lap, she called a man to shave off the seven braids of his hair, and so began to subdue him.*d* And his strength left him.

20 Then she called, "Samson, the Philistines are upon you!"

He awoke from his sleep and thought, "I'll go out as before and shake myself free." But he did not know that the LORD had left him.

21 Then the Philistines seized him, gouged out his eyes and took him down to Gaza. Binding him with bronze shackles, they set him to grinding in the prison.

22 But the hair on his head began to grow again after it had been shaved.

The Death of Samson

23 Now the rulers of the Philistines assembled to offer a great sacrifice to Dagon their god and to celebrate, saying, "Our god has delivered Samson, our enemy, into our hands."

24 When the people saw him, they praised their god, saying,

"Our god has delivered our enemy
    into our hands,
the one who laid waste our land
    and multiplied our slain."

25 While they were in high spirits, they shouted, "Bring out Samson to entertain us." So they called Samson out of the prison, and he performed for them.

When they stood him among the pillars, 26 Samson said to the servant who held his hand, "Put me where I can feel the pillars that support the temple, so that I may lean against them." 27 Now the temple was crowded with men and women; all the rulers of the Philistines were there, and on the roof were about three thousand men and women watching Samson perform. 28 Then Samson prayed to the LORD, "O Sovereign LORD, remember me. O God, please strengthen me just once more, and let me with one blow get revenge on the Philistines for my two eyes." 29 Then Samson reached toward the two central pillars on which the temple stood. Bracing himself against them, his right hand on the one and his left hand on the other, 30 Samson said, "Let me die with the Philistines!" Then he pushed with all his might, and down came the temple on the rulers and all the people in it. Thus he killed many more when he died than while he lived.

31 Then his brothers and his father's whole family went down to get him. They brought him back and buried him between Zorah and Eshtaol in the tomb of Manoah his father. He had led*e* Israel twenty years.

Las imágenes y el sacerdote de Micaía

17 ¹Hubo un hombre del monte de Efraín, que se llamaba Micaía,

²el cual dijo a su madre: Los mil cien siclos de plata que te fueron hurtados, acerca de los cuales maldijiste, y de los cuales me hablaste, he aquí el dinero está en mi poder; yo lo tomé. Entonces la madre dijo: Bendito seas de Jehová, hijo mío.

³Y él devolvió los mil cien siclos de plata a su madre; y su madre dijo: En verdad he dedicado el dinero a Jehová por mi hijo, para hacer una imagen de talla y una de fundición; ahora, pues, yo te lo devuelvo.

⁴Mas él devolvió el dinero a su madre, y tomó su madre doscientos siclos de plata y los dio al fundidor, quien hizo de ellos una imagen de talla y una de fundición, la cual fue puesta en la casa de Micaía.

⁵Y este hombre Micaía tuvo casa de dioses, e hizo efod y terafines, y consagró a uno de sus hijos para que fuera su sacerdote.

⁶En aquellos días no había rey en Israel; cada uno hacía lo que bien le parecía.

⁷Y había un joven de Belén de Judá, de la tribu de Judá, el cual era levita, y forastero allí.

⁸Este hombre partió de la ciudad de Belén de Judá para ir a vivir donde pudiera encontrar lugar; y llegando en su camino al monte de Efraín, vino a casa de Micaía.

⁹Y Micaía le dijo: ¿De dónde vienes? Y el levita le respondió: Soy de Belén de Judá, y voy a vivir donde pueda encontrar lugar.

¹⁰Entonces Micaía le dijo: Quédate en mi casa, y serás para mí padre y sacerdote; y yo te daré diez siclos de plata por año, vestidos y comida. Y el levita se quedó.

¹¹Agradó, pues, al levita morar con aquel hombre, y fue para él como uno de sus hijos.

¹²Y Micaía consagró al levita, y aquel joven le servía de sacerdote, y permaneció en casa de Micaía.

¹³Y Micaía dijo: Ahora sé que Jehová me prosperará, porque tengo un levita por sacerdote.

Micaía y los hombres de Dan

18 ¹En aquellos días no había rey en Israel. Y en aquellos días la tribu de Dan buscaba posesión para sí donde habitar, porque hasta entonces no había tenido posesión entre las tribus de Israel.

²Y los hijos de Dan enviaron de su tribu cinco hombres de entre ellos, hombres valientes, de Zora y Estaol, para que reconociesen y explorasen bien la tierra; y les dijeron: Id y reconoced la tierra. Estos vinieron al monte de Efraín, hasta la casa de Micaía, y allí posaron.

³Cuando estaban cerca de la casa de Micaía, reconocieron la voz del joven levita; y llegando allá, le dijeron: ¿Quién te ha traído acá? ¿y qué haces aquí? ¿y qué tienes tú por aquí?

⁴Él les respondió: De esta y de esta manera ha hecho conmigo Micaía, y me ha tomado para que sea su sacerdote.

⁵Y ellos le dijeron: Pregunta, pues, ahora a Dios, para que sepamos si ha de prosperar este viaje que hacemos.

⁶Y el sacerdote les respondió: Id en paz; delante de Jehová está vuestro camino en que andáis.

Micah's Idols

17 Now a man named Micah from the hill country of Ephraim ²said to his mother, "The eleven hundred shekels*f* of silver that were taken from you and about which I heard you utter a curse — I have that silver with me; I took it."

Then his mother said, "The LORD bless you, my son!"

³When he returned the eleven hundred shekels of silver to his mother, she said, "I solemnly consecrate my silver to the LORD for my son to make a carved image and a cast idol. I will give it back to you."

⁴So he returned the silver to his mother, and she took two hundred shekels*g* of silver and gave them to a silversmith, who made them into the image and the idol. And they were put in Micah's house.

⁵Now this man Micah had a shrine, and he made an ephod and some idols and installed one of his sons as his priest. ⁶In those days Israel had no king; everyone did as he saw fit.

⁷A young Levite from Bethlehem in Judah, who had been living within the clan of Judah, ⁸left that town in search of some other place to stay. On his way*h* he came to Micah's house in the hill country of Ephraim.

⁹Micah asked him, "Where are you from?"

"I'm a Levite from Bethlehem in Judah," he said, "and I'm looking for a place to stay."

¹⁰Then Micah said to him, "Live with me and be my father and priest, and I'll give you ten shekels*i* of silver a year, your clothes and your food." ¹¹So the Levite agreed to live with him, and the young man was to him like one of his sons. ¹²Then Micah installed the Levite, and the young man became his priest and lived in his house. ¹³And Micah said, "Now I know that the LORD will be good to me, since this Levite has become my priest."

Danites Settle in Laish

18 In those days Israel had no king.
And in those days the tribe of the Danites was seeking a place of their own where they might settle, because they had not yet come into an inheritance among the tribes of Israel. ²So the Danites sent five warriors from Zorah and Eshtaol to spy out the land and explore it. These men represented all their clans. They told them, "Go, explore the land."

The men entered the hill country of Ephraim and came to the house of Micah, where they spent the night. ³When they were near Micah's house, they recognized the voice of the young Levite; so they turned in there and asked him, "Who brought you here? What are you doing in this place? Why are you here?"

⁴He told them what Micah had done for him, and said, "He has hired me and I am his priest."

⁵Then they said to him, "Please inquire of God to learn whether our journey will be successful."

⁶The priest answered them, "Go in peace. Your journey has the LORD's approval."

---

f2 That is, about 28 pounds (about 13 kilograms)   *g4* That is, about 5 pounds (about 2.3 kilograms)   *h8* Or *To carry on his profession*   *i10* That is, about 4 ounces (about 110 grams)

7 Entonces aquellos cinco hombres salieron, y vinieron a Lais; y vieron que el pueblo que habitaba en ella estaba seguro, ocioso y confiado, conforme a la costumbre de los de Sidón, sin que nadie en aquella región les perturbase en cosa alguna, ni había quien poseyese el reino. Y estaban lejos de los sidonios, y no tenían negocios con nadie. 8 Volviendo, pues, ellos a sus hermanos en Zora y Estaol, sus hermanos les dijeron: ¿Qué hay? Y ellos respondieron: 9 Levantaos, subamos contra ellos; porque nosotros hemos explorado la región, y hemos visto que es muy buena; ¿y vosotros no haréis nada? No seáis perezosos en poneros en marcha para ir a tomar posesión de la tierra. 10 Cuando vayáis, llegaréis a un pueblo confiado y a una tierra muy espaciosa, pues Dios la ha entregado en vuestras manos; lugar donde no hay falta de cosa alguna que haya en la tierra.

11 Entonces salieron de allí, de Zora y de Estaol, seiscientos hombres de la familia de Dan, armados de armas de guerra. 12 Fueron y acamparon en Quiriat-jearim en Judá, por lo cual llamaron a aquel lugar el campamento de Dan, hasta hoy; está al occidente de Quiriat-jearim. 13 Y de allí pasaron al monte de Efraín, y vinieron hasta la casa de Micaía.

14 Entonces aquellos cinco hombres que habían ido a reconocer la tierra de Lais dijeron a sus hermanos: ¿No sabéis que en estas casas hay efod y terafines, y una imagen de talla y una de fundición? Mirad, por tanto, lo que habéis de hacer. 15 Cuando llegaron allá, vinieron a la casa del joven levita, en casa de Micaía, y le preguntaron cómo estaba. 16 Y los seiscientos hombres, que eran de los hijos de Dan, estaban armados de sus armas de guerra a la entrada de la puerta. 17 Y subiendo los cinco hombres que habían ido a reconocer la tierra, entraron allá y tomaron la imagen de talla, el efod, los terafines y la imagen de fundición, mientras estaba el sacerdote a la entrada de la puerta con los seiscientos hombres armados de armas de guerra. 18 Entrando, pues, aquéllos en la casa de Micaía, tomaron la imagen de talla, el efod, los terafines y la imagen de fundición. Y el sacerdote les dijo: ¿Qué hacéis vosotros? 19 Y ellos le respondieron: Calla, pon la mano sobre tu boca, y vente con nosotros, para que seas nuestro padre y sacerdote. ¿Es mejor que seas tú sacerdote en casa de un solo hombre. que de una tribu y familia de Israel? 20 Y se alegró el corazón del sacerdote, el cual tomó el efod y los terafines y la imagen, y se fue en medio del pueblo.

21 Y ellos se volvieron y partieron, y pusieron los niños, el ganado y el bagaje por delante. 22 Cuando ya se habían alejado de la casa de Micaía, los hombres que habitaban en las casas cercanas a la casa de Micaía se juntaron y siguieron a los hijos de Dan. 23 Y dando voces a los de Dan, éstos volvieron sus rostros, y dijeron a Micaía: ¿Qué tienes, que has juntado gente? 24 El respondió: Tomasteis mis dioses que yo hice y al sacerdote, y os vais; ¿qué más me queda? ¿Por qué, pues, me decís: ¿Qué tienes? 25 Y los hijos de Dan le dijeron: No des voces tras nosotros, no sea que los de ánimo colérico os acometan, y pierdas también tu vida y la vida de los tuyos. 26 Y prosiguieron los hijos de Dan su camino, y Micaía, viendo que eran más fuertes que él, volvió y regresó a su casa.

27 Y ellos, llevando las cosas que había hecho Micaía, juntamente con el sacerdote que tenía, llegaron a Lais, al pueblo tranquilo y confiado; y los hirieron a filo de espada, y quemaron la ciudad.

7 So the five men left and came to Laish, where they saw that the people were living in safety, like the Sidonians, unsuspecting and secure. And since their land lacked nothing, they were prosperous.*j* Also, they lived a long way from the Sidonians and had no relationship with anyone else.*k*

8 When they returned to Zorah and Eshtaol, their brothers asked them, "How did you find things?"

9 They answered, "Come on, let's attack them! We have seen that the land is very good. Aren't you going to do something? Don't hesitate to go there and take it over. 10 When you get there, you will find an unsuspecting people and a spacious land that God has put into your hands, a land that lacks nothing whatever."

11 Then six hundred men from the clan of the Danites, armed for battle, set out from Zorah and Eshtaol. 12 On their way they set up camp near Kiriath Jearim in Judah. This is why the place west of Kiriath Jearim is called Mahaneh Dan*l* to this day. 13 From there they went on to the hill country of Ephraim and came to Micah's house.

14 Then the five men who had spied out the land of Laish said to their brothers, "Do you know that one of these houses has an ephod, other household gods, a carved image and a cast idol? Now you know what to do." 15 So they turned in there and went to the house of the young Levite at Micah's place and greeted him. 16 The six hundred Danites, armed for battle, stood at the entrance to the gate. 17 The five men who had spied out the land went inside and took the carved image, the ephod, the other household gods and the cast idol while the priest and the six hundred armed men stood at the entrance to the gate.

18 When these men went into Micah's house and took the carved image, the ephod, the other household gods and the cast idol, the priest said to them, "What are you doing?"

19 They answered him, "Be quiet! Don't say a word. Come with us, and be our father and priest. Isn't it better that you serve a tribe and clan in Israel as priest rather than just one man's household?" 20 Then the priest was glad. He took the ephod, the other household gods and the carved image and went along with the people. 21 Putting their little children, their livestock and their possessions in front of them, they turned away and left.

22 When they had gone some distance from Micah's house, the men who lived near Micah were called together and overtook the Danites. 23 As they shouted after them, the Danites turned and said to Micah, "What's the matter with you that you called out your men to fight?"

24 He replied, "You took the gods I made, and my priest, and went away. What else do I have? How can you ask, 'What's the matter with you?' "

25 The Danites answered, "Don't argue with us, or some hot-tempered men will attack you, and you and your family will lose your lives." 26 So the Danites went their way, and Micah, seeing that they were too strong for him, turned around and went back home.

27 Then they took what Micah had made, and his priest, and went on to Laish, against a peaceful and unsuspecting people. They attacked them with the

---

*l*7 The meaning of the Hebrew for this clause is uncertain.
*k*7 Hebrew; some Septuagint manuscripts *with the Arameans*
*l*12 *Mahaneh Dan* means *Dan's camp.*

28 Y no hubo quien los defendiese, porque estaban lejos de Sidón, y no tenían negocios con nadie. Y la ciudad estaba en el valle que hay junto a Bet-rehob. Luego reedificaron la ciudad, y habitaron en ella.

29 Y llamaron el nombre de aquella ciudad Dan, conforme al nombre de Dan su padre, hijo de Israel, bien que antes se llamaba la ciudad Lais.

30 Y los hijos de Dan levantaron para sí la imagen de talla; y Jonatán hijo de Gersón, hijo de Moisés, él y sus hijos fueron sacerdotes en la tribu de Dan, hasta el día del cautiverio de la tierra.

31 Así tuvieron levantada entre ellos la imagen de talla que Micaía había hecho, todo el tiempo que la casa de Dios estuvo en Silo.

El levita y su concubina

19 1 En aquellos días, cuando no había rey en Israel, hubo un levita que moraba como forastero en la parte más remota del monte de Efraín, el cual había tomado para sí mujer concubina de Belén de Judá.

2 Y su concubina le fue infiel, y se fue de él a casa de su padre, a Belén de Judá, y estuvo allá durante cuatro meses.

3 Y se levantó su marido y la siguió, para hablarle amorosamente y hacerla volver; y llevaba consigo un criado, y un par de asnos; y ella le hizo entrar en la casa de su padre.

4 Y viéndole el padre de la joven, salió a recibirle gozoso; y le detuvo su suegro, el padre de la joven, y quedó en su casa tres días, comiendo y bebiendo y alojándose allí.

5 Al cuarto día, cuando se levantaron de mañana, se levantó también el levita para irse; y el padre de la joven dijo a su yerno: Conforta tu corazón con un bocado de pan, y después os iréis.

6 Y se sentaron ellos dos juntos, y comieron y bebieron. Y el padre de la joven dijo al varón: Yo te ruego que quieras pasar aquí la noche, y se alegrará tu corazón.

7 Y se levantó el varón para irse, pero insistió su suegro, y volvió a pasar allí la noche.

8 Al quinto día, levantándose de mañana para irse, le dijo el padre de la joven: Conforta ahora tu corazón, y aguarda hasta que decline el día. Y comieron ambos juntos.

9 Luego se levantó el varón para irse, él y su concubina y su criado. Entonces su suegro, el padre de la joven, le dijo: He aquí ya el día declina para anochecer, te ruego que paséis aquí la noche; he aquí que el día se acaba, duerme aquí, para que se alegre tu corazón; y mañana os levantaréis temprano a vuestro camino y te irás a tu casa.

10 Mas el hombre no quiso pasar allí la noche, sino que se levantó y se fue, y llegó hasta enfrente de Jebús, que es Jerusalén, con su par de asnos ensillados, y su concubina.

11 Y estando ya junto a Jebús, el día había declinado mucho; y dijo el criado a su señor: Ven ahora, y vámonos a esta ciudad de los jebuseos, para que pasemos en ella la noche.

12 Y su señor le respondió: No iremos a ninguna ciudad de extranjeros, que no sea de los hijos de Israel, sino que pasaremos hasta Gabaa. Y dijo a su criado:

13 Ven, sigamos hasta uno de esos lugares, para pasar la noche en Gabaa o en Ramá.

14 Pasando, pues, caminaron, y se les puso el sol junto a Gabaa, que era de Benjamín.

15 Y se apartaron del camino para entrar a pasar allí la noche en Gabaa; y entrando, se sentaron en la plaza de la ciudad, porque no hubo quien los acogiese en casa para pasar la noche.

16 Y he aquí un hombre viejo que venía de su trabajo del campo al anochecer, el cual era del monte de Efraín, y moraba como forastero en Gabaa; pero los moradores de aquel lugar eran hijos de Benjamín.

sword and burned down their city. 28 There was no one to rescue them because they lived a long way from Sidon and had no relationship with anyone else. The city was in a valley near Beth Rehob.

The Danites rebuilt the city and settled there. 29 They named it Dan after their forefather Dan, who was born to Israel—though the city used to be called Laish. 30 There the Danites set up for themselves the idols, and Jonathan son of Gershom, the son of Moses, *m* and his sons were priests for the tribe of Dan until the time of the captivity of the land. 31 They continued to use the idols Micah had made, all the time the house of God was in Shiloh.

A Levite and His Concubine

19 In those days Israel had no king.

Now a Levite who lived in a remote area in the hill country of Ephraim took a concubine from Bethlehem in Judah. 2 But she was unfaithful to him. She left him and went back to her father's house in Bethlehem, Judah. After she had been there four months, 3 her husband went to her to persuade her to return. He had with him his servant and two donkeys. She took him into her father's house, and when her father saw him, he gladly welcomed him. 4 His father-in-law, the girl's father, prevailed upon him to stay; so he remained with him three days, eating and drinking, and sleeping there.

5 On the fourth day they got up early and he prepared to leave, but the girl's father said to his son-in-law, "Refresh yourself with something to eat; then you can go." 6 So the two of them sat down to eat and drink together. Afterward the girl's father said, "Please stay tonight and enjoy yourself." 7 And when the man got up to go, his father-in-law persuaded him, so he stayed there that night. 8 On the morning of the fifth day, when he rose to go, the girl's father said, "Refresh yourself. Wait till afternoon!" So the two of them ate together.

9 Then when the man, with his concubine and his servant, got up to leave, his father-in-law, the girl's father, said, "Now look, it's almost evening. Spend the night here; the day is nearly over. Stay and enjoy yourself. Early tomorrow morning you can get up and be on your way home." 10 But, unwilling to stay another night, the man left and went toward Jebus (that is, Jerusalem), with his two saddled donkeys and his concubine.

11 When they were near Jebus and the day was almost gone, the servant said to his master, "Come, let's stop at this city of the Jebusites and spend the night."

12 His master replied, "No. We won't go into an alien city, whose people are not Israelites. We will go on to Gibeah." 13 He added, "Come, let's try to reach Gibeah or Ramah and spend the night in one of those places." 14 So they went on, and the sun set as they neared Gibeah in Benjamin. 15 There they stopped to spend the night. They went and sat in the city square, but no one took them into his home for the night.

16 That evening an old man from the hill country of Ephraim, who was living in Gibeah (the men of the place were Benjamites), came in from his work in the fields. 17 When he looked and saw the traveler in the

m 30 An ancient Hebrew scribal tradition, some Septuagint manuscripts and Vulgate; Masoretic Text *Manasseh*

17 Y alzando el viejo los ojos, vio a aquel caminante en la plaza de la ciudad, y le dijo: ¿A dónde vas, y de dónde vienes?

18 Y él respondió: Pasamos de Belén de Judá a la parte más remota del monte de Efraín, de donde soy; y había ido a Belén de Judá; mas ahora voy a la casa de Jehová, y no hay quien me reciba en casa.

19 Nosotros tenemos paja y forraje para nuestros asnos, y también tenemos pan y vino para mí y para tu sierva, y para el criado que está con tu siervo; no nos hace falta nada.

20 Y el hombre anciano dijo: Paz sea contigo; tu necesidad toda quede solamente a mi cargo, con tal que no pases la noche en la plaza.

21 Y los trajo a su casa, y dio de comer a sus asnos; y se lavaron los pies, y comieron y bebieron.

22 Pero cuando estaban gozosos, he aquí que los hombres de aquella ciudad, hombres perversos, rodearon la casa, golpeando a la puerta; y hablaron al anciano, dueño de la casa, diciendo: Saca al hombre que ha entrado en tu casa, para que lo conozcamos.

23 Y salió a ellos el dueño de la casa y les dijo: No, hermanos míos, os ruego que no cometáis este mal; ya que este hombre ha entrado en mi casa, no hagáis esta maldad.

24 He aquí mi hija virgen, y la concubina de él; yo os las sacaré ahora; humilladlas y haced con ellas como os parezca, y no hagáis a este hombre cosa tan infame.

25 Mas aquellos hombres no le quisieron oír; por lo que tomando aquel hombre a su concubina, la sacó; y entraron a ella, y abusaron de ella toda la noche hasta la mañana, y la dejaron cuando apuntaba el alba.

26 Y cuando ya amanecía, vino la mujer, y cayó delante de la puerta de la casa de aquel hombre donde su señor estaba, hasta que fue de día.

27 Y se levantó por la mañana su señor, y abrió las puertas de la casa, y salió para seguir su camino; y he aquí la mujer su concubina estaba tendida delante de la puerta de la casa, con las manos sobre el umbral.

28 El le dijo: Levántate, y vámonos; pero ella no respondió. Entonces la levantó el varón, y echándola sobre su asno, se levantó y se fue a su lugar.

29 Y llegando a su casa, tomó un cuchillo, y echó mano de su concubina, y la partió por sus huesos en doce partes, y la envió por todo el territorio de Israel.

30 Y todo el que veía aquello, decía: Jamás se ha hecho ni visto tal cosa, desde el tiempo en que los hijos de Israel subieron de la tierra de Egipto hasta hoy. Considerad esto, tomad consejo, y hablad.

La guerra contra Benjamín

20 1 Entonces salieron todos los hijos de Israel, y se reunió la congregación como un solo hombre, desde Dan hasta Beerseba y la tierra de Galaad, a Jehová en Mizpa.

2 Y los jefes de todo el pueblo, de todas las tribus de Israel, se hallaron presentes en la reunión del pueblo de Dios, cuatrocientos mil hombres de a pie que sacaban espada.

3 Y los hijos de Benjamín oyeron que los hijos de Israel habían subido a Mizpa. Y dijeron los hijos de Israel: Decid cómo fue esta maldad.

4 Entonces el varón levita, marido de la mujer muerta, respondió y dijo: Yo llegué a Gabaa de Benjamín con mi concubina, para pasar allí la noche.

5 Y levantándose contra mí los de Gabaa, rodearon contra mí la casa por la noche, con idea de matarme, y a mi concubina la humillaron de tal manera que murió.

6 Entonces tomando yo mi concubina, la corté en pedazos, y la envié por todo el territorio de la posesión de Israel, por cuanto han hecho maldad y crimen en Israel.

city square, the old man asked, "Where are you going? Where did you come from?"

18 He answered, "We are on our way from Bethlehem in Judah to a remote area in the hill country of Ephraim where I live. I have been to Bethlehem in Judah and now I am going to the house of the LORD. No one has taken me into his house. 19 We have both straw and fodder for our donkeys and bread and wine for ourselves your servants — me, your maidservant, and the young man with us. We don't need anything."

20 "You are welcome at my house," the old man said. "Let me supply whatever you need. Only don't spend the night in the square." 21 So he took him into his house and fed his donkeys. After they had washed their feet, they had something to eat and drink.

22 While they were enjoying themselves, some of the wicked men of the city surrounded the house. Pounding on the door, they shouted to the old man who owned the house, "Bring out the man who came to your house so we can have sex with him."

23 The owner of the house went outside and said to them, "No, my friends, don't be so vile. Since this man is my guest, don't do this disgraceful thing. 24 Look, here is my virgin daughter, and his concubine. I will bring them out to you now, and you can use them and do to them whatever you wish. But to this man, don't do such a disgraceful thing."

25 But the men would not listen to him. So the man took his concubine and sent her outside to them, and they raped her and abused her throughout the night, and at dawn they let her go. 26 At daybreak the woman went back to the house where her master was staying, fell down at the door and lay there until daylight.

27 When her master got up in the morning and opened the door of the house and stepped out to continue on his way, there lay his concubine, fallen in the doorway of the house, with her hands on the threshold. 28 He said to her, "Get up; let's go." But there was no answer. Then the man put her on his donkey and set out for home.

29 When he reached home, he took a knife and cut up his concubine, limb by limb, into twelve parts and sent them into all the areas of Israel. 30 Everyone who saw it said, "Such a thing has never been seen or done, not since the day the Israelites came up out of Egypt. Think about it! Consider it! Tell us what to do!"

Israelites Fight the Benjamites

20 Then all the Israelites from Dan to Beersheba and from the land of Gilead came out as one man and assembled before the LORD in Mizpah. 2 The leaders of all the people of the tribes of Israel took their places in the assembly of the people of God, four hundred thousand soldiers armed with swords. 3 (The Benjamites heard that the Israelites had gone up to Mizpah.) Then the Israelites said, "Tell us how this awful thing happened."

4 So the Levite, the husband of the murdered woman, said, "I and my concubine came to Gibeah in Benjamin to spend the night. 5 During the night the men of Gibeah came after me and surrounded the house, intending to kill me. They raped my concubine, and she died. 6 I took my concubine, cut her into pieces and sent one piece to each region of Israel's inheritance, because they committed this lewd and disgrace-

7 He aquí todos vosotros sois hijos de Israel; dad aquí vuestro parecer y consejo.

8 Entonces todo el pueblo, como un solo hombre, se levantó, y dijeron: Ninguno de nosotros irá a su tienda, ni volverá ninguno de nosotros a su casa.

9 Mas esto es ahora lo que haremos a Gabaa: contra ella subiremos por sorteo.

10 Tomaremos diez hombres de cada ciento por todas las tribus de Israel, y ciento de cada mil, y mil de cada diez mil, que lleven víveres para el pueblo, para que yendo a Gabaa de Benjamín le hagan conforme a toda la abominación que ha cometido en Israel.

11 Y se juntaron todos los hombres de Israel contra la ciudad, ligados como un solo hombre.

12 Y las tribus de Israel enviaron varones por toda la tribu de Benjamín, diciendo: ¿Qué maldad es esta que ha sido hecha entre vosotros?

13 Entregad, pues, ahora a aquellos hombres perversos que están en Gabaa, para que los matemos, y quitemos el mal de Israel. Mas los de Benjamín no quisieron oir la voz de sus hermanos los hijos de Israel,

14 sino que los de Benjamín se juntaron de las ciudades en Gabaa, para salir a pelear contra los hijos de Israel.

15 Y fueron contados en aquel tiempo los hijos de Benjamín de las ciudades, veintiséis mil hombres que sacaban espada, sin los que moraban en Gabaa, que fueron por cuenta setecientos hombres escogidos.

16 De toda aquella gente había setecientos hombres escogidos, que eran zurdos, todos los cuales tiraban una piedra con la honda a un cabello, y no erraban.

17 Y fueron contados los varones de Israel, fuera de Benjamín, cuatrocientos mil hombres que sacaban espada, todos estos hombres de guerra.

18 Luego se levantaron los hijos de Israel, y subieron a la casa de Dios y consultaron a Dios, diciendo: ¿Quién subirá de nosotros el primero en la guerra contra los hijos de Benjamín? Y Jehová respondió: Judá será el primero.

19 Se levantaron, pues, los hijos de Israel por la mañana, contra Gabaa.

20 Y salieron los hijos de Israel a combatir contra Benjamín, y los varones de Israel ordenaron la batalla contra ellos junto a Gabaa.

21 Saliendo entonces de Gabaa los hijos de Benjamín, derribaron por tierra aquel día veintidós mil hombres de los hijos de Israel.

22 Mas reanimándose el pueblo, los varones de Israel volvieron a ordenar la batalla en el mismo lugar donde la habían ordenado el primer día.

23 Porque los hijos de Israel subieron y lloraron delante de Jehová hasta la noche, y consultaron a Jehová, diciendo: ¿Volveremos a pelear con los hijos de Benjamín nuestros hermanos? Y Jehová les respondió: Subid contra ellos.

24 Por lo cual se acercaron los hijos de Israel contra los hijos de Benjamín el segundo día.

25 Y aquel segundo día, saliendo Benjamín de Gabaa contra ellos, derribaron por tierra otros dieciocho mil hombres de los hijos de Israel, todos los cuales sacaban espada.

26 Entonces subieron todos los hijos de Israel, y todo el pueblo, y vinieron a la casa de Dios; y lloraron, y se sentaron allí en presencia de Jehová, y ayunaron aquel día hasta la noche; y ofrecieron holocaustos y ofrendas de paz delante de Jehová.

27 Y los hijos de Israel preguntaron a Jehová (pues el arca del pacto de Dios estaba allí en aquellos días,

ful act in Israel. 7 Now, all you Israelites, speak up and give your verdict."

8 All the people rose as one man, saying, "None of us will go home. No, not one of us will return to his house. 9 But now this is what we'll do to Gibeah: We'll go up against it as the lot directs. 10 We'll take ten men out of every hundred from all the tribes of Israel, and a hundred from a thousand, and a thousand from ten thousand, to get provisions for the army. Then, when the army arrives at Gibeah n in Benjamin, it can give them what they deserve for all this vileness done in Israel." 11 So all the men of Israel got together and united as one man against the city.

12 The tribes of Israel sent men throughout the tribe of Benjamin, saying, "What about this awful crime that was committed among you? 13 Now surrender those wicked men of Gibeah so that we may put them to death and purge the evil from Israel."

But the Benjamites would not listen to their fellow Israelites. 14 From their towns they came together at Gibeah to fight against the Israelites. 15 At once the Benjamites mobilized twenty-six thousand swordsmen from their towns, in addition to seven hundred chosen men from those living in Gibeah. 16 Among all these soldiers there were seven hundred chosen men who were left-handed, each of whom could sling a stone at a hair and not miss.

17 Israel, apart from Benjamin, mustered four hundred thousand swordsmen, all of them fighting men.

18 The Israelites went up to Bethel o and inquired of God. They said, "Who of us shall go first to fight against the Benjamites?"

The LORD replied, "Judah shall go first."

19 The next morning the Israelites got up and pitched camp near Gibeah. 20 The men of Israel went out to fight the Benjamites and took up battle positions against them at Gibeah. 21 The Benjamites came out of Gibeah and cut down twenty-two thousand Israelites on the battlefield that day. 22 But the men of Israel encouraged one another and again took up their positions where they had stationed themselves the first day. 23 The Israelites went up and wept before the LORD until evening, and they inquired of the LORD. They said, "Shall we go up again to battle against the Benjamites, our brothers?"

The LORD answered, "Go up against them."

24 Then the Israelites drew near to Benjamin the second day. 25 This time, when the Benjamites came out from Gibeah to oppose them, they cut down another eighteen thousand Israelites, all of them armed with swords.

26 Then the Israelites, all the people, went up to Bethel, and there they sat weeping before the LORD. They fasted that day until evening and presented burnt offerings and fellowship offerings p to the LORD. 27 And the Israelites inquired of the LORD. (In those days the ark of the covenant of God was there, 28 with Phinehas

n10 One Hebrew manuscript; most Hebrew manuscripts Geba, a variant of Gibeah   o18 Or to the house of God; also in verse 26
p26 Traditionally peace offerings

28 y Finees hijo de Eleazar, hijo de Aarón, ministraba delante de ella en aquellos días), y dijeron: ¿Volveremos aún a salir contra los hijos de Benjamín nuestros hermanos, para pelear, o desistiremos? Y Jehová dijo: Subid, porque mañana yo os los entregaré.

29 Y puso Israel emboscadas alrededor de Gabaa.

30 Subiendo entonces los hijos de Israel contra los hijos de Benjamín el tercer día, ordenaron la batalla delante de Gabaa, como las otras veces.

31 Y salieron los hijos de Benjamín al encuentro del pueblo, alejándose de la ciudad; y comenzaron a herir a algunos del pueblo, matándolos como las otras veces por los caminos, uno de los cuales sube a Bet-el, y el otro a Gabaa en el campo; y mataron unos treinta hombres de Israel.

32 Y los hijos de Benjamín decían: Vencidos son delante de nosotros, como antes. Mas los hijos de Israel decían: Huiremos, y los alejaremos de la ciudad hasta los caminos.

33 Entonces se levantaron todos los de Israel de su lugar, y se pusieron en orden de batalla en Baal-tamar; y también las emboscadas de Israel salieron de su lugar, de la pradera de Gabaa.

34 Y vinieron contra Gabaa diez mil hombres escogidos de todo Israel, y la batalla arreciaba; mas ellos no sabían que ya el desastre se acercaba a ellos.

35 Y derrotó Jehová a Benjamín delante de Israel; y mataron los hijos de Israel aquel día a veinticinco mil cien hombres de Benjamín, todos los cuales sacaban espada.

36 Y vieron los hijos de Benjamín que eran derrotados; y los hijos de Israel cedieron campo a Benjamín, porque estaban confiados en las emboscadas que habían puesto detrás de Gabaa.

37 Y los hombres de las emboscadas acometieron prontamente a Gabaa, y avanzaron e hirieron a filo de espada a toda la ciudad.

38 Y era la señal concertada entre los hombres de Israel y las emboscadas, que hiciesen subir una gran humareda de la ciudad.

39 Luego, pues, que los de Israel retrocedieron en la batalla, los de Benjamín comenzaron a herir y matar a la gente de Israel como treinta hombres, y ya decían: Ciertamente ellos han caído delante de nosotros, como en la primera batalla.

40 Mas cuando la columna de humo comenzó a subir de la ciudad, los de Benjamín miraron hacia atrás; y he aquí que el humo de la ciudad subía al cielo.

41 Entonces se volvieron los hombres de Israel, y los de Benjamín se llenaron de temor, porque vieron que el desastre había venido sobre ellos.

42 Volvieron, por tanto, la espalda delante de Israel hacia el camino del desierto; pero la batalla los alcanzó, y los que salían de las ciudades los destruían en medio de ellos.

43 Así cercaron a los de Benjamín, y los acosaron y hollaron desde Menúha hasta enfrente de Gabaa hacia donde nace el sol.

44 Y cayeron de Benjamín dieciocho mil hombres, todos ellos hombres de guerra.

45 Volviéndose luego, huyeron hacia el desierto, a la peña de Rimón, y de ellos fueron abatidos cinco mil hombres en los caminos; y fueron persiguiéndolos aun hasta Gidom, y mataron de ellos a dos mil hombres.

46 Fueron todos los que de Benjamín murieron aquel día, veinticinco mil hombres que sacaban espada, todos ellos hombres de guerra.

47 Pero se volvieron y huyeron al desierto a la peña de Rimón seiscientos hombres, los cuales estuvieron en la peña de Rimón cuatro meses.

son of Eleazar, the son of Aaron, ministering before it.) They asked, "Shall we go up again to battle with Benjamin our brother, or not?"

The LORD responded, "Go, for tomorrow I will give them into your hands."

29 Then Israel set an ambush around Gibeah. 30 They went up against the Benjamites on the third day and took up positions against Gibeah as they had done before. 31 The Benjamites came out to meet them and were drawn away from the city. They began to inflict casualties on the Israelites as before, so that about thirty men fell in the open field and on the roads — the one leading to Bethel and the other to Gibeah.

32 While the Benjamites were saying, "We are defeating them as before," the Israelites were saying, "Let's retreat and draw them away from the city to the roads."

33 All the men of Israel moved from their places and took up positions at Baal Tamar, and the Israelite ambush charged out of its place on the west *q* of Gibeah. *r* 34 Then ten thousand of Israel's finest men made a frontal attack on Gibeah. The fighting was so heavy that the Benjamites did not realize how near disaster was. 35 The LORD defeated Benjamin before Israel, and on that day the Israelites struck down 25,100 Benjamites, all armed with swords. 36 Then the Benjamites saw that they were beaten.

Now the men of Israel had given way before Benjamin, because they relied on the ambush they had set near Gibeah. 37 The men who had been in ambush made a sudden dash into Gibeah, spread out and put the whole city to the sword. 38 The men of Israel had arranged with the ambush that they should send up a great cloud of smoke from the city, 39 and then the men of Israel would turn in the battle.

The Benjamites had begun to inflict casualties on the men of Israel (about thirty), and they said, "We are defeating them as in the first battle." 40 But when the column of smoke began to rise from the city, the Benjamites turned and saw the smoke of the whole city going up into the sky. 41 Then the men of Israel turned on them, and the men of Benjamin were terrified, because they realized that disaster had come upon them. 42 So they fled before the Israelites in the direction of the desert, but they could not escape the battle. And the men of Israel who came out of the towns cut them down there. 43 They surrounded the Benjamites, chased them and easily *s* overran them in the vicinity of Gibeah on the east. 44 Eighteen thousand Benjamites fell, all of them valiant fighters. 45 As they turned and fled toward the desert to the rock of Rimmon, the Israelites cut down five thousand men along the roads. They kept pressing after the Benjamites as far as Gidom and struck down two thousand more.

46 On that day twenty-five thousand Benjamite swordsmen fell, all of them valiant fighters. 47 But six hundred men turned and fled into the desert to the rock of Rimmon, where they stayed four months.

---

q 33 Some Septuagint manuscripts and Vulgate; the meaning of the Hebrew for this word is uncertain.   *r 33* Hebrew *Geba*, a variant of *Gibeah*   *s 43* The meaning of the Hebrew for this word is uncertain.

48Y los hombres de Israel volvieron sobre los hijos de Benjamín, y los hirieron a filo de espada, así a los hombres de cada ciudad como a las bestias y todo lo que fue hallado; asimismo pusieron fuego a todas las ciudades que hallaban.

Mujeres para los benjamitas

21 1 Los varones de Israel habían jurado en Mizpa, diciendo: Ninguno de nosotros dará su hija a los de Benjamín por mujer.

2Y vino el pueblo a la casa de Dios, y se estuvieron allí hasta la noche en presencia de Dios; y alzando su voz hicieron gran llanto, y dijeron:

3Oh Jehová Dios de Israel, ¿por qué ha sucedido esto en Israel, que falte hoy de Israel una tribu?

4Y al día siguiente el pueblo se levantó de mañana, y edificaron allí altar, y ofrecieron holocaustos y ofrendas de paz.

5Y dijeron los hijos de Israel: ¿Quién de todas las tribus de Israel no subió a la reunión delante de Jehová? Porque se había hecho gran juramento contra el que no subiese a Jehová en Mizpa, diciendo: Sufrirá la muerte.

6Y los hijos de Israel se arrepintieron a causa de Benjamín su hermano, y dijeron: Cortada es hoy de Israel una tribu.

7¿Qué haremos en cuanto a mujeres para los que han quedado? Nosotros hemos jurado por Jehová que no les daremos nuestras hijas por mujeres.

8Y dijeron: ¿Hay alguno de las tribus de Israel que no haya subido a Jehová en Mizpa? Y hallaron que ninguno de Jabes-galaad había venido al campamento, a la reunión.

9Porque fue contado el pueblo, y no hubo allí varón de los moradores de Jabes-galaad.

10Entonces la congregación envió allá a doce mil hombres de los más valientes, y les mandaron, diciendo: Id y herid a filo de espada a los moradores de Jabes-galaad, con las mujeres y niños.

11Pero haréis de esta manera: mataréis a todo varón, y a toda mujer que haya conocido ayuntamiento de varón.

12Y hallaron de los moradores de Jabes-galaad cuatrocientas doncellas que no habían conocido ayuntamiento de varón, y las trajeron al campamento en Silo, que está en la tierra de Canaán.

13Toda la congregación envió luego a hablar a los hijos de Benjamín que estaban en la peña de Rimón, y los llamaron en paz.

14Y volvieron entonces los de Benjamín, y les dieron por mujeres las que habían guardado vivas de las mujeres de Jabes-galaad; mas no les bastaron éstas.

15Y el pueblo tuvo compasión de Benjamín, porque Jehová había abierto una brecha entre las tribus de Israel.

16Entonces los ancianos de la congregación dijeron: ¿Qué haremos respecto de mujeres para los que han quedado? Porque fueron muertas las mujeres de Benjamín.

17Y dijeron: Tenga Benjamín herencia en los que han escapado, y no sea exterminada una tribu de Israel.

18Pero nosotros no les podemos dar mujeres de nuestras hijas, porque los hijos de Israel han jurado diciendo: Maldito el que diere mujer a los benjamitas.

19Ahora bien, dijeron, he aquí cada año hay fiesta solemne de Jehová en Silo, que está al norte de Bet-el, y al lado oriental del camino que sube de Bet-el a Siquem, y al sur de Lebona.

20Y mandaron a los hijos de Benjamín, diciendo: Id, y poned emboscadas en las viñas,

21y estad atentos; y cuando veáis salir a las hijas de Silo a bailar en corros, salid de las viñas, y arrebatad cada uno mujer para sí de las hijas de Silo, e idos a tierra de Benjamín.

48The men of Israel went back to Benjamin and put all the towns to the sword, including the animals and everything else they found. All the towns they came across they set on fire.

Wives for the Benjamites

21 The men of Israel had taken an oath at Mizpah: "Not one of us will give his daughter in marriage to a Benjamite."

2The people went to Bethel,t where they sat before God until evening, raising their voices and weeping bitterly. 3"O LORD, the God of Israel," they cried, "why has this happened to Israel? Why should one tribe be missing from Israel today?"

4Early the next day the people built an altar and presented burnt offerings and fellowship offerings.u

5Then the Israelites asked, "Who from all the tribes of Israel has failed to assemble before the LORD?" For they had taken a solemn oath that anyone who failed to assemble before the LORD at Mizpah should certainly be put to death.

6Now the Israelites grieved for their brothers, the Benjamites. "Today one tribe is cut off from Israel," they said. 7"How can we provide wives for those who are left, since we have taken an oath by the LORD not to give them any of our daughters in marriage?" 8Then they asked, "Which one of the tribes of Israel failed to assemble before the LORD at Mizpah?" They discovered that no one from Jabesh Gilead had come to the camp for the assembly. 9For when they counted the people, they found that none of the people of Jabesh Gilead were there.

10So the assembly sent twelve thousand fighting men with instructions to go to Jabesh Gilead and put to the sword those living there, including the women and children. 11"This is what you are to do," they said. "Kill every male and every woman who is not a virgin." 12They found among the people living in Jabesh Gilead four hundred young women who had never slept with a man, and they took them to the camp at Shiloh in Canaan.

13Then the whole assembly sent an offer of peace to the Benjamites at the rock of Rimmon. 14So the Benjamites returned at that time and were given the women of Jabesh Gilead who had been spared. But there were not enough for all of them.

15The people grieved for Benjamin, because the LORD had made a gap in the tribes of Israel. 16And the elders of the assembly said, "With the women of Benjamin destroyed, how shall we provide wives for the men who are left? 17The Benjamite survivors must have heirs," they said, "so that a tribe of Israel will not be wiped out. 18We can't give them our daughters as wives, since we Israelites have taken this oath: 'Cursed be anyone who gives a wife to a Benjamite.' 19But look, there is the annual festival of the LORD in Shiloh, to the north of Bethel, and east of the road that goes from Bethel to Shechem, and to the south of Lebonah."

20So they instructed the Benjamites, saying, "Go and hide in the vineyards 21and watch. When the girls of Shiloh come out to join in the dancing, then rush from the vineyards and each of you seize a wife from the girls of Shiloh and go to the land of Benjamin.

t2 Or to the house of God   u4 Traditionally peace offerings

22 Y si vinieren los padres de ellas o sus hermanos a demandárnoslas, nosotros les diremos: Hacednos la merced de concedérnoslas, pues que nosotros en la guerra no tomamos mujeres para todos; además, no sois vosotros los que se las disteis, para que ahora seáis culpados.

23 Y los hijos de Benjamín lo hicieron así; y tomaron mujeres conforme a su número, robándolas de entre las que danzaban; y se fueron, y volvieron a su heredad, y reedificaron las ciudades, y habitaron en ellas.

24 Entonces los hijos de Israel se fueron también de allí, cada uno a su tribu y a su familia, saliendo de allí cada uno a su heredad.

25 En estos días no había rey en Israel; cada uno hacía lo que bien le parecía.

22When their fathers or brothers complain to us, we will say to them, 'Do us a kindness by helping them, because we did not get wives for them during the war, and you are innocent, since you did not give your daughters to them.' "

23So that is what the Benjamites did. While the girls were dancing, each man caught one and carried her off to be his wife. Then they returned to their inheritance and rebuilt the towns and settled in them.

24At that time the Israelites left that place and went home to their tribes and clans, each to his own inheritance.

25In those days Israel had no king; everyone did as he saw fit.

RUT

Rut y Noemí

1 ¹ Aconteció en los días que gobernaban los jueces, que hubo hambre en la tierra. Y un varón de Belén de Judá fue a morar en los campos de Moab, él y su mujer, y dos hijos suyos.

² El nombre de aquel varón era Elimelec, y el de su mujer, Noemí; y los nombres de sus hijos eran Mahlón y Quelión, efrateos de Belén de Judá. Llegaron, pues, a los campos de Moab, y se quedaron allí.

³ Y murió Elimelec, marido de Noemí, y quedó ella con sus dos hijos,

⁴ los cuales tomaron para sí mujeres moabitas; el nombre de una era Orfa, y el nombre de la otra, Rut; y habitaron allí unos diez años.

⁵ Y murieron también los dos, Mahlón y Quelión, quedando así la mujer desamparada de sus dos hijos y de su marido.

⁶ Entonces se levantó con sus nueras, y regresó de los campos de Moab; porque oyó en el campo de Moab que Jehová había visitado a su pueblo para darles pan.

⁷ Salió, pues, del lugar donde había estado, y con ella sus dos nueras, y comenzaron a caminar para volverse a la tierra de Judá.

⁸ Y Noemí dijo a sus dos nueras: Andad, volveos cada una a la casa de su madre; Jehová haga con vosotras misericordia, como la habéis hecho con los muertos y conmigo.

⁹ Os conceda Jehová que halléis descanso, cada una en casa de su marido. Luego las besó, y ellas alzaron su voz y lloraron,

¹⁰ y le dijeron: Ciertamente nosotras iremos contigo a tu pueblo.

¹¹ Y Noemí respondió: Volveos, hijas mías; ¿para qué habéis de ir conmigo? ¿Tengo yo más hijos en el vientre, que puedan ser vuestros maridos?

¹² Volveos, hijas mías, e idos; porque yo ya soy vieja para tener marido. Y aunque dijese: Esperanza tengo, y esta noche estuviese con marido, y aun diese a luz hijos,

¹³ ¿habíais vosotras de esperarlos hasta que fuesen grandes? ¿Habíais de quedaros sin casar por amor a ellos? No, hijas mías; que mayor amargura tengo yo que vosotras, pues la mano de Jehová ha salido contra mí.

¹⁴ Y ellas alzaron otra vez su voz y lloraron; y Orfa besó a su suegra, mas Rut se quedó con ella.

¹⁵ Y Noemí dijo: He aquí tu cuñada se ha vuelto a su pueblo y a sus dioses; vuélvete tú tras ella.

¹⁶ Respondió Rut: No me ruegues que te deje, y me aparte de ti; porque a dondequiera que tú fueres, iré yo, y dondequiera que vivieres, viviré. Tu pueblo será mi pueblo, y tu Dios mi Dios.

¹⁷ Donde tú murieres, moriré yo, y allí seré sepultada; así me haga Jehová, y aun me añada, que sólo la muerte hará separación entre nosotras dos.

¹⁸ Y viendo Noemí que estaba tan resuelta a ir con ella, no dijo más.

¹⁹ Anduvieron, pues, ellas dos hasta que llegaron a Belén; y aconteció que habiendo entrado en Belén, toda la ciudad se conmovió por causa de ellas, y decían: ¿No es ésta Noemí?

RUTH

Naomi and Ruth

1 ¹ In the days when the judges ruled,[a] there was a famine in the land, and a man from Bethlehem in Judah, together with his wife and two sons, went to live for a while in the country of Moab. ² The man's name was Elimelech, his wife's name Naomi, and the names of his two sons were Mahlon and Kilion. They were Ephrathites from Bethlehem, Judah. And they went to Moab and lived there.

³ Now Elimelech, Naomi's husband, died, and she was left with her two sons. ⁴ They married Moabite women, one named Orpah and the other Ruth. After they had lived there about ten years, ⁵ both Mahlon and Kilion also died, and Naomi was left without her two sons and her husband.

⁶ When she heard in Moab that the LORD had come to the aid of his people by providing food for them, Naomi and her daughters-in-law prepared to return home from there. ⁷ With her two daughters-in-law she left the place where she had been living and set out on the road that would take them back to the land of Judah.

⁸ Then Naomi said to her two daughters-in-law, "Go back, each of you, to your mother's home. May the LORD show kindness to you, as you have shown to your dead and to me. ⁹ May the LORD grant that each of you will find rest in the home of another husband."

Then she kissed them and they wept aloud ¹⁰ and said to her, "We will go back with you to your people."

¹¹ But Naomi said, "Return home, my daughters. Why would you come with me? Am I going to have any more sons, who could become your husbands? ¹² Return home, my daughters; I am too old to have another husband. Even if I thought there was still hope for me—even if I had a husband tonight and then gave birth to sons— ¹³ would you wait until they grew up? Would you remain unmarried for them? No, my daughters. It is more bitter for me than for you, because the LORD's hand has gone out against me!"

¹⁴ At this they wept again. Then Orpah kissed her mother-in-law good-by, but Ruth clung to her.

¹⁵ "Look," said Naomi, "your sister-in-law is going back to her people and her gods. Go back with her."

¹⁶ But Ruth replied, "Don't urge me to leave you or to turn back from you. Where you go I will go, and where you stay I will stay. Your people will be my people and your God my God. ¹⁷ Where you die I will die, and there I will be buried. May the LORD deal with me, be it ever so severely, if anything but death separates you and me." ¹⁸ When Naomi realized that Ruth was determined to go with her, she stopped urging her.

¹⁹ So the two women went on until they came to Bethlehem. When they arrived in Bethlehem, the whole town was stirred because of them, and the women exclaimed, "Can this be Naomi?"

---

a 1 Traditionally *judged*

²⁰Y ella les respondía: No me llaméis Noemí,*a* sino llamadme Mara; *b* porque en grande amargura me ha puesto el Todopoderoso.
²¹Yo me fui llena, pero Jehová me ha vuelto con las manos vacías. ¿Por qué me llamaréis Noemí, ya que Jehová ha dado testimonio contra mí, y el Todopoderoso me ha afligido?
²²Así volvió Noemí, y Rut la moabita su nuera con ella; volvió de los campos de Moab, y llegaron a Belén al comienzo de la siega de la cebada.

Rut recoge espigas en el campo de Booz

2 ¹Tenía Noemí un pariente de su marido, hombre rico de la familia de Elimelec, el cual se llamaba Booz.
²Y Rut la moabita dijo a Noemí: Te ruego que me dejes ir al campo, y recogeré espigas en pos de aquel a cuyos ojos hallare gracia. Y ella le respondió: Vé, hija mía.
³Fue, pues, y llegando, espigó en el campo en pos de los segadores; y aconteció que aquella parte del campo era de Booz, el cual era de la familia de Elimelec.
⁴Y he aquí que Booz vino de Belén, y dijo a los segadores: Jehová sea con vosotros. Y ellos respondieron: Jehová te bendiga.
⁵Y Booz dijo a su criado el mayordomo de los segadores: ¿De quién es esta joven?
⁶Y el criado, mayordomo de los segadores, respondió y dijo: Es la joven moabita que volvió con Noemí de los campos de Moab;
⁷y ha dicho: Te ruego que me dejes recoger y juntar tras los segadores entre las gavillas. Entró, pues, y está desde por la mañana hasta ahora, sin descansar ni aun por un momento.
⁸Entonces Booz dijo a Rut: Oye, hija mía, no vayas a espigar a otro campo, ni pases de aquí; y aquí estarás junto a mis criadas.
⁹Mira bien el campo que sieguen, y síguelas; porque yo he mandado a los criados que no te molesten. Y cuando tengas sed, vé a las vasijas, y bebe del agua que sacan los criados.
¹⁰Ella entonces bajando su rostro se inclinó a tierra, y le dijo: ¿Por qué he hallado gracia en tus ojos para que me reconozcas, siendo yo extranjera?
¹¹Y respondiendo Booz, le dijo: He sabido todo lo que has hecho con tu suegra después de la muerte de tu marido, y que dejando a tu padre y a tu madre y la tierra donde naciste, has venido a un pueblo que no conociste antes.
¹²Jehová recompense tu obra, y tu remuneración sea cumplida de parte de Jehová Dios de Israel, bajo cuyas alas has venido a refugiarte.
¹³Y ella dijo: Señor mío, halle yo gracia delante de tus ojos; porque me has consolado, y porque has hablado al corazón de tu sierva, aunque no soy ni como una de tus criadas.
¹⁴Y Booz le dijo a la hora de comer: Ven aquí, y come del pan, y moja tu bocado en el vinagre. Y ella se sentó junto a los segadores, y él le dio del potaje, y comió hasta que se sació, y le sobró.
¹⁵Luego se levantó para espigar. Y Booz mandó a sus criados, diciendo: Que recoja también espigas entre las gavillas, y no la avergoncéis;
¹⁶y dejaréis también caer para ella algo de los manojos, y lo dejaréis para que lo recoja, y no la reprendáis.

²⁰"Don't call me Naomi, *b*" she told them. "Call me Mara, *c* because the Almighty *d* has made my life very bitter. ²¹I went away full, but the LORD has brought me back empty. Why call me Naomi? The LORD has afflicted *e* me; the Almighty has brought misfortune upon me."
²²So Naomi returned from Moab accompanied by Ruth the Moabitess, her daughter-in-law, arriving in Bethlehem as the barley harvest was beginning.

Ruth Meets Boaz

2 Now Naomi had a relative on her husband's side, from the clan of Elimelech, a man of standing, whose name was Boaz.
²And Ruth the Moabitess said to Naomi, "Let me go to the fields and pick up the leftover grain behind anyone in whose eyes I find favor."
Naomi said to her, "Go ahead, my daughter." ³So she went out and began to glean in the fields behind the harvesters. As it turned out, she found herself working in a field belonging to Boaz, who was from the clan of Elimelech.
⁴Just then Boaz arrived from Bethlehem and greeted the harvesters, "The LORD be with you!"
"The LORD bless you!" they called back.
⁵Boaz asked the foreman of his harvesters, "Whose young woman is that?"
⁶The foreman replied, "She is the Moabitess who came back from Moab with Naomi. ⁷She said, 'Please let me glean and gather among the sheaves behind the harvesters.' She went into the field and has worked steadily from morning till now, except for a short rest in the shelter."
⁸So Boaz said to Ruth, "My daughter, listen to me. Don't go and glean in another field and don't go away from here. Stay here with my servant girls. ⁹Watch the field where the men are harvesting, and follow along after the girls. I have told the men not to touch you. And whenever you are thirsty, go and get a drink from the water jars the men have filled."
¹⁰At this, she bowed down with her face to the ground. She exclaimed, "Why have I found such favor in your eyes that you notice me—a foreigner?"
¹¹Boaz replied, "I've been told all about what you have done for your mother-in-law since the death of your husband—how you left your father and mother and your homeland and came to live with a people you did not know before. ¹²May the LORD repay you for what you have done. May you be richly rewarded by the LORD, the God of Israel, under whose wings you have come to take refuge."
¹³"May I continue to find favor in your eyes, my lord," she said. "You have given me comfort and have spoken kindly to your servant—though I do not have the standing of one of your servant girls."
¹⁴At mealtime Boaz said to her, "Come over here. Have some bread and dip it in the wine vinegar."
When she sat down with the harvesters, he offered her some roasted grain. She ate all she wanted and had some left over. ¹⁵As she got up to glean, Boaz gave orders to his men, "Even if she gathers among the sheaves, don't embarrass her. ¹⁶Rather, pull out some stalks for her from the bundles and leave them for her to pick up, and don't rebuke her."

---

b 20 Naomi means *pleasant*; also in verse 21.　*c 20 Mara* means *bitter*.　*d 20* Hebrew *Shaddai*; also in verse 21　*e 21* Or *has testified against*

a Esto es, *Placentera.*　*b* Esto es, *Amarga.*

17Espigó, pues, en el campo hasta la noche, y desgranó lo que había recogido, y fue como un efa de cebada.

18Y lo tomó, y se fue a la ciudad; y su suegra vio lo que había recogido. Sacó también luego lo que le había sobrado después de haber quedado saciada, y se lo dio.

19Y le dijo su suegra: ¿Dónde has espigado hoy? ¿y dónde has trabajado? Bendito sea el que te ha reconocido. Y contó ella a su suegra con quién había trabajado, y dijo: El nombre del varón con quien hoy he trabajado es Booz.

20Y dijo Noemí a su nuera: Sea él bendito de Jehová, pues que no ha rehusado a los vivos la benevolencia que tuvo para con los que han muerto. Después le dijo Noemí: Nuestro pariente es aquel varón, y uno de los que pueden redimirnos.

21Y Rut la moabita dijo: Además de esto me ha dicho: Júntate con mis criadas, hasta que hayan acabado toda mi siega.

22Y Noemí respondió a Rut su nuera: Mejor es, hija mía, que salgas con sus criadas, y que no te encuentren en otro campo.

23Estuvo, pues, junto con las criadas de Booz espigando, hasta que se acabó la siega de la cebada y la del trigo; y vivía con su suegra.

Rut y Booz en la era

3 1Después le dijo su suegra Noemí: Hija mía, ¿no he de buscar hogar para ti, para que te vaya bien?

2¿No es Booz nuestro pariente, con cuyas criadas tú has estado? He aquí que él avienta esta noche la parva de las cebadas.

3Te lavarás, pues, y te ungirás, y vistiéndote tus vestidos, irás a la era; mas no te darás a conocer al varón hasta que él haya acabado de comer y de beber.

4Y cuando él se acueste, notarás el lugar donde se acuesta, e irás y descubrirás sus pies, y te acostarás allí; y él te dirá lo que hayas de hacer.

5Y ella respondió: Haré todo lo que tú me mandes.

6Descendió, pues, a la era, e hizo todo lo que su suegra le había mandado.

7Y cuando Booz hubo comido y bebido, y su corazón estuvo contento, se retiró a dormir a un lado del montón. Entonces ella vino calladamente, y le descubrió los pies y se acostó.

8Y aconteció que a la medianoche se estremeció aquel hombre, y se volvió; y he aquí, una mujer estaba acostada a sus pies.

9Entonces él dijo: ¿Quién eres? Y ella respondió: Yo soy Rut tu sierva; extiende el borde de tu capa sobre tu sierva, por cuanto eres pariente cercano.

10Y él dijo: Bendita seas tú de Jehová, hija mía; has hecho mejor tu postrera bondad que la primera, no yendo en busca de los jóvenes, sean pobres o ricos.

11Ahora pues, no temas, hija mía; yo haré contigo lo que tú digas, pues toda la gente de mi pueblo sabe que eres mujer virtuosa.

12Y ahora, aunque es cierto que yo soy pariente cercano, con todo eso hay pariente más cercano que yo.

13Pasa aquí la noche, y cuando sea de día, si él te redimiere, bien, redímate; mas si él no te quisiere redimir, yo te redimiré, vive Jehová. Descansa, pues, hasta la mañana.

17So Ruth gleaned in the field until evening. Then she threshed the barley she had gathered, and it amounted to about an ephah.ƒ 18She carried it back to town, and her mother-in-law saw how much she had gathered. Ruth also brought out and gave her what she had left over after she had eaten enough.

19Her mother-in-law asked her, "Where did you glean today? Where did you work? Blessed be the man who took notice of you!"

Then Ruth told her mother-in-law about the one at whose place she had been working. "The name of the man I worked with today is Boaz," she said.

20"The LORD bless him!" Naomi said to her daughter-in-law. "He has not stopped showing his kindness to the living and the dead." She added, "That man is our close relative; he is one of our kinsman-redeemers."

21Then Ruth the Moabitess said, "He even said to me, 'Stay with my workers until they finish harvesting all my grain.' "

22Naomi said to Ruth her daughter-in-law, "It will be good for you, my daughter, to go with his girls, because in someone else's field you might be harmed."

23So Ruth stayed close to the servant girls of Boaz to glean until the barley and wheat harvests were finished. And she lived with her mother-in-law.

Ruth and Boaz at the Threshing Floor

3 One day Naomi her mother-in-law said to her, "My daughter, should I not try to find a homeg for you, where you will be well provided for? 2Is not Boaz, with whose servant girls you have been, a kinsman of ours? Tonight he will be winnowing barley on the threshing floor. 3Wash and perfume yourself, and put on your best clothes. Then go down to the threshing floor, but don't let him know you are there until he has finished eating and drinking. 4When he lies down, note the place where he is lying. Then go and uncover his feet and lie down. He will tell you what to do."

5"I will do whatever you say," Ruth answered. 6So she went down to the threshing floor and did everything her mother-in-law told her to do.

7When Boaz had finished eating and drinking and was in good spirits, he went over to lie down at the far end of the grain pile. Ruth approached quietly, uncovered his feet and lay down. 8In the middle of the night something startled the man, and he turned and discovered a woman lying at his feet.

9"Who are you?" he asked.

"I am your servant Ruth," she said. "Spread the corner of your garment over me, since you are a kinsman-redeemer."

10"The LORD bless you, my daughter," he replied. "This kindness is greater than that which you showed earlier: You have not run after the younger men, whether rich or poor. 11And now, my daughter, don't be afraid. I will do for you all you ask. All my fellow townsmen know that you are a woman of noble character. 12Although it is true that I am near of kin, there is a kinsman-redeemer nearer than I. 13Stay here for the night, and in the morning if he wants to redeem, good; let him redeem. But if he is not willing, as surely as the LORD lives I will do it. Lie here until morning."

ƒ17 That is, probably about 3/5 bushel (about 22 liters)
g1 Hebrew find rest (see Ruth 1:9)

¹⁴Y después que durmió a sus pies hasta la mañana, se levantó antes que los hombres pudieran reconocerse unos a otros; porque él dijo: No se sepa que vino mujer a la era. ¹⁵Después le dijo: Quítate el manto que traes sobre ti, y tenlo. Y teniéndolo ella, él midió seis medidas de cebada, y se las puso encima; y ella se fue a la ciudad.

¹⁶Y cuando llegó a donde estaba su suegra, ésta le dijo: ¿Qué hay, hija mía? Y le contó ella todo lo que con aquel varón le había acontecido.

¹⁷Y dijo: Estas seis medidas de cebada me dio, diciéndome: A fin de que no vayas a tu suegra con las manos vacías.

¹⁸Entonces Noemí dijo: Espérate, hija mía, hasta que sepas cómo se resuelve el asunto; porque aquel hombre no descansará hasta que concluya el asunto hoy.

Booz se casa con Rut

4 ¹Booz subió a la puerta y se sentó allí; y he aquí pasaba aquel pariente de quien Booz había hablado, y le dijo: Eh, fulano, ven acá y siéntate. Y él vino y se sentó. ²Entonces él tomó a diez varones de los ancianos de la ciudad, y dijo: Sentaos aquí. Y ellos se sentaron. ³Luego dijo al pariente: Noemí, que ha vuelto del campo de Moab, vende una parte de las tierras que tuvo nuestro hermano Elimelec.

⁴Y yo decidí hacértelo saber, y decirte que la compres en presencia de los que están aquí sentados, y de los ancianos de mi pueblo. Si tú quieres redimir, redime; y si no quieres redimir, decláramelo para que yo lo sepa; porque no hay otro que redima sino tú, y yo después de ti. Y él respondió: Yo redimiré.

⁵Entonces replicó Booz: El mismo día que compres las tierras de mano de Noemí, debes tomar también a Rut la moabita, mujer del difunto, para que restaures el nombre del muerto sobre su posesión.

⁶Y respondió el pariente: No puedo redimir para mí, no sea que dañe mi heredad. Redime tú, usando de mi derecho, porque yo no podré redimir.

⁷Había ya desde hacía tiempo esta costumbre en Israel tocante a la redención y al contrato, que para la confirmación de cualquier negocio, el uno se quitaba el zapato y lo daba a su compañero; y esto servía de testimonio en Israel.

⁸Entonces el pariente dijo a Booz: Tómalo tú. Y se quitó el zapato.

⁹Y Booz dijo a los ancianos y a todo el pueblo: Vosotros sois testigos hoy, de que he adquirido de mano de Noemí todo lo que fue de Elimelec, y todo lo que fue de Quelión y de Mahlón.

¹⁰Y que también tomo por mi mujer a Rut la moabita, mujer de Mahlón, para restaurar el nombre del difunto sobre su heredad, para que el nombre del muerto no se borre de entre sus hermanos y de la puerta de su lugar. Vosotros sois testigos hoy.

¹¹Y dijeron todos los del pueblo que estaban a la puerta con los ancianos: Testigos somos. Jehová haga a la mujer que entra en tu casa como a Raquel y a Lea, las cuales edificaron la casa de Israel; y tú seas ilustre en Efrata, y seas de renombre en Belén.

¹⁴So she lay at his feet until morning, but got up before anyone could be recognized; and he said, "Don't let it be known that a woman came to the threshing floor."

¹⁵He also said, "Bring me the shawl you are wearing and hold it out." When she did so, he poured into it six measures of barley and put it on her. Then he^h went back to town.

¹⁶When Ruth came to her mother-in-law, Naomi asked, "How did it go, my daughter?"

Then she told her everything Boaz had done for her ¹⁷and added, "He gave me these six measures of barley, saying, 'Don't go back to your mother-in-law empty-handed.'"

¹⁸Then Naomi said, "Wait, my daughter, until you find out what happens. For the man will not rest until the matter is settled today."

Boaz Marries Ruth

4 Meanwhile Boaz went up to the town gate and sat there. When the kinsman-redeemer he had mentioned came along, Boaz said, "Come over here, my friend, and sit down." So he went over and sat down.

²Boaz took ten of the elders of the town and said, "Sit here," and they did so. ³Then he said to the kinsman-redeemer, "Naomi, who has come back from Moab, is selling the piece of land that belonged to our brother Elimelech. ⁴I thought I should bring the matter to your attention and suggest that you buy it in the presence of these seated here and in the presence of the elders of my people. If you will redeem it, do so. But if youⁱ will not, tell me, so I will know. For no one has the right to do it except you, and I am next in line."

"I will redeem it," he said.

⁵Then Boaz said, "On the day you buy the land from Naomi and from Ruth the Moabitess, you acquire^j the dead man's widow, in order to maintain the name of the dead with his property."

⁶At this, the kinsman-redeemer said, "Then I cannot redeem it because I might endanger my own estate. You redeem it yourself. I cannot do it."

⁷(Now in earlier times in Israel, for the redemption and transfer of property to become final, one party took off his sandal and gave it to the other. This was the method of legalizing transactions in Israel.)

⁸So the kinsman-redeemer said to Boaz, "Buy it yourself." And he removed his sandal.

⁹Then Boaz announced to the elders and all the people, "Today you are witnesses that I have bought from Naomi all the property of Elimelech, Kilion and Mahlon. ¹⁰I have also acquired Ruth the Moabitess, Mahlon's widow, as my wife, in order to maintain the name of the dead with his property, so that his name will not disappear from among his family or from the town records. Today you are witnesses!"

¹¹Then the elders and all those at the gate said, "We are witnesses. May the LORD make the woman who is coming into your home like Rachel and Leah, who together built up the house of Israel. May you have standing in Ephrathah and be famous in Bethlehem.

^h15 Most Hebrew manuscripts; many Hebrew manuscripts, Vulgate and Syriac *she*   ⁱ4 Many Hebrew manuscripts, Septuagint, Vulgate and Syriac; most Hebrew manuscripts *he*   ^j5 Hebrew; Vulgate and Syriac *Naomi, you acquire Ruth the Moabitess,*

12Y sea tu casa como la casa de Fares, el que Tamar dio a luz a Judá, por la descendencia que de esa joven te dé Jehová.

13Booz, pues, tomó a Rut, y ella fue su mujer; y se llegó a ella, y Jehová le dio que concibiese y diese a luz un hijo.

14Y las mujeres decían a Noemí: Loado sea Jehová, que hizo que no te faltase hoy pariente, cuyo nombre será celebrado en Israel;

15el cual será restaurador de tu alma, y sustentará tu vejez; pues tu nuera, que te ama, lo ha dado a luz; y ella es de más valor para ti que siete hijos.

16Y tomando Noemí el hijo, lo puso en su regazo, y fue su aya.

17Y le dieron nombre las vecinas, diciendo: Le ha nacido un hijo a Noemí; y lo llamaron Obed. Este es padre de Isaí, padre de David.

18Estas son las generaciones de Fares: Fares engendró a Hezrón,

19Hezrón engendró a Ram, y Ram engendró a Aminadab,

20Aminadab engendró a Naasón, y Naasón engendró a Salmón,

21Salmón engendró a Booz, y Booz engendró a Obed,

22Obed engendró a Isaí, e Isaí engendró a David.

12Through the offspring the LORD gives you by this young woman, may your family be like that of Perez, whom Tamar bore to Judah."

The Genealogy of David

13So Boaz took Ruth and she became his wife. Then he went to her, and the LORD enabled her to conceive, and she gave birth to a son. 14The women said to Naomi: "Praise be to the LORD, who this day has not left you without a kinsman-redeemer. May he become famous throughout Israel! 15He will renew your life and sustain you in your old age. For your daughter-in-law, who loves you and who is better to you than seven sons, has given him birth."

16Then Naomi took the child, laid him in her lap and cared for him. 17The women living there said, "Naomi has a son." And they named him Obed. He was the father of Jesse, the father of David.

18This, then, is the family line of Perez:

Perez was the father of Hezron,
19Hezron the father of Ram,
Ram the father of Amminadab,
20Amminadab the father of Nahshon,
Nahshon the father of Salmon, k
21Salmon the father of Boaz,
Boaz the father of Obed,
22Obed the father of Jesse,
and Jesse the father of David.

k20 A few Hebrew manuscripts, some Septuagint manuscripts and Vulgate (see also verse 21 and Septuagint of 1 Chron. 2:11); most Hebrew manuscripts *Salma*

PRIMER LIBRO DE
SAMUEL

Nacimiento de Samuel

1 ¹ Hubo un varón de Ramataim de Zofim, del monte de Efraín, que se llamaba Elcana hijo de Jeroham, hijo de Eliú, hijo de Tohu, hijo de Zuf, efrateo.

² Y tenía él dos mujeres; el nombre de una era Ana, y el de la otra, Penina. Y Penina tenía hijos, mas Ana no los tenía.

³ Y todos los años aquel varón subía de su ciudad para adorar y para ofrecer sacrificios a Jehová de los ejércitos en Silo, donde estaban dos hijos de Elí, Ofni y Finees, sacerdotes de Jehová.

⁴ Y cuando llegaba el día en que Elcana ofrecía sacrificio, daba a Penina su mujer, a todos sus hijos y a todas sus hijas, a cada uno su parte.

⁵ Pero a Ana daba una parte escogida; porque amaba a Ana, aunque Jehová no le había concedido tener hijos.

⁶ Y su rival la irritaba, enojándola y entristeciéndola, porque Jehová no le había concedido tener hijos.

⁷ Así hacía cada año; cuando subía a la casa de Jehová, la irritaba así; por lo cual Ana lloraba, y no comía.

⁸ Y Elcana su marido le dijo: Ana, ¿por qué lloras? ¿por qué no comes? ¿y por qué está afligido tu corazón? ¿No te soy yo mejor que diez hijos?

⁹ Y se levantó Ana después que hubo comido y bebido en Silo; y mientras el sacerdote Elí estaba sentado en una silla junto a un pilar del templo de Jehová,

¹⁰ ella con amargura de alma oró a Jehová, y lloró abundantemente.

¹¹ E hizo voto, diciendo: Jehová de los ejércitos, si te dignares mirar a la aflicción de tu sierva, y te acordares de mí, y no te olvidares de tu sierva, sino que dieres a tu sierva un hijo varón, yo lo dedicaré a Jehová todos los días de su vida, y no pasará navaja sobre su cabeza.

¹² Mientras ella oraba largamente delante de Jehová, Elí estaba observando la boca de ella.

¹³ Pero Ana hablaba en su corazón, y solamente se movían sus labios, y su voz no se oía; y Elí la tuvo por ebria.

¹⁴ Entonces le dijo Elí: ¿Hasta cuándo estarás ebria? Digiere tu vino.

¹⁵ Y Ana le respondió diciendo: No, señor mío; yo soy una mujer atribulada de espíritu; no he bebido vino ni sidra, sino que he derramado mi alma delante de Jehová.

¹⁶ No tengas a tu sierva por una mujer impía; porque por la magnitud de mis congojas y de mi aflicción he hablado hasta ahora.

¹⁷ Elí respondió y dijo: Vé en paz, y el Dios de Israel te otorgue la petición que le has hecho.

¹⁸ Y ella dijo: Halle tu sierva gracia delante de tus ojos. Y se fue la mujer por su camino, y comió, y no estuvo más triste.

¹⁹ Y levantándose de mañana, adoraron delante de Jehová, y volvieron y fueron a su casa en Ramá. Y Elcana se llegó a Ana su mujer, y Jehová se acordó de ella.

²⁰ Aconteció que al cumplirse el tiempo, después de haber concebido Ana, dio a luz un hijo, y le puso por nombre Samuel, diciendo: Por cuanto lo pedí a Jehová.

The Birth of Samuel

1 There was a certain man from Ramathaim, a Zuphite[a] from the hill country of Ephraim, whose name was Elkanah son of Jeroham, the son of Elihu, the son of Tohu, the son of Zuph, an Ephraimite. ²He had two wives; one was called Hannah and the other Peninnah. Peninnah had children, but Hannah had none.

³Year after year this man went up from his town to worship and sacrifice to the LORD Almighty at Shiloh, where Hophni and Phinehas, the two sons of Eli, were priests of the LORD. ⁴Whenever the day came for Elkanah to sacrifice, he would give portions of the meat to his wife Peninnah and to all her sons and daughters. ⁵But to Hannah he gave a double portion because he loved her, and the LORD had closed her womb. ⁶And because the LORD had closed her womb, her rival kept provoking her in order to irritate her. ⁷This went on year after year. Whenever Hannah went up to the house of the LORD, her rival provoked her till she wept and would not eat. ⁸Elkanah her husband would say to her, "Hannah, why are you weeping? Why don't you eat? Why are you downhearted? Don't I mean more to you than ten sons?"

⁹Once when they had finished eating and drinking in Shiloh, Hannah stood up. Now Eli the priest was sitting on a chair by the doorpost of the LORD's temple.[b] ¹⁰In bitterness of soul Hannah wept much and prayed to the LORD. ¹¹And she made a vow, saying, "O LORD Almighty, if you will only look upon your servant's misery and remember me, and not forget your servant but give her a son, then I will give him to the LORD for all the days of his life, and no razor will ever be used on his head."

¹²As she kept on praying to the LORD, Eli observed her mouth. ¹³Hannah was praying in her heart, and her lips were moving but her voice was not heard. Eli thought she was drunk ¹⁴and said to her, "How long will you keep on getting drunk? Get rid of your wine."

¹⁵"Not so, my lord," Hannah replied, "I am a woman who is deeply troubled. I have not been drinking wine or beer; I was pouring out my soul to the LORD. ¹⁶Do not take your servant for a wicked woman; I have been praying here out of my great anguish and grief."

¹⁷Eli answered, "Go in peace, and may the God of Israel grant you what you have asked of him."

¹⁸She said, "May your servant find favor in your eyes." Then she went her way and ate something, and her face was no longer downcast.

¹⁹Early the next morning they arose and worshiped before the LORD and then went back to their home at Ramah. Elkanah lay with Hannah his wife, and the LORD remembered her. ²⁰So in the course of time Hannah conceived and gave birth to a son. She named him Samuel,[c] saying, "Because I asked the LORD for him."

---

[a]1 Or *from Ramathaim Zuphim*   [b]9 That is, tabernacle
[c]20 *Samuel* sounds like the Hebrew for *heard of God*.

21 Después subió el varón Elcana con toda su familia, para ofrecer a Jehová el sacrificio acostumbrado y su voto. 22 Pero Ana no subió, sino dijo a su marido: Yo no subiré hasta que el niño sea destetado, para que lo lleve y sea presentado delante de Jehová, y se quede allá para siempre. 23 Y Elcana su marido le respondió: Haz lo que bien te parezca; quédate hasta que lo destetes; solamente que cumpla Jehová su palabra. Y se quedó la mujer, y crió a su hijo hasta que lo destetó. 24 Después que lo hubo destetado, lo llevó consigo, con tres becerros, un efa de harina, y una vasija de vino, y lo trajo a la casa de Jehová en Silo; y el niño era pequeño. 25 Y matando el becerro, trajeron el niño a Elí. 26 Y ella dijo: ¡Oh, señor mío! Vive tu alma, señor mío, yo soy aquella mujer que estuvo aquí junto a ti orando a Jehová. 27 Por este niño oraba, y Jehová me dio lo que le pedí. 28 Yo, pues, lo dedico también a Jehová; todos los días que viva, será de Jehová. Y adoró allí a Jehová.

Cántico de Ana

2 1 Y Ana oró y dijo:
Mi corazón se regocija en Jehová,
Mi poder se exalta en Jehová;
Mi boca se ensanchó sobre mis enemigos,
Por cuanto me alegré en tu salvación.
2 No hay santo como Jehová;
Porque no hay ninguno fuera de ti,
Y no hay refugio como el Dios nuestro.
3 No multipliquéis palabras de grandeza y altanería;
Cesen las palabras arrogantes de vuestra boca;
Porque el Dios de todo saber es Jehová,
Y a él toca el pesar las acciones.
4 Los arcos de los fuertes fueron quebrados,
Y los débiles se ciñeron de poder.
5 Los saciados se alquilaron por pan,
Y los hambrientos dejaron de tener hambre;
Hasta la estéril ha dado a luz siete,
Y la que tenía muchos hijos languidece.
6 Jehová mata, y él da vida;
El hace descender al Seol, y hace subir.
7 Jehová empobrece, y él enriquece;
Abate, y enaltece.
8 El levanta del polvo al pobre,
Y del muladar exalta al menesteroso,
Para hacerle sentarse con príncipes y heredar un
sitio de honor.
Porque de Jehová son las columnas de la tierra,
Y él afirmó sobre ellas el mundo.
9 El guarda los pies de sus santos,
Mas los impíos perecen en tinieblas;
Porque nadie será fuerte por su propia fuerza.

Hannah Dedicates Samuel

21 When the man Elkanah went up with all his family to offer the annual sacrifice to the LORD and to fulfill his vow, 22 Hannah did not go. She said to her husband, "After the boy is weaned, I will take him and present him before the LORD, and he will live there always." 23 "Do what seems best to you," Elkanah her husband told her. "Stay here until you have weaned him; only may the LORD make good his*d* word." So the woman stayed at home and nursed her son until she had weaned him. 24 After he was weaned, she took the boy with her, young as he was, along with a three-year-old bull,*e* an ephah*f* of flour and a skin of wine, and brought him to the house of the LORD at Shiloh. 25 When they had slaughtered the bull, they brought the boy to Eli, 26 and she said to him, "As surely as you live, my lord, I am the woman who stood here beside you praying to the LORD. 27 I prayed for this child, and the LORD has granted me what I asked of him. 28 So now I give him to the LORD. For his whole life he will be given over to the LORD." And he worshiped the LORD there.

Hannah's Prayer

2 Then Hannah prayed and said:

"My heart rejoices in the LORD;
  in the LORD my horn*g* is lifted high.
My mouth boasts over my enemies,
  for I delight in your deliverance.

2 "There is no one holy*h* like the LORD;
  there is no one besides you;
  there is no Rock like our God.

3 "Do not keep talking so proudly
  or let your mouth speak such arrogance,
for the LORD is a God who knows,
  and by him deeds are weighed.

4 "The bows of the warriors are broken,
  but those who stumbled are armed with
    strength.
5 Those who were full hire themselves out for
    food,
  but those who were hungry hunger no more.
She who was barren has borne seven children,
  but she who has had many sons pines away.

6 "The LORD brings death and makes alive;
  he brings down to the grave*i* and raises up.
7 The LORD sends poverty and wealth;
  he humbles and he exalts.
8 He raises the poor from the dust
  and lifts the needy from the ash heap;
he seats them with princes
  and has them inherit a throne of honor.

"For the foundations of the earth are the LORD's;
  upon them he has set the world.
9 He will guard the feet of his saints,
  but the wicked will be silenced in darkness.

"It is not by strength that one prevails;

---

d23 Masoretic Text; Dead Sea Scrolls, Septuagint and Syriac *your* *e24* Dead Sea Scrolls, Septuagint and Syriac; Masoretic Text *with three bulls* *f24* That is, probably about 3/5 bushel (about 22 liters) *g1* *Horn* here symbolizes strength; also in verse 10. *h2* Or *no Holy One* *i6* Hebrew *Sheol*

¹⁰Delante de Jehová serán quebrantados sus
adversarios,

Y sobre ellos tronará desde los cielos;
Jehová juzgará los confines de la tierra,
Dará poder a su Rey,
Y exaltará el poderío de su Ungido.

¹¹Y Elcana se volvió a su casa en Ramá; y el niño
ministraba a Jehová delante del sacerdote Elí.

El pecado de los hijos de Elí

¹²Los hijos de Elí eran hombres impíos, y no tenían
conocimiento de Jehová.

¹³Y era costumbre de los sacerdotes con el pueblo, que
cuando alguno ofrecía sacrificio, venía el criado del sacerdote mientras se cocía la carne, trayendo en su mano un
garfio de tres dientes,

¹⁴y lo metía en el perol, en la olla, en el caldero o en la
marmita; y todo lo que sacaba el garfio, el sacerdote lo
tomaba para sí. De esta manera hacían con todo israelita
que venía a Silo.

¹⁵Asimismo, antes de quemar la grosura, venía el criado
del sacerdote, y decía al que sacrificaba: Da carne que asar
para el sacerdote; porque no tomará de ti carne cocida,
sino cruda.

¹⁶Y si el hombre le respondía: Quemen la grosura primero,
y después toma tanto como quieras; él respondía: No, sino
dámela ahora mismo; de otra manera yo la tomaré por la
fuerza.

¹⁷Era, pues, muy grande delante de Jehová el pecado de
los jóvenes; porque los hombres menospreciaban las ofrendas de Jehová.

¹⁸Y el joven Samuel ministraba en la presencia de Jehová, vestido de un efod de lino.

¹⁹Y le hacía su madre una túnica pequeña y se la traía cada
año, cuando subía con su marido para ofrecer el sacrificio
acostumbrado.

²⁰Y Elí bendijo a Elcana y a su mujer, diciendo: Jehová te
dé hijos de esta mujer en lugar del que pidió a Jehová. Y
se volvieron a su casa.

²¹Y visitó Jehová a Ana, y ella concibió, y dio a luz tres
hijos y dos hijas. Y el joven Samuel crecía delante de
Jehová.

²²Pero Elí era muy viejo; y oía de todo lo que sus hijos
hacían con todo Israel, y cómo dormían con las mujeres
que velaban a la puerta del tabernáculo de reunión.

²³Y les dijo: ¿Por qué hacéis cosas semejantes? Porque yo
oigo de todo este pueblo vuestros malos procederes.

²⁴No, hijos míos, porque no es buena fama la que yo oigo;
pues hacéis pecar al pueblo de Jehová.

²⁵Si pecare el hombre contra el hombre, los jueces le
juzgarán; mas si alguno pecare contra Jehová, ¿quién roga-
rá por él? Pero ellos no oyeron la voz de su padre, porque
Jehová había resuelto hacerlos morir.

²⁶Y el joven Samuel iba creciendo, y era acepto delante
de Dios y delante de los hombres.

²⁷Y vino un varón de Dios a Elí, y le dijo: Así ha dicho
Jehová: ¿No me manifesté yo claramente a la casa de tu
padre, cuando estaban en Egipto en casa de Faraón?

²⁸Y yo le escogí por mi sacerdote entre todas las tribus de
Israel, para que ofreciese sobre mi altar, y quemase incienso, y llevase efod delante de mí; y di a la casa de tu padre
todas las ofrendas de los hijos de Israel.

²⁹¿Por qué habéis hollado mis sacrificios y mis ofrendas,

¹⁰ those who oppose the Lᴏʀᴅ will be shattered.
He will thunder against them from heaven;
the Lᴏʀᴅ will judge the ends of the earth.

"He will give strength to his king
and exalt the horn of his anointed."

¹¹Then Elkanah went home to Ramah, but the boy
ministered before the Lᴏʀᴅ under Eli the priest.

Eli's Wicked Sons

¹²Eli's sons were wicked men; they had no regard
for the Lᴏʀᴅ. ¹³Now it was the practice of the priests
with the people that whenever anyone offered a sacrifice and while the meat was being boiled, the servant
of the priest would come with a three-pronged fork in
his hand. ¹⁴He would plunge it into the pan or kettle
or caldron or pot, and the priest would take for himself
whatever the fork brought up. This is how they treated
all the Israelites who came to Shiloh. ¹⁵But even before
the fat was burned, the servant of the priest would
come and say to the man who was sacrificing, "Give
the priest some meat to roast; he won't accept boiled
meat from you, but only raw."

¹⁶If the man said to him, "Let the fat be burned up
first, and then take whatever you want," the servant
would then answer, "No, hand it over now; if you
don't, I'll take it by force."

¹⁷This sin of the young men was very great in the
Lᴏʀᴅ's sight, for theyʲ were treating the Lᴏʀᴅ's offering with contempt.

¹⁸But Samuel was ministering before the Lᴏʀᴅ—a
boy wearing a linen ephod. ¹⁹Each year his mother
made him a little robe and took it to him when she
went up with her husband to offer the annual sacrifice.
²⁰Eli would bless Elkanah and his wife, saying, "May
the Lᴏʀᴅ give you children by this woman to take the
place of the one she prayed for and gave to the Lᴏʀᴅ."
Then they would go home. ²¹And the Lᴏʀᴅ was gracious to Hannah; she conceived and gave birth to three
sons and two daughters. Meanwhile, the boy Samuel
grew up in the presence of the Lᴏʀᴅ.

²²Now Eli, who was very old, heard about everything his sons were doing to all Israel and how they
slept with the women who served at the entrance to
the Tent of Meeting. ²³So he said to them, "Why do
you do such things? I hear from all the people about
these wicked deeds of yours. ²⁴No, my sons; it is not
a good report that I hear spreading among the Lᴏʀᴅ's
people. ²⁵If a man sins against another man, Godᵏ
may mediate for him; but if a man sins against the
Lᴏʀᴅ, who will intercede for him?" His sons, however,
did not listen to their father's rebuke, for it was the
Lᴏʀᴅ's will to put them to death.

²⁶And the boy Samuel continued to grow in stature
and in favor with the Lᴏʀᴅ and with men.

Prophecy Against the House of Eli

²⁷Now a man of God came to Eli and said to him,
"This is what the Lᴏʀᴅ says: 'Did I not clearly reveal
myself to your father's house when they were in Egypt
under Pharaoh? ²⁸I chose your father out of all the
tribes of Israel to be my priest, to go up to my altar,
to burn incense, and to wear an ephod in my presence.
I also gave your father's house all the offerings made
with fire by the Israelites. ²⁹Why do youˡ scorn my

ʲ17 Or men   ᵏ25 Or the judges   ˡ29 The Hebrew is plural.

que yo mandé ofrecer en el tabernáculo; y has honrado a tus hijos más que a mí, engordándoos de lo principal de todas las ofrendas de mi pueblo Israel?

30 Por tanto, Jehová el Dios de Israel dice: Yo había dicho que tu casa y la casa de tu padre andarían delante de mí perpetuamente; mas ahora ha dicho Jehová: Nunca yo tal haga, porque yo honraré a los que me honran, y los que me desprecian serán tenidos en poco.

31 He aquí, vienen días en que cortaré tu brazo y el brazo de la casa de tu padre, de modo que no haya anciano en tu casa.

32 Verás tu casa humillada, mientras Dios colma de bienes a Israel; y en ningún tiempo habrá anciano en tu casa.

33 El varón de los tuyos que yo no corte de mi altar, será para consumir tus ojos y llenar tu alma de dolor; y todos los nacidos en tu casa morirán en la edad viril.

34 Y te será por señal esto que acontecerá a tus dos hijos, Ofni y Finees: ambos morirán en un día.

35 Y yo me suscitaré un sacerdote fiel, que haga conforme a mi corazón y a mi alma; y yo le edificaré casa firme, y andará delante de mi ungido todos los días.

36 Y el que hubiere quedado en tu casa vendrá a postrarse delante de él por una moneda de plata y un bocado de pan, diciéndole: Te ruego que me agregues a alguno de los ministerios, para que pueda comer un bocado de pan.

Jehová llama a Samuel

3 1 El joven Samuel ministraba a Jehová en presencia de Elí; y la palabra de Jehová escaseaba en aquellos días; no había visión con frecuencia.

2 Y aconteció un día, que estando Elí acostado en su aposento, cuando sus ojos comenzaban a oscurecerse de modo que no podía ver,

3 Samuel estaba durmiendo en el templo de Jehová, donde estaba el arca de Dios; y antes que la lámpara de Dios fuese apagada,

4 Jehová llamó a Samuel; y él respondió: Heme aquí.

5 Y corriendo luego a Elí, dijo: Heme aquí; ¿para qué me llamaste? Y Elí le dijo: Yo no he llamado; vuelve y acuéstate. Y él se volvió y se acostó.

6 Y Jehová volvió a llamar otra vez a Samuel. Y levantándose Samuel, vino a Elí y dijo: Heme aquí; ¿para qué me has llamado? Y él dijo: Hijo mío, yo no he llamado; vuelve y acuéstate.

7 Y Samuel no había conocido aún a Jehová, ni la palabra de Jehová le había sido revelada.

8 Jehová, pues, llamó la tercera vez a Samuel. Y él se levantó y vino a Elí, y dijo: Heme aquí; ¿para qué me has llamado? Entonces entendió Elí que Jehová llamaba al joven.

9 Y dijo Elí a Samuel: Vé y acuéstate; y si te llamare, dirás: Habla, Jehová, porque tu siervo oye. Así se fue Samuel, y se acostó en su lugar.

10 Y vino Jehová y se paró, y llamó como las otras veces: ¡Samuel, Samuel! Entonces Samuel dijo: Habla, porque tu siervo oye.

11 Y Jehová dijo a Samuel: He aquí haré yo una cosa en Israel, que a quien la oyere, le retiñirán ambos oídos.

12 Aquel día yo cumpliré contra Elí todas las cosas que he dicho sobre su casa, desde el principio hasta el fin.

sacrifice and offering that I prescribed for my dwelling? Why do you honor your sons more than me by fattening yourselves on the choice parts of every offering made by my people Israel?'

30 "Therefore the LORD, the God of Israel, declares: 'I promised that your house and your father's house would minister before me forever.' But now the LORD declares: 'Far be it from me! Those who honor me I will honor, but those who despise me will be disdained. 31 The time is coming when I will cut short your strength and the strength of your father's house, so that there will not be an old man in your family line 32 and you will see distress in my dwelling. Although good will be done to Israel, in your family line there will never be an old man. 33 Every one of you that I do not cut off from my altar will be spared only to blind your eyes with tears and to grieve your heart, and all your descendants will die in the prime of life.

34 " 'And what happens to your two sons, Hophni and Phinehas, will be a sign to you — they will both die on the same day. 35 I will raise up for myself a faithful priest, who will do according to what is in my heart and mind. I will firmly establish his house, and he will minister before my anointed one always. 36 Then everyone left in your family line will come and bow down before him for a piece of silver and a crust of bread and plead, "Appoint me to some priestly office so I can have food to eat." ' "

The LORD Calls Samuel

3 The boy Samuel ministered before the LORD under Eli. In those days the word of the LORD was rare; there were not many visions.

2 One night Eli, whose eyes were becoming so weak that he could barely see, was lying down in his usual place. 3 The lamp of God had not yet gone out, and Samuel was lying down in the temple *m* of the LORD, where the ark of God was. 4 Then the LORD called Samuel.

Samuel answered, "Here I am." 5 And he ran to Eli and said, "Here I am; you called me."

But Eli said, "I did not call; go back and lie down." So he went and lay down.

6 Again the LORD called, "Samuel!" And Samuel got up and went to Eli and said, "Here I am; you called me."

"My son," Eli said, "I did not call; go back and lie down."

7 Now Samuel did not yet know the LORD: The word of the LORD had not yet been revealed to him.

8 The LORD called Samuel a third time, and Samuel got up and went to Eli and said, "Here I am; you called me."

Then Eli realized that the LORD was calling the boy. 9 So Eli told Samuel, "Go and lie down, and if he calls you, say, 'Speak, LORD, for your servant is listening.' " So Samuel went and lay down in his place.

10 The LORD came and stood there, calling as at the other times, "Samuel! Samuel!"

Then Samuel said, "Speak, for your servant is listening."

11 And the LORD said to Samuel: "See, I am about to do something in Israel that will make the ears of everyone who hears of it tingle. 12 At that time I will carry out against Eli everything I spoke against his family — from beginning to end. 13 For I told him that

m 3 That is, tabernacle

13 Y le mostraré que yo juzgaré su casa para siempre, por la iniquidad que él sabe; porque sus hijos han blasfemado a Dios, y él no los ha estorbado.

14 Por tanto, yo he jurado a la casa de Elí que la iniquidad de la casa de Elí no será expiada jamás, ni con sacrificios ni con ofrendas.

15 Y Samuel estuvo acostado hasta la mañana, y abrió las puertas de la casa de Jehová. Y Samuel temía descubrir la visión a Elí.

16 Llamando, pues, Elí a Samuel, le dijo: Hijo mío, Samuel. Y él respondió: Heme aquí.

17 Y Elí dijo: ¿Qué es la palabra que te habló? Te ruego que no me la encubras; así te haga Dios y aun te añada, si me encubrieres palabra de todo lo que habló contigo.

18 Y Samuel se lo manifestó todo, sin encubrirle nada. Entonces él dijo: Jehová es; haga lo que bien le pareciere.

19 Y Samuel creció, y Jehová estaba con él, y no dejó caer a tierra ninguna de sus palabras.

20 Y todo Israel, desde Dan hasta Beerseba, conoció que Samuel era fiel profeta de Jehová.

21 Y Jehová volvió a aparecer en Silo; porque Jehová se manifestó a Samuel en Silo por la palabra de Jehová.

Los filisteos capturan el arca

4 1 Y Samuel habló a todo Israel. Por aquel tiempo salió Israel a encontrar en batalla a los filisteos, y acampó junto a Eben-ezer, y los filisteos acamparon en Afec.

2 Y los filisteos presentaron la batalla a Israel; y trabándose el combate, Israel fue vencido delante de los filisteos, los cuales hirieron en la batalla en el campo como a cuatro mil hombres.

3 Cuando volvió el pueblo al campamento, los ancianos de Israel dijeron: ¿Por qué nos ha herido hoy Jehová delante de los filisteos? Traigamos a nosotros de Silo el arca del pacto de Jehová, para que viniendo entre nosotros nos salve de la mano de nuestros enemigos.

4 Y envió el pueblo a Silo, y trajeron de allá el arca del pacto de Jehová de los ejércitos, que moraba entre los querubines; y los dos hijos de Elí, Ofni y Finees, estaban allí con el arca del pacto de Dios.

5 Aconteció que cuando el arca del pacto de Jehová llegó al campamento, todo Israel gritó con tan gran júbilo que la tierra tembló.

6 Cuando los filisteos oyeron la voz de júbilo, dijeron: ¿Qué voz de gran júbilo es esta en el campamento de los hebreos? Y supieron que el arca de Jehová había sido traída al campamento.

7 Y los filisteos tuvieron miedo, porque decían: Ha venido Dios al campamento. Y dijeron: ¡Ay de nosotros! pues antes de ahora no fue así.

8 ¡Ay de nosotros! ¿Quién nos librará de la mano de estos dioses poderosos? Estos son los dioses que hirieron a Egipto con toda plaga en el desierto.

9 Esforzaos, oh filisteos, y sed hombres, para que no sirváis a los hebreos, como ellos os han servido a vosotros; sed hombres, y pelead.

10 Pelearon, pues, los filisteos, e Israel fue vencido, y huyeron cada cual a sus tiendas; y fue hecha muy grande mortandad, pues cayeron de Israel treinta mil hombres de a pie.

11 Y el arca de Dios fue tomada, y muertos los dos hijos de Elí, Ofni y Finees.

I would judge his family forever because of the sin he knew about; his sons made themselves contemptible,[n] and he failed to restrain them. 14 Therefore, I swore to the house of Eli, 'The guilt of Eli's house will never be atoned for by sacrifice or offering.' "

15 Samuel lay down until morning and then opened the doors of the house of the LORD. He was afraid to tell Eli the vision, 16 but Eli called him and said, "Samuel, my son."

Samuel answered, "Here I am."

17 "What was it he said to you?" Eli asked. "Do not hide it from me. May God deal with you, be it ever so severely, if you hide from me anything he told you." 18 So Samuel told him everything, hiding nothing from him. Then Eli said, "He is the LORD; let him do what is good in his eyes."

19 The LORD was with Samuel as he grew up, and he let none of his words fall to the ground. 20 And all Israel from Dan to Beersheba recognized that Samuel was attested as a prophet of the LORD. 21 The LORD continued to appear at Shiloh, and there he revealed himself to Samuel through his word.

4 And Samuel's word came to all Israel.

The Philistines Capture the Ark

Now the Israelites went out to fight against the Philistines. The Israelites camped at Ebenezer, and the Philistines at Aphek. 2 The Philistines deployed their forces to meet Israel, and as the battle spread, Israel was defeated by the Philistines, who killed about four thousand of them on the battlefield. 3 When the soldiers returned to camp, the elders of Israel asked, "Why did the LORD bring defeat upon us today before the Philistines? Let us bring the ark of the LORD's covenant from Shiloh, so that it[o] may go with us and save us from the hand of our enemies."

4 So the people sent men to Shiloh, and they brought back the ark of the covenant of the LORD Almighty, who is enthroned between the cherubim. And Eli's two sons, Hophni and Phinehas, were there with the ark of the covenant of God.

5 When the ark of the LORD's covenant came into the camp, all Israel raised such a great shout that the ground shook. 6 Hearing the uproar, the Philistines asked, "What's all this shouting in the Hebrew camp?"

When they learned that the ark of the LORD had come into the camp, 7 the Philistines were afraid. "A god has come into the camp," they said. "We're in trouble! Nothing like this has happened before. 8 Woe to us! Who will deliver us from the hand of these mighty gods? They are the gods who struck the Egyptians with all kinds of plagues in the desert. 9 Be strong, Philistines! Be men, or you will be subject to the Hebrews, as they have been to you. Be men, and fight!"

10 So the Philistines fought, and the Israelites were defeated and every man fled to his tent. The slaughter was very great; Israel lost thirty thousand foot soldiers. 11 The ark of God was captured, and Eli's two sons, Hophni and Phinehas, died.

---

n 13 Masoretic Text; an ancient Hebrew scribal tradition and Septuagint *sons blasphemed God*   *o 3* Or *he*

12Y corriendo de la batalla un hombre de Benjamín, llegó el mismo día a Silo, rotos sus vestidos y tierra sobre su cabeza;

13y cuando llegó, he aquí que Elí estaba sentado en una silla vigilando junto al camino, porque su corazón estaba temblando por causa del arca de Dios. Llegado, pues, aquel hombre a la ciudad, y dadas las nuevas, toda la ciudad gritó.

14Cuando Elí oyó el estruendo de la gritería, dijo: ¿Qué estruendo de alboroto es este? Y aquel hombre vino aprisa y dio las nuevas a Elí.

15Era ya Elí de edad de noventa y ocho años, y sus ojos se habían oscurecido, de modo que no podía ver.

16Dijo, pues, aquel hombre a Elí: Yo vengo de la batalla, he escapado hoy del combate. Y Elí dijo: ¿Qué ha acontecido, hijo mío?

17Y el mensajero respondió diciendo: Israel huyó delante de los filisteos, y también fue hecha gran mortandad en el pueblo; y también tus dos hijos, Ofni y Finees, fueron muertos, y el arca de Dios ha sido tomada.

18Y aconteció que cuando él hizo mención del arca de Dios, Elí cayó hacia atrás de la silla al lado de la puerta, y se desnucó y murió; porque era hombre viejo y pesado. Y había juzgado a Israel cuarenta años.

19Y su nuera la mujer de Finees, que estaba encinta, cercana al alumbramiento, oyendo el rumor que el arca de Dios había sido tomada, y muertos su suegro y su marido, se inclinó y dio a luz; porque le sobrevinieron sus dolores de repente.

20Y al tiempo que moría, le decían las que estaban junto a ella: No tengas temor, porque has dado a luz un hijo. Mas ella no respondió, ni se dio por entendida.

21Y llamó al niño Icabod, a diciendo: ¡Traspasada es la gloria de Israel! por haber sido tomada el arca de Dios, y por la muerte de su suegro y de su marido.

22Dijo, pues: Traspasada es la gloria de Israel; porque ha sido tomada el arca de Dios.

El arca en tierra de los filisteos

5 1 Cuando los filisteos capturaron el arca de Dios, la llevaron desde Eben-ezer a Asdod.

2Y tomaron los filisteos el arca de Dios, y la metieron en la casa de Dagón, y la pusieron junto a Dagón.

3Y cuando al siguiente día los de Asdod se levantaron de mañana, he aquí Dagón postrado en tierra delante del arca de Jehová; y tomaron a Dagón y lo volvieron a su lugar.

4Y volviéndose a levantar de mañana el siguiente día, he aquí que Dagón había caído postrado en tierra delante del arca de Jehová; y la cabeza de Dagón y las dos palmas de sus manos estaban cortadas sobre el umbral, habiéndole quedado a Dagón el tronco solamente.

5Por esta causa los sacerdotes de Dagón y todos los que entran en el templo de Dagón no pisan el umbral de Dagón en Asdod, hasta hoy.

6Y se agravó la mano de Jehová sobre los de Asdod, y los destruyó y los hirió con tumores en Asdod y en todo su territorio.

7Y viendo esto los de Asdod, dijeron: No quede con nosotros el arca del Dios de Israel, porque su mano es dura sobre nosotros y sobre nuestro dios Dagón.

8Convocaron, pues, a todos los príncipes de los filisteos, y les dijeron: ¿Qué haremos del arca del Dios de Israel? Y ellos respondieron: Pásese el arca del Dios de Israel a Gat. Y pasaron allá el arca del Dios de Israel.

Death of Eli

12That same day a Benjamite ran from the battle line and went to Shiloh, his clothes torn and dust on his head. 13When he arrived, there was Eli sitting on his chair by the side of the road, watching, because his heart feared for the ark of God. When the man entered the town and told what had happened, the whole town sent up a cry.

14Eli heard the outcry and asked, "What is the meaning of this uproar?"

The man hurried over to Eli, 15who was ninety-eight years old and whose eyes were set so that he could not see. 16He told Eli, "I have just come from the battle line; I fled from it this very day."

Eli asked, "What happened, my son?"

17The man who brought the news replied, "Israel fled before the Philistines, and the army has suffered heavy losses. Also your two sons, Hophni and Phinehas, are dead, and the ark of God has been captured."

18When he mentioned the ark of God, Eli fell backward off his chair by the side of the gate. His neck was broken and he died, for he was an old man and heavy. He had led p Israel forty years.

19His daughter-in-law, the wife of Phinehas, was pregnant and near the time of delivery. When she heard the news that the ark of God had been captured and that her father-in-law and her husband were dead, she went into labor and gave birth, but was overcome by her labor pains. 20As she was dying, the women attending her said, "Don't despair; you have given birth to a son." But she did not respond or pay any attention.

21She named the boy Ichabod, q saying, "The glory has departed from Israel"—because of the capture of the ark of God and the deaths of her father-in-law and her husband. 22She said, "The glory has departed from Israel, for the ark of God has been captured."

The Ark in Ashdod and Ekron

5 After the Philistines had captured the ark of God, they took it from Ebenezer to Ashdod. 2Then they carried the ark into Dagon's temple and set it beside Dagon. 3When the people of Ashdod rose early the next day, there was Dagon, fallen on his face on the ground before the ark of the LORD! They took Dagon and put him back in his place. 4But the following morning when they rose, there was Dagon, fallen on his face on the ground before the ark of the LORD! His head and hands had been broken off and were lying on the threshold; only his body remained. 5That is why to this day neither the priests of Dagon nor any others who enter Dagon's temple at Ashdod step on the threshold.

6The LORD's hand was heavy upon the people of Ashdod and its vicinity; he brought devastation upon them and afflicted them with tumors. r 7When the men of Ashdod saw what was happening, they said, "The ark of the god of Israel must not stay here with us, because his hand is heavy upon us and upon Dagon our god." 8So they called together all the rulers of the Philistines and asked them, "What shall we do with the ark of the god of Israel?"

They answered, "Have the ark of the god of Israel moved to Gath." So they moved the ark of the God of Israel.

p 18 Traditionally judged   q 21 Ichabod means no glory.
r 6 Hebrew; Septuagint and Vulgate tumors. And rats appeared in their land, and death and destruction were throughout the city

aEsto es, Sin gloria.

9 Y aconteció que cuando la habían pasado, la mano de Jehová estuvo contra la ciudad con gran quebrantamiento, y afligió a los hombres de aquella ciudad desde el chico hasta el grande, y se llenaron de tumores.

10 Entonces enviaron el arca de Dios a Ecrón. Y cuando el arca de Dios vino a Ecrón, los ecronitas dieron voces, diciendo: Han pasado a nosotros el arca del Dios de Israel para matarnos a nosotros y a nuestro pueblo.

11 Y enviaron y reunieron a todos los príncipes de los filisteos, diciendo: Enviad el arca del Dios de Israel, y vuélvase a su lugar, y no nos mate a nosotros ni a nuestro pueblo; porque había consternación de muerte en toda la ciudad, y la mano de Dios se había agravado allí.

12 Y los que no morían, eran heridos de tumores; y el clamor de la ciudad subía al cielo.

Los filisteos devuelven el arca

6 ¹ Estuvo el arca de Jehová en la tierra de los filisteos siete meses.

2 Entonces los filisteos, llamando a los sacerdotes y adivinos, preguntaron: ¿Qué haremos del arca de Jehová? Hacednos saber de qué manera la hemos de volver a enviar a su lugar.

3 Ellos dijeron: Si enviáis el arca del Dios de Israel, no la enviéis vacía, sino pagadle la expiación; entonces seréis sanos, y conoceréis por qué no se apartó de vosotros su mano.

4 Y ellos dijeron: ¿Y qué será la expiación que le pagaremos? Ellos respondieron: Conforme al número de los príncipes de los filisteos, cinco tumores de oro, y cinco ratones de oro, porque una misma plaga ha afligido a todos vosotros y a vuestros príncipes.

5 Haréis, pues, figuras de vuestros tumores, y de vuestros ratones que destruyen la tierra, y daréis gloria al Dios de Israel; quizá aliviará su mano de sobre vosotros y de sobre vuestros dioses, y de sobre vuestra tierra.

6 ¿Por qué endurecéis vuestro corazón, como los egipcios y Faraón endurecieron su corazón? Después que los había tratado así, ¿no los dejaron ir, y se fueron?

7 Haced, pues, ahora un carro nuevo, y tomad luego dos vacas que críen, a las cuales no haya sido puesto yugo, y uncid las vacas al carro, y haced volver sus becerros de detrás de ellas a casa.

8 Tomaréis luego el arca de Jehová, y la pondréis sobre el carro, y las joyas de oro que le habéis de pagar en ofrenda por la culpa, las pondréis en una caja al lado de ella; y la dejaréis que se vaya.

9 Y observaréis; si sube por el camino de su tierra a Bet-semes, él nos ha hecho este mal tan grande; y si no, sabremos que no es su mano la que nos ha herido, sino que esto ocurrió por accidente.

10 Y aquellos hombres lo hicieron así; tomando dos vacas que criaban, las uncieron al carro, y encerraron en casa sus becerros.

11 Luego pusieron el arca de Jehová sobre el carro, y la caja con los ratones de oro y las figuras de sus tumores.

12 Y las vacas se encaminaron por el camino de Bet-semes, y seguían camino recto, andando y bramando, sin apartarse ni a derecha ni a izquierda; y los príncipes de los filisteos fueron tras ellas hasta el límite de Bet-semes.

13 Y los de Bet-semes segaban el trigo en el valle; y alzando los ojos vieron el arca, y se regocijaron cuando la vieron.

14 Y el carro vino al campo de Josué de Bet-semes, y paró allí donde había una gran piedra; y ellos cortaron la madera del carro, y ofrecieron las vacas en holocausto a Jehová.

15 Y los levitas bajaron el arca de Jehová, y la caja que

9 But after they had moved it, the LORD's hand was against that city, throwing it into a great panic. He afflicted the people of the city, both young and old, with an outbreak of tumors.^{s} 10 So they sent the ark of God to Ekron.

As the ark of God was entering Ekron, the people of Ekron cried out, "They have brought the ark of the god of Israel around to us to kill us and our people." 11 So they called together all the rulers of the Philistines and said, "Send the ark of the god of Israel away; let it go back to its own place, or it^t will kill us and our people." For death had filled the city with panic; God's hand was very heavy upon it. 12 Those who did not die were afflicted with tumors, and the outcry of the city went up to heaven.

The Ark Returned to Israel

6 When the ark of the LORD had been in Philistine territory seven months, 2 the Philistines called for the priests and the diviners and said, "What shall we do with the ark of the LORD? Tell us how we should send it back to its place."

3 They answered, "If you return the ark of the god of Israel, do not send it away empty, but by all means send a guilt offering to him. Then you will be healed, and you will know why his hand has not been lifted from you."

4 The Philistines asked, "What guilt offering should we send to him?"

They replied, "Five gold tumors and five gold rats, according to the number of the Philistine rulers, because the same plague has struck both you and your rulers. 5 Make models of the tumors and of the rats that are destroying the country, and pay honor to Israel's god. Perhaps he will lift his hand from you and your gods and your land. 6 Why do you harden your hearts as the Egyptians and Pharaoh did? When he^u treated them harshly, did they not send the Israelites out so they could go on their way?

7 "Now then, get a new cart ready, with two cows that have calved and have never been yoked. Hitch the cows to the cart, but take their calves away and pen them up. 8 Take the ark of the LORD and put it on the cart, and in a chest beside it put the gold objects you are sending back to him as a guilt offering. Send it on its way, 9 but keep watching it. If it goes up to its own territory, toward Beth Shemesh, then the LORD has brought this great disaster on us. But if it does not, then we will know that it was not his hand that struck us and that it happened to us by chance."

10 So they did this. They took two such cows and hitched them to the cart and penned up their calves. 11 They placed the ark of the LORD on the cart and along with it the chest containing the gold rats and the models of the tumors. 12 Then the cows went straight up toward Beth Shemesh, keeping on the road and lowing all the way; they did not turn to the right or to the left. The rulers of the Philistines followed them as far as the border of Beth Shemesh.

13 Now the people of Beth Shemesh were harvesting their wheat in the valley, and when they looked up and saw the ark, they rejoiced at the sight. 14 The cart came to the field of Joshua of Beth Shemesh, and there it stopped beside a large rock. The people chopped up the wood of the cart and sacrificed the cows as a burnt offering to the LORD. 15 The Levites took down the ark

^{s} 9 Or *with tumors in the groin* (see Septuagint)　　^{t} 11 Or *he*
^{u} 6 That is, God

estaba junto a ella, en la cual estaban las joyas de oro, y las pusieron sobre aquella gran piedra; y los hombres de Bet-semes sacrificaron holocaustos y dedicaron sacrificios a Jehová en aquel día.

16 Cuando vieron esto los cinco príncipes de los filisteos, volvieron a Ecrón el mismo día.

17 Estos fueron los tumores de oro que pagaron los filisteos en expiación a Jehová: por Asdod uno, por Gaza uno, por Ascalón uno, por Gat uno, por Ecrón uno.

18 Y los ratones de oro fueron conforme al número de todas las ciudades de los filisteos pertenecientes a los cinco príncipes, así las ciudades fortificadas como las aldeas sin muro. La gran piedra sobre la cual pusieron el arca de Jehová está en el campo de Josué de Bet-semes hasta hoy.

19 Entonces Dios hizo morir a los hombres de Bet-semes, porque habían mirado dentro del arca de Jehová; hizo morir del pueblo a cincuenta mil setenta hombres. Y lloró el pueblo, porque Jehová lo había herido con tan gran mortandad.

20 Y dijeron los de Bet-semes: ¿Quién podrá estar delante de Jehová el Dios santo? ¿A quién subirá desde nosotros?

21 Y enviaron mensajeros a los habitantes de Quiriat-jearim, diciendo: Los filisteos han devuelto el arca de Jehová; descended, pues, y llevadla a vosotros.

7 1 Vinieron los de Quiriat-jearim y llevaron el arca de Jehová, y la pusieron en casa de Abinadab, situada en el collado; y santificaron a Eleazar su hijo para que guardase el arca de Jehová.

2 Desde el día que llegó el arca a Quiriat-jearim pasaron muchos días, veinte años; y toda la casa de Israel lamentaba en pos de Jehová.

Samuel, juez de Israel

3 Habló Samuel a toda la casa de Israel, diciendo: Si de todo vuestro corazón os volvéis a Jehová, quitad los dioses ajenos y a Astarot de entre vosotros, y preparad vuestro corazón a Jehová, y sólo a él servid, y os librará de la mano de los filisteos.

4 Entonces los hijos de Israel quitaron a los baales y a Astarot, y sirvieron sólo a Jehová.

5 Y Samuel dijo: Reunid a todo Israel en Mizpa, y yo oraré por vosotros a Jehová.

6 Y se reunieron en Mizpa, y sacaron agua, y la derramaron delante de Jehová, y ayunaron aquel día, y dijeron allí: Contra Jehová hemos pecado. Y juzgó Samuel a los hijos de Israel en Mizpa.

7 Cuando oyeron los filisteos que los hijos de Israel estaban reunidos en Mizpa, subieron los príncipes de los filisteos contra Israel; y al oir esto los hijos de Israel, tuvieron temor de los filisteos.

8 Entonces dijeron los hijos de Israel a Samuel: No ceses de clamar por nosotros a Jehová nuestro Dios, para que nos guarde de la mano de los filisteos.

9 Y Samuel tomó un cordero de leche y lo sacrificó entero en holocausto a Jehová; y clamó Samuel a Jehová por Israel, y Jehová le oyó.

10 Y aconteció que mientras Samuel sacrificaba el holocausto, los filisteos llegaron para pelear con los hijos de Israel. Mas Jehová tronó aquel día con gran estruendo sobre los filisteos, y los atemorizó, y fueron vencidos delante de Israel.

of the LORD, together with the chest containing the gold objects, and placed them on the large rock. On that day the people of Beth Shemesh offered burnt offerings and made sacrifices to the LORD. 16 The five rulers of the Philistines saw all this and then returned that same day to Ekron.

17 These are the gold tumors the Philistines sent as a guilt offering to the LORD—one each for Ashdod, Gaza, Ashkelon, Gath and Ekron. 18 And the number of the gold rats was according to the number of Philistine towns belonging to the five rulers—the fortified towns with their country villages. The large rock, on which*v* they set the ark of the LORD, is a witness to this day in the field of Joshua of Beth Shemesh.

19 But God struck down some of the men of Beth Shemesh, putting seventy*w* of them to death because they had looked into the ark of the LORD. The people mourned because of the heavy blow the LORD had dealt them, 20 and the men of Beth Shemesh asked, "Who can stand in the presence of the LORD, this holy God? To whom will the ark go up from here?"

21 Then they sent messengers to the people of Kiriath Jearim, saying, "The Philistines have returned the ark of the LORD. Come down and take it up to your place."

7 1 So the men of Kiriath Jearim came and took up the ark of the LORD. They took it to Abinadab's house on the hill and consecrated Eleazar his son to guard the ark of the LORD.

Samuel Subdues the Philistines at Mizpah

2 It was a long time, twenty years in all, that the ark remained at Kiriath Jearim, and all the people of Israel mourned and sought after the LORD. 3 And Samuel said to the whole house of Israel, "If you are returning to the LORD with all your hearts, then rid yourselves of the foreign gods and the Ashtoreths and commit yourselves to the LORD and serve him only, and he will deliver you out of the hand of the Philistines." 4 So the Israelites put away their Baals and Ashtoreths, and served the LORD only.

5 Then Samuel said, "Assemble all Israel at Mizpah and I will intercede with the LORD for you." 6 When they had assembled at Mizpah, they drew water and poured it out before the LORD. On that day they fasted and there they confessed, "We have sinned against the LORD." And Samuel was leader*x* of Israel at Mizpah.

7 When the Philistines heard that Israel had assembled at Mizpah, the rulers of the Philistines came up to attack them. And when the Israelites heard of it, they were afraid because of the Philistines. 8 They said to Samuel, "Do not stop crying out to the LORD our God for us, that he may rescue us from the hand of the Philistines." 9 Then Samuel took a suckling lamb and offered it up as a whole burnt offering to the LORD. He cried out to the LORD on Israel's behalf, and the LORD answered him.

10 While Samuel was sacrificing the burnt offering, the Philistines drew near to engage Israel in battle. But that day the LORD thundered with loud thunder against the Philistines and threw them into such a panic that they were routed before the Israelites. 11 The men of

---

v18 A few Hebrew manuscripts (see also Septuagint); most Hebrew manuscripts *villages as far as Greater Abel, where*
w19 A few Hebrew manuscripts; most Hebrew manuscripts and Septuagint *50,070*   *x6* Traditionally *judge*

11 Y saliendo los hijos de Israel de Mizpa, siguieron a los filisteos, hiriéndolos hasta abajo de Bet-car.

12 Tomó luego Samuel una piedra y la puso entre Mizpa y Sen, y le puso por nombre Eben-ezer, *b* diciendo: Hasta aquí nos ayudó Jehová.

13 Así fueron sometidos los filisteos, y no volvieron más a entrar en el territorio de Israel; y la mano de Jehová estuvo contra los filisteos todos los días de Samuel.

14 Y fueron restituidas a los hijos de Israel las ciudades que los filisteos habían tomado a los israelitas, desde Ecrón hasta Gat; e Israel libró su territorio de mano de los filisteos. Y hubo paz entre Israel y el amorreo.

15 Y juzgó Samuel a Israel todo el tiempo que vivió.

16 Y todos los años iba y daba vuelta a Bet-el, a Gilgal y a Mizpa, y juzgaba a Israel en todos estos lugares.

17 Después volvía a Ramá, porque allí estaba su casa, y allí juzgaba a Israel; y edificó allí un altar a Jehová.

Israel pide rey

8 1 Aconteció que habiendo Samuel envejecido, puso a sus hijos por jueces sobre Israel.

2 Y el nombre de su hijo primogénito fue Joel, y el nombre del segundo, Abías; y eran jueces en Beerseba.

3 Pero no anduvieron los hijos por los caminos de su padre, antes se volvieron tras la avaricia, dejándose sobornar y pervirtiendo el derecho.

4 Entonces todos los ancianos de Israel se juntaron, y vinieron a Ramá para ver a Samuel,

5 y le dijeron: He aquí tú has envejecido, y tus hijos no andan en tus caminos; por tanto, constitúyenos ahora un rey que nos juzgue, como tienen todas las naciones.

6 Pero no agradó a Samuel esta palabra que dijeron: Danos un rey que nos juzgue. Y Samuel oró a Jehová.

7 Y dijo Jehová a Samuel: Oye la voz del pueblo en todo lo que te digan; porque no te han desechado a ti, sino a mí me han desechado, para que no reine sobre ellos.

8 Conforme a todas las obras que han hecho desde el día que los saqué de Egipto hasta hoy, dejándome a mí y sirviendo a dioses ajenos, así hacen también contigo.

9 Ahora, pues, oye su voz; mas protesta solemnemente contra ellos, y muéstrales cómo les tratará el rey que reinará sobre ellos.

10 Y refirió Samuel todas las palabras de Jehová al pueblo que le había pedido rey.

11 Dijo, pues: Así hará el rey que reinará sobre vosotros: tomará vuestros hijos, y los pondrá en sus carros y en su gente de a caballo, para que corran delante de su carro;

12 y nombrará para sí jefes de miles y jefes de cincuentenas; los pondrá asimismo a que aren sus campos y sieguen sus mieses, y a que hagan sus armas de guerra y los pertrechos de sus carros.

13 Tomará también a vuestras hijas para que sean perfumadoras, cocineras y amasadoras.

14 Asimismo tomará lo mejor de vuestras tierras, de vuestras viñas y de vuestros olivares, y los dará a sus siervos.

15 Diezmará vuestro grano y vuestras viñas, para dar a sus oficiales y a sus siervos.

16 Tomará vuestros siervos y vuestras siervas, vuestros mejores jóvenes, y vuestros asnos, y con ellos hará sus obras.

17 Diezmará también vuestros rebaños, y seréis sus siervos.

18 Y clamaréis aquel día a causa de vuestro rey que os habréis elegido, mas Jehová no os responderá en aquel día.

Israel rushed out of Mizpah and pursued the Philistines, slaughtering them along the way to a point below Beth Car.

12 Then Samuel took a stone and set it up between Mizpah and Shen. He named it Ebenezer, *y* saying, "Thus far has the LORD helped us." 13 So the Philistines were subdued and did not invade Israelite territory again.

Throughout Samuel's lifetime, the hand of the LORD was against the Philistines. 14 The towns from Ekron to Gath that the Philistines had captured from Israel were restored to her, and Israel delivered the neighboring territory from the power of the Philistines. And there was peace between Israel and the Amorites.

15 Samuel continued as judge over Israel all the days of his life. 16 From year to year he went on a circuit from Bethel to Gilgal to Mizpah, judging Israel in all those places. 17 But he always went back to Ramah, where his home was, and there he also judged Israel. And he built an altar there to the LORD.

Israel Asks for a King

8 When Samuel grew old, he appointed his sons as judges for Israel. 2 The name of his firstborn was Joel and the name of his second was Abijah, and they served at Beersheba. 3 But his sons did not walk in his ways. They turned aside after dishonest gain and accepted bribes and perverted justice.

4 So all the elders of Israel gathered together and came to Samuel at Ramah. 5 They said to him, "You are old, and your sons do not walk in your ways; now appoint a king to lead *z* us, such as all the other nations have."

6 But when they said, "Give us a king to lead us," this displeased Samuel; so he prayed to the LORD. 7 And the LORD told him: "Listen to all that the people are saying to you; it is not you they have rejected, but they have rejected me as their king. 8 As they have done from the day I brought them up out of Egypt until this day, forsaking me and serving other gods, so they are doing to you. 9 Now listen to them; but warn them solemnly and let them know what the king who will reign over them will do."

10 Samuel told all the words of the LORD to the people who were asking him for a king. 11 He said, "This is what the king who will reign over you will do: He will take your sons and make them serve with his chariots and horses, and they will run in front of his chariots. 12 Some he will assign to be commanders of thousands and commanders of fifties, and others to plow his ground and reap his harvest, and still others to make weapons of war and equipment for his chariots. 13 He will take your daughters to be perfumers and cooks and bakers. 14 He will take the best of your fields and vineyards and olive groves and give them to his attendants. 15 He will take a tenth of your grain and of your vintage and give it to his officials and attendants. 16 Your menservants and maidservants and the best of your cattle *a* and donkeys he will take for his own use. 17 He will take a tenth of your flocks, and you yourselves will become his slaves. 18 When that day comes, you will cry out for relief from the king you have chosen, and the LORD will not answer you in that day."

---

b Esto es, *Piedra de ayuda.*

y12 Ebenezer means *stone of help.*   *z5* Traditionally *judge;* also in verses 6 and 20   *a16* Septuagint; Hebrew *young men*

19 Pero el pueblo no quiso oír la voz de Samuel, y dijo: No, sino que habrá rey sobre nosotros; 20 y nosotros seremos también como todas las naciones, y nuestro rey nos gobernará, y saldrá delante de nosotros, y hará nuestras guerras.

21 Y oyó Samuel todas las palabras del pueblo, y las refirió en oídos de Jehová. 22 Y Jehová dijo a Samuel: Oye su voz, y pon rey sobre ellos. Entonces dijo Samuel a los varones de Israel: Idos cada uno a vuestra ciudad.

Saúl es elegido rey

9 1 Había un varón de Benjamín, hombre valeroso, el cual se llamaba Cis, hijo de Abiel, hijo de Zeror, hijo de Becorat, hijo de Afía, hijo de un benjamita. 2 Y tenía él un hijo que se llamaba Saúl, joven y hermoso. Entre los hijos de Israel no había otro más hermoso que él; de hombros arriba sobrepasaba a cualquiera del pueblo.

3 Y se habían perdido las asnas de Cis, padre de Saúl; por lo que dijo Cis a Saúl su hijo: Toma ahora contigo alguno de los criados, y levántate, y vé a buscar las asnas. 4 Y él pasó el monte de Efraín, y de allí a la tierra de Salisa, y no las hallaron. Pasaron luego por la tierra de Saalim, y tampoco. Después pasaron por la tierra de Benjamín, y no las encontraron.

5 Cuando vinieron a la tierra de Zuf, Saúl dijo a su criado que tenía consigo: Ven, volvámonos; porque quizá mi padre, abandonada la preocupación por las asnas, estará acongojado por nosotros. 6 El le respondió: He aquí ahora hay en esta ciudad un varón de Dios, que es hombre insigne; todo lo que él dice acontece sin falta. Vamos, pues, allá; quizá nos dará algún indicio acerca del objeto por el cual emprendimos nuestro camino. 7 Respondió Saúl a su criado: Vamos ahora; pero ¿qué llevaremos al varón? Porque el pan de nuestras alforjas se ha acabado, y no tenemos qué ofrecerle al varón de Dios. ¿Qué tenemos? 8 Entonces volvió el criado a responder a Saúl, diciendo: He aquí se halla en mi mano la cuarta parte de un siclo de plata; esto daré al varón de Dios, para que nos declare nuestro camino. 9 (Antiguamente en Israel cualquiera que iba a consultar a Dios, decía así: Venid y vamos al vidente; porque al que hoy se llama profeta, entonces se le llamaba vidente.) 10 Dijo entonces Saúl a su criado: Dices bien; anda, vamos. Y fueron a la ciudad donde estaba el varón de Dios.

11 Y cuando subían por la cuesta de la ciudad, hallaron unas doncellas que salían por agua, a las cuales dijeron: ¿Está en este lugar el vidente? 12 Ellas, respondiéndoles, dijeron: Sí; helo allí delante de ti; date prisa, pues, porque hoy ha venido a la ciudad en atención a que el pueblo tiene hoy un sacrificio en el lugar alto. 13 Cuando entréis en la ciudad, le encontraréis luego, antes que suba al lugar alto a comer; pues el pueblo no comerá hasta que él haya llegado, por cuanto él es el que bendice el sacrificio; después de esto comen los convidados. Subid, pues, ahora, porque ahora le hallaréis. 14 Ellos entonces subieron a la ciudad; y cuando estuvieron en medio de ella, he aquí Samuel venía hacia ellos para subir al lugar alto.

15 Y un día antes que Saúl viniese, Jehová había revelado al oído de Samuel, diciendo:

19 But the people refused to listen to Samuel. "No!" they said. "We want a king over us. 20 Then we will be like all the other nations, with a king to lead us and to go out before us and fight our battles."

21 When Samuel heard all that the people said, he repeated it before the LORD. 22 The LORD answered, "Listen to them and give them a king."

Then Samuel said to the men of Israel, "Everyone go back to his town."

Samuel Anoints Saul

9 There was a Benjamite, a man of standing, whose name was Kish son of Abiel, the son of Zeror, the son of Becorath, the son of Aphiah of Benjamin. 2 He had a son named Saul, an impressive young man without equal among the Israelites—a head taller than any of the others.

3 Now the donkeys belonging to Saul's father Kish were lost, and Kish said to his son Saul, "Take one of the servants with you and go and look for the donkeys." 4 So he passed through the hill country of Ephraim and through the area around Shalisha, but they did not find them. They went on into the district of Shaalim, but the donkeys were not there. Then he passed through the territory of Benjamin, but they did not find them.

5 When they reached the district of Zuph, Saul said to the servant who was with him, "Come, let's go back, or my father will stop thinking about the donkeys and start worrying about us."

6 But the servant replied, "Look, in this town there is a man of God; he is highly respected, and everything he says comes true. Let's go there now. Perhaps he will tell us what way to take."

7 Saul said to his servant, "If we go, what can we give the man? The food in our sacks is gone. We have no gift to take to the man of God. What do we have?"

8 The servant answered him again. "Look," he said, "I have a quarter of a shekel *b* of silver. I will give it to the man of God so that he will tell us what way to take." 9 (Formerly in Israel, if a man went to inquire of God, he would say, "Come, let us go to the seer," because the prophet of today used to be called a seer.)

10 "Good," Saul said to his servant. "Come, let's go." So they set out for the town where the man of God was.

11 As they were going up the hill to the town, they met some girls coming out to draw water, and they asked them, "Is the seer here?"

12 "He is," they answered. "He's ahead of you. Hurry now; he has just come to our town today, for the people have a sacrifice at the high place. 13 As soon as you enter the town, you will find him before he goes up to the high place to eat. The people will not begin eating until he comes, because he must bless the sacrifice; afterward, those who are invited will eat. Go up now; you should find him about this time."

14 They went up to the town, and as they were entering it, there was Samuel, coming toward them on his way up to the high place.

15 Now the day before Saul came, the LORD had revealed this to Samuel: 16 "About this time tomorrow

---

b8 That is, about 1/10 ounce (about 3 grams)

16 Mañana a esta misma hora yo enviaré a ti un varón de la tierra de Benjamín, al cual ungirás por príncipe sobre mi pueblo Israel, y salvará a mi pueblo de mano de los filisteos; porque yo he mirado a mi pueblo, por cuanto su clamor ha llegado hasta mí.

17 Y luego que Samuel vio a Saúl, Jehová le dijo: He aquí éste es el varón del cual te hablé; éste gobernará a mi pueblo.

18 Acercándose, pues, Saúl a Samuel en medio de la puerta, le dijo: Te ruego que me enseñes dónde está la casa del vidente.

19 Y Samuel respondió a Saúl, diciendo: Yo soy el vidente; sube delante de mí al lugar alto, y come hoy conmigo, y por la mañana te despacharé, y te descubriré todo lo que está en tu corazón.

20 Y de las asnas que se te perdieron hace ya tres días, pierde cuidado de ellas, porque se han hallado. Mas ¿para quién es todo lo que hay de codiciable en Israel, sino para ti y para toda la casa de tu padre?

21 Saúl respondió y dijo: ¿No soy yo hijo de Benjamín, de la más pequeña de las tribus de Israel? Y mi familia ¿no es la más pequeña de todas las familias de la tribu de Benjamín? ¿Por qué, pues, me has dicho cosa semejante?

22 Entonces Samuel tomó a Saúl y a su criado, los introdujo a la sala, y les dio lugar a la cabecera de los convidados, que eran unos treinta hombres.

23 Y dijo Samuel al cocinero: Trae acá la porción que te di, la cual te dije que guardases aparte.

24 Entonces alzó el cocinero una espaldilla, con lo que estaba sobre ella, y la puso delante de Saúl. Y Samuel dijo: He aquí lo que estaba reservado; ponlo delante de ti y come, porque para esta ocasión se te guardó, cuando dije: Yo he convidado al pueblo. Y Saúl comió aquel día con Samuel.

25 Y cuando hubieron descendido del lugar alto a la ciudad, él habló con Saúl en el terrado.

26 Al otro día madrugaron; y al despuntar el alba, Samuel llamó a Saúl, que estaba en el terrado, y dijo: Levántate, para que te despida. Luego se levantó Saúl, y salieron ambos, él y Samuel.

27 Y descendiendo ellos al extremo de la ciudad, dijo Samuel a Saúl: Dí al criado que se adelante (y se adelantó el criado), mas espera tú un poco para que te declare la palabra de Dios.

10 1 Tomando entonces Samuel una redoma de aceite, la derramó sobre su cabeza, y lo besó, y le dijo: ¿No te ha ungido Jehová por príncipe sobre su pueblo Israel?

2 Hoy, después que te hayas apartado de mí, hallarás dos hombres junto al sepulcro de Raquel, en el territorio de Benjamín, en Selsa, los cuales te dirán: Las asnas que habías ido a buscar se han hallado; tu padre ha dejado ya de inquietarse por las asnas, y está afligido por vosotros, diciendo: ¿Qué haré acerca de mi hijo?

3 Y luego que de allí sigas más adelante, y llegues a la encina de Tabor, te saldrán al encuentro tres hombres que suben a Dios en Bet-el, llevando uno tres cabritos, otro tres tortas de pan, y el tercero una vasija de vino;

4 los cuales, luego que te hayan saludado, te darán dos panes, los que tomarás de mano de ellos.

I will send you a man from the land of Benjamin. Anoint him leader over my people Israel; he will deliver my people from the hand of the Philistines. I have looked upon my people, for their cry has reached me."

17 When Samuel caught sight of Saul, the Lord said to him, "This is the man I spoke to you about; he will govern my people."

18 Saul approached Samuel in the gateway and asked, "Would you please tell me where the seer's house is?"

19 "I am the seer," Samuel replied. "Go up ahead of me to the high place, for today you are to eat with me, and in the morning I will let you go and will tell you all that is in your heart. 20 As for the donkeys you lost three days ago, do not worry about them; they have been found. And to whom is all the desire of Israel turned, if not to you and all your father's family?"

21 Saul answered, "But am I not a Benjamite, from the smallest tribe of Israel, and is not my clan the least of all the clans of the tribe of Benjamin? Why do you say such a thing to me?"

22 Then Samuel brought Saul and his servant into the hall and seated them at the head of those who were invited—about thirty in number. 23 Samuel said to the cook, "Bring the piece of meat I gave you, the one I told you to lay aside."

24 So the cook took up the leg with what was on it and set it in front of Saul. Samuel said, "Here is what has been kept for you. Eat, because it was set aside for you for this occasion, from the time I said, 'I have invited guests.' " And Saul dined with Samuel that day.

25 After they came down from the high place to the town, Samuel talked with Saul on the roof of his house. 26 They rose about daybreak and Samuel called to Saul on the roof, "Get ready, and I will send you on your way." When Saul got ready, he and Samuel went outside together. 27 As they were going down to the edge of the town, Samuel said to Saul, "Tell the servant to go on ahead of us—and the servant did so—"but you stay here awhile, so that I may give you a message from God."

10 Then Samuel took a flask of oil and poured it on Saul's head and kissed him, saying, "Has not the Lord anointed you leader over his inheritance? c 2 When you leave me today, you will meet two men near Rachel's tomb, at Zelzah on the border of Benjamin. They will say to you, 'The donkeys you set out to look for have been found. And now your father has stopped thinking about them and is worried about you. He is asking, "What shall I do about my son?" '

3 "Then you will go on from there until you reach the great tree of Tabor. Three men going up to God at Bethel will meet you there. One will be carrying three young goats, another three loaves of bread, and another a skin of wine. 4 They will greet you and offer you two loaves of bread, which you will accept from them.

---

c 1 Hebrew; Septuagint and Vulgate *over his people Israel? You will reign over the Lord's people and save them from the power of their enemies round about. And this will be a sign to you that the Lord has anointed you leader over his inheritance:*

5 Después de esto llegarás al collado de Dios donde está la guarnición de los filisteos; y cuando entres allá en la ciudad encontrarás una compañía de profetas que descienden del lugar alto, y delante de ellos salterio, pandero, flauta y arpa, y ellos profetizando.

6 Entonces el Espíritu de Jehová vendrá sobre ti con poder, y profetizarás con ellos, y serás mudado en otro hombre.

7 Y cuando te hayan sucedido estas señales, haz lo que te viniere a la mano, porque Dios está contigo.

8 Luego bajarás delante de mí a Gilgal; entonces descenderé yo a ti para ofrecer holocaustos y sacrificar ofrendas de paz. Espera siete días, hasta que yo venga a ti y te enseñe lo que has de hacer.

9 Aconteció luego, que al volver él la espalda para apartarse de Samuel, le mudó Dios su corazón; y todas estas señales acontecieron en aquel día.

10 Y cuando llegaron allá al collado, he aquí la compañía de los profetas que venía a encontrarse con él; y el Espíritu de Dios vino sobre él con poder, y profetizó entre ellos.

11 Y aconteció que cuando todos los que le conocían antes vieron que profetizaba con los profetas, el pueblo decía el uno al otro: ¿Qué le ha sucedido al hijo de Cis? ¿Saúl también entre los profetas?

12 Y alguno de allí respondió diciendo: ¿Y quién es el padre de ellos? Por esta causa se hizo proverbio: ¿También Saúl entre los profetas?

13 Y cesó de profetizar, y llegó al lugar alto.

14 Un tío de Saúl dijo a él y a su criado: ¿A dónde fuisteis? Y él respondió: A buscar las asnas; y como vimos que no parecían, fuimos a Samuel.

15 Dijo el tío de Saúl: Yo te ruego me declares qué os dijo Samuel.

16 Y Saúl respondió a su tío: Nos declaró expresamente que las asnas habían sido halladas. Mas del asunto del reino, de que Samuel le había hablado, no le descubrió nada.

17 Después Samuel convocó al pueblo delante de Jehová en Mizpa,

18 y dijo a los hijos de Israel: Así ha dicho Jehová el Dios de Israel: Yo saqué a Israel de Egipto, y os libré de mano de los egipcios, y de mano de todos los reinos que os afligieron.

19 Pero vosotros habéis desechado hoy a vuestro Dios, que os guarda de todas vuestras aflicciones y angustias, y habéis dicho: No, sino pon rey sobre nosotros. Ahora, pues, presentaos delante de Jehová por vuestras tribus y por vuestros millares.

20 Y haciendo Samuel que se acercasen todas las tribus de Israel, fue tomada la tribu de Benjamín.

21 E hizo llegar la tribu de Benjamín por sus familias, y fue tomada la familia de Matri; y de ella fue tomado Saúl hijo de Cis. Y le buscaron, pero no fue hallado.

22 Preguntaron, pues, otra vez a Jehová si aún no había venido allí aquel varón. Y respondió Jehová: He aquí que él está escondido entre el bagaje.

23 Entonces corrieron y lo trajeron de allí; y puesto en medio del pueblo, desde los hombros arriba era más alto que todo el pueblo.

24 Y Samuel dijo a todo el pueblo: ¿Habéis visto al que ha elegido Jehová, que no hay semejante a él en todo el pueblo? Entonces el pueblo clamó con alegría, diciendo: ¡Viva el rey!

25 Samuel recitó luego al pueblo las leyes del reino, y las escribió en un libro, el cual guardó delante de Jehová.

5 "After that you will go to Gibeah of God, where there is a Philistine outpost. As you approach the town, you will meet a procession of prophets coming down from the high place with lyres, tambourines, flutes and harps being played before them, and they will be prophesying. 6 The Spirit of the LORD will come upon you in power, and you will prophesy with them; and you will be changed into a different person. 7 Once these signs are fulfilled, do whatever your hand finds to do, for God is with you.

8 "Go down ahead of me to Gilgal. I will surely come down to you to sacrifice burnt offerings and fellowship offerings, *d* but you must wait seven days until I come to you and tell you what you are to do."

Saul Made King

9 As Saul turned to leave Samuel, God changed Saul's heart, and all these signs were fulfilled that day. 10 When they arrived at Gibeah, a procession of prophets met him; the Spirit of God came upon him in power, and he joined in their prophesying. 11 When all those who had formerly known him saw him prophesying with the prophets, they asked each other, "What is this that has happened to the son of Kish? Is Saul also among the prophets?"

12 A man who lived there answered, "And who is their father?" So it became a saying: "Is Saul also among the prophets?" 13 After Saul stopped prophesying, he went to the high place.

14 Now Saul's uncle asked him and his servant, "Where have you been?"

"Looking for the donkeys," he said. "But when we saw they were not to be found, we went to Samuel."

15 Saul's uncle said, "Tell me what Samuel said to you."

16 Saul replied, "He assured us that the donkeys had been found." But he did not tell his uncle what Samuel had said about the kingship.

17 Samuel summoned the people of Israel to the LORD at Mizpah 18 and said to them, "This is what the LORD, the God of Israel, says: 'I brought Israel up out of Egypt, and I delivered you from the power of Egypt and all the kingdoms that oppressed you.' 19 But you have now rejected your God, who saves you out of all your calamities and distresses. And you have said, 'No, set a king over us.' So now present yourselves before the LORD by your tribes and clans."

20 When Samuel brought all the tribes of Israel near, the tribe of Benjamin was chosen. 21 Then he brought forward the tribe of Benjamin, clan by clan, and Matri's clan was chosen. Finally Saul son of Kish was chosen. But when they looked for him, he was not to be found. 22 So they inquired further of the LORD, "Has the man come here yet?"

And the LORD said, "Yes, he has hidden himself among the baggage."

23 They ran and brought him out, and as he stood among the people he was a head taller than any of the others. 24 Samuel said to all the people, "Do you see the man the LORD has chosen? There is no one like him among all the people."

Then the people shouted, "Long live the king!"

25 Samuel explained to the people the regulations of the kingship. He wrote them down on a scroll and deposited it before the LORD. Then Samuel dismissed the people, each to his own home.

26 Y envió Samuel a todo el pueblo cada uno a su casa. Saúl también se fue a su casa en Gabaa, y fueron con él los hombres de guerra cuyos corazones Dios había tocado. 27 Pero algunos perversos dijeron: ¿Cómo nos ha de salvar éste? Y le tuvieron en poco, y no le trajeron presente; mas él disimuló.

Saúl derrota a los amonitas

11 1 Después subió Nahas amonita, y acampó contra Jabes de Galaad. Y todos los de Jabes dijeron a Nahas: Haz alianza con nosotros, y te serviremos. 2 Y Nahas amonita les respondió: Con esta condición haré alianza con vosotros, que a cada uno de todos vosotros saque el ojo derecho, y ponga esta afrenta sobre todo Israel. 3 Entonces los ancianos de Jabes le dijeron: Danos siete días, para que enviemos mensajeros por todo el territorio de Israel; y si no hay nadie que nos defienda, saldremos a ti. 4 Llegando los mensajeros a Gabaa de Saúl, dijeron estas palabras en oídos del pueblo; y todo el pueblo alzó su voz y lloró. 5 Y he aquí Saúl que venía del campo, tras los bueyes; y dijo Saúl: ¿Qué tiene el pueblo, que llora? Y le contaron las palabras de los hombres de Jabes. 6 Al oír Saúl estas palabras, el Espíritu de Dios vino sobre él con poder; y él se encendió en ira en gran manera. 7 Y tomando un par de bueyes, los cortó en trozos y los envió por todo el territorio de Israel por medio de mensajeros, diciendo: Así se hará con los bueyes del que no saliere en pos de Saúl y en pos de Samuel. Y cayó temor de Jehová sobre el pueblo, y salieron como un solo hombre. 8 Y los contó en Bezec; y fueron los hijos de Israel trescientos mil, y treinta mil los hombres de Judá. 9 Y respondieron a los mensajeros que habían venido: Así diréis a los de Jabes de Galaad: Mañana al calentar el sol, seréis librados. Y vinieron los mensajeros y lo anunciaron a los de Jabes, los cuales se alegraron. 10 Y los de Jabes dijeron a los enemigos: Mañana saldremos a vosotros, para que hagáis con nosotros todo lo que bien os pareciere. 11 Aconteció que al día siguiente dispuso Saúl al pueblo en tres compañías, y entraron en medio del campamento a la vigilia de la mañana, e hirieron a los amonitas hasta que el día calentó; y los que quedaron fueron dispersos, de tal manera que no quedaron dos de ellos juntos. 12 El pueblo entonces dijo a Samuel: ¿Quiénes son los que decían: ¿Ha de reinar Saúl sobre nosotros? Dadnos esos hombres, y los mataremos. 13 Y Saúl dijo: No morirá hoy ninguno, porque hoy Jehová ha dado salvación en Israel. 14 Mas Samuel dijo al pueblo: Venid, vamos a Gilgal para que renovemos allí el reino. 15 Y fue todo el pueblo a Gilgal, e invistieron allí a Saúl por rey delante de Jehová en Gilgal. Y sacrificaron allí ofrendas de paz delante de Jehová, y se alegraron mucho allí Saúl y todos los de Israel.

Discurso de Samuel al pueblo

12 1 Dijo Samuel a todo Israel: He aquí, yo he oído vuestra voz en todo cuanto me habéis dicho, y os he puesto rey.

26 Saul also went to his home in Gibeah, accompanied by valiant men whose hearts God had touched. 27 But some troublemakers said, "How can this fellow save us?" They despised him and brought him no gifts. But Saul kept silent.

Saul Rescues the City of Jabesh

11 Nahash the Ammonite went up and besieged Jabesh Gilead. And all the men of Jabesh said to him, "Make a treaty with us, and we will be subject to you." 2 But Nahash the Ammonite replied, "I will make a treaty with you only on the condition that I gouge out the right eye of every one of you and so bring disgrace on all Israel." 3 The elders of Jabesh said to him, "Give us seven days so we can send messengers throughout Israel; if no one comes to rescue us, we will surrender to you." 4 When the messengers came to Gibeah of Saul and reported these terms to the people, they all wept aloud. 5 Just then Saul was returning from the fields, behind his oxen, and he asked, "What is wrong with the people? Why are they weeping?" Then they repeated to him what the men of Jabesh had said. 6 When Saul heard their words, the Spirit of God came upon him in power, and he burned with anger. 7 He took a pair of oxen, cut them into pieces, and sent the pieces by messengers throughout Israel, proclaiming, "This is what will be done to the oxen of anyone who does not follow Saul and Samuel." Then the terror of the LORD fell on the people, and they turned out as one man. 8 When Saul mustered them at Bezek, the men of Israel numbered three hundred thousand and the men of Judah thirty thousand. 9 They told the messengers who had come, "Say to the men of Jabesh Gilead, 'By the time the sun is hot tomorrow, you will be delivered.' " When the messengers went and reported this to the men of Jabesh, they were elated. 10 They said to the Ammonites, "Tomorrow we will surrender to you, and you can do to us whatever seems good to you." 11 The next day Saul separated his men into three divisions; during the last watch of the night they broke into the camp of the Ammonites and slaughtered them until the heat of the day. Those who survived were scattered, so that no two of them were left together.

Saul Confirmed as King

12 The people then said to Samuel, "Who was it that asked, 'Shall Saul reign over us?' Bring these men to us and we will put them to death." 13 But Saul said, "No one shall be put to death today, for this day the LORD has rescued Israel." 14 Then Samuel said to the people, "Come, let us go to Gilgal and there reaffirm the kingship." 15 So all the people went to Gilgal and confirmed Saul as king in the presence of the LORD. There they sacrificed fellowship offerings e before the LORD, and Saul and all the Israelites held a great celebration.

Samuel's Farewell Speech

12 Samuel said to all Israel, "I have listened to everything you said to me and have set a king

e 15 Traditionally *peace offerings*

2Ahora, pues, he aquí vuestro rey va delante de vosotros. Yo soy ya viejo y lleno de canas; pero mis hijos están con vosotros, y yo he andado delante de vosotros desde mi juventud hasta este día.

3Aquí estoy; atestiguad contra mí delante de Jehová y delante de su ungido, si he tomado el buey de alguno, si he tomado el asno de alguno, si he calumniado a alguien, si he agraviado a alguno, o si de alguien he tomado cohecho para cegar mis ojos con él; y os lo restituiré.

4Entonces dijeron: Nunca nos has calumniado ni agraviado, ni has tomado algo de mano de ningún hombre.

5Y él les dijo: Jehová es testigo contra vosotros, y su ungido también es testigo en este día, que no habéis hallado cosa alguna en mi mano. Y ellos respondieron: Así es.

6Entonces Samuel dijo al pueblo: Jehová que designó a Moisés y a Aarón, y sacó a vuestros padres de la tierra de Egipto, es testigo.

7Ahora, pues, aguardad, y contenderé con vosotros delante de Jehová acerca de todos los hechos de salvación que Jehová ha hecho con vosotros y con vuestros padres.

8Cuando Jacob hubo entrado en Egipto, y vuestros padres clamaron a Jehová, Jehová envió a Moisés y a Aarón, los cuales sacaron a vuestros padres de Egipto, y los hicieron habitar en este lugar.

9Y olvidaron a Jehová su Dios, y él los vendió en mano de Sísara jefe del ejército de Hazor, y en mano de los filisteos, y en mano del rey de Moab, los cuales les hicieron guerra.

10Y ellos clamaron a Jehová, y dijeron: Hemos pecado, porque hemos dejado a Jehová y hemos servido a los baales y a Astarot; líbranos, pues, ahora de mano de nuestros enemigos, y te serviremos.

11Entonces Jehová envió a Jerobaal, a Barac, a Jefté y a Samuel, y os libró de mano de vuestros enemigos en derredor, y habitasteis seguros.

12Y habiendo visto que Nahas rey de los hijos de Amón venía contra vosotros, me dijisteis: No, sino que ha de reinar sobre nosotros un rey; siendo así que Jehová vuestro Dios era vuestro rey.

13Ahora, pues, he aquí el rey que habéis elegido, el cual pedisteis; ya veis que Jehová ha puesto rey sobre vosotros.

14Si temiereis a Jehová y le sirviereis, y oyereis su voz, y no fuereis rebeldes a la palabra de Jehová, y si tanto vosotros como el rey que reina sobre vosotros servís a Jehová vuestro Dios, haréis bien.

15Mas si no oyereis la voz de Jehová, y si fuereis rebeldes a las palabras de Jehová, la mano de Jehová estará contra vosotros como estuvo contra vuestros padres.

16Esperad aún ahora, y mirad esta gran cosa que Jehová hará delante de vuestros ojos.

17¿No es ahora la siega del trigo? Yo clamaré a Jehová, y él dará truenos y lluvias, para que conozcáis y veáis que es grande vuestra maldad que habéis hecho ante los ojos de Jehová, pidiendo para vosotros rey.

18Y Samuel clamó a Jehová, y Jehová dio truenos y lluvias en aquel día; y todo el pueblo tuvo gran temor de Jehová y de Samuel.

19Entonces dijo todo el pueblo a Samuel: Ruega por tus siervos a Jehová tu Dios, para que no muramos; porque a todos nuestros pecados hemos añadido este mal de pedir rey para nosotros.

20Y Samuel respondió al pueblo: No temáis; vosotros habéis hecho todo este mal; pero con todo eso no os apartéis de en pos de Jehová, sino servidle con todo vuestro corazón.

21No os apartéis en pos de vanidades que no aprovechan ni libran, porque son vanidades.

over you. 2Now you have a king as your leader. As for me, I am old and gray, and my sons are here with you. I have been your leader from my youth until this day. 3Here I stand. Testify against me in the presence of the LORD and his anointed. Whose ox have I taken? Whose donkey have I taken? Whom have I cheated? Whom have I oppressed? From whose hand have I accepted a bribe to make me shut my eyes? If I have done any of these, I will make it right."

4"You have not cheated or oppressed us," they replied. "You have not taken anything from anyone's hand."

5Samuel said to them, "The LORD is witness against you, and also his anointed is witness this day, that you have not found anything in my hand."

"He is witness," they said.

6Then Samuel said to the people, "It is the LORD who appointed Moses and Aaron and brought your forefathers up out of Egypt. 7Now then, stand here, because I am going to confront you with evidence before the LORD as to all the righteous acts performed by the LORD for you and your fathers.

8"After Jacob entered Egypt, they cried to the LORD for help, and the LORD sent Moses and Aaron, who brought your forefathers out of Egypt and settled them in this place.

9"But they forgot the LORD their God; so he sold them into the hand of Sisera, the commander of the army of Hazor, and into the hands of the Philistines and the king of Moab, who fought against them. 10They cried out to the LORD and said, 'We have sinned; we have forsaken the LORD and served the Baals and the Ashtoreths. But now deliver us from the hands of our enemies, and we will serve you.' 11Then the LORD sent Jerub-Baal,f Barak,g Jephthah and Samuel,h and he delivered you from the hands of your enemies on every side, so that you lived securely.

12"But when you saw that Nahash king of the Ammonites was moving against you, you said to me, 'No, we want a king to rule over us'—even though the LORD your God was your king. 13Now here is the king you have chosen, the one you asked for; see, the LORD has set a king over you. 14If you fear the LORD and serve and obey him and do not rebel against his commands, and if both you and the king who reigns over you follow the LORD your God—good! 15But if you do not obey the LORD, and if you rebel against his commands, his hand will be against you, as it was against your fathers.

16"Now then, stand still and see this great thing the LORD is about to do before your eyes! 17Is it not wheat harvest now? I will call upon the LORD to send thunder and rain. And you will realize what an evil thing you did in the eyes of the LORD when you asked for a king."

18Then Samuel called upon the LORD, and that same day the LORD sent thunder and rain. So all the people stood in awe of the LORD and of Samuel.

19The people all said to Samuel, "Pray to the LORD your God for your servants so that we will not die, for we have added to all our other sins the evil of asking for a king."

20"Do not be afraid," Samuel replied. "You have done all this evil; yet do not turn away from the LORD, but serve the LORD with all your heart. 21Do not turn away after useless idols. They can do you no good, nor

f11 Also called Gideon   g11 Some Septuagint manuscripts and Syriac; Hebrew Bedan   h11 Hebrew; some Septuagint manuscripts and Syriac Samson

22 Pues Jehová no desamparará a su pueblo, por su grande nombre; porque Jehová ha querido haceros pueblo suyo. 23 Así que, lejos sea de mí que peque yo contra Jehová cesando de rogar por vosotros; antes os instruiré en el camino bueno y recto. 24 Solamente temed a Jehová y servidle de verdad con todo vuestro corazón, pues considerad cuán grandes cosas ha hecho por vosotros. 25 Mas si perseverareis en hacer mal, vosotros y vuestro rey pereceréis.

Guerra contra los filisteos

13 1 Había ya reinado Saúl un año; y cuando hubo reinado dos años sobre Israel, 2 escogió luego a tres mil hombres de Israel, de los cuales estaban con Saúl dos mil en Micmas y en el monte de Bet-el, y mil estaban con Jonatán en Gabaa de Benjamín; y envió al resto del pueblo cada uno a sus tiendas. 3 Y Jonatán atacó a la guarnición de los filisteos que había en el collado, y lo oyeron los filisteos. E hizo Saúl tocar trompeta por todo el país, diciendo: Oigan los hebreos. 4 Y todo Israel oyó que se decía: Saúl ha atacado a la guarnición de los filisteos; y también que Israel se había hecho abominable a los filisteos. Y se juntó el pueblo en pos de Saúl en Gilgal. 5 Entonces los filisteos se juntaron para pelear contra Israel, treinta mil carros, seis mil hombres de a caballo, y pueblo numeroso como la arena que está a la orilla del mar; y subieron y acamparon en Micmas, al oriente de Bet-aven. 6 Cuando los hombres de Israel vieron que estaban en estrecho (porque el pueblo estaba en aprieto), se escondieron en cuevas, en fosos, en peñascos, en rocas y en cisternas. 7 Y algunos de los hebreos pasaron el Jordán a la tierra de Gad y de Galaad; pero Saúl permanecía aún en Gilgal, y todo el pueblo iba tras él temblando.

8 Y él esperó siete días, conforme al plazo que Samuel había dicho; pero Samuel no venía a Gilgal, y el pueblo se le desertaba. 9 Entonces dijo Saúl: Traedme holocausto y ofrendas de paz. Y ofreció el holocausto. 10 Y cuando él acababa de ofrecer el holocausto, he aquí Samuel que venía; y Saúl salió a recibirle, para saludarle. 11 Entonces Samuel dijo: ¿Qué has hecho? Y Saúl respondió: Porque vi que el pueblo se me desertaba, y que tú no venías dentro del plazo señalado, y que los filisteos estaban reunidos en Micmas, 12 me dije: Ahora descenderán los filisteos contra mí a Gilgal, y yo no he implorado el favor de Jehová. Me esforcé, pues, y ofrecí holocausto. 13 Entonces Samuel dijo a Saúl: Locamente has hecho; no guardaste el mandamiento de Jehová tu Dios que él te había ordenado; pues ahora Jehová hubiera confirmado tu reino sobre Israel para siempre. 14 Mas ahora tu reino no será duradero. Jehová se ha buscado un varón conforme a su corazón, al cual Jehová ha designado para que sea príncipe sobre su pueblo, por cuanto tú no has guardado lo que Jehová te mandó. 15 Y levantándose Samuel, subió de Gilgal a Gabaa de Benjamín. Y Saúl contó la gente que se hallaba con él, como seiscientos hombres.

can they rescue you, because they are useless. 22For the sake of his great name the LORD will not reject his people, because the LORD was pleased to make you his own. 23As for me, far be it from me that I should sin against the LORD by failing to pray for you. And I will teach you the way that is good and right. 24But be sure to fear the LORD and serve him faithfully with all your heart; consider what great things he has done for you. 25Yet if you persist in doing evil, both you and your king will be swept away."

Samuel Rebukes Saul

13 Saul was ⌊thirty,⌋[i] years old when he became king, and he reigned over Israel ⌊forty-⌋[j] two years.

2Saul[k] chose three thousand men from Israel; two thousand were with him at Micmash and in the hill country of Bethel, and a thousand were with Jonathan at Gibeah in Benjamin. The rest of the men he sent back to their homes.

3Jonathan attacked the Philistine outpost at Geba, and the Philistines heard about it. Then Saul had the trumpet blown throughout the land and said, "Let the Hebrews hear!" 4So all Israel heard the news: "Saul has attacked the Philistine outpost, and now Israel has become a stench to the Philistines." And the people were summoned to join Saul at Gilgal.

5The Philistines assembled to fight Israel, with three thousand[l] chariots, six thousand charioteers, and soldiers as numerous as the sand on the seashore. They went up and camped at Micmash, east of Beth Aven. 6When the men of Israel saw that their situation was critical and that their army was hard pressed, they hid in caves and thickets, among the rocks, and in pits and cisterns. 7Some Hebrews even crossed the Jordan to the land of Gad and Gilead.

Saul remained at Gilgal, and all the troops with him were quaking with fear. 8He waited seven days, the time set by Samuel; but Samuel did not come to Gilgal, and Saul's men began to scatter. 9So he said, "Bring me the burnt offering and the fellowship offerings.[m]" And Saul offered up the burnt offering. 10Just as he finished making the offering, Samuel arrived, and Saul went out to greet him.

11"What have you done?" asked Samuel.

Saul replied, "When I saw that the men were scattering, and that you did not come at the set time, and that the Philistines were assembling at Micmash, 12I thought, 'Now the Philistines will come down against me at Gilgal, and I have not sought the LORD's favor.' So I felt compelled to offer the burnt offering."

13"You acted foolishly," Samuel said. "You have not kept the command the LORD your God gave you; if you had, he would have established your kingdom over Israel for all time. 14But now your kingdom will not endure; the LORD has sought out a man after his own heart and appointed him leader of his people, because you have not kept the LORD's command."

15Then Samuel left Gilgal[n] and went up to Gibeah in Benjamin, and Saul counted the men who were with him. They numbered about six hundred.

---

i 1 A few late manuscripts of the Septuagint; Hebrew does not have *thirty*. *j* 1 See the round number in Acts 13:21; Hebrew does not have *forty*. *k* 1,2 Or *and when he had reigned over Israel two years,* 2*he* *l* 5 Some Septuagint manuscripts and Syriac; Hebrew *thirty thousand* *m* 9 Traditionally *peace offerings* *n* 15 Hebrew; Septuagint *Gilgal and went his way; the rest of the people went after Saul to meet the army, and they went out of Gilgal*

16 Saúl, pues, y Jonatán su hijo, y el pueblo que con ellos se hallaba, se quedaron en Gabaa de Benjamín; pero los filisteos habían acampado en Micmas.

17 Y salieron merodeadores del campamento de los filisteos en tres escuadrones; un escuadrón marchaba por el camino de Ofra hacia la tierra de Sual,

18 otro escuadrón marchaba hacia Bet-horón, y el tercer escuadrón marchaba hacia la región que mira al valle de Zeboim, hacia el desierto.

19 Y en toda la tierra de Israel no se hallaba herrero; porque los filisteos habían dicho: Para que los hebreos no hagan espada o lanza.

20 Por lo cual todos los de Israel tenían que descender a los filisteos para afilar cada uno la reja de su arado, su azadón, su hacha o su hoz.

21 Y el precio era un pim por las rejas de arado y por los azadones, y la tercera parte de un siclo por afilar las hachas y por componer las aguijadas.

22 Así aconteció que en el día de la batalla no se halló espada ni lanza en mano de ninguno del pueblo que estaba con Saúl y con Jonatán, excepto Saúl y Jonatán su hijo, que las tenían.

23 Y la guarnición de los filisteos avanzó hasta el paso de Micmas.

14 1 Aconteció un día, que Jonatán hijo de Saúl dijo a su criado que le traía las armas: Ven y pasemos a la guarnición de los filisteos, que está de aquel lado. Y no lo hizo saber a su padre.

2 Y Saúl se hallaba al extremo de Gabaa, debajo de un granado que hay en Migrón, y la gente que estaba con él era como seiscientos hombres.

3 Y Ahías hijo de Ahitob, hermano de Icabod, hijo de Finees, hijo de Elí, sacerdote de Jehová en Silo, llevaba el efod; y no sabía el pueblo que Jonatán se hubiese ido.

4 Y entre los desfiladeros por donde Jonatán procuraba pasar a la guarnición de los filisteos, había un peñasco agudo de un lado, y otro del otro lado; el uno se llamaba Boses, y el otro Sene.

5 Uno de los peñascos estaba situado al norte, hacia Micmas, y el otro al sur, hacia Gabaa.

6 Dijo, pues, Jonatán a su paje de armas: Ven, pasemos a la guarnición de estos incircuncisos; quizá haga algo Jehová por nosotros, pues no es difícil para Jehová salvar con muchos o con pocos.

7 Y su paje de armas le respondió: Haz todo lo que tienes en tu corazón; vé, pues aquí estoy contigo a tu voluntad.

8 Dijo entonces Jonatán: Vamos a pasar a esos hombres, y nos mostraremos a ellos.

9 Si nos dijeren así: Esperad hasta que lleguemos a vosotros, entonces nos estaremos en nuestro lugar, y no subiremos a ellos.

10 Mas si nos dijeren así: Subid a nosotros, entonces subiremos, porque Jehová los ha entregado en nuestra mano; y esto nos será por señal.

11 Se mostraron, pues, ambos a la guarnición de los filisteos, y los filisteos dijeron: He aquí los hebreos, que salen de las cavernas donde se habían escondido.

12 Y los hombres de la guarnición respondieron a Jonatán y a su paje de armas, y dijeron: Subid a nosotros, y os haremos saber una cosa. Entonces Jonatán dijo a su paje de armas: Sube tras mí, porque Jehová los ha entregado en manos de Israel.

Israel Without Weapons

16 Saul and his son Jonathan and the men with them were staying in Gibeah o in Benjamin, while the Philistines camped at Micmash. 17 Raiding parties went out from the Philistine camp in three detachments. One turned toward Ophrah in the vicinity of Shual, 18 another toward Beth Horon, and the third toward the borderland overlooking the Valley of Zeboim facing the desert.

19 Not a blacksmith could be found in the whole land of Israel, because the Philistines had said, "Otherwise the Hebrews will make swords or spears!" 20 So all Israel went down to the Philistines to have their plowshares, mattocks, axes and sickles p sharpened. 21 The price was two thirds of a shekel q for sharpening plowshares and mattocks, and a third of a shekel r for sharpening forks and axes and for repointing goads.

22 So on the day of the battle not a soldier with Saul and Jonathan had a sword or spear in his hand; only Saul and his son Jonathan had them.

Jonathan Attacks the Philistines

23 Now a detachment of Philistines had gone out to the pass at Micmash.

14 1 One day Jonathan son of Saul said to the young man bearing his armor, "Come, let's go over to the Philistine outpost on the other side." But he did not tell his father.

2 Saul was staying on the outskirts of Gibeah under a pomegranate tree in Migron. With him were about six hundred men, 3 among whom was Ahijah, who was wearing an ephod. He was a son of Ichabod's brother Ahitub son of Phinehas, the son of Eli, the LORD's priest in Shiloh. No one was aware that Jonathan had left.

4 On each side of the pass that Jonathan intended to cross to reach the Philistine outpost was a cliff; one was called Bozez, and the other Seneh. 5 One cliff stood to the north toward Micmash, the other to the south toward Geba.

6 Jonathan said to his young armor-bearer, "Come, let's go over to the outpost of those uncircumcised fellows. Perhaps the LORD will act in our behalf. Nothing can hinder the LORD from saving, whether by many or by few."

7 "Do all that you have in mind," his armor-bearer said. "Go ahead; I am with you heart and soul."

8 Jonathan said, "Come, then; we will cross over toward the men and let them see us. 9 If they say to us, 'Wait there until we come to you,' we will stay where we are and not go up to them. 10 But if they say, 'Come up to us,' we will climb up, because that will be our sign that the LORD has given them into our hands."

11 So both of them showed themselves to the Philistine outpost. "Look!" said the Philistines. "The Hebrews are crawling out of the holes they were hiding in." 12 The men of the outpost shouted to Jonathan and his armor-bearer, "Come up to us and we'll teach you a lesson."

So Jonathan said to his armor-bearer, "Climb up after me; the LORD has given them into the hand of Israel."

---

o 16 Two Hebrew manuscripts; most Hebrew manuscripts *Geba,* a variant of *Gibeah*   p 20 Septuagint; Hebrew *plowshares*
q 21 Hebrew *pim;* that is, about 1/4 ounce (about 8 grams)
r 21 That is, about 1/8 ounce (about 4 grams)

13 Y subió Jonatán trepando con sus manos y sus pies, y tras él su paje de armas; y a los que caían delante de Jonatán, su paje de armas que iba tras él los mataba.
14 Y fue esta primera matanza que hicieron Jonatán y su paje de armas, como veinte hombres, en el espacio de una media yugada de tierra.
15 Y hubo pánico en el campamento y por el campo, y entre toda la gente de la guarnición; y los que habían ido a merodear, también ellos tuvieron pánico, y la tierra tembló; hubo, pues, gran consternación.
16 Y los centinelas de Saúl vieron desde Gabaa de Benjamín cómo la multitud estaba turbada, e iba de un lado a otro y era deshecha.
17 Entonces Saúl dijo al pueblo que estaba con él: Pasad ahora revista, y ved quién se haya ido de los nuestros. Pasaron revista, y he aquí que faltaba Jonatán y su paje de armas.
18 Y Saúl dijo a Ahías: Trae el arca de Dios. Porque el arca de Dios estaba entonces con los hijos de Israel.
19 Pero aconteció que mientras aún hablaba Saúl con el sacerdote, el alboroto que había en el campamento de los filisteos aumentaba, e iba creciendo en gran manera. Entonces dijo Saúl al sacerdote: Detén tu mano.
20 Y juntando Saúl a todo el pueblo que con él estaba, llegaron hasta el lugar de la batalla; y he aquí que la espada de cada uno estaba vuelta contra su compañero, y había gran confusión.
21 Y los hebreos que habían estado con los filisteos de tiempo atrás, y habían venido con ellos de los alrededores al campamento, se pusieron también del lado de los israelitas que estaban con Saúl y con Jonatán.
22 Asimismo todos los israelitas que se habían escondido en el monte de Efraín, oyendo que los filisteos huían, también ellos los persiguieron en aquella batalla.
23 Así salvó Jehová a Israel aquel día. Y llegó la batalla hasta Bet-avén.
24 Pero los hombres de Israel fueron puestos en apuro aquel día; porque Saúl había juramentado al pueblo, diciendo: Cualquiera que coma pan antes de caer la noche, antes que haya tomado venganza de mis enemigos, sea maldito. Y todo el pueblo no había probado pan.
25 Y todo el pueblo llegó a un bosque, donde había miel en la superficie del campo.
26 Entró, pues, el pueblo en el bosque, y he aquí que la miel corría; pero no hubo quien hiciera llegar su mano a su boca, porque el pueblo temía el juramento.
27 Pero Jonatán no había oído cuando su padre había juramentado al pueblo, y alargó la punta de una vara que traía en su mano, y la mojó en un panal de miel, y llevó su mano a la boca; y fueron aclarados sus ojos.
28 Entonces habló uno del pueblo, diciendo: Tu padre ha hecho jurar solemnemente al pueblo, diciendo: Maldito sea el hombre que tome hoy alimento. Y el pueblo desfallecía.
29 Respondió Jonatán: Mi padre ha turbado el país. Ved ahora cómo han sido aclarados mis ojos, por haber gustado un poco de esta miel.
30 ¿Cuánto más si el pueblo hubiera comido libremente hoy del botín tomado de sus enemigos? ¿No se habría hecho ahora mayor estrago entre los filisteos?
31 E hirieron aquel día a los filisteos desde Micmas hasta Ajalón; pero el pueblo estaba muy cansado.
32 Y se lanzó el pueblo sobre el botín, y tomaron ovejas y vacas y becerros, y los degollaron en el suelo; y el pueblo los comió con sangre.

13 Jonathan climbed up, using his hands and feet, with his armor-bearer right behind him. The Philistines fell before Jonathan, and his armor-bearer followed and killed behind him. 14 In that first attack Jonathan and his armor-bearer killed some twenty men in an area of about half an acre. s

Israel Routs the Philistines

15 Then panic struck the whole army—those in the camp and field, and those in the outposts and raiding parties—and the ground shook. It was a panic sent by God. t
16 Saul's lookouts at Gibeah in Benjamin saw the army melting away in all directions. 17 Then Saul said to the men who were with him, "Muster the forces and see who has left us." When they did, it was Jonathan and his armor-bearer who were not there.
18 Saul said to Ahijah, "Bring the ark of God." (At that time it was with the Israelites.) u 19 While Saul was talking to the priest, the tumult in the Philistine camp increased more and more. So Saul said to the priest, "Withdraw your hand."
20 Then Saul and all his men assembled and went to the battle. They found the Philistines in total confusion, striking each other with their swords. 21 Those Hebrews who had previously been with the Philistines and had gone up with them to their camp went over to the Israelites who were with Saul and Jonathan. 22 When all the Israelites who had hidden in the hill country of Ephraim heard that the Philistines were on the run, they joined the battle in hot pursuit. 23 So the LORD rescued Israel that day, and the battle moved on beyond Beth Aven.

Jonathan Eats Honey

24 Now the men of Israel were in distress that day, because Saul had bound the people under an oath, saying, "Cursed be any man who eats food before evening comes, before I have avenged myself on my enemies!" So none of the troops tasted food.
25 The entire army v entered the woods, and there was honey on the ground. 26 When they went into the woods, they saw the honey oozing out, yet no one put his hand to his mouth, because they feared the oath. 27 But Jonathan had not heard that his father had bound the people with the oath, so he reached out the end of the staff that was in his hand and dipped it into the honeycomb. He raised his hand to his mouth, and his eyes brightened. w 28 Then one of the soldiers told him, "Your father bound the army under a strict oath, saying, 'Cursed be any man who eats food today!' That is why the men are faint."
29 Jonathan said, "My father has made trouble for the country. See how my eyes brightened x when I tasted a little of this honey. 30 How much better it would have been if the men had eaten today some of the plunder they took from their enemies. Would not the slaughter of the Philistines have been even greater?"
31 That day, after the Israelites had struck down the Philistines from Micmash to Aijalon, they were exhausted. 32 They pounced on the plunder and, taking sheep, cattle and calves, they butchered them on the

s 14 Hebrew half a yoke; a "yoke" was the land plowed by a yoke of oxen in one day.   t 15 Or a terrible panic   u 18 Hebrew; Septuagint "Bring the ephod." (At that time he wore the ephod before the Israelites.)   v 25 Or Now all the people of the land   w 27 Or his strength was renewed   x 29 Or my strength was renewed

33 Y le dieron aviso a Saúl, diciendo: El pueblo peca contra Jehová, comiendo la carne con la sangre. Y él dijo: Vosotros habéis prevaricado; rodadme ahora acá una piedra grande.

34 Además dijo Saúl: Esparcíos por el pueblo, y decidles que me traigan cada uno su vaca, y cada cual su oveja, y degolladlas aquí, y comed; y no pequéis contra Jehová comiendo la carne con la sangre. Y trajo todo el pueblo cada cual por su mano su vaca aquella noche, y las degollaron allí.

35 Y edificó Saúl altar a Jehová; este altar fue el primero que edificó a Jehová.

36 Y dijo Saúl: Descendamos de noche contra los filisteos, y los saquearemos hasta la mañana, y no dejaremos de ellos ninguno. Y ellos dijeron: Haz lo que bien te pareciere. Dijo luego el sacerdote: Acerquémonos aquí a Dios.

37 Y Saúl consultó a Dios: ¿Descenderé tras los filisteos? ¿Los entregarás en mano de Israel? Mas Jehová no le dio respuesta aquel día.

38 Entonces dijo Saúl: Venid acá todos los principales del pueblo, y sabed y ved en qué ha consistido este pecado hoy;

39 porque vive Jehová que salva a Israel, que aunque fuere en Jonatán mi hijo, de seguro morirá. Y no hubo en todo el pueblo quien le respondiese.

40 Dijo luego a todo Israel: Vosotros estaréis a un lado, y yo y Jonatán mi hijo estaremos al otro lado. Y el pueblo respondió a Saúl: Haz lo que bien te pareciere.

41 Entonces dijo Saúl a Jehová Dios de Israel: Da suerte perfecta. Y la suerte cayó sobre Jonatán y Saúl, y el pueblo salió libre.

42 Y Saúl dijo: Echad suertes entre mí y Jonatán mi hijo. Y la suerte cayó sobre Jonatán.

43 Entonces Saúl dijo a Jonatán: Declárame lo que has hecho. Y Jonatán se lo declaró y dijo: Ciertamente gusté un poco de miel con la punta de la vara que traía en mi mano; ¿y he de morir?

44 Y Saúl respondió: Así me haga Dios y aun me añada, que sin duda morirás, Jonatán.

45 Entonces el pueblo dijo a Saúl: ¿Ha de morir Jonatán, el que ha hecho esta grande salvación en Israel? No será así. Vive Jehová, que no ha de caer un cabello de su cabeza en tierra, pues que ha actuado hoy con Dios. Así el pueblo libró de morir a Jonatán.

46 Y Saúl dejó de seguir a los filisteos; y los filisteos se fueron a su lugar.

47 Después de haber tomado posesión del reinado de Israel, Saúl hizo guerra a todos sus enemigos en derredor: contra Moab, contra los hijos de Amón, contra Edom, contra los reyes de Soba, y contra los filisteos; y adondequiera que se volvía, era vencedor.

48 Y reunió un ejército y derrotó a Amalec, y libró a Israel de mano de los que lo saqueaban.

49 Y los hijos de Saúl fueron Jonatán, Isúi y Malquisúa. Y los nombres de sus dos hijas eran, el de la mayor, Merab, y el de la menor, Mical.

50 Y el nombre de la mujer de Saúl era Ahinoam, hija de Ahimaas. Y el nombre del general de su ejército era Abner, hijo de Ner tío de Saúl.

51 Porque Cis padre de Saúl, y Ner padre de Abner, fueron hijos de Abiel.

ground and ate them, together with the blood. 33 Then someone said to Saul, "Look, the men are sinning against the LORD by eating meat that has blood in it."

"You have broken faith," he said. "Roll a large stone over here at once." 34 Then he said, "Go out among the men and tell them, 'Each of you bring me your cattle and sheep, and slaughter them here and eat them. Do not sin against the LORD by eating meat with blood still in it.' "

So everyone brought his ox that night and slaughtered it there. 35 Then Saul built an altar to the LORD; it was the first time he had done this.

36 Saul said, "Let us go down after the Philistines by night and plunder them till dawn, and let us not leave one of them alive."

"Do whatever seems best to you," they replied.

But the priest said, "Let us inquire of God here."

37 So Saul asked God, "Shall I go down after the Philistines? Will you give them into Israel's hand?" But God did not answer him that day.

38 Saul therefore said, "Come here, all you who are leaders of the army, and let us find out what sin has been committed today. 39 As surely as the LORD who rescues Israel lives, even if it lies with my son Jonathan, he must die." But not one of the men said a word.

40 Saul then said to all the Israelites, "You stand over there; I and Jonathan my son will stand over here."

"Do what seems best to you," the men replied.

41 Then Saul prayed to the LORD, the God of Israel, "Give me the right answer." [y] And Jonathan and Saul were taken by lot, and the men were cleared. 42 Saul said, "Cast the lot between me and Jonathan my son." And Jonathan was taken.

43 Then Saul said to Jonathan, "Tell me what you have done."

So Jonathan told him, "I merely tasted a little honey with the end of my staff. And now must I die?"

44 Saul said, "May God deal with me, be it ever so severely, if you do not die, Jonathan."

45 But the men said to Saul, "Should Jonathan die— he who has brought about this great deliverance in Israel? Never! As surely as the LORD lives, not a hair of his head will fall to the ground, for he did this today with God's help." So the men rescued Jonathan, and he was not put to death.

46 Then Saul stopped pursuing the Philistines, and they withdrew to their own land.

47 After Saul had assumed rule over Israel, he fought against their enemies on every side: Moab, the Ammonites, Edom, the kings [z] of Zobah, and the Philistines. Wherever he turned, he inflicted punishment on them. [a] 48 He fought valiantly and defeated the Amalekites, delivering Israel from the hands of those who had plundered them.

Saul's Family

49 Saul's sons were Jonathan, Ishvi and Malki-Shua. The name of his older daughter was Merab, and that of the younger was Michal. 50 His wife's name was Ahinoam daughter of Ahimaaz. The name of the commander of Saul's army was Abner son of Ner, and Ner was Saul's uncle. 51 Saul's father Kish and Abner's father Ner were sons of Abiel.

y 41 Hebrew; Septuagint "Why have you not answered your servant today? If the fault is in me or my son Jonathan, respond with Urim, but if the men of Israel are at fault, respond with Thummim."   z 47 Masoretic Text; Dead Sea Scrolls and Septuagint king   a 47 Hebrew; Septuagint he was victorious

52 Y hubo guerra encarnizada contra los filisteos todo el tiempo de Saúl; y a todo el que Saúl veía que era hombre esforzado y apto para combatir, lo juntaba consigo.

Saúl desobedece y es desechado

15 ¹ Después Samuel dijo a Saúl: Jehová me envió a que te ungiese por rey sobre su pueblo Israel; ahora, pues, está atento a las palabras de Jehová.
² Así ha dicho Jehová de los ejércitos: Yo castigaré lo que hizo Amalec a Israel al oponérsele en el camino cuando subía de Egipto.
³ Vé, pues, y hiere a Amalec, y destruye todo lo que tiene, y no te apiades de él; mata a hombres, mujeres, niños, y aun los de pecho, vacas, ovejas, camellos y asnos.
⁴ Saúl, pues, convocó al pueblo y les pasó revista en Telaim, doscientos mil de a pie, y diez mil hombres de Judá.
⁵ Y viniendo Saúl a la ciudad de Amalec, puso emboscada en el valle.
⁶ Y dijo Saúl a los ceneos: Idos, apartaos y salid de entre los de Amalec, para que no os destruya juntamente con ellos; porque vosotros mostrasteis misericordia a todos los hijos de Israel, cuando subían de Egipto. Y se apartaron los ceneos de entre los hijos de Amalec.
⁷ Y Saúl derrotó a los amalecitas desde Havila hasta llegar a Shur, que está. al oriente de Egipto.
⁸ Y tomó vivo a Agag rey de Amalec, pero a todo el pueblo mató a filo de espada.
⁹ Y Saúl y el pueblo perdonaron a Agag, y a lo mejor de las ovejas y del ganado mayor, de los animales engordados, de los carneros y de todo lo bueno, y no lo quisieron destruir; mas todo lo que era vil y despreciable destruyeron.
¹⁰ Y vino palabra de Jehová a Samuel, diciendo:
¹¹ Me pesa haber puesto por rey a Saúl, porque se ha vuelto de en pos de mí, y no ha cumplido mis palabras. Y se apesadumbró Samuel, y clamó a Jehová toda aquella noche.
¹² Madrugó luego Samuel para ir a encontrar a Saúl por la mañana; y fue dado aviso a Samuel, diciendo: Saúl ha venido a Carmel, y he aquí se levantó un monumento, y dio la vuelta, y pasó adelante y descendió a Gilgal.
¹³ Vino, pues, Samuel a Saúl, y Saúl le dijo: Bendito seas tú de Jehová; yo he cumplido la palabra de Jehová.
¹⁴ Samuel entonces dijo: ¿Pues qué balido de ovejas y bramido de vacas es este que yo oigo con mis oídos?
¹⁵ Y Saúl respondió: De Amalec los han traído; porque el pueblo perdonó lo mejor de las ovejas y de las vacas, para sacrificarlas a Jehová tu Dios, pero lo demás lo destruimos.
¹⁶ Entonces dijo Samuel a Saúl: Déjame declararte lo que Jehová me ha dicho esta noche. Y él le respondió: Dí.
¹⁷ Y dijo Samuel: Aunque eras pequeño en tus propios ojos, ¿no has sido hecho jefe de las tribus de Israel, y Jehová te ha ungido por rey sobre Israel?
¹⁸ Y Jehová te envió en misión y dijo: Vé, destruye a los pecadores de Amalec, y hazles guerra hasta que los acabes.
¹⁹ ¿Por qué, pues, no has oído la voz de Jehová, sino que vuelto al botín has hecho lo malo ante los ojos de Jehová?

The LORD Rejects Saul as King

15 Samuel said to Saul, "I am the one the LORD sent to anoint you king over his people Israel; so listen now to the message from the LORD. ²This is what the LORD Almighty says: 'I will punish the Amalekites for what they did to Israel when they waylaid them as they came up from Egypt. ³Now go, attack the Amalekites and totally destroy*b* everything that belongs to them. Do not spare them; put to death men and women, children and infants, cattle and sheep, camels and donkeys.' "
⁴So Saul summoned the men and mustered them at Telaim—two hundred thousand foot soldiers and ten thousand men from Judah. ⁵Saul went to the city of Amalek and set an ambush in the ravine. ⁶Then he said to the Kenites, "Go away, leave the Amalekites so that I do not destroy you along with them; for you showed kindness to all the Israelites when they came up out of Egypt." So the Kenites moved away from the Amalekites.
⁷Then Saul attacked the Amalekites all the way from Havilah to Shur, to the east of Egypt. ⁸He took Agag king of the Amalekites alive, and all his people he totally destroyed with the sword. ⁹But Saul and the army spared Agag and the best of the sheep and cattle, the fat calves*c* and lambs—everything that was good. These they were unwilling to destroy completely, but everything that was despised and weak they totally destroyed.
¹⁰Then the word of the LORD came to Samuel: ¹¹"I am grieved that I have made Saul king, because he has turned away from me and has not carried out my instructions." Samuel was troubled, and he cried out to the LORD all that night.
¹²Early in the morning Samuel got up and went to meet Saul, but he was told, "Saul has gone to Carmel. There he has set up a monument in his own honor and has turned and gone on down to Gilgal."
¹³When Samuel reached him, Saul said, "The LORD bless you! I have carried out the LORD's instructions."
¹⁴But Samuel said, "What then is this bleating of sheep in my ears? What is this lowing of cattle that I hear?"
¹⁵Saul answered, "The soldiers brought them from the Amalekites; they spared the best of the sheep and cattle to sacrifice to the LORD your God, but we totally destroyed the rest."
¹⁶"Stop!" Samuel said to Saul. "Let me tell you what the LORD said to me last night."
"Tell me," Saul replied.
¹⁷Samuel said, "Although you were once small in your own eyes, did you not become the head of the tribes of Israel? The LORD anointed you king over Israel. ¹⁸And he sent you on a mission, saying, 'Go and completely destroy those wicked people, the Amalekites; make war on them until you have wiped them out.' ¹⁹Why did you not obey the LORD? Why did you pounce on the plunder and do evil in the eyes of the LORD?"

---

b3 The Hebrew term refers to the irrevocable giving over of things or persons to the LORD, often by totally destroying them; also in verses 8, 9, 15, 18, 20 and 21.   *c9* Or *the grown bulls*; the meaning of the Hebrew for this phrase is uncertain.

20 Y Saúl respondió a Samuel: Antes bien he obedecido la voz de Jehová, y fui a la misión que Jehová me envió, y he traído a Agag rey de Amalec, y he destruido a los amalecitas.

21 Mas el pueblo tomó del botín ovejas y vacas, las primicias del anatema, para ofrecer sacrificios a Jehová tu Dios en Gilgal.

22 Y Samuel dijo: ¿Se complace Jehová tanto en los holocaustos y víctimas, como en que se obedezca a las palabras de Jehová? Ciertamente el obedecer es mejor que los sacrificios, y el prestar atención que la grosura de los carneros.

23 Porque como pecado de adivinación es la rebelión, y como ídolos e idolatría la obstinación. Por cuanto tú desechaste la palabra de Jehová, él también te ha desechado para que no seas rey.

24 Entonces Saúl dijo a Samuel: Yo he pecado; pues he quebrantado el mandamiento de Jehová y tus palabras, porque temí al pueblo y consentí a la voz de ellos. Perdona, pues, ahora mi pecado,

25 y vuelve conmigo para que adore a Jehová.

26 Y Samuel respondió a Saúl: No volveré contigo; porque desechaste la palabra de Jehová, y Jehová te ha desechado para que no seas rey sobre Israel.

27 Y volviéndose Samuel para irse, él se asió de la punta de su manto, y éste se rasgó.

28 Entonces Samuel le dijo: Jehová ha rasgado hoy de ti el reino de Israel, y lo ha dado a un prójimo tuyo mejor que tú.

29 Además, el que es la Gloria de Israel no mentirá, ni se arrepentirá, porque no es hombre para que se arrepienta.

30 Y él dijo: Yo he pecado; pero te ruego que me honres delante de los ancianos de mi pueblo y delante de Israel, y vuelvas conmigo para que adore a Jehová tu Dios.

31 Y volvió Samuel tras Saúl, y adoró Saúl a Jehová.

32 Después dijo Samuel: Traedme a Agag rey de Amalec. Y Agag vino a él alegremente. Y dijo Agag: Ciertamente ya pasó la amargura de la muerte.

33 Y Samuel dijo: Como tu espada dejó a las mujeres sin hijos, así tu madre será sin hijo entre las mujeres. Entonces Samuel cortó en pedazos a Agag delante de Jehová en Gilgal.

34 Se fue luego Samuel a Ramá, y Saúl subió a su casa en Gabaa de Saúl.

35 Y nunca después vio Samuel a Saúl en toda su vida; y Samuel lloraba a Saúl; y Jehová se arrepentía de haber puesto a Saúl por rey sobre Israel.

Samuel unge a David

16 1 Dijo Jehová a Samuel: ¿Hasta cuándo llorarás a Saúl, habiéndolo yo desechado para que no reine sobre Israel? Llena tu cuerno de aceite, y ven, te enviaré a Isaí de Belén, porque de sus hijos me he provisto de rey.

2 Y dijo Samuel: ¿Cómo iré? Si Saúl lo supiera, me mataría. Jehová respondió: Toma contigo una becerra de la vacada, y dí: A ofrecer sacrificio a Jehová he venido.

3 Y llama a Isaí al sacrificio, y yo te enseñaré lo que has de hacer; y me ungirás al que yo te dijere.

20 "But I did obey the LORD," Saul said. "I went on the mission the LORD assigned me. I completely destroyed the Amalekites and brought back Agag their king. 21 The soldiers took sheep and cattle from the plunder, the best of what was devoted to God, in order to sacrifice them to the LORD your God at Gilgal."

22 But Samuel replied:

"Does the LORD delight in burnt offerings and
    sacrifices
    as much as in obeying the voice of the LORD?
To obey is better than sacrifice,
    and to heed is better than the fat of rams.
23 For rebellion is like the sin of divination,
    and arrogance like the evil of idolatry.
Because you have rejected the word of the LORD,
    he has rejected you as king."

24 Then Saul said to Samuel, "I have sinned. I violated the LORD's command and your instructions. I was afraid of the people and so I gave in to them. 25 Now I beg you, forgive my sin and come back with me, so that I may worship the LORD."

26 But Samuel said to him, "I will not go back with you. You have rejected the word of the LORD, and the LORD has rejected you as king over Israel!"

27 As Samuel turned to leave, Saul caught hold of the hem of his robe, and it tore. 28 Samuel said to him, "The LORD has torn the kingdom of Israel from you today and has given it to one of your neighbors — to one better than you. 29 He who is the Glory of Israel does not lie or change his mind; for he is not a man, that he should change his mind."

30 Saul replied, "I have sinned. But please honor me before the elders of my people and before Israel; come back with me, so that I may worship the LORD your God." 31 So Samuel went back with Saul, and Saul worshiped the LORD.

32 Then Samuel said, "Bring me Agag king of the Amalekites."

Agag came to him confidently, *d* thinking, "Surely the bitterness of death is past."

33 But Samuel said,

"As your sword has made women childless,
    so will your mother be childless among
      women."

And Samuel put Agag to death before the LORD at Gilgal.

34 Then Samuel left for Ramah, but Saul went up to his home in Gibeah of Saul. 35 Until the day Samuel died, he did not go to see Saul again, though Samuel mourned for him. And the LORD was grieved that he had made Saul king over Israel.

Samuel Anoints David

16 The LORD said to Samuel, "How long will you mourn for Saul, since I have rejected him as king over Israel? Fill your horn with oil and be on your way; I am sending you to Jesse of Bethlehem. I have chosen one of his sons to be king."

2 But Samuel said, "How can I go? Saul will hear about it and kill me."

The LORD said, "Take a heifer with you and say, 'I have come to sacrifice to the LORD.' 3 Invite Jesse to the sacrifice, and I will show you what to do. You are to anoint for me the one I indicate."

d32 Or him trembling, yet

4 Hizo, pues, Samuel como le dijo Jehová; y luego que él llegó a Belén, los ancianos de la ciudad salieron a recibirle con miedo, y dijeron: ¿Es pacífica tu venida?

5 El respondió: Sí, vengo a ofrecer sacrificio a Jehová; santificaos, y venid conmigo al sacrificio. Y santificando él a Isaí y a sus hijos, los llamó al sacrificio.

6 Y aconteció que cuando ellos vinieron, él vio a Eliab, y dijo: De cierto delante de Jehová está su ungido.

7 Y Jehová respondió a Samuel: No mires a su parecer, ni a lo grande de su estatura, porque yo lo desecho; porque Jehová no mira lo que mira el hombre; pues el hombre mira lo que está delante de sus ojos, pero Jehová mira el corazón.

8 Entonces llamó Isaí a Abinadab, y lo hizo pasar delante de Samuel, el cual dijo: Tampoco a éste ha escogido Jehová.

9 Hizo luego pasar Isaí a Sama. Y él dijo: Tampoco a éste ha elegido Jehová.

10 E hizo pasar Isaí siete hijos suyos delante de Samuel; pero Samuel dijo a Isaí: Jehová no ha elegido a éstos.

11 Entonces dijo Samuel a Isaí: ¿Son éstos todos tus hijos? Y él respondió: Queda aún el menor, que apacienta las ovejas. Y dijo Samuel a Isaí: Envía por él, porque no nos sentaremos a la mesa hasta que él venga aquí.

12 Envió, pues, por él, y le hizo entrar; y era rubio, hermoso de ojos, y de buen parecer. Entonces Jehová dijo: Levántate y úngele, porque éste es.

13 Y Samuel tomó el cuerno del aceite, y lo ungió en medio de sus hermanos; y desde aquel día en adelante el Espíritu de Jehová vino sobre David. Se levantó luego Samuel, y se volvió a Ramá.

David toca para Saúl

14 El Espíritu de Jehová se apartó de Saúl, y le atormentaba un espíritu malo de parte de Jehová.

15 Y los criados de Saúl le dijeron: He aquí ahora, un espíritu malo de parte de Dios te atormenta.

16 Diga, pues, nuestro señor a tus siervos que están delante de ti, que busquen a alguno que sepa tocar el arpa, para que cuando esté sobre ti el espíritu malo de parte de Dios, él toque con su mano, y tengas alivio.

17 Y Saúl respondió a sus criados: Buscadme, pues, ahora alguno que toque bien, y traédmelo.

18 Entonces uno de los criados respondió diciendo: He aquí yo he visto a un hijo de Isaí de Belén, que sabe tocar, y es valiente y vigoroso y hombre de guerra, prudente en sus palabras, y hermoso, y Jehová está con él.

19 Y Saúl envió mensajeros a Isaí, diciendo: Envíame a David tu hijo, el que está con las ovejas.

20 Y tomó Isaí un asno cargado de pan, una vasija de vino y un cabrito, y lo envió a Saúl por medio de David su hijo.

21 Y viniendo David a Saúl, estuvo delante de él; y él le amó mucho, y le hizo su paje de armas.

22 Y Saúl envió a decir a Isaí: Yo te ruego que esté David conmigo, pues ha hallado gracia en mis ojos.

23 Y cuando el espíritu malo de parte de Dios venía sobre Saúl, David tomaba el arpa y tocaba con su mano; y Saúl tenía alivio y estaba mejor, y el espíritu malo se apartaba de él.

4 Samuel did what the LORD said. When he arrived at Bethlehem, the elders of the town trembled when they met him. They asked, "Do you come in peace?"

5 Samuel replied, "Yes, in peace; I have come to sacrifice to the LORD. Consecrate yourselves and come to the sacrifice with me." Then he consecrated Jesse and his sons and invited them to the sacrifice.

6 When they arrived, Samuel saw Eliab and thought, "Surely the LORD's anointed stands here before the LORD."

7 But the LORD said to Samuel, "Do not consider his appearance or his height, for I have rejected him. The LORD does not look at the things man looks at. Man looks at the outward appearance, but the LORD looks at the heart."

8 Then Jesse called Abinadab and had him pass in front of Samuel. But Samuel said, "The LORD has not chosen this one either." 9 Jesse then had Shammah pass by, but Samuel said, "Nor has the LORD chosen this one." 10 Jesse had seven of his sons pass before Samuel, but Samuel said to him, "The LORD has not chosen these." 11 So he asked Jesse, "Are these all the sons you have?"

"There is still the youngest," Jesse answered, "but he is tending the sheep."

Samuel said, "Send for him; we will not sit down*e* until he arrives."

12 So he sent and had him brought in. He was ruddy, with a fine appearance and handsome features.

Then the LORD said, "Rise and anoint him; he is the one."

13 So Samuel took the horn of oil and anointed him in the presence of his brothers, and from that day on the Spirit of the LORD came upon David in power. Samuel then went to Ramah.

David in Saul's Service

14 Now the Spirit of the LORD had departed from Saul, and an evil*f* spirit from the LORD tormented him.

15 Saul's attendants said to him, "See, an evil spirit from God is tormenting you. 16 Let our lord command his servants to search for someone who can play the harp. He will play when the evil spirit from God comes upon you, and you will feel better."

17 So Saul said to his attendants, "Find someone who plays well and bring him to me."

18 One of the servants answered, "I have seen a son of Jesse of Bethlehem who knows how to play the harp. He is a brave man and a warrior. He speaks well and is a fine-looking man. And the LORD is with him."

19 Then Saul sent messengers to Jesse and said, "Send me your son David, who is with the sheep."

20 So Jesse took a donkey loaded with bread, a skin of wine and a young goat and sent them with his son David to Saul.

21 David came to Saul and entered his service. Saul liked him very much, and David became one of his armor-bearers. 22 Then Saul sent word to Jesse, saying, "Allow David to remain in my service, for I am pleased with him."

23 Whenever the spirit from God came upon Saul, David would take his harp and play. Then relief would come to Saul; he would feel better, and the evil spirit would leave him.

---

e 11 Some Septuagint manuscripts; Hebrew *not gather around*
f 14 Or *injurious*; also in verses 15, 16 and 23

David mata a Goliat

17 ¹ Los filisteos juntaron sus ejércitos para la guerra, y se congregaron en Soco, que es de Judá, y acamparon entre Soco y Azeca, en Efes-damim. ²También Saúl y los hombres de Israel se juntaron, y acamparon en el valle de Ela, y se pusieron en orden de batalla contra los filisteos. ³Y los filisteos estaban sobre un monte a un lado, e Israel estaba sobre otro monte al otro lado, y el valle entre ellos. ⁴Salió entonces del campamento de los filisteos un paladín, el cual se llamaba Goliat, de Gat, y tenía de altura seis codos y un palmo. ⁵Y traía un casco de bronce en su cabeza, y llevaba una cota de malla; y era el peso de la cota cinco mil siclos de bronce. ⁶Sobre sus piernas traía grebas de bronce, y jabalina de bronce entre sus hombros. ⁷El asta de su lanza era como un rodillo de telar, y tenía el hierro de su lanza seiscientos siclos de hierro; e iba su escudero delante de él. ⁸Y se paró y dio voces a los escuadrones de Israel, diciéndoles: ¿Para qué os habéis puesto en orden de batalla? ¿No soy yo el filisteo, y vosotros los siervos de Saúl? Escoged de entre vosotros un hombre que venga contra mí. ⁹Si él pudiere pelear conmigo, y me venciere, nosotros seremos vuestros siervos; y si yo pudiere más que él, y lo venciere, vosotros seréis nuestros siervos y nos serviréis. ¹⁰Y añadió el filisteo: Hoy yo he desafiado al campamento de Israel; dadme un hombre que pelee conmigo. ¹¹Oyendo Saúl y todo Israel estas palabras del filisteo, se turbaron y tuvieron gran miedo.

¹²Y David era hijo de aquel hombre efrateo de Belén de Judá, cuyo nombre era Isaí, el cual tenía ocho hijos; y en el tiempo de Saúl este hombre era viejo y de gran edad entre los hombres. ¹³Y los tres hijos mayores de Isaí habían ido para seguir a Saúl a la guerra. Y los nombres de sus tres hijos que habían ido a la guerra eran: Eliab el primogénito, el segundo Abinadab, y el tercero Sama; ¹⁴y David era el menor. Siguieron, pues, los tres mayores a Saúl. ¹⁵Pero David había ido y vuelto, dejando a Saúl, para apacentar las ovejas de su padre en Belén. ¹⁶Venía, pues, aquel filisteo por la mañana y por la tarde, y así lo hizo durante cuarenta días.

¹⁷Y dijo Isaí a David su hijo: Toma ahora para tus hermanos un efa de este grano tostado, y estos diez panes, y llévalo pronto al campamento a tus hermanos. ¹⁸Y estos diez quesos de leche los llevarás al jefe de los mil; y mira si tus hermanos están buenos, y toma prendas de ellos. ¹⁹Y Saúl y ellos y todos los de Israel estaban en el valle de Ela, peleando contra los filisteos. ²⁰Se levantó, pues, David de mañana, y dejando las ovejas al cuidado de un guarda, se fue con su carga como Isaí le había mandado; y llegó al campamento cuando el ejército salía en orden de batalla, y daba el grito de combate. ²¹Y se pusieron en orden de batalla Israel y los filisteos, ejército frente a ejército. ²²Entonces David dejó su carga en mano del que guardaba el bagaje, y corrió al ejército; y cuando llegó, preguntó por sus hermanos, si estaban bien. ²³Mientras él hablaba con ellos, he aquí que aquel paladín que se ponía en medio de los dos campamentos, que se llamaba Goliat, el filisteo de Gat, salió de entre las filas de los filisteos y habló las mismas palabras, y las oyó David. ²⁴Y todos los varones de Israel que veían aquel hombre huían de su presencia, y tenían gran temor.

David and Goliath

17 Now the Philistines gathered their forces for war and assembled at Socoh in Judah. They pitched camp at Ephes Dammim, between Socoh and Azekah. ²Saul and the Israelites assembled and camped in the Valley of Elah and drew up their battle line to meet the Philistines. ³The Philistines occupied one hill and the Israelites another, with the valley between them.

⁴A champion named Goliath, who was from Gath, came out of the Philistine camp. He was over nine feet g tall. ⁵He had a bronze helmet on his head and wore a coat of scale armor of bronze weighing five thousand shekels h; ⁶on his legs he wore bronze greaves, and a bronze javelin was slung on his back. ⁷His spear shaft was like a weaver's rod, and its iron point weighed six hundred shekels. i His shield bearer went ahead of him.

⁸Goliath stood and shouted to the ranks of Israel, "Why do you come out and line up for battle? Am I not a Philistine, and are you not the servants of Saul? Choose a man and have him come down to me. ⁹If he is able to fight and kill me, we will become your subjects; but if I overcome him and kill him, you will become our subjects and serve us." ¹⁰Then the Philistine said, "This day I defy the ranks of Israel! Give me a man and let us fight each other." ¹¹On hearing the Philistine's words, Saul and all the Israelites were dismayed and terrified.

¹²Now David was the son of an Ephrathite named Jesse, who was from Bethlehem in Judah. Jesse had eight sons, and in Saul's time he was old and well advanced in years. ¹³Jesse's three oldest sons had followed Saul to the war: The firstborn was Eliab; the second, Abinadab; and the third, Shammah. ¹⁴David was the youngest. The three oldest followed Saul, ¹⁵but David went back and forth from Saul to tend his father's sheep at Bethlehem.

¹⁶For forty days the Philistine came forward every morning and evening and took his stand.

¹⁷Now Jesse said to his son David, "Take this ephah j of roasted grain and these ten loaves of bread for your brothers and hurry to their camp. ¹⁸Take along these ten cheeses to the commander of their unit. k See how your brothers are and bring back some assurance l from them. ¹⁹They are with Saul and all the men of Israel in the Valley of Elah, fighting against the Philistines."

²⁰Early in the morning David left the flock with a shepherd, loaded up and set out, as Jesse had directed. He reached the camp as the army was going out to its battle positions, shouting the war cry. ²¹Israel and the Philistines were drawing up their lines facing each other. ²²David left his things with the keeper of supplies, ran to the battle lines and greeted his brothers. ²³As he was talking with them, Goliath, the Philistine champion from Gath, stepped out from his lines and shouted his usual defiance, and David heard it. ²⁴When the Israelites saw the man, they all ran from him in great fear.

---

g 4 Hebrew *was six cubits and a span* (about 3 meters) h 5 That is, about 125 pounds (about 57 kilograms) i 7 That is, about 15 pounds (about 7 kilograms) j 17 That is, probably about 3/5 bushel (about 22 liters) k 18 Hebrew *thousand* l 18 Or *some token; or some pledge of spoils*

25 Y cada uno de los de Israel decía: ¿No habéis visto aquel hombre que ha salido? El se adelanta para provocar a Israel. Al que le venciere, el rey le enriquecerá con grandes riquezas, y le dará su hija, y eximirá de tributos a la casa de su padre en Israel.

26 Entonces habló David a los que estaban junto a él, diciendo: ¿Qué harán al hombre que venciere a este filisteo, y quitaré el oprobio de Israel? Porque ¿quién es este filisteo incircunciso, para que provoque a los escuadrones del Dios viviente?

27 Y el pueblo le respondió las mismas palabras, diciendo: Así se hará al hombre que le venciere.

28 Y oyéndole hablar Eliab su hermano mayor con aquellos hombres, se encendió en ira contra David y dijo: ¿Para qué has descendido acá? ¿y a quién has dejado aquellas pocas ovejas en el desierto? Yo conozco tu soberbia y la malicia de tu corazón, que para ver la batalla has venido.

29 David respondió: ¿Qué he hecho yo ahora? ¿No es esto mero hablar?

30 Y apartándose de él hacia otros, preguntó de igual manera; y le dio el pueblo la misma respuesta de antes.

31 Fueron oídas las palabras que David había dicho, y las refirieron delante de Saúl; y él lo hizo venir.

32 Y dijo David a Saúl: No desmaye el corazón de ninguno a causa de él; tu siervo irá y peleará contra este filisteo.

33 Dijo Saúl a David: No podrás tú ir contra aquel filisteo, para pelear con él; porque tú eres muchacho, y él un hombre de guerra desde su juventud.

34 David respondió a Saúl: Tu siervo era pastor de las ovejas de su padre; y cuando venía un león, o un oso, y tomaba algún cordero de la manada,

35 salía yo tras él, y lo hería, y lo libraba de su boca; y si se levantaba contra mí, yo le echaba mano de la quijada, y lo hería y lo mataba.

36 Fuese león, fuese oso, tu siervo lo mataba; y este filisteo incircunciso será como uno de ellos, porque ha provocado al ejército del Dios viviente.

37 Añadió David: Jehová, que me ha librado de las garras del león y de las garras del oso, él también me librará de la mano de este filisteo. Y dijo Saúl a David: Vé, y Jehová esté contigo.

38 Y Saúl vistió a David con sus ropas, y puso sobre su cabeza un casco de bronce, y le armó de coraza.

39 Y ciñó David su espada sobre sus vestidos, y probó a andar, porque nunca había hecho la prueba. Y dijo David a Saúl: Yo no puedo andar con esto, porque nunca lo practiqué. Y David echó de sí aquellas cosas.

40 Y tomó su cayado en su mano, y escogió cinco piedras lisas del arroyo, y las puso en el saco pastoril, en el zurrón que traía, y tomó su honda en su mano, y se fue hacia el filisteo.

41 Y el filisteo venía andando y acercándose a David, y su escudero delante de él.

42 Y cuando el filisteo miró y vio a David, le tuvo en poco; porque era muchacho, y rubio, y de hermoso parecer.

43 Y dijo el filisteo a David: ¿Soy yo perro, para que vengas a mí con palos? Y maldijo a David por sus dioses.

44 Dijo luego el filisteo a David: Ven a mí, y daré tu carne a las aves del cielo y a las bestias del campo.

45 Entonces dijo David al filisteo: Tú vienes a mí con espada y lanza y jabalina; mas yo vengo a ti en el nombre de Jehová de los ejércitos, el Dios de los escuadrones de Israel, a quien tú has provocado.

46 Jehová te entregará hoy en mi mano, y yo te venceré, y te cortaré la cabeza, y daré hoy los cuerpos de los filisteos a las aves del cielo y a las bestias de la tierra; y toda la tierra sabrá que hay Dios en Israel.

25 Now the Israelites had been saying, "Do you see how this man keeps coming out? He comes out to defy Israel. The king will give great wealth to the man who kills him. He will also give him his daughter in marriage and will exempt his father's family from taxes in Israel."

26 David asked the men standing near him, "What will be done for the man who kills this Philistine and removes this disgrace from Israel? Who is this uncircumcised Philistine that he should defy the armies of the living God?"

27 They repeated to him what they had been saying and told him, "This is what will be done for the man who kills him."

28 When Eliab, David's oldest brother, heard him speaking with the men, he burned with anger at him and asked, "Why have you come down here? And with whom did you leave those few sheep in the desert? I know how conceited you are and how wicked your heart is; you came down only to watch the battle."

29 "Now what have I done?" said David. "Can't I even speak?" 30 He then turned away to someone else and brought up the same matter, and the men answered him as before. 31 What David said was overheard and reported to Saul, and Saul sent for him.

32 David said to Saul, "Let no one lose heart on account of this Philistine; your servant will go and fight him."

33 Saul replied, "You are not able to go out against this Philistine and fight him; you are only a boy, and he has been a fighting man from his youth."

34 But David said to Saul, "Your servant has been keeping his father's sheep. When a lion or a bear came and carried off a sheep from the flock, 35 I went after it, struck it and rescued the sheep from its mouth. When it turned on me, I seized it by its hair, struck it and killed it. 36 Your servant has killed both the lion and the bear; this uncircumcised Philistine will be like one of them, because he has defied the armies of the living God. 37 The LORD who delivered me from the paw of the lion and the paw of the bear will deliver me from the hand of this Philistine."

Saul said to David, "Go, and the LORD be with you."

38 Then Saul dressed David in his own tunic. He put a coat of armor on him and a bronze helmet on his head. 39 David fastened on his sword over the tunic and tried walking around, because he was not used to them.

"I cannot go in these," he said to Saul, "because I am not used to them." So he took them off. 40 Then he took his staff in his hand, chose five smooth stones from the stream, put them in the pouch of his shepherd's bag, and with his sling in his hand, approached the Philistine.

41 Meanwhile, the Philistine, with his shield bearer in front of him, kept coming closer to David. 42 He looked David over and saw that he was only a boy, ruddy and handsome, and he despised him. 43 He said to David, "Am I a dog, that you come at me with sticks?" And the Philistine cursed David by his gods. 44 "Come here," he said, "and I'll give your flesh to the birds of the air and the beasts of the field!"

45 David said to the Philistine, "You come against me with sword and spear and javelin, but I come against you in the name of the LORD Almighty, the God of the armies of Israel, whom you have defied. 46 This day the LORD will hand you over to me, and I'll strike you down and cut off your head. Today I will give the carcasses of the Philistine army to the birds of the air

47 Y sabrá toda esta congregación que Jehová no salva con espada y con lanza; porque de Jehová es la batalla, y él os entregará en nuestras manos.

48 Y aconteció que cuando el filisteo se levantó y echó a andar para ir al encuentro de David, David se dio prisa, y corrió a la línea de batalla contra el filisteo.

49 Y metiendo David su mano en la bolsa, tomó de allí una piedra, y la tiró con la honda, e hirió al filisteo en la frente; y la piedra quedó clavada en la frente, y cayó sobre su rostro en tierra.

50 Así venció David al filisteo con honda y piedra; e hirió al filisteo y lo mató, sin tener David espada en su mano.

51 Entonces corrió David y se puso sobre el filisteo; y tomando la espada de él y sacándola de su vaina, lo acabó de matar, y le cortó con ella la cabeza. Y cuando los filisteos vieron a su paladín muerto, huyeron.

52 Levantándose luego los de Israel y los de Judá, gritaron, y siguieron a los filisteos hasta llegar al valle, y hasta las puertas de Ecrón. Y cayeron los heridos de los filisteos por el camino de Saaraim hasta Gat y Ecrón.

53 Y volvieron los hijos de Israel de seguir tras los filisteos, y saquearon su campamento.

54 Y David tomó la cabeza del filisteo y la trajo a Jerusalén, pero las armas de él las puso en su tienda.

55 Y cuando Saúl vio a David que salía a encontrarse con el filisteo, dijo a Abner general del ejército: Abner, ¿de quién es hijo ese joven? Y Abner respondió:

56 Vive tu alma, oh rey, que no lo sé. Y el rey dijo: Pregunta de quién es hijo ese joven.

57 Y cuando David volvía de matar al filisteo, Abner lo tomó y lo llevó delante de Saúl, teniendo David la cabeza del filisteo en su mano.

58 Y le dijo Saúl: Muchacho, ¿de quién eres hijo? Y David respondió: Yo soy hijo de tu siervo Isaí de Belén.

Pacto de Jonatán y David

18 1 Aconteció que cuando él hubo acabado de hablar con Saúl, el alma de Jonatán quedó ligada con la de David, y lo amó Jonatán como a sí mismo.

2 Y Saúl le tomó aquel día, y no le dejó volver a casa de su padre.

3 E hicieron pacto Jonatán y David, porque él le amaba como a sí mismo.

4 Y Jonatán se quitó el manto que llevaba, y se lo dio a David, y otras ropas suyas, hasta su espada, su arco y su talabarte.

5 Y salía David a dondequiera que Saúl le enviaba, y se portaba prudentemente. Y lo puso Saúl sobre gente de guerra, y era acepto a los ojos de todo el pueblo, y a los ojos de los siervos de Saúl.

Saúl tiene celos de David

6 Aconteció que cuando volvían ellos, cuando David volvió de matar al filisteo, salieron las mujeres de todas las ciudades de Israel cantando y danzando, para recibir al rey Saúl, con panderos, con cánticos de alegría y con instrumentos de música.

7 Y cantaban las mujeres que danzaban, y decían:

Saúl hirió a sus miles,
Y David a sus diez miles.

and the beasts of the earth, and the whole world will know that there is a God in Israel. 47All those gathered here will know that it is not by sword or spear that the LORD saves; for the battle is the LORD's, and he will give all of you into our hands."

48As the Philistine moved closer to attack him, David ran quickly toward the battle line to meet him. 49Reaching into his bag and taking out a stone, he slung it and struck the Philistine on the forehead. The stone sank into his forehead, and he fell facedown on the ground.

50So David triumphed over the Philistine with a sling and a stone; without a sword in his hand he struck down the Philistine and killed him.

51David ran and stood over him. He took hold of the Philistine's sword and drew it from the scabbard. After he killed him, he cut off his head with the sword.

When the Philistines saw that their hero was dead, they turned and ran. 52Then the men of Israel and Judah surged forward with a shout and pursued the Philistines to the entrance of Gath m and to the gates of Ekron. Their dead were strewn along the Shaaraim road to Gath and Ekron. 53When the Israelites returned from chasing the Philistines, they plundered their camp. 54David took the Philistine's head and brought it to Jerusalem, and he put the Philistine's weapons in his own tent.

55As Saul watched David going out to meet the Philistine, he said to Abner, commander of the army, "Abner, whose son is that young man?"

Abner replied, "As surely as you live, O king, I don't know."

56The king said, "Find out whose son this young man is."

57As soon as David returned from killing the Philistine, Abner took him and brought him before Saul, with David still holding the Philistine's head.

58"Whose son are you, young man?" Saul asked him.

David said, "I am the son of your servant Jesse of Bethlehem."

Saul's Jealousy of David

18 After David had finished talking with Saul, Jonathan became one in spirit with David, and he loved him as himself. 2From that day Saul kept David with him and did not let him return to his father's house. 3And Jonathan made a covenant with David because he loved him as himself. 4Jonathan took off the robe he was wearing and gave it to David, along with his tunic, and even his sword, his bow and his belt.

5Whatever Saul sent him to do, David did it so successfully n that Saul gave him a high rank in the army. This pleased all the people, and Saul's officers as well.

6When the men were returning home after David had killed the Philistine, the women came out from all the towns of Israel to meet King Saul with singing and dancing, with joyful songs and with tambourines and lutes. 7As they danced, they sang:

"Saul has slain his thousands,
    and David his tens of thousands."

m 52 Some Septuagint manuscripts; Hebrew *a valley*   n 5 Or *wisely*

8 Y se enojó Saúl en gran manera, y le desagradó este dicho, y dijo: A David dieron diez miles, y a mí miles; no le falta más que el reino.

9 Y desde aquel día Saúl no miró con buenos ojos a David.

10 Aconteció al otro día, que un espíritu malo de parte de Dios tomó a Saúl, y él desvariaba en medio de la casa. David tocaba con su mano como los otros días; y tenía Saúl la lanza en la mano.

11 Y arrojó Saúl la lanza, diciendo: Enclavaré a David a la pared. Pero David lo evadió dos veces.

12 Mas Saúl estaba temeroso de David, por cuanto Jehová estaba con él, y se había apartado de Saúl;

13 por lo cual Saúl lo alejó de sí, y le hizo jefe de mil; y salía y entraba delante del pueblo.

14 Y David se conducía prudentemente en todos sus asuntos, y Jehová estaba con él.

15 Y viendo Saúl que se portaba tan prudentemente, tenía temor de él.

16 Mas todo Israel y Judá amaba a David, porque él salía y entraba delante de ellos.

17 Entonces dijo Saúl a David: He aquí, yo te daré Merab mi hija mayor por mujer, con tal que me seas hombre valiente, y pelees las batallas de Jehová. Mas Saúl decía: No será mi mano contra él, sino que será contra él la mano de los filisteos.

18 Pero David respondió a Saúl: ¿Quién soy yo, o qué es mi vida, o la familia de mi padre en Israel, para que yo sea yerno del rey?

19 Y llegado el tiempo en que Merab hija de Saúl se había de dar a David, fue dada por mujer a Adriel meholatita.

20 Pero Mical la otra hija de Saúl amaba a David; y fue dicho a Saúl, y le pareció bien a sus ojos.

21 Y Saúl dijo: Yo se la daré, para que le sea por lazo, y para que la mano de los filisteos sea contra él. Dijo, pues, Saúl a David por segunda vez: Tú serás mi yerno hoy.

22 Y mandó Saúl a sus siervos: Hablad en secreto a David, diciéndole: He aquí el rey te ama, y todos sus siervos te quieren bien; sé, pues, yerno del rey.

23 Los criados de Saúl hablaron estas palabras a los oídos de David. Y David dijo: ¿Os parece a vosotros que es poco ser yerno del rey, siendo yo un hombre pobre y de ninguna estima?

24 Y los criados de Saúl le dieron la respuesta, diciendo: Tales palabras ha dicho David.

25 Y Saúl dijo: Decid así a David: El rey no desea la dote, sino cien prepucios de filisteos, para que sea tomada venganza de los enemigos del rey. Pero Saúl pensaba hacer caer a David en manos de los filisteos.

26 Cuando sus siervos declararon a David estas palabras, pareció bien la cosa a los ojos de David, para ser yerno del rey. Y antes que el plazo se cumpliese,

27 se levantó David y se fue con su gente, y mató a doscientos hombres de los filisteos; y trajo David los prepucios de ellos y los entregó todos al rey, a fin de hacerse yerno del rey. Y Saúl le dio su hija Mical por mujer.

28 Pero Saúl, viendo y considerando que Jehová estaba con David, y que su hija Mical lo amaba,

29 tuvo más temor de David; y fue Saúl enemigo de David todos los días.

8 Saul was very angry; this refrain galled him. "They have credited David with tens of thousands," he thought, "but me with only thousands. What more can he get but the kingdom?" 9 And from that time on Saul kept a jealous eye on David.

10 The next day an evil o spirit from God came forcefully upon Saul. He was prophesying in his house, while David was playing the harp, as he usually did. Saul had a spear in his hand 11 and he hurled it, saying to himself, "I'll pin David to the wall." But David eluded him twice.

12 Saul was afraid of David, because the LORD was with David but had left Saul. 13 So he sent David away from him and gave him command over a thousand men, and David led the troops in their campaigns. 14 In everything he did he had great success, p because the LORD was with him. 15 When Saul saw how successful q he was, he was afraid of him. 16 But all Israel and Judah loved David, because he led them in their campaigns.

17 Saul said to David, "Here is my older daughter Merab. I will give her to you in marriage; only serve me bravely and fight the battles of the LORD." For Saul said to himself, "I will not raise a hand against him. Let the Philistines do that!"

18 But David said to Saul, "Who am I, and what is my family or my father's clan in Israel, that I should become the king's son-in-law?" 19 So r when the time came for Merab, Saul's daughter, to be given to David, she was given in marriage to Adriel of Meholah.

20 Now Saul's daughter Michal was in love with David, and when they told Saul about it, he was pleased. 21 "I will give her to him," he thought, "so that she may be a snare to him and so that the hand of the Philistines may be against him." So Saul said to David, "Now you have a second opportunity to become my son-in-law."

22 Then Saul ordered his attendants: "Speak to David privately and say, 'Look, the king is pleased with you, and his attendants all like you; now become his son-in-law.' "

23 They repeated these words to David. But David said, "Do you think it is a small matter to become the king's son-in-law? I'm only a poor man and little known."

24 When Saul's servants told him what David had said, 25 Saul replied, "Say to David, 'The king wants no other price for the bride than a hundred Philistine foreskins, to take revenge on his enemies.' " Saul's plan was to have David fall by the hands of the Philistines.

26 When the attendants told David these things, he was pleased to become the king's son-in-law. So before the allotted time elapsed, 27 David and his men went out and killed two hundred Philistines. He brought their foreskins and presented the full number to the king so that he might become the king's son-in-law. Then Saul gave him his daughter Michal in marriage.

28 When Saul realized that the LORD was with David and that his daughter Michal loved David, 29 Saul became still more afraid of him, and he remained his enemy the rest of his days.

---

o 10 Or *injurious*   p 14 Or *he was very wise*   q 15 Or *wise*
r 19 Or *However,*

30 Y salieron a campaña los príncipes de los filisteos; y cada vez que salían, David tenía más éxito que todos los siervos de Saúl, por lo cual se hizo de mucha estima su nombre.

Saúl procura matar a David

19 1 Habló Saúl a Jonatán su hijo, y a todos sus siervos, para que matasen a David; pero Jonatán hijo de Saúl amaba a David en gran manera,
2 y dio aviso a David, diciendo: Saúl mi padre procura matarte; por tanto, cuídate hasta la mañana, y estate en lugar oculto y escóndete.
3 Y yo saldré y estaré junto a mi padre en el campo donde estés; y hablaré de ti a mi padre, y te haré saber lo que haya.
4 Y Jonatán habló bien de David a Saúl su padre, y le dijo: No peque el rey contra su siervo David, porque ninguna cosa ha cometido contra ti, y porque sus obras han sido muy buenas para contigo;
5 pues él tomó su vida en su mano, y mató al filisteo, y Jehová dio gran salvación a todo Israel. Tú lo viste, y te alegraste; ¿por qué, pues, pecarás contra la sangre inocente, matando a David sin causa?
6 Y escuchó Saúl la voz de Jonatán, y juró Saúl: Vive Jehová, que no morirá.
7 Y llamó Jonatán a David, y le declaró todas estas palabras; y él mismo trajo a David a Saúl, y estuvo delante de él como antes.
8 Después hubo de nuevo guerra; y salió David y peleó contra los filisteos, y los hirió con gran estrago, y huyeron delante de él.
9 Y el espíritu malo de parte de Jehová vino sobre Saúl; y estando sentado en su casa tenía una lanza a mano, mientras David estaba tocando.
10 Y Saúl procuró enclavar a David con la lanza a la pared, pero él se apartó de delante de Saúl, el cual hirió con la lanza en la pared; y David huyó, y escapó aquella noche.
11 Saúl envió luego mensajeros a casa de David para que lo vigilasen, y lo matasen a la mañana. Mas Mical su mujer avisó a David, diciendo: Si no salvas tu vida esta noche, mañana serás muerto.
12 Y descolgó Mical a David por una ventana; y él se fue y huyó, y escapó.
13 Tomó luego Mical una estatua, y la puso sobre la cama, y le acomodó por cabecera una almohada de pelo de cabra y la cubrió con la ropa.
14 Y cuando Saúl envió mensajeros para prender a David, ella respondió: Está enfermo.
15 Volvió Saúl a enviar mensajeros para que viesen a David, diciendo: Traédmelo en la cama para que lo mate.
16 Y cuando los mensajeros entraron, he aquí la estatua estaba en la cama, y una almohada de pelo de cabra a su cabecera.
17 Entonces Saúl dijo a Mical: ¿Por qué me has engañado así, y has dejado escapar a mi enemigo? Y Mical respondió a Saúl: Porque él me dijo: Déjame ir; si no, yo te mataré.
18 Huyó, pues, David, y escapó, y vino a Samuel en Ramá, y le dijo todo lo que Saúl había hecho con él. Y él y Samuel se fueron y moraron en Naiot.
19 Y fue dado aviso a Saúl, diciendo: He aquí que David está en Naiot en Ramá.
20 Entonces Saúl envió mensajeros para que trajeran a David, los cuales vieron una compañía de profetas que profetizaban, y a Samuel que estaba allí y los presidía. Y vino el Espíritu de Dios sobre los mensajeros de Saúl, y ellos también profetizaron.

30 The Philistine commanders continued to go out to battle, and as often as they did, David met with more success *s* than the rest of Saul's officers, and his name became well known.

Saul Tries to Kill David

19 Saul told his son Jonathan and all the attendants to kill David. But Jonathan was very fond of David 2 and warned him, "My father Saul is looking for a chance to kill you. Be on your guard tomorrow morning; go into hiding and stay there. 3 I will go out and stand with my father in the field where you are. I'll speak to him about you and will tell you what I find out."
4 Jonathan spoke well of David to Saul his father and said to him, "Let not the king do wrong to his servant David; he has not wronged you, and what he has done has benefited you greatly. 5 He took his life in his hands when he killed the Philistine. The LORD won a great victory for all Israel, and you saw it and were glad. Why then would you do wrong to an innocent man like David by killing him for no reason?"
6 Saul listened to Jonathan and took this oath: "As surely as the LORD lives, David will not be put to death."
7 So Jonathan called David and told him the whole conversation. He brought him to Saul, and David was with Saul as before.
8 Once more war broke out, and David went out and fought the Philistines. He struck them with such force that they fled before him.
9 But an evil *t* spirit from the LORD came upon Saul as he was sitting in his house with his spear in his hand. While David was playing the harp, 10 Saul tried to pin him to the wall with his spear, but David eluded him as Saul drove the spear into the wall. That night David made good his escape.
11 Saul sent men to David's house to watch it and to kill him in the morning. But Michal, David's wife, warned him, "If you don't run for your life tonight, tomorrow you'll be killed." 12 So Michal let David down through a window, and he fled and escaped. 13 Then Michal took an idol *u* and laid it on the bed, covering it with a garment and putting some goats' hair at the head.
14 When Saul sent the men to capture David, Michal said, "He is ill."
15 Then Saul sent the men back to see David and told them, "Bring him up to me in his bed so that I may kill him." 16 But when the men entered, there was the idol in the bed, and at the head was some goats' hair.
17 Saul said to Michal, "Why did you deceive me like this and send my enemy away so that he escaped?"
Michal told him, "He said to me, 'Let me get away. Why should I kill you?'"
18 When David had fled and made his escape, he went to Samuel at Ramah and told him all that Saul had done to him. Then he and Samuel went to Naioth and stayed there. 19 Word came to Saul: "David is in Naioth at Ramah"; 20 so he sent men to capture him. But when they saw a group of prophets prophesying, with Samuel standing there as their leader, the Spirit of God came upon Saul's men and they also prophesied. 21 Saul was told about it, and he sent more men,

---

s30 Or David acted more wisely   t9 Or injurious
u13 Hebrew teraphim; also in verse 16

21 Cuando lo supo Saúl, envió otros mensajeros, los cuales también profetizaron. Y Saúl volvió a enviar mensajeros por tercera vez, y ellos también profetizaron.

22 Entonces él mismo fue a Ramá; y llegando al gran pozo que está en Secú, preguntó diciendo: ¿Dónde están Samuel y David? Y uno respondió: He aquí están en Naiot en Ramá.

23 Y fue a Naiot en Ramá; y también vino sobre él el Espíritu de Dios, y siguió andando y profetizando hasta que llegó a Naiot en Ramá.

24 Y él también se despojó de sus vestidos, y profetizó igualmente delante de Samuel, y estuvo desnudo todo aquel día y toda aquella noche. De aquí se dijo: ¿También Saúl entre los profetas?

Amistad de David y Jonatán

20 1 Después David huyó de Naiot en Ramá, y vino delante de Jonatán, y dijo: ¿Qué he hecho yo? ¿Cuál es mi maldad, o cuál mi pecado contra tu padre, para que busque mi vida?

2 El le dijo: En ninguna manera; no morirás. He aquí que mi padre ninguna cosa hará, grande ni pequeña, que no me la descubra; ¿por qué, pues, me ha de encubrir mi padre este asunto? No será así.

3 Y David volvió a jurar diciendo: Tu padre sabe claramente que yo he hallado gracia delante de tus ojos, y dirá: No sepa esto Jonatán, para que no se entristezca; y ciertamente, vive Jehová y vive tu alma, que apenas hay un paso entre mí y la muerte.

4 Y Jonatán dijo a David: Lo que deseare tu alma, haré por ti.

5 Y David respondió a Jonatán: He aquí que mañana será nueva luna, y yo acostumbro sentarme con el rey a comer; mas tú dejarás que me esconda en el campo hasta la tarde del tercer día.

6 Si tu padre hiciere mención de mí, dirás: Me rogó mucho que lo dejase ir corriendo a Belén su ciudad, porque todos los de su familia celebran allá el sacrificio anual.

7 Si él dijere: Bien está, entonces tendrá paz tu siervo; mas si se enojare, sabe que la maldad está determinada de parte de él.

8 Harás, pues, misericordia con tu siervo, ya que has hecho entrar a tu siervo en pacto de Jehová contigo; y si hay maldad en mí, mátame tú, pues no hay necesidad de llevarme hasta tu padre.

9 Y Jonatán le dijo: Nunca tal te suceda; antes bien, si yo supiere que mi padre ha determinado maldad contra ti, ¿no te lo avisaría yo?

10 Dijo entonces David a Jonatán: ¿Quién me dará aviso si tu padre te respondiere ásperamente?

11 Y Jonatán dijo a David: Ven, salgamos al campo. Y salieron ambos al campo.

12 Entonces dijo Jonatán a David: ¡Jehová Dios de Israel, sea testigo! Cuando le haya preguntado a mi padre mañana a esta hora, o el día tercero, si resultare bien para con David, entonces enviaré a ti para hacértelo saber.

13 Pero si mi padre intentare hacerte mal, Jehová haga así a Jonatán, y aun le añada, si no te lo hiciere saber y te enviare para que te vayas en paz. Y esté Jehová contigo, como estuvo con mi padre.

14 Y si yo viviere, harás conmigo misericordia de Jehová, para que no muera,

15 y no apartarás tu misericordia de mi casa para siempre. Cuando Jehová haya cortado uno por uno los enemigos de David de la tierra, no dejes que el nombre de Jonatán sea quitado de la casa de David.

16 Así hizo Jonatán pacto con la casa de David, diciendo: Requiéralo Jehová de la mano de los enemigos de David.

and they prophesied too. Saul sent men a third time, and they also prophesied. 22 Finally, he himself left for Ramah and went to the great cistern at Secu. And he asked, "Where are Samuel and David?"

"Over in Naioth at Ramah," they said.

23 So Saul went to Naioth at Ramah. But the Spirit of God came even upon him, and he walked along prophesying until he came to Naioth. 24 He stripped off his robes and also prophesied in Samuel's presence. He lay that way all that day and night. This is why people say, "Is Saul also among the prophets?"

David and Jonathan

20 Then David fled from Naioth at Ramah and went to Jonathan and asked, "What have I done? What is my crime? How have I wronged your father, that he is trying to take my life?"

2 "Never!" Jonathan replied. "You are not going to die! Look, my father doesn't do anything, great or small, without confiding in me. Why would he hide this from me? It's not so!"

3 But David took an oath and said, "Your father knows very well that I have found favor in your eyes, and he has said to himself, 'Jonathan must not know this or he will be grieved.' Yet as surely as the LORD lives and as you live, there is only a step between me and death."

4 Jonathan said to David, "Whatever you want me to do, I'll do for you."

5 So David said, "Look, tomorrow is the New Moon festival, and I am supposed to dine with the king; but let me go and hide in the field until the evening of the day after tomorrow. 6 If your father misses me at all, tell him, 'David earnestly asked my permission to hurry to Bethlehem, his hometown, because an annual sacrifice is being made there for his whole clan.' 7 If he says, 'Very well,' then your servant is safe. But if he loses his temper, you can be sure that he is determined to harm me. 8 As for you, show kindness to your servant, for you have brought him into a covenant with you before the LORD. If I am guilty, then kill me yourself! Why hand me over to your father?"

9 "Never!" Jonathan said. "If I had the least inkling that my father was determined to harm you, wouldn't I tell you?"

10 David asked, "Who will tell me if your father answers you harshly?"

11 "Come," Jonathan said, "let's go out into the field." So they went there together.

12 Then Jonathan said to David: "By the LORD, the God of Israel, I will surely sound out my father by this time the day after tomorrow! If he is favorably disposed toward you, will I not send you word and let you know? 13 But if my father is inclined to harm you, may the LORD deal with me, be it ever so severely, if I do not let you know and send you away safely. May the LORD be with you as he has been with my father. 14 But show me unfailing kindness like that of the LORD as long as I live, so that I may not be killed, 15 and do not ever cut off your kindness from my family—not even when the LORD has cut off every one of David's enemies from the face of the earth."

16 So Jonathan made a covenant with the house of David, saying, "May the LORD call David's enemies to

17 Y Jonatán hizo jurar a David otra vez, porque le amaba, pues le amaba como a sí mismo.

18 Luego le dijo Jonatán: Mañana es nueva luna, y tú serás echado de menos, porque tu asiento estará vacío.

19 Estarás, pues, tres días, y luego descenderás y vendrás al lugar donde estabas escondido el día que ocurrió esto mismo, y esperarás junto a la piedra de Ezel.

20 Y yo tiraré tres saetas hacia aquel lado, como ejercitándome al blanco.

21 Luego enviaré al criado, diciéndole: Vé, busca las saetas. Y si dijere al criado: He allí las saetas más acá de ti, tómalas; tú vendrás, porque paz tienes, y nada malo hay, vive Jehová.

22 Mas si yo dijere al muchacho así: He allí las saetas más allá de ti; vete, porque Jehová te ha enviado.

23 En cuanto al asunto de que tú y yo hemos hablado, esté Jehová entre nosotros dos para siempre.

24 David, pues, se escondió en el campo, y cuando llegó la nueva luna, se sentó el rey a comer pan.

25 Y el rey se sentó en su silla, como solía, en el asiento junto a la pared, y Jonatán se levantó, y se sentó Abner al lado de Saúl, y el lugar de David quedó vacío.

26 Mas aquel día Saúl no dijo nada, porque se decía: Le habrá acontecido algo, y no está limpio; de seguro no está purificado.

27 Al siguiente día, el segundo día de la nueva luna, aconteció también que el asiento de David quedó vacío. Y Saúl dijo a Jonatán su hijo: ¿Por qué no ha venido a comer el hijo de Isaí hoy ni ayer?

28 Y Jonatán respondió a Saúl: David me pidió encarecidamente que le dejase ir a Belén,

29 diciendo: Te ruego que me dejes ir, porque nuestra familia celebra sacrificio en la ciudad, y mi hermano me lo ha mandado; por lo tanto, si he hallado gracia en tus ojos, permíteme ir ahora para visitar a mis hermanos. Por esto, pues, no ha venido a la mesa del rey.

30 Entonces se encendió la ira de Saúl contra Jonatán, y le dijo: Hijo de la perversa y rebelde, ¿acaso no sé yo que tú has elegido al hijo de Isaí para confusión tuya, y para confusión de la vergüenza de tu madre?

31 Porque todo el tiempo que el hijo de Isaí viviere sobre la tierra, ni tú estarás firme, ni tu reino. Envía pues, ahora, y tráemelo, porque ha de morir.

32 Y Jonatán respondió a su padre Saúl y le dijo: ¿Por qué morirá? ¿Qué ha hecho?

33 Entonces Saúl le arrojó una lanza para herirlo; de donde entendió Jonatán que su padre estaba resuelto a matar a David.

34 Y se levantó Jonatán de la mesa con exaltada ira, y no comió pan el segundo día de la nueva luna; porque tenía dolor a causa de David, porque su padre le había afrentado.

35 Al otro día, de mañana, salió Jonatán al campo, al tiempo señalado con David, y un muchacho pequeño con él.

36 Y dijo al muchacho: Corre y busca las saetas que yo tirare. Y cuando el muchacho iba corriendo, él tiraba la saeta de modo que pasara más allá de él.

37 Y llegando el muchacho adonde estaba la saeta que Jonatán había tirado, Jonatán dio voces tras el muchacho, diciendo: ¿No está la saeta más allá de ti?

38 Y volvió a gritar Jonatán tras el muchacho: Corre, date prisa, no te pares. Y el muchacho de Jonatán recogió las saetas, y vino a su señor.

39 Pero ninguna cosa entendió el muchacho; solamente Jonatán y David entendían de lo que se trataba.

40 Luego dio Jonatán sus armas a su muchacho, y le dijo: Vete y llévalas a la ciudad.

account." 17 And Jonathan had David reaffirm his oath out of love for him, because he loved him as he loved himself.

18 Then Jonathan said to David: "Tomorrow is the New Moon festival. You will be missed, because your seat will be empty. 19 The day after tomorrow, toward evening, go to the place where you hid when this trouble began, and wait by the stone Ezel. 20 I will shoot three arrows to the side of it, as though I were shooting at a target. 21 Then I will send a boy and say, 'Go, find the arrows.' If I say to him, 'Look, the arrows are on this side of you; bring them here,' then come, because, as surely as the LORD lives, you are safe; there is no danger. 22 But if I say to the boy, 'Look, the arrows are beyond you,' then you must go, because the LORD has sent you away. 23 And about the matter you and I discussed—remember, the LORD is witness between you and me forever."

24 So David hid in the field, and when the New Moon festival came, the king sat down to eat. 25 He sat in his customary place by the wall, opposite Jonathan,v and Abner sat next to Saul, but David's place was empty. 26 Saul said nothing that day, for he thought, "Something must have happened to David to make him ceremonially unclean—surely he is unclean." 27 But the next day, the second day of the month, David's place was empty again. Then Saul said to his son Jonathan, "Why hasn't the son of Jesse come to the meal, either yesterday or today?"

28 Jonathan answered, "David earnestly asked me for permission to go to Bethlehem. 29 He said, 'Let me go, because our family is observing a sacrifice in the town and my brother has ordered me to be there. If I have found favor in your eyes, let me get away to see my brothers.' That is why he has not come to the king's table."

30 Saul's anger flared up at Jonathan and he said to him, "You son of a perverse and rebellious woman! Don't I know that you have sided with the son of Jesse to your own shame and to the shame of the mother who bore you? 31 As long as the son of Jesse lives on this earth, neither you nor your kingdom will be established. Now send and bring him to me, for he must die!"

32 "Why should he be put to death? What has he done?" Jonathan asked his father. 33 But Saul hurled his spear at him to kill him. Then Jonathan knew that his father intended to kill David.

34 Jonathan got up from the table in fierce anger; on that second day of the month he did not eat, because he was grieved at his father's shameful treatment of David.

35 In the morning Jonathan went out to the field for his meeting with David. He had a small boy with him, 36 and he said to the boy, "Run and find the arrows I shoot." As the boy ran, he shot an arrow beyond him. 37 When the boy came to the place where Jonathan's arrow had fallen, Jonathan called out after him, "Isn't the arrow beyond you?" 38 Then he shouted, "Hurry! Go quickly! Don't stop!" The boy picked up the arrow and returned to his master. 39 (The boy knew nothing of all this; only Jonathan and David knew.) 40 Then Jonathan gave his weapons to the boy and said, "Go, carry them back to town."

v25 Septuagint; Hebrew wall. Jonathan arose

⁴¹Y luego que el muchacho se hubo ido, se levantó David del lado del sur, y se inclinó tres veces postrándose hasta la tierra; y besándose el uno al otro, lloraron el uno con el otro; y David lloró más.

⁴²Y Jonatán dijo a David: Vete en paz, porque ambos hemos jurado por el nombre de Jehová, diciendo: Jehová esté entre tú y yo, entre tu descendencia y mi descendencia, para siempre. Y él se levantó y se fue; y Jonatán entró en la ciudad.

David huye de Saúl

21 ¹Vino David a Nob, al sacerdote Ahimelec; y se sorprendió Ahimelec de su encuentro, y le dijo: ¿Cómo vienes tú solo, y nadie contigo?

²Y respondió David al sacerdote Ahimelec: El rey me encomendó un asunto, y me dijo: Nadie sepa cosa alguna del asunto a que te envío, y lo que te he encomendado; y yo les señalé a los criados un cierto lugar.

³Ahora, pues, ¿qué tienes a mano? Dame cinco panes, o lo que tengas.

⁴El sacerdote respondió a David y dijo: No tengo pan común a la mano, solamente tengo pan sagrado; pero lo daré si los criados se han guardado a lo menos de mujeres.

⁵Y David respondió al sacerdote, y le dijo: En verdad las mujeres han estado lejos de nosotros ayer y anteayer; cuando yo salí, ya los vasos de los jóvenes eran santos, aunque el viaje es profano; ¿cuánto más no serán santos hoy sus vasos?

⁶Así el sacerdote le dio el pan sagrado, porque allí no había otro pan sino los panes de la proposición, los cuales habían sido quitados de la presencia de Jehová, para poner panes calientes el día que aquéllos fueron quitados.

⁷Y estaba allí aquel día detenido delante de Jehová uno de los siervos de Saúl, cuyo nombre era Doeg, edomita, el principal de los pastores de Saúl.

⁸Y David dijo a Ahimelec: ¿No tienes aquí a mano lanza o espada? Porque no tomé en mi mano mi espada ni mis armas, por cuanto la orden del rey era apremiante.

⁹Y el sacerdote respondió: La espada de Goliat el filisteo, al que tú venciste en el valle de Ela, está aquí envuelta en un velo detrás del efod; si quieres tomarla, tómala; porque aquí no hay otra sino esa. Y dijo David: Ninguna como ella; dámela.

¹⁰Y levantándose David aquel día, huyó de la presencia de Saúl, y se fue a Aquis rey de Gat.

¹¹Y los siervos de Aquis le dijeron: ¿No es éste David, el rey de la tierra? ¿no es éste de quien cantaban en las danzas, diciendo:

Hirió Saúl a sus miles,
Y David a sus diez miles?

¹²Y David puso en su corazón estas palabras, y tuvo gran temor de Aquis rey de Gat.

¹³Y cambió su manera de comportarse delante de ellos, y se fingió loco entre ellos, y escribía en las portadas de las puertas, y dejaba correr la saliva por su barba.

¹⁴Y dijo Aquis a sus siervos: He aquí, veis que este hombre es demente; ¿por qué lo habéis traído a mí?

⁴¹After the boy had gone, David got up from the south side ⟨of the stone,⟩ and bowed down before Jonathan three times, with his face to the ground. Then they kissed each other and wept together—but David wept the most.

⁴²Jonathan said to David, "Go in peace, for we have sworn friendship with each other in the name of the LORD, saying, 'The LORD is witness between you and me, and between your descendants and my descendants forever.'" Then David left, and Jonathan went back to the town.

David at Nob

21 David went to Nob, to Ahimelech the priest. Ahimelech trembled when he met him, and asked, "Why are you alone? Why is no one with you?"

²David answered Ahimelech the priest, "The king charged me with a certain matter and said to me, 'No one is to know anything about your mission and your instructions.' As for my men, I have told them to meet me at a certain place. ³Now then, what do you have on hand? Give me five loaves of bread, or whatever you can find."

⁴But the priest answered David, "I don't have any ordinary bread on hand; however, there is some consecrated bread here—provided the men have kept themselves from women."

⁵David replied, "Indeed women have been kept from us, as usual whenever^w I set out. The men's things^x are holy even on missions that are not holy. How much more so today!" ⁶So the priest gave him the consecrated bread, since there was no bread there except the bread of the Presence that had been removed from before the LORD and replaced by hot bread on the day it was taken away.

⁷Now one of Saul's servants was there that day, detained before the LORD; he was Doeg the Edomite, Saul's head shepherd.

⁸David asked Ahimelech, "Don't you have a spear or a sword here? I haven't brought my sword or any other weapon, because the king's business was urgent."

⁹The priest replied, "The sword of Goliath the Philistine, whom you killed in the Valley of Elah, is here; it is wrapped in a cloth behind the ephod. If you want it, take it; there is no sword here but that one."

David said, "There is none like it; give it to me."

David at Gath

¹⁰That day David fled from Saul and went to Achish king of Gath. ¹¹But the servants of Achish said to him, "Isn't this David, the king of the land? Isn't he the one they sing about in their dances:

"'Saul has slain his thousands,
and David his tens of thousands'?"

¹²David took these words to heart and was very much afraid of Achish king of Gath. ¹³So he pretended to be insane in their presence; and while he was in their hands he acted like a madman, making marks on the doors of the gate and letting saliva run down his beard.

¹⁴Achish said to his servants, "Look at the man! He

---

^w5 Or *from us in the past few days since*   ^x5 Or *bodies*

15 ¿Acaso me faltan locos, para que hayáis traído a éste que hiciese de loco delante de mí? ¿Había de entrar éste en mi casa?

22 1 Yéndose luego David de allí, huyó a la cueva de Adulam; y cuando sus hermanos y toda la casa de su padre lo supieron, vinieron allí a él.

2 Y se juntaron con él todos los afligidos, y todo el que estaba endeudado, y todos los que se hallaban en amargura de espíritu, y fue hecho jefe de ellos; y tuvo consigo como cuatrocientos hombres.

3 Y se fue David de allí a Mizpa de Moab, y dijo al rey de Moab: Yo te ruego que mi padre y mi madre estén con vosotros, hasta que sepa lo que Dios hará de mí.

4 Los trajo, pues, a la presencia del rey de Moab, y habitaron con él todo el tiempo que David estuvo en el lugar fuerte.

5 Pero el profeta Gad dijo a David: No te estés en este lugar fuerte; anda y vete a tierra de Judá. Y David se fue, y vino al bosque de Haret.

Saúl mata a los sacerdotes de Nob

6 Oyó Saúl que se sabía de David y de los que estaban con el. Y Saúl estaba sentado en Gabaa, debajo de un tamarisco sobre un alto; y tenía su lanza en su mano, y todos sus siervos estaban alrededor de él.

7 Y dijo Saúl a sus siervos que estaban alrededor de él: Oíd ahora, hijos de Benjamín: ¿Os dará también a todos vosotros el hijo de Isaí tierras y viñas, y os hará a todos vosotros jefes de millares y jefes de centenas,

8 para que todos vosotros hayáis conspirado contra mí, y no haya quien me descubra al oído cómo mi hijo ha hecho alianza con el hijo de Isaí, ni alguno de vosotros que se duela de mí y me descubra cómo mi hijo ha levantado a mi siervo contra mí para que me aceche, tal como lo hace hoy?

9 Entonces Doeg edomita, que era el principal de los siervos de Saúl, respondió y dijo: Yo vi al hijo de Isaí que vino a Nob, a Ahimelec hijo de Ahitob,

10 el cual consultó por él a Jehová y le dio provisiones, y también le dio la espada de Goliat el filisteo.

11 Y el rey envió por el sacerdote Ahimelec hijo de Ahitob, y por toda la casa de su padre, los sacerdotes que estaban en Nob; y todos vinieron al rey.

12 Y Saúl le dijo: Oye ahora, hijo de Ahitob. Y él dijo: Heme aquí, señor mío.

13 Y le dijo Saúl: ¿Por qué habéis conspirado contra mí, tú y el hijo de Isaí, cuando le diste pan y espada, y consultaste por él a Dios, para que se levantase contra mí y me acechase, como lo hace hoy día?

14 Entonces Ahimelec respondió al rey, y dijo: ¿Y quién entre todos tus siervos es tan fiel como David, yerno también del rey, que sirve a tus órdenes y es ilustre en tu casa?

15 ¿He comenzado yo desde hoy a consultar por él a Dios? Lejos sea de mí; no culpe el rey de cosa alguna a su siervo, ni a toda la casa de mi padre; porque tu siervo ninguna cosa sabe de este asunto, grande ni pequeña.

16 Y el rey dijo: Sin duda morirás, Ahimelec, tú y toda la casa de tu padre.

17 Entonces dijo el rey a la gente de su guardia que estaba alrededor de él: Volveos y matad a los sacerdotes de Jehová; porque también la mano de ellos está con David, pues sabiendo ellos que huía, no me lo descubrieron. Pero los siervos del rey no quisieron extender sus manos para matar a los sacerdotes de Jehová.

is insane! Why bring him to me? 15 Am I so short of madmen that you have to bring this fellow here to carry on like this in front of me? Must this man come into my house?"

David at Adullam and Mizpah

22 David left Gath and escaped to the cave of Adullam. When his brothers and his father's household heard about it, they went down to him there. 2 All those who were in distress or in debt or discontented gathered around him, and he became their leader. About four hundred men were with him.

3 From there David went to Mizpah in Moab and said to the king of Moab, "Would you let my father and mother come and stay with you until I learn what God will do for me?" 4 So he left them with the king of Moab, and they stayed with him as long as David was in the stronghold.

5 But the prophet Gad said to David, "Do not stay in the stronghold. Go into the land of Judah." So David left and went to the forest of Hereth.

Saul Kills the Priests of Nob

6 Now Saul heard that David and his men had been discovered. And Saul, spear in hand, was seated under the tamarisk tree on the hill at Gibeah, with all his officials standing around him. 7 Saul said to them, "Listen, men of Benjamin! Will the son of Jesse give all of you fields and vineyards? Will he make all of you commanders of thousands and commanders of hundreds? 8 Is that why you have all conspired against me? No one tells me when my son makes a covenant with the son of Jesse. None of you is concerned about me or tells me that my son has incited my servant to lie in wait for me, as he does today."

9 But Doeg the Edomite, who was standing with Saul's officials, said, "I saw the son of Jesse come to Ahimelech son of Ahitub at Nob. 10 Ahimelech inquired of the LORD for him; he also gave him provisions and the sword of Goliath the Philistine."

11 Then the king sent for the priest Ahimelech son of Ahitub and his father's whole family, who were the priests at Nob, and they all came to the king. 12 Saul said, "Listen now, son of Ahitub."

"Yes, my lord," he answered.

13 Saul said to him, "Why have you conspired against me, you and the son of Jesse, giving him bread and a sword and inquiring of God for him, so that he has rebelled against me and lies in wait for me, as he does today?"

14 Ahimelech answered the king, "Who of all your servants is as loyal as David, the king's son-in-law, captain of your bodyguard and highly respected in your household? 15 Was that day the first time I inquired of God for him? Of course not! Let not the king accuse your servant or any of his father's family, for your servant knows nothing at all about this whole affair."

16 But the king said, "You will surely die, Ahimelech, you and your father's whole family."

17 Then the king ordered the guards at his side: "Turn and kill the priests of the LORD, because they too have sided with David. They knew he was fleeing, yet they did not tell me."

But the king's officials were not willing to raise a hand to strike the priests of the LORD.

18Entonces dijo el rey a Doeg: Vuelve tú, y arremete contra los sacerdotes. Y se volvió Doeg el edomita y acometió a los sacerdotes, y mató en aquel día a ochenta y cinco varones que vestían efod de lino.
19Y a Nob, ciudad de los sacerdotes, hirió a filo de espada; así a hombres como a mujeres, niños hasta los de pecho, bueyes, asnos y ovejas, todo lo hirió a filo de espada.
20Pero uno de los hijos de Ahimelec hijo de Ahitob, que se llamaba Abiatar, escapó, y huyó tras David.
21Y Abiatar dio aviso a David de cómo Saúl había dado muerte a los sacerdotes de Jehová.
22Y dijo David a Abiatar: Yo sabía que estando allí aquel día Doeg el edomita, él lo había de hacer saber a Saúl. Yo he ocasionado la muerte a todas las personas de la casa de tu padre.
23Quédate conmigo, no temas; quien buscare mi vida, buscará también la tuya; pues conmigo estarás a salvo.

David en el desierto

23 1Dieron aviso a David, diciendo: He aquí que los filisteos combaten a Keila, y roban las eras.
2Y David consultó a Jehová, diciendo: ¿Iré a atacar a estos filisteos? Y Jehová respondió a David: Vé, ataca a los filisteos, y libra a Keila.
3Pero los que estaban con David le dijeron: He aquí que nosotros aquí en Judá estamos con miedo; ¿cuánto más si fuéremos a Keila contra el ejército de los filisteos?
4Entonces David volvió a consultar a Jehová. Y Jehová le respondió y dijo: Levántate, desciende a Keila, pues yo entregaré en tus manos a los filisteos.
5Fue, pues, David con sus hombres a Keila, y peleó contra los filisteos, se llevó sus ganados, y les causó una gran derrota; y libró David a los de Keila.
6Y aconteció que cuando Abiatar hijo de Ahimelec huyó siguiendo a David a Keila, descendió con el efod en su mano.
7Y fue dado aviso a Saúl que David había venido a Keila. Entonces dijo Saúl: Dios lo ha entregado en mi mano, pues se ha encerrado entrando en ciudad con puertas y cerraduras.
8Y convocó Saúl a todo el pueblo a la batalla para descender a Keila, y poner sitio a David y a sus hombres.
9Mas entendiendo David que Saúl ideaba el mal contra él, dijo a Abiatar sacerdote: Trae el efod.
10Y dijo David: Jehová Dios de Israel, tu siervo tiene entendido que Saúl trata de venir contra Keila, a destruir la ciudad por causa mía.
11¿Me entregarán los vecinos de Keila en sus manos? ¿Descenderá Saúl, como ha oído tu siervo? Jehová Dios de Israel, te ruego que lo declares a tu siervo. Y Jehová dijo: Sí, descenderá.
12Dijo luego David: ¿Me entregarán los vecinos de Keila a mí y a mis hombres en manos de Saúl? Y Jehová respondió: Os entregarán.
13David entonces se levantó con sus hombres, que eran como seiscientos, y salieron de Keila, y anduvieron de un lugar a otro. Y vino a Saúl la nueva de que David se había escapado de Keila, y desistió de salir.
14Y David se quedó en el desierto en lugares fuertes, y habitaba en un monte en el desierto de Zif; y lo buscaba Saúl todos los días, pero Dios no lo entregó en sus manos.
15Viendo, pues, David que Saúl había salido en busca de su vida, se estuvo en Hores, en el desierto de Zif.
16Entonces se levantó Jonatán hijo de Saúl y vino a David a Hores, y fortaleció su mano en Dios.

18The king then ordered Doeg, "You turn and strike down the priests." So Doeg the Edomite turned and struck them down. That day he killed eighty-five men who wore the linen ephod. 19He also put to the sword Nob, the town of the priests, with its men and women, its children and infants, and its cattle, donkeys and sheep.
20But Abiathar, a son of Ahimelech son of Ahitub, escaped and fled to join David. 21He told David that Saul had killed the priests of the LORD. 22Then David said to Abiathar: "That day, when Doeg the Edomite was there, I knew he would be sure to tell Saul. I am responsible for the death of your father's whole family. 23Stay with me; don't be afraid; the man who is seeking your life is seeking mine also. You will be safe with me."

David Saves Keilah

23 When David was told, "Look, the Philistines are fighting against Keilah and are looting the threshing floors," 2he inquired of the LORD, saying, "Shall I go and attack these Philistines?"
The LORD answered him, "Go, attack the Philistines and save Keilah."
3But David's men said to him, "Here in Judah we are afraid. How much more, then, if we go to Keilah against the Philistine forces!"
4Once again David inquired of the LORD, and the LORD answered him, "Go down to Keilah, for I am going to give the Philistines into your hand." 5So David and his men went to Keilah, fought the Philistines and carried off their livestock. He inflicted heavy losses on the Philistines and saved the people of Keilah. 6(Now Abiathar son of Ahimelech had brought the ephod down with him when he fled to David at Keilah.)

Saul Pursues David

7Saul was told that David had gone to Keilah, and he said, "God has handed him over to me, for David has imprisoned himself by entering a town with gates and bars." 8And Saul called up all his forces for battle, to go down to Keilah to besiege David and his men.
9When David learned that Saul was plotting against him, he said to Abiathar the priest, "Bring the ephod." 10David said, "O LORD, God of Israel, your servant has heard definitely that Saul plans to come to Keilah and destroy the town on account of me. 11Will the citizens of Keilah surrender me to him? Will Saul come down, as your servant has heard? O LORD, God of Israel, tell your servant."
And the LORD said, "He will."
12Again David asked, "Will the citizens of Keilah surrender me and my men to Saul?"
And the LORD said, "They will."
13So David and his men, about six hundred in number, left Keilah and kept moving from place to place. When Saul was told that David had escaped from Keilah, he did not go there.
14David stayed in the desert strongholds and in the hills of the Desert of Ziph. Day after day Saul searched for him, but God did not give David into his hands.
15While David was at Horesh in the Desert of Ziph, he learned that Saul had come out to take his life.
16And Saul's son Jonathan went to David at Horesh

17 Y le dijo: No temas, pues no te hallará la mano de Saúl mi padre, y tú reinarás sobre Israel, y yo seré segundo después de ti; y aun Saúl mi padre así lo sabe.
18 Y ambos hicieron pacto delante de Jehová; y David se quedó en Hores, y Jonatán se volvió a su casa.

19 Después subieron los de Zif para decirle a Saúl en Gabaa: ¿No está David escondido en nuestra tierra en las peñas de Hores, en el collado de Haquila, que está al sur del desierto?
20 Por tanto, rey, desciende pronto ahora, conforme a tu deseo, y nosotros lo entregaremos en la mano del rey.
21 Y Saúl dijo: Benditos seáis vosotros de Jehová, que habéis tenido compasión de mí.
22 Id, pues, ahora, aseguraos más, conoced y ved el lugar de su escondite, y quién lo haya visto allí; porque se me ha dicho que él es astuto en gran manera.
23 Observad, pues, e informaos de todos los escondrijos donde se oculta, y volved a mí con información segura, y yo iré con vosotros; y si él estuviere en la tierra, yo le buscaré entre todos los millares de Judá.
24 Y ellos se levantaron, y se fueron a Zif delante de Saúl. Pero David y su gente estaban en el desierto de Maón, en el Arabá al sur del desierto.
25 Y se fue Saúl con su gente a buscarlo; pero fue dado aviso a David, y descendió a la peña, y se quedó en el desierto de Maón. Cuando Saúl oyó esto, siguió a David al desierto de Maón.
26 Y Saúl iba por un lado del monte, y David con sus hombres por el otro lado del monte, y se daba prisa David para escapar de Saúl; mas Saúl y sus hombres habían encerrado a David y a su gente para capturarlos.
27 Entonces vino un mensajero a Saúl, diciendo: Ven luego, porque los filisteos han hecho una irrupción en el país.
28 Volvió, por tanto, Saúl de perseguir a David, y partió contra los filisteos. Por esta causa pusieron a aquel lugar por nombre Sela-hama-lecot. c
29 Entonces David subió de allí y habitó en los lugares fuertes de En-gadi.

David perdona la vida a Saúl en En-gadi

24 1 Cuando Saúl volvió de perseguir a los filisteos, le dieron aviso, diciendo: He aquí David está en el desierto de En-gadi.
2 Y tomando Saúl tres mil hombres escogidos de todo Israel, fue en busca de David y de sus hombres, por las cumbres de los peñascos de las cabras monteses.
3 Y cuando llegó a un redil de ovejas en el camino, donde había una cueva, entró Saúl en ella para cubrir sus pies; y David y sus hombres estaban sentados en los rincones de la cueva.
4 Entonces los hombres de David le dijeron: He aquí el día de que te dijo Jehová: He aquí que entrego a tu enemigo en tu mano, y harás con él como te pareciere. Y se levantó David, y calladamente cortó la orilla del manto de Saúl.
5 Después de esto se turbó el corazón de David, porque había cortado la orilla del manto de Saúl.
6 Y dijo a sus hombres: Jehová me guarde de hacer tal cosa contra mi señor, el ungido de Jehová, que yo extienda mi mano contra él; porque es el ungido de Jehová.
7 Así reprimió David a sus hombres con palabras, y no les permitió que se levantasen contra Saúl. Y Saúl, saliendo de la cueva, siguió su camino.
8 También David se levantó después, y saliendo de la cueva dio voces detrás de Saúl, diciendo: ¡Mi señor el rey! Y cuando Saúl miró hacia atrás, David inclinó su rostro a tierra, e hizo reverencia.

and helped him find strength in God. 17"Don't be afraid," he said. "My father Saul will not lay a hand on you. You will be king over Israel, and I will be second to you. Even my father Saul knows this." 18The two of them made a covenant before the LORD. Then Jonathan went home, but David remained at Horesh.

19The Ziphites went up to Saul at Gibeah and said, "Is not David hiding among us in the strongholds at Horesh, on the hill of Hakilah, south of Jeshimon? 20Now, O king, come down whenever it pleases you to do so, and we will be responsible for handing him over to the king."
21Saul replied, "The LORD bless you for your concern for me. 22Go and make further preparation. Find out where David usually goes and who has seen him there. They tell me he is very crafty. 23Find out about all the hiding places he uses and come back to me with definite information.y Then I will go with you; if he is in the area, I will track him down among all the clans of Judah."
24So they set out and went to Ziph ahead of Saul. Now David and his men were in the Desert of Maon, in the Arabah south of Jeshimon. 25Saul and his men began the search, and when David was told about it, he went down to the rock and stayed in the Desert of Maon. When Saul heard this, he went into the Desert of Maon in pursuit of David.
26Saul was going along one side of the mountain, and David and his men were on the other side, hurrying to get away from Saul. As Saul and his forces were closing in on David and his men to capture them, 27a messenger came to Saul, saying, "Come quickly! The Philistines are raiding the land." 28Then Saul broke off his pursuit of David and went to meet the Philistines. That is why they call this place Sela Hammahlekoth.z 29And David went up from there and lived in the strongholds of En Gedi.

David Spares Saul's Life

24 After Saul returned from pursuing the Philistines, he was told, "David is in the Desert of En Gedi." 2So Saul took three thousand chosen men from all Israel and set out to look for David and his men near the Crags of the Wild Goats.
3He came to the sheep pens along the way; a cave was there, and Saul went in to relieve himself. David and his men were far back in the cave. 4The men said, "This is the day the LORD spoke of when he saida to you, 'I will give your enemy into your hands for you to deal with as you wish.'" Then David crept up unnoticed and cut off a corner of Saul's robe.
5Afterward, David was conscience-stricken for having cut off a corner of his robe. 6He said to his men, "The LORD forbid that I should do such a thing to my master, the LORD's anointed, or lift my hand against him; for he is the anointed of the LORD." 7With these words David rebuked his men and did not allow them to attack Saul. And Saul left the cave and went his way.
8Then David went out of the cave and called out to Saul, "My lord the king!" When Saul looked behind him, David bowed down and prostrated himself with his face to the ground. 9He said to Saul, "Why do you

c Esto es, Peña de las divisiones.

y23 Or me at Nacon   z28 Sela Hammahlekoth means rock of parting.   a4 Or "Today the LORD is saying

9 Y dijo David a Saúl: ¿Por qué oyes las palabras de los que dicen: Mira que David procura tu mal?

10 He aquí han visto hoy tus ojos cómo Jehová te ha puesto hoy en mis manos en la cueva; y me dijeron que te matase, pero te perdoné, porque dije: No extenderé mi mano contra mi señor, porque es el ungido de Jehová.

11 Y mira, padre mío, mira la orilla de tu manto en mi mano; porque yo corté la orilla de tu manto, y no te maté. Conoce, pues, y ve que no hay mal ni traición en mi mano, ni he pecado contra ti; sin embargo, tú andas a caza de mi vida para quitármela.

12 Juzgue Jehová entre tú y yo, y vénguemе de ti Jehová; pero mi mano no será contra ti.

13 Como dice el proverbio de los antiguos: De los impíos saldrá la impiedad; así que mi mano no será contra ti.

14 ¿Tras quién ha salido el rey de Israel? ¿A quién persigues? ¿A un perro muerto? ¿A una pulga?

15 Jehová, pues, será juez, y él juzgará entre tú y yo. El vea y sustente mi causa, y me defienda de tu mano.

16 Y aconteció que cuando David acabó de decir estas palabras a Saúl, Saúl dijo: ¿No es esta la voz tuya, hijo mío David? Y alzó Saúl su voz y lloró,

17 y dijo a David: Más justo eres tú que yo, que me has pagado con bien, habiéndote yo pagado con mal.

18 Tú has mostrado hoy que has hecho conmigo bien; pues no me has dado muerte, habiéndome entregado Jehová en tu mano.

19 Porque ¿quién hallará a su enemigo, y lo dejará ir sano y salvo? Jehová te pague con bien por lo que en este día has hecho conmigo.

20 Y ahora, como yo entiendo que tú has de reinar, y que el reino de Israel ha de ser en tu mano firme y estable,

21 júrame, pues, ahora por Jehová, que no destruirás mi descendencia después de mí, ni borrarás mi nombre de la casa de mi padre.

22 Entonces David juró a Saúl. Y se fue Saúl a su casa, y David y sus hombres subieron al lugar fuerte.

David y Abigail

25 1 Murió Samuel, y se juntó todo Israel, y lo lloraron, y lo sepultaron en su casa en Ramá. Y se levantó David y se fue al desierto de Parán.

2 Y en Maón había un hombre que tenía su hacienda en Carmel, el cual era muy rico, y tenía tres mil ovejas y mil cabras. Y aconteció que estaba esquilando sus ovejas en Carmel.

3 Y aquel varón se llamaba Nabal, y su mujer, Abigail. Era aquella mujer de buen entendimiento y de hermosa apariencia, pero el hombre era duro y de malas obras; y era del linaje de Caleb.

4 Y oyó David en el desierto que Nabal esquilaba sus ovejas.

5 Entonces envió David diez jóvenes y les dijo: Subid a Carmel e id a Nabal, y saludadle en mi nombre,

6 y decidle así: Sea paz a ti, y paz a tu familia, y paz a todo cuanto tienes.

7 He sabido que tienes esquiladores. Ahora, tus pastores han estado con nosotros; no les tratamos mal, ni les faltó nada en todo el tiempo que han estado en Carmel.

8 Pregunta a tus criados, y ellos te lo dirán. Hallen, por tanto, estos jóvenes gracia en tus ojos, porque hemos venido en buen día; te ruego que des lo que tuvieres a mano a tus siervos, y a tu hijo David.

9 Cuando llegaron los jóvenes enviados por David, dijeron a Nabal todas estas palabras en nombre de David, y callaron.

listen when men say, 'David is bent on harming you'? 10This day you have seen with your own eyes how the LORD delivered you into my hands in the cave. Some urged me to kill you, but I spared you; I said, 'I will not lift my hand against my master, because he is the LORD's anointed.' 11See, my father, look at this piece of your robe in my hand! I cut off the corner of your robe but did not kill you. Now understand and recognize that I am not guilty of wrongdoing or rebellion. I have not wronged you, but you are hunting me down to take my life. 12May the LORD judge between you and me. And may the LORD avenge the wrongs you have done to me, but my hand will not touch you. 13As the old saying goes, 'From evildoers come evil deeds,' so my hand will not touch you.

14"Against whom has the king of Israel come out? Whom are you pursuing? A dead dog? A flea? 15May the LORD be our judge and decide between us. May he consider my cause and uphold it; may he vindicate me by delivering me from your hand."

16When David finished saying this, Saul asked, "Is that your voice, David my son?" And he wept aloud. 17"You are more righteous than I," he said. "You have treated me well, but I have treated you badly. 18You have just now told me of the good you did to me; the LORD delivered me into your hands, but you did not kill me. 19When a man finds his enemy, does he let him get away unharmed? May the LORD reward you well for the way you treated me today. 20I know that you will surely be king and that the kingdom of Israel will be established in your hands. 21Now swear to me by the LORD that you will not cut off my descendants or wipe out my name from my father's family."

22So David gave his oath to Saul. Then Saul returned home, but David and his men went up to the stronghold.

David, Nabal and Abigail

25 Now Samuel died, and all Israel assembled and mourned for him; and they buried him at his home in Ramah.

Then David moved down into the Desert of Maon.b 2A certain man in Maon, who had property there at Carmel, was very wealthy. He had a thousand goats and three thousand sheep, which he was shearing in Carmel. 3His name was Nabal and his wife's name was Abigail. She was an intelligent and beautiful woman, but her husband, a Calebite, was surly and mean in his dealings.

4While David was in the desert, he heard that Nabal was shearing sheep. 5So he sent ten young men and said to them, "Go up to Nabal at Carmel and greet him in my name. 6Say to him: 'Long life to you! Good health to you and your household! And good health to all that is yours!

7" 'Now I hear that it is sheep-shearing time. When your shepherds were with us, we did not mistreat them, and the whole time they were at Carmel nothing of theirs was missing. 8Ask your own servants and they will tell you. Therefore be favorable toward my young men, since we come at a festive time. Please give your servants and your son David whatever you can find for them.' "

9When David's men arrived, they gave Nabal this message in David's name. Then they waited.

---

b 1 Some Septuagint manuscripts; Hebrew *Paran*

10 Y Nabal respondió a los jóvenes enviados por David, y dijo: ¿Quién es David, y quién es el hijo de Isaí? Muchos siervos hay hoy que huyen de sus señores.

11 ¿He de tomar yo ahora mi pan, mi agua, y la carne que he preparado para mis esquiladores, y darla a hombres que no sé de dónde son?

12 Y los jóvenes que había enviado David se volvieron por su camino, y vinieron y dijeron a David todas estas palabras.

13 Entonces David dijo a sus hombres: Cíñase cada uno su espada. Y se ciñó cada uno su espada, y también David se ciñó su espada; y subieron tras David como cuatrocientos hombres, y dejaron doscientos con el bagaje.

14 Pero uno de los criados dio aviso a Abigail mujer de Nabal, diciendo: He aquí David envió mensajeros del desierto que saludasen a nuestro amo, y él los ha zaherido.

15 Y aquellos hombres han sido muy buenos con nosotros, y nunca nos trataron mal, ni nos faltó nada en todo el tiempo que anduvimos con ellos, cuando estábamos en el campo.

16 Muro fueron para nosotros de día y de noche, todos los días que hemos estado con ellos apacentando las ovejas.

17 Ahora, pues, reflexiona y ve lo que has de hacer, porque el mal está ya resuelto contra nuestro amo y contra toda su casa; pues él es un hombre tan perverso, que no hay quien pueda hablarle.

18 Entonces Abigail tomó luego doscientos panes, dos cueros de vino, cinco ovejas guisadas, cinco medidas de grano tostado, cien racimos de uvas pasas, y doscientos panes de higos secos, y lo cargó todo en asnos.

19 Y dijo a sus criados: Id delante de mí, y yo os seguiré luego; y nada declaró a su marido Nabal.

20 Y montando un asno, descendió por una parte secreta del monte; y he aquí David y sus hombres venían frente a ella, y ella les salió al encuentro.

21 Y David había dicho: Ciertamente en vano he guardado todo lo que éste tiene en el desierto, sin que nada le haya faltado de todo cuanto es suyo; y él me ha vuelto mal por bien.

22 Así haga Dios a los enemigos de David y aun les añada, que de aquí a mañana, de todo lo que fuere suyo no he de dejar con vida ni un varón.

23 Y cuando Abigail vio a David, se bajó prontamente del asno, y postrándose sobre su rostro delante de David, se inclinó a tierra;

24 y se echó a sus pies, y dijo: Señor mío, sobre mí sea el pecado; mas te ruego que permitas que tu sierva hable a tus oídos, y escucha las palabras de tu sierva.

25 No haga caso ahora mi señor de ese hombre perverso, de Nabal; porque conforme a su nombre, así es. El se llama Nabal, d y la insensatez está con él; mas yo tu sierva no vi a los jóvenes que tú enviaste.

26 Ahora pues, señor mío, vive Jehová, y vive tu alma, que Jehová te ha impedido el venir a derramar sangre y vengarte por tu propia mano. Sean, pues, como Nabal tus enemigos, y todos los que procuran mal contra mi señor.

27 Y ahora este presente que tu sierva ha traído a mi señor, sea dado a los hombres que siguen a mi señor.

28 Y yo te ruego que perdones a tu sierva esta ofensa; pues Jehová de cierto hará casa estable a mi señor, por cuanto mi señor pelea las batallas de Jehová, y mal no se ha hallado en ti en tus días.

29 Aunque alguien se haya levantado para perseguirte y atentar contra tu vida, con todo, la vida de mi señor será ligada en el haz de los que viven delante de Jehová tu Dios, y él arrojará la vida de tus enemigos como de en medio de la palma de una honda.

10 Nabal answered David's servants, "Who is this David? Who is this son of Jesse? Many servants are breaking away from their masters these days. 11 Why should I take my bread and water, and the meat I have slaughtered for my shearers, and give it to men coming from who knows where?"

12 David's men turned around and went back. When they arrived, they reported every word. 13 David said to his men, "Put on your swords!" So they put on their swords, and David put on his. About four hundred men went up with David, while two hundred stayed with the supplies.

14 One of the servants told Nabal's wife Abigail: "David sent messengers from the desert to give our master his greetings, but he hurled insults at them. 15 Yet these men were very good to us. They did not mistreat us, and the whole time we were out in the fields near them nothing was missing. 16 Night and day they were a wall around us all the time we were herding our sheep near them. 17 Now think it over and see what you can do, because disaster is hanging over our master and his whole household. He is such a wicked man that no one can talk to him."

18 Abigail lost no time. She took two hundred loaves of bread, two skins of wine, five dressed sheep, five seahs c of roasted grain, a hundred cakes of raisins and two hundred cakes of pressed figs, and loaded them on donkeys. 19 Then she told her servants, "Go on ahead; I'll follow you." But she did not tell her husband Nabal.

20 As she came riding her donkey into a mountain ravine, there were David and his men descending toward her, and she met them. 21 David had just said, "It's been useless—all my watching over this fellow's property in the desert so that nothing of his was missing. He has paid me back evil for good. 22 May God deal with David, d be it ever so severely, if by morning I leave alive one male of all who belong to him!"

23 When Abigail saw David, she quickly got off her donkey and bowed down before David with her face to the ground. 24 She fell at his feet and said: "My lord, let the blame be on me alone. Please let your servant speak to you; hear what your servant has to say. 25 May my lord pay no attention to that wicked man Nabal. He is just like his name—his name is Fool, and folly goes with him. But as for me, your servant, I did not see the men my master sent.

26 "Now since the LORD has kept you, my master, from bloodshed and from avenging yourself with your own hands, as surely as the LORD lives and as you live, may your enemies and all who intend to harm my master be like Nabal. 27 And let this gift, which your servant has brought to my master, be given to the men who follow you. 28 Please forgive your servant's offense, for the LORD will certainly make a lasting dynasty for my master, because he fights the LORD's battles. Let no wrongdoing be found in you as long as you live. 29 Even though someone is pursuing you to take your life, the life of my master will be bound securely in the bundle of the living by the LORD your God. But the lives of your enemies he will hurl away as from the pocket of a sling. 30 When the LORD has done for my

---

d Esto es, Insensato.

c 18 That is, probably about a bushel (about 37 liters)   d 22 Some Septuagint manuscripts; Hebrew with David's enemies

³⁰Y acontecerá que cuando Jehová haga con mi señor conforme a todo el bien que ha hablado de ti, y te establezca por príncipe sobre Israel,

³¹entonces, señor mío, no tendrás motivo de pena ni remordimientos por haber derramado sangre sin causa, o por haberte vengado por ti mismo. Guárdese, pues, mi señor, y cuando Jehová haga bien a mi señor, acuérdate de tu sierva.

³²Y dijo David a Abigail: Bendito sea Jehová Dios de Israel, que te envió para que hoy me encontrases.

³³Y bendito sea tu razonamiento, y bendita tú, que me has estorbado hoy de ir a derramar sangre, y a vengarme por mi propia mano.

³⁴Porque vive Jehová Dios de Israel que me ha defendido de hacerte mal, que si no te hubieras dado prisa en venir a mi encuentro, de aquí a mañana no le hubiera quedado con vida a Nabal ni un varón.

³⁵Y recibió David de su mano lo que le había traído, y le dijo: Sube en paz a tu casa, y mira que he oído tu voz, y te he tenido respeto.

³⁶Y Abigail volvió a Nabal, y he aquí que él tenía banquete en su casa como banquete de rey; y el corazón de Nabal estaba alegre, y estaba completamente ebrio, por lo cual ella no le declaró cosa alguna hasta el día siguiente.

³⁷Pero por la mañana, cuando ya a Nabal se le habían pasado los efectos del vino, le refirió su mujer estas cosas; y desmayó su corazón en él, y se quedó como una piedra.

³⁸Y diez días después, Jehová hirió a Nabal, y murió.

³⁹Luego que David oyó que Nabal había muerto, dijo: Bendito sea Jehová, que juzgó la causa de mi afrenta recibida de mano de Nabal, y ha preservado del mal a su siervo; y Jehová ha vuelto la maldad de Nabal sobre su propia cabeza. Después envió David a hablar con Abigail, para tomarla por su mujer.

⁴⁰Y los siervos de David vinieron a Abigail en Carmel, y hablaron con ella, diciendo: David nos ha enviado a ti, para tomarte por su mujer.

⁴¹Y ella se levantó e inclinó su rostro a tierra, diciendo: He aquí tu sierva, que será una sierva para lavar los pies de los siervos de mi señor.

⁴²Y levantándose luego Abigail con cinco doncellas que le servían, montó en un asno y siguió a los mensajeros de David, y fue su mujer.

⁴³También tomó David a Ahinoam de Jezreel, y ambas fueron sus mujeres.

⁴⁴Porque Saúl había dado a su hija Mical mujer de David a Palti hijo de Lais, que era de Galim.

David perdona la vida a Saúl en Zif

26 ¹Vinieron los zifeos a Saúl en Gabaa, diciendo: ¿No está David escondido en el collado de Haquila, al oriente del desierto?

²Saúl entonces se levantó y descendió al desierto de Zif, llevando consigo tres mil hombres escogidos de Israel, para buscar a David en el desierto de Zif.

³Y acampó Saúl en el collado de Haquila, que está al oriente del desierto, junto al camino. Y estaba David en el desierto, y entendió que Saúl le seguía en el desierto.

⁴David, por tanto, envió espías, y supo con certeza que Saúl había venido.

⁵Y se levantó David, y vino al sitio donde Saúl había acampado; y miró David el lugar donde dormían Saúl y Abner hijo de Ner, general de su ejército. Y estaba Saúl durmiendo en el campamento, y el pueblo estaba acampado en derredor de él.

master every good thing he promised concerning him and has appointed him leader over Israel, ³¹my master will not have on his conscience the staggering burden of needless bloodshed or of having avenged himself. And when the LORD has brought my master success, remember your servant."

³²David said to Abigail, "Praise be to the LORD, the God of Israel, who has sent you today to meet me. ³³May you be blessed for your good judgment and for keeping me from bloodshed this day and from avenging myself with my own hands. ³⁴Otherwise, as surely as the LORD, the God of Israel, lives, who has kept me from harming you, if you had not come quickly to meet me, not one male belonging to Nabal would have been left alive by daybreak."

³⁵Then David accepted from her hand what she had brought him and said, "Go home in peace. I have heard your words and granted your request."

³⁶When Abigail went to Nabal, he was in the house holding a banquet like that of a king. He was in high spirits and very drunk. So she told him nothing until daybreak. ³⁷Then in the morning, when Nabal was sober, his wife told him all these things, and his heart failed him and he became like a stone. ³⁸About ten days later, the LORD struck Nabal and he died.

³⁹When David heard that Nabal was dead, he said, "Praise be to the LORD, who has upheld my cause against Nabal for treating me with contempt. He has kept his servant from doing wrong and has brought Nabal's wrongdoing down on his own head."

Then David sent word to Abigail, asking her to become his wife. ⁴⁰His servants went to Carmel and said to Abigail, "David has sent us to you to take you to become his wife."

⁴¹She bowed down with her face to the ground and said, "Here is your maidservant, ready to serve you and wash the feet of my master's servants." ⁴²Abigail quickly got on a donkey and, attended by her five maids, went with David's messengers and became his wife. ⁴³David had also married Ahinoam of Jezreel, and they both were his wives. ⁴⁴But Saul had given his daughter Michal, David's wife, to Paltielᵉ son of Laish, who was from Gallim.

David Again Spares Saul's Life

26 The Ziphites went to Saul at Gibeah and said, "Is not David hiding on the hill of Hakilah, which faces Jeshimon?"

²So Saul went down to the Desert of Ziph, with his three thousand chosen men of Israel, to search there for David. ³Saul made his camp beside the road on the hill of Hakilah facing Jeshimon, but David stayed in the desert. When he saw that Saul had followed him there, ⁴he sent out scouts and learned that Saul had definitely arrived.ᶠ

⁵Then David set out and went to the place where Saul had camped. He saw where Saul and Abner son of Ner, the commander of the army, had lain down. Saul was lying inside the camp, with the army encamped around him.

ᵉ44 Hebrew *Palti*, a variant of *Paltiel*   ᶠ4 Or *had come to Nacon*

6 Entonces David dijo a Ahimelec heteo y a Abisai hijo de Sarvia, hermano de Joab: ¿Quién descenderá conmigo a Saúl en el campamento? Y dijo Abisai: Yo descenderé contigo.

7 David, pues, y Abisai fueron de noche al ejército; y he aquí que Saúl estaba tendido durmiendo en el campamento, y su lanza clavada en tierra a su cabecera; y Abner y el ejército estaban tendidos alrededor de él.

8 Entonces dijo Abisai a David: Hoy ha entregado Dios a tu enemigo en tu mano; ahora, pues, déjame que le hiera con la lanza, y lo enclavaré en la tierra de un golpe, y no le daré segundo golpe.

9 Y David respondió a Abisai: No le mates; porque ¿quién extenderá su mano contra el ungido de Jehová, y será inocente?

10 Dijo además David: Vive Jehová, que si Jehová no lo hiriere, o su día llegue para que muera, o descendiendo en batalla perezca,

11 guárdeme Jehová de extender mi mano contra el ungido de Jehová. Pero toma ahora la lanza que está a su cabecera, y la vasija de agua, y vámonos.

12 Se llevó, pues, David la lanza y la vasija de agua de la cabecera de Saúl, y se fueron; y no hubo nadie que viese, ni entendiese, ni velase, pues todos dormían; porque un profundo sueño enviado de Jehová había caído sobre ellos.

13 Entonces pasó David al lado opuesto, y se puso en la cumbre del monte a lo lejos, habiendo gran distancia entre ellos.

14 Y dio voces David al pueblo, y a Abner hijo de Ner, diciendo: ¿No respondes, Abner? Entonces Abner respondió y dijo: ¿Quién eres tú que gritas al rey?

15 Y dijo David a Abner: ¿No eres tú un hombre? ¿y quién hay como tú en Israel? ¿Por qué, pues, no has guardado al rey tu señor? Porque uno del pueblo ha entrado a matar a tu señor el rey.

16 Esto que has hecho no está bien. Vive Jehová, que sois dignos de muerte, porque no habéis guardado a vuestro señor, al ungido de Jehová. Mira pues, ahora, dónde está la lanza del rey, y la vasija de agua que estaba a su cabecera.

17 Y conociendo Saúl la voz de David, dijo: ¿No es esta tu voz, hijo mío David? Y David respondió: Mi voz es, rey señor mío.

18 Y dijo: ¿Por qué persigue así mi señor a su siervo? ¿Qué he hecho? ¿Qué mal hay en mi mano?

19 Ruego, pues, que el rey mi señor oiga ahora las palabras de su siervo. Si Jehová te incita contra mí, acepte él la ofrenda; mas si fueren hijos de hombres, malditos sean ellos en presencia de Jehová, porque me han arrojado hoy para que no tenga parte en la heredad de Jehová, diciendo: Vé y sirve a dioses ajenos.

20 No caiga, pues, ahora mi sangre en tierra delante de Jehová, porque ha salido el rey de Israel a buscar una pulga, así como quien persigue una perdiz por los montes.

21 Entonces dijo Saúl: He pecado; vuélvete, hijo mío David, que ningún mal te haré más, porque mi vida ha sido estimada preciosa hoy a tus ojos. He aquí yo he hecho neciamente, y he errado en gran manera.

22 Y David respondió y dijo: He aquí la lanza del rey; pase acá uno de los criados y tómela.

23 Y Jehová pague a cada uno su justicia y su lealtad; pues Jehová te había entregado hoy en mi mano, mas yo no quise extender mi mano contra el ungido de Jehová.

24 Y he aquí, como tu vida ha sido estimada preciosa hoy a mis ojos, así sea mi vida a los ojos de Jehová, y me libre de toda aflicción.

25 Y Saúl dijo a David: Bendito eres tú, hijo mío David; sin duda emprenderás tú cosas grandes, y prevalecerás. Entonces David se fue por su camino, y Saúl se volvió a su lugar.

6 David then asked Ahimelech the Hittite and Abishai son of Zeruiah, Joab's brother, "Who will go down into the camp with me to Saul?"

"I'll go with you," said Abishai.

7 So David and Abishai went to the army by night, and there was Saul, lying asleep inside the camp with his spear stuck in the ground near his head. Abner and the soldiers were lying around him.

8 Abishai said to David, "Today God has delivered your enemy into your hands. Now let me pin him to the ground with one thrust of my spear; I won't strike him twice."

9 But David said to Abishai, "Don't destroy him! Who can lay a hand on the Lord's anointed and be guiltless? 10 As surely as the Lord lives," he said, "the Lord himself will strike him; either his time will come and he will die, or he will go into battle and perish. 11 But the Lord forbid that I should lay a hand on the Lord's anointed. Now get the spear and water jug that are near his head, and let's go."

12 So David took the spear and water jug near Saul's head, and they left. No one saw or knew about it, nor did anyone wake up. They were all sleeping, because the Lord had put them into a deep sleep.

13 Then David crossed over to the other side and stood on top of the hill some distance away; there was a wide space between them. 14 He called out to the army and to Abner son of Ner, "Aren't you going to answer me, Abner?"

Abner replied, "Who are you who calls to the king?"

15 David said, "You're a man, aren't you? And who is like you in Israel? Why didn't you guard your lord the king? Someone came to destroy your lord the king. 16 What you have done is not good. As surely as the Lord lives, you and your men deserve to die, because you did not guard your master, the Lord's anointed. Look around you. Where are the king's spear and water jug that were near his head?"

17 Saul recognized David's voice and said, "Is that your voice, David my son?"

David replied, "Yes it is, my lord the king." 18 And he added, "Why is my lord pursuing his servant? What have I done, and what wrong am I guilty of? 19 Now let my lord the king listen to his servant's words. If the Lord has incited you against me, then may he accept an offering. If, however, men have done it, may they be cursed before the Lord! They have now driven me from my share in the Lord's inheritance and have said, 'Go, serve other gods.' 20 Now do not let my blood fall to the ground far from the presence of the Lord. The king of Israel has come out to look for a flea—as one hunts a partridge in the mountains."

21 Then Saul said, "I have sinned. Come back, David my son. Because you considered my life precious today, I will not try to harm you again. Surely I have acted like a fool and have erred greatly."

22 "Here is the king's spear," David answered. "Let one of your young men come over and get it. 23 The Lord rewards every man for his righteousness and faithfulness. The Lord delivered you into my hands today, but I would not lay a hand on the Lord's anointed. 24 As surely as I valued your life today, so may the Lord value my life and deliver me from all trouble."

25 Then Saul said to David, "May you be blessed, my son David; you will do great things and surely triumph."

So David went on his way, and Saul returned home.

David entre los filisteos

27 ¹ Dijo luego David en su corazón: Al fin seré muerto algún día por la mano de Saúl; nada, por tanto, me será mejor que fugarme a la tierra de los filisteos, para que Saúl no se ocupe de mí, y no me ande buscando más por todo el territorio de Israel; y así escaparé de su mano. ² Se levantó, pues, David, y con los seiscientos hombres que tenía consigo se pasó a Aquis hijo de Maoc, rey de Gat. ³ Y moró David con Aquis en Gat, él y sus hombres, cada uno con su familia; David con sus dos mujeres, Ahinoam jezreelita y Abigail la que fue mujer de Nabal el de Carmel. ⁴ Y vino a Saúl la nueva de que David había huido a Gat, y no lo buscó más.

⁵ Y David dijo a Aquis: Si he hallado gracia ante tus ojos, séame dado lugar en alguna de las aldeas para que habite allí; pues ¿por qué ha de morar tu siervo contigo en la ciudad real? ⁶ Y Aquis le dio aquel día a Siclag, por lo cual Siclag vino a ser de los reyes de Judá hasta hoy. ⁷ Fue el número de los días que David habitó en la tierra de los filisteos, un año y cuatro meses.

⁸ Y subía David con sus hombres, y hacían incursiones contra los gesuritas, los gezritas y los amalecitas; porque éstos habitaban de largo tiempo la tierra, desde como quien va a Shur hasta la tierra de Egipto. ⁹ Y asolaba David el país, y no dejaba con vida hombre ni mujer; y se llevaba las ovejas, las vacas, los asnos, los camellos y las ropas, y regresaba a Aquis. ¹⁰ Y decía Aquis: ¿Dónde habéis merodeado hoy? Y David decía: En el Neguev de Judá, y el Neguev de Jerameel, o en el Neguev de los ceneos. ¹¹ Ni hombre ni mujer dejaba David con vida para que viniesen a Gat; diciendo: No sea que den aviso de nosotros y digan: Esto hizo David. Y esta fue su costumbre todo el tiempo que moró en la tierra de los filisteos. ¹² Y Aquis creía a David, y decía: El se ha hecho abominable a su pueblo de Israel, y será siempre mi siervo.

28 ¹ Aconteció en aquellos días, que los filisteos reunieron sus fuerzas para pelear contra Israel. Y dijo Aquis a David: Ten entendido que has de salir conmigo a campaña, tú y tus hombres. ² Y David respondió a Aquis: Muy bien, tú sabrás lo que hará tu siervo. Y Aquis dijo a David: Por tanto, yo te constituiré guarda de mi persona durante toda mi vida.

Saúl y la adivina de Endor

³ Ya Samuel había muerto, y todo Israel lo había lamentado, y le habían sepultado en Ramá, su ciudad. Y Saúl había arrojado de la tierra a los encantadores y adivinos. ⁴ Se juntaron, pues, los filisteos, y vinieron y acamparon en Sunem; y Saúl juntó a todo Israel, y acamparon en Gilboa. ⁵ Y cuando vio Saúl el campamento de los filisteos, tuvo miedo, y se turbó su corazón en gran manera. ⁶ Y consultó Saúl a Jehová; pero Jehová no le respondió ni por sueños, ni por Urim, ni por profetas. ⁷ Entonces Saúl dijo a sus criados: Buscadme una mujer que tenga espíritu de adivinación, para que yo vaya a ella y por medio de ella pregunte. Y sus criados le respondieron: He aquí hay una mujer en Endor que tiene espíritu de adivinación.

David Among the Philistines

27 But David thought to himself, "One of these days I will be destroyed by the hand of Saul. The best thing I can do is to escape to the land of the Philistines. Then Saul will give up searching for me anywhere in Israel, and I will slip out of his hand." ²So David and the six hundred men with him left and went over to Achish son of Maoch king of Gath. ³David and his men settled in Gath with Achish. Each man had his family with him, and David had his two wives: Ahinoam of Jezreel and Abigail of Carmel, the widow of Nabal. ⁴When Saul was told that David had fled to Gath, he no longer searched for him.

⁵Then David said to Achish, "If I have found favor in your eyes, let a place be assigned to me in one of the country towns, that I may live there. Why should your servant live in the royal city with you?" ⁶So on that day Achish gave him Ziklag, and it has belonged to the kings of Judah ever since. ⁷David lived in Philistine territory a year and four months.

⁸Now David and his men went up and raided the Geshurites, the Girzites and the Amalekites. (From ancient times these peoples had lived in the land extending to Shur and Egypt.) ⁹Whenever David attacked an area, he did not leave a man or woman alive, but took sheep and cattle, donkeys and camels, and clothes. Then he returned to Achish. ¹⁰When Achish asked, "Where did you go raiding today?" David would say, "Against the Negev of Judah" or "Against the Negev of Jerahmeel" or "Against the Negev of the Kenites." ¹¹He did not leave a man or woman alive to be brought to Gath, for he thought, "They might inform on us and say, 'This is what David did.' " And such was his practice as long as he lived in Philistine territory. ¹²Achish trusted David and said to himself, "He has become so odious to his people, the Israelites, that he will be my servant forever."

Saul and the Witch of Endor

28 In those days the Philistines gathered their forces to fight against Israel. Achish said to David, "You must understand that you and your men will accompany me in the army."

²David said, "Then you will see for yourself what your servant can do."

Achish replied, "Very well, I will make you my bodyguard for life."

³Now Samuel was dead, and all Israel had mourned for him and buried him in his own town of Ramah. Saul had expelled the mediums and spiritists from the land. ⁴The Philistines assembled and came and set up camp at Shunem, while Saul gathered all the Israelites and set up camp at Gilboa. ⁵When Saul saw the Philistine army, he was afraid; terror filled his heart. ⁶He inquired of the LORD, but the LORD did not answer him by dreams or Urim or prophets. ⁷Saul then said to his attendants, "Find me a woman who is a medium, so I may go and inquire of her."

"There is one in Endor," they said.

8 Y se disfrazó Saúl, y se puso otros vestidos, y se fue con dos hombres, y vinieron a aquella mujer de noche; y él dijo: Yo te ruego que me adivines por el espíritu de adivinación, y me hagas subir a quien yo te dijere.

9 Y la mujer le dijo: He aquí tú sabes lo que Saúl ha hecho, cómo ha cortado de la tierra a los evocadores y a los adivinos. ¿Por qué, pues, pones tropiezo a mi vida, para hacerme morir?

10 Entonces Saúl le juró por Jehová, diciendo: Vive Jehová, que ningún mal te vendrá por esto.

11 La mujer entonces dijo: ¿A quién te haré venir? Y él respondió: Hazme venir a Samuel.

12 Y viendo la mujer a Samuel, clamó en alta voz, y habló aquella mujer a Saúl, diciendo:

13 ¿Por qué me has engañado? pues tú eres Saúl. Y el rey le dijo: No temas. ¿Qué has visto? Y la mujer respondió a Saúl: He visto dioses que suben de la tierra.

14 El le dijo: ¿Cuál es su forma? Y ella respondió: Un hombre anciano viene, cubierto de un manto. Saúl entonces entendió que era Samuel, y humillando el rostro a tierra, hizo gran reverencia.

15 Y Samuel dijo a Saúl: ¿Por qué me has inquietado haciéndome venir? Y Saúl respondió: Estoy muy angustiado, pues los filisteos pelean contra mí, y Dios se ha apartado de mí, y no me responde más, ni por medio de profetas ni por sueños; por esto te he llamado, para que me declares lo que tengo que hacer.

16 Entonces Samuel dijo: ¿Y para qué me preguntas a mí, si Jehová se ha apartado de ti y es tu enemigo?

17 Jehová te ha hecho como dijo por medio de mí; pues Jehová ha quitado el reino de tu mano, y lo ha dado a tu compañero, David.

18 Como tú no obedeciste a la voz de Jehová, ni cumpliste el ardor de su ira contra Amalec, por eso Jehová te ha hecho esto hoy.

19 Y Jehová entregará a Israel también contigo en manos de los filisteos; y mañana estaréis conmigo, tú y tus hijos; y Jehová entregará también al ejército de Israel en mano de los filisteos.

20 Entonces Saúl cayó en tierra cuan grande era, y tuvo gran temor por las palabras de Samuel; y estaba sin fuerzas, porque en todo aquel día y aquella noche no había comido pan.

21 Entonces la mujer vino a Saúl, y viéndolo turbado en gran manera, le dijo: He aquí que tu sierva ha obedecido a tu voz, y he arriesgado mi vida, y he oído las palabras que tú me has dicho.

22 Te ruego, pues, que tú también oigas la voz de tu sierva; pondré yo delante de ti un bocado de pan para que comas, a fin de que cobres fuerzas, y sigas tu camino.

23 Y él rehusó diciendo: No comeré. Pero porfiaron con él sus siervos juntamente con la mujer, y él les obedeció. Se levantó, pues, del suelo, y se sentó sobre una cama.

24 Y aquella mujer tenía en su casa un ternero engordado, el cual mató luego; y tomó harina y la amasó, y coció de ella panes sin levadura.

25 Y lo trajo delante de Saúl y de sus siervos; y después de haber comido, se levantaron, y se fueron aquella noche.

Los filisteos desconfían de David

29 1 Los filisteos juntaron todas sus fuerzas en Afec, e Israel acampó junto a la fuente que está en Jezreel.

8 So Saul disguised himself, putting on other clothes, and at night he and two men went to the woman. "Consult a spirit for me," he said, "and bring up for me the one I name."

9 But the woman said to him, "Surely you know what Saul has done. He has cut off the mediums and spiritists from the land. Why have you set a trap for my life to bring about my death?"

10 Saul swore to her by the LORD, "As surely as the LORD lives, you will not be punished for this."

11 Then the woman asked, "Whom shall I bring up for you?"

"Bring up Samuel," he said.

12 When the woman saw Samuel, she cried out at the top of her voice and said to Saul, "Why have you deceived me? You are Saul!"

13 The king said to her, "Don't be afraid. What do you see?"

The woman said, "I see a spirit*g* coming up out of the ground."

14 "What does he look like?" he asked.

"An old man wearing a robe is coming up," she said. Then Saul knew it was Samuel, and he bowed down and prostrated himself with his face to the ground.

15 Samuel said to Saul, "Why have you disturbed me by bringing me up?"

"I am in great distress," Saul said. "The Philistines are fighting against me, and God has turned away from me. He no longer answers me, either by prophets or by dreams. So I have called on you to tell me what to do."

16 Samuel said, "Why do you consult me, now that the LORD has turned away from you and become your enemy? 17 The LORD has done what he predicted through me. The LORD has torn the kingdom out of your hands and given it to one of your neighbors — to David. 18 Because you did not obey the LORD or carry out his fierce wrath against the Amalekites, the LORD has done this to you today. 19 The LORD will hand over both Israel and you to the Philistines, and tomorrow you and your sons will be with me. The LORD will also hand over the army of Israel to the Philistines."

20 Immediately Saul fell full length on the ground, filled with fear because of Samuel's words. His strength was gone, for he had eaten nothing all that day and night.

21 When the woman came to Saul and saw that he was greatly shaken, she said, "Look, your maidservant has obeyed you. I took my life in my hands and did what you told me to do. 22 Now please listen to your servant and let me give you some food so you may eat and have the strength to go on your way."

23 He refused and said, "I will not eat."

But his men joined the woman in urging him, and he listened to them. He got up from the ground and sat on the couch.

24 The woman had a fattened calf at the house, which she butchered at once. She took some flour, kneaded it and baked bread without yeast. 25 Then she set it before Saul and his men, and they ate. That same night they got up and left.

Achish Sends David Back to Ziklag

29 The Philistines gathered all their forces at Aphek, and Israel camped by the spring in Jezreel. 2 As the Philistine rulers marched with their

---

g13 Or see spirits; or see gods

2 Y cuando los príncipes de los filisteos pasaban revista a sus compañías de a ciento y de a mil hombres, David y sus hombres iban en la retaguardia con Aquis.
3 Y dijeron los príncipes de los filisteos: ¿Qué hacen aquí estos hebreos? Y Aquis respondió a los príncipes de los filisteos: ¿No es éste David, el siervo de Saúl rey de Israel, que ha estado conmigo por días y años, y no he hallado falta en él desde el día que se pasó a mí hasta hoy?
4 Entonces los príncipes de los filisteos se enojaron contra él, y le dijeron: Despide a este hombre, para que se vuelva al lugar que le señalaste, y no venga con nosotros a la batalla, no sea que en la batalla se nos vuelva enemigo; porque ¿con qué cosa volvería mejor a la gracia de su señor que con las cabezas de estos hombres?
5 ¿No es éste David, de quien cantaban en las danzas, diciendo:

Saúl hirió a sus miles,
Y David a sus diez miles?

6 Y Aquis llamó a David y le dijo: Vive Jehová, que tú has sido recto, y que me ha parecido bien tu salida y tu entrada en el campamento conmigo, y que ninguna cosa mala he hallado en ti desde el día que viniste a mí hasta hoy; mas a los ojos de los príncipes no agradas.
7 Vuélvete, pues, y vete en paz, para no desagradar a los príncipes de los filisteos.
8 Y David respondió a Aquis: ¿Qué he hecho? ¿Qué has hallado en tu siervo desde el día que estoy contigo hasta hoy, para que yo no vaya y pelee contra los enemigos de mi señor el rey?
9 Y Aquis respondió a David, y dijo: Yo sé que tú eres bueno ante mis ojos, como un ángel de Dios; pero los príncipes de los filisteos me han dicho: No venga con nosotros a la batalla.
10 Levántate, pues, de mañana, tú y los siervos de tu señor que han venido contigo; y levantándoos al amanecer, marchad.
11 Y se levantó David de mañana, él y sus hombres, para irse y volver a la tierra de los filisteos; y los filisteos fueron a Jezreel.

David derrota a los amalecitas

30 1 Cuando David y sus hombres vinieron a Siclag al tercer día, los de Amalec habían invadido el Neguev y a Siclag, y habían asolado a Siclag y le habían prendido fuego.
2 Y se habían llevado cautivas a las mujeres y a todos los que estaban allí, desde el menor hasta el mayor; pero a nadie habían dado muerte, sino se los habían llevado al seguir su camino.
3 Vino, pues, David con los suyos a la ciudad, y he aquí que estaba quemada, y sus mujeres y sus hijos e hijas habían sido llevados cautivos.
4 Entonces David y la gente que con él estaba alzaron su voz y lloraron, hasta que les faltaron las fuerzas para llorar.
5 Las dos mujeres de David, Ahinoam jezreelita y Abigail la que fue mujer de Nabal el de Carmel, también eran cautivas.
6 Y David se angustió mucho, porque el pueblo hablaba de apedrearlo, pues todo el pueblo estaba en amargura de alma, cada uno por sus hijos y por sus hijas; mas David se fortaleció en Jehová su Dios.
7 Y dijo David al sacerdote Abiatar hijo de Ahimelec: Yo te ruego que me acerques el efod. Y Abiatar acercó el efod a David.
8 Y David consultó a Jehová, diciendo: ¿Perseguiré a estos merodeadores? ¿Los podré alcanzar? Y él le dijo: Síguelos, porque ciertamente los alcanzarás, y de cierto librarás a los cautivos.

units of hundreds and thousands, David and his men were marching at the rear with Achish. 3 The commanders of the Philistines asked, "What about these Hebrews?"

Achish replied, "Is this not David, who was an officer of Saul king of Israel? He has already been with me for over a year, and from the day he left Saul until now, I have found no fault in him."

4 But the Philistine commanders were angry with him and said, "Send the man back, that he may return to the place you assigned him. He must not go with us into battle, or he will turn against us during the fighting. How better could he regain his master's favor than by taking the heads of our own men? 5 Isn't this the David they sang about in their dances:

" 'Saul has slain his thousands,
and David his tens of thousands'?"

6 So Achish called David and said to him, "As surely as the LORD lives, you have been reliable, and I would be pleased to have you serve with me in the army. From the day you came to me until now, I have found no fault in you, but the rulers don't approve of you. 7 Turn back and go in peace; do nothing to displease the Philistine rulers."

8 "But what have I done?" asked David. "What have you found against your servant from the day I came to you until now? Why can't I go and fight against the enemies of my lord the king?"

9 Achish answered, "I know that you have been as pleasing in my eyes as an angel of God; nevertheless, the Philistine commanders have said, 'He must not go up with us into battle.' 10 Now get up early, along with your master's servants who have come with you, and leave in the morning as soon as it is light."

11 So David and his men got up early in the morning to go back to the land of the Philistines, and the Philistines went up to Jezreel.

David Destroys the Amalekites

30 David and his men reached Ziklag on the third day. Now the Amalekites had raided the Negev and Ziklag. They had attacked Ziklag and burned it, 2 and had taken captive the women and all who were in it, both young and old. They killed none of them, but carried them off as they went on their way.

3 When David and his men came to Ziklag, they found it destroyed by fire and their wives and sons and daughters taken captive. 4 So David and his men wept aloud until they had no strength left to weep. 5 David's two wives had been captured—Ahinoam of Jezreel and Abigail, the widow of Nabal of Carmel. 6 David was greatly distressed because the men were talking of stoning him; each one was bitter in spirit because of his sons and daughters. But David found strength in the LORD his God.

7 Then David said to Abiathar the priest, the son of Ahimelech, "Bring me the ephod." Abiathar brought it to him, 8 and David inquired of the LORD, "Shall I pursue this raiding party? Will I overtake them?"

"Pursue them," he answered. "You will certainly overtake them and succeed in the rescue."

9Partió, pues, David, él y los seiscientos hombres que con él estaban, y llegaron hasta el torrente de Besor, donde se quedaron algunos.

10Y David siguió adelante con cuatrocientos hombres; porque se quedaron atrás doscientos, que cansados no pudieron pasar el torrente de Besor.

11Y hallaron en el campo a un hombre egipcio, el cual trajeron a David, y le dieron pan, y comió, y le dieron a beber agua.

12Le dieron también un pedazo de masa de higos secos y dos racimos de pasas. Y luego que comió, volvió en él su espíritu; porque no había comido pan ni bebido agua en tres días y tres noches.

13Y le dijo David: ¿De quién eres tú, y de dónde eres? Y respondió el joven egipcio: Yo soy siervo de un amalecita, y me dejó mi amo hoy hace tres días, porque estaba yo enfermo;

14pues hicimos una incursión a la parte del Neguev que es de los cereteos, y de Judá, y al Neguev de Caleb; y pusimos fuego a Siclag.

15Y le dijo David: ¿Me llevarás tú a esa tropa? Y él dijo: Júrame por Dios que no me matarás, ni me entregarás en mano de mi amo, y yo te llevaré a esa gente.

16Lo llevó, pues; y he aquí que estaban desparramados sobre toda aquella tierra, comiendo y bebiendo y haciendo fiesta, por todo aquel gran botín que habían tomado de la tierra de los filisteos y de la tierra de Judá.

17Y los hirió David desde aquella mañana hasta la tarde del día siguiente; y no escapó de ellos ninguno, sino cuatrocientos jóvenes que montaron sobre los camellos y huyeron.

18Y libró David todo lo que los amalecitas habían tomado, y asimismo libertó David a sus dos mujeres.

19Y no les faltó cosa alguna, chica ni grande, así de hijos como de hijas, del robo, y de todas las cosas que les habían tomado; todo lo recuperó David.

20Tomó también David todas las ovejas y el ganado mayor; y trayéndolo todo delante, decían: Este es el botín de David.

21Y vino David a los doscientos hombres que habían quedado cansados y no habían podido seguir a David, a los cuales habían hecho quedar en el torrente de Besor; y ellos salieron a recibir a David y al pueblo que con él estaba. Y cuando David llegó a la gente, les saludó con paz.

22Entonces todos los malos y perversos de entre los que habían ido con David, respondieron y dijeron: Porque no fueron con nosotros, no les daremos del botín que hemos quitado, sino a cada uno su mujer y sus hijos; que los tomen y se vayan.

23Y David dijo: No hagáis eso, hermanos míos, de lo que nos ha dado Jehová, quien nos ha guardado, y ha entregado en nuestra mano a los merodeadores que vinieron contra nosotros.

24¿Y quién os escuchará en este caso? Porque conforme a la parte del que desciende a la batalla, así ha de ser la parte del que queda con el bagaje; les tocará parte igual.

25Desde aquel día en adelante fue esto por ley y ordenanza en Israel, hasta hoy.

26Y cuando David llegó a Siclag, envió del botín a los ancianos de Judá, sus amigos, diciendo: He aquí un presente para vosotros del botín de los enemigos de Jehová.

27Lo envió a los que estaban en Bet-el, en Ramot del Neguev, en Jatir,

28en Aroer, en Sifmot, en Estemoa,

29en Racal, en las cuidades de Jerameel, en las ciudades del ceneo,

30en Horma, en Corasán, en Atac,

31en Hebrón, y en todos los lugares donde David había estado con sus hombres.

9David and the six hundred men with him came to the Besor Ravine, where some stayed behind, 10for two hundred men were too exhausted to cross the ravine. But David and four hundred men continued the pursuit.

11They found an Egyptian in a field and brought him to David. They gave him water to drink and food to eat— 12part of a cake of pressed figs and two cakes of raisins. He ate and was revived, for he had not eaten any food or drunk any water for three days and three nights.

13David asked him, "To whom do you belong, and where do you come from?"

He said, "I am an Egyptian, the slave of an Amalekite. My master abandoned me when I became ill three days ago. 14We raided the Negev of the Kerethites and the territory belonging to Judah and the Negev of Caleb. And we burned Ziklag."

15David asked him, "Can you lead me down to this raiding party?"

He answered, "Swear to me before God that you will not kill me or hand me over to my master, and I will take you down to them."

16He led David down, and there they were, scattered over the countryside, eating, drinking and reveling because of the great amount of plunder they had taken from the land of the Philistines and from Judah. 17David fought them from dusk until the evening of the next day, and none of them got away, except four hundred young men who rode off on camels and fled. 18David recovered everything the Amalekites had taken, including his two wives. 19Nothing was missing: young or old, boy or girl, plunder or anything else they had taken. David brought everything back. 20He took all the flocks and herds, and his men drove them ahead of the other livestock, saying, "This is David's plunder."

21Then David came to the two hundred men who had been too exhausted to follow him and who were left behind at the Besor Ravine. They came out to meet David and the people with him. As David and his men approached, he greeted them. 22But all the evil men and troublemakers among David's followers said, "Because they did not go out with us, we will not share with them the plunder we recovered. However, each man may take his wife and children and go."

23David replied, "No, my brothers, you must not do that with what the LORD has given us. He has protected us and handed over to us the forces that came against us. 24Who will listen to what you say? The share of the man who stayed with the supplies is to be the same as that of him who went down to the battle. All will share alike." 25David made this a statute and ordinance for Israel from that day to this.

26When David arrived in Ziklag, he sent some of the plunder to the elders of Judah, who were his friends, saying, "Here is a present for you from the plunder of the LORD's enemies."

27He sent it to those who were in Bethel, Ramoth Negev and Jattir; 28to those in Aroer, Siphmoth, Eshtemoa 29and Racal; to those in the towns of the Jerahmeelites and the Kenites; 30to those in Hormah, Bor Ashan, Athach 31and Hebron; and to those in all the other places where David and his men had roamed.

Muerte de Saúl y de sus hijos

31 ¹ Los filisteos, pues, pelearon contra Israel, y los de Israel huyeron delante de los filisteos, y cayeron muertos en el monte de Gilboa.

² Y siguiendo los filisteos a Saúl y a sus hijos, mataron a Jonatán, a Abinadab y a Malquisúa, hijos de Saúl.

³ Y arreció la batalla contra Saúl, y le alcanzaron los flecheros, y tuvo gran temor de ellos.

⁴ Entonces dijo Saúl a su escudero: Saca tu espada, y traspásame con ella, para que no vengan estos incircuncisos y me traspasen, y me escarnezcan. Mas su escudero no quería, porque tenía gran temor. Entonces tomó Saúl su propia espada y se echó sobre ella.

⁵ Y viendo su escudero a Saúl muerto, él también se echó sobre su espada, y murió con él.

⁶ Así murió Saúl en aquel día, juntamente con sus tres hijos, y su escudero, y todos sus varones.

⁷ Y los de Israel que eran del otro lado del valle, y del otro lado del Jordán, viendo que Israel había huido y que Saúl y sus hijos habían sido muertos, dejaron las ciudades y huyeron; y los filisteos vinieron y habitaron en ellas.

⁸ Aconteció al siguiente día, que viniendo los filisteos a despojar a los muertos, hallaron a Saúl y a sus tres hijos tendidos en el monte de Gilboa.

⁹ Y le cortaron la cabeza, y le despojaron de las armas; y enviaron mensajeros por toda la tierra de los filisteos, para que llevaran las buenas nuevas al templo de sus ídolos y al pueblo.

¹⁰ Y pusieron sus armas en el templo de Astarot, y colgaron su cuerpo en el muro de Bet-sán.

¹¹ Mas oyendo los de Jabes de Galaad esto que los filisteos hicieron a Saúl,

¹² todos los hombres valientes se levantaron, y anduvieron toda aquella noche, y quitaron el cuerpo de Saúl y los cuerpos de sus hijos del muro de Bet-sán; y viniendo a Jabes, los quemaron allí.

¹³ Y tomando sus huesos, los sepultaron debajo de un árbol en Jabes, y ayunaron siete días.

Saul Takes His Life

31 Now the Philistines fought against Israel; the Israelites fled before them, and many fell slain on Mount Gilboa. ²The Philistines pressed hard after Saul and his sons, and they killed his sons Jonathan, Abinadab and Malki-Shua. ³The fighting grew fierce around Saul, and when the archers overtook him, they wounded him critically.

⁴Saul said to his armor-bearer, "Draw your sword and run me through, or these uncircumcised fellows will come and run me through and abuse me."

But his armor-bearer was terrified and would not do it; so Saul took his own sword and fell on it. ⁵When the armor-bearer saw that Saul was dead, he too fell on his sword and died with him. ⁶So Saul and his three sons and his armor-bearer and all his men died together that same day.

⁷When the Israelites along the valley and those across the Jordan saw that the Israelite army had fled and that Saul and his sons had died, they abandoned their towns and fled. And the Philistines came and occupied them.

⁸The next day, when the Philistines came to strip the dead, they found Saul and his three sons fallen on Mount Gilboa. ⁹They cut off his head and stripped off his armor, and they sent messengers throughout the land of the Philistines to proclaim the news in the temple of their idols and among their people. ¹⁰They put his armor in the temple of the Ashtoreths and fastened his body to the wall of Beth Shan.

¹¹When the people of Jabesh Gilead heard of what the Philistines had done to Saul, ¹²all their valiant men journeyed through the night to Beth Shan. They took down the bodies of Saul and his sons from the wall of Beth Shan and went to Jabesh, where they burned them. ¹³Then they took their bones and buried them under a tamarisk tree at Jabesh, and they fasted seven days.

SEGUNDO LIBRO DE
SAMUEL

2 SAMUEL

David oye de la muerte de Saúl

1 ¹ Aconteció después de la muerte de Saúl, que vuelto David de la derrota de los amalecitas, estuvo dos días en Siclag.

² Al tercer día, sucedió que vino uno del campamento de Saúl, rotos sus vestidos, y tierra sobre su cabeza; y llegando a David, se postró en tierra e hizo reverencia.

³ Y le preguntó David: ¿De dónde vienes? Y él respondió: Me he escapado del campamento de Israel.

⁴ David le dijo: ¿Qué ha acontecido? Te ruego que me lo digas. Y él respondió: El pueblo huyó de la batalla, y también muchos del pueblo cayeron y son muertos; también Saúl y Jonatán su hijo murieron.

⁵ Dijo David a aquel joven que le daba las nuevas: ¿Cómo sabes que han muerto Saúl y Jonatán su hijo?

⁶ El joven que le daba las nuevas respondió: Casualmente vine al monte de Gilboa, y hallé a Saúl que se apoyaba sobre su lanza, y venían tras él carros y gente de a caballo.

⁷ Y mirando él hacia atrás, me vio y me llamó; y yo dije: Heme aquí.

⁸ Y me preguntó: ¿Quién eres tú? Y yo le respondí: Soy amalecita.

⁹ El me volvió a decir: Te ruego que te pongas sobre mí y me mates, porque se ha apoderado de mí la angustia; pues mi vida está aún toda en mí.

¹⁰ Yo entonces me puse sobre él y le maté, porque sabía que no podía vivir después de su caída; y tomé la corona que tenía en su cabeza, y la argolla que traía en su brazo, y las he traído acá a mi señor.

¹¹ Entonces David, asiendo de sus vestidos, los rasgó; y lo mismo hicieron los hombres que estaban con él.

¹² Y lloraron y lamentaron y ayunaron hasta la noche, por Saúl y por Jonatán su hijo, por el pueblo de Jehová y por la casa de Israel, porque habían caído a filo de espada.

¹³ Y David dijo a aquel joven que le había traído las nuevas: ¿De dónde eres tú? Y él respondió: Yo soy hijo de un extranjero, amalecita.

¹⁴ Y le dijo David: ¿Cómo no tuviste temor de extender tu mano para matar al ungido de Jehová?

¹⁵ Entonces llamó David a uno de sus hombres, y le dijo: Vé y mátalo. Y él lo hirió, y murió.

¹⁶ Y David le dijo: Tu sangre sea sobre tu cabeza, pues tu misma boca atestiguó contra ti, diciendo: Yo maté al ungido de Jehová.

David endecha a Saúl y a Jonatán

¹⁷ Y endechó David a Saúl y a Jonatán su hijo con esta endecha,

¹⁸ y dijo que debía enseñarse a los hijos de Judá. He aquí que está escrito en el libro de Jaser.ᵃ

¹⁹ ¡Ha perecido la gloria de Israel sobre tus alturas!
¡Cómo han caído los valientes!

²⁰ No lo anunciéis en Gat,
Ni deis las nuevas en las plazas de Ascalón;
Para que no se alegren las hijas de los filisteos,
Para que no salten de gozo las hijas de los
    incircuncisos.

David Hears of Saul's Death

1 After the death of Saul, David returned from defeating the Amalekites and stayed in Ziklag two days. ²On the third day a man arrived from Saul's camp, with his clothes torn and with dust on his head. When he came to David, he fell to the ground to pay him honor.

³"Where have you come from?" David asked him.

He answered, "I have escaped from the Israelite camp."

⁴"What happened?" David asked. "Tell me."

He said, "The men fled from the battle. Many of them fell and died. And Saul and his son Jonathan are dead."

⁵Then David said to the young man who brought him the report, "How do you know that Saul and his son Jonathan are dead?"

⁶"I happened to be on Mount Gilboa," the young man said, "and there was Saul, leaning on his spear, with the chariots and riders almost upon him. ⁷When he turned around and saw me, he called out to me, and I said, 'What can I do?'

⁸"He asked me, 'Who are you?'

" 'An Amalekite,' I answered.

⁹"Then he said to me, 'Stand over me and kill me! I am in the throes of death, but I'm still alive.'

¹⁰"So I stood over him and killed him, because I knew that after he had fallen he could not survive. And I took the crown that was on his head and the band on his arm and have brought them here to my lord."

¹¹Then David and all the men with him took hold of their clothes and tore them. ¹²They mourned and wept and fasted till evening for Saul and his son Jonathan, and for the army of the Lord and the house of Israel, because they had fallen by the sword.

¹³David said to the young man who brought him the report, "Where are you from?"

"I am the son of an alien, an Amalekite," he answered.

¹⁴David asked him, "Why were you not afraid to lift your hand to destroy the Lord's anointed?"

¹⁵Then David called one of his men and said, "Go, strike him down!" So he struck him down, and he died. ¹⁶For David had said to him, "Your blood be on your own head. Your own mouth testified against you when you said, 'I killed the Lord's anointed.' "

David's Lament for Saul and Jonathan

¹⁷David took up this lament concerning Saul and his son Jonathan, ¹⁸and ordered that the men of Judah be taught this lament of the bow (it is written in the Book of Jashar):

¹⁹"Your glory, O Israel, lies slain on your heights.
    How the mighty have fallen!

²⁰"Tell it not in Gath,
    proclaim it not in the streets of Ashkelon,
lest the daughters of the Philistines be glad,
    lest the daughters of the uncircumcised rejoice.

ᵃO, del justo.

21 Montes de Gilboa,
    Ni rocío ni lluvia caiga sobre vosotros, ni seáis
        tierras de ofrendas;
    Porque allí fue desechado el escudo de los valientes,
    El escudo de Saúl, como si no hubiera sido ungido
        con aceite.
22 Sin sangre de los muertos, sin grosura de los
        valientes,
    El arco de Jonatán no volvía atrás,
    Ni la espada de Saúl volvió vacía.
23 Saúl y Jonatán, amados y queridos;
    Inseparables en su vida, tampoco en su muerte
        fueron separados;
    Más ligeros eran que águilas,
    Más fuertes que leones.
24 Hijas de Israel, llorad por Saúl,
    Quien os vestía de escarlata con deleites,
    Quien adornaba vuestras ropas con ornamentos
        de oro.
25 ¡Cómo han caído los valientes en medio de la
        batalla!
    ¡Jonatán, muerto en tus alturas!
26 Angustia tengo por ti, hermano mío Jonatán,
    Que me fuiste muy dulce.
    Más maravilloso me fue tu amor
    Que el amor de las mujeres.
27 ¡Cómo han caído los valientes,
    Han perecido las armas de guerra!

David es proclamado rey de Judá

2 1 Después de esto aconteció que David consultó a Jehová, diciendo: ¿Subiré a alguna de las ciudades de Judá? Y Jehová le respondió: Sube. David volvió a decir: ¿A dónde subiré? Y él le dijo: A Hebrón.
2 David subió allá, y con él sus dos mujeres, Ahinoam jezreelita y Abigail, la que fue mujer de Nabal el de Carmel. 3 Llevó también David consigo a los hombres que con él habían estado, cada uno con su familia; los cuales moraron en las ciudades de Hebrón.
4 Y vinieron los varones de Judá y ungieron allí a David por rey sobre la casa de Judá. Y dieron aviso a David, diciendo: Los de Jabes de Galaad son los que sepultaron a Saúl.
5 Entonces envió David mensajeros a los de Jabes de Galaad, diciéndoles: Benditos seáis vosotros de Jehová, que habéis hecho esta misericordia con vuestro señor, con Saúl, dándole sepultura.
6 Ahora, pues, Jehová haga con vosotros misericordia y verdad; y yo también os haré bien por esto que habéis hecho.
7 Esfuércense, pues, ahora vuestras manos, y sed valientes; pues muerto Saúl vuestro señor, los de la casa de Judá me han ungido por rey sobre ellos.

Guerra entre David y la casa de Saúl

8 Pero Abner hijo de Ner, general del ejército de Saúl, tomó a Is-boset hijo de Saúl, y lo llevó a Mahanaim, 9 y lo hizo rey sobre Galaad, sobre Gesuri, sobre Jezreel, sobre Efraín, sobre Benjamín y sobre todo Israel.
10 De cuarenta años era Is-boset hijo de Saúl cuando comenzó a reinar sobre Israel, y reinó dos años. Solamente los de la casa de Judá siguieron a David.
11 Y fue el número de los días que David reinó en Hebrón sobre la casa de Judá, siete años y seis meses.

21 "O mountains of Gilboa,
    may you have neither dew nor rain,
    nor fields that yield offerings of grain.
For there the shield of the mighty was defiled,
    the shield of Saul—no longer rubbed with oil.
22 From the blood of the slain,
    from the flesh of the mighty,
the bow of Jonathan did not turn back,
    the sword of Saul did not return unsatisfied.
23 "Saul and Jonathan—
    in life they were loved and gracious,
    and in death they were not parted.
They were swifter than eagles,
    they were stronger than lions.
24 "O daughters of Israel,
    weep for Saul,
who clothed you in scarlet and finery,
    who adorned your garments with ornaments of
        gold.
25 "How the mighty have fallen in battle!
    Jonathan lies slain on your heights.
26 I grieve for you, Jonathan my brother;
    you were very dear to me.
Your love for me was wonderful,
    more wonderful than that of women.
27 "How the mighty have fallen!
    The weapons of war have perished!"

David Anointed King Over Judah

2 In the course of time, David inquired of the LORD. "Shall I go up to one of the towns of Judah?" he asked.
    The LORD said, "Go up."
    David asked, "Where shall I go?"
    "To Hebron," the LORD answered.
2 So David went up there with his two wives, Ahinoam of Jezreel and Abigail, the widow of Nabal of Carmel. 3 David also took the men who were with him, each with his family, and they settled in Hebron and its towns. 4 Then the men of Judah came to Hebron and there they anointed David king over the house of Judah.
    When David was told that it was the men of Jabesh Gilead who had buried Saul, 5 he sent messengers to the men of Jabesh Gilead to say to them, "The LORD bless you for showing this kindness to Saul your master by burying him. 6 May the LORD now show you kindness and faithfulness, and I too will show you the same favor because you have done this. 7 Now then, be strong and brave, for Saul your master is dead, and the house of Judah has anointed me king over them."

War Between the Houses of David and Saul

8 Meanwhile, Abner son of Ner, the commander of Saul's army, had taken Ish-Bosheth son of Saul and brought him over to Mahanaim. 9 He made him king over Gilead, Ashuri a and Jezreel, and also over Ephraim, Benjamin and all Israel.
10 Ish-Bosheth son of Saul was forty years old when he became king over Israel, and he reigned two years. The house of Judah, however, followed David. 11 The length of time David was king in Hebron over the house of Judah was seven years and six months.

a9 Or Asher

12 Abner hijo de Ner salió de Mahanaim a Gabaón con los siervos de Is-boset hijo de Saúl,
13 y Joab hijo de Sarvia y los siervos de David salieron y los encontraron junto al estanque de Gabaón; y se pararon los unos a un lado del estanque, y los otros al otro lado.
14 Y dijo Abner a Joab: Levántense ahora los jóvenes, y maniobren delante de nosotros. Y Joab respondió: Levántense.
15 Entonces se levantaron, y pasaron en número igual, doce de Benjamín por parte de Is-boset hijo de Saúl, y doce de los siervos de David.
16 Y cada uno echó mano de la cabeza de su adversario, y metió su espada en el costado de su adversario, y cayeron a una; por lo que fue llamado aquel lugar, Helcat-hazu-rim, b el cual está en Gabaón.
17 La batalla fue muy reñida aquel día, y Abner y los hombres de Israel fueron vencidos por los siervos de David.
18 Estaban allí los tres hijos de Sarvia: Joab, Abisai y Asael. Este Asael era ligero de pies como una gacela del campo.
19 Y siguió Asael tras de Abner, sin apartarse ni a derecha ni a izquierda.
20 Y miró atrás Abner, y dijo: ¿No eres tú Asael? Y él respondió: Sí.
21 Entonces Abner le dijo: Apártate a la derecha o a la izquierda, y echa mano de alguno de los hombres, y toma para ti sus despojos. Pero Asael no quiso apartarse de en pos de él.
22 Y Abner volvió a decir a Asael: Apártate de en pos de mí; ¿por qué he de herirte hasta derribarte? ¿Cómo levantaría yo entonces mi rostro delante de Joab tu hermano?
23 Y no queriendo él irse, lo hirió Abner con el regatón de la lanza por la quinta costilla, y le salió la lanza por la espalda, y cayó allí, y murió en aquel mismo sitio. Y todos los que venían por aquel lugar donde Asael había caído y estaba muerto, se detenían.
24 Mas Joab y Abisai siguieron a Abner; y se puso el sol cuando llegaron al collado de Amma, que está delante de Gía, junto al camino del desierto de Gabaón.
25 Y se juntaron los hijos de Benjamín en pos de Abner, formando un solo ejército; e hicieron alto en la cumbre del collado.
26 Y Abner dio voces a Joab, diciendo: ¿Consumirá la espada perpetuamente? ¿No sabes tú que el final será amargura? ¿Hasta cuándo no dirás al pueblo que se vuelva de perseguir a sus hermanos?
27 Y Joab respondió: Vive Dios, que si no hubieses hablado, el pueblo hubiera dejado de seguir a sus hermanos desde esta mañana.
28 Entonces Joab tocó el cuerno, y todo el pueblo se detuvo, y no persiguió más a los de Israel, ni peleó más.
29 Y Abner y los suyos caminaron por el Arabá toda aquella noche, y pasando el Jordán cruzaron por todo Bitrón y llegaron a Mahanaim.
30 Joab también volvió de perseguir a Abner, y juntando a todo el pueblo, faltaron de los siervos de David diecinueve hombres y Asael.
31 Mas los siervos de David hirieron de los de Benjamín y de los de Abner, a trescientos sesenta hombres, los cuales murieron.
32 Tomaron luego a Asael, y lo sepultaron en el sepulcro de su padre en Belén. Y caminaron toda aquella noche Joab y sus hombres, y les amaneció en Hebrón.

12 Abner son of Ner, together with the men of Ish-Bosheth son of Saul, left Mahanaim and went to Gibeon.
13 Joab son of Zeruiah and David's men went out and met them at the pool of Gibeon. One group sat down on one side of the pool and one group on the other side.
14 Then Abner said to Joab, "Let's have some of the young men get up and fight hand to hand in front of us."
"All right, let them do it," Joab said.
15 So they stood up and were counted off—twelve men for Benjamin and Ish-Bosheth son of Saul, and twelve for David. 16 Then each man grabbed his opponent by the head and thrust his dagger into his opponent's side, and they fell down together. So that place in Gibeon was called Helkath Hazzurim. b
17 The battle that day was very fierce, and Abner and the men of Israel were defeated by David's men.
18 The three sons of Zeruiah were there: Joab, Abishai and Asahel. Now Asahel was as fleet-footed as a wild gazelle. 19 He chased Abner, turning neither to the right nor to the left as he pursued him. 20 Abner looked behind him and asked, "Is that you, Asahel?"
"It is," he answered.
21 Then Abner said to him, "Turn aside to the right or to the left; take on one of the young men and strip him of his weapons." But Asahel would not stop chasing him.
22 Again Abner warned Asahel, "Stop chasing me! Why should I strike you down? How could I look your brother Joab in the face?"
23 But Asahel refused to give up the pursuit; so Abner thrust the butt of his spear into Asahel's stomach, and the spear came out through his back. He fell there and died on the spot. And every man stopped when he came to the place where Asahel had fallen and died.
24 But Joab and Abishai pursued Abner, and as the sun was setting, they came to the hill of Ammah, near Giah on the way to the wasteland of Gibeon. 25 Then the men of Benjamin rallied behind Abner. They formed themselves into a group and took their stand on top of a hill.
26 Abner called out to Joab, "Must the sword devour forever? Don't you realize that this will end in bitterness? How long before you order your men to stop pursuing their brothers?"
27 Joab answered, "As surely as God lives, if you had not spoken, the men would have continued the pursuit of their brothers until morning. c"
28 So Joab blew the trumpet, and all the men came to a halt; they no longer pursued Israel, nor did they fight anymore.
29 All that night Abner and his men marched through the Arabah. They crossed the Jordan, continued through the whole Bithron d and came to Mahanaim.
30 Then Joab returned from pursuing Abner and assembled all his men. Besides Asahel, nineteen of David's men were found missing. 31 But David's men had killed three hundred and sixty Benjamites who were with Abner. 32 They took Asahel and buried him in his father's tomb at Bethlehem. Then Joab and his men marched all night and arrived at Hebron by daybreak.

---

b 16 *Helkath Hazzurim* means *field of daggers* or *field of hostilities.*   c 27 Or *spoken this morning, the men would not have taken up the pursuit of their brothers*; or *spoken, the men would have given up the pursuit of their brothers by morning*   d 29 Or *morning*; or *ravine*; the meaning of the Hebrew for this word is uncertain.

b Esto es, *Campo de filos de espada, de los adversarios, o de los bandos.*

3 [1] Hubo larga guerra entre la casa de Saúl y la casa de David; pero David se iba fortaleciendo, y la casa de Saúl se iba debilitando.

Hijos de David nacidos en Hebrón

[2] Y nacieron hijos a David en Hebrón; su primogénito fue Amnón, de Ahinoam jezreelita; [3] su segundo Quileab, de Abigail la mujer de Nabal el de Carmel; el tercero, Absalón hijo de Maaca, hija de Talmai rey de Gesur; [4] el cuarto, Adonías hijo de Haguit; el quinto, Sefatías hijo de Abital; [5] el sexto, Itream, de Egla mujer de David. Estos le nacieron a David en Hebrón.

Abner pacta con David en Hebrón

[6] Como había guerra entre la casa de Saúl y la de David, aconteció que Abner se esforzaba por la casa de Saúl. [7] Y había tenido Saúl una concubina que se llamaba Rizpa, hija de Aja; y dijo Is-boset a Abner: ¿Por qué te has llegado a la concubina de mi padre? [8] Y se enojó Abner en gran manera por las palabras de Is-boset, y dijo: ¿Soy yo cabeza de perro que pertenezca a Judá? Yo he hecho hoy misericordia con la casa de Saúl tu padre, con sus hermanos y con sus amigos, y no te he entregado en mano de David; ¿y tú me haces hoy cargo del pecado de esta mujer? [9] Así haga Dios a Abner y aun le añada, si como ha jurado Jehová a David, no haga yo así con él, [10] trasladando el reino de la casa de Saúl, y confirmando el trono de David sobre Israel y sobre Judá, desde Dan hasta Beerseba. [11] Y él no pudo responder palabra a Abner, porque le temía. [12] Entonces envió Abner mensajeros a David de su parte, diciendo: ¿De quién es la tierra? Y que le dijesen: Haz pacto conmigo, y he aquí que mi mano estará contigo para volver a ti todo Israel. [13] Y David dijo: Bien; haré pacto contigo, mas una cosa te pido: No me vengas a ver sin que primero traigas a Mical la hija de Saúl, cuando vengas a verme. [14] Después de esto envió David mensajeros a Is-boset hijo de Saúl, diciendo: Restitúyeme mi mujer Mical, la cual desposé conmigo por cien prepucios de filisteos. [15] Entonces Is-boset envió y se la quitó a su marido Paltiel hijo de Lais. [16] Y su marido fue con ella, siguiéndola y llorando hasta Bahurim. Y le dijo Abner: Anda, vuélvete. Entonces él se volvió. [17] Y habló Abner con los ancianos de Israel, diciendo: Hace ya tiempo procurabais que David fuese rey sobre vosotros. [18] Ahora, pues, hacedlo; porque Jehová ha hablado a David, diciendo: Por la mano de mi siervo David libraré a mi pueblo Israel de mano de los filisteos, y de mano de todos sus enemigos. [19] Habló también Abner a los de Benjamín; y fue también Abner a Hebrón a decir a David todo lo que parecía bien a los de Israel y a toda la casa de Benjamín. [20] Vino, pues, Abner a David en Hebrón, y con él veinte hombres; y David hizo banquete a Abner y a los que con él habían venido. [21] Y dijo Abner a David: Yo me levantaré e iré, y juntaré a mi señor el rey a todo Israel, para que hagan contigo pacto, y tú reines como lo desea tu corazón. David despidió luego a Abner, y él se fue en paz.

3 The war between the house of Saul and the house of David lasted a long time. David grew stronger and stronger, while the house of Saul grew weaker and weaker.

[2] Sons were born to David in Hebron:

His firstborn was Amnon the son of Ahinoam of Jezreel;

[3] his second, Kileab the son of Abigail the widow of Nabal of Carmel;

the third, Absalom the son of Maacah daughter of Talmai king of Geshur;

[4] the fourth, Adonijah the son of Haggith;

the fifth, Shephatiah the son of Abital;

[5] and the sixth, Ithream the son of David's wife Eglah.

These were born to David in Hebron.

Abner Goes Over to David

[6] During the war between the house of Saul and the house of David, Abner had been strengthening his own position in the house of Saul. [7] Now Saul had had a concubine named Rizpah daughter of Aiah. And Ish-Bosheth said to Abner, "Why did you sleep with my father's concubine?"

[8] Abner was very angry because of what Ish-Bosheth said and he answered, "Am I a dog's head — on Judah's side? This very day I am loyal to the house of your father Saul and to his family and friends. I haven't handed you over to David. Yet now you accuse me of an offense involving this woman! [9] May God deal with Abner, be it ever so severely, if I do not do for David what the LORD promised him on oath [10] and transfer the kingdom from the house of Saul and establish David's throne over Israel and Judah from Dan to Beersheba." [11] Ish-Bosheth did not dare to say another word to Abner, because he was afraid of him.

[12] Then Abner sent messengers on his behalf to say to David, "Whose land is it? Make an agreement with me, and I will help you bring all Israel over to you."

[13] "Good," said David. "I will make an agreement with you. But I demand one thing of you: Do not come into my presence unless you bring Michal daughter of Saul when you come to see me." [14] Then David sent messengers to Ish-Bosheth son of Saul, demanding, "Give me my wife Michal, whom I betrothed to myself for the price of a hundred Philistine foreskins."

[15] So Ish-Bosheth gave orders and had her taken away from her husband Paltiel son of Laish. [16] Her husband, however, went with her, weeping behind her all the way to Bahurim. Then Abner said to him, "Go back home!" So he went back.

[17] Abner conferred with the elders of Israel and said, "For some time you have wanted to make David your king. [18] Now do it! For the LORD promised David, 'By my servant David I will rescue my people Israel from the hand of the Philistines and from the hand of all their enemies.' "

[19] Abner also spoke to the Benjamites in person. Then he went to Hebron to tell David everything that Israel and the whole house of Benjamin wanted to do. [20] When Abner, who had twenty men with him, came to David at Hebron, David prepared a feast for him and his men. [21] Then Abner said to David, "Let me go at once and assemble all Israel for my lord the king, so that they may make a compact with you, and that you may rule over all that your heart desires." So David sent Abner away, and he went in peace.

Joab mata a Abner

22 Y he aquí que los siervos de David y Joab venían del campo, y traían consigo gran botín. Mas Abner no estaba con David en Hebrón, pues ya lo había despedido, y él se había ido en paz.
23 Y luego que llegó Joab y todo el ejército que con él estaba, fue dado aviso a Joab, diciendo: Abner hijo de Ner ha venido al rey, y él le ha despedido, y se fue en paz.
24 Entonces Joab vino al rey, y le dijo: ¿Qué has hecho? He aquí Abner vino a ti; ¿por qué, pues, le dejaste que se fuese?
25 Tú conoces a Abner hijo de Ner. No ha venido sino para engañarte, y para enterarse de tu salida y de tu entrada, y para saber todo lo que tú haces.
26 Y saliendo Joab de la presencia de David, envió mensajeros tras Abner, los cuales le hicieron volver desde el pozo de Sira, sin que David lo supiera.
27 Y cuando Abner volvió a Hebrón, Joab lo llevó aparte en medio de la puerta para hablar con él en secreto; y allí, en venganza de la muerte de Asael su hermano, le hirió por la quinta costilla, y murió.
28 Cuando David supo después esto, dijo: Inocente soy yo y mi reino, delante de Jehová, para siempre, de la sangre de Abner hijo de Ner.
29 Caiga sobre la cabeza de Joab, y sobre toda la casa de su padre; que nunca falte de la casa de Joab quien padezca flujo, ni leproso, ni quien ande con báculo, ni quien muera a espada, ni quien tenga falta de pan.
30 Joab, pues, y Abisai su hermano, mataron a Abner, porque él había dado muerte a Asael hermano de ellos en la batalla de Gabaón.
31 Entonces dijo David a Joab, y a todo el pueblo que con él estaba: Rasgad vuestros vestidos, y ceñíos de cilicio, y haced duelo delante de Abner. Y el rey David iba detrás del féretro.
32 Y sepultaron a Abner en Hebrón; y alzando el rey su voz, lloró junto al sepulcro de Abner; y lloró también todo el pueblo.
33 Y endechando el rey al mismo Abner, decía:

¿Había de morir Abner como muere un villano?
34 Tus manos no estaban atadas, ni tus pies ligados con grillos;
Caíste como los que caen delante de malos hombres.
Y todo el pueblo volvió a llorar sobre él.
35 Entonces todo el pueblo vino para persuadir a David que comiera, antes que acabara el día. Mas David juró diciendo: Así me haga Dios y aun me añada, si antes que se ponga el sol gustare yo pan, o cualquiera otra cosa.
36 Todo el pueblo supo esto, y le agradó; pues todo lo que el rey hacía agradaba a todo el pueblo.
37 Y todo el pueblo y todo Israel entendió aquel día, que no había procedido del rey el matar a Abner hijo de Ner.
38 También dijo el rey a sus siervos: ¿No sabéis que un príncipe y grande ha caído hoy en Israel?
39 Y yo soy débil hoy, aunque ungido rey; y estos hombres, los hijos de Sarvia, son muy duros para mí; Jehová dé el pago al que mal hace, conforme a su maldad.

Is-boset es asesinado

4 ¹ Luego que oyó el hijo de Saúl que Abner había sido muerto en Hebrón, las manos se le debilitaron, y fue atemorizado todo Israel.

Joab Murders Abner

22 Just then David's men and Joab returned from a raid and brought with them a great deal of plunder. But Abner was no longer with David in Hebron, because David had sent him away, and he had gone in peace.
23 When Joab and all the soldiers with him arrived, he was told that Abner son of Ner had come to the king and that the king had sent him away and that he had gone in peace.
24 So Joab went to the king and said, "What have you done? Look, Abner came to you. Why did you let him go? Now he is gone! 25 You know Abner son of Ner; he came to deceive you and observe your movements and find out everything you are doing."
26 Joab then left David and sent messengers after Abner, and they brought him back from the well of Sirah. But David did not know it. 27 Now when Abner returned to Hebron, Joab took him aside into the gateway, as though to speak with him privately. And there, to avenge the blood of his brother Asahel, Joab stabbed him in the stomach, and he died.
28 Later, when David heard about this, he said, "I and my kingdom are forever innocent before the Lord concerning the blood of Abner son of Ner. 29 May his blood fall upon the head of Joab and upon all his father's house! May Joab's house never be without someone who has a running sore or leprosy[e] or who leans on a crutch or who falls by the sword or who lacks food."
30 (Joab and his brother Abishai murdered Abner because he had killed their brother Asahel in the battle at Gibeon.)
31 Then David said to Joab and all the people with him, "Tear your clothes and put on sackcloth and walk in mourning in front of Abner." King David himself walked behind the bier. 32 They buried Abner in Hebron, and the king wept aloud at Abner's tomb. All the people wept also.
33 The king sang this lament for Abner:

"Should Abner have died as the lawless die?
34 　Your hands were not bound,
　　your feet were not fettered.
You fell as one falls before wicked men."

And all the people wept over him again.
35 Then they all came and urged David to eat something while it was still day; but David took an oath, saying, "May God deal with me, be it ever so severely, if I taste bread or anything else before the sun sets!"
36 All the people took note and were pleased; indeed, everything the king did pleased them. 37 So on that day all the people and all Israel knew that the king had no part in the murder of Abner son of Ner.
38 Then the king said to his men, "Do you not realize that a prince and a great man has fallen in Israel this day? 39 And today, though I am the anointed king, I am weak, and these sons of Zeruiah are too strong for me. May the Lord repay the evildoer according to his evil deeds!"

Ish-Bosheth Murdered

4 When Ish-Bosheth son of Saul heard that Abner had died in Hebron, he lost courage, and all Israel became alarmed. 2 Now Saul's son had two men who

---

e 29 The Hebrew word was used for various diseases affecting the skin—not necessarily leprosy.

2 Y el hijo de Saúl tenía dos hombres, capitanes de bandas de merodeadores; el nombre de uno era Baana, y el del otro, Recab, hijos de Rimón beerotita, de los hijos de Benjamín (porque Beerot era también contado con Benjamín,

3 pues los beerotitas habían huido a Gitaim, y moran allí como forasteros hasta hoy).

4 Y Jonatán hijo de Saúl tenía un hijo lisiado de los pies. Tenía cinco años de edad cuando llegó de Jezreel la noticia de la muerte de Saúl y de Jonatán, y su nodriza le tomó y huyó; y mientras iba huyendo apresuradamente, se le cayó el niño y quedó cojo. Su nombre era Mefi-boset.

5 Los hijos, pues, de Rimón beerotita, Recab y Baana, fueron y entraron en el mayor calor del día en casa de Is-boset, el cual estaba durmiendo la siesta en su cámara.

6 Y he aquí la portera de la casa había estado limpiando trigo, pero se durmió; y fue así como Recab y Baana su hermano se introdujeron en la casa.

7 Cuando entraron en la casa, Is-boset dormía sobre su lecho en su cámara; y lo hirieron y lo mataron, y le cortaron la cabeza, y habiéndola tomado, caminaron toda la noche por el camino del Arabá.

8 Y trajeron la cabeza de Is-boset a David en Hebrón, y dijeron al rey: He aquí la cabeza de Is-boset hijo de Saúl tu enemigo, que procuraba matarte; y Jehová ha vengado hoy a mi señor el rey, de Saúl y de su linaje.

9 Y David respondió a Recab y a su hermano Baana, hijos de Rimón beerotita, y les dijo: Vive Jehová que ha redimido mi alma de toda angustia,

10 que cuando uno me dio nuevas, diciendo: He aquí Saúl ha muerto, imaginándose que traía buenas nuevas, yo lo prendí, y le maté en Siclag en pago de la nueva.

11 ¿Cuánto más a los malos hombres que mataron a un hombre justo en su casa, y sobre su cama? Ahora, pues, ¿no he de demandar yo su sangre de vuestras manos, y quitaros de la tierra?

12 Entonces David ordenó a sus servidores, y ellos los mataron, y les cortaron las manos y los pies, y los colgaron sobre el estanque en Hebrón. Luego tomaron la cabeza de Is-boset, y la enterraron en el sepulcro de Abner en Hebrón.

David es proclamado rey de Israel

5 1 Vinieron todas las tribus de Israel a David en Hebrón y hablaron, diciendo: Henos aquí, hueso tuyo y carne tuya somos.

2 Y aun antes de ahora, cuando Saúl reinaba sobre nosotros, eras tú quien sacabas a Israel a la guerra, y lo volvías a traer. Además Jehová te ha dicho: Tú apacentarás a mi pueblo Israel, y tú serás príncipe sobre Israel.

3 Vinieron, pues, todos los ancianos de Israel al rey en Hebrón, y el rey David hizo pacto con ellos en Hebrón delante de Jehová; y ungieron a David por rey sobre Israel.

4 Era David de treinta años cuando comenzó a reinar, y reinó cuarenta años.

5 En Hebrón reinó sobre Judá siete años y seis meses, y en Jerusalén reinó treinta y tres años sobre todo Israel y Judá.

David toma la fortaleza de Sion

6 Entonces marchó el rey con sus hombres a Jerusalén contra los jebuseos que moraban en aquella tierra; los cuales hablaron a David, diciendo: Tú no entrarás acá, pues aun los ciegos y los cojos te echarán (queriendo decir: David no puede entrar acá).

7 Pero David tomó la fortaleza de Sion, la cual es la ciudad de David.

were leaders of raiding bands. One was named Baanah and the other Recab; they were sons of Rimmon the Beerothite from the tribe of Benjamin — Beeroth is considered part of Benjamin, 3because the people of Beeroth fled to Gittaim and have lived there as aliens to this day.

4(Jonathan son of Saul had a son who was lame in both feet. He was five years old when the news about Saul and Jonathan came from Jezreel. His nurse picked him up and fled, but as she hurried to leave, he fell and became crippled. His name was Mephibosheth.)

5Now Recab and Baanah, the sons of Rimmon the Beerothite, set out for the house of Ish-Bosheth, and they arrived there in the heat of the day while he was taking his noonday rest. 6They went into the inner part of the house as if to get some wheat, and they stabbed him in the stomach. Then Recab and his brother Baanah slipped away.

7They had gone into the house while he was lying on the bed in his bedroom. After they stabbed and killed him, they cut off his head. Taking it with them, they traveled all night by way of the Arabah. 8They brought the head of Ish-Bosheth to David at Hebron and said to the king, "Here is the head of Ish-Bosheth son of Saul, your enemy, who tried to take your life. This day the LORD has avenged my lord the king against Saul and his offspring."

9David answered Recab and his brother Baanah, the sons of Rimmon the Beerothite, "As surely as the LORD lives, who has delivered me out of all trouble, 10when a man told me, 'Saul is dead,' and thought he was bringing good news, I seized him and put him to death in Ziklag. That was the reward I gave him for his news! 11How much more — when wicked men have killed an innocent man in his own house and on his own bed — should I not now demand his blood from your hand and rid the earth of you!"

12So David gave an order to his men, and they killed them. They cut off their hands and feet and hung the bodies by the pool in Hebron. But they took the head of Ish-Bosheth and buried it in Abner's tomb at Hebron.

David Becomes King Over Israel

5 All the tribes of Israel came to David at Hebron and said, "We are your own flesh and blood. 2In the past, while Saul was king over us, you were the one who led Israel on their military campaigns. And the LORD said to you, 'You will shepherd my people Israel, and you will become their ruler.' "

3When all the elders of Israel had come to King David at Hebron, the king made a compact with them at Hebron before the LORD, and they anointed David king over Israel.

4David was thirty years old when he became king, and he reigned forty years. 5In Hebron he reigned over Judah seven years and six months, and in Jerusalem he reigned over all Israel and Judah thirty-three years.

David Conquers Jerusalem

6The king and his men marched to Jerusalem to attack the Jebusites, who lived there. The Jebusites said to David, "You will not get in here; even the blind and the lame can ward you off." They thought, "David cannot get in here." 7Nevertheless, David captured the fortress of Zion, the City of David.

8 Y dijo David aquel día: Todo el que hiera a los jebuseos, suba por el canal y hiera a los cojos y ciegos aborrecidos del alma de David. Por esto se dijo: Ciego ni cojo no entrará en la casa.

9 Y David moró en la fortaleza, y le puso por nombre la Ciudad de David; y edificó alrededor desde Milo hacia adentro.

10 Y David iba adelantando y engrandeciéndose, y Jehová Dios de los ejércitos estaba con él.

Hiram envía embajadores a David

11 También Hiram rey de Tiro envió embajadores a David, y madera de cedro y carpinteros, y canteros para los muros, los cuales edificaron la casa de David.

12 Y entendió David que Jehová le había confirmado por rey sobre Israel, y que había engrandecido su reino por amor de su pueblo Israel.

Hijos de David nacidos en Jerusalén

13 Y tomó David más concubinas y mujeres de Jerusalén, después que vino de Hebrón, y le nacieron más hijos e hijas.

14 Estos son los nombres de los que le nacieron en Jerusalén: Samúa, Sobab, Natán, Salomón,

15 Ibhar, Elisúa, Nefeg, Jafía,

16 Elisama, Eliada y Elifelet.

David derrota a los filisteos

17 Oyendo los filisteos que David había sido ungido por rey sobre Israel, subieron todos los filisteos para buscar a David; y cuando David lo oyó, descendió a la fortaleza.

18 Y vinieron los filisteos, y se extendieron por el valle de Refaim.

19 Entonces consultó David a Jehová, diciendo: ¿Iré contra los filisteos? ¿Los entregarás en mi mano? Y Jehová respondió a David: Vé, porque ciertamente entregaré a los filisteos en tu mano.

20 Y vino David a Baal-perazim, y allí los venció David, y dijo: Quebrantó c Jehová a mis enemigos delante de mí, como corriente impetuosa. Por esto llamó el nombre de aquel lugar Baal-perazim. d

21 Y dejaron allí sus ídolos, y David y sus hombres los quemaron.

22 Y los filisteos volvieron a venir, y se extendieron en el valle de Refaim.

23 Y consultando David a Jehová, él le respondió: No subas, sino rodéalos, y vendrás a ellos enfrente de las balsameras.

24 Y cuando oigas ruido como de marcha por las copas de las balsameras, entonces te moverás; porque Jehová saldrá delante de ti a herir el campamento de los filisteos.

25 Y David lo hizo así, como Jehová se lo había mandado; e hirió a los filisteos desde Geba hasta llegar a Gezer.

David intenta llevar el arca a Jerusalén

6 1 David volvió a reunir a todos los escogidos de Israel, treinta mil.

2 Y se levantó David y partió de Baala de Judá con todo el pueblo que tenía consigo, para hacer pasar de allí el arca de Dios, sobre la cual era invocado el nombre de Jehová de los ejércitos, que mora entre los querubines.

8 On that day, David said, "Anyone who conquers the Jebusites will have to use the water shaft f to reach those 'lame and blind' who are David's enemies. g" That is why they say, "The 'blind and lame' will not enter the palace."

9 David then took up residence in the fortress and called it the City of David. He built up the area around it, from the supporting terraces h inward. 10 And he became more and more powerful, because the LORD God Almighty was with him.

11 Now Hiram king of Tyre sent messengers to David, along with cedar logs and carpenters and stonemasons, and they built a palace for David. 12 And David knew that the LORD had established him as king over Israel and had exalted his kingdom for the sake of his people Israel.

13 After he left Hebron, David took more concubines and wives in Jerusalem, and more sons and daughters were born to him. 14 These are the names of the children born to him there: Shammua, Shobab, Nathan, Solomon, 15 Ibhar, Elishua, Nepheg, Japhia, 16 Elishama, Eliada and Eliphelet.

David Defeats the Philistines

17 When the Philistines heard that David had been anointed king over Israel, they went up in full force to search for him, but David heard about it and went down to the stronghold. 18 Now the Philistines had come and spread out in the Valley of Rephaim; 19 so David inquired of the LORD, "Shall I go and attack the Philistines? Will you hand them over to me?"

The LORD answered him, "Go, for I will surely hand the Philistines over to you."

20 So David went to Baal Perazim, and there he defeated them. He said, "As waters break out, the LORD has broken out against my enemies before me." So that place was called Baal Perazim. i 21 The Philistines abandoned their idols there, and David and his men carried them off.

22 Once more the Philistines came up and spread out in the Valley of Rephaim; 23 so David inquired of the LORD, and he answered, "Do not go straight up, but circle around behind them and attack them in front of the balsam trees. 24 As soon as you hear the sound of marching in the tops of the balsam trees, move quickly, because that will mean the LORD has gone out in front of you to strike the Philistine army." 25 So David did as the LORD commanded him, and he struck down the Philistines all the way from Gibeon j to Gezer.

The Ark Brought to Jerusalem

6 David again brought together out of Israel chosen men, thirty thousand in all. 2 He and all his men set out from Baalah of Judah k to bring up from there the ark of God, which is called by the Name, l the name of the LORD Almighty, who is enthroned between the cherubim that are on the ark. 3 They set the

---

f 8 Or use scaling hooks   g 8 Or are hated by David   h 9 Or the Millo   i 20 Baal Perazim means the lord who breaks out. j 25 Septuagint (see also 1 Chron. 14:16); Hebrew Geba k 2 That is, Kiriath Jearim; Hebrew Baale Judah, a variant of Baalah of Judah   l 2 Hebrew; Septuagint and Vulgate do not have the Name.

c Heb. paraz.   d Esto es, el Señor que quebranta.

3 Pusieron el arca de Dios sobre un carro nuevo, y la llevaron de la casa de Abinadab, que estaba en el collado; y Uza y Ahío, hijos de Abinadab, guiaban el carro nuevo. 4 Y cuando lo llevaban de la casa de Abinadab, que estaba en el collado, con el arca de Dios, Ahío iba delante del arca. 5 Y David y toda la casa de Israel danzaban delante de Jehová con toda clase de instrumentos de madera de haya; con arpas, salterios, panderos, flautas y címbalos.

6 Cuando llegaron a la era de Nacón, Uza extendió su mano al arca de Dios, y la sostuvo; porque los bueyes tropezaban.

7 Y el furor de Jehová se encendió contra Uza, y lo hirió allí Dios por aquella temeridad, y cayó allí muerto junto al arca de Dios.

8 Y se entristeció David por haber herido Jehová a Uza, y fue llamado aquel lugar Pérez-uza, e hasta hoy.

9 Y temiendo David a Jehová aquel día, dijo: ¿Cómo ha de venir a mí el arca de Jehová?

10 De modo que David no quiso traer para sí el arca de Jehová a la ciudad de David; y la hizo llevar David a casa de Obed-edom geteo.

11 Y estuvo el arca de Jehová en casa de Obed-edom geteo tres meses; y bendijo Jehová a Obed-edom y a toda su casa.

David trae el arca a Jerusalén

12 Fue dado aviso al rey David, diciendo: Jehová ha bendecido la casa de Obed-edom y todo lo que tiene, a causa del arca de Dios. Entonces David fue, y llevó con alegría el arca de Dios de casa de Obed-edom a la ciudad de David.

13 Y cuando los que llevaban el arca de Dios habían andado seis pasos, él sacrificó un buey y un carnero engordado.

14 Y David danzaba con toda su fuerza delante de Jehová; y estaba David vestido con un efod de lino.

15 Así David y toda la casa de Israel conducían el arca de Jehová con júbilo y sonido de trompeta.

16 Cuando el arca de Jehová llegó a la ciudad de David, aconteció que Mical hija de Saúl miró desde una ventana, y vio al rey David que saltaba y danzaba delante de Jehová; y le menospreció en su corazón.

17 Metieron, pues, el arca de Jehová, y la pusieron en su lugar en medio de una tienda que David le había levantado; y sacrificó David holocaustos y ofrendas de paz delante de Jehová.

18 Y cuando David había acabado de ofrecer los holocaustos y ofrendas de paz, bendijo al pueblo en el nombre de Jehová de los ejércitos.

19 Y repartió a todo el pueblo, y a toda la multitud de Israel, así a hombres como a mujeres, a cada uno un pan, y un pedazo de carne y una torta de pasas. Y se fue todo el pueblo, cada uno a su casa.

20 Volvió luego David para bendecir su casa; y saliendo Mical a recibir a David, dijo: ¡Cuán honrado ha quedado hoy el rey de Israel, descubriéndose hoy delante de las criadas de sus siervos, como se descubre sin decoro un cualquiera!

21 Entonces David respondió a Mical: Fue delante de Jehová, quien me eligió en preferencia a tu padre y a toda tu casa, para constituirme por príncipe sobre el pueblo de Jehová, sobre Israel. Por tanto, danzaré delante de Jehová.

22 Y aun me haré más vil que esta vez, y seré bajo a tus ojos; pero seré honrado delante de las criadas de quienes has hablado.

ark of God on a new cart and brought it from the house of Abinadab, which was on the hill. Uzzah and Ahio, sons of Abinadab, were guiding the new cart 4 with the ark of God on it, m and Ahio was walking in front of it. 5 David and the whole house of Israel were celebrating with all their might before the LORD, with songs n and with harps, lyres, tambourines, sistrums and cymbals.

6 When they came to the threshing floor of Nacon, Uzzah reached out and took hold of the ark of God, because the oxen stumbled. 7 The LORD's anger burned against Uzzah because of his irreverent act; therefore God struck him down and he died there beside the ark of God.

8 Then David was angry because the LORD's wrath had broken out against Uzzah, and to this day that place is called Perez Uzzah. o

9 David was afraid of the LORD that day and said, "How can the ark of the LORD ever come to me?" 10 He was not willing to take the ark of the LORD to be with him in the City of David. Instead, he took it aside to the house of Obed-Edom the Gittite. 11 The ark of the LORD remained in the house of Obed-Edom the Gittite for three months, and the LORD blessed him and his entire household.

12 Now King David was told, "The LORD has blessed the household of Obed-Edom and everything he has, because of the ark of God." So David went down and brought up the ark of God from the house of Obed-Edom to the City of David with rejoicing. 13 When those who were carrying the ark of the LORD had taken six steps, he sacrificed a bull and a fattened calf. 14 David, wearing a linen ephod, danced before the LORD with all his might, 15 while he and the entire house of Israel brought up the ark of the LORD with shouts and the sound of trumpets.

16 As the ark of the LORD was entering the City of David, Michal daughter of Saul watched from a window. And when she saw King David leaping and dancing before the LORD, she despised him in her heart.

17 They brought the ark of the LORD and set it in its place inside the tent that David had pitched for it, and David sacrificed burnt offerings and fellowship offerings p before the LORD. 18 After he had finished sacrificing the burnt offerings and fellowship offerings, he blessed the people in the name of the LORD Almighty. 19 Then he gave a loaf of bread, a cake of dates and a cake of raisins to each person in the whole crowd of Israelites, both men and women. And all the people went to their homes.

20 When David returned home to bless his household, Michal daughter of Saul came out to meet him and said, "How the king of Israel has distinguished himself today, disrobing in the sight of the slave girls of his servants as any vulgar fellow would!"

21 David said to Michal, "It was before the LORD, who chose me rather than your father or anyone from his house when he appointed me ruler over the LORD's people Israel — I will celebrate before the LORD. 22 I will become even more undignified than this, and I will be humiliated in my own eyes. But by these slave girls you spoke of, I will be held in honor."

---

m 3,4 Dead Sea Scrolls and some Septuagint manuscripts; Masoretic Text cart 4 and they brought it with the ark of God from the house of Abinadab, which was on the hill   n 5 See Dead Sea Scrolls, Septuagint and 1 Chronicles 13:8; Masoretic Text celebrating before the LORD with all kinds of instruments made of pine.   o 8 Perez Uzzah means outbreak against Uzzah.   p 17 Traditionally peace offerings; also in verse 18

e Esto es, el quebrantamiento de Uza.

23 Y Mical hija de Saúl nunca tuvo hijos hasta el día de su muerte.

Pacto de Dios con David

7 ¹ Aconteció que cuando ya el rey habitaba en su casa, después que Jehová le había dado reposo de todos sus enemigos en derredor,

² dijo el rey al profeta Natán: Mira ahora, yo habito en casa de cedro, y el arca de Dios está entre cortinas.

³ Y Natán dijo al rey: Anda, y haz todo lo que está en tu corazón, porque Jehová está contigo.

⁴ Aconteció aquella noche, que vino palabra de Jehová a Natán, diciendo:

⁵ Vé y dí a mi siervo David: Así ha dicho Jehová: ¿Tú me has de edificar casa en que yo more?

⁶ Ciertamente no he habitado en casas desde el día en que saqué a los hijos de Israel de Egipto hasta hoy, sino que he andado en tienda y en tabernáculo.

⁷ Y en todo cuanto he andado con todos los hijos de Israel, ¿he hablado yo palabra a alguna de las tribus de Israel, a quien haya mandado apacentar a mi pueblo de Israel, diciendo: ¿Por qué no me habéis edificado casa de cedro?

⁸ Ahora, pues, dirás así a mi siervo David: Así ha dicho Jehová de los ejércitos: Yo te tomé del redil, de detrás de las ovejas, para que fueses príncipe sobre mi pueblo, sobre Israel;

⁹ y he estado contigo en todo cuanto has andado, y delante de ti he destruido a todos tus enemigos, y te he dado nombre grande, como el nombre de los grandes que hay en la tierra.

¹⁰ Además, yo fijaré lugar a mi pueblo Israel y lo plantaré, para que habite en su lugar y nunca más sea removido, ni los inicuos le aflijan más, como al principio,

¹¹ desde el día en que puse jueces sobre mi pueblo Israel; y a ti te daré descanso de todos tus enemigos. Asimismo Jehová te hace saber que él te hará casa.

¹² Y cuando tus días sean cumplidos, y duermas con tus padres, yo levantaré después de ti a uno de tu linaje, el cual procederá de tus entrañas, y afirmaré su reino.

¹³ El edificará casa a mi nombre, y yo afirmaré para siempre el trono de su reino.

¹⁴ Yo le seré a él padre, y él me será a mí hijo. Y si él hiciere mal, yo le castigaré con vara de hombres, y con azotes de hijos de hombres;

¹⁵ pero mi misericordia no se apartará de él como la aparté de Saúl, al cual quité de delante de ti.

¹⁶ Y será afirmada tu casa y tu reino para siempre delante de tu rostro, y tu trono será estable eternamente.

¹⁷ Conforme a todas estas palabras, y conforme a toda esta visión, así habló Natán a David.

¹⁸ Y entró el rey David y se puso delante de Jehová, y dijo: Señor Jehová, ¿quién soy yo, y qué es mi casa, para que tú me hayas traído hasta aquí?

God's Promise to David

7 After the king was settled in his palace and the LORD had given him rest from all his enemies around him, ²he said to Nathan the prophet, "Here I am, living in a palace of cedar, while the ark of God remains in a tent."

³Nathan replied to the king, "Whatever you have in mind, go ahead and do it, for the LORD is with you."

⁴That night the word of the LORD came to Nathan, saying:

⁵"Go and tell my servant David, 'This is what the LORD says: Are you the one to build me a house to dwell in? ⁶I have not dwelt in a house from the day I brought the Israelites up out of Egypt to this day. I have been moving from place to place with a tent as my dwelling. ⁷Wherever I have moved with all the Israelites, did I ever say to any of their rulers whom I commanded to shepherd my people Israel, "Why have you not built me a house of cedar?" '

⁸"Now then, tell my servant David, 'This is what the LORD Almighty says: I took you from the pasture and from following the flock to be ruler over my people Israel. ⁹I have been with you wherever you have gone, and I have cut off all your enemies from before you. Now I will make your name great, like the names of the greatest men of the earth. ¹⁰And I will provide a place for my people Israel and will plant them so that they can have a home of their own and no longer be disturbed. Wicked people will not oppress them anymore, as they did at the beginning ¹¹and have done ever since the time I appointed leaders*q* over my people Israel. I will also give you rest from all your enemies.

" 'The LORD declares to you that the LORD himself will establish a house for you: ¹²When your days are over and you rest with your fathers, I will raise up your offspring to succeed you, who will come from your own body, and I will establish his kingdom. ¹³He is the one who will build a house for my Name, and I will establish the throne of his kingdom forever. ¹⁴I will be his father, and he will be my son. When he does wrong, I will punish him with the rod of men, with floggings inflicted by men. ¹⁵But my love will never be taken away from him, as I took it away from Saul, whom I removed from before you. ¹⁶Your house and your kingdom will endure forever before me*r*; your throne will be established forever.' "

¹⁷Nathan reported to David all the words of this entire revelation.

David's Prayer

¹⁸Then King David went in and sat before the LORD, and he said:

"Who am I, O Sovereign LORD, and what is my family, that you have brought me this far? ¹⁹And

¹⁹Y aun te ha parecido poco esto, Señor Jehová, pues también has hablado de la casa de tu siervo en lo por venir. ¿Es así como procede el hombre, Señor Jehová? ²⁰¿Y qué más puede añadir David hablando contigo? Pues tú conoces a tu siervo, Señor Jehová. ²¹Todas estas grandezas has hecho por tu palabra y conforme a tu corazón, haciéndolas saber a tu siervo. ²²Por tanto, tú te has engrandecido, Jehová Dios; por cuanto no hay como tú, ni hay Dios fuera de ti, conforme a todo lo que hemos oído con nuestros oídos. ²³¿Y quién como tu pueblo, como Israel, nación singular en la tierra? Porque fue Dios para rescatarlo por pueblo suyo, y para ponerle nombre, y para hacer grandezas a su favor, y obras terribles a tu tierra, por amor de tu pueblo que rescataste para ti de Egipto, de las naciones y de sus dioses. ²⁴Porque tú estableciste a tu pueblo Israel por pueblo tuyo para siempre; y tú, oh Jehová, fuiste a ellos por Dios. ²⁵Ahora pues, Jehová Dios, confirma para siempre la palabra que has hablado sobre tu siervo y sobre su casa, y haz conforme a lo que has dicho. ²⁶Que sea engrandecido tu nombre para siempre, y se diga: Jehová de los ejércitos es Dios sobre Israel; y que la casa de tu siervo David sea firme delante de ti. ²⁷Porque tú, Jehová de los ejércitos, Dios de Israel, revelaste al oído de tu siervo, diciendo: Yo te edificaré casa. Por esto tu siervo ha hallado en su corazón valor para hacer delante de ti esta súplica. ²⁸Ahora pues, Jehová Dios, tú eres Dios, y tus palabras son verdad, y tú has prometido este bien a tu siervo. ²⁹Ten ahora a bien bendecir la casa de tu siervo, para que permanezca perpetuamente delante de ti, porque tú, Jehová Dios, lo has dicho, y con tu bendición será bendita la casa de tu siervo para siempre.

David extiende sus dominios

8 ¹Después de esto, aconteció que David derrotó a los filisteos y los sometió, y tomó David a Meteg-ama de mano de los filisteos.

²Derrotó también a los de Moab, y los midió con cordel, haciéndolos tender por tierra; y midió dos cordeles para hacerlos morir, y un cordel entero para preservarles la vida; y fueron los moabitas siervos de David, y pagaron tributo.

³Asimismo derrotó David a Hadad-ezer hijo de Rehob, rey de Soba, al ir éste a recuperar su territorio al río Eufrates.

⁴Y tomó David de ellos mil setecientos hombres de a caballo, y veinte mil hombres de a pie; y desjarretó David los caballos de todos los carros, pero dejó suficientes para cien carros.

⁵Y vinieron los sirios de Damasco para dar ayuda a Hadad-ezer rey de Soba; y David hirió de los sirios a veintidós mil hombres.

⁶Puso luego David guarnición en Siria de Damasco, y los sirios fueron hechos siervos de David, sujetos a tributo. Y Jehová dio la victoria a David por dondequiera que fue.

as if this were not enough in your sight, O Sovereign Lord, you have also spoken about the future of the house of your servant. Is this your usual way of dealing with man, O Sovereign Lord? ²⁰"What more can David say to you? For you know your servant, O Sovereign Lord. ²¹For the sake of your word and according to your will, you have done this great thing and made it known to your servant.

²²"How great you are, O Sovereign Lord! There is no one like you, and there is no God but you, as we have heard with our own ears. ²³And who is like your people Israel—the one nation on earth that God went out to redeem as a people for himself, and to make a name for himself, and to perform great and awesome wonders by driving out nations and their gods from before your people, whom you redeemed from Egypt?^s ²⁴You have established your people Israel as your very own forever, and you, O Lord, have become their God.

²⁵"And now, Lord God, keep forever the promise you have made concerning your servant and his house. Do as you promised, ²⁶so that your name will be great forever. Then men will say, 'The Lord Almighty is God over Israel!' And the house of your servant David will be established before you.

²⁷"O Lord Almighty, God of Israel, you have revealed this to your servant, saying, 'I will build a house for you.' So your servant has found courage to offer you this prayer. ²⁸O Sovereign Lord, you are God! Your words are trustworthy, and you have promised these good things to your servant. ²⁹Now be pleased to bless the house of your servant, that it may continue forever in your sight; for you, O Sovereign Lord, have spoken, and with your blessing the house of your servant will be blessed forever."

David's Victories

8 In the course of time, David defeated the Philistines and subdued them, and he took Metheg Ammah from the control of the Philistines.

²David also defeated the Moabites. He made them lie down on the ground and measured them off with a length of cord. Every two lengths of them were put to death, and the third length was allowed to live. So the Moabites became subject to David and brought tribute.

³Moreover, David fought Hadadezer son of Rehob, king of Zobah, when he went to restore his control along the Euphrates River. ⁴David captured a thousand of his chariots, seven thousand charioteers^t and twenty thousand foot soldiers. He hamstrung all but a hundred of the chariot horses.

⁵When the Arameans of Damascus came to help Hadadezer king of Zobah, David struck down twenty-two thousand of them. ⁶He put garrisons in the Aramean kingdom of Damascus, and the Arameans became subject to him and brought tribute. The Lord gave David victory wherever he went.

^s23 See Septuagint and 1 Chron. 17:21; Hebrew wonders for your land and before your people, whom you redeemed from Egypt, from the nations and their gods. ^t4 Septuagint (see also Dead Sea Scrolls and 1 Chron. 18:4); Masoretic Text captured seventeen hundred of his charioteers

7 Y tomó David los escudos de oro que traían los siervos de Hadad-ezer, y los llevó a Jerusalén.

8 Asimismo de Beta y de Berotai, ciudades de Hadad-ezer, tomó el rey David gran cantidad de bronce.

9 Entonces oyendo Toi rey de Hamat, que David había derrotado a todo el ejército de Hadad-ezer,

10 envió Toi a Joram su hijo al rey David, para saludarle pacíficamente y para bendecirle, porque había peleado con Hadad-ezer y lo había vencido; porque Toi era enemigo de Hadad-ezer. Y Joram llevaba en su mano utensilios de plata, de oro y de bronce;

11 los cuales el rey David dedicó a Jehová, con la plata y el oro que había dedicado de todas las naciones que había sometido;

12 de los sirios, de los moabitas, de los amonitas, de los filisteos, de los amalecitas, y del botín de Hadad-ezer hijo de Rehob, rey de Soba.

13 Así ganó David fama. Cuando regresaba de derrotar a los sirios, destrozó a dieciocho mil edomitas en el Valle de la Sal.

14 Y puso guarnición en Edom; por todo Edom puso guarnición, y todos los edomitas fueron siervos de David. Y Jehová dio la victoria a David por dondequiera que fue.

Oficiales de David

15 Y reinó David sobre todo Israel; y David administraba justicia y equidad a todo su pueblo.

16 Joab hijo de Sarvia era general de su ejército, y Josafat hijo de Ahilud era cronista;

17 Sadoc hijo de Ahitob y Ahimelec hijo de Abiatar eran sacerdotes; Seraías era escriba;

18 Benaía hijo de Joiada estaba sobre los cereteos y peleteos; y los hijos de David eran los príncipes.

Bondad de David hacia Mefi-boset

9 1 Dijo David: ¿Ha quedado alguno de la casa de Saúl, a quien haga yo misericordia por amor de Jonatán?

2 Y había un siervo de la casa de Saúl, que se llamaba Siba, al cual llamaron para que viniese a David. Y el rey le dijo: ¿Eres tú Siba? Y él respondió: Tu siervo.

3 El rey le dijo: ¿No ha quedado nadie de la casa de Saúl, a quien haga yo misericordia de Dios? Y Siba respondió al rey: Aún ha quedado un hijo de Jonatán, lisiado de los pies.

4 Entonces el rey le preguntó: ¿Dónde está? Y Siba respondió al rey: He aquí, está en casa de Maquir hijo de Amiel, en Lodebar.

5 Entonces envió el rey David, y le trajo de la casa de Maquir hijo de Amiel, de Lodebar.

6 Y vino Mefi-boset, hijo de Jonatán hijo de Saúl, a David, y se postró sobre su rostro e hizo reverencia. Y dijo David: Mefi-boset. Y él respondió: He aquí tu siervo.

7 Y le dijo David: No tengas temor, porque yo a la verdad haré contigo misericordia por amor de Jonatán tu padre, y te devolveré todas las tierras de Saúl tu padre; y tú comerás siempre a mi mesa.

---

7 David took the gold shields that belonged to the officers of Hadadezer and brought them to Jerusalem. 8 From Tebah u and Berothai, towns that belonged to Hadadezer, King David took a great quantity of bronze.

9 When Tou v king of Hamath heard that David had defeated the entire army of Hadadezer, 10 he sent his son Joram w to King David to greet him and congratulate him on his victory in battle over Hadadezer, who had been at war with Tou. Joram brought with him articles of silver and gold and bronze.

11 King David dedicated these articles to the Lord, as he had done with the silver and gold from all the nations he had subdued: 12 Edom x and Moab, the Ammonites and the Philistines, and Amalek. He also dedicated the plunder taken from Hadadezer son of Rehob, king of Zobah.

13 And David became famous after he returned from striking down eighteen thousand Edomites y in the Valley of Salt.

14 He put garrisons throughout Edom, and all the Edomites became subject to David. The Lord gave David victory wherever he went.

David's Officials

15 David reigned over all Israel, doing what was just and right for all his people. 16 Joab son of Zeruiah was over the army; Jehoshaphat son of Ahilud was recorder; 17 Zadok son of Ahitub and Ahimelech son of Abiathar were priests; Seraiah was secretary; 18 Benaiah son of Jehoiada was over the Kerethites and Pelethites; and David's sons were royal advisers. z

David and Mephibosheth

9 David asked, "Is there anyone still left of the house of Saul to whom I can show kindness for Jonathan's sake?"

2 Now there was a servant of Saul's household named Ziba. They called him to appear before David, and the king said to him, "Are you Ziba?"

"Your servant," he replied.

3 The king asked, "Is there no one still left of the house of Saul to whom I can show God's kindness?"

Ziba answered the king, "There is still a son of Jonathan; he is crippled in both feet."

4 "Where is he?" the king asked.

Ziba answered, "He is at the house of Makir son of Ammiel in Lo Debar."

5 So King David had him brought from Lo Debar, from the house of Makir son of Ammiel.

6 When Mephibosheth son of Jonathan, the son of Saul, came to David, he bowed down to pay him honor.

David said, "Mephibosheth!"

"Your servant," he replied.

7 "Don't be afraid," David said to him, "for I will surely show you kindness for the sake of your father Jonathan. I will restore to you all the land that belonged to your grandfather Saul, and you will always eat at my table."

---

u 8 See some Septuagint manuscripts (see also 1 Chron. 18:8); Hebrew *Betah*   v 9 Hebrew *Toi*, a variant of *Tou*; also in verse 10   w 10 A variant of *Hadoram*   x 12 Some Hebrew manuscripts, Septuagint and Syriac (see also 1 Chron. 18:11); most Hebrew manuscripts *Aram*   y 13 A few Hebrew manuscripts, Septuagint and Syriac (see also 1 Chron. 18:12); most Hebrew manuscripts *Aram* (that is, Arameans)   z 18 Or *were priests*

8 Y él inclinándose, dijo: ¿Quién es tu siervo, para que mires a un perro muerto como yo?

9 Entonces el rey llamó a Siba siervo de Saúl, y le dijo: Todo lo que fue de Saúl y de toda su casa, yo lo he dado al hijo de tu señor.

10 Tú, pues, le labrarás las tierras, tú con tus hijos y tus siervos, y almacenarás los frutos, para que el hijo de tu señor tenga pan para comer; pero Mefi-boset el hijo de tu señor comerá siempre a mi mesa. Y tenía Siba quince hijos y veinte siervos.

11 Y respondió Siba al rey: Conforme a todo lo que ha mandado mi señor el rey a su siervo, así lo hará tu siervo. Mefi-boset, dijo el rey, comerá a mi mesa, como uno de los hijos del rey.

12 Y tenía Mefi-boset un hijo pequeño, que se llamaba Micaía. Y toda la familia de la casa de Siba eran siervos de Mefi-boset.

13 Y moraba Mefi-boset en Jerusalén, porque comía siempre a la mesa del rey; y estaba lisiado de ambos pies.

Derrotas de amonitas y sirios

10 1 Después de esto, aconteció que murió el rey de los hijos de Amón, y reinó en lugar suyo Hanún su hijo.

2 Y dijo David: Yo haré misericordia con Hanún hijo de Nahas, como su padre la hizo conmigo. Y envió David sus siervos para consolarlo por su padre. Mas llegados los siervos de David a la tierra de los hijos de Amón,

3 los príncipes de los hijos de Amón dijeron a Hanún su señor: ¿Te parece que por honrar David a tu padre te ha enviado consoladores? ¿No ha enviado David sus siervos a ti para reconocer e inspeccionar la ciudad, para destruirla?

4 Entonces Hanún tomó los siervos de David, les rapó la mitad de la barba, les cortó los vestidos por la mitad hasta las nalgas, y los despidió.

5 Cuando se le hizo saber esto a David, envió a encontrarles, porque ellos estaban en extremo avergonzados; y el rey mandó que les dijeran: Quedaos en Jericó hasta que os vuelva a nacer la barba, y entonces volved.

6 Y viendo los hijos de Amón que se habían hecho odiosos a David, enviaron los hijos de Amón y tomaron a sueldo a los sirios de Bet-rehob y a los sirios de Soba, veinte mil hombres de a pie, del rey de Maaca mil hombres, y de Is-tob doce mil hombres.

7 Cuando David oyó esto, envió a Joab con todo el ejército de los valientes.

8 Y saliendo los hijos de Amón, se pusieron en orden de batalla a la entrada de la puerta; pero los sirios de Soba, de Rehob, de Is-tob y de Maaca estaban aparte en el campo.

9 Viendo, pues, Joab que se le presentaba la batalla de frente y a la retaguardia, entresacó de todos los escogidos de Israel, y se puso en orden de batalla contra los sirios.

10 Entregó luego el resto del ejército en mano de Abisai su hermano, y lo alineó para encontrar a los amonitas.

11 Y dijo: Si los sirios pudieren más que yo, tú me ayudarás; y si los hijos de Amón pudieren más que tú, yo te daré ayuda.

12 Esfuérzate, y esforcémonos por nuestro pueblo, y por las ciudades de nuestro Dios; y haga Jehová lo que bien le pareciere.

13 Y se acercó Joab, y el pueblo que con él estaba, para pelear contra los sirios; mas ellos huyeron delante de él.

14 Entonces los hijos de Amón, viendo que los sirios habían

8 Mephibosheth bowed down and said, "What is your servant, that you should notice a dead dog like me?"

9 Then the king summoned Ziba, Saul's servant, and said to him, "I have given your master's grandson everything that belonged to Saul and his family. 10 You and your sons and your servants are to farm the land for him and bring in the crops, so that your master's grandson may be provided for. And Mephibosheth, grandson of your master, will always eat at my table." (Now Ziba had fifteen sons and twenty servants.)

11 Then Ziba said to the king, "Your servant will do whatever my lord the king commands his servant to do." So Mephibosheth ate at David's[a] table like one of the king's sons.

12 Mephibosheth had a young son named Mica, and all the members of Ziba's household were servants of Mephibosheth. 13 And Mephibosheth lived in Jerusalem, because he always ate at the king's table, and he was crippled in both feet.

David Defeats the Ammonites

10 In the course of time, the king of the Ammonites died, and his son Hanun succeeded him as king. 2 David thought, "I will show kindness to Hanun son of Nahash, just as his father showed kindness to me." So David sent a delegation to express his sympathy to Hanun concerning his father.

When David's men came to the land of the Ammonites, 3 the Ammonite nobles said to Hanun their lord, "Do you think David is honoring your father by sending men to you to express sympathy? Hasn't David sent them to you to explore the city and spy it out and overthrow it?" 4 So Hanun seized David's men, shaved off half of each man's beard, cut off their garments in the middle at the buttocks, and sent them away.

5 When David was told about this, he sent messengers to meet the men, for they were greatly humiliated. The king said, "Stay at Jericho till your beards have grown, and then come back."

6 When the Ammonites realized that they had become a stench in David's nostrils, they hired twenty thousand Aramean foot soldiers from Beth Rehob and Zobah, as well as the king of Maacah with a thousand men, and also twelve thousand men from Tob.

7 On hearing this, David sent Joab out with the entire army of fighting men. 8 The Ammonites came out and drew up in battle formation at the entrance to their city gate, while the Arameans of Zobah and Rehob and the men of Tob and Maacah were by themselves in the open country.

9 Joab saw that there were battle lines in front of him and behind him; so he selected some of the best troops in Israel and deployed them against the Arameans. 10 He put the rest of the men under the command of Abishai his brother and deployed them against the Ammonites. 11 Joab said, "If the Arameans are too strong for me, then you are to come to my rescue; but if the Ammonites are too strong for you, then I will come to rescue you. 12 Be strong and let us fight bravely for our people and the cities of our God. The LORD will do what is good in his sight."

13 Then Joab and the troops with him advanced to fight the Arameans, and they fled before him. 14 When

---

a 11 Septuagint; Hebrew my

huido, huyeron también ellos delante de Abisai, y se refu-giaron en la ciudad. Se volvió, pues, Joab de luchar contra los hijos de Amón, y vino a Jerusalén.

15 Pero los sirios, viendo que habían sido derrotados por Israel, se volvieron a reunir.

16 Y envió Hadad-ezer e hizo salir a los sirios que estaban al otro lado del Eufrates, los cuales vinieron a Helam, llevando por jefe a Sobac, general del ejército de Hadad-ezer.

17 Cuando fue dado aviso a David, reunió a todo Israel, y pasando el Jordán vino a Helam; y los sirios se pusieron en orden de batalla contra David y pelearon contra él.

18 Mas los sirios huyeron delante de Israel; y David mató de los sirios a la gente de setecientos carros, y cuarenta mil hombres de a caballo; hirió también a Sobac general del ejército, quien murió allí.

19 Viendo, pues, todos los reyes que ayudaban a Hadad-ezer, cómo habían sido derrotados delante de Israel, hicie-ron paz con Israel y le sirvieron; y de allí en adelante los sirios temieron ayudar más a los hijos de Amón.

David y Betsabé

11 1 Aconteció al año siguiente, en el tiempo que salen los reyes a la guerra, que David envió a Joab, y con él a sus siervos y a todo Israel, y destruyeron a los amoni-tas, y sitiaron a Rabá; pero David se quedó en Jerusalén.

2 Y sucedió un día, al caer la tarde, que se levantó David de su lecho y se paseaba sobre el terrado de la casa real; y vio desde el terrado a una mujer que se estaba bañando, la cual era muy hermosa.

3 Envió David a preguntar por aquella mujer, y le dijeron: Aquella es Betsabé hija de Eliam, mujer de Urías heteo.

4 Y envió David mensajeros, y la tomó; y vino a él, y él durmió con ella. Luego ella se purificó de su inmundicia, y se volvió a su casa.

5 Y concibió la mujer, y envió a hacerlo saber a David, diciendo: Estoy encinta.

6 Entonces David envió a decir a Joab: Envíame a Urías heteo. Y Joab envió a Urías a David.

7 Cuando Urías vino a él, David le preguntó por la salud de Joab, y por la salud del pueblo, y por el estado de la guerra.

8 Después dijo David a Urías: Desciende a tu casa, y lava tus pies. Y saliendo Urías de la casa del rey, le fue enviado presente de la mesa real.

9 Mas Urías durmió a la puerta de la casa del rey con todos los siervos de su señor, y no descendió a su casa.

10 E hicieron saber esto a David, diciendo: Urías no ha descendido a su casa. Y dijo David a Urías: ¿No has venido de camino? ¿Por qué, pues, no descendiste a tu casa?

11 Y Urías respondió a David: El arca e Israel y Judá están bajo tiendas, y mi señor Joab, y los siervos de mi señor, en el campo; ¿y había yo de entrar en mi casa para comer y beber, y a dormir con mi mujer? Por vida tuya, y por vida de tu alma, que yo no haré tal cosa.

12 Y David dijo a Urías: Quédate aquí aún hoy, y mañana te despacharé. Y se quedó Urías en Jerusalén aquel día y el siguiente.

13 Y David lo convidó a comer y a beber con él, hasta embriagarlo. Y él salió a la tarde a dormir en su cama con los siervos de su señor; mas no descendió a su casa.

the Ammonites saw that the Arameans were fleeing, they fled before Abishai and went inside the city. So Joab returned from fighting the Ammonites and came to Jerusalem.

15 After the Arameans saw that they had been routed by Israel, they regrouped. 16 Hadadezer had Arameans brought from beyond the River[b]; they went to Helam, with Shobach the commander of Hadadezer's army leading them.

17 When David was told of this, he gathered all Israel, crossed the Jordan and went to Helam. The Arameans formed their battle lines to meet David and fought against him. 18 But they fled before Israel, and David killed seven hundred of their charioteers and forty thousand of their foot soldiers.[c] He also struck down Shobach the commander of their army, and he died there. 19 When all the kings who were vassals of Hadadezer saw that they had been defeated by Israel, they made peace with the Israelites and became sub-ject to them.

So the Arameans were afraid to help the Ammonites anymore.

David and Bathsheba

11 In the spring, at the time when kings go off to war, David sent Joab out with the king's men and the whole Israelite army. They destroyed the Am-monites and besieged Rabbah. But David remained in Jerusalem.

2 One evening David got up from his bed and walked around on the roof of the palace. From the roof he saw a woman bathing. The woman was very beautiful, 3 and David sent someone to find out about her. The man said, "Isn't this Bathsheba, the daughter of Eliam and the wife of Uriah the Hittite?" 4 Then David sent messengers to get her. She came to him, and he slept with her. (She had purified herself from her unclean-ness.) Then[d] she went back home. 5 The woman con-ceived and sent word to David, saying, "I am preg-nant."

6 So David sent this word to Joab: "Send me Uriah the Hittite." And Joab sent him to David. 7 When Uriah came to him, David asked him how Joab was, how the soldiers were and how the war was going. 8 Then David said to Uriah, "Go down to your house and wash your feet." So Uriah left the palace, and a gift from the king was sent after him. 9 But Uriah slept at the en-trance to the palace with all his master's servants and did not go down to his house.

10 When David was told, "Uriah did not go home," he asked him, "Haven't you just come from a distance? Why didn't you go home?"

11 Uriah said to David, "The ark and Israel and Judah are staying in tents, and my master Joab and my lord's men are camped in the open fields. How could I go to my house to eat and drink and lie with my wife? As surely as you live, I will not do such a thing!"

12 Then David said to him, "Stay here one more day, and tomorrow I will send you back." So Uriah re-mained in Jerusalem that day and the next. 13 At Da-vid's invitation, he ate and drank with him, and David made him drunk. But in the evening Uriah went out to sleep on his mat among his master's servants; he did not go home.

---

[b]16 That is, the Euphrates   [c]18 Some Septuagint manuscripts (see also 1 Chron. 19:18); Hebrew *horsemen*   [d]4 Or *with her. When she purified herself from her uncleanness,*

¹⁴Venida la mañana, escribió David a Joab una carta, la cual envió por mano de Urías.

¹⁵Y escribió en la carta, diciendo: Poned a Urías al frente, en lo más recio de la batalla, y retiraos de él, para que sea herido y muera.

¹⁶Así fue que cuando Joab sitió la ciudad, puso a Urías en el lugar donde sabía que estaban los hombres más valientes.

¹⁷Y saliendo luego los de la ciudad, pelearon contra Joab, y cayeron algunos del ejército de los siervos de David; y murió también Urías heteo.

¹⁸Entonces envió Joab e hizo saber a David todos los asuntos de la guerra.

¹⁹Y mandó al mensajero, diciendo: Cuando acabes de contar al rey todos los asuntos de la guerra,

²⁰si el rey comenzare a enojarse, y te dijere: ¿Por qué os acercasteis demasiado a la ciudad para combatir? ¿No sabíais lo que suelen arrojar desde el muro?

²¹¿Quién hirió a Abimelec hijo de Jerobaal? ¿No echó una mujer del muro un pedazo de una rueda de molino, y murió en Tebes? ¿Por qué os acercasteis tanto al muro? Entonces tú le dirás: También tu siervo Urías heteo es muerto.

²²Fue el mensajero, y llegando, contó a David todo aquello a que Joab le había enviado.

²³Y dijo el mensajero a David: Prevalecieron contra nosotros los hombres que salieron contra nosotros al campo, bien que nosotros les hicimos retroceder hasta la entrada de la puerta;

²⁴pero los flecheros tiraron contra tus siervos desde el muro, y murieron algunos de los siervos del rey; y murió también tu siervo Urías heteo.

²⁵Y David dijo al mensajero: Así dirás a Joab: No tengas pesar por esto, porque la espada consume, ora a uno, ora a otro; refuerza tu ataque contra la ciudad, hasta que la rindas, Y tú aliéntale.

²⁶Oyendo la mujer de Urías que su marido Urías era muerto, hizo duelo por su marido.

²⁷Y pasado el luto, envió David y la trajo a su casa; y fue ella su mujer, y le dio a luz un hijo. Mas esto que David había hecho, fue desagradable ante los ojos de Jehová.

Natán amonesta a David

12 ¹Jehová envió a Natán a David; y viniendo a él, le dijo: Había dos hombres en una ciudad, el uno rico, y el otro pobre.

²El rico tenía numerosas ovejas y vacas;

³pero el pobre no tenía más que una sola corderita, que él había comprado y criado, y que había crecido con él y con sus hijos juntamente, comiendo de su bocado y bebiendo de su vaso, y durmiendo en su seno; y la tenía como a una hija.

⁴Y vino uno de camino al hombre rico; y éste no quiso tomar de sus ovejas y de sus vacas, para guisar para el caminante que había venido a él, sino que tomó la oveja de aquel hombre pobre, y la preparó para aquel que había venido a él.

⁵Entonces se encendió el furor de David en gran manera contra aquel hombre, y dijo a Natán: Vive Jehová, que el que tal hizo es digno de muerte.

⁶Y debe pagar la cordera con cuatro tantos, porque hizo tal cosa, y no tuvo misericordia.

¹⁴In the morning David wrote a letter to Joab and sent it with Uriah. ¹⁵In it he wrote, "Put Uriah in the front line where the fighting is fiercest. Then withdraw from him so he will be struck down and die."

¹⁶So while Joab had the city under siege, he put Uriah at a place where he knew the strongest defenders were. ¹⁷When the men of the city came out and fought against Joab, some of the men in David's army fell; moreover, Uriah the Hittite died.

¹⁸Joab sent David a full account of the battle. ¹⁹He instructed the messenger: "When you have finished giving the king this account of the battle, ²⁰the king's anger may flare up, and he may ask you, 'Why did you get so close to the city to fight? Didn't you know they would shoot arrows from the wall? ²¹Who killed Abimelech son of Jerub-Besheth ᵉ? Didn't a woman throw an upper millstone on him from the wall, so that he died in Thebez? Why did you get so close to the wall?' If he asks you this, then say to him, 'Also, your servant Uriah the Hittite is dead.' "

²²The messenger set out, and when he arrived he told David everything Joab had sent him to say. ²³The messenger said to David, "The men overpowered us and came out against us in the open, but we drove them back to the entrance to the city gate. ²⁴Then the archers shot arrows at your servants from the wall, and some of the king's men died. Moreover, your servant Uriah the Hittite is dead."

²⁵David told the messenger, "Say this to Joab: 'Don't let this upset you; the sword devours one as well as another. Press the attack against the city and destroy it.' Say this to encourage Joab."

²⁶When Uriah's wife heard that her husband was dead, she mourned for him. ²⁷After the time of mourning was over, David had her brought to his house, and she became his wife and bore him a son. But the thing David had done displeased the LORD.

Nathan Rebukes David

12 The LORD sent Nathan to David. When he came to him, he said, "There were two men in a certain town, one rich and the other poor. ²The rich man had a very large number of sheep and cattle, ³but the poor man had nothing except one little ewe lamb he had bought. He raised it, and it grew up with him and his children. It shared his food, drank from his cup and even slept in his arms. It was like a daughter to him.

⁴"Now a traveler came to the rich man, but the rich man refrained from taking one of his own sheep or cattle to prepare a meal for the traveler who had come to him. Instead, he took the ewe lamb that belonged to the poor man and prepared it for the one who had come to him."

⁵David burned with anger against the man and said to Nathan, "As surely as the LORD lives, the man who did this deserves to die! ⁶He must pay for that lamb four times over, because he did such a thing and had no pity."

ᵉ21 Also known as *Jerub-Baal* (that is, Gideon).

7 Entonces dijo Natán a David: Tú eres aquel hombre. Así ha dicho Jehová, Dios de Israel: Yo te ungí por rey sobre Israel, y te libré de la mano de Saúl,

8 y te di la casa de tu señor, y las mujeres de tu señor en tu seno; además te di la casa de Israel y de Judá; y si esto fuera poco, te habría añadido mucho más.

9 ¿Por qué, pues, tuviste en poco la palabra de Jehová, haciendo lo malo delante de sus ojos? A Urías heteo heriste a espada, y tomaste por mujer a su mujer, y a él lo mataste con la espada de los hijos de Amón.

10 Por lo cual ahora no se apartará jamás de tu casa la espada, por cuanto me menospreciaste, y tomaste la mujer de Urías heteo para que fuese tu mujer.

11 Así ha dicho Jehová: He aquí yo haré levantar el mal sobre ti de tu misma casa, y tomaré tus mujeres delante de tus ojos, y las daré a tu prójimo, el cual yacerá con tus mujeres a la vista del sol.

12 Porque tú lo hiciste en secreto; mas yo haré esto delante de todo Israel y a pleno sol.

13 Entonces dijo David a Natán: Pequé contra Jehová. Y Natán dijo a David: También Jehová ha remitido tu pecado; no morirás.

14 Mas por cuanto con este asunto hiciste blasfemar a los enemigos de Jehová, el hijo que te ha nacido ciertamente morirá.

15 Y Natán se volvió a su casa. Y Jehová hirió al niño que la mujer de Urías había dado a David, y enfermó gravemente.

16 Entonces David rogó a Dios por el niño; y ayunó David, y entró, y pasó la noche acostado en tierra.

17 Y se levantaron los ancianos de su casa, y fueron a él para hacerlo levantar de la tierra; mas él no quiso, ni comió con ellos pan.

18 Y al séptimo día murió el niño; y temían los siervos de David hacerle saber que el niño había muerto, diciendo entre sí: Cuando el niño aún vivía, le hablábamos, y no quería oír nuestra voz; ¿cuánto más se afligirá si le decimos que el niño ha muerto?

19 Mas David, viendo a sus siervos hablar entre sí, entendió que el niño había muerto; por lo que dijo David a sus siervos: ¿Ha muerto el niño? Y ellos respondieron: Ha muerto.

20 Entonces David se levantó de la tierra, y se lavó y se ungió, y cambió sus ropas, y entró a la casa de Jehová, y adoró. Después vino a su casa, y pidió, y le pusieron pan, y comió.

21 Y le dijeron sus siervos: ¿Qué es esto que has hecho? Por el niño, viviendo aún, ayunabas y llorabas; y muerto él, te levantaste y comiste pan.

22 Y él respondió: Viviendo aún el niño, yo ayunaba y lloraba, diciendo: ¿Quién sabe si Dios tendrá compasión de mí, y vivirá el niño?

23 Mas ahora que ha muerto, ¿para qué he de ayunar? ¿Podré yo hacerle volver? Yo voy a él, mas él no volverá a mí.

24 Y consoló David a Betsabé su mujer, y llegándose a ella durmió con ella; y ella le dio a luz un hijo, y llamó su nombre Salomón, al cual amó Jehová;

25 y envió un mensaje por medio de Natán profeta; así llamó su nombre Jedidías,f a causa de Jehová.

David captura Rabá

26 Joab peleaba contra Rabá de los hijos de Amón, y tomó la ciudad real.

7 Then Nathan said to David, "You are the man! This is what the LORD, the God of Israel, says: 'I anointed you king over Israel, and I delivered you from the hand of Saul. 8 I gave your master's house to you, and your master's wives into your arms. I gave you the house of Israel and Judah. And if all this had been too little, I would have given you even more. 9 Why did you despise the word of the LORD by doing what is evil in his eyes? You struck down Uriah the Hittite with the sword and took his wife to be your own. You killed him with the sword of the Ammonites. 10 Now, therefore, the sword will never depart from your house, because you despised me and took the wife of Uriah the Hittite to be your own.'

11 "This is what the LORD says: 'Out of your own household I am going to bring calamity upon you. Before your very eyes I will take your wives and give them to one who is close to you, and he will lie with your wives in broad daylight. 12 You did it in secret, but I will do this thing in broad daylight before all Israel.' "

13 Then David said to Nathan, "I have sinned against the LORD."

Nathan replied, "The LORD has taken away your sin. You are not going to die. 14 But because by doing this you have made the enemies of the LORD show utter contempt,f the son born to you will die."

15 After Nathan had gone home, the LORD struck the child that Uriah's wife had borne to David, and he became ill. 16 David pleaded with God for the child. He fasted and went into his house and spent the nights lying on the ground. 17 The elders of his household stood beside him to get him up from the ground, but he refused, and he would not eat any food with them.

18 On the seventh day the child died. David's servants were afraid to tell him that the child was dead, for they thought, "While the child was still living, we spoke to David but he would not listen to us. How can we tell him the child is dead? He may do something desperate."

19 David noticed that his servants were whispering among themselves and he realized the child was dead. "Is the child dead?" he asked.

"Yes," they replied, "he is dead."

20 Then David got up from the ground. After he had washed, put on lotions and changed his clothes, he went into the house of the LORD and worshiped. Then he went to his own house, and at his request they served him food, and he ate.

21 His servants asked him, "Why are you acting this way? While the child was alive, you fasted and wept, but now that the child is dead, you get up and eat!"

22 He answered, "While the child was still alive, I fasted and wept. I thought, 'Who knows? The LORD may be gracious to me and let the child live.' 23 But now that he is dead, why should I fast? Can I bring him back again? I will go to him, but he will not return to me."

24 Then David comforted his wife Bathsheba, and he went to her and lay with her. She gave birth to a son, and they named him Solomon. The LORD loved him; 25 and because the LORD loved him, he sent word through Nathan the prophet to name him Jedidiah.g

26 Meanwhile Joab fought against Rabbah of the Ammonites and captured the royal citadel. 27 Joab then

---

f 14 Masoretic Text; an ancient Hebrew scribal tradition *this you have shown utter contempt for the LORD*   g 25 *Jedidiah* means *loved by the LORD*.

f Esto es, *Amado de Jehová.*

27Entonces envió Joab mensajeros a David, diciendo: Yo he puesto sitio a Rabá, y he tomado la ciudad de las aguas. 28Reúne, pues, ahora al pueblo que queda, y acampa contra la ciudad y tómala, no sea que tome yo la ciudad y sea llamada de mi nombre.

29Y juntando David a todo el pueblo, fue contra Rabá, y combatió contra ella, y la tomó. 30Y quitó la corona de la cabeza de su rey, la cual pesaba un talento de oro, y tenía piedras preciosas; y fue puesta sobre la cabeza de David. Y sacó muy grande botín de la ciudad. 31Sacó además a la gente que estaba en ella, y los puso a trabajar con sierras, con trillos de hierro y hachas de hierro, y además los hizo trabajar en los hornos de ladrillos; y lo mismo hizo a todas las ciudades de los hijos de Amón. Y volvió David con todo el pueblo a Jerusalén.

Amnón y Tamar

13 1Aconteció después de esto, que teniendo Absalón hijo de David una hermana hermosa que se llamaba Tamar, se enamoró de ella Amnón hijo de David. 2Y estaba Amnón angustiado hasta enfermarse por Tamar su hermana, pues por ser ella virgen, le parecía a Amnón que sería difícil hacerle cosa alguna. 3Y Amnón tenía un amigo que se llamaba Jonadab, hijo de Simea, hermano de David; y Jonadab era hombre muy astuto. 4Y éste le dijo: Hijo del rey, ¿por qué de día en día vas enflaqueciendo así? ¿No me lo descubrirás a mí? Y Amnón le respondió: Yo amo a Tamar la hermana de Absalón mi hermano. 5Y Jonadab le dijo: Acuéstate en tu cama, y finge que estás enfermo; y cuando tu padre viniere a visitarte, dile: Te ruego que venga mi hermana Tamar, para que me dé de comer, y prepare delante de mí alguna vianda, para que al verla yo la coma de su mano. 6Se acostó, pues, Amnón, y fingió que estaba enfermo; y vino el rey a visitarle. Y dijo Amnón al rey: Yo te ruego que venga mi hermana Tamar, y haga delante de mí dos hojuelas, para que coma yo de su mano.

7Y David envió a Tamar a su casa, diciendo: Vé ahora a casa de Amnón tu hermano, y hazle de comer. 8Y fue Tamar a casa de su hermano Amnón, el cual estaba acostado; y tomó harina, y amasó, e hizo hojuelas delante de él y las coció. 9Tomó luego la sartén, y las sacó delante de él; mas él no quiso comer. Y dijo Amnón: Echad fuera de aquí a todos. Y todos salieron de allí. 10Entonces Amnón dijo a Tamar: Trae la comida a la alcoba, para que yo coma de tu mano. Y tomando Tamar las hojuelas que había preparado, las llevó a su hermano Amnón a la alcoba. 11Y cuando ella se las puso delante para que comiese, asió de ella y le dijo: Ven, hermana mía, acuéstate conmigo. 12Ella entonces le respondió: No, hermano mío, no me hagas violencia; porque no se debe hacer así en Israel. No hagas tal vileza. 13Porque ¿adónde iría yo con mi deshonra? Y aun tú serías estimado como uno de los perversos en Israel. Te ruego pues, ahora, que hables al rey, que él no me negará a ti. 14Mas él no la quiso oír, sino que pudiendo más que ella, la forzó, y se acostó con ella.

15Luego la aborreció Amnón con tan gran aborrecimiento, que el odio con que la aborreció fue mayor que el amor con que la había amado. Y le dijo Amnón: Levántate, y vete.

sent messengers to David, saying, "I have fought against Rabbah and taken its water supply. 28Now muster the rest of the troops and besiege the city and capture it. Otherwise I will take the city, and it will be named after me."

29So David mustered the entire army and went to Rabbah, and attacked and captured it. 30He took the crown from the head of their king h—its weight was a talent i of gold, and it was set with precious stones—and it was placed on David's head. He took a great quantity of plunder from the city 31and brought out the people who were there, consigning them to labor with saws and with iron picks and axes, and he made them work at brickmaking. j He did this to all the Ammonite towns. Then David and his entire army returned to Jerusalem.

Amnon and Tamar

13 In the course of time, Amnon son of David fell in love with Tamar, the beautiful sister of Absalom son of David.

2Amnon became frustrated to the point of illness on account of his sister Tamar, for she was a virgin, and it seemed impossible for him to do anything to her.

3Now Amnon had a friend named Jonadab son of Shimeah, David's brother. Jonadab was a very shrewd man. 4He asked Amnon, "Why do you, the king's son, look so haggard morning after morning? Won't you tell me?"

Amnon said to him, "I'm in love with Tamar, my brother Absalom's sister."

5"Go to bed and pretend to be ill," Jonadab said. "When your father comes to see you, say to him, 'I would like my sister Tamar to come and give me something to eat. Let her prepare the food in my sight so I may watch her and then eat it from her hand.' "

6So Amnon lay down and pretended to be ill. When the king came to see him, Amnon said to him, "I would like my sister Tamar to come and make some special bread in my sight, so I may eat from her hand."

7David sent word to Tamar at the palace: "Go to the house of your brother Amnon and prepare some food for him." 8So Tamar went to the house of her brother Amnon, who was lying down. She took some dough, kneaded it, made the bread in his sight and baked it. 9Then she took the pan and served him the bread, but he refused to eat.

"Send everyone out of here," Amnon said. So everyone left him. 10Then Amnon said to Tamar, "Bring the food here into my bedroom so I may eat from your hand." And Tamar took the bread she had prepared and brought it to her brother Amnon in his bedroom. 11But when she took it to him to eat, he grabbed her and said, "Come to bed with me, my sister."

12"Don't, my brother!" she said to him. "Don't force me. Such a thing should not be done in Israel! Don't do this wicked thing. 13What about me? Where could I get rid of my disgrace? And what about you? You would be like one of the wicked fools in Israel. Please speak to the king; he will not keep me from being married to you." 14But he refused to listen to her, and since he was stronger than she, he raped her.

15Then Amnon hated her with intense hatred. In fact, he hated her more than he had loved her. Amnon said to her, "Get up and get out!"

---

h30 Or of Milcom (that is, Molech)   i30 That is, about 75 pounds (about 34 kilograms)   j31 The meaning of the Hebrew for this clause is uncertain.

16 Y ella le respondió: No hay razón; mayor mal es este de arrojarme, que el que me has hecho. Mas él no la quiso oir, 17 sino que llamando a su criado que le servía, le dijo: Echame a ésta fuera de aquí, y cierra tras ella la puerta. 18 Y llevaba ella un vestido de diversos colores, traje que vestían las hijas vírgenes de los reyes. Su criado, pues, la echó fuera, y cerró la puerta tras ella. 19 Entonces Tamar tomó ceniza y la esparció sobre su cabeza, y rasgó la ropa de colores de que estaba vestida, y puesta su mano sobre su cabeza, se fue gritando.

Venganza y huida de Absalón

20 Y le dijo su hermano Absalón: ¿Ha estado contigo tu hermano Amnón? Pues calla ahora, hermana mía; tu hermano es; no se angustie tu corazón por esto. Y se quedó Tamar desconsolada en casa de Absalón su hermano. 21 Y luego que el rey David oyó todo esto, se enojó mucho. 22 Mas Absalón no habló con Amnón ni malo ni bueno; aunque Absalón aborrecía a Amnón, porque había forzado a Tamar su hermana.

23 Aconteció pasados dos años, que Absalón tenía esquiladores en Baal-hazor, que está junto a Efraín; y convidó Absalón a todos los hijos del rey. 24 Y vino Absalón al rey, y dijo: He aquí, tu siervo tiene ahora esquiladores; yo ruego que venga el rey y sus siervos con tu siervo. 25 Y respondió el rey a Absalón: No, hijo mío, no vamos todos, para que no te seamos gravosos. Y aunque porfió con él, no quiso ir, mas le bendijo. 26 Entonces dijo Absalón: Pues si no, te ruego que venga con nosotros Amnón mi hermano. Y el rey le respondió: ¿Para qué ha de ir contigo? 27 Pero como Absalón le importunaba, dejó ir con él a Amnón y a todos los hijos del rey. 28 Y Absalón había dado orden a sus criados, diciendo: Os ruego que miréis cuando el corazón de Amnón esté alegre por el vino; y al decir yo: Herid a Amnón, entonces matadle, y no temáis, pues yo os lo he mandado. Esforzaos, pues, y sed valientes. 29 Y los criados de Absalón hicieron con Amnón como Absalón les había mandado. Entonces se levantaron todos los hijos del rey, y montaron cada uno en su mula, y huyeron.

30 Estando ellos aún en el camino, llegó a David el rumor que decía: Absalón ha dado muerte a todos los hijos del rey, y ninguno de ellos ha quedado. 31 Entonces levantándose David, rasgó sus vestidos, y se echó en tierra, y todos sus criados que estaban junto a él también rasgaron sus vestidos. 32 Pero Jonadab, hijo de Simea hermano de David, habló y dijo: No diga mi señor que han dado muerte a todos los jóvenes hijos del rey, pues sólo Amnón ha sido muerto; porque por mandato de Absalón esto había sido determinado desde el día en que Amnón forzó a Tamar su hermana. 33 Por tanto, ahora no ponga mi señor el rey en su corazón ese rumor que dice: Todos los hijos del rey han sido muertos; porque sólo Amnón ha sido muerto.

34 Y Absalón huyó. Entre tanto, alzando sus ojos el joven que estaba de atalaya, miró, y he aquí mucha gente que venía por el camino a sus espaldas, del lado del monte. 35 Y dijo Jonadab al rey: He allí los hijos del rey que vienen; es así como tu siervo ha dicho.

16 "No!" she said to him. "Sending me away would be a greater wrong than what you have already done to me."

But he refused to listen to her. 17 He called his personal servant and said, "Get this woman out of here and bolt the door after her." 18 So his servant put her out and bolted the door after her. She was wearing a richly ornamented k robe, for this was the kind of garment the virgin daughters of the king wore. 19 Tamar put ashes on her head and tore the ornamented l robe she was wearing. She put her hand on her head and went away, weeping aloud as she went.

20 Her brother Absalom said to her, "Has that Amnon, your brother, been with you? Be quiet now, my sister; he is your brother. Don't take this thing to heart." And Tamar lived in her brother Absalom's house, a desolate woman.

21 When King David heard all this, he was furious. 22 Absalom never said a word to Amnon, either good or bad; he hated Amnon because he had disgraced his sister Tamar.

Absalom Kills Amnon

23 Two years later, when Absalom's sheepshearers were at Baal Hazor near the border of Ephraim, he invited all the king's sons to come there. 24 Absalom went to the king and said, "Your servant has had shearers come. Will the king and his officials please join me?"

25 "No, my son," the king replied. "All of us should not go; we would only be a burden to you." Although Absalom urged him, he still refused to go, but gave him his blessing.

26 Then Absalom said, "If not, please let my brother Amnon come with us."

The king asked him, "Why should he go with you?" 27 But Absalom urged him, so he sent with him Amnon and the rest of the king's sons.

28 Absalom ordered his men, "Listen! When Amnon is in high spirits from drinking wine and I say to you, 'Strike Amnon down,' then kill him. Don't be afraid. Have not I given you this order? Be strong and brave." 29 So Absalom's men did to Amnon what Absalom had ordered. Then all the king's sons got up, mounted their mules and fled.

30 While they were on their way, the report came to David: "Absalom has struck down all the king's sons; not one of them is left." 31 The king stood up, tore his clothes and lay down on the ground; and all his servants stood by with their clothes torn.

32 But Jonadab son of Shimeah, David's brother, said, "My lord should not think that they killed all the princes; only Amnon is dead. This has been Absalom's expressed intention ever since the day Amnon raped his sister Tamar. 33 My lord the king should not be concerned about the report that all the king's sons are dead. Only Amnon is dead."

34 Meanwhile, Absalom had fled.

Now the man standing watch looked up and saw many people on the road west of him, coming down the side of the hill. The watchman went and told the king, "I see men in the direction of Horonaim, on the side of the hill." m

35 Jonadab said to the king, "See, the king's sons are here; it has happened just as your servant said."

---

k 18 The meaning of the Hebrew for this phrase is uncertain.
l 19 The meaning of the Hebrew for this word is uncertain.
m 34 Septuagint; Hebrew does not have this sentence.

36 Cuando él acabó de hablar, he aquí los hijos del rey que vinieron, y alzando su voz lloraron. Y también el mismo rey y todos sus siervos lloraron con muy grandes lamentos.
37 Mas Absalón huyó y se fue a Talmai hijo de Amiud, rey de Gesur. Y David lloraba por su hijo todos los días.
38 Así huyó Absalón y se fue a Gesur, y estuvo allá tres años.
39 Y el rey David deseaba ver a Absalón; pues ya estaba consolado acerca de Amnón, que había muerto.

Joab procura el regreso de Absalón

14 1 Conociendo Joab hijo de Sarvia que el corazón del rey se inclinaba por Absalón,
2 envió Joab a Tecoa, y tomó de allá una mujer astuta, y le dijo: Yo te ruego que finjas estar de duelo, y te vistas ropas de luto, y no te unjas con óleo, sino preséntate como una mujer que desde mucho tiempo está de duelo por algún muerto;
3 y entrarás al rey, y le hablarás de esta manera. Y puso Joab las palabras en su boca.
4 Entró, pues, aquella mujer de Tecoa al rey, y postrándose en tierra sobre su rostro, hizo reverencia, y dijo: ¡Socorro, oh rey!
5 El rey le dijo: ¿Qué tienes? Y ella respondió: Yo a la verdad soy una mujer viuda y mi marido ha muerto.
6 Tu sierva tenía dos hijos, y los dos riñeron en el campo; y no habiendo quien los separase, hirió el uno al otro, y lo mató.
7 Y he aquí toda la familia se ha levantado contra tu sierva, diciendo: Entrega al que mató a su hermano, para que le hagamos morir por la vida de su hermano a quien él mató, y matemos también al heredero. Así apagarán el ascua que me ha quedado, no dejando a mi marido nombre ni reliquia sobre la tierra.
8 Entonces el rey dijo a la mujer: Vete a tu casa, y yo daré órdenes con respecto a ti.
9 Y la mujer de Tecoa dijo al rey: Rey señor mío, la maldad sea sobre mí y sobre la casa de mi padre; mas el rey y su trono sean sin culpa.
10 Y el rey dijo: Al que hablare contra ti, tráelo a mí, y no te tocará más.
11 Dijo ella entonces: Te ruego, oh rey, que te acuerdes de Jehová tu Dios, para que el vengador de la sangre no aumente el daño, y no destruya a mi hijo. Y él respondió: Vive Jehová, que no caerá ni un cabello de la cabeza de tu hijo en tierra.
12 Y la mujer dijo: Te ruego que permitas que tu sierva hable una palabra a mi señor el rey. Y él dijo: Habla.
13 Entonces la mujer dijo: ¿Por qué, pues, has pensado tú cosa semejante contra el pueblo de Dios? Porque hablando el rey esta palabra, se hace culpable él mismo, por cuanto el rey no hace volver a su desterrado.
14 Porque de cierto morimos, y somos como aguas derramadas por tierra, que no pueden volver a recogerse; ni Dios quita la vida, sino que provee medios para no alejar de sí al desterrado.
15 Y el haber yo venido ahora para decir esto al rey mi señor, es porque el pueblo me atemorizó; y tu sierva dijo: Hablaré ahora al rey, quizá él hará lo que su sierva diga.
16 Pues el rey oirá, para librar a su sierva de mano del

Absalom Returns to Jerusalem

14 Joab son of Zeruiah knew that the king's heart longed for Absalom. 2So Joab sent someone to Tekoa and had a wise woman brought from there. He said to her, "Pretend you are in mourning. Dress in mourning clothes, and don't use any cosmetic lotions. Act like a woman who has spent many days grieving for the dead. 3Then go to the king and speak these words to him." And Joab put the words in her mouth.
4 When the woman from Tekoa went[o] to the king, she fell with her face to the ground to pay him honor, and she said, "Help me, O king!"
5 The king asked her, "What is troubling you?"
She said, "I am indeed a widow; my husband is dead. 6I your servant had two sons. They got into a fight with each other in the field, and no one was there to separate them. One struck the other and killed him. 7Now the whole clan has risen up against your servant; they say, 'Hand over the one who struck his brother down, so that we may put him to death for the life of his brother whom he killed; then we will get rid of the heir as well.' They would put out the only burning coal I have left, leaving my husband neither name nor descendant on the face of the earth."
8 The king said to the woman, "Go home, and I will issue an order in your behalf."
9 But the woman from Tekoa said to him, "My lord the king, let the blame rest on me and on my father's family, and let the king and his throne be without guilt."
10 The king replied, "If anyone says anything to you, bring him to me, and he will not bother you again."
11 She said, "Then let the king invoke the LORD his God to prevent the avenger of blood from adding to the destruction, so that my son will not be destroyed."
"As surely as the LORD lives," he said, "not one hair of your son's head will fall to the ground."
12 Then the woman said, "Let your servant speak a word to my lord the king."
"Speak," he replied.
13 The woman said, "Why then have you devised a thing like this against the people of God? When the king says this, does he not convict himself, for the king has not brought back his banished son? 14Like water spilled on the ground, which cannot be recovered, so we must die. But God does not take away life; instead, he devises ways so that a banished person may not remain estranged from him.
15 "And now I have come to say this to my lord the king because the people have made me afraid. Your servant thought, 'I will speak to the king; perhaps he will do what his servant asks. 16Perhaps the king will

---

n39 Dead Sea Scrolls and some Septuagint manuscripts; Masoretic Text *But the spirit of* David the king   o4 Many Hebrew manuscripts, Septuagint, Vulgate and Syriac; most Hebrew manuscripts *spoke*

hombre que me quiere destruir a mí y a mi hijo juntamente, de la heredad de Dios.

17 Tu sierva, pues, dice: Sea ahora de consuelo la respuesta de mi señor el rey, pues que mi señor el rey es como un ángel de Dios para discernir entre lo bueno y lo malo. Así Jehová tu Dios sea contigo.

18 Entonces David respondió y dijo a la mujer: Yo te ruego que no me encubras nada de lo que yo te preguntare. Y la mujer dijo: Hable mi señor el rey.

19 Y el rey dijo: ¿No anda la mano de Joab contigo en todas estas cosas? La mujer respondió y dijo: Vive tu alma, rey señor mío, que no hay que apartarse a derecha ni a izquierda de todo lo que mi señor el rey ha hablado; porque tu siervo Joab, él me mandó, y él puso en boca de tu sierva todas estas palabras.

20 Para mudar el aspecto de las cosas Joab tu siervo ha hecho esto; pero mi señor es sabio conforme a la sabiduría de un ángel de Dios, para conocer lo que hay en la tierra.

21 Entonces el rey dijo a Joab: He aquí yo hago esto; vé, y haz volver al joven Absalón.

22 Y Joab se postró en tierra sobre su rostro e hizo reverencia, y después que bendijo al rey, dijo: Hoy ha entendido tu siervo que he hallado gracia en tus ojos, rey señor mío, pues ha hecho el rey lo que su siervo ha dicho.

23 Se levantó luego Joab y fue a Gesur, y trajo a Absalón a Jerusalén.

24 Mas el rey dijo: Váyase a su casa, y no vea mi rostro. Y volvió Absalón a su casa, y no vio el rostro del rey.

25 Y no había en todo Israel ninguno tan alabado por su hermosura como Absalón; desde la planta de su pie hasta su coronilla no había en él defecto.

26 Cuando se cortaba el cabello (lo cual hacía al fin de cada año, pues le causaba molestia, y por eso se lo cortaba), pesaba el cabello de su cabeza doscientos siclos de peso real.

27 Y le nacieron a Absalón tres hijos, y una hija que se llamó Tamar, la cual era mujer de hermoso semblante.

28 Y estuvo Absalón por espacio de dos años en Jerusalén, y no vio el rostro del rey.

29 Y mandó Absalón por Joab, para enviarlo al rey, pero él no quiso venir; y envió aun por segunda vez, y no quiso venir.

30 Entonces dijo a sus siervos: Mirad, el campo de Joab está junto al mío, y tiene allí cebada; id y prendedle fuego. Y los siervos de Absalón prendieron fuego al campo.

31 Entonces se levantó Joab y vino a casa de Absalón, y le dijo: ¿Por qué han prendido fuego tus siervos a mi campo?

32 Y Absalón respondió a Joab: He aquí yo he enviado por ti, diciendo que vinieses acá, con el fin de enviarte al rey para decirle: ¿Para qué vine de Gesur? Mejor me fuera estar aún allá. Vea yo ahora el rostro del rey; y si hay en mí pecado, máteme.

33 Vino, pues, Joab al rey, y se lo hizo saber. Entonces llamó a Absalón, el cual vino al rey, e inclinó su rostro a tierra delante del rey; y el rey besó a Absalón.

agree to deliver his servant from the hand of the man who is trying to cut off both me and my son from the inheritance God gave us.'

17 "And now your servant says, 'May the word of my lord the king bring me rest, for my lord the king is like an angel of God in discerning good and evil. May the LORD your God be with you.' "

18 Then the king said to the woman, "Do not keep from me the answer to what I am going to ask you."

"Let my lord the king speak," the woman said.

19 The king asked, "Isn't the hand of Joab with you in all this?"

The woman answered, "As surely as you live, my lord the king, no one can turn to the right or to the left from anything my lord the king says. Yes, it was your servant Joab who instructed me to do this and who put all these words into the mouth of your servant. 20 Your servant Joab did this to change the present situation. My lord has wisdom like that of an angel of God — he knows everything that happens in the land."

21 The king said to Joab, "Very well, I will do it. Go, bring back the young man Absalom."

22 Joab fell with his face to the ground to pay him honor, and he blessed the king. Joab said, "Today your servant knows that he has found favor in your eyes, my lord the king, because the king has granted his servant's request."

23 Then Joab went to Geshur and brought Absalom back to Jerusalem. 24 But the king said, "He must go to his own house; he must not see my face." So Absalom went to his own house and did not see the face of the king.

25 In all Israel there was not a man so highly praised for his handsome appearance as Absalom. From the top of his head to the sole of his foot there was no blemish in him. 26 Whenever he cut the hair of his head — he used to cut his hair from time to time when it became too heavy for him — he would weigh it, and its weight was two hundred shekels*p* by the royal standard.

27 Three sons and a daughter were born to Absalom. The daughter's name was Tamar, and she became a beautiful woman.

28 Absalom lived two years in Jerusalem without seeing the king's face. 29 Then Absalom sent for Joab in order to send him to the king, but Joab refused to come to him. So he sent a second time, but he refused to come. 30 Then he said to his servants, "Look, Joab's field is next to mine, and he has barley there. Go and set it on fire." So Absalom's servants set the field on fire.

31 Then Joab did go to Absalom's house and he said to him, "Why have your servants set my field on fire?"

32 Absalom said to Joab, "Look, I sent word to you and said, 'Come here so I can send you to the king to ask, "Why have I come from Geshur? It would be better for me if I were still there!" ' Now then, I want to see the king's face, and if I am guilty of anything, let him put me to death."

33 So Joab went to the king and told him this. Then the king summoned Absalom, and he came in and bowed down with his face to the ground before the king. And the king kissed Absalom.

---

p26 That is, about 5 pounds (about 2.3 kilograms)

Absalón se subleva contra David

15 ¹Aconteció después de esto, que Absalón se hizo de carros y caballos, y cincuenta hombres que corriesen delante de él.

²Y se levantaba Absalón de mañana, y se ponía a un lado del camino junto a la puerta; y a cualquiera que tenía pleito y venía al rey a juicio, Absalón le llamaba y le decía: ¿De qué ciudad eres? Y él respondía: Tu siervo es de una de las tribus de Israel.

³Entonces Absalón le decía: Mira, tus palabras son buenas y justas; mas no tienes quien te oiga de parte del rey.

⁴Y decía Absalón: ¡Quién me pusiera por juez en la tierra, para que viniesen a mí todos los que tienen pleito o negocio, que yo les haría justicia!

⁵Y acontecía que cuando alguno se acercaba para inclinarse a él, él extendía la mano y lo tomaba, y lo besaba.

⁶De esta manera hacía con todos los israelitas que venían al rey a juicio; y así robaba Absalón el corazón de los de Israel.

⁷Al cabo de cuatro años, aconteció que Absalón dijo al rey: Yo te ruego me permitas que vaya a Hebrón, a pagar mi voto que he prometido a Jehová.

⁸Porque tu siervo hizo voto cuando estaba en Gesur en Siria, diciendo: Si Jehová me hiciere volver a Jerusalén, yo serviré a Jehová.

⁹Y el rey le dijo: Vé en paz. Y él se levantó, y fue a Hebrón.

¹⁰Entonces envió Absalón mensajeros por todas las tribus de Israel, diciendo: Cuando oigáis el sonido de la trompeta diréis: Absalón reina en Hebrón.

¹¹Y fueron con Absalón doscientos hombres de Jerusalén convidados por él, los cuales iban en su sencillez, sin saber nada.

¹²Y mientras Absalón ofrecía los sacrificios, llamó a Ahitofel gilonita, consejero de David, de su ciudad de Gilo. Y la conspiración se hizo poderosa, y aumentaba el pueblo que seguía a Absalón.

¹³Y un mensajero vino a David, diciendo: El corazón de todo Israel se va tras Absalón.

¹⁴Entonces David dijo a todos sus siervos que estaban con él en Jerusalén: Levantaos y huyamos, porque no podremos escapar delante de Absalón; daos prisa a partir, no sea que apresurándose él nos alcance, y arroje el mal sobre nosotros, y hiera la ciudad a filo de espada.

¹⁵Y los siervos del rey dijeron al rey: He aquí, tus siervos están listos a todo lo que nuestro señor el rey decida.

¹⁶El rey entonces salió, con toda su familia en pos de él. Y dejó el rey diez mujeres concubinas, para que guardasen la casa.

¹⁷Salió, pues, el rey con todo el pueblo que le seguía, y se detuvieron en un lugar distante.

¹⁸Y todos sus siervos pasaban a su lado, con todos los cereteos y peleteos; y todos los geteos, seiscientos hombres que habían venido a pie desde Gat, iban delante del rey.

¹⁹Y dijo el rey a Itai geteo: ¿Para qué vienes tú también con nosotros? Vuélvete y quédate con el rey; porque tú eres extranjero, y desterrado también de tu lugar.

²⁰Ayer viniste, ¿y he de hacer hoy que te muevas para ir con nosotros? En cuanto a mí, yo iré a donde pueda ir; tú vuélvete, y haz volver a tus hermanos; y Jehová te muestre amor permanente y fidelidad.

Absalom's Conspiracy

15 In the course of time, Absalom provided himself with a chariot and horses and with fifty men to run ahead of him. ²He would get up early and stand by the side of the road leading to the city gate. Whenever anyone came with a complaint to be placed before the king for a decision, Absalom would call out to him, "What town are you from?" He would answer, "Your servant is from one of the tribes of Israel." ³Then Absalom would say to him, "Look, your claims are valid and proper, but there is no representative of the king to hear you." ⁴And Absalom would add, "If only I were appointed judge in the land! Then everyone who has a complaint or case could come to me and I would see that he gets justice."

⁵Also, whenever anyone approached him to bow down before him, Absalom would reach out his hand, take hold of him and kiss him. ⁶Absalom behaved in this way toward all the Israelites who came to the king asking for justice, and so he stole the hearts of the men of Israel.

⁷At the end of four*q* years, Absalom said to the king, "Let me go to Hebron and fulfill a vow I made to the LORD. ⁸While your servant was living at Geshur in Aram, I made this vow: 'If the LORD takes me back to Jerusalem, I will worship the LORD in Hebron.*r* '"

⁹The king said to him, "Go in peace." So he went to Hebron.

¹⁰Then Absalom sent secret messengers throughout the tribes of Israel to say, "As soon as you hear the sound of the trumpets, then say, 'Absalom is king in Hebron.'" ¹¹Two hundred men from Jerusalem had accompanied Absalom. They had been invited as guests and went quite innocently, knowing nothing about the matter. ¹²While Absalom was offering sacrifices, he also sent for Ahithophel the Gilonite, David's counselor, to come from Giloh, his hometown. And so the conspiracy gained strength, and Absalom's following kept on increasing.

David Flees

¹³A messenger came and told David, "The hearts of the men of Israel are with Absalom."

¹⁴Then David said to all his officials who were with him in Jerusalem, "Come! We must flee, or none of us will escape from Absalom. We must leave immediately, or he will move quickly to overtake us and bring ruin upon us and put the city to the sword."

¹⁵The king's officials answered him, "Your servants are ready to do whatever our lord the king chooses."

¹⁶The king set out, with his entire household following him; but he left ten concubines to take care of the palace. ¹⁷So the king set out, with all the people following him, and they halted at a place some distance away. ¹⁸All his men marched past him, along with all the Kerethites and Pelethites; and all the six hundred Gittites who had accompanied him from Gath marched before the king.

¹⁹The king said to Ittai the Gittite, "Why should you come along with us? Go back and stay with King Absalom. You are a foreigner, an exile from your homeland. ²⁰You came only yesterday. And today shall I make you wander about with us, when I do not know where I am going? Go back, and take your countrymen. May kindness and faithfulness be with you."

---

q7 Some Septuagint manuscripts, Syriac and Josephus; Hebrew *forty*　*r8* Some Septuagint manuscripts; Hebrew does not have *in Hebron.*

21 Y respondió Itai al rey, diciendo: Vive Dios, y vive mi señor el rey, que o para muerte o para vida, donde mi señor el rey estuviere, allí estará también tu siervo.

22 Entonces David dijo a Itai: Ven, pues, y pasa. Y pasó Itai geteo, y todos sus hombres, y toda su familia.

23 Y todo el país lloró en alta voz; pasó luego toda la gente el torrente de Cedrón; asimismo pasó el rey, y todo el pueblo pasó al camino que va al desierto.

24 Y he aquí, también iba Sadoc, y con él todos los levitas que llevaban el arca del pacto de Dios; y asentaron el arca del pacto de Dios. Y subió Abiatar después que todo el pueblo hubo acabado de salir de la ciudad.

25 Pero dijo el rey a Sadoc: Vuelve el arca de Dios a la ciudad. Si yo hallare gracia ante los ojos de Jehová, él hará que vuelva, y me dejará verla y a su tabernáculo.

26 Y si dijere: No me complazco en ti; aquí estoy, haga de mí lo que bien le pareciere.

27 Dijo además el rey al sacerdote Sadoc: ¿No eres tú el vidente? Vuelve en paz a la ciudad, y con vosotros vuestros dos hijos; Ahimaas tu hijo, y Jonatán hijo de Abiatar.

28 Mirad, yo me detendré en los vados del desierto, hasta que venga respuesta de vosotros que me dé aviso.

29 Entonces Sadoc y Abiatar volvieron el arca de Dios a Jerusalén, y se quedaron allá.

30 Y David subió la cuesta de los Olivos; y la subió llorando, llevando la cabeza cubierta y los pies descalzos. También todo el pueblo que tenía consigo cubrió cada uno su cabeza, e iban llorando mientras subían.

31 Y dieron aviso a David, diciendo: Ahitofel está entre los que conspiraron con Absalón. Entonces dijo David: Entorpece ahora, oh Jehová, el consejo de Ahitofel.

32 Cuando David llegó a la cumbre del monte para adorar allí a Dios, he aquí Husai arquita que le salió al encuentro, rasgados sus vestidos, y tierra sobre su cabeza.

33 Y le dijo David: Si pasares conmigo, me serás carga.

34 Mas si volvieres a la ciudad, y dijeres a Absalón: Rey, yo seré tu siervo; como hasta aquí he sido siervo de tu padre, así seré ahora siervo tuyo; entonces tú harás nulo el consejo de Ahitofel.

35 ¿No estarán allí contigo los sacerdotes Sadoc y Abiatar? Por tanto, todo lo que oyeres en la casa del rey, se lo comunicarás a los sacerdotes Sadoc y Abiatar.

36 Y he aquí que están con ellos sus dos hijos, Ahimaas el de Sadoc, y Jonatán el de Abiatar; por medio de ellos me enviaréis aviso de todo lo que oyereis.

37 Así vino Husai amigo de David a la ciudad; y Absalón entró en Jerusalén.

16 1 Cuando David pasó un poco más allá de la cumbre del monte, he aquí Siba el criado de Mefi-boset, que salía a recibirle con un par de asnos enalbardados, y sobre ellos doscientos panes, cien racimos de pasas, cien panes de higos secos, y un cuero de vino.

2 Y dijo el rey a Siba: ¿Qué es esto? Y Siba respondió: Los asnos son para que monte la familia del rey, los panes y las pasas para que coman los criados, y el vino para que beban los que se cansen en el desierto.

21 But Ittai replied to the king, "As surely as the LORD lives, and as my lord the king lives, wherever my lord the king may be, whether it means life or death, there will your servant be."

22 David said to Ittai, "Go ahead, march on." So Ittai the Gittite marched on with all his men and the families that were with him.

23 The whole countryside wept aloud as all the people passed by. The king also crossed the Kidron Valley, and all the people moved on toward the desert.

24 Zadok was there, too, and all the Levites who were with him were carrying the ark of the covenant of God. They set down the ark of God, and Abiathar offered sacrifices s until all the people had finished leaving the city.

25 Then the king said to Zadok, "Take the ark of God back into the city. If I find favor in the LORD's eyes, he will bring me back and let me see it and his dwelling place again. 26 But if he says, 'I am not pleased with you,' then I am ready; let him do to me whatever seems good to him."

27 The king also said to Zadok the priest, "Aren't you a seer? Go back to the city in peace, with your son Ahimaaz and Jonathan son of Abiathar. You and Abiathar take your two sons with you. 28 I will wait at the fords in the desert until word comes from you to inform me." 29 So Zadok and Abiathar took the ark of God back to Jerusalem and stayed there.

30 But David continued up the Mount of Olives, weeping as he went; his head was covered and he was barefoot. All the people with him covered their heads too and were weeping as they went up. 31 Now David had been told, "Ahithophel is among the conspirators with Absalom." So David prayed, "O LORD, turn Ahithophel's counsel into foolishness."

32 When David arrived at the summit, where people used to worship God, Hushai the Arkite was there to meet him, his robe torn and dust on his head. 33 David said to him, "If you go with me, you will be a burden to me. 34 But if you return to the city and say to Absalom, 'I will be your servant, O king; I was your father's servant in the past, but now I will be your servant,' then you can help me by frustrating Ahithophel's advice. 35 Won't the priests Zadok and Abiathar be there with you? Tell them anything you hear in the king's palace. 36 Their two sons, Ahimaaz son of Zadok and Jonathan son of Abiathar, are there with them. Send them to me with anything you hear."

37 So David's friend Hushai arrived at Jerusalem as Absalom was entering the city.

David and Ziba

16 When David had gone a short distance beyond the summit, there was Ziba, the steward of Mephibosheth, waiting to meet him. He had a string of donkeys saddled and loaded with two hundred loaves of bread, a hundred cakes of raisins, a hundred cakes of figs and a skin of wine.

2 The king asked Ziba, "Why have you brought these?"

Ziba answered, "The donkeys are for the king's household to ride on, the bread and fruit are for the men to eat, and the wine is to refresh those who become exhausted in the desert."

s 24 Or *Abiathar went up*

³Y dijo el rey: ¿Dónde está el hijo de tu señor? Y Siba respondió al rey: He aquí él se ha quedado en Jerusalén, porque ha dicho: Hoy me devolverá la casa de Israel el reino de mi padre.

⁴Entonces el rey dijo a Siba: He aquí, sea tuyo todo lo que tiene Mefi-boset. Y respondió Siba inclinándose: Rey señor mío, halle yo gracia delante de ti.

⁵Y vino el rey David hasta Bahurim; y he aquí salía uno de la familia de la casa de Saúl, el cual se llamaba Simei hijo de Gera; y salía maldiciendo,

⁶y arrojando piedras contra David, y contra todos los siervos del rey David; y todo el pueblo y todos los hombres valientes estaban a su derecha y a su izquierda.

⁷Y decía Simei, maldiciéndole: ¡Fuera, fuera, hombre sanguinario y perverso!

⁸Jehová te ha dado el pago de toda la sangre de la casa de Saúl, en lugar del cual tú has reinado, y Jehová ha entregado el reino en mano de tu hijo Absalón; y hete aquí sorprendido en tu maldad, porque eres hombre sanguinario.

⁹Entonces Abisai hijo de Sarvia dijo al rey: ¿Por qué maldice este perro muerto a mi señor el rey? Te ruego que me dejes pasar, y le quitaré la cabeza.

¹⁰Y el rey respondió: ¿Qué tengo yo con vosotros, hijos de Sarvia? Si él así maldice, es porque Jehová le ha dicho que maldiga a David. Quién, pues, le dirá: ¿Por qué lo haces así?

¹¹Y dijo David a Abisai y a todos sus siervos: He aquí, mi hijo que ha salido de mis entrañas, acecha mi vida; ¿cuánto más ahora un hijo de Benjamín? Dejadle que maldiga, pues Jehová se lo ha dicho.

¹²Quizá mirará Jehová mi aflicción, y me dará Jehová bien por sus maldiciones de hoy.

¹³Y mientras David y los suyos iban por el camino, Simei iba por el lado del monte delante de él, andando y maldiciendo, y arrojando piedras delante de él, y esparciendo polvo.

¹⁴Y el rey y todo el pueblo que con él estaba, llegaron fatigados, y descansaron allí.

¹⁵Y Absalón y toda la gente suya, los hombres de Israel, entraron en Jerusalén, y con él Ahitofel.

¹⁶Aconteció luego, que cuando Husai arquita, amigo de David, vino al encuentro de Absalón, dijo Husai: ¡Viva el rey, viva el rey!

¹⁷Y Absalón dijo a Husai: ¿Es este tu agradecimiento para con tu amigo? ¿Por qué no fuiste con tu amigo?

¹⁸Y Husai respondió a Absalón: No, sino que de aquel que eligiere Jehová y este pueblo y todos los varones de Israel, de aquél seré yo, y con él me quedaré.

¹⁹¿Y a quién había yo de servir? ¿No es a su hijo? Como he servido delante de tu padre, así seré delante de ti.

²⁰Entonces dijo Absalón a Ahitofel: Dad vuestro consejo sobre lo que debemos hacer.

²¹Y Ahitofel dijo a Absalón: Llégate a las concubinas de tu padre, que él dejó para guardar la casa; y todo el pueblo de Israel oirá que te has hecho aborrecible a tu padre, y así se fortalecerán las manos de todos los que están contigo.

²²Entonces pusieron para Absalón una tienda sobre el terrado, y se llegó Absalón a las concubinas de su padre, ante los ojos de todo Israel.

³The king then asked, "Where is your master's grandson?"

Ziba said to him, "He is staying in Jerusalem, because he thinks, 'Today the house of Israel will give me back my grandfather's kingdom.' "

⁴Then the king said to Ziba, "All that belonged to Mephibosheth is now yours."

"I humbly bow," Ziba said. "May I find favor in your eyes, my lord the king."

Shimei Curses David

⁵As King David approached Bahurim, a man from the same clan as Saul's family came out from there. His name was Shimei son of Gera, and he cursed as he came out. ⁶He pelted David and all the king's officials with stones, though all the troops and the special guard were on David's right and left. ⁷As he cursed, Shimei said, "Get out, get out, you man of blood, you scoundrel! ⁸The LORD has repaid you for all the blood you shed in the household of Saul, in whose place you have reigned. The LORD has handed the kingdom over to your son Absalom. You have come to ruin because you are a man of blood!"

⁹Then Abishai son of Zeruiah said to the king, "Why should this dead dog curse my lord the king? Let me go over and cut off his head."

¹⁰But the king said, "What do you and I have in common, you sons of Zeruiah? If he is cursing because the LORD said to him, 'Curse David,' who can ask, 'Why do you do this?' "

¹¹David then said to Abishai and all his officials, "My son, who is of my own flesh, is trying to take my life. How much more, then, this Benjamite! Leave him alone; let him curse, for the LORD has told him to. ¹²It may be that the LORD will see my distress and repay me with good for the cursing I am receiving today."

¹³So David and his men continued along the road while Shimei was going along the hillside opposite him, cursing as he went and throwing stones at him and showering him with dirt. ¹⁴The king and all the people with him arrived at their destination exhausted. And there he refreshed himself.

The Advice of Hushai and Ahithophel

¹⁵Meanwhile, Absalom and all the men of Israel came to Jerusalem, and Ahithophel was with him. ¹⁶Then Hushai the Arkite, David's friend, went to Absalom and said to him, "Long live the king! Long live the king!"

¹⁷Absalom asked Hushai, "Is this the love you show your friend? Why didn't you go with your friend?"

¹⁸Hushai said to Absalom, "No, the one chosen by the LORD, by these people, and by all the men of Israel—his I will be, and I will remain with him. ¹⁹Furthermore, whom should I serve? Should I not serve the son? Just as I served your father, so I will serve you."

²⁰Absalom said to Ahithophel, "Give us your advice. What should we do?"

²¹Ahithophel answered, "Lie with your father's concubines whom he left to take care of the palace. Then all Israel will hear that you have made yourself a stench in your father's nostrils, and the hands of everyone with you will be strengthened." ²²So they pitched a tent for Absalom on the roof, and he lay with his father's concubines in the sight of all Israel.

23 Y el consejo que daba Ahitofel en aquellos días, era como si se consultase la palabra de Dios. Así era todo consejo de Ahitofel, tanto con David como con Absalón.

Consejos de Ahitofel y de Husai

17 1 Entonces Ahitofel dijo a Absalón: Yo escogeré ahora doce mil hombres, y me levantaré y seguiré a David esta noche,

2 y caeré sobre él mientras está cansado y débil de manos; lo atemorizaré, y todo el pueblo que está con él huirá, y mataré al rey solo.

3 Así haré volver a ti todo el pueblo (pues tú buscas solamente la vida de un hombre); y cuando ellos hayan vuelto, todo el pueblo estará en paz.

4 Este consejo pareció bien a Absalón y a todos los ancianos de Israel.

5 Y dijo Absalón: Llamad también ahora a Husai arquita, para que asímismo oigamos lo que él dirá.

6 Cuando Husai vino a Absalón, le habló Absalón, diciendo: Así ha dicho Ahitofel; ¿seguiremos su consejo, o no? Dí tú.

7 Entonces Husai dijo a Absalón: El consejo que ha dado esta vez Ahitofel no es bueno.

8 Y añadió Husai: Tú sabes que tu padre y los suyos son hombres valientes, y que están con amargura de ánimo, como la osa en el campo cuando le han quitado sus cachorros. Además, tu padre es hombre de guerra, y no pasará la noche con el pueblo.

9 He aquí él estará ahora escondido en alguna cueva, o en otro lugar; y si al principio cayeren algunos de los tuyos, quienquiera que lo oyere dirá: El pueblo que sigue a Absalón ha sido derrotado.

10 Y aun el hombre valiente, cuyo corazón sea como corazón de león, desmayará por completo; porque todo Israel sabe que tu padre es hombre valiente, y que los que están con él son esforzados.

11 Aconsejo, pues, que todo Israel se junte a ti, desde Dan hasta Beerseba, en multitud como la arena que está a la orilla del mar, y que tú en persona vayas a la batalla.

12 Entonces le acometeremos en cualquier lugar en donde se hallare, y caeremos sobre él como cuando el rocío cae sobre la tierra, y ni uno dejaremos de él y de todos los que están con él.

13 Y si se refugiare en alguna ciudad, todos los de Israel llevarán sogas a aquella ciudad, y la arrastraremos hasta el arroyo, hasta que no se encuentre allí ni una piedra.

14 Entonces Absalón y todos los de Israel dijeron: El consejo de Husai arquita es mejor que el consejo de Ahitofel. Porque Jehová había ordenado que el acertado consejo de Ahitofel se frustrara, para que Jehová hiciese venir el mal sobre Absalón.

15 Dijo luego Husai a los sacerdotes Sadoc y Abiatar: Así y así aconsejó Ahitofel a Absalón y a los ancianos de Israel; y de esta manera aconsejé yo.

16 Por tanto, enviad inmediatamente y dad aviso a David, diciendo: No te quedes esta noche en los vados del desierto, sino pasa luego el Jordán, para que no sea destruido el rey y todo el pueblo que con él está.

17 Y Jonatán y Ahimaas estaban junto a la fuente de Rogel, y fue una criada y les avisó, porque ellos no podían mostrarse viniendo a la ciudad; y ellos fueron y se lo hicieron saber al rey David.

18 Pero fueron vistos por un joven, el cual lo hizo saber a Absalón; sin embargo, los dos se dieron prisa a caminar, y llegaron a casa de un hombre en Bahurim, que tenía en su patio un pozo, dentro del cual se metieron.

23 Now in those days the advice Ahithophel gave was like that of one who inquires of God. That was how both David and Absalom regarded all of Ahithophel's advice.

17 Ahithophel said to Absalom, "I would *t* choose twelve thousand men and set out tonight in pursuit of David. 2 I would *u* attack him while he is weary and weak. I would *u* strike him with terror, and then all the people with him will flee. I would *u* strike down only the king 3 and bring all the people back to you. The death of the man you seek will mean the return of all; all the people will be unharmed." 4 This plan seemed good to Absalom and to all the elders of Israel.

5 But Absalom said, "Summon also Hushai the Arkite, so we can hear what he has to say." 6 When Hushai came to him, Absalom said, "Ahithophel has given this advice. Should we do what he says? If not, give us your opinion."

7 Hushai replied to Absalom, "The advice Ahithophel has given is not good this time. 8 You know your father and his men; they are fighters, and as fierce as a wild bear robbed of her cubs. Besides, your father is an experienced fighter; he will not spend the night with the troops. 9 Even now, he is hidden in a cave or some other place. If he should attack your troops first, *v* whoever hears about it will say, 'There has been a slaughter among the troops who follow Absalom.' 10 Then even the bravest soldier, whose heart is like the heart of a lion, will melt with fear, for all Israel knows that your father is a fighter and that those with him are brave.

11 "So I advise you: Let all Israel, from Dan to Beersheba — as numerous as the sand on the seashore — be gathered to you, with you yourself leading them into battle. 12 Then we will attack him wherever he may be found, and we will fall on him as dew settles on the ground. Neither he nor any of his men will be left alive. 13 If he withdraws into a city, then all Israel will bring ropes to that city, and we will drag it down to the valley until not even a piece of it can be found."

14 Absalom and all the men of Israel said, "The advice of Hushai the Arkite is better than that of Ahithophel." For the LORD had determined to frustrate the good advice of Ahithophel in order to bring disaster on Absalom.

15 Hushai told Zadok and Abiathar, the priests, "Ahithophel has advised Absalom and the elders of Israel to do such and such, but I have advised them to do so and so. 16 Now send a message immediately and tell David, 'Do not spend the night at the fords in the desert; cross over without fail, or the king and all the people with him will be swallowed up.'"

17 Jonathan and Ahimaaz were staying at En Rogel. A servant girl was to go and inform them, and they were to go and tell King David, for they could not risk being seen entering the city. 18 But a young man saw them and told Absalom. So the two of them left quickly and went to the house of a man in Bahurim. He had a well in his courtyard, and they climbed down into it. 19 His wife took a covering and spread it out over the

t 1 Or *Let me*   *u 2* Or *will*   *v 9* Or *When some of the men fall at the first attack*

19 Y tomando la mujer de la casa una manta, la extendió sobre la boca del pozo, y tendió sobre ella el grano trillado; y nada se supo del asunto.

20 Llegando luego los criados de Absalón a la casa de la mujer, le dijeron: ¿Dónde están Ahimaas y Jonatán? Y la mujer les respondió: Ya han pasado el vado de las aguas. Y como ellos los buscaron y no los hallaron, volvieron a Jerusalén.

21 Y después que se hubieron ido, aquéllos salieron del pozo y se fueron, y dieron aviso al rey David, diciéndole: Levantaos y daos prisa a pasar las aguas, porque Ahitofel ha dado tal consejo contra vosotros.

22 Entonces David se levantó, y todo el pueblo que con él estaba, y pasaron el Jordán antes que amaneciese; ni siquiera faltó uno que no pasase el Jordán.

23 Pero Ahitofel, viendo que no se había seguido su consejo, enalbardó su asno, y se levantó y se fue a su casa a su ciudad; y después de poner su casa en orden, se ahorcó, y así murió, y fue sepultado en el sepulcro de su padre.

24 Y David llegó a Mahanaim; y Absalón pasó el Jordán con toda la gente de Israel.

25 Y Absalón nombró a Amasa jefe del ejército en lugar de Joab. Amasa era hijo de un varón de Israel llamado Itra, el cual se había llegado a Abigail hija de Nahas, hermana de Sarvia madre de Joab.

26 Y acampó Israel con Absalón en tierra de Galaad.

27 Luego que David llegó a Mahanaim, Sobi hijo de Nahas, de Rabá de los hijos de Amón, Maquir hijo de Amiel, de Lodebar, y Barzilai galaadita de Rogelim,

28 trajeron a David y al pueblo que estaba con él, camas, tazas, vasijas de barro, trigo, cebada, harina, grano tostado, habas, lentejas, garbanzos tostados,

29 miel, manteca, ovejas, y quesos de vaca, para que comiesen; porque decían: El pueblo está hambriento y cansado y sediento en el desierto.

Muerte de Absalón

18 1 David, pues, pasó revista al pueblo que tenía consigo, y puso sobre ellos jefes de millares y jefes de centenas.

2 Y envió David al pueblo, una tercera parte bajo el mando de Joab, una tercera parte bajo el mando de Abisai hijo de Sarvia, hermano de Joab, y una tercera parte al mando de Itai geteo. Y dijo el rey al pueblo: Yo también saldré con vosotros.

3 Mas el pueblo dijo: No saldrás; porque si nosotros huyéremos, no harán caso de nosotros; y aunque la mitad de nosotros muera, no harán caso de nosotros; mas tú ahora vales tanto como diez mil de nosotros. Será, pues, mejor que tú nos des ayuda desde la ciudad.

4 Entonces el rey les dijo: Yo haré lo que bien os parezca. Y se puso el rey a la entrada de la puerta, mientras salía todo el pueblo de ciento en ciento y de mil en mil.

5 Y el rey mandó a Joab, a Abisai y a Itai, diciendo: Tratad benignamente por amor de mí al joven Absalón. Y todo el pueblo oyó cuando dio el rey orden acerca de Absalón a todos los capitanes.

6 Salió, pues, el pueblo al campo contra Israel, y se libró la batalla en el bosque de Efraín.

7 Y allí cayó el pueblo de Israel delante de los siervos de

opening of the well and scattered grain over it. No one knew anything about it.

20 When Absalom's men came to the woman at the house, they asked, "Where are Ahimaaz and Jonathan?"

The woman answered them, "They crossed over the brook." *w* The men searched but found no one, so they returned to Jerusalem.

21 After the men had gone, the two climbed out of the well and went to inform King David. They said to him, "Set out and cross the river at once; Ahithophel has advised such and such against you." 22 So David and all the people with him set out and crossed the Jordan. By daybreak, no one was left who had not crossed the Jordan.

23 When Ahithophel saw that his advice had not been followed, he saddled his donkey and set out for his house in his hometown. He put his house in order and then hanged himself. So he died and was buried in his father's tomb.

24 David went to Mahanaim, and Absalom crossed the Jordan with all the men of Israel. 25 Absalom had appointed Amasa over the army in place of Joab. Amasa was the son of a man named Jether, *x* an Israelite *y* who had married Abigail, *z* the daughter of Nahash and sister of Zeruiah the mother of Joab. 26 The Israelites and Absalom camped in the land of Gilead.

27 When David came to Mahanaim, Shobi son of Nahash from Rabbah of the Ammonites, and Makir son of Ammiel from Lo Debar, and Barzillai the Gileadite from Rogelim 28 brought bedding and bowls and articles of pottery. They also brought wheat and barley, flour and roasted grain, beans and lentils, *a* 29 honey and curds, sheep, and cheese from cows' milk for David and his people to eat. For they said, "The people have become hungry and tired and thirsty in the desert."

Absalom's Death

18 David mustered the men who were with him and appointed over them commanders of thousands and commanders of hundreds. 2 David sent the troops out — a third under the command of Joab, a third under Joab's brother Abishai son of Zeruiah, and a third under Ittai the Gittite. The king told the troops, "I myself will surely march out with you."

3 But the men said, "You must not go out; if we are forced to flee, they won't care about us. Even if half of us die, they won't care; but you are worth ten thousand of us. *b* It would be better now for you to give us support from the city."

4 The king answered, "I will do whatever seems best to you."

So the king stood beside the gate while all the men marched out in units of hundreds and of thousands. 5 The king commanded Joab, Abishai and Ittai, "Be gentle with the young man Absalom for my sake." And all the troops heard the king giving orders concerning Absalom to each of the commanders.

6 The army marched into the field to fight Israel, and the battle took place in the forest of Ephraim. 7 There

---

w 20 Or *"They passed by the sheep pen toward the water."*
x 25 Hebrew *Ithra,* a variant of *Jether   y 25* Hebrew and some Septuagint manuscripts; other Septuagint manuscripts (see also 1 Chron. 2:17) *Ishmaelite* or *Jezreelite   z 25* Hebrew *Abigal,* a variant of *Abigail   a 28* Most Septuagint manuscripts and Syriac; Hebrew *lentils, and roasted grain   b 3* Two Hebrew manuscripts, some Septuagint manuscripts and Vulgate; most Hebrew manuscripts *care; for now there are ten thousand like us*

David, y se hizo allí en aquel día una gran matanza de veinte mil hombres.

8 Y la batalla se extendió por todo el país; y fueron más los que destruyó el bosque aquel día, que los que destruyó la espada.

9 Y se encontró Absalón con los siervos de David; e iba Absalón sobre un mulo, y el mulo entró por debajo de las ramas espesas de una gran encina, y se le enredó la cabeza en la encina, y Absalón quedó suspendido entre el cielo y la tierra; y el mulo en que iba pasó delante.

10 Viéndolo uno, avisó a Joab, diciendo: He aquí que he visto a Absalón colgado de una encina.

11 Y Joab respondió al hombre que le daba la nueva: Y viéndolo tú, ¿por qué no le mataste luego allí echándole a tierra? Me hubiera placido darte diez siclos de plata, y un talabarte.

12 El hombre dijo a Joab: Aunque me pesaras mil siclos de plata, no extendería yo mi mano contra el hijo del rey; porque nosotros oímos cuando el rey te mandó a ti y a Abisai y a Itai, diciendo: Mirad que ninguno toque al joven Absalón.

13 Por otra parte, habría yo hecho traición contra mi vida, pues que al rey nada se le esconde, y tú mismo estarías en contra.

14 Y respondió Joab: No malgastaré mi tiempo contigo. Y tomando tres dardos en su mano, los clavó en el corazón de Absalón, quien estaba aún vivo en medio de la encina.

15 Y diez jóvenes escuderos de Joab rodearon e hirieron a Absalón, y acabaron de matarle.

16 Entonces Joab tocó la trompeta, y el pueblo se volvió de seguir a Israel, porque Joab detuvo al pueblo.

17 Tomando después a Absalón, le echaron en un gran hoyo en el bosque, y levantaron sobre él un montón muy grande de piedras; y todo Israel huyó, cada uno a su tienda.

18 Y en vida, Absalón había tomado y erigido una columna, la cual está en el valle del rey; porque había dicho: Yo no tengo hijo que conserve la memoria de mi nombre. Y llamó aquella columna por su nombre, y así se ha llamado Columna de Absalón, hasta hoy.

19 Entonces Ahimaas hijo de Sadoc dijo: ¿Correré ahora, y daré al rey las nuevas de que Jehová ha defendido su causa de la mano de sus enemigos?

20 Respondió Joab: Hoy no llevarás las nuevas; las llevarás otro día; no darás hoy la nueva, porque el hijo del rey ha muerto.

21 Y Joab dijo a un etíope: Vé tú, y dí al rey lo que has visto. Y el etíope hizo reverencia ante Joab, y corrió.

22 Entonces Ahimaas hijo de Sadoc volvió a decir a Joab: Sea como fuere, yo correré ahora tras el etíope. Y Joab dijo: Hijo mío, ¿para qué has de correr tú, si no recibirás premio por las nuevas?

23 Mas él respondió: Sea como fuere, yo correré. Entonces le dijo: Corre. Corrió, pues, Ahimaas por el camino de la llanura, y pasó delante del etíope.

24 Y David estaba sentado entre las dos puertas; y el atalaya había ido al terrado sobre la puerta en el muro, y alzando sus ojos, miró, y vio a uno que corría solo.

the army of Israel was defeated by David's men, and the casualties that day were great—twenty thousand men. 8 The battle spread out over the whole countryside, and the forest claimed more lives that day than the sword.

9 Now Absalom happened to meet David's men. He was riding his mule, and as the mule went under the thick branches of a large oak, Absalom's head got caught in the tree. He was left hanging in midair, while the mule he was riding kept on going.

10 When one of the men saw this, he told Joab, "I just saw Absalom hanging in an oak tree."

11 Joab said to the man who had told him this, "What! You saw him? Why didn't you strike him to the ground right there? Then I would have had to give you ten shekels c of silver and a warrior's belt."

12 But the man replied, "Even if a thousand shekels d were weighed out into my hands, I would not lift my hand against the king's son. In our hearing the king commanded you and Abishai and Ittai, 'Protect the young man Absalom for my sake. e' 13 And if I had put my life in jeopardy f—and nothing is hidden from the king—you would have kept your distance from me."

14 Joab said, "I'm not going to wait like this for you." So he took three javelins in his hand and plunged them into Absalom's heart while Absalom was still alive in the oak tree. 15 And ten of Joab's armor-bearers surrounded Absalom, struck him and killed him.

16 Then Joab sounded the trumpet, and the troops stopped pursuing Israel, for Joab halted them. 17 They took Absalom, threw him into a big pit in the forest and piled up a large heap of rocks over him. Meanwhile, all the Israelites fled to their homes.

18 During his lifetime Absalom had taken a pillar and erected it in the King's Valley as a monument to himself, for he thought, "I have no son to carry on the memory of my name." He named the pillar after himself, and it is called Absalom's Monument to this day.

David Mourns

19 Now Ahimaaz son of Zadok said, "Let me run and take the news to the king that the LORD has delivered him from the hand of his enemies."

20 "You are not the one to take the news today," Joab told him. "You may take the news another time, but you must not do so today, because the king's son is dead."

21 Then Joab said to a Cushite, "Go, tell the king what you have seen." The Cushite bowed down before Joab and ran off.

22 Ahimaaz son of Zadok again said to Joab, "Come what may, please let me run behind the Cushite."

But Joab replied, "My son, why do you want to go? You don't have any news that will bring you a reward."

23 He said, "Come what may, I want to run."

So Joab said, "Run!" Then Ahimaaz ran by way of the plain g and outran the Cushite.

24 While David was sitting between the inner and outer gates, the watchman went up to the roof of the gateway by the wall. As he looked out, he saw a man running alone. 25 The watchman called out to the king

---

c 11 That is, about 4 ounces (about 115 grams)　d 12 That is, about 25 pounds (about 11 kilograms)　e 12 A few Hebrew manuscripts, Septuagint, Vulgate and Syriac; most Hebrew manuscripts may be translated Absalom, whoever you may be. f 13 Or Otherwise, if I had acted treacherously toward him g 23 That is, the plain of the Jordan

25 El atalaya dio luego voces, y lo hizo saber al rey. Y el rey dijo: Si viene solo, buenas nuevas trae. En tanto que él venía acercándose,

26 vio el atalaya a otro que corría; y dio voces el atalaya al portero, diciendo: He aquí otro hombre que corre solo. Y el rey dijo: Este también es mensajero.

27 Y el atalaya volvió a decir: Me parece el correr del primero como el correr de Ahimaas hijo de Sadoc. Y respondió el rey: Ese es hombre de bien, y viene con buenas nuevas.

28 Entonces Ahimaas dijo en alta voz al rey: Paz. Y se inclinó a tierra delante del rey, y dijo: Bendito sea Jehová Dios tuyo, que ha entregado a los hombres que habían levantado sus manos contra mi señor el rey.

29 Y el rey dijo: ¿El joven Absalón está bien? Y Ahimaas respondió: Vi yo un gran alboroto cuando envió Joab al siervo del rey y a mí tu siervo; mas no sé qué era.

30 Y el rey dijo: Pasa, y ponte allí. Y él pasó, y se quedó de pie.

31 Luego vino el etíope, y dijo: Reciba nuevas mi señor el rey, que hoy Jehová ha defendido tu causa de la mano de todos los que se habían levantado contra ti.

32 El rey entonces dijo al etíope: ¿El joven Absalón está bien? Y el etíope respondió: Como aquel joven sean los enemigos de mi señor el rey, y todos los que se levanten contra ti para mal.

33 Entonces el rey se turbó, y subió a la sala de la puerta, y lloró; y yendo, decía así: ¡Hijo mío Absalón, hijo mío, hijo mío Absalón! ¡Quién me diera que muriera yo en lugar de ti, Absalón, hijo mío, hijo mío!

David vuelve a Jerusalén

19 1 Dieron aviso a Joab: He aquí el rey llora, y hace duelo por Absalón.

2 Y se volvió aquel día la victoria en luto para todo el pueblo; porque oyó decir el pueblo aquel día que el rey tenía dolor por su hijo.

3 Y entró el pueblo aquel día en la ciudad escondidamente, como suele entrar a escondidas el pueblo avergonzado que ha huido de la batalla.

4 Mas el rey, cubierto el rostro, clamaba en alta voz: ¡Hijo mío Absalón, Absalón, hijo mío, hijo mío!

5 Entonces Joab vino al rey en la casa, y dijo: Hoy has avergonzado el rostro de todos tus siervos, que hoy han librado tu vida, y la vida de tus hijos y de tus hijas, y la vida de tus mujeres, y la vida de tus concubinas,

6 amando a los que te aborrecen, y aborreciendo a los que te aman; porque hoy has declarado que nada te importan tus príncipes y siervos; pues hoy me has hecho ver claramente que si Absalón viviera, aunque todos nosotros estuviéramos muertos, entonces estarías contento.

7 Levántate pues, ahora, y vé afuera y habla bondadosamente a tus siervos; porque juro por Jehová que si no sales, no quedará ni un hombre contigo esta noche; y esto te será peor que todos los males que te han sobrevenido desde tu juventud hasta ahora.

8 Entonces se levantó el rey y se sentó a la puerta, y fue dado aviso a todo el pueblo, diciendo: He aquí el rey está sentado a la puerta. Y vino todo el pueblo delante del rey; pero Israel había huido, cada uno a su tienda.

and reported it.

The king said, "If he is alone, he must have good news." And the man came closer and closer.

26 Then the watchman saw another man running, and he called down to the gatekeeper, "Look, another man running alone!"

The king said, "He must be bringing good news, too."

27 The watchman said, "It seems to me that the first one runs like Ahimaaz son of Zadok."

"He's a good man," the king said. "He comes with good news."

28 Then Ahimaaz called out to the king, "All is well!" He bowed down before the king with his face to the ground and said, "Praise be to the LORD your God! He has delivered up the men who lifted their hands against my lord the king."

29 The king asked, "Is the young man Absalom safe?"

Ahimaaz answered, "I saw great confusion just as Joab was about to send the king's servant and me, your servant, but I don't know what it was."

30 The king said, "Stand aside and wait here." So he stepped aside and stood there.

31 Then the Cushite arrived and said, "My lord the king, hear the good news! The LORD has delivered you today from all who rose up against you."

32 The king asked the Cushite, "Is the young man Absalom safe?"

The Cushite replied, "May the enemies of my lord the king and all who rise up to harm you be like that young man."

33 The king was shaken. He went up to the room over the gateway and wept. As he went, he said: "O my son Absalom! My son, my son Absalom! If only I had died instead of you—O Absalom, my son, my son!"

19 Joab was told, "The king is weeping and mourning for Absalom." 2 And for the whole army the victory that day was turned into mourning, because on that day the troops heard it said, "The king is grieving for his son." 3 The men stole into the city that day as men steal in who are ashamed when they flee from battle. 4 The king covered his face and cried aloud, "O my son Absalom! O Absalom, my son, my son!"

5 Then Joab went into the house to the king and said, "Today you have humiliated all your men, who have just saved your life and the lives of your sons and daughters and the lives of your wives and concubines. 6 You love those who hate you and hate those who love you. You have made it clear today that the commanders and their men mean nothing to you. I see that you would be pleased if Absalom were alive today and all of us were dead. 7 Now go out and encourage your men. I swear by the LORD that if you don't go out, not a man will be left with you by nightfall. This will be worse for you than all the calamities that have come upon you from your youth till now."

8 So the king got up and took his seat in the gateway. When the men were told, "The king is sitting in the gateway," they all came before him.

David Returns to Jerusalem

Meanwhile, the Israelites had fled to their homes.

9 Y todo el pueblo disputaba en todas las tribus de Israel, diciendo: El rey nos ha librado de mano de nuestros enemigos, y nos ha salvado de mano de los filisteos; y ahora ha huido del país por miedo de Absalón.

10 Y Absalón, a quien habíamos ungido sobre nosotros, ha muerto en la batalla. ¿Por qué, pues, estáis callados respecto de hacer volver al rey?

11 Y el rey David envió a los sacerdotes Sadoc y Abiatar, diciendo: Hablad a los ancianos de Judá, y decidles: ¿Por qué seréis vosotros los postreros en hacer volver el rey a su casa, cuando la palabra de todo Israel ha venido al rey para hacerle volver a su casa?

12 Vosotros sois mis hermanos; mis huesos y mi carne sois. ¿Por qué, pues, seréis vosotros los postreros en hacer volver al rey?

13 Asimismo diréis a Amasa: ¿No eres tú también hueso mío y carne mía? Así me haga Dios, y aun me añada, si no fueres general del ejército delante de mí para siempre, en lugar de Joab.

14 Así inclinó el corazón de todos los varones de Judá, como el de un solo hombre, para que enviasen a decir al rey: Vuelve tú, y todos tus siervos.

15 Volvió, pues, el rey, y vino hasta el Jordán. Y Judá vino a Gilgal para recibir al rey y para hacerle pasar el Jordán.

16 Y Simei hijo de Gera, hijo de Benjamín, que era de Bahurim, se dio prisa y descendió con los hombres de Judá a recibir al rey David.

17 Con él venían mil hombres de Benjamín; asimismo Siba, criado de la casa de Saúl, con sus quince hijos y sus veinte siervos, los cuales pasaron el Jordán delante del rey.

18 Y cruzaron el vado para pasar a la familia del rey, y para hacer lo que a él le pareciera. Entonces Simei hijo de Gera se postró delante del rey cuando él hubo pasado el Jordán,

19 y dijo al rey: No me culpe mi señor de iniquidad, ni tengas memoria de los males que tu siervo hizo el día en que mi señor el rey salió de Jerusalén; no los guarde el rey en su corazón.

20 Porque yo tu siervo reconozco haber pecado, y he venido hoy el primero de toda la casa de José, para descender a recibir a mi señor el rey.

21 Respondió Abisai hijo de Sarvia y dijo: ¿No ha de morir por esto Simei, que maldijo al ungido de Jehová?

22 David entonces dijo: ¿Qué tengo yo con vosotros, hijos de Sarvia, para que hoy me seáis adversarios? ¿Ha de morir hoy alguno en Israel? ¿Pues no sé yo que hoy soy rey sobre Israel?

23 Y dijo el rey a Simei: No morirás. Y el rey se lo juró.

24 También Mefi-boset hijo de Saúl descendió a recibir al rey; no había lavado sus pies, ni había cortado su barba, ni tampoco había lavado sus vestidos, desde el día en que el rey salió hasta el día en que volvió en paz.

25 Y luego que vino él a Jerusalén a recibir al rey, el rey le dijo: Mefi-boset, ¿por qué no fuiste conmigo?

26 Y él respondió: Rey señor mío, mi siervo me engañó; pues tu siervo había dicho: Enalbárdame un asno, y montaré en él, e iré al rey; porque tu siervo es cojo.

27 Pero él ha calumniado a tu siervo delante de mi señor el rey; mas mi señor el rey es como un ángel de Dios; haz, pues, lo que bien te parezca.

28 Porque toda la casa de mi padre era digna de muerte delante de mi señor el rey, y tú pusiste a tu siervo entre los convidados a tu mesa. ¿Qué derecho, pues, tengo aún para clamar más al rey?

29 Y el rey le dijo: ¿Para qué más palabras? Yo he determinado que tú y Siba os dividáis las tierras.

9 Throughout the tribes of Israel, the people were all arguing with each other, saying, "The king delivered us from the hand of our enemies; he is the one who rescued us from the hand of the Philistines. But now he has fled the country because of Absalom; 10 and Absalom, whom we anointed to rule over us, has died in battle. So why do you say nothing about bringing the king back?"

11 King David sent this message to Zadok and Abiathar, the priests: "Ask the elders of Judah, 'Why should you be the last to bring the king back to his palace, since what is being said throughout Israel has reached the king at his quarters? 12 You are my brothers, my own flesh and blood. So why should you be the last to bring back the king?' 13 And say to Amasa, 'Are you not my own flesh and blood? May God deal with me, be it ever so severely, if from now on you are not the commander of my army in place of Joab.' "

14 He won over the hearts of all the men of Judah as though they were one man. They sent word to the king, "Return, you and all your men." 15 Then the king returned and went as far as the Jordan.

Now the men of Judah had come to Gilgal to go out and meet the king and bring him across the Jordan. 16 Shimei son of Gera, the Benjamite from Bahurim, hurried down with the men of Judah to meet King David. 17 With him were a thousand Benjamites, along with Ziba, the steward of Saul's household, and his fifteen sons and twenty servants. They rushed to the Jordan, where the king was. 18 They crossed at the ford to take the king's household over and to do whatever he wished.

When Shimei son of Gera crossed the Jordan, he fell prostrate before the king 19 and said to him, "May my lord not hold me guilty. Do not remember how your servant did wrong on the day my lord the king left Jerusalem. May the king put it out of his mind. 20 For I your servant know that I have sinned, but today I have come here as the first of the whole house of Joseph to come down and meet my lord the king."

21 Then Abishai son of Zeruiah said, "Shouldn't Shimei be put to death for this? He cursed the Lord's anointed."

22 David replied, "What do you and I have in common, you sons of Zeruiah? This day you have become my adversaries! Should anyone be put to death in Israel today? Do I not know that today I am king over Israel?" 23 So the king said to Shimei, "You shall not die." And the king promised him on oath.

24 Mephibosheth, Saul's grandson, also went down to meet the king. He had not taken care of his feet or trimmed his mustache or washed his clothes from the day the king left until the day he returned safely. 25 When he came from Jerusalem to meet the king, the king asked him, "Why didn't you go with me, Mephibosheth?"

26 He said, "My lord the king, since I your servant am lame, I said, 'I will have my donkey saddled and will ride on it, so I can go with the king.' But Ziba my servant betrayed me. 27 And he has slandered your servant to my lord the king. My lord the king is like an angel of God; so do whatever pleases you. 28 All my grandfather's descendants deserved nothing but death from my lord the king, but you gave your servant a place among those who eat at your table. So what right do I have to make any more appeals to the king?"

29 The king said to him, "Why say more? I order you and Ziba to divide the fields."

30 Y Mefi-boset dijo al rey: Deja que él las tome todas, pues que mi señor el rey ha vuelto en paz a su casa.

31 También Barzilai galaadita descendió de Rogelim, y pasó el Jordán con el rey, para acompañarle al otro lado del Jordán.

32 Era Barzilai muy anciano, de ochenta años, y él había dado provisiones al rey cuando estaba en Mahanaim, porque era hombre muy rico.

33 Y el rey dijo a Barzilai: Pasa conmigo y yo te sustentaré conmigo en Jerusalén.

34 Mas Barzilai dijo al rey: ¿Cuántos años más habré de vivir, para que yo suba con el rey a Jerusalén?

35 De edad de ochenta años soy este día. ¿Podré distinguir entre lo que es agradable y lo que no lo es? ¿Tomará gusto ahora tu siervo en lo que coma o beba? ¿Oiré más la voz de los cantores y de las cantoras? ¿Para qué, pues, ha de ser tu siervo una carga para mi señor el rey?

36 Pasará tu siervo un poco más allá del Jordán con el rey; ¿por qué me ha de dar el rey tan grande recompensa?

37 Yo te ruego que dejes volver a tu siervo, y que muera en mi ciudad, junto al sepulcro de mi padre y de mi madre. Mas he aquí a tu siervo Quimam; que pase él con mi señor el rey, y haz a él lo que bien te pareciere.

38 Y el rey dijo: Pues pase conmigo Quimam, y yo haré con él como bien te parezca; y todo lo que tú pidieres de mí, yo lo haré.

39 Y todo el pueblo pasó el Jordán; y luego que el rey hubo también pasado, el rey besó a Barzilai, y lo bendijo; y él se volvió a su casa.

40 El rey entonces pasó a Gilgal. y con él pasó Quimam; y todo el pueblo de Judá acompañaba al rey, y también la mitad del pueblo de Israel.

41 Y he aquí todos los hombres de Israel vinieron al rey, y le dijeron: ¿Por qué los hombres de Judá, nuestros hermanos, te han llevado, y han hecho pasar el Jordán al rey y a su familia, y a todos los siervos de David con él?

42 Y todos los hombres de Judá respondieron a todos los de Israel: Porque el rey es nuestro pariente. Mas ¿por qué os enojáis vosotros de eso? ¿Hemos nosotros comido algo del rey? ¿Hemos recibido de él algún regalo?

43 Entonces respondieron los hombres de Israel, y dijeron a los de Judá: Nosotros tenemos en el rey diez partes, y en el mismo David más que vosotros. ¿Por qué, pues, nos habéis tenido en poco? ¿No hablamos nosotros los primeros, respecto de hacer volver a nuestro rey? Y las palabras de los hombres de Judá fueron más violentas que las de los hombres de Israel.

Sublevación de Seba

20 ¹ Aconteció que se hallaba allí un hombre perverso que se llamaba Seba hijo de Bicri, hombre de Benjamín, el cual tocó la trompeta, y dijo: No tenemos nosotros parte en David, ni heredad con el hijo de Isaí. ¡Cada uno a su tienda, Israel!

2 Así todos los hombres de Israel abandonaron a David, siguiendo a Seba hijo de Bicri; mas los de Judá siguieron a su rey desde el Jordán hasta Jerusalén.

3 Y luego que llegó David a su casa en Jerusalén, tomó el rey las diez mujeres concubinas que había dejado para guardar la casa, y las puso en reclusión, y les dio alimentos; pero nunca más se llegó a ellas, sino que quedaron encerradas hasta que murieron, en viudez perpetua.

30 Mephibosheth said to the king, "Let him take everything, now that my lord the king has arrived home safely."

31 Barzillai the Gileadite also came down from Rogelim to cross the Jordan with the king and to send him on his way from there. 32 Now Barzillai was a very old man, eighty years of age. He had provided for the king during his stay in Mahanaim, for he was a very wealthy man. 33 The king said to Barzillai, "Cross over with me and stay with me in Jerusalem, and I will provide for you."

34 But Barzillai answered the king, "How many more years will I live, that I should go up to Jerusalem with the king? 35 I am now eighty years old. Can I tell the difference between what is good and what is not? Can your servant taste what he eats and drinks? Can I still hear the voices of men and women singers? Why should your servant be an added burden to my lord the king? 36 Your servant will cross over the Jordan with the king for a short distance, but why should the king reward me in this way? 37 Let your servant return, that I may die in my own town near the tomb of my father and mother. But here is your servant Kimham. Let him cross over with my lord the king. Do for him whatever pleases you."

38 The king said, "Kimham shall cross over with me, and I will do for him whatever pleases you. And anything you desire from me I will do for you."

39 So all the people crossed the Jordan, and then the king crossed over. The king kissed Barzillai and gave him his blessing, and Barzillai returned to his home.

40 When the king crossed over to Gilgal, Kimham crossed with him. All the troops of Judah and half the troops of Israel had taken the king over.

41 Soon all the men of Israel were coming to the king and saying to him, "Why did our brothers, the men of Judah, steal the king away and bring him and his household across the Jordan, together with all his men?"

42 All the men of Judah answered the men of Israel, "We did this because the king is closely related to us. Why are you angry about it? Have we eaten any of the king's provisions? Have we taken anything for ourselves?"

43 Then the men of Israel answered the men of Judah, "We have ten shares in the king; and besides, we have a greater claim on David than you have. So why do you treat us with contempt? Were we not the first to speak of bringing back our king?"

But the men of Judah responded even more harshly than the men of Israel.

Sheba Rebels Against David

20 Now a troublemaker named Sheba son of Bicri, a Benjamite, happened to be there. He sounded the trumpet and shouted,

"We have no share in David,
   no part in Jesse's son!
Every man to his tent, O Israel!"

2 So all the men of Israel deserted David to follow Sheba son of Bicri. But the men of Judah stayed by their king all the way from the Jordan to Jerusalem.

3 When David returned to his palace in Jerusalem, he took the ten concubines he had left to take care of the palace and put them in a house under guard. He provided for them, but did not lie with them. They were kept in confinement till the day of their death, living as widows.

4 Después dijo el rey a Amasa: Convócame a los hombres de Judá para dentro de tres días, y hállate tú aquí presente.

5 Fue, pues, Amasa para convocar a los de Judá; pero se detuvo más del tiempo que le había sido señalado.

6 Y dijo David a Abisai: Seba hijo de Bicri nos hará ahora más daño que Absalón; toma, pues, tú los siervos de tu señor, y vé tras él, no sea que halle para sí ciudades fortificadas, y nos cause dificultad.

7 Entonces salieron en pos de él los hombres de Joab, y los cereteos y peleteos y todos los valientes; salieron de Jerusalén para ir tras Seba hijo de Bicri.

8 Y estando ellos cerca de la piedra grande que está en Gabaón, les salió Amasa al encuentro. Y Joab estaba ceñido de su ropa, y sobre ella tenía pegado a sus lomos el cinto con una daga en su vaina, la cual se le cayó cuando él avanzó.

9 Entonces Joab dijo a Amasa: ¿Te va bien, hermano mío? Y tomó Joab con la diestra la barba de Amasa, para besarle.

10 Y Amasa no se cuidó de la daga que estaba en la mano de Joab; y éste le hirió con ella en la quinta costilla, y derramó sus entrañas por tierra, y cayó muerto sin darle un segundo golpe. Después Joab y su hermano Abisai fueron en persecución de Seba hijo de Bicri.

11 Y uno de los hombres de Joab se paró junto a él, diciendo: Cualquiera que ame a Joab y a David, vaya en pos de Joab.

12 Y Amasa yacía revolcándose en su sangre en mitad del camino; y todo el que pasaba, al verle, se detenía; y viendo aquel hombre que todo el pueblo se paraba, apartó a Amasa del camino al campo, y echó sobre él una vestidura.

13 Luego que fue apartado del camino, pasaron todos los que seguían a Joab, para ir tras Seba hijo de Bicri.

14 Y él pasó por todas las tribus de Israel hasta Abel-bet-maaca y todo Barim; y se juntaron, y lo siguieron también.

15 Y vinieron y lo sitiaron en Abel-bet-maaca, y pusieron baluarte contra la ciudad, y quedó sitiada; y todo el pueblo que estaba con Joab trabajaba por derribar la muralla.

16 Entonces una mujer sabia dio voces en la ciudad, diciendo: Oíd, oíd; os ruego que digáis a Joab que venga acá, para que yo hable con él.

17 Cuando él se acercó a ella, dijo la mujer: ¿Eres tú Joab? Y él respondió: Yo soy. Ella le dijo: Oye las palabras de tu sierva. Y él respondió: Oigo.

18 Entonces volvió ella a hablar, diciendo: Antiguamente solían decir: Quien preguntare, pregunte en Abel; y así concluían cualquier asunto.

19 Yo soy de las pacíficas y fieles de Israel; pero tú procuras destruir una ciudad que es madre en Israel. ¿Por qué destruyes la heredad de Jehová?

20 Joab respondió diciendo: Nunca tal, nunca tal me acontezca, que yo destruya ni deshaga.

21 La cosa no es así: mas un hombre del monte de Efraín, que se llama Seba hijo de Bicri, ha levantado su mano contra el rey David; entregad a ése solamente, y me iré de la ciudad. Y la mujer dijo a Joab: He aquí su cabeza te será arrojada desde el muro.

4 Then the king said to Amasa, "Summon the men of Judah to come to me within three days, and be here yourself." 5 But when Amasa went to summon Judah, he took longer than the time the king had set for him.

6 David said to Abishai, "Now Sheba son of Bicri will do us more harm than Absalom did. Take your master's men and pursue him, or he will find fortified cities and escape from us." 7 So Joab's men and the Kerethites and Pelethites and all the mighty warriors went out under the command of Abishai. They marched out from Jerusalem to pursue Sheba son of Bicri.

8 While they were at the great rock in Gibeon, Amasa came to meet them. Joab was wearing his military tunic, and strapped over it at his waist was a belt with a dagger in its sheath. As he stepped forward, it dropped out of its sheath.

9 Joab said to Amasa, "How are you, my brother?" Then Joab took Amasa by the beard with his right hand to kiss him. 10 Amasa was not on his guard against the dagger in Joab's hand, and Joab plunged it into his belly, and his intestines spilled out on the ground. Without being stabbed again, Amasa died. Then Joab and his brother Abishai pursued Sheba son of Bicri.

11 One of Joab's men stood beside Amasa and said, "Whoever favors Joab, and whoever is for David, let him follow Joab!" 12 Amasa lay wallowing in his blood in the middle of the road, and the man saw that all the troops came to a halt there. When he realized that everyone who came up to Amasa stopped, he dragged him from the road into a field and threw a garment over him. 13 After Amasa had been removed from the road, all the men went on with Joab to pursue Sheba son of Bicri.

14 Sheba passed through all the tribes of Israel to Abel Beth Maacah *h* and through the entire region of the Berites, who gathered together and followed him. 15 All the troops with Joab came and besieged Sheba in Abel Beth Maacah. They built a siege ramp up to the city, and it stood against the outer fortifications. While they were battering the wall to bring it down, 16 a wise woman called from the city, "Listen! Listen! Tell Joab to come here so I can speak to him." 17 He went toward her, and she asked, "Are you Joab?"

"I am," he answered.

She said, "Listen to what your servant has to say."

"I'm listening," he said.

18 She continued, "Long ago they used to say, 'Get your answer at Abel,' and that settled it. 19 We are the peaceful and faithful in Israel. You are trying to destroy a city that is a mother in Israel. Why do you want to swallow up the LORD's inheritance?"

20 "Far be it from me!" Joab replied, "Far be it from me to swallow up or destroy! 21 That is not the case. A man named Sheba son of Bicri, from the hill country of Ephraim, has lifted up his hand against the king, against David. Hand over this one man, and I'll withdraw from the city."

The woman said to Joab, "His head will be thrown to you from the wall."

---

h 14 Or Abel, even Beth Maacah; also in verse 15

22 La mujer fue luego a todo el pueblo con su sabiduría; y ellos cortaron la cabeza a Seba hijo de Bicri, y se la arrojaron a Joab. Y él tocó la trompeta, y se retiraron de la ciudad, cada uno a su tienda. Y Joab se volvió al rey a Jerusalén.

Oficiales de David

23 Así quedó Joab sobre todo el ejército de Israel, y Benaía hijo de Joiada sobre los cereteos y peleteos, 24 y Adoram sobre los tributos, y Josafat hijo de Ahilud era el cronista.
25 Seva era escriba, y Sadoc y Abiatar, sacerdotes, 26 e Ira jaireo fue también sacerdote de David.

Venganza de los gabaonitas

21 1 Hubo hambre en los días de David por tres años consecutivos. Y David consultó a Jehová, y Jehová le dijo: Es por causa de Saúl, y por aquella casa de sangre, por cuanto mató a los gabaonitas.
2 Entonces el rey llamó a los gabaonitas y les habló. (Los gabaonitas no eran de los hijos de Israel, sino del resto de los amorreos, a los cuales los hijos de Israel habían hecho juramento; pero Saúl había procurado matarlos en su celo por los hijos de Israel y de Judá.)
3 Dijo, pues, David a los gabaonitas: ¿Qué haré por vosotros, o qué satisfacción os daré, para que bendigáis la heredad de Jehová?
4 Y los gabaonitas le respondieron: No tenemos nosotros querella sobre plata ni sobre oro con Saúl y con su casa; ni queremos que muera hombre de Israel. Y él les dijo: Lo que vosotros dijereis, haré.
5 Ellos respondieron al rey: De aquel hombre que nos destruyó, y que maquinó contra nosotros para exterminarnos sin dejar nada de nosotros en todo el territorio de Israel,
6 dénsenos siete varones de sus hijos, para que los ahorquemos delante de Jehová en Gabaa de Saúl, el escogido de Jehová. Y el rey dijo: Yo los daré.
7 Y perdonó el rey a Mefi-boset hijo de Jonatán, hijo de Saúl, por el juramento de Jehová que hubo entre ellos, entre David y Jonatán hijo de Saúl.
8 Pero tomó el rey a dos hijos de Rizpa hija de Aja, los cuales ella había tenido de Saúl, Armoni y Mefi-boset, y a cinco hijos de Mical hija de Saúl, los cuales ella había tenido de Adriel hijo de Barzilai meholatita,
9 y los entregó en manos de los gabaonitas, y ellos los ahorcaron en el monte delante de Jehová; y así murieron juntos aquellos siete, los cuales fueron muertos en los primeros días de la siega, al comenzar la siega de la cebada.
10 Entonces Rizpa hija de Aja tomó una tela de cilicio y la tendió para sí sobre el peñasco, desde el principio de la siega hasta que llovió sobre ellos agua del cielo; y no dejó que ninguna ave del cielo se posase sobre ellos de día, ni fieras del campo de noche.
11 Y fue dicho a David lo que hacía Rizpa hija de Aja, concubina de Saúl.
12 Entonces David fue y tomó los huesos de Saúl y los huesos de Jonatán su hijo, de los hombres de Jabes de Galaad, que los habían hurtado de la plaza de Bet-sán, donde los habían colgado los filisteos, cuando los filisteos mataron a Saúl en Gilboa;
13 e hizo llevar de allí los huesos de Saúl y los huesos de Jonatán su hijo; y recogieron también los huesos de los ahorcados.

22 Then the woman went to all the people with her wise advice, and they cut off the head of Sheba son of Bicri and threw it to Joab. So he sounded the trumpet, and his men dispersed from the city, each returning to his home. And Joab went back to the king in Jerusalem.
23 Joab was over Israel's entire army; Benaiah son of Jehoiada was over the Kerethites and Pelethites; 24 Adoniram*i* was in charge of forced labor; Jehoshaphat son of Ahilud was recorder; 25 Sheva was secretary; Zadok and Abiathar were priests; 26 and Ira the Jairite was David's priest.

The Gibeonites Avenged

21 During the reign of David, there was a famine for three successive years; so David sought the face of the LORD. The LORD said, "It is on account of Saul and his blood-stained house; it is because he put the Gibeonites to death."
2 The king summoned the Gibeonites and spoke to them. (Now the Gibeonites were not a part of Israel but were survivors of the Amorites; the Israelites had sworn to ⌊spare⌋ them, but Saul in his zeal for Israel and Judah had tried to annihilate them.) 3 David asked the Gibeonites, "What shall I do for you? How shall I make amends so that you will bless the LORD's inheritance?"
4 The Gibeonites answered him, "We have no right to demand silver or gold from Saul or his family, nor do we have the right to put anyone in Israel to death."
"What do you want me to do for you?" David asked.
5 They answered the king, "As for the man who destroyed us and plotted against us so that we have been decimated and have no place anywhere in Israel, 6 let seven of his male descendants be given to us to be killed and exposed before the LORD at Gibeah of Saul—the LORD's chosen one."
So the king said, "I will give them to you."
7 The king spared Mephibosheth son of Jonathan, the son of Saul, because of the oath before the LORD between David and Jonathan son of Saul. 8 But the king took Armoni and Mephibosheth, the two sons of Aiah's daughter Rizpah, whom she had borne to Saul, together with the five sons of Saul's daughter Merab,*j* whom she had borne to Adriel son of Barzillai the Meholathite. 9 He handed them over to the Gibeonites, who killed and exposed them on a hill before the LORD. All seven of them fell together; they were put to death during the first days of the harvest, just as the barley harvest was beginning.
10 Rizpah daughter of Aiah took sackcloth and spread it out for herself on a rock. From the beginning of the harvest till the rain poured down from the heavens on the bodies, she did not let the birds of the air touch them by day or the wild animals by night. 11 When David was told what Aiah's daughter Rizpah, Saul's concubine, had done, 12 he went and took the bones of Saul and his son Jonathan from the citizens of Jabesh Gilead. (They had taken them secretly from the public square at Beth Shan, where the Philistines had hung them after they struck Saul down on Gilboa.) 13 David brought the bones of Saul and his son Jonathan from there, and the bones of those who had been killed and exposed were gathered up.

i24 Some Septuagint manuscripts (see also 1 Kings 4:6 and 5:14); Hebrew *Adoram* *j8* Two Hebrew manuscripts, some Septuagint manuscripts and Syriac (see also 1 Samuel 18:19); most Hebrew and Septuagint manuscripts *Michal*

14Y sepultaron los huesos de Saúl y los de su hijo Jonatán en tierra de Benjamín, en Zela, en el sepulcro de Cis su padre; e hicieron todo lo que el rey había mandado. Y Dios fue propicio a la tierra después de esto.

Abisai libra a David del gigante

15Volvieron los filisteos a hacer la guerra a Israel, y descendió David y sus siervos con él, y pelearon con los filisteos; y David se cansó.
16E Isbi-benob, uno de los descendientes de los gigantes, cuya lanza pesaba trescientos siclos de bronce, y quien estaba ceñido con una espada nueva, trató de matar a David;
17mas Abisai hijo de Sarvia llegó en su ayuda, e hirió al filisteo y lo mató. Entonces los hombres de David le juraron, diciendo: Nunca más de aquí en adelante saldrás con nosotros a la batalla, no sea que apagues la lámpara de Israel.

Los hombres de David matan a los gigantes

18Otra segunda guerra hubo después en Gob contra los filisteos; entonces Sibecai husatita mató a Saf, quien era uno de los descendientes de los gigantes.
19Hubo otra vez guerra en Gob contra los filisteos, en la cual Elhanán, hijo de Jaare-oregim de Belén, mató a Goliat geteo, el asta de cuya lanza era como el rodillo de un telar.
20Después hubo otra guerra en Gat, donde había un hombre de gran estatura, el cual tenía doce dedos en las manos, y otros doce en los pies, veinticuatro por todos; y también era descendiente de los gigantes.
21Este desafió a Israel, y lo mató Jonatán, hijo de Simea hermano de David.
22Estos cuatro eran descendientes de los gigantes en Gat, los cuales cayeron por mano de David y por mano de sus siervos.

Cántico de liberación de David

22 1Habló David a Jehová las palabras de este cántico, el día que Jehová le había librado de la mano de todos sus enemigos, y de la mano de Saúl.
2Dijo:
Jehová es mi roca y mi fortaleza, y mi libertador;
3Dios mío, fortaleza mía, en él confiaré;
Mi escudo, y el fuerte de mi salvación, mi alto refugio;
Salvador mío; de violencia me libraste.
4Invocaré a Jehová, quien es digno de ser alabado,
Y seré salvo de mis enemigos.
5Me rodearon ondas de muerte,
Y torrentes de perversidad me atemorizaron.
6Ligaduras del Seol me rodearon;
Tendieron sobre mí lazos de muerte.
7En mi angustia invoqué a Jehová,
Y clamé a mi Dios;
El oyó mi voz desde su templo,
Y mi clamor llegó a sus oídos.
8La tierra fue conmovida, y tembló,
Y se conmovieron los cimientos de los cielos;
Se estremecieron, porque se indignó él.
9Humo subió de su nariz,
Y de su boca fuego consumidor;
Carbones fueron por él encendidos.

14They buried the bones of Saul and his son Jonathan in the tomb of Saul's father Kish, at Zela in Benjamin, and did everything the king commanded. After that, God answered prayer in behalf of the land.

Wars Against the Philistines

15Once again there was a battle between the Philistines and Israel. David went down with his men to fight against the Philistines, and he became exhausted.
16And Ishbi-Benob, one of the descendants of Rapha, whose bronze spearhead weighed three hundred shekels k and who was armed with a new ˌsword‚ said he would kill David. 17But Abishai son of Zeruiah came to David's rescue; he struck the Philistine down and killed him. Then David's men swore to him, saying, "Never again will you go out with us to battle, so that the lamp of Israel will not be extinguished."
18In the course of time, there was another battle with the Philistines, at Gob. At that time Sibbecai the Hushathite killed Saph, one of the descendants of Rapha.
19In another battle with the Philistines at Gob, Elhanan son of Jaare-Oregim l the Bethlehemite killed Goliath m the Gittite, who had a spear with a shaft like a weaver's rod.
20In still another battle, which took place at Gath, there was a huge man with six fingers on each hand and six toes on each foot—twenty-four in all. He also was descended from Rapha. 21When he taunted Israel, Jonathan son of Shimeah, David's brother, killed him.
22These four were descendants of Rapha in Gath, and they fell at the hands of David and his men.

David's Song of Praise

22 David sang to the LORD the words of this song when the LORD delivered him from the hand of all his enemies and from the hand of Saul. 2He said:
"The LORD is my rock, my fortress and my deliverer;
3 my God is my rock, in whom I take refuge, my shield and the horn n of my salvation.
He is my stronghold, my refuge and my savior— from violent men you save me.
4I call to the LORD, who is worthy of praise, and I am saved from my enemies.
5"The waves of death swirled about me; the torrents of destruction overwhelmed me.
6The cords of the grave o coiled around me; the snares of death confronted me.
7In my distress I called to the LORD; I called out to my God.
From his temple he heard my voice; my cry came to his ears.
8"The earth trembled and quaked, the foundations of the heavens p shook; they trembled because he was angry.
9Smoke rose from his nostrils; consuming fire came from his mouth, burning coals blazed out of it.

---

k16 That is, about 7 1/2 pounds (about 3.5 kilograms)   l19 Or son of Jair the weaver   m19 Hebrew and Septuagint; 1 Chron. 20:5 son of Jair killed Lahmi the brother of Goliath   n3 Horn here symbolizes strength.   o6 Hebrew Sheol   p8 Hebrew; Vulgate and Syriac (see also Psalm 18:7) mountains

¹⁰E inclinó los cielos, y descendió;
Y había tinieblas debajo de sus pies.
¹¹Y cabalgó sobre un querubín, y voló;
Voló sobre las alas del viento.
¹²Puso tinieblas por su escondedero alrededor de sí;
Oscuridad de aguas y densas nubes.
¹³Por el resplandor de su presencia se encendieron
carbones ardientes.
¹⁴Y tronó desde los cielos Jehová,
Y el Altísimo dio su voz;
¹⁵Envió sus saetas, y los dispersó;
Y lanzó relámpagos, y los destruyó.
¹⁶Entonces aparecieron los torrentes de las aguas,
Y quedaron al descubierto los cimientos del mundo;
A la represión de Jehová,
Por el soplo del aliento de su nariz.
¹⁷Envió desde lo alto y me tomó;
Me sacó de las muchas aguas.
¹⁸Me libró de poderoso enemigo,
Y de los que me aborrecían, aunque eran más
fuertes que yo.
¹⁹Me asaltaron en el día de mi quebranto;
Mas Jehová fue mi apoyo,
²⁰Y me sacó a lugar espacioso;
Me libró, porque se agradó de mí.
²¹Jehová me ha premiado conforme a mi justicia;
Conforme a la limpieza de mis manos me ha
recompensado.
²²Porque yo he guardado los caminos de Jehová,
Y no me aparté impíamente de mi Dios.
²³Pues todos sus decretos estuvieron delante de mí,
Y no me he apartado de sus estatutos.
²⁴Fui recto para con él,
Y me he guardado de mi maldad;
²⁵Por lo cual me ha recompensado Jehová conforme a
mi justicia;
Conforme a la limpieza de mis manos delante de su
vista.
²⁶Con el misericordioso te mostrarás misericordioso,
Y recto para con el hombre íntegro.
²⁷Limpio te mostrarás para con el limpio,
Y rígido serás para con el perverso.
²⁸Porque tú salvas al pueblo afligido,
Mas tus ojos están sobre los altivos para abatirlos.
²⁹Tú eres mi lámpara, oh Jehová;
Mi Dios alumbrará mis tinieblas.
³⁰Contigo desbarataré ejércitos,
Y con mi Dios asaltaré muros.
³¹En cuanto a Dios, perfecto es su camino,
Y acrisolada la palabra de Jehová.
Escudo es a todos los que en él esperan.
³²Porque ¿quién es Dios, sino sólo Jehová?
¿Y qué roca hay fuera de nuestro Dios?
³³Dios es el que me ciñe de fuerza,
Y quien despeja mi camino;
³⁴Quien hace mis pies como de ciervas,
Y me hace estar firme sobre mis alturas;

¹⁰He parted the heavens and came down;
dark clouds were under his feet.
¹¹He mounted the cherubim and flew;
he soared^q on the wings of the wind.
¹²He made darkness his canopy around him—
the dark^r rain clouds of the sky.
¹³Out of the brightness of his presence
bolts of lightning blazed forth.
¹⁴The LORD thundered from heaven;
the voice of the Most High resounded.
¹⁵He shot arrows and scattered ˌthe enemies„
bolts of lightning and routed them.
¹⁶The valleys of the sea were exposed
and the foundations of the earth laid bare
at the rebuke of the LORD,
at the blast of breath from his nostrils.
¹⁷"He reached down from on high and took hold
of me;
he drew me out of deep waters.
¹⁸He rescued me from my powerful enemy,
from my foes, who were too strong for me.
¹⁹They confronted me in the day of my disaster,
but the LORD was my support.
²⁰He brought me out into a spacious place;
he rescued me because he delighted in me.
²¹"The LORD has dealt with me according to my
righteousness;
according to the cleanness of my hands he has
rewarded me.
²²For I have kept the ways of the LORD;
I have not done evil by turning from my God.
²³All his laws are before me;
I have not turned away from his decrees.
²⁴I have been blameless before him
and have kept myself from sin.
²⁵The LORD has rewarded me according to my
righteousness,
according to my cleanness^s in his sight.
²⁶"To the faithful you show yourself faithful,
to the blameless you show yourself blameless,
²⁷to the pure you show yourself pure,
but to the crooked you show yourself shrewd.
²⁸You save the humble,
but your eyes are on the haughty to bring
them low.
²⁹You are my lamp, O LORD;
the LORD turns my darkness into light.
³⁰With your help I can advance against a troop^t;
with my God I can scale a wall.
³¹"As for God, his way is perfect;
the word of the LORD is flawless.
He is a shield
for all who take refuge in him.
³²For who is God besides the LORD?
And who is the Rock except our God?
³³It is God who arms me with strength^u
and makes my way perfect.
³⁴He makes my feet like the feet of a deer;
he enables me to stand on the heights.

---

^q*11* Many Hebrew manuscripts (see also Psalm 18:10); most
Hebrew manuscripts *appeared*   ^r*12* Septuagint and Vulgate (see
also Psalm 18:11); Hebrew *massed*   ^s*25* Hebrew; Septuagint
and Vulgate (see also Psalm 18:24) *to the cleanness of my hands*
^t*30* Or *can run through a barricade*   ^u*33* Dead Sea Scrolls,
some Septuagint manuscripts, Vulgate and Syriac (see also Psalm
18:32); Masoretic Text *who is my strong refuge*

35 Quien adiestra mis manos para la batalla,
De manera que se doble el arco de bronce con mis
brazos.
36 Me diste asimismo el escudo de tu salvación,
Y tu benignidad me ha engrandecido.
37 Tú ensanchaste mis pasos debajo de mí,
Y mis pies no han resbalado.
38 Perseguiré a mis enemigos, y los destruiré,
Y no volveré hasta acabarlos.
39 Los consumiré y los heriré, de modo que no se
levanten;
Caerán debajo de mis pies.
40 Pues me ceñiste de fuerzas para la pelea;
Has humillado a mis enemigos debajo de mí,
41 Y has hecho que mis enemigos me vuelvan las
espaldas,
Para que yo destruyese a los que me aborrecen.
42 Clamaron, y no hubo quien los salvase;
Aun a Jehová, mas no les oyó.
43 Como polvo de la tierra los molí;
Como lodo de las calles los pisé y los trituré.
44 Me has librado de las contiendas del pueblo;
Me guardaste para que fuese cabeza de naciones;
Pueblo que yo no conocía me servirá.
45 Los hijos de extraños se someterán a mí;
Al oir de mí, me obedecerán.
46 Los extraños se debilitarán,
Y saldrán temblando de sus encierros.
47 Viva Jehová, y bendita sea mi roca,
Y engrandecido sea el Dios de mi salvación.
48 El Dios que venga mis agravios,
Y sujeta pueblos debajo de mí;
49 El que me libra de enemigos,
Y aun me exalta sobre los que se levantan
contra mí;
Me libraste del varón violento.
50 Por tanto, yo te confesaré entre las naciones, oh
Jehová,
Y cantaré a tu nombre.
51 El salva gloriosamente a su rey,
Y usa de misericordia para con su ungido,
A David y a su descendencia para siempre.

Ultimas palabras de David

23 1 Estas son las palabras postreras de David.
Dijo David hijo de Isaí,
Dijo aquel varón que fue levantado en alto,
El ungido del Dios de Jacob,
El dulce cantor de Israel:
2 El Espíritu de Jehová ha hablado por mí,
Y su palabra ha estado en mi lengua.
3 El Dios de Israel ha dicho,
Me habló la Roca de Israel:
Habrá un justo que gobierne entre los hombres,
Que gobierne en el temor de Dios.
4 Será como la luz de la mañana,
Como el resplandor del sol en una mañana sin
nubes,
Como la lluvia que hace brotar la hierba de la
tierra.

35 He trains my hands for battle;
my arms can bend a bow of bronze.
36 You give me your shield of victory;
you stoop down to make me great.
37 You broaden the path beneath me,
so that my ankles do not turn.

38 "I pursued my enemies and crushed them;
I did not turn back till they were destroyed.
39 I crushed them completely, and they could not
rise;
they fell beneath my feet.
40 You armed me with strength for battle;
you made my adversaries bow at my feet.
41 You made my enemies turn their backs in flight,
and I destroyed my foes.
42 They cried for help, but there was no one to save
them—
to the LORD, but he did not answer.
43 I beat them as fine as the dust of the earth;
I pounded and trampled them like mud in the
streets.

44 "You have delivered me from the attacks of my
people;
you have preserved me as the head of nations.
People I did not know are subject to me,
45 and foreigners come cringing to me;
as soon as they hear me, they obey me.
46 They all lose heart;
they come trembling^v from their strongholds.

47 "The LORD lives! Praise be to my Rock!
Exalted be God, the Rock, my Savior!
48 He is the God who avenges me,
who puts the nations under me,
49 who sets me free from my enemies.
You exalted me above my foes;
from violent men you rescued me.
50 Therefore I will praise you, O LORD, among the
nations;
I will sing praises to your name.
51 He gives his king great victories;
he shows unfailing kindness to his anointed,
to David and his descendants forever."

The Last Words of David

23 These are the last words of David:

"The oracle of David son of Jesse,
the oracle of the man exalted by the Most
High,
the man anointed by the God of Jacob,
Israel's singer of songs^w:

2 "The Spirit of the LORD spoke through me;
his word was on my tongue.
3 The God of Israel spoke,
the Rock of Israel said to me:
'When one rules over men in righteousness,
when he rules in the fear of God,
4 he is like the light of morning at sunrise
on a cloudless morning,
like the brightness after rain
that brings the grass from the earth.'

---

^{v}46 Some Septuagint manuscripts and Vulgate (see also Psalm
18:45); Masoretic Text *they arm themselves.* ^{w}1 Or *Israel's
beloved singer*

5No es así mi casa para con Dios;
Sin embargo, él ha hecho conmigo pacto perpetuo,
Ordenado en todas las cosas, y será guardado,
Aunque todavía no haga él florecer
Toda mi salvación y mi deseo.
6Mas los impíos serán todos ellos como espinos arrancados,
Los cuales nadie toma con la mano;
7Sino que el que quiere tocarlos
Se arma de hierro y de asta de lanza,
Y son del todo quemados en su lugar.

Los valientes de David

8Estos son los nombres de los valientes que tuvo David: Joseb-basebet el tacmonita, principal de los capitanes; éste era Adino el eznita, que mató a ochocientos hombres en una ocasión.

9Después de éste, Eleazar hijo de Dodo, ahohíta, uno de los tres valientes que estaban con David cuando desafiaron a los filisteos que se habían reunido allí para la batalla, y se habían alejado los hombres de Israel.
10Este se levantó e hirió a los filisteos hasta que su mano se cansó, y quedó pegada su mano a la espada. Aquel día Jehová dio una gran victoria, y se volvió el pueblo en pos de él tan solo para recoger el botín.
11Después de éste fue Sama hijo de Age, ararita. Los filisteos se habían reunido en Lehi, donde había un pequeño terreno lleno de lentejas, y el pueblo había huido delante de los filisteos.
12El entonces se paró en medio de aquel terreno y lo defendió, y mató a los filisteos; y Jehová dio una gran victoria.

13Y tres de los treinta jefes descendieron y vinieron en tiempo de la siega a David en la cueva de Adulam; y el campamento de los filisteos estaba en el valle de Refaim.
14David entonces estaba en el lugar fuerte, y había en Belén una guarnición de los filisteos.
15Y David dijo con vehemencia: ¡Quién me diera a beber del agua del pozo de Belén que está junto a la puerta!
16Entonces los tres valientes irrumpieron por el campamento de los filisteos, y sacaron agua del pozo de Belén que estaba junto a la puerta; y tomaron, y la trajeron a David; mas él no la quiso beber, sino que la derramó para Jehová, diciendo:
17Lejos sea de mí, oh Jehová, que yo haga esto. ¿He de beber yo la sangre de los varones que fueron con peligro de su vida? Y no quiso beberla. Los tres valientes hicieron esto.

18Y Abisai hermano de Joab, hijo de Sarvia, fue el principal de los treinta. Este alzó su lanza contra trescientos, a quienes mató, y ganó renombre con los tres.
19El era el más renombrado de los treinta, y llegó a ser su jefe; mas no igualó a los tres primeros.

20Después, Benaía hijo de Joiada, hijo de un varón esforzado, grande en proezas, de Cabseel. Este mató a dos leones de Moab; y él mismo descendió y mató a un león en medio de un foso cuando estaba nevando.
21También mató él a un egipcio, hombre de gran estatura;

David's Mighty Men

5"Is not my house right with God?
Has he not made with me an everlasting covenant,
arranged and secured in every part?
Will he not bring to fruition my salvation
and grant me my every desire?
6But evil men are all to be cast aside like thorns,
which are not gathered with the hand.
7Whoever touches thorns
uses a tool of iron or the shaft of a spear;
they are burned up where they lie."

8These are the names of David's mighty men:
Josheb-Basshebeth,x a Tahkemonite,y was chief of the Three; he raised his spear against eight hundred men, whom he killedz in one encounter.
9Next to him was Eleazar son of Dodai the Ahohite. As one of the three mighty men, he was with David when they taunted the Philistines gathered ₍at Pas Dammim₎a for battle. Then the men of Israel retreated, 10but he stood his ground and struck down the Philistines till his hand grew tired and froze to the sword. The LORD brought about a great victory that day. The troops returned to Eleazar, but only to strip the dead.
11Next to him was Shammah son of Agee the Hararite. When the Philistines banded together at a place where there was a field full of lentils, Israel's troops fled from them. 12But Shammah took his stand in the middle of the field. He defended it and struck the Philistines down, and the LORD brought about a great victory.

13During harvest time, three of the thirty chief men came down to David at the cave of Adullam, while a band of Philistines was encamped in the Valley of Rephaim. 14At that time David was in the stronghold, and the Philistine garrison was at Bethlehem. 15David longed for water and said, "Oh, that someone would get me a drink of water from the well near the gate of Bethlehem!" 16So the three mighty men broke through the Philistine lines, drew water from the well near the gate of Bethlehem and carried it back to David. But he refused to drink it; instead, he poured it out before the LORD. 17"Far be it from me, O LORD, to do this!" he said. "Is it not the blood of men who went at the risk of their lives?" And David would not drink it.

Such were the exploits of the three mighty men.

18Abishai the brother of Joab son of Zeruiah was chief of the Three.b He raised his spear against three hundred men, whom he killed, and so he became as famous as the Three. 19Was he not held in greater honor than the Three? He became their commander, even though he was not included among them.

20Benaiah son of Jehoiada was a valiant fighter from Kabzeel, who performed great exploits. He struck down two of Moab's best men. He also went down into a pit on a snowy day and killed a lion. 21And he

x8 Hebrew; some Septuagint manuscripts suggest Ish-Bosheth, that is, Esh-Baal (see also 1 Chron. 11:11 Jashobeam).   y8 Probably a variant of Hacmonite (see 1 Chron. 11:11)   z8 Some Septuagint manuscripts (see also 1 Chron. 11:11); Hebrew and other Septuagint manuscripts Three; it was Adino the Eznite who killed eight hundred men   a9 See 1 Chron. 11:13; Hebrew gathered there.   b18 Most Hebrew manuscripts (see also 1 Chron. 11:20); two Hebrew manuscripts and Syriac Thirty

y tenía el egipcio una lanza en su mano, pero descendió contra él con un palo, y arrebató al egipcio la lanza de la mano, y lo mató con su propia lanza.
22 Esto hizo Benaía hijo de Joiada, y ganó renombre con los tres valientes.
23 Fue renombrado entre los treinta, pero no igualó a los tres primeros. Y lo puso David como jefe de su guardia personal.

24 Asael hermano de Joab fue de los treinta; Elhanán hijo de Dodo de Belén,
25 Sama harodita, Elica harodita,
26 Heles paltita, Ira hijo de Iques, tecoíta,
27 Abiezer anatotita, Mebunai husatita,
28 Salmón ahohíta, Maharai netofatita,
29 Heleb hijo de Baana, netofatita, Itai hijo de Ribai, de Gabaa de los hijos de Benjamín,
30 Benaía piratonita, Hidai del arroyo de Gaas,
31 Abi-albón arbatita, Azmavet barhumita,
32 Eliaba saalbonita, Jonatán de los hijos de Jasén,
33 Sama ararita, Ahíam hijo de Sarar, ararita,
34 Elifelet hijo de Ahasbai, hijo de Maaca, Eliam hijo de Ahitofel, gilonita,
35 Hezrai carmelita, Paarai arbita,
36 Igal hijo de Natán, de Soba, Bani gadita,
37 Selec amonita, Naharai beerotita, escudero de Joab hijo de Sarvia,
38 Ira itrita, Gareb itrita,
39 Urías heteo; treinta y siete por todos.

David censa al pueblo

24 1 Volvió a encenderse la ira de Jehová contra Israel, e incitó a David contra ellos a que dijese: Vé, haz un censo de Israel y de Judá.
2 Y dijo el rey a Joab, general del ejército que estaba con él: Recorre ahora todas las tribus de Israel, desde Dan hasta Beerseba, y haz un censo del pueblo, para que yo sepa el número de la gente.
3 Joab respondió al rey: Añada Jehová tu Dios al pueblo cien veces tanto como son, y que lo vea mi señor el rey; mas ¿por qué se complace en esto mi señor el rey?
4 Pero la palabra del rey prevaleció sobre Joab y sobre los capitanes del ejército. Salió, pues, Joab, con los capitanes del ejército, de delante del rey, para hacer el censo del pueblo de Israel.

---

struck down a huge Egyptian. Although the Egyptian had a spear in his hand, Benaiah went against him with a club. He snatched the spear from the Egyptian's hand and killed him with his own spear. 22Such were the exploits of Benaiah son of Jehoiada; he too was as famous as the three mighty men. 23He was held in greater honor than any of the Thirty, but he was not included among the Three. And David put him in charge of his bodyguard.

24Among the Thirty were:
   Asahel the brother of Joab,
   Elhanan son of Dodo from Bethlehem,
25Shammah the Harodite,
   Elika the Harodite,
26Helez the Paltite,
   Ira son of Ikkesh from Tekoa,
27Abiezer from Anathoth,
   Mebunnai c the Hushathite,
28Zalmon the Ahohite,
   Maharai the Netophathite,
29Heled d son of Baanah the Netophathite,
   Ithai son of Ribai from Gibeah in Benjamin,
30Benaiah the Pirathonite,
   Hiddai e from the ravines of Gaash,
31Abi-Albon the Arbathite,
   Azmaveth the Barhumite,
32Eliahba the Shaalbonite,
   the sons of Jashen,
   Jonathan 33son of f Shammah the Hararite,
   Ahiam son of Sharar g the Hararite,
34Eliphelet son of Ahasbai the Maacathite,
   Eliam son of Ahithophel the Gilonite,
35Hezro the Carmelite,
   Paarai the Arbite,
36Igal son of Nathan from Zobah,
   the son of Hagri, h
37Zelek the Ammonite,
   Naharai the Beerothite, the armor-bearer of Joab son of Zeruiah,
38Ira the Ithrite,
   Gareb the Ithrite
39and Uriah the Hittite.
There were thirty-seven in all.

David Counts the Fighting Men

24 Again the anger of the LORD burned against Israel, and he incited David against them, saying, "Go and take a census of Israel and Judah."
2So the king said to Joab and the army commanders i with him, "Go throughout the tribes of Israel from Dan to Beersheba and enroll the fighting men, so that I may know how many there are."
3But Joab replied to the king, "May the LORD your God multiply the troops a hundred times over, and may the eyes of my lord the king see it. But why does my lord the king want to do such a thing?"
4The king's word, however, overruled Joab and the army commanders; so they left the presence of the king to enroll the fighting men of Israel.

---

c27 Hebrew; some Septuagint manuscripts (see also 1 Chron. 11:29) *Sibbecai*   d29 Some Hebrew manuscripts and Vulgate (see also 1 Chron. 11:30); most Hebrew manuscripts *Heleb*   e30 Hebrew; some Septuagint manuscripts (see also 1 Chron. 11:32) *Hurai*   f33 Some Septuagint manuscripts (see also 1 Chron. 11:34); Hebrew does not have *son of*.   g33 Hebrew; some Septuagint manuscripts (see also 1 Chron. 11:35) *Sacar*   h36 Some Septuagint manuscripts (see also 1 Chron. 11:38); Hebrew *Haggadi*   i2 Septuagint (see also verse 4 and 1 Chron. 21:2); Hebrew *Joab the army commander*

5 Y pasando el Jordán acamparon en Aroer, al sur de la ciudad que está en medio del valle de Gad y junto a Jazer. 6 Después fueron a Galaad y a la tierra baja de Hodsi; y de allí a Danjaán y a los alrededores de Sidón. 7 Fueron luego a la fortaleza de Tiro, y a todas las ciudades de los heveos y de los cananeos, y salieron al Neguev de Judá en Beerseba. 8 Después que hubieron recorrido toda la tierra, volvieron a Jerusalén al cabo de nueve meses y veinte días. 9 Y Joab dio el censo del pueblo al rey; y fueron los de Israel ochocientos mil hombres fuertes que sacaban espada, y los de Judá quinientos mil hombres.

10 Después que David hubo censado al pueblo, le pesó en su corazón; y dijo David a Jehová: Yo he pecado gravemente por haber hecho esto; mas ahora, oh Jehová, te ruego que quites el pecado de tu siervo, porque yo he hecho muy neciamente.

11 Y por la mañana, cuando David se hubo levantado, vino palabra de Jehová al profeta Gad, vidente de David, diciendo: 12 Vé y dí a David: Así ha dicho Jehová: Tres cosas te ofrezco; tú escogerás una de ellas, para que yo la haga. 13 Vino, pues, Gad a David, y se lo hizo saber, y le dijo: ¿Quieres que te vengan siete años de hambre en tu tierra? ¿o que huyas tres meses delante de tus enemigos y que ellos te persigan? ¿o que tres días haya peste en tu tierra? Piensa ahora, y mira qué responderé al que me ha enviado. 14 Entonces David dijo a Gad: En grande angustia estoy; caigamos ahora en mano de Jehová, porque sus misericordias son muchas, mas no caiga yo en manos de hombres.

15 Y Jehová envió la peste sobre Israel desde la mañana hasta el tiempo señalado; y murieron del pueblo, desde Dan hasta Beerseba, setenta mil hombres. 16 Y cuando el ángel extendió su mano sobre Jerusalén para destruirla, Jehová se arrepintió de aquel mal, y dijo al ángel que destruía al pueblo: Basta ahora; detén tu mano. Y el ángel de Jehová estaba junto a la era de Arauna jebuseo. 17 Y David dijo a Jehová, cuando vio al ángel que destruía al pueblo: Yo pequé, yo hice la maldad; ¿qué hicieron estas ovejas? Te ruego que tu mano se vuelva contra mí, y contra la casa de mi padre.

18 Y Gad vino a David aquel día, y le dijo: Sube, y levanta un altar a Jehová en la era de Arauna jebuseo. 19 Subió David, conforme al dicho de Gad, según había mandado Jehová; 20 y Arauna miró, y vio al rey y a sus siervos que venían hacia él. Saliendo entonces Arauna, se inclinó delante del rey, rostro a tierra. 21 Y Arauna dijo: ¿Por qué viene mi señor el rey a su siervo? Y David respondió: Para comprar de ti la era, a fin de edificar un altar a Jehová, para que cese la mortandad del pueblo. 22 Y Arauna dijo a David: Tome y ofrezca mi señor el rey lo que bien le pareciere; he aquí bueyes para el holocausto, y los trillos y los yugos de los bueyes para leña.

5 After crossing the Jordan, they camped near Aroer, south of the town in the gorge, and then went through Gad and on to Jazer. 6 They went to Gilead and the region of Tahtim Hodshi, and on to Dan Jaan and around toward Sidon. 7 Then they went toward the fortress of Tyre and all the towns of the Hivites and Canaanites. Finally, they went on to Beersheba in the Negev of Judah.

8 After they had gone through the entire land, they came back to Jerusalem at the end of nine months and twenty days.

9 Joab reported the number of the fighting men to the king: In Israel there were eight hundred thousand able-bodied men who could handle a sword, and in Judah five hundred thousand.

10 David was conscience-stricken after he had counted the fighting men, and he said to the LORD, "I have sinned greatly in what I have done. Now, O LORD, I beg you, take away the guilt of your servant. I have done a very foolish thing."

11 Before David got up the next morning, the word of the LORD had come to Gad the prophet, David's seer: 12 "Go and tell David, 'This is what the LORD says: I am giving you three options. Choose one of them for me to carry out against you.' "

13 So Gad went to David and said to him, "Shall there come upon you three/ years of famine in your land? Or three months of fleeing from your enemies while they pursue you? Or three days of plague in your land? Now then, think it over and decide how I should answer the one who sent me."

14 David said to Gad, "I am in deep distress. Let us fall into the hands of the LORD, for his mercy is great; but do not let me fall into the hands of men."

15 So the LORD sent a plague on Israel from that morning until the end of the time designated, and seventy thousand of the people from Dan to Beersheba died. 16 When the angel stretched out his hand to destroy Jerusalem, the LORD was grieved because of the calamity and said to the angel who was afflicting the people, "Enough! Withdraw your hand." The angel of the LORD was then at the threshing floor of Araunah the Jebusite.

17 When David saw the angel who was striking down the people, he said to the LORD, "I am the one who has sinned and done wrong. These are but sheep. What have they done? Let your hand fall upon me and my family."

David Builds an Altar

18 On that day Gad went to David and said to him, "Go up and build an altar to the LORD on the threshing floor of Araunah the Jebusite." 19 So David went up, as the LORD had commanded through Gad. 20 When Araunah looked and saw the king and his men coming toward him, he went out and bowed down before the king with his face to the ground.

21 Araunah said, "Why has my lord the king come to his servant?"

"To buy your threshing floor," David answered, "so I can build an altar to the LORD, that the plague on the people may be stopped."

22 Araunah said to David, "Let my lord the king take whatever pleases him and offer it up. Here are oxen for the burnt offering, and here are threshing sledges

---

/ 13 Septuagint (see also 1 Chron. 21:12); Hebrew *seven*

23 Todo esto, oh rey, Arauna lo da al rey. Luego dijo Arauna al rey: Jehová tu Dios te sea propicio.

24 Y el rey dijo a Arauna: No, sino por precio te lo compraré; porque no ofreceré a Jehová mi Dios holocaustos que no me cuesten nada. Entonces David compró la era y los bueyes por cincuenta siclos de plata.

25 Y edificó allí David un altar a Jehová, y sacrificó holocaustos y ofrendas de paz; y Jehová oyó las súplicas de la tierra, y cesó la plaga en Israel.

and ox yokes for the wood. 23O king, Araunah gives all this to the king." Araunah also said to him, "May the LORD your God accept you."

24But the king replied to Araunah, "No, I insist on paying you for it. I will not sacrifice to the LORD my God burnt offerings that cost me nothing."

So David bought the threshing floor and the oxen and paid fifty shekels *k* of silver for them. 25David built an altar to the LORD there and sacrificed burnt offerings and fellowship offerings. *l* Then the LORD answered prayer in behalf of the land, and the plague on Israel was stopped.

k24 That is, about 1 1/4 pounds (about 0.6 kilogram)
l25 Traditionally *peace offerings*

Abisag sirve a David

1 ¹ Cuando el rey David era viejo y avanzado en días, le cubrían de ropas, pero no se calentaba.
² Le dijeron, por tanto, sus siervos: Busquen para mi señor el rey una joven virgen, para que esté delante del rey y lo abrigue, y duerma a su lado, y entrará en calor mi señor el rey.
³ Y buscaron una joven hermosa por toda la tierra de Israel, y hallaron a Abisag sunamita, y la trajeron al rey.
⁴ Y la joven era hermosa; y ella abrigaba al rey, y le servía; pero el rey nunca la conoció.

Adonías usurpa el trono

⁵ Entonces Adonías hijo de Haguit se rebeló, diciendo: Yo reinaré. Y se hizo de carros y de gente de a caballo, y de cincuenta hombres que corriesen delante de él.
⁶ Y su padre nunca le había entristecido en todos sus días con decirle: ¿Por qué haces así? Además, éste era de muy hermoso parecer; y había nacido después de Absalón.
⁷ Y se había puesto de acuerdo con Joab hijo de Sarvia y con el sacerdote Abiatar, los cuales ayudaban a Adonías.
⁸ Pero el sacerdote Sadoc, y Benaía hijo de Joiada, el profeta Natán, Simei, Rei y todos los grandes de David, no seguían a Adonías.
⁹ Y matando Adonías ovejas y vacas y animales gordos junto a la peña de Zohelet, la cual está cerca de la fuente de Rogel, convidó a todos sus hermanos los hijos del rey, y a todos los varones de Judá, siervos del rey;
¹⁰ pero no convidó al profeta Natán, ni a Benaía, ni a los grandes, ni a Salomón su hermano.
¹¹ Entonces habló Natán a Betsabé madre de Salomón, diciendo: ¿No has oído que reina Adonías hijo de Haguit, sin saberlo David nuestro señor?
¹² Ven pues, ahora, y toma mi consejo, para que conserves tu vida, y la de tu hijo Salomón.
¹³ Vé y entra al rey David, y dile: Rey señor mío, ¿no juraste a tu sierva, diciendo: Salomón tu hijo reinará después de mí, y él se sentará en mi trono? ¿Por qué, pues, reina Adonías?
¹⁴ Y estando tú aún hablando con el rey, yo entraré tras ti y reafirmaré tus razones.
¹⁵ Entonces Betsabé entró a la cámara del rey; y el rey era muy viejo, y Abisag sunamita le servía.
¹⁶ Y Betsabé se inclinó, e hizo reverencia al rey. Y el rey dijo: ¿Qué tienes?
¹⁷ Y ella le respondió: Señor mío, tú juraste a tu sierva por Jehová tu Dios, diciendo: Salomón tu hijo reinará después de mí, y él se sentará en mi trono.
¹⁸ Y he aquí ahora Adonías reina, y tú, mi señor rey, hasta ahora no lo sabes.
¹⁹ Ha matado bueyes, y animales gordos, y muchas ovejas, y ha convidado a todos los hijos del rey, al sacerdote Abiatar, y a Joab general del ejército; mas a Salomón tu siervo no ha convidado.
²⁰ Entre tanto, rey señor mío, los ojos de todo Israel están puestos en ti, para que les declares quién se ha de sentar en el trono de mi señor el rey después de él.
²¹ De otra manera sucederá que cuando mi señor el rey duerma con sus padres, yo y mi hijo Salomón seremos tenidos por culpables.

Adonijah Sets Himself Up as King

1 When King David was old and well advanced in years, he could not keep warm even when they put covers over him. ² So his servants said to him, "Let us look for a young virgin to attend the king and take care of him. She can lie beside him so that our lord the king may keep warm."
³ Then they searched throughout Israel for a beautiful girl and found Abishag, a Shunammite, and brought her to the king. ⁴ The girl was very beautiful; she took care of the king and waited on him, but the king had no intimate relations with her.
⁵ Now Adonijah, whose mother was Haggith, put himself forward and said, "I will be king." So he got chariots and horses*a* ready, with fifty men to run ahead of him. ⁶ (His father had never interfered with him by asking, "Why do you behave as you do?" He was also very handsome and was born next after Absalom.)
⁷ Adonijah conferred with Joab son of Zeruiah and with Abiathar the priest, and they gave him their support. ⁸ But Zadok the priest, Benaiah son of Jehoiada, Nathan the prophet, Shimei and Rei*b* and David's special guard did not join Adonijah.
⁹ Adonijah then sacrificed sheep, cattle and fattened calves at the Stone of Zoheleth near En Rogel. He invited all his brothers, the king's sons, and all the men of Judah who were royal officials, ¹⁰ but he did not invite Nathan the prophet or Benaiah or the special guard or his brother Solomon.
¹¹ Then Nathan asked Bathsheba, Solomon's mother, "Have you not heard that Adonijah, the son of Haggith, has become king without our lord David's knowing it? ¹² Now then, let me advise you how you can save your own life and the life of your son Solomon. ¹³ Go in to King David and say to him, 'My lord the king, did you not swear to me your servant: "Surely Solomon your son shall be king after me, and he will sit on my throne"? Why then has Adonijah become king?' ¹⁴ While you are still there talking to the king, I will come in and confirm what you have said."
¹⁵ So Bathsheba went to see the aged king in his room, where Abishag the Shunammite was attending him. ¹⁶ Bathsheba bowed low and knelt before the king.
"What is it you want?" the king asked.
¹⁷ She said to him, "My lord, you yourself swore to me your servant by the LORD your God: 'Solomon your son shall be king after me, and he will sit on my throne.' ¹⁸ But now Adonijah has become king, and you, my lord the king, do not know about it. ¹⁹ He has sacrificed great numbers of cattle, fattened calves, and sheep, and has invited all the king's sons, Abiathar the priest and Joab the commander of the army, but he has not invited Solomon your servant. ²⁰ My lord the king, the eyes of all Israel are on you, to learn from you who will sit on the throne of my lord the king after him. ²¹ Otherwise, as soon as my lord the king is laid to rest with his fathers, I and my son Solomon will be treated as criminals."

*a*5 Or *charioteers*   *b*8 Or *and his friends*

22Mientras aún hablaba ella con el rey, he aquí vino el profeta Natán.

23Y dieron aviso al rey, diciendo: He aquí el profeta Natán; el cual, cuando entró al rey, se postró delante del rey inclinando su rostro a tierra.

24Y dijo Natán: Rey señor mío, ¿has dicho tú: Adonías reinará después de mí, y él se sentará en mi trono?

25Porque hoy ha descendido, y ha matado bueyes y animales gordos y muchas ovejas, y ha convidado a todos los hijos del rey, y a los capitanes del ejército, y también al sacerdote Abiatar; y he aquí, están comiendo y bebiendo delante de él, y han dicho: ¡Viva el rey Adonías!

26Pero ni a mí tu siervo, ni al sacerdote Sadoc, ni a Benaía hijo de Joiada, ni a Salomón tu siervo, ha convidado.

27¿Es este negocio ordenado por mi señor el rey, sin haber declarado a tus siervos quién se había de sentar en el trono de mi señor el rey después de él?

David proclama rey a Salomón

28Entonces el rey David respondió y dijo: Llamadme a Betsabé. Y ella entró a la presencia del rey, y se puso delante del rey.

29Y el rey juró diciendo: Vive Jehová, que ha redimido mi alma de toda angustia,

30que como yo te he jurado por Jehová Dios de Israel, diciendo: Tu hijo Salomón reinará después de mí, y él se sentará en mi trono en lugar mío; que así lo haré hoy.

31Entonces Betsabé se inclinó ante el rey, con su rostro a tierra, y haciendo reverencia al rey, dijo: Viva mi señor el rey David para siempre.

32Y el rey David dijo: Llamadme al sacerdote Sadoc, al profeta Natán, y a Benaía hijo de Joiada. Y ellos entraron a la presencia del rey.

33Y el rey les dijo: Tomad con vosotros los siervos de vuestro señor, y montad a Salomón mi hijo en mi mula, y llevadlo a Gihón;

34y allí lo ungirán el sacerdote Sadoc y el profeta Natán como rey sobre Israel, y tocaréis trompeta, diciendo: ¡Viva el rey Salomón!

35Después iréis vosotros detrás de él, y vendrá y se sentará en mi trono, y él reinará por mí; porque a él he escogido para que sea príncipe sobre Israel y sobre Judá.

36Entonces Benaía hijo de Joiada respondió al rey y dijo: Amén. Así lo diga Jehová, Dios de mi señor el rey.

37De la manera que Jehová ha estado con mi señor el rey, así esté con Salomón, y haga mayor su trono que el trono de mi señor el rey David.

38Y descendieron el sacerdote Sadoc, el profeta Natán, Benaía hijo de Joiada, y los ceretos y los peleteos, y montaron a Salomón en la mula de rey David, y lo llevaron a Gihón.

39Y tomando el sacerdote Sadoc el cuerno del aceite del tabernáculo, ungió a Salomón; y tocaron trompeta, y dijo todo el pueblo: ¡Viva el rey Salomón!

40Después subió todo el pueblo en pos de él, y cantaba la gente con flautas, y hacían grandes alegrías, que parecía que la tierra se hundía con el clamor de ellos.

41Y lo oyó Adonías, y todos los convidados que con él estaban, cuando ya habían acabado de comer. Y oyendo Joab el sonido de la trompeta, dijo: ¿Por qué se alborota la ciudad con estruendo?

42Mientras él aún hablaba, he aquí vino Jonatán hijo del sacerdote Abiatar, al cual dijo Adonías: Entra, porque tú eres hombre valiente, y traerás buenas nuevas.

43Jonatán respondió y dijo a Adonías: Ciertamente nuestro señor el rey David ha hecho rey a Salomón;

44y el rey ha enviado con él al sacerdote Sadoc y al profeta Natán, y a Benaía hijo de Joiada, y también a los ceretos

22While she was still speaking with the king, Nathan the prophet arrived. 23And they told the king, "Nathan the prophet is here." So he went before the king and bowed with his face to the ground.

24Nathan said, "Have you, my lord the king, declared that Adonijah shall be king after you, and that he will sit on your throne? 25Today he has gone down and sacrificed great numbers of cattle, fattened calves, and sheep. He has invited all the king's sons, the commanders of the army and Abiathar the priest. Right now they are eating and drinking with him and saying, 'Long live King Adonijah!' 26But me your servant, and Zadok the priest, and Benaiah son of Jehoiada, and your servant Solomon he did not invite. 27Is this something my lord the king has done without letting his servants know who should sit on the throne of my lord the king after him?"

David Makes Solomon King

28Then King David said, "Call in Bathsheba." So she came into the king's presence and stood before him. 29The king then took an oath: "As surely as the LORD lives, who has delivered me out of every trouble, 30I will surely carry out today what I swore to you by the LORD, the God of Israel: Solomon your son shall be king after me, and he will sit on my throne in my place."

31Then Bathsheba bowed low with her face to the ground and, kneeling before the king, said, "May my lord King David live forever!"

32King David said, "Call in Zadok the priest, Nathan the prophet and Benaiah son of Jehoiada." When they came before the king, 33he said to them: "Take your lord's servants with you and set Solomon my son on my own mule and take him down to Gihon. 34There have Zadok the priest and Nathan the prophet anoint him king over Israel. Blow the trumpet and shout, 'Long live King Solomon!' 35Then you are to go up with him, and he is to come and sit on my throne and reign in my place. I have appointed him ruler over Israel and Judah."

36Benaiah son of Jehoiada answered the king, "Amen! May the LORD, the God of my lord the king, so declare it. 37As the LORD was with my lord the king, so may he be with Solomon to make his throne even greater than the throne of my lord King David!"

38So Zadok the priest, Nathan the prophet, Benaiah son of Jehoiada, the Kerethites and the Pelethites went down and put Solomon on King David's mule and escorted him to Gihon. 39Zadok the priest took the horn of oil from the sacred tent and anointed Solomon. Then they sounded the trumpet and all the people shouted, "Long live King Solomon!" 40And all the people went up after him, playing flutes and rejoicing greatly, so that the ground shook with the sound.

41Adonijah and all the guests who were with him heard it as they were finishing their feast. On hearing the sound of the trumpet, Joab asked, "What's the meaning of all the noise in the city?"

42Even as he was speaking, Jonathan son of Abiathar the priest arrived. Adonijah said, "Come in. A worthy man like you must be bringing good news."

43"Not at all!" Jonathan answered. "Our lord King David has made Solomon king. 44The king has sent with him Zadok the priest, Nathan the prophet, Benaiah son of Jehoiada, the Kerethites and the Pelethites,

y a los peleteos, los cuales le montaron en la mula del rey; 45y el sacerdote Sadoc y el profeta Natán lo han ungido por rey en Gihón, y de allí han subido con alegrías, y la ciudad está llena de estruendo. Este es el alboroto que habéis oído.

46También Salomón se ha sentado en el trono del reino, 47y aun los siervos del rey han venido a bendecir a nuestro señor el rey David, diciendo: Dios haga bueno el nombre de Salomón más que tu nombre, y haga mayor su trono que el tuyo. Y el rey adoró en la cama.

48Además el rey ha dicho así: Bendito sea Jehová Dios de Israel, que ha dado hoy quien se siente en mi trono, viéndolo mis ojos.

49Ellos entonces se estremecieron, y se levantaron todos los convidados que estaban con Adonías, y se fue cada uno por su camino.

50Mas Adonías, temiendo de la presencia de Salomón, se levantó y se fue, y se asió de los cuernos del altar.

51Y se lo hicieron saber a Salomón, diciendo: He aquí que Adonías tiene miedo del rey Salomón, pues se ha asido de los cuernos del altar, diciendo: Júreme hoy el rey Salomón que no matará a espada a su siervo.

52Y Salomón dijo: Si él fuere hombre de bien, ni uno de sus cabellos caerá en tierra; mas si se hallare mal en él, morirá.

53Y envió el rey Salomón, y lo trajeron del altar; y él vino, y se inclinó ante el rey Salomón. Y Salomón le dijo: Vete a tu casa.

Mandato de David a Salomón

2 1 Llegaron los días en que David había de morir, y ordenó a Salomón su hijo, diciendo:

2Yo sigo el camino de todos en la tierra; esfuérzate, y sé hombre.

3Guarda los preceptos de Jehová tu Dios, andando en sus caminos, y observando sus estatutos y mandamientos, sus decretos y sus testimonios, de la manera que está escrito en la ley de Moisés, para que prosperes en todo lo que hagas y en todo aquello que emprendas;

4para que confirme Jehová la palabra que me habló, diciendo: Si tus hijos guardaren mi camino, andando delante de mí con verdad, de todo su corazón y de toda su alma, jamás, dice, faltará a ti varón en el trono de Israel.

5Ya sabes tú lo que me ha hecho Joab hijo de Sarvia, lo que hizo a dos generales del ejército de Israel, a Abner hijo de Ner y a Amasa hijo de Jeter, a los cuales él mató, derramando en tiempo de paz la sangre de guerra, y poniendo sangre de guerra en el talabarte que tenía sobre sus lomos, y en los zapatos que tenía en sus pies.

6Tú, pues, harás conforme a tu sabiduría; no dejarás descender sus canas al Seol en paz.

7Mas a los hijos de Barzilai galaadita harás misericordia, que sean de los convidados a tu mesa; porque ellos vinieron de esta manera a mí, cuando iba huyendo de Absalón tu hermano.

8También tienes contigo a Simei hijo de Gera, hijo de Benjamín, de Bahurim, el cual me maldijo con una maldición fuerte el día que yo iba a Mahanaim. Mas él mismo descendió a recibirme al Jordán, y yo le juré por Jehová, diciendo: Yo no te mataré a espada.

9Pero ahora no lo absolverás; pues hombre sabio eres, y sabes cómo debes hacer con él; y harás descender sus canas con sangre al Seol.

and they have put him on the king's mule, 45and Zadok the priest and Nathan the prophet have anointed him king at Gihon. From there they have gone up cheering, and the city resounds with it. That's the noise you hear. 46Moreover, Solomon has taken his seat on the royal throne. 47Also, the royal officials have come to congratulate our lord King David, saying, 'May your God make Solomon's name more famous than yours and his throne greater than yours!' And the king bowed in worship on his bed 48and said, 'Praise be to the LORD, the God of Israel, who has allowed my eyes to see a successor on my throne today.' "

49At this, all Adonijah's guests rose in alarm and dispersed. 50But Adonijah, in fear of Solomon, went and took hold of the horns of the altar. 51Then Solomon was told, "Adonijah is afraid of King Solomon and is clinging to the horns of the altar. He says, 'Let King Solomon swear to me today that he will not put his servant to death with the sword.' "

52Solomon replied, "If he shows himself to be a worthy man, not a hair of his head will fall to the ground; but if evil is found in him, he will die." 53Then King Solomon sent men, and they brought him down from the altar. And Adonijah came and bowed down to King Solomon, and Solomon said, "Go to your home."

David's Charge to Solomon

2 When the time drew near for David to die, he gave a charge to Solomon his son.

2"I am about to go the way of all the earth," he said. "So be strong, show yourself a man, 3and observe what the LORD your God requires: Walk in his ways, and keep his decrees and commands, his laws and requirements, as written in the Law of Moses, so that you may prosper in all you do and wherever you go, 4and that the LORD may keep his promise to me: 'If your descendants watch how they live, and if they walk faithfully before me with all their heart and soul, you will never fail to have a man on the throne of Israel.'

5"Now you yourself know what Joab son of Zeruiah did to me—what he did to the two commanders of Israel's armies, Abner son of Ner and Amasa son of Jether. He killed them, shedding their blood in peacetime as if in battle, and with that blood stained the belt around his waist and the sandals on his feet. 6Deal with him according to your wisdom, but do not let his gray head go down to the grave c in peace.

7"But show kindness to the sons of Barzillai of Gilead and let them be among those who eat at your table. They stood by me when I fled from your brother Absalom.

8"And remember, you have with you Shimei son of Gera, the Benjamite from Bahurim, who called down bitter curses on me the day I went to Mahanaim. When he came down to meet me at the Jordan, I swore to him by the LORD: 'I will not put you to death by the sword.' 9But now, do not consider him innocent. You are a man of wisdom; you will know what to do to him. Bring his gray head down to the grave in blood."

c6 Hebrew Sheol; also in verse 9

Muerte de David

10 Y durmió David con sus padres, y fue sepultado en su ciudad.
11 Los días que reinó David sobre Israel fueron cuarenta años; siete años reinó en Hebrón, y treinta y tres años reinó en Jerusalén.
12 Y se sentó Salomón en el trono de David su padre, y su reino fue firme en gran manera.

Salomón afirma su reino

13 Entonces Adonías hijo de Haguit vino a Betsabé madre de Salomón; y ella le dijo: ¿Es tu venida de paz? El respondió: Sí, de paz.
14 En seguida dijo: Una palabra tengo que decirte. Y ella dijo: Dí.
15 El dijo: Tú sabes que el reino era mío, y que todo Israel había puesto en mí su rostro para que yo reinara; mas el reino fue traspasado, y vino a ser de mi hermano, porque por Jehová era suyo.
16 Ahora yo te hago una petición; no me la niegues. Y ella le dijo: Habla.
17 El entonces dijo: Yo te ruego que hables al rey Salomón (porque él no te lo negará), para que me dé Abisag sunamita por mujer.
18 Y Betsabé dijo: Bien; yo hablaré por ti al rey.
19 Vino Betsabé al rey Salomón para hablarle por Adonías. Y el rey se levantó a recibirla, y se inclinó ante ella, y volvió a sentarse en su trono, e hizo traer una silla para su madre, la cual se sentó a su diestra.
20 Y ella dijo: Una pequeña petición pretendo de ti; no me la niegues. Y el rey le dijo: Pide, madre mía, que yo no te la negaré.
21 Y ella dijo: Dese Abisag sunamita por mujer a tu hermano Adonías.
22 El rey Salomón respondió y dijo a su madre: ¿Por qué pides a Abisag sunamita para Adonías? Demanda también para él el reino; porque él es mi hermano mayor, y ya tiene también al sacerdote Abiatar, y a Joab hijo de Sarvia.
23 Y el rey Salomón juró por Jehová, diciendo: Así me haga Dios y aun me añada, que contra su vida ha hablado Adonías estas palabras.
24 Ahora, pues, vive Jehová, quien me ha confirmado y me ha puesto sobre el trono de David mi padre, y quien me ha hecho casa, como me había dicho, que Adonías morirá hoy.
25 Entonces el rey Salomón envió por mano de Benaía hijo de Joiada, el cual arremetió contra él, y murió.
26 Y el rey dijo al sacerdote Abiatar: Vete a Anatot, a tus heredades, pues eres digno de muerte; pero no te mataré hoy, por cuanto has llevado el arca de Jehová el Señor delante de David mi padre, y además has sido afligido en todas las cosas en que fue afligido mi padre.
27 Así echó Salomón a Abiatar del sacerdocio de Jehová, para que se cumpliese la palabra de Jehová que había dicho sobre la casa de Elí en Silo.
28 Vino la noticia a Joab; porque también Joab se había adherido a Adonías, si bien no se había adherido a Absalón. Y huyó Joab al tabernáculo de Jehová, y se asió de los cuernos del altar.
29 Y se le hizo saber a Salomón que Joab había huido al tabernáculo de Jehová, y que estaba junto al altar. Entonces envió Salomón a Benaía hijo de Joiada, diciendo: Vé, y arremete contra él.
30 Y entró Benaía al tabernáculo de Jehová, y le dijo: El rey ha dicho que salgas. Y él dijo: No, sino que aquí moriré. Y Benaía volvió con esta respuesta al rey, diciendo: Así dijo Joab, y así me respondió.

Solomon's Throne Established

10 Then David rested with his fathers and was buried in the City of David. 11 He had reigned forty years over Israel — seven years in Hebron and thirty-three in Jerusalem. 12 So Solomon sat on the throne of his father David, and his rule was firmly established.

13 Now Adonijah, the son of Haggith, went to Bathsheba, Solomon's mother. Bathsheba asked him, "Do you come peacefully?"
He answered, "Yes, peacefully." 14 Then he added, "I have something to say to you."
"You may say it," she replied.
15 "As you know," he said, "the kingdom was mine. All Israel looked to me as their king. But things changed, and the kingdom has gone to my brother; for it has come to him from the Lord. 16 Now I have one request to make of you. Do not refuse me."
"You may make it," she said.
17 So he continued, "Please ask King Solomon — he will not refuse you — to give me Abishag the Shunammite as my wife."
18 "Very well," Bathsheba replied, "I will speak to the king for you."
19 When Bathsheba went to King Solomon to speak to him for Adonijah, the king stood up to meet her, bowed down to her and sat down on his throne. He had a throne brought for the king's mother, and she sat down at his right hand.
20 "I have one small request to make of you," she said. "Do not refuse me."
The king replied, "Make it, my mother; I will not refuse you."
21 So she said, "Let Abishag the Shunammite be given in marriage to your brother Adonijah."
22 King Solomon answered his mother, "Why do you request Abishag the Shunammite for Adonijah? You might as well request the kingdom for him — after all, he is my older brother — yes, for him and for Abiathar the priest and Joab son of Zeruiah!"
23 Then King Solomon swore by the Lord: "May God deal with me, be it ever so severely, if Adonijah does not pay with his life for this request! 24 And now, as surely as the Lord lives — he who has established me securely on the throne of my father David and has founded a dynasty for me as he promised — Adonijah shall be put to death today!" 25 So King Solomon gave orders to Benaiah son of Jehoiada, and he struck down Adonijah and he died.
26 To Abiathar the priest the king said, "Go back to your fields in Anathoth. You deserve to die, but I will not put you to death now, because you carried the ark of the Sovereign Lord before my father David and shared all my father's hardships." 27 So Solomon removed Abiathar from the priesthood of the Lord, fulfilling the word the Lord had spoken at Shiloh about the house of Eli.
28 When the news reached Joab, who had conspired with Adonijah though not with Absalom, he fled to the tent of the Lord and took hold of the horns of the altar. 29 King Solomon was told that Joab had fled to the tent of the Lord and was beside the altar. Then Solomon ordered Benaiah son of Jehoiada, "Go, strike him down!"
30 So Benaiah entered the tent of the Lord and said to Joab, "The king says, 'Come out!'"
But he answered, "No, I will die here."

31 Y el rey le dijo: Haz como él ha dicho; mátale y entiérrale, y quita de mí y de la casa de mi padre la sangre que Joab ha derramado injustamente. 32 Y Jehová hará volver su sangre sobre su cabeza; porque él ha dado muerte a dos varones más justos y mejores que él, a los cuales mató a espada sin que mi padre David supiese nada: a Abner hijo de Ner, general del ejército de Israel, y a Amasa hijo de Jeter, general del ejército de Judá. 33 La sangre, pues, de ellos recaerá sobre la cabeza de Joab, y sobre la cabeza de su descendencia para siempre; mas sobre David y sobre su descendencia, y sobre su casa y sobre su trono, habrá perpetuamente paz de parte de Jehová.

34 Entonces Benaía hijo de Joiada subió y arremetió contra él, y lo mató; y fue sepultado en su casa en el desierto. 35 Y el rey puso en su lugar a Benaía hijo de Joiada sobre el ejército, y a Sadoc puso el rey por sacerdote en lugar de Abiatar.

36 Después envió el rey e hizo venir a Simei, y le dijo: Edifícate una casa en Jerusalén y mora ahí, y no salgas de allí a una parte ni a otra; 37 porque sabe de cierto que el día que salieres y pasares el torrente de Cedrón, sin duda morirás, y tu sangre será sobre tu cabeza. 38 Y Simei dijo al rey: La palabra es buena; como el rey mi señor ha dicho, así lo hará tu siervo. Y habitó Simei en Jerusalén muchos días.

39 Pero pasados tres años, aconteció que dos siervos de Simei huyeron a Aquis hijo de Maaca, rey de Gat. Y dieron aviso a Simei, diciendo: He aquí que tus siervos están en Gat. 40 Entonces Simei se levantó y ensilló su asno y fue a Aquis en Gat, para buscar a sus siervos. Fue, pues, Simei, y trajo sus siervos de Gat.

41 Luego fue dicho a Salomón que Simei había ido de Jerusalén hasta Gat, y que había vuelto. 42 Entonces el rey envió e hizo venir a Simei, y le dijo: ¿No te hice jurar yo por Jehová, y te protesté diciendo: El día que salieres y fueres acá o allá, sabe de cierto que morirás? Y tú me dijiste: La palabra es buena, yo la obedezco. 43 ¿Por qué, pues, no guardaste el juramento de Jehová, y el mandamiento que yo te impuse? 44 Dijo además el rey a Simei: Tú sabes todo el mal, el cual tu corazón bien sabe, que cometiste contra mi padre David; Jehová, pues, ha hecho volver el mal sobre tu cabeza. 45 Y el rey Salomón será bendito, y el trono de David será firme perpetuamente delante de Jehová. 46 Entonces el rey mandó a Benaía hijo de Joiada, el cual salió y lo hirió, y murió.

Y el reino fue confirmado en la mano de Salomón.

Salomón se casa con la hija de Faraón

3 1 Salomón hizo parentesco con Faraón rey de Egipto, pues tomó la hija de Faraón, y la trajo a la ciudad de David, entre tanto que acababa de edificar su casa, y la casa de Jehová, y los muros de Jerusalén alrededor. 2 Hasta entonces el pueblo sacrificaba en los lugares altos; porque no había casa edificada al nombre de Jehová hasta aquellos tiempos.

Benaiah reported to the king, "This is how Joab answered me." 31 Then the king commanded Benaiah, "Do as he says. Strike him down and bury him, and so clear me and my father's house of the guilt of the innocent blood that Joab shed. 32 The Lord will repay him for the blood he shed, because without the knowledge of my father David he attacked two men and killed them with the sword. Both of them—Abner son of Ner, commander of Israel's army, and Amasa son of Jether, commander of Judah's army—were better men and more upright than he. 33 May the guilt of their blood rest on the head of Joab and his descendants forever. But on David and his descendants, his house and his throne, may there be the Lord's peace forever."

34 So Benaiah son of Jehoiada went up and struck down Joab and killed him, and he was buried on his own land d in the desert. 35 The king put Benaiah son of Jehoiada over the army in Joab's position and replaced Abiathar with Zadok the priest.

36 Then the king sent for Shimei and said to him, "Build yourself a house in Jerusalem and live there, but do not go anywhere else. 37 The day you leave and cross the Kidron Valley, you can be sure you will die; your blood will be on your own head." 38 Shimei answered the king, "What you say is good. Your servant will do as my lord the king has said." And Shimei stayed in Jerusalem for a long time.

39 But three years later, two of Shimei's slaves ran off to Achish son of Maacah, king of Gath, and Shimei was told, "Your slaves are in Gath." 40 At this, he saddled his donkey and went to Achish at Gath in search of his slaves. So Shimei went away and brought the slaves back from Gath.

41 When Solomon was told that Shimei had gone from Jerusalem to Gath and had returned, 42 the king summoned Shimei and said to him, "Did I not make you swear by the Lord and warn you, 'On the day you leave to go anywhere else, you can be sure you will die'? At that time you said to me, 'What you say is good. I will obey.' 43 Why then did you not keep your oath to the Lord and obey the command I gave you?" 44 The king also said to Shimei, "You know in your heart all the wrong you did to my father David. Now the Lord will repay you for your wrongdoing. 45 But King Solomon will be blessed, and David's throne will remain secure before the Lord forever."

46 Then the king gave the order to Benaiah son of Jehoiada, and he went out and struck Shimei down and killed him.

The kingdom was now firmly established in Solomon's hands.

Solomon Asks for Wisdom

3 Solomon made an alliance with Pharaoh king of Egypt and married his daughter. He brought her to the City of David until he finished building his palace and the temple of the Lord, and the wall around Jerusalem. 2 The people, however, were still sacrificing at the high places, because a temple had not yet been

---

d 34 Or *buried in his tomb*

Salomón pide sabiduría

3 Mas Salomón amó a Jehová, andando en los estatutos de su padre David; solamente sacrificaba y quemaba incienso en los lugares altos.

4 E iba el rey a Gabaón, porque aquél era el lugar alto principal, y sacrificaba allí; mil holocaustos sacrificaba Salomón sobre aquel altar.

5 Y se le apareció Jehová a Salomón en Gabaón una noche en sueños, y le dijo Dios: Pide lo que quieras que yo te dé.

6 Y Salomón dijo: Tú hiciste gran misericordia a tu siervo David mi padre, porque él anduvo delante de ti en verdad, en justicia, y con rectitud de corazón para contigo; y tú le has reservado esta tu gran misericordia, en que le diste hijo que se sentase en su trono, como sucede en este día.

7 Ahora pues, Jehová Dios mío, tú me has puesto a mí tu siervo por rey en lugar de David mi padre; y yo soy joven, y no sé cómo entrar ni salir.

8 Y tu siervo está en medio de tu pueblo al cual tú escogiste; un pueblo grande, que no se puede contar ni numerar por su multitud.

9 Da, pues, a tu siervo corazón entendido para juzgar a tu pueblo, y para discernir entre lo bueno y lo malo; porque ¿quién podrá gobernar este tu pueblo tan grande?

10 Y agradó delante del Señor que Salomón pidiese esto.

11 Y le dijo Dios: Porque has demandado esto, y no pediste para ti muchos días, ni pediste para ti riquezas, ni pediste la vida de tus enemigos, sino que demandaste para ti inteligencia para oír juicio,

12 he aquí lo he hecho conforme a tus palabras; he aquí que te he dado corazón sabio y entendido, tanto que no ha habido antes de ti otro como tú, ni después de ti se levantará otro como tú.

13 Y aun también te he dado las cosas que no pediste, riquezas y gloria, de tal manera que entre los reyes ninguno haya como tú en todos tus días.

14 Y si anduvieres en mis caminos, guardando mis estatutos y mis mandamientos, como anduvo David tu padre, yo alargaré tus días.

15 Cuando Salomón despertó, vio que era sueño; y vino a Jerusalén, y se presentó delante del arca del pacto de Jehová, y sacrificó holocaustos y ofreció sacrificios de paz, e hizo también banquete a todos sus siervos.

Sabiduría y prosperidad de Salomón

16 En aquel tiempo vinieron al rey dos mujeres rameras, y se presentaron delante de él.

17 Y dijo una de ellas: ¡Ah, señor mío! Yo y esta mujer morábamos en una misma casa, y yo di a luz estando con ella en la casa.

18 Aconteció al tercer día después de dar yo a luz, que ésta dio a luz también, y morábamos nosotras juntas; ninguno de fuera estaba en casa, sino nosotras dos en la casa.

19 Y una noche el hijo de esta mujer murió, porque ella se acostó sobre él.

20 Y se levantó a medianoche y tomó a mi hijo de junto a mí, estando yo tu sierva durmiendo, y lo puso a su lado, y puso al lado mío su hijo muerto.

21 Y cuando yo me levanté de madrugada para dar el pecho a mi hijo, he aquí que estaba muerto; pero lo observé por la mañana, y vi que no era mi hijo, el que yo había dado a luz.

22 Entonces la otra mujer dijo: No; mi hijo es el que vive, y tu hijo es el muerto. Y la otra volvió a decir: No; tu hijo es el muerto, y mi hijo es el que vive. Así hablaban delante del rey.

23 El rey entonces dijo: Esta dice: Mi hijo es el que vive, y tu hijo es el muerto; y la otra dice: No, mas el tuyo es el muerto, y mi hijo es el que vive.

built for the Name of the LORD. 3Solomon showed his love for the LORD by walking according to the statutes of his father David, except that he offered sacrifices and burned incense on the high places.

4The king went to Gibeon to offer sacrifices, for that was the most important high place, and Solomon offered a thousand burnt offerings on that altar. 5At Gibeon the LORD appeared to Solomon during the night in a dream, and God said, "Ask for whatever you want me to give you."

6Solomon answered, "You have shown great kindness to your servant, my father David, because he was faithful to you and righteous and upright in heart. You have continued this great kindness to him and have given him a son to sit on his throne this very day.

7"Now, O LORD my God, you have made your servant king in place of my father David. But I am only a little child and do not know how to carry out my duties. 8Your servant is here among the people you have chosen, a great people, too numerous to count or number. 9So give your servant a discerning heart to govern your people and to distinguish between right and wrong. For who is able to govern this great people of yours?"

10The Lord was pleased that Solomon had asked for this. 11So God said to him, "Since you have asked for this and not for long life or wealth for yourself, nor have asked for the death of your enemies but for discernment in administering justice, 12I will do what you have asked. I will give you a wise and discerning heart, so that there will never have been anyone like you, nor will there ever be. 13Moreover, I will give you what you have not asked for—both riches and honor—so that in your lifetime you will have no equal among kings. 14And if you walk in my ways and obey my statutes and commands as David your father did, I will give you a long life." 15Then Solomon awoke— and he realized it had been a dream.

He returned to Jerusalem, stood before the ark of the Lord's covenant and sacrificed burnt offerings and fellowship offerings.e Then he gave a feast for all his court.

A Wise Ruling

16Now two prostitutes came to the king and stood before him. 17One of them said, "My lord, this woman and I live in the same house. I had a baby while she was there with me. 18The third day after my child was born, this woman also had a baby. We were alone; there was no one in the house but the two of us.

19"During the night this woman's son died because she lay on him. 20So she got up in the middle of the night and took my son from my side while I your servant was asleep. She put him by her breast and put her dead son by my breast. 21The next morning, I got up to nurse my son—and he was dead! But when I looked at him closely in the morning light, I saw that it wasn't the son I had borne."

22The other woman said, "No! The living one is my son; the dead one is yours."

But the first one insisted, "No! The dead one is yours; the living one is mine." And so they argued before the king.

23The king said, "This one says, 'My son is alive and your son is dead,' while that one says, 'No! Your son is dead and mine is alive.'"

e 15 Traditionally *peace offerings*

24 Y dijo el rey: Traedme una espada. Y trajeron al rey una espada.
25 En seguida el rey dijo: Partid por medio al niño vivo, y dad la mitad a la una, y la otra mitad a la otra.
26 Entonces la mujer de quien era el hijo vivo, habló al rey (porque sus entrañas se le conmovieron por su hijo), y dijo: ¡Ah, señor mío! dad a ésta el niño vivo, y no lo matéis. Mas la otra dijo: Ni a mí ni a ti; partidlo.
27 Entonces el rey respondió y dijo: Dad a aquélla el hijo vivo, y no lo matéis; ella es su madre.
28 Y todo Israel oyó aquel juicio que había dado el rey; y temieron al rey, porque vieron que había en él sabiduría de Dios para juzgar.

4 1 Reinó, pues, el rey Salomón sobre todo Israel.
2 Y estos fueron los jefes que tuvo: Azarías hijo del sacerdote Sadoc;
3 Elihoref y Ahías, hijos de Sisa, secretarios; Josafat hijo de Ahilud, canciller;
4 Benaía hijo de Joiada sobre el ejército; Sadoc y Abiatar, los sacerdotes;
5 Azarías hijo de Natán, sobre los gobernadores; Zabud hijo de Natán, ministro principal y amigo del rey;
6 Ahisar, mayordomo; y Adoniram hijo de Abda, sobre el tributo.
7 Tenía Salomón doce gobernadores sobre todo Israel, los cuales mantenían al rey y a su casa. Cada uno de ellos estaba obligado a abastecerlo por un mes en el año.
8 Y estos son los nombres de ellos: el hijo de Hur en el monte de Efraín;
9 el hijo de Decar en Macaz, en Saalbim, en Bet-semes, en Elón y en Bet-hanán;
10 el hijo de Hesed en Arubot; éste tenía también a Soco y toda la tierra de Hefer;
11 el hijo de Abinadab en todos los territorios de Dor; éste tenía por mujer a Tafat hija de Salomón;
12 Baana hijo de Ahilud en Taanac y Meguido, en toda Bet-seán, que está cerca de Saretán, más abajo de Jezreel, desde Bet-seán hasta Abel-mehola, y hasta el otro lado de Jocmeam;
13 el hijo de Geber en Ramot de Galaad; éste tenía también las ciudades de Jair hijo de Manasés, las cuales estaban en Galaad; tenía también la provincia de Argob que estaba en Basán, sesenta grandes ciudades con muro y cerraduras de bronce;
14 Ahinadab hijo de Iddo en Mahanaim;
15 Ahimaas en Neftalí; éste tomó también por mujer a Basemat hija de Salomón;
16 Baana hijo de Husai, en Aser y en Alot;
17 Josafat hijo de Parúa, en Isacar;
18 Simei hijo de Ela, en Benjamín;
19 Geber hijo de Uri, en la tierra de Galaad, la tierra de Sehón rey de los amorreos y de Og rey de Basán; éste era el único gobernador en aquella tierra.

24 Then the king said, "Bring me a sword." So they brought a sword for the king. 25 He then gave an order: "Cut the living child in two and give half to one and half to the other."
26 The woman whose son was alive was filled with compassion for her son and said to the king, "Please, my lord, give her the living baby! Don't kill him!"
But the other said, "Neither I nor you shall have him. Cut him in two!"
27 Then the king gave his ruling: "Give the living baby to the first woman. Do not kill him; she is his mother."
28 When all Israel heard the verdict the king had given, they held the king in awe, because they saw that he had wisdom from God to administer justice.

Solomon's Officials and Governors

4 So King Solomon ruled over all Israel. 2 And these were his chief officials:

Azariah son of Zadok—the priest;
3 Elihoreph and Ahijah, sons of Shisha—secretaries;
Jehoshaphat son of Ahilud—recorder;
4 Benaiah son of Jehoiada—commander in chief;
Zadok and Abiathar—priests;
5 Azariah son of Nathan—in charge of the district officers;
Zabud son of Nathan—a priest and personal adviser to the king;
6 Ahishar—in charge of the palace;
Adoniram son of Abda—in charge of forced labor.

7 Solomon also had twelve district governors over all Israel, who supplied provisions for the king and the royal household. Each one had to provide supplies for one month in the year. 8 These are their names:

Ben-Hur—in the hill country of Ephraim;
9 Ben-Deker—in Makaz, Shaalbim, Beth Shemesh and Elon Bethhanan;
10 Ben-Hesed—in Arubboth (Socoh and all the land of Hepher were his);
11 Ben-Abinadab—in Naphoth Dor*f* (he was married to Taphath daughter of Solomon);
12 Baana son of Ahilud—in Taanach and Megiddo, and in all of Beth Shan next to Zarethan below Jezreel, from Beth Shan to Abel Meholah across to Jokmeam;
13 Ben-Geber—in Ramoth Gilead (the settlements of Jair son of Manasseh in Gilead were his, as well as the district of Argob in Bashan and its sixty large walled cities with bronze gate bars);
14 Ahinadab son of Iddo—in Mahanaim;
15 Ahimaaz—in Naphtali (he had married Basemath daughter of Solomon);
16 Baana son of Hushai—in Asher and in Aloth;
17 Jehoshaphat son of Paruah—in Issachar;
18 Shimei son of Ela—in Benjamin;
19 Geber son of Uri—in Gilead (the country of Sihon king of the Amorites and the country of Og king of Bashan). He was the only governor over the district.

f11 Or in the heights of Dor

20 Judá e Israel eran muchos, como la arena que está junto al mar en multitud, comiendo, bebiendo y alegrándose.
21 Y Salomón señoreaba sobre todos los reinos desde el Eufrates hasta la tierra de los filisteos y el límite con Egipto; y traían presentes, y sirvieron a Salomón todos los días que vivió.
22 Y la provisión de Salomón para cada día era de treinta coros de flor de harina, sesenta coros de harina,
23 diez bueyes gordos, veinte bueyes de pasto y cien ovejas; sin los ciervos, gacelas, corzos y aves gordas.
24 Porque él señoreaba en toda la región al oeste del Eufrates, desde Tifsa hasta Gaza, sobre todos los reyes al oeste del Eufrates; y tuvo paz por todos lados alrededor.
25 Y Judá e Israel vivían seguros, cada uno debajo de su parra y debajo de su higuera, desde Dan hasta Beerseba, todos los días de Salomón.
26 Además de esto, Salomón tenía cuarenta mil caballos en sus caballerizas para sus carros, y doce mil jinetes.
27 Y estos gobernadores mantenían al rey Salomón, y a todos los que a la mesa del rey Salomón venían, cada uno un mes, y hacían que nada faltase.
28 Hacían también traer cebada y paja para los caballos y para las bestias de carga, al lugar donde él estaba, cada uno conforme al turno que tenía.
29 Y Dios dio a Salomón sabiduría y prudencia muy grandes, y anchura de corazón como la arena que está a la orilla del mar.
30 Era mayor la sabiduría de Salomón que la de todos los orientales, y que toda la sabiduría de los egipcios.
31 Aun fue más sabio que todos los hombres, más que Etán ezraíta, y que Hemán, Calcol y Darda, hijos de Mahol; y fue conocido entre todas las naciones de alrededor.
32 Y compuso tres mil proverbios, y sus cantares fueron mil cinco.
33 También disertó sobre los árboles, desde el cedro del Líbano hasta el hisopo que nace en la pared. Asimismo disertó sobre los animales, sobre las aves, sobre los reptiles y sobre los peces.
34 Y para oir la sabiduría de Salomón venían de todos los pueblos y de todos los reyes de la tierra, adonde había llegado la fama de su sabiduría.

Pacto de Salomón con Hiram

5 1 Hiram rey de Tiro envió también sus siervos a Salomón, luego que oyó que lo habían ungido por rey en lugar de su padre; porque Hiram siempre había amado a David.
2 Entonces Salomón envió a decir a Hiram:
3 Tú sabes que mi padre David no pudo edificar casa al nombre de Jehová su Dios, por las guerras que le rodearon, hasta que Jehová puso sus enemigos bajo las plantas de sus pies.
4 Ahora Jehová mi Dios me ha dado paz por todas partes; pues ni hay adversarios, ni mal que temer.
5 Yo; por tanto, he determinado ahora edificar casa al nombre de Jehová mi Dios, según lo que Jehová habló a David mi padre, diciendo: Tu hijo, a quien yo pondré en lugar tuyo en tu trono, él edificará casa a mi nombre.

Solomon's Daily Provisions

20 The people of Judah and Israel were as numerous as the sand on the seashore; they ate, they drank and they were happy. 21 And Solomon ruled over all the kingdoms from the River *g* to the land of the Philistines, as far as the border of Egypt. These countries brought tribute and were Solomon's subjects all his life.
22 Solomon's daily provisions were thirty cors *h* of fine flour and sixty cors *i* of meal, 23 ten head of stall-fed cattle, twenty of pasture-fed cattle and a hundred sheep and goats, as well as deer, gazelles, roebucks and choice fowl. 24 For he ruled over all the kingdoms west of the River, from Tiphsah to Gaza, and had peace on all sides. 25 During Solomon's lifetime Judah and Israel, from Dan to Beersheba, lived in safety, each man under his own vine and fig tree.
26 Solomon had four *j* thousand stalls for chariot horses, and twelve thousand horses. *k*
27 The district officers, each in his month, supplied provisions for King Solomon and all who came to the king's table. They saw to it that nothing was lacking.
28 They also brought to the proper place their quotas of barley and straw for the chariot horses and the other horses.

Solomon's Wisdom

29 God gave Solomon wisdom and very great insight, and a breadth of understanding as measureless as the sand on the seashore. 30 Solomon's wisdom was greater than the wisdom of all the men of the East, and greater than all the wisdom of Egypt. 31 He was wiser than any other man, including Ethan the Ezrahite—wiser than Heman, Calcol and Darda, the sons of Mahol. And his fame spread to all the surrounding nations. 32 He spoke three thousand proverbs and his songs numbered a thousand and five. 33 He described plant life, from the cedar of Lebanon to the hyssop that grows out of walls. He also taught about animals and birds, reptiles and fish. 34 Men of all nations came to listen to Solomon's wisdom, sent by all the kings of the world, who had heard of his wisdom.

Preparations for Building the Temple

5 When Hiram king of Tyre heard that Solomon had been anointed king to succeed his father David, he sent his envoys to Solomon, because he had always been on friendly terms with David. 2 Solomon sent back this message to Hiram:

3 "You know that because of the wars waged against my father David from all sides, he could not build a temple for the Name of the LORD his God until the LORD put his enemies under his feet. 4 But now the LORD my God has given me rest on every side, and there is no adversary or disaster. 5 I intend, therefore, to build a temple for the Name of the LORD my God, as the LORD told my father David, when he said, 'Your son whom I will put on the throne in your place will build the temple for my Name.'

---

g 21 That is, the Euphrates; also in verse 24   *h 22* That is, probably about 185 bushels (about 6.6 kiloliters)   *i 22* That is, probably about 375 bushels (about 13.2 kiloliters)   *j 26* Some Septuagint manuscripts (see also 2 Chron. 9:25); Hebrew *forty*   *k 26* Or *charioteers*

6 Manda, pues, ahora, que me corten cedros del Líbano; y mis siervos estarán con los tuyos, y yo te daré por tus siervos el salario que tú dijeres; porque tú sabes bien que ninguno hay entre nosotros que sepa labrar madera como los sidonios.

7 Cuando Hiram oyó las palabras de Salomón, se alegró en gran manera, y dijo: Bendito sea hoy Jehová, que dio hijo sabio a David sobre este pueblo tan grande.

8 Y envió Hiram a decir a Salomón: He oído lo que me mandaste a decir; yo haré todo lo que te plazca acerca de la madera de cedro y la madera de ciprés.

9 Mis siervos la llevarán desde el Líbano al mar, y la enviaré en balsas por mar hasta el lugar que tú me señales, y allí se desatará, y tú la tomarás; y tú cumplirás mi deseo al dar de comer a mi familia.

10 Dio, pues, Hiram a Salomón madera de cedro y madera de ciprés, toda la que quiso.

11 Y Salomón daba a Hiram veinte mil coros de trigo para el sustento de su familia, y veinte coros de aceite puro; esto daba Salomón a Hiram cada año.

12 Jehová, pues, dio a Salomón sabiduría como le había dicho; y hubo paz entre Hiram y Salomón, e hicieron pacto entre ambos.

13 Y el rey Salomón decretó leva en todo Israel, y la leva fue de treinta mil hombres,

14 los cuales enviaba al Líbano de diez mil en diez mil, cada mes por turno, viniendo así a estar un mes en el Líbano, y dos meses en sus casas; y Adoniram estaba encargado de aquella leva.

15 Tenía también Salomón setenta mil que llevaban las cargas, y ochenta mil cortadores en el monte;

16 sin los principales oficiales de Salomón que estaban sobre la obra, tres mil trescientos, los cuales tenían a cargo el pueblo que hacía la obra.

17 Y mandó el rey que trajesen piedras grandes, piedras costosas, para los cimientos de la casa, y piedras labradas.

18 Y los albañiles de Salomón y los de Hiram, y los hombres de Gebal, cortaron y prepararon la madera y la cantería para labrar la casa.

Salomón edifica el templo

6 1 En el año cuatrocientos ochenta después que los hijos de Israel salieron de Egipto, el cuarto año del principio del reino de Salomón sobre Israel, en el mes de Zif, que es el mes segundo, comenzó él a edificar la casa de Jehová.

2 La casa que el rey Salomón edificó a Jehová tenía sesenta codos de largo y veinte de ancho, y treinta codos de alto.

3 Y el pórtico delante del templo de la casa tenía veinte codos de largo a lo ancho de la casa, y el ancho delante de la casa era de diez codos.

4 E hizo a la casa ventanas anchas por dentro y estrechas por fuera.

5 Edificó también junto al muro de la casa aposentos alrededor, contra las paredes de la casa alrededor del templo y del lugar santísimo; e hizo cámaras laterales alrededor.

6 "So give orders that cedars of Lebanon be cut for me. My men will work with yours, and I will pay your men whatever wages you set. You know that we have no one so skilled in felling timber as the Sidonians."

7 When Hiram heard Solomon's message, he was greatly pleased and said, "Praise be to the Lord today, for he has given David a wise son to rule over this great nation."

8 So Hiram sent word to Solomon:

"I have received the message you sent me and will do all you want in providing the cedar and pine logs. 9 My men will haul them down from Lebanon to the sea, and I will float them in rafts by sea to the place you specify. There I will separate them and you can take them away. And you are to grant my wish by providing food for my royal household."

10 In this way Hiram kept Solomon supplied with all the cedar and pine logs he wanted, 11 and Solomon gave Hiram twenty thousand cors*l* of wheat as food for his household, in addition to twenty thousand baths*m, n* of pressed olive oil. Solomon continued to do this for Hiram year after year. 12 The Lord gave Solomon wisdom, just as he had promised him. There were peaceful relations between Hiram and Solomon, and the two of them made a treaty.

13 King Solomon conscripted laborers from all Israel—thirty thousand men. 14 He sent them off to Lebanon in shifts of ten thousand a month, so that they spent one month in Lebanon and two months at home. Adoniram was in charge of the forced labor. 15 Solomon had seventy thousand carriers and eighty thousand stonecutters in the hills, 16 as well as thirty-three hundred*o* foremen who supervised the project and directed the workmen. 17 At the king's command they removed from the quarry large blocks of quality stone to provide a foundation of dressed stone for the temple. 18 The craftsmen of Solomon and Hiram and the men of Gebal*p* cut and prepared the timber and stone for the building of the temple.

Solomon Builds the Temple

6 In the four hundred and eightieth*q* year after the Israelites had come out of Egypt, in the fourth year of Solomon's reign over Israel, in the month of Ziv, the second month, he began to build the temple of the Lord.

2 The temple that King Solomon built for the Lord was sixty cubits long, twenty wide and thirty high.*r* 3 The portico at the front of the main hall of the temple extended the width of the temple, that is twenty cubits,*s* and projected ten cubits*t* from the front of the temple. 4 He made narrow clerestory windows in the temple. 5 Against the walls of the main hall and inner sanctuary he built a structure around the building, in

---

l 11 That is, probably about 125,000 bushels (about 4,400 kiloliters)   *m 11* Septuagint (see also 2 Chron. 2:10); Hebrew *twenty cors*   *n 11* That is, about 115,000 gallons (about 440 kiloliters)   *o 16* Hebrew; some Septuagint manuscripts (see also 2 Chron. 2:2, 18) *thirty-six hundred*   *p 18* That is, Byblos   *q 1* Hebrew; Septuagint *four hundred and fortieth*   *r 2* That is, about 90 feet (about 27 meters) long and 30 feet (about 9 meters) wide and 45 feet (about 13.5 meters) high   *s 3* That is, about 30 feet (about 9 meters)   *t 3* That is, about 15 feet (about 4.5 meters)

6 El aposento de abajo era de cinco codos de ancho, el de en medio de seis codos de ancho, y el tercero de siete codos de ancho; porque por fuera había hecho disminuciones a la casa alrededor, para no empotrar las vigas en las paredes de la casa.

7 Y cuando se edificó la casa, la fabricaron de piedras que traían ya acabadas, de tal manera que cuando la edificaban, ni martillos ni hachas se oyeron en la casa, ni ningún otro instrumento de hierro.

8 La puerta del aposento de en medio estaba al lado derecho de la casa; y se subía por una escalera de caracol al de en medio, y del aposento de en medio al tercero.

9 Labró, pues, la casa, y la terminó; y la cubrió con artesonados de cedro.

10 Edificó asimismo el aposento alrededor de toda la casa, de altura de cinco codos, el cual se apoyaba en la casa con maderas de cedro.

11 Y vino palabra de Jehová a Salomón, diciendo:

12 Con relación a esta casa que tú edificas, si anduvieres en mis estatutos e hicieres mis decretos, y guardares todos mis mandamientos andando en ellos, yo cumpliré contigo mi palabra que hablé a David tu padre;

13 y habitaré en ella en medio de los hijos de Israel, y no dejaré a mi pueblo Israel.

14 Así, pues, Salomón labró la casa y la terminó.

15 Y cubrió las paredes de la casa con tablas de cedro, revistiéndola de madera por dentro, desde el suelo de la casa hasta las vigas de la techumbre; cubrió también el pavimento con madera de ciprés.

16 Asimismo hizo al final de la casa un edificio de veinte codos, de tablas de cedro desde el suelo hasta lo más alto; así hizo en la casa un aposento que es el lugar santísimo.

17 La casa, esto es, el templo de adelante, tenía cuarenta codos.

18 Y la casa estaba cubierta de cedro por dentro, y tenía entalladuras de calabazas silvestres y de botones de flores. Todo era cedro; ninguna piedra se veía.

19 Y adornó el lugar santísimo por dentro en medio de la casa, para poner allí el arca del pacto de Jehová.

20 El lugar santísimo estaba en la parte de adentro, el cual tenía veinte codos de largo, veinte de ancho, y veinte de altura; y lo cubrió de oro purísimo; asimismo cubrió de oro el altar de cedro.

21 De manera que Salomón cubrió de oro puro la casa por dentro, y cerró la entrada del santuario con cadenas de oro, y lo cubrió de oro.

22 Cubrió, pues, de oro toda la casa de arriba abajo, y asimismo cubrió de oro todo el altar que estaba frente al lugar santísimo.

23 Hizo también en el lugar santísimo dos querubines de madera de olivo, cada uno de diez codos de altura.

24 Una ala del querubín tenía cinco codos, y la otra ala del querubín otros cinco codos; así que había diez codos desde la punta de una ala hasta la punta de la otra.

25 Asimismo el otro querubín tenía diez codos; porque ambos querubines eran de un mismo tamaño y de una misma hechura.

26 La altura del uno era de diez codos, y asimismo la del otro.

27 Puso estos querubines dentro de la casa en el lugar santísimo, los cuales extendían sus alas, de modo que el ala de uno tocaba una pared, y el ala del otro tocaba la otra pared, y las otras dos alas se tocaban la una a la otra en medio de la casa.

28 Y cubrió de oro los querubines.

29 Y esculpió todas las paredes de la casa alrededor de diversas figuras, de querubines, de palmeras y de botones de flores, por dentro y por fuera.

which there were side rooms. 6 The lowest floor was five cubits[u] wide, the middle floor six cubits[v] and the third floor seven.[w] He made offset ledges around the outside of the temple so that nothing would be inserted into the temple walls.

7 In building the temple, only blocks dressed at the quarry were used, and no hammer, chisel or any other iron tool was heard at the temple site while it was being built.

8 The entrance to the lowest[x] floor was on the south side of the temple; a stairway led up to the middle level and from there to the third. 9 So he built the temple and completed it, roofing it with beams and cedar planks. 10 And he built the side rooms all along the temple. The height of each was five cubits, and they were attached to the temple by beams of cedar.

11 The word of the LORD came to Solomon: 12 "As for this temple you are building, if you follow my decrees, carry out my regulations and keep all my commands and obey them, I will fulfill through you the promise I gave to David your father. 13 And I will live among the Israelites and will not abandon my people Israel."

14 So Solomon built the temple and completed it. 15 He lined its interior walls with cedar boards, paneling them from the floor of the temple to the ceiling, and covered the floor of the temple with planks of pine. 16 He partitioned off twenty cubits[y] at the rear of the temple with cedar boards from floor to ceiling to form within the temple an inner sanctuary, the Most Holy Place. 17 The main hall in front of this room was forty cubits[z] long. 18 The inside of the temple was cedar, carved with gourds and open flowers. Everything was cedar; no stone was to be seen.

19 He prepared the inner sanctuary within the temple to set the ark of the covenant of the LORD there. 20 The inner sanctuary was twenty cubits long, twenty wide and twenty high.[a] He overlaid the inside with pure gold, and he also overlaid the altar of cedar. 21 Solomon covered the inside of the temple with pure gold, and he extended gold chains across the front of the inner sanctuary, which was overlaid with gold. 22 So he overlaid the whole interior with gold. He also overlaid with gold the altar that belonged to the inner sanctuary.

23 In the inner sanctuary he made a pair of cherubim of olive wood, each ten cubits[b] high. 24 One wing of the first cherub was five cubits long, and the other wing five cubits—ten cubits from wing tip to wing tip. 25 The second cherub also measured ten cubits, for the two cherubim were identical in size and shape. 26 The height of each cherub was ten cubits. 27 He placed the cherubim inside the innermost room of the temple, with their wings spread out. The wing of one cherub touched one wall, while the wing of the other touched the other wall, and their wings touched each other in the middle of the room. 28 He overlaid the cherubim with gold.

29 On the walls all around the temple, in both the inner and outer rooms, he carved cherubim, palm trees and open flowers. 30 He also covered the floors of both

u 6 That is, about 7 1/2 feet (about 2.3 meters); also in verses 10 and 24   v 6 That is, about 9 feet (about 2.7 meters)   w 6 That is, about 10 1/2 feet (about 3.1 meters)   x 8 Septuagint; Hebrew middle   y 16 That is, about 30 feet (about 9 meters)   z 17 That is, about 60 feet (about 18 meters)   a 20 That is, about 30 feet (about 9 meters) long, wide and high   b 23 That is, about 15 feet (about 4.5 meters)

30 Y cubrió de oro el piso de la casa, por dentro y por fuera.

31 A la entrada del santuario hizo puertas de madera de olivo; y el umbral y los postes eran de cinco esquinas.

32 Las dos puertas eran de madera de olivo; y talló en ellas figuras de querubines, de palmeras y de botones de flores, y las cubrió de oro; cubrió también de oro los querubines y las palmeras.

33 Igualmente hizo a la puerta del templo postes cuadrados de madera de olivo.

34 Pero las dos puertas eran de madera de ciprés; y las dos hojas de una puerta giraban, y las otras dos hojas de la otra puerta también giraban.

35 Y talló en ellas querubines y palmeras y botones de flores, y las cubrió de oro ajustado a las talladuras.

36 Y edificó el atrio interior de tres hileras de piedras labradas, y de una hilera de vigas de cedro.

37 En el cuarto año, en el mes de Zif, se echaron los cimientos de la casa de Jehová.

38 Y en el undécimo año, en el mes de Bul, que es el mes octavo, fue acabada la casa con todas sus dependencias, y con todo lo necesario. La edificó, pues, en siete años.

Otros edificios de Salomón

7 1 Después edificó Salomón su propia casa en trece años, y la terminó toda.

2 Asimismo edificó la casa del bosque del Líbano, la cual tenía cien codos de longitud, cincuenta codos de anchura y treinta codos de altura, sobre cuatro hileras de columnas de cedro, con vigas de cedro sobre las columnas.

3 Y estaba cubierta de tablas de cedro arriba sobre las vigas, que se apoyaban en cuarenta y cinco columnas; cada hilera tenía quince columnas.

4 Y había tres hileras de ventanas, una ventana contra la otra en tres hileras.

5 Todas las puertas y los postes eran cuadrados; y unas ventanas estaban frente a las otras en tres hileras.

6 También hizo un pórtico de columnas, que tenía cincuenta codos de largo y treinta codos de ancho; y este pórtico estaba delante de las primeras, con sus columnas y maderos correspondientes.

7 Hizo asimismo el pórtico del trono en que había de juzgar, el pórtico del juicio, y lo cubrió de cedro del suelo al techo.

8 Y la casa en que él moraba, en otro atrio dentro del pórtico, era de obra semejante a ésta. Edificó también Salomón para la hija de Faraón, que había tomado por mujer, una casa de hechura semejante a la del pórtico.

9 Todas aquellas obras fueron de piedras costosas, cortadas y ajustadas con sierras según las medidas, así por dentro como por fuera, desde el cimiento hasta los remates, y asimismo por fuera hasta el gran atrio.

10 El cimiento era de piedras costosas, piedras grandes, piedras de diez codos y piedras de ocho codos.

11 De allí hacia arriba eran también piedras costosas, labradas conforme a sus medidas, y madera de cedro.

12 Y en el gran atrio alrededor había tres hileras de piedras labradas, y una hilera de vigas de cedro; y así también el atrio interior de la casa de Jehová, y el atrio de la casa.

Salomón emplea a Hiram, de Tiro

13 Y envió el rey Salomón, e hizo venir de Tiro a Hiram,

the inner and outer rooms of the temple with gold.

31For the entrance of the inner sanctuary he made doors of olive wood with five-sided jambs. 32And on the two olive wood doors he carved cherubim, palm trees and open flowers, and overlaid the cherubim and palm trees with beaten gold. 33In the same way he made four-sided jambs of olive wood for the entrance to the main hall. 34He also made two pine doors, each having two leaves that turned in sockets. 35He carved cherubim, palm trees and open flowers on them and overlaid them with gold hammered evenly over the carvings.

36And he built the inner courtyard of three courses of dressed stone and one course of trimmed cedar beams.

37The foundation of the temple of the LORD was laid in the fourth year, in the month of Ziv. 38In the eleventh year in the month of Bul, the eighth month, the temple was finished in all its details according to its specifications. He had spent seven years building it.

Solomon Builds His Palace

7 It took Solomon thirteen years, however, to complete the construction of his palace. 2He built the Palace of the Forest of Lebanon a hundred cubits long, fifty wide and thirty high,c with four rows of cedar columns supporting trimmed cedar beams. 3It was roofed with cedar above the beams that rested on the columns—forty-five beams, fifteen to a row. 4Its windows were placed high in sets of three, facing each other. 5All the doorways had rectangular frames; they were in the front part in sets of three, facing each other.d

6He made a colonnade fifty cubits long and thirty wide.e In front of it was a portico, and in front of that were pillars and an overhanging roof.

7He built the throne hall, the Hall of Justice, where he was to judge, and he covered it with cedar from floor to ceiling.f 8And the palace in which he was to live, set farther back, was similar in design. Solomon also made a palace like this hall for Pharaoh's daughter, whom he had married.

9All these structures, from the outside to the great courtyard and from foundation to eaves, were made of blocks of high-grade stone cut to size and trimmed with a saw on their inner and outer faces. 10The foundations were laid with large stones of good quality, some measuring ten cubitsg and some eight.h 11Above were high-grade stones, cut to size, and cedar beams. 12The great courtyard was surrounded by a wall of three courses of dressed stone and one course of trimmed cedar beams, as was the inner courtyard of the temple of the LORD with its portico.

The Temple's Furnishings

13King Solomon sent to Tyre and brought Huram,i

---

c2 That is, about 150 feet (about 46 meters) long, 75 feet (about 23 meters) wide and 45 feet (about 13.5 meters) high   d5 The meaning of the Hebrew for this verse is uncertain.   e6 That is, about 75 feet (about 23 meters) long and 45 feet (about 13.5 meters) wide   f7 Vulgate and Syriac; Hebrew floor   g10 That is, about 15 feet (about 4.5 meters)   h10 That is, about 12 feet (about 3.6 meters)   i13 Hebrew Hiram, a variant of Huram; also in verses 40 and 45

14hijo de una viuda de la tribu de Neftalí. Su padre, que trabajaba en bronce, era de Tiro; e Hiram era lleno de sabiduría, inteligencia y ciencia en toda obra de bronce. Este, pues, vino al rey Salomón, e hizo toda su obra.

15Y vació dos columnas de bronce; la altura de cada una era de dieciocho codos, y rodeaba a una y otra un hilo de doce codos.

16Hizo también dos capiteles de fundición de bronce, para que fuesen puestos sobre las cabezas de las columnas; la altura de un capitel era de cinco codos, y la del otro capitel también de cinco codos.

17Había trenzas a manera de red, y unos cordones a manera de cadenas, para los capiteles que se habían de poner sobre las cabezas de las columnas; siete para cada capitel.

18Hizo también dos hileras de granadas alrededor de la red, para cubrir los capiteles que estaban en las cabezas de las columnas con las granadas; y de la misma forma hizo en el otro capitel.

19Los capiteles que estaban sobre las columnas en el pórtico, tenían forma de lirios, y eran de cuatro codos.

20Tenían también los capiteles de las dos columnas, doscientas granadas en dos hileras alrededor en cada capitel, encima de su globo, el cual estaba rodeado por la red.

21Estas columnas erigió en el pórtico del templo; y cuando hubo alzado la columna del lado derecho, le puso por nombre Jaquín, y alzando la columna del lado izquierdo, llamó su nombre Boaz.

22Y puso en las cabezas de las columnas tallado en forma de lirios, y así se acabó la obra de las columnas.

Mobiliario del templo

23Hizo fundir asimismo un mar de diez codos de un lado al otro, perfectamente redondo; su altura era de cinco codos, y lo ceñía alrededor un cordón de treinta codos.

24Y rodeaban aquel mar por debajo de su borde alrededor unas bolas como calabazas, diez en cada codo, que ceñían el mar alrededor en dos filas, las cuales habían sido fundidas cuando el mar fue fundido.

25Y descansaba sobre doce bueyes; tres miraban al norte, tres miraban al occidente, tres miraban al sur, y tres miraban al oriente; sobre estos se apoyaba el mar, y las ancas de ellos estaban hacia la parte de adentro.

26El grueso del mar era de un palmo menor, y el borde era labrado como el borde de un cáliz o de flor de lis; y cabían en él dos mil batos.

27Hizo también diez basas de bronce, siendo la longitud de cada basa de cuatro codos, y la anchura de cuatro codos, y de tres codos la altura.

28La obra de las basas era esta: tenían unos tableros, los cuales estaban entre molduras;

29y sobre aquellos tableros que estaban entre las molduras, había figuras de leones, de bueyes y de querubines; y sobre las molduras de la basa, así encima como debajo de los leones y de los bueyes, había unas añadiduras de bajo relieve.

30Cada basa tenía cuatro ruedas de bronce, con ejes de bronce, y en sus cuatro esquinas había repisas de fundición que sobresalían de los festones, para venir a quedar debajo de la fuente.

31Y la boca de la fuente entraba un codo en el remate que salía para arriba de la basa; y la boca era redonda, de la misma hechura del remate, y éste de codo y medio. Había también sobre la boca entalladuras con sus tableros, los cuales eran cuadrados, no redondos.

32Las cuatro ruedas estaban debajo de los tableros, y los ejes de las ruedas nacían en la misma basa. La altura de cada rueda era de un codo y medio.

14whose mother was a widow from the tribe of Naphtali and whose father was a man of Tyre and a craftsman in bronze. Huram was highly skilled and experienced in all kinds of bronze work. He came to King Solomon and did all the work assigned to him.

15He cast two bronze pillars, each eighteen cubits high and twelve cubits around,*j* by line. 16He also made two capitals of cast bronze to set on the tops of the pillars; each capital was five cubits*k* high. 17A network of interwoven chains festooned the capitals on top of the pillars, seven for each capital. 18He made pomegranates in two rows*l* encircling each network to decorate the capitals on top of the pillars. *m* He did the same for each capital. 19The capitals on top of the pillars in the portico were in the shape of lilies, four cubits*n* high. 20On the capitals of both pillars, above the bowl-shaped part next to the network, were the two hundred pomegranates in rows all around. 21He erected the pillars at the portico of the temple. The pillar to the south he named Jakin*o* and the one to the north Boaz.*p* 22The capitals on top were in the shape of lilies. And so the work on the pillars was completed.

23He made the Sea of cast metal, circular in shape, measuring ten cubits*q* from rim to rim and five cubits high. It took a line of thirty cubits*r* to measure around it. 24Below the rim, gourds encircled it — ten to a cubit. The gourds were cast in two rows in one piece with the Sea.

25The Sea stood on twelve bulls, three facing north, three facing west, three facing south and three facing east. The Sea rested on top of them, and their hindquarters were toward the center. 26It was a handbreadth*s* in thickness, and its rim was like the rim of a cup, like a lily blossom. It held two thousand baths.*t*

27He also made ten movable stands of bronze; each was four cubits long, four wide and three high.*u* 28This is how the stands were made: They had side panels attached to uprights. 29On the panels between the uprights were lions, bulls and cherubim — and on the uprights as well. Above and below the lions and bulls were wreaths of hammered work. 30Each stand had four bronze wheels with bronze axles, and each had a basin resting on four supports, cast with wreaths on each side. 31On the inside of the stand there was an opening that had a circular frame one cubit*v* deep. This opening was round, and with its basework it measured a cubit and a half.*w* Around its opening there was engraving. The panels of the stands were square, not round. 32The four wheels were under the panels, and the axles of the wheels were attached to the stand. The diameter of each wheel was a cubit and a half. 33The wheels were made like chariot wheels;

j15 That is, about 27 feet (about 8.1 meters) high and 18 feet (about 5.4 meters) around   k16 That is, about 7 1/2 feet (about 2.3 meters); also in verse 23   l18 Two Hebrew manuscripts and Septuagint; most Hebrew manuscripts made the pillars, and there were two rows   m18 Many Hebrew manuscripts and Syriac; most Hebrew manuscripts pomegranates   n19 That is, about 6 feet (about 1.8 meters); also in verse 38   o21 Jakin probably means he establishes.   p21 Boaz probably means in him is strength.   q23 That is, about 15 feet (about 4.5 meters)   r23 That is, about 45 feet (about 13.5 meters)   s26 That is, about 3 inches (about 8 centimeters)   t26 That is, probably about 11,500 gallons (about 44 kiloliters); the Septuagint does not have this sentence.   u27 That is, about 6 feet (about 1.8 meters) long and wide and about 4 1/2 feet (about 1.3 meters) high   v31 That is, about 1 1/2 feet (about 0.5 meter)   w31 That is, about 2 1/4 feet (about 0.7 meter); also in verse 32

33 Y la forma de las ruedas era como la de las ruedas de un carro; sus ejes, sus rayos, sus cubos y sus cinchos, todo era de fundición.

34 Asimismo las cuatro repisas de las cuatro esquinas de cada basa; y las repisas eran parte de la misma basa.

35 Y en lo alto de la basa había una pieza redonda de medio codo de altura, y encima de la basa sus molduras y tableros, los cuales salían de ella misma.

36 E hizo en las tablas de las molduras, y en los tableros, entalladuras de querubines, de leones y de palmeras, con proporción en el espacio de cada una, y alrededor otros adornos.

37 De esta forma hizo diez basas, fundidas de una misma manera, de una misma medida y de una misma entalladura.

38 Hizo también diez fuentes de bronce; cada fuente contenía cuarenta batos, y cada una era de cuatro codos; y colocó una fuente sobre cada una de las diez basas.

39 Y puso cinco basas a la mano derecha de la casa, y las otras cinco a la mano izquierda; y colocó el mar al lado derecho de la casa, al oriente, hacia el sur.

40 Asimismo hizo Hiram fuentes, y tenazas, y cuencos. Así terminó toda la obra que hizo a Salomón para la casa de Jehová:

41 dos columnas, y los capiteles redondos que estaban en lo alto de las dos columnas; y dos redes que cubrían los dos capiteles redondos que estaban sobre la cabeza de las columnas;

42 cuatrocientas granadas para las dos redes, dos hileras de granadas en cada red, para cubrir los dos capiteles redondos que estaban sobre las cabezas de las columnas;

43 las diez basas, y las diez fuentes sobre las basas;

44 un mar, con doce bueyes debajo del mar;

45 y calderos, paletas, cuencos, y todos los utensilios que Hiram hizo al rey Salomón, para la casa de Jehová, de bronce bruñido.

46 Todo lo hizo fundir el rey en la llanura del Jordán, en tierra arcillosa, entre Sucot y Saretán.

47 Y no inquirió Salomón el peso del bronce de todos los utensilios, por la gran cantidad de ellos.

48 Entonces hizo Salomón todos los enseres que pertenecían a la casa de Jehová: un altar de oro, y una mesa también de oro, sobre la cual estaban los panes de la proposición;

49 cinco candeleros de oro purísimo a la mano derecha, y otros cinco a la izquierda, frente al lugar santísimo; con las flores, las lámparas y tenazas de oro.

50 Asimismo los cántaros, despabiladeras, tazas, cucharillas e incensarios, de oro purísimo; también de oro los quiciales de las puertas de la casa de adentro, del lugar santísimo, y los de las puertas del templo.

51 Así se terminó toda la obra que dispuso hacer el rey Salomón para la casa de Jehová. Y metió Salomón lo que David su padre había dedicado, plata, oro y utensilios; y depositó todo en las tesorerías de la casa de Jehová.

Salomón traslada el arca al templo

8 1 Entonces Salomón reunió ante sí en Jerusalén a los ancianos de Israel, a todos los jefes de las tribus, y a los principales de las familias de los hijos de Israel, para

the axles, rims, spokes and hubs were all of cast metal.

34 Each stand had four handles, one on each corner, projecting from the stand. 35 At the top of the stand there was a circular band half a cubit x deep. The supports and panels were attached to the top of the stand. 36 He engraved cherubim, lions and palm trees on the surfaces of the supports and on the panels, in every available space, with wreaths all around. 37 This is the way he made the ten stands. They were all cast in the same molds and were identical in size and shape.

38 He then made ten bronze basins, each holding forty baths y and measuring four cubits across, one basin to go on each of the ten stands. 39 He placed five of the stands on the south side of the temple and five on the north. He placed the Sea on the south side, at the southeast corner of the temple. 40 He also made the basins and shovels and sprinkling bowls.

So Huram finished all the work he had undertaken for King Solomon in the temple of the LORD:

41 the two pillars;
the two bowl-shaped capitals on top of the pillars;
the two sets of network decorating the two bowl-shaped capitals on top of the pillars;
42 the four hundred pomegranates for the two sets of network (two rows of pomegranates for each network, decorating the bowl-shaped capitals on top of the pillars);
43 the ten stands with their ten basins;
44 the Sea and the twelve bulls under it;
45 the pots, shovels and sprinkling bowls.

All these objects that Huram made for King Solomon for the temple of the LORD were of burnished bronze. 46 The king had them cast in clay molds in the plain of the Jordan between Succoth and Zarethan. 47 Solomon left all these things unweighed, because there were so many; the weight of the bronze was not determined.

48 Solomon also made all the furnishings that were in the LORD's temple:

the golden altar;
the golden table on which was the bread of the Presence;
49 the lampstands of pure gold (five on the right and five on the left, in front of the inner sanctuary);
the gold floral work and lamps and tongs;
50 the pure gold basins, wick trimmers, sprinkling bowls, dishes and censers;
and the gold sockets for the doors of the innermost room, the Most Holy Place, and also for the doors of the main hall of the temple.

51 When all the work King Solomon had done for the temple of the LORD was finished, he brought in the things his father David had dedicated — the silver and gold and the furnishings — and he placed them in the treasuries of the LORD's temple.

The Ark Brought to the Temple

8 Then King Solomon summoned into his presence at Jerusalem the elders of Israel, all the heads of the tribes and the chiefs of the Israelite families, to

---

x35 That is, about 3/4 foot (about 0.2 meter)   y38 That is, about 230 gallons (about 880 liters)

traer el arca del pacto de Jehová de la ciudad de David, la cual es Sion.

2 Y se reunieron con el rey Salomón todos los varones de Israel en el mes de Etanim, que es el mes séptimo, en el día de la fiesta solemne.

3 Y vinieron todos los ancianos de Israel, y los sacerdotes tomaron el arca.

4 Y llevaron el arca de Jehová, y el tabernáculo de reunión, y todos los utensilios sagrados que estaban en el tabernáculo, los cuales llevaban los sacerdotes y levitas.

5 Y el rey Salomón, y toda la congregación de Israel que se había reunido con él, estaban con él delante del arca, sacrificando ovejas y bueyes, que por la multitud no se podían contar ni numerar.

6 Y los sacerdotes metieron el arca del pacto de Jehová en su lugar, en el santuario de la casa, en el lugar santísimo, debajo de las alas de los querubines.

7 Porque los querubines tenían extendidas las alas sobre el lugar del arca, y así cubrían los querubines el arca y sus varas por encima.

8 Y sacaron las varas, de manera que sus extremos se dejaban ver desde el lugar santo, que está delante del lugar santísimo, pero no se dejaban ver desde más afuera; y así quedaron hasta hoy.

9 En el arca ninguna cosa había sino las dos tablas de piedra que allí había puesto Moisés en Horeb, donde Jehová hizo pacto con los hijos de Israel, cuando salieron de la tierra de Egipto.

10 Y cuando los sacerdotes salieron del santuario, la nube llenó la casa de Jehová.

11 Y los sacerdotes no pudieron permanecer para ministrar por causa de la nube; porque la gloria de Jehová había llenado la casa de Jehová.

Dedicación del templo

12 Entonces dijo Salomón: Jehová ha dicho que él habitaría en la oscuridad.

13 Yo he edificado casa por morada para ti, sitio en que tú habites para siempre.

14 Y volviendo el rey su rostro, bendijo a toda la congregación de Israel; y toda la congregación de Israel estaba de pie.

15 Y dijo: Bendito sea Jehová, Dios de Israel, que habló a David mi padre lo que con su mano ha cumplido, diciendo:

16 Desde el día que saqué de Egipto a mi pueblo Israel, no he escogido ciudad de todas las tribus de Israel para edificar casa en la cual estuviese mi nombre, aunque escogí a David para que presidiese en mi pueblo Israel.

17 Y David mi padre tuvo en su corazón edificar casa al nombre de Jehová Dios de Israel.

18 Pero Jehová dijo a David mi padre: Cuanto a haber tenido en tu corazón edificar casa a mi nombre, bien has hecho en tener tal deseo.

19 Pero tú no edificarás la casa, sino tu hijo que saldrá de tus lomos, él edificará casa a mi nombre.

20 Y Jehová ha cumplido su palabra que había dicho; porque yo me he levantado en lugar de David mi padre, y me he sentado en el trono de Israel, como Jehová había dicho, y he edificado la casa al nombre de Jehová Dios de Israel.

21 Y he puesto en ella lugar para el arca, en la cual está el pacto de Jehová que él hizo con nuestros padres cuando los sacó de la tierra de Egipto.

22 Luego se puso Salomón delante del altar de Jehová, en presencia de toda la congregación de Israel, y extendiendo sus manos al cielo,

bring up the ark of the Lord's covenant from Zion, the City of David. 2All the men of Israel came together to King Solomon at the time of the festival in the month of Ethanim, the seventh month.

3When all the elders of Israel had arrived, the priests took up the ark, 4and they brought up the ark of the Lord and the Tent of Meeting and all the sacred furnishings in it. The priests and Levites carried them up, 5and King Solomon and the entire assembly of Israel that had gathered about him were before the ark, sacrificing so many sheep and cattle that they could not be recorded or counted.

6The priests then brought the ark of the Lord's covenant to its place in the inner sanctuary of the temple, the Most Holy Place, and put it beneath the wings of the cherubim. 7The cherubim spread their wings over the place of the ark and overshadowed the ark and its carrying poles. 8These poles were so long that their ends could be seen from the Holy Place in front of the inner sanctuary, but not from outside the Holy Place; and they are still there today. 9There was nothing in the ark except the two stone tablets that Moses had placed in it at Horeb, where the Lord made a covenant with the Israelites after they came out of Egypt.

10When the priests withdrew from the Holy Place, the cloud filled the temple of the Lord. 11And the priests could not perform their service because of the cloud, for the glory of the Lord filled his temple.

12Then Solomon said, "The Lord has said that he would dwell in a dark cloud; 13I have indeed built a magnificent temple for you, a place for you to dwell forever."

14While the whole assembly of Israel was standing there, the king turned around and blessed them. 15Then he said:

"Praise be to the Lord, the God of Israel, who with his own hand has fulfilled what he promised with his own mouth to my father David. For he said, 16'Since the day I brought my people Israel out of Egypt, I have not chosen a city in any tribe of Israel to have a temple built for my Name to be there, but I have chosen David to rule my people Israel.'

17"My father David had it in his heart to build a temple for the Name of the Lord, the God of Israel. 18But the Lord said to my father David, 'Because it was in your heart to build a temple for my Name, you did well to have this in your heart. 19Nevertheless, you are not the one to build the temple, but your son, who is your own flesh and blood—he is the one who will build the temple for my Name.'

20"The Lord has kept the promise he made: I have succeeded David my father and now I sit on the throne of Israel, just as the Lord promised, and I have built the temple for the Name of the Lord, the God of Israel. 21I have provided a place there for the ark, in which is the covenant of the Lord that he made with our fathers when he brought them out of Egypt."

Solomon's Prayer of Dedication

22Then Solomon stood before the altar of the Lord in front of the whole assembly of Israel, spread out his hands toward heaven 23and said:

23 dijo: Jehová Dios de Israel, no hay Dios como tú, ni arriba en los cielos ni abajo en la tierra, que guardas el pacto y la misericordia a tus siervos, los que andan delante de ti con todo su corazón;

24 que has cumplido a tu siervo David mi padre lo que le prometiste; lo dijiste con tu boca, y con tu mano lo has cumplido, como sucede en este día.

25 Ahora, pues, Jehová Dios de Israel, cumple a tu siervo David mi padre lo que le prometiste, diciendo: No te faltará varón delante de mí, que se siente en el trono de Israel, con tal que tus hijos guarden mi camino y anden delante de mí como tú has andado delante de mí.

26 Ahora, pues, oh Jehová Dios de Israel, cúmplase la palabra que dijiste a tu siervo David mi padre.

27 Pero ¿es verdad que Dios morará sobre la tierra? He aquí que los cielos, los cielos de los cielos, no te pueden contener; ¿cuánto menos esta casa que yo he edificado?

28 Con todo, tú atenderás a la oración de tu siervo, y a su plegaria, oh Jehová Dios mío, oyendo el clamor y la oración que tu siervo hace hoy delante de ti;

29 que estén tus ojos abiertos de noche y de día sobre esta casa, sobre este lugar del cual has dicho: Mi nombre estará allí; y que oigas la oración que tu siervo haga en este lugar.

30 Oye, pues, la oración de tu siervo, y de tu pueblo Israel; cuando oren en este lugar, también tú los oirás en el lugar de tu morada, en los cielos; escucha y perdona.

31 Si alguno pecare contra su prójimo, y le tomaren juramento haciéndole jurar, y viniere el juramento delante de tu altar en esta casa;

32 tú oirás desde el cielo y actuarás, y juzgarás a tus siervos, condenando al impío y haciendo recaer su proceder sobre su cabeza, y justificando al justo para darle conforme a su justicia.

33 Si tu pueblo Israel fuere derrotado delante de sus enemigos por haber pecado contra ti, y se volvieren a ti y confesaren tu nombre, y oraren y te rogaren y suplicaren en esta casa,

34 tú oirás en los cielos, y perdonarás el pecado de tu pueblo Israel, y los volverás a la tierra que diste a sus padres.

35 Si el cielo se cerrare y no lloviere, por haber ellos pecado contra ti, y te rogaren en este lugar y confesaren tu nombre, y se volvieren del pecado, cuando los afligieres,

36 tú oirás en los cielos, y perdonarás el pecado de tus siervos y de tu pueblo Israel, enseñándoles el buen camino en que anden; y darás lluvias sobre tu tierra, la cual diste a tu pueblo por heredad.

37 Si en la tierra hubiere hambre, pestilencia, tizoncillo, añublo, langosta o pulgón; si sus enemigos los sitiaren en la tierra en donde habiten; cualquier plaga o enfermedad que sea;

38 toda oración y toda súplica que hiciere cualquier hombre, o todo tu pueblo Israel, cuando cualquiera sintiere la plaga en su corazón, y extendiere sus manos a esta casa,

39 tú oirás en los cielos, en el lugar de tu morada, y perdonarás, y actuarás, y darás a cada uno conforme a sus caminos, cuyo corazón tú conoces (porque sólo tú conoces el corazón de todos los hijos de los hombres);

40 para que te teman todos los días que vivan sobre la faz de la tierra que tú diste a nuestros padres.

"O LORD, God of Israel, there is no God like you in heaven above or on earth below—you who keep your covenant of love with your servants who continue wholeheartedly in your way.

24 You have kept your promise to your servant David my father; with your mouth you have promised and with your hand you have fulfilled it—as it is today.

25 "Now LORD, God of Israel, keep for your servant David my father the promises you made to him when you said, 'You shall never fail to have a man to sit before me on the throne of Israel, if only your sons are careful in all they do to walk before me as you have done.' 26 And now, O God of Israel, let your word that you promised your servant David my father come true.

27 "But will God really dwell on earth? The heavens, even the highest heaven, cannot contain you. How much less this temple I have built! 28 Yet give attention to your servant's prayer and his plea for mercy, O LORD my God. Hear the cry and the prayer that your servant is praying in your presence this day. 29 May your eyes be open toward this temple night and day, this place of which you said, 'My Name shall be there,' so that you will hear the prayer your servant prays toward this place. 30 Hear the supplication of your servant and of your people Israel when they pray toward this place. Hear from heaven, your dwelling place, and when you hear, forgive.

31 "When a man wrongs his neighbor and is required to take an oath and he comes and swears the oath before your altar in this temple, 32 then hear from heaven and act. Judge between your servants, condemning the guilty and bringing down on his own head what he has done. Declare the innocent not guilty, and so establish his innocence.

33 "When your people Israel have been defeated by an enemy because they have sinned against you, and when they turn back to you and confess your name, praying and making supplication to you in this temple, 34 then hear from heaven and forgive the sin of your people Israel and bring them back to the land you gave to their fathers.

35 "When the heavens are shut up and there is no rain because your people have sinned against you, and when they pray toward this place and confess your name and turn from their sin because you have afflicted them, 36 then hear from heaven and forgive the sin of your servants, your people Israel. Teach them the right way to live, and send rain on the land you gave your people for an inheritance.

37 "When famine or plague comes to the land, or blight or mildew, locusts or grasshoppers, or when an enemy besieges them in any of their cities, whatever disaster or disease may come, 38 and when a prayer or plea is made by any of your people Israel—each one aware of the afflictions of his own heart, and spreading out his hands toward this temple— 39 then hear from heaven, your dwelling place. Forgive and act; deal with each man according to all he does, since you know his heart (for you alone know the hearts of all men), 40 so that they will fear you all the time they live in the land you gave our fathers.

41 Asimismo el extranjero, que no es de tu pueblo Israel, que viniere de lejanas tierras a causa de tu nombre
42 (pues oirán de tu gran nombre, de tu mano fuerte y de tu brazo extendido), y viniere a orar a esta casa,
43 tú oirás en los cielos, en el lugar de tu morada, y harás conforme a todo aquello por lo cual el extranjero hubiere clamado a ti, para que todos los pueblos de la tierra conozcan tu nombre y te teman, como tu pueblo Israel, y entiendan que tu nombre es invocado sobre esta casa que yo edifiqué.
44 Si tu pueblo saliere en batalla contra sus enemigos por el camino que tú les mandes, y oraren a Jehová con el rostro hacia la ciudad que tú elegiste, y hacia la casa que yo edifiqué a tu nombre,
45 tú oirás en los cielos su oración y su súplica, y les harás justicia.
46 Si pecaren contra ti (porque no hay hombre que no peque), y estuvieres airado contra ellos, y los entregares delante del enemigo, para que los cautive y lleve a tierra enemiga, sea lejos o cerca,
47 y ellos volvieren en sí en la tierra donde fueren cautivos; si se convirtieren, y oraren a ti en la tierra de los que los cautivaron, y dijeren: Pecamos, hemos hecho lo malo, hemos cometido impiedad;
48 y si se convirtieren a ti de todo su corazón y de toda su alma, en la tierra de sus enemigos que los hubieren llevado cautivos, y oraren a ti con el rostro hacia su tierra que tú diste a sus padres, y hacia la ciudad que tú elegiste y la casa que yo he edificado a tu nombre,
49 tú oirás en los cielos, en el lugar de tu morada, su oración y su súplica, y les harás justicia.
50 Y perdonarás a tu pueblo que había pecado contra ti, y todas sus infracciones con que se hayan rebelado contra ti, y harás que tengan de ellos misericordia los que los hubieren llevado cautivos;
51 porque ellos son tu pueblo y tu heredad, el cual tú sacaste de Egipto, de en medio del horno de hierro.
52 Estén, pues, atentos tus ojos a la oración de tu siervo y a la plegaria de tu pueblo Israel, para oírlos en todo aquello por lo cual te invocaren;
53 porque tú los apartaste para ti como heredad tuya de entre todos los pueblos de la tierra, como lo dijiste por medio de Moisés tu siervo, cuando sacaste a nuestros padres de Egipto, oh Señor Jehová.
54 Cuando acabó Salomón de hacer a Jehová toda esta oración y súplica, se levantó de estar de rodillas delante del altar de Jehová con sus manos extendidas al cielo;
55 y puesto en pie, bendijo a toda la congregación de Israel, diciendo en voz alta:
56 Bendito sea Jehová, que ha dado paz a su pueblo Israel, conforme a todo lo que él había dicho; ninguna palabra de todas sus promesas que expresó por Moisés su siervo, ha faltado.
57 Esté con nosotros Jehová nuestro Dios, como estuvo con nuestros padres, y no nos desampare ni nos deje.
58 Incline nuestro corazón hacia él, para que andemos en todos sus caminos, y guardemos sus mandamientos y sus estatutos y sus decretos, los cuales mandó a nuestros padres.
59 Y estas mis palabras con que he orado delante de Jehová, estén cerca de Jehová nuestro Dios de día y de noche, para que él proteja la causa de su siervo y de su pueblo Israel, cada cosa en su tiempo;
60 a fin de que todos los pueblos de la tierra sepan que Jehová es Dios, y que no hay otro.

41 "As for the foreigner who does not belong to your people Israel but has come from a distant land because of your name— 42 for men will hear of your great name and your mighty hand and your outstretched arm—when he comes and prays toward this temple, 43 then hear from heaven, your dwelling place, and do whatever the foreigner asks of you, so that all the peoples of the earth may know your name and fear you, as do your own people Israel, and may know that this house I have built bears your Name.
44 "When your people go to war against their enemies, wherever you send them, and when they pray to the LORD toward the city you have chosen and the temple I have built for your Name, 45 then hear from heaven their prayer and their plea, and uphold their cause.
46 "When they sin against you—for there is no one who does not sin—and you become angry with them and give them over to the enemy, who takes them captive to his own land, far away or near; 47 and if they have a change of heart in the land where they are held captive, and repent and plead with you in the land of their conquerors and say, 'We have sinned, we have done wrong, we have acted wickedly'; 48 and if they turn back to you with all their heart and soul in the land of their enemies who took them captive, and pray to you toward the land you gave their fathers, toward the city you have chosen and the temple I have built for your Name; 49 then from heaven, your dwelling place, hear their prayer and their plea, and uphold their cause. 50 And forgive your people, who have sinned against you; forgive all the offenses they have committed against you, and cause their conquerors to show them mercy; 51 for they are your people and your inheritance, whom you brought out of Egypt, out of that iron-smelting furnace.
52 "May your eyes be open to your servant's plea and to the plea of your people Israel, and may you listen to them whenever they cry out to you. 53 For you singled them out from all the nations of the world to be your own inheritance, just as you declared through your servant Moses when you, O Sovereign LORD, brought our fathers out of Egypt."
54 When Solomon had finished all these prayers and supplications to the LORD, he rose from before the altar of the LORD, where he had been kneeling with his hands spread out toward heaven. 55 He stood and blessed the whole assembly of Israel in a loud voice, saying:
56 "Praise be to the LORD, who has given rest to his people Israel just as he promised. Not one word has failed of all the good promises he gave through his servant Moses. 57 May the LORD our God be with us as he was with our fathers; may he never leave us nor forsake us. 58 May he turn our hearts to him, to walk in all his ways and to keep the commands, decrees and regulations he gave our fathers. 59 And may these words of mine, which I have prayed before the LORD, be near to the LORD our God day and night, that he may uphold the cause of his servant and the cause of his people Israel according to each day's need, 60 so that all the peoples of the earth may

61 Sea, pues, perfecto vuestro corazón para con Jehová nuestro Dios, andando en sus estatutos y guardando sus mandamientos, como en el día de hoy.

62 Entonces el rey, y todo Israel con él, sacrificaron víctimas delante de Jehová.

63 Y ofreció Salomón sacrificios de paz, los cuales ofreció a Jehová, veintidós mil bueyes y ciento veinte mil ovejas. Así dedicaron el rey y todos los hijos de Israel la casa de Jehová.

64 Aquel mismo día santificó el rey el medio del atrio, el cual estaba delante de la casa de Jehová; porque ofreció allí los holocaustos, las ofrendas y la grosura de los sacrificios de paz, por cuanto el altar de bronce que estaba delante de Jehová era pequeño, y no cabían en él los holocaustos, las ofrendas y la grosura de los sacrificios de paz.

65 En aquel tiempo Salomón hizo fiesta, y con él todo Israel, una gran congregación, desde donde entran en Hamat hasta el río de Egipto, delante de Jehová nuestro Dios, por siete días y aun por otros siete días, esto es, por catorce días.

66 Y al octavo día despidió al pueblo; y ellos, bendiciendo al rey, se fueron a sus moradas alegres y gozosos de corazón, por todos los beneficios que Jehová había hecho a David su siervo y a su pueblo Israel.

Pacto de Dios con Salomón

9 1 Cuando Salomón hubo acabado la obra de la casa de Jehová, y la casa real, y todo lo que Salomón quiso hacer,

2 Jehová apareció a Salomón la segunda vez, como le había aparecido en Gabaón.

3 Y le dijo Jehová: Yo he oído tu oración y tu ruego que has hecho en mi presencia. Yo he santificado esta casa que tú has edificado, para poner mi nombre en ella para siempre; y en ella estarán mis ojos y mi corazón todos los días.

4 Y si tú anduvieres delante de mí como anduvo David tu padre, en integridad de corazón y en equidad, haciendo todas las cosas que yo te he mandado, y guardando mis estatutos y mis decretos,

5 yo afirmaré el trono de tu reino sobre Israel para siempre, como hablé a David tu padre, diciendo: No faltará varón de tu descendencia en el trono de Israel.

6 Mas si obstinadamente os apartareis de mí vosotros y vuestros hijos, y no guardareis mis mandamientos y mis estatutos que yo he puesto delante de vosotros, sino que fuereis y sirviereis a dioses ajenos, y los adorareis;

7 yo cortaré a Israel de sobre la faz de la tierra que les he entregado; y esta casa que he santificado a mi nombre, yo la echaré de delante de mí, e Israel será por proverbio y refrán a todos los pueblos;

8 y esta casa, que estaba en estima, cualquiera que pase por ella se asombrará, y se burlará, y dirá: ¿Por qué ha hecho así Jehová a esta tierra y a esta casa?

know that the LORD is God and that there is no other. 61 But your hearts must be fully committed to the LORD our God, to live by his decrees and obey his commands, as at this time."

The Dedication of the Temple

62 Then the king and all Israel with him offered sacrifices before the LORD. 63 Solomon offered a sacrifice of fellowship offerings z to the LORD: twenty-two thousand cattle and a hundred and twenty thousand sheep and goats. So the king and all the Israelites dedicated the temple of the LORD.

64 On that same day the king consecrated the middle part of the courtyard in front of the temple of the LORD, and there he offered burnt offerings, grain offerings and the fat of the fellowship offerings, because the bronze altar before the LORD was too small to hold the burnt offerings, the grain offerings and the fat of the fellowship offerings.

65 So Solomon observed the festival at that time, and all Israel with him—a vast assembly, people from Lebo a Hamath to the Wadi of Egypt. They celebrated it before the LORD our God for seven days and seven days more, fourteen days in all. 66 On the following day he sent the people away. They blessed the king and then went home, joyful and glad in heart for all the good things the LORD had done for his servant David and his people Israel.

The LORD Appears to Solomon

9 When Solomon had finished building the temple of the LORD and the royal palace, and had achieved all he had desired to do, 2 the LORD appeared to him a second time, as he had appeared to him at Gibeon. 3 The LORD said to him:

"I have heard the prayer and plea you have made before me; I have consecrated this temple, which you have built, by putting my Name there forever. My eyes and my heart will always be there.

4 "As for you, if you walk before me in integrity of heart and uprightness, as David your father did, and do all I command and observe my decrees and laws, 5 I will establish your royal throne over Israel forever, as I promised David your father when I said, 'You shall never fail to have a man on the throne of Israel.'

6 "But if you b or your sons turn away from me and do not observe the commands and decrees I have given you b and go off to serve other gods and worship them, 7 then I will cut off Israel from the land I have given them and will reject this temple I have consecrated for my Name. Israel will then become a byword and an object of ridicule among all peoples. 8 And though this temple is now imposing, all who pass by will be appalled and will scoff and say, 'Why has the LORD done such a thing to this land and to this

z 63 Traditionally peace offerings; also in verse 64   a 65 Or from the entrance to   b 6 The Hebrew is plural.

9Y dirán: Por cuanto dejaron a Jehová su Dios, que había sacado a sus padres de tierra de Egipto, y echaron mano a dioses ajenos, y los adoraron y los sirvieron; por eso ha traído Jehová sobre ellos todo este mal.

Otras actividades de Salomón

10Acontenció al cabo de veinte años, cuando Salomón ya había edificado las dos casas, la casa de Jehová y la casa real,
11para las cuales Hiram rey de Tiro había traído a Salomón madera de cedro y de ciprés, y cuanto oro quiso, que el rey Salomón dio a Hiram veinte ciudades en tierra de Galilea.
12Y salió Hiram de Tiro para ver las ciudades que Salomón le había dado, y no le gustaron.
13Y dijo: ¿Qué ciudades son estas que me has dado, hermano? Y les puso por nombre, la tierra de Cabul, nombre que tiene hasta hoy.
14E Hiram había enviado al rey ciento veinte talentos de oro.
15Esta es la razón de la leva que el rey Salomón impuso para edificar la casa de Jehová, y su propia casa, y Milo, y el muro de Jerusalén, y Hazor, Meguido y Gezer:
16Faraón el rey de Egipto había subido y tomado a Gezer, y la quemó, y dio muerte a los cananeos que habitaban la ciudad, y la dio en dote a su hija la mujer de Salomón.
17Restauró, pues, Salomón a Gezer y a la baja Bet-horón,
18a Baalat, y a Tadmor en tierra del desierto;
19asimismo todas las ciudades donde Salomón tenía provisiones, y las ciudades de los carros, y las ciudades de la gente de a caballo, y todo lo que Salomón quiso edificar en Jerusalén, en el Líbano, y en toda la tierra de su señorío.
20A todos los pueblos que quedaron de los amorreos, heteos, ferezeos, heveos y jebuseos, que no eran de los hijos de Israel;
21a sus hijos que quedaron en la tierra después de ellos, que los hijos de Israel no pudieron acabar, hizo Salomón que sirviesen con tributo hasta hoy.
22Mas a ninguno de los hijos de Israel impuso Salomón servicio, sino que eran hombres de guerra, o sus criados, sus príncipes, sus capitanes, comandantes de sus carros, o su gente de a caballo.
23Y los que Salomón había hecho jefes y vigilantes sobre las obras eran quinientos cincuenta, los cuales estaban sobre el pueblo que trabajaba en aquella obra.
24Y subió la hija de Faraón de la ciudad de David a su casa que Salomón le había edificado; entonces edificó él a Milo.
25Y ofrecía Salomón tres veces cada año holocaustos y sacrificios de paz sobre el altar que él edificó a Jehová, y quemaba incienso sobre el que estaba delante de Jehová, después que la casa fue terminada.
26Hizo también el rey Salomón naves en Ezión-geber, que está junto a Elot en la ribera del Mar Rojo, en la tierra de Edom.
27Y envió Hiram en ellas a sus siervos, marineros y diestros en el mar, con los siervos de Salomón.
28los cuales fueron a Ofir y tomaron de allí oro, cuatrocientos veinte talentos, y lo trajeron al rey Salomón.

temple?' 9People will answer, 'Because they have forsaken the LORD their God, who brought their fathers out of Egypt, and have embraced other gods, worshiping and serving them—that is why the LORD brought all this disaster on them.' "

Solomon's Other Activities

10At the end of twenty years, during which Solomon built these two buildings—the temple of the LORD and the royal palace— 11King Solomon gave twenty towns in Galilee to Hiram king of Tyre, because Hiram had supplied him with all the cedar and pine and gold he wanted. 12But when Hiram went from Tyre to see the towns that Solomon had given him, he was not pleased with them. 13"What kind of towns are these you have given me, my brother?" he asked. And he called them the Land of Cabul,c a name they have to this day. 14Now Hiram had sent to the king 120 talentsd of gold.
15Here is the account of the forced labor King Solomon conscripted to build the LORD's temple, his own palace, the supporting terraces,e the wall of Jerusalem, and Hazor, Megiddo and Gezer. 16(Pharaoh king of Egypt had attacked and captured Gezer. He had set it on fire. He killed its Canaanite inhabitants and then gave it as a wedding gift to his daughter, Solomon's wife. 17And Solomon rebuilt Gezer.) He built up Lower Beth Horon, 18Baalath, and Tadmorf in the desert, within his land, 19as well as all his store cities and the towns for his chariots and for his horsesg—whatever he desired to build in Jerusalem, in Lebanon and throughout all the territory he ruled.
20All the people left from the Amorites, Hittites, Perizzites, Hivites and Jebusites (these peoples were not Israelites), 21that is, their descendants remaining in the land, whom the Israelites could not exterminateh—these Solomon conscripted for his slave labor force, as it is to this day. 22But Solomon did not make slaves of any of the Israelites; they were his fighting men, his government officials, his officers, his captains, and the commanders of his chariots and charioteers. 23They were also the chief officials in charge of Solomon's projects—550 officials supervising the men who did the work.
24After Pharaoh's daughter had come up from the City of David to the palace Solomon had built for her, he constructed the supporting terraces.
25Three times a year Solomon sacrificed burnt offerings and fellowship offeringsi on the altar he had built for the LORD, burning incense before the LORD along with them, and so fulfilled the temple obligations.
26King Solomon also built ships at Ezion Geber, which is near Elath in Edom, on the shore of the Red Sea.j 27And Hiram sent his men—sailors who knew the sea—to serve in the fleet with Solomon's men. 28They sailed to Ophir and brought back 420 talentsk of gold, which they delivered to King Solomon.

c13 Cabul sounds like the Hebrew for good-for-nothing.
d14 That is, about 4 1/2 tons (about 4 metric tons)　e15 Or the Millo; also in verse 24　f18 The Hebrew may also be read Tamar.　g19 Or charioteers　h21 The Hebrew term refers to the irrevocable giving over of things or persons to the LORD, often by totally destroying them.　i25 Traditionally peace offerings
j26 Hebrew Yam Suph; that is, Sea of Reeds　k28 That is, about 16 tons (about 14.5 metric tons)

La reina de Sabá visita a Salomón

10 [1] Oyendo la reina de Sabá la fama que Salomón había alcanzado por el nombre de Jehová, vino a probarle con preguntas difíciles.

[2] Y vino a Jerusalén con un séquito muy grande, con camellos cargados de especias, y oro en gran abundancia, y piedras preciosas; y cuando vino a Salomón, le expuso todo lo que en su corazón tenía.

[3] Y Salomón le contestó todas sus preguntas, y nada hubo que el rey no le contestase.

[4] Y cuando la reina de Sabá vio toda la sabiduría de Salomón, y la casa que había edificado,

[5] asimismo la comida de su mesa, las habitaciones de sus oficiales, el estado y los vestidos de los que le servían, sus maestresalas, y sus holocaustos que ofrecía en la casa de Jehová, se quedó asombrada.

[6] Y dijo al rey: Verdad es lo que oí en mi tierra de tus cosas y de tu sabiduría;

[7] pero yo no lo creía, hasta que he venido, y mis ojos han visto que ni aun se me dijo la mitad; es mayor tu sabiduría y bien, que la fama que yo había oído.

[8] Bienaventurados tus hombres, dichosos estos tus siervos, que están continuamente delante de ti, y oyen tu sabiduría.

[9] Jehová tu Dios sea bendito, que se agradó de ti para ponerte en el trono de Israel; porque Jehová ha amado siempre a Israel, te ha puesto por rey, para que hagas derecho y justicia.

[10] Y dio ella al rey ciento veinte talentos de oro, y mucha especiería, y piedras preciosas; nunca vino tan gran cantidad de especias, como la reina de Sabá dio al rey Salomón.

[11] La flota de Hiram que había traído el oro de Ofir, traía también de Ofir mucha madera de sándalo, y piedras preciosas.

[12] Y de la madera de sándalo hizo el rey balaustres para la casa de Jehová y para las casas reales, arpas también y salterios para los cantores; nunca vino semejante madera de sándalo, ni se ha visto hasta hoy.

[13] Y el rey Salomón dio a la reina de Sabá todo lo que ella quiso, y todo lo que pidió, además de lo que Salomón le dio. Y ella se volvió, y se fue a su tierra con sus criados.

Riquezas y fama de Salomón

[14] El peso del oro que Salomón tenía de renta cada año, era seiscientos sesenta y seis talentos de oro;

[15] sin lo de los mercaderes, y lo de la contratación de especias, y lo de todos los reyes de Arabia, y de los principales de la tierra.

[16] Hizo también el rey Salomón doscientos escudos grandes de oro batido; seiscientos siclos de oro gastó en cada escudo.

[17] Asimismo hizo trescientos escudos de oro batido, en cada uno de los cuales gastó tres libras de oro; y el rey los puso en la casa del bosque del Líbano.

[18] Hizo también el rey un gran trono de marfil, el cual cubrió de oro purísimo.

[19] Seis gradas tenía el trono, y la parte alta era redonda por el respaldo; y a uno y otro lado tenía brazos cerca del asiento, junto a los cuales estaban colocados dos leones.

[20] Estaban también doce leones puestos allí sobre las seis gradas, de un lado y de otro; en ningún otro reino se había hecho trono semejante.

The Queen of Sheba Visits Solomon

10 When the queen of Sheba heard about the fame of Solomon and his relation to the name of the LORD, she came to test him with hard questions. [2] Arriving at Jerusalem with a very great caravan— with camels carrying spices, large quantities of gold, and precious stones—she came to Solomon and talked with him about all that she had on her mind. [3] Solomon answered all her questions; nothing was too hard for the king to explain to her. [4] When the queen of Sheba saw all the wisdom of Solomon and the palace he had built, [5] the food on his table, the seating of his officials, the attending servants in their robes, his cupbearers, and the burnt offerings he made at *l* the temple of the LORD, she was overwhelmed.

[6] She said to the king, "The report I heard in my own country about your achievements and your wisdom is true. [7] But I did not believe these things until I came and saw with my own eyes. Indeed, not even half was told me; in wisdom and wealth you have far exceeded the report I heard. [8] How happy your men must be! How happy your officials, who continually stand before you and hear your wisdom! [9] Praise be to the LORD your God, who has delighted in you and placed you on the throne of Israel. Because of the LORD's eternal love for Israel, he has made you king, to maintain justice and righteousness."

[10] And she gave the king 120 talents *m* of gold, large quantities of spices, and precious stones. Never again were so many spices brought in as those the queen of Sheba gave to King Solomon.

[11] (Hiram's ships brought gold from Ophir; and from there they brought great cargoes of almugwood *n* and precious stones. [12] The king used the almugwood to make supports for the temple of the LORD and for the royal palace, and to make harps and lyres for the musicians. So much almugwood has never been imported or seen since that day.)

[13] King Solomon gave the queen of Sheba all she desired and asked for, besides what he had given her out of his royal bounty. Then she left and returned with her retinue to her own country.

Solomon's Splendor

[14] The weight of the gold that Solomon received yearly was 666 talents, *o* [15] not including the revenues from merchants and traders and from all the Arabian kings and the governors of the land.

[16] King Solomon made two hundred large shields of hammered gold; six hundred bekas *p* of gold went into each shield. [17] He also made three hundred small shields of hammered gold, with three minas *q* of gold in each shield. The king put them in the Palace of the Forest of Lebanon.

[18] Then the king made a great throne inlaid with ivory and overlaid with fine gold. [19] The throne had six steps, and its back had a rounded top. On both sides of the seat were armrests, with a lion standing beside each of them. [20] Twelve lions stood on the six steps, one at either end of each step. Nothing like it had ever

---

l 5 Or *the ascent by which he went up to*   *m* 10 That is, about 4 1/2 tons (about 4 metric tons)   *n* 11 Probably a variant of *algumwood*; also in verse 12   *o* 14 That is, about 25 tons (about 23 metric tons)   *p* 16 That is, about 7 1/2 pounds (about 3.5 kilograms)   *q* 17 That is, about 3 3/4 pounds (about 1.7 kilograms)

21 Y todos los vasos de beber del rey Salomón eran de oro, y asimismo toda la vajilla de la casa del bosque del Líbano era de oro fino; nada de plata, porque en tiempo de Salomón no era apreciada.

22 Porque el rey tenía en el mar una flota de naves de Tarsis, con la flota de Hiram. Una vez cada tres años venía la flota de Tarsis, y traía oro, plata, marfil, monos y pavos reales.

23 Así excedía el rey Salomón a todos los reyes de la tierra en riquezas y en sabiduría.

24 Toda la tierra procuraba ver la cara de Salomón, para oir la sabiduría que Dios había puesto en su corazón.

25 Y todos le llevaban cada año sus presentes: alhajas de oro y de plata, vestidos, armas, especias aromáticas, caballos y mulos.

Salomón comercia en caballos y en carros

26 Y juntó Salomón carros y gente de a caballo; y tenía mil cuatrocientos carros, y doce mil jinetes, los cuales puso en las ciudades de los carros, y con el rey en Jerusalén.

27 E hizo el rey que en Jerusalén la plata llegara a ser como piedras, y los cedros como cabrahigos de la Sefela en abundancia.

28 Y traían de Egipto caballos y lienzos a Salomón; porque la compañía de los mercaderes del rey compraba caballos y lienzos.

29 Y venía y salía de Egipto, el carro por seiscientas piezas de plata, y el caballo por ciento cincuenta; y así los adquirían por mano de ellos todos los reyes de los heteos, y de Siria.

Apostasía y dificultades de Salomón

11 1 Pero el rey Salomón amó, además de la hija de Faraón, a muchas mujeres extranjeras; a las de Moab, a las de Amón, a las de Edom, a las de Sidón y a las heteas;

2 gentes de las cuales Jehová había dicho a los hijos de Israel: No os llegaréis a ellas, ni ellas se llegarán a vosotros; porque ciertamente harán inclinar vuestros corazones tras sus dioses. A éstas, pues, se juntó Salomón con amor.

3 Y tuvo setecientas mujeres reinas y trescientas concubinas; y sus mujeres desviaron su corazón.

4 Y cuando Salomón era ya viejo, sus mujeres inclinaron su corazón tras dioses ajenos, y su corazón no era perfecto con Jehová su Dios, como el corazón de su padre David.

5 Porque Salomón siguió a Astoret, diosa de los sidonios, y a Milcom, ídolo abominable de los amonitas.

6 E hizo Salomón lo malo ante los ojos de Jehová, y no siguió cumplidamente a Jehová como David su padre.

7 Entonces edificó Salomón un lugar alto a Quemos, ídolo abominable de Moab, en el monte que está enfrente de Jerusalén, y a Moloc, ídolo abominable de los hijos de Amón.

8 Así hizo para todas sus mujeres extranjeras, las cuales quemaban incienso y ofrecían sacrificios a sus dioses.

9 Y se enojó Jehová contra Salomón, por cuanto su corazón se había apartado de Jehová Dios de Israel, que se le había aparecido dos veces,

10 y le había mandado acerca de esto, que no siguiese a dioses ajenos; mas él no guardó lo que le mandó Jehová.

11 Y dijo Jehová a Salomón: Por cuanto ha habido esto en ti, y no has guardado mi pacto y mis estatutos que yo te mandé, romperé de ti el reino, y lo entregaré a tu siervo.

been made for any other kingdom. 21All King Solomon's goblets were gold, and all the household articles in the Palace of the Forest of Lebanon were pure gold. Nothing was made of silver, because silver was considered of little value in Solomon's days. 22The king made a fleet of trading ships*r* at sea along with the ships of Hiram. Once every three years it returned, carrying gold, silver and ivory, and apes and baboons.

23King Solomon was greater in riches and wisdom than all the other kings of the earth. 24The whole world sought audience with Solomon to hear the wisdom God had put in his heart. 25Year after year, everyone who came brought a gift—articles of silver and gold, robes, weapons and spices, and horses and mules.

26Solomon accumulated chariots and horses; he had fourteen hundred chariots and twelve thousand horses,*s* which he kept in the chariot cities and also with him in Jerusalem. 27The king made silver as common in Jerusalem as stones, and cedar as plentiful as sycamore-fig trees in the foothills. 28Solomon's horses were imported from Egypt*t* and from Kue*u*—the royal merchants purchased them from Kue. 29They imported a chariot from Egypt for six hundred shekels*v* of silver, and a horse for a hundred and fifty.*w* They also exported them to all the kings of the Hittites and of the Arameans.

Solomon's Wives

11 King Solomon, however, loved many foreign women besides Pharaoh's daughter—Moabites, Ammonites, Edomites, Sidonians and Hittites. 2They were from nations about which the LORD had told the Israelites, "You must not intermarry with them, because they will surely turn your hearts after their gods." Nevertheless, Solomon held fast to them in love. 3He had seven hundred wives of royal birth and three hundred concubines, and his wives led him astray. 4As Solomon grew old, his wives turned his heart after other gods, and his heart was not fully devoted to the LORD his God, as the heart of David his father had been. 5He followed Ashtoreth the goddess of the Sidonians, and Molech*x* the detestable god of the Ammonites. 6So Solomon did evil in the eyes of the LORD; he did not follow the LORD completely, as David his father had done.

7On a hill east of Jerusalem, Solomon built a high place for Chemosh the detestable god of Moab, and for Molech the detestable god of the Ammonites. 8He did the same for all his foreign wives, who burned incense and offered sacrifices to their gods.

9The LORD became angry with Solomon because his heart had turned away from the LORD, the God of Israel, who had appeared to him twice. 10Although he had forbidden Solomon to follow other gods, Solomon did not keep the LORD's command. 11So the LORD said to Solomon, "Since this is your attitude and you have not kept my covenant and my decrees, which I commanded you, I will most certainly tear the kingdom away from you and give it to one of your subordinates.

---

r22 Hebrew *of ships of Tarshish*   *s26* Or *charioteers*   *t28* Or possibly *Muzur,* a region in Cilicia; also in verse 29   *u28* Probably *Cilicia*   *v29* That is, about 15 pounds (about 7 kilograms)   *w29* That is, about 3 3/4 pounds (about 1.7 kilograms)   *x5* Hebrew *Milcom;* also in verse 33

12 Sin embargo, no lo haré en tus días, por amor a David tu padre; lo romperé de la mano de tu hijo. 13 Pero no romperé todo el reino, sino que daré una tribu a tu hijo, por amor a David mi siervo, y por amor a Jerusalén, la cual yo he elegido.

14 Y Jehová suscitó un adversario a Salomón: Hadad edomita, de sangre real, el cual estaba en Edom. 15 Porque cuando David estaba en Edom y subió Joab el general del ejército a enterrar los muertos, y mató a todos los varones de Edom 16 (porque seis meses habitó allí Joab, y todo Israel, hasta que hubo acabado con todo el sexo masculino en Edom), 17 Hadad huyó, y con él algunos varones edomitas de los siervos de su padre, y se fue a Egipto; era entonces Hadad muchacho pequeño. 18 Y se levantaron de Madián, y vinieron a Parán; y tomando consigo hombres de Parán, vinieron a Egipto, a Faraón rey de Egipto, el cual les dio casa y les señaló alimentos, y aun les dio tierra. 19 Y halló Hadad gran favor delante de Faraón, el cual le dio por mujer a la hermana de su esposa, la hermana de la reina Tahpenes. 20 Y la hermana de Tahpenes le dio a luz su hijo Genubat, al cual destetó Tahpenes en casa de Faraón; y estaba Genubat en casa de Faraón entre los hijos de Faraón. 21 Y oyendo Hadad en Egipto que David había dormido con sus padres, y que era muerto Joab general del ejército, Hadad dijo a Faraón: Déjame ir a mi tierra. 22 Faraón le respondió: ¿Por qué? ¿Qué te falta conmigo, que procuras irte a tu tierra? El respondió: Nada; con todo, te ruego que me dejes ir.

23 Dios también levantó por adversario contra Salomón a Rezón hijo de Eliada, el cual había huido de su amo Hadad-ezer, rey de Soba. 24 Y había juntado gente contra él, y se había hecho capitán de una compañía, cuando David deshizo a los de Soba. Después fueron a Damasco y habitaron allí, y le hicieron rey en Damasco. 25 Y fue adversario de Israel todos los días de Salomón; y fue otro mal con el de Hadad, porque aborreció a Israel, y reinó sobre Siria.

26 También Jeroboam hijo de Nabat, efrateo de Sereda, siervo de Salomón, cuya madre se llamaba Zerúa, la cual era viuda, alzó su mano contra el rey. 27 La causa por la cual éste alzó su mano contra el rey fue esta: Salomón, edificando a Milo, cerró el portillo de la ciudad de David su padre. 28 Y este varón Jeroboam era valiente y esforzado; y viendo Salomón al joven que era hombre activo, le encomendó todo el cargo de la casa de José. 29 Aconteció, pues, en aquel tiempo, que saliendo Jeroboam de Jerusalén, le encontró en el camino el profeta Ahías silonita, y éste estaba cubierto con una capa nueva; y estaban ellos dos solos en el campo. 30 Y tomando Ahías la capa nueva que tenía sobre sí, la rompió en doce pedazos, 31 y dijo a Jeroboam: Toma para ti los diez pedazos; porque así dijo Jehová Dios de Israel: He aquí que yo rompo el reino de la mano de Salomón, y a ti te daré diez tribus;

12 Nevertheless, for the sake of David your father, I will not do it during your lifetime. I will tear it out of the hand of your son. 13 Yet I will not tear the whole kingdom from him, but will give him one tribe for the sake of David my servant and for the sake of Jerusalem, which I have chosen."

Solomon's Adversaries

14 Then the LORD raised up against Solomon an adversary, Hadad the Edomite, from the royal line of Edom. 15 Earlier when David was fighting with Edom, Joab the commander of the army, who had gone up to bury the dead, had struck down all the men in Edom. 16 Joab and all the Israelites stayed there for six months, until they had destroyed all the men in Edom. 17 But Hadad, still only a boy, fled to Egypt with some Edomite officials who had served his father. 18 They set out from Midian and went to Paran. Then taking men from Paran with them, they went to Egypt, to Pharaoh king of Egypt, who gave Hadad a house and land and provided him with food.

19 Pharaoh was so pleased with Hadad that he gave him a sister of his own wife, Queen Tahpenes, in marriage. 20 The sister of Tahpenes bore him a son named Genubath, whom Tahpenes brought up in the royal palace. There Genubath lived with Pharaoh's own children.

21 While he was in Egypt, Hadad heard that David rested with his fathers and that Joab the commander of the army was also dead. Then Hadad said to Pharaoh, "Let me go, that I may return to my own country."

22 "What have you lacked here that you want to go back to your own country?" Pharaoh asked.

"Nothing," Hadad replied, "but do let me go!"

23 And God raised up against Solomon another adversary, Rezon son of Eliada, who had fled from his master, Hadadezer king of Zobah. 24 He gathered men around him and became the leader of a band of rebels when David destroyed the forces [y] of Zobah; the rebels went to Damascus, where they settled and took control. 25 Rezon was Israel's adversary as long as Solomon lived, adding to the trouble caused by Hadad. So Rezon ruled in Aram and was hostile toward Israel.

Jeroboam Rebels Against Solomon

26 Also, Jeroboam son of Nebat rebelled against the king. He was one of Solomon's officials, an Ephraimite from Zeredah, and his mother was a widow named Zeruah.

27 Here is the account of how he rebelled against the king: Solomon had built the supporting terraces [z] and had filled in the gap in the wall of the city of David his father. 28 Now Jeroboam was a man of standing, and when Solomon saw how well the young man did his work, he put him in charge of the whole labor force of the house of Joseph.

29 About that time Jeroboam was going out of Jerusalem, and Ahijah the prophet of Shiloh met him on the way, wearing a new cloak. The two of them were alone out in the country, 30 and Ahijah took hold of the new cloak he was wearing and tore it into twelve pieces. 31 Then he said to Jeroboam, "Take ten pieces for yourself, for this is what the LORD, the God of Israel, says: 'See, I am going to tear the kingdom out of

32 y él tendrá una tribu por amor a David mi siervo, y por amor a Jerusalén, ciudad que yo he elegido de todas las tribus de Israel;

33 por cuanto me han dejado, y han adorado a Astoret diosa de los sidonios, a Quemos dios de Moab, y a Moloc dios de los hijos de Amón; y no han andado en mis caminos para hacer lo recto delante de mis ojos, y mis estatutos y mis decretos, como hizo David su padre.

34 Pero no quitaré nada del reino de sus manos, sino que lo retendré por rey todos los días de su vida, por amor a David mi siervo, al cual yo elegí, y quien guardó mis mandamientos y mis estatutos.

35 Pero quitaré el reino de la mano de su hijo, y lo daré a ti, las diez tribus.

36 Y a su hijo daré una tribu, para que mi siervo David tenga lámpara todos los días delante de mí en Jerusalén, ciudad que yo me elegí para poner en ella mi nombre.

37 Yo, pues, te tomaré a ti, y tú reinarás en todas las cosas que deseare tu alma, y serás rey sobre Israel.

38 Y si prestares oído a todas las cosas que te mandare, y anduvieres en mis caminos, e hicieres lo recto delante de mis ojos, guardando mis estatutos y mis mandamientos, como hizo David mi siervo, yo estaré contigo y te edificaré casa firme, como la edifiqué a David, y yo te entregaré a Israel.

39 Y yo afligiré a la descendencia de David a causa de esto, mas no para siempre.

40 Por esto Salomón procuró matar a Jeroboam, pero Jeroboam se levantó y huyó a Egipto, a Sisac rey de Egipto, y estuvo en Egipto hasta la muerte de Salomón.

Muerte de Salomón

41 Los demás hechos de Salomón, y todo lo que hizo, y su sabiduría, ¿no está escrito en el libro de los hechos de Salomón?

42 Los días que Salomón reinó en Jerusalén sobre todo Israel fueron cuarenta años.

43 Y durmió Salomón con sus padres, y fue sepultado en la ciudad de su padre David; y reinó en su lugar Roboam su hijo.

Rebelión de Israel

12 1 Roboam fue a Siquem, porque todo Israel había venido a Siquem para hacerle rey.

2 Y aconteció que cuando lo oyó Jeroboam hijo de Nabat, que aún estaba en Egipto, adonde había huido de delante del rey Salomón, y habitaba en Egipto,

3 enviaron a llamarle. Vino, pues, Jeroboam, y toda la congregación de Israel, y hablaron a Roboam, diciendo:

4 Tu padre agravó nuestro yugo, mas ahora disminuye tú algo de la dura servidumbre de tu padre, y del yugo pesado que puso sobre nosotros, y te serviremos.

5 Y él les dijo: Idos, y de aquí a tres días volved a mí. Y el pueblo se fue.

6 Entonces el rey Roboam pidió consejo de los ancianos que habían estado delante de Salomón su padre cuando vivía, y dijo: ¿Cómo aconsejáis vosotros que responda a este pueblo?

7 Y ellos le hablaron diciendo: Si tú fueres hoy siervo de este pueblo y lo sirvieres, y respondiéndoles buenas palabras les hablares, ellos te servirán para siempre.

8 Pero él dejó el consejo que los ancianos le habían dado, y pidió consejo de los jóvenes que se habían criado con él, y estaban delante de él.

9 Y les dijo: ¿Cómo aconsejáis vosotros que respondamos a este pueblo, que me ha hablado diciendo: Disminuye algo del yugo que tu padre puso sobre nosotros?

Solomon's hand and give you ten tribes. 32 But for the sake of my servant David and the city of Jerusalem, which I have chosen out of all the tribes of Israel, he will have one tribe. 33 I will do this because they have [a] forsaken me and worshiped Ashtoreth the goddess of the Sidonians, Chemosh the god of the Moabites, and Molech the god of the Ammonites, and have not walked in my ways, nor done what is right in my eyes, nor kept my statutes and laws as David, Solomon's father, did.

34 " 'But I will not take the whole kingdom out of Solomon's hand; I have made him ruler all the days of his life for the sake of David my servant, whom I chose and who observed my commands and statutes. 35 I will take the kingdom from his son's hands and give you ten tribes. 36 I will give one tribe to his son so that David my servant may always have a lamp before me in Jerusalem, the city where I chose to put my Name. 37 However, as for you, I will take you, and you will rule over all that your heart desires; you will be king over Israel. 38 If you do whatever I command you and walk in my ways and do what is right in my eyes by keeping my statutes and commands, as David my servant did, I will be with you. I will build you a dynasty as enduring as the one I built for David and will give Israel to you. 39 I will humble David's descendants because of this, but not forever.' "

40 Solomon tried to kill Jeroboam, but Jeroboam fled to Egypt, to Shishak the king, and stayed there until Solomon's death.

Solomon's Death

41 As for the other events of Solomon's reign—all he did and the wisdom he displayed—are they not written in the book of the annals of Solomon? 42 Solomon reigned in Jerusalem over all Israel forty years. 43 Then he rested with his fathers and was buried in the city of David his father. And Rehoboam his son succeeded him as king.

Israel Rebels Against Rehoboam

12 Rehoboam went to Shechem, for all the Israelites had gone there to make him king. 2 When Jeroboam son of Nebat heard this (he was still in Egypt, where he had fled from King Solomon), he returned from [b] Egypt. 3 So they sent for Jeroboam, and he and the whole assembly of Israel went to Rehoboam and said to him: 4 "Your father put a heavy yoke on us, but now lighten the harsh labor and the heavy yoke he put on us, and we will serve you."

5 Rehoboam answered, "Go away for three days and then come back to me." So the people went away.

6 Then King Rehoboam consulted the elders who had served his father Solomon during his lifetime. "How would you advise me to answer these people?" he asked.

7 They replied, "If today you will be a servant to these people and serve them and give them a favorable answer, they will always be your servants."

8 But Rehoboam rejected the advice the elders gave him and consulted the young men who had grown up with him and were serving him. 9 He asked them, "What is your advice? How should we answer these people who say to me, 'Lighten the yoke your father put on us'?"

a 33 Hebrew; Septuagint, Vulgate and Syriac *because he has*
b 2 Or *he remained in*

10 Entonces los jóvenes que se habían criado con él le respondieron diciendo: Así hablarás a este pueblo que te ha dicho estas palabras: Tu padre agravó nuestro yugo, mas tú disminúyenos algo; así les hablarás: El menor dedo de los míos es más grueso que los lomos de mi padre. 11 Ahora, pues, mi padre os cargó de pesado yugo, mas yo añadiré a vuestro yugo; mi padre os castigó con azotes, mas yo os castigaré con escorpiones.

12 Al tercer día vino Jeroboam con todo el pueblo a Roboam, según el rey lo había mandado, diciendo: Volved a mí al tercer día.

13 Y el rey respondió al pueblo duramente, dejando el consejo que los ancianos le habían dado;

14 y les habló conforme al consejo de los jóvenes, diciendo: Mi padre agravó vuestro yugo, pero yo añadiré a vuestro yugo; mi padre os castigó con azotes, mas yo os castigaré con escorpiones.

15 Y no oyó el rey al pueblo; porque era designio de Jehová para confirmar la palabra que Jehová había hablado por medio de Ahías silonita a Jeroboam hijo de Nabat.

16 Cuando todo el pueblo vio que el rey no les había oído, le respondió estas palabras, diciendo: ¿Qué parte tenemos nosotros con David? No tenemos heredad en el hijo de Isaí. ¡Israel, a tus tiendas! ¡Provee ahora en tu casa, David! Entonces Israel se fue a sus tiendas.

17 Pero reinó Roboam sobre los hijos de Israel que moraban en las ciudades de Judá.

18 Y el rey Roboam envió a Adoram, que estaba sobre los tributos; pero lo apedreó todo Israel, y murió. Entonces el rey Roboam se apresuró a subirse en un carro y huir a Jerusalén.

19 Así se apartó Israel de la casa de David hasta hoy.

20 Y aconteció que oyendo todo Israel que Jeroboam había vuelto, enviaron a llamarle a la congregación, y le hicieron rey sobre todo Israel, sin quedar tribu alguna que siguiese la casa de David, sino sólo la tribu de Judá.

21 Y cuando Roboam vino a Jerusalén, reunió a toda la casa de Judá y a la tribu de Benjamín, ciento ochenta mil hombres, guerreros escogidos, con el fin de hacer guerra a la casa de Israel, y hacer volver el reino a Roboam hijo de Salomón.

22 Pero vino palabra de Jehová a Semaías varón de Dios, diciendo:

23 Habla a Roboam hijo de Salomón, rey de Judá, y a toda la casa de Judá y de Benjamín, y a los demás del pueblo, diciendo:

24 Así ha dicho Jehová: No vayáis, ni peleéis contra vuestros hermanos los hijos de Israel; volveos cada uno a su casa, porque esto lo he hecho yo. Y ellos oyeron la palabra de Dios, y volvieron y se fueron, conforme a la palabra de Jehová.

El pecado de Jeroboam

25 Entonces reedificó Jeroboam a Siquem en el monte de Efraín, y habitó en ella; y saliendo de allí, reedificó a Penuel.

26 Y dijo Jeroboam en su corazón: Ahora se volverá el reino a la casa de David,

27 si este pueblo subiere a ofrecer sacrificios en la casa de Jehová en Jerusalén; porque el corazón de este pueblo se volverá a su señor Roboam rey de Judá, y me matarán a mí, y se volverán a Roboam rey de Judá.

28 Y habiendo tenido consejo, hizo el rey dos becerros de oro, y dijo al pueblo: Bastante habéis subido a Jerusalén; he aquí tus dioses, oh Israel, los cuales te hicieron subir de la tierra de Egipto.

29 Y puso uno en Bet-el, y el otro en Dan.

10 The young men who had grown up with him replied, "Tell these people who have said to you, 'Your father put a heavy yoke on us, but make our yoke lighter'— tell them, 'My little finger is thicker than my father's waist. 11 My father laid on you a heavy yoke; I will make it even heavier. My father scourged you with whips; I will scourge you with scorpions.' "

12 Three days later Jeroboam and all the people returned to Rehoboam, as the king had said, "Come back to me in three days." 13 The king answered the people harshly. Rejecting the advice given him by the elders, 14 he followed the advice of the young men and said, "My father made your yoke heavy; I will make it even heavier. My father scourged you with whips; I will scourge you with scorpions." 15 So the king did not listen to the people, for this turn of events was from the LORD, to fulfill the word the LORD had spoken to Jeroboam son of Nebat through Ahijah the Shilonite.

16 When all Israel saw that the king refused to listen to them, they answered the king:

"What share do we have in David,
    what part in Jesse's son?
To your tents, O Israel!
    Look after your own house, O David!"

So the Israelites went home. 17 But as for the Israelites who were living in the towns of Judah, Rehoboam still ruled over them.

18 King Rehoboam sent out Adoniram, c who was in charge of forced labor, but all Israel stoned him to death. King Rehoboam, however, managed to get into his chariot and escape to Jerusalem. 19 So Israel has been in rebellion against the house of David to this day.

20 When all the Israelites heard that Jeroboam had returned, they sent and called him to the assembly and made him king over all Israel. Only the tribe of Judah remained loyal to the house of David.

21 When Rehoboam arrived in Jerusalem, he mustered the whole house of Judah and the tribe of Benjamin—a hundred and eighty thousand fighting men—to make war against the house of Israel and to regain the kingdom for Rehoboam son of Solomon.

22 But this word of God came to Shemaiah the man of God: 23 "Say to Rehoboam son of Solomon king of Judah, to the whole house of Judah and Benjamin, and to the rest of the people, 24 'This is what the LORD says: Do not go up to fight against your brothers, the Israelites. Go home, every one of you, for this is my doing.' " So they obeyed the word of the LORD and went home again, as the LORD had ordered.

Golden Calves at Bethel and Dan

25 Then Jeroboam fortified Shechem in the hill country of Ephraim and lived there. From there he went out and built up Peniel. d

26 Jeroboam thought to himself, "The kingdom will now likely revert to the house of David. 27 If these people go up to offer sacrifices at the temple of the LORD in Jerusalem, they will again give their allegiance to their lord, Rehoboam king of Judah. They will kill me and return to King Rehoboam."

28 After seeking advice, the king made two golden calves. He said to the people, "It is too much for you to go up to Jerusalem. Here are your gods, O Israel, who brought you up out of Egypt." 29 One he set up

c 18 Some Septuagint manuscripts and Syriac (see also 1 Kings 4:6 and 5:14); Hebrew Adoram   d 25 Hebrew Penuel, a variant of Peniel

30 Y esto fue causa de pecado; porque el pueblo iba a adorar delante de uno hasta Dan.

31 Hizo también casas sobre los lugares altos, e hizo sacerdotes de entre el pueblo, que no eran de los hijos de Leví.

32 Entonces instituyó Jeroboam fiesta solemne en el mes octavo, a los quince días del mes, conforme a la fiesta solemne que se celebraba en Judá; y sacrificó sobre un altar. Así hizo en Bet-el, ofreciendo sacrificios a los becerros que había hecho. Ordenó también en Bet-el sacerdotes para los lugares altos que él había fabricado.

33 Sacrificó, pues, sobre el altar que él había hecho en Bet-el, a los quince días del mes octavo, el mes que él había inventado de su propio corazón; e hizo fiesta a los hijos de Israel, y subió al altar para quemar incienso.

Un profeta de Judá amonesta a Jeroboam

13 1 He aquí que un varón de Dios por palabra de Jehová vino de Judá a Bet-el; y estando Jeroboam junto al altar para quemar incienso,

2 aquél clamó contra el altar por palabra de Jehová y dijo: Altar, altar, así ha dicho Jehová: He aquí que a la casa de David nacerá un hijo llamado Josías, el cual sacrificará sobre ti a los sacerdotes de los lugares altos que queman sobre ti incienso, y sobre ti quemarán huesos de hombres.

3 Y aquel mismo día dio una señal, diciendo: Esta es la señal de que Jehová ha hablado: He aquí que el altar se quebrará, y la ceniza que sobre él está se derramará.

4 Cuando el rey Jeroboam oyó la palabra del varón de Dios, que había clamado contra el altar de Bet-el, extendiendo su mano desde el altar, dijo: ¡Prendedle! Mas la mano que había extendido contra él, se le secó, y no la pudo enderezar.

5 Y el altar se rompió, y se derramó la ceniza del altar, conforme a la señal que el varón de Dios había dado por palabra de Jehová.

6 Entonces respondiendo el rey, dijo al varón de Dios: Te pido que ruegues ante la presencia de Jehová tu Dios, y ores por mí, para que mi mano me sea restaurada. Y el varón de Dios oró a Jehová, y la mano del rey se le restauró, y quedó como era antes.

7 Y el rey dijo al varón de Dios: Ven conmigo a casa, y comerás, y yo te daré un presente.

8 Pero el varón de Dios dijo al rey: Aunque me dieras la mitad de tu casa, no iría contigo, ni comería pan ni bebería agua en este lugar.

9 Porque así me está ordenado por palabra de Jehová, diciendo: No comas pan, ni bebas agua, ni regreses por el camino que fueres.

10 Regresó, pues, por otro camino, y no volvió por el camino por donde había venido a Bet-el.

11 Moraba entonces en Bet-el un viejo profeta, al cual vino su hijo y le contó todo lo que el varón de Dios había hecho aquel día en Bet-el; le contaron también a su padre las palabras que había hablado al rey.

12 Y su padre les dijo: ¿Por qué camino se fue? Y sus hijos le mostraron el camino por donde había regresado el varón de Dios que había venido de Judá.

13 Y él dijo a sus hijos: Ensilladme el asno. Y ellos le ensillaron el asno, y él lo montó.

14 Y yendo tras el varón de Dios, le halló sentado debajo de una encina, y le dijo: ¿Eres tú el varón de Dios que vino de Judá? El dijo: Yo soy.

15 Entonces le dijo: Ven conmigo a casa, y come pan.

16 Mas él respondió: No podré volver contigo, ni iré contigo, ni tampoco comeré pan ni beberé agua contigo en este lugar.

in Bethel, and the other in Dan. 30 And this thing became a sin; the people went even as far as Dan to worship the one there.

31 Jeroboam built shrines on high places and appointed priests from all sorts of people, even though they were not Levites. 32 He instituted a festival on the fifteenth day of the eighth month, like the festival held in Judah, and offered sacrifices on the altar. This he did in Bethel, sacrificing to the calves he had made. And at Bethel he also installed priests at the high places he had made. 33 On the fifteenth day of the eighth month, a month of his own choosing, he offered sacrifices on the altar he had built at Bethel. So he instituted the festival for the Israelites and went up to the altar to make offerings.

The Man of God From Judah

13 By the word of the LORD a man of God came from Judah to Bethel, as Jeroboam was standing by the altar to make an offering. 2 He cried out against the altar by the word of the LORD: "O altar, altar! This is what the LORD says: 'A son named Josiah will be born to the house of David. On you he will sacrifice the priests of the high places who now make offerings here, and human bones will be burned on you.' " 3 That same day the man of God gave a sign: "This is the sign the LORD has declared: The altar will be split apart and the ashes on it will be poured out."

4 When King Jeroboam heard what the man of God cried out against the altar at Bethel, he stretched out his hand from the altar and said, "Seize him!" But the hand he stretched out toward the man shriveled up, so that he could not pull it back. 5 Also, the altar was split apart and its ashes poured out according to the sign given by the man of God by the word of the LORD.

6 Then the king said to the man of God, "Intercede with the LORD your God and pray for me that my hand may be restored." So the man of God interceded with the LORD, and the king's hand was restored and became as it was before.

7 The king said to the man of God, "Come home with me and have something to eat, and I will give you a gift."

8 But the man of God answered the king, "Even if you were to give me half your possessions, I would not go with you, nor would I eat bread or drink water here. 9 For I was commanded by the word of the LORD: 'You must not eat bread or drink water or return by the way you came.' " 10 So he took another road and did not return by the way he had come to Bethel.

11 Now there was a certain old prophet living in Bethel, whose sons came and told him all that the man of God had done there that day. They also told their father what he had said to the king. 12 Their father asked them, "Which way did he go?" And his sons showed him which road the man of God from Judah had taken. 13 So he said to his sons, "Saddle the donkey for me." And when they had saddled the donkey for him, he mounted it 14 and rode after the man of God. He found him sitting under an oak tree and asked, "Are you the man of God who came from Judah?"

"I am," he replied.

15 So the prophet said to him, "Come home with me and eat."

16 The man of God said, "I cannot turn back and go with you, nor can I eat bread or drink water with you in this place. 17 I have been told by the word of the

17 Porque por palabra de Dios me ha sido dicho: No comas pan ni bebas agua allí, ni regreses por el camino por donde fueres.
18 Y el otro le dijo, mintiéndole: Yo también soy profeta como tú, y un ángel me ha hablado por palabra de Jehová, diciendo: Tráele contigo a tu casa, para que coma pan y beba agua.
19 Entonces volvió con él, y comió pan en su casa, y bebió agua.
20 Y aconteció que estando ellos en la mesa, vino palabra de Jehová al profeta que le había hecho volver.
21 Y clamó al varón de Dios que había venido de Judá, diciendo: Así dijo Jehová: Por cuanto has sido rebelde al mandato de Jehová, y no guardaste el mandamiento que Jehová tu Dios te había prescrito,
22 sino que volviste, y comiste pan y bebiste agua en el lugar donde Jehová te había dicho que no comieses pan ni bebieses agua, no entrará tu cuerpo en el sepulcro de tus padres.
23 Cuando había comido pan y bebido, el que le había hecho volver le ensilló el asno.
24 Y yéndose, le topó un león en el camino, y le mató; y su cuerpo estaba echado en el camino, y el asno junto a él, y el león también junto al cuerpo.
25 Y he aquí unos que pasaban, y vieron el cuerpo que estaba echado en el camino, y el león que estaba junto al cuerpo; y vinieron y lo dijeron en la ciudad donde el viejo profeta habitaba.
26 Oyéndolo el profeta que le había hecho volver del camino, dijo: El varón de Dios es, que fue rebelde al mandato de Jehová; por tanto, Jehová le ha entregado al león, que le ha quebrantado y matado, conforme a la palabra de Jehová que él le dijo.
27 Y habló a sus hijos, y les dijo: Ensilladme un asno. Y ellos se lo ensillaron.
28 Y él fue, y halló el cuerpo tendido en el camino, y el asno y el león que estaban junto al cuerpo; el león no había comido el cuerpo, ni dañado al asno.
29 Entonces tomó el profeta el cuerpo del varón de Dios, y lo puso sobre el asno y se lo llevó. Y el profeta viejo vino a la ciudad, para endecharle y enterrarle.
30 Y puso el cuerpo en su sepulcro; y le endecharon, diciendo: ¡Ay, hermano mío!
31 Y después que le hubieron enterrado, habló a sus hijos, diciendo: Cuando yo muera, enterradme en el sepulcro en que está sepultado el varón de Dios; poned mis huesos junto a los suyos.
32 Porque sin duda vendrá lo que él dijo a voces por palabra de Jehová contra el altar que está en Bet-el, y contra todas las casas de los lugares altos que están en las ciudades de Samaria.
33 Con todo esto, no se apartó Jeroboam de su mal camino, sino que volvió a hacer sacerdotes de los lugares altos de entre el pueblo, y a quien quería lo consagraba para que fuese de los sacerdotes de los lugares altos.
34 Y esto fue causa de pecado a la casa de Jeroboam, por lo cual fue cortada y raída de sobre la faz de la tierra.

Profecía de Ahías contra Jeroboam

14 1 En aquel tiempo Abías hijo de Jeroboam cayó enfermo.
2 Y dijo Jeroboam a su mujer: Levántate ahora y disfrázate, para que no te conozcan que eres la mujer de Jeroboam, y vé a Silo; porque allá está el profeta Ahías, el que me dijo que yo había de ser rey sobre este pueblo.
3 Y toma en tu mano diez panes, y tortas, y una vasija de miel, y vé a él, para que te declare lo que ha de ser de este niño.

LORD: 'You must not eat bread or drink water there or return by the way you came.' "
18 The old prophet answered, "I too am a prophet, as you are. And an angel said to me by the word of the LORD: 'Bring him back with you to your house so that he may eat bread and drink water.' " (But he was lying to him.) 19 So the man of God returned with him and ate and drank in his house.
20 While they were sitting at the table, the word of the LORD came to the old prophet who had brought him back. 21 He cried out to the man of God who had come from Judah, "This is what the LORD says: 'You have defied the word of the LORD and have not kept the command the LORD your God gave you. 22 You came back and ate bread and drank water in the place where he told you not to eat or drink. Therefore your body will not be buried in the tomb of your fathers.' "
23 When the man of God had finished eating and drinking, the prophet who had brought him back saddled his donkey for him. 24 As he went on his way, a lion met him on the road and killed him, and his body was thrown down on the road, with both the donkey and the lion standing beside it. 25 Some people who passed by saw the body thrown down there, with the lion standing beside the body, and they went and reported it in the city where the old prophet lived.
26 When the prophet who had brought him back from his journey heard of it, he said, "It is the man of God who defied the word of the LORD. The LORD has given him over to the lion, which has mauled him and killed him, as the word of the LORD had warned him."
27 The prophet said to his sons, "Saddle the donkey for me," and they did so. 28 Then he went out and found the body thrown down on the road, with the donkey and the lion standing beside it. The lion had neither eaten the body nor mauled the donkey. 29 So the prophet picked up the body of the man of God, laid it on the donkey, and brought it back to his own city to mourn for him and bury him. 30 Then he laid the body in his own tomb, and they mourned over him and said, "Oh, my brother!"
31 After burying him, he said to his sons, "When I die, bury me in the grave where the man of God is buried; lay my bones beside his bones. 32 For the message he declared by the word of the LORD against the altar in Bethel and against all the shrines on the high places in the towns of Samaria will certainly come true."
33 Even after this, Jeroboam did not change his evil ways, but once more appointed priests for the high places from all sorts of people. Anyone who wanted to become a priest he consecrated for the high places. 34 This was the sin of the house of Jeroboam that led to its downfall and to its destruction from the face of the earth.

Ahijah's Prophecy Against Jeroboam

14 At that time Abijah son of Jeroboam became ill, 2 and Jeroboam said to his wife, "Go, disguise yourself, so you won't be recognized as the wife of Jeroboam. Then go to Shiloh. Ahijah the prophet is there — the one who told me I would be king over this people. 3 Take ten loaves of bread with you, some cakes and a jar of honey, and go to him. He will tell you what

4Y la mujer de Jeroboam lo hizo así; y se levantó y fue a Silo, y vino a casa de Ahías. Y ya no podía ver Ahías, porque sus ojos se habían oscurecido a causa de su vejez.
5Mas Jehová había dicho a Ahías: He aquí que la mujer de Jeroboam vendrá a consultarte por su hijo, que está enfermo; así y así le responderás, pues cuando ella viniere, vendrá disfrazada.
6Cuando Ahías oyó el sonido de sus pies, al entrar ella por la puerta, dijo: Entra, mujer de Jeroboam. ¿Por qué te finges otra? He aquí yo soy enviado a ti con revelación dura.
7Vé y dí a Jeroboam: Así dijo Jehová Dios de Israel: Por cuanto yo te levanté de en medio del pueblo, y te hice príncipe sobre mi pueblo Israel,
8y rompí el reino de la casa de David y te lo entregué a ti; y tú no has sido como David mi siervo, que guardó mis mandamientos y anduvo en pos de mí con todo su corazón, haciendo solamente lo recto delante de mis ojos,
9sino que hiciste lo malo sobre todos los que han sido antes de ti, pues fuiste y te hiciste dioses ajenos e imágenes de fundición para enojarme, y a mí me echaste tras tus espaldas;
10por tanto, he aquí que yo traigo mal sobre la casa de Jeroboam, y destruiré de Jeroboam todo varón, así el siervo como el libre en Israel; y barreré la posteridad de la casa de Jeroboam como se barre el estiércol, hasta que sea acabada.
11El que muera de los de Jeroboam en la ciudad, lo comerán los perros, y el que muera en el campo, lo comerán las aves del cielo; porque Jehová lo ha dicho.
12Y tú levántate y vete a tu casa; y al poner tu pie en la ciudad, morirá el niño.
13Y todo Israel lo endechará, y le enterrarán; porque de los de Jeroboam, sólo él será sepultado, por cuanto se ha hallado en él alguna cosa buena delante de Jehová Dios de Israel, en la casa de Jeroboam.
14Y Jehová levantará para sí un rey sobre Israel, el cual destruirá la casa de Jeroboam en este día; y lo hará ahora mismo.
15Jehová sacudirá a Israel al modo que la caña se agita en las aguas; y él arrancará a Israel de esta buena tierra que había dado a sus padres, y los esparcirá más allá del Eufrates, por cuanto han hecho sus imágenes de Asera, enojando a Jehová.
16Y él entregará a Israel por los pecados de Jeroboam, el cual pecó, y ha hecho pecar a Israel.
17Entonces la mujer de Jeroboam se levantó y se marchó, y vino a Tirsa; y entrando ella por el umbral de la casa, el niño murió.
18Y lo enterraron, y lo endechó todo Israel, conforme a la palabra de Jehová, la cual él había hablado por su siervo el profeta Ahías.
19Los demás hechos de Jeroboam, las guerras que hizo, y cómo reinó, todo está escrito en el libro de las historias de los reyes de Israel.
20El tiempo que reinó Jeroboam fue de veintidós años; y habiendo dormido con sus padres, reinó en su lugar Nadab su hijo.

Reinado de Roboam

21Roboam hijo de Salomón reinó en Judá. De cuarenta y un años era Roboam cuando comenzó a reinar, y diecisiete años reinó en Jerusalén, ciudad que Jehová eligió de todas las tribus de Israel, para poner allí su nombre. El nombre de su madre fue Naama, amonita.
22Y Judá hizo lo malo ante los ojos de Jehová, y le enojaron más que todo lo que sus padres habían hecho en sus pecados que cometieron.

will happen to the boy." 4So Jeroboam's wife did what he said and went to Ahijah's house in Shiloh.

Now Ahijah could not see; his sight was gone because of his age. 5But the LORD had told Ahijah, "Jeroboam's wife is coming to ask you about her son, for he is ill, and you are to give her such and such an answer. When she arrives, she will pretend to be someone else."

6So when Ahijah heard the sound of her footsteps at the door, he said, "Come in, wife of Jeroboam. Why this pretense? I have been sent to you with bad news. 7Go, tell Jeroboam that this is what the LORD, the God of Israel, says: 'I raised you up from among the people and made you a leader over my people Israel. 8I tore the kingdom away from the house of David and gave it to you, but you have not been like my servant David, who kept my commands and followed me with all his heart, doing only what was right in my eyes. 9You have done more evil than all who lived before you. You have made for yourself other gods, idols made of metal; you have provoked me to anger and thrust me behind your back.

10" 'Because of this, I am going to bring disaster on the house of Jeroboam. I will cut off from Jeroboam every last male in Israel—slave or free. I will burn up the house of Jeroboam as one burns dung, until it is all gone. 11Dogs will eat those belonging to Jeroboam who die in the city, and the birds of the air will feed on those who die in the country. The LORD has spoken!'

12"As for you, go back home. When you set foot in your city, the boy will die. 13All Israel will mourn for him and bury him. He is the only one belonging to Jeroboam who will be buried, because he is the only one in the house of Jeroboam in whom the LORD, the God of Israel, has found anything good.

14"The LORD will raise up for himself a king over Israel who will cut off the family of Jeroboam. This is the day! What? Yes, even now.e 15And the LORD will strike Israel, so that it will be like a reed swaying in the water. He will uproot Israel from this good land that he gave to their forefathers and scatter them beyond the River,f because they provoked the LORD to anger by making Asherah poles.g 16And he will give Israel up because of the sins Jeroboam has committed and has caused Israel to commit."

17Then Jeroboam's wife got up and left and went to Tirzah. As soon as she stepped over the threshold of the house, the boy died. 18They buried him, and all Israel mourned for him, as the LORD had said through his servant the prophet Ahijah.

19The other events of Jeroboam's reign, his wars and how he ruled, are written in the book of the annals of the kings of Israel. 20He reigned for twenty-two years and then rested with his fathers. And Nadab his son succeeded him as king.

Rehoboam King of Judah

21Rehoboam son of Solomon was king in Judah. He was forty-one years old when he became king, and he reigned seventeen years in Jerusalem, the city the LORD had chosen out of all the tribes of Israel in which to put his Name. His mother's name was Naamah; she was an Ammonite.
22Judah did evil in the eyes of the LORD. By the sins they committed they stirred up his jealous anger more

e14 The meaning of the Hebrew for this sentence is uncertain. f15 That is, the Euphrates   g15 That is, symbols of the goddess Asherah; here and elsewhere in 1 Kings

23 Porque ellos también se edificaron lugares altos, estatuas, e imágenes de Asera, en todo collado alto y debajo de todo árbol frondoso. 24 Hubo también sodomitas en la tierra, e hicieron conforme a todas las abominaciones de las naciones que Jehová había echado delante de los hijos de Israel.

25 Al quinto año del rey Roboam subió Sisac rey de Egipto contra Jerusalén, 26 y tomó los tesoros de la casa de Jehová, y los tesoros de la casa real, y lo saqueó todo; también se llevó todos los escudos de oro que Salomón había hecho. 27 Y en lugar de ellos hizo el rey Roboam escudos de bronce, y los dio a los capitanes de los de la guardia, quienes custodiaban la puerta de la casa real. 28 Cuando el rey entraba en la casa de Jehová, los de la guardia los llevaban; y los ponían en la cámara de los de la guardia.

29 Los demás hechos de Roboam, y todo lo que hizo, ¿no está escrito en las crónicas de los reyes de Judá? 30 Y hubo guerra entre Roboam y Jeroboam todos los días. 31 Y durmió Roboam con sus padres, y fue sepultado con sus padres en la ciudad de David. El nombre de su madre fue Naama, amonita. Y reinó en su lugar Abiam su hijo.

Reinado de Abiam

15 1 En el año dieciocho del rey Jeroboam hijo de Nabat, Abiam comenzó a reinar sobre Judá, 2 y reinó tres años en Jerusalén. El nombre de su madre fue Maaca, hija de Abisalom. 3 Y anduvo en todos los pecados que su padre había cometido antes de él; y no fue su corazón perfecto con Jehová su Dios, como el corazón de David su padre. 4 Mas por amor a David, Jehová su Dios le dio lámpara en Jerusalén, levantando a su hijo después de él, y sosteniendo a Jerusalén; 5 por cuanto David había hecho lo recto ante los ojos de Jehová, y de ninguna cosa que le mandase se había apartado en todos los días de su vida, salvo en lo tocante a Urías heteo. 6 Y hubo guerra entre Roboam y Jeroboam todos los días de su vida. 7 Los demás hechos de Abiam, y todo lo que hizo, ¿no está escrito en el libro de las crónicas de los reyes de Judá? Y hubo guerra entre Abiam y Jeroboam. 8 Y durmió Abiam con sus padres, y lo sepultaron en la ciudad de David; y reinó Asa su hijo en su lugar.

Reinado de Asa

9 En el año veinte de Jeroboam rey de Israel, Asa comenzó a reinar sobre Judá. 10 Y reinó cuarenta y un años en Jerusalén; el nombre de su madre fue Maaca, hija de Abisalom. 11 Asa hizo lo recto ante los ojos de Jehová, como David su padre. 12 Porque quitó del país a los sodomitas, y quitó todos los ídolos que sus padres habían hecho. 13 También privó a su madre Maaca de ser reina madre, porque había hecho un ídolo de Asera. Además deshizo Asa el ídolo de su madre, y lo quemó junto al torrente de Cedrón. 14 Sin embargo, los lugares altos no se quitaron. Con todo, el corazón de Asa fue perfecto para con Jehová toda su vida.

than their fathers had done. 23 They also set up for themselves high places, sacred stones and Asherah poles on every high hill and under every spreading tree. 24 There were even male shrine prostitutes in the land; the people engaged in all the detestable practices of the nations the LORD had driven out before the Israelites.

25 In the fifth year of King Rehoboam, Shishak king of Egypt attacked Jerusalem. 26 He carried off the treasures of the temple of the LORD and the treasures of the royal palace. He took everything, including all the gold shields Solomon had made. 27 So King Rehoboam made bronze shields to replace them and assigned these to the commanders of the guard on duty at the entrance to the royal palace. 28 Whenever the king went to the LORD's temple, the guards bore the shields, and afterward they returned them to the guardroom.

29 As for the other events of Rehoboam's reign, and all he did, are they not written in the book of the annals of the kings of Judah? 30 There was continual warfare between Rehoboam and Jeroboam. 31 And Rehoboam rested with his fathers and was buried with them in the City of David. His mother's name was Naamah; she was an Ammonite. And Abijah [h] his son succeeded him as king.

Abijah King of Judah

15 In the eighteenth year of the reign of Jeroboam son of Nebat, Abijah [i] became king of Judah, 2 and he reigned in Jerusalem three years. His mother's name was Maacah daughter of Abishalom. [j] 3 He committed all the sins his father had done before him; his heart was not fully devoted to the LORD his God, as the heart of David his forefather had been. 4 Nevertheless, for David's sake the LORD his God gave him a lamp in Jerusalem by raising up a son to succeed him and by making Jerusalem strong. 5 For David had done what was right in the eyes of the LORD and had not failed to keep any of the LORD's commands all the days of his life — except in the case of Uriah the Hittite.

6 There was war between Rehoboam [k] and Jeroboam throughout ¡Abijah's¡ lifetime. 7 As for the other events of Abijah's reign, and all he did, are they not written in the book of the annals of the kings of Judah? There was war between Abijah and Jeroboam. 8 And Abijah rested with his fathers and was buried in the City of David. And Asa his son succeeded him as king.

Asa King of Judah

9 In the twentieth year of Jeroboam king of Israel, Asa became king of Judah, 10 and he reigned in Jerusalem forty-one years. His grandmother's name was Maacah daughter of Abishalom. 11 Asa did what was right in the eyes of the LORD, as his father David had done. 12 He expelled the male shrine prostitutes from the land and got rid of all the idols his fathers had made. 13 He even deposed his grandmother Maacah from her position as queen mother, because she had made a repulsive Asherah pole. Asa cut the pole down and burned it in the Kidron Valley. 14 Although he did not remove the high places, Asa's heart was fully committed to the LORD all

---

h 31 Some Hebrew manuscripts and Septuagint (see also 2 Chron. 12:16); most Hebrew manuscripts Abijam   *i 1 Some Hebrew manuscripts and Septuagint (see also 2 Chron. 12:16); most Hebrew manuscripts Abijam; also in verses 7 and 8*   *j 2 A variant of Absalom; also in verse 10*   *k 6 Most Hebrew manuscripts; some Hebrew manuscripts and Syriac Abijam (that is, Abijah)*

15 También metió en la casa de Jehová lo que su padre había dedicado, y lo que él dedicó: oro, plata y alhajas.

Alianza de Asa con Ben-adad

16 Hubo guerra entre Asa y Baasa rey de Israel, todo el tiempo de ambos.
17 Y subió Baasa rey de Israel contra Judá, y edificó a Ramá, para no dejar a ninguno salir ni entrar a Asa rey de Judá.
18 Entonces tomando Asa toda la plata y el oro que había quedado en los tesoros de la casa de Jehová, y los tesoros de la casa real, los entregó a sus siervos, y los envió el rey Asa a Ben-adad hijo de Tabrimón, hijo de Hezión, rey de Siria, el cual residía en Damasco, diciendo:
19 Haya alianza entre nosotros, como entre mi padre y el tuyo. He aquí yo te envío un presente de plata y de oro; vé, y rompe tu pacto con Baasa rey de Israel, para que se aparte de mí.
20 Y Ben-adad consintió con el rey Asa, y envió los príncipes de los ejércitos que tenía contra las ciudades de Israel, y conquistó Ijón, Dan, Abel-bet-maaca, y toda Cineret, con toda la tierra de Neftalí.
21 Oyendo esto Baasa, dejó de edificar a Ramá, y se quedó en Tirsa.
22 Entonces el rey Asa convocó a todo Judá, sin exceptuar a ninguno; y quitaron de Ramá la piedra y la madera con que Baasa edificaba, y edificó el rey Asa con ello a Geba de Benjamín, y a Mizpa.

Muerte de Asa

23 Los demás hechos de Asa, y todo su poderío, y todo lo que hizo, y las ciudades que edificó, ¿no está todo escrito en el libro de las crónicas de los reyes de Judá? Mas en los días de su vejez enfermó de los pies.
24 Y durmió Asa con sus padres, y fue sepultado con ellos en la ciudad de David su padre; y reinó en su lugar Josafat su hijo.

Reinado de Nadab

25 Nadab hijo de Jeroboam comenzó a reinar sobre Israel en el segundo año de Asa rey de Judá; y reinó sobre Israel dos años.
26 E hizo lo malo ante los ojos de Jehová, andando en el camino de su padre, y en los pecados con que hizo pecar a Israel.
27 Y Baasa hijo de Ahías, el cual era de la casa de Isacar, conspiró contra él, y lo hirió Baasa en Gibetón, que era de los filisteos; porque Nadab y todo Israel tenían sitiado a Gibetón.
28 Lo mató, pues, Baasa en el tercer año de Asa rey de Judá, y reinó en lugar suyo.
29 Y cuando él vino al reino, mató a toda la casa de Jeroboam, sin dejar alma viviente de los de Jeroboam, hasta raerla, conforme a la palabra que Jehová habló por su siervo Ahías silonita;
30 por los pecados que Jeroboam había cometido, y con los cuales hizo pecar a Israel; y por su provocación con que provocó a enojo a Jehová Dios de Israel.
31 Los demás hechos de Nadab, y todo lo que hizo, ¿no está todo escrito en el libro de las crónicas de los reyes de Israel?
32 Y hubo guerra entre Asa y Baasa rey de Israel, todo el tiempo de ambos.

Reinado de Baasa

33 En el tercer año de Asa rey de Judá, comenzó a reinar Baasa hijo de Ahías sobre todo Israel en Tirsa; y reinó veinticuatro años.

his life. 15 He brought into the temple of the LORD the silver and gold and the articles that he and his father had dedicated.
16 There was war between Asa and Baasha king of Israel throughout their reigns. 17 Baasha king of Israel went up against Judah and fortified Ramah to prevent anyone from leaving or entering the territory of Asa king of Judah.
18 Asa then took all the silver and gold that was left in the treasuries of the LORD's temple and of his own palace. He entrusted it to his officials and sent them to Ben-Hadad son of Tabrimmon, the son of Hezion, the king of Aram, who was ruling in Damascus. 19 "Let there be a treaty between me and you," he said, "as there was between my father and your father. See, I am sending you a gift of silver and gold. Now break your treaty with Baasha king of Israel so he will withdraw from me."
20 Ben-Hadad agreed with King Asa and sent the commanders of his forces against the towns of Israel. He conquered Ijon, Dan, Abel Beth Maacah and all Kinnereth in addition to Naphtali. 21 When Baasha heard this, he stopped building Ramah and withdrew to Tirzah. 22 Then King Asa issued an order to all Judah — no one was exempt — and they carried away from Ramah the stones and timber Baasha had been using there. With them King Asa built up Geba in Benjamin, and also Mizpah.
23 As for all the other events of Asa's reign, all his achievements, all he did and the cities he built, are they not written in the book of the annals of the kings of Judah? In his old age, however, his feet became diseased. 24 Then Asa rested with his fathers and was buried with them in the city of his father David. And Jehoshaphat his son succeeded him as king.

Nadab King of Israel

25 Nadab son of Jeroboam became king of Israel in the second year of Asa king of Judah, and he reigned over Israel two years. 26 He did evil in the eyes of the LORD, walking in the ways of his father and in his sin, which he had caused Israel to commit.
27 Baasha son of Ahijah of the house of Issachar plotted against him, and he struck him down at Gibbethon, a Philistine town, while Nadab and all Israel were besieging it. 28 Baasha killed Nadab in the third year of Asa king of Judah and succeeded him as king.
29 As soon as he began to reign, he killed Jeroboam's whole family. He did not leave Jeroboam anyone that breathed, but destroyed them all, according to the word of the LORD given through his servant Ahijah the Shilonite— 30 because of the sins Jeroboam had committed and had caused Israel to commit, and because he provoked the LORD, the God of Israel, to anger.
31 As for the other events of Nadab's reign, and all he did, are they not written in the book of the annals of the kings of Israel? 32 There was war between Asa and Baasha king of Israel throughout their reigns.

Baasha King of Israel

33 In the third year of Asa king of Judah, Baasha son of Ahijah became king of all Israel in Tirzah, and he reigned twenty-four years. 34 He did evil in the eyes of

34 E hizo lo malo ante los ojos de Jehová, y anduvo en el camino de Jeroboam, y en su pecado con que hizo pecar a Israel.

16 ¹Y vino palabra de Jehová a Jehú hijo de Hanani contra Baasa, diciendo:
²Por cuanto yo te levanté del polvo y te puse por príncipe sobre mi pueblo Israel, y has andado en el camino de Jeroboam, y has hecho pecar a mi pueblo Israel, provocándome a ira con tus pecados;
³he aquí yo barreré la posteridad de Baasa, y la posteridad de su casa; y pondré su casa como la casa de Jeroboam hijo de Nabat.
⁴El que de Baasa fuere muerto en la ciudad, lo comerán los perros; y el que de él fuere muerto en el campo, lo comerán las aves del cielo.
⁵Los demás hechos de Baasa, y las cosas que hizo, y su poderío, ¿no está todo escrito en el libro de las crónicas de los reyes de Israel?
⁶Y durmió Baasa con sus padres, y fue sepultado en Tirsa, y reinó en su lugar Ela su hijo.
⁷Pero la palabra de Jehová por el profeta Jehú hijo de Hanani había sido contra Baasa y también contra su casa, con motivo de todo lo malo que hizo ante los ojos de Jehová, provocándole a ira con las obras de sus manos, para que fuese hecha como la casa de Jeroboam; y porque la había destruido.

Reinados de Ela y de Zimri

⁸En el año veintiséis de Asa rey de Judá comenzó a reinar Ela hijo de Baasa sobre Israel en Tirsa; y reinó dos años.
⁹Y conspiró contra él su siervo Zimri, comandante de la mitad de los carros. Y estando él en Tirsa, bebiendo y embriagado en casa de Arsa su mayordomo en Tirsa,
¹⁰vino Zimri y lo hirió y lo mató, en el año veintisiete de Asa rey de Judá; y reinó en lugar suyo.
¹¹Y luego que llegó a reinar y estuvo sentado en su trono, mató a toda la casa de Baasa, sin dejar en ella varón, ni parientes ni amigos.
¹²Así exterminó Zimri a toda la casa de Baasa, conforme a la palabra que Jehová había proferido contra Baasa por medio del profeta Jehú,
¹³por todos los pecados de Baasa y los pecados de Ela su hijo, con los cuales ellos pecaron e hicieron pecar a Israel, provocando a enojo con sus vanidades a Jehová Dios de Israel.
¹⁴Los demás hechos de Ela, y todo lo que hizo, ¿no está todo escrito en el libro de las crónicas de los reyes de Israel?
¹⁵En el año veintisiete de Asa rey de Judá, comenzó a reinar Zimri, y reinó siete días en Tirsa; y el pueblo había acampado contra Gibetón, ciudad de los filisteos.
¹⁶Y el pueblo que estaba en el campamento oyó decir: Zimri ha conspirado, y ha dado muerte al rey. Entonces todo Israel puso aquel mismo día por rey sobre Israel a Omri, general del ejército, en el campo de batalla.
¹⁷Y subió Omri de Gibetón, y con él todo Israel, y sitiaron a Tirsa.
¹⁸Mas viendo Zimri tomada la ciudad, se metió en el palacio de la casa real, y prendió fuego a la casa consigo; y así murió,
¹⁹por los pecados que había cometido, haciendo lo malo ante los ojos de Jehová, y andando en los caminos de Jeroboam, y en su pecado que cometió, haciendo pecar a Israel.

the Lord, walking in the ways of Jeroboam and in his sin, which he had caused Israel to commit.

16 Then the word of the Lord came to Jehu son of Hanani against Baasha: ²"I lifted you up from the dust and made you leader of my people Israel, but you walked in the ways of Jeroboam and caused my people Israel to sin and to provoke me to anger by their sins. ³So I am about to consume Baasha and his house, and I will make your house like that of Jeroboam son of Nebat. ⁴Dogs will eat those belonging to Baasha who die in the city, and the birds of the air will feed on those who die in the country."

⁵As for the other events of Baasha's reign, what he did and his achievements, are they not written in the book of the annals of the kings of Israel? ⁶Baasha rested with his fathers and was buried in Tirzah. And Elah his son succeeded him as king.

⁷Moreover, the word of the Lord came through the prophet Jehu son of Hanani to Baasha and his house, because of all the evil he had done in the eyes of the Lord, provoking him to anger by the things he did, and becoming like the house of Jeroboam—and also because he destroyed it.

Elah King of Israel

⁸In the twenty-sixth year of Asa king of Judah, Elah son of Baasha became king of Israel, and he reigned in Tirzah two years.

⁹Zimri, one of his officials, who had command of half his chariots, plotted against him. Elah was in Tirzah at the time, getting drunk in the home of Arza, the man in charge of the palace at Tirzah. ¹⁰Zimri came in, struck him down and killed him in the twenty-seventh year of Asa king of Judah. Then he succeeded him as king.

¹¹As soon as he began to reign and was seated on the throne, he killed off Baasha's whole family. He did not spare a single male, whether relative or friend. ¹²So Zimri destroyed the whole family of Baasha, in accordance with the word of the Lord spoken against Baasha through the prophet Jehu— ¹³because of all the sins Baasha and his son Elah had committed and had caused Israel to commit, so that they provoked the Lord, the God of Israel, to anger by their worthless idols.

¹⁴As for the other events of Elah's reign, and all he did, are they not written in the book of the annals of the kings of Israel?

Zimri King of Israel

¹⁵In the twenty-seventh year of Asa king of Judah, Zimri reigned in Tirzah seven days. The army was encamped near Gibbethon, a Philistine town. ¹⁶When the Israelites in the camp heard that Zimri had plotted against the king and murdered him, they proclaimed Omri, the commander of the army, king over Israel that very day there in the camp. ¹⁷Then Omri and all the Israelites with him withdrew from Gibbethon and laid siege to Tirzah. ¹⁸When Zimri saw that the city was taken, he went into the citadel of the royal palace and set the palace on fire around him. So he died, ¹⁹because of the sins he had committed, doing evil in the eyes of the Lord and walking in the ways of Jeroboam and in the sin he had committed and had caused Israel to commit.

20 El resto de los hechos de Zimri, y la conspiración que hizo, ¿no está todo escrito en el libro de las crónicas de los reyes de Israel?

Reinado de Omri

21 Entonces el pueblo de Israel fue dividido en dos partes: la mitad del pueblo seguía a Tibni hijo de Ginat para hacerlo rey, y la otra mitad seguía a Omri.
22 Mas el pueblo que seguía a Omri pudo más que el que seguía a Tibni hijo de Ginat; y Tibni murió, y Omri fue rey.
23 En el año treinta y uno de Asa rey de Judá, comenzó a reinar Omri sobre Israel, y reinó doce años; en Tirsa reinó seis años.
24 Y Omri compró a Semer el monte de Samaria por dos talentos de plata, y edificó en el monte; y llamó el nombre de la ciudad que edificó, Samaria, del nombre de Semer, que fue dueño de aquel monte.
25 Y Omri hizo lo malo ante los ojos de Jehová, e hizo peor que todos los que habían reinado antes de él;
26 pues anduvo en todos los caminos de Jeroboam hijo de Nabat, y en el pecado con el cual hizo pecar a Israel, provocando a ira a Jehová Dios de Israel con sus ídolos.
27 Los demás hechos de Omri, y todo lo que hizo, y las valentías que ejecutó, ¿no está todo escrito en el libro de las crónicas de los reyes de Israel?
28 Y Omri durmió con sus padres, y fue sepultado en Samaria, y reinó en lugar suyo Acab su hijo.

Reinado de Acab

29 Comenzó a reinar Acab hijo de Omri sobre Israel el año treinta y ocho de Asa rey de Judá.
30 Y reinó Acab hijo de Omri sobre Israel en Samaria veintidós años. Y Acab hijo de Omri hizo lo malo ante los ojos de Jehová, más que todos los que reinaron antes de él.
31 Porque le fue ligera cosa andar en los pecados de Jeroboam hijo de Nabat, y tomó por mujer a Jezabel, hija de Et-baal rey de los sidonios, y fue y sirvió a Baal, y lo adoró.
32 E hizo altar a Baal, en el templo de Baal que él edificó en Samaria.
33 Hizo también Acab una imagen de Asera, haciendo así Acab más que todos los reyes de Israel que reinaron antes que él, para provocar la ira de Jehová Dios de Israel.
34 En su tiempo Hiel de Bet-el reedificó a Jericó. A precio de la vida de Abiram su primogénito echó el cimiento, y a precio de la vida de Segub su hijo menor puso sus puertas, conforme a la palabra que Jehová había hablado por Josué hijo de Nun.

Elías predice la sequía

17 1 Entonces Elías tisbita, que era de los moradores de Galaad, dijo a Acab: Vive Jehová Dios de Israel, en cuya presencia estoy, que no habrá lluvia ni rocío en estos años, sino por mi palabra.
2 Y vino a él palabra de Jehová, diciendo:
3 Apártate de aquí, y vuélvete al oriente, y escóndete en el arroyo de Querit, que está frente al Jordán.
4 Beberás del arroyo; y yo he mandado a los cuervos que te den allí de comer.
5 Y él fue e hizo conforme a la palabra de Jehová: pues se fue y vivió junto al arroyo de Querit, que está frente al Jordán.
6 Y los cuervos le traían pan y carne por la mañana, y pan y carne por la tarde; y bebía del arroyo.

20 As for the other events of Zimri's reign, and the rebellion he carried out, are they not written in the book of the annals of the kings of Israel?

Omri King of Israel

21 Then the people of Israel were split into two factions; half supported Tibni son of Ginath for king, and the other half supported Omri. 22 But Omri's followers proved stronger than those of Tibni son of Ginath. So Tibni died and Omri became king.
23 In the thirty-first year of Asa king of Judah, Omri became king of Israel, and he reigned twelve years, six of them in Tirzah. 24 He bought the hill of Samaria from Shemer for two talents*l* of silver and built a city on the hill, calling it Samaria, after Shemer, the name of the former owner of the hill.
25 But Omri did evil in the eyes of the LORD and sinned more than all those before him. 26 He walked in all the ways of Jeroboam son of Nebat and in his sin, which he had caused Israel to commit, so that they provoked the LORD, the God of Israel, to anger by their worthless idols.
27 As for the other events of Omri's reign, what he did and the things he achieved, are they not written in the book of the annals of the kings of Israel? 28 Omri rested with his fathers and was buried in Samaria. And Ahab his son succeeded him as king.

Ahab Becomes King of Israel

29 In the thirty-eighth year of Asa king of Judah, Ahab son of Omri became king of Israel, and he reigned in Samaria over Israel twenty-two years. 30 Ahab son of Omri did more evil in the eyes of the LORD than any of those before him. 31 He not only considered it trivial to commit the sins of Jeroboam son of Nebat, but he also married Jezebel daughter of Ethbaal king of the Sidonians, and began to serve Baal and worship him. 32 He set up an altar for Baal in the temple of Baal that he built in Samaria. 33 Ahab also made an Asherah pole and did more to provoke the LORD, the God of Israel, to anger than did all the kings of Israel before him.
34 In Ahab's time, Hiel of Bethel rebuilt Jericho. He laid its foundations at the cost of his firstborn son Abiram, and he set up its gates at the cost of his youngest son Segub, in accordance with the word of the LORD spoken by Joshua son of Nun.

Elijah Fed by Ravens

17 Now Elijah the Tishbite, from Tishbe*m* in Gilead, said to Ahab, "As the LORD, the God of Israel, lives, whom I serve, there will be neither dew nor rain in the next few years except at my word."
2 Then the word of the LORD came to Elijah: 3 "Leave here, turn eastward and hide in the Kerith Ravine, east of the Jordan. 4 You will drink from the brook, and I have ordered the ravens to feed you there."
5 So he did what the LORD had told him. He went to the Kerith Ravine, east of the Jordan, and stayed there. 6 The ravens brought him bread and meat in the morning and bread and meat in the evening, and he drank from the brook.

l24 That is, about 150 pounds (about 70 kilograms)   *m1 Or Tishbite, of the settlers*

⁷ Pasados algunos días, se secó el arroyo, porque no había llovido sobre la tierra.

Elías y la viuda de Sarepta

⁸ Vino luego a él palabra de Jehová, diciendo:
⁹ Levántate, vete a Sarepta de Sidón, y mora allí; he aquí yo he dado orden allí a una mujer viuda que te sustente.
¹⁰ Entonces él se levantó y se fue a Sarepta. Y cuando llegó a la puerta de la ciudad, he aquí una mujer viuda que estaba allí recogiendo leña; y él la llamó, y le dijo: Te ruego que me traigas un poco de agua en un vaso, para que beba.
¹¹ Y yendo ella para traérsela, él la volvió a llamar, y le dijo: Te ruego que me traigas también un bocado de pan en tu mano.
¹² Y ella respondió: Vive Jehová tu Dios, que no tengo pan cocido; solamente un puñado de harina tengo en la tinaja, y un poco de aceite en una vasija; y ahora recogía dos leños, para entrar y prepararlo para mí y para mi hijo, para que lo comamos, y nos dejemos morir.
¹³ Elías le dijo: No tengas temor; vé, haz como has dicho; pero hazme a mí primero de ello una pequeña torta cocida debajo de la ceniza, y tráemela; y después harás para ti y para tu hijo.
¹⁴ Porque Jehová Dios de Israel ha dicho así: La harina de la tinaja no escaseará, ni el aceite de la vasija disminuirá, hasta el día en que Jehová haga llover sobre la faz de la tierra.
¹⁵ Entonces ella fue e hizo como le dijo Elías; y comió él, y ella, y su casa, muchos días.
¹⁶ Y la harina de la tinaja no escaseó, ni el aceite de la vasija menguó, conforme a la palabra que Jehová había dicho por Elías.
¹⁷ Después de estas cosas aconteció que cayó enfermo el hijo del ama de la casa; y la enfermedad fue tan grave que no quedó en él aliento.
¹⁸ Y ella dijo a Elías: ¿Qué tengo yo contigo, varón de Dios? ¿Has venido a mí para traer a memoria mis iniquidades, y para hacer morir a mi hijo?
¹⁹ El le dijo: Dame acá tu hijo. Entonces él lo tomó de su regazo, y lo llevó al aposento donde él estaba, y lo puso sobre su cama.
²⁰ Y clamando a Jehová, dijo: Jehová Dios mío, ¿aun a la viuda en cuya casa estoy hospedado has afligido, haciéndole morir su hijo?
²¹ Y se tendió sobre el niño tres veces, y clamó a Jehová y dijo: Jehová Dios mío, te ruego que hagas volver el alma de este niño a él.
²² Y Jehová oyó la voz de Elías, y el alma del niño volvió a él, y revivió.
²³ Tomando luego Elías al niño, lo trajo del aposento a la casa, y lo dio a su madre, y le dijo Elías: Mira, tu hijo vive.
²⁴ Entonces la mujer dijo a Elías: Ahora conozco que tú eres varón de Dios, y que la palabra de Jehová es verdad en tu boca.

Elías regresa a ver a Acab

18 ¹ Pasados muchos días, vino palabra de Jehová a Elías en el tercer año, diciendo: Vé, muéstrate a Acab, y yo haré llover sobre la faz de la tierra.
² Fue, pues, Elías a mostrarse a Acab. Y el hambre era grave en Samaria.
³ Y Acab llamó a Abdías su mayordomo. Abdías era en gran manera temeroso de Jehová.
⁴ Porque cuando Jezabel destruía a los profetas de Jehová, Abdías tomó a cien profetas y los escondió de cincuenta en cincuenta en cuevas, y los sustentó con pan y agua.

The Widow at Zarephath

⁷ Some time later the brook dried up because there had been no rain in the land. ⁸ Then the word of the LORD came to him: ⁹ "Go at once to Zarephath of Sidon and stay there. I have commanded a widow in that place to supply you with food." ¹⁰ So he went to Zarephath. When he came to the town gate, a widow was there gathering sticks. He called to her and asked, "Would you bring me a little water in a jar so I may have a drink?" ¹¹ As she was going to get it, he called, "And bring me, please, a piece of bread."

¹² "As surely as the LORD your God lives," she replied, "I don't have any bread—only a handful of flour in a jar and a little oil in a jug. I am gathering a few sticks to take home and make a meal for myself and my son, that we may eat it—and die."

¹³ Elijah said to her, "Don't be afraid. Go home and do as you have said. But first make a small cake of bread for me from what you have and bring it to me, and then make something for yourself and your son. ¹⁴ For this is what the LORD, the God of Israel, says: 'The jar of flour will not be used up and the jug of oil will not run dry until the day the LORD gives rain on the land.' "

¹⁵ She went away and did as Elijah had told her. So there was food every day for Elijah and for the woman and her family. ¹⁶ For the jar of flour was not used up and the jug of oil did not run dry, in keeping with the word of the LORD spoken by Elijah.

¹⁷ Some time later the son of the woman who owned the house became ill. He grew worse and worse, and finally stopped breathing. ¹⁸ She said to Elijah, "What do you have against me, man of God? Did you come to remind me of my sin and kill my son?"

¹⁹ "Give me your son," Elijah replied. He took him from her arms, carried him to the upper room where he was staying, and laid him on his bed. ²⁰ Then he cried out to the LORD, "O LORD my God, have you brought tragedy also upon this widow I am staying with, by causing her son to die?" ²¹ Then he stretched himself out on the boy three times and cried to the LORD, "O LORD my God, let this boy's life return to him!"

²² The LORD heard Elijah's cry, and the boy's life returned to him, and he lived. ²³ Elijah picked up the child and carried him down from the room into the house. He gave him to his mother and said, "Look, your son is alive!"

²⁴ Then the woman said to Elijah, "Now I know that you are a man of God and that the word of the LORD from your mouth is the truth."

Elijah and Obadiah

18 After a long time, in the third year, the word of the LORD came to Elijah: "Go and present yourself to Ahab, and I will send rain on the land." ² So Elijah went to present himself to Ahab.

Now the famine was severe in Samaria, ³ and Ahab had summoned Obadiah, who was in charge of his palace. (Obadiah was a devout believer in the LORD. ⁴ While Jezebel was killing off the LORD's prophets, Obadiah had taken a hundred prophets and hidden them in two caves, fifty in each, and had supplied them

5 Dijo, pues, Acab a Abdías: Vé por el país a todas las fuentes de aguas, y a todos los arroyos, a ver si acaso hallaremos hierba con que conservemos la vida a los caballos y a las mulas, para que no nos quedemos sin bestias.
6 Y dividieron entre sí el país para recorrerlo; Acab fue por un camino, y Abdías fue separadamente por otro.

7 Y yendo Abdías por el camino, se encontró con Elías; y cuando lo reconoció, se postró sobre su rostro y dijo: ¿No eres tú mi señor Elías?
8 Y él respondió: Yo soy; vé, dí a tu amo: Aquí está Elías.
9 Pero él dijo: ¿En qué he pecado, para que entregues a tu siervo en mano de Acab para que me mate?
10 Vive Jehová tu Dios, que no ha habido nación ni reino adonde mi señor no haya enviado a buscarte, y todos han respondido: No está aquí; y a reinos y a naciones él ha hecho jurar que no te han hallado.
11 ¿Y ahora tú dices: Vé, dí a tu amo: Aquí está Elías?
12 Acontecerá que luego que yo me haya ido, el Espíritu de Jehová te llevará adonde yo no sepa, y al venir yo y dar las nuevas a Acab, al no hallarte él, me matará; y tu siervo teme a Jehová desde su juventud.
13 ¿No ha sido dicho a mi señor lo que hice, cuando Jezabel mataba a los profetas de Jehová; que escondí a cien varones de los profetas de Jehová de cincuenta en cincuenta en cuevas, y los mantuve con pan y agua?
14 ¿Y ahora dices tú: Vé, dí a tu amo: Aquí está Elías; para que él me mate?
15 Y le dijo Elías: Vive Jehová de los ejércitos, en cuya presencia estoy, que hoy me mostraré a él.
16 Entonces Abdías fue a encontrarse con Acab, y le dio el aviso; y Acab vino a encontrarse con Elías.

17 Cuando Acab vio a Elías, le dijo: ¿Eres tú el que turbas a Israel?
18 Y él respondió: Yo no he turbado a Israel, sino tú y la casa de tu padre, dejando los mandamientos de Jehová, y siguiendo a los baales.
19 Envía, pues, ahora y congrégame a todo Israel en el monte Carmelo, y los cuatrocientos cincuenta profetas de Baal, y los cuatrocientos profetas de Asera, que comen de la mesa de Jezabel.

Elías y los profetas de Baal

20 Entonces Acab convocó a todos los hijos de Israel, y reunió a los profetas en el monte Carmelo.
21 Y acercándose Elías a todo el pueblo, dijo: ¿Hasta cuándo claudicaréis vosotros entre dos pensamientos? Si Jehová es Dios, seguidle; y si Baal, id en pos de él. Y el pueblo no respondió palabra.
22 Y Elías volvió a decir al pueblo: Sólo yo he quedado profeta de Jehová; mas de los profetas de Baal hay cuatrocientos cincuenta hombres.
23 Dénsenos, pues, dos bueyes, y escojan ellos uno, y córtenlo en pedazos, y pónganlo sobre leña, pero no pongan fuego debajo; y yo prepararé el otro buey, y lo pondré sobre leña, y ningún fuego pondré debajo.
24 Invocad luego vosotros el nombre de vuestros dioses, y yo invocaré el nombre de Jehová; y el Dios que respondiere por medio de fuego, ése sea Dios. Y todo el pueblo respondió, diciendo: Bien dicho.
25 Entonces Elías dijo a los profetas de Baal: Escogeos un buey, y preparadlo vosotros primero, pues que sois los más; e invocad el nombre de vuestros dioses, mas no pongáis fuego debajo.
26 Y ellos tomaron el buey que les fue dado y lo prepararon, e invocaron el nombre de Baal desde la mañana hasta el mediodía, diciendo: ¡Baal, respóndenos! Pero no había voz, ni quien respondiese; entre tanto, ellos andaban saltando cerca del altar que habían hecho.

with food and water.) 5 Ahab had said to Obadiah, "Go through the land to all the springs and valleys. Maybe we can find some grass to keep the horses and mules alive so we will not have to kill any of our animals."
6 So they divided the land they were to cover, Ahab going in one direction and Obadiah in another.

7 As Obadiah was walking along, Elijah met him. Obadiah recognized him, bowed down to the ground, and said, "Is it really you, my lord Elijah?"
8 "Yes," he replied. "Go tell your master, 'Elijah is here.' "
9 "What have I done wrong," asked Obadiah, "that you are handing your servant over to Ahab to be put to death? 10 As surely as the LORD your God lives, there is not a nation or kingdom where my master has not sent someone to look for you. And whenever a nation or kingdom claimed you were not there, he made them swear they could not find you. 11 But now you tell me to go to my master and say, 'Elijah is here.' 12 I don't know where the Spirit of the LORD may carry you when I leave you. If I go and tell Ahab and he doesn't find you, he will kill me. Yet I your servant have worshiped the LORD since my youth. 13 Haven't you heard, my lord, what I did while Jezebel was killing the prophets of the LORD? I hid a hundred of the LORD's prophets in two caves, fifty in each, and supplied them with food and water. 14 And now you tell me to go to my master and say, 'Elijah is here.' He will kill me!"
15 Elijah said, "As the LORD Almighty lives, whom I serve, I will surely present myself to Ahab today."

Elijah on Mount Carmel

16 So Obadiah went to meet Ahab and told him, and Ahab went to meet Elijah. 17 When he saw Elijah, he said to him, "Is that you, you troubler of Israel?"
18 "I have not made trouble for Israel," Elijah replied. "But you and your father's family have. You have abandoned the LORD's commands and have followed the Baals. 19 Now summon the people from all over Israel to meet me on Mount Carmel. And bring the four hundred and fifty prophets of Baal and the four hundred prophets of Asherah, who eat at Jezebel's table."
20 So Ahab sent word throughout all Israel and assembled the prophets on Mount Carmel. 21 Elijah went before the people and said, "How long will you waver between two opinions? If the LORD is God, follow him; but if Baal is God, follow him."
But the people said nothing.
22 Then Elijah said to them, "I am the only one of the LORD's prophets left, but Baal has four hundred and fifty prophets. 23 Get two bulls for us. Let them choose one for themselves, and let them cut it into pieces and put it on the wood but not set fire to it. I will prepare the other bull and put it on the wood but not set fire to it. 24 Then you call on the name of your god, and I will call on the name of the LORD. The god who answers by fire — he is God."
Then all the people said, "What you say is good."
25 Elijah said to the prophets of Baal, "Choose one of the bulls and prepare it first, since there are so many of you. Call on the name of your god, but do not light the fire." 26 So they took the bull given them and prepared it.
Then they called on the name of Baal from morning till noon. "O Baal, answer us!" they shouted. But there was no response; no one answered. And they danced around the altar they had made.

27 Y aconteció al mediodía, que Elías se burlaba de ellos, diciendo: Gritad en alta voz, porque dios es; quizá está meditando, o tiene algún trabajo, o va de camino; tal vez duerme, y hay que despertarle.

28 Y ellos clamaban a grandes voces, y se sajaban con cuchillos y con lancetas conforme a su costumbre, hasta chorrear la sangre sobre ellos.

29 Pasó el mediodía, y ellos siguieron gritando frenéticamente hasta la hora de ofrecerse el sacrificio, pero no hubo ninguna voz, ni quien respondiese ni escuchase.

30 Entonces dijo Elías a todo el pueblo: Acercaos a mí. Y todo el pueblo se le acercó; y él arregló el altar de Jehová que estaba arruinado.

31 Y tomando Elías doce piedras, conforme al número de las tribus de los hijos de Jacob, al cual había sido dada palabra de Jehová diciendo, Israel será tu nombre,

32 edificó con las piedras un altar en el nombre de Jehová; después hizo una zanja alrededor del altar, en que cupieran dos medidas de grano.

33 Preparó luego la leña, y cortó el buey en pedazos, y lo puso sobre la leña.

34 Y dijo: Llenad cuatro cántaros de agua, y derramadla sobre el holocausto y sobre la leña. Y dijo: Hacedlo otra vez; y otra vez lo hicieron. Dijo aún: Hacedlo la tercera vez; y lo hicieron la tercera vez,

35 de manera que el agua corría alrededor del altar, y también se había llenado de agua la zanja.

36 Cuando llegó la hora de ofrecerse el holocausto, se acercó el profeta Elías y dijo: Jehová Dios de Abraham, de Isaac y de Israel, sea hoy manifiesto que tú eres Dios en Israel, y que yo soy tu siervo, y que por mandato tuyo he hecho todas estas cosas.

37 Respóndeme, Jehová, respóndeme, para que conozca este pueblo que tú, oh Jehová, eres el Dios, y que tú vuelves a ti el corazón de ellos.

38 Entonces cayó fuego de Jehová, y consumió el holocausto, la leña, las piedras y el polvo, y aun lamió el agua que estaba en la zanja.

39 Viéndolo todo el pueblo, se postraron y dijeron: ¡Jehová es el Dios, Jehová es el Dios!

40 Entonces Elías les dijo: Prended a los profetas de Baal, para que no escape ninguno. Y ellos los prendieron; y los llevó Elías al arroyo de Cisón, y allí los degolló.

Elías ora por lluvia

41 Entonces Elías dijo a Acab: Sube, come y bebe; porque una lluvia grande se oye.

42 Acab subió a comer y a beber. Y Elías subió a la cumbre del Carmelo, y postrándose en tierra, puso su rostro entre las rodillas.

43 Y dijo a su criado: Sube ahora, y mira hacia el mar. Y él subió, y miró, y dijo: No hay nada. Y él le volvió a decir: Vuelve siete veces.

44 A la séptima vez dijo: Yo veo una pequeña nube como la palma de la mano de un hombre, que sube del mar. Y él dijo: Vé, y dí a Acab: Unce tu carro y desciende, para que la lluvia no te ataje.

45 Y aconteció, estando en esto, que los cielos se oscurecieron con nubes y viento, y hubo una gran lluvia. Y subiendo Acab, vino a Jezreel.

46 Y la mano de Jehová estuvo sobre Elías, el cual ciñó sus lomos, y corrió delante de Acab hasta llegar a Jezreel.

27 At noon Elijah began to taunt them. "Shout louder!" he said. "Surely he is a god! Perhaps he is deep in thought, or busy, or traveling. Maybe he is sleeping and must be awakened." 28 So they shouted louder and slashed themselves with swords and spears, as was their custom, until their blood flowed. 29 Midday passed, and they continued their frantic prophesying until the time for the evening sacrifice. But there was no response, no one answered, no one paid attention.

30 Then Elijah said to all the people, "Come here to me." They came to him, and he repaired the altar of the LORD, which was in ruins. 31 Elijah took twelve stones, one for each of the tribes descended from Jacob, to whom the word of the LORD had come, saying, "Your name shall be Israel." 32 With the stones he built an altar in the name of the LORD, and he dug a trench around it large enough to hold two seahs[n] of seed. 33 He arranged the wood, cut the bull into pieces and laid it on the wood. Then he said to them, "Fill four large jars with water and pour it on the offering and on the wood."

34 "Do it again," he said, and they did it again. "Do it a third time," he ordered, and they did it the third time. 35 The water ran down around the altar and even filled the trench.

36 At the time of sacrifice, the prophet Elijah stepped forward and prayed: "O LORD, God of Abraham, Isaac and Israel, let it be known today that you are God in Israel and that I am your servant and have done all these things at your command. 37 Answer me, O LORD, answer me, so these people will know that you, O LORD, are God, and that you are turning their hearts back again."

38 Then the fire of the LORD fell and burned up the sacrifice, the wood, the stones and the soil, and also licked up the water in the trench.

39 When all the people saw this, they fell prostrate and cried, "The LORD—he is God! The LORD—he is God!"

40 Then Elijah commanded them, "Seize the prophets of Baal. Don't let anyone get away!" They seized them, and Elijah had them brought down to the Kishon Valley and slaughtered there.

41 And Elijah said to Ahab, "Go, eat and drink, for there is the sound of a heavy rain." 42 So Ahab went off to eat and drink, but Elijah climbed to the top of Carmel, bent down to the ground and put his face between his knees.

43 "Go and look toward the sea," he told his servant. And he went up and looked.

"There is nothing there," he said.

Seven times Elijah said, "Go back."

44 The seventh time the servant reported, "A cloud as small as a man's hand is rising from the sea."

So Elijah said, "Go and tell Ahab, 'Hitch up your chariot and go down before the rain stops you.'"

45 Meanwhile, the sky grew black with clouds, the wind rose, a heavy rain came on and Ahab rode off to Jezreel. 46 The power of the LORD came upon Elijah and, tucking his cloak into his belt, he ran ahead of Ahab all the way to Jezreel.

---

n 32 That is, probably about 13 quarts (about 15 liters)

Elías huye a Horeb

19 ¹ Acab dio a Jezabel la nueva de todo lo que Elías había hecho, y de cómo había matado a espada a todos los profetas. ²Entonces envió Jezabel a Elías un mensajero, diciendo: Así me hagan los dioses, y aun me añadan, si mañana a estas horas yo no he puesto tu persona como la de uno de ellos.

³Viendo, pues, el peligro, se levantó y se fue para salvar su vida, y vino a Beerseba, que está en Judá, y dejó allí a su criado.

⁴Y él se fue por el desierto un día de camino, y vino y se sentó debajo de un enebro; y deseando morirse, dijo: Basta ya, oh Jehová, quítame la vida, pues no soy yo mejor que mis padres.

⁵Y echándose debajo del enebro, se quedó dormido; y he aquí luego un ángel le tocó, y le dijo: Levántate, come. ⁶Entonces él miró, y he aquí a su cabecera una torta cocida sobre las ascuas, y una vasija de agua; y comió y bebió, y volvió a dormirse.

⁷Y volviendo el ángel de Jehová la segunda vez, lo tocó, diciendo: Levántate y come, porque largo camino te resta. ⁸Se levantó, pues, y comió y bebió; y fortalecido con aquella comida caminó cuarenta días y cuarenta noches hasta Horeb, el monte de Dios. ⁹Y allí se metió en una cueva, donde pasó la noche. Y vino a él palabra de Jehová, el cual le dijo: ¿Qué haces aquí, Elías?

¹⁰El respondió: He sentido un vivo celo por Jehová Dios de los ejércitos; porque los hijos de Israel han dejado tu pacto, han derribado tus altares, y han matado a espada a tus profetas; y sólo yo he quedado, y me buscan para quitarme la vida.

¹¹El le dijo: Sal fuera, y ponte en el monte delante de Jehová. Y he aquí Jehová que pasaba, y un grande y poderoso viento que rompía los montes, y quebraba las peñas delante de Jehová; pero Jehová no estaba en el viento. Y tras el viento un terremoto; pero Jehová no estaba en el terremoto.

¹²Y tras el terremoto un fuego; pero Jehová no estaba en el fuego. Y tras el fuego un silbo apacible y delicado. ¹³Y cuando lo oyó Elías, cubrió su rostro con su manto, y salió, y se puso a la puerta de la cueva. Y he aquí vino a él una voz, diciendo: ¿Qué haces aquí, Elías?

¹⁴El respondió: He sentido un vivo celo por Jehová Dios de los ejércitos; porque los hijos de Israel han dejado tu pacto, han derribado tus altares, y han matado a espada a tus profetas; y sólo yo he quedado, y me buscan para quitarme la vida.

¹⁵Y le dijo Jehová: Vé, vuélvete por tu camino, por el desierto de Damasco; y llegarás, y ungirás a Hazael por rey de Siria.

¹⁶A Jehú hijo de Nimsi ungirás por rey sobre Israel; y a Eliseo hijo de Safat, de Abel-mehola, ungirás para que sea profeta en tu lugar.

¹⁷Y el que escapare de la espada de Hazael, Jehú lo matará; y el que escapare de la espada de Jehú, Eliseo lo matará. ¹⁸Y yo haré que queden en Israel siete mil, cuyas rodillas no se doblaron ante Baal, y cuyas bocas no lo besaron.

Elijah Flees to Horeb

19 Now Ahab told Jezebel everything Elijah had done and how he had killed all the prophets with the sword. ²So Jezebel sent a messenger to Elijah to say, "May the gods deal with me, be it ever so severely, if by this time tomorrow I do not make your life like that of one of them."

³Elijah was afraid ⁰ and ran for his life. When he came to Beersheba in Judah, he left his servant there, ⁴while he himself went a day's journey into the desert. He came to a broom tree, sat down under it and prayed that he might die. "I have had enough, LORD," he said. "Take my life; I am no better than my ancestors." ⁵Then he lay down under the tree and fell asleep.

All at once an angel touched him and said, "Get up and eat." ⁶He looked around, and there by his head was a cake of bread baked over hot coals, and a jar of water. He ate and drank and then lay down again.

⁷The angel of the LORD came back a second time and touched him and said, "Get up and eat, for the journey is too much for you." ⁸So he got up and ate and drank. Strengthened by that food, he traveled forty days and forty nights until he reached Horeb, the mountain of God. ⁹There he went into a cave and spent the night.

The LORD Appears to Elijah

And the word of the LORD came to him: "What are you doing here, Elijah?"

¹⁰He replied, "I have been very zealous for the LORD God Almighty. The Israelites have rejected your covenant, broken down your altars, and put your prophets to death with the sword. I am the only one left, and now they are trying to kill me too."

¹¹The LORD said, "Go out and stand on the mountain in the presence of the LORD, for the LORD is about to pass by."

Then a great and powerful wind tore the mountains apart and shattered the rocks before the LORD, but the LORD was not in the wind. After the wind there was an earthquake, but the LORD was not in the earthquake. ¹²After the earthquake came a fire, but the LORD was not in the fire. And after the fire came a gentle whisper. ¹³When Elijah heard it, he pulled his cloak over his face and went out and stood at the mouth of the cave.

Then a voice said to him, "What are you doing here, Elijah?"

¹⁴He replied, "I have been very zealous for the LORD God Almighty. The Israelites have rejected your covenant, broken down your altars, and put your prophets to death with the sword. I am the only one left, and now they are trying to kill me too."

¹⁵The LORD said to him, "Go back the way you came, and go to the Desert of Damascus. When you get there, anoint Hazael king over Aram. ¹⁶Also, anoint Jehu son of Nimshi king over Israel, and anoint Elisha son of Shaphat from Abel Meholah to succeed you as prophet. ¹⁷Jehu will put to death any who escape the sword of Hazael, and Elisha will put to death any who escape the sword of Jehu. ¹⁸Yet I reserve seven thousand in Israel—all whose knees have not bowed down to Baal and all whose mouths have not kissed him."

---

o3 Or *Elijah saw*

Llamamiento de Eliseo

¹⁹Partiendo él de allí, halló a Eliseo hijo de Safat, que araba con doce yuntas delante de sí, y él tenía la última. Y pasando Elías por delante de él, echó sobre él su manto. ²⁰Entonces dejando él los bueyes, vino corriendo en pos de Elías, y dijo: Te ruego que me dejes besar a mi padre y a mi madre, y luego te seguiré. Y él le dijo: Vé, vuelve; ¿qué te he hecho yo?

²¹Y se volvió, y tomó un par de bueyes y los mató, y con el arado de los bueyes coció la carne, y la dio al pueblo para que comiesen. Después se levantó y fue tras Elías, y le servía.

Acab derrota a los sirios

20 ¹Entonces Ben-adad rey de Siria juntó a todo su ejército, y con él a treinta y dos reyes, con caballos y carros; y subió y sitió a Samaria, y la combatió. ²Y envió mensajeros a la ciudad a Acab rey de Israel, diciendo: ³Así ha dicho Ben-adad: Tu plata y tu oro son míos, y tus mujeres y tus hijos hermosos son míos. ⁴Y el rey de Israel respondió y dijo: Como tú dices, rey señor mío, yo soy tuyo, y todo lo que tengo. ⁵Volviendo los mensajeros otra vez, dijeron: Así dijo Ben-adad: Yo te envié a decir: Tu plata y tu oro, y tus mujeres y tus hijos me darás. ⁶Además, mañana a estas horas enviaré yo a ti mis siervos, los cuales registrarán tu casa, y las casas de tus siervos; y tomarán y llevarán todo lo precioso que tengas.

⁷Entonces el rey de Israel llamó a todos los ancianos del país, y les dijo: Entended, y ved ahora cómo éste no busca sino mal; pues ha enviado a mí por mis mujeres y mis hijos, y por mi plata y por mi oro, y yo no se lo he negado. ⁸Y todos los ancianos y todo el pueblo le respondieron: No le obedezcas, ni hagas lo que te pide. ⁹Entonces él respondió a los embajadores de Ben-adad: Decid al rey mi señor: Haré todo lo que mandaste a tu siervo al principio; mas esto no lo puedo hacer. Y los embajadores fueron, y le dieron la respuesta. ¹⁰Y Ben-adad nuevamente le envió a decir: Así me hagan los dioses, y aun me añadan, que el polvo de Samaria no bastará a los puños de todo el pueblo que me sigue. ¹¹Y el rey de Israel respondió y dijo: Decidle que no se alabe tanto el que se ciñe las armas, como el que las descíñe.

¹²Y cuando él oyó esta palabra, estando bebiendo con los reyes en las tiendas, dijo a sus siervos: Disponeos. Y ellos se dispusieron contra la ciudad. ¹³Y he aquí un profeta vino a Acab rey de Israel, y le dijo: Así ha dicho Jehová: ¿Has visto esta gran multitud? He aquí yo te la entregaré hoy en tu mano, para que conozcas que yo soy Jehová. ¹⁴Y respondió Acab: ¿Por mano de quién? El dijo: Así ha dicho Jehová: Por mano de los siervos de los príncipes de las provincias. Y dijo Acab: ¿Quién comenzará la batalla? Y él respondió: Tú.

The Call of Elisha

¹⁹So Elijah went from there and found Elisha son of Shaphat. He was plowing with twelve yoke of oxen, and he himself was driving the twelfth pair. Elijah went up to him and threw his cloak around him. ²⁰Elisha then left his oxen and ran after Elijah. "Let me kiss my father and mother good-by," he said, "and then I will come with you."

"Go back," Elijah replied. "What have I done to you?"

²¹So Elisha left him and went back. He took his yoke of oxen and slaughtered them. He burned the plowing equipment to cook the meat and gave it to the people, and they ate. Then he set out to follow Elijah and became his attendant.

Ben-Hadad Attacks Samaria

20 Now Ben-Hadad king of Aram mustered his entire army. Accompanied by thirty-two kings with their horses and chariots, he went up and besieged Samaria and attacked it. ²He sent messengers into the city to Ahab king of Israel, saying, "This is what Ben-Hadad says: ³'Your silver and gold are mine, and the best of your wives and children are mine.'"

⁴The king of Israel answered, "Just as you say, my lord the king. I and all I have are yours."

⁵The messengers came again and said, "This is what Ben-Hadad says: 'I sent to demand your silver and gold, your wives and your children. ⁶But about this time tomorrow I am going to send my officials to search your palace and the houses of your officials. They will seize everything you value and carry it away.'"

⁷The king of Israel summoned all the elders of the land and said to them, "See how this man is looking for trouble! When he sent for my wives and my children, my silver and my gold, I did not refuse him."

⁸The elders and the people all answered, "Don't listen to him or agree to his demands."

⁹So he replied to Ben-Hadad's messengers, "Tell my lord the king, 'Your servant will do all you demanded the first time, but this demand I cannot meet.'" They left and took the answer back to Ben-Hadad.

¹⁰Then Ben-Hadad sent another message to Ahab: "May the gods deal with me, be it ever so severely, if enough dust remains in Samaria to give each of my men a handful."

¹¹The king of Israel answered, "Tell him: 'One who puts on his armor should not boast like one who takes it off.'"

¹²Ben-Hadad heard this message while he and the kings were drinking in their tents,^p and he ordered his men: "Prepare to attack." So they prepared to attack the city.

Ahab Defeats Ben-Hadad

¹³Meanwhile a prophet came to Ahab king of Israel and announced, "This is what the LORD says: 'Do you see this vast army? I will give it into your hand today, and then you will know that I am the LORD.'"

¹⁴"But who will do this?" asked Ahab.

The prophet replied, "This is what the LORD says: 'The young officers of the provincial commanders will do it.'"

"And who will start the battle?" he asked.

The prophet answered, "You will."

^p12 Or *in Succoth*; also in verse 16

15 Entonces él pasó revista a los siervos de los príncipes de las provincias, los cuales fueron doscientos treinta y dos. Luego pasó revista a todo el pueblo, a todos los hijos de Israel, que fueron siete mil.

16 Y salieron a mediodía. Y estaba Ben-adad bebiendo y embriagándose en las tiendas, él y los reyes, los treinta y dos reyes que habían venido en su ayuda.

17 Y los siervos de los príncipes de las provincias salieron los primeros. Y Ben-adad había enviado quien le dio aviso, diciendo: Han salido hombres de Samaria.

18 El entonces dijo: Si han salido por paz, tomadlos vivos; y si han salido para pelear, tomadlos vivos.

19 Salieron, pues, de la ciudad los siervos de los príncipes de las provincias, y en pos de ellos el ejército.

20 Y mató cada uno al que venía contra él; y huyeron los sirios, siguiéndoles los de Israel. Y el rey de Siria, Ben-adad, se escapó en un caballo con alguna gente de caballería.

21 Y salió el rey de Israel, e hirió la gente de a caballo, y los carros, y deshizo a los sirios causándoles gran estrago.

22 Vino luego el profeta al rey de Israel y le dijo: Vé, fortalécete, y considera y mira lo que hagas; porque pasado un año, el rey de Siria vendrá contra ti.

23 Y los siervos del rey de Siria le dijeron: Sus dioses son dioses de los montes, por eso nos han vencido; mas si peleáremos con ellos en la llanura, se verá si no los vencemos.

24 Haz, pues, así: Saca a los reyes cada uno de su puesto, y pon capitanes en lugar de ellos.

25 Y tú fórmate otro ejército como el ejército que perdiste, caballo por caballo, y carro por carro; luego pelearemos con ellos en campo raso, y veremos si no los vencemos. Y él les dio oído, y lo hizo así.

26 Pasado un año, Ben-adad pasó revista al ejército de los sirios, y vino a Afec para pelear contra Israel.

27 Los hijos de Israel fueron también inspeccionados, y tomando provisiones fueron al encuentro de ellos; y acamparon los hijos de Israel delante de ellos como dos rebañuelos de cabras, y los sirios llenaban la tierra.

28 Vino entonces el varón de Dios al rey de Israel, y le habló diciendo: Así dijo Jehová: Por cuanto los sirios han dicho: Jehová es Dios de los montes, y no Dios de los valles, yo entregaré toda esta gran multitud en tu mano, para que conozcáis que yo soy Jehová.

29 Siete días estuvieron acampados los unos frente a los otros, y al séptimo día se dio la batalla; y los hijos de Israel mataron de los sirios en un solo día cien mil hombres de a pie.

30 Los demás huyeron a Afec, a la ciudad; y el muro cayó sobre veintisiete mil hombres que habían quedado. También Ben-adad vino huyendo a la ciudad, y se escondía de aposento en aposento.

31 Entonces sus siervos le dijeron: He aquí, hemos oído de los reyes de la casa de Israel, que son reyes clementes; pongamos, pues, ahora cilicio en nuestros lomos, y sogas en nuestros cuellos, y salgamos al rey de Israel, a ver si por ventura te salva la vida.

32 Ciñeron, pues, sus lomos con cilicio, y sogas a sus cuellos, y vinieron al rey de Israel y le dijeron: Tu siervo Ben-adad dice: Te ruego que viva mi alma. Y él respondió: Si él vive aún, mi hermano es. a

33 Esto tomaron aquellos hombres por buen augurio, y se apresuraron a tomar la palabra de su boca, y dijeron: Tu hermano Ben-adad vive. Y él dijo: Id y traedle. Ben-adad entonces se presentó a Acab, y él le hizo subir en un carro.

15 So Ahab summoned the young officers of the provincial commanders, 232 men. Then he assembled the rest of the Israelites, 7,000 in all. 16 They set out at noon while Ben-Hadad and the 32 kings allied with him were in their tents getting drunk. 17 The young officers of the provincial commanders went out first.

Now Ben-Hadad had dispatched scouts, who reported, "Men are advancing from Samaria."

18 He said, "If they have come out for peace, take them alive; if they have come out for war, take them alive."

19 The young officers of the provincial commanders marched out of the city with the army behind them 20 and each one struck down his opponent. At that, the Arameans fled, with the Israelites in pursuit. But Ben-Hadad king of Aram escaped on horseback with some of his horsemen. 21 The king of Israel advanced and overpowered the horses and chariots and inflicted heavy losses on the Arameans.

22 Afterward, the prophet came to the king of Israel and said, "Strengthen your position and see what must be done, because next spring the king of Aram will attack you again."

23 Meanwhile, the officials of the king of Aram advised him, "Their gods are gods of the hills. That is why they were too strong for us. But if we fight them on the plains, surely we will be stronger than they. 24 Do this: Remove all the kings from their commands and replace them with other officers. 25 You must also raise an army like the one you lost—horse for horse and chariot for chariot—so we can fight Israel on the plains. Then surely we will be stronger than they." He agreed with them and acted accordingly.

26 The next spring Ben-Hadad mustered the Arameans and went up to Aphek to fight against Israel. 27 When the Israelites were also mustered and given provisions, they marched out to meet them. The Israelites camped opposite them like two small flocks of goats, while the Arameans covered the countryside.

28 The man of God came up and told the king of Israel, "This is what the LORD says: 'Because the Arameans think the LORD is a god of the hills and not a god of the valleys, I will deliver this vast army into your hands, and you will know that I am the LORD.' "

29 For seven days they camped opposite each other, and on the seventh day the battle was joined. The Israelites inflicted a hundred thousand casualties on the Aramean foot soldiers in one day. 30 The rest of them escaped to the city of Aphek, where the wall collapsed on twenty-seven thousand of them. And Ben-Hadad fled to the city and hid in an inner room.

31 His officials said to him, "Look, we have heard that the kings of the house of Israel are merciful. Let us go to the king of Israel with sackcloth around our waists and ropes around our heads. Perhaps he will spare your life."

32 Wearing sackcloth around their waists and ropes around their heads, they went to the king of Israel and said, "Your servant Ben-Hadad says: 'Please let me live.' "

The king answered, "Is he still alive? He is my brother."

33 The men took this as a good sign and were quick to pick up his word. "Yes, your brother Ben-Hadad!" they said.

"Go and get him," the king said. When Ben-Hadad came out, Ahab had him come up into his chariot.

---

34 Y le dijo Ben-adad: Las ciudades que mi padre tomó al tuyo, yo las restituiré; y haz plazas en Damasco para ti, como mi padre las hizo en Samaria. Y yo, dijo Acab, te dejaré partir con este pacto. Hizo, pues, pacto con él, y le dejó ir.

35 Entonces un varón de los hijos de los profetas dijo a su compañero por palabra de Dios: Hiéreme ahora. Mas el otro no quiso herirle.

36 El le dijo: Por cuanto no has obedecido a la palabra de Jehová, he aquí que cuando te apartes de mí, te herirá un león. Y cuando se apartó de él, le encontró un león, y le mató.

37 Luego se encontró con otro hombre, y le dijo: Hiéreme ahora. Y el hombre le dio un golpe, y le hizo una herida.

38 Y el profeta se fue, y se puso delante del rey en el camino, y se disfrazó, poniéndose una venda sobre los ojos.

39 Y cuando el rey pasaba, él dio voces al rey, y dijo: Tu siervo salió en medio de la batalla; y he aquí que se me acercó un soldado y me trajo un hombre, diciéndome: Guarda a este hombre, y si llegare a huir, tu vida será por la suya, o pagarás un talento de plata.

40 Y mientras tu siervo estaba ocupado en una y en otra cosa, el hombre desapareció. Entonces el rey de Israel le dijo: Esa será tu sentencia; tú la has pronunciado.

41 Pero él se quitó de pronto la venda de sobre sus ojos, y el rey de Israel conoció que era de los profetas.

42 Y él le dijo: Así ha dicho Jehová: Por cuanto soltaste de la mano el hombre de mi anatema, tu vida será por la suya, y tu pueblo por el suyo.

43 Y el rey de Israel se fue a su casa triste y enojado, y llegó a Samaria.

Acab y la viña de Nabot

21 1 Pasadas estas cosas, aconteció que Nabot de Jezreel tenía allí una viña junto al palacio de Acab rey de Samaria.

2 Y Acab habló a Nabot, diciendo: Dame tu viña para un huerto de legumbres, porque está cercana a mi casa, y yo te daré por ella otra viña mejor que esta; o si mejor te pareciere, te pagaré su valor en dinero.

3 Y Nabot respondió a Acab: Guárdeme Jehová de que yo te dé a ti la heredad de mis padres.

4 Y vino Acab a su casa triste y enojado, por la palabra que Nabot de Jezreel le había respondido, diciendo: No te daré la heredad de mis padres. Y se acostó en su cama, y volvió su rostro, y no comió.

5 Vino a él su mujer Jezabel, y le dijo: ¿Por qué está tan decaído tu espíritu, y no comes?

6 El respondió: Porque hablé con Nabot de Jezreel, y le dije que me diera su viña por dinero, o que si más quería, le daría otra viña por ella; y él respondió: Yo no te daré mi viña.

7 Y su mujer Jezabel le dijo: ¿Eres tú ahora rey sobre Israel? Levántate, y come y alégrate; yo te daré la viña de Nabot de Jezreel.

8 Entonces ella escribió cartas en nombre de Acab, y las selló con su anillo, y las envió a los ancianos y a los principales que moraban en la ciudad con Nabot.

34 "I will return the cities my father took from your father," Ben-Hadad offered. "You may set up your own market areas in Damascus, as my father did in Samaria."

˻Ahab said˼, "On the basis of a treaty I will set you free." So he made a treaty with him, and let him go.

A Prophet Condemns Ahab

35 By the word of the LORD one of the sons of the prophets said to his companion, "Strike me with your weapon," but the man refused.

36 So the prophet said, "Because you have not obeyed the LORD, as soon as you leave me a lion will kill you." And after the man went away, a lion found him and killed him.

37 The prophet found another man and said, "Strike me, please." So the man struck him and wounded him.

38 Then the prophet went and stood by the road waiting for the king. He disguised himself with his headband down over his eyes. 39 As the king passed by, the prophet called out to him, "Your servant went into the thick of the battle, and someone came to me with a captive and said, 'Guard this man. If he is missing, it will be your life for his life, or you must pay a talent q of silver.' 40 While your servant was busy here and there, the man disappeared."

"That is your sentence," the king of Israel said. "You have pronounced it yourself."

41 Then the prophet quickly removed the headband from his eyes, and the king of Israel recognized him as one of the prophets. 42 He said to the king, "This is what the LORD says: 'You have set free a man I had determined should die. r Therefore it is your life for his life, your people for his people.' " 43 Sullen and angry, the king of Israel went to his palace in Samaria.

Naboth's Vineyard

21 Some time later there was an incident involving a vineyard belonging to Naboth the Jezreelite. The vineyard was in Jezreel, close to the palace of Ahab king of Samaria. 2 Ahab said to Naboth, "Let me have your vineyard to use for a vegetable garden, since it is close to my palace. In exchange I will give you a better vineyard or, if you prefer, I will pay you whatever it is worth."

3 But Naboth replied, "The LORD forbid that I should give you the inheritance of my fathers."

4 So Ahab went home, sullen and angry because Naboth the Jezreelite had said, "I will not give you the inheritance of my fathers." He lay on his bed sulking and refused to eat.

5 His wife Jezebel came in and asked him, "Why are you so sullen? Why won't you eat?"

6 He answered her, "Because I said to Naboth the Jezreelite, 'Sell me your vineyard; or if you prefer, I will give you another vineyard in its place.' But he said, 'I will not give you my vineyard.' "

7 Jezebel his wife said, "Is this how you act as king over Israel? Get up and eat! Cheer up. I'll get you the vineyard of Naboth the Jezreelite."

8 So she wrote letters in Ahab's name, placed his seal on them, and sent them to the elders and nobles who

---

q39 That is, about 75 pounds (about 34 kilograms) r42 The Hebrew term refers to the irrevocable giving over of things or persons to the LORD, often by totally destroying them.

9Y las cartas que escribió decían así: Proclamad ayuno, y poned a Nabot delante del pueblo;

10y poned a dos hombres perversos delante de él, que atestigüen contra él y digan: Tú has blasfemado a Dios y al rey. Y entonces sacadlo, y apedreadlo para que muera.

11Y los de su ciudad, los ancianos y los principales que moraban en su ciudad, hicieron como Jezabel les mandó, conforme a lo escrito en las cartas que ella les había enviado.

12Y promulgaron ayuno, y pusieron a Nabot delante del pueblo.

13Vinieron entonces dos hombres perversos, y se sentaron delante de él; y aquellos hombres perversos atestiguaron contra Nabot delante del pueblo, diciendo: Nabot ha blasfemado a Dios y al rey. Y lo llevaron fuera de la ciudad y lo apedrearon, y murió.

14Después enviaron a decir a Jezabel: Nabot ha sido apedreado y ha muerto.

15Cuando Jezabel oyó que Nabot había sido apedreado y muerto, dijo a Acab: Levántate y toma la viña de Nabot de Jezreel, que no te la quiso dar por dinero; porque Nabot no vive, sino que ha muerto.

16Y oyendo Acab que Nabot era muerto, se levantó para descender a la viña de Nabot de Jezreel, para tomar posesión de ella.

17Entonces vino palabra de Jehová a Elías tisbita, diciendo:

18Levántate, desciende a encontrarte con Acab rey de Israel, que está en Samaria; he aquí él está en la viña de Nabot, a la cual ha descendido para tomar posesión de ella.

19Y le hablarás diciendo: Así ha dicho Jehová: ¿No mataste, y también has despojado? Y volverás a hablarle, diciendo: Así ha dicho Jehová: En el mismo lugar donde lamieron los perros la sangre de Nabot, los perros lamerán también tu sangre, tu misma sangre.

20Y Acab dijo a Elías: ¿Me has hallado, enemigo mío? El respondió: Te he encontrado, porque te has vendido a hacer lo malo delante de Jehová.

21He aquí yo traigo mal sobre ti, y barreré tu posteridad y destruiré hasta el último varón de la casa de Acab, tanto el siervo como el libre en Israel.

22Y pondré tu casa como la casa de Jeroboam hijo de Nabat, y como la casa de Baasa hijo de Ahías, por la rebelión con que me provocaste a ira, y con que has hecho pecar a Israel.

23De Jezabel también ha hablado Jehová, diciendo: Los perros comerán a Jezabel en el muro de Jezreel.

24El que de Acab fuere muerto en la ciudad, los perros lo comerán, y el que fuere muerto en el campo, lo comerán las aves del cielo.

25(A la verdad ninguno fue como Acab, que se vendió para hacer lo malo ante los ojos de Jehová; porque Jezabel su mujer lo incitaba.

26El fue en gran manera abominable, caminando en pos de los ídolos, conforme a todo lo que hicieron los amorreos, a los cuales lanzó Jehová de delante de los hijos de Israel.)

27Y sucedió que cuando Acab oyó estas palabras, rasgó sus vestidos y puso cilicio sobre su carne, ayunó, y durmió en cilicio, y anduvo humillado.

28Entonces vino palabra de Jehová a Elías tisbita, diciendo:

29¿No has visto cómo Acab se ha humillado delante de mí? Pues por cuanto se ha humillado delante de mí, no traeré el mal en sus días; en los días de su hijo traeré el mal sobre su casa.

---

lived in Naboth's city with him. 9In those letters she wrote:

"Proclaim a day of fasting and seat Naboth in a prominent place among the people. 10But seat two scoundrels opposite him and have them testify that he has cursed both God and the king. Then take him out and stone him to death."

11So the elders and nobles who lived in Naboth's city did as Jezebel directed in the letters she had written to them. 12They proclaimed a fast and seated Naboth in a prominent place among the people. 13Then two scoundrels came and sat opposite him and brought charges against Naboth before the people, saying, "Naboth has cursed both God and the king." So they took him outside the city and stoned him to death. 14Then they sent word to Jezebel: "Naboth has been stoned and is dead."

15As soon as Jezebel heard that Naboth had been stoned to death, she said to Ahab, "Get up and take possession of the vineyard of Naboth the Jezreelite that he refused to sell you. He is no longer alive, but dead." 16When Ahab heard that Naboth was dead, he got up and went down to take possession of Naboth's vineyard.

17Then the word of the LORD came to Elijah the Tishbite: 18"Go down to meet Ahab king of Israel, who rules in Samaria. He is now in Naboth's vineyard, where he has gone to take possession of it. 19Say to him, 'This is what the LORD says: Have you not murdered a man and seized his property?' Then say to him, 'This is what the LORD says: In the place where dogs licked up Naboth's blood, dogs will lick up your blood—yes, yours!' "

20Ahab said to Elijah, "So you have found me, my enemy!"

"I have found you," he answered, "because you have sold yourself to do evil in the eyes of the LORD. 21'I am going to bring disaster on you. I will consume your descendants and cut off from Ahab every last male in Israel—slave or free. 22I will make your house like that of Jeroboam son of Nebat and that of Baasha son of Ahijah, because you have provoked me to anger and have caused Israel to sin.'

23"And also concerning Jezebel the LORD says: 'Dogs will devour Jezebel by the wall ofs Jezreel.'

24"Dogs will eat those belonging to Ahab who die in the city, and the birds of the air will feed on those who die in the country."

25(There was never a man like Ahab, who sold himself to do evil in the eyes of the LORD, urged on by Jezebel his wife. 26He behaved in the vilest manner by going after idols, like the Amorites the LORD drove out before Israel.)

27When Ahab heard these words, he tore his clothes, put on sackcloth and fasted. He lay in sackcloth and went around meekly.

28Then the word of the LORD came to Elijah the Tishbite: 29"Have you noticed how Ahab has humbled himself before me? Because he has humbled himself, I will not bring this disaster in his day, but I will bring it on his house in the days of his son."

---

s23 Most Hebrew manuscripts; a few Hebrew manuscripts, Vulgate and Syriac (see also 2 Kings 9:26) the plot of ground at

Micaías profetiza la derrota de Acab

22 ¹Tres años pasaron sin guerra entre los sirios e Israel.

²Y aconteció al tercer año, que Josafat rey de Judá descendió al rey de Israel.

³Y el rey de Israel dijo a sus siervos: ¿No sabéis que Ramot de Galaad es nuestra, y nosotros no hemos hecho nada para tomarla de mano del rey de Siria?

⁴Y dijo a Josafat: ¿Quieres venir conmigo a pelear contra Ramot de Galaad? Y Josafat respondió al rey de Israel: Yo soy como tú, y mi pueblo como tu pueblo, y mis caballos como tus caballos.

⁵Dijo luego Josafat al rey de Israel: Yo te ruego que consultes hoy la palabra de Jehová.

⁶Entonces el rey de Israel reunió a los profetas, como cuatrocientos hombres, a los cuales dijo: ¿Iré a la guerra contra Ramot de Galaad, o la dejaré? Y ellos dijeron: Sube, porque Jehová la entregará en mano del rey.

⁷Y dijo Josafat: ¿Hay aún aquí algún profeta de Jehová, por el cual consultemos?

⁸El rey de Israel respondió a Josafat: Aún hay un varón por el cual podríamos consultar a Jehová, Micaías hijo de Imla; mas yo le aborrezco, porque nunca me profetiza bien, sino solamente mal. Y Josafat dijo: No hable el rey así.

⁹Entonces el rey de Israel llamó a un oficial, y le dijo: Trae pronto a Micaías hijo de Imla.

¹⁰Y el rey de Israel y Josafat rey de Judá estaban sentados cada uno en su silla, vestidos de sus ropas reales, en la plaza junto a la entrada de la puerta de Samaria; y todos los profetas profetizaban delante de ellos.

¹¹Y Sedequías hijo de Quenaana se había hecho unos cuernos de hierro, y dijo: Así ha dicho Jehová: Con éstos acornearás a los sirios hasta acabarlos.

¹²Y todos los profetas profetizaban de la misma manera, diciendo: Sube a Ramot de Galaad, y serás prosperado; porque Jehová la entregará en mano del rey.

¹³Y el mensajero que había ido a llamar a Micaías, le habló diciendo: He aquí que las palabras de los profetas a una voz anuncian al rey cosas buenas; sea ahora tu palabra conforme a la palabra de alguno de ellos, y anuncia también buen éxito.

¹⁴Y Micaías respondió: Vive Jehová, que lo que Jehová me hablare, eso diré.

¹⁵Vino, pues, al rey, y el rey le dijo: Micaías, ¿iremos a pelear contra Ramot de Galaad, o la dejaremos? El le respondió: Sube, y serás prosperado, y Jehová la entregará en mano del rey.

¹⁶Y el rey le dijo: ¿Hasta cuántas veces he de exigirte que no me digas sino la verdad en el nombre de Jehová?

¹⁷Entonces él dijo: Yo vi a todo Israel esparcido por los montes, como ovejas que no tienen pastor; y Jehová dijo: Estos no tienen señor; vuélvase cada uno a su casa en paz.

¹⁸Y el rey de Israel dijo a Josafat: ¿No te lo había yo dicho? Ninguna cosa buena profetizará él acerca de mí, sino solamente el mal.

¹⁹Entonces él dijo: Oye, pues, palabra de Jehová: Yo vi a Jehová sentado en su trono, y todo el ejército de los cielos estaba junto a él, a su derecha y a su izquierda.

²⁰Y Jehová dijo: ¿Quién inducirá a Acab, para que suba y caiga en Ramot de Galaad? Y uno decía de una manera, y otro decía de otra.

Micaiah Prophesies Against Ahab

22 For three years there was no war between Aram and Israel. ²But in the third year Jehoshaphat king of Judah went down to see the king of Israel. ³The king of Israel had said to his officials, "Don't you know that Ramoth Gilead belongs to us and yet we are doing nothing to retake it from the king of Aram?"

⁴So he asked Jehoshaphat, "Will you go with me to fight against Ramoth Gilead?"

Jehoshaphat replied to the king of Israel, "I am as you are, my people as your people, my horses as your horses." ⁵But Jehoshaphat also said to the king of Israel, "First seek the counsel of the LORD."

⁶So the king of Israel brought together the prophets—about four hundred men—and asked them, "Shall I go to war against Ramoth Gilead, or shall I refrain?"

"Go," they answered, "for the Lord will give it into the king's hand."

⁷But Jehoshaphat asked, "Is there not a prophet of the LORD here whom we can inquire of?"

⁸The king of Israel answered Jehoshaphat, "There is still one man through whom we can inquire of the LORD, but I hate him because he never prophesies anything good about me, but always bad. He is Micaiah son of Imlah."

"The king should not say that," Jehoshaphat replied.

⁹So the king of Israel called one of his officials and said, "Bring Micaiah son of Imlah at once."

¹⁰Dressed in their royal robes, the king of Israel and Jehoshaphat king of Judah were sitting on their thrones at the threshing floor by the entrance of the gate of Samaria, with all the prophets prophesying before them. ¹¹Now Zedekiah son of Kenaanah had made iron horns and he declared, "This is what the LORD says: 'With these you will gore the Arameans until they are destroyed.'"

¹²All the other prophets were prophesying the same thing. "Attack Ramoth Gilead and be victorious," they said, "for the LORD will give it into the king's hand."

¹³The messenger who had gone to summon Micaiah said to him, "Look, as one man the other prophets are predicting success for the king. Let your word agree with theirs, and speak favorably."

¹⁴But Micaiah said, "As surely as the LORD lives, I can tell him only what the LORD tells me."

¹⁵When he arrived, the king asked him, "Micaiah, shall we go to war against Ramoth Gilead, or shall I refrain?"

"Attack and be victorious," he answered, "for the LORD will give it into the king's hand."

¹⁶The king said to him, "How many times must I make you swear to tell me nothing but the truth in the name of the LORD?"

¹⁷Then Micaiah answered, "I saw all Israel scattered on the hills like sheep without a shepherd, and the LORD said, 'These people have no master. Let each one go home in peace.'"

¹⁸The king of Israel said to Jehoshaphat, "Didn't I tell you that he never prophesies anything good about me, but only bad?"

¹⁹Micaiah continued, "Therefore hear the word of the LORD: I saw the LORD sitting on his throne with all the host of heaven standing around him on his right and on his left. ²⁰And the LORD said, 'Who will entice Ahab into attacking Ramoth Gilead and going to his death there?'

21 Y salió un espíritu y se puso delante de Jehová, y dijo: Yo le induciré. Y Jehová le dijo: ¿De qué manera?

22 El dijo: Yo saldré, y seré espíritu de mentira en boca de todos sus profetas. Y él dijo: Le inducirás, y aun lo conseguirás; vé, pues, y hazlo así.

23 Y ahora, he aquí Jehová ha puesto espíritu de mentira en la boca de todos tus profetas, y Jehová ha decretado el mal acerca de ti.

24 Entonces se acercó Sedequías hijo de Quenaana y golpeó a Micaías en la mejilla, diciendo: ¿Por dónde se fue de mí el Espíritu de Jehová para hablarte a ti?

25 Y Micaías respondió: He aquí tú lo verás en aquel día, cuando te irás metiendo de aposento en aposento para esconderte.

26 Entonces el rey de Israel dijo: Toma a Micaías, y llévalo a Amón gobernador de la ciudad, y a Joás hijo del rey;

27 y dirás: Así ha dicho el rey: Echad a éste en la cárcel, y mantenedle con pan de angustia y con agua de aflicción, hasta que yo vuelva en paz.

28 Y dijo Micaías: Si llegas a volver en paz, Jehová no ha hablado por mí. En seguida dijo: Oíd, pueblos todos.

29 Subió, pues, el rey de Israel con Josafat rey de Judá a Ramot de Galaad.

30 Y el rey de Israel dijo a Josafat: Yo me disfrazaré, y entraré en la batalla; y tú ponte tus vestidos. Y el rey de Israel se disfrazó, y entró en la batalla.

31 Mas el rey de Siria había mandado a sus treinta y dos capitanes de los carros, diciendo: No peleéis ni con grande ni con chico, sino sólo contra el rey de Israel.

32 Cuando los capitanes de los carros vieron a Josafat, dijeron: Ciertamente éste es el rey de Israel; y vinieron contra él para pelear con él; mas el rey Josafat gritó.

33 Viendo entonces los capitanes de los carros que no era el rey de Israel, se apartaron de él.

34 Y un hombre disparó su arco a la ventura e hirió al rey de Israel por entre las junturas de la armadura, por lo que dijo él a su cochero: Da la vuelta, y sácame del campo, pues estoy herido.

35 Pero la batalla había arreciado aquel día, y el rey estuvo en su carro delante de los sirios, y a la tarde murió; y la sangre de la herida corría por el fondo del carro.

36 Y a la puesta del sol salió un pregón por el campamento, diciendo: ¡Cada uno a su ciudad, y cada cual a su tierra!

37 Murió, pues, el rey, y fue traído a Samaria; y sepultaron al rey en Samaria.

38 Y lavaron el carro en el estanque de Samaria; y los perros lamieron su sangre (y también las rameras se lavaban allí), conforme a la palabra que Jehová había hablado.

39 El resto de los hechos de Acab, y todo lo que hizo, y la casa de marfil que construyó, y todas las ciudades que edificó, ¿no está escrito en el libro de las crónicas de los reyes de Israel?

40 Y durmió Acab con sus padres, y reinó en su lugar Ocozías su hijo.

Reinado de Josafat

41 Josafat hijo de Asa comenzó a reinar sobre Judá en el cuarto año de Acab rey de Israel.

42 Era Josafat de treinta y cinco años cuando comenzó a reinar, y reinó veinticinco años en Jerusalén. El nombre de su madre fue Azuba hija de Silhi.

"One suggested this, and another that. 21 Finally, a spirit came forward, stood before the LORD and said, 'I will entice him.'

22 "'By what means?' the LORD asked.

"'I will go out and be a lying spirit in the mouths of all his prophets,' he said.

"'You will succeed in enticing him,' said the LORD. 'Go and do it.'

23 "So now the LORD has put a lying spirit in the mouths of all these prophets of yours. The LORD has decreed disaster for you."

24 Then Zedekiah son of Kenaanah went up and slapped Micaiah in the face. "Which way did the spirit from t the LORD go when he went from me to speak to you?" he asked.

25 Micaiah replied, "You will find out on the day you go to hide in an inner room."

26 The king of Israel then ordered, "Take Micaiah and send him back to Amon the ruler of the city and to Joash the king's son 27 and say, 'This is what the king says: Put this fellow in prison and give him nothing but bread and water until I return safely.'"

28 Micaiah declared, "If you ever return safely, the LORD has not spoken through me." Then he added, "Mark my words, all you people!"

Ahab Killed at Ramoth Gilead

29 So the king of Israel and Jehoshaphat king of Judah went up to Ramoth Gilead. 30 The king of Israel said to Jehoshaphat, "I will enter the battle in disguise, but you wear your royal robes." So the king of Israel disguised himself and went into battle.

31 Now the king of Aram had ordered his thirty-two chariot commanders, "Do not fight with anyone, small or great, except the king of Israel." 32 When the chariot commanders saw Jehoshaphat, they thought, "Surely this is the king of Israel." So they turned to attack him, but when Jehoshaphat cried out, 33 the chariot commanders saw that he was not the king of Israel and stopped pursuing him.

34 But someone drew his bow at random and hit the king of Israel between the sections of his armor. The king told his chariot driver, "Wheel around and get me out of the fighting. I've been wounded." 35 All day long the battle raged, and the king was propped up in his chariot facing the Arameans. The blood from his wound ran onto the floor of the chariot, and that evening he died. 36 As the sun was setting, a cry spread through the army: "Every man to his town; everyone to his land!"

37 So the king died and was brought to Samaria, and they buried him there. 38 They washed the chariot at a pool in Samaria (where the prostitutes bathed), u and the dogs licked up his blood, as the word of the LORD had declared.

39 As for the other events of Ahab's reign, including all he did, the palace he built and inlaid with ivory, and the cities he fortified, are they not written in the book of the annals of the kings of Israel? 40 Ahab rested with his fathers. And Ahaziah his son succeeded him as king.

Jehoshaphat King of Judah

41 Jehoshaphat son of Asa became king of Judah in the fourth year of Ahab king of Israel. 42 Jehoshaphat was thirty-five years old when he became king, and he reigned in Jerusalem twenty-five years. His mother's

t 24 Or Spirit of   u 38 Or Samaria and cleaned the weapons

43 Y anduvo en todo el camino de Asa su padre, sin desviarse de él, haciendo lo recto ante los ojos de Jehová. Con todo eso, los lugares altos no fueron quitados; porque el pueblo sacrificaba aún, y quemaba incienso en ellos. 44 Y Josafat hizo paz con el rey de Israel.

45 Los demás hechos de Josafat, y sus hazañas, y las guerras que hizo, ¿no están escritos en el libro de las crónicas de los reyes de Judá? 46 Barrió también de la tierra el resto de los sodomitas que había quedado en el tiempo de su padre Asa.

47 No había entonces rey en Edom; había gobernador en lugar de rey.

48 Josafat había hecho naves de Tarsis, las cuales habían de ir a Ofir por oro; mas no fueron, porque se rompieron en Ezión-geber. 49 Entonces Ocozías hijo de Acab dijo a Josafat: Vayan mis siervos con los tuyos en las naves. Mas Josafat no quiso. 50 Y durmió Josafat con sus padres, y fue sepultado con ellos en la ciudad de David su padre; y en su lugar reinó Joram su hijo.

Reinado de Ocozías de Israel

51 Ocozías hijo de Acab comenzó a reinar sobre Israel en Samaria, el año diecisiete de Josafat rey de Judá; y reinó dos años sobre Israel.

52 E hizo lo malo ante los ojos de Jehová, y anduvo en el camino de su padre, y en el camino de su madre, y en el camino de Jeroboam hijo de Nabat, que hizo pecar a Israel; 53 porque sirvió a Baal, y lo adoró, y provocó a ira a Jehová Dios de Israel, conforme a todas las cosas que había hecho su padre.

name was Azubah daughter of Shilhi. 43 In everything he walked in the ways of his father Asa and did not stray from them; he did what was right in the eyes of the LORD. The high places, however, were not removed, and the people continued to offer sacrifices and burn incense there. 44 Jehoshaphat was also at peace with the king of Israel.

45 As for the other events of Jehoshaphat's reign, the things he achieved and his military exploits, are they not written in the book of the annals of the kings of Judah? 46 He rid the land of the rest of the male shrine prostitutes who remained there even after the reign of his father Asa. 47 There was then no king in Edom; a deputy ruled.

48 Now Jehoshaphat built a fleet of trading ships[v] to go to Ophir for gold, but they never set sail—they were wrecked at Ezion Geber. 49 At that time Ahaziah son of Ahab said to Jehoshaphat, "Let my men sail with your men," but Jehoshaphat refused.

50 Then Jehoshaphat rested with his fathers and was buried with them in the city of David his father. And Jehoram his son succeeded him.

Ahaziah King of Israel

51 Ahaziah son of Ahab became king of Israel in Samaria in the seventeenth year of Jehoshaphat king of Judah, and he reigned over Israel two years. 52 He did evil in the eyes of the LORD, because he walked in the ways of his father and mother and in the ways of Jeroboam son of Nebat, who caused Israel to sin. 53 He served and worshiped Baal and provoked the LORD, the God of Israel, to anger, just as his father had done.

v48 Hebrew *of ships of Tarshish*

Muerte de Ocozías

1 ¹ Después de la muerte de Acab, se rebeló Moab contra Israel.

² Y Ocozías cayó por la ventana de una sala de la casa que tenía en Samaria; y estando enfermo, envió mensajeros, y les dijo: Id y consultad a Baal-zebub dios de Ecrón, si he de sanar de esta mi enfermedad.

³ Entonces el ángel de Jehová habló a Elías tisbita, diciendo: Levántate, y sube a encontrarte con los mensajeros del rey de Samaria, y diles: ¿No hay Dios en Israel, que vais a consultar a Baal-zebub dios de Ecrón?

⁴ Por tanto, así ha dicho Jehová: Del lecho en que estás no te levantarás, sino que ciertamente morirás. Y Elías se fue.

⁵ Cuando los mensajeros se volvieron al rey, él les dijo: ¿Por qué os habéis vuelto?

⁶ Ellos le respondieron: Encontramos a un varón que nos dijo: Id, y volveos al rey que os envió, y decidle: Así ha dicho Jehová: ¿No hay Dios en Israel, que tú envías a consultar a Baal-zebub dios de Ecrón? Por tanto, del lecho en que estás no te levantarás; de cierto morirás.

⁷ Entonces él les dijo: ¿Cómo era aquel varón que encontrasteis, y os dijo tales palabras?

⁸ Y ellos le respondieron: Un varón que tenía vestido de pelo, y ceñía sus lomos con un cinturón de cuero. Entonces él dijo: Es Elías tisbita.

⁹ Luego envió a él un capitán de cincuenta con sus cincuenta, el cual subió a donde él estaba; y he aquí que él estaba sentado en la cumbre del monte. Y el capitán le dijo: Varón de Dios, el rey ha dicho que desciendas.

¹⁰ Y Elías respondió y dijo al capitán de cincuenta: Si yo soy varón de Dios, descienda fuego del cielo, y consúmate con tus cincuenta. Y descendió fuego del cielo, que lo consumió a él y a sus cincuenta.

¹¹ Volvió el rey a enviar a él otro capitán de cincuenta con sus cincuenta; y le habló y dijo: Varón de Dios, el rey ha dicho así: Desciende pronto.

¹² Y le respondió Elías y dijo: Si yo soy varón de Dios, descienda fuego del cielo, y consúmate con tus cincuenta. Y descendió fuego del cielo, y lo consumió a él y a sus cincuenta.

¹³ Volvió a enviar al tercer capitán de cincuenta con sus cincuenta; y subiendo aquel tercer capitán de cincuenta, se puso de rodillas delante de Elías y le rogó, diciendo: Varón de Dios, te ruego que sea de valor delante de tus ojos mi vida, y la vida de estos tus cincuenta siervos.

¹⁴ He aquí ha descendido fuego del cielo, y ha consumido a los dos primeros capitanes de cincuenta con sus cincuenta; sea estimada ahora mi vida delante de tus ojos.

¹⁵ Entonces el ángel de Jehová dijo a Elías: Desciende con él; no tengas miedo de él. Y él se levantó, y descendió con él al rey.

¹⁶ Y le dijo: Así ha dicho Jehová: Por cuanto enviaste mensajeros a consultar a Baal-zebub dios de Ecrón, ¿no hay Dios en Israel para consultar en su palabra? No te levantarás, por tanto, del lecho en que estás, sino que de cierto morirás.

The Lord's Judgment on Ahaziah

1 After Ahab's death, Moab rebelled against Israel. ²Now Ahaziah had fallen through the lattice of his upper room in Samaria and injured himself. So he sent messengers, saying to them, "Go and consult Baal-Zebub, the god of Ekron, to see if I will recover from this injury."

³But the angel of the Lord said to Elijah the Tishbite, "Go up and meet the messengers of the king of Samaria and ask them, 'Is it because there is no God in Israel that you are going off to consult Baal-Zebub, the god of Ekron?' ⁴Therefore this is what the Lord says: 'You will not leave the bed you are lying on. You will certainly die!'" So Elijah went.

⁵When the messengers returned to the king, he asked them, "Why have you come back?"

⁶"A man came to meet us," they replied. "And he said to us, 'Go back to the king who sent you and tell him, "This is what the Lord says: Is it because there is no God in Israel that you are sending men to consult Baal-Zebub, the god of Ekron? Therefore you will not leave the bed you are lying on. You will certainly die!"'"

⁷The king asked them, "What kind of man was it who came to meet you and told you this?"

⁸They replied, "He was a man with a garment of hair and with a leather belt around his waist."

The king said, "That was Elijah the Tishbite."

⁹Then he sent to Elijah a captain with his company of fifty men. The captain went up to Elijah, who was sitting on the top of a hill, and said to him, "Man of God, the king says, 'Come down!'"

¹⁰Elijah answered the captain, "If I am a man of God, may fire come down from heaven and consume you and your fifty men!" Then fire fell from heaven and consumed the captain and his men.

¹¹At this the king sent to Elijah another captain with his fifty men. The captain said to him, "Man of God, this is what the king says, 'Come down at once!'"

¹²"If I am a man of God," Elijah replied, "may fire come down from heaven and consume you and your fifty men!" Then the fire of God fell from heaven and consumed him and his fifty men.

¹³So the king sent a third captain with his fifty men. This third captain went up and fell on his knees before Elijah. "Man of God," he begged, "please have respect for my life and the lives of these fifty men, your servants! ¹⁴See, fire has fallen from heaven and consumed the first two captains and all their men. But now have respect for my life!"

¹⁵The angel of the Lord said to Elijah, "Go down with him; do not be afraid of him." So Elijah got up and went down with him to the king.

¹⁶He told the king, "This is what the Lord says: Is it because there is no God in Israel for you to consult that you have sent messengers to consult Baal-Zebub, the god of Ekron? Because you have done this, you will never leave the bed you are lying on. You will certainly die!" ¹⁷So he died, according to the word of the Lord that Elijah had spoken.

17 Y murió conforme a la palabra de Jehová, que había hablado Elías. Reinó en su lugar Joram, en el segundo año de Joram hijo de Josafat, rey de Judá; porque Ocozías no tenía hijo.

18 Los demás hechos de Ocozías, ¿no están escritos en el libro de las crónicas de los reyes de Israel?

Eliseo sucede a Elías

2 1 Aconteció que cuando quiso Jehová alzar a Elías en un torbellino al cielo, Elías venía con Eliseo de Gilgal. 2 Y dijo Elías a Eliseo: Quédate ahora aquí, porque Jehová me ha enviado a Bet-el. Y Eliseo dijo: Vive Jehová, y vive tu alma, que no te dejaré. Descendieron, pues, a Bet-el. 3 Y saliendo a Eliseo los hijos de los profetas que estaban en Bet-el, le dijeron: ¿Sabes que Jehová te quitará hoy a tu señor de sobre ti? Y él dijo: Sí, yo lo sé; callad.

4 Y Elías le volvió a decir: Eliseo, quédate aquí ahora, porque Jehová me ha enviado a Jericó. Y él dijo: Vive Jehová, y vive tu alma, que no te dejaré. Vinieron, pues, a Jericó.

5 Y se acercaron a Eliseo los hijos de los profetas que estaban en Jericó, y le dijeron: ¿Sabes que Jehová te quitará hoy a tu señor de sobre ti? El respondió: Sí, yo lo sé; callad.

6 Y Elías le dijo: Te ruego que te quedes aquí, porque Jehová me ha enviado al Jordán. Y él dijo: Vive Jehová, y vive tu alma, que no te dejaré. Fueron, pues, ambos. 7 Y vinieron cincuenta varones de los hijos de los profetas, y se pararon delante a lo lejos; y ellos dos se pararon junto al Jordán.

8 Tomando entonces Elías su manto, lo dobló, y golpeó las aguas, las cuales se apartaron a uno y a otro lado, y pasaron ambos por lo seco.

9 Cuando habían pasado, Elías dijo a Eliseo: Pide lo que quieras que haga por ti, antes que yo sea quitado de ti. Y dijo Eliseo: Te ruego que una doble porción de tu espíritu sea sobre mí.

10 El le dijo: Cosa difícil has pedido. Si me vieres cuando fuere quitado de ti, te será hecho así; mas si no, no.

11 Y aconteció que yendo ellos y hablando, he aquí un carro de fuego con caballos de fuego apartó a los dos; y Elías subió al cielo en un torbellino.

12 Viéndolo Eliseo, clamaba: ¡Padre mío, padre mío, carro de Israel y su gente de a caballo! Y nunca más le vio; y tomando sus vestidos, los rompió en dos partes.

13 Alzó luego el manto de Elías que se le había caído, y volvió, y se paró a la orilla del Jordán.

14 Y tomando el manto de Elías que se le había caído, golpeó las aguas, y dijo: ¿Dónde está Jehová, el Dios de Elías? Y así que hubo golpeado del mismo modo las aguas, se apartaron a uno y a otro lado, y pasó Eliseo.

15 Viéndole los hijos de los profetas que estaban en Jericó al otro lado, dijeron: El espíritu de Elías reposó sobre Eliseo. Y vinieron a recibirle, y se postraron delante de él.

16 Y dijeron: He aquí hay con tus siervos cincuenta varones

Because Ahaziah had no son, Joram[a] succeeded him as king in the second year of Jehoram son of Jehoshaphat king of Judah. 18 As for all the other events of Ahaziah's reign, and what he did, are they not written in the book of the annals of the kings of Israel?

Elijah Taken Up to Heaven

2 When the LORD was about to take Elijah up to heaven in a whirlwind, Elijah and Elisha were on their way from Gilgal. 2 Elijah said to Elisha, "Stay here; the LORD has sent me to Bethel."

But Elisha said, "As surely as the LORD lives and as you live, I will not leave you." So they went down to Bethel.

3 The company of the prophets at Bethel came out to Elisha and asked, "Do you know that the LORD is going to take your master from you today?"

"Yes, I know," Elisha replied, "but do not speak of it."

4 Then Elijah said to him, "Stay here, Elisha; the LORD has sent me to Jericho."

And he replied, "As surely as the LORD lives and as you live, I will not leave you." So they went to Jericho.

5 The company of the prophets at Jericho went up to Elisha and asked him, "Do you know that the LORD is going to take your master from you today?"

"Yes, I know," he replied, "but do not speak of it."

6 Then Elijah said to him, "Stay here; the LORD has sent me to the Jordan."

And he replied, "As surely as the LORD lives and as you live, I will not leave you." So the two of them walked on.

7 Fifty men of the company of the prophets went and stood at a distance, facing the place where Elijah and Elisha had stopped at the Jordan. 8 Elijah took his cloak, rolled it up and struck the water with it. The water divided to the right and to the left, and the two of them crossed over on dry ground.

9 When they had crossed, Elijah said to Elisha, "Tell me, what can I do for you before I am taken from you?"

"Let me inherit a double portion of your spirit," Elisha replied.

10 "You have asked a difficult thing," Elijah said, "yet if you see me when I am taken from you, it will be yours—otherwise not."

11 As they were walking along and talking together, suddenly a chariot of fire and horses of fire appeared and separated the two of them, and Elijah went up to heaven in a whirlwind. 12 Elisha saw this and cried out, "My father! My father! The chariots and horsemen of Israel!" And Elisha saw him no more. Then he took hold of his own clothes and tore them apart.

13 He picked up the cloak that had fallen from Elijah and went back and stood on the bank of the Jordan. 14 Then he took the cloak that had fallen from him and struck the water with it. "Where now is the LORD, the God of Elijah?" he asked. When he struck the water, it divided to the right and to the left, and he crossed over.

15 The company of the prophets from Jericho, who were watching, said, "The spirit of Elijah is resting on Elisha." And they went to meet him and bowed to the ground before him. 16 "Look," they said, "we your

---

a 17 Hebrew *Jehoram*, a variant of *Joram*

fuertes; vayan ahora y busquen a tu señor; quizá lo ha levantado el Espíritu de Jehová, y lo ha echado en algún monte o en algún valle. Y él les dijo: No enviéis.

17 Mas ellos le importunaron, hasta que avergonzándose dijo: Enviad. Entonces ellos enviaron cincuenta hombres, los cuales lo buscaron tres días, mas no lo hallaron.

18 Y cuando volvieron a Eliseo, que se había quedado en Jericó, él les dijo: ¿No os dije yo que no fueseis?

19 Y los hombres de la ciudad dijeron a Eliseo: He aquí, el lugar en donde está colocada esta ciudad es bueno, como mi señor ve; mas las aguas son malas, y la tierra es estéril.

20 Entonces él dijo: Traedme una vasija nueva, y poned en ella sal. Y se la trajeron.

21 Y saliendo él a los manantiales de las aguas, echó dentro la sal, y dijo: Así ha dicho Jehová: Yo sané estas aguas, y no habrá más en ellas muerte ni enfermedad.

22 Y fueron sanas las aguas hasta hoy, conforme a la palabra que habló Eliseo.

23 Después subió de allí a Bet-el; y subiendo por el camino, salieron unos muchachos de la ciudad, y se burlaban de él, diciendo: ¡Calvo, sube! ¡calvo, sube!

24 Y mirando él atrás, los vio, y los maldijo en el nombre de Jehová. Y salieron dos osos del monte, y despedazaron de ellos a cuarenta y dos muchachos.

25 De allí fue al monte Carmelo, y de allí volvió a Samaria.

Reinado de Joram de Israel

3 1 Joram hijo de Acab comenzó a reinar en Samaria sobre Israel el año dieciocho de Josafat rey de Judá; y reinó doce años.

2 E hizo lo malo ante los ojos de Jehová, aunque no como su padre y su madre; porque quitó las estatuas de Baal que su padre había hecho.

3 Pero se entregó a los pecados de Jeroboam hijo de Nabat, que hizo pecar a Israel, y no se apartó de ellos.

Eliseo predice la victoria sobre Moab

4 Entonces Mesa rey de Moab era propietario de ganados, y pagaba al rey de Israel cien mil corderos y cien mil carneros con sus vellones.

5 Pero muerto Acab, el rey de Moab se rebeló contra el rey de Israel.

6 Salió entonces de Samaria el rey Joram, y pasó revista a todo Israel.

7 Y fue y envió a decir a Josafat rey de Judá: El rey de Moab se ha rebelado contra mí: ¿irás tú conmigo a la guerra contra Moab? Y él respondió: Iré, porque yo soy como tú; mi pueblo como tu pueblo, y mis caballos como los tuyos.

8 Y dijo: ¿Por qué camino iremos? Y él respondió: Por el camino del desierto de Edom.

9 Salieron, pues, el rey de Israel, el rey de Judá, y el rey de Edom; y como anduvieron rodeando por el desierto siete días de camino, les faltó agua para el ejército, y para las bestias que los seguían.

10 Entonces el rey de Israel dijo: ¡Ah! que ha llamado Jehová a estos tres reyes para entregarlos en manos de los moabitas.

servants have fifty able men. Let them go and look for your master. Perhaps the Spirit of the LORD has picked him up and set him down on some mountain or in some valley."

"No," Elisha replied, "do not send them."

17 But they persisted until he was too ashamed to refuse. So he said, "Send them." And they sent fifty men, who searched for three days but did not find him. 18 When they returned to Elisha, who was staying in Jericho, he said to them, "Didn't I tell you not to go?"

Healing of the Water

19 The men of the city said to Elisha, "Look, our lord, this town is well situated, as you can see, but the water is bad and the land is unproductive."

20 "Bring me a new bowl," he said, "and put salt in it." So they brought it to him.

21 Then he went out to the spring and threw the salt into it, saying, "This is what the LORD says: 'I have healed this water. Never again will it cause death or make the land unproductive.' " 22 And the water has remained wholesome to this day, according to the word Elisha had spoken.

Elisha Is Jeered

23 From there Elisha went up to Bethel. As he was walking along the road, some youths came out of the town and jeered at him. "Go on up, you baldhead!" they said. "Go on up, you baldhead!" 24 He turned around, looked at them and called down a curse on them in the name of the LORD. Then two bears came out of the woods and mauled forty-two of the youths. 25 And he went on to Mount Carmel and from there returned to Samaria.

Moab Revolts

3 Joram[b] son of Ahab became king of Israel in Samaria in the eighteenth year of Jehoshaphat king of Judah, and he reigned twelve years. 2 He did evil in the eyes of the LORD, but not as his father and mother had done. He got rid of the sacred stone of Baal that his father had made. 3 Nevertheless he clung to the sins of Jeroboam son of Nebat, which he had caused Israel to commit; he did not turn away from them.

4 Now Mesha king of Moab raised sheep, and he had to supply the king of Israel with a hundred thousand lambs and with the wool of a hundred thousand rams. 5 But after Ahab died, the king of Moab rebelled against the king of Israel. 6 So at that time King Joram set out from Samaria and mobilized all Israel. 7 He also sent this message to Jehoshaphat king of Judah: "The king of Moab has rebelled against me. Will you go with me to fight against Moab?"

"I will go with you," he replied. "I am as you are, my people as your people, my horses as your horses."

8 "By what route shall we attack?" he asked.

"Through the Desert of Edom," he answered.

9 So the king of Israel set out with the king of Judah and the king of Edom. After a roundabout march of seven days, the army had no more water for themselves or for the animals with them.

10 "What!" exclaimed the king of Israel. "Has the LORD called us three kings together only to hand us over to Moab?"

---

b 1 Hebrew *Jehoram*, a variant of *Joram*; also in verse 6

11 Mas Josafat dijo: ¿No hay aquí profeta de Jehová, para que consultemos a Jehová por medio de él? Y uno de los siervos del rey de Israel respondió y dijo: Aquí está Eliseo hijo de Safat, que servía a Elías.

12 Y Josafat dijo: Este tendrá palabra de Jehová. Y descendieron a él el rey de Israel, y Josafat, y el rey de Edom.

13 Entonces Eliseo dijo al rey de Israel: ¿Qué tengo yo contigo? Vé a los profetas de tu padre, y a los profetas de tu madre. Y el rey de Israel le respondió: No; porque Jehová ha reunido a estos tres reyes para entregarlos en manos de los moabitas.

14 Y Eliseo dijo: Vive Jehová de los ejércitos, en cuya presencia estoy, que si no tuviese respeto al rostro de Josafat rey de Judá, no te mirara a ti, ni te viera.

15 Mas ahora traedme un tañedor. Y mientras el tañedor tocaba, la mano de Jehová vino sobre Eliseo,

16 quien dijo: Así ha dicho Jehová: Haced en este valle muchos estanques.

17 Porque Jehová ha dicho así: No veréis viento, ni veréis lluvia; pero este valle será lleno de agua, y beberéis vosotros, y vuestras bestias y vuestros ganados.

18 Y esto es cosa ligera en los ojos de Jehová; entregará también en las manos de Moab en vuestras manos.

19 Y destruiréis toda ciudad fortificada y toda villa hermosa, y talaréis todo buen árbol, cegaréis todas las fuentes de aguas, y destruiréis con piedras toda tierra fértil.

20 Aconteció, pues, que por la mañana, cuando se ofrece el sacrificio, he aquí vinieron aguas por el camino de Edom, y la tierra se llenó de aguas.

21 Cuando todos los de Moab oyeron que los reyes subían a pelear contra ellos, se juntaron desde los que apenas podían ceñir armadura en adelante, y se pusieron en la frontera.

22 Cuando se levantaron por la mañana, y brilló el sol sobre las aguas, vieron los de Moab desde lejos las aguas rojas como sangre;

23 y dijeron: ¡Esto es sangre de espada! Los reyes se han vuelto uno contra otro, y cada uno ha dado muerte a su compañero. Ahora, pues, ¡Moab, al botín!

24 Pero cuando llegaron al campamento de Israel, se levantaron los israelitas y atacaron a los de Moab, los cuales huyeron de delante de ellos; pero los persiguieron matando a los de Moab.

25 Y asolaron las ciudades, y en todas las tierras fértiles echó cada uno su piedra, y las llenaron; cegaron también todas las fuentes de las aguas, y derribaron todos los buenos árboles; hasta que en Kir-hareset solamente dejaron piedras, porque los honderos la rodearon y la destruyeron.

26 Y cuando el rey de Moab vio que era vencido en la batalla, tomó consigo setecientos hombres que manejaban espada, para atacar al rey de Edom; mas no pudieron.

27 Entonces arrebató a su primogénito que había de reinar en su lugar, y lo sacrificó en holocausto sobre el muro. Y hubo grande enojo contra Israel; y se apartaron de él, y se volvieron a su tierra.

El aceite de la viuda

4 ¹ Una mujer, de las mujeres de los hijos de los profetas, clamó a Eliseo, diciendo: Tu siervo mi marido ha muerto; y tú sabes que tu siervo era temeroso de Jehová; y ha venido el acreedor para tomarse dos hijos míos por siervos.

11 But Jehoshaphat asked, "Is there no prophet of the LORD here, that we may inquire of the LORD through him?"

An officer of the king of Israel answered, "Elisha son of Shaphat is here. He used to pour water on the hands of Elijah. c"

12 Jehoshaphat said, "The word of the LORD is with him." So the king of Israel and Jehoshaphat and the king of Edom went down to him.

13 Elisha said to the king of Israel, "What do we have to do with each other? Go to the prophets of your father and the prophets of your mother."

"No," the king of Israel answered, "because it was the LORD who called us three kings together to hand us over to Moab."

14 Elisha said, "As surely as the LORD Almighty lives, whom I serve, if I did not have respect for the presence of Jehoshaphat king of Judah, I would not look at you or even notice you. 15 But now bring me a harpist."

While the harpist was playing, the hand of the LORD came upon Elisha 16 and he said, "This is what the LORD says: Make this valley full of ditches. 17 For this is what the LORD says: You will see neither wind nor rain, yet this valley will be filled with water, and you, your cattle and your other animals will drink. 18 This is an easy thing in the eyes of the LORD; he will also hand Moab over to you. 19 You will overthrow every fortified city and every major town. You will cut down every good tree, stop up all the springs, and ruin every good field with stones."

20 The next morning, about the time for offering the sacrifice, there it was—water flowing from the direction of Edom! And the land was filled with water.

21 Now all the Moabites had heard that the kings had come to fight against them; so every man, young and old, who could bear arms was called up and stationed on the border. 22 When they got up early in the morning, the sun was shining on the water. To the Moabites across the way, the water looked red—like blood. 23 "That's blood!" they said. "Those kings must have fought and slaughtered each other. Now to the plunder, Moab!"

24 But when the Moabites came to the camp of Israel, the Israelites rose up and fought them until they fled. And the Israelites invaded the land and slaughtered the Moabites. 25 They destroyed the towns, and each man threw a stone on every good field until it was covered. They stopped up all the springs and cut down every good tree. Only Kir Hareseth was left with its stones in place, but men armed with slings surrounded it and attacked it as well.

26 When the king of Moab saw that the battle had gone against him, he took with him seven hundred swordsmen to break through to the king of Edom, but they failed. 27 Then he took his firstborn son, who was to succeed him as king, and offered him as a sacrifice on the city wall. The fury against Israel was great; they withdrew and returned to their own land.

The Widow's Oil

4 The wife of a man from the company of the prophets cried out to Elisha, "Your servant my husband is dead, and you know that he revered the LORD. But now his creditor is coming to take my two boys as his slaves."

---

c 11 That is, he was Elijah's personal servant.

2 Y Eliseo le dijo: ¿Qué te haré yo? Declárame qué tienes en casa. Y ella dijo: Tu sierva ninguna cosa tiene en casa, sino una vasija de aceite.
3 El le dijo: Vé y pide para ti vasijas prestadas de todos tus vecinos, vasijas vacías, no pocas.
4 Entra luego, y enciérrate tú y tus hijos; y echa en todas las vasijas, y cuando una esté llena, ponla aparte.
5 Y se fue la mujer, y cerró la puerta encerrándose ella y sus hijos; y ellos le traían las vasijas, y ella echaba del aceite.
6 Cuando las vasijas estuvieron llenas, dijo a un hijo suyo: Tráeme aún otras vasijas. Y él dijo: No hay más vasijas. Entonces cesó el aceite.
7 Vino ella luego, y lo contó al varón de Dios, el cual dijo: Vé y vende el aceite, y paga a tus acreedores; y tú y tus hijos vivid de lo que quede.

Eliseo y la sunamita

8 Aconteció también que un día pasaba Eliseo por Sunem; y había allí una mujer importante, que le invitaba insistentemente a que comiese; y cuando él pasaba por allí, venía a la casa de ella a comer.
9 Y ella dijo a su marido: He aquí ahora, yo entiendo que éste que siempre pasa por nuestra casa, es varón santo de Dios.
10 Yo te ruego que hagamos un pequeño aposento de paredes, y pongamos allí cama, mesa, silla y candelero, para que cuando él viniere a nosotros, se quede en él.
11 Y aconteció que un día vino él por allí, y se quedó en aquel aposento, y allí durmió.
12 Entonces dijo a Giezi su criado: Llama a esta sunamita. Y cuando la llamó, vino ella delante de él.
13 Dijo él entonces a Giezi: Dile: He aquí tú has estado solícita por nosotros con todo este esmero; ¿qué quieres que haga por ti? ¿Necesitas que hable por ti al rey, o al general del ejército? Y ella respondió: Yo habito en medio de mi pueblo.
14 Y él dijo: ¿Qué, pues, haremos por ella? Y Giezi respondió: He aquí que ella no tiene hijo, y su marido es viejo.
15 Dijo entonces: Llámala. Y él la llamó, y ella se paró a la puerta.
16 Y él le dijo: El año que viene, por este tiempo, abrazarás un hijo. Y ella dijo: No, señor mío, varón de Dios, no hagas burla de tu sierva.
17 Mas la mujer concibió, y dio a luz un hijo el año siguiente, en el tiempo que Eliseo le había dicho.
18 Y el niño creció. Pero aconteció un día, que vino a su padre, que estaba con los segadores;
19 y dijo a su padre: ¡Ay, mi cabeza, mi cabeza! Y el padre dijo a un criado: Llévalo a su madre.
20 Y habiéndole él tomado y traído a su madre, estuvo sentado en sus rodillas hasta el mediodía, y murió.
21 Ella entonces subió, y lo puso sobre la cama del varón de Dios, y cerrando la puerta, se salió.
22 Llamando luego a su marido, le dijo: Te ruego que envíes conmigo a alguno de los criados y una de las asnas, para que yo vaya corriendo al varón de Dios, y regrese.
23 El dijo: ¿Para qué vas a verle hoy? No es nueva luna, ni día de reposo.* Y ella respondió: Paz.
24 Después hizo enalbardar el asna, y dijo al criado: Guía y anda; y no me hagas detener en el camino, sino cuando yo te lo dijere.
25 Partió, pues, y vino al varón de Dios, al monte Carmelo. Y cuando el varón de Dios la vio de lejos, dijo a su criado Giezi: He aquí la sunamita.

2 Elisha replied to her, "How can I help you? Tell me, what do you have in your house?"

"Your servant has nothing there at all," she said, "except a little oil."

3 Elisha said, "Go around and ask all your neighbors for empty jars. Don't ask for just a few. 4 Then go inside and shut the door behind you and your sons. Pour oil into all the jars, and as each is filled, put it to one side."

5 She left him and afterward shut the door behind her and her sons. They brought the jars to her and she kept pouring. 6 When all the jars were full, she said to her son, "Bring me another one."

But he replied, "There is not a jar left." Then the oil stopped flowing.

7 She went and told the man of God, and he said, "Go, sell the oil and pay your debts. You and your sons can live on what is left."

The Shunammite's Son Restored to Life

8 One day Elisha went to Shunem. And a well-to-do woman was there, who urged him to stay for a meal. So whenever he came by, he stopped there to eat. 9 She said to her husband, "I know that this man who often comes our way is a holy man of God. 10 Let's make a small room on the roof and put in it a bed and a table, a chair and a lamp for him. Then he can stay there whenever he comes to us."

11 One day when Elisha came, he went up to his room and lay down there. 12 He said to his servant Gehazi, "Call the Shunammite." So he called her, and she stood before him. 13 Elisha said to him, "Tell her, 'You have gone to all this trouble for us. Now what can be done for you? Can we speak on your behalf to the king or the commander of the army?' "

She replied, "I have a home among my own people."

14 "What can be done for her?" Elisha asked.

Gehazi said, "Well, she has no son and her husband is old."

15 Then Elisha said, "Call her." So he called her, and she stood in the doorway. 16 "About this time next year," Elisha said, "you will hold a son in your arms."

"No, my lord," she objected. "Don't mislead your servant, O man of God!"

17 But the woman became pregnant, and the next year about that same time she gave birth to a son, just as Elisha had told her.

18 The child grew, and one day he went out to his father, who was with the reapers. 19 "My head! My head!" he said to his father.

His father told a servant, "Carry him to his mother." 20 After the servant had lifted him up and carried him to his mother, the boy sat on her lap until noon, and then he died. 21 She went up and laid him on the bed of the man of God, then shut the door and went out.

22 She called her husband and said, "Please send me one of the servants and a donkey so I can go to the man of God quickly and return."

23 "Why go to him today?" he asked. "It's not the New Moon or the Sabbath."

"It's all right," she said.

24 She saddled the donkey and said to her servant, "Lead on; don't slow down for me unless I tell you." 25 So she set out and came to the man of God at Mount Carmel.

---

*Aquí equivale a *sábado*

26 Te ruego que vayas ahora corriendo a recibirla, y le digas: ¿Te va bien a ti? ¿Le va bien a tu marido, y a tu hijo? Y ella dijo: Bien.

27 Luego que llegó a donde estaba el varón de Dios en el monte, se asió de sus pies. Y se acercó Giezi para quitarla; pero el varón de Dios le dijo: Déjala, porque su alma está en amargura, y Jehová me ha encubierto el motivo, y no me lo ha revelado.

28 Y ella dijo: ¿Pedí yo hijo a mi señor? ¿No dije yo que no te burlases de mí?

29 Entonces dijo él a Giezi: Ciñe tus lomos, y toma mi báculo en tu mano, y vé; si alguno te encontrare, no lo saludes, y si alguno te saludare, no le respondas; y pondrás mi báculo sobre el rostro del niño.

30 Y dijo la madre del niño: Vive Jehová, y vive tu alma, que no te dejaré.

31 El entonces se levantó y la siguió. Y Giezi había ido delante de ellos, y había puesto el báculo sobre el rostro del niño; pero no tenía voz ni sentido, y así se había vuelto para encontrar a Eliseo, y se lo declaró, diciendo: El niño no despierta.

32 Y venido Eliseo a la casa, he aquí que el niño estaba muerto tendido sobre su cama.

33 Entrando él entonces, cerró la puerta tras ambos, y oró a Jehová.

34 Después subió y se tendió sobre el niño, poniendo su boca sobre la boca de él, y sus ojos sobre sus ojos, y sus manos sobre las manos suyas; así se tendió sobre él, y el cuerpo del niño entró en calor.

35 Volviéndose luego, se paseó por la casa a una y otra parte, y después subió, y se tendió sobre él nuevamente, y el niño estornudó siete veces, y abrió sus ojos.

36 Entonces llamó él a Giezi, y le dijo: Llama a esta sunamita. Y él la llamó. Y entrando ella, él le dijo: Toma tu hijo.

37 Y así que ella entró, se echó a sus pies, y se inclinó a tierra; y después tomó a su hijo, y salió.

Milagros en beneficio de los profetas

38 Eliseo volvió a Gilgal cuando había una grande hambre en la tierra. Y los hijos de los profetas estaban con él, por lo que dijo a su criado: Pon una olla grande, y haz potaje para los hijos de los profetas.

39 Y salió uno al campo a recoger hierbas, y halló una como parra montés, y de ella llenó su falda de calabazas silvestres; y volvió, y las cortó en la olla del potaje, pues no sabía lo que era.

40 Después sirvió para que comieran los hombres; pero sucedió que comiendo ellos de aquel guisado, gritaron diciendo: ¡Varón de Dios, hay muerte en esa olla! Y no lo pudieron comer.

41 El entonces dijo: Traed harina. Y la esparció en la olla, y dijo: Da de comer a la gente. Y no hubo más mal en la olla.

42 Vino entonces un hombre de Baal-salisa, el cual trajo al varón de Dios panes de primicias, veinte panes de cebada, y trigo nuevo en su espiga. Y él dijo: Da a la gente para que coma.

43 Y respondió su sirviente: ¿Cómo pondré esto delante de cien hombres? Pero él volvió a decir: Da a la gente para que coma, porque así ha dicho Jehová: Comerán, y sobrará.

44 Entonces lo puso delante de ellos, y comieron, y les sobró, conforme a la palabra de Jehová.

When he saw her in the distance, the man of God said to his servant Gehazi, "Look! There's the Shunammite! 26 Run to meet her and ask her, 'Are you all right? Is your husband all right? Is your child all right?' "

"Everything is all right," she said.

27 When she reached the man of God at the mountain, she took hold of his feet. Gehazi came over to push her away, but the man of God said, "Leave her alone! She is in bitter distress, but the LORD has hidden it from me and has not told me why."

28 "Did I ask you for a son, my lord?" she said. "Didn't I tell you, 'Don't raise my hopes'?"

29 Elisha said to Gehazi, "Tuck your cloak into your belt, take my staff in your hand and run. If you meet anyone, do not greet him, and if anyone greets you, do not answer. Lay my staff on the boy's face."

30 But the child's mother said, "As surely as the LORD lives and as you live, I will not leave you." So he got up and followed her.

31 Gehazi went on ahead and laid the staff on the boy's face, but there was no sound or response. So Gehazi went back to meet Elisha and told him, "The boy has not awakened."

32 When Elisha reached the house, there was the boy lying dead on his couch. 33 He went in, shut the door on the two of them and prayed to the LORD. 34 Then he got on the bed and lay upon the boy, mouth to mouth, eyes to eyes, hands to hands. As he stretched himself out upon him, the boy's body grew warm. 35 Elisha turned away and walked back and forth in the room and then got on the bed and stretched out upon him once more. The boy sneezed seven times and opened his eyes.

36 Elisha summoned Gehazi and said, "Call the Shunammite." And he did. When she came, he said, "Take your son." 37 She came in, fell at his feet and bowed to the ground. Then she took her son and went out.

Death in the Pot

38 Elisha returned to Gilgal and there was a famine in that region. While the company of the prophets was meeting with him, he said to his servant, "Put on the large pot and cook some stew for these men."

39 One of them went out into the fields to gather herbs and found a wild vine. He gathered some of its gourds and filled the fold of his cloak. When he returned, he cut them up into the pot of stew, though no one knew what they were. 40 The stew was poured out for the men, but as they began to eat it, they cried out, "O man of God, there is death in the pot!" And they could not eat it.

41 Elisha said, "Get some flour." He put it into the pot and said, "Serve it to the people to eat." And there was nothing harmful in the pot.

Feeding of a Hundred

42 A man came from Baal Shalishah, bringing the man of God twenty loaves of barley bread baked from the first ripe grain, along with some heads of new grain. "Give it to the people to eat," Elisha said.

43 "How can I set this before a hundred men?" his servant asked.

But Elisha answered, "Give it to the people to eat. For this is what the LORD says: 'They will eat and have some left over.' " 44 Then he set it before them, and they ate and had some left over, according to the word of the LORD.

Eliseo y Naamán

5 ¹Naamán, general del ejército del rey de Siria, era varón grande delante de su señor, y lo tenía en alta estima, porque por medio de él había dado Jehová salvación a Siria. Era este hombre valeroso en extremo, pero leproso.

²Y de Siria habían salido bandas armadas, y habían llevado cautiva de la tierra de Israel a una muchacha, la cual servía a la mujer de Naamán.

³Esta dijo a su señora: Si rogase mi señor al profeta que está en Samaria, él lo sanaría de su lepra.

⁴Entrando Naamán a su señor, le relató diciendo: Así y así ha dicho una muchacha que es de la tierra de Israel.

⁵Y le dijo el rey de Siria: Anda, vé, y yo enviaré cartas al rey de Israel. Salió, pues, él, llevando consigo diez talentos de plata, y seis mil piezas de oro, y diez mudas de vestidos.

⁶Tomó también cartas para el rey de Israel, que decían así: Cuando lleguen a ti estas cartas, sabe por ellas que yo envío a ti mi siervo Naamán, para que lo sanes de su lepra.

⁷Luego que el rey de Israel leyó las cartas, rasgó sus vestidos, y dijo: ¿Soy yo Dios, que mate y dé vida, para que éste envíe a mí a que sane un hombre de su lepra? Considerad ahora, y ved cómo busca ocasión contra mí.

⁸Cuando Eliseo el varón de Dios oyó que el rey de Israel había rasgado sus vestidos, envió a decir al rey: ¿Por qué has rasgado tus vestidos? Venga ahora a mí, y sabrá que hay profeta en Israel.

⁹Y vino Naamán con sus caballos y con su carro, y se paró a las puertas de la casa de Eliseo.

¹⁰Entonces Eliseo le envió un mensajero, diciendo: Vé y lávate siete veces en el Jordán, y tu carne se te restaurará, y serás limpio.

¹¹Y Naamán se fue enojado, diciendo: He aquí yo decía para mí: Saldrá él luego, y estando en pie invocará el nombre de Jehová su Dios, y alzará su mano y tocará el lugar, y sanará la lepra.

¹²Abana y Farfar, ríos de Damasco, ¿no son mejores que todas las aguas de Israel? Si me lavare en ellos, ¿no seré también limpio? Y se volvió, y se fue enojado.

¹³Mas sus criados se le acercaron y le hablaron diciendo: Padre mío, si el profeta te mandara alguna gran cosa, ¿no la harías? ¿Cuánto más, diciéndote: Lávate, y serás limpio?

¹⁴El entonces descendió, y se zambulló siete veces en el Jordán, conforme a la palabra del varón de Dios; y su carne se volvió como la carne de un niño, y quedó limpio.

¹⁵Y volvió al varón de Dios, él y toda su compañía, y se puso delante de él, y dijo: He aquí ahora conozco que no hay Dios en toda la tierra, sino en Israel. Te ruego que recibas algún presente de tu siervo.

¹⁶Mas él dijo: Vive Jehová, en cuya presencia estoy, que no lo aceptaré. Y le instaba que aceptara alguna cosa, pero él no quiso.

¹⁷Entonces Naamán dijo: Te ruego, pues, ¿de esta tierra no se dará a tu siervo la carga de un par de mulas? Porque de aquí en adelante tu siervo no sacrificará holocausto ni ofrecerá sacrificio a otros dioses, sino a Jehová.

¹⁸En esto perdone Jehová a tu siervo: que cuando mi señor el rey entrare en el templo de Rimón para adorar en él, y se apoyare sobre mi brazo, si yo también me inclinare en el templo de Rimón; cuando haga tal, Jehová perdone en esto a tu siervo.

Naaman Healed of Leprosy

5 Now Naaman was commander of the army of the king of Aram. He was a great man in the sight of his master and highly regarded, because through him the LORD had given victory to Aram. He was a valiant soldier, but he had leprosy. *d*

²Now bands from Aram had gone out and had taken captive a young girl from Israel, and she served Naaman's wife. ³She said to her mistress, "If only my master would see the prophet who is in Samaria! He would cure him of his leprosy."

⁴Naaman went to his master and told him what the girl from Israel had said. ⁵"By all means, go," the king of Aram replied. "I will send a letter to the king of Israel." So Naaman left, taking with him ten talents *e* of silver, six thousand shekels *f* of gold and ten sets of clothing. ⁶The letter that he took to the king of Israel read: "With this letter I am sending my servant Naaman to you so that you may cure him of his leprosy."

⁷As soon as the king of Israel read the letter, he tore his robes and said, "Am I God? Can I kill and bring back to life? Why does this fellow send someone to me to be cured of his leprosy? See how he is trying to pick a quarrel with me!"

⁸When Elisha the man of God heard that the king of Israel had torn his robes, he sent him this message: "Why have you torn your robes? Have the man come to me and he will know that there is a prophet in Israel." ⁹So Naaman went with his horses and chariots and stopped at the door of Elisha's house. ¹⁰Elisha sent a messenger to say to him, "Go, wash yourself seven times in the Jordan, and your flesh will be restored and you will be cleansed."

¹¹But Naaman went away angry and said, "I thought that he would surely come out to me and stand and call on the name of the LORD his God, wave his hand over the spot and cure me of my leprosy. ¹²Are not Abana and Pharpar, the rivers of Damascus, better than any of the waters of Israel? Couldn't I wash in them and be cleansed?" So he turned and went off in a rage.

¹³Naaman's servants went to him and said, "My father, if the prophet had told you to do some great thing, would you not have done it? How much more, then, when he tells you, 'Wash and be cleansed'!" ¹⁴So he went down and dipped himself in the Jordan seven times, as the man of God had told him, and his flesh was restored and became clean like that of a young boy.

¹⁵Then Naaman and all his attendants went back to the man of God. He stood before him and said, "Now I know that there is no God in all the world except in Israel. Please accept now a gift from your servant."

¹⁶The prophet answered, "As surely as the LORD lives, whom I serve, I will not accept a thing." And even though Naaman urged him, he refused.

¹⁷"If you will not," said Naaman, "please let me, your servant, be given as much earth as a pair of mules can carry, for your servant will never again make burnt offerings and sacrifices to any other god but the LORD. ¹⁸But may the LORD forgive your servant for this one thing: When my master enters the temple of Rimmon to bow down and he is leaning on my arm and I bow there also—when I bow down in the temple of Rimmon, may the LORD forgive your servant for this."

---

d 1 The Hebrew word was used for various diseases affecting the skin—not necessarily leprosy; also in verses 3, 6, 7, 11 and 27. *e 5* That is, about 750 pounds (about 340 kilograms) *f 5* That is, about 150 pounds (about 70 kilograms)

19 Y él le dijo: Vé en paz. Se fue, pues, y caminó como media legua de tierra.

20 Entonces Giezi, criado de Eliseo el varón de Dios, dijo entre sí: He aquí mi señor estorbó a este sirio Naamán, no tomando de su mano las cosas que había traído. Vive Jehová, que correré yo tras él y tomaré de él alguna cosa. 21 Y siguió Giezi a Naamán; y cuando vio Naamán que venía corriendo tras él, se bajó del carro para recibirle, y dijo: ¿Va todo bien? 22 Y él dijo: Bien. Mi señor me envía a decirte: He aquí vinieron a mí en esta hora del monte de Efraín dos jóvenes de los hijos de los profetas; te ruego que les des un talento de plata, y dos vestidos nuevos. 23 Dijo Naamán: Te ruego que tomes dos talentos. Y le insistió, y ató dos talentos de plata en dos bolsas, y dos vestidos nuevos, y lo puso todo a cuestas a dos de sus criados para que lo llevasen delante de él. 24 Y así que llegó a un lugar secreto, él lo tomó de mano de ellos, y lo guardó en la casa; luego mandó a los hombres que se fuesen. 25 Y él entró, y se puso delante de su señor. Y Eliseo le dijo: ¿De dónde vienes, Giezi? Y él dijo: Tu siervo no ha ido a ninguna parte. 26 El entonces le dijo: ¿No estaba también allí mi corazón, cuando el hombre volvió de su carro a recibirte? ¿Es tiempo de tomar plata, y de tomar vestidos, olivares, viñas, ovejas, bueyes, siervos y siervas? 27 Por tanto, la lepra de Naamán se te pegará a ti y a tu descendencia para siempre. Y salió de delante de él leproso, blanco como la nieve.

Eliseo hace flotar el hacha

6 1 Los hijos de los profetas dijeron a Eliseo: He aquí, el lugar en que moramos contigo nos es estrecho. 2 Vamos ahora al Jordán, y tomemos de allí cada uno una viga, y hagamos allí lugar en que habitemos. Y él dijo: Andad. 3 Y dijo uno: Te rogamos que vengas con tus siervos. Y él respondió: Yo iré. 4 Se fue, pues, con ellos; y cuando llegaron al Jordán, cortaron la madera. 5 Y aconteció que mientras uno derribaba un árbol, se le cayó el hacha en el agua; y gritó diciendo: ¡Ah, señor mío, era prestada! 6 El varón de Dios preguntó: ¿Dónde cayó? Y él le mostró el lugar. Entonces cortó él un palo, y lo echó allí; e hizo flotar el hierro. 7 Y dijo: Tómalo. Y él extendió la mano, y lo tomó.

Eliseo y los sirios

8 Tenía el rey de Siria guerra contra Israel, y consultando con sus siervos, dijo: En tal y tal lugar estará mi campamento. 9 Y el varón de Dios envió a decir al rey de Israel: Mira que no pases por tal lugar, porque los sirios van allí. 10 Entonces el rey de Israel envió a aquel lugar que el varón de Dios había dicho; y así lo hizo una y otra vez con el fin de cuidarse.

19 "Go in peace," Elisha said.

After Naaman had traveled some distance, 20 Gehazi, the servant of Elisha the man of God, said to himself, "My master was too easy on Naaman, this Aramean, by not accepting from him what he brought. As surely as the LORD lives, I will run after him and get something from him." 21 So Gehazi hurried after Naaman. When Naaman saw him running toward him, he got down from the chariot to meet him. "Is everything all right?" he asked. 22 "Everything is all right," Gehazi answered. "My master sent me to say, 'Two young men from the company of the prophets have just come to me from the hill country of Ephraim. Please give them a talent[g] of silver and two sets of clothing.' " 23 "By all means, take two talents," said Naaman. He urged Gehazi to accept them, and then tied up the two talents of silver in two bags, with two sets of clothing. He gave them to two of his servants, and they carried them ahead of Gehazi. 24 When Gehazi came to the hill, he took the things from the servants and put them away in the house. He sent the men away and they left. 25 Then he went in and stood before his master Elisha.

"Where have you been, Gehazi?" Elisha asked.

"Your servant didn't go anywhere," Gehazi answered.

26 But Elisha said to him, "Was not my spirit with you when the man got down from his chariot to meet you? Is this the time to take money, or to accept clothes, olive groves, vineyards, flocks, herds, or menservants and maidservants? 27 Naaman's leprosy will cling to you and to your descendants forever." Then Gehazi went from Elisha's presence and he was leprous, as white as snow.

An Axhead Floats

6 The company of the prophets said to Elisha, "Look, the place where we meet with you is too small for us. 2 Let us go to the Jordan, where each of us can get a pole; and let us build a place there for us to live."

And he said, "Go."

3 Then one of them said, "Won't you please come with your servants?"

"I will," Elisha replied. 4 And he went with them.

They went to the Jordan and began to cut down trees. 5 As one of them was cutting down a tree, the iron axhead fell into the water. "Oh, my lord," he cried out, "it was borrowed!"

6 The man of God asked, "Where did it fall?" When he showed him the place, Elisha cut a stick and threw it there, and made the iron float. 7 "Lift it out," he said. Then the man reached out his hand and took it.

Elisha Traps Blinded Arameans

8 Now the king of Aram was at war with Israel. After conferring with his officers, he said, "I will set up my camp in such and such a place."

9 The man of God sent word to the king of Israel: "Beware of passing that place, because the Arameans are going down there." 10 So the king of Israel checked on the place indicated by the man of God. Time and again Elisha warned the king, so that he was on his guard in such places.

---

g 22 That is, about 75 pounds (about 34 kilograms)

11 Y el corazón del rey de Siria se turbó por esto; y llamando a sus siervos, les dijo: ¿No me declararéis vosotros quién de los nuestros es del rey de Israel?

12 Entonces uno de los siervos dijo: No, rey señor mío, sino que el profeta Eliseo está en Israel, el cual declara al rey de Israel las palabras que tú hablas en tu cámara más secreta.

13 Y él dijo: Id, y mirad dónde está, para que yo envíe a prenderlo. Y le fue dicho: He aquí que él está en Dotán. 14 Entonces envió el rey allá gente de a caballo, y carros, y un gran ejército, los cuales vinieron de noche, y sitiaron la ciudad.

15 Y se levantó de mañana y salió el que servía al varón de Dios, y he aquí el ejército que tenía sitiada la ciudad, con gente de a caballo y carros. Entonces su criado le dijo: ¡Ah, señor mío! ¿qué haremos?

16 El le dijo: No tengas miedo, porque más son los que están con nosotros que los que están con ellos.

17 Y oró Eliseo, y dijo: Te ruego, oh Jehová, que abras sus ojos para que vea. Entonces Jehová abrió los ojos del criado, y miró; y he aquí que el monte estaba lleno de gente de a caballo, y de carros de fuego alrededor de Eliseo.

18 Y luego que los sirios descendieron a él, oró Eliseo a Jehová, y dijo: Te ruego que hieras con ceguera a esta gente. Y los hirió con ceguera, conforme a la petición de Eliseo.

19 Después les dijo Eliseo: No es este el camino, ni es esta la ciudad; seguidme, y yo os guiaré al hombre que buscáis. Y los guió a Samaria.

20 Y cuando llegaron a Samaria, dijo Eliseo: Jehová, abre los ojos de éstos, para que vean. Y Jehová abrió sus ojos, y miraron, y se hallaban en medio de Samaria.

21 Cuando el rey de Israel los hubo visto, dijo a Eliseo: ¿Los mataré, padre mío?

22 El le respondió: No los mates. ¿Matarías tú a los que tomaste cautivos con tu espada y con tu arco? Pon delante de ellos pan y agua, para que coman y beban, y vuelvan a sus señores.

23 Entonces se les preparó una gran comida; y cuando habían comido y bebido, los envió, y ellos se volvieron a su señor. Y nunca más vinieron bandas armadas de Siria a la tierra de Israel.

Eliseo y el sitio de Samaria

24 Después de esto aconteció que Ben-adad rey de Siria reunió todo su ejército, y subió y sitió a Samaria.

25 Y hubo gran hambre en Samaria, a consecuencia de aquel sitio; tanto que la cabeza de un asno se vendía por ochenta piezas de plata, y la cuarta parte de un cab de estiércol de palomas por cinco piezas de plata.

26 Y pasando el rey de Israel por el muro, una mujer le gritó, y dijo: Salva, rey señor mío.

27 Y él dijo: Si no te salva Jehová, ¿de dónde te puedo salvar yo? ¿Del granero, o del lagar?

28 Y le dijo el rey: ¿Qué tienes? Ella respondió: Esta mujer me dijo: Da acá tu hijo, y comámoslo hoy, y mañana comeremos el mío.

29 Cocimos, pues, a mi hijo, y lo comimos. El día siguiente yo le dije: Da acá tu hijo, y comámoslo. Mas ella ha escondido a su hijo.

11 This enraged the king of Aram. He summoned his officers and demanded of them, "Will you not tell me which of us is on the side of the king of Israel?"

12 "None of us, my lord the king," said one of his officers, "but Elisha, the prophet who is in Israel, tells the king of Israel the very words you speak in your bedroom."

13 "Go, find out where he is," the king ordered, "so I can send men and capture him." The report came back: "He is in Dothan." 14 Then he sent horses and chariots and a strong force there. They went by night and surrounded the city.

15 When the servant of the man of God got up and went out early the next morning, an army with horses and chariots had surrounded the city. "Oh, my lord, what shall we do?" the servant asked.

16 "Don't be afraid," the prophet answered. "Those who are with us are more than those who are with them."

17 And Elisha prayed, "O Lord, open his eyes so he may see." Then the Lord opened the servant's eyes, and he looked and saw the hills full of horses and chariots of fire all around Elisha.

18 As the enemy came down toward him, Elisha prayed to the Lord, "Strike these people with blindness." So he struck them with blindness, as Elisha had asked.

19 Elisha told them, "This is not the road and this is not the city. Follow me, and I will lead you to the man you are looking for." And he led them to Samaria.

20 After they entered the city, Elisha said, "Lord, open the eyes of these men so they can see." Then the Lord opened their eyes and they looked, and there they were, inside Samaria.

21 When the king of Israel saw them, he asked Elisha, "Shall I kill them, my father? Shall I kill them?"

22 "Do not kill them," he answered. "Would you kill men you have captured with your own sword or bow? Set food and water before them so that they may eat and drink and then go back to their master." 23 So he prepared a great feast for them, and after they had finished eating and drinking, he sent them away, and they returned to their master. So the bands from Aram stopped raiding Israel's territory.

Famine in Besieged Samaria

24 Some time later, Ben-Hadad king of Aram mobilized his entire army and marched up and laid siege to Samaria. 25 There was a great famine in the city; the siege lasted so long that a donkey's head sold for eighty shekels*h* of silver, and a quarter of a cab*i* of seed pods*j* for five shekels.*k*

26 As the king of Israel was passing by on the wall, a woman cried to him, "Help me, my lord the king!"

27 The king replied, "If the Lord does not help you, where can I get help for you? From the threshing floor? From the winepress?" 28 Then he asked her, "What's the matter?"

She answered, "This woman said to me, 'Give up your son so we may eat him today, and tomorrow we'll eat my son.' 29 So we cooked my son and ate him. The next day I said to her, 'Give up your son so we may eat him,' but she had hidden him."

*h*25 That is, about 2 pounds (about 1 kilogram)　　*i*25 That is, probably about 1/2 pint (about 0.3 liter)　　*j*25 Or *of dove's dung*　　*k*25 That is, about 2 ounces (about 55 grams)

30 Cuando el rey oyó las palabras de aquella mujer, rasgó sus vestidos, y pasó así por el muro; y el pueblo vio el cilicio que traía interiormente sobre su cuerpo.
31 Y él dijo: Así me haga Dios, y aun me añada, si la cabeza de Eliseo hijo de Safat queda sobre él hoy.

32 Y Eliseo estaba sentado en su casa, y con él estaban sentados los ancianos; y el rey envió a él un hombre. Mas antes que el mensajero viniese a él, dijo él a los ancianos: ¿No habéis visto cómo este hijo de homicida envía a cortarme la cabeza? Mirad, pues, y cuando viniere el mensajero, cerrad la puerta, e impedidle la entrada. ¿No se oye tras él el ruido de los pasos de su amo?
33 Aún estaba él hablando con ellos, y he aquí el mensajero que descendía a él; y dijo: Ciertamente este mal de Jehová viene. ¿Para qué he de esperar más a Jehová?

7 1 Dijo entonces Eliseo: Oíd palabra de Jehová: Así dijo Jehová: Mañana a estas horas valdrá el seah de flor de harina un siclo, y dos seahs de cebada un siclo, a la puerta de Samaria.
2 Y un príncipe sobre cuyo brazo el rey se apoyaba, respondió al varón de Dios, y dijo: Si Jehová hiciese ahora ventanas en el cielo, ¿sería esto así? Y él dijo: He aquí tú lo verás con tus ojos, mas no comerás de ello.
3 Había a la entrada de la puerta cuatro hombres leprosos, los cuales dijeron el uno al otro: ¿Para qué nos estamos aquí hasta que muramos?
4 Si tratáremos de entrar en la ciudad, por el hambre que hay en la ciudad moriremos en ella; y si nos quedamos aquí, también moriremos. Vamos, pues, ahora, y pasemos al campamento de los sirios; si ellos nos dieren la vida, viviremos; y si nos dieren la muerte, moriremos.
5 Se levantaron, pues, al anochecer, para ir al campamento de los sirios; y llegando a la entrada del campamento de los sirios, no había allí nadie.
6 Porque Jehová había hecho que en el campamento de los sirios se oyese estruendo de carros, ruido de caballos, y estrépito de gran ejército; y se dijeron unos a otros: He aquí, el rey de Israel ha tomado a sueldo contra nosotros a los reyes de los heteos y a los reyes de los egipcios, para que vengan contra nosotros.
7 Y así se levantaron y huyeron al anochecer, abandonando sus tiendas, sus caballos, sus asnos, y el campamento como estaba; y habían huido para salvar sus vidas.
8 Cuando los leprosos llegaron a la entrada del campamento, entraron en una tienda y comieron y bebieron, y tomaron de allí plata y oro y vestidos, y fueron y lo escondieron; y vueltos, entraron en otra tienda, y de allí también tomaron, y fueron y lo escondieron.
9 Luego se dijeron el uno al otro: No estamos haciendo bien. Hoy es día de buena nueva, y nosotros callamos; y si esperamos hasta el amanecer, nos alcanzará nuestra maldad. Vamos pues, ahora, entremos y demos la nueva en casa del rey.
10 Vinieron, pues, y gritaron a los guardas de la puerta de la ciudad, y les declararon, diciendo: Nosotros fuimos al

30 When the king heard the woman's words, he tore his robes. As he went along the wall, the people looked, and there, underneath, he had sackcloth on his body. 31 He said, "May God deal with me, be it ever so severely, if the head of Elisha son of Shaphat remains on his shoulders today!"

32 Now Elisha was sitting in his house, and the elders were sitting with him. The king sent a messenger ahead, but before he arrived, Elisha said to the elders, "Don't you see how this murderer is sending someone to cut off my head? Look, when the messenger comes, shut the door and hold it shut against him. Is not the sound of his master's footsteps behind him?" 33 While he was still talking to them, the messenger came down to him. And the king said, "This disaster is from the LORD. Why should I wait for the LORD any longer?"

7 Elisha said, "Hear the word of the LORD. This is what the LORD says: About this time tomorrow, a seah[l] of flour will sell for a shekel[m] and two seahs[n] of barley for a shekel at the gate of Samaria."
2 The officer on whose arm the king was leaning said to the man of God, "Look, even if the LORD should open the floodgates of the heavens, could this happen?"

"You will see it with your own eyes," answered Elisha, "but you will not eat any of it!"

The Siege Lifted

3 Now there were four men with leprosy[o] at the entrance of the city gate. They said to each other, "Why stay here until we die? 4 If we say, 'We'll go into the city'—the famine is there, and we will die. And if we stay here, we will die. So let's go over to the camp of the Arameans and surrender. If they spare us, we live; if they kill us, then we die."
5 At dusk they got up and went to the camp of the Arameans. When they reached the edge of the camp, not a man was there, 6 for the Lord had caused the Arameans to hear the sound of chariots and horses and a great army, so that they said to one another, "Look, the king of Israel has hired the Hittite and Egyptian kings to attack us!" 7 So they got up and fled in the dusk and abandoned their tents and their horses and donkeys. They left the camp as it was and ran for their lives.
8 The men who had leprosy reached the edge of the camp and entered one of the tents. They ate and drank, and carried away silver, gold and clothes, and went off and hid them. They returned and entered another tent and took some things from it and hid them also.
9 Then they said to each other, "We're not doing right. This is a day of good news and we are keeping it to ourselves. If we wait until daylight, punishment will overtake us. Let's go at once and report this to the royal palace."
10 So they went and called out to the city gatekeepers

---

l That is, probably about 7 quarts (about 7.3 liters); also in verses 16 and 18   *m l* That is, about 2/5 ounce (about 11 grams); also in verses 16 and 18   *n l* That is, probably about 13 quarts (about 15 liters); also in verses 16 and 18   *o 3* The Hebrew word is used for various diseases affecting the skin—not necessarily leprosy; also in verse 8.

campamento de los sirios, y he aquí que no había allí nadie, ni voz de hombre, sino caballos atados, asnos también atados, y el campamento intacto.

11 Los porteros gritaron, y lo anunciaron dentro, en el palacio del rey.

12 Y se levantó el rey de noche, y dijo a sus siervos: Yo os declararé lo que nos han hecho los sirios. Ellos saben que tenemos hambre, y han salido de las tiendas y se han escondido en el campo, diciendo: Cuando hayan salido de la ciudad, los tomaremos vivos, y entraremos en la ciudad.

13 Entonces respondió uno de sus siervos y dijo: Tomen ahora cinco de los caballos que han quedado en la ciudad (porque los que quedan acá también perecerán como toda la multitud de Israel que ya ha perecido), y enviemos y veamos qué hay.

14 Tomaron, pues, dos caballos de un carro, y envió el rey al campamento de los sirios, diciendo: Id y ved.

15 Y ellos fueron, y los siguieron hasta el Jordán; y he aquí que todo el camino estaba lleno de vestidos y enseres que los sirios habían arrojado por la premura. Y volvieron los mensajeros y lo hicieron saber al rey.

16 Entonces el pueblo salió, y saqueó el campamento de los sirios. Y fue vendido un seah de flor de harina por un siclo, y dos seahs de cebada por un siclo, conforme a la palabra de Jehová.

17 Y el rey puso a la puerta a aquel príncipe sobre cuyo brazo él se apoyaba; y lo atropelló el pueblo a la entrada, y murió, conforme a lo que había dicho el varón de Dios, cuando el rey descendió a él.

18 Aconteció, pues, de la manera que el varón de Dios había hablado al rey, diciendo: Dos seahs de cebada por un siclo, y el seah de flor de harina será vendido por un siclo mañana a estas horas, a la puerta de Samaria.

19 A lo cual aquel príncipe había respondido al varón de Dios, diciendo: Si Jehová hiciese ventanas en el cielo, ¿pudiera suceder esto? Y él dijo: He aquí tú lo verás con tus ojos, mas no comerás de ello.

20 Y le sucedió así; porque el pueblo le atropelló a la entrada, y murió.

Los bienes de la sunamita devueltos

8 1 Habló Eliseo a aquella mujer a cuyo hijo él había hecho vivir, diciendo: Levántate, vete tú y toda tu casa a vivir donde puedas; porque Jehová ha llamado el hambre, la cual vendrá sobre la tierra por siete años.

2 Entonces la mujer se levantó, e hizo como el varón de Dios le dijo; y se fue ella con su familia, y vivió en tierra de los filisteos siete años.

3 Y cuando habían pasado los siete años, la mujer volvió de la tierra de los filisteos; después salió para implorar al rey por su casa y por sus tierras.

4 Y había el rey hablado con Giezi, criado del varón de Dios, diciéndole: Te ruego que me cuentes todas las maravillas que ha hecho Eliseo.

5 Y mientras él estaba contando al rey cómo había hecho vivir a un muerto, he aquí que la mujer, a cuyo hijo él había hecho vivir, vino para implorar al rey por su casa y por sus tierras. Entonces dijo Giezi: Rey señor mío, esta es la mujer, y este es su hijo, al cual Eliseo hizo vivir.

6 Y preguntando el rey a la mujer, ella se lo contó. Entonces el rey ordenó a un oficial, al cual dijo: Hazle devolver todas las cosas que eran suyas, y todos los frutos de sus tierras desde el día que dejó el país hasta ahora.

and told them, "We went into the Aramean camp and not a man was there—not a sound of anyone—only tethered horses and donkeys, and the tents left just as they were." 11 The gatekeepers shouted the news, and it was reported within the palace.

12 The king got up in the night and said to his officers, "I will tell you what the Arameans have done to us. They know we are starving; so they have left the camp to hide in the countryside, thinking, 'They will surely come out, and then we will take them alive and get into the city.' "

13 One of his officers answered, "Have some men take five of the horses that are left in the city. Their plight will be like that of all the Israelites left here—yes, they will only be like all these Israelites who are doomed. So let us send them to find out what happened."

14 So they selected two chariots with their horses, and the king sent them after the Aramean army. He commanded the drivers, "Go and find out what has happened." 15 They followed them as far as the Jordan, and they found the whole road strewn with the clothing and equipment the Arameans had thrown away in their headlong flight. So the messengers returned and reported to the king. 16 Then the people went out and plundered the camp of the Arameans. So a seah of flour sold for a shekel, and two seahs of barley sold for a shekel, as the LORD had said.

17 Now the king had put the officer on whose arm he leaned in charge of the gate, and the people trampled him in the gateway, and he died, just as the man of God had foretold when the king came down to his house. 18 It happened as the man of God had said to the king: "About this time tomorrow, a seah of flour will sell for a shekel and two seahs of barley for a shekel at the gate of Samaria."

19 The officer had said to the man of God, "Look, even if the LORD should open the floodgates of the heavens, could this happen?" The man of God had replied, "You will see it with your own eyes, but you will not eat any of it!" 20 And that is exactly what happened to him, for the people trampled him in the gateway, and he died.

The Shunammite's Land Restored

8 Now Elisha had said to the woman whose son he had restored to life, "Go away with your family and stay for a while wherever you can, because the LORD has decreed a famine in the land that will last seven years." 2 The woman proceeded to do as the man of God said. She and her family went away and stayed in the land of the Philistines seven years.

3 At the end of the seven years she came back from the land of the Philistines and went to the king to beg for her house and land. 4 The king was talking to Gehazi, the servant of the man of God, and had said, "Tell me about all the great things Elisha has done." 5 Just as Gehazi was telling the king how Elisha had restored the dead to life, the woman whose son Elisha had brought back to life came to beg the king for her house and land.

Gehazi said, "This is the woman, my lord the king, and this is her son whom Elisha restored to life." 6 The king asked the woman about it, and she told him.

Then he assigned an official to her case and said to him, "Give back everything that belonged to her, including all the income from her land from the day she left the country until now."

Hazael reina en Siria

7 Eliseo se fue luego a Damasco; y Ben-adad rey de Siria estaba enfermo, al cual dieron aviso, diciendo: El varón de Dios ha venido aquí.

8 Y el rey dijo a Hazael: Toma en tu mano un presente, y vé a recibir al varón de Dios, y consulta por él a Jehová, diciendo: ¿Sanaré de esta enfermedad?

9 Tomó, pues, Hazael en su mano un presente de entre los bienes de Damasco, cuarenta camellos cargados, y fue a su encuentro, y llegando se puso delante de él, y dijo: Tu hijo Ben-adad rey de Siria me ha enviado a ti, diciendo: ¿Sanaré de esta enfermedad?

10 Y Eliseo le dijo: Vé, dile: Seguramente sanarás. Sin embargo, Jehová me ha mostrado que él morirá ciertamente.

11 Y el varón de Dios le miró fijamente, y estuvo así hasta hacerlo ruborizarse; luego lloró el varón de Dios.

12 Entonces le dijo Hazael: ¿Por qué llora mi señor? Y él respondió: Porque sé el mal que harás a los hijos de Israel; a sus fortalezas pegarás fuego, a sus jóvenes matarás a espada, y estrellarás a sus niños, y abrirás el vientre a sus mujeres que estén encintas.

13 Y Hazael dijo: Pues, ¿qué es tu siervo, este perro, para que haga tan grandes cosas? Y respondió Eliseo: Jehová me ha mostrado que tú serás rey de Siria.

14 Y Hazael se fue, y vino a su señor, el cual le dijo: ¿Qué te ha dicho Eliseo? Y él respondió: Me dijo que seguramente sanarás.

15 El día siguiente, tomó un paño y lo metió en agua, y lo puso sobre el rostro de Ben-adad, y murió; y reinó Hazael en su lugar.

Reinado de Joram de Judá

16 En el quinto año de Joram hijo de Acab, rey de Israel, y siendo Josafat rey de Judá, comenzó a reinar Joram hijo de Josafat, rey de Judá.

17 De treinta y dos años era cuando comenzó a reinar, y ocho años reinó en Jerusalén.

18 Y anduvo en el camino de los reyes de Israel, como hizo la casa de Acab, porque una hija de Acab fue su mujer; e hizo lo malo ante los ojos de Jehová.

19 Con todo eso, Jehová no quiso destruir a Judá, por amor a David su siervo, porque había prometido darle lámpara a él y a sus hijos perpetuamente.

20 En el tiempo de él se rebeló Edom contra el dominio de Judá, y pusieron rey sobre ellos.

21 Joram, por tanto, pasó a Zair, y todos sus carros con él; y levantándose de noche atacó a los de Edom, los cuales le habían sitiado, y a los capitanes de los carros; y el pueblo huyó a sus tiendas.

22 No obstante, Edom se libertó del dominio de Judá, hasta hoy. También se rebeló Libna en el mismo tiempo.

23 Los demás hechos de Joram, y todo lo que hizo, ¿no están escritos en el libro de las crónicas de los reyes de Judá?

24 Y durmió Joram con sus padres, y fue sepultado con ellos en la ciudad de David; y reinó en lugar suyo Ocozías, su hijo.

Reinado de Ocozías de Judá

25 En el año doce de Joram hijo de Acab, rey de Israel, comenzó a reinar Ocozías hijo de Joram, rey de Judá.

26 De veintidós años era Ocozías cuando comenzó a reinar,

Hazael Murders Ben-Hadad

7 Elisha went to Damascus, and Ben-Hadad king of Aram was ill. When the king was told, "The man of God has come all the way up here," **8** he said to Hazael, "Take a gift with you and go to meet the man of God. Consult the LORD through him; ask him, 'Will I recover from this illness?'"

9 Hazael went to meet Elisha, taking with him as a gift forty camel-loads of all the finest wares of Damascus. He went in and stood before him, and said, "Your son Ben-Hadad king of Aram has sent me to ask, 'Will I recover from this illness?'"

10 Elisha answered, "Go and say to him, 'You will certainly recover'; but*p* the LORD has revealed to me that he will in fact die." **11** He stared at him with a fixed gaze until Hazael felt ashamed. Then the man of God began to weep.

12 "Why is my lord weeping?" asked Hazael.

"Because I know the harm you will do to the Israelites," he answered. "You will set fire to their fortified places, kill their young men with the sword, dash their little children to the ground, and rip open their pregnant women."

13 Hazael said, "How could your servant, a mere dog, accomplish such a feat?"

"The LORD has shown me that you will become king of Aram," answered Elisha.

14 Then Hazael left Elisha and returned to his master. When Ben-Hadad asked, "What did Elisha say to you?" Hazael replied, "He told me that you would certainly recover." **15** But the next day he took a thick cloth, soaked it in water and spread it over the king's face, so that he died. Then Hazael succeeded him as king.

Jehoram King of Judah

16 In the fifth year of Joram son of Ahab king of Israel, when Jehoshaphat was king of Judah, Jehoram son of Jehoshaphat began his reign as king of Judah. **17** He was thirty-two years old when he became king, and he reigned in Jerusalem eight years. **18** He walked in the ways of the kings of Israel, as the house of Ahab had done, for he married a daughter of Ahab. He did evil in the eyes of the LORD. **19** Nevertheless, for the sake of his servant David, the LORD was not willing to destroy Judah. He had promised to maintain a lamp for David and his descendants forever.

20 In the time of Jehoram, Edom rebelled against Judah and set up its own king. **21** So Jehoram*q* went to Zair with all his chariots. The Edomites surrounded him and his chariot commanders, but he rose up and broke through by night; his army, however, fled back home. **22** To this day Edom has been in rebellion against Judah. Libnah revolted at the same time.

23 As for the other events of Jehoram's reign, and all he did, are they not written in the book of the annals of the kings of Judah? **24** Jehoram rested with his fathers and was buried with them in the City of David. And Ahaziah his son succeeded him as king.

Ahaziah King of Judah

25 In the twelfth year of Joram son of Ahab king of Israel, Ahaziah son of Jehoram king of Judah began to reign. **26** Ahaziah was twenty-two years old when he

---

p10 The Hebrew may also be read *Go and say, 'You will certainly not recover,' for.* *q21* Hebrew *Joram,* a variant of *Jehoram;* also in verses 23 and 24

y reinó un año en Jerusalén. El nombre de su madre fue Atalía, hija de Omri rey de Israel.

27 Anduvo en el camino de la casa de Acab, e hizo lo malo ante los ojos de Jehová, como la casa de Acab; porque era yerno de la casa de Acab.

28 Y fue a la guerra con Joram hijo de Acab a Ramot de Galaad, contra Hazael rey de Siria; y los sirios hirieron a Joram.

29 Y el rey Joram se volvió a Jezreel para curarse de las heridas que los sirios le hicieron frente a Ramot, cuando peleó contra Hazael rey de Siria. Y descendió Ocozías hijo de Joram rey de Judá, a visitar a Joram hijo de Acab en Jezreel, porque estaba enfermo.

Jehú es ungido rey de Israel

9 1 Entonces el profeta Eliseo llamó a uno de los hijos de los profetas, y le dijo: Ciñe tus lomos, y toma esta redoma de aceite en tu mano, y vé a Ramot de Galaad. 2 Cuando llegues allá, verás allí a Jehú hijo de Josafat hijo de Nimsi; y entrando, haz que se levante de entre sus hermanos, y llévalo a la cámara. 3 Toma luego la redoma de aceite, y derrámala sobre su cabeza, y dí: Así dijo Jehová: Yo te he ungido por rey sobre Israel. Y abriendo la puerta, echa a huir, y no esperes.

4 Fue, pues, el joven, el profeta, a Ramot de Galaad. 5 Cuando él entró, he aquí los príncipes del ejército que estaban sentados. Y él dijo: Príncipe, una palabra tengo que decirte. Jehú dijo: ¿A cuál de todos nosotros? Y él dijo: A ti, príncipe.

6 Y él se levantó, y entró en casa; y el otro derramó el aceite sobre su cabeza, y le dijo: Así dijo Jehová Dios de Israel: Yo te he ungido por rey sobre Israel, pueblo de Jehová. 7 Herirás la casa de Acab tu señor, para que yo vengue la sangre de mis siervos los profetas, y la sangre de todos los siervos de Jehová, de la mano de Jezabel. 8 Y perecerá toda la casa de Acab, y destruiré de Acab todo varón, así al siervo como al libre en Israel. 9 Y yo pondré la casa de Acab como la casa de Jeroboam hijo de Nabat, y como la casa de Baasa hijo de Ahías. 10 Y a Jezabel la comerán los perros en el campo de Jezreel, y no habrá quien la sepulte. En seguida abrió la puerta, y echó a huir.

11 Después salió Jehú a los siervos de su señor, y le dijeron: ¿Hay paz? ¿Para qué vino a ti aquel loco? Y él les dijo: Vosotros conocéis al hombre y sus palabras. 12 Ellos dijeron: Mentira; decláranoslo ahora. Y él dijo: Así y así me habló, diciendo: Así ha dicho Jehová: Yo te he ungido por rey sobre Israel. 13 Entonces cada uno tomó apresuradamente su manto, y lo puso debajo de Jehú en un trono alto, y tocaron corneta, y dijeron: Jehú es rey.

Jehú mata a Joram

14 Así conspiró Jehú hijo de Josafat, hijo de Nimsi, contra Joram. (Estaba entonces Joram guardando a Ramot de Galaad con todo Israel, por causa de Hazael rey de Siria;

became king, and he reigned in Jerusalem one year. His mother's name was Athaliah, a granddaughter of Omri king of Israel. 27 He walked in the ways of the house of Ahab and did evil in the eyes of the LORD, as the house of Ahab had done, for he was related by marriage to Ahab's family.

28 Ahaziah went with Joram son of Ahab to war against Hazael king of Aram at Ramoth Gilead. The Arameans wounded Joram; 29 so King Joram returned to Jezreel to recover from the wounds the Arameans had inflicted on him at Ramoth *r* in his battle with Hazael king of Aram.

Then Ahaziah son of Jehoram king of Judah went down to Jezreel to see Joram son of Ahab, because he had been wounded.

Jehu Anointed King of Israel

9 The prophet Elisha summoned a man from the company of the prophets and said to him, "Tuck your cloak into your belt, take this flask of oil with you and go to Ramoth Gilead. 2 When you get there, look for Jehu son of Jehoshaphat, the son of Nimshi. Go to him, get him away from his companions and take him into an inner room. 3 Then take the flask and pour the oil on his head and declare, 'This is what the LORD says: I anoint you king over Israel.' Then open the door and run; don't delay!"

4 So the young man, the prophet, went to Ramoth Gilead. 5 When he arrived, he found the army officers sitting together. "I have a message for you, commander," he said.

"For which of us?" asked Jehu.

"For you, commander," he replied.

6 Jehu got up and went into the house. Then the prophet poured the oil on Jehu's head and declared, "This is what the LORD, the God of Israel, says: 'I anoint you king over the LORD's people Israel. 7 You are to destroy the house of Ahab your master, and I will avenge the blood of my servants the prophets and the blood of all the LORD's servants shed by Jezebel. 8 The whole house of Ahab will perish. I will cut off from Ahab every last male in Israel—slave or free. 9 I will make the house of Ahab like the house of Jeroboam son of Nebat and like the house of Baasha son of Ahijah. 10 As for Jezebel, dogs will devour her on the plot of ground at Jezreel, and no one will bury her.' " Then he opened the door and ran.

11 When Jehu went out to his fellow officers, one of them asked him, "Is everything all right? Why did this madman come to you?"

"You know the man and the sort of things he says," Jehu replied.

12 "That's not true!" they said. "Tell us."

Jehu said, "Here is what he told me: 'This is what the LORD says: I anoint you king over Israel.' "

13 They hurried and took their cloaks and spread them under him on the bare steps. Then they blew the trumpet and shouted, "Jehu is king!"

Jehu Kills Joram and Ahaziah

14 So Jehu son of Jehoshaphat, the son of Nimshi, conspired against Joram. (Now Joram and all Israel had been defending Ramoth Gilead against Hazael king of Aram, 15 but King Joram *s* had returned to Jezreel to

r 29 Hebrew *Ramah*, a variant of *Ramoth*   *s* 15 Hebrew *Jehoram*, a variant of *Joram*; also in verses 17 and 21-24

¹⁵pero se había vuelto el rey Joram a Jezreel, para curarse de las heridas que los sirios le habían hecho, peleando contra Hazael rey de Siria.) Y Jehú dijo: Si es vuestra voluntad, ninguno escape de la ciudad, para ir a dar las nuevas en Jezreel.

¹⁶Entonces Jehú cabalgó y fue a Jezreel, porque Joram estaba allí enfermo. También estaba Ocozías rey de Judá, que había descendido a visitar a Joram.

¹⁷Y el atalaya que estaba en la torre de Jezreel vio la tropa de Jehú que venía, y dijo: Veo una tropa. Y Joram dijo: Ordena a un jinete que vaya a reconocerlos, y les diga: ¿Hay paz?

¹⁸Fue, pues, el jinete a reconocerlos, y dijo: El rey dice así: ¿Hay paz? Y Jehú le dijo: ¿Qué tienes tú que ver con la paz? Vuélvete conmigo. El atalaya dio luego aviso, diciendo: El mensajero llegó hasta ellos, y no vuelve.

¹⁹Entonces envió otro jinete, el cual llegando a ellos, dijo: El rey dice así: ¿Hay paz? Y Jehú respondió: ¿Qué tienes tú que ver con la paz? Vuélvete conmigo.

²⁰El atalaya volvió a decir: También éste llegó a ellos y no vuelve; y el marchar del que viene es como el marchar de Jehú hijo de Nimsi, porque viene impetuosamente.

²¹Entonces Joram dijo: Unce el carro. Y cuando estaba uncido su carro, salieron Joram rey de Israel y Ocozías rey de Judá, cada uno en su carro, y salieron a encontrar a Jehú, al cual hallaron en la heredad de Nabot de Jezreel.

²²Cuando vio Joram a Jehú, dijo: ¿Hay paz, Jehú? Y él respondió: ¿Qué paz, con las fornicaciones de Jezabel tu madre, y sus muchas hechicerías?

²³Entonces Joram volvió las riendas y huyó, y dijo a Ocozías: ¡Traición, Ocozías!

²⁴Pero Jehú entesó su arco, e hirió a Joram entre las espaldas; y la saeta salió por su corazón, y él cayó en su carro.

²⁵Dijo luego Jehú a Bidcar su capitán: Tómalo, y échalo a un extremo de la heredad de Nabot de Jezreel. Acuérdate que cuando tú y yo íbamos juntos con la gente de Acab su padre, Jehová pronunció esta sentencia sobre él, diciendo:

²⁶Que yo he visto ayer la sangre de Nabot, y la sangre de sus hijos, dijo Jehová; y te daré la paga en esta heredad, dijo Jehová. Tómalo pues, ahora, y échalo en la heredad de Nabot, conforme a la palabra de Jehová.

Jehú mata a Ocozías

²⁷Viendo esto Ocozías rey de Judá, huyó por el camino de la casa del huerto. Y lo siguió Jehú, diciendo: Herid también a éste en el carro. Y le hirieron a la subida de Gur, junto a Ibleam. Y Ocozías huyó a Meguido, pero murió allí.

²⁸Y sus siervos le llevaron en un carro a Jerusalén, y allá le sepultaron con sus padres, en su sepulcro en la ciudad de David.

²⁹En el undécimo año de Joram hijo de Acab, comenzó a reinar Ocozías sobre Judá.

Muerte de Jezabel

³⁰Vino después Jehú a Jezreel; y cuando Jezabel lo oyó, se pintó los ojos con antimonio, y atavió su cabeza, y se asomó a una ventana.

³¹Y cuando entraba Jehú por la puerta, ella dijo: ¿Sucedió bien a Zimri, que mató a su señor?

recover from the wounds the Arameans had inflicted on him in the battle with Hazael king of Aram.) Jehu said, "If this is the way you feel, don't let anyone slip out of the city to go and tell the news in Jezreel."

¹⁶Then he got into his chariot and rode to Jezreel, because Joram was resting there and Ahaziah king of Judah had gone down to see him.

¹⁷When the lookout standing on the tower in Jezreel saw Jehu's troops approaching, he called out, "I see some troops coming."

"Get a horseman," Joram ordered. "Send him to meet them and ask, 'Do you come in peace?' "

¹⁸The horseman rode off to meet Jehu and said, "This is what the king says: 'Do you come in peace?' "

"What do you have to do with peace?" Jehu replied. "Fall in behind me."

The lookout reported, "The messenger has reached them, but he isn't coming back."

¹⁹So the king sent out a second horseman. When he came to them he said, "This is what the king says: 'Do you come in peace?' "

Jehu replied, "What do you have to do with peace? Fall in behind me."

²⁰The lookout reported, "He has reached them, but he isn't coming back either. The driving is like that of Jehu son of Nimshi—he drives like a madman."

²¹"Hitch up my chariot," Joram ordered. And when it was hitched up, Joram king of Israel and Ahaziah king of Judah rode out, each in his own chariot, to meet Jehu. They met him at the plot of ground that had belonged to Naboth the Jezreelite. ²²When Joram saw Jehu he asked, "Have you come in peace, Jehu?"

"How can there be peace," Jehu replied, "as long as all the idolatry and witchcraft of your mother Jezebel abound?"

²³Joram turned about and fled, calling out to Ahaziah, "Treachery, Ahaziah!"

²⁴Then Jehu drew his bow and shot Joram between the shoulders. The arrow pierced his heart and he slumped down in his chariot. ²⁵Jehu said to Bidkar, his chariot officer, "Pick him up and throw him on the field that belonged to Naboth the Jezreelite. Remember how you and I were riding together in chariots behind Ahab his father when the Lord made this prophecy about him: ²⁶'Yesterday I saw the blood of Naboth and the blood of his sons, declares the Lord, and I will surely make you pay for it on this plot of ground, declares the Lord.' ᵗ Now then, pick him up and throw him on that plot, in accordance with the word of the Lord."

²⁷When Ahaziah king of Judah saw what had happened, he fled up the road to Beth Haggan. ᵘ Jehu chased him, shouting, "Kill him too!" They wounded him in his chariot on the way up to Gur near Ibleam, but he escaped to Megiddo and died there. ²⁸His servants took him by chariot to Jerusalem and buried him with his fathers in his tomb in the City of David. ²⁹(In the eleventh year of Joram son of Ahab, Ahaziah had become king of Judah.)

Jezebel Killed

³⁰Then Jehu went to Jezreel. When Jezebel heard about it, she painted her eyes, arranged her hair and looked out of a window. ³¹As Jehu entered the gate,

---

ᵗ26 See 1 Kings 21:19.   ᵘ27 Or *fled by way of the garden house*

32Alzando él entonces su rostro hacia la ventana, dijo: ¿Quién está conmigo? ¿quién? Y se inclinaron hacia él dos o tres eunucos.

33Y él les dijo: Echadla abajo. Y ellos la echaron; y parte de su sangre salpicó en la pared, y en los caballos; y él la atropelló.

34Entró luego, y después que comió y bebió, dijo: Id ahora a ver a aquella maldita, y sepultadla, pues es hija de rey.

35Pero cuando fueron para sepultarla, no hallaron de ella más que la calavera, y los pies, y las palmas de las manos.

36Y volvieron, y se lo dijeron. Y él dijo: Esta es la palabra de Dios, la cual él habló por medio de su siervo Elías tisbita, diciendo: En la heredad de Jezreel comerán los perros las carnes de Jezabel,

37y el cuerpo de Jezabel será como estiércol sobre la faz de la tierra en la heredad de Jezreel, de manera que nadie pueda decir: Esta es Jezabel.

Jehú extermina la casa de Acab

10 1 Tenía Acab en Samaria setenta hijos; y Jehú escribió cartas y las envió a Samaria a los principales de Jezreel, a los ancianos y a los ayos de Acab, diciendo:

2Inmediatamente que lleguen estas cartas a vosotros los que tenéis a los hijos de vuestro señor, y los que tienen carros y gente de a caballo, la ciudad fortificada, y las armas,

3escoged al mejor y al más recto de los hijos de vuestro señor, y ponedlo en el trono de su padre, y pelead por la casa de vuestro señor.

4Pero ellos tuvieron gran temor, y dijeron: He aquí, dos reyes no pudieron resistirle; ¿cómo le resistiremos nosotros?

5Y el mayordomo, el gobernador de la ciudad, los ancianos y los ayos enviaron a decir a Jehú: Siervos tuyos somos, y haremos todo lo que nos mandes; no elegiremos por rey a ninguno, haz lo que bien te parezca.

6El entonces les escribió la segunda vez, diciendo: Si sois míos, y queréis obedecerme, tomad las cabezas de los hijos varones de vuestro señor, y venid a mí mañana a esta hora, a Jezreel. Y los hijos del rey, setenta varones, estaban con los principales de la ciudad, que los criaban.

7Cuando las cartas llegaron a ellos, tomaron a los hijos del rey, y degollaron a los setenta varones, y pusieron sus cabezas en canastas, y se las enviaron a Jezreel.

8Y vino un mensajero que le dio las nuevas, diciendo: Han traído las cabezas de los hijos del rey. Y él le dijo: Ponedlas en dos montones a la entrada de la puerta hasta la mañana.

9Venida la mañana, salió él, y estando en pie dijo a todo el pueblo: Vosotros sois justos; he aquí yo he conspirado contra mi señor, y le he dado muerte; pero ¿quién ha dado muerte a todos éstos?

10Sabed ahora que de la palabra que Jehová habló sobre la casa de Acab, nada caerá en tierra; y que Jehová ha hecho lo que dijo por su siervo Elías.

11Mató entonces Jehú a todos los que habían quedado de la casa de Acab en Jezreel, a todos sus príncipes, a todos sus familiares, y a sus sacerdotes, hasta que no quedó ninguno.

12Luego se levantó de allí para ir a Samaria; y en el camino llegó a una casa de esquileo de pastores.

---

she asked, "Have you come in peace, Zimri, you murderer of your master?"v

32He looked up at the window and called out, "Who is on my side? Who?" Two or three eunuchs looked down at him. 33"Throw her down!" Jehu said. So they threw her down, and some of her blood spattered the wall and the horses as they trampled her underfoot.

34Jehu went in and ate and drank. "Take care of that cursed woman," he said, "and bury her, for she was a king's daughter." 35But when they went out to bury her, they found nothing except her skull, her feet and her hands. 36They went back and told Jehu, who said, "This is the word of the Lord that he spoke through his servant Elijah the Tishbite: On the plot of ground at Jezreel dogs will devour Jezebel's flesh.w 37Jezebel's body will be like refuse on the ground in the plot at Jezreel, so that no one will be able to say, 'This is Jezebel.' "

Ahab's Family Killed

10 Now there were in Samaria seventy sons of the house of Ahab. So Jehu wrote letters and sent them to Samaria: to the officials of Jezreel,x to the elders and to the guardians of Ahab's children. He said, 2"As soon as this letter reaches you, since your master's sons are with you and you have chariots and horses, a fortified city and weapons, 3choose the best and most worthy of your master's sons and set him on his father's throne. Then fight for your master's house."

4But they were terrified and said, "If two kings could not resist him, how can we?"

5So the palace administrator, the city governor, the elders and the guardians sent this message to Jehu: "We are your servants and we will do anything you say. We will not appoint anyone as king; you do whatever you think best."

6Then Jehu wrote them a second letter, saying, "If you are on my side and will obey me, take the heads of your master's sons and come to me in Jezreel by this time tomorrow."

Now the royal princes, seventy of them, were with the leading men of the city, who were rearing them. 7When the letter arrived, these men took the princes and slaughtered all seventy of them. They put their heads in baskets and sent them to Jehu in Jezreel. 8When the messenger arrived, he told Jehu, "They have brought the heads of the princes."

Then Jehu ordered, "Put them in two piles at the entrance of the city gate until morning."

9The next morning Jehu went out. He stood before all the people and said, "You are innocent. It was I who conspired against my master and killed him, but who killed all these? 10Know then, that not a word the Lord has spoken against the house of Ahab will fail. The Lord has done what he promised through his servant Elijah." 11So Jehu killed everyone in Jezreel who remained of the house of Ahab, as well as all his chief men, his close friends and his priests, leaving him no survivor.

12Jehu then set out and went toward Samaria. At Beth Eked of the Shepherds, 13he met some relatives

---

v31 Or "Did Zimri have peace, who murdered his master?"
w36 See 1 Kings 21:23.   x1 Hebrew; some Septuagint manuscripts and Vulgate of the city

13 Y halló allí a los hermanos de Ocozías rey de Judá, y les dijo: ¿Quiénes sois vosotros? Y ellos dijeron: Somos hermanos de Ocozías, y hemos venido a saludar a los hijos del rey, y a los hijos de la reina.

14 Entonces él dijo: Prendedlos vivos. Y después que los tomaron vivos, los degollaron junto al pozo de la casa de esquileo, cuarenta y dos varones, sin dejar ninguno de ellos.

15 Yéndose luego de allí, se encontró con Jonadab hijo de Recab; y después que lo hubo saludado, le dijo: ¿Es recto tu corazón, como el mío es recto con el tuyo? Y Jonadab dijo: Lo es. Pues que lo es, dame la mano. Y él le dio la mano. Luego lo hizo subir consigo en el carro, 16 y le dijo: Ven conmigo, y verás mi celo por Jehová. Lo pusieron, pues, en su carro.

17 Y luego que Jehú hubo llegado a Samaria, mató a todos los que habían quedado de Acab en Samaria, hasta exterminarlos, conforme a la palabra de Jehová, que había hablado por Elías.

of Ahaziah king of Judah and asked, "Who are you?"

They said, "We are relatives of Ahaziah, and we have come down to greet the families of the king and of the queen mother."

14 "Take them alive!" he ordered. So they took them alive and slaughtered them by the well of Beth Eked— forty-two men. He left no survivor.

15 After he left there, he came upon Jehonadab son of Recab, who was on his way to meet him. Jehu greeted him and said, "Are you in accord with me, as I am with you?"

"I am," Jehonadab answered.

"If so," said Jehu, "give me your hand." So he did, and Jehu helped him up into the chariot. 16 Jehu said, "Come with me and see my zeal for the LORD." Then he had him ride along in his chariot.

17 When Jehu came to Samaria, he killed all who were left there of Ahab's family; he destroyed them, according to the word of the LORD spoken to Elijah.

Jehú extermina el culto de Baal

18 Después reunió Jehú a todo el pueblo, y les dijo: Acab sirvió poco a Baal, mas Jehú lo servirá mucho.

19 Llamadme, pues, luego a todos los profetas de Baal, a todos sus siervos y a todos sus sacerdotes; que no falte uno, porque tengo un gran sacrificio para Baal; cualquiera que faltare no vivirá. Esto hacía Jehú con astucia, para exterminar a los que honraban a Baal.

20 Y dijo Jehú: Santificad un día solemne a Baal. Y ellos convocaron.

21 Y envió Jehú por todo Israel, y vinieron todos los siervos de Baal, de tal manera que no hubo ninguno que no viniese. Y entraron en el templo de Baal, y el templo de Baal se llenó de extremo a extremo.

22 Entonces dijo al que tenía el cargo de las vestiduras: Saca vestiduras para todos los siervos de Baal. Y él les sacó vestiduras.

23 Y entró Jehú con Jonadab hijo de Recab en el templo de Baal, y dijo a los siervos de Baal: Mirad y ved que no haya aquí entre vosotros alguno de los siervos de Jehová, sino sólo los siervos de Baal.

24 Y cuando ellos entraron para hacer sacrificios y holocaustos, Jehú puso fuera a ochenta hombres, y les dijo: Cualquiera que dejare vivo a alguno de aquellos hombres que yo he puesto en vuestras manos, su vida será por la del otro.

25 Y después que acabaron ellos de hacer el holocausto, Jehú dijo a los de su guardia y a los capitanes: Entrad, y matadlos; que no escape ninguno. Y los mataron a espada, y los dejaron tendidos los de la guardia y los capitanes. Y fueron hasta el lugar santo del templo de Baal,

26 y sacaron las estatuas del templo de Baal, y las quemaron.

27 Y quebraron la estatua de Baal, y derribaron el templo de Baal, y lo convirtieron en letrinas hasta hoy.

28 Así exterminó Jehú a Baal de Israel.

29 Con todo eso, Jehú no se apartó de los pecados de Jeroboam hijo de Nabat, que hizo pecar a Israel; y dejó en pie los becerros de oro que estaban en Bet-el y en Dan.

30 Y Jehová dijo a Jehú: Por cuanto has hecho bien ejecutando lo recto delante de mis ojos, e hiciste a la casa de Acab conforme a todo lo que estaba en mi corazón, tus hijos se sentarán sobre el trono de Israel hasta la cuarta generación.

31 Mas Jehú no cuidó de andar en la ley de Jehová Dios de Israel con todo su corazón, ni se apartó de los pecados de Jeroboam, el que había hecho pecar a Israel.

Ministers of Baal Killed

18 Then Jehu brought all the people together and said to them, "Ahab served Baal a little; Jehu will serve him much. 19 Now summon all the prophets of Baal, all his ministers and all his priests. See that no one is missing, because I am going to hold a great sacrifice for Baal. Anyone who fails to come will no longer live." But Jehu was acting deceptively in order to destroy the ministers of Baal.

20 Jehu said, "Call an assembly in honor of Baal." So they proclaimed it. 21 Then he sent word throughout Israel, and all the ministers of Baal came; not one stayed away. They crowded into the temple of Baal until it was full from one end to the other. 22 And Jehu said to the keeper of the wardrobe, "Bring robes for all the ministers of Baal." So he brought out robes for them.

23 Then Jehu and Jehonadab son of Recab went into the temple of Baal. Jehu said to the ministers of Baal, "Look around and see that no servants of the LORD are here with you—only ministers of Baal." 24 So they went in to make sacrifices and burnt offerings. Now Jehu had posted eighty men outside with this warning: "If one of you lets any of the men I am placing in your hands escape, it will be your life for his life."

25 As soon as Jehu had finished making the burnt offering, he ordered the guards and officers: "Go in and kill them; let no one escape." So they cut them down with the sword. The guards and officers threw the bodies out and then entered the inner shrine of the temple of Baal. 26 They brought the sacred stone out of the temple of Baal and burned it. 27 They demolished the sacred stone of Baal and tore down the temple of Baal, and people have used it for a latrine to this day. 28 So Jehu destroyed Baal worship in Israel. 29 However, he did not turn away from the sins of Jeroboam son of Nebat, which he had caused Israel to commit— the worship of the golden calves at Bethel and Dan.

30 The LORD said to Jehu, "Because you have done well in accomplishing what is right in my eyes and have done to the house of Ahab all I had in mind to do, your descendants will sit on the throne of Israel to the fourth generation." 31 Yet Jehu was not careful to keep the law of the LORD, the God of Israel, with all his heart. He did not turn away from the sins of Jeroboam, which he had caused Israel to commit.

32En aquellos días comenzó Jehová a cercenar el territo-rio de Israel; y los derrotó Hazael por todas las fronteras, 33desde el Jordán al nacimiento del sol, toda la tierra de Galaad, de Gad, de Rubén y de Manasés, desde Aroer que está junto al arroyo de Arnón, hasta Galaad y Basán. 34Los demás hechos de Jehú, y todo lo que hizo, y toda su valentía, ¿no está escrito en el libro de las crónicas de los reyes de Israel? 35Y durmió Jehú con sus padres, y lo sepultaron en Sama-ria; y reinó en su lugar Joacaz su hijo. 36El tiempo que reinó Jehú sobre Israel en Samaria fue de veintiocho años.

Atalía usurpa el trono

11 1 Cuando Atalía madre de Ocozías vio que su hijo era muerto, se levantó y destruyó toda la descen-dencia real. 2Pero Josaba hija del rey Joram, hermana de Ocozías, tomó a Joás hijo de Ocozías y lo sacó furtivamente de entre los hijos del rey a quienes estaban matando, y lo ocultó de Atalía, el y a su ama, en la cámara de dormir, y en esta forma no lo mataron. 3Y estuvo con ella escondido en la casa de Jehová seis años; y Atalía fue reina sobre el país.

4Mas al séptimo año envió Joiada y tomó jefes de cente-nas, capitanes, y gente de la guardia, y los metió consigo en la casa de Jehová, e hizo con ellos alianza, juramentán-dolos en la casa de Jehová; y les mostró el hijo del rey. 5Y les mandó diciendo: Esto es lo que habéis de hacer: la tercera parte de vosotros tendrá la guardia de la casa del rey el día de reposo.* 6Otra tercera parte estará a la puerta de Shur, y la otra tercera parte a la puerta del postigo de la guardia; así guardaréis la casa, para que no sea allanada. 7Mas las dos partes de vosotros que salen el día de repo-so* tendréis la guardia de la casa de Jehová junto al rey. 8Y estaréis alrededor del rey por todos lados, teniendo cada uno sus armas en las manos; y cualquiera que entrare en las filas, sea muerto. Y estaréis con el rey cuando salga, y cuando entre.

9Los jefes de centenas, pues, hicieron todo como el sacerdote Joiada les mandó; y tomando cada uno a los suyos, esto es, los que entraban el día de reposo* y los que salían el día de reposo,* vinieron al sacerdote Joiada. 10Y el sacerdote dio a los jefes de centenas las lanzas y los escudos que habían sido del rey David, que estaban en la casa de Jehová. 11Y los de la guardia se pusieron en fila, teniendo cada uno sus armas en sus manos, desde el lado derecho de la casa hasta el lado izquierdo, junto al altar y el templo, en derredor del rey. 12Sacando luego Joiada al hijo del rey le puso la corona y el testimonio, y le hicieron rey ungiéndole; y batiendo las manos dijeron: ¡Viva el rey! 13Oyendo Atalía el estruendo del pueblo que corría, entró al pueblo en el templo de Jehová. 14Y cuando miró, he aquí que el rey estaba junto a la columna, conforme a la costumbre, y los príncipes y los trompeteros junto al rey; y todo el pueblo del país se regocijaba, y tocaban las trompetas. Entonces Atalía, ras-gando sus vestidos, clamó a voz en cuello: ¡Traición, trai-ción!

32In those days the LORD began to reduce the size of Israel. Hazael overpowered the Israelites throughout their territory 33east of the Jordan in all the land of Gilead (the region of Gad, Reuben and Manasseh), from Aroer by the Arnon Gorge through Gilead to Bashan.

34As for the other events of Jehu's reign, all he did, and all his achievements, are they not written in the book of the annals of the kings of Israel? 35Jehu rested with his fathers and was buried in Samaria. And Jehoahaz his son succeeded him as king. 36The time that Jehu reigned over Israel in Samaria was twenty-eight years.

Athaliah and Joash

11 When Athaliah the mother of Ahaziah saw that her son was dead, she proceeded to destroy the whole royal family. 2But Jehosheba, the daughter of King Jehoramy and sister of Ahaziah, took Joash son of Ahaziah and stole him away from among the royal princes, who were about to be murdered. She put him and his nurse in a bedroom to hide him from Athaliah; so he was not killed. 3He remained hidden with his nurse at the temple of the LORD for six years while Athaliah ruled the land.

4In the seventh year Jehoiada sent for the command-ers of units of a hundred, the Carites and the guards and had them brought to him at the temple of the LORD. He made a covenant with them and put them under oath at the temple of the LORD. Then he showed them the king's son. 5He commanded them, saying, "This is what you are to do: You who are in the three companies that are going on duty on the Sabbath—a third of you guarding the royal palace, 6a third at the Sur Gate, and a third at the gate behind the guard, who take turns guarding the temple— 7and you who are in the other two companies that normally go off Sabbath duty are all to guard the temple for the king. 8Station yourselves around the king, each man with his weaponz in his hand. Anyone who approaches your ranksz must be put to death. Stay close to the king wherever he goes."

9The commanders of units of a hundred did just as Jehoiada the priest ordered. Each one took his men— those who were going on duty on the Sabbath and those who were going off duty—and came to Jehoiada the priest. 10Then he gave the commanders the spears and shields that had belonged to King David and that were in the temple of the LORD. 11The guards, each with his weapon in his hand, stationed themselves around the king—near the altar and the temple, from the south side to the north side of the temple.

12Jehoiada brought out the king's son and put the crown on him; he presented him with a copy of the covenant and proclaimed him king. They anointed him, and the people clapped their hands and shouted, "Long live the king!"

13When Athaliah heard the noise made by the guards and the people, she went to the people at the temple of the LORD. 14She looked and there was the king, standing by the pillar, as the custom was. The officers and the trumpeters were beside the king, and all the people of the land were rejoicing and blowing trumpets. Then Athaliah tore her robes and called out, "Treason! Treason!"

---

*Aquí equivale a *sábado*

y2 Hebrew *Joram,* a variant of *Jehoram*   z8 Or *approaches the precincts*

15 Mas el sacerdote Joiada mandó a los jefes de centenas que gobernaban el ejército, y les dijo: Sacadla fuera del recinto del templo, y al que la siguiere, matadlo a espada. (Porque el sacerdote dijo que no la matasen en el templo de Jehová.)

16 Le abrieron, pues, paso; y en el camino por donde entran los de a caballo a la casa del rey, allí la mataron.

17 Entonces Joiada hizo pacto entre Jehová y el rey y el pueblo, que serían pueblo de Jehová; y asimismo entre el rey y el pueblo.

18 Y todo el pueblo de la tierra entró en el templo de Baal, y lo derribaron; asimismo despedazaron enteramente sus altares y sus imágenes, y mataron a Matán sacerdote de Baal delante de los altares. Y el sacerdote puso guarnición sobre la casa de Jehová.

19 Después tomó a los jefes de centenas, los capitanes, la guardia y todo el pueblo de la tierra, y llevaron al rey desde la casa de Jehová, y vinieron por el camino de la puerta de la guardia a la casa del rey; y se sentó el rey en el trono de los reyes.

20 Y todo el pueblo de la tierra se regocijó, y la ciudad estuvo en reposo, habiendo sido Atalía muerta a espada junto a la casa del rey.

21 Era Joás de siete años cuando comenzó a reinar.

Reinado de Joás de Judá

12 1 En el séptimo año de Jehú comenzó a reinar Joás, y reinó cuarenta años en Jerusalén. El nombre de su madre fue Sibia, de Beerseba.

2 Y Joás hizo lo recto ante los ojos de Jehová todo el tiempo que le dirigió el sacerdote Joiada.

3 Con todo eso, los lugares altos no se quitaron, porque el pueblo aún sacrificaba y quemaba incienso en los lugares altos.

4 Y Joás dijo a los sacerdotes: Todo el dinero consagrado que se suele traer a la casa de Jehová, el dinero del rescate de cada persona según está estipulado, y todo el dinero que cada uno de su propia voluntad trae a la casa de Jehová,

5 recíbanlo los sacerdotes, cada uno de mano de sus familiares, y reparen los portillos del templo dondequiera que se hallen grietas.

6 Pero en el año veintitrés del rey Joás aún no habían reparado los sacerdotes las grietas del templo.

7 Llamó entonces el rey Joás al sumo sacerdote Joiada y a los sacerdotes, y les dijo: ¿Por qué no reparáis las grietas del templo? Ahora, pues, no toméis más el dinero de vuestros familiares, sino dadlo para reparar las grietas del templo.

8 Y los sacerdotes consintieron en no tomar más dinero del pueblo, ni tener el cargo de reparar las grietas del templo.

9 Mas el sumo sacerdote Joiada tomó un arca e hizo en la tapa un agujero, y la puso junto al altar, a la mano derecha así que se entra en el templo de Jehová; y los sacerdotes que guardaban la puerta ponían allí todo el dinero que se traía a la casa de Jehová.

10 Y cuando veían que había mucho dinero en el arca, venía el secretario del rey y el sumo sacerdote, y contaban el dinero que hallaban en el templo de Jehová, y lo guardaban.

11 Y daban el dinero suficiente a los que hacían la obra, y a los que tenían a su cargo la casa de Jehová; y ellos lo gastaban en pagar a los carpinteros y maestros que reparaban la casa de Jehová,

15 Jehoiada the priest ordered the commanders of units of a hundred, who were in charge of the troops: "Bring her out between the ranks[a] and put to the sword anyone who follows her." For the priest had said, "She must not be put to death in the temple of the LORD." 16 So they seized her as she reached the place where the horses enter the palace grounds, and there she was put to death.

17 Jehoiada then made a covenant between the LORD and the king and people that they would be the LORD's people. He also made a covenant between the king and the people. 18 All the people of the land went to the temple of Baal and tore it down. They smashed the altars and idols to pieces and killed Mattan the priest of Baal in front of the altars.

Then Jehoiada the priest posted guards at the temple of the LORD. 19 He took with him the commanders of hundreds, the Carites, the guards and all the people of the land, and together they brought the king down from the temple of the LORD and went into the palace, entering by way of the gate of the guards. The king then took his place on the royal throne, 20 and all the people of the land rejoiced. And the city was quiet, because Athaliah had been slain with the sword at the palace.

21 Joash[b] was seven years old when he began to reign.

Joash Repairs the Temple

12 In the seventh year of Jehu, Joash[c] became king, and he reigned in Jerusalem forty years. His mother's name was Zibiah; she was from Beersheba. 2 Joash did what was right in the eyes of the LORD all the years Jehoiada the priest instructed him. 3 The high places, however, were not removed; the people continued to offer sacrifices and burn incense there.

4 Joash said to the priests, "Collect all the money that is brought as sacred offerings to the temple of the LORD—the money collected in the census, the money received from personal vows and the money brought voluntarily to the temple. 5 Let every priest receive the money from one of the treasurers, and let it be used to repair whatever damage is found in the temple."

6 But by the twenty-third year of King Joash the priests still had not repaired the temple. 7 Therefore King Joash summoned Jehoiada the priest and the other priests and asked them, "Why aren't you repairing the damage done to the temple? Take no more money from your treasurers, but hand it over for repairing the temple." 8 The priests agreed that they would not collect any more money from the people and that they would not repair the temple themselves.

9 Jehoiada the priest took a chest and bored a hole in its lid. He placed it beside the altar, on the right side as one enters the temple of the LORD. The priests who guarded the entrance put into the chest all the money that was brought to the temple of the LORD. 10 Whenever they saw that there was a large amount of money in the chest, the royal secretary and the high priest came, counted the money that had been brought into the temple of the LORD and put it into bags. 11 When the amount had been determined, they gave the money to the men appointed to supervise the work on the temple. With it they paid those who worked on the temple of the LORD—the carpenters and builders,

---

a 15 Or *out from the precincts*   b 21 Hebrew *Jehoash*, a variant of *Joash*   c 1 Hebrew *Jehoash*, a variant of *Joash*; also in verses 2, 4, 6, 7 and 18

12 y a los albañiles y canteros; y en comprar la madera y piedra de cantería para reparar las grietas de la casa de Jehová, y en todo lo que se gastaba en la casa para repararla.

13 Mas de aquel dinero que se traía a la casa de Jehová, no se hacían tazas de plata, ni despabiladeras, ni jofainas, ni trompetas; ni ningún otro utensilio de oro ni de plata se hacía para el templo de Jehová;

14 porque lo daban a los que hacían la obra, y con él reparaban la casa de Jehová.

15 Y no se tomaba cuenta a los hombres en cuyas manos el dinero era entregado, para que ellos lo diesen a los que hacían la obra; porque lo hacían ellos fielmente.

16 El dinero por el pecado, y el dinero por la culpa, no se llevaba a la casa de Jehová; porque era de los sacerdotes.

17 Entonces subió Hazael rey de Siria, y peleó contra Gat, y la tomó. Y se propuso Hazael subir contra Jerusalén;

18 por lo cual tomó Joás rey de Judá todas las ofrendas que habían dedicado Josafat y Joram y Ocozías sus padres, reyes de Judá, y las que él había dedicado, y todo el oro que se halló en los tesoros de la casa de Jehová y en la casa del rey, y lo envió a Hazael rey de Siria; y él se retiró de Jerusalén.

19 Los demás hechos de Joás, y todo lo que hizo, ¿no está escrito en el libro de las crónicas de los reyes de Judá?

20 Y se levantaron sus siervos, y conspiraron en conjuración y mataron a Joás en la casa de Milo, cuando descendía él a Sila;

21 pues Josacar hijo de Simeat y Jozabad hijo de Somer, sus siervos, le hirieron, y murió. Y lo sepultaron con sus padres en la ciudad de David, y reinó en su lugar Amasías su hijo.

Reinado de Joacaz

13 ¹ En el año veintitrés de Joás hijo de Ocozías, rey de Judá, comenzó a reinar Joacaz hijo de Jehú sobre Israel en Samaria; y reinó diecisiete años.

2 E hizo lo malo ante los ojos de Jehová, y siguió en los pecados de Jeroboam hijo de Nabat, el que hizo pecar a Israel; y no se apartó de ellos.

3 Y se encendió el furor de Jehová contra Israel, y los entregó en mano de Hazael rey de Siria, y en mano de Ben-adad hijo de Hazael, por largo tiempo.

4 Mas Joacaz oró en presencia de Jehová, y Jehová lo oyó; porque miró la aflicción de Israel, pues el rey de Siria los afligía.

5 (Y dio Jehová salvador a Israel, y salieron del poder de los sirios; y habitaron los hijos de Israel en sus tiendas, como antes.

6 Con todo eso, no se apartaron de los pecados de la casa de Jeroboam, el que hizo pecar a Israel; en ellos anduvieron; y también la imagen de Asera permaneció en Samaria.)

7 Porque no le había quedado gente a Joacaz, sino cincuenta hombres de a caballo, diez carros, y diez mil hombres de a pie; pues el rey de Siria los había destruido, y los había puesto como el polvo para hollar.

8 El resto de los hechos de Joacaz, y todo lo que hizo, y sus valentías, ¿no está escrito en el libro de las crónicas de los reyes de Israel?

9 Y durmió Joacaz con sus padres, y lo sepultaron en Samaria, y reinó en su lugar Joás su hijo.

Reinado de Joás de Israel

10 El año treinta y siete de Joás rey de Judá, comenzó a reinar Joás hijo de Joacaz sobre Israel en Samaria; y reinó dieciséis años.

12 the masons and stonecutters. They purchased timber and dressed stone for the repair of the temple of the LORD, and met all the other expenses of restoring the temple.

13 The money brought into the temple was not spent for making silver basins, wick trimmers, sprinkling bowls, trumpets or any other articles of gold or silver for the temple of the LORD; 14 it was paid to the workmen, who used it to repair the temple. 15 They did not require an accounting from those to whom they gave the money to pay the workers, because they acted with complete honesty. 16 The money from the guilt offerings and sin offerings was not brought into the temple of the LORD; it belonged to the priests.

17 About this time Hazael king of Aram went up and attacked Gath and captured it. Then he turned to attack Jerusalem. 18 But Joash king of Judah took all the sacred objects dedicated by his fathers — Jehoshaphat, Jehoram and Ahaziah, the kings of Judah — and the gifts he himself had dedicated and all the gold found in the treasuries of the temple of the LORD and of the royal palace, and he sent them to Hazael king of Aram, who then withdrew from Jerusalem.

19 As for the other events of the reign of Joash, and all he did, are they not written in the book of the annals of the kings of Judah? 20 His officials conspired against him and assassinated him at Beth Millo, on the road down to Silla. 21 The officials who murdered him were Jozabad son of Shimeath and Jehozabad son of Shomer. He died and was buried with his fathers in the City of David. And Amaziah his son succeeded him as king.

Jehoahaz King of Israel

13 In the twenty-third year of Joash son of Ahaziah king of Judah, Jehoahaz son of Jehu became king of Israel in Samaria, and he reigned seventeen years. 2 He did evil in the eyes of the LORD by following the sins of Jeroboam son of Nebat, which he had caused Israel to commit, and he did not turn away from them. 3 So the LORD's anger burned against Israel, and for a long time he kept them under the power of Hazael king of Aram and Ben-Hadad his son.

4 Then Jehoahaz sought the LORD's favor, and the LORD listened to him, for he saw how severely the king of Aram was oppressing Israel. 5 The LORD provided a deliverer for Israel, and they escaped from the power of Aram. So the Israelites lived in their own homes as they had before. 6 But they did not turn away from the sins of the house of Jeroboam, which he had caused Israel to commit; they continued in them. Also, the Asherah pole ᵈ remained standing in Samaria.

7 Nothing had been left of the army of Jehoahaz except fifty horsemen, ten chariots and ten thousand foot soldiers, for the king of Aram had destroyed the rest and made them like the dust at threshing time.

8 As for the other events of the reign of Jehoahaz, all he did and his achievements, are they not written in the book of the annals of the kings of Israel? 9 Jehoahaz rested with his fathers and was buried in Samaria. And Jehoash ᵉ his son succeeded him as king.

Jehoash King of Israel

10 In the thirty-seventh year of Joash king of Judah, Jehoash son of Jehoahaz became king of Israel in Samaria, and he reigned sixteen years. 11 He did evil in

ᵈ6 That is, a symbol of the goddess Asherah; here and elsewhere in 2 Kings ᵉ9 Hebrew *Joash,* a variant of *Jehoash;* also in verses 12-14 and 25

11 E hizo lo malo ante los ojos de Jehová; no se apartó de todos los pecados de Jeroboam hijo de Nabat, el que hizo pecar a Israel; en ellos anduvo.

12 Los demás hechos de Joás, y todo lo que hizo, y el esfuerzo con que guerreó contra Amasías rey de Judá, ¿no está escrito en el libro de las crónicas de los reyes de Israel? 13 Y durmió Joás con sus padres, y se sentó Jeroboam sobre su trono; y Joás fue sepultado en Samaria con los reyes de Israel.

Profecía final y muerte de Eliseo

14 Estaba Eliseo enfermo de la enfermedad de que murió. Y descendió a él Joás rey de Israel, y llorando delante de él, dijo: ¡Padre mío, padre mío, carro de Israel y su gente de a caballo!

15 Y le dijo Eliseo: Toma un arco y unas saetas. Tomó él entonces un arco y unas saetas.

16 Luego dijo Eliseo al rey de Israel: Pon tu mano sobre el arco. Y puso él su mano sobre el arco. Entonces puso Eliseo sus manos sobre las manos del rey,

17 y dijo: Abre la ventana que da al oriente. Y cuando él la abrió, dijo Eliseo: Tira. Y tirando él, dijo Eliseo: Saeta de salvación de Jehová, y saeta de salvación contra Siria; porque herirás a los sirios en Afec hasta consumirlos.

18 Y le volvió a decir: Toma las saetas. Y luego que el rey de Israel las hubo tomado, le dijo: Golpea la tierra. Y él la golpeó tres veces, y se detuvo.

19 Entonces el varón de Dios, enojado contra él, le dijo: Al dar cinco o seis golpes, hubieras derrotado a Siria hasta no quedar ninguno; pero ahora sólo tres veces derrotarás a Siria.

20 Y murió Eliseo, y lo sepultaron. Entrado el año, vinieron bandas armadas de moabitas a la tierra.

21 Y aconteció que al sepultar unos a un hombre, súbitamente vieron una banda armada, y arrojaron el cadáver en el sepulcro de Eliseo; y cuando llegó a tocar el muerto los huesos de Eliseo, revivió, y se levantó sobre sus pies.

22 Hazael, pues, rey de Siria, afligió a Israel todo el tiempo de Joacaz.

23 Mas Jehová tuvo misericordia de ellos, y se compadeció de ellos y los miró, a causa de su pacto con Abraham, Isaac y Jacob; y no quiso destruirlos ni echarlos de delante de su presencia hasta hoy.

24 Y murió Hazael rey de Siria, y reinó en su lugar Ben-adad su hijo.

25 Y volvió Joás hijo de Joacaz y tomó de mano de Ben-adad hijo de Hazael las ciudades que éste había tomado en guerra de mano de Joacaz su padre. Tres veces lo derrotó Joás, y restituyó las ciudades a Israel.

Reinado de Amasías

14 1 En el año segundo de Joás hijo de Joacaz rey de Israel, comenzó a reinar Amasías hijo de Joás rey de Judá.

2 Cuando comenzó a reinar era de veinticinco años, y veintinueve años reinó en Jerusalén; el nombre de su madre fue Joadán, de Jerusalén.

3 Y él hizo lo recto ante los ojos de Jehová, aunque no como David su padre; hizo conforme a todas las cosas que había hecho Joás su padre.

4 Con todo eso, los lugares altos no fueron quitados, porque el pueblo aún sacrificaba y quemaba incienso en esos lugares altos.

5 Y cuando hubo afirmado en sus manos el reino, mató a los siervos que habían dado muerte al rey su padre.

6 Pero no mató a los hijos de los que le dieron muerte,

the eyes of the LORD and did not turn away from any of the sins of Jeroboam son of Nebat, which he had caused Israel to commit; he continued in them.

12 As for the other events of the reign of Jehoash, all he did and his achievements, including his war against Amaziah king of Judah, are they not written in the book of the annals of the kings of Israel? 13 Jehoash rested with his fathers, and Jeroboam succeeded him on the throne. Jehoash was buried in Samaria with the kings of Israel.

14 Now Elisha was suffering from the illness from which he died. Jehoash king of Israel went down to see him and wept over him. "My father! My father!" he cried. "The chariots and horsemen of Israel!"

15 Elisha said, "Get a bow and some arrows," and he did so. 16 "Take the bow in your hands," he said to the king of Israel. When he had taken it, Elisha put his hands on the king's hands.

17 "Open the east window," he said, and he opened it. "Shoot!" Elisha said, and he shot. "The LORD's arrow of victory, the arrow of victory over Aram!" Elisha declared. "You will completely destroy the Arameans at Aphek."

18 Then he said, "Take the arrows," and the king took them. Elisha told him, "Strike the ground." He struck it three times and stopped. 19 The man of God was angry with him and said, "You should have struck the ground five or six times; then you would have defeated Aram and completely destroyed it. But now you will defeat it only three times."

20 Elisha died and was buried.

Now Moabite raiders used to enter the country every spring. 21 Once while some Israelites were burying a man, suddenly they saw a band of raiders; so they threw the man's body into Elisha's tomb. When the body touched Elisha's bones, the man came to life and stood up on his feet.

22 Hazael king of Aram oppressed Israel throughout the reign of Jehoahaz. 23 But the LORD was gracious to them and had compassion and showed concern for them because of his covenant with Abraham, Isaac and Jacob. To this day he has been unwilling to destroy them or banish them from his presence.

24 Hazael king of Aram died, and Ben-Hadad his son succeeded him as king. 25 Then Jehoash son of Jehoahaz recaptured from Ben-Hadad of Hazael the towns he had taken in battle from his father Jehoahaz. Three times Jehoash defeated him, and so he recovered the Israelite towns.

Amaziah King of Judah

14 In the second year of Jehoash*f* son of Jehoahaz king of Israel, Amaziah son of Joash king of Judah began to reign. 2 He was twenty-five years old when he became king, and he reigned in Jerusalem twenty-nine years. His mother's name was Jehoaddin; she was from Jerusalem. 3 He did what was right in the eyes of the LORD, but not as his father David had done. In everything he followed the example of his father Joash. 4 The high places, however, were not removed; the people continued to offer sacrifices and burn incense there.

5 After the kingdom was firmly in his grasp, he executed the officials who had murdered his father the king. 6 Yet he did not put the sons of the assassins to

f Hebrew *Joash,* a variant of *Jehoash*; also in verses 13, 23 and 27

conforme a lo que está escrito en el libro de la ley de Moisés, donde Jehová mandó diciendo: No matarán a los padres por los hijos, ni a los hijos por los padres, sino que cada uno morirá por su propio pecado.

7 Este mató asimismo a diez mil edomitas en el Valle de la Sal, y tomó a Sela en batalla, y la llamó Jocteel, hasta hoy.

8 Entonces Amasías envió mensajeros a Joás hijo de Joacaz, hijo de Jehú, rey de Israel, diciendo: Ven, para que nos veamos las caras.

9 Y Joás rey de Israel envió a Amasías rey de Judá esta respuesta: El cardo que está en el Líbano envió a decir al cedro que está en el Líbano: Da tu hija por mujer a mi hijo. Y pasaron las fieras que están en el Líbano, y hollaron el cardo.

10 Ciertamente has derrotado a Edom, y tu corazón se ha envanecido; gloríate pues, mas quédate en tu casa. ¿Para qué te metes en un mal, para que caigas tú y Judá contigo?

11 Pero Amasías no escuchó; por lo cual subió Joás rey de Israel, y se vieron las caras él y Amasías rey de Judá, en Bet-semes, que es de Judá.

12 Y Judá cayó delante de Israel, y huyeron, cada uno a su tienda.

13 Además Joás rey de Israel tomó a Amasías rey de Judá, hijo de Joás hijo de Ocozías, en Bet-semes; y vino a Jerusalén, y rompió el muro de Jerusalén desde la puerta de Efraín hasta la puerta de la esquina, cuatrocientos codos.

14 Y tomó todo el oro, y la plata, y todos los utensilios que fueron hallados en la casa de Jehová, y en los tesoros de la casa del rey, y a los hijos tomó en rehenes, y volvió a Samaria.

15 Los demás hechos que ejecutó Joás, y sus hazañas, y cómo peleó contra Amasías rey de Judá, ¿no está escrito en el libro de las crónicas de los reyes de Israel?

16 Y durmió Joás con sus padres, y fue sepultado en Samaria con los reyes de Israel; y reinó en su lugar Jeroboam su hijo.

17 Y Amasías hijo de Joás, rey de Judá, vivió después de la muerte de Joás hijo de Joacaz, rey de Israel, quince años.

18 Los demás hechos de Amasías, ¿no están escritos en el libro de las crónicas de los reyes de Judá?

19 Conspiraron contra él en Jerusalén, y él huyó a Laquis; pero le persiguieron hasta Laquis, y allá lo mataron.

20 Lo trajeron luego sobre caballos, y lo sepultaron en Jerusalén con sus padres, en la ciudad de David.

21 Entonces todo el pueblo de Judá tomó a Azarías, que era de dieciséis años, y lo hicieron rey en lugar de Amasías su padre.

22 Reedificó él a Elat, y la restituyó a Judá, después que el rey durmió con sus padres.

Reinado de Jeroboam II

23 El año quince de Amasías hijo de Joás rey de Judá, comenzó a reinar Jeroboam hijo de Joás sobre Israel en Samaria; y reinó cuarenta y un años.

24 E hizo lo malo ante los ojos de Jehová, y no se apartó de todos los pecados de Jeroboam hijo de Nabat, el que hizo pecar a Israel.

death, in accordance with what is written in the Book of the Law of Moses where the LORD commanded: "Fathers shall not be put to death for their children, nor children put to death for their fathers; each is to die for his own sins." g

7 He was the one who defeated ten thousand Edomites in the Valley of Salt and captured Sela in battle, calling it Joktheel, the name it has to this day.

8 Then Amaziah sent messengers to Jehoash son of Jehoahaz, the son of Jehu, king of Israel, with the challenge: "Come, meet me face to face."

9 But Jehoash king of Israel replied to Amaziah king of Judah: "A thistle in Lebanon sent a message to a cedar in Lebanon, 'Give your daughter to my son in marriage.' Then a wild beast in Lebanon came along and trampled the thistle underfoot. 10 You have indeed defeated Edom and now you are arrogant. Glory in your victory, but stay at home! Why ask for trouble and cause your own downfall and that of Judah also?"

11 Amaziah, however, would not listen, so Jehoash king of Israel attacked. He and Amaziah king of Judah faced each other at Beth Shemesh in Judah. 12 Judah was routed by Israel, and every man fled to his home. 13 Jehoash king of Israel captured Amaziah king of Judah, the son of Joash, the son of Ahaziah, at Beth Shemesh. Then Jehoash went to Jerusalem and broke down the wall of Jerusalem from the Ephraim Gate to the Corner Gate—a section about six hundred feet long. h 14 He took all the gold and silver and all the articles found in the temple of the LORD and in the treasuries of the royal palace. He also took hostages and returned to Samaria.

15 As for the other events of the reign of Jehoash, what he did and his achievements, including his war against Amaziah king of Judah, are they not written in the book of the annals of the kings of Israel? 16 Jehoash rested with his fathers and was buried in Samaria with the kings of Israel. And Jeroboam his son succeeded him as king.

17 Amaziah son of Joash king of Judah lived for fifteen years after the death of Jehoash son of Jehoahaz king of Israel. 18 As for the other events of Amaziah's reign, are they not written in the book of the annals of the kings of Judah?

19 They conspired against him in Jerusalem, and he fled to Lachish, but they sent men after him to Lachish and killed him there. 20 He was brought back by horse and was buried in Jerusalem with his fathers, in the City of David.

21 Then all the people of Judah took Azariah, i who was sixteen years old, and made him king in place of his father Amaziah. 22 He was the one who rebuilt Elath and restored it to Judah after Amaziah rested with his fathers.

Jeroboam II King of Israel

23 In the fifteenth year of Amaziah son of Joash king of Judah, Jeroboam son of Jehoash king of Israel became king in Samaria, and he reigned forty-one years. 24 He did evil in the eyes of the LORD and did not turn away from any of the sins of Jeroboam son of Nebat, which he had caused Israel to commit. 25 He was the

---

g6 Deut. 24:16　h13 Hebrew *four hundred cubits* (about 180 meters)　i21 Also called *Uzziah*

25 El restauró los límites de Israel desde la entrada de Hamat hasta el mar del Arabá, conforme a la palabra de Jehová Dios de Israel, la cual él había hablado por su siervo Jonás hijo de Amitai, profeta fue de Gat-hefer.

26 Porque Jehová miró la muy amarga aflicción de Israel; que no había siervo ni libre, ni quien diese ayuda a Israel; 27 y Jehová no había determinado raer el nombre de Israel de debajo del cielo; por tanto, los salvó por mano de Jeroboam hijo de Joás.

28 Los demás hechos de Jeroboam, y todo lo que hizo, y su valentía, y todas las guerras que hizo, y cómo restituyó al dominio de Israel a Damasco y Hamat, que habían pertenecido a Judá, ¿no está escrito en el libro de las crónicas de los reyes de Israel?

29 Y durmió Jeroboam con sus padres, los reyes de Israel, y reinó en su lugar Zacarías su hijo.

Reinado de Azarías

15 1 En el año veintisiete de Jeroboam rey de Israel, comenzó a reinar Azarías hijo de Amasías, rey de Judá.

2 Cuando comenzó a reinar era de dieciséis años, y cincuenta y dos años reinó en Jerusalén; el nombre de su madre fue Jecolías, de Jerusalén.

3 E hizo lo recto ante los ojos de Jehová, conforme a todas las cosas que su padre Amasías había hecho.

4 Con todo eso, los lugares altos no se quitaron, porque el pueblo sacrificaba aún y quemaba incienso en los lugares altos.

5 Mas Jehová hirió al rey con lepra, y estuvo leproso hasta el día de su muerte, y habitó en casa separada, y Jotam hijo del rey tenía el cargo del palacio, gobernando al pueblo.

6 Los demás hechos de Azarías, y todo lo que hizo, ¿no está escrito en el libro de las crónicas de los reyes de Judá?

7 Y durmió Azarías con sus padres, y lo sepultaron con ellos en la ciudad de David, y reinó en su lugar Jotam su hijo.

Reinado de Zacarías

8 En el año treinta y ocho de Azarías rey de Judá, reinó Zacarías hijo de Jeroboam sobre Israel seis meses.

9 E hizo lo malo ante los ojos de Jehová, como habían hecho sus padres; no se apartó de los pecados de Jeroboam hijo de Nabat, el que hizo pecar a Israel.

10 Contra él conspiró Salum hijo de Jabes, y lo hirió en presencia de su pueblo, y lo mató, y reinó en su lugar.

11 Los demás hechos de Zacarías, he aquí que están escritos en el libro de las crónicas de los reyes de Israel.

12 Y esta fue la palabra de Jehová que había hablado a Jehú, diciendo: Tus hijos hasta la cuarta generación se sentarán en el trono de Israel. Y fue así.

Reinado de Salum

13 Salum hijo de Jabes comenzó a reinar en el año treinta y nueve de Uzías rey de Judá, y reinó un mes en Samaria; 14 porque Manahem hijo de Gadi subió de Tirsa y vino a Samaria, e hirió a Salum hijo de Jabes en Samaria y lo mató, y reinó en su lugar.

---

one who restored the boundaries of Israel from Lebo / Hamath to the Sea of the Arabah, k in accordance with the word of the LORD, the God of Israel, spoken through his servant Jonah son of Amittai, the prophet from Gath Hepher.

26 The LORD had seen how bitterly everyone in Israel, whether slave or free, was suffering; there was no one to help them. 27 And since the LORD had not said he would blot out the name of Israel from under heaven, he saved them by the hand of Jeroboam son of Jehoash.

28 As for the other events of Jeroboam's reign, all he did, and his military achievements, including how he recovered for Israel both Damascus and Hamath, which had belonged to Yaudi, l are they not written in the book of the annals of the kings of Israel? 29 Jeroboam rested with his fathers, the kings of Israel. And Zechariah his son succeeded him as king.

Azariah King of Judah

15 In the twenty-seventh year of Jeroboam king of Israel, Azariah son of Amaziah king of Judah began to reign. 2 He was sixteen years old when he became king, and he reigned in Jerusalem fifty-two years. His mother's name was Jecoliah; she was from Jerusalem. 3 He did what was right in the eyes of the LORD, just as his father Amaziah had done. 4 The high places, however, were not removed; the people continued to offer sacrifices and burn incense there.

5 The LORD afflicted the king with leprosy m until the day he died, and he lived in a separate house. n Jotham the king's son had charge of the palace and governed the people of the land.

6 As for the other events of Azariah's reign, and all he did, are they not written in the book of the annals of the kings of Judah? 7 Azariah rested with his fathers and was buried near them in the City of David. And Jotham his son succeeded him as king.

Zechariah King of Israel

8 In the thirty-eighth year of Azariah king of Judah, Zechariah son of Jeroboam became king of Israel in Samaria, and he reigned six months. 9 He did evil in the eyes of the LORD, as his fathers had done. He did not turn away from the sins of Jeroboam son of Nebat, which he had caused Israel to commit.

10 Shallum son of Jabesh conspired against Zechariah. He attacked him in front of the people, o assassinated him and succeeded him as king. 11 The other events of Zechariah's reign are written in the book of the annals of the kings of Israel. 12 So the word of the LORD spoken to Jehu was fulfilled: "Your descendants will sit on the throne of Israel to the fourth generation." p

Shallum King of Israel

13 Shallum son of Jabesh became king in the thirty-ninth year of Uzziah king of Judah, and he reigned in Samaria one month. 14 Then Menahem son of Gadi went from Tirzah up to Samaria. He attacked Shallum son of Jabesh in Samaria, assassinated him and succeeded him as king.

---

l25 Or *from the entrance to*   k25 That is, the Dead Sea   l28 Or *Judah*   m5 The Hebrew word was used for various diseases affecting the skin—not necessarily leprosy.   n5 Or *in a house where he was relieved of responsibility*   o10 Hebrew; some Septuagint manuscripts *in Ibleam*   p12 2 Kings 10:30

15Los demás hechos de Salum, y la conspiración que tramó, he aquí que están escritos en el libro de las crónicas de los reyes de Israel.

16Entonces Manahem saqueó a Tifsa, y a todos los que estaban en ella, y también sus alrededores desde Tirsa; la saqueó porque no le habían abierto las puertas, y abrió el vientre a todas sus mujeres que estaban encintas.

Reinado de Manahem

17En el año treinta y nueve de Azarías rey de Judá, reinó Manahem hijo de Gadi sobre Israel diez años, en Samaria. 18E hizo lo malo ante los ojos de Jehová; en todo su tiempo no se apartó de los pecados de Jeroboam hijo de Nabat, el que hizo pecar a Israel.

19Y vino Pul rey de Asiria a atacar la tierra; y Manahem dio a Pul mil talentos de plata para que le ayudara a confirmarse en el reino.

20E impuso Manahem este dinero sobre Israel, sobre todos los poderosos y opulentos; de cada uno cincuenta siclos de plata, para dar al rey de Asiria; y el rey de Asiria se volvió, y no se detuvo allí en el país.

21Los demás hechos de Manahem, y todo lo que hizo, ¿no está escrito en el libro de las crónicas de los reyes de Israel?

22Y durmió Manahem con sus padres, y reinó en su lugar Pekaía su hijo.

Reinado de Pekaía

23En el año cincuenta de Azarías rey de Judá, reinó Pekaía hijo de Manahem sobre Israel en Samaria, dos años. 24E hizo lo malo ante los ojos de Jehová; no se apartó de los pecados de Jeroboam hijo de Nabat, el que hizo pecar a Israel.

25Y conspiró contra él Peka hijo de Remalías, capitán suyo, y lo hirió en Samaria, en el palacio de la casa real, en compañía de Argob y de Arie, y de cincuenta hombres de los hijos de los galaaditas; y lo mató, y reinó en su lugar.

26Los demás hechos de Pekaía, y todo lo que hizo, he aquí que está escrito en el libro de las crónicas de los reyes de Israel.

Reinado de Peka

27En el año cincuenta y dos de Azarías rey de Judá, reinó Peka hijo de Remalías sobre Israel en Samaria; y reinó veinte años.

28E hizo lo malo ante los ojos de Jehová; no se apartó de los pecados de Jeroboam hijo de Nabat, el que hizo pecar a Israel.

29En los días de Peka rey de Israel, vino Tiglat-pileser rey de los asirios, y tomó a Ijón, Abel-bet-maaca, Janoa, Cedes, Hazor, Galaad, Galilea, y toda la tierra de Neftalí; y los llevó cautivos a Asiria.

30Y Oseas hijo de Ela conspiró contra Peka hijo de Remalías, y lo hirió y lo mató, y reinó en su lugar, a los veinte años de Jotam hijo de Uzías.

31Los demás hechos de Peka, y todo lo que hizo, he aquí que está escrito en el libro de las crónicas de los reyes de Israel.

15The other events of Shallum's reign, and the conspiracy he led, are written in the book of the annals of the kings of Israel.

16At that time Menahem, starting out from Tirzah, attacked Tiphsah and everyone in the city and its vicinity, because they refused to open their gates. He sacked Tiphsah and ripped open all the pregnant women.

Menahem King of Israel

17In the thirty-ninth year of Azariah king of Judah, Menahem son of Gadi became king of Israel, and he reigned in Samaria ten years. 18He did evil in the eyes of the LORD. During his entire reign he did not turn away from the sins of Jeroboam son of Nebat, which he had caused Israel to commit.

19Then Pul*q* king of Assyria invaded the land, and Menahem gave him a thousand talents*r* of silver to gain his support and strengthen his own hold on the kingdom. 20Menahem exacted this money from Israel. Every wealthy man had to contribute fifty shekels*s* of silver to be given to the king of Assyria. So the king of Assyria withdrew and stayed in the land no longer.

21As for the other events of Menahem's reign, and all he did, are they not written in the book of the annals of the kings of Israel? 22Menahem rested with his fathers. And Pekahiah his son succeeded him as king.

Pekahiah King of Israel

23In the fiftieth year of Azariah king of Judah, Pekahiah son of Menahem became king of Israel in Samaria, and he reigned two years. 24Pekahiah did evil in the eyes of the LORD. He did not turn away from the sins of Jeroboam son of Nebat, which he had caused Israel to commit. 25One of his chief officers, Pekah son of Remaliah, conspired against him. Taking fifty men of Gilead with him, he assassinated Pekahiah, along with Argob and Arieh, in the citadel of the royal palace at Samaria. So Pekah killed Pekahiah and succeeded him as king.

26The other events of Pekahiah's reign, and all he did, are written in the book of the annals of the kings of Israel.

Pekah King of Israel

27In the fifty-second year of Azariah king of Judah, Pekah son of Remaliah became king of Israel in Samaria, and he reigned twenty years. 28He did evil in the eyes of the LORD. He did not turn away from the sins of Jeroboam son of Nebat, which he had caused Israel to commit.

29In the time of Pekah king of Israel, Tiglath-Pileser king of Assyria came and took Ijon, Abel Beth Maacah, Janoah, Kedesh and Hazor. He took Gilead and Galilee, including all the land of Naphtali, and deported the people to Assyria. 30Then Hoshea son of Elah conspired against Pekah son of Remaliah. He attacked and assassinated him, and then succeeded him as king in the twentieth year of Jotham son of Uzziah.

31As for the other events of Pekah's reign, and all he did, are they not written in the book of the annals of the kings of Israel?

---

q19 Also called *Tiglath-Pileser*   *r19* That is, about 37 tons (about 34 metric tons)   *s20* That is, about 1 1/4 pounds (about 0.6 kilogram)

Reinado de Jotam

32 En el segundo año de Peka hijo de Remalías rey de Israel, comenzó a reinar Jotam hijo de Uzías rey de Judá. 33 Cuando comenzó a reinar era de veinticinco años, y reinó dieciséis años en Jerusalén. El nombre de su madre fue Jerusa hija de Sadoc. 34 Y él hizo lo recto ante los ojos de Jehová; hizo conforme a todas las cosas que había hecho su padre Uzías. 35 Con todo eso, los lugares altos no fueron quitados, porque el pueblo sacrificaba aún, y quemaba incienso en los lugares altos. Edificó él la puerta más alta de la casa de Jehová. 36 Los demás hechos de Jotam, y todo lo que hizo, ¿no está escrito en el libro de las crónicas de los reyes de Judá? 37 En aquel tiempo comenzó Jehová a enviar contra Judá a Rezín rey de Siria, y a Peka hijo de Remalías. 38 Y durmió Jotam con sus padres, y fue sepultado con ellos en la ciudad de David su padre, y reinó en su lugar Acaz su hijo.

Reinado de Acaz

16 1 En el año diecisiete de Peka hijo de Remalías, comenzó a reinar Acaz hijo de Jotam rey de Judá. 2 Cuando comenzó a reinar Acaz era de veinte años, y reinó en Jerusalén dieciséis años; y no hizo lo recto ante los ojos de Jehová su Dios, como David su padre. 3 Antes anduvo en el camino de los reyes de Israel, y aun hizo pasar por fuego a su hijo, según las prácticas abominables de las naciones que Jehová echó de delante de los hijos de Israel. 4 Asimismo sacrificó y quemó incienso en los lugares altos, y sobre los collados, y debajo de todo árbol frondoso. 5 Entonces Rezín rey de Siria y Peka hijo de Remalías, rey de Israel, subieron a Jerusalén para hacer guerra y sitiar a Acaz; mas no pudieron tomarla. 6 En aquel tiempo el rey de Edom recobró Elat para Edom, y echó de Elat a los hombres de Judá; y los de Edom vinieron a Elat y habitaron allí hasta hoy. 7 Entonces Acaz envió embajadores a Tiglat-pileser rey de Asiria, diciendo: Yo soy tu siervo y tu hijo; sube, y defiéndeme de mano del rey de Siria, y de mano del rey de Israel, que se han levantado contra mí. 8 Y tomando Acaz la plata y el oro que se halló en la casa de Jehová, y en los tesoros de la casa real, envió al rey de Asiria un presente. 9 Y le atendió el rey de Asiria; pues subió el rey de Asiria contra Damasco, y la tomó, y llevó cautivos a los moradores a Kir, y mató a Rezín. 10 Después fue el rey Acaz a encontrar a Tiglat-pileser rey de Asiria en Damasco; y cuando vio el rey Acaz el altar que estaba en Damasco, envió al sacerdote Urías el diseño y la descripción del altar, conforme a toda su hechura. 11 Y el sacerdote Urías edificó el altar; conforme a todo lo que el rey Acaz había enviado de Damasco, así lo hizo el sacerdote Urías, entre tanto que el rey Acaz venía de Damasco. 12 Y luego que el rey vino de Damasco, y vio el altar, se acercó el rey a él, y ofreció sacrificios en él; 13 y encendió su holocausto y su ofrenda, y derramó sus libaciones, y esparció la sangre de sus sacrificios de paz junto al altar. 14 E hizo acercar el altar de bronce que estaba delante de Jehová, en la parte delantera de la casa, entre el altar y el templo de Jehová, y lo puso al lado del altar hacia el norte.

Jotham King of Judah

32 In the second year of Pekah son of Remaliah king of Israel, Jotham son of Uzziah king of Judah began to reign. 33 He was twenty-five years old when he became king, and he reigned in Jerusalem sixteen years. His mother's name was Jerusha daughter of Zadok. 34 He did what was right in the eyes of the LORD, just as his father Uzziah had done. 35 The high places, however, were not removed; the people continued to offer sacrifices and burn incense there. Jotham rebuilt the Upper Gate of the temple of the LORD.

36 As for the other events of Jotham's reign, and what he did, are they not written in the book of the annals of the kings of Judah? 37 (In those days the LORD began to send Rezin king of Aram and Pekah son of Remaliah against Judah.) 38 Jotham rested with his fathers and was buried with them in the City of David, the city of his father. And Ahaz his son succeeded him as king.

Ahaz King of Judah

16 In the seventeenth year of Pekah son of Remaliah, Ahaz son of Jotham king of Judah began to reign. 2 Ahaz was twenty years old when he became king, and he reigned in Jerusalem sixteen years. Unlike David his father, he did not do what was right in the eyes of the LORD his God. 3 He walked in the ways of the kings of Israel and even sacrificed his son in *t* the fire, following the detestable ways of the nations the LORD had driven out before the Israelites. 4 He offered sacrifices and burned incense at the high places, on the hilltops and under every spreading tree.

5 Then Rezin king of Aram and Pekah son of Remaliah king of Israel marched up to fight against Jerusalem and besieged Ahaz, but they could not overpower him. 6 At that time, Rezin king of Aram recovered Elath for Aram by driving out the men of Judah. Edomites then moved into Elath and have lived there to this day.

7 Ahaz sent messengers to say to Tiglath-Pileser king of Assyria, "I am your servant and vassal. Come up and save me out of the hand of the king of Aram and of the king of Israel, who are attacking me." 8 And Ahaz took the silver and gold found in the temple of the LORD and in the treasuries of the royal palace and sent it as a gift to the king of Assyria. 9 The king of Assyria complied by attacking Damascus and capturing it. He deported its inhabitants to Kir and put Rezin to death.

10 Then King Ahaz went to Damascus to meet Tiglath-Pileser king of Assyria. He saw an altar in Damascus and sent to Uriah the priest a sketch of the altar, with detailed plans for its construction. 11 So Uriah the priest built an altar in accordance with all the plans that King Ahaz had sent from Damascus and finished it before King Ahaz returned. 12 When the king came back from Damascus and saw the altar, he approached it and presented offerings *u* on it. 13 He offered up his burnt offering and grain offering, poured out his drink offering, and sprinkled the blood of his fellowship offerings *v* on the altar. 14 The bronze altar that stood before the LORD he brought from the front of the temple—from between the new altar and the temple of the LORD—and put it on the north side of the new altar.

---

t 3 Or even made his son pass through   u 12 Or and went up
v 13 Traditionally peace offerings

15 Y mandó el rey Acaz al sacerdote Urías, diciendo: En el gran altar encenderás el holocausto de la mañana y la ofrenda de la tarde, y el holocausto del rey y su ofrenda, y asimismo el holocausto de todo el pueblo de la tierra y su ofrenda y sus libaciones; y esparcirás sobre él toda la sangre del holocausto, y toda la sangre del sacrificio. El altar de bronce será mío para consultar en él.
16 E hizo el sacerdote Urías conforme a todas las cosas que el rey Acaz le mandó.
17 Y cortó el rey Acaz los tableros de las basas, y les quitó las fuentes; y quitó también el mar de sobre los bueyes de bronce que estaban debajo de él, y lo puso sobre el suelo de piedra.
18 Asimismo el pórtico para los días de reposo, * que habían edificado en la casa, y el pasadizo de afuera, el del rey, los quitó del templo de Jehová, por causa del rey de Asiria.
19 Los demás hechos que puso por obra Acaz, ¿no están todos escritos en el libro de las crónicas de los reyes de Judá?
20 Y durmió el rey Acaz con sus padres, y fue sepultado con ellos en la ciudad de David, y reinó en su lugar su hijo Ezequías.

Caída de Samaria y cautiverio de Israel

17 1 En el año duodécimo de Acaz rey de Judá, comenzó a reinar Oseas hijo de Ela en Samaria sobre Israel; y reinó nueve años.
2 E hizo lo malo ante los ojos de Jehová, aunque no como los reyes de Israel que habían sido antes de él.
3 Contra éste subió Salmanasar rey de los asirios; y Oseas fue hecho su siervo, y le pagaba tributo.
4 Mas el rey de Asiria descubrió que Oseas conspiraba; porque había enviado embajadores a So, rey de Egipto, y no pagaba tributo al rey de Asiria, como lo hacía cada año; por lo que el rey de Asiria le detuvo, y le aprisionó en la casa de la cárcel.
5 Y el rey de Asiria invadió todo el país, y sitió a Samaria, y estuvo sobre ella tres años.
6 En el año nueve de Oseas, el rey de Asiria tomó Samaria, y llevó a Israel cautivo a Asiria, y los puso en Halah, en Habor junto al río Gozán, y en las ciudades de los medos.
7 Porque los hijos de Israel pecaron contra Jehová su Dios, que los sacó de tierra de Egipto, de bajo la mano de Faraón rey de Egipto, y temieron a dioses ajenos,
8 y anduvieron en los estatutos de las naciones que Jehová había lanzado de delante de los hijos de Israel, y en los estatutos que hicieron los reyes de Israel.
9 Y los hijos de Israel hicieron secretamente cosas no rectas contra Jehová su Dios, edificándose lugares altos en todas sus ciudades, desde las torres de las atalayas hasta las ciudades fortificadas,
10 y levantaron estatuas e imágenes de Asera en todo collado alto, y debajo de todo árbol frondoso,
11 y quemaron allí incienso en todos los lugares altos, a la manera de las naciones que Jehová había traspuesto de delante de ellos, e hicieron cosas muy malas para provocar a ira a Jehová.
12 Y servían a los ídolos, de los cuales Jehová les había dicho: Vosotros no habéis de hacer esto.

15 King Ahaz then gave these orders to Uriah the priest: "On the large new altar, offer the morning burnt offering and the evening grain offering, the king's burnt offering and his grain offering, and the burnt offering of all the people of the land, and their grain offering and their drink offering. Sprinkle on the altar all the blood of the burnt offerings and sacrifices. But I will use the bronze altar for seeking guidance." 16 And Uriah the priest did just as King Ahaz had ordered.
17 King Ahaz took away the side panels and removed the basins from the movable stands. He removed the Sea from the bronze bulls that supported it and set it on a stone base. 18 He took away the Sabbath canopy w that had been built at the temple and removed the royal entryway outside the temple of the LORD, in deference to the king of Assyria.
19 As for the other events of the reign of Ahaz, and what he did, are they not written in the book of the annals of the kings of Judah? 20 Ahaz rested with his fathers and was buried with them in the City of David. And Hezekiah his son succeeded him as king.

Hoshea Last King of Israel

17 In the twelfth year of Ahaz king of Judah, Hoshea son of Elah became king of Israel in Samaria, and he reigned nine years. 2 He did evil in the eyes of the LORD, but not like the kings of Israel who preceded him.
3 Shalmaneser king of Assyria came up to attack Hoshea, who had been Shalmaneser's vassal and had paid him tribute. 4 But the king of Assyria discovered that Hoshea was a traitor, for he had sent envoys to So x king of Egypt, and he no longer paid tribute to the king of Assyria, as he had done year by year. Therefore Shalmaneser seized him and put him in prison. 5 The king of Assyria invaded the entire land, marched against Samaria and laid siege to it for three years. 6 In the ninth year of Hoshea, the king of Assyria captured Samaria and deported the Israelites to Assyria. He settled them in Halah, in Gozan on the Habor River and in the towns of the Medes.

Israel Exiled Because of Sin

7 All this took place because the Israelites had sinned against the LORD their God, who had brought them up out of Egypt from under the power of Pharaoh king of Egypt. They worshiped other gods 8 and followed the practices of the nations the LORD had driven out before them, as well as the practices that the kings of Israel had introduced. 9 The Israelites secretly did things against the LORD their God that were not right. From watchtower to fortified city they built themselves high places in all their towns. 10 They set up sacred stones and Asherah poles on every high hill and under every spreading tree. 11 At every high place they burned incense, as the nations whom the LORD had driven out before them had done. They did wicked things that provoked the LORD to anger. 12 They worshiped idols, though the LORD had said, "You shall not do this." y

---

*Aquí equivale a *sábado*

w 18 Or *the dais of his throne* (see Septuagint)   x 4 Or *to Sais, to the; So* is possibly an abbreviation for *Osorkon.*   y 12 Exodus 20:4, 5

13 Jehová amonestó entonces a Israel y a Judá por medio de todos los profetas y de todos los videntes, diciendo: Volveos de vuestros malos caminos, y guardad mis mandamientos y mis ordenanzas, conforme a todas las leyes que yo prescribí a vuestros padres, y que os he enviado por medio de mis siervos los profetas.

14 Mas ellos no obedecieron, antes endurecieron su cerviz, como la cerviz de sus padres, los cuales no creyeron en Jehová su Dios.

15 Y desecharon sus estatutos, y el pacto que él había hecho con sus padres, y los testimonios que él había prescrito a ellos; y siguieron la vanidad, y se hicieron vanos, y fueron en pos de las naciones que estaban alrededor de ellos, de las cuales Jehová les había mandado que no hiciesen a la manera de ellas.

16 Dejaron todos los mandamientos de Jehová su Dios, y se hicieron imágenes fundidas de dos becerros, y también imágenes de Asera, y adoraron a todo el ejército de los cielos, y sirvieron a Baal;

17 e hicieron pasar a sus hijos y a sus hijas por fuego; y se dieron a adivinaciones y agüeros, y se entregaron a hacer lo malo ante los ojos de Jehová, provocándole a ira.

18 Jehová, por tanto, se airó en gran manera contra Israel, y los quitó de delante de su rostro; y no quedó sino sólo la tribu de Judá.

19 Mas ni aun Judá guardó los mandamientos de Jehová su Dios, sino que anduvieron en los estatutos de Israel, los cuales habían ellos hecho.

20 Y desechó Jehová a toda la descendencia de Israel, y los afligió, los entregó en manos de saqueadores, hasta echarlos de su presencia.

21 Porque separó a Israel de la casa de David, y ellos hicieron rey a Jeroboam hijo de Nabat; y Jeroboam apartó a Israel de en pos de Jehová, y les hizo cometer gran pecado.

22 Y los hijos de Israel anduvieron en todos los pecados de Jeroboam que él hizo, sin apartarse de ellos,

23 hasta que Jehová quitó a Israel de delante de su rostro, como él lo había dicho por medio de todos los profetas sus siervos; e Israel fue llevado cautivo de su tierra a Asiria, hasta hoy.

Asiria puebla de nuevo a Samaria

24 Y trajo el rey de Asiria gente de Babilonia, de Cuta, de Ava, de Hamat y de Sefarvaim, y los puso en las ciudades de Samaria, en lugar de los hijos de Israel; y poseyeron a Samaria, y habitaron en sus ciudades.

25 Y aconteció al principio, cuando comenzaron a habitar allí, que no temiendo ellos a Jehová, envió Jehová contra ellos leones que los mataban.

26 Dijeron, pues, al rey de Asiria: Las gentes que tú trasladaste y pusiste en las ciudades de Samaria, no conocen la ley del Dios de aquella tierra, y él ha echado leones en medio de ellos, y he aquí que los leones los matan, porque no conocen la ley del Dios de la tierra.

27 Y el rey de Asiria mandó, diciendo: Llevad allí a alguno de los sacerdotes que trajisteis de allá, y vaya y habite allí, y les enseñe la ley del Dios del país.

28 Y vino uno de los sacerdotes que habían llevado cautivo de Samaria, y habitó en Bet-el, y les enseñó cómo habían de temer a Jehová.

29 Pero cada nación se hizo sus dioses, y los pusieron en los templos de los lugares altos que habían hecho los de Samaria; cada nación en su ciudad donde habitaba.

30 Los de Babilonia hicieron a Sucotbenot, los de Cuta hicieron a Nergal, y los de Hamat hicieron a Asima.

13 The LORD warned Israel and Judah through all his prophets and seers: "Turn from your evil ways. Observe my commands and decrees, in accordance with the entire Law that I commanded your fathers to obey and that I delivered to you through my servants the prophets."

14 But they would not listen and were as stiff-necked as their fathers, who did not trust in the LORD their God. 15 They rejected his decrees and the covenant he had made with their fathers and the warnings he had given them. They followed worthless idols and themselves became worthless. They imitated the nations around them although the LORD had ordered them, "Do not do as they do," and they did the things the LORD had forbidden them to do.

16 They forsook all the commands of the LORD their God and made for themselves two idols cast in the shape of calves, and an Asherah pole. They bowed down to all the starry hosts, and they worshiped Baal. 17 They sacrificed their sons and daughters in z the fire. They practiced divination and sorcery and sold themselves to do evil in the eyes of the LORD, provoking him to anger.

18 So the LORD was very angry with Israel and removed them from his presence. Only the tribe of Judah was left, 19 and even Judah did not keep the commands of the LORD their God. They followed the practices Israel had introduced. 20 Therefore the LORD rejected all the people of Israel; he afflicted them and gave them into the hands of plunderers, until he thrust them from his presence.

21 When he tore Israel away from the house of David, they made Jeroboam son of Nebat their king. Jeroboam enticed Israel away from following the LORD and caused them to commit a great sin. 22 The Israelites persisted in all the sins of Jeroboam and did not turn away from them 23 until the LORD removed them from his presence, as he had warned through all his servants the prophets. So the people of Israel were taken from their homeland into exile in Assyria, and they are still there.

Samaria Resettled

24 The king of Assyria brought people from Babylon, Cuthah, Avva, Hamath and Sepharvaim and settled them in the towns of Samaria to replace the Israelites. They took over Samaria and lived in its towns. 25 When they first lived there, they did not worship the LORD; so he sent lions among them and they killed some of the people. 26 It was reported to the king of Assyria: "The people you deported and resettled in the towns of Samaria do not know what the god of that country requires. He has sent lions among them, which are killing them off, because the people do not know what he requires."

27 Then the king of Assyria gave this order: "Have one of the priests you took captive from Samaria go back to live there and teach the people what the god of the land requires." 28 So one of the priests who had been exiled from Samaria came to live in Bethel and taught them how to worship the LORD.

29 Nevertheless, each national group made its own gods in the several towns where they settled, and set them up in the shrines the people of Samaria had made at the high places. 30 The men from Babylon made Succoth Benoth, the men from Cuthah made Nergal,

z 17 Or They made their sons and daughters pass through

31 Los aveos hicieron a Nibhaz y a Tartac, y los de Sefarvaim quemaban sus hijos en el fuego para adorar a Adramelec y a Anamelec, dioses de Sefarvaim.
32 Temían a Jehová, e hicieron del bajo pueblo sacerdotes de los lugares altos, que sacrificaban para ellos en los templos de los lugares altos.
33 Temían a Jehová, y honraban a sus dioses, según la costumbre de las naciones de donde habían sido trasladados.
34 Hasta hoy hacen como antes: ni temen a Jehová, ni guardan sus estatutos ni sus ordenanzas, ni hacen según la ley y los mandamientos que prescribió Jehová a los hijos de Jacob, al cual puso el nombre de Israel;
35 con los cuales Jehová había hecho pacto, y les mandó diciendo: No temeréis a otros dioses, ni los adoraréis, ni les serviréis, ni les haréis sacrificios.
36 Mas a Jehová, que os sacó de tierra de Egipto con grande poder y brazo extendido, a éste temeréis, y a éste adoraréis, y a éste haréis sacrificio.
37 Los estatutos y derechos y ley y mandamientos que os dio por escrito, cuidaréis siempre de ponerlos por obra, y no temeréis a dioses ajenos.
38 No olvidaréis el pacto que hice con vosotros, ni temeréis a dioses ajenos;
39 mas temed a Jehová vuestro Dios, y él os librará de mano de todos vuestros enemigos.
40 Pero ellos no escucharon; antes hicieron según su costumbre antigua.
41 Así temieron a Jehová aquellas gentes, y al mismo tiempo sirvieron a sus ídolos; y también sus hijos y sus nietos, según como hicieron sus padres, así hacen hasta hoy.

Reinado de Ezequías

18 1 En el tercer año de Oseas hijo de Ela, rey de Israel, comenzó a reinar Ezequías hijo de Acaz rey de Judá.
2 Cuando comenzó a reinar era de veinticinco años, y reinó en Jerusalén veintinueve años. El nombre de su madre fue Abi hija de Zacarías.
3 Hizo lo recto ante los ojos de Jehová, conforme a todas las cosas que había hecho David su padre.
4 El quitó los lugares altos, y quebró las imágenes, y cortó los símbolos de Asera, e hizo pedazos la serpiente de bronce que había hecho Moisés, porque hasta entonces le quemaban incienso los hijos de Israel; y la llamó Nehustán. a
5 En Jehová Dios de Israel puso su esperanza; ni después ni antes de él hubo otro como él entre todos los reyes de Judá.
6 Porque siguió a Jehová, y no se apartó de él, sino que guardó los mandamientos que Jehová prescribió a Moisés.
7 Y Jehová estaba con él; y adondequiera que salía, prosperaba. El se rebeló contra el rey de Asiria, y no le sirvió.
8 Hirió también a los filisteos hasta Gaza y sus fronteras, desde las torres de las atalayas hasta la ciudad fortificada.

Caída de Samaria

9 En el cuarto año del rey Ezequías, que era el año séptimo de Oseas hijo de Ela, rey de Israel, subió Salmanasar rey de los asirios contra Samaria, y la sitió,
10 y la tomaron al cabo de tres años. En el año sexto de Ezequías, el cual era el año noveno de Oseas rey de Israel, fue tomada Samaria.

and the men from Hamath made Ashima; 31 the Avvites made Nibhaz and Tartak, and the Sepharvites burned their children in the fire as sacrifices to Adrammelech and Anammelech, the gods of Sepharvaim. 32 They worshiped the LORD, but they also appointed all sorts of their own people to officiate for them as priests in the shrines at the high places. 33 They worshiped the LORD, but they also served their own gods in accordance with the customs of the nations from which they had been brought.

34 To this day they persist in their former practices. They neither worship the LORD nor adhere to the decrees and ordinances, the laws and commands that the LORD gave the descendants of Jacob, whom he named Israel. 35 When the LORD made a covenant with the Israelites, he commanded them: "Do not worship any other gods or bow down to them, serve them or sacrifice to them. 36 But the LORD, who brought you up out of Egypt with mighty power and outstretched arm, is the one you must worship. To him you shall bow down and to him offer sacrifices. 37 You must always be careful to keep the decrees and ordinances, the laws and commands he wrote for you. Do not worship other gods. 38 Do not forget the covenant I have made with you, and do not worship other gods. 39 Rather, worship the LORD your God; it is he who will deliver you from the hand of all your enemies."

40 They would not listen, however, but persisted in their former practices. 41 Even while these people were worshiping the LORD, they were serving their idols. To this day their children and grandchildren continue to do as their fathers did.

Hezekiah King of Judah

18 In the third year of Hoshea son of Elah king of Israel, Hezekiah son of Ahaz king of Judah began to reign. 2 He was twenty-five years old when he became king, and he reigned in Jerusalem twenty-nine years. His mother's name was Abijah a daughter of Zechariah. 3 He did what was right in the eyes of the LORD, just as his father David had done. 4 He removed the high places, smashed the sacred stones and cut down the Asherah poles. He broke into pieces the bronze snake Moses had made, for up to that time the Israelites had been burning incense to it. (It was called b Nehushtan. c)

5 Hezekiah trusted in the LORD, the God of Israel. There was no one like him among all the kings of Judah, either before him or after him. 6 He held fast to the LORD and did not cease to follow him; he kept the commands the LORD had given Moses. 7 And the LORD was with him; he was successful in whatever he undertook. He rebelled against the king of Assyria and did not serve him. 8 From watchtower to fortified city, he defeated the Philistines, as far as Gaza and its territory.

9 In King Hezekiah's fourth year, which was the seventh year of Hoshea son of Elah king of Israel, Shalmaneser king of Assyria marched against Samaria and laid siege to it. 10 At the end of three years the Assyrians took it. So Samaria was captured in Hezekiah's sixth year, which was the ninth year of Hoshea king of Israel. 11 The king of Assyria deported Israel to

---

a Esto es, *Cosa de bronce*.

a2 Hebrew *Abi,* a variant of *Abijah*   b4 Or *He called it*
c4 *Nehushtan* sounds like the Hebrew for *bronze* and *snake* and *unclean thing.*

11 Y el rey de Asiria llevó cautivo a Israel a Asiria, y los puso en Halah, en Habor junto al río Gozán, y en las ciudades de los medos;

12 por cuanto no habían atendido a la voz de Jehová su Dios, sino que habían quebrantado su pacto; y todas las cosas que Moisés siervo de Jehová había mandado, no las habían escuchado, ni puesto por obra.

Senaquerib invade a Judá

13 A los catorce años del rey Ezequías, subió Senaquerib rey de Asiria contra todas las ciudades fortificadas de Judá, y las tomó.

14 Entonces Ezequías rey de Judá envió a decir al rey de Asiria que estaba en Laquis: Yo he pecado; apártate de mí, y haré todo lo que me impongas. Y el rey de Asiria impuso a Ezequías rey de Judá trescientos talentos de plata, y treinta talentos de oro.

15 Dio, por tanto, Ezequías toda la plata que fue hallada en la casa de Jehová, y en los tesoros de la casa real.

16 Entonces Ezequías quitó el oro de las puertas del templo de Jehová y de los quiciales que el mismo rey Ezequías había cubierto de oro, y lo dio al rey de Asiria.

17 Después el rey de Asiria envió contra el rey Ezequías al Tartán, al Rabsaris y al Rabsaces, con un gran ejército, desde Laquis contra Jerusalén, y subieron y vinieron a Jerusalén. Y habiendo subido, vinieron y acamparon junto al acueducto del estanque de arriba, en el camino de la heredad del Lavador.

18 Llamaron luego al rey, y salió a ellos Eliaquim hijo de Hilcías, mayordomo, y Sebna escriba, y Joa hijo de Asaf, canciller.

19 Y les dijo el Rabsaces: Decid ahora a Ezequías: Así dice el gran rey de Asiria: ¿Qué confianza es esta en que te apoyas?

20 Dices (pero son palabras vacías): Consejo tengo y fuerzas para la guerra. Mas ¿en qué confías, que te has rebelado contra mí?

21 He aquí que confías en este báculo de caña cascada, en Egipto, en el cual si alguno se apoyare, se le entrará por la mano y la traspasará. Tal es Faraón rey de Egipto para todos los que en él confían.

22 Y si me decís: Nosotros confiamos en Jehová nuestro Dios, ¿no es éste aquel cuyos lugares altos y altares ha quitado Ezequías, y ha dicho a Judá y a Jerusalén: Delante de este altar adoraréis en Jerusalén?

23 Ahora, pues, yo te ruego que des rehenes a mi señor, el rey de Asiria, y yo te daré dos mil caballos, si tú puedes dar jinetes para ellos.

24 ¿Cómo, pues, podrás resistir a un capitán, al menor de los siervos de mi señor, aunque estés confiado en Egipto con sus carros y su gente de a caballo?

25 ¿Acaso he venido yo ahora sin Jehová a este lugar, para destruirlo? Jehová me ha dicho: Sube a esta tierra y destrúyela.

26 Entonces dijo Eliaquim hijo de Hilcías, y Sebna y Joa, al Rabsaces: Te rogamos que hables a tus siervos en arameo, porque nosotros lo entendemos, y no hables con nosotros en lengua de Judá a oídos del pueblo que está sobre el muro.

Assyria and settled them in Halah, in Gozan on the Habor River and in towns of the Medes. 12 This happened because they had not obeyed the LORD their God, but had violated his covenant—all that Moses the servant of the LORD commanded. They neither listened to the commands nor carried them out.

13 In the fourteenth year of King Hezekiah's reign, Sennacherib king of Assyria attacked all the fortified cities of Judah and captured them. 14 So Hezekiah king of Judah sent this message to the king of Assyria at Lachish: "I have done wrong. Withdraw from me, and I will pay whatever you demand of me." The king of Assyria exacted from Hezekiah king of Judah three hundred talents^d of silver and thirty talents^e of gold. 15 So Hezekiah gave him all the silver that was found in the temple of the LORD and in the treasuries of the royal palace.

16 At this time Hezekiah king of Judah stripped off the gold with which he had covered the doors and doorposts of the temple of the LORD, and gave it to the king of Assyria.

Sennacherib Threatens Jerusalem

17 The king of Assyria sent his supreme commander, his chief officer and his field commander with a large army, from Lachish to King Hezekiah at Jerusalem. They came up to Jerusalem and stopped at the aqueduct of the Upper Pool, on the road to the Washerman's Field. 18 They called for the king; and Eliakim son of Hilkiah the palace administrator, Shebna the secretary, and Joah son of Asaph the recorder went out to them.

19 The field commander said to them, "Tell Hezekiah:

"'This is what the great king, the king of Assyria, says: On what are you basing this confidence of yours? 20 You say you have strategy and military strength—but you speak only empty words. On whom are you depending, that you rebel against me? 21 Look now, you are depending on Egypt, that splintered reed of a staff, which pierces a man's hand and wounds him if he leans on it! Such is Pharaoh king of Egypt to all who depend on him. 22 And if you say to me, "We are depending on the LORD our God"—isn't he the one whose high places and altars Hezekiah removed, saying to Judah and Jerusalem, "You must worship before this altar in Jerusalem"?

23 "'Come now, make a bargain with my master, the king of Assyria: I will give you two thousand horses—if you can put riders on them! 24 How can you repulse one officer of the least of my master's officials, even though you are depending on Egypt for chariots and horsemen^f? 25 Furthermore, have I come to attack and destroy this place without word from the LORD? The LORD himself told me to march against this country and destroy it.'"

26 Then Eliakim son of Hilkiah, and Shebna and Joah said to the field commander, "Please speak to your

^{d}14 That is, about 11 tons (about 10 metric tons) ^{e}14 That is, about 1 ton (about 1 metric ton) ^{f}24 Or charioteers

27 Y el Rabsaces les dijo: ¿Me ha enviado mi señor para decir estas palabras a ti y a tu señor, y no a los hombres que están sobre el muro, expuestos a comer su propio estiércol y beber su propia orina con vosotros?

28 Entonces el Rabsaces se puso en pie y clamó a gran voz en lengua de Judá, y habló diciendo: Oíd la palabra del gran rey, el rey de Asiria.

29 Así ha dicho el rey: No os engañe Ezequías, porque no os podrá librar de mi mano.

30 Y no os haga Ezequías confiar en Jehová, diciendo: Ciertamente nos librará Jehová, y esta ciudad no será entregada en mano del rey de Asiria.

31 No escuchéis a Ezequías, porque así dice el rey de Asiria: Haced conmigo paz, y salid a mí, y coma cada uno de su vid y de su higuera, y beba cada uno las aguas de su pozo,

32 hasta que yo venga y os lleve a una tierra como la vuestra, tierra de grano y de vino, tierra de pan y de viñas, tierra de olivas, de aceite, y de miel; y viviréis, y no moriréis. No oigáis a Ezequías, porque os engaña cuando dice: Jehová nos librará.

33 ¿Acaso alguno de los dioses de las naciones ha librado su tierra de la mano del rey de Asiria?

34 ¿Dónde está el dios de Hamat y de Arfad? ¿Dónde está el dios de Sefarvaim, de Hena, y de Iva? ¿Pudieron éstos librar a Samaria de mi mano?

35 ¿Qué dios de todos los dioses de estas tierras ha librado su tierra de mi mano, para que Jehová libre de mi mano a Jerusalén?

36 Pero el pueblo calló, y no le respondió palabra; porque había mandamiento del rey, el cual había dicho: No le respondáis.

37 Entonces Eliaquim hijo de Hilcías, mayordomo, y Sebna escriba, y Joa hijo de Asaf, canciller, vinieron a Ezequías, rasgados sus vestidos, y le contaron las palabras del Rabsaces.

Judá es librado de Senaquerib

19 ¹ Cuando el rey Ezequías lo oyó, rasgó sus vestidos y se cubrió de cilicio, y entró en la casa de Jehová.

2 Y envió a Eliaquim mayordomo, a Sebna escriba y a los ancianos de los sacerdotes, cubiertos de cilicio, al profeta Isaías hijo de Amoz,

3 para que le dijesen: Así ha dicho Ezequías: Este día es día de angustia, de represión y de blasfemia; porque los hijos están a punto de nacer, y la que da a luz no tiene fuerzas.

4 Quizá oirá Jehová tu Dios todas las palabras del Rabsaces, a quien el rey de los asirios su señor ha enviado para blasfemar al Dios viviente, y para vituperar con palabras, las cuales Jehová tu Dios ha oído; por tanto, eleva oración por el remanente que aún queda.

5 Vinieron, pues, los siervos del rey Ezequías a Isaías.

6 E Isaías les respondió: Así diréis a vuestro señor: Así ha dicho Jehová: No temas por las palabras que has oído, con las cuales me han blasfemado los siervos del rey de Asiria.

7 He aquí pondré yo en él un espíritu, y oirá rumor, y volverá a su tierra; y haré que en su tierra caiga a espada.

8 Y regresando el Rabsaces, halló al rey de Asiria combatiendo contra Libna; porque oyó que se había ido de Laquis.

---

servants in Aramaic, since we understand it. Don't speak to us in Hebrew in the hearing of the people on the wall."

27 But the commander replied, "Was it only to your master and you that my master sent me to say these things, and not to the men sitting on the wall—who, like you, will have to eat their own filth and drink their own urine?"

28 Then the commander stood and called out in Hebrew: "Hear the word of the great king, the king of Assyria! 29 This is what the king says: Do not let Hezekiah deceive you. He cannot deliver you from my hand. 30 Do not let Hezekiah persuade you to trust in the LORD when he says, 'The LORD will surely deliver us; this city will not be given into the hand of the king of Assyria.'

31 "Do not listen to Hezekiah. This is what the king of Assyria says: Make peace with me and come out to me. Then every one of you will eat from his own vine and fig tree and drink water from his own cistern, 32 until I come and take you to a land like your own, a land of grain and new wine, a land of bread and vineyards, a land of olive trees and honey. Choose life and not death!

"Do not listen to Hezekiah, for he is misleading you when he says, 'The LORD will deliver us.' 33 Has the god of any nation ever delivered his land from the hand of the king of Assyria? 34 Where are the gods of Hamath and Arpad? Where are the gods of Sepharvaim, Hena and Ivvah? Have they rescued Samaria from my hand? 35 Who of all the gods of these countries has been able to save his land from me? How then can the LORD deliver Jerusalem from my hand?"

36 But the people remained silent and said nothing in reply, because the king had commanded, "Do not answer him."

37 Then Eliakim son of Hilkiah the palace administrator, Shebna the secretary and Joah son of Asaph the recorder went to Hezekiah, with their clothes torn, and told him what the field commander had said.

Jerusalem's Deliverance Foretold

19 When King Hezekiah heard this, he tore his clothes and put on sackcloth and went into the temple of the LORD. 2 He sent Eliakim the palace administrator, Shebna the secretary and the leading priests, all wearing sackcloth, to the prophet Isaiah son of Amoz. 3 They told him, "This is what Hezekiah says: This day is a day of distress and rebuke and disgrace, as when children come to the point of birth and there is no strength to deliver them. 4 It may be that the LORD your God will hear all the words of the field commander, whom his master, the king of Assyria, has sent to ridicule the living God, and that he will rebuke him for the words the LORD your God has heard. Therefore pray for the remnant that still survives."

5 When King Hezekiah's officials came to Isaiah, 6 Isaiah said to them, "Tell your master, 'This is what the LORD says: Do not be afraid of what you have heard—those words with which the underlings of the king of Assyria have blasphemed me. 7 Listen! I am going to put such a spirit in him that when he hears a certain report, he will return to his own country, and there I will have him cut down with the sword.'"

8 When the field commander heard that the king of Assyria had left Lachish, he withdrew and found the king fighting against Libnah.

⁹Y oyó decir que Tirhaca rey de Etiopía había salido para hacerle guerra. Entonces volvió él y envió embajadores a Ezequías, diciendo:

¹⁰Así diréis a Ezequías rey de Judá: No te engañe tu Dios en quien tú confías, para decir: Jerusalén no será entregada en mano del rey de Asiria.

¹¹He aquí tú has oído lo que han hecho los reyes de Asiria a todas las tierras, destruyéndolas; ¿y escaparás tú?

¹²¿Acaso libraron sus dioses a las naciones que mis padres destruyeron, esto es, Gozán, Harán, Resef, y los hijos de Edén que estaban en Telasar?

¹³¿Dónde está el rey de Hamat, el rey de Arfad, y el rey de la ciudad de Sefarvaim, de Hena y de Iva?

¹⁴Y tomó Ezequías las cartas de mano de los embajadores; y después que las hubo leído, subió a la casa de Jehová, y las extendió Ezequías delante de Jehová.

¹⁵Y oró Ezequías delante de Jehová, diciendo: Jehová Dios de Israel, que moras entre los querubines, sólo tú eres Dios de todos los reinos de la tierra; tú hiciste el cielo y la tierra.

¹⁶Inclina, oh Jehová, tu oído, y oye; abre, oh Jehová, tus ojos, y mira; y oye las palabras de Senaquerib, que ha enviado a blasfemar al Dios viviente.

¹⁷Es verdad, oh Jehová, que los reyes de Asiria han destruido las naciones y sus tierras;

¹⁸y que echaron al fuego a sus dioses, por cuanto ellos no eran dioses, sino obra de manos de hombres, madera o piedra, y por eso los destruyeron.

¹⁹Ahora, pues, oh Jehová Dios nuestro, sálvanos, te ruego, de su mano, para que sepan todos los reinos de la tierra que sólo tú, Jehová, eres Dios.

²⁰Entonces Isaías hijo de Amoz envió a decir a Ezequías: Así ha dicho Jehová, Dios de Israel: Lo que me pediste acerca de Senaquerib rey de Asiria, he oído.

²¹Esta es la palabra que Jehová ha pronunciado acerca de él: La virgen hija de Sion te menosprecia, te escarnece; detrás de ti mueve su cabeza la hija de Jerusalén.

²²¿A quién has vituperado y blasfemado? ¿y contra quién has alzado la voz, y levantado en alto tus ojos? Contra el Santo de Israel.

²³Por mano de tus mensajeros has vituperado a Jehová, y has dicho: Con la multitud de mis carros he subido a las alturas de los montes, a lo más inaccesible del Líbano; cortaré sus altos cedros, sus cipreses más escogidos; me alojaré en sus más remotos lugares, en el bosque de sus feraces campos.

²⁴Yo he cavado y bebido las aguas extrañas, he secado con las plantas de mis pies todos los ríos de Egipto.

⁹Now Sennacherib received a report that Tirhakah, the Cushite⁸ king of Egypt, was marching out to fight against him. So he again sent messengers to Hezekiah with this word: ¹⁰"Say to Hezekiah king of Judah: Do not let the god you depend on deceive you when he says, 'Jerusalem will not be handed over to the king of Assyria.' ¹¹Surely you have heard what the kings of Assyria have done to all the countries, destroying them completely. And will you be delivered? ¹²Did the gods of the nations that were destroyed by my forefathers deliver them: the gods of Gozan, Haran, Rezeph and the people of Eden who were in Tel Assar? ¹³Where is the king of Hamath, the king of Arpad, the king of the city of Sepharvaim, or of Hena or Ivvah?"

Hezekiah's Prayer

¹⁴Hezekiah received the letter from the messengers and read it. Then he went up to the temple of the LORD and spread it out before the LORD. ¹⁵And Hezekiah prayed to the LORD: "O LORD, God of Israel, enthroned between the cherubim, you alone are God over all the kingdoms of the earth. You have made heaven and earth. ¹⁶Give ear, O LORD, and hear; open your eyes, O LORD, and see; listen to the words Sennacherib has sent to insult the living God.

¹⁷"It is true, O LORD, that the Assyrian kings have laid waste these nations and their lands. ¹⁸They have thrown their gods into the fire and destroyed them, for they were not gods but only wood and stone, fashioned by men's hands. ¹⁹Now, O LORD our God, deliver us from his hand, so that all kingdoms on earth may know that you alone, O LORD, are God."

Isaiah Prophesies Sennacherib's Fall

²⁰Then Isaiah son of Amoz sent a message to Hezekiah: "This is what the LORD, the God of Israel, says: I have heard your prayer concerning Sennacherib king of Assyria. ²¹This is the word that the LORD has spoken against him:

" 'The Virgin Daughter of Zion
   despises you and mocks you.
The Daughter of Jerusalem
   tosses her head as you flee.
²²Who is it you have insulted and blasphemed?
   Against whom have you raised your voice
and lifted your eyes in pride?
   Against the Holy One of Israel!
²³By your messengers
   you have heaped insults on the Lord.
And you have said,
   "With my many chariots
I have ascended the heights of the mountains,
   the utmost heights of Lebanon.
I have cut down its tallest cedars,
   the choicest of its pines.
I have reached its remotest parts,
   the finest of its forests.
²⁴I have dug wells in foreign lands
   and drunk the water there.
With the soles of my feet
   I have dried up all the streams of Egypt."

ᵍ9 That is, from the upper Nile region

25 ¿Nunca has oído que desde tiempos antiguos yo lo hice, y que desde los días de la antigüedad lo tengo ideado? Y ahora lo he hecho venir, y tú serás para hacer desolaciones, para reducir las ciudades fortificadas a montones de escombros.

26 Sus moradores fueron de corto poder; fueron acobardados y confundidos; vinieron a ser como la hierba del campo, y como hortaliza verde, como heno de los terrados, marchitado antes de su madurez.

27 He conocido tu situación, tu salida y tu entrada, y tu furor contra mí.

28 Por cuanto te has airado contra mí, por cuanto tu arrogancia ha subido a mis oídos, yo pondré mi garfio en tu nariz, y mi freno en tus labios, y te haré volver por el camino por donde viniste.

29 Y esto te daré por señal, oh Ezequías: Este año comeréis lo que nacerá de suyo, y el segundo año lo que nacerá de suyo; y el tercer año sembraréis, y segaréis, y plantaréis viñas, y comeréis el fruto de ellas.

30 Y lo que hubiere escapado, lo que hubiere quedado de la casa de Judá, volverá a echar raíces abajo, y llevará fruto arriba.

31 Porque saldrá de Jerusalén remanente, y del monte de Sion los que se salven. El celo de Jehová de los ejércitos hará esto.

32 Por tanto, así dice Jehová acerca del rey de Asiria: No entrará en esta ciudad, ni echará saeta en ella; ni vendrá delante de ella con escudo, ni levantará contra ella baluarte.

33 Por el mismo camino que vino, volverá, y no entrará en esta ciudad, dice Jehová.

34 Porque yo ampararé esta ciudad para salvarla, por amor a mí mismo, y por amor a David mi siervo.

35 Y aconteció que aquella misma noche salió el ángel de Jehová, y mató en el campamento de los asirios a ciento ochenta y cinco mil; y cuando se levantaron por la mañana, he aquí que todo era cuerpos de muertos.

36 Entonces Senaquerib rey de Asiria se fue, y volvió a Nínive, donde se quedó.

37 Y aconteció que mientras él adoraba en el templo de Nisroc su dios, Adramelec y Sarezer sus hijos lo hirieron a espada, y huyeron a tierra de Ararat. Y reinó en su lugar Esarhadón su hijo.

Enfermedad de Ezequías

20 1 En aquellos días Ezequías cayó enfermo de muerte. Y vino a él el profeta Isaías hijo de Amoz, y le dijo: Jehová dice así: Ordena tu casa, porque morirás, y no vivirás.

2 Entonces él volvió su rostro a la pared y oró a Jehová y dijo:

25 " 'Have you not heard?
    Long ago I ordained it.
In days of old I planned it;
    now I have brought it to pass,
that you have turned fortified cities
    into piles of stone.
26 Their people, drained of power,
    are dismayed and put to shame.
They are like plants in the field,
    like tender green shoots,
like grass sprouting on the roof,
    scorched before it grows up.

27 " 'But I know where you stay
    and when you come and go
    and how you rage against me.
28 Because you rage against me
    and your insolence has reached my ears,
I will put my hook in your nose
    and my bit in your mouth,
and I will make you return
    by the way you came.'

29 "This will be the sign for you, O Hezekiah:

"This year you will eat what grows by itself,
    and the second year what springs from that.
But in the third year sow and reap,
    plant vineyards and eat their fruit.
30 Once more a remnant of the house of Judah
    will take root below and bear fruit above.
31 For out of Jerusalem will come a remnant,
    and out of Mount Zion a band of survivors.

The zeal of the LORD Almighty will accomplish this.

32 "Therefore this is what the LORD says concerning the king of Assyria:

"He will not enter this city
    or shoot an arrow here.
He will not come before it with shield
    or build a siege ramp against it.
33 By the way that he came he will return;
    he will not enter this city,
                declares the LORD.
34 I will defend this city and save it,
    for my sake and for the sake of David my
           servant."

35 That night the angel of the LORD went out and put to death a hundred and eighty-five thousand men in the Assyrian camp. When the people got up the next morning—there were all the dead bodies! 36 So Sennacherib king of Assyria broke camp and withdrew. He returned to Nineveh and stayed there.

37 One day, while he was worshiping in the temple of his god Nisroch, his sons Adrammelech and Sharezer cut him down with the sword, and they escaped to the land of Ararat. And Esarhaddon his son succeeded him as king.

Hezekiah's Illness

20 In those days Hezekiah became ill and was at the point of death. The prophet Isaiah son of Amoz went to him and said, "This is what the LORD says: Put your house in order, because you are going to die; you will not recover."

2 Hezekiah turned his face to the wall and prayed to the LORD, 3 "Remember, O LORD, how I have walked

3 Te ruego, oh Jehová, te ruego que hagas memoria de que he andado delante de ti en verdad y con íntegro corazón, y que he hecho las cosas que te agradan. Y lloró Ezequías con gran lloro.

4 Y antes que Isaías saliese hasta la mitad del patio, vino palabra de Jehová a Isaías, diciendo:

5 Vuelve, y dí a Ezequías, príncipe de mi pueblo: Así dice Jehová, el Dios de David tu padre: Yo he oído tu oración, y he visto tus lágrimas; he aquí que yo te sano; al tercer día subirás a la casa de Jehová.

6 Y añadiré a tus días quince años, y te libraré a ti y a esta ciudad de mano del rey de Asiria; y amparará esta ciudad por amor a mí mismo, y por amor a David mi siervo.

7 Y dijo Isaías: Tomad masa de higos. Y tomándola, la pusieron sobre la llaga, y sanó.

8 Y Ezequías había dicho a Isaías: ¿Qué señal tendré de que Jehová me sanará, y que subiré a la casa de Jehová al tercer día?

9 Respondió Isaías: Esta señal tendrás de Jehová, de que hará Jehová esto que ha dicho: ¿Avanzará la sombra diez grados, o retrocederá diez grados?

10 Y Ezequías respondió: Fácil cosa es que la sombra decline diez grados; pero no que la sombra vuelva atrás diez grados.

11 Entonces el profeta Isaías clamó a Jehová; e hizo volver la sombra por los grados que había descendido en el reloj de Acaz, diez grados atrás.

Ezequías recibe a los enviados de Babilonia

12 En aquel tiempo Merodac-baladán hijo de Baladán, rey de Babilonia, envió mensajeros con cartas y presentes a Ezequías, porque había oído que Ezequías había caído enfermo.

13 Y Ezequías los oyó, y les mostró toda la casa de sus tesoros, plata, oro, y especias, y ungüentos preciosos, y la casa de sus armas, y todo lo que había en sus tesoros; ninguna cosa quedó que Ezequías no les mostrase, así en su casa como en todos sus dominios.

14 Entonces el profeta Isaías vino al rey Ezequías, y le dijo: ¿Qué dijeron aquellos varones, y de dónde vinieron a ti? Y Ezequías le respondió: De lejanas tierras han venido, de Babilonia.

15 Y él le volvió a decir: ¿Qué vieron en tu casa? Y Ezequías respondió: Vieron todo lo que había en mi casa; nada quedó en mis tesoros que no les mostrase.

16 Entonces Isaías dijo a Ezequías: Oye palabra de Jehová:

17 He aquí vienen días en que todo lo que está en tu casa, y todo lo que tus padres han atesorado hasta hoy, será llevado a Babilonia, sin quedar nada, dijo Jehová.

18 Y de tus hijos que saldrán de ti, que habrás engendrado, tomarán, y serán eunucos en el palacio del rey de Babilonia.

19 Entonces Ezequías dijo a Isaías: La palabra de Jehová que has hablado, es buena. Después dijo: Habrá al menos paz y seguridad en mis días.

Muerte de Ezequías

20 Los demás hechos de Ezequías, y todo su poderío, y cómo hizo el estanque y el conducto, y metió las aguas en la ciudad, ¿no está escrito en el libro de las crónicas de los reyes de Judá?

21 Y durmió Ezequías con sus padres, y reinó en su lugar Manasés su hijo.

---

before you faithfully and with wholehearted devotion and have done what is good in your eyes." And Hezekiah wept bitterly.

4 Before Isaiah had left the middle court, the word of the LORD came to him: 5 "Go back and tell Hezekiah, the leader of my people, 'This is what the LORD, the God of your father David, says: I have heard your prayer and seen your tears; I will heal you. On the third day from now you will go up to the temple of the LORD. 6 I will add fifteen years to your life. And I will deliver you and this city from the hand of the king of Assyria. I will defend this city for my sake and for the sake of my servant David.' "

7 Then Isaiah said, "Prepare a poultice of figs." They did so and applied it to the boil, and he recovered.

8 Hezekiah had asked Isaiah, "What will be the sign that the LORD will heal me and that I will go up to the temple of the LORD on the third day from now?"

9 Isaiah answered, "This is the LORD's sign to you that the LORD will do what he has promised: Shall the shadow go forward ten steps, or shall it go back ten steps?"

10 "It is a simple matter for the shadow to go forward ten steps," said Hezekiah. "Rather, have it go back ten steps."

11 Then the prophet Isaiah called upon the LORD, and the LORD made the shadow go back the ten steps it had gone down on the stairway of Ahaz.

Envoys From Babylon

12 At that time Merodach-Baladan son of Baladan king of Babylon sent Hezekiah letters and a gift, because he had heard of Hezekiah's illness. 13 Hezekiah received the messengers and showed them all that was in his storehouses — the silver, the gold, the spices and the fine oil — his armory and everything found among his treasures. There was nothing in his palace or in all his kingdom that Hezekiah did not show them.

14 Then Isaiah the prophet went to King Hezekiah and asked, "What did those men say, and where did they come from?"

"From a distant land," Hezekiah replied. "They came from Babylon."

15 The prophet asked, "What did they see in your palace?"

"They saw everything in my palace," Hezekiah said. "There is nothing among my treasures that I did not show them."

16 Then Isaiah said to Hezekiah, "Hear the word of the LORD: 17 The time will surely come when everything in your palace, and all that your fathers have stored up until this day, will be carried off to Babylon. Nothing will be left, says the LORD. 18 And some of your descendants, your own flesh and blood, that will be born to you, will be taken away, and they will become eunuchs in the palace of the king of Babylon."

19 "The word of the LORD you have spoken is good," Hezekiah replied. For he thought, "Will there not be peace and security in my lifetime?"

20 As for the other events of Hezekiah's reign, all his achievements and how he made the pool and the tunnel by which he brought water into the city, are they not written in the book of the annals of the kings of Judah? 21 Hezekiah rested with his fathers. And Manasseh his son succeeded him as king.

Reinado de Manasés

21 ¹ De doce años era Manasés cuando comenzó a reinar, y reinó en Jerusalén cincuenta y cinco años; el nombre de su madre fue Hepsiba.

² E hizo lo malo ante los ojos de Jehová, según las abominaciones de las naciones que Jehová había echado de delante de los hijos de Israel.

³ Porque volvió a edificar los lugares altos que Ezequías su padre había derribado, y levantó altares a Baal, e hizo una imagen de Asera, como había hecho Acab rey de Israel; y adoró a todo el ejército de los cielos, y rindió culto a aquellas cosas.

⁴ Asimismo edificó altares en la casa de Jehová, de la cual Jehová había dicho: Yo pondré mi nombre en Jerusalén.

⁵ Y edificó altares para todo el ejército de los cielos en los dos atrios de la casa de Jehová.

⁶ Y pasó a su hijo por fuego, y se dio a observar los tiempos, y fue agorero, e instituyó encantadores y adivinos, multiplicando así el hacer lo malo ante los ojos de Jehová, para provocarlo a ira.

⁷ Y puso una imagen de Asera que él había hecho, en la casa de la cual Jehová había dicho a David y a Salomón su hijo: Yo pondré mi nombre para siempre en esta casa, y en Jerusalén, a la cual escogí de todas las tribus de Israel;

⁸ y no volveré a hacer que el pie de Israel sea movido de la tierra que di a sus padres, con tal que guarden y hagan conforme a todas las cosas que yo les he mandado, y conforme a toda la ley que mi siervo Moisés les mandó.

⁹ Mas ellos no escucharon; y Manasés los indujo a que hiciesen más mal que las naciones que Jehová destruyó delante de los hijos de Israel.

¹⁰ Habló, pues, Jehová por medio de sus siervos los profetas, diciendo:

¹¹ Por cuanto Manasés rey de Judá ha hecho estas abominaciones, y ha hecho más mal que todo lo que hicieron los amorreos que fueron antes de él, y también ha hecho pecar a Judá con sus ídolos;

¹² por tanto, así ha dicho Jehová el Dios de Israel: He aquí yo traigo tal mal sobre Jerusalén y sobre Judá, que al que lo oyere le retiñirán ambos oídos.

¹³ Y extenderé sobre Jerusalén el cordel de Samaria y la plomada de la casa de Acab; y limpiaré a Jerusalén como se limpia un plato, que se friega y se vuelve boca abajo.

¹⁴ Y desampararé el resto de mi heredad, y lo entregaré en manos de sus enemigos; y serán para presa y despojo de todos sus adversarios;

¹⁵ por cuanto han hecho lo malo ante mis ojos, y me han provocado a ira, desde el día que sus padres salieron de Egipto hasta hoy.

¹⁶ Fuera de esto, derramó Manasés mucha sangre inocente en gran manera, hasta llenar a Jerusalén de extremo a extremo; además de su pecado con que hizo pecar a Judá, para que hiciese lo malo ante los ojos de Jehová.

¹⁷ Los demás hechos de Manasés, y todo lo que hizo, y el pecado que cometió, ¿no está todo escrito en el libro de las crónicas de los reyes de Judá?

¹⁸ Y durmió Manasés con sus padres, y fue sepultado en el huerto de su casa, en el huerto de Uza, y reinó en su lugar Amón su hijo.

Reinado de Amón

¹⁹ De veintidós años era Amón cuando comenzó a reinar, y reinó dos años en Jerusalén. El nombre de su madre fue Mesulemet hija de Haruz, de Jotba.

²⁰ E hizo lo malo ante los ojos de Jehová, como había hecho Manasés su padre.

Manasseh King of Judah

21 Manasseh was twelve years old when he became king, and he reigned in Jerusalem fifty-five years. His mother's name was Hephzibah. ²He did evil in the eyes of the LORD, following the detestable practices of the nations the LORD had driven out before the Israelites. ³He rebuilt the high places his father Hezekiah had destroyed; he also erected altars to Baal and made an Asherah pole, as Ahab king of Israel had done. He bowed down to all the starry hosts and worshiped them. ⁴He built altars in the temple of the LORD, of which the LORD had said, "In Jerusalem I will put my Name." ⁵In both courts of the temple of the LORD, he built altars to all the starry hosts. ⁶He sacrificed his own son in[h] the fire, practiced sorcery and divination, and consulted mediums and spiritists. He did much evil in the eyes of the LORD, provoking him to anger.

⁷He took the carved Asherah pole he had made and put it in the temple, of which the LORD had said to David and to his son Solomon, "In this temple and in Jerusalem, which I have chosen out of all the tribes of Israel, I will put my Name forever. ⁸I will not again make the feet of the Israelites wander from the land I gave their forefathers, if only they will be careful to do everything I commanded them and will keep the whole Law that my servant Moses gave them." ⁹But the people did not listen. Manasseh led them astray, so that they did more evil than the nations the LORD had destroyed before the Israelites.

¹⁰The LORD said through his servants the prophets: ¹¹"Manasseh king of Judah has committed these detestable sins. He has done more evil than the Amorites who preceded him and has led Judah into sin with his idols. ¹²Therefore this is what the LORD, the God of Israel, says: I am going to bring such disaster on Jerusalem and Judah that the ears of everyone who hears of it will tingle. ¹³I will stretch out over Jerusalem the measuring line used against Samaria and the plumb line used against the house of Ahab. I will wipe out Jerusalem as one wipes a dish, wiping it and turning it upside down. ¹⁴I will forsake the remnant of my inheritance and hand them over to their enemies. They will be looted and plundered by all their foes, ¹⁵because they have done evil in my eyes and have provoked me to anger from the day their forefathers came out of Egypt until this day."

¹⁶Moreover, Manasseh also shed so much innocent blood that he filled Jerusalem from end to end—besides the sin that he had caused Judah to commit, so that they did evil in the eyes of the LORD.

¹⁷As for the other events of Manasseh's reign, and all he did, including the sin he committed, are they not written in the book of the annals of the kings of Judah? ¹⁸Manasseh rested with his fathers and was buried in his palace garden, the garden of Uzza. And Amon his son succeeded him as king.

Amon King of Judah

¹⁹Amon was twenty-two years old when he became king, and he reigned in Jerusalem two years. His mother's name was Meshullemeth daughter of Haruz; she was from Jotbah. ²⁰He did evil in the eyes of the LORD, as his father Manasseh had done. ²¹He walked in all

---

[h] 6 Or *He made his own son pass through*

21 Y anduvo en todos los caminos en que su padre anduvo, y sirvió a los ídolos a los cuales había servido su padre, y los adoró;

22 y dejó a Jehová el Dios de sus padres, y no anduvo en el camino de Jehová.

23 Y los siervos de Amón conspiraron contra él, y mataron al rey en su casa.

24 Entonces el pueblo de la tierra mató a todos los que habían conspirado contra el rey Amón; y puso el pueblo de la tierra por rey en su lugar a Josías su hijo.

25 Los demás hechos de Amón, ¿no están todos escritos en el libro de las crónicas de los reyes de Judá?

26 Y fue sepultado en su sepulcro en el huerto de Uza, y reinó en su lugar Josías su hijo.

Reinado de Josías

22 1 Cuando Josías comenzó a reinar era de ocho años, y reinó en Jerusalén treinta y un años. El nombre de su madre fue Jedida hija de Adaía, de Boscat.

2 E hizo lo recto ante los ojos de Jehová, y anduvo en todo el camino de David su padre, sin apartarse a derecha ni a izquierda.

Hallazgo del libro de la ley

3 A los dieciocho años del rey Josías, envió el rey a Safán hijo de Azalía, hijo de Mesulam, escriba, a la casa de Jehová, diciendo:

4 Vé al sumo sacerdote Hilcías, y dile que recoja el dinero que han traído a la casa de Jehová, que han recogido del pueblo los guardianes de la puerta,

5 y que lo pongan en manos de los que hacen la obra, que tienen a su cargo el arreglo de la casa de Jehová, y que lo entreguen a los que hacen la obra de la casa de Jehová, para reparar las grietas de la casa;

6 a los carpinteros, maestros y albañiles, para comprar madera y piedra de cantería para reparar la casa;

7 y que no se les tome cuenta del dinero cuyo manejo se les confiare, porque ellos proceden con honradez.

8 Entonces dijo el sumo sacerdote Hilcías al escriba Safán: He hallado el libro de la ley en la casa de Jehová. E Hilcías dio el libro a Safán, y lo leyó.

9 Viniendo luego el escriba Safán al rey, dio cuenta al rey y dijo: Tus siervos han recogido el dinero que se halló en el templo, y lo han entregado en poder de los que hacen la obra, que tienen a su cargo el arreglo de la casa de Jehová.

10 Asimismo el escriba Safán declaró al rey, diciendo: El sacerdote Hilcías me ha dado un libro. Y lo leyó Safán delante del rey.

11 Y cuando el rey hubo oído las palabras del libro de la ley, rasgó sus vestidos.

12 Luego el rey dio orden al sacerdote Hilcías, a Ahicam hijo de Safán, a Acbor hijo de Micaías, al escriba Safán y a Asaías siervo del rey, diciendo:

13 Id y preguntad a Jehová por mí, y por el pueblo, y por todo Judá, acerca de las palabras de este libro que se ha hallado; porque grande es la ira de Jehová que se ha encendido contra nosotros, por cuanto nuestros padres no escucharon las palabras de este libro, para hacer conforme a todo lo que nos fue escrito.

14 Entonces fueron el sacerdote Hilcías, y Ahicam, Acbor, Safán y Asaías a la profetisa Hulda, mujer de Salum hijo de Ticva, hijo de Harhas, guarda de las vestiduras, la cual moraba en Jerusalén en la segunda parte de la ciudad, y hablaron con ella.

15 Y ella les dijo: Así ha dicho Jehová el Dios de Israel: Decid al varón que os envió a mí:

the ways of his father; he worshiped the idols his father had worshiped, and bowed down to them. 22 He forsook the LORD, the God of his fathers, and did not walk in the way of the LORD.

23 Amon's officials conspired against him and assassinated the king in his palace. 24 Then the people of the land killed all who had plotted against King Amon, and they made Josiah his son king in his place.

25 As for the other events of Amon's reign, and what he did, are they not written in the book of the annals of the kings of Judah? 26 He was buried in his grave in the garden of Uzza. And Josiah his son succeeded him as king.

The Book of the Law Found

22 Josiah was eight years old when he became king, and he reigned in Jerusalem thirty-one years. His mother's name was Jedidah daughter of Adaiah; she was from Bozkath. 2 He did what was right in the eyes of the LORD and walked in all the ways of his father David, not turning aside to the right or to the left.

3 In the eighteenth year of his reign, King Josiah sent the secretary, Shaphan son of Azaliah, the son of Meshullam, to the temple of the LORD. He said: 4 "Go up to Hilkiah the high priest and have him get ready the money that has been brought into the temple of the LORD, which the doorkeepers have collected from the people. 5 Have them entrust it to the men appointed to supervise the work on the temple. And have these men pay the workers who repair the temple of the LORD— 6 the carpenters, the builders and the masons. Also have them purchase timber and dressed stone to repair the temple. 7 But they need not account for the money entrusted to them, because they are acting faithfully."

8 Hilkiah the high priest said to Shaphan the secretary, "I have found the Book of the Law in the temple of the LORD." He gave it to Shaphan, who read it. 9 Then Shaphan the secretary went to the king and reported to him: "Your officials have paid out the money that was in the temple of the LORD and have entrusted it to the workers and supervisors at the temple." 10 Then Shaphan the secretary informed the king, "Hilkiah the priest has given me a book." And Shaphan read from it in the presence of the king.

11 When the king heard the words of the Book of the Law, he tore his robes. 12 He gave these orders to Hilkiah the priest, Ahikam son of Shaphan, Acbor son of Micaiah, Shaphan the secretary and Asaiah the king's attendant: 13 "Go and inquire of the LORD for me and for the people and for all Judah about what is written in this book that has been found. Great is the LORD's anger that burns against us because our fathers have not obeyed the words of this book; they have not acted in accordance with all that is written there concerning us."

14 Hilkiah the priest, Ahikam, Acbor, Shaphan and Asaiah went to speak to the prophetess Huldah, who was the wife of Shallum son of Tikvah, the son of Harhas, keeper of the wardrobe. She lived in Jerusalem, in the Second District. 15 She said to them, "This is what the LORD, the God of Israel, says: Tell the man who sent you to me,

16 Así dijo Jehová: He aquí yo traigo sobre este lugar, y sobre los que en él moran, todo el mal de que habla este libro que ha leído el rey de Judá;

17 por cuanto me dejaron a mí, y quemaron incienso a dioses ajenos, provocándome a ira con toda la obra de sus manos; mi ira se ha encendido contra este lugar, y no se apagará.

18 Mas al rey de Judá que os ha enviado para que preguntaseis a Jehová, diréis así: Así ha dicho Jehová el Dios de Israel: Por cuanto oíste las palabras del libro,

19 y tu corazón se enterneció, y te humillaste delante de Jehová, cuando oíste lo que yo he pronunciado contra este lugar y contra sus moradores, que vendrán a ser asolados y malditos, y rasgaste tus vestidos, y lloraste en mi presencia, también yo te he oído, dice Jehová.

20 Por tanto, he aquí yo te recogeré con tus padres, y serás llevado a tu sepulcro en paz, y no verán tus ojos todo el mal que yo traigo sobre este lugar. Y ellos dieron al rey la respuesta.

23 1 Entonces el rey mandó reunir con él a todos los ancianos de Judá y de Jerusalén.

2 Y subió el rey a la casa de Jehová con todos los varones de Judá, y con todos los moradores de Jerusalén, con los sacerdotes y profetas y con todo el pueblo, desde el más chico hasta el más grande; y leyó, oyéndolo ellos, todas las palabras del libro del pacto que había sido hallado en la casa de Jehová.

3 Y poniéndose el rey en pie junto a la columna, hizo pacto delante de Jehová, de que irían en pos de Jehová, y guardarían sus mandamientos, sus testimonios y sus estatutos, con todo el corazón y con toda el alma, y que cumplirían las palabras del pacto que estaban escritas en aquel libro. Y todo el pueblo confirmó el pacto.

Reformas de Josías

4 Entonces mandó el rey al sumo sacerdote Hilcías, a los sacerdotes de segundo orden, y a los guardianes de la puerta, que sacasen del templo de Jehová todos los utensilios que habían sido hechos para Baal, para Asera y para todo el ejército de los cielos; y los quemó fuera de Jerusalén en el campo del Cedrón, e hizo llevar las cenizas de ellos a Bet-el.

5 Y quitó a los sacerdotes idólatras que habían puesto los reyes de Judá para que quemasen incienso en los lugares altos en las ciudades de Judá, y en los alrededores de Jerusalén; y asimismo a los que quemaban incienso a Baal, al sol y a la luna, y a los signos del zodíaco, y a todo el ejército de los cielos.

6 Hizo también sacar la imagen de Asera fuera de la casa de Jehová, fuera de Jerusalén, al valle del Cedrón, y la quemó en el valle del Cedrón, y la convirtió en polvo, y echó los polvo sobre los sepulcros de los hijos del pueblo.

7 Además derribó los lugares de prostitución idolátrica que estaban en la casa de Jehová, en los cuales tejían las mujeres tiendas para Asera.

8 E hizo venir todos los sacerdotes de las ciudades de Judá, y profanó los lugares altos donde los sacerdotes quemaban incienso, desde Geba hasta Beerseba; y derribó los altares de las puertas que estaban a la entrada de la puerta de Josué, gobernador de la ciudad, que estaban a la mano izquierda, a la puerta de la ciudad.

9 Pero los sacerdotes de los lugares altos no subían al altar de Jehová en Jerusalén, sino que comían panes sin levadura entre sus hermanos.

16 'This is what the Lord says: I am going to bring disaster on this place and its people, according to everything written in the book the king of Judah has read. 17 Because they have forsaken me and burned incense to other gods and provoked me to anger by all the idols their hands have made,i my anger will burn against this place and will not be quenched.' 18 Tell the king of Judah, who sent you to inquire of the Lord, 'This is what the Lord, the God of Israel, says concerning the words you heard: 19 Because your heart was responsive and you humbled yourself before the Lord when you heard what I have spoken against this place and its people, that they would become accursed and laid waste, and because you tore your robes and wept in my presence, I have heard you, declares the Lord. 20 Therefore I will gather you to your fathers, and you will be buried in peace. Your eyes will not see all the disaster I am going to bring on this place.' "

So they took her answer back to the king.

Josiah Renews the Covenant

23 Then the king called together all the elders of Judah and Jerusalem. 2 He went up to the temple of the Lord with the men of Judah, the people of Jerusalem, the priests and the prophets—all the people from the least to the greatest. He read in their hearing all the words of the Book of the Covenant, which had been found in the temple of the Lord. 3 The king stood by the pillar and renewed the covenant in the presence of the Lord—to follow the Lord and keep his commands, regulations and decrees with all his heart and all his soul, thus confirming the words of the covenant written in this book. Then all the people pledged themselves to the covenant.

4 The king ordered Hilkiah the high priest, the priests next in rank and the doorkeepers to remove from the temple of the Lord all the articles made for Baal and Asherah and all the starry hosts. He burned them outside Jerusalem in the fields of the Kidron Valley and took the ashes to Bethel. 5 He did away with the pagan priests appointed by the kings of Judah to burn incense on the high places of the towns of Judah and on those around Jerusalem—those who burned incense to Baal, to the sun and moon, to the constellations and to all the starry hosts. 6 He took the Asherah pole from the temple of the Lord to the Kidron Valley outside Jerusalem and burned it there. He ground it to powder and scattered the dust over the graves of the common people. 7 He also tore down the quarters of the male shrine prostitutes, which were in the temple of the Lord and where women did weaving for Asherah.

8 Josiah brought all the priests from the towns of Judah and desecrated the high places, from Geba to Beersheba, where the priests had burned incense. He broke down the shrinesj at the gates—at the entrance to the Gate of Joshua, the city governor, which is on the left of the city gate. 9 Although the priests of the high places did not serve at the altar of the Lord in Jerusalem, they ate unleavened bread with their fellow priests.

i17 Or by everything they have done　j8 Or high places

¹⁰Asimismo profanó a Tofet, que está en el valle del hijo de Hinom, para que ninguno pasase su hijo o su hija por fuego a Moloc.

¹¹Quitó también los caballos que los reyes de Judá habían dedicado al sol a la entrada del templo de Jehová, junto a la cámara de Natán-melec eunuco, el cual tenía a su cargo los ejidos; y quemó al fuego los carros del sol.

¹²Derribó además el rey los altares que estaban sobre la azotea de la sala de Acaz, que los reyes de Judá habían hecho, y los altares que había hecho Manasés en los dos atrios de la casa de Jehová; y de allí corrió y arrojó el polvo al arroyo del Cedrón.

¹³Asimismo profanó el rey los lugares altos que estaban delante de Jerusalén, a la mano derecha del monte de la destrucción, los cuales Salomón rey de Israel había edificado a Astoret ídolo abominable de los sidonios, a Quemos ídolo abominable de Moab, y a Milcom ídolo abominable de los hijos de Amón.

¹⁴Y quebró las estatuas, y derribó las imágenes de Asera, y llenó el lugar de ellos de huesos de hombres.

¹⁵Igualmente el altar que estaba en Bet-el, y el lugar alto que había hecho Jeroboam hijo de Nabat, el que hizo pecar a Israel; aquel altar y el lugar alto destruyó, y lo quemó, y lo hizo polvo, y puso fuego a la imagen de Asera.

¹⁶Y se volvió Josías, y viendo los sepulcros que estaban allí en el monte, envió y sacó los huesos de los sepulcros, y los quemó sobre el altar para contaminarlo, conforme a la palabra de Jehová que había profetizado el varón de Dios, el cual había anunciado esto.

¹⁷Después dijo: ¿Qué monumento es este que veo? Y los de la ciudad le respondieron: Este es el sepulcro del varón de Dios que vino de Judá, y profetizó estas cosas que tú has hecho sobre el altar de Bet-el.

¹⁸Y él dijo: Dejadlo; ninguno mueva sus huesos; y así fueron preservados sus huesos, y los huesos del profeta que había venido de Samaria.

¹⁹Y todas las casas de los lugares altos que estaban en las ciudades de Samaria, las cuales habían hecho los reyes de Israel para provocar a ira, las quitó también Josías, e hizo de ellas como había hecho en Bet-el.

²⁰Mató además sobre los altares a todos los sacerdotes de los lugares altos que allí estaban, y quemó sobre ellos huesos de hombres, y volvió a Jerusalén.

Josías celebra la pascua

²¹Entonces mandó el rey a todo el pueblo, diciendo: Haced la pascua a Jehová vuestro Dios, conforme a lo que está escrito en el libro de este pacto.

²²No había sido hecha tal pascua desde los tiempos en que los jueces gobernaban a Israel, ni en todos los tiempos de los reyes de Israel y de los reyes de Judá.

²³A los dieciocho años del rey Josías fue hecha aquella pascua a Jehová en Jerusalén.

Persiste la ira de Jehová contra Judá

²⁴Asimismo barrió Josías a los encantadores, adivinos y terafines, y todas las abominaciones que se veían en la tierra de Judá y en Jerusalén, para cumplir las palabras de la ley que estaban escritas en el libro que el sacerdote Hilcías había hallado en la casa de Jehová.

²⁵No hubo otro rey antes de él, que se convirtiese a Jehová de todo su corazón, de toda su alma y de todas sus fuerzas, conforme a toda la ley de Moisés; ni después de él nació otro igual.

¹⁰He desecrated Topheth, which was in the Valley of Ben Hinnom, so no one could use it to sacrifice his son or daughter in ᵏ the fire to Molech. ¹¹He removed from the entrance to the temple of the LORD the horses that the kings of Judah had dedicated to the sun. They were in the court near the room of an official named Nathan-Melech. Josiah then burned the chariots dedicated to the sun.

¹²He pulled down the altars the kings of Judah had erected on the roof near the upper room of Ahaz, and the altars Manasseh had built in the two courts of the temple of the LORD. He removed them from there, smashed them to pieces and threw the rubble into the Kidron Valley. ¹³The king also desecrated the high places that were east of Jerusalem on the south of the Hill of Corruption — the ones Solomon king of Israel had built for Ashtoreth the vile goddess of the Sidonians, for Chemosh the vile god of Moab, and for Molech ˡ the detestable god of the people of Ammon. ¹⁴Josiah smashed the sacred stones and cut down the Asherah poles and covered the sites with human bones.

¹⁵Even the altar at Bethel, the high place made by Jeroboam son of Nebat, who had caused Israel to sin — even that altar and high place he demolished. He burned the high place and ground it to powder, and burned the Asherah pole also. ¹⁶Then Josiah looked around, and when he saw the tombs that were there on the hillside, he had the bones removed from them and burned on the altar to defile it, in accordance with the word of the LORD proclaimed by the man of God who foretold these things.

¹⁷The king asked, "What is that tombstone I see?" The men of the city said, "It marks the tomb of the man of God who came from Judah and pronounced against the altar of Bethel the very things you have done to it."

¹⁸"Leave it alone," he said. "Don't let anyone disturb his bones." So they spared his bones and those of the prophet who had come from Samaria.

¹⁹Just as he had done at Bethel, Josiah removed and defiled all the shrines at the high places that the kings of Israel had built in the towns of Samaria that had provoked the LORD to anger. ²⁰Josiah slaughtered all the priests of those high places on the altars and burned human bones on them. Then he went back to Jerusalem.

²¹The king gave this order to all the people: "Celebrate the Passover to the LORD your God, as it is written in this Book of the Covenant." ²²Not since the days of the judges who led Israel, nor throughout the days of the kings of Israel and the kings of Judah, had any such Passover been observed. ²³But in the eighteenth year of King Josiah, this Passover was celebrated to the LORD in Jerusalem.

²⁴Furthermore, Josiah got rid of the mediums and spiritists, the household gods, the idols and all the other detestable things seen in Judah and Jerusalem. This he did to fulfill the requirements of the law written in the book that Hilkiah the priest had discovered in the temple of the LORD. ²⁵Neither before nor after Josiah was there a king like him who turned to the LORD as he did — with all his heart and with all his soul and with all his strength, in accordance with all the Law of Moses.

ᵏ10 Or *to make his son or daughter pass through*   ˡ13 Hebrew *Milcom*

26 Con todo eso, Jehová no desistió del ardor con que su gran ira se había encendido contra Judá, por todas las provocaciones con que Manasés le había irritado. 27 Y dijo Jehová: También quitaré de mi presencia a Judá, como quité a Israel, y desecharé a esta ciudad que había escogido, a Jerusalén, y a la casa de la cual había yo dicho: Mi nombre estará allí.

Muerte de Josías

28 Los demás hechos de Josías, y todo lo que hizo, ¿no está todo escrito en el libro de las crónicas de los reyes de Judá? 29 En aquellos días Faraón Necao rey de Egipto subió contra el rey de Asiria al río Eufrates, y salió contra él el rey Josías; pero aquél, así que le vio, lo mató en Meguido. 30 Y sus siervos lo pusieron en un carro, y lo trajeron muerto de Meguido a Jerusalén, y lo sepultaron en su sepulcro. Entonces el pueblo de la tierra tomó a Joacaz hijo de Josías, y lo ungieron y lo pusieron por rey en lugar de su padre.

Reinado y destronamiento de Joacaz

31 De veintitrés años era Joacaz cuando comenzó a reinar, y reinó tres meses en Jerusalén. El nombre de su madre fue Hamutal hija de Jeremías, de Libna. 32 Y él hizo lo malo ante los ojos de Jehová, conforme a todas las cosas que sus padres habían hecho. 33 Y lo puso preso Faraón Necao en Ribla en la provincia de Hamat, para que no reinase en Jerusalén; e impuso sobre la tierra una multa de cien talentos de plata, y uno de oro. 34 Entonces Faraón Necao puso por rey a Eliaquim hijo de Josías, en lugar de Josías su padre, y le cambió el nombre por el de Joacim; y tomó a Joacaz y lo llevó a Egipto, y murió allí. 35 Y Joacim pagó a Faraón la plata y el oro; mas hizo avaluar la tierra para dar el dinero conforme al mandamiento de Faraón, sacando la plata y el oro del pueblo de la tierra, de cada uno según la estimación de su hacienda, para darlo a Faraón Necao.

Reinado de Joacim

36 De veinticinco años era Joacim cuando comenzó a reinar, y once años reinó en Jerusalén. El nombre de su madre fue Zebuda hija de Pedaías, de Ruma. 37 E hizo lo malo ante los ojos de Jehová, conforme a todas las cosas que sus padres habían hecho.

24 1 En su tiempo subió en campaña Nabucodonosor rey de Babilonia. Joacim vino a ser su siervo por tres años, pero luego volvió y se rebeló contra él. 2 Pero Jehová envió contra Joacim tropas de caldeos, tropas de sirios, tropas de moabitas y tropas de amonitas, las cuales envió contra Judá para que la destruyesen, conforme a la palabra de Jehová que había hablado por sus siervos los profetas. 3 Ciertamente vino esto contra Judá por mandato de Jehová, para quitarla de su presencia, por los pecados de Manasés, y por todo lo que él hizo; 4 asimismo por la sangre inocente que derramó, pues llenó a Jerusalén de sangre inocente; Jehová, por tanto, no quiso perdonar.

26 Nevertheless, the LORD did not turn away from the heat of his fierce anger, which burned against Judah because of all that Manasseh had done to provoke him to anger. 27 So the LORD said, "I will remove Judah also from my presence as I removed Israel, and I will reject Jerusalem, the city I chose, and this temple, about which I said, 'There shall my Name be.' m"

28 As for the other events of Josiah's reign, and all he did, are they not written in the book of the annals of the kings of Judah? 29 While Josiah was king, Pharaoh Neco king of Egypt went up to the Euphrates River to help the king of Assyria. King Josiah marched out to meet him in battle, but Neco faced him and killed him at Megiddo. 30 Josiah's servants brought his body in a chariot from Megiddo to Jerusalem and buried him in his own tomb. And the people of the land took Jehoahaz son of Josiah and anointed him and made him king in place of his father.

Jehoahaz King of Judah

31 Jehoahaz was twenty-three years old when he became king, and he reigned in Jerusalem three months. His mother's name was Hamutal daughter of Jeremiah; she was from Libnah. 32 He did evil in the eyes of the LORD, just as his fathers had done. 33 Pharaoh Neco put him in chains at Riblah in the land of Hamath n so that he might not reign in Jerusalem, and he imposed on Judah a levy of a hundred talents o of silver and a talent p of gold. 34 Pharaoh Neco made Eliakim son of Josiah king in place of his father Josiah and changed Eliakim's name to Jehoiakim. But he took Jehoahaz and carried him off to Egypt, and there he died. 35 Jehoiakim paid Pharaoh Neco the silver and gold he demanded. In order to do so, he taxed the land and exacted the silver and gold from the people of the land according to their assessments.

Jehoiakim King of Judah

36 Jehoiakim was twenty-five years old when he became king, and he reigned in Jerusalem eleven years. His mother's name was Zebidah daughter of Pedaiah; she was from Rumah. 37 And he did evil in the eyes of the LORD, just as his fathers had done.

24 During Jehoiakim's reign, Nebuchadnezzar king of Babylon invaded the land, and Jehoiakim became his vassal for three years. But then he changed his mind and rebelled against Nebuchadnezzar. 2 The LORD sent Babylonian, q Aramean, Moabite and Ammonite raiders against him. He sent them to destroy Judah, in accordance with the word of the LORD proclaimed by his servants the prophets. 3 Surely these things happened to Judah according to the LORD's command, in order to remove them from his presence because of the sins of Manasseh and all he had done, 4 including the shedding of innocent blood. For he had filled Jerusalem with innocent blood, and the LORD was not willing to forgive.

m27 1 Kings 8:29 n33 Hebrew; Septuagint (see also 2 Chron. 36:3) *Neco at Riblah in Hamath removed him* o33 That is, about 3 3/4 tons (about 3.4 metric tons) p33 That is, about 75 pounds (about 34 kilograms) q2 Or *Chaldean*

5 Los demás hechos de Joacim, y todo lo que hizo, ¿no está escrito en el libro de las crónicas de los reyes de Judá? 6 Y durmió Joacim con sus padres, y reinó en su lugar Joaquín su hijo.

7 Y nunca más el rey de Egipto salió de su tierra; porque el rey de Babilonia le tomó todo lo que era suyo desde el río de Egipto hasta el río Eufrates.

Joaquín y los nobles son llevados cautivos a Babilonia

8 De dieciocho años era Joaquín cuando comenzó a reinar, y reinó en Jerusalén tres meses. El nombre de su madre fue Nehusta hija de Elnatán, de Jerusalén. 9 E hizo lo malo ante los ojos de Jehová, conforme a todas las cosas que había hecho su padre.

10 En aquel tiempo subieron contra Jerusalén los siervos de Nabucodonosor rey de Babilonia, y la ciudad fue sitiada. 11 Vino también Nabucodonosor rey de Babilonia contra la ciudad, cuando sus siervos la tenían sitiada. 12 Entonces salió Joaquín rey de Judá al rey de Babilonia, él y su madre, sus siervos, sus príncipes y sus oficiales; y lo prendió el rey de Babilonia en el octavo año de su reinado.

13 Y sacó de allí todos los tesoros de la casa de Jehová, y los tesoros de la casa real, y rompió en pedazos todos los utensilios de oro que había hecho Salomón rey de Israel en la casa de Jehová, como Jehová había dicho. 14 Y llevó en cautiverio a toda Jerusalén, a todos los príncipes, y a todos los hombres valientes, hasta diez mil cautivos, y a todos los artesanos y herreros; no quedó nadie, excepto los pobres del pueblo de la tierra. 15 Asimismo llevó cautivos a Babilonia a Joaquín, a la madre del rey, a las mujeres del rey, a sus oficiales y a los poderosos de la tierra; cautivos los llevó de Jerusalén a Babilonia. 16 A todos los hombres de guerra, que fueron siete mil, y a los artesanos y herreros, que fueron mil, y a todos los valientes para hacer la guerra, llevó cautivos el rey de Babilonia. 17 Y el rey de Babilonia puso por rey en lugar de Joaquín a Matanías su tío, y le cambió el nombre por el de Sedequías.

Reinado de Sedequías

18 De veintiún años era Sedequías cuando comenzó a reinar, y reinó en Jerusalén once años. El nombre de su madre fue Hamutal hija de Jeremías, de Libna. 19 E hizo lo malo ante los ojos de Jehová, conforme a todo lo que había hecho Joacim. 20 Vino, pues, la ira de Jehová contra Jerusalén y Judá, hasta que los echó de su presencia. Y Sedequías se rebeló contra el rey de Babilonia.

Caída de Jerusalén

25 1 Aconteció a los nueve años de su reinado, en el mes décimo, a los diez días del mes, que Nabucodonosor rey de Babilonia vino con todo su ejército contra Jerusalén, y la sitió, y levantó torres contra ella alrededor. 2 Y estuvo la ciudad sitiada hasta el año undécimo del rey Sedequías. 3 A los nueve días del cuarto mes prevaleció el hambre en la ciudad, hasta que no hubo pan para el pueblo de la tierra.

5 As for the other events of Jehoiakim's reign, and all he did, are they not written in the book of the annals of the kings of Judah? 6 Jehoiakim rested with his fathers. And Jehoiachin his son succeeded him as king. 7 The king of Egypt did not march out from his own country again, because the king of Babylon had taken all his territory, from the Wadi of Egypt to the Euphrates River.

Jehoiachin King of Judah

8 Jehoiachin was eighteen years old when he became king, and he reigned in Jerusalem three months. His mother's name was Nehushta daughter of Elnathan; she was from Jerusalem. 9 He did evil in the eyes of the Lord, just as his father had done.

10 At that time the officers of Nebuchadnezzar king of Babylon advanced on Jerusalem and laid siege to it, 11 and Nebuchadnezzar himself came up to the city while his officers were besieging it. 12 Jehoiachin king of Judah, his mother, his attendants, his nobles and his officials all surrendered to him.

In the eighth year of the reign of the king of Babylon, he took Jehoiachin prisoner. 13 As the Lord had declared, Nebuchadnezzar removed all the treasures from the temple of the Lord and from the royal palace, and took away all the gold articles that Solomon king of Israel had made for the temple of the Lord. 14 He carried into exile all Jerusalem: all the officers and fighting men, and all the craftsmen and artisans—a total of ten thousand. Only the poorest people of the land were left.

15 Nebuchadnezzar took Jehoiachin captive to Babylon. He also took from Jerusalem to Babylon the king's mother, his wives, his officials and the leading men of the land. 16 The king of Babylon also deported to Babylon the entire force of seven thousand fighting men, strong and fit for war, and a thousand craftsmen and artisans. 17 He made Mattaniah, Jehoiachin's uncle, king in his place and changed his name to Zedekiah.

Zedekiah King of Judah

18 Zedekiah was twenty-one years old when he became king, and he reigned in Jerusalem eleven years. His mother's name was Hamutal daughter of Jeremiah; she was from Libnah. 19 He did evil in the eyes of the Lord, just as Jehoiakim had done. 20 It was because of the Lord's anger that all this happened to Jerusalem and Judah, and in the end he thrust them from his presence.

The Fall of Jerusalem

Now Zedekiah rebelled against the king of Babylon.

25 So in the ninth year of Zedekiah's reign, on the tenth day of the tenth month, Nebuchadnezzar king of Babylon marched against Jerusalem with his whole army. He encamped outside the city and built siege works all around it. 2 The city was kept under siege until the eleventh year of King Zedekiah. 3 By the ninth day of the ⸤fourth⸥ʳ month the famine in the city had become so severe that there was no food for the

r 3 See Jer. 52:6.

4 Abierta ya una brecha en el muro de la ciudad, huyeron de noche todos los hombres de guerra por el camino de la puerta que estaba entre los dos muros, junto a los huertos del rey, estando los caldeos alrededor de la ciudad; y el rey se fue por el camino del Arabá.

5 Y el ejército de los caldeos siguió al rey, y lo apresó en las llanuras de Jericó, habiendo sido dispersado todo su ejército.

6 Preso, pues, el rey, le trajeron al rey de Babilonia en Ribla, y pronunciaron contra él sentencia.

7 Degollaron a los hijos de Sedequías en presencia suya, y a Sedequías le sacaron los ojos, y atado con cadenas lo llevaron a Babilonia.

Cautividad de Judá

8 En el mes quinto, a los siete días del mes, siendo el año diecinueve de Nabucodonosor rey de Babilonia, vino a Jerusalén Nabuzaradán, capitán de la guardia, siervo del rey de Babilonia.

9 Y quemó la casa de Jehová, y la casa del rey, y todas las casas de Jerusalén; y todas las casas de los príncipes quemó a fuego.

10 Y todo el ejército de los caldeos que estaba con el capitán de la guardia, derribó los muros alrededor de Jerusalén.

11 Y a los del pueblo que habían quedado en la ciudad, a los que se habían pasado al rey de Babilonia, y a los que habían quedado de la gente común, los llevó cautivos Nabuzaradán, capitán de la guardia.

12 Mas de los pobres de la tierra dejó Nabuzaradán, capitán de la guardia, para que labrasen las viñas y la tierra.

13 Y quebraron los caldeos las columnas de bronce que estaban en la casa de Jehová, y las basas, y el mar de bronce que estaba en la casa de Jehová, y llevaron el bronce a Babilonia.

14 Llevaron también los calderos, las paletas, las despabiladeras, los cucharones, y todos los utensilios de bronce con que ministraban;

15 incensarios, cuencos, los que de oro, en oro, y los que de plata, en plata, todo lo llevó el capitan de la guardia.

16 Las dos columnas, un mar, y las basas que Salomón había hecho para la casa de Jehová; no fue posible pesar todo esto.

17 La altura de una columna era de dieciocho codos, y tenía encima un capitel de bronce; la altura del capitel era de tres codos, y sobre el capitel había una red y granadas alrededor, todo de bronce; e igual labor había en la otra columna con su red.

18 Tomó entonces el capitán de la guardia al primer sacerdote Seraías, al segundo sacerdote Sofonías, y tres guardas de la vajilla;

19 y de la ciudad tomó un oficial que tenía a su cargo los hombres de guerra, y cinco varones de los consejeros del rey, que estaban en la ciudad, el principal escriba del ejército, que llevaba el registro de la gente del país, y sesenta varones del pueblo de la tierra, que estaban en la ciudad.

20 Estos tomó Nabuzaradán, capitán de la guardia, y los llevó a Ribla al rey de Babilonia.

21 Y el rey de Babilonia los hirió y mató en Ribla, en tierra de Hamat. Así fue llevado cautivo Judá de sobre su tierra.

El remanente huye a Egipto

22 Y al pueblo que Nabucodonosor rey de Babilonia dejó en tierra de Judá, puso por gobernador a Gedalías hijo de Ahicam, hijo de Safán.

people to eat. 4Then the city wall was broken through, and the whole army fled at night through the gate between the two walls near the king's garden, though the Babylonians*s* were surrounding the city. They fled toward the Arabah,*t* 5but the Babylonian*u* army pursued the king and overtook him in the plains of Jericho. All his soldiers were separated from him and scattered, 6and he was captured. He was taken to the king of Babylon at Riblah, where sentence was pronounced on him. 7They killed the sons of Zedekiah before his eyes. Then they put out his eyes, bound him with bronze shackles and took him to Babylon.

8On the seventh day of the fifth month, in the nineteenth year of Nebuchadnezzar king of Babylon, Nebuzaradan commander of the imperial guard, an official of the king of Babylon, came to Jerusalem. 9He set fire to the temple of the LORD, the royal palace and all the houses of Jerusalem. Every important building he burned down. 10The whole Babylonian army, under the commander of the imperial guard, broke down the walls around Jerusalem. 11Nebuzaradan the commander of the guard carried into exile the people who remained in the city, along with the rest of the populace and those who had gone over to the king of Babylon. 12But the commander left behind some of the poorest people of the land to work the vineyards and fields.

13The Babylonians broke up the bronze pillars, the movable stands and the bronze Sea that were at the temple of the LORD and they carried the bronze to Babylon. 14They also took away the pots, shovels, wick trimmers, dishes and all the bronze articles used in temple service. 15The commander of the imperial guard took away the censers and sprinkling bowls — all that were made of pure gold or silver.

16The bronze from the two pillars, the Sea and the movable stands, which Solomon had made for the temple of the LORD, was more than could be weighed. 17Each pillar was twenty-seven feet*v* high. The bronze capital on top of one pillar was four and a half feet*w* high and was decorated with a network and pomegranates of bronze all around. The other pillar, with its network, was similar.

18The commander of the guard took as prisoners Seraiah the chief priest, Zephaniah the priest next in rank and the three doorkeepers. 19Of those still in the city, he took the officer in charge of the fighting men and five royal advisers. He also took the secretary who was chief officer in charge of conscripting the people of the land and sixty of his men who were found in the city. 20Nebuzaradan the commander took them all and brought them to the king of Babylon at Riblah. 21There at Riblah, in the land of Hamath, the king had them executed.

So Judah went into captivity, away from her land. 22Nebuchadnezzar king of Babylon appointed Gedaliah son of Ahikam, the son of Shaphan, to be over the people he had left behind in Judah. 23When all the

s 4 Or *Chaldeans*; also in verses 13, 25 and 26   *t* 4 Or *the Jordan Valley*   *u* 5 Or *Chaldean*; also in verses 10 and 24   *v* 17 Hebrew *eighteen cubits* (about 8.1 meters)   *w* 17 Hebrew *three cubits* (about 1.3 meters)

23 Y oyendo todos los príncipes del ejército, ellos y su gente, que el rey de Babilonia había puesto por gobernador a Gedalías, vinieron a él en Mizpa; Ismael hijo de Netanías, Johanán hijo de Carea, Seraías hijo de Tanhumet netofatita, y Jaazanías hijo de un maacateo, ellos con los suyos. 24 Entonces Gedalías les hizo juramento a ellos y a los suyos, y les dijo: No temáis de ser siervos de los caldeos; habitad en la tierra, y servid al rey de Babilonia, y os irá bien.

25 Mas en el mes séptimo vino Ismael hijo de Netanías, hijo de Elisama, de la estirpe real, y con él diez varones, e hirieron a Gedalías, y murió; y también a los de Judá y a los caldeos que estaban con él en Mizpa.

26 Y levantándose todo el pueblo, desde el menor hasta el mayor, con los capitanes del ejército, se fueron a Egipto, por temor de los caldeos.

Joaquín es libertado y recibe honores en Babilonia

27 Aconteció a los treinta y siete años del cautiverio de Joaquín rey de Judá, en el mes duodécimo, a los veintisiete días del mes, que Evil-merodac rey de Babilonia, en el primer año de su reinado, libertó a Joaquín rey de Judá, sacándolo de la cárcel;

28 y le habló con benevolencia, y puso su trono más alto que los tronos de los reyes que estaban con él en Babilonia. 29 Y le cambió los vestidos de prisionero, y comió siempre delante de él todos los días de su vida.

30 Y diariamente le fue dada su comida de parte del rey, de continuo, todos los días de su vida.

army officers and their men heard that the king of Babylon had appointed Gedaliah as governor, they came to Gedaliah at Mizpah—Ishmael son of Nethaniah, Johanan son of Kareah, Seraiah son of Tanhumeth the Netophathite, Jaazaniah the son of the Maacathite, and their men. 24 Gedaliah took an oath to reassure them and their men. "Do not be afraid of the Babylonian officials," he said. "Settle down in the land and serve the king of Babylon, and it will go well with you."

25 In the seventh month, however, Ishmael son of Nethaniah, the son of Elishama, who was of royal blood, came with ten men and assassinated Gedaliah and also the men of Judah and the Babylonians who were with him at Mizpah. 26 At this, all the people from the least to the greatest, together with the army officers, fled to Egypt for fear of the Babylonians.

Jehoiachin Released

27 In the thirty-seventh year of the exile of Jehoiachin king of Judah, in the year Evil-Merodach[x] became king of Babylon, he released Jehoiachin from prison on the twenty-seventh day of the twelfth month. 28 He spoke kindly to him and gave him a seat of honor higher than those of the other kings who were with him in Babylon. 29 So Jehoiachin put aside his prison clothes and for the rest of his life ate regularly at the king's table. 30 Day by day the king gave Jehoiachin a regular allowance as long as he lived.

x27 Also called *Amel-Marduk*

PRIMER LIBRO DE
CRÓNICAS

1 CHRONICLES

Historical Records From Adam
to Abraham

To Noah's Sons

Descendientes de Adán

1 ¹ Adán, Set, Enós, ² Cainán, Mahalaleel, Jared, ³ Enoc, Matusalén, Lamec, ⁴ Noé, Sem, Cam y Jafet.

1 Adam, Seth, Enosh, ²Kenan, Mahalalel, Jared, ³Enoch, Methuselah, Lamech, Noah.

⁴The sons of Noah: *a*
Shem, Ham and Japheth.

The Japhethites

Descendientes de los hijos de Noé

⁵ Los hijos de Jafet: Gomer, Magog, Madai, Javán, Tubal, Mesec y Tiras.
⁶ Los hijos de Gomer: Askenaz, Rifat y Togarma.
⁷ Los hijos de Javán: Elisa, Tarsis, Quitim y Dodanim.
  ⁸ Los hijos de Cam: Cus, Mizraim, Fut y Canaán.
⁹ Los hijos de Cus: Seba, Havila, Sabta, Raama y Sabteca. Y los hijos de Raama: Seba y Dedán.
¹⁰ Cus engendró a Nimrod; éste llegó a ser poderoso en la tierra.
  ¹¹ Mizraim engendró a Ludim, Anamim, Lehabim, Naftuhim,
¹² Patrusin y Casluhim; de éstos salieron los filisteos y los caftoreos.
  ¹³ Canaán engendró a Sidón su primogénito, y a Het,
¹⁴ al jebuseo, al amorreo, al gergeseo,
¹⁵ al heveo, al araceo, al sineo,
¹⁶ al arvadeo, al zemareo y al hamateo.
  ¹⁷ Los hijos de Sem: Elam, Asur, Arfaxad, Lud, Aram, Uz, Hul, Geter y Mesec.
¹⁸ Arfaxad engendró a Sela, y Sela engendró a Heber.
¹⁹ Y a Heber nacieron dos hijos; el nombre del uno fue Peleg, por cuanto en sus días fue dividida la tierra; y el nombre de su hermano fue Joctán.
²⁰ Joctán engendró a Almodad, Selef, Hazar-mavet y Jera,

⁵The sons *b* of Japheth:
Gomer, Magog, Madai, Javan, Tubal, Meshech and Tiras.
⁶The sons of Gomer:
Ashkenaz, Riphath *c* and Togarmah.
⁷The sons of Javan:
Elishah, Tarshish, the Kittim and the Rodanim.

The Hamites

⁸The sons of Ham:
Cush, Mizraim, *d* Put and Canaan.
⁹The sons of Cush:
Seba, Havilah, Sabta, Raamah and Sabteca.
The sons of Raamah:
Sheba and Dedan.
¹⁰Cush was the father *e* of
Nimrod, who grew to be a mighty warrior on earth.
¹¹Mizraim was the father of
the Ludites, Anamites, Lehabites, Naphtuhites, ¹²Pathrusites, Casluhites (from whom the Philistines came) and Caphtorites.
¹³Canaan was the father of
Sidon his firstborn, *f* and of the Hittites, ¹⁴Jebusites, Amorites, Girgashites, ¹⁵Hivites, Arkites, Sinites, ¹⁶Arvadites, Zemarites and Hamathites.

The Semites

¹⁷The sons of Shem:
Elam, Asshur, Arphaxad, Lud and Aram.
The sons of Aram *g*:
Uz, Hul, Gether and Meshech.
¹⁸Arphaxad was the father of Shelah,
and Shelah the father of Eber.
¹⁹Two sons were born to Eber:
One was named Peleg, *h* because in his time the earth was divided; his brother was named Joktan.
²⁰Joktan was the father of
Almodad, Sheleph, Hazarmaveth, Jerah,

---

a4 Septuagint; Hebrew does not have *The sons of Noah:*
b5 *Sons* may mean *descendants* or *successors* or *nations*; also in verses 6-10, 17 and 20.   *c6* Many Hebrew manuscripts and Vulgate (see also Septuagint and Gen. 10:3); most Hebrew manuscripts *Diphath*   *d8* That is, Egypt; also in verse 11
e10 *Father* may mean *ancestor* or *predecessor* or *founder*; also in verses 11, 13, 18 and 20.   *f13* Or *of the Sidonians, the foremost*   *g17* One Hebrew manuscript and some Septuagint manuscripts (see also Gen. 10:23); most Hebrew manuscripts do not have this line.   *h19* *Peleg* means *division.*

21 A Adoram también, a Uzal, Dicla,
22 Ebal, Abimael, Seba,
23 Ofir, Havila y Jobab; todos hijos de Joctán.

Descendientes de Sem

24 Sem, Arfaxad, Sela,
25 Heber, Peleg, Reu,
26 Serug, Nacor, Taré,
27 y Abram, el cual es Abraham.

Descendientes de Ismael y de Cetura

28 Los hijos de Abraham: Isaac e Ismael.
29 Y estas son sus descendencias: el primogénito de Ismael, Nebaiot; después Cedar, Adbeel, Mibsam,
30 Misma, Duma, Massa, Hadad, Tema,
31 Jetur, Nafis y Cedema; éstos son los hijos de Ismael.
32 Y Cetura, concubina de Abraham, dio a luz a Zimram, Jocsán, Medán, Madián, Isbac y Súa. Los hijos de Jocsán: Seba y Dedán.
33 Los hijos de Madián: Efa, Efer, Hanoc, Abida y Elda; todos éstos fueron hijos de Cetura.

Descendientes de Esaú

34 Abraham engendró a Isaac, y los hijos de Isaac fueron Esaú e Israel.
35 Los hijos de Esaú: Elifaz, Reuel, Jeús, Jaalam y Coré.
36 Los hijos de Elifaz: Temán, Omar, Zefo, Gatam, Cenaz, Timna y Amalec.
37 Los hijos de Reuel: Nahat, Zera, Sama y Miza.
38 Los hijos de Seir: Lotán, Sobal, Zibeón, Aná, Disón, Ezer y Disán.
39 Los hijos de Lotán: Hori y Homam; y Timna fue hermana de Lotán.
40 Los hijos de Sobal: Alván, Manahat, Ebal, Sefo y Onam. Los hijos de Zibeón: Aja y Aná.
41 Disón fue hijo de Aná; y los hijos de Disón: Amram, Esbán, Itrán y Querán.

The Family of Abraham

21 Hadoram, Uzal, Diklah, 22 Obal, Abimael, Sheba, 23 Ophir, Havilah and Jobab. All these were sons of Joktan.

24 Shem, Arphaxad, Shelah,
25 Eber, Peleg, Reu,
26 Serug, Nahor, Terah
27 and Abram (that is, Abraham).

The Family of Abraham

28 The sons of Abraham:
   Isaac and Ishmael.

Descendants of Hagar

29 These were their descendants:
   Nebaioth the firstborn of Ishmael, Kedar, Adbeel, Mibsam, 30 Mishma, Dumah, Massa, Hadad, Tema, 31 Jetur, Naphish and Kedemah. These were the sons of Ishmael.

Descendants of Keturah

32 The sons born to Keturah, Abraham's concubine:
   Zimran, Jokshan, Medan, Midian, Ishbak and Shuah.
The sons of Jokshan:
   Sheba and Dedan.
33 The sons of Midian:
   Ephah, Epher, Hanoch, Abida and Eldaah.
All these were descendants of Keturah.

Descendants of Sarah

34 Abraham was the father of Isaac.
The sons of Isaac:
   Esau and Israel.

Esau's Sons

35 The sons of Esau:
   Eliphaz, Reuel, Jeush, Jalam and Korah.
36 The sons of Eliphaz:
   Teman, Omar, Zepho, Gatam and Kenaz; by Timna: Amalek.
37 The sons of Reuel:
   Nahath, Zerah, Shammah and Mizzah.

The People of Seir in Edom

38 The sons of Seir:
   Lotan, Shobal, Zibeon, Anah, Dishon, Ezer and Dishan.
39 The sons of Lotan:
   Hori and Homam. Timna was Lotan's sister.
40 The sons of Shobal:
   Alvan, Manahath, Ebal, Shepho and Onam.
The sons of Zibeon:
   Aiah and Anah.
41 The son of Anah:
   Dishon.
The sons of Dishon:
   Hemdan, Eshban, Ithran and Keran.

i22 Some Hebrew manuscripts and Syriac (see also Gen. 10:28); most Hebrew manuscripts Ebal   j24 Hebrew; some Septuagint manuscripts Arphaxad, Cainan (see also note at Gen. 11:10)   k36 Many Hebrew manuscripts, some Septuagint manuscripts and Syriac (see also Gen. 36:11); most Hebrew manuscripts Zephi   l36 Some Septuagint manuscripts (see also Gen. 36:12); Hebrew Gatam, Kenaz, Timna and Amalek   m40 Many Hebrew manuscripts and some Septuagint manuscripts (see also Gen. 36:23); most Hebrew manuscripts Alian   n41 Many Hebrew manuscripts and some Septuagint manuscripts (see also Gen. 36:26); most Hebrew manuscripts Hamran

42 Los hijos de Ezer: Bilhán, Zaaván y Jaacán. Los hijos de Disán: Uz y Arán.

43 Y estos son los reyes que reinaron en la tierra de Edom, antes que reinase rey sobre los hijos de Israel: Bela hijo de Beor; y el nombre de su ciudad fue Dinaba.
44 Muerto Bela, reinó en su lugar Jobab hijo de Zera, de Bosra.
45 Y muerto Jobab, reinó en su lugar Husam, de la tierra de los temanitas.
46 Muerto Husam, reinó en su lugar Hadad hijo de Bedad, el que derrotó a Madián en el campo de Moab; y el nombre de su ciudad fue Avit.
47 Muerto Hadad, reinó en su lugar Samla de Masreca.
48 Muerto también Samla, reinó en su lugar Saúl de Rehobot, que está junto al Eufrates.
49 Y muerto Saúl, reinó en su lugar Baal-hanán hijo de Acbor.
50 Muerto Baal-hanán, reinó en su lugar Hadad, el nombre de cuya ciudad fue Pai; y el nombre de su mujer, Mehetabel hija de Matred, hija de Mezaab.
51 Muerto Hadad, sucedieron en Edom los jefes Timna, Alva, Jetet,
52 Aholibama, Ela, Pinón,
53 Cenaz, Temán, Mibzar,
54 Magdiel e Iram. Estos fueron los jefes de Edom.

Los hijos de Israel

2 1 Estos son los hijos de Israel: Rubén, Simeón, Leví, Judá, Isacar, Zabulón,
2 Dan, José, Benjamín, Neftalí, Gad y Aser.

Descendientes de Judá

3 Los hijos de Judá: Er, Onán y Sela. Estos tres le nacieron de la hija de Súa, cananea. Y Er, primogénito de Judá, fue malo delante de Jehová, quien lo mató.
4 Y Tamar su nuera dio a luz a Fares y a Zera. Todos los hijos de Judá fueron cinco.
5 Los hijos de Fares: Hezrón y Hamul.
6 Y los hijos de Zera: Zimri, Etán, Hemán, Calcol y Dara; por todos cinco.
7 Hijo de Carmi fue Acán, el que perturbó a Israel, porque prevaricó en el anatema.

42 The sons of Ezer:
　　Bilhan, Zaavan and Akan.o
　The sons of Dishanp:
　　Uz and Aran.

The Rulers of Edom

43 These were the kings who reigned in Edom before any Israelite king reignedq:
　　Bela son of Beor, whose city was named Dinhabah.
44 When Bela died, Jobab son of Zerah from Bozrah succeeded him as king.
45 When Jobab died, Husham from the land of the Temanites succeeded him as king.
46 When Husham died, Hadad son of Bedad, who defeated Midian in the country of Moab, succeeded him as king. His city was named Avith.
47 When Hadad died, Samlah from Masrekah succeeded him as king.
48 When Samlah died, Shaul from Rehoboth on the riverr succeeded him as king.
49 When Shaul died, Baal-Hanan son of Acbor succeeded him as king.
50 When Baal-Hanan died, Hadad succeeded him as king. His city was named Pau,s and his wife's name was Mehetabel daughter of Matred, the daughter of Me-Zahab. 51 Hadad also died.

The chiefs of Edom were:
　Timna, Alvah, Jetheth, 52 Oholibamah, Elah, Pinon, 53 Kenaz, Teman, Mibzar, 54 Magdiel and Iram. These were the chiefs of Edom.

Israel's Sons

2 These were the sons of Israel:
　Reuben, Simeon, Levi, Judah, Issachar, Zebulun, 2 Dan, Joseph, Benjamin, Naphtali, Gad and Asher.

Judah

To Hezron's Sons

3 The sons of Judah:
　Er, Onan and Shelah. These three were born to him by a Canaanite woman, the daughter of Shua. Er, Judah's firstborn, was wicked in the LORD's sight; so the LORD put him to death. 4 Tamar, Judah's daughter-in-law, bore him Perez and Zerah. Judah had five sons in all.

5 The sons of Perez:
　Hezron and Hamul.
6 The sons of Zerah:
　Zimri, Ethan, Heman, Calcol and Dardat—five in all.
7 The son of Carmi:
　Achar,u who brought trouble on Israel by violating the ban on taking devoted things.v

o42 Many Hebrew and Septuagint manuscripts (see also Gen. 36:27); most Hebrew manuscripts Zaavan, Jaakan 　p42 Hebrew Dishon, a variant of Dishan 　q43 Or before an Israelite king reigned over them 　r48 Possibly the Euphrates 　s50 Many Hebrew manuscripts, some Septuagint manuscripts, Vulgate and Syriac (see also Gen. 36:39); most Hebrew manuscripts Pai 　t6 Many Hebrew manuscripts, some Septuagint manuscripts and Syriac (see also 1 Kings 4:31); most Hebrew manuscripts Dara 　u7 Achar means trouble; Achar is called Achan in Joshua. 　v7 The Hebrew term refers to the irrevocable giving over of things or persons to the LORD, often by totally destroying them.

8 Azarías fue hijo de Etán.

9 Los hijos que nacieron a Hezrón: Jerameel, Ram y Quelubai.

10 Ram engendró a Aminadab, y Aminadab engendró a Naasón, príncipe de los hijos de Judá.

11 Naasón engendró a Salmón, y Salmón engendró a Booz.

12 Booz engendró a Obed, y Obed engendró a Isaí,

13 e Isaí engendró a Eliab su primogénito, el segundo Abinadab, Simea el tercero,

14 el cuarto Natanael, el quinto Radai,

15 el sexto Ozem, el séptimo David.

16 de los cuales Sarvia y Abigail fueron hermanas. Los hijos de Sarvia fueron tres: Abisai, Joab y Asael.

17 Abigail dio a luz a Amasa, cuyo padre fue Jeter ismaelita,

18 Caleb hijo de Hezrón engendró a Jeriot de su mujer Azuba. Y los hijos de ella fueron Jeser, Sobab y Ardón.

19 Muerta Azuba, tomó Caleb por mujer a Efrata, la cual dio a luz a Hur.

20 Y Hur engendró a Uri, y Uri engendró a Bezaleel.

21 Después entró Hezrón a la hija de Maquir padre de Galaad, la cual tomó siendo él de sesenta años, y ella dio a luz a Segub.

22 Y Segub engendró a Jair, el cual tuvo veintitrés ciudades en la tierra de Galaad.

23 Pero Gesur y Aram tomaron de ellos las ciudades de Jair, con Kenat y sus aldeas, sesenta lugares. Todos éstos fueron de los hijos de Maquir padre de Galaad.

24 Muerto Hezrón en Caleb de Efrata, Abías mujer de Hezrón dio a luz a Asur padre de Tecoa.

25 Los hijos de Jerameel primogénito de Hezrón fueron Ram su primogénito, Buna, Orén, Ozem y Ahías.

26 Y tuvo Jerameel otra mujer llamada Atara, que fue madre de Onam.

27 Los hijos de Ram primogénito de Jerameel fueron Maaz, Jamín y Equer.

28 Y los hijos de Onam fueron Samai y Jada. Los hijos de Samai: Nadab y Abisur.

29 Y el nombre de la mujer de Abisur fue Abihail, la cual dio a luz a Ahbán y a Molid.

30 Los hijos de Nadab: Seled y Apaim. Y Seled murió sin hijos.

31 Isi fue hijo de Apaim, y Sesán hijo de Isi, e hijo de Sesán, Ahlai.

---

8 The son of Ethan:
Azariah.

9 The sons born to Hezron were:
Jerahmeel, Ram and Caleb. *w*

From Ram Son of Hezron

10 Ram was the father of
Amminadab, and Amminadab the father of Nahshon, the leader of the people of Judah. 11 Nahshon was the father of Salmon, *x* Salmon the father of Boaz, 12 Boaz the father of Obed and Obed the father of Jesse.

13 Jesse was the father of
Eliab his firstborn; the second son was Abinadab, the third Shimea, 14 the fourth Nethanel, the fifth Raddai, 15 the sixth Ozem and the seventh David. 16 Their sisters were Zeruiah and Abigail. Zeruiah's three sons were Abishai, Joab and Asahel. 17 Abigail was the mother of Amasa, whose father was Jether the Ishmaelite.

Caleb Son of Hezron

18 Caleb son of Hezron had children by his wife Azubah (and by Jerioth). These were her sons: Jesher, Shobab and Ardon. 19 When Azubah died, Caleb married Ephrath, who bore him Hur. 20 Hur was the father of Uri, and Uri the father of Bezalel.

21 Later, Hezron lay with the daughter of Makir the father of Gilead (he had married her when he was sixty years old), and she bore him Segub. 22 Segub was the father of Jair, who controlled twenty-three towns in Gilead. 23 (But Geshur and Aram captured Havvoth Jair, *y* as well as Kenath with its surrounding settlements — sixty towns.) All these were descendants of Makir the father of Gilead.

24 After Hezron died in Caleb Ephrathah, Abijah the wife of Hezron bore him Ashhur the father *z* of Tekoa.

Jerahmeel Son of Hezron

25 The sons of Jerahmeel the firstborn of Hezron: Ram his firstborn, Bunah, Oren, Ozem and *a* Ahijah. 26 Jerahmeel had another wife, whose name was Atarah; she was the mother of Onam.

27 The sons of Ram the firstborn of Jerahmeel: Maaz, Jamin and Eker.

28 The sons of Onam:
Shammai and Jada.
The sons of Shammai:
Nadab and Abishur.

29 Abishur's wife was named Abihail, who bore him Ahban and Molid.

30 The sons of Nadab:
Seled and Appaim. Seled died without children.

31 The son of Appaim:
Ishi, who was the father of Sheshan.
Sheshan was the father of Ahlai.

---

w9 Hebrew *Kelubai,* a variant of *Caleb*   *x11* Septuagint (see also Ruth 4:21); Hebrew *Salma*   *y23* Or *captured the settlements of Jair*   *z24 Father* may mean *civic leader* or *military leader;* also in verses 42, 45, 49-52 and possibly elsewhere.   *a25* Or *Oren and Ozem, by*

32 Los hijos de Jada hermano de Samai: Jeter y Jonatán. Y murió Jeter sin hijos.

33 Los hijos de Jonatán: Pelet y Zaza. Estos fueron los hijos de Jerameel.

34 Y Sesán no tuvo hijos, sino hijas; pero tenía Sesán un siervo egipcio llamado Jarha.

35 A éste Sesán dio su hija por mujer, y ella dio a luz a Atai.

36 Atai engendró a Natán, y Natán engendró a Zabad;

37 Zabad engendró a Eflal, Eflal engendró a Obed;

38 Obed engendró a Jehú, Jehú engendró a Azarías;

39 Azarías engendró a Heles, Heles engendró a Elasa;

40 Elasa engendró a Sismai, Sismai engendró a Salum;

41 Salum engendró a Jecamías, y Jecamías engendró a Elisama.

42 Los hijos de Caleb hermano de Jerameel fueron: Mesa su primogénito, que fue el padre de Zif; y los hijos de Maresa padre de Hebrón.

43 Y los hijos de Hebrón: Coré, Tapúa, Requem y Sema.

44 Sema engendró a Raham padre de Jorcoam, y Requem engendró a Samai.

45 Maón fue hijo de Samai, y Maón padre de Bet-sur.

46 Y Efa concubina de Caleb dio a luz a Harán, a Mosa y a Gazez. Y Harán engendró a Gazez.

47 Los hijos de Jahdai: Regem, Jotam, Gesam, Pelet, Efa y Saaf.

48 Maaca concubina de Caleb dio a luz a Seber y a Tirhana.

49 También dio a luz a Saaf padre de Madmana, y a Seva padre de Macbena y padre de Gibea. Y Acsa fue hija de Caleb.

50 Estos fueron los hijos de Caleb. Los hijos de Hur primogénito de Efrata: Sobal padre de Quiriat-jearim,

51 Salma padre de Belén, y Haref padre de Bet-gader.

52 Y los hijos de Sobal padre de Quiriat-jearim fueron Haroe, la mitad de los manahetitas.

53 Y las familias de Quiriat-jearim fueron los itritas, los futitas, los sumatitas y los misraítas, de los cuales salieron los zoratitas y los estaolitas,

54 Los hijos de Salma: Belén, y los netofatitas. Atrot-bet-joab, y la mitad de los manahetitas, los zoraítas.

55 Y las familias de los escribas que moraban en Jabes fueron los tirateos, los simeateos y los sucateos, los cuales son los ceneos que vinieron de Hamat padre de la casa de Recab.

32 The sons of Jada, Shammai's brother: Jether and Jonathan. Jether died without children.

33 The sons of Jonathan: Peleth and Zaza.

These were the descendants of Jerahmeel.

34 Sheshan had no sons—only daughters.

He had an Egyptian servant named Jarha. 35 Sheshan gave his daughter in marriage to his servant Jarha, and she bore him Attai.

36 Attai was the father of Nathan, Nathan the father of Zabad,

37 Zabad the father of Ephlal, Ephlal the father of Obed,

38 Obed the father of Jehu, Jehu the father of Azariah,

39 Azariah the father of Helez, Helez the father of Eleasah,

40 Eleasah the father of Sismai, Sismai the father of Shallum,

41 Shallum the father of Jekamiah, and Jekamiah the father of Elishama.

The Clans of Caleb

42 The sons of Caleb the brother of Jerahmeel: Mesha his firstborn, who was the father of Ziph, and his son Mareshah,[b] who was the father of Hebron.

43 The sons of Hebron: Korah, Tappuah, Rekem and Shema. 44 Shema was the father of Raham, and Raham the father of Jorkeam. Rekem was the father of Shammai. 45 The son of Shammai was Maon, and Maon was the father of Beth Zur.

46 Caleb's concubine Ephah was the mother of Haran, Moza and Gazez. Haran was the father of Gazez.

47 The sons of Jahdai: Regem, Jotham, Geshan, Pelet, Ephah and Shaaph.

48 Caleb's concubine Maacah was the mother of Sheber and Tirhanah. 49 She also gave birth to Shaaph the father of Madmannah and to Sheva the father of Macbenah and Gibea. Caleb's daughter was Acsah. 50 These were the descendants of Caleb.

The sons of Hur the firstborn of Ephrathah: Shobal the father of Kiriath Jearim, 51 Salma the father of Bethlehem, and Hareph the father of Beth Gader.

52 The descendants of Shobal the father of Kiriath Jearim were: Haroeh, half the Manahathites, 53 and the clans of Kiriath Jearim: the Ithrites, Puthites, Shumathites and Mishraites. From these descended the Zorathites and Eshtaolites.

54 The descendants of Salma: Bethlehem, the Netophathites, Atroth Beth Joab, half the Manahathites, the Zorites, 55 and the clans of scribes[c] who lived at Jabez: the Tirathites, Shimeathites and Sucathites. These are the Kenites who came from Hammath, the father of the house of Recab.[d]

b42 The meaning of the Hebrew for this phrase is uncertain.
c55 Or of the Sopherites   d55 Or father of Beth Recab

Los hijos de David

3 ¹ Estos son los hijos de David que le nacieron en Hebrón: Amnón el primogénito, de Ahinoam jezreelita; el segundo, Daniel, de Abigail la de Carmel; ² el tercero, Absalón hijo de Maaca, hija de Talmai rey de Gesur; el cuarto, Adonías hijo de Haguit; ³ el quinto, Sefatías, de Abital; el sexto, Itream, de Egla su mujer. ⁴ Estos seis le nacieron en Hebrón, donde reinó siete años y seis meses; y en Jerusalén reinó treinta y tres años. ⁵ Estos cuatro le nacieron en Jerusalén: Simea, Sobab, Natán, y Salomón hijo de Bet-súa hija de Amiel. ⁶ Y otros nueve: Ibhar, Elisama, Elifelet, ⁷ Noga, Nefeg, Jafía, ⁸ Elisama, Eliada y Elifelet. ⁹ Todos éstos fueron los hijos de David, sin los hijos de las concubinas. Y Tamar fue hermana de ellos.

Descendientes de Salomón

¹⁰ Hijo de Salomón fue Roboam, cuyo hijo fue Abías, del cual fue hijo Asa, cuyo hijo fue Josafat, ¹¹ de quien fue hijo Joram, cuyo hijo fue Ocozías, hijo del cual fue Joás, ¹² del cual fue hijo Amasías, cuyo hijo fue Azarías, e hijo de éste, Jotam, ¹³ Hijo de éste fue Acaz, del que fue hijo Ezequías, cuyo hijo fue Manasés, ¹⁴ del cual fue hijo Amón, cuyo hijo fue Josías. ¹⁵ Y los hijos de Josías: Johanán su primogénito, el segundo Joacim, el tercero Sedequías, el cuarto Salum. ¹⁶ Los hijos de Joacim: Jeconías su hijo, hijo del cual fue Sedequías. ¹⁷ Y los hijos de Jeconías: Asir, Salatiel, ¹⁸ Malquiram, Pedaías, Senazar, Jecamías, Hosama y Nedabías. ¹⁹ Los hijos de Pedaías: Zorobabel y Simei. Y los hijos de Zorobabel: Mesulam, Hananías, y Selomit su hermana; ²⁰ y Hasuba, Ohel, Berequías, Hasadías y Jusab-hesed; cinco por todos.

The Sons of David

3 These were the sons of David born to him in Hebron:

The firstborn was Amnon the son of Ahinoam of Jezreel;

the second, Daniel the son of Abigail of Carmel;

²the third, Absalom the son of Maacah daughter of Talmai king of Geshur;

the fourth, Adonijah the son of Haggith;

³the fifth, Shephatiah the son of Abital;

and the sixth, Ithream, by his wife Eglah.

⁴These six were born to David in Hebron, where he reigned seven years and six months.

David reigned in Jerusalem thirty-three years, ⁵and these were the children born to him there:

Shammua,ᵉ Shobab, Nathan and Solomon.

These four were by Bathshebaᶠ daughter of Ammiel. ⁶There were also Ibhar, Elishua,ᵍ Eliphelet, ⁷Nogah, Nepheg, Japhia, ⁸Elishama, Eliada and Eliphelet—nine in all. ⁹All these were the sons of David, besides his sons by his concubines. And Tamar was their sister.

The Kings of Judah

¹⁰Solomon's son was Rehoboam,
Abijah his son,
Asa his son,
Jehoshaphat his son,
¹¹Jehoramʰ his son,
Ahaziah his son,
Joash his son,
¹²Amaziah his son,
Azariah his son,
Jotham his son,
¹³Ahaz his son,
Hezekiah his son,
Manasseh his son,
¹⁴Amon his son,
Josiah his son.
¹⁵The sons of Josiah:
Johanan the firstborn,
Jehoiakim the second son,
Zedekiah the third,
Shallum the fourth.
¹⁶The successors of Jehoiakim:
Jehoiachinⁱ his son,
and Zedekiah.

The Royal Line After the Exile

¹⁷The descendants of Jehoiachin the captive:
Shealtiel his son, ¹⁸Malkiram, Pedaiah, Shenazzar, Jekamiah, Hoshama and Nedabiah.
¹⁹The sons of Pedaiah:
Zerubbabel and Shimei.
The sons of Zerubbabel:
Meshullam and Hananiah.
Shelomith was their sister.
²⁰There were also five others:
Hashubah, Ohel, Berekiah, Hasadiah and Jushab-Hesed.

ᵉ5 Hebrew *Shimea,* a variant of *Shammua*   ᶠ5 One Hebrew manuscript and Vulgate (see also Septuagint and 2 Samuel 11:3); most Hebrew manuscripts *Bathshua*   ᵍ6 Two Hebrew manuscripts (see also 2 Samuel 5:15 and 1 Chron. 14:5); most Hebrew manuscripts *Elishama*   ʰ11 Hebrew *Joram,* a variant of *Jehoram*   ⁱ16 Hebrew *Jeconiah,* a variant of *Jehoiachin;* also in verse 17

21 Los hijos de Hananías: Pelatías y Jesaías; su hijo, Refaías; su hijo, Arnán; su hijo, Abdías; su hijo, Secanías.
22 Hijo de Secanías fue Semaías; y los hijos de Semaías: Hatús, Igal, Barías, Nearías y Safat, seis.
23 Los hijos de Nearías fueron estos tres: Elioenai, Ezequías y Azricam.
24 Los hijos de Elioenai fueron estos siete: Hodavías, Eliasib, Pelaías, Acub, Johanán, Dalaías y Anani.

Descendientes de Judá

4 1 Los hijos de Judá: Fares, Hezrón, Carmi, Hur y Sobal. 2 Reaía hijo de Sobal engendró a Jahat, y Jahat engendró a Ahumai y a Lahad. Estas son las familias de los zoratitas.
3 Y estas son las del padre de Etam: Jezreel, Isma e Ibdas. Y el nombre de su hermana fue Haze-lelponi.
4 Penuel fue padre de Gedor, y Ezer padre de Husa. Estos fueron los hijos de Hur primogénito de Efrata, padre de Belén.
5 Asur padre de Tecoa tuvo dos mujeres, Hela y Naara.
6 Y Naara dio a luz a Ahuzam, Hefer, Temeni y Ahastari. Estos fueron los hijos de Naara.
7 Los hijos de Hela: Zeret, Jezoar y Etnán.
8 Cos engendró a Anub, a Zobeba, y la familia de Aharhel hijo de Harum.
9 Y Jabes fue más ilustre que sus hermanos, al cual su madre llamó Jabes, diciendo: Por cuanto lo di a luz en dolor. a
10 E invocó Jabes al Dios de Israel, diciendo: ¡Oh, si me dieras bendición, y ensancharas mi territorio, y si tu mano estuviera conmigo, y me libraras de mal, para que no me dañe! Y le otorgó Dios lo que pidió.
11 Quelub hermano de Súa engendró a Mehir, el cual fue padre de Estón.
12 Y Estón engendró a Bet-rafa, a Paseah, y a Tehina padre de la ciudad de Nahas; éstos son los varones de Reca.
13 Los hijos de Cenaz: Otoniel y Seraías. Los hijos de Otoniel: Hatat,
14 y Meonotai, el cual engendró a Ofra. Y Seraías engendró a Joab, padre de los habitantes del valle de Carisim, b porque fueron artífices.
15 Los hijos de Caleb hijo de Jefone: Iru, Ela y Naam; e hijo de Ela fue Cenaz.
16 Los hijos de Jehalelel: Zif, Zifa, Tirías y Asareel.

21 The descendants of Hananiah:
Pelatiah and Jeshaiah, and the sons of Rephaiah, of Arnan, of Obadiah and of Shecaniah.
22 The descendants of Shecaniah:
Shemaiah and his sons:
Hattush, Igal, Bariah, Neariah and Shaphat— six in all.
23 The sons of Neariah:
Elioenai, Hizkiah and Azrikam—three in all.
24 The sons of Elioenai:
Hodaviah, Eliashib, Pelaiah, Akkub, Johanan, Delaiah and Anani—seven in all.

Other Clans of Judah

4 The descendants of Judah:
Perez, Hezron, Carmi, Hur and Shobal.
2 Reaiah son of Shobal was the father of Jahath, and Jahath the father of Ahumai and Lahad. These were the clans of the Zorathites.
3 These were the sons *j* of Etam:
Jezreel, Ishma and Idbash. Their sister was named Hazzelelponi. 4 Penuel was the father of Gedor, and Ezer the father of Hushah.
These were the descendants of Hur, the firstborn of Ephrathah and father *k* of Bethlehem.
5 Ashhur the father of Tekoa had two wives, Helah and Naarah.
6 Naarah bore him Ahuzzam, Hepher, Temeni and Haahashtari. These were the descendants of Naarah.
7 The sons of Helah:
Zereth, Zohar, Ethnan, 8 and Koz, who was the father of Anub and Hazzobebah and of the clans of Aharhel son of Harum.

9 Jabez was more honorable than his brothers. His mother had named him Jabez, *l* saying, "I gave birth to him in pain." 10 Jabez cried out to the God of Israel, "Oh, that you would bless me and enlarge my territory! Let your hand be with me, and keep me from harm so that I will be free from pain." And God granted his request.

11 Kelub, Shuhah's brother, was the father of Mehir, who was the father of Eshton. 12 Eshton was the father of Beth Rapha, Paseah and Tehinnah the father of Ir Nahash. *m* These were the men of Recah.

13 The sons of Kenaz:
Othniel and Seraiah.
The sons of Othniel:
Hathath and Meonothai. *n* 14 Meonothai was the father of Ophrah.
Seraiah was the father of Joab,
the father of Ge Harashim. *o* It was called this because its people were craftsmen.
15 The sons of Caleb son of Jephunneh:
Iru, Elah and Naam.
The son of Elah:
Kenaz.
16 The sons of Jehallelel:
Ziph, Ziphah, Tiria and Asarel.

---

j 3 Some Septuagint manuscripts (see also Vulgate); Hebrew *father*
k 4 Father may mean *civic leader* or *military leader*; also in verses 12, 14, 17, 18 and possibly elsewhere. *l 9* Jabez sounds like the Hebrew for *pain*. *m 12* Or *of the city of Nahash* *n 13* Some Septuagint manuscripts and Vulgate; Hebrew does not have *and Meonothai*. *o 14* Ge Harashim means *valley of craftsmen*.

---

a Heb. *oseb*, dolor.   b Esto es, *de los artífices*.

17 Y los hijos de Esdras: Jeter, Mered, Efer y Jalón; también engendró a María, a Samai y a Isba padre de Estemoa. 18 Y su mujer Jehudaía dio a luz a Jered padre de Gedor, a Heber padre de Soco y a Jecutiel padre de Zanoa. Estos fueron los hijos de Bitia hija de Faraón, con la cual casó Mered. 19 Y los hijos de la mujer de Hodías, hermana de Naham, fueron el padre de Keila garmita, y Estemoa maacateo. 20 Los hijos de Simón: Amnón, Rina, Ben-hanán y Tilón. Y los hijos de Isi: Zohet y Benzohet. 21 Los hijos de Sela hijo de Judá: Er padre de Leca, y Laada padre de Maresa, y las familias de los que trabajan lino en Bet-asbea; 22 y Joacim, y los varones de Cozeba, Joás, y Saraf, los cuales dominaron en Moab y volvieron a Lehem, según registros antiguos. 23 Estos eran alfareros, y moraban en medio de plantíos y cercados; moraban allá con el rey, ocupados en su servicio.

Descendientes de Simeón

24 Los hijos de Simeón: Nemuel, Jamín, Jarib, Zera, Saúl, 25 y Salum su hijo, Mibsam su hijo y Misma su hijo. 26 Los hijos de Misma: Hamuel su hijo, Zacur su hijo, y Simei su hijo. 27 Los hijos de Simei fueron dieciséis, y seis hijas; pero sus hermanos no tuvieron muchos hijos, ni multiplicaron toda su familia como los hijos de Judá. 28 Y habitaron en Beerseba, Molada, Hazar-sual, 29 Bilha, Ezem, Tolad, 30 Betuel, Horma, Siclag, 31 Bet-marcabot, Hazar-susim, Betbirai y Saaraim. Estas fueron sus ciudades hasta el reinado de David. 32 Y sus aldeas fueron Etam, Aín, Rimón, Toquén y Asán; cinco pueblos, 33 y todas sus aldeas que estaban en contorno de estas ciudades hasta Baal. Esta fue su habitación, y esta su descendencia.

34 Y Mesobab, Jamlec, Josías hijo de Amasías, 35 Joel, Jehú hijo de Josibías, hijo de Seraías, hijo de Asiel, 36 Elioenai, Jaacoba, Jesohaía, Asaías, Adiel, Jesimiel, Benaía, 37 y Ziza hijo de Sifi, hijo de Alón, hijo de Jedaías, hijo de Simri, hijo de Semaías. 38 Estos, por sus nombres, son los principales entre sus familias; y las casas de sus padres fueron multiplicadas en gran manera. 39 Y llegaron hasta la entrada de Gedor hasta el oriente del valle, buscando pastos para sus ganados. 40 Y hallaron gruesos y buenos pastos, y tierra ancha y espaciosa, quieta y reposada, porque los de Cam la habitaban antes. 41 Y estos que han sido escritos por sus nombres, vinieron en días de Ezequías rey de Judá, y desbarataron sus tiendas y cabañas que allí hallaron, y los destruyeron hasta hoy, y habitaron allí en lugar de ellos; por cuanto había allí pastos para sus ganados. 42 Asimismo quinientos hombres de ellos, de los hijos de

17 The sons of Ezrah:
Jether, Mered, Epher and Jalon. One of Mered's wives gave birth to Miriam, Shammai and Ishbah the father of Eshtemoa. 18 (His Judean wife gave birth to Jered the father of Gedor, Heber the father of Soco, and Jekuthiel the father of Zanoah.) These were the children of Pharaoh's daughter Bithiah, whom Mered had married. 19 The sons of Hodiah's wife, the sister of Naham: the father of Keilah the Garmite, and Eshtemoa the Maacathite. 20 The sons of Shimon:
Amnon, Rinnah, Ben-Hanan and Tilon.
The descendants of Ishi:
Zoheth and Ben-Zoheth. 21 The sons of Shelah son of Judah:
Er the father of Lecah, Laadah the father of Mareshah and the clans of the linen workers at Beth Ashbea, 22 Jokim, the men of Cozeba, and Joash and Saraph, who ruled in Moab and Jashubi Lehem. (These records are from ancient times.) 23 They were the potters who lived at Netaim and Gederah; they stayed there and worked for the king.

Simeon

24 The descendants of Simeon:
Nemuel, Jamin, Jarib, Zerah and Shaul; 25 Shallum was Shaul's son, Mibsam his son and Mishma his son. 26 The descendants of Mishma:
Hammuel his son, Zaccur his son and Shimei his son. 27 Shimei had sixteen sons and six daughters, but his brothers did not have many children; so their entire clan did not become as numerous as the people of Judah. 28 They lived in Beersheba, Moladah, Hazar Shual, 29 Bilhah, Ezem, Tolad, 30 Bethuel, Hormah, Ziklag, 31 Beth Marcaboth, Hazar Susim, Beth Biri and Shaaraim. These were their towns until the reign of David. 32 Their surrounding villages were Etam, Ain, Rimmon, Token and Ashan—five towns— 33 and all the villages around these towns as far as Baalath. p These were their settlements. And they kept a genealogical record.

34 Meshobab, Jamlech, Joshah son of Amaziah, 35 Joel, Jehu son of Joshibiah, the son of Seraiah, the son of Asiel, 36 also Elioenai, Jaakobah, Jeshohaiah, Asaiah, Adiel, Jesimiel, Benaiah, 37 and Ziza son of Shiphi, the son of Allon, the son of Jedaiah, the son of Shimri, the son of Shemaiah.

38 The men listed above by name were leaders of their clans. Their families increased greatly, 39 and they went to the outskirts of Gedor to the east of the valley in search of pasture for their flocks. 40 They found rich, good pasture, and the land was spacious, peaceful and quiet. Some Hamites had lived there formerly. 41 The men whose names were listed came in the days of Hezekiah king of Judah. They attacked the Hamites in their dwellings and also the Meunites who were there and completely destroyed q them, as is evident to this day. Then they settled in their place, because there was pasture for their flocks. 42 And five

p 33 Some Septuagint manuscripts (see also Joshua 19:8); Hebrew Baal q 41 The Hebrew term refers to the irrevocable giving over of things or persons to the LORD, often by totally destroying them.

Simeón, fueron al monte de Seir, llevando por capitanes a Pelatías, Nearías, Refaías y Uziel, hijos de Isi,
43 y destruyeron a los que habían quedado de Amalec, y habitaron allí hasta hoy.

Descendientes de Rubén

5 1 Los hijos de Rubén primogénito de Israel (porque él era el primogénito, mas como violó el lecho de su padre, sus derechos de primogenitura fueron dados a los hijos de José, hijo de Israel, y no fue contado por primogénito;
2 bien que Judá llegó a ser el mayor sobre sus hermanos, y el príncipe de ellos; mas el derecho de primogenitura fue de José);
3 fueron, pues, los hijos de Rubén primogénito de Israel: Hanoc, Falú, Hezrón y Carmi.
4 Los hijos de Joel: Semaías su hijo, Gog su hijo, Simei su hijo,
5 Micaía su hijo, Reaía su hijo, Baal su hijo,
6 Beera su hijo, el cual fue transportado por Tiglat-pileser rey de los asirios. Este era principal de los rubenitas.
7 Y sus hermanos por sus familias, cuando eran contados en sus descendencias, tenían por príncipes a Jeiel y a Zacarías.
8 Y Bela hijo de Azaz, hijo de Sema, hijo de Joel, habitó en Aroer hasta Nebo y Baal-meón.
9 Habitó también desde el oriente hasta la entrada del desierto, desde el río Eufrates; porque tenía mucho ganado en la tierra de Galaad.
10 Y en los días de Saúl hicieron guerra contra los agarenos, los cuales cayeron en su mano; y ellos habitaron en sus tiendas en toda la región oriental de Galaad.

Descendientes de Gad

11 Y los hijos de Gad habitaron enfrente de ellos en la tierra de Basán hasta Salca.
12 Joel fue el principal en Basán; el segundo Safán, luego Jaanai, después Safat.
13 Y sus hermanos, según las familias de sus padres, fueron Micael, Mesulam, Seba, Jorai, Jacán, Zía y Heber; por todos siete.
14 Estos fueron los hijos de Abihail hijo de Huri, hijo de Jaroa, hijo de Galaad, hijo de Micael, hijo de Jesisai, hijo de Jahdo, hijo de Buz.
15 También Ahí hijo de Abdiel, hijo de Guni, fue principal en la casa de sus padres.
16 Y habitaron en Galaad, en Basán y en sus aldeas, y en todos los ejidos de Sarón hasta salir de ellos.
17 Todos éstos fueron contados por sus generaciones en días de Jotam rey de Judá y en días de Jeroboam rey de Israel.

Historia de las dos tribus y media

18 Los hijos de Rubén y de Gad, y la media tribu de Manasés, hombres valientes, hombres que traían escudo y espada, que entesaban arco, y diestros en la guerra, eran cuarenta y cuatro mil setecientos sesenta que salían a batalla.
19 Estos tuvieron guerra contra los agarenos, y Jetur, Nafis y Nodab.

Reuben

5 The sons of Reuben the firstborn of Israel (he was the firstborn, but when he defiled his father's marriage bed, his rights as firstborn were given to the sons of Joseph son of Israel; so he could not be listed in the genealogical record in accordance with his birthright, 2 and though Judah was the strongest of his brothers and a ruler came from him, the rights of the firstborn belonged to Joseph)— 3 the sons of Reuben the firstborn of Israel:

Hanoch, Pallu, Hezron and Carmi.
4 The descendants of Joel:
　Shemaiah his son, Gog his son,
　Shimei his son, 5 Micah his son,
　Reaiah his son, Baal his son,
　6 and Beerah his son, whom Tiglath-Pileser r king of Assyria took into exile. Beerah was a leader of the Reubenites.
7 Their relatives by clans, listed according to their genealogical records:
　Jeiel the chief, Zechariah, 8 and Bela son of Azaz, the son of Shema, the son of Joel. They settled in the area from Aroer to Nebo and Baal Meon. 9 To the east they occupied the land up to the edge of the desert that extends to the Euphrates River, because their livestock had increased in Gilead.
10 During Saul's reign they waged war against the Hagrites, who were defeated at their hands; they occupied the dwellings of the Hagrites throughout the entire region east of Gilead.

Gad

11 The Gadites lived next to them in Bashan, as far as Salecah:
　12 Joel was the chief, Shapham the second, then Janai and Shaphat, in Bashan.
13 Their relatives, by families, were:
　Michael, Meshullam, Sheba, Jorai, Jacan, Zia and Eber—seven in all.
　14 These were the sons of Abihail son of Huri, the son of Jaroah, the son of Gilead, the son of Michael, the son of Jeshishai, the son of Jahdo, the son of Buz.
　15 Ahi son of Abdiel, the son of Guni, was head of their family.
16 The Gadites lived in Gilead, in Bashan and its outlying villages, and on all the pasturelands of Sharon as far as they extended.
17 All these were entered in the genealogical records during the reigns of Jotham king of Judah and Jeroboam king of Israel.

18 The Reubenites, the Gadites and the half-tribe of Manasseh had 44,760 men ready for military service—able-bodied men who could handle shield and sword, who could use a bow, and who were trained for battle. 19 They waged war against the Hagrites, Jetur, Naphish and Nodab. 20 They were helped in

---

r 6 Hebrew *Tilgath-Pilneser*, a variant of *Tiglath-Pileser*; also in verse 26

20 Y fueron ayudados contra ellos, y los agarenos y todos los que con ellos estaban se rindieron en sus manos; porque clamaron a Dios en la guerra, y les fue favorable, porque esperaron en él.

21 Y tomaron sus ganados, cincuenta mil camellos, doscientas cincuenta mil ovejas y dos mil asnos; y cien mil personas.

22 Y cayeron muchos muertos, porque la guerra era de Dios; y habitaron en sus lugares hasta el cautiverio.

23 Los hijos de la media tribu de Manasés, multiplicados en gran manera, habitaron en la tierra desde Basán hasta Baal-hermón y Senir y el monte de Hermón.

24 Y estos fueron los jefes de las casas de sus padres: Efer, Isi, Eliel, Azriel, Jeremías, Hodavías y Jahdiel, hombres valientes y esforzados, varones de nombre y jefes de las casas de sus padres.

25 Pero se rebelaron contra el Dios de sus padres, y se prostituyeron siguiendo a los dioses de los pueblos de la tierra, a los cuales Jehová había quitado de delante de ellos;

26 por lo cual el Dios de Israel excitó el espíritu de Pul rey de los asirios, y el espíritu de Tiglat-pileser rey de los asirios, el cual transportó a los rubenitas y gaditas y a la media tribu de Manasés, y los llevó a Halah, a Habor, a Hara y al río Gozán, hasta hoy.

Descendientes de Leví

6 1 Los hijos de Leví: Gersón, Coat y Merari.
2 Los hijos de Coat: Amram, Izhar, Hebrón y Uziel.
3 Los hijos de Amram: Aarón, Moisés y María. Los hijos de Aarón: Nadab, Abiú, Eleazar e Itamar.
4 Eleazar engendró a Finees, Finees engendró a Abisúa,
5 Abisúa engendró a Buqui, Buqui engendró a Uzi,
6 Uzi engendró a Zeraías, Zeraías engendró a Meraiot,
7 Meraiot engendró a Amarías, Amarías engendró a Ahitob,
8 Ahitob engendró a Sadoc, Sadoc engendró a Ahimaas,
9 Ahimaas engendró a Azarías, Azarías engendró a Johanán,
10 y Johanán engendró a Azarías, el que tuvo el sacerdocio en la casa que Salomón edificó en Jerusalén.
11 Azarías engendró a Amarías, Amarías engendró a Ahitob,
12 Ahitob engendró a Sadoc, Sadoc engendró a Salum,
13 Salum engendró a Hilcías, Hilcías engendró a Azarías,
14 Azarías engendró a Seraías, y Seraías engendró a Josadac,
15 y Josadac fue llevado cautivo cuando Jehová transportó a Judá y a Jerusalén por mano de Nabucodonosor.
16 Los hijos de Leví: Gersón, Coat y Merari.

fighting them, and God handed the Hagrites and all their allies over to them, because they cried out to him during the battle. He answered their prayers, because they trusted in him. 21 They seized the livestock of the Hagrites — fifty thousand camels, two hundred fifty thousand sheep and two thousand donkeys. They also took one hundred thousand people captive, 22 and many others fell slain, because the battle was God's. And they occupied the land until the exile.

The Half-Tribe of Manasseh

23 The people of the half-tribe of Manasseh were numerous; they settled in the land from Bashan to Baal Hermon, that is, to Senir (Mount Hermon).

24 These were the heads of their families: Epher, Ishi, Eliel, Azriel, Jeremiah, Hodaviah and Jahdiel. They were brave warriors, famous men, and heads of their families. 25 But they were unfaithful to the God of their fathers and prostituted themselves to the gods of the peoples of the land, whom God had destroyed before them. 26 So the God of Israel stirred up the spirit of Pul king of Assyria (that is, Tiglath-Pileser king of Assyria), who took the Reubenites, the Gadites and the half-tribe of Manasseh into exile. He took them to Halah, Habor, Hara and the river of Gozan, where they are to this day.

Levi

6 The sons of Levi:
Gershon, Kohath and Merari.
2 The sons of Kohath:
Amram, Izhar, Hebron and Uzziel.
3 The children of Amram:
Aaron, Moses and Miriam.
The sons of Aaron:
Nadab, Abihu, Eleazar and Ithamar.
4 Eleazar was the father of Phinehas,
Phinehas the father of Abishua,
5 Abishua the father of Bukki,
Bukki the father of Uzzi,
6 Uzzi the father of Zerahiah,
Zerahiah the father of Meraioth,
7 Meraioth the father of Amariah,
Amariah the father of Ahitub,
8 Ahitub the father of Zadok,
Zadok the father of Ahimaaz,
9 Ahimaaz the father of Azariah,
Azariah the father of Johanan,
10 Johanan the father of Azariah (it was he who served as priest in the temple Solomon built in Jerusalem),
11 Azariah the father of Amariah,
Amariah the father of Ahitub,
12 Ahitub the father of Zadok,
Zadok the father of Shallum,
13 Shallum the father of Hilkiah,
Hilkiah the father of Azariah,
14 Azariah the father of Seraiah,
and Seraiah the father of Jehozadak.
15 Jehozadak was deported when the LORD sent Judah and Jerusalem into exile by the hand of Nebuchadnezzar.

16 The sons of Levi:
Gershon,s Kohath and Merari.

---

s 16 Hebrew *Gershom,* a variant of *Gershon*; also in verses 17, 20, 43, 62 and 71

17Y estos son los nombres de los hijos de Gersón: Libni y Simei.
18Los hijos de Coat: Amram, Izhar, Hebrón y Uziel.
19Los hijos de Merari: Mahli y Musi. Estas son las familias de Leví, según sus descendencias.
20Gersón: Libni su hijo, Jahat su hijo, Zima su hijo,
21Joa su hijo, Iddo su hijo, Zera su hijo, Jeatrai su hijo.
22Los hijos de Coat: Aminadab su hijo, Coré su hijo, Asir su hijo,
23Elcana su hijo, Ebiasaf su hijo, Asir su hijo,
24Tahat su hijo, Uriel su hijo, Uzías su hijo, y Saúl su hijo.
25Los hijos de Elcana: Amasai y Ahimot;
26Elcana su hijo, Zofai su hijo, Nahat su hijo,
27Eliab su hijo, Jeroham su hijo, Elcana su hijo.
28Los hijos de Samuel: el primogénito Vasni, y Abías.
29Los hijos de Merari: Mahli, Libni su hijo, Simei su hijo, Uza su hijo,
30Simea su hijo, Haguía su hijo, Asaías su hijo.

Cantores del templo nombrados por David

31Estos son los que David puso sobre el servicio de canto en la casa de Jehová, después que el arca tuvo reposo,
32los cuales servían delante de la tienda del tabernáculo de reunión en el canto, hasta que Salomón edificó la casa de Jehová en Jerusalén; después estuvieron en su ministerio según su costumbre.
33Estos, pues, con sus hijos, ayudaban: de los hijos de Coat, el cantor Hemán hijo de Joel, hijo de Samuel,
34hijo de Elcana, hijo de Jeroham, hijo de Eliel, hijo de Toa,
35hijo de Zuf, hijo de Elcana, hijo de Mahat, hijo de Amasai,
36hijo de Elcana, hijo de Joel, hijo de Azarías, hijo de Sofonías,
37hijo de Tahat, hijo de Asir, hijo de Ebiasaf, hijo de Coré,
38hijo de Izhar, hijo de Coat, hijo de Leví, hijo de Israel;
39y su hermano Asaf, el cual estaba a su mano derecha; Asaf, hijo de Berequías, hijo de Simea,

17These are the names of the sons of Gershon:
Libni and Shimei.
18The sons of Kohath:
Amram, Izhar, Hebron and Uzziel.
19The sons of Merari:
Mahli and Mushi.
These are the clans of the Levites listed according to their fathers:
20Of Gershon:
Libni his son, Jehath his son,
Zimmah his son, 21Joah his son,
Iddo his son, Zerah his son
and Jeatherai his son.
22The descendants of Kohath:
Amminadab his son, Korah his son,
Assir his son, 23Elkanah his son,
Ebiasaph his son, Assir his son,
24Tahath his son, Uriel his son,
Uzziah his son and Shaul his son.
25The descendants of Elkanah:
Amasai, Ahimoth,
26Elkanah his son, t Zophai his son,
Nahath his son, 27Eliab his son,
Jeroham his son, Elkanah his son
and Samuel his son. u
28The sons of Samuel:
Joelv the firstborn
and Abijah the second son.
29The descendants of Merari:
Mahli, Libni his son,
Shimei his son, Uzzah his son,
30Shimea his son, Haggiah his son
and Asaiah his son.

The Temple Musicians

31These are the men David put in charge of the music in the house of the LORD after the ark came to rest there. 32They ministered with music before the tabernacle, the Tent of Meeting, until Solomon built the temple of the LORD in Jerusalem. They performed their duties according to the regulations laid down for them.
33Here are the men who served, together with their sons:
From the Kohathites:
Heman, the musician,
the son of Joel, the son of Samuel,
34the son of Elkanah, the son of Jeroham,
the son of Eliel, the son of Toah,
35the son of Zuph, the son of Elkanah,
the son of Mahath, the son of Amasai,
36the son of Elkanah, the son of Joel,
the son of Azariah, the son of Zephaniah,
37the son of Tahath, the son of Assir,
the son of Ebiasaph, the son of Korah,
38the son of Izhar, the son of Kohath,
the son of Levi, the son of Israel;
39and Heman's associate Asaph, who served at his right hand:
Asaph son of Berekiah, the son of Shimea,

---

t26 Some Hebrew manuscripts, Septuagint and Syriac; most Hebrew manuscripts Ahimoth 26and Elkanah. The sons of Elkanah: u27 Some Septuagint manuscripts (see also 1 Samuel 1:19,20 and 1 Chron. 6:33,34); Hebrew does not have and Samuel his son. v28 Some Septuagint manuscripts and Syriac (see also 1 Samuel 8:2 and 1 Chron. 6:33); Hebrew does not have Joel.

40hijo de Micael, hijo de Baasías, hijo de Malquías,
41hijo de Etni, hijo de Zera, hijo de Adaía,
42hijo de Etán, hijo de Zima, hijo de Simei,
43hijo de Jahat, hijo de Gersón, hijo de Leví.
44Pero a la mano izquierda estaban sus hermanos los hijos de Merari, esto es, Etán hijo de Quisi, hijo de Abdi, hijo de Maluc,
45hijo de Hasabías, hijo de Amasías, hijo de Hilcías,
46hijo de Amsi, hijo de Bani, hijo de Semer,
47hijo de Mahli, hijo de Musi, hijo de Merari, hijo de Leví.
48Y sus hermanos los levitas fueron puestos sobre todo el ministerio del tabernáculo de la casa de Dios.

Descendientes de Aarón

49Mas Aarón y sus hijos ofrecían sacrificios sobre el altar del holocausto, y sobre el altar del perfume quemaban incienso, y ministraban en toda la obra del lugar santísimo, y hacían las expiaciones por Israel conforme a todo lo que Moisés siervo de Dios había mandado.
50Los hijos de Aarón son estos: Eleazar su hijo, Finees su hijo, Abisúa su hijo,
51Buqui su hijo, Uzi su hijo, Zeraías su hijo,
52Meraiot su hijo, Amarías su hijo, Ahitob su hijo,
53Sadoc su hijo, Ahimaas su hijo.

Las ciudades de los levitas

54Estas son sus habitaciones, conforme a sus domicilios y sus términos, las de los hijos de Aarón por las familias de los coatitas, porque a ellos les tocó en suerte.
55Les dieron, pues, Hebrón en tierra de Judá, y sus ejidos alrededor de ella.
56Pero el territorio de la ciudad y sus aldeas se dieron a Caleb, hijo de Jefone.
57De Judá dieron a los hijos de Aarón la ciudad de refugio, esto es, Hebrón; además, Libna con sus ejidos, Jatir, Estemoa con sus ejidos,
58Hilén con sus ejidos, Debir con sus ejidos,
59Asán con sus ejidos y Bet-semes con sus ejidos.
60Y de la tribu de Benjamín, Geba con sus ejidos, Alemet con sus ejidos y Anatot con sus ejidos. Todas sus ciudades fueron trece ciudades, repartidas por sus linajes.
61A los hijos de Coat que quedaron de su parentela, dieron por suerte diez ciudades de la media tribu de Manasés.
62A los hijos de Gersón, por sus linajes, dieron de la tribu de Isacar, de la tribu de Aser, de la tribu de Neftalí y de la tribu de Manasés en Basán, trece ciudades.
63Y a los hijos de Merari, por sus linajes, de la tribu de Rubén, de la tribu de Gad y de la tribu de Zabulón, dieron por suerte doce ciudades.
64Y los hijos de Israel dieron a los levitas ciudades con sus ejidos.
65Dieron por suerte de la tribu de los hijos de Judá, de la tribu de los hijos de Simeón y de la tribu de los hijos de Benjamín, las ciudades que nombraron por sus nombres.
66A las familias de los hijos de Coat dieron ciudades con sus ejidos de la tribu de Efraín.

40the son of Michael, the son of Baaseiah,w the son of Malkijah, 41the son of Ethni, the son of Zerah, the son of Adaiah, 42the son of Ethan, the son of Zimmah, the son of Shimei, 43the son of Jahath, the son of Gershon, the son of Levi;
44and from their associates, the Merarites, at his left hand:
Ethan son of Kishi, the son of Abdi, the son of Malluch, 45the son of Hashabiah, the son of Amaziah, the son of Hilkiah, 46the son of Amzi, the son of Bani, the son of Shemer, 47the son of Mahli, the son of Mushi, the son of Merari, the son of Levi.

48Their fellow Levites were assigned to all the other duties of the tabernacle, the house of God. 49But Aaron and his descendants were the ones who presented offerings on the altar of burnt offering and on the altar of incense in connection with all that was done in the Most Holy Place, making atonement for Israel, in accordance with all that Moses the servant of God had commanded.

50These were the descendants of Aaron:
Eleazar his son, Phinehas his son, Abishua his son, 51Bukki his son, Uzzi his son, Zerahiah his son, 52Meraioth his son, Amariah his son, Ahitub his son, 53Zadok his son and Ahimaaz his son.

54These were the locations of their settlements allotted as their territory (they were assigned to the descendants of Aaron who were from the Kohathite clan, because the first lot was for them):
55They were given Hebron in Judah with its surrounding pasturelands. 56But the fields and villages around the city were given to Caleb son of Jephunneh.
57So the descendants of Aaron were given Hebron (a city of refuge), and Libnah,x Jattir, Eshtemoa, 58Hilen, Debir, 59Ashan, Juttahy and Beth Shemesh, together with their pasturelands. 60And from the tribe of Benjamin they were given Gibeon,z Geba, Alemeth and Anathoth, together with their pasturelands.
These towns, which were distributed among the Kohathite clans, were thirteen in all.
61The rest of Kohath's descendants were allotted ten towns from the clans of half the tribe of Manasseh.
62The descendants of Gershon, clan by clan, were allotted thirteen towns from the tribes of Issachar, Asher and Naphtali, and from the part of the tribe of Manasseh that is in Bashan.
63The descendants of Merari, clan by clan, were allotted twelve towns from the tribes of Reuben, Gad and Zebulun.
64So the Israelites gave the Levites these towns and their pasturelands. 65From the tribes of Judah, Simeon and Benjamin they allotted the previously named towns.
66Some of the Kohathite clans were given as their territory towns from the tribe of Ephraim.

w40 Most Hebrew manuscripts; some Hebrew manuscripts, one Septuagint manuscript and Syriac *Maaseiah*   x57 See Joshua 21:13; Hebrew *given the cities of refuge: Hebron, Libnah.*
y59 Syriac (see also Septuagint and Joshua 21:16); Hebrew does not have *Juttah.*   z60 See Joshua 21:17; Hebrew does not have *Gibeon.*

67 Les dieron la ciudad de refugio, Siquem con sus ejidos en el monte de Efraín; además, Gezer con sus ejidos, 68 Jocmeam con sus ejidos, Bet-horón con sus ejidos, 69 Ajalón con sus ejidos y Gat-rimón con sus ejidos. 70 De la media tribu de Manasés, Aner con sus ejidos y Bileam con sus ejidos, para los de las familias de los hijos de Coat que habían quedado.

71 A los hijos de Gersón dieron de la media tribu de Manasés, Golán en Basán con sus ejidos y Astarot con sus ejidos. 72 De la tribu de Isacar, Cedes con sus ejidos, Daberat con sus ejidos, 73 Ramot con sus ejidos y Anem con sus ejidos. 74 De la tribu de Aser, Masal con sus ejidos, Abdón con sus ejidos, 75 Hucoc con sus ejidos y Rehob con sus ejidos. 76 De la tribu de Neftalí, Cedes en Galilea con sus ejidos, Hamón con sus ejidos y Quiriataim con sus ejidos. 77 A los hijos de Merari que habían quedado, dieron de la tribu de Zabulón, Rimón con sus ejidos y Tabor con sus ejidos. 78 Del otro lado del Jordán frente a Jericó, al oriente del Jordán, dieron de la tribu de Rubén, Beser en el desierto con sus ejidos, Jaza con sus ejidos, 79 Cademot con sus ejidos y Mefaat con sus ejidos. 80 Y de la tribu de Gad, Ramot de Galaad con sus ejidos, Mahanaim con sus ejidos, 81 Hesbón con sus ejidos y Jazer con sus ejidos.

Descendientes de Isacar

7 1 Los hijos de Isacar fueron cuatro: Tola, Fúa, Jasub y Simrón. 2 Los hijos de Tola: Uzi, Refaías, Jeriel, Jahmai, Jibsam y Samuel, jefes de las familias de sus padres. De Tola fueron contados por sus linajes en el tiempo de David, veintidós mil seiscientos hombres muy valerosos. 3 Hijo de Uzi fue Israhías; y los hijos de Israhías: Micael, Obadías, Joel e Isías; por todos, cinco príncipes. 4 Y había en ellos en sus linajes, por las familias de sus padres, treinta y seis mil hombres de guerra; porque tuvieron muchas mujeres e hijos. 5 Y sus hermanos por todas las familias de Isacar, contados todos por sus genealogías, eran ochenta y siete mil hombres valientes en extremo.

Descendientes de Benjamín

6 Los hijos de Benjamín fueron tres: Bela, Bequer y Jediael. 7 Los hijos de Bela: Ezbón, Uzi, Uziel, Jerimot e Iri; cinco jefes de casas paternas, hombres de gran valor, y de cuya descendencia fueron contados veintidós mil treinta y cuatro.

---

67 In the hill country of Ephraim they were given Shechem (a city of refuge), and Gezer,[a] 68 Jokmeam, Beth Horon, 69 Aijalon and Gath Rimmon, together with their pasturelands. 70 And from half the tribe of Manasseh the Israelites gave Aner and Bileam, together with their pasturelands, to the rest of the Kohathite clans.

71 The Gershonites received the following:
From the clan of the half-tribe of Manasseh
  they received Golan in Bashan and also Ashtaroth, together with their pasturelands;
72 from the tribe of Issachar
  they received Kedesh, Daberath, 73 Ramoth and Anem, together with their pasturelands;
74 from the tribe of Asher
  they received Mashal, Abdon, 75 Hukok and Rehob, together with their pasturelands;
76 and from the tribe of Naphtali
  they received Kedesh in Galilee, Hammon and Kiriathaim, together with their pasturelands.

77 The Merarites (the rest of the Levites) received the following:
From the tribe of Zebulun
  they received Jokneam, Kartah,[b] Rimmono and Tabor, together with their pasturelands;
78 from the tribe of Reuben across the Jordan east of Jericho
  they received Bezer in the desert, Jahzah, 79 Kedemoth and Mephaath, together with their pasturelands;
80 and from the tribe of Gad
  they received Ramoth in Gilead, Mahanaim, 81 Heshbon and Jazer, together with their pasturelands.

Issachar

7 The sons of Issachar:
  Tola, Puah, Jashub and Shimron—four in all.
2 The sons of Tola:
  Uzzi, Rephaiah, Jeriel, Jahmai, Ibsam and Samuel—heads of their families. During the reign of David, the descendants of Tola listed as fighting men in their genealogy numbered 22,600.
3 The son of Uzzi:
  Izrahiah.
The sons of Izrahiah:
  Michael, Obadiah, Joel and Isshiah. All five of them were chiefs. 4 According to their family genealogy, they had 36,000 men ready for battle, for they had many wives and children.
5 The relatives who were fighting men belonging to all the clans of Issachar, as listed in their genealogy, were 87,000 in all.

Benjamin

6 Three sons of Benjamin:
  Bela, Beker and Jediael.
7 The sons of Bela:
  Ezbon, Uzzi, Uzziel, Jerimoth and Iri, heads of families—five in all. Their genealogical record listed 22,034 fighting men.

---

a 67 See Joshua 21:21; Hebrew *given the cities of refuge: Shechem, Gezer.*   b 77 See Septuagint and Joshua 21:34; Hebrew does not have *Jokneam, Kartah.*

8 Los hijos de Bequer: Zemira, Joás, Eliezer, Elioenai, Omri, Jerimot, Abías, Anatot y Alamet; todos éstos fueron hijos de Bequer.

9 Y contados por sus descendencias, por sus linajes, los que eran jefes de familias resultaron veinte mil doscientos hombres de grande esfuerzo.

10 Hijo de Jediael fue Bilhán; y los hijos de Bilhán: Jeús, Benjamín, Aod, Quenaana, Zetán, Tarsis y Ahisahar.

11 Todos éstos fueron hijos de Jediael, jefes de familias, hombres muy valerosos, diecisiete mil doscientos que salían a combatir en la guerra.

12 Supim y Hupim fueron hijos de Hir; y Husim, hijo de Aher.

Descendientes de Neftalí

13 Los hijos de Neftalí: Jahzeel, Guni, Jezer y Salum, hijos de Bilha.

Descendientes de Manasés

14 Los hijos de Manasés: Asriel, al cual dio a luz su concubina la siria, la cual también dio a luz a Maquir padre de Galaad.

15 Y Maquir tomó mujer de Hupim y Supim, cuya hermana tuvo por nombre Maaca; y el nombre del segundo fue Zelofehad. Y Zelofehad tuvo hijas.

16 Y Maaca mujer de Maquir dio a luz un hijo, y lo llamó Peres; y el nombre de su hermano fue Seres, cuyos hijos fueron Ulam y Requem.

17 Hijo de Ulam fue Bedán. Estos fueron los hijos de Galaad, hijo de Maquir, hijo de Manasés.

18 Y su hermana Hamolequet dio a luz a Isod, Abiezer y Mahala,

19 Y los hijos de Semida fueron Ahián, Siquem, Likhi y Aniam.

Descendientes de Efraín

20 Los hijos de Efraín: Sutela, Bered su hijo, Tahat su hijo, Elada su hijo, Tahat su hijo,

21 Zabad su hijo, Sutela su hijo, Ezer y Elad. Mas los hijos de Gat, naturales de aquella tierra, los mataron porque vinieron a tomarles sus ganados.

22 Y Efraín su padre hizo duelo por muchos días, y vinieron sus hermanos a consolarlo.

23 Después él se llegó a su mujer, y ella concibió y dio a luz un hijo, al cual puso por nombre Bería, por cuanto había estado en aflicción en su casa.

24 Y su hija fue Seera, la cual edificó a Bet-horón la baja y la alta, y a Uzenseera.

25 Hijo de este Bería fue Refa, y Resef, y Telah su hijo, y Tahán su hijo,

26 Laadán su hijo, Amiud su hijo, Elisama su hijo,

27 Nun su hijo, Josué su hijo.

8 The sons of Beker:
Zemirah, Joash, Eliezer, Elioenai, Omri, Jeremoth, Abijah, Anathoth and Alemeth. All these were the sons of Beker. 9 Their genealogical record listed the heads of families and 20,200 fighting men.

10 The son of Jediael:
Bilhan.

The sons of Bilhan:
Jeush, Benjamin, Ehud, Kenaanah, Zethan, Tarshish and Ahishahar. 11 All these sons of Jediael were heads of families. There were 17,200 fighting men ready to go out to war.

12 The Shuppites and Huppites were the descendants of Ir, and the Hushites the descendants of Aher.

Naphtali

13 The sons of Naphtali:
Jahziel, Guni, Jezer and Shillem c—the descendants of Bilhah.

Manasseh

14 The descendants of Manasseh:
Asriel was his descendant through his Aramean concubine. She gave birth to Makir the father of Gilead. 15 Makir took a wife from among the Huppites and Shuppites. His sister's name was Maacah.

Another descendant was named Zelophehad, who had only daughters.

16 Makir's wife Maacah gave birth to a son and named him Peresh. His brother was named Sheresh, and his sons were Ulam and Rakem.

17 The son of Ulam:
Bedan.

These were the sons of Gilead son of Makir, the son of Manasseh. 18 His sister Hammoleketh gave birth to Ishhod, Abiezer and Mahlah.

19 The sons of Shemida were:
Ahian, Shechem, Likhi and Aniam.

Ephraim

20 The descendants of Ephraim:
Shuthelah, Bered his son,
Tahath his son, Eleadah his son,
Tahath his son, 21 Zabad his son
and Shuthelah his son.

Ezer and Elead were killed by the native-born men of Gath, when they went down to seize their livestock. 22 Their father Ephraim mourned for them many days, and his relatives came to comfort him. 23 Then he lay with his wife again, and she became pregnant and gave birth to a son. He named him Beriah, d because there had been misfortune in his family. 24 His daughter was Sheerah, who built Lower and Upper Beth Horon as well as Uzzen Sheerah.

25 Rephah was his son, Resheph his son, e
Telah his son, Tahan his son,
26 Ladan his son, Ammihud his son,
Elishama his son, 27 Nun his son
and Joshua his son.

c13 Some Hebrew and Septuagint manuscripts (see also Gen. 46:24 and Num. 26:49); most Hebrew manuscripts *Shallum*
d23 *Beriah* sounds like the Hebrew for *misfortune.*   e25 Some Septuagint manuscripts; Hebrew does not have *his son.*

28 Y la heredad y habitación de ellos fue Bet-el con sus aldeas; y hacia el oriente Naarán, y a la parte del occidente Gezer y sus aldeas; asimismo Siquem con sus aldeas, hasta Gaza y sus aldeas;
29 y junto al territorio de los hijos de Manasés, Bet-seán con sus aldeas, Taanac con sus aldeas, Meguido con sus aldeas, y Dor con sus aldeas. En estos lugares habitaron los hijos de José hijo de Israel.

Descendientes de Aser

30 Los hijos de Aser: Imna, Isúa, Isúi, Bería, y su hermana Sera.
31 Los hijos de Bería: Heber, y Malquiel, el cual fue padre de Birzavit.
32 Y Heber engendró a Jaflet, Semer, Hotam, y Súa hermana de ellos.
33 Los hijos de Jaflet: Pasac, Bimhal y Asvat. Estos fueron los hijos de Jaflet.
34 Y los hijos de Semer: Ahí, Rohga, Jehúba y Aram.
35 Los hijos de Helem su hermano: Zofa, Imna, Seles y Amal.
36 Los hijos de Zofa: Súa, Harnefer, Súal, Beri, Imra,
37 Beser, Hod, Sama, Silsa, Itrán y Beera.
38 Los hijos de Jeter: Jefone, Pispa y Ara.
39 Y los hijos de Ula: Ara, Haniel y Rezia.
40 Todos éstos fueron hijos de Aser, cabezas de familias paternas, escogidos, esforzados, jefes de príncipes; y contados que fueron por sus linajes entre los que podían tomar las armas, el número de ellos fue veintiséis mil hombres.

Descendientes de Benjamín

8 1 Benjamín engendró a Bela su primogénito, Asbel el segundo, Ahara el tercero,
2 Noha el cuarto, y Rafa el quinto.
3 Y los hijos de Bela fueron Adar, Gera, Abiud,
4 Abisúa, Naamán, Ahoa,
5 Gera, Sefufán e Hiram.
6 Y estos son los hijos de Aod, estos los jefes de casas paternas que habitaron en Geba y fueron transportados a Manahat:
7 Naamán, Ahías y Gera; éste los transportó, y engendró a Uza y a Ahiud.
8 Y Saharaim engendró hijos en la provincia de Moab, después que dejó a Husim y a Baara que eran sus mujeres.
9 Engendró, pues, de Hodes su mujer a Jobab, Sibia, Mesa, Malcam,
10 Jeúz, Saquías y Mirma. Estos son sus hijos, jefes de familias.
11 Mas de Husim engendró a Abitob y a Elpaal.
12 Y los hijos de Elpaal: Heber, Misam y Semed (el cual edificó Ono, y Lod con sus aldeas),
13 Bería también, y Sema, que fueron jefes de las familias de los moradores de Ajalón, los cuales echaron a los moradores de Gat.
14 Y Ahío, Sasac, Jeremot,
15 Zebadías, Arad, Ader,
16 Micael, Ispa y Joha, hijos de Bería.
17 Y Zebadías, Mesulam, Hizqui, Heber,
18 Ismerai, Jezlías y Jobab, hijos de Elpaal.

28 Their lands and settlements included Bethel and its surrounding villages, Naaran to the east, Gezer and its villages to the west, and Shechem and its villages all the way to Ayyah and its villages. 29 Along the borders of Manasseh were Beth Shan, Taanach, Megiddo and Dor, together with their villages. The descendants of Joseph son of Israel lived in these towns.

Asher

30 The sons of Asher:
Imnah, Ishvah, Ishvi and Beriah. Their sister was Serah.
31 The sons of Beriah:
Heber and Malkiel, who was the father of Birzaith.
32 Heber was the father of Japhlet, Shomer and Hotham and of their sister Shua.
33 The sons of Japhlet:
Pasach, Bimhal and Ashvath.
These were Japhlet's sons.
34 The sons of Shomer:
Ahi, Rohgah,*f* Hubbah and Aram.
35 The sons of his brother Helem:
Zophah, Imna, Shelesh and Amal.
36 The sons of Zophah:
Suah, Harnepher, Shual, Beri, Imrah, 37 Bezer, Hod, Shamma, Shilshah, Ithran*g* and Beera.
38 The sons of Jether:
Jephunneh, Pispah and Ara.
39 The sons of Ulla:
Arah, Hanniel and Rizia.
40 All these were descendants of Asher — heads of families, choice men, brave warriors and outstanding leaders. The number of men ready for battle, as listed in their genealogy, was 26,000.

The Genealogy of Saul the Benjamite

8 Benjamin was the father of Bela his firstborn, Ashbel the second son, Aharah the third,
2 Nohah the fourth and Rapha the fifth.
3 The sons of Bela were:
Addar, Gera, Abihud,*h* 4 Abishua, Naaman, Ahoah, 5 Gera, Shephuphan and Huram.
6 These were the descendants of Ehud, who were heads of families of those living in Geba and were deported to Manahath:
7 Naaman, Ahijah, and Gera, who deported them and who was the father of Uzza and Ahihud.
8 Sons were born to Shaharaim in Moab after he had divorced his wives Hushim and Baara.
9 By his wife Hodesh he had Jobab, Zibia, Mesha, Malcam, 10 Jeuz, Sakia and Mirmah. These were his sons, heads of families. 11 By Hushim he had Abitub and Elpaal.
12 The sons of Elpaal:
Eber, Misham, Shemed (who built Ono and Lod with its surrounding villages), 13 and Beriah and Shema, who were heads of families of those living in Aijalon and who drove out the inhabitants of Gath.
14 Ahio, Shashak, Jeremoth, 15 Zebadiah, Arad, Eder, 16 Michael, Ishpah and Joha were the sons of Beriah.
17 Zebadiah, Meshullam, Hizki, Heber, 18 Ishmerai, Izliah and Jobab were the sons of Elpaal.

---

*f*34 Or *of his brother Shomer: Rohgah*   *g*37 Possibly a variant of Jether   *h*3 Or *Gera the father of Ehud*

¹⁹Y Jaquim, Zicri, Zabdi,
²⁰Elienai, Ziletai, Eliel,
²¹Adaías, Beraías y Simrat, hijos de Simei.
²²E Ispán, Heber, Eliel,
²³Abdón, Zicri, Hanán,
²⁴Hananías, Elam, Anatotías,
²⁵Ifdaías y Peniel, hijos de Sasac.
²⁶Y Samserai, Seharías, Atalías,
²⁷Jaresías, Elías y Zicri, hijos de Jeroham.
²⁸Estos fueron jefes principales de familias por sus linajes, y habitaron en Jerusalén.

²⁹Y en Gabaón habitaron Abigabaón, la mujer del cual se llamó Maaca,
³⁰y su hijo primogénito Abdón, y Zur, Cis, Baal, Nadab,
³¹Gedor, Ahío y Zequer.
³²Y Miclot engendró a Simea. Estos también habitaron con sus hermanos en Jerusalén, enfrente de ellos.
³³Ner engendró a Cis, Cis engendró a Saúl, y Saúl engendró a Jonatán, Malquisúa, Abinadab y Es-baal.
³⁴Hijo de Jonatán fue Merib-baal, y Merib-baal engendró a Micaía.
³⁵Los hijos de Micaía: Pitón, Melec, Tarea y Acaz.
³⁶Acaz engendró a Joada, Joada engendró a Alemet, Azamavet y Zimri, y Zimri engendró a Mosa.
³⁷Mosa engendró a Bina, hijo del cual fue Rafa, hijo del cual fue Elasa, cuyo hijo fue Azel.
³⁸Los hijos de Azel fueron seis, cuyos nombres son Azricam, Bocru, Ismael, Searías, Obadías y Hanán; todos éstos fueron hijos de Azel.
³⁹Y los hijos de Esec su hermano: Ulam su primogénito, Jehús el segundo, Elifelet el tercero.
⁴⁰Y fueron los hijos de Ulam hombres valientes y vigorosos, flecheros diestros, los cuales tuvieron muchos hijos y nietos, ciento cincuenta. Todos éstos fueron de los hijos de Benjamín.

Los que regresaron de Babilonia

9 ¹Contado todo Israel por sus genealogías, fueron escritos en el libro de los reyes de Israel. Y los de Judá fueron transportados a Babilonia por su rebelión.
²Los primeros moradores que entraron en sus posesiones en las ciudades fueron israelitas, sacerdotes, levitas y sirvientes del templo.
³Habitaron en Jerusalén, de los hijos de Judá, de los hijos de Benjamín, de los hijos de Efraín y Manasés:
⁴Utai hijo de Amiud, hijo de Omri, hijo de Imri, hijo de Bani, de los hijos de Fares hijo de Judá.
⁵Y de los silonitas, Asaías el primogénito, y sus hijos.
⁶De los hijos de Zera, Jeuel y sus hermanos, seiscientos noventa.
⁷Y de los hijos de Benjamín: Salú hijo de Mesulam, hijo de Hodavías, hijo de Asenúa,

¹⁹Jakim, Zicri, Zabdi, ²⁰Elienai, Zillethai, Eliel, ²¹Adaiah, Beraiah and Shimrath were the sons of Shimei.
²²Ishpan, Eber, Eliel, ²³Abdon, Zicri, Hanan, ²⁴Hananiah, Elam, Anthothijah, ²⁵Iphdeiah and Penuel were the sons of Shashak.
²⁶Shamsherai, Shehariah, Athaliah, ²⁷Jaareshiah, Elijah and Zicri were the sons of Jeroham.
²⁸All these were heads of families, chiefs as listed in their genealogy, and they lived in Jerusalem.

²⁹Jeielⁱ the father^j of Gibeon lived in Gibeon. His wife's name was Maacah, ³⁰and his first-born son was Abdon, followed by Zur, Kish, Baal, Ner,^k Nadab, ³¹Gedor, Ahio, Zeker ³²and Mikloth, who was the father of Shimeah. They too lived near their relatives in Jerusalem.
³³Ner was the father of Kish, Kish the father of Saul, and Saul the father of Jonathan, Malki-Shua, Abinadab and Esh-Baal.^l
³⁴The son of Jonathan:
Merib-Baal,^m who was the father of Micah.
³⁵The sons of Micah:
Pithon, Melech, Tarea and Ahaz.
³⁶Ahaz was the father of Jehoaddah, Jehoaddah was the father of Alemeth, Azmaveth and Zimri, and Zimri was the father of Moza.
³⁷Moza was the father of Binea; Raphah was his son, Eleasah his son and Azel his son.
³⁸Azel had six sons, and these were their names:
Azrikam, Bokeru, Ishmael, Sheariah, Obadiah and Hanan. All these were the sons of Azel.
³⁹The sons of his brother Eshek:
Ulam his firstborn, Jeush the second son and Eliphelet the third. ⁴⁰The sons of Ulam were brave warriors who could handle the bow. They had many sons and grandsons—150 in all.
All these were the descendants of Benjamin.

9 All Israel was listed in the genealogies recorded in the book of the kings of Israel.

The People in Jerusalem

The people of Judah were taken captive to Babylon because of their unfaithfulness. ²Now the first to resettle on their own property in their own towns were some Israelites, priests, Levites and temple servants.
³Those from Judah, from Benjamin, and from Ephraim and Manasseh who lived in Jerusalem were:
⁴Uthai son of Ammihud, the son of Omri, the son of Imri, the son of Bani, a descendant of Perez son of Judah.
⁵Of the Shilonites:
Asaiah the firstborn and his sons.
⁶Of the Zerahites:
Jeuel.
The people from Judah numbered 690.
⁷Of the Benjamites:
Sallu son of Meshullam, the son of Hodaviah, the son of Hassenuah;

ⁱ29 Some Septuagint manuscripts (see also 1 Chron. 9:35); Hebrew does not have Jeiel. ^j29 Father may mean civic leader or military leader. ^k30 Some Septuagint manuscripts (see also 1 Chron. 9:36); Hebrew does not have Ner. ^l33 Also known as Ish-Bosheth ^m34 Also known as Mephibosheth

8 Ibneías hijo de Jeroham, Ela hijo de Uzi, hijo de Micri, y Mesulam hijo de Sefatías, hijo de Reuel, hijo de Ibnías.
9 Y sus hermanos por sus linajes fueron novecientos cincuenta y seis. Todos estos hombres fueron jefes de familia en sus casas paternas.
10 De los sacerdotes: Jedaías, Joiarib, Jaquín,
11 Azarías hijo de Hilcías, hijo de Mesulam, hijo de Sadoc, hijo de Meraiot, hijo de Ahitob, príncipe de la casa de Dios;
12 Adaía hijo de Jeroham, hijo de Pasur, hijo de Malquías; Masai hijo de Adiel, hijo de Jazera, hijo de Mesulam, hijo de Mesilemit, hijo de Imer,
13 y sus hermanos, jefes de sus casas paternas, en número de mil setecientos sesenta, hombres muy eficaces en la obra del ministerio en la casa de Dios.
14 De los levitas: Semaías hijo de Hasub, hijo de Azricam, hijo de Hasabías, de los hijos de Merari,
15 Bacbacar, Heres, Galal, Matanías hijo de Micaía, hijo de Zicri, hijo de Asaf;
16 Obadías hijo de Semaías, hijo de Galal, hijo de Jedutún; y Berequías hijo de Asa, hijo de Elcana, el cual habitó en las aldeas de los netofatitas.
17 Y los porteros: Salum, Acub, Talmón, Ahimán y sus hermanos. Salum era el jefe.
18 Hasta ahora entre las cuadrillas de los hijos de Leví han sido estos los porteros en la puerta del rey que está al oriente.
19 Salum hijo de Coré, hijo de Ebiasaf, hijo de Coré, y sus hermanos los coreítas por la casa de su padre, tuvieron a su cargo la obra del ministerio, guardando las puertas del tabernáculo, como sus padres guardaron la entrada del campamento de Jehová.
20 Y Finees hijo de Eleazar fue antes capitán sobre ellos; y Jehová estaba con él.
21 Zacarías hijo de Meselemías era portero de la puerta del tabernáculo de reunión.
22 Todos éstos, escogidos para guardas en las puertas, eran doscientos doce cuando fueron contados por el orden de sus linajes en sus villas, a los cuales constituyó en su oficio David y Samuel el vidente.
23 Así ellos y sus hijos eran porteros por sus turnos a las puertas de la casa de Jehová, y de la casa del tabernáculo.
24 Y estaban los porteros a los cuatro lados; al oriente, al occidente, al norte y al sur.
25 Y sus hermanos que estaban en sus aldeas, venían cada siete días según su turno para estar con ellos.
26 Porque cuatro principales de los porteros levitas estaban en el oficio, y tenían a su cargo las cámaras y los tesoros de la casa de Dios.
27 Estos moraban alrededor de la casa de Dios, porque tenían el cargo de guardarla, y de abrirla todas las mañanas.
28 Algunos de éstos tenían a su cargo los utensilios para el ministerio, los cuales se metían por cuenta, y por cuenta se sacaban.
29 Y otros de ellos tenían el cargo de la vajilla, y de todos los utensilios del santuario, de la harina, del vino, del aceite, del incienso y de las especias.

8 Ibneiah son of Jeroham; Elah son of Uzzi, the son of Micri; and Meshullam son of Shephatiah, the son of Reuel, the son of Ibnijah.
9 The people from Benjamin, as listed in their genealogy, numbered 956. All these men were heads of their families.
10 Of the priests:
Jedaiah; Jehoiarib; Jakin;
11 Azariah son of Hilkiah, the son of Meshullam, the son of Zadok, the son of Meraioth, the son of Ahitub, the official in charge of the house of God;
12 Adaiah son of Jeroham, the son of Pashhur, the son of Malkijah; and Maasai son of Adiel, the son of Jahzerah, the son of Meshullam, the son of Meshillemith, the son of Immer.
13 The priests, who were heads of families, numbered 1,760. They were able men, responsible for ministering in the house of God.
14 Of the Levites:
Shemaiah son of Hasshub, the son of Azrikam, the son of Hashabiah, a Merarite; 15 Bakbakkar, Heresh, Galal and Mattaniah son of Mica, the son of Zicri, the son of Asaph; 16 Obadiah son of Shemaiah, the son of Galal, the son of Jeduthun; and Berekiah son of Asa, the son of Elkanah, who lived in the villages of the Netophathites.
17 The gatekeepers:
Shallum, Akkub, Talmon, Ahiman and their brothers, Shallum their chief 18 being stationed at the King's Gate on the east, up to the present time. These were the gatekeepers belonging to the camp of the Levites. 19 Shallum son of Kore, the son of Ebiasaph, the son of Korah, and his fellow gatekeepers from his family (the Korahites) were responsible for guarding the thresholds of the Tent[n] just as their fathers had been responsible for guarding the entrance to the dwelling of the LORD. 20 In earlier times Phinehas son of Eleazar was in charge of the gatekeepers, and the LORD was with him. 21 Zechariah son of Meshelemiah was the gatekeeper at the entrance to the Tent of Meeting.
22 Altogether, those chosen to be gatekeepers at the thresholds numbered 212. They were registered by genealogy in their villages. The gatekeepers had been assigned to their positions of trust by David and Samuel the seer. 23 They and their descendants were in charge of guarding the gates of the house of the LORD — the house called the Tent. 24 The gatekeepers were on the four sides: east, west, north and south. 25 Their brothers in their villages had to come from time to time and share their duties for seven-day periods. 26 But the four principal gatekeepers, who were Levites, were entrusted with the responsibility for the rooms and treasuries in the house of God. 27 They would spend the night stationed around the house of God, because they had to guard it; and they had charge of the key for opening it each morning.
28 Some of them were in charge of the articles used in the temple service; they counted them when they were brought in and when they were taken out. 29 Others were assigned to take care of the furnishings and all the other articles of the sanctuary, as well as the flour and wine, and the oil, incense and spices. 30 But

n 19 That is, the temple; also in verses 21 and 23

30 Y algunos de los hijos de los sacerdotes hacían los perfumes aromáticos.

31 Matatías, uno de los levitas, primogénito de Salum coreíta, tenía a su cargo las cosas que se hacían en sartén.

32 Y algunos de los hijos de Coat, y de sus hermanos, tenían a su cargo los panes de la proposición, los cuales ponían por orden cada día de reposo. *

33 También había cantores, jefes de familias de los levitas, los cuales moraban en las cámaras del templo, exentos de otros servicios, porque de día y de noche estaban en aquella obra.

34 Estos eran jefes de familias de los levitas por sus linajes, jefes que habitaban en Jerusalén.

Genealogía de Saúl

35 En Gabaón habitaba Jehiel padre de Gabaón, el nombre de cuya mujer era Maaca;

36 y su hijo primogénito Abdón, luego Zur, Cis, Baal, Ner, Nadab,

37 Gedor, Ahío, Zacarías y Miclot;

38 y Miclot engendró a Simeam. Estos habitaban también en Jerusalén con sus hermanos enfrente de ellos.

39 Ner engendró a Cis, Cis engendró a Saúl, y Saúl engendró a Jonatán, Malquisúa, Abinadab y Es-baal.

40 Hijo de Jonatán fue Merib-baal, y Merib-baal engendró a Micaía.

41 Y los hijos de Micaía: Pitón, Melec, Tarea y Acaz.

42 Acaz engendró a Jara, Jara engendró a Alemet, Azmavet y Zimri, y Zimri engendró a Mosa,

43 y Mosa engendró a Bina, cuyo hijo fue Refaías, del que fue hijo Elasa, cuyo hijo fue Azel.

44 Y Azel tuvo seis hijos, los nombres de los cuales son: Azricam, Bocru, Ismael, Searías, Obadías y Hanán. Estos fueron los hijos de Asel.

Muerte de Saúl y de sus hijos

10 1 Los filisteos pelearon contra Israel; y huyeron delante de ellos los israelitas, y cayeron heridos en el monte de Gilboa.

2 Y los filisteos siguieron a Saúl y a sus hijos, y mataron los filisteos a Jonatán, a Abinadab y a Malquisúa, hijos de Saúl.

3 Y arreciando la batalla contra Saúl, le alcanzaron los flecheros, y fue herido por los flecheros.

4 Entonces dijo Saúl a su escudero: Saca tu espada y traspásame con ella, no sea que vengan estos incircuncisos y hagan escarnio de mí; pero su escudero no quiso, porque tenía mucho miedo. Entonces Saúl tomó la espada, y se echó sobre ella.

5 Cuando su escudero vio a Saúl muerto, él también se echó sobre su espada y se mató.

6 Así murieron Saúl y sus tres hijos; y toda su casa murió juntamente con él.

7 Y viendo todos los de Israel que habitaban en el valle, que habían huido, y que Saúl y sus hijos eran muertos, dejaron sus ciudades y huyeron, y vinieron los filisteos y habitaron en ellas.

8 Sucedió al día siguiente, que al venir los filisteos a despojar a los muertos, hallaron a Saúl y a sus hijos tendidos en el monte de Gilboa.

9 Y luego que le despojaron, tomaron su cabeza y sus armas, y enviaron mensajeros por toda la tierra de los filisteos para dar las nuevas a sus ídolos y al pueblo.

some of the priests took care of mixing the spices. 31 A Levite named Mattithiah, the firstborn son of Shallum the Korahite, was entrusted with the responsibility for baking the offering bread. 32 Some of their Kohathite brothers were in charge of preparing for every Sabbath the bread set out on the table.

33 Those who were musicians, heads of Levite families, stayed in the rooms of the temple and were exempt from other duties because they were responsible for the work day and night.

34 All these were heads of Levite families, chiefs as listed in their genealogy, and they lived in Jerusalem.

The Genealogy of Saul

35 Jeiel the father[o] of Gibeon lived in Gibeon. His wife's name was Maacah, 36 and his firstborn son was Abdon, followed by Zur, Kish, Baal, Ner, Nadab, 37 Gedor, Ahio, Zechariah and Mikloth. 38 Mikloth was the father of Shimeam. They too lived near their relatives in Jerusalem.

39 Ner was the father of Kish, Kish the father of Saul, and Saul the father of Jonathan, Malki-Shua, Abinadab and Esh-Baal.[p]

40 The son of Jonathan:
Merib-Baal,[q] who was the father of Micah.

41 The sons of Micah:
Pithon, Melech, Tahrea and Ahaz.[r]

42 Ahaz was the father of Jadah, Jadah[s] was the father of Alemeth, Azmaveth and Zimri, and Zimri was the father of Moza. 43 Moza was the father of Binea; Rephaiah was his son, Eleasah his son and Azel his son.

44 Azel had six sons, and these were their names: Azrikam, Bokeru, Ishmael, Sheariah, Obadiah and Hanan. These were the sons of Azel.

Saul Takes His Life

10 Now the Philistines fought against Israel; the Israelites fled before them, and many fell slain on Mount Gilboa. 2 The Philistines pressed hard after Saul and his sons, and they killed his sons Jonathan, Abinadab and Malki-Shua. 3 The fighting grew fierce around Saul, and when the archers overtook him, they wounded him.

4 Saul said to his armor-bearer, "Draw your sword and run me through, or these uncircumcised fellows will come and abuse me."

But his armor-bearer was terrified and would not do it; so Saul took his own sword and fell on it. 5 When the armor-bearer saw that Saul was dead, he too fell on his sword and died. 6 So Saul and his three sons died, and all his house died together.

7 When all the Israelites in the valley saw that the army had fled and that Saul and his sons had died, they abandoned their towns and fled. And the Philistines came and occupied them.

8 The next day, when the Philistines came to strip the dead, they found Saul and his sons fallen on Mount Gilboa. 9 They stripped him and took his head and his armor, and sent messengers throughout the land of the Philistines to proclaim the news among their idols and

---

o35 *Father* may mean *civic leader* or *military leader.* p39 Also known as *Ish-Bosheth*. q40 Also known as *Mephibosheth*. r41 Vulgate and Syriac (see also Septuagint and 1 Chron. 8:35); Hebrew does not have *and Ahaz*. s42 Some Hebrew manuscripts and Septuagint (see also 1 Chron. 8:36); most Hebrew manuscripts *Jarah, Jarah*

10 Y pusieron sus armas en el templo de sus dioses, y colgaron la cabeza en el templo de Dagón.

11 Y oyendo todos los de Jabes de Galaad lo que los filisteos habían hecho de Saúl,

12 se levantaron todos los hombres valientes, y tomaron el cuerpo de Saúl y los cuerpos de sus hijos, y los trajeron a Jabes; y enterraron sus huesos debajo de una encina en Jabes, y ayunaron siete días.

13 Así murió Saúl por su rebelión con que prevaricó contra Jehová, contra la palabra de Jehová, la cual no guardó, y porque consultó a una adivina,

14 y no consultó a Jehová; por esta causa lo mató, y traspasó el reino a David hijo de Isaí.

David es proclamado rey de Israel

11 1 Entonces todo Israel se juntó a David en Hebrón, diciendo: He aquí nosotros somos tu hueso y tu carne.

2 También antes de ahora, mientras Saúl reinaba, tú eras quien sacaba a la guerra a Israel, y lo volvía a traer. También Jehová tu Dios te ha dicho: Tú apacentarás a mi pueblo Israel, y tú serás príncipe sobre Israel mi pueblo.

3 Y vinieron todos los ancianos de Israel al rey en Hebrón, y David hizo con ellos pacto delante de Jehová; y ungieron a David por rey sobre Israel, conforme a la palabra de Jehová por medio de Samuel.

David toma la fortaleza de Sion

4 Entonces se fue David con todo Israel a Jerusalén, la cual es Jebús; y los jebuseos habitaban en aquella tierra.

5 Y los moradores de Jebús dijeron a David: No entrarás acá. Mas David tomó la fortaleza de Sion, que es la ciudad de David.

6 Y David había dicho: El que primero derrote a los jebuseos será cabeza y jefe. Entonces Joab hijo de Sarvia subió el primero, y fue hecho jefe.

7 Y David habitó en la fortaleza, y por esto la llamaron la Ciudad de David.

8 Y edificó la ciudad alrededor, desde Milo hasta el muro; y Joab reparó el resto de la ciudad.

9 Y David iba adelantando y creciendo, y Jehová de los ejércitos estaba con él.

Los valientes de David

10 Estos son los principales de los valientes que David tuvo, y los que le ayudaron en su reino, con todo Israel, para hacerle rey sobre Israel, conforme a la palabra de Jehová.

11 Y este es el número de los valientes que David tuvo: Jasobeam hijo de Hacmoni, caudillo de los treinta, el cual blandió su lanza una vez contra trescientos, a los cuales mató.

12 Tras de éste estaba Eleazar hijo de Dodo, ahohíta, el cual era de los tres valientes.

13 Este estuvo con David en Pasdamim, estando allí juntos en batalla los filisteos; y había allí una parcela de tierra llena de cebada, y huyendo el pueblo delante de los filisteos,

14 se pusieron ellos en medio de la parcela y la defendieron, y vencieron a los filisteos, porque Jehová los favoreció con una gran victoria.

15 Y tres de los treinta principales descendieron a la peña a David, a la cueva de Adulam, estando el campamento de los filisteos en el valle de Refaim.

16 David estaba entonces en la fortaleza, y había entonces guarnición de los filisteos en Belén.

their people. 10 They put his armor in the temple of their gods and hung up his head in the temple of Dagon.

11 When all the inhabitants of Jabesh Gilead heard of everything the Philistines had done to Saul, 12 all their valiant men went and took the bodies of Saul and his sons and brought them to Jabesh. Then they buried their bones under the great tree in Jabesh, and they fasted seven days.

13 Saul died because he was unfaithful to the LORD; he did not keep the word of the LORD and even consulted a medium for guidance, 14 and did not inquire of the LORD. So the LORD put him to death and turned the kingdom over to David son of Jesse.

David Becomes King Over Israel

11 All Israel came together to David at Hebron and said, "We are your own flesh and blood. 2 In the past, even while Saul was king, you were the one who led Israel on their military campaigns. And the LORD your God said to you, 'You will shepherd my people Israel, and you will become their ruler.' "

3 When all the elders of Israel had come to King David at Hebron, he made a compact with them at Hebron before the LORD, and they anointed David king over Israel, as the LORD had promised through Samuel.

David Conquers Jerusalem

4 David and all the Israelites marched to Jerusalem (that is, Jebus). The Jebusites who lived there 5 said to David, "You will not get in here." Nevertheless, David captured the fortress of Zion, the City of David.

6 David had said, "Whoever leads the attack on the Jebusites will become commander-in-chief." Joab son of Zeruiah went up first, and so he received the command.

7 David then took up residence in the fortress, and so it was called the City of David. 8 He built up the city around it, from the supporting terraces *t* to the surrounding wall, while Joab restored the rest of the city.

9 And David became more and more powerful, because the LORD Almighty was with him.

David's Mighty Men

10 These were the chiefs of David's mighty men— they, together with all Israel, gave his kingship strong support to extend it over the whole land, as the LORD had promised— 11 this is the list of David's mighty men:

Jashobeam, *u* a Hacmonite, was chief of the officers*v*; he raised his spear against three hundred men, whom he killed in one encounter.

12 Next to him was Eleazar son of Dodai the Ahohite, one of the three mighty men. 13 He was with David at Pas Dammim when the Philistines gathered there for battle. At a place where there was a field full of barley, the troops fled from the Philistines. 14 But they took their stand in the middle of the field. They defended it and struck the Philistines down, and the LORD brought about a great victory.

15 Three of the thirty chiefs came down to David to the rock at the cave of Adullam, while a band of Philistines was encamped in the Valley of Rephaim. 16 At that time David was in the stronghold, and the Philistine garrison was at Bethlehem. 17 David longed

t 8 Or *the Millo*   *u* 11 Possibly a variant of *Jashob-Baal*   *v* 11 Or *Thirty*; some Septuagint manuscripts *Three* (see also 2 Samuel 23:8)

17 David deseó entonces, y dijo: ¡Quién me diera de beber de las aguas del pozo de Belén, que está a la puerta! 18 Y aquellos tres rompieron por el campamento de los filisteos, y sacaron agua del pozo de Belén, que está a la puerta, y la tomaron y la trajeron a David; mas él no la quiso beber, sino que la derramó para Jehová, y dijo: 19 Guárdeme mi Dios de hacer esto. ¿Había yo de beber la sangre y la vida de estos varones, que con peligro de sus vidas la han traído? Y no la quiso beber. Esto hicieron aquellos tres valientes.

20 Y Abisai, hermano de Joab, era jefe de los treinta, el cual blandió su lanza contra trescientos y los mató, y ganó renombre con los tres.

21 Fue el más ilustre de los treinta, y fue el jefe de ellos, pero no igualó a los tres primeros.

22 Benaía hijo de Joiada, hijo de un varón valiente de Cabseel, de grandes hechos; él venció a los dos leones de Moab; también descendió y mató a un león en medio de un foso, en tiempo de nieve.

23 El mismo venció a un egipcio, hombre de cinco codos de estatura; el egipcio traía una lanza como un rodillo de tejedor, mas él descendió con un báculo, y arrebató al egipcio la lanza de la mano, y lo mató con su misma lanza.

24 Esto hizo Benaía hijo de Joiada, y fue nombrado con los tres valientes.

25 Y fue el más distinguido de los treinta, pero no igualó a los tres primeros. A éste puso David en su guardia personal.

26 Y los valientes de los ejércitos: Asael hermano de Joab, Elhanan hijo de Dodo de Belén,

27 Samot harodita, Heles pelonita;

28 Ira hijo de Iques tecoíta, Abiezer anatotita,

29 Sibecai husatita, Ilai ahohíta,

30 Maharai netofatita, Heled hijo de Baana netofatita,

31 Itai hijo de Ribai, de Gabaa de los hijos de Benjamín, Benaía piratonita,

32 Hurai del río Gaas, Abiel arbatita,

33 Azmavet barhumita, Eliaba saalbonita,

34 los hijos de Hasem gizonita, Jonatán hijo de Sage ararita,

35 Ahíam hijo de Sacar ararita, Elifal hijo de Ur,

36 Hefer mequeratita, Ahías pelonita,

37 Hezro carmelita, Naarai hijo de Ezbai,

38 Joel hermano de Natán, Mibhar hijo de Hagrai,

39 Selec amonita, Naharai beerotita, escudero de Joab hijo de Sarvia,

40 Ira itrita, Gareb itrita,

41 Urías heteo, Zabad hijo de Ahlai,

for water and said, "Oh, that someone would get me a drink of water from the well near the gate of Bethlehem!" 18 So the Three broke through the Philistine lines, drew water from the well near the gate of Bethlehem and carried it back to David. But he refused to drink it; instead, he poured it out before the LORD. 19 "God forbid that I should do this!" he said. "Should I drink the blood of these men who went at the risk of their lives?" Because they risked their lives to bring it back, David would not drink it.

Such were the exploits of the three mighty men.

20 Abishai the brother of Joab was chief of the Three. He raised his spear against three hundred men, whom he killed, and so he became as famous as the Three. 21 He was doubly honored above the Three and became their commander, even though he was not included among them.

22 Benaiah son of Jehoiada was a valiant fighter from Kabzeel, who performed great exploits. He struck down two of Moab's best men. He also went down into a pit on a snowy day and killed a lion. 23 And he struck down an Egyptian who was seven and a half feet *w* tall. Although the Egyptian had a spear like a weaver's rod in his hand, Benaiah went against him with a club. He snatched the spear from the Egyptian's hand and killed him with his own spear. 24 Such were the exploits of Benaiah son of Jehoiada; he too was as famous as the three mighty men. 25 He was held in greater honor than any of the Thirty, but he was not included among the Three. And David put him in charge of his bodyguard.

26 The mighty men were:

Asahel the brother of Joab,
Elhanan son of Dodo from Bethlehem,
27 Shammoth the Harorite,
Helez the Pelonite,
28 Ira son of Ikkesh from Tekoa,
Abiezer from Anathoth,
29 Sibbecai the Hushathite,
Ilai the Ahohite,
30 Maharai the Netophathite,
Heled son of Baanah the Netophathite,
31 Ithai son of Ribai from Gibeah in Benjamin,
Benaiah the Pirathonite,
32 Hurai from the ravines of Gaash,
Abiel the Arbathite,
33 Azmaveth the Baharumite,
Eliahba the Shaalbonite,
34 the sons of Hashem the Gizonite,
Jonathan son of Shagee the Hararite,
35 Ahiam son of Sacar the Hararite,
Eliphal son of Ur,
36 Hepher the Mekerathite,
Ahijah the Pelonite,
37 Hezro the Carmelite,
Naarai son of Ezbai,
38 Joel the brother of Nathan,
Mibhar son of Hagri,
39 Zelek the Ammonite,
Naharai the Berothite, the armor-bearer of Joab son of Zeruiah,
40 Ira the Ithrite,
Gareb the Ithrite,
41 Uriah the Hittite,
Zabad son of Ahlai,

---

w 23 Hebrew *five cubits* (about 2.3 meters)

42Adina hijo de Siza rubenita, príncipe de los rubenitas, y con él treinta,
43Hanán hijo de Maaca, Josafat mitnita,
44Uzías astarotita, Sama y Jehiel hijos de Hotam aroerita;
45Jediael hijo de Simri, y Joha su hermano, tizita,
46Eliel mahavita, Jerebai y Josavía hijos de Elnaam, Itma moabita,
47Eliel, Obed, y Jaasiel mesobaíta.

El ejército de David

12 1Estos son los que vinieron a David en Siclag, estando él aún encerrado por causa de Saúl hijo de Cis, y eran de los valientes que le ayudaron en la guerra. 2Estaban armados de arcos, y usaban de ambas manos para tirar piedras con honda y saetas con arco. De los hermanos de Saúl de Benjamín: 3El principal Ahiezer, después Joás, hijos de Semaa gabaatita; Jeziel y Pelet hijos de Azmavet, Beraca, Jehú anatotita, 4Ismaías gabaonita, valiente entre los treinta, y más que los treinta; Jeremías, Jahaziel, Johanán, Jozabad gederatita, 5Eluzai, Jerimot, Bealías, Semarías, Sefatías harufita, 6Elcana, Isías, Azareel, Joezer y Jasobeam, coreítas, 7y Joela y Zebadías hijos de Jeroham de Gedor.

8También de los de Gad huyeron y fueron a David, al lugar fuerte en el desierto, hombres de guerra muy valientes para pelear, diestros con escudo y pavés; sus rostros eran como rostros de leones, y eran ligeros como las gacelas sobre las montañas. 9Ezer el primero, Obadías el segundo, Eliab el tercero, 10Mismana el cuarto, Jeremías el quinto, 11Atai el sexto, Eliel el séptimo, 12Johanán el octavo, Elzabad el noveno, 13Jeremías el décimo y Macbanai el undécimo. 14Estos fueron capitanes del ejército de los hijos de Gad. El menor tenía cargo de cien hombres, y el mayor de mil. 15Estos pasaron el Jordán en el mes primero, cuando se había desbordado por todas sus riberas; e hicieron huir a todos los de los valles al oriente y al poniente.

16Asimismo algunos de los hijos de Benjamín y de Judá vinieron a David al lugar fuerte. 17Y David salió a ellos, y les habló diciendo: Si habéis venido a mí para paz y para ayudarme, mi corazón será unido con vosotros; mas si es para entregarme a mis enemigos, sin haber iniquidad en mis manos, véalo el Dios de nuestros padres, y lo demande. 18Entonces el Espíritu vino sobre Amasai, jefe de los treinta, y dijo: Por ti, oh David, y contigo, oh hijo de Isaí. Paz, paz contigo, y paz con tus ayudadores, pues también tu Dios te ayuda. Y David los recibió, y los puso entre los capitanes de la tropa.

42Adina son of Shiza the Reubenite, who was chief of the Reubenites, and the thirty with him,
43Hanan son of Maacah,
Joshaphat the Mithnite,
44Uzzia the Ashterathite,
Shama and Jeiel the sons of Hotham the Aroerite,
45Jediael son of Shimri,
his brother Joha the Tizite,
46Eliel the Mahavite,
Jeribai and Joshaviah the sons of Elnaam,
Ithmah the Moabite,
47Eliel, Obed and Jaasiel the Mezobaite.

Warriors Join David

12 These were the men who came to David at Ziklag, while he was banished from the presence of Saul son of Kish (they were among the warriors who helped him in battle; 2they were armed with bows and were able to shoot arrows or to sling stones right-handed or left-handed; they were kinsmen of Saul from the tribe of Benjamin):

3Ahiezer their chief and Joash the sons of Shemaah the Gibeathite; Jeziel and Pelet the sons of Azmaveth; Beracah, Jehu the Anathothite, 4and Ishmaiah the Gibeonite, a mighty man among the Thirty, who was a leader of the Thirty; Jeremiah, Jahaziel, Johanan, Jozabad the Gederathite, 5Eluzai, Jerimoth, Bealiah, Shemariah and Shephatiah the Haruphite; 6Elkanah, Isshiah, Azarel, Joezer and Jashobeam the Korahites; 7and Joelah and Zebadiah the sons of Jeroham from Gedor.

8Some Gadites defected to David at his stronghold in the desert. They were brave warriors, ready for battle and able to handle the shield and spear. Their faces were the faces of lions, and they were as swift as gazelles in the mountains.

9Ezer was the chief,
Obadiah the second in command, Eliab the third,
10Mishmannah the fourth, Jeremiah the fifth,
11Attai the sixth, Eliel the seventh,
12Johanan the eighth, Elzabad the ninth,
13Jeremiah the tenth and Macbannai the eleventh.

14These Gadites were army commanders; the least was a match for a hundred, and the greatest for a thousand. 15It was they who crossed the Jordan in the first month when it was overflowing all its banks, and they put to flight everyone living in the valleys, to the east and to the west.

16Other Benjamites and some men from Judah also came to David in his stronghold. 17David went out to meet them and said to them, "If you have come to me in peace, to help me, I am ready to have you unite with me. But if you have come to betray me to my enemies when my hands are free from violence, may the God of our fathers see it and judge you." 18Then the Spirit came upon Amasai, chief of the Thirty, and he said:

"We are yours, O David!
We are with you, O son of Jesse!
Success, success to you,
and success to those who help you,
for your God will help you."

19 También se pasaron a David algunos de Manasés, cuando vino con los filisteos a la batalla contra Saúl (pero David no les ayudó, porque los jefes de los filisteos, habido consejo, lo despidieron, diciendo: Con peligro de nuestras cabezas se pasará a su señor Saúl).

20 Así que viniendo él a Siclag, se pasaron a él de los de Manasés, Adnas, Jozabad, Jediaiel, Micael, Jozabad, Eliú y Ziletai, príncipes de millares de los de Manasés.

21 Estos ayudaron a David contra la banda de merodeadores, pues todos ellos eran hombres valientes, y fueron capitanes en el ejército.

22 Porque entonces todos los días venía ayuda a David, hasta hacerse un gran ejército, como ejército de Dios.

23 Y este es el número de los principales que estaban listos para la guerra, y vinieron a David en Hebrón para traspasarle el reino de Saúl, conforme a la palabra de Jehová:

24 De los hijos de Judá que traían escudo y lanza, seis mil ochocientos, listos para la guerra.

25 De los hijos de Simeón, siete mil cien hombres, valientes y esforzados para la guerra.

26 De los hijos de Leví, cuatro mil seiscientos;

27 asimismo Joiada, príncipe de los del linaje de Aarón, y con él tres mil setecientos;

28 y Sadoc, joven valiente y esforzado, con veintidós de los principales de la casa de su padre.

29 De los hijos de Benjamín hermanos de Saúl, tres mil; porque hasta entonces muchos de ellos se mantenían fieles a la casa de Saúl.

30 De los hijos de Efraín, veinte mil ochocientos, muy valientes, varones ilustres en las casas de sus padres.

31 De la media tribu de Manasés, dieciocho mil, los cuales fueron tomados por lista para venir a poner a David por rey.

32 De los hijos de Isacar, doscientos principales, entendidos en los tiempos, y que sabían lo que Israel debía hacer, cuyo dicho seguían todos sus hermanos.

33 De Zabulón cincuenta mil, que salían a campaña prontos para la guerra, con toda clase de armas de guerra, dispuestos a pelear sin doblez de corazón.

34 De Neftalí, mil capitanes, y con ellos treinta y siete mil con escudo y lanza.

35 De los de Dan, dispuestos a pelear, veintiocho mil seiscientos.

36 De Aser, dispuestos para la guerra y preparados para pelear, cuarenta mil.

37 Y del otro lado del Jordán, de los rubenitas y gaditas y de la media tribu de Manasés, ciento veinte mil con toda clase de armas de guerra.

38 Todos estos hombres de guerra, dispuestos para guerrear, vinieron con corazón perfecto a Hebrón, para poner a David por rey sobre todo Israel; asimismo todos los demás de Israel estaban de un mismo ánimo para poner a David por rey.

39 Y estuvieron allí con David tres días comiendo y bebiendo, porque sus hermanos habían preparado para ellos.

40 También los que les eran vecinos, hasta Isacar y Zabulón y Neftalí, trajeron víveres en asnos, camellos, mulos y bueyes; provisión de harina, tortas de higos, pasas, vino y aceite, y bueyes y ovejas en abundancia, porque en Israel había alegría.

So David received them and made them leaders of his raiding bands.

19 Some of the men of Manasseh defected to David when he went with the Philistines to fight against Saul. (He and his men did not help the Philistines because, after consultation, their rulers sent him away. They said, "It will cost us our heads if he deserts to his master Saul.") 20 When David went to Ziklag, these were the men of Manasseh who defected to him: Adnah, Jozabad, Jediael, Michael, Jozabad, Elihu and Zillethai, leaders of units of a thousand in Manasseh. 21 They helped David against raiding bands, for all of them were brave warriors, and they were commanders in his army. 22 Day after day men came to help David, until he had a great army, like the army of God.x

Others Join David at Hebron

23 These are the numbers of the men armed for battle who came to David at Hebron to turn Saul's kingdom over to him, as the LORD had said:

24 men of Judah, carrying shield and spear — 6,800 armed for battle;

25 men of Simeon, warriors ready for battle — 7,100;

26 men of Levi — 4,600, 27 including Jehoiada, leader of the family of Aaron, with 3,700 men, 28 and Zadok, a brave young warrior, with 22 officers from his family;

29 men of Benjamin, Saul's kinsmen — 3,000, most of whom had remained loyal to Saul's house until then;

30 men of Ephraim, brave warriors, famous in their own clans — 20,800;

31 men of half the tribe of Manasseh, designated by name to come and make David king — 18,000;

32 men of Issachar, who understood the times and knew what Israel should do — 200 chiefs, with all their relatives under their command;

33 men of Zebulun, experienced soldiers prepared for battle with every type of weapon, to help David with undivided loyalty — 50,000;

34 men of Naphtali — 1,000 officers, together with 37,000 men carrying shields and spears;

35 men of Dan, ready for battle — 28,600;

36 men of Asher, experienced soldiers prepared for battle — 40,000;

37 and from east of the Jordan, men of Reuben, Gad and the half-tribe of Manasseh, armed with every type of weapon — 120,000.

38 All these were fighting men who volunteered to serve in the ranks. They came to Hebron fully determined to make David king over all Israel. All the rest of the Israelites were also of one mind to make David king. 39 The men spent three days there with David, eating and drinking, for their families had supplied provisions for them. 40 Also, their neighbors from as far away as Issachar, Zebulun and Naphtali came bringing food on donkeys, camels, mules and oxen. There were plentiful supplies of flour, fig cakes, raisin cakes, wine, oil, cattle and sheep, for there was joy in Israel.

x22 Or a great and mighty army

David propone trasladar el arca a Jerusalén

13 ¹Entonces David tomó consejo con los capitanes de millares y de centenas, y con todos los jefes. ²Y dijo David a toda la asamblea de Israel: Si os parece bien y si es la voluntad de Jehová nuestro Dios, enviaremos a todas partes por nuestros hermanos que han quedado en todas las tierras de Israel, y por los sacerdotes y levitas que están con ellos en sus ciudades y ejidos, para que se reúnan con nosotros; ³y traigamos el arca de nuestro Dios a nosotros, porque desde el tiempo de Saúl no hemos hecho caso de ella. ⁴Y dijo toda la asamblea que se hiciese así, porque la cosa parecía bien a todo el pueblo.

David intenta traer el arca

⁵Entonces David reunió a todo Israel, desde Sihor de Egipto hasta la entrada de Hamat, para que trajesen el arca de Dios de Quiriat-jearim. ⁶Y subió David con todo Israel a Baala de Quiriat-jearim, que está en Judá, para pasar de allí el arca de Jehová Dios, que mora entre los querubines, sobre la cual su nombre es invocado. ⁷Y llevaron el arca de Dios de la casa de Abinadab en un carro nuevo; y Uza y Ahío guiaban el carro. ⁸Y David y todo Israel se regocijaban delante de Dios con todas sus fuerzas, con cánticos, arpas, salterios, tamboriles, címbalos y trompetas. ⁹Pero cuando llegaron a la era de Quidón, Uza extendió su mano al arca para sostenerla, porque los bueyes tropezaban. ¹⁰Y el furor de Jehová se encendió contra Uza, y lo hirió, porque había extendido su mano al arca; y murió allí delante de Dios. ¹¹Y David tuvo pesar, porque Jehová había quebrantado a Uza; por lo que llamó aquel lugar Pérez-uza,^c hasta hoy. ¹²Y David temió a Dios aquel día, y dijo: ¿Cómo he de traer a mi casa el arca de Dios? ¹³Y no trajo David el arca a su casa en la ciudad de David, sino que la llevó a casa de Obed-edom geteo. ¹⁴Y el arca de Dios estuvo con la familia de Obed-edom, en su casa, tres meses; y bendijo Jehová la casa de Obed-edom, y todo lo que tenía.

Hiram envía embajadores a David

14 ¹Hiram rey de Tiro envió a David embajadores, y madera de cedro, y albañiles y carpinteros, para que le edificasen una casa. ²Y entendió David que Jehová lo había confirmado como rey sobre Israel, y que había exaltado su reino sobre su pueblo Israel.

Hijos de David nacidos en Jerusalén

³Entonces David tomó también mujeres en Jerusalén, y engendró David más hijos e hijas. ⁴Y estos son los nombres de los que le nacieron en Jerusalén: Samúa, Sobab, Natán, Salomón, ⁵Ibhar, Elisúa, Elpelet, ⁶Noga, Nefeg, Jafía, ⁷Elisama, Beeliada y Elifelet.

Bringing Back the Ark

13 David conferred with each of his officers, the commanders of thousands and commanders of hundreds. ²He then said to the whole assembly of Israel, "If it seems good to you and if it is the will of the LORD our God, let us send word far and wide to the rest of our brothers throughout the territories of Israel, and also to the priests and Levites who are with them in their towns and pasturelands, to come and join us. ³Let us bring the ark of our God back to us, for we did not inquire of*y* it*z* during the reign of Saul." ⁴The whole assembly agreed to do this, because it seemed right to all the people.

⁵So David assembled all the Israelites, from the Shihor River in Egypt to Lebo*a* Hamath, to bring the ark of God from Kiriath Jearim. ⁶David and all the Israelites with him went to Baalah of Judah (Kiriath Jearim) to bring up from there the ark of God the LORD, who is enthroned between the cherubim—the ark that is called by the Name.

⁷They moved the ark of God from Abinadab's house on a new cart, with Uzzah and Ahio guiding it. ⁸David and all the Israelites were celebrating with all their might before God, with songs and with harps, lyres, tambourines, cymbals and trumpets. ⁹When they came to the threshing floor of Kidon, Uzzah reached out his hand to steady the ark, because the oxen stumbled. ¹⁰The LORD's anger burned against Uzzah, and he struck him down because he had put his hand on the ark. So he died there before God. ¹¹Then David was angry because the LORD's wrath had broken out against Uzzah, and to this day that place is called Perez Uzzah.*b*

¹²David was afraid of God that day and asked, "How can I ever bring the ark of God to me?" ¹³He did not take the ark to be with him in the City of David. Instead, he took it aside to the house of Obed-Edom the Gittite. ¹⁴The ark of God remained with the family of Obed-Edom in his house for three months, and the LORD blessed his household and everything he had.

David's House and Family

14 Now Hiram king of Tyre sent messengers to David, along with cedar logs, stonemasons and carpenters to build a palace for him. ²And David knew that the LORD had established him as king over Israel and that his kingdom had been highly exalted for the sake of his people Israel.

³In Jerusalem David took more wives and became the father of more sons and daughters. ⁴These are the names of the children born to him there: Shammua, Shobab, Nathan, Solomon, ⁵Ibhar, Elishua, Elpelet, ⁶Nogah, Nepheg, Japhia, ⁷Elishama, Beeliada*c* and Eliphelet.

---

^y3 Or *we neglected*　^z3 Or *him*　^a5 Or *to the entrance to*
^b11 *Perez Uzzah* means *outbreak against Uzzah.*　^c7 A variant of *Eliada*

^cEsto es, *el quebrantamiento de Uza.*

David derrota a los filisteos

8 Oyendo los filisteos que David había sido ungido rey sobre todo Israel, subieron todos los filisteos en busca de David. Y cuando David lo oyó, salió contra ellos. 9 Y vinieron los filisteos, y se extendieron por el valle de Refaim. 10 Entonces David consultó a Dios, diciendo: ¿Subiré contra los filisteos? ¿Los entregarás en mi mano? Y Jehová le dijo: Sube, porque yo los entregaré en tus manos. 11 Subieron, pues, a Baal-perazim, y allí los derrotó David. Dijo luego David: Dios rompió mis enemigos por mi mano, como se rompen las aguas. Por esto llamaron el nombre de aquel lugar Baal-perazim. d 12 Y dejaron allí sus dioses, y David dijo que los quemasen. 13 Y volviendo los filisteos a extenderse por el valle, 14 David volvió a consultar a Dios, y Dios le dijo: No subas tras ellos, sino rodéalos, para venir a ellos por delante de las balsameras. 15 Y así que oigas venir un estruendo por las copas de las balsameras, sal luego a la batalla, porque Dios saldrá delante de ti y herirá el ejército de los filisteos. 16 Hizo, pues, David como Dios le mandó, y derrotaron al ejército de los filisteos desde Gabaón hasta Gezer. 17 Y la fama de David fue divulgada por todas aquellas tierras; y Jehová puso el temor de David sobre todas las naciones.

David trae el arca a Jerusalén

15 1 Hizo David también casas para sí en la ciudad de David, y arregló un lugar para el arca de Dios, y le levantó una tienda. 2 Entonces dijo David: El arca de Dios no debe ser llevada sino por los levitas; porque a ellos ha elegido Jehová para que lleven el arca de Jehová, y le sirvan perpetuamente. 3 Y congregó David a todo Israel en Jerusalén, para que pasasen el arca de Jehová a su lugar, el cual le había él preparado. 4 Reunió también David a los hijos de Aarón y a los levitas; 5 de los hijos de Coat, Uriel el principal, y sus hermanos, ciento veinte. 6 De los hijos de Merari, Asaías el principal, y sus hermanos, doscientos veinte. 7 De los hijos de Gersón, Joel el principal, y sus hermanos, ciento treinta. 8 De los hijos de Elizafán, Semaías el principal, y sus hermanos, doscientos. 9 De los hijos de Hebrón, Eliel el principal, y sus hermanos, ochenta. 10 De los hijos de Uziel, Aminadab el principal, y sus hermanos, ciento doce. 11 Y llamó David a los sacerdotes Sadoc y Abiatar, y a los levitas Uriel, Asaías, Joel, Semaías, Eliel y Aminadab, 12 y les dijo: Vosotros que sois los principales padres de las familias de los levitas, santificaos, vosotros y vuestros hermanos, y pasad el arca de Jehová Dios de Israel al lugar que le he preparado; 13 pues por no haberlo hecho así vosotros la primera vez, Jehová nuestro Dios nos quebrantó, por cuanto no le buscamos según su ordenanza. 14 Así los sacerdotes y los levitas se santificaron para traer el arca de Jehová Dios de Israel.

David Defeats the Philistines

8 When the Philistines heard that David had been anointed king over all Israel, they went up in full force to search for him, but David heard about it and went out to meet them. 9 Now the Philistines had come and raided the Valley of Rephaim; 10 so David inquired of God: "Shall I go and attack the Philistines? Will you hand them over to me?"

The LORD answered him, "Go, I will hand them over to you."

11 So David and his men went up to Baal Perazim, and there he defeated them. He said, "As waters break out, God has broken out against my enemies by my hand." So that place was called Baal Perazim. d 12 The Philistines had abandoned their gods there, and David gave orders to burn them in the fire.

13 Once more the Philistines raided the valley; 14 so David inquired of God again, and God answered him, "Do not go straight up, but circle around them and attack them in front of the balsam trees. 15 As soon as you hear the sound of marching in the tops of the balsam trees, move out to battle, because that will mean God has gone out in front of you to strike the Philistine army." 16 So David did as God commanded him, and they struck down the Philistine army, all the way from Gibeon to Gezer.

17 So David's fame spread throughout every land, and the LORD made all the nations fear him.

The Ark Brought to Jerusalem

15 After David had constructed buildings for himself in the City of David, he prepared a place for the ark of God and pitched a tent for it. 2 Then David said, "No one but the Levites may carry the ark of God, because the LORD chose them to carry the ark of the LORD and to minister before him forever."

3 David assembled all Israel in Jerusalem to bring up the ark of the LORD to the place he had prepared for it. 4 He called together the descendants of Aaron and the Levites:

5 From the descendants of Kohath,
    Uriel the leader and 120 relatives;
6 from the descendants of Merari,
    Asaiah the leader and 220 relatives;
7 from the descendants of Gershon, e
    Joel the leader and 130 relatives;
8 from the descendants of Elizaphan,
    Shemaiah the leader and 200 relatives;
9 from the descendants of Hebron,
    Eliel the leader and 80 relatives;
10 from the descendants of Uzziel,
    Amminadab the leader and 112 relatives.

11 Then David summoned Zadok and Abiathar the priests, and Uriel, Asaiah, Joel, Shemaiah, Eliel and Amminadab the Levites. 12 He said to them, "You are the heads of the Levitical families; you and your fellow Levites are to consecrate yourselves and bring up the ark of the LORD, the God of Israel, to the place I have prepared for it. 13 It was because you, the Levites, did not bring it up the first time that the LORD our God broke out in anger against us. We did not inquire of him about how to do it in the prescribed way." 14 So the priests and Levites consecrated themselves in order to bring up the ark of the LORD, the God of Israel.

---

d Esto es, el Señor que quebranta.

d 11 Baal Perazim means the lord who breaks out.   e 7 Hebrew Gershom, a variant of Gershon.

15 Y los hijos de los levitas trajeron el arca de Dios puesta sobre sus hombros en las barras, como lo había mandado Moisés, conforme a la palabra de Jehová.

16 Asimismo dijo David a los principales de los levitas, que designasen de sus hermanos a cantores con instrumentos de música, con salterios y arpas y címbalos, que resonasen y alzasen la voz con alegría.

17 Y los levitas designaron a Hemán hijo de Joel; y de sus hermanos, a Asaf hijo de Berequías; y de los hijos de Merari y de sus hermanos, a Etán hijo de Cusaías.

18 Y con ellos a sus hermanos del segundo orden, a Zacarías, Jaaziel, Semiramot, Jehiel, Uni, Eliab, Benaía, Maasías, Matatías, Elifelehu, Micnías, Obed-edom y Jeiel, los porteros.

19 Así Hemán, Asaf y Etán, que eran cantores, sonaban címbalos de bronce.

20 Y Zacarías, Aziel, Semiramot, Jehiel, Uni, Eliab, Maasías y Benaía, con salterios sobre Alamot.

21 Matatías, Elifelehu, Micnías, Obed-edom, Jeiel y Azazías tenían arpas afinadas en la octava para dirigir.

22 Y Quenanías, principal de los levitas en la música, fue puesto para dirigir el canto, porque era entendido en ello.

23 Berequías y Elcana eran porteros del arca.

24 Y Sebanías, Josafat, Natanael, Amasai, Zacarías, Benaía y Eliezer, sacerdotes, tocaban las trompetas delante del arca de Dios; Obed-edom y Jehías eran también porteros del arca.

25 David, pues, y los ancianos de Israel y los capitanes de millares, fueron a traer el arca del pacto de Jehová, de casa de Obed-edom, con alegría.

26 Y ayudando Dios a los levitas que llevaban el arca del pacto de Jehová, sacrificaron siete novillos y siete carneros.

27 Y David iba vestido de lino fino, y también todos los levitas que llevaban el arca, y asimismo los cantores; y Quenanías era maestro de canto entre los cantores. Llevaba también David sobre sí un efod de lino.

28 De esta manera llevaba todo Israel el arca del pacto de Jehová, con júbilo y sonido de bocinas y trompetas y címbalos, y al son de salterios y arpas.

29 Pero cuando el arca del pacto de Jehová llegó a la ciudad de David, Mical, hija de Saúl, mirando por una ventana, vio al rey David que saltaba y danzaba; y lo menospreció en su corazón.

16 1 Así trajeron el arca de Dios, y la pusieron en medio de la tienda que David había levantado para ella; y ofrecieron holocaustos y sacrificios de paz delante de Dios.

2 Y cuando David acabó de ofrecer el holocausto y los sacrificios de paz, bendijo al pueblo en el nombre de Jehová.

3 Y repartió a todo Israel, así a hombres como a mujeres, a cada uno una torta de pan, una pieza de carne, y una torta de pasas.

4 Y puso delante del arca de Jehová ministros de los levitas, para que recordasen y confesasen y loasen a Jehová Dios de Israel:

5 Asaf el primero; el segundo después de él, Zacarías; Jeiel, Semiramot, Jehiel, Matatías, Eliab, Benaía, Obed-edom y Jeiel, con sus instrumentos de salterios y arpas; pero Asaf sonaba los címbalos.

15 And the Levites carried the ark of God with the poles on their shoulders, as Moses had commanded in accordance with the word of the LORD.

16 David told the leaders of the Levites to appoint their brothers as singers to sing joyful songs, accompanied by musical instruments: lyres, harps and cymbals.

17 So the Levites appointed Heman son of Joel; from his brothers, Asaph son of Berekiah; and from their brothers the Merarites, Ethan son of Kushaiah; 18 and with them their brothers next in rank: Zechariah,f Jaaziel, Shemiramoth, Jehiel, Unni, Eliab, Benaiah, Maaseiah, Mattithiah, Eliphelehu, Mikneiah, Obed-Edom and Jeiel,g the gatekeepers.

19 The musicians Heman, Asaph and Ethan were to sound the bronze cymbals; 20 Zechariah, Aziel, Shemiramoth, Jehiel, Unni, Eliab, Maaseiah and Benaiah were to play the lyres according to *alamoth*,h 21 and Mattithiah, Eliphelehu, Mikneiah, Obed-Edom, Jeiel and Azaziah were to play the harps, directing according to *sheminith*.h 22 Kenaniah the head Levite was in charge of the singing; that was his responsibility because he was skillful at it.

23 Berekiah and Elkanah were to be doorkeepers for the ark. 24 Shebaniah, Joshaphat, Nethanel, Amasai, Zechariah, Benaiah and Eliezer the priests were to blow trumpets before the ark of God. Obed-Edom and Jehiah were also to be doorkeepers for the ark.

25 So David and the elders of Israel and the commanders of units of a thousand went to bring up the ark of the covenant of the LORD from the house of Obed-Edom, with rejoicing. 26 Because God had helped the Levites who were carrying the ark of the covenant of the LORD, seven bulls and seven rams were sacrificed. 27 Now David was clothed in a robe of fine linen, as were all the Levites who were carrying the ark, and as were the singers, and Kenaniah, who was in charge of the singing of the choirs. David also wore a linen ephod. 28 So all Israel brought up the ark of the covenant of the LORD with shouts, with the sounding of rams' horns and trumpets, and of cymbals, and the playing of lyres and harps.

29 As the ark of the covenant of the LORD was entering the City of David, Michal daughter of Saul watched from a window. And when she saw King David dancing and celebrating, she despised him in her heart.

16 They brought the ark of God and set it inside the tent that David had pitched for it, and they presented burnt offerings and fellowship offeringsi before God. 2 After David had finished sacrificing the burnt offerings and fellowship offerings, he blessed the people in the name of the LORD. 3 Then he gave a loaf of bread, a cake of dates and a cake of raisins to each Israelite man and woman.

4 He appointed some of the Levites to minister before the ark of the LORD, to make petition, to give thanks, and to praise the LORD, the God of Israel: 5 Asaph was the chief, Zechariah second, then Jeiel, Shemiramoth, Jehiel, Mattithiah, Eliab, Benaiah, Obed-Edom and Jeiel. They were to play the lyres and harps, Asaph was to sound the cymbals, 6 and Benaiah and Jahaziel the

6 También los sacerdotes Benaía y Jahaziel sonaban continuamente las trompetas delante del arca del pacto de Dios.

Salmo de acción de gracias de David

7 Entonces, en aquel día, David comenzó a aclamar a Jehová por mano de Asaf y de sus hermanos:

8 Alabad a Jehová, invocad su nombre,
Dad a conocer en los pueblos sus obras.
9 Cantad a él, cantadle salmos;
Hablad de todas sus maravillas.
10 Gloriaos en su santo nombre;
Alégrese el corazón de los que buscan a Jehová.
11 Buscad a Jehová y su poder;
Buscad su rostro continuamente.
12 Haced memoria de las maravillas que ha hecho,
De sus prodigios, y de los juicios de su boca,
13 Oh vosotros, hijos de Israel su siervo,
Hijos de Jacob, sus escogidos.
14 Jehová, él es nuestro Dios;
Sus juicios están en toda la tierra.
15 El hace memoria de su pacto perpetuamente,
Y de la palabra que él mandó para mil generaciones;
16 Del pacto que concertó con Abraham,
Y de su juramento a Isaac;
17 El cual confirmó a Jacob por estatuto,
Y a Israel por pacto sempiterno,
18 Diciendo: A ti daré la tierra de Canaán,
Porción de tu heredad.
19 Cuando ellos eran pocos en número,
Pocos y forasteros en ella,
20 Y andaban de nación en nación,
Y de un reino a otro pueblo,
21 No permitió que nadie los oprimiese;
Antes por amor de ellos castigó a los reyes.
22 No toquéis, dijo, a mis ungidos,
Ni hagáis mal a mis profetas.
23 Cantad a Jehová toda la tierra,
Proclamad de día en día su salvación.
24 Cantad entre las gentes su gloria,
Y en todos los pueblos sus maravillas.
25 Porque grande es Jehová, y digno de suprema alabanza,
Y de ser temido sobre todos los dioses.
26 Porque todos los dioses de los pueblos son ídolos;
Mas Jehová hizo los cielos.
27 Alabanza y magnificencia delante de él;
Poder y alegría en su morada.
28 Tributad a Jehová, oh familias de los pueblos,
Dad a Jehová gloria y poder.
29 Dad a Jehová la honra debida a su nombre;
Traed ofrenda, y venid delante de él;
Postraos delante de Jehová en la hermosura de la santidad.
30 Temed en su presencia, toda la tierra;
El mundo será aún establecido, para que no se conmueva.
31 Alégrense los cielos, y gócese la·tierra,
Y digan en las naciones: Jehová reina.

priests were to blow the trumpets regularly before the ark of the covenant of God.

David's Psalm of Thanks

7 That day David first committed to Asaph and his associates this psalm of thanks to the LORD:

8 Give thanks to the LORD, call on his name;
make known among the nations what he has done.
9 Sing to him, sing praise to him;
tell of all his wonderful acts.
10 Glory in his holy name;
let the hearts of those who seek the LORD rejoice.
11 Look to the LORD and his strength;
seek his face always.
12 Remember the wonders he has done,
his miracles, and the judgments he pronounced,
13 O descendants of Israel his servant,
O sons of Jacob, his chosen ones.

14 He is the LORD our God;
his judgments are in all the earth.
15 He remembers/ his covenant forever,
the word he commanded, for a thousand generations,
16 the covenant he made with Abraham,
the oath he swore to Isaac.
17 He confirmed it to Jacob as a decree,
to Israel as an everlasting covenant:
18 "To you I will give the land of Canaan
as the portion you will inherit."

19 When they were but few in number,
few indeed, and strangers in it,
20 they k wandered from nation to nation,
from one kingdom to another.
21 He allowed no man to oppress them;
for their sake he rebuked kings:
22 "Do not touch my anointed ones;
do my prophets no harm."

23 Sing to the LORD, all the earth;
proclaim his salvation day after day.
24 Declare his glory among the nations,
his marvelous deeds among all peoples.
25 For great is the LORD and most worthy of praise;
he is to be feared above all gods.
26 For all the gods of the nations are idols,
but the LORD made the heavens.
27 Splendor and majesty are before him;
strength and joy in his dwelling place.
28 Ascribe to the LORD, O families of nations,
ascribe to the LORD glory and strength,
29 ascribe to the LORD the glory due his name.
Bring an offering and come before him;
worship the LORD in the splendor of his l holiness.
30 Tremble before him, all the earth!
The world is firmly established; it cannot be moved.
31 Let the heavens rejoice, let the earth be glad;
let them say among the nations, "The LORD reigns!"

/15 Some Septuagint manuscripts (see also Psalm 105:8); Hebrew Remember　k18-20 One Hebrew manuscript, Septuagint and Vulgate (see also Psalm 105:12); most Hebrew manuscripts inherit, / 19though you are but few in number, / few indeed, and strangers in it." / 20They　l29 Or LORD with the splendor of

32 Resuene el mar, y su plenitud;
    Alégrese el campo, y todo lo que contiene.
33 Entonces cantarán los árboles de los bosques delante
    de Jehová,
    Porque viene a juzgar la tierra.
34 Aclamad a Jehová, porque él es bueno;
    Porque su misericordia es eterna.
35 Y decid: Sálvanos, oh Dios, salvación nuestra;
    Recógenos, y líbranos de las naciones,
    Para que confesemos tu santo nombre,
    Y nos gloriemos en tus alabanzas.
36 Bendito sea Jehová Dios de Israel,
    De eternidad a eternidad.
Y dijo todo el pueblo, Amén, y alabó a Jehová.

Los levitas encargados del arca

37 Y dejó allí, delante del arca del pacto de Jehová, a Asaf y a sus hermanos, para que ministrasen de continuo delante del arca, cada cosa en su día;
38 y a Obed-edom y a sus sesenta y ocho hermanos; y a Obed-edom hijo de Jedutún y a Hosa como porteros.
39 Asimismo al sacerdote Sadoc, y a los sacerdotes sus hermanos, delante del tabernáculo de Jehová en el lugar alto que estaba en Gabaón,
40 para que sacrificasen continuamente, a mañana y tarde, holocaustos a Jehová en el altar del holocausto, conforme a todo lo que está escrito en la ley de Jehová, que él prescribió a Israel;
41 y con ellos a Hemán, a Jedutún y a los otros escogidos declarados por sus nombres, para glorificar a Jehová, porque es eterna su misericordia.
42 Con ellos a Hemán y a Jedutún con trompetas y címbalos para los que tocaban, y con otros instrumentos de música de Dios; y a los hijos de Jedutún para porteros.
43 Y todo el pueblo se fue cada uno a su casa; y David se volvió para bendecir su casa.

Pacto de Dios con David

17 ¹ Aconteció que morando David en su casa, dijo David al profeta Natán: He aquí yo habito en casa de cedro, y el arca del pacto de Jehová debajo de cortinas.
2 Y Natán dijo a David: Haz todo lo que está en tu corazón, porque Dios está contigo.
3 En aquella misma noche vino palabra de Dios a Natán, diciendo:
4 Vé y dí a David mi siervo: Así ha dicho Jehová: Tú no me edificarás casa en que habite.
5 Porque no he habitado en casa alguna desde el día que saqué a los hijos de Israel hasta hoy; antes estuve de tienda en tienda, y de tabernáculo en tabernáculo.
6 Por dondequiera que anduve con todo Israel, ¿hablé una palabra a alguno de los jueces de Israel, a los cuales mandé que apacentasen a mi pueblo, para decirles: ¿Por qué no me edificáis una casa de cedro?
7 Por tanto, ahora dirás a mi siervo David: Así ha dicho Jehová de los ejércitos: Yo te tomé del redil, de detrás de las ovejas, para que fueses príncipe sobre mi pueblo Israel;

32 Let the sea resound, and all that is in it;
    let the fields be jubilant, and everything in
      them!
33 Then the trees of the forest will sing,
    they will sing for joy before the LORD,
    for he comes to judge the earth.
34 Give thanks to the LORD, for he is good;
    his love endures forever.
35 Cry out, "Save us, O God our Savior;
    gather us and deliver us from the nations,
  that we may give thanks to your holy name,
  that we may glory in your praise."
36 Praise be to the LORD, the God of Israel,
    from everlasting to everlasting.

Then all the people said "Amen" and "Praise the LORD."

37 David left Asaph and his associates before the ark of the covenant of the LORD to minister there regularly, according to each day's requirements. 38 He also left Obed-Edom and his sixty-eight associates to minister with them. Obed-Edom son of Jeduthun, and also Hosah, were gatekeepers.
39 David left Zadok the priest and his fellow priests before the tabernacle of the LORD at the high place in Gibeon 40 to present burnt offerings to the LORD on the altar of burnt offering regularly, morning and evening, in accordance with everything written in the Law of the LORD, which he had given Israel. 41 With them were Heman and Jeduthun and the rest of those chosen and designated by name to give thanks to the LORD, "for his love endures forever." 42 Heman and Jeduthun were responsible for the sounding of trumpets and cymbals and for the playing of the other instruments for sacred song. The sons of Jeduthun were stationed at the gate.
43 Then all the people left, each for his own home, and David returned home to bless his family.

God's Promise to David

17 After David was settled in his palace, he said to Nathan the prophet, "Here I am, living in a palace of cedar, while the ark of the covenant of the LORD is under a tent."
2 Nathan replied to David, "Whatever you have in mind, do it, for God is with you."
3 That night the word of God came to Nathan, saying:
4 "Go and tell my servant David, 'This is what the LORD says: You are not the one to build me a house to dwell in. 5 I have not dwelt in a house from the day I brought Israel up out of Egypt to this day. I have moved from one tent site to another, from one dwelling place to another. 6 Wherever I have moved with all the Israelites, did I ever say to any of their leaders[m] whom I commanded to shepherd my people, "Why have you not built me a house of cedar?" '
7 "Now then, tell my servant David, 'This is what the LORD Almighty says: I took you from the pasture and from following the flock, to be ruler over my people Israel. 8 I have been with

m6 Traditionally judges; also in verse 10

8 y he estado contigo en todo cuanto has andado, y he cortado a todos tus enemigos de delante de ti, y te haré gran nombre, como el nombre de los grandes en la tierra.

9 Asimismo he dispuesto lugar para mi pueblo Israel, y lo he plantado para que habite en él y no sea más removido; ni los hijos de iniquidad lo consumirán más, como antes,

10 y desde el tiempo que puse los jueces sobre mi pueblo Israel; mas humillaré a todos tus enemigos. Te hago saber, además, que Jehová te edificará casa.

11 Y cuando tus días sean cumplidos para irte con tus padres, levantaré descendencia después de ti, a uno de entre tus hijos, y afirmaré su reino.

12 El me edificará casa, y yo confirmaré su trono eternamente.

13 Yo le seré por padre, y él me será por hijo; y no quitaré de él mi misericordia, como la quité de aquel que fue antes de ti;

14 sino que lo confirmaré en mi casa y en mi reino eternamente, y su trono será firme para siempre.

15 Conforme a todas estas palabras, y conforme a toda esta visión, así habló Natán a David.

16 Y entró el rey David y estuvo delante de Jehová, y dijo: Jehová Dios, ¿quién soy yo, y cuál es mi casa, para que me hayas traído hasta este lugar?

17 Y aun esto, oh Dios, te ha parecido poco, pues que has hablado de la casa de tu siervo para tiempo más lejano, y me has mirado como a un hombre excelente, oh Jehová Dios.

18 ¿Qué más puede añadir David pidiendo de ti para glorificar a tu siervo? Mas tú conoces a tu siervo.

19 Oh Jehová, por amor de tu siervo y según tu corazón, has hecho toda esta grandeza, para hacer notorias todas tus grandezas.

20 Jehová, no hay semejante a ti, ni hay Dios sino tú, según todas las cosas que hemos oído con nuestros oídos.

21 ¿Y qué pueblo hay en la tierra como tu pueblo Israel, cuyo Dios fuese y se redimiese un pueblo, para hacerte nombre con grandezas y maravillas, echando a las naciones de delante de tu pueblo, que tú rescataste de Egipto?

22 Tú has constituido a tu pueblo Israel por pueblo tuyo para siempre; y tú, Jehová, has venido a ser su Dios.

23 Ahora pues, Jehová, la palabra que has hablado acerca de tu siervo y de su casa, sea firme para siempre, y haz como has dicho.

24 Permanezca, pues, y sea engrandecido tu nombre para siempre, a fin de que se diga: Jehová de los ejércitos, Dios de Israel, es Dios para Israel. Y sea la casa de tu siervo David firme delante de ti.

25 Porque tú, Dios mío, revelaste al oído a tu siervo que le has de edificar casa; por eso ha hallado tu siervo motivo para orar delante de ti.

26 Ahora pues, Jehová, tú eres el Dios que has hablado de tu siervo este bien;

27 y ahora has querido bendecir la casa de tu siervo, para

you wherever you have gone, and I have cut off all your enemies from before you. Now I will make your name like the names of the greatest men of the earth. 9 And I will provide a place for my people Israel and will plant them so that they can have a home of their own and no longer be disturbed. Wicked people will not oppress them anymore, as they did at the beginning 10 and have done ever since the time I appointed leaders over my people Israel. I will also subdue all your enemies.

" 'I declare to you that the LORD will build a house for you: 11 When your days are over and you go to be with your fathers, I will raise up your offspring to succeed you, one of your own sons, and I will establish his kingdom. 12 He is the one who will build a house for me, and I will establish his throne forever. 13 I will be his father, and he will be my son. I will never take my love away from him, as I took it away from your predecessor. 14 I will set him over my house and my kingdom forever; his throne will be established forever.' "

15 Nathan reported to David all the words of this entire revelation.

David's Prayer

16 Then King David went in and sat before the LORD, and he said:

"Who am I, O LORD God, and what is my family, that you have brought me this far? 17 And as if this were not enough in your sight, O God, you have spoken about the future of the house of your servant. You have looked on me as though I were the most exalted of men, O LORD God.

18 "What more can David say to you for honoring your servant? For you know your servant, 19 O LORD. For the sake of your servant and according to your will, you have done this great thing and made known all these great promises.

20 "There is no one like you, O LORD, and there is no God but you, as we have heard with our own ears. 21 And who is like your people Israel—the one nation on earth whose God went out to redeem a people for himself, and to make a name for yourself, and to perform great and awesome wonders by driving out nations from before your people, whom you redeemed from Egypt? 22 You made your people Israel your very own forever, and you, O LORD, have become their God.

23 "And now, LORD, let the promise you have made concerning your servant and his house be established forever. Do as you promised, 24 so that it will be established and that your name will be great forever. Then men will say, 'The LORD Almighty, the God over Israel, is Israel's God!' And the house of your servant David will be established before you.

25 "You, my God, have revealed to your servant that you will build a house for him. So your servant has found courage to pray to you. 26 O LORD, you are God! You have promised these good things to your servant. 27 Now you

que permanezca perpetuamente delante de ti; porque tú, Jehová, la has bendecido, y será bendita para siempre.

David extiende sus dominios

18 ¹Después de estas cosas aconteció que David derrotó a los filisteos, y los humilló, y tomó a Gat y sus villas de mano de los filisteos.

²También derrotó a Moab, y los moabitas fueron siervos de David, trayéndole presentes.

³Asimismo derrotó David a Hadad-ezer rey de Soba, en Hamat, yendo éste a asegurar su dominio junto al río Eufrates.

⁴Y le tomó David mil carros, siete mil de a caballo, y veinte mil hombres de a pie; y desjarretó David los caballos de todos los carros, excepto los de cien carros que dejó.

⁵Y viniendo los sirios de Damasco en ayuda de Hadad-ezer rey de Soba, David hirió de ellos veintidós mil hombres.

⁶Y puso David guarnición en Siria de Damasco, y los sirios fueron hechos siervos de David, trayéndole presentes; porque Jehová daba la victoria a David dondequiera que iba.

⁷Tomó también David los escudos de oro que llevaban los siervos de Hadad-ezer, y los trajo a Jerusalén.

⁸Asimismo de Tibhat y de Cun, ciudades de Hadad-ezer, tomó David muchísimo bronce, con el que Salomón hizo el mar de bronce, las columnas, y utensilios de bronce.

⁹Y oyendo Toi rey de Hamat que David había deshecho todo el ejército de Hadad-ezer rey de Soba,

¹⁰envió a Adoram su hijo al rey David, para saludarle y bendecirle por haber peleado con Hadad-ezer y haberle vencido; porque Toi tenía guerra contra Hadad-ezer. Le envió también toda clase de utensilios de oro, de plata y de bronce;

¹¹los cuales el rey David dedicó a Jehová, con la plata y el oro que había tomado de todas las naciones de Edom, de Moab, de los hijos de Amón, de los filisteos y de Amalec.

¹²Además de esto, Abisai hijo de Sarvia destrozó en el valle de la Sal a dieciocho mil edomitas.

¹³Y puso guarnición en Edom, y todos los edomitas fueron siervos de David; porque Jehová daba el triunfo a David dondequiera que iba.

Oficiales de David

¹⁴Reinó David sobre todo Israel, y juzgaba con justicia a todo su pueblo.

¹⁵Y Joab hijo de Sarvia era general del ejército, y Josafat hijo de Ahilud, canciller.

¹⁶Sadoc hijo de Ahitob y Abimelec hijo de Abiatar eran sacerdotes, y Savsa, secretario.

¹⁷Y Benaía hijo de Joiada estaba sobre los cereteos y peleteos; y los hijos de David eran los príncipes cerca del rey.

Derrotas de amonitas y sirios

19 ¹Después de estas cosas aconteció que murió Nahas rey de los hijos de Amón, y reinó en su lugar su hijo.

---

have been pleased to bless the house of your servant, that it may continue forever in your sight; for you, O LORD, have blessed it, and it will be blessed forever."

David's Victories

18 In the course of time, David defeated the Philistines and subdued them, and he took Gath and its surrounding villages from the control of the Philistines.

²David also defeated the Moabites, and they became subject to him and brought tribute.

³Moreover, David fought Hadadezer king of Zobah, as far as Hamath, when he went to establish his control along the Euphrates River. ⁴David captured a thousand of his chariots, seven thousand charioteers and twenty thousand foot soldiers. He hamstrung all but a hundred of the chariot horses.

⁵When the Arameans of Damascus came to help Hadadezer king of Zobah, David struck down twenty-two thousand of them. ⁶He put garrisons in the Aramean kingdom of Damascus, and the Arameans became subject to him and brought tribute. The LORD gave David victory everywhere he went.

⁷David took the gold shields carried by the officers of Hadadezer and brought them to Jerusalem. ⁸From Tebahⁿ and Cun, towns that belonged to Hadadezer, David took a great quantity of bronze, which Solomon used to make the bronze Sea, the pillars and various bronze articles.

⁹When Tou king of Hamath heard that David had defeated the entire army of Hadadezer king of Zobah, ¹⁰he sent his son Hadoram to King David to greet him and congratulate him on his victory in battle over Hadadezer, who had been at war with Tou. Hadoram brought all kinds of articles of gold and silver and bronze.

¹¹King David dedicated these articles to the LORD, as he had done with the silver and gold he had taken from all these nations: Edom and Moab, the Ammonites and the Philistines, and Amalek.

¹²Abishai son of Zeruiah struck down eighteen thousand Edomites in the Valley of Salt. ¹³He put garrisons in Edom, and all the Edomites became subject to David. The LORD gave David victory everywhere he went.

David's Officials

¹⁴David reigned over all Israel, doing what was just and right for all his people. ¹⁵Joab son of Zeruiah was over the army; Jehoshaphat son of Ahilud was recorder; ¹⁶Zadok son of Ahitub and Ahimelechᵒ son of Abiathar were priests; Shavsha was secretary; ¹⁷Benaiah son of Jehoiada was over the Kerethites and Pelethites; and David's sons were chief officials at the king's side.

The Battle Against the Ammonites

19 In the course of time, Nahash king of the Ammonites died, and his son succeeded him as king. ²David thought, "I will show kindness to Hanun

---

ⁿ8 Hebrew *Tibhath*, a variant of *Tebah*   ᵒ16 Some Hebrew manuscripts, Vulgate and Syriac (see also 2 Samuel 8:17); most Hebrew manuscripts *Abimelech*

2 Y dijo David: Manifestaré misericordia con Hanún hijo de Nahas, porque también su padre me mostró misericordia. Así David envió embajadores que lo consolasen de la muerte de su padre. Pero cuando llegaron los siervos de David a la tierra de los hijos de Amón a Hanún, para consolarle, 3 los príncipes de los hijos de Amón dijeron a Hanún: ¿A tu parecer honra David a tu padre, que te ha enviado consoladores? ¿No vienen más bien sus siervos a ti para espiar, e inquirir, y reconocer la tierra? 4 Entonces Hanún tomó los siervos de David y los rapó, y les cortó los vestidos por la mitad, hasta las nalgas, y los despachó.

5 Se fueron luego, y cuando llegó a David la noticia sobre aquellos varones, él envió a recibirlos, porque estaban muy afrentados. El rey mandó que les dijeran: Estaos en Jericó hasta que os crezca la barba, y entonces volveréis.

6 Y viendo los hijos de Amón que se habían hecho odiosos a David, Hanún y los hijos de Amón enviaron mil talentos de plata para tomar a sueldo carros y gente de a caballo de Mesopotamia, de Siria, de Maaca y de Soba. 7 Y tomaron a sueldo treinta y dos mil carros, y al rey de Maaca y a su ejército, los cuales vinieron y acamparon delante de Medeba. Y se juntaron también los hijos de Amón de sus ciudades, y vinieron a la guerra.

8 Oyéndolo David, envió a Joab con todo el ejército de los hombres valientes.

9 Y los hijos de Amón salieron, y ordenaron la batalla a la entrada de la ciudad; y los reyes que habían venido estaban aparte en el campo.

10 Y viendo Joab que el ataque contra él había sido dispuesto por el frente y por la retaguardia, escogió de los más aventajados que había en Israel, y con ellos ordenó su ejército contra los sirios.

11 Puso luego el resto de la gente en mano de Abisai su hermano, y los ordenó en batalla contra los amonitas. 12 Y dijo: Si los sirios fueren más fuertes que yo, tú me ayudarás; y si los amonitas fueren más fuertes que tú, yo te ayudaré.

13 Esfuérzate, y esforcémonos por nuestro pueblo, y por las ciudades de nuestro Dios; y haga Jehová lo que bien le parezca.

14 Entonces se acercó Joab y el pueblo que tenía consigo, para pelear contra los sirios; mas ellos huyeron delante de él.

15 Y los hijos de Amón, viendo que los sirios habían huido, huyeron también ellos delante de Abisai su hermano, y entraron en la ciudad. Entonces Joab volvió a Jerusalén.

16 Viendo los sirios que habían caído delante de Israel, enviaron embajadores, y trajeron a los sirios que estaban al otro lado del Eufrates, cuyo capitán era Sofac, general del ejército de Hadad-ezer.

17 Luego que fue dado aviso a David, reunió a todo Israel, y cruzando el Jordán vino a ellos, y ordenó batalla contra ellos. Y cuando David hubo ordenado su tropa contra ellos, pelearon contra él los sirios.

18 Mas el pueblo sirio huyó delante de Israel; y mató David de los sirios a siete mil hombres de los carros, y cuarenta mil hombres de a pie; asimismo mató a Sofac general del ejército.

19 Y viendo los siervos de Hadad-ezer que habían caído delante de Israel, concertaron paz con David, y fueron sus siervos; y el pueblo sirio nunca más quiso ayudar a los hijos de Amón.

son of Nahash, because his father showed kindness to me." So David sent a delegation to express his sympathy to Hanun concerning his father.

When David's men came to Hanun in the land of the Ammonites to express sympathy to him, 3 the Ammonite nobles said to Hanun, "Do you think David is honoring your father by sending men to you to express sympathy? Haven't his men come to you to explore and spy out the country and overthrow it?" 4 So Hanun seized David's men, shaved them, cut off their garments in the middle at the buttocks, and sent them away.

5 When someone came and told David about the men, he sent messengers to meet them, for they were greatly humiliated. The king said, "Stay at Jericho till your beards have grown, and then come back."

6 When the Ammonites realized that they had become a stench in David's nostrils, Hanun and the Ammonites sent a thousand talents*p* of silver to hire chariots and charioteers from Aram Naharaim,*q* Aram Maacah and Zobah. 7 They hired thirty-two thousand chariots and charioteers, as well as the king of Maacah with his troops, who came and camped near Medeba, while the Ammonites were mustered from their towns and moved out for battle.

8 On hearing this, David sent Joab out with the entire army of fighting men. 9 The Ammonites came out and drew up in battle formation at the entrance to their city, while the kings who had come were by themselves in the open country.

10 Joab saw that there were battle lines in front of him and behind him; so he selected some of the best troops in Israel and deployed them against the Arameans. 11 He put the rest of the men under the command of Abishai his brother, and they were deployed against the Ammonites. 12 Joab said, "If the Arameans are too strong for me, then you are to rescue me; but if the Ammonites are too strong for you, then I will rescue you. 13 Be strong and let us fight bravely for our people and the cities of our God. The LORD will do what is good in his sight."

14 Then Joab and the troops with him advanced to fight the Arameans, and they fled before him. 15 When the Ammonites saw that the Arameans were fleeing, they too fled before his brother Abishai and went inside the city. So Joab went back to Jerusalem.

16 After the Arameans saw that they had been routed by Israel, they sent messengers and had Arameans brought from beyond the River,*r* with Shophach the commander of Hadadezer's army leading them.

17 When David was told of this, he gathered all Israel and crossed the Jordan; he advanced against them and formed his battle lines opposite them. David formed his lines to meet the Arameans in battle, and they fought against him. 18 But they fled before Israel, and David killed seven thousand of their charioteers and forty thousand of their foot soldiers. He also killed Shophach the commander of their army.

19 When the vassals of Hadadezer saw that they had been defeated by Israel, they made peace with David and became subject to him.

So the Arameans were not willing to help the Ammonites anymore.

---

p6 That is, about 37 tons (about 34 metric tons)   *q6* That is, Northwest Mesopotamia   *r16* That is, the Euphrates

David captura a Rabá

20 ¹Aconteció a la vuelta del año, en el tiempo que suelen los reyes salir a la guerra, que Joab sacó las fuerzas del ejército, y destruyó la tierra de los hijos de Amón, y vino y sitió a Rabá. Mas David estaba en Jerusalén; y Joab batió a Rabá, y la destruyó.

²Y tomó David la corona de encima de la cabeza del rey de Rabá, y la halló de peso de un talento de oro, y había en ella piedras preciosas; y fue puesta sobre la cabeza de David. Además de esto sacó de la ciudad muy grande botín.

³Sacó también al pueblo que estaba en ella, y lo puso a trabajar con sierras, con trillos de hierro y con hachas. Lo mismo hizo David a todas las ciudades de los hijos de Amón. Y volvió David con todo el pueblo a Jerusalén.

Los hombres de David matan a los gigantes

⁴Después de esto aconteció que se levantó guerra en Gezer contra los filisteos; y Sibecai husatita mató a Sipai, de los descendientes de los gigantes; y fueron humillados.

⁵Volvió a levantarse guerra contra los filisteos; y Elhanán hijo de Jair mató a Lahmi, hermano de Goliat geteo, el asta de cuya lanza era como un rodillo de telar.

⁶Y volvió a haber guerra en Gat, donde había un hombre de grande estatura, el cual tenía seis dedos en pies y manos, veinticuatro por todos; y era descendiente de los gigantes.

⁷Este hombre injurió a Israel, pero lo mató Jonatán, hijo de Simea hermano de David.

⁸Estos eran descendientes de los gigantes en Gat, los cuales cayeron por mano de David y de sus siervos.

David censa al pueblo

21 ¹Pero Satanás se levantó contra Israel, e incitó a David a que hiciese censo de Israel.

²Y dijo David a Joab y a los príncipes del pueblo: Id, haced censo de Israel desde Beerseba hasta Dan, e informadme sobre el número de ellos para que yo lo sepa.

³Y dijo Joab: Añada Jehová a su pueblo cien veces más, rey señor mío; ¿no son todos estos siervos de mi señor? ¿Para qué procura mi señor esto, que será para pecado a Israel?

⁴Mas la orden del rey pudo más que Joab. Salió, por tanto, Joab, y recorrió todo Israel, y volvió a Jerusalén y dio la cuenta del número del pueblo a David.

⁵Y había en todo Israel un millón cien mil que sacaban espada, y de Judá cuatrocientos setenta mil hombres que sacaban espada.

⁶Entre éstos no fueron contados los levitas, ni los hijos de Benjamín, porque la orden del rey era abominable a Joab.

⁷Asimismo esto desagradó a Dios, y hirió a Israel.

⁸Entonces dijo David a Dios: He pecado gravemente al hacer esto; te ruego que quites la iniquidad de tu siervo, porque he hecho muy locamente.

⁹Y habló Jehová a Gad, vidente de David, diciendo:

¹⁰Vé y habla a David, y dile: Así ha dicho Jehová: Tres cosas te propongo; escoge de ellas una que yo haga contigo.

¹¹Y viniendo Gad a David, le dijo: Así ha dicho Jehová:

The Capture of Rabbah

20 In the spring, at the time when kings go off to war, Joab led out the armed forces. He laid waste the land of the Ammonites and went to Rabbah and besieged it, but David remained in Jerusalem. Joab attacked Rabbah and left it in ruins. ²David took the crown from the head of their king*s*—its weight was found to be a talent*ᵗ* of gold, and it was set with precious stones—and it was placed on David's head. He took a great quantity of plunder from the city ³and brought out the people who were there, consigning them to labor with saws and with iron picks and axes. David did this to all the Ammonite towns. Then David and his entire army returned to Jerusalem.

War With the Philistines

⁴In the course of time, war broke out with the Philistines, at Gezer. At that time Sibbecai the Hushathite killed Sippai, one of the descendants of the Rephaites, and the Philistines were subjugated.

⁵In another battle with the Philistines, Elhanan son of Jair killed Lahmi the brother of Goliath the Gittite, who had a spear with a shaft like a weaver's rod.

⁶In still another battle, which took place at Gath, there was a huge man with six fingers on each hand and six toes on each foot—twenty-four in all. He also was descended from Rapha. ⁷When he taunted Israel, Jonathan son of Shimea, David's brother, killed him.

⁸These were descendants of Rapha in Gath, and they fell at the hands of David and his men.

David Numbers the Fighting Men

21 Satan rose up against Israel and incited David to take a census of Israel. ²So David said to Joab and the commanders of the troops, "Go and count the Israelites from Beersheba to Dan. Then report back to me so that I may know how many there are."

³But Joab replied, "May the LORD multiply his troops a hundred times over. My lord the king, are they not all my lord's subjects? Why does my lord want to do this? Why should he bring guilt on Israel?"

⁴The king's word, however, overruled Joab; so Joab left and went throughout Israel and then came back to Jerusalem. ⁵Joab reported the number of the fighting men to David: In all Israel there were one million one hundred thousand men who could handle a sword, including four hundred and seventy thousand in Judah.

⁶But Joab did not include Levi and Benjamin in the numbering, because the king's command was repulsive to him. ⁷This command was also evil in the sight of God; so he punished Israel.

⁸Then David said to God, "I have sinned greatly by doing this. Now, I beg you, take away the guilt of your servant. I have done a very foolish thing."

⁹The LORD said to Gad, David's seer, ¹⁰"Go and tell David, 'This is what the LORD says: I am giving you three options. Choose one of them for me to carry out against you.'"

¹¹So Gad went to David and said to him, "This is what the LORD says: 'Take your choice: ¹²three years

---

*ˢ2 Or of Milcom, that is, Molech   ᵗ2 That is, about 75 pounds
(about 34 kilograms)*

12 Escoge para ti: o tres años de hambre, o por tres meses ser derrotado delante de tus enemigos con la espada de tus adversarios, o por tres días la espada de Jehová, esto es, la peste en la tierra, y que el ángel de Jehová haga destrucción en todos los términos de Israel. Mira, pues, qué responderé al que me ha enviado.

13 Entonces David dijo a Gad: Estoy en grande angustia. Ruego que yo caiga en la mano de Jehová, porque sus misericordias son muchas en extremo; pero que no caiga en manos de hombres.

14 Así Jehová envió una peste en Israel, y murieron de Israel setenta mil hombres.

15 Y envió Jehová el ángel a Jerusalén para destruirla; pero cuando él estaba destruyendo, miró Jehová y se arrepintió de aquel mal, y dijo al ángel que destruía: Basta ya; detén tu mano. El ángel de Jehová estaba junto a la era de Ornán jebuseo.

16 Y alzando David sus ojos, vio al ángel de Jehová, que estaba entre el cielo y la tierra, con una espada desnuda en su mano, extendida contra Jerusalén. Entonces David y los ancianos se postraron sobre sus rostros, cubiertos de cilicio.

17 Y dijo David a Dios: ¿No soy yo el que hizo contar el pueblo? Yo mismo soy el que pequé, ciertamente he hecho mal; pero estas ovejas, ¿qué han hecho? Jehová Dios mío, sea ahora tu mano contra mí, y contra la casa de mi padre, y no venga la peste sobre tu pueblo.

18 Y el ángel de Jehová ordenó a Gad que dijese a David que subiese y construyese un altar a Jehová en la era de Ornán jebuseo.

19 Entonces David subió, conforme a la palabra que Gad le había dicho en nombre de Jehová.

20 Y volviéndose Ornán, vio al ángel, por lo que se escondieron cuatro hijos suyos que con él estaban. Y Ornán trillaba el trigo.

21 Y viniendo David a Ornán, miró Ornán, y vio a David; y saliendo de la era, se postró en tierra ante David.

22 Entonces dijo David a Ornán: Dame este lugar de la era, para que edifique un altar a Jehová; dámelo por su cabal precio, para que cese la mortandad en el pueblo.

23 Y Ornán respondió a David: Tómala para ti, y haga mi señor el rey lo que bien le parezca; y aun los bueyes daré para el holocausto, y los trillos para leña, y trigo para la ofrenda; yo lo doy todo.

24 Entonces el rey David dijo a Ornán: No, sino que efectivamente la compraré por su justo precio; porque no tomaré para Jehová lo que es tuyo, ni sacrificaré holocausto que nada me cueste.

25 Y dio David a Ornán por aquel lugar el peso de seiscientos siclos de oro.

26 Y edificó allí David un altar a Jehová, en el que ofreció holocaustos y ofrendas de paz, e invocó a Jehová, quien le respondió por fuego desde los cielos en el altar del holocausto.

27 Entonces Jehová habló al ángel, y éste volvió su espada a la vaina.

El lugar para el templo

28 Viendo David que Jehová le había oído en la era de Ornán jebuseo, ofreció sacrificios allí.

29 Y el tabernáculo de Jehová que Moisés había hecho en

of famine, three months of being swept away [u] before your enemies, with their swords overtaking you, or three days of the sword of the LORD—days of plague in the land, with the angel of the LORD ravaging every part of Israel.' Now then, decide how I should answer the one who sent me.

13 David said to Gad, "I am in deep distress. Let me fall into the hands of the LORD, for his mercy is very great; but do not let me fall into the hands of men."

14 So the LORD sent a plague on Israel, and seventy thousand men of Israel fell dead. 15 And God sent an angel to destroy Jerusalem. But as the angel was doing so, the LORD saw it and was grieved because of the calamity and said to the angel who was destroying the people, "Enough! Withdraw your hand." The angel of the LORD was then standing at the threshing floor of Araunah [v] the Jebusite.

16 David looked up and saw the angel of the LORD standing between heaven and earth, with a drawn sword in his hand extended over Jerusalem. Then David and the elders, clothed in sackcloth, fell facedown.

17 David said to God, "Was it not I who ordered the fighting men to be counted? I am the one who has sinned and done wrong. These are but sheep. What have they done? O LORD my God, let your hand fall upon me and my family, but do not let this plague remain on your people."

18 Then the angel of the LORD ordered Gad to tell David to go up and build an altar to the LORD on the threshing floor of Araunah the Jebusite. 19 So David went up in obedience to the word that Gad had spoken in the name of the LORD.

20 While Araunah was threshing wheat, he turned and saw the angel; his four sons who were with him hid themselves. 21 Then David approached, and when Araunah looked and saw him, he left the threshing floor and bowed down before David with his face to the ground.

22 David said to him, "Let me have the site of your threshing floor so I can build an altar to the LORD, that the plague on the people may be stopped. Sell it to me at the full price."

23 Araunah said to David, "Take it! Let my lord the king do whatever pleases him. Look, I will give the oxen for the burnt offerings, the threshing sledges for the wood, and the wheat for the grain offering. I will give all this."

24 But King David replied to Araunah, "No, I insist on paying the full price. I will not take for the LORD what is yours, or sacrifice a burnt offering that costs me nothing."

25 So David paid Araunah six hundred shekels [w] of gold for the site. 26 David built an altar to the LORD there and sacrificed burnt offerings and fellowship offerings. [x] He called on the LORD, and the LORD answered him with fire from heaven on the altar of burnt offering.

27 Then the LORD spoke to the angel, and he put his sword back into its sheath. 28 At that time, when David saw that the LORD had answered him on the threshing floor of Araunah the Jebusite, he offered sacrifices there. 29 The tabernacle of the LORD, which Moses had

---

[u] 12 Hebrew; Septuagint and Vulgate (see also 2 Samuel 24:13) of fleeing   [v] 15 Hebrew Ornan, a variant of Araunah; also in verses 18-28   [w] 25 That is, about 15 pounds (about 7 kilograms)   [x] 26 Traditionally peace offerings

el desierto, y el altar del holocausto, estaban entonces en el lugar alto de Gabaón;
30 pero David no pudo ir allá a consultar a Dios, porque estaba atemorizado a causa de la espada del ángel de Jehová.

22

1 Y dijo David: Aquí estará la casa de Jehová Dios, y aquí el altar del holocausto para Israel.

Preparativos para el templo

2 Después mandó David que se reuniese a los extranjeros que había en la tierra de Israel, y señaló de entre ellos canteros que labrasen piedras para edificar la casa de Dios. 3 Asimismo preparó David mucho hierro para la clavazón de las puertas, y para las junturas; y mucho bronce sin peso, y madera de cedro sin cuenta. 4 Porque los sidonios y tirios habían traído a David abundancia de madera de cedro. 5 Y dijo David: Salomón mi hijo es muchacho y de tierna edad, y la casa que se ha de edificar a Jehová ha de ser magnífica por excelencia, para renombre y honra en todas las tierras; ahora pues, yo le prepararé lo necesario. Y David antes de su muerte hizo preparativos en gran abundancia.

6 Llamó entonces David a Salomón su hijo, y le mandó que edificase casa a Jehová Dios de Israel. 7 Y dijo David a Salomón: Hijo mío, en mi corazón tuve el edificar templo al nombre de Jehová mi Dios. 8 Mas vino a mí palabra de Jehová, diciendo: Tú has derramado mucha sangre, y has hecho grandes guerras; no edificarás casa a mi nombre, porque has derramado mucha sangre en la tierra delante de mí. 9 He aquí te nacerá un hijo, el cual será varón de paz, porque yo le daré paz de todos sus enemigos en derredor; por tanto, su nombre será Salomón,e y yo daré paz y reposo sobre Israel en sus días. 10 El edificará casa a mi nombre, y él me será a mí por hijo, y yo le seré por padre; y afirmaré el trono de su reino sobre Israel para siempre. 11 Ahora pues, hijo mío, Jehová esté contigo, y seas prosperado, y edifiques casa a Jehová tu Dios, como él ha dicho de ti. 12 Y Jehová te dé entendimiento y prudencia, para que cuando gobiernes a Israel, guardes la ley de Jehová tu Dios. 13 Entonces serás prosperado, si cuidares de poner por obra los estatutos y decretos que Jehová mandó a Moisés para Israel. Esfuérzate, pues, y cobra ánimo; no temas, ni desmayes. 14 He aquí, yo con grandes esfuerzos he preparado para la casa de Jehová cien mil talentos de oro, y un millón de talentos de plata, y bronce y hierro sin medida, porque es mucho. Asimismo he preparado madera y piedra, a lo cual tú añadirás. 15 Tú tienes contigo muchos obreros, canteros, albañiles, carpinteros, y todo hombre experto en toda obra. 16 Del oro, de la plata, del bronce y del hierro, no hay cuenta. Levántate, y manos a la obra; y Jehová esté contigo. 17 Asimismo mandó David a todos los principales de Israel que ayudasen a Salomón su hijo, diciendo:

made in the desert, and the altar of burnt offering were at that time on the high place at Gibeon. 30 But David could not go before it to inquire of God, because he was afraid of the sword of the angel of the LORD.

22

Then David said, "The house of the LORD God is to be here, and also the altar of burnt offering for Israel."

Preparations for the Temple

2 So David gave orders to assemble the aliens living in Israel, and from among them he appointed stonecutters to prepare dressed stone for building the house of God. 3 He provided a large amount of iron to make nails for the doors of the gateways and for the fittings, and more bronze than could be weighed. 4 He also provided more cedar logs than could be counted, for the Sidonians and Tyrians had brought large numbers of them to David.

5 David said, "My son Solomon is young and inexperienced, and the house to be built for the LORD should be of great magnificence and fame and splendor in the sight of all the nations. Therefore I will make preparations for it." So David made extensive preparations before his death.

6 Then he called for his son Solomon and charged him to build a house for the LORD, the God of Israel. 7 David said to Solomon: "My son, I had it in my heart to build a house for the Name of the LORD my God. 8 But this word of the LORD came to me: 'You have shed much blood and have fought many wars. You are not to build a house for my Name, because you have shed much blood on the earth in my sight. 9 But you will have a son who will be a man of peace and rest, and I will give him rest from all his enemies on every side. His name will be Solomon,y and I will grant Israel peace and quiet during his reign. 10 He is the one who will build a house for my Name. He will be my son, and I will be his father. And I will establish the throne of his kingdom over Israel forever.'

11 "Now, my son, the LORD be with you, and may you have success and build the house of the LORD your God, as he said you would. 12 May the LORD give you discretion and understanding when he puts you in command over Israel, so that you may keep the law of the LORD your God. 13 Then you will have success if you are careful to observe the decrees and laws that the LORD gave Moses for Israel. Be strong and courageous. Do not be afraid or discouraged.

14 "I have taken great pains to provide for the temple of the LORD a hundred thousand talentsz of gold, a million talentsa of silver, quantities of bronze and iron too great to be weighed, and wood and stone. And you may add to them. 15 You have many workmen: stonecutters, masons and carpenters, as well as men skilled in every kind of work 16 in gold and silver, bronze and iron—craftsmen beyond number. Now begin the work, and the LORD be with you."

17 Then David ordered all the leaders of Israel to help his son Solomon. 18 He said to them, "Is not the LORD

---

eEsto es, Pacífico.

y9 Solomon sounds like and may be derived from the Hebrew for peace.　z14 That is, about 3,750 tons (about 3,450 metric tons) a14 That is, about 37,500 tons (about 34,500 metric tons)

18 ¿No está con vosotros Jehová vuestro Dios, el cual os ha dado paz por todas partes? Porque él ha entregado en mi mano a los moradores de la tierra, y la tierra ha sido sometida delante de Jehová, y delante de su pueblo.

19 Poned, pues, ahora vuestros corazones y vuestros ánimos en buscar a Jehová vuestro Dios; y levantaos, y edificad el santuario de Jehová Dios, para traer el arca del pacto de Jehová, y los utensilios consagrados a Dios, a la casa edificada al nombre de Jehová.

Distribución y deberes de los levitas

23 1 Siendo, pues, David ya viejo y lleno de días, hizo a Salomón su hijo rey sobre Israel.

2 Y juntando a todos los principales de Israel, y a los sacerdotes y levitas,

3 fueron contados los levitas de treinta años arriba; y fue el número de ellos por sus cabezas, contados uno por uno, treinta y ocho mil.

4 De éstos, veinticuatro mil para dirigir la obra de la casa de Jehová, y seis mil para gobernadores y jueces.

5 Además, cuatro mil porteros, y cuatro mil para alabar a Jehová, dijo David, con los instrumentos que he hecho para tributar alabanzas.

6 Y los repartió David en grupos conforme a los hijos de Leví: Gersón, Coat y Merari.

7 Los hijos de Gersón: Laadán y Simei.

8 Los hijos de Laadán, tres: Jehiel el primero, después Zetam y Joel.

9 Los hijos de Simei, tres: Selomit, Haziel y Harán. Estos fueron los jefes de las familias de Laadán.

10 Y los hijos de Simei: Jahat, Zina, Jeús y Bería. Estos cuatro fueron los hijos de Simei.

11 Jahat era el primero, y Zina el segundo; pero Jeús y Bería no tuvieron muchos hijos, por lo cual fueron contados como una familia.

12 Los hijos de Coat: Amram, Izhar, Hebrón y Uziel, ellos cuatro.

13 Los hijos de Amram: Aarón y Moisés. Y Aarón fue apartado para ser dedicado a las cosas más santas, él y sus hijos para siempre, para que quemasen incienso delante de Jehová, y le ministrasen y bendijesen en su nombre, para siempre.

14 Y los hijos de Moisés varón de Dios fueron contados en la tribu Leví.

15 Los hijos de Moisés fueron Gersón y Eliezer.

16 Hijo de Gersón fue Sebuel el jefe.

17 E hijo de Eliezer fue Rehabías el jefe. Y Eliezer no tuvo otros hijos; mas los hijos de Rehabías fueron muchos.

18 Hijo de Izhar fue Selomit el jefe.

your God with you? And has he not granted you rest on every side? For he has handed the inhabitants of the land over to me, and the land is subject to the LORD and to his people. 19 Now devote your heart and soul to seeking the LORD your God. Begin to build the sanctuary of the LORD God, so that you may bring the ark of the covenant of the LORD and the sacred articles belonging to God into the temple that will be built for the Name of the LORD."

The Levites

23 When David was old and full of years, he made his son Solomon king over Israel.

2 He also gathered together all the leaders of Israel, as well as the priests and Levites. 3 The Levites thirty years old or more were counted, and the total number of men was thirty-eight thousand. 4 David said, "Of these, twenty-four thousand are to supervise the work of the temple of the LORD and six thousand are to be officials and judges. 5 Four thousand are to be gatekeepers and four thousand are to praise the LORD with the musical instruments I have provided for that purpose."

6 David divided the Levites into groups corresponding to the sons of Levi: Gershon, Kohath and Merari.

Gershonites

7 Belonging to the Gershonites:
Ladan and Shimei.

8 The sons of Ladan:
Jehiel the first, Zetham and Joel—three in all.

9 The sons of Shimei:
Shelomoth, Haziel and Haran—three in all.
These were the heads of the families of Ladan.

10 And the sons of Shimei:
Jahath, Ziza, b Jeush and Beriah.
These were the sons of Shimei—four in all.

11 Jahath was the first and Ziza the second, but Jeush and Beriah did not have many sons; so they were counted as one family with one assignment.

Kohathites

12 The sons of Kohath:
Amram, Izhar, Hebron and Uzziel—four in all.

13 The sons of Amram:
Aaron and Moses.
Aaron was set apart, he and his descendants forever, to consecrate the most holy things, to offer sacrifices before the LORD, to minister before him and to pronounce blessings in his name forever. 14 The sons of Moses the man of God were counted as part of the tribe of Levi.

15 The sons of Moses:
Gershom and Eliezer.

16 The descendants of Gershom:
Shubael was the first.

17 The descendants of Eliezer:
Rehabiah was the first.
Eliezer had no other sons, but the sons of Rehabiah were very numerous.

18 The sons of Izhar:
Shelomith was the first.

---

b 10 One Hebrew manuscript, Septuagint and Vulgate (see also verse 11); most Hebrew manuscripts Zina

19Los hijos de Hebrón: Jerías el jefe, Amarías el segundo, Jahaziel el tercero, y Jecamán el cuarto.
20Los hijos de Uziel: Micaía el jefe, e Isías el segundo.
21 Los hijos de Merari: Mahli y Musi. Los hijos de Mahli: Eleazar y Cis.
22Y murió Eleazar sin hijos; pero tuvo hijas, y los hijos de Cis, sus parientes, las tomaron por mujeres.
23Los hijos de Musi: Mahli, Edar y Jeremot, ellos tres.

24Estos son los hijos de Leví en las familias de sus padres, jefes de familias según el censo de ellos, contados por sus nombres, por sus cabezas, de veinte años arriba, los cuales trabajaban en el ministerio de la casa de Jehová.
25Porque David dijo: Jehová Dios de Israel ha dado paz a su pueblo Israel, y él habitará en Jerusalén para siempre.
26Y también los levitas no tendrán que llevar más el tabernáculo y todos los utensilios para su ministerio.
27Así que, conforme a las postreras palabras de David, se hizo la cuenta de los hijos de Leví de veinte años arriba.
28Y estaban bajo las órdenes de los hijos de Aarón para ministrar en la casa de Jehová, en los atrios, en las cámaras, y en la purificación de toda cosa santificada, y en la demás obra del ministerio de la casa de Dios.
29Asimismo para los panes de la proposición, para la flor de harina para el sacrificio, para las hojuelas sin levadura, para lo preparado en sartén, para lo tostado, y para toda medida y cuenta;
30y para asistir cada mañana todos los días a dar gracias y tributar alabanzas a Jehová, y asimismo por la tarde;
31y para ofrecer todos los holocaustos a Jehová los días de reposo, * lunas nuevas y fiestas solemnes, según su número y de acuerdo con su rito, continuamente delante de Jehová;
32y para que tuviesen la guarda del tabernáculo de reunión, y la guarda del santuario, bajo las órdenes de los hijos de Aarón sus hermanos, en el ministerio de la casa de Jehová.

24 1 También los hijos de Aarón fueron distribuidos en grupos. Los hijos de Aarón: Nadab, Abiú, Eleazar e Itamar.
2Mas como Nadab y Abiú murieron antes que su padre, y no tuvieron hijos, Eleazar e Itamar ejercieron el sacerdocio.
3Y David, con Sadoc de los hijos de Eleazar, y Ahimelec de los hijos de Itamar, los repartió por sus turnos en el ministerio.
4Y de los hijos de Eleazar había más varones principales que de los hijos de Itamar; y los repartieron así: De los hijos de Eleazar, dieciséis cabezas de casas paternas; y de los hijos de Itamar, por sus casas paternas, ocho.
5Los repartieron, pues, por suerte los unos con los otros; porque de los hijos de Eleazar y de los hijos de Itamar hubo príncipes del santuario, y príncipes de la casa de Dios.

19The sons of Hebron:
   Jeriah the first, Amariah the second, Jahaziel the third and Jekameam the fourth.
20The sons of Uzziel:
   Micah the first and Isshiah the second.

Merarites

21The sons of Merari:
   Mahli and Mushi.
   The sons of Mahli:
   Eleazar and Kish.
22Eleazar died without having sons: he had only daughters. Their cousins, the sons of Kish, married them.
23The sons of Mushi:
   Mahli, Eder and Jerimoth — three in all.

24These were the descendants of Levi by their families — the heads of families as they were registered under their names and counted individually, that is, the workers twenty years old or more who served in the temple of the LORD. 25For David had said, "Since the LORD, the God of Israel, has granted rest to his people and has come to dwell in Jerusalem forever, 26the Levites no longer need to carry the tabernacle or any of the articles used in its service." 27According to the last instructions of David, the Levites were counted from those twenty years old or more.
28The duty of the Levites was to help Aaron's descendants in the service of the temple of the LORD: to be in charge of the courtyards, the side rooms, the purification of all sacred things and the performance of other duties at the house of God. 29They were in charge of the bread set out on the table, the flour for the grain offerings, the unleavened wafers, the baking and the mixing, and all measurements of quantity and size. 30They were also to stand every morning to thank and praise the LORD. They were to do the same in the evening 31and whenever burnt offerings were presented to the LORD on Sabbaths and at New Moon festivals and at appointed feasts. They were to serve before the LORD regularly in the proper number and in the way prescribed for them.
32And so the Levites carried out their responsibilities for the Tent of Meeting, for the Holy Place and, under their brothers the descendants of Aaron, for the service of the temple of the LORD.

The Divisions of Priests

24 These were the divisions of the sons of Aaron: The sons of Aaron were Nadab, Abihu, Eleazar and Ithamar. 2But Nadab and Abihu died before their father did, and they had no sons; so Eleazar and Ithamar served as the priests. 3With the help of Zadok a descendant of Eleazar and Ahimelech a descendant of Ithamar, David separated them into divisions for their appointed order of ministering. 4A larger number of leaders were found among Eleazar's descendants than among Ithamar's, and they were divided accordingly: sixteen heads of families from Eleazar's descendants and eight heads of families from Ithamar's descendants. 5They divided them impartially by drawing lots, for there were officials of the sanctuary and officials of God among the descendants of both Eleazar and Ithamar.

*Aquí equivale a *sábado*

⁶Y el escriba Semaías hijo de Natanael, de los levitas, escribió sus nombres en presencia del rey y de los príncipes, y delante de Sadoc el sacerdote, de Ahimelec hijo de Abiatar y de los jefes de las casas paternas de los sacerdotes y levitas, designando por suerte una casa paterna para Eleazar, y otra para Itamar.

⁷La primera suerte tocó a Joiarib, la segunda a Jedaías, ⁸la tercera a Harim, la cuarta a Seorim, ⁹la quinta a Malquías, la sexta a Mijamín, ¹⁰la séptima a Cos, la octava a Abías, ¹¹la novena a Jesúa, la décima a Secanías, ¹²la undécima a Eliasib, la duodécima a Jaquim, ¹³la decimatercera a Hupa, la decimacuarta a Jesebeab, ¹⁴la decimaquinta a Bilga, la decimasexta a Imer, ¹⁵la decimaséptima a Hezir, la decimaoctava a Afses, ¹⁶la decimanovena a Petaías, la vigésirna a Hezequiel, ¹⁷la vigesimaprimera a Jaquín, la vigesimasegunda a Gamul, ¹⁸la vigesimatercera a Delaía, la vigesimacuarta a Maazías. ¹⁹Estos fueron distribuidos para su ministerio, para que entrasen en la casa de Jehová, según les fue ordenado por Aarón su padre, de la manera que le había mandado Jehová el Dios de Israel.

²⁰Y de los hijos de Leví que quedaron: Subael, de los hijos de Amram; y de los hijos de Subael, Jehedías. ²¹Y de los hijos de Rehabías, Isías el jefe. ²²De los izharitas, Selomot; e hijo de Selomot, Jahat. ²³De los hijos de Hebrón: Jerías el jefe, el segundo Amarías, el tercero Jahaziel, el cuarto Jecamán. ²⁴Hijo de Uziel, Micaía; e hijo de Micaía, Samir. ²⁵Hermano de Micaía, Isías; e hijo de Isías, Zacarías. ²⁶Los hijos de Merari: Mahli y Musi; hijo de Jaazías, Beno. ²⁷Los hijos de Merari por Jaazías: Beno, Soham, Zacur e Ibri. ²⁸Y de Mahli, Eleazar, quien no tuvo hijos. ²⁹Hijo de Cis, Jerameel. ³⁰Los hijos de Musi: Mahli, Edar y Jerimot. Estos fueron los hijos de los levitas conforme a sus casas paternas.

⁶The scribe Shemaiah son of Nethanel, a Levite, recorded their names in the presence of the king and of the officials: Zadok the priest, Ahimelech son of Abiathar and the heads of families of the priests and of the Levites—one family being taken from Eleazar and then one from Ithamar.

⁷The first lot fell to Jehoiarib,
  the second to Jedaiah,
⁸the third to Harim,
  the fourth to Seorim,
⁹the fifth to Malkijah,
  the sixth to Mijamin,
¹⁰the seventh to Hakkoz,
  the eighth to Abijah,
¹¹the ninth to Jeshua,
  the tenth to Shecaniah,
¹²the eleventh to Eliashib,
  the twelfth to Jakim,
¹³the thirteenth to Huppah,
  the fourteenth to Jeshebeab,
¹⁴the fifteenth to Bilgah,
  the sixteenth to Immer,
¹⁵the seventeenth to Hezir,
  the eighteenth to Happizzez,
¹⁶the nineteenth to Pethahiah,
  the twentieth to Jehezkel,
¹⁷the twenty-first to Jakin,
  the twenty-second to Gamul,
¹⁸the twenty-third to Delaiah
  and the twenty-fourth to Maaziah.

¹⁹This was their appointed order of ministering when they entered the temple of the LORD, according to the regulations prescribed for them by their forefather Aaron, as the LORD, the God of Israel, had commanded him.

The Rest of the Levites

²⁰As for the rest of the descendants of Levi:
  from the sons of Amram: Shubael;
    from the sons of Shubael: Jehdeiah.
  ²¹As for Rehabiah, from his sons:
    Isshiah was the first.
²²From the Izharites: Shelomoth;
  from the sons of Shelomoth: Jahath.
²³The sons of Hebron: Jeriah the first,ᶜ Amariah the second, Jahaziel the third and Jekameam the fourth.
²⁴The son of Uzziel: Micah;
  from the sons of Micah: Shamir.
  ²⁵The brother of Micah: Isshiah;
    from the sons of Isshiah: Zechariah.
²⁶The sons of Merari: Mahli and Mushi.
  The son of Jaaziah: Beno.
²⁷The sons of Merari:
  from Jaaziah: Beno, Shoham, Zaccur and Ibri.
²⁸From Mahli: Eleazar, who had no sons.
²⁹From Kish: the son of Kish:
  Jerahmeel.
³⁰And the sons of Mushi: Mahli, Eder and Jerimoth.

These were the Levites, according to their families.

ᶜ23 Two Hebrew manuscripts and some Septuagint manuscripts (see also 1 Chron. 23:19); most Hebrew manuscripts *The sons of Jeriah:*

³¹ Estos también echaron suertes, como sus hermanos los hijos de Aarón, delante del rey David, y de Sadoc y de Ahimelec, y de los jefes de las casas paternas de los sacerdotes y levitas; el principal de los padres igualmente que el menor de sus hermanos.

Distribución de músicos y cantores

25 ¹ Asimismo David y los jefes del ejército apartaron para el ministerio a los hijos de Asaf, de Hemán y de Jedutún, para que profetizasen con arpas, salterios y címbalos; y el número de ellos, hombres idóneos para la obra de su ministerio, fue:

² De los hijos de Asaf: Zacur, José, Netanías y Asarela, hijos de Asaf, bajo la dirección de Asaf, el cual profetizaba bajo las órdenes del rey.

³ De los hijos de Jedutún: Gedalías, Zeri, Jesaías, Hasabías, Matatías y Simei; seis, bajo la dirección de su padre Jedutún, el cual profetizaba con arpa, para aclamar y alabar a Jehová.

⁴ De los hijos de Hemán: Buquías, Matanías, Uziel, Sebuel, Jeremot, Hananías, Hanani, Eliata, Gidalti, Romanti-ezer, Josbecasa, Maloti, Hotir y Mahaziot.

⁵ Todos éstos fueron hijos de Hemán, vidente del rey en las cosas de Dios, para exaltar su poder; y Dios dio a Hemán catorce hijos y tres hijas.

⁶ Y todos éstos estaban bajo la dirección de su padre en la música, en la casa de Jehová, con címbalos, salterios y arpas, para el ministerio del templo de Dios. Asaf, Jedutún y Hemán estaban por disposición del rey.

⁷ Y el número de ellos, con sus hermanos, instruidos en el canto para Jehová, todos los aptos, fue doscientos ochenta y ocho.

⁸ Y echaron suertes para servir por turnos, entrando el pequeño con el grande, lo mismo el maestro que el discípulo.

⁹ La primera suerte salió por Asaf, para José; la segunda para Gedalías, quien con sus hermanos e hijos fueron doce.

¹⁰ la tercera para Zacur, con sus hijos y sus hermanos, doce;

¹¹ la cuarta para Izri, con sus hijos y sus hermanos, doce;

¹² la quinta para Netanías, con sus hijos y sus hermanos, doce;

¹³ la sexta para Buquías, con sus hijos y sus hermanos, doce;

¹⁴ la séptima para Jesarela, con sus hijos y sus hermanos, doce;

¹⁵ la octava para Jesahías, con sus hijos y sus hermanos, doce;

¹⁶ la novena para Matanías, con sus hijos y sus hermanos, doce;

¹⁷ la décima para Simei, con sus hijos y sus hermanos, doce;

¹⁸ la undécima para Azareel, con sus hijos y sus hermanos, doce;

³¹ They also cast lots, just as their brothers the descendants of Aaron did, in the presence of King David and of Zadok, Ahimelech, and the heads of families of the priests and of the Levites. The families of the oldest brother were treated the same as those of the youngest.

The Singers

25 David, together with the commanders of the army, set apart some of the sons of Asaph, Heman and Jeduthun for the ministry of prophesying, accompanied by harps, lyres and cymbals. Here is the list of the men who performed this service:

² From the sons of Asaph:

Zaccur, Joseph, Nethaniah and Asarelah. The sons of Asaph were under the supervision of Asaph, who prophesied under the king's supervision.

³ As for Jeduthun, from his sons:

Gedaliah, Zeri, Jeshaiah, Shimei,ᵈ Hashabiah and Mattithiah, six in all, under the supervision of their father Jeduthun, who prophesied, using the harp in thanking and praising the LORD.

⁴ As for Heman, from his sons:

Bukkiah, Mattaniah, Uzziel, Shubael and Jerimoth; Hananiah, Hanani, Eliathah, Giddalti and Romamti-Ezer; Joshbekashah, Mallothi, Hothir and Mahazioth. ⁵ All these were sons of Heman the king's seer. They were given him through the promises of God to exalt him.ᵉ God gave Heman fourteen sons and three daughters.

⁶ All these men were under the supervision of their fathers for the music of the temple of the LORD, with cymbals, lyres and harps, for the ministry at the house of God. Asaph, Jeduthun and Heman were under the supervision of the king. ⁷ Along with their relatives— all of them trained and skilled in music for the LORD— they numbered 288. ⁸ Young and old alike, teacher as well as student, cast lots for their duties.

⁹ The first lot, which was for Asaph, fell to Joseph,	
his sons and relatives,ᶠ	12ᵍ
the second to Gedaliah,	
he and his relatives and sons,	12
¹⁰ the third to Zaccur,	
his sons and relatives,	12
¹¹ the fourth to Izri,ʰ	
his sons and relatives,	12
¹² the fifth to Nethaniah,	
his sons and relatives,	12
¹³ the sixth to Bukkiah,	
his sons and relatives,	12
¹⁴ the seventh to Jesarelah,ⁱ	
his sons and relatives,	12
¹⁵ the eighth to Jeshaiah,	
his sons and relatives,	12
¹⁶ the ninth to Mattaniah,	
his sons and relatives,	12
¹⁷ the tenth to Shimei,	
his sons and relatives,	12
¹⁸ the eleventh to Azarel,ʲ	
his sons and relatives,	12

ᵈ 3 One Hebrew manuscript and some Septuagint manuscripts (see also verse 17); most Hebrew manuscripts do not have *Shimei.*
ᵉ 5 Hebrew *exalt the horn*　　ᶠ 9 See Septuagint; Hebrew does not have *his sons and relatives.*　　ᵍ 9 See the total in verse 7; Hebrew does not have *twelve.*　　ʰ 11 A variant of *Zeri*　　ⁱ 14 A variant of *Asarelah*　　ʲ 18 A variant of *Uzziel*

¹⁹la duodécima para Hasabías, con sus hijos y sus hermanos, doce;
²⁰la decimatercera para Subael, con sus hijos y sus hermanos, doce;
²¹la decimacuarta para Matatías, con sus hijos y sus hermanos, doce;
²²la decimaquinta para Jeremot, con sus hijos y sus hermanos, doce;
²³la decimasexta para Hananías, con sus hijos y sus hermanos, doce;
²⁴la decimaséptima para Josbecasa, con sus hijos y sus hermanos, doce;
²⁵la decimaoctava para Hanani, con sus hijos y sus hermanos, doce;
²⁶la decimanovena para Maloti, con sus hijos y sus hermanos, doce;
²⁷la vigésima para Eliata, con sus hijos y sus hermanos, doce;
²⁸la vigesimaprimera para Hotir, con sus hijos y sus hermanos, doce;
²⁹la vigesimasegunda para Gidalti, con sus hijos y sus hermanos, doce;
³⁰la vigesimatercera para Mahaziot, con sus hijos y sus hermanos, doce;
³¹la vigesimacuarta para Romantiezer, con sus hijos y sus hermanos, doce.

Porteros y oficiales

26 ¹También fueron distribuidos los porteros: de los coreítas, Meselemías hijo de Coré, de los hijos de Asaf.
²Los hijos de Meselemías: Zacarías el primogénito, Jediael el segundo, Zebadías el tercero, Jatniel el cuarto,
³Elam el quinto, Johanán el sexto, Elioenai el séptimo.
⁴Los hijos de Obed-edom: Semaías el primogénito, Jozabad el segundo, Joa el tercero, el cuarto Sacar, el quinto Natanael,
⁵el sexto Amiel, el séptimo Isacar, el octavo Peultai; porque Dios había bendecido a Obed-edom.
⁶También de Semaías su hijo nacieron hijos que fueron señores sobre la casa de sus padres; porque eran varones valerosos y esforzados.
⁷Los hijos de Semaías: Otni, Rafael, Obed, Elzabad, y sus hermanos, hombres esforzados; asimismo Eliú y Samaquías.
⁸Todos éstos de los hijos de Obed-edom; ellos con sus hijos y sus hermanos, hombres robustos y fuertes para el servicio; sesenta y dos, de Obed-edom.
⁹Y los hijos de Meselemías y sus hermanos, dieciocho hombres valientes.
¹⁰De Hosa, de los hijos de Merari: Simri el jefe (aunque no era el primogénito, mas su padre lo puso por jefe),
¹¹el segundo Hilcías, el tercero Tebalías, el cuarto Zacarías; todos los hijos de Hosa y sus hermanos fueron trece.

¹⁹the twelfth to Hashabiah,
his sons and relatives,   12
²⁰the thirteenth to Shubael,
his sons and relatives,   12
²¹the fourteenth to Mattithiah,
his sons and relatives,   12
²²the fifteenth to Jerimoth,
his sons and relatives,   12
²³the sixteenth to Hananiah,
his sons and relatives,   12
²⁴the seventeenth to Joshbekashah,
his sons and relatives,   12
²⁵the eighteenth to Hanani,
his sons and relatives,   12
²⁶the nineteenth to Mallothi,
his sons and relatives,   12
²⁷the twentieth to Eliathah,
his sons and relatives,   12
²⁸the twenty-first to Hothir,
his sons and relatives,   12
²⁹the twenty-second to Giddalti,
his sons and relatives,   12
³⁰the twenty-third to Mahazioth,
his sons and relatives,   12
³¹the twenty-fourth to Romamti-Ezer,
his sons and relatives,   12

The Gatekeepers

26 The divisions of the gatekeepers:

From the Korahites: Meshelemiah son of Kore, one of the sons of Asaph.
²Meshelemiah had sons:
Zechariah the firstborn,
Jediael the second,
Zebadiah the third,
Jathniel the fourth,
³Elam the fifth,
Jehohanan the sixth
and Eliehoenai the seventh.
⁴Obed-Edom also had sons:
Shemaiah the firstborn,
Jehozabad the second,
Joah the third,
Sacar the fourth,
Nethanel the fifth,
⁵Ammiel the sixth,
Issachar the seventh
and Peullethai the eighth.
(For God had blessed Obed-Edom.)

⁶His son Shemaiah also had sons, who were leaders in their father's family because they were very capable men. ⁷The sons of Shemaiah: Othni, Rephael, Obed and Elzabad; his relatives Elihu and Semakiah were also able men. ⁸All these were descendants of Obed-Edom; they and their sons and their relatives were capable men with the strength to do the work — descendants of Obed-Edom, 62 in all.
⁹Meshelemiah had sons and relatives, who were able men — 18 in all.

¹⁰Hosah the Merarite had sons: Shimri the first (although he was not the firstborn, his father had appointed him the first), ¹¹Hilkiah the second, Tabaliah the third and Zechariah the fourth. The sons and relatives of Hosah were 13 in all.

12 Entre éstos se hizo la distribución de los porteros, alternando los principales de los varones en la guardia con sus hermanos, para servir en la casa de Jehová.
13 Echaron suertes, el pequeño con el grande, según sus casas paternas, para cada puerta.
14 Y la suerte para la del oriente cayó a Selemías. Y metieron en las suertes a Zacarías su hijo, consejero entendido; y salió la suerte suya para la del norte.
15 Y para Obed-edom la puerta del sur, y a sus hijos la casa de provisiones del templo.
16 Para Supim y Hosa, la del occidente, la puerta de Salequet, en el camino de la subida, correspondiéndose guardia con guardia.
17 Al oriente seis levitas, al norte cuatro de día; al sur cuatro de día; y a la casa de provisiones de dos en dos.
18 En la cámara de los utensilios al occidente, cuatro al camino, y dos en la cámara.
19 Estas son las distribuciones de los porteros, hijos de los coreítas y de los hijos de Merari.

20 Y de los levitas, Ahías tenía cargo de los tesoros de la casa de Dios, y de los tesoros de las cosas santificadas.
21 Cuanto a los hijos de Laadán hijo de Gersón: de Laadán, los jefes de las casas paternas de Laadán gersonita fueron los jehielitas.
22 Los hijos de Jehieli, Zetam y Joel su hermano, tuvieron cargo de los tesoros de la casa de Jehová.
23 De entre los amramitas, de los izharitas, de los hebronitas y de los uzielitas,
24 Sebuel hijo de Gersón, hijo de Moisés, era jefe sobre los tesoros.
25 En cuanto a su hermano Eliezer, hijo de éste era Rehabías, hijo de éste Jesaías, hijo de éste Joram, hijo de éste Zicri, del que fue hijo Selomit.
26 Este Selomit y sus hermanos tenían a su cargo todos los tesoros de todas las cosas santificadas que había consagrado el rey David, y los jefes de las casas paternas, los capitanes de millares y de centenas, y los jefes del ejército;
27 de lo que habían consagrado de las guerras y de los botines, para reparar la casa de Jehová.
28 Asimismo todas las cosas que había consagrado el vidente Samuel, y Saúl hijo de Cis, Abner hijo de Ner y Joab hijo de Sarvia, y todo lo que cualquiera consagraba, estaba a cargo de Selomit y de sus hermanos.
29 De los izharitas, Quenanías y sus hijos eran gobernadores y jueces sobre Israel en asuntos exteriores.
30 De los hebronitas, Hasabías y sus hermanos, hombres de vigor, mil setecientos, gobernaban a Israel al otro lado del Jordán, al occidente, en toda la obra de Jehová, y en el servicio del rey.
31 De los hebronitas, Jerías era el jefe de los hebronitas repartidos en sus linajes por sus familias. En el año cuarenta del reinado de David se registraron, y fueron hallados entre ellos hombres fuertes y vigorosos en Jazer de Galaad.

12 These divisions of the gatekeepers, through their chief men, had duties for ministering in the temple of the Lord, just as their relatives had. 13 Lots were cast for each gate, according to their families, young and old alike.
14 The lot for the East Gate fell to Shelemiah. k Then lots were cast for his son Zechariah, a wise counselor, and the lot for the North Gate fell to him. 15 The lot for the South Gate fell to Obed-Edom, and the lot for the storehouse fell to his sons. 16 The lots for the West Gate and the Shalleketh Gate on the upper road fell to Shuppim and Hosah.

Guard was alongside of guard: 17 There were six Levites a day on the east, four a day on the north, four a day on the south and two at a time at the storehouse. 18 As for the court to the west, there were four at the road and two at the court itself.

19 These were the divisions of the gatekeepers who were descendants of Korah and Merari.

The Treasurers and Other Officials

20 Their fellow Levites were l in charge of the treasuries of the house of God and the treasuries for the dedicated things.
21 The descendants of Ladan, who were Gershonites through Ladan and who were heads of families belonging to Ladan the Gershonite, were Jehieli, 22 the sons of Jehieli, Zetham and his brother Joel. They were in charge of the treasuries of the temple of the Lord.
23 From the Amramites, the Izharites, the Hebronites and the Uzzielites:

24 Shubael, a descendant of Gershom son of Moses, was the officer in charge of the treasuries. 25 His relatives through Eliezer: Rehabiah his son, Jeshaiah his son, Joram his son, Zicri his son and Shelomith his son. 26 Shelomith and his relatives were in charge of all the treasuries for the things dedicated by King David, by the heads of families who were the commanders of thousands and commanders of hundreds, and by the other army commanders. 27 Some of the plunder taken in battle they dedicated for the repair of the temple of the Lord. 28 And everything dedicated by Samuel the seer and by Saul son of Kish, Abner son of Ner and Joab son of Zeruiah, and all the other dedicated things were in the care of Shelomith and his relatives.

29 From the Izharites: Kenaniah and his sons were assigned duties away from the temple, as officials and judges over Israel.

30 From the Hebronites: Hashabiah and his relatives—seventeen hundred able men—were responsible in Israel west of the Jordan for all the work of the Lord and for the king's service. 31 As for the Hebronites, Jeriah was their chief according to the genealogical records of their families. In the fortieth year of David's reign a search was made in the records, and capable men among the Hebronites were found at Jazer in Gilead. 32 Jeriah had twenty-seven hundred relatives, who were able men

k 14 A variant of Meshelemiah　　l 20 Septuagint; Hebrew As for the Levites, Ahijah was

32 Y sus hermanos, hombres valientes, eran dos mil setecientos, jefes de familias, los cuales el rey David constituyó sobre los rubenitas, los gaditas y la media tribu de Manasés, para todas las cosas de Dios y los negocios del rey.

Otros oficiales de David

27 1 Estos son los principales de los hijos de Israel, jefes de familias, jefes de millares y de centenas, y oficiales que servían al rey en todos los negocios de las divisiones que entraban y salían cada mes durante todo el año, siendo cada división de veinticuatro mil.

2 Sobre la primera división del primer mes estaba Jasobeam hijo de Zabdiel; y había en su división veinticuatro mil.

3 De los hijos de Fares, él fue jefe de todos los capitanes de las compañías del primer mes.

4 Sobre la división del segundo mes estaba Dodai ahohíta; y Miclot era jefe en su división, en la que también había veinticuatro mil.

5 El jefe de la tercera división para el tercer mes era Benaía, hijo del sumo sacerdote Joiada; y en su división había veinticuatro mil.

6 Este Benaía era valiente entre los treinta y sobre los treinta; y en su división estaba Amisabad su hijo.

7 El cuarto jefe para el cuarto mes era Asael hermano de Joab, y después de él Zebadías su hijo; y en su división había veinticuatro mil.

8 El quinto jefe para el quinto mes era Samhut izraíta; y en su división había veinticuatro mil.

9 El sexto para el sexto mes era Ira hijo de Iques, de Tecoa; y en su división veinticuatro mil.

10 El séptimo para el séptimo mes era Heles pelonita, de los hijos de Efraín; y en su división veinticuatro mil.

11 El octavo para el octavo mes era Sibecai husatita, de los zeraítas; y en su división veinticuatro mil.

12 El noveno para el noveno mes era Abiezer anatotita, de los benjamitas; y en su división veinticuatro mil.

13 El décimo para el décimo mes era Maharai netofatita, de los zeraítas; y en su división veinticuatro mil.

14 El undécimo para el undécimo mes era Benaía piratonita, de los hijos de Efraín; y en su división veinticuatro mil.

15 El duodécimo para el duodécimo mes era Heldai netofatita, de Otoniel; y en su división veinticuatro mil.

16 Asimismo sobre las tribus de Israel: el jefe de los rubenitas era Eliezer hijo de Zicri; de los simeonitas, Sefatías, hijo de Maaca.

17 De los levitas, Hasabías hijo de Kemuel; de los de Aarón, Sadoc.

18 De Judá, Eliú, uno de los hermanos de David; de los de Isacar, Omri hijo de Micael.

and heads of families, and King David put them in charge of the Reubenites, the Gadites and the half-tribe of Manasseh for every matter pertaining to God and for the affairs of the king.

Army Divisions

27 This is the list of the Israelites — heads of families, commanders of thousands and commanders of hundreds, and their officers, who served the king in all that concerned the army divisions that were on duty month by month throughout the year. Each division consisted of 24,000 men.

2 In charge of the first division, for the first month, was Jashobeam son of Zabdiel. There were 24,000 men in his division. 3 He was a descendant of Perez and chief of all the army officers for the first month.

4 In charge of the division for the second month was Dodai the Ahohite; Mikloth was the leader of his division. There were 24,000 men in his division.

5 The third army commander, for the third month, was Benaiah son of Jehoiada the priest. He was chief and there were 24,000 men in his division. 6 This was the Benaiah who was a mighty man among the Thirty and was over the Thirty. His son Ammizabad was in charge of his division.

7 The fourth, for the fourth month, was Asahel the brother of Joab; his son Zebadiah was his successor. There were 24,000 men in his division.

8 The fifth, for the fifth month, was the commander Shamhuth the Izrahite. There were 24,000 men in his division.

9 The sixth, for the sixth month, was Ira the son of Ikkesh the Tekoite. There were 24,000 men in his division.

10 The seventh, for the seventh month, was Helez the Pelonite, an Ephraimite. There were 24,000 men in his division.

11 The eighth, for the eighth month, was Sibbecai the Hushathite, a Zerahite. There were 24,000 men in his division.

12 The ninth, for the ninth month, was Abiezer the Anathothite, a Benjamite. There were 24,000 men in his division.

13 The tenth, for the tenth month, was Maharai the Netophathite, a Zerahite. There were 24,000 men in his division.

14 The eleventh, for the eleventh month, was Benaiah the Pirathonite, an Ephraimite. There were 24,000 men in his division.

15 The twelfth, for the twelfth month, was Heldai the Netophathite, from the family of Othniel. There were 24,000 men in his division.

Officers of the Tribes

16 The officers over the tribes of Israel:

over the Reubenites: Eliezer son of Zicri;
over the Simeonites: Shephatiah son of Maacah;
17 over Levi: Hashabiah son of Kemuel;
over Aaron: Zadok;
18 over Judah: Elihu, a brother of David;
over Issachar: Omri son of Michael;

19 De los de Zabulón, Ismaías hijo de Abdías; de los de Neftalí, Jerimot hijo de Azriel.

20 De los hijos de Efraín, Oseas hijo de Azazías; de la media tribu de Manasés, Joel hijo de Pedaías.

21 De la otra media tribu de Manasés, en Galaad, Iddo hijo de Zacarías; de los de Benjamín, Jaasiel hijo de Abner.

22 Y de Dan, Azareel hijo de Jeroham. Estos fueron los jefes de las tribus de Israel.

23 Y no tomó David el número de los que eran de veinte años abajo, por cuanto Jehová había dicho que él multiplicaría a Israel como las estrellas del cielo.

24 Joab hijo de Sarvia había comenzado a contar; pero no acabó, pues por esto vino el castigo sobre Israel, y así el número no fue puesto en el registro de las crónicas del rey David.

25 Azmavet hijo de Adiel tenía a su cargo los tesoros del rey; y Jonatán hijo de Uzías los tesoros de los campos, de las ciudades, de las aldeas y de las torres.

26 Y de los que trabajaban en la labranza de las tierras, Ezri hijo de Quelub.

27 De las viñas, Simei ramatita; y del fruto de las viñas para las bodegas, Zabdi sifmita.

28 De los olivares e higuerales de la Sefela, Baal-hanán gederita; y de los almacenes del aceite, Joás.

29 Del ganado que pastaba en Sarón, Sitrai saronita; y del ganado que estaba en los valles, Safat hijo de Adlai.

30 De los camellos, Obil ismaelita; de las asnas, Jehedías meronotita;

31 y de las ovejas, Jaziz agareno. Todos estos eran administradores de la hacienda del rey David.

32 Y Jonatán tío de David era consejero, varón prudente y escriba; y Jehiel hijo de Hacmoni estaba con los hijos del rey.

33 También Ahitofel era consejero del rey, y Husai arquita amigo del rey.

34 Después de Ahitofel estaba Joiada hijo de Benaía, y Abiatar. Y Joab era el general del ejército del rey.

Salomón sucede a David

28 1 Reunió David en Jerusalén a todos los principales de Israel, los jefes de las tribus, los jefes de las divisiones que servían al rey, los jefes de millares y de centenas, los administradores de toda la hacienda y posesión del rey y de sus hijos, y los oficiales y los más poderosos y valientes de sus hombres.

19 over Zebulun: Ishmaiah son of Obadiah;
over Naphtali: Jerimoth son of Azriel;

20 over the Ephraimites: Hoshea son of Azaziah;
over half the tribe of Manasseh: Joel son of Pedaiah;

21 over the half-tribe of Manasseh in Gilead: Iddo son of Zechariah;
over Benjamin: Jaasiel son of Abner;

22 over Dan: Azarel son of Jeroham.
These were the officers over the tribes of Israel.

23 David did not take the number of the men twenty years old or less, because the LORD had promised to make Israel as numerous as the stars in the sky. 24 Joab son of Zeruiah began to count the men but did not finish. Wrath came on Israel on account of this numbering, and the number was not entered in the book[m] of the annals of King David.

The King's Overseers

25 Azmaveth son of Adiel was in charge of the royal storehouses.

Jonathan son of Uzziah was in charge of the storehouses in the outlying districts, in the towns, the villages and the watchtowers.

26 Ezri son of Kelub was in charge of the field workers who farmed the land.

27 Shimei the Ramathite was in charge of the vineyards.

Zabdi the Shiphmite was in charge of the produce of the vineyards for the wine vats.

28 Baal-Hanan the Gederite was in charge of the olive and sycamore-fig trees in the western foothills.

Joash was in charge of the supplies of olive oil.

29 Shitrai the Sharonite was in charge of the herds grazing in Sharon.

Shaphat son of Adlai was in charge of the herds in the valleys.

30 Obil the Ishmaelite was in charge of the camels.

Jehdeiah the Meronothite was in charge of the donkeys.

31 Jaziz the Hagrite was in charge of the flocks.

All these were the officials in charge of King David's property.

32 Jonathan, David's uncle, was a counselor, a man of insight and a scribe. Jehiel son of Hacmoni took care of the king's sons.

33 Ahithophel was the king's counselor.

Hushai the Arkite was the king's friend. 34 Ahithophel was succeeded by Jehoiada son of Benaiah and by Abiathar.

Joab was the commander of the royal army.

David's Plans for the Temple

28 David summoned all the officials of Israel to assemble at Jerusalem: the officers over the tribes, the commanders of the divisions in the service of the king, the commanders of thousands and commanders of hundreds, and the officials in charge of all the property and livestock belonging to the king and his sons, together with the palace officials, the mighty men and all the brave warriors.

2 Y levantándose el rey David, puesto en pie dijo: Oídme, hermanos míos, y pueblo mío. Yo tenía el propósito de edificar una casa en la cual reposara el arca del pacto de Jehová, y para el estrado de los pies de nuestro Dios; y había ya preparado todo para edificar.

3 Mas Dios me dijo: Tú no edificarás casa a mi nombre, porque eres hombre de guerra, y has derramado mucha sangre.

4 Pero Jehová el Dios de Israel me eligió de toda la casa de mi padre, para que perpetuamente fuese rey sobre Israel; porque a Judá escogió por caudillo, y de la casa de Judá a la familia de mi padre; y de entre los hijos de mi padre se agradó de mí para ponerme por rey sobre todo Israel.

5 Y de entre todos mis hijos (porque Jehová me ha dado muchos hijos), eligió a mi hijo Salomón para que se siente en el trono del reino de Jehová sobre Israel.

6 Y me ha dicho: Salomón tu hijo, él edificará mi casa y mis atrios; porque a éste he escogido por hijo, y yo le seré a él por padre.

7 Asimismo yo confirmaré su reino para siempre, si él se esforzare a poner por obra mis mandamientos y mis decretos, como en este día.

8 Ahora, pues, ante los ojos de todo Israel, congregación de Jehová, y en oídos de nuestro Dios, guardad e inquirid todos los preceptos de Jehová vuestro Dios, para que poseáis la buena tierra, y la dejéis en herencia a vuestros hijos después de vosotros perpetuamente.

9 Y tú, Salomón, hijo mío, reconoce al Dios de tu padre, y sírvele con corazón perfecto y con ánimo voluntario; porque Jehová escudriña los corazones de todos, y entiende todo intento de los pensamientos. Si tú le buscares, lo hallarás; mas si lo dejares, él te desechará para siempre.

10 Mira, pues, ahora, que Jehová te ha elegido para que edifiques casa para el santuario; esfuérzate, y hazla.

11 Y David dio a Salomón su hijo el plano del pórtico del templo y sus casas, sus tesorerías, sus aposentos, sus cámaras y la casa del propiciatorio.

12 Asimismo el plano de todas las cosas que tenía en mente para los atrios de casa de Jehová, para todas las cámaras alrededor, para las tesorerías de la casa de Dios, y para las tesorerías de las cosas santificadas.

13 También para grupos de los sacerdotes y de los levitas, para toda la obra del ministerio de la casa de Jehová, y para todos los utensilios del ministerio de la casa de Jehová.

14 Y dio oro en peso para las cosas de oro, para todos los utensilios de cada servicio, y plata en peso para todas las cosas de plata, para todos los utensilios de cada servicio.

15 Oro en peso para los candeleros de oro, y para sus lámparas; en peso el oro para cada candelero y sus lámparas; y para los candeleros de plata, plata en peso para cada candelero y sus lámparas, conforme al servicio de cada candelero.

16 Asimismo dio oro en peso para las mesas de la proposición, para cada mesa; del mismo modo plata para las mesas de plata.

17 También oro puro para los garfios, para los lebrillos, para las copas y para las tazas de oro; para cada taza por peso; y para las tazas de plata, por peso para cada taza.

18 Además, oro puro en peso para el altar del incienso, y para el carro de los querubines de oro, que con las alas extendidas cubrían el arca del pacto de Jehová.

19 Todas estas cosas, dijo David, me fueron trazadas por la mano de Jehová, que me hizo entender todas las obras del diseño.

20 Dijo además David a Salomón su hijo: Anímate y esfuérzate, y manos a la obra; no temas, ni desmayes, porque Jehová Dios, mi Dios, estará contigo; él no te dejará ni te desamparará, hasta que acabes toda la obra para el servicio de la casa de Jehová.

2 King David rose to his feet and said: "Listen to me, my brothers and my people. I had it in my heart to build a house as a place of rest for the ark of the covenant of the LORD, for the footstool of our God, and I made plans to build it. 3 But God said to me, 'You are not to build a house for my Name, because you are a warrior and have shed blood.'

4 "Yet the LORD, the God of Israel, chose me from my whole family to be king over Israel forever. He chose Judah as leader, and from the house of Judah he chose my family, and from my father's sons he was pleased to make me king over all Israel. 5 Of all my sons — and the LORD has given me many — he has chosen my son Solomon to sit on the throne of the kingdom of the LORD over Israel. 6 He said to me: 'Solomon your son is the one who will build my house and my courts, for I have chosen him to be my son, and I will be his father. 7 I will establish his kingdom forever if he is unswerving in carrying out my commands and laws, as is being done at this time.'

8 "So now I charge you in the sight of all Israel and of the assembly of the LORD, and in the hearing of our God: Be careful to follow all the commands of the LORD your God, that you may possess this good land and pass it on as an inheritance to your descendants forever.

9 "And you, my son Solomon, acknowledge the God of your father, and serve him with wholehearted devotion and with a willing mind, for the LORD searches every heart and understands every motive behind the thoughts. If you seek him, he will be found by you; but if you forsake him, he will reject you forever. 10 Consider now, for the LORD has chosen you to build a temple as a sanctuary. Be strong and do the work."

11 Then David gave his son Solomon the plans for the portico of the temple, its buildings, its storerooms, its upper parts, its inner rooms and the place of atonement. 12 He gave him the plans of all that the Spirit had put in his mind for the courts of the temple of the LORD and all the surrounding rooms, for the treasuries of the temple of God and for the treasuries for the dedicated things. 13 He gave him instructions for the divisions of the priests and Levites, and for all the work of serving in the temple of the LORD, as well as for all the articles to be used in its service. 14 He designated the weight of gold for all the gold articles to be used in various kinds of service, and the weight of silver for all the silver articles to be used in various kinds of service: 15 the weight of gold for the gold lampstands and their lamps, with the weight for each lampstand and its lamps; and the weight of silver for each silver lampstand and its lamps, according to the use of each lampstand; 16 the weight of gold for each table for consecrated bread; the weight of silver for the silver tables; 17 the weight of pure gold for the forks, sprinkling bowls and pitchers; the weight of gold for each gold dish; the weight of silver for each silver dish; 18 and the weight of the refined gold for the altar of incense. He also gave him the plan for the chariot, that is, the cherubim of gold that spread their wings and shelter the ark of the covenant of the LORD.

19 "All this," David said, "I have in writing from the hand of the LORD upon me, and he gave me understanding in all the details of the plan."

20 David also said to Solomon his son, "Be strong and courageous, and do the work. Do not be afraid or discouraged, for the LORD God, my God, is with you. He will not fail you or forsake you until all the work for the service of the temple of the LORD is finished.

21 He aquí los grupos de los sacerdotes y de los levitas, para todo el ministerio de la casa de Dios, estarán contigo en toda la obra; asimismo todos los voluntarios e inteligentes para toda forma de servicio, y los príncipes, y todo el pueblo para ejecutar todas tus órdenes.

29

1 Después dijo el rey David a toda la asamblea: Solamente a Salomón mi hijo ha elegido Dios; él es joven y tierno de edad, y la obra grande; porque la casa no es para hombre, sino para Jehová Dios.
2 Yo con todas mis fuerzas he preparado para la casa de mi Dios, oro para las cosas de oro, plata para las cosas de plata, bronce para las de bronce, hierro para las de hierro, y madera para las de madera; y piedras de ónice, piedras preciosas, piedras negras, piedras de diversos colores, y toda clase de piedras preciosas, y piedras de mármol en abundancia.
3 Además de esto, por cuanto tengo mi afecto en la casa de mi Dios, yo guardo en mi tesoro particular oro y plata que, además de todas las cosas que he preparado para la casa del santuario, he dado para la casa de mi Dios:
4 tres mil talentos de oro, de oro de Ofir, y siete mil talentos de plata refinada para cubrir las paredes de las casas;
5 oro, pues, para las cosas de oro, y plata para las cosas de plata, y para toda la obra de las manos de los artífices. ¿Y quién quiere hacer hoy ofrenda voluntaria a Jehová?
6 Entonces los jefes de familia, y los príncipes de las tribus de Israel, jefes de millares y de centenas, con los administradores de la hacienda del rey, ofrecieron voluntariamente.
7 Y dieron para el servicio de la casa de Dios cinco mil talentos y diez mil dracmas de oro, diez mil talentos de plata, dieciocho mil talentos de bronce, y cinco mil talentos de hierro.
8 Y todo el que tenía piedras preciosas las dio para el tesoro de la casa de Jehová, en mano de Jehiel gersonita.
9 Y se alegró el pueblo por haber contribuido voluntariamente; porque de todo corazón ofrecieron a Jehová voluntariamente.
10 Asimismo se alegró mucho el rey David, y bendijo a Jehová delante de toda la congregación; y dijo David: Bendito seas tú, oh Jehová, Dios de Israel nuestro padre, desde el siglo y hasta el siglo.
11 Tuya es, oh Jehová, la magnificencia y el poder, la gloria, la victoria y el honor; porque todas las cosas que están en los cielos y en la tierra son tuyas. Tuyo, oh Jehová, es el reino, y tú eres excelso sobre todos.

Gifts for Building the Temple

21 The divisions of the priests and Levites are ready for all the work on the temple of God, and every willing man skilled in any craft will help you in all the work. The officials and all the people will obey your every command."

29

Then King David said to the whole assembly: "My son Solomon, the one whom God has chosen, is young and inexperienced. The task is great, because this palatial structure is not for man but for the LORD God. 2With all my resources I have provided for the temple of my God — gold for the gold work, silver for the silver, bronze for the bronze, iron for the iron and wood for the wood, as well as onyx for the settings, turquoise, n stones of various colors, and all kinds of fine stone and marble — all of these in large quantities. 3Besides, in my devotion to the temple of my God I now give my personal treasures of gold and silver for the temple of my God, over and above everything I have provided for this holy temple: 4three thousand talents o of gold (gold of Ophir) and seven thousand talents p of refined silver, for the overlaying of the walls of the buildings, 5for the gold work and the silver work, and for all the work to be done by the craftsmen. Now, who is willing to consecrate himself today to the LORD?"

6Then the leaders of families, the officers of the tribes of Israel, the commanders of thousands and commanders of hundreds, and the officials in charge of the king's work gave willingly. 7They gave toward the work on the temple of God five thousand talents q and ten thousand darics r of gold, ten thousand talents s of silver, eighteen thousand talents t of bronze and a hundred thousand talents u of iron. 8Any who had precious stones gave them to the treasury of the temple of the LORD in the custody of Jehiel the Gershonite. 9The people rejoiced at the willing response of their leaders, for they had given freely and wholeheartedly to the LORD. David the king also rejoiced greatly.

David's Prayer

10David praised the LORD in the presence of the whole assembly, saying,

"Praise be to you, O LORD,
    God of our father Israel,
    from everlasting to everlasting.
11Yours, O LORD, is the greatness and the power
    and the glory and the majesty and the
        splendor,
    for everything in heaven and earth is yours.
Yours, O LORD, is the kingdom;
    you are exalted as head over all.

n2 The meaning of the Hebrew for this word is uncertain. o4 That is, about 110 tons (about 100 metric tons)   p4 That is, about 260 tons (about 240 metric tons)   q7 That is, about 190 tons (about 170 metric tons)   r7 That is, about 185 pounds (about 84 kilograms)   s7 That is, about 375 tons (about 345 metric tons)   t7 That is, about 675 tons (about 610 metric tons)   u7 That is, about 3,750 tons (about 3,450 metric tons)

12 Las riquezas y la gloria proceden de ti, y tú dominas sobre todo; en tu mano está la fuerza y el poder, y en tu mano el hacer grande y el dar poder a todos.

13 Ahora pues, Dios nuestro, nosotros alabamos y loamos tu glorioso nombre.

14 Porque ¿quién soy yo, y quién es mi pueblo, para que pudiésemos ofrecer voluntariamente cosas semejantes? Pues todo es tuyo, y de lo recibido de tu mano te damos.

15 Porque nosotros, extranjeros y advenedizos somos delante de ti, como todos nuestros padres; y nuestros días sobre la tierra, cual sombra que no dura.

16 Oh Jehová Dios nuestro, toda esta abundancia que hemos preparado para edificar casa a tu santo nombre, de tu mano es, y todo es tuyo.

17 Yo sé, Dios mío, que tú escudriñas los corazones, y que la rectitud te agrada; por eso yo con rectitud de mi corazón voluntariamente te he ofrecido todo esto, y ahora he visto con alegría que tu pueblo, reunido aquí ahora, ha dado para ti espontáneamente.

18 Jehová, Dios de Abraham, de Isaac y de Israel nuestros padres, conserva perpetuamente esta voluntad del corazón de tu pueblo, y encamina su corazón a ti.

19 Asimismo da a mi hijo Salomón corazón perfecto, para que guarde tus mandamientos, tus testimonios y tus estatutos, y para que haga todas las cosas, y te edifique la casa para la cual yo he hecho preparativos.

20 Después dijo David a toda la congregación: Bendecid ahora a Jehová vuestro Dios. Entonces toda la congregación bendijo a Jehová Dios de sus padres, e inclinándose adoraron delante de Jehová y del rey.

21 Y sacrificaron víctimas a Jehová, y ofrecieron a Jehová holocaustos al día siguiente; mil becerros, mil carneros, mil corderos con sus libaciones, y muchos sacrificios de parte de todo Israel.

22 Y comieron y bebieron delante de Jehová aquel día con gran gozo; y dieron por segunda vez la investidura del reino a Salomón hijo de David, y ante Jehová le ungieron por príncipe, y a Sadoc por sacerdote.

23 Y se sentó Salomón por rey en el trono de Jehová en lugar de David su padre, y fue prosperado; y le obedeció todo Israel.

24 Y todos los príncipes y poderosos, y todos los hijos del rey David, prestaron homenaje al rey Salomón.

25 Y Jehová engrandeció en extremo a Salomón a ojos de todo Israel, y le dio tal gloria en su reino, cual ningún rey la tuvo antes de él en Israel.

Muerte de David

26 Así reinó David hijo de Isaí sobre todo Israel.

27 El tiempo que reinó sobre Israel fue cuarenta años. Siete años reinó en Hebrón, y treinta y tres reinó en Jerusalén.

28 Y murió en buena vejez, lleno de días, de riquezas y de gloria; y reinó en su lugar Salomón su hijo.

29 Y los hechos del rey David, primeros y postreros, están escritos en el libro de las crónicas de Samuel vidente, en las crónicas del profeta Natán, y en las crónicas de Gad vidente,

30 con todo lo relativo a su reinado, y su poder, y los tiempos que pasaron sobre él, y sobre Israel y sobre todos los reinos de aquellas tierras.

12 Wealth and honor come from you;
    you are the ruler of all things.
  In your hands are strength and power
    to exalt and give strength to all.
13 Now, our God, we give you thanks,
    and praise your glorious name.

14 "But who am I, and who are my people, that we should be able to give as generously as this? Everything comes from you, and we have given you only what comes from your hand. 15 We are aliens and strangers in your sight, as were all our forefathers. Our days on earth are like a shadow, without hope. 16 O LORD our God, as for all this abundance that we have provided for building you a temple for your Holy Name, it comes from your hand, and all of it belongs to you. 17 I know, my God, that you test the heart and are pleased with integrity. All these things have I given willingly and with honest intent. And now I have seen with joy how willingly your people who are here have given to you. 18 O LORD, God of our fathers Abraham, Isaac and Israel, keep this desire in the hearts of your people forever, and keep their hearts loyal to you. 19 And give my son Solomon the wholehearted devotion to keep your commands, requirements and decrees and to do everything to build the palatial structure for which I have provided."

20 Then David said to the whole assembly, "Praise the LORD your God." So they all praised the LORD, the God of their fathers; they bowed low and fell prostrate before the LORD and the king.

Solomon Acknowledged as King

21 The next day they made sacrifices to the LORD and presented burnt offerings to him: a thousand bulls, a thousand rams and a thousand male lambs, together with their drink offerings, and other sacrifices in abundance for all Israel. 22 They ate and drank with great joy in the presence of the LORD that day.

Then they acknowledged Solomon son of David as king a second time, anointing him before the LORD to be ruler and Zadok to be priest. 23 So Solomon sat on the throne of the LORD as king in place of his father David. He prospered and all Israel obeyed him. 24 All the officers and mighty men, as well as all of King David's sons, pledged their submission to King Solomon.

25 The LORD highly exalted Solomon in the sight of all Israel and bestowed on him royal splendor such as no king over Israel ever had before.

The Death of David

26 David son of Jesse was king over all Israel. 27 He ruled over Israel forty years—seven in Hebron and thirty-three in Jerusalem. 28 He died at a good old age, having enjoyed long life, wealth and honor. His son Solomon succeeded him as king.

29 As for the events of King David's reign, from beginning to end, they are written in the records of Samuel the seer, the records of Nathan the prophet and the records of Gad the seer, 30 together with the details of his reign and power, and the circumstances that surrounded him and Israel and the kingdoms of all the other lands.

SEGUNDO LIBRO DE CRÓNICAS

2 CHRONICLES

Salomón pide sabiduría

1 ¹ Salomón hijo de David fue afirmado en su reino, y Jehová su Dios estaba con él, y lo engrandeció sobremanera.

² Y convocó Salomón a todo Israel, a jefes de millares y de centenas, a jueces, y a todos los príncipes de todo Israel, jefes de familias.

³ Y fue Salomón, y con él toda esta asamblea, al lugar alto que había en Gabaón; porque allí estaba el tabernáculo de reunión de Dios, que Moisés siervo de Jehová había hecho en el desierto.

⁴ Pero David había traído el arca de Dios de Quiriat-jearim al lugar que él le había preparado; porque él le había levantado una tienda en Jerusalén.

⁵ Asimismo el altar de bronce que había hecho Bezaleel hijo de Uri, hijo de Hur, estaba allí delante del tabernáculo de Jehová, al cual fue a consultar Salomón con aquella asamblea.

⁶ Subió, pues, Salomón allá delante de Jehová, al altar de bronce que estaba en el tabernáculo de reunión, y ofreció sobre él mil holocaustos.

⁷ Y aquella noche apareció Dios a Salomón y le dijo: Pídeme lo que quieras que yo te dé.

⁸ Y Salomón dijo a Dios: Tú has tenido con David mi padre gran misericordia, y a mí me has puesto por rey en lugar suyo.

⁹ Confírmese pues, ahora, oh Jehová Dios, tu palabra dada a David mi padre; porque tú me has puesto por rey sobre un pueblo numeroso como el polvo de la tierra.

¹⁰ Dame ahora sabiduría y ciencia, para presentarme delante de este pueblo; porque ¿quién podrá gobernar a este tu pueblo tan grande?

¹¹ Y dijo Dios a Salomón: Por cuanto hubo esto en tu corazón, y no pediste riquezas, bienes o gloria, ni la vida de los que te quieren mal, ni pediste muchos días, sino que has pedido para ti sabiduría y ciencia para gobernar a mi pueblo, sobre el cual te he puesto por rey,

¹² sabiduría y ciencia te son dadas; y también te daré riquezas, bienes y gloria, como nunca tuvieron los reyes que han sido antes de ti, ni tendrán los que vengan después de ti.

¹³ Y desde el lugar alto que estaba en Gabaón, delante del tabernáculo de reunión, volvió Salomón a Jerusalén, y reinó sobre Israel.

Salomón comercia en caballos y en carros

¹⁴ Y juntó Salomón carros y gente de a caballo; y tuvo mil cuatrocientos carros y doce mil jinetes, los cuales puso en las ciudades de los carros y con el rey en Jerusalén.

¹⁵ Y acumuló el rey plata y oro en Jerusalén como piedras, y cedro como cabrahigos de la Sefela en abundancia.

¹⁶ Y los mercaderes del rey compraban por contrato caballos y lienzos finos de Egipto para Salomón.

¹⁷ Y subían y compraban en Egipto un carro por seiscientas piezas de plata, y un caballo por ciento cincuenta; y así compraban por medio de ellos para todos los reyes de los heteos, y para los reyes de Siria.

Solomon Asks for Wisdom

1 Solomon son of David established himself firmly over his kingdom, for the LORD his God was with him and made him exceedingly great.

²Then Solomon spoke to all Israel—to the commanders of thousands and commanders of hundreds, to the judges and to all the leaders in Israel, the heads of families— ³and Solomon and the whole assembly went to the high place at Gibeon, for God's Tent of Meeting was there, which Moses the LORD's servant had made in the desert. ⁴Now David had brought up the ark of God from Kiriath Jearim to the place he had prepared for it, because he had pitched a tent for it in Jerusalem. ⁵But the bronze altar that Bezalel son of Uri, the son of Hur, had made was in Gibeon in front of the tabernacle of the LORD; so Solomon and the assembly inquired of him there. ⁶Solomon went up to the bronze altar before the LORD in the Tent of Meeting and offered a thousand burnt offerings on it.

⁷That night God appeared to Solomon and said to him, "Ask for whatever you want me to give you."

⁸Solomon answered God, "You have shown great kindness to David my father and have made me king in his place. ⁹Now, LORD God, let your promise to my father David be confirmed, for you have made me king over a people who are as numerous as the dust of the earth. ¹⁰Give me wisdom and knowledge, that I may lead this people, for who is able to govern this great people of yours?"

¹¹God said to Solomon, "Since this is your heart's desire and you have not asked for wealth, riches or honor, nor for the death of your enemies, and since you have not asked for a long life but for wisdom and knowledge to govern my people over whom I have made you king, ¹²therefore wisdom and knowledge will be given you. And I will also give you wealth, riches and honor, such as no king who was before you ever had and none after you will have."

¹³Then Solomon went to Jerusalem from the high place at Gibeon, from before the Tent of Meeting. And he reigned over Israel.

¹⁴Solomon accumulated chariots and horses; he had fourteen hundred chariots and twelve thousand horses,ᵃ which he kept in the chariot cities and also with him in Jerusalem. ¹⁵The king made silver and gold as common in Jerusalem as stones, and cedar as plentiful as sycamore-fig trees in the foothills. ¹⁶Solomon's horses were imported from Egyptᵇ and from Kueᶜ—the royal merchants purchased them from Kue. ¹⁷They imported a chariot from Egypt for six hundred shekelsᵈ of silver, and a horse for a hundred and fifty.ᵉ They also exported them to all the kings of the Hittites and of the Arameans.

ᵃ14 Or charioteers   ᵇ16 Or possibly Muzur, a region in Cilicia; also in verse 17   ᶜ16 Probably Cilicia   ᵈ17 That is, about 15 pounds (about 7 kilograms)   ᵉ17 That is, about 3 3/4 pounds (about 1.7 kilograms)

Pacto de Salomón con Hiram

2 ¹ Determinó, pues, Salomón edificar casa al nombre de Jehová, y casa para su reino.

²Y designó Salomón setenta mil hombres que llevasen cargas, y ochenta mil hombres que cortasen en los montes, y tres mil seiscientos que los vigilasen.

³Y envió a decir Salomón a Hiram rey de Tiro: Haz conmigo como hiciste con David mi padre, enviándole cedros para que edificara para sí casa en que morase.

⁴He aquí, yo tengo que edificar casa al nombre de Jehová mi Dios, para consagrársela, para quemar incienso aromático delante de él, y para la colocación continua de los panes de la proposición, y para holocaustos a mañana y tarde, en los días de reposo, * nuevas lunas, y festividades de Jehová nuestro Dios; lo cual ha de ser perpetuo en Israel.

⁵Y la casa que tengo que edificar, ha de ser grande; porque el Dios nuestro es grande sobre todos los dioses.

⁶Mas ¿quién será capaz de edificarle casa, siendo que los cielos y los cielos de los cielos no pueden contenerlo? ¿Quién, pues, soy yo, para que le edifique casa, sino tan sólo para quemar incienso delante de él?

⁷Envíame, pues, ahora un hombre hábil que sepa trabajar en oro, en plata, en bronce, en hierro, en púrpura, en grana y en azul, y que sepa esculpir con los maestros que están conmigo en Judá y en Jerusalén, los cuales dispuso mi padre.

⁸Envíame también madera del Líbano: cedro, ciprés y sándalo; porque yo sé que tus siervos saben cortar madera en el Líbano; y he aquí, mis siervos irán con los tuyos,

⁹para que me preparen mucha madera, porque la casa que tengo que edificar ha de ser grande y portentosa.

¹⁰Y he aquí, para los trabajadores tus siervos, cortadores de madera, he dado veinte mil coros de trigo en grano, veinte mil coros de cebada, veinte mil batos de vino, y veinte mil batos de aceite.

¹¹Entonces Hiram rey de Tiro respondió por escrito que envió a Salomón: Porque Jehová amó a su pueblo, te ha puesto por rey sobre ellos.

¹²Además decía Hiram: Bendito sea Jehová el Dios de Israel, que hizo los cielos y la tierra, y que dio al rey David un hijo sabio, entendido, cuerdo y prudente, que edifique casa a Jehová, y casa para su reino.

¹³Yo, pues, te he enviado un hombre hábil y entendido, Hiram-abi,

¹⁴hijo de una mujer de las hijas de Dan, mas su padre fue de Tiro; el cual sabe trabajar en oro, plata, bronce y hierro, en piedra y en madera, en púrpura y en azul, en lino y en carmesí; asimismo sabe esculpir toda clase de figuras, y sacar toda forma de diseño que se le pida, con tus hombres peritos, y con los de mi señor David tu padre.

¹⁵Ahora, pues, envíe mi señor a sus siervos el trigo y cebada, y aceite y vino, que ha dicho;

Preparations for Building the Temple

2 Solomon gave orders to build a temple for the Name of the Lord and a royal palace for himself. ²He conscripted seventy thousand men as carriers and eighty thousand as stonecutters in the hills and thirty-six hundred as foremen over them.

³Solomon sent this message to Hiram^f king of Tyre:

"Send me cedar logs as you did for my father David when you sent him cedar to build a palace to live in. ⁴Now I am about to build a temple for the Name of the Lord my God and to dedicate it to him for burning fragrant incense before him, for setting out the consecrated bread regularly, and for making burnt offerings every morning and evening and on Sabbaths and New Moons and at the appointed feasts of the Lord our God. This is a lasting ordinance for Israel.

⁵"The temple I am going to build will be great, because our God is greater than all other gods. ⁶But who is able to build a temple for him, since the heavens, even the highest heavens, cannot contain him? Who then am I to build a temple for him, except as a place to burn sacrifices before him?

⁷"Send me, therefore, a man skilled to work in gold and silver, bronze and iron, and in purple, crimson and blue yarn, and experienced in the art of engraving, to work in Judah and Jerusalem with my skilled craftsmen, whom my father David provided.

⁸"Send me also cedar, pine and algum^g logs from Lebanon, for I know that your men are skilled in cutting timber there. My men will work with yours ⁹to provide me with plenty of lumber, because the temple I build must be large and magnificent. ¹⁰I will give your servants, the woodsmen who cut the timber, twenty thousand cors^h of ground wheat, twenty thousand cors of barley, twenty thousand baths^i of wine and twenty thousand baths of olive oil."

¹¹Hiram king of Tyre replied by letter to Solomon:

"Because the Lord loves his people, he has made you their king."

¹²And Hiram added:

"Praise be to the Lord, the God of Israel, who made heaven and earth! He has given King David a wise son, endowed with intelligence and discernment, who will build a temple for the Lord and a palace for himself.

¹³"I am sending you Huram-Abi, a man of great skill, ¹⁴whose mother was from Dan and whose father was from Tyre. He is trained to work in gold and silver, bronze and iron, stone and wood, and with purple and blue and crimson yarn and fine linen. He is experienced in all kinds of engraving and can execute any design given to him. He will work with your craftsmen and with those of my lord, David your father.

¹⁵"Now let my lord send his servants the wheat and barley and the olive oil and wine he

---

* Aquí equivale a *sábado*

---

f 3 Hebrew *Huram*, a variant of *Hiram*; also in verses 11 and 12
g 8 Probably a variant of *almug*; possibly juniper   *h* 10 That is, probably about 125,000 bushels (about 4,400 kiloliters)
i 10 That is, probably about 115,000 gallons (about 440 kiloliters)

16 y nosotros cortaremos en el Líbano la madera que necesites, y te la traeremos en balsas por el mar hasta Jope, y tú la harás llevar hasta Jerusalén.

17 Y contó Salomón todos los hombres extranjeros que había en la tierra de Israel, después de haberlos ya contado David su padre, y fueron hallados ciento cincuenta y tres mil seiscientos.

18 Y señaló de ellos setenta mil para llevar cargas, y ochenta mil canteros en la montaña, y tres mil seiscientos por capataces para hacer trabajar al pueblo.

Salomón edifica el templo

3 1 Comenzó Salomón a edificar la casa de Jehová en Jerusalén, en el monte Moriah, que había sido mostrado a David su padre, en el lugar que David había preparado en la era de Ornán jebuseo.

2 Y comenzó a edificar en el mes segundo, a los dos días del mes, en el cuarto año de su reinado.

3 Estas son las medidas que dio Salomón a los cimientos de la casa de Dios. La primera, la longitud, de sesenta codos, y la anchura de veinte codos.

4 El pórtico que estaba al frente del edificio era de veinte codos de largo, igual al ancho de la casa, y su altura de ciento veinte codos; y lo cubrió por dentro de oro puro.

5 Y techó el cuerpo mayor del edificio con madera de ciprés, la cual cubrió de oro fino, e hizo realzar en ella palmeras y cadenas.

6 Cubrió también la casa de piedras preciosas para ornamento; y el oro era oro de Parvaim.

7 Así que cubrió la casa, sus vigas, sus umbrales, sus paredes y sus puertas, con oro; y esculpió querubines en las paredes.

8 Hizo asimismo el lugar santísimo, cuya longitud era de veinte codos según el ancho del frente de la casa, y su anchura de veinte codos; y lo cubrió de oro fino que ascendía a seiscientos talentos.

9 Y el peso de los clavos era de uno hasta cincuenta siclos de oro. Cubrió también de oro los aposentos.

10 Y dentro del lugar santísimo hizo dos querubines de madera, los cuales fueron cubiertos de oro.

11 La longitud de las alas de los querubines era de veinte codos; porque una ala era de cinco codos, la cual llegaba hasta la pared de la casa, y la otra de cinco codos, la cual tocaba el ala del otro querubín.

12 De la misma manera una ala del otro querubín era de cinco codos, la cual llegaba hasta la pared de la casa, y la otra era de cinco codos, que tocaba el ala del otro querubín.

13 Estos querubines tenían las alas extendidas por veinte codos, y estaban en pie con los rostros hacia la casa.

14 Hizo también el velo de azul, púrpura, carmesí y lino, e hizo realzar querubines en él.

Las dos columnas

15 Delante de la casa hizo dos columnas de treinta y cinco codos de altura cada una, con sus capiteles encima, de cinco codos.

16 Hizo asimismo cadenas en el santuario, y las puso sobre los capiteles de las columnas; e hizo cien granadas, las cuales puso en las cadenas.

promised, 16 and we will cut all the logs from Lebanon that you need and will float them in rafts by sea down to Joppa. You can then take them up to Jerusalem."

17 Solomon took a census of all the aliens who were in Israel, after the census his father David had taken; and they were found to be 153,600. 18 He assigned 70,000 of them to be carriers and 80,000 to be stonecutters in the hills, with 3,600 foremen over them to keep the people working.

Solomon Builds the Temple

3 Then Solomon began to build the temple of the LORD in Jerusalem on Mount Moriah, where the LORD had appeared to his father David. It was on the threshing floor of Araunah[j] the Jebusite, the place provided by David. 2 He began building on the second day of the second month in the fourth year of his reign.

3 The foundation Solomon laid for building the temple of God was sixty cubits long and twenty cubits wide[k] (using the cubit of the old standard). 4 The portico at the front of the temple was twenty cubits[l] long across the width of the building and twenty cubits[m] high.

He overlaid the inside with pure gold. 5 He paneled the main hall with pine and covered it with fine gold and decorated it with palm tree and chain designs. 6 He adorned the temple with precious stones. And the gold he used was gold of Parvaim. 7 He overlaid the ceiling beams, doorframes, walls and doors of the temple with gold, and he carved cherubim on the walls.

8 He built the Most Holy Place, its length corresponding to the width of the temple — twenty cubits long and twenty cubits wide. He overlaid the inside with six hundred talents[n] of fine gold. 9 The gold nails weighed fifty shekels.[o] He also overlaid the upper parts with gold.

10 In the Most Holy Place he made a pair of sculptured cherubim and overlaid them with gold. 11 The total wingspan of the cherubim was twenty cubits. One wing of the first cherub was five cubits[p] long and touched the temple wall, while its other wing, also five cubits long, touched the wing of the other cherub. 12 Similarly one wing of the second cherub was five cubits long and touched the other temple wall, and its other wing, also five cubits long, touched the wing of the first cherub. 13 The wings of these cherubim extended twenty cubits. They stood on their feet, facing the main hall.[q]

14 He made the curtain of blue, purple and crimson yarn and fine linen, with cherubim worked into it.

15 In the front of the temple he made two pillars, which ˌtogetherˌ were thirty-five cubits[r] long, each with a capital on top measuring five cubits. 16 He made interwoven chains[s] and put them on top of the pillars. He also made a hundred pomegranates and attached them to the chains. 17 He erected the pillars in the front

---

j 1 Hebrew *Ornan,* a variant of *Araunah*   *k* 3 That is, about 90 feet (about 27 meters) long and 30 feet (about 9 meters) wide   *l* 4 That is, about 30 feet (about 9 meters); also in verses 8, 11 and 13   *m* 4 Some Septuagint and Syriac manuscripts; Hebrew *and a hundred and twenty*   *n* 8 That is, about 23 tons (about 21 metric tons)   *o* 9 That is, about 1 1/4 pounds (about 0.6 kilogram)   *p* 11 That is, about 7 1/2 feet (about 2.3 meters); also in verse 15   *q* 13 Or *facing inward*   *r* 15 That is, about 52 feet (about 16 meters)   *s* 16 Or possibly *made chains in the inner sanctuary;* the meaning of the Hebrew for this phrase is uncertain.

17 Y colocó las columnas delante del templo, una a la mano derecha, y otra a la izquierda; y a la de la mano derecha llamó Jaquín, y a la de la izquierda, Boaz.

Mobiliario del templo

4 1 Hizo además un altar de bronce de veinte codos de longitud, veinte codos de anchura, y diez codos de altura.

2 También hizo un mar de fundición, el cual tenía diez codos de un borde al otro, enteramente redondo; su altura era de cinco codos, y un cordón de treinta codos de largo lo ceñía alrededor.

3 Y debajo del mar había figuras de calabazas que lo circundaban, diez en cada codo alrededor; eran dos hileras de calabazas fundidas juntamente con el mar.

4 Estaba asentado sobre doce bueyes, tres de los cuales miraban al norte, tres al occidente, tres al sur, y tres al oriente; y el mar descansaba sobre ellos, y las ancas de ellos estaban hacia adentro.

5 Y tenía de grueso un palmo menor, y el borde tenía la forma del borde de un cáliz, o de una flor de lis. Y le cabían tres mil batos.

6 Hizo también diez fuentes, y puso cinco a la derecha y cinco a la izquierda, para lavar y limpiar en ellas lo que se ofrecía en holocausto; pero el mar era para que los sacerdotes se lavaran en él.

7 Hizo asimismo diez candeleros de oro según su forma, los cuales puso en el templo, cinco a la derecha y cinco a la izquierda.

8 Además hizo diez mesas y las puso en el templo, cinco a la derecha y cinco a la izquierda; igualmente hizo cien tazones de oro.

9 También hizo el atrio de los sacerdotes, y el gran atrio, y las portadas del atrio, y cubrió de bronce las puertas de ellas.

10 Y colocó el mar al lado derecho, hacia el sureste de la casa.

11 Hiram también hizo calderos, y palas, y tazones; y acabó Hiram la obra que hacía al rey Salomón para la casa de Dios.

12 Dos columnas, y los cordones, los capiteles sobre las cabezas de las dos columnas, y dos redes para cubrir las dos esferas de los capiteles que estaban encima de las columnas;

13 cuatrocientas granadas en las dos redes, dos hileras de granadas en cada red, para que cubriesen las dos esferas de los capiteles que estaban encima de las columnas.

14 Hizo también las basas, sobre las cuales colocó las fuentes;

15 un mar, y los doce bueyes debajo de él;

16 y calderos, palas y garfios; de bronce muy fino hizo todos sus enseres Hiram-abi al rey Salomón para la casa de Jehová.

17 Los fundió el rey en los llanos del Jordán, en tierra arcillosa, entre Sucot y Seredata.

18 Y Salomón hizo todos estos enseres en número tan grande, que no pudo saberse el peso del bronce.

---

of the temple, one to the south and one to the north. The one to the south he named Jakin *t* and the one to the north Boaz. *u*

The Temple's Furnishings

4 He made a bronze altar twenty cubits long, twenty cubits wide and ten cubits high. *v* 2 He made the Sea of cast metal, circular in shape, measuring ten cubits from rim to rim and five cubits *w* high. It took a line of thirty cubits *x* to measure around it. 3 Below the rim, figures of bulls encircled it — ten to a cubit. *y* The bulls were cast in two rows in one piece with the Sea.

4 The Sea stood on twelve bulls, three facing north, three facing west, three facing south and three facing east. The Sea rested on top of them, and their hindquarters were toward the center. 5 It was a handbreadth *z* in thickness, and its rim was like the rim of a cup, like a lily blossom. It held three thousand baths. *a*

6 He then made ten basins for washing and placed five on the south side and five on the north. In them the things to be used for the burnt offerings were rinsed, but the Sea was to be used by the priests for washing.

7 He made ten gold lampstands according to the specifications for them and placed them in the temple, five on the south side and five on the north.

8 He made ten tables and placed them in the temple, five on the south side and five on the north. He also made a hundred gold sprinkling bowls.

9 He made the courtyard of the priests, and the large court and the doors for the court, and overlaid the doors with bronze. 10 He placed the Sea on the south side, at the southeast corner.

11 He also made the pots and shovels and sprinkling bowls.

So Huram finished the work he had undertaken for King Solomon in the temple of God:

12 the two pillars;

the two bowl-shaped capitals on top of the pillars;

the two sets of network decorating the two bowl-shaped capitals on top of the pillars;

13 the four hundred pomegranates for the two sets of network (two rows of pomegranates for each network, decorating the bowl-shaped capitals on top of the pillars);

14 the stands with their basins;

15 the Sea and the twelve bulls under it;

16 the pots, shovels, meat forks and all related articles.

All the objects that Huram-Abi made for King Solomon for the temple of the LORD were of polished bronze. 17 The king had them cast in clay molds in the plain of the Jordan between Succoth and Zarethan. *b* 18 All these things that Solomon made amounted to so much that the weight of the bronze was not determined.

---

t17 Jakin probably means *he establishes.* *u17 Boaz* probably means *in him is strength.* *v1* That is, about 30 feet (about 9 meters) long and wide, and about 15 feet (about 4.5 meters) high *w2* That is, about 7 1/2 feet (about 2.3 meters) *x2* That is, about 45 feet (about 13.5 meters) *y3* That is, about 1 1/2 feet (about 0.5 meter) *z5* That is, about 3 inches (about 8 centimeters) *a5* That is, about 17,500 gallons (about 66 kiloliters) *b17* Hebrew *Zeredatha,* a variant of *Zarethan*

19 Así hizo Salomón todos los utensilios para la casa de Dios, y el altar de oro, y las mesas sobre las cuales se ponían los panes de la proposición;
20 asimismo los candeleros y sus lámparas, de oro puro, para que las encendiesen delante del lugar santísimo conforme a la ordenanza.
21 Las flores, lamparillas y tenazas se hicieron de oro, de oro finísimo;
22 también las despabiladeras, los lebrillos, las cucharas y los incensarios eran de oro puro. Y de oro también la entrada de la casa, sus puertas interiores para el lugar santísimo, y las puertas de la casa del templo.

5 1 Acabada toda la obra que hizo Salomón para la casa de Jehová, metió Salomón las cosas que David su padre había dedicado; y puso la plata, y el oro, y todos los utensilios, en los tesoros de la casa de Dios.

Salomón traslada el arca al templo

2 Entonces Salomón reunió en Jerusalén a los ancianos de Israel y a todos los príncipes de las tribus, los jefes de las familias de los hijos de Israel, para que trajesen el arca del pacto de Jehová de la ciudad de David, que es Sion.
3 Y se congregaron con el rey todos los varones de Israel, para la fiesta solemne del mes séptimo.
4 Vinieron, pues, todos los ancianos de Israel, y los levitas tomaron el arca;
5 y llevaron el arca, y el tabernáculo de reunión, y todos los utensilios del santuario que estaban en el tabernáculo; los sacerdotes y los levitas los llevaron.
6 Y el rey Salomón, y toda la congregación de Israel que se había reunido con él delante del arca, sacrificaron ovejas y bueyes, que por ser tantos no se pudieron contar ni numerar.
7 Y los sacerdotes metieron el arca del pacto de Jehová en su lugar, en el santuario de la casa, en el lugar santísimo, bajo las alas de los querubines;
8 pues los querubines extendían las alas sobre el lugar del arca, y los querubines cubrían por encima así el arca como sus barras.
9 E hicieron salir las barras, de modo que se viesen las cabezas de las barras del arca delante del lugar santísimo, mas no se veían desde fuera; y allí están hasta hoy.
10 En el arca no había más que las dos tablas que Moisés había puesto en Horeb, con las cuales Jehová había hecho pacto con los hijos de Israel, cuando salieron de Egipto.
11 Y cuando los sacerdotes salieron del santuario (porque todos los sacerdotes que se hallaron habían sido santificados, y no guardaban sus turnos;
12 y los levitas cantores, todos los de Asaf, los de Hemán y los de Jedutún, juntamente con sus hijos y sus hermanos, vestidos de lino fino, estaban con címbalos y salterios y arpas al oriente del altar; y con ellos ciento veinte sacerdotes que tocaban trompetas),
13 cuando sonaban, pues, las trompetas, y cantaban todos a una, para alabar y dar gracias a Jehová, y a medida que alzaban la voz con trompetas y címbalos y otros instrumentos de música, y alababan a Jehová, diciendo: Porque él es bueno, porque su misericordia es para siempre; entonces la casa se llenó de una nube, la casa de Jehová.

19 Solomon also made all the furnishings that were in God's temple:

the golden altar;
the tables on which was the bread of the Presence;
20 the lampstands of pure gold with their lamps, to burn in front of the inner sanctuary as prescribed;
21 the gold floral work and lamps and tongs (they were solid gold);
22 the pure gold wick trimmers, sprinkling bowls, dishes and censers; and the gold doors of the temple: the inner doors to the Most Holy Place and the doors of the main hall.

5 When all the work Solomon had done for the temple of the LORD was finished, he brought in the things his father David had dedicated—the silver and gold and all the furnishings—and he placed them in the treasuries of God's temple.

The Ark Brought to the Temple

2 Then Solomon summoned to Jerusalem the elders of Israel, all the heads of the tribes and the chiefs of the Israelite families, to bring up the ark of the LORD's covenant from Zion, the City of David. 3 And all the men of Israel came together to the king at the time of the festival in the seventh month.

4 When all the elders of Israel had arrived, the Levites took up the ark, 5 and they brought up the ark and the Tent of Meeting and all the sacred furnishings in it. The priests, who were Levites, carried them up; 6 and King Solomon and the entire assembly of Israel that had gathered about him were before the ark, sacrificing so many sheep and cattle that they could not be recorded or counted.

7 The priests then brought the ark of the LORD's covenant to its place in the inner sanctuary of the temple, the Most Holy Place, and put it beneath the wings of the cherubim. 8 The cherubim spread their wings over the place of the ark and covered the ark and its carrying poles. 9 These poles were so long that their ends, extending from the ark, could be seen from in front of the inner sanctuary, but not from outside the Holy Place; and they are still there today. 10 There was nothing in the ark except the two tablets that Moses had placed in it at Horeb, where the LORD made a covenant with the Israelites after they came out of Egypt.

11 The priests then withdrew from the Holy Place. All the priests who were there had consecrated themselves, regardless of their divisions. 12 All the Levites who were musicians—Asaph, Heman, Jeduthun and their sons and relatives—stood on the east side of the altar, dressed in fine linen and playing cymbals, harps and lyres. They were accompanied by 120 priests sounding trumpets. 13 The trumpeters and singers joined in unison, as with one voice, to give praise and thanks to the LORD. Accompanied by trumpets, cymbals and other instruments, they raised their voices in praise to the LORD and sang:

"He is good;
his love endures forever."

Then the temple of the LORD was filled with a cloud,

¹⁴ Y no podían los sacerdotes estar allí para ministrar, por causa de la nube; porque la gloria de Jehová había llenado la casa de Dios.

Dedicación del templo

6 ¹ Entonces dijo Salomón: Jehová ha dicho que él habitaría en la oscuridad.

² Yo, pues, he edificado una casa de morada para ti, y una habitación en que mores para siempre.

³ Y volviendo el rey su rostro, bendijo a toda la congregación de Israel; y toda la congregación de Israel estaba en pie.

⁴ Y él dijo: Bendito sea Jehová Dios de Israel, quien con su mano ha cumplido lo que prometió con su boca a David mi padre, diciendo:

⁵ Desde el día que saqué a mi pueblo de la tierra de Egipto, ninguna ciudad he elegido de todas las tribus de Israel para edificar casa donde estuviese mi nombre, ni he escogido varón que fuese príncipe sobre mi pueblo Israel.

⁶ Mas a Jerusalén he elegido para que en ella esté mi nombre, y a David he elegido para que esté sobre mi pueblo Israel.

⁷ Y David mi padre tuvo en su corazón edificar casa al nombre de Jehová Dios de Israel.

⁸ Mas Jehová dijo a David mi padre: Respecto a haber tenido en tu corazón deseo de edificar casa a mi nombre, bien has hecho en haber tenido esto en tu corazón.

⁹ Pero tú no edificarás la casa, sino tu hijo que saldrá de tus lomos, él edificará casa a mi nombre.

¹⁰ Y Jehová ha cumplido su palabra que había dicho, pues me levanté yo en lugar de David mi padre, y me he sentado en el trono de Israel, como Jehová había dicho, y he edificado casa al nombre de Jehová Dios de Israel.

¹¹ Y en ella he puesto el arca, en la cual está el pacto de Jehová que celebró con los hijos de Israel.

¹² Se puso luego Salomón delante del altar de Jehová, en presencia de toda la congregación de Israel, y extendió sus manos.

¹³ Porque Salomón había hecho un estrado de bronce de cinco codos de largo, de cinco codos de ancho y de altura de tres codos, y lo había puesto en medio del atrio; y se puso sobre él, se arrodilló delante de toda la congregación de Israel, y extendió sus manos al cielo, y dijo:

¹⁴ Jehová Dios de Israel, no hay Dios semejante a ti en el cielo ni en la tierra, que guardas el pacto y la misericordia con tus siervos que caminan delante de ti de todo su corazón;

¹⁵ que has guardado a tu siervo David mi padre lo que le prometiste; tú lo dijiste con tu boca, y con tu mano lo has cumplido, como se ve en este día.

¹⁶ Ahora, pues, Jehová Dios de Israel, cumple a tu siervo David mi padre lo que le has prometido, diciendo: No faltará de ti varón delante de mí, que se siente en el trono de Israel, con tal que tus hijos guarden su camino, andando en mi ley, como tú has andando delante de mí.

¹⁷ Ahora, pues, oh Jehová Dios de Israel, cúmplase tu palabra que dijiste a tu siervo David.

¹⁴ and the priests could not perform their service because of the cloud, for the glory of the LORD filled the temple of God.

6 Then Solomon said, "The LORD has said that he would dwell in a dark cloud; ² I have built a magnificent temple for you, a place for you to dwell forever."

³ While the whole assembly of Israel was standing there, the king turned around and blessed them. ⁴ Then he said:

"Praise be to the LORD, the God of Israel, who with his hands has fulfilled what he promised with his mouth to my father David. For he said, ⁵ 'Since the day I brought my people out of Egypt, I have not chosen a city in any tribe of Israel to have a temple built for my Name to be there, nor have I chosen anyone to be the leader over my people Israel. ⁶ But now I have chosen Jerusalem for my Name to be there, and I have chosen David to rule my people Israel.'

⁷ "My father David had it in his heart to build a temple for the Name of the LORD, the God of Israel. ⁸ But the LORD said to my father David, 'Because it was in your heart to build a temple for my Name, you did well to have this in your heart. ⁹ Nevertheless, you are not the one to build the temple, but your son, who is your own flesh and blood—he is the one who will build the temple for my Name.'

¹⁰ "The LORD has kept the promise he made. I have succeeded David my father and now I sit on the throne of Israel, just as the LORD promised, and I have built the temple for the Name of the LORD, the God of Israel. ¹¹ There I have placed the ark, in which is the covenant of the LORD that he made with the people of Israel."

Solomon's Prayer of Dedication

¹² Then Solomon stood before the altar of the LORD in front of the whole assembly of Israel and spread out his hands. ¹³ Now he had made a bronze platform, five cubits^c long, five cubits wide and three cubits^d high, and had placed it in the center of the outer court. He stood on the platform and then knelt down before the whole assembly of Israel and spread out his hands toward heaven. ¹⁴ He said:

"O LORD, God of Israel, there is no God like you in heaven or on earth—you who keep your covenant of love with your servants who continue wholeheartedly in your way. ¹⁵ You have kept your promise to your servant David my father; with your mouth you have promised and with your hand you have fulfilled it—as it is today.

¹⁶ "Now LORD, God of Israel, keep for your servant David my father the promises you made to him when you said, 'You shall never fail to have a man to sit before me on the throne of Israel, if only your sons are careful in all they do to walk before me according to my law, as you have done.' ¹⁷ And now, O LORD, God of Israel, let your word that you promised your servant David come true.

---

^c13 That is, about 7 1/2 feet (about 2.3 meters)   ^d13 That is, about 4 1/2 feet (about 1.3 meters)

18Mas ¿es verdad que Dios habitará con el hombre en la tierra? He aquí, los cielos y los cielos de los cielos no te pueden contener; ¿cuánto menos esta casa que he edificado?

19Mas tú mirarás a la oración de tu siervo, y a su ruego, oh Jehová Dios mío, para oír el clamor y la oración con que tu siervo ora delante de ti.

20Que tus ojos estén abiertos sobre esta casa de día y de noche, sobre el lugar del cual dijiste: Mi nombre estará allí; que oigas la oración con que tu siervo ora en este lugar.

21Asimismo que oigas el ruego de tu siervo, y de tu pueblo Israel, cuando en este lugar hicieren oración, que tú oirás desde los cielos, desde el lugar de tu morada; que oigas y perdones.

22Si alguno pecare contra su prójimo, y se le exigiere juramento, y viniere a jurar ante tu altar en esta casa, 23tú oirás desde los cielos, y actuarás, y juzgarás a tus siervos, dando la paga al impío, haciendo recaer su proceder sobre su cabeza, y justificando al justo al darle conforme a su justicia.

24Si tu pueblo Israel fuere derrotado delante del enemigo por haber prevaricado contra ti, y se convirtiere, y confesare tu nombre, y rogare delante de ti en esta casa, 25tú oirás desde los cielos, y perdonarás el pecado de tu pueblo Israel, y les harás volver a la tierra que diste a ellos y a sus padres.

26Si los cielos se cerraren y no hubiere lluvias, por haber pecado contra ti, si oraren a ti hacia este lugar, y confesaren tu nombre, y se convirtieren de sus pecados, cuando los afligieres, 27tú los oirás en los cielos, y perdonarás el pecado de tus siervos y de tu pueblo Israel, y les enseñarás el buen camino para que anden en él, y darás lluvia sobre tu tierra, que diste por heredad a tu pueblo.

28Si hubiere hambre en la tierra, o si hubiere pestilencia, si hubiere tizoncillo o añublo, langosta o pulgón; o si los sitiaren sus enemigos en la tierra en donde moren; cualquiera plaga o enfermedad que sea; 29toda oración y todo ruego que hiciere cualquier hombre, o todo tu pueblo Israel, cualquiera que conociere su llaga y su dolor en su corazón, si extendiere sus manos hacia esta casa, 30tú oirás desde los cielos, desde el lugar de tu morada, y perdonarás, y darás a cada uno conforme a sus caminos, habiendo conocido su corazón; porque sólo tú conoces el corazón de los hijos de los hombres; 31para que te teman y anden en tus caminos, todos los días que vivieren sobre la faz de la tierra que tú diste a nuestros padres.

32Y también al extranjero que no fuere de tu pueblo Israel, que hubiere venido de lejanas tierras a causa de tu gran nombre y de tu mano poderosa, y de tu brazo extendido, si viniere y orare hacia esta casa, 33tú oirás desde los cielos, desde el lugar de tu morada, y harás conforme a todas las cosas por las cuales hubiere clamado a ti el extranjero; para que todos los pueblos de la tierra conozcan tu nombre, y te teman así como tu pueblo Israel, y sepan que tu nombre es invocado sobre esta casa que yo he edificado.

34Si tu pueblo saliere a la guerra contra sus enemigos por el camino que tú les enviares, y oraren a ti hacia esta ciudad que tú elegiste, hacia la casa que he edificado a tu nombre, 35tú oirás desde los cielos su oración y su ruego, y ampararás su causa.

18"But will God really dwell on earth with men? The heavens, even the highest heavens, cannot contain you. How much less this temple I have built! 19Yet give attention to your servant's prayer and his plea for mercy, O LORD my God. Hear the cry and the prayer that your servant is praying in your presence. 20May your eyes be open toward this temple day and night, this place of which you said you would put your Name there. May you hear the prayer your servant prays toward this place. 21Hear the supplications of your servant and of your people Israel when they pray toward this place. Hear from heaven, your dwelling place; and when you hear, forgive.

22"When a man wrongs his neighbor and is required to take an oath and he comes and swears the oath before your altar in this temple, 23then hear from heaven and act. Judge between your servants, repaying the guilty by bringing down on his own head what he has done. Declare the innocent not guilty and so establish his innocence.

24"When your people Israel have been defeated by an enemy because they have sinned against you and when they turn back and confess your name, praying and making supplication before you in this temple, 25then hear from heaven and forgive the sin of your people Israel and bring them back to the land you gave to them and their fathers.

26"When the heavens are shut up and there is no rain because your people have sinned against you, and when they pray toward this place and confess your name and turn from their sin because you have afflicted them, 27then hear from heaven and forgive the sin of your servants, your people Israel. Teach them the right way to live, and send rain on the land you gave your people for an inheritance.

28"When famine or plague comes to the land, or blight or mildew, locusts or grasshoppers, or when enemies besiege them in any of their cities, whatever disaster or disease may come, 29and when a prayer or plea is made by any of your people Israel—each one aware of his afflictions and pains, and spreading out his hands toward this temple— 30then hear from heaven, your dwelling place. Forgive, and deal with each man according to all he does, since you know his heart (for you alone know the hearts of men), 31so that they will fear you and walk in your ways all the time they live in the land you gave our fathers.

32"As for the foreigner who does not belong to your people Israel but has come from a distant land because of your great name and your mighty hand and your outstretched arm—when he comes and prays toward this temple, 33then hear from heaven, your dwelling place, and do whatever the foreigner asks of you, so that all the peoples of the earth may know your name and fear you, as do your own people Israel, and may know that this house I have built bears your Name.

34"When your people go to war against their enemies, wherever you send them, and when they pray to you toward this city you have chosen and the temple I have built for your Name, 35then hear from heaven their prayer and their plea, and uphold their cause.

36 Si pecaren contra ti (pues no hay hombre que no peque), y te enojares contra ellos, y los entregares delante de sus enemigos, para que los que los tomaren los lleven cautivos a tierra de enemigos, lejos o cerca,
37 y ellos volvieren en sí en la tierra donde fueren llevados cautivos; si se convirtieren, y oraren a ti en la tierra de su cautividad, y dijeren: Pecamos, hemos hecho inicuamente, impíamente hemos hecho;
38 si se convirtieren a ti de todo su corazón y de toda su alma en la tierra de su cautividad, donde los hubieren llevado cautivos, y oraren hacia la tierra que tú diste a sus padres, hacia la ciudad que tú elegiste, y hacia la casa que he edificado a tu nombre;
39 tú oirás desde los cielos, desde el lugar de tu morada, su oración y su ruego, y ampararás su causa, y perdonarás a tu pueblo que pecó contra ti.
40 Ahora, pues, oh Dios mío, te ruego que estén abiertos tus ojos y atentos tus oídos a la oración en este lugar.
41 Oh Jehová Dios, levántate ahora para habitar en tu reposo, tú y el arca de tu poder; oh Jehová Dios, sean vestidos de salvación tus sacerdotes, y tus santos se regocijen en tu bondad.
42 Jehová Dios, no rechaces a tu ungido; acuérdate de tus misericordias para con David tu siervo.

7 1 Cuando Salomón acabó de orar, descendió fuego de los cielos, y consumió el holocausto y las víctimas; y la gloria de Jehová llenó la casa.
2 Y no podían entrar los sacerdotes en la casa de Jehová, porque la gloria de Jehová había llenado la casa de Jehová.
3 Cuando vieron todos los hijos de Israel descender el fuego y la gloria de Jehová sobre la casa, se postraron sobre sus rostros en el pavimento y adoraron, y alabaron a Jehová, diciendo: Porque él es bueno, y su misericordia es para siempre.
4 Entonces el rey y todo el pueblo sacrificaron víctimas delante de Jehová.
5 Y ofreció el rey Salomón en sacrificio veintidós mil bueyes, y ciento veinte mil ovejas; y así dedicaron la casa de Dios el rey y todo el pueblo.
6 Y los sacerdotes desempeñaban su ministerio; también los levitas, con los instrumentos de música de Jehová, los cuales había hecho el rey David para alabar a Jehová porque su misericordia es para siempre, cuando David alababa por medio de ellos. Asimismo los sacerdotes tocaban trompetas delante de ellos, y todo Israel estaba en pie.
7 También Salomón consagró la parte central del atrio que estaba delante de la casa de Jehová, por cuanto había ofrecido allí los holocaustos, y la grosura de las ofrendas de paz; porque en el altar de bronce que Salomón había hecho no podían caber los holocaustos, las ofrendas y las grosuras.
8 Entonces hizo Salomón fiesta siete días, y con él todo Israel, una gran congregación, desde la entrada de Hamat hasta el arroyo de Egipto.
9 Al octavo día hicieron solemne asamblea, porque habían

36 "When they sin against you — for there is no one who does not sin — and you become angry with them and give them over to the enemy, who takes them captive to a land far away or near; 37 and if they have a change of heart in the land where they are held captive, and repent and plead with you in the land of their captivity and say, 'We have sinned, we have done wrong and acted wickedly'; 38 and if they turn back to you with all their heart and soul in the land of their captivity where they were taken, and pray toward the land you gave their fathers, toward the city you have chosen and toward the temple I have built for your Name; 39 then from heaven, your dwelling place, hear their prayer and their pleas, and uphold their cause. And forgive your people, who have sinned against you.

40 "Now, my God, may your eyes be open and your ears attentive to the prayers offered in this place.

41 "Now arise, O LORD God, and come to
     your resting place,
     you and the ark of your might.
May your priests, O LORD God, be clothed
     with salvation,
     may your saints rejoice in your goodness.
42 O LORD God, do not reject your anointed
     one.
     Remember the great love promised to
     David your servant."

The Dedication of the Temple

7 When Solomon finished praying, fire came down from heaven and consumed the burnt offering and the sacrifices, and the glory of the LORD filled the temple. 2 The priests could not enter the temple of the LORD because the glory of the LORD filled it. 3 When all the Israelites saw the fire coming down and the glory of the LORD above the temple, they knelt on the pavement with their faces to the ground, and they worshiped and gave thanks to the LORD, saying,

"He is good;
     his love endures forever."

4 Then the king and all the people offered sacrifices before the LORD. 5 And King Solomon offered a sacrifice of twenty-two thousand head of cattle and a hundred and twenty thousand sheep and goats. So the king and all the people dedicated the temple of God. 6 The priests took their positions, as did the Levites with the LORD's musical instruments, which King David had made for praising the LORD and which were used when he gave thanks, saying, "His love endures forever." Opposite the Levites, the priests blew their trumpets, and all the Israelites were standing.

7 Solomon consecrated the middle part of the courtyard in front of the temple of the LORD, and there he offered burnt offerings and the fat of the fellowship offerings, e because the bronze altar he had made could not hold the burnt offerings, the grain offerings and the fat portions.

8 So Solomon observed the festival at that time for seven days, and all Israel with him — a vast assembly, people from Lebo f Hamath to the Wadi of Egypt. 9 On

e 7 Traditionally *peace offerings*   f 8 Or *from the entrance to*

hecho la dedicación del altar en siete días, y habían celebrado la fiesta solemne por siete días.

10 Y a los veintitrés días del mes séptimo envió al pueblo a sus hogares, alegres y gozosos de corazón por los beneficios que Jehová había hecho a David y a Salomón, y a su pueblo Israel.

Pacto de Dios con Salomón

11 Terminó, pues, Salomón la casa de Jehová, y la casa del rey; y todo lo que Salomón se propuso hacer en la casa de Jehová, y en su propia casa, fue prosperado.

12 Y apareció Jehová a Salomón de noche, y le dijo: Yo he oído tu oración, y he elegido para mí este lugar por casa de sacrificio.

13 Si yo cerrare los cielos para que no haya lluvia, y si mandare a la langosta que consuma la tierra, o si enviare pestilencia a mi pueblo;

14 si se humillare mi pueblo, sobre el cual mi nombre es invocado, y oraren, y buscaren mi rostro, y se convirtieren de sus malos caminos; entonces yo oiré desde los cielos, y perdonaré sus pecados, y sanaré su tierra.

15 Ahora estarán abiertos mis ojos y atentos mis oídos a la oración en este lugar;

16 porque ahora he elegido y santificado esta casa, para que esté en ella mi nombre para siempre; y mis ojos y mi corazón estarán ahí para siempre.

17 Y si tú anduvieres delante de mí como anduvo David tu padre, e hicieres todas las cosas que yo te he mandado, y guardares mis estatutos y mis decretos,

18 yo confirmaré el trono de tu reino, como pacté con David tu padre, diciendo: No te faltará varón que gobierne en Israel.

19 Mas si vosotros os volviereis, y dejareis mis estatutos y mandamientos que he puesto delante de vosotros, y fuereis y sirviereis a dioses ajenos, y los adorareis,

20 yo os arrancaré de mi tierra que os he dado; y esta casa que he santificado a mi nombre, yo la arrojaré de mi presencia, y la pondré por burla y escarnio de todos los pueblos.

21 Y esta casa que es tan excelsa, será espanto a todo el que pasare, y dirá: ¿Por qué ha hecho así Jehová a esta tierra y a esta casa?

22 Y se responderá: Por cuanto dejaron a Jehová Dios de sus padres, que los sacó de la tierra de Egipto, y han abrazado a dioses ajenos, y los adoraron y sirvieron; por eso él ha traído todo este mal sobre ellos.

Otras actividades de Salomón

8 1 Después de veinte años, durante los cuales Salomón había edificado la casa de Jehová y su propia casa, 2 reedificó Salomón las ciudades que Hiram le había dado, y estableció en ellas a los hijos de Israel.

3 Después vino Salomón a Hamat de Soba, y la tomó.

4 Y edificó a Tadmor en el desierto, y todas las ciudades de aprovisionamiento que edificó en Hamat.

5 Asimismo reedificó a Bet-horón la de arriba y a Bet-horón la de abajo, ciudades fortificadas, con muros, puertas y barras;

6 y a Baalat, y a todas las ciudades de provisiones que Salomón tenía; también todas las ciudades de los carros y las de la gente de a caballo, y todo lo que Salomón quiso edificar en Jerusalén, en el Líbano, y en toda la tierra de su dominio.

the eighth day they held an assembly, for they had celebrated the dedication of the altar for seven days and the festival for seven days more. 10 On the twenty-third day of the seventh month he sent the people to their homes, joyful and glad in heart for the good things the LORD had done for David and Solomon and for his people Israel.

The LORD Appears to Solomon

11 When Solomon had finished the temple of the LORD and the royal palace, and had succeeded in carrying out all he had in mind to do in the temple of the LORD and in his own palace, 12 the LORD appeared to him at night and said:

"I have heard your prayer and have chosen this place for myself as a temple for sacrifices.

13 "When I shut up the heavens so that there is no rain, or command locusts to devour the land or send a plague among my people, 14 if my people, who are called by my name, will humble themselves and pray and seek my face and turn from their wicked ways, then will I hear from heaven and will forgive their sin and will heal their land. 15 Now my eyes will be open and my ears attentive to the prayers offered in this place. 16 I have chosen and consecrated this temple so that my Name may be there forever. My eyes and my heart will always be there.

17 "As for you, if you walk before me as David your father did, and do all I command, and observe my decrees and laws, 18 I will establish your royal throne, as I covenanted with David your father when I said, 'You shall never fail to have a man to rule over Israel.'

19 "But if you*g* turn away and forsake the decrees and commands I have given you*g* and go off to serve other gods and worship them, 20 then I will uproot Israel from my land, which I have given them, and will reject this temple I have consecrated for my Name. I will make it a byword and an object of ridicule among all peoples. 21 And though this temple is now so imposing, all who pass by will be appalled and say, 'Why has the LORD done such a thing to this land and to this temple?' 22 People will answer, 'Because they have forsaken the LORD, the God of their fathers, who brought them out of Egypt, and have embraced other gods, worshiping and serving them—that is why he brought all this disaster on them.' "

Solomon's Other Activities

8 At the end of twenty years, during which Solomon built the temple of the LORD and his own palace, 2 Solomon rebuilt the villages that Hiram*h* had given him, and settled Israelites in them. 3 Solomon then went to Hamath Zobah and captured it. 4 He also built up Tadmor in the desert and all the store cities he had built in Hamath. 5 He rebuilt Upper Beth Horon and Lower Beth Horon as fortified cities, with walls and with gates and bars, 6 as well as Baalath and all his store cities, and all the cities for his chariots and for his horses*i*—whatever he desired to build in Jerusalem, in Lebanon and throughout all the territory he ruled.

---

g 19 The Hebrew is plural.   *h 2* Hebrew *Huram*, a variant of *Hiram*; also in verse 18   *i 6* Or *charioteers*

7 Y a todo el pueblo que había quedado de los heteos, amorreos, ferezeos, heveos y jebuseos, que no eran de Israel,

8 los hijos de los que habían quedado en la tierra después de ellos, a los cuales los hijos de Israel no destruyeron del todo, hizo Salomón tributarios hasta hoy.

9 Pero de los hijos de Israel no puso Salomón siervos en su obra; porque eran hombres de guerra, y sus oficiales y sus capitanes, y comandantes de sus carros, y su gente de a caballo.

10 Y tenía Salomón doscientos cincuenta gobernadores principales, los cuales mandaban sobre aquella gente.

11 Y pasó Salomón a la hija de Faraón, de la ciudad de David a la casa que él había edificado para ella; porque dijo: Mi mujer no morará en la casa de David rey de Israel, porque aquellas habitaciones donde ha entrado el arca de Jehová, son sagradas.

12 Entonces ofreció Salomón holocaustos a Jehová sobre el altar de Jehová que él había edificado delante del pórtico,

13 para que ofreciesen cada cosa en su día, conforme al mandamiento de Moisés, en los días de reposo, *en las nuevas lunas, y en las fiestas solemnes tres veces en el año, esto es, en la fiesta de los panes sin levadura, en la fiesta de las semanas y en la fiesta de los tabernáculos.

14 Y constituyó los turnos de los sacerdotes en sus oficios, conforme a lo ordenado por David su padre, y los levitas en sus cargos, para que alabasen y ministrasen delante de los sacerdotes, cada cosa en su día; asimismo los porteros por su orden a cada puerta; porque así lo había mandado David, varón de Dios.

15 Y no se apartaron del mandamiento del rey, en cuanto a los sacerdotes y los levitas, y los tesoros, y todo negocio;

16 porque toda la obra de Salomón estaba preparada desde el día en que se pusieron los cimientos de la casa de Jehová hasta que fue terminada, hasta que la casa de Jehová fue acabada totalmente.

17 Entonces Salomón fue a Ezión-geber y a Elot, a la costa del mar en la tierra de Edom.

18 Porque Hiram le había enviado naves por mano de sus siervos, y marineros diestros en el mar, los cuales fueron con los siervos de Salomón a Ofir, y tomaron de allá cuatrocientos cincuenta talentos de oro, y los trajeron al rey Salomón.

La reina de Sabá visita a Salomón

9 1 Oyendo la reina de Sabá la fama de Salomón, vino a Jerusalén con un séquito muy grande, con camellos cargados de especias aromáticas, oro en abundancia, y piedras preciosas, para probar a Salomón con preguntas difíciles. Y luego que vino a Salomón, habló con él todo lo que en su corazón tenía.

2 Pero Salomón le respondió a todas sus preguntas, y nada hubo que Salomón no le contestase.

3 Y viendo la reina de Sabá la sabiduría de Salomón, y la casa que había edificado,

4 y las viandas de su mesa, las habitaciones de sus oficiales, el estado de sus criados y los vestidos de ellos, sus maestresalas y sus vestidos, y la escalinata por donde subía a la casa de Jehová, se quedó asombrada.

5 Y dijo al rey: Verdad es lo que había oído en mi tierra acerca de tus cosas y de tu sabiduría;

6 pero yo no creía las palabras de ellos, hasta que he venido, y mis ojos han visto; y he aquí que ni aun la mitad de la grandeza de tu sabiduría me había sido dicha; porque tú superas la fama que yo había oído.

7 All the people left from the Hittites, Amorites, Perizzites, Hivites and Jebusites (these peoples were not Israelites), 8 that is, their descendants remaining in the land, whom the Israelites had not destroyed—these Solomon conscripted for his slave labor force, as it is to this day. 9 But Solomon did not make slaves of the Israelites for his work; they were his fighting men, commanders of his captains, and commanders of his chariots and charioteers. 10 They were also King Solomon's chief officials—two hundred and fifty officials supervising the men.

11 Solomon brought Pharaoh's daughter up from the City of David to the palace he had built for her, for he said, "My wife must not live in the palace of David king of Israel, because the places the ark of the LORD has entered are holy."

12 On the altar of the LORD that he had built in front of the portico, Solomon sacrificed burnt offerings to the LORD, 13 according to the daily requirement for offerings commanded by Moses for Sabbaths, New Moons and the three annual feasts—the Feast of Unleavened Bread, the Feast of Weeks and the Feast of Tabernacles. 14 In keeping with the ordinance of his father David, he appointed the divisions of the priests for their duties, and the Levites to lead the praise and to assist the priests according to each day's requirement. He also appointed the gatekeepers by divisions for the various gates, because this was what David the man of God had ordered. 15 They did not deviate from the king's commands to the priests or to the Levites in any matter, including that of the treasuries.

16 All Solomon's work was carried out, from the day the foundation of the temple of the LORD was laid until its completion. So the temple of the LORD was finished.

17 Then Solomon went to Ezion Geber and Elath on the coast of Edom. 18 And Hiram sent him ships commanded by his own officers, men who knew the sea. These, with Solomon's men, sailed to Ophir and brought back four hundred and fifty talents/ of gold, which they delivered to King Solomon.

The Queen of Sheba Visits Solomon

9 When the queen of Sheba heard of Solomon's fame, she came to Jerusalem to test him with hard questions. Arriving with a very great caravan—with camels carrying spices, large quantities of gold, and precious stones—she came to Solomon and talked with him about all she had on her mind. 2 Solomon answered all her questions; nothing was too hard for him to explain to her. 3 When the queen of Sheba saw the wisdom of Solomon, as well as the palace he had built, 4 the food on his table, the seating of his officials, the attending servants in their robes, the cupbearers in their robes and the burnt offerings he made at k the temple of the LORD, she was overwhelmed.

5 She said to the king, "The report I heard in my own country about your achievements and your wisdom is true. 6 But I did not believe what they said until I came and saw with my own eyes. Indeed, not even half the greatness of your wisdom was told me; you have far

---

*Aquí equivale a *sábado*

/18 That is, about 17 tons (about 16 metric tons)   k4 Or *the ascent by which he went up to*

7 Bienaventurados tus hombres, y dichosos estos siervos tuyos que están siempre delante de ti, y oyen tu sabiduría. 8 Bendito sea Jehová tu Dios, el cual se ha agradado de ti para ponerte sobre su trono como rey para Jehová tu Dios; por cuanto tu Dios amó a Israel para afirmarlo perpetuamente, por eso te ha puesto por rey sobre ellos, para que hagas juicio y justicia.

9 Y dio al rey ciento veinte talentos de oro, y gran cantidad de especias aromáticas, y piedras preciosas; nunca hubo tales especias aromáticas como las que dio la reina de Sabá al rey Salomón.

10 También los siervos de Hiram y los siervos de Salomón, que habían traído el oro de Ofir, trajeron madera de sándalo, y piedras preciosas.

11 Y de la madera de sándalo el rey hizo gradas en la casa de Jehová y en las casas reales, y arpas y salterios para los cantores; nunca en la tierra de Judá se había visto madera semejante.

12 Y el rey Salomón dio a la reina de Sabá todo lo que ella quiso y le pidió, más de lo que ella había traído al rey. Después ella se volvió y se fue a su tierra con sus siervos.

Riquezas y fama de Salomón

13 El peso del oro que venía a Salomón cada año, era seiscientos sesenta y seis talentos de oro,

14 sin lo que traían los mercaderes y negociantes; también todos los reyes de Arabia y los gobernadores de la tierra traían oro y plata a Salomón.

15 Hizo también el rey Salomón doscientos paveses de oro batido, cada uno de los cuales tenía seiscientos siclos de oro labrado;

16 asimismo trescientos escudos de oro batido, teniendo cada escudo trescientos siclos de oro; y los puso el rey en la casa del bosque del Líbano.

17 Hizo además el rey un gran trono de marfil, y lo cubrió de oro puro.

18 El trono tenía seis gradas, y un estrado de oro fijado al trono, y brazos a uno y otro lado del asiento, y dos leones que estaban junto a los brazos.

19 Había también allí doce leones sobre las seis gradas, a uno y otro lado. Jamás fue hecho trono semejante en reino alguno.

20 Toda la vajilla del rey Salomón era de oro, y toda la vajilla de la casa del bosque del Líbano, de oro puro. En los días de Salomón la plata no era apreciada.

21 Porque la flota del rey iba a Tarsis con los siervos de Hiram, y cada tres años solían venir las naves de Tarsis, y traían oro, plata, marfil, monos y pavos reales.

22 Y excedió el rey Salomón a todos los reyes de la tierra en riqueza y en sabiduría.

23 Y todos los reyes de la tierra procuraban ver el rostro de Salomón, para oir la sabiduría que Dios le había dado.

24 Cada uno de éstos traía su presente, alhajas de plata, alhajas de oro, vestidos, armas, perfumes, caballos y mulos, todos los años.

25 Tuvo también Salomón cuatro mil caballerizas para sus caballos y carros, y doce mil jinetes, los cuales puso en las ciudades de los carros, y con el rey en Jerusalén.

26 Y tuvo dominio sobre todos los reyes desde el Eufrates hasta la tierra de los filisteos, y hasta la frontera de Egipto.

exceeded the report I heard. 7 How happy your men must be! How happy your officials, who continually stand before you and hear your wisdom! 8 Praise be to the Lord your God, who has delighted in you and placed you on his throne as king to rule for the Lord your God. Because of the love of your God for Israel and his desire to uphold them forever, he has made you king over them, to maintain justice and righteousness."

9 Then she gave the king 120 talents l of gold, large quantities of spices, and precious stones. There had never been such spices as those the queen of Sheba gave to King Solomon.

10 (The men of Hiram and the men of Solomon brought gold from Ophir; they also brought algumwood m and precious stones. 11 The king used the algumwood to make steps for the temple of the Lord and for the royal palace, and to make harps and lyres for the musicians. Nothing like them had ever been seen in Judah.)

12 King Solomon gave the queen of Sheba all she desired and asked for; he gave her more than she had brought to him. Then she left and returned with her retinue to her own country.

Solomon's Splendor

13 The weight of the gold that Solomon received yearly was 666 talents, n 14 not including the revenues brought in by merchants and traders. Also all the kings of Arabia and the governors of the land brought gold and silver to Solomon.

15 King Solomon made two hundred large shields of hammered gold; six hundred bekas o of hammered gold went into each shield. 16 He also made three hundred small shields of hammered gold, with three hundred bekas p of gold in each shield. The king put them in the Palace of the Forest of Lebanon.

17 Then the king made a great throne inlaid with ivory and overlaid with pure gold. 18 The throne had six steps, and a footstool of gold was attached to it. On both sides of the seat were armrests, with a lion standing beside each of them. 19 Twelve lions stood on the six steps, one at either end of each step. Nothing like it had ever been made for any other kingdom. 20 All King Solomon's goblets were gold, and all the household articles in the Palace of the Forest of Lebanon were pure gold. Nothing was made of silver, because silver was considered of little value in Solomon's day. 21 The king had a fleet of trading ships q manned by Hiram's r men. Once every three years it returned, carrying gold, silver and ivory, and apes and baboons.

22 King Solomon was greater in riches and wisdom than all the other kings of the earth. 23 All the kings of the earth sought audience with Solomon to hear the wisdom God had put in his heart. 24 Year after year, everyone who came brought a gift—articles of silver and gold, and robes, weapons and spices, and horses and mules.

25 Solomon had four thousand stalls for horses and chariots, and twelve thousand horses, s which he kept in the chariot cities and also with him in Jerusalem. 26 He ruled over all the kings from the River t to the

---

l9 That is, about 4 1/2 tons (about 4 metric tons)   m10 Probably a variant of *almugwood*   n13 That is, about 25 tons (about 23 metric tons)   o15 That is, about 7 1/2 pounds (about 3.5 kilograms)   p16 That is, about 3 3/4 pounds (about 1.7 kilograms)   q21 Hebrew *of ships that could go to Tarshish*   r21 Hebrew *Huram*, a variant of *Hiram*   s25 Or *charioteers*   t26 That is, the Euphrates

27 Y acumuló el rey plata en Jerusalén como piedras, y cedros como los cabrahigos de la Sefela en abundancia. 28 Traían también caballos para Salomón, de Egipto y de todos los países.

Muerte de Salomón

29 Los demás hechos de Salomón, primeros y postreros, ¿no están todos escritos en los libros del profeta Natán, en la profecía de Ahías silonita, y en la profecía del vidente Iddo contra Jeroboam hijo de Nabat?
30 Reinó Salomón en Jerusalén sobre todo Israel cuarenta años.
31 Y durmió Salomón con sus padres, y lo sepultaron en la ciudad de David su padre; y reinó en su lugar Roboam su hijo.

Rebelión de Israel

10 1 Roboam fue a Siquem, porque en Siquem se había reunido todo Israel para hacerlo rey.
2 Y cuando lo oyó Jeroboam hijo de Nabat, el cual estaba en Egipto, adonde había huido a causa del rey Salomón, volvió de Egipto.
3 Y enviaron y le llamaron. Vino, pues, Jeroboam, y todo Israel, y hablaron a Roboam, diciendo:
4 Tu padre agravó nuestro yugo; ahora alivia algo de la dura servidumbre y del pesado yugo con que tu padre nos apremió, y te serviremos.
5 Y él les dijo: Volved a mí de aquí a tres días. Y el pueblo se fue.
6 Entonces el rey Roboam tomó consejo con los ancianos que habían estado delante de Salomón su padre cuando vivía, y les dijo: ¿Cómo aconsejáis vosotros que responda a este pueblo?
7 Y ellos le contestaron diciendo: Si te condujeres humanamente con este pueblo, y les agradares, y les hablares buenas palabras, ellos te servirán siempre.
8 Mas él, dejando el consejo que le dieron los ancianos, tomó consejo con los jóvenes que se habían criado con él, y que estaban a su servicio.
9 Y les dijo: ¿Qué aconsejáis vosotros que respondamos a este pueblo, que me ha hablado, diciendo: Alivia algo del yugo que tu padre puso sobre nosotros?
10 Entonces los jóvenes que se habían criado con él, le contestaron: Así dirás al pueblo que te ha hablado diciendo: Tu padre agravó nuestro yugo, mas tú disminuye nuestra carga. Así les dirás: Mi dedo más pequeño es más grueso que los lomos de mi padre.
11 Así que, si mi padre os cargó de yugo pesado, yo añadiré a vuestro yugo; mi padre os castigó con azotes, y yo con escorpiones.
12 Vino, pues, Jeroboam con todo el pueblo a Roboam al tercer día, según el rey les había mandado diciendo: Volved a mí de aquí a tres días.
13 Y el rey les respondió ásperamente; pues dejó el rey Roboam el consejo de los ancianos,
14 y les habló conforme al consejo de los jóvenes, diciendo: Mi padre hizo pesado vuestro yugo, pero yo añadiré a vuestro yugo; mi padre os castigó con azotes, mas yo con escorpiones.
15 Y no escuchó el rey al pueblo; porque la causa era de Dios, para que Jehová cumpliera la palabra que había hablado por Ahías silonita a Jeroboam hijo de Nabat.

land of the Philistines, as far as the border of Egypt. 27 The king made silver as common in Jerusalem as stones, and cedar as plentiful as sycamore-fig trees in the foothills. 28 Solomon's horses were imported from Egypt *u* and from all other countries.

Solomon's Death

29 As for the other events of Solomon's reign, from beginning to end, are they not written in the records of Nathan the prophet, in the prophecy of Ahijah the Shilonite and in the visions of Iddo the seer concerning Jeroboam son of Nebat? 30 Solomon reigned in Jerusalem over all Israel forty years. 31 Then he rested with his fathers and was buried in the city of David his father. And Rehoboam his son succeeded him as king.

Israel Rebels Against Rehoboam

10 Rehoboam went to Shechem, for all the Israelites had gone there to make him king. 2 When Jeroboam son of Nebat heard this (he was in Egypt, where he had fled from King Solomon), he returned from Egypt. 3 So they sent for Jeroboam, and he and all Israel went to Rehoboam and said to him: 4 "Your father put a heavy yoke on us, but now lighten the harsh labor and the heavy yoke he put on us, and we will serve you."
5 Rehoboam answered, "Come back to me in three days." So the people went away.
6 Then King Rehoboam consulted the elders who had served his father Solomon during his lifetime. "How would you advise me to answer these people?" he asked.
7 They replied, "If you will be kind to these people and please them and give them a favorable answer, they will always be your servants."
8 But Rehoboam rejected the advice the elders gave him and consulted the young men who had grown up with him and were serving him. 9 He asked them, "What is your advice? How should we answer these people who say to me, 'Lighten the yoke your father put on us'?"
10 The young men who had grown up with him replied, "Tell the people who have said to you, 'Your father put a heavy yoke on us, but make our yoke lighter'—tell them, 'My little finger is thicker than my father's waist. 11 My father laid on you a heavy yoke; I will make it even heavier. My father scourged you with whips; I will scourge you with scorpions.'"
12 Three days later Jeroboam and all the people returned to Rehoboam, as the king had said, "Come back to me in three days." 13 The king answered them harshly. Rejecting the advice of the elders, 14 he followed the advice of the young men and said, "My father made your yoke heavy; I will make it even heavier. My father scourged you with whips; I will scourge you with scorpions." 15 So the king did not listen to the people, for this turn of events was from God, to fulfill the word the LORD had spoken to Jeroboam son of Nebat through Ahijah the Shilonite.

---

u28 Or possibly *Muzur*, a region in Cilicia

16 Y viendo todo Israel que el rey no les había oído, respondió el pueblo al rey, diciendo: ¿Qué parte tenemos nosotros con David? No tenemos herencia en el hijo de Isaí. ¡Israel, cada uno a sus tiendas! ¡David, mira ahora por tu casa! Así se fue todo Israel a sus tiendas.

17 Mas reinó Roboam sobre los hijos de Israel que habitaban en las ciudades de Judá.

18 Envió luego el rey Roboam a Adoram, que tenía cargo de los tributos; pero le apedrearon los hijos de Israel, y murió. Entonces se apresuró el rey Roboam, y subiendo en su carro huyó a Jerusalén.

19 Así se apartó Israel de la casa de David hasta hoy.

11

1 Cuando vino Roboam a Jerusalén, reunió de la casa de Judá y de Benjamín a ciento ochenta mil hombres escogidos de guerra, para pelear contra Israel y hacer volver el reino a Roboam.

2 Mas vino palabra de Jehová a Semaías varón de Dios, diciendo:

3 Habla a Roboam hijo de Salomón, rey de Judá, y a todos los israelitas en Judá y Benjamín, diciéndoles:

4 Así ha dicho Jehová: No subáis, ni peleéis contra vuestros hermanos; vuélvase cada uno a su casa, porque yo he hecho esto. Y ellos oyeron la palabra de Jehová y se volvieron, y no fueron contra Jeroboam.

Prosperidad de Roboam

5 Y habitó Roboam en Jerusalén, y edificó ciudades para fortificar a Judá.

6 Edificó Belén, Etam, Tecoa,

7 Bet-sur, Soco, Adulam,

8 Gat, Maresa, Zif,

9 Adoraim, Laquis, Azeca,

10 Zora, Ajalón y Hebrón, que eran ciudades fortificadas de Judá y Benjamín.

11 Reforzó también las fortalezas, y puso en ellas capitanes, y provisiones, vino y aceite;

12 y en todas las ciudades puso escudos y lanzas. Las fortificó, pues, en gran manera; y Judá y Benjamín le estaban sujetos.

13 Y los sacerdotes y levitas que estaban en todo Israel, se juntaron a él desde todos los lugares donde vivían.

14 Porque los levitas dejaban sus ejidos y sus posesiones, y venían a Judá y a Jerusalén; pues Jeroboam y sus hijos los excluyeron del ministerio de Jehová.

15 Y él designó sus propios sacerdotes para los lugares altos, y para los demonios, y para los becerros que él había hecho.

16 Tras aquellos acudieron también de todas las tribus de Israel los que habían puesto su corazón en buscar a Jehová Dios de Israel; y vinieron a Jerusalén para ofrecer sacrificios a Jehová, el Dios de sus padres.

17 Así fortalecieron el reino de Judá, y confirmaron a Roboam hijo de Salomón, por tres años; porque tres años anduvieron en el camino de David y de Salomón.

18 Y tomó Roboam por mujer a Mahalat hija de Jerimot, hijo de David y de Abihail hija de Eliab, hijo de Isaí,

19 la cual le dio a luz estos hijos: Jeús, Semarías y Zaham.

20 Después de ella tomó a Maaca hija de Absalón, la cual le dio a luz Abías, Atai, Ziza y Selomit.

21 Pero Roboam amó a Maaca hija de Absalón sobre todas sus mujeres y concubinas; porque tomó dieciocho mujeres y sesenta concubinas, y engendró veintiocho hijos y sesenta hijas.

16 When all Israel saw that the king refused to listen to them, they answered the king:

"What share do we have in David,
   what part in Jesse's son?
To your tents, O Israel!
   Look after your own house, O David!"

So all the Israelites went home. 17 But as for the Israelites who were living in the towns of Judah, Rehoboam still ruled over them. 18 King Rehoboam sent out Adoniram,[v] who was in charge of forced labor, but the Israelites stoned him to death. King Rehoboam, however, managed to get into his chariot and escape to Jerusalem. 19 So Israel has been in rebellion against the house of David to this day.

11

When Rehoboam arrived in Jerusalem, he mustered the house of Judah and Benjamin—a hundred and eighty thousand fighting men—to make war against Israel and to regain the kingdom for Rehoboam.

2 But this word of the LORD came to Shemaiah the man of God: 3 "Say to Rehoboam son of Solomon king of Judah and to all the Israelites in Judah and Benjamin, 4 'This is what the LORD says: Do not go up to fight against your brothers. Go home, every one of you, for this is my doing.' " So they obeyed the words of the LORD and turned back from marching against Jeroboam.

Rehoboam Fortifies Judah

5 Rehoboam lived in Jerusalem and built up towns for defense in Judah: 6 Bethlehem, Etam, Tekoa, 7 Beth Zur, Soco, Adullam, 8 Gath, Mareshah, Ziph, 9 Adoraim, Lachish, Azekah, 10 Zorah, Aijalon and Hebron. These were fortified cities in Judah and Benjamin. 11 He strengthened their defenses and put commanders in them, with supplies of food, olive oil and wine. 12 He put shields and spears in all the cities, and made them very strong. So Judah and Benjamin were his.

13 The priests and Levites from all their districts throughout Israel sided with him. 14 The Levites even abandoned their pasturelands and property, and came to Judah and Jerusalem because Jeroboam and his sons had rejected them as priests of the LORD. 15 And he appointed his own priests for the high places and for the goat and calf idols he had made. 16 Those from every tribe of Israel who set their hearts on seeking the LORD, the God of Israel, followed the Levites to Jerusalem to offer sacrifices to the LORD, the God of their fathers. 17 They strengthened the kingdom of Judah and supported Rehoboam son of Solomon three years, walking in the ways of David and Solomon during this time.

Rehoboam's Family

18 Rehoboam married Mahalath, who was the daughter of David's son Jerimoth and of Abihail, the daughter of Jesse's son Eliab. 19 She bore him sons: Jeush, Shemariah and Zaham. 20 Then he married Maacah daughter of Absalom, who bore him Abijah, Attai, Ziza and Shelomith. 21 Rehoboam loved Maacah daughter of Absalom more than any of his other wives and concubines. In all, he had eighteen wives and sixty concubines, twenty-eight sons and sixty daughters.

v18 Hebrew *Hadoram*, a variant of *Adoniram*

22 Y puso Roboam a Abías hijo de Maaca por jefe y príncipe de sus hermanos, porque quería hacerle rey.

23 Obró sagazmente, y esparció a todos sus hijos por todas las tierras de Judá y de Benjamín, y por todas las ciudades fortificadas, y les dio provisiones en abundancia, y muchas mujeres.

Sisac invade Judá

12 ¹ Cuando Roboam había consolidado el reino, dejó la ley de Jehová, y todo Israel con él.

² Y por cuanto se habían rebelado contra Jehová, en el quinto año del rey Roboam subió Sisac rey de Egipto contra Jerusalén,

³ con mil doscientos carros, y con sesenta mil hombres de a caballo; mas el pueblo que venía con él de Egipto, esto es, de libios, suquienos y etíopes, no tenía número.

⁴ Y tomó las ciudades fortificadas de Judá, y llegó hasta Jerusalén.

⁵ Entonces vino el profeta Semaías a Roboam y a los príncipes de Judá, que estaban reunidos en Jerusalén por causa de Sisac, y les dijo: Así ha dicho Jehová: Vosotros me habéis dejado, y yo también os he dejado en manos de Sisac.

⁶ Y los príncipes de Israel y el rey se humillaron, y dijeron: Justo es Jehová.

⁷ Y cuando Jehová vio que se habían humillado, vino palabra de Jehová a Semaías, diciendo: Se han humillado; no los destruiré; antes los salvaré en breve, y no se derramará mi ira contra Jerusalén por mano de Sisac.

⁸ Pero serán sus siervos, para que sepan lo que es servirme a mí, y qué es servir a los reinos de las naciones.

⁹ Subió, pues, Sisac rey de Egipto a Jerusalén, y tomó los tesoros de la casa de Jehová, y los tesoros de la casa del rey; todo lo llevó, y tomó los escudos de oro que Salomón había hecho.

10 Y en lugar de ellos hizo el rey Roboam escudos de bronce, y los entregó a los jefes de la guardia, los cuales custodiaban la entrada de la casa del rey.

11 Cuando el rey iba a la casa de Jehová, venían los de la guardia y los llevaban, y después los volvían a la cámara de la guardia.

12 Y cuando él se humilló, la ira de Jehová se apartó de él, para no destruirlo del todo; y también en Judá las cosas fueron bien.

13 Fortalecido, pues, Roboam, reinó en Jerusalén; y era Roboam de cuarenta y un años cuando comenzó a reinar, y diecisiete reinó en Jerusalén, ciudad que escogió Jehová de todas las tribus de Israel para poner en ella su nombre. Y el nombre de la madre de Roboam fue Naama amonita.

14 E hizo lo malo, porque no dispuso su corazón para buscar a Jehová.

15 Las cosas de Roboam, primeras y postreras, ¿no están escritas en los libros del profeta Semaías y del vidente Iddo, en el registro de las familias? Y entre Roboam y Jeroboam hubo guerra constante.

16 Y durmió Roboam con sus padres, y fue sepultado en la ciudad de David; y reinó en su lugar Abías su hijo.

Reinado de Abías

13 ¹ A los dieciocho años del rey Jeroboam, reinó Abías sobre Judá,

² y reinó tres años en Jerusalén. El nombre de su madre

22 Rehoboam appointed Abijah son of Maacah to be the chief prince among his brothers, in order to make him king. 23 He acted wisely, dispersing some of his sons throughout the districts of Judah and Benjamin, and to all the fortified cities. He gave them abundant provisions and took many wives for them.

Shishak Attacks Jerusalem

12 After Rehoboam's position as king was established and he had become strong, he and all Israel ʷ with him abandoned the law of the LORD. ² Because they had been unfaithful to the LORD, Shishak king of Egypt attacked Jerusalem in the fifth year of King Rehoboam. ³ With twelve hundred chariots and sixty thousand horsemen and the innumerable troops of Libyans, Sukkites and Cushites ˣ that came with him from Egypt, ⁴ he captured the fortified cities of Judah and came as far as Jerusalem.

⁵ Then the prophet Shemaiah came to Rehoboam and to the leaders of Judah who had assembled in Jerusalem for fear of Shishak, and he said to them, "This is what the LORD says, 'You have abandoned me; therefore, I now abandon you to Shishak.' "

⁶ The leaders of Israel and the king humbled themselves and said, "The LORD is just."

⁷ When the LORD saw that they humbled themselves, this word of the LORD came to Shemaiah: "Since they have humbled themselves, I will not destroy them but will soon give them deliverance. My wrath will not be poured out on Jerusalem through Shishak. ⁸ They will, however, become subject to him, so that they may learn the difference between serving me and serving the kings of other lands."

⁹ When Shishak king of Egypt attacked Jerusalem, he carried off the treasures of the temple of the LORD and the treasures of the royal palace. He took everything, including the gold shields Solomon had made. 10 So King Rehoboam made bronze shields to replace them and assigned these to the commanders of the guard on duty at the entrance to the royal palace. 11 Whenever the king went to the LORD's temple, the guards went with him, bearing the shields, and afterward they returned them to the guardroom.

12 Because Rehoboam humbled himself, the LORD's anger turned from him, and he was not totally destroyed. Indeed, there was some good in Judah.

13 King Rehoboam established himself firmly in Jerusalem and continued as king. He was forty-one years old when he became king, and he reigned seventeen years in Jerusalem, the city the LORD had chosen out of all the tribes of Israel in which to put his Name. His mother's name was Naamah; she was an Ammonite. 14 He did evil because he had not set his heart on seeking the LORD.

15 As for the events of Rehoboam's reign, from beginning to end, are they not written in the records of Shemaiah the prophet and of Iddo the seer that deal with genealogies? There was continual warfare between Rehoboam and Jeroboam. 16 Rehoboam rested with his fathers and was buried in the City of David. And Abijah his son succeeded him as king.

Abijah King of Judah

13 In the eighteenth year of the reign of Jeroboam, Abijah became king of Judah, ² and he reigned

---

ʷ1 That is, Judah, as frequently in 2 Chronicles   ˣ3 That is, people from the upper Nile region

fue Micaías hija de Uriel de Gabaa. Y hubo guerra entre Abías y Jeroboam.

3 Entonces Abías ordenó batalla con un ejército de cuatrocientos mil hombres de guerra, valerosos y escogidos; y Jeroboam ordenó batalla contra él con ochocientos mil hombres escogidos, fuertes y valerosos.

4 Y se levantó Abías sobre el monte de Zemaraim, que está en los montes de Efraín, y dijo: Oídme, Jeroboam y todo Israel.

5 ¿No sabéis vosotros que Jehová Dios de Israel dio el reino a David sobre Israel para siempre, a él y a sus hijos, bajo pacto de sal?

6 Pero Jeroboam hijo de Nabat, siervo de Salomón hijo de David, se levantó y rebeló contra su señor.

7 Y se juntaron con él hombres vanos y perversos, y pudieron más que Roboam hijo de Salomón, porque Roboam era joven y pusilánime, y no se defendió de ellos.

8 Y ahora vosotros tratáis de resistir al reino de Jehová en mano de los hijos de David, porque sois muchos, y tenéis con vosotros los becerros de oro que Jeroboam os hizo por dioses.

9 ¿No habéis arrojado vosotros a los sacerdotes de Jehová, a los hijos de Aarón y a los levitas, y os habéis designado sacerdotes a la manera de los pueblos de otras tierras, para que cualquiera venga a consagrarse con un becerro y siete carneros, y así sea sacerdote de los que no son dioses?

10 Mas en cuanto a nosotros, Jehová es nuestro Dios, y no le hemos dejado; y los sacerdotes que ministran delante de Jehová son los hijos de Aarón, y los que están en la obra son levitas,

11 los cuales queman para Jehová los holocaustos cada mañana y cada tarde, y el incienso aromático; y ponen los panes sobre la mesa limpia, y el candelero de oro con sus lámparas para que ardan cada tarde; porque nosotros guardamos la ordenanza de Jehová nuestro Dios, mas vosotros le habéis dejado.

12 Y he aquí Dios está con nosotros por jefe, y sus sacerdotes con las trompetas del júbilo para que suenen contra vosotros. Oh hijos de Israel, no peleéis contra Jehová el Dios de vuestros padres, porque no prosperaréis.

13 Pero Jeroboam hizo tender una emboscada para venir a ellos por la espalda; y estando así delante de ellos, la emboscada estaba a espaldas de Judá.

14 Y cuando miró Judá, he aquí que tenía batalla por delante y a las espaldas; por lo que clamaron a Jehová, y los sacerdotes tocaron las trompetas.

15 Entonces los de Judá gritaron con fuerza; y así que ellos alzaron el grito, Dios desbarató a Jeroboam y a todo Israel delante de Abías y de Judá;

16 y huyeron los hijos de Israel delante de Judá, y Dios los entregó en sus manos.

17 Y Abías y su gente hicieron en ellos una gran matanza, y cayeron heridos de Israel quinientos mil hombres escogidos.

18 Así fueron humillados los hijos de Israel en aquel tiempo, y los hijos de Judá prevalecieron, porque se apoyaban en Jehová el Dios de sus padres.

19 Y siguió Abías a Jeroboam, y le tomó algunas ciudades, a Bet-el con sus aldeas, a Jesana con sus aldeas, y a Efraín con sus aldeas.

20 Y nunca más tuvo Jeroboam poder en los días de Abías; y Jehová lo hirió, y murió.

21 Pero Abías se hizo más poderoso. Tomó catorce mujeres, y engendró veintidós hijos y dieciséis hijas.

22 Los demás hechos de Abías, sus caminos y sus dichos, están escritos en la historia de Iddo profeta.

in Jerusalem three years. His mother's name was Maacah, *y* a daughter*z* of Uriel of Gibeah.

There was war between Abijah and Jeroboam. 3 Abijah went into battle with a force of four hundred thousand able fighting men, and Jeroboam drew up a battle line against him with eight hundred thousand able troops.

4 Abijah stood on Mount Zemaraim, in the hill country of Ephraim, and said, "Jeroboam and all Israel, listen to me! 5 Don't you know that the LORD, the God of Israel, has given the kingship of Israel to David and his descendants forever by a covenant of salt? 6 Yet Jeroboam son of Nebat, an official of Solomon son of David, rebelled against his master. 7 Some worthless scoundrels gathered around him and opposed Rehoboam son of Solomon when he was young and indecisive and not strong enough to resist them.

8 "And now you plan to resist the kingdom of the LORD, which is in the hands of David's descendants. You are indeed a vast army and have with you the golden calves that Jeroboam made to be your gods. 9 But didn't you drive out the priests of the LORD, the sons of Aaron, and the Levites, and make priests of your own as the peoples of other lands do? Whoever comes to consecrate himself with a young bull and seven rams may become a priest of what are not gods.

10 "As for us, the LORD is our God, and we have not forsaken him. The priests who serve the LORD are sons of Aaron, and the Levites assist them. 11 Every morning and evening they present burnt offerings and fragrant incense to the LORD. They set out the bread on the ceremonially clean table and light the lamps on the gold lampstand every evening. We are observing the requirements of the LORD our God. But you have forsaken him. 12 God is with us; he is our leader. His priests with their trumpets will sound the battle cry against you. Men of Israel, do not fight against the LORD, the God of your fathers, for you will not succeed."

13 Now Jeroboam had sent troops around to the rear, so that while he was in front of Judah the ambush was behind them. 14 Judah turned and saw that they were being attacked at both front and rear. Then they cried out to the LORD. The priests blew their trumpets 15 and the men of Judah raised the battle cry. At the sound of their battle cry, God routed Jeroboam and all Israel before Abijah and Judah. 16 The Israelites fled before Judah, and God delivered them into their hands. 17 Abijah and his men inflicted heavy losses on them, so that there were five hundred thousand casualties among Israel's able men. 18 The men of Israel were subdued on that occasion, and the men of Judah were victorious because they relied on the LORD, the God of their fathers.

19 Abijah pursued Jeroboam and took from him the towns of Bethel, Jeshanah and Ephron, with their surrounding villages. 20 Jeroboam did not regain power during the time of Abijah. And the LORD struck him down and he died.

21 But Abijah grew in strength. He married fourteen wives and had twenty-two sons and sixteen daughters.

22 The other events of Abijah's reign, what he did and what he said, are written in the annotations of the prophet Iddo.

*y*2 Most Septuagint manuscripts and Syriac (see also 2 Chron. 11:20 and 1 Kings 15:2); Hebrew *Micaiah* *z*2 Or *granddaughter*

Reinado de Asa

14 ¹ Durmió Abías con sus padres, y fue sepultado en la ciudad de David; y reinó en su lugar su hijo Asa, en cuyos días tuvo sosiego el país por diez años.

² E hizo Asa lo bueno y lo recto ante los ojos de Jehová su Dios.

³ Porque quitó los altares del culto extraño, y los lugares altos; quebró las imágenes, y destruyó los símbolos de Asera;

⁴ y mandó a Judá que buscase a Jehová el Dios de sus padres, y pusiese por obra la ley y sus mandamientos.

⁵ Quitó asimismo de todas las ciudades de Judá los lugares altos y las imágenes; y estuvo el reino en paz bajo su reinado.

⁶ Y edificó ciudades fortificadas en Judá, por cuanto había paz en la tierra, y no había guerra contra él en aquellos tiempos; porque Jehová le había dado paz.

⁷ Dijo, por tanto, a Judá: Edifiquemos estas ciudades, y cerquémoslas de muros con torres, puertas y barras, ya que la tierra es nuestra; porque hemos buscado a Jehová nuestro Dios; le hemos buscado, y él nos ha dado paz por todas partes. Edificaron, pues, y fueron prosperados.

⁸ Tuvo también Asa ejército que traía escudos y lanzas: de Judá trescientos mil, y de Benjamín doscientos ochenta mil que traían escudos y entesaban arcos, todos hombres diestros.

⁹ Y salió contra ellos Zera etíope con un ejército de un millón de hombres y trescientos carros; y vino hasta Maresa.

¹⁰ Entonces salió Asa contra él, y ordenaron la batalla en el valle de Sefata junto a Maresa.

¹¹ Y clamó Asa a Jehová su Dios, y dijo: ¡Oh Jehová, para ti no hay diferencia alguna en dar ayuda al poderoso o al que no tiene fuerzas! Ayúdanos, oh Jehová Dios nuestro, porque en ti nos apoyamos, y en tu nombre venimos contra este ejército. Oh Jehová, tú eres nuestro Dios; no prevalezca contra ti el hombre.

¹² Y Jehová deshizo a los etíopes delante de Asa y delante de Judá; y huyeron los etíopes.

¹³ Y Asa, y el pueblo que con él estaba, los persiguieron hasta Gerar; y cayeron los etíopes hasta no quedar en ellos aliento, porque fueron deshechos delante de Jehová y de su ejército. Y les tomaron muy grande botín.

¹⁴ Atacaron también todas las ciudades alrededor de Gerar, porque el terror de Jehová cayó sobre ellas; y saquearon todas las ciudades, porque había en ellas gran botín.

¹⁵ Asimismo atacaron las cabañas de los que tenían ganado, y se llevaron muchas ovejas y camellos, y volvieron a Jerusalén.

Reformas religiosas de Asa

15 ¹ Vino el Espíritu de Dios sobre Azarías hijo de Obed,

² y salió al encuentro de Asa, y le dijo: Oídme, Asa y todo Judá y Benjamín: Jehová estará con vosotros, si vosotros estuviereis con él; y si le buscareis, será hallado de vosotros; mas si le dejareis, él también os dejará.

³ Muchos días ha estado Israel sin verdadero Dios y sin sacerdote que enseñara, y sin ley;

⁴ pero cuando en su tribulación se convirtieron a Jehová Dios de Israel, y le buscaron, él fue hallado de ellos.

⁵ En aquellos tiempos no hubo paz, ni para el que entraba

Asa King of Judah

14 And Abijah rested with his fathers and was buried in the City of David. Asa his son succeeded him as king, and in his days the country was at peace for ten years.

² Asa did what was good and right in the eyes of the LORD his God. ³ He removed the foreign altars and the high places, smashed the sacred stones and cut down the Asherah poles.ᵃ ⁴ He commanded Judah to seek the LORD, the God of their fathers, and to obey his laws and commands. ⁵ He removed the high places and incense altars in every town in Judah, and the kingdom was at peace under him. ⁶ He built up the fortified cities of Judah, since the land was at peace. No one was at war with him during those years, for the LORD gave him rest.

⁷ "Let us build up these towns," he said to Judah, "and put walls around them, with towers, gates and bars. The land is still ours, because we have sought the LORD our God; we sought him and he has given us rest on every side." So they built and prospered.

⁸ Asa had an army of three hundred thousand men from Judah, equipped with large shields and with spears, and two hundred and eighty thousand from Benjamin, armed with small shields and with bows. All these were brave fighting men.

⁹ Zerah the Cushite marched out against them with a vast armyᵇ and three hundred chariots, and came as far as Mareshah. ¹⁰ Asa went out to meet him, and they took up battle positions in the Valley of Zephathah near Mareshah.

¹¹ Then Asa called to the LORD his God and said, "LORD, there is no one like you to help the powerless against the mighty. Help us, O LORD our God, for we rely on you, and in your name we have come against this vast army. O LORD, you are our God; do not let man prevail against you."

¹² The LORD struck down the Cushites before Asa and Judah. The Cushites fled, ¹³ and Asa and his army pursued them as far as Gerar. Such a great number of Cushites fell that they could not recover; they were crushed before the LORD and his forces. The men of Judah carried off a large amount of plunder. ¹⁴ They destroyed all the villages around Gerar, for the terror of the LORD had fallen upon them. They plundered all these villages, since there was much booty there. ¹⁵ They also attacked the camps of the herdsmen and carried off droves of sheep and goats and camels. Then they returned to Jerusalem.

Asa's Reform

15 The Spirit of God came upon Azariah son of Oded. ² He went out to meet Asa and said to him, "Listen to me, Asa and all Judah and Benjamin. The LORD is with you when you are with him. If you seek him, he will be found by you, but if you forsake him, he will forsake you. ³ For a long time Israel was without the true God, without a priest to teach and without the law. ⁴ But in their distress they turned to the LORD, the God of Israel, and sought him, and he was found by them. ⁵ In those days it was not safe to

---

ᵃ3 That is, symbols of the goddess Asherah; here and elsewhere in 2 Chronicles   ᵇ9 Hebrew *with an army of a thousand thousands* or *with an army of thousands upon thousands*

ni para el que salía, sino muchas aflicciones sobre todos los habitantes de las tierras. 6Y una gente destruía a otra, y una ciudad a otra ciudad; porque Dios los turbó con toda clase de calamidades. 7Pero esforzaos vosotros, y no desfallezcan vuestras manos, pues hay recompensa para vuestra obra.

8Cuando oyó Asa las palabras y la profecía del profeta Azarías hijo de Obed, cobró ánimo, y quitó los ídolos abominables de toda la tierra de Judá y de Benjamín, y de las ciudades que él había tomado en la parte montañosa de Efraín; y reparó el altar de Jehová que estaba delante del pórtico de Jehová.

9Después reunió a todo Judá y Benjamín, y con ellos los forasteros de Efraín, de Manasés y de Simeón; porque muchos de Israel se habían pasado a él, viendo que Jehová su Dios estaba con él.

10Se reunieron, pues, en Jerusalén, en el mes tercero del año decimoquinto del reinado de Asa.

11Y en aquel mismo día sacrificaron para Jehová, del botín que habían traído, setecientos bueyes y siete mil ovejas.

12Entonces prometieron solemnemente que buscarían a Jehová el Dios de sus padres, de todo su corazón y de toda su alma;

13y que cualquiera que no buscase a Jehová el Dios de Israel, muriese, grande o pequeño, hombre o mujer.

14Y juraron a Jehová con gran voz y júbilo, al son de trompetas y de bocinas.

15Todos los de Judá se alegraron de este juramento; porque de todo su corazón lo juraban, y de toda su voluntad lo buscaban, y fue hallado de ellos; y Jehová les dio paz por todas partes.

16Y aun a Maaca madre del rey Asa, él mismo la depuso de su dignidad, porque había hecho una imagen de Asera; y Asa destruyó la imagen, y la desmenuzó, y la quemó junto al torrente de Cedrón.

17Con todo esto, los lugares altos no eran quitados de Israel, aunque el corazón de Asa fue perfecto en todos sus días.

18Y trajo a la casa de Dios lo que su padre había dedicado, y lo que él había consagrado, plata, oro y utensilios.

19Y no hubo más guerra hasta los treinta y cinco años del reinado de Asa.

Alianza de Asa con Ben-adad

16 1En el año treinta y seis del reinado de Asa, subió Baasa rey de Israel contra Judá, y fortificó a Ramá, para no dejar salir ni entrar a ninguno al rey Asa, rey de Judá.

2Entonces sacó Asa la plata y el oro de los tesoros de la casa de Jehová y de la casa real, y envió a Ben-adad rey de Siria, que estaba en Damasco, diciendo:

3Haya alianza entre tú y yo, como la hubo entre tu padre y mi padre; he aquí yo te he enviado plata y oro, para que vengas y deshagas la alianza que tienes con Baasa rey de Israel, a fin de que se retire de mí.

4Y consintió Ben-adad con el rey Asa, y envió los capitanes de sus ejércitos contra las ciudades de Israel; y conquistaron Ijón, Dan, Abel-maim y las ciudades de aprovisionamiento de Neftalí.

5Oyendo esto Baasa, cesó de edificar a Ramá, y abandonó su obra.

travel about, for all the inhabitants of the lands were in great turmoil. 6One nation was being crushed by another and one city by another, because God was troubling them with every kind of distress. 7But as for you, be strong and do not give up, for your work will be rewarded."

8When Asa heard these words and the prophecy of Azariah son of^c Oded the prophet, he took courage. He removed the detestable idols from the whole land of Judah and Benjamin and from the towns he had captured in the hills of Ephraim. He repaired the altar of the LORD that was in front of the portico of the LORD's temple.

9Then he assembled all Judah and Benjamin and the people from Ephraim, Manasseh and Simeon who had settled among them, for large numbers had come over to him from Israel when they saw that the LORD his God was with him.

10They assembled at Jerusalem in the third month of the fifteenth year of Asa's reign. 11At that time they sacrificed to the LORD seven hundred head of cattle and seven thousand sheep and goats from the plunder they had brought back. 12They entered into a covenant to seek the LORD, the God of their fathers, with all their heart and soul. 13All who would not seek the LORD, the God of Israel, were to be put to death, whether small or great, man or woman. 14They took an oath to the LORD with loud acclamation, with shouting and with trumpets and horns. 15All Judah rejoiced about the oath because they had sworn it wholeheartedly. They sought God eagerly, and he was found by them. So the LORD gave them rest on every side.

16King Asa also deposed his grandmother Maacah from her position as queen mother, because she had made a repulsive Asherah pole. Asa cut the pole down, broke it up and burned it in the Kidron Valley. 17Although he did not remove the high places from Israel, Asa's heart was fully committed to the LORD all his life. 18He brought into the temple of God the silver and gold and the articles that he and his father had dedicated.

19There was no more war until the thirty-fifth year of Asa's reign.

Asa's Last Years

16 In the thirty-sixth year of Asa's reign Baasha king of Israel went up against Judah and fortified Ramah to prevent anyone from leaving or entering the territory of Asa king of Judah.

2Asa then took the silver and gold out of the treasuries of the LORD's temple and of his own palace and sent it to Ben-Hadad king of Aram, who was ruling in Damascus. 3"Let there be a treaty between me and you," he said, "as there was between my father and your father. See, I am sending you silver and gold. Now break your treaty with Baasha king of Israel so he will withdraw from me."

4Ben-Hadad agreed with King Asa and sent the commanders of his forces against the towns of Israel. They conquered Ijon, Dan, Abel Maim^d and all the store cities of Naphtali. 5When Baasha heard this, he stopped building Ramah and abandoned his work.

---

^{c}8 Vulgate and Syriac (see also Septuagint and verse 1); Hebrew does not have *Azariah son of*. ^{d}4 Also known as *Abel Beth Maacah*.

⁶Entonces el rey Asa tomó a todo Judá, y se llevaron de Ramá la piedra y la madera con que Baasa edificaba, y con ellas edificó a Geba y a Mizpa.

⁷En aquel tiempo vino el vidente Hanani a Asa rey de Judá, y le dijo: Por cuanto te has apoyado en el rey de Siria, y no te apoyaste en Jehová tu Dios, por eso el ejército del rey de Siria ha escapado de tus manos.

⁸Los etíopes y los libios, ¿no eran un ejército numerosísimo, con carros y mucha gente de a caballo? Con todo, porque te apoyaste en Jehová, él los entregó en tus manos.

⁹Porque los ojos de Jehová contemplan toda la tierra, para mostrar su poder a favor de los que tienen corazón perfecto para con él. Locamente has hecho en esto; porque de aquí en adelante habrá más guerra contra ti.

¹⁰Entonces se enojó Asa contra el vidente y lo echó en la cárcel, porque se encolerizó grandemente a causa de esto. Y oprimió Asa en aquel tiempo a algunos del pueblo.

Muerte de Asa

¹¹Mas he aquí los hechos de Asa, primeros y postreros, están escritos en el libro de los reyes de Judá y de Israel. ¹²En el año treinta y nueve de su reinado, Asa enfermó gravemente de los pies, y en su enfermedad no buscó a Jehová, sino a los médicos.

¹³Y durmió Asa con sus padres, y murió en el año cuarenta y uno de su reinado.

¹⁴Y lo sepultaron en los sepulcros que él había hecho para sí en la ciudad de David; y lo pusieron en un ataúd, el cual llenaron de perfumes y diversas especias aromáticas, preparadas por expertos perfumistas; e hicieron un gran fuego en su honor.

Reinado de Josafat

17 ¹Reinó en su lugar Josafat su hijo, el cual se hizo fuerte contra Israel. ²Puso ejércitos en todas las ciudades fortificadas de Judá, y colocó gente de guarnición en tierra de Judá, y asimismo en las ciudades de Efraín que su padre Asa había tomado.

³Y Jehová estuvo con Josafat, porque anduvo en los primeros caminos de David su padre, y no buscó a los baales, ⁴sino que buscó al Dios de su padre, y anduvo en sus mandamientos, y no según las obras de Israel.

⁵Jehová, por tanto, confirmó el reino en su mano, y todo Judá dio a Josafat presentes; y tuvo riquezas y gloria en abundancia.

⁶Y se animó su corazón en los caminos de Jehová, y quitó los lugares altos y las imágenes de Asera de en medio de Judá.

⁷Al tercer año de su reinado envió sus príncipes Ben-hail, Abdías; Zacarías, Natanael y Micaías, para que enseñasen en las ciudades de Judá;

⁸y con ellos a los levitas Semaías, Netanías, Zebadías, Asael, Semiramot, Jonatán, Adonías, Tobías y Tobadonías; y con ellos a los sacerdotes Elisama y Joram.

⁹Y enseñaron en Judá, teniendo consigo el libro de la ley de Jehová, y recorrieron todas las ciudades de Judá enseñando al pueblo.

¹⁰Y cayó el pavor de Jehová sobre todos los reinos de las tierras que estaban alrededor de Judá, y no osaron hacer guerra contra Josafat.

¹¹Y traían de los filisteos presentes a Josafat, y tributos de plata. Los árabes también le trajeron ganados, siete mil setecientos carneros y siete mil setecientos machos cabríos.

¹²Iba, pues, Josafat engrandeciéndose mucho; y edificó en Judá fortalezas y ciudades de aprovisionamiento.

⁶Then King Asa brought all the men of Judah, and they carried away from Ramah the stones and timber Baasha had been using. With them he built up Geba and Mizpah.

⁷At that time Hanani the seer came to Asa king of Judah and said to him: "Because you relied on the king of Aram and not on the LORD your God, the army of the king of Aram has escaped from your hand. ⁸Were not the Cushites*e* and Libyans a mighty army with great numbers of chariots and horsemen*f*? Yet when you relied on the LORD, he delivered them into your hand. ⁹For the eyes of the LORD range throughout the earth to strengthen those whose hearts are fully committed to him. You have done a foolish thing, and from now on you will be at war."

¹⁰Asa was angry with the seer because of this; he was so enraged that he put him in prison. At the same time Asa brutally oppressed some of the people.

¹¹The events of Asa's reign, from beginning to end, are written in the book of the kings of Judah and Israel. ¹²In the thirty-ninth year of his reign Asa was afflicted with a disease in his feet. Though his disease was severe, even in his illness he did not seek help from the LORD, but only from the physicians. ¹³Then in the forty-first year of his reign Asa died and rested with his fathers. ¹⁴They buried him in the tomb that he had cut out for himself in the City of David. They laid him on a bier covered with spices and various blended perfumes, and they made a huge fire in his honor.

Jehoshaphat King of Judah

17 Jehoshaphat his son succeeded him as king and strengthened himself against Israel. ²He stationed troops in all the fortified cities of Judah and put garrisons in Judah and in the towns of Ephraim that his father Asa had captured.

³The LORD was with Jehoshaphat because in his early years he walked in the ways his father David had followed. He did not consult the Baals ⁴but sought the God of his father and followed his commands rather than the practices of Israel. ⁵The LORD established the kingdom under his control; and all Judah brought gifts to Jehoshaphat, so that he had great wealth and honor. ⁶His heart was devoted to the ways of the LORD; furthermore, he removed the high places and the Asherah poles from Judah.

⁷In the third year of his reign he sent his officials Ben-Hail, Obadiah, Zechariah, Nethanel and Micaiah to teach in the towns of Judah. ⁸With them were certain Levites—Shemaiah, Nethaniah, Zebadiah, Asahel, Shemiramoth, Jehonathan, Adonijah, Tobijah and Tob-Adonijah—and the priests Elishama and Jehoram. ⁹They taught throughout Judah, taking with them the Book of the Law of the LORD; they went around to all the towns of Judah and taught the people.

¹⁰The fear of the LORD fell on all the kingdoms of the lands surrounding Judah, so that they did not make war with Jehoshaphat. ¹¹Some Philistines brought Jehoshaphat gifts and silver as tribute, and the Arabs brought him flocks: seven thousand seven hundred rams and seven thousand seven hundred goats.

¹²Jehoshaphat became more and more powerful; he

---

e8 That is, people from the upper Nile region   *f8* Or *charioteers*

13 Tuvo muchas provisiones en las ciudades de Judá, y hombres de guerra muy valientes en Jerusalén.

14 Y este es el número de ellos según sus casas paternas: de los jefes de los millares de Judá, el general Adnas, y con él trescientos mil hombres muy esforzados.

15 Después de él, el jefe Johanán, y con él doscientos ochenta mil.

16 Tras éste, Amasías hijo de Zicri, el cual se había ofrecido voluntariamente a Jehová, y con él doscientos mil hombres valientes.

17 De Benjamín, Eliada, hombre muy valeroso, y con él doscientos mil armados de arco y escudo.

18 Tras éste, Jozabad, y con él ciento ochenta mil dispuestos para la guerra.

19 Estos eran siervos del rey, sin los que el rey había puesto en las ciudades fortificadas en todo Judá.

Micaías profetiza la derrota de Acab

18 1 Tenía, pues, Josafat riquezas y gloria en abundancia; y contrajo parentesco con Acab.

2 Y después de algunos años descendió a Samaria para visitar a Acab; por lo que Acab mató muchas ovejas y bueyes para él y para la gente que con él venía, y le persuadió que fuese con él contra Ramot de Galaad.

3 Y dijo Acab rey de Israel a Josafat rey de Judá: ¿Quieres venir conmigo contra Ramot de Galaad? Y él respondió: Yo soy como tú, y mi pueblo como tu pueblo; iremos contigo a la guerra.

4 Además dijo Josafat al rey de Israel: Te ruego que consultes hoy la palabra de Jehová.

5 Entonces el rey de Israel reunió a cuatrocientos profetas, y les preguntó: ¿Iremos a la guerra contra Ramot de Galaad, o me estaré quieto? Y ellos dijeron: Sube, porque Dios los entregará en mano del rey.

6 Pero Josafat dijo: ¿Hay aún aquí algún profeta de Jehová, para que por medio de él preguntemos?

7 El rey de Israel respondió a Josafat: Aún hay aquí un hombre por el cual podemos preguntar a Jehová; mas yo le aborrezco, porque nunca me profetiza cosa buena, sino siempre mal. Este es Micaías hijo de Imla. Y respondió Josafat: No hable así el rey.

8 Entonces el rey de Israel llamó a un oficial, y le dijo: Haz venir luego a Micaías hijo de Imla.

9 Y el rey de Israel y Josafat rey de Judá estaban sentados cada uno en su trono, vestidos con sus ropas reales, en la plaza junto a la entrada de la puerta de Samaria, y todos los profetas profetizaban delante de ellos.

10 Y Sedequías hijo de Quenaana se había hecho cuernos de hierro, y decía: Así ha dicho Jehová: Con estos acornearás a los sirios hasta destruirlos por completo.

11 De esta manera profetizaban también todos los profetas, diciendo: Sube contra Ramot de Galaad, y serás prosperado; porque Jehová la entregará en mano del rey.

12 Y el mensajero que había ido a llamar a Micaías, le habló diciendo: He aquí las palabras de los profetas a una voz anuncian al rey cosas buenas; yo, pues, te ruego que tu palabra sea como la de uno de ellos, que hables bien.

13 Dijo Micaías: Vive Jehová, que lo que mi Dios me dijere, eso hablaré. Y vino al rey.

built forts and store cities in Judah 13 and had large supplies in the towns of Judah. He also kept experienced fighting men in Jerusalem. 14 Their enrollment by families was as follows:

From Judah, commanders of units of 1,000:
Adnah the commander, with 300,000 fighting men;
15 next, Jehohanan the commander, with 280,000;
16 next, Amasiah son of Zicri, who volunteered himself for the service of the Lord, with 200,000.
17 From Benjamin:
Eliada, a valiant soldier, with 200,000 men armed with bows and shields;
18 next, Jehozabad, with 180,000 men armed for battle.

19 These were the men who served the king, besides those he stationed in the fortified cities throughout Judah.

Micaiah Prophesies Against Ahab

18 Now Jehoshaphat had great wealth and honor, and he allied himself with Ahab by marriage. 2 Some years later he went down to visit Ahab in Samaria. Ahab slaughtered many sheep and cattle for him and the people with him and urged him to attack Ramoth Gilead. 3 Ahab king of Israel asked Jehoshaphat king of Judah, "Will you go with me against Ramoth Gilead?"

Jehoshaphat replied, "I am as you are, and my people as your people; we will join you in the war." 4 But Jehoshaphat also said to the king of Israel, "First seek the counsel of the Lord."

5 So the king of Israel brought together the prophets—four hundred men—and asked them, "Shall we go to war against Ramoth Gilead, or shall I refrain?"

"Go," they answered, "for God will give it into the king's hand."

6 But Jehoshaphat asked, "Is there not a prophet of the Lord here whom we can inquire of?"

7 The king of Israel answered Jehoshaphat, "There is still one man through whom we can inquire of the Lord, but I hate him because he never prophesies anything good about me, but always bad. He is Micaiah son of Imlah."

"The king should not say that," Jehoshaphat replied.

8 So the king of Israel called one of his officials and said, "Bring Micaiah son of Imlah at once."

9 Dressed in their royal robes, the king of Israel and Jehoshaphat king of Judah were sitting on their thrones at the threshing floor by the entrance to the gate of Samaria, with all the prophets prophesying before them. 10 Now Zedekiah son of Kenaanah had made iron horns, and he declared, "This is what the Lord says: 'With these you will gore the Arameans until they are destroyed.' "

11 All the other prophets were prophesying the same thing. "Attack Ramoth Gilead and be victorious," they said, "for the Lord will give it into the king's hand."

12 The messenger who had gone to summon Micaiah said to him, "Look, as one man the other prophets are predicting success for the king. Let your word agree with theirs, and speak favorably."

13 But Micaiah said, "As surely as the Lord lives, I can tell him only what my God says."

14Y el rey le dijo: Micaías, ¿iremos a pelear contra Ramot de Galaad, o me estaré quieto? El respondió: Subid, y seréis prosperados, pues serán entregados en vuestras manos.

15El rey le dijo: ¿Hasta cuántas veces te conjuraré por el nombre de Jehová que no me hables sino la verdad?

16Entonces Micaías dijo: He visto a todo Israel derramado por los montes como ovejas sin pastor; y dijo Jehová: Estos no tienen señor; vuélvase cada uno en paz a su casa.

17Y el rey de Israel dijo a Josafat: ¿No te había yo dicho que no me profetizaría bien, sino mal?

18Entonces él dijo: Oíd, pues, palabra de Jehová: Yo he visto a Jehová sentado en su trono, y todo el ejército de los cielos estaba a su mano derecha y a su izquierda.

19Y Jehová preguntó: ¿Quién inducirá a Acab rey de Israel, para que suba y caiga en Ramot de Galaad? Y uno decía así, y otro decía de otra manera.

20Entonces salió un espíritu que se puso delante de Jehová y dijo: Yo le induciré. Y Jehová le dijo: ¿De qué modo?

21Y él dijo: Saldré y seré espíritu de mentira en la boca de todos sus profetas. Y Jehová dijo: Tú le inducirás, y lo lograrás; anda y hazlo así.

22Y ahora, he aquí Jehová ha puesto espíritu de mentira en la boca de estos tus profetas; pues Jehová ha hablado el mal contra ti.

23Entonces Sedequías hijo de Quenaana se le acercó y golpeó a Micaías en la mejilla, y dijo: ¿Por qué camino se fue de mí el Espíritu de Jehová para hablarte a ti?

24Y Micaías respondió: He aquí tú lo verás aquel día, cuando entres de cámara en cámara para esconderte.

25Entonces el rey de Israel dijo: Tomad a Micaías, y llevadlo a Amón gobernador de la ciudad, y a Joás hijo del rey, 26y decidles: El rey ha dicho así: Poned a éste en la cárcel, y sustentadle con pan de aflicción y agua de angustia, hasta que yo vuelva en paz.

27Y Micaías dijo: Si tú volvieres en paz, Jehová no ha hablado por mí. Dijo además: Oíd, pueblos todos.

28Subieron, pues, el rey de Israel, y Josafat rey de Judá, a Ramot de Galaad.

29Y dijo el rey de Israel a Josafat: Yo me disfrazaré para entrar en la batalla, pero tú vístete tus ropas reales. Y se disfrazó el rey de Israel, y entró en la batalla.

30Había el rey de Siria mandado a los capitanes de los carros que tenía consigo, diciendo: No peleéis con chico ni con grande, sino sólo con el rey de Israel.

31Cuando los capitanes de los carros vieron a Josafat, dijeron: Este es el rey de Israel. Y lo rodearon para pelear; mas Josafat clamó, y Jehová lo ayudó, y los apartó Dios de él;

32pues viendo los capitanes de los carros que no era el rey de Israel, desistieron de acosarle.

33Mas disparando uno el arco a la ventura, hirió al rey de Israel entre las junturas y el coselete. El entonces dijo al cochero: Vuelve las riendas, y sácame del campo, porque estoy mal herido.

14When he arrived, the king asked him, "Micaiah, shall we go to war against Ramoth Gilead, or shall I refrain?"

"Attack and be victorious," he answered, "for they will be given into your hand."

15The king said to him, "How many times must I make you swear to tell me nothing but the truth in the name of the LORD?"

16Then Micaiah answered, "I saw all Israel scattered on the hills like sheep without a shepherd, and the LORD said, 'These people have no master. Let each one go home in peace.'"

17The king of Israel said to Jehoshaphat, "Didn't I tell you that he never prophesies anything good about me, but only bad?"

18Micaiah continued, "Therefore hear the word of the LORD: I saw the LORD sitting on his throne with all the host of heaven standing on his right and on his left. 19And the LORD said, 'Who will entice Ahab king of Israel into attacking Ramoth Gilead and going to his death there?'

"One suggested this, and another that. 20Finally, a spirit came forward, stood before the LORD and said, 'I will entice him.'

" 'By what means?' the LORD asked.

21" 'I will go and be a lying spirit in the mouths of all his prophets,' he said.

" 'You will succeed in enticing him,' said the LORD. 'Go and do it.'

22"So now the LORD has put a lying spirit in the mouths of these prophets of yours. The LORD has decreed disaster for you."

23Then Zedekiah son of Kenaanah went up and slapped Micaiah in the face. "Which way did the spirit from*g* the LORD go when he went from me to speak to you?" he asked.

24Micaiah replied, "You will find out on the day you go to hide in an inner room."

25The king of Israel then ordered, "Take Micaiah and send him back to Amon the ruler of the city and to Joash the king's son, 26and say, 'This is what the king says: Put this fellow in prison and give him nothing but bread and water until I return safely.' "

27Micaiah declared, "If you ever return safely, the LORD has not spoken through me." Then he added, "Mark my words, all you people!"

Ahab Killed at Ramoth Gilead

28So the king of Israel and Jehoshaphat king of Judah went up to Ramoth Gilead. 29The king of Israel said to Jehoshaphat, "I will enter the battle in disguise, but you wear your royal robes." So the king of Israel disguised himself and went into battle.

30Now the king of Aram had ordered his chariot commanders, "Do not fight with anyone, small or great, except the king of Israel." 31When the chariot commanders saw Jehoshaphat, they thought, "This is the king of Israel." So they turned to attack him, but Jehoshaphat cried out, and the LORD helped him. God drew them away from him, 32for when the chariot commanders saw that he was not the king of Israel, they stopped pursuing him.

33But someone drew his bow at random and hit the king of Israel between the sections of his armor. The king told the chariot driver, "Wheel around and get me

34Y arreció la batalla aquel día, por lo que estuvo el rey de Israel en pie en el carro enfrente de los sirios hasta la tarde; y murió al ponerse el sol.

El profeta Jehú amonesta a Josafat

19 1Josafat rey de Judá volvió en paz a su casa en Jerusalén.

2Y le salió al encuentro el vidente Jehú hijo de Hanani, y dijo al rey Josafat: ¿Al impío das ayuda, y amas a los que aborrecen a Jehová? Pues ha salido de la presencia de Jehová ira contra ti por esto.

3Pero se han hallado en ti buenas cosas, por cuanto has quitado de la tierra las imágenes de Asera, y has dispuesto tu corazón para buscar a Dios.

Josafat nombra jueces

4Habitó, pues, Josafat en Jerusalén; pero daba vuelta y salía al pueblo, desde Beerseba hasta el monte de Efraín, y los conducía a Jehová el Dios de sus padres.

5Y puso jueces en todas las ciudades fortificadas de Judá, por todos los lugares.

6Y dijo a los jueces: Mirad lo que hacéis; porque no juzgáis en lugar de hombre, sino en lugar de Jehová, el cual está con vosotros cuando juzgáis.

7Sea, pues, con vosotros el temor de Jehová; mirad lo que hacéis, porque con Jehová nuestro Dios no hay injusticia, ni acepción de personas, ni admisión de cohecho.

8Puso también Josafat en Jerusalén a algunos de los levitas y sacerdotes, y de los padres de familias de Israel, para el juicio de Jehová y para las causas. Y volvieron a Jerusalén.

9Y les mandó diciendo: Procederéis asimismo con temor de Jehová, con verdad y con corazón íntegro.

10En cualquier causa que viniere a vosotros de vuestros hermanos que habitan en las ciudades, en causas de sangre, entre ley y precepto, estatutos y decretos, les amonestaréis que no pequen contra Jehová, para que no venga ira sobre vosotros y sobre vuestros hermanos. Haciendo así, no pecaréis.

11Y he aquí, el sacerdote Amarías será el que os presida en todo asunto de Jehová, y Zebadías hijo de Ismael, príncipe de la casa de Judá, en todos los negocios del rey; también los levitas serán oficiales en presencia de vosotros. Esforzaos, pues, para hacerlo, y Jehová estará con el bueno.

Victoria sobre Moab y Amón

20 1Pasadas estas cosas, aconteció que los hijos de Moab y de Amón, y con ellos otros de los amonitas, vinieron contra Josafat a la guerra.

2Y acudieron algunos y dieron aviso a Josafat, diciendo: Contra ti viene una gran multitud del otro lado del mar, y de Siria; y he aquí están en Hazezon-tamar, que es En-gadi.

3Entonces él tuvo temor; y Josafat humilló su rostro para consultar a Jehová, e hizo pregonar ayuno a todo Judá.

4Y se reunieron los de Judá para pedir socorro a Jehová; y también de todas las ciudades de Judá vinieron a pedir ayuda a Jehová.

5Entonces Josafat se puso en pie en la asamblea de Judá y de Jerusalén, en la casa de Jehová, delante del atrio nuevo;

out of the fighting. I've been wounded." 34All day long the battle raged, and the king of Israel propped himself up in his chariot facing the Arameans until evening. Then at sunset he died.

19 When Jehoshaphat king of Judah returned safely to his palace in Jerusalem, 2Jehu the seer, the son of Hanani, went out to meet him and said to the king, "Should you help the wicked and love h those who hate the LORD? Because of this, the wrath of the LORD is upon you. 3There is, however, some good in you, for you have rid the land of the Asherah poles and have set your heart on seeking God."

Jehoshaphat Appoints Judges

4Jehoshaphat lived in Jerusalem, and he went out again among the people from Beersheba to the hill country of Ephraim and turned them back to the LORD, the God of their fathers. 5He appointed judges in the land, in each of the fortified cities of Judah. 6He told them, "Consider carefully what you do, because you are not judging for man but for the LORD, who is with you whenever you give a verdict. 7Now let the fear of the LORD be upon you. Judge carefully, for with the LORD our God there is no injustice or partiality or bribery."

8In Jerusalem also, Jehoshaphat appointed some of the Levites, priests and heads of Israelite families to administer the law of the LORD and to settle disputes. And they lived in Jerusalem. 9He gave them these orders: "You must serve faithfully and wholeheartedly in the fear of the LORD. 10In every case that comes before you from your fellow countrymen who live in the cities—whether bloodshed or other concerns of the law, commands, decrees or ordinances—you are to warn them not to sin against the LORD; otherwise his wrath will come on you and your brothers. Do this, and you will not sin.

11"Amariah the chief priest will be over you in any matter concerning the LORD, and Zebadiah son of Ishmael, the leader of the tribe of Judah, will be over you in any matter concerning the king, and the Levites will serve as officials before you. Act with courage, and may the LORD be with those who do well."

Jehoshaphat Defeats Moab and Ammon

20 After this, the Moabites and Ammonites with some of the Meunites i came to make war on Jehoshaphat.

2Some men came and told Jehoshaphat, "A vast army is coming against you from Edom, j from the other side of the Sea). k It is already in Hazazon Tamar" (that is, En Gedi). 3Alarmed, Jehoshaphat resolved to inquire of the LORD, and he proclaimed a fast for all Judah. 4The people of Judah came together to seek help from the LORD; indeed, they came from every town in Judah to seek him.

5Then Jehoshaphat stood up in the assembly of Judah and Jerusalem at the temple of the LORD in the front of the new courtyard 6and said:

h2 Or and make alliances with   i1 Some Septuagint manuscripts; Hebrew Ammonites   j2 One Hebrew manuscript; most Hebrew manuscripts, Septuagint and Vulgate Aram   k2 That is, the Dead Sea

6 y dijo: Jehová Dios de nuestros padres, ¿no eres tú Dios en los cielos, y tienes dominio sobre todos los reinos de las naciones? ¿No está en tu mano tal fuerza y poder, que no hay quien te resista?

7 Dios nuestro, ¿no echaste tú los moradores de esta tierra delante de tu pueblo Israel, y la diste a la descendencia de Abraham tu amigo para siempre?

8 Y ellos han habitado en ella, y te han edificado en ella santuario a tu nombre, diciendo:

9 Si mal viniere sobre nosotros, o espada de castigo, o pestilencia, o hambre, nos presentaremos delante de esta casa, y delante de ti (porque tu nombre está en esta casa), y a causa de nuestras tribulaciones clamaremos a ti, y tú nos oirás y salvarás.

10 Ahora, pues, he aquí los hijos de Amón y de Moab, y los del monte de Seir, a cuya tierra no quisiste que pasase Israel cuando venía de la tierra de Egipto, sino que se apartase de ellos, y no los destruyese;

11 he aquí ellos nos dan el pago viniendo a arrojarnos de la heredad que tú nos diste en posesión.

12 ¡Oh Dios nuestro! ¿no los juzgarás tú? Porque en nosotros no hay fuerza contra tan grande multitud que viene contra nosotros; no sabemos qué hacer, y a ti volvemos nuestros ojos.

13 Y todo Judá estaba en pie delante de Jehová, con sus niños y sus mujeres y sus hijos.

14 Y estaba allí Jahaziel hijo de Zacarías, hijo de Benaía, hijo de Jeiel, hijo de Matanías, levita de los hijos de Asaf, sobre el cual vino el Espíritu de Jehová en medio de la reunión;

15 y dijo: Oíd, Judá todo, y vosotros moradores de Jerusalén, y tú, rey Josafat. Jehová os dice así: No temáis ni os amedrentéis delante de esta multitud tan grande, porque no es vuestra la guerra, sino de Dios.

16 Mañana descenderéis contra ellos; he aquí que ellos subirán por la cuesta de Sis, y los hallaréis junto al arroyo, antes del desierto de Jeruel.

17 No habrá para qué peleéis vosotros en este caso; paraos, estad quietos, y ved la salvación de Jehová con vosotros. Oh Judá y Jerusalén, no temáis ni desmayéis; salid mañana contra ellos, porque Jehová estará con vosotros.

18 Entonces Josafat se inclinó rostro a tierra, y asimismo todo Judá y los moradores de Jerusalén se postraron delante de Jehová, y adoraron a Jehová.

19 Y se levantaron los levitas de los hijos de Coat y de los hijos de Coré, para alabar a Jehová el Dios de Israel con fuerte y alta voz.

20 Y cuando se levantaron por la mañana, salieron al desierto de Tecoa. Y mientras ellos salían, Josafat, estando en pie, dijo: Oídme, Judá y moradores de Jerusalén. Creed en Jehová vuestro Dios, y estaréis seguros; creed a sus profetas, y seréis prosperados.

21 Y habido consejo con el pueblo, puso a algunos que cantasen y alabasen a Jehová, vestidos de ornamentos sagrados, mientras salía la gente armada, y que dijesen: Glorificad a Jehová, porque su misericordia es para siempre.

22 Y cuando comenzaron a entonar cantos de alabanza, Jehová puso contra los hijos de Amón, de Moab y del monte de Seir, las emboscadas de ellos mismos que venían contra Judá, y se mataron los unos a los otros.

23 Porque los hijos de Amón y Moab se levantaron contra los del monte de Seir para matarlos y destruirlos; y cuando hubieron acabado con los del monte de Seir, cada cual ayudó a la destrucción de su compañero.

"O Lord, God of our fathers, are you not the God who is in heaven? You rule over all the kingdoms of the nations. Power and might are in your hand, and no one can withstand you. 7O our God, did you not drive out the inhabitants of this land before your people Israel and give it forever to the descendants of Abraham your friend? 8They have lived in it and have built in it a sanctuary for your Name, saying, 9'If calamity comes upon us, whether the sword of judgment, or plague or famine, we will stand in your presence before this temple that bears your Name and will cry out to you in our distress, and you will hear us and save us.'

10"But now here are men from Ammon, Moab and Mount Seir, whose territory you would not allow Israel to invade when they came from Egypt; so they turned away from them and did not destroy them. 11See how they are repaying us by coming to drive us out of the possession you gave us as an inheritance. 12O our God, will you not judge them? For we have no power to face this vast army that is attacking us. We do not know what to do, but our eyes are upon you."

13All the men of Judah, with their wives and children and little ones, stood there before the Lord. 14Then the Spirit of the Lord came upon Jahaziel son of Zechariah, the son of Benaiah, the son of Jeiel, the son of Mattaniah, a Levite and descendant of Asaph, as he stood in the assembly.

15He said: "Listen, King Jehoshaphat and all who live in Judah and Jerusalem! This is what the Lord says to you: 'Do not be afraid or discouraged because of this vast army. For the battle is not yours, but God's. 16Tomorrow march down against them. They will be climbing up by the Pass of Ziz, and you will find them at the end of the gorge in the Desert of Jeruel. 17You will not have to fight this battle. Take up your positions; stand firm and see the deliverance the Lord will give you, O Judah and Jerusalem. Do not be afraid; do not be discouraged. Go out to face them tomorrow, and the Lord will be with you.' "

18Jehoshaphat bowed with his face to the ground, and all the people of Judah and Jerusalem fell down in worship before the Lord. 19Then some Levites from the Kohathites and Korahites stood up and praised the Lord, the God of Israel, with very loud voice.

20Early in the morning they left for the Desert of Tekoa. As they set out, Jehoshaphat stood and said, "Listen to me, Judah and people of Jerusalem! Have faith in the Lord your God and you will be upheld; have faith in his prophets and you will be successful." 21After consulting the people, Jehoshaphat appointed men to sing to the Lord and to praise him for the splendor of his *l* holiness as they went out at the head of the army, saying:

"Give thanks to the Lord,
   for his love endures forever."

22As they began to sing and praise, the Lord set ambushes against the men of Ammon and Moab and Mount Seir who were invading Judah, and they were defeated. 23The men of Ammon and Moab rose up against the men from Mount Seir to destroy and annihilate them. After they finished slaughtering the men from Seir, they helped to destroy one another.

l21 Or him with the splendor of

24 Y luego que vino Judá a la torre del desierto, miraron hacia la multitud, y he aquí yacían ellos en tierra muertos, pues ninguno había escapado.

25 Viniendo entonces Josafat y su pueblo a despojarlos, hallaron entre los cadáveres muchas riquezas, así vestidos como alhajas preciosas, que tomaron para sí, tantos, que no los podían llevar; tres días estuvieron recogiendo el botín, porque era mucho.

26 Y al cuarto día se juntaron en el valle de Beraca; porque allí bendijeron a Jehová, y por esto llamaron el nombre de aquel paraje el valle de Beraca, a hasta hoy.

27 Y todo Judá y los de Jerusalén, y Josafat a la cabeza de ellos, volvieron para regresar a Jerusalén gozosos, porque Jehová les había dado gozo librándolos de sus enemigos.

28 Y vinieron a Jerusalén con salterios, arpas y trompetas, a la casa de Jehová.

29 Y el pavor de Dios cayó sobre todos los reinos de aquella tierra, cuando oyeron que Jehová había peleado contra los enemigos de Israel,

30 Y el reino de Josafat tuvo paz, porque su Dios le dio paz por todas partes.

Resumen del reinado de Josafat

31 Así reinó Josafat sobre Judá; de treinta y cinco años era cuando comenzó a reinar, y reinó veinticinco años en Jerusalén. El nombre de su madre fue Azuba, hija de Silhi.

32 Y anduvo en el camino de Asa su padre, sin apartarse de él, haciendo lo recto ante los ojos de Jehová.

33 Con todo eso, los lugares altos no fueron quitados; pues el pueblo aún no había enderezado su corazón al Dios de sus padres.

34 Los demás hechos de Josafat, primeros y postreros, he aquí están escritos en las palabras de Jehú hijo de Hanani, del cual se hace mención en el libro de los reyes de Israel.

35 Pasadas estas cosas, Josafat rey de Judá trabó amistad con Ocozías rey de Israel, el cual era dado a la impiedad,

36 e hizo con él compañía para construir naves que fuesen a Tarsis; y construyeron las naves en Ezión-geber.

37 Entonces Eliezer hijo de Dodava, de Maresa, profetizó contra Josafat, diciendo: Por cuanto has hecho compañía con Ocozías, Jehová destruirá tus obras. Y las naves se rompieron, y no pudieron ir a Tarsis.

Reinado de Joram de Judá

21 1 Durmió Josafat con sus padres, y lo sepultaron con sus padres en la ciudad de David. Y reinó en su lugar Joram su hijo,

2 quien tuvo por hermanos, hijos de Josafat, a Azarías, Jehiel, Zacarías, Azarías, Micael, y Sefatías. Todos estos fueron hijos de Josafat rey de Judá.

3 Y su padre les había dado muchos regalos de oro y de plata, y cosas preciosas, y ciudades fortificadas en Judá; pero había dado el reino a Joram, porque él era el primogénito.

4 Fue elevado, pues, Joram al reino de su padre; y luego que se hizo fuerte, mató a espada a todos sus hermanos, y también a algunos de los príncipes de Israel.

5 Cuando comenzó a reinar era de treinta y dos años, y reinó ocho años en Jerusalén.

24 When the men of Judah came to the place that overlooks the desert and looked toward the vast army, they saw only dead bodies lying on the ground; no one had escaped. 25 So Jehoshaphat and his men went to carry off their plunder, and they found among them a great amount of equipment and clothing m and also articles of value—more than they could take away. There was so much plunder that it took three days to collect it. 26 On the fourth day they assembled in the Valley of Beracah, where they praised the LORD. This is why it is called the Valley of Beracah n to this day.

27 Then, led by Jehoshaphat, all the men of Judah and Jerusalem returned joyfully to Jerusalem, for the LORD had given them cause to rejoice over their enemies. 28 They entered Jerusalem and went to the temple of the LORD with harps and lutes and trumpets.

29 The fear of God came upon all the kingdoms of the countries when they heard how the LORD had fought against the enemies of Israel. 30 And the kingdom of Jehoshaphat was at peace, for his God had given him rest on every side.

The End of Jehoshaphat's Reign

31 So Jehoshaphat reigned over Judah. He was thirty-five years old when he became king of Judah, and he reigned in Jerusalem twenty-five years. His mother's name was Azubah daughter of Shilhi. 32 He walked in the ways of his father Asa and did not stray from them; he did what was right in the eyes of the LORD. 33 The high places, however, were not removed, and the people still had not set their hearts on the God of their fathers.

34 The other events of Jehoshaphat's reign, from beginning to end, are written in the annals of Jehu son of Hanani, which are recorded in the book of the kings of Israel.

35 Later, Jehoshaphat king of Judah made an alliance with Ahaziah king of Israel, who was guilty of wickedness. 36 He agreed with him to construct a fleet of trading ships. o After these were built at Ezion Geber, 37 Eliezer son of Dodavahu of Mareshah prophesied against Jehoshaphat, saying, "Because you have made an alliance with Ahaziah, the LORD will destroy what you have made." The ships were wrecked and were not able to set sail to trade. p

Jehoram King of Judah

21 Then Jehoshaphat rested with his fathers and was buried with them in the City of David. And Jehoram his son succeeded him as king. 2 Jehoram's brothers, the sons of Jehoshaphat, were Azariah, Jehiel, Zechariah, Azariahu, Michael and Shephatiah. All these were sons of Jehoshaphat king of Israel. q 3 Their father had given them many gifts of silver and gold and articles of value, as well as fortified cities in Judah, but he had given the kingdom to Jehoram because he was his firstborn son.

4 When Jehoram established himself firmly over his father's kingdom, he put all his brothers to the sword along with some of the princes of Israel. 5 Jehoram was thirty-two years old when he became king, and he reigned in Jerusalem eight years. 6 He walked in the

a Esto es, Bendición.

6 Y anduvo en el camino de los reyes de Israel, como hizo la casa de Acab; porque tenía por mujer a la hija de Acab, e hizo lo malo ante los ojos de Jehová.

7 Mas Jehová no quiso destruir la casa de David, a causa del pacto que había hecho con David, y porque le había dicho que le daría lámpara a él y a sus hijos perpetuamente.

8 En los días de éste se rebeló Edom contra el dominio de Judá, y pusieron rey sobre sí.

9 Entonces pasó Joram con sus príncipes, y todos sus carros; y se levantó de noche, y derrotó a los edomitas que le habían sitiado, y a todos los comandantes de sus carros.

10 No obstante, Edom se libertó del dominio de Judá, hasta hoy. También en el mismo tiempo Libna se libertó de su dominio, por cuanto él había dejado a Jehová el Dios de sus padres.

11 Además de esto, hizo lugares altos en los montes de Judá, e hizo que los moradores de Jerusalén fornicasen tras ellos, y a ello impelió a Judá.

12 Y le llegó una carta del profeta Elías, que decía: Jehová el Dios de David tu padre ha dicho así: Por cuanto no has andado en los caminos de Josafat tu padre, ni en los caminos de Asa rey de Judá,

13 sino que has andado en el camino de los reyes de Israel, y has hecho que fornicase Judá y los moradores de Jerusalén, como fornicó la casa de Acab; y además has dado muerte a tus hermanos, a la familia de tu padre, los cuales eran mejores que tú;

14 he aquí Jehová herirá a tu pueblo de una gran plaga, y a tus hijos y a tus mujeres, y a todo cuanto tienes;

15 y a ti con muchas enfermedades, con enfermedad de tus intestinos, hasta que se te salgan a causa de tu persistente enfermedad.

16 Entonces Jehová despertó contra Joram la ira de los filisteos y de los árabes que estaban junto a los etíopes;

17 y subieron contra Judá, e invadieron la tierra, y tomaron todos los bienes que hallaron en la casa del rey, y a sus hijos y a sus mujeres; y no le quedó más hijo sino solamente Joacaz el menor de sus hijos.

18 Después de todo esto, Jehová lo hirió con una enfermedad incurable en los intestinos.

19 Y aconteció que al pasar muchos días, al fin, al cabo de dos años, los intestinos se le salieron por la enfermedad, muriendo así de enfermedad muy penosa. Y no encendieron fuego en su honor, como lo habían hecho con sus padres.

20 Cuando comenzó a reinar era de treinta y dos años, y reinó en Jerusalén ocho años; y murió sin que lo desearan más. Y lo sepultaron en la ciudad de David, pero no en los sepulcros de los reyes.

Reinado de Ocozías de Judá

22 1 Los habitantes de Jerusalén hicieron rey en lugar de Joram a Ocozías su hijo menor; porque una banda armada que había venido con los árabes al campamento, había matado a todos los mayores, por lo cual reinó Ocozías, hijo de Joram rey de Judá.

2 Cuando Ocozías comenzó a reinar era de cuarenta y dos años, y reinó un año en Jerusalén. El nombre de su madre fue Atalía, hija de Omri.

3 También él anduvo en los caminos de la casa de Acab, pues su madre le aconsejaba a que actuase impíamente.

4 Hizo, pues, lo malo ante los ojos de Jehová, como la casa

ways of the kings of Israel, as the house of Ahab had done, for he married a daughter of Ahab. He did evil in the eyes of the LORD. 7Nevertheless, because of the covenant the LORD had made with David, the LORD was not willing to destroy the house of David. He had promised to maintain a lamp for him and his descendants forever.

8In the time of Jehoram, Edom rebelled against Judah and set up its own king. 9So Jehoram went there with his officers and all his chariots. The Edomites surrounded him and his chariot commanders, but he rose up and broke through by night. 10To this day Edom has been in rebellion against Judah.

Libnah revolted at the same time, because Jehoram had forsaken the LORD, the God of his fathers. 11He had also built high places on the hills of Judah and had caused the people of Jerusalem to prostitute themselves and had led Judah astray.

12Jehoram received a letter from Elijah the prophet, which said:

"This is what the LORD, the God of your father David, says: 'You have not walked in the ways of your father Jehoshaphat or of Asa king of Judah. 13But you have walked in the ways of the kings of Israel, and you have led Judah and the people of Jerusalem to prostitute themselves, just as the house of Ahab did. You have also murdered your own brothers, members of your father's house, men who were better than you. 14So now the LORD is about to strike your people, your sons, your wives and everything that is yours, with a heavy blow. 15You yourself will be very ill with a lingering disease of the bowels, until the disease causes your bowels to come out.' "

16The LORD aroused against Jehoram the hostility of the Philistines and of the Arabs who lived near the Cushites. 17They attacked Judah, invaded it and carried off all the goods found in the king's palace, together with his sons and wives. Not a son was left to him except Ahaziah,r the youngest.

18After all this, the LORD afflicted Jehoram with an incurable disease of the bowels. 19In the course of time, at the end of the second year, his bowels came out because of the disease, and he died in great pain. His people made no fire in his honor, as they had for his fathers.

20Jehoram was thirty-two years old when he became king, and he reigned in Jerusalem eight years. He passed away, to no one's regret, and was buried in the City of David, but not in the tombs of the kings.

Ahaziah King of Judah

22 The people of Jerusalem made Ahaziah, Jehoram's youngest son, king in his place, since the raiders, who came with the Arabs into the camp, had killed all the older sons. So Ahaziah son of Jehoram king of Judah began to reign.

2Ahaziah was twenty-twos years old when he became king, and he reigned in Jerusalem one year. His mother's name was Athaliah, a granddaughter of Omri.

3He too walked in the ways of the house of Ahab, for his mother encouraged him in doing wrong. 4He

r17 Hebrew Jehoahaz, a variant of Ahaziah   s2 Some Septuagint manuscripts and Syriac (see also 2 Kings 8:26); Hebrew forty-two

de Acab; porque después de la muerte de su padre, ellos le aconsejaron para su perdición.

5 Y él anduvo en los consejos de ellos, y fue a la guerra con Joram hijo de Acab, rey de Israel, contra Hazael rey de Siria, a Ramot de Galaad, donde los sirios hirieron a Joram.

6 Y volvió para curarse en Jezreel de las heridas que le habían hecho en Ramot, peleando contra Hazael rey de Siria. Y descendió Ocozías hijo de Joram, rey de Judá, para visitar a Joram hijo de Acab en Jezreel, porque allí estaba enfermo.

Jehú mata a Ocozías

7 Pero esto venía de Dios, para que Ocozías fuese destruido viniendo a Joram; porque habiendo venido, salió con Joram contra Jehú hijo de Nimsi, al cual Jehová había ungido para que exterminara la familia de Acab.

8 Y haciendo juicio Jehú contra la casa de Acab, halló a los príncipes de Judá, y a los hijos de los hermanos de Ocozías, que servían a Ocozías, y los mató.

9 Y buscando a Ocozías, el cual se había escondido en Samaria, lo hallaron y lo trajeron a Jehú, y le mataron; y le dieron sepultura, porque dijeron: Es hijo de Josafat, quien de todo su corazón buscó a Jehová. Y la casa de Ocozías no tenía fuerzas para poder retener el reino.

Atalía usurpa el trono

10 Entonces Atalía madre de Ocozías, viendo que su hijo era muerto, se levantó y exterminó toda la descendencia real de la casa de Judá.

11 Pero Josabet, hija del rey, tomó a Joás hijo de Ocozías, y escondiéndolo de entre los demás hijos del rey, a los cuales mataban, le guardó a él y a su ama en uno de los aposentos. Así lo escondió Josabet, hija del rey Joram, mujer del sacerdote Joiada (porque ella era hermana de Ocozías), de delante de Atalía, y no lo mataron.

12 Y estuvo con ellos escondido en la casa de Dios seis años. Entre tanto, Atalía reinaba en el país.

23 1 En el séptimo año se animó Joiada, y tomó consigo en alianza a los jefes de centenas Azarías hijo de Jeroham, Ismael hijo de Johanán, Azarías hijo de Obed, Maasías hijo de Adaía, y Elisafat hijo de Zicri,

2 los cuales recorrieron el país de Judá, y reunieron a los levitas de todas las ciudades de Judá y a los príncipes de las familias de Israel, y vinieron a Jerusalén.

3 Y toda la multitud hizo pacto con el rey en la casa de Dios. Y Joiada les dijo: He aquí el hijo del rey, el cual reinará, como Jehová ha dicho respecto a los hijos de David.

4 Ahora haced esto: una tercera parte de vosotros, los que entran el día de reposo,* estarán de porteros con los sacerdotes y los levitas.

5 Otra tercera parte, a la casa del rey; y la otra tercera parte, a la puerta del Cimiento; y todo el pueblo estará en los patios de la casa de Jehová.

6 Y ninguno entre en la casa de Jehová, sino los sacerdotes y levitas que ministran; éstos entrarán, porque están consagrados; y todo el pueblo hará guardia delante de Jehová.

did evil in the eyes of the LORD, as the house of Ahab had done, for after his father's death they became his advisers, to his undoing. 5He also followed their counsel when he went with Joram t son of Ahab king of Israel to war against Hazael king of Aram at Ramoth Gilead. The Arameans wounded Joram; 6so he returned to Jezreel to recover from the wounds they had inflicted on him at Ramoth u in his battle with Hazael king of Aram.

Then Ahaziah v son of Jehoram king of Judah went down to Jezreel to see Joram son of Ahab because he had been wounded.

7Through Ahaziah's visit to Joram, God brought about Ahaziah's downfall. When Ahaziah arrived, he went out with Joram to meet Jehu son of Nimshi, whom the LORD had anointed to destroy the house of Ahab. 8While Jehu was executing judgment on the house of Ahab, he found the princes of Judah and the sons of Ahaziah's relatives, who had been attending Ahaziah, and he killed them. 9He then went in search of Ahaziah, and his men captured him while he was hiding in Samaria. He was brought to Jehu and put to death. They buried him, for they said, "He was a son of Jehoshaphat, who sought the LORD with all his heart." So there was no one in the house of Ahaziah powerful enough to retain the kingdom.

Athaliah and Joash

10When Athaliah the mother of Ahaziah saw that her son was dead, she proceeded to destroy the whole royal family of the house of Judah. 11But Jehosheba,w the daughter of King Jehoram, took Joash son of Ahaziah and stole him away from among the royal princes who were about to be murdered and put him and his nurse in a bedroom. Because Jehosheba,w the daughter of King Jehoram and wife of the priest Jehoiada, was Ahaziah's sister, she hid the child from Athaliah so she could not kill him. 12He remained hidden with them at the temple of God for six years while Athaliah ruled the land.

23 In the seventh year Jehoiada showed his strength. He made a covenant with the commanders of units of a hundred: Azariah son of Jeroham, Ishmael son of Jehohanan, Azariah son of Obed, Maaseiah son of Adaiah, and Elishaphat son of Zicri. 2They went throughout Judah and gathered the Levites and the heads of Israelite families from all the towns. When they came to Jerusalem, 3the whole assembly made a covenant with the king at the temple of God.

Jehoiada said to them, "The king's son shall reign, as the LORD promised concerning the descendants of David. 4Now this is what you are to do: A third of you priests and Levites who are going on duty on the Sabbath are to keep watch at the doors, 5a third of you at the royal palace and a third at the Foundation Gate, and all the other men are to be in the courtyards of the temple of the LORD. 6No one is to enter the temple of the LORD except the priests and Levites on duty; they may enter because they are consecrated, but all the other men are to guard what the LORD has assigned to them.x 7The Levites are to station themselves around

---

t5 Hebrew *Jehoram*, a variant of *Joram*; also in verses 6 and 7 u6 Hebrew *Ramah*, a variant of *Ramoth* v6 Some Hebrew manuscripts, Septuagint, Vulgate and Syriac (see also 2 Kings 8:29); most Hebrew manuscripts *Azariah* w11 Hebrew *Jehoshabeath*, a variant of *Jehosheba* x6 Or *to observe the Lord's command not to enter*

*Aquí equivale a *sábado*

7 Y los levitas rodearán al rey por todas partes, y cada uno tendrá sus armas en la mano; cualquiera que entre en la casa, que muera; y estaréis con el rey cuando entre y cuando salga.

8 Y los levitas y todo Judá lo hicieron todo como lo había mandado el sacerdote Joiada; y tomó cada jefe a los suyos, los que entraban el día de reposo,* y los que salían el día de reposo;* porque el sacerdote Joiada no dio licencia a las compañías.

9 Dio también el sacerdote Joiada a los jefes de centenas las lanzas, los paveses y los escudos que habían sido del rey David, y que estaban en la casa de Dios;

10 y puso en orden a todo el pueblo, teniendo cada uno su espada en la mano, desde el rincón derecho del templo hasta el izquierdo, hacia el altar y la casa, alrededor del rey por todas partes.

11 Entonces sacaron al hijo del rey, y le pusieron la corona y el testimonio, y lo proclamaron rey; y Joiada y sus hijos lo ungieron, diciendo luego: ¡Viva el rey!

12 Cuando Atalía oyó el estruendo de la gente que corría, y de los que aclamaban al rey, vino al pueblo a la casa de Jehová;

13 y mirando, vio al rey que estaba junto a su columna a la entrada, y los príncipes y los trompeteros junto al rey, y que todo el pueblo de la tierra mostraba alegría, y sonaba bocinas, y los cantores con instrumentos de música dirigían la alabanza. Entonces Atalía rasgó sus vestidos, y dijo: ¡Traición! ¡Traición!

14 Pero el sacerdote Joiada mandó que salieran los jefes de centenas del ejército, y les dijo: Sacadla fuera del recinto, y al que la siguiere, matadlo a filo de espada; porque el sacerdote había mandado que no la matasen en la casa de Jehová.

15 Ellos, pues, le echaron mano, y luego que ella hubo pasado la entrada de la puerta de los caballos de la casa del rey, allí la mataron.

16 Y Joiada hizo pacto entre sí y todo el pueblo y el rey, que serían pueblo de Jehová.

17 Después de esto entró todo el pueblo en el templo de Baal, y lo derribaron, y también sus altares; e hicieron pedazos sus imágenes, y mataron delante de los altares a Matán, sacerdote de Baal.

18 Luego ordenó Joiada los oficios en la casa de Jehová, bajo la mano de los sacerdotes y levitas, según David los había distribuido en la casa de Jehová, para ofrecer a Jehová los holocaustos, como está escrito en la ley de Moisés, con gozo y con cánticos, conforme a la disposición de David.

19 Puso también porteros a las puertas de la casa de Jehová, para que por ninguna vía entrase ningún inmundo.

20 Llamó después a los jefes de centenas, y a los principales, a los que gobernaban el pueblo y a todo el pueblo de la tierra, para conducir al rey desde la casa de Jehová; y cuando llegaron a la mitad de la puerta mayor de la casa del rey, sentaron al rey sobre el trono del reino.

21 Y se regocijó todo el pueblo del país; y la ciudad estuvo tranquila, después que mataron a Atalía a filo de espada.

Reinado de Joás de Judá

24 1 De siete años era Joás cuando comenzó a reinar, y cuarenta años reinó en Jerusalén. El nombre de su madre fue Sibia, de Beerseba.

2 E hizo Joás lo recto ante los ojos de Jehová todos los días de Joiada el sacerdote.

3 Y Joiada tomó para él dos mujeres; y engendró hijos e hijas.

---

the king, each man with his weapons in his hand. Anyone who enters the temple must be put to death. Stay close to the king wherever he goes."

8 The Levites and all the men of Judah did just as Jehoiada the priest ordered. Each one took his men—those who were going on duty on the Sabbath and those who were going off duty—for Jehoiada the priest had not released any of the divisions. 9 Then he gave the commanders of units of a hundred the spears and the large and small shields that had belonged to King David and that were in the temple of God. 10 He stationed all the men, each with his weapon in his hand, around the king—near the altar and the temple, from the south side to the north side of the temple.

11 Jehoiada and his sons brought out the king's son and put the crown on him; they presented him with a copy of the covenant and proclaimed him king. They anointed him and shouted, "Long live the king!"

12 When Athaliah heard the noise of the people running and cheering the king, she went to them at the temple of the LORD. 13 She looked, and there was the king, standing by his pillar at the entrance. The officers and the trumpeters were beside the king, and all the people of the land were rejoicing and blowing trumpets, and singers with musical instruments were leading the praises. Then Athaliah tore her robes and shouted, "Treason! Treason!"

14 Jehoiada the priest sent out the commanders of units of a hundred, who were in charge of the troops, and said to them: "Bring her out between the ranksʸ and put to the sword anyone who follows her." For the priest had said, "Do not put her to death at the temple of the LORD." 15 So they seized her as she reached the entrance of the Horse Gate on the palace grounds, and there they put her to death.

16 Jehoiada then made a covenant that he and the people and the kingᶻ would be the LORD's people. 17 All the people went to the temple of Baal and tore it down. They smashed the altars and idols and killed Mattan the priest of Baal in front of the altars.

18 Then Jehoiada placed the oversight of the temple of the LORD in the hands of the priests, who were Levites, to whom David had made assignments in the temple, to present the burnt offerings of the LORD as written in the Law of Moses, with rejoicing and singing, as David had ordered. 19 He also stationed doorkeepers at the gates of the LORD's temple so that no one who was in any way unclean might enter.

20 He took with him the commanders of hundreds, the nobles, the rulers of the people and all the people of the land and brought the king down from the temple of the LORD. They went into the palace through the Upper Gate and seated the king on the royal throne, 21 and all the people of the land rejoiced. And the city was quiet, because Athaliah had been slain with the sword.

Joash Repairs the Temple

24 Joash was seven years old when he became king, and he reigned in Jerusalem forty years. His mother's name was Zibiah; she was from Beersheba. 2 Joash did what was right in the eyes of the LORD all the years of Jehoiada the priest. 3 Jehoiada chose two wives for him, and he had sons and daughters.

---

*Aquí equivale a *sábado*

ʸ14 Or *out from the precincts*   ᶻ16 Or *covenant between ⸤the LORD⸥ and the people and the king that they* (see 2 Kings 11:17)

4 Después de esto, aconteció que Joás decidió restaurar la casa de Jehová.

5 Y reunió a los sacerdotes y los levitas, y les dijo: Salid por las ciudades de Judá, y recoged dinero de todo Israel, para que cada año sea reparada la casa de vuestro Dios; y vosotros poned diligencia en el asunto. Pero los levitas no pusieron diligencia.

6 Por lo cual el rey llamó al sumo sacerdote Joiada y le dijo: ¿Por qué no has procurado que los levitas traigan de Judá y de Jerusalén la ofrenda que Moisés, siervo de Jehová impuso a la congregación de Israel para el tabernáculo del testimonio?

7 Porque la impía Atalía y sus hijos habían destruido la casa de Dios, además habían gastado en los ídolos todas las cosas consagradas de la casa de Jehová.

8 Mandó, pues, el rey que hiciesen un arca, la cual pusieron fuera, a la puerta de la casa de Jehová;

9 e hicieron pregonar en Judá y en Jerusalén, que trajesen a Jehová la ofrenda que Moisés siervo de Dios había impuesto a Israel en el desierto.

10 Y todos los jefes y todo el pueblo se gozaron, y trajeron ofrendas, y las echaron en el arca hasta llenarla.

11 Y cuando venía el tiempo para llevar el arca al secretario del rey por mano de los levitas, cuando veían que había mucho dinero, venía el escriba del rey, y el que estaba puesto por el sumo sacerdote, y llevaban el arca, y la vaciaban, y la volvían a su lugar. Así lo hacían de día en día, y recogían mucho dinero,

12 y el rey y Joiada lo daban a los que hacían el trabajo del servicio de la casa de Jehová; y tomaban canteros y carpinteros que reparasen la casa de Jehová, y artífices en hierro y bronce para componer la casa.

13 Hacían, pues, los artesanos la obra, y por sus manos la obra fue restaurada, y restituyeron la casa de Dios a su antigua condición, y la consolidaron.

14 Y cuando terminaron, trajeron al rey y a Joiada lo que quedaba del dinero, e hicieron de él utensilios para la casa de Jehová, utensilios para el servicio, morteros, cucharas, vasos de oro y de plata. Y sacrificaban holocaustos continuamente en la casa de Jehová todos los días de Joiada.

15 Mas Joiada envejeció, y murió lleno de días; de ciento treinta años era cuando murió.

16 Y lo sepultaron en la ciudad de David con los reyes, por cuanto había hecho bien con Israel, y para con Dios, y con su casa.

17 Muerto Joiada, vinieron los príncipes de Judá y ofrecieron obediencia al rey; y el rey los oyó.

18 Y desampararon la casa de Jehová el Dios de sus padres, y sirvieron a los símbolos de Asera y a las imágenes esculpidas. Entonces la ira de Dios vino sobre Judá y Jerusalén por este su pecado.

19 Y les envió profetas para que los volviesen a Jehová, los cuales les amonestaron; mas ellos no los escucharon.

20 Entonces el Espíritu de Dios vino sobre Zacarías hijo del sacerdote Joiada; y puesto en pie, donde estaba más alto que el pueblo, les dijo: Así ha dicho Dios: ¿Por qué quebrantáis los mandamientos de Jehová? No os vendrá bien por ello; porque por haber dejado a Jehová, él también os abandonará.

21 Pero ellos hicieron conspiración contra él, y por mandato del rey lo apedrearon hasta matarlo, en el patio de la casa de Jehová.

22 Así el rey Joás no se acordó de la misericordia que Joiada padre de Zacarías había hecho con él, antes mató a su hijo, quien dijo al morir: Jehová lo vea y lo demande.

4 Some time later Joash decided to restore the temple of the LORD. 5 He called together the priests and Levites and said to them, "Go to the towns of Judah and collect the money due annually from all Israel, to repair the temple of your God. Do it now." But the Levites did not act at once.

6 Therefore the king summoned Jehoiada the chief priest and said to him, "Why haven't you required the Levites to bring in from Judah and Jerusalem the tax imposed by Moses the servant of the LORD and by the assembly of Israel for the Tent of the Testimony?"

7 Now the sons of that wicked woman Athaliah had broken into the temple of God and had used even its sacred objects for the Baals.

8 At the king's command, a chest was made and placed outside, at the gate of the temple of the LORD. 9 A proclamation was then issued in Judah and Jerusalem that they should bring to the LORD the tax that Moses the servant of God had required of Israel in the desert. 10 All the officials and all the people brought their contributions gladly, dropping them into the chest until it was full. 11 Whenever the chest was brought in by the Levites to the king's officials and they saw that there was a large amount of money, the royal secretary and the officer of the chief priest would come and empty the chest and carry it back to its place. They did this regularly and collected a great amount of money. 12 The king and Jehoiada gave it to the men who carried out the work required for the temple of the LORD. They hired masons and carpenters to restore the LORD's temple, and also workers in iron and bronze to repair the temple.

13 The men in charge of the work were diligent, and the repairs progressed under them. They rebuilt the temple of God according to its original design and reinforced it. 14 When they had finished, they brought the rest of the money to the king and Jehoiada, and with it were made articles for the LORD's temple: articles for the service and for the burnt offerings, and also dishes and other objects of gold and silver. As long as Jehoiada lived, burnt offerings were presented continually in the temple of the LORD.

15 Now Jehoiada was old and full of years, and he died at the age of a hundred and thirty. 16 He was buried with the kings in the City of David, because of the good he had done in Israel for God and his temple.

The Wickedness of Joash

17 After the death of Jehoiada, the officials of Judah came and paid homage to the king, and he listened to them. 18 They abandoned the temple of the LORD, the God of their fathers, and worshiped Asherah poles and idols. Because of their guilt, God's anger came upon Judah and Jerusalem. 19 Although the LORD sent prophets to the people to bring them back to him, and though they testified against them, they would not listen.

20 Then the Spirit of God came upon Zechariah son of Jehoiada the priest. He stood before the people and said, "This is what God says: 'Why do you disobey the LORD's commands? You will not prosper. Because you have forsaken the LORD, he has forsaken you.' "

21 But they plotted against him, and by order of the king they stoned him to death in the courtyard of the LORD's temple. 22 King Joash did not remember the kindness Zechariah's father Jehoiada had shown him but killed his son, who said as he lay dying, "May the LORD see this and call you to account."

23 A la vuelta del año subió contra él el ejército de Siria; y vinieron a Judá y a Jerusalén, y destruyeron en el pueblo a todos los principales de él, y enviaron todo el botín al rey a Damasco.

24 Porque aunque el ejército de Siria había venido con poca gente, Jehová entregó en sus manos un ejército muy numeroso, por cuanto habían dejado a Jehová el Dios de sus padres. Así ejecutaron juicios contra Joás.

25 Y cuando se fueron los sirios, lo dejaron agobiado por sus dolencias; y conspiraron contra él sus siervos a causa de la sangre de los hijos de Joiada el sacerdote, y lo hirieron en su cama, y murió. Y lo sepultaron en la ciudad de David, pero no en los sepulcros de los reyes.

26 Los que conspiraron contra él fueron Zabad hijo de Simeat amonita, y Jozabad hijo de Simrit moabita.

27 En cuanto a los hijos de Joás, y la multiplicación que hizo de las rentas, y la restauración de la casa de Jehová, he aquí está escrito en la historia del libro de los reyes. Y reinó en su lugar Amasías su hijo.

Reinado de Amasías

25 ¹ De veinticinco años era Amasías cuando comenzó a reinar, y veintinueve años reinó en Jerusalén; el nombre de su madre fue Joadán, de Jerusalén.

² Hizo él lo recto ante los ojos de Jehová, aunque no de perfecto corazón.

³ Y luego que fue confirmado en el reino, mató a los siervos que habían matado al rey su padre.

⁴ Pero no mató a los hijos de ellos, según lo que está escrito en la ley, en el libro de Moisés, donde Jehová mandó diciendo: No morirán los padres por los hijos, ni los hijos por los padres; mas cada uno morirá por su pecado.

⁵ Reunió luego Amasías a Judá, y con arreglo a las familias les puso jefes de millares y de centenas sobre todo Judá y Benjamín. Después puso en lista a todos los de veinte años arriba, y fueron hallados trescientos mil escogidos para salir a la guerra, que tenían lanza y escudo.

⁶ Y de Israel tomó a sueldo por cien talentos de plata, a cien mil hombres valientes.

⁷ Mas un varón de Dios vino a él y le dijo: Rey, no vaya contigo el ejército de Israel; porque Jehová no está con Israel, ni con todos los hijos de Efraín.

⁸ Pero si vas así, si lo haces, y te esfuerzas para pelear, Dios te hará caer delante de los enemigos; porque en Dios está el poder, o para ayudar, o para derribar.

⁹ Y Amasías dijo al varón de Dios: ¿Qué, pues, se hará de los cien talentos que he dado al ejército de Israel? Y el varón de Dios respondió: Jehová puede darte mucho más que esto.

¹⁰ Entonces Amasías apartó el ejército de la gente que había venido a él de Efraín, para que se fuesen a sus casas; y ellos se enojaron grandemente contra Judá, y volvieron a sus casas encolerizados.

¹¹ Esforzándose entonces Amasías, sacó a su pueblo, y vino al Valle de la Sal, y mató de los hijos de Seir diez mil.

¹² Y los hijos de Judá tomaron vivos a otros diez mil, los cuales llevaron a la cumbre de un peñasco, y de allí los despeñaron, y todos se hicieron pedazos.

23 At the turn of the year,ᵃ the army of Aram marched against Joash; it invaded Judah and Jerusalem and killed all the leaders of the people. They sent all the plunder to their king in Damascus. 24 Although the Aramean army had come with only a few men, the LORD delivered into their hands a much larger army. Because Judah had forsaken the LORD, the God of their fathers, judgment was executed on Joash. 25 When the Arameans withdrew, they left Joash severely wounded. His officials conspired against him for murdering the son of Jehoiada the priest, and they killed him in his bed. So he died and was buried in the City of David, but not in the tombs of the kings.

26 Those who conspired against him were Zabad,ᵇ son of Shimeath an Ammonite woman, and Jehozabad, son of Shimrith ᶜ a Moabite woman. 27 The account of his sons, the many prophecies about him, and the record of the restoration of the temple of God are written in the annotations on the book of the kings. And Amaziah his son succeeded him as king.

Amaziah King of Judah

25 Amaziah was twenty-five years old when he became king, and he reigned in Jerusalem twenty-nine years. His mother's name was Jehoaddinᵈ; she was from Jerusalem. 2 He did what was right in the eyes of the LORD, but not wholeheartedly. 3 After the kingdom was firmly in his control, he executed the officials who had murdered his father the king. 4 Yet he did not put their sons to death, but acted in accordance with what is written in the Law, in the Book of Moses, where the LORD commanded: "Fathers shall not be put to death for their children, nor children put to death for their fathers; each is to die for his own sins."ᵉ

5 Amaziah called the people of Judah together and assigned them according to their families to commanders of thousands and commanders of hundreds for all Judah and Benjamin. He then mustered those twenty years old or more and found that there were three hundred thousand men ready for military service, able to handle the spear and shield. 6 He also hired a hundred thousand fighting men from Israel for a hundred talentsᶠ of silver.

7 But a man of God came to him and said, "O king, these troops from Israel must not march with you, for the LORD is not with Israel—not with any of the people of Ephraim. 8 Even if you go and fight courageously in battle, God will overthrow you before the enemy, for God has the power to help or to overthrow."

9 Amaziah asked the man of God, "But what about the hundred talents I paid for these Israelite troops?"

The man of God replied, "The LORD can give you much more than that."

10 So Amaziah dismissed the troops who had come to him from Ephraim and sent them home. They were furious with Judah and left for home in a great rage.

11 Amaziah then marshaled his strength and led his army to the Valley of Salt, where he killed ten thousand men of Seir. 12 The army of Judah also captured ten thousand men alive, took them to the top of a cliff and threw them down so that all were dashed to pieces.

ᵃ23 Probably in the spring   ᵇ26 A variant of *Jozabad*   ᶜ26 A variant of *Shomer*   ᵈ1 Hebrew *Jehoaddan*, a variant of *Jehoaddin*   ᵉ4 Deut. 24:16   ᶠ6 That is, about 3 3/4 tons (about 3.4 metric tons); also in verse 9

13Mas los del ejército que Amasías había despedido, para que no fuesen con él a la guerra, invadieron las ciudades de Judá, desde Samaria hasta Bet-horón, y mataron a tres mil de ellos, y tomaron gran despojo.

14Volviendo luego Amasías de la matanza de los edomitas, trajo también consigo los dioses de los hijos de Seir, y los puso ante sí por dioses, y los adoró, y les quemó incienso.

15Por esto se encendió la ira de Jehová contra Amasías, y envió a un profeta, que le dijo: ¿Por qué has buscado los dioses de otra nación, que no libraron a su pueblo de tus manos?

16Y hablándole el profeta estas cosas, él le respondió: ¿Te han puesto a ti por consejero del rey? Déjate de eso. ¿Por qué quieres que te maten? Y cuando terminó de hablar, el profeta dijo luego: Yo sé que Dios ha decretado destruirte, porque has hecho esto, y no obedeciste mi consejo.

17Y Amasías rey de Judá, después de tomar consejo, envió a decir a Joás hijo de Joacaz, hijo de Jehú, rey de Israel: Ven, y veámonos cara a cara.

18Entonces Joás rey de Israel envió a decir a Amasías rey de Judá: El cardo que estaba en el Líbano envió al cedro que estaba en el Líbano, diciendo: Da tu hija a mi hijo por mujer. Y he aquí que las fieras que estaban en el Líbano pasaron, y hollaron el cardo.

19Tú dices: He aquí he derrotado a Edom; y tu corazón se enaltece para gloriarte. Quédate ahora en tu casa. ¿Para qué provocas un mal en que puedas caer tú y Judá contigo?

20Mas Amasías no quiso oir; porque era la voluntad de Dios, que los quería entregar en manos de sus enemigos, por cuanto habían buscado los dioses de Edom.

21Subió, pues, Joás rey de Israel, y se vieron cara a cara él y Amasías rey de Judá en la batalla de Bet-semes, la cual es de Judá.

22Pero cayó Judá delante de Israel, y huyó cada uno a su casa.

23Y Joás rey de Israel apresó en Bet-semes a Amasías rey de Judá, hijo de Joás, hijo de Joacaz, y lo llevó a Jerusalén; y derribó el muro de Jerusalén desde la puerta de Efraín hasta la puerta del ángulo, un tramo de cuatrocientos codos.

24Asimismo tomó todo el oro y la plata, y todos los utensilios que se hallaron en la casa de Dios en casa de Obed-edom, y los tesoros de la casa del rey, y los hijos de los nobles; después volvió a Samaria.

25Y vivió Amasías hijo de Joás, rey de Judá, quince años después de la muerte de Joás hijo de Joacaz, rey de Israel.

26Los demás hechos de Amasías, primeros y postreros, ¿no están escritos en el libro de los reyes de Judá y de Israel?

27Desde el tiempo en que Amasías se apartó de Jehová, empezaron a conspirar contra él en Jerusalén; y habiendo él huido a Laquis, enviaron tras él a Laquis, y allá lo mataron;

28y lo trajeron en caballos, y lo sepultaron con sus padres en la ciudad de Judá.

Reinado de Uzías

26 1Entonces todo el pueblo de Judá tomó a Uzías, el cual tenía dieciséis años de edad, y lo pusieron por rey en lugar de Amasías su padre.

2Uzías edificó a Elot, y la restituyó a Judá después que el rey Amasías durmió con sus padres.

13Meanwhile the troops that Amaziah had sent back and had not allowed to take part in the war raided Judean towns from Samaria to Beth Horon. They killed three thousand people and carried off great quantities of plunder.

14When Amaziah returned from slaughtering the Edomites, he brought back the gods of the people of Seir. He set them up as his own gods, bowed down to them and burned sacrifices to them. 15The anger of the LORD burned against Amaziah, and he sent a prophet to him, who said, "Why do you consult this people's gods, which could not save their own people from your hand?"

16While he was still speaking, the king said to him, "Have we appointed you an adviser to the king? Stop! Why be struck down?"

So the prophet stopped but said, "I know that God has determined to destroy you, because you have done this and have not listened to my counsel."

17After Amaziah king of Judah consulted his advisers, he sent this challenge to Jehoash*g* son of Jehoahaz, the son of Jehu, king of Israel: "Come, meet me face to face."

18But Jehoash king of Israel replied to Amaziah king of Judah: "A thistle in Lebanon sent a message to a cedar in Lebanon, 'Give your daughter to my son in marriage.' Then a wild beast in Lebanon came along and trampled the thistle underfoot. 19You say to yourself that you have defeated Edom, and now you are arrogant and proud. But stay at home! Why ask for trouble and cause your own downfall and that of Judah also?"

20Amaziah, however, would not listen, for God so worked that he might hand them over to ˌJehoash,ˌ because they sought the gods of Edom. 21So Jehoash king of Israel attacked. He and Amaziah king of Judah faced each other at Beth Shemesh in Judah. 22Judah was routed by Israel, and every man fled to his home. 23Jehoash king of Israel captured Amaziah king of Judah, the son of Joash, the son of Ahaziah, *h* at Beth Shemesh. Then Jehoash brought him to Jerusalem and broke down the wall of Jerusalem from the Ephraim Gate to the Corner Gate—a section about six hundred feet*i* long. 24He took all the gold and silver and all the articles found in the temple of God that had been in the care of Obed-Edom, together with the palace treasures and the hostages, and returned to Samaria.

25Amaziah son of Joash king of Judah lived for fifteen years after the death of Jehoash son of Jehoahaz king of Israel. 26As for the other events of Amaziah's reign, from beginning to end, are they not written in the book of the kings of Judah and Israel? 27From the time that Amaziah turned away from following the LORD, they conspired against him in Jerusalem and he fled to Lachish, but they sent men after him to Lachish and killed him there. 28He was brought back by horse and was buried with his fathers in the City of Judah.

Uzziah King of Judah

26 Then all the people of Judah took Uzziah,*j* who was sixteen years old, and made him king in place of his father Amaziah. 2He was the one who rebuilt Elath and restored it to Judah after Amaziah rested with his fathers.

g17 Hebrew *Joash*, a variant of *Jehoash*; also in verses 18, 21, 23 and 25　　*h23* Hebrew *Jehoahaz*, a variant of *Ahaziah*　　*i23* Hebrew *four hundred cubits* (about 180 meters)　　*j1* Also called *Azariah*

³De dieciséis años era Uzías cuando comenzó a reinar, y cincuenta y dos años reinó en Jerusalén. El nombre de su madre fue Jecolías, de Jerusalén.

⁴E hizo lo recto ante los ojos de Jehová, conforme a todas las cosas que había hecho Amasías su padre.

⁵Y persistió en buscar a Dios en los días de Zacarías, entendido en visiones de Dios; y en estos días en que buscó a Jehová, él le prosperó.

⁶Y salió y peleó contra los filisteos, y rompió el muro de Gat, y el muro de Jabnia, y el muro de Asdod; y edificó ciudades en Asdod, y en la tierra de los filisteos.

⁷Dios le dio ayuda contra los filisteos, y contra los árabes que habitaban en Gur-baal, y contra los amonitas.

⁸Y dieron los amonitas presentes a Uzías, y se divulgó su fama hasta la frontera de Egipto; porque se había hecho altamente poderoso.

⁹Edificó también Uzías torres en Jerusalén, junto a la puerta del ángulo, y junto a la puerta del valle, y junto a las esquinas; y las fortificó.

¹⁰Asimismo edificó torres en el desierto, y abrió muchas cisternas; porque tuvo muchos ganados, así en la Sefela como en las vegas, y viñas y labranzas, así en los montes como en los llanos fértiles; porque era amigo de la agricultura.

¹¹Tuvo también Uzías un ejército de guerreros, los cuales salían a la guerra en divisiones, de acuerdo con la lista hecha por mano de Jeiel escriba, y de Maasías gobernador, y de Hananías, uno de los jefes del rey.

¹²Todo el número de los jefes de familia, valientes y esforzados, era dos mil seiscientos.

¹³Y bajo la mano de éstos estaba el ejército de guerra, de trescientos siete mil quinientos guerreros poderosos y fuertes, para ayudar al rey contra los enemigos.

¹⁴Y Uzías preparó para todo el ejército escudos, lanzas, yelmos, coseletes, arcos, y hondas para tirar piedras.

¹⁵E hizo en Jerusalén máquinas inventadas por ingenieros, para que estuviesen en las torres y en los baluartes, para arrojar saetas y grandes piedras. Y su fama se extendió lejos, porque fue ayudado maravillosamente, hasta hacerse poderoso.

¹⁶Mas cuando ya era fuerte, su corazón se enalteció para su ruina; porque se rebeló contra Jehová su Dios, entrando en el templo de Jehová para quemar incienso en el altar del incienso.

¹⁷Y entró tras él el sacerdote Azarías, y con él ochenta sacerdotes de Jehová, varones valientes.

¹⁸Y se pusieron contra el rey Uzías, y le dijeron: No te corresponde a ti, oh Uzías, el quemar incienso a Jehová, sino a los sacerdotes hijos de Aarón, que son consagrados para quemarlo. Sal del santuario, porque has prevaricado, y no te será para gloria delante de Jehová Dios.

¹⁹Entonces Uzías, teniendo en la mano un incensario para ofrecer incienso, se llenó de ira; y en su ira contra los sacerdotes, la lepra le brotó en la frente, delante de los sacerdotes en la casa de Jehová, junto al altar del incienso.

²⁰Y le miró el sumo sacerdote Azarías, y todos los sacerdotes, y he aquí la lepra estaba en su frente; y le hicieron salir apresuradamente de aquel lugar; y él también se dio prisa a salir, porque Jehová lo había herido.

²¹Así el rey Uzías fue leproso hasta el día de su muerte, y habitó leproso en una casa apartada, por lo cual fue excluido de la casa de Jehová; y Jotam su hijo tuvo cargo de la casa real, gobernando al pueblo de la tierra.

³Uzziah was sixteen years old when he became king, and he reigned in Jerusalem fifty-two years. His mother's name was Jecoliah; she was from Jerusalem. ⁴He did what was right in the eyes of the LORD, just as his father Amaziah had done. ⁵He sought God during the days of Zechariah, who instructed him in the fear ᵏ of God. As long as he sought the LORD, God gave him success.

⁶He went to war against the Philistines and broke down the walls of Gath, Jabneh and Ashdod. He then rebuilt towns near Ashdod and elsewhere among the Philistines. ⁷God helped him against the Philistines and against the Arabs who lived in Gur Baal and against the Meunites. ⁸The Ammonites brought tribute to Uzziah, and his fame spread as far as the border of Egypt, because he had become very powerful.

⁹Uzziah built towers in Jerusalem at the Corner Gate, at the Valley Gate and at the angle of the wall, and he fortified them. ¹⁰He also built towers in the desert and dug many cisterns, because he had much livestock in the foothills and in the plain. He had people working his fields and vineyards in the hills and in the fertile lands, for he loved the soil.

¹¹Uzziah had a well-trained army, ready to go out by divisions according to their numbers as mustered by Jeiel the secretary and Maaseiah the officer under the direction of Hananiah, one of the royal officials. ¹²The total number of family leaders over the fighting men was 2,600. ¹³Under their command was an army of 307,500 men trained for war, a powerful force to support the king against his enemies. ¹⁴Uzziah provided shields, spears, helmets, coats of armor, bows and slingstones for the entire army. ¹⁵In Jerusalem he made machines designed by skillful men for use on the towers and on the corner defenses to shoot arrows and hurl large stones. His fame spread far and wide, for he was greatly helped until he became powerful.

¹⁶But after Uzziah became powerful, his pride led to his downfall. He was unfaithful to the LORD his God, and entered the temple of the LORD to burn incense on the altar of incense. ¹⁷Azariah the priest with eighty other courageous priests of the LORD followed him in. ¹⁸They confronted him and said, "It is not right for you, Uzziah, to burn incense to the LORD. That is for the priests, the descendants of Aaron, who have been consecrated to burn incense. Leave the sanctuary, for you have been unfaithful; and you will not be honored by the LORD God."

¹⁹Uzziah, who had a censer in his hand ready to burn incense, became angry. While he was raging at the priests in their presence before the incense altar in the LORD's temple, leprosy ᶦ broke out on his forehead. ²⁰When Azariah the chief priest and all the other priests looked at him, they saw that he had leprosy on his forehead, so they hurried him out. Indeed, he himself was eager to leave, because the LORD had afflicted him.

²¹King Uzziah had leprosy until the day he died. He lived in a separate house ᵐ—leprous, and excluded from the temple of the LORD. Jotham his son had charge of the palace and governed the people of the land.

ᵏ5 Many Hebrew manuscripts, Septuagint and Syriac; other Hebrew manuscripts vision   ᶦ19 The Hebrew word was used for various diseases affecting the skin—not necessarily leprosy; also in verses 20, 21 and 23.   ᵐ21 Or in a house where he was relieved of responsibilities

22 Los demás hechos de Uzías, primeros y postreros, fueron escritos por el profeta Isaías, hijo de Amoz.
23 Y durmió Uzías con sus padres, y lo sepultaron con sus padres en el campo de los sepulcros reales; porque dijeron: Leproso es. Y reinó Jotam su hijo en lugar suyo.

Reinado de Jotam

27 1 De veinticinco años era Jotam cuando comenzó a reinar, y dieciséis años reinó en Jerusalén. El nombre de su madre fue Jerusa, hija de Sadoc.
2 E hizo lo recto ante los ojos de Jehová, conforme a todas las cosas que había hecho Uzías su padre, salvo que no entró en el santuario de Jehová. Pero el pueblo continuaba corrompiéndose.
3 Edificó él la puerta mayor de la casa de Jehová, y sobre el muro de la fortaleza edificó mucho.
4 Además edificó ciudades en las montañas de Judá, y construyó fortalezas y torres en los bosques.
5 También tuvo él guerra con el rey de los hijos de Amón, a los cuales venció; y le dieron los hijos de Amón en aquel año cien talentos de plata, diez mil coros de trigo, y diez mil de cebada. Esto le dieron los hijos de Amón, y lo mismo en el segundo año y en el tercero.
6 Así que Jotam se hizo fuerte, porque preparó sus caminos delante de Jehová su Dios.
7 Los demás hechos de Jotam, y todas sus guerras, y sus caminos, he aquí están escritos en el libro de los reyes de Israel y de Judá.
8 Cuando comenzó a reinar era de veinticinco años, y dieciséis reinó en Jerusalén.
9 Y durmió Jotam con sus padres, y lo sepultaron en la ciudad de David; y reinó en su lugar Acaz su hijo.

Reinado de Acaz

28 1 De veinte años era Acaz cuando comenzó a reinar, y dieciséis años reinó en Jerusalén: mas no hizo lo recto ante los ojos de Jehová, como David su padre.
2 Antes anduvo en los caminos de los reyes de Israel, y además hizo imágenes fundidas a los baales.
3 Quemó también incienso en el valle de los hijos de Hinom, e hizo pasar a sus hijos por fuego, conforme a las abominaciones de las naciones que Jehová había arrojado de la presencia de los hijos de Israel.
4 Asimismo sacrificó y quemó incienso en los lugares altos, en los collados, y debajo de todo árbol frondoso.
5 Por lo cual Jehová su Dios lo entregó en manos del rey de los sirios, los cuales lo derrotaron, y le tomaron gran número de prisioneros que llevaron a Damasco. Fue también entregado en manos del rey de Israel, el cual lo batió con gran mortandad.
6 Porque Peka hijo de Remalías mató en Judá en un día ciento veinte mil hombres valientes, por cuanto habían dejado a Jehová el Dios de sus padres.
7 Asimismo Zicri, hombre poderoso de Efraín, mató a Maasías hijo del rey, a Azricam su mayordomo, y a Elcana, segundo después del rey.
8 También los hijos de Israel tomaron cautivos de sus hermanos a doscientos mil, mujeres, muchachos y muchachas, además de haber tomado de ellos mucho botín que llevaron a Samaria.

22 The other events of Uzziah's reign, from beginning to end, are recorded by the prophet Isaiah son of Amoz. 23 Uzziah rested with his fathers and was buried near them in a field for burial that belonged to the kings, for people said, "He had leprosy." And Jotham his son succeeded him as king.

Jotham King of Judah

27 Jotham was twenty-five years old when he became king, and he reigned in Jerusalem sixteen years. His mother's name was Jerusha daughter of Zadok. 2 He did what was right in the eyes of the LORD, just as his father Uzziah had done, but unlike him he did not enter the temple of the LORD. The people, however, continued their corrupt practices. 3 Jotham rebuilt the Upper Gate of the temple of the LORD and did extensive work on the wall at the hill of Ophel. 4 He built towns in the Judean hills and forts and towers in the wooded areas.
5 Jotham made war on the king of the Ammonites and conquered them. That year the Ammonites paid him a hundred talents[n] of silver, ten thousand cors[o] of wheat and ten thousand cors of barley. The Ammonites brought him the same amount also in the second and third years.
6 Jotham grew powerful because he walked steadfastly before the LORD his God.
7 The other events in Jotham's reign, including all his wars and the other things he did, are written in the book of the kings of Israel and Judah. 8 He was twenty-five years old when he became king, and he reigned in Jerusalem sixteen years. 9 Jotham rested with his fathers and was buried in the City of David. And Ahaz his son succeeded him as king.

Ahaz King of Judah

28 Ahaz was twenty years old when he became king, and he reigned in Jerusalem sixteen years. Unlike David his father, he did not do what was right in the eyes of the LORD. 2 He walked in the ways of the kings of Israel and also made cast idols for worshiping the Baals. 3 He burned sacrifices in the Valley of Ben Hinnom and sacrificed his sons in the fire, following the detestable ways of the nations the LORD had driven out before the Israelites. 4 He offered sacrifices and burned incense at the high places, on the hilltops and under every spreading tree.
5 Therefore the LORD his God handed him over to the king of Aram. The Arameans defeated him and took many of his people as prisoners and brought them to Damascus.
He was also given into the hands of the king of Israel, who inflicted heavy casualties on him. 6 In one day Pekah son of Remaliah killed a hundred and twenty thousand soldiers in Judah—because Judah had forsaken the LORD, the God of their fathers. 7 Zicri, an Ephraimite warrior, killed Maaseiah the king's son, Azrikam the officer in charge of the palace, and Elkanah, second to the king. 8 The Israelites took captive from their kinsmen two hundred thousand wives, sons and daughters. They also took a great deal of plunder, which they carried back to Samaria.

---

[n]5 That is, about 3 3/4 tons (about 3.4 metric tons)   [o]5 That is, probably about 62,000 bushels (about 2,200 kiloliters)

9 Había entonces allí un profeta de Jehová que se llamaba Obed, el cual salió delante del ejército cuando entraba en Samaria, y les dijo: He aquí, Jehová el Dios de vuestros padres, por el enojo contra Judá, los ha entregado en vuestras manos; y vosotros los habéis matado con ira que ha llegado hasta el cielo.

10 Y ahora habéis determinado sujetar a vosotros a Judá y a Jerusalén como siervos y siervas; mas ¿no habéis pecado vosotros contra Jehová vuestro Dios?

11 Oídme, pues, ahora, y devolved a los cautivos que habéis tomado de vuestros hermanos; porque Jehová está airado contra vosotros.

12 Entonces se levantaron algunos varones de los principales de los hijos de Efraín, Azarías hijo de Johanán, Berequías hijo de Mesilemot, Ezequías hijo de Salum, y Amasa hijo de Hadlai, contra los que venían de la guerra.

13 Y les dijeron: No traigáis aquí a los cautivos, porque el pecado contra Jehová estará sobre nosotros. Vosotros tratáis de añadir sobre nuestros pecados y sobre nuestras culpas, siendo muy grande nuestro delito, y el ardor de la ira contra Israel.

14 Entonces el ejército dejó los cautivos y el botín delante de los príncipes y de toda la multitud.

15 Y se levantaron los varones nombrados, y tomaron a los cautivos, y del despojo vistieron a los que de ellos estaban desnudos; los vistieron, los calzaron, y les dieron de comer y de beber, los ungieron, y condujeron en asnos a todos los débiles, y los llevaron hasta Jericó, ciudad de las palmeras, cerca de sus hermanos; y ellos volvieron a Samaria.

16 En aquel tiempo envió a pedir el rey Acaz a los reyes de Asiria que le ayudasen.

17 Porque también los edomitas habían venido y atacado a los de Judá, y habían llevado cautivos.

18 Asimismo los filisteos se habían extendido por las ciudades de la Sefela y del Neguev de Judá, y habían tomado Bet-semes, Ajalón, Gederot, Soco con sus aldeas, Timna también con sus aldeas, y Gimzo con sus aldeas; y habitaban en ellas.

19 Porque Jehová había humillado a Judá por causa de Acaz rey de Israel, por cuanto él había actuado desenfrenadamente en Judá, y había prevaricado gravemente contra Jehová.

20 También vino contra él Tiglat-pileser rey de los asirios, quien lo redujo a estrechez, y no lo fortaleció.

21 No obstante que despojó Acaz la casa de Jehová, y la casa real, y las de los príncipes, para dar al rey de los asirios, éste no le ayudó.

22 Además el rey Acaz en el tiempo que aquél le apuraba, añadió mayor pecado contra Jehová;

23 porque ofreció sacrificios a los dioses de Damasco que le habían derrotado, y dijo: Pues que los dioses de los reyes de Siria les ayudan, yo también ofreceré sacrificios a ellos para que me ayuden; bien que fueron éstos su ruina, y la de todo Israel.

24 Además de eso recogió Acaz los utensilios de la casa de Dios, y los quebró, y cerró las puertas de la casa de Jehová, y se hizo altares en Jerusalén en todos los rincones.

25 Hizo también lugares altos en todas las ciudades de Judá, para quemar incienso a los dioses ajenos, provocando así a ira a Jehová el Dios de sus padres.

26 Los demás sus hechos, y todos sus caminos, primeros y postreros, he aquí están escritos en el libro de los reyes de Judá y de Israel.

27 Y durmió Acaz con sus padres, y lo sepultaron en la ciudad de Jerusalén, pero no lo metieron en los sepulcros de los reyes de Israel; y reinó en su lugar Ezequías su hijo.

9 But a prophet of the LORD named Oded was there, and he went out to meet the army when it returned to Samaria. He said to them, "Because the LORD, the God of your fathers, was angry with Judah, he gave them into your hand. But you have slaughtered them in a rage that reaches to heaven. 10 And now you intend to make the men and women of Judah and Jerusalem your slaves. But aren't you also guilty of sins against the LORD your God? 11 Now listen to me! Send back your fellow countrymen you have taken as prisoners, for the LORD's fierce anger rests on you."

12 Then some of the leaders in Ephraim—Azariah son of Jehohanan, Berekiah son of Meshillemoth, Jehizkiah son of Shallum, and Amasa son of Hadlai—confronted those who were arriving from the war. 13 "You must not bring those prisoners here," they said, "or we will be guilty before the LORD. Do you intend to add to our sin and guilt? For our guilt is already great, and his fierce anger rests on Israel."

14 So the soldiers gave up the prisoners and plunder in the presence of the officials and all the assembly. 15 The men designated by name took the prisoners, and from the plunder they clothed all who were naked. They provided them with clothes and sandals, food and drink, and healing balm. All those who were weak they put on donkeys. So they took them back to their fellow countrymen at Jericho, the City of Palms, and returned to Samaria.

16 At that time King Ahaz sent to the king[p] of Assyria for help. 17 The Edomites had again come and attacked Judah and carried away prisoners, 18 while the Philistines had raided towns in the foothills and in the Negev of Judah. They captured and occupied Beth Shemesh, Aijalon and Gederoth, as well as Soco, Timnah and Gimzo, with their surrounding villages. 19 The LORD had humbled Judah because of Ahaz king of Israel,[q] for he had promoted wickedness in Judah and had been most unfaithful to the LORD. 20 Tiglath-Pileser[r] king of Assyria came to him, but he gave him trouble instead of help. 21 Ahaz took some of the things from the temple of the LORD and from the royal palace and from the princes and presented them to the king of Assyria, but that did not help him.

22 In his time of trouble King Ahaz became even more unfaithful to the LORD. 23 He offered sacrifices to the gods of Damascus, who had defeated him; for he thought, "Since the gods of the kings of Aram have helped them, I will sacrifice to them so they will help me." But they were his downfall and the downfall of all Israel.

24 Ahaz gathered together the furnishings from the temple of God and took them away.[s] He shut the doors of the LORD's temple and set up altars at every street corner in Jerusalem. 25 In every town in Judah he built high places to burn sacrifices to other gods and provoked the LORD, the God of his fathers, to anger.

26 The other events of his reign and all his ways, from beginning to end, are written in the book of the kings of Judah and Israel. 27 Ahaz rested with his fathers and was buried in the city of Jerusalem, but he was not placed in the tombs of the kings of Israel. And Hezekiah his son succeeded him as king.

---

p16 One Hebrew manuscript, Septuagint and Vulgate (see also 2 Kings 16:7); most Hebrew manuscripts *kings*   q19 That is, Judah, as frequently in 2 Chronicles   r20 Hebrew *Tilgath-Pilneser*, a variant of *Tiglath-Pileser*   s24 Or *and cut them up*

Reinado de Ezequías

29 ¹ Comenzó a reinar Ezequías siendo de veinticinco años, y reinó veintinueve años en Jerusalén. El nombre de su madre fue Abías, hija de Zacarías. ² E hizo lo recto ante los ojos de Jehová, conforme a todas las cosas que había hecho David su padre.

Ezequías restablece el culto del templo

³ En el primer año de su reinado, en el mes primero, abrió las puertas de la casa de Jehová, y las reparó. ⁴ E hizo venir a los sacerdotes y levitas, y los reunió en la plaza oriental. ⁵ Y les dijo: ¡Oídme, levitas! Santificaos ahora, y santificad la casa de Jehová el Dios de vuestros padres, y sacad del santuario la inmundicia. ⁶ Porque nuestros padres se han rebelado, y han hecho lo malo ante los ojos de Jehová nuestro Dios; porque le dejaron, y apartaron sus rostros del tabernáculo de Jehová, y le volvieron las espaldas. ⁷ Y aun cerraron las puertas del pórtico, y apagaron las lámparas; no quemaron incienso, ni sacrificaron holocausto en el santuario al Dios de Israel. ⁸ Por tanto, la ira de Jehová ha venido sobre Judá y Jerusalén, y los ha entregado a turbación, a execración y a escarnio, como veis vosotros con vuestros ojos. ⁹ Y he aquí nuestros padres han caído a espada, y nuestros hijos, nuestras hijas y nuestras mujeres fueron llevados cautivos por esto. ¹⁰ Ahora, pues, yo he determinado hacer pacto con Jehová el Dios de Israel, para que aparte de nosotros el ardor de su ira. ¹¹ Hijos míos, no os engañéis ahora, porque Jehová os ha escogido a vosotros para que estéis delante de él y le sirváis, y seáis sus ministros, y le queméis incienso.

¹² Entonces se levantaron los levitas Mahat hijo de Amasai y Joel hijo de Azarías, de los hijos de Coat; de los hijos de Merari, Cis hijo de Abdi y Azarías hijo de Jehalelel; de los hijos de Gersón, Joa hijo de Zima y Edén hijo de Joa; ¹³ de los hijos de Elizafán, Simri y Jeiel; de los hijos de Asaf, Zacarías y Matanías; ¹⁴ de los hijos de Hemán, Jehiel y Simei; y de los hijos de Jedutún, Semaías y Uziel. ¹⁵ Estos reunieron a sus hermanos, y se santificaron, y entraron, conforme al mandamiento del rey y las palabras Jehová, para limpiar la casa de Jehová. ¹⁶ Y entrando los sacerdotes dentro de la casa de Jehová para limpiarla, sacaron toda la inmundicia que hallaron en el templo de Jehová, al atrio de la casa de Jehová; y de allí los levitas la llevaron fuera al torrente de Cedrón. ¹⁷ Comenzaron a santificarse el día primero del mes primero, y a los ocho del mismo mes vinieron al pórtico de Jehová; y santificaron la casa de Jehová en ocho días, y en el día dieciséis del mes primero terminaron. ¹⁸ Entonces vinieron al rey Ezequías y le dijeron: Ya hemos limpiado toda la casa de Jehová, el altar del holocausto, y todos sus instrumentos, y la mesa de la proposición con todos sus utensilios. ¹⁹ Asimismo hemos preparado y santificado todos los utensilios que en su infidelidad había desechado el rey Acaz, cuando reinaba; y he aquí están delante del altar de Jehová.

Hezekiah Purifies the Temple

29 Hezekiah was twenty-five years old when he became king, and he reigned in Jerusalem twenty-nine years. His mother's name was Abijah daughter of Zechariah. ²He did what was right in the eyes of the LORD, just as his father David had done.

³In the first month of the first year of his reign, he opened the doors of the temple of the LORD and repaired them. ⁴He brought in the priests and the Levites, assembled them in the square on the east side ⁵and said: "Listen to me, Levites! Consecrate yourselves now and consecrate the temple of the LORD, the God of your fathers. Remove all defilement from the sanctuary. ⁶Our fathers were unfaithful; they did evil in the eyes of the LORD our God and forsook him. They turned their faces away from the LORD's dwelling place and turned their backs on him. ⁷They also shut the doors of the portico and put out the lamps. They did not burn incense or present any burnt offerings at the sanctuary to the God of Israel. ⁸Therefore, the anger of the LORD has fallen on Judah and Jerusalem; he has made them an object of dread and horror and scorn, as you can see with your own eyes. ⁹This is why our fathers have fallen by the sword and why our sons and daughters and our wives are in captivity. ¹⁰Now I intend to make a covenant with the LORD, the God of Israel, so that his fierce anger will turn away from us. ¹¹My sons, do not be negligent now, for the LORD has chosen you to stand before him and serve him, to minister before him and to burn incense."

¹²Then these Levites set to work:

from the Kohathites,
Mahath son of Amasai and Joel son of Azariah;
from the Merarites,
Kish son of Abdi and Azariah son of Jehallelel;
from the Gershonites,
Joah son of Zimmah and Eden son of Joah;
¹³from the descendants of Elizaphan,
Shimri and Jeiel;
from the descendants of Asaph,
Zechariah and Mattaniah;
¹⁴from the descendants of Heman,
Jehiel and Shimei;
from the descendants of Jeduthun,
Shemaiah and Uzziel.

¹⁵When they had assembled their brothers and consecrated themselves, they went in to purify the temple of the LORD, as the king had ordered, following the word of the LORD. ¹⁶The priests went into the sanctuary of the LORD to purify it. They brought out to the courtyard of the LORD's temple everything unclean that they found in the temple of the LORD. The Levites took it and carried it out to the Kidron Valley. ¹⁷They began the consecration on the first day of the first month, and by the eighth day of the month they reached the portico of the LORD. For eight more days they consecrated the temple of the LORD itself, finishing on the sixteenth day of the first month.

¹⁸Then they went in to King Hezekiah and reported: "We have purified the entire temple of the LORD, the altar of burnt offering with all its utensils, and the table for setting out the consecrated bread, with all its articles. ¹⁹We have prepared and consecrated all the articles that King Ahaz removed in his unfaithfulness while he was king. They are now in front of the LORD's altar."

20 Y levantándose de mañana, el rey Ezequías reunió los principales de la ciudad, y subió a la casa de Jehová. 21 Y presentaron siete novillos, siete carneros, siete corderos y siete machos cabríos para expiación por el reino, por el santuario y por Judá. Y dijo a los sacerdotes hijos de Aarón que los ofreciesen sobre el altar de Jehová. 22 Mataron, pues, los novillos, y los sacerdotes recibieron la sangre, y la esparcieron sobre el altar; mataron luego los carneros, y esparcieron sangre sobre el altar; asimismo mataron los corderos, y esparcieron la sangre sobre el altar. 23 Después hicieron acercar delante del rey y de la multitud los machos cabríos para la expiación, y pusieron sobre ellos sus manos; 24 y los sacerdotes los mataron, e hicieron ofrenda de expiación con la sangre de ellos sobre el altar, para reconciliar a todo Israel; porque por todo Israel mandó el rey hacer el holocausto y la expiación. 25 Puso también levitas en la casa de Jehová con címbalos, salterios y arpas, conforme al mandamiento de David, de Gad vidente del rey, y del profeta Natán, porque aquel mandamiento procedía de Jehová por medio de sus profetas. 26 Y los levitas estaban con los instrumentos de David, y los sacerdotes con trompetas. 27 Entonces mandó Ezequías sacrificar el holocausto en el altar; y cuando comenzó el holocausto, comenzó también el cántico de Jehová, con las trompetas y los instrumentos de David rey de Israel. 28 Y toda la multitud adoraba, y los cantores cantaban, y los trompeteros sonaban las trompetas; todo esto duró hasta consumirse el holocausto. 29 Y cuando acabaron de ofrecer, se inclinó el rey, y todos los que con él estaban, y adoraron. 30 Entonces el rey Ezequías y los príncipes dijeron a los levitas que alabasen a Jehová con las palabras de David y de Asaf vidente; y ellos alabaron con gran alegría, y se inclinaron y adoraron. 31 Y respondiendo Ezequías, dijo: Vosotros os habéis consagrado ahora a Jehová; acercaos, pues, y presentad sacrificios y alabanzas en la casa de Jehová. Y la multitud presentó sacrificios y alabanzas; y todos los generosos de corazón trajeron holocaustos. 32 Y fue el número de los holocaustos que trajo la congregación, setenta bueyes, cien carneros y doscientos corderos, todo para el holocausto de Jehová. 33 Y las ofrendas fueron seiscientos bueyes y tres mil ovejas. 34 Mas los sacerdotes eran pocos, y no bastaban para desollar los holocaustos; y así sus hermanos los levitas les ayudaron hasta que acabaron la obra, y hasta que los demás sacerdotes se santificaron; porque los levitas fueron más rectos de corazón para santificarse que los sacerdotes. 35 Así, pues, hubo abundancia de holocaustos, con grosura de las ofrendas de paz, y libaciones para cada holocausto. Y quedó restablecido el servicio de la casa de Jehová. 36 Y se alegró Ezequías con todo el pueblo, de que Dios hubiese preparado el pueblo; porque la cosa fue hecha rápidamente.

20 Early the next morning King Hezekiah gathered the city officials together and went up to the temple of the LORD. 21 They brought seven bulls, seven rams, seven male lambs and seven male goats as a sin offering for the kingdom, for the sanctuary and for Judah. The king commanded the priests, the descendants of Aaron, to offer these on the altar of the LORD. 22 So they slaughtered the bulls, and the priests took the blood and sprinkled it on the altar; next they slaughtered the rams and sprinkled their blood on the altar; then they slaughtered the lambs and sprinkled their blood on the altar. 23 The goats for the sin offering were brought before the king and the assembly, and they laid their hands on them. 24 The priests then slaughtered the goats and presented their blood on the altar for a sin offering to atone for all Israel, because the king had ordered the burnt offering and the sin offering for all Israel.

25 He stationed the Levites in the temple of the LORD with cymbals, harps and lyres in the way prescribed by David and Gad the king's seer and Nathan the prophet; this was commanded by the LORD through his prophets. 26 So the Levites stood ready with David's instruments, and the priests with their trumpets.

27 Hezekiah gave the order to sacrifice the burnt offering on the altar. As the offering began, singing to the LORD began also, accompanied by trumpets and the instruments of David king of Israel. 28 The whole assembly bowed in worship, while the singers sang and the trumpeters played. All this continued until the sacrifice of the burnt offering was completed.

29 When the offerings were finished, the king and everyone present with him knelt down and worshiped. 30 King Hezekiah and his officials ordered the Levites to praise the LORD with the words of David and of Asaph the seer. So they sang praises with gladness and bowed their heads and worshiped.

31 Then Hezekiah said, "You have now dedicated yourselves to the LORD. Come and bring sacrifices and thank offerings to the temple of the LORD." So the assembly brought sacrifices and thank offerings, and all whose hearts were willing brought burnt offerings.

32 The number of burnt offerings the assembly brought was seventy bulls, a hundred rams and two hundred male lambs — all of them for burnt offerings to the LORD. 33 The animals consecrated as sacrifices amounted to six hundred bulls and three thousand sheep and goats. 34 The priests, however, were too few to skin all the burnt offerings; so their kinsmen the Levites helped them until the task was finished and until other priests had been consecrated, for the Levites had been more conscientious in consecrating themselves than the priests had been. 35 There were burnt offerings in abundance, together with the fat of the fellowship offerings ᵗ and the drink offerings that accompanied the burnt offerings.

So the service of the temple of the LORD was reestablished. 36 Hezekiah and all the people rejoiced at what God had brought about for his people, because it was done so quickly.

ᵗ35 Traditionally *peace offerings*

Ezequías celebra la pascua

30 ¹ Envió después Ezequías por todo Israel y Judá, y escribió cartas a Efraín y a Manasés, para que viniesen a Jerusalén a la casa de Jehová para celebrar la pascua a Jehová Dios de Israel.
² Y el rey había tomado consejo con sus príncipes, y con toda la congregación en Jerusalén, para celebrar la pascua en el mes segundo;
³ porque entonces no la podían celebrar, por cuanto no había suficientes sacerdotes santificados, ni el pueblo se había reunido en Jerusalén.
⁴ Esto agradó al rey y a toda la multitud.
⁵ Y determinaron hacer pasar pregón por todo Israel, desde Beerseba hasta Dan, para que viniesen a celebrar la pascua a Jehová Dios de Israel, en Jerusalén; porque en mucho tiempo no la habían celebrado al modo que está escrito.
⁶ Fueron, pues, correos con cartas de mano del rey y de sus príncipes por todo Israel y Judá, como el rey lo había mandado, y decían: Hijos de Israel, volveos a Jehová el Dios de Abraham, de Isaac y de Israel, y él se volverá al remanente que ha quedado de la mano de los reyes de Asiria.
⁷ No seáis como vuestros padres y como vuestros hermanos, que se rebelaron contra Jehová el Dios de sus padres, y él los entregó a desolación, como vosotros veis.
⁸ No endurezcáis, pues, ahora vuestra cerviz como vuestros padres; someteos a Jehová, y venid a su santuario, el cual él ha santificado para siempre; y servid a Jehová vuestro Dios, y el ardor de su ira se apartará de vosotros.
⁹ Porque si os volviereis a Jehová, vuestros hermanos y vuestros hijos hallarán misericordia delante de los que los tienen cautivos, y volverán a esta tierra; porque Jehová vuestro Dios es clemente y misericordioso, y no apartará de vosotros su rostro, si vosotros os volviereis a él.
¹⁰ Pasaron, pues, los correos de ciudad en ciudad por la tierra de Efraín y Manasés, hasta Zabulón; mas se reían y burlaban de ellos.
¹¹ Con todo eso, algunos hombres de Aser, de Manasés y de Zabulón se humillaron, y vinieron a Jerusalén.
¹² En Judá también estuvo la mano de Dios para darles un solo corazón para cumplir el mensaje del rey y de los príncipes, conforme a la palabra de Jehová.
¹³ Y se reunió en Jerusalén mucha gente para celebrar la fiesta solemne de los panes sin levadura en el mes segundo, una vasta reunión.
¹⁴ Y levantándose, quitaron los altares que había en Jerusalén; quitaron también todos los altares de incienso, y los echaron al torrente de Cedrón.
¹⁵ Entonces sacrificaron la pascua, a los catorce días del mes segundo; y los sacerdotes y los levitas llenos de vergüenza se santificaron, y trajeron los holocaustos a la casa de Jehová.
¹⁶ Y tomaron su lugar en los turnos de costumbre, conforme a la ley de Moisés varón de Dios; y los sacerdotes esparcían la sangre que recibían de manos de los levitas.
¹⁷ Porque había muchos en la congregación que no estaban santificados, y por eso los levitas sacrificaban la pascua por todos los que no se habían purificado, para santificarlos a Jehová.
¹⁸ Porque una gran multitud del pueblo de Efraín y Manasés, y de Isacar y Zabulón, no se habían purificado, y comieron la pascua no conforme a lo que está escrito. Mas Ezequías oró por ellos, diciendo: Jehová, que es bueno, sea propicio a todo aquel que ha preparado su corazón para buscar a Dios,

Hezekiah Celebrates the Passover

30 Hezekiah sent word to all Israel and Judah and also wrote letters to Ephraim and Manasseh, inviting them to come to the temple of the LORD in Jerusalem and celebrate the Passover to the LORD, the God of Israel. ²The king and his officials and the whole assembly in Jerusalem decided to celebrate the Passover in the second month. ³They had not been able to celebrate it at the regular time because not enough priests had consecrated themselves and the people had not assembled in Jerusalem. ⁴The plan seemed right both to the king and to the whole assembly. ⁵They decided to send a proclamation throughout Israel, from Beersheba to Dan, calling the people to come to Jerusalem and celebrate the Passover to the LORD, the God of Israel. It had not been celebrated in large numbers according to what was written.
⁶At the king's command, couriers went throughout Israel and Judah with letters from the king and from his officials, which read:

"People of Israel, return to the LORD, the God of Abraham, Isaac and Israel, that he may return to you who are left, who have escaped from the hand of the kings of Assyria. ⁷Do not be like your fathers and brothers, who were unfaithful to the LORD, the God of their fathers, so that he made them an object of horror, as you see. ⁸Do not be stiff-necked, as your fathers were; submit to the LORD. Come to the sanctuary, which he has consecrated forever. Serve the LORD your God, so that his fierce anger will turn away from you. ⁹If you return to the LORD, then your brothers and your children will be shown compassion by their captors and will come back to this land, for the LORD your God is gracious and compassionate. He will not turn his face from you if you return to him."

¹⁰The couriers went from town to town in Ephraim and Manasseh, as far as Zebulun, but the people scorned and ridiculed them. ¹¹Nevertheless, some men of Asher, Manasseh and Zebulun humbled themselves and went to Jerusalem. ¹²Also in Judah the hand of God was on the people to give them unity of mind to carry out what the king and his officials had ordered, following the word of the LORD.
¹³A very large crowd of people assembled in Jerusalem to celebrate the Feast of Unleavened Bread in the second month. ¹⁴They removed the altars in Jerusalem and cleared away the incense altars and threw them into the Kidron Valley.
¹⁵They slaughtered the Passover lamb on the fourteenth day of the second month. The priests and the Levites were ashamed and consecrated themselves and brought burnt offerings to the temple of the LORD. ¹⁶Then they took up their regular positions as prescribed in the Law of Moses the man of God. The priests sprinkled the blood handed to them by the Levites. ¹⁷Since many in the crowd had not consecrated themselves, the Levites had to kill the Passover lambs for all those who were not ceremonially clean and could not consecrate their lambs to the LORD. ¹⁸Although most of the many people who came from Ephraim, Manasseh, Issachar and Zebulun had not purified themselves, yet they ate the Passover, contrary to what was written. But Hezekiah prayed for them, saying, "May the LORD, who is good, pardon everyone

19 a Jehová el Dios de sus padres, aunque no esté purificado según los ritos de purificación del santuario.

20 Y oyó Jehová a Ezequías, y sanó al pueblo.

21 Así los hijos de Israel que estaban en Jerusalén celebraron la fiesta solemne de los panes sin levadura por siete días con grande gozo; y glorificaban a Jehová todos los días los levitas y los sacerdotes, cantando con instrumentos resonantes a Jehová.

22 Y habló Ezequías al corazón de todos los levitas que tenían buena inteligencia en el servicio de Jehová. Y comieron de lo sacrificado en la fiesta solemne por siete días, ofreciendo sacrificios de paz, y dando gracias a Jehová el Dios de sus padres.

23 Y toda aquella asamblea determinó que celebrasen la fiesta por otros siete días; y la celebraron otros siete días con alegría.

24 Porque Ezequías rey de Judá había dado a la asamblea mil novillos y siete mil ovejas; y también los príncipes dieron al pueblo mil novillos y diez mil ovejas; y muchos sacerdotes ya se habían santificado.

25 Se alegró, pues, toda la congregación de Judá, como también los sacerdotes y levitas, y toda la multitud que había venido de Israel; asimismo los forasteros que habían venido de la tierra de Israel, y los que habitaban en Judá.

26 Hubo entonces gran regocijo en Jerusalén; porque desde los días de Salomón hijo de David rey de Israel, no había habido cosa semejante en Jerusalén.

27 Después los sacerdotes y levitas, puestos en pie, bendijeron al pueblo; y la voz de ellos fue oída, y su oración llegó a la habitación de su santuario, al cielo.

31 1 Hechas todas estas cosas, todos los de Israel que habían estado allí salieron por las ciudades de Judá, y quebraron las estatuas y destruyeron las imágenes de Asera, y derribaron los lugares altos y los altares por todo Judá y Benjamín, y también en Efraín y Manasés, hasta acabarlo todo. Después se volvieron todos los hijos de Israel a sus ciudades, cada uno a su posesión.

Ezequías reorganiza el servicio de los sacerdotes y levitas

2 Y arregló Ezequías la distribución de los sacerdotes y de los levitas conforme a sus turnos, cada uno según su oficio; los sacerdotes y los levitas para ofrecer el holocausto y las ofrendas de paz, para que ministrasen, para que diesen gracias y alabasen dentro de las puertas de los atrios de Jehová.

3 El rey contribuyó de su propia hacienda para los holocaustos a mañana y tarde, y para los holocaustos de los días de reposo, * nuevas lunas y fiestas solemnes, como está escrito en la ley de Jehová.

4 Mandó también al pueblo que habitaba en Jerusalén, que diese la porción correspondiente a los sacerdotes y levitas, para que ellos se dedicasen a la ley de Jehová.

5 Y cuando este edicto fue divulgado, los hijos de Israel dieron muchas primicias de grano, vino, aceite, miel, y de todos los frutos de la tierra; trajeron asimismo en abundancia los diezmos de todas las cosas.

6 También los hijos de Israel y de Judá, que habitaban en las ciudades de Judá, dieron del mismo modo los diezmos de las vacas y de las ovejas; y trajeron los diezmos de lo santificado, de las cosas que habían prometido a Jehová su Dios, y los depositaron en montones.

7 En el mes tercero comenzaron a formar aquellos montones, y terminaron en el mes séptimo.

19 who sets his heart on seeking God—the LORD, the God of his fathers—even if he is not clean according to the rules of the sanctuary." 20 And the LORD heard Hezekiah and healed the people.

21 The Israelites who were present in Jerusalem celebrated the Feast of Unleavened Bread for seven days with great rejoicing, while the Levites and priests sang to the LORD every day, accompanied by the LORD's instruments of praise. u

22 Hezekiah spoke encouragingly to all the Levites, who showed good understanding of the service of the LORD. For the seven days they ate their assigned portion and offered fellowship offerings v and praised the LORD, the God of their fathers.

23 The whole assembly then agreed to celebrate the festival seven more days; so for another seven days they celebrated joyfully. 24 Hezekiah king of Judah provided a thousand bulls and seven thousand sheep and goats for the assembly, and the officials provided them with a thousand bulls and ten thousand sheep and goats. A great number of priests consecrated themselves. 25 The entire assembly of Judah rejoiced, along with the priests and Levites and all who had assembled from Israel, including the aliens who had come from Israel and those who lived in Judah. 26 There was great joy in Jerusalem, for since the days of Solomon son of David king of Israel there had been nothing like this in Jerusalem. 27 The priests and the Levites stood to bless the people, and God heard them, for their prayer reached heaven, his holy dwelling place.

31 When all this had ended, the Israelites who were there went out to the towns of Judah, smashed the sacred stones and cut down the Asherah poles. They destroyed the high places and the altars throughout Judah and Benjamin and in Ephraim and Manasseh. After they had destroyed all of them, the Israelites returned to their own towns and to their own property.

Contributions for Worship

2 Hezekiah assigned the priests and Levites to divisions—each of them according to their duties as priests or Levites—to offer burnt offerings and fellowship offerings, v to minister, to give thanks and to sing praises at the gates of the LORD's dwelling. 3 The king contributed from his own possessions for the morning and evening burnt offerings and for the burnt offerings on the Sabbaths, New Moons and appointed feasts as written in the Law of the LORD. 4 He ordered the people living in Jerusalem to give the portion due the priests and Levites so they could devote themselves to the Law of the LORD. 5 As soon as the order went out, the Israelites generously gave the firstfruits of their grain, new wine, oil and honey and all that the fields produced. They brought a great amount, a tithe of everything. 6 The men of Israel and Judah who lived in the towns of Judah also brought a tithe of their herds and flocks and a tithe of the holy things dedicated to the LORD their God, and they piled them in heaps. 7 They began doing this in the third month and finished in the

---

*Aquí equivale a *sábado*

u21 Or *priests praised the LORD every day with resounding instruments belonging to the LORD*   v22,2 Traditionally *peace offerings*

8 Cuando Ezequías y los príncipes vinieron y vieron los montones, bendijeron a Jehová, y a su pueblo Israel.

9 Y preguntó Ezequías a los sacerdotes y a los levitas acerca de esos montones.

10 Y el sumo sacerdote Azarías, de la casa de Sadoc, le contestó: Desde que comenzaron a traer las ofrendas a la casa de Jehová, hemos comido y nos hemos saciado, y nos ha sobrado mucho, porque Jehová ha bendecido a su pueblo; y ha quedado esta abundancia de provisiones.

11 Entonces mandó Ezequías que preparasen cámaras en la casa de Jehová, y las prepararon.

12 Y en ellas depositaron las primicias y los diezmos y las cosas consagradas, fielmente; y dieron cargo de ello al levita Conanías, el principal, y Simei su hermano fue el segundo.

13 Y Jehiel, Azazías, Nahat, Asael, Jerimot, Jozabad, Eliel, Ismaquías, Mahat y Benaía, fueron los mayordomos al servicio de Conanías y de Simei su hermano, por mandamiento del rey Ezequías y de Azarías, príncipe de la casa de Dios.

14 Y el levita Coré hijo de Imna, guarda de la puerta oriental, tenía cargo de las ofrendas voluntarias para Dios, y de la distribución de las ofrendas dedicadas a Jehová, y de las cosas santísimas.

15 Y a su servicio estaban Edén, Miniamín, Jesúa, Semaías, Amarías y Secanías, en las ciudades de los sacerdotes, para dar con fidelidad a sus hermanos sus porciones conforme a sus grupos, así al mayor como al menor;

16 a los varones anotados por sus linajes, de tres años arriba, a todos los que entraban en la casa de Jehová para desempeñar su ministerio según sus oficios y grupos.

17 También a los que eran contados entre los sacerdotes según sus casas paternas; y a los levitas de edad de veinte años arriba, conforme a sus oficios y grupos.

18 Eran inscritos con todos sus niños, sus mujeres, sus hijos e hijas, toda la multitud; porque con fidelidad se consagraban a las cosas santas.

19 Del mismo modo para los hijos de Aarón, sacerdotes, que estaban en los ejidos de sus ciudades, por todas las ciudades, los varones nombrados tenían cargo de dar sus porciones a todos los varones de entre los sacerdotes, y a todo el linaje de los levitas.

20 De esta manera hizo Ezequías en todo Judá; y ejecutó lo bueno, recto y verdadero delante de Jehová su Dios.

21 En todo cuanto emprendió en el servicio de la casa de Dios, de acuerdo con la ley y los mandamientos, buscó a su Dios, lo hizo de todo corazón, y fue prosperado.

Senaquerib invade a Judá

32 1 Después de estas cosas y de esta fidelidad, vino Senaquerib rey de los asirios e invadió a Judá, y acampó contra las ciudades fortificadas, con la intención de conquistarlas.

2 Viendo, pues, Ezequías la venida de Senaquerib, y su intención de combatir a Jerusalén,

3 tuvo consejo con sus príncipes y con sus hombres valientes, para cegar las fuentes de agua que estaban fuera de la ciudad; y ellos le apoyaron.

4 Entonces se reunió mucho pueblo, y cegaron todas las fuentes, y el arroyo que corría a través del territorio, diciendo: ¿Por qué han de hallar los reyes de Asiria muchas aguas cuando vengan?

seventh month. 8 When Hezekiah and his officials came and saw the heaps, they praised the LORD and blessed his people Israel.

9 Hezekiah asked the priests and Levites about the heaps; 10 and Azariah the chief priest, from the family of Zadok, answered, "Since the people began to bring their contributions to the temple of the LORD, we have had enough to eat and plenty to spare, because the LORD has blessed his people, and this great amount is left over."

11 Hezekiah gave orders to prepare storerooms in the temple of the LORD, and this was done. 12 Then they faithfully brought in the contributions, tithes and dedicated gifts. Conaniah, a Levite, was in charge of these things, and his brother Shimei was next in rank. 13 Jehiel, Azaziah, Nahath, Asahel, Jerimoth, Jozabad, Eliel, Ismakiah, Mahath and Benaiah were supervisors under Conaniah and Shimei his brother, by appointment of King Hezekiah and Azariah the official in charge of the temple of God.

14 Kore son of Imnah the Levite, keeper of the East Gate, was in charge of the freewill offerings given to God, distributing the contributions made to the LORD and also the consecrated gifts. 15 Eden, Miniamin, Jeshua, Shemaiah, Amariah and Shecaniah assisted him faithfully in the towns of the priests, distributing to their fellow priests according to their divisions, old and young alike.

16 In addition, they distributed to the males three years old or more whose names were in the genealogical records—all who would enter the temple of the LORD to perform the daily duties of their various tasks, according to their responsibilities and their divisions. 17 And they distributed to the priests enrolled by their families in the genealogical records and likewise to the Levites twenty years old or more, according to their responsibilities and their divisions. 18 They included all the little ones, the wives, and the sons and daughters of the whole community listed in these genealogical records. For they were faithful in consecrating themselves.

19 As for the priests, the descendants of Aaron, who lived on the farm lands around their towns or in any other towns, men were designated by name to distribute portions to every male among them and to all who were recorded in the genealogies of the Levites.

20 This is what Hezekiah did throughout Judah, doing what was good and right and faithful before the LORD his God. 21 In everything that he undertook in the service of God's temple and in obedience to the law and the commands, he sought his God and worked wholeheartedly. And so he prospered.

Sennacherib Threatens Jerusalem

32 After all that Hezekiah had so faithfully done, Sennacherib king of Assyria came and invaded Judah. He laid siege to the fortified cities, thinking to conquer them for himself. 2 When Hezekiah saw that Sennacherib had come and that he intended to make war on Jerusalem, 3 he consulted with his officials and military staff about blocking off the water from the springs outside the city, and they helped him. 4 A large force of men assembled, and they blocked all the springs and the stream that flowed through the land. "Why should the kings *w* of Assyria come and find plenty of water?" they said. 5 Then he worked hard

w 4 Hebrew; Septuagint and Syriac king

5 Después con ánimo resuelto edificó Ezequías todos los muros caídos, e hizo alzar las torres, y otro muro por fuera; fortificó además a Milo en la ciudad de David, y también hizo muchas espadas y escudos.

6 Y puso capitanes de guerra sobre el pueblo, y los hizo reunir en la plaza de la puerta de la ciudad, y habló al corazón de ellos, diciendo:

7 Esforzaos y animaos; no temáis, ni tengáis miedo del rey de Asiria, ni de toda la multitud que con él viene; porque más hay con nosotros que con él.

8 Con él está el brazo de carne, mas con nosotros está Jehová nuestro Dios para ayudarnos y pelear nuestras batallas. Y el pueblo tuvo confianza en las palabras de Ezequías rey de Judá.

9 Después de esto, Senaquerib rey de los asirios, mientras sitiaba a Laquis con todas sus fuerzas, envió sus siervos a Jerusalén para decir a Ezequías rey de Judá, y a todos los de Judá que estaban en Jerusalén:

10 Así ha dicho Senaquerib rey de los asirios: ¿En quién confiáis vosotros, al resistir el sitio en Jerusalén?

11 ¿No os engaña Ezequías para entregaros a muerte, a hambre y a sed, al decir: Jehová nuestro Dios nos librará de la mano del rey de Asiria?

12 ¿No es Ezequías el mismo que ha quitado sus lugares altos y sus altares, y ha dicho a Judá y a Jerusalén: Delante de este solo altar adoraréis, y sobre él quemaréis incienso?

13 ¿No habéis sabido lo que yo y mis padres hemos hecho a todos los pueblos de la tierra? ¿Pudieron los dioses de las naciones de esas tierras librar su tierra de mi mano?

14 ¿Qué dios hubo de entre todos los dioses de aquellas naciones que destruyeron mis padres, que pudiese salvar a su pueblo de mis manos? ¿Cómo podrá vuestro Dios libraros de mi mano?

15 Ahora, pues, no os engañe Ezequías, ni os persuada de ese modo, ni le creáis; que si ningún dios de todas aquellas naciones y reinos pudo librar a su pueblo de mis manos, y de las manos de mis padres, ¿cuánto menos vuestro Dios os podrá librar de mi mano?

16 Y otras cosas más hablaron sus siervos contra Jehová Dios, y contra su siervo Ezequías.

17 Además de esto escribió cartas en que blasfemaba contra Jehová el Dios de Israel, y hablaba contra él, diciendo: Como los dioses de las naciones de los países no pudieron librar a su pueblo de mis manos, tampoco el Dios de Ezequías librará al suyo de mis manos.

18 Y clamaron a gran voz en judaico al pueblo de Jerusalén que estaba sobre los muros, para espantarles y atemorizarles, a fin de poder tomar la ciudad.

19 Y hablaron contra el Dios de Jerusalén, como contra los dioses de los pueblos de la tierra, que son obra de manos de hombres.

Jehová libra a Ezequías

20 Mas el rey Ezequías y el profeta Isaías hijo de Amoz oraron por esto, y clamaron al cielo.

21 Y Jehová envió un ángel, el cual destruyó a todo valiente y esforzado, y a los jefes y capitanes en el campamento del rey de Asiria. Este se volvió, por tanto, avergonzado a su tierra; y entrando en el templo de su dios, allí lo mataron a espada sus propios hijos.

22 Así salvó Jehová a Ezequías y a los moradores de Jerusalén de las manos de Senaquerib rey de Asiria, y de las manos de todos; y les dio reposo por todos lados.

repairing all the broken sections of the wall and building towers on it. He built another wall outside that one and reinforced the supporting terraces x of the City of David. He also made large numbers of weapons and shields.

6 He appointed military officers over the people and assembled them before him in the square at the city gate and encouraged them with these words: 7 "Be strong and courageous. Do not be afraid or discouraged because of the king of Assyria and the vast army with him, for there is a greater power with us than with him. 8 With him is only the arm of flesh, but with us is the LORD our God to help us and to fight our battles." And the people gained confidence from what Hezekiah the king of Judah said.

9 Later, when Sennacherib king of Assyria and all his forces were laying siege to Lachish, he sent his officers to Jerusalem with this message for Hezekiah king of Judah and for all the people of Judah who were there:

10 "This is what Sennacherib king of Assyria says: On what are you basing your confidence, that you remain in Jerusalem under siege? 11 When Hezekiah says, 'The LORD our God will save us from the hand of the king of Assyria,' he is misleading you, to let you die of hunger and thirst. 12 Did not Hezekiah himself remove this god's high places and altars, saying to Judah and Jerusalem, 'You must worship before one altar and burn sacrifices on it'?

13 "Do you not know what I and my fathers have done to all the peoples of the other lands? Were the gods of those nations ever able to deliver their land from my hand? 14 Who of all the gods of these nations that my fathers destroyed has been able to save his people from me? How then can your god deliver you from my hand? 15 Now do not let Hezekiah deceive you and mislead you like this. Do not believe him, for no god of any nation or kingdom has been able to deliver his people from my hand or the hand of my fathers. How much less will your god deliver you from my hand!"

16 Sennacherib's officers spoke further against the LORD God and against his servant Hezekiah. 17 The king also wrote letters insulting the LORD, the God of Israel, and saying this against him: "Just as the gods of the peoples of the other lands did not rescue their people from my hand, so the god of Hezekiah will not rescue his people from my hand." 18 Then they called out in Hebrew to the people of Jerusalem who were on the wall, to terrify them and make them afraid in order to capture the city. 19 They spoke about the God of Jerusalem as they did about the gods of the other peoples of the world — the work of men's hands.

20 King Hezekiah and the prophet Isaiah son of Amoz cried out in prayer to heaven about this. 21 And the LORD sent an angel, who annihilated all the fighting men and the leaders and officers in the camp of the Assyrian king. So he withdrew to his own land in disgrace. And when he went into the temple of his god, some of his sons cut him down with the sword.

22 So the LORD saved Hezekiah and the people of Jerusalem from the hand of Sennacherib king of Assyria and from the hand of all others. He took care of them y

x5 Or *the Millo* y22 Hebrew; Septuagint and Vulgate *He gave them rest*

23 Y muchos trajeron a Jerusalén ofrenda a Jehová, y ricos presentes a Ezequías rey de Judá; y fue muy engrandecido delante de todas las naciones después de esto.

Enfermedad de Ezequías

24 En aquel tiempo Ezequías enfermó de muerte; y oró a Jehová, quien le respondió, y le dio una señal.
25 Mas Ezequías no correspondió al bien que le había sido hecho, sino que se enalteció su corazón, y vino la ira contra él, y contra Judá y Jerusalén.
26 Pero Ezequías, después de haberse enaltecido su corazón, se humilló, él y los moradores de Jerusalén; y no vino sobre ellos la ira de Jehová en los días de Ezequías.

Ezequías recibe a los enviados de Babilonia

27 Y tuvo Ezequías riquezas y gloria, muchas en gran manera; y adquirió tesoros de plata y oro, piedras preciosas, perfumes, escudos, y toda clase de joyas deseables.
28 Asimismo hizo depósitos para las rentas del grano, del vino y del aceite, establos para toda clase de bestias, y apriscos para los ganados.
29 Adquirió también ciudades, y hatos de ovejas y de vacas en gran abundancia; porque Dios le había dado muchas riquezas.
30 Este Ezequías cubrió los manantiales de Gihón la de arriba, y condujo el agua hacia el occidente de la ciudad de David. Y fue prosperado Ezequías en todo lo que hizo.
31 Mas en lo referente a los mensajeros de los príncipes de Babilonia, que enviaron a él para saber del prodigio que había acontecido en el país, Dios lo dejó, para probarle, para hacer conocer todo lo que estaba en su corazón.

Muerte de Ezequías

32 Los demás hechos de Ezequías, y sus misericordias, he aquí todos están escritos en la profecía del profeta Isaías hijo de Amoz, en el libro de los reyes de Judá y de Israel.
33 Y durmió Ezequías con sus padres, y lo sepultaron en el lugar más prominente de los sepulcros de los hijos de David, honrándole en su muerte todo Judá y toda Jerusalén; y reinó en su lugar Manasés su hijo.

Reinado de Manasés

33 1 De doce años era Manasés cuando comenzó a reinar, y cincuenta y cinco años reinó en Jerusalen.
2 Pero hizo lo malo ante los ojos de Jehová, conforme a las abominaciones de las naciones que Jehová había echado de delante de los hijos de Israel.
3 Porque él reedificó los lugares altos que Ezequías su padre había derribado, y levantó altares a los baales, e hizo imágenes de Asera, y adoró a todo el ejército de los cielos, y les rindió culto.
4 Edificó también altares en la casa de Jehová, de la cual había dicho Jehová: En Jerusalén estará mi nombre perpetuamente.
5 Edificó asimismo altares a todo el ejército de los cielos en los dos atrios de la casa de Jehová.
6 Y pasó sus hijos por fuego en el valle del hijo de Hinom; y observaba los tiempos, miraba en agüeros, era dado a adivinaciones, y consultaba a adivinos y encantadores; se excedió en hacer lo malo ante los ojos de Jehová, hasta encender su ira.
7 Además de esto puso una imagen fundida que hizo, en la casa de Dios, de la cual había dicho Dios a David y a Salomón su hijo: En esta casa y en Jerusalén, la cual yo elegí sobre todas las tribus de Israel, pondré mi nombre para siempre;

on every side. 23 Many brought offerings to Jerusalem for the LORD and valuable gifts for Hezekiah king of Judah. From then on he was highly regarded by all the nations.

Hezekiah's Pride, Success and Death

24 In those days Hezekiah became ill and was at the point of death. He prayed to the LORD, who answered him and gave him a miraculous sign. 25 But Hezekiah's heart was proud and he did not respond to the kindness shown him; therefore the LORD's wrath was on him and on Judah and Jerusalem. 26 Then Hezekiah repented of the pride of his heart, as did the people of Jerusalem; therefore the LORD's wrath did not come upon them during the days of Hezekiah.

27 Hezekiah had very great riches and honor, and he made treasuries for his silver and gold and for his precious stones, spices, shields and all kinds of valuables. 28 He also made buildings to store the harvest of grain, new wine and oil; and he made stalls for various kinds of cattle, and pens for the flocks. 29 He built villages and acquired great numbers of flocks and herds, for God had given him very great riches.

30 It was Hezekiah who blocked the upper outlet of the Gihon spring and channeled the water down to the west side of the City of David. He succeeded in everything he undertook. 31 But when envoys were sent by the rulers of Babylon to ask him about the miraculous sign that had occurred in the land, God left him to test him and to know everything that was in his heart.

32 The other events of Hezekiah's reign and his acts of devotion are written in the vision of the prophet Isaiah son of Amoz in the book of the kings of Judah and Israel. 33 Hezekiah rested with his fathers and was buried on the hill where the tombs of David's descendants are. All Judah and the people of Jerusalem honored him when he died. And Manasseh his son succeeded him as king.

Manasseh King of Judah

33 Manasseh was twelve years old when he became king, and he reigned in Jerusalem fifty-five years. 2 He did evil in the eyes of the LORD, following the detestable practices of the nations the LORD had driven out before the Israelites. 3 He rebuilt the high places his father Hezekiah had demolished; he also erected altars to the Baals and made Asherah poles. He bowed down to all the starry hosts and worshiped them. 4 He built altars in the temple of the LORD, of which the LORD had said, "My Name will remain in Jerusalem forever." 5 In both courts of the temple of the LORD, he built altars to all the starry hosts. 6 He sacrificed his sons in z the fire in the Valley of Ben Hinnom, practiced sorcery, divination and witchcraft, and consulted mediums and spiritists. He did much evil in the eyes of the LORD, provoking him to anger.

7 He took the carved image he had made and put it in God's temple, of which God had said to David and to his son Solomon, "In this temple and in Jerusalem, which I have chosen out of all the tribes of Israel, I will put my Name forever. 8 I will not again make the feet

z6 Or *He made his sons pass through*

8y nunca más quitaré el pie de Israel de la tierra que yo entregué a vuestros padres, a condición de que guarden y hagan todas las cosas que yo les he mandado, toda la ley, los estatutos y los preceptos, por medio de Moisés.

9Manasés, pues, hizo extraviarse a Judá y a los moradores de Jerusalén, para hacer más mal que las naciones que Jehová destruyó delante de los hijos de Israel.

10Y habló Jehová a Manasés y a su pueblo, mas ellos no escucharon;

11por lo cual Jehová trajo contra ellos los generales del ejército del rey de los asirios, los cuales aprisionaron con grillos a Manasés, y atado con cadenas lo llevaron a Babilonia.

12Mas luego que fue puesto en angustias, oró a Jehová su Dios, humillado grandemente en la presencia del Dios de sus padres.

13Y habiendo orado a él, fue atendido; pues Dios oyó su oración y lo restauró a Jerusalén, a su reino. Entonces reconoció Manasés que Jehová era Dios.

14Después de esto edificó el muro exterior de la ciudad de David, al occidente de Gihón, en el valle, a la entrada de la puerta del Pescado, y amuralló Ofel, y elevó el muro muy alto; y puso capitanes de ejército en todas las ciudades fortificadas de Judá.

15Asimismo quitó los dioses ajenos, y el ídolo de la casa de Jehová, y todos los altares que había edificado en el monte de la casa de Jehová y en Jerusalén, y los echó fuera de la ciudad.

16Reparó luego el altar de Jehová, y sacrificó sobre él sacrificios de ofrendas de paz y de alabanza; y mandó a Judá que sirviesen a Jehová Dios de Israel.

17Pero el pueblo aún sacrificaba en los lugares altos, aunque lo hacía para Jehová su Dios.

18Los demás hechos de Manasés, y su oración a su Dios, y las palabras de los videntes que le hablaron en nombre de Jehová el Dios de Israel, he aquí todo está escrito en las actas de los reyes de Israel.

19Su oración también, y cómo fue oído, todos sus pecados, y su prevaricación, los sitios donde edificó lugares altos y erigió imágenes de Asera e ídolos, antes que se humillase, he aquí estas cosas están escritas en las palabras de los videntes.

20Y durmió Manasés con sus padres, y lo sepultaron en su casa; y reinó en su lugar Amón su hijo.

Reinado de Amón

21De veintidós años era Amón cuando comenzó a reinar, y dos años reinó en Jerusalén.

22E hizo lo malo ante los ojos de Jehová, como había hecho Manasés su padre; porque ofreció sacrificios y sirvió a todos los ídolos que su padre Manasés había hecho.

23Pero nunca se humilló delante de Jehová, como se humilló Manasés su padre; antes bien aumentó el pecado.

24Y conspiraron contra él sus siervos, y lo mataron en su casa.

25Mas el pueblo de la tierra mató a todos los que habían conspirado contra el rey Amón; y el pueblo de la tierra puso por rey en su lugar a Josías su hijo.

Reinado de Josías

34 1De ocho años era Josías cuando comenzó a reinar, y treinta y un años reinó en Jerusalén.

2Este hizo lo recto ante los ojos de Jehová, y anduvo en los caminos de David su padre, sin apartarse a la derecha ni a la izquierda.

of the Israelites leave the land I assigned to your forefathers, if only they will be careful to do everything I commanded them concerning all the laws, decrees and ordinances given through Moses." 9But Manasseh led Judah and the people of Jerusalem astray, so that they did more evil than the nations the LORD had destroyed before the Israelites.

10The LORD spoke to Manasseh and his people, but they paid no attention. 11So the LORD brought against them the army commanders of the king of Assyria, who took Manasseh prisoner, put a hook in his nose, bound him with bronze shackles and took him to Babylon. 12In his distress he sought the favor of the LORD his God and humbled himself greatly before the God of his fathers. 13And when he prayed to him, the LORD was moved by his entreaty and listened to his plea; so he brought him back to Jerusalem and to his kingdom. Then Manasseh knew that the LORD is God.

14Afterward he rebuilt the outer wall of the City of David, west of the Gihon spring in the valley, as far as the entrance of the Fish Gate and encircling the hill of Ophel; he also made it much higher. He stationed military commanders in all the fortified cities in Judah.

15He got rid of the foreign gods and removed the image from the temple of the LORD, as well as all the altars he had built on the temple hill and in Jerusalem; and he threw them out of the city. 16Then he restored the altar of the LORD and sacrificed fellowship offerings[a] and thank offerings on it, and told Judah to serve the LORD, the God of Israel. 17The people, however, continued to sacrifice at the high places, but only to the LORD their God.

18The other events of Manasseh's reign, including his prayer to his God and the words the seers spoke to him in the name of the LORD, the God of Israel, are written in the annals of the kings of Israel.[b] 19His prayer and how God was moved by his entreaty, as well as all his sins and unfaithfulness, and the sites where he built high places and set up Asherah poles and idols before he humbled himself—all are written in the records of the seers.[c] 20Manasseh rested with his fathers and was buried in his palace. And Amon his son succeeded him as king.

Amon King of Judah

21Amon was twenty-two years old when he became king, and he reigned in Jerusalem two years. 22He did evil in the eyes of the LORD, as his father Manasseh had done. Amon worshiped and offered sacrifices to all the idols Manasseh had made. 23But unlike his father Manasseh, he did not humble himself before the LORD; Amon increased his guilt.

24Amon's officials conspired against him and assassinated him in his palace. 25Then the people of the land killed all who had plotted against King Amon, and they made Josiah his son king in his place.

Josiah's Reforms

34 Josiah was eight years old when he became king, and he reigned in Jerusalem thirty-one years. 2He did what was right in the eyes of the LORD and walked in the ways of his father David, not turning aside to the right or to the left.

---

a16 Traditionally *peace offerings*   b18 That is, Judah, as frequently in 2 Chronicles   c19 One Hebrew manuscript and Septuagint; most Hebrew manuscripts *of Hozai*

Reformas de Josías

3 A los ocho años de su reinado, siendo aún muchacho, comenzó a buscar al Dios de David su padre; y a los doce años comenzó a limpiar a Judá y a Jerusalén de los lugares altos, imágenes de Asera, esculturas, e imágenes fundidas. 4 Y derribaron delante de él los altares de los baales, e hizo pedazos las imágenes del sol, que estaban puestas encima; despedazó también las imágenes de Asera, las esculturas y estatuas fundidas, y las desmenuzó, y esparció el polvo sobre los sepulcros de los que les habían ofrecido sacrificios. 5 Quemó además los huesos de los sacerdotes sobre sus altares, y limpió a Judá y a Jerusalén. 6 Lo mismo hizo en las ciudades de Manasés, Efraín, Simeón y hasta Neftalí, y en los lugares asolados alrededor. 7 Y cuando hubo derribado los altares y las imágenes de Asera, y quebrado y desmenuzado las esculturas, y destruido todos los ídolos por toda la tierra de Israel, volvió a Jerusalén.

Hallazgo del libro de la ley

8 A los dieciocho años de su reinado, después de haber limpiado la tierra y la casa, envió a Safán hijo de Azalía, a Maasías gobernador de la ciudad, y a Joa hijo de Joacaz, canciller, para que reparasen la casa de Jehová su Dios. 9 Vinieron éstos al sumo sacerdote Hilcías, y dieron el dinero que había sido traído a la casa de Jehová, que los levitas que guardaban la puerta habían recogido de mano de Manasés y de Efraín y de todo el remanente de Israel, de todo Judá y Benjamín, y de los habitantes de Jerusalén. 10 Y lo entregaron en mano de los que hacían la obra, que eran mayordomos en la casa de Jehová, los cuales lo daban a los que hacían la obra y trabajaban en la casa de Jehová, para reparar y restaurar el templo. 11 Daban asimismo a los carpinteros y canteros para que comprasen piedra de cantería, y madera para los armazones y para la entabladura de los edificios que habían destruido los reyes de Judá. 12 Y estos hombres procedían con fidelidad en la obra; y eran sus mayordomos Jahat y Abdías, levitas de los hijos de Merari, y Zacarías y Mesulam de los hijos de Coat, para que activasen la obra; y de los levitas, todos los entendidos en instrumentos de música. 13 También velaban sobre los cargadores, y eran mayordomos de los que se ocupaban en cualquier clase de obra; y de los levitas había escribas, gobernadores y porteros.

14 Y al sacar el dinero que había sido traído a la casa de Jehová, el sacerdote Hilcías halló el libro de la ley de Jehová dada por medio de Moisés. 15 Y dando cuenta Hilcías, dijo al escriba Safán: Yo he hallado el libro de la ley en la casa de Jehová. Y dio Hilcías el libro a Safán. 16 Y Safán lo llevó al rey, y le contó el asunto, diciendo: Tus siervos han cumplido todo lo que les fue encomendado. 17 Han reunido el dinero que se halló en la casa de Jehová, y lo han entregado en mano de los encargados, y en mano de los que hacen la obra. 18 Además de esto, declaró el escriba Safán al rey, diciendo: El sacerdote Hilcías me dio un libro. Y leyó Safán en él delante del rey.

19 Luego que el rey oyó las palabras de la ley, rasgó sus vestidos; 20 y mandó a Hilcías y a Ahicam hijo de Safán, y a Abdón hijo de Micaía, y a Safán escriba, y a Asaías siervo del rey, diciendo:

3 In the eighth year of his reign, while he was still young, he began to seek the God of his father David. In his twelfth year he began to purge Judah and Jerusalem of high places, Asherah poles, carved idols and cast images. 4 Under his direction the altars of the Baals were torn down; he cut to pieces the incense altars that were above them, and smashed the Asherah poles, the idols and the images. These he broke to pieces and scattered over the graves of those who had sacrificed to them. 5 He burned the bones of the priests on their altars, and so he purged Judah and Jerusalem. 6 In the towns of Manasseh, Ephraim and Simeon, as far as Naphtali, and in the ruins around them, 7 he tore down the altars and the Asherah poles and crushed the idols to powder and cut to pieces all the incense altars throughout Israel. Then he went back to Jerusalem.

8 In the eighteenth year of Josiah's reign, to purify the land and the temple, he sent Shaphan son of Azaliah and Maaseiah the ruler of the city, with Joah son of Joahaz, the recorder, to repair the temple of the LORD his God. 9 They went to Hilkiah the high priest and gave him the money that had been brought into the temple of God, which the Levites who were the doorkeepers had collected from the people of Manasseh, Ephraim and the entire remnant of Israel and from all the people of Judah and Benjamin and the inhabitants of Jerusalem. 10 Then they entrusted it to the men appointed to supervise the work on the LORD's temple. These men paid the workers who repaired and restored the temple. 11 They also gave money to the carpenters and builders to purchase dressed stone, and timber for joists and beams for the buildings that the kings of Judah had allowed to fall into ruin.

12 The men did the work faithfully. Over them to direct them were Jahath and Obadiah, Levites descended from Merari, and Zechariah and Meshullam, descended from Kohath. The Levites—all who were skilled in playing musical instruments— 13 had charge of the laborers and supervised all the workers from job to job. Some of the Levites were secretaries, scribes and doorkeepers.

The Book of the Law Found

14 While they were bringing out the money that had been taken into the temple of the LORD, Hilkiah the priest found the Book of the Law of the LORD that had been given through Moses. 15 Hilkiah said to Shaphan the secretary, "I have found the Book of the Law in the temple of the LORD." He gave it to Shaphan. 16 Then Shaphan took the book to the king and reported to him: "Your officials are doing everything that has been committed to them. 17 They have paid out the money that was in the temple of the LORD and have entrusted it to the supervisors and workers." 18 Then Shaphan the secretary informed the king, "Hilkiah the priest has given me a book." And Shaphan read from it in the presence of the king.

19 When the king heard the words of the Law, he tore his robes. 20 He gave these orders to Hilkiah, Ahikam son of Shaphan, Abdon son of Micah, d Shaphan the secretary and Asaiah the king's attendant: 21 "Go

d 20 Also called *Acbor son of Micaiah*

21 Andad, consultad a Jehová por mí y por el remanente de Israel y de Judá acerca de las palabras del libro que se ha hallado; porque grande es la ira de Jehová que ha caído sobre nosotros, por cuanto nuestros padres no guardaron la palabra de Jehová, para hacer conforme a todo lo que está escrito en este libro.

22 Entonces Hilcías y los del rey fueron a Hulda profetisa, mujer de Salum hijo de Ticva, hijo de Harhas, guarda de las vestiduras, la cual moraba en Jerusalén en el segundo barrio, y le dijeron las palabras antes dichas.

23 Y ella respondió: Jehová Dios de Israel ha dicho así: Decid al varón que os ha enviado a mí, que así ha dicho Jehová:

24 He aquí yo traigo mal sobre este lugar, y sobre los moradores de él, todas las maldiciones que están escritas en el libro que leyeron delante del rey de Judá;

25 por cuanto me han dejado, y han ofrecido sacrificios a dioses ajenos, provocándome a ira con todas las obras de sus manos; por tanto, se derramará mi ira sobre este lugar, y no se apagará.

26 Mas al rey de Judá, que os ha enviado a consultar a Jehová, así le diréis: Jehová el Dios de Israel ha dicho así: Por cuanto oíste las palabras del libro,

27 y tu corazón se conmovió, y te humillaste delante de Dios al oír sus palabras sobre este lugar y sobre sus moradores, y te humillaste delante de mí, y rasgaste tus vestidos y lloraste en mi presencia, yo también te he oído, dice Jehová.

28 He aquí que yo te recogeré con tus padres, y serás recogido en tu sepulcro en paz, y tus ojos no verán todo el mal que yo traigo sobre este lugar y sobre los moradores de él. Y ellos refirieron al rey la respuesta.

29 Entonces el rey envió y reunió a todos los ancianos de Judá y de Jerusalén.

30 Y subió el rey a la casa de Jehová, y con él todos los varones de Judá, y los moradores de Jerusalén, los sacerdotes, los levitas y todo el pueblo, desde el mayor hasta el más pequeño; y leyó a oídos de ellos todas las palabras del libro del pacto que había sido hallado en la casa de Jehová.

31 Y estando el rey en pie en su sitio, hizo delante de Jehová pacto de caminar en pos de Jehová y de guardar sus mandamientos, sus testimonios y sus estatutos, con todo su corazón y con toda su alma, poniendo por obra las palabras del pacto que estaban escritas en aquel libro.

32 E hizo que se obligaran a ello todos los que estaban en Jerusalén y en Benjamín; y los moradores de Jerusalén hicieron conforme al pacto de Dios, del Dios de sus padres.

33 Y quitó Josías todas las abominaciones de toda la tierra de los hijos de Israel, e hizo que todos los que se hallaban en Israel sirviesen a Jehová su Dios. No se apartaron de en pos de Jehová el Dios de sus padres, todo el tiempo que él vivió.

Josías celebra la pascua

35 1 Josías celebró la pascua a Jehová en Jerusalén, y sacrificaron la pascua a los catorce días del mes primero.

2 Puso también a los sacerdotes en sus oficios, y los confirmó en el ministerio de la casa de Jehová.

and inquire of the LORD for me and for the remnant in Israel and Judah about what is written in this book that has been found. Great is the LORD's anger that is poured out on us because our fathers have not kept the word of the LORD; they have not acted in accordance with all that is written in this book."

22 Hilkiah and those the king had sent with him [e] went to speak to the prophetess Huldah, who was the wife of Shallum son of Tokhath, [f] the son of Hasrah, [g] keeper of the wardrobe. She lived in Jerusalem, in the Second District.

23 She said to them, "This is what the LORD, the God of Israel, says: Tell the man who sent you to me, 24 'This is what the LORD says: I am going to bring disaster on this place and its people—all the curses written in the book that has been read in the presence of the king of Judah. 25 Because they have forsaken me and burned incense to other gods and provoked me to anger by all that their hands have made, [h] my anger will be poured out on this place and will not be quenched.' 26 Tell the king of Judah, who sent you to inquire of the LORD, 'This is what the LORD, the God of Israel, says concerning the words you heard: 27 Because your heart was responsive and you humbled yourself before God when you heard what he spoke against this place and its people, and because you humbled yourself before me and tore your robes and wept in my presence, I have heard you, declares the LORD. 28 Now I will gather you to your fathers, and you will be buried in peace. Your eyes will not see all the disaster I am going to bring on this place and on those who live here.' "

So they took her answer back to the king.

29 Then the king called together all the elders of Judah and Jerusalem. 30 He went up to the temple of the LORD with the men of Judah, the people of Jerusalem, the priests and the Levites—all the people from the least to the greatest. He read in their hearing all the words of the Book of the Covenant, which had been found in the temple of the LORD. 31 The king stood by his pillar and renewed the covenant in the presence of the LORD—to follow the LORD and keep his commands, regulations and decrees with all his heart and all his soul, and to obey the words of the covenant written in this book.

32 Then he had everyone in Jerusalem and Benjamin pledge themselves to it; the people of Jerusalem did this in accordance with the covenant of God, the God of their fathers.

33 Josiah removed all the detestable idols from all the territory belonging to the Israelites, and he had all who were present in Israel serve the LORD their God. As long as he lived, they did not fail to follow the LORD, the God of their fathers.

Josiah Celebrates the Passover

35 Josiah celebrated the Passover to the LORD in Jerusalem, and the Passover lamb was slaughtered on the fourteenth day of the first month. 2 He appointed the priests to their duties and encouraged

---

e22 One Hebrew manuscript, Vulgate and Syriac; most Hebrew manuscripts do not have *had sent with him.* *f22* Also called *Tikvah* *g22* Also called *Harhas* *h25* Or *by everything they have done*

3 Y dijo a los levitas que enseñaban a todo Israel, y que estaban dedicados a Jehová: Poned el arca santa en la casa que edificó Salomón hijo de David, rey de Israel, para que no la carguéis más sobre los hombros. Ahora servid a Jehová vuestro Dios, y a su pueblo Israel.

4 Preparaos según las familias de vuestros padres, por vuestros turnos, como lo ordenaron David rey de Israel y Salomón su hijo.

5 Estad en el santuario según la distribución de las familias de vuestros hermanos los hijos del pueblo, y según la distribución de la familia de los levitas.

6 Sacrificad luego la pascua; y después de santificaros, preparad a vuestros hermanos para que hagan conforme a la palabra de Jehová dada por medio de Moisés.

7 Y dio el rey Josías a los del pueblo ovejas, corderos y cabritos de los rebaños, en número de treinta mil, y tres mil bueyes, todo para la pascua, para todos los que se hallaron presentes; esto de la hacienda del rey.

8 También sus príncipes dieron con liberalidad al pueblo y a los sacerdotes y levitas. Hilcías, Zacarías y Jehiel, oficiales de la casa de Dios, dieron a los sacerdotes, para celebrar la pascua, dos mil seiscientas ovejas y trescientos bueyes.

9 Asimismo Conanías, y Semaías y Natanael sus hermanos, y Hasabías, Jeiel y Josabad, jefes de los levitas, dieron a los levitas, para los sacrificios de la pascua, cinco mil ovejas y quinientos bueyes.

10 Preparado así el servicio, los sacerdotes se colocaron en sus puestos, y asimismo los levitas en sus turnos, conforme al mandamiento del rey.

11 Y sacrificaron la pascua; y esparcían los sacerdotes la sangre recibida de mano de los levitas, y los levitas desollaban las víctimas.

12 Tomaron luego del holocausto, para dar conforme a los repartimientos de las familias del pueblo, a fin de que ofreciesen a Jehová según está escrito en el libro de Moisés; y asimismo tomaron de los bueyes.

13 Y asaron la pascua al fuego conforme a la ordenanza; mas lo que había sido santificado lo cocieron en ollas, en calderos y sartenes, y lo repartieron rápidamente a todo el pueblo.

14 Después prepararon para ellos mismos y para los sacerdotes; porque los sacerdotes, hijos de Aarón, estuvieron ocupados hasta la noche en el sacrificio de los holocaustos y de las grosuras; por tanto, los levitas prepararon para ellos mismos y para los sacerdotes hijos de Aarón.

15 Asimismo los cantores hijos de Asaf estaban en su puesto, conforme al mandamiento de David, de Asaf y de Hemán, y de Jedutún vidente del rey; también los porteros estaban a cada puerta; y no era necesario que se apartasen de su ministerio, porque sus hermanos los levitas preparaban para ellos.

16 Así fue preparado todo el servicio de Jehová en aquel día, para celebrar la pascua y para sacrificar los holocaustos sobre el altar de Jehová, conforme al mandamiento del rey Josías.

17 Y los hijos de Israel que estaban allí celebraron la pascua en aquel tiempo, y la fiesta solemne de los panes sin levadura por siete días.

18 Nunca fue celebrada una pascua como esta en Israel desde los días de Samuel el profeta; ni ningún rey de Israel celebró pascua tal como la que celebró el rey Josías, con los sacerdotes y levitas, y todo Judá e Israel, los que se hallaron allí, juntamente con los moradores de Jerusalén.

19 Esta pascua fue celebrada en el año dieciocho del rey Josías.

Muerte de Josías

20 Después de todas estas cosas, luego de haber reparado Josías la casa de Jehová, Necao rey de Egipto subió para

them in the service of the LORD's temple. 3He said to the Levites, who instructed all Israel and who had been consecrated to the LORD: "Put the sacred ark in the temple that Solomon son of David king of Israel built. It is not to be carried about on your shoulders. Now serve the LORD your God and his people Israel. 4Prepare yourselves by families in your divisions, according to the directions written by David king of Israel and by his son Solomon.

5"Stand in the holy place with a group of Levites for each subdivision of the families of your fellow countrymen, the lay people. 6Slaughter the Passover lambs, consecrate yourselves and prepare the lambs for your fellow countrymen, doing what the LORD commanded through Moses."

7Josiah provided for all the lay people who were there a total of thirty thousand sheep and goats for the Passover offerings, and also three thousand cattle—all from the king's own possessions.

8His officials also contributed voluntarily to the people and the priests and Levites. Hilkiah, Zechariah and Jehiel, the administrators of God's temple, gave the priests twenty-six hundred Passover offerings and three hundred cattle. 9Also Conaniah along with Shemaiah and Nethanel, his brothers, and Hashabiah, Jeiel and Jozabad, the leaders of the Levites, provided five thousand Passover offerings and five hundred head of cattle for the Levites.

10The service was arranged and the priests stood in their places with the Levites in their divisions as the king had ordered. 11The Passover lambs were slaughtered, and the priests sprinkled the blood handed to them, while the Levites skinned the animals. 12They set aside the burnt offerings to give them to the subdivisions of the families of the people to offer to the LORD, as is written in the Book of Moses. They did the same with the cattle. 13They roasted the Passover animals over the fire as prescribed, and boiled the holy offerings in pots, caldrons and pans and served them quickly to all the people. 14After this, they made preparations for themselves and for the priests, because the priests, the descendants of Aaron, were sacrificing the burnt offerings and the fat portions until nightfall. So the Levites made preparations for themselves and for the Aaronic priests.

15The musicians, the descendants of Asaph, were in the places prescribed by David, Asaph, Heman and Jeduthun the king's seer. The gatekeepers at each gate did not need to leave their posts, because their fellow Levites made the preparations for them.

16So at that time the entire service of the LORD was carried out for the celebration of the Passover and the offering of burnt offerings on the altar of the LORD, as King Josiah had ordered. 17The Israelites who were present celebrated the Passover at that time and observed the Feast of Unleavened Bread for seven days. 18The Passover had not been observed like this in Israel since the days of the prophet Samuel; and none of the kings of Israel had ever celebrated such a Passover as did Josiah, with the priests, the Levites and all Judah and Israel who were there with the people of Jerusalem. 19This Passover was celebrated in the eighteenth year of Josiah's reign.

The Death of Josiah

20After all this, when Josiah had set the temple in order, Neco king of Egypt went up to fight at Carche-

hacer guerra en Carquemis junto al Eufrates; y salió Josías contra él.

21 Y Necao le envió mensajeros, diciendo: ¿Qué tengo yo contigo, rey de Judá? Yo no vengo contra ti hoy, sino contra la casa que me hace guerra; y Dios me ha dicho que me apresure. Deja de oponerte a Dios, quien está conmigo, no sea que él te destruya.

22 Mas Josías no se retiró, sino que se disfrazó para darle batalla, y no atendió a las palabras de Necao, que eran de boca de Dios; y vino a darle batalla en el campo de Meguido.

23 Y los flecheros tiraron contra el rey Josías. Entonces dijo el rey a sus siervos: Quitadme de aquí, porque estoy gravemente herido.

24 Entonces sus siervos lo sacaron de aquel carro, y lo pusieron en un segundo carro que tenía, y lo llevaron a Jerusalén, donde murió; y lo sepultaron en los sepulcros de sus padres. Y todo Judá y Jerusalén hicieron duelo por Josías.

25 Y Jeremías endechó en memoria de Josías. Todos los cantores y cantoras recitan esas lamentaciones sobre Josías hasta hoy; y las tomaron por norma para endechar en Israel, las cuales están escritas en el libro de Lamentos.

26 Los demás hechos de Josías, y sus obras piadosas conforme a lo que está escrito en la ley de Jehová,

27 y sus hechos, primeros y postreros, he aquí están escritos en el libro de los reyes de Israel y de Judá.

Reinado y destronamiento de Joacaz

36 1 Entonces el pueblo de la tierra tomó a Joacaz hijo de Josías, y lo hizo rey en lugar de su padre en Jerusalén.

2 De veintitrés años era Joacaz cuando comenzó a reinar, y tres meses reinó en Jerusalén.

3 Y el rey de Egipto lo quitó de Jerusalén, y condenó la tierra a pagar cien talentos de plata y uno de oro.

4 Y estableció el rey de Egipto a Eliaquim hermano de Joacaz por rey sobre Judá y Jerusalén, y le mudó el nombre en Joacim; y a Joacaz su hermano tomó Necao, y lo llevó a Egipto.

Reinado de Joacim

5 Cuando comenzó a reinar Joacim era de veinticinco años, y reinó once años en Jerusalén; e hizo lo malo ante los ojos de Jehová su Dios.

6 Y subió contra él Nabucodonosor rey de Babilonia, y lo llevó a Babilonia atado con cadenas.

7 También llevó Nabucodonosor a Babilonia de los utensilios de la casa de Jehová, y los puso en su templo en Babilonia.

8 Los demás hechos de Joacim, y las abominaciones que hizo, y lo que en él se halló, está escrito en el libro de los reyes de Israel y de Judá; y reinó en su lugar Joaquín su hijo.

mish on the Euphrates, and Josiah marched out to meet him in battle. 21 But Neco sent messengers to him, saying, "What quarrel is there between you and me, O king of Judah? It is not you I am attacking at this time, but the house with which I am at war. God has told me to hurry; so stop opposing God, who is with me, or he will destroy you."

22 Josiah, however, would not turn away from him, but disguised himself to engage him in battle. He would not listen to what Neco had said at God's command but went to fight him on the plain of Megiddo.

23 Archers shot King Josiah, and he told his officers, "Take me away; I am badly wounded." 24 So they took him out of his chariot, put him in the other chariot he had and brought him to Jerusalem, where he died. He was buried in the tombs of his fathers, and all Judah and Jerusalem mourned for him.

25 Jeremiah composed laments for Josiah, and to this day all the men and women singers commemorate Josiah in the laments. These became a tradition in Israel and are written in the Laments.

26 The other events of Josiah's reign and his acts of devotion, according to what is written in the Law of the Lord — 27 all the events, from beginning to end, are written in the book of the kings of Israel and Judah.

36 1 And the people of the land took Jehoahaz son of Josiah and made him king in Jerusalem in place of his father.

Jehoahaz King of Judah

2 Jehoahaz*i* was twenty-three years old when he became king, and he reigned in Jerusalem three months. 3 The king of Egypt dethroned him in Jerusalem and imposed on Judah a levy of a hundred talents*j* of silver and a talent*k* of gold. 4 The king of Egypt made Eliakim, a brother of Jehoahaz, king over Judah and Jerusalem and changed Eliakim's name to Jehoiakim. But Neco took Eliakim's brother Jehoahaz and carried him off to Egypt.

Jehoiakim King of Judah

5 Jehoiakim was twenty-five years old when he became king, and he reigned in Jerusalem eleven years. He did evil in the eyes of the Lord his God. 6 Nebuchadnezzar king of Babylon attacked him and bound him with bronze shackles to take him to Babylon. 7 Nebuchadnezzar also took to Babylon articles from the temple of the Lord and put them in his temple*l* there.

8 The other events of Jehoiakim's reign, the detestable things he did and all that was found against him, are written in the book of the kings of Israel and Judah. And Jehoiachin his son succeeded him as king.

---

i 2 Hebrew *Joahaz*, a variant of *Jehoahaz*; also in verse 4
j 3 That is, about 3 3/4 tons (about 3.4 metric tons)   *k* 3 That is, about 75 pounds (about 34 kilograms)   *l* 7 Or *palace*

Joaquín es llevado cautivo a Babilonia

9 De ocho años era Joaquín cuando comenzó a reinar, y reinó tres meses y diez días en Jerusalén; e hizo lo malo ante los ojos de Jehová.

10 A la vuelta del año el rey Nabucodonosor envió y lo hizo llevar a Babilonia, juntamente con los objetos preciosos de la casa de Jehová, y constituyó a Sedequías su hermano por rey sobre Judá y Jerusalén.

Reinado de Sedequías

11 De veintiún años era Sedequías cuando comenzó a reinar, y once años reinó en Jerusalén.

12 E hizo lo malo ante los ojos de Jehová su Dios, y no se humilló delante del profeta Jeremías, que le hablaba de parte de Jehová.

13 Se rebeló asimismo contra Nabucodonosor, al cual había jurado por Dios; y endureció su cerviz, y obstinó su corazón para no volverse a Jehová el Dios de Israel.

14 También todos los principales sacerdotes, y el pueblo, aumentaron la iniquidad, siguiendo todas las abominaciones de las naciones, y contaminando la casa de Jehová, la cual él había santificado en Jerusalén.

15 Y Jehová el Dios de sus padres envió constantemente palabra a ellos por medio de sus mensajeros, porque él tenía misericordia de su pueblo y de su habitación.

16 Mas ellos hacían escarnio de los mensajeros de Dios, y menospreciaban sus palabras, burlándose de sus profetas, hasta que subió la ira de Jehová contra su pueblo, y no hubo ya remedio.

Cautividad de Judá

17 Por lo cual trajo contra ellos al rey de los caldeos, que mató a espada a sus jóvenes en la casa de su santuario, sin perdonar joven ni doncella, anciano ni decrépito; todos los entregó en sus manos.

18 Asimismo todos los utensilios de la casa de Dios, grandes y chicos, los tesoros de la casa de Jehová, y los tesoros de la casa del rey y de sus príncipes, todo lo llevó a Babilonia.

19 Y quemaron la casa de Dios, y rompieron el muro de Jerusalén, y consumieron a fuego todos sus palacios, y destruyeron todos sus objetos deseables.

20 Los que escaparon de la espada fueron llevados cautivos a Babilonia, y fueron siervos de él y de sus hijos, hasta que vino el reino de los persas;

21 para que se cumpliese la palabra de Jehová por boca de Jeremías, hasta que la tierra hubo gozado de reposo; porque todo el tiempo de su asolamiento reposó, hasta que los setenta años fueron cumplidos.

El decreto de Ciro

22 Mas al primer año de Ciro rey de los persas, para que se cumpliese la palabra de Jehová por boca de Jeremías, Jehová despertó el espíritu de Ciro rey de los persas, el cual hizo pregonar de palabra y también por escrito, por todo su reino, diciendo:

23 Así dice Ciro, rey de los persas: Jehová, el Dios de los cielos, me ha dado todos los reinos de la tierra; y él me ha mandado que le edifique casa en Jerusalén, que está en Judá. Quien haya entre vosotros de todo su pueblo, sea Jehová su Dios con él, y suba.

Jehoiachin King of Judah

9 Jehoiachin was eighteen *m* years old when he became king, and he reigned in Jerusalem three months and ten days. He did evil in the eyes of the Lord. 10 In the spring, King Nebuchadnezzar sent for him and brought him to Babylon, together with articles of value from the temple of the Lord, and he made Jehoiachin's uncle, *n* Zedekiah, king over Judah and Jerusalem.

Zedekiah King of Judah

11 Zedekiah was twenty-one years old when he became king, and he reigned in Jerusalem eleven years. 12 He did evil in the eyes of the Lord his God and did not humble himself before Jeremiah the prophet, who spoke the word of the Lord. 13 He also rebelled against King Nebuchadnezzar, who had made him take an oath in God's name. He became stiff-necked and hardened his heart and would not turn to the Lord, the God of Israel. 14 Furthermore, all the leaders of the priests and the people became more and more unfaithful, following all the detestable practices of the nations and defiling the temple of the Lord, which he had consecrated in Jerusalem.

The Fall of Jerusalem

15 The Lord, the God of their fathers, sent word to them through his messengers again and again, because he had pity on his people and on his dwelling place. 16 But they mocked God's messengers, despised his words and scoffed at his prophets until the wrath of the Lord was aroused against his people and there was no remedy. 17 He brought up against them the king of the Babylonians, *o* who killed their young men with the sword in the sanctuary, and spared neither young man nor young woman, old man or aged. God handed all of them over to Nebuchadnezzar. 18 He carried to Babylon all the articles from the temple of God, both large and small, and the treasures of the Lord's temple and the treasures of the king and his officials. 19 They set fire to God's temple and broke down the wall of Jerusalem; they burned all the palaces and destroyed everything of value there.

20 He carried into exile to Babylon the remnant, who escaped from the sword, and they became servants to him and his sons until the kingdom of Persia came to power. 21 The land enjoyed its sabbath rests; all the time of its desolation it rested, until the seventy years were completed in fulfillment of the word of the Lord spoken by Jeremiah.

22 In the first year of Cyrus king of Persia, in order to fulfill the word of the Lord spoken by Jeremiah, the Lord moved the heart of Cyrus king of Persia to make a proclamation throughout his realm and to put it in writing:

23 "This is what Cyrus king of Persia says:

" 'The Lord, the God of heaven, has given me all the kingdoms of the earth and he has appointed me to build a temple for him at Jerusalem in Judah. Anyone of his people among you — may the Lord his God be with him, and let him go up.' "

---

m 9 One Hebrew manuscript, some Septuagint manuscripts and Syriac (see also 2 Kings 24:8); most Hebrew manuscripts *eight*
n 10 Hebrew *brother*, that is, relative (see 2 Kings 24:17)
o 17 Or *Chaldeans*

ESDRAS

El decreto de Ciro

1 ¹En el primer año de Ciro rey de Persia, para que se cumpliese la palabra de Jehová por boca de Jeremías, despertó Jehová el espíritu de Ciro rey de Persia, el cual hizo pregonar de palabra y también por escrito por todo su reino, diciendo:

²Así ha dicho Ciro rey de Persia: Jehová el Dios de los cielos me ha dado todos los reinos de la tierra, y me ha mandado que le edifique casa en Jerusalén, que está en Judá.

³Quien haya entre vosotros de su pueblo, sea Dios con él, y suba a Jerusalén que está en Judá, y edifique la casa a Jehová Dios de Israel (él es el Dios), la cual está en Jerusalén.

⁴Y a todo el que haya quedado, en cualquier lugar donde more, ayúdenle los hombres de su lugar con plata, oro, bienes y ganados, además de ofrendas voluntarias para la casa de Dios, la cual está en Jerusalén.

El regreso a Jerusalén

⁵Entonces se levantaron los jefes de las casas paternas de Judá y de Benjamín, y los sacerdotes y levitas, todos aquellos cuyo espíritu despertó Dios para subir a edificar la casa de Jehová, la cual está en Jerusalén.

⁶Y todos los que estaban en sus alrededores les ayudaron con plata y oro, con bienes y ganado, y con cosas preciosas, además de todo lo que se ofreció voluntariamente.

⁷Y el rey Ciro sacó los utensilios de la casa de Jehová, que Nabucodonosor había sacado de Jerusalén, y los había puesto en la casa de sus dioses.

⁸Los sacó, pues, Ciro rey de Persia, por mano de Mitrídates tesorero, el cual los dio por cuenta a Sesbasar príncipe de Judá.

⁹Y esta es la cuenta de ellos: treinta tazones de oro, mil tazones de plata, veintinueve cuchillos,

¹⁰treinta tazas de oro, otras cuatrocientas diez tazas de plata, y otros mil utensilios.

¹¹Todos los utensilios de oro y de plata eran cinco mil cuatrocientos. Todos los hizo llevar Sesbasar con los que subieron del cautiverio de Babilonia a Jerusalén.

Los que volvieron con Zorobabel

2 ¹Estos son los hijos de la provincia que subieron del cautiverio, de aquellos que Nabucodonosor rey de Babilonia había llevado cautivos a Babilonia, y que volvieron a Jerusalén y a Judá, cada uno a su ciudad;

²los cuales vinieron con Zorobabel, Jesúa, Nehemías, Seraías, Reelaías, Mardoqueo, Bilsán, Mispar, Bigvai, Rehum y Baana. El número de los varones del pueblo de Israel:

³Los hijos de Paros, dos mil ciento setenta y dos.

⁴Los hijos de Sefatías, trescientos setenta y dos.

⁵Los hijos de Ara, setecientos setenta y cinco.

EZRA

Cyrus Helps the Exiles to Return

1 In the first year of Cyrus king of Persia, in order to fulfill the word of the LORD spoken by Jeremiah, the LORD moved the heart of Cyrus king of Persia to make a proclamation throughout his realm and to put it in writing:

²"This is what Cyrus king of Persia says:

" 'The LORD, the God of heaven, has given me all the kingdoms of the earth and he has appointed me to build a temple for him at Jerusalem in Judah. ³Anyone of his people among you — may his God be with him, and let him go up to Jerusalem in Judah and build the temple of the LORD, the God of Israel, the God who is in Jerusalem. ⁴And the people of any place where survivors may now be living are to provide him with silver and gold, with goods and livestock, and with freewill offerings for the temple of God in Jerusalem.' "

⁵Then the family heads of Judah and Benjamin, and the priests and Levites — everyone whose heart God had moved — prepared to go up and build the house of the LORD in Jerusalem. ⁶All their neighbors assisted them with articles of silver and gold, with goods and livestock, and with valuable gifts, in addition to all the freewill offerings. ⁷Moreover, King Cyrus brought out the articles belonging to the temple of the LORD, which Nebuchadnezzar had carried away from Jerusalem and had placed in the temple of his god.ᵃ ⁸Cyrus king of Persia had them brought by Mithredath the treasurer, who counted them out to Sheshbazzar the prince of Judah.

⁹This was the inventory:

gold dishes	30
silver dishes	1,000
silver pansᵇ	29
¹⁰gold bowls	30
matching silver bowls	410
other articles	1,000

¹¹In all, there were 5,400 articles of gold and of silver. Sheshbazzar brought all these along when the exiles came up from Babylon to Jerusalem.

The List of the Exiles Who Returned

2 Now these are the people of the province who came up from the captivity of the exiles, whom Nebuchadnezzar king of Babylon had taken captive to Babylon (they returned to Jerusalem and Judah, each to his own town, ²in company with Zerubbabel, Jeshua, Nehemiah, Seraiah, Reelaiah, Mordecai, Bilshan, Mispar, Bigvai, Rehum and Baanah):

The list of the men of the people of Israel:

³the descendants of Parosh	2,172
⁴of Shephatiah	372
⁵of Arah	775

ᵃ7 Or gods ᵇ9 The meaning of the Hebrew for this word is uncertain.

6 Los hijos de Pahat-moab, de los hijos de Jesúa y de Joab, dos mil ochocientos doce.
7 Los hijos de Elam, mil doscientos cincuenta y cuatro.
8 Los hijos de Zatu, novecientos cuarenta y cinco.
9 Los hijos de Zacai, setecientos sesenta.
10 Los hijos de Bani, seiscientos cuarenta y dos.
11 Los hijos de Bebai, seiscientos veintitrés.
12 Los hijos de Azgad, mil doscientos veintidós.
13 Los hijos de Adonicam, seiscientos sesenta y seis.
14 Los hijos de Bigvai, dos mil cincuenta y seis.
15 Los hijos de Adín, cuatrocientos cincuenta y cuatro.
16 Los hijos de Ater, de Ezequías, noventa y ocho.
17 Los hijos de Bezai, trescientos veintitrés.
18 Los hijos de Jora, ciento doce.
19 Los hijos de Hasum, doscientos veintitrés.
20 Los hijos de Gibar, noventa y cinco.
21 Los hijos de Belén, ciento veintitrés.
22 Los varones de Netofa, cincuenta y seis.
23 Los varones de Anatot, ciento veintiocho.
24 Los hijos de Azmavet, cuarenta y dos.
25 Los hijos de Quiriat-jearim, Cafira y Beerot, setecientos cuarenta y tres.
26 Los hijos de Ramá y Geba, seiscientos veintiuno.
27 Los varones de Micmas, ciento veintidós.
28 Los varones de Bet-el y Hai, doscientos veintitrés.
29 Los hijos de Nebo, cincuenta y dos.
30 Los hijos de Magbis, ciento cincuenta y seis.
31 Los hijos del otro Elam, mil doscientos cincuenta y cuatro.
32 Los hijos de Harim, trescientos veinte.
33 Los hijos de Lod, Hadid y Ono, setecientos veinticinco.
34 Los hijos de Jericó, trescientos cuarenta y cinco.
35 Los hijos de Senaa, tres mil seiscientos treinta.
36 Los sacerdotes: los hijos de Jedaías, de la casa de Jesúa, novecientos setenta y tres.
37 Los hijos de Imer, mil doscientos y dos.
38 Los hijos de Pasur, mil doscientos cuarenta y siete.
39 Los hijos de Harim, mil diecisiete.
40 Los levitas: los hijos de Jesúa y de Cadmiel, de los hijos de Hodavías, setenta y cuatro.
41 Los cantores: los hijos de Asaf, ciento veintiocho.
42 Los hijos de los porteros: los hijos de Salum, los hijos de Ater, los hijos de Talmón, los hijos de Acub, los hijos de Hatita, los hijos de Sobai; por todos, ciento treinta y nueve.
43 Los sirvientes del templo: los hijos de Ziha, los hijos de Hasufa, los hijos de Tabaot,
44 los hijos de Queros, los hijos de Siaha, los hijos de Padón,
45 los hijos de Lebana, los hijos de Hagaba, los hijos de Acub,
46 los hijos de Hagab, los hijos de Salmai, los hijos de Hanán,
47 los hijos de Gidel, los hijos de Gahar, los hijos de Reaía,
48 los hijos de Rezín, los hijos de Necoda, los hijos de Gazam,
49 los hijos de Uza, los hijos de Paseah, los hijos de Besai,
50 los hijos de Asena, los hijos de Meunim, los hijos de Nefusim,
51 los hijos de Bacbuc, los hijos de Hacufa, los hijos de Harhur,
52 los hijos de Bazlut, los hijos de Mehída, los hijos de Harsa,
53 los hijos de Barcos, los hijos de Sísara, los hijos de Tema,
54 los hijos de Nezía, los hijos de Hatifa.

6 of Pahath-Moab (through the line of Jeshua and Joab)	2,812
7 of Elam	1,254
8 of Zattu	945
9 of Zaccai	760
10 of Bani	642
11 of Bebai	623
12 of Azgad	1,222
13 of Adonikam	666
14 of Bigvai	2,056
15 of Adin	454
16 of Ater (through Hezekiah)	98
17 of Bezai	323
18 of Jorah	112
19 of Hashum	223
20 of Gibbar	95
21 the men of Bethlehem	123
22 of Netophah	56
23 of Anathoth	128
24 of Azmaveth	42
25 of Kiriath Jearim,c Kephirah and Beeroth	743
26 of Ramah and Geba	621
27 of Micmash	122
28 of Bethel and Ai	223
29 of Nebo	52
30 of Magbish	156
31 of the other Elam	1,254
32 of Harim	320
33 of Lod, Hadid and Ono	725
34 of Jericho	345
35 of Senaah	3,630

36 The priests:

the descendants of Jedaiah (through the family of Jeshua)	973
37 of Immer	1,052
38 of Pashhur	1,247
39 of Harim	1,017

40 The Levites:

the descendants of Jeshua and Kadmiel (through the line of Hodaviah)	74

41 The singers:

the descendants of Asaph	128

42 The gatekeepers of the temple:

the descendants of Shallum, Ater, Talmon, Akkub, Hatita and Shobai	139

43 The temple servants:

the descendants of
Ziha, Hasupha, Tabbaoth,
44 Keros, Siaha, Padon,
45 Lebanah, Hagabah, Akkub,
46 Hagab, Shalmai, Hanan,
47 Giddel, Gahar, Reaiah,
48 Rezin, Nekoda, Gazzam,
49 Uzza, Paseah, Besai,
50 Asnah, Meunim, Nephussim,
51 Bakbuk, Hakupha, Harhur,
52 Bazluth, Mehida, Harsha,
53 Barkos, Sisera, Temah,
54 Neziah and Hatipha

c25 See Septuagint (see also Neh. 7:29); Hebrew *Kiriath Arim.*

55 Los hijos de los siervos de Salomón: los hijos de Sotai, los hijos de Soferet, los hijos de Peruda,

56 los hijos de Jaala, los hijos de Darcón, los hijos de Gidel, 57 los hijos de Sefatías, los hijos de Hatil, los hijos de Poqueret-hazebaim, los hijos de Ami.

58 Todos los sirvientes del templo, e hijos de los siervos de Salomón, tres cientos noventa y dos.

59 Estos fueron los que subieron de Tel-mela, Tel-harsa, Querub, Addán e Imer que no pudieron demostrar la casa de sus padres, ni su linaje, si eran de Israel:

60 los hijos de Delaía, los hijos de Tobías, los hijos de Necoda, seiscientos cincuenta y dos.

61 Y de los hijos de los sacerdotes: los hijos de Habaía, los hijos de Cos, los hijos de Barzilai, el cual tomó mujer de las hijas de Barzilai galaadita, y fue llamado por el nombre de ellas.

62 Estos buscaron su registro de genealogías, y no fue hallado; y fueron excluidos del sacerdocio,

63 y el gobernador les dijo que no comiesen de las cosas más santas, hasta que hubiese sacerdote para consultar con Urim y Tumim.

64 Toda la congregación, unida como un solo hombre, era de cuarenta y dos mil trescientos sesenta,

65 sin contar sus siervos y siervas, los cuales eran siete mil trescientos treinta y siete; y tenían doscientos cantores y cantoras.

66 Sus caballos eran setecientos treinta y seis; sus mulas, doscientas cuarenta y cinco;

67 sus camellos, cuatrocientos treinta y cinco; asnos, seis mil setecientos veinte.

68 Y algunos de los jefes de casas paternas, cuando vinieron a la casa de Jehová que estaba en Jerusalén, hicieron ofrendas voluntarias para la casa de Dios, para reedificarla en su sitio.

69 Según sus fuerzas dieron al tesorero de la obra sesenta y un mil dracmas de oro, cinco mil libras de plata, y cien túnicas sacerdotales.

70 Y habitaron los sacerdotes, los levitas, los del pueblo, los cantores, los porteros y los sirvientes del templo en sus ciudades; y todo Israel en sus ciudades.

Restauración del altar y del culto

3 1 Cuando llegó el mes séptimo, y estando los hijos de Israel ya establecidos en las ciudades, se juntó el pueblo como un solo hombre en Jerusalén.

2 Entonces se levantaron Jesúa hijo de Josadac y sus hermanos los sacerdotes, y Zorobabel hijo de Salatiel y sus hermanos, y edificaron el altar del Dios de Israel, para ofrecer sobre él holocaustos, como está escrito en la ley de Moisés varón de Dios.

3 Y colocaron el altar sobre su base, porque tenían miedo de los pueblos de las tierras, y ofrecieron sobre él holocaustos a Jehová, holocaustos por la mañana y por la tarde.

4 Celebraron asimismo la fiesta solemne de los tabernáculos, como está escrito, y holocaustos cada día por orden conforme al rito, cada cosa en su día;

5 además de esto, el holocausto continuo, las nuevas lunas, y todas las fiestas solemnes de Jehová, y todo sacrificio espontáneo, toda ofrenda voluntaria a Jehová.

55 The descendants of the servants of Solomon:

the descendants of
Sotai, Hassophereth, Peruda,
56 Jaala, Darkon, Giddel,
57 Shephatiah, Hattil,
Pokereth-Hazzebaim and Ami

58 The temple servants and the descendants of the servants of Solomon 392

59 The following came up from the towns of Tel Melah, Tel Harsha, Kerub, Addon and Immer, but they could not show that their families were descended from Israel:

60 The descendants of
Delaiah, Tobiah and Nekoda 652

61 And from among the priests:

The descendants of
Hobaiah, Hakkoz and Barzillai (a man who had married a daughter of Barzillai the Gileadite and was called by that name).

62 These searched for their family records, but they could not find them and so were excluded from the priesthood as unclean. 63 The governor ordered them not to eat any of the most sacred food until there was a priest ministering with the Urim and Thummim.

64 The whole company numbered 42,360, 65 besides their 7,337 menservants and maidservants; and they also had 200 men and women singers. 66 They had 736 horses, 245 mules, 67 435 camels and 6,720 donkeys.

68 When they arrived at the house of the LORD in Jerusalem, some of the heads of the families gave freewill offerings toward the rebuilding of the house of God on its site. 69 According to their ability they gave to the treasury for this work 61,000 drachmas*d* of gold, 5,000 minas*e* of silver and 100 priestly garments.

70 The priests, the Levites, the singers, the gatekeepers and the temple servants settled in their own towns, along with some of the other people, and the rest of the Israelites settled in their towns.

Rebuilding the Altar

3 When the seventh month came and the Israelites had settled in their towns, the people assembled as one man in Jerusalem. 2 Then Jeshua son of Jozadak and his fellow priests and Zerubbabel son of Shealtiel and his associates began to build the altar of the God of Israel to sacrifice burnt offerings on it, in accordance with what is written in the Law of Moses the man of God. 3 Despite their fear of the peoples around them, they built the altar on its foundation and sacrificed burnt offerings on it to the LORD, both the morning and evening sacrifices. 4 Then in accordance with what is written, they celebrated the Feast of Tabernacles with the required number of burnt offerings prescribed for each day. 5 After that, they presented the regular burnt offerings, the New Moon sacrifices and the sacrifices for all the appointed sacred feasts of the LORD, as well

---

d 69 That is, about 1,100 pounds (about 500 kilograms)
e 69 That is, about 3 tons (about 2.9 metric tons)

6 Desde el primer día del mes séptimo comenzaron a ofrecer holocaustos a Jehová; pero los cimientos del templo de Jehová no se habían echado todavía.

7 Y dieron dinero a los albañiles y carpinteros; asimismo comida, bebida y aceite a los sidonios y tirios para que trajesen madera de cedro desde el Líbano por mar a Jope, conforme a la voluntad de Ciro rey de Persia acerca de esto.

Colocación de los cimientos del templo

8 En el año segundo de su venida a la casa de Dios en Jerusalén, en el mes segundo, comenzaron Zorobabel hijo de Salatiel, Jesúa hijo de Josadac y los otros sus hermanos, los sacerdotes y los levitas, y todos los que habían venido de la cautividad a Jerusalén; y pusieron a los levitas de veinte años arriba para que activasen la obra de la casa de Jehová.

9 Jesúa también, sus hijos y sus hermanos, Cadmiel y sus hijos, hijos de Judá, como un solo hombre asistían para activar a los que hacían la obra en la casa de Dios, junto con los hijos de Henadad, sus hijos y sus hermanos, levitas.

10 Y cuando los albañiles del templo de Jehová echaban los cimientos, pusieron a los sacerdotes vestidos de sus ropas y con trompetas, y a los levitas hijos de Asaf con címbalos, para que alabasen a Jehová, según la ordenanza de David rey de Israel.

11 Y cantaban, alabando y dando gracias a Jehová, y diciendo: Porque él es bueno, porque para siempre es su misericordia sobre Israel. Y todo el pueblo aclamaba con gran júbilo, alabando a Jehová porque se echaban los cimientos de la casa de Jehová.

12 Y muchos de los sacerdotes, de los levitas y de los jefes de casas paternas, ancianos que habían visto la casa primera, viendo echar los cimientos de esta casa, lloraban en alta voz, mientras muchos otros daban grandes gritos de alegría.

13 Y no podía distinguir el pueblo el clamor de los gritos de alegría, de la voz del lloro; porque clamaba el pueblo con gran júbilo, y se oía el ruido hasta de lejos.

Los adversarios detienen la obra

4 1 Oyendo los enemigos de Judá y de Benjamín que los venidos de la cautividad edificaban el templo de Jehová Dios de Israel,

2 vinieron a Zorobabel y a los jefes de casas paternas y les dijeron: Edificaremos con vosotros, porque como vosotros buscamos a vuestro Dios, y a él ofrecemos sacrificios desde los días de Esar-hadón rey de Asiria, que nos hizo venir aquí.

3 Zorobabel, Jesúa, y los demás jefes de casas paternas de Israel dijeron: No nos conviene edificar con vosotros casa a nuestro Dios, sino que nosotros solos la edificaremos a Jehová Dios de Israel, como nos mandó el rey Ciro, rey de Persia.

4 Pero el pueblo de la tierra intimidó al pueblo de Judá, y lo atemorizó para que no edificara.

5 Sobornaron además contra ellos a los consejeros para frustrar sus propósitos, todo el tiempo de Ciro rey de Persia y hasta el reinado de Darío rey de Persia.

as those brought as freewill offerings to the LORD. 6 On the first day of the seventh month they began to offer burnt offerings to the LORD, though the foundation of the LORD's temple had not yet been laid.

Rebuilding the Temple

7 Then they gave money to the masons and carpenters, and gave food and drink and oil to the people of Sidon and Tyre, so that they would bring cedar logs by sea from Lebanon to Joppa, as authorized by Cyrus king of Persia.

8 In the second month of the second year after their arrival at the house of God in Jerusalem, Zerubbabel son of Shealtiel, Jeshua son of Jozadak and the rest of their brothers (the priests and the Levites and all who had returned from the captivity to Jerusalem) began the work, appointing Levites twenty years of age and older to supervise the building of the house of the LORD. 9 Jeshua and his sons and brothers and Kadmiel and his sons (descendants of Hodaviah[f]) and the sons of Henadad and their sons and brothers—all Levites—joined together in supervising those working on the house of God.

10 When the builders laid the foundation of the temple of the LORD, the priests in their vestments and with trumpets, and the Levites (the sons of Asaph) with cymbals, took their places to praise the LORD, as prescribed by David king of Israel. 11 With praise and thanksgiving they sang to the LORD:

"He is good;
    his love to Israel endures forever."

And all the people gave a great shout of praise to the LORD, because the foundation of the house of the LORD was laid. 12 But many of the older priests and Levites and family heads, who had seen the former temple, wept aloud when they saw the foundation of this temple being laid, while many others shouted for joy. 13 No one could distinguish the sound of the shouts of joy from the sound of weeping, because the people made so much noise. And the sound was heard far away.

Opposition to the Rebuilding

4 When the enemies of Judah and Benjamin heard that the exiles were building a temple for the LORD, the God of Israel, 2 they came to Zerubbabel and to the heads of the families and said, "Let us help you build because, like you, we seek your God and have been sacrificing to him since the time of Esarhaddon king of Assyria, who brought us here."

3 But Zerubbabel, Jeshua and the rest of the heads of the families of Israel answered, "You have no part with us in building a temple to our God. We alone will build it for the LORD, the God of Israel, as King Cyrus, the king of Persia, commanded us."

4 Then the peoples around them set out to discourage the people of Judah and make them afraid to go on building.g 5 They hired counselors to work against them and frustrate their plans during the entire reign of Cyrus king of Persia and down to the reign of Darius king of Persia.

---

f 9 Hebrew *Yehudah*, probably a variant of *Hodaviah*   *g* 4 Or *and troubled them as they built*

6 Y en el reinado de Asuero, en el principio de su reinado, escribieron acusaciones contra los habitantes de Judá y de Jerusalén.

7 También en días de Artajerjes escribieron Bislam, Mitrídates, Tabeel y los demás compañeros suyos, a Artajerjes rey de Persia; y la escritura y el lenguaje de la carta eran en arameo.

8 Rehum canciller y Simsai secretario escribieron una carta contra Jerusalén al rey Artajerjes.

9 En tal fecha escribieron Rehum canciller y Simsai secretario, y los demás compañeros suyos los jueces, gobernadores y oficiales, y los de Persia, de Erec, de Babilonia, de Susa, esto es, los elamitas,

10 y los demás pueblos que el grande y glorioso Asnapar transportó e hizo habitar en las ciudades de Samaria y las demás provincias del otro lado del río.

11 Y esta es la copia de la carta que enviaron: Al rey Artajerjes: Tus siervos del otro lado del río te saludan.

12 Sea notorio al rey, que los judíos que subieron de ti a nosotros vinieron a Jerusalén; y edifican la ciudad rebelde y mala, y levantan los muros y reparan los fundamentos.

13 Ahora sea notorio al rey, que si aquella ciudad fuere reedificada, y los muros fueren levantados, no pagarán tributo, impuesto y rentas, y el erario de los reyes será menoscabado.

14 Siendo que nos mantienen del palacio, no nos es justo ver el menosprecio del rey, por lo cual hemos enviado a hacerlo saber al rey,

15 para que se busque en el libro de las memorias de tus padres. Hallarás en el libro de las memorias, y sabrás que esta ciudad es ciudad rebelde, y perjudicial a los reyes y a las provincias, y que de tiempo antiguo forman en medio de ella rebeliones, por lo que esta ciudad fue destruida.

16 Hacemos saber al rey que si esta ciudad fuere reedificada, y levantados sus muros, la región de más allá del río no será tuya.

17 El rey envió esta respuesta: A Rehum canciller, a Simsai secretario, a los demás compañeros suyos que habitan en Samaria, y a los demás del otro lado del río: Salud y paz.

18 La carta que nos enviasteis fue leída claramente delante de mí.

19 Y por mí fue dada orden y buscaron; y hallaron que aquella ciudad de tiempo antiguo se levanta contra los reyes y se rebela, y se forma en ella sedición;

20 y que hubo en Jerusalén reyes fuertes que dominaron en todo lo que hay más allá del río, y que se les pagaba tributo, impuesto y rentas.

21 Ahora, pues, dad orden que cesen aquellos hombres, y no sea esa ciudad reedificada hasta que por mí sea dada nueva orden.

22 Y mirad que no seáis negligentes en esto; ¿por qué habrá de crecer el daño en perjuicio de los reyes?

Later Opposition Under Xerxes and Artaxerxes

6 At the beginning of the reign of Xerxes, [h] they lodged an accusation against the people of Judah and Jerusalem.

7 And in the days of Artaxerxes king of Persia, Bishlam, Mithredath, Tabeel and the rest of his associates wrote a letter to Artaxerxes. The letter was written in Aramaic script and in the Aramaic language. [i,j]

8 Rehum the commanding officer and Shimshai the secretary wrote a letter against Jerusalem to Artaxerxes the king as follows:

9 Rehum the commanding officer and Shimshai the secretary, together with the rest of their associates — the judges and officials over the men from Tripolis, Persia, [k] Erech and Babylon, the Elamites of Susa, 10 and the other people whom the great and honorable Ashurbanipal [l] deported and settled in the city of Samaria and elsewhere in Trans-Euphrates.

11 (This is a copy of the letter they sent him.)

To King Artaxerxes,

From your servants, the men of Trans-Euphrates:

12 The king should know that the Jews who came up to us from you have gone to Jerusalem and are rebuilding that rebellious and wicked city. They are restoring the walls and repairing the foundations.

13 Furthermore, the king should know that if this city is built and its walls are restored, no more taxes, tribute or duty will be paid, and the royal revenues will suffer. 14 Now since we are under obligation to the palace and it is not proper for us to see the king dishonored, we are sending this message to inform the king, 15 so that a search may be made in the archives of your predecessors. In these records you will find that this city is a rebellious city, troublesome to kings and provinces, a place of rebellion from ancient times. That is why this city was destroyed. 16 We inform the king that if this city is built and its walls are restored, you will be left with nothing in Trans-Euphrates.

17 The king sent this reply:

To Rehum the commanding officer, Shimshai the secretary and the rest of their associates living in Samaria and elsewhere in Trans-Euphrates:

Greetings.

18 The letter you sent us has been read and translated in my presence. 19 I issued an order and a search was made, and it was found that this city has a long history of revolt against kings and has been a place of rebellion and sedition. 20 Jerusalem has had powerful kings ruling over the whole of Trans-Euphrates, and taxes, tribute and duty were paid to them. 21 Now issue an order to these men to stop work, so that this city will not be rebuilt until I so order. 22 Be careful not to

[h] 6 Hebrew *Ahasuerus,* a variant of Xerxes' Persian name   [i] 7 Or *written in Aramaic and translated*   [j] 7 The text of Ezra 4:8—6:18 is in Aramaic.   [k] 9 Or *officials, magistrates and governors over the men from*   [l] 10 Aramaic *Osnappar,* a variant of *Ashurbanipal*

23 Entonces, cuando la copia de la carta del rey Artajerjes fue leída delante de Rehum, y de Simsai secretario y sus compañeros, fueron apresuradamente a Jerusalén a los judíos, y les hicieron cesar con poder y violencia.

24 Entonces cesó la obra de la casa de Dios que estaba en Jerusalén, y quedó suspendida hasta el año segundo del reinado de Darío rey de Persia.

Reedificación del templo

5 1 Profetizaron Hageo y Zacarías hijo de Iddo, ambos profetas, a los judíos que estaban en Judá y en Jerusalén en el nombre del Dios de Israel quien estaba sobre ellos.

2 Entonces se levantaron Zorobabel hijo de Salatiel y Jesúa hijo de Josadac, y comenzaron a reedificar la casa de Dios que estaba en Jerusalén; y con ellos los profetas de Dios que les ayudaban.

3 En aquel tiempo vino a ellos Tatnai gobernador del otro lado del río, y Setar-boznai y sus compañeros, y les dijeron así: ¿Quién os ha dado orden para edificar esta casa y levantar estos muros?

4 Ellos también preguntaron: ¿Cuáles son los nombres de los hombres que hacen este edificio?

5 Mas los ojos de Dios estaban sobre los ancianos de los judíos, y no les hicieron cesar hasta que el asunto fuese llevado a Darío; y entonces respondieron por carta sobre esto.

6 Copia de la carta que Tatnai gobernador del otro lado del río, y Setar-boznai, y sus compañeros los gobernadores que estaban al otro lado del río, enviaron al rey Darío.

7 Le enviaron carta, y así estaba escrito en ella: Al rey Darío toda paz.

8 Sea notorio al rey, que fuimos a la provincia de Judea, a la casa del gran Dios, la cual se edifica con piedras grandes; y ya los maderos están puestos en las paredes, y la obra se hace de prisa, y prospera en sus manos.

9 Entonces preguntamos a los ancianos, diciéndoles así: ¿Quién os dio orden para edificar esta casa y para levantar estos muros?

10 Y también les preguntamos sus nombres para hacértelo saber, para escribirte los nombres de los hombres que estaban a la cabeza de ellos.

11 Y nos respondieron diciendo así: Nosotros somos siervos del Dios del cielo y de la tierra, y reedificamos la casa que ya muchos años antes había sido edificada, la cual edificó y terminó el gran rey de Israel.

12 Mas después que nuestros padres provocaron a ira al Dios de los cielos, él los entregó en mano de Nabucodonosor rey de Babilonia, caldeo, el cual destruyó esta casa y llevó cautivo al pueblo a Babilonia.

13 Pero en el año primero de Ciro rey de Babilonia, el mismo rey Ciro dio orden para que esta casa de Dios fuese reedificada.

14 También los utensilios de oro y de plata de la casa de Dios, que Nabucodonosor había sacado del templo que estaba en Jerusalén y los había llevado al templo de Babilonia, el rey Ciro los sacó del templo de Babilonia, y fueron entregados a Sesbasar, a quien había puesto por gobernador;

---

neglect this matter. Why let this threat grow, to the detriment of the royal interests?"

23 As soon as the copy of the letter of King Artaxerxes was read to Rehum and Shimshai the secretary and their associates, they went immediately to the Jews in Jerusalem and compelled them by force to stop.

24 Thus the work on the house of God in Jerusalem came to a standstill until the second year of the reign of Darius king of Persia.

Tattenai's Letter to Darius

5 Now Haggai the prophet and Zechariah the prophet, a descendant of Iddo, prophesied to the Jews in Judah and Jerusalem in the name of the God of Israel, who was over them. 2 Then Zerubbabel son of Shealtiel and Jeshua son of Jozadak set to work to rebuild the house of God in Jerusalem. And the prophets of God were with them, helping them.

3 At that time Tattenai, governor of Trans-Euphrates, and Shethar-Bozenai and their associates went to them and asked, "Who authorized you to rebuild this temple and restore this structure?" 4 They also asked, "What are the names of the men constructing this building?"*m* 5 But the eye of their God was watching over the elders of the Jews, and they were not stopped until a report could go to Darius and his written reply be received.

6 This is a copy of the letter that Tattenai, governor of Trans-Euphrates, and Shethar-Bozenai and their associates, the officials of Trans-Euphrates, sent to King Darius. 7 The report they sent him read as follows:

To King Darius:

Cordial greetings.

8 The king should know that we went to the district of Judah, to the temple of the great God. The people are building it with large stones and placing the timbers in the walls. The work is being carried on with diligence and is making rapid progress under their direction.

9 We questioned the elders and asked them, "Who authorized you to rebuild this temple and restore this structure?" 10 We also asked them their names, so that we could write down the names of their leaders for your information.

11 This is the answer they gave us:

"We are the servants of the God of heaven and earth, and we are rebuilding the temple that was built many years ago, one that a great king of Israel built and finished. 12 But because our fathers angered the God of heaven, he handed them over to Nebuchadnezzar the Chaldean, king of Babylon, who destroyed this temple and deported the people to Babylon.

13 "However, in the first year of Cyrus king of Babylon, King Cyrus issued a decree to rebuild this house of God. 14 He even removed from the temple*n* of Babylon the gold and silver articles of the house of God, which Nebuchadnezzar had taken from the temple in Jerusalem and brought to the temple*n* in Babylon.

"Then King Cyrus gave them to a man named Sheshbazzar, whom he had appointed governor,

---

m4 See Septuagint; Aramaic 4We told them the names of the men constructing this building. n14 Or palace

15y le dijo: Toma estos utensilios, vé, y llévalos al templo que está en Jerusalén; y sea reedificada la casa de Dios en su lugar.

16Entonces este Sesbasar vino y puso los cimientos de la casa de Dios, la cual está en Jerusalén, y desde entonces hasta ahora se edifica, y aún no está concluida.

17Y ahora, si al rey parece bien, búsquese en la casa de los tesoros del rey que está allí en Babilonia, si es así que por el rey Ciro había sido dada la orden para reedificar esta casa de Dios en Jerusalén, y se nos envíe a decir la voluntad del rey sobre esto.

6 1Entonces el rey Darío dio la orden de buscar en la casa de los archivos, donde guardaban los tesoros allí en Babilonia.

2Y fue hallado en Acmeta, en el palacio que está en la provincia de Media, un libro en el cual estaba escrito así: Memoria:

3En el año primero del rey Ciro, el mismo rey Ciro dio orden acerca de la casa de Dios, la cual estaba en Jerusalén, para que fuese la casa reedificada como lugar para ofrecer sacrificios, y que sus paredes fuesen firmes; su altura de sesenta codos, y de sesenta codos su anchura;

4y tres hileras de piedras grandes, y una de madera nueva; y que el gasto sea pagado por el tesoro del rey.

5Y también los utensilios de oro y de plata de la casa de Dios, los cuales Nabucodonosor sacó del templo que estaba en Jerusalén y los pasó a Babilonia, sean devueltos y vayan a su lugar, al templo que está en Jerusalén, y sean puestos en la casa de Dios.

6Ahora, pues, Tatnai gobernador del otro lado del río, Setar-boznai, y vuestros compañeros los gobernadores que estáis al otro lado del río, alejaos de allí.

7Dejad que se haga la obra de esa casa de Dios; que el gobernador de los judíos y sus ancianos reedifiquen esa casa de Dios en su lugar.

8Y por mí es dada orden de lo que habéis de hacer con esos ancianos de los judíos, para reedificar esa casa de Dios; que de la hacienda del rey, que tiene del tributo del otro lado del río, sean dados puntualmente a esos varones los gastos, para que no cese la obra.

9Y lo que fuere necesario, becerros, carneros y corderos para holocaustos al Dios del cielo, trigo, sal, vino y aceite, conforme a lo que dijeren los sacerdotes que están en Jerusalén, les sea dado día por día sin obstáculo alguno,

10para que ofrezcan sacrificios agradables al Dios del cielo, y oren por la vida del rey y por sus hijos.

11También por mí es dada orden, que cualquiera que altere este decreto, se le arranque un madero de su casa, y alzado, sea colgado en él, y su casa sea hecha muladar por esto.

12Y el Dios que hizo habitar allí su nombre, destruya a todo rey y pueblo que pusiere su mano para cambiar o destruir esa casa de Dios, la cual está en Jerusalén. Yo Darío he dado el decreto; sea cumplido prontamente.

15and he told him, 'Take these articles and go and deposit them in the temple in Jerusalem. And rebuild the house of God on its site.' 16So this Sheshbazzar came and laid the foundations of the house of God in Jerusalem. From that day to the present it has been under construction but is not yet finished."

17Now if it pleases the king, let a search be made in the royal archives of Babylon to see if King Cyrus did in fact issue a decree to rebuild this house of God in Jerusalem. Then let the king send us his decision in this matter.

The Decree of Darius

6 King Darius then issued an order, and they searched in the archives stored in the treasury at Babylon. 2A scroll was found in the citadel of Ecbatana in the province of Media, and this was written on it:

Memorandum:

3In the first year of King Cyrus, the king issued a decree concerning the temple of God in Jerusalem:

Let the temple be rebuilt as a place to present sacrifices, and let its foundations be laid. It is to be ninety feet$o$ high and ninety feet wide, 4with three courses of large stones and one of timbers. The costs are to be paid by the royal treasury. 5Also, the gold and silver articles of the house of God, which Nebuchadnezzar took from the temple in Jerusalem and brought to Babylon, are to be returned to their places in the temple in Jerusalem; they are to be deposited in the house of God.

6Now then, Tattenai, governor of Trans-Euphrates, and Shethar-Bozenai and you, their fellow officials of that province, stay away from there. 7Do not interfere with the work on this temple of God. Let the governor of the Jews and the Jewish elders rebuild this house of God on its site.

8Moreover, I hereby decree what you are to do for these elders of the Jews in the construction of this house of God:

The expenses of these men are to be fully paid out of the royal treasury, from the revenues of Trans-Euphrates, so that the work will not stop. 9Whatever is needed—young bulls, rams, male lambs for burnt offerings to the God of heaven, and wheat, salt, wine and oil, as requested by the priests in Jerusalem—must be given them daily without fail, 10so that they may offer sacrifices pleasing to the God of heaven and pray for the well-being of the king and his sons.

11Furthermore, I decree that if anyone changes this edict, a beam is to be pulled from his house and he is to be lifted up and impaled on it. And for this crime his house is to be made a pile of rubble. 12May God, who has caused his Name to dwell there, overthrow any king or people who lifts a hand to change this decree or to destroy this temple in Jerusalem.

I Darius have decreed it. Let it be carried out with diligence.

---

o3 Aramaic *sixty cubits* (about 27 meters)

13 Entonces Tatnai gobernador del otro lado del río, y Setar-boznai y sus compañeros, hicieron puntualmente según el rey Darío había ordenado.

14 Y los ancianos de los judíos edificaban y prosperaban, conforme a la profecía del profeta Hageo y de Zacarías hijo de Iddo. Edificaron, pues, y terminaron, por orden del Dios de Israel, y por mandato de Ciro, de Darío, y de Artajerjes rey de Persia.

15 Esta casa fue terminada el tercer día del mes de Adar, que era el sexto año del reinado del rey Darío.

16 Entonces los hijos de Israel, los sacerdotes, los levitas y los demás que habían venido de la cautividad, hicieron la dedicación de esta casa de Dios con gozo.

17 Y ofrecieron en la dedicación de esta casa de Dios cien becerros, doscientos carneros y cuatrocientos corderos; y doce machos cabríos en expiación por todo Israel, conforme al número de las tribus de Israel.

18 Y pusieron a los sacerdotes en sus turnos, y a los levitas en sus clases, para el servicio de Dios en Jerusalén, conforme a lo escrito en el libro de Moisés.

19 También los hijos de la cautividad celebraron la pascua a los catorce días del mes primero.

20 Porque los sacerdotes y los levitas se habían purificado a una; todos estaban limpios, y sacrificaron la pascua por todos los hijos de la cautividad, y por sus hermanos los sacerdotes, y por sí mismos.

21 Comieron los hijos de Israel que habían vuelto del cautiverio, con todos aquellos que se habían apartado de las inmundicias de las gentes de la tierra para buscar a Jehová Dios de Israel.

22 Y celebraron con regocijo la fiesta solemne de los panes sin levadura siete días, por cuanto Jehová los había alegrado, y había vuelto el corazón del rey de Asiria hacia ellos, para fortalecer sus manos en la obra de la casa de Dios, del Dios de Israel.

Esdras y sus compañeros llegan a Jerusalén

7 1 Pasadas estas cosas, en el reinado de Artajerjes rey de Persia, Esdras hijo de Seraías, hijo de Azarías, hijo de Hilcías,

2 hijo de Salum, hijo de Sadoc, hijo de Ahitob,

3 hijo de Amarías, hijo de Azarías, hijo de Meraiot,

4 hijo de Zeraías, hijo de Uzi, hijo de Buqui,

5 hijo de Abisúa, hijo de Finees, hijo de Eleazar, hijo de Aarón, primer sacerdote,

6 este Esdras subió de Babilonia. Era escriba diligente en la ley de Moisés, que Jehová Dios de Israel había dado; y le concedió el rey todo lo que pidió, porque la mano de Jehová su Dios estaba sobre Esdras.

7 Y con él subieron a Jerusalén algunos de los hijos de Israel, y de los sacerdotes, levitas, cantores, porteros y sirvientes del templo, en el séptimo año del rey Artajerjes.

8 Y llegó a Jerusalén en el mes quinto del año séptimo del rey.

9 Porque el día primero del primer mes fue el principio de la partida de Babilonia, y al primero del mes quinto llegó a Jerusalén, estando con él la buena mano de Dios.

10 Porque Esdras había preparado su corazón para inquirir la ley de Jehová y para cumplirla, y para enseñar en Israel sus estatutos y decretos.

Completion and Dedication of the Temple

13 Then, because of the decree King Darius had sent, Tattenai, governor of Trans-Euphrates, and Shethar-Bozenai and their associates carried it out with diligence. 14 So the elders of the Jews continued to build and prosper under the preaching of Haggai the prophet and Zechariah, a descendant of Iddo. They finished building the temple according to the command of the God of Israel and the decrees of Cyrus, Darius and Artaxerxes, kings of Persia. 15 The temple was completed on the third day of the month Adar, in the sixth year of the reign of King Darius.

16 Then the people of Israel — the priests, the Levites and the rest of the exiles — celebrated the dedication of the house of God with joy. 17 For the dedication of this house of God they offered a hundred bulls, two hundred rams, four hundred male lambs and, as a sin offering for all Israel, twelve male goats, one for each of the tribes of Israel. 18 And they installed the priests in their divisions and the Levites in their groups for the service of God at Jerusalem, according to what is written in the Book of Moses.

The Passover

19 On the fourteenth day of the first month, the exiles celebrated the Passover. 20 The priests and Levites had purified themselves and were all ceremonially clean. The Levites slaughtered the Passover lamb for all the exiles, for their brothers the priests and for themselves. 21 So the Israelites who had returned from the exile ate it, together with all who had separated themselves from the unclean practices of their Gentile neighbors in order to seek the Lord, the God of Israel. 22 For seven days they celebrated with joy the Feast of Unleavened Bread, because the Lord had filled them with joy by changing the attitude of the king of Assyria, so that he assisted them in the work on the house of God, the God of Israel.

Ezra Comes to Jerusalem

7 After these things, during the reign of Artaxerxes king of Persia, Ezra son of Seraiah, the son of Azariah, the son of Hilkiah, 2 the son of Shallum, the son of Zadok, the son of Ahitub, 3 the son of Amariah, the son of Azariah, the son of Meraioth, 4 the son of Zerahiah, the son of Uzzi, the son of Bukki, 5 the son of Abishua, the son of Phinehas, the son of Eleazar, the son of Aaron the chief priest — 6 this Ezra came up from Babylon. He was a teacher well versed in the Law of Moses, which the Lord, the God of Israel, had given. The king had granted him everything he asked, for the hand of the Lord his God was on him. 7 Some of the Israelites, including priests, Levites, singers, gatekeepers and temple servants, also came up to Jerusalem in the seventh year of King Artaxerxes.

8 Ezra arrived in Jerusalem in the fifth month of the seventh year of the king. 9 He had begun his journey from Babylon on the first day of the first month, and he arrived in Jerusalem on the first day of the fifth month, for the gracious hand of his God was on him. 10 For Ezra had devoted himself to the study and observance of the Law of the Lord, and to teaching its decrees and laws in Israel.

11 Esta es la copia de la carta que dio el rey Artajerjes al sacerdote Esdras, escriba versado en los mandamientos de Jehová y en sus estatutos a Israel:

12 Artajerjes rey de reyes, a Esdras, sacerdote y escriba erudito en la ley del Dios del cielo: Paz.

13 Por mí es dada orden que todo aquel en mi reino, del pueblo de Israel y de sus sacerdotes y levitas, que quiera ir contigo a Jerusalén, vaya.

14 Porque de parte del rey y de sus siete consejeros eres enviado a visitar a Judea y a Jerusalén, conforme a la ley de tu Dios que está en tu mano;

15 y a llevar la plata y el oro que el rey y sus consejeros voluntariamente ofrecen al Dios de Israel, cuya morada está en Jerusalén,

16 y toda la plata y el oro que halles en toda la provincia de Babilonia, con las ofrendas voluntarias del pueblo y de los sacerdotes, que voluntariamente ofrecieren para la casa de su Dios, la cual está en Jerusalén.

17 Comprarás, pues, diligentemente con este dinero becerros, carneros y corderos, con sus ofrendas y sus libaciones, y los ofrecerás sobre el altar de la casa de vuestro Dios, la cual está en Jerusalén.

18 Y lo que a ti y a tus hermanos os parezca hacer de la otra plata y oro, hacedlo conforme a la voluntad de vuestro Dios.

19 Los utensilios que te son entregados para el servicio de la casa de tu Dios, los restituirás delante de Dios en Jerusalén.

20 Y todo lo que se requiere para la casa de tu Dios, que te sea necesario dar, lo darás de la casa de los tesoros del rey.

21 Y por mí, Artajerjes rey, es dada orden a todos los tesoreros que están al otro lado del río, que todo lo que os pida el sacerdote Esdras, escriba de la ley del Dios del cielo, se le conceda prontamente,

22 hasta cien talentos de plata, cien coros de trigo, cien batos de vino, y cien batos de aceite; y sal sin medida.

23 Todo lo que es mandado por el Dios del cielo, sea hecho prontamente para la casa del Dios del cielo; pues, ¿por qué habría de ser su ira contra el reino del rey y de sus hijos?

24 Y a vosotros os hacemos saber que a todos los sacerdotes y levitas, cantores, porteros, sirvientes del templo y ministros de la casa de Dios, ninguno podrá imponerles tributo, contribución ni renta.

25 Y tú, Esdras, conforme a la sabiduría que tienes de tu Dios, pon jueces y gobernadores que gobiernen a todo el pueblo que está al otro lado del río, a todos los que conocen las leyes de tu Dios; y al que no las conoce, le enseñarás.

26 Y cualquiera que no cumpliere la ley de tu Dios, y la ley del rey, sea juzgado prontamente, sea a muerte, a destierro, a pena de multa, o prisión.

King Artaxerxes' Letter to Ezra

11 This is a copy of the letter King Artaxerxes had given to Ezra the priest and teacher, a man learned in matters concerning the commands and decrees of the LORD for Israel:

12 pArtaxerxes, king of kings,

To Ezra the priest, a teacher of the Law of the God of heaven:

Greetings.

13 Now I decree that any of the Israelites in my kingdom, including priests and Levites, who wish to go to Jerusalem with you, may go. 14 You are sent by the king and his seven advisers to inquire about Judah and Jerusalem with regard to the Law of your God, which is in your hand. 15 Moreover, you are to take with you the silver and gold that the king and his advisers have freely given to the God of Israel, whose dwelling is in Jerusalem, 16 together with all the silver and gold you may obtain from the province of Babylon, as well as the freewill offerings of the people and priests for the temple of their God in Jerusalem. 17 With this money be sure to buy bulls, rams and male lambs, together with their grain offerings and drink offerings, and sacrifice them on the altar of the temple of your God in Jerusalem.

18 You and your brother Jews may then do whatever seems best with the rest of the silver and gold, in accordance with the will of your God. 19 Deliver to the God of Jerusalem all the articles entrusted to you for worship in the temple of your God. 20 And anything else needed for the temple of your God that you may have occasion to supply, you may provide from the royal treasury.

21 Now I, King Artaxerxes, order all the treasurers of Trans-Euphrates to provide with diligence whatever Ezra the priest, a teacher of the Law of the God of heaven, may ask of you— 22 up to a hundred talents q of silver, a hundred cors r of wheat, a hundred baths s of wine, a hundred baths s of olive oil, and salt without limit. 23 Whatever the God of heaven has prescribed, let it be done with diligence for the temple of the God of heaven. Why should there be wrath against the realm of the king and of his sons? 24 You are also to know that you have no authority to impose taxes, tribute or duty on any of the priests, Levites, singers, gatekeepers, temple servants or other workers at this house of God.

25 And you, Ezra, in accordance with the wisdom of your God, which you possess, appoint magistrates and judges to administer justice to all the people of Trans-Euphrates—all who know the laws of your God. And you are to teach any who do not know them. 26 Whoever does not obey the law of your God and the law of the king must surely be punished by death, banishment, confiscation of property, or imprisonment.

---

p12 The text of Ezra 7:12-26 is in Aramaic.   q22 That is, about 3 3/4 tons (about 3.4 metric tons)   r22 That is, probably about 600 bushels (about 22 kiloliters)   s22 That is, probably about 600 gallons (about 2.2 kiloliters)

27 Bendito Jehová Dios de nuestros padres, que puso tal cosa en el corazón del rey, para honrar la casa de Jehová que está en Jerusalén,

28 e inclinó hacia mí su misericordia delante del rey y de sus consejeros, y de todos los príncipes poderosos del rey. Y yo, fortalecido por la mano de mi Dios sobre mí, reuní a los principales de Israel para que subiesen conmigo.

8 ¹ Estos son los jefes de casas paternas, y la genealogía de aquellos que subieron conmigo de Babilonia, reinando el rey Artajerjes:

2 De los hijos de Finees, Gersón; de los hijos de Itamar, Daniel; de los hijos de David, Hatús.

3 De los hijos de Secanías y de los hijos de Paros, Zacarías, y con él, en la línea de varones, ciento cincuenta.

4 De los hijos de Pahat-moab, Elioenai hijo de Zeraías, y con él doscientos varones.

5 De los hijos de Secanías, el hijo de Jahaziel, y con él trescientos varones.

6 De los hijos de Adín, Ebed hijo de Jonatán, y con él cincuenta varones.

7 De los hijos de Elam, Jesaías hijo de Atalías, y con él setenta varones.

8 De los hijos de Sefatías, Zebadías hijo de Micael, y con él ochenta varones.

9 De los hijos de Joab, Obadías hijo de Jehiel, y con él doscientos dieciocho varones.

10 De los hijos de Selomit, el hijo de Josifías, y con él ciento sesenta varones.

11 De los hijos de Bebai, Zacarías hijo de Bebai, y con él veintiocho varones.

12 De los hijos de Azgad, Johanán hijo de Hacatán, y con él ciento diez varones;

13 De los hijos de Adonicam, los postreros, cuyos nombres son estos: Elifelet, Jeiel y Semaías, y con ellos sesenta varones.

14 Y de los hijos de Bigvai, Utai y Zabud, y con ellos sesenta varones.

15 Los reuní junto al río que viene a Ahava, y acampamos allí tres días; y habiendo buscado entre el pueblo y entre los sacerdotes, no hallé allí de los hijos de Leví.

16 Entonces despaché a Eliezer, Ariel, Semaías, Elnatán, Jarib, Elnatán, Natán, Zacarías y Mesulam, hombres principales, asimismo a Joiarib y a Elnatán, hombres doctos;

17 y los envié a Iddo, jefe en el lugar llamado Casifia, y puse en boca de ellos las palabras que habían de hablar a Iddo, y a sus hermanos los sirvientes del templo en el lugar llamado Casifia, para que nos trajesen ministros para la casa de nuestro Dios.

18 Y nos trajeron según la buena mano de nuestro Dios sobre nosotros, un varón entendido, de los hijos de Mahli hijo de Leví, hijo de Israel; a Serebías con sus hijos y sus hermanos, dieciocho;

19 a Hasabías, y con él a Jesaías de los hijos de Merari, a sus hermanos y a sus hijos, veinte;

27 Praise be to the Lord, the God of our fathers, who has put it into the king's heart to bring honor to the house of the Lord in Jerusalem in this way 28 and who has extended his good favor to me before the king and his advisers and all the king's powerful officials. Because the hand of the Lord my God was on me, I took courage and gathered leading men from Israel to go up with me.

List of the Family Heads Returning With Ezra

8 These are the family heads and those registered with them who came up with me from Babylon during the reign of King Artaxerxes:

2 of the descendants of Phinehas, Gershom;
 of the descendants of Ithamar, Daniel;
 of the descendants of David, Hattush 3 of the descendants of Shecaniah;

 of the descendants of Parosh, Zechariah, and with him were registered 150 men;

4 of the descendants of Pahath-Moab, Eliehoenai son of Zerahiah, and with him 200 men;

5 of the descendants of Zattu, *t* Shecaniah son of Jahaziel, and with him 300 men;

6 of the descendants of Adin, Ebed son of Jonathan, and with him 50 men;

7 of the descendants of Elam, Jeshaiah son of Athaliah, and with him 70 men;

8 of the descendants of Shephatiah, Zebadiah son of Michael, and with him 80 men;

9 of the descendants of Joab, Obadiah son of Jehiel, and with him 218 men;

10 of the descendants of Bani, *u* Shelomith son of Josiphiah, and with him 160 men;

11 of the descendants of Bebai, Zechariah son of Bebai, and with him 28 men;

12 of the descendants of Azgad, Johanan son of Hakkatan, and with him 110 men;

13 of the descendants of Adonikam, the last ones, whose names were Eliphelet, Jeuel and Shemaiah, and with them 60 men;

14 of the descendants of Bigvai, Uthai and Zaccur, and with them 70 men.

The Return to Jerusalem

15 I assembled them at the canal that flows toward Ahava, and we camped there three days. When I checked among the people and the priests, I found no Levites there. 16 So I summoned Eliezer, Ariel, Shemaiah, Elnathan, Jarib, Elnathan, Nathan, Zechariah and Meshullam, who were leaders, and Joiarib and Elnathan, who were men of learning, 17 and I sent them to Iddo, the leader in Casiphia. I told them what to say to Iddo and his kinsmen, the temple servants in Casiphia, so that they might bring attendants to us for the house of our God. 18 Because the gracious hand of our God was on us, they brought us Sherebiah, a capable man, from the descendants of Mahli son of Levi, the son of Israel, and Sherebiah's sons and brothers, 18 men; 19 and Hashabiah, together with Jeshaiah from the descendants of Merari, and his brothers and nephews, 20 men. 20 They also brought 220 of the temple

---

t5 Some Septuagint manuscripts (also 1 Esdras 8:32); Hebrew does not have *Zattu.*   *u10* Some Septuagint manuscripts (also 1 Esdras 8:36); Hebrew does not have *Bani.*

20 y de los sirvientes del templo, a quienes David con los príncipes puso para el ministerio de los levitas, doscientos veinte sirvientes del templo, todos los cuales fueron designados por sus nombres.

21 Y publiqué ayuno allí junto al río Ahava, para afligirnos delante de nuestro Dios, para solicitar de él camino derecho para nosotros, y para nuestros niños, y para todos nuestros bienes.

22 Porque tuve vergüenza de pedir al rey tropa y gente de a caballo que nos defendiesen del enemigo en el camino; porque habíamos hablado al rey, diciendo: La mano de nuestro Dios es para bien sobre todos los que le buscan; mas su poder y su furor contra todos los que le abandonan.

23 Ayunamos, pues, y pedimos a nuestro Dios sobre esto, y él nos fue propicio.

24 Aparté luego a doce de los principales de los sacerdotes, a Serebías y a Hasabías, y con ellos diez de sus hermanos;

25 y les pesé la plata, el oro y los utensilios, ofrenda que para la casa de nuestro Dios habían ofrecido el rey y sus consejeros y sus príncipes, y todo Israel allí presente.

26 Pesé, pues, en manos de ellos seiscientos cincuenta talentos de plata, y utensilios de plata por cien talentos, y cien talentos de oro;

27 además, veinte tazones de oro de mil dracmas, y dos vasos de bronce bruñido muy bueno, preciados como el oro.

28 Y les dije: Vosotros estáis consagrados a Jehová, y son santos los utensilios, y la plata y el oro, ofrenda voluntaria a Jehová Dios de nuestros padres.

29 Vigilad y guardadlos, hasta que los peséis delante de los príncipes de los sacerdotes y levitas, y de los jefes de las casas paternas de Israel en Jerusalén, en los aposentos de la casa de Jehová.

30 Los sacerdotes y los levitas recibieron el peso de la plata y del oro y de los utensilios, para traerlo a Jerusalén a la casa de nuestro Dios.

31 Y partimos del río Ahava el doce del mes primero, para ir a Jerusalén; y la mano de nuestro Dios estaba sobre nosotros, y nos libró de mano del enemigo y del asechador en el camino.

32 Y llegamos a Jerusalén, y reposamos allí tres días.

33 Al cuarto día fue luego pesada la plata, el oro y los utensilios, en la casa de nuestro Dios, por mano del sacerdote Meremot hijo de Urías, y con él Eleazar hijo de Finees; y con ellos Jozabad hijo de Jesúa y Noadías hijo de Binúi, levitas.

34 Por cuenta y por peso se entregó todo, y se apuntó todo aquel peso en aquel tiempo.

35 Los hijos de la cautividad, los que habían venido del cautiverio, ofrecieron holocaustos al Dios de Israel, doce becerros por todo Israel, noventa y seis carneros, setenta y siete corderos, y doce machos cabríos por expiación, todo en holocausto a Jehová.

36 Y entregaron los despachos del rey a sus sátrapas y capitanes del otro lado del río, los cuales ayudaron al pueblo y a la casa de Dios.

servants—a body that David and the officials had established to assist the Levites. All were registered by name.

21 There, by the Ahava Canal, I proclaimed a fast, so that we might humble ourselves before our God and ask him for a safe journey for us and our children, with all our possessions. 22 I was ashamed to ask the king for soldiers and horsemen to protect us from enemies on the road, because we had told the king, "The gracious hand of our God is on everyone who looks to him, but his great anger is against all who forsake him." 23 So we fasted and petitioned our God about this, and he answered our prayer.

24 Then I set apart twelve of the leading priests, together with Sherebiah, Hashabiah and ten of their brothers, 25 and I weighed out to them the offering of silver and gold and the articles that the king, his advisers, his officials and all Israel present there had donated for the house of our God. 26 I weighed out to them 650 talents v of silver, silver articles weighing 100 talents, w 100 talents w of gold, 27 20 bowls of gold valued at 1,000 darics, x and two fine articles of polished bronze, as precious as gold.

28 I said to them, "You as well as these articles are consecrated to the LORD. The silver and gold are a freewill offering to the LORD, the God of your fathers. 29 Guard them carefully until you weigh them out in the chambers of the house of the LORD in Jerusalem before the leading priests and the Levites and the family heads of Israel." 30 Then the priests and Levites received the silver and gold and sacred articles that had been weighed out to be taken to the house of our God in Jerusalem.

31 On the twelfth day of the first month we set out from the Ahava Canal to go to Jerusalem. The hand of our God was on us, and he protected us from enemies and bandits along the way. 32 So we arrived in Jerusalem, where we rested three days.

33 On the fourth day, in the house of our God, we weighed out the silver and gold and the sacred articles into the hands of Meremoth son of Uriah, the priest. Eleazar son of Phinehas was with him, and so were the Levites Jozabad son of Jeshua and Noadiah son of Binnui. 34 Everything was accounted for by number and weight, and the entire weight was recorded at that time.

35 Then the exiles who had returned from captivity sacrificed burnt offerings to the God of Israel: twelve bulls for all Israel, ninety-six rams, seventy-seven male lambs and, as a sin offering, twelve male goats. All this was a burnt offering to the LORD. 36 They also delivered the king's orders to the royal satraps and to the governors of Trans-Euphrates, who then gave assistance to the people and to the house of God.

---

v26 That is, about 25 tons (about 22 metric tons)   w26 That is, about 3 3/4 tons (about 3.4 metric tons)   x27 That is, about 19 pounds (about 8.5 kilograms)

Oración de confesión de Esdras

9 ¹Acabadas estas cosas, los príncipes vinieron a mí, diciendo: El pueblo de Israel y los sacerdotes y levitas no se han separado de los pueblos de las tierras, de los cananeos, heteos, ferezeos, jebuseos, amonitas, moabitas, egipcios y amorreos, y hacen conforme a sus abominaciones.

²Porque han tomado de las hijas de ellos para sí y para sus hijos, y el linaje santo ha sido mezclado con los pueblos de las tierras; y la mano de los príncipes y de los gobernadores ha sido la primera en cometer este pecado.

³Cuando oí esto, rasgué mi vestido y mi manto, y arranqué pelo de mi cabeza y de mi barba, y me senté angustiado en extremo.

⁴Y se me juntaron todos los que temían las palabras del Dios de Israel, a causa de la prevaricación de los del cautiverio; mas yo estuve muy angustiado hasta la hora del sacrificio de la tarde.

⁵Y a la hora del sacrificio de la tarde me levanté de mi aflicción, y habiendo rasgado mi vestido y mi manto, me postré de rodillas, y extendí mis manos a Jehová mi Dios,

⁶y dije: Dios mío, confuso y avergonzado estoy para levantar, oh Dios mío, mi rostro a ti, porque nuestras iniquidades se han multiplicado sobre nuestra cabeza, y nuestros delitos han crecido hasta el cielo.

⁷Desde los días de nuestros padres hasta este día hemos vivido en gran pecado; y por nuestras iniquidades nosotros, nuestros reyes y nuestros sacerdotes hemos sido entregados en manos de los reyes de las tierras, a espada, a cautiverio, a robo, y a vergüenza que cubre nuestro rostro, como hoy día.

⁸Y ahora por un breve momento ha habido misericordia de parte de Jehová nuestro Dios, para hacer que nos quedase un remanente libre, y para darnos un lugar seguro en su santuario, a fin de alumbrar nuestro Dios nuestros ojos y darnos un poco de vida en nuestra servidumbre.

⁹Porque siervos somos; mas en nuestra servidumbre no nos ha desamparado nuestro Dios, sino que inclinó sobre nosotros su misericordia delante de los reyes de Persia, para que se nos diese vida para levantar la casa de nuestro Dios y restaurar sus ruinas, y darnos protección en Judá y en Jerusalén.

¹⁰Pero ahora, ¿qué diremos, oh Dios nuestro, después de esto? Porque nosotros hemos dejado tus mandamientos,

¹¹que prescribiste por medio de tus siervos los profetas, diciendo: La tierra a la cual entráis para poseerla, tierra inmunda es a causa de la inmundicia de los pueblos de aquellas regiones, por las abominaciones de que la han llenado de uno a otro extremo con su inmundicia.

¹²Ahora, pues, no daréis vuestras hijas a los hijos de ellos, ni sus hijas tomaréis para vuestros hijos, ni procuraréis jamás su paz ni su prosperidad; para que seáis fuertes y comáis el bien de la tierra, y la dejéis por heredad a vuestros hijos para siempre.

¹³Mas después de todo lo que nos ha sobrevenido a causa de nuestras malas obras, y a causa de nuestro gran pecado, ya que tú, Dios nuestro, no nos has castigado de acuerdo con nuestras iniquidades, y nos diste un remanente como este,

¹⁴¿hemos de volver a infringir tus mandamientos, y a emparentar con pueblos que cometen estas abominaciones? ¿No te indignarías contra nosotros hasta consumirnos, sin que quedara remanente ni quien escape?

¹⁵Oh Jehová Dios de Israel, tú eres justo, puesto que hemos quedado un remanente que ha escapado, como en este día. Henos aquí delante de ti en nuestros delitos; porque no es posible estar en tu presencia a causa de esto.

Ezra's Prayer About Intermarriage

9 After these things had been done, the leaders came to me and said, "The people of Israel, including the priests and the Levites, have not kept themselves separate from the neighboring peoples with their detestable practices, like those of the Canaanites, Hittites, Perizzites, Jebusites, Ammonites, Moabites, Egyptians and Amorites. ²They have taken some of their daughters as wives for themselves and their sons, and have mingled the holy race with the peoples around them. And the leaders and officials have led the way in this unfaithfulness."

³When I heard this, I tore my tunic and cloak, pulled hair from my head and beard and sat down appalled. ⁴Then everyone who trembled at the words of the God of Israel gathered around me because of this unfaithfulness of the exiles. And I sat there appalled until the evening sacrifice.

⁵Then, at the evening sacrifice, I rose from my self-abasement, with my tunic and cloak torn, and fell on my knees with my hands spread out to the LORD my God ⁶and prayed:

"O my God, I am too ashamed and disgraced to lift up my face to you, my God, because our sins are higher than our heads and our guilt has reached to the heavens. ⁷From the days of our forefathers until now, our guilt has been great. Because of our sins, we and our kings and our priests have been subjected to the sword and captivity, to pillage and humiliation at the hand of foreign kings, as it is today.

⁸"But now, for a brief moment, the LORD our God has been gracious in leaving us a remnant and giving us a firm place in his sanctuary, and so our God gives light to our eyes and a little relief in our bondage. ⁹Though we are slaves, our God has not deserted us in our bondage. He has shown us kindness in the sight of the kings of Persia: He has granted us new life to rebuild the house of our God and repair its ruins, and he has given us a wall of protection in Judah and Jerusalem.

¹⁰"But now, O our God, what can we say after this? For we have disregarded the commands ¹¹you gave through your servants the prophets when you said: 'The land you are entering to possess is a land polluted by the corruption of its peoples. By their detestable practices they have filled it with their impurity from one end to the other. ¹²Therefore, do not give your daughters in marriage to their sons or take their daughters for your sons. Do not seek a treaty of friendship with them at any time, that you may be strong and eat the good things of the land and leave it to your children as an everlasting inheritance.'

¹³"What has happened to us is a result of our evil deeds and our great guilt, and yet, our God, you have punished us less than our sins have deserved and have given us a remnant like this. ¹⁴Shall we again break your commands and intermarry with the peoples who commit such detestable practices? Would you not be angry enough with us to destroy us, leaving us no remnant or survivor? ¹⁵O LORD, God of Israel, you are righteous! We are left this day as a remnant. Here we are before you in our guilt, though because of it not one of us can stand in your presence."

Expulsión de las mujeres extranjeras

10 [1] Mientras oraba Esdras y hacía confesión, llorando y postrándose delante de la casa de Dios, se juntó a él una muy grande multitud de Israel, hombres, mujeres y niños; y lloraba el pueblo amargamente. [2] Entonces respondió Secanías hijo de Jehiel, de los hijos de Elam, y dijo a Esdras: Nosotros hemos pecado contra nuestro Dios, pues tomamos mujeres extranjeras de los pueblos de la tierra; mas a pesar de esto, aún hay esperanza para Israel. [3] Ahora, pues, hagamos pacto con nuestro Dios, que despediremos a todas las mujeres y los nacidos de ellas, según el consejo de mi señor y de los que temen el mandamiento de nuestro Dios; y hágase conforme a la ley. [4] Levántate, porque esta es tu obligación, y nosotros estaremos contigo; esfuérzate, y pon mano a la obra. [5] Entonces se levantó Esdras y juramentó a los príncipes de los sacerdotes y de los levitas, y a todo Israel, que harían conforme a esto; y ellos juraron.

[6] Se levantó luego Esdras de delante de la casa de Dios, y se fue a la cámara de Johanán hijo de Eliasib; e ido allá, no comió pan ni bebió agua, porque se entristeció a causa del pecado de los del cautiverio.

[7] E hicieron pregonar en Judá y en Jerusalén que todos los hijos del cautiverio se reuniesen en Jerusalén; [8] y que el que no viniera dentro de tres días, conforme al acuerdo de los príncipes y de los ancianos, perdiese toda su hacienda, y el tal fuese excluido de la congregación de los del cautiverio.

[9] Así todos los hombres de Judá y de Benjamín se reunieron en Jerusalén dentro de los tres días, a los veinte días del mes, que era el mes noveno; y se sentó todo el pueblo en la plaza de la casa de Dios, temblando con motivo de aquel asunto, y a causa de la lluvia. [10] Y se levantó el sacerdote Esdras y les dijo: Vosotros habéis pecado, por cuanto tomasteis mujeres extranjeras, añadiendo así sobre el pecado de Israel. [11] Ahora, pues, dad gloria a Jehová Dios de vuestros padres, y haced su voluntad, y apartaos de los pueblos de las tierras, y de las mujeres extranjeras. [12] Y respondió toda la asamblea, y dijeron en alta voz: Así se haga conforme a tu palabra. [13] Pero el pueblo es mucho, y el tiempo lluvioso, y no podemos estar en la calle; ni la obra es de un día ni de dos, porque somos muchos los que hemos pecado en esto. [14] Sean nuestros príncipes los que se queden en lugar de toda la congregación, y todos aquellos que en nuestras ciudades hayan tomado mujeres extranjeras, vengan en tiempos determinados, y con ellos los ancianos de cada ciudad, y los jueces de ellas, hasta que apartemos de nosotros el ardor de la ira de nuestro Dios sobre esto. [15] Solamente Jonatán hijo de Asael y Jahazías hijo de Ticva se opusieron a esto, y los levitas Mesulam y Sabetai les ayudaron.

[16] Así hicieron los hijos del cautiverio. Y fueron apartados el sacerdote Esdras, y ciertos varones jefes de casas paternas según sus casas paternas; todos ellos por sus nombres se sentaron el primer día del mes décimo para inquirir sobre el asunto. [17] Y terminaron el juicio de todos aquellos que habían tomado mujeres extranjeras, el primer día del mes primero.

[18] De los hijos de los sacerdotes que habían tomado mujeres extranjeras, fueron hallados estos: De los hijos de Jesúa hijo de Josadac, y de sus hermanos: Maasías, Eliezer, Jarib y Gedalías.

The People's Confession of Sin

10 While Ezra was praying and confessing, weeping and throwing himself down before the house of God, a large crowd of Israelites — men, women and children — gathered around him. They too wept bitterly. [2] Then Shecaniah son of Jehiel, one of the descendants of Elam, said to Ezra, "We have been unfaithful to our God by marrying foreign women from the peoples around us. But in spite of this, there is still hope for Israel. [3] Now let us make a covenant before our God to send away all these women and their children, in accordance with the counsel of my lord and of those who fear the commands of our God. Let it be done according to the Law. [4] Rise up; this matter is in your hands. We will support you, so take courage and do it."

[5] So Ezra rose up and put the leading priests and Levites and all Israel under oath to do what had been suggested. And they took the oath. [6] Then Ezra withdrew from before the house of God and went to the room of Jehohanan son of Eliashib. While he was there, he ate no food and drank no water, because he continued to mourn over the unfaithfulness of the exiles.

[7] A proclamation was then issued throughout Judah and Jerusalem for all the exiles to assemble in Jerusalem. [8] Anyone who failed to appear within three days would forfeit all his property, in accordance with the decision of the officials and elders, and would himself be expelled from the assembly of the exiles.

[9] Within the three days, all the men of Judah and Benjamin had gathered in Jerusalem. And on the twentieth day of the ninth month, all the people were sitting in the square before the house of God, greatly distressed by the occasion and because of the rain. [10] Then Ezra the priest stood up and said to them, "You have been unfaithful; you have married foreign women, adding to Israel's guilt. [11] Now make confession to the LORD, the God of your fathers, and do his will. Separate yourselves from the peoples around you and from your foreign wives."

[12] The whole assembly responded with a loud voice: "You are right! We must do as you say. [13] But there are many people here and it is the rainy season; so we cannot stand outside. Besides, this matter cannot be taken care of in a day or two, because we have sinned greatly in this thing. [14] Let our officials act for the whole assembly. Then let everyone in our towns who has married a foreign woman come at a set time, along with the elders and judges of each town, until the fierce anger of our God in this matter is turned away from us." [15] Only Jonathan son of Asahel and Jahzeiah son of Tikvah, supported by Meshullam and Shabbethai the Levite, opposed this.

[16] So the exiles did as was proposed. Ezra the priest selected men who were family heads, one from each family division, and all of them designated by name. On the first day of the tenth month they sat down to investigate the cases, [17] and by the first day of the first month they finished dealing with all the men who had married foreign women.

Those Guilty of Intermarriage

[18] Among the descendants of the priests, the following had married foreign women:

From the descendants of Jeshua son of Jozadak, and his brothers: Maaseiah, Eliezer, Jarib and

19 Y dieron su mano en promesa de que despedirían sus mujeres, y ofrecieron como ofrenda por su pecado un carnero de los rebaños por su delito.

20 De los hijos de Imer: Hanani y Zebadías.

21 De los hijos de Harim: Maasías, Elías, Semaías, Jehiel y Uzías.

22 De los hijos de Pasur: Elioenai, Maasías, Ismael, Natanael, Jozabad y Elasa.

23 De los hijos de los levitas: Jozabad, Simei, Kelaía (éste es Kelita), Petaías, Judá y Eliezer.

24 De los cantores: Eliasib; y de los porteros: Salum, Telem y Uri.

25 Asimismo de Israel: De los hijos de Paros: Ramía, Jezías, Malquías, Mijamín, Eleazar, Malquías y Benaía.

26 De los hijos de Elam: Matanías, Zacarías, Jehiel, Abdi, Jeremot y Elías.

27 De los hijos de Zatu: Elioenai, Eliasib, Matanías, Jeremot, Zabad y Aziza.

28 De los hijos de Bebai: Johanán, Hananías, Zabai y Atlai.

29 De los hijos de Bani: Mesulam, Maluc, Adaía, Jasub, Seal y Ramot.

30 De los hijos de Pahat-moab: Adna, Quelal, Benaía, Maasías, Matanías, Bezaleel, Binúi y Manasés.

31 De los hijos de Harim: Eliezer, Isías, Malquías, Semaías, Simeón,

32 Benjamín, Maluc y Semarías.

33 De los hijos de Hasum: Matenai, Matata, Zabad, Elifelet, Jeremai, Manasés y Simei.

34 De los hijos de Bani: Madai, Amram, Uel,

35 Benaía, Bedías, Quelúhi,

36 Vanías, Meremot, Eliasib,

37 Matanías, Matenai, Jaasai,

38 Bani, Binúi, Simei,

39 Selemías, Natán, Adaía,

40 Macnadebai, Sasai, Sarai,

41 Azareel, Selemías, Semarías,

42 Salum, Amarías y José.

43 Y de los hijos de Nebo: Jeiel, Matatías, Zabad, Zebina, Jadau, Joel y Benaía.

44 Todos estos habían tomado mujeres extranjeras; y había mujeres de ellos que habían dado a luz hijos.

Gedaliah. 19(They all gave their hands in pledge to put away their wives, and for their guilt they each presented a ram from the flock as a guilt offering.)

20 From the descendants of Immer:
Hanani and Zebadiah.

21 From the descendants of Harim:
Maaseiah, Elijah, Shemaiah, Jehiel and Uzziah.

22 From the descendants of Pashhur:
Elioenai, Maaseiah, Ishmael, Nethanel, Jozabad and Elasah.

23 Among the Levites:

Jozabad, Shimei, Kelaiah (that is, Kelita), Pethahiah, Judah and Eliezer.

24 From the singers:
Eliashib.

From the gatekeepers:
Shallum, Telem and Uri.

25 And among the other Israelites:

From the descendants of Parosh:
Ramiah, Izziah, Malkijah, Mijamin, Eleazar, Malkijah and Benaiah.

26 From the descendants of Elam:
Mattaniah, Zechariah, Jehiel, Abdi, Jeremoth and Elijah.

27 From the descendants of Zattu:
Elioenai, Eliashib, Mattaniah, Jeremoth, Zabad and Aziza.

28 From the descendants of Bebai:
Jehohanan, Hananiah, Zabbai and Athlai.

29 From the descendants of Bani:
Meshullam, Malluch, Adaiah, Jashub, Sheal and Jeremoth.

30 From the descendants of Pahath-Moab:
Adna, Kelal, Benaiah, Maaseiah, Mattaniah, Bezalel, Binnui and Manasseh.

31 From the descendants of Harim:
Eliezer, Ishijah, Malkijah, Shemaiah, Shimeon, 32Benjamin, Malluch and Shemariah.

33 From the descendants of Hashum:
Mattenai, Mattattah, Zabad, Eliphelet, Jeremai, Manasseh and Shimei.

34 From the descendants of Bani:
Maadai, Amram, Uel, 35Benaiah, Bedeiah, Keluhi, 36Vaniah, Meremoth, Eliashib, 37Mattaniah, Mattenai and Jaasu.

38 From the descendants of Binnui:y
Shimei, 39Shelemiah, Nathan, Adaiah, 40Macnadebai, Shashai, Sharai, 41Azarel, Shelemiah, Shemariah, 42Shallum, Amariah and Joseph.

43 From the descendants of Nebo:
Jeiel, Mattithiah, Zabad, Zebina, Jaddai, Joel and Benaiah.

44 All these had married foreign women, and some of them had children by these wives.z

---

y37,38 See Septuagint (also 1 Esdras 9:34); Hebrew *Jaasu* 38and *Bani and Binnui*,   z44 Or *and they sent them away with their children*

NEHEMÍAS

NEHEMIAH

Oración de Nehemías sobre Jerusalén

1 ¹Palabras de Nehemías hijo de Hacalías.

Aconteció en el mes de Quislev, en el año veinte, estando yo en Susa, capital del reino, ²que vino Hanani, uno de mis hermanos, con algunos varones de Judá, y les pregunté por los judíos que habían escapado, que habían quedado de la cautividad, y por Jerusalén.

³Y me dijeron: El remanente, los que quedaron de la cautividad, allí en la provincia, están en gran mal y afrenta, y el muro de Jerusalén derribado, y sus puertas quemadas a fuego.

⁴Cuando oí estas palabras me senté y lloré, e hice duelo por algunos días, y ayuné y oré delante del Dios de los cielos.

⁵Y dije: Te ruego, oh Jehová, Dios de los cielos, fuerte, grande y temible, que guarda el pacto y la misericordia a los que le aman y guardan sus mandamientos;

⁶esté ahora atento tu oído y abiertos tus ojos para oir la oración de tu siervo, que hago ahora delante de ti día y noche, por los hijos de Israel tus siervos; y confieso los pecados de los hijos de Israel que hemos cometido contra ti; sí, yo y la casa de mi padre hemos pecado.

⁷En extremo nos hemos corrompido contra ti, y no hemos guardado los mandamientos, estatutos y preceptos que diste a Moisés tu siervo.

⁸Acuérdate ahora de la palabra que diste a Moisés tu siervo, diciendo: Si vosotros pecareis, yo os dispersaré por los pueblos;

⁹pero si os volviereis a mí, y guardareis mis mandamientos, y los pusiereis por obra, aunque vuestra dispersión fuere hasta el extremo de los cielos, de allí os recogeré, y os traeré al lugar que escogí para hacer habitar allí mi nombre.

¹⁰Ellos, pues, son tus siervos y tu pueblo, los cuales redimiste con tu gran poder, y con tu mano poderosa.

¹¹Te ruego, oh Jehová, esté ahora atento tu oído a la oración de tu siervo, y a la oración de tus siervos, quienes desean reverenciar tu nombre; concede ahora buen éxito a tu siervo, y dale gracia delante de aquel varón. Porque yo servía de copero al rey.

Artajerjes envía a Nehemías a Jerusalén

2 ¹Sucedió en el mes de Nisán, en el año veinte del rey Artajerjes, que estando ya el vino delante de él, tomé el vino y lo serví al rey. Y como yo no había estado antes triste en su presencia,

²me dijo el rey: ¿Por qué está triste tu rostro? pues no estás enfermo. No es esto sino quebranto de corazón. Entonces temí en gran manera.

³Y dije al rey: Para siempre viva el rey. ¿Cómo no estará triste mi rostro, cuando la ciudad, casa de los sepulcros de mis padres, está desierta, y sus puertas consumidas por el fuego?

⁴Me dijo el rey: ¿Qué cosa pides? Entonces oré al Dios de los cielos,

⁵y dije al rey: Si le place al rey, y tu siervo ha hallado gracia delante de ti, envíame a Judá, a la ciudad de los sepulcros de mis padres, y la reedificaré.

Nehemiah's Prayer

1 The words of Nehemiah son of Hacaliah:

In the month of Kislev in the twentieth year, while I was in the citadel of Susa, ²Hanani, one of my brothers, came from Judah with some other men, and I questioned them about the Jewish remnant that survived the exile, and also about Jerusalem.

³They said to me, "Those who survived the exile and are back in the province are in great trouble and disgrace. The wall of Jerusalem is broken down, and its gates have been burned with fire."

⁴When I heard these things, I sat down and wept. For some days I mourned and fasted and prayed before the God of heaven. ⁵Then I said:

"O LORD, God of heaven, the great and awesome God, who keeps his covenant of love with those who love him and obey his commands, ⁶let your ear be attentive and your eyes open to hear the prayer your servant is praying before you day and night for your servants, the people of Israel. I confess the sins we Israelites, including myself and my father's house, have committed against you. ⁷We have acted very wickedly toward you. We have not obeyed the commands, decrees and laws you gave your servant Moses.

⁸"Remember the instruction you gave your servant Moses, saying, 'If you are unfaithful, I will scatter you among the nations, ⁹but if you return to me and obey my commands, then even if your exiled people are at the farthest horizon, I will gather them from there and bring them to the place I have chosen as a dwelling for my Name.'

¹⁰"They are your servants and your people, whom you redeemed by your great strength and your mighty hand. ¹¹O Lord, let your ear be attentive to the prayer of this your servant and to the prayer of your servants who delight in revering your name. Give your servant success today by granting him favor in the presence of this man."

I was cupbearer to the king.

Artaxerxes Sends Nehemiah to Jerusalem

2 In the month of Nisan in the twentieth year of King Artaxerxes, when wine was brought for him, I took the wine and gave it to the king. I had not been sad in his presence before; ²so the king asked me, "Why does your face look so sad when you are not ill? This can be nothing but sadness of heart."

I was very much afraid, ³but I said to the king, "May the king live forever! Why should my face not look sad when the city where my fathers are buried lies in ruins, and its gates have been destroyed by fire?"

⁴The king said to me, "What is it you want?"

Then I prayed to the God of heaven, ⁵and I answered the king, "If it pleases the king and if your servant has found favor in his sight, let him send me to the city in Judah where my fathers are buried so that I can rebuild it."

6 Entonces el rey me dijo (y la reina estaba sentada junto a él): ¿Cuánto durará tu viaje, y cuándo volverás? Y agradó al rey enviarme, después que yo le señalé tiempo.

7 Además dije al rey: Si le place al rey, que se me den cartas para los gobernadores al otro lado del río, para que me franqueen el paso hasta que llegue a Judá;

8 y carta para Asaf guarda del bosque del rey, para que me dé madera para enmaderar las puertas del palacio de la casa, y para el muro de la ciudad, y la casa en que yo estaré. Y me lo concedió el rey, según la benéfica mano de mi Dios sobre mí.

9 Vine luego a los gobernadores del otro lado del río, y les di las cartas del rey. Y el rey envió conmigo capitanes del ejército y gente de a caballo.

10 Pero oyéndolo Sanbalat horonita y Tobías el siervo amonita, les disgustó en extremo que viniese alguno para procurar el bien de los hijos de Israel.

Nehemías anima al pueblo a reedificar los muros

11 Llegué, pues, a Jerusalén, y después de estar allí tres días,

12 me levanté de noche, yo y unos pocos varones conmigo, y no declaré a hombre alguno lo que Dios había puesto en mi corazón que hiciese en Jerusalén; ni había cabalgadura conmigo, excepto la única en que yo cabalgaba.

13 Y salí de noche por la puerta del Valle hacia la fuente del Dragón y a la puerta del Muladar; y observé los muros de Jerusalén que estaban derribados, y sus puertas que estaban consumidas por el fuego.

14 Pasé luego a la puerta de la Fuente, y al estanque del Rey; pero no había lugar por donde pasase la cabalgadura en que iba.

15 Y subí de noche por el torrente y observé el muro, y di la vuelta y entré por la puerta del Valle, y me volví.

16 Y no sabían los oficiales a dónde yo había ido, ni qué había hecho; ni hasta entonces lo había declarado yo a los judíos y sacerdotes, ni a los nobles y oficiales, ni a los demás que hacían la obra.

17 Les dije, pues: Vosotros veis el mal en que estamos, que Jerusalén está desierta, y sus puertas consumidas por el fuego; venid, y edifiquemos el muro de Jerusalén, y no estemos más en oprobio.

18 Entonces les declaré cómo la mano de mi Dios había sido buena sobre mí, y asimismo las palabras que el rey me había dicho. Y dijeron: Levantémonos y edifiquemos. Así esforzaron sus manos para bien.

19 Pero cuando lo oyeron Sanbalat horonita, Tobías el siervo amonita, y Gesem el árabe, hicieron escarnio de nosotros, y nos despreciaron, diciendo: ¿Qué es esto que hacéis vosotros? ¿Os rebeláis contra el rey?

20 Y en respuesta les dije: El Dios de los cielos, él nos prosperará, y nosotros sus siervos nos levantaremos y edificaremos, porque vosotros no tenéis parte ni derecho ni memoria en Jerusalén.

Reparto del trabajo de reedificación

3 1 Entonces se levantó el sumo sacerdote Eliasib con sus hermanos los sacerdotes, y edificaron la puerta de las Ovejas. Ellos arreglaron y levantaron sus puertas hasta la torre de Hamea, y edificaron hasta la torre de Hananeel.

2 Junto a ella edificaron los varones de Jericó, y luego edificó Zacur hijo de Imri.

6 Then the king, with the queen sitting beside him, asked me, "How long will your journey take, and when will you get back?" It pleased the king to send me; so I set a time.

7 I also said to him, "If it pleases the king, may I have letters to the governors of Trans-Euphrates, so that they will provide me safe-conduct until I arrive in Judah? 8 And may I have a letter to Asaph, keeper of the king's forest, so he will give me timber to make beams for the gates of the citadel by the temple and for the city wall and for the residence I will occupy?" And because the gracious hand of my God was upon me, the king granted my requests. 9 So I went to the governors of Trans-Euphrates and gave them the king's letters. The king had also sent army officers and cavalry with me.

10 When Sanballat the Horonite and Tobiah the Ammonite official heard about this, they were very much disturbed that someone had come to promote the welfare of the Israelites.

Nehemiah Inspects Jerusalem's Walls

11 I went to Jerusalem, and after staying there three days 12 I set out during the night with a few men. I had not told anyone what my God had put in my heart to do for Jerusalem. There were no mounts with me except the one I was riding on.

13 By night I went out through the Valley Gate toward the Jackal[a] Well and the Dung Gate, examining the walls of Jerusalem, which had been broken down, and its gates, which had been destroyed by fire. 14 Then I moved on toward the Fountain Gate and the King's Pool, but there was not enough room for my mount to get through; 15 so I went up the valley by night, examining the wall. Finally, I turned back and reentered through the Valley Gate. 16 The officials did not know where I had gone or what I was doing, because as yet I had said nothing to the Jews or the priests or nobles or officials or any others who would be doing the work.

17 Then I said to them, "You see the trouble we are in: Jerusalem lies in ruins, and its gates have been burned with fire. Come, let us rebuild the wall of Jerusalem, and we will no longer be in disgrace." 18 I also told them about the gracious hand of my God upon me and what the king had said to me.

They replied, "Let us start rebuilding." So they began this good work.

19 But when Sanballat the Horonite, Tobiah the Ammonite official and Geshem the Arab heard about it, they mocked and ridiculed us. "What is this you are doing?" they asked. "Are you rebelling against the king?"

20 I answered them by saying, "The God of heaven will give us success. We his servants will start rebuilding, but as for you, you have no share in Jerusalem or any claim or historic right to it."

Builders of the Wall

3 Eliashib the high priest and his fellow priests went to work and rebuilt the Sheep Gate. They dedicated it and set its doors in place, building as far as the Tower of the Hundred, which they dedicated, and as far as the Tower of Hananel. 2 The men of Jericho built the adjoining section, and Zaccur son of Imri built next to them.

---

a 13 Or *Serpent* or *Fig*

3 Los hijos de Senaa edificaron la puerta del Pescado; ellos la enmaderaron, y levantaron sus puertas, con sus cerraduras y sus cerrojos.

4 Junto a ellos restauró Meremot hijo de Urías, hijo de Cos, y al lado de ellos restauró Mesulam hijo de Berequías, hijo de Mesezabeel. Junto a ellos restauró Sadoc hijo de Baana.

5 E inmediato a ellos restauraron los tecoítas; pero sus grandes no se prestaron para ayudar a la obra de su Señor.

6 La puerta Vieja fue restaurada por Joiada hijo de Paseah y Mesulam hijo de Besodías; ellos la enmaderaron, y levantaron sus puertas, con sus cerraduras y cerrojos.

7 Junto a ellos restauró Melatías gabaonita y Jadón meronotita, varones de Gabaón y de Mizpa, que estaban bajo el dominio del gobernador del otro lado del río.

8 Junto a ellos restauró Uziel hijo de Harhaía, de los plateros; junto al cual restauró también Hananías, hijo de un perfumero. Así dejaron reparada a Jerusalén hasta el muro ancho.

9 Junto a ellos restauró también Refaías hijo de Hur, gobernador de la mitad de la región de Jerusalén.

10 Asimismo restauró junto a ellos, y frente a su casa, Jedaías hijo de Harumaf; y junto a él restauró Hatús hijo de Hasabnías.

11 Malquías hijo de Harim y Hasub hijo de Pahat-moab restauraron otro tramo, y la torre de los Hornos.

12 Junto a ellos restauró Salum hijo de Halohes, gobernador de la mitad de la región de Jerusalén, él con sus hijas.

13 La puerta del Valle la restauró Hanún con los moradores de Zanoa; ellos la reedificaron, y levantaron sus puertas, con sus cerraduras y sus cerrojos, y mil codos del muro, hasta la puerta del Muladar.

14 Reedificó la puerta del Muladar Malquías hijo de Recab, gobernador de la provincia de Bet-haquerem; él la reedificó, y levantó sus puertas, sus cerraduras y sus cerrojos.

15 Salum hijo de Colhoze, gobernador de la región de Mizpa, restauró la puerta de la Fuente; él la reedificó, la enmaderó y levantó sus puertas, sus cerraduras y sus cerrojos, y el muro del estanque de Siloé hacia el huerto del rey, y hasta las gradas que descienden de la ciudad de David.

16 Después de él restauró Nehemías hijo de Azbuc, gobernador de la mitad de la región de Bet-sur, hasta delante de los sepulcros de David, y hasta el estanque labrado, y hasta la casa de los Valientes.

17 Tras él restauraron los levitas; Rehum hijo de Bani, y junto a él restauró Hasabías, gobernador de la mitad de la región de Keila, por su región.

18 Después de él restauraron sus hermanos, Bavai hijo de Henadad, gobernador de la mitad de la región de Keila.

19 Junto a él restauró Ezer hijo de Jesúa, gobernador de Mizpa, otro tramo frente a la subida de la armería de la esquina.

20 Después de él Baruc hijo de Zabai con todo fervor restauró otro tramo, desde la esquina hasta la puerta de la casa de Eliasib sumo sacerdote.

21 Tras él restauró Meremot hijo de Urías hijo de Cos otro tramo, desde la entrada de la casa de Eliasib hasta el extremo de la casa de Eliasib.

22 Después de él restauraron los sacerdotes, los varones de la llanura.

---

3 The Fish Gate was rebuilt by the sons of Hassenaah. They laid its beams and put its doors and bolts and bars in place. 4 Meremoth son of Uriah, the son of Hakkoz, repaired the next section. Next to him Meshullam son of Berekiah, the son of Meshezabel, made repairs, and next to him Zadok son of Baana also made repairs. 5 The next section was repaired by the men of Tekoa, but their nobles would not put their shoulders to the work under their supervisors. b

6 The Jeshanah c Gate was repaired by Joiada son of Paseah and Meshullam son of Besodeiah. They laid its beams and put its doors and bolts and bars in place. 7 Next to them, repairs were made by men from Gibeon and Mizpah—Melatiah of Gibeon and Jadon of Meronoth—places under the authority of the governor of Trans-Euphrates. 8 Uzziel son of Harhaiah, one of the goldsmiths, repaired the next section; and Hananiah, one of the perfume-makers, made repairs next to him. They restored d Jerusalem as far as the Broad Wall. 9 Rephaiah son of Hur, ruler of a half-district of Jerusalem, repaired the next section. 10 Adjoining this, Jedaiah son of Harumaph made repairs opposite his house, and Hattush son of Hashabneiah made repairs next to him. 11 Malkijah son of Harim and Hasshub son of Pahath-Moab repaired another section and the Tower of the Ovens. 12 Shallum son of Hallohesh, ruler of a half-district of Jerusalem, repaired the next section with the help of his daughters.

13 The Valley Gate was repaired by Hanun and the residents of Zanoah. They rebuilt it and put its doors and bolts and bars in place. They also repaired five hundred yards e of the wall as far as the Dung Gate.

14 The Dung Gate was repaired by Malkijah son of Recab, ruler of the district of Beth Hakkerem. He rebuilt it and put its doors and bolts and bars in place.

15 The Fountain Gate was repaired by Shallun son of Col-Hozeh, ruler of the district of Mizpah. He rebuilt it, roofing it over and putting its doors and bolts and bars in place. He also repaired the wall of the Pool of Siloam, f by the King's Garden, as far as the steps going down from the City of David. 16 Beyond him, Nehemiah son of Azbuk, ruler of a half-district of Beth Zur, made repairs up to a point opposite the tombs g of David, as far as the artificial pool and the House of the Heroes.

17 Next to him, the repairs were made by the Levites under Rehum son of Bani. Beside him, Hashabiah, ruler of half the district of Keilah, carried out repairs for his district. 18 Next to him, the repairs were made by their countrymen under Binnui h son of Henadad, ruler of the other half-district of Keilah. 19 Next to him, Ezer son of Jeshua, ruler of Mizpah, repaired another section, from a point facing the ascent to the armory as far as the angle. 20 Next to him, Baruch son of Zabbai zealously repaired another section, from the angle to the entrance of the house of Eliashib the high priest. 21 Next to him, Meremoth son of Uriah, the son of Hakkoz, repaired another section, from the entrance of Eliashib's house to the end of it.

22 The repairs next to him were made by the priests

---

b 5 Or their Lord or the governor   c 6 Or Old   d 8 Or They left out part of   e 13 Hebrew a thousand cubits (about 450 meters) f 15 Hebrew Shelah, a variant of Shiloah, that is, Siloam g 16 Hebrew; Septuagint, some Vulgate manuscripts and Syriac tomb   h 18 Two Hebrew manuscripts and Syriac (see also Septuagint and verse 24); most Hebrew manuscripts Bavvai

23 Después de ellos restauraron Benjamín y Hasub, frente a su casa; y después de éstos restauró Azarías hijo de Maasías, hijo de Ananías, cerca de su casa.

24 Después de él restauró Binúi hijo de Henadad otro tramo, desde la casa de Azarías hasta el ángulo entrante del muro, y hasta la esquina.

25 Palal hijo de Uzai, enfrente de la esquina y la torre alta que sale de la casa del rey, que está en el patio de la cárcel. Después de él, Pedaías hijo de Faros.

26 Y los sirvientes del templo que habitaban en Ofel restauraron hasta enfrente de la puerta de las Aguas al oriente, y la torre que sobresalía.

27 Después de ellos restauraron los tecoítas otro tramo, enfrente de la gran torre que sobresale, hasta el muro de Ofel.

28 Desde la puerta de los Caballos restauraron los sacerdotes, cada uno enfrente de su casa.

29 Después de ellos restauró Sadoc hijo de Imer, enfrente de su casa; y después de él restauró Semaías hijo de Secanías, guarda de la puerta Oriental.

30 Tras él, Hananías hijo de Selemías y Hanún hijo sexto de Salaf restauraron otro tramo. Después de ellos restauró Mesulam hijo de Berequías, enfrente de su cámara.

31 Después de él restauró Malquías hijo del platero, hasta la casa de los sirvientes del templo y de los comerciantes, enfrente de la puerta del Juicio, y hasta la sala de la esquina.

32 Y entre la sala de la esquina y la puerta de las Ovejas, restauraron los plateros y los comerciantes.

Precauciones contra los enemigos

4 1 Cuando oyó Sanbalat que nosotros edificábamos el muro, se enojó y se enfureció en gran manera, e hizo escarnio de los judíos.

2 Y habló delante de sus hermanos y del ejército de Samaria, y dijo: ¿Qué hacen estos débiles judíos? ¿Se les permitirá volver a ofrecer sus sacrificios? ¿Acabarán en un día? ¿Resucitarán de los montones del polvo las piedras que fueron quemadas?

3 Y estaba junto a él Tobías amonita, el cual dijo: Lo que ellos edifican del muro de piedra, si subiere una zorra lo derribará.

4 Oye, oh Dios nuestro, que somos objeto de su menosprecio, y vuelve el baldón de ellos sobre su cabeza, y entrégalos por despojo en la tierra de su cautiverio.

5 No cubras su iniquidad, ni su pecado sea borrado delante de ti, porque se airaron contra los que edificaban.

6 Edificamos, pues, el muro, y toda la muralla fue terminada hasta la mitad de su altura, porque el pueblo tuvo ánimo para trabajar.

7 Pero aconteció que oyendo Sanbalat y Tobías, y los árabes, los amonitas y los de Asdod, que los muros de Jerusalén eran reparados, porque ya los portillos comenzaban a ser cerrados, se encolerizaron mucho;

8 y conspiraron todos a una para venir a atacar a Jerusalén y hacerle daño.

9 Entonces oramos a nuestro Dios, y por causa de ellos pusimos guarda contra ellos de día y de noche.

10 Y dijo Judá: Las fuerzas de los acarreadores se han debilitado, y el escombro es mucho, y no podemos edificar el muro.

11 Y nuestros enemigos dijeron: No sepan, ni vean, hasta que entremos en medio de ellos y los matemos, y hagamos cesar la obra.

from the surrounding region. 23 Beyond them, Benjamin and Hasshub made repairs in front of their house; and next to them, Azariah son of Maaseiah, the son of Ananiah, made repairs beside his house. 24 Next to him, Binnui son of Henadad repaired another section, from Azariah's house to the angle and the corner, 25 and Palal son of Uzai worked opposite the angle and the tower projecting from the upper palace near the court of the guard. Next to him, Pedaiah son of Parosh 26 and the temple servants living on the hill of Ophel made repairs up to a point opposite the Water Gate toward the east and the projecting tower. 27 Next to them, the men of Tekoa repaired another section, from the great projecting tower to the wall of Ophel.

28 Above the Horse Gate, the priests made repairs, each in front of his own house. 29 Next to them, Zadok son of Immer made repairs opposite his house. Next to him, Shemaiah son of Shecaniah, the guard at the East Gate, made repairs. 30 Next to him, Hananiah son of Shelemiah, and Hanun, the sixth son of Zalaph, repaired another section. Next to them, Meshullam son of Berekiah made repairs opposite his living quarters. 31 Next to him, Malkijah, one of the goldsmiths, made repairs as far as the house of the temple servants and the merchants, opposite the Inspection Gate, and as far as the room above the corner; 32 and between the room above the corner and the Sheep Gate the goldsmiths and merchants made repairs.

Opposition to the Rebuilding

4 When Sanballat heard that we were rebuilding the wall, he became angry and was greatly incensed. He ridiculed the Jews, 2 and in the presence of his associates and the army of Samaria, he said, "What are those feeble Jews doing? Will they restore their wall? Will they offer sacrifices? Will they finish in a day? Can they bring the stones back to life from those heaps of rubble—burned as they are?"

3 Tobiah the Ammonite, who was at his side, said, "What they are building—if even a fox climbed up on it, he would break down their wall of stones!"

4 Hear us, O our God, for we are despised. Turn their insults back on their own heads. Give them over as plunder in a land of captivity. 5 Do not cover up their guilt or blot out their sins from your sight, for they have thrown insults in the face of i the builders.

6 So we rebuilt the wall till all of it reached half its height, for the people worked with all their heart.

7 But when Sanballat, Tobiah, the Arabs, the Ammonites and the men of Ashdod heard that the repairs to Jerusalem's walls had gone ahead and that the gaps were being closed, they were very angry. 8 They all plotted together to come and fight against Jerusalem and stir up trouble against it. 9 But we prayed to our God and posted a guard day and night to meet this threat.

10 Meanwhile, the people in Judah said, "The strength of the laborers is giving out, and there is so much rubble that we cannot rebuild the wall."

11 Also our enemies said, "Before they know it or see us, we will be right there among them and will kill them and put an end to the work."

i 5 Or have provoked you to anger before

12 Pero sucedió que cuando venían los judíos que habitaban entre ellos, nos decían hasta diez veces: De todos los lugares de donde volviereis, ellos caerán sobre vosotros. 13 Entonces por las partes bajas del lugar, detrás del muro, y en los sitios abiertos, puse al pueblo por familias, con sus espadas, con sus lanzas y con sus arcos. 14 Después miré, y me levanté y dije a los nobles y a los oficiales, y al resto del pueblo: No temáis delante de ellos; acordaos del Señor, grande y temible, y pelead por vuestros hermanos, por vuestros hijos y por vuestras hijas, por vuestras mujeres y por vuestras casas.

15 Y cuando oyeron nuestros enemigos que lo habíamos entendido, y que Dios había desbaratado el consejo de ellos, nos volvimos todos al muro, cada uno a su tarea. 16 Desde aquel día la mitad de mis siervos trabajaba en la obra, y la otra mitad tenía lanzas, escudos, arcos y corazas; y detrás de ellos estaban los jefes de toda la casa de Judá. 17 Los que edificaban en el muro, los que acarreaban, y los que cargaban, con una mano trabajaban en la obra, y en la otra tenían la espada. 18 Porque los que edificaban, cada uno tenía su espada ceñida a sus lomos, y así edificaban; y el que tocaba la trompeta estaba junto a mí. 19 Y dije a los nobles, y a los oficiales y al resto del pueblo: La obra es grande y extensa, y nosotros estamos apartados en el muro, lejos unos de otros. 20 En el lugar donde oyereis el sonido de la trompeta, reuníos allí con nosotros; nuestro Dios peleará por nosotros. 21 Nosotros, pues, trabajábamos en la obra; y la mitad de ellos tenían lanzas desde la subida del alba hasta que salían las estrellas. 22 También dije entonces al pueblo: Cada uno con su criado permanezca dentro de Jerusalén, y de noche sirvan de centinela y de día en la obra. 23 Y ni yo ni mis hermanos, ni mis jóvenes, ni la gente de guardia que me seguía, nos quitamos nuestro vestido; cada uno se desnudaba solamente para bañarse.

Abolición de la usura

5 1 Entonces hubo gran clamor del pueblo y de sus mujeres contra sus hermanos judíos. 2 Había quien decía: Nosotros, nuestros hijos y nuestras hijas, somos muchos; por tanto, hemos pedido prestado grano para comer y vivir. 3 Y había quienes decían: Hemos empeñado nuestras tierras, nuestras viñas y nuestras casas, para comprar grano, a causa del hambre. 4 Y había quienes decían: Hemos tomado prestado dinero para el tributo del rey, sobre nuestras tierras y viñas. 5 Ahora bien, nuestra carne es como la carne de nuestros hermanos, nuestros hijos como sus hijos; y he aquí que nosotros dimos nuestros hijos y nuestras hijas a servidumbre, y algunas de nuestras hijas lo están ya, y no tenemos posibilidad de rescatarlas, porque nuestras tierras y nuestras viñas son de otros. 6 Y me enojé en gran manera cuando oí su clamor y estas palabras. 7 Entonces lo medité, y reprendí a los nobles y a los oficiales, y les dije: ¿Exigís interés cada uno a vuestros hermanos? Y convoqué contra ellos una gran asamblea, 8 y les dije: Nosotros según nuestras posibilidades rescatamos a nuestros hermanos judíos que habían sido vendidos a las naciones; ¿y vosotros vendéis aun a vuestros hermanos, y serán vendidos a nosotros? Y callaron, pues no tuvieron qué responder.

12 Then the Jews who lived near them came and told us ten times over, "Wherever you turn, they will attack us." 13 Therefore I stationed some of the people behind the lowest points of the wall at the exposed places, posting them by families, with their swords, spears and bows. 14 After I looked things over, I stood up and said to the nobles, the officials and the rest of the people, "Don't be afraid of them. Remember the Lord, who is great and awesome, and fight for your brothers, your sons and your daughters, your wives and your homes."

15 When our enemies heard that we were aware of their plot and that God had frustrated it, we all returned to the wall, each to his own work. 16 From that day on, half of my men did the work, while the other half were equipped with spears, shields, bows and armor. The officers posted themselves behind all the people of Judah 17 who were building the wall. Those who carried materials did their work with one hand and held a weapon in the other, 18 and each of the builders wore his sword at his side as he worked. But the man who sounded the trumpet stayed with me. 19 Then I said to the nobles, the officials and the rest of the people, "The work is extensive and spread out, and we are widely separated from each other along the wall. 20 Wherever you hear the sound of the trumpet, join us there. Our God will fight for us!"

21 So we continued the work with half the men holding spears, from the first light of dawn till the stars came out. 22 At that time I also said to the people, "Have every man and his helper stay inside Jerusalem at night, so they can serve us as guards by night and workmen by day." 23 Neither I nor my brothers nor my men nor the guards with me took off our clothes; each had his weapon, even when he went for water./

Nehemiah Helps the Poor

5 Now the men and their wives raised a great outcry against their Jewish brothers. 2 Some were saying, "We and our sons and daughters are numerous; in order for us to eat and stay alive, we must get grain."

3 Others were saying, "We are mortgaging our fields, our vineyards and our homes to get grain during the famine."

4 Still others were saying, "We have had to borrow money to pay the king's tax on our fields and vineyards. 5 Although we are of the same flesh and blood as our countrymen and though our sons are as good as theirs, yet we have to subject our sons and daughters to slavery. Some of our daughters have already been enslaved, but we are powerless, because our fields and our vineyards belong to others."

6 When I heard their outcry and these charges, I was very angry. 7 I pondered them in my mind and then accused the nobles and officials. I told them, "You are exacting usury from your own countrymen!" So I called together a large meeting to deal with them 8 and said: "As far as possible, we have bought back our Jewish brothers who were sold to the Gentiles. Now you are selling your brothers, only for them to be sold back to us!" They kept quiet, because they could find nothing to say.

/23 The meaning of the Hebrew for this clause is uncertain.

9Y dije: No es bueno lo que hacéis. ¿No andaréis en el temor de nuestro Dios, para no ser oprobio de las naciones enemigas nuestras?

10También yo y mis hermanos y mis criados les hemos prestado dinero y grano; quitémosles ahora este gravamen.

11Os ruego que les devolváis hoy sus tierras, sus viñas, sus olivares y sus casas, y la centésima parte del dinero, del grano, del vino y del aceite, que demandáis de ellos como interés.

12Y dijeron: Lo devolveremos, y nada les demandaremos; haremos así como tú dices. Entonces convoqué a los sacerdotes, y les hice jurar que harían conforme a esto.

13Además sacudí mi vestido, y dije: Así sacuda Dios de su casa y de su trabajo a todo hombre que no cumpliere esto, y así sea sacudido y vacío. Y respondió toda la congregación: ¡Amén! y alabaron a Jehová. Y el pueblo hizo conforme a esto.

14También desde el día que me mandó el rey que fuese gobernador de ellos en la tierra de Judá, desde el año veinte del rey Artajerjes hasta el año treinta y dos, doce años, ni yo ni mis hermanos comimos el pan del gobernador.

15Pero los primeros gobernadores que fueron antes de mí abrumaron al pueblo, y tomaron de ellos por el pan y por el vino más de cuarenta siclos de plata, y aun sus criados se enseñoreaban del pueblo; pero yo no hice así, a causa del temor de Dios.

16También en la obra de este muro restauré mi parte, y no compramos heredad; y todos mis criados juntos estaban allí en la obra.

17Además, ciento cincuenta judíos y oficiales, y los que venían de las naciones que había alrededor de nosotros, estaban a mi mesa.

18Y lo que se preparaba para cada día era un buey y seis ovejas escogidas; también eran preparadas para mí aves, y cada diez días vino en toda abundancia; y con todo esto nunca requerí el pan del gobernador, porque la servidumbre de este pueblo era grave.

19Acuérdate de mí para bien, Dios mío, y de todo lo que hice por este pueblo.

Maquinaciones de los adversarios

6 1 Cuando oyeron Sanbalat y Tobías y Gesem el árabe, y los demás de nuestros enemigos, que yo había edificado el muro, y que no quedaba en él portillo (aunque hasta aquel tiempo no había puesto las hojas en las puertas),

2Sanbalat y Gesem enviaron a decirme: Ven y reunámonos en alguna de las aldeas en el campo de Ono. Mas ellos habían pensado hacerme mal.

3Y les envié mensajeros, diciendo: Yo hago una gran obra, y no puedo ir; porque cesaría la obra, dejándola yo para ir a vosotros.

4Y enviaron a mí con el mismo asunto hasta cuatro veces, y yo les respondí de la misma manera.

5Entonces Sanbalat envió a mí su criado para decir lo mismo por quinta vez, con una carta abierta en su mano,

9So I continued, "What you are doing is not right. Shouldn't you walk in the fear of our God to avoid the reproach of our Gentile enemies? 10I and my brothers and my men are also lending the people money and grain. But let the exacting of usury stop! 11Give back to them immediately their fields, vineyards, olive groves and houses, and also the usury you are charging them — the hundredth part of the money, grain, new wine and oil."

12"We will give it back," they said. "And we will not demand anything more from them. We will do as you say."

Then I summoned the priests and made the nobles and officials take an oath to do what they had promised. 13I also shook out the folds of my robe and said, "In this way may God shake out of his house and possessions every man who does not keep this promise. So may such a man be shaken out and emptied!"

At this the whole assembly said, "Amen," and praised the LORD. And the people did as they had promised.

14Moreover, from the twentieth year of King Artaxerxes, when I was appointed to be their governor in the land of Judah, until his thirty-second year — twelve years — neither I nor my brothers ate the food allotted to the governor. 15But the earlier governors — those preceding me — placed a heavy burden on the people and took forty shekels*k* of silver from them in addition to food and wine. Their assistants also lorded it over the people. But out of reverence for God I did not act like that. 16Instead, I devoted myself to the work on this wall. All my men were assembled there for the work; we*l* did not acquire any land.

17Furthermore, a hundred and fifty Jews and officials ate at my table, as well as those who came to us from the surrounding nations. 18Each day one ox, six choice sheep and some poultry were prepared for me, and every ten days an abundant supply of wine of all kinds. In spite of all this, I never demanded the food allotted to the governor, because the demands were heavy on these people.

19Remember me with favor, O my God, for all I have done for these people.

Further Opposition to the Rebuilding

6 When word came to Sanballat, Tobiah, Geshem the Arab and the rest of our enemies that I had rebuilt the wall and not a gap was left in it — though up to that time I had not set the doors in the gates — 2Sanballat and Geshem sent me this message: "Come, let us meet together in one of the villages*m* on the plain of Ono."

But they were scheming to harm me; 3so I sent messengers to them with this reply: "I am carrying on a great project and cannot go down. Why should the work stop while I leave it and go down to you?" 4Four times they sent me the same message, and each time I gave them the same answer.

5Then, the fifth time, Sanballat sent his aide to me with the same message, and in his hand was an unsealed letter 6in which was written:

k15 That is, about 1 pound (about 0.5 kilogram)　*l16* Most Hebrew manuscripts; some Hebrew manuscripts, Septuagint, Vulgate and Syriac *I*　*m2* Or *in Kephirim*

6en la cual estaba escrito: Se ha oído entre las naciones, y Gasmu*a* lo dice, que tú y los judíos pensáis rebelaros; y que por eso edificas tú el muro, con la mira, según estas palabras, de ser tú su rey;

7y que has puesto profetas que proclamen acerca de ti en Jerusalén, diciendo: ¡Hay rey en Judá! Y ahora serán oídas del rey las tales palabras; ven, por tanto, y consultemos juntos.

8Entonces envié yo a decirle: No hay tal cosa como dices, sino que de tu corazón tú lo inventas.

9Porque todos ellos nos amedrentaban, diciendo: Se debilitarán las manos de ellos en la obra, y no será terminada. Ahora, pues, oh Dios, fortalece tú mis manos.

10Vine luego a casa de Semaías hijo de Delaía, hijo de Mehetabel, porque él estaba encerrado; el cual me dijo: Reunámonos en la casa de Dios, dentro del templo, y cerremos las puertas del templo, porque vienen para matarte; sí, esta noche vendrán a matarte.

11Entonces dije: ¿Un hombre como yo ha de huir? ¿Y quién, que fuera como yo, entraría al templo para salvarse la vida? No entraré.

12Y entendí que Dios no lo había enviado, sino que hablaba aquella profecía contra mí porque Tobías y Sanbalat lo habían sobornado.

13Porque fue sobornado para hacerme temer así, y que pecase, y les sirviera de mal nombre con que fuera yo infamado.

14Acuérdate, Dios mío, de Tobías y de Sanbalat, conforme a estas cosas que hicieron; también acuérdate de Noadías profetisa, y de los otros profetas que procuraban infundirme miedo.

15Fue terminado, pues, el muro, el veinticinco del mes de Elul, en cincuenta y dos días.

16Y cuando lo oyeron todos nuestros enemigos, temieron todas las naciones que estaban alrededor de nosotros, y se sintieron humillados, y conocieron que por nuestro Dios había sido hecha esta obra.

17Asimismo en aquellos días iban muchas cartas de los principales de Judá a Tobías, y las de Tobías venían a ellos.

18Porque muchos en Judá se habían conjurado con él, porque era yerno de Secanías hijo de Ara; y Johanán su hijo había tomado por mujer a la hija de Mesulam hijo de Berequías.

19También contaban delante de mí las buenas obras de él, y a él le referían mis palabras. Y enviaba Tobías cartas para atemorizarme.

Nehemías designa dirigentes

7 1Luego que el muro fue edificado, y colocadas las puertas, y fueron señalados porteros y cantores y levitas,

2mandé a mi hermano Hanani, y a Hananías, jefe de la fortaleza de Jerusalén (porque éste era varón de verdad y temeroso de Dios, más que muchos);

3y les dije: No se abran las puertas de Jerusalén hasta que caliente el sol; y aunque haya gente allí, cerrad las puertas y atrancadlas. Y señalé guardas de los moradores de Jerusalén, cada cual en su turno, y cada uno delante de su casa.

"It is reported among the nations—and Geshem*n* says it is true—that you and the Jews are plotting to revolt, and therefore you are building the wall. Moreover, according to these reports you are about to become their king 7and have even appointed prophets to make this proclamation about you in Jerusalem: 'There is a king in Judah!' Now this report will get back to the king; so come, let us confer together."

8I sent him this reply: "Nothing like what you are saying is happening; you are just making it up out of your head."

9They were all trying to frighten us, thinking, "Their hands will get too weak for the work, and it will not be completed."

But I prayed, "Now strengthen my hands."

10One day I went to the house of Shemaiah son of Delaiah, the son of Mehetabel, who was shut in at his home. He said, "Let us meet in the house of God, inside the temple, and let us close the temple doors, because men are coming to kill you—by night they are coming to kill you."

11But I said, "Should a man like me run away? Or should one like me go into the temple to save his life? I will not go!" 12I realized that God had not sent him, but that he had prophesied against me because Tobiah and Sanballat had hired him. 13He had been hired to intimidate me so that I would commit a sin by doing this, and then they would give me a bad name to discredit me.

14Remember Tobiah and Sanballat, O my God, because of what they have done; remember also the prophetess Noadiah and the rest of the prophets who have been trying to intimidate me.

The Completion of the Wall

15So the wall was completed on the twenty-fifth of Elul, in fifty-two days. 16When all our enemies heard about this, all the surrounding nations were afraid and lost their self-confidence, because they realized that this work had been done with the help of our God.

17Also, in those days the nobles of Judah were sending many letters to Tobiah, and replies from Tobiah kept coming to them. 18For many in Judah were under oath to him, since he was son-in-law to Shecaniah son of Arah, and his son Jehohanan had married the daughter of Meshullam son of Berekiah. 19Moreover, they kept reporting to me his good deeds and then telling him what I said. And Tobiah sent letters to intimidate me.

7 After the wall had been rebuilt and I had set the doors in place, the gatekeepers and the singers and the Levites were appointed. 2I put in charge of Jerusalem my brother Hanani, along with*o* Hananiah the commander of the citadel, because he was a man of integrity and feared God more than most men do. 3I said to them, "The gates of Jerusalem are not to be opened until the sun is hot. While the gatekeepers are still on duty, have them shut the doors and bar them. Also appoint residents of Jerusalem as guards, some at their posts and some near their own houses."

---

*n*6 Hebrew *Gashmu,* a variant of *Geshem*　　*o*2 Or *Hanani, that is,*

4 Porque la ciudad era espaciosa y grande, pero poco pueblo dentro de ella, y no había casas reedificadas.

Los que volvieron con Zorobabel

5 Entonces puso Dios en mi corazón que reuniese a los nobles y oficiales y al pueblo, para que fuesen empadronados según sus genealogías. Y hallé el libro de la genealogía de los que habían subido antes, y encontré en él escrito así:

6 Estos son los hijos de la provincia que subieron del cautiverio, de los que llevó cautivos Nabucodonosor rey de Babilonia, y que volvieron a Jerusalén y a Judá, cada uno a su ciudad,

7 los cuales vinieron con Zorobabel, Jesúa, Nehemías, Azarías, Raamías, Nahamani, Mardoqueo, Bilsán, Mispéret, Bigvai, Nehum y Baana. El número de los varones del pueblo de Israel:

8 Los hijos de Paros, dos mil ciento setenta y dos.

9 Los hijos de Sefatías, trescientos setenta y dos.

10 Los hijos de Ara, seiscientos cincuenta y dos.

11 Los hijos de Pahat-moab, de los hijos de Jesúa y de Joab, dos mil ochocientos dieciocho.

12 Los hijos de Elam, mil doscientos cincuenta y cuatro.

13 Los hijos de Zatu, ochocientos cuarenta y cinco.

14 Los hijos de Zacai, setecientos sesenta.

15 Los hijos de Binúi, seiscientos cuarenta y ocho.

16 Los hijos de Bebai, seiscientos veintiocho.

17 Los hijos de Azgad, dos mil seiscientos veintidós.

18 Los hijos de Adonicam, seiscientos sesenta y siete.

19 Los hijos de Bigvai, dos mil sesenta y siete.

20 Los hijos de Adín, seiscientos cincuenta y cinco.

21 Los hijos de Ater, de Ezequías, noventa y ocho.

22 Los hijos de Hasum, trescientos veintiocho.

23 Los hijos de Bezai, trescientos veinticuatro.

24 Los hijos de Harif, ciento doce.

25 Los hijos de Gabaón, noventa y cinco.

26 Los varones de Belén y de Netofa, ciento ochenta y ocho.

27 Los varones de Anatot, ciento veintiocho.

28 Los varones de Bet-azmavet, cuarenta y dos.

29 Los varones de Quiriat-jearim, Cafira y Beerot, setecientos cuarenta y tres.

30 Los varones de Ramá y de Geba, seiscientos veintiuno.

31 Los varones de Micmas, ciento veintidós.

32 Los varones de Bet-el y de Hai, ciento veintitrés.

33 Los varones del otro Nebo, cincuenta y dos.

34 Los hijos del otro Elam, mil doscientos cincuenta y cuatro.

35 Los hijos de Harim, trescientos veinte.

36 Los hijos de Jericó, trescientos cuarenta y cinco.

37 Los hijos de Lod, Hadid y Ono, setecientos veintiuno.

38 Los hijos de Senaa, tres mil novecientos treinta.

39 Sacerdotes: los hijos de Jedaía, de la casa de Jesúa, novecientos setenta y tres.

40 Los hijos de Imer, mil cincuenta y dos.

41 Los hijos de Pasur, mil doscientos cuarenta y siete.

42 Los hijos de Harim, mil diecisiete.

43 Levitas: los hijos de Jesúa, de Cadmiel, de los hijos de Hodavías, setenta y cuatro.

44 Cantores: los hijos de Asaf, ciento cuarenta y ocho.

The List of the Exiles Who Returned

4 Now the city was large and spacious, but there were few people in it, and the houses had not yet been rebuilt. 5 So my God put it into my heart to assemble the nobles, the officials and the common people for registration by families. I found the genealogical record of those who had been the first to return. This is what I found written there:

6 These are the people of the province who came up from the captivity of the exiles whom Nebuchadnezzar king of Babylon had taken captive (they returned to Jerusalem and Judah, each to his own town, 7 in company with Zerubbabel, Jeshua, Nehemiah, Azariah, Raamiah, Nahamani, Mordecai, Bilshan, Mispereth, Bigvai, Nehum and Baanah):

The list of the men of Israel:

8 the descendants of Parosh	2,172
9 of Shephatiah	372
10 of Arah	652
11 of Pahath-Moab (through the line of Jeshua and Joab)	2,818
12 of Elam	1,254
13 of Zattu	845
14 of Zaccai	760
15 of Binnui	648
16 of Bebai	628
17 of Azgad	2,322
18 of Adonikam	667
19 of Bigvai	2,067
20 of Adin	655
21 of Ater (through Hezekiah)	98
22 of Hashum	328
23 of Bezai	324
24 of Hariph	112
25 of Gibeon	95
26 the men of Bethlehem and Netophah	188
27 of Anathoth	128
28 of Beth Azmaveth	42
29 of Kiriath Jearim, Kephirah and Beeroth	743
30 of Ramah and Geba	621
31 of Micmash	122
32 of Bethel and Ai	123
33 of the other Nebo	52
34 of the other Elam	1,254
35 of Harim	320
36 of Jericho	345
37 of Lod, Hadid and Ono	721
38 of Senaah	3,930

39 The priests:

the descendants of Jedaiah (through the family of Jeshua)	973
40 of Immer	1,052
41 of Pashhur	1,247
42 of Harim	1,017

43 The Levites:

the descendants of Jeshua (through Kadmiel through the line of Hodaviah)	74

44 The singers:

the descendants of Asaph	148

⁴⁵Porteros: Los hijos de Salum, los hijos de Ater, los hijos de Talmón, los hijos de Acub, los hijos de Hatita y los hijos de Sobai, ciento treinta y ocho.

⁴⁶Sirvientes del templo: los hijos de Ziha, los hijos de Hasufa, los hijos de Tabaot,

⁴⁷los hijos de Queros, los hijos de Siaha, los hijos de Padón, ⁴⁸los hijos de Lebana, los hijos de Hagaba, los hijos de Salmai,

⁴⁹los hijos de Hanán, los hijos de Gidel, los hijos de Gahar, ⁵⁰los hijos de Reaía, los hijos de Rezín, los hijos de Necoda, ⁵¹los hijos de Gazam, los hijos de Uza, los hijos de Paseah, ⁵²los hijos de Besai, los hijos de Mehunim, los hijos de Nefisesim,

⁵³los hijos de Bacbuc, los hijos de Hacufa, los hijos de Harhur,

⁵⁴los hijos de Bazlut, los hijos de Mehida, los hijos de Harsa,

⁵⁵los hijos de Barcos, los hijos de Sísara, los hijos de Tema, ⁵⁶los hijos de Nezía, y los hijos de Hatifa.

⁵⁷Los hijos de los siervos de Salomón: los hijos de Sotai, los hijos de Soferet, los hijos de Perida,

⁵⁸los hijos de Jaala, los hijos de Darcón, los hijos de Gidel, ⁵⁹los hijos de Sefatías, los hijos de Hatil, los hijos de Poqueret-hazebaim, los hijos de Amón.

⁶⁰Todos los sirvientes del templo e hijos de los siervos de Salomón, trescientos noventa y dos.

⁶¹Y estos son los que subieron de Tel-mela, Tel-harsa, Querub, Adón e Imer, los cuales no pudieron mostrar la casa de sus padres, ni su genealogía, si eran de Israel: ⁶²los hijos de Delaía, los hijos de Tobías y los hijos de Necoda, seiscientos cuarenta y dos.

⁶³Y de los sacerdotes: los hijos de Habaía, los hijos de Cos y los hijos de Barzilai, el cual tomó mujer de las hijas de Barzilai galaadita, y se llamó del nombre de ellas.

⁶⁴Estos buscaron su registro de genealogías, y no se halló; y fueron excluidos del sacerdocio,

⁶⁵y les dijo el gobernador que no comiesen de las cosas más santas, hasta que hubiese sacerdote con Urim y Tumim.

⁶⁶Toda la congregación junta era de cuarenta y dos mil trescientos sesenta,

⁶⁷sin sus siervos y siervas, que eran siete mil trescientos treinta y siete; y entre ellos había doscientos cuarenta y cinco cantores y cantoras.

⁶⁸Sus caballos, setecientos treinta y seis; sus mulos, doscientos cuarenta y cinco;

⁶⁹camellos, cuatrocientos treinta y cinco; asnos, seis mil setecientos veinte.

⁷⁰Y algunos de los cabezas de familias dieron ofrendas para la obra. El gobernador dio para el tesoro mil dracmas de oro, cincuenta tazones, y quinientas treinta vestiduras sacerdotales.

⁷¹Los cabezas de familias dieron para el tesoro de la obra veinte mil dracmas de oro y dos mil doscientas libras de plata.

⁷²Y el resto del pueblo dio veinte mil dracmas de oro, dos mil libras de plata, y sesenta y siete vestiduras sacerdotales.

⁴⁵The gatekeepers:

the descendants of
   Shallum, Ater, Talmon, Akkub, Hatita
   and Shobai   138

⁴⁶The temple servants:

the descendants of
   Ziha, Hasupha, Tabbaoth,
   ⁴⁷Keros, Sia, Padon,
   ⁴⁸Lebana, Hagaba, Shalmai,
   ⁴⁹Hanan, Giddel, Gahar,
   ⁵⁰Reaiah, Rezin, Nekoda,
   ⁵¹Gazzam, Uzza, Paseah,
   ⁵²Besai, Meunim, Nephussim,
   ⁵³Bakbuk, Hakupha, Harhur,
   ⁵⁴Bazluth, Mehida, Harsha,
   ⁵⁵Barkos, Sisera, Temah,
   ⁵⁶Neziah and Hatipha

⁵⁷The descendants of the servants of Solomon:

the descendants of
   Sotai, Sophereth, Perida,
   ⁵⁸Jaala, Darkon, Giddel,
   ⁵⁹Shephatiah, Hattil,
   Pokereth-Hazzebaim and Amon

⁶⁰The temple servants and the descendants
  of the servants of Solomon   392

⁶¹The following came up from the towns of Tel Melah, Tel Harsha, Kerub, Addon and Immer, but they could not show that their families were descended from Israel:

⁶²the descendants of
   Delaiah, Tobiah and Nekoda   642

⁶³And from among the priests:

the descendants of
   Hobaiah, Hakkoz and Barzillai (a man who
   had married a daughter of Barzillai the
   Gileadite and was called by that name).

⁶⁴These searched for their family records, but they could not find them and so were excluded from the priesthood as unclean. ⁶⁵The governor, therefore, ordered them not to eat any of the most sacred food until there should be a priest ministering with the Urim and Thummim.

⁶⁶The whole company numbered 42,360, ⁶⁷besides their 7,337 menservants and maidservants; and they also had 245 men and women singers. ⁶⁸There were 736 horses, 245 mules,^p ⁶⁹435 camels and 6,720 donkeys.

⁷⁰Some of the heads of the families contributed to the work. The governor gave to the treasury 1,000 drachmas^q of gold, 50 bowls and 530 garments for priests. ⁷¹Some of the heads of the families gave to the treasury for the work 20,000 drachmas^r of gold and 2,200 minas^s of silver. ⁷²The total given by the rest of the people was 20,000 drachmas of gold, 2,000 minas^t of silver and 67 garments for priests.

^p68 Some Hebrew manuscripts (see also Ezra 2:66); most Hebrew manuscripts do not have this verse.   ^q70 That is, about 19 pounds (about 8.5 kilograms)   ^r71 That is, about 375 pounds (about 170 kilograms); also in verse 72   ^s71 That is, about 1 1/3 tons (about 1.2 metric tons)   ^t72 That is, about 1 1/4 tons (about 1.1 metric tons)

73 Y habitaron los sacerdotes, los levitas, los porteros, los cantores, los del pueblo, los sirvientes del templo y todo Israel, en sus ciudades.

Esdras lee la ley al pueblo

Venido el mes séptimo, los hijos de Israel estaban en sus ciudades;

8 1 y se juntó todo el pueblo como un solo hombre en la plaza que está delante de la puerta de las Aguas, y dijeron a Esdras el escriba que trajese el libro de la ley de Moisés, la cual Jehová había dado a Israel. 2 Y el sacerdote Esdras trajo la ley delante de la congregación, así de hombres como de mujeres y de todos los que podían entender, el primer día del mes séptimo. 3 Y leyó en el libro delante de la plaza que está delante de la puerta de las Aguas, desde el alba hasta el mediodía, en presencia de hombres y mujeres y de todos los que podían entender; y los oídos de todo el pueblo estaban atentos al libro de la ley. 4 Y el escriba Esdras estaba sobre un púlpito de madera que habían hecho para ello, y junto a él estaban Matatías, Sema, Anías, Urías, Hilcías y Maasías a su mano derecha; y a su mano izquierda, Pedaías, Misael, Malquías, Hasum, Hasbadana, Zacarías y Mesulam. 5 Abrió, pues, Esdras el libro a ojos de todo el pueblo, porque estaba más alto que todo el pueblo; y cuando lo abrió, todo el pueblo estuvo atento. 6 Bendijo entonces Esdras a Jehová, Dios grande. Y todo el pueblo respondió: ¡Amén! ¡Amén! alzando sus manos; y se humillaron y adoraron a Jehová inclinados a tierra. 7 Y los levitas Jesúa, Bani, Serebías, Jamín, Acub, Sabetai, Hodías, Maasías, Kelita, Azarías, Jozabed, Hanán y Pelaía, hacían entender al pueblo la ley; y el pueblo estaba atento en su lugar. 8 Y leían en el libro de la ley de Dios claramente, y ponían el sentido, de modo que entendiesen la lectura.

9 Y Nehemías el gobernador, y el sacerdote Esdras, escriba, y los levitas que hacían entender al pueblo, dijeron a todo el pueblo: Día santo es a Jehová nuestro Dios; no os entristezcáis, ni lloréis; porque todo el pueblo lloraba oyendo las palabras de la ley. 10 Luego les dijo: Id, comed grosuras, y bebed vino dulce, y enviad porciones a los que no tienen nada preparado; porque día santo es a nuestro Señor; no os entristezcáis, porque el gozo de Jehová es vuestra fuerza. 11 Los levitas, pues, hacían callar a todo el pueblo, diciendo: Callad, porque es día santo, y no os entristezcáis. 12 Y todo el pueblo se fue a comer y a beber, y a obsequiar porciones, y a gozar de grande alegría, porque habían entendido las palabras que les habían enseñado.

13 Al día siguiente se reunieron los cabezas de las familias de todo el pueblo, sacerdotes y levitas, a Esdras el escriba, para entender las palabras de la ley. 14 Y hallaron escrito en la ley que Jehová había mandado por mano de Moisés, que habitasen los hijos de Israel en tabernáculos en la fiesta solemne del mes séptimo;

73 The priests, the Levites, the gatekeepers, the singers and the temple servants, along with certain of the people and the rest of the Israelites, settled in their own towns.

Ezra Reads the Law

When the seventh month came and the Israelites had settled in their towns,

8 1 all the people assembled as one man in the square before the Water Gate. They told Ezra the scribe to bring out the Book of the Law of Moses, which the LORD had commanded for Israel.

2 So on the first day of the seventh month Ezra the priest brought the Law before the assembly, which was made up of men and women and all who were able to understand. 3 He read it aloud from daybreak till noon as he faced the square before the Water Gate in the presence of the men, women and others who could understand. And all the people listened attentively to the Book of the Law.

4 Ezra the scribe stood on a high wooden platform built for the occasion. Beside him on his right stood Mattithiah, Shema, Anaiah, Uriah, Hilkiah and Maaseiah; and on his left were Pedaiah, Mishael, Malkijah, Hashum, Hashbaddanah, Zechariah and Meshullam.

5 Ezra opened the book. All the people could see him because he was standing above them; and as he opened it, the people all stood up. 6 Ezra praised the LORD, the great God; and all the people lifted their hands and responded, "Amen! Amen!" Then they bowed down and worshiped the LORD with their faces to the ground.

7 The Levites—Jeshua, Bani, Sherebiah, Jamin, Akkub, Shabbethai, Hodiah, Maaseiah, Kelita, Azariah, Jozabad, Hanan and Pelaiah—instructed the people in the Law while the people were standing there. 8 They read from the Book of the Law of God, making it clear[u] and giving the meaning so that the people could understand what was being read.

9 Then Nehemiah the governor, Ezra the priest and scribe, and the Levites who were instructing the people said to them all, "This day is sacred to the LORD your God. Do not mourn or weep." For all the people had been weeping as they listened to the words of the Law.

10 Nehemiah said, "Go and enjoy choice food and sweet drinks, and send some to those who have nothing prepared. This day is sacred to our Lord. Do not grieve, for the joy of the LORD is your strength."

11 The Levites calmed all the people, saying, "Be still, for this is a sacred day. Do not grieve."

12 Then all the people went away to eat and drink, to send portions of food and to celebrate with great joy, because they now understood the words that had been made known to them.

13 On the second day of the month, the heads of all the families, along with the priests and the Levites, gathered around Ezra the scribe to give attention to the words of the Law. 14 They found written in the Law, which the LORD had commanded through Moses, that the Israelites were to live in booths during the feast of the seventh month 15 and that they should proclaim

u 8 Or *God, translating it*

15 y que hiciesen saber, y pasar pregón por todas sus ciudades y por Jerusalén, diciendo: Salid al monte, y traed ramas de olivo, de olivo silvestre, de arrayán, de palmeras y de todo árbol frondoso, para hacer tabernáculos, como está escrito.

16 Salió, pues, el pueblo, y trajeron ramas e hicieron tabernáculos, cada uno sobre su terrado, en sus patios, en los patios de la casa de Dios, en la plaza de la puerta de las Aguas, y en la plaza de la puerta de Efraín.

17 Y toda la congregación que volvió de la cautividad hizo tabernáculos, y en tabernáculos habitó; porque desde los días de Josué hijo de Nun hasta aquel día, no habían hecho así los hijos de Israel. Y hubo alegría muy grande.

18 Y leyó Esdras en el libro de la ley de Dios cada día, desde el primer día hasta el último; e hicieron la fiesta solemne por siete días, y el octavo día fue de solemne asamblea, según el rito.

Esdras confiesa los pecados de Israel

9 1 El día veinticuatro del mismo mes se reunieron los hijos de Israel en ayuno, y con cilicio y tierra sobre sí. 2 Y ya se había apartado la descendencia de Israel de todos los extranjeros; y estando en pie, confesaron sus pecados, y las iniquidades de sus padres.

3 Y puestos de pie en su lugar, leyeron el libro de la ley de Jehová su Dios la cuarta parte del día, y la cuarta parte confesaron sus pecados y adoraron a Jehová su Dios. 4 Luego se levantaron sobre la grada de los levitas, Jesúa, Bani, Cadmiel, Sebanías, Buni, Serebías, Bani y Quenani, y clamaron en voz alta a Jehová su Dios.

5 Y dijeron los levitas Jesúa, Cadmiel, Bani, Hasabnías, Serebías, Hodías, Sebanías y Petaías: Levantaos, bendecid a Jehová vuestro Dios desde la eternidad hasta la eternidad; y bendígase el nombre tuyo, glorioso y alto sobre toda bendición y alabanza.

6 Tú solo eres Jehová; tú hiciste los cielos, y los cielos de los cielos, con todo su ejército, la tierra y todo lo que está en ella, los mares y todo lo que hay en ellos; y tú vivificas todas estas cosas, y los ejércitos de los cielos te adoran.

7 Tú eres, oh Jehová, el Dios que escogiste a Abram, y lo sacaste de Ur de los caldeos, y le pusiste el nombre Abraham;

8 y hallaste fiel su corazón delante de ti, e hiciste pacto con él para darle la tierra del cananeo, del heteo, del amorreo, del ferezeo, del jebuseo y del gergeseo, para darla a su descendencia; y cumpliste tu palabra, porque eres justo.

9 Y miraste la aflicción de nuestros padres en Egipto, y oíste el clamor de ellos en el Mar Rojo;

10 e hiciste señales y maravillas contra Faraón, contra todos sus siervos, y contra todo el pueblo de su tierra, porque sabías que habían procedido con soberbia contra ellos; y te hiciste nombre grande, como en este día.

11 Dividiste el mar delante de ellos, y pasaron por medio de él en seco; y a sus perseguidores echaste en las profundidades, como una piedra en profundas aguas.

12 Con columna de nube los guiaste de día, y con columna

---

this word and spread it throughout their towns and in Jerusalem: "Go out into the hill country and bring back branches from olive and wild olive trees, and from myrtles, palms and shade trees, to make booths" — as it is written. *v*

16 So the people went out and brought back branches and built themselves booths on their own roofs, in their courtyards, in the courts of the house of God and in the square by the Water Gate and the one by the Gate of Ephraim. 17 The whole company that had returned from exile built booths and lived in them. From the days of Joshua son of Nun until that day, the Israelites had not celebrated it like this. And their joy was very great.

18 Day after day, from the first day to the last, Ezra read from the Book of the Law of God. They celebrated the feast for seven days, and on the eighth day, in accordance with the regulation, there was an assembly.

The Israelites Confess Their Sins

9 On the twenty-fourth day of the same month, the Israelites gathered together, fasting and wearing sackcloth and having dust on their heads. 2 Those of Israelite descent had separated themselves from all foreigners. They stood in their places and confessed their sins and the wickedness of their fathers. 3 They stood where they were and read from the Book of the Law of the LORD their God for a quarter of the day, and spent another quarter in confession and in worshiping the LORD their God. 4 Standing on the stairs were the Levites — Jeshua, Bani, Kadmiel, Shebaniah, Bunni, Sherebiah, Bani and Kenani — who called with loud voices to the LORD their God. 5 And the Levites — Jeshua, Kadmiel, Bani, Hashabneiah, Sherebiah, Hodiah, Shebaniah and Pethahiah — said: "Stand up and praise the LORD your God, who is from everlasting to everlasting. *w*"

"Blessed be your glorious name, and may it be exalted above all blessing and praise. 6 You alone are the LORD. You made the heavens, even the highest heavens, and all their starry host, the earth and all that is on it, the seas and all that is in them. You give life to everything, and the multitudes of heaven worship you.

7 "You are the LORD God, who chose Abram and brought him out of Ur of the Chaldeans and named him Abraham. 8 You found his heart faithful to you, and you made a covenant with him to give to his descendants the land of the Canaanites, Hittites, Amorites, Perizzites, Jebusites and Girgashites. You have kept your promise because you are righteous.

9 "You saw the suffering of our forefathers in Egypt; you heard their cry at the Red Sea. *x*

10 You sent miraculous signs and wonders against Pharaoh, against all his officials and all the people of his land, for you knew how arrogantly the Egyptians treated them. You made a name for yourself, which remains to this day. 11 You divided the sea before them, so that they passed through it on dry ground, but you hurled their pursuers into the depths, like a stone into mighty waters. 12 By day you led them with a pillar of

---

v15 See Lev. 23:37-40.   *w5* Or *God for ever and ever*
x9 Hebrew *Yam Suph*; that is, Sea of Reeds

de fuego de noche, para alumbrarles el camino por donde habían de ir.

13 Y sobre el monte de Sinaí descendiste, y hablaste con ellos desde el cielo, y les diste juicios rectos, leyes verdaderas, y estatutos y mandamientos buenos,

14 y les ordenaste el día de reposo* santo para ti, y por mano de Moisés tu siervo les prescribiste mandamientos, estatutos y la ley.

15 Les diste pan del cielo en su hambre, y en su sed les sacaste aguas de la peña; y les dijiste que entrasen a poseer la tierra, por la cual alzaste tu mano y juraste que se la darías.

16 Mas ellos y nuestros padres fueron soberbios, y endurecieron su cerviz, y no escucharon tus mandamientos. 17 No quisieron oír, ni se acordaron de tus maravillas que habías hecho con ellos; antes endurecieron su cerviz, y en su rebelión pensaron poner caudillo para volverse a su servidumbre. Pero tú eres Dios que perdonas, clemente y piadoso, tardo para la ira, y grande en misericordia, porque no los abandonaste.

18 Además, cuando hicieron para sí becerro de fundición y dijeron: Este es tu Dios que te hizo subir de Egipto; y cometieron grandes abominaciones,

19 tú, con todo, por tus muchas misericordias no los abandonaste en el desierto. La columna de nube no se apartó de ellos de día, para guiarlos por el camino, ni de noche la columna de fuego, para alumbrarles el camino por el cual habían de ir.

20 Y enviaste tu buen Espíritu para enseñarles, y no retiraste tu maná de su boca, y agua les diste para su sed.

21 Los sustentaste cuarenta años en el desierto; de ninguna cosa tuvieron necesidad; sus vestidos no se envejecieron, ni se hincharon sus pies.

22 Y les diste reinos y pueblos, y los repartiste por distritos; y poseyeron la tierra de Sehón, la tierra del rey de Hesbón, y la tierra de Og rey de Basán.

23 Multiplicaste sus hijos como las estrellas del cielo, y los llevaste a la tierra de la cual habías dicho a sus padres que habían de entrar a poseerla.

24 Y los hijos vinieron y poseyeron la tierra, y humillaste delante de ellos a los moradores del país, a los cananeos, los cuales entregaste en su mano, y a sus reyes, y a los pueblos de la tierra, para que hiciesen de ellos como quisieran.

25 Y tomaron ciudades fortificadas y tierra fértil, y heredaron casas llenas de todo bien, cisternas hechas, viñas y olivares, y muchos árboles frutales; comieron, se saciaron, y se deleitaron en tu gran bondad.

26 Pero te provocaron a ira, y se rebelaron contra ti, y echaron tu ley tras sus espaldas, y mataron a tus profetas que protestaban contra ellos para convertirlos a ti, e hicieron grandes abominaciones.

27 Entonces los entregaste en mano de sus enemigos, los cuales los afligieron. Pero en el tiempo de su tribulación clamaron a ti, y tú desde los cielos los oíste; y según tu gran misericordia les enviaste libertadores para que los salvasen de mano de sus enemigos.

cloud, and by night with a pillar of fire to give them light on the way they were to take.

13 "You came down on Mount Sinai; you spoke to them from heaven. You gave them regulations and laws that are just and right, and decrees and commands that are good. 14 You made known to them your holy Sabbath and gave them commands, decrees and laws through your servant Moses. 15 In their hunger you gave them bread from heaven and in their thirst you brought them water from the rock; you told them to go in and take possession of the land you had sworn with uplifted hand to give them.

16 "But they, our forefathers, became arrogant and stiff-necked, and did not obey your commands. 17 They refused to listen and failed to remember the miracles you performed among them. They became stiff-necked and in their rebellion appointed a leader in order to return to their slavery. But you are a forgiving God, gracious and compassionate, slow to anger and abounding in love. Therefore you did not desert them, 18 even when they cast for themselves an image of a calf and said, 'This is your god, who brought you up out of Egypt,' or when they committed awful blasphemies.

19 "Because of your great compassion you did not abandon them in the desert. By day the pillar of cloud did not cease to guide them on their path, nor the pillar of fire by night to shine on the way they were to take. 20 You gave your good Spirit to instruct them. You did not withhold your manna from their mouths, and you gave them water for their thirst. 21 For forty years you sustained them in the desert; they lacked nothing, their clothes did not wear out nor did their feet become swollen.

22 "You gave them kingdoms and nations, allotting to them even the remotest frontiers. They took over the country of Sihon[y] king of Heshbon and the country of Og king of Bashan. 23 You made their sons as numerous as the stars in the sky, and you brought them into the land that you told their fathers to enter and possess. 24 Their sons went in and took possession of the land. You subdued before them the Canaanites, who lived in the land; you handed the Canaanites over to them, along with their kings and the peoples of the land, to deal with them as they pleased. 25 They captured fortified cities and fertile land; they took possession of houses filled with all kinds of good things, wells already dug, vineyards, olive groves and fruit trees in abundance. They ate to the full and were well-nourished; they reveled in your great goodness.

26 "But they were disobedient and rebelled against you; they put your law behind their backs. They killed your prophets, who had admonished them in order to turn them back to you; they committed awful blasphemies. 27 So you handed them over to their enemies, who oppressed them. But when they were oppressed they cried out to you. From heaven you heard them, and in your great compassion you gave them deliverers, who rescued them from the hand of their enemies.

---

*Aquí equivale a *sábado*

y22 One Hebrew manuscript and Septuagint; most Hebrew manuscripts *Sihon, that is, the country of the*

28 Pero una vez que tenían paz, volvían a hacer lo malo delante de ti, por lo cual los abandonaste en mano de sus enemigos que los dominaron; pero volvían y clamaban otra vez a ti, y tú desde los cielos los oías y según tus misericordias muchas veces los libraste.

29 Les amonestaste a que se volviesen a tu ley; mas ellos se llenaron de soberbia, y no oyeron tus mandamientos, sino que pecaron contra tus juicios, los cuales si el hombre hiciere, en ellos vivirá; se rebelaron, endurecieron su cerviz, y no escucharon.

30 Les soportaste por muchos años, y les testificaste con tu Espíritu por medio de tus profetas, pero no escucharon; por lo cual los entregaste en mano de los pueblos de la tierra.

31 Mas por tus muchas misericordias no los consumiste, ni los desamparaste; porque eres Dios clemente y misericordioso.

32 Ahora pues, Dios nuestro, Dios grande, fuerte, temible, que guardas el pacto y la misericordia, no sea tenido en poco delante de ti todo el sufrimiento que ha alcanzado a nuestros reyes, a nuestros príncipes, a nuestros sacerdotes, a nuestros profetas, a nuestros padres y a todo tu pueblo, desde los días de los reyes de Asiria hasta este día.

33 Pero tú eres justo en todo lo que ha venido sobre nosotros; porque rectamente has hecho, mas nosotros hemos hecho lo malo.

34 Nuestros reyes, nuestros príncipes, nuestros sacerdotes y nuestros padres no pusieron por obra tu ley, ni atendieron a tus mandamientos y a tus testimonios con que les amonestabas.

35 Y ellos en su reino y en tu mucho bien que les diste, y en la tierra espaciosa y fértil que entregaste delante de ellos, no te sirvieron, ni se convirtieron de sus malas obras.

36 He aquí que hoy somos siervos; henos aquí, siervos en la tierra que diste a nuestros padres para que comiesen su fruto y su bien.

37 Y se multiplica su fruto para los reyes que has puesto sobre nosotros por nuestros pecados, quienes se enseñorean sobre nuestros cuerpos, y sobre nuestros ganados, conforme a su voluntad, y estamos en grande angustia.

Pacto del pueblo, de guardar la ley

38 A causa, pues, de todo esto, nosotros hacemos fiel promesa, y la escribimos, firmada por nuestros príncipes, por nuestros levitas y por nuestros sacerdotes.

10 1 Los que firmaron fueron: Nehemías el gobernador, hijo de Hacalías, y Sedequías,

2 Seraías, Azarías, Jeremías,

3 Pasur, Amarías, Malquías,

4 Hatús, Sebanías, Maluc,

5 Harim, Meremot, Obadías,

6 Daniel, Ginetón, Baruc,

7 Mesulam, Abías, Mijamín,

8 Maazías, Bilgai y Semaías; éstos eran sacerdotes.

9 Y los levitas: Jesúa hijo de Azanías, Binúi de los hijos de Henadad, Cadmiel,

10 y sus hermanos Sebanías, Hodías, Kelita, Pelaías, Hanán,

11 Micaía, Rehob, Hasabías,

28 "But as soon as they were at rest, they again did what was evil in your sight. Then you abandoned them to the hand of their enemies so that they ruled over them. And when they cried out to you again, you heard from heaven, and in your compassion you delivered them time after time.

29 "You warned them to return to your law, but they became arrogant and disobeyed your commands. They sinned against your ordinances, by which a man will live if he obeys them. Stubbornly they turned their backs on you, became stiff-necked and refused to listen. 30 For many years you were patient with them. By your Spirit you admonished them through your prophets. Yet they paid no attention, so you handed them over to the neighboring peoples. 31 But in your great mercy you did not put an end to them or abandon them, for you are a gracious and merciful God.

32 "Now therefore, O our God, the great, mighty and awesome God, who keeps his covenant of love, do not let all this hardship seem trifling in your eyes — the hardship that has come upon us, upon our kings and leaders, upon our priests and prophets, upon our fathers and all your people, from the days of the kings of Assyria until today. 33 In all that has happened to us, you have been just; you have acted faithfully, while we did wrong. 34 Our kings, our leaders, our priests and our fathers did not follow your law; they did not pay attention to your commands or the warnings you gave them. 35 Even while they were in their kingdom, enjoying your great goodness to them in the spacious and fertile land you gave them, they did not serve you or turn from their evil ways.

36 "But see, we are slaves today, slaves in the land you gave our forefathers so they could eat its fruit and the other good things it produces. 37 Because of our sins, its abundant harvest goes to the kings you have placed over us. They rule over our bodies and our cattle as they please. We are in great distress.

The Agreement of the People

38 "In view of all this, we are making a binding agreement, putting it in writing, and our leaders, our Levites and our priests are affixing their seals to it."

10 Those who sealed it were:

Nehemiah the governor, the son of Hacaliah.

Zedekiah, 2 Seraiah, Azariah, Jeremiah,

3 Pashhur, Amariah, Malkijah,

4 Hattush, Shebaniah, Malluch,

5 Harim, Meremoth, Obadiah,

6 Daniel, Ginnethon, Baruch,

7 Meshullam, Abijah, Mijamin,

8 Maaziah, Bilgai and Shemaiah.

These were the priests.

9 The Levites:

Jeshua son of Azaniah, Binnui of the sons of Henadad, Kadmiel,

10 and their associates: Shebaniah, Hodiah, Kelita, Pelaiah, Hanan,

11 Mica, Rehob, Hashabiah,

12 Zacur, Serebías, Sebanías,

13 Hodías, Bani y Beninu.

14 Los cabezas del pueblo: Paros, Pahat-moab, Elam, Zatu, Bani,

15 Buni, Azgad, Bebai,

16 Adonías, Bigvai, Adín,

17 Ater, Ezequías, Azur,

18 Hodías, Hasum, Bezai,

19 Harif, Anatot, Nebai,

20 Magpías, Mesulam, Hezir,

21 Mesezabeel, Sadoc, Jadúa,

22 Pelatías, Hanán, Anaías,

23 Oseas, Hananías, Hasub,

24 Halohes, Pilha, Sobec,

25 Rehum, Hasabna, Maasías,

26 Ahías, Hanán, Anán,

27 Maluc, Harim y Baana.

28 Y el resto del pueblo, los sacerdotes, levitas, porteros y cantores, los sirvientes del templo, y todos los que se habían apartado de los pueblos de las tierras a la ley de Dios, con sus mujeres, sus hijos e hijas, todo el que tenía comprensión y discernimiento,

29 se reunieron con sus hermanos y sus principales, para protestar y jurar que andarían en la ley de Dios, que fue dada por Moisés siervo de Dios, y que guardarían y cumplirían todos los mandamientos, decretos y estatutos de Jehová nuestro Señor.

30 Y que no daríamos nuestras hijas a los pueblos de la tierra, ni tomaríamos sus hijas para nuestros hijos.

31 Asimismo que si los pueblos de la tierra trajesen a vender mercaderías y comestibles en día de reposo,* nada tomaríamos de ellos en ese día ni en otro día santificado; y que el año séptimo dejaríamos descansar la tierra, y remitiríamos toda deuda.

32 Nos impusimos además por ley, el cargo de contribuir cada año con la tercera parte de un siclo para la obra de la casa de nuestro Dios;

33 para el pan de la proposición y para la ofrenda continua, para el holocausto continuo, los días de reposo, las nuevas lunas, las festividades, y para las cosas santificadas y los sacrificios de expiación por el pecado de Israel, y para todo el servicio de la casa de nuestro Dios.

34 Echamos también suertes los sacerdotes, los levitas y el pueblo, acerca de la ofrenda de la leña, para traerla a la casa de nuestro Dios, según las casas de nuestros padres, en los tiempos determinados cada año, para quemar sobre el altar de Jehová nuestro Dios, como está escrito en la ley.

35 Y que cada año traeríamos a la casa de Jehová las primicias de nuestra tierra, y las primicias del fruto de todo árbol.

36 Asimismo los primogénitos de nuestros hijos y de nuestros ganados, como está escrito en la ley; y que traeríamos los primogénitos de nuestras vacas y de nuestras ovejas a la casa de nuestro Dios, a los sacerdotes que ministran en la casa de nuestro Dios;

37 que traeríamos también las primicias de nuestras masas, y nuestras ofrendas, y del fruto de todo árbol, y del vino y del aceite, para los sacerdotes, a las cámaras de la casa de nuestro Dios, y el diezmo de nuestra tierra para los levitas; y que los levitas recibirían las décimas de nuestras labores en todas las ciudades;

12 Zaccur, Sherebiah, Shebaniah,

13 Hodiah, Bani and Beninu.

14 The leaders of the people:

Parosh, Pahath-Moab, Elam, Zattu, Bani,

15 Bunni, Azgad, Bebai,

16 Adonijah, Bigvai, Adin,

17 Ater, Hezekiah, Azzur,

18 Hodiah, Hashum, Bezai,

19 Hariph, Anathoth, Nebai,

20 Magpiash, Meshullam, Hezir,

21 Meshezabel, Zadok, Jaddua,

22 Pelatiah, Hanan, Anaiah,

23 Hoshea, Hananiah, Hasshub,

24 Hallohesh, Pilha, Shobek,

25 Rehum, Hashabnah, Maaseiah,

26 Ahiah, Hanan, Anan,

27 Malluch, Harim and Baanah.

28 "The rest of the people—priests, Levites, gatekeepers, singers, temple servants and all who separated themselves from the neighboring peoples for the sake of the Law of God, together with their wives and all their sons and daughters who are able to understand— 29 all these now join their brothers the nobles, and bind themselves with a curse and an oath to follow the Law of God given through Moses the servant of God and to obey carefully all the commands, regulations and decrees of the LORD our Lord.

30 "We promise not to give our daughters in marriage to the peoples around us or take their daughters for our sons.

31 "When the neighboring peoples bring merchandise or grain to sell on the Sabbath, we will not buy from them on the Sabbath or on any holy day. Every seventh year we will forgo working the land and will cancel all debts.

32 "We assume the responsibility for carrying out the commands to give a third of a shekel z each year for the service of the house of our God: 33 for the bread set out on the table; for the regular grain offerings and burnt offerings; for the offerings on the Sabbaths, New Moon festivals and appointed feasts; for the holy offerings; for sin offerings to make atonement for Israel; and for all the duties of the house of our God.

34 "We—the priests, the Levites and the people—have cast lots to determine when each of our families is to bring to the house of our God at set times each year a contribution of wood to burn on the altar of the LORD our God, as it is written in the Law.

35 "We also assume responsibility for bringing to the house of the LORD each year the firstfruits of our crops and of every fruit tree.

36 "As it is also written in the Law, we will bring the firstborn of our sons and of our cattle, of our herds and of our flocks to the house of our God, to the priests ministering there.

37 "Moreover, we will bring to the storerooms of the house of our God, to the priests, the first of our ground meal, of our grain offerings, of the fruit of all our trees and of our new wine and oil. And we will bring a tithe of our crops to the Levites, for it is the Levites who collect the tithes in all the towns where we work. 38 A priest de-

---

*Aquí equivale a *sábado*

z 32 That is, about 1/8 ounce (about 4 grams)

38 y que estaría el sacerdote hijo de Aarón con los levitas, cuando los levitas recibiesen el diezmo; y que los levitas llevarían el diezmo del diezmo a la casa de nuestro Dios, a las cámaras de la casa del tesoro.

39 Porque a las cámaras del tesoro han de llevar los hijos de Israel y los hijos de Leví la ofrenda del grano, del vino y del aceite; y allí estarán los utensilios del santuario, y los sacerdotes que ministran, los porteros y los cantores; y no abandonaremos la casa de nuestro Dios.

Los habitantes de Jerusalén

11 1 Habitaron los jefes del pueblo en Jerusalén; mas el resto del pueblo echó suertes para traer uno de cada diez para que morase en Jerusalén, ciudad santa, y las otras nueve partes en las otras ciudades.

2 Y bendijo el pueblo a todos los varones que voluntariamente se ofrecieron para morar en Jerusalén.

3 Estos son los jefes de la provincia que moraron en Jerusalén; pero en las ciudades de Judá habitaron cada uno en su posesión, en sus ciudades; los israelitas, los sacerdotes y levitas, los sirvientes del templo y los hijos de los siervos de Salomón.

4 En Jerusalén, pues, habitaron algunos de los hijos de Judá y de los hijos de Benjamín. De los hijos de Judá: Ataías hijo de Uzías, hijo de Zacarías, hijo de Amarías, hijo de Sefatías, hijo de Mahalaleel, de los hijos de Fares,

5 y Maasías hijo de Baruc, hijo de Colhoze, hijo de Hazaías, hijo de Adaías, hijo de Joiarib, hijo de Zacarías, hijo de Siloni.

6 Todos los hijos de Fares que moraron en Jerusalén fueron cuatrocientos setenta y ocho hombre fuertes.

7 Estos son los hijos de Benjamín: Salú hijo de Mesulam, hijo de Joed, hijo de Pedaías, hijo de Colaías, hijo de Maasías, hijo de Itiel, hijo de Jesaías.

8 Y tras él Gabai y Salai, novecientos veintiocho.

9 Y Joel hijo de Zicri era el prefecto de ellos, y Judá hijo de Senúa el segundo en la ciudad.

10 De los sacerdotes: Jedaías hijo de Joiarib, Jaquín,

11 Seraías hijo de Hilcías, hijo de Mesulam, hijo de Sadoc, hijo de Meraiot, hijo de Ahitob, príncipe de la casa de Dios,

12 y sus hermanos, los que hacían la obra de la casa, ochocientos veintidós; y Adaías hijo de Jeroham, hijo de Pelalías, hijo de Amsi, hijo de Zacarías, hijo de Pasur, hijo de Malquías,

13 y sus hermanos, jefes de familias, doscientos cuarenta y dos; y Amasai hijo de Azareel, hijo de Azai, hijo de Mesilemot, hijo de Imer,

14 y sus hermanos, hombres de gran vigor, ciento veintiocho, el jefe de los cuales era Zabdiel hijo de Gedolim.

15 De los levitas: Semaías hijo de Hasub, hijo de Azricam, hijo de Hasabías, hijo de Buni;

16 Sabetai y Jozabad, de los principales de los levitas, capataces de la obra exterior de la casa de Dios;

17 y Matanías hijo de Micaía, hijo de Zabdi, hijo de Asaf, el principal, el que empezaba las alabanzas y acción de

scended from Aaron is to accompany the Levites when they receive the tithes, and the Levites are to bring a tenth of the tithes up to the house of our God, to the storerooms of the treasury. 39 The people of Israel, including the Levites, are to bring their contributions of grain, new wine and oil to the storerooms where the articles for the sanctuary are kept and where the ministering priests, the gatekeepers and the singers stay. "We will not neglect the house of our God."

The New Residents of Jerusalem

11 Now the leaders of the people settled in Jerusalem, and the rest of the people cast lots to bring one out of every ten to live in Jerusalem, the holy city, while the remaining nine were to stay in their own towns. 2 The people commended all the men who volunteered to live in Jerusalem.

3 These are the provincial leaders who settled in Jerusalem (now some Israelites, priests, Levites, temple servants and descendants of Solomon's servants lived in the towns of Judah, each on his own property in the various towns, 4 while other people from both Judah and Benjamin lived in Jerusalem):

From the descendants of Judah:

Athaiah son of Uzziah, the son of Zechariah, the son of Amariah, the son of Shephatiah, the son of Mahalalel, a descendant of Perez; 5 and Maaseiah son of Baruch, the son of Col-Hozeh, the son of Hazaiah, the son of Adaiah, the son of Joiarib, the son of Zechariah, a descendant of Shelah. 6 The descendants of Perez who lived in Jerusalem totaled 468 able men.

7 From the descendants of Benjamin:

Sallu son of Meshullam, the son of Joed, the son of Pedaiah, the son of Kolaiah, the son of Maaseiah, the son of Ithiel, the son of Jeshaiah, 8 and his followers, Gabbai and Sallai—928 men. 9 Joel son of Zicri was their chief officer, and Judah son of Hassenuah was over the Second District of the city.

10 From the priests:

Jedaiah; the son of Joiarib; Jakin; 11 Seraiah son of Hilkiah, the son of Meshullam, the son of Zadok, the son of Meraioth, the son of Ahitub, supervisor in the house of God, 12 and their associates, who carried on work for the temple—822 men; Adaiah son of Jeroham, the son of Pelaliah, the son of Amzi, the son of Zechariah, the son of Pashhur, the son of Malkijah, 13 and his associates, who were heads of families—242 men; Amashsai son of Azarel, the son of Ahzai, the son of Meshillemoth, the son of Immer, 14 and his a associates, who were able men—128. Their chief officer was Zabdiel son of Haggedolim.

15 From the Levites:

Shemaiah son of Hasshub, the son of Azrikam, the son of Hashabiah, the son of Bunni; 16 Shabbethai and Jozabad, two of the heads of the Levites, who had charge of the outside work of the house of God; 17 Mattaniah son of Mica, the son

---

a 14 Most Septuagint manuscripts; Hebrew *their*

gracias al tiempo de la oración; Bacbuquías el segundo de entre sus hermanos; y Abda hijo de Samúa, hijo de Galal, hijo de Jedutún.

18 Todos los levitas en la santa ciudad eran doscientos ochenta y cuatro.

19 Los porteros, Acub, Talmón y sus hermanos, guardas en las puertas, ciento setenta y dos.

20 Y el resto de Israel, de los sacerdotes y de los levitas, en todas las ciudades de Judá, cada uno en su heredad.

21 Los sirvientes del templo habitaban en Ofel; y Ziha y Gispa tenían autoridad sobre los sirvientes del templo.

22 Y el jefe de los levitas en Jerusalén era Uzi hijo de Bani, hijo de Hasabías, hijo de Matanías, hijo de Micaía, de los hijos de Asaf, cantores, sobre la obra de la casa de Dios.

23 Porque había mandamiento del rey acerca de ellos, y distribución para los cantores para cada día.

24 Y Petaías hijo de Mesezabeel, de los hijos de Zera hijo de Judá, estaba al servicio del rey en todo negocio del pueblo.

Lugares habitados fuera de Jerusalén

25 Tocante a las aldeas y sus tierras, algunos de los hijos de Judá habitaron en Quiriat-arba y sus aldeas, en Dibón y sus aldeas, en Jecabseel y sus aldeas,

26 en Jesúa, Molada y Bet-pelet,

27 en Hazar-sual, en Beerseba y sus aldeas,

28 en Siclag, en Mecona y sus aldeas,

29 en En-rimón, en Zora, en Jarmut,

30 en Zanoa, en Adulam y sus aldeas, en Laquis y sus tierras, y en Azeca y sus aldeas. Y habitaron desde Beerseba hasta el valle de Hinom.

31 Y los hijos de Benjamín habitaron desde Geba, en Micmas, en Aía, en Bet-el y sus aldeas,

32 en Anatot, Nob, Ananías,

33 Hazor, Ramá, Gitaim,

34 Hadid, Seboim, Nebalat,

35 Lod, y Ono, valle de los artífices;

36 y algunos de los levitas, en los repartimientos de Judá y de Benjamín.

Sacerdotes y levitas

12 1 Estos son los sacerdotes y levitas que subieron con Zorobabel hijo de Salatiel, y con Jesúa: Seraías, Jeremías, Esdras,

2 Amarías, Maluc, Hatús,

3 Secanías, Rehum, Meremot,

4 Iddo, Gineto, Abías,

5 Mijamín, Maadías, Bilga,

6 Semaías, Joiarib, Jedaías.

7 Salú, Amoc, Hilcías y Jedaías. Estos eran los príncipes de los sacerdotes y sus hermanos en los días de Jesúa.

8 Y los levitas: Jesúa, Binúi, Cadmiel, Serebías, Judá y Matanías, que con sus hermanos oficiaba en los cantos de alabanza.

9 Y Bacbuquías y Uni, sus hermanos, cada cual en su ministerio.

10 Jesúa engendró a Joiacim, y Joiacim engendró a Eliasib, y Eliasib engendró a Joiada;

11 Joiada engendró a Jonatán, y Jonatán engendró a Jadúa.

---

of Zabdi, the son of Asaph, the director who led in thanksgiving and prayer; Bakbukiah, second among his associates; and Abda son of Shammua, the son of Galal, the son of Jeduthun. 18 The Levites in the holy city totaled 284.

19 The gatekeepers:

Akkub, Talmon and their associates, who kept watch at the gates—172 men.

20 The rest of the Israelites, with the priests and Levites, were in all the towns of Judah, each on his ancestral property.

21 The temple servants lived on the hill of Ophel, and Ziha and Gishpa were in charge of them.

22 The chief officer of the Levites in Jerusalem was Uzzi son of Bani, the son of Hashabiah, the son of Mattaniah, the son of Mica. Uzzi was one of Asaph's descendants, who were the singers responsible for the service of the house of God. 23 The singers were under the king's orders, which regulated their daily activity.

24 Pethahiah son of Meshezabel, one of the descendants of Zerah son of Judah, was the king's agent in all affairs relating to the people.

25 As for the villages with their fields, some of the people of Judah lived in Kiriath Arba and its surrounding settlements, in Dibon and its settlements, in Jekabzeel and its villages, 26 in Jeshua, in Moladah, in Beth Pelet, 27 in Hazar Shual, in Beersheba and its settlements, 28 in Ziklag, in Meconah and its settlements, 29 in En Rimmon, in Zorah, in Jarmuth, 30 Zanoah, Adullam and their villages, in Lachish and its fields, and in Azekah and its settlements. So they were living all the way from Beersheba to the Valley of Hinnom.

31 The descendants of the Benjamites from Geba lived in Micmash, Aija, Bethel and its settlements, 32 in Anathoth, Nob and Ananiah, 33 in Hazor, Ramah and Gittaim, 34 in Hadid, Zeboim and Neballat, 35 in Lod and Ono, and in the Valley of the Craftsmen.

36 Some of the divisions of the Levites of Judah settled in Benjamin.

Priests and Levites

12 These were the priests and Levites who returned with Zerubbabel son of Shealtiel and with Jeshua:

Seraiah, Jeremiah, Ezra,

2 Amariah, Malluch, Hattush,

3 Shecaniah, Rehum, Meremoth,

4 Iddo, Ginnethon, *b* Abijah,

5 Mijamin, *c* Moadiah, Bilgah,

6 Shemaiah, Joiarib, Jedaiah,

7 Sallu, Amok, Hilkiah and Jedaiah.

These were the leaders of the priests and their associates in the days of Jeshua.

8 The Levites were Jeshua, Binnui, Kadmiel, Sherebiah, Judah, and also Mattaniah, who, together with his associates, was in charge of the songs of thanksgiving. 9 Bakbukiah and Unni, their associates, stood opposite them in the services.

10 Jeshua was the father of Joiakim, Joiakim the father of Eliashib, Eliashib the father of Joiada, 11 Joiada the father of Jonathan, and Jonathan the father of Jaddua.

---

b 4 Many Hebrew manuscripts and Vulgate (see also Neh. 12:16); most Hebrew manuscripts Ginnethoi c 5 A variant of Miniamin

¹²Y en los días de Joiacim los sacerdotes jefes de familias fueron: de Seraías, Meraías; de Jeremías, Hananías; ¹³de Esdras, Mesulam; de Amarías, Johanán; ¹⁴de Melicú, Jonatán; de Sebanías, José; ¹⁵de Harim, Adna; de Meraiot, Helcai; ¹⁶de Iddo, Zacarías; de Ginetón, Mesulam; ¹⁷de Abías, Zicri; de Miniamín, de Moadías, Piltai; ¹⁸de Bilga, Samúa; de Semaías, Jonatán; ¹⁹de Joiarib, Matenai; de Jedaías, Uzi; ²⁰de Salai, Calai; de Amoc, Eber; ²¹de Hilcías, Hasabías; de Jedaías, Natanael.

²²Los levitas en días de Eliasib, de Joiada, de Johanán y de Jadúa fueron inscritos por jefes de familias; también los sacerdotes, hasta el reinado de Darío el persa. ²³Los hijos de Leví, jefes de familias, fueron inscritos en el libro de las crónicas hasta los días de Johanán hijo de Eliasib. ²⁴Los principales de los levitas: Hasabías, Serebías, Jesúa hijo de Cadmiel, y sus hermanos delante de ellos, para alabar y dar gracias, conforme al estatuto de David varón de Dios, guardando su turno. ²⁵Matanías, Bacbuquías, Obadías, Mesulam, Talmón y Acub, guardas, eran porteros para la guardia a las entradas de las puertas. ²⁶Estos fueron en los días de Joiacim hijo de Jesúa, hijo de Josadac, y en los días del gobernador Nehemías y del sacerdote Esdras, escriba.

Dedicación del muro

²⁷Para la dedicación del muro de Jerusalén, buscaron a los levitas de todos sus lugares para traerlos a Jerusalén, para hacer la dedicación y la fiesta con alabanzas y con cánticos, con címbalos, salterios y cítaras. ²⁸Y fueron reunidos los hijos de los cantores, así de la región alrededor de Jerusalén como de las aldeas de los netofatitas; ²⁹y de la casa de Gilgal, y de los campos de Geba y de Azmavet; porque los cantores se habían edificado aldeas alrededor de Jerusalén. ³⁰Y se purificaron los sacerdotes y los levitas; y purificaron al pueblo, y las puertas, y el muro.

³¹Hice luego subir a los príncipes de Judá sobre el muro, y puse dos coros grandes que fueron en procesión; el uno a la derecha, sobre el muro, hacia la puerta del Muladar. ³²E iba tras de ellos Osaías con la mitad de los príncipes de Judá, ³³y Azarías, Esdras, Mesulam, ³⁴Judá y Benjamín, Semaías y Jeremías. ³⁵Y de los hijos de los sacerdotes iban con trompetas Zacarías hijo de Jonatán, hijo de Semaías, hijo de Matanías, hijo de Micaías, hijo de Zacur, hijo de Asaf; ³⁶y sus hermanos Semaías, Azarael, Milalai, Gilalai, Maai,

¹²In the days of Joiakim, these were the heads of the priestly families:

of Seraiah's family, Meraiah;
of Jeremiah's, Hananiah;
¹³of Ezra's, Meshullam;
of Amariah's, Jehohanan;
¹⁴of Malluch's, Jonathan;
of Shecaniah's, *d* Joseph;
¹⁵of Harim's, Adna;
of Meremoth's, *e* Helkai;
¹⁶of Iddo's, Zechariah;
of Ginnethon's, Meshullam;
¹⁷of Abijah's, Zicri;
of Miniamin's and of Moadiah's, Piltai;
¹⁸of Bilgah's, Shammua;
of Shemaiah's, Jehonathan;
¹⁹of Joiarib's, Mattenai;
of Jedaiah's, Uzzi;
²⁰of Sallu's, Kallai;
of Amok's, Eber;
²¹of Hilkiah's, Hashabiah;
of Jedaiah's, Nethanel.

²²The family heads of the Levites in the days of Eliashib, Joiada, Johanan and Jaddua, as well as those of the priests, were recorded in the reign of Darius the Persian. ²³The family heads among the descendants of Levi up to the time of Johanan son of Eliashib were recorded in the book of the annals. ²⁴And the leaders of the Levites were Hashabiah, Sherebiah, Jeshua son of Kadmiel, and their associates, who stood opposite them to give praise and thanksgiving, one section responding to the other, as prescribed by David the man of God.

²⁵Mattaniah, Bakbukiah, Obadiah, Meshullam, Talmon and Akkub were gatekeepers who guarded the storerooms at the gates. ²⁶They served in the days of Joiakim son of Jeshua, the son of Jozadak, and in the days of Nehemiah the governor and of Ezra the priest and scribe.

Dedication of the Wall of Jerusalem

²⁷At the dedication of the wall of Jerusalem, the Levites were sought out from where they lived and were brought to Jerusalem to celebrate joyfully the dedication with songs of thanksgiving and with the music of cymbals, harps and lyres. ²⁸The singers also were brought together from the region around Jerusalem—from the villages of the Netophathites, ²⁹from Beth Gilgal, and from the area of Geba and Azmaveth, for the singers had built villages for themselves around Jerusalem. ³⁰When the priests and Levites had purified themselves ceremonially, they purified the people, the gates and the wall.

³¹I had the leaders of Judah go up on top*f* of the wall. I also assigned two large choirs to give thanks. One was to proceed on top*g* of the wall to the right, toward the Dung Gate. ³²Hoshaiah and half the leaders of Judah followed them, ³³along with Azariah, Ezra, Meshullam, ³⁴Judah, Benjamin, Shemaiah, Jeremiah, ³⁵as well as some priests with trumpets, and also Zechariah son of Jonathan, the son of Shemaiah, the son of Mattaniah, the son of Micaiah, the son of Zaccur, the son of Asaph, ³⁶and his associates—Shemaiah, Azarel,

---

d 14 Very many Hebrew manuscripts, some Septuagint manuscripts and Syriac (see also Neh. 12:3); most Hebrew manuscripts *Shebaniah's   e 15* Some Septuagint manuscripts (see also Neh. 12:3); Hebrew *Meraioth's   f 31* Or *go alongside   g 31* Or *proceed alongside*

Natanael, Judá y Hanani, con los instrumentos musicales de David varón de Dios; y el escriba Esdras delante de ellos.

37 Y a la puerta de la Fuente, en frente de ellos, subieron por las gradas de la ciudad de David, por la subida del muro, desde la casa de David hasta la puerta de las Aguas, al oriente.

38 El segundo coro iba del lado opuesto, y yo en pos de él, con la mitad del pueblo sobre el muro, desde la torre de los Hornos hasta el muro ancho;

39 y desde la puerta de Efraín hasta la puerta Vieja y a la puerta del Pescado, y la torre de Hananeel, y la torre de Hamea, hasta la puerta de las Ovejas; y se detuvieron en la puerta de la Cárcel.

40 Llegaron luego los dos coros a la casa de Dios; y yo, y la mitad de los oficiales conmigo,

41 y los sacerdotes Eliacim, Maaseías, Miniamín, Micaías, Elioenai, Zacarías y Hananías, con trompetas;

42 y Maasías, Semaías, Eleazar, Uzi, Johanán, Malquías, Elam y Ezer. Y los cantores cantaban en alta voz, e Izrahías era el director.

43 Y sacrificaron aquel día numerosas víctimas, y se regocijaron, porque Dios los había recreado con grande contentamiento; se alegraron también las mujeres y los niños; y el alborozo de Jerusalén fue oído desde lejos.

Porciones para sacerdotes y levitas

44 En aquel día fueron puestos varones sobre las cámaras de los tesoros, de las ofrendas, de las primicias y de los diezmos, para recoger en ellas, de los ejidos de las ciudades, las porciones legales para los sacerdotes y levitas; porque era grande el gozo de Judá con respecto a los sacerdotes y levitas que servían.

45 Y habían cumplido el servicio de su Dios, y el servicio de la expiación, como también los cantores y los porteros, conforme al estatuto de David y de Salomón su hijo.

46 Porque desde el tiempo de David y de Asaf, ya de antiguo, había un director de cantores para los cánticos y alabanzas y acción de gracias a Dios.

47 Y todo Israel en días de Zorobabel y en días de Nehemías daba alimentos a los cantores y a los porteros, cada cosa en su día; consagraban asimismo sus porciones a los levitas, y los levitas consagraban parte a los hijos de Aarón.

Reformas de Nehemías

13 1 Aquel día se leyó en el libro de Moisés, oyéndolo el pueblo, y fue hallado escrito en él que los amonitas y moabitas no debían entrar jamás en la congregación de Dios,

2 por cuanto no salieron a recibir a los hijos de Israel con pan y agua, sino que dieron dinero a Balaam para que los maldijera; mas nuestro Dios volvió la maldición en bendición.

3 Cuando oyeron, pues, la ley, separaron de Israel a todos los mezclados con extranjeros.

4 Y antes de esto el sacerdote Eliasib, siendo jefe de la cámara de la casa de nuestro Dios, había emparentado con Tobías,

5 y le había hecho una gran cámara, en la cual guardaban antes las ofrendas, el incienso, los utensilios, el diezmo del grano, del vino y del aceite, que estaba mandado dar a los levitas, a los cantores y a los porteros, y la ofrenda de los sacerdotes.

Milalai, Gilalai, Maai, Nethanel, Judah and Hanani—with musical instruments ⌊prescribed by⌋ David the man of God. Ezra the scribe led the procession. 37At the Fountain Gate they continued directly up the steps of the City of David on the ascent to the wall and passed above the house of David to the Water Gate on the east.

38The second choir proceeded in the opposite direction. I followed them on top h of the wall, together with half the people—past the Tower of the Ovens to the Broad Wall, 39over the Gate of Ephraim, the Jeshanah i Gate, the Fish Gate, the Tower of Hananel and the Tower of the Hundred, as far as the Sheep Gate. At the Gate of the Guard they stopped.

40The two choirs that gave thanks then took their places in the house of God; so did I, together with half the officials, 41as well as the priests—Eliakim, Maaseiah, Miniamin, Micaiah, Elioenai, Zechariah and Hananiah with their trumpets— 42and also Maaseiah, Shemaiah, Eleazar, Uzzi, Jehohanan, Malkijah, Elam and Ezer. The choirs sang under the direction of Jezrahiah.

43And on that day they offered great sacrifices, rejoicing because God had given them great joy. The women and children also rejoiced. The sound of rejoicing in Jerusalem could be heard far away.

44At that time men were appointed to be in charge of the storerooms for the contributions, firstfruits and tithes. From the fields around the towns they were to bring into the storerooms the portions required by the Law for the priests and the Levites, for Judah was pleased with the ministering priests and Levites.

45They performed the service of their God and the service of purification, as did also the singers and gatekeepers, according to the commands of David and his son Solomon. 46For long ago, in the days of David and Asaph, there had been directors for the singers and for the songs of praise and thanksgiving to God. 47So in the days of Zerubbabel and of Nehemiah, all Israel contributed the daily portions for the singers and gatekeepers. They also set aside the portion for the other Levites, and the Levites set aside the portion for the descendants of Aaron.

Nehemiah's Final Reforms

13 On that day the Book of Moses was read aloud in the hearing of the people and there it was found written that no Ammonite or Moabite should ever be admitted into the assembly of God, 2because they had not met the Israelites with food and water but had hired Balaam to call a curse down on them. (Our God, however, turned the curse into a blessing.) 3When the people heard this law, they excluded from Israel all who were of foreign descent.

4Before this, Eliashib the priest had been put in charge of the storerooms of the house of our God. He was closely associated with Tobiah, 5and he had provided him with a large room formerly used to store the grain offerings and incense and temple articles, and also the tithes of grain, new wine and oil prescribed for the Levites, singers and gatekeepers, as well as the contributions for the priests.

6 Mas a todo esto, yo no estaba en Jerusalén, porque en el año treinta y dos de Artajerjes rey de Babilonia fui al rey; y al cabo de algunos días pedí permiso al rey

7 para volver a Jerusalén; y entonces supe del mal que había hecho Eliasib por consideración a Tobías, haciendo para él una cámara en los atrios de la casa de Dios.

8 Y me dolió en gran manera; y arrojé todos los muebles de la casa de Tobías fuera de la cámara,

9 y dije que limpiasen las cámaras, e hice volver allí los utensilios de la casa de Dios, las ofrendas y el incienso.

10 Encontré asimismo que las porciones para los levitas no les habían sido dadas, y que los levitas y cantores que hacían el servicio habían huido cada uno a su heredad.

11 Entonces reprendí a los oficiales, y dije: ¿Por qué está la casa de Dios abandonada? Y los reuní y los puse en sus puestos.

12 Y todo Judá trajo el diezmo del grano, del vino y del aceite, a los almacenes.

13 Y puse por mayordomos de ellos al sacerdote Selemías y al escriba Sadoc, y de los levitas a Pedaías; y al servicio de ellos a Hanán hijo de Zacur, hijo de Matanías; porque eran tenidos por fieles, y ellos tenían que repartir a sus hermanos.

14 Acuérdate de mí, oh Dios, en orden a esto, y no borres mis misericordias que hice en la casa de mi Dios, y en su servicio.

15 En aquellos días vi en Judá a algunos que pisaban en lagares en el día de reposo, * y que acarreaban haces, y cargaban asnos con vino, y también de uvas, de higos y toda suerte de carga, y que traían a Jerusalén en día de reposo; *y los amonesté acerca del día en que vendían las provisiones.

16 También había en la ciudad tirios que traían pescado y toda mercadería, y vendían en día de reposo * a los hijos de Judá en Jerusalén.

17 Y reprendí a los señores de Judá y les dije: ¿Qué mala cosa es esta que vosotros hacéis, profanando así el día de reposo? *

18 ¿No hicieron así vuestros padres, y trajo nuestro Dios todo este mal sobre nosotros y sobre esta ciudad? ¿Y vosotros añadís ira sobre Israel profanando el día de reposo? *

19 Sucedió, pues, que cuando iba oscureciendo a las puertas de Jerusalén antes del día de reposo, * dije que se cerrasen las puertas, y ordené que no las abriesen hasta después del día de reposo; * y puse a las puertas algunos de mis criados, para que en día de reposo * no introdujeran carga.

20 Y se quedaron fuera de Jerusalén una y dos veces los negociantes y los que vendían toda especie de mercancía.

21 Y les amonesté y les dije: ¿Por qué os quedáis vosotros delante del muro? Si lo hacéis otra vez, os echaré mano. Desde entonces no vinieron en día de reposo. *

22 Y dije a los levitas que se purificasen y viniesen a guardar las puertas, para santificar el día del reposo. * También por esto acuérdate de mí, Dios mío, y perdóname según la grandeza de tu misericordia.

23 Vi asimismo en aquellos días a judíos que habían tomado mujeres de Asdod, amonitas, y moabitas;

24 y la mitad de sus hijos hablaban la lengua de Asdod, porque no sabían hablar judaico, sino que hablaban conforme a la lengua de cada pueblo.

6 But while all this was going on, I was not in Jerusalem, for in the thirty-second year of Artaxerxes king of Babylon I had returned to the king. Some time later I asked his permission 7 and came back to Jerusalem. Here I learned about the evil thing Eliashib had done in providing Tobiah a room in the courts of the house of God. 8 I was greatly displeased and threw all Tobiah's household goods out of the room. 9 I gave orders to purify the rooms, and then I put back into them the equipment of the house of God, with the grain offerings and the incense.

10 I also learned that the portions assigned to the Levites had not been given to them, and that all the Levites and singers responsible for the service had gone back to their own fields. 11 So I rebuked the officials and asked them, "Why is the house of God neglected?" Then I called them together and stationed them at their posts.

12 All Judah brought the tithes of grain, new wine and oil into the storerooms. 13 I put Shelemiah the priest, Zadok the scribe, and a Levite named Pedaiah in charge of the storerooms and made Hanan son of Zaccur, the son of Mattaniah, their assistant, because these men were considered trustworthy. They were made responsible for distributing the supplies to their brothers.

14 Remember me for this, O my God, and do not blot out what I have so faithfully done for the house of my God and its services.

15 In those days I saw men in Judah treading winepresses on the Sabbath and bringing in grain and loading it on donkeys, together with wine, grapes, figs and all other kinds of loads. And they were bringing all this into Jerusalem on the Sabbath. Therefore I warned them against selling food on that day. 16 Men from Tyre who lived in Jerusalem were bringing in fish and all kinds of merchandise and selling them in Jerusalem on the Sabbath to the people of Judah. 17 I rebuked the nobles of Judah and said to them, "What is this wicked thing you are doing—desecrating the Sabbath day? 18 Didn't your forefathers do the same things, so that our God brought all this calamity upon us and upon this city? Now you are stirring up more wrath against Israel by desecrating the Sabbath."

19 When evening shadows fell on the gates of Jerusalem before the Sabbath, I ordered the doors to be shut and not opened until the Sabbath was over. I stationed some of my own men at the gates so that no load could be brought in on the Sabbath day. 20 Once or twice the merchants and sellers of all kinds of goods spent the night outside Jerusalem. 21 But I warned them and said, "Why do you spend the night by the wall? If you do this again, I will lay hands on you." From that time on they no longer came on the Sabbath. 22 Then I commanded the Levites to purify themselves and go and guard the gates in order to keep the Sabbath day holy.

Remember me for this also, O my God, and show mercy to me according to your great love.

23 Moreover, in those days I saw men of Judah who had married women from Ashdod, Ammon and Moab. 24 Half of their children spoke the language of Ashdod or the language of one of the other peoples, and did

25 Y reñí con ellos, y los maldije, y herí a algunos de ellos, y les arranqué los cabellos, y les hice jurar, diciendo: No daréis vuestras hijas a sus hijos, y no tomaréis de sus hijas para vuestros hijos, ni para vosotros mismos.

26 ¿No pecó por esto Salomón, rey de Israel? Bien que en muchas naciones no hubo rey como él, que era amado de su Dios, y Dios lo había puesto por rey sobre todo Israel, aun a él le hicieron pecar las mujeres extranjeras.

27 ¿Y obedeceremos a vosotros para cometer todo este mal tan grande de prevaricar contra nuestro Dios, tomando mujeres extranjeras?

28 Y uno de los hijos de Joiada hijo del sumo sacerdote Eliasib era yerno de Sanbalat horonita; por tanto, lo ahuyenté de mí.

29 Acuérdate de ellos, Dios mío, contra los que contaminan el sacerdocio, y el pacto del sacerdocio y de los levitas.

30 Los limpié, pues, de todo extranjero, y puse a los sacerdotes y levitas por sus grupos, a cada uno en su servicio;

31 y para la ofrenda de la leña en los tiempos señalados, y para las primicias. Acuérdate de mí, Dios mío, para bien.

not know how to speak the language of Judah. 25 I rebuked them and called curses down on them. I beat some of the men and pulled out their hair. I made them take an oath in God's name and said: "You are not to give your daughters in marriage to their sons, nor are you to take their daughters in marriage for your sons or for yourselves. 26 Was it not because of marriages like these that Solomon king of Israel sinned? Among the many nations there was no king like him. He was loved by his God, and God made him king over all Israel, but even he was led into sin by foreign women. 27 Must we hear now that you too are doing all this terrible wickedness and are being unfaithful to our God by marrying foreign women?"

28 One of the sons of Joiada son of Eliashib the high priest was son-in-law to Sanballat the Horonite. And I drove him away from me.

29 Remember them, O my God, because they defiled the priestly office and the covenant of the priesthood and of the Levites.

30 So I purified the priests and the Levites of everything foreign, and assigned them duties, each to his own task. 31 I also made provision for contributions of wood at designated times, and for the firstfruits.

Remember me with favor, O my God.

ESTER   # ESTHER

La reina Vasti desafía a Asuero

1 ¹Aconteció en los días de Asuero, el Asuero que reinó desde la India hasta Etiopía sobre ciento veintisiete provincias,

²que en aquellos días, cuando fue afirmado el rey Asuero sobre el trono de su reino, el cual estaba en Susa capital del reino,

³en el tercer año de su reinado hizo banquete a todos sus príncipes y cortesanos, teniendo delante de él a los más poderosos de Persia y de Media, gobernadores y príncipes de provincias,

⁴para mostrar él las riquezas de la gloria de su reino, el brillo y la magnificencia de su poder, por muchos días, ciento ochenta días.

⁵Y cumplidos estos días, hizo el rey otro banquete por siete días en el patio del huerto del palacio real a todo el pueblo que había en Susa capital del reino, desde el mayor hasta el menor.

⁶El pabellón era de blanco, verde y azul, tendido sobre cuerdas de lino y púrpura en anillos de plata y columnas de mármol; los reclinatorios de oro y de plata, sobre losado de pórfido y de mármol, y de alabastro y de jacinto.

⁷Y daban a beber en vasos de oro, y vasos diferentes unos de otros, y mucho vino real, de acuerdo con la generosidad del rey.

⁸Y la bebida era según esta ley: Que nadie fuese obligado a beber; porque así lo había mandado el rey a todos los mayordomos de su casa, que se hiciese según la voluntad de cada uno.

⁹Asimismo la reina Vasti hizo banquete para las mujeres, en la casa real del rey Asuero.

¹⁰El séptimo día, estando el corazón del rey alegre del vino, mandó a Mehumán, Bizta, Harbona, Bigta, Abagta, Zetar y Carcas, siete eunucos que servían delante del rey Asuero,

¹¹que trajesen a la reina Vasti a la presencia del rey con la corona regia, para mostrar a los pueblos y a los príncipes su belleza; porque era hermosa.

¹²Mas la reina Vasti no quiso comparecer a la orden del rey enviada por medio de los eunucos; y el rey se enojó mucho, y se encendió en ira.

¹³Preguntó entonces el rey a los sabios que conocían los tiempos (porque así acostumbraba el rey con todos los que sabían la ley y el derecho;

¹⁴y estaban junto a él Carsena, Setar, Admata, Tarsis, Meres, Marsena y Memucán, siete príncipes de Persia y de Media que veían la cara del rey, y se sentaban los primeros del reino);

¹⁵les preguntó qué se había de hacer con la reina Vasti según la ley, por cuanto no había cumplido la orden del rey Asuero enviada por medio de los eunucos.

¹⁶Y dijo Memucán delante del rey y de los príncipes: No solamente contra el rey ha pecado la reina Vasti, sino contra todos los príncipes, y contra todos los pueblos que hay en todas las provincias del rey Asuero.

¹⁷Porque este hecho de la reina llegará a oídos de todas las mujeres, y ellas tendrán en poca estima a sus maridos, diciendo: El rey Asuero mandó traer delante de sí a la reina Vasti, y ella no vino.

¹⁸Y entonces dirán esto las señoras de Persia y de Media

Queen Vashti Deposed

1 This is what happened during the time of Xerxes,ᵃ the Xerxes who ruled over 127 provinces stretching from India to Cushᵇ: ²At that time King Xerxes reigned from his royal throne in the citadel of Susa, ³and in the third year of his reign he gave a banquet for all his nobles and officials. The military leaders of Persia and Media, the princes, and the nobles of the provinces were present.

⁴For a full 180 days he displayed the vast wealth of his kingdom and the splendor and glory of his majesty. ⁵When these days were over, the king gave a banquet, lasting seven days, in the enclosed garden of the king's palace, for all the people from the least to the greatest, who were in the citadel of Susa. ⁶The garden had hangings of white and blue linen, fastened with cords of white linen and purple material to silver rings on marble pillars. There were couches of gold and silver on a mosaic pavement of porphyry, marble, mother-of-pearl and other costly stones. ⁷Wine was served in goblets of gold, each one different from the other, and the royal wine was abundant, in keeping with the king's liberality. ⁸By the king's command each guest was allowed to drink in his own way, for the king instructed all the wine stewards to serve each man what he wished.

⁹Queen Vashti also gave a banquet for the women in the royal palace of King Xerxes.

¹⁰On the seventh day, when King Xerxes was in high spirits from wine, he commanded the seven eunuchs who served him—Mehuman, Biztha, Harbona, Bigtha, Abagtha, Zethar and Carcas—¹¹to bring before him Queen Vashti, wearing her royal crown, in order to display her beauty to the people and nobles, for she was lovely to look at. ¹²But when the attendants delivered the king's command, Queen Vashti refused to come. Then the king became furious and burned with anger.

¹³Since it was customary for the king to consult experts in matters of law and justice, he spoke with the wise men who understood the times ¹⁴and were closest to the king—Carshena, Shethar, Admatha, Tarshish, Meres, Marsena and Memucan, the seven nobles of Persia and Media who had special access to the king and were highest in the kingdom.

¹⁵"According to law, what must be done to Queen Vashti?" he asked. "She has not obeyed the command of King Xerxes that the eunuchs have taken to her."

¹⁶Then Memucan replied in the presence of the king and the nobles, "Queen Vashti has done wrong, not only against the king but also against all the nobles and the peoples of all the provinces of King Xerxes. ¹⁷For the queen's conduct will become known to all the women, and so they will despise their husbands and say, 'King Xerxes commanded Queen Vashti to be brought before him, but she would not come.' ¹⁸This

---

ᵃ1 Hebrew *Ahasuerus*, a variant of Xerxes' Persian name; here and throughout Esther   ᵇ1 That is, the upper Nile region

que oigan el hecho de la reina, a todos los príncipes del rey; y habrá mucho menosprecio y enojo.

19 Si parece bien al rey, salga un decreto real de vuestra majestad y se escriba entre las leyes de Persia y de Media, para que no sea quebrantado: Que Vasti no venga más delante del rey Asuero; y el rey haga reina a otra que sea mejor que ella.

20 Y el decreto que dicte el rey será oído en todo su reino, aunque es grande, y todas las mujeres darán honra a sus maridos, desde el mayor hasta el menor.

21 Agradó esta palabra a los ojos del rey y de los príncipes, e hizo el rey conforme al dicho de Memucán;

22 pues envió cartas a todas las provincias del rey, a cada provincia conforme a su escritura, y a cada pueblo conforme a su lenguaje, diciendo que todo hombre afirmase su autoridad en su casa; y que se publicase esto en la lengua de su pueblo.

Ester es proclamada reina

2 1 Pasadas estas cosas, sosegada ya la ira del rey Asuero, se acordó de Vasti y de lo que ella había hecho, y de la sentencia contra ella.

2 Y dijeron los criados del rey, sus cortesanos: Busquen para el rey jóvenes vírgenes de buen parecer;

3 y ponga el rey personas en todas las provincias de su reino, que lleven a todas las jóvenes vírgenes de buen parecer a Susa, residencia real, a la casa de las mujeres, al cuidado de Hegai eunuco del rey, guarda de las mujeres, y que les den sus atavíos;

4 y la doncella que agrade a los ojos del rey, reine en lugar de Vasti. Esto agradó a los ojos del rey, y lo hizo así.

5 Había en Susa residencia real un varón judío cuyo nombre era Mardoqueo hijo de Jair, hijo de Simei, hijo de Cis, del linaje de Benjamín;

6 el cual había sido transportado de Jerusalén con los cautivos que fueron llevados con Jeconías rey de Judá, a quien hizo transportar Nabucodonosor rey de Babilonia.

7 Y había criado a Hadasa, es decir, Ester, hija de su tío, porque era huérfana; y la joven era de hermosa figura y de buen parecer. Cuando su padre y su madre murieron, Mardoqueo la adoptó como hija suya.

8 Sucedió, pues, que cuando se divulgó el mandamiento y decreto del rey, y habían reunido a muchas doncellas en Susa residencia real, a cargo de Hegai, Ester también fue llevada a la casa del rey, al cuidado de Hegai guarda de las mujeres.

9 Y la doncella agradó a sus ojos, y halló gracia delante de él, por lo que hizo darle prontamente atavíos y alimentos, y le dio también siete doncellas especiales de la casa del rey; y la llevó con sus doncellas a lo mejor de la casa de las mujeres.

10 Ester no declaró cuál era su pueblo ni su parentela, porque Mardoqueo le había mandado que no lo declarase.

11 Y cada día Mardoqueo se paseaba delante del patio de la casa de las mujeres, para saber cómo le iba a Ester, y cómo la trataban.

12 Y cuando llegaba el tiempo de cada una de las doncellas para venir al rey Asuero, después de haber estado doce meses conforme a la ley acerca de las mujeres, pues así se cumplía el tiempo de sus atavíos, esto es, seis meses con óleo de mirra y seis meses con perfumes aromáticos y afeites de mujeres,

13 entonces la doncella venía así al rey. Todo lo que ella pedía se le daba, para venir ataviada con ello desde la casa de las mujeres hasta la casa del rey.

very day the Persian and Median women of the nobility who have heard about the queen's conduct will respond to all the king's nobles in the same way. There will be no end of disrespect and discord.

19 "Therefore, if it pleases the king, let him issue a royal decree and let it be written in the laws of Persia and Media, which cannot be repealed, that Vashti is never again to enter the presence of King Xerxes. Also let the king give her royal position to someone else who is better than she. 20 Then when the king's edict is proclaimed throughout all his vast realm, all the women will respect their husbands, from the least to the greatest."

21 The king and his nobles were pleased with this advice, so the king did as Memucan proposed. 22 He sent dispatches to all parts of the kingdom, to each province in its own script and to each people in its own language, proclaiming in each people's tongue that every man should be ruler over his own household.

Esther Made Queen

2 Later when the anger of King Xerxes had subsided, he remembered Vashti and what she had done and what he had decreed about her. 2 Then the king's personal attendants proposed, "Let a search be made for beautiful young virgins for the king. 3 Let the king appoint commissioners in every province of his realm to bring all these beautiful girls into the harem at the citadel of Susa. Let them be placed under the care of Hegai, the king's eunuch, who is in charge of the women; and let beauty treatments be given to them. 4 Then let the girl who pleases the king be queen instead of Vashti." This advice appealed to the king, and he followed it.

5 Now there was in the citadel of Susa a Jew of the tribe of Benjamin, named Mordecai son of Jair, the son of Shimei, the son of Kish, 6 who had been carried into exile from Jerusalem by Nebuchadnezzar king of Babylon, among those taken captive with Jehoiachin c king of Judah. 7 Mordecai had a cousin named Hadassah, whom he had brought up because she had neither father nor mother. This girl, who was also known as Esther, was lovely in form and features, and Mordecai had taken her as his own daughter when her father and mother died.

8 When the king's order and edict had been proclaimed, many girls were brought to the citadel of Susa and put under the care of Hegai. Esther also was taken to the king's palace and entrusted to Hegai, who had charge of the harem. 9 The girl pleased him and won his favor. Immediately he provided her with her beauty treatments and special food. He assigned to her seven maids selected from the king's palace and moved her and her maids into the best place in the harem.

10 Esther had not revealed her nationality and family background, because Mordecai had forbidden her to do so. 11 Every day he walked back and forth near the courtyard of the harem to find out how Esther was and what was happening to her.

12 Before a girl's turn came to go in to King Xerxes, she had to complete twelve months of beauty treatments prescribed for the women, six months with oil of myrrh and six months with perfumes and cosmetics. 13 And this is how she would go to the king: Anything she wanted was given her to take with her from the harem to the king's palace. 14 In the evening she would go

---

c6 Hebrew *Jeconiah*, a variant of *Jehoiachin*

14 Ella venía por la tarde, y a la mañana siguiente volvía a la casa segunda de las mujeres, al cargo de Saasgaz eunuco del rey, guarda de las concubinas; no venía más al rey, salvo si el rey la quería y era llamada por nombre.

15 Cuando le llegó a Ester, hija de Abihail tío de Mardoqueo, quien la había tomado por hija, el tiempo de venir al rey, ninguna cosa procuró sino lo que dijo Hegai eunuco del rey, guarda de las mujeres; y ganaba Ester el favor de todos los que la veían.

16 Fue, pues, Ester llevada al rey Asuero a su casa real en el mes décimo, que es el mes de Tebet, en el año séptimo de su reinado.

17 Y el rey amó a Ester más que a todas las otras mujeres, y halló ella gracia y benevolencia delante de él más que todas las demás vírgenes; y puso la corona real en su cabeza, y la hizo reina en lugar de Vasti.

18 Hizo luego el rey un gran banquete a todos sus príncipes y siervos, el banquete de Ester; y disminuyó tributos a las provincias, e hizo y dio mercedes conforme a la generosidad real.

Mardoqueo denuncia una conspiración contra el rey

19 Cuando las vírgenes eran reunidas la segunda vez, Mardoqueo estaba sentado a la puerta del rey.

20 Y Ester, según le había mandado Mardoqueo, no había declarado su nación ni su pueblo; porque Ester hacía lo que decía Mardoqueo, como cuando él la educaba.

21 En aquellos días, estando Mardoqueo sentado a la puerta del rey, se enojaron Bigtán y Teres, dos eunucos del rey, de la guardia de la puerta, y procuraban poner mano en el rey Asuero.

22 Cuando Mardoqueo entendió esto, lo denunció a la reina Ester, y Ester lo dijo al rey en nombre de Mardoqueo.

23 Se hizo investigación del asunto, y fue hallado cierto; por tanto, los dos eunucos fueron colgados en una horca. Y fue escrito el caso en el libro de las crónicas del rey.

Amán trama la destrucción de los judíos

3 1 Después de estas cosas el rey Asuero engrandeció a Amán hijo de Hamedata agagueo, y lo honró, y puso su silla sobre todos los príncipes que estaban con él.

2 Y todos los siervos del rey que estaban a la puerta del rey se arrodillaban y se inclinaban ante Amán, porque así lo había mandado el rey; pero Mardoqueo ni se arrodillaba ni se humillaba.

3 Y los siervos del rey que estaban a la puerta preguntaron a Mardoqueo: ¿Por qué traspasas el mandamiento del rey?

4 Aconteció que hablándole cada día de esta manera, y no escuchándolos él, lo denunciaron a Amán, para ver si Mardoqueo se mantendría firme en su dicho; porque ya él les había declarado que era judío.

5 Y vio Amán que Mardoqueo ni se arrodillaba ni se humillaba delante de él; y se llenó de ira.

6 Pero tuvo en poco poner mano en Mardoqueo solamente, pues ya le habían declarado cuál era el pueblo de Mardoqueo; y procuró Amán destruir a todos los judíos que había en el reino de Asuero, al pueblo de Mardoqueo.

7 En el mes primero, que es el mes de Nisán, en el año duodécimo del rey Asuero, fue echada Pur, esto es, la suerte, delante de Amán, suerte para cada día y cada mes del año; y salió el mes duodécimo, que es el mes de Adar.

---

there and in the morning return to another part of the harem to the care of Shaashgaz, the king's eunuch who was in charge of the concubines. She would not return to the king unless he was pleased with her and summoned her by name.

15 When the turn came for Esther (the girl Mordecai had adopted, the daughter of his uncle Abihail) to go to the king, she asked for nothing other than what Hegai, the king's eunuch who was in charge of the harem, suggested. And Esther won the favor of everyone who saw her. 16 She was taken to King Xerxes in the royal residence in the tenth month, the month of Tebeth, in the seventh year of his reign.

17 Now the king was attracted to Esther more than to any of the other women, and she won his favor and approval more than any of the other virgins. So he set a royal crown on her head and made her queen instead of Vashti. 18 And the king gave a great banquet, Esther's banquet, for all his nobles and officials. He proclaimed a holiday throughout the provinces and distributed gifts with royal liberality.

Mordecai Uncovers a Conspiracy

19 When the virgins were assembled a second time, Mordecai was sitting at the king's gate. 20 But Esther had kept secret her family background and nationality just as Mordecai had told her to do, for she continued to follow Mordecai's instructions as she had done when he was bringing her up.

21 During the time Mordecai was sitting at the king's gate, Bigthana *d* and Teresh, two of the king's officers who guarded the doorway, became angry and conspired to assassinate King Xerxes. 22 But Mordecai found out about the plot and told Queen Esther, who in turn reported it to the king, giving credit to Mordecai. 23 And when the report was investigated and found to be true, the two officials were hanged on a gallows. *e* All this was recorded in the book of the annals in the presence of the king.

Haman's Plot to Destroy the Jews

3 After these events, King Xerxes honored Haman son of Hammedatha, the Agagite, elevating him and giving him a seat of honor higher than that of all the other nobles. 2 All the royal officials at the king's gate knelt down and paid honor to Haman, for the king had commanded this concerning him. But Mordecai would not kneel down or pay him honor.

3 Then the royal officials at the king's gate asked Mordecai, "Why do you disobey the king's command?" 4 Day after day they spoke to him but he refused to comply. Therefore they told Haman about it to see whether Mordecai's behavior would be tolerated, for he had told them he was a Jew.

5 When Haman saw that Mordecai would not kneel down or pay him honor, he was enraged. 6 Yet having learned who Mordecai's people were, he scorned the idea of killing only Mordecai. Instead Haman looked for a way to destroy all Mordecai's people, the Jews, throughout the whole kingdom of Xerxes.

7 In the twelfth year of King Xerxes, in the first month, the month of Nisan, they cast the *pur* (that is, the lot) in the presence of Haman to select a day and month. And the lot fell on *f* the twelfth month, the month of Adar.

---

d 21 Hebrew *Bigthan*, a variant of *Bigthana*   *e 23* Or *were hung (or impaled) on poles*; similarly elsewhere in Esther   *f 7* Septuagint; Hebrew does not have *And the lot fell on*.

8 Y dijo Amán al rey Asuero: Hay un pueblo esparcido y distribuido entre los pueblos en todas las provincias de tu reino, y sus leyes son diferentes de las de todo pueblo, y no guardan las leyes del rey, y al rey nada le beneficia el dejarlos vivir.

9 Si place al rey, decrete que sean destruidos; y yo pesaré diez mil talentos de plata a los que manejan la hacienda, para que sean traídos a los tesoros del rey.

10 Entonces el rey quitó el anillo de su mano, y lo dio a Amán hijo de Hamedata agagueo, enemigo de los judíos,

11 y le dijo: La plata que ofreces sea para ti, y asimismo el pueblo, para que hagas de él lo que bien te pareciere.

12 Entonces fueron llamados los escribanos del rey en el mes primero, al día trece del mismo, y fue escrito conforme a todo lo que mandó Amán, a los sátrapas del rey, a los capitanes que estaban sobre cada provincia y a los príncipes de cada pueblo, a cada provincia según su escritura, y a cada pueblo según su lengua; en nombre del rey Asuero fue escrito, y sellado con el anillo del rey.

13 Y fueron enviadas cartas por medio de correos a todas las provincias del rey, con la orden de destruir, matar y exterminar a todos los judíos, jóvenes y ancianos, niños y mujeres, en un mismo día, en el día trece del mes duodécimo, que es el mes de Adar, y de apoderarse de sus bienes.

14 La copia del escrito que se dio por mandamiento en cada provincia fue publicada a todos los pueblos, a fin de que estuviesen listos para aquel día.

15 Y salieron los correos prontamente por mandato del rey, y el edicto fue dado en Susa capital del reino. Y el rey y Amán se sentaron a beber; pero la ciudad de Susa estaba conmovida.

Ester promete interceder por su pueblo

4 1 Luego que supo Mardoqueo todo lo que se había hecho, rasgó sus vestidos, se vistió de cilicio y de ceniza, y se fue por la ciudad clamando con grande y amargo clamor.

2 Y vino hasta delante de la puerta del rey; pues no era lícito pasar adentro de la puerta del rey con vestido de cilicio.

3 Y en cada provincia y lugar donde el mandamiento del rey y su decreto llegaba, tenían los judíos gran luto, ayuno, lloro y lamentación; cilicio y ceniza era la cama de muchos.

4 Y vinieron las doncellas de Ester, y sus eunucos, y se lo dijeron. Entonces la reina tuvo gran dolor, y envió vestidos para hacer vestir a Mardoqueo, y hacerle quitar el cilicio; mas él no los aceptó.

5 Entonces Ester llamó a Hatac, uno de los eunucos del rey, que él había puesto al servicio de ella, y lo mandó a Mardoqueo, con orden de saber qué sucedía, y por qué estaba así.

6 Salió, pues, Hatac a ver a Mardoqueo, a la plaza de la ciudad, que estaba delante de la puerta del rey.

7 Y Mardoqueo le declaró todo lo que le había acontecido, y le dio noticia de la plata que Amán había dicho que pesaría para los tesoros del rey a cambio de la destrucción de los judíos.

8 Le dio también la copia del decreto que había sido dado en Susa para que fuesen destruidos, a fin de que la mostrase a Ester y se lo declarase, y le encargara que fuese ante el rey a suplicarle y a interceder delante de él por su pueblo.

9 Vino Hatac y contó a Ester las palabras de Mardoqueo.

10 Entonces Ester dijo a Hatac que le dijese a Mardoqueo:

8 Then Haman said to King Xerxes, "There is a certain people dispersed and scattered among the peoples in all the provinces of your kingdom whose customs are different from those of all other people and who do not obey the king's laws; it is not in the king's best interest to tolerate them. 9 If it pleases the king, let a decree be issued to destroy them, and I will put ten thousand talents*g* of silver into the royal treasury for the men who carry out this business."

10 So the king took his signet ring from his finger and gave it to Haman son of Hammedatha, the Agagite, enemy of the Jews. 11 "Keep the money," the king said to Haman, "and do with the people as you please."

12 Then on the thirteenth day of the first month the royal secretaries were summoned. They wrote out in the script of each province and in the language of each people all Haman's orders to the king's satraps, the governors of the various provinces and the nobles of the various peoples. These were written in the name of King Xerxes himself and sealed with his own ring. 13 Dispatches were sent by couriers to all the king's provinces with the order to destroy, kill and annihilate all the Jews—young and old, women and little children—on a single day, the thirteenth day of the twelfth month, the month of Adar, and to plunder their goods. 14 A copy of the text of the edict was to be issued as law in every province and made known to the people of every nationality so they would be ready for that day.

15 Spurred on by the king's command, the couriers went out, and the edict was issued in the citadel of Susa. The king and Haman sat down to drink, but the city of Susa was bewildered.

Mordecai Persuades Esther to Help

4 When Mordecai learned of all that had been done, he tore his clothes, put on sackcloth and ashes, and went out into the city, wailing loudly and bitterly. 2 But he went only as far as the king's gate, because no one clothed in sackcloth was allowed to enter it. 3 In every province to which the edict and order of the king came, there was great mourning among the Jews, with fasting, weeping and wailing. Many lay in sackcloth and ashes.

4 When Esther's maids and eunuchs came and told her about Mordecai, she was in great distress. She sent clothes for him to put on instead of his sackcloth, but he would not accept them. 5 Then Esther summoned Hathach, one of the king's eunuchs assigned to attend her, and ordered him to find out what was troubling Mordecai and why.

6 So Hathach went out to Mordecai in the open square of the city in front of the king's gate. 7 Mordecai told him everything that had happened to him, including the exact amount of money Haman had promised to pay into the royal treasury for the destruction of the Jews. 8 He also gave him a copy of the text of the edict for their annihilation, which had been published in Susa, to show to Esther and explain it to her, and he told him to urge her to go into the king's presence to beg for mercy and plead with him for her people.

9 Hathach went back and reported to Esther what Mordecai had said. 10 Then she instructed him to say to Mordecai, 11 "All the king's officials and the people

8 9 That is, about 375 tons (about 345 metric tons)

11 Todos los siervos del rey, y el pueblo de las provincias del rey, saben que cualquier hombre o mujer que entra en el patio interior para ver al rey, sin ser llamado, una sola ley hay respecto a él: ha de morir; salvo aquel a quien el rey extendiere el cetro de oro, el cual vivirá; y yo no he sido llamada para ver al rey estos treinta días.

12 Y dijeron a Mardoqueo las palabras de Ester.

13 Entonces dijo Mardoqueo que respondiesen a Ester: No pienses que escaparás en la casa del rey más que cualquier otro judío.

14 Porque si callas absolutamente en este tiempo, respiro y liberación vendrá de alguna otra parte para los judíos; mas tú y la casa de tu padre pereceréis. ¿Y quién sabe si para esta hora has llegado al reino?

15 Y Ester dijo que respondiesen a Mardoqueo:

16 Vé y reúne a todos los judíos que se hallan en Susa, y ayunad por mí, y no comáis ni bebáis en tres días, noche y día; yo también con mis doncellas ayunaré igualmente, y entonces entraré a ver al rey, aunque no sea conforme a la ley; y si perezco, que perezca.

17 Entonces Mardoqueo fue, e hizo conforme a todo lo que le mandó Ester.

Ester invita al rey y a Amán a un banquete

5 1 Aconteció que al tercer día se vistió Ester su vestido real, y entró en el patio interior de la casa del rey, enfrente del aposento del rey; y estaba el rey sentado en su trono en el aposento real, enfrente de la puerta del aposento.

2 Y cuando vio a la reina Ester que estaba en el patio, ella obtuvo gracia ante sus ojos; y el rey extendió a Ester el cetro de oro que tenía en la mano. Entonces vino Ester y tocó la punta del cetro.

3 Dijo el rey: ¿Qué tienes, reina Ester, y cuál es tu petición? Hasta la mitad del reino se te dará.

4 Y Ester dijo: Si place al rey, vengan hoy el rey y Amán al banquete que le he preparado para él.

5 Respondió el rey: Daos prisa, llamad a Amán, para hacer lo que Ester ha dicho. Vino, pues, el rey con Amán al banquete que Ester dispuso.

6 Y dijo el rey a Ester en el banquete, mientras bebían vino: ¿Cuál es tu petición, y te será otorgada? ¿Cuál es tu demanda? Aunque sea la mitad del reino, te será concedida.

7 Entonces respondió Ester y dijo: Mi petición y mi demanda es esta:

8 Si he hallado gracia ante los ojos del rey, y si place al rey otorgar mi petición y conceder mi demanda, que venga el rey con Amán a otro banquete que les preparé; y mañana haré conforme a lo que el rey ha mandado.

9 Y salió Amán aquel día contento y alegre de corazón; pero cuando vio a Mardoqueo a la puerta del palacio del rey, que no se levantaba ni se movía de su lugar, se llenó de ira contra Mardoqueo.

10 Pero se refrenó Amán y vino a su casa, y mandó llamar a sus amigos y a Zeres su mujer,

11 y les refirió Amán la gloria de sus riquezas, y la multitud de sus hijos, y todas las cosas con que el rey le había engrandecido, y con que le había honrado sobre los príncipes y siervos del rey.

12 Y añadió Amán: También la reina Ester a ninguno hizo venir con el rey al banquete que ella dispuso, sino a mí; y también para mañana estoy convidado por ella con el rey.

13 Pero todo esto de nada me sirve cada vez que veo al judío Mardoqueo sentado a la puerta del rey.

---

of the royal provinces know that for any man or woman who approaches the king in the inner court without being summoned the king has but one law: that he be put to death. The only exception to this is for the king to extend the gold scepter to him and spare his life. But thirty days have passed since I was called to go to the king."

12 When Esther's words were reported to Mordecai, 13 he sent back this answer: "Do not think that because you are in the king's house you alone of all the Jews will escape. 14 For if you remain silent at this time, relief and deliverance for the Jews will arise from another place, but you and your father's family will perish. And who knows but that you have come to royal position for such a time as this?"

15 Then Esther sent this reply to Mordecai: 16 "Go, gather together all the Jews who are in Susa, and fast for me. Do not eat or drink for three days, night or day. I and my maids will fast as you do. When this is done, I will go to the king, even though it is against the law. And if I perish, I perish."

17 So Mordecai went away and carried out all of Esther's instructions.

Esther's Request to the King

5 On the third day Esther put on her royal robes and stood in the inner court of the palace, in front of the king's hall. The king was sitting on his royal throne in the hall, facing the entrance. 2 When he saw Queen Esther standing in the court, he was pleased with her and held out to her the gold scepter that was in his hand. So Esther approached and touched the tip of the scepter.

3 Then the king asked, "What is it, Queen Esther? What is your request? Even up to half the kingdom, it will be given you."

4 "If it pleases the king," replied Esther, "let the king, together with Haman, come today to a banquet I have prepared for him."

5 "Bring Haman at once," the king said, "so that we may do what Esther asks."

So the king and Haman went to the banquet Esther had prepared. 6 As they were drinking wine, the king again asked Esther, "Now what is your petition? It will be given you. And what is your request? Even up to half the kingdom, it will be granted."

7 Esther replied, "My petition and my request is this: 8 If the king regards me with favor and if it pleases the king to grant my petition and fulfill my request, let the king and Haman come tomorrow to the banquet I will prepare for them. Then I will answer the king's question."

Haman's Rage Against Mordecai

9 Haman went out that day happy and in high spirits. But when he saw Mordecai at the king's gate and observed that he neither rose nor showed fear in his presence, he was filled with rage against Mordecai. 10 Nevertheless, Haman restrained himself and went home.

Calling together his friends and Zeresh, his wife, 11 Haman boasted to them about his vast wealth, his many sons, and all the ways the king had honored him and how he had elevated him above the other nobles and officials. 12 "And that's not all," Haman added. "I'm the only person Queen Esther invited to accompany the king to the banquet she gave. And she has invited me along with the king tomorrow. 13 But all this

14 Y le dijo Zeres su mujer y todos sus amigos: Hagan una horca de cincuenta codos de altura, y mañana dí al rey que cuelguen a Mardoqueo en ella; y entra alegre con el rey al banquete. Y agradó esto a los ojos de Amán, e hizo preparar la horca.

Amán se ve obligado a honrar a Mardoqueo

6 1 Aquella misma noche se le fue el sueño al rey, y dijo que le trajesen el libro de las memorias y crónicas, y que las leyeran en su presencia.

2 Entonces hallaron escrito que Mardoqueo había denunciado el complot de Bigtán y de Teres, dos eunucos del rey, de la guardia de la puerta, que habían procurado poner mano en el rey Asuero.

3 Y dijo el rey: ¿Qué honra o qué distinción se hizo a Mardoqueo por esto? Y respondieron los servidores del rey, sus oficiales: Nada se ha hecho con él.

4 Entonces dijo el rey: ¿Quién está en el patio? Y Amán había venido al patio exterior de la casa real, para hablarle al rey para que hiciese colgar a Mardoqueo en la horca que él le tenía preparada.

5 Y los servidores del rey le respondieron: He aquí Amán está en el patio. Y el rey dijo: Que entre.

6 Entró, pues, Amán, y el rey le dijo: ¿Qué se hará al hombre cuya honra desea el rey? Y dijo Amán en su corazón: ¿A quién deseará el rey honrar más que a mí?

7 Y respondió Amán al rey: Para el varón cuya honra desea el rey,

8 traigan el vestido real de que el rey se viste, y el caballo en que el rey cabalga, y la corona real que está puesta en su cabeza;

9 y den el vestido y el caballo en mano de alguno de los príncipes más nobles del rey, y vistan a aquel varón cuya honra desea el rey, y llévenlo en el caballo por la plaza de la ciudad, y pregonen delante de él: Así se hará al varón cuya honra desea el rey.

10 Entonces el rey dijo a Amán: Date prisa, toma el vestido y el caballo, como tú has dicho, y hazlo así con el judío Mardoqueo, que se sienta a la puerta real; no omitas nada de todo lo que has dicho.

11 Y Amán tomó el vestido y el caballo, y vistió a Mardoqueo, y lo condujo a caballo por la plaza de la ciudad, e hizo pregonar delante de él: Así se hará al varón cuya honra desea el rey.

12 Después de esto Mardoqueo volvió a la puerta real, y Amán se dio prisa para irse a su casa, apesadumbrado y cubierta su cabeza.

13 Contó luego Amán a Zeres su mujer y a todos sus amigos, todo lo que le había acontecido. Entonces le dijeron sus sabios, y Zeres su mujer: Si de la descendencia de los judíos es ese Mardoqueo delante de quien has comenzado a caer, no lo vencerás, sino que caerás por cierto delante de él.

14 Aún estaban ellos hablando con él, cuando los eunucos del rey llegaron apresurados, para llevar a Amán al banquete que Ester había dispuesto.

Amán es ahorcado

7 1 Fue, pues, el rey con Amán al banquete de la reina Ester.

gives me no satisfaction as long as I see that Jew Mordecai sitting at the king's gate."

14 His wife Zeresh and all his friends said to him, "Have a gallows built, seventy-five feet *h* high, and ask the king in the morning to have Mordecai hanged on it. Then go with the king to the dinner and be happy." This suggestion delighted Haman, and he had the gallows built.

Mordecai Honored

6 That night the king could not sleep; so he ordered the book of the chronicles, the record of his reign, to be brought in and read to him. 2 It was found recorded there that Mordecai had exposed Bigthana and Teresh, two of the king's officers who guarded the doorway, who had conspired to assassinate King Xerxes.

3 "What honor and recognition has Mordecai received for this?" the king asked.

"Nothing has been done for him," his attendants answered.

4 The king said, "Who is in the court?" Now Haman had just entered the outer court of the palace to speak to the king about hanging Mordecai on the gallows he had erected for him.

5 His attendants answered, "Haman is standing in the court."

"Bring him in," the king ordered.

6 When Haman entered, the king asked him, "What should be done for the man the king delights to honor?"

Now Haman thought to himself, "Who is there that the king would rather honor than me?" 7 So he answered the king, "For the man the king delights to honor, 8 have them bring a royal robe the king has worn and a horse the king has ridden, one with a royal crest placed on its head. 9 Then let the robe and horse be entrusted to one of the king's most noble princes. Let them robe the man the king delights to honor, and lead him on the horse through the city streets, proclaiming before him, 'This is what is done for the man the king delights to honor!' "

10 "Go at once," the king commanded Haman. "Get the robe and the horse and do just as you have suggested for Mordecai the Jew, who sits at the king's gate. Do not neglect anything you have recommended."

11 So Haman got the robe and the horse. He robed Mordecai, and led him on horseback through the city streets, proclaiming before him, "This is what is done for the man the king delights to honor!"

12 Afterward Mordecai returned to the king's gate. But Haman rushed home, with his head covered in grief, 13 and told Zeresh his wife and all his friends everything that had happened to him.

His advisers and his wife Zeresh said to him, "Since Mordecai, before whom your downfall has started, is of Jewish origin, you cannot stand against him — you will surely come to ruin!" 14 While they were still talking with him, the king's eunuchs arrived and hurried Haman away to the banquet Esther had prepared.

Haman Hanged

7 So the king and Haman went to dine with Queen Esther, 2 and as they were drinking wine on that

h 14 Hebrew fifty cubits (about 23 meters)

2 Y en el segundo día, mientras bebían vino, dijo el rey a Ester: ¿Cuál es tu petición, reina Ester, y te será concedida? ¿Cuál es tu demanda? Aunque sea la mitad del reino, te será otorgada.

3 Entonces la reina Ester respondió y dijo: Oh rey, si he hallado gracia en tus ojos, y si al rey place, séame dada mi vida por mi petición, y mi pueblo por mi demanda.

4 Porque hemos sido vendidos, yo y mi pueblo, para ser destruidos, para ser muertos y exterminados. Si para siervos y siervas fuéramos vendidos, me callaría; pero nuestra muerte sería para el rey un daño irreparable.

5 Respondió el rey Asuero, y dijo a la reina Ester: ¿Quién es, y dónde está, el que ha ensoberbecido su corazón para hacer esto?

6 Ester dijo: El enemigo y adversario es este malvado Amán. Entonces se turbó Amán delante del rey y de la reina.

7 Luego el rey se levantó del banquete, encendido en ira, y se fue al huerto del palacio; y se quedó Amán para suplicarle a la reina Ester por su vida; porque vio que estaba resuelto para él el mal de parte del rey.

8 Después el rey volvió del huerto del palacio al aposento del banquete, y Amán había caído sobre el lecho en que estaba Ester. Entonces dijo el rey: ¿Querrás también violar a la reina en mi propia casa? Al proferir el rey esta palabra, le cubrieron el rostro a Amán.

9 Y dijo Harbona, uno de los eunucos que servían al rey: He aquí en casa de Amán la horca de cincuenta codos de altura que hizo Amán para Mardoqueo, el cual había hablado bien por el rey. Entonces el rey dijo: Colgadlo en ella.

10 Así colgaron a Amán en la horca que él había hecho preparar para Mardoqueo; y se apaciguó la ira del rey.

Decreto de Asuero a favor de los judíos

8 1 El mismo día, el rey Asuero dio a la reina Ester la casa de Amán enemigo de los judíos; y Mardoqueo vino delante del rey, porque Ester le declaró lo que él era respecto de ella.

2 Y se quitó el rey el anillo que recogió de Amán, y lo dio a Mardoqueo. Y Ester puso a Mardoqueo sobre la casa de Amán.

3 Volvió luego Ester a hablar delante del rey, y se echó a sus pies, llorando y rogándole que hiciese nula la maldad de Amán agagueo y su designio que había tramado contra los judíos.

4 Entonces el rey extendió a Ester el cetro de oro, y Ester se levantó, y se puso en pie delante del rey,

5 y dijo: Si place al rey, y si he hallado gracia delante de él, y si le parece acertado al rey, y yo soy agradable a sus ojos, que se dé orden escrita para revocar las cartas que autorizan la trama de Amán hijo de Hamedata agagueo, que escribió para destruir a los judíos que están en todas las provincias del rey.

6 Porque ¿cómo podré yo ver el mal que alcanzará a mi pueblo? ¿Cómo podré yo ver la destrucción de mi nación?

7 Respondió el rey Asuero a la reina Ester y a Mardoqueo el judío: He aquí yo he dado a Ester la casa de Amán, y a él han colgado en la horca, por cuanto extendió su mano contra los judíos.

8 Escribid, pues, vosotros a los judíos como bien os pareciere, en nombre del rey, y selladlo con el anillo del rey; porque un edicto que se escribe en nombre del rey, y se sella con el anillo del rey, no puede ser revocado.

second day, the king again asked, "Queen Esther, what is your petition? It will be given you. What is your request? Even up to half the kingdom, it will be granted."

3 Then Queen Esther answered, "If I have found favor with you, O king, and if it pleases your majesty, grant me my life—this is my petition. And spare my people—this is my request. 4 For I and my people have been sold for destruction and slaughter and annihilation. If we had merely been sold as male and female slaves, I would have kept quiet, because no such distress would justify disturbing the king.*i*"

5 King Xerxes asked Queen Esther, "Who is he? Where is the man who has dared to do such a thing?"

6 Esther said, "The adversary and enemy is this vile Haman."

Then Haman was terrified before the king and queen. 7 The king got up in a rage, left his wine and went out into the palace garden. But Haman, realizing that the king had already decided his fate, stayed behind to beg Queen Esther for his life.

8 Just as the king returned from the palace garden to the banquet hall, Haman was falling on the couch where Esther was reclining.

The king exclaimed, "Will he even molest the queen while she is with me in the house?"

As soon as the word left the king's mouth, they covered Haman's face. 9 Then Harbona, one of the eunuchs attending the king, said, "A gallows seventy-five feet*j* high stands by Haman's house. He had it made for Mordecai, who spoke up to help the king."

The king said, "Hang him on it!" 10 So they hanged Haman on the gallows he had prepared for Mordecai. Then the king's fury subsided.

The King's Edict in Behalf of the Jews

8 That same day King Xerxes gave Queen Esther the estate of Haman, the enemy of the Jews. And Mordecai came into the presence of the king, for Esther had told how he was related to her. 2 The king took off his signet ring, which he had reclaimed from Haman, and presented it to Mordecai. And Esther appointed him over Haman's estate.

3 Esther again pleaded with the king, falling at his feet and weeping. She begged him to put an end to the evil plan of Haman the Agagite, which he had devised against the Jews. 4 Then the king extended the gold scepter to Esther and she arose and stood before him.

5 "If it pleases the king," she said, "and if he regards me with favor and thinks it the right thing to do, and if he is pleased with me, let an order be written overruling the dispatches that Haman son of Hammedatha, the Agagite, devised and wrote to destroy the Jews in all the king's provinces. 6 For how can I bear to see disaster fall on my people? How can I bear to see the destruction of my family?"

7 King Xerxes replied to Queen Esther and to Mordecai the Jew, "Because Haman attacked the Jews, I have given his estate to Esther, and they have hanged him on the gallows. 8 Now write another decree in the king's name in behalf of the Jews as seems best to you, and seal it with the king's signet ring—for no document written in the king's name and sealed with his ring can be revoked."

---

i4 Or *quiet, but the compensation our adversary offers cannot be compared with the loss the king would suffer*   *j9* Hebrew *fifty cubits* (about 23 meters)

9 Entonces fueron llamados los escribanos del rey en el mes tercero, que es Siván, a los veintitrés días de ese mes; y se escribió conforme a todo lo que mandó Mardoqueo, a los judíos, y a los sátrapas, los capitanes y los príncipes de las provincias que había desde la India hasta Etiopía, ciento veintisiete provincias; a cada provincia según su escritura, y a cada pueblo conforme a su lengua, a los judíos también conforme a su escritura y lengua.

10 Y escribió en nombre del rey Asuero, y lo selló con el anillo del rey, y envió cartas por medio de correos montados en caballos veloces procedentes de los repastos reales; 11 que el rey daba facultad a los judíos que estaban en todas las ciudades, para que se reuniesen y estuviesen a la defensa de su vida, prontos a destruir, y matar, y acabar con toda fuerza armada del pueblo o provincia que viniese contra ellos, y aun sus niños y mujeres, y apoderarse de sus bienes, 12 en un mismo día en todas las provincias del rey Asuero, en el día trece del mes duodécimo, que es el mes de Adar. 13 La copia del edicto que había de darse por decreto en cada provincia, para que fuese conocido por todos los pueblos, decía que los judíos estuviesen preparados para aquel día, para vengarse de sus enemigos.

14 Los correos, pues, montados en caballos veloces, salieron a toda prisa por la orden del rey; y el edicto fue dado en Susa capital del reino.

15 Y salió Mardoqueo de delante del rey con vestido real de azul y blanco, y una gran corona de oro, y un manto de lino y púrpura. La ciudad de Susa entonces se alegró y regocijó; 16 y los judíos tuvieron luz y alegría, y gozo y honra. 17 Y en cada provincia y en cada ciudad donde llegó el mandamiento del rey, los judíos tuvieron alegría y gozo, banquete y día de placer. Y muchos de entre los pueblos de la tierra se hacían judíos, porque el temor de los judíos había caído sobre ellos.

Los judíos destruyen a sus enemigos

9 ¹ En el mes duodécimo, que es el mes de Adar, a los trece días del mismo mes, cuando debía ser ejecutado el mandamiento del rey y su decreto, el mismo día en que los enemigos de los judíos esperaban enseñorearse de ellos, sucedió lo contrario; porque los judíos se enseñorearon de los que los aborrecían. 2 Los judíos se reunieron en sus ciudades, en todas las provincias del rey Asuero, para descargar su mano sobre los que habían procurado su mal, y nadie los pudo resistir, porque el temor de ellos había caído sobre todos los pueblos. 3 Y todos los príncipes de las provincias, los sátrapas, capitanes y oficiales del rey, apoyaban a los judíos; porque el temor de Mardoqueo había caído sobre ellos. 4 Pues Mardoqueo era grande en la casa del rey, y su fama iba por todas las provincias; Mardoqueo iba engrandeciéndose más y más. 5 Y asolaron los judíos a todos sus enemigos a filo de espada, y con mortandad y destrucción, e hicieron con sus enemigos como quisieron. 6 En Susa capital del reino mataron y destruyeron los judíos a quinientos hombres. 7 Mataron entonces a Parsandata, Dalfón, Aspata, 8 Porata, Adalía, Aridata, 9 Parmasta, Arisai, Aridai y Vaizata, 10 diez hijos de Amán hijo de Hamedata, enemigo de los judíos; pero no tocaron sus bienes. 11 El mismo día se le dio cuenta al rey acerca del número de los muertos en Susa, residencia real.

9 At once the royal secretaries were summoned — on the twenty-third day of the third month, the month of Sivan. They wrote out all Mordecai's orders to the Jews, and to the satraps, governors and nobles of the 127 provinces stretching from India to Cush. k These orders were written in the script of each province and the language of each people and also to the Jews in their own script and language. 10 Mordecai wrote in the name of King Xerxes, sealed the dispatches with the king's signet ring, and sent them by mounted couriers, who rode fast horses especially bred for the king.

11 The king's edict granted the Jews in every city the right to assemble and protect themselves; to destroy, kill and annihilate any armed force of any nationality or province that might attack them and their women and children; and to plunder the property of their enemies. 12 The day appointed for the Jews to do this in all the provinces of King Xerxes was the thirteenth day of the twelfth month, the month of Adar. 13 A copy of the text of the edict was to be issued as law in every province and made known to the people of every nationality so that the Jews would be ready on that day to avenge themselves on their enemies.

14 The couriers, riding the royal horses, raced out, spurred on by the king's command. And the edict was also issued in the citadel of Susa.

15 Mordecai left the king's presence wearing royal garments of blue and white, a large crown of gold and a purple robe of fine linen. And the city of Susa held a joyous celebration. 16 For the Jews it was a time of happiness and joy, gladness and honor. 17 In every province and in every city, wherever the edict of the king went, there was joy and gladness among the Jews, with feasting and celebrating. And many people of other nationalities became Jews because fear of the Jews had seized them.

Triumph of the Jews

9 On the thirteenth day of the twelfth month, the month of Adar, the edict commanded by the king was to be carried out. On this day the enemies of the Jews had hoped to overpower them, but now the tables were turned and the Jews got the upper hand over those who hated them. 2 The Jews assembled in their cities in all the provinces of King Xerxes to attack those seeking their destruction. No one could stand against them, because the people of all the other nationalities were afraid of them. 3 And all the nobles of the provinces, the satraps, the governors and the king's administrators helped the Jews, because fear of Mordecai had seized them. 4 Mordecai was prominent in the palace; his reputation spread throughout the provinces, and he became more and more powerful.

5 The Jews struck down all their enemies with the sword, killing and destroying them, and they did what they pleased to those who hated them. 6 In the citadel of Susa, the Jews killed and destroyed five hundred men. 7 They also killed Parshandatha, Dalphon, Aspatha, 8 Poratha, Adalia, Aridatha, 9 Parmashta, Arisai, Aridai and Vaizatha, 10 the ten sons of Haman son of Hammedatha, the enemy of the Jews. But they did not lay their hands on the plunder.

11 The number of those slain in the citadel of Susa was reported to the king that same day. 12 The king said

k 9 That is, the upper Nile region

12 Y dijo el rey a la reina Ester: En Susa capital del reino los judíos han matado a quinientos hombres, y a diez hijos de Amán. ¿Qué habrán hecho en las otras provincias del rey? ¿Cuál, pues, es tu petición? y te será concedida; ¿o qué más es tu demanda? y será hecha.

13 Y respondió Ester: Si place al rey, concédase también mañana a los judíos en Susa, que hagan conforme a la ley de hoy; y que cuelguen en la horca a los diez hijos de Amán.

14 Y mandó el rey que se hiciese así. Se dio la orden en Susa, y colgaron a los diez hijos de Amán.

15 Y los judíos que estaban en Susa se juntaron también el catorce del mes de Adar, y mataron en Susa a trescientos hombres; pero no tocaron sus bienes.

La fiesta de Purim

16 En cuanto a los otros judíos que estaban en las provincias del rey, también se juntaron y se pusieron en defensa de su vida, y descansaron de sus enemigos, y mataron de sus contrarios a setenta y cinco mil; pero no tocaron sus bienes.

17 Esto fue en el día trece del mes de Adar, y reposaron en el día catorce del mismo, y lo hicieron día de banquete y de alegría.

18 Pero los judíos que estaban en Susa se juntaron el día trece y el catorce del mismo mes, y el quince del mismo reposaron y lo hicieron día de banquete y de regocijo.

19 Por tanto, los judíos aldeanos que habitan en las villas sin muro hacen a los catorce del mes de Adar el día de alegría y de banquete, un día de regocijo, y para enviar porciones cada uno a su vecino.

20 Y escribió Mardoqueo estas cosas, y envió cartas a todos los judíos que estaban en todas las provincias del rey Asuero, cercanos y distantes,

21 ordenándoles que celebrasen el día decimocuarto del mes de Adar, y el decimoquinto del mismo, cada año,

22 como días en que los judíos tuvieron paz de sus enemigos, y como el mes que de tristeza se les cambió en alegría, y de luto en día bueno; que los hiciesen días de banquete y de gozo, y para enviar porciones cada uno a su vecino, y dádivas a los pobres.

23 Y los judíos aceptaron hacer, según habían comenzado, lo que les escribió Mardoqueo.

24 Porque Amán hijo de Hamedata agagueo, enemigo de todos los judíos, había ideado contra los judíos un plan para destruirlos, y había echado Pur, que quiere decir suerte, para consumirlos y acabar con ellos.

25 Mas cuando Ester vino a la presencia del rey, él ordenó por carta que el perverso designio que aquél trazó contra los judíos recayera sobre su cabeza; y que colgaran a él y a sus hijos en la horca.

26 Por esto llamaron a estos días Purim, por el nombre Pur. Y debido a las palabras de esta carta, y por lo que ellos vieron sobre esto, y lo que llegó a su conocimiento,

27 los judíos establecieron y tomaron sobre sí, sobre su descendencia y sobre todos los allegados a ellos, que no dejarían de celebrar estos dos días según está escrito tocante a ellos, conforme a su tiempo cada año;

28 y que estos días serían recordados y celebrados por todas las generaciones, familias, provincias y ciudades; que estos días de Purim no dejarían de ser guardados por los judíos, y que su descendencia jamás dejaría de recordarlos.

to Queen Esther, "The Jews have killed and destroyed five hundred men and the ten sons of Haman in the citadel of Susa. What have they done in the rest of the king's provinces? Now what is your petition? It will be given you. What is your request? It will also be granted."

13 "If it pleases the king," Esther answered, "give the Jews in Susa permission to carry out this day's edict tomorrow also, and let Haman's ten sons be hanged on gallows."

14 So the king commanded that this be done. An edict was issued in Susa, and they hanged the ten sons of Haman. 15 The Jews in Susa came together on the fourteenth day of the month of Adar, and they put to death in Susa three hundred men, but they did not lay their hands on the plunder.

16 Meanwhile, the remainder of the Jews who were in the king's provinces also assembled to protect themselves and get relief from their enemies. They killed seventy-five thousand of them but did not lay their hands on the plunder. 17 This happened on the thirteenth day of the month of Adar, and on the fourteenth they rested and made it a day of feasting and joy.

Purim Celebrated

18 The Jews in Susa, however, had assembled on the thirteenth and fourteenth, and then on the fifteenth they rested and made it a day of feasting and joy.

19 That is why rural Jews—those living in villages—observe the fourteenth of the month of Adar as a day of joy and feasting, a day for giving presents to each other.

20 Mordecai recorded these events, and he sent letters to all the Jews throughout the provinces of King Xerxes, near and far, 21 to have them celebrate annually the fourteenth and fifteenth days of the month of Adar 22 as the time when the Jews got relief from their enemies, and as the month when their sorrow was turned into joy and their mourning into a day of celebration. He wrote them to observe the days as days of feasting and joy and giving presents of food to one another and gifts to the poor.

23 So the Jews agreed to continue the celebration they had begun, doing what Mordecai had written to them. 24 For Haman son of Hammedatha, the Agagite, the enemy of all the Jews, had plotted against the Jews to destroy them and had cast the *pur* (that is, the lot) for their ruin and destruction. 25 But when the plot came to the king's attention,[l] he issued written orders that the evil scheme Haman had devised against the Jews should come back onto his own head, and that he and his sons should be hanged on the gallows. 26 (Therefore these days were called Purim, from the word *pur*.) Because of everything written in this letter and because of what they had seen and what had happened to them, 27 the Jews took it upon themselves to establish the custom that they and their descendants and all who join them should without fail observe these two days every year, in the way prescribed and at the time appointed. 28 These days should be remembered and observed in every generation by every family, and in every province and in every city. And these days of Purim should never cease to be celebrated by the Jews, nor should the memory of them die out among their descendants.

---

l25 Or *when Esther came before the king*

29 Y la reina Ester hija de Abihail, y Mardoqueo el judío, suscribieron con plena autoridad esta segunda carta referente a Purim.
30 Y fueron enviadas cartas a todos los judíos, a las ciento veintisiete provincias del rey Asuero, con palabras de paz y de verdad,
31 para confirmar estos días de Purim en sus tiempos señalados, según les había ordenado Mardoqueo el judío y la reina Ester, y según ellos habían tomado sobre sí y sobre su descendencia, para conmemorar el fin de los ayunos y de su clamor.
32 Y el mandamiento de Ester confirmó estas celebraciones acerca de Purim, y esto fue registrado en un libro.

Grandeza de Mardoqueo

10 1 El rey Asuero impuso tributo sobre la tierra y hasta las costas del mar.
2 Y todos los hechos de su poder y autoridad, y el relato sobre la grandeza de Mardoqueo, con que el rey le engrandeció, ¿no está escrito en el libro de las crónicas de los reyes de Media y de Persia?
3 Porque Mardoqueo el judío fue el segundo después del rey Asuero, y grande entre los judíos, y estimado por la multitud de sus hermanos, porque procuró el bienestar de su pueblo y habló paz para todo su linaje.

29 So Queen Esther, daughter of Abihail, along with Mordecai the Jew, wrote with full authority to confirm this second letter concerning Purim. 30 And Mordecai sent letters to all the Jews in the 127 provinces of the kingdom of Xerxes—words of goodwill and assurance— 31 to establish these days of Purim at their designated times, as Mordecai the Jew and Queen Esther had decreed for them, and as they had established for themselves and their descendants in regard to their times of fasting and lamentation. 32 Esther's decree confirmed these regulations about Purim, and it was written down in the records.

The Greatness of Mordecai

10 King Xerxes imposed tribute throughout the empire, to its distant shores. 2 And all his acts of power and might, together with a full account of the greatness of Mordecai to which the king had raised him, are they not written in the book of the annals of the kings of Media and Persia? 3 Mordecai the Jew was second in rank to King Xerxes, preeminent among the Jews, and held in high esteem by his many fellow Jews, because he worked for the good of his people and spoke up for the welfare of all the Jews.

JOB

Las calamidades de Job

1 ¹Hubo en tierra de Uz un varón llamado Job; y era este hombre perfecto y recto, temeroso de Dios y apartado del mal.

²Y le nacieron siete hijos y tres hijas.

³Su hacienda era siete mil ovejas, tres mil camellos, quinientas yuntas de bueyes, quinientas asnas, y muchísimos criados; y era aquel varón más grande que todos los orientales.

⁴E iban sus hijos y hacían banquetes en sus casas, cada uno en su día; y enviaban a llamar a sus tres hermanas para que comiesen y bebiesen con ellos.

⁵Y acontecía que habiendo pasado en turno los días del convite, Job enviaba y los santificaba, y se levantaba de mañana y ofrecía holocaustos conforme al número de todos ellos. Porque decía Job: Quizá habrán pecado mis hijos, y habrán blasfemado contra Dios en sus corazones. De esta manera hacía todos los días.

⁶Un día vinieron a presentarse delante de Jehová los hijos de Dios, entre los cuales vino también Satanás.

⁷Y dijo Jehová a Satanás: ¿De dónde vienes? Respondiendo Satanás a Jehová, dijo: De rodear la tierra y de andar por ella.

⁸Y Jehová dijo a Satanás: ¿No has considerado a mi siervo Job, que no hay otro como él en la tierra, varón perfecto y recto, temeroso de Dios y apartado del mal?

⁹Respondiendo Satanás a Jehová, dijo: ¿Acaso teme Job a Dios de balde?

¹⁰¿No le has cercado alrededor a él y a su casa y a todo lo que tiene? Al trabajo de sus manos has dado bendición; por tanto, sus bienes han aumentado sobre la tierra.

¹¹Pero extiende ahora tu mano y toca todo lo que tiene, y verás si no blasfema contra ti en tu misma presencia.

¹²Dijo Jehová a Satanás: He aquí, todo lo que tiene está en tu mano; solamente no pongas tu mano sobre él. Y salió Satanás de delante de Jehová.

¹³Y un día aconteció que sus hijos e hijas comían y bebían vino en casa de su hermano el primogénito,

¹⁴y vino un mensajero a Job, y le dijo: Estaban arando los bueyes, y las asnas paciendo cerca de ellos,

¹⁵y acometieron los sabeos y los tomaron, y mataron a los criados a filo de espada; solamente escapé yo para darte la noticia.

¹⁶Aún estaba éste hablando, cuando vino otro que dijo: Fuego de Dios cayó del cielo, que quemó las ovejas y a los pastores, y los consumió; solamente escapé yo para darte la noticia.

¹⁷Todavía estaba éste hablando, y vino otro que dijo: Los caldeos hicieron tres escuadrones, y arremetieron contra los camellos y se los llevaron, y mataron a los criados a filo de espada; y solamente escapé yo para darte la noticia.

¹⁸Entre tanto que éste hablaba, vino otro que dijo: Tus hijos y tus hijas estaban comiendo y bebiendo vino en casa de su hermano el primogénito;

¹⁹y un gran viento vino del lado del desierto y azotó las

JOB

Prologue

1 In the land of Uz there lived a man whose name was Job. This man was blameless and upright; he feared God and shunned evil. ²He had seven sons and three daughters, ³and he owned seven thousand sheep, three thousand camels, five hundred yoke of oxen and five hundred donkeys, and had a large number of servants. He was the greatest man among all the people of the East.

⁴His sons used to take turns holding feasts in their homes, and they would invite their three sisters to eat and drink with them. ⁵When a period of feasting had run its course, Job would send and have them purified. Early in the morning he would sacrifice a burnt offering for each of them, thinking, "Perhaps my children have sinned and cursed God in their hearts." This was Job's regular custom.

Job's First Test

⁶One day the angels[a] came to present themselves before the LORD, and Satan[b] also came with them. ⁷The LORD said to Satan, "Where have you come from?"

Satan answered the LORD, "From roaming through the earth and going back and forth in it."

⁸Then the LORD said to Satan, "Have you considered my servant Job? There is no one on earth like him; he is blameless and upright, a man who fears God and shuns evil."

⁹"Does Job fear God for nothing?" Satan replied. ¹⁰"Have you not put a hedge around him and his household and everything he has? You have blessed the work of his hands, so that his flocks and herds are spread throughout the land. ¹¹But stretch out your hand and strike everything he has, and he will surely curse you to your face."

¹²The LORD said to Satan, "Very well, then, everything he has is in your hands, but on the man himself do not lay a finger."

Then Satan went out from the presence of the LORD.

¹³One day when Job's sons and daughters were feasting and drinking wine at the oldest brother's house, ¹⁴a messenger came to Job and said, "The oxen were plowing and the donkeys were grazing nearby, ¹⁵and the Sabeans attacked and carried them off. They put the servants to the sword, and I am the only one who has escaped to tell you!"

¹⁶While he was still speaking, another messenger came and said, "The fire of God fell from the sky and burned up the sheep and the servants, and I am the only one who has escaped to tell you!"

¹⁷While he was still speaking, another messenger came and said, "The Chaldeans formed three raiding parties and swept down on your camels and carried them off. They put the servants to the sword, and I am the only one who has escaped to tell you!"

¹⁸While he was still speaking, yet another messenger came and said, "Your sons and daughters were feasting and drinking wine at the oldest brother's house, ¹⁹when suddenly a mighty wind swept in from

---

[a]6 Hebrew *the sons of God*   [b]6 *Satan* means *accuser*.

cuatro esquinas de la casa, la cual cayó sobre los jóvenes, y murieron; y solamente escapé yo para darte la noticia.

20 Entonces Job se levantó, y rasgó su manto, y rasuró su cabeza, y se postró en tierra y adoró,

21 y dijo: Desnudo salí del vientre de mi madre, y desnudo volveré allá. Jehová dio, y Jehová quitó; sea el nombre de Jehová bendito.

22 En todo esto no pecó Job, ni atribuyó a Dios despropósito alguno.

2 1 Aconteció que otro día vinieron los hijos de Dios para presentarse delante de Jehová, y Satanás vino también entre ellos presentándose delante de Jehová.

2 Y dijo Jehová a Satanás: ¿De dónde vienes? Respondió Satanás a Jehová, y dijo: De rodear la tierra, y de andar por ella.

3 Y Jehová dijo a Satanás: ¿No has considerado a mi siervo Job, que no hay otro como él en la tierra, varón perfecto y recto, temeroso de Dios y apartado del mal, y que todavía retiene su integridad, aun cuando tú me incitaste contra él para que lo arruinara sin causa?

4 Respondiendo Satanás, dijo a Jehová: Piel por piel, todo lo que el hombre tiene dará por su vida.

5 Pero extiende ahora tu mano, y toca su hueso y su carne, y verás si no blasfema contra ti en tu misma presencia.

6 Y Jehová dijo a Satanás: He aquí, él está en tu mano; mas guarda su vida.

7 Entonces salió Satanás de la presencia de Jehová, e hirió a Job con una sarna maligna desde la planta del pie hasta la coronilla de la cabeza.

8 Y tomaba Job un tiesto para rascarse con él, y estaba sentado en medio de ceniza.

9 Entonces le dijo su mujer: ¿Aún retienes tu integridad? Maldice a Dios, y muérete.

10 Y él le dijo: Como suele hablar cualquiera de las mujeres fatuas, has hablado. ¿Qué? ¿Recibiremos de Dios el bien, y el mal no lo recibiremos? En todo esto no pecó Job con sus labios.

11 Y tres amigos de Job, Elifaz temanita, Bildad suhita, y Zofar naamatita, luego que oyeron todo este mal que le había sobrevenido, vinieron cada uno de su lugar; porque habían convenido en venir juntos para condolerse de él y para consolarle.

12 Los cuales, alzando los ojos desde lejos, no lo conocieron, y lloraron a gritos; y cada uno de ellos rasgó su manto, y los tres esparcieron polvo sobre sus cabezas hacia el cielo.

13 Así se sentaron con él en tierra por siete días y siete noches, y ninguno le hablaba palabra, porque veían que su dolor era muy grande.

Job maldice el día en que nació

3 1 Después de esto abrió Job su boca, y maldijo su día. 2 Y exclamó Job, y dijo:

3 Perezca el día en que yo nací,
Y la noche en que se dijo: Varón es concebido.

4 Sea aquel día sombrío,
Y no cuide de él Dios desde arriba,
Ni claridad sobre él resplandezca.

the desert and struck the four corners of the house. It collapsed on them and they are dead, and I am the only one who has escaped to tell you!"

20 At this, Job got up and tore his robe and shaved his head. Then he fell to the ground in worship 21 and said:

"Naked I came from my mother's womb,
    and naked I will depart. *c*
The LORD gave and the LORD has taken away;
    may the name of the LORD be praised."

22 In all this, Job did not sin by charging God with wrongdoing.

Job's Second Test

2 On another day the angels *d* came to present themselves before the LORD, and Satan also came with them to present himself before him. 2 And the LORD said to Satan, "Where have you come from?"

Satan answered the LORD, "From roaming through the earth and going back and forth in it."

3 Then the LORD said to Satan, "Have you considered my servant Job? There is no one on earth like him; he is blameless and upright, a man who fears God and shuns evil. And he still maintains his integrity, though you incited me against him to ruin him without any reason."

4 "Skin for skin!" Satan replied. "A man will give all he has for his own life. 5 But stretch out your hand and strike his flesh and bones, and he will surely curse you to your face."

6 The LORD said to Satan, "Very well, then, he is in your hands; but you must spare his life."

7 So Satan went out from the presence of the LORD and afflicted Job with painful sores from the soles of his feet to the top of his head. 8 Then Job took a piece of broken pottery and scraped himself with it as he sat among the ashes.

9 His wife said to him, "Are you still holding on to your integrity? Curse God and die!"

10 He replied, "You are talking like a foolish *e* woman. Shall we accept good from God, and not trouble?"
In all this, Job did not sin in what he said.

Job's Three Friends

11 When Job's three friends, Eliphaz the Temanite, Bildad the Shuhite and Zophar the Naamathite, heard about all the troubles that had come upon him, they set out from their homes and met together by agreement to go and sympathize with him and comfort him. 12 When they saw him from a distance, they could hardly recognize him; they began to weep aloud, and they tore their robes and sprinkled dust on their heads. 13 Then they sat on the ground with him for seven days and seven nights. No one said a word to him, because they saw how great his suffering was.

Job Speaks

3 After this, Job opened his mouth and cursed the day of his birth. 2 He said:

3 "May the day of my birth perish,
    and the night it was said, 'A boy is born!'
4 That day—may it turn to darkness;
    may God above not care about it;
    may no light shine upon it.

---

c 21 Or *will return there*   *d 1* Hebrew *the sons of God*
e 10 The Hebrew word rendered *foolish* denotes moral deficiency.

5 Aféenlo tinieblas y sombra de muerte;
Repose sobre él nublado
Que lo haga horrible como día caliginoso.
6 Ocupe aquella noche la oscuridad;
No sea contada entre los días del año,
Ni venga en el número de los meses.
7 ¡Oh, que fuera aquella noche solitaria,
Que no viniera canción alguna en ella!
8 Maldíganla los que maldicen el día,
Los que se aprestan para despertar a Leviatán.
9 Oscurézcanse las estrellas de su alba;
Espere la luz, y no venga,
Ni vea los párpados de la mañana;
10 Por cuanto no cerró las puertas del vientre donde
yo estaba,
Ni escondió de mis ojos la miseria.

11 ¿Por qué no morí yo en la matriz,
O expiré al salir del vientre?
12 ¿Por qué me recibieron las rodillas?
¿Y a qué los pechos para que mamase?
13 Pues ahora estaría yo muerto, y reposaría;
Dormiría, y entonces tendría descanso,
14 Con los reyes y con los consejeros de la tierra,
Que reedifican para sí ruinas,
15 O con los príncipes que poseían el oro,
Que llenaban de plata sus casas.
16 ¿Por qué no fui escondido como abortivo,
Como los pequeñitos que nunca vieron la luz?
17 Allí los impíos dejan de perturbar,
Y allí descansan los de agotadas fuerzas.
18 Allí también reposan los cautivos;
No oyen la voz del capataz.
19 Allí están el chico y el grande,
Y el siervo libre de su señor.

20 ¿Por qué se da luz al trabajado,
Y vida a los de ánimo amargado,
21 Que esperan la muerte, y ella no llega,
Aunque la buscan más que tesoros;
22 Que se alegran sobremanera,
Y se gozan cuando hallan el sepulcro?
23 ¿Por qué se da vida al hombre que no sabe por
donde ha de ir,
Y a quien Dios ha encerrado?
24 Pues antes que mi pan viene mi suspiro,
Y mis gemidos corren como aguas.
25 Porque el temor que me espantaba me ha venido,
Y me ha acontecido lo que yo temía.
26 No he tenido paz, no me aseguré, ni estuve
reposado;
No obstante, me vino turbación.

Elifaz reprende a Job

4 1 Entonces respondió Elifaz temanita, y dijo:

2 Si probáremos a hablarte, te será molesto;
Pero ¿quién podrá detener las palabras?
3 He aquí, tú enseñabas a muchos,
Y fortalecías las manos débiles;
4 Al que tropezaba enderezaban tus palabras,
Y esforzabas las rodillas que decaían.

5 May darkness and deep shadow$f$ claim it once
more;
may a cloud settle over it;
may blackness overwhelm its light.
6 That night—may thick darkness seize it;
may it not be included among the days of the
year
nor be entered in any of the months.
7 May that night be barren;
may no shout of joy be heard in it.
8 May those who curse days$g$ curse that day,
those who are ready to rouse Leviathan.
9 May its morning stars become dark;
may it wait for daylight in vain
and not see the first rays of dawn,
10 for it did not shut the doors of the womb on me
to hide trouble from my eyes.

11 "Why did I not perish at birth,
and die as I came from the womb?
12 Why were there knees to receive me
and breasts that I might be nursed?
13 For now I would be lying down in peace;
I would be asleep and at rest
14 with kings and counselors of the earth,
who built for themselves places now lying in
ruins,
15 with rulers who had gold,
who filled their houses with silver.
16 Or why was I not hidden in the ground like a
stillborn child,
like an infant who never saw the light of day?
17 There the wicked cease from turmoil,
and there the weary are at rest.
18 Captives also enjoy their ease;
they no longer hear the slave driver's shout.
19 The small and the great are there,
and the slave is freed from his master.

20 "Why is light given to those in misery,
and life to the bitter of soul,
21 to those who long for death that does not come,
who search for it more than for hidden
treasure,
22 who are filled with gladness
and rejoice when they reach the grave?
23 Why is life given to a man
whose way is hidden,
whom God has hedged in?
24 For sighing comes to me instead of food;
my groans pour out like water.
25 What I feared has come upon me;
what I dreaded has happened to me.
26 I have no peace, no quietness;
I have no rest, but only turmoil."

Eliphaz

4 Then Eliphaz the Temanite replied:

2 "If someone ventures a word with you, will
you be impatient?
But who can keep from speaking?
3 Think how you have instructed many,
how you have strengthened feeble hands.
4 Your words have supported those who stumbled;
you have strengthened faltering knees.

---

f5 Or *and the shadow of death*　　*g8* Or *the sea*

5 Mas ahora que el mal ha venido sobre ti, te
  desalientas;
  Y cuando ha llegado hasta ti, te turbas.
6 ¿No es tu temor a Dios tu confianza?
  ¿No es tu esperanza la integridad de tus caminos?

7 Recapacita ahora; ¿qué inocente se ha perdido?
  Y ¿en dónde han sido destruidos los rectos?
8 Como yo he visto, los que aran iniquidad
  Y siembran injuria, la siegan.
9 Perecen por el aliento de Dios,
  Y por el soplo de su ira son consumidos.
10 Los rugidos del león, y los bramidos del rugiente,
  Y los dientes de los leoncillos son quebrantados.
11 El león viejo perece por falta de presa,
  Y los hijos de la leona se dispersan.

12 El asunto también me era a mí oculto;
  Mas mi oído ha percibido algo de ello.
13 En imaginaciones de visiones nocturnas,
  Cuando el sueño cae sobre los hombres,
14 Me sobrevino un espanto y un temblor,
  Que estremeció todos mis huesos;
15 Y al pasar un espíritu por delante de mí,
  Hizo que se erizara el pelo de mi cuerpo.
16 Paróse delante de mis ojos un fantasma,
  Cuyo rostro yo no conocí,
  Y quedo, oí que decía:
17 ¿Será el hombre más justo que Dios?
  ¿Será el varón más limpio que el que lo hizo?
18 He aquí, en sus siervos no confía,
  Y notó necedad en sus ángeles;
19 ¡Cuánto más en los que habitan en casas de barro,
  Cuyos cimientos están en el polvo,
  Y que serán quebrantados por la polilla!
20 De la mañana a la tarde son destruidos,
  Y se pierden para siempre, sin haber quien repare
  en ello.
21 Su hermosura, ¿no se pierde con ellos mismos?
  Y mueren sin haber adquirido sabiduría.

5 1 Ahora, pues, da voces; ¿habrá quién te responda?
  ¿Y a cuál de los santos te volverás?
2 Es cierto que al necio lo mata la ira,
  Y al codicioso lo consume la envidia.
3 Yo he visto al necio que echaba raíces,
  Y en la misma hora maldije su habitación.
4 Sus hijos estarán lejos de la seguridad;
  En la puerta serán quebrantados,
  Y no habrá quien los libre.
5 Su mies comerán los hambrientos,
  Y la sacarán de entre los espinos,
  Y los sedientos beberán su hacienda.
6 Porque la aflicción no sale del polvo,
  Ni la molestia brota de la tierra.
7 Pero como las chispas se levantan para volar por el
  aire,
  Así el hombre nace para la aflicción.
8 Ciertamente yo buscaría a Dios,
  Y encomendaría a él mi causa;
9 El cual hace cosas grandes e inescrutables,
  Y maravillas sin número;
10 Que da la lluvia sobre la faz de la tierra,
  Y envía las aguas sobre los campos;

5 But now trouble comes to you, and you are
  discouraged;
  it strikes you, and you are dismayed.
6 Should not your piety be your confidence
  and your blameless ways your hope?

7 "Consider now: Who, being innocent, has ever
  perished?
  Where were the upright ever destroyed?
8 As I have observed, those who plow evil
  and those who sow trouble reap it.
9 At the breath of God they are destroyed;
  at the blast of his anger they perish.
10 The lions may roar and growl,
  yet the teeth of the great lions are broken.
11 The lion perishes for lack of prey,
  and the cubs of the lioness are scattered.

12 "A word was secretly brought to me,
  my ears caught a whisper of it.
13 Amid disquieting dreams in the night,
  when deep sleep falls on men,
14 fear and trembling seized me
  and made all my bones shake.
15 A spirit glided past my face,
  and the hair on my body stood on end.
16 It stopped,
  but I could not tell what it was.
  A form stood before my eyes,
  and I heard a hushed voice:
17 'Can a mortal be more righteous than God?
  Can a man be more pure than his Maker?
18 If God places no trust in his servants,
  if he charges his angels with error,
19 how much more those who live in houses of
  clay,
  whose foundations are in the dust,
  who are crushed more readily than a moth!
20 Between dawn and dusk they are broken to
  pieces;
  unnoticed, they perish forever.
21 Are not the cords of their tent pulled up,
  so that they die without wisdom?' h

5 "Call if you will, but who will answer you?
  To which of the holy ones will you turn?
2 Resentment kills a fool,
  and envy slays the simple.
3 I myself have seen a fool taking root,
  but suddenly his house was cursed.
4 His children are far from safety,
  crushed in court without a defender.
5 The hungry consume his harvest,
  taking it even from among thorns,
  and the thirsty pant after his wealth.
6 For hardship does not spring from the soil,
  nor does trouble sprout from the ground.
7 Yet man is born to trouble
  as surely as sparks fly upward.

8 "But if it were I, I would appeal to God;
  I would lay my cause before him.
9 He performs wonders that cannot be fathomed,
  miracles that cannot be counted.
10 He bestows rain on the earth;
  he sends water upon the countryside.

h 21 Some interpreters end the quotation after verse 17.

11 Que pone a los humildes en altura,
　Y a los enlutados levanta a seguridad;
12 Que frustra los pensamientos de los astutos,
　Para que sus manos no hagan nada;
13 Que prende a los sabios en la astucia de ellos,
　Y frustra los designios de los perversos.
14 De día tropiezan con tinieblas,
　Y a mediodía andan a tientas como de noche.
15 Así libra de la espada al pobre, de la boca de los
　　impíos,
　Y de la mano violenta;
16 Pues es esperanza al menesteroso,
　Y la iniquidad cerrará su boca.

17 He aquí, bienaventurado es el hombre a quien Dios
　　castiga;
　Por tanto, no menosprecies la corrección del
　　Todopoderoso.
18 Porque él es quien hace la llaga, y él la vendará;
　El hiere, y sus manos curan.
19 En seis tribulaciones te librará,
　Y en la séptima no te tocará el mal.
20 En el hambre te salvará de la muerte,
　Y del poder de la espada en la guerra.
21 Del azote de la lengua serás encubierto;
　No temerás la destrucción cuando viniere.
22 De la destrucción y del hambre te reirás,
　Y no temerás de las fieras del campo;
23 Pues aun con las piedras del campo tendrás tu
　　pacto,
　Y las fieras del campo estarán en paz contigo.
24 Sabrás que hay paz en tu tienda;
　Visitarás tu morada, y nada te faltará.
25 Asimismo echarás de ver que tu descendencia es
　　mucha,
　Y tu prole como la hierba de la tierra.
26 Vendrás en la vejez a la sepultura,
　Como la gavilla de trigo que se recoge a su tiempo.
27 He aquí lo que hemos inquirido, lo cual es así;
　Oyelo, y conócelo tú para tu provecho.

Job reprocha la actitud de sus amigos

6 1 Respondió entonces Job, y dijo:

2 ¡Oh, que pesasen justamente mi queja y mi
　　tormento,
　Y se alzasen igualmente en balanza!
3 Porque pesarían ahora más que la arena del mar;
　Por eso mis palabras han sido precipitadas.
4 Porque las saetas del Todopoderoso están en mí,
　Cuyo veneno bebe mi espíritu;
　Y terrores de Dios me combaten.
5 ¿Acaso gime el asno montés junto a la hierba?
　¿Muge el buey junto a su pasto?
6 ¿Se comerá lo desabrido sin sal?
　¿Habrá gusto en la clara del huevo?
7 Las cosas que mi alma no quería tocar,
　Son ahora mi alimento.

8 ¡Quién me diera que viniese mi petición,
　Y que me otorgase Dios lo que anhelo,
9 Y que agradara a Dios quebrantarme;
　Que soltara su mano, y acabara conmigo!

11 The lowly he sets on high,
　and those who mourn are lifted to safety.
12 He thwarts the plans of the crafty,
　so that their hands achieve no success.
13 He catches the wise in their craftiness,
　and the schemes of the wily are swept away.
14 Darkness comes upon them in the daytime;
　at noon they grope as in the night.
15 He saves the needy from the sword in their
　　mouth;
　he saves them from the clutches of the
　　powerful.
16 So the poor have hope,
　and injustice shuts its mouth.

17 "Blessed is the man whom God corrects;
　so do not despise the discipline of the
　　Almighty. *i*
18 For he wounds, but he also binds up;
　he injures, but his hands also heal.
19 From six calamities he will rescue you;
　in seven no harm will befall you.
20 In famine he will ransom you from death,
　and in battle from the stroke of the sword.
21 You will be protected from the lash of the
　　tongue,
　and need not fear when destruction comes.
22 You will laugh at destruction and famine,
　and need not fear the beasts of the earth.
23 For you will have a covenant with the stones of
　　the field,
　and the wild animals will be at peace with
　　you.
24 You will know that your tent is secure;
　you will take stock of your property and find
　　nothing missing.
25 You will know that your children will be many,
　and your descendants like the grass of the
　　earth.
26 You will come to the grave in full vigor,
　like sheaves gathered in season.

27 "We have examined this, and it is true.
　So hear it and apply it to yourself."

Job

6 Then Job replied:

2 "If only my anguish could be weighed
　and all my misery be placed on the scales!
3 It would surely outweigh the sand of the seas—
　no wonder my words have been impetuous.
4 The arrows of the Almighty are in me,
　my spirit drinks in their poison;
　God's terrors are marshaled against me.
5 Does a wild donkey bray when it has grass,
　or an ox bellow when it has fodder?
6 Is tasteless food eaten without salt,
　or is there flavor in the white of an egg *j* ?
7 I refuse to touch it;
　such food makes me ill.

8 "Oh, that I might have my request,
　that God would grant what I hope for,
9 that God would be willing to crush me,
　to let loose his hand and cut me off!

i 17 Hebrew *Shaddai*; here and throughout Job　　*j* 6 The meaning
of the Hebrew for this phrase is uncertain.

10 Sería aún mi consuelo,
  Si me asaltase con dolor sin dar más tregua,
  Que yo no he escondido las palabras del Santo.
11 ¿Cuál es mi fuerza para esperar aún?
  ¿Y cuál mi fin para que tenga aún paciencia?
12 ¿Es mi fuerza la de las piedras,
  O es mi carne de bronce?
13 ¿No es así que ni aun a mí mismo me puedo valer,
  Y que todo auxilio me ha faltado?
14 El atribulado es consolado por su compañero;
  Aun aquel que abandona el temor del Omnipotente.
15 Pero mis hermanos me traicionaron como un torrente;
  Pasan como corrientes impetuosas
16 Que están escondidas por la helada,
  Y encubiertas por la nieve;
17 Que al tiempo del calor son deshechas,
  Y al calentarse, desaparecen de su lugar;
18 Se apartan de la senda de su rumbo,
  Van menguando, y se pierden.
19 Miraron los caminantes de Temán,
  Los caminantes de Sabá esperaron en ellas;
20 Pero fueron avergonzados por su esperanza;
  Porque vinieron hasta ellas, y se hallaron confusos.
21 Ahora ciertamente como ellas sois vosotros;
  Pues habéis visto el tormento, y teméis.
22 ¿Os he dicho yo: Traedme,
  Y pagad por mí de vuestra hacienda;
23 Libradme de la mano del opresor,
  Y redimidme del poder de los violentos?

24 Enseñadme, y yo callaré;
  Hacedme entender en qué he errado.
25 ¡Cuán eficaces son las palabras rectas!
  Pero ¿qué reprende la censura vuestra?
26 ¿Pensáis censurar palabras,
  Y los discursos de un desesperado, que son como el viento?
27 También os arrojáis sobre el huérfano,
  Y caváis un hoyo para vuestro amigo.

28 Ahora, pues, si queréis, miradme,
  Y ved si digo mentira delante de vosotros.
29 Volved ahora, y no haya iniquidad;
  Volved aún a considerar mi justicia en esto.
30 ¿Hay iniquidad en mi lengua?
  ¿Acaso no puede mi paladar discernir las cosas inicuas?

Job argumenta contra Dios

7 1 ¿No es acaso brega la vida del hombre sobre la tierra,
  Y sus días como los días del jornalero?
2 Como el siervo suspira por la sombra,
  Y como el jornalero espera el reposo de su trabajo,
3 Así he recibido meses de calamidad,
  Y noches de trabajo me dieron por cuenta.
4 Cuando estoy acostado, digo: ¿Cuándo me levantaré?
  Mas la noche es larga, y estoy lleno de inquietudes hasta el alba.
5 Mi carne está vestida de gusanos, y de costras de polvo;
  Mi piel hendida y abominable.

10 Then I would still have this consolation—
  my joy in unrelenting pain—
  that I had not denied the words of the Holy One.
11 "What strength do I have, that I should still hope?
  What prospects, that I should be patient?
12 Do I have the strength of stone?
  Is my flesh bronze?
13 Do I have any power to help myself,
  now that success has been driven from me?
14 "A despairing man should have the devotion of his friends,
  even though he forsakes the fear of the Almighty.
15 But my brothers are as undependable as intermittent streams,
  as the streams that overflow
16 when darkened by thawing ice
  and swollen with melting snow,
17 but that cease to flow in the dry season,
  and in the heat vanish from their channels.
18 Caravans turn aside from their routes;
  they go up into the wasteland and perish.
19 The caravans of Tema look for water,
  the traveling merchants of Sheba look in hope.
20 They are distressed, because they had been confident;
  they arrive there, only to be disappointed.
21 Now you too have proved to be of no help;
  you see something dreadful and are afraid.
22 Have I ever said, 'Give something on my behalf,
  pay a ransom for me from your wealth,
23 deliver me from the hand of the enemy,
  ransom me from the clutches of the ruthless'?

24 "Teach me, and I will be quiet;
  show me where I have been wrong.
25 How painful are honest words!
  But what do your arguments prove?
26 Do you mean to correct what I say,
  and treat the words of a despairing man as wind?
27 You would even cast lots for the fatherless
  and barter away your friend.

28 "But now be so kind as to look at me.
  Would I lie to your face?
29 Relent, do not be unjust;
  reconsider, for my integrity is at stake. ᵏ
30 Is there any wickedness on my lips?
  Can my mouth not discern malice?

7 "Does not man have hard service on earth?
  Are not his days like those of a hired man?
2 Like a slave longing for the evening shadows,
  or a hired man waiting eagerly for his wages,
3 so I have been allotted months of futility,
  and nights of misery have been assigned to me.
4 When I lie down I think, 'How long before I get up?'
  The night drags on, and I toss till dawn.
5 My body is clothed with worms and scabs,
  my skin is broken and festering.

k29 Or my righteousness still stands

6Y mis días fueron más veloces que la lanzadera del tejedor,
Y fenecieron sin esperanza.

7Acuérdate que mi vida es un soplo,
Y que mis ojos no volverán a ver el bien.
8Los ojos de los que me ven, no me verán más;
Fijarás en mí tus ojos, y dejaré de ser.
9Como la nube se desvanece y se va,
Así el que desciende al Seol no subirá;
10No volverá más a su casa,
Ni su lugar le conocerá más.

11Por tanto, no refrenaré mi boca;
Hablaré en la angustia de mi espíritu,
Y me quejaré con la amargura de mi alma.
12¿Soy yo el mar, o un monstruo marino,
Para que me pongas guarda?
13Cuando digo: Me consolará mi lecho,
Mi cama atenuará mis quejas;
14Entonces me asustas con sueños,
Y me aterras con visiones.
15Y así mi alma tuvo por mejor la estrangulación,
Y quiso la muerte más que mis huesos.
16Abomino de mi vida; no he de vivir para siempre;
Déjame, pues, porque mis días son vanidad.
17¿Qué es el hombre, para que lo engrandezcas,
Y para que pongas sobre él tu corazón,
18Y lo visites todas las mañanas,
Y todos los momentos lo pruebes?
19¿Hasta cuándo no apartarás de mí tu mirada,
Y no me soltarás siquiera hasta que trague mi saliva?
20Si he pecado, ¿qué puedo hacerte a ti, oh Guarda de los hombres?
¿Por qué me pones por blanco tuyo,
Hasta convertirme en una carga para mí mismo?
21¿Y por qué no quitas mi rebelión, y perdonas mi iniquidad?
Porque ahora dormiré en el polvo,
Y si me buscares de mañana, ya no existiré.

Bildad proclama la justicia de Dios

8 1Respondió Bildad suhita, y dijo:

2¿Hasta cuándo hablarás tales cosas,
Y las palabras de tu boca serán como viento impetuoso?
3¿Acaso torcerá Dios el derecho,
O pervertirá el Todopoderoso la justicia?
4Si tus hijos pecaron contra él,
El los echó en el lugar de su pecado.
5Si tú de mañana buscares a Dios,
Y rogares al Todopoderoso;
6Si fueres limpio y recto,
Ciertamente luego se despertará por ti,
Y hará próspera la morada de tu justicia.
7Y aunque tu principio haya sido pequeño,
Tu postrer estado será muy grande.

8Porque pregunta ahora a las generaciones pasadas,
Y disponte para inquirir a los padres de ellas;
9Pues nosotros somos de ayer, y nada sabemos,
Siendo nuestros días sobre la tierra como sombra.

6"My days are swifter than a weaver's shuttle,
and they come to an end without hope.
7Remember, O God, that my life is but a breath;
my eyes will never see happiness again.
8The eye that now sees me will see me no longer;
you will look for me, but I will be no more.
9As a cloud vanishes and is gone,
so he who goes down to the grave[l] does not return.
10He will never come to his house again;
his place will know him no more.

11"Therefore I will not keep silent;
I will speak out in the anguish of my spirit,
I will complain in the bitterness of my soul.
12Am I the sea, or the monster of the deep,
that you put me under guard?
13When I think my bed will comfort me
and my couch will ease my complaint,
14even then you frighten me with dreams
and terrify me with visions,
15so that I prefer strangling and death,
rather than this body of mine.
16I despise my life; I would not live forever.
Let me alone; my days have no meaning.

17"What is man that you make so much of him,
that you give him so much attention,
18that you examine him every morning
and test him every moment?
19Will you never look away from me,
or let me alone even for an instant?
20If I have sinned, what have I done to you,
O watcher of men?
Why have you made me your target?
Have I become a burden to you?[m]
21Why do you not pardon my offenses
and forgive my sins?
For I will soon lie down in the dust;
you will search for me, but I will be no more."

Bildad

8 Then Bildad the Shuhite replied:

2"How long will you say such things?
Your words are a blustering wind.
3Does God pervert justice?
Does the Almighty pervert what is right?
4When your children sinned against him,
he gave them over to the penalty of their sin.
5But if you will look to God
and plead with the Almighty,
6if you are pure and upright,
even now he will rouse himself on your behalf
and restore you to your rightful place.
7Your beginnings will seem humble,
so prosperous will your future be.

8"Ask the former generations
and find out what their fathers learned,
9for we were born only yesterday and know nothing,
and our days on earth are but a shadow.

---

l9 Hebrew *Sheol*   m20 A few manuscripts of the Masoretic Text, an ancient Hebrew scribal tradition and Septuagint; most manuscripts of the Masoretic Text *I have become a burden to myself.*

10 ¿No te enseñarán ellos, te hablarán,
    Y de su corazón sacarán palabras?
11 ¿Crece el junco sin lodo?
    ¿Crece el prado sin agua?
12 Aun en su verdor, y sin haber sido cortado,
    Con todo, se seca primero que toda hierba.
13 Tales son los caminos de todos los que olvidan a Dios;
    Y la esperanza del impío perecerá;
14 Porque su esperanza será cortada,
    Y su confianza es tela de araña.
15 Se apoyará él en su casa, mas no permanecerá ella en pie;
    Se asirá de ella, mas no resistirá.
16 A manera de un árbol está verde delante del sol,
    Y sus renuevos salen sobre su huerto;
17 Se van entretejiendo sus raíces junto a una fuente,
    Y enlazándose hasta un lugar pedregoso.
18 Si le arrancaren de su lugar,
    Este le negará entonces, diciendo: Nunca te vi.
19 Ciertamente este será el gozo de su camino;
    Y del polvo mismo nacerán otros.

20 He aquí, Dios no aborrece al perfecto,
    Ni apoya la mano de los malignos.
21 Aún llenará tu boca de risa,
    Y tus labios de júbilo.
22 Los que te aborrecen serán vestidos de confusión;
    Y la habitación de los impíos perecerá.

Incapacidad de Job para responder a Dios

9 1 Respondió Job, y dijo:

2 Ciertamente yo sé que es así;
    ¿Y cómo se justificará el hombre con Dios?
3 Si quisiere contender con él,
    No le podrá responder a una cosa entre mil.
4 El es sabio de corazón, y poderoso en fuerzas;
    ¿Quién se endureció contra él, y le fue bien?
5 El arranca los montes con su furor,
    Y no saben quién los trastornó;
6 El remueve la tierra de su lugar,
    Y hace temblar sus columnas;
7 El manda al sol, y no sale;
    Y sella las estrellas;
8 El solo extendió los cielos,
    Y anda sobre las olas del mar;
9 El hizo la Osa, el Orión y las Pléyades,
    Y los lugares secretos del sur;
10 El hace cosas grandes e incomprensibles,
    Y maravillosas, sin número.
11 He aquí que él pasará delante de mí, y yo no lo veré;
    Pasará, y no lo entenderé.
12 He aquí, arrebatará; ¿quién le hará restituir?
    ¿Quién le dirá: ¿Qué haces?

13 Dios no volverá atrás su ira,
    Y debajo de él se abaten los que ayudan a los soberbios.
14 ¿Cuánto menos le responderé yo,
    Y hablaré con él palabras escogidas?
15 Aunque fuese yo justo, no respondería;
    Antes habría de rogar a mi juez.

---

10 Will they not instruct you and tell you?
    Will they not bring forth words from their understanding?
11 Can papyrus grow tall where there is no marsh?
    Can reeds thrive without water?
12 While still growing and uncut,
    they wither more quickly than grass.
13 Such is the destiny of all who forget God;
    so perishes the hope of the godless.
14 What he trusts in is fragile[n];
    what he relies on is a spider's web.
15 He leans on his web, but it gives way;
    he clings to it, but it does not hold.
16 He is like a well-watered plant in the sunshine,
    spreading its shoots over the garden;
17 it entwines its roots around a pile of rocks
    and looks for a place among the stones.
18 But when it is torn from its spot,
    that place disowns it and says, 'I never saw you.'
19 Surely its life withers away,
    and[o] from the soil other plants grow.

20 "Surely God does not reject a blameless man
    or strengthen the hands of evildoers.
21 He will yet fill your mouth with laughter
    and your lips with shouts of joy.
22 Your enemies will be clothed in shame,
    and the tents of the wicked will be no more."

Job

9 Then Job replied:

2 "Indeed, I know that this is true.
    But how can a mortal be righteous before God?
3 Though one wished to dispute with him,
    he could not answer him one time out of a thousand.
4 His wisdom is profound, his power is vast.
    Who has resisted him and come out unscathed?
5 He moves mountains without their knowing it
    and overturns them in his anger.
6 He shakes the earth from its place
    and makes its pillars tremble.
7 He speaks to the sun and it does not shine;
    he seals off the light of the stars.
8 He alone stretches out the heavens
    and treads on the waves of the sea.
9 He is the Maker of the Bear and Orion,
    the Pleiades and the constellations of the south.
10 He performs wonders that cannot be fathomed,
    miracles that cannot be counted.
11 When he passes me, I cannot see him;
    when he goes by, I cannot perceive him.
12 If he snatches away, who can stop him?
    Who can say to him, 'What are you doing?'
13 God does not restrain his anger;
    even the cohorts of Rahab cowered at his feet.
14 "How then can I dispute with him?
    How can I find words to argue with him?
15 Though I were innocent, I could not answer him;
    I could only plead with my Judge for mercy.

---

n 14 The meaning of the Hebrew for this word is uncertain.
o 19 Or *Surely all the joy it has / is that*

¹⁶Si yo le invocara, y él me respondiese,
Aún no creeré que haya escuchado mi voz.
¹⁷Porque me ha quebrantado con tempestad,
Y ha aumentado mis heridas sin causa.
¹⁸No me ha concedido que tome aliento,
Sino que me ha llenado de amarguras.
¹⁹Si habláremos de su potencia, por cierto es fuerte;
Si de juicio, ¿quién me emplazará?
²⁰Si yo me justificare, me condenaría mi boca;
Si me dijere perfecto, esto me haría inicuo.
²¹Si fuese íntegro, no haría caso de mí mismo;
Despreciaría mi vida.
²²Una cosa resta que yo diga:
Al perfecto y al impío él los consume.
²³Si azote mata de repente,
Se ríe del sufrimiento de los inocentes.
²⁴La tierra es entregada en manos de los impíos,
Y él cubre el rostro de sus jueces.
Si no es él, ¿quién es? ¿Dónde está?
²⁵Mis días han sido más ligeros que un correo;
Huyeron, y no vieron el bien.
²⁶Pasaron cual naves veloces;
Como el águila que se arroja sobre la presa.
²⁷Si yo dijere: Olvidaré mi queja,
Dejaré mi triste semblante, y me esforzaré,
²⁸Me turban todos mis dolores;
Sé que no me tendrás por inocente.
²⁹Yo soy impío;
¿Para qué trabajaré en vano?
³⁰Aunque me lave con aguas de nieve,
Y limpie mis manos con la limpieza misma,
³¹Aún me hundirás en el hoyo,
Y mis propios vestidos me abominarán.
³²Porque no es hombre como yo, para que yo le responda,
Y vengamos juntamente a juicio.
³³No hay entre nosotros árbitro
Que ponga su mano sobre nosotros dos.
³⁴Quite de sobre mí su vara,
Y su terror no me espante.
³⁵Entonces hablaré, y no le temeré;
Porque en este estado no estoy en mí.

Job lamenta su condición

10 ¹Está mi alma hastiada de mi vida;
Daré libre curso a mi queja,
Hablaré con amargura de mi alma.
²Diré a Dios: No me condenes;
Hazme entender por qué contiendes conmigo.
³¿Te parece bien que oprimas,
Que deseches la obra de tus manos,
Y que favorezcas los designios de los impíos?
⁴¿Tienes tú acaso ojos de carne?
¿Ves tú como ve el hombre?
⁵¿Son tus días como los días del hombre,
O tus años como los tiempos humanos,

¹⁶Even if I summoned him and he responded,
I do not believe he would give me a hearing.
¹⁷He would crush me with a storm
and multiply my wounds for no reason.
¹⁸He would not let me regain my breath
but would overwhelm me with misery.
¹⁹If it is a matter of strength, he is mighty!
And if it is a matter of justice, who will summon him^p?
²⁰Even if I were innocent, my mouth would condemn me;
if I were blameless, it would pronounce me guilty.
²¹"Although I am blameless,
I have no concern for myself;
I despise my own life.
²²It is all the same; that is why I say,
'He destroys both the blameless and the wicked.'
²³When a scourge brings sudden death,
he mocks the despair of the innocent.
²⁴When a land falls into the hands of the wicked,
he blindfolds its judges.
If it is not he, then who is it?
²⁵"My days are swifter than a runner;
they fly away without a glimpse of joy.
²⁶They skim past like boats of papyrus,
like eagles swooping down on their prey.
²⁷If I say, 'I will forget my complaint,
I will change my expression, and smile,'
²⁸I still dread all my sufferings,
for I know you will not hold me innocent.
²⁹Since I am already found guilty,
why should I struggle in vain?
³⁰Even if I washed myself with soap^q
and my hands with washing soda,
³¹you would plunge me into a slime pit
so that even my clothes would detest me.
³²"He is not a man like me that I might answer him,
that we might confront each other in court.
³³If only there were someone to arbitrate between us,
to lay his hand upon us both,
³⁴someone to remove God's rod from me,
so that his terror would frighten me no more.
³⁵Then I would speak up without fear of him,
but as it now stands with me, I cannot.

10 ¹"I loathe my very life;
therefore I will give free rein to my complaint
and speak out in the bitterness of my soul.
²I will say to God: Do not condemn me,
but tell me what charges you have against me.
³Does it please you to oppress me,
to spurn the work of your hands,
while you smile on the schemes of the wicked?
⁴Do you have eyes of flesh?
Do you see as a mortal sees?
⁵Are your days like those of a mortal
or your years like those of a man,

^p19 See Septuagint; Hebrew *me*.   ^q30 Or *snow*

6 Para que inquieras mi iniquidad,
  Y busques mi pecado,
7 Aunque tú sabes que no soy impío,
  Y que no hay quien de tu mano me libre?
8 Tus manos me hicieron y me formaron;
  ¿Y luego te vuelves y me deshaces?
9 Acuérdate que como a barro me diste forma;
  ¿Y en polvo me has de volver?
10 ¿No me vaciaste como leche,
  Y como queso me cuajaste?
11 Me vestiste de piel y carne,
  Y me tejiste con huesos y nervios.
12 Vida y misericordia me concediste,
  Y tu cuidado guardó mi espíritu.
13 Estas cosas tienes guardadas en tu corazón;
  Yo sé que están cerca de ti.
14 Si pequé, tú me has observado,
  Y no me tendrás por limpio de mi iniquidad.
15 Si fuere malo, ¡ay de mí!
  Y si fuere justo, no levantaré mi cabeza,
  Estando hastiado de deshonra, y de verme afligido.
16 Si mi cabeza se alzare, cual león tú me cazas;
  Y vuelves a hacer en mí maravillas.
17 Renuevas contra mí tus pruebas,
  Y aumentas conmigo tu furor como tropas de relevo.
18 ¿Por qué me sacaste de la matriz?
  Hubiera yo expirado, y ningún ojo me habría visto.
19 Fuera como si nunca hubiera existido,
  Llevado del vientre a la sepultura.
20 ¿No son pocos mis días?
  Cesa, pues, y déjame, para que me consuele un poco,
21 Antes que vaya para no volver,
  A la tierra de tinieblas y de sombra de muerte;
22 Tierra de oscuridad, lóbrega,
  Como sombra de muerte y sin orden,
  Y cuya luz es como densas tinieblas.

Zofar acusa de maldad a Job

11 1 Respondió Zofar naamatita, y dijo:

2 ¿Las muchas palabras no han de tener respuesta?
  ¿Y el hombre que habla mucho será justificado?
3 ¿Harán tus falacias callar a los hombres?
  ¿Harás escarnio y no habrá quien te avergüence?
4 Tú dices: Mi doctrina es pura,
  Y yo soy limpio delante de tus ojos.
5 Mas ¡oh, quién diera que Dios hablara,
  Y abriera sus labios contigo,
6 Y te declarara los secretos de la sabiduría,
  Que son de doble valor que las riquezas!
  Conocerías entonces que Dios te ha castigado
    menos de lo que tu iniquidad merece.

7 ¿Descubrirás tú los secretos de Dios?
  ¿Llegarás tú a la perfección del Todopoderoso?

6 that you must search out my faults
  and probe after my sin—
7 though you know that I am not guilty
  and that no one can rescue me from your hand?

8 "Your hands shaped me and made me.
  Will you now turn and destroy me?
9 Remember that you molded me like clay.
  Will you now turn me to dust again?
10 Did you not pour me out like milk
  and curdle me like cheese,
11 clothe me with skin and flesh
  and knit me together with bones and sinews?
12 You gave me life and showed me kindness,
  and in your providence watched over my spirit.

13 "But this is what you concealed in your heart,
  and I know that this was in your mind:
14 If I sinned, you would be watching me
  and would not let my offense go unpunished.
15 If I am guilty—woe to me!
  Even if I am innocent, I cannot lift my head,
  for I am full of shame
  and drowned in[r] my affliction.
16 If I hold my head high, you stalk me like a lion
  and again display your awesome power against me.
17 You bring new witnesses against me
  and increase your anger toward me;
  your forces come against me wave upon wave.

18 "Why then did you bring me out of the womb?
  I wish I had died before any eye saw me.
19 If only I had never come into being,
  or had been carried straight from the womb to the grave!
20 Are not my few days almost over?
  Turn away from me so I can have a moment's joy
21 before I go to the place of no return,
  to the land of gloom and deep shadow,[s]
22 to the land of deepest night,
  of deep shadow and disorder,
  where even the light is like darkness."

Zophar

11 Then Zophar the Naamathite replied:

2 "Are all these words to go unanswered?
  Is this talker to be vindicated?
3 Will your idle talk reduce men to silence?
  Will no one rebuke you when you mock?
4 You say to God, 'My beliefs are flawless
  and I am pure in your sight.'
5 Oh, how I wish that God would speak,
  that he would open his lips against you
6 and disclose to you the secrets of wisdom,
  for true wisdom has two sides.
  Know this: God has even forgotten some of your sin.

7 "Can you fathom the mysteries of God?
  Can you probe the limits of the Almighty?

---

r 15 Or and aware of   s 21 Or and the shadow of death; also in verse 22

⁸Es más alta que los cielos; ¿qué harás?
Es más profunda que el Seol; ¿cómo la conocerás?
⁹Su dimensión es más extensa que la tierra,
Y más ancha que el mar.
¹⁰Si él pasa, y aprisiona, y llama a juicio,
¿Quién podrá contrarrestarle?
¹¹Porque él conoce a los hombres vanos;
Ve asimismo la iniquidad, ¿y no hará caso?
¹²El hombre vano se hará entendido,
Cuando un pollino de asno montés nazca hombre.

¹³Si tú dispusieres tu corazón,
Y extendieres a él tus manos;
¹⁴Si alguna iniquidad hubiere en tu mano, y la echares de ti,
Y no consintieres que more en tu casa la injusticia,
¹⁵Entonces levantarás tu rostro limpio de mancha,
Y serás fuerte, y nada temerás;
¹⁶Y olvidarás tu miseria,
O te acordarás de ella como de aguas que pasaron.
¹⁷La vida te será más clara que el mediodía;
Aunque oscureciere, será como la mañana.
¹⁸Tendrás confianza, porque hay esperanza;
Mirarás alrededor, y dormirás seguro.
¹⁹Te acostarás, y no habrá quien te espante;
Y muchos suplicarán tu favor.
²⁰Pero los ojos de los malos se consumirán,
Y no tendrán refugio;
Y su esperanza será dar su último suspiro.

Job proclama el poder y la sabiduría de Dios

12 ¹Respondió entonces Job, diciendo:

²Ciertamente vosotros sois el pueblo,
Y con vosotros morirá la sabiduría.
³También tengo yo entendimiento como vosotros;
No soy yo menos que vosotros;
¿Y quién habrá que no pueda decir otro tanto?
⁴Yo soy uno de quien su amigo se mofa,
Que invoca a Dios, y él le responde;
Con todo, el justo y perfecto es escarnecido.
⁵Aquel cuyos pies van a resbalar
Es como una lámpara despreciada de aquel que está a sus anchas.
⁶Prosperan las tiendas de los ladrones,
Y los que provocan a Dios viven seguros,
En cuyas manos él ha puesto cuanto tienen.

⁷Y en efecto, pregunta ahora a las bestias, y ellas te enseñarán;
A las aves de los cielos, y ellas te lo mostrarán;
⁸O habla a la tierra, y ella te enseñará;
Los peces del mar te lo declararán también.
⁹¿Qué cosa de todas estas no entiende
Que la mano de Jehová la hizo?
¹⁰En su mano está el alma de todo viviente,
Y el hálito de todo el género humano.
¹¹Ciertamente el oído distingue las palabras,
Y el paladar gusta las viandas.
¹²En los ancianos está la ciencia,
Y en la larga edad la inteligencia.

⁸They are higher than the heavens—what can you do?
They are deeper than the depths of the grave^t—what can you know?
⁹Their measure is longer than the earth
and wider than the sea.

¹⁰"If he comes along and confines you in prison
and convenes a court, who can oppose him?
¹¹Surely he recognizes deceitful men;
and when he sees evil, does he not take note?
¹²But a witless man can no more become wise
than a wild donkey's colt can be born a man.^u

¹³"Yet if you devote your heart to him
and stretch out your hands to him,
¹⁴if you put away the sin that is in your hand
and allow no evil to dwell in your tent,
¹⁵then you will lift up your face without shame;
you will stand firm and without fear.
¹⁶You will surely forget your trouble,
recalling it only as waters gone by.
¹⁷Life will be brighter than noonday,
and darkness will become like morning.
¹⁸You will be secure, because there is hope;
you will look about you and take your rest in safety.
¹⁹You will lie down, with no one to make you afraid,
and many will court your favor.
²⁰But the eyes of the wicked will fail,
and escape will elude them;
their hope will become a dying gasp."

Job

12 ¹Then Job replied:

²"Doubtless you are the people,
and wisdom will die with you!
³But I have a mind as well as you;
I am not inferior to you.
Who does not know all these things?

⁴"I have become a laughingstock to my friends,
though I called upon God and he answered—
a mere laughingstock, though righteous and blameless!
⁵Men at ease have contempt for misfortune
as the fate of those whose feet are slipping.
⁶The tents of marauders are undisturbed,
and those who provoke God are secure—
those who carry their god in their hands.^v

⁷"But ask the animals, and they will teach you,
or the birds of the air, and they will tell you;
⁸or speak to the earth, and it will teach you,
or let the fish of the sea inform you.
⁹Which of all these does not know
that the hand of the LORD has done this?
¹⁰In his hand is the life of every creature
and the breath of all mankind.
¹¹Does not the ear test words
as the tongue tastes food?
¹²Is not wisdom found among the aged?
Does not long life bring understanding?

^t8 Hebrew *than Sheol*   ^u12 Or *wild donkey can be born tame*
^v6 Or *secure / in what God's hand brings them*

13 Con Dios está la sabiduría y el poder;
   Suyo es el consejo y la inteligencia.
14 Si él derriba, no hay quien edifique;
   Encerrará al hombre, y no habrá quien le abra.
15 Si él detiene las aguas, todo se seca;
   Si las envía, destruyen la tierra.
16 Con él está el poder y la sabiduría;
   Suyo es el que yerra, y el que hace errar.
17 El hace andar despojados de consejo a los
     consejeros,
   Y entontece a los jueces.
18 El rompe las cadenas de los tiranos,
   Y les ata una soga a sus lomos.
19 El lleva despojados a los príncipes,
   Y trastorna a los poderosos.
20 Priva del habla a los que dicen verdad,
   Y quita a los ancianos el consejo.
21 El derrama menosprecio sobre los príncipes,
   Y desata el cinto de los fuertes.
22 El descubre las profundidades de las tinieblas,
   Y saca a luz la sombra de muerte.
23 El multiplica las naciones, y él las destruye;
   Esparce a las naciones, y las vuelve a reunir.
24 El quita el entendimiento a los jefes del pueblo de
     la tierra,
   Y los hace vagar como por un yermo sin camino.
25 Van a tientas, como en tinieblas y sin luz,
   Y los hace errar como borrachos.

Job defiende su integridad

13 ¹ He aquí que todas estas cosas han visto mis
    ojos,
   Y oído y entendido mis oídos.
² Como vosotros lo sabéis, lo sé yo;
   No soy menos que vosotros.
³ Mas yo hablaría con el Todopoderoso,
   Y querría razonar con Dios.
⁴ Porque ciertamente vosotros sois fraguadores de
    mentira;
   Sois todos vosotros médicos nulos.
⁵ Ojalá callarais por completo,
   Porque esto os fuera sabiduría.
⁶ Oid ahora mi razonamiento,
   Y estad atentos a los argumentos de mis labios.
⁷ ¿Hablaréis iniquidad por Dios?
   ¿Hablaréis por él engaño?
⁸ ¿Haréis acepción de personas a su favor?
   ¿Contenderéis vosotros por Dios?
⁹ ¿Sería bueno que él os escudriñase?
   ¿Os burlaréis de él como quien se burla de algún
    hombre?
¹⁰ El os reprochará de seguro,
   Si solapadamente hacéis acepción de personas.
¹¹ De cierto su alteza os habría de espantar,
   Y su pavor habría de caer sobre vosotros.
¹² Vuestras máximas son refranes de ceniza,
   Y vuestros baluartes son baluartes de lodo.

¹³ Escuchadme, y hablaré yo,
   Y que me venga después lo que viniere.
¹⁴ ¿Por qué quitaré yo mi carne con mis dientes,
   Y tomaré mi vida en mi mano?
¹⁵ He aquí, aunque él me matare, en él esperaré;
   No obstante, defenderé delante de él mis caminos.
¹⁶ Y él mismo será mi salvación,
   Porque no entrará en su presencia el impío.

---

¹³ "To God belong wisdom and power;
   counsel and understanding are his.
¹⁴ What he tears down cannot be rebuilt;
   the man he imprisons cannot be released.
¹⁵ If he holds back the waters, there is drought;
   if he lets them loose, they devastate the land.
¹⁶ To him belong strength and victory;
   both deceived and deceiver are his.
¹⁷ He leads counselors away stripped
   and makes fools of judges.
¹⁸ He takes off the shackles put on by kings
   and ties a loincloth _w_ around their waist.
¹⁹ He leads priests away stripped
   and overthrows men long established.
²⁰ He silences the lips of trusted advisers
   and takes away the discernment of elders.
²¹ He pours contempt on nobles
   and disarms the mighty.
²² He reveals the deep things of darkness
   and brings deep shadows into the light.
²³ He makes nations great, and destroys them;
   he enlarges nations, and disperses them.
²⁴ He deprives the leaders of the earth of their
    reason;
   he sends them wandering through a trackless
    waste.
²⁵ They grope in darkness with no light;
   he makes them stagger like drunkards.

13 "My eyes have seen all this,
   my ears have heard and understood it.
² What you know, I also know;
   I am not inferior to you.
³ But I desire to speak to the Almighty
   and to argue my case with God.
⁴ You, however, smear me with lies;
   you are worthless physicians, all of you!
⁵ If only you would be altogether silent!
   For you, that would be wisdom.
⁶ Hear now my argument;
   listen to the plea of my lips.
⁷ Will you speak wickedly on God's behalf?
   Will you speak deceitfully for him?
⁸ Will you show him partiality?
   Will you argue the case for God?
⁹ Would it turn out well if he examined you?
   Could you deceive him as you might deceive
    men?
¹⁰ He would surely rebuke you
   if you secretly showed partiality.
¹¹ Would not his splendor terrify you?
   Would not the dread of him fall on you?
¹² Your maxims are proverbs of ashes;
   your defenses are defenses of clay.

¹³ "Keep silent and let me speak;
   then let come to me what may.
¹⁴ Why do I put myself in jeopardy
   and take my life in my hands?
¹⁵ Though he slay me, yet will I hope in him;
   I will surely _x_ defend my ways to his face.
¹⁶ Indeed, this will turn out for my deliverance,
   for no godless man would dare come before
    him!

_w18 Or_ shackles of kings / and ties a belt   _x15 Or_ He will
surely slay me; I have no hope — / yet I will

17Oíd con atención mi razonamiento,
  Y mi declaración entre en vuestros oídos.
18He aquí ahora, si yo expusiere mi causa,
  Sé que seré justificado.
19¿Quién es el que contenderá conmigo?
  Porque si ahora yo callara, moriría.
20A lo menos dos cosas no hagas conmigo;
  Entonces no me esconderé de tu rostro:
21Aparta de mí tu mano,
  Y no me asombre tu terror.
22Llama luego, y yo responderé;
  O yo hablaré, y respóndeme tú.
23¿Cuántas iniquidades y pecados tengo yo?
  Hazme entender mi transgresión y mi pecado.
24¿Por qué escondes tu rostro,
  Y me cuentas por tu enemigo?
25¿A la hoja arrebatada has de quebrantar,
  Y a una paja seca has de perseguir?
26¿Por qué escribes contra mí amarguras,
  Y me haces cargo de los pecados de mi juventud?
27Pones además mis pies en el cepo, y observas todos
    mis caminos,
  Trazando un límite para las plantas de mis pies.
28Y mi cuerpo se va gastando como de carcoma,
  Como vestido que roe la polilla.

Job discurre sobre la brevedad de la vida

14 1El hombre nacido de mujer,
  Corto de días, y hastiado de sinsabores,
2Sale como una flor y es cortado,
  Y huye como la sombra y no permanece.
3¿Sobre éste abres tus ojos,
  Y me traes a juicio contigo?
4¿Quién hará limpio a lo inmundo? Nadie.
5Ciertamente sus días están determinados,
  Y el número de sus meses está cerca de ti;
  Le pusiste límites, de los cuales no pasará.
6Si tú lo abandonares, él dejará de ser;
  Entre tanto deseará, como el jornalero, su día.

7Porque si el árbol fuere cortado, aún queda de él
    esperanza;
  Retoñará aún, y sus renuevos no faltarán.
8Si se envejeciere en la tierra su raíz,
  Y su tronco fuere muerto en el polvo,
9Al percibir el agua reverdecerá,
  Y hará copa como planta nueva.
10Mas el hombre morirá, y será cortado;
  Perecerá el hombre, ¿y dónde estará él?
11Como las aguas se van del mar,
  Y el río se agota y se seca,
12Así el hombre yace y no vuelve a levantarse;
  Hasta que no haya cielo, no despertarán,
  Ni se levantarán de su sueño.
13¡Oh, quién me diera que me escondieses en el Seol,
  Que me encubrieses hasta apaciguarse tu ira,
  Que me pusieses plazo, y de mí te acordaras!
14Si el hombre muriere, ¿volverá a vivir?
  Todos los días de mi edad esperaré,
  Hasta que venga mi liberación.

17Listen carefully to my words;
  let your ears take in what I say.
18Now that I have prepared my case,
  I know I will be vindicated.
19Can anyone bring charges against me?
  If so, I will be silent and die.
20"Only grant me these two things, O God,
  and then I will not hide from you:
21Withdraw your hand far from me,
  and stop frightening me with your terrors.
22Then summon me and I will answer,
  or let me speak, and you reply.
23How many wrongs and sins have I committed?
  Show me my offense and my sin.
24Why do you hide your face
  and consider me your enemy?
25Will you torment a windblown leaf?
  Will you chase after dry chaff?
26For you write down bitter things against me
  and make me inherit the sins of my youth.
27You fasten my feet in shackles;
  you keep close watch on all my paths
  by putting marks on the soles of my feet.

28"So man wastes away like something rotten,
  like a garment eaten by moths.

14 "Man born of woman
  is of few days and full of trouble.
2He springs up like a flower and withers away;
  like a fleeting shadow, he does not endure.
3Do you fix your eye on such a one?
  Will you bring him y before you for judgment?
4Who can bring what is pure from the impure?
  No one!
5Man's days are determined;
  you have decreed the number of his months
  and have set limits he cannot exceed.
6So look away from him and let him alone,
  till he has put in his time like a hired man.

7"At least there is hope for a tree:
  If it is cut down, it will sprout again,
  and its new shoots will not fail.
8Its roots may grow old in the ground
  and its stump die in the soil,
9yet at the scent of water it will bud
  and put forth shoots like a plant.
10But man dies and is laid low;
  he breathes his last and is no more.
11As water disappears from the sea
  or a riverbed becomes parched and dry,
12so man lies down and does not rise;
  till the heavens are no more, men will not
    awake
  or be roused from their sleep.

13"If only you would hide me in the grave z
  and conceal me till your anger has passed!
  If only you would set me a time
  and then remember me!
14If a man dies, will he live again?
  All the days of my hard service
  I will wait for my renewal a to come.

---

y3 Septuagint, Vulgate and Syriac; Hebrew *me*   z13 Hebrew
Sheol   a14 Or *release*

15 Entonces llamarás, y yo te responderé;
Tendrás afecto a la hechura de tus manos.
16 Pero ahora me cuentas los pasos,
Y no das tregua a mi pecado;
17 Tienes sellada en saco mi prevaricación,
Y tienes cosida mi iniquidad.

18 Ciertamente el monte que cae se deshace,
Y las peñas son removidas de su lugar;
19 Las piedras se desgastan con el agua impetuosa, que
se lleva el polvo de la tierra;
De igual manera haces tú perecer la esperanza del
hombre.
20 Para siempre serás más fuerte que él, y él se va;
Demudarás su rostro, y le despedirás.
21 Sus hijos tendrán honores, pero él no lo sabrá;
O serán humillados, y no entenderá de ello.
22 Mas su carne sobre él se dolerá,
Y se entristecerá en él su alma.

Elifaz reprende a Job

15 1 Respondió Elifaz temanita, y dijo:

2 ¿Proferirá el sabio vana sabiduría,
Y llenará su vientre de viento solano?
3 ¿Disputará con palabras inútiles,
Y con razones sin provecho?
4 Tú también disipas el temor,
Y menoscabas la oración delante de Dios.
5 Porque tu boca declaró tu iniquidad,
Pues has escogido el hablar de los astutos.
6 Tu boca te condenará, y no yo;
Y tus labios testificarán contra ti.

7 ¿Naciste tú primero que Adán?
¿O fuiste formado antes que los collados?
8 ¿Oíste tú el secreto de Dios,
Y está limitada a ti la sabiduría?
9 ¿Qué sabes tú que no sepamos?
¿Qué entiendes tú que no se halle en nosotros?
10 Cabezas canas y hombres muy ancianos hay entre
nosotros,
Mucho más avanzados en días que tu padre.
11 ¿En tan poco tienes las consolaciones de Dios,
Y las palabras que con dulzura se te dicen?
12 ¿Por qué tu corazón te aleja,
Y por qué guiñan tus ojos,
13 Para que contra Dios vuelvas tu espíritu,
Y saques tales palabras de tu boca?
14 ¿Qué cosa es el hombre para que sea limpio,
Y para que se justifique el nacido de mujer?
15 He aquí, en sus santos no confía,
Y ni aun los cielos son limpios delante de sus ojos;
16 ¿Cuánto menos el hombre abominable y vil,
Que bebe la iniquidad como agua?

17 Escúchame; yo te mostraré,
Y te contaré lo que he visto;
18 Lo que los sabios nos contaron
De sus padres, y no lo encubrieron;
19 A quienes únicamente fue dada la tierra,
Y no pasó extraño por en medio de ellos.
20 Todos sus días, el impío es atormentado de dolor,
Y el número de sus años está escondido para el
violento.
21 Estruendos espantosos hay en sus oídos;
En la prosperidad el asolador vendrá sobre él.

15 You will call and I will answer you;
you will long for the creature your hands have
made.
16 Surely then you will count my steps
but not keep track of my sin.
17 My offenses will be sealed up in a bag;
you will cover over my sin.

18 "But as a mountain erodes and crumbles
and as a rock is moved from its place,
19 as water wears away stones
and torrents wash away the soil,
so you destroy man's hope.
20 You overpower him once for all, and he is gone;
you change his countenance and send him
away.
21 If his sons are honored, he does not know it;
if they are brought low, he does not see it.
22 He feels but the pain of his own body
and mourns only for himself."

Eliphaz

15 Then Eliphaz the Temanite replied:

2 "Would a wise man answer with empty
notions
or fill his belly with the hot east wind?
3 Would he argue with useless words,
with speeches that have no value?
4 But you even undermine piety
and hinder devotion to God.
5 Your sin prompts your mouth;
you adopt the tongue of the crafty.
6 Your own mouth condemns you, not mine;
your own lips testify against you.

7 "Are you the first man ever born?
Were you brought forth before the hills?
8 Do you listen in on God's council?
Do you limit wisdom to yourself?
9 What do you know that we do not know?
What insights do you have that we do not
have?
10 The gray-haired and the aged are on our side,
men even older than your father.
11 Are God's consolations not enough for you,
words spoken gently to you?
12 Why has your heart carried you away,
and why do your eyes flash,
13 so that you vent your rage against God
and pour out such words from your mouth?

14 "What is man, that he could be pure,
or one born of woman, that he could be
righteous?
15 If God places no trust in his holy ones,
if even the heavens are not pure in his eyes,
16 how much less man, who is vile and corrupt,
who drinks up evil like water!

17 "Listen to me and I will explain to you;
let me tell you what I have seen,
18 what wise men have declared,
hiding nothing received from their fathers
19 (to whom alone the land was given
when no alien passed among them):
20 All his days the wicked man suffers torment,
the ruthless through all the years stored up for
him.
21 Terrifying sounds fill his ears;
when all seems well, marauders attack him.

22El no cree que volverá de las tinieblas,
Y descubierto está para la espada.
23Vaga alrededor tras el pan, diciendo: ¿En dónde
está?
Sabe que le está preparado día de tinieblas.
24Tribulación y angustia le turbarán,
Y se esforzarán contra él como un rey dispuesto
para la batalla,
25Por cuanto él extendió su mano contra Dios,
Y se portó con soberbia contra el Todopoderoso.
26Corrió contra él con cuello erguido,
Con la espesa barrera de sus escudos.
27Porque la gordura cubrió su rostro,
E hizo pliegues sobre sus ijares;
28Y habitó las ciudades asoladas,
Las casas inhabitadas,
Que estaban en ruinas.
29No prosperará, ni durarán sus riquezas,
Ni extenderá por la tierra su hermosura.
30No escapará de las tinieblas;
La llama secará sus ramas,
Y con el aliento de su boca perecerá.
31No confíe el iluso en la vanidad,
Porque ella será su recompensa.
32El será cortado antes de su tiempo,
Y sus renuevos no reverdecerán.
33Perderá su agraz como la vid,
Y derramará su flor como el olivo.
34Porque la congregación de los impíos será asolada,
Y fuego consumirá las tiendas de soborno.
35Concibieron dolor, dieron a luz iniquidad,
Y en sus entrañas traman engaño.

Job se queja contra Dios

16 1Respondió Job, y dijo:

2Muchas veces he oído cosas como estas;
Consoladores molestos sois todos vosotros.
3¿Tendrán fin las palabras vacías?
¿O qué te anima a responder?
4También yo podría hablar como vosotros,
Si vuestra alma estuviera en lugar de la mía;
Yo podría hilvanar contra vosotros palabras,
Y sobre vosotros mover mi cabeza.
5Pero yo os alentaría con mis palabras,
Y la consolación de mis labios apaciguaría vuestro
dolor.

6Si hablo, mi dolor no cesa;
Y si dejo de hablar, no se aparta de mí.
7Pero ahora tú me has fatigado;
Has asolado toda mi compañía.
8Tú me has llenado de arrugas; testigo es mi flacura,
Que se levanta contra mí para testificar en mi
rostro.
9Su furor me despedazó, y me ha sido contrario;
Crujió sus dientes contra mí;
Contra mí aguzó sus ojos mi enemigo.
10Abrieron contra mí su boca;
Hirieron mis mejillas con afrenta;
Contra mí se juntaron todos.

22He despairs of escaping the darkness;
he is marked for the sword.
23He wanders about—food for vultures[b];
he knows the day of darkness is at hand.
24Distress and anguish fill him with terror;
they overwhelm him, like a king poised to
attack,
25because he shakes his fist at God
and vaunts himself against the Almighty,
26defiantly charging against him
with a thick, strong shield.

27"Though his face is covered with fat
and his waist bulges with flesh,
28he will inhabit ruined towns
and houses where no one lives,
houses crumbling to rubble.
29He will no longer be rich and his wealth will not
endure,
nor will his possessions spread over the land.
30He will not escape the darkness;
a flame will wither his shoots,
and the breath of God's mouth will carry him
away.
31Let him not deceive himself by trusting what is
worthless,
for he will get nothing in return.
32Before his time he will be paid in full,
and his branches will not flourish.
33He will be like a vine stripped of its unripe
grapes,
like an olive tree shedding its blossoms.
34For the company of the godless will be barren,
and fire will consume the tents of those who
love bribes.
35They conceive trouble and give birth to evil;
their womb fashions deceit."

Job

16 Then Job replied:

2"I have heard many things like these;
miserable comforters are you all!
3Will your long-winded speeches never end?
What ails you that you keep on arguing?
4I also could speak like you,
if you were in my place;
I could make fine speeches against you
and shake my head at you.
5But my mouth would encourage you;
comfort from my lips would bring you relief.

6"Yet if I speak, my pain is not relieved;
and if I refrain, it does not go away.
7Surely, O God, you have worn me out;
you have devastated my entire household.
8You have bound me—and it has become a
witness;
my gauntness rises up and testifies against me.
9God assails me and tears me in his anger
and gnashes his teeth at me;
my opponent fastens on me his piercing eyes.
10Men open their mouths to jeer at me;
they strike my cheek in scorn
and unite together against me.

b23 Or about, looking for food

11 Me ha entregado Dios al mentiroso,
Y en las manos de los impíos me hizo caer.
12 Próspero estaba, y me desmenuzó;
Me arrebató por la cerviz y me despedazó,
Y me puso por blanco suyo.
13 Me rodearon sus flecheros,
Partió mis riñones, y no perdonó;
Mi hiel derramó por tierra.
14 Me quebrantó de quebranto en quebranto;
Corrió contra mí como un gigante.
15 Cosí cilicio sobre mi piel,
Y puse mi cabeza en el polvo.
16 Mi rostro está inflamado con el lloro,
Y mis párpados entenebrecidos,
17 A pesar de no haber iniquidad en mis manos,
Y de haber sido mi oración pura.

18 ¡Oh tierra! no cubras mi sangre,
Y no haya lugar para mi clamor.
19 Mas he aquí que en los cielos está mi testigo,
Y mi testimonio en las alturas.
20 Disputadores son mis amigos;
Mas ante Dios derramaré mis lágrimas.
21 ¡Ojalá pudiese disputar el hombre con Dios,
Como con su prójimo!
22 Mas los años contados vendrán,
Y yo iré por el camino de donde no volveré.

17

1 Mi aliento se agota, se acortan mis días,
Y me está preparado el sepulcro.
2 No hay conmigo sino escarnecedores,
En cuya amargura se detienen mis ojos.

3 Dame fianza, oh Dios; sea mi protección cerca de ti.
Porque ¿quién querría responder por mí?
4 Porque a éstos has escondido de su corazón la inteligencia;
Por tanto, no los exaltarás.
5 Al que denuncia a sus amigos como presa,
Los ojos de sus hijos desfallecerán.

6 El me ha puesto por refrán de pueblos,
Y delante de ellos he sido como tamboril.
7 Mis ojos se oscurecieron por el dolor,
Y mis pensamientos todos son como sombra.
8 Los rectos se maravillarán de esto,
Y el inocente se levantará contra el impío.
9 No obstante, proseguirá el justo su camino,
Y el limpio de manos aumentará la fuerza.
10 Pero volved todos vosotros, y venid ahora,
Y no hallaré entre vosotros sabio.
11 Pasaron mis días, fueron arrancados mis pensamientos,
Los designios de mi corazón.
12 Pusieron la noche por día,
Y la luz se acorta delante de las tinieblas.
13 Si yo espero, el Seol es mi casa;
Haré mi cama en las tinieblas.
14 A la corrupción he dicho: Mi padre eres tú;
A los gusanos: Mi madre y mi hermana.
15 ¿Dónde, pues, estará ahora mi esperanza?
Y mi esperanza, ¿quién la verá?
16 A la profundidad del Seol descenderán,
Y juntamente descansarán en el polvo.

11 God has turned me over to evil men
and thrown me into the clutches of the wicked.
12 All was well with me, but he shattered me;
he seized me by the neck and crushed me.
He has made me his target;
13 his archers surround me.
Without pity, he pierces my kidneys
and spills my gall on the ground.
14 Again and again he bursts upon me;
he rushes at me like a warrior.

15 "I have sewed sackcloth over my skin
and buried my brow in the dust.
16 My face is red with weeping,
deep shadows ring my eyes;
17 yet my hands have been free of violence
and my prayer is pure.

18 "O earth, do not cover my blood;
may my cry never be laid to rest!
19 Even now my witness is in heaven;
my advocate is on high.
20 My intercessor is my friend c
as my eyes pour out tears to God;
21 on behalf of a man he pleads with God
as a man pleads for his friend.
22 "Only a few years will pass
before I go on the journey of no return.

17

1 My spirit is broken,
my days are cut short,
the grave awaits me.
2 Surely mockers surround me;
my eyes must dwell on their hostility.

3 "Give me, O God, the pledge you demand.
Who else will put up security for me?
4 You have closed their minds to understanding;
therefore you will not let them triumph.
5 If a man denounces his friends for reward,
the eyes of his children will fail.

6 "God has made me a byword to everyone,
a man in whose face people spit.
7 My eyes have grown dim with grief;
my whole frame is but a shadow.
8 Upright men are appalled at this;
the innocent are aroused against the ungodly.
9 Nevertheless, the righteous will hold to their ways,
and those with clean hands will grow stronger.

10 "But come on, all of you, try again!
I will not find a wise man among you.
11 My days have passed, my plans are shattered,
and so are the desires of my heart.
12 These men turn night into day;
in the face of darkness they say, 'Light is near.'
13 If the only home I hope for is the grave, d
if I spread out my bed in darkness,
14 if I say to corruption, 'You are my father,'
and to the worm, 'My mother' or 'My sister,'
15 where then is my hope?
Who can see any hope for me?
16 Will it go down to the gates of death d?
Will we descend together into the dust?"

c 20 Or *My friends treat me with scorn*   d 13,16 Hebrew *Sheol*

Bildad describe la suerte de los malos

18 ¹Respondió Bildad suhita, y dijo:

²¿Cuándo pondréis fin a las palabras?
Entended, y después hablemos.
³¿Por qué somos tenidos por bestias,
Y a vuestros ojos somos viles?
⁴Oh tú, que te despedazas en tu furor,
¿Será abandonada la tierra por tu causa,
Y serán removidas de su lugar las peñas?

⁵Ciertamente la luz de los impíos será apagada,
Y no resplandecerá la centella de su fuego.
⁶La luz se oscurecerá en su tienda,
Y se apagará sobre él su lámpara.
⁷Sus pasos vigorosos serán acortados,
Y su mismo consejo lo precipitará.
⁸Porque red será echada a sus pies,
Y sobre mallas andará.
⁹Lazo prenderá su calcañar;
Se afirmará la trampa contra él.
¹⁰Su cuerda está escondida en la tierra,
Y una trampa le aguarda en la senda.
¹¹De todas partes lo asombrarán temores,
Y le harán huir desconcertado.
¹²Serán gastadas de hambre sus fuerzas,
Y a su lado estará preparado quebrantamiento.
¹³La enfermedad roerá su piel,
Y a sus miembros devorará el primogénito de la muerte.
¹⁴Su confianza será arrancada de su tienda,
Y al rey de los espantos será conducido.
¹⁵En su tienda morará como si no fuese suya;
Piedra de azufre será esparcida sobre su morada.
¹⁶Abajo se secarán sus raíces,
Y arriba serán cortadas sus ramas.
¹⁷Su memoria perecerá de la tierra,
Y no tendrá nombre por las calles.
¹⁸De la luz será lanzado a las tinieblas,
Y echado fuera del mundo.
¹⁹No tendrá hijo ni nieto en su pueblo,
Ni quien le suceda en sus moradas.
²⁰Sobre su día se espantarán los de occidente,
Y pavor caerá sobre los de oriente.
²¹Ciertamente tales son las moradas del impío,
Y este será el lugar del que no conoció a Dios.

Job confía en que Dios lo justificará

19 ¹Respondió entonces Job, y dijo:

²¿Hasta cuándo angustiaréis mi alma,
Y me moleréis con palabras?
³Ya me habéis vituperado diez veces;
¿No os avergonzáis de injuriarme?
⁴Aun siendo verdad que yo haya errado,
Sobre mí recaería mi error.
⁵Pero si vosotros os engrandecéis contra mí,
Y contra mí alegáis mi oprobio,
⁶Sabed ahora que Dios me ha derribado,
Y me ha envuelto en su red.
⁷He aquí, yo clamaré agravio, y no seré oído;
Daré voces, y no habrá juicio.
⁸Cercó de vallado mi camino, y no pasaré;
Y sobre mis veredas puso tinieblas.

Bildad

18 Then Bildad the Shuhite replied:

²"When will you end these speeches?
Be sensible, and then we can talk.
³Why are we regarded as cattle
and considered stupid in your sight?
⁴You who tear yourself to pieces in your anger,
is the earth to be abandoned for your sake?
Or must the rocks be moved from their place?

⁵"The lamp of the wicked is snuffed out;
the flame of his fire stops burning.
⁶The light in his tent becomes dark;
the lamp beside him goes out.
⁷The vigor of his step is weakened;
his own schemes throw him down.
⁸His feet thrust him into a net
and he wanders into its mesh.
⁹A trap seizes him by the heel;
a snare holds him fast.
¹⁰A noose is hidden for him on the ground;
a trap lies in his path.
¹¹Terrors startle him on every side
and dog his every step.
¹²Calamity is hungry for him;
disaster is ready for him when he falls.
¹³It eats away parts of his skin;
death's firstborn devours his limbs.
¹⁴He is torn from the security of his tent
and marched off to the king of terrors.
¹⁵Fire resides*e* in his tent;
burning sulfur is scattered over his dwelling.
¹⁶His roots dry up below
and his branches wither above.
¹⁷The memory of him perishes from the earth;
he has no name in the land.
¹⁸He is driven from light into darkness
and is banished from the world.
¹⁹He has no offspring or descendants among his people,
no survivor where once he lived.
²⁰Men of the west are appalled at his fate;
men of the east are seized with horror.
²¹Surely such is the dwelling of an evil man;
such is the place of one who knows not God."

Job

19 Then Job replied:

²"How long will you torment me
and crush me with words?
³Ten times now you have reproached me;
shamelessly you attack me.
⁴If it is true that I have gone astray,
my error remains my concern alone.
⁵If indeed you would exalt yourselves above me
and use my humiliation against me,
⁶then know that God has wronged me
and drawn his net around me.

⁷"Though I cry, 'I've been wronged!' I get no response;
though I call for help, there is no justice.
⁸He has blocked my way so I cannot pass;
he has shrouded my paths in darkness.

e15 Or Nothing he had remains

⁹Me ha despojado de mi gloria,
Y quitado la corona de mi cabeza.
¹⁰Me arruinó por todos lados, y perezco;
Y ha hecho pasar mi esperanza como árbol
arrancado.
¹¹Hizo arder contra mí su furor,
Y me contó para sí entre sus enemigos.
¹²Vinieron sus ejércitos a una, y se atrincheraron
en mí,
Y acamparon en derredor de mi tienda.

¹³Hizo alejar de mí a mis hermanos,
Y mis conocidos como extraños se apartaron de mí.
¹⁴Mis parientes se detuvieron,
Y mis conocidos se olvidaron de mí.
¹⁵Los moradores de mi casa y mis criadas me tuvieron
por extraño;
Forastero fui yo a sus ojos.
¹⁶Llamé a mi siervo, y no respondió;
De mi propia boca le suplicaba.
¹⁷Mi aliento vino a ser extraño a mi mujer,
Aunque por los hijos de mis entrañas le rogaba.
¹⁸Aun los muchachos me menospreciaron;
Al levantarme, hablaban contra mí.
¹⁹Todos mis íntimos amigos me aborrecieron,
Y los que yo amaba se volvieron contra mí.
²⁰Mi piel y mi carne se pegaron a mis huesos,
Y he escapado con sólo la piel de mis dientes.
²¹¡Oh, vosotros mis amigos, tened compasión de mí,
tened compasión de mí!
Porque la mano de Dios me ha tocado.
²²¿Por qué me perseguís como Dios,
Y ni aun de mi carne os saciáis?

²³¡Quién diese ahora que mis palabras fuesen escritas!
¡Quién diese que se escribiesen en un libro;
²⁴Que con cincel de hierro y con plomo
Fuesen esculpidas en piedra para siempre!
²⁵Yo sé que mi Redentor vive,
Y al fin se levantará sobre el polvo;
²⁶Y después de deshecha esta mi piel,
En mi carne he de ver a Dios;
²⁷Al cual veré por mí mismo,
Y mis ojos lo verán, y no otro,
Aunque mi corazón desfallece dentro de mí.
²⁸Mas debierais decir: ¿Por qué le perseguimos?
Ya que la raíz del asunto se halla en mí.
²⁹Temed vosotros delante de la espada;
Porque sobreviene el furor de la espada a causa de
las injusticias,
Para que sepáis que hay un juicio.

Zofar describe las calamidades de los malos

20 ¹Respondió Zofar naamatita, y dijo:
²Por cierto mis pensamientos me hacen responder,
Y por tanto me apresuro.
³La reprensión de mi censura he oído,
Y me hace responder el espíritu de mi inteligencia.

⁹He has stripped me of my honor
and removed the crown from my head.
¹⁰He tears me down on every side till I am gone;
he uproots my hope like a tree.
¹¹His anger burns against me;
he counts me among his enemies.
¹²His troops advance in force;
they build a siege ramp against me
and encamp around my tent.

¹³"He has alienated my brothers from me;
my acquaintances are completely estranged
from me.
¹⁴My kinsmen have gone away;
my friends have forgotten me.
¹⁵My guests and my maidservants count me a
stranger;
they look upon me as an alien.
¹⁶I summon my servant, but he does not answer,
though I beg him with my own mouth.
¹⁷My breath is offensive to my wife;
I am loathsome to my own brothers.
¹⁸Even the little boys scorn me;
when I appear, they ridicule me.
¹⁹All my intimate friends detest me;
those I love have turned against me.
²⁰I am nothing but skin and bones;
I have escaped with only the skin of my
teeth.*f*
²¹"Have pity on me, my friends, have pity,
for the hand of God has struck me.
²²Why do you pursue me as God does?
Will you never get enough of my flesh?

²³"Oh, that my words were recorded,
that they were written on a scroll,
²⁴that they were inscribed with an iron tool on *g*
lead,
or engraved in rock forever!
²⁵I know that my Redeemer *h* lives,
and that in the end he will stand upon the
earth. *i*
²⁶And after my skin has been destroyed,
yet *j* in *k* my flesh I will see God;
²⁷I myself will see him
with my own eyes—I, and not another.
How my heart yearns within me!

²⁸"If you say, 'How we will hound him,
since the root of the trouble lies in him,' *l*
²⁹you should fear the sword yourselves;
for wrath will bring punishment by the sword,
and then you will know that there is
judgment. *m*"

Zophar

20 Then Zophar the Naamathite replied:
²"My troubled thoughts prompt me to
answer
because I am greatly disturbed.
³I hear a rebuke that dishonors me,
and my understanding inspires me to reply.

*f20 Or only my gums   g24 Or and   h25 Or defender
i25 Or upon my grave   j26 Or And after I awake, / though this
body, has been destroyed, / then   k26 Or / apart from
l28 Many Hebrew manuscripts, Septuagint and Vulgate; most
Hebrew manuscripts me   m29 Or / that you may come to know
the Almighty*

4 ¿No sabes esto, que así fue siempre,
   Desde el tiempo que fue puesto el hombre sobre la
      tierra,
5 Que la alegría de los malos es breve,
   Y el gozo del impío por un momento?
6 Aunque subiere su altivez hasta el cielo,
   Y su cabeza tocare en las nubes,
7 Como su estiércol, perecerá para siempre;
   Los que le hubieren visto dirán: ¿Qué hay de él?
8 Como sueño volará, y no será hallado,
   Y se disipará como visión nocturna.
9 El ojo que le veía, nunca más le verá,
   Ni su lugar le conocerá más.
10 Sus hijos solicitarán el favor de los pobres,
    Y sus manos devolverán lo que él robó.
11 Sus huesos están llenos de su juventud,
    Mas con él en el polvo yacerán.
12 Si el mal se endulzó en su boca,
    Si lo ocultaba debajo de su lengua,
13 Si le parecía bien y no lo dejaba,
    Sino que lo detenía en su paladar;
14 Su comida se mudará en sus entrañas;
    Hiel de áspides será dentro de él.
15 Devoró riquezas, pero las vomitará;
    De su vientre las sacará Dios.
16 Veneno de áspides chupará;
    Lo matará lengua de víbora.
17 No verá los arroyos, los ríos,
    Los torrentes de miel y de leche.

18 Restituirá el trabajo conforme a los bienes que
       tomó,
    Y no los tragará ni gozará.
19 Por cuanto quebrantó y desamparó a los pobres,
    Robó casas, y no las edificó;
20 Por tanto, no tendrá sosiego en su vientre,
    Ni salvará nada de lo que codiciaba.
21 No quedó nada que no comiese;
    Por tanto, su bienestar no será duradero.
22 En el colmo de su abundancia padecerá estrechez;
    La mano de todos los malvados vendrá sobre él.
23 Cuando se pusiere a llenar su vientre,
    Dios enviará sobre él el ardor de su ira,
    Y la hará llover sobre él y sobre su comida.
24 Huirá de las armas de hierro,
    Y el arco de bronce le atravesará.
25 La saeta le traspasará y saldrá de su cuerpo,
    Y la punta relumbrante saldrá por su hiel;
    Sobre él vendrán terrores.
26 Todas las tinieblas están reservadas para sus tesoros;
    Fuego no atizado los consumirá;
    Devorará lo que quede en su tienda.
27 Los cielos descubrirán su iniquidad,
    Y la tierra se levantará contra él.
28 Los renuevos de su casa serán transportados;
    Serán esparcidos en el día de su furor.
29 Esta es la porción que Dios prepara al hombre
       impío,
    Y la heredad que Dios le señala por su palabra.

Job afirma que los malos prosperan

21 ¹ Entonces respondió Job, y dijo:

² Oíd atentamente mi palabra,
   Y sea esto el consuelo que me deis.

4 "Surely you know how it has been from of old,
   ever since man n was placed on the earth,
5 that the mirth of the wicked is brief,
   the joy of the godless lasts but a moment.
6 Though his pride reaches to the heavens
   and his head touches the clouds,
7 he will perish forever, like his own dung;
   those who have seen him will say, 'Where is
      he?'
8 Like a dream he flies away, no more to be found,
   banished like a vision of the night.
9 The eye that saw him will not see him again;
   his place will look on him no more.
10 His children must make amends to the poor;
    his own hands must give back his wealth.
11 The youthful vigor that fills his bones
    will lie with him in the dust.

12 "Though evil is sweet in his mouth
    and he hides it under his tongue,
13 though he cannot bear to let it go
    and keeps it in his mouth,
14 yet his food will turn sour in his stomach;
    it will become the venom of serpents within
       him.
15 He will spit out the riches he swallowed;
    God will make his stomach vomit them up.
16 He will suck the poison of serpents;
    the fangs of an adder will kill him.
17 He will not enjoy the streams,
    the rivers flowing with honey and cream.
18 What he toiled for he must give back uneaten;
    he will not enjoy the profit from his trading.
19 For he has oppressed the poor and left them
       destitute;
    he has seized houses he did not build.
20 "Surely he will have no respite from his craving;
    he cannot save himself by his treasure.
21 Nothing is left for him to devour;
    his prosperity will not endure.
22 In the midst of his plenty, distress will overtake
       him;
    the full force of misery will come upon him.
23 When he has filled his belly,
    God will vent his burning anger against him
    and rain down his blows upon him.
24 Though he flees from an iron weapon,
    a bronze-tipped arrow pierces him.
25 He pulls it out of his back,
    the gleaming point out of his liver.
    Terrors will come over him;
26   total darkness lies in wait for his treasures.
    A fire unfanned will consume him
    and devour what is left in his tent.
27 The heavens will expose his guilt;
    the earth will rise up against him.
28 A flood will carry off his house,
    rushing waters o on the day of God's wrath.
29 Such is the fate God allots the wicked,
    the heritage appointed for them by God."

Job

21 Then Job replied:

² "Listen carefully to my words;
   let this be the consolation you give me.

---

n4 Or *Adam*   o28 Or *The possessions in his house will be*
carried off, / *washed away*

3 Toleradme, y yo hablaré;
  Y después que haya hablado, escarneced.
4 ¿Acaso me quejo yo de algún hombre?
  ¿Y por qué no se ha de angustiar mi espíritu?
5 Miradme, y espantaos,
  Y poned la mano sobre la boca.
6 Aun yo mismo, cuando me acuerdo, me asombro,
  Y el temblor estremece mi carne.
7 ¿Por qué viven los impíos,
  Y se envejecen, y aun crecen en riquezas?
8 Su descendencia se robustece a su vista,
  Y sus renuevos están delante de sus ojos.
9 Sus casas están a salvo de temor,
  Ni viene azote de Dios sobre ellos.
10 Sus toros engendran, y no fallan;
   Paren sus vacas, y no malogran su cría.
11 Salen sus pequeñuelos como manada,
   Y sus hijos andan saltando.
12 Al son de tamboril y de cítara saltan,
   Y se regocijan al son de la flauta.
13 Pasan sus días en prosperidad,
   Y en paz descienden al Seol.
14 Dicen, pues, a Dios: Apártate de nosotros,
   Porque no queremos el conocimiento de tus
     caminos.
15 ¿Quién es el Todopoderoso, para que le sirvamos?
   ¿Y de qué nos aprovechará que oremos a él?
16 He aquí que su bien no está en mano de ellos;
   El consejo de los impíos lejos esté de mí.

17 ¡Oh, cuántas veces la lámpara de los impíos es
     apagada,
   Y viene sobre ellos su quebranto,
   Y Dios en su ira les reparte dolores!
18 Serán como la paja delante del viento,
   Y como el tamo que arrebata el torbellino.
19 Dios guardará para los hijos de ellos su violencia;
   Le dará su pago, para que conozca.
20 Verán sus ojos su quebranto,
   Y beberá de la ira del Todopoderoso.
21 Porque ¿qué deleite tendrá él de su casa después
     de sí,
   Siendo cortado el número de sus meses?
22 ¿Enseñará alguien a Dios sabiduría,
   Juzgando él a los que están elevados?
23 Este morirá en el vigor de su hermosura, todo
     quieto y pacifico;
24 Sus vasijas estarán llenas de leche,
   Y sus huesos serán regados de tuétano.
25 Y este otro morirá en amargura de ánimo,
   Y sin haber comido jamás con gusto.
26 Igualmente yacerán ellos en el polvo,
   Y gusanos los cubrirán.

27 He aquí, yo conozco vuestros pensamientos,
   Y las imaginaciones que contra mí forjáis.
28 Porque decís: ¿Qué hay de la casa del príncipe,
   Y qué de la tienda de las moradas de los impíos?
29 ¿No habéis preguntado a los que pasan por los
     caminos,
   Y no habéis conocido su respuesta,

3 Bear with me while I speak,
  and after I have spoken, mock on.

4 "Is my complaint directed to man?
  Why should I not be impatient?
5 Look at me and be astonished;
  clap your hand over your mouth.
6 When I think about this, I am terrified;
  trembling seizes my body.
7 Why do the wicked live on,
  growing old and increasing in power?
8 They see their children established around them,
  their offspring before their eyes.
9 Their homes are safe and free from fear;
  the rod of God is not upon them.
10 Their bulls never fail to breed;
   their cows calve and do not miscarry.
11 They send forth their children as a flock;
   their little ones dance about.
12 They sing to the music of tambourine and harp;
   they make merry to the sound of the flute.
13 They spend their years in prosperity
   and go down to the grave *p* in peace. *q*
14 Yet they say to God, 'Leave us alone!
   We have no desire to know your ways.
15 Who is the Almighty, that we should serve him?
   What would we gain by praying to him?'
16 But their prosperity is not in their own hands,
   so I stand aloof from the counsel of the
     wicked.

17 "Yet how often is the lamp of the wicked snuffed
     out?
   How often does calamity come upon them,
   the fate God allots in his anger?
18 How often are they like straw before the wind,
   like chaff swept away by a gale?
19 It is said, 'God stores up a man's punishment for
     his sons.'
   Let him repay the man himself, so that he will
     know it!
20 Let his own eyes see his destruction;
   let him drink of the wrath of the Almighty. *r*
21 For what does he care about the family he leaves
     behind
   when his allotted months come to an end?

22 "Can anyone teach knowledge to God,
   since he judges even the highest?
23 One man dies in full vigor,
   completely secure and at ease,
24 his body *s* well nourished,
   his bones rich with marrow.
25 Another man dies in bitterness of soul,
   never having enjoyed anything good.
26 Side by side they lie in the dust,
   and worms cover them both.

27 "I know full well what you are thinking,
   the schemes by which you would wrong me.
28 You say, 'Where now is the great man's house,
   the tents where wicked men lived?'
29 Have you never questioned those who travel?
   Have you paid no regard to their accounts—

---

p 13 Hebrew *Sheol*   *q 13* Or *in an instant*   *r 17-20* Verses 17 and 18 may be taken as exclamations and 19 and 20 as declarations.   *s 24* The meaning of the Hebrew for this word is uncertain.

³⁰Que el malo es preservado en el día de la
destrucción?
Guardado será en el día de la ira.
³¹¿Quién le denunciará en su cara su camino?
Y de lo que él hizo, ¿quién le dará el pago?
³²Porque llevado será a los sepulcros,
Y sobre su túmulo estarán velando.
³³Los terrones del valle le serán dulces;
Tras de él será llevado todo hombre,
Y antes de él han ido innumerables.
³⁴¿Cómo, pues, me consoláis en vano,
Viniendo a parar vuestras respuestas en falacia?

Elifaz acusa a Job de gran maldad

22 ¹Respondió Elifaz temanita, y dijo:

²¿Traerá el hombre provecho a Dios?
Al contrario, para sí mismo es provechoso el
hombre sabio.
³¿Tiene contentamiento el Omnipotente en que tú
seas justificado,
O provecho de que tú hagas perfectos tus caminos?
⁴¿Acaso te castiga,
O viene a juicio contigo, a causa de tu piedad?
⁵Por cierto tu malicia es grande,
Y tus maldades no tienen fin.
⁶Porque sacaste prenda a tus hermanos sin causa,
Y despojaste de sus ropas a los desnudos.
⁷No diste de beber agua al cansado,
Y detuviste el pan al hambriento.
⁸Pero el hombre pudiente tuvo la tierra,
Y habitó en ella el distinguido.
⁹A las viudas enviaste vacías,
Y los brazos de los huérfanos fueron quebrados.
¹⁰Por tanto, hay lazos alrededor de ti,
Y te turba espanto repentino;
¹¹O tinieblas, para que no veas,
Y abundancia de agua te cubre.

¹²¿No está Dios en la altura de los cielos?
Mira lo encumbrado de las estrellas, cuán elevadas
están.
¹³¿Y dirás tú: ¿Qué sabe Dios?
¿Cómo juzgará a través de la oscuridad?
¹⁴Las nubes le rodearon, y no ve;
Y por el circuito del cielo se pasea.
¹⁵¿Quieres tú seguir la senda antigua
Que pisaron los hombres perversos,
¹⁶Los cuales fueron cortados antes de tiempo,
Cuyo fundamento fue como un río derramado?
¹⁷Decían a Dios: Apártate de nosotros.
¿Y qué les había hecho el Omnipotente?
¹⁸Les había colmado de bienes sus casas.
Pero sea el consejo de ellos lejos de mí.
¹⁹Verán los justos y se gozarán;
Y el inocente los escarnecerá, diciendo:
²⁰Fueron destruidos nuestros adversarios,
Y el fuego consumió lo que de ellos quedó.

²¹Vuelve ahora en amistad con él, y tendrás paz;
Y por ello te vendrá bien.

³⁰that the evil man is spared from the day of
calamity,
that he is delivered from^t the day of wrath?
³¹Who denounces his conduct to his face?
Who repays him for what he has done?
³²He is carried to the grave,
and watch is kept over his tomb.
³³The soil in the valley is sweet to him;
all men follow after him,
and a countless throng goes^u before him.

³⁴"So how can you console me with your
nonsense?
Nothing is left of your answers but falsehood!"

Eliphaz

22 Then Eliphaz the Temanite replied:

²"Can a man be of benefit to God?
Can even a wise man benefit him?
³What pleasure would it give the Almighty if you
were righteous?
What would he gain if your ways were
blameless?

⁴"Is it for your piety that he rebukes you
and brings charges against you?
⁵Is not your wickedness great?
Are not your sins endless?
⁶You demanded security from your brothers for no
reason;
you stripped men of their clothing, leaving
them naked.
⁷You gave no water to the weary
and you withheld food from the hungry,
⁸though you were a powerful man, owning land—
an honored man, living on it.
⁹And you sent widows away empty-handed
and broke the strength of the fatherless.
¹⁰That is why snares are all around you,
why sudden peril terrifies you,
¹¹why it is so dark you cannot see,
and why a flood of water covers you.

¹²"Is not God in the heights of heaven?
And see how lofty are the highest stars!
¹³Yet you say, 'What does God know?
Does he judge through such darkness?
¹⁴Thick clouds veil him, so he does not see us
as he goes about in the vaulted heavens.'
¹⁵Will you keep to the old path
that evil men have trod?
¹⁶They were carried off before their time,
their foundations washed away by a flood.
¹⁷They said to God, 'Leave us alone!
What can the Almighty do to us?'
¹⁸Yet it was he who filled their houses with good
things,
so I stand aloof from the counsel of the
wicked.

¹⁹"The righteous see their ruin and rejoice;
the innocent mock them, saying,
²⁰'Surely our foes are destroyed,
and fire devours their wealth.'

²¹"Submit to God and be at peace with him;
in this way prosperity will come to you.

---

^t30 Or *man is reserved for the day of calamity, / that he is
brought forth to*   ^u33 Or / *as a countless throng went*

22 Toma ahora la ley de su boca,
Y pon sus palabras en tu corazón.
23 Si te volvieres al Omnipotente, serás edificado;
Alejarás de tu tienda la aflicción;
24 Tendrás más oro que tierra,
Y como piedras de arroyos oro de Ofir;
25 El Todopoderoso será tu defensa,
Y tendrás plata en abundancia.
26 Porque entonces te deleitarás en el Omnipotente,
Y alzarás a Dios tu rostro.
27 Orarás a él, y él te oirá;
Y tú pagarás tus votos.
28 Determinarás asimismo una cosa, y te será firme,
Y sobre tus caminos resplandecerá luz.
29 Cuando fueren abatidos, dirás tú: Enaltecimiento habrá;
Y Dios salvará al humilde de ojos.
30 El libertará al inocente,
Y por la limpieza de tus manos éste será librado.

Job desea abogar su causa delante de Dios

23 1 Respondió Job, y dijo:

2 Hoy también hablaré con amargura;
Porque es más grave mi llaga que mi gemido.
3 ¡Quién me diera el saber dónde hallar a Dios!
Yo iría hasta su silla.
4 Expondría mi causa delante de él,
Y llenaría mi boca de argumentos.
5 Yo sabría lo que él me respondiese,
Y entendería lo que me dijera.
6 ¿Contendería conmigo con grandeza de fuerza?
No; antes él me atendería.
7 Allí el justo razonaría con él;
Y yo escaparía para siempre de mi juez.
8 He aquí yo iré al oriente, y no lo hallaré;
Y al occidente, y no lo percibiré;
9 Si muestra su poder al norte, yo no lo veré;
Al sur se esconderá, y no lo veré.
10 Mas él conoce mi camino;
Me probará, y saldré como oro.
11 Mis pies han seguido sus pisadas;
Guardé su camino, y no me aparté.
12 Del mandamiento de sus labios nunca me separé;
Guardé las palabras de su boca más que mi comida.
13 Pero si él determina una cosa, ¿quién lo hará cambiar?
Su alma deseó, e hizo.
14 El, pues, acabará lo que ha determinado de mí;
Y muchas cosas como estas hay en él.
15 Por lo cual yo me espanto en su presencia;
Cuando lo considero, tiemblo a causa de él.
16 Dios ha enervado mi corazón,
Y me ha turbado el Omnipotente.
17 ¿Por qué no fui yo cortado delante de las tinieblas,
Ni fue cubierto con oscuridad mi rostro?

22 Accept instruction from his mouth
and lay up his words in your heart.
23 If you return to the Almighty, you will be restored:
If you remove wickedness far from your tent
24 and assign your nuggets to the dust,
your gold of Ophir to the rocks in the ravines,
25 then the Almighty will be your gold,
the choicest silver for you.
26 Surely then you will find delight in the Almighty
and will lift up your face to God.
27 You will pray to him, and he will hear you,
and you will fulfill your vows.
28 What you decide on will be done,
and light will shine on your ways.
29 When men are brought low and you say, 'Lift them up!'
then he will save the downcast.
30 He will deliver even one who is not innocent,
who will be delivered through the cleanness of your hands."

Job

23 Then Job replied:

2 "Even today my complaint is bitter;
his hand[v] is heavy in spite of[w] my groaning.
3 If only I knew where to find him;
if only I could go to his dwelling!
4 I would state my case before him
and fill my mouth with arguments.
5 I would find out what he would answer me,
and consider what he would say.
6 Would he oppose me with great power?
No, he would not press charges against me.
7 There an upright man could present his case before him,
and I would be delivered forever from my judge.

8 "But if I go to the east, he is not there;
if I go to the west, I do not find him.
9 When he is at work in the north, I do not see him;
when he turns to the south, I catch no glimpse of him.
10 But he knows the way that I take;
when he has tested me, I will come forth as gold.
11 My feet have closely followed his steps;
I have kept to his way without turning aside.
12 I have not departed from the commands of his lips;
I have treasured the words of his mouth more than my daily bread.

13 "But he stands alone, and who can oppose him?
He does whatever he pleases.
14 He carries out his decree against me,
and many such plans he still has in store.
15 That is why I am terrified before him;
when I think of all this, I fear him.
16 God has made my heart faint;
the Almighty has terrified me.
17 Yet I am not silenced by the darkness,
by the thick darkness that covers my face.

v2 Septuagint and Syriac; Hebrew / the hand on me   w2 Or heavy on me in

Job se queja de que Dios es indiferente ante la maldad

24 ¹Puesto que no son ocultos los tiempos al Todopoderoso,
¿Por qué los que le conocen no ven sus días?
²Traspasan los linderos,
Roban los ganados, y los apacientan.
³Se llevan el asno de los huérfanos,
Y toman en prenda el buey de la viuda.
⁴Hacen apartar del camino a los menesterosos,
Y todos los pobres de la tierra se esconden.
⁵He aquí, como asnos monteses en el desierto,
Salen a su obra madrugando para robar;
El desierto es mantenimiento de sus hijos.
⁶En el campo siegan su pasto,
Y los impíos vendimian la viña ajena.
⁷Al desnudo hacen dormir sin ropa,
Sin tener cobertura contra el frío.
⁸Con las lluvias de los montes se mojan,
Y abrazan las peñas por falta de abrigo.
⁹Quitan el pecho a los huérfanos,
Y de sobre el pobre toman la prenda.
¹⁰Al desnudo hacen andar sin vestido,
Y a los hambrientos quitan las gavillas.
¹¹Dentro de sus paredes exprimen el aceite,
Pisan los lagares, y mueren de sed.
¹²Desde la ciudad gimen los moribundos,
Y claman las almas de los heridos de muerte,
Pero Dios no atiende su oración.

¹³Ellos son los que, rebeldes a la luz,
Nunca conocieron sus caminos,
Ni estuvieron en sus veredas.
¹⁴A la luz se levanta el matador; mata al pobre y al necesitado,
Y de noche es como ladrón.
¹⁵El ojo del adúltero está aguardando la noche,
Diciendo: No me verá nadie;
Y esconde su rostro.
¹⁶En las tinieblas minan las casas
Que de día para sí señalaron;
No conocen la luz.
¹⁷Porque la mañana es para todos ellos como sombra de muerte;
Si son conocidos, terrores de sombra de muerte los toman.

¹⁸Huyen ligeros como corriente de aguas;
Su porción es maldita en la tierra;
No andarán por el camino de las viñas.
¹⁹La sequía y el calor arrebatan las aguas de la nieve;
Así también el Seol a los pecadores.
²⁰Los olvidará el seno materno; de ellos sentirán los gusanos dulzura;
Nunca más habrá de ellos memoria,
Y como un árbol los impíos serán quebrantados.

²¹A la mujer estéril, que no concebía, afligió,
Y a la viuda nunca hizo bien.
²²Pero a los fuertes adelantó con su poder;
Una vez que se levante, ninguno está seguro de la vida.

24 ¹"Why does the Almighty not set times for judgment?
Why must those who know him look in vain for such days?
²Men move boundary stones;
they pasture flocks they have stolen.
³They drive away the orphan's donkey
and take the widow's ox in pledge.
⁴They thrust the needy from the path
and force all the poor of the land into hiding.
⁵Like wild donkeys in the desert,
the poor go about their labor of foraging food;
the wasteland provides food for their children.
⁶They gather fodder in the fields
and glean in the vineyards of the wicked.
⁷Lacking clothes, they spend the night naked;
they have nothing to cover themselves in the cold.
⁸They are drenched by mountain rains
and hug the rocks for lack of shelter.
⁹The fatherless child is snatched from the breast;
the infant of the poor is seized for a debt.
¹⁰Lacking clothes, they go about naked;
they carry the sheaves, but still go hungry.
¹¹They crush olives among the terraces*ˣ*;
they tread the winepresses, yet suffer thirst.
¹²The groans of the dying rise from the city,
and the souls of the wounded cry out for help.
But God charges no one with wrongdoing.

¹³"There are those who rebel against the light,
who do not know its ways
or stay in its paths.
¹⁴When daylight is gone, the murderer rises up
and kills the poor and needy;
in the night he steals forth like a thief.
¹⁵The eye of the adulterer watches for dusk;
he thinks, 'No eye will see me,'
and he keeps his face concealed.
¹⁶In the dark, men break into houses,
but by day they shut themselves in;
they want nothing to do with the light.
¹⁷For all of them, deep darkness is their morning*ʸ*;
they make friends with the terrors of darkness.*ᶻ*

¹⁸"Yet they are foam on the surface of the water;
their portion of the land is cursed,
so that no one goes to the vineyards.
¹⁹As heat and drought snatch away the melted snow,
so the grave*ᵃ* snatches away those who have sinned.
²⁰The womb forgets them,
the worm feasts on them;
evil men are no longer remembered
but are broken like a tree.
²¹They prey on the barren and childless woman,
and to the widow show no kindness.
²²But God drags away the mighty by his power;
though they become established, they have no assurance of life.

ˣ*11* Or *olives between the millstones*; the meaning of the Hebrew for this word is uncertain.   ʸ*17* Or *them, their morning is like the shadow of death*   ᶻ*17* Or *of the shadow of death*
ᵃ*19* Hebrew *Sheol*

23 El les da seguridad y confianza;
    Sus ojos están sobre los caminos de ellos.
24 Fueron exaltados un poco, mas desaparecen,
    Y son abatidos como todos los demás;
    Serán encerrados, y cortados como cabezas de
      espigas.
25 Y si no, ¿quién me desmentirá ahora,
    O reducirá a nada mis palabras?

Bildad niega que el hombre pueda ser justificado delante de Dios

25 ¹ Respondió Bildad suhita, y dijo:

2 El señorío y el temor están con él;
    El hace paz en sus alturas.
3 ¿Tienen sus ejércitos número?
    ¿Sobre quién no está su luz?
4 ¿Cómo, pues, se justificará el hombre para con
      Dios?
    ¿Y cómo será limpio el que nace de mujer?
5 He aquí que ni aun la misma luna será
      resplandeciente,
    Ni las estrellas son limpias delante de sus ojos;
6 ¿Cuánto menos el hombre, que es un gusano,
    Y el hijo de hombre, también gusano?

Job proclama la soberanía de Dios

26 ¹ Respondió Job, y dijo:

2 ¿En qué ayudaste al que no tiene poder?
    ¿Cómo has amparado al brazo sin fuerza?
3 ¿En qué aconsejaste al que no tiene ciencia,
    Y qué plenitud de inteligencia has dado a conocer?
4 ¿A quién has anunciado palabras,
    Y de quién es el espíritu que de ti procede?
5 Las sombras tiemblan en lo profundo,
    Los mares y cuanto en ellos mora.
6 El Seol está descubierto delante de él, y el Abadón
      no tiene cobertura.
7 El extiende el norte sobre vacío,
    Cuelga la tierra sobre nada.
8 Ata las aguas en sus nubes,
    Y las nubes no se rompen debajo de ellas.
9 El encubre la faz de su trono,
    Y sobre él extiende su nube.
10 Puso límite a la superficie de las aguas,
    Hasta el fin de la luz y las tinieblas.
11 Las columnas del cielo tiemblan,
    Y se espantan a su represión.
12 El agita el mar con su poder,
    Y con su entendimiento hiere la arrogancia suya.
13 Su espíritu adornó los cielos;
    Su mano creó la serpiente tortuosa.
14 He aquí, estas cosas son sólo los bordes de sus
      caminos;
    ¡Y cuán leve es el susurro que hemos oído de él!
    Pero el trueno de su poder, ¿quién lo puede
      comprender?

23 He may let them rest in a feeling of security,
    but his eyes are on their ways.
24 For a little while they are exalted, and then they
      are gone;
    they are brought low and gathered up like all
      others;
    they are cut off like heads of grain.
25 "If this is not so, who can prove me false
    and reduce my words to nothing?"

Bildad

25 Then Bildad the Shuhite replied:

2 "Dominion and awe belong to God;
    he establishes order in the heights of heaven.
3 Can his forces be numbered?
    Upon whom does his light not rise?
4 How then can a man be righteous before God?
    How can one born of woman be pure?
5 If even the moon is not bright
    and the stars are not pure in his eyes,
6 how much less man, who is but a maggot—
    a son of man, who is only a worm!"

Job

26 Then Job replied:

2 "How you have helped the powerless!
    How you have saved the arm that is feeble!
3 What advice you have offered to one without
      wisdom!
    And what great insight you have displayed!
4 Who has helped you utter these words?
    And whose spirit spoke from your mouth?

5 "The dead are in deep anguish,
    those beneath the waters and all that live in
      them.
6 Death *b* is naked before God;
    Destruction *c* lies uncovered.
7 He spreads out the northern ˌskiesˌ over empty
      space;
    he suspends the earth over nothing.
8 He wraps up the waters in his clouds,
    yet the clouds do not burst under their weight.
9 He covers the face of the full moon,
    spreading his clouds over it.
10 He marks out the horizon on the face of the
      waters
    for a boundary between light and darkness.
11 The pillars of the heavens quake,
    aghast at his rebuke.
12 By his power he churned up the sea;
    by his wisdom he cut Rahab to pieces.
13 By his breath the skies became fair;
    his hand pierced the gliding serpent.
14 And these are but the outer fringe of his works;
    how faint the whisper we hear of him!
    Who then can understand the thunder of his
      power?"

b 6 Hebrew *Sheol*   *c* 6 Hebrew *Abaddon*

Job describe el castigo de los malos

27 ¹Reasumió Job su discurso, y dijo:
² Vive Dios, que ha quitado mi derecho,
Y el Omnipotente, que amargó el alma mía,
³Que todo el tiempo que mi alma esté en mí,
Y haya hálito de Dios en mis narices,
⁴Mis labios no hablarán iniquidad,
Ni mi lengua pronunciará engaño.
⁵Nunca tal acontezca que yo os justifique;
Hasta que muera, no quitaré de mí mi integridad.
⁶Mi justicia tengo asida, y no la cederé;
No me reprochará mi corazón en todos mis días.

⁷Sea como el impío mi enemigo,
Y como el inicuo mi adversario.
⁸Porque ¿cuál es la esperanza del impío, por mucho que hubiere robado,
Cuando Dios le quitare la vida?
⁹¿Oirá Dios su clamor
Cuando la tribulación viniere sobre él?
¹⁰¿Se deleitará en el Omnipotente?
¿Invocará a Dios en todo tiempo?
¹¹Yo os enseñaré en cuanto a la mano de Dios;
No esconderé lo que hay para con el Omnipotente.
¹²He aquí que todos vosotros lo habéis visto;
¿Por qué, pues, os habéis hecho tan enteramente vanos?
¹³Esta es para con Dios la porción del hombre impío,
Y la herencia que los violentos han de recibir del Omnipotente:
¹⁴Si sus hijos fueren multiplicados, serán para la espada;
Y sus pequeños no se saciarán de pan.
¹⁵Los que de él quedaren, en muerte serán sepultados,
Y no los llorarán sus viudas.
¹⁶Aunque amontone plata como polvo,
Y prepare ropa como lodo,
¹⁷La habrá preparado él, mas el justo se vestirá,
Y el inocente repartirá la plata.
¹⁸Edificó su casa como la polilla,
Y como enramada que hizo el guarda.
¹⁹Rico se acuesta, pero por última vez;
Abrirá sus ojos, y nada tendrá.
²⁰Se apoderarán de él terrores como aguas;
Torbellino lo arrebatará de noche.
²¹Le eleva el solano, y se va;
Y tempestad lo arrebatará de su lugar.
²²Dios, pues, descargará sobre él, y no perdonará;
Hará él por huir de su mano.
²³Batirán las manos sobre él,
Y desde su lugar le silbarán.

El hombre en busca de la sabiduría

28 ¹Ciertamente la plata tiene sus veneros,
Y el oro lugar donde se refina.
²El hierro se saca del polvo,
Y de la piedra se funde el cobre.
³A las tinieblas ponen término,
Y examinan todo a la perfección,
Las piedras que hay en oscuridad y en sombra de muerte.
⁴Abren minas lejos de lo habitado,
En lugares olvidados, donde el pie no pasa.
Son suspendidos y balanceados, lejos de los demás hombres.

27 And Job continued his discourse:
²"As surely as God lives, who has denied me justice,
the Almighty, who has made me taste bitterness of soul,
³as long as I have life within me,
the breath of God in my nostrils,
⁴my lips will not speak wickedness,
and my tongue will utter no deceit.
⁵I will never admit you are in the right;
till I die, I will not deny my integrity.
⁶I will maintain my righteousness and never let go of it;
my conscience will not reproach me as long as I live.

⁷"May my enemies be like the wicked,
my adversaries like the unjust!
⁸For what hope has the godless when he is cut off,
when God takes away his life?
⁹Does God listen to his cry
when distress comes upon him?
¹⁰Will he find delight in the Almighty?
Will he call upon God at all times?
¹¹"I will teach you about the power of God;
the ways of the Almighty I will not conceal.
¹²You have all seen this yourselves.
Why then this meaningless talk?
¹³"Here is the fate God allots to the wicked,
the heritage a ruthless man receives from the Almighty:
¹⁴However many his children, their fate is the sword;
his offspring will never have enough to eat.
¹⁵The plague will bury those who survive him,
and their widows will not weep for them.
¹⁶Though he heaps up silver like dust
and clothes like piles of clay,
¹⁷what he lays up the righteous will wear,
and the innocent will divide his silver.
¹⁸The house he builds is like a moth's cocoon,
like a hut made by a watchman.
¹⁹He lies down wealthy, but will do so no more;
when he opens his eyes, all is gone.
²⁰Terrors overtake him like a flood;
a tempest snatches him away in the night.
²¹The east wind carries him off, and he is gone;
it sweeps him out of his place.
²²It hurls itself against him without mercy
as he flees headlong from its power.
²³It claps its hands in derision
and hisses him out of his place.

28 "There is a mine for silver
and a place where gold is refined.
²Iron is taken from the earth,
and copper is smelted from ore.
³Man puts an end to the darkness;
he searches the farthest recesses
for ore in the blackest darkness.
⁴Far from where people dwell he cuts a shaft,
in places forgotten by the foot of man;
far from men he dangles and sways.

5 De la tierra nace el pan,
  Y debajo de ella está como convertida en fuego.
6 Lugar hay cuyas piedras son zafiro,
  Y sus polvos de oro.

7 Senda que nunca la conoció ave,
  Ni ojo de buitre la vio;
8 Nunca la pisaron animales fieros,
  Ni león pasó por ella.
9 En el pedernal puso su mano,
  Y trastornó de raíz los montes.
10 De los peñascos cortó ríos,
   Y sus ojos vieron todo lo preciado.
11 Detuvo los ríos en su nacimiento,
   E hizo salir a luz lo escondido.

12 Mas ¿dónde se hallará la sabiduría?
   ¿Dónde está el lugar de la inteligencia?
13 No conoce su valor el hombre,
   Ni se halla en la tierra de los vivientes.
14 El abismo dice: No está en mí;
   Y el mar dijo: Ni conmigo.
15 No se dará por oro,
   Ni su precio será a peso de plata.
16 No puede ser apreciada con oro de Ofir,
   Ni con ónice precioso, ni con zafiro.
17 El oro no se le igualará, ni el diamante,
   Ni se cambiará por alhajas de oro fino.
18 No se hará mención de coral ni de perlas;
   La sabiduría es mejor que las piedras preciosas.
19 No se igualará con ella topacio de Etiopía;
   No se podrá apreciar con oro fino.

20 ¿De dónde, pues, vendrá la sabiduría?
   ¿Y dónde está el lugar de la inteligencia?
21 Porque encubierta está a los ojos de todo viviente,
   Y a toda ave del cielo es oculta.
22 El Abadón y la muerte dijeron:
   Su fama hemos oído con nuestros oídos.

23 Dios entiende el camino de ella,
   Y conoce su lugar.
24 Porque él mira hasta los fines de la tierra,
   Y ve cuanto hay bajo los cielos.
25 Al dar peso al viento,
   Y poner las aguas por medida;
26 Cuando él dio ley a la lluvia,
   Y camino al relámpago de los truenos,
27 Entonces la veía él, y la manifestaba;
   La preparó y la descubrió también.
28 Y dijo al hombre:
   He aquí que el temor del Señor es la sabiduría,
   Y el apartarse del mal, la inteligencia.

Job recuerda su felicidad anterior

29 1 Volvió Job a reanudar su discurso, y dijo:

2 ¡Quién me volviese como en los meses pasados,
  Como en los días en que Dios me guardaba,
3 Cuando hacía resplandecer sobre mi cabeza su lámpara,
  A cuya luz yo caminaba en la oscuridad;
4 Como fui en los días de mi juventud,
  Cuando el favor de Dios velaba sobre mi tienda;

5 The earth, from which food comes,
  is transformed below as by fire;
6 sapphires *d* come from its rocks,
  and its dust contains nuggets of gold.
7 No bird of prey knows that hidden path,
  no falcon's eye has seen it.
8 Proud beasts do not set foot on it,
  and no lion prowls there.
9 Man's hand assaults the flinty rock
  and lays bare the roots of the mountains.
10 He tunnels through the rock;
   his eyes see all its treasures.
11 He searches *e* the sources of the rivers
   and brings hidden things to light.

12 "But where can wisdom be found?
   Where does understanding dwell?
13 Man does not comprehend its worth;
   it cannot be found in the land of the living.
14 The deep says, 'It is not in me';
   the sea says, 'It is not with me.'
15 It cannot be bought with the finest gold,
   nor can its price be weighed in silver.
16 It cannot be bought with the gold of Ophir,
   with precious onyx or sapphires.
17 Neither gold nor crystal can compare with it,
   nor can it be had for jewels of gold.
18 Coral and jasper are not worthy of mention;
   the price of wisdom is beyond rubies.
19 The topaz of Cush cannot compare with it;
   it cannot be bought with pure gold.

20 "Where then does wisdom come from?
   Where does understanding dwell?
21 It is hidden from the eyes of every living thing,
   concealed even from the birds of the air.
22 Destruction *f* and Death say,
   'Only a rumor of it has reached our ears.'
23 God understands the way to it
   and he alone knows where it dwells,
24 for he views the ends of the earth
   and sees everything under the heavens.
25 When he established the force of the wind
   and measured out the waters,
26 when he made a decree for the rain
   and a path for the thunderstorm,
27 then he looked at wisdom and appraised it;
   he confirmed it and tested it.
28 And he said to man,
   'The fear of the Lord—that is wisdom,
   and to shun evil is understanding.' "

29 Job continued his discourse:

2 "How I long for the months gone by,
  for the days when God watched over me,
3 when his lamp shone upon my head
  and by his light I walked through darkness!
4 Oh, for the days when I was in my prime,
  when God's intimate friendship blessed my house,

---

d 6 Or *lapis lazuli*; also in verse 16   *e 11* Septuagint, Aquila and
Vulgate; Hebrew *He dams up*   *f 22* Hebrew *Abaddon*

5 Cuando aún estaba conmigo el Omnipotente,
Y mis hijos alrededor de mí;
6 Cuando lavaba yo mis pasos con leche,
Y la piedra me derramaba ríos de aceite!
7 Cuando yo salía a la puerta a juicio,
Y en la plaza hacía preparar mi asiento,
8 Los jóvenes me veían, y se escondían;
Y los ancianos se levantaban, y estaban de pie.
9 Los príncipes detenían sus palabras;
Ponían la mano sobre su boca.
10 La voz de los principales se apagaba,
Y su lengua se pegaba a su paladar.
11 Los oídos que me oían me llamaban
bienaventurado,
Y los ojos que me veían me daban testimonio,
12 Porque yo libraba al pobre que clamaba,
Y al huérfano que carecía de ayudador.
13 La bendición del que se iba a perder venía
sobre mí,
Y al corazón de la viuda yo daba alegría.
14 Me vestía de justicia, y ella me cubría;
Como manto y diadema era mi rectitud.
15 Yo era ojos al ciego,
Y pies al cojo.
16 A los menesterosos era padre,
Y de la causa que no entendía, me informaba con
diligencia;
17 Y quebrantaba los colmillos del inicuo,
Y de sus dientes hacía soltar la presa.
18 Decía yo: En mi nido moriré,
Y como arena multiplicaré mis días.
19 Mi raíz estaba abierta junto a las aguas,
Y en mis ramas permanecía el rocío.
20 Mi honra se renovaba en mí,
Y mi arco se fortalecía en mi mano.

21 Me oían, y esperaban,
Y callaban a mi consejo.
22 Tras mi palabra no replicaban,
Y mi razón destilaba sobre ellos.
23 Me esperaban como a la lluvia,
Y abrían su boca como a la lluvia tardía.
24 Si me reía con ellos, no lo creían;
Y no abatían la luz de mi rostro.
25 Calificaba yo el camino de ellos, y me sentaba entre
ellos como el jefe;
Y moraba como rey en el ejército,
Como el que consuela a los que lloran.

Job lamenta su desdicha actual

30 1 Pero ahora se ríen de mí los más jóvenes que
yo,
A cuyos padres yo desdeñara poner con los perros
de mi ganado.
2 ¿Y de qué me serviría ni aun la fuerza de sus
manos?
No tienen fuerza alguna.
3 Por causa de la pobreza y del hambre andaban
solos;
Huían a la soledad, a lugar tenebroso, asolado y
desierto.
4 Recogían malvas entre los arbustos,
Y raíces de enebro para calentarse.
5 Eran arrojados de entre las gentes,
Y todos les daban grita como tras el ladrón.

5 when the Almighty was still with me
and my children were around me,
6 when my path was drenched with cream
and the rock poured out for me streams of
olive oil.
7 "When I went to the gate of the city
and took my seat in the public square,
8 the young men saw me and stepped aside
and the old men rose to their feet;
9 the chief men refrained from speaking
and covered their mouths with their hands;
10 the voices of the nobles were hushed,
and their tongues stuck to the roof of their
mouths.
11 Whoever heard me spoke well of me,
and those who saw me commended me,
12 because I rescued the poor who cried for help,
and the fatherless who had none to assist him.
13 The man who was dying blessed me;
I made the widow's heart sing.
14 I put on righteousness as my clothing;
justice was my robe and my turban.
15 I was eyes to the blind
and feet to the lame.
16 I was a father to the needy;
I took up the case of the stranger.
17 I broke the fangs of the wicked
and snatched the victims from their teeth.
18 "I thought, 'I will die in my own house,
my days as numerous as the grains of sand.
19 My roots will reach to the water,
and the dew will lie all night on my branches.
20 My glory will remain fresh in me,
the bow ever new in my hand.'
21 "Men listened to me expectantly,
waiting in silence for my counsel.
22 After I had spoken, they spoke no more;
my words fell gently on their ears.
23 They waited for me as for showers
and drank in my words as the spring rain.
24 When I smiled at them, they scarcely believed it;
the light of my face was precious to them.*g*
25 I chose the way for them and sat as their chief;
I dwelt as a king among his troops;
I was like one who comforts mourners.

30 "But now they mock me,
men younger than I,
whose fathers I would have disdained
to put with my sheep dogs.
2 Of what use was the strength of their hands to
me,
since their vigor had gone from them?
3 Haggard from want and hunger,
they roamed*h* the parched land
in desolate wastelands at night.
4 In the brush they gathered salt herbs,
and their food*i* was the root of the broom
tree.
5 They were banished from their fellow men,
shouted at as if they were thieves.

g24 The meaning of the Hebrew for this clause is uncertain.
h3 Or gnawed   i4 Or fuel

6Habitaban en las barrancas de los arroyos,
En las cavernas de la tierra, y en las rocas.
7Bramaban entre las matas,
Y se reunían debajo de los espinos.
8Hijos de viles, y hombres sin nombre,
Más bajos que la misma tierra.

9Y ahora yo soy objeto de su burla,
Y les sirvo de refrán.
10Me abominan, se alejan de mí,
Y aun de mi rostro no detuvieron su saliva.
11Porque Dios desató su cuerda, y me afligió,
Por eso se desenfrenaron delante de mi rostro.
12A la mano derecha se levantó el populacho;
Empujaron mis pies,
Y prepararon contra mí caminos de perdición.
13Mi senda desbarataron,
Se aprovecharon de mi quebrantamiento,
Y contra ellos no hubo ayudador.
14Vinieron como por portillo ancho,
Se revolvieron sobre mi calamidad.
15Se han revuelto turbaciones sobre mí;
Combatieron como viento mi honor,
Y mi prosperidad pasó como nube.

16Y ahora mi alma está derramada en mí;
Días de aflicción se apoderan de mí.
17La noche taladra mis huesos,
Y los dolores que me roen no reposan.
18La violencia deforma mi vestidura;
me ciñe como el cuello de mi túnica.
19El me derribó en el lodo,
Y soy semejante al polvo y a la ceniza.
20Clamo a ti, y no me oyes;
Me presento, y no me atiendes.
21Te has vuelto cruel para mí;
Con el poder de tu mano me persigues.
22Me alzaste sobre el viento, me hiciste cabalgar en él,
Y disolviste mi sustancia.
23Porque yo sé que me conduces a la muerte,
Y a la casa determinada a todo viviente.

24Mas él no extenderá la mano contra el sepulcro;
¿Clamarán los sepultados cuando él los quebrantare?
25¿No lloré yo al afligido?
Y mi alma, ¿no se entristeció sobre el menesteroso?
26Cuando esperaba yo el bien, entonces vino el mal;
Y cuando esperaba luz, vino la oscuridad.
27Mis entrañas se agitan, y no reposan;
Días de aflicción me han sobrecogido.
28Ando ennegrecido, y no por el sol;
Me he levantado en la congregación, y clamado.
29He venido a ser hermano de chacales,
Y compañero de avestruces.
30Mi piel se ha ennegrecido y se me cae,
Y mis huesos arden de calor.
31Se ha cambiado mi arpa en luto,
Y mi flauta en voz de lamentadores.

Job afirma su integridad

31 1Hice pacto con mis ojos;
¿Cómo, pues, había yo de mirar a una virgen?

6They were forced to live in the dry stream beds,
among the rocks and in holes in the ground.
7They brayed among the bushes
and huddled in the undergrowth.
8A base and nameless brood,
they were driven out of the land.

9"And now their sons mock me in song;
I have become a byword among them.
10They detest me and keep their distance;
they do not hesitate to spit in my face.
11Now that God has unstrung my bow and afflicted me,
they throw off restraint in my presence.
12On my right the tribe/ attacks;
they lay snares for my feet,
they build their siege ramps against me.
13They break up my road;
they succeed in destroying me—
without anyone's helping them.k
14They advance as through a gaping breach;
amid the ruins they come rolling in.
15Terrors overwhelm me;
my dignity is driven away as by the wind,
my safety vanishes like a cloud.

16"And now my life ebbs away;
days of suffering grip me.
17Night pierces my bones;
my gnawing pains never rest.
18In his great power ‚God‚ becomes like clothing to mel;
he binds me like the neck of my garment.
19He throws me into the mud,
and I am reduced to dust and ashes.

20"I cry out to you, O God, but you do not answer;
I stand up, but you merely look at me.
21You turn on me ruthlessly;
with the might of your hand you attack me.
22You snatch me up and drive me before the wind;
you toss me about in the storm.
23I know you will bring me down to death,
to the place appointed for all the living.

24"Surely no one lays a hand on a broken man
when he cries for help in his distress.
25Have I not wept for those in trouble?
Has not my soul grieved for the poor?
26Yet when I hoped for good, evil came;
when I looked for light, then came darkness.
27The churning inside me never stops;
days of suffering confront me.
28I go about blackened, but not by the sun;
I stand up in the assembly and cry for help.
29I have become a brother of jackals,
a companion of owls.
30My skin grows black and peels;
my body burns with fever.
31My harp is tuned to mourning,
and my flute to the sound of wailing.

31 "I made a covenant with my eyes
not to look lustfully at a girl.

---

l12 The meaning of the Hebrew for this word is uncertain.
k13 Or me. / 'No one can help him,' ‚they say‚.　l18 Hebrew;
Septuagint ‚God‚ grasps my clothing

2 Porque ¿qué galardón me daría de arriba Dios,
  Y qué heredad el Omnipotente desde las alturas?
3 ¿No hay quebrantamiento para el impío,
  Y extrañamiento para los que hacen iniquidad?
4 ¿No ve él mis caminos,
  Y cuenta todos mis pasos?

5 Si anduve con mentira,
  Y si mi pie se apresuró a engaño,
6 Péseme Dios en balanzas de justicia,
  Y conocerá mi integridad.
7 Si mis pasos se apartaron del camino,
  Si mi corazón se fue tras mis ojos,
  Y si algo se pegó a mis manos,
8 Siembre yo, y otro coma,
  Y sea arrancada mi siembra.

9 Si fue mi corazón engañado acerca de mujer,
  Y si estuve acechando a la puerta de mi prójimo,
10 Muela para otro mi mujer,
   Y sobre ella otros se encorven.
11 Porque es maldad e iniquidad
   Que han de castigar los jueces.
12 Porque es fuego que devoraría hasta el Abadón,
   Y consumiría toda mi hacienda.
13 Si hubiera tenido en poco el derecho de mi siervo y
   de mi sierva,
   Cuando ellos contendían conmigo,
14 ¿Qué haría yo cuando Dios se levantase?
   Y cuando él preguntara, ¿qué le respondería yo?
15 El que en el vientre me hizo a mí, ¿no lo hizo a él?
   ¿Y no nos dispuso uno mismo en la matriz?

16 Si estorbé el contento de los pobres,
   E hice desfallecer los ojos de la viuda;
17 Si comí mi bocado solo,
   Y no comió de él el huérfano
18 (Porque desde mi juventud creció conmigo como
   con un padre,
   Y desde el vientre de mi madre fui guía de la
   viuda);
19 Si he visto que pereciera alguno sin vestido,
   Y al menesteroso sin abrigo;
20 Si no me bendijeron sus lomos,
   Y del vellón de mis ovejas se calentaron;
21 Si alcé contra el huérfano mi mano,
   Aunque viese que me ayudaran en la puerta;
22 Mi espalda se caiga de mi hombro,
   Y el hueso de mi brazo sea quebrado.
23 Porque temí el castigo de Dios,
   Contra cuya majestad yo no tendría poder.

24 Si puse en el oro mi esperanza,
   Y dije al oro: Mi confianza eres tú;
25 Si me alegré de que mis riquezas se multiplicasen,
   Y de que mi mano hallase mucho;
26 Si he mirado al sol cuando resplandecía,
   O a la luna cuando iba hermosa,
27 Y mi corazón se engañó en secreto,
   Y mi boca besó mi mano;
28 Esto también sería maldad juzgada;
   Porque habría negado al Dios soberano.

2 For what is man's lot from God above,
  his heritage from the Almighty on high?
3 Is it not ruin for the wicked,
  disaster for those who do wrong?
4 Does he not see my ways
  and count my every step?

5 "If I have walked in falsehood
  or my foot has hurried after deceit—
6 let God weigh me in honest scales
  and he will know that I am blameless—
7 if my steps have turned from the path,
  if my heart has been led by my eyes,
  or if my hands have been defiled,
8 then may others eat what I have sown,
  and may my crops be uprooted.

9 "If my heart has been enticed by a woman,
  or if I have lurked at my neighbor's door,
10 then may my wife grind another man's grain,
   and may other men sleep with her.
11 For that would have been shameful,
   a sin to be judged.
12 It is a fire that burns to Destruction^m;
   it would have uprooted my harvest.

13 "If I have denied justice to my menservants and
   maidservants
   when they had a grievance against me,
14 what will I do when God confronts me?
   What will I answer when called to account?
15 Did not he who made me in the womb make
   them?
   Did not the same one form us both within our
   mothers?

16 "If I have denied the desires of the poor
   or let the eyes of the widow grow weary,
17 if I have kept my bread to myself,
   not sharing it with the fatherless—
18 but from my youth I reared him as would a
   father,
   and from my birth I guided the widow—
19 if I have seen anyone perishing for lack of
   clothing,
   or a needy man without a garment,
20 and his heart did not bless me
   for warming him with the fleece from my
   sheep,
21 if I have raised my hand against the fatherless,
   knowing that I had influence in court,
22 then let my arm fall from the shoulder,
   let it be broken off at the joint.
23 For I dreaded destruction from God,
   and for fear of his splendor I could not do
   such things.

24 "If I have put my trust in gold
   or said to pure gold, 'You are my security,'
25 if I have rejoiced over my great wealth,
   the fortune my hands had gained,
26 if I have regarded the sun in its radiance
   or the moon moving in splendor,
27 so that my heart was secretly enticed
   and my hand offered them a kiss of homage,
28 then these also would be sins to be judged,
   for I would have been unfaithful to God on
   high.

---

^{m}12 Hebrew *Abaddon*

29 Si me alegré en el quebrantamiento del que me
    aborrecía,
    Y me regocijé cuando le halló el mal
30 (Ni aun entregué al pecado mi lengua,
    Pidiendo maldición para su alma);
31 Si mis siervos no decían:
    ¿Quién no se ha saciado de su carne?
32 (El forastero no pasaba fuera la noche;
    Mis puertas abría al caminante);
33 Si encubrí como hombre mis transgresiones,
    Escondiendo en mi seno mi iniquidad,
34 Porque tuve temor de la gran multitud,
    Y el menosprecio de las familias me atemorizó,
    Y callé, y no salí de mi puerta;
35 ¡Quién me diera quien me oyese!
    He aquí mi confianza es que el
    Omnipotente testificará por mí,
    Aunque mi adversario me forme proceso.
36 Ciertamente yo lo llevaría sobre mi hombro,
    Y me lo ceñiría como una corona.
37 Yo le contaría el número de mis pasos,
    Y como príncipe me presentaría ante él.

38 Si mi tierra clama contra mí,
    Y lloran todos sus surcos;
39 Si comí su sustancia sin dinero,
    O afligí el alma de sus dueños,
40 En lugar de trigo me nazcan abrojos,
    Y espinos en lugar de cebada.

Aquí terminan las palabras de Job.

Eliú justifica su derecho de contestar a Job

32 1 Cesaron estos tres varones de responder a Job, por cuanto él era justo a sus propios ojos.
2 Entonces Eliú hijo de Baraquel buzita, de la familia de Ram, se encendió en ira contra Job; se encendió en ira, por cuanto se justificaba a sí mismo más que a Dios.
3 Asimismo se encendió en ira contra sus tres amigos, porque no hallaban qué responder, aunque habían condenado a Job.
4 Y Eliú había esperado a Job en la disputa, porque los otros eran más viejos que él.
5 Pero viendo Eliú que no había respuesta en la boca de aquellos tres varones, se encendió en ira.

6 Y respondió Eliú hijo de Baraquel buzita, y dijo:
Yo soy joven, y vosotros ancianos;
Por tanto, he tenido miedo, y he temido declararos
    mi opinión.
7 Yo decía: Los días hablarán,
    Y la muchedumbre de años declarará sabiduría.
8 Ciertamente espíritu hay en el hombre,
    Y el soplo del Omnipotente le hace que entienda.
9 No son los sabios los de mucha edad,
    Ni los ancianos entienden el derecho.
10 Por tanto, yo dije: Escuchadme;
    Declararé yo también mi sabiduría.

11 He aquí yo he esperado a vuestras razones,
    He escuchado vuestros argumentos,
    En tanto que buscabais palabras.

29 "If I have rejoiced at my enemy's misfortune
    or gloated over the trouble that came to
      him—
30 I have not allowed my mouth to sin
    by invoking a curse against his life—
31 if the men of my household have never said,
    'Who has not had his fill of Job's meat?'—
32 but no stranger had to spend the night in the
      street,
    for my door was always open to the traveler—
33 if I have concealed my sin as men do, [n]
    by hiding my guilt in my heart
34 because I so feared the crowd
    and so dreaded the contempt of the clans
    that I kept silent and would not go outside
35 ("Oh, that I had someone to hear me!
    I sign now my defense—let the Almighty
      answer me;
    let my accuser put his indictment in writing.
36 Surely I would wear it on my shoulder,
    I would put it on like a crown.
37 I would give him an account of my every step;
    like a prince I would approach him.)—

38 "if my land cries out against me
    and all its furrows are wet with tears,
39 if I have devoured its yield without payment
    or broken the spirit of its tenants,
40 then let briers come up instead of wheat
    and weeds instead of barley."

The words of Job are ended.

Elihu

32 So these three men stopped answering Job, because he was righteous in his own eyes. 2 But Elihu son of Barakel the Buzite, of the family of Ram, became very angry with Job for justifying himself rather than God. 3 He was also angry with the three friends, because they had found no way to refute Job, and yet had condemned him. [o] 4 Now Elihu had waited before speaking to Job because they were older than he. 5 But when he saw that the three men had nothing more to say, his anger was aroused.

6 So Elihu son of Barakel the Buzite said:

"I am young in years,
    and you are old;
that is why I was fearful,
    not daring to tell you what I know.
7 I thought, 'Age should speak;
    advanced years should teach wisdom.'
8 But it is the spirit [p] in a man,
    the breath of the Almighty, that gives him
      understanding.
9 It is not only the old [q] who are wise,
    not only the aged who understand what is
      right.

10 "Therefore I say: Listen to me;
    I too will tell you what I know.
11 I waited while you spoke,
    I listened to your reasoning;
    while you were searching for words,

---

[n]33 Or *as Adam did*   [o]3 Masoretic Text; an ancient Hebrew scribal tradition *Job, and so had condemned God*   [p]8 Or *Spirit*; also in verse 18   [q]9 Or *many*; or *great*

12 Os he prestado atención,
Y he aquí que no hay de vosotros quien redarguya a Job,
Y responda a sus razones.
13 Para que no digáis: Nosotros hemos hallado sabiduría;
Lo vence Dios, no el hombre.
14 Ahora bien, Job no dirigió contra mí sus palabras,
Ni yo le responderé con vuestras razones.

15 Se espantaron, no respondieron más;
Se les fueron los razonamientos.
16 Yo, pues, he esperado, pero no hablaban;
Más bien callaron y no respondieron más.
17 Por eso yo también responderé mi parte;
También yo declararé mi juicio.
18 Porque lleno estoy de palabras,
Y me apremia el espíritu dentro de mí.
19 De cierto mi corazón está como el vino que no tiene respiradero,
Y se rompe como odres nuevos,
20 Hablaré, pues, y respiraré;
Abriré mis labios, y responderé.
21 No haré ahora acepción de personas,
Ni usaré con nadie de títulos lisonjeros.
22 Porque no sé hablar lisonjas;
De otra manera, en breve mi Hacedor me consumiría.

Eliú censura a Job

33 1 Por tanto , Job, oye ahora mis razones,
Y escucha todas mis palabras.
2 He aquí yo abriré ahora mi boca,
Y mi lengua hablará en mi garganta.
3 Mis razones declararán la rectitud de mi corazón,
Y lo que saben mis labios, lo hablarán con sinceridad.
4 El espíritu de Dios me hizo,
Y el soplo del Omnipotente me dio vida.
5 Respóndeme si puedes;
Ordena tus palabras, ponte en pie.
6 Heme aquí a mí en lugar de Dios, conforme a tu dicho;
De barro fui yo también formado.
7 He aquí, mi terror no te espantará
Ni mi mano se agravará sobre ti.

8 De cierto tú dijiste a oídos míos,
Y yo oí la voz de tus palabras que decían:
9 Yo soy limpio y sin defecto;
Soy inocente, y no hay maldad en mí.
10 He aquí que él buscó reproches contra mí,
Y me tiene por su enemigo;
11 Puso mis pies en el cepo,
Y vigiló todas mis sendas.

12 He aquí, en esto no has hablado justamente;
Yo te responderé que mayor es Dios que el hombre.
13 ¿Por qué contiendes contra él?
Porque él no da cuenta de ninguna de sus razones.
14 Sin embargo, en una o en dos maneras habla Dios;
Pero el hombre no entiende.
15 Por sueño, en visión nocturna,
Cuando el sueño cae sobre los hombres,
Cuando se adormecen sobre el lecho,
16 Entonces revela al oído de los hombres,
Y les señala su consejo,

12   I gave you my full attention.
But not one of you has proved Job wrong;
none of you has answered his arguments.
13 Do not say, 'We have found wisdom;
let God refute him, not man.'
14 But Job has not marshaled his words against me,
and I will not answer him with your arguments.

15 "They are dismayed and have no more to say;
words have failed them.
16 Must I wait, now that they are silent,
now that they stand there with no reply?
17 I too will have my say;
I too will tell what I know.
18 For I am full of words,
and the spirit within me compels me;
19 inside I am like bottled-up wine,
like new wineskins ready to burst.
20 I must speak and find relief;
I must open my lips and reply.
21 I will show partiality to no one,
nor will I flatter any man;
22 for if I were skilled in flattery,
my Maker would soon take me away.

33 "But now, Job, listen to my words;
pay attention to everything I say.
2 I am about to open my mouth;
my words are on the tip of my tongue.
3 My words come from an upright heart;
my lips sincerely speak what I know.
4 The Spirit of God has made me;
the breath of the Almighty gives me life.
5 Answer me then, if you can;
prepare yourself and confront me.
6 I am just like you before God;
I too have been taken from clay.
7 No fear of me should alarm you,
nor should my hand be heavy upon you.

8 "But you have said in my hearing—
I heard the very words—
9 'I am pure and without sin;
I am clean and free from guilt.
10 Yet God has found fault with me;
he considers me his enemy.
11 He fastens my feet in shackles;
he keeps close watch on all my paths.'

12 "But I tell you, in this you are not right,
for God is greater than man.
13 Why do you complain to him
that he answers none of man's words *r*?
14 For God does speak—now one way, now another—
though man may not perceive it.
15 In a dream, in a vision of the night,
when deep sleep falls on men
as they slumber in their beds,
16 he may speak in their ears
and terrify them with warnings,

r 13 Or that he does not answer for any of his actions

17 Para quitar al hombre de su obra,
   Y apartar del varón la soberbia.
18 Detendrá su alma del sepulcro,
   Y su vida de que perezca a espada.

19 También sobre su cama es castigado
   Con dolor fuerte en todos sus huesos,
20 Que le hace que su vida aborrezca el pan,
   Y su alma la comida suave.
21 Su carne desfallece, de manera que no se ve,
   Y sus huesos, que antes no se veían, aparecen.
22 Su alma se acerca al sepulcro,
   Y su vida a los que causan la muerte.
23 Si tuviese cerca de él
   Algún elocuente mediador muy escogido,
   Que anuncie al hombre su deber;
24 Que le diga que Dios tuvo de él misericordia,
   Que lo libró de descender al sepulcro,
   Que halló redención;
25 Su carne será más tierna que la del niño,
   Volverá a los días de su juventud.
26 Orará a Dios, y éste le amará,
   Y verá su faz con júbilo;
   Y restaurará al hombre su justicia.
27 El mira sobre los hombres; y al que dijere:
   Pequé, y pervertí lo recto,
   Y no me ha aprovechado,
28 Dios redimirá su alma para que no pase al sepulcro,
   Y su vida se verá en luz.

29 He aquí, todas estas cosas hace Dios
   Dos y tres veces con el hombre,
30 Para apartar su alma del sepulcro,
   Y para iluminarlo con la luz de los vivientes.
31 Escucha, Job, y óyeme;
   Calla, y yo hablaré.
32 Si tienes razones, respóndeme;
   Habla, porque yo te quiero justificar.
33 Y si no, óyeme tú a mí;
   Calla, y te enseñaré sabiduría.

Eliú justifica a Dios

34 1 Además Eliú dijo:

2 Oíd, sabios, mis palabras;
   Y vosotros, doctos, estadme atentos.
3 Porque el oído prueba las palabras,
   Como el paladar gusta lo que uno come.
4 Escojamos para nosotros el juicio,
   Conozcamos entre nosotros cuál sea lo bueno.
5 Porque Job ha dicho: Yo soy justo,
   Y Dios me ha quitado mi derecho.
6 ¿He de mentir yo contra mi razón?
   Dolorosa es mi herida sin haber hecho yo
   transgresión.
7 ¿Qué hombre hay como Job,
   Que bebe el escarnio como agua,
8 Y va en compañía con los que hacen iniquidad,
   Y anda con los hombres malos?
9 Porque ha dicho: De nada servirá al hombre
   El conformar su voluntad a Dios.

17 to turn man from wrongdoing
   and keep him from pride,
18 to preserve his soul from the pit,s
   his life from perishing by the sword.t
19 Or a man may be chastened on a bed of pain
   with constant distress in his bones,
20 so that his very being finds food repulsive
   and his soul loathes the choicest meal.
21 His flesh wastes away to nothing,
   and his bones, once hidden, now stick out.
22 His soul draws near to the pit,u
   and his life to the messengers of death.v
23 "Yet if there is an angel on his side
   as a mediator, one out of a thousand,
   to tell a man what is right for him,
24 to be gracious to him and say,
   'Spare him from going down to the pitw;
   I have found a ransom for him' —
25 then his flesh is renewed like a child's;
   it is restored as in the days of his youth.
26 He prays to God and finds favor with him,
   he sees God's face and shouts for joy;
   he is restored by God to his righteous state.
27 Then he comes to men and says,
   'I sinned, and perverted what was right,
   but I did not get what I deserved.
28 He redeemed my soul from going down to the
      pit,x
   and I will live to enjoy the light.'

29 "God does all these things to a man —
   twice, even three times —
30 to turn back his soul from the pit,y
   that the light of life may shine on him.
31 "Pay attention, Job, and listen to me;
   be silent, and I will speak.
32 If you have anything to say, answer me;
   speak up, for I want you to be cleared.
33 But if not, then listen to me;
   be silent, and I will teach you wisdom."

34 Then Elihu said:

2 "Hear my words, you wise men;
   listen to me, you men of learning.
3 For the ear tests words
   as the tongue tastes food.
4 Let us discern for ourselves what is right;
   let us learn together what is good.
5 "Job says, 'I am innocent,
   but God denies me justice.
6 Although I am right,
   I am considered a liar;
   although I am guiltless,
   his arrow inflicts an incurable wound.'
7 What man is like Job,
   who drinks scorn like water?
8 He keeps company with evildoers;
   he associates with wicked men.
9 For he says, 'It profits a man nothing
   when he tries to please God.'

s 18 Or preserve him from the grave   t 18 Or from crossing the
River   u 22 Or He draws near to the grave   v 22 Or to the
dead   w 24 Or grave   x 28 Or redeemed me from going down
to the grave   y 30 Or turn him back from the grave

¹⁰Por tanto, varones de inteligencia, oídme:
Lejos esté de Dios la impiedad,
Y del Omnipotente la iniquidad.
¹¹Porque él pagará al hombre según su obra,
Y le retribuirá conforme a su camino.
¹²Sí, por cierto, Dios no hará injusticia,
Y el Omnipotente no pervertirá el derecho.
¹³¿Quién visitó por él la tierra?
¿Y quién puso en orden todo el mundo?
¹⁴Si él pusiese sobre el hombre su corazón,
Y recogiese así su espíritu y su aliento,
¹⁵Toda carne perecería juntamente,
Y el hombre volvería al polvo.

¹⁶Si, pues, hay en ti entendimiento, oye esto;
Escucha la voz de mis palabras.
¹⁷¿Gobernará el que aborrece juicio?
¿Y condenarás tú al que es tan justo?
¹⁸¿Se dirá al rey: Perverso;
Y a los príncipes: Impíos?
¹⁹¿Cuánto menos a aquel que no hace acepción de
personas de príncipes,
Ni respeta más al rico que al pobre,
Porque todos son obra de sus manos?
²⁰En un momento morirán,
Y a medianoche se alborotarán los pueblos, y
pasarán,
Y sin mano será quitado el poderoso.
²¹Porque sus ojos están sobre los caminos del hombre,
Y ve todos sus pasos.
²²No hay tinieblas ni sombra de muerte
Donde se escondan los que hacen maldad.
²³No carga, pues, él al hombre más de lo justo,
Para que vaya con Dios a juicio.
²⁴El quebrantará a los fuertes sin indagación,
Y hará estar a otros en su lugar.
²⁵Por tanto, él hará notorias las obras de ellos,
Cuando los trastorne en la noche, y sean
quebrantados.
²⁶Como a malos los herirá
En lugar donde sean vistos;
²⁷Por cuanto así se apartaron de él,
Y no consideraron ninguno de sus caminos,
²⁸Haciendo venir delante de él el clamor del pobre,
Y que oiga el clamor de los necesitados.
²⁹Si él diere reposo, ¿quién inquietará?
Si escondiere el rostro, ¿quién lo mirará?
Esto sobre una nación, y lo mismo sobre un
hombre;
³⁰Haciendo que no reine el hombre impío
Para vejaciones del pueblo.

³¹De seguro conviene que se diga a Dios:
He llevado ya castigo, no ofenderé ya más;
³²Enséñame tú lo que yo no veo;
Si hice mal, no lo haré más.
³³¿Ha de ser eso según tu parecer?
El te retribuirá, ora rehúses, ora aceptes, y no yo;
Dí, si no, lo que tú sabes.
³⁴Los hombres inteligentes dirán conmigo,
Y el hombre sabio que me oiga:
³⁵Que Job no habla con sabiduría,
Y que sus palabras no son con entendimiento.

¹⁰"So listen to me, you men of understanding.
Far be it from God to do evil,
from the Almighty to do wrong.
¹¹He repays a man for what he has done;
he brings upon him what his conduct
deserves.
¹²It is unthinkable that God would do wrong,
that the Almighty would pervert justice.
¹³Who appointed him over the earth?
Who put him in charge of the whole world?
¹⁴If it were his intention
and he withdrew his spirit[z] and breath,
¹⁵all mankind would perish together
and man would return to the dust.

¹⁶"If you have understanding, hear this;
listen to what I say.
¹⁷Can he who hates justice govern?
Will you condemn the just and mighty One?
¹⁸Is he not the One who says to kings, 'You are
worthless,'
and to nobles, 'You are wicked,'
¹⁹who shows no partiality to princes
and does not favor the rich over the poor,
for they are all the work of his hands?
²⁰They die in an instant, in the middle of the
night;
the people are shaken and they pass away;
the mighty are removed without human hand.

²¹"His eyes are on the ways of men;
he sees their every step.
²²There is no dark place, no deep shadow,
where evildoers can hide.
²³God has no need to examine men further,
that they should come before him for
judgment.
²⁴Without inquiry he shatters the mighty
and sets up others in their place.
²⁵Because he takes note of their deeds,
he overthrows them in the night and they are
crushed.
²⁶He punishes them for their wickedness
where everyone can see them,
²⁷because they turned from following him
and had no regard for any of his ways.
²⁸They caused the cry of the poor to come before
him,
so that he heard the cry of the needy.
²⁹But if he remains silent, who can condemn him?
If he hides his face, who can see him?
Yet he is over man and nation alike,
³⁰ to keep a godless man from ruling,
from laying snares for the people.

³¹"Suppose a man says to God,
'I am guilty but will offend no more.
³²Teach me what I cannot see;
if I have done wrong, I will not do so again.'
³³Should God then reward you on your terms,
when you refuse to repent?
You must decide, not I;
so tell me what you know.

³⁴"Men of understanding declare,
wise men who hear me say to me,
³⁵'Job speaks without knowledge;
his words lack insight.'

z14 Or Spirit

36 Deseo yo que Job sea probado ampliamente,
A causa de sus respuestas semejantes a las de los
    hombres inicuos.
37 Porque a su pecado añadió rebeldía;
Bate palmas contra nosotros,
Y contra Dios multiplica sus palabras.

35 ¹ Prosiguió Eliú en su razonamiento, y dijo:

² ¿Piensas que es cosa recta lo que has dicho:
Más justo soy yo que Dios?
³ Porque dijiste: ¿Qué ventaja sacaré de ello?
¿O qué provecho tendré de no haber pecado?
⁴ Yo te responderé razones,
Y a tus compañeros contigo.
⁵ Mira a los cielos, y ve,
Y considera que las nubes son más altas que tú.
⁶ Si pecares, ¿qué habrás logrado contra él?
Y si tus rebeliones se multiplicaren, ¿qué le
    harás tú?
⁷ Si fueres justo, ¿qué le darás a él?
¿O qué recibirá de tu mano?
⁸ Al hombre como tú dañará tu impiedad,
Y al hijo de hombre aprovechará tu justicia.

⁹ A causa de la multitud de las violencias claman,
Y se lamentan por el poderío de los grandes.
¹⁰ Y ninguno dice: ¿Dónde está Dios mi Hacedor,
Que da cánticos en la noche,
¹¹ Que nos enseña más que a las bestias de la tierra,
Y nos hace sabios más que a las aves del cielo?
¹² Allí clamarán, y él no oirá,
Por la soberbia de los malos.
¹³ Ciertamente Dios no oirá la vanidad,
Ni la mirará el Omnipotente.
¹⁴ ¿Cuánto menos cuando dices que no haces caso
    de él?
La causa está delante de él; por tanto, aguárdale.
¹⁵ Mas ahora, porque en su ira no castiga,
Ni inquiere con rigor,
¹⁶ Por eso Job abre su boca vanamente,
multiplica palabras sin sabiduría.

Eliú exalta la grandeza de Dios

36 ¹ Añadió Eliú y dijo:

² Espérame un poco, y te enseñaré;
Porque todavía tengo razones en defensa de Dios.
³ Tomaré mi saber desde lejos,
Y atribuiré justicia a mi Hacedor.
⁴ Porque de cierto no son mentira mis palabras;
Contigo está el que es íntegro en sus conceptos.

⁵ He aquí que Dios es grande, pero no desestima a
    nadie;
Es poderoso en fuerza de sabiduría.
⁶ No otorgará vida al impío,
Pero a los afligidos dará su derecho.

36 Oh, that Job might be tested to the utmost
for answering like a wicked man!
37 To his sin he adds rebellion;
scornfully he claps his hands among us
and multiplies his words against God."

35 Then Elihu said:

² "Do you think this is just?
You say, 'I will be cleared by God.'ᵃ
³ Yet you ask him, 'What profit is it to me,ᵇ
and what do I gain by not sinning?'
⁴ "I would like to reply to you
and to your friends with you.
⁵ Look up at the heavens and see;
gaze at the clouds so high above you.
⁶ If you sin, how does that affect him?
If your sins are many, what does that do to
    him?
⁷ If you are righteous, what do you give to him,
or what does he receive from your hand?
⁸ Your wickedness affects only a man like yourself,
and your righteousness only the sons of men.

⁹ "Men cry out under a load of oppression;
they plead for relief from the arm of the
    powerful.
¹⁰ But no one says, 'Where is God my Maker,
who gives songs in the night,
¹¹ who teaches more to us than toᶜ the beasts of
    the earth
and makes us wiser thanᵈ the birds of the
    air?'
¹² He does not answer when men cry out
because of the arrogance of the wicked.
¹³ Indeed, God does not listen to their empty plea;
the Almighty pays no attention to it.
¹⁴ How much less, then, will he listen
when you say that you do not see him,
that your case is before him
and you must wait for him,
¹⁵ and further, that his anger never punishes
and he does not take the least notice of
    wickedness.ᵉ
¹⁶ So Job opens his mouth with empty talk;
without knowledge he multiplies words."

36 Elihu continued:

² "Bear with me a little longer and I will show you
that there is more to be said in God's behalf.
³ I get my knowledge from afar;
I will ascribe justice to my Maker.
⁴ Be assured that my words are not false;
one perfect in knowledge is with you.

⁵ "God is mighty, but does not despise men;
he is mighty, and firm in his purpose.
⁶ He does not keep the wicked alive
but gives the afflicted their rights.

ᵃ2 Or *My righteousness is more than God's*   ᵇ3 Or *you*
ᶜ11 Or *teaches us by*   ᵈ11 Or *us wise by*   ᵉ15 Symmachus,
Theodotion and Vulgate; the meaning of the Hebrew for this word
is uncertain.

⁷ No apartará de los justos sus ojos;
Antes bien con los reyes los pondrá en trono para siempre,
Y serán exaltados.
⁸ Y si estuvieren prendidos en grillos,
Y aprisionados en las cuerdas de aflicción,
⁹ El les dará a conocer la obra de ellos
Y que prevalecieron sus rebeliones.
¹⁰ Despierta además el oído de ellos para la corrección,
Y les dice que se conviertan de la iniquidad.
¹¹ Si oyeren, y le sirvieren,
Acabarán sus días en bienestar,
Y sus años en dicha.
¹² Pero si no oyeren, serán pasados a espada,
Y perecerán sin sabiduría.

¹³ Mas los hipócritas de corazón atesoran para sí la ira,
Y no clamarán cuando él los atare.
¹⁴ Fallecerá el alma de ellos en su juventud,
Y su vida entre los sodomitas.
¹⁵ Al pobre librará de su pobreza,
Y en la aflicción despertará su oído.
¹⁶ Asimismo te apartará de la boca de la angustia
A lugar espacioso, libre de todo apuro,
Y te preparará mesa llena de grosura.
¹⁷ Mas tú has llenado el juicio del impío,
En vez de sustentar el juicio y la justicia.
¹⁸ Por lo cual teme, no sea que en su ira te quite con golpe,
El cual no puedas apartar de ti con gran rescate.
¹⁹ ¿Hará él estima de tus riquezas, del oro,
O de todas las fuerzas del poder?
²⁰ No anheles la noche,
En que los pueblos desaparecen de su lugar.
²¹ Guárdate, no te vuelvas a la iniquidad;
Pues ésta escogiste más bien que la aflicción.
²² He aquí que Dios es excelso en su poder;
¿Qué enseñador semejante a él?
²³ ¿Quién le ha prescrito su camino?
¿Y quién le dirá: Has hecho mal?

²⁴ Acuérdate de engrandecer su obra,
La cual contemplan los hombres.
²⁵ Los hombres todos la ven;
La mira el hombre de lejos.
²⁶ He aquí, Dios es grande, y nosotros no le conocemos,
Ni se puede seguir la huella de sus años.
²⁷ El atrae las gotas de las aguas,
Al transformarse el vapor en lluvia,
²⁸ La cual destilan las nubes,
Goteando en abundancia sobre los hombres.
²⁹ ¿Quién podrá comprender la extensión de las nubes,
Y el sonido estrepitoso de su morada?
³⁰ He aquí que sobre él extiende su luz,
Y cobija con ella las profundidades del mar.
³¹ Bien que por esos medios castiga a los pueblos
A la multitud él da sustento.
³² Con las nubes encubre la luz,
Y le manda no brillar, interponiendo aquéllas.

⁷ He does not take his eyes off the righteous;
he enthrones them with kings
and exalts them forever.
⁸ But if men are bound in chains,
held fast by cords of affliction,
⁹ he tells them what they have done—
that they have sinned arrogantly.
¹⁰ He makes them listen to correction
and commands them to repent of their evil.
¹¹ If they obey and serve him,
they will spend the rest of their days in prosperity
and their years in contentment.
¹² But if they do not listen,
they will perish by the sword*f*
and die without knowledge.

¹³ "The godless in heart harbor resentment;
even when he fetters them, they do not cry for help.
¹⁴ They die in their youth,
among male prostitutes of the shrines.
¹⁵ But those who suffer he delivers in their suffering;
he speaks to them in their affliction.

¹⁶ "He is wooing you from the jaws of distress
to a spacious place free from restriction,
to the comfort of your table laden with choice food.
¹⁷ But now you are laden with the judgment due the wicked;
judgment and justice have taken hold of you.
¹⁸ Be careful that no one entices you by riches;
do not let a large bribe turn you aside.
¹⁹ Would your wealth
or even all your mighty efforts
sustain you so you would not be in distress?
²⁰ Do not long for the night,
to drag people away from their homes.*g*
²¹ Beware of turning to evil,
which you seem to prefer to affliction.

²² "God is exalted in his power.
Who is a teacher like him?
²³ Who has prescribed his ways for him,
or said to him, 'You have done wrong'?
²⁴ Remember to extol his work,
which men have praised in song.
²⁵ All mankind has seen it;
men gaze on it from afar.
²⁶ How great is God—beyond our understanding!
The number of his years is past finding out.

²⁷ "He draws up the drops of water,
which distill as rain to the streams*h*;
²⁸ the clouds pour down their moisture
and abundant showers fall on mankind.
²⁹ Who can understand how he spreads out the clouds,
how he thunders from his pavilion?
³⁰ See how he scatters his lightning about him,
bathing the depths of the sea.
³¹ This is the way he governs*i* the nations
and provides food in abundance.
³² He fills his hands with lightning
and commands it to strike its mark.

---

*f*12 Or *will cross the River*   *g*20 The meaning of the Hebrew for verses 18-20 is uncertain.   *h*27 Or *distill from the mist as rain*
*i*31 Or *nourishes*

33 El trueno declara su indignación,
    Y la tempestad proclama su ira contra la iniquidad.

37
1 Por eso también se estremece mi corazón,
    Y salta de su lugar.
2 Oíd atentamente el estrépito de su voz,
    Y el sonido que sale de su boca.
3 Debajo de todos los cielos lo dirige,
    Y su luz hasta los fines de la tierra.
4 Después de ella brama el sonido,
    Truena él con voz majestuosa;
    Y aunque sea oída su voz, no los detiene.
5 Truena Dios maravillosamente con su voz;
    El hace grandes cosas, que nosotros no entendemos.
6 Porque a la nieve dice: Desciende a la tierra;
    También a la llovizna, y a los aguaceros torrenciales.
7 Así hace retirarse a todo hombre,
    Para que los hombres todos reconozcan su obra.
8 Las bestias entran en su escondrijo,
    Y se están en sus moradas.
9 Del sur viene el torbellino,
    Y el frío de los vientos del norte.
10 Por el soplo de Dios se da el hielo,
    Y las anchas aguas se congelan.
11 Regando también llega a disipar la densa nube,
    Y con su luz esparce la niebla.
12 Asimismo por sus designios se revuelven las nubes en derredor,
    Para hacer sobre la faz del mundo,
    En la tierra, lo que él les mande.
13 Unas veces por azote, otras por causa de su tierra,
    Otras por misericordia las hará venir.

14 Escucha esto, Job;
    Detente, y considera las maravillas de Dios.
15 ¿Sabes tú cómo Dios las pone en concierto,
    Y hace resplandecer la luz de su nube?
16 ¿Has conocido tú las diferencias de las nubes,
    Las maravillas del Perfecto en sabiduría?
17 ¿Por qué están calientes tus vestidos
    Cuando él sosiega la tierra con el viento del sur?
18 ¿Extendiste tú con él los cielos,
    Firmes como un espejo fundido?
19 Muéstranos qué le hemos de decir;
    Porque nosotros no podemos ordenar las ideas a causa de las tinieblas.
20 ¿Será preciso contarle cuando yo hablare?
    Por más que el hombre razone, quedará como abismado.

21 Mas ahora ya no se puede mirar la luz esplendente en los cielos,
    Luego que pasa el viento y los limpia,
22 Viniendo de la parte del norte la dorada claridad.
    En Dios hay una majestad terrible.
23 El es Todopoderoso, al cual no alcanzamos, grande en poder;
    Y en juicio y en multitud de justicia no afligirá.

33 His thunder announces the coming storm;
    even the cattle make known its approach.*j*

37
"At this my heart pounds
    and leaps from its place.
2 Listen! Listen to the roar of his voice,
    to the rumbling that comes from his mouth.
3 He unleashes his lightning beneath the whole heaven
    and sends it to the ends of the earth.
4 After that comes the sound of his roar;
    he thunders with his majestic voice.
    When his voice resounds,
    he holds nothing back.
5 God's voice thunders in marvelous ways;
    he does great things beyond our understanding.
6 He says to the snow, 'Fall on the earth,'
    and to the rain shower, 'Be a mighty downpour.'
7 So that all men he has made may know his work,
    he stops every man from his labor.*k*
8 The animals take cover;
    they remain in their dens.
9 The tempest comes out from its chamber,
    the cold from the driving winds.
10 The breath of God produces ice,
    and the broad waters become frozen.
11 He loads the clouds with moisture;
    he scatters his lightning through them.
12 At his direction they swirl around
    over the face of the whole earth
    to do whatever he commands them.
13 He brings the clouds to punish men,
    or to water his earth*l* and show his love.

14 "Listen to this, Job;
    stop and consider God's wonders.
15 Do you know how God controls the clouds
    and makes his lightning flash?
16 Do you know how the clouds hang poised,
    those wonders of him who is perfect in knowledge?
17 You who swelter in your clothes
    when the land lies hushed under the south wind,
18 can you join him in spreading out the skies,
    hard as a mirror of cast bronze?

19 "Tell us what we should say to him;
    we cannot draw up our case because of our darkness.
20 Should he be told that I want to speak?
    Would any man ask to be swallowed up?
21 Now no one can look at the sun,
    bright as it is in the skies
    after the wind has swept them clean.
22 Out of the north he comes in golden splendor;
    God comes in awesome majesty.
23 The Almighty is beyond our reach and exalted in power;
    in his justice and great righteousness, he does not oppress.

---

*j*33 Or announces his coming— / the One zealous against evil
*k*7 Or / he fills all men with fear by his power   *l*13 Or to favor them

24 Lo temerán por tanto los hombres;
El no estima a ninguno que cree en su propio
corazón ser sabio.

Jehová convence a Job de su ignorancia

38 1 Entonces respondió Jehová a Job desde un torbellino, y dijo:

2 ¿Quién es ése que oscurece el consejo
Con palabras sin sabiduría?
3 Ahora ciñe como varón tus lomos;
Yo te preguntaré, y tú me contestarás.

4 ¿Dónde estabas tú cuando yo fundaba la tierra?
Házmelo saber, si tienes inteligencia.
5 ¿Quién ordenó sus medidas, si lo sabes?
¿O quién extendió sobre ella cordel?
6 ¿Sobre qué están fundadas sus bases?
¿O quién puso su piedra angular,
7 Cuando alababan todas las estrellas del alba,
Y se regocijaban todos los hijos de Dios?

8 ¿Quién encerró con puertas el mar,
Cuando se derramaba saliéndose de su seno,
9 Cuando puse yo nubes por vestidura suya,
Y por su faja oscuridad,
10 Y establecí sobre él mi decreto,
Le puse puertas y cerrojo,
11 Y dije: Hasta aquí llegarás, y no pasarás adelante,
Y ahí parará el orgullo de tus olas?
12 ¿Has mandado tú a la mañana en tus días?
¿Has mostrado al alba su lugar,
13 Para que ocupe los fines de la tierra,
Y para que sean sacudidos de ella los impíos?
14 Ella muda luego de aspecto como barro bajo el
sello,
Y viene a estar como con vestidura;
15 Mas la luz de los impíos es quitada de ellos,
Y el brazo enaltecido es quebrantado.

16 ¿Has entrado tú hasta las fuentes del mar,
Y has andado escudriñando el abismo?
17 ¿Te han sido descubiertas las puertas de la muerte,
Y has visto las puertas de la sombra de muerte?
18 ¿Has considerado tú hasta las anchuras de la tierra?
Declara si sabes todo esto.

19 ¿Por dónde va el camino a la habitación de la luz,
Y dónde está el lugar de las tinieblas,
20 Para que las lleves a sus límites,
Y entiendas las sendas de su casa?
21 ¡Tú lo sabes! Pues entonces ya habías nacido,
Y es grande el número de tus días.

22 ¿Has entrado tú en los tesoros de la nieve,
O has visto los tesoros del granizo
23 Que tengo reservados para el tiempo de angustia,
Para el día de la guerra y de la batalla?
24 ¿Por qué camino se reparte la luz,
Y se esparce el viento solano sobre la tierra?

24 Therefore, men revere him,
for does he not have regard for all the wise in
heart? m"

The LORD Speaks

38 Then the LORD answered Job out of the storm.
He said:

2 "Who is this that darkens my counsel
with words without knowledge?
3 Brace yourself like a man;
I will question you,
and you shall answer me.

4 "Where were you when I laid the earth's
foundation?
Tell me, if you understand.
5 Who marked off its dimensions? Surely you
know!
Who stretched a measuring line across it?
6 On what were its footings set,
or who laid its cornerstone—
7 while the morning stars sang together
and all the angels n shouted for joy?

8 "Who shut up the sea behind doors
when it burst forth from the womb,
9 when I made the clouds its garment
and wrapped it in thick darkness,
10 when I fixed limits for it
and set its doors and bars in place,
11 when I said, 'This far you may come and no
farther;
here is where your proud waves halt'?

12 "Have you ever given orders to the morning,
or shown the dawn its place,
13 that it might take the earth by the edges
and shake the wicked out of it?
14 The earth takes shape like clay under a seal;
its features stand out like those of a garment.
15 The wicked are denied their light,
and their upraised arm is broken.

16 "Have you journeyed to the springs of the sea
or walked in the recesses of the deep?
17 Have the gates of death been shown to you?
Have you seen the gates of the shadow of
death o?
18 Have you comprehended the vast expanses of the
earth?
Tell me, if you know all this.

19 "What is the way to the abode of light?
And where does darkness reside?
20 Can you take them to their places?
Do you know the paths to their dwellings?
21 Surely you know, for you were already born!
You have lived so many years!

22 "Have you entered the storehouses of the snow
or seen the storehouses of the hail,
23 which I reserve for times of trouble,
for days of war and battle?
24 What is the way to the place where the lightning
is dispersed,
or the place where the east winds are
scattered over the earth?

m 24 Or *for he does not have regard for any who think they are
wise.*   n 7 Hebrew *the sons of God*   o 17 Or *gates of deep
shadows*

25 ¿Quién repartió conducto al turbión,
   Y camino a los relámpagos y truenos,
26 Haciendo llover sobre la tierra deshabitada,
   Sobre el desierto, donde no hay hombre,
27 Para saciar la tierra desierta e inculta,
   Y para hacer brotar la tierna hierba?

28 ¿Tiene la lluvia padre?
   ¿O quién engendró las gotas del rocío?
29 ¿De qué vientre salió el hielo?
   Y la escarcha del cielo, ¿quién la engendró?
30 Las aguas se endurecen a manera de piedra,
   Y se congela la faz del abismo.

31 ¿Podrás tú atar los lazos de las Pléyades,
   O desatarás las ligaduras de Orión?
32 ¿Sacarás tú a su tiempo las constelaciones de los
   cielos,
   O guiarás a la Osa Mayor con sus hijos?
33 ¿Supiste tú las ordenanzas de los cielos?
   ¿Dispondrás tú de su potestad en la tierra?

34 ¿Alzarás tú a las nubes tu voz,
   Para que te cubra muchedumbre de aguas?
35 ¿Enviarás tú los relámpagos, para que ellos vayan?
   ¿Y te dirán ellos: Henos aquí?
36 ¿Quién puso la sabiduría en el corazón?
   ¿O quién dio al espíritu inteligencia?
37 ¿Quién puso por cuenta los cielos con sabiduría?
   Y los odres de los cielos, ¿quién los hace inclinar,
38 Cuando el polvo se ha convertido en dureza,
   Y los terrones se han pegado unos con otros?

39 ¿Cazarás tú la presa para el león?
   ¿Saciarás el hambre de los leoncillos,
40 Cuando están echados en las cuevas,
   O se están en sus guaridas para acechar?
41 ¿Quién prepara al cuervo su alimento,
   Cuando sus polluelos claman a Dios,
   Y andan errantes por falta de comida?

39 ¹ ¿Sabes tú el tiempo en que paren las cabras
   monteses?
   ¿O miraste tú las ciervas cuando están pariendo?
2 ¿Contaste tú los meses de su preñez,
   Y sabes el tiempo cuando han de parir?
3 Se encorvan, hacen salir sus hijos,
   Pasan sus dolores.
4 Sus hijos se fortalecen, crecen con el pasto;
   Salen, y no vuelven a ellas.

5 ¿Quién echó libre al asno montés,
   Y quién soltó sus ataduras?
6 Al cual yo puse casa en la soledad,
   Y sus moradas en lugares estériles.
7 Se burla de la multitud de la ciudad;
   No oye las voces del arriero.
8 Lo oculto de los montes es su pasto,
   Y anda buscando toda cosa verde.

9 ¿Querrá el búfalo servirte a ti,
   O quedar en tu pesebre?
10 ¿Atarás tú al búfalo con coyunda para el surco?
   ¿Labrará los valles en pos de ti?

25 Who cuts a channel for the torrents of rain,
   and a path for the thunderstorm,
26 to water a land where no man lives,
   a desert with no one in it,
27 to satisfy a desolate wasteland
   and make it sprout with grass?
28 Does the rain have a father?
   Who fathers the drops of dew?
29 From whose womb comes the ice?
   Who gives birth to the frost from the heavens
30 when the waters become hard as stone,
   when the surface of the deep is frozen?

31 "Can you bind the beautiful*p* Pleiades?
   Can you loose the cords of Orion?
32 Can you bring forth the constellations in their
   seasons*q*
   or lead out the Bear*r* with its cubs?
33 Do you know the laws of the heavens?
   Can you set up ⸢God's⸣*s* dominion over the
   earth?

34 "Can you raise your voice to the clouds
   and cover yourself with a flood of water?
35 Do you send the lightning bolts on their way?
   Do they report to you, 'Here we are'?
36 Who endowed the heart*t* with wisdom
   or gave understanding to the mind*t*?
37 Who has the wisdom to count the clouds?
   Who can tip over the water jars of the
   heavens
38 when the dust becomes hard
   and the clods of earth stick together?

39 "Do you hunt the prey for the lioness
   and satisfy the hunger of the lions
40 when they crouch in their dens
   or lie in wait in a thicket?
41 Who provides food for the raven
   when its young cry out to God
   and wander about for lack of food?

39 "Do you know when the mountain goats
   give birth?
   Do you watch when the doe bears her fawn?
2 Do you count the months till they bear?
   Do you know the time they give birth?
3 They crouch down and bring forth their young;
   their labor pains are ended.
4 Their young thrive and grow strong in the wilds;
   they leave and do not return.

5 "Who let the wild donkey go free?
   Who untied his ropes?
6 I gave him the wasteland as his home,
   the salt flats as his habitat.
7 He laughs at the commotion in the town;
   he does not hear a driver's shout.
8 He ranges the hills for his pasture
   and searches for any green thing.

9 "Will the wild ox consent to serve you?
   Will he stay by your manger at night?
10 Can you hold him to the furrow with a harness?
   Will he till the valleys behind you?

---

p31 Or *the twinkling;* or *the chains of the* ⁹*32* Or *the*
morning star in its season *r32* Or *out Leo* *s33* Or *his;* or
their *t36* The meaning of the Hebrew for this word is
uncertain.

11 ¿Confiarás tú en él, por ser grande su fuerza,
Y le fiarás tu labor?
12 ¿Fiarás de él para que recoja tu semilla,
Y la junte en tu era?

13 ¿Diste tú hermosas alas al pavo real,
O alas y plumas al avestruz?
14 El cual desampara en la tierra sus huevos,
Y sobre el polvo los calienta,
15 Y olvida que el pie los puede pisar,
Y que puede quebrarlos la bestia del campo.
16 Se endurece para con sus hijos, como si no fuesen
suyos,
No temiendo que su trabajo haya sido en vano;
17 Porque le privó Dios de sabiduría,
Y no le dio inteligencia.
18 Luego que se levanta en alto,
Se burla del caballo y de su jinete.

19 ¿Diste tú al caballo la fuerza?
¿Vestiste tú su cuello de crines ondulantes?
20 ¿Le intimidarás tú como a langosta?
El resoplido de su nariz es formidable.
21 Escarba la tierra, se alegra en su fuerza,
Sale al encuentro de las armas;
22 Hace burla del espanto, y no teme,
Ni vuelve el rostro delante de la espada.
23 Contra él suenan la aljaba,
El hierro de la lanza y de la jabalina;
24 Y él con ímpetu y furor escarba la tierra,
Sin importarle el sonido de la trompeta;
25 Antes como que dice entre los clarines: ¡Ea!
Y desde lejos huele la batalla,
El grito de los capitanes, y el vocerío.

26 ¿Vuela el gavilán por tu sabiduría,
Y extiende hacia el sur sus alas?
27 ¿Se remonta el águila por tu mandamiento,
Y pone en alto su nido?
28 Ella habita y mora en la peña,
En la cumbre del peñasco y de la roca.
29 Desde allí acecha la presa;
Sus ojos observan de muy lejos.
30 Sus polluelos chupan la sangre;
Y donde hubiere cadáveres, allí está ella.

40

1 Además respondió Jehová a Job, y dijo:

2 ¿Es sabiduría contender con el Omnipotente?
El que disputa con Dios, responda a esto.

3 Entonces respondió Job a Jehová, y dijo:

4 He aquí que yo soy vil; ¿qué te responderé?
Mi mano pongo sobre mi boca.
5 Una vez hablé, más no responderé;
Aun dos veces, mas no volveré a hablar.

Manifestaciones del poder de Dios

6 Respondió Jehová a Job desde el torbellino, y dijo:

7 Cíñete ahora como varón tus lomos;
Yo te preguntaré, y tú me responderás.
8 ¿Invalidarás tú también mi juicio?
¿Me condenarás a mí, para justificarte tú?
9 ¿Tienes tú un brazo como el de Dios?
¿Y truenas con voz como la suya?

11 Will you rely on him for his great strength?
Will you leave your heavy work to him?
12 Can you trust him to bring in your grain
and gather it to your threshing floor?

13 "The wings of the ostrich flap joyfully,
but they cannot compare with the pinions and
feathers of the stork.
14 She lays her eggs on the ground
and lets them warm in the sand,
15 unmindful that a foot may crush them,
that some wild animal may trample them.
16 She treats her young harshly, as if they were not
hers;
she cares not that her labor was in vain,
17 for God did not endow her with wisdom
or give her a share of good sense.
18 Yet when she spreads her feathers to run,
she laughs at horse and rider.

19 "Do you give the horse his strength
or clothe his neck with a flowing mane?
20 Do you make him leap like a locust,
striking terror with his proud snorting?
21 He paws fiercely, rejoicing in his strength,
and charges into the fray.
22 He laughs at fear, afraid of nothing;
he does not shy away from the sword.
23 The quiver rattles against his side,
along with the flashing spear and lance.
24 In frenzied excitement he eats up the ground;
he cannot stand still when the trumpet sounds.
25 At the blast of the trumpet he snorts, 'Aha!'
He catches the scent of battle from afar,
the shout of commanders and the battle cry.

26 "Does the hawk take flight by your wisdom
and spread his wings toward the south?
27 Does the eagle soar at your command
and build his nest on high?
28 He dwells on a cliff and stays there at night;
a rocky crag is his stronghold.
29 From there he seeks out his food;
his eyes detect it from afar.
30 His young ones feast on blood,
and where the slain are, there is he."

40

The LORD said to Job:

2 "Will the one who contends with the Almighty
correct him?
Let him who accuses God answer him!"

3 Then Job answered the LORD:

4 "I am unworthy—how can I reply to you?
I put my hand over my mouth.
5 I spoke once, but I have no answer—
twice, but I will say no more."

6 Then the LORD spoke to Job out of the storm:

7 "Brace yourself like a man;
I will question you,
and you shall answer me.

8 "Would you discredit my justice?
Would you condemn me to justify yourself?
9 Do you have an arm like God's,
and can your voice thunder like his?

10 Adórnate ahora de majestad y de alteza,
Y vístete de honra y de hermosura.
11 Derrama el ardor de tu ira;
Mira a todo altivo, y abátelo.
12 Mira a todo soberbio, y humíllalo,
Y quebranta a los impíos en su sitio.
13 Encúbrelos a todos en el polvo,
Encierra sus rostros en la oscuridad;
14 Y yo también te confesaré
Que podrá salvarte tu diestra.

15 He aquí ahora behemot, el cual hice como a ti;
Hierba come como buey.
16 He aquí ahora que su fuerza está en sus lomos,
Y su vigor en los músculos de su vientre.
17 Su cola mueve como un cedro,
Y los nervios de sus muslos están entretejidos.
18 Sus huesos son fuertes como bronce,
Y sus miembros como barras de hierro.
19 El es el principio de los caminos de Dios;
El que lo hizo, puede hacer que su espada a él se
acerque.
20 Ciertamente los montes producen hierba para él;
Y toda bestia del campo retoza allá.
21 Se echará debajo de las sombras,
En lo oculto de las cañas y de los lugares húmedos.
22 Los árboles sombríos lo cubren con su sombra;
Los sauces del arroyo lo rodean.
23 He aquí, sale de madre el río, pero él no se inmuta;
Tranquilo está, aunque todo un Jordán se estrelle
contra su boca.
24 ¿Lo tomará alguno cuando está vigilante,
Y horadará su nariz?

41 ¹ ¿Sacarás tú al leviatán con anzuelo,
O con cuerda que le eches en su lengua?
2 ¿Pondrás tú soga en sus narices,
Y horadarás con garfio su quijada?
3 ¿Multiplicará él ruegos para contigo?
¿Te hablará él lisonjas?
4 ¿Hará pacto contigo
Para que lo tomes por siervo perpetuo?
5 ¿Jugarás con él como con pájaro,
O lo atarás para tus niñas?
6 ¿Harán de él banquete los compañeros?
¿Lo repartirán entre los mercaderes?
7 ¿Cortarás tú con cuchillo su piel,
O con arpón de pescadores su cabeza?
8 Pon tu mano sobre él;
Te acordarás de la batalla, y nunca más volverás.
9 He aquí que la esperanza acerca de él será burlada,
Porque aun a su sola vista se desmayarán.
10 Nadie hay tan osado que lo despierte;
¿Quién, pues, podrá estar delante de mí?
11 ¿Quién me ha dado a mí primero, para que yo
restituya?
Todo lo que hay debajo del cielo es mío.

12 No guardaré silencio sobre sus miembros,
Ni sobre sus fuerzas y la gracia de su disposición.
13 ¿Quién descubrirá la delantera de su vestidura?
¿Quién se acercará a él con su freno doble?

10 Then adorn yourself with glory and splendor,
and clothe yourself in honor and majesty.
11 Unleash the fury of your wrath,
look at every proud man and bring him low,
12 look at every proud man and humble him,
crush the wicked where they stand.
13 Bury them all in the dust together;
shroud their faces in the grave.
14 Then I myself will admit to you
that your own right hand can save you.

15 "Look at the behemoth,ᵘ
which I made along with you
and which feeds on grass like an ox.
16 What strength he has in his loins,
what power in the muscles of his belly!
17 His tailᵛ sways like a cedar;
the sinews of his thighs are close-knit.
18 His bones are tubes of bronze,
his limbs like rods of iron.
19 He ranks first among the works of God,
yet his Maker can approach him with his
sword.
20 The hills bring him their produce,
and all the wild animals play nearby.
21 Under the lotus plants he lies,
hidden among the reeds in the marsh.
22 The lotuses conceal him in their shadow;
the poplars by the stream surround him.
23 When the river rages, he is not alarmed;
he is secure, though the Jordan should surge
against his mouth.
24 Can anyone capture him by the eyes,ʷ
or trap him and pierce his nose?

41 "Can you pull in the leviathanˣ with a
fishhook
or tie down his tongue with a rope?
2 Can you put a cord through his nose
or pierce his jaw with a hook?
3 Will he keep begging you for mercy?
Will he speak to you with gentle words?
4 Will he make an agreement with you
for you to take him as your slave for life?
5 Can you make a pet of him like a bird
or put him on a leash for your girls?
6 Will traders barter for him?
Will they divide him up among the merchants?
7 Can you fill his hide with harpoons
or his head with fishing spears?
8 If you lay a hand on him,
you will remember the struggle and never do
it again!
9 Any hope of subduing him is false;
the mere sight of him is overpowering.
10 No one is fierce enough to rouse him.
Who then is able to stand against me?
11 Who has a claim against me that I must pay?
Everything under heaven belongs to me.

12 "I will not fail to speak of his limbs,
his strength and his graceful form.
13 Who can strip off his outer coat?
Who would approach him with a bridle?

ᵘ15 Possibly the hippopotamus or the elephant   ᵛ17 Possibly
trunk   ʷ24 Or *by a water hole*   ˣ1 Possibly the crocodile

14 ¿Quién abrirá las puertas de su rostro?
Las hileras de sus dientes espantan.
15 La gloria de su vestido son escudos fuertes,
Cerrados entre sí estrechamente.
16 El uno se junta con el otro,
Que viento no entra entre ellos.
17 Pegado está el uno con el otro;
Están trabados entre sí, que no se pueden apartar.
18 Con sus estornudos enciende lumbre,
Y sus ojos son como los párpados del alba.
19 De su boca salen hachones de fuego;
Centellas de fuego proceden.
20 De sus narices sale humo,
Como de una olla o caldero que hierve.
21 Su aliento enciende los carbones,
Y de su boca sale llama.
22 En su cerviz está la fuerza,
Y delante de él se esparce el desaliento.
23 Las partes más flojas de su carne están endurecidas;
Están en él firmes, y no se mueven.
24 Su corazón es firme como una piedra,
Y fuerte como la muela de abajo.
25 De su grandeza tienen temor los fuertes,
Y a causa de su desfallecimiento hacen por purificarse.
26 Cuando alguno lo alcanzare,
Ni espada, ni lanza, ni dardo, ni coselete durará.
27 Estima como paja el hierro,
Y el bronce como leño podrido.
28 Saeta no le hace huir;
Las piedras de honda le son como paja.
29 Tiene toda arma por hojarasca,
Y del blandir de la jabalina se burla.
30 Por debajo tiene agudas conchas;
Imprime su agudez en el suelo.
31 Hace hervir como una olla el mar profundo,
Y lo vuelve como una olla de ungüento.
32 En pos de sí hace resplandecer la senda,
Que parece que el abismo es cano.
33 No hay sobre la tierra quien se le parezca;
Animal hecho exento de temor.
34 Menosprecia toda cosa alta;
Es rey sobre todos los soberbios.

Confesión y justificación de Job

42 1 Respondió Job a Jehová, y dijo:

2 Yo conozco que todo lo puedes,
Y que no hay pensamiento que se esconda de ti.
3 ¿Quién es el que oscurece el consejo sin entendimiento?
Por tanto, yo hablaba lo que no entendía;
Cosas demasiado maravillosas para mí, que yo no comprendía.
4 Oye, te ruego, y hablaré;
Te preguntaré, y tú me enseñarás.
5 De oídas te había oído;
Mas ahora mis ojos te ven.
6 Por tanto me aborrezco,
Y me arrepiento en polvo y ceniza.

14 Who dares open the doors of his mouth,
ringed about with his fearsome teeth?
15 His back has𝑦 rows of shields
tightly sealed together;
16 each is so close to the next
that no air can pass between.
17 They are joined fast to one another;
they cling together and cannot be parted.
18 His snorting throws out flashes of light;
his eyes are like the rays of dawn.
19 Firebrands stream from his mouth;
sparks of fire shoot out.
20 Smoke pours from his nostrils
as from a boiling pot over a fire of reeds.
21 His breath sets coals ablaze,
and flames dart from his mouth.
22 Strength resides in his neck;
dismay goes before him.
23 The folds of his flesh are tightly joined;
they are firm and immovable.
24 His chest is hard as rock,
hard as a lower millstone.
25 When he rises up, the mighty are terrified;
they retreat before his thrashing.
26 The sword that reaches him has no effect,
nor does the spear or the dart or the javelin.
27 Iron he treats like straw
and bronze like rotten wood.
28 Arrows do not make him flee;
slingstones are like chaff to him.
29 A club seems to him but a piece of straw;
he laughs at the rattling of the lance.
30 His undersides are jagged potsherds,
leaving a trail in the mud like a threshing sledge.
31 He makes the depths churn like a boiling caldron
and stirs up the sea like a pot of ointment.
32 Behind him he leaves a glistening wake;
one would think the deep had white hair.
33 Nothing on earth is his equal—
a creature without fear.
34 He looks down on all that are haughty;
he is king over all that are proud."

Job

42 Then Job replied to the LORD:

2 "I know that you can do all things;
no plan of yours can be thwarted.
3 ∟You asked,˩ 'Who is this that obscures my counsel without knowledge?'
Surely I spoke of things I did not understand,
things too wonderful for me to know.

4 ∟"You said,˩ 'Listen now, and I will speak;
I will question you,
and you shall answer me.'
5 My ears had heard of you
but now my eyes have seen you.
6 Therefore I despise myself
and repent in dust and ashes."

𝑦15 Or *His pride is his*

7 Y aconteció que después que habló Jehová estas palabras a Job, Jehová dijo a Elifaz temanita: Mi ira se encendió contra ti y tus dos compañeros; porque no habéis hablado de mí lo recto, como mi siervo Job.

8 Ahora, pues, tomaos siete becerros y siete carneros, e id a mi siervo Job, y ofreced holocausto por vosotros, y mi siervo Job orará por vosotros; porque de cierto a él atenderé para no trataros afrentosamente, por cuanto no habéis hablado de mí con rectitud, como mi siervo Job.

9 Fueron, pues, Elifaz temanita, Bildad suhita y Zofar naamatita, e hicieron como Jehová les dijo; y Jehová aceptó la oración de Job.

Restauración de la prosperidad de Job

10 Y quitó Jehová la aflicción de Job, cuando él hubo orado por sus amigos; y aumentó al doble todas las cosas que habían sido de Job.

11 Y vinieron a él todos sus hermanos y todas sus hermanas, y todos los que antes le habían conocido, y comieron con él pan en su casa, y se condolieron de él, y le consolaron de todo aquel mal que Jehová había traído sobre él; y cada uno de ellos le dio una pieza de dinero y un anillo de oro.

12 Y bendijo Jehová el postrer estado de Job más que el primero; porque tuvo catorce mil ovejas, seis mil camellos, mil yuntas de bueyes y mil asnas,

13 y tuvo siete hijos y tres hijas.

14 Llamó el nombre de la primera, Jemima, el de la segunda, Cesia, y el de la tercera, Keren-hapuc.

15 Y no había mujeres tan hermosas como las hijas de Job en toda la tierra; y les dio su padre herencia entre sus hermanos.

16 Después de esto vivió Job ciento cuarenta años, y vio a sus hijos, y a los hijos de sus hijos, hasta la cuarta generación.

Epilogue

7 After the LORD had said these things to Job, he said to Eliphaz the Temanite, "I am angry with you and your two friends, because you have not spoken of me what is right, as my servant Job has. 8 So now take seven bulls and seven rams and go to my servant Job and sacrifice a burnt offering for yourselves. My servant Job will pray for you, and I will accept his prayer and not deal with you according to your folly. You have not spoken of me what is right, as my servant Job has." 9 So Eliphaz the Temanite, Bildad the Shuhite and Zophar the Naamathite did what the LORD told them; and the LORD accepted Job's prayer.

10 After Job had prayed for his friends, the LORD made him prosperous again and gave him twice as much as he had before. 11 All his brothers and sisters and everyone who had known him before came and ate with him in his house. They comforted and consoled him over all the trouble the LORD had brought upon him, and each one gave him a piece of silver [z] and a gold ring.

12 The LORD blessed the latter part of Job's life more than the first. He had fourteen thousand sheep, six thousand camels, a thousand yoke of oxen and a thousand donkeys. 13 And he also had seven sons and three daughters. 14 The first daughter he named Jemimah, the second Keziah and the third Keren-Happuch. 15 Nowhere in all the land were there found women as beautiful as Job's daughters, and their father granted them an inheritance along with their brothers.

16 After this, Job lived a hundred and forty years; he saw his children and their children to the fourth generation. 17 And so he died, old and full of years.

[z] 11 Hebrew *him a kesitah*; a kesitah was a unit of money of unknown weight and value.

SALMOS   PSALMS

LIBRO I
Salmos 1–41
Salmo 1

El justo y los pecadores

1 Bienaventurado el varón que no anduvo en consejo
 de malos,
 Ni estuvo en camino de pecadores,
 Ni en silla de escarnecedores se ha sentado;
2 Sino que en la ley de Jehová está su delicia,
 Y en su ley medita de día y de noche.
3 Será como árbol plantado junto a corrientes de
 aguas,
 Que da su fruto en su tiempo,
 Y su hoja no cae;
 Y todo lo que hace, prosperará.

4 No así los malos,
 Que son como el tamo que arrebata el viento.
5 Por tanto, no se levantarán los malos en el juicio,
 Ni los pecadores en la congregación de los justos.
6 Porque Jehová conoce el camino de los justos;
 Mas la senda de los malos perecerá.

BOOK I
Psalms 1–41
Psalm 1

1 Blessed is the man
 who does not walk in the counsel of the
 wicked
 or stand in the way of sinners
 or sit in the seat of mockers.
2 But his delight is in the law of the Lord,
 and on his law he meditates day and night.
3 He is like a tree planted by streams of water,
 which yields its fruit in season
 and whose leaf does not wither.
 Whatever he does prospers.

4 Not so the wicked!
 They are like chaff
 that the wind blows away.
5 Therefore the wicked will not stand in the
 judgment,
 nor sinners in the assembly of the righteous.
6 For the Lord watches over the way of the
 righteous,
 but the way of the wicked will perish.

Salmo 2

El reino del ungido de Jehová

1 ¿Por qué se amotinan las gentes,
 Y los pueblos piensan cosas vanas?
2 Se levantarán los reyes de la tierra,
 Y príncipes consultarán unidos
 Contra Jehová y contra su ungido, diciendo:
3 Rompamos sus ligaduras,
 Y echemos de nosotros sus cuerdas.

4 El que mora en los cielos se reirá;
 El Señor se burlará de ellos.
5 Luego hablará a ellos en su furor,
 Y los turbará con su ira.
6 Pero yo he puesto mi rey
 Sobre Sion, mi santo monte.

7 Yo publicaré el decreto;
 Jehová me ha dicho: Mi hijo eres tú;
 Yo te engendré hoy.
8 Pídeme, y te daré por herencia las naciones,
 Y como posesión tuya los confines de la tierra.
9 Los quebrantarás con vara de hierro;
 Como vasija de alfarero los desmenuzarás.

10 Ahora, pues, oh reyes, sed prudentes;
 Admitid amonestación, jueces de la tierra.
11 Servid a Jehová con temor,
 Y alegraos con temblor.

Psalm 2

1 Why do the nations conspire a
 and the peoples plot in vain?
2 The kings of the earth take their stand
 and the rulers gather together
 against the Lord
 and against his Anointed One. b
3 "Let us break their chains," they say,
 "and throw off their fetters."

4 The One enthroned in heaven laughs;
 the Lord scoffs at them.
5 Then he rebukes them in his anger
 and terrifies them in his wrath, saying,
6 "I have installed my King c
 on Zion, my holy hill."

7 I will proclaim the decree of the Lord:

 He said to me, "You are my Son d;
 today I have become your Father. e
8 Ask of me,
 and I will make the nations your inheritance,
 the ends of the earth your possession.
9 You will rule them with an iron scepter f;
 you will dash them to pieces like pottery."

10 Therefore, you kings, be wise;
 be warned, you rulers of the earth.
11 Serve the Lord with fear
 and rejoice with trembling.

---

a 1 Hebrew; Septuagint *rage*   b 2 Or *anointed one*   c 6 Or *king*
d 7 Or *son*; also in verse 12   e 7 Or *have begotten you*   f 9 Or
will break them with a rod of iron

12 Honrad al Hijo, para que no se enoje, y perezcáis
en el camino;
Pues se inflama de pronto su ira.

Bienaventurados todos los que en él confían.

Salmo 3

Oración matutina de confianza en Dios

Salmo de David, cuando huía de delante
de Absalón su hijo.

1 ¡Oh Jehová, cuánto se han multiplicado mis
adversarios!
Muchos son los que se levantan contra mí.
2 Muchos son los que dicen de mí:
No hay para él salvación en Dios.   *Selah*

3 Mas tú, Jehová, eres escudo alrededor de mí;
Mi gloria, y el que levanta mi cabeza.
4 Con mi voz clamé a Jehová,
Y él me respondió desde su monte santo.   *Selah*

5 Yo me acosté y dormí,
Y desperté, porque Jehová me sustentaba.
6 No temeré a diez millares de gente,
Que pusieren sitio contra mí.
7 Levántate, Jehová; sálvame, Dios mío;
Porque tú heriste a todos mis enemigos en la
mejilla;
Los dientes de los perversos quebrantaste.

8 La salvación es de Jehová;
Sobre tu pueblo sea tu bendición.   *Selah*

Salmo 4

Oración vespertina de confianza en Dios

Al músico principal; sobre Neginot. Salmo de David.

1 Respóndeme cuando clamo, oh Dios de mi justicia.
Cuando estaba en angustia, tú me hiciste ensanchar;
Ten misericordia de mí, y oye mi oración.

2 Hijos de los hombres, ¿hasta cuándo volveréis mi
honra en infamia,
Amaréis la vanidad, y buscaréis la mentira?   *Selah*
3 Sabed, pues, que Jehová ha escogido al piadoso
para sí;
Jehová oirá cuando yo a él clamare.

4 Temblad, y no pequéis;
Meditad en vuestro corazón estando en vuestra
cama, y callad.   *Selah*
5 Ofreced sacrificios de justicia,
Y confiad en Jehová.

6 Muchos son los que dicen: ¿Quién nos mostrará el
bien?
Alza sobre nosotros, oh Jehová, la luz de tu rostro.

12 Kiss the Son, lest he be angry
and you be destroyed in your way,
for his wrath can flare up in a moment.
Blessed are all who take refuge in him.

Psalm 3

A psalm of David. When he fled from his son
Absalom.

1 O LORD, how many are my foes!
How many rise up against me!
2 Many are saying of me,
"God will not deliver him."   *Selah*g

3 But you are a shield around me, O LORD;
you bestow glory on me and lifth up my
head.
4 To the LORD I cry aloud,
and he answers me from his holy hill.   *Selah*

5 I lie down and sleep;
I wake again, because the LORD sustains me.
6 I will not fear the tens of thousands
drawn up against me on every side.

7 Arise, O LORD!
Deliver me, O my God!
Strike all my enemies on the jaw;
break the teeth of the wicked.

8 From the LORD comes deliverance.
May your blessing be on your people.   *Selah*

Psalm 4

For the director of music. With stringed
instruments. A psalm of David.

1 Answer me when I call to you,
O my righteous God.
Give me relief from my distress;
be merciful to me and hear my prayer.

2 How long, O men, will you turn my glory into
shamei?
How long will you love delusions and seek
false godsj ?   *Selah*
3 Know that the LORD has set apart the godly for
himself;
the LORD will hear when I call to him.

4 In your anger do not sin;
when you are on your beds,
search your hearts and be silent.   *Selah*
5 Offer right sacrifices
and trust in the LORD.

6 Many are asking, "Who can show us any good?"
Let the light of your face shine upon us,
O LORD.

---

g2 A word of uncertain meaning, occurring frequently in the
Psalms; possibly a musical term   h3 Or LORD, / my Glorious
One, who lifts   i2 Or you dishonor my Glorious One   j2 Or
seek lies

7 Tú diste alegría a mi corazón
Mayor que la de ellos cuando abundaba su grano y
    su mosto.

8 En paz me acostaré, y asimismo dormiré;
Porque solo tú, Jehová, me haces vivir confiado.

Salmo 5

Plegaria pidiendo protección

Al músico principal; sobre Nehilot. Salmo de David.

1 Escucha, oh Jehová, mis palabras;
Considera mi gemir.
2 Está atento a la voz de mi clamor, Rey mío y
    Dios mío,
Porque a ti oraré.
3 Oh Jehová, de mañana oirás mi voz;
De mañana me presentaré delante de ti, y esperaré.

4 Porque tú no eres un Dios que se complace en la
    maldad;
El malo no habitará junto a ti.
5 Los insensatos no estarán delante de tus ojos;
Aborreces a todos los que hacen iniquidad.
6 Destruirás a los que hablan mentira;
Al hombre sanguinario y engañador abominará
    Jehová.

7 Mas yo por la abundancia de tu misericordia entraré
    en tu casa;
Adoraré hacia tu santo templo en tu temor.
8 Guíame, Jehová, en tu justicia, a causa de mis
    enemigos;
Endereza delante de mí tu camino.

9 Porque en la boca de ellos no hay sinceridad;
Sus entrañas son maldad,
Sepulcro abierto es su garganta,
Con su lengua hablan lisonjas.
10 Castígalos, oh Dios;
Caigan por sus mismos consejos;
Por la multitud de sus transgresiones échalos fuera,
Porque se rebelaron contra ti.

11 Pero alégrense todos los que en ti confían;
Den voces de júbilo para siempre, porque tú los
    defiendes;
En ti se regocijen los que aman tu nombre.
12 Porque tú, oh Jehová, bendecirás al justo;
Como con un escudo lo rodearás de tu favor.

Salmo 6

Oración pidiendo misericordia
en tiempo de prueba.

Al músico principal; en Neginot, sobre Seminit.
Salmo de David.

1 Jehová, no me reprendas en tu enojo,
Ni me castigues con tu ira.

---

7 You have filled my heart with greater joy
    than when their grain and new wine abound.
8 I will lie down and sleep in peace,
    for you alone, O LORD,
    make me dwell in safety.

Psalm 5

For the director of music. For flutes. A psalm
of David.

1 Give ear to my words, O LORD,
    consider my sighing.
2 Listen to my cry for help,
    my King and my God,
    for to you I pray.
3 In the morning, O LORD, you hear my voice;
    in the morning I lay my requests before you
    and wait in expectation.

4 You are not a God who takes pleasure in evil;
    with you the wicked cannot dwell.
5 The arrogant cannot stand in your presence;
    you hate all who do wrong.
6 You destroy those who tell lies;
    bloodthirsty and deceitful men
    the LORD abhors.

7 But I, by your great mercy,
    will come into your house;
 in reverence will I bow down
    toward your holy temple.
8 Lead me, O LORD, in your righteousness
    because of my enemies—
    make straight your way before me.

9 Not a word from their mouth can be trusted;
    their heart is filled with destruction.
Their throat is an open grave;
    with their tongue they speak deceit.
10 Declare them guilty, O God!
    Let their intrigues be their downfall.
Banish them for their many sins,
    for they have rebelled against you.

11 But let all who take refuge in you be glad;
    let them ever sing for joy.
Spread your protection over them,
    that those who love your name may rejoice in
    you.
12 For surely, O LORD, you bless the righteous;
    you surround them with your favor as with a
    shield.

Psalm 6

For the director of music. With stringed
instruments. According to *sheminith.* [k] A psalm
of David.

1 O LORD, do not rebuke me in your anger
    or discipline me in your wrath.

---

[k] Title: Probably a musical term

2 Ten misericordia de mí, oh Jehová, porque estoy
   enfermo;
   Sáname, oh Jehová, porque mis huesos se
   estremecen.
3 Mi alma también está muy turbada;
   Y tú, Jehová, ¿hasta cuándo?

4 Vuélvete, oh Jehová, libra mi alma;
   Sálvame por tu misericordia.
5 Porque en la muerte no hay memoria de ti;
   En el Seol, ¿quién te alabará?

6 Me he consumido a fuerza de gemir;
   Todas las noches inundo de llanto mi lecho,
   Riego mi cama con mis lágrimas.
7 Mis ojos están gastados de sufrir;
   Se han envejecido a causa de todos mis
   angustiadores.

8 Apartaos de mí, todos los hacedores de iniquidad;
   Porque Jehová ha oído la voz de mi lloro.
9 Jehová ha oído mi ruego;
   Ha recibido Jehová mi oración.
10 Se avergonzarán y se turbarán mucho todos mis
   enemigos;
   Se volverán y serán avergonzados de repente.

Salmo 7

Plegaria pidiendo vindicación

Sigaión de David, que cantó a Jehová acerca
de las palabras de Cus hijo de Benjamín.

1 Jehová Dios mío, en ti he confiado;
   Sálvame de todos los que me persiguen, y líbrame,
2 No sea que desgarren mi alma cual león,
   Y me destrocen sin que haya quien me libre.

3 Jehová Dios mío, si yo he hecho esto,
   Si hay en mis manos iniquidad;
4 Si he dado mal pago al que estaba en paz conmigo
   (Antes he libertado al que sin causa era mi
   enemigo),
5 Persiga el enemigo mi alma, y alcáncela;
   Huelle en tierra mi vida,
   Y mi honra ponga en el polvo.   *Selah*

6 Levántate, oh Jehová, en tu ira;
   Alzate en contra de la furia de mis angustiadores,
   Y despierta en favor mío el juicio que mandaste.
7 Te rodeará congregación de pueblos,
   Y sobre ella vuélvete a sentar en alto.
8 Jehová juzgará a los pueblos;
   Júzgame, oh Jehová, conforme a mi justicia,
   Y conforme a mi integridad.

9 Fenezca ahora la maldad de los inicuos, mas
   establece tú al justo;
   Porque el Dios justo prueba la mente y el corazón.
10 Mi escudo está en Dios,
   Que salva a los rectos de corazón.
11 Dios es juez justo,
   Y Dios está airado contra el impío todos los días.

2 Be merciful to me, LORD, for I am faint;
   O LORD, heal me, for my bones are in agony.
3 My soul is in anguish.
   How long, O LORD, how long?

4 Turn, O LORD, and deliver me;
   save me because of your unfailing love.
5 No one remembers you when he is dead.
   Who praises you from the grave *l*?

6 I am worn out from groaning;
   all night long I flood my bed with weeping
   and drench my couch with tears.
7 My eyes grow weak with sorrow;
   they fail because of all my foes.

8 Away from me, all you who do evil,
   for the LORD has heard my weeping.
9 The LORD has heard my cry for mercy;
   the LORD accepts my prayer.
10 All my enemies will be ashamed and dismayed;
   they will turn back in sudden disgrace.

Psalm 7

A *shiggaion*m of David, which he sang to the
LORD concerning Cush, a Benjamite.

1 O LORD my God, I take refuge in you;
   save and deliver me from all who pursue me,
2 or they will tear me like a lion
   and rip me to pieces with no one to rescue
   me.

3 O LORD my God, if I have done this
   and there is guilt on my hands—
4 if I have done evil to him who is at peace with
   me
   or without cause have robbed my foe—
5 then let my enemy pursue and overtake me;
   let him trample my life to the ground
   and make me sleep in the dust.   *Selah*

6 Arise, O LORD, in your anger;
   rise up against the rage of my enemies.
   Awake, my God; decree justice.
7 Let the assembled peoples gather around you.
   Rule over them from on high;
8 let the LORD judge the peoples.
   Judge me, O LORD, according to my
   righteousness,
   according to my integrity, O Most High.
9 O righteous God,
   who searches minds and hearts,
   bring to an end the violence of the wicked
   and make the righteous secure.

10 My shield n is God Most High,
   who saves the upright in heart.
11 God is a righteous judge,
   a God who expresses his wrath every day.

---

l 5 Hebrew *Sheol*   *m* Title: Probably a literary or musical term
n 10 Or *sovereign*

12 Si no se arrepiente, él afilará su espada;
Armado tiene ya su arco, y lo ha preparado.
13 Asimismo ha preparado armas de muerte,
Y ha labrado saetas ardientes.
14 He aquí, el impío concibió maldad,
Se preñó de iniquidad,
Y dio a luz engaño.
15 Pozo ha cavado, y lo ha ahondado;
Y en el hoyo que hizo caerá.
16 Su iniquidad volverá sobre su cabeza,
Y su agravio caerá sobre su propia coronilla.

17 Alabaré a Jehová conforme a su justicia,
Y cantaré al nombre de Jehová el Altísimo.

Salmo 8
La gloria de Dios y la honra del hombre

Al músico principal; sobre Gitit. Salmo de David.

1 ¡Oh Jehová, Señor nuestro,
Cuán glorioso es tu nombre en toda la tierra!

Has puesto tu gloria sobre los cielos;
2 De la boca de los niños y de los que maman,
fundaste la fortaleza,
A causa de tus enemigos,
Para hacer callar al enemigo y al vengativo.

3 Cuando veo tus cielos, obra de tus dedos,
La luna y las estrellas que tú formaste,
4 Digo: ¿Qué es el hombre, para que tengas de él
memoria,
Y el hijo del hombre, para que lo visites?

5 Le has hecho poco menor que los ángeles,
Y lo coronaste de gloria y de honra.
6 Le hiciste señorear sobre las obras de tus manos;
Todo lo pusiste debajo de sus pies:
7 Ovejas y bueyes, todo ello,
Y asimismo las bestias del campo,
8 Las aves de los cielos y los peces del mar;
Todo cuanto pasa por los senderos del mar.

9 ¡Oh Jehová, Señor nuestro,
Cuán grande es tu nombre en toda la tierra!

Salmo 9
Acción de gracias por la justicia de Dios

Al músico principal; sobre Mut-labén.
Salmo de David.

1 Te alabaré, oh Jehová, con todo mi corazón;
Contaré todas tus maravillas.
2 Me alegraré y me regocijaré en ti;
Cantaré a tu nombre, oh Altísimo.

12 If he does not relent,
he o will sharpen his sword;
he will bend and string his bow.
13 He has prepared his deadly weapons;
he makes ready his flaming arrows.
14 He who is pregnant with evil
and conceives trouble gives birth to
disillusionment.
15 He who digs a hole and scoops it out
falls into the pit he has made.
16 The trouble he causes recoils on himself;
his violence comes down on his own head.

17 I will give thanks to the LORD because of his
righteousness
and will sing praise to the name of the LORD
Most High.

Psalm 8

For the director of music. According to *gittith.*p
A psalm of David.

1 O LORD, our Lord,
how majestic is your name in all the earth!

You have set your glory
above the heavens.
2 From the lips of children and infants
you have ordained praise q
because of your enemies,
to silence the foe and the avenger.

3 When I consider your heavens,
the work of your fingers,
the moon and the stars,
which you have set in place,
4 what is man that you are mindful of him,
the son of man that you care for him?
5 You made him a little lower than the heavenly
beings r
and crowned him with glory and honor.

6 You made him ruler over the works of your
hands;
you put everything under his feet:
7 all flocks and herds,
and the beasts of the field,
8 the birds of the air,
and the fish of the sea,
all that swim the paths of the seas.

9 O LORD, our Lord,
how majestic is your name in all the earth!

Psalm 9 s

For the director of music. To the tune of
"The Death of the Son." A psalm of David.

1 I will praise you, O LORD, with all my heart;
I will tell of all your wonders.
2 I will be glad and rejoice in you;
I will sing praise to your name, O Most High.

---

o 12 Or *If a man does not repent, / God*   p Title: Probably a
musical term   q 2 Or *strength*   r 5 Or *than God*   s Psalms 9
and 10 may have been originally a single acrostic poem, the
stanzas of which begin with the successive letters of the Hebrew
alphabet. In the Septuagint they constitute one psalm.

3 Mis enemigos volvieron atrás;
   Cayeron y perecieron delante de ti.
4 Porque has mantenido mi derecho y mi causa;
   Te has sentado en el trono juzgando con justicia.

5 Reprendiste a las naciones, destruiste al malo,
   Borraste el nombre de ellos eternamente y para
   siempre.
6 Los enemigos han perecido; han quedado desolados
   para siempre;
   Y las ciudades que derribaste,
   Su memoria pereció con ellas.
7 Pero Jehová permanecerá para siempre;
   Ha dispuesto su trono para juicio.
8 El juzgará al mundo con justicia,
   Y a los pueblos con rectitud.

9 Jehová será refugio del pobre,
   Refugio para el tiempo de angustia.
10 En ti confiarán los que conocen tu nombre,
   Por cuanto tú, oh Jehová, no desamparaste a los
   que te buscaron.

11 Cantad a Jehová, que habita en Sion;
   Publicad entre los pueblos sus obras.
12 Porque el que demanda la sangre se acordó de
   ellos;
   No se olvidó del clamor de los afligidos.

13 Ten misericordia de mí, Jehová;
   Mira mi aflicción que padezco a causa de los que
   me aborrecen,
   Tú que me levantas de las puertas de la muerte,
14 Para que cuente yo todas tus alabanzas
   En las puertas de la hija de Sion,
   Y me goce en tu salvación.

15 Se hundieron las naciones en el hoyo que hicieron;
   En la red que escondieron fue tomado su pie.
16 Jehová se ha hecho conocer en el juicio que
   ejecutó;
   En la obra de sus manos fue enlazado el malo.
                      Higaion. Selah

17 Los malos serán trasladados al Seol,
   Todas las gentes que se olvidan de Dios.

18 Porque no para siempre será olvidado el
   menesteroso,
   Ni la esperanza de los pobres perecerá
   perpetuamente.

19 Levántate, oh Jehová; no se fortalezca el hombre;
   Sean juzgadas las naciones delante de ti.
20 Pon, oh Jehová, temor en ellos;
   Conozcan las naciones que no son sino hombres.
                      Selah

Salmo 10

Plegaria pidiendo la destrucción
de los malvados

1 ¿Por qué estás lejos, oh Jehová,
   Y te escondes en el tiempo de la tribulación?

3 My enemies turn back;
   they stumble and perish before you.
4 For you have upheld my right and my cause;
   you have sat on your throne, judging
   righteously.
5 You have rebuked the nations and destroyed the
   wicked;
   you have blotted out their name for ever and
   ever.
6 Endless ruin has overtaken the enemy,
   you have uprooted their cities;
   even the memory of them has perished.

7 The LORD reigns forever;
   he has established his throne for judgment.
8 He will judge the world in righteousness;
   he will govern the peoples with justice.
9 The LORD is a refuge for the oppressed,
   a stronghold in times of trouble.
10 Those who know your name will trust in you,
   for you, LORD, have never forsaken those who
   seek you.

11 Sing praises to the LORD, enthroned in Zion;
   proclaim among the nations what he has done.
12 For he who avenges blood remembers;
   he does not ignore the cry of the afflicted.

13 O LORD, see how my enemies persecute me!
   Have mercy and lift me up from the gates of
   death,
14 that I may declare your praises
   in the gates of the Daughter of Zion
   and there rejoice in your salvation.
15 The nations have fallen into the pit they have
   dug;
   their feet are caught in the net they have
   hidden.
16 The LORD is known by his justice;
   the wicked are ensnared by the work of their
   hands.   *Higgaion.ᵗ Selah*
17 The wicked return to the grave,ᵘ
   all the nations that forget God.
18 But the needy will not always be forgotten,
   nor the hope of the afflicted ever perish.

19 Arise, O LORD, let not man triumph;
   let the nations be judged in your presence.
20 Strike them with terror, O LORD;
   let the nations know they are but men.   *Selah*

Psalm 10ᵛ

1 Why, O LORD, do you stand far off?
   Why do you hide yourself in times of trouble?

ᵗ16 Or *Meditation*; possibly a musical notation   ᵘ17 Hebrew
Sheol   ᵛPsalms 9 and 10 may have been originally a single
acrostic poem, the stanzas of which begin with the successive
letters of the Hebrew alphabet. In the Septuagint they constitute
one psalm.

2 Con arrogancia el malo persigue al pobre;
　Será atrapado en los artificios que ha ideado.

3 Porque el malo se jacta del deseo de su alma,
　Bendice al codicioso, y desprecia a Jehová.
4 El malo, por la altivez de su rostro, no busca a
　　Dios;
　No hay Dios en ninguno de sus pensamientos.

5 Sus caminos son torcidos en todo tiempo;
　Tus juicios los tiene muy lejos de su vista;
　A todos sus adversarios desprecia.
6 Dice en su corazón: No seré movido jamás;
　Nunca me alcanzará el infortunio.

7 Llena está su boca de maldición, y de engaños y
　　fraude;
　Debajo de su lengua hay vejación y maldad.
8 Se sienta en acecho cerca de las aldeas;
　En escondrijos mata al inocente.

　Sus ojos están acechando al desvalido;
9 Acecha en oculto, como el león desde su cueva;
　Acecha para arrebatar al pobre;
　Arrebata al pobre trayéndolo a su red.

10 Se encoge, se agacha,
　Y caen en sus fuertes garras muchos desdichados.
11 Dice en su corazón: Dios ha olvidado;
　Ha encubierto su rostro; nunca lo verá.

12 Levántate, oh Jehová Dios, alza tu mano;
　No te olvides de los pobres.
13 ¿Por qué desprecia el malo a Dios?
　En su corazón ha dicho: Tú no lo inquirirás.

14 Tú lo has visto; porque miras el trabajo y la
　　vejación, para dar la recompensa con tu mano;
　A ti se acoge el desvalido;
　Tú eres el amparo del huérfano.

15 Quebranta tú el brazo del inicuo,
　Y persigue la maldad del malo hasta que no halles
　　ninguna.
16 Jehová es Rey eternamente y para siempre;
　De su tierra han perecido las naciones.

17 El deseo de los humildes oíste, oh Jehová;
　Tú dispones su corazón, y haces atento tu oído,
18 Para juzgar al huérfano y al oprimido,
　A fin de que no vuelva más a hacer violencia el
　　hombre de la tierra.

2 In his arrogance the wicked man hunts down the
　　weak,
　who are caught in the schemes he devises.
3 He boasts of the cravings of his heart;
　he blesses the greedy and reviles the LORD.
4 In his pride the wicked does not seek him;
　in all his thoughts there is no room for God.
5 His ways are always prosperous;
　he is haughty and your laws are far from him;
　he sneers at all his enemies.
6 He says to himself, "Nothing will shake me;
　I'll always be happy and never have trouble."
7 His mouth is full of curses and lies and threats;
　trouble and evil are under his tongue.
8 He lies in wait near the villages;
　from ambush he murders the innocent,
　watching in secret for his victims.
9 He lies in wait like a lion in cover;
　he lies in wait to catch the helpless;
　he catches the helpless and drags them off in
　　his net.
10 His victims are crushed, they collapse;
　they fall under his strength.
11 He says to himself, "God has forgotten;
　he covers his face and never sees."

12 Arise, LORD! Lift up your hand, O God.
　Do not forget the helpless.
13 Why does the wicked man revile God?
　Why does he say to himself,
　"He won't call me to account"?
14 But you, O God, do see trouble and grief;
　you consider it to take it in hand.
　The victim commits himself to you;
　you are the helper of the fatherless.
15 Break the arm of the wicked and evil man;
　call him to account for his wickedness
　that would not be found out.

16 The LORD is King for ever and ever;
　the nations will perish from his land.
17 You hear, O LORD, the desire of the afflicted;
　you encourage them, and you listen to their
　　cry,
18 defending the fatherless and the oppressed,
　in order that man, who is of the earth, may
　　terrify no more.

Salmo 11

El refugio del justo

Al músico principal. Salmo de David.

1 En Jehová he confiado;
　¿Cómo decís a mi alma,
　Que escape al monte cual ave?
2 Porque he aquí, los malos tienden el arco,
　Disponen sus saetas sobre la cuerda,
　Para asaetear en oculto a los rectos de corazón.

Psalm 11

For the director of music. Of David.

1 In the LORD I take refuge.
　How then can you say to me:
　"Flee like a bird to your mountain.
2 For look, the wicked bend their bows;
　they set their arrows against the strings
to shoot from the shadows
　at the upright in heart.

3 Si fueren destruidos los fundamentos,
¿Qué ha de hacer el justo?

4 Jehová está en su santo templo;
Jehová tiene en el cielo su trono;
Sus ojos ven, sus párpados examinan a los hijos de
los hombres.
5 Jehová prueba al justo;
Pero al malo y al que ama la violencia, su alma los
aborrece.
6 Sobre los malos hará llover calamidades;
Fuego, azufre y viento abrasador será la porción del
cáliz de ellos.
7 Porque Jehová es justo, y ama la justicia;
El hombre recto mirará su rostro.

Salmo 12

Oración pidiendo ayuda contra los malos

Al músico principal; sobre Seminit. Salmo de David.

1 Salva, oh Jehová, porque se acabaron los piadosos;
Porque han desaparecido los fieles de entre los hijos
de los hombres.
2 Habla mentira cada uno con su prójimo;
Hablan con labios lisonjeros, y con doblez de
corazón.

3 Jehová destruirá todos los labios lisonjeros,
Y la lengua que habla jactanciosamente;
4 A los que han dicho: Por nuestra lengua
prevaleceremos;
Nuestros labios son nuestros; ¿quién es señor de
nosotros?

5 Por la opresión de los pobres, por el gemido de los
menesterosos,
Ahora me levantaré, dice Jehová;
Pondré en salvo al que por ello suspira.
6 Las palabras de Jehová son palabras limpias,
Como plata refinada en horno de tierra,
Purificada siete veces.

7 Tú, Jehová, los guardarás;
De esta generación los preservarás para siempre.
8 Cercando andan los malos,
Cuando la vileza es exaltada entre los hijos de los
hombres.

Salmo 13

Plegaria pidiendo ayuda en la aflicción

Al músico principal. Salmo de David.

1 ¿Hasta cuándo, Jehová? ¿Me olvidarás para siempre?
¿Hasta cuándo esconderás tu rostro de mí?
2 ¿Hasta cuándo pondré consejos en mi alma,
Con tristezas en mi corazón cada día?
¿Hasta cuándo será enaltecido mi enemigo
sobre mí?

3 Mira, respóndeme, oh Jehová Dios mío;
Alumbra mis ojos, para que no duerma de muerte;

---

3 When the foundations are being destroyed,
what can the righteous do^w?"

4 The LORD is in his holy temple;
the LORD is on his heavenly throne.
He observes the sons of men;
his eyes examine them.
5 The LORD examines the righteous,
but the wicked^x and those who love violence
his soul hates.
6 On the wicked he will rain
fiery coals and burning sulfur;
a scorching wind will be their lot.

7 For the LORD is righteous,
he loves justice;
upright men will see his face.

Psalm 12

For the director of music. According to
sheminith.^{y} A psalm of David.

1 Help, LORD, for the godly are no more;
the faithful have vanished from among men.
2 Everyone lies to his neighbor;
their flattering lips speak with deception.

3 May the LORD cut off all flattering lips
and every boastful tongue
4 that says, "We will triumph with our tongues;
we own our lips^z—who is our master?"

5 "Because of the oppression of the weak
and the groaning of the needy,
I will now arise," says the LORD.
"I will protect them from those who malign
them."
6 And the words of the LORD are flawless,
like silver refined in a furnace of clay,
purified seven times.

7 O LORD, you will keep us safe
and protect us from such people forever.
8 The wicked freely strut about
when what is vile is honored among men.

Psalm 13

For the director of music. A psalm of David.

1 How long, O LORD? Will you forget me forever?
How long will you hide your face from me?
2 How long must I wrestle with my thoughts
and every day have sorrow in my heart?
How long will my enemy triumph over me?

3 Look on me and answer, O LORD my God.
Give light to my eyes, or I will sleep in death;

---

^{w}3 Or *what is the Righteous One doing* ^{x}5 Or *The LORD, the*
Righteous One, examines the wicked, / ^{y} Title: Probably a
musical term ^{z}4 Or / *our lips are our plowshares*

4Para que no diga mi enemigo: Lo vencí.
Mis enemigos se alegrarían, si yo resbalara.

5Mas yo en tu misericordia he confiado;
Mi corazón se alegrará en tu salvación.
6Cantaré a Jehová,
Porque me ha hecho bien.

Salmo 14

Necedad y corrupción del hombre

Al músico principal. Salmo de David.

1Dice el necio en su corazón:
No hay Dios.
Se han corrompido, hacen obras abominables;
No hay quien haga el bien.

2Jehová miró desde los cielos sobre los hijos de los
hombres,
Para ver si había algún entendido,
Que buscara a Dios.

3Todos se desviaron, a una se han corrompido;
No hay quien haga lo bueno, no hay ni
siquiera uno.

4¿No tienen discernimiento todos los que hacen
iniquidad,
Que devoran a mi pueblo como si comiesen pan,
Y a Jehová no invocan?

5Ellos temblaron de espanto;
Porque Dios está con la generación de los justos.
6Del consejo del pobre se han burlado,
Pero Jehová es su esperanza.

7¡Oh, que de Sion saliera la salvación de Israel!
Cuando Jehová hiciere volver a los cautivos de su
pueblo,
Se gozará Jacob, y se alegrará Israel.

Salmo 15

Los que habitarán en el monte santo de Dios

Salmo de David.

1Jehová, ¿quién habitará en tu tabernáculo?
¿Quién morará en tu monte santo?
2El que anda en integridad y hace justicia,
Y habla verdad en su corazón.
3El que no calumnia con su lengua,
Ni hace mal a su prójimo,
Ni admite reproche alguno contra su vecino.
4Aquel a cuyos ojos el vil es menospreciado,
Pero honra a los que temen a Jehová.
El que aun jurando en daño suyo, no por eso
cambia;

4my enemy will say, "I have overcome him,"
and my foes will rejoice when I fall.

5But I trust in your unfailing love;
my heart rejoices in your salvation.
6I will sing to the LORD,
for he has been good to me.

Psalm 14

For the director of music. Of David.

1The fool[a] says in his heart,
"There is no God."
They are corrupt, their deeds are vile;
there is no one who does good.

2The LORD looks down from heaven
on the sons of men
to see if there are any who understand,
any who seek God.
3All have turned aside,
they have together become corrupt;
there is no one who does good,
not even one.

4Will evildoers never learn—
those who devour my people as men eat bread
and who do not call on the LORD?
5There they are, overwhelmed with dread,
for God is present in the company of the
righteous.
6You evildoers frustrate the plans of the poor,
but the LORD is their refuge.

7Oh, that salvation for Israel would come out of
Zion!
When the LORD restores the fortunes of his
people,
let Jacob rejoice and Israel be glad!

Psalm 15

A psalm of David.

1LORD, who may dwell in your sanctuary?
Who may live on your holy hill?

2He whose walk is blameless
and who does what is righteous,
who speaks the truth from his heart
3 and has no slander on his tongue,
who does his neighbor no wrong
and casts no slur on his fellowman,
4who despises a vile man
but honors those who fear the LORD,
who keeps his oath
even when it hurts,

---

a1 The Hebrew words rendered *fool* in Psalms denote one who is
morally deficient.

5 Quien su dinero no dio a usura,
Ni contra el inocente admitió cohecho.

El que hace estas cosas, no resbalará jamás.

5 who lends his money without usury
and does not accept a bribe against the
innocent.

He who does these things
will never be shaken.

Salmo 16

Una herencia escogida

Mictam de David.

1 Guárdame, oh Dios, porque en ti he confiado.
2 Oh alma mía, dijiste a Jehová:
Tú eres mi Señor;
No hay para mí bien fuera de ti.

3 Para los santos que están en la tierra,
Y para los íntegros, es toda mi complacencia.

4 Se multiplicarán los dolores de aquellos que sirven
diligentes a otro dios.
No ofreceré yo sus libaciones de sangre,
Ni en mis labios tomaré sus nombres.

5 Jehová es la porción de mi herencia y de mi copa;
Tú sustentas mi suerte.
6 Las cuerdas me cayeron en lugares deleitosos,
Y es hermosa la heredad que me ha tocado.

7 Bendeciré a Jehová que me aconseja;
Aun en las noches me enseña mi conciencia.
8 A Jehová he puesto siempre delante de mí;
Porque está a mi diestra, no seré conmovido.
9 Se alegró por tanto mi corazón, y se gozó mi alma;
Mi carne también reposará confiadamente;
10 Porque no dejarás mi alma en el Seol,
Ni permitirás que tu santo vea corrupción.

11 Me mostrarás la senda de la vida;
En tu presencia hay plenitud de gozo;
Delicias a tu diestra para siempre.

Psalm 16

A miktam[b] of David.

1 Keep me safe, O God,
for in you I take refuge.
2 I said to the LORD, "You are my Lord;
apart from you I have no good thing."
3 As for the saints who are in the land,
they are the glorious ones in whom is all my
delight.[c]
4 The sorrows of those will increase
who run after other gods.
I will not pour out their libations of blood
or take up their names on my lips.

5 LORD, you have assigned me my portion and my
cup;
you have made my lot secure.
6 The boundary lines have fallen for me in pleasant
places;
surely I have a delightful inheritance.

7 I will praise the LORD, who counsels me;
even at night my heart instructs me.
8 I have set the LORD always before me.
Because he is at my right hand,
I will not be shaken.

9 Therefore my heart is glad and my tongue
rejoices;
my body also will rest secure,
10 because you will not abandon me to the grave,[d]
nor will you let your Holy One[e] see decay.
11 You have made[f] known to me the path of life;
you will fill me with joy in your presence,
with eternal pleasures at your right hand.

Salmo 17

Plegaria pidiendo protección
contra los opresores

Oración de David.

1 Oye, oh Jehová, una causa justa; está atento a mi
clamor.
Escucha mi oración hecha de labios sin engaño.
2 De tu presencia proceda mi vindicación;
Vean tus ojos la rectitud.

3 Tú has probado mi corazón, me has visitado de
noche;
Me has puesto a prueba, y nada inicuo hallaste;
He resuelto que mi boca no haga transgresión.
4 En cuanto a las obras humanas, por la palabra de
tus labios
Yo me he guardado de las sendas de los violentos.

Psalm 17

A prayer of David.

1 Hear, O LORD, my righteous plea;
listen to my cry.
Give ear to my prayer—
it does not rise from deceitful lips.
2 May my vindication come from you;
may your eyes see what is right.

3 Though you probe my heart and examine me at
night,
though you test me, you will find nothing;
I have resolved that my mouth will not sin.
4 As for the deeds of men—
by the word of your lips
I have kept myself
from the ways of the violent.

---

b Title: Probably a literary or musical term   c 3 Or As for the
pagan priests who are in the land / and the nobles in whom all
delight, I said: d 10 Hebrew Sheol   e 10 Or your faithful one
f 11 Or You will make

5 Sustenta mis pasos en tus caminos,
Para que mis pies no resbalen.

6 Yo te he invocado, por cuanto tú me oirás, oh Dios;
Inclina a mí tu oído, escucha mi palabra.
7 Muestra tus maravillosas misericordias, tú que salvas
a los que se refugian a tu diestra,
De los que se levantan contra ellos.

8 Guárdame como a la niña de tus ojos;
Escóndeme bajo la sombra de tus alas,
9 De la vista de los malos que me oprimen,
De mis enemigos que buscan mi vida.

10 Envueltos están con su grosura;
Con su boca hablan arrogantemente.
11 Han cercado ahora nuestros pasos;
Tienen puestos sus ojos para echarnos por tierra.
12 Son como león que desea hacer presa,
Y como leoncillo que está en su escondite.

13 Levántate, oh Jehová;
Sal a su encuentro, póstrales;
Libra mi alma de los malos con tu espada,
14 De los hombres con tu mano, oh Jehová,
De los hombres mundanos, cuya porción la tienen
en esta vida,
Y cuyo vientre está lleno de tu tesoro.
Sacian a sus hijos,
Y aun sobra para sus pequeñuelos.

15 En cuanto a mí, veré tu rostro en justicia;
Estaré satisfecho cuando despierte a tu semejanza.

Salmo 18

Acción de gracias por la victoria

Al músico principal. Salmo de David, siervo de Jehová, el cual dirigió a Jehová las palabras de este cántico el día que le libró Jehová de mano de todos sus enemigos, y de mano de Saúl. Entonces dijo:

1 Te amo, oh Jehová, fortaleza mía.
2 Jehová, roca mía y castillo mío, y mi libertador;
Dios mío, fortaleza mía, en él confiaré;
Mi escudo, y la fuerza de mi salvación, mi alto refugio.
3 Invocaré a Jehová, quien es digno de ser alabado,
Y seré salvo de mis enemigos.

4 Me rodearon ligaduras de muerte,
Y torrentes de perversidad me atemorizaron.
5 Ligaduras del Seol me rodearon,
Me tendieron lazos de muerte.

6 En mi angustia invoqué a Jehová,
Y clamé a mi Dios.
El oyó mi voz desde su templo,
Y mi clamor llegó delante de él, a sus oídos.
7 La tierra fue conmovida y tembló;
Se conmovieron los cimientos de los montes,
Y se estremecieron, porque se indignó él.

5 My steps have held to your paths;
my feet have not slipped.

6 I call on you, O God, for you will answer me;
give ear to me and hear my prayer.
7 Show the wonder of your great love,
you who save by your right hand
those who take refuge in you from their foes.
8 Keep me as the apple of your eye;
hide me in the shadow of your wings
9 from the wicked who assail me,
from my mortal enemies who surround me.

10 They close up their callous hearts,
and their mouths speak with arrogance.
11 They have tracked me down, they now surround me,
with eyes alert, to throw me to the ground.
12 They are like a lion hungry for prey,
like a great lion crouching in cover.

13 Rise up, O LORD, confront them, bring them down;
rescue me from the wicked by your sword.
14 O LORD, by your hand save me from such men,
from men of this world whose reward is in this life.

You still the hunger of those you cherish;
their sons have plenty,
and they store up wealth for their children.
15 And I—in righteousness I will see your face;
when I awake, I will be satisfied with seeing your likeness.

Psalm 18

For the director of music. Of David the servant of the LORD. He sang to the LORD the words of this song when the LORD delivered him from the hand of all his enemies and from the hand of Saul. He said:

1 I love you, O LORD, my strength.

2 The LORD is my rock, my fortress and my deliverer;
my God is my rock, in whom I take refuge.
He is my shield and the horn$g$ of my salvation, my stronghold.
3 I call to the LORD, who is worthy of praise,
and I am saved from my enemies.

4 The cords of death entangled me;
the torrents of destruction overwhelmed me.
5 The cords of the grave$h$ coiled around me;
the snares of death confronted me.
6 In my distress I called to the LORD;
I cried to my God for help.
From his temple he heard my voice;
my cry came before him, into his ears.
7 The earth trembled and quaked,
and the foundations of the mountains shook;
they trembled because he was angry.

---

g2 *Horn* here symbolizes strength. h5 Hebrew *Sheol*

8 Humo subió de su nariz,
Y de su boca fuego consumidor;
Carbones fueron por él encendidos.
9 Inclinó los cielos, y descendió;
Y había densas tinieblas debajo de sus pies.
10 Cabalgó sobre un querubín, y voló;
Voló sobre las alas del viento.
11 Puso tinieblas por su escondedero, por cortina suya
alrededor de sí;
Oscuridad de aguas, nubes de los cielos.
12 Por el resplandor de su presencia, sus nubes
pasaron;
Granizo y carbones ardientes.
13 Tronó en los cielos Jehová,
Y el Altísimo dio su voz;
Granizo y carbones de fuego.
14 Envió sus saetas, y los dispersó;
Lanzó relámpagos, y los destruyó.
15 Entonces aparecieron los abismos de las aguas,
Y quedaron al descubierto los cimientos del mundo,
A tu reprensión, oh Jehová,
Por el soplo del aliento de tu nariz.

16 Envió desde lo alto; me tomó,
Me sacó de las muchas aguas.
17 Me libró de mi poderoso enemigo,
Y de los que me aborrecían; pues eran más fuertes
que yo.
18 Me asaltaron en el día de mi quebranto,
Mas Jehová fue mi apoyo.
19 Me sacó a lugar espacioso;
Me libró, porque se agradó de mí.

20 Jehová me ha premiado conforme a mi justicia;
Conforme a la limpieza de mis manos me ha
recompensado.
21 Porque yo he guardado los caminos de Jehová,
Y no me aparté impíamente de mi Dios.
22 Pues todos sus juicios estuvieron delante de mí,
Y no me he apartado de sus estatutos.
23 Fui recto para con él, y me he guardado de mi
maldad,
24 Por lo cual me ha recompensado Jehová conforme a
mi justicia;
Conforme a la limpieza de mis manos delante de su
vista.

25 Con el misericordioso te mostrarás misericordioso,
Y recto para con el hombre íntegro.
26 Limpio te mostrarás para con el limpio,
Y severo serás para con el perverso.
27 Porque tú salvarás al pueblo afligido,
Y humillarás los ojos altivos.
28 Tú encenderás mi lámpara;
Jehová mi Dios alumbrará mis tinieblas.
29 Contigo desbarataré ejércitos,
Y con mi Dios asaltaré muros.
30 En cuanto a Dios, perfecto es su camino,
Y acrisolada la palabra de Jehová;
Escudo es a todos los que en él esperan.

31 Porque ¿quién es Dios sino sólo Jehová?
¿Y qué roca hay fuera de nuestro Dios?

8 Smoke rose from his nostrils;
consuming fire came from his mouth,
burning coals blazed out of it.
9 He parted the heavens and came down;
dark clouds were under his feet.
10 He mounted the cherubim and flew;
he soared on the wings of the wind.
11 He made darkness his covering, his canopy
around him—
the dark rain clouds of the sky.
12 Out of the brightness of his presence clouds
advanced,
with hailstones and bolts of lightning.
13 The LORD thundered from heaven;
the voice of the Most High resounded. *i*
14 He shot his arrows and scattered ˌthe enemiesˌ,
great bolts of lightning and routed them.
15 The valleys of the sea were exposed
and the foundations of the earth laid bare
at your rebuke, O LORD,
at the blast of breath from your nostrils.

16 He reached down from on high and took hold of
me;
he drew me out of deep waters.
17 He rescued me from my powerful enemy,
from my foes, who were too strong for me.
18 They confronted me in the day of my disaster,
but the LORD was my support.
19 He brought me out into a spacious place;
he rescued me because he delighted in me.

20 The LORD has dealt with me according to my
righteousness;
according to the cleanness of my hands he has
rewarded me.
21 For I have kept the ways of the LORD;
I have not done evil by turning from my God.
22 All his laws are before me;
I have not turned away from his decrees.
23 I have been blameless before him
and have kept myself from sin.
24 The LORD has rewarded me according to my
righteousness,
according to the cleanness of my hands in his
sight.

25 To the faithful you show yourself faithful,
to the blameless you show yourself blameless,
26 to the pure you show yourself pure,
but to the crooked you show yourself shrewd.
27 You save the humble
but bring low those whose eyes are haughty.
28 You, O LORD, keep my lamp burning;
my God turns my darkness into light.
29 With your help I can advance against a troop */*;
with my God I can scale a wall.

30 As for God, his way is perfect;
the word of the LORD is flawless.
He is a shield
for all who take refuge in him.
31 For who is God besides the LORD?
And who is the Rock except our God?

---

*i13 Some Hebrew manuscripts and Septuagint (see also 2 Samuel
22:14); most Hebrew manuscripts resounded, / amid hailstones
and bolts of lightning   i29 Or can run through a barricade*

32 Dios es el que me ciñe de poder,
Y quien hace perfecto mi camino;
33 Quien hace mis pies como de ciervas,
Y me hace estar firme sobre mis alturas;
34 Quien adiestra mis manos para la batalla,
Para entesar con mis brazos el arco de bronce.
35 Me diste asimismo el escudo de tu salvación;
Tu diestra me sustentó,
Y tu benignidad me ha engrandecido.
36 Ensanchaste mis pasos debajo de mí,
Y mis pies no han resbalado.
37 Perseguí a mis enemigos, y los alcancé,
Y no volví hasta acabarlos.
38 Los herí de modo que no se levantasen;
Cayeron debajo de mis pies.
39 Pues me ceñiste de fuerzas para la pelea;
Has humillado a mis enemigos debajo de mí.
40 Has hecho que mis enemigos me vuelvan las
espaldas,
Para que yo destruya a los que me aborrecen.
41 Clamaron, y no hubo quien salvase;
Aun a Jehová, pero no los oyó.
42 Y los molí como polvo delante del viento;
Los eché fuera como lodo de las calles.

43 Me has librado de las contiendas del pueblo;
Me has hecho cabeza de las naciones;
Pueblo que yo no conocía me sirvió.
44 Al oir de mí me obedecieron;
Los hijos de extraños se sometieron a mí.
45 Los extraños se debilitaron
Y salieron temblando de sus encierros.

46 Viva Jehová, y bendita sea mi roca,
Y enaltecido sea el Dios de mi salvación;
47 El Dios que venga mis agravios,
Y somete pueblos debajo de mí;
48 El que me libra de mis enemigos,
Y aun me eleva sobre los que se levantan
contra mí;
Me libraste de varón violento.

49 Por tanto yo te confesaré entre las naciones, oh
Jehová,
Y cantaré a tu nombre.
50 Grandes triunfos da a su rey,
Y hace misericordia a su ungido,
A David y a su descendencia, para siempre.

Salmo 19

Las obras y la palabra de Dios

Al músico principal. Salmo de David.

1 Los cielos cuentan la gloria de Dios,
Y el firmamento anuncia la obra de sus manos.
2 Un día emite palabra a otro día,
Y una noche a otra noche declara sabiduría.
3 No hay lenguaje, ni palabras,
Ni es oída su voz.
4 Por toda la tierra salió su voz,
Y hasta el extremo del mundo sus palabras.

En ellos puso tabernáculo para el sol;

32 It is God who arms me with strength
and makes my way perfect.
33 He makes my feet like the feet of a deer;
he enables me to stand on the heights.
34 He trains my hands for battle;
my arms can bend a bow of bronze.
35 You give me your shield of victory,
and your right hand sustains me;
you stoop down to make me great.
36 You broaden the path beneath me,
so that my ankles do not turn.
37 I pursued my enemies and overtook them;
I did not turn back till they were destroyed.
38 I crushed them so that they could not rise;
they fell beneath my feet.
39 You armed me with strength for battle;
you made my adversaries bow at my feet.
40 You made my enemies turn their backs in flight,
and I destroyed my foes.
41 They cried for help, but there was no one to save
them —
to the LORD, but he did not answer.
42 I beat them as fine as dust borne on the wind;
I poured them out like mud in the streets.

43 You have delivered me from the attacks of the
people;
you have made me the head of nations;
people I did not know are subject to me.
44 As soon as they hear me, they obey me;
foreigners cringe before me.
45 They all lose heart;
they come trembling from their strongholds.

46 The LORD lives! Praise be to my Rock!
Exalted be God my Savior!
47 He is the God who avenges me,
who subdues nations under me,
48   who saves me from my enemies.
You exalted me above my foes;
from violent men you rescued me.
49 Therefore I will praise you among the nations,
O LORD;
I will sing praises to your name.
50 He gives his king great victories;
he shows unfailing kindness to his anointed,
to David and his descendants forever.

Psalm 19

For the director of music. A psalm of David.

1 The heavens declare the glory of God;
the skies proclaim the work of his hands.
2 Day after day they pour forth speech;
night after night they display knowledge.
3 There is no speech or language
where their voice is not heard. k
4 Their voice l goes out into all the earth,
their words to the ends of the world.

In the heavens he has pitched a tent for the sun,

---

k3 Or *They have no speech, there are no words; / no sound is heard from them*   *l4* Septuagint, Jerome and Syriac; Hebrew *line*

5 Y éste, como esposo que sale de su tálamo,
　Se alegra cual gigante para correr el camino.
6 De un extremo de los cielos es su salida,
　Y su curso hasta el término de ellos;
　Y nada hay que se esconda de su calor.

7 La ley de Jehová es perfecta, que convierte el alma;
　El testimonio de Jehová es fiel, que hace sabio al
　　sencillo.
8 Los mandamientos de Jehová son rectos, que
　　alegran el corazón;
　El precepto de Jehová es puro, que alumbra los
　　ojos.
9 El temor de Jehová es limpio, que permanece para
　　siempre;
　Los juicios de Jehová son verdad, todos justos.
10 Deseables son más que el oro, y más que mucho
　　oro afinado;
　Y dulces más que miel, y que la que destila del
　　panal.

11 Tu siervo es además amonestado con ellos;
　En guardarlos hay grande galardón.
12 ¿Quién podrá entender sus propios errores?
　Líbrame de los que me son ocultos.
13 Preserva también a tu siervo de las soberbias;
　Que no se enseñoreen de mí;
　Entonces seré íntegro, y estaré limpio de gran
　　rebelión.

14 Sean gratos los dichos de mi boca y la meditación
　　de mi corazón delante de ti,
　Oh Jehová, roca mía, y redentor mío.

Salmo 20

Oración pidiendo la victoria

Al músico principal. Salmo de David.

1 Jehová te oiga en el día de conflicto;
　El nombre del Dios de Jacob te defienda.
2 Te envíe ayuda desde el santuario,
　Y desde Sion te sostenga.
3 Haga memoria de todas tus ofrendas,
　Y acepte tu holocausto.　　　　　　　　　　　*Selah*
4 Te dé conforme al deseo de tu corazón,
　Y cumpla todo tu consejo.
5 Nosotros nos alegraremos en tu salvación,
　Y alzaremos pendón en el nombre de nuestro Dios;
　Conceda Jehová todas tus peticiones.

6 Ahora conozco que Jehová salva a su ungido;
　Lo oirá desde sus santos cielos
　Con la potencia salvadora de su diestra.
7 Estos confían en carros, y aquéllos en caballos;
　Mas nosotros del nombre de Jehová nuestro Dios
　　tendremos memoria.
8 Ellos flaquean y caen,
　Mas nosotros nos levantamos, y estamos en pie.

5 which is like a bridegroom coming forth from
　　his pavilion,
　like a champion rejoicing to run his course.
6 It rises at one end of the heavens
　and makes its circuit to the other;
　nothing is hidden from its heat.

7 The law of the LORD is perfect,
　reviving the soul.
　The statutes of the LORD are trustworthy,
　making wise the simple.
8 The precepts of the LORD are right,
　giving joy to the heart.
　The commands of the LORD are radiant,
　giving light to the eyes.
9 The fear of the LORD is pure,
　enduring forever.
　The ordinances of the LORD are sure
　and altogether righteous.
10 They are more precious than gold,
　than much pure gold;
　they are sweeter than honey,
　than honey from the comb.
11 By them is your servant warned;
　in keeping them there is great reward.

12 Who can discern his errors?
　Forgive my hidden faults.
13 Keep your servant also from willful sins;
　may they not rule over me.
　Then will I be blameless,
　innocent of great transgression.

14 May the words of my mouth and the meditation
　　of my heart
　be pleasing in your sight,
　O LORD, my Rock and my Redeemer.

Psalm 20

For the director of music. A psalm of David.

1 May the LORD answer you when you are in
　　distress;
　may the name of the God of Jacob protect
　　you.
2 May he send you help from the sanctuary
　and grant you support from Zion.
3 May he remember all your sacrifices
　and accept your burnt offerings.　　　　*Selah*
4 May he give you the desire of your heart
　and make all your plans succeed.
5 We will shout for joy when you are victorious
　and will lift up our banners in the name of our
　　God.
　May the LORD grant all your requests.

6 Now I know that the LORD saves his anointed;
　he answers him from his holy heaven
　with the saving power of his right hand.
7 Some trust in chariots and some in horses,
　but we trust in the name of the LORD our
　　God.
8 They are brought to their knees and fall,
　but we rise up and stand firm.

9 Salva, Jehová;
Que el Rey nos oiga en el día que lo invoquemos.

9 O LORD, save the king!
Answer[m] us when we call!

Salmo 21

Alabanza por haber sido librado del enemigo

Al músico principal. Salmo de David.

1 El rey se alegra en tu poder, oh Jehová;
Y en tu salvación, ¡cómo se goza!
2 Le has concedido el deseo de su corazón,
Y no le negaste la petición de sus labios.   *Selah*
3 Porque le has salido al encuentro con bendiciones de bien;
Corona de oro fino has puesto sobre su cabeza.
4 Vida te demandó, y se la diste;
Largura de días eternamente y para siempre.
5 Grande es su gloria en tu salvación;
Honra y majestad has puesto sobre él.
6 Porque lo has bendecido para siempre;
Lo llenaste de alegría con tu presencia.
7 Por cuanto el rey confía en Jehová,
Y en la misericordia del Altísimo, no será conmovido.

8 Alcanzará tu mano a todos tus enemigos;
Tu diestra alcanzará a los que te aborrecen.
9 Los pondrás como horno de fuego en el tiempo de tu ira;
Jehová los deshará en su ira,
Y fuego los consumirá.
10 Su fruto destruirás de la tierra,
Y su descendencia de entre los hijos de los hombres.
11 Porque intentaron el mal contra ti;
Fraguaron maquinaciones, mas no prevalecerán.
12 Pues tú los pondrás en fuga;
En tus cuerdas dispondrás saetas contra sus rostros.

13 Engrandécete, oh Jehová, en tu poder;
Cantaremos y alabaremos tu poderío.

Salmo 22

Un grito de angustia y un canto de alabanza

Al músico principal; sobre Ajelet-sahar. Salmo de David.

1 Dios mío, Dios mío, ¿por qué me has desamparado?
¿Por qué estás tan lejos de mi salvación, y de las palabras de mi clamor?
2 Dios mío, clamo de día, y no respondes;
Y de noche, y no hay para mí reposo.

3 Pero tú eres santo,
Tú que habitas entre las alabanzas de Israel.
4 En ti esperaron nuestros padres;
Esperaron, y tú los libraste.
5 Clamaron a ti, y fueron librados;
Confiaron en ti, y no fueron avergonzados.

6 Mas yo soy gusano, y no hombre;
Oprobio de los hombres, y despreciado del pueblo.

Psalm 21

For the director of music. A psalm of David.

1 O LORD, the king rejoices in your strength.
How great is his joy in the victories you give!
2 You have granted him the desire of his heart
and have not withheld the request of his lips.
Selah
3 You welcomed him with rich blessings
and placed a crown of pure gold on his head.
4 He asked you for life, and you gave it to him—
length of days, for ever and ever.
5 Through the victories you gave, his glory is great;
you have bestowed on him splendor and majesty.
6 Surely you have granted him eternal blessings
and made him glad with the joy of your presence.
7 For the king trusts in the LORD;
through the unfailing love of the Most High he will not be shaken.

8 Your hand will lay hold on all your enemies;
your right hand will seize your foes.
9 At the time of your appearing
you will make them like a fiery furnace.
In his wrath the LORD will swallow them up,
and his fire will consume them.
10 You will destroy their descendants from the earth,
their posterity from mankind.
11 Though they plot evil against you
and devise wicked schemes, they cannot succeed;
12 for you will make them turn their backs
when you aim at them with drawn bow.

13 Be exalted, O LORD, in your strength;
we will sing and praise your might.

Psalm 22

For the director of music. To the tune of, "The Doe of the Morning." A psalm of David.

1 My God, my God, why have you forsaken me?
Why are you so far from saving me,
so far from the words of my groaning?
2 O my God, I cry out by day, but you do not answer,
by night, and am not silent.

3 Yet you are enthroned as the Holy One;
you are the praise of Israel.[n]
4 In you our fathers put their trust;
they trusted and you delivered them.
5 They cried to you and were saved;
in you they trusted and were not disappointed.

6 But I am a worm and not a man,
scorned by men and despised by the people.

---

m 9 Or *save! / O King, answer*   n 3 Or *Yet you are holy, / enthroned on the praises of Israel*

7 Todos los que me ven me escarnecen;
  Estiran la boca, menean la cabeza, diciendo:
8 Se encomendó a Jehová; líbrele él;
  Sálvele, puesto que en él se complacía.

9 Pero tú eres el que me sacó del vientre;
  El que me hizo estar confiado desde que estaba a
    los pechos de mi madre.
10 Sobre ti fui echado desde antes de nacer;
  Desde el vientre de mi madre, tú eres mi Dios.
11 No te alejes de mí, porque la angustia está cerca;
  Porque no hay quien ayude.

12 Me han rodeado muchos toros;
  Fuertes toros de Basán me han cercado.
13 Abrieron sobre mí su boca
  Como león rapaz y rugiente.

14 He sido derramado como aguas,
  Y todos mis huesos se descoyuntaron;
  Mi corazón fue como cera,
  Derritiéndose en medio de mis entrañas.
15 Como un tiesto se secó mi vigor,
  Y mi lengua se pegó a mi paladar,
  Y me has puesto en el polvo de la muerte.

16 Porque perros me han rodeado;
  Me ha cercado cuadrilla de malignos;
  Horadaron mis manos y mis pies.
17 Contar puedo todos mis huesos;
  Entre tanto, ellos me miran y me observan.
18 Repartieron entre sí mis vestidos,
  Y sobre mi ropa echaron suertes.

19 Mas tú, Jehová, no te alejes;
  Fortaleza mía, apresúrate a socorrerme.
20 Libra de la espada mi alma,
  Del poder del perro mi vida.
21 Sálvame de la boca del león,
  Y líbrame de los cuernos de los búfalos.

22 Anunciaré tu nombre a mis hermanos;
  En medio de la congregación te alabaré.
23 Los que teméis a Jehová, alabadle;
  Glorificadle, descendencia toda de Jacob,
  Y temedle vosotros, descendencia toda de Israel.
24 Porque no menospreció ni abominó la aflicción del
    afligido,
  Ni de él escondió su rostro;
  Sino que cuando clamó a él, le oyó.

25 De ti será mi alabanza en la gran congregación;
  Mis votos pagaré delante de los que le temen.
26 Comerán los humildes, y serán saciados;
  Alabarán a Jehová los que le buscan;
  Vivirá vuestro corazón para siempre.

27 Se acordarán, y se volverán a Jehová todos los
    confines de la tierra,
  Y todas las familias de las naciones adorarán delante
    de ti.
28 Porque de Jehová es el reino,
  Y él regirá las naciones.

7 All who see me mock me;
  they hurl insults, shaking their heads:
8 "He trusts in the LORD;
  let the LORD rescue him.
  Let him deliver him,
    since he delights in him."

9 Yet you brought me out of the womb;
  you made me trust in you
  even at my mother's breast.
10 From birth I was cast upon you;
  from my mother's womb you have been my
    God.
11 Do not be far from me,
  for trouble is near
  and there is no one to help.

12 Many bulls surround me;
  strong bulls of Bashan encircle me.
13 Roaring lions tearing their prey
  open their mouths wide against me.
14 I am poured out like water,
  and all my bones are out of joint.
  My heart has turned to wax;
  it has melted away within me.
15 My strength is dried up like a potsherd,
  and my tongue sticks to the roof of my mouth;
  you lay me*o* in the dust of death.
16 Dogs have surrounded me;
  a band of evil men has encircled me,
  they have pierced*p* my hands and my feet.
17 I can count all my bones;
  people stare and gloat over me.
18 They divide my garments among them
  and cast lots for my clothing.

19 But you, O LORD, be not far off;
  O my Strength, come quickly to help me.
20 Deliver my life from the sword,
  my precious life from the power of the dogs.
21 Rescue me from the mouth of the lions;
  save*q* me from the horns of the wild oxen.

22 I will declare your name to my brothers;
  in the congregation I will praise you.
23 You who fear the LORD, praise him!
  All you descendants of Jacob, honor him!
  Revere him, all you descendants of Israel!
24 For he has not despised or disdained
  the suffering of the afflicted one;
  he has not hidden his face from him
  but has listened to his cry for help.

25 From you comes the theme of my praise in the
    great assembly;
  before those who fear you*r* will I fulfill my
    vows.
26 The poor will eat and be satisfied;
  they who seek the LORD will praise him—
  may your hearts live forever!
27 All the ends of the earth
  will remember and turn to the LORD,
  and all the families of the nations
  will bow down before him,
28 for dominion belongs to the LORD
  and he rules over the nations.

---

o15 Or *I am laid*   *p16* Some Hebrew manuscripts, Septuagint
and Syriac; most Hebrew manuscripts *like the lion,*   *q21* Or
you have heard   *r25* Hebrew *him*

29 Comerán y adorarán todos los poderosos de la tierra;
Se postrarán delante de él todos los que descienden al polvo,
Aun el que no puede conservar la vida a su propia alma.
30 La posteridad le servirá;
Esto será contado de Jehová hasta la postrera generación.
31 Vendrán, y anunciarán su justicia;
A pueblo no nacido aún, anunciarán que él hizo esto.

29 All the rich of the earth will feast and worship;
all who go down to the dust will kneel before him—
those who cannot keep themselves alive.
30 Posterity will serve him;
future generations will be told about the Lord.
31 They will proclaim his righteousness
to a people yet unborn—
for he has done it.

Salmo 23

Jehová es mi pastor

Salmo de David.

1 Jehová es mi pastor; nada me faltará.
2 En lugares de delicados pastos me hará descansar;
Junto a aguas de reposo me pastoreará.
3 Confortará mi alma;
Me guiará por sendas de justicia por amor de su nombre.

4 Aunque ande en valle de sombra de muerte,
No temeré mal alguno, porque tú estarás conmigo;
Tu vara y tu cayado me infundirán aliento.
5 Aderezas mesa delante de mí en presencia de mis angustiadores;
Unges mi cabeza con aceite; mi copa está rebosando.
6 Ciertamente el bien y la misericordia me seguirán todos los días de mi vida,
Y en la casa de Jehová moraré por largos días.

Psalm 23

A psalm of David.

1 The Lord is my shepherd, I shall not be in want.
2 He makes me lie down in green pastures,
he leads me beside quiet waters,
3 he restores my soul.
He guides me in paths of righteousness
for his name's sake.
4 Even though I walk
through the valley of the shadow of death, s
I will fear no evil,
for you are with me;
your rod and your staff,
they comfort me.

5 You prepare a table before me
in the presence of my enemies.
You anoint my head with oil;
my cup overflows.
6 Surely goodness and love will follow me
all the days of my life,
and I will dwell in the house of the Lord forever.

Salmo 24

El rey de gloria

Salmo de David.

1 De Jehová es la tierra y su plenitud;
El mundo, y los que en él habitan.
2 Porque él la fundó sobre los mares,
Y la afirmó sobre los ríos.

3 ¿Quién subirá al monte de Jehová?
¿Y quién estará en su lugar santo?
4 El limpio de manos y puro de corazón;
El que no ha elevado su alma a cosas vanas,
Ni jurado con engaño.
5 El recibirá bendición de Jehová,
Y justicia del Dios de salvación.
6 Tal es la generación de los que le buscan,
De los que buscan tu rostro, oh Dios de Jacob.

Selah

7 Alzad, oh puertas, vuestras cabezas,
Y alzaos vosotras, puertas eternas,
Y entrará el Rey de gloria.
8 ¿Quién es este Rey de gloria?
Jehová el fuerte y valiente,
Jehová el poderoso en batalla.

Psalm 24

Of David. A psalm.

1 The earth is the Lord's, and everything in it,
the world, and all who live in it;
2 for he founded it upon the seas
and established it upon the waters.

3 Who may ascend the hill of the Lord?
Who may stand in his holy place?
4 He who has clean hands and a pure heart,
who does not lift up his soul to an idol
or swear by what is false. t
5 He will receive blessing from the Lord
and vindication from God his Savior.
6 Such is the generation of those who seek him,
who seek your face, O God of Jacob. u   Selah

7 Lift up your heads, O you gates;
be lifted up, you ancient doors,
that the King of glory may come in.
8 Who is this King of glory?
The Lord strong and mighty,
the Lord mighty in battle.

s4 Or *through the darkest valley* t4 Or *swear falsely*
u6 Two Hebrew manuscripts and Syriac (see also Septuagint); most Hebrew manuscripts *face, Jacob*

9 Alzad, oh puertas, vuestras cabezas,
Y alzaos vosotras, puertas eternas,
Y entrará el Rey de gloria.
10 ¿Quién es este Rey de gloria?
Jehová de los ejércitos,
El es el Rey de la gloria.   *Selah*

Salmo 25

David implora dirección, perdón y protección

Salmo de David.

1 A ti, oh Jehová, levantaré mi alma.
2 Dios mío, en ti confío;
No sea yo avergonzado,
No se alegren de mí mis enemigos.
3 Ciertamente ninguno de cuantos esperan en ti será
confundido;
Serán avergonzados los que se rebelan sin causa.

4 Muéstrame, oh Jehová, tus caminos;
Enséñame tus sendas.
5 Encamíname en tu verdad, y enséñame,
Porque tú eres el Dios de mi salvación;
En ti he esperado todo el día.

6 Acuérdate, oh Jehová, de tus piedades y de tus
misericordias,
Que son perpetuas.
7 De los pecados de mi juventud, y de mis rebeliones,
no te acuerdes;
Conforme a tu misericordia acuérdate de mí,
Por tu bondad, oh Jehová.

8 Bueno y recto es Jehová;
Por tanto, él enseñará a los pecadores el camino.
9 Encaminará a los humildes por el juicio,
Y enseñará a los mansos su carrera.
10 Todas las sendas de Jehová son misericordia y
verdad,
Para los que guardan su pacto y sus testimonios.

11 Por amor de tu nombre, oh Jehová,
Perdonarás también mi pecado, que es grande.
12 ¿Quién es el hombre que teme a Jehová?
El le enseñará el camino que ha de escoger.
13 Gozará él de bienestar,
Y su descendencia heredará la tierra.
14 La comunión íntima de Jehová es con los que le
temen,
Y a ellos hará conocer su pacto.
15 Mis ojos están siempre hacia Jehová,
Porque él sacará mis pies de la red.

16 Mírame, y ten misericordia de mí,
Porque estoy solo y afligido.
17 Las angustias de mi corazón se han aumentado;
Sácame de mis congojas.
18 Mira mi aflicción y mi trabajo,
Y perdona todos mis pecados.
19 Mira mis enemigos, cómo se han multiplicado,
Y con odio violento me aborrecen.
20 Guarda mi alma, y líbrame;
No sea yo avergonzado, porque en ti confié.
21 Integridad y rectitud me guarden,
Porque en ti he esperado.

9 Lift up your heads, O you gates;
lift them up, you ancient doors,
that the King of glory may come in.
10 Who is he, this King of glory?
The LORD Almighty—
he is the King of glory.   *Selah*

Psalm 25 ᵛ

Of David.

1 To you, O LORD, I lift up my soul;
2   in you I trust, O my God.
Do not let me be put to shame,
nor let my enemies triumph over me.
3 No one whose hope is in you
will ever be put to shame,
but they will be put to shame
who are treacherous without excuse.

4 Show me your ways, O LORD,
teach me your paths;
5 guide me in your truth and teach me,
for you are God my Savior,
and my hope is in you all day long.
6 Remember, O LORD, your great mercy and love,
for they are from of old.
7 Remember not the sins of my youth
and my rebellious ways;
according to your love remember me,
for you are good, O LORD.

8 Good and upright is the LORD;
therefore he instructs sinners in his ways.
9 He guides the humble in what is right
and teaches them his way.
10 All the ways of the LORD are loving and faithful
for those who keep the demands of his
covenant.
11 For the sake of your name, O LORD,
forgive my iniquity, though it is great.
12 Who, then, is the man that fears the LORD?
He will instruct him in the way chosen for
him.
13 He will spend his days in prosperity,
and his descendants will inherit the land.
14 The LORD confides in those who fear him;
he makes his covenant known to them.
·15 My eyes are ever on the LORD,
for only he will release my feet from the snare.

16 Turn to me and be gracious to me,
for I am lonely and afflicted.
17 The troubles of my heart have multiplied;
free me from my anguish.
18 Look upon my affliction and my distress
and take away all my sins.
19 See how my enemies have increased
and how fiercely they hate me!
20 Guard my life and rescue me;
let me not be put to shame,
for I take refuge in you.
21 May integrity and uprightness protect me,
because my hope is in you.

ᵛ This psalm is an acrostic poem, the verses of which begin with
the successive letters of the Hebrew alphabet.

22 Redime, oh Dios, a Israel
De todas sus angustias.

Salmo 26

Declaración de integridad

Salmo de David.

1 Júzgame, oh Jehová, porque yo en mi integridad he
andado;
He confiado asimismo en Jehová sin titubear.
2 Escudríñame, oh Jehová, y pruébame;
Examina mis íntimos pensamientos y mi corazón.
3 Porque tu misericordia está delante de mis ojos,
Y ando en tu verdad.

4 No me he sentado con hombres hipócritas,
Ni entré con los que andan simuladamente.
5 Aborrecí la reunión de los malignos,
Y con los impíos nunca me senté.

6 Lavaré en inocencia mis manos,
Y así andaré alrededor de tu altar, oh Jehová,
7 Para exclamar con voz de acción de gracias,
Y para contar todas tus maravillas.

8 Jehová, la habitación de tu casa he amado,
Y el lugar de la morada de tu gloria.
9 No arrebates con los pecadores mi alma,
Ni mi vida con hombres sanguinarios,
10 En cuyas manos está el mal,
Y su diestra está llena de sobornos.

11 Mas yo andaré en mi integridad;
Redímeme, y ten misericordia de mí.
12 Mi pie ha estado en rectitud;
En las congregaciones bendeciré a Jehová.

Salmo 27

Jehová es mi luz y mi salvación

Salmo de David.

1 Jehová es mi luz y mi salvación; ¿de quién temeré?
Jehová es la fortaleza de mi vida; ¿de quién he de
atemorizarme?

2 Cuando se juntaron contra mí los malignos, mis
angustiadores y mis enemigos,
Para comer mis carnes, ellos tropezaron y cayeron.

3 Aunque un ejército acampe contra mí,
No temerá mi corazón;
Aunque contra mí se levante guerra,
Yo estaré confiado.

4 Una cosa he demandado a Jehová, ésta buscaré;
Que esté yo en la casa de Jehová todos los días de
mi vida,
Para contemplar la hermosura de Jehová, y para
inquirir en su templo.

Psalm 26

Of David.

1 Vindicate me, O Lord,
for I have led a blameless life;
I have trusted in the Lord
without wavering.
2 Test me, O Lord, and try me,
examine my heart and my mind;
3 for your love is ever before me,
and I walk continually in your truth.
4 I do not sit with deceitful men,
nor do I consort with hypocrites;
5 I abhor the assembly of evildoers
and refuse to sit with the wicked.
6 I wash my hands in innocence,
and go about your altar, O Lord,
7 proclaiming aloud your praise
and telling of all your wonderful deeds.
8 I love the house where you live, O Lord,
the place where your glory dwells.

9 Do not take away my soul along with sinners,
my life with bloodthirsty men,
10 in whose hands are wicked schemes,
whose right hands are full of bribes.
11 But I lead a blameless life;
redeem me and be merciful to me.

12 My feet stand on level ground;
in the great assembly I will praise the Lord.

Psalm 27

Of David.

1 The Lord is my light and my salvation—
whom shall I fear?
The Lord is the stronghold of my life—
of whom shall I be afraid?
2 When evil men advance against me
to devour my flesh, w
when my enemies and my foes attack me,
they will stumble and fall.
3 Though an army besiege me,
my heart will not fear;
though war break out against me,
even then will I be confident.

4 One thing I ask of the Lord,
this is what I seek:
that I may dwell in the house of the Lord
all the days of my life,
to gaze upon the beauty of the Lord
and to seek him in his temple.

22 Redeem Israel, O God,
from all their troubles!

---

w 2 Or to slander me

5 Porque él me esconderá en su tabernáculo en el día
del mal;
Me ocultará en lo reservado de su morada;
Sobre una roca me pondrá en alto.

6 Luego levantará mi cabeza sobre mis enemigos que
me rodean,
Y yo sacrificaré en su tabernáculo sacrificios de
júbilo;
Cantaré y entonaré alabanzas a Jehová.

7 Oye, oh Jehová, mi voz con que a ti clamo;
Ten misericordia de mí, y respóndeme.
8 Mi corazón ha dicho de ti: Buscad mi rostro.
Tu rostro buscaré, oh Jehová;
9 No escondas tu rostro de mí.

No apartes con ira a tu siervo;
Mi ayuda has sido.
No me dejes ni me desampares, Dios de mi
salvación.
10 Aunque mi padre y mi madre me dejaran,
Con todo, Jehová me recogerá.
11 Enséñame, oh Jehová, tu camino,
Y guíame por senda de rectitud
A causa de mis enemigos.
12 No me entregues a la voluntad de mis enemigos;
Porque se han levantado contra mí testigos falsos, y
los que respiran crueldad.

13 Hubiera yo desmayado, si no creyese que veré la
bondad de Jehová
En la tierra de los vivientes.
14 Aguarda a Jehová;
Esfuérzate, y aliéntese tu corazón;
Sí, espera a Jehová.

Salmo 28

Plegaria pidiendo ayuda, y alabanza por la respuesta

Salmo de David.

1 A ti clamaré, oh Jehová.
Roca mía, no te desentiendas de mí,
Para que no sea yo, dejándome tú,
Semejante a los que descienden al sepulcro.
2 Oye la voz de mis ruegos cuando clamo a ti,
Cuando alzo mis manos hacia tu santo templo.

3 No me arrebates juntamente con los malos,
Y con los que hacen iniquidad,
Los cuales hablan paz con sus prójimos,
Pero la maldad está en su corazón.
4 Dales conforme a su obra, y conforme a la
perversidad de sus hechos;
Dales su merecido conforme a la obra de sus
manos.
5 Por cuanto no atendieron a los hechos de Jehová,
Ni a la obra de sus manos.
El los derribará, y no los edificará.

5 For in the day of trouble
he will keep me safe in his dwelling;
he will hide me in the shelter of his tabernacle
and set me high upon a rock.
6 Then my head will be exalted
above the enemies who surround me;
at his tabernacle will I sacrifice with shouts of
joy;
I will sing and make music to the LORD.

7 Hear my voice when I call, O LORD;
be merciful to me and answer me.
8 My heart says of you, "Seek his×face!"
Your face, LORD, I will seek.
9 Do not hide your face from me,
do not turn your servant away in anger;
you have been my helper.
Do not reject me or forsake me,
O God my Savior.
10 Though my father and mother forsake me,
the LORD will receive me.
11 Teach me your way, O LORD;
lead me in a straight path
because of my oppressors.
12 Do not turn me over to the desire of my foes,
for false witnesses rise up against me,
breathing out violence.

13 I am still confident of this:
I will see the goodness of the LORD
in the land of the living.
14 Wait for the LORD;
be strong and take heart
and wait for the LORD.

Psalm 28

Of David.

1 To you I call, O LORD my Rock;
do not turn a deaf ear to me.
For if you remain silent,
I will be like those who have gone down to
the pit.
2 Hear my cry for mercy
as I call to you for help,
as I lift up my hands
toward your Most Holy Place.

3 Do not drag me away with the wicked,
with those who do evil,
who speak cordially with their neighbors
but harbor malice in their hearts.
4 Repay them for their deeds
and for their evil work;
repay them for what their hands have done
and bring back upon them what they deserve.
5 Since they show no regard for the works of the
LORD
and what his hands have done,
he will tear them down
and never build them up again.

×8 Or *To you, O my heart, he has said, "Seek my*

6 Bendito sea Jehová,
Que oyó la voz de mis ruegos.
7 Jehová es mi fortaleza y mi escudo;
En él confió mi corazón, y fui ayudado,
Por lo que se gozó mi corazón,
Y con mi cántico le alabaré.

8 Jehová es la fortaleza de su pueblo,
Y el refugio salvador de su ungido.
9 Salva a tu pueblo, y bendice a tu heredad;
Y pastoréales y susténtales para siempre.

Salmo 29

Poder y gloria de Jehová

Salmo de David.

1 Tributad a Jehová, oh hijos de los poderosos,
Dad a Jehová la gloria y el poder.
2 Dad a Jehová la gloria debida a su nombre;
Adorad a Jehová en la hermosura de la santidad.

3 Voz de Jehová sobre las aguas;
Truena el Dios de gloria,
Jehová sobre las muchas aguas.
4 Voz de Jehová con potencia;
Voz de Jehová con gloria.

5 Voz de Jehová que quebranta los cedros;
Quebrantó Jehová los cedros del Líbano.
6 Los hizo saltar como becerros;
Al Líbano y al Sirión como hijos de búfalos.

7 Voz de Jehová que derrama llamas de fuego;
8 Voz de Jehová que hace temblar el desierto;
Hace temblar Jehová el desierto de Cades.

9 Voz de Jehová que desgaja las encinas,
Y desnuda los bosques;
En su templo todo proclama su gloria.

10 Jehová preside en el diluvio,
Y se sienta Jehová como rey para siempre.
11 Jehová dará poder a su pueblo;
Jehová bendecirá a su pueblo con paz.

Salmo 30

Acción de gracias por haber sido librado de la muerte

Salmo cantado en la dedicación de la Casa.
Salmo de David.

1 Te glorificaré, oh Jehová, porque me has exaltado,
Y no permitiste que mis enemigos se alegraran
de mí.
2 Jehová Dios mío,
A ti clamé, y me sanaste.
3 Oh Jehová, hiciste subir mi alma del Seol;
Me diste vida, para que no descendiese a la
sepultura.

4 Cantad a Jehová, vosotros sus santos,
Y celebrad la memoria de su santidad.

6 Praise be to the LORD,
for he has heard my cry for mercy.
7 The LORD is my strength and my shield;
my heart trusts in him, and I am helped.
My heart leaps for joy
and I will give thanks to him in song.

8 The LORD is the strength of his people,
a fortress of salvation for his anointed one.
9 Save your people and bless your inheritance;
be their shepherd and carry them forever.

Psalm 29

A psalm of David.

1 Ascribe to the LORD, O mighty ones,
ascribe to the LORD glory and strength.
2 Ascribe to the LORD the glory due his name;
worship the LORD in the splendor of his y
holiness.

3 The voice of the LORD is over the waters;
the God of glory thunders,
the LORD thunders over the mighty waters.
4 The voice of the LORD is powerful;
the voice of the LORD is majestic.
5 The voice of the LORD breaks the cedars;
the LORD breaks in pieces the cedars of
Lebanon.
6 He makes Lebanon skip like a calf,
Sirion z like a young wild ox.
7 The voice of the LORD strikes
with flashes of lightning.
8 The voice of the LORD shakes the desert;
the LORD shakes the Desert of Kadesh.
9 The voice of the LORD twists the oaks a
and strips the forests bare.
And in his temple all cry, "Glory!"

10 The LORD sits b enthroned over the flood;
the LORD is enthroned as King forever.
11 The LORD gives strength to his people;
the LORD blesses his people with peace.

Psalm 30

A psalm. A song. For the dedication
of the temple. c Of David.

1 I will exalt you, O LORD,
for you lifted me out of the depths
and did not let my enemies gloat over me.
2 O LORD my God, I called to you for help
and you healed me.
3 O LORD, you brought me up from the grave d;
you spared me from going down into the pit.

4 Sing to the LORD, you saints of his;
praise his holy name.

y 2 Or LORD with the splendor of   z 6 That is, Mount Hermon
a 9 Or LORD makes the deer give birth   b 10 Or sat   c Title: Or
palace   d 3 Hebrew Sheol

5 Porque un momento será su ira,
  Pero su favor dura toda la vida.
  Por la noche durará el lloro,
  Y a la mañana vendrá la alegría.

6 En mi prosperidad dije yo:
  No seré jamás conmovido,
7 Porque tú, Jehová, con tu favor me afirmaste como
  monte fuerte.
  Escondiste tu rostro, fui turbado.

8 A ti, oh Jehová, clamaré,
  Y al Señor suplicaré.
9 ¿Qué provecho hay en mi muerte cuando descienda
  a la sepultura?
  ¿Te alabará el polvo? ¿Anunciará tu verdad?
10 Oye, oh Jehová, y ten misericordia de mí;
  Jehová, sé tú mi ayudador.

11 Has cambiado mi lamento en baile;
  Desataste mi cilicio, y me ceñiste de alegría.
12 Por tanto, a ti cantaré, gloria mía, y no estaré
  callado.
  Jehová Dios mío, te alabaré para siempre.

5 For his anger lasts only a moment,
  but his favor lasts a lifetime;
  weeping may remain for a night,
  but rejoicing comes in the morning.

6 When I felt secure, I said,
  "I will never be shaken."
7 O LORD, when you favored me,
  you made my mountain e stand firm;
  but when you hid your face,
  I was dismayed.

8 To you, O LORD, I called;
  to the Lord I cried for mercy:
9 "What gain is there in my destruction, f
  in my going down into the pit?
  Will the dust praise you?
  Will it proclaim your faithfulness?
10 Hear, O LORD, and be merciful to me;
  O LORD, be my help."

11 You turned my wailing into dancing;
  you removed my sackcloth and clothed me
  with joy,
12 that my heart may sing to you and not be silent.
  O LORD my God, I will give you thanks
  forever.

Salmo 31

Declaración de confianza

Al músico principal. Salmo de David.

1 En ti, oh Jehová, he confiado; no sea yo confundido
  jamás;
  Líbrame en tu justicia.
2 Inclina a mí tu oído, líbrame pronto;
  Sé tú mi roca fuerte, y fortaleza para salvarme.

3 Porque tú eres mi roca y mi castillo;
  Por tu nombre me guiarás y me encaminarás.
4 Sácame de la red que han escondido para mí,
  Pues tú eres mi refugio.
5 En tu mano encomiendo mi espíritu;
  Tú me has redimido, oh Jehová, Dios de verdad.

6 Aborrezco a los que esperan en vanidades ilusorias;
  Mas yo en Jehová he esperado.
7 Me gozaré y alegraré en tu misericordia,
  Porque has visto mi aflicción;
  Has conocido mi alma en las angustias.
8 No me entregaste en mano del enemigo;
  Pusiste mis pies en lugar espacioso.

9 Ten misericordia de mí, oh Jehová, porque estoy en
  angustia;
  Se han consumido de tristeza mis ojos, mi alma
  también y mi cuerpo.
10 Porque mi vida se va gastando de dolor, y mis años
  de suspirar;
  Se agotan mis fuerzas a causa de mi iniquidad, y
  mis huesos se han consumido.

11 De todos mis enemigos soy objeto de oprobio,
  Y de mis vecinos mucho más, y el horror de mis
  conocidos;
  Los que me ven fuera huyen de mí.

Psalm 31

For the director of music. A psalm of David.

1 In you, O LORD, I have taken refuge;
  let me never be put to shame;
  deliver me in your righteousness.
2 Turn your ear to me,
  come quickly to my rescue;
  be my rock of refuge,
  a strong fortress to save me.
3 Since you are my rock and my fortress,
  for the sake of your name lead and guide me.
4 Free me from the trap that is set for me,
  for you are my refuge.
5 Into your hands I commit my spirit;
  redeem me, O LORD, the God of truth.

6 I hate those who cling to worthless idols;
  I trust in the LORD.
7 I will be glad and rejoice in your love,
  for you saw my affliction
  and knew the anguish of my soul.
8 You have not handed me over to the enemy
  but have set my feet in a spacious place.

9 Be merciful to me, O LORD, for I am in distress;
  my eyes grow weak with sorrow,
  my soul and my body with grief.
10 My life is consumed by anguish
  and my years by groaning;
  my strength fails because of my affliction, g
  and my bones grow weak.
11 Because of all my enemies,
  I am the utter contempt of my neighbors;
  I am a dread to my friends—
  those who see me on the street flee from me.

e7 Or hill country   f9 Or there if I am silenced   g10 Or guilt

12He sido olvidado de su corazón como un muerto;
He venido a ser como un vaso quebrado.
13Porque oigo la calumnia de muchos;
El miedo me asalta por todas partes,
Mientras consultan juntos contra mí
E idean quitarme la vida.

14Mas yo en ti confío, oh Jehová;
Digo: Tú eres mi Dios.
15En tu mano están mis tiempos;
Líbrame de la mano de mis enemigos y de mis
perseguidores.
16Haz resplandecer tu rostro sobre tu siervo;
Sálvame por tu misericordia.
17No sea yo avergonzado, oh Jehová, ya que te he
invocado;
Sean avergonzados los impíos, estén mudos en el
Seol.
18Enmudezcan los labios mentirosos,
Que hablan contra el justo cosas duras
Con soberbia y menosprecio.

19¡Cuán grande es tu bondad, que has guardado para
los que te temen,
Que has mostrado a los que esperan en ti, delante
de los hijos de los hombres!
20En lo secreto de tu presencia los esconderás de la
conspiración del hombre;
Los pondrás en un tabernáculo a cubierto de
contención de lenguas.

21Bendito sea Jehová,
Porque ha hecho maravillosa su misericordia para
conmigo en ciudad fortificada.
22Decía yo en mi premura: Cortado soy de delante de
tus ojos;
Pero tú oíste la voz de mis ruegos cuando a ti
clamaba.

23Amad a Jehová, todos vosotros sus santos;
A los fieles guarda Jehová,
Y paga abundantemente al que procede con
soberbia.
24Esforzaos todos vosotros los que esperáis en Jehová,
Y tome aliento vuestro corazón.

Salmo 32

La dicha del perdón

Salmo de David. Masquil.

1Bienaventurado aquel cuya transgresión ha sido
perdonada, y cubierto su pecado.
2Bienaventurado el hombre a quien Jehová no culpa
de iniquidad,
Y en cuyo espíritu no hay engaño.

3Mientras callé, se envejecieron mis huesos
En mi gemir todo el día.
4Porque de día y de noche se agravó sobre mí tu
mano;
Se volvió mi verdor en sequedades de verano. *Selah*

12I am forgotten by them as though I were dead;
I have become like broken pottery.
13For I hear the slander of many;
there is terror on every side;
they conspire against me
and plot to take my life.

14But I trust in you, O LORD;
I say, "You are my God."
15My times are in your hands;
deliver me from my enemies
and from those who pursue me.
16Let your face shine on your servant;
save me in your unfailing love.
17Let me not be put to shame, O LORD,
for I have cried out to you;
but let the wicked be put to shame
and lie silent in the grave.*h*
18Let their lying lips be silenced,
for with pride and contempt
they speak arrogantly against the righteous.

19How great is your goodness,
which you have stored up for those who fear
you,
which you bestow in the sight of men
on those who take refuge in you.
20In the shelter of your presence you hide them
from the intrigues of men;
in your dwelling you keep them safe
from accusing tongues.

21Praise be to the LORD,
for he showed his wonderful love to me
when I was in a besieged city.
22In my alarm I said,
"I am cut off from your sight!"
Yet you heard my cry for mercy
when I called to you for help.

23Love the LORD, all his saints!
The LORD preserves the faithful,
but the proud he pays back in full.
24Be strong and take heart,
all you who hope in the LORD.

Psalm 32

Of David. A *maskil.i*

1Blessed is he
whose transgressions are forgiven,
whose sins are covered.
2Blessed is the man
whose sin the LORD does not count against
him
and in whose spirit is no deceit.

3When I kept silent,
my bones wasted away
through my groaning all day long.
4For day and night
your hand was heavy upon me;
my strength was sapped
as in the heat of summer. *Selah*

---

h17 Hebrew *Sheol*   *i*Title: Probably a literary or musical term

5 Mi pecado te declaré, y no encubrí mi iniquidad.
Dije: Confesaré mis transgresiones a Jehová;
Y tú perdonaste la maldad de mi pecado.   *Selah*

6 Por esto orará a ti todo santo en el tiempo en que
puedas ser hallado;
Ciertamente en la inundación de muchas aguas no
llegarán éstas a él.
7 Tú eres mi refugio; me guardarás de la angustia;
Con cánticos de liberación me rodearás.   *Selah*

8 Te haré entender, y te enseñaré el camino en que
debes andar;
Sobre ti fijaré mis ojos.
9 No seáis como el caballo, o como el mulo, sin
entendimiento,
Que han de ser sujetados con cabestro y con freno,
Porque si no, no se acercan a ti.

10 Muchos dolores habrá para el impío;
Mas al que espera en Jehová, le rodea la
misericordia.
11 Alegraos en Jehová y gozaos, justos;
Y cantad con júbilo todos vosotros los rectos de
corazón.

Salmo 33

Alabanzas al Creador y Preservador

1 Alegraos, oh justos, en Jehová;
En los íntegros es hermosa la alabanza.
2 Aclamad a Jehová con arpa;
Cantadle con salterio y decacordio
3 Cantadle cántico nuevo;
Hacedlo bien, tañendo con júbilo.

4 Porque recta es la palabra de Jehová,
Y toda su obra es hecha con fidelidad.
5 El ama justicia y juicio;
De la misericordia de Jehová está llena la tierra.

6 Por la palabra de Jehová fueron hechos los cielos,
Y todo el ejército de ellos por el aliento de su boca.
7 El junta como montón las aguas del mar;
El pone en depósitos los abismos.

8 Tema a Jehová toda la tierra;
Teman delante de él todos los habitantes del
mundo.
9 Porque él dijo, y fue hecho;
El mandó, y existió.

10 Jehová hace nulo el consejo de las naciones,
Y frustra las maquinaciones de los pueblos.
11 El consejo de Jehová permanecerá para siempre;
Los pensamientos de su corazón por todas las
generaciones.
12 Bienaventurada la nación cuyo Dios es Jehová,
El pueblo que él escogió como heredad para sí.

13 Desde los cielos miró Jehová;
Vio a todos los hijos de los hombres;

5 Then I acknowledged my sin to you
and did not cover up my iniquity.
I said, "I will confess
my transgressions to the LORD"—
and you forgave
the guilt of my sin.   *Selah*

6 Therefore let everyone who is godly pray to you
while you may be found;
surely when the mighty waters rise,
they will not reach him.
7 You are my hiding place;
you will protect me from trouble
and surround me with songs of deliverance.
   Selah

8 I will instruct you and teach you in the way you
should go;
I will counsel you and watch over you.
9 Do not be like the horse or the mule,
which have no understanding
but must be controlled by bit and bridle
or they will not come to you.
10 Many are the woes of the wicked,
but the LORD's unfailing love
surrounds the man who trusts in him.

11 Rejoice in the LORD and be glad, you
righteous;
sing, all you who are upright in heart!

Psalm 33

1 Sing joyfully to the LORD, you righteous;
it is fitting for the upright to praise him.
2 Praise the LORD with the harp;
make music to him on the ten-stringed lyre.
3 Sing to him a new song;
play skillfully, and shout for joy.

4 For the word of the LORD is right and true;
he is faithful in all he does.
5 The LORD loves righteousness and justice;
the earth is full of his unfailing love.

6 By the word of the LORD were the heavens
made,
their starry host by the breath of his mouth.
7 He gathers the waters of the sea into jars/;
he puts the deep into storehouses.
8 Let all the earth fear the LORD;
let all the people of the world revere him.
9 For he spoke, and it came to be;
he commanded, and it stood firm.
10 The LORD foils the plans of the nations;
he thwarts the purposes of the peoples.
11 But the plans of the LORD stand firm forever,
the purposes of his heart through all
generations.

12 Blessed is the nation whose God is the LORD,
the people he chose for his inheritance.
13 From heaven the LORD looks down
and sees all mankind;

/7 Or sea as into a heap

14 Desde el lugar de su morada miró
   Sobre todos los moradores de la tierra.
15 El formó el corazón de todos ellos;
   Atento está a todas sus obras.

16 El rey no se salva por la multitud del ejército,
   Ni escapa el valiente por la mucha fuerza.
17 Vano para salvarse es el caballo;
   La grandeza de su fuerza a nadie podrá librar.

18 He aquí el ojo de Jehová sobre los que le temen,
   Sobre los que esperan en su misericordia,
19 Para librar sus almas de la muerte,
   Y para darles vida en tiempo de hambre.

20 Nuestra alma espera a Jehová;
   Nuestra ayuda y nuestro escudo es él.
21 Por tanto, en él se alegrará nuestro corazón,
   Porque en su santo nombre hemos confiado.
22 Sea tu misericordia, oh Jehová, sobre nosotros,
   Según esperamos en ti.

Salmo 34

La protección divina

Salmo de David, cuando mudó su semblante delante
de Abimelec, y él lo echó, y se fue.

1 Bendeciré a Jehová en todo tiempo;
   Su alabanza estará de continuo en mi boca.
2 En Jehová se gloriará mi alma;
   Lo oirán los mansos, y se alegrarán.
3 Engrandeced a Jehová conmigo,
   Y exaltemos a una su nombre.

4 Busqué a Jehová, y él me oyó,
   Y me libró de todos mis temores.
5 Los que miraron a él fueron alumbrados,
   Y sus rostros no fueron avergonzados.
6 Este pobre clamó, y le oyó Jehová,
   Y lo libró de todas sus angustias.
7 El ángel de Jehová acampa alrededor de los que le
   temen,
   Y los defiende.
8 Gustad, y ved que es bueno Jehová;
   Dichoso el hombre que confía en él.
9 Temed a Jehová, vosotros sus santos,
   Pues nada falta a los que le temen.
10 Los leoncillos necesitan, y tienen hambre;
   Pero los que buscan a Jehová no tendrán falta de
   ningún bien.

11 Venid, hijos, oídme;
   El temor de Jehová os enseñaré.
12 ¿Quién es el hombre que desea vida,
   Que desea muchos días para ver el bien?
13 Guarda tu lengua del mal,
   Y tus labios de hablar engaño.
14 Apártate del mal, y haz el bien;
   Busca la paz, y síguela.

15 Los ojos de Jehová están sobre los justos,
   Y atentos sus oídos al clamor de ellos.
16 La ira de Jehová contra los que hacen mal,
   Para cortar de la tierra la memoria de ellos.

14 from his dwelling place he watches
   all who live on earth—
15 he who forms the hearts of all,
   who considers everything they do.

16 No king is saved by the size of his army;
   no warrior escapes by his great strength.
17 A horse is a vain hope for deliverance;
   despite all its great strength it cannot save.
18 But the eyes of the LORD are on those who fear
   him,
   on those whose hope is in his unfailing love,
19 to deliver them from death
   and keep them alive in famine.

20 We wait in hope for the LORD;
   he is our help and our shield.
21 In him our hearts rejoice,
   for we trust in his holy name.
22 May your unfailing love rest upon us, O LORD,
   even as we put our hope in you.

Psalm 34 [k]

Of David. When he pretended to be insane
  before Abimelech, who drove him away,
     and he left.

1 I will extol the LORD at all times;
   his praise will always be on my lips.
2 My soul will boast in the LORD;
   let the afflicted hear and rejoice.
3 Glorify the LORD with me;
   let us exalt his name together.

4 I sought the LORD, and he answered me;
   he delivered me from all my fears.
5 Those who look to him are radiant;
   their faces are never covered with shame.
6 This poor man called, and the LORD heard him;
   he saved him out of all his troubles.
7 The angel of the LORD encamps around those
   who fear him,
   and he delivers them.

8 Taste and see that the LORD is good;
   blessed is the man who takes refuge in him.
9 Fear the LORD, you his saints,
   for those who fear him lack nothing.
10 The lions may grow weak and hungry,
   but those who seek the LORD lack no good
   thing.

11 Come, my children, listen to me;
   I will teach you the fear of the LORD.
12 Whoever of you loves life
   and desires to see many good days,
13 keep your tongue from evil
   and your lips from speaking lies.
14 Turn from evil and do good;
   seek peace and pursue it.

15 The eyes of the LORD are on the righteous
   and his ears are attentive to their cry;
16 the face of the LORD is against those who do evil,
   to cut off the memory of them from the earth.

[k] This psalm is an acrostic poem, the verses of which begin with
the successive letters of the Hebrew alphabet.

17 Claman los justos, y Jehová oye,
   Y los libra de todas sus angustias.
18 Cercano está Jehová a los quebrantados de corazón;
   Y salva a los contritos de espíritu.

19 Muchas son las aflicciones del justo,
   Pero de todas ellas le librará Jehová.
20 El guarda todos sus huesos;
   Ni uno de ellos será quebrantado.
21 Matará al malo la maldad,
   Y los que aborrecen al justo serán condenados.
22 Jehová redime el alma de sus siervos,
   Y no serán condenados cuantos en él confían.

Salmo 35

Plegaria pidiendo ser librado de los enemigos

Salmo de David.

1 Disputa, oh Jehová, con los que contra mí contienden;
   Pelea contra los que me combaten.
2 Echa mano al escudo y al pavés,
   Y levántate en mi ayuda.
3 Saca la lanza, cierra contra mis perseguidores;
   Dí a mi alma: Yo soy tu salvación.

4 Sean avergonzados y confundidos los que buscan mi vida;
   Sean vueltos atrás y avergonzados los que mi mal intentan.
5 Sean como el tamo delante del viento,
   Y el ángel de Jehová los acose.
6 Sea su camino tenebroso y resbaladizo,
   Y el ángel de Jehová los persiga.

7 Porque sin causa escondieron para mí su red en un hoyo;
   Sin causa cavaron hoyo para mi alma.
8 Véngale el quebrantamiento sin que lo sepa,
   Y la red que él escondió lo prenda;
   Con quebrantamiento caiga en ella.

9 Entonces mi alma se alegrará en Jehová;
   Se regocijará en su salvación.
10 Todos mis huesos dirán: Jehová, ¿quién como tú,
   Que libras al afligido del más fuerte que él,
   Y al pobre y menesteroso del que le despoja?

11 Se levantan testigos malvados;
   De lo que no sé me preguntan;
12 Me devuelven mal por bien,
   Para afligir a mi alma.
13 Pero yo, cuando ellos enfermaron, me vestí de cilicio;
   Afligí con ayuno mi alma,
   Y mi oración se volvía a mi seno.
14 Como por mi compañero, como por mi hermano andaba;
   Como el que trae luto por madre, enlutado me humillaba.

17 The righteous cry out, and the Lord
   hears them;
  he delivers them from all their troubles.
18 The Lord is close to the brokenhearted
  and saves those who are crushed in spirit.

19 A righteous man may have many troubles,
  but the Lord delivers him from them all;
20 he protects all his bones,
  not one of them will be broken.
21 Evil will slay the wicked;
  the foes of the righteous will be condemned.
22 The Lord redeems his servants;
  no one will be condemned who takes refuge in him.

Psalm 35

Of David.

1 Contend, O Lord, with those who contend with me;
  fight against those who fight against me.
2 Take up shield and buckler;
  arise and come to my aid.
3 Brandish spear and javelin[l]
  against those who pursue me.
Say to my soul,
  "I am your salvation."

4 May those who seek my life
  be disgraced and put to shame;
  may those who plot my ruin
  be turned back in dismay.
5 May they be like chaff before the wind,
  with the angel of the Lord driving them away;
6 may their path be dark and slippery,
  with the angel of the Lord pursuing them.
7 Since they hid their net for me without cause
  and without cause dug a pit for me,
8 may ruin overtake them by surprise—
  may the net they hid entangle them,
  may they fall into the pit, to their ruin.
9 Then my soul will rejoice in the Lord
  and delight in his salvation.
10 My whole being will exclaim,
  "Who is like you, O Lord?
You rescue the poor from those too strong for them,
  the poor and needy from those who rob them."

11 Ruthless witnesses come forward;
  they question me on things I know nothing about.
12 They repay me evil for good
  and leave my soul forlorn.
13 Yet when they were ill, I put on sackcloth
  and humbled myself with fasting.
When my prayers returned to me unanswered,
14   I went about mourning
  as though for my friend or brother.
I bowed my head in grief
  as though weeping for my mother.

l3 Or and block the way

15 Pero ellos se alegraron en mi adversidad, y se
　　　juntaron;
　Se juntaron contra mí gentes despreciables, y yo no
　　　lo entendía;
　Me despedazaban sin descanso;
16 Como lisonjeros, escarnecedores y truhanes,
　Crujieron contra mí sus dientes.

17 Señor, ¿hasta cuándo verás esto?
　Rescata mi alma de sus destrucciones, mi vida de
　　　los leones.
18 Te confesaré en grande congregación;
　Te alabaré entre numeroso pueblo.

19 No se alegren de mí los que sin causa son mis
　　　enemigos,
　Ni los que me aborrecen sin causa guiñen el ojo.
20 Porque no hablan paz;
　Y contra los mansos de la tierra piensan palabras
　　　engañosas.
21 Ensancharon contra mí su boca;
　Dijeron: ¡Ea, ea, nuestros ojos lo han visto!

22 Tú lo has visto, oh Jehová; no calles;
　Señor, no te alejes de mí.
23 Muévete y despierta para hacerme justicia,
　Dios mío y Señor mío, para defender mi causa.
24 Júzgame conforme a tu justicia, Jehová Dios mío,
　Y no se alegren de mí.
25 No digan en su corazón: ¡Ea, alma nuestra!
　No digan: ¡Le hemos devorado!
26 Sean avergonzados y confundidos a una los que de
　　　mi mal se alegran;
　Vístanse de vergüenza y de confusión los que se
　　　engrandecen contra mí.

27 Canten y alégrense los que están a favor de mi justa
　　　causa,
　Y digan siempre: Sea exaltado Jehová,
　Que ama la paz de su siervo.
28 Y mi lengua hablará de tu justicia
　Y de tu alabanza todo el día.

Salmo 36
La misericordia de Dios

Al músico principal. Salmo de David,
siervo de Jehová.

1 La iniquidad del impío me dice al corazón:
　No hay temor de Dios delante de sus ojos.
2 Se lisonjea, por tanto, en sus propios ojos,
　De que su iniquidad no será hallada y aborrecida.
3 Las palabras de su boca son iniquidad y fraude;
　Ha dejado de ser cuerdo y de hacer el bien.
4 Medita maldad sobre su cama;
　Está en camino no bueno,
　El mal no aborrece.

5 Jehová, hasta los cielos llega tu misericordia,
　Y tu fidelidad alcanza hasta las nubes.

15 But when I stumbled, they gathered in glee;
　　attackers gathered against me when I was
　　unaware.
　They slandered me without ceasing.
16 Like the ungodly they maliciously mocked *m*;
　they gnashed their teeth at me.
17 O Lord, how long will you look on?
　Rescue my life from their ravages,
　my precious life from these lions.
18 I will give you thanks in the great assembly;
　among throngs of people I will praise you.

19 Let not those gloat over me
　who are my enemies without cause;
　let not those who hate me without reason
　maliciously wink the eye.
20 They do not speak peaceably,
　but devise false accusations
　against those who live quietly in the land.
21 They gape at me and say, "Aha! Aha!
　With our own eyes we have seen it."

22 O LORD, you have seen this; be not silent.
　Do not be far from me, O Lord.
23 Awake, and rise to my defense!
　Contend for me, my God and Lord.
24 Vindicate me in your righteousness, O LORD my
　　God;
　do not let them gloat over me.
25 Do not let them think, "Aha, just what we
　　wanted!"
　or say, "We have swallowed him up."

26 May all who gloat over my distress
　be put to shame and confusion;
　may all who exalt themselves over me
　be clothed with shame and disgrace.
27 May those who delight in my vindication
　shout for joy and gladness;
　may they always say, "The LORD be exalted,
　who delights in the well-being of his servant."
28 My tongue will speak of your righteousness
　and of your praises all day long.

Psalm 36

For the director of music. Of David the servant
of the LORD.

1 An oracle is within my heart
　concerning the sinfulness of the wicked: *n*
There is no fear of God
　before his eyes.
2 For in his own eyes he flatters himself
　too much to detect or hate his sin.
3 The words of his mouth are wicked and
　　deceitful;
　he has ceased to be wise and to do good.
4 Even on his bed he plots evil;
　he commits himself to a sinful course
　and does not reject what is wrong.

5 Your love, O LORD, reaches to the heavens,
　your faithfulness to the skies.

---

m 16 Septuagint; Hebrew may mean *ungodly circle of mockers.*
n 1 Or *heart: / Sin proceeds from the wicked.*

6 Tu justicia es como los montes de Dios,
Tus juicios, abismo grande.
Oh Jehová, al hombre y al animal conservas.

7 ¡Cuán preciosa, oh Dios, es tu misericordia!
Por eso los hijos de los hombres se amparan bajo la sombra de tus alas.
8 Serán completamente saciados de la grosura de tu casa,
Y tú los abrevarás del torrente de tus delicias.
9 Porque contigo está el manantial de la vida;
En tu luz veremos la luz.
10 Extiende tu misericordia a los que te conocen,
Y tu justicia a los rectos de corazón.
11 No venga pie de soberbia contra mí,
Y mano de impíos no me mueva.
12 Allí cayeron los hacedores de iniquidad;
Fueron derribados, y no podrán levantarse.

Salmo 37

El camino de los malos

Salmo de David.

1 No te impacientes a causa de los malignos,
Ni tengas envidia de los que hacen iniquidad.
2 Porque como hierba serán pronto cortados,
Y como la hierba verde se secarán.

3 Confía en Jehová, y haz el bien;
Y habitarás en la tierra, y te apacentarás de la verdad.
4 Deléitate asimismo en Jehová,
Y él te concederá las peticiones de tu corazón.

5 Encomienda a Jehová tu camino,
Y confía en él; y él hará.
6 Exhibirá tu justicia como la luz,
Y tu derecho como el mediodía.

7 Guarda silencio ante Jehová, y espera en él.
No te alteres con motivo del que prospera en su camino,
Por el hombre que hace maldades.

8 Deja la ira, y desecha el enojo;
No te excites en manera alguna a hacer lo malo.
9 Porque los malignos serán destruidos,
Pero los que esperan en Jehová, ellos heredarán la tierra.

10 Pues de aquí a poco no existirá el malo;
Observarás su lugar, y no estará allí.
11 Pero los mansos heredarán la tierra,
Y se recrearán con abundancia de paz.
12 Maquina el impío contra el justo,
Y cruje contra él sus dientes;
13 El Señor se reirá de él;
Porque ve que viene su día.

14 Los impíos desenvainan espada y entesan su arco,
Para derribar al pobre y al menesteroso,
Para matar a los de recto proceder.
15 Su espada entrará en su mismo corazón,
Y su arco será quebrado.

6 Your righteousness is like the mighty mountains,
your justice like the great deep.
O Lord, you preserve both man and beast.
7 How priceless is your unfailing love!
Both high and low among men
find ᵒ refuge in the shadow of your wings.
8 They feast on the abundance of your house;
you give them drink from your river of delights.
9 For with you is the fountain of life;
in your light we see light.
10 Continue your love to those who know you,
your righteousness to the upright in heart.
11 May the foot of the proud not come against me,
nor the hand of the wicked drive me away.
12 See how the evildoers lie fallen—
thrown down, not able to rise!

Psalm 37 ᵖ

Of David.

1 Do not fret because of evil men
or be envious of those who do wrong;
2 for like the grass they will soon wither,
like green plants they will soon die away.

3 Trust in the Lord and do good;
dwell in the land and enjoy safe pasture.
4 Delight yourself in the Lord
and he will give you the desires of your heart.

5 Commit your way to the Lord;
trust in him and he will do this:
6 He will make your righteousness shine like the dawn,
the justice of your cause like the noonday sun.

7 Be still before the Lord and wait patiently for him;
do not fret when men succeed in their ways,
when they carry out their wicked schemes.

8 Refrain from anger and turn from wrath;
do not fret—it leads only to evil.
9 For evil men will be cut off,
but those who hope in the Lord will inherit the land.

10 A little while, and the wicked will be no more;
though you look for them, they will not be found.
11 But the meek will inherit the land
and enjoy great peace.

12 The wicked plot against the righteous
and gnash their teeth at them;
13 but the Lord laughs at the wicked,
for he knows their day is coming.

14 The wicked draw the sword
and bend the bow
to bring down the poor and needy,
to slay those whose ways are upright.
15 But their swords will pierce their own hearts,
and their bows will be broken.

ᵒ7 Or *love, O God! / Men find*; or *love! / Both heavenly beings and men / find* ᵖ This psalm is an acrostic poem, the stanzas of which begin with the successive letters of the Hebrew alphabet.

16 Mejor es lo poco del justo,
   Que las riquezas de muchos pecadores.
17 Porque los brazos de los impíos serán quebrados;
   Mas el que sostiene a los justos es Jehová.

18 Conoce Jehová los días de los perfectos,
   Y la heredad de ellos será para siempre.
19 No serán avergonzados en el mal tiempo,
   Y en los días de hambre serán saciados.

20 Mas los impíos perecerán,
   Y los enemigos de Jehová como la grasa de los carneros
   Serán consumidos; se disiparán como el humo.

21 El impío toma prestado, y no paga;
   Mas el justo tiene misericordia, y da.
22 Porque los benditos de él heredarán la tierra;
   Y los malditos de él serán destruidos.

23 Por Jehová son ordenados los pasos del hombre,
   Y él aprueba su camino.
24 Cuando el hombre cayere, no quedará postrado,
   Porque Jehová sostiene su mano.

25 Joven fui, y he envejecido,
   Y no he visto justo desamparado,
   Ni su descendencia que mendigue pan.
26 En todo tiempo tiene misericordia, y presta;
   Y su descendencia es para bendición.

27 Apártate del mal, y haz el bien,
   Y vivirás para siempre.
28 Porque Jehová ama la rectitud,
   Y no desampara a sus santos.
   Para siempre serán guardados;
   Mas la descendencia de los impíos será destruida.
29 Los justos heredarán la tierra,
   Y vivirán para siempre sobre ella.

30 La boca del justo habla sabiduría,
   Y su lengua habla justicia.
31 La ley de su Dios está en su corazón;
   Por tanto, sus pies no resbalarán.

32 Acecha el impío al justo,
   Y procura matarlo.
33 Jehová no lo dejará en sus manos,
   Ni lo condenará cuando le juzgaren.

34 Espera en Jehová, y guarda su camino,
   Y él te exaltará para heredar la tierra;
   Cuando sean destruidos los pecadores, lo verás.

35 Vi yo al impío sumamente enaltecido,
   Y que se extendía como laurel verde.
36 Pero él pasó, y he aquí ya no estaba;
   Lo busqué, y no fue hallado.

37 Considera al íntegro, y mira al justo;
   Porque hay un final dichoso para el hombre de paz.
38 Mas los transgresores serán todos a una destruidos;
   La posteridad de los impíos será extinguida.

16 Better the little that the righteous have
   than the wealth of many wicked;
17 for the power of the wicked will be broken,
   but the LORD upholds the righteous.

18 The days of the blameless are known to the LORD,
   and their inheritance will endure forever.
19 In times of disaster they will not wither;
   in days of famine they will enjoy plenty.

20 But the wicked will perish:
   The LORD's enemies will be like the beauty of the fields,
   they will vanish—vanish like smoke.

21 The wicked borrow and do not repay,
   but the righteous give generously;
22 those the LORD blesses will inherit the land,
   but those he curses will be cut off.

23 If the LORD delights in a man's way,
   he makes his steps firm;
24 though he stumble, he will not fall,
   for the LORD upholds him with his hand.

25 I was young and now I am old,
   yet I have never seen the righteous forsaken
   or their children begging bread.
26 They are always generous and lend freely;
   their children will be blessed.

27 Turn from evil and do good;
   then you will dwell in the land forever.
28 For the LORD loves the just
   and will not forsake his faithful ones.

   They will be protected forever,
   but the offspring of the wicked will be cut off;
29 the righteous will inherit the land
   and dwell in it forever.

30 The mouth of the righteous man utters wisdom,
   and his tongue speaks what is just.
31 The law of his God is in his heart;
   his feet do not slip.

32 The wicked lie in wait for the righteous,
   seeking their very lives;
33 but the LORD will not leave them in their power
   or let them be condemned when brought to trial.

34 Wait for the LORD
   and keep his way.
   He will exalt you to inherit the land;
   when the wicked are cut off, you will see it.

35 I have seen a wicked and ruthless man
   flourishing like a green tree in its native soil,
36 but he soon passed away and was no more;
   though I looked for him, he could not be found.

37 Consider the blameless, observe the upright;
   there is a future q for the man of peace.
38 But all sinners will be destroyed;
   the future r of the wicked will be cut off.

q 37 Or *there will be posterity*   r 38 Or *posterity*

³⁹Pero la salvación de los justos es de Jehová.
Y él es su fortaleza en el tiempo de la angustia.
⁴⁰Jehová los ayudará y los librará;
Los libertará de los impíos, y los salvará,
Por cuanto en él esperaron.

Salmo 38

Oración de un penitente

Salmo de David, para recordar.

¹Jehová, no me reprendas en tu furor,
Ni me castigues en tu ira.
²Porque tus saetas cayeron sobre mí,
Y sobre mí ha descendido tu mano.

³Nada hay sano en mi carne, a causa de tu ira;
Ni hay paz en mis huesos, a causa de mi pecado.
⁴Porque mis iniquidades se han agravado sobre mi
cabeza;
Como carga pesada se han agravado sobre mí.

⁵Hieden y supuran mis llagas,
A causa de mi locura.
⁶Estoy encorvado, estoy humillado en gran manera,
Ando enlutado todo el día.
⁷Porque mis lomos están llenos de ardor,
Y nada hay sano en mi carne.
⁸Estoy debilitado y molido en gran manera;
Gimo a causa de la conmoción de mi corazón.

⁹Señor, delante de ti están todos mis deseos,
Y mi suspiro no te es oculto.
¹⁰Mi corazón está acongojado, me ha dejado mi vigor,
Y aun la luz de mis ojos me falta ya.
¹¹Mis amigos y mis compañeros se mantienen lejos de
mi plaga,
Y mis cercanos se han alejado.

¹²Los que buscan mi vida arman lazos,
Y los que procuran mi mal hablan iniquidades,
Y meditan fraudes todo el día.

¹³Mas yo, como si fuera sordo, no oigo;
Y soy como mudo que no abre la boca.
¹⁴Soy, pues, como un hombre que no oye,
Y en cuya boca no hay reprensiones.

¹⁵Porque en ti, oh Jehová, he esperado;
Tú responderás, Jehová Dios mío.
¹⁶Dije: No se alegren de mí;
Cuando mi pie resbale, no se engrandezcan
sobre mí.

¹⁷Pero yo estoy a punto de caer,
Y mi dolor está delante de mí continuamente.
¹⁸Por tanto, confesaré mi maldad,
Y me contristaré por mi pecado.
¹⁹Porque mis enemigos están vivos y fuertes,
Y se han aumentado los que me aborrecen sin
causa.
²⁰Los que pagan mal por bien
Me son contrarios, por seguir yo lo bueno.

³⁹The salvation of the righteous comes from the
LORD;
he is their stronghold in time of trouble.
⁴⁰The LORD helps them and delivers them;
he delivers them from the wicked and saves
them,
because they take refuge in him.

Psalm 38

A psalm of David. A petition.

¹O LORD, do not rebuke me in your anger
or discipline me in your wrath.
²For your arrows have pierced me,
and your hand has come down upon me.
³Because of your wrath there is no health in my
body;
my bones have no soundness because of my
sin.
⁴My guilt has overwhelmed me
like a burden too heavy to bear.

⁵My wounds fester and are loathsome
because of my sinful folly.
⁶I am bowed down and brought very low;
all day long I go about mourning.
⁷My back is filled with searing pain;
there is no health in my body.
⁸I am feeble and utterly crushed;
I groan in anguish of heart.

⁹All my longings lie open before you, O Lord;
my sighing is not hidden from you.
¹⁰My heart pounds, my strength fails me;
even the light has gone from my eyes.
¹¹My friends and companions avoid me because of
my wounds;
my neighbors stay far away.
¹²Those who seek my life set their traps,
those who would harm me talk of my ruin;
all day long they plot deception.

¹³I am like a deaf man, who cannot hear,
like a mute, who cannot open his mouth;
¹⁴I have become like a man who does not hear,
whose mouth can offer no reply.
¹⁵I wait for you, O LORD;
you will answer, O Lord my God.
¹⁶For I said, "Do not let them gloat
or exalt themselves over me when my foot
slips."

¹⁷For I am about to fall,
and my pain is ever with me.
¹⁸I confess my iniquity;
I am troubled by my sin.
¹⁹Many are those who are my vigorous
enemies;
those who hate me without reason are
numerous.
²⁰Those who repay my good with evil
slander me when I pursue what
is good.

21 No me desampares, oh Jehová;
    Dios mío, no te alejes de mí.
22 Apresúrate a ayudarme,
    Oh Señor, mi salvación.

21 O LORD, do not forsake me;
    be not far from me, O my God.
22 Come quickly to help me,
    O Lord my Savior.

Salmo 39

El carácter transitorio de la vida

Al músico principal; a Jedutún. Salmo de David.

1 Yo dije: Atenderé a mis caminos,
    Para no pecar con mi lengua;
    Guardaré mi boca con freno,
    En tanto que el impío esté delante de mí.
2 Enmudecí con silencio, me callé aun respecto de lo
    bueno;
    Y se agravó mi dolor.
3 Se enardeció mi corazón dentro de mí;
    En mi meditación se encendió fuego,
    Y así proferí con mi lengua:

4 Hazme saber, Jehová, mi fin,
    Y cuánta sea la medida de mis días;
    Sepa yo cuán frágil soy.
5 He aquí, diste a mis días término corto,
    Y mi edad es como nada delante de ti;
    Ciertamente es completa vanidad todo hombre que
    vive.   *Selah*
6 Ciertamente como una sombra es el hombre;
    Ciertamente en vano se afana;
    Amontona riquezas, y no sabe quién las
    recogerá.

7 Y ahora, Señor, ¿qué esperaré?
    Mi esperanza está en ti.
8 Líbrame de todas mis transgresiones;
    No me pongas por escarnio del insensato.
9 Enmudecí, no abrí mi boca,
    Porque tú lo hiciste.
10 Quita de sobre mí tu plaga;
    Estoy consumido bajo los golpes de tu mano.
11 Con castigos por el pecado corriges al hombre,
    Y deshaces como polilla lo más estimado de él;
    Ciertamente vanidad es todo hombre.   *Selah*

12 Oye mi oración, oh Jehová, y escucha
    mi clamor.
    No calles ante mis lágrimas;
    Porque forastero soy para ti,
    Y advenedizo, como todos mis padres.
13 Déjame, y tomaré fuerzas,
    Antes que vaya y perezca.

Psalm 39

For the director of music. For Jeduthun.
A psalm of David.

1 I said, "I will watch my ways
    and keep my tongue from sin;
    I will put a muzzle on my mouth
    as long as the wicked are in my presence."
2 But when I was silent and still,
    not even saying anything good,
    my anguish increased.
3 My heart grew hot within me,
    and as I meditated, the fire burned;
    then I spoke with my tongue:

4 "Show me, O LORD, my life's end
    and the number of my days;
    let me know how fleeting is my life.
5 You have made my days a mere handbreadth;
    the span of my years is as nothing before you.
    Each man's life is but a breath.   *Selah*
6 Man is a mere phantom as he goes to and fro:
    He bustles about, but only in vain;
    he heaps up wealth, not knowing who will get
    it.

7 "But now, Lord, what do I look for?
    My hope is in you.
8 Save me from all my transgressions;
    do not make me the scorn of fools.
9 I was silent; I would not open my mouth,
    for you are the one who has done this.
10 Remove your scourge from me;
    I am overcome by the blow of your hand.
11 You rebuke and discipline men for their sin;
    you consume their wealth like a moth—
    each man is but a breath.   *Selah*

12 "Hear my prayer, O LORD,
    listen to my cry for help;
    be not deaf to my weeping.
    For I dwell with you as an alien,
    a stranger, as all my fathers were.
13 Look away from me, that I may rejoice again
    before I depart and am no more."

Salmo 40

Alabanza por la liberación divina

Al músico principal. Salmo de David.

1 Pacientemente esperé a Jehová,
    Y se inclinó a mí, y oyó mi clamor.
2 Y me hizo sacar del pozo de la desesperación, del
    lodo cenagoso;
    Puso mis pies sobre peña, y enderezó mis pasos.

Psalm 40

For the director of music. Of David. A psalm.

1 I waited patiently for the LORD;
    he turned to me and heard my cry.
2 He lifted me out of the slimy pit,
    out of the mud and mire;
    he set my feet on a rock
    and gave me a firm place to stand.

3 Puso luego en mi boca cántico nuevo, alabanza a
  nuestro Dios.
Verán esto muchos, y temerán,
Y confiarán en Jehová.

4 Bienaventurado el hombre que puso en Jehová su
  confianza,
Y no mira a los soberbios, ni a los que se desvían
  tras la mentira.
5 Has aumentado, oh Jehová Dios mío, tus maravillas;
Y tus pensamientos para con nosotros,
No es posible contarlos ante ti.
Si yo anunciare y hablare de ellos,
No pueden ser enumerados.

6 Sacrificio y ofrenda no te agrada;
Has abierto mis oídos;
Holocausto y expiación no has demandado.
7 Entonces dije: He aquí, vengo;
En el rollo del libro está escrito de mí;
8 El hacer tu voluntad, Dios mío, me ha agradado,
Y tu ley está en medio de mi corazón.

9 He anunciado justicia en grande congregación;
He aquí, no refrené mis labios,
Jehová, tú lo sabes.
10 No encubrí tu justicia dentro de mi corazón;
He publicado tu fidelidad y tu salvación;
No oculté tu misericordia y tu verdad en grande
  asamblea.

11 Jehová, no retengas de mí tus misericordias;
Tu misericordia y tu verdad me guarden
  siempre.
12 Porque me han rodeado males sin número;
Me han alcanzado mis maldades, y no puedo
  levantar la vista.
Se han aumentado más que los cabellos de mi
  cabeza, y mi corazón me falla.

13 Quieras, oh Jehová; librarme;
Jehová, apresúrate a socorrerme.
14 Sean avergonzados y confundidos a una
Los que buscan mi vida para destruirla.
Vuelvan atrás y avergüéncense
Los que mi mal desean;
15 Sean asolados en pago de su afrenta
Los que me dicen: ¡Ea, ea!

16 Gócense y alégrense en ti todos los que
  te buscan,
Y digan siempre los que aman tu salvación:
Jehová sea enaltecido.
17 Aunque afligido yo y necesitado,
Jehová pensará en mí.
Mi ayuda y mi libertador eres tú;
Dios mío, no te tardes.

Salmo 41

Oración pidiendo salud

Al músico principal. Salmo de David.

1 Bienaventurado el que piensa en el pobre;
En el día malo lo librará Jehová.

---

3 He put a new song in my mouth,
  a hymn of praise to our God.
Many will see and fear
  and put their trust in the LORD.

4 Blessed is the man
  who makes the LORD his trust,
who does not look to the proud,
  to those who turn aside to false gods. s
5 Many, O LORD my God,
  are the wonders you have done.
The things you planned for us
  no one can recount to you;
were I to speak and tell of them,
  they would be too many to declare.

6 Sacrifice and offering you did not desire,
  but my ears you have pierced t u;
burnt offerings and sin offerings
  you did not require.
7 Then I said, "Here I am, I have come—
  it is written about me in the scroll. v
8 I desire to do your will, O my God;
  your law is within my heart."

9 I proclaim righteousness in the great assembly;
  I do not seal my lips,
  as you know, O LORD.
10 I do not hide your righteousness in my heart;
  I speak of your faithfulness and salvation.
I do not conceal your love and your truth
  from the great assembly.

11 Do not withhold your mercy from me, O LORD;
  may your love and your truth always protect
  me.
12 For troubles without number surround me;
  my sins have overtaken me, and I cannot see.
They are more than the hairs of my head,
  and my heart fails within me.

13 Be pleased, O LORD, to save me;
  O LORD, come quickly to help me.
14 May all who seek to take my life
  be put to shame and confusion;
may all who desire my ruin
  be turned back in disgrace.
15 May those who say to me, "Aha! Aha!"
  be appalled at their own shame.
16 But may all who seek you
  rejoice and be glad in you;
may those who love your salvation always say,
  "The LORD be exalted!"

17 Yet I am poor and needy;
  may the Lord think of me.
You are my help and my deliverer;
  O my God, do not delay.

Psalm 41

For the director of music. A psalm of David.

1 Blessed is he who has regard for the weak;
  the LORD delivers him in times of trouble.

s 4 Or *to falsehood*   t 6 Hebrew; Septuagint *but a body you have
prepared for me* (see also Symmachus and Theodotion)   u 6 Or
opened   v 7 Or *come / with the scroll written for me*

<table>
<tr><td>

2 Jehová lo guardará, y le dará vida;
  Será bienaventurado en la tierra,
  Y no lo entregarás a la voluntad de sus enemigos.
3 Jehová lo sustentará sobre el lecho del dolor;
  Mullirás toda su cama en su enfermedad.

4 Yo dije: Jehová, ten misericordia de mí;
  Sana mi alma, porque contra ti he pecado.
5 Mis enemigos dicen mal de mí, preguntando:
  ¿Cuándo morirá, y perecerá su nombre?
6 Y si vienen a verme, hablan mentira;
  Su corazón recoge para sí iniquidad,
  Y al salir fuera la divulgan.

7 Reunidos murmuran contra mí todos los que me aborrecen;
  Contra mí piensan mal, diciendo de mí:
8 Cosa pestilencial se ha apoderado de él;
  Y el que cayó en cama no volverá a levantarse.
9 Aun el hombre de mi paz, en quien yo confiaba, el que de mi pan comía,
  Alzó contra mí el calcañar.
10 Mas tú, Jehová, ten misericordia de mí, y hazme levantar,
  Y les daré el pago.

11 En esto conoceré que te he agradado,
  Que mi enemigo no se huelgue de mí.
12 En cuanto a mí, en mi integridad me has sustentado,
  Y me has hecho estar delante de ti para siempre.

13 Bendito sea Jehová, el Dios de Israel,
  Por los siglos de los siglos.
  Amén y Amén.

</td><td>

2 The LORD will protect him and preserve his life;
  he will bless him in the land
  and not surrender him to the desire of his foes.
3 The LORD will sustain him on his sickbed
  and restore him from his bed of illness.

4 I said, "O LORD, have mercy on me;
  heal me, for I have sinned against you."
5 My enemies say of me in malice,
  "When will he die and his name perish?"
6 Whenever one comes to see me,
  he speaks falsely, while his heart gathers slander;
  then he goes out and spreads it abroad.

7 All my enemies whisper together against me;
  they imagine the worst for me, saying,
8 "A vile disease has beset him;
  he will never get up from the place where he lies."
9 Even my close friend, whom I trusted,
  he who shared my bread,
  has lifted up his heel against me.

10 But you, O LORD, have mercy on me;
  raise me up, that I may repay them.
11 I know that you are pleased with me,
  for my enemy does not triumph over me.
12 In my integrity you uphold me
  and set me in your presence forever.

13 Praise be to the LORD, the God of Israel,
  from everlasting to everlasting.
  Amen and Amen.

</td></tr>
</table>

LIBRO II
Salmos 42–72
Salmo 42
Mi alma tiene sed de Dios

Al músico principal. Masquil de los hijos de Coré.

1 Como el ciervo brama por las corrientes de las aguas,
  Así clama por ti, oh Dios, el alma mía.
2 Mi alma tiene sed de Dios, del Dios vivo;
  ¿Cuándo vendré, y me presentaré delante de Dios?
3 Fueron mis lágrimas mi pan de día y de noche,
  Mientras me dicen todos los días: ¿Dónde está tu Dios?

4 Me acuerdo de estas cosas, y derramo mi alma dentro de mí;
  De cómo yo fui con la multitud, y la conduje hasta la casa de Dios,
  Entre voces de alegría y de alabanza del pueblo en fiesta.
5 ¿Por qué te abates, oh alma mía,
  Y te turbas dentro de mí?
  Espera en Dios; porque aún he de alabarle,
  Salvación mía y Dios mío.
6 Dios mío, mi alma está abatida en mí;

BOOK II
Psalms 42–72
Psalm 42 w
For the director of music. A *maskil* x of the Sons of Korah.

1 As the deer pants for streams of water,
  so my soul pants for you, O God.
2 My soul thirsts for God, for the living God.
  When can I go and meet with God?
3 My tears have been my food
  day and night,
  while men say to me all day long,
  "Where is your God?"
4 These things I remember
  as I pour out my soul:
  how I used to go with the multitude,
  leading the procession to the house of God,
  with shouts of joy and thanksgiving
  among the festive throng.
5 Why are you downcast, O my soul?
  Why so disturbed within me?
  Put your hope in God,
  for I will yet praise him,
  my Savior and 6 my God.

---

w In many Hebrew manuscripts Psalms 42 and 43 constitute one psalm.   x Title: Probably a literary or musical term

Me acordaré, por tanto, de ti desde la tierra del
    Jordán,
Y de los hermonitas, desde el monte de Mizar.
7 Un abismo llama a otro a la voz de tus cascadas;
    Todas tus ondas y tus olas han pasado sobre mí.
8 Pero de día mandará Jehová su misericordia,
    Y de noche su cántico estará conmigo,
    Y mi oración al Dios de mi vida.

9 Diré a Dios: Roca mía, ¿por qué te has olvidado
    de mí?
    ¿Por qué andaré yo enlutado por la opresión del
    enemigo?
10 Como quien hiere mis huesos, mis enemigos me
    afrentan,
    Diciéndome cada día: ¿Dónde está tu Dios?

11 ¿Por qué te abates, oh alma mía,
    Y por qué te turbas dentro de mí?
    Espera en Dios; porque aún he de alabarle,
    Salvación mía y Dios mío.

Salmo 43

Plegaria pidiendo vindicación y liberación

1 Júzgame, oh Dios, y defiende mi causa;
    Líbrame de gente impía, y del hombre engañoso e
    inicuo.
2 Pues que tú eres el Dios de mi fortaleza, ¿por qué
    me has desechado?
    ¿Por qué andaré enlutado por la opresión del
    enemigo?

3 Envía tu luz y tu verdad; éstas me guiarán;
    Me conducirán a tu santo monte,
    Y a tus moradas.
4 Entraré al altar de Dios,
    Al Dios de mi alegría y de mi gozo;
    Y te alabaré con arpa, oh Dios, Dios mío.

5 ¿Por qué te abates, oh alma mía,
    Y por qué te turbas dentro de mí?
    Espera en Dios; porque aún he de alabarle,
    Salvación mía y Dios mío.

Salmo 44

Liberaciones pasadas y pruebas presentes

Al músico principal. Masquil de los hijos de Coré.

1 Oh Dios, con nuestros oídos hemos oído, nuestros
    padres nos han contado,
    La obra que hiciste en sus días, en los tiempos
    antiguos.

My *y* soul is downcast within me;
    therefore I will remember you
from the land of the Jordan,
    the heights of Hermon—from Mount Mizar.
7 Deep calls to deep
    in the roar of your waterfalls;
all your waves and breakers
    have swept over me.

8 By day the LORD directs his love,
    at night his song is with me—
    a prayer to the God of my life.

9 I say to God my Rock,
    "Why have you forgotten me?
Why must I go about mourning,
    oppressed by the enemy?"
10 My bones suffer mortal agony
    as my foes taunt me,
saying to me all day long,
    "Where is your God?"

11 Why are you downcast, O my soul?
    Why so disturbed within me?
Put your hope in God,
    for I will yet praise him,
    my Savior and my God.

Psalm 43 *z*

1 Vindicate me, O God,
    and plead my cause against an ungodly nation;
    rescue me from deceitful and wicked men.
2 You are God my stronghold.
    Why have you rejected me?
Why must I go about mourning,
    oppressed by the enemy?
3 Send forth your light and your truth,
    let them guide me;
let them bring me to your holy mountain,
    to the place where you dwell.
4 Then will I go to the altar of God,
    to God, my joy and my delight.
I will praise you with the harp,
    O God, my God.

5 Why are you downcast, O my soul?
    Why so disturbed within me?
Put your hope in God,
    for I will yet praise him,
    my Savior and my God.

Psalm 44

For the director of music. Of the Sons of Korah.
A maskil. *a*

1 We have heard with our ears, O God;
    our fathers have told us
what you did in their days,
    in days long ago.

y 5,6 A few Hebrew manuscripts, Septuagint and Syriac; most
Hebrew manuscripts *praise him for his saving help.* / *6 O my God,
my* *z* In many Hebrew manuscripts Psalms 42 and 43 constitute
one psalm.   *a* Title: Probably a literary or musical term

2 Tú con tu mano echaste las naciones, y los plantaste
   a ellos;
   Afligiste a los pueblos, y los arrojaste.
3 Porque no se apoderaron de la tierra por su espada,
   Ni su brazo los libró;
   Sino tu diestra, y tu brazo, y la luz de tu rostro,
   Porque te complaciste en ellos.

4 Tú, oh Dios, eres mi rey;
   Manda salvación a Jacob.
5 Por medio de ti sacudiremos a nuestros enemigos;
   En tu nombre hollaremos a nuestros adversarios.
6 Porque no confiaré en mi arco,
   Ni mi espada me salvará;
7 Pues tú nos has guardado de nuestros enemigos,
   Y has avergonzado a los que nos aborrecían.
8 En Dios nos gloriaremos todo el tiempo,
   Y para siempre alabaremos tu nombre.   Selah

9 Pero nos has desechado, y nos has hecho
   avergonzar;
   Y no sales con nuestros ejércitos.
10 Nos hiciste retroceder delante del enemigo,
    Y nos saquean para sí los que nos aborrecen.
11 Nos entregas como ovejas al matadero,
    Y nos has esparcido entre las naciones.
12 Has vendido a tu pueblo de balde;
    No exigiste ningún precio.

13 Nos pones por afrenta de nuestros vecinos,
    Por escarnio y por burla de los que nos rodean.
14 Nos pusiste por proverbio entre las naciones;
    Todos al vernos menean la cabeza.
15 Cada día mi vergüenza está delante de mí,
    Y la confusión de mi rostro me cubre,
16 Por la voz del que me vitupera y deshonra,
    Por razón del enemigo y del vengativo.

17 Todo esto nos ha venido, y no nos hemos olvidado
    de ti,
    Y no hemos faltado a tu pacto.
18 No se ha vuelto atrás nuestro corazón,
    Ni se han apartado de tus caminos nuestros pasos,
19 Para que nos quebrantases en el lugar de chacales,
    Y nos cubrieses con sombra de muerte.

20 Si nos hubiésemos olvidado del nombre de nuestro
    Dios,
    O alzado nuestras manos a dios ajeno,
21 ¿No demandaría Dios esto?
    Porque él conoce los secretos del corazón.
22 Pero por causa de ti nos matan cada día;
    Somos contados como ovejas para el matadero.

23 Despierta; ¿por qué duermes, Señor?
    Despierta, no te alejes para siempre.
24 ¿Por qué escondes tu rostro,
    Y te olvidas de nuestra aflicción, y de la opresión
    nuestra?
25 Porque nuestra alma está agobiada hasta el polvo,
    Y nuestro cuerpo está postrado hasta la tierra.
26 Levántate para ayudarnos,
    Y redímenos por causa de tu misericordia.

2 With your hand you drove out the nations
   and planted our fathers;
   you crushed the peoples
   and made our fathers flourish.
3 It was not by their sword that they won the land,
   nor did their arm bring them victory;
   it was your right hand, your arm,
   and the light of your face, for you loved them.

4 You are my King and my God,
   who decrees[b] victories for Jacob.
5 Through you we push back our enemies;
   through your name we trample our foes.
6 I do not trust in my bow,
   my sword does not bring me victory;
7 but you give us victory over our enemies,
   you put our adversaries to shame.
8 In God we make our boast all day long,
   and we will praise your name forever.   Selah

9 But now you have rejected and humbled us;
   you no longer go out with our armies.
10 You made us retreat before the enemy,
    and our adversaries have plundered us.
11 You gave us up to be devoured like sheep
    and have scattered us among the nations.
12 You sold your people for a pittance,
    gaining nothing from their sale.

13 You have made us a reproach to our neighbors,
    the scorn and derision of those around us.
14 You have made us a byword among the nations;
    the peoples shake their heads at us.
15 My disgrace is before me all day long,
    and my face is covered with shame
16 at the taunts of those who reproach and revile
    me,
    because of the enemy, who is bent on
    revenge.

17 All this happened to us,
    though we had not forgotten you
    or been false to your covenant.
18 Our hearts had not turned back;
    our feet had not strayed from your path.
19 But you crushed us and made us a haunt for
    jackals
    and covered us over with deep darkness.

20 If we had forgotten the name of our God
    or spread out our hands to a foreign god,
21 would not God have discovered it,
    since he knows the secrets of the heart?
22 Yet for your sake we face death all day long;
    we are considered as sheep to be slaughtered.

23 Awake, O Lord! Why do you sleep?
    Rouse yourself! Do not reject us forever.
24 Why do you hide your face
    and forget our misery and oppression?
25 We are brought down to the dust;
    our bodies cling to the ground.
26 Rise up and help us;
    redeem us because of your unfailing love.

---

b 4 Septuagint, Aquila and Syriac; Hebrew *King, O God;*
  / *command*

Salmo 45

Cántico de las bodas del rey

Al músico principal; sobre Lirios. Masquil de los
hijos de Coré. Canción de amores.

1 Rebosa mi corazón palabra buena;
Dirijo al rey mi canto;
Mi lengua es pluma de escribiente muy ligero.

2 Eres el más hermoso de los hijos de los hombres;
La gracia se derramó en tus labios;
Por tanto, Dios te ha bendecido para siempre.
3 Ciñe tu espada sobre el muslo, oh valiente,
Con tu gloria y con tu majestad.

4 En tu gloria sé prosperado;
Cabalga sobre palabra de verdad, de humildad y de
justicia,
Y tu diestra te enseñará cosas terribles.
5 Tus saetas agudas,
Con que caerán pueblos debajo de ti,
Penetrarán en el corazón de los enemigos del rey.

6 Tu trono, oh Dios, es eterno y para siempre;
Cetro de justicia es el cetro de tu reino.
7 Has amado la justicia y aborrecido la maldad;
Por tanto, te ungió Dios, el Dios tuyo,
Con óleo de alegría más que a tus compañeros.
8 Mirra, áloe y casia exhalan todos tus vestidos;
Desde palacios de marfil te recrean.
9 Hijas de reyes están entre tus ilustres;
Está la reina a tu diestra con oro de Ofir.

10 Oye, hija, y mira, e inclina tu oído;
Olvida tu pueblo, y la casa de tu padre;
11 Y deseará el rey tu hermosura;
E inclínate a él, porque él es tu señor.
12 Y las hijas de Tiro vendrán con presentes;
Implorarán tu favor los ricos del pueblo.

13 Toda gloriosa es la hija del rey en su morada;
De brocado de oro es su vestido.
14 Con vestidos bordados será llevada al rey;
Vírgenes irán en pos de ella,
Compañeras suyas serán traídas a ti.
15 Serán traídas con alegría y gozo;
Entrarán en el palacio del rey.

16 En lugar de tus padres serán tus hijos,
A quienes harás príncipes en toda la tierra.
17 Haré perpetua la memoria de tu nombre en todas
las generaciones,
Por lo cual te alabarán los pueblos eternamente y
para siempre.

Salmo 46

Dios es nuestro amparo y fortaleza

Al músico principal; de los hijos de Coré. Salmo
sobre Alamot.

1 Dios es nuestro amparo y fortaleza,
Nuestro pronto auxilio en las tribulaciones.

Psalm 45

For the director of music. To ⌐the tune of⌐
"Lilies." Of the Sons of Korah. A *maskil.c*
A wedding song.

1 My heart is stirred by a noble theme
as I recite my verses for the king;
my tongue is the pen of a skillful writer.

2 You are the most excellent of men
and your lips have been anointed with grace,
since God has blessed you forever.
3 Gird your sword upon your side, O mighty one;
clothe yourself with splendor and majesty.
4 In your majesty ride forth victoriously
in behalf of truth, humility and righteousness;
let your right hand display awesome deeds.
5 Let your sharp arrows pierce the hearts of the
king's enemies;
let the nations fall beneath your feet.
6 Your throne, O God, will last for ever and ever;
a scepter of justice will be the scepter of your
kingdom.
7 You love righteousness and hate wickedness;
therefore God, your God, has set you above
your companions
by anointing you with the oil of joy.
8 All your robes are fragrant with myrrh and aloes
and cassia;
from palaces adorned with ivory
the music of the strings makes you glad.
9 Daughters of kings are among your honored
women;
at your right hand is the royal bride in gold of
Ophir.

10 Listen, O daughter, consider and give ear:
Forget your people and your father's house.
11 The king is enthralled by your beauty;
honor him, for he is your lord.
12 The Daughter of Tyre will come with a gift, *d*
men of wealth will seek your favor.

13 All glorious is the princess within ⌐her chamber⌐;
her gown is interwoven with gold.
14 In embroidered garments she is led to the king;
her virgin companions follow her
and are brought to you.
15 They are led in with joy and gladness;
they enter the palace of the king.

16 Your sons will take the place of your fathers;
you will make them princes throughout the
land.
17 I will perpetuate your memory through all
generations;
therefore the nations will praise you for ever
and ever.

Psalm 46

For the director of music. Of the Sons of Korah.
According to *alamoth.e* A song.

1 God is our refuge and strength,
an ever-present help in trouble.

c Title: Probably a literary or musical term   d 12 Or *A Tyrian robe is among the gifts*   e Title: Probably a musical term

2 Por tanto, no temeremos, aunque la tierra sea
   removida,
   Y se traspasen los montes al corazón del mar;
3 Aunque bramen y se turben sus aguas,
   Y tiemblen los montes a causa de su braveza. *Selah*

4 Del río sus corrientes alegran la ciudad de Dios,
   El santuario de las moradas del Altísimo.
5 Dios está en medio de ella; no será conmovida.
   Dios la ayudará al clarear la mañana.
6 Bramaron las naciones, titubearon los reinos;
   Dio él su voz, se derritió la tierra.
7 Jehová de los ejércitos está con nosotros;
   Nuestro refugio es el Dios de Jacob. *Selah*

8 Venid, ved las obras de Jehová,
   Que ha puesto asolamientos en la tierra.
9 Que hace cesar las guerras hasta los fines de la
   tierra.
   Que quiebra el arco, corta la lanza,
   Y quema los carros en el fuego.
10 Estad quietos, y conoced que yo soy Dios;
   Seré exaltado entre las naciones; enaltecido seré en
   la tierra.
11 Jehová de los ejércitos está con nosotros;
   Nuestro refugio es el Dios de Jacob. *Selah*

Salmo 47

Dios, el Rey de toda la tierra

Al músico principal. Salmo de los hijos de Coré.

1 Pueblos todos, batid las manos;
   Aclamad a Dios con voz de júbilo.
2 Porque Jehová el Altísimo es temible;
   Rey grande sobre toda la tierra.
3 El someterá a los pueblos debajo de nosotros,
   Y a las naciones debajo de nuestros pies.
4 El nos elegirá nuestras heredades;
   La hermosura de Jacob, al cual amó. *Selah*

5 Subió Dios con júbilo,
   Jehová con sonido de trompeta.
6 Cantad a Dios, cantad;
   Cantad a nuestro Rey, cantad;
7 Porque Dios es el Rey de toda la tierra;
   Cantad con inteligencia.

8 Reinó Dios sobre las naciones;
   Se sentó Dios sobre su santo trono.
9 Los príncipes de los pueblos se reunieron
   Como pueblo del Dios de Abraham;
10 Porque de Dios son los escudos de la tierra;
   El es muy exaltado.

---

2 Therefore we will not fear, though the earth give
   way
   and the mountains fall into the heart of the
   sea,
3 though its waters roar and foam
   and the mountains quake with their surging.
   Selah

4 There is a river whose streams make glad the city
   of God,
   the holy place where the Most High
   dwells.
5 God is within her, she will not fall;
   God will help her at break of day.
6 Nations are in uproar, kingdoms fall;
   he lifts his voice, the earth melts.

7 The Lord Almighty is with us;
   the God of Jacob is our fortress. *Selah*

8 Come and see the works of the Lord,
   the desolations he has brought on the
   earth.
9 He makes wars cease to the ends of the
   earth;
   he breaks the bow and shatters the spear,
   he burns the shields*f* with fire.
10 "Be still, and know that I am God;
   I will be exalted among the nations,
   I will be exalted in the earth."

11 The Lord Almighty is with us;
   the God of Jacob is our fortress. *Selah*

Psalm 47

For the director of music. Of the Sons of Korah.
A psalm.

1 Clap your hands, all you nations;
   shout to God with cries of joy.
2 How awesome is the Lord Most High,
   the great King over all the earth!
3 He subdued nations under us,
   peoples under our feet.
4 He chose our inheritance for us,
   the pride of Jacob, whom he loved. *Selah*

5 God has ascended amid shouts of joy,
   the Lord amid the sounding of
   trumpets.
6 Sing praises to God, sing praises;
   sing praises to our King, sing praises.

7 For God is the King of all the earth;
   sing to him a psalm*g* of praise.
8 God reigns over the nations;
   God is seated on his holy throne.
9 The nobles of the nations assemble
   as the people of the God of Abraham,
   for the kings*h* of the earth belong to God;
   he is greatly exalted.

---

f 9 Or *chariots*   *g* 7 Or *a maskil* (probably a literary or musical
term)   *h* 9 Or *shields*

Salmo 48

Hermosura y gloria de Sion

Cántico. Salmo de los hijos de Coré.

1 Grande es Jehová, y digno de ser en gran manera alabado
En la ciudad de nuestro Dios, en su monte santo.
2 Hermosa provincia, el gozo de toda la tierra,
Es el monte de Sion, a los lados del norte,
La ciudad del gran Rey.
3 En sus palacios Dios es conocido por refugio.

4 Porque he aquí los reyes de la tierra se reunieron;
Pasaron todos.
5 Y viéndola ellos así, se maravillaron,
Se turbaron, se apresuraron a huir.
6 Les tomó allí temblor;
Dolor como de mujer que da a luz.
7 Con viento solano
Quiebras tú las naves de Tarsis.
8 Como lo oímos, así lo hemos visto
En la ciudad de Jehová de los ejércitos, en la ciudad
de nuestro Dios;
La afirmará Dios para siempre. *Selah*

9 Nos acordamos de tu misericordia, oh Dios,
En medio de tu templo.
10 Conforme a tu nombre, oh Dios,
Así es tu loor hasta los fines de la tierra;
De justicia está llena tu diestra.
11 Se alegrará el monte de Sion;
Se gozarán las hijas de Judá
Por tus juicios.

12 Andad alrededor de Sion, y rodeadla;
Contad sus torres.
13 Considerad atentamente su antemuro,
Mirad sus palacios;
Para que lo contéis a la generación venidera.
14 Porque este Dios es Dios nuestro eternamente y
para siempre;
El nos guiará aun más allá de la muerte.

Salmo 49

La insensatez de confiar en las riquezas

Al músico principal. Salmo de los hijos de Coré.

1 Oíd esto, pueblos todos;
Escuchad, habitantes todos del mundo,
2 Así los plebeyos como los nobles,
El rico y el pobre juntamente.
3 Mi boca hablará sabiduría,
Y el pensamiento de mi corazón inteligencia.
4 Inclinaré al proverbio mi oído;
Declararé con el arpa mi enigma.

5 ¿Por qué he de temer en los días de adversidad,
Cuando la iniquidad de mis opresores me rodeare?
6 Los que confían en sus bienes,
Y de la muchedumbre de sus riquezas se jactan,

Psalm 48

A song. A psalm of the Sons of Korah.

1 Great is the LORD, and most worthy of praise,
in the city of our God, his holy mountain.
2 It is beautiful in its loftiness,
the joy of the whole earth.
Like the utmost heights of Zaphon*i* is Mount
Zion,
the*i* city of the Great King.
3 God is in her citadels;
he has shown himself to be her fortress.

4 When the kings joined forces,
when they advanced together,
5 they saw ⸤her⸥ and were astounded;
they fled in terror.
6 Trembling seized them there,
pain like that of a woman in labor.
7 You destroyed them like ships of Tarshish
shattered by an east wind.

8 As we have heard,
so have we seen
in the city of the LORD Almighty,
in the city of our God:
God makes her secure forever. *Selah*

9 Within your temple, O God,
we meditate on your unfailing love.
10 Like your name, O God,
your praise reaches to the ends of the earth;
your right hand is filled with righteousness.
11 Mount Zion rejoices,
the villages of Judah are glad
because of your judgments.

12 Walk about Zion, go around her,
count her towers,
13 consider well her ramparts,
view her citadels,
that you may tell of them to the next
generation.
14 For this God is our God for ever and ever;
he will be our guide even to the end.

Psalm 49

For the director of music. Of the Sons of Korah.
A psalm.

1 Hear this, all you peoples;
listen, all who live in this world,
2 both low and high,
rich and poor alike:
3 My mouth will speak words of wisdom;
the utterance from my heart will give
understanding.
4 I will turn my ear to a proverb;
with the harp I will expound my riddle:

5 Why should I fear when evil days come,
when wicked deceivers surround me—
6 those who trust in their wealth
and boast of their great riches?

---

*i*2 *Zaphon* can refer to a sacred mountain or the direction north.
*i*2 Or *earth, / Mount Zion, on the northern side / of the*

7 Ninguno de ellos podrá en manera alguna redimir al hermano,
Ni dar a Dios su rescate
8 (Porque la redención de su vida es de gran precio,
Y no se logrará jamás),
9 Para que viva en adelante para siempre,
Y nunca vea corrupción.

10 Pues verá que aun los sabios mueren;
Que perecen del mismo modo que el insensato y el necio,
Y dejan a otros sus riquezas.
11 Su íntimo pensamiento es que sus casas serán eternas,
Y sus habitaciones para generación y generación;
Dan sus nombres a sus tierras.
12 Mas el hombre no permanecerá en honra;
Es semejante a las bestias que perecen.

13 Este su camino es locura;
Con todo, sus descendientes se complacen en el dicho de ellos.   *Selah*

14 Como a rebaños que son conducidos al Seol,
La muerte los pastoreará,
Y los rectos se enseñorearán de ellos por la mañana;
Se consumirá su buen parecer, y el Seol será su morada.
15 Pero Dios redimirá mi vida del poder del Seol,
Porque él me tomará consigo.   *Selah*

16 No temas cuando se enriquece alguno,
Cuando aumenta la gloria de su casa;
17 Porque cuando muera no llevará nada,
Ni descenderá tras él su gloria.
18 Aunque mientras viva, llame dichosa a su alma,
Y sea loado cuando prospere,
19 Entrará en la generación de sus padres,
Y nunca más verá la luz.
20 El hombre que está en honra y no entiende,
Semejante es a las bestias que perecen.

Salmo 50

Dios juzgará al mundo

Salmo de Asaf.

1 El Dios de dioses, Jehová, ha hablado, y convocado la tierra,
Desde el nacimiento del sol hasta donde se pone.
2 De Sion, perfección de hermosura,
Dios ha resplandecido.

3 Vendrá nuestro Dios, y no callará;
Fuego consumirá delante de él,
Y tempestad poderosa le rodeará.
4 Convocará a los cielos de arriba,
Y a la tierra, para juzgar a su pueblo.
5 Juntadme mis santos,
Los que hicieron conmigo pacto con sacrificio.
6 Y los cielos declararán su justicia,
Porque Dios es el juez.   *Selah*

7 No man can redeem the life of another
or give to God a ransom for him —
8 the ransom for a life is costly,
no payment is ever enough —
9 that he should live on forever
and not see decay.

10 For all can see that wise men die;
the foolish and the senseless alike perish
and leave their wealth to others.
11 Their tombs will remain their houses[k] forever,
their dwellings for endless generations,
though they had[l] named lands after themselves.

12 But man, despite his riches, does not endure;
he is[m] like the beasts that perish.

13 This is the fate of those who trust in themselves,
and of their followers, who approve their sayings.   *Selah*
14 Like sheep they are destined for the grave,[n]
and death will feed on them.
The upright will rule over them in the morning;
their forms will decay in the grave,[n]
far from their princely mansions.
15 But God will redeem my life[o] from the grave;
he will surely take me to himself.   *Selah*

16 Do not be overawed when a man grows rich,
when the splendor of his house increases;
17 for he will take nothing with him when he dies,
his splendor will not descend with him.
18 Though while he lived he counted himself blessed —
and men praise you when you prosper —
19 he will join the generation of his fathers,
who will never see the light ‚of life‚.

20 A man who has riches without understanding
is like the beasts that perish.

Psalm 50

A psalm of Asaph.

1 The Mighty One, God, the LORD,
speaks and summons the earth
from the rising of the sun to the place where it sets.
2 From Zion, perfect in beauty,
God shines forth.
3 Our God comes and will not be silent;
a fire devours before him,
and around him a tempest rages.
4 He summons the heavens above,
and the earth, that he may judge his people:
5 "Gather to me my consecrated ones,
who made a covenant with me by sacrifice."
6 And the heavens proclaim his righteousness,
for God himself is judge.   *Selah*

[k]11 Septuagint and Syriac; Hebrew *In their thoughts their houses will remain*   [l]11 Or / *for they have*   [m]12 Hebrew; Septuagint and Syriac read verse 12 the same as verse 20.   [n]14 Hebrew *Sheol*; also in verse 15   [o]15 Or *soul*

7 Oye, pueblo mío, y hablaré;
  Escucha, Israel, y testificaré contra ti:
  Yo soy Dios, el Dios tuyo.
8 No te reprenderé por tus sacrificios,
  Ni por tus holocaustos, que están continuamente
    delante de mí.
9 No tomaré de tu casa becerros,
  Ni machos cabríos de tus apriscos.
10 Porque mía es toda bestia del bosque,
  Y los millares de animales en los collados.
11 Conozco a todas las aves de los montes,
  Y todo lo que se mueve en los campos me
    pertenece.

12 Si yo tuviese hambre, no te lo diría a ti;
  Porque mío es el mundo y su plenitud.
13 ¿He de comer yo carne de toros,
  O de beber sangre de machos cabríos?
14 Sacrifica a Dios alabanza,
  Y paga tus votos al Altísimo;
15 E invócame en el día de la angustia;
  Te libraré, y tú me honrarás.

16 Pero al malo dijo Dios:
  ¿Qué tienes tú que hablar de mis leyes,
  Y que tomar mi pacto en tu boca?
17 Pues tú aborreces la corrección,
  Y echas a tu espalda mis palabras.
18 Si veías al ladrón, tú corrías con él,
  Y con los adúlteros era tu parte.

19 Tu boca metías en mal,
  Y tu lengua componía engaño.
20 Tomabas asiento, y hablabas contra tu hermano;
  Contra el hijo de tu madre ponías infamia.
21 Estas cosas hiciste, y yo he callado;
  Pensabas que de cierto sería yo como tú;
  Pero te reprenderé, y las pondré delante de tus ojos.

22 Entended ahora esto, los que os olvidáis de Dios,
  No sea que os despedace, y no haya quien os libre.
23 El que sacrifica alabanza me honrará;
  Y al que ordenare su camino,
  Le mostraré la salvación de Dios.

Salmo 51

Arrepentimiento, y plegaria pidiendo purificación

Al músico principal. Salmo de David, cuando
después que se llegó a Betsabé, vino a él Natán
el profeta.

1 Ten piedad de mí, oh Dios, conforme a tu
    misericordia;
  Conforme a la multitud de tus piedades borra mis
    rebeliones.
2 Lávame más y más de mi maldad,
  Y límpiame de mi pecado.

3 Porque yo reconozco mis rebeliones,
  Y mi pecado está siempre delante de mí.

---

7 "Hear, O my people, and I will speak,
    O Israel, and I will testify against you:
    I am God, your God.
8 I do not rebuke you for your sacrifices
    or your burnt offerings, which are ever before
      me.
9 I have no need of a bull from your stall
    or of goats from your pens,
10 for every animal of the forest is mine,
    and the cattle on a thousand hills.
11 I know every bird in the mountains,
    and the creatures of the field are mine.
12 If I were hungry I would not tell you,
    for the world is mine, and all that is in it.
13 Do I eat the flesh of bulls
    or drink the blood of goats?
14 Sacrifice thank offerings to God,
    fulfill your vows to the Most High,
15 and call upon me in the day of trouble;
    I will deliver you, and you will honor me."

16 But to the wicked, God says:

  "What right have you to recite my laws
    or take my covenant on your lips?
17 You hate my instruction
    and cast my words behind you.
18 When you see a thief, you join with him;
    you throw in your lot with adulterers.
19 You use your mouth for evil
    and harness your tongue to deceit.
20 You speak continually against your brother
    and slander your own mother's son.
21 These things you have done and I kept silent;
    you thought I was altogether *p* like you.
  But I will rebuke you
    and accuse you to your face.

22 "Consider this, you who forget God,
    or I will tear you to pieces, with none to
      rescue:
23 He who sacrifices thank offerings honors me,
    and he prepares the way
    so that I may show him *q* the salvation of
      God."

Psalm 51

For the director of music. A psalm of David.
When the prophet Nathan came to him after
David had committed adultery with Bathsheba.

1 Have mercy on me, O God,
    according to your unfailing love;
  according to your great compassion
    blot out my transgressions.
2 Wash away all my iniquity
    and cleanse me from my sin.

3 For I know my transgressions,
    and my sin is always before me.

---

*p21 Or thought the 'I AM' was   q23 Or and to him who
considers his way / I will show*

⁴Contra ti, contra ti solo he pecado,
Y he hecho lo malo delante de tus ojos;
Para que seas reconocido justo en tu palabra,
Y tenido por puro en tu juicio.
⁵He aquí, en maldad he sido formado,
Y en pecado me concibió mi madre.

⁶He aquí, tú amas la verdad en lo íntimo,
Y en lo secreto me has hecho comprender sabiduría.
⁷Purifícame con hisopo, y seré limpio;
Lávame, y seré más blanco que la nieve.
⁸Hazme oír gozo y alegría,
Y se recrearán los huesos que has abatido.
⁹Esconde tu rostro de mis pecados,
Y borra todas mis maldades.

¹⁰Crea en mí, oh Dios, un corazón limpio,
Y renueva un espíritu recto dentro de mí.
¹¹No me eches de delante de ti,
Y no quites de mí tu santo Espíritu.
¹²Vuélveme el gozo de tu salvación,
Y espíritu noble me sustente.

¹³Entonces enseñaré a los transgresores tus caminos,
Y los pecadores se convertirán a ti.
¹⁴Líbrame de homicidios, oh Dios, Dios de mi salvación;
Cantará mi lengua tu justicia.

¹⁵Señor, abre mis labios,
Y publicará mi boca tu alabanza.
¹⁶Porque no quieres sacrificio, que yo lo daría;
No quieres holocausto.
¹⁷Los sacrificios de Dios son el espíritu quebrantado;
Al corazón contrito y humillado no despreciarás tú, oh Dios.

¹⁸Haz bien con tu benevolencia a Sion;
Edifica los muros de Jerusalén.
¹⁹Entonces te agradarán los sacrificios de justicia,
el holocausto u ofrenda del todo quemada;
Entonces ofrecerán becerros sobre tu altar.

Salmo 52

Futilidad de la jactancia del malo

Al músico principal. Masquil de David, cuando vino Doeg edomita y dio cuenta a Saúl diciéndole: David ha venido a casa de Ahimelec.

¹¿Por qué te jactas de maldad, oh poderoso?
La misericordia de Dios es continua.
²Agravios maquina tu lengua;
Como navaja afilada hace engaño.
³Amaste el mal más que el bien,
La mentira más que la verdad.   *Selah*

⁴Has amado toda suerte de palabras perniciosas,
Engañosa lengua.

⁴Against you, you only, have I sinned
and done what is evil in your sight,
so that you are proved right when you speak
and justified when you judge.
⁵Surely I was sinful at birth,
sinful from the time my mother conceived me.
⁶Surely you desire truth in the inner parts *r*;
you teach *s* me wisdom in the inmost place.

⁷Cleanse me with hyssop, and I will be clean;
wash me, and I will be whiter than snow.
⁸Let me hear joy and gladness;
let the bones you have crushed rejoice.
⁹Hide your face from my sins
and blot out all my iniquity.

¹⁰Create in me a pure heart, O God,
and renew a steadfast spirit within me.
¹¹Do not cast me from your presence
or take your Holy Spirit from me.
¹²Restore to me the joy of your salvation
and grant me a willing spirit, to sustain me.

¹³Then I will teach transgressors your ways,
and sinners will turn back to you.
¹⁴Save me from bloodguilt, O God,
the God who saves me,
and my tongue will sing of your righteousness.
¹⁵O Lord, open my lips,
and my mouth will declare your praise.
¹⁶You do not delight in sacrifice, or I would bring it;
you do not take pleasure in burnt offerings.
¹⁷The sacrifices of God are *t* a broken spirit;
a broken and contrite heart,
O God, you will not despise.

¹⁸In your good pleasure make Zion prosper;
build up the walls of Jerusalem.
¹⁹Then there will be righteous sacrifices,
whole burnt offerings to delight you;
then bulls will be offered on your altar.

Psalm 52

For the director of music. A *maskil u* of David. When Doeg the Edomite had gone to Saul and told him: "David has gone to the house of Ahimelech."

¹Why do you boast of evil, you mighty man?
Why do you boast all day long,
you who are a disgrace in the eyes of God?
²Your tongue plots destruction;
it is like a sharpened razor,
you who practice deceit.
³You love evil rather than good,
falsehood rather than speaking the truth. *Selah*
⁴You love every harmful word,
O you deceitful tongue!

*r*6 The meaning of the Hebrew for this phrase is uncertain.
*s*6 Or *you desired* . . . ; / *you taught*   *t*17 Or *My sacrifice, O God, is*   *u* Title: Probably a literary or musical term

5 Por tanto, Dios te destruirá para siempre;
  Te asolará y te arrancará de tu morada,
  Y te desarraigará de la tierra de los vivientes.   *Selah*
6 Verán los justos, y temerán;
  Se reirán de él, diciendo:
7 He aquí el hombre que no puso a Dios por su
    fortaleza,
  Sino que confió en la multitud de sus riquezas,
  Y se mantuvo en su maldad.

8 Pero yo estoy como olivo verde en la casa de Dios;
  En la misericordia de Dios confío eternamente y
    para siempre.
9 Te alabaré para siempre, porque lo has hecho así;
  Y esperaré en tu nombre, porque es bueno, delante
    de tus santos.

5 Surely God will bring you down to everlasting
    ruin:
  He will snatch you up and tear you from your
    tent;
  he will uproot you from the land of the living.
                                              Selah

6 The righteous will see and fear;
    they will laugh at him, saying,
7 "Here now is the man
    who did not make God his stronghold
  but trusted in his great wealth
    and grew strong by destroying others!"

8 But I am like an olive tree
    flourishing in the house of God;
  I trust in God's unfailing love
    for ever and ever.
9 I will praise you forever for what you have done;
    in your name I will hope, for your name is
      good.
  I will praise you in the presence of
    your saints.

Salmo 53

Insensatez y maldad de los hombres

Al músico principal; sobre Mahalat.
Masquil de David.

1 Dice el necio en su corazón: No hay Dios.
  Se han corrompido, e hicieron abominable maldad;
  No hay quien haga bien.

2 Dios desde los cielos miró sobre los hijos de los
    hombres,
  Para ver si había algún entendido
  Que buscara a Dios.

3 Cada uno se había vuelto atrás; todos se habían
    corrompido;
  No hay quien haga lo bueno, no hay ni aun uno.

4 ¿No tienen conocimiento todos los que hacen
    iniquidad,
  Que devoran a mi pueblo como si comiesen pan,
  Y a Dios no invocan?

5 Allí se sobresaltaron de pavor donde no había
    miedo,
  Porque Dios ha esparcido los huesos del que puso
    asedio contra ti;
  Los avergonzaste, porque Dios los desechó.

6 ¡Oh, si saliera de Sion la salvación de Israel!
  Cuando Dios hiciere volver de la cautividad a su
    pueblo,
  Se gozará Jacob, y se alegrará Israel.

Psalm 53

For the director of music. According to
*mahalath.*ᵛ A *maskil*ʷ of David.

1 The fool says in his heart,
    "There is no God."
  They are corrupt, and their ways are vile;
    there is no one who does good.

2 God looks down from heaven
    on the sons of men
  to see if there are any who understand,
    any who seek God.
3 Everyone has turned away,
    they have together become corrupt;
  there is no one who does good,
    not even one.

4 Will the evildoers never learn—
    those who devour my people as men
      eat bread
  and who do not call on God?
5 There they were, overwhelmed with dread,
    where there was nothing to dread.
  God scattered the bones of those who attacked
      you;
    you put them to shame, for God despised
      them.
6 Oh, that salvation for Israel would come out of
    Zion!
  When God restores the fortunes of his
      people,
    let Jacob rejoice and Israel be glad!

ᵛTitle: Probably a musical term   ʷTitle: Probably a literary or
musical term

Salmo 54

Plegaria pidiendo protección
contra los enemigos

Al músico principal; en Neginot. Masquil de David,
cuando vinieron los zifeos y dijeron a Saúl: ¿No está
David escondido en nuestra tierra?

1 Oh Dios, sálvame por tu nombre,
  Y con tu poder defiéndeme.
2 Oh Dios, oye mi oración;
  Escucha las razones de mi boca.

3 Porque extraños se han levantado contra mí,
  Y hombres violentos buscan mi vida;
  No han puesto a Dios delante de sí.   *Selah*

4 He aquí, Dios es el que me ayuda;
  El Señor está con los que sostienen mi vida.
5 El devolverá el mal a mis enemigos;
  Córtalos por tu verdad.

6 Voluntariamente sacrificaré a ti;
  Alabaré tu nombre, oh Jehová, porque es bueno.
7 Porque él me ha librado de toda angustia,
  Y mis ojos han visto la ruina de mis enemigos.

Salmo 55

Plegaria pidiendo la destrucción
de enemigos traicioneros

Al músico principal; en Neginot. Masquil de David.

1 Escucha, oh Dios, mi oración,
  Y no te escondas de mi súplica.
2 Está atento, y respóndeme;
  Clamo en mi oración, y me conmuevo,
3 A causa de la voz del enemigo,
  Por la opresión del impío;
  Porque sobre mí echaron iniquidad,
  Y con furor me persiguen.

4 Mi corazón está dolorido dentro de mí,
  Y terrores de muerte sobre mí han caído.
5 Temor y temblor vinieron sobre mí,
  Y terror me ha cubierto.
6 Y dije: ¡Quién me diese alas como de paloma!
  Volaría yo, y descansaría.
7 Ciertamente huiría lejos;
  Moraría en el desierto.   *Selah*
8 Me apresuraría a escapar
  Del viento borrascoso, de la tempestad.
9 Destrúyelos, oh Señor; confunde la lengua de ellos;
  Porque he visto violencia y rencilla en la ciudad.
10 Día y noche la rodean sobre sus muros,
  E iniquidad y trabajo hay en medio de ella.
11 Maldad hay en medio de ella,
  Y el fraude y el engaño no se apartan de sus plazas.

12 Porque no me afrentó un enemigo,
  Lo cual habría soportado;
  Ni se alzó contra mí el que me aborrecía,
  Porque me hubiera ocultado de él;
13 Sino tú, hombre, al parecer íntimo mío,
  Mi guía, y mi familiar;

Psalm 54

For the director of music. With stringed
instruments. A *maskil*ˣ of David. When the
Ziphites had gone to Saul and said, "Is not David
hiding among us?"

1 Save me, O God, by your name;
  vindicate me by your might.
2 Hear my prayer, O God;
  listen to the words of my mouth.

3 Strangers are attacking me;
  ruthless men seek my life—
  men without regard for God.   *Selah*

4 Surely God is my help;
  the Lord is the one who sustains me.

5 Let evil recoil on those who slander me;
  in your faithfulness destroy them.

6 I will sacrifice a freewill offering to you;
  I will praise your name, O LORD,
  for it is good.
7 For he has delivered me from all my troubles,
  and my eyes have looked in triumph on my
  foes.

Psalm 55

For the director of music. With stringed
instruments. A *maskil*ˣ of David.

1 Listen to mȳ prayer, O God,
  do not ignore my plea;
2 hear me and answer me.
My thoughts trouble me and I am distraught
3 at the voice of the enemy,
  at the stares of the wicked;
for they bring down suffering upon me
  and revile me in their anger.

4 My heart is in anguish within me;
  the terrors of death assail me.
5 Fear and trembling have beset me;
  horror has overwhelmed me.
6 I said, "Oh, that I had the wings of a dove!
  I would fly away and be at rest—
7 I would flee far away
  and stay in the desert;   *Selah*
8 I would hurry to my place of shelter,
  far from the tempest and storm."

9 Confuse the wicked, O Lord, confound their
  speech,
  for I see violence and strife in the city.
10 Day and night they prowl about on its walls;
  malice and abuse are within it.
11 Destructive forces are at work in the city;
  threats and lies never leave its streets.

12 If an enemy were insulting me,
  I could endure it;
if a foe were raising himself against me,
  I could hide from him.
13 But it is you, a man like myself,
  my companion, my close friend,

ˣ Title: Probably a literary or musical term

14 Que juntos comunicábamos dulcemente los secretos,
    Y andábamos en amistad en la casa de Dios.
15 Que la muerte les sorprenda;
    Desciendan vivos al Seol,
    Porque hay maldades en sus moradas, en medio de
        ellos.

16 En cuanto a mí, a Dios clamaré;
    Y Jehová me salvará.
17 Tarde y mañana y a mediodía oraré y clamaré,
    Y él oirá mi voz.
18 El redimirá en paz mi alma de la guerra contra mí,
    Aunque contra mí haya muchos.
19 Dios oirá, y los quebrantará luego,
    El que permanece desde la antigüedad;
    Por cuanto no cambian,
    Ni temen a Dios.   *Selah*

20 Extendió el inicuo sus manos contra los que estaban
        en paz con él;
    Violó su pacto.
21 Los dichos de su boca son más blandos que
        mantequilla,
    Pero guerra hay en su corazón;
    Suaviza sus palabras más que el aceite,
    Mas ellas son espadas desnudas.

22 Echa sobre Jehová tu carga, y él te sustentará;
    No dejará para siempre caído al justo.

23 Mas tú, oh Dios, harás descender aquéllos al pozo
        de perdición.
    Los hombres sanguinarios y engañadores no llegarán
        a la mitad de sus días;
    Pero yo en ti confiaré.

Salmo 56

Oración de confianza

Al músico principal; sobre La paloma silenciosa en
paraje muy distante. Mictam de David, cuando los
filisteos le prendieron en Gat.

1 Ten misericordia de mí, oh Dios, porque me
        devoraría el hombre;
    Me oprime combatiéndome cada día.
2 Todo el día mis enemigos me pisotean;
    Porque muchos son los que pelean contra mí con
        soberbia.
3 En el día que temo,
    Yo en ti confío.
4 En Dios alabaré su palabra;
    En Dios he confiado; no temeré;
    ¿Qué puede hacerme el hombre?

5 Todos los días ellos pervierten mi causa;
    Contra mí son todos sus pensamientos para mal.
6 Se reúnen, se esconden,
    Miran atentamente mis pasos,
    Como quienes acechan a mi alma.
7 Pésalos según su iniquidad, oh Dios,
    Y derriba en tu furor a los pueblos.

---

14 with whom I once enjoyed sweet fellowship
    as we walked with the throng at the house of
        God.
15 Let death take my enemies by surprise;
    let them go down alive to the grave,*y*
    for evil finds lodging among them.

16 But I call to God,
    and the Lord saves me.
17 Evening, morning and noon
    I cry out in distress,
    and he hears my voice.
18 He ransoms me unharmed
    from the battle waged against me,
    even though many oppose me.
19 God, who is enthroned forever,
    will hear them and afflict them—   *Selah*
    men who never change their ways
    and have no fear of God.

20 My companion attacks his friends;
    he violates his covenant.
21 His speech is smooth as butter,
    yet war is in his heart;
    his words are more soothing than oil,
    yet they are drawn swords.

22 Cast your cares on the Lord
    and he will sustain you;
    he will never let the righteous fall.
23 But you, O God, will bring down the wicked
    into the pit of corruption;
    bloodthirsty and deceitful men
    will not live out half their days.

But as for me, I trust in you.

Psalm 56

For the director of music. To ⸤the tune of⸥ "A
Dove on Distant Oaks." Of David. A *miktam.z*
When the Philistines had seized him in Gath.

1 Be merciful to me, O God, for men hotly pursue
        me;
    all day long they press their attack.
2 My slanderers pursue me all day long;
    many are attacking me in their pride.
3 When I am afraid,
    I will trust in you.
4 In God, whose word I praise,
    in God I trust; I will not be afraid.
    What can mortal man do to me?

5 All day long they twist my words;
    they are always plotting to harm me.
6 They conspire, they lurk,
    they watch my steps,
    eager to take my life.

7 On no account let them escape;
    in your anger, O God, bring down the nations.

---

y 15 Hebrew *Sheol*   *z* Title: Probably a literary or musical term

8 Mis huidas tú has contado;
   Pon mis lágrimas en tu redoma;
   ¿No están ellas en tu libro?
9 Serán luego vueltos atrás mis enemigos, el día en
   que yo clamare;
   Esto sé, que Dios está por mí.
10 En Dios alabaré su palabra;
   En Jehová su palabra alabaré.
11 En Dios he confiado; no temeré;
   ¿Qué puede hacerme el hombre?

12 Sobre mí, oh Dios, están tus votos;
   Te tributaré alabanzas.
13 Porque has librado mi alma de la muerte,
   Y mis pies de caída,
   Para que ande delante de Dios
   En la luz de los que viven.

Salmo 57

Plegaria pidiendo ser librado
de los perseguidores

Al músico principal; sobre No destruyas. Mictam de
David, cuando huyó de delante de Saúl a la cueva.

1 Ten misericordia de mí, oh Dios, ten misericordia
   de mí;
   Porque en ti ha confiado mi alma,
   Y en la sombra de tus alas me ampararé
   Hasta que pasen los quebrantos.
2 Clamaré al Dios Altísimo,
   Al Dios que me favorece.
3 El enviará desde los cielos, y me salvará
   De la infamia del que me acosa;   Selah

   Dios enviará su misericordia y su verdad.

4 Mi vida está entre leones;
   Estoy echado entre hijos de hombres que vomitan
     llamas;
   Sus dientes son lanzas y saetas,
   Y su lengua espada aguda.

5 Exaltado seas sobre los cielos, oh Dios;
   Sobre toda la tierra sea tu gloria.

6 Red han armado a mis pasos;
   Se ha abatido mi alma;
   Hoyo han cavado delante de mí;
   En medio de él han caído ellos mismos.   Selah

7 Pronto está mi corazón, oh Dios, mi corazón está
     dispuesto;
   Cantaré, y trovaré salmos.
8 Despierta, alma mía; despierta, salterio y arpa;
   Me levantaré de mañana.
9 Te alabaré entre los pueblos, oh Señor;
   Cantaré de ti entre las naciones.
10 Porque grande es hasta los cielos tu misericordia,
   Y hasta las nubes tu verdad.

11 Exaltado seas sobre los cielos, oh Dios;
   Sobre toda la tierra sea tu gloria.

8 Record my lament;
   list my tears on your scroll[a]—
   are they not in your record?
9 Then my enemies will turn back
   when I call for help.
   By this I will know that God is for me.
10 In God, whose word I praise,
   in the LORD, whose word I praise—
11 in God I trust; I will not be afraid.
   What can man do to me?

12 I am under vows to you, O God;
   I will present my thank offerings to you.
13 For you have delivered me[b] from death
   and my feet from stumbling,
   that I may walk before God
   in the light of life.[c]

Psalm 57

For the director of music. To the tune of, "Do
Not Destroy." Of David. A *miktam.*[d] When he
   had fled from Saul into the cave.

1 Have mercy on me, O God, have mercy on me,
   for in you my soul takes refuge.
   I will take refuge in the shadow of your wings
   until the disaster has passed.

2 I cry out to God Most High,
   to God, who fulfills his purpose for me.
3 He sends from heaven and saves me,
   rebuking those who hotly pursue me;   Selah
   God sends his love and his faithfulness.

4 I am in the midst of lions;
   I lie among ravenous beasts—
   men whose teeth are spears and arrows,
   whose tongues are sharp swords.

5 Be exalted, O God, above the heavens;
   let your glory be over all the earth.

6 They spread a net for my feet—
   I was bowed down in distress.
   They dug a pit in my path—
   but they have fallen into it themselves.   Selah

7 My heart is steadfast, O God,
   my heart is steadfast;
   I will sing and make music.
8 Awake, my soul!
   Awake, harp and lyre!
   I will awaken the dawn.

9 I will praise you, O Lord, among the nations;
   I will sing of you among the peoples.
10 For great is your love, reaching to the heavens;
   your faithfulness reaches to the skies.

11 Be exalted, O God, above the heavens;
   let your glory be over all the earth.

---

[a]8 Or / put my tears in your wineskin   [b]13 Or my soul
[c]13 Or the land of the living   [d]Title: Probably a literary or
musical term

Salmo 58

Plegaria pidiendo el castigo de los malos

Al músico principal; sobre No destruyas. Mictam de David.

1 Oh congregación, ¿pronunciáis en verdad justicia?
Juzgáis rectamente, hijos de los hombres?
2 Antes en el corazón maquináis iniquidades;
Hacéis pesar la violencia de vuestras manos en la tierra.

3 Se apartaron los impíos desde la matriz;
Se descarriaron hablando mentira desde que nacieron.
4 Veneno tienen como veneno de serpiente;
Son como el áspid sordo que cierra su oído,
5 Que no oye la voz de los que encantan,
Por más hábil que el encantador sea.

6 Oh Dios, quiebra sus dientes en sus bocas;
Quiebra, oh Jehová, las muelas de los leoncillos.
7 Sean disipados como aguas que corren;
Cuando disparen sus saetas, sean hechas pedazos.
8 Pasen ellos como el caracol que se deslíe;
Como el que nace muerto, no vean el sol.
9 Antes que vuestras ollas sientan la llama de los espinos,
Así vivos, así airados, los arrebatará él con tempestad.

10 Se alegrará el justo cuando viere la venganza;
Sus pies lavará en la sangre del impío.
11 Entonces dirá el hombre: Ciertamente hay galardón para el justo;
Ciertamente hay Dios que juzga en la tierra.

Salmo 59

Oración pidiendo ser librado de los enemigos

Al músico principal; sobre No destruyas. Mictam de David, cuando envió Saúl, y vigilaron la casa para matarlo.

1 Líbrame de mis enemigos, oh Dios mío;
Ponme a salvo de los que se levantan contra mí.
2 Líbrame de los que cometen iniquidad,
Y sálvame de hombres sanguinarios.

3 Porque he aquí están acechando mi vida;
Se han juntado contra mí poderosos.
No por falta mía, ni pecado mío, oh Jehová;
4 Sin delito mío corren y se aperciben.

Despierta para venir a mi encuentro, y mira.
5 Y tú, Jehová Dios de los ejércitos, Dios de Israel,
Despierta para castigar a todas las naciones;
No tengas misericordia de todos los que se rebelan con iniquidad.   *Selah*

6 Volverán a la tarde, ladrarán como perros,
Y rodearán la ciudad.

Psalm 58

For the director of music. ⌐To the tune of⌐ "Do Not Destroy." Of David. A *miktam.e*

1 Do you rulers indeed speak justly?
Do you judge uprightly among men?
2 No, in your heart you devise injustice,
and your hands mete out violence on the earth.
3 Even from birth the wicked go astray;
from the womb they are wayward and speak lies.
4 Their venom is like the venom of a snake,
like that of a cobra that has stopped its ears,
5 that will not heed the tune of the charmer,
however skillful the enchanter may be.

6 Break the teeth in their mouths, O God;
tear out, O LORD, the fangs of the lions!
7 Let them vanish like water that flows away;
when they draw the bow, let their arrows be blunted.
8 Like a slug melting away as it moves along,
like a stillborn child, may they not see the sun.

9 Before your pots can feel ⌐the heat of⌐ the thorns—
whether they be green or dry—the wicked will be swept away.*f*
10 The righteous will be glad when they are avenged,
when they bathe their feet in the blood of the wicked.
11 Then men will say,
"Surely the righteous still are rewarded;
surely there is a God who judges the earth."

Psalm 59

For the director of music. ⌐To the tune of⌐ "Do Not Destroy." Of David. A *miktam.e* When Saul had sent men to watch David's house in order to kill him.

1 Deliver me from my enemies, O God;
protect me from those who rise up against me.
2 Deliver me from evildoers
and save me from bloodthirsty men.

3 See how they lie in wait for me!
Fierce men conspire against me
for no offense or sin of mine, O LORD.
4 I have done no wrong, yet they are ready to attack me.
Arise to help me; look on my plight!
5 O LORD God Almighty, the God of Israel,
rouse yourself to punish all the nations;
show no mercy to wicked traitors.   *Selah*

6 They return at evening,
snarling like dogs,
and prowl about the city.

---

e Title: Probably a literary or musical term   f9 The meaning of the Hebrew for this verse is uncertain.

7 He aquí proferirán con su boca;
Espadas hay en sus labios,
Porque dicen: ¿Quién oye?

8 Mas tú, Jehová, te reirás de ellos;
Te burlarás de todas las naciones.
9 A causa del poder del enemigo esperaré en ti,
Porque Dios es mi defensa.
10 El Dios de mi misericordia irá delante de mí;
Dios hará que vea en mis enemigos mi deseo.

11 No los mates, para que mi pueblo no olvide;
Dispérsalos con tu poder, y abátelos,
Oh Jehová, escudo nuestro.
12 Por el pecado de su boca, por la palabra de sus labios,
Sean ellos presos en su soberbia,
Y por la maldición y mentira que profieren.
13 Acábalos con furor, acábalos, para que no sean;
Y sépase que Dios gobierna en Jacob
Hasta los fines de la tierra.   *Selah*
14 Vuelvan, pues, a la tarde, y ladren como perros,
Y rodeen la ciudad.
15 Anden ellos errantes para hallar qué comer;
Y si no se sacian, pasen la noche quejándose.

16 Pero yo cantaré de tu poder,
Y alabaré de mañana tu misericordia;
Porque has sido mi amparo
Y refugio en el día de mi angustia.
17 Fortaleza mía, a ti cantaré;
Porque eres, oh Dios, mi refugio, el Dios de mi misericordia.

Salmo 60

Plegaria pidiendo ayuda contra el enemigo

Al músico principal; sobre Lirios. Testimonio.
Mictam de David, para enseñar, cuando tuvo guerra
contra Aram-Naharaim y contra Aram de Soba, y
volvió Joab, y destrozó a doce mil de Edom en el
valle de la Sal.

1 Oh Dios, tú nos has desechado, nos quebrantaste;
Te has airado; ¡vuélvete a nosotros!
2 Hiciste temblar la tierra, la has hendido;
Sana sus roturas, porque titubea.
3 Has hecho ver a tu pueblo cosas duras;
Nos hiciste beber vino de aturdimiento.
4 Has dado a los que te temen bandera
Que alcen por causa de la verdad.   *Selah*
5 Para que se libren tus amados,
Salva con tu diestra, y óyeme.

6 Dios ha dicho en su santuario: Yo me alegraré;
Repartiré a Siquem, y mediré el valle de Sucot.

---

7 See what they spew from their mouths—
they spew out swords from their lips,
and they say, "Who can hear us?"
8 But you, O Lord, laugh at them;
you scoff at all those nations.

9 O my Strength, I watch for you;
you, O God, are my fortress, 10 my loving God.

God will go before me
and will let me gloat over those who slander me.
11 But do not kill them, O Lord our shield,g
or my people will forget.
In your might make them wander about,
and bring them down.
12 For the sins of their mouths,
for the words of their lips,
let them be caught in their pride.
For the curses and lies they utter,
13 consume them in wrath,
consume them till they are no more.
Then it will be known to the ends of the earth
that God rules over Jacob.   *Selah*

14 They return at evening,
snarling like dogs,
and prowl about the city.
15 They wander about for food
and howl if not satisfied.
16 But I will sing of your strength,
in the morning I will sing of your love;
for you are my fortress,
my refuge in times of trouble.

17 O my Strength, I sing praise to you;
you, O God, are my fortress, my loving God.

Psalm 60

For the director of music. To ⌊the tune of⌋ "The
Lily of the Covenant." A *miktamh* of David. For
teaching. When he fought Aram Naharaim*i* and
Aram Zobah,*j* and when Joab returned and
struck down twelve thousand Edomites in the
Valley of Salt.

1 You have rejected us, O God, and burst forth
upon us;
you have been angry—now restore us!
2 You have shaken the land and torn it open;
mend its fractures, for it is quaking.
3 You have shown your people desperate times;
you have given us wine that makes us stagger.

4 But for those who fear you, you have raised a banner
to be unfurled against the bow.   *Selah*

5 Save us and help us with your right hand,
that those you love may be delivered.
6 God has spoken from his sanctuary:
"In triumph I will parcel out Shechem
and measure off the Valley of Succoth.

g11 Or *sovereign*   *h* Title: Probably a literary or musical term
i Title: That is, Arameans of Northwest Mesopotamia   *j* Title:
That is, Arameans of central Syria

7 Mío es Galaad, y mío es Manasés;
  Y Efraín es la fortaleza de mi cabeza;
  Judá es mi legislador.
8 Moab, vasija para lavarme;
  Sobre Edom echaré mi calzado;
  Me regocijaré sobre Filistea.

9 ¿Quién me llevará a la ciudad fortificada?
  ¿Quién me llevará hasta Edom?
10 ¿No serás tú, oh Dios, que nos habías desechado,
  Y no salías, oh Dios, con nuestros ejércitos?
11 Danos socorro contra el enemigo,
  Porque vana es la ayuda de los hombres.
12 En Dios haremos proezas,
  Y él hollará a nuestros enemigos.

Salmo 61
Confianza en la protección de Dios

Al músico principal; sobre Neginot. Salmo de David.

1 Oye, oh Dios, mi clamor;
  A mi oración atiende.
2 Desde el cabo de la tierra clamaré a ti, cuando mi
    corazón desmayare.

  Llévame a la roca que es más alta que yo,
3 Porque tú has sido mi refugio,
  Y torre fuerte delante del enemigo.

4 Yo habitaré en tu tabernáculo para siempre;
  Estaré seguro bajo la cubierta de tus alas.   *Selah*
5 Porque tú, oh Dios, has oído mis votos;
  Me has dado la heredad de los que temen tu
    nombre.

6 Días sobre días añadirás al rey;
  Sus años serán como generación y generación.
7 Estará para siempre delante de Dios;
  Prepara misericordia y verdad para que lo
    conserven.

8 Así cantaré tu nombre para siempre,
  Pagando mis votos cada día.

Salmo 62
Dios, el único refugio

Al músico principal; a Jedutún. Salmo de David.

1 En Dios solamente está acallada mi alma;
  De él viene mi salvación.
2 El solamente es mi roca y mi salvación;
  Es mi refugio, no resbalaré mucho.
3 ¿Hasta cuándo maquinaréis contra un hombre,
  Tratando todos vosotros de aplastarle
  Como pared desplomada y como cerca derribada?
4 Solamente consultan para arrojarle de su grandeza.
  Aman la mentira;
  Con su boca bendicen, pero maldicen en su
    corazón.   *Selah*

5 Alma mía, en Dios solamente reposa,
  Porque de él es mi esperanza.

Psalm 61

For the director of music. With stringed
            instruments. Of David.

1 Hear my cry, O God;
  listen to my prayer.

2 From the ends of the earth I call to you,
  I call as my heart grows faint;
  lead me to the rock that is higher than I.
3 For you have been my refuge,
  a strong tower against the foe.

4 I long to dwell in your tent forever
  and take refuge in the shelter of your wings.
                                              Selah
5 For you have heard my vows, O God;
  you have given me the heritage of those who
    fear your name.

6 Increase the days of the king's life,
  his years for many generations.
7 May he be enthroned in God's presence forever;
  appoint your love and faithfulness to protect
    him.

8 Then will I ever sing praise to your name
  and fulfill my vows day after day.

Psalm 62

For the director of music. For Jeduthun.
            A psalm of David.

1 My soul finds rest in God alone;
  my salvation comes from him.
2 He alone is my rock and my salvation;
  he is my fortress, I will never be shaken.

3 How long will you assault a man?
  Would all of you throw him down—
  this leaning wall, this tottering fence?
4 They fully intend to topple him
  from his lofty place;
  they take delight in lies.
  With their mouths they bless,
  but in their hearts they curse.   *Selah*

5 Find rest, O my soul, in God alone;
  my hope comes from him.

6 El solamente es mi roca y mi salvación.
  Es mi refugio, no resbalaré.
7 En Dios está mi salvación y mi gloria;
  En Dios está mi roca fuerte, y mi refugio.

8 Esperad en él en todo tiempo, oh pueblos;
  Derramad delante de él vuestro corazón;
  Dios es nuestro refugio.   *Selah*

9 Por cierto, vanidad son los hijos de los hombres,
  mentira los hijos de varón;
  Pesándolos a todos igualmente en la balanza,
  Serán menos que nada.
10 No confiéis en la violencia,
  Ni en la rapiña; no os envanezcáis;
  Si se aumentan las riquezas, no pongáis el corazón
  en ellas.

11 Una vez habló Dios;
  Dos veces he oído esto:
  Que de Dios es el poder,
12 Y tuya, oh Señor, es la misericordia;
  Porque tú pagas a cada uno conforme
  a su obra.

Salmo 63

Dios, satisfacción del alma

Salmo de David, cuando estaba en el desierto
de Judá.

1 Dios, Dios mío eres tú;
  De madrugada te buscaré;
  Mi alma tiene sed de ti, mi carne te anhela,
  En tierra seca y árida donde no hay aguas,
2 Para ver tu poder y tu gloria,
  Así como te he mirado en el santuario.
3 Porque mejor es tu misericordia que la vida;
  Mis labios te alabarán.
4 Así te bendeciré en mi vida;
  En tu nombre alzaré mis manos.

5 Como de meollo y de grosura será saciada mi alma,
  Y con labios de júbilo te alabará mi boca,
6 Cuando me acuerde de ti en mi lecho,
  Cuando medite en ti en las vigilias de la noche.
7 Porque has sido mi socorro,
  Y así en la sombra de tus alas me regocijaré.
8 Está mi alma apegada a ti;
  Tu diestra me ha sostenido.

9 Pero los que para destrucción buscaron mi alma
  Caerán en los sitios bajos de la tierra.
10 Los destruirán a filo de espada;
  Serán porción de los chacales.
11 Pero el rey se alegrará en Dios;
  Será alabado cualquiera que jura por él;
  Porque la boca de los que hablan mentira será
  cerrada.

6 He alone is my rock and my salvation;
  he is my fortress, I will not be shaken.
7 My salvation and my honor depend on God *k*;
  he is my mighty rock, my refuge.
8 Trust in him at all times, O people;
  pour out your hearts to him,
  for God is our refuge.   *Selah*

9 Lowborn men are but a breath,
  the highborn are but a lie;
  if weighed on a balance, they are nothing;
  together they are only a breath.
10 Do not trust in extortion
  or take pride in stolen goods;
  though your riches increase,
  do not set your heart on them.

11 One thing God has spoken,
  two things have I heard:
  that you, O God, are strong,
12 and that you, O Lord, are loving.
  Surely you will reward each person
  according to what he has done.

Psalm 63

A psalm of David. When he was in the Desert
of Judah.

1 O God, you are my God,
  earnestly I seek you;
  my soul thirsts for you,
  my body longs for you,
  in a dry and weary land
  where there is no water.

2 I have seen you in the sanctuary
  and beheld your power and your glory.
3 Because your love is better than life,
  my lips will glorify you.
4 I will praise you as long as I live,
  and in your name I will lift up my hands.
5 My soul will be satisfied as with the richest of
  foods;
  with singing lips my mouth will praise you.

6 On my bed I remember you;
  I think of you through the watches of the
  night.
7 Because you are my help,
  I sing in the shadow of your wings.
8 My soul clings to you;
  your right hand upholds me.

9 They who seek my life will be destroyed;
  they will go down to the depths of the earth.
10 They will be given over to the sword
  and become food for jackals.
11 But the king will rejoice in God;
  all who swear by God's name will praise him,
  while the mouths of liars will be silenced.

k7 Or / God Most High is my salvation and my honor

Salmo 64

Plegaria pidiendo protección contra enemigos ocultos

Al músico principal. Salmo de David.

1 Escucha, oh Dios, la voz de mi queja;
　Guarda mi vida del temor del enemigo.
2 Escóndeme del consejo secreto de los malignos,
　De la conspiración de los que hacen iniquidad,
3 Que afilan como espada su lengua;
　Lanzan cual saeta suya, palabra amarga,
4 Para asaetear a escondidas al íntegro;
　De repente lo asaetean, y no temen.
5 Obstinados en su inicuo designio,
　Tratan de esconder los lazos,
　Y dicen: ¿Quién los ha de ver?
6 Inquieren iniquidades, hacen una investigación
　　exacta;
　Y el íntimo pensamiento de cada uno de ellos, así
　　como su corazón, es profundo.
7 Mas Dios los herirá con saeta;
　De repente serán sus plagas.
8 Sus propias lenguas los harán caer;
　Se espantarán todos los que los vean.
9 Entonces temerán todos los hombres,
　Y anunciarán la obra de Dios,
　Y entenderán sus hechos.

10 Se alegrará el justo en Jehová, y confiará en él;
　Y se gloriarán todos los rectos de corazón.

Salmo 65

La generosidad de Dios en la naturaleza

Al músico principal. Salmo. Cántico de David.

1 Tuya es la alabanza en Sion, oh Dios,
　Y a ti se pagarán los votos.
2 Tú oyes la oración;
　A ti vendrá toda carne.
3 Las iniquidades prevalecen contra mí;
　Mas nuestras rebeliones tú las perdonarás.
4 Bienaventurado el que tú escogieres y atrajeres a ti,
　Para que habite en tus atrios;
　Seremos saciados del bien de tu casa,
　De tu santo templo.

5 Con tremendas cosas nos responderás tú en justicia,
　Oh Dios de nuestra salvación,
　Esperanza de todos los términos de la tierra,
　Y de los más remotos confines del mar.
6 Tú, el que afirma los montes con su poder,
　Ceñido de valentía;
7 El que sosiega el estruendo de los mares, el
　　estruendo de sus ondas,
　Y el alboroto de las naciones.
8 Por tanto, los habitantes de los fines de la tierra
　　temen de tus maravillas.
　Tú haces alegrar las salidas de la mañana y de la
　　tarde.

Psalm 64

For the director of music. A psalm of David.

1 Hear me, O God, as I voice my complaint;
　protect my life from the threat of the enemy.
2 Hide me from the conspiracy of the wicked,
　from that noisy crowd of evildoers.

3 They sharpen their tongues like swords
　and aim their words like deadly arrows.
4 They shoot from ambush at the innocent man;
　they shoot at him suddenly, without fear.

5 They encourage each other in evil plans,
　they talk about hiding their snares;
　they say, "Who will see them[1]?"
6 They plot injustice and say,
　"We have devised a perfect plan!"
　Surely the mind and heart of man are cunning.

7 But God will shoot them with arrows;
　suddenly they will be struck down.
8 He will turn their own tongues against them
　and bring them to ruin;
　all who see them will shake their heads in
　　scorn.

9 All mankind will fear;
　they will proclaim the works of God
　and ponder what he has done.
10 Let the righteous rejoice in the LORD
　and take refuge in him;
　let all the upright in heart praise him!

Psalm 65

For the director of music. A psalm of David.
A song.

1 Praise awaits[m] you, O God, in Zion;
　to you our vows will be fulfilled.
2 O you who hear prayer,
　to you all men will come.
3 When we were overwhelmed by sins,
　you forgave[n] our transgressions.
4 Blessed are those you choose
　and bring near to live in your courts!
　We are filled with the good things of your house,
　of your holy temple.

5 You answer us with awesome deeds of
　　righteousness,
　O God our Savior,
　the hope of all the ends of the earth
　and of the farthest seas,
6 who formed the mountains by your power,
　having armed yourself with strength,
7 who stilled the roaring of the seas,
　the roaring of their waves,
　and the turmoil of the nations.
8 Those living far away fear your wonders;
　where morning dawns and evening fades
　you call forth songs of joy.

---

[1]5 Or *us*　[m]1 Or *befits*; the meaning of the Hebrew for this
word is uncertain.　[n]3 Or *made atonement for*

9Visitas la tierra, y la riegas;
En gran manera la enriqueces;
Con el río de Dios, lleno de aguas,
Preparas el grano de ellos, cuando así la dispones.
10Haces que se empapen sus surcos,
Haces descender sus canales;
La ablandas con lluvias,
Bendices sus renuevos.
11Tú coronas el año con tus bienes,
Y tus nubes destilan grosura.
12Destilan sobre los pastizales del desierto,
Y los collados se ciñen de alegría.
13Se visten de manadas los llanos,
Y los valles se cubren de grano;
Dan voces de júbilo, y aun cantan.

Salmo 66

Alabanza por los hechos poderosos de Dios

Al músico principal. Cántico. Salmo.

1Aclamad a Dios con alegría, toda la tierra.
2Cantad la gloria de su nombre;
Poned gloria en su alabanza.
3Decid a Dios: ¡Cuán asombrosas son tus obras!
Por la grandeza de tu poder se someterán a ti tus enemigos.
4Toda la tierra te adorará,
Y cantará a ti;
Cantarán a tu nombre.　　　　　*Selah*

5Venid, y ved las obras de Dios,
Temible en hechos sobre los hijos de los hombres.
6Volvió el mar en seco;
Por el río pasaron a pie;
Allí en él nos alegramos.
7El señorea con su poder para siempre;
Sus ojos atalayan sobre las naciones;
Los rebeldes no serán enaltecidos.　　*Selah*

8Bendecid, pueblos, a nuestro Dios,
Y haced oir la voz de su alabanza.
9El es quien preservó la vida a nuestra alma,
Y no permitió que nuestros pies resbalasen.
10Porque tú nos probaste, oh Dios;
Nos ensayaste como se afina la plata.
11Nos metiste en la red;
Pusiste sobre nuestros lomos pesada carga.
12Hiciste cabalgar hombres sobre nuestra cabeza;
Pasamos por el fuego y por el agua,
Y nos sacaste a abundancia.

13Entraré en tu casa con holocaustos;
Te pagaré mis votos,
14Que pronunciaron mis labios
Y habló mi boca, cuando estaba angustiado.
15Holocaustos de animales engordados te ofreceré,
Con sahumerio de carneros;
Te ofreceré en sacrificio bueyes y machos cabríos.　　*Selah*

16Venid, oíd todos los que teméis a Dios,
Y contaré lo que ha hecho a mi alma.
17A él clamé con mi boca,
Y fue exaltado con mi lengua.

9You care for the land and water it;
you enrich it abundantly.
The streams of God are filled with water
to provide the people with grain,
for so you have ordained it.*o*
10You drench its furrows
and level its ridges;
you soften it with showers
and bless its crops.
11You crown the year with your bounty,
and your carts overflow with abundance.
12The grasslands of the desert overflow;
the hills are clothed with gladness.
13The meadows are covered with flocks
and the valleys are mantled with grain;
they shout for joy and sing.

Psalm 66

For the director of music. A song. A psalm.

1Shout with joy to God, all the earth!
2　Sing the glory of his name;
make his praise glorious!
3Say to God, "How awesome are your deeds!
So great is your power
that your enemies cringe before you.
4All the earth bows down to you;
they sing praise to you,
they sing praise to your name."　　*Selah*

5Come and see what God has done,
how awesome his works in man's behalf!
6He turned the sea into dry land,
they passed through the waters on foot—
come, let us rejoice in him.
7He rules forever by his power,
his eyes watch the nations—
let not the rebellious rise up against him. *Selah*

8Praise our God, O peoples,
let the sound of his praise be heard;
9he has preserved our lives
and kept our feet from slipping.
10For you, O God, tested us;
you refined us like silver.
11You brought us into prison
and laid burdens on our backs.
12You let men ride over our heads;
we went through fire and water,
but you brought us to a place of abundance.

13I will come to your temple with burnt offerings
and fulfill my vows to you—
14vows my lips promised and my mouth spoke
when I was in trouble.
15I will sacrifice fat animals to you
and an offering of rams;
I will offer bulls and goats.　　*Selah*

16Come and listen, all you who fear God;
let me tell you what he has done for me.
17I cried out to him with my mouth;
his praise was on my tongue.

*o*9 Or *for that is how you prepare the land*

18Si en mi corazón hubiese yo mirado a la iniquidad,
  El Señor no me habría escuchado.
19Mas ciertamente me escuchó Dios;
  Atendió a la voz de mi súplica.

20Bendito sea Dios,
  Que no echó de sí mi oración, ni de mí su
    misericordia.

Salmo 67

Exhortación a las naciones, para que alaben a Dios

Al músico principal; en Neginot. Salmo. Cántico.

1Dios tenga misericordia de nosotros, y nos bendiga;
  Haga resplandecer su rostro sobre nosotros;   *Selah*
2Para que sea conocido en la tierra tu camino,
  En todas las naciones tu salvación.
3Te alaben los pueblos, oh Dios;
  Todos los pueblos te alaben.

4Alégrense y gócense las naciones,
  Porque juzgarás los pueblos con equidad,
  Y pastorearás las naciones en la tierra.   *Selah*
5Te alaben los pueblos, oh Dios;
  Todos los pueblos te alaben.

6La tierra dará su fruto;
  Nos bendecirá Dios, el Dios nuestro.
7Bendíganos Dios,
  Y témanlo todos los términos de la tierra.

Salmo 68

El Dios del Sinaí y del santuario

Al músico principal. Salmo de David. Cántico.

1Levántese Dios, sean esparcidos sus enemigos,
  Y huyan de su presencia los que le aborrecen.
2Como es lanzado el humo, los lanzarás;
  Como se derrite la cera delante del fuego,
  Así perecerán los impíos delante de Dios.
3Mas los justos se alegrarán; se gozarán delante de
    Dios,
  Y saltarán de alegría.

4Cantad a Dios, cantad salmos a su nombre;
  Exaltad al que cabalga sobre los cielos.
  JAH es su nombre; alegraos delante de él.

5Padre de huérfanos y defensor de viudas
  Es Dios en su santa morada.
6Dios hace habitar en familia a los desamparados;
  Saca a los cautivos a prosperidad;
  Mas los rebeldes habitan en tierra seca.

7Oh Dios, cuando tú saliste delante de tu pueblo,
  Cuando anduviste por el desierto,   *Selah*

Psalm 67

For the director of music. With stringed
instruments. A psalm. A song.

1May God be gracious to us and bless us
  and make his face shine upon us,   *Selah*
2that your ways may be known on earth,
  your salvation among all nations.

3May the peoples praise you, O God;
  may all the peoples praise you.
4May the nations be glad and sing for joy,
  for you rule the peoples justly
  and guide the nations of the earth.   *Selah*
5May the peoples praise you, O God;
  may all the peoples praise you.

6Then the land will yield its harvest,
  and God, our God, will bless us.
7God will bless us,
  and all the ends of the earth will fear him.

Psalm 68

For the director of music. Of David. A psalm.
A song.

1May God arise, may his enemies be scattered;
  may his foes flee before him.
2As smoke is blown away by the wind,
  may you blow them away;
  as wax melts before the fire,
  may the wicked perish before God.
3But may the righteous be glad
  and rejoice before God;
  may they be happy and joyful.

4Sing to God, sing praise to his name,
  extol him who rides on the clouds*p*—
  his name is the LORD—
  and rejoice before him.
5A father to the fatherless, a defender of widows,
  is God in his holy dwelling.
6God sets the lonely in families,*q*
  he leads forth the prisoners with singing;
  but the rebellious live in a sun-scorched land.

7When you went out before your people, O God,
  when you marched through the wasteland,   *Selah*

---

*p*4 Or / *prepare the way for him who rides through the deserts*
*q*6 Or *the desolate in a homeland*

⁸La tierra tembló;
  También destilaron los cielos ante la presencia de
    Dios;
  Aquel Sinaí tembló delante de Dios, del Dios de
    Israel.
⁹Abundante lluvia esparciste, oh Dios;
  A tu heredad exhausta tú la reanimaste.
¹⁰Los que son de tu grey han morado en ella;
  Por tu bondad, oh Dios, has provisto al pobre.

¹¹El Señor daba palabra;
  Había grande multitud de las que llevaban buenas
    nuevas.
¹²Huyeron, huyeron reyes de ejércitos,
  Y las que se quedaban en casa repartían los
    despojos.
¹³Bien que fuisteis echados entre los tiestos,
  Seréis como alas de paloma cubiertas de plata,
  Y sus plumas con amarillez de oro.
¹⁴Cuando esparció el Omnipotente los reyes allí,
  Fue como si hubiese nevado en el monte Salmón.

¹⁵Monte de Dios es el monte de Basán;
  Monte alto el de Basán.
¹⁶¿Por qué observáis, oh montes altos,
  Al monte que deseó Dios para su morada?
  Ciertamente Jehová habitará en él para siempre.

¹⁷Los carros de Dios se cuentan por veintenas de
    millares de millares;
  El Señor viene del Sinaí a su santuario.
¹⁸Subiste a lo alto, cautivaste la cautividad,
  Tomaste dones para los hombres,
  Y también para los rebeldes, para que habite entre
    ellos JAH Dios.

¹⁹Bendito el Señor; cada día nos colma de beneficios
  El Dios de nuestra salvación.   *Selah*
²⁰Dios, nuestro Dios ha de salvarnos,
  Y de Jehová el Señor es el librar de la muerte.

²¹Ciertamente Dios herirá la cabeza de sus enemigos,
  La testa cabelluda del que camina en sus pecados.
²²El Señor dijo: De Basán te haré volver;
  Te haré volver de las profundidades del mar;
²³Porque tu pie se enrojecerá de sangre de tus
    enemigos,
  Y de ella la lengua de tus perros.

²⁴Vieron tus caminos, oh Dios;
  Los caminos de mi Dios, de mi Rey, en el santuario.
²⁵Los cantores iban delante, los músicos detrás;
  En medio las doncellas con panderos.
²⁶Bendecid a Dios en las congregaciones;
  Al Señor, vosotros de la estirpe de Israel.
²⁷Allí estaba el joven Benjamín, señoreador de ellos,
  Los príncipes de Judá en su congregación,
  Los príncipes de Zabulón, los príncipes de Neftalí.

⁸the earth shook,
  the heavens poured down rain,
before God, the One of Sinai,
  before God, the God of Israel.
⁹You gave abundant showers, O God;
  you refreshed your weary inheritance.
¹⁰Your people settled in it,
  and from your bounty, O God, you provided
    for the poor.

¹¹The Lord announced the word,
  and great was the company of those who
    proclaimed it:
¹²"Kings and armies flee in haste;
  in the camps men divide the plunder.
¹³Even while you sleep among the campfires,^r
  the wings of ˻my˼ dove are sheathed with
    silver,
  its feathers with shining gold."
¹⁴When the Almighty^s scattered the kings in the
    land,
  it was like snow fallen on Zalmon.

¹⁵The mountains of Bashan are majestic mountains;
  rugged are the mountains of Bashan.
¹⁶Why gaze in envy, O rugged mountains,
  at the mountain where God chooses to reign,
  where the LORD himself will dwell forever?
¹⁷The chariots of God are tens of thousands
  and thousands of thousands;
  the Lord ˻has come˼ from Sinai into his
    sanctuary.
¹⁸When you ascended on high,
  you led captives in your train;
  you received gifts from men,
even from^t the rebellious—
  that you,^u O LORD God, might dwell there.

¹⁹Praise be to the Lord, to God our Savior,
  who daily bears our burdens.   *Selah*
²⁰Our God is a God who saves;
  from the Sovereign LORD comes escape from
    death.

²¹Surely God will crush the heads of his enemies,
  the hairy crowns of those who go on in their
    sins.
²²The Lord says, "I will bring them from Bashan;
  I will bring them from the depths of the sea,
²³that you may plunge your feet in the blood of
    your foes,
  while the tongues of your dogs have their
    share."

²⁴Your procession has come into view, O God,
  the procession of my God and King into the
    sanctuary.
²⁵In front are the singers, after them the musicians;
  with them are the maidens playing
    tambourines.
²⁶Praise God in the great congregation;
  praise the LORD in the assembly of Israel.
²⁷There is the little tribe of Benjamin, leading
    them,
  there the great throng of Judah's princes,
  and there the princes of Zebulun and of
    Naphtali.

---

^r13 Or *saddlebags*   ^s14 Hebrew *Shaddai*   ^t18 Or *gifts for men,* / *even*   ^u18 Or *they*

28Tu Dios ha ordenado tu fuerza;
Confirma, oh Dios, lo que has hecho para nosotros.
29Por razón de tu templo en Jerusalén
Los reyes te ofrecerán dones.
30Reprime la reunión de gentes armadas,
La multitud de toros con los becerros de los pueblos,
Hasta que todos se sometan con sus piezas de plata;
Esparce a los pueblos que se complacen en la guerra.
31Vendrán príncipes de Egipto;
Etiopía se apresurará a extender sus manos hacia Dios.

32Reinos de la tierra, cantad a Dios,
Cantad al Señor;   *Selah*
33Al que cabalga sobre los cielos de los cielos, que son desde la antigüedad;
He aquí dará su voz, poderosa voz.
34Atribuid poder a Dios;
Sobre Israel es su magnificencia,
Y su poder está en los cielos.
35Temible eres, oh Dios, desde tus santuarios;
El Dios de Israel, él da fuerza y vigor a su pueblo.

Bendito sea Dios.

Salmo 69

Un grito de angustia

Al músico principal; sobre Lirios. Salmo de David.

1Sálvame, oh Dios,
Porque las aguas han entrado hasta el alma.
2Estoy hundido en cieno profundo, donde no puedo hacer pie;
He venido a abismos de aguas, y la corriente me ha anegado.
3Cansado estoy de llamar; mi garganta se ha enronquecido;
Han desfallecido mis ojos esperando a mi Dios.

4Se han aumentado más que los cabellos de mi cabeza los que me aborrecen sin causa;
Se han hecho poderosos mis enemigos, los que me destruyen sin tener por qué.
¿Y he de pagar lo que no robé?
5Dios, tú conoces mi insensatez,
Y mis pecados no te son ocultos.

6No sean avergonzados por causa mía los que en ti confían, oh Señor Jehová de los ejércitos;
No sean confundidos por mí los que te buscan, oh Dios de Israel.
7Porque por amor de ti he sufrido afrenta;
Confusión ha cubierto mi rostro.
8Extraño he sido para mis hermanos,
Y desconocido para los hijos de mi madre.

28Summon your power, O God *v*;
show us your strength, O God, as you have done before.
29Because of your temple at Jerusalem
kings will bring you gifts.
30Rebuke the beast among the reeds,
the herd of bulls among the calves of the nations.
Humbled, may it bring bars of silver.
Scatter the nations who delight in war.
31Envoys will come from Egypt;
Cush *w* will submit herself to God.

32Sing to God, O kingdoms of the earth,
sing praise to the Lord,   *Selah*
33to him who rides the ancient skies above,
who thunders with mighty voice.
34Proclaim the power of God,
whose majesty is over Israel,
whose power is in the skies.
35You are awesome, O God, in your sanctuary;
the God of Israel gives power and strength to his people.

Praise be to God!

Psalm 69

For the director of music. To ˻the tune of˼ "Lilies." Of David.

1Save me, O God,
for the waters have come up to my neck.
2I sink in the miry depths,
where there is no foothold.
I have come into the deep waters;
the floods engulf me.
3I am worn out calling for help;
my throat is parched.
My eyes fail,
looking for my God.
4Those who hate me without reason
outnumber the hairs of my head;
many are my enemies without cause,
those who seek to destroy me.
I am forced to restore
what I did not steal.

5You know my folly, O God;
my guilt is not hidden from you.

6May those who hope in you
not be disgraced because of me,
O Lord, the LORD Almighty;
may those who seek you
not be put to shame because of me,
O God of Israel.
7For I endure scorn for your sake,
and shame covers my face.
8I am a stranger to my brothers,
an alien to my own mother's sons;

---

v28 Many Hebrew manuscripts, Septuagint and Syriac; most Hebrew manuscripts *Your God has summoned power for you*
w31 That is, the upper Nile region

⁹Porque me consumió el celo de tu casa;
  Y los denuestos de los que te vituperaban cayeron
    sobre mí.
¹⁰Lloré afligiendo con ayuno mi alma,
  Y esto me ha sido por afrenta.
¹¹Puse además cilicio por mi vestido,
  Y vine a serles por proverbio.
¹²Hablaban contra mí los que se sentaban a la puerta,
  Y me zaherían en sus canciones los bebedores.

¹³Pero yo a ti oraba, oh Jehová, al tiempo de tu
    buena voluntad;
  Oh Dios, por la abundancia de tu misericordia,
  Por la verdad de tu salvación, escúchame.
¹⁴Sácame del lodo, y no sea yo sumergido;
  Sea yo libertado de los que me aborrecen, y de lo
    profundo de las aguas.
¹⁵No me anegue la corriente de las aguas,
  Ni me trague el abismo,
  Ni el pozo cierre sobre mí su boca.

¹⁶Respóndeme, Jehová, porque benigna es tu
    misericordia;
  Mírame conforme a la multitud de tus piedades.
¹⁷No escondas de tu siervo tu rostro,
  Porque estoy angustiado; apresúrate, óyeme.
¹⁸Acércate a mi alma, redímela;
  Líbrame a causa de mis enemigos.

¹⁹Tú sabes mi afrenta, mi confusión y mi oprobio;
  Delante de ti están todos mis adversarios.
²⁰El escarnio ha quebrantado mi corazón, y estoy
    acongojado.
  Esperé quien se compadeciese de mí, y no lo hubo;
  Y consoladores, y ninguno hallé.
²¹Me pusieron además hiel por comida,
  Y en mi sed me dieron a beber vinagre.

²²Sea su convite delante de ellos por lazo,
  Y lo que es para bien, por tropiezo.
²³Sean oscurecidos sus ojos para que no vean,
  Y haz temblar continuamente sus lomos.
²⁴Derrama sobre ellos tu ira,
  Y el furor de tu enojo los alcance.
²⁵Sea su palacio asolado;
  En sus tiendas no haya morador.
²⁶Porque persiguieron al que tú heriste,
  Y cuentan del dolor de los que tú llagaste.
²⁷Pon maldad sobre su maldad,
  Y no entren en tu justicia.
²⁸Sean raídos del libro de los vivientes,
  Y no sean escritos entre los justos.

²⁹Mas a mí, afligido y miserable,
  Tu salvación, oh Dios, me ponga en alto.

³⁰Alabaré yo el nombre de Dios con cántico,
  Lo exaltaré con alabanza.
³¹Y agradará a Jehová más que sacrificio de buey,
  O becerro que tiene cuernos y pezuñas;
³²Lo verán los oprimidos, y se gozarán.
  Buscad a Dios, y vivirá vuestro corazón.
³³Porque Jehová oye a los menesterosos,
  Y no menosprecia a sus prisioneros.

³⁴Alábenle los cielos y la tierra,
  Los mares, y todo lo que se mueve en ellos.

⁹for zeal for your house consumes me,
  and the insults of those who insult you fall on
    me.
¹⁰When I weep and fast,
  I must endure scorn;
¹¹when I put on sackcloth,
  people make sport of me.
¹²Those who sit at the gate mock me,
  and I am the song of the drunkards.

¹³But I pray to you, O LORD,
  in the time of your favor;
  in your great love, O God,
  answer me with your sure salvation.
¹⁴Rescue me from the mire,
  do not let me sink;
  deliver me from those who hate me,
  from the deep waters.
¹⁵Do not let the floodwaters engulf me
  or the depths swallow me up
  or the pit close its mouth over me.

¹⁶Answer me, O LORD, out of the goodness of your
    love;
  in your great mercy turn to me.
¹⁷Do not hide your face from your servant;
  answer me quickly, for I am in trouble.
¹⁸Come near and rescue me;
  redeem me because of my foes.

¹⁹You know how I am scorned, disgraced and
    shamed;
  all my enemies are before you.
²⁰Scorn has broken my heart
  and has left me helpless;
  I looked for sympathy, but there was none,
  for comforters, but I found none.
²¹They put gall in my food
  and gave me vinegar for my thirst.

²²May the table set before them become a snare;
  may it become retribution and* a trap.
²³May their eyes be darkened so they cannot see,
  and their backs be bent forever.
²⁴Pour out your wrath on them;
  let your fierce anger overtake them.
²⁵May their place be deserted;
  let there be no one to dwell in their tents.
²⁶For they persecute those you wound
  and talk about the pain of those you hurt.
²⁷Charge them with crime upon crime;
  do not let them share in your salvation.
²⁸May they be blotted out of the book of life
  and not be listed with the righteous.

²⁹I am in pain and distress;
  may your salvation, O God, protect me.

³⁰I will praise God's name in song
  and glorify him with thanksgiving.
³¹This will please the LORD more than an ox,
  more than a bull with its horns and hoofs.
³²The poor will see and be glad—
  you who seek God, may your hearts live!
³³The LORD hears the needy
  and does not despise his captive people.

³⁴Let heaven and earth praise him,
  the seas and all that move in them,

*22 Or *snare / and their fellowship become*

35 Porque Dios salvará a Sion, y reedificará las
　　ciudades de Judá;
　Y habitarán allí, y la poseerán.
36 La descendencia de sus siervos la heredará,
　Y los que aman su nombre habitarán en ella.

Salmo 70

Súplica por la liberación

Al músico principal. Salmo de David,
para conmemorar.

1 Oh Dios, acude a librarme;
　Apresúrate, oh Dios, a socorrerme.
2 Sean avergonzados y confundidos
　Los que buscan mi vida;
　Sean vueltos atrás y avergonzados
　Los que mi mal desean.
3 Sean vueltos atrás, en pago de su afrenta hecha,
　Los que dicen: ¡Ah! ¡Ah!

4 Gócense y alégrense en ti todos los que te buscan,
　Y digan siempre los que aman tu salvación:
　Engrandecido sea Dios.
5 Yo estoy afligido y menesteroso;
　Apresúrate a mí, oh Dios.
　Ayuda mía y mi libertador eres tú;
　Oh Jehová, no te detengas.

Salmo 71

Oración de un anciano

1 En ti, oh Jehová, me he refugiado;
　No sea yo avergonzado jamás.
2 Socórreme y líbrame en tu justicia;
　Inclina tu oído y sálvame.
3 Sé para mí una roca de refugio, adonde recurra yo
　continuamente.
　Tú has dado mandamiento para salvarme,
　Porque tú eres mi roca y mi fortaleza.

4 Dios mío, líbrame de la mano del impío,
　De la mano del perverso y violento.
5 Porque tú, oh Señor Jehová, eres mi esperanza,
　Seguridad mía desde mi juventud.
6 En ti he sido sustentado desde el vientre;
　De las entrañas de mi madre tú fuiste el que me
　sacó;
　De ti será siempre mi alabanza.

7 Como prodigio he sido a muchos,
　Y tú mi refugio fuerte.
8 Sea llena mi boca de tu alabanza,
　De tu gloria todo el día.
9 No me deseches en el tiempo de la vejez;
　Cuando mi fuerza se acabare, no me desampares.
10 Porque mis enemigos hablan de mí,
　Y los que acechan mi alma consultaron juntamente,
11 Diciendo: Dios lo ha desamparado,
　Perseguidle y tomadle, porque no hay quien le libre.

12 Oh Dios, no te alejes de mí;
　Dios mío, acude pronto en mi socorro.

35 for God will save Zion
　　and rebuild the cities of Judah.
　Then people will settle there and possess it;
36 　the children of his servants will inherit it,
　　and those who love his name will dwell there.

Psalm 70

For the director of music. Of David. A petition.

1 Hasten, O God, to save me;
　O LORD, come quickly to help me.
2 May those who seek my life
　be put to shame and confusion;
　may all who desire my ruin
　be turned back in disgrace.
3 May those who say to me, "Aha! Aha!"
　turn back because of their shame.
4 But may all who seek you
　rejoice and be glad in you;
　may those who love your salvation always say,
　"Let God be exalted!"

5 Yet I am poor and needy;
　come quickly to me, O God.
　You are my help and my deliverer;
　O LORD, do not delay.

Psalm 71

1 In you, O LORD, I have taken refuge;
　let me never be put to shame.
2 Rescue me and deliver me in your righteousness;
　turn your ear to me and save me.
3 Be my rock of refuge,
　to which I can always go;
　give the command to save me,
　for you are my rock and my fortress.
4 Deliver me, O my God, from the hand of the
　　wicked,
　from the grasp of evil and cruel men.

5 For you have been my hope, O Sovereign LORD,
　my confidence since my youth.
6 From birth I have relied on you;
　you brought me forth from my mother's
　　womb.
　I will ever praise you.
7 I have become like a portent to many,
　but you are my strong refuge.
8 My mouth is filled with your praise,
　declaring your splendor all day long.

9 Do not cast me away when I am old;
　do not forsake me when my strength is gone.
10 For my enemies speak against me;
　those who wait to kill me conspire together.
11 They say, "God has forsaken him;
　pursue him and seize him,
　for no one will rescue him."
12 Be not far from me, O God;
　come quickly, O my God, to help me.

13 Sean avergonzados, perezcan los adversarios de mi alma;
Sean cubiertos de vergüenza y de confusión los que mi mal buscan.

14 Mas yo esperaré siempre,
Y te alabaré más y más.

15 Mi boca publicará tu justicia
Y tus hechos de salvación todo el día,
Aunque no sé su número.

16 Vendré a los hechos poderosos de Jehová el Señor;
Haré memoria de tu justicia, de la tuya sola.

17 Oh Dios, me enseñaste desde mi juventud,
Y hasta ahora he manifestado tus maravillas.

18 Aun en la vejez y las canas, oh Dios, no me desampares,
Hasta que anuncie tu poder a la posteridad,
Y tu potencia a todos los que han de venir,

19 Y tu justicia, oh Dios, hasta lo excelso.

Tú has hecho grandes cosas;
Oh Dios, ¿quién como tú?

20 Tú, que me has hecho ver muchas angustias y males,
Volverás a darme vida,
Y de nuevo me levantarás de los abismos de la tierra.

21 Aumentarás mi grandeza,
Y volverás a consolarme.

22 Asimismo yo te alabaré con instrumento de salterio,
Oh Dios mío; tu verdad cantaré a ti en el arpa,
Oh Santo de Israel.

23 Mis labios se alegrarán cuando cante a ti,
Y mi alma, la cual redimiste.

24 Mi lengua hablará también de tu justicia todo el día;
Por cuanto han sido avergonzados, porque han sido confundidos los que mi mal procuraban.

Salmo 72

El reino de un rey justo

Para Salomón.

1 Oh Dios, da tus juicios al rey,
Y tu justicia al hijo del rey.

2 El juzgará a tu pueblo con justicia,
Y a tus afligidos con juicio.

3 Los montes llevarán paz al pueblo,
Y los collados justicia.

4 Juzgará a los afligidos del pueblo,
Salvará a los hijos del menesteroso,
Y aplastará al opresor.

5 Te temerán mientras duren el sol
Y la luna, de generación en generación.

6 Descenderá como la lluvia sobre la hierba cortada;
Como el rocío que destila sobre la tierra.

7 Florecerá en sus días justicia,
Y muchedumbre de paz, hasta que no haya luna.

13 May my accusers perish in shame;
may those who want to harm me
be covered with scorn and disgrace.

14 But as for me, I will always have hope;
I will praise you more and more.

15 My mouth will tell of your righteousness,
of your salvation all day long,
though I know not its measure.

16 I will come and proclaim your mighty acts,
O Sovereign LORD;
I will proclaim your righteousness, yours alone.

17 Since my youth, O God, you have taught me,
and to this day I declare your marvelous deeds.

18 Even when I am old and gray,
do not forsake me, O God,
till I declare your power to the next generation,
your might to all who are to come.

19 Your righteousness reaches to the skies, O God,
you who have done great things.
Who, O God, is like you?

20 Though you have made me see troubles, many and bitter,
you will restore my life again;
from the depths of the earth
you will again bring me up.

21 You will increase my honor
and comfort me once again.

22 I will praise you with the harp
for your faithfulness, O my God;
I will sing praise to you with the lyre,
O Holy One of Israel.

23 My lips will shout for joy
when I sing praise to you—
I, whom you have redeemed.

24 My tongue will tell of your righteous acts
all day long,
for those who wanted to harm me
have been put to shame and confusion.

Psalm 72

Of Solomon.

1 Endow the king with your justice, O God,
the royal son with your righteousness.

2 He willʸ judge your people in righteousness,
your afflicted ones with justice.

3 The mountains will bring prosperity to the people,
the hills the fruit of righteousness.

4 He will defend the afflicted among the people
and save the children of the needy;
he will crush the oppressor.

5 He will endureᶻ as long as the sun,
as long as the moon, through all generations.

6 He will be like rain falling on a mown field,
like showers watering the earth.

7 In his days the righteous will flourish;
prosperity will abound till the moon is no more.

ʸ2 Or *May he*; similarly in verses 3-11 and 17   ᶻ5 Septuagint; Hebrew *You will be feared*

8Dominará de mar a mar,
Y desde el río hasta los confines de la tierra.
9Ante él se postrarán los moradores del desierto,
Y sus enemigos lamerán el polvo.
10Los reyes de Tarsis y de las costas traerán presentes;
Los reyes de Sabá y de Seba ofrecerán dones.
11Todos los reyes se postrarán delante de él;
Todas las naciones le servirán.

12Porque él librará al menesteroso que clamare,
Y al afligido que no tuviere quien le socorra.
13Tendrá misericordia del pobre y del menesteroso,
Y salvará la vida de los pobres.
14De engaño y de violencia redimirá sus almas,
Y la sangre de ellos será preciosa ante sus ojos.

15Vivirá, y se le dará del oro de Sabá,
Y se orará por él continuamente;
Todo el día se le bendecirá.
16Será echado un puñado de grano en la tierra, en las cumbres de los montes;
Su fruto hará ruido como el Líbano,
Y los de la ciudad florecerán como la hierba de la tierra.
17Será su nombre para siempre,
Se perpetuará su nombre mientras dure el sol.
Benditas serán en él todas las naciones;
Lo llamarán bienaventurado.

18Bendito Jehová Dios, el Dios de Israel,
El único que hace maravillas.
19Bendito su nombre glorioso para siempre,
Y toda la tierra sea llena de su gloria.
Amén y Amén.

20Aquí terminan las oraciones de David, hijo de Isaí.

LIBRO III
Salmos 73–89
Salmo 73
El destino de los malos
Salmo de Asaf.

1Ciertamente es bueno Dios para con Israel,
Para con los limpios de corazón.
2En cuanto a mí, casi se deslizaron mis pies;
Por poco resbalaron mis pasos.
3Porque tuve envidia de los arrogantes,
Viendo la prosperidad de los impíos.

4Porque no tienen congojas por su muerte,
Pues su vigor está entero.
5No pasan trabajos como los otros mortales,
Ni son azotados como los demás hombres.
6Por tanto, la soberbia los corona;
Se cubren de vestido de violencia.
7Los ojos se les saltan de gordura;
Logran con creces los antojos del corazón.

8He will rule from sea to sea
and from the River*a* to the ends of the
earth.*b*
9The desert tribes will bow before him
and his enemies will lick the dust.
10The kings of Tarshish and of distant shores
will bring tribute to him;
the kings of Sheba and Seba
will present him gifts.
11All kings will bow down to him
and all nations will serve him.

12For he will deliver the needy who cry out,
the afflicted who have no one to help.
13He will take pity on the weak and the needy
and save the needy from death.
14He will rescue them from oppression and
violence,
for precious is their blood in his sight.

15Long may he live!
May gold from Sheba be given him.
May people ever pray for him
and bless him all day long.
16Let grain abound throughout the land;
on the tops of the hills may it sway.
Let its fruit flourish like Lebanon;
let it thrive like the grass of the field.
17May his name endure forever;
may it continue as long as the sun.

All nations will be blessed through him,
and they will call him blessed.

18Praise be to the LORD God, the God of Israel,
who alone does marvelous deeds.
19Praise be to his glorious name forever;
may the whole earth be filled with his glory.
Amen and Amen.

20This concludes the prayers of David son of Jesse.

BOOK III
Psalms 73–89
Psalm 73
A psalm of Asaph.

1Surely God is good to Israel,
to those who are pure in heart.

2But as for me, my feet had almost slipped;
I had nearly lost my foothold.
3For I envied the arrogant
when I saw the prosperity of the wicked.

4They have no struggles;
their bodies are healthy and strong.*c*
5They are free from the burdens common to man;
they are not plagued by human ills.
6Therefore pride is their necklace;
they clothe themselves with violence.
7From their callous hearts comes iniquity*d*;
the evil conceits of their minds know no
limits.

a8 That is, the Euphrates   b8 Or the end of the land
c4 With a different word division of the Hebrew; Masoretic Text
struggles at their death; / their bodies are healthy   d7 Syriac
(see also Septuagint); Hebrew Their eyes bulge with fat

8 Se mofan y hablan con maldad de hacer violencia;
Hablan con altanería.
9 Ponen su boca contra el cielo,
Y su lengua pasea la tierra.

10 Por eso Dios hará volver a su pueblo aquí,
Y aguas en abundancia serán extraídas para ellos.
11 Y dicen: ¿Cómo sabe Dios?
¿Y hay conocimiento en el Altísimo?
12 He aquí estos impíos,
Sin ser turbados del mundo, alcanzaron riquezas.
13 Verdaderamente en vano he limpiado mi corazón,
Y lavado mis manos en inocencia;
14 Pues he sido azotado todo el día,
Y castigado todas las mañanas.

15 Si dijera yo: Hablaré como ellos,
He aquí, a la generación de tus hijos engañaría.
16 Cuando pensé para saber esto,
Fue duro trabajo para mí,
17 Hasta que entrando en el santuario de Dios,
Comprendí el fin de ellos.
18 Ciertamente los has puesto en deslizaderos;
En asolamientos los harás caer.
19 ¡Cómo han sido asolados de repente!
Perecieron, se consumieron de terrores.
20 Como sueño del que despierta,
Así, Señor, cuando despertares, menospreciarás su
apariencia.

21 Se llenó de amargura mi alma,
Y en mi corazón sentía punzadas.
22 Tan torpe era yo, que no entendía;
Era como una bestia delante de ti.
23 Con todo, yo siempre estuve contigo;
Me tomaste de la mano derecha.
24 Me has guiado según tu consejo,
Y después me recibirás en gloria.
25 ¿A quién tengo yo en los cielos sino a ti?
Y fuera de ti nada deseo en la tierra.
26 Mi carne y mi corazón desfallecen;
Mas la roca de mi corazón y mi porción es Dios
para siempre.

27 Porque he aquí, los que se alejan de ti perecerán;
Tú destruirás a todo aquel que de ti se aparta.
28 Pero en cuanto a mí, el acercarme a Dios es el
bien;
He puesto en Jehová el Señor mi esperanza,
Para contar todas tus obras.

Salmo 74

Apelación a Dios en contra del enemigo

Masquil de Asaf.

1 ¿Por qué, oh Dios, nos has desechado para siempre?
¿Por qué se ha encendido tu furor contra las ovejas
de tu prado?
2 Acuérdate de tu congregación, la que adquiriste
desde tiempos antiguos,
La que redimiste para hacerla la tribu de tu
herencia;
Este monte de Sion, donde has habitado.

8 They scoff, and speak with malice;
in their arrogance they threaten oppression.
9 Their mouths lay claim to heaven,
and their tongues take possession of the earth.
10 Therefore their people turn to them
and drink up waters in abundance. e
11 They say, "How can God know?
Does the Most High have knowledge?"

12 This is what the wicked are like—
always carefree, they increase in wealth.

13 Surely in vain have I kept my heart pure;
in vain have I washed my hands in innocence.
14 All day long I have been plagued;
I have been punished every morning.

15 If I had said, "I will speak thus,"
I would have betrayed your children.
16 When I tried to understand all this,
it was oppressive to me
17 till I entered the sanctuary of God;
then I understood their final destiny.

18 Surely you place them on slippery ground;
you cast them down to ruin.
19 How suddenly are they destroyed,
completely swept away by terrors!
20 As a dream when one awakes,
so when you arise, O Lord,
you will despise them as fantasies.

21 When my heart was grieved
and my spirit embittered,
22 I was senseless and ignorant;
I was a brute beast before you.

23 Yet I am always with you;
you hold me by my right hand.
24 You guide me with your counsel,
and afterward you will take me into glory.
25 Whom have I in heaven but you?
And earth has nothing I desire besides you.
26 My flesh and my heart may fail,
but God is the strength of my heart
and my portion forever.

27 Those who are far from you will perish;
you destroy all who are unfaithful to you.
28 But as for me, it is good to be near God.
I have made the Sovereign Lord my refuge;
I will tell of all your deeds.

Psalm 74

A maskil f of Asaph.

1 Why have you rejected us forever, O God?
Why does your anger smolder against the
sheep of your pasture?
2 Remember the people you purchased of old,
the tribe of your inheritance, whom you
redeemed—
Mount Zion, where you dwelt.

e10 The meaning of the Hebrew for this verse is uncertain.
f Title: Probably a literary or musical term

3 Dirige tus pasos a los asolamientos eternos,
A todo el mal que el enemigo ha hecho en el
santuario.

4 Tus enemigos vociferan en medio de tus asambleas;
Han puesto sus divisas por señales.
5 Se parecen a los que levantan
El hacha en medio de tupido bosque.
6 Y ahora con hachas y martillos
Han quebrado todas sus entalladuras.
7 Han puesto a fuego tu santuario,
Han profanado el tabernáculo de tu nombre,
echándolo a tierra.
8 Dijeron en su corazón: Destruyámoslos de una vez;
Han quemado todas las sinagogas de Dios en la
tierra.

9 No vemos ya nuestras señales;
No hay más profeta,
Ni entre nosotros hay quien sepa hasta cuándo.
10 ¿Hasta cuándo, oh Dios, nos afrentará el
angustiador?
¿Ha de blasfemar el enemigo perpetuamente tu
nombre?
11 ¿Por qué retraes tu mano?
¿Por qué escondes tu diestra en tu seno?

12 Pero Dios es mi rey desde tiempo antiguo;
El que obra salvación en medio de la tierra.
13 Dividiste el mar con tu poder;
Quebrantaste cabezas de monstruos en las aguas.
14 Magullaste las cabezas del leviatán,
Y lo diste por comida a los moradores del desierto.
15 Abriste la fuente y el río;
Secaste ríos impetuosos.
16 Tuyo es el día, tuya también es la noche;
Tú estableciste la luna y el sol.
17 Tú fijaste todos los términos de la tierra;
El verano y el invierno tú los formaste.

18 Acuérdate de esto: que el enemigo ha afrentado a
Jehová,
Y pueblo insensato ha blasfemado tu nombre.
19 No entregues a las fieras el alma de tu tórtola,
Y no olvides para siempre la congregación de tus
afligidos.

20 Mira al pacto,
Porque los lugares tenebrosos de la tierra están
llenos de habitaciones de violencia.
21 No vuelva avergonzado el abatido;
El afligido y el menesteroso alabarán tu nombre.

22 Levántate, oh Dios, aboga tu causa;
Acuérdate de cómo el insensato te injuria cada día.
23 No olvides las voces de tus enemigos;
El alboroto de los que se levantan contra ti sube
continuamente.

3 Turn your steps toward these everlasting ruins,
all this destruction the enemy has brought on
the sanctuary.

4 Your foes roared in the place where you met
with us;
they set up their standards as signs.
5 They behaved like men wielding axes
to cut through a thicket of trees.
6 They smashed all the carved paneling
with their axes and hatchets.
7 They burned your sanctuary to the ground;
they defiled the dwelling place of
your Name.
8 They said in their hearts, "We will crush them
completely!"
They burned every place where God was
worshiped in the land.
9 We are given no miraculous signs;
no prophets are left,
and none of us knows how long this will be.

10 How long will the enemy mock you, O God?
Will the foe revile your name forever?
11 Why do you hold back your hand, your right
hand?
Take it from the folds of your garment and
destroy them!

12 But you, O God, are my king from of old;
you bring salvation upon the earth.
13 It was you who split open the sea by your
power;
you broke the heads of the monster in the
waters.
14 It was you who crushed the heads of
Leviathan
and gave him as food to the creatures of the
desert.
15 It was you who opened up springs and
streams;
you dried up the ever flowing rivers.
16 The day is yours, and yours also the night;
you established the sun and moon.
17 It was you who set all the boundaries of the
earth;
you made both summer and winter.

18 Remember how the enemy has mocked you,
O Lord,
how foolish people have reviled your name.
19 Do not hand over the life of your dove to wild
beasts;
do not forget the lives of your afflicted people
forever.
20 Have regard for your covenant,
because haunts of violence fill the dark places
of the land.
21 Do not let the oppressed retreat in disgrace;
may the poor and needy praise your name.

22 Rise up, O God, and defend your cause;
remember how fools mock you all
day long.
23 Do not ignore the clamor of your adversaries,
the uproar of your enemies, which rises
continually.

Salmo 75

Dios abate al malo y exalta al justo

Al músico principal; sobre No destruyas.
Salmo de Asaf. Cántico.

1 Gracias te damos, oh Dios, gracias
te damos,
Pues cercano está tu nombre;
Los hombres cuentan tus maravillas.

2 Al tiempo que señalaré
Yo juzgaré rectamente.
3 Se arruinaban la tierra y sus moradores;
Yo sostengo sus columnas.   *Selah*
4 Dije a los insensatos: No os infatuéis;
Y a los impíos: No os enorgullezcáis;
5 No hagáis alarde de vuestro poder;
No habléis con cerviz erguida.

6 Porque ni de oriente ni de occidente,
Ni del desierto viene el enaltecimiento.
7 Mas Dios es el juez;
A éste humilla, y a aquél enaltece.
8 Porque el cáliz está en la mano de Jehová, y el vino
está fermentado,
Lleno de mistura; y él derrama del mismo;
Hasta el fondo lo apurarán, y lo beberán todos los
impíos de la tierra.

9 Pero yo siempre anunciaré
Y cantaré alabanzas al Dios de Jacob.
10 Quebrantaré todo el poderío de los
pecadores,
Pero el poder del justo será exaltado.

Salmo 76

El Dios de la victoria y del juicio

Al músico principal; sobre Neginot. Salmo de Asaf.
Cántico.

1 Dios es conocido en Judá;
En Israel es grande su nombre.
2 En Salem está su tabernáculo,
Y su habitación en Sion.
3 Allí quebró las saetas del arco,
El escudo, la espada y las armas de guerra.   *Selah*

4 Glorioso eres tú, poderoso más que los montes de
caza.
5 Los fuertes de corazón fueron despojados,
durmieron su sueño;
No hizo uso de sus manos ninguno de los varones
fuertes.
6 A tu represión, oh Dios de Jacob,
El carro y el caballo fueron entorpecidos.

7 Tú, temible eres tú;
¿Y quién podrá estar en pie delante de ti cuando se
encienda tu ira?
8 Desde los cielos hiciste oir juicio;
La tierra tuvo temor y quedó suspensa;
9 Cuando te levantaste, oh Dios, para juzgar,
Para salvar a todos los mansos de la tierra.   *Selah*

Psalm 75

For the director of music. To the tune of, "Do
Not Destroy." A psalm of Asaph. A song.

1 We give thanks to you, O God,
we give thanks, for your Name is near;
men tell of your wonderful deeds.

2 You say, "I choose the appointed time;
it is I who judge uprightly.
3 When the earth and all its people quake,
it is I who hold its pillars firm.   *Selah*
4 To the arrogant I say, 'Boast no more,'
and to the wicked, 'Do not lift up your horns.
5 Do not lift your horns against heaven;
do not speak with outstretched neck.' "

6 No one from the east or the west
or from the desert can exalt a man.
7 But it is God who judges:
He brings one down, he exalts another.
8 In the hand of the LORD is a cup
full of foaming wine mixed with spices;
he pours it out, and all the wicked of the earth
drink it down to its very dregs.

9 As for me, I will declare this forever;
I will sing praise to the God of Jacob.
10 I will cut off the horns of all the wicked,
but the horns of the righteous will be lifted
up.

Psalm 76

For the director of music. With stringed
instruments. A psalm of Asaph. A song.

1 In Judah God is known;
his name is great in Israel.
2 His tent is in Salem,
his dwelling place in Zion.
3 There he broke the flashing arrows,
the shields and the swords, the weapons of
war.   *Selah*

4 You are resplendent with light,
more majestic than mountains rich with game.
5 Valiant men lie plundered,
they sleep their last sleep;
not one of the warriors
can lift his hands.
6 At your rebuke, O God of Jacob,
both horse and chariot lie still.
7 You alone are to be feared.
Who can stand before you when you are
angry?
8 From heaven you pronounced judgment,
and the land feared and was quiet—
9 when you, O God, rose up to judge,
to save all the afflicted of the land.   *Selah*

10 Ciertamente la ira del hombre te alabará;
Tú reprimirás el resto de las iras.
11 Prometed, y pagad a Jehová vuestro Dios;
Todos los que están alrededor de él, traigan
ofrendas al Temible.
12 Cortará él el espíritu de los príncipes;
Temible es a los reyes de la tierra.

Salmo 77

Meditación sobre los hechos poderosos de Dios

Al músico principal; para Jedutún. Salmo de Asaf.

1 Con mi voz clamé a Dios,
A Dios clamé, y él me escuchará.
2 Al Señor busqué en el día de mi angustia;
Alzaba a él mis manos de noche, sin descanso;
Mi alma rehusaba consuelo.

3 Me acordaba de Dios, y me conmovía;
Me quejaba, y desmayaba mi espíritu.   Selah
4 No me dejabas pegar los ojos;
Estaba yo quebrantado, y no hablaba.
5 Consideraba los días desde el principio,
Los años de los siglos.
6 Me acordaba de mis cánticos de noche;
Meditaba en mi corazón,
Y mi espíritu inquiría:
7 ¿Desechará el Señor para siempre,
Y no volverá más a sernos propicio?
8 ¿Ha cesado para siempre su misericordia?
¿Se ha acabado perpetuamente su promesa?
9 ¿Ha olvidado Dios el tener misericordia?
¿Ha encerrado con ira sus piedades?   Selah

10 Dije: Enfermedad mía es esta;
Traeré, pues, a la memoria los años de la diestra del
Altísimo.
11 Me acordaré de las obras de JAH;
Sí, haré yo memoria de tus maravillas antiguas.
12 Meditaré en todas tus obras,
Y hablaré de tus hechos.
13 Oh Dios, santo es tu camino;
¿Qué dios es grande como nuestro Dios?
14 Tú eres el Dios que hace maravillas;
Hiciste notorio en los pueblos tu poder.
15 Con tu brazo redimiste a tu pueblo,
A los hijos de Jacob y de José.   Selah

16 Te vieron las aguas, oh Dios;
Las aguas te vieron, y temieron;
Los abismos también se estremecieron.
17 Las nubes echaron inundaciones de aguas;
Tronaron los cielos,
Y discurrieron tus rayos.
18 La voz de tu trueno estaba en el torbellino;
Tus relámpagos alumbraron el mundo;
Se estremeció y tembló la tierra.
19 En el mar fue tu camino,
Y tus sendas en las muchas aguas;
Y tus pisadas no fueron conocidas.

10 Surely your wrath against men brings you praise,
and the survivors of your wrath are
restrained. *g*
11 Make vows to the LORD your God and fulfill
them;
let all the neighboring lands
bring gifts to the One to be feared.
12 He breaks the spirit of rulers;
he is feared by the kings of the earth.

Psalm 77

For the director of music. For Jeduthun.
Of Asaph. A psalm.

1 I cried out to God for help;
I cried out to God to hear me.
2 When I was in distress, I sought the Lord;
at night I stretched out untiring hands
and my soul refused to be comforted.

3 I remembered you, O God, and I groaned;
I mused, and my spirit grew faint.   Selah
4 You kept my eyes from closing;
I was too troubled to speak.
5 I thought about the former days,
the years of long ago;
6 I remembered my songs in the night.
My heart mused and my spirit inquired:

7 "Will the Lord reject forever?
Will he never show his favor again?
8 Has his unfailing love vanished forever?
Has his promise failed for all time?
9 Has God forgotten to be merciful?
Has he in anger withheld his compassion?"
   Selah

10 Then I thought, "To this I will appeal:
the years of the right hand of the Most High."
11 I will remember the deeds of the LORD;
yes, I will remember your miracles of long ago.
12 I will meditate on all your works
and consider all your mighty deeds.

13 Your ways, O God, are holy.
What god is so great as our God?
14 You are the God who performs miracles;
you display your power among the peoples.
15 With your mighty arm you redeemed your
people,
the descendants of Jacob and Joseph.   Selah

16 The waters saw you, O God,
the waters saw you and writhed;
the very depths were convulsed.
17 The clouds poured down water,
the skies resounded with thunder;
your arrows flashed back and forth.
18 Your thunder was heard in the whirlwind,
your lightning lit up the world;
the earth trembled and quaked.
19 Your path led through the sea,
your way through the mighty waters,
though your footprints were not seen.

---

*g 10 Or Surely the wrath of men brings you praise, / and with the
remainder of wrath you arm yourself*

20 Condujiste a tu pueblo como ovejas
Por mano de Moisés y de Aarón.

Salmo 78

Fidelidad de Dios hacia su pueblo infiel

Masquil de Asaf.

1 Escucha, pueblo mío, mi ley;
Inclinad vuestro oído a las palabras de mi boca.
2 Abriré mi boca en proverbios;
Hablaré cosas escondidas desde tiempos antiguos,
3 Las cuales hemos oído y entendido;
Que nuestros padres nos las contaron.
4 No las encubriremos a sus hijos,
Contando a la generación venidera las alabanzas de
Jehová,
Y su potencia, y las maravillas que hizo.

5 El estableció testimonio en Jacob,
Y puso ley en Israel,
La cual mandó a nuestros padres
Que la notificasen a sus hijos;
6 Para que lo sepa la generación venidera, y los hijos
que nacerán;
Y los que se levantarán lo cuenten a sus hijos,
7 A fin de que pongan en Dios su confianza,
Y no se olviden de las obras de Dios;
Que guarden sus mandamientos,
8 Y no sean como sus padres,
Generación contumaz y rebelde;
Generación que no dispuso su corazón,
Ni fue fiel para con Dios su espíritu.

9 Los hijos de Efraín, arqueros armados,
Volvieron las espaldas en el día de la batalla.
10 No guardaron el pacto de Dios,
Ni quisieron andar en su ley;
11 Sino que se olvidaron de sus obras,
Y de sus maravillas que les había mostrado.
12 Delante de sus padres hizo maravillas
En la tierra de Egipto, en el campo de Zoán.
13 Dividió el mar y los hizo pasar;
Detuvo las aguas como en un montón.
14 Les guió de día con nube,
Y toda la noche con resplandor de fuego.
15 Hendió las peñas en el desierto,
Y les dio a beber como de grandes abismos,
16 Pues sacó de la peña corrientes,
E hizo descender aguas como ríos.

17 Pero aún volvieron a pecar contra él,
Rebelándose contra el Altísimo en el desierto;
18 Pues tentaron a Dios en su corazón,
Pidiendo comida a su gusto.
19 Y hablaron contra Dios,
Diciendo: ¿Podrá poner mesa en el desierto?
20 He aquí ha herido la peña, y brotaron aguas,
Y torrentes inundaron la tierra;
¿Podrá dar también pan?
¿Dispondrá carne para su pueblo?

21 Por tanto, oyó Jehová, y se indignó;
Se encendió el fuego contra Jacob,
Y el furor subió también contra Israel,

20 You led your people like a flock
by the hand of Moses and Aaron.

Psalm 78

A *maskil*[h] of Asaph.

1 O my people, hear my teaching;
listen to the words of my mouth.
2 I will open my mouth in parables,
I will utter hidden things, things from of old —
3 what we have heard and known,
what our fathers have told us.
4 We will not hide them from their children;
we will tell the next generation
the praiseworthy deeds of the LORD,
his power, and the wonders he has done.
5 He decreed statutes for Jacob
and established the law in Israel,
which he commanded our forefathers
to teach their children,
6 so the next generation would know them,
even the children yet to be born,
and they in turn would tell their children.
7 Then they would put their trust in God
and would not forget his deeds
but would keep his commands.
8 They would not be like their forefathers —
a stubborn and rebellious generation,
whose hearts were not loyal to God,
whose spirits were not faithful to him.

9 The men of Ephraim, though armed with bows,
turned back on the day of battle;
10 they did not keep God's covenant
and refused to live by his law.
11 They forgot what he had done,
the wonders he had shown them.
12 He did miracles in the sight of their fathers
in the land of Egypt, in the region of Zoan.
13 He divided the sea and led them through;
he made the water stand firm like a wall.
14 He guided them with the cloud by day
and with light from the fire all night.
15 He split the rocks in the desert
and gave them water as abundant as the seas;
16 he brought streams out of a rocky crag
and made water flow down like rivers.

17 But they continued to sin against him,
rebelling in the desert against the Most High.
18 They willfully put God to the test
by demanding the food they craved.
19 They spoke against God, saying,
"Can God spread a table in the desert?
20 When he struck the rock, water gushed out,
and streams flowed abundantly.
But can he also give us food?
Can he supply meat for his people?"
21 When the LORD heard them, he was very angry;
his fire broke out against Jacob,
and his wrath rose against Israel,

---

h Title: Probably a literary or musical term

22 Por cuanto no habían creído a Dios,
　　Ni habían confiado en su salvación.
23 Sin embargo, mandó a las nubes de arriba,
　　Y abrió las puertas de los cielos,
24 E hizo llover sobre ellos maná para que comiesen,
　　Y les dio trigo de los cielos.
25 Pan de nobles comió el hombre;
　　Les envió comida hasta saciarles,
26 Movió el solano en el cielo,
　　Y trajo con su poder el viento sur,
27 E hizo llover sobre ellos carne como polvo,
　　Como arena del mar, aves que vuelan.
28 Las hizo caer en medio del campamento,
　　Alrededor de sus tiendas.
29 Comieron, y se saciaron;
　　Les cumplió, pues, su deseo.
30 No habían quitado de sí su anhelo,
　　Aún estaba la comida en su boca,
31 Cuando vino sobre ellos el furor de Dios,
　　E hizo morir a los más robustos de ellos,
　　Y derribó a los escogidos de Israel.

32 Con todo esto, pecaron aún,
　　Y no dieron crédito a sus maravillas.
33 Por tanto, consumió sus días en vanidad,
　　Y sus años en tribulación.
34 Si los hacía morir, entonces buscaban a Dios;
　　Entonces se volvían solícitos en busca suya,
35 Y se acordaban de que Dios era su refugio,
　　Y el Dios Altísimo su redentor.
36 Pero le lisonjeaban con su boca,
　　Y con su lengua le mentían;
37 Pues sus corazones no eran rectos con él,
　　Ni estuvieron firmes en su pacto.
38 Pero él, misericordioso, perdonaba la maldad, y no
　　　los destruía;
　　Y apartó muchas veces su ira,
　　Y no despertó todo su enojo.
39 Se acordó de que eran carne,
　　Soplo que va y no vuelve.
40 ¡Cuántas veces se rebelaron contra él en el desierto,
　　Lo enojaron en el yermo!
41 Y volvían, y tentaban a Dios,
　　Y provocaban al Santo de Israel.
42 No se acordaron de su mano,
　　Del día que los redimió de la angustia;
43 Cuando puso en Egipto sus señales,
　　Y sus maravillas en el campo de Zoán;
44 Y volvió sus ríos en sangre,
　　Y sus corrientes, para que no bebiesen.
45 Envió entre ellos enjambres de moscas que los
　　　devoraban,
　　Y ranas que los destruían.
46 Dio también a la oruga sus frutos,
　　Y sus labores a la langosta.
47 Sus viñas destruyó con granizo,
　　Y sus higuerales con escarcha;
48 Entregó al pedrisco sus bestias,
　　Y sus ganados a los rayos.
49 Envió sobre ellos el ardor de su ira;
　　Enojo, indignación y angustia,
　　Un ejército de ángeles destructores.

22 for they did not believe in God
　　or trust in his deliverance.
23 Yet he gave a command to the skies above
　　and opened the doors of the heavens;
24 he rained down manna for the people to eat,
　　he gave them the grain of heaven.
25 Men ate the bread of angels;
　　he sent them all the food they could eat.
26 He let loose the east wind from the heavens
　　and led forth the south wind by his power.
27 He rained meat down on them like dust,
　　flying birds like sand on the seashore.
28 He made them come down inside their camp,
　　all around their tents.
29 They ate till they had more than enough,
　　for he had given them what they craved.
30 But before they turned from the food they
　　　craved,
　　even while it was still in their mouths,
31 God's anger rose against them;
　　he put to death the sturdiest among them,
　　cutting down the young men of Israel.

32 In spite of all this, they kept on sinning;
　　in spite of his wonders, they did not believe.
33 So he ended their days in futility
　　and their years in terror.
34 Whenever God slew them, they would seek him;
　　they eagerly turned to him again.
35 They remembered that God was their Rock,
　　that God Most High was their Redeemer.
36 But then they would flatter him with their
　　　mouths,
　　lying to him with their tongues;
37 their hearts were not loyal to him,
　　they were not faithful to his covenant.
38 Yet he was merciful;
　　he forgave their iniquities
　　and did not destroy them.
　Time after time he restrained his anger
　　and did not stir up his full wrath.
39 He remembered that they were but flesh,
　　a passing breeze that does not return.

40 How often they rebelled against him in
　　　the desert
　　and grieved him in the wasteland!
41 Again and again they put God to the test;
　　they vexed the Holy One of Israel.
42 They did not remember his power—
　　the day he redeemed them from the
　　　oppressor,
43 the day he displayed his miraculous signs in
　　　Egypt,
　　his wonders in the region of Zoan.
44 He turned their rivers to blood;
　　they could not drink from their streams.
45 He sent swarms of flies that devoured them,
　　and frogs that devastated them.
46 He gave their crops to the grasshopper,
　　their produce to the locust.
47 He destroyed their vines with hail
　　and their sycamore-figs with sleet.
48 He gave over their cattle to the hail,
　　their livestock to bolts of lightning.
49 He unleashed against them his hot anger,
　　his wrath, indignation and hostility—
　　a band of destroying angels.

50 Dispuso camino a su furor;
No eximió la vida de ellos de la muerte,
Sino que entregó su vida a la mortandad.
51 Hizo morir a todo primogénito en Egipto,
Las primicias de su fuerza en las tiendas de Cam.
52 Hizo salir a su pueblo como ovejas,
Y los llevó por el desierto como un rebaño.
53 Los guió con seguridad, de modo que no tuvieran
temor;
Y el mar cubrió a sus enemigos.
54 Los trajo después a las fronteras de su tierra santa,
A este monte que ganó su mano derecha.
55 Echó las naciones de delante de ellos;
Con cuerdas repartió sus tierras en heredad,
E hizo habitar en sus moradas a las tribus de Israel.

56 Pero ellos tentaron y enojaron al Dios Altísimo,
Y no guardaron sus testimonios;
57 Sino que se volvieron y se rebelaron como sus
padres;
Se volvieron como arco engañoso.
58 Le enojaron con sus lugares altos,
Y le provocaron a celo con sus imágenes de talla.
59 Lo oyó Dios y se enojó,
Y en gran manera aborreció a Israel.
60 Dejó, por tanto, el tabernáculo de Silo,
La tienda en que habitó entre los hombres,
61 Y entregó a cautiverio su poderío,
Y su gloria en mano del enemigo.
62 Entregó también su pueblo a la espada,
Y se irritó contra su heredad.
63 El fuego devoró a sus jóvenes,
Y sus vírgenes no fueron loadas en cantos nupciales.
64 Sus sacerdotes cayeron a espada,
Y sus viudas no hicieron lamentación.
65 Entonces despertó el Señor como quien duerme,
Como un valiente que grita excitado del vino,
66 E hirió a sus enemigos por detrás;
Les dio perpetua afrenta.

67 Desechó la tienda de José,
Y no escogió la tribu de Efraín,
68 Sino que escogió la tribu de Judá,
El monte de Sion, al cual amó.
69 Edificó su santuario a manera de eminencia,
Como la tierra que cimentó para siempre.
70 Eligió a David su siervo,
Y lo tomó de las majadas de las ovejas;
71 De tras las paridas lo trajo,
Para que apacentase a Jacob su pueblo,
Y a Israel su heredad.
72 Y los apacentó conforme a la integridad de su
corazón,
Los pastoreó con la pericia de sus manos.

Salmo 79

Lamento por la destrucción de Jerusalén

Salmo de Asaf.

1 Oh Dios, vinieron las naciones a tu heredad;
Han profanado tu santo templo;
Redujeron a Jerusalén a escombros.

50 He prepared a path for his anger;
he did not spare them from death
but gave them over to the plague.
51 He struck down all the firstborn of Egypt,
the firstfruits of manhood in the tents of Ham.
52 But he brought his people out like a flock;
he led them like sheep through the desert.
53 He guided them safely, so they were unafraid;
but the sea engulfed their enemies.
54 Thus he brought them to the border of his holy
land,
to the hill country his right hand had taken.
55 He drove out nations before them
and allotted their lands to them as an
inheritance;
he settled the tribes of Israel in their
homes.

56 But they put God to the test
and rebelled against the Most High;
they did not keep his statutes.
57 Like their fathers they were disloyal and
faithless,
as unreliable as a faulty bow.
58 They angered him with their high places;
they aroused his jealousy with their idols.
59 When God heard them, he was very angry;
he rejected Israel completely.
60 He abandoned the tabernacle of Shiloh,
the tent he had set up among men.
61 He sent ⌊the ark of⌋ his might into captivity,
his splendor into the hands of the enemy.
62 He gave his people over to the sword;
he was very angry with his inheritance.
63 Fire consumed their young men,
and their maidens had no wedding songs;
64 their priests were put to the sword,
and their widows could not weep.

65 Then the Lord awoke as from sleep,
as a man wakes from the stupor of wine.
66 He beat back his enemies;
he put them to everlasting shame.
67 Then he rejected the tents of Joseph,
he did not choose the tribe of Ephraim;
68 but he chose the tribe of Judah,
Mount Zion, which he loved.
69 He built his sanctuary like the heights,
like the earth that he established forever.
70 He chose David his servant
and took him from the sheep pens;
71 from tending the sheep he brought him
to be the shepherd of his people Jacob,
of Israel his inheritance.
72 And David shepherded them with integrity of
heart;
with skillful hands he led them.

Psalm 79

A psalm of Asaph.

1 O God, the nations have invaded your
inheritance;
they have defiled your holy temple,
they have reduced Jerusalem to rubble.

2 Dieron los cuerpos de tus siervos por comida a las aves de los cielos,
La carne de tus santos a las bestias de la tierra.
3 Derramaron su sangre como agua en los alrededores de Jerusalén,
Y no hubo quien los enterrase.
4 Somos afrentados de nuestros vecinos,
Escarnecidos y burlados de los que están en nuestros alrededores.

5 ¿Hasta cuándo, oh Jehová? ¿Estarás airado para siempre?
¿Arderá como fuego tu celo?
6 Derrama tu ira sobre las naciones que no te conocen,
Y sobre los reinos que no invocan tu nombre.
7 Porque han consumido a Jacob,
Y su morada han asolado.

8 No recuerdes contra nosotros las iniquidades de nuestros antepasados;
Vengan pronto tus misericordias a encontrarnos,
Porque estamos muy abatidos.
9 Ayúdanos, oh Dios de nuestra salvación, por la gloria de tu nombre;
Y líbranos, y perdona nuestros pecados por amor de tu nombre.
10 Porque dirán las gentes: ¿Dónde está su Dios?
Sea notoria en las gentes, delante de nuestros ojos,
La venganza de la sangre de tus siervos que fue derramada.

11 Llegue delante de ti el gemido de los presos;
Conforme a la grandeza de tu brazo preserva a los sentenciados a muerte,
12 Y devuelve a nuestros vecinos en su seno siete tantos
De su infamia, con que te han deshonrado, oh Jehová.
13 Y nosotros, pueblo tuyo, y ovejas de tu prado,
Te alabaremos para siempre;
De generación en generación cantaremos tus alabanzas.

Salmo 80

Súplica por la restauración

Al músico principal; sobre Lirios. Testimonio. Salmo de Asaf.

1 Oh Pastor de Israel, escucha;
Tú que pastoreas como a ovejas a José,
Que estás entre querubines, resplandece.
2 Despierta tu poder delante de Efraín, de Benjamín y de Manasés,
Y ven a salvarnos.

3 Oh Dios, restáuranos;
Haz resplandecer tu rostro, y seremos salvos.

4 Jehová, Dios de los ejércitos,
¿Hasta cuándo mostrarás tu indignación contra la oración de tu pueblo?
5 Les diste a comer pan de lágrimas,
Y a beber lágrimas en gran abundancia.

2 They have given the dead bodies of your servants as food to the birds of the air,
the flesh of your saints to the beasts of the earth.
3 They have poured out blood like water all around Jerusalem,
and there is no one to bury the dead.
4 We are objects of reproach to our neighbors,
of scorn and derision to those around us.

5 How long, O LORD? Will you be angry forever?
How long will your jealousy burn like fire?
6 Pour out your wrath on the nations that do not acknowledge you,
on the kingdoms that do not call on your name;
7 for they have devoured Jacob and destroyed his homeland.
8 Do not hold against us the sins of the fathers;
may your mercy come quickly to meet us,
for we are in desperate need.

9 Help us, O God our Savior,
for the glory of your name;
deliver us and forgive our sins for your name's sake.
10 Why should the nations say,
"Where is their God?"
Before our eyes, make known among the nations that you avenge the outpoured blood of your servants.
11 May the groans of the prisoners come before you;
by the strength of your arm preserve those condemned to die.
12 Pay back into the laps of our neighbors seven times
the reproach they have hurled at you, O Lord.
13 Then we your people, the sheep of your pasture,
will praise you forever;
from generation to generation we will recount your praise.

Psalm 80

For the director of music. To the tune of, "The Lilies of the Covenant." Of Asaph. A psalm.

1 Hear us, O Shepherd of Israel,
you who lead Joseph like a flock;
you who sit enthroned between the cherubim, shine forth
2 before Ephraim, Benjamin and Manasseh.
Awaken your might;
come and save us.

3 Restore us, O God;
make your face shine upon us,
that we may be saved.

4 O LORD God Almighty,
how long will your anger smolder against the prayers of your people?
5 You have fed them with the bread of tears;
you have made them drink tears by the bowlful.

6 Nos pusiste por escarnio a nuestros vecinos,
Y nuestros enemigos se burlan entre sí.

7 Oh Dios de los ejércitos, restáuranos;
Haz resplandecer tu rostro, y seremos salvos.

8 Hiciste venir una vid de Egipto;
Echaste las naciones, y la plantaste.
9 Limpiaste sitio delante de ella,
E hiciste arraigar sus raíces, y llenó la tierra.
10 Los montes fueron cubiertos de su sombra,
Y con sus sarmientos los cedros de Dios.
11 Extendió sus vástagos hasta el mar,
Y hasta el río sus renuevos.
12 ¿Por qué aportillaste sus vallados,
Y la vendimian todos los que pasan por el camino?
13 La destroza el puerco montés,
Y la bestia del campo la devora.

14 Oh Dios de los ejércitos, vuelve ahora;
Mira desde el cielo, y considera, y visita esta viña,
15 La planta que plantó tu diestra,
Y el renuevo que para ti afirmaste.
16 Quemada a fuego está, asolada;
Perezcan por la represión de tu rostro.
17 Sea tu mano sobre el varón de tu diestra,
Sobre el hijo de hombre que para ti afirmaste.
18 Así no nos apartaremos de ti;
Vida nos darás, e invocaremos tu nombre.
19 ¡Oh Jehová, Dios de los ejércitos, restáuranos!
Haz resplandecer tu rostro, y seremos salvos.

Salmo 81

Bondad de Dios y perversidad de Israel

Al músico principal; sobre Gitit. Salmo de Asaf.

1 Cantad con gozo a Dios, fortaleza nuestra;
Al Dios de Jacob aclamad con júbilo.
2 Entonad canción, y tañed el pandero,
El arpa deliciosa y el salterio.
3 Tocad la trompeta en la nueva luna,
En el día señalado, en el día de nuestra fiesta
solemne.
4 Porque estatuto es de Israel,
Ordenanza del Dios de Jacob.
5 Lo constituyó como testimonio en José
Cuando salió por la tierra de Egipto.

Oí lenguaje que no entendía;
6 Aparté su hombro de debajo de la carga;
Sus manos fueron descargadas de los cestos.
7 En la calamidad clamaste, y yo te libré;
Te respondí en lo secreto del trueno;
Te probé junto a las aguas de Meriba.   *Selah*

6 You have made us a source of contention to our
neighbors,
and our enemies mock us.

7 Restore us, O God Almighty;
make your face shine upon us,
that we may be saved.

8 You brought a vine out of Egypt;
you drove out the nations and planted it.
9 You cleared the ground for it,
and it took root and filled the land.
10 The mountains were covered with its shade,
the mighty cedars with its branches.
11 It sent out its boughs to the Sea, *i*
its shoots as far as the River. *j*

12 Why have you broken down its walls
so that all who pass by pick its grapes?
13 Boars from the forest ravage it
and the creatures of the field feed on it.
14 Return to us, O God Almighty!
Look down from heaven and see!
Watch over this vine,
15   the root your right hand has planted,
the son *k* you have raised up for yourself.

16 Your vine is cut down, it is burned with fire;
at your rebuke your people perish.
17 Let your hand rest on the man at your right
hand,
the son of man you have raised up for
yourself.
18 Then we will not turn away from you;
revive us, and we will call on your name.

19 Restore us, O LORD God Almighty;
make your face shine upon us,
that we may be saved.

Psalm 81

For the director of music. According to *gittith*. *l*
Of Asaph.

1 Sing for joy to God our strength;
shout aloud to the God of Jacob!
2 Begin the music, strike the tambourine,
play the melodious harp and lyre.

3 Sound the ram's horn at the New Moon,
and when the moon is full, on the day of our
Feast;
4 this is a decree for Israel,
an ordinance of the God of Jacob.
5 He established it as a statute for Joseph
when he went out against Egypt,
where we heard a language we did not
understand. *m*

6 He says, "I removed the burden from their
shoulders;
their hands were set free from the basket.
7 In your distress you called and I rescued you,
I answered you out of a thundercloud;
I tested you at the waters of Meribah.   *Selah*

---

i 11 Probably the Mediterranean   *j 11* That is, the Euphrates
k 15 Or *branch*   *l* Title: Probably a musical term   *m 5* Or *I and
we heard a voice we had not known*

8Oye, pueblo mío, y te amonestaré.
  Israel, si me oyeres,
9No habrá en ti dios ajeno,
  Ni te inclinarás a dios extraño.
10Yo soy Jehová tu Dios,
  Que te hice subir de la tierra de Egipto;
  Abre tu boca, y yo la llenaré.

11Pero mi pueblo no oyó mi voz,
  E Israel no me quiso a mí.
12Los dejé, por tanto, a la dureza de su corazón;
  Caminaron en sus propios consejos.
13¡Oh, si me hubiera oído mi pueblo,
  Si en mis caminos hubiera andado Israel!
14En un momento habría yo derribado a sus
    enemigos,
  Y vuelto mi mano contra sus adversarios.
15Los que aborrecen a Jehová se le habrían sometido,
  Y el tiempo de ellos sería para siempre.
16Les sustentaría Dios con lo mejor del trigo,
  Y con miel de la peña les saciaría.

Salmo 82

Amonestación contra los juicios injustos

Salmo de Asaf.

1Dios está en la reunión de los dioses;
  En medio de los dioses juzga.
2¿Hasta cuándo juzgaréis injustamente,
  Y aceptaréis las personas de los impíos?   Selah
3Defended al débil y al huérfano;
  Haced justicia al afligido y al menesteroso.
4Librad al afligido y al necesitado;
  Libradlo de mano de los impíos.

5No saben, no entienden,
  Andan en tinieblas;
  Tiemblan todos los cimientos de la tierra.

6Yo dije: Vosotros sois dioses,
  Y todos vosotros hijos del Altísimo;
7Pero como hombres moriréis,
  Y como cualquiera de los príncipes caeréis.

8Levántate, oh Dios, juzga la tierra;
  Porque tú heredarás todas las naciones.

Salmo 83

Plegaria pidiendo la destrucción de los enemigos de Israel

Cántico. Salmo de Asaf.

1Oh Dios, no guardes silencio;
  No calles, oh Dios, ni te estés quieto.
2Porque he aquí que rugen tus enemigos,
  Y los que te aborrecen alzan cabeza.
3Contra tu pueblo han consultado astuta y
    secretamente,
  Y han entrado en consejo contra tus protegidos.
4Han dicho: Venid, y destruyámoslos para que no
    sean nación,
  Y no haya más memoria del nombre de Israel.

8"Hear, O my people, and I will warn you—
  if you would but listen to me, O Israel!
9You shall have no foreign god among you;
  you shall not bow down to an alien god.
10I am the LORD your God,
  who brought you up out of Egypt.
  Open wide your mouth and I will fill it.

11"But my people would not listen to me;
  Israel would not submit to me.
12So I gave them over to their stubborn hearts
  to follow their own devices.

13"If my people would but listen to me,
  if Israel would follow my ways,
14how quickly would I subdue their enemies
  and turn my hand against their foes!
15Those who hate the LORD would cringe before
    him,
  and their punishment would last forever.
16But you would be fed with the finest of wheat;
  with honey from the rock I would satisfy you."

Psalm 82

A psalm of Asaph.

1God presides in the great assembly;
  he gives judgment among the "gods":

2"How long will you[n] defend the unjust
  and show partiality to the wicked?   Selah
3Defend the cause of the weak and fatherless;
  maintain the rights of the poor and oppressed.
4Rescue the weak and needy;
  deliver them from the hand of the wicked.

5"They know nothing, they understand nothing.
  They walk about in darkness;
  all the foundations of the earth are shaken.

6"I said, 'You are "gods";
  you are all sons of the Most High.'
7But you will die like mere men;
  you will fall like every other ruler."

8Rise up, O God, judge the earth,
  for all the nations are your inheritance.

Psalm 83

A song. A psalm of Asaph.

1O God, do not keep silent;
  be not quiet, O God, be not still.
2See how your enemies are astir,
  how your foes rear their heads.
3With cunning they conspire against your people;
  they plot against those you cherish.
4"Come," they say, "let us destroy them as a
    nation,
  that the name of Israel be remembered no
    more."

[n]2 The Hebrew is plural.

5 Porque se confabulan de corazón a una,
Contra ti han hecho alianza
6 Las tiendas de los edomitas y de los ismaelitas,
Moab y los agarenos;
7 Gebal, Amón y Amalec,
Los filisteos y los habitantes de Tiro.
8 También el asirio se ha juntado con ellos;
Sirven de brazo a los hijos de Lot. *Selah*

9 Hazles como a Madián,
Como a Sísara, como a Jabín en el arroyo de Cisón;
10 Que perecieron en Endor,
Fueron hechos como estiércol para la tierra.
11 Pon a sus capitanes como a Oreb y a Zeeb;
Como a Zeba y a Zalmuna a todos sus príncipes,
12 Que han dicho: Heredemos para nosotros
Las moradas de Dios.

13 Dios mío, ponlos como torbellinos,
Como hojarascas delante del viento,
14 Como fuego que quema el monte,
Como llama que abrasa el bosque.
15 Persíguelos así con tu tempestad,
Y atérralos con tu torbellino.
16 Llena sus rostros de vergüenza,
Y busquen tu nombre, oh Jehová.
17 Sean afrentados y turbados para siempre;
Sean deshonrados, y perezcan.
18 Y conozcan que tu nombre es Jehová;
Tú solo Altísimo sobre toda la tierra.

Salmo 84

Anhelo por la casa de Dios

Al músico principal; sobre Gitit. Salmo para los hijos de Coré.

1 ¡Cuán amables son tus moradas,
oh Jehová de los ejércitos!
2 Anhela mi alma y aun ardientemente desea los atrios de Jehová;
Mi corazón y mi carne cantan al Dios vivo.

3 Aun el gorrión halla casa,
Y la golondrina nido para sí, donde ponga sus polluelos,
Cerca de tus altares, oh Jehová de los ejércitos,
Rey mío, y Dios mío.
4 Bienaventurados los que habitan en tu casa;
Perpetuamente te alabarán. *Selah*

5 Bienaventurado el hombre que tiene en ti sus fuerzas,
En cuyo corazón están tus caminos.
6 Atravesando el valle de lágrimas lo cambian en fuente,
Cuando la lluvia llena los estanques.
7 Irán de poder en poder;
Verán a Dios en Sion.

8 Jehová Dios de los ejércitos, oye mi oración;
Escucha, oh Dios de Jacob. *Selah*

5 With one mind they plot together;
they form an alliance against you—
6 the tents of Edom and the Ishmaelites,
of Moab and the Hagrites,
7 Gebal,[o] Ammon and Amalek,
Philistia, with the people of Tyre.
8 Even Assyria has joined them
to lend strength to the descendants of Lot. *Selah*

9 Do to them as you did to Midian,
as you did to Sisera and Jabin at the river Kishon,
10 who perished at Endor
and became like refuse on the ground.
11 Make their nobles like Oreb and Zeeb,
all their princes like Zebah and Zalmunna,
12 who said, "Let us take possession
of the pasturelands of God."

13 Make them like tumbleweed, O my God,
like chaff before the wind.
14 As fire consumes the forest
or a flame sets the mountains ablaze,
15 so pursue them with your tempest
and terrify them with your storm.
16 Cover their faces with shame
so that men will seek your name, O LORD.

17 May they ever be ashamed and dismayed;
may they perish in disgrace.
18 Let them know that you, whose name is the LORD—
that you alone are the Most High over all the earth.

Psalm 84

For the director of music. According to *gittith*.[p] Of the Sons of Korah. A psalm.

1 How lovely is your dwelling place,
O LORD Almighty!
2 My soul yearns, even faints,
for the courts of the LORD;
my heart and my flesh cry out
for the living God.

3 Even the sparrow has found a home,
and the swallow a nest for herself,
where she may have her young—
a place near your altar,
O LORD Almighty, my King and my God.
4 Blessed are those who dwell in your house;
they are ever praising you. *Selah*

5 Blessed are those whose strength is in you,
who have set their hearts on pilgrimage.
6 As they pass through the Valley of Baca,
they make it a place of springs;
the autumn rains also cover it with pools.[q]
7 They go from strength to strength,
till each appears before God in Zion.

8 Hear my prayer, O LORD God Almighty;
listen to me, O God of Jacob. *Selah*

[o] *7* That is, Byblos [p] Title: Probably a musical term [q] *6* Or *blessings*

9 Mira, oh Dios, escudo nuestro,
Y pon los ojos en el rostro de tu ungido.

10 Porque mejor es un día en tus atrios que mil fuera
de ellos.
Escogería antes estar a la puerta de la casa de mi
Dios,
Que habitar en las moradas de maldad.
11 Porque sol y escudo es Jehová Dios;
Gracia y gloria dará Jehová.
No quitará el bien a los que andan en integridad.
12 Jehová de los ejércitos,
Dichoso el hombre que en ti confía.

Salmo 85

Súplica por la misericordia de Dios sobre Israel

Al músico principal. Salmo para los hijos de Coré.

1 Fuiste propicio a tu tierra, oh Jehová;
Volviste la cautividad de Jacob.
2 Perdonaste la iniquidad de tu pueblo;
Todos los pecados de ellos cubriste.   *Selah*
3 Reprimiste todo tu enojo;
Te apartaste del ardor de tu ira.

4 Restáuranos, oh Dios de nuestra salvación,
Y haz cesar tu ira de sobre nosotros.
5 ¿Estarás enojado contra nosotros para siempre?
¿Extenderás tu ira de generación en generación?
6 ¿No volverás a darnos vida,
Para que tu pueblo se regocije en ti?
7 Muéstranos, oh Jehová, tu misericordia,
Y danos tu salvación.

8 Escucharé lo que hablará Jehová Dios;
Porque hablará paz a su pueblo y a sus santos,
Para que no se vuelvan a la locura.
9 Ciertamente cercana está su salvación a los que le
temen,
Para que habite la gloria en nuestra tierra.

10 La misericordia y la verdad se encontraron;
La justicia y la paz se besaron.
11 La verdad brotará de la tierra,
Y la justicia mirará desde los cielos.
12 Jehová dará también el bien,
Y nuestra tierra dará su fruto.
13 La justicia irá delante de él,
Y sus pasos nos pondrá por camino.

Salmo 86

Oración pidiendo la continuada misericordia de Dios

Oración de David.

1 Inclina, oh Jehová, tu oído, y escúchame,
Porque estoy afligido y menesteroso.
2 Guarda mi alma, porque soy piadoso;
Salva tú, oh Dios mío, a tu siervo que en ti confía.

9 Look upon our shield, *r* O God;
look with favor on your anointed one.

10 Better is one day in your courts
than a thousand elsewhere;
I would rather be a doorkeeper in the house of
my God
than dwell in the tents of the wicked.
11 For the LORD God is a sun and shield;
the LORD bestows favor and honor;
no good thing does he withhold
from those whose walk is blameless.
12 O LORD Almighty,
blessed is the man who trusts in you.

Psalm 85

For the director of music. Of the Sons of Korah.
A psalm.

1 You showed favor to your land, O LORD;
you restored the fortunes of Jacob.
2 You forgave the iniquity of your people
and covered all their sins.   *Selah*
3 You set aside all your wrath
and turned from your fierce anger.

4 Restore us again, O God our Savior,
and put away your displeasure toward us.
5 Will you be angry with us forever?
Will you prolong your anger through all
generations?
6 Will you not revive us again,
that your people may rejoice in you?
7 Show us your unfailing love, O LORD,
and grant us your salvation.

8 I will listen to what God the LORD will say;
he promises peace to his people, his saints—
but let them not return to folly.
9 Surely his salvation is near those who fear him,
that his glory may dwell in our land.

10 Love and faithfulness meet together;
righteousness and peace kiss each other.
11 Faithfulness springs forth from the earth,
and righteousness looks down from heaven.
12 The LORD will indeed give what is good,
and our land will yield its harvest.
13 Righteousness goes before him
and prepares the way for his steps.

Psalm 86

A prayer of David.

1 Hear, O LORD, and answer me,
for I am poor and needy.
2 Guard my life, for I am devoted to you.
You are my God; save your servant
who trusts in you.

r9 Or *sovereign*

3 Ten misericordia de mí, oh Jehová;
   Porque a ti clamo todo el día.
4 Alegra el alma de tu siervo,
   Porque a ti, oh Señor, levanto mi alma.
5 Porque tú, Señor, eres bueno y perdonador,
   Y grande en misericordia para con todos los que te
      invocan.
6 Escucha, oh Jehová, mi oración,
   Y está atento a la voz de mis ruegos.
7 En el día de mi angustia te llamaré,
   Porque tú me respondes.

8 Oh Señor, ninguno hay como tú entre los dioses,
   Ni obras que igualen tus obras.
9 Todas las naciones que hiciste vendrán y adorarán
      delante de ti, Señor,
   Y glorificarán tu nombre.
10 Porque tú eres grande, y hacedor de maravillas;
   Sólo tú eres Dios.
11 Enséñame, oh Jehová, tu camino; caminaré yo en
      tu verdad;
   Afirma mi corazón para que tema tu nombre.
12 Te alabaré, oh Jehová Dios mío, con todo mi
      corazón,
   Y glorificaré tu nombre para siempre.
13 Porque tu misericordia es grande para conmigo,
   Y has librado mi alma de las profundidades del Seol.

14 Oh Dios, los soberbios se levantaron contra mí,
   Y conspiración de violentos ha buscado mi vida,
   Y no te pusieron delante de sí.
15 Mas tú, Señor, Dios misericordioso y clemente,
   Lento para la ira, y grande en misericordia y verdad,
16 Mírame, y ten misericordia de mí;
   Da tu poder a tu siervo,
   Y guarda al hijo de tu sierva.
17 Haz conmigo señal para bien,
   Y véanla los que me aborrecen, y sean
      avergonzados;
   Porque tú, Jehová, me ayudaste y me consolaste.

Salmo 87

El privilegio de morar en Sion

A los hijos de Coré. Salmo. Cántico.

1 Su cimiento está en el monte santo.
2 Ama Jehová las puertas de Sion
   Más que todas las moradas de Jacob.
3 Cosas gloriosas se han dicho de ti,
   Ciudad de Dios.   Selah

4 Yo me acordaré de Rahab y de Babilonia entre los
      que me conocen;
   He aquí Filistea y Tiro, con Etiopía;
   Este nació allá.
5 Y de Sion se dirá: Este y aquél han nacido en ella,
   Y el Altísimo mismo la establecerá.

3 Have mercy on me, O Lord,
   for I call to you all day long.
4 Bring joy to your servant,
   for to you, O Lord,
   I lift up my soul.

5 You are forgiving and good, O Lord,
   abounding in love to all who call to you.
6 Hear my prayer, O Lord;
   listen to my cry for mercy.
7 In the day of my trouble I will call to you,
   for you will answer me.

8 Among the gods there is none like you, O Lord;
   no deeds can compare with yours.
9 All the nations you have made
   will come and worship before you, O Lord;
   they will bring glory to your name.
10 For you are great and do marvelous deeds;
   you alone are God.

11 Teach me your way, O Lord,
   and I will walk in your truth;
   give me an undivided heart,
   that I may fear your name.
12 I will praise you, O Lord my God, with all my
      heart;
   I will glorify your name forever.
13 For great is your love toward me;
   you have delivered me from the depths of the
      grave. s

14 The arrogant are attacking me, O God;
   a band of ruthless men seeks my life—
   men without regard for you.
15 But you, O Lord, are a compassionate and
      gracious God,
   slow to anger, abounding in love and
      faithfulness.
16 Turn to me and have mercy on me;
   grant your strength to your servant
   and save the son of your maidservant. t
17 Give me a sign of your goodness,
   that my enemies may see it and be put to
      shame,
   for you, O Lord, have helped me and
      comforted me.

Psalm 87

Of the Sons of Korah. A psalm. A song.

1 He has set his foundation on the holy mountain;
2   the Lord loves the gates of Zion
   more than all the dwellings of Jacob.
3 Glorious things are said of you,
   O city of God: Selah
4 "I will record Rahab u and Babylon
   among those who acknowledge me—
   Philistia too, and Tyre, along with Cush v—
   and will say, 'This w one was born in Zion.' "

5 Indeed, of Zion it will be said,
   "This one and that one were born in her,
   and the Most High himself will establish her."

---

s 13 Hebrew *Sheol*   t 16 Or *save your faithful son*   u 4 A poetic
name for Egypt   v 4 That is, the upper Nile region   w 4 Or "O
Rahab and Babylon, / Philistia, Tyre and Cush, / I will record
concerning those who acknowledge me: / 'This

6Jehová contará al inscribir a los pueblos:
Este nació allí.   *Selah*

7Y cantores y tañedores en ella dirán:
Todas mis fuentes están en ti.

Salmo 88

Súplica por la liberación de la muerte

Cántico. Salmo para los hijos de Coré. Al músico
principal, para cantar sobre Mahalat. Masquil de
Hemán ezraita.

1Oh Jehová, Dios de mi salvación,
Día y noche clamo delante de ti.
2Llegue mi oración a tu presencia;
Inclina tu oído a mi clamor.

3Porque mi alma está hastiada de males,
Y mi vida cercana al Seol.
4Soy contado entre los que descienden al sepulcro;
Soy como hombre sin fuerza,
5Abandonado entre los muertos,
Como los pasados a espada que yacen en el
sepulcro,
De quienes no te acuerdas ya,
Y que fueron arrebatados de tu mano.
6Me has puesto en el hoyo profundo,
En tinieblas, en lugares profundos.
7Sobre mí reposa tu ira,
Y me has afligido con todas tus ondas.   *Selah*
8Has alejado de mí mis conocidos;
Me has puesto por abominación a ellos;
Encerrado estoy, y no puedo salir.
9Mis ojos enfermaron a causa de mi aflicción;
Te he llamado, oh Jehová, cada día;
He extendido a ti mis manos.
10¿Manifestarás tus maravillas a los muertos?
¿Se levantarán los muertos para alabarte?   *Selah*
11¿Será contada en el sepulcro tu misericordia,
O tu verdad en el Abadón?
12¿Serán reconocidas en las tinieblas tus maravillas,
Y tu justicia en la tierra del olvido?

13Mas yo a ti he clamado, oh Jehová,
Y de mañana mi oración se presentará delante de ti.
14¿Por qué, oh Jehová, desechas mi alma?
¿Por qué escondes de mí tu rostro?
15Yo estoy afligido y menesteroso;
Desde la juventud he llevado tus terrores, he estado
medroso.
16Sobre mí han pasado tus iras,
Y me oprimen tus terrores.
17Me han rodeado como aguas continuamente;
A una me han cercado.
18Has alejado de mí al amigo y al compañero,
Y a mis conocidos has puesto en tinieblas.

6The LORD will write in the register of the
peoples:
"This one was born in Zion."   *Selah*
7As they make music they will sing,
"All my fountains are in you."

Psalm 88

A song. A psalm of the Sons of Korah. For the
director of music. According to *mahalath
leannoth.*[x] A *maskil*[y] of Heman the Ezrahite.

1O LORD, the God who saves me,
day and night I cry out before you.
2May my prayer come before you;
turn your ear to my cry.

3For my soul is full of trouble
and my life draws near the grave.[z]
4I am counted among those who go down to the
pit;
I am like a man without strength.
5I am set apart with the dead,
like the slain who lie in the grave,
whom you remember no more,
who are cut off from your care.

6You have put me in the lowest pit,
in the darkest depths.
7Your wrath lies heavily upon me;
you have overwhelmed me with all your
waves.   *Selah*
8You have taken from me my closest friends
and have made me repulsive to them.
I am confined and cannot escape;
9   my eyes are dim with grief.

I call to you, O LORD, every day;
I spread out my hands to you.
10Do you show your wonders to the dead?
Do those who are dead rise up and praise
you?   *Selah*
11Is your love declared in the grave,
your faithfulness in Destruction[a]?
12Are your wonders known in the place of
darkness,
or your righteous deeds in the land of
oblivion?

13But I cry to you for help, O LORD;
in the morning my prayer comes before you.
14Why, O LORD, do you reject me
and hide your face from me?
15From my youth I have been afflicted and close to
death;
I have suffered your terrors and am in despair.
16Your wrath has swept over me;
your terrors have destroyed me.
17All day long they surround me like a flood;
they have completely engulfed me.
18You have taken my companions and loved ones
from me;
the darkness is my closest friend.

---

[x] Title: Possibly a tune, "The Suffering of Affliction"   [y] Title:
Probably a literary or musical term   [z] 3 Hebrew *Sheol*
[a] 11 Hebrew *Abaddon*

Salmo 89

Pacto de Dios con David

Masquil de Etán ezraíta.

1 Las misericordias de Jehová cantaré perpetuamente;
De generación en generación haré notoria tu
fidelidad con mi boca.
2 Porque dije: Para siempre será edificada
misericordia;
En los cielos mismos afirmarás tu verdad.
3 Hice pacto con mi escogido;
Juré a David mi siervo, diciendo:
4 Para siempre confirmaré tu descendencia,
Y edificaré tu trono por todas las generaciones.

Selah

5 Celebrarán los cielos tus maravillas, oh Jehová,
Tu verdad también en la congregación de los santos.
6 Porque ¿quién en los cielos se igualará a Jehová?
¿Quién será semejante a Jehová entre los hijos de
los potentados?
7 Dios temible en la gran congregación de los santos,
Y formidable sobre todos cuantos están alrededor
de él.
8 Oh Jehová, Dios de los ejércitos,
¿Quién como tú? Poderoso eres, Jehová,
Y tu fidelidad te rodea.
9 Tú tienes dominio sobre la braveza del mar;
Cuando se levantan sus ondas, tú las sosiegas.
10 Tú quebrantaste a Rahab como a herido de muerte;
Con tu brazo poderoso esparciste a tus enemigos.
11 Tuyos son los cielos, tuya también la tierra;
El mundo y su plenitud, tú lo fundaste.
12 El norte y el sur, tú los creaste;
El Tabor y el Hermón cantarán en tu nombre.
13 Tuyo es el brazo potente;
Fuerte es tu mano, exaltada tu diestra.
14 Justicia y juicio son el cimiento de tu trono;
Misericordia y verdad van delante de tu rostro.
15 Bienaventurado el pueblo que sabe aclamarte;
Andará, oh Jehová, a la luz de tu rostro.
16 En tu nombre se alegrará todo el día,
Y en tu justicia será enaltecido.
17 Porque tú eres la gloria de su potencia,
Y por tu buena voluntad acrecentarás nuestro poder.
18 Porque Jehová es nuestro escudo,
Y nuestro rey es el Santo de Israel.

19 Entonces hablaste en visión a tu santo,
Y dijiste: He puesto el socorro sobre uno que es
poderoso;
He exaltado a un escogido de mi pueblo.
20 Hallé a David mi siervo;
Lo ungí con mi santa unción.
21 Mi mano estará siempre con él,
Mi brazo también lo fortalecerá.

Psalm 89

A *maskil*[b] of Ethan the Ezrahite.

1 I will sing of the LORD's great love forever;
with my mouth I will make your faithfulness
known through all generations.
2 I will declare that your love stands firm forever,
that you established your faithfulness in heaven
itself.

3 You said, "I have made a covenant with my
chosen one,
I have sworn to David my servant,
4 'I will establish your line forever
and make your throne firm through all
generations.' "   *Selah*

5 The heavens praise your wonders, O LORD,
your faithfulness too, in the assembly of the
holy ones.
6 For who in the skies above can compare with the
LORD?
Who is like the LORD among the heavenly
beings?
7 In the council of the holy ones God is greatly
feared;
he is more awesome than all who surround
him.
8 O LORD God Almighty, who is like you?
You are mighty, O LORD, and your faithfulness
surrounds you.

9 You rule over the surging sea;
when its waves mount up, you still them.
10 You crushed Rahab like one of the slain;
with your strong arm you scattered your
enemies.
11 The heavens are yours, and yours also the earth;
you founded the world and all that is in it.
12 You created the north and the south;
Tabor and Hermon sing for joy at your name.
13 Your arm is endued with power;
your hand is strong, your right hand exalted.
14 Righteousness and justice are the foundation of
your throne;
love and faithfulness go before you.
15 Blessed are those who have learned to acclaim
you,
who walk in the light of your presence,
O LORD.
16 They rejoice in your name all day long;
they exult in your righteousness.
17 For you are their glory and strength,
and by your favor you exalt our horn.[c]
18 Indeed, our shield[d] belongs to the LORD,
our king to the Holy One of Israel.

19 Once you spoke in a vision,
to your faithful people you said:
"I have bestowed strength on a warrior;
I have exalted a young man from among the
people.
20 I have found David my servant;
with my sacred oil I have anointed him.
21 My hand will sustain him;
surely my arm will strengthen him.

---

b Title: Probably a literary or musical term   *c 17 Horn* here
symbolizes strong one.   *d 18* Or *sovereign*

22 No lo sorprenderá el enemigo,
Ni hijo de iniquidad lo quebrantará;
23 Sino que quebrantaré delante de él a sus enemigos,
Y heriré a los que le aborrecen.
24 Mi verdad y mi misericordia estarán con él,
Y en mi nombre será exaltado su poder.
25 Asimismo pondré su mano sobre el mar,
Y sobre los ríos su diestra.
26 El me clamará: Mi padre eres tú,
Mi Dios, y la roca de mi salvación.
27 Yo también le pondré por primogénito,
El más excelso de los reyes de la tierra.
28 Para siempre le conservaré mi misericordia,
Y mi pacto será firme con él.
29 Pondré su descendencia para siempre,
Y su trono como los días de los cielos.
30 Si dejaren sus hijos mi ley,
Y no anduvieren en mis juicios,
31 Si profanaren mis estatutos,
Y no guardaren mis mandamientos,
32 Entonces castigaré con vara su rebelión,
Y con azotes sus iniquidades.
33 Mas no quitaré de él mi misericordia
Ni falsearé mi verdad.
34 No olvidaré mi pacto,
Ni mudaré lo que ha salido de mis labios.
35 Una vez he jurado por mi santidad,
Y no mentiré a David.
36 Su descendencia será para siempre,
Y su trono como el sol delante de mí.
37 Como la luna será firme para siempre,
Y como un testigo fiel en el cielo.   *Selah*

38 Mas tú desechaste y menospreciaste a tu ungido,
Y te has airado con él.
39 Rompiste el pacto de tu siervo;
Has profanado su corona hasta la tierra.
40 Aportillaste todos sus vallados;
Has destruido sus fortalezas.
41 Lo saquean todos los que pasan por el camino;
Es oprobio a sus vecinos.
42 Has exaltado la diestra de sus enemigos;
Has alegrado a todos sus adversarios.
43 Embotaste asimismo el filo de su espada,
Y no lo levantaste en la batalla.
44 Hiciste cesar su gloria,
Y echaste su trono por tierra.
45 Has acortado los días de su juventud;
Le has cubierto de afrenta.   *Selah*

46 ¿Hasta cuándo, oh Jehová? ¿Te esconderás para siempre?
¿Arderá tu ira como el fuego?
47 Recuerda cuán breve es mi tiempo;
¿Por qué habrás creado en vano a todo hijo de hombre?
48 ¿Qué hombre vivirá y no verá muerte?
¿Librará su vida del poder del Seol?   *Selah*

49 Señor, ¿dónde están tus antiguas misericordias,
Que juraste a David por tu verdad?

22 No enemy will subject him to tribute;
no wicked man will oppress him.
23 I will crush his foes before him
and strike down his adversaries.
24 My faithful love will be with him,
and through my name his horn *e* will be exalted.
25 I will set his hand over the sea,
his right hand over the rivers.
26 He will call out to me, 'You are my Father,
my God, the Rock my Savior.'
27 I will also appoint him my firstborn,
the most exalted of the kings of the earth.
28 I will maintain my love to him forever,
and my covenant with him will never fail.
29 I will establish his line forever,
his throne as long as the heavens endure.
30 "If his sons forsake my law
and do not follow my statutes,
31 if they violate my decrees
and fail to keep my commands,
32 I will punish their sin with the rod,
their iniquity with flogging;
33 but I will not take my love from him,
nor will I ever betray my faithfulness.
34 I will not violate my covenant
or alter what my lips have uttered.
35 Once for all, I have sworn by my holiness—
and I will not lie to David—
36 that his line will continue forever
and his throne endure before me like the sun;
37 it will be established forever like the moon,
the faithful witness in the sky."   *Selah*

38 But you have rejected, you have spurned,
you have been very angry with your anointed one.
39 You have renounced the covenant with your servant
and have defiled his crown in the dust.
40 You have broken through all his walls
and reduced his strongholds to ruins.
41 All who pass by have plundered him;
he has become the scorn of his neighbors.
42 You have exalted the right hand of his foes;
you have made all his enemies rejoice.
43 You have turned back the edge of his sword
and have not supported him in battle.
44 You have put an end to his splendor
and cast his throne to the ground.
45 You have cut short the days of his youth;
you have covered him with a mantle of shame.   *Selah*

46 How long, O Lᴏʀᴅ? Will you hide yourself forever?
How long will your wrath burn like fire?
47 Remember how fleeting is my life.
For what futility you have created all men!
48 What man can live and not see death,
or save himself from the power of the grave *f* ?   *Selah*
49 O Lord, where is your former great love,
which in your faithfulness you swore to David?

---

e24 Horn here symbolizes strength.   *f48* Hebrew *Sheol*

50 Señor, acuérdate del oprobio de tus siervos;
Oprobio de muchos pueblos, que llevo en mi seno.
51 Porque tus enemigos, oh Jehová, han deshonrado,
Porque tus enemigos han deshonrado los pasos de
tu ungido.

52 Bendito sea Jehová para siempre.
Amén, y Amén.

50 Remember, Lord, how your servant has_g_ been
mocked,
how I bear in my heart the taunts of all the
nations,
51 the taunts with which your enemies have
mocked, O LORD,
with which they have mocked every step of
your anointed one.

52 Praise be to the LORD forever!
Amen and Amen.

LIBRO IV
Salmos 90–106
Salmo 90
La eternidad de Dios y la transitoriedad del hombre

Oración de Moisés, varón de Dios.

1 Señor, tú nos has sido refugio
De generación en generación.
2 Antes que naciesen los montes
Y formases la tierra y el mundo,
Desde el siglo y hasta el siglo, tú eres Dios.

3 Vuelves al hombre hasta ser quebrantado,
Y dices: Convertíos, hijos de los hombres.
4 Porque mil años delante de tus ojos
Son como el día de ayer, que pasó,
Y como una de las vigilias de la noche.

5 Los arrebatas como con torrente de aguas; son
como sueño,
Como la hierba que crece en la mañana.
6 En la mañana florece y crece;
A la tarde es cortada, y se seca.

7 Porque con tu furor somos consumidos,
Y con tu ira somos turbados.
8 Pusiste nuestras maldades delante de ti,
Nuestros yerros a la luz de tu rostro.

9 Porque todos nuestros días declinan a causa de
tu ira;
Acabamos nuestros años como un pensamiento.
10 Los días de nuestra edad son setenta años;
Y si en los más robustos son ochenta años,
Con todo, su fortaleza es molestia y trabajo,
Porque pronto pasan, y volamos.

11 ¿Quién conoce el poder de tu ira,
Y tu indignación según que debes ser temido?
12 Enséñanos de tal modo a contar nuestros días,
Que traigamos al corazón sabiduría.

13 Vuélvete, oh Jehová; ¿hasta cuándo?
Y aplácate para con tus siervos.
14 De mañana sácianos de tu misericordia,
Y cantaremos y nos alegraremos todos nuestros días.
15 Alégranos conforme a los días que nos afligiste,
Y los años en que vimos el mal.
16 Aparezca en tus siervos tu obra,
Y tu gloria sobre sus hijos.

BOOK IV
Psalms 90–106
Psalm 90

A prayer of Moses the man of God.

1 Lord, you have been our dwelling place
throughout all generations.
2 Before the mountains were born
or you brought forth the earth and the world,
from everlasting to everlasting you are God.

3 You turn men back to dust,
saying, "Return to dust, O sons of men."
4 For a thousand years in your sight
are like a day that has just gone by,
or like a watch in the night.
5 You sweep men away in the sleep of death;
they are like the new grass of the morning—
6 though in the morning it springs up new,
by evening it is dry and withered.

7 We are consumed by your anger
and terrified by your indignation.
8 You have set our iniquities before you,
our secret sins in the light of your presence.
9 All our days pass away under your wrath;
we finish our years with a moan.
10 The length of our days is seventy years—
or eighty, if we have the strength;
yet their span_h_ is but trouble and sorrow,
for they quickly pass, and we fly away.

11 Who knows the power of your anger?
For your wrath is as great as the fear that is
due you.
12 Teach us to number our days aright,
that we may gain a heart of wisdom.

13 Relent, O LORD! How long will it be?
Have compassion on your servants.
14 Satisfy us in the morning with your unfailing
love,
that we may sing for joy and be glad all our
days.
15 Make us glad for as many days as you have
afflicted us,
for as many years as we have seen trouble.
16 May your deeds be shown to your servants,
your splendor to their children.

_g 50_ Or *your servants have*   _h 10_ Or *yet the best of them*

17Sea la luz de Jehová nuestro Dios sobre nosotros,
Y la obra de nuestras manos confirma sobre
    nosotros;
Sí, la obra de nuestras manos confirma.

Salmo 91

Morando bajo la sombra del Omnipotente

1El que habita al abrigo del Altísimo
Morará bajo la sombra del Omnipotente.
2Diré yo a Jehová: Esperanza mía, y castillo mío;
Mi Dios, en quien confiaré.
3El te librará del lazo del cazador,
De la peste destructora.
4Con sus plumas te cubrirá,
Y debajo de sus alas estarás seguro;
Escudo y adarga es su verdad.
5No temerás el terror nocturno,
Ni saeta que vuele de día,
6Ni pestilencia que ande en oscuridad,
Ni mortandad que en medio del día destruya.

7Caerán a tu lado mil,
Y diez mil a tu diestra;
Mas a ti no llegará.
8Ciertamente con tus ojos mirarás
Y verás la recompensa de los impíos.

9Porque has puesto a Jehová, que es mi esperanza,
Al Altísimo por tu habitación,
10No te sobrevendrá mal,
Ni plaga tocará tu morada.

11Pues a sus ángeles mandará acerca de ti,
Que te guarden en todos tus caminos.
12En las manos te llevarán,
Para que tu pie no tropiece en piedra.
13Sobre el león y el áspid pisarás;
Hollarás al cachorro del león y al dragón.
14Por cuanto en mí ha puesto su amor, yo también lo
    libraré;
Le pondré en alto, por cuanto ha conocido mi
    nombre.
15Me invocará, y yo le responderé;
Con él estaré yo en la angustia;
Lo libraré y le glorificaré.
16Lo saciaré de larga vida,
Y le mostraré mi salvación.

Salmo 92

Alabanza por la bondad de Dios

Salmo. Cántico para el día de reposo.a

1Bueno es alabarte, oh Jehová,
Y cantar salmos a tu nombre, oh Altísimo;
2Anunciar por la mañana tu misericordia,
Y tu fidelidad cada noche,
3En el decacordio y en el salterio,
En tono suave con el arpa.

Psalm 91

1He who dwells in the shelter of the Most High
    will rest in the shadow of the Almighty.j
2I will sayk of the LORD, "He is my refuge and
    my fortress,
    my God, in whom I trust."

3Surely he will save you from the fowler's snare
    and from the deadly pestilence.
4He will cover you with his feathers,
    and under his wings you will find refuge;
    his faithfulness will be your shield and
        rampart.
5You will not fear the terror of night,
    nor the arrow that flies by day,
6nor the pestilence that stalks in the darkness,
    nor the plague that destroys at midday.
7A thousand may fall at your side,
    ten thousand at your right hand,
    but it will not come near you.
8You will only observe with your eyes
    and see the punishment of the wicked.

9If you make the Most High your dwelling—
    even the LORD, who is my refuge—
10then no harm will befall you,
    no disaster will come near your tent.
11For he will command his angels concerning you
    to guard you in all your ways;
12they will lift you up in their hands,
    so that you will not strike your foot against a
        stone.
13You will tread upon the lion and the cobra;
    you will trample the great lion and the
        serpent.

14"Because he loves me," says the LORD, "I will
    rescue him;
    I will protect him, for he acknowledges my
        name.
15He will call upon me, and I will answer him;
    I will be with him in trouble,
    I will deliver him and honor him.
16With long life will I satisfy him
    and show him my salvation."

Psalm 92

A psalm. A song. For the Sabbath day.

1It is good to praise the LORD
    and make music to your name, O Most High,
2to proclaim your love in the morning
    and your faithfulness at night,
3to the music of the ten-stringed lyre
    and the melody of the harp.

---

aTít. Aquí equivale a sábado   i17 Or beauty   j1 Hebrew Shaddai   k2 Or He says

4Por cuanto me has alegrado, oh Jehová, con tus
  obras;
En las obras de tus manos me gozo.

5¡Cuán grandes son tus obras, oh Jehová!
Muy profundos son tus pensamientos.
6El hombre necio no sabe,
Y el insensato no entiende esto.
7Cuando brotan los impíos como la hierba,
Y florecen todos los que hacen iniquidad,
Es para ser destruidos eternamente.
8Mas tú, Jehová, para siempre eres Altísimo.
9Porque he aquí tus enemigos, oh Jehová,
Porque he aquí, perecerán tus enemigos;
Serán esparcidos todos los que hacen maldad.

10Pero tú aumentarás mis fuerzas como las del búfalo;
Seré ungido con aceite fresco.
11Y mirarán mis ojos sobre mis enemigos;
Oirán mis oídos de los que se levantaron contra mí,
  de los malignos.

12El justo florecerá como la palmera;
Crecerá como cedro en el Líbano.
13Plantados en la casa de Jehová,
En los atrios de nuestro Dios florecerán.
14Aun en la vejez fructificarán;
Estarán vigorosos y verdes,
15Para anunciar que Jehová mi fortaleza es recto,
Y que en él no hay injusticia.

Salmo 93

La majestad de Jehová

1Jehová reina; se vistió de magnificencia;
Jehová se vistió, se ciñó de poder.
Afirmó también el mundo, y no se moverá.
2Firme es tu trono desde entonces;
Tú eres eternamente.

3Alzaron los ríos, oh Jehová,
Los ríos alzaron su sonido;
Alzaron los ríos sus ondas.
4Jehová en las alturas es más poderoso
Que el estruendo de las muchas aguas,
Más que las recias ondas del mar.

5Tus testimonios son muy firmes;
La santidad conviene a tu casa,
Oh Jehová, por los siglos y para siempre.

Salmo 94

Oración clamando por venganza

1Jehová, Dios de las venganzas,
Dios de las venganzas, muéstrate.
2Engrandécete, oh Juez de la tierra;
Da el pago a los soberbios.
3¿Hasta cuándo los impíos,
Hasta cuándo, oh Jehová, se gozarán los impíos?

4¿Hasta cuándo pronunciarán, hablarán cosas duras,
Y se vanagloriarán todos los que hacen iniquidad?

4For you make me glad by your deeds, O LORD;
  I sing for joy at the works of your hands.
5How great are your works, O LORD,
  how profound your thoughts!
6The senseless man does not know,
  fools do not understand,
7that though the wicked spring up like grass
  and all evildoers flourish,
they will be forever destroyed.

8But you, O LORD, are exalted forever.

9For surely your enemies, O LORD,
  surely your enemies will perish;
  all evildoers will be scattered.
10You have exalted my horn/ like that of a wild
  ox;
  fine oils have been poured upon me.
11My eyes have seen the defeat of my adversaries;
  my ears have heard the rout of my wicked
  foes.

12The righteous will flourish like a palm tree,
  they will grow like a cedar of Lebanon;
13planted in the house of the LORD,
  they will flourish in the courts of our God.
14They will still bear fruit in old age,
  they will stay fresh and green,
15proclaiming, "The LORD is upright;
  he is my Rock, and there is no wickedness in
  him."

Psalm 93

1The LORD reigns, he is robed in majesty;
  the LORD is robed in majesty
  and is armed with strength.
The world is firmly established;
  it cannot be moved.
2Your throne was established long ago;
  you are from all eternity.

3The seas have lifted up, O LORD,
  the seas have lifted up their voice;
  the seas have lifted up their pounding waves.
4Mightier than the thunder of the great waters,
  mightier than the breakers of the sea—
  the LORD on high is mighty.

5Your statutes stand firm;
  holiness adorns your house
  for endless days, O LORD.

Psalm 94

1O LORD, the God who avenges,
  O God who avenges, shine forth.
2Rise up, O Judge of the earth;
  pay back to the proud what they deserve.
3How long will the wicked, O LORD,
  how long will the wicked be jubilant?

4They pour out arrogant words;
  all the evildoers are full of boasting.

/10 Horn here symbolizes strength.

5A tu pueblo, oh Jehová, quebrantan,
Y a tu heredad afligen.
6A la viuda y al extranjero matan,
Y a los huérfanos quitan la vida.
7Y dijeron: No verá JAH,
Ni entenderá el Dios de Jacob.

8Entended, necios del pueblo;
Y vosotros, fatuos, ¿cuándo seréis sabios?
9El que hizo el oído, ¿no oirá?
El que formó el ojo, ¿no verá?
10El que castiga a las naciones, ¿no reprenderá?
¿No sabrá el que enseña al hombre la ciencia?
11Jehová conoce los pensamientos de los hombres,
Que son vanidad.

12Bienaventurado el hombre a quien tú, JAH, corriges,
Y en tu ley lo instruyes,
13Para hacerle descansar en los días de aflicción,
En tanto que para el impío se cava el hoyo.
14Porque no abandonará Jehová a su pueblo,
Ni desamparará su heredad,
15Sino que el juicio será vuelto a la justicia,
Y en pos de ella irán todos los rectos de corazón.

16¿Quién se levantará por mí contra los malignos?
¿Quién estará por mí contra los que hacen iniquidad?
17Si no me ayudara Jehová,
Pronto moraría mi alma en el silencio.
18Cuando yo decía: Mi pie resbala,
Tu misericordia, oh Jehová, me sustentaba.
19En la multitud de mis pensamientos dentro de mí,
Tus consolaciones alegraban mi alma.
20¿Se juntará contigo el trono de iniquidades
Que hace agravio bajo forma de ley?
21Se juntan contra la vida del justo,
Y condenan la sangre inocente.
22Mas Jehová me ha sido por refugio,
Y mi Dios por roca de mi confianza.
23Y él hará volver sobre ellos su iniquidad
Y los destruirá en su propia maldad;
Los destruirá Jehová nuestro Dios.

Salmo 95

Cántico de alabanza y de adoración

1Venid, aclamemos alegremente a Jehová;
Cantemos con júbilo a la roca de nuestra salvación.
2Lleguemos ante su presencia con alabanza;
Aclamémosle con cánticos.
3Porque Jehová es Dios grande,
Y Rey grande sobre todos los dioses.
4Porque en su mano están las profundidades de la tierra,
Y las alturas de los montes son suyas.
5Suyo también el mar, pues él lo hizo;
Y sus manos formaron la tierra seca.

6Venid, adoremos y postrémonos;
Arrodillémonos delante de Jehová nuestro Hacedor.

5They crush your people, O LORD;
they oppress your inheritance.
6They slay the widow and the alien;
they murder the fatherless.
7They say, "The LORD does not see;
the God of Jacob pays no heed."

8Take heed, you senseless ones among
the people;
you fools, when will you become wise?
9Does he who implanted the ear not hear?
Does he who formed the eye not see?
10Does he who disciplines nations not punish?
Does he who teaches man lack knowledge?
11The LORD knows the thoughts of man;
he knows that they are futile.

12Blessed is the man you discipline, O LORD,
the man you teach from your law;
13you grant him relief from days of trouble,
till a pit is dug for the wicked.
14For the LORD will not reject his people;
he will never forsake his inheritance.
15Judgment will again be founded on
righteousness,
and all the upright in heart will follow it.

16Who will rise up for me against the wicked?
Who will take a stand for me against
evildoers?
17Unless the LORD had given me help,
I would soon have dwelt in the silence of
death.
18When I said, "My foot is slipping,"
your love, O LORD, supported me.
19When anxiety was great within me,
your consolation brought joy to my soul.
20Can a corrupt throne be allied with you—
one that brings on misery by its decrees?
21They band together against the righteous
and condemn the innocent to death.
22But the LORD has become my fortress,
and my God the rock in whom I
take refuge.
23He will repay them for their sins
and destroy them for their wickedness;
the LORD our God will destroy them.

Psalm 95

1Come, let us sing for joy to the LORD;
let us shout aloud to the Rock of our salvation.
2Let us come before him with thanksgiving
and extol him with music and song.

3For the LORD is the great God,
the great King above all gods.
4In his hand are the depths of the earth,
and the mountain peaks belong to him.
5The sea is his, for he made it,
and his hands formed the dry land.

6Come, let us bow down in worship,
let us kneel before the LORD our
Maker;

7 Porque él es nuestro Dios;
Nosotros el pueblo de su prado, y ovejas de su mano.

Si oyereis hoy su voz,
8 No endurezcáis vuestro corazón, como en Meriba,
Como en el día de Masah en el desierto,
9 Donde me tentaron vuestros padres,
Me probaron, y vieron mis obras.
10 Cuarenta años estuve disgustado con la nación,
Y dije: Pueblo es que divaga de corazón,
Y no han conocido mis caminos.
11 Por tanto, juré en mi furor
Que no entrarían en mi reposo.

Salmo 96

Cántico de alabanza

1 Cantad a Jehová cántico nuevo;
Cantad a Jehová, toda la tierra.
2 Cantad a Jehová, bendecid su nombre;
Anunciad de día en día su salvación.
3 Proclamad entre las naciones su gloria,
En todos los pueblos sus maravillas.
4 Porque grande es Jehová, y digno de suprema alabanza;
Temible sobre todos los dioses.
5 Porque todos los dioses de los pueblos son ídolos;
Pero Jehová hizo los cielos.
6 Alabanza y magnificencia delante de él;
Poder y gloria en su santuario.

7 Tributad a Jehová, oh familias de los pueblos,
Dad a Jehová la gloria y el poder.
8 Dad a Jehová la honra debida a su nombre;
Traed ofrendas, y venid a sus atrios.
9 Adorad a Jehová en la hermosura de la santidad;
Temed delante de él, toda la tierra.

10 Decid entre las naciones: Jehová reina.
También afirmó el mundo, no será conmovido;
Juzgará a los pueblos en justicia.
11 Alégrense los cielos, y gócese la tierra;
Brame el mar y su plenitud.
12 Regocíjese el campo, y todo lo que en él está;
Entonces todos los árboles del bosque rebosarán de contento,
13 Delante de Jehová que vino;
Porque vino a juzgar la tierra.
Juzgará al mundo con justicia,
Y a los pueblos con su verdad.

Salmo 97

El dominio y el poder de Jehová

1 Jehová reina; regocíjese la tierra,
Alégrense las muchas costas.
2 Nubes y oscuridad alrededor de él;
Justicia y juicio son el cimiento de su trono.

7 for he is our God
and we are the people of his pasture,
the flock under his care.

Today, if you hear his voice,
8   do not harden your hearts as you did at Meribah,[m]
as you did that day at Massah[n] in the desert,
9 where your fathers tested and tried me,
though they had seen what I did.
10 For forty years I was angry with that generation;
I said, "They are a people whose hearts go astray,
and they have not known my ways."
11 So I declared on oath in my anger,
"They shall never enter my rest."

Psalm 96

1 Sing to the LORD a new song;
sing to the LORD, all the earth.
2 Sing to the LORD, praise his name;
proclaim his salvation day after day.
3 Declare his glory among the nations,
his marvelous deeds among all peoples.

4 For great is the LORD and most worthy of praise;
he is to be feared above all gods.
5 For all the gods of the nations are idols,
but the LORD made the heavens.
6 Splendor and majesty are before him;
strength and glory are in his sanctuary.

7 Ascribe to the LORD, O families of nations,
ascribe to the LORD glory and strength.
8 Ascribe to the LORD the glory due his name;
bring an offering and come into his courts.
9 Worship the LORD in the splendor of his[o] holiness;
tremble before him, all the earth.

10 Say among the nations, "The LORD reigns."
The world is firmly established, it cannot be moved;
he will judge the peoples with equity.
11 Let the heavens rejoice, let the earth be glad;
let the sea resound, and all that is in it;
12   let the fields be jubilant, and everything in them.
Then all the trees of the forest will sing for joy;
13   they will sing before the LORD, for he comes,
he comes to judge the earth.
He will judge the world in righteousness
and the peoples in his truth.

Psalm 97

1 The LORD reigns, let the earth be glad;
let the distant shores rejoice.

2 Clouds and thick darkness surround him;
righteousness and justice are the foundation of his throne.

---

[m]8 Meribah means quarreling.   [n]8 Massah means testing.
[o]9 Or LORD with the splendor of

3 Fuego irá delante de él,
  Y abrasará a sus enemigos alrededor.
4 Sus relámpagos alumbraron el mundo;
  La tierra vio y se estremeció.
5 Los montes se derritieron como cera delante de
    Jehová,
  Delante del Señor de toda la tierra.

6 Los cielos anunciaron su justicia,
  Y todos los pueblos vieron su gloria.
7 Avergüéncense todos los que sirven a las imágenes
    de talla,
  Los que se glorían en los ídolos.
  Póstrense a él todos los dioses.
8 Oyó Sion, y se alegró;
  Y las hijas de Judá,
  Oh Jehová, se gozaron por tus juicios.
9 Porque tú, Jehová, eres excelso sobre toda la tierra;
  Eres muy exaltado sobre todos los dioses.

10 Los que amáis a Jehová, aborreced el mal;
  El guarda las almas de sus santos;
  De mano de los impíos los libra.
11 Luz está sembrada para el justo,
  Y alegría para los rectos de corazón.
12 Alegraos, justos, en Jehová,
  Y alabad la memoria de su santidad.

Salmo 98

Alabanza por la justicia de Dios

Salmo.

1 Cantad a Jehová cántico nuevo,
  Porque ha hecho maravillas;
  Su diestra lo ha salvado, y su santo brazo.
2 Jehová ha hecho notoria su salvación;
  A vista de las naciones ha descubierto su justicia.
3 Se ha acordado de su misericordia y de su verdad
    para con la casa de Israel;
  Todos los términos de la tierra han visto la salvación
    de nuestro Dios.

4 Cantad alegres a Jehová, toda la tierra;
  Levantad la voz, y aplaudid, y cantad salmos.
5 Cantad salmos a Jehová con arpa;
  Con arpa y voz de cántico.
6 Aclamad con trompetas y sonidos de bocina,
  Delante del rey Jehová.

7 Brame el mar y su plenitud,
  El mundo y los que en él habitan;
8 Los ríos batan las manos,
  Los montes todos hagan regocijo
9 Delante de Jehová, porque vino a juzgar la tierra.
  Juzgará al mundo con justicia,
  Y a los pueblos con rectitud.

Salmo 99

Fidelidad de Jehová para con Israel

1 Jehová reina; temblarán los pueblos.
  El está sentado sobre los querubines, se conmoverá
    la tierra.

3 Fire goes before him
  and consumes his foes on every side.
4 His lightning lights up the world;
  the earth sees and trembles.
5 The mountains melt like wax before the Lord,
  before the Lord of all the earth.
6 The heavens proclaim his righteousness,
  and all the peoples see his glory.

7 All who worship images are put to shame,
  those who boast in idols—
  worship him, all you gods!

8 Zion hears and rejoices
  and the villages of Judah are glad
  because of your judgments, O Lord.
9 For you, O Lord, are the Most High over all the
    earth;
  you are exalted far above all gods.

10 Let those who love the Lord hate evil,
  for he guards the lives of his faithful ones
  and delivers them from the hand of the
    wicked.
11 Light is shed upon the righteous
  and joy on the upright in heart.
12 Rejoice in the Lord, you who are righteous,
  and praise his holy name.

Psalm 98

A psalm.

1 Sing to the Lord a new song,
  for he has done marvelous things;
  his right hand and his holy arm
  have worked salvation for him.
2 The Lord has made his salvation known
  and revealed his righteousness to the nations.
3 He has remembered his love
  and his faithfulness to the house of Israel;
  all the ends of the earth have seen
  the salvation of our God.

4 Shout for joy to the Lord, all the earth,
  burst into jubilant song with music;
5 make music to the Lord with the harp,
  with the harp and the sound of singing,
6 with trumpets and the blast of the ram's horn—
  shout for joy before the Lord, the King.

7 Let the sea resound, and everything in it,
  the world, and all who live in it.
8 Let the rivers clap their hands,
  let the mountains sing together for joy;
9 let them sing before the Lord,
  for he comes to judge the earth.
  He will judge the world in righteousness
  and the peoples with equity.

Psalm 99

1 The Lord reigns,
  let the nations tremble;
he sits enthroned between the cherubim,
  let the earth shake.

2 Jehová en Sion es grande,
 Y exaltado sobre todos los pueblos.
3 Alaben tu nombre grande y temible;
 El es santo.
4 Y la gloria del rey ama el juicio;
 Tú confirmas la rectitud;
 Tú has hecho en Jacob juicio y justicia.
5 Exaltad a Jehová nuestro Dios,
 Y postraos ante el estrado de sus pies;
 El es santo.

6 Moisés y Aarón entre sus sacerdotes,
 Y Samuel entre los que invocaron su nombre;
 Invocaban a Jehová, y él les respondía.
7 En columna de nube hablaba con ellos;
 Guardaban sus testimonios, y el estatuto que les
 había dado.

8 Jehová Dios nuestro, tú les respondías;
 Les fuiste un Dios perdonador,
 Y retribuidor de sus obras.
9 Exaltad a Jehová nuestro Dios,
 Y postraos ante su santo monte,
 Porque Jehová nuestro Dios es santo.

Salmo 100

Exhortación a la gratitud

Salmo de Alabanza.

1 Cantad alegres a Dios, habitantes de toda la tierra.
2 Servid a Jehová con alegría;
 Venid ante su presencia con regocijo.

3 Reconoced que Jehová es Dios;
 El nos hizo, y no nosotros a nosotros mismos;
 Pueblo suyo somos, y ovejas de su prado.

4 Entrad por sus puertas con acción de gracias,
 Por sus atrios con alabanza;
 Alabadle, bendecid su nombre.
5 Porque Jehová es bueno; para siempre es su
 misericordia,
 Y su verdad por todas las generaciones.

Salmo 101

Promesa de vivir rectamente

Salmo de David.

1 Misericordia y juicio cantaré;
 A ti cantaré yo, oh Jehová.
2 Entenderé el camino de la perfección
 Cuando vengas a mí.

En la integridad de mi corazón andaré en medio de
 mi casa.
3 No pondré delante de mis ojos cosa injusta.

Aborrezco la obra de los que se desvían;
Ninguno de ellos se acercará a mí.

2 Great is the LORD in Zion;
 he is exalted over all the nations.
3 Let them praise your great and awesome name—
 he is holy.

4 The King is mighty, he loves justice—
 you have established equity;
 in Jacob you have done
 what is just and right.
5 Exalt the LORD our God
 and worship at his footstool;
 he is holy.

6 Moses and Aaron were among his priests,
 Samuel was among those who called on his
 name;
 they called on the LORD
 and he answered them.
7 He spoke to them from the pillar of cloud;
 they kept his statutes and the decrees he gave
 them.

8 O LORD our God,
 you answered them;
 you were to Israel*p* a forgiving God,
 though you punished their misdeeds.*q*
9 Exalt the LORD our God
 and worship at his holy mountain,
 for the LORD our God is holy.

Psalm 100

A psalm. For giving thanks.

1 Shout for joy to the LORD, all the earth.
2 Worship the LORD with gladness;
 come before him with joyful songs.
3 Know that the LORD is God.
 It is he who made us, and we are his*r*;
 we are his people, the sheep of his pasture.

4 Enter his gates with thanksgiving
 and his courts with praise;
 give thanks to him and praise his name.
5 For the LORD is good and his love endures
 forever;
 his faithfulness continues through all
 generations.

Psalm 101

Of David. A psalm.

1 I will sing of your love and justice;
 to you, O LORD, I will sing praise.
2 I will be careful to lead a blameless life—
 when will you come to me?

I will walk in my house
 with blameless heart.
3 I will set before my eyes
 no vile thing.

The deeds of faithless men I hate;
 they will not cling to me.

p8 Hebrew *them*   *q8* Or / *an avenger of the wrongs done to
them*   *r3* Or *and not we ourselves*

4 Corazón perverso se apartará de mí;
No conoceré al malvado.

5 Al que solapadamente infama a su prójimo, yo lo
destruiré;
No sufriré al de ojos altaneros y de corazón
vanidoso.

6 Mis ojos pondré en los fieles de la tierra, para que
estén conmigo;
El que ande en el camino de la perfección, éste me
servirá.

7 No habitará dentro de mi casa el que hace fraude;
El que habla mentiras no se afirmará delante de mis
ojos.

8 De mañana destruiré a todos los impíos de la tierra,
Para exterminar de la ciudad de Jehová a todos los
que hagan iniquidad.

Salmo 102

Oración de un afligido

Oración del que sufre, cuando está angustiado, y
delante de Jehová derrama su lamento.

1 Jehová, escucha mi oración,
Y llegue a ti mi clamor.
2 No escondas de mí tu rostro en el día de mi
angustia;
Inclina a mí tu oído;
Apresúrate a responderme el día que te invocare.

3 Porque mis días se han consumido como humo,
Y mis huesos cual tizón están quemados.
4 Mi corazón está herido, y seco como la hierba,
Por lo cual me olvido de comer mi pan.
5 Por la voz de mi gemido
Mis huesos se han pegado a mi carne.
6 Soy semejante al pelícano del desierto;
Soy como el buho de las soledades;
7 Velo, y soy
Como el pájaro solitario sobre el tejado.
8 Cada día me afrentan mis enemigos
Los que contra mí se enfurecen, se han conjurado
contra mí.
9 Por lo cual yo como ceniza a manera de pan,
Y mi bebida mezclo con lágrimas,
10 A causa de tu enojo y de tu ira;
Pues me alzaste, y me has arrojado.
11 Mis días son como sombra que se va,
Y me he secado como la hierba.

12 Mas tú, Jehová, permanecerás para siempre,
Y tu memoria de generación en generación.
13 Te levantarás y tendrás misericordia de Sion,
Porque es tiempo de tener misericordia de ella,
porque el plazo ha llegado.
14 Porque tus siervos aman sus piedras,
Y del polvo de ella tienen compasión.
15 Entonces las naciones temerán el nombre de Jehová,
Y todos los reyes de la tierra tu gloria;
16 Por cuanto Jehová habrá edificado a Sion
Y en su gloria será visto;

4 Men of perverse heart shall be far from me;
I will have nothing to do with evil.

5 Whoever slanders his neighbor in secret,
him will I put to silence;
whoever has haughty eyes and a proud heart,
him will I not endure.

6 My eyes will be on the faithful in the land,
that they may dwell with me;
he whose walk is blameless
will minister to me.

7 No one who practices deceit
will dwell in my house;
no one who speaks falsely
will stand in my presence.

8 Every morning I will put to silence
all the wicked in the land;
I will cut off every evildoer
from the city of the LORD.

Psalm 102

A prayer of an afflicted man. When he is faint
and pours out his lament before the LORD.

1 Hear my prayer, O LORD;
let my cry for help come to you.
2 Do not hide your face from me
when I am in distress.
Turn your ear to me;
when I call, answer me quickly.

3 For my days vanish like smoke;
my bones burn like glowing embers.
4 My heart is blighted and withered like grass;
I forget to eat my food.
5 Because of my loud groaning
I am reduced to skin and bones.
6 I am like a desert owl,
like an owl among the ruins.
7 I lie awake; I have become
like a bird alone on a roof.
8 All day long my enemies taunt me;
those who rail against me use my name as a
curse.
9 For I eat ashes as my food
and mingle my drink with tears
10 because of your great wrath,
for you have taken me up and thrown me
aside.
11 My days are like the evening shadow;
I wither away like grass.

12 But you, O LORD, sit enthroned forever;
your renown endures through all generations.
13 You will arise and have compassion on Zion,
for it is time to show favor to her;
the appointed time has come.
14 For her stones are dear to your servants;
her very dust moves them to pity.
15 The nations will fear the name of the LORD,
all the kings of the earth will revere your
glory.
16 For the LORD will rebuild Zion
and appear in his glory.

17Habrá considerado la oración de los desvalidos,
Y no habrá desechado el ruego de ellos.
18Se escribirá esto para la generación venidera;
Y el pueblo que está por nacer alabará a JAH,
19Porque miró desde lo alto de su santuario;
Jehová miró desde los cielos a la tierra,
20Para oir el gemido de los presos,
Para soltar a los sentenciados a muerte;
21Para que publique en Sion el nombre de Jehová,
Y su alabanza en Jerusalén,
22Cuando los pueblos y los reinos se congreguen
En uno para servir a Jehová.

23El debilitó mi fuerza en el camino;
Acortó mis días.
24Dije: Dios mío, no me cortes en la mitad de mis
días;
Por generación de generaciones son tus años.

25Desde el principio tú fundaste la tierra,
Y los cielos son obra de tus manos.
26Ellos perecerán, mas tú permanecerás;
Y todos ellos como una vestidura se envejecerán;
Como un vestido los mudarás, y serán mudados;
27Pero tú eres el mismo,
Y tus años no se acabarán.
28Los hijos de tus siervos habitarán seguros
Y su descendencia será establecida delante de ti.

Salmo 103

Alabanza por las bendiciones de Dios

Salmo de David.

1Bendice, alma mía, a Jehová,
Y bendiga todo mi ser su santo nombre.
2Bendice, alma mía, a Jehová,
Y no olvides ninguno de sus beneficios.
3El es quien perdona todas tus iniquidades,
El que sana todas tus dolencias;
4El que rescata del hoyo tu vida,
El que te corona de favores y misericordias;
5El que sacia de bien tu boca
De modo que te rejuvenezcas como el águila.

6Jehová es el que hace justicia
Y derecho a todos los que padecen violencia.
7Sus caminos notificó a Moisés,
Y a los hijos de Israel sus obras.
8Misericordioso y clemente es Jehová;
Lento para la ira, y grande en misericordia.
9No contenderá para siempre,
Ni para siempre guardará el enojo.
10No ha hecho con nosotros conforme a nuestras
iniquidades,
Ni nos ha pagado conforme a nuestros pecados.
11Porque como la altura de los cielos sobre la tierra,
Engrandeció su misericordia sobre los que le temen.

17He will respond to the prayer of the destitute;
he will not despise their plea.
18Let this be written for a future generation,
that a people not yet created may praise the
LORD:
19"The LORD looked down from his sanctuary on
high,
from heaven he viewed the earth,
20to hear the groans of the prisoners
and release those condemned to death."
21So the name of the LORD will be declared in Zion
and his praise in Jerusalem
22when the peoples and the kingdoms
assemble to worship the LORD.

23In the course of my lifeˢ he broke my strength;
he cut short my days.
24So I said:
"Do not take me away, O my God, in the
midst of my days;
your years go on through all generations.
25In the beginning you laid the foundations of the
earth,
and the heavens are the work of your hands.
26They will perish, but you remain;
they will all wear out like a garment.
Like clothing you will change them
and they will be discarded.
27But you remain the same,
and your years will never end.
28The children of your servants will live in your
presence;
their descendants will be established before
you."

Psalm 103

Of David.

1Praise the LORD, O my soul;
all my inmost being, praise his holy name.
2Praise the LORD, O my soul,
and forget not all his benefits—
3who forgives all your sins
and heals all your diseases,
4who redeems your life from the pit
and crowns you with love and compassion,
5who satisfies your desires with good things
so that your youth is renewed like the eagle's.

6The LORD works righteousness
and justice for all the oppressed.

7He made known his ways to Moses,
his deeds to the people of Israel:
8The LORD is compassionate and gracious,
slow to anger, abounding in love.
9He will not always accuse,
nor will he harbor his anger forever;
10he does not treat us as our sins deserve
or repay us according to our iniquities.
11For as high as the heavens are above the earth,
so great is his love for those who fear him;

ˢ23 Or By his power

12 Cuanto está lejos el oriente del occidente,
Hizo alejar de nosotros nuestras rebeliones.
13 Como el padre se compadece de los hijos,
Se compadece Jehová de los que le temen.
14 Porque él conoce nuestra condición;
Se acuerda de que somos polvo.

15 El hombre, como la hierba son sus días;
Florece como la flor del campo,
16 Que pasó el viento por ella, y pereció,
Y su lugar no la conocerá más.
17 Mas la misericordia de Jehová es desde la eternidad
y hasta la eternidad sobre los que le temen,
Y su justicia sobre los hijos de los hijos;
18 Sobre los que guardan su pacto,
Y los que se acuerdan de sus mandamientos para
ponerlos por obra.

19 Jehová estableció en los cielos su trono,
Y su reino domina sobre todos.
20 Bendecid a Jehová, vosotros sus ángeles,
Poderosos en fortaleza, que ejecutáis su palabra,
Obedeciendo a la voz de su precepto.
21 Bendecid a Jehová, vosotros todos sus ejércitos,
Ministros suyos, que hacéis su voluntad.
22 Bendecid a Jehová, vosotras todas sus obras,
En todos los lugares de su señorío.
Bendice, alma mía, a Jehová.

Salmo 104

Dios cuida de su creación

1 Bendice, alma mía, a Jehová.
Jehová Dios mío, mucho te has engrandecido;
Te has vestido de gloria y de magnificencia.
2 El que se cubre de luz como de vestidura,
Que extiende los cielos como una cortina,
3 Que establece sus aposentos entre las aguas,
El que pone las nubes por su carroza,
El que anda sobre las alas del viento;
4 El que hace a los vientos sus mensajeros,
Y a las flamas de fuego sus ministros.

5 El fundó la tierra sobre sus cimientos;
No será jamás removida.
6 Con el abismo, como con vestido, la cubriste;
Sobre los montes estaban las aguas.
7 A tu represión huyeron;
Al sonido de tu trueno se apresuraron;
8 Subieron los montes, descendieron los valles,
Al lugar que tú les fundaste.
9 Les pusiste término, el cual no traspasarán,
Ni volverán a cubrir la tierra.

10 Tú eres el que envía las fuentes por los arroyos;
Van entre los montes;
11 Dan de beber a todas las bestias del campo;
Mitigan su sed los asnos monteses.
12 A sus orillas habitan las aves de los cielos;
Cantan entre las ramas.

12 as far as the east is from the west,
so far has he removed our transgressions from
us.
13 As a father has compassion on his children,
so the LORD has compassion on those who fear
him;
14 for he knows how we are formed,
he remembers that we are dust.
15 As for man, his days are like grass,
he flourishes like a flower of the field;
16 the wind blows over it and it is gone,
and its place remembers it no more.
17 But from everlasting to everlasting
the LORD's love is with those who fear him,
and his righteousness with their children's
children—
18 with those who keep his covenant
and remember to obey his precepts.

19 The LORD has established his throne in heaven,
and his kingdom rules over all.

20 Praise the LORD, you his angels,
you mighty ones who do his bidding,
who obey his word.
21 Praise the LORD, all his heavenly hosts,
you his servants who do his will.
22 Praise the LORD, all his works
everywhere in his dominion.

Praise the LORD, O my soul.

Psalm 104

1 Praise the LORD, O my soul.

O LORD my God, you are very great;
you are clothed with splendor and majesty.
2 He wraps himself in light as with a garment;
he stretches out the heavens like a tent
3 and lays the beams of his upper chambers on
their waters.
He makes the clouds his chariot
and rides on the wings of the wind.
4 He makes winds his messengers,ᵗ
flames of fire his servants.

5 He set the earth on its foundations;
it can never be moved.
6 You covered it with the deep as with a garment;
the waters stood above the mountains.
7 But at your rebuke the waters fled,
at the sound of your thunder they took to
flight;
8 they flowed over the mountains,
they went down into the valleys,
to the place you assigned for them.
9 You set a boundary they cannot cross;
never again will they cover the earth.

10 He makes springs pour water into the ravines;
it flows between the mountains.
11 They give water to all the beasts of the field;
the wild donkeys quench their thirst.
12 The birds of the air nest by the waters;
they sing among the branches.

ᵗ4 Or *angels*

¹³ El riega los montes desde sus aposentos;
Del fruto de sus obras se sacia la tierra.

¹⁴ El hace producir el heno para las bestias,
Y la hierba para el servicio del hombre,
Sacando el pan de la tierra.
¹⁵ Y el vino que alegra el corazón del hombre,
El aceite que hace brillar el rostro,
Y el pan que sustenta la vida del hombre.
¹⁶ Se llenan de savia los árboles de Jehová,
Los cedros del Líbano que él plantó.
¹⁷ Allí anidan las aves;
En las hayas hace su casa la cigüeña.
¹⁸ Los montes altos para las cabras monteses;
Las peñas, madrigueras para los conejos.
¹⁹ Hizo la luna para los tiempos;
El sol conoce su ocaso.
²⁰ Pones las tinieblas, y es la noche;
En ella corretean todas las bestias de la selva.
²¹ Los leoncillos rugen tras la presa,
Y para buscar de Dios su comida.
²² Sale el sol, se recogen,
Y se echan en sus cuevas.
²³ Sale el hombre a su labor,
Y a su labranza hasta la tarde.

²⁴ ¡Cuán innumerables son tus obras, oh Jehová!
Hiciste todas ellas con sabiduría;
La tierra está llena de tus beneficios.
²⁵ He allí el grande y anchuroso mar,
En donde se mueven seres innumerables,
Seres pequeños y grandes.
²⁶ Allí andan las naves;
Allí este leviatán que hiciste para que jugase en él.

²⁷ Todos ellos esperan en ti,
Para que les des su comida a su tiempo.
²⁸ Les das, recogen;
Abres tu mano, se sacian de bien.
²⁹ Escondes tu rostro, se turban;
Les quitas el hálito, dejan de ser,
Y vuelven al polvo.
³⁰ Envías tu Espíritu, son creados,
Y renuevas la faz de la tierra.

³¹ Sea la gloria de Jehová para siempre;
Alégrese Jehová en sus obras.
³² El mira a la tierra, y ella tiembla;
Toca los montes, y humean.
³³ A Jehová cantaré en mi vida;
A mi Dios cantaré salmos mientras viva.
³⁴ Dulce será mi meditación en él;
Yo me regocijaré en Jehová.
³⁵ Sean consumidos de la tierra los pecadores,
Y los impíos dejen de ser.
Bendice, alma mía, a Jehová.
Aleluya.

¹³ He waters the mountains from his upper
chambers;
the earth is satisfied by the fruit of his work.
¹⁴ He makes grass grow for the cattle,
and plants for man to cultivate—
bringing forth food from the earth:
¹⁵ wine that gladdens the heart of man,
oil to make his face shine,
and bread that sustains his heart.
¹⁶ The trees of the LORD are well watered,
the cedars of Lebanon that he planted.
¹⁷ There the birds make their nests;
the stork has its home in the pine trees.
¹⁸ The high mountains belong to the wild goats;
the crags are a refuge for the coneys. ^u

¹⁹ The moon marks off the seasons,
and the sun knows when to go down.
²⁰ You bring darkness, it becomes night,
and all the beasts of the forest prowl.
²¹ The lions roar for their prey
and seek their food from God.
²² The sun rises, and they steal away;
they return and lie down in their dens.
²³ Then man goes out to his work,
to his labor until evening.

²⁴ How many are your works, O LORD!
In wisdom you made them all;
the earth is full of your creatures.
²⁵ There is the sea, vast and spacious,
teeming with creatures beyond number—
living things both large and small.
²⁶ There the ships go to and fro,
and the leviathan, which you formed to frolic
there.

²⁷ These all look to you
to give them their food at the proper time.
²⁸ When you give it to them,
they gather it up;
when you open your hand,
they are satisfied with good things.
²⁹ When you hide your face,
they are terrified;
when you take away their breath,
they die and return to the dust.
³⁰ When you send your Spirit,
they are created,
and you renew the face of the earth.

³¹ May the glory of the LORD endure forever;
may the LORD rejoice in his works—
³² he who looks at the earth, and it trembles,
who touches the mountains, and they smoke.
³³ I will sing to the LORD all my life;
I will sing praise to my God as long as I live.
³⁴ May my meditation be pleasing to him,
as I rejoice in the LORD.
³⁵ But may sinners vanish from the earth
and the wicked be no more.

Praise the LORD, O my soul.

Praise the LORD. ^v

^u18 That is, the hyrax or rock badger   ^v35 Hebrew *Hallelu Yah*;
in the Septuagint this line stands at the beginning of Psalm 105.

Salmo 105

Maravillas de Jehová a favor de Israel

1 Alabad a Jehová, invocad su nombre;
Dad a conocer sus obras en los pueblos.
2 Cantadle, cantadle salmos;
Hablad de todas sus maravillas.
3 Gloriaos en su santo nombre;
Alégrese el corazón de los que buscan a Jehová.
4 Buscad a Jehová y su poder;
Buscad siempre su rostro.
5 Acordaos de las maravillas que él ha hecho,
De sus prodigios y de los juicios de su boca,
6 Oh vosotros, descendencia de Abraham su siervo,
Hijos de Jacob, sus escogidos.

7 El es Jehová nuestro Dios;
En toda la tierra están sus juicios.
8 Se acordó para siempre de su pacto;
De la palabra que mandó para mil generaciones,
9 La cual concertó con Abraham,
Y de su juramento a Isaac.
10 La estableció a Jacob por decreto,
A Israel por pacto sempiterno,
11 Diciendo: A ti te daré la tierra de Canaán
Como porción de vuestra heredad.
12 Cuando ellos eran pocos en número,
Y forasteros en ella,
13 Y andaban de nación en nación,
De un reino a otro pueblo,
14 No consintió que nadie los agraviase,
Y por causa de ellos castigó a los reyes.
15 No toquéis, dijo, a mis ungidos,
Ni hagáis mal a mis profetas.

16 Trajo hambre sobre la tierra,
Y quebrantó todo sustento de pan.
17 Envió un varón delante de ellos;
A José, que fue vendido por siervo.
18 Afligieron sus pies con grillos;
En cárcel fue puesta su persona.
19 Hasta la hora que se cumplió su palabra,
El dicho de Jehová le probó.
20 Envió el rey, y le soltó;
El señor de los pueblos, y le dejó ir libre.
21 Lo puso por señor de su casa,
Y por gobernador de todas sus posesiones,
22 Para que reprimiera a sus grandes como él quisiese,
Y a sus ancianos enseñara sabiduría.

23 Después entró Israel en Egipto,
Y Jacob moró en la tierra de Cam.
24 Y multiplicó su pueblo en gran manera,
Y lo hizo más fuerte que sus enemigos.
25 Cambió el corazón de ellos para que aborreciesen a
su pueblo,
Para que contra sus siervos pensasen mal.

26 Envió a su siervo Moisés,
Y a Aarón, al cual escogió.
27 Puso en ellos las palabras de sus señales,
Y sus prodigios en la tierra de Cam.
28 Envió tinieblas que lo oscurecieron todo;
No fueron rebeldes a su palabra.
29 Volvió sus aguas en sangre,
Y mató sus peces.

Psalm 105

1 Give thanks to the LORD, call on his name;
make known among the nations what he has
done.
2 Sing to him, sing praise to him;
tell of all his wonderful acts.
3 Glory in his holy name;
let the hearts of those who seek the LORD
rejoice.
4 Look to the LORD and his strength;
seek his face always.
5 Remember the wonders he has done,
his miracles, and the judgments he
pronounced,
6 O descendants of Abraham his servant,
O sons of Jacob, his chosen ones.
7 He is the LORD our God;
his judgments are in all the earth.

8 He remembers his covenant forever,
the word he commanded, for a thousand
generations,
9 the covenant he made with Abraham,
the oath he swore to Isaac.
10 He confirmed it to Jacob as a decree,
to Israel as an everlasting covenant:
11 "To you I will give the land of Canaan
as the portion you will inherit."

12 When they were but few in number,
few indeed, and strangers in it,
13 they wandered from nation to nation,
from one kingdom to another.
14 He allowed no one to oppress them;
for their sake he rebuked kings:
15 "Do not touch my anointed ones;
do my prophets no harm."

16 He called down famine on the land
and destroyed all their supplies of food;
17 and he sent a man before them—
Joseph, sold as a slave.
18 They bruised his feet with shackles,
his neck was put in irons,
19 till what he foretold came to pass,
till the word of the LORD proved him true.
20 The king sent and released him,
the ruler of peoples set him free.
21 He made him master of his household,
ruler over all he possessed,
22 to instruct his princes as he pleased
and teach his elders wisdom.

23 Then Israel entered Egypt;
Jacob lived as an alien in the land of Ham.
24 The LORD made his people very fruitful;
he made them too numerous for their foes,
25 whose hearts he turned to hate his people,
to conspire against his servants.
26 He sent Moses his servant,
and Aaron, whom he had chosen.
27 They performed his miraculous signs among
them,
his wonders in the land of Ham.
28 He sent darkness and made the land dark—
for had they not rebelled against his words?
29 He turned their waters into blood,
causing their fish to die.

30Su tierra produjo ranas
   Hasta en las cámaras de sus reyes.
31Habló, y vinieron enjambres de moscas,
   Y piojos en todos sus términos.
32Les dio granizo por lluvia,
   Y llamas de fuego en su tierra.
33Destrozó sus viñas y sus higueras,
   Y quebró los árboles de su territorio.
34Habló, y vinieron langostas,
   Y pulgón sin número;
35Y comieron toda la hierba de su país,
   Y devoraron el fruto de su tierra.
36Hirió de muerte a todos los primogénitos en su
      tierra,
   Las primicias de toda su fuerza.

37Los sacó con plata y oro;
   Y no hubo en sus tribus enfermo.
38Egipto se alegró de que salieran,
   Porque su terror había caído sobre ellos.
39Extendió una nube por cubierta,
   Y fuego para alumbrar la noche.
40Pidieron, e hizo venir codornices;
   Y los sació de pan del cielo.
41Abrió la peña, y fluyeron aguas;
   Corrieron por los sequedales como un río.
42Porque se acordó de su santa palabra
   Dada a Abraham su siervo.

43Sacó a su pueblo con gozo;
   Con júbilo a sus escogidos.
44Les dio las tierras de las naciones,
   Y las labores de los pueblos heredaron;
45Para que guardasen sus estatutos,
   Y cumpliesen sus leyes.
   Aleluya.

Salmo 106

La rebeldía de Israel

1Aleluya.
   Alabad a Jehová, porque él es bueno;
Porque para siempre es su misericordia.
2¿Quién expresará las poderosas obras de Jehová?
   ¿Quién contará sus alabanzas?
3Dichosos los que guardan juicio,
   Los que hacen justicia en todo tiempo.

4Acuérdate de mí, oh Jehová, según tu benevolencia
      para con tu pueblo;
   Visítame con tu salvación,
5Para que yo vea el bien de tus escogidos,
   Para que me goce en la alegría de tu nación,
   Y me gloríe con tu heredad.

6Pecamos nosotros, como nuestros padres;
   Hicimos iniquidad, hicimos impiedad.
7Nuestros padres en Egipto no entendieron tus
      maravillas;
   No se acordaron de la muchedumbre de tus
      misericordias,
   Sino que se rebelaron junto al mar, el Mar Rojo.

30Their land teemed with frogs,
      which went up into the bedrooms of their
         rulers.
31He spoke, and there came swarms of flies,
      and gnats throughout their country.
32He turned their rain into hail,
      with lightning throughout their land;
33he struck down their vines and fig trees
      and shattered the trees of their country.
34He spoke, and the locusts came,
      grasshoppers without number;
35they ate up every green thing in their land,
      ate up the produce of their soil.
36Then he struck down all the firstborn in their
         land,
      the firstfruits of all their manhood.

37He brought out Israel, laden with silver and gold,
      and from among their tribes no one faltered.
38Egypt was glad when they left,
      because dread of Israel had fallen on them.
39He spread out a cloud as a covering,
      and a fire to give light at night.
40They asked, and he brought them quail
      and satisfied them with the bread of heaven.
41He opened the rock, and water gushed out;
      like a river it flowed in the desert.

42For he remembered his holy promise
      given to his servant Abraham.
43He brought out his people with rejoicing,
      his chosen ones with shouts of joy;
44he gave them the lands of the nations,
      and they fell heir to what others had toiled
         for—
45that they might keep his precepts
      and observe his laws.

   Praise the Lord. w

Psalm 106

1Praise the Lord. x

   Give thanks to the Lord, for he is good;
      his love endures forever.
2Who can proclaim the mighty acts of the Lord
      or fully declare his praise?
3Blessed are they who maintain justice,
      who constantly do what is right.

4Remember me, O Lord, when you show favor to
      your people,
      come to my aid when you save them,
5that I may enjoy the prosperity of your chosen
         ones,
      that I may share in the joy of your nation
      and join your inheritance in giving praise.

6We have sinned, even as our fathers did;
      we have done wrong and acted wickedly.
7When our fathers were in Egypt,
      they gave no thought to your miracles;
      they did not remember your many kindnesses,
      and they rebelled by the sea, the Red Sea. y

w45 Hebrew *Hallelu Yah*   x1 Hebrew *Hallelu Yah*; also in verse
48 y7 Hebrew *Yam Suph*; that is, Sea of Reeds; also in verses 9
and 22

8 Pero él los salvó por amor de su nombre,
Para hacer notorio su poder.
9 Reprendió al Mar Rojo y lo secó,
Y les hizo ir por el abismo como por un desierto.
10 Los salvó de mano del enemigo,
Y los rescató de mano del adversario.
11 Cubrieron las aguas a sus enemigos;
No quedó ni uno de ellos.
12 Entonces creyeron a sus palabras
Y cantaron su alabanza.

13 Bien pronto olvidaron sus obras;
No esperaron su consejo.
14 Se entregaron a un deseo desordenado en el desierto;
Y tentaron a Dios en la soledad.
15 Y él les dio lo que pidieron;
Mas envió mortandad sobre ellos.

16 Tuvieron envidia de Moisés en el campamento,
Y contra Aarón, el santo de Jehová.
17 Entonces se abrió la tierra y tragó a Datán,
Y cubrió la compañía de Abiram.
18 Y se encendió fuego en su junta;
La llama quemó a los impíos.

19 Hicieron becerro en Horeb,
Se postraron ante una imagen de fundición.
20 Así cambiaron su gloria
Por la imagen de un buey que come hierba.
21 Olvidaron al Dios de su salvación,
Que había hecho grandezas en Egipto,
22 Maravillas en la tierra de Cam,
Cosas formidables sobre el Mar Rojo.
23 Y trató de destruirlos,
De no haberse interpuesto Moisés su escogido delante de él,
A fin de apartar su indignación para que no los destruyese.

24 Pero aborrecieron la tierra deseable;
No creyeron a su palabra,
25 Antes murmuraron en sus tiendas,
Y no oyeron la voz de Jehová.
26 Por tanto, alzó su mano contra ellos
Para abatirlos en el desierto,
27 Y humillar su pueblo entre las naciones,
Y esparcirlos por las tierras.

28 Se unieron asimismo a Baal-peor,
Y comieron los sacrificios de los muertos.
29 Provocaron la ira de Dios con sus obras,
Y se desarrolló la mortandad entre ellos.
30 Entonces se levantó Finees e hizo juicio,
Y se detuvo la plaga;
31 Y le fue contado por justicia
De generación en generación para siempre.

32 También le irritaron en las aguas de Meriba;
Y le fue mal a Moisés por causa de ellos,
33 Porque hicieron rebelar a su espíritu,
Y habló precipitadamente con sus labios.
34 No destruyeron a los pueblos
Que Jehová les dijo;

8 Yet he saved them for his name's sake,
to make his mighty power known.
9 He rebuked the Red Sea, and it dried up;
he led them through the depths as through a desert.
10 He saved them from the hand of the foe;
from the hand of the enemy he redeemed them.
11 The waters covered their adversaries;
not one of them survived.
12 Then they believed his promises
and sang his praise.

13 But they soon forgot what he had done
and did not wait for his counsel.
14 In the desert they gave in to their craving;
in the wasteland they put God to the test.
15 So he gave them what they asked for,
but sent a wasting disease upon them.

16 In the camp they grew envious of Moses
and of Aaron, who was consecrated to the LORD.
17 The earth opened up and swallowed Dathan;
it buried the company of Abiram.
18 Fire blazed among their followers;
a flame consumed the wicked.

19 At Horeb they made a calf
and worshiped an idol cast from metal.
20 They exchanged their Glory
for an image of a bull, which eats grass.
21 They forgot the God who saved them,
who had done great things in Egypt,
22 miracles in the land of Ham
and awesome deeds by the Red Sea.
23 So he said he would destroy them—
had not Moses, his chosen one,
stood in the breach before him
to keep his wrath from destroying them.

24 Then they despised the pleasant land;
they did not believe his promise.
25 They grumbled in their tents
and did not obey the LORD.
26 So he swore to them with uplifted hand
that he would make them fall in the desert,
27 make their descendants fall among the nations
and scatter them throughout the lands.

28 They yoked themselves to the Baal of Peor
and ate sacrifices offered to lifeless gods;
29 they provoked the LORD to anger by their wicked deeds,
and a plague broke out among them.
30 But Phinehas stood up and intervened,
and the plague was checked.
31 This was credited to him as righteousness
for endless generations to come.

32 By the waters of Meribah they angered the LORD,
and trouble came to Moses because of them;
33 for they rebelled against the Spirit of God,
and rash words came from Moses' lips. z

34 They did not destroy the peoples
as the LORD had commanded them,

z 33 Or against his spirit, / and rash words came from his lips

35 Antes se mezclaron con las naciones,
Y aprendieron sus obras,
36 Y sirvieron a sus ídolos,
Los cuales fueron causa de su ruina.
37 Sacrificaron sus hijos y sus hijas a los demonios,
38 Y derramaron la sangre inocente, la sangre de sus
hijos y de sus hijas,
Que ofrecieron en sacrificio a los ídolos de Canaán,
Y la tierra fue contaminada con sangre.
39 Se contaminaron así con sus obras,
Y se prostituyeron con sus hechos.

40 Se encendió, por tanto, el furor de Jehová sobre su
pueblo,
Y abominó su heredad;
41 Los entregó en poder de las naciones,
Y se enseñorearon de ellos los que les aborrecían.
42 Sus enemigos los oprimieron,
Y fueron quebrantados debajo de su mano.
43 Muchas veces los libró;
Mas ellos se rebelaron contra su consejo,
Y fueron humillados por su maldad.
44 Con todo, él miraba cuando estaban en angustia,
Y oía su clamor;
45 Y se acordaba de su pacto con ellos,
Y se arrepentía conforme a la muchedumbre de sus
misericordias.
46 Hizo asimismo que tuviesen de ellos misericordia
todos los que los tenían cautivos.

47 Sálvanos, Jehová Dios nuestro,
Y recógenos de entre las naciones,
Para que alabemos tu santo nombre,
Para que nos gloriemos en tus alabanzas.

48 Bendito Jehová Dios de Israel,
Desde la eternidad y hasta la eternidad;
Y diga todo el pueblo, Amén.
Aleluya.

LIBRO V
Salmos 107–150
Salmo 107
Dios libra de la aflicción

1 Alabad a Jehová, porque él es bueno;
Porque para siempre es su misericordia.
2 Díganlo los redimidos de Jehová,
Los que ha redimido del poder del enemigo,
3 Y los ha congregado de las tierras,
Del oriente y del occidente,
Del norte y del sur.

4 Anduvieron perdidos por el desierto, por la soledad
sin camino,
Sin hallar ciudad en donde vivir.
5 Hambrientos y sedientos,
Su alma desfallecía en ellos.
6 Entonces clamaron a Jehová en su angustia,
Y los libró de sus aflicciones.
7 Los dirigió por camino derecho,
Para que viniesen a ciudad habitable.
8 Alaben la misericordia de Jehová,
Y sus maravillas para con los hijos de los hombres.
9 Porque sacia al alma menesterosa,
Y llena de bien al alma hambrienta.

35 but they mingled with the nations
and adopted their customs.
36 They worshiped their idols,
which became a snare to them.
37 They sacrificed their sons
and their daughters to demons.
38 They shed innocent blood,
the blood of their sons and daughters,
whom they sacrificed to the idols of Canaan,
and the land was desecrated by their blood.
39 They defiled themselves by what they did;
by their deeds they prostituted themselves.

40 Therefore the LORD was angry with his people
and abhorred his inheritance.
41 He handed them over to the nations,
and their foes ruled over them.
42 Their enemies oppressed them
and subjected them to their power.
43 Many times he delivered them,
but they were bent on rebellion
and they wasted away in their sin.

44 But he took note of their distress
when he heard their cry;
45 for their sake he remembered his covenant
and out of his great love he relented.
46 He caused them to be pitied
by all who held them captive.

47 Save us, O LORD our God,
and gather us from the nations,
that we may give thanks to your holy name
and glory in your praise.

48 Praise be to the LORD, the God of Israel,
from everlasting to everlasting.
Let all the people say, "Amen!"

Praise the LORD.

BOOK V
Psalms 107–150
Psalm 107

1 Give thanks to the LORD, for he is good;
his love endures forever.
2 Let the redeemed of the LORD say this—
those he redeemed from the hand of the foe,
3 those he gathered from the lands,
from east and west, from north and south. [a]

4 Some wandered in desert wastelands,
finding no way to a city where they could
settle.
5 They were hungry and thirsty,
and their lives ebbed away.
6 Then they cried out to the LORD in their trouble,
and he delivered them from their distress.
7 He led them by a straight way
to a city where they could settle.
8 Let them give thanks to the LORD for his
unfailing love
and his wonderful deeds for men,
9 for he satisfies the thirsty
and fills the hungry with good things.

[a] 3 Hebrew *north and the sea*

¹⁰Algunos moraban en tinieblas y sombra de muerte,
   Aprisionados en aflicción y en hierros,
¹¹Por cuanto fueron rebeldes a las palabras de Jehová,
   Y aborrecieron el consejo del Altísimo.
¹²Por eso quebrantó con el trabajo sus corazones;
   Cayeron, y no hubo quien los ayudase.
¹³Luego que clamaron a Jehová en su angustia,
   Los libró de sus aflicciones;
¹⁴Los sacó de las tinieblas y de la sombra de muerte,
   Y rompió sus prisiones.
¹⁵Alaben la misericordia de Jehová,
   Y sus maravillas para con los hijos de los hombres.
¹⁶Porque quebrantó las puertas de bronce,
   Y desmenuzó los cerrojos de hierro.
¹⁷Fueron afligidos los insensatos, a causa del camino
      de su rebelión
   Y a causa de sus maldades;
¹⁸Su alma abominó todo alimento,
   Y llegaron hasta las puertas de la muerte.
¹⁹Pero clamaron a Jehová en su angustia,
   Y los libró de sus aflicciones.
²⁰Envió su palabra, y los sanó,
   Y los libró de su ruina.
²¹Alaben la misericordia de Jehová,
   Y sus maravillas para con los hijos de los hombres;
²²Ofrezcan sacrificios de alabanza,
   Y publiquen sus obras con júbilo.

²³Los que descienden al mar en naves,
   Y hacen negocio en las muchas aguas,
²⁴Ellos han visto las obras de Jehová,
   Y sus maravillas en las profundidades.
²⁵Porque habló, e hizo levantar un viento
      tempestuoso,
   Que encrespa sus ondas.
²⁶Suben a los cielos, descienden a los abismos;
   Sus almas se derriten con el mal.
²⁷Tiemblan y titubean como ebrios,
   Y toda su ciencia es inútil.
²⁸Entonces claman a Jehová en su angustia,
   Y los libra de sus aflicciones.
²⁹Cambia la tempestad en sosiego,
   Y se apaciguan sus ondas.
³⁰Luego se alegran, porque se apaciguaron;
   Y así los guía al puerto que deseaban.
³¹Alaben la misericordia de Jehová,
   Y sus maravillas para con los hijos de los hombres.
³²Exáltenlo en la congregación del pueblo,
   Y en la reunión de ancianos lo alaben.

³³El convierte los ríos en desierto,
   Y los manantiales de las aguas en sequedales;
³⁴La tierra fructífera en estéril,
   Por la maldad de los que la habitan.
³⁵Vuelve el desierto en estanques de aguas,
   Y la tierra seca en manantiales.
³⁶Allí establece a los hambrientos,
   Y fundan ciudad en donde vivir.
³⁷Siembran campos, y plantan viñas,
   Y rinden abundante fruto.

¹⁰Some sat in darkness and the deepest gloom,
   prisoners suffering in iron chains,
¹¹for they had rebelled against the words of God
   and despised the counsel of the Most High.
¹²So he subjected them to bitter labor;
   they stumbled, and there was no one to help.
¹³Then they cried to the LORD in their trouble,
   and he saved them from their distress.
¹⁴He brought them out of darkness and the deepest
      gloom
   and broke away their chains.
¹⁵Let them give thanks to the LORD for his
      unfailing love
   and his wonderful deeds for men,
¹⁶for he breaks down gates of bronze
   and cuts through bars of iron.
¹⁷Some became fools through their rebellious ways
   and suffered affliction because of their
      iniquities.
¹⁸They loathed all food
   and drew near the gates of death.
¹⁹Then they cried to the LORD in their trouble,
   and he saved them from their distress.
²⁰He sent forth his word and healed them;
   he rescued them from the grave.
²¹Let them give thanks to the LORD for his
      unfailing love
   and his wonderful deeds for men.
²²Let them sacrifice thank offerings
   and tell of his works with songs of joy.

²³Others went out on the sea in ships;
   they were merchants on the mighty waters.
²⁴They saw the works of the LORD,
   his wonderful deeds in the deep.
²⁵For he spoke and stirred up a tempest
   that lifted high the waves.
²⁶They mounted up to the heavens and went down
      to the depths;
   in their peril their courage melted away.
²⁷They reeled and staggered like drunken men;
   they were at their wits' end.
²⁸Then they cried out to the LORD in their trouble,
   and he brought them out of their distress.
²⁹He stilled the storm to a whisper;
   the waves of the sea were hushed.
³⁰They were glad when it grew calm,
   and he guided them to their desired haven.
³¹Let them give thanks to the LORD for his
      unfailing love
   and his wonderful deeds for men.
³²Let them exalt him in the assembly of the people
   and praise him in the council of the elders.

³³He turned rivers into a desert,
   flowing springs into thirsty ground,
³⁴and fruitful land into a salt waste,
   because of the wickedness of those who lived
      there.
³⁵He turned the desert into pools of water
   and the parched ground into flowing springs;
³⁶there he brought the hungry to live,
   and they founded a city where they could
      settle.
³⁷They sowed fields and planted vineyards
   that yielded a fruitful harvest;

38 Los bendice, y se multiplican en gran manera;
    Y no disminuye su ganado.

39 Luego son menoscabados y abatidos
    A causa de tiranía, de males y congojas.
40 El esparce menosprecio sobre los príncipes,
    Y les hace andar perdidos, vagabundos y sin
       camino.
41 Levanta de la miseria al pobre,
    Y hace multiplicar las familias como rebaños de
       ovejas.
42 Véanlo los rectos, y alégrense,
    Y todos los malos cierren su boca.
43 ¿Quién es sabio y guardará estas cosas
    Y entenderá las misericordias de Jehová?

Salmo 108

Petición de ayuda contra el enemigo

Cántico. Salmo de David.

1 Mi corazón está dispuesto, oh Dios;
    Cantaré y entonaré salmos; esta es mi gloria.
2 Despiértate, salterio y arpa;
    Despertaré al alba.
3 Te alabaré, oh Jehová, entre los pueblos;
    A ti cantaré salmos entre las naciones.
4 Porque más grande que los cielos es tu misericordia,
    Y hasta los cielos tu verdad.

5 Exaltado seas sobre los cielos, oh Dios,
    Y sobre toda la tierra sea enaltecida tu gloria.
6 Para que sean librados tus amados,
    Salva con tu diestra y respóndeme.

7 Dios ha dicho en su santuario: Yo me alegraré;
    Repartiré a Siquem, y mediré el valle de Sucot.
8 Mío es Galaad, mío es Manasés,
    Y Efraín es la fortaleza de mi cabeza;
    Judá es mi legislador.
9 Moab, la vasija para lavarme;
    Sobre Edom echaré mi calzado;
    Me regocijaré sobre Filistea.

10 ¿Quién me guiará a la ciudad fortificada?
    ¿Quién me guiará hasta Edom?
11 ¿No serás tú, oh Dios, que nos habías desechado,
    Y no salías, oh Dios, con nuestros ejércitos?
12 Danos socorro contra el adversario,
    Porque vana es la ayuda del hombre.
13 En Dios haremos proezas,
    Y él hollará a nuestros enemigos.

Salmo 109

Clamor de venganza

Al músico principal. Salmo de David.

1 Oh Dios de mi alabanza, no calles;
2 Porque boca de impío y boca de engañador se han
     abierto contra mí;
    Han hablado de mí con lengua mentirosa;
3 Con palabras de odio me han rodeado,
    Y pelearon contra mí sin causa.

38 he blessed them, and their numbers greatly
     increased,
    and he did not let their herds diminish.

39 Then their numbers decreased, and they were
     humbled
    by oppression, calamity and sorrow;
40 he who pours contempt on nobles
    made them wander in a trackless waste.
41 But he lifted the needy out of their affliction
    and increased their families like flocks.
42 The upright see and rejoice,
    but all the wicked shut their mouths.

43 Whoever is wise, let him heed these things
    and consider the great love of the LORD.

Psalm 108

A song. A psalm of David.

1 My heart is steadfast, O God;
    I will sing and make music with all my soul.
2 Awake, harp and lyre!
    I will awaken the dawn.
3 I will praise you, O LORD, among the nations;
    I will sing of you among the peoples.
4 For great is your love, higher than the heavens;
    your faithfulness reaches to the skies.
5 Be exalted, O God, above the heavens,
    and let your glory be over all the earth.

6 Save us and help us with your right hand,
    that those you love may be delivered.
7 God has spoken from his sanctuary:
    "In triumph I will parcel out Shechem
    and measure off the Valley of Succoth.
8 Gilead is mine, Manasseh is mine;
    Ephraim is my helmet,
    Judah my scepter.
9 Moab is my washbasin,
    upon Edom I toss my sandal;
    over Philistia I shout in triumph."

10 Who will bring me to the fortified city?
    Who will lead me to Edom?
11 Is it not you, O God, you who have rejected us
    and no longer go out with our armies?
12 Give us aid against the enemy,
    for the help of man is worthless.
13 With God we will gain the victory,
    and he will trample down our enemies.

Psalm 109

For the director of music. Of David. A psalm.

1 O God, whom I praise,
    do not remain silent,
2 for wicked and deceitful men
    have opened their mouths against me;
    they have spoken against me with lying
      tongues.
3 With words of hatred they surround me;
    they attack me without cause.

4 En pago de mi amor me han sido adversarios;
  Mas yo oraba.
5 Me devuelven mal por bien,
  Y odio por amor.

6 Pon sobre él al impío,
  Y Satanás esté a su diestra.
7 Cuando fuere juzgado, salga culpable;
  Y su oración sea para pecado.
8 Sean sus días pocos;
  Tome otro su oficio.
9 Sean sus hijos huérfanos,
  Y su mujer viuda.
10 Anden sus hijos vagabundos, y mendiguen;
  Y procuren su pan lejos de sus desolados hogares.
11 Que el acreedor se apodere de todo lo que tiene,
  Y extraños saqueen su trabajo.
12 No tenga quien le haga misericordia,
  Ni haya quien tenga compasión de sus huérfanos.
13 Su posteridad sea destruida;
  En la segunda generación sea borrado su nombre.
14 Venga en memoria ante Jehová la maldad de sus
  padres,
  Y el pecado de su madre no sea borrado.
15 Estén siempre delante de Jehová,
  Y él corte de la tierra su memoria,
16 Por cuanto no se acordó de hacer misericordia,
  Y persiguió al hombre afligido y menesteroso,
  Al quebrantado de corazón, para darle muerte.
17 Amó la maldición, y ésta le sobrevino;
  Y no quiso la bendición, y ella se alejó de él.
18 Se vistió de maldición como de su vestido,
  Y entró como agua en sus entrañas,
  Y como aceite en sus huesos.
19 Séale como vestido con que se cubra,
  Y en lugar de cinto con que se ciña siempre.

20 Sea este el pago de parte de Jehová a los que me
  calumnian,
  Y a los que hablan mal contra mi alma.
21 Y tú, Jehová, Señor mío, favoréceme por amor de tu
  nombre;
  Líbrame, porque tu misericordia es buena.
22 Porque yo estoy afligido y necesitado,
  Y mi corazón está herido dentro de mí.
23 Me voy como la sombra cuando declina;
  Soy sacudido como langosta.
24 Mis rodillas están debilitadas a causa del ayuno,
  Y mi carne desfallece por falta de gordura.
25 Yo he sido para ellos objeto de oprobio;
  Me miraban, y burlándose meneaban su cabeza.

26 Ayúdame, Jehová Dios mío;
  Sálvame conforme a tu misericordia.
27 Y entiendan que esta es tu mano;
  Que tú, Jehová, has hecho esto.
28 Maldigan ellos, pero bendice tú;
  Levántense, mas sean avergonzados, y regocíjese tu
  siervo.

4 In return for my friendship they accuse me,
  but I am a man of prayer.
5 They repay me evil for good,
  and hatred for my friendship.

6 Appoint[b] an evil man[c] to oppose him;
  let an accuser[d] stand at his right hand.
7 When he is tried, let him be found guilty,
  and may his prayers condemn him.
8 May his days be few;
  may another take his place of leadership.
9 May his children be fatherless
  and his wife a widow.
10 May his children be wandering beggars;
  may they be driven[e] from their ruined
  homes.
11 May a creditor seize all he has;
  may strangers plunder the fruits of his labor.
12 May no one extend kindness to him
  or take pity on his fatherless children.
13 May his descendants be cut off,
  their names blotted out from the next
  generation.
14 May the iniquity of his fathers be remembered
  before the LORD;
  may the sin of his mother never be blotted
  out.
15 May their sins always remain before the LORD,
  that he may cut off the memory of them from
  the earth.

16 For he never thought of doing a kindness,
  but hounded to death the poor
  and the needy and the brokenhearted.
17 He loved to pronounce a curse—
  may it[f] come on him;
  he found no pleasure in blessing—
  may it be[g] far from him.
18 He wore cursing as his garment;
  it entered into his body like water,
  into his bones like oil.
19 May it be like a cloak wrapped about him,
  like a belt tied forever around him.
20 May this be the LORD's payment to my accusers,
  to those who speak evil of me.

21 But you, O Sovereign LORD,
  deal well with me for your name's sake;
  out of the goodness of your love, deliver me.
22 For I am poor and needy,
  and my heart is wounded within me.
23 I fade away like an evening shadow;
  I am shaken off like a locust.
24 My knees give way from fasting;
  my body is thin and gaunt.
25 I am an object of scorn to my accusers;
  when they see me, they shake their heads.

26 Help me, O LORD my God;
  save me in accordance with your love.
27 Let them know that it is your hand,
  that you, O LORD, have done it.
28 They may curse, but you will bless;
  when they attack they will be put to shame,
  but your servant will rejoice.

---

b6 Or They say: "Appoint (with quotation marks at the end of
verse 19)   c6 Or the Evil One   d6 Or let Satan
e10 Septuagint; Hebrew sought   f17 Or curse, / and it has
g17 Or blessing, / and it is

29 Sean vestidos de ignominia los que me calumnian;
Sean cubiertos de confusión como con manto.

30 Yo alabaré a Jehová en gran manera con mi boca,
Y en medio de muchos le alabaré.
31 Porque él se pondrá a la diestra del pobre,
Para librar su alma de los que le juzgan.

Salmo 110

Jehová da dominio al rey

Salmo de David.

1 Jehová dijo a mi Señor:
Siéntate a mi diestra,
Hasta que ponga a tus enemigos por estrado de tus
pies.

2 Jehová enviará desde Sion la vara de tu poder;
Domina en medio de tus enemigos.
3 Tu pueblo se te ofrecerá voluntariamente en el día
de tu poder,
En la hermosura de la santidad.
Desde el seno de la aurora
Tienes tú el rocío de tu juventud.
4 Juró Jehová, y no se arrepentirá:
Tú eres sacerdote para siempre
Según el orden de Melquisedec.

5 El Señor está a tu diestra;
Quebrantará a los reyes en el día de su ira.
6 Juzgará entre las naciones,
Las llenará de cadáveres;
Quebrantará las cabezas en muchas tierras.
7 Del arroyo beberá en el camino,
Por lo cual levantará la cabeza.

Salmo 111

Dios cuida de su pueblo

Aleluya.

1 Alabaré a Jehová con todo el corazón
En la compañía y congregación de los rectos.
2 Grandes son las obras de Jehová,
Buscadas de todos los que las quieren.
3 Gloria y hermosura es su obra,
Y su justicia permanece para siempre.
4 Ha hecho memorables sus maravillas;
Clemente y misericordioso es Jehová.
5 Ha dado alimento a los que le temen;
Para siempre se acordará de su pacto.
6 El poder de sus obras manifestó a su pueblo,
Dándole la heredad de las naciones.
7 Las obras de sus manos son verdad y juicio;
Fieles son todos sus mandamientos,
8 Afirmados eternamente y para siempre,
Hechos en verdad y en rectitud.

29 My accusers will be clothed with disgrace
and wrapped in shame as in a cloak.

30 With my mouth I will greatly extol the LORD;
in the great throng I will praise him.
31 For he stands at the right hand of the needy one,
to save his life from those who condemn him.

Psalm 110

Of David. A psalm.

1 The LORD says to my Lord:
"Sit at my right hand
until I make your enemies
a footstool for your feet."

2 The LORD will extend your mighty scepter from
Zion;
you will rule in the midst of your enemies.
3 Your troops will be willing
on your day of battle.
Arrayed in holy majesty,
from the womb of the dawn
you will receive the dew of your youth. h

4 The LORD has sworn
and will not change his mind:
"You are a priest forever,
in the order of Melchizedek."

5 The Lord is at your right hand;
he will crush kings on the day of his wrath.
6 He will judge the nations, heaping up the dead
and crushing the rulers of the whole earth.
7 He will drink from a brook beside the way i;
therefore he will lift up his head.

Psalm 111 j

1 Praise the LORD. k

I will extol the LORD with all my heart
in the council of the upright and in the
assembly.

2 Great are the works of the LORD;
they are pondered by all who delight in them.
3 Glorious and majestic are his deeds,
and his righteousness endures forever.
4 He has caused his wonders to be remembered;
the LORD is gracious and compassionate.
5 He provides food for those who fear him;
he remembers his covenant forever.
6 He has shown his people the power of his works,
giving them the lands of other nations.
7 The works of his hands are faithful and just;
all his precepts are trustworthy.
8 They are steadfast for ever and ever,
done in faithfulness and uprightness.

---

h 3 Or / your young men will come to you like the dew   i 7 Or
/ The One who grants succession will set him in authority
j This psalm is an acrostic poem, the lines of which begin with the
successive letters of the Hebrew alphabet.   k 1 Hebrew Hallelu
Yah

9 Redención ha enviado a su pueblo;
  Para siempre ha ordenado su pacto;
  Santo y temible es su nombre.
10 El principio de la sabiduría es el temor de Jehová;
  Buen entendimiento tienen todos los que practican
    sus mandamientos;
  Su loor permanece para siempre.

Salmo 112

Prosperidad del que teme a Jehová

Aleluya.

1 Bienaventurado el hombre que teme a Jehová,
  Y en sus mandamientos se deleita en gran manera.
2 Su descendencia será poderosa en la tierra;
  La generación de los rectos será bendita.
3 Bienes y riquezas hay en su casa,
  Y su justicia permanece para siempre.
4 Resplandeció en las tinieblas luz a los rectos;
  Es clemente, misericordioso y justo.
5 El hombre de bien tiene misericordia, y presta;
  Gobierna sus asuntos con juicio,
6 Por lo cual no resbalará jamás;
  En memoria eterna será el justo.
7 No tendrá temor de malas noticias;
  Su corazón está firme, confiado en Jehová.
8 Asegurado está su corazón; no temerá,
  Hasta que vea en sus enemigos su deseo.
9 Reparte, da a los pobres;
  Su justicia permanece para siempre;
  Su poder será exaltado en gloria.
10 Lo verá el impío y se irritará;
  Crujirá los dientes, y se consumirá.
  El deseo de los impíos perecerá.

Salmo 113

Dios levanta al pobre

Aleluya.

1 Alabad, siervos de Jehová,
  Alabad el nombre de Jehová.

2 Sea el nombre de Jehová bendito
  Desde ahora y para siempre.
3 Desde el nacimiento del sol hasta donde se pone,
  Sea alabado el nombre de Jehová.
4 Excelso sobre todas las naciones es Jehová,
  Sobre los cielos su gloria.

5 ¿Quién como Jehová nuestro Dios,
  Que se sienta en las alturas,
6 Que se humilla a mirar
  En el cielo y en la tierra?
7 El levanta del polvo al pobre,
  Y al menesteroso alza del muladar,
8 Para hacerlos sentar con los príncipes,
  Con los príncipes de su pueblo.

9 He provided redemption for his people;
  he ordained his covenant forever—
  holy and awesome is his name.
10 The fear of the LORD is the beginning of wisdom;
  all who follow his precepts have good
    understanding.
  To him belongs eternal praise.

Psalm 112 *l*

1 Praise the LORD. *m*

Blessed is the man who fears the LORD,
  who finds great delight in his commands.

2 His children will be mighty in the land;
  the generation of the upright will be blessed.
3 Wealth and riches are in his house,
  and his righteousness endures forever.
4 Even in darkness light dawns for the upright,
  for the gracious and compassionate and
    righteous man. *n*
5 Good will come to him who is generous and
    lends freely,
  who conducts his affairs with justice.
6 Surely he will never be shaken;
  a righteous man will be remembered forever.
7 He will have no fear of bad news;
  his heart is steadfast, trusting in the LORD.
8 His heart is secure, he will have no fear;
  in the end he will look in triumph on his foes.
9 He has scattered abroad his gifts to the poor,
  his righteousness endures forever;
  his horn *o* will be lifted high in honor.

10 The wicked man will see and be vexed,
  he will gnash his teeth and waste away;
  the longings of the wicked will come to
    nothing.

Psalm 113

1 Praise the LORD. *p*

Praise, O servants of the LORD,
  praise the name of the LORD.
2 Let the name of the LORD be praised,
  both now and forevermore.
3 From the rising of the sun to the place where it
    sets,
  the name of the LORD is to be praised.

4 The LORD is exalted over all the nations,
  his glory above the heavens.
5 Who is like the LORD our God,
  the One who sits enthroned on high,
6 who stoops down to look
  on the heavens and the earth?

7 He raises the poor from the dust
  and lifts the needy from the ash heap;
8 he seats them with princes,
  with the princes of their people.

---

l This psalm is an acrostic poem, the lines of which begin with the
successive letters of the Hebrew alphabet.   *m 1* Hebrew *Hallelu
Yah*   *n 4* Or / *for the* LORD *is gracious and compassionate and
righteous*   *o 9 Horn* here symbolizes dignity.   *p 1* Hebrew
Hallelu Yah; also in verse 9

9 El hace habitar en familia a la estéril,
Que se goza en ser madre de hijos.
Aleluya.

Salmo 114

Las maravillas del Exodo

1 Cuando salió Israel de Egipto,
La casa de Jacob del pueblo extranjero,
2 Judá vino a ser su santuario,
E Israel su señorío.

3 El mar lo vio, y huyó;
El Jordán se volvió atrás
4 Los montes saltaron como carneros,
Los collados como corderitos.

5 ¿Qué tuviste, oh mar, que huiste?
¿Y tú, oh Jordán, que te volviste atrás?
6 Oh montes, ¿por qué saltasteis como carneros,
Y vosotros, collados, como corderitos?

7 A la presencia de Jehová tiembla la tierra,
A la presencia del Dios de Jacob,
8 El cual cambió la peña en estanque
de aguas,
Y en fuente de aguas la roca.

Salmo 115

Dios y los ídolos

1 No a nosotros, oh Jehová, no a nosotros,
Sino a tu nombre da gloria,
Por tu misericordia, por tu verdad.
2 ¿Por qué han de decir las gentes:
¿Dónde está ahora su Dios?

3 Nuestro Dios está en los cielos;
Todo lo que quiso ha hecho.
4 Los ídolos de ellos son plata y oro,
Obra de manos de hombres.
5 Tienen boca, mas no hablan;
Tienen ojos, mas no ven;
6 Orejas tienen, mas no oyen;
Tienen narices, mas no huelen;
7 Manos tienen, mas no palpan;
Tienen pies, mas no andan;
No hablan con su garganta.
8 Semejantes a ellos son los que los hacen,
Y cualquiera que confía en ellos.

9 Oh Israel, confía en Jehová;
El es tu ayuda y tu escudo.
10 Casa de Aarón, confiad en Jehová;
El es vuestra ayuda y vuestro escudo.
11 Los que teméis a Jehová, confiad en Jehová;
El es vuestra ayuda y vuestro escudo.

12 Jehová se acordó de nosotros; nos bendecirá;
Bendecirá a la casa de Israel;
Bendecirá a la casa de Aarón.
13 Bendecirá a los que temen a Jehová,
A pequeños y a grandes.

9 He settles the barren woman in her home
as a happy mother of children.

Praise the LORD.

Psalm 114

1 When Israel came out of Egypt,
the house of Jacob from a people of foreign
tongue,
2 Judah became God's sanctuary,
Israel his dominion.

3 The sea looked and fled,
the Jordan turned back;
4 the mountains skipped like rams,
the hills like lambs.

5 Why was it, O sea, that you fled,
O Jordan, that you turned back,
6 you mountains, that you skipped like rams,
you hills, like lambs?

7 Tremble, O earth, at the presence of the Lord,
at the presence of the God of Jacob,
8 who turned the rock into a pool,
the hard rock into springs of water.

Psalm 115

1 Not to us, O LORD, not to us
but to your name be the glory,
because of your love and faithfulness.

2 Why do the nations say,
"Where is their God?"
3 Our God is in heaven;
he does whatever pleases him.
4 But their idols are silver and gold,
made by the hands of men.
5 They have mouths, but cannot speak,
eyes, but they cannot see;
6 they have ears, but cannot hear,
noses, but they cannot smell;
7 they have hands, but cannot feel,
feet, but they cannot walk;
nor can they utter a sound with their throats.
8 Those who make them will be like them,
and so will all who trust in them.

9 O house of Israel, trust in the LORD —
he is their help and shield.
10 O house of Aaron, trust in the LORD —
he is their help and shield.
11 You who fear him, trust in the LORD —
he is their help and shield.

12 The LORD remembers us and will bless us:
He will bless the house of Israel,
he will bless the house of Aaron,
13 he will bless those who fear the LORD —
small and great alike.

14Aumentará Jehová bendición sobre vosotros;
  Sobre vosotros y sobre vuestros hijos.
15Benditos vosotros de Jehová,
  Que hizo los cielos y la tierra.

16Los cielos son los cielos de Jehová;
  Y ha dado la tierra a los hijos de los hombres.
17No alabarán los muertos a Jah,
  Ni cuantos descienden al silencio;
18Pero nosotros bendeciremos a Jah
  Desde ahora y para siempre.
  Aleluya.

Salmo 116

Acción de gracias por haber sido librado de la muerte

1Amo a Jehová, pues ha oído
  Mi voz y mis súplicas;
2Porque ha inclinado a mí su oído;
  Por tanto, le invocaré en todos mis días.
3Me rodearon ligaduras de muerte,
  Me encontraron las angustias del Seol;
  Angustia y dolor había yo hallado.
4Entonces invoqué el nombre de Jehová, diciendo:
  Oh Jehová, libra ahora mi alma.

5Clemente es Jehová, y justo;
  Sí, misericordioso es nuestro Dios.
6Jehová guarda a los sencillos;
  Estaba yo postrado, y me salvó.
7Vuelve, oh alma mía, a tu reposo,
  Porque Jehová te ha hecho bien.

8Pues tú has librado mi alma de la muerte,
  Mis ojos de lágrimas,
  Y mis pies de resbalar.
9Andaré delante de Jehová
  En la tierra de los vivientes.
10Creí; por tanto hablé,
  Estando afligido en gran manera.
11Y dije en mi apresuramiento:
  Todo hombre es mentiroso.

12¿Qué pagaré a Jehová
  Por todos sus beneficios para conmigo?
13Tomaré la copa de la salvación,
  E invocaré el nombre de Jehová.
14Ahora pagaré mis votos a Jehová
  Delante de todo su pueblo.
15Estimada es a los ojos de Jehová
  La muerte de sus santos.
16Oh Jehová, ciertamente yo soy tu siervo,
  Siervo tuyo soy, hijo de tu sierva;
  Tú has roto mis prisiones.
17Te ofreceré sacrificio de alabanza,
  E invocaré el nombre de Jehová.
18A Jehová pagaré ahora mis votos
  Delante de todo su pueblo,
19En los atrios de la casa de Jehová,
  En medio de ti, oh Jerusalén.
  Aleluya.

14May the LORD make you increase,
  both you and your children.
15May you be blessed by the LORD,
  the Maker of heaven and earth.

16The highest heavens belong to the LORD,
  but the earth he has given to man.
17It is not the dead who praise the LORD,
  those who go down to silence;
18it is we who extol the LORD,
  both now and forevermore.

Praise the LORD.q

Psalm 116

1I love the LORD, for he heard my voice;
  he heard my cry for mercy.
2Because he turned his ear to me,
  I will call on him as long as I live.

3The cords of death entangled me,
  the anguish of the graver came upon me;
  I was overcome by trouble and sorrow.
4Then I called on the name of the LORD:
  "O LORD, save me!"

5The LORD is gracious and righteous;
  our God is full of compassion.
6The LORD protects the simplehearted;
  when I was in great need, he saved me.

7Be at rest once more, O my soul,
  for the LORD has been good to you.

8For you, O LORD, have delivered my soul from
    death,
  my eyes from tears,
  my feet from stumbling,
9that I may walk before the LORD
  in the land of the living.
10I believed; therefores I said,
  "I am greatly afflicted."
11And in my dismay I said,
  "All men are liars."

12How can I repay the LORD
  for all his goodness to me?
13I will lift up the cup of salvation
  and call on the name of the LORD.
14I will fulfill my vows to the LORD
  in the presence of all his people.

15Precious in the sight of the LORD
  is the death of his saints.
16O LORD, truly I am your servant;
  I am your servant, the son of your
    maidservantt;
  you have freed me from my chains.

17I will sacrifice a thank offering to you
  and call on the name of the LORD.
18I will fulfill my vows to the LORD
  in the presence of all his people,
19in the courts of the house of the LORD—
  in your midst, O Jerusalem.

Praise the LORD.q

---

q18,19 Hebrew Hallelu Yah r3 Hebrew Sheol s10 Or
believed even when t16 Or servant, your faithful son

Salmo 117

Alabanza por la misericordia de Jehová

¹ Alabad a Jehová, naciones todas;
Pueblos todos, alabadle.
² Porque ha engrandecido sobre nosotros su
misericordia,
Y la fidelidad de Jehová es para siempre.
Aleluya.

Salmo 118

Acción de gracias por la salvación recibida de Jehová

¹ Alabad a Jehová, porque él es bueno;
Porque para siempre es su misericordia.

² Diga ahora Israel,
Que para siempre es su misericordia.
³ Diga ahora la casa de Aarón,
Que para siempre es su misericordia.
⁴ Digan ahora los que temen a Jehová,
Que para siempre es su misericordia.

⁵ Desde la angustia invoqué a Jah,
Y me respondió Jah, poniéndome en lugar
espacioso.
⁶ Jehová está conmigo; no temeré
Lo que me pueda hacer el hombre.
⁷ Jehová está conmigo entre los que me ayudan;
Por tanto, yo veré mi deseo en los que me
aborrecen.
⁸ Mejor es confiar en Jehová
Que confiar en el hombre.
⁹ Mejor es confiar en Jehová
Que confiar en príncipes.

¹⁰ Todas las naciones me rodearon;
Mas en el nombre de Jehová yo las destruiré.
¹¹ Me rodearon y me asediaron;
Mas en el nombre de Jehová yo las destruiré.
¹² Me rodearon como abejas; se enardecieron como
fuego de espinos;
Mas en el nombre de Jehová yo las destruiré.
¹³ Me empujaste con violencia para que cayese,
Pero me ayudó Jehová.
¹⁴ Mi fortaleza y mi cántico es Jah,
Y él me ha sido por salvación.

¹⁵ Voz de júbilo y de salvación hay en las tiendas de
los justos;
La diestra de Jehová hace proezas.
¹⁶ La diestra de Jehová es sublime;
La diestra de Jehová hace valentías.
¹⁷ No moriré, sino que viviré,
Y contaré las obras de Jah.
¹⁸ Me castigó gravemente Jah,
Mas no me entregó a la muerte.

¹⁹ Abridme las puertas de la justicia;
Entraré por ellas, alabaré a Jah.
²⁰ Esta es puerta de Jehová;
Por ella entrarán los justos.

Psalm 117

¹Praise the Lord, all you nations;
extol him, all you peoples.
²For great is his love toward us,
and the faithfulness of the Lord endures
forever.

Praise the Lord. ᵘ

Psalm 118

¹Give thanks to the Lord, for he is good;
his love endures forever.

²Let Israel say:
"His love endures forever."
³Let the house of Aaron say:
"His love endures forever."
⁴Let those who fear the Lord say:
"His love endures forever."

⁵In my anguish I cried to the Lord,
and he answered by setting me free.
⁶The Lord is with me; I will not be afraid.
What can man do to me?
⁷The Lord is with me; he is my helper.
I will look in triumph on my enemies.

⁸It is better to take refuge in the Lord
than to trust in man.
⁹It is better to take refuge in the Lord
than to trust in princes.

¹⁰All the nations surrounded me,
but in the name of the Lord I cut them off.
¹¹They surrounded me on every side,
but in the name of the Lord I cut them off.
¹²They swarmed around me like bees,
but they died out as quickly as burning thorns;
in the name of the Lord I cut them off.

¹³I was pushed back and about to fall,
but the Lord helped me.
¹⁴The Lord is my strength and my song;
he has become my salvation.

¹⁵Shouts of joy and victory
resound in the tents of the righteous:
"The Lord's right hand has done mighty things!
¹⁶ The Lord's right hand is lifted high;
the Lord's right hand has done mighty
things!"

¹⁷I will not die but live,
and will proclaim what the Lord has done.
¹⁸The Lord has chastened me severely,
but he has not given me over to death.

¹⁹Open for me the gates of righteousness;
I will enter and give thanks to the Lord.
²⁰This is the gate of the Lord
through which the righteous may enter.

ᵘ2 Hebrew *Hallelu Yah*

21 Te alabaré porque me has oído,
Y me fuiste por salvación.
22 La piedra que desecharon los edificadores
Ha venido a ser cabeza del ángulo.
23 De parte de Jehová es esto,
Y es cosa maravillosa a nuestros ojos.
24 Este es el día que hizo Jehová;
Nos gozaremos y alegraremos en él.
25 Oh Jehová, sálvanos ahora, te ruego;
Te ruego, oh Jehová, que nos hagas prosperar ahora.
26 Bendito el que viene en el nombre de Jehová;
Desde la casa de Jehová os bendecimos.
27 Jehová es Dios, y nos ha dado luz;
Atad víctimas con cuerdas a los cuernos del altar.

28 Mi Dios eres tú, y te alabaré;
Dios mío, te exaltaré.

29 Alabad a Jehová, porque él es bueno;
Porque para siempre es su misericordia.

Salmo 119

Excelencias de la ley de Dios

Alef

1 Bienaventurados los perfectos de camino,
Los que andan en la ley de Jehová.
2 Bienaventurados los que guardan sus testimonios,
Y con todo el corazón le buscan;
3 Pues no hacen iniquidad
Los que andan en sus caminos.
4 Tú encargaste
Que sean muy guardados tus mandamientos.
5 ¡Ojalá fuesen ordenados mis caminos
Para guardar tus estatutos!
6 Entonces no sería yo avergonzado,
Cuando atendiese a todos tus mandamientos.
7 Te alabaré con rectitud de corazón
Cuando aprendiere tus justos juicios.
8 Tus estatutos guardaré;
No me dejes enteramente.

Bet

9 ¿Con qué limpiará el joven su camino?
Con guardar tu palabra.
10 Con todo mi corazón te he buscado;
No me dejes desviarme de tus mandamientos.
11 En mi corazón he guardado tus dichos,
Para no pecar contra ti.
12 Bendito tú, oh Jehová;
Enséñame tus estatutos.
13 Con mis labios he contado
Todos los juicios de tu boca.
14 Me he gozado en el camino de tus testimonios
Más que de toda riqueza.
15 En tus mandamientos meditaré;
Consideraré tus caminos.
16 Me regocijaré en tus estatutos;
No me olvidaré de tus palabras.

21 I will give you thanks, for you answered me;
you have become my salvation.
22 The stone the builders rejected
has become the capstone;
23 the LORD has done this,
and it is marvelous in our eyes.
24 This is the day the LORD has made;
let us rejoice and be glad in it.
25 O LORD, save us;
O LORD, grant us success.
26 Blessed is he who comes in the name of the
LORD.
From the house of the LORD we bless you. *v*
27 The LORD is God,
and he has made his light shine upon us.
With boughs in hand, join in the festal procession
up *w* to the horns of the altar.

28 You are my God, and I will give you thanks;
you are my God, and I will exalt you.

29 Give thanks to the LORD, for he is good;
his love endures forever.

Psalm 119 *x*

א   Aleph

1 Blessed are they whose ways are blameless,
who walk according to the law of the LORD.
2 Blessed are they who keep his statutes
and seek him with all their heart.
3 They do nothing wrong;
they walk in his ways.
4 You have laid down precepts
that are to be fully obeyed.
5 Oh, that my ways were steadfast
in obeying your decrees!
6 Then I would not be put to shame
when I consider all your commands.
7 I will praise you with an upright heart
as I learn your righteous laws.
8 I will obey your decrees;
do not utterly forsake me.

ב   Beth

9 How can a young man keep his way pure?
By living according to your word.
10 I seek you with all my heart;
do not let me stray from your commands.
11 I have hidden your word in my heart
that I might not sin against you.
12 Praise be to you, O LORD;
teach me your decrees.
13 With my lips I recount
all the laws that come from your mouth.
14 I rejoice in following your statutes
as one rejoices in great riches.
15 I meditate on your precepts
and consider your ways.
16 I delight in your decrees;
I will not neglect your word.

---

v26 The Hebrew is plural. *w27* Or *Bind the festal sacrifice with ropes / and take it*   *x* This psalm is an acrostic poem; the verses of each stanza begin with the same letter of the Hebrew alphabet.

Guímel

17 Haz bien a tu siervo; que viva,
Y guarde tu palabra.
18 Abre mis ojos, y miraré
Las maravillas de tu ley.
19 Forastero soy yo en la tierra;
No encubras de mí tus mandamientos.
20 Quebrantada está mi alma de desear
Tus juicios en todo tiempo.
21 Reprendiste a los soberbios, los malditos,
Que se desvían de tus mandamientos.
22 Aparta de mí el oprobio y el menosprecio,
Porque tus testimonios he guardado.
23 Príncipes también se sentaron y hablaron contra mí;
Mas tu siervo meditaba en tus estatutos,
24 Pues tus testimonios son mis delicias
Y mis consejeros.

Dálet

25 Abatida hasta el polvo está mi alma;
Vivifícame según tu palabra.
26 Te he manifestado mis caminos, y me has
respondido;
Enséñame tus estatutos.
27 Hazme entender el camino de tus mandamientos,
Para que medite en tus maravillas.
28 Se deshace mi alma de ansiedad;
Susténtame según tu palabra.
29 Aparta de mí el camino de la mentira,
Y en tu misericordia concédeme tu ley.
30 Escogí el camino de la verdad;
He puesto tus juicios delante de mí.
31 Me he apegado a tus testimonios;
Oh Jehová, no me avergüences.
32 Por el camino de tus mandamientos correré,
Cuando ensanches mi corazón.

He

33 Enséñame, oh Jehová, el camino de tus estatutos,
Y lo guardaré hasta el fin.
34 Dame entendimiento, y guardaré tu ley,
Y la cumpliré de todo corazón.
35 Guíame por la senda de tus mandamientos,
Porque en ella tengo mi voluntad.
36 Inclina mi corazón a tus testimonios,
Y no a la avaricia.
37 Aparta mis ojos, que no vean la vanidad;
Avívame en tu camino.
38 Confirma tu palabra a tu siervo,
Que te teme.
39 Quita de mí el oprobio que he temido,
Porque buenos son tus juicios.
40 He aquí yo he anhelado tus mandamientos;
Vivifícame en tu justicia.

Vau

41 Venga a mí tu misericordia, oh Jehová;
Tu salvación, conforme a tu dicho.
42 Y daré por respuesta a mi avergonzador,
Que en tu palabra he confiado.
43 No quites de mi boca en ningún tiempo la palabra
de verdad,
Porque en tus juicios espero.
44 Guardaré tu ley siempre,
Para siempre y eternamente.

ג Gimel

17 Do good to your servant, and I will live;
I will obey your word.
18 Open my eyes that I may see
wonderful things in your law.
19 I am a stranger on earth;
do not hide your commands from me.
20 My soul is consumed with longing
for your laws at all times.
21 You rebuke the arrogant, who are cursed
and who stray from your commands.
22 Remove from me scorn and contempt,
for I keep your statutes.
23 Though rulers sit together and slander me,
your servant will meditate on your decrees.
24 Your statutes are my delight;
they are my counselors.

ד Daleth

25 I am laid low in the dust;
preserve my life according to your word.
26 I recounted my ways and you answered me;
teach me your decrees.
27 Let me understand the teaching of your precepts;
then I will meditate on your wonders.
28 My soul is weary with sorrow;
strengthen me according to your word.
29 Keep me from deceitful ways;
be gracious to me through your law.
30 I have chosen the way of truth;
I have set my heart on your laws.
31 I hold fast to your statutes, O LORD;
do not let me be put to shame.
32 I run in the path of your commands,
for you have set my heart free.

ה He

33 Teach me, O LORD, to follow your decrees;
then I will keep them to the end.
34 Give me understanding, and I will keep your law
and obey it with all my heart.
35 Direct me in the path of your commands,
for there I find delight.
36 Turn my heart toward your statutes
and not toward selfish gain.
37 Turn my eyes away from worthless things;
preserve my life according to your word.ʸ
38 Fulfill your promise to your servant,
so that you may be feared.
39 Take away the disgrace I dread,
for your laws are good.
40 How I long for your precepts!
Preserve my life in your righteousness.

ו Waw

41 May your unfailing love come to me, O LORD,
your salvation according to your promise;
42 then I will answer the one who taunts me,
for I trust in your word.
43 Do not snatch the word of truth from my mouth,
for I have put my hope in your laws.
44 I will always obey your law,
for ever and ever.

ʸ37 Two manuscripts of the Masoretic Text and Dead Sea Scrolls;
most manuscripts of the Masoretic Text *life in your way*

45Y andaré en libertad,
  Porque busqué tus mandamientos.
46Hablaré de tus testimonios delante de los reyes,
  Y no me avergonzaré;
47Y me regocijaré en tus mandamientos,
  Los cuales he amado.
48Alzaré asimismo mis manos a tus mandamientos
    que amé,
  Y meditaré en tus estatutos.

Zain

49Acuérdate de la palabra dada a tu siervo,
  En la cual me has hecho esperar.
50Ella es mi consuelo en mi aflicción,
  Porque tu dicho me ha vivificado.
51Los soberbios se burlaron mucho de mí,
  Mas no me he apartado de tu ley.
52Me acordé, oh Jehová, de tus juicios antiguos,
  Y me consolé.
53Horror se apoderó de mí a causa de los inicuos
  Que dejan tu ley.
54Cánticos fueron para mí tus estatutos
  En la casa en donde fui extranjero.
55Me acordé en la noche de tu nombre, oh Jehová,
  Y guardé tu ley.
56Estas bendiciones tuve
  Porque guardé tus mandamientos.

Chet

57Mi porción es Jehová;
  He dicho que guardaré tus palabras.
58Tu presencia supliqué de todo corazón;
  Ten misericordia de mí según tu palabra.
59Consideré mis caminos,
  Y volví mis pies a tus testimonios.
60Me apresuré y no me retardé
  En guardar tus mandamientos.
61Compañías de impíos me han rodeado,
  Mas no me he olvidado de tu ley.
62A medianoche me levanto para alabarte
  Por tus justos juicios.
63Compañero soy yo de todos los que te temen
  Y guardan tus mandamientos.
64De tu misericordia, oh Jehová, está llena la tierra;
  Enséñame tus estatutos.

Tet

65Bien has hecho con tu siervo,
  Oh Jehová, conforme a tu palabra.
66Enséñame buen sentido y sabiduría,
  Porque tus mandamientos he creído.
67Antes que fuera yo humillado, descarriado andaba;
  Mas ahora guardo tu palabra.
68Bueno eres tú, y bienhechor;
  Enséñame tus estatutos.
69Contra mí forjaron mentira los soberbios,
  Mas yo guardaré de todo corazón tus
    mandamientos.
70Se engrosó el corazón de ellos como sebo,
  Mas yo en tu ley me he regocijado.
71Bueno me es haber sido humillado,
  Para que aprenda tus estatutos.
72Mejor me es la ley de tu boca
  Que millares de oro y plata.

45I will walk about in freedom,
  for I have sought out your precepts.
46I will speak of your statutes before kings
  and will not be put to shame,
47for I delight in your commands
  because I love them.
48I lift up my hands to z your commands, which I
    love,
  and I meditate on your decrees.

ז   Zayin

49Remember your word to your servant,
  for you have given me hope.
50My comfort in my suffering is this:
  Your promise preserves my life.
51The arrogant mock me without restraint,
  but I do not turn from your law.
52I remember your ancient laws, O LORD,
  and I find comfort in them.
53Indignation grips me because of the wicked,
  who have forsaken your law.
54Your decrees are the theme of my song
  wherever I lodge.
55In the night I remember your name, O LORD,
  and I will keep your law.
56This has been my practice:
  I obey your precepts.

ח   Heth

57You are my portion, O LORD;
  I have promised to obey your words.
58I have sought your face with all my heart;
  be gracious to me according to your promise.
59I have considered my ways
  and have turned my steps to your statutes.
60I will hasten and not delay
  to obey your commands.
61Though the wicked bind me with ropes,
  I will not forget your law.
62At midnight I rise to give you thanks
  for your righteous laws.
63I am a friend to all who fear you,
  to all who follow your precepts.
64The earth is filled with your love, O LORD;
  teach me your decrees.

ט   Teth

65Do good to your servant
  according to your word, O LORD.
66Teach me knowledge and good judgment,
  for I believe in your commands.
67Before I was afflicted I went astray,
  but now I obey your word.
68You are good, and what you do is good;
  teach me your decrees.
69Though the arrogant have smeared me with lies,
  I keep your precepts with all my heart.
70Their hearts are callous and unfeeling,
  but I delight in your law.
71It was good for me to be afflicted
  so that I might learn your decrees.
72The law from your mouth is more precious to me
  than thousands of pieces of silver and gold.

z48 Or for

Yod

73 Tus manos me hicieron y me formaron;
Hazme entender, y aprenderé tus mandamientos.
74 Los que te temen me verán, y se alegrarán,
Porque en tu palabra he esperado.
75 Conozco, oh Jehová, que tus juicios son justos,
Y que conforme a tu fidelidad me afligiste.
76 Sea ahora tu misericordia para consolarme,
Conforme a lo que has dicho a tu siervo.
77 Vengan a mí tus misericordias, para que viva,
Porque tu ley es mi delicia.
78 Sean avergonzados los soberbios, porque sin causa
me han calumniado;
Pero yo meditaré en tus mandamientos.
79 Vuélvanse a mí los que te temen
Y conocen tus testimonios.
80 Sea mi corazón íntegro en tus estatutos,
Para que no sea yo avergonzado.

Caf

81 Desfallece mi alma por tu salvación,
Mas espero en tu palabra.
82 Desfallecieron mis ojos por tu palabra,
Diciendo: ¿Cuándo me consolarás?
83 Porque estoy como el odre al humo;
Pero no he olvidado tus estatutos.
84 ¿Cuántos son los días de tu siervo?
¿Cuándo harás juicio contra los que me persiguen?
85 Los soberbios me han cavado hoyos;
Mas no proceden según tu ley.
86 Todos tus mandamientos son verdad;
Sin causa me persiguen; ayúdame.
87 Casi me han echado por tierra,
Pero no he dejado tus mandamientos.
88 Vivifícame conforme a tu misericordia,
Y guardaré los testimonios de tu boca.

Lámed

89 Para siempre, oh Jehová,
Permanece tu palabra en los cielos.
90 De generación en generación es tu fidelidad;
Tú afirmaste la tierra, y subsiste.
91 Por tu ordenación subsisten todas las cosas
hasta hoy,
Pues todas ellas te sirven.
92 Si tu ley no hubiese sido mi delicia,
Ya en mi aflicción hubiera perecido.
93 Nunca jamás me olvidaré de tus mandamientos,
Porque con ellos me has vivificado.
94 Tuyo soy yo, sálvame,
Porque he buscado tus mandamientos.
95 Los impíos me han aguardado para destruirme;
Mas yo consideraré tus testimonios.
96 A toda perfección he visto fin;
Amplio sobremanera es tu mandamiento.

Mem

97 ¡Oh, cuánto amo yo tu ley!
Todo el día es ella mi meditación.
98 Me has hecho más sabio que mis enemigos con tus
mandamientos,
Porque siempre están conmigo.
99 Más que todos mis enseñadores he entendido,
Porque tus testimonios son mi meditación.

׳ Yodh

73 Your hands made me and formed me;
give me understanding to learn your
commands.
74 May those who fear you rejoice when they see
me,
for I have put my hope in your word.
75 I know, O LORD, that your laws are righteous,
and in faithfulness you have afflicted me.
76 May your unfailing love be my comfort,
according to your promise to your servant.
77 Let your compassion come to me that I may live,
for your law is my delight.
78 May the arrogant be put to shame for wronging
me without cause;
but I will meditate on your precepts.
79 May those who fear you turn to me,
those who understand your statutes.
80 May my heart be blameless toward your decrees,
that I may not be put to shame.

כ Kaph

81 My soul faints with longing for your salvation,
but I have put my hope in your word.
82 My eyes fail, looking for your promise;
I say, "When will you comfort me?"
83 Though I am like a wineskin in the smoke,
I do not forget your decrees.
84 How long must your servant wait?
When will you punish my persecutors?
85 The arrogant dig pitfalls for me,
contrary to your law.
86 All your commands are trustworthy;
help me, for men persecute me without cause.
87 They almost wiped me from the earth,
but I have not forsaken your precepts.
88 Preserve my life according to your love,
and I will obey the statutes of your mouth.

ל Lamedh

89 Your word, O LORD, is eternal;
it stands firm in the heavens.
90 Your faithfulness continues through all
generations;
you established the earth, and it endures.
91 Your laws endure to this day,
for all things serve you.
92 If your law had not been my delight,
I would have perished in my affliction.
93 I will never forget your precepts,
for by them you have preserved my life.
94 Save me, for I am yours;
I have sought out your precepts.
95 The wicked are waiting to destroy me,
but I will ponder your statutes.
96 To all perfection I see a limit;
but your commands are boundless.

מ Mem

97 Oh, how I love your law!
I meditate on it all day long.
98 Your commands make me wiser than my
enemies,
for they are ever with me.
99 I have more insight than all my teachers,
for I meditate on your statutes.

100Más que los viejos he entendido,
　　Porque he guardado tus mandamientos;
101De todo mal camino contuve mis pies,
　　Para guardar tu palabra.
102No me aparté de tus juicios,
　　Porque tú me enseñaste.
103¡Cuán dulces son a mi paladar tus palabras!
　　Más que la miel a mi boca.
104De tus mandamientos he adquirido inteligencia;
　　Por tanto, he aborrecido todo camino de mentira.

Nun

105Lámpara es a mis pies tu palabra,
　　Y lumbrera a mi camino.
106Juré y ratifiqué
　　Que guardaré tus justos juicios.
107Afligido estoy en gran manera;
　　Vivifícame, oh Jehová, conforme a tu palabra.
108Te ruego, oh Jehová, que te sean agradables los
　　　sacrificios voluntarios de mi boca,
　　Y me enseñes tus juicios.
109Mi vida está de continuo en peligro,
　　Mas no me he olvidado de tu ley.
110Me pusieron lazo los impíos,
　　Pero yo no me desvié de tus mandamientos.
111Por heredad he tomado tus testimonios para
　　　siempre,
　　Porque son el gozo de mi corazón.
112Mi corazón incliné a cumplir tus estatutos
　　De continuo, hasta el fin.

Sámec

113Aborrezco a los hombres hipócritas;
　　Mas amo tu ley.
114Mi escondedero y mi escudo eres tú;
　　En tu palabra he esperado.
115Apartaos de mí, malignos,
　　Pues yo guardaré los mandamientos de mi Dios.
116Susténtame conforme a tu palabra, y viviré;
　　Y no quede yo avergonzado de mi esperanza.
117Sosténme, y seré salvo,
　　Y me regocijaré siempre en tus estatutos.
118Hollaste a todos los que se desvían de tus estatutos,
　　Porque su astucia es falsedad.
119Como escorias hiciste consumir a todos los impíos
　　　de la tierra;
　　Por tanto, yo he amado tus testimonios.
120Mi carne se ha estremecido por temor de ti,
　　Y de tus juicios tengo miedo.

Ayin

121Juicio y justicia he hecho;
　　No me abandones a mis opresores.
122Afianza a tu siervo para bien;
　　No permitas que los soberbios me opriman.
123Mis ojos desfallecieron por tu salvación,
　　Y por la palabra de tu justicia.
124Haz con tu siervo según tu misericordia,
　　Y enséñame tus estatutos.
125Tu siervo soy yo, dame entendimiento
　　Para conocer tus testimonios.
126Tiempo es de actuar, oh Jehová,
　　Porque han invalidado tu ley.
127Por eso he amado tus mandamientos
　　Más que el oro, y más que oro muy puro.

100I have more understanding than the elders,
　　for I obey your precepts.
101I have kept my feet from every evil path
　　so that I might obey your word.
102I have not departed from your laws,
　　for you yourself have taught me.
103How sweet are your words to my taste,
　　sweeter than honey to my mouth!
104I gain understanding from your precepts;
　　therefore I hate every wrong path.

נ　Nun

105Your word is a lamp to my feet
　　and a light for my path.
106I have taken an oath and confirmed it,
　　that I will follow your righteous laws.
107I have suffered much;
　　preserve my life, O LORD, according to your
　　　word.
108Accept, O LORD, the willing praise of my mouth,
　　and teach me your laws.
109Though I constantly take my life in my hands,
　　I will not forget your law.
110The wicked have set a snare for me,
　　but I have not strayed from your precepts.
111Your statutes are my heritage forever;
　　they are the joy of my heart.
112My heart is set on keeping your decrees
　　to the very end.

ס　Samekh

113I hate double-minded men,
　　but I love your law.
114You are my refuge and my shield;
　　I have put my hope in your word.
115Away from me, you evildoers,
　　that I may keep the commands of my God!
116Sustain me according to your promise, and I will
　　　live;
　　do not let my hopes be dashed.
117Uphold me, and I will be delivered;
　　I will always have regard for your decrees.
118You reject all who stray from your decrees,
　　for their deceitfulness is in vain.
119All the wicked of the earth you discard like
　　　dross;
　　therefore I love your statutes.
120My flesh trembles in fear of you;
　　I stand in awe of your laws.

ע　Ayin

121I have done what is righteous and just;
　　do not leave me to my oppressors.
122Ensure your servant's well-being;
　　let not the arrogant oppress me.
123My eyes fail, looking for your salvation,
　　looking for your righteous promise.
124Deal with your servant according to your love
　　and teach me your decrees.
125I am your servant; give me discernment
　　that I may understand your statutes.
126It is time for you to act, O LORD;
　　your law is being broken.
127Because I love your commands
　　more than gold, more than pure gold,

128 Por eso estimé rectos todos tus mandamientos sobre todas las cosas,
Y aborrecí todo camino de mentira.

Pe

129 Maravillosos son tus testimonios;
Por tanto, los ha guardado mi alma.
130 La exposición de tus palabras alumbra;
Hace entender a los simples.
131 Mi boca abrí y suspiré,
Porque deseaba tus mandamientos.
132 Mírame, y ten misericordia de mí,
Como acostumbras con los que aman tu nombre.
133 Ordena mis pasos con tu palabra,
Y ninguna iniquidad se enseñoree de mí.
134 Líbrame de la violencia de los hombres,
Y guardaré tus mandamientos.
135 Haz que tu rostro resplandezca sobre tu siervo,
Y enséñame tus estatutos.
136 Ríos de agua descendieron de mis ojos,
Porque no guardaban tu ley.

Tsade

137 Justo eres tú, oh Jehová,
Y rectos tus juicios.
138 Tus testimonios, que has recomendado,
Son rectos y muy fieles.
139 Mi celo me ha consumido,
Porque mis enemigos se olvidaron de tus palabras.
140 Sumamente pura es tu palabra,
Y la ama tu siervo.
141 Pequeño soy yo, y desechado,
Mas no me he olvidado de tus mandamientos.
142 Tu justicia es justicia eterna,
Y tu ley la verdad.
143 Aflicción y angustia se han apoderado de mí,
Mas tus mandamientos fueron mi delicia.
144 Justicia eterna son tus testimonios;
Dame entendimiento, y viviré.

Cof

145 Clamé con todo mi corazón; respóndeme, Jehová,
Y guardaré tus estatutos.
146 A ti clamé; sálvame,
Y guardaré tus testimonios.
147 Me anticipé al alba, y clamé;
Esperé en tu palabra.
148 Se anticiparon mis ojos a las vigilias de la noche,
Para meditar en tus mandatos.
149 Oye mi voz conforme a tu misericordia;
Oh Jehová, vivifícame conforme a tu juicio.
150 Se acercaron a la maldad los que me persiguen;
Se alejaron de tu ley.
151 Cercano estás tú, oh Jehová,
Y todos tus mandamientos son verdad.
152 Hace ya mucho que he entendido tus testimonios,
Que para siempre los has establecido.

Resh

153 Mira mi aflicción, y líbrame,
Porque de tu ley no me he olvidado.
154 Defiende mi causa, y redímeme;
Vivifícame con tu palabra.

128 and because I consider all your precepts right,
I hate every wrong path.

פ Pe

129 Your statutes are wonderful;
therefore I obey them.
130 The unfolding of your words gives light;
it gives understanding to the simple.
131 I open my mouth and pant,
longing for your commands.
132 Turn to me and have mercy on me,
as you always do to those who love your name.
133 Direct my footsteps according to your word;
let no sin rule over me.
134 Redeem me from the oppression of men,
that I may obey your precepts.
135 Make your face shine upon your servant
and teach me your decrees.
136 Streams of tears flow from my eyes,
for your law is not obeyed.

צ Tsadhe

137 Righteous are you, O Lord,
and your laws are right.
138 The statutes you have laid down are righteous;
they are fully trustworthy.
139 My zeal wears me out,
for my enemies ignore your words.
140 Your promises have been thoroughly tested,
and your servant loves them.
141 Though I am lowly and despised,
I do not forget your precepts.
142 Your righteousness is everlasting
and your law is true.
143 Trouble and distress have come upon me,
but your commands are my delight.
144 Your statutes are forever right;
give me understanding that I may live.

ק Qoph

145 I call with all my heart; answer me, O Lord,
and I will obey your decrees.
146 I call out to you; save me
and I will keep your statutes.
147 I rise before dawn and cry for help;
I have put my hope in your word.
148 My eyes stay open through the watches of the night,
that I may meditate on your promises.
149 Hear my voice in accordance with your love;
preserve my life, O Lord, according to your laws.
150 Those who devise wicked schemes are near,
but they are far from your law.
151 Yet you are near, O Lord,
and all your commands are true.
152 Long ago I learned from your statutes
that you established them to last forever.

ר Resh

153 Look upon my suffering and deliver me,
for I have not forgotten your law.
154 Defend my cause and redeem me;
preserve my life according to your promise.

155Lejos está de los impíos la salvación,
   Porque no buscan tus estatutos.
156Muchas son tus misericordias, oh Jehová;
   Vivifícame conforme a tus juicios.
157Muchos son mis perseguidores y mis enemigos,
   Mas de tus testimonios no me he apartado.
158Veía a los prevaricadores, y me disgustaba,
   Porque no guardaban tus palabras.
159Mira, oh Jehová, que amo tus mandamientos;
   Vivifícame conforme a tu misericordia.
160La suma de tu palabra es verdad,
   Y eterno es todo juicio de tu justicia.

Sin

161Príncipes me han perseguido sin causa,
   Pero mi corazón tuvo temor de tus palabras.
162Me regocijo en tu palabra
   Como el que halla muchos despojos.
163La mentira aborrezco y abomino;
   Tu ley amo.
164Siete veces al día te alabo
   A causa de tus justos juicios.
165Mucha paz tienen los que aman tu ley,
   Y no hay para ellos tropiezo.
166Tu salvación he esperado, oh Jehová,
   Y tus mandamientos he puesto por obra.
167Mi alma ha guardado tus testimonios,
   Y los he amado en gran manera.
168He guardado tus mandamientos y tus testimonios,
   Porque todos mis caminos están delante de ti.

Tau

169Llegue mi clamor delante de ti, oh Jehová;
   Dame entendimiento conforme a tu palabra.
170Llegue mi oración delante de ti;
   Líbrame conforme a tu dicho.
171Mis labios rebosarán alabanza
   Cuando me enseñes tus estatutos.
172Hablará mi lengua tus dichos,
   Porque todos tus mandamientos son justicia.
173Esté tu mano pronta para socorrerme,
   Porque tus mandamientos he escogido.
174He deseado tu salvación, oh Jehová,
   Y tu ley es mi delicia.
175Viva mi alma y te alabe,
   Y tus juicios me ayuden.
176Yo anduve errante como oveja extraviada; busca a
   tu siervo,
   Porque no me he olvidado de tus mandamientos.

Salmo 120

Plegaria ante el peligro de la lengua engañosa

Cántico gradual.

1A Jehová clamé estando en angustia,
   Y él me respondió.
2Libra mi alma, oh Jehová, del labio mentiroso,
   Y de la lengua fraudulenta.

3¿Qué te dará, o qué te aprovechará,
   Oh lengua engañosa?

155Salvation is far from the wicked,
   for they do not seek out your decrees.
156Your compassion is great, O LORD;
   preserve my life according to your laws.
157Many are the foes who persecute me,
   but I have not turned from your statutes.
158I look on the faithless with loathing,
   for they do not obey your word.
159See how I love your precepts;
   preserve my life, O LORD, according to your
      love.
160All your words are true;
   all your righteous laws are eternal.

ש Sin and Shin

161Rulers persecute me without cause,
   but my heart trembles at your word.
162I rejoice in your promise
   like one who finds great spoil.
163I hate and abhor falsehood
   but I love your law.
164Seven times a day I praise you
   for your righteous laws.
165Great peace have they who love your law,
   and nothing can make them stumble.
166I wait for your salvation, O LORD,
   and I follow your commands.
167I obey your statutes,
   for I love them greatly.
168I obey your precepts and your statutes,
   for all my ways are known to you.

ת Taw

169May my cry come before you, O LORD;
   give me understanding according to your
      word.
170May my supplication come before you;
   deliver me according to your promise.
171May my lips overflow with praise,
   for you teach me your decrees.
172May my tongue sing of your word,
   for all your commands are righteous.
173May your hand be ready to help me,
   for I have chosen your precepts.
174I long for your salvation, O LORD,
   and your law is my delight.
175Let me live that I may praise you,
   and may your laws sustain me.
176I have strayed like a lost sheep.
   Seek your servant,
   for I have not forgotten your commands.

Psalm 120

A song of ascents.

1I call on the LORD in my distress,
   and he answers me.
2Save me, O LORD, from lying lips
   and from deceitful tongues.

3What will he do to you,
   and what more besides, O deceitful tongue?

4 Agudas saetas de valiente,
Con brasas de enebro.

5 ¡Ay de mí, que moro en Mesec,
Y habito entre las tiendas de Cedar!
6 Mucho tiempo ha morado mi alma
Con los que aborrecen la paz.
7 Yo soy pacífico;
Mas ellos, así que hablo, me hacen
guerra.

Salmo 121
Jehová es tu guardador
Cántico gradual.

1 Alzaré mis ojos a los montes;
¿De dónde vendrá mi socorro?
2 Mi socorro viene de Jehová,
Que hizo los cielos y la tierra.

3 No dará tu pie al resbaladero,
Ni se dormirá el que te guarda.
4 He aquí, no se adormecerá ni dormirá
El que guarda a Israel.

5 Jehová es tu guardador;
Jehová es tu sombra a tu mano derecha.
6 El sol no te fatigará de día,
Ni la luna de noche.

7 Jehová te guardará de todo mal;
El guardará tu alma.
8 Jehová guardará tu salida y tu entrada
Desde ahora y para siempre.

Salmo 122
Oración por la paz de Jerusalén
Cántico gradual; de David.

1 Yo me alegré con los que me decían:
A la casa de Jehová iremos.
2 Nuestros pies estuvieron
Dentro de tus puertas, oh Jerusalén.
3 Jerusalén, que se ha edificado
Como una ciudad que está bien unida
entre sí.
4 Y allá subieron las tribus, las tribus
de Jah,
Conforme al testimonio dado a Israel,
Para alabar el nombre de Jehová.
5 Porque allá están las sillas del juicio,
Los tronos de la casa de David.

6 Pedid por la paz de Jerusalén;
Sean prosperados los que te aman.
7 Sea la paz dentro de tus muros,
Y el descanso dentro de tus palacios.
8 Por amor de mis hermanos y mis compañeros
Diré yo: La paz sea contigo.
9 Por amor a la casa de Jehová nuestro Dios
Buscaré tu bien.

Psalm 121
A song of ascents.

1 I lift up my eyes to the hills—
where does my help come from?
2 My help comes from the LORD,
the Maker of heaven and earth.

3 He will not let your foot slip—
he who watches over you will not slumber;
4 indeed, he who watches over Israel
will neither slumber nor sleep.

5 The LORD watches over you—
the LORD is your shade at your right hand;
6 the sun will not harm you by day,
nor the moon by night.

7 The LORD will keep you from all harm—
he will watch over your life;
8 the LORD will watch over your coming and going
both now and forevermore.

Psalm 122
A song of ascents. Of David.

1 I rejoiced with those who said to me,
"Let us go to the house of the LORD."
2 Our feet are standing
in your gates, O Jerusalem.

3 Jerusalem is built like a city
that is closely compacted together.
4 That is where the tribes go up,
the tribes of the LORD,
to praise the name of the LORD
according to the statute given to Israel.
5 There the thrones for judgment stand,
the thrones of the house of David.

6 Pray for the peace of Jerusalem:
"May those who love you be secure.
7 May there be peace within your walls
and security within your citadels."
8 For the sake of my brothers and friends,
I will say, "Peace be within you."
9 For the sake of the house of the LORD our God,
I will seek your prosperity.

4 He will punish you with a warrior's sharp arrows,
with burning coals of the broom tree.

5 Woe to me that I dwell in Meshech,
that I live among the tents of Kedar!
6 Too long have I lived
among those who hate peace.
7 I am a man of peace;
but when I speak, they are for war.

Salmo 123

Plegaria pidiendo misericordia

Cántico gradual.

1 A ti alcé mis ojos,
  A ti que habitas en los cielos.
2 He aquí, como los ojos de los siervos miran a la
    mano de sus señores,
  Y como los ojos de la sierva a la mano de su
    señora,
  Así nuestros ojos miran a Jehová nuestro Dios,
  Hasta que tenga misericordia de nosotros.

3 Ten misericordia de nosotros, oh Jehová, ten
    misericordia de nosotros,
  Porque estamos muy hastiados de menosprecio.
4 Hastiada está nuestra alma
  Del escarnio de los que están en holgura,
  Y del menosprecio de los soberbios.

Salmo 124

Alabanza por haber sido librado
de los enemigos

Cántico gradual; de David.

1 A no haber estado Jehová por nosotros,
  Diga ahora Israel;
2 A no haber estado Jehová por nosotros,
  Cuando se levantaron contra nosotros los hombres,
3 Vivos nos habrían tragado entonces,
  Cuando se encendió su furor contra nosotros.
4 Entonces nos habrían inundado las aguas;
  Sobre nuestra alma hubiera pasado el torrente;
5 Hubieran entonces pasado sobre nuestra alma las
    aguas impetuosas.

6 Bendito sea Jehová,
  Que no nos dio por presa a los dientes de ellos.
7 Nuestra alma escapó cual ave del lazo de los
    cazadores;
  Se rompió el lazo, y escapamos nosotros.

8 Nuestro socorro está en el nombre de Jehová,
  Que hizo el cielo y la tierra.

Salmo 125

Dios protege a su pueblo

Cántico gradual.

1 Los que confían en Jehová son como el monte de
    Sion,
  Que no se mueve, sino que permanece para
    siempre.
2 Como Jerusalén tiene montes alrededor de ella,
  Así Jehová está alrededor de su pueblo
  Desde ahora y para siempre.
3 Porque no reposará la vara de la impiedad sobre la
    heredad de los justos;
  No sea que extiendan los justos sus manos a la
    iniquidad.

Psalm 123

A song of ascents.

1 I lift up my eyes to you,
  to you whose throne is in heaven.
2 As the eyes of slaves look to the hand of their
    master,
  as the eyes of a maid look to the hand of her
    mistress,
  so our eyes look to the LORD our God,
  till he shows us his mercy.

3 Have mercy on us, O LORD, have mercy on us,
  for we have endured much contempt.
4 We have endured much ridicule from the proud,
  much contempt from the arrogant.

Psalm 124

A song of ascents. Of David.

1 If the LORD had not been on our side—
  let Israel say—
2 if the LORD had not been on our side
  when men attacked us,
3 when their anger flared against us,
  they would have swallowed us alive;
4 the flood would have engulfed us,
  the torrent would have swept over us,
5 the raging waters
  would have swept us away.

6 Praise be to the LORD,
  who has not let us be torn by their teeth.
7 We have escaped like a bird
  out of the fowler's snare;
  the snare has been broken,
  and we have escaped.
8 Our help is in the name of the LORD,
  the Maker of heaven and earth.

Psalm 125

A song of ascents.

1 Those who trust in the LORD are like Mount
    Zion,
  which cannot be shaken but endures forever.
2 As the mountains surround Jerusalem,
  so the LORD surrounds his people
  both now and forevermore.

3 The scepter of the wicked will not remain
  over the land allotted to the righteous,
  for then the righteous might use
  their hands to do evil.

⁴Haz bien, oh Jehová, a los buenos,
  Y a los que son rectos en su corazón.
⁵Mas a los que se apartan tras sus perversidades,
  Jehová los llevará con los que hacen iniquidad;
  Paz sea sobre Israel.

Salmo 126
Oración por la restauración
Cántico gradual.

¹Cuando Jehová hiciere volver la cautividad de Sion,
  Seremos como los que sueñan.
²Entonces nuestra boca se llenará de risa,
  Y nuestra lengua de alabanza;
  Entonces dirán entre las naciones:
  Grandes cosas ha hecho Jehová con éstos.
³Grandes cosas ha hecho Jehová con nosotros;
  Estaremos alegres.

⁴Haz volver nuestra cautividad, oh Jehová,
  Como los arroyos del Neguev.
⁵Los que sembraron con lágrimas, con regocijo
  segarán.
⁶Irá andando y llorando el que lleva la preciosa
  semilla;
  Mas volverá a venir con regocijo, trayendo sus
  gavillas.

Salmo 127
La prosperidad viene de Jehová
Cántico gradual; para Salomón.

¹Si Jehová no edificare la casa,
  En vano trabajan los que la edifican;
  Si Jehová no guardare la ciudad,
  En vano vela la guardia.
²Por demás es que os levantéis de madrugada, y
  vayáis tarde a reposar,
  Y que comáis pan de dolores;
  Pues que a su amado dará Dios el sueño.

³He aquí, herencia de Jehová son los hijos;
  Cosa de estima el fruto del vientre.
⁴Como saetas en mano del valiente,
  Así son los hijos habidos en la juventud.
⁵Bienaventurado el hombre que llenó su aljaba de
  ellos;
  No será avergonzado
  Cuando hablare con los enemigos en la puerta.

Salmo 128
La bienaventuranza del que teme a Jehová.
Cántico gradual.

¹Bienaventurado todo aquel que teme a Jehová,
  Que anda en sus caminos.
²Cuando comieres el trabajo de tus manos,
  Bienaventurado serás, y te irá bien.

⁴Do good, O Lᴏʀᴅ, to those who are good,
  to those who are upright in heart.
⁵But those who turn to crooked ways
  the Lᴏʀᴅ will banish with the evildoers.

Peace be upon Israel.

Psalm 126
A song of ascents.

¹When the Lᴏʀᴅ brought back the captives to ᵃ
  Zion,
  we were like men who dreamed. ᵇ
²Our mouths were filled with laughter,
  our tongues with songs of joy.
  Then it was said among the nations,
  "The Lᴏʀᴅ has done great things for them."
³The Lᴏʀᴅ has done great things for us,
  and we are filled with joy.

⁴Restore our fortunes, ᶜ O Lᴏʀᴅ,
  like streams in the Negev.
⁵Those who sow in tears
  will reap with songs of joy.
⁶He who goes out weeping,
  carrying seed to sow,
  will return with songs of joy,
  carrying sheaves with him.

Psalm 127
A song of ascents. Of Solomon.

¹Unless the Lᴏʀᴅ builds the house,
  its builders labor in vain.
  Unless the Lᴏʀᴅ watches over the city,
  the watchmen stand guard in vain.
²In vain you rise early
  and stay up late,
  toiling for food to eat—
  for he grants sleep to ᵈ those he loves.

³Sons are a heritage from the Lᴏʀᴅ,
  children a reward from him.
⁴Like arrows in the hands of a warrior
  are sons born in one's youth.
⁵Blessed is the man
  whose quiver is full of them.
  They will not be put to shame
  when they contend with their enemies in the
  gate.

Psalm 128
A song of ascents.

¹Blessed are all who fear the Lᴏʀᴅ,
  who walk in his ways.
²You will eat the fruit of your labor;
  blessings and prosperity will be yours.

ᵃ1 Or Lᴏʀᴅ *restored the fortunes of*   ᵇ1 Or *men restored to*
health   ᶜ4 Or *Bring back our captives*   ᵈ2 Or *eat— / for*
while they sleep he provides for

3 Tu mujer será como vid que lleva fruto a los lados
de tu casa;
Tus hijos como plantas de olivo alrededor de tu
mesa.
4 He aquí que así será bendecido el hombre
Que teme a Jehová.

5 Bendígate Jehová desde Sion,
Y veas el bien de Jerusalén todos los días de tu
vida,
6 Y veas a los hijos de tus hijos.
Paz sea sobre Israel.

3 Your wife will be like a fruitful vine
within your house;
your sons will be like olive shoots
around your table.
4 Thus is the man blessed
who fears the LORD.

5 May the LORD bless you from Zion
all the days of your life;
may you see the prosperity of Jerusalem,
6   and may you live to see your children's
children.

Peace be upon Israel.

Salmo 129

Plegaria pidiendo la destrucción
de los enemigos de Sion

Cántico gradual.

1 Mucho me han angustiado desde mi juventud,
Puede decir ahora Israel;
2 Mucho me han angustiado desde mi juventud;
Mas no prevalecieron contra mí.
3 Sobre mis espaldas araron los aradores;
Hicieron largos surcos.
4 Jehová es justo;
Cortó las coyundas de los impíos.
5 Serán avergonzados y vueltos atrás
Todos los que aborrecen a Sion.
6 Serán como la hierba de los tejados,
Que se seca antes que crezca;
7 De la cual no llenó el segador su mano,
Ni sus brazos el que hace gavillas.
8 Ni dijeron los que pasaban:
Bendición de Jehová sea sobre vosotros;
Os bendecimos en el nombre de Jehová.

Psalm 129

A song of ascents.

1 They have greatly oppressed me from my
youth—
let Israel say—
2 they have greatly oppressed me from my youth,
but they have not gained the victory over me.
3 Plowmen have plowed my back
and made their furrows long.
4 But the LORD is righteous;
he has cut me free from the cords of the
wicked.

5 May all who hate Zion
be turned back in shame.
6 May they be like grass on the roof,
which withers before it can grow;
7 with it the reaper cannot fill his hands,
nor the one who gathers fill his arms.
8 May those who pass by not say,
"The blessing of the LORD be upon you;
we bless you in the name of the LORD."

Salmo 130

Esperanza en que Jehová dará redención

Cántico gradual.

1 De lo profundo, oh Jehová, a ti clamo.
2 Señor, oye mi voz;
Estén atentos tus oídos
A la voz de mi súplica.

3 Jah, si mirares a los pecados,
¿Quién, oh Señor, podrá mantenerse?
4 Pero en ti hay perdón,
Para que seas reverenciado.

5 Esperé yo a Jehová, esperó mi alma;
En su palabra he esperado.
6 Mi alma espera a Jehová
Más que los centinelas a la mañana,
Más que los vigilantes a la mañana.

7 Espere Israel a Jehová,
Porque en Jehová hay misericordia,
Y abundante redención con él;
8 Y él redimirá a Israel
De todos sus pecados

Psalm 130

A song of ascents.

1 Out of the depths I cry to you, O LORD;
2   O Lord, hear my voice.
Let your ears be attentive
to my cry for mercy.

3 If you, O LORD, kept a record of sins,
O Lord, who could stand?
4 But with you there is forgiveness;
therefore you are feared.

5 I wait for the LORD, my soul waits,
and in his word I put my hope.
6 My soul waits for the Lord
more than watchmen wait for the morning,
more than watchmen wait for the morning.

7 O Israel, put your hope in the LORD,
for with the LORD is unfailing love
and with him is full redemption.
8 He himself will redeem Israel
from all their sins.

Salmo 131

Confiando en Dios como un niño

Cántico gradual; de David.

1 Jehová, no se ha envanecido mi corazón, ni mis
  ojos se enaltecieron;
Ni anduve en grandezas,
Ni en cosas demasiado sublimes para mí.
2 En verdad que me he comportado y he acallado mi
  alma
Como un niño destetado de su madre;
Como un niño destetado está mi alma.

3 Espera, oh Israel, en Jehová,
Desde ahora y para siempre.

Salmo 132

Plegaria por bendición sobre el santuario

Cántico gradual.

1 Acuérdate, oh Jehová, de David,
Y de toda su aflicción;
2 De cómo juró a Jehová,
Y prometió al Fuerte de Jacob:
3 No entraré en la morada de mi casa,
Ni subiré sobre el lecho de mi estrado;
4 No daré sueño a mis ojos,
Ni a mis párpados adormecimiento,
5 Hasta que halle lugar para Jehová,
Morada para el Fuerte de Jacob.

6 He aquí en Efrata lo oímos;
Lo hallamos en los campos del bosque.
7 Entraremos en su tabernáculo;
Nos postraremos ante el estrado de sus pies.

8 Levántate, oh Jehová, al lugar de tu reposo,
Tú y el arca de tu poder.
9 Tus sacerdotes se vistan de justicia,
Y se regocijen tus santos.
10 Por amor de David tu siervo
No vuelvas de tu ungido el rostro.

11 En verdad juró Jehová a David,
Y no se retractará de ello:
De tu descendencia pondré sobre tu trono.
12 Si tus hijos guardaren mi pacto,
Y mi testimonio que yo les enseñaré,
Sus hijos también se sentarán sobre tu trono para
  siempre.

13 Porque Jehová ha elegido a Sion;
La quiso por habitación para sí.
14 Este es para siempre el lugar de mi reposo;
Aquí habitaré, porque la he querido.
15 Bendeciré abundantemente su provisión;
A sus pobres saciaré de pan.
16 Asimismo vestiré de salvación a sus sacerdotes,
Y sus santos darán voces de júbilo.
17 Allí haré retoñar el poder de David;
He dispuesto lámpara a mi ungido.

Psalm 131

A song of ascents. Of David.

1 My heart is not proud, O LORD,
  my eyes are not haughty;
I do not concern myself with great matters
  or things too wonderful for me.
2 But I have stilled and quieted my soul;
  like a weaned child with its mother,
  like a weaned child is my soul within me.

3 O Israel, put your hope in the LORD
  both now and forevermore.

Psalm 132

A song of ascents.

1 O LORD, remember David
  and all the hardships he endured.

2 He swore an oath to the LORD
  and made a vow to the Mighty One of Jacob:
3 "I will not enter my house
  or go to my bed—
4 I will allow no sleep to my eyes,
  no slumber to my eyelids,
5 till I find a place for the LORD,
  a dwelling for the Mighty One of Jacob."

6 We heard it in Ephrathah,
  we came upon it in the fields of Jaar:*f*
7 "Let us go to his dwelling place;
  let us worship at his footstool—
8 arise, O LORD, and come to your resting place,
  you and the ark of your might.
9 May your priests be clothed with righteousness;
  may your saints sing for joy."

10 For the sake of David your servant,
  do not reject your anointed one.

11 The LORD swore an oath to David,
  a sure oath that he will not revoke:
"One of your own descendants
  I will place on your throne—
12 if your sons keep my covenant
  and the statutes I teach them,
then their sons will sit
  on your throne for ever and ever."

13 For the LORD has chosen Zion,
  he has desired it for his dwelling:
14 "This is my resting place for ever and ever;
  here I will sit enthroned, for I have desired
    it—
15 I will bless her with abundant provisions;
  her poor will I satisfy with food.
16 I will clothe her priests with salvation,
  and her saints will ever sing for joy.
17 "Here I will make a horn*g* grow for David
  and set up a lamp for my anointed one.

e6 That is, Kiriath Jearim   *f6* Or *heard of it in Ephrathah, / we
found it in the fields of Jaar.* (And no quotes around verses 7-9)
g17 *Horn* here symbolizes strong one, that is, king.

18A sus enemigos vestiré de confusión,
  Mas sobre él florecerá su corona.

18I will clothe his enemies with shame,
  but the crown on his head will be
  resplendent."

Salmo 133

La bienaventuranza del amor fraternal

Cántico gradual; de David.

1¡Mirad cuán bueno y cuán delicioso es
  Habitar los hermanos juntos en armonía!
2Es como el buen óleo sobre la cabeza,
  El cual desciende sobre la barba,
  La barba de Aarón,
  Y baja hasta el borde de sus vestiduras;
3Como el rocío de Hermón,
  Que desciende sobre los montes de Sion;
  Porque allí envía Jehová bendición,
  Y vida eterna.

Psalm 133

A song of ascents. Of David.

1How good and pleasant it is
  when brothers live together in unity!
2It is like precious oil poured on the head,
  running down on the beard,
  running down on Aaron's beard,
  down upon the collar of his robes.
3It is as if the dew of Hermon
  were falling on Mount Zion.
  For there the LORD bestows his blessing,
  even life forevermore.

Salmo 134

Exhortación a los guardas del templo

Cántico gradual.

1Mirad, bendecid a Jehová,
  Vosotros todos los siervos de Jehová,
  Los que en la casa de Jehová estáis por las noches.
2Alzad vuestras manos al santuario,
  Y bendecid a Jehová.

3Desde Sion te bendiga Jehová,
  El cual ha hecho los cielos y la tierra.

Psalm 134

A song of ascents.

1Praise the LORD, all you servants of the LORD
  who minister by night in the house of the
    LORD.
2Lift up your hands in the sanctuary
  and praise the LORD.

3May the LORD, the Maker of heaven and earth,
  bless you from Zion.

Salmo 135

La grandeza del Señor y la vanidad de los ídolos

Aleluya.

1Alabad el nombre de Jehová;
  Alabadle, siervos de Jehová;
2Los que estáis en la casa de Jehová,
  En los atrios de la casa de nuestro Dios.
3Alabad a JAH, porque él es bueno;
  Cantad salmos a su nombre, porque él es benigno.
4Porque JAH ha escogido a Jacob para sí,
  A Israel por posesión suya.

5Porque yo sé que Jehová es grande,
  Y el Señor nuestro, mayor que todos los dioses.
6Todo lo que Jehová quiere, lo hace,
  En los cielos y en la tierra, en los mares y en todos
    los abismos.
7Hace subir las nubes de los extremos de la tierra;
  Hace los relámpagos para la lluvia;
  Saca de sus depósitos los vientos.

8El es quien hizo morir a los primogénitos de Egipto,
  Desde el hombre hasta la bestia.
9Envió señales y prodigios en medio de ti, oh Egipto,
  Contra Faraón, y contra todos sus siervos.

Psalm 135

1Praise the LORD.*h*

  Praise the name of the LORD;
    praise him, you servants of the LORD,
2you who minister in the house of the LORD,
    in the courts of the house of our God.

3Praise the LORD, for the LORD is good;
    sing praise to his name, for that is pleasant.
4For the LORD has chosen Jacob to be his own,
    Israel to be his treasured possession.

5I know that the LORD is great,
    that our Lord is greater than all gods.
6The LORD does whatever pleases him,
    in the heavens and on the earth,
    in the seas and all their depths.
7He makes clouds rise from the ends of the earth;
    he sends lightning with the rain
    and brings out the wind from his storehouses.

8He struck down the firstborn of Egypt,
    the firstborn of men and animals.
9He sent his signs and wonders into your midst, O
    Egypt,
    against Pharaoh and all his servants.

h1 Hebrew Hallelu Yah; also in verses 3 and 21

10Destruyó a muchas naciones,
Y mató a reyes poderosos;
11A Sehón rey amorreo,
A Og rey de Basán,
Y a todos los reyes de Canaán.
12Y dio la tierra de ellos en heredad,
En heredad a Israel su pueblo.

13Oh Jehová, eterno es tu nombre;
Tu memoria, oh Jehová, de generación en
generación.
14Porque Jehová juzgará a su pueblo
Y se compadecerá de sus siervos.

15Los ídolos de las naciones son plata y oro,
Obra de manos de hombres.
16Tienen boca, y no hablan;
Tienen ojos, y no ven;
17Tienen orejas, y no oyen;
Tampoco hay aliento en sus bocas.
18Semejantes a ellos son los que los hacen,
Y todos los que en ellos confían.

19Casa de Israel, bendecid a Jehová;
Casa de Aarón, bendecid a Jehová;
20Casa de Leví, bendecid a Jehová;
Los que teméis a Jehová, bendecid a Jehová.
21Desde Sion sea bendecido Jehová,
Quien mora en Jerusalén.
Aleluya.

Salmo 136

Alabanza por la miscericordia eterna de Jehová

1Alabad a Jehová, porque él es bueno,
Porque para siempre es su misericordia.
2Alabad al Dios de los dioses,
Porque para siempre es su misericordia.
3Alabad al Señor de los señores,
Porque para siempre es su misericordia.

4Al único que hace grandes maravillas,
Porque para siempre es su misericordia.
5Al que hizo los cielos con entendimiento,
Porque para siempre es su misericordia.
6Al que extendió la tierra sobre las aguas,
Porque para siempre es su misericordia.
7Al que hizo las grandes lumbreras,
Porque para siempre es su misericordia.
8El sol para que señorease en el día,
Porque para siempre es su misericordia.
9La luna y las estrellas para que señoreasen en la
noche,
Porque para siempre es su misericordia.

10Al que hirió a Egipto en sus primogénitos,
Porque para siempre es su misericordia.
11Al que sacó a Israel de en medio de ellos,
Porque para siempre es su misericordia.
12Con mano fuerte, y brazo extendido,
Porque para siempre es su misericordia.
13Al que dividió el Mar Rojo en partes,
Porque para siempre es su misericordia;

10He struck down many nations
and killed mighty kings—
11Sihon king of the Amorites,
Og king of Bashan
and all the kings of Canaan—
12and he gave their land as an inheritance,
an inheritance to his people Israel.

13Your name, O LORD, endures forever,
your renown, O LORD, through all generations.
14For the LORD will vindicate his people
and have compassion on his servants.

15The idols of the nations are silver and gold,
made by the hands of men.
16They have mouths, but cannot speak,
eyes, but they cannot see;
17they have ears, but cannot hear,
nor is there breath in their mouths.
18Those who make them will be like them,
and so will all who trust in them.

19O house of Israel, praise the LORD;
O house of Aaron, praise the LORD;
20O house of Levi, praise the LORD;
you who fear him, praise the LORD.
21Praise be to the LORD from Zion,
to him who dwells in Jerusalem.

Praise the LORD.

Psalm 136

1Give thanks to the LORD, for he is good.
His love endures forever.
2Give thanks to the God of gods.
His love endures forever.
3Give thanks to the Lord of lords:
His love endures forever.
4to him who alone does great wonders,
His love endures forever.
5who by his understanding made the heavens,
His love endures forever.
6who spread out the earth upon the waters,
His love endures forever.
7who made the great lights—
His love endures forever.
8the sun to govern the day,
His love endures forever.
9the moon and stars to govern the night;
His love endures forever.
10to him who struck down the firstborn of Egypt
His love endures forever.
11and brought Israel out from among them
His love endures forever.
12with a mighty hand and outstretched arm;
His love endures forever.
13to him who divided the Red Sea*ı* asunder
His love endures forever.

---

*ı*13 Hebrew *Yam Suph*; that is, Sea of Reeds; also in verse 15

14E hizo pasar a Israel por en medio de él,
Porque para siempre es su misericordia;
15Y arrojó a Faraón y a su ejército en el
Mar Rojo,
Porque para siempre es su misericordia.
16Al que pastoreó a su pueblo por el desierto,
Porque para siempre es su misericordia.
17Al que hirió a grandes reyes,
Porque para siempre es su misericordia;
18Y mató a reyes poderosos,
Porque para siempre es su misericordia;
19A Sehón rey amorreo,
Porque para siempre es su misericordia;
20Y a Og rey de Basán,
Porque para siempre es su misericordia;
21Y dio la tierra de ellos en heredad,
Porque para siempre es su misericordia;
22En heredad a Israel su siervo,
Porque para siempre es su misericordia.

23El es el que en nuestro abatimiento se acordó de
nosotros,
Porque para siempre es su misericordia;
24Y nos rescató de nuestros enemigos,
Porque para siempre es su misericordia.
25El que da alimento a todo ser viviente,
Porque para siempre es su misericordia.

26Alabad al Dios de los cielos,
Porque para siempre es su misericordia.

Salmo 137

Lamento de los cautivos en Babilonia

1Junto a los ríos de Babilonia,
Allí nos sentábamos, y aun llorábamos,
Acordándonos de Sion.
2Sobre los sauces en medio de ella
Colgamos nuestras arpas.
3Y los que nos habían llevado cautivos nos pedían
que cantásemos,
Y los que nos habían desolado nos pedían alegría,
diciendo:
Cantadnos algunos de los cánticos de Sion.

4¿Cómo cantaremos cántico de Jehová
En tierra de extraños?
5Si me olvidare de ti, oh Jerusalén,
Pierda mi diestra su destreza.
6Mi lengua se pegue a mi paladar,
Si de ti no me acordare;
Si no enalteciere a Jerusalén
Como preferente asunto de mi alegría.

7Oh Jehová, recuerda contra los hijos de Edom el día
de Jerusalén,
Cuando decían: Arrasadla, arrasadla
Hasta los cimientos.
8Hija de Babilonia la desolada,
Bienaventurado el que te diere el pago
De lo que tú nos hiciste.
9Dichoso el que tomare y estrellare tus niños
Contra la peña.

14and brought Israel through the midst of it,
His love endures forever.
15but swept Pharaoh and his army into the Red
Sea;
His love endures forever.
16to him who led his people through the desert,
His love endures forever.
17who struck down great kings,
His love endures forever.
18and killed mighty kings—
His love endures forever.
19Sihon king of the Amorites
His love endures forever.
20and Og king of Bashan—
His love endures forever.
21and gave their land as an inheritance,
His love endures forever.
22an inheritance to his servant Israel;
His love endures forever.

23to the One who remembered us in our low estate
His love endures forever.
24and freed us from our enemies,
His love endures forever.
25and who gives food to every creature.
His love endures forever.

26Give thanks to the God of heaven.
His love endures forever.

Psalm 137

1By the rivers of Babylon we sat and wept
when we remembered Zion.
2There on the poplars
we hung our harps,
3for there our captors asked us for songs,
our tormentors demanded songs of joy;
they said, "Sing us one of the songs of Zion!"

4How can we sing the songs of the LORD
while in a foreign land?
5If I forget you, O Jerusalem,
may my right hand forget ¡its skill¡.
6May my tongue cling to the roof of my mouth
if I do not remember you,
if I do not consider Jerusalem
my highest joy.

7Remember, O LORD, what the Edomites did
on the day Jerusalem fell.
"Tear it down," they cried,
"tear it down to its foundations!"

8O Daughter of Babylon, doomed to destruction,
happy is he who repays you
for what you have done to us—
9he who seizes your infants
and dashes them against the rocks.

Salmo 138

Acción de gracias por el favor de Jehová

Salmo de David.

1 Te alabaré con todo mi corazón;
Delante de los dioses te cantaré salmos.
2 Me postraré hacia tu santo templo,
Y alabaré tu nombre por tu misericordia y tu
fidelidad;
Porque has engrandecido tu nombre, y tu palabra
sobre todas las cosas.
3 El día que clamé, me respondiste;
Me fortaleciste con vigor en mi alma.

4 Te alabarán, oh Jehová, todos los reyes de la tierra,
Porque han oído los dichos de tu boca.
5 Y cantarán de los caminos de Jehová,
Porque la gloria de Jehová es grande.
6 Porque Jehová es excelso, y atiende al humilde,
Mas al altivo mira de lejos.

7 Si anduviere yo en medio de la angustia, tú me
vivificarás;
Contra la ira de mis enemigos extenderás tu mano,
Y me salvará tu diestra.
8 Jehová cumplirá su propósito en mí;
Tu misericordia, oh Jehová, es para siempre;
No desampares la obra de tus manos.

Salmo 139

Omnipresencia y omnisciencia de Dios

Al músico principal. Salmo de David.

1 Oh Jehová, tú me has examinado y conocido.
2 Tú has conocido mi sentarme y mi levantarme;
Has entendido desde lejos mis pensamientos.
3 Has escudriñado mi andar y mi reposo,
Y todos mis caminos te son conocidos.
4 Pues aún no está la palabra en mi lengua,
Y he aquí, oh Jehová, tú la sabes toda.
5 Detrás y delante me rodeaste,
Y sobre mí pusiste tu mano.
6 Tal conocimiento es demasiado maravilloso para mí;
Alto es, no lo puedo comprender.

7 ¿A dónde me iré de tu Espíritu?
¿Y a dónde huiré de tu presencia?
8 Si subiere a los cielos, allí estás tú;
Y si en el Seol hiciere mi estrado, he aquí, allí tú
estás.
9 Si tomare las alas del alba
Y habitare en el extremo del mar,
10 Aun allí me guiará tu mano,
Y me asirá tu diestra.
11 Si dijere: Ciertamente las tinieblas me encubrirán;
Aun la noche resplandecerá alrededor de mí.
12 Aun las tinieblas no encubren de ti,
Y la noche resplandece como el día;
Lo mismo te son las tinieblas que la luz.

13 Porque tú formaste mis entrañas;
Tú me hiciste en el vientre de mi madre.

Psalm 138

Of David.

1 I will praise you, O LORD, with all my heart;
before the "gods" I will sing your praise.
2 I will bow down toward your holy temple
and will praise your name
for your love and your faithfulness,
for you have exalted above all things
your name and your word.
3 When I called, you answered me;
you made me bold and stouthearted.

4 May all the kings of the earth praise you,
O LORD,
when they hear the words of your mouth.
5 May they sing of the ways of the LORD,
for the glory of the LORD is great.

6 Though the LORD is on high, he looks upon the
lowly,
but the proud he knows from afar.
7 Though I walk in the midst of trouble,
you preserve my life;
you stretch out your hand against the anger of
my foes,
with your right hand you save me.
8 The LORD will fulfill ⸤his purpose⸥ for me;
your love, O LORD, endures forever—
do not abandon the works of your hands.

Psalm 139

For the director of music. Of David. A psalm.

1 O LORD, you have searched me
and you know me.
2 You know when I sit and when I rise;
you perceive my thoughts from afar.
3 You discern my going out and my lying down;
you are familiar with all my ways.
4 Before a word is on my tongue
you know it completely, O LORD.

5 You hem me in—behind and before;
you have laid your hand upon me.
6 Such knowledge is too wonderful for me,
too lofty for me to attain.

7 Where can I go from your Spirit?
Where can I flee from your presence?
8 If I go up to the heavens, you are there;
if I make my bed in the depths,ʲ you are
there.
9 If I rise on the wings of the dawn,
if I settle on the far side of the sea,
10 even there your hand will guide me,
your right hand will hold me fast.
11 If I say, "Surely the darkness will hide me
and the light become night around me,"
12 even the darkness will not be dark to you;
the night will shine like the day,
for darkness is as light to you.

13 For you created my inmost being;
you knit me together in my mother's womb.

ʲ8 Hebrew Sheol

14 Te alabaré; porque formidables, maravillosas son tus
    obras;
  Estoy maravillado,
  Y mi alma lo sabe muy bien.
15 No fue encubierto de ti mi cuerpo,
  Bien que en oculto fui formado,
  Y entretejido en lo más profundo de la tierra.
16 Mi embrión vieron tus ojos,
  Y en tu libro estaban escritas todas aquellas cosas
  Que fueron luego formadas,
  Sin faltar una de ellas.
17 ¡Cuán preciosos me son, oh Dios, tus pensamientos!
  ¡Cuán grande es la suma de ellos!
18 Si los enumero, se multiplican más que la arena;
  Despierto, y aún estoy contigo.

19 De cierto, oh Dios, harás morir al impío;
  Apartaos, pues, de mí, hombres sanguinarios.
20 Porque blasfemias dicen ellos contra ti;
  Tus enemigos toman en vano tu nombre.
21 ¿No odio, oh Jehová, a los que te aborrecen,
  Y me enardezco contra tus enemigos?
22 Los aborrezco por completo;
  Los tengo por enemigos.
23 Examíname, oh Dios, y conoce mi corazón;
  Pruébame y conoce mis pensamientos;
24 Y ve si hay en mí camino de perversidad,
  Y guíame en el camino eterno.

Salmo 140

Súplica de protección
contra los perseguidores

Al músico principal. Salmo de David.

1 Líbrame, oh Jehová, del hombre malo;
  Guárdame de hombres violentos,
2 Los cuales maquinan males en el corazón,
  Cada día urden contiendas.
3 Aguzaron su lengua como la serpiente;
  Veneno de áspid hay debajo de sus labios.   *Selah*

4 Guárdame, oh Jehová, de manos del impío;
  Líbrame de hombres injuriosos,
  Que han pensado trastornar mis pasos.
5 Me han escondido lazo y cuerdas los soberbios;
  Han tendido red junto a la senda;
  Me han puesto lazos.   *Selah*

6 He dicho a Jehová: Dios mío eres tú;
  Escucha, oh Jehová, la voz de mis ruegos.
7 Jehová Señor, potente salvador mío,
  Tú pusiste a cubierto mi cabeza en el día de batalla.
8 No concedas, oh Jehová, al impío sus deseos;
  No saques adelante su pensamiento, para que no se
    ensoberbezca.   *Selah*

9 En cuanto a los que por todas partes me rodean,
  La maldad de sus propios labios cubrirá su cabeza.
10 Caerán sobre ellos brasas;
  Serán echados en el fuego,
  En abismos profundos de donde no salgan.

14 I praise you because I am fearfully and
    wonderfully made;
  your works are wonderful,
  I know that full well.
15 My frame was not hidden from you
  when I was made in the secret place.
  When I was woven together in the depths of the
    earth,
16   your eyes saw my unformed body.
  All the days ordained for me
  were written in your book
  before one of them came to be.
17 How precious to *k* me are your thoughts, O God!
  How vast is the sum of them!
18 Were I to count them,
  they would outnumber the grains of sand.
  When I awake,
  I am still with you.

19 If only you would slay the wicked, O God!
  Away from me, you bloodthirsty men!
20 They speak of you with evil intent;
  your adversaries misuse your name.
21 Do I not hate those who hate you, O Lord,
  and abhor those who rise up against you?
22 I have nothing but hatred for them;
  I count them my enemies.

23 Search me, O God, and know my heart;
  test me and know my anxious thoughts.
24 See if there is any offensive way in me,
  and lead me in the way everlasting.

Psalm 140

For the director of music. A psalm of David.

1 Rescue me, O Lord, from evil men;
  protect me from men of violence,
2 who devise evil plans in their hearts
  and stir up war every day.
3 They make their tongues as sharp as a serpent's;
  the poison of vipers is on their lips.   *Selah*

4 Keep me, O Lord, from the hands of the wicked;
  protect me from men of violence
  who plan to trip my feet.
5 Proud men have hidden a snare for me;
  they have spread out the cords of their net
  and have set traps for me along my path.   *Selah*

6 O Lord, I say to you, "You are my God."
  Hear, O Lord, my cry for mercy.
7 O Sovereign Lord, my strong deliverer,
  who shields my head in the day of battle—
8 do not grant the wicked their desires, O Lord;
  do not let their plans succeed,
  or they will become proud.   *Selah*

9 Let the heads of those who surround me
  be covered with the trouble their lips have
    caused.
10 Let burning coals fall upon them;
  may they be thrown into the fire,
  into miry pits, never to rise.

k 17 Or *concerning*

11 El hombre deslenguado no será firme en la tierra;
El mal cazará al hombre injusto para derribarle.

12 Yo sé que Jehová tomará a su cargo la causa del afligido,
Y el derecho de los necesitados.
13 Ciertamente los justos alabarán tu nombre;
Los rectos morarán en tu presencia.

Salmo 141

Oración a fin de ser guardado del mal

Salmo de David.

1 Jehová, a ti he clamado; apresúrate a mí;
Escucha mi voz cuando te invocare.
2 Suba mi oración delante de ti como el incienso,
El don de mis manos como la ofrenda de la tarde.

3 Pon guarda a mi boca, oh Jehová;
Guarda la puerta de mis labios.
4 No dejes que se incline mi corazón a cosa mala,
A hacer obras impías
Con los que hacen iniquidad;
Y no coma yo de sus deleites.

5 Que el justo me castigue, será un favor,
Y que me reprenda será un excelente bálsamo
Que no me herirá la cabeza;
Pero mi oración será continuamente contra las maldades de aquéllos.
6 Serán despeñados sus jueces,
Y oirán mis palabras, que son verdaderas.
7 Como quien hiende y rompe la tierra,
Son esparcidos nuestros huesos a la boca del Seol.

8 Por tanto, a ti, oh Jehová, Señor, miran mis ojos;
En ti he confiado; no desampares mi alma.
9 Guárdame de los lazos que me han tendido,
Y de las trampas de los que hacen iniquidad.
10 Caigan los impíos a una en sus redes,
Mientras yo pasaré adelante.

Salmo 142

Petición de ayuda en medio de la prueba

Masquil de David. Oración que hizo cuando estaba en la cueva.

1 Con mi voz clamaré a Jehová;
Con mi voz pediré a Jehová misericordia.
2 Delante de él expondré mi queja;
Delante de él manifestaré mi angustia.
3 Cuando mi espíritu se angustiaba dentro de mí, tú conociste mi senda.

En el camino en que andaba, me escondieron lazo.

11 Let slanderers not be established in the land;
may disaster hunt down men of violence.

12 I know that the LORD secures justice for the poor
and upholds the cause of the needy.
13 Surely the righteous will praise your name
and the upright will live before you.

Psalm 141

A psalm of David.

1 O LORD, I call to you; come quickly to me.
Hear my voice when I call to you.
2 May my prayer be set before you like incense;
may the lifting up of my hands be like the evening sacrifice.

3 Set a guard over my mouth, O LORD;
keep watch over the door of my lips.
4 Let not my heart be drawn to what is evil,
to take part in wicked deeds
with men who are evildoers;
let me not eat of their delicacies.

5 Let a righteous man *l* strike me—it is a kindness;
let him rebuke me—it is oil on my head.
My head will not refuse it.

Yet my prayer is ever against the deeds of evildoers;
6   their rulers will be thrown down from the cliffs,
and the wicked will learn that my words were well spoken.
7 ⌜They will say,⌝ "As one plows and breaks up the earth,
so our bones have been scattered at the mouth of the grave. *m*"

8 But my eyes are fixed on you, O Sovereign LORD;
in you I take refuge—do not give me over to death.
9 Keep me from the snares they have laid for me,
from the traps set by evildoers.
10 Let the wicked fall into their own nets,
while I pass by in safety.

Psalm 142

A *maskil* [n] of David. When he was in the cave. A prayer.

1 I cry aloud to the LORD;
I lift up my voice to the LORD for mercy.
2 I pour out my complaint before him;
before him I tell my trouble.

3 When my spirit grows faint within me,
it is you who know my way.
In the path where I walk
men have hidden a snare for me.

---

[l] 5 Or *Let the Righteous One*   [m] 7 Hebrew *Sheol*   [n] Title: Probably a literary or musical term

4 Mira a mi diestra y observa, pues no hay quien me
    quiera conocer;
No tengo refugio, ni hay quien cuide de mi vida.

5 Clamé a ti, oh Jehová;
Dije: Tú eres mi esperanza,
Y mi porción en la tierra de los vivientes.
6 Escucha mi clamor, porque estoy muy afligido.

Líbrame de los que me persiguen, porque son más
    fuertes que yo.
7 Saca mi alma de la cárcel, para que alabe tu
    nombre;
Me rodearán los justos,
Porque tú me serás propicio.

Salmo 143

Súplica de liberación y dirección

Salmo de David.

1 Oh Jehová, oye mi oración, escucha mis ruegos;
Respóndeme por tu verdad, por tu justicia.
2 Y no entres en juicio con tu siervo;
Porque no se justificará delante de ti ningún ser
    humano.

3 Porque ha perseguido el enemigo mi alma;
Ha postrado en tierra mi vida;
Me ha hecho habitar en tinieblas como los ya
    muertos.
4 Y mi espíritu se angustió dentro de mí;
Está desolado mi corazón.

5 Me acordé de los días antiguos;
Meditaba en todas tus obras;
Reflexionaba en las obras de tus manos.
6 Extendí mis manos a ti,
Mi alma a ti como la tierra sedienta.   *Selah*

7 Respóndeme pronto, oh Jehová, porque desmaya mi
    espíritu;
No escondas de mí tu rostro,
No venga yo a ser semejante a los que descienden a
    la sepultura.
8 Hazme oír por la mañana tu misericordia,
Porque en ti he confiado;
Hazme saber el camino por donde ande,
Porque a ti he elevado mi alma.

9 Líbrame de mis enemigos, oh Jehová;
En ti me refugio.
10 Enséñame a hacer tu voluntad, porque tú eres mi
    Dios;
Tu buen espíritu me guíe a tierra de rectitud.

11 Por tu nombre, oh Jehová, me vivificarás;
Por tu justicia sacarás mi alma de angustia.
12 Y por tu misericordia disiparás a mis
    enemigos,
Y destruirás a todos los adversarios de
    mi alma,
Porque yo soy tu siervo.

4 Look to my right and see;
    no one is concerned for me.
I have no refuge;
    no one cares for my life.

5 I cry to you, O LORD;
    I say, "You are my refuge,
    my portion in the land of the living."
6 Listen to my cry,
    for I am in desperate need;
rescue me from those who pursue me,
    for they are too strong for me.
7 Set me free from my prison,
    that I may praise your name.

Then the righteous will gather
      about me
    because of your goodness to me.

Psalm 143

A psalm of David.

1 O LORD, hear my prayer,
    listen to my cry for mercy;
in your faithfulness and righteousness
    come to my relief.
2 Do not bring your servant into judgment,
    for no one living is righteous before
      you.

3 The enemy pursues me,
    he crushes me to the ground;
he makes me dwell in darkness
    like those long dead.
4 So my spirit grows faint within me;
    my heart within me is dismayed.

5 I remember the days of long ago;
    I meditate on all your works
    and consider what your hands have done.
6 I spread out my hands to you;
    my soul thirsts for you like a parched land.   *Selah*

7 Answer me quickly, O LORD;
    my spirit fails.
Do not hide your face from me
    or I will be like those who go down to
      the pit.
8 Let the morning bring me word of your unfailing
      love,
    for I have put my trust in you.
Show me the way I should go,
    for to you I lift up my soul.
9 Rescue me from my enemies, O LORD,
    for I hide myself in you.
10 Teach me to do your will,
    for you are my God;
may your good Spirit
    lead me on level ground.

11 For your name's sake, O LORD, preserve my life;
    in your righteousness, bring me out of trouble.
12 In your unfailing love, silence my enemies;
    destroy all my foes,
    for I am your servant.

Salmo 144

Oración pidiendo socorro y prosperidad

Salmo de David.

1 Bendito sea Jehová, mi roca,
  Quien adiestra mis manos para la batalla,
Y mis dedos para la guerra;
2 Misericordia mía y mi castillo,
Fortaleza mía y mi libertador,
Escudo mío, en quien he confiado;
El que sujeta a mi pueblo debajo de mí.

3 Oh Jehová, ¿qué es el hombre, para que en él
  pienses,
O el hijo de hombre, para que lo estimes?
4 El hombre es semejante a la vanidad;
Sus días son como la sombra que pasa.

5 Oh Jehová, inclina tus cielos y desciende;
Toca los montes, y humeen.
6 Despide relámpagos y disípalos,
Envía tus saetas y túrbalos.
7 Envía tu mano desde lo alto;
Redímeme, y sácame de las muchas aguas,
De la mano de los hombres extraños,
8 Cuya boca habla vanidad,
Y cuya diestra es diestra de mentira.

9 Oh Dios, a ti cantaré cántico nuevo;
Con salterio, con decacordio cantaré a ti.
10 Tú, el que da victoria a los reyes,
El que rescata de maligna espada a David su siervo.
11 Rescátame, y líbrame de la mano de los hombres
  extraños,
Cuya boca habla vanidad,
Y cuya diestra es diestra de mentira.

12 Sean nuestros hijos como plantas crecidas en su
  juventud,
Nuestras hijas como esquinas labradas como las de
  un palacio;
13 Nuestros graneros llenos, provistos de toda suerte de
  grano;
Nuestros ganados, que se multipliquen a millares y
  decenas de millares en nuestros campos;
14 Nuestros bueyes estén fuertes para el trabajo;
No tengamos asalto, ni que hacer salida,
Ni grito de alarma en nuestras plazas.
15 Bienaventurado el pueblo que tiene esto;
Bienaventurado el pueblo cuyo Dios es Jehová.

Salmo 145

Alabanza por la bondad y el poder de Dios

Salmo de alabanza; de David.

1 Te exaltaré, mi Dios, mi Rey,
  Y bendeciré tu nombre eternamente y para
  siempre.
2 Cada día te bendeciré,
  Y alabaré tu nombre eternamente y para siempre.

Psalm 144

Of David.

1 Praise be to the LORD my Rock,
  who trains my hands for war,
  my fingers for battle.
2 He is my loving God and my fortress,
  my stronghold and my deliverer,
my shield, in whom I take refuge,
  who subdues peoples *o* under me.

3 O LORD, what is man that you care for him,
  the son of man that you think of him?
4 Man is like a breath;
  his days are like a fleeting shadow.

5 Part your heavens, O LORD, and come down;
  touch the mountains, so that they smoke.
6 Send forth lightning and scatter ˌthe enemiesˌ;
  shoot your arrows and rout them.
7 Reach down your hand from on high;
  deliver me and rescue me
from the mighty waters,
  from the hands of foreigners
8 whose mouths are full of lies,
  whose right hands are deceitful.

9 I will sing a new song to you, O God;
  on the ten-stringed lyre I will make music to
  you,
10 to the One who gives victory to kings,
  who delivers his servant David from the deadly
  sword.

11 Deliver me and rescue me
  from the hands of foreigners
whose mouths are full of lies,
  whose right hands are deceitful.

12 Then our sons in their youth
  will be like well-nurtured plants,
and our daughters will be like pillars
  carved to adorn a palace.
13 Our barns will be filled
  with every kind of provision.
Our sheep will increase by thousands,
  by tens of thousands in our fields;
14   our oxen will draw heavy loads. *p*
There will be no breaching of walls,
  no going into captivity,
  no cry of distress in our streets.
15 Blessed are the people of whom this is true;
  blessed are the people whose God is the LORD.

Psalm 145 *q*

A psalm of praise. Of David.

1 I will exalt you, my God the King;
  I will praise your name for ever and ever.
2 Every day I will praise you
  and extol your name for ever and ever.

*o*2 Many manuscripts of the Masoretic Text, Dead Sea Scrolls,
Aquila, Jerome and Syriac; most manuscripts of the Masoretic Text
subdues my people   *p14* Or *our chieftains will be firmly
established*   *q* This psalm is an acrostic poem, the verses of
which (including verse 13b) begin with the successive letters of the
Hebrew alphabet.

3Grande es Jehová, y digno de suprema alabanza;
Y su grandeza es inescrutable.

4Generación a generación celebrará tus obras,
Y anunciará tus poderosos hechos.
5En la hermosura de la gloria de tu magnificencia,
Y en tus hechos maravillosos meditaré.
6Del poder de tus hechos estupendos hablarán los
hombres,
Y yo publicaré tu grandeza.
7Proclamarán la memoria de tu inmensa bondad,
Y cantarán tu justicia.

8Clemente y misericordioso es Jehová,
Lento para la ira, y grande en misericordia.
9Bueno es Jehová para con todos,
Y sus misericordias sobre todas sus obras.

10Te alaben, oh Jehová, todas tus obras,
Y tus santos te bendigan.
11La gloria de tu reino digan,
Y hablen de tu poder,
12Para hacer saber a los hijos de los hombres sus
poderosos hechos,
Y la gloria de la magnificencia de su reino.
13Tu reino es reino de todos los siglos,
Y tu señorío en todas las generaciones.

14Sostiene Jehová a todos los que caen,
Y levanta a todos los oprimidos.
15Los ojos de todos esperan en ti,
Y tú les das su comida a su tiempo.
16Abres tu mano,
Y colmas de bendición a todo ser viviente.
17Justo es Jehová en todos sus caminos,
Y misericordioso en todas sus obras.
18Cercano está Jehová a todos los que le invocan,
A todos los que le invocan de veras.
19Cumplirá el deseo de los que le temen;
Oirá asimismo el clamor de ellos, y los salvará.
20Jehová guarda a todos los que le aman,
Mas destruirá a todos los impíos.

21La alabanza de Jehová proclamará mi boca;
Y todos bendigan su santo nombre eternamente y
para siempre.

Salmo 146

Alabanza por la justicia de Dios

Aleluya.

1Alaba, oh alma mía, a Jehová.
2Alabaré a Jehová en mi vida;
Cantaré salmos a mi Dios mientras viva.

3No confiéis en los príncipes,
Ni en hijo de hombre, porque no hay en él
salvación.

3Great is the LORD and most worthy of praise;
his greatness no one can fathom.
4One generation will commend your works to
another;
they will tell of your mighty acts.
5They will speak of the glorious splendor of your
majesty,
and I will meditate on your wonderful
works.r
6They will tell of the power of your awesome
works,
and I will proclaim your great deeds.
7They will celebrate your abundant goodness
and joyfully sing of your righteousness.

8The LORD is gracious and compassionate,
slow to anger and rich in love.
9The LORD is good to all;
he has compassion on all he has made.
10All you have made will praise you, O LORD;
your saints will extol you.
11They will tell of the glory of your kingdom
and speak of your might,
12so that all men may know of your mighty acts
and the glorious splendor of your kingdom.
13Your kingdom is an everlasting kingdom,
and your dominion endures through all
generations.

The LORD is faithful to all his promises
and loving toward all he has made.s
14The LORD upholds all those who fall
and lifts up all who are bowed down.
15The eyes of all look to you,
and you give them their food at the proper
time.
16You open your hand
and satisfy the desires of every living thing.

17The LORD is righteous in all his ways
and loving toward all he has made.
18The LORD is near to all who call on him,
to all who call on him in truth.
19He fulfills the desires of those who fear him;
he hears their cry and saves them.
20The LORD watches over all who love him,
but all the wicked he will destroy.

21My mouth will speak in praise of the LORD.
Let every creature praise his holy name
for ever and ever.

Psalm 146

1Praise the LORD.t

Praise the LORD, O my soul.
2   I will praise the LORD all my life;
I will sing praise to my God as long as I live.

3Do not put your trust in princes,
in mortal men, who cannot save.

r5 Dead Sea Scrolls and Syriac (see also Septuagint); Masoretic
Text *On the glorious splendor of your majesty / and on your
wonderful works I will meditate*   s13 One manuscript of the
Masoretic Text, Dead Sea Scrolls and Syriac (see also Septuagint);
most manuscripts of the Masoretic Text do not have the last two
lines of verse 13.   t1 Hebrew *Hallelu Yah*; also in verse 10

4 Pues sale su aliento, y vuelve a la tierra;
En ese mismo día perecen sus pensamientos.

5 Bienaventurado aquel cuyo ayudador es el Dios de
Jacob,
Cuya esperanza está en Jehová su Dios,
6 El cual hizo los cielos y la tierra,
El mar, y todo lo que en ellos hay;
Que guarda verdad para siempre,
7 Que hace justicia a los agraviados,
Que da pan a los hambrientos.

Jehová liberta a los cautivos;
8 Jehová abre los ojos a los ciegos;
Jehová levanta a los caídos;
Jehová ama a los justos.
9 Jehová guarda a los extranjeros;
Al huérfano y a la viuda sostiene,
Y el camino de los impíos trastorna.

10 Reinará Jehová para siempre;
Tu Dios, oh Sion, de generación en generación.
Aleluya.

Salmo 147

Alabanza por el favor de Dios hacia Jerusalén

1 Alabad a JAH,
Porque es bueno cantar salmos a nuestro Dios;
Porque suave y hermosa es la alabanza.
2 Jehová edifica a Jerusalén;
A los desterrados de Israel recogerá.
3 El sana a los quebrantados de corazón,
Y venda sus heridas.
4 El cuenta el número de las estrellas;
A todas ellas llama por sus nombres.
5 Grande es el Señor nuestro, y de mucho poder;
Y su entendimiento es infinito.
6 Jehová exalta a los humildes,
Y humilla a los impíos hasta la tierra.

7 Cantad a Jehová con alabanza,
Cantad con arpa a nuestro Dios.
8 El es quien cubre de nubes los cielos,
El que prepara la lluvia para la tierra,
El que hace a los montes producir hierba.
9 El da a la bestia su mantenimiento,
Y a los hijos de los cuervos que claman.
10 No se deleita en la fuerza del caballo,
Ni se complace en la agilidad del hombre.
11 Se complace Jehová en los que le temen,
Y en los que esperan en su misericordia.

12 Alaba a Jehová, Jerusalén;
Alaba a tu Dios, oh Sion.
13 Porque fortificó los cerrojos de tus puertas;
Bendijo a tus hijos dentro de ti.
14 El da en tu territorio la paz;
Te hará saciar con lo mejor del trigo.
15 El envía su palabra a la tierra;
Velozmente corre su palabra.
16 Da la nieve como lana,
Y derrama la escarcha como ceniza.

4 When their spirit departs, they return to the
ground;
on that very day their plans come to nothing.

5 Blessed is he whose help is the God of Jacob,
whose hope is in the LORD his God,
6 the Maker of heaven and earth,
the sea, and everything in them—
the LORD, who remains faithful forever.
7 He upholds the cause of the oppressed
and gives food to the hungry.
The LORD sets prisoners free,
8 the LORD gives sight to the blind,
the LORD lifts up those who are bowed down,
the LORD loves the righteous.
9 The LORD watches over the alien
and sustains the fatherless and the widow,
but he frustrates the ways of the wicked.

10 The LORD reigns forever,
your God, O Zion, for all generations.

Praise the LORD.

Psalm 147

1 Praise the LORD. u

How good it is to sing praises to our God,
how pleasant and fitting to praise him!

2 The LORD builds up Jerusalem;
he gathers the exiles of Israel.
3 He heals the brokenhearted
and binds up their wounds.
4 He determines the number of the stars
and calls them each by name.
5 Great is our Lord and mighty in power;
his understanding has no limit.
6 The LORD sustains the humble
but casts the wicked to the ground.

7 Sing to the LORD with thanksgiving;
make music to our God on the harp.
8 He covers the sky with clouds;
he supplies the earth with rain
and makes grass grow on the hills.
9 He provides food for the cattle
and for the young ravens when they call.

10 His pleasure is not in the strength of the horse,
nor his delight in the legs of a man;
11 the LORD delights in those who fear him,
who put their hope in his unfailing love.

12 Extol the LORD, O Jerusalem;
praise your God, O Zion,
13 for he strengthens the bars of your gates
and blesses your people within you.
14 He grants peace to your borders
and satisfies you with the finest of wheat.

15 He sends his command to the earth;
his word runs swiftly.
16 He spreads the snow like wool
and scatters the frost like ashes.

u1 Hebrew *Hallelu Yah*; also in verse 20

17 Echa su hielo como pedazos;
Ante su frío, ¿quién resistirá?
18 Enviará su palabra, y los derretirá;
Soplará su viento, y fluirán las aguas.
19 Ha manifestado sus palabras a Jacob,
Sus estatutos y sus juicios a Israel.
20 No ha hecho así con ninguna otra de las naciones;
Y en cuanto a sus juicios, no los conocieron.
Aleluya.

Salmo 148

Exhortación a la creación, para que alabe a Jehová

Aleluya.

1 Alabad a Jehová desde los cielos;
Alabadle en las alturas.
2 Alabadle, vosotros todos sus ángeles;
Alabadle, vosotros todos sus ejércitos.

3 Alabadle, sol y luna;
Alabadle, vosotras todas, lucientes estrellas.
4 Alabadle, cielos de los cielos,
Y las aguas que están sobre los cielos.

5 Alaben el nombre de Jehová;
Porque él mandó, y fueron creados.
6 Los hizo ser eternamente y para siempre;
Les puso ley que no será quebrantada.

7 Alabad a Jehová desde la tierra,
Los monstruos marinos y todos los abismos;
8 El fuego y el granizo, la nieve y el vapor,
El viento de tempestad que ejecuta su palabra;

9 Los montes y todos los collados,
El árbol de fruto y todos los cedros;
10 La bestia y todo animal,
Reptiles y volátiles;

11 Los reyes de la tierra y todos los pueblos,
Los príncipes y todos los jueces de la tierra;
12 Los jóvenes y también las doncellas,
Los ancianos y los niños.

13 Alaben el nombre de Jehová,
Porque sólo su nombre es enaltecido.
Su gloria es sobre tierra y cielos.
14 El ha exaltado el poderío de su pueblo;
Alábenle todos sus santos, los hijos de Israel,
El pueblo a él cercano.
Aleluya.

Salmo 149

Exhortación a Israel, para que alabe a Jehová

Aleluya.

1 Cantad a Jehová cántico nuevo;
Su alabanza sea en la congregación de los santos.

---

17 He hurls down his hail like pebbles.
Who can withstand his icy blast?
18 He sends his word and melts them;
he stirs up his breezes, and the waters flow.
19 He has revealed his word to Jacob,
his laws and decrees to Israel.
20 He has done this for no other nation;
they do not know his laws.

Praise the LORD.

Psalm 148

1 Praise the LORD. v

Praise the LORD from the heavens,
praise him in the heights above.
2 Praise him, all his angels,
praise him, all his heavenly hosts.
3 Praise him, sun and moon,
praise him, all you shining stars.
4 Praise him, you highest heavens
and you waters above the skies.
5 Let them praise the name of the LORD,
for he commanded and they were created.
6 He set them in place for ever and ever;
he gave a decree that will never pass away.

7 Praise the LORD from the earth,
you great sea creatures and all ocean depths,
8 lightning and hail, snow and clouds,
stormy winds that do his bidding,
9 you mountains and all hills,
fruit trees and all cedars,
10 wild animals and all cattle,
small creatures and flying birds,
11 kings of the earth and all nations,
you princes and all rulers on earth,
12 young men and maidens,
old men and children.

13 Let them praise the name of the LORD,
for his name alone is exalted;
his splendor is above the earth and the
heavens.
14 He has raised up for his people a horn, w
the praise of all his saints,
of Israel, the people close to his heart.

Praise the LORD.

Psalm 149

1 Praise the LORD. x

Sing to the LORD a new song,
his praise in the assembly of the saints.

---

v1 Hebrew *Hallelu Yah*; also in verse 14   w14 *Horn* here
symbolizes strong one, that is, king.   x1 Hebrew *Hallelu Yah*;
also in verse 9

2 Alégrese Israel en su Hacedor;
  Los hijos de Sion se gocen en su Rey.
3 Alaben su nombre con danza;
  Con pandero y arpa a él canten.
4 Porque Jehová tiene contentamiento en su pueblo;
  Hermoseará a los humildes con la salvación.
5 Regocíjense los santos por su gloria,
  Y canten aun sobre sus camas.
6 Exalten a Dios con sus gargantas,
  Y espadas de dos filos en sus manos,
7 Para ejecutar venganza entre las naciones,
  Y castigo entre los pueblos,
8 Para aprisionar a sus reyes con grillos,
  Y a sus nobles con cadenas de hierro;
9 Para ejecutar en ellos el juicio decretado;
  Gloria será esto para todos sus santos.
  Aleluya.

Salmo 150

Exhortación a alabar a Dios
con instrumentos de música

Aleluya.

1 Alabad a Dios en su santuario;
  Alabadle en la magnificencia de su firmamento.
2 Alabadle por sus proezas;
  Alabadle conforme a la muchedumbre de su
  grandeza.

3 Alabadle a son de bocina;
  Alabadle con salterio y arpa.
4 Alabadle con pandero y danza;
  Alabadle con cuerdas y flautas.
5 Alabadle con címbalos resonantes;
  Alabadle con címbalos de júbilo.
6 Todo lo que respira alabe a JAH.
  Aleluya.

2 Let Israel rejoice in their Maker;
  let the people of Zion be glad in their King.
3 Let them praise his name with dancing
  and make music to him with tambourine and
  harp.
4 For the LORD takes delight in his people;
  he crowns the humble with salvation.
5 Let the saints rejoice in this honor
  and sing for joy on their beds.

6 May the praise of God be in their mouths
  and a double-edged sword in their hands,
7 to inflict vengeance on the nations
  and punishment on the peoples,
8 to bind their kings with fetters,
  their nobles with shackles of iron,
9 to carry out the sentence written against them.
  This is the glory of all his saints.

Praise the LORD.

Psalm 150

1 Praise the LORD. y

Praise God in his sanctuary;
  praise him in his mighty heavens.
2 Praise him for his acts of power;
  praise him for his surpassing greatness.
3 Praise him with the sounding of the trumpet,
  praise him with the harp and lyre,
4 praise him with tambourine and dancing,
  praise him with the strings and flute,
5 praise him with the clash of cymbals,
  praise him with resounding cymbals.

6 Let everything that has breath praise the LORD.

Praise the LORD.

y1 Hebrew *Hallelu Yah*; also in verse 6

PROVERBIOS

Motivo de los proverbios

1 ¹ Los proverbios de Salomón, hijo de David, rey de Israel.

² Para entender sabiduría y doctrina,
Para conocer razones prudentes,
³ Para recibir el consejo de prudencia,
Justicia, juicio y equidad;
⁴ Para dar sagacidad a los simples,
Y a los jóvenes inteligencia y cordura.
⁵ Oirá el sabio, y aumentará el saber,
Y el entendido adquirirá consejo,
⁶ Para entender proverbio y declaración,
Palabras de sabios, y sus dichos profundos.

⁷ El principio de la sabiduría es el temor de Jehová;
Los insensatos desprecian la sabiduría y la enseñanza.

Amonestaciones de la Sabiduría

⁸ Oye, hijo mío, la instrucción de tu padre,
Y no desprecies la dirección de tu madre;
⁹ Porque adorno de gracia serán a tu cabeza,
Y collares a tu cuello.
¹⁰ Hijo mío, si los pecadores te quisieren engañar,
No consientas.
¹¹ Si dijeren: Ven con nosotros;
Pongamos asechanzas para derramar sangre,
Acechemos sin motivo al inocente;
¹² Los tragaremos vivos como el Seol,
Y enteros, como los que caen en un abismo;
¹³ Hallaremos riquezas de toda clase,
Llenaremos nuestras casas de despojos;
¹⁴ Echa tu suerte entre nosotros;
Tengamos todos una bolsa, —
¹⁵ Hijo mío, no andes en camino con ellos.
Aparta tu pie de sus veredas,
¹⁶ Porque sus pies corren hacia el mal,
Y van presurosos a derramar sangre.
¹⁷ Porque en vano se tenderá la red
Ante los ojos de toda ave;
¹⁸ Pero ellos a su propia sangre ponen asechanzas,
Y a sus almas tienden lazo.
¹⁹ Tales son las sendas de todo el que es dado a la codicia,
La cual quita la vida de sus poseedores.

²⁰ La sabiduría clama en las calles,
Alza su voz en las plazas;
²¹ Clama en los principales lugares de reunión;
En las entradas de las puertas de la ciudad dice sus razones.

PROVERBS

Prologue: Purpose and Theme

1 The proverbs of Solomon son of David, king of Israel:

² for attaining wisdom and discipline;
for understanding words of insight;
³ for acquiring a disciplined and prudent life,
doing what is right and just and fair;
⁴ for giving prudence to the simple,
knowledge and discretion to the young—
⁵ let the wise listen and add to their learning,
and let the discerning get guidance—
⁶ for understanding proverbs and parables,
the sayings and riddles of the wise.

⁷ The fear of the LORD is the beginning of knowledge,
but fools[a] despise wisdom and discipline.

Exhortations to Embrace Wisdom

Warning Against Enticement

⁸ Listen, my son, to your father's instruction
and do not forsake your mother's teaching.
⁹ They will be a garland to grace your head
and a chain to adorn your neck.
¹⁰ My son, if sinners entice you,
do not give in to them.
¹¹ If they say, "Come along with us;
let's lie in wait for someone's blood,
let's waylay some harmless soul;
¹² let's swallow them alive, like the grave,[b]
and whole, like those who go down to the pit;
¹³ we will get all sorts of valuable things
and fill our houses with plunder;
¹⁴ throw in your lot with us,
and we will share a common purse"—
¹⁵ my son, do not go along with them,
do not set foot on their paths;
¹⁶ for their feet rush into sin,
they are swift to shed blood.
¹⁷ How useless to spread a net
in full view of all the birds!
¹⁸ These men lie in wait for their own blood;
they waylay only themselves!
¹⁹ Such is the end of all who go after ill-gotten gain;
it takes away the lives of those who get it.

Warning Against Rejecting Wisdom

²⁰ Wisdom calls aloud in the street,
she raises her voice in the public squares;
²¹ at the head of the noisy streets[c] she cries out,
in the gateways of the city she makes her speech:

---

a7 The Hebrew words rendered *fool* in Proverbs, and often elsewhere in the Old Testament, denote one who is morally deficient. *b12* Hebrew *Sheol* *c21* Hebrew; Septuagint / *on the tops of the walls*

22 ¿Hasta cuándo, oh simples, amaréis la simpleza,
Y los burladores desearán el burlar,
Y los insensatos aborrecerán la ciencia?
23 Volveos a mi reprensión;
He aquí yo derramaré mi espíritu sobre vosotros,
Y os haré saber mis palabras.
24 Por cuanto llamé, y no quisisteis oír,
Extendí mi mano, y no hubo quien atendiese,
25 Sino que desechasteis todo consejo mío
Y mi reprensión no quisisteis,
26 También yo me reiré en vuestra calamidad,
Y me burlaré cuando os viniere lo que teméis;
27 Cuando viniere como una destrucción lo que teméis,
Y vuestra calamidad llegare como un torbellino;
Cuando sobre vosotros viniere tribulación y angustia.
28 Entonces me llamarán, y no responderé;
Me buscarán de mañana, y no me hallarán.
29 Por cuanto aborrecieron la sabiduría,
Y no escogieron el temor de Jehová,
30 Ni quisieron mi consejo,
Y menospreciaron toda reprensión mía,
31 Comerán del fruto de su camino,
Y serán hastiados de sus propios consejos.
32 Porque el desvío de los ignorantes los matará,
Y la prosperidad de los necios los echará a perder;
33 Mas el que me oyere, habitará confiadamente
Y vivirá tranquilo, sin temor del mal.

Excelencias de la Sabiduría

2 1 Hijo mío, si recibieres mis palabras,
Y mis mandamientos guardares dentro de ti,
2 Haciendo estar atento tu oído a la sabiduría;
Si inclinares tu corazón a la prudencia,
3 Si clamares a la inteligencia,
Y a la prudencia dieres tu voz;
4 Si como a la plata la buscares,
Y la escudriñares como a tesoros,
5 Entonces entenderás el temor de Jehová,
Y hallarás el conocimiento de Dios.
6 Porque Jehová da la sabiduría,
Y de su boca viene el conocimiento y la inteligencia.
7 El provee de sana sabiduría a los rectos;
Es escudo a los que caminan rectamente.
8 Es el que guarda las veredas del juicio,
Y preserva el camino de sus santos.
9 Entonces entenderás justicia, juicio
Y equidad, y todo buen camino.
10 Cuando la sabiduría entrare en tu corazón,
Y la ciencia fuere grata a tu alma,
11 La discreción te guardará;
Te preservará la inteligencia,
12 Para librarte del mal camino,
De los hombres que hablan perversidades,
13 Que dejan los caminos derechos,
Para andar por sendas tenebrosas;
14 Que se alegran haciendo el mal,
Que se huelgan en las perversidades del vicio;

22 "How long will you simple ones [d] love your simple ways?
How long will mockers delight in mockery and fools hate knowledge?
23 If you had responded to my rebuke,
I would have poured out my heart to you and made my thoughts known to you.
24 But since you rejected me when I called and no one gave heed when I stretched out my hand,
25 since you ignored all my advice and would not accept my rebuke,
26 I in turn will laugh at your disaster;
I will mock when calamity overtakes you—
27 when calamity overtakes you like a storm,
when disaster sweeps over you like a whirlwind,
when distress and trouble overwhelm you.
28 "Then they will call to me but I will not answer;
they will look for me but will not find me.
29 Since they hated knowledge and did not choose to fear the LORD,
30 since they would not accept my advice and spurned my rebuke,
31 they will eat the fruit of their ways and be filled with the fruit of their schemes.
32 For the waywardness of the simple will kill them,
and the complacency of fools will destroy them;
33 but whoever listens to me will live in safety and be at ease, without fear of harm."

Moral Benefits of Wisdom

2 My son, if you accept my words and store up my commands within you,
2 turning your ear to wisdom and applying your heart to understanding,
3 and if you call out for insight and cry aloud for understanding,
4 and if you look for it as for silver and search for it as for hidden treasure,
5 then you will understand the fear of the LORD and find the knowledge of God.
6 For the LORD gives wisdom,
and from his mouth come knowledge and understanding.
7 He holds victory in store for the upright,
he is a shield to those whose walk is blameless,
8 for he guards the course of the just and protects the way of his faithful ones.
9 Then you will understand what is right and just and fair—every good path.
10 For wisdom will enter your heart,
and knowledge will be pleasant to your soul.
11 Discretion will protect you,
and understanding will guard you.
12 Wisdom will save you from the ways of wicked men,
from men whose words are perverse,
13 who leave the straight paths to walk in dark ways,
14 who delight in doing wrong and rejoice in the perverseness of evil,

---

d 22 The Hebrew word rendered *simple* in Proverbs generally denotes one without moral direction and inclined to evil.

15 Cuyas veredas son torcidas,
Y torcidos sus caminos.

16 Serás librado de la mujer extraña,
De la ajena que halaga con sus palabras,
17 La cual abandona al compañero de su juventud,
Y se olvida del pacto de su Dios.
18 Por lo cual su casa está inclinada a la muerte,
Y sus veredas hacia los muertos;
19 Todos los que a ella se lleguen, no volverán,
Ni seguirán otra vez los senderos de la vida.

20 Así andarás por el camino de los buenos,
Y seguirás las veredas de los justos;
21 Porque los rectos habitarán la tierra,
Y los perfectos permanecerán en ella,
22 Mas los impíos serán cortados de la tierra,
Y los prevaricadores serán de ella desarraigados.

Exhortación a la obediencia

3 1 Hijo mío, no te olvides de mi ley,
Y tu corazón guarde mis mandamientos;
2 Porque largura de días y años de vida
Y paz te aumentarán.
3 Nunca se aparten de ti la misericordia y la verdad;
Átalas a tu cuello,
Escríbelas en la tabla de tu corazón;
4 Y hallarás gracia y buena opinión
Ante los ojos de Dios y de los hombres.

5 Fíate de Jehová de todo tu corazón,
Y no te apoyes en tu propia prudencia.
6 Reconócelo en todos tus caminos,
Y él enderezará tus veredas.
7 No seas sabio en tu propia opinión;
Teme a Jehová, y apártate del mal;
8 Porque será medicina a tu cuerpo,
Y refrigerio para tus huesos.

9 Honra a Jehová con tus bienes,
Y con las primicias de todos tus frutos;
10 Y serán llenos tus graneros con abundancia,
Y tus lagares rebosarán de mosto.

11 No menosprecies, hijo mío, el castigo de Jehová,
Ni te fatigues de su corrección;
12 Porque Jehová al que ama castiga,
Como el padre al hijo a quien quiere.

13 Bienaventurado el hombre que halla la sabiduría,
Y que obtiene la inteligencia;
14 Porque su ganancia es mejor que la ganancia de la plata,
Y sus frutos más que el oro fino.
15 Más preciosa es que las piedras preciosas;
Y todo lo que puedes desear, no se puede comparar a ella.
16 Largura de días está en su mano derecha;
En su izquierda, riquezas y honra.
17 Sus caminos son caminos deleitosos,
Y todas sus veredas paz.
18 Ella es árbol de vida a los que de ella echan mano,
Y bienaventurados son los que la retienen.

19 Jehová con sabiduría fundó la tierra;
Afirmó los cielos con inteligencia.

15 whose paths are crooked
and who are devious in their ways.

16 It will save you also from the adulteress,
from the wayward wife with her seductive words,
17 who has left the partner of her youth
and ignored the covenant she made before God.[e]
18 For her house leads down to death
and her paths to the spirits of the dead.
19 None who go to her return
or attain the paths of life.

20 Thus you will walk in the ways of good men
and keep to the paths of the righteous.
21 For the upright will live in the land,
and the blameless will remain in it;
22 but the wicked will be cut off from the land,
and the unfaithful will be torn from it.

Further Benefits of Wisdom

3 My son, do not forget my teaching,
but keep my commands in your heart,
2 for they will prolong your life many years
and bring you prosperity.

3 Let love and faithfulness never leave you;
bind them around your neck,
write them on the tablet of your heart.
4 Then you will win favor and a good name
in the sight of God and man.

5 Trust in the LORD with all your heart
and lean not on your own understanding;
6 in all your ways acknowledge him,
and he will make your paths straight.[f]

7 Do not be wise in your own eyes;
fear the LORD and shun evil.
8 This will bring health to your body
and nourishment to your bones.

9 Honor the LORD with your wealth,
with the firstfruits of all your crops;
10 then your barns will be filled to overflowing,
and your vats will brim over with new wine.

11 My son, do not despise the LORD's discipline
and do not resent his rebuke,
12 because the LORD disciplines those he loves,
as a father[g] the son he delights in.

13 Blessed is the man who finds wisdom,
the man who gains understanding,
14 for she is more profitable than silver
and yields better returns than gold.
15 She is more precious than rubies;
nothing you desire can compare with her.
16 Long life is in her right hand;
in her left hand are riches and honor.
17 Her ways are pleasant ways,
and all her paths are peace.
18 She is a tree of life to those who embrace her;
those who lay hold of her will be blessed.

19 By wisdom the LORD laid the earth's foundations,
by understanding he set the heavens in place;

---

[e] 17 Or covenant of her God   [f] 6 Or will direct your paths
[g] 12 Hebrew; Septuagint / and he punishes

20 Con su ciencia los abismos fueron divididos,
Y destilan rocío los cielos.

21 Hijo mío, no se aparten estas cosas de tus ojos;
Guarda la ley y el consejo,
22 Y serán vida a tu alma,
Y gracia a tu cuello.
23 Entonces andarás por tu camino confiadamente,
Y tu pie no tropezará.
24 Cuando te acuestes, no tendrás temor,
Sino que te acostarás, y tu sueño será grato.
25 No tendrás temor de pavor repentino,
Ni de la ruina de los impíos cuando viniere,
26 Porque Jehová será tu confianza,
Y él preservará tu pie de quedar preso.

27 No te niegues a hacer el bien a quien es debido,
Cuando tuvieres poder para hacerlo.
28 No digas a tu prójimo: Anda, y vuelve,
Y mañana te daré,
Cuando tienes contigo qué darle.
29 No intentes mal contra tu prójimo
Que habita confiado junto a ti.
30 No tengas pleito con nadie sin razón,
Si no te han hecho agravio.
31 No envidies al hombre injusto,
Ni escojas ninguno de sus caminos.
32 Porque Jehová abomina al perverso;
Mas su comunión íntima es con los justos.
33 La maldición de Jehová está en la casa del impío,
Pero bendecirá la morada de los justos.
34 Ciertamente él escarnecerá a los escarnecedores,
Y a los humildes dará gracia.
35 Los sabios heredarán honra,
Mas los necios llevarán ignominia.

Beneficios de la sabiduría

4 ¹ Oíd, hijos, la enseñanza de un padre,
Y estad atentos, para que conozcáis cordura.
² Porque os doy buena enseñanza;
No desamparéis mi ley.
³ Porque yo también fui hijo de mi padre,
Delicado y único delante de mi madre.
⁴ Y él me enseñaba, y me decía:
Retenga tu corazón mis razones,
Guarda mis mandamientos, y vivirás.
⁵ Adquiere sabiduría, adquiere inteligencia;
No te olvides ni te apartes de las razones de mi
boca;
⁶ No la dejes, y ella te guardará;
Amala, y te conservará.
⁷ Sabiduría ante todo; adquiere sabiduría;
Y sobre todas tus posesiones adquiere inteligencia.
⁸ Engrandécela, y ella te engrandecerá;
Ella te honrará, cuando tú la hayas abrazado.
⁹ Adorno de gracia dará a tu cabeza;
Corona de hermosura te entregará.

10 Oye, hijo mío, y recibe mis razones,
Y se te multiplicarán años de vida.
11 Por el camino de la sabiduría te he encaminado,
Y por veredas derechas te he hecho andar.
12 Cuando anduvieres, no se estrecharán tus pasos,
Y si corrieres, no tropezarás.

20 by his knowledge the deeps were divided,
and the clouds let drop the dew.

21 My son, preserve sound judgment and
discernment,
do not let them out of your sight;
22 they will be life for you,
an ornament to grace your neck.
23 Then you will go on your way in safety,
and your foot will not stumble;
24 when you lie down, you will not be afraid;
when you lie down, your sleep will be sweet.
25 Have no fear of sudden disaster
or of the ruin that overtakes the wicked,
26 for the Lord will be your confidence
and will keep your foot from being snared.

27 Do not withhold good from those who deserve it,
when it is in your power to act.
28 Do not say to your neighbor,
"Come back later; I'll give it tomorrow"—
when you now have it with you.

29 Do not plot harm against your neighbor,
who lives trustfully near you.
30 Do not accuse a man for no reason—
when he has done you no harm.

31 Do not envy a violent man
or choose any of his ways,
32 for the Lord detests a perverse man
but takes the upright into his confidence.

33 The Lord's curse is on the house of the wicked,
but he blesses the home of the righteous.
34 He mocks proud mockers
but gives grace to the humble.
35 The wise inherit honor,
but fools he holds up to shame.

Wisdom Is Supreme

4 Listen, my sons, to a father's instruction;
pay attention and gain understanding.
2 I give you sound learning,
so do not forsake my teaching.
3 When I was a boy in my father's house,
still tender, and an only child of my mother,
4 he taught me and said,
"Lay hold of my words with all your heart;
keep my commands and you will live.
5 Get wisdom, get understanding;
do not forget my words or swerve from them.
6 Do not forsake wisdom, and she will protect you;
love her, and she will watch over you.
7 Wisdom is supreme; therefore get wisdom.
Though it cost all you have,ʰ get
understanding.
8 Esteem her, and she will exalt you;
embrace her, and she will honor you.
9 She will set a garland of grace on your head
and present you with a crown of splendor."

10 Listen, my son, accept what I say,
and the years of your life will be many.
11 I guide you in the way of wisdom
and lead you along straight paths.
12 When you walk, your steps will not be
hampered;
when you run, you will not stumble.

ʰ 7 Or *Whatever else you get*

13Retén el consejo, no lo dejes;
Guárdalo, porque eso es tu vida.
14No entres por la vereda de los impíos,
Ni vayas por el camino de los malos.
15Déjala, no pases por ella;
Apártate de ella, pasa.
16Porque no duermen ellos si no han hecho mal,
Y pierden el sueño si no han hecho caer a alguno.
17Porque comen pan de maldad, y beben vino de robos;
18Mas la senda de los justos es como la luz de la aurora,
Que va en aumento hasta que el día es perfecto.
19El camino de los impíos es como la oscuridad;
No saben en qué tropiezan.

20Hijo mío, está atento a mis palabras;
Inclina tu oído a mis razones.
21No se aparten de tus ojos;
Guárdalas en medio de tu corazón;
22Porque son vida a los que las hallan,
Y medicina a todo su cuerpo.
23Sobre toda cosa guardada, guarda tu corazón;
Porque de él mana la vida.
24Aparta de ti la perversidad de la boca,
Y aleja de ti la iniquidad de los labios.
25Tus ojos miren lo recto,
Y diríjanse tus párpados hacia lo que tienes delante.
26Examina la senda de tus pies,
Y todos tus caminos sean rectos.
27No te desvíes a la derecha ni a la izquierda;
Aparta tu pie del mal.

Amonestación contra la impureza

5 1Hijo mío, está atento a mi sabiduría,
Y a mi inteligencia inclina tu oído,
2Para que guardes consejo,
Y tus labios conserven la ciencia.
3Porque los labios de la mujer extraña destilan miel,
Y su paladar es más blando que el aceite;
4Mas su fin es amargo como el ajenjo,
Agudo como espada de dos filos.
5Sus pies descienden a la muerte;
Sus pasos conducen al Seol.
6Sus caminos son inestables; no los conocerás,
Si no consideres el camino de vida.

7Ahora pues, hijos, oídme,
Y no os apartéis de las razones de mi boca.
8Aleja de ella tu camino,
Y no te acerques a la puerta de su casa;
9Para que no des a los extraños tu honor,
Y tus años al cruel;
10No sea que extraños se sacien de tu fuerza,
Y tus trabajos estén en casa del extraño;
11Y gimas al final,
Cuando se consuma tu carne y tu cuerpo,
12Y digas: ¡Cómo aborrecí el consejo,
Y mi corazón menospreció la represión;
13No oí la voz de los que me instruían,
Y a los que me enseñaban no incliné mi oído!
14Casi en todo mal he estado,
En medio de la sociedad y de la congregación.

15Bebe el agua de tu misma cisterna,
Y los raudales de tu propio pozo.

13Hold on to instruction, do not let it go;
guard it well, for it is your life.
14Do not set foot on the path of the wicked
or walk in the way of evil men.
15Avoid it, do not travel on it;
turn from it and go on your way.
16For they cannot sleep till they do evil;
they are robbed of slumber till they make someone fall.
17They eat the bread of wickedness
and drink the wine of violence.
18The path of the righteous is like the first gleam of dawn,
shining ever brighter till the full light of day.
19But the way of the wicked is like deep darkness;
they do not know what makes them stumble.

20My son, pay attention to what I say;
listen closely to my words.
21Do not let them out of your sight,
keep them within your heart;
22for they are life to those who find them
and health to a man's whole body.
23Above all else, guard your heart,
for it is the wellspring of life.
24Put away perversity from your mouth;
keep corrupt talk far from your lips.
25Let your eyes look straight ahead,
fix your gaze directly before you.
26Make level *i* paths for your feet
and take only ways that are firm.
27Do not swerve to the right or the left;
keep your foot from evil.

Warning Against Adultery

5 My son, pay attention to my wisdom,
listen well to my words of insight,
2that you may maintain discretion
and your lips may preserve knowledge.
3For the lips of an adulteress drip honey,
and her speech is smoother than oil;
4but in the end she is bitter as gall,
sharp as a double-edged sword.
5Her feet go down to death;
her steps lead straight to the grave.*j*
6She gives no thought to the way of life;
her paths are crooked, but she knows it not.

7Now then, my sons, listen to me;
do not turn aside from what I say.
8Keep to a path far from her,
do not go near the door of her house,
9lest you give your best strength to others
and your years to one who is cruel,
10lest strangers feast on your wealth
and your toil enrich another man's house.
11At the end of your life you will groan,
when your flesh and body are spent.
12You will say, "How I hated discipline!
How my heart spurned correction!
13I would not obey my teachers
or listen to my instructors.
14I have come to the brink of utter ruin
in the midst of the whole assembly."

15Drink water from your own cistern,
running water from your own well.

i 26 Or Consider the   j 15 Hebrew Sheol

16¿Se derramarán tus fuentes por las calles,
Y tus corrientes de aguas por las plazas?
17Sean para ti solo,
Y no para los extraños contigo.
18Sea bendito tu manantial,
Y alégrate con la mujer de tu juventud,
19Como cierva amada y graciosa gacela.
Sus caricias te satisfagan en todo tiempo,
Y en su amor recréate siempre.
20¿Y por qué, hijo mío, andarás ciego con la mujer ajena,
Y abrazarás el seno de la extraña?
21Porque los caminos del hombre están ante los ojos de Jehová,
Y él considera todas sus veredas.
22Prenderán al impío sus propias iniquidades,
Y retenido será con las cuerdas de su pecado.
23El morirá por falta de corrección,
Y errará por lo inmenso de su locura.

Amonestación contra la pereza y la falsedad

6 1Hijo mío, si salieres fiador por tu amigo,
Si has empeñado tu palabra a un extraño,
2Te has enlazado con las palabras de tu boca,
Y has quedado preso en los dichos de tus labios.
3Haz esto ahora, hijo mío, y líbrate,
Ya que has caído en la mano de tu prójimo;
Vé, humíllate, y asegúrate de tu amigo.
4No des sueño a tus ojos,
Ni a tus párpados adormecimiento;
5Escápate como gacela de la mano del cazador,
Y como ave de la mano del que arma lazos.

6Vé a la hormiga, oh perezoso,
Mira sus caminos, y sé sabio;
7La cual no teniendo capitán,
Ni gobernador, ni señor,
8Prepara en el verano su comida,
Y recoge en el tiempo de la siega su mantenimiento.
9Perezoso, ¿hasta cuándo has de dormir?
¿Cuándo te levantarás de tu sueño?
10Un poco de sueño, un poco de dormitar,
Y cruzar por un poco las manos para reposo;
11Así vendrá tu necesidad como caminante,
Y tu pobreza como hombre armado.

12El hombre malo, el hombre depravado,
Es el que anda en perversidad de boca;
13Que guiña los ojos, que habla con los pies,
Que hace señas con los dedos.
14Perversidades hay en su corazón; anda pensando el mal en todo tiempo;
Siembra las discordias.
15Por tanto, su calamidad vendrá de repente;
Súbitamente será quebrantado, y no habrá remedio.

16Seis cosas aborrece Jehová,
Y aun siete abomina su alma:
17Los ojos altivos, la lengua mentirosa,
Las manos derramadoras de sangre inocente,

16Should your springs overflow in the streets,
your streams of water in the public squares?
17Let them be yours alone,
never to be shared with strangers.
18May your fountain be blessed,
and may you rejoice in the wife of your youth.
19A loving doe, a graceful deer—
may her breasts satisfy you always,
may you ever be captivated by her love.
20Why be captivated, my son, by an adulteress?
Why embrace the bosom of another man's wife?
21For a man's ways are in full view of the LORD,
and he examines all his paths.
22The evil deeds of a wicked man ensnare him;
the cords of his sin hold him fast.
23He will die for lack of discipline,
led astray by his own great folly.

Warnings Against Folly

6 My son, if you have put up security for your neighbor,
if you have struck hands in pledge for another,
2if you have been trapped by what you said,
ensnared by the words of your mouth,
3then do this, my son, to free yourself,
since you have fallen into your neighbor's hands:
Go and humble yourself;
press your plea with your neighbor!
4Allow no sleep to your eyes,
no slumber to your eyelids.
5Free yourself, like a gazelle from the hand of the hunter,
like a bird from the snare of the fowler.

6Go to the ant, you sluggard;
consider its ways and be wise!
7It has no commander,
no overseer or ruler,
8yet it stores its provisions in summer
and gathers its food at harvest.

9How long will you lie there, you sluggard?
When will you get up from your sleep?
10A little sleep, a little slumber,
a little folding of the hands to rest—
11and poverty will come on you like a bandit
and scarcity like an armed man.*k*

12A scoundrel and villain,
who goes about with a corrupt mouth,
13   who winks with his eye,
signals with his feet
and motions with his fingers,
14   who plots evil with deceit in his heart—
he always stirs up dissension.
15Therefore disaster will overtake him in an instant;
he will suddenly be destroyed—without remedy.

16There are six things the LORD hates,
seven that are detestable to him:
17   haughty eyes,
a lying tongue,
hands that shed innocent blood,

---

k11 Or like a vagrant / and scarcity like a beggar

18 El corazón que maquina pensamientos inicuos,
　Los pies presurosos para correr al mal,
19 El testigo falso que habla mentiras,
　Y el que siembra discordia entre hermanos.

Amonestación contra el adulterio

20 Guarda, hijo mío, el mandamiento de tu padre,
　Y no dejes la enseñanza de tu madre;
21 Átalos siempre en tu corazón,
　Enlázalos a tu cuello.
22 Te guiarán cuando andes; cuando duermas te
　　guardarán;
　Hablarán contigo cuando despiertes.
23 Porque el mandamiento es lámpara, y la enseñanza
　　es luz,
　Y camino de vida las reprensiones que te instruyen,
24 Para que te guarden de la mala mujer,
　De la blandura de la lengua de la mujer extraña.
25 No codicies su hermosura en tu corazón,
　Ni ella te prenda con sus ojos;
26 Porque a causa de la mujer ramera el hombre es
　　reducido a un bocado de pan;
　Y la mujer caza la preciosa alma del varón.
27 ¿Tomará el hombre fuego en su seno
　Sin que sus vestidos ardan?
28 ¿Andará el hombre sobre brasas
　Sin que sus pies se quemen?
29 Así es el que se llega a la mujer de su prójimo;
　No quedará impune ninguno que la tocare.
30 No tienen en poco al ladrón si hurta
　Para saciar su apetito cuando tiene hambre;
31 Pero si es sorprendido, pagará siete veces;
　Entregará todo el haber de su casa.
32 Mas el que comete adulterio es falto de
　　entendimiento;
　Corrompe su alma el que tal hace.
33 Heridas y vergüenza hallará,
　Y su afrenta nunca será borrada.
34 Porque los celos son el furor del hombre,
　Y no perdonará en el día de la venganza.
35 No aceptará ningún rescate,
　Ni querrá perdonar, aunque multipliques los dones.

Las artimañas de la ramera

7 1 Hijo mío, guarda mis razones,
　Y atesora contigo mis mandamientos.
2 Guarda mis mandamientos y vivirás,
　Y mi ley como las niñas de tus ojos.
3 Lígalos a tus dedos;
　Escríbelos en la tabla de tu corazón.
4 Di a la sabiduría: Tú eres mi hermana;
　Y a la inteligencia llama parienta;
5 Para que te guarden de la mujer ajena,
　Y de la extraña que ablanda sus palabras.

6 Porque mirando yo por la ventana de mi casa,
　Por mi celosía,
7 Vi entre los simples,
　Consideré entre los jóvenes,
　A un joven falto de entendimiento,
8 El cual pasaba por la calle, junto a la esquina,
　E iba camino a la casa de ella,
9 A la tarde del día, cuando ya oscurecía,
　En la oscuridad y tinieblas de la noche.

18　a heart that devises wicked schemes,
　feet that are quick to rush into evil,
19　a false witness who pours out lies
　and a man who stirs up dissension among
　brothers.

Warning Against Adultery

20 My son, keep your father's commands
　and do not forsake your mother's teaching.
21 Bind them upon your heart forever;
　fasten them around your neck.
22 When you walk, they will guide you;
　when you sleep, they will watch over you;
　when you awake, they will speak to you.
23 For these commands are a lamp,
　this teaching is a light,
　and the corrections of discipline
　are the way to life,
24 keeping you from the immoral woman,
　from the smooth tongue of the wayward wife.
25 Do not lust in your heart after her beauty
　or let her captivate you with her eyes,
26 for the prostitute reduces you to a loaf of bread,
　and the adulteress preys upon your very life.
27 Can a man scoop fire into his lap
　without his clothes being burned?
28 Can a man walk on hot coals
　without his feet being scorched?
29 So is he who sleeps with another man's wife;
　no one who touches her will go unpunished.

30 Men do not despise a thief if he steals
　to satisfy his hunger when he is starving.
31 Yet if he is caught, he must pay sevenfold,
　though it costs him all the wealth of his
　　house.
32 But a man who commits adultery lacks judgment;
　whoever does so destroys himself.
33 Blows and disgrace are his lot,
　and his shame will never be wiped away;
34 for jealousy arouses a husband's fury,
　and he will show no mercy when he takes
　revenge.
35 He will not accept any compensation;
　he will refuse the bribe, however great it is.

Warning Against the Adulteress

7 My son, keep my words
　and store up my commands within you.
2 Keep my commands and you will live;
　guard my teachings as the apple of your eye.
3 Bind them on your fingers;
　write them on the tablet of your heart.
4 Say to wisdom, "You are my sister,"
　and call understanding your kinsman;
5 they will keep you from the adulteress,
　from the wayward wife with her seductive
　words.

6 At the window of my house
　I looked out through the lattice.
7 I saw among the simple,
　I noticed among the young men,
　a youth who lacked judgment.
8 He was going down the street near her corner,
　walking along in the direction of her house
9 at twilight, as the day was fading,
　as the dark of night set in.

10Cuando he aquí, una mujer le sale al encuentro,
Con atavío de ramera y astuta de corazón.
11Alborotadora y rencillosa,
Sus pies no pueden estar en casa;
12Unas veces está en la calle, otras veces en las plazas,
Acechando por todas las esquinas.
13Se asió de él, y le besó.
Con semblante descarado le dijo:
14Sacrificios de paz había prometido,
Hoy he pagado mis votos;
15Por tanto, he salido a encontrarte,
Buscando diligentemente tu rostro, y te he hallado.
16He adornado mi cama con colchas
Recamadas con cordoncillo de Egipto;
17He perfumado mi cámara
Con mirra, áloes y canela.
18Ven, embriaguémonos de amores hasta la mañana;
Alegrémonos en amores.
19Porque el marido no está en casa;
Se ha ido a un largo viaje.
20La bolsa de dinero llevó en su mano;
El día señalado volverá a su casa.

21Lo rindió con la suavidad de sus muchas palabras,
Le obligó con la zalamería de sus labios.
22Al punto se marchó tras ella,
Como va el buey al degolladero,
Y como el necio a las prisiones para ser castigado;
23Como el ave que se apresura a la red,
Y no sabe que es contra su vida,
Hasta que la saeta traspasa su corazón.

24Ahora pues, hijos, oídme,
Y estad atentos a las razones de mi boca.
25No se aparte tu corazón a sus caminos;
No yerres en sus veredas.
26Porque a muchos ha hecho caer heridos,
Y aun los más fuertes han sido muertos por ella.
27Camino al Seol es su casa,
Que conduce a las cámaras de la muerte.

Excelencia y eternidad de la Sabiduría

8 1¿No clama la sabiduría,
Y da su voz la inteligencia?
2En las alturas junto al camino,
A las encrucijadas de las veredas se para;
3En el lugar de las puertas, a la entrada de la ciudad,
A la entrada de las puertas da voces:
4Oh hombres, a vosotros clamo;
Dirijo mi voz a los hijos de los hombres.
5Entended, oh simples, discreción;
Y vosotros, necios, entrad en cordura.
6Oíd, porque hablaré cosas excelentes,
Y abriré mis labios para cosas rectas.
7Porque mi boca hablará verdad,
Y la impiedad abominan mis labios.
8Justas son todas las razones de mi boca;
No hay en ellas cosa perversa ni torcida.
9Todas ellas son rectas al que entiende,
Y razonables a los que han hallado sabiduría.
10Recibid mi enseñanza, y no plata;
Y ciencia antes que el oro escogido.

10Then out came a woman to meet him,
dressed like a prostitute and with crafty intent.
11(She is loud and defiant,
her feet never stay at home;
12now in the street, now in the squares,
at every corner she lurks.)
13She took hold of him and kissed him
and with a brazen face she said:
14"I have fellowship offerings*l* at home;
today I fulfilled my vows.
15So I came out to meet you;
I looked for you and have found you!
16I have covered my bed
with colored linens from Egypt.
17I have perfumed my bed
with myrrh, aloes and cinnamon.
18Come, let's drink deep of love till morning;
let's enjoy ourselves with love!
19My husband is not at home;
he has gone on a long journey.
20He took his purse filled with money
and will not be home till full moon."

21With persuasive words she led him astray;
she seduced him with her smooth talk.
22All at once he followed her
like an ox going to the slaughter,
like a deer*m* stepping into a noose*n*
23 till an arrow pierces his liver,
like a bird darting into a snare,
little knowing it will cost him his life.

24Now then, my sons, listen to me;
pay attention to what I say.
25Do not let your heart turn to her ways
or stray into her paths.
26Many are the victims she has brought down;
her slain are a mighty throng.
27Her house is a highway to the grave,*o*
leading down to the chambers of death.

Wisdom's Call

8 Does not wisdom call out?
Does not understanding raise her voice?
2On the heights along the way,
where the paths meet, she takes her stand;
3beside the gates leading into the city,
at the entrances, she cries aloud:
4"To you, O men, I call out;
I raise my voice to all mankind.
5You who are simple, gain prudence;
you who are foolish, gain understanding.
6Listen, for I have worthy things to say;
I open my lips to speak what is right.
7My mouth speaks what is true,
for my lips detest wickedness.
8All the words of my mouth are just;
none of them is crooked or perverse.
9To the discerning all of them are right;
they are faultless to those who have knowledge.
10Choose my instruction instead of silver,
knowledge rather than choice gold,

---

l14 Traditionally *peace offerings* *m22* Syriac (see also Septuagint); Hebrew *fool* *n22* The meaning of the Hebrew for this line is uncertain. *o27* Hebrew *Sheol*

11 Porque mejor es la sabiduría que las piedras
preciosas;
Y todo cuanto se puede desear, no es de
compararse con ella.
12 Yo, la sabiduría, habito con la cordura,
Y hallo la ciencia de los consejos.
13 El temor de Jehová es aborrecer el mal;
La soberbia y la arrogancia, el mal camino,
Y la boca perversa, aborrezco.
14 Conmigo está el consejo y el buen juicio;
Y soy la inteligencia; mío es el poder.
15 Por mí reinan los reyes,
Y los príncipes determinan justicia.
16 Por mí dominan los príncipes,
Y todos los gobernadores juzgan la tierra.
17 Yo amo a los que me aman,
Y me hallan los que temprano me buscan.
18 Las riquezas y la honra están conmigo;
Riquezas duraderas, y justicia.
19 Mejor es mi fruto que el oro, y que el oro refinado;
Y mi rédito mejor que la plata escogida.
20 Por vereda de justicia guiaré,
Por en medio de sendas de juicio,
21 Para hacer que los que me aman tengan su
heredad,
Y que yo llene sus tesoros.

22 Jehová me poseía en el principio,
Ya de antiguo, antes de sus obras.
23 Eternamente tuve el principado, desde el principio,
Antes de la tierra.
24 Antes de los abismos fui engendrada;
Antes que fuesen las fuentes de las muchas aguas.
25 Antes que los montes fuesen formados,
Antes de los collados, ya había sido yo engendrada;
26 No había aún hecho la tierra, ni los campos,
Ni el principio del polvo del mundo.
27 Cuando formaba los cielos, allí estaba yo;
Cuando trazaba el círculo sobre la faz del abismo;
28 Cuando afirmaba los cielos arriba,
Cuando afirmaba las fuentes del abismo;
29 Cuando ponía al mar su estatuto,
Para que las aguas no traspasasen su mandamiento;
Cuando establecía los fundamentos de la tierra,
30 Con él estaba yo ordenándolo todo,
Y era su delicia de día en día,
Teniendo solaz delante de él en todo tiempo.
31 Me regocijo en la parte habitable de su tierra;
Y mis delicias son con los hijos de los hombres.

32 Ahora, pues, hijos, oídme,
Y bienaventurados los que guardan mis caminos.
33 Atended el consejo y sed sabios,
Y no lo menospreciéis.
34 Bienaventurado el hombre que me escucha,
Velando a mis puertas cada día,
Aguardando a los postes de mis puertas.
35 Porque el que me halle, hallará la vida,
Y alcanzará el favor de Jehová.
36 Mas el que peca contra mí, defrauda su alma;
Todos los que me aborrecen aman la muerte.

11 for wisdom is more precious than rubies,
and nothing you desire can compare with her.
12 "I, wisdom, dwell together with prudence;
I possess knowledge and discretion.
13 To fear the LORD is to hate evil;
I hate pride and arrogance,
evil behavior and perverse speech.
14 Counsel and sound judgment are mine;
I have understanding and power.
15 By me kings reign
and rulers make laws that are just;
16 by me princes govern,
and all nobles who rule on earth. p
17 I love those who love me,
and those who seek me find me.
18 With me are riches and honor,
enduring wealth and prosperity.
19 My fruit is better than fine gold;
what I yield surpasses choice silver.
20 I walk in the way of righteousness,
along the paths of justice,
21 bestowing wealth on those who love me
and making their treasuries full.

22 "The LORD brought me forth as the first of his
works, q, r
before his deeds of old;
23 I was appointed s from eternity,
from the beginning, before the world began.
24 When there were no oceans, I was given birth,
when there were no springs abounding with
water;
25 before the mountains were settled in place,
before the hills, I was given birth,
26 before he made the earth or its fields
or any of the dust of the world.
27 I was there when he set the heavens in place,
when he marked out the horizon on the face
of the deep,
28 when he established the clouds above
and fixed securely the fountains of the deep,
29 when he gave the sea its boundary
so the waters would not overstep his
command,
and when he marked out the foundations of the
earth.
30 Then I was the craftsman at his side.
I was filled with delight day after day,
rejoicing always in his presence,
31 rejoicing in his whole world
and delighting in mankind.

32 "Now then, my sons, listen to me;
blessed are those who keep my ways.
33 Listen to my instruction and be wise;
do not ignore it.
34 Blessed is the man who listens to me,
watching daily at my doors,
waiting at my doorway.
35 For whoever finds me finds life
and receives favor from the LORD.
36 But whoever fails to find me harms himself;
all who hate me love death."

p16 Many Hebrew manuscripts and Septuagint; most Hebrew
manuscripts and nobles—all righteous rulers   q22 Or way; or
dominion   r22 Or The LORD possessed me at the beginning of
his work; or The LORD brought me forth at the beginning of his
work   s23 Or fashioned

La Sabiduría y la mujer insensata

9 ¹ La sabiduría edificó su casa,
Labró sus siete columnas.
² Mató sus víctimas, mezcló su vino,
Y puso su mesa.
³ Envió sus criadas;
Sobre lo más alto de la ciudad clamó.
⁴ Dice a cualquier simple: Ven acá.
A los faltos de cordura dice:
⁵ Venid, comed mi pan,
Y bebed del vino que yo he mezclado.
⁶ Dejad las simplezas, y vivid,
Y andad por el camino de la inteligencia.

⁷ El que corrige al escarnecedor, se acarrea afrenta;
El que reprende al impío, se atrae mancha.
⁸ No reprendas al escarnecedor, para que no te aborrezca;
Corrige al sabio, y te amará.
⁹ Da al sabio, y será más sabio;
Enseña al justo, y aumentará su saber.
¹⁰ El temor de Jehová es el principio de la sabiduría,
Y el conocimiento del Santísimo es la inteligencia.
¹¹ Porque por mí se aumentarán tus días,
Y años de vida se te añadirán.
¹² Si fueres sabio, para ti lo serás;
Y si fueres escarnecedor, pagarás tú solo.

¹³ La mujer insensata es alborotadora;
Es simple e ignorante.
¹⁴ Se sienta en una silla a la puerta de su casa,
En los lugares altos de la ciudad,
¹⁵ Para llamar a los que pasan por el camino,
Que van por sus caminos derechos.
¹⁶ Dice a cualquier simple: Ven acá.
A los faltos de cordura dijo:
¹⁷ Las aguas hurtadas son dulces,
Y el pan comido en oculto es sabroso.
¹⁸ Y no saben que allí están los muertos;
Que sus convidados están en lo profundo del Seol.

Contraste entre el justo y el malvado

10 ¹ Los proverbios de Salomón.

El hijo sabio alegra al padre,
Pero el hijo necio es tristeza de su madre.
² Los tesoros de maldad no serán de provecho;
Mas la justicia libra de muerte.
³ Jehová no dejará padecer hambre al justo;
Mas la iniquidad lanzará a los impíos.
⁴ La mano negligente empobrece;
Mas la mano de los diligentes enriquece.
⁵ El que recoge en el verano es hombre entendido;
El que duerme en el tiempo de la siega es hijo que avergüenza.
⁶ Hay bendiciones sobre la cabeza del justo;
Pero violencia cubrirá la boca de los impíos.

Invitations of Wisdom and of Folly

9 ¹ Wisdom has built her house;
she has hewn out its seven pillars.
² She has prepared her meat and mixed her wine;
she has also set her table.
³ She has sent out her maids, and she calls
from the highest point of the city.
⁴ "Let all who are simple come in here!"
she says to those who lack judgment.
⁵ "Come, eat my food
and drink the wine I have mixed.
⁶ Leave your simple ways and you will live;
walk in the way of understanding.

⁷ "Whoever corrects a mocker invites insult;
whoever rebukes a wicked man incurs abuse.
⁸ Do not rebuke a mocker or he will hate you;
rebuke a wise man and he will love you.
⁹ Instruct a wise man and he will be wiser still;
teach a righteous man and he will add to his learning.
¹⁰ "The fear of the LORD is the beginning of wisdom,
and knowledge of the Holy One is understanding.
¹¹ For through me your days will be many,
and years will be added to your life.
¹² If you are wise, your wisdom will reward you;
if you are a mocker, you alone will suffer."

¹³ The woman Folly is loud;
she is undisciplined and without knowledge.
¹⁴ She sits at the door of her house,
on a seat at the highest point of the city,
¹⁵ calling out to those who pass by,
who go straight on their way.
¹⁶ "Let all who are simple come in here!"
she says to those who lack judgment.
¹⁷ "Stolen water is sweet;
food eaten in secret is delicious!"
¹⁸ But little do they know that the dead are there,
that her guests are in the depths of the grave. *t*

Proverbs of Solomon

10 ¹ The proverbs of Solomon:

A wise son brings joy to his father,
but a foolish son grief to his mother.
² Ill-gotten treasures are of no value,
but righteousness delivers from death.
³ The LORD does not let the righteous go hungry
but he thwarts the craving of the wicked.
⁴ Lazy hands make a man poor,
but diligent hands bring wealth.
⁵ He who gathers crops in summer is a wise son,
but he who sleeps during harvest is a disgraceful son.
⁶ Blessings crown the head of the righteous,
but violence overwhelms the mouth of the wicked. *u*

---

t 18 Hebrew *Sheol*   *u* 6 Or *but the mouth of the wicked conceals violence*; also in verse 11

7 La memoria del justo será bendita;
Mas el nombre de los impíos se pudrirá.
8 El sabio de corazón recibirá los mandamientos;
Mas el necio de labios caerá.
9 El que camina en integridad anda confiado;
Mas el que pervierte sus caminos será quebrantado.
10 El que guiña el ojo acarrea tristeza;
Y el necio de labios será castigado.
11 Manantial de vida es la boca del justo;
Pero violencia cubrirá la boca de los impíos.
12 El odio despierta rencillas;
Pero el amor cubrirá todas las faltas.
13 En los labios del prudente se halla sabiduría;
Mas la vara es para las espaldas del falto de cordura.
14 Los sabios guardan la sabiduría;
Mas la boca del necio es calamidad cercana.
15 Las riquezas del rico son su ciudad fortificada;
Y el desmayo de los pobres es su pobreza.
16 La obra del justo es para vida;
Mas el fruto del impío es para pecado.
17 Camino a la vida es guardar la instrucción;
Pero quien desecha la reprensión, yerra.
18 El que encubre el odio es de labios mentirosos;
Y el que propaga calumnia es necio.
19 En las muchas palabras no falta pecado;
Mas el que refrena sus labios es prudente.
20 Plata escogida es la lengua del justo;
Mas el corazón de los impíos es como nada.
21 Los labios del justo apacientan a muchos,
Mas los necios mueren por falta de entendimiento.
22 La bendición de Jehová es la que enriquece,
Y no añade tristeza con ella.
23 El hacer maldad es como una diversión al insensato;
Mas la sabiduría recrea al hombre de entendimiento.
24 Lo que el impío teme, eso le vendrá;
Pero a los justos les será dado lo que desean.
25 Como pasa el torbellino, así el malo no permanece;
Mas el justo permanece para siempre.
26 Como el vinagre a los dientes, y como el humo a los ojos,
Así es el perezoso a los que lo envían.
27 El temor de Jehová aumentará los días,
Mas los años de los impíos serán acortados.
28 La esperanza de los justos es alegría;
Mas la esperanza de los impíos perecerá.
29 El camino de Jehová es fortaleza al perfecto;
Pero es destrucción a los que hacen maldad.
30 El justo no será removido jamás;
Pero los impíos no habitarán la tierra.

7 The memory of the righteous will be a blessing,
but the name of the wicked will rot.
8 The wise in heart accept commands,
but a chattering fool comes to ruin.
9 The man of integrity walks securely,
but he who takes crooked paths will be found out.
10 He who winks maliciously causes grief,
and a chattering fool comes to ruin.
11 The mouth of the righteous is a fountain of life,
but violence overwhelms the mouth of the wicked.
12 Hatred stirs up dissension,
but love covers over all wrongs.
13 Wisdom is found on the lips of the discerning,
but a rod is for the back of him who lacks judgment.
14 Wise men store up knowledge,
but the mouth of a fool invites ruin.
15 The wealth of the rich is their fortified city,
but poverty is the ruin of the poor.
16 The wages of the righteous bring them life,
but the income of the wicked brings them punishment.
17 He who heeds discipline shows the way to life,
but whoever ignores correction leads others astray.
18 He who conceals his hatred has lying lips,
and whoever spreads slander is a fool.
19 When words are many, sin is not absent,
but he who holds his tongue is wise.
20 The tongue of the righteous is choice silver,
but the heart of the wicked is of little value.
21 The lips of the righteous nourish many,
but fools die for lack of judgment.
22 The blessing of the LORD brings wealth,
and he adds no trouble to it.
23 A fool finds pleasure in evil conduct,
but a man of understanding delights in wisdom.
24 What the wicked dreads will overtake him;
what the righteous desire will be granted.
25 When the storm has swept by, the wicked are gone,
but the righteous stand firm forever.
26 As vinegar to the teeth and smoke to the eyes,
so is a sluggard to those who send him.
27 The fear of the LORD adds length to life,
but the years of the wicked are cut short.
28 The prospect of the righteous is joy,
but the hopes of the wicked come to nothing.
29 The way of the LORD is a refuge for the righteous,
but it is the ruin of those who do evil.
30 The righteous will never be uprooted,
but the wicked will not remain in the land.

31 La boca del justo producirá sabiduría;
Mas la lengua perversa será cortada.
32 Los labios del justo saben hablar lo que agrada;
Mas la boca de los impíos habla perversidades.

11 ¹El peso falso es abominación a Jehová;
Mas la pesa cabal le agrada.
² Cuando viene la soberbia, viene también la
deshonra;
Mas con los humildes está la sabiduría.
³ La integridad de los rectos los encaminará;
Pero destruirá a los pecadores la perversidad de
ellos.
⁴ No aprovecharán las riquezas en el día de la ira;
Mas la justicia librará de muerte.
⁵ La justicia del perfecto enderezará su camino;
Mas el impío por su impiedad caerá.
⁶ La justicia de los rectos los librará;
Mas los pecadores serán atrapados en su pecado.
⁷ Cuando muere el hombre impío, perece su
esperanza;
Y la expectación de los malos perecerá.
⁸ El justo es librado de la tribulación;
Mas el impío entra en lugar suyo.
⁹ El hipócrita con la boca daña a su prójimo;
Mas los justos son librados con la sabiduría.
¹⁰ En el bien de los justos la ciudad se alegra;
Mas cuando los impíos perecen hay fiesta.
¹¹ Por la bendición de los rectos la ciudad será
engrandecida;
Mas por la boca de los impíos será trastornada.
¹² El que carece de entendimiento menosprecia a su
prójimo;
Mas el hombre prudente calla.
¹³ El que anda en chismes descubre el secreto;
Mas el de espíritu fiel lo guarda todo.
¹⁴ Donde no hay dirección sabia, caerá el pueblo;
Mas en la multitud de consejeros hay seguridad.
¹⁵ Con ansiedad será afligido el que sale por fiador de
un extraño;
Mas el que aborreciere las fianzas vivirá seguro.
¹⁶ La mujer agraciada tendrá honra,
Y los fuertes tendrán riquezas.
¹⁷ A su alma hace bien el hombre misericordioso;
Mas el cruel se atormenta a sí mismo.
¹⁸ El impío hace obra falsa;
Mas el que siembra justicia tendrá galardón firme.
¹⁹ Como la justicia conduce a la vida,
Así el que sigue el mal lo hace para su muerte.
²⁰ Abominación son a Jehová los perversos de corazón;
Mas los perfectos de camino le son agradables.

31 The mouth of the righteous brings forth wisdom,
but a perverse tongue will be cut out.
32 The lips of the righteous know what is fitting,
but the mouth of the wicked only what is
perverse.

11 The LORD abhors dishonest scales,
but accurate weights are his delight.
² When pride comes, then comes disgrace,
but with humility comes wisdom.
³ The integrity of the upright guides them,
but the unfaithful are destroyed by their
duplicity.
⁴ Wealth is worthless in the day of wrath,
but righteousness delivers from death.
⁵ The righteousness of the blameless makes a
straight way for them,
but the wicked are brought down by their
own wickedness.
⁶ The righteousness of the upright delivers them,
but the unfaithful are trapped by evil desires.
⁷ When a wicked man dies, his hope perishes;
all he expected from his power comes to
nothing.
⁸ The righteous man is rescued from trouble,
and it comes on the wicked instead.
⁹ With his mouth the godless destroys his neighbor,
but through knowledge the righteous escape.
¹⁰ When the righteous prosper, the city rejoices;
when the wicked perish, there are shouts of
joy.
¹¹ Through the blessing of the upright a city is
exalted,
but by the mouth of the wicked it is
destroyed.
¹² A man who lacks judgment derides his neighbor,
but a man of understanding holds his tongue.
¹³ A gossip betrays a confidence,
but a trustworthy man keeps a secret.
¹⁴ For lack of guidance a nation falls,
but many advisers make victory sure.
¹⁵ He who puts up security for another will surely
suffer,
but whoever refuses to strike hands in pledge
is safe.
¹⁶ A kindhearted woman gains respect,
but ruthless men gain only wealth.
¹⁷ A kind man benefits himself,
but a cruel man brings trouble on himself.
¹⁸ The wicked man earns deceptive wages,
but he who sows righteousness reaps a sure
reward.
¹⁹ The truly righteous man attains life,
but he who pursues evil goes to his death.
²⁰ The LORD detests men of perverse heart
but he delights in those whose ways are
blameless.

21 Tarde o temprano, el malo será castigado;
  Mas la descendencia de los justos será librada.
22 Como zarcillo de oro en el hocico de un cerdo
  Es la mujer hermosa y apartada de razón.
23 El deseo de los justos es solamente el bien;
  Mas la esperanza de los impíos es el enojo.
24 Hay quienes reparten, y les es añadido más;
  Y hay quienes retienen más de lo que es justo, pero
  vienen a pobreza.
25 El alma generosa será prosperada;
  Y el que saciare, él también será saciado.
26 Al que acapara el grano, el pueblo lo maldecirá;
  Pero bendición será sobre la cabeza del que lo
  vende.
27 El que procura el bien buscará favor;
  Mas al que busca el mal, éste le vendrá.
28 El que confía en sus riquezas caerá;
  Mas los justos reverdecerán como ramas.
29 El que turba su casa heredará viento;
  Y el necio será siervo del sabio de corazón.
30 El fruto del justo es árbol de vida;
  Y el que gana almas es sabio.
31 Ciertamente el justo será recompensado en la tierra;
  ¡Cuánto más el impío y el pecador!

21 Be sure of this: The wicked will not go
  unpunished,
  but those who are righteous will go free.
22 Like a gold ring in a pig's snout
  is a beautiful woman who shows no discretion.
23 The desire of the righteous ends only in good,
  but the hope of the wicked only in wrath.
24 One man gives freely, yet gains even more;
  another withholds unduly, but comes to
  poverty.
25 A generous man will prosper;
  he who refreshes others will himself be
  refreshed.
26 People curse the man who hoards grain,
  but blessing crowns him who is willing to sell.
27 He who seeks good finds goodwill,
  but evil comes to him who searches for it.
28 Whoever trusts in his riches will fall,
  but the righteous will thrive like a green leaf.
29 He who brings trouble on his family will inherit
  only wind,
  and the fool will be servant to the wise.
30 The fruit of the righteous is a tree of life,
  and he who wins souls is wise.
31 If the righteous receive their due on earth,
  how much more the ungodly and the sinner!

12 ¹ El que ama la instrucción ama la sabiduría;
  Mas el que aborrece la reprensión es ignorante,
2 El bueno alcanzará favor de Jehová;
  Mas él condenará al hombre de malos
  pensamientos.
3 El hombre no se afirmará por medio de la
  impiedad;
  Mas la raíz de los justos no será removida.
4 La mujer virtuosa es corona de su marido;
  Mas la mala, como carcoma en sus huesos.
5 Los pensamientos de los justos son rectitud;
  Mas los consejos de los impíos, engaño.
6 Las palabras de los impíos son asechanzas para
  derramar sangre;
  Mas la boca de los rectos los librará.
7 Dios trastornará a los impíos, y no serán más;
  Pero la casa de los justos permanecerá firme.
8 Según su sabiduría es alabado el hombre;
  Mas el perverso de corazón será menospreciado.
9 Más vale el despreciado que tiene servidores,
  Que el que se jacta, y carece de pan.
10 El justo cuida de la vida de su bestia;
  Mas el corazón de los impíos es cruel.
11 El que labra su tierra se saciará de pan;
  Mas el que sigue a los vagabundos es falto de
  entendimiento.
12 Codicia el impío la red de los malvados;
  Mas la raíz de los justos dará fruto.
13 El impío es enredado en la prevaricación de sus
  labios;
  Mas el justo saldrá de la tribulación.

12 Whoever loves discipline loves knowledge,
  but he who hates correction is stupid.
2 A good man obtains favor from the LORD,
  but the LORD condemns a crafty man.
3 A man cannot be established through wickedness,
  but the righteous cannot be uprooted.
4 A wife of noble character is her husband's crown,
  but a disgraceful wife is like decay in his
  bones.
5 The plans of the righteous are just,
  but the advice of the wicked is deceitful.
6 The words of the wicked lie in wait for blood,
  but the speech of the upright rescues them.
7 Wicked men are overthrown and are no more,
  but the house of the righteous stands firm.
8 A man is praised according to his wisdom,
  but men with warped minds are despised.
9 Better to be a nobody and yet have a servant
  than pretend to be somebody and have no
  food.
10 A righteous man cares for the needs of his
  animal,
  but the kindest acts of the wicked are cruel.
11 He who works his land will have abundant food,
  but he who chases fantasies lacks judgment.
12 The wicked desire the plunder of evil men,
  but the root of the righteous flourishes.
13 An evil man is trapped by his sinful talk,
  but a righteous man escapes trouble.

14 El hombre será saciado de bien del fruto de su boca;
Y le será pagado según la obra de sus manos.

15 El camino del necio es derecho en su opinión;
Mas el que obedece al consejo es sabio.

16 El necio al punto da a conocer su ira;
Mas el que no hace caso de la injuria es prudente.

17 El que habla verdad declara justicia;
Mas el testigo mentiroso, engaño.

18 Hay hombres cuyas palabras son como golpes de espada;
Mas la lengua de los sabios es medicina.

19 El labio veraz permanecerá para siempre;
Mas la lengua mentirosa sólo por un momento.

20 Engaño hay en el corazón de los que piensan el mal;
Pero alegría en el de los que piensan el bien.

21 Ninguna adversidad acontecerá al justo;
Mas los impíos serán colmados de males.

22 Los labios mentirosos son abominación a Jehová;
Pero los que hacen verdad son su contentamiento.

23 El hombre cuerdo encubre su saber;
Mas el corazón de los necios publica la necedad.

24 La mano de los diligentes señoreará;
Mas la negligencia será tributaria.

25 La congoja en el corazón del hombre lo abate;
Mas la buena palabra lo alegra.

26 El justo sirve de guía a su prójimo;
Mas el camino de los impíos les hace errar.

27 El indolente ni aun asará lo que ha cazado;
Pero haber precioso del hombre es la diligencia.

28 En el camino de la justicia está la vida;
Y en sus caminos no hay muerte.

13 1 El hijo sabio recibe el consejo del padre;
Mas el burlador no escucha las represiones.

2 Del fruto de su boca el hombre comerá el bien;
Mas el alma de los prevaricadores hallará el mal.

3 El que guarda su boca guarda su alma;
Mas el que mucho abre sus labios tendrá calamidad.

4 El alma del perezoso desea, y nada alcanza;
Mas el alma de los diligentes será prosperada.

5 El justo aborrece la palabra de mentira;
Mas el impío se hace odioso e infame.

6 La justicia guarda al de perfecto camino;
Mas la impiedad trastornará al pecador.

7 Hay quienes pretenden ser ricos, y no tienen nada;
Y hay quienes pretenden ser pobres, y tienen muchas riquezas.

8 El rescate de la vida del hombre está en sus riquezas;
Pero el pobre no oye censuras.

14 From the fruit of his lips a man is filled with good things
as surely as the work of his hands rewards him.

15 The way of a fool seems right to him,
but a wise man listens to advice.

16 A fool shows his annoyance at once,
but a prudent man overlooks an insult.

17 A truthful witness gives honest testimony,
but a false witness tells lies.

18 Reckless words pierce like a sword,
but the tongue of the wise brings healing.

19 Truthful lips endure forever,
but a lying tongue lasts only a moment.

20 There is deceit in the hearts of those who plot evil,
but joy for those who promote peace.

21 No harm befalls the righteous,
but the wicked have their fill of trouble.

22 The LORD detests lying lips,
but he delights in men who are truthful.

23 A prudent man keeps his knowledge to himself,
but the heart of fools blurts out folly.

24 Diligent hands will rule,
but laziness ends in slave labor.

25 An anxious heart weighs a man down,
but a kind word cheers him up.

26 A righteous man is cautious in friendship,[v]
but the way of the wicked leads them astray.

27 The lazy man does not roast[w] his game,
but the diligent man prizes his possessions.

28 In the way of righteousness there is life;
along that path is immortality.

13 A wise son heeds his father's instruction,
but a mocker does not listen to rebuke.

2 From the fruit of his lips a man enjoys good things,
but the unfaithful have a craving for violence.

3 He who guards his lips guards his life,
but he who speaks rashly will come to ruin.

4 The sluggard craves and gets nothing,
but the desires of the diligent are fully satisfied.

5 The righteous hate what is false,
but the wicked bring shame and disgrace.

6 Righteousness guards the man of integrity,
but wickedness overthrows the sinner.

7 One man pretends to be rich, yet has nothing;
another pretends to be poor, yet has great wealth.

8 A man's riches may ransom his life,
but a poor man hears no threat.

v26 Or *man is a guide to his neighbor*   w27 The meaning of the Hebrew for this word is uncertain.

9 La luz de los justos se alegrará;
  Mas se apagará la lámpara de los impíos.
10 Ciertamente la soberbia concebirá contienda;
  Mas con los avisados está la sabiduría.
11 Las riquezas de vanidad disminuirán;
  Pero el que recoge con mano laboriosa las aumenta.
12 La esperanza que se demora es tormento del
  corazón;
  Pero árbol de vida es el deseo cumplido.
13 El que menosprecia el precepto perecerá por ello;
  Mas el que teme el mandamiento será
  recompensado.
14 La ley del sabio es manantial de vida
  Para apartarse de los lazos de la muerte.
15 El buen entendimiento da gracia;
  Mas el camino de los transgresores es duro.
16 Todo hombre prudente procede con sabiduría;
  Mas el necio manifestará necedad.
17 El mal mensajero acarrea desgracia;
  Mas el mensajero fiel acarrea salud.
18 Pobreza y vergüenza tendrá el que menosprecia el
  consejo;
  Mas el que guarda la corrección recibirá honra.
19 El deseo cumplido regocija el alma;
  Pero apartarse del mal es abominación a los necios.
20 El que anda con sabios, sabio será;
  Mas el que se junta con necios será quebrantado.
21 El mal perseguirá a los pecadores,
  Mas los justos serán premiados con el bien.
22 El bueno dejará herederos a los hijos de sus hijos;
  Pero la riqueza del pecador está guardada para el
  justo.
23 En el barbecho de los pobres hay mucho pan;
  Mas se pierde por falta de juicio.
24 El que detiene el castigo, a su hijo aborrece;
  Mas el que lo ama, desde temprano lo corrige.
25 El justo come hasta saciar su alma;
  Mas el vientre de los impíos tendrá necesidad.

14 1 La mujer sabia edifica su casa;
  Mas la necia con sus manos la derriba.
2 El que camina en su rectitud teme a Jehová;
  Mas el de caminos pervertidos lo menosprecia.
3 En la boca del necio está la vara de la soberbia;
  Mas los labios de los sabios los guardarán.
4 Sin bueyes el granero está vacío;
  Mas por la fuerza del buey hay abundancia de pan.
5 El testigo verdadero no mentirá;
  Mas el testigo falso hablará mentiras.
6 Busca el escarnecedor la sabiduría y no la halla;
  Mas al hombre entendido la sabiduría le es fácil.

9 The light of the righteous shines brightly,
  but the lamp of the wicked is snuffed out.
10 Pride only breeds quarrels,
  but wisdom is found in those who take advice.
11 Dishonest money dwindles away,
  but he who gathers money little by little
  makes it grow.
12 Hope deferred makes the heart sick,
  but a longing fulfilled is a tree of life.
13 He who scorns instruction will pay for it,
  but he who respects a command is rewarded.
14 The teaching of the wise is a fountain of life,
  turning a man from the snares of death.
15 Good understanding wins favor,
  but the way of the unfaithful is hard. x
16 Every prudent man acts out of knowledge,
  but a fool exposes his folly.
17 A wicked messenger falls into trouble,
  but a trustworthy envoy brings healing.
18 He who ignores discipline comes to poverty and
  shame,
  but whoever heeds correction is honored.
19 A longing fulfilled is sweet to the soul,
  but fools detest turning from evil.
20 He who walks with the wise grows wise,
  but a companion of fools suffers harm.
21 Misfortune pursues the sinner,
  but prosperity is the reward of the righteous.
22 A good man leaves an inheritance for his
  children's children,
  but a sinner's wealth is stored up for the
  righteous.
23 A poor man's field may produce abundant food,
  but injustice sweeps it away.
24 He who spares the rod hates his son,
  but he who loves him is careful to discipline
  him.
25 The righteous eat to their hearts' content,
  but the stomach of the wicked goes hungry.

14 The wise woman builds her house,
  but with her own hands the foolish one
  tears hers down.
2 He whose walk is upright fears the LORD,
  but he whose ways are devious despises him.
3 A fool's talk brings a rod to his back,
  but the lips of the wise protect them.
4 Where there are no oxen, the manger is empty,
  but from the strength of an ox comes an
  abundant harvest.
5 A truthful witness does not deceive,
  but a false witness pours out lies.
6 The mocker seeks wisdom and finds none,
  but knowledge comes easily to the discerning.

x15 Or *unfaithful does not endure*

7 Vete de delante del hombre necio,
Porque en él no hallarás labios de ciencia.
8 La ciencia del prudente está en entender su camino;
Mas la indiscreción de los necios es engaño.
9 Los necios se mofan del pecado;
Mas entre los rectos hay buena voluntad.
10 El corazón conoce la amargura de su alma;
Y extraño no se entremeterá en su alegría.
11 La casa de los impíos será asolada;
Pero florecerá la tienda de los rectos.
12 Hay camino que al hombre le parece derecho;
Pero su fin es camino de muerte.
13 Aun en la risa tendrá dolor el corazón;
Y el término de la alegría es congoja.
14 De sus caminos será hastiado el necio de corazón;
Pero el hombre de bien estará contento del suyo.
15 El simple todo lo cree;
Mas el avisado mira bien sus pasos.
16 El sabio teme y se aparta del mal;
Mas el insensato se muestra insolente y confiado.
17 El que fácilmente se enoja hará locuras;
Y el hombre perverso será aborrecido.
18 Los simples heredarán necedad;
Mas los prudentes se coronarán de sabiduría.
19 Los malos se inclinarán delante de los buenos,
Y los impíos a las puertas del justo.
20 El pobre es odioso aun a su amigo;
Pero muchos son los que aman al rico.
21 Peca el que menosprecia a su prójimo;
Mas el que tiene misericordia de los pobres es
bienaventurado.
22 ¿No yerran los que piensan el mal?
Misericordia y verdad alcanzarán los que piensan el
bien.
23 En toda labor hay fruto;
Mas las vanas palabras de los labios empobrecen.
24 Las riquezas de los sabios son su corona;
Pero la insensatez de los necios es infatuación.
25 El testigo verdadero libra las almas;
Mas el engañoso hablará mentiras.
26 En el temor de Jehová está la fuerte confianza;
Y esperanza tendrán sus hijos.
27 El temor de Jehová es manantial de vida
Para apartarse de los lazos de la muerte.
28 En la multitud del pueblo está la gloria del rey;
Y en la falta de pueblo la debilidad del príncipe.
29 El que tarda en airarse es grande de entendimiento;
Mas el que es impaciente de espíritu enaltece la
necedad.
30 El corazón apacible es vida de la carne;
Mas la envidia es carcoma de los huesos.
31 El que oprime al pobre afrenta a su Hacedor;
Mas el que tiene misericordia del pobre, lo honra.

7 Stay away from a foolish man,
for you will not find knowledge on his lips.
8 The wisdom of the prudent is to give thought to
their ways,
but the folly of fools is deception.
9 Fools mock at making amends for sin,
but goodwill is found among the upright.
10 Each heart knows its own bitterness,
and no one else can share its joy.
11 The house of the wicked will be destroyed,
but the tent of the upright will flourish.
12 There is a way that seems right to a man,
but in the end it leads to death.
13 Even in laughter the heart may ache,
and joy may end in grief.
14 The faithless will be fully repaid for their ways,
and the good man rewarded for his.
15 A simple man believes anything,
but a prudent man gives thought to his steps.
16 A wise man fears the LORD and shuns evil,
but a fool is hotheaded and reckless.
17 A quick-tempered man does foolish things,
and a crafty man is hated.
18 The simple inherit folly,
but the prudent are crowned with knowledge.
19 Evil men will bow down in the presence of the
good,
and the wicked at the gates of the righteous.
20 The poor are shunned even by their neighbors,
but the rich have many friends.
21 He who despises his neighbor sins,
but blessed is he who is kind to the needy.
22 Do not those who plot evil go astray?
But those who plan what is good find⟨y⟩ love
and faithfulness.
23 All hard work brings a profit,
but mere talk leads only to poverty.
24 The wealth of the wise is their crown,
but the folly of fools yields folly.
25 A truthful witness saves lives,
but a false witness is deceitful.
26 He who fears the LORD has a secure fortress,
and for his children it will be a refuge.
27 The fear of the LORD is a fountain of life,
turning a man from the snares of death.
28 A large population is a king's glory,
but without subjects a prince is ruined.
29 A patient man has great understanding,
but a quick-tempered man displays folly.
30 A heart at peace gives life to the body,
but envy rots the bones.
31 He who oppresses the poor shows contempt for
their Maker,
but whoever is kind to the needy honors God.

y22 Or show

32 Por su maldad será lanzado el impío;
Mas el justo en su muerte tiene esperanza.
33 En el corazón del prudente reposa la sabiduría;
Pero no es conocida en medio de los necios.
34 La justicia engrandece a la nación;
Mas el pecado es afrenta de las naciones.
35 La benevolencia del rey es para con el servidor entendido;
Mas su enojo contra el que lo avergüenza.

15 1 La blanda respuesta quita la ira;
Mas la palabra áspera hace subir el furor.
2 La lengua de los sabios adornará la sabiduría;
Mas la boca de los necios hablará sandeces.
3 Los ojos de Jehová están en todo lugar,
Mirando a los malos y a los buenos.
4 La lengua apacible es árbol de vida;
Mas la perversidad de ella es quebrantamiento de espíritu.
5 El necio menosprecia el consejo de su padre;
Mas el que guarda la corrección vendrá a ser prudente.
6 En la casa del justo hay gran provisión;
Pero turbación en las ganancias del impío.
7 La boca de los sabios esparce sabiduría;
No así el corazón de los necios.
8 El sacrificio de los impíos es abominación a Jehová;
Mas la oración de los rectos es su gozo.
9 Abominación es a Jehová el camino del impío;
Mas él ama al que sigue justicia.
10 La reconvención es molesta al que deja el camino;
Y el que aborrece la corrección morirá.
11 El Seol y el Abadón están delante de Jehová;
¡Cuánto más los corazones de los hombres!
12 El escarnecedor no ama al que le reprende,
Ni se junta con los sabios.
13 El corazón alegre hermosea el rostro;
Mas por el dolor del corazón el espíritu se abate.
14 El corazón entendido busca la sabiduría;
Mas la boca de los necios se alimenta de necedades.
15 Todos los días del afligido son difíciles;
Mas el de corazón contento tiene un banquete continuo.
16 Mejor es lo poco con el temor de Jehová,
Que el gran tesoro donde hay turbación.
17 Mejor es la comida de legumbres donde hay amor,
Que de buey engordado donde hay odio.
18 El hombre iracundo promueve contiendas;
Mas el que tarda en airarse apacigua la rencilla.
19 El camino del perezoso es como seto de espinos;
Mas la vereda de los rectos, como una calzada.
20 El hijo sabio alegra al padre;
Mas el hombre necio menosprecia a su madre.

32 When calamity comes, the wicked are brought down,
but even in death the righteous have a refuge.
33 Wisdom reposes in the heart of the discerning
and even among fools she lets herself be known.z
34 Righteousness exalts a nation,
but sin is a disgrace to any people.
35 A king delights in a wise servant,
but a shameful servant incurs his wrath.

15 A gentle answer turns away wrath,
but a harsh word stirs up anger.
2 The tongue of the wise commends knowledge,
but the mouth of the fool gushes folly.
3 The eyes of the LORD are everywhere,
keeping watch on the wicked and the good.
4 The tongue that brings healing is a tree of life,
but a deceitful tongue crushes the spirit.
5 A fool spurns his father's discipline,
but whoever heeds correction shows prudence.
6 The house of the righteous contains great treasure,
but the income of the wicked brings them trouble.
7 The lips of the wise spread knowledge;
not so the hearts of fools.
8 The LORD detests the sacrifice of the wicked,
but the prayer of the upright pleases him.
9 The LORD detests the way of the wicked
but he loves those who pursue righteousness.
10 Stern discipline awaits him who leaves the path;
he who hates correction will die.
11 Death and Destruction a lie open before the LORD—
how much more the hearts of men!
12 A mocker resents correction;
he will not consult the wise.
13 A happy heart makes the face cheerful,
but heartache crushes the spirit.
14 The discerning heart seeks knowledge,
but the mouth of a fool feeds on folly.
15 All the days of the oppressed are wretched,
but the cheerful heart has a continual feast.
16 Better a little with the fear of the LORD
than great wealth with turmoil.
17 Better a meal of vegetables where there is love
than a fattened calf with hatred.
18 A hot-tempered man stirs up dissension,
but a patient man calms a quarrel.
19 The way of the sluggard is blocked with thorns,
but the path of the upright is a highway.
20 A wise son brings joy to his father,
but a foolish man despises his mother.

---

z 33 Hebrew; Septuagint and Syriac / but in the heart of fools she
is not known   a 11 Hebrew Sheol and Abaddon

21 La necedad es alegría al falto de entendimiento;
Mas el hombre entendido endereza sus pasos.

22 Los pensamientos son frustrados donde no hay consejo;
Mas en la multitud de consejeros se afirman.

23 El hombre se alegra con la respuesta de su boca;
Y la palabra a su tiempo, ¡cuán buena es!

24 El camino de la vida es hacia arriba al entendido,
Para apartarse del Seol abajo.

25 Jehová asolará la casa de los soberbios;
Pero afirmará la heredad de la viuda.

26 Abominación son a Jehová los pensamientos del malo;
Mas las expresiones de los limpios son limpias.

27 Alborota su casa el codicioso;
Mas el que aborrece el soborno vivirá.

28 El corazón del justo piensa para responder;
Mas la boca de los impíos derrama malas cosas.

29 Jehová está lejos de los impíos;
Pero él oye la oración de los justos.

30 La luz de los ojos alegra el corazón,
Y la buena nueva conforta los huesos.

31 El oído que escucha las amonestaciones de la vida,
Entre los sabios morará.

32 El que tiene en poco la disciplina menosprecia su alma;
Mas el que escucha la corrección tiene entendimiento.

33 El temor de Jehová es enseñanza de sabiduría;
Y a la honra precede la humildad.

Proverbios sobre la vida y la conducta

16 1 Del hombre son las disposiciones del corazón;
Mas de Jehová es la respuesta de la lengua.

2 Todos los caminos del hombre son limpios en su propia opinión;
Pero Jehová pesa los espíritus.

3 Encomienda a Jehová tus obras,
Y tus pensamientos serán afirmados.

4 Todas las cosas ha hecho Jehová para sí mismo,
Y aun al impío para el día malo.

5 Abominación es a Jehová todo altivo de corazón;
Ciertamente no quedará impune.

6 Con misericordia y verdad se corrige el pecado,
Y con el temor de Jehová los hombres se apartan del mal.

7 Cuando los caminos del hombre son agradables a Jehová,
Aun a sus enemigos hace estar en paz con él.

8 Mejor es lo poco con justicia
Que la muchedumbre de frutos sin derecho.

9 El corazón del hombre piensa su camino;
Mas Jehová endereza sus pasos.

10 Oráculo hay en los labios del rey;
En juicio no prevaricará su boca.

21 Folly delights a man who lacks judgment,
but a man of understanding keeps a straight course.

22 Plans fail for lack of counsel,
but with many advisers they succeed.

23 A man finds joy in giving an apt reply—
and how good is a timely word!

24 The path of life leads upward for the wise
to keep him from going down to the grave. *b*

25 The Lord tears down the proud man's house
but he keeps the widow's boundaries intact.

26 The Lord detests the thoughts of the wicked,
but those of the pure are pleasing to him.

27 A greedy man brings trouble to his family,
but he who hates bribes will live.

28 The heart of the righteous weighs its answers,
but the mouth of the wicked gushes evil.

29 The Lord is far from the wicked
but he hears the prayer of the righteous.

30 A cheerful look brings joy to the heart,
and good news gives health to the bones.

31 He who listens to a life-giving rebuke
will be at home among the wise.

32 He who ignores discipline despises himself,
but whoever heeds correction gains understanding.

33 The fear of the Lord teaches a man wisdom, *c*
and humility comes before honor.

16 To man belong the plans of the heart,
but from the Lord comes the reply of the tongue.

2 All a man's ways seem innocent to him,
but motives are weighed by the Lord.

3 Commit to the Lord whatever you do,
and your plans will succeed.

4 The Lord works out everything for his own ends—
even the wicked for a day of disaster.

5 The Lord detests all the proud of heart.
Be sure of this: They will not go unpunished.

6 Through love and faithfulness sin is atoned for;
through the fear of the Lord a man avoids evil.

7 When a man's ways are pleasing to the Lord,
he makes even his enemies live at peace with him.

8 Better a little with righteousness
than much gain with injustice.

9 In his heart a man plans his course,
but the Lord determines his steps.

10 The lips of a king speak as an oracle,
and his mouth should not betray justice.

---

*b*24 Hebrew *Sheol*   *c*33 Or *Wisdom teaches the fear of the Lord*

11 Peso y balanzas justas son de Jehová;
Obra suya son todas las pesas de la bolsa.
12 Abominación es a los reyes hacer impiedad,
Porque con justicia será afirmado el trono.
13 Los labios justos son el contentamiento de los reyes,
Y éstos aman al que habla lo recto.
14 La ira del rey es mensajero de muerte;
Mas el hombre sabio la evitará.
15 En la alegría del rostro del rey está la vida,
Y su benevolencia es como nube de lluvia tardía.
16 Mejor es adquirir sabiduría que oro preciado;
Y adquirir inteligencia vale más que la plata.
17 El camino de los rectos se aparta del mal;
Su vida guarda el que guarda su camino.
18 Antes del quebrantamiento es la soberbia,
Y antes de la caída la altivez de espíritu.
19 Mejor es humillar el espíritu con los humildes
Que repartir despojos con los soberbios.
20 El entendido en la palabra hallará el bien,
Y el que confía en Jehová es bienaventurado.
21 El sabio de corazón es llamado prudente,
Y la dulzura de labios aumenta el saber.
22 Manantial de vida es el entendimiento al que lo
posee;
Mas la erudición de los necios es necedad.
23 El corazón del sabio hace prudente su boca,
Y añade gracia a sus labios.
24 Panal de miel son los dichos suaves;
Suavidad al alma y medicina para los huesos.
25 Hay camino que parece derecho al hombre,
Pero su fin es camino de muerte.
26 El alma del que trabaja, trabaja para sí,
Porque su boca le estimula.
27 El hombre perverso cava en busca del mal,
Y en sus labios hay como llama de fuego.
28 El hombre perverso levanta contienda,
Y el chismoso aparta a los mejores amigos.
29 El hombre malo lisonjea a su prójimo,
Y le hace andar por camino no bueno.
30 Cierra sus ojos para pensar perversidades;
Mueve sus labios, efectúa el mal.
31 Corona de honra es la vejez
Que se halla en el camino de justicia.
32 Mejor es el que tarda en airarse que el fuerte;
Y el que se enseñorea de su espíritu, que el que
toma una ciudad.
33 La suerte se echa en el regazo;
Mas de Jehová es la decisión de ella.

17 1 Mejor es un bocado seco, y en paz,
Que casa de contiendas llena de provisiones.

11 Honest scales and balances are from the LORD;
all the weights in the bag are of his making.
12 Kings detest wrongdoing,
for a throne is established through
righteousness.
13 Kings take pleasure in honest lips;
they value a man who speaks the truth.
14 A king's wrath is a messenger of death,
but a wise man will appease it.
15 When a king's face brightens, it means life;
his favor is like a rain cloud in spring.
16 How much better to get wisdom than gold,
to choose understanding rather than silver!
17 The highway of the upright avoids evil;
he who guards his way guards his life.
18 Pride goes before destruction,
a haughty spirit before a fall.
19 Better to be lowly in spirit and among the
oppressed
than to share plunder with the proud.
20 Whoever gives heed to instruction prospers,
and blessed is he who trusts in the LORD.
21 The wise in heart are called discerning,
and pleasant words promote instruction. *d*
22 Understanding is a fountain of life to those who
have it,
but folly brings punishment to fools.
23 A wise man's heart guides his mouth,
and his lips promote instruction. *e*
24 Pleasant words are a honeycomb,
sweet to the soul and healing to the bones.
25 There is a way that seems right to a man,
but in the end it leads to death.
26 The laborer's appetite works for him;
his hunger drives him on.
27 A scoundrel plots evil,
and his speech is like a scorching fire.
28 A perverse man stirs up dissension,
and a gossip separates close friends.
29 A violent man entices his neighbor
and leads him down a path that is not good.
30 He who winks with his eye is plotting perversity;
he who purses his lips is bent on evil.
31 Gray hair is a crown of splendor;
it is attained by a righteous life.
32 Better a patient man than a warrior,
a man who controls his temper than one who
takes a city.
33 The lot is cast into the lap,
but its every decision is from the LORD.

17 Better a dry crust with peace and quiet
than a house full of feasting, *f* with strife.

*d21 Or words make a man persuasive   e23 Or mouth / and
makes his lips persuasive   f1 Hebrew sacrifices*

2 El siervo prudente se enseñoreará del hijo que deshonra,
Y con los hermanos compartirá la herencia.
3 El crisol para la plata, y la hornaza para el oro;
Pero Jehová prueba los corazones.
4 El malo está atento al labio inicuo;
Y el mentiroso escucha la lengua detractora.
5 El que escarnece al pobre afrenta a su Hacedor;
Y el que se alegra de la calamidad no quedará sin castigo.
6 Corona de los viejos son los nietos,
Y la honra de los hijos, sus padres.
7 No conviene al necio la altilocuencia;
¡Cuánto menos al príncipe el labio mentiroso!
8 Piedra preciosa es el soborno para el que lo practica;
Adondequiera que se vuelve, halla prosperidad.
9 El que cubre la falta busca amistad;
Mas el que la divulga, aparta al amigo.
10 La represión aprovecha al entendido,
Más que cien azotes al necio.
11 El rebelde no busca sino el mal,
Y mensajero cruel será enviado contra él.
12 Mejor es encontrarse con una osa a la cual han robado sus cachorros,
Que con un fatuo en su necedad.
13 El que da mal por bien,
No se apartará el mal de su casa.
14 El que comienza la discordia es como quien suelta las aguas;
Deja, pues, la contienda, antes que se enrede.
15 El que justifica al impío, y el que condena al justo,
Ambos son igualmente abominación a Jehová.
16 ¿De qué sirve el precio en la mano del necio para comprar sabiduría,
No teniendo entendimiento?
17 En todo tiempo ama el amigo,
Y es como un hermano en tiempo de angustia.
18 El hombre falto de entendimiento presta fianzas,
Y sale por fiador en presencia de su amigo.
19 El que ama la disputa, ama la transgresión;
Y el que abre demasiado la puerta busca su ruina.
20 El perverso de corazón nunca hallará el bien,
Y el que revuelve con su lengua caerá en el mal.
21 El que engendra al insensato, para su tristeza lo engendra;
Y el padre del necio no se alegrará.
22 El corazón alegre constituye buen remedio;
Mas el espíritu triste seca los huesos.
23 El impío toma soborno del seno
Para pervertir las sendas de la justicia.
24 En el rostro del entendido aparece la sabiduría;
Mas los ojos del necio vagan hasta el extremo de la tierra.
25 El hijo necio es pesadumbre de su padre,
Y amargura a la que lo dio a luz.

2 A wise servant will rule over a disgraceful son,
and will share the inheritance as one of the brothers.
3 The crucible for silver and the furnace for gold,
but the Lord tests the heart.
4 A wicked man listens to evil lips;
a liar pays attention to a malicious tongue.
5 He who mocks the poor shows contempt for their Maker;
whoever gloats over disaster will not go unpunished.
6 Children's children are a crown to the aged,
and parents are the pride of their children.
7 Arrogant*g* lips are unsuited to a fool—
how much worse lying lips to a ruler!
8 A bribe is a charm to the one who gives it;
wherever he turns, he succeeds.
9 He who covers over an offense promotes love,
but whoever repeats the matter separates close friends.
10 A rebuke impresses a man of discernment
more than a hundred lashes a fool.
11 An evil man is bent only on rebellion;
a merciless official will be sent against him.
12 Better to meet a bear robbed of her cubs
than a fool in his folly.
13 If a man pays back evil for good,
evil will never leave his house.
14 Starting a quarrel is like breaching a dam;
so drop the matter before a dispute breaks out.
15 Acquitting the guilty and condemning the innocent—
the Lord detests them both.
16 Of what use is money in the hand of a fool,
since he has no desire to get wisdom?
17 A friend loves at all times,
and a brother is born for adversity.
18 A man lacking in judgment strikes hands in pledge
and puts up security for his neighbor.
19 He who loves a quarrel loves sin;
he who builds a high gate invites destruction.
20 A man of perverse heart does not prosper;
he whose tongue is deceitful falls into trouble.
21 To have a fool for a son brings grief;
there is no joy for the father of a fool.
22 A cheerful heart is good medicine,
but a crushed spirit dries up the bones.
23 A wicked man accepts a bribe in secret
to pervert the course of justice.
24 A discerning man keeps wisdom in view,
but a fool's eyes wander to the ends of the earth.
25 A foolish son brings grief to his father
and bitterness to the one who bore him.

g7 Or *Eloquent*

26Ciertamente no es bueno condenar al justo,
Ni herir a los nobles que hacen lo recto.
27El que ahorra sus palabras tiene sabiduría;
De espíritu prudente es el hombre entendido.
28Aun el necio, cuando calla, es contado por sabio;
El que cierra sus labios es entendido.

18 1Su deseo busca el que se desvía,
Y se entremete en todo negocio.
2No toma placer el necio en la inteligencia,
Sino en que su corazón se descubra.
3Cuando viene el impío, viene también el
menosprecio,
Y con el deshonrador la afrenta.
4Aguas profundas son las palabras de la boca del
hombre;
Y arroyo que rebosa, la fuente de la sabiduría.
5Tener respeto a la persona del impío,
Para pervertir el derecho del justo, no es bueno.
6Los labios del necio traen contienda;
Y su boca los azotes llama.
7La boca del necio es quebrantamiento para sí,
Y sus labios son lazos para su alma.
8Las palabras del chismoso son como bocados suaves,
Y penetran hasta las entrañas.
9También el que es negligente en su trabajo
Es hermano del hombre disipador.
10Torre fuerte es el nombre de Jehová;
A él correrá el justo, y será levantado.
11Las riquezas del rico son su ciudad fortificada,
Y como un muro alto en su imaginación.
12Antes del quebrantamiento se eleva el corazón del
hombre,
Y antes de la honra es el abatimiento.
13Al que responde palabra antes de oir,
Le es fatuidad y oprobio.
14El ánimo del hombre soportará su enfermedad;
Mas ¿quién soportará al ánimo angustiado?
15El corazón del entendido adquiere sabiduría;
Y el oído de los sabios busca la ciencia.
16La dádiva del hombre le ensancha el camino
Y le lleva delante de los grandes.
17Justo parece el primero que aboga por su causa;
Pero viene su adversario, y le descubre.
18La suerte pone fin a los pleitos,
Y decide entre los poderosos.
19El hermano ofendido es más tenaz que una ciudad
fuerte,
Y las contiendas de los hermanos son como cerrojos
de alcázar.
20Del fruto de la boca del hombre se llenará su
vientre;
Se saciará del producto de sus labios.
21La muerte y la vida están en poder de la lengua,
Y el que la ama comerá de sus frutos.
22El que halla esposa halla el bien,
Y alcanza la benevolencia de Jehová.

26It is not good to punish an innocent man,
or to flog officials for their integrity.
27A man of knowledge uses words with restraint,
and a man of understanding is even-tempered.
28Even a fool is thought wise if he keeps silent,
and discerning if he holds his tongue.

18 An unfriendly man pursues selfish ends;
he defies all sound judgment.
2A fool finds no pleasure in understanding
but delights in airing his own opinions.
3When wickedness comes, so does contempt,
and with shame comes disgrace.
4The words of a man's mouth are deep waters,
but the fountain of wisdom is a bubbling
brook.
5It is not good to be partial to the wicked
or to deprive the innocent of justice.
6A fool's lips bring him strife,
and his mouth invites a beating.
7A fool's mouth is his undoing,
and his lips are a snare to his soul.
8The words of a gossip are like choice morsels;
they go down to a man's inmost parts.
9One who is slack in his work
is brother to one who destroys.
10The name of the LORD is a strong tower;
the righteous run to it and are safe.
11The wealth of the rich is their fortified city;
they imagine it an unscalable wall.
12Before his downfall a man's heart is proud,
but humility comes before honor.
13He who answers before listening—
that is his folly and his shame.
14A man's spirit sustains him in sickness,
but a crushed spirit who can bear?
15The heart of the discerning acquires knowledge;
the ears of the wise seek it out.
16A gift opens the way for the giver
and ushers him into the presence of the great.
17The first to present his case seems right,
till another comes forward and questions him.
18Casting the lot settles disputes
and keeps strong opponents apart.
19An offended brother is more unyielding than a
fortified city,
and disputes are like the barred gates of a
citadel.
20From the fruit of his mouth a man's stomach is
filled;
with the harvest from his lips he is satisfied.
21The tongue has the power of life and death,
and those who love it will eat its fruit.
22He who finds a wife finds what is good
and receives favor from the LORD.

23 El pobre habla con ruegos,
Mas el rico responde durezas.
24 El hombre que tiene amigos ha de mostrarse amigo;
Y amigo hay más unido que un hermano.

19

1 Mejor es el pobre que camina en integridad,
Que el de perversos labios y fatuo.
2 El alma sin ciencia no es buena,
Y aquel que se apresura con los pies, peca.
3 La insensatez del hombre tuerce su camino,
Y luego contra Jehová se irrita su corazón.
4 Las riquezas traen muchos amigos;
Mas el pobre es apartado de su amigo.
5 El testigo falso no quedará sin castigo,
Y el que habla mentiras no escapará.
6 Muchos buscan el favor del generoso,
Y cada uno es amigo del hombre que da.
7 Todos los hermanos del pobre le aborrecen;
¡Cuánto más sus amigos se alejarán de él!
Buscará la palabra, y no la hallará.
8 El que posee entendimiento ama su alma;
El que guarda la inteligencia hallará el bien.
9 El testigo falso no quedará sin castigo,
Y el que habla mentiras perecerá.
10 No conviene al necio el deleite;
¡Cuánto menos al siervo ser señor de los príncipes!
11 La cordura del hombre detiene su furor,
Y su honra es pasar por alto la ofensa.
12 Como rugido de cachorro de león es la ira del rey,
Y su favor como el rocío sobre la hierba.
13 Dolor es para su padre el hijo necio,
Y gotera continua las contiendas de la mujer.
14 La casa y las riquezas son herencia de los padres;
Mas de Jehová la mujer prudente.
15 La pereza hace caer en profundo sueño,
Y el alma negligente padecerá hambre.
16 El que guarda el mandamiento guarda su alma;
Mas el que menosprecia sus caminos morirá.
17 A Jehová presta el que da al pobre,
Y el bien que ha hecho, se lo volverá a pagar.
18 Castiga a tu hijo en tanto que hay esperanza;
Mas no se apresure tu alma para destruirlo.
19 El de grande ira llevará la pena;
Y si usa de violencias, añadirá nuevos males.
20 Escucha el consejo, y recibe la corrección,
Para que seas sabio en tu vejez.
21 Muchos pensamientos hay en el corazón del
hombre;
Mas el consejo de Jehová permanecerá.

23 A poor man pleads for mercy,
but a rich man answers harshly.
24 A man of many companions may come to ruin,
but there is a friend who sticks closer than a
brother.

19

Better a poor man whose walk is blameless
than a fool whose lips are perverse.
2 It is not good to have zeal without knowledge,
nor to be hasty and miss the way.
3 A man's own folly ruins his life,
yet his heart rages against the LORD.
4 Wealth brings many friends,
but a poor man's friend deserts him.
5 A false witness will not go unpunished,
and he who pours out lies will not go free.
6 Many curry favor with a ruler,
and everyone is the friend of a man who gives
gifts.
7 A poor man is shunned by all his relatives—
how much more do his friends avoid him!
Though he pursues them with pleading,
they are nowhere to be found. h
8 He who gets wisdom loves his own soul;
he who cherishes understanding prospers.
9 A false witness will not go unpunished,
and he who pours out lies will perish.
10 It is not fitting for a fool to live in luxury—
how much worse for a slave to rule over
princes!
11 A man's wisdom gives him patience;
it is to his glory to overlook an offense.
12 A king's rage is like the roar of a lion,
but his favor is like dew on the grass.
13 A foolish son is his father's ruin,
and a quarrelsome wife is like a constant
dripping.
14 Houses and wealth are inherited from parents,
but a prudent wife is from the LORD.
15 Laziness brings on deep sleep,
and the shiftless man goes hungry.
16 He who obeys instructions guards his life,
but he who is contemptuous of his ways will
die.
17 He who is kind to the poor lends to the LORD,
and he will reward him for what he has done.
18 Discipline your son, for in that there is hope;
do not be a willing party to his death.
19 A hot-tempered man must pay the penalty;
if you rescue him, you will have to do it again.
20 Listen to advice and accept instruction,
and in the end you will be wise.
21 Many are the plans in a man's heart,
but it is the LORD's purpose that prevails.

h7 The meaning of the Hebrew for this sentence is uncertain.

22 Contentamiento es a los hombres hacer
      misericordia;
   Pero mejor es el pobre que el mentiroso.
23 El temor de Jehová es para vida,
   Y con él vivirá lleno de reposo el hombre;
   No será visitado de mal.
24 El perezoso mete su mano en el plato,
   Y ni aun a su boca la llevará.
25 Hiere al escarnecedor, y el simple se hará avisado;
   Y corrigiendo al entendido, entenderá ciencia.
26 El que roba a su padre y ahuyenta a su madre,
   Es hijo que causa vergüenza y acarrea oprobio.
27 Cesa, hijo mío, de oir las enseñanzas
   Que te hacen divagar de las razones de sabiduría.
28 El testigo perverso se burlará del juicio,
   Y la boca de los impíos encubrirá la iniquidad.
29 Preparados están juicios para los escarnecedores,
   Y azotes para las espaldas de los necios.

20 ¹ El vino es escarnecedor, la sidra alborotadora,
   Y cualquiera que por ellos yerra no es sabio.
2 Como rugido de cachorro de león es el terror
      del rey;
   El que lo enfurece peca contra sí mismo.
3 Honra es del hombre dejar la contienda;
   Mas todo insensato se envolverá en ella.
4 El perezoso no ara a causa del invierno;
   Pedirá, pues, en la siega, y no hallará.
5 Como aguas profundas es el consejo en el corazón
      del hombre;
   Mas el hombre entendido lo alcanzará.
6 Muchos hombres proclaman cada uno su propia
      bondad,
   Pero hombre de verdad, ¿quién lo hallará?
7 Camina en su integridad el justo;
   Sus hijos son dichosos después de él.
8 El rey que se sienta en el trono de juicio,
   Con su mirar disipa todo mal.
9 ¿Quién podrá decir: Yo he limpiado mi corazón,
   Limpio estoy de mi pecado?
10 Pesa falsa y medida falsa,
   Ambas cosas son abominación a Jehová.
11 Aun el muchacho es conocido por sus hechos,
   Si su conducta fuere limpia y recta.
12 El oído que oye, y el ojo que ve,
   Ambas cosas igualmente ha hecho Jehová.
13 No ames el sueño, para que no te empobrezcas;
   Abre tus ojos, y te saciarás de pan.
14 El que compra dice: Malo es, malo es;
   Mas cuando se aparta, se alaba.
15 Hay oro y multitud de piedras preciosas;
   Mas los labios prudentes son joya preciosa.
16 Quítale su ropa al que salió por fiador del extraño,
   Y toma prenda del que sale fiador por los extraños.

22 What a man desires is unfailing love *i*;
   better to be poor than a liar.
23 The fear of the LORD leads to life:
   Then one rests content, untouched by trouble.
24 The sluggard buries his hand in the dish;
   he will not even bring it back to his mouth!
25 Flog a mocker, and the simple will learn
      prudence;
   rebuke a discerning man, and he will gain
      knowledge.
26 He who robs his father and drives out his mother
   is a son who brings shame and disgrace.
27 Stop listening to instruction, my son,
   and you will stray from the words of
      knowledge.
28 A corrupt witness mocks at justice,
   and the mouth of the wicked gulps down evil.
29 Penalties are prepared for mockers,
   and beatings for the backs of fools.

20 Wine is a mocker and beer a brawler;
   whoever is led astray by them is not wise.
2 A king's wrath is like the roar of a lion;
   he who angers him forfeits his life.
3 It is to a man's honor to avoid strife,
   but every fool is quick to quarrel.
4 A sluggard does not plow in season;
   so at harvest time he looks but finds nothing.
5 The purposes of a man's heart are deep waters,
   but a man of understanding draws them out.
6 Many a man claims to have unfailing love,
   but a faithful man who can find?
7 The righteous man leads a blameless life;
   blessed are his children after him.
8 When a king sits on his throne to judge,
   he winnows out all evil with his eyes.
9 Who can say, "I have kept my heart pure;
   I am clean and without sin"?
10 Differing weights and differing measures—
   the LORD detests them both.
11 Even a child is known by his actions,
   by whether his conduct is pure and right.
12 Ears that hear and eyes that see—
   the LORD has made them both.
13 Do not love sleep or you will grow poor;
   stay awake and you will have food to spare.
14 "It's no good, it's no good!" says the buyer;
   then off he goes and boasts about his
      purchase.
15 Gold there is, and rubies in abundance,
   but lips that speak knowledge are a rare jewel.
16 Take the garment of one who puts up security for
      a stranger;
   hold it in pledge if he does it for a wayward
      woman.

i22 Or A man's greed is his shame

17Sabroso es al hombre el pan de mentira;
Pero después su boca será llena de cascajo.

18Los pensamientos con el consejo se ordenan;
Y con dirección sabia se hace la guerra.

19El que anda en chismes descubre el secreto;
No te entremetas, pues, con el suelto de lengua.

20Al que maldice a su padre o a su madre,
Se le apagará su lámpara en oscuridad tenebrosa.

21Los bienes que se adquieren de prisa al principio,
No serán al final bendecidos.

22No digas: Yo me vengaré;
Espera a Jehová, y él te salvará.

23Abominación son a Jehová las pesas falsas,
Y la balanza falsa no es buena.

24De Jehová son los pasos del hombre;
¿Cómo, pues, entenderá el hombre su camino?

25Lazo es al hombre hacer apresuradamente voto de
consagración,
Y después de hacerlo, reflexionar.

26El rey sabio avienta a los impíos,
Y sobre ellos hace rodar la rueda.

27Lámpara de Jehová es el espíritu del hombre,
La cual escudriña lo más profundo del corazón.

28Misericordia y verdad guardan al rey,
Y con clemencia se sustenta su trono.

29La gloria de los jóvenes es su fuerza,
Y la hermosura de los ancianos es su vejez.

30Los azotes que hieren son medicina para el malo,
Y el castigo purifica el corazón.

21 1Como los repartimientos de las aguas,
Así está el corazón del rey en la mano de
Jehová;
A todo lo que quiere lo inclina.

2Todo camino del hombre es recto en su propia
opinión;
Pero Jehová pesa los corazones.

3Hacer justicia y juicio es a Jehová
Más agradable que sacrificio.

4Altivez de ojos, y orgullo de corazón,
Y pensamiento de impíos, son pecado.

5Los pensamientos del diligente ciertamente tienden
a la abundancia;
Mas todo el que se apresura alocadamente, de
cierto va a la pobreza.

6Amontonar tesoros con lengua mentirosa
Es aliento fugaz de aquellos que buscan la muerte.

7La rapiña de los impíos los destruirá,
Por cuanto no quisieron hacer juicio.

8El camino del hombre perverso es torcido y
extraño;
Mas los hechos del limpio son rectos.

9Mejor es vivir en un rincón del terrado
Que con mujer rencillosa en casa espaciosa.

10El alma del impío desea el mal;
Su prójimo no halla favor en sus ojos.

17Food gained by fraud tastes sweet to a man,
but he ends up with a mouth full of gravel.

18Make plans by seeking advice;
if you wage war, obtain guidance.

19A gossip betrays a confidence;
so avoid a man who talks too much.

20If a man curses his father or mother,
his lamp will be snuffed out in pitch darkness.

21An inheritance quickly gained at the beginning
will not be blessed at the end.

22Do not say, "I'll pay you back for this wrong!"
Wait for the LORD, and he will deliver you.

23The LORD detests differing weights,
and dishonest scales do not please him.

24A man's steps are directed by the LORD.
How then can anyone understand his own
way?

25It is a trap for a man to dedicate something
rashly
and only later to consider his vows.

26A wise king winnows out the wicked;
he drives the threshing wheel over them.

27The lamp of the LORD searches the spirit of a
man*j*;
it searches out his inmost being.

28Love and faithfulness keep a king safe;
through love his throne is made secure.

29The glory of young men is their strength,
gray hair the splendor of the old.

30Blows and wounds cleanse away evil,
and beatings purge the inmost being.

21 The king's heart is in the hand of the LORD;
he directs it like a watercourse wherever he
pleases.

2All a man's ways seem right to him,
but the LORD weighs the heart.

3To do what is right and just
is more acceptable to the LORD than sacrifice.

4Haughty eyes and a proud heart,
the lamp of the wicked, are sin!

5The plans of the diligent lead to profit
as surely as haste leads to poverty.

6A fortune made by a lying tongue
is a fleeting vapor and a deadly snare.*k*

7The violence of the wicked will drag them away,
for they refuse to do what is right.

8The way of the guilty is devious,
but the conduct of the innocent is upright.

9Better to live on a corner of the roof
than share a house with a quarrelsome wife.

10The wicked man craves evil;
his neighbor gets no mercy from him.

j27 Or The spirit of man is the LORD's lamp   *k6 Some Hebrew
manuscripts, Septuagint and Vulgate; most Hebrew manuscripts
vapor for those who seek death*

11 Cuando el escarnecedor es castigado, el simple se hace sabio;
Y cuando se le amonesta al sabio, aprende ciencia.
12 Considera el justo la casa del impío,
Cómo los impíos son trastornados por el mal.
13 El que cierra su oído al clamor del pobre,
También él clamará, y no será oído.
14 La dádiva en secreto calma el furor,
Y el don en el seno, la fuerte ira.
15 Alegría es para el justo el hacer juicio;
Mas destrucción a los que hacen iniquidad.
16 El hombre que se aparta del camino de la sabiduría
Vendrá a parar en la compañía de los muertos.
17 Hombre necesitado será el que ama el deleite,
Y el que ama el vino y los ungüentos no se enriquecerá.
18 Rescate del justo es el impío,
Y por los rectos, el prevaricador.
19 Mejor es morar en tierra desierta
Que con la mujer rencillosa e iracunda.
20 Tesoro precioso y aceite hay en la casa del sabio;
Mas el hombre insensato todo lo disipa.
21 El que sigue la justicia y la misericordia
Hallará la vida, la justicia y la honra.
22 Tomó el sabio la ciudad de los fuertes,
Y derribó la fuerza en que ella confiaba.
23 El que guarda su boca y su lengua,
Su alma guarda de angustias.
24 Escarnecedor es el nombre del soberbio y presuntuoso
Que obra en la insolencia de su presunción.
25 El deseo del perezoso le mata,
Porque sus manos no quieren trabajar.
26 Hay quien todo el día codicia;
Pero el justo da, y no detiene su mano.
27 El sacrificio de los impíos es abominación;
¡Cuánto más ofreciéndolo con maldad!
28 El testigo mentiroso perecerá;
Mas el hombre que oye, permanecerá en su dicho.
29 El hombre impío endurece su rostro;
Mas el recto ordena sus caminos.
30 No hay sabiduría, ni inteligencia,
Ni consejo, contra Jehová.
31 El caballo se alista para el día de la batalla;
Mas Jehová es el que da la victoria.

11 When a mocker is punished, the simple gain wisdom;
when a wise man is instructed, he gets knowledge.
12 The Righteous One *l* takes note of the house of the wicked
and brings the wicked to ruin.
13 If a man shuts his ears to the cry of the poor,
he too will cry out and not be answered.
14 A gift given in secret soothes anger,
and a bribe concealed in the cloak pacifies great wrath.
15 When justice is done, it brings joy to the righteous
but terror to evildoers.
16 A man who strays from the path of understanding
comes to rest in the company of the dead.
17 He who loves pleasure will become poor;
whoever loves wine and oil will never be rich.
18 The wicked become a ransom for the righteous,
and the unfaithful for the upright.
19 Better to live in a desert
than with a quarrelsome and ill-tempered wife.
20 In the house of the wise are stores of choice food and oil,
but a foolish man devours all he has.
21 He who pursues righteousness and love
finds life, prosperity *m* and honor.
22 A wise man attacks the city of the mighty
and pulls down the stronghold in which they trust.
23 He who guards his mouth and his tongue
keeps himself from calamity.
24 The proud and arrogant man—"Mocker" is his name;
he behaves with overweening pride.
25 The sluggard's craving will be the death of him,
because his hands refuse to work.
26 All day long he craves for more,
but the righteous give without sparing.
27 The sacrifice of the wicked is detestable—
how much more so when brought with evil intent!
28 A false witness will perish,
and whoever listens to him will be destroyed forever. *n*
29 A wicked man puts up a bold front,
but an upright man gives thought to his ways.
30 There is no wisdom, no insight, no plan
that can succeed against the LORD.
31 The horse is made ready for the day of battle,
but victory rests with the LORD.

l12 Or *The righteous man*   *m21* Or *righteousness*   *n28* Or /
but the words of an obedient man will live on

22

¹De más estima es el buen nombre que las muchas riquezas,
Y la buena fama más que la plata y el oro.
²El rico y el pobre se encuentran;
A ambos los hizo Jehová.
³El avisado ve el mal y se esconde;
Mas los simples pasan y reciben el daño.
⁴Riquezas, honra y vida
Son la remuneración de la humildad y del temor de Jehová.
⁵Espinos y lazos hay en el camino del perverso;
El que guarda su alma se alejará de ellos.
⁶Instruye al niño en su camino,
Y aun cuando fuere viejo no se apartará de él.
⁷El rico se enseñorea de los pobres,
Y el que toma prestado es siervo del que presta.
⁸El que sembrare iniquidad, iniquidad segará,
Y la vara de su insolencia se quebrará.
⁹El ojo misericordioso será bendito,
Porque dio de su pan al indigente.
¹⁰Echa fuera al escarnecedor, y saldrá la contienda,
Y cesará el pleito y la afrenta.
¹¹El que ama la limpieza de corazón,
Por la gracia de sus labios tendrá la amistad del rey.
¹²Los ojos de Jehová velan por la ciencia;
Mas él trastorna las cosas de los prevaricadores.
¹³Dice el perezoso: El león está fuera;
Seré muerto en la calle.
¹⁴Fosa profunda es la boca de la mujer extraña;
Aquel contra el cual Jehová estuviere airado caerá en ella.
¹⁵La necedad está ligada en el corazón del muchacho;
Mas la vara de la corrección la alejará de él.
¹⁶El que oprime al pobre para aumentar sus ganancias,
O que da al rico, ciertamente se empobrecerá.

Preceptos y amonestaciones

¹⁷Inclina tu oído y oye las palabras de los sabios,
Y aplica tu corazón a mi sabiduría;
¹⁸Porque es cosa deliciosa, si las guardares dentro de ti;
Si juntamente se afirmaren sobre tus labios.
¹⁹Para que tu confianza sea en Jehová,
Te las he hecho saber hoy a ti también.

²⁰¿No te he escrito tres veces
En consejos y en ciencia,
²¹Para hacerte saber la certidumbre de las palabras de verdad,
A fin de que vuelvas a llevar palabras de verdad a los que te enviaron?

²²No robes al pobre, porque es pobre,
Ni quebrantes en la puerta al afligido;
²³Porque Jehová juzgará la causa de ellos,
Y despojará el alma de aquellos que los despojaren.

22

A good name is more desirable than great riches;
to be esteemed is better than silver or gold.

²Rich and poor have this in common:
The LORD is the Maker of them all.

³A prudent man sees danger and takes refuge,
but the simple keep going and suffer for it.

⁴Humility and the fear of the LORD
bring wealth and honor and life.

⁵In the paths of the wicked lie thorns and snares,
but he who guards his soul stays far from them.

⁶Train o a child in the way he should go,
and when he is old he will not turn from it.

⁷The rich rule over the poor,
and the borrower is servant to the lender.

⁸He who sows wickedness reaps trouble,
and the rod of his fury will be destroyed.

⁹A generous man will himself be blessed,
for he shares his food with the poor.

¹⁰Drive out the mocker, and out goes strife;
quarrels and insults are ended.

¹¹He who loves a pure heart and whose speech is gracious
will have the king for his friend.

¹²The eyes of the LORD keep watch over knowledge,
but he frustrates the words of the unfaithful.

¹³The sluggard says, "There is a lion outside!"
or, "I will be murdered in the streets!"

¹⁴The mouth of an adulteress is a deep pit;
he who is under the LORD's wrath will fall into it.

¹⁵Folly is bound up in the heart of a child,
but the rod of discipline will drive it far from him.

¹⁶He who oppresses the poor to increase his wealth
and he who gives gifts to the rich—both come to poverty.

Sayings of the Wise

¹⁷Pay attention and listen to the sayings of the wise;
apply your heart to what I teach,
¹⁸for it is pleasing when you keep them in your heart
and have all of them ready on your lips.
¹⁹So that your trust may be in the LORD,
I teach you today, even you.
²⁰Have I not written thirty p sayings for you,
sayings of counsel and knowledge,
²¹teaching you true and reliable words,
so that you can give sound answers
to him who sent you?

²²Do not exploit the poor because they are poor
and do not crush the needy in court,
²³for the LORD will take up their case
and will plunder those who plunder them.

o6 Or *Start*   p20 Or *not formerly written*; or *not written excellent*

24No te entremetas con el iracundo,
   Ni te acompañes con el hombre de enojos,
25No sea que aprendas sus maneras,
   Y tomes lazo para tu alma.
26No seas de aquellos que se comprometen,
   Ni de los que salen por fiadores de deudas.
27Si no tuvieres para pagar,
   ¿Por qué han de quitar tu cama de debajo de ti?
28No traspases los linderos antiguos
   Que pusieron tus padres.
29¿Has visto hombre solícito en su trabajo? Delante de
   los reyes estará;
   No estará delante de los de baja condición.

23 1Cuando te sientes a comer con algún señor,
   Considera bien lo que está delante de ti,
2Y pon cuchillo a tu garganta,
   Si tienes gran apetito.
3No codicies sus manjares delicados,
   Porque es pan engañoso.
4No te afanes por hacerte rico;
   Sé prudente, y desiste.
5¿Has de poner tus ojos en las riquezas, siendo
   ningunas?
   Porque se harán alas
   Como alas de águila, y volarán al cielo.
6No comas pan con el avaro,
   Ni codicies sus manjares;
7Porque cual es su pensamiento en su corazón, tal
   es él.
   Come y bebe, te dirá;
   Mas su corazón no está contigo.
8Vomitarás la parte que comiste,
   Y perderás tus suaves palabras.
9No hables a oídos del necio,
   Porque menospreciará la prudencia de tus razones.
10No traspases el lindero antiguo,
   Ni entres en la heredad de los huérfanos;
11Porque el defensor de ellos es el Fuerte,
   El cual juzgará la causa de ellos contra ti.
12Aplica tu corazón a la enseñanza,
   Y tus oídos a las palabras de sabiduría.
13No rehúses corregir al muchacho;
   Porque si lo castigas con vara, no morirá.
14Lo castigarás con vara,
   Y librarás su alma del Seol.
15Hijo mío, si tu corazón fuere sabio,
   También a mí se me alegrará el corazón;
16Mis entrañas también se alegrarán
   Cuando tus labios hablaren cosas rectas.
17No tenga tu corazón envidia de los pecadores,
   Antes persevera en el temor de Jehová todo el
   tiempo;
18Porque ciertamente hay fin,
   Y tu esperanza no será cortada.

19Oye, hijo mío, y sé sabio,
   Y endereza tu corazón al camino.

24Do not make friends with a hot-tempered man,
   do not associate with one easily angered,
25or you may learn his ways
   and get yourself ensnared.
26Do not be a man who strikes hands in pledge
   or puts up security for debts;
27if you lack the means to pay,
   your very bed will be snatched from under
   you.
28Do not move an ancient boundary stone
   set up by your forefathers.
29Do you see a man skilled in his work?
   He will serve before kings;
   he will not serve before obscure men.

23 When you sit to dine with a ruler,
   note well what*q* is before you,
2and put a knife to your throat
   if you are given to gluttony.
3Do not crave his delicacies,
   for that food is deceptive.
4Do not wear yourself out to get rich;
   have the wisdom to show restraint.
5Cast but a glance at riches, and they are gone,
   for they will surely sprout wings
   and fly off to the sky like an eagle.
6Do not eat the food of a stingy man,
   do not crave his delicacies;
7for he is the kind of man
   who is always thinking about the cost.*r*
   "Eat and drink," he says to you,
   but his heart is not with you.
8You will vomit up the little you have eaten
   and will have wasted your compliments.
9Do not speak to a fool,
   for he will scorn the wisdom of your words.
10Do not move an ancient boundary stone
   or encroach on the fields of the fatherless,
11for their Defender is strong;
   he will take up their case against you.
12Apply your heart to instruction
   and your ears to words of knowledge.
13Do not withhold discipline from a child;
   if you punish him with the rod, he will not
   die.
14Punish him with the rod
   and save his soul from death.*s*
15My son, if your heart is wise,
   then my heart will be glad;
16my inmost being will rejoice
   when your lips speak what is right.
17Do not let your heart envy sinners,
   but always be zealous for the fear of the LORD.
18There is surely a future hope for you,
   and your hope will not be cut off.
19Listen, my son, and be wise,
   and keep your heart on the right path.

*q*1 Or *who*   *r*7 Or *for as he thinks within himself, / so he is;*
or *for as he puts on a feast, / so he is*   *s*14 Hebrew *Sheol*

²⁰No estés con los bebedores de vino,
Ni con los comedores de carne;
²¹Porque el bebedor y el comilón empobrecerán,
Y el sueño hará vestir vestidos rotos.

²²Oye a tu padre, a aquel que te engendró;
Y cuando tu madre envejeciere, no la menosprecies.
²³Compra la verdad, y no la vendas;
La sabiduría, la enseñanza y la inteligencia.
²⁴Mucho se alegrará el padre del justo,
Y el que engendra sabio se gozará con él.
²⁵Alégrense tu padre y tu madre,
Y gócese la que te dio a luz.

²⁶Dame, hijo mío, tu corazón,
Y miren tus ojos por mis caminos.
²⁷Porque abismo profundo es la ramera,
Y pozo angosto la extraña.
²⁸También ella, como robador, acecha,
Y multiplica entre los hombres los prevaricadores.

²⁹¿Para quién será el ay? ¿Para quién el dolor? ¿Para quién las rencillas?
¿Para quién las quejas? ¿Para quién las heridas en balde?
¿Para quién lo amoratado de los ojos?
³⁰Para los que se detienen mucho en el vino,
Para los que van buscando la mistura.
³¹No mires al vino cuando rojea,
Cuando resplandece su color en la copa.
Se entra suavemente;
³²Mas al fin como serpiente morderá,
Y como áspid dará dolor.
³³Tus ojos mirarán cosas extrañas,
Y tu corazón hablará perversidades.
³⁴Serás como el que yace en medio del mar,
O como el que está en la punta de un mastelero.
³⁵Y dirás: Me hirieron, mas no me dolió;
Me azotaron, mas no lo sentí;
Cuando despertare, aún lo volveré a buscar.

24 ¹No tengas envidia de los hombres malos,
Ni desees estar con ellos;
²Porque su corazón piensa en robar,
E iniquidad hablan sus labios.

³Con sabiduría se edificará la casa,
Y con prudencia se afirmará;
⁴Y con ciencia se llenarán las cámaras
De todo bien preciado y agradable.

⁵El hombre sabio es fuerte,
Y de pujante vigor el hombre docto.
⁶Porque con ingenio harás la guerra,
Y en la multitud de consejeros está la victoria.
⁷Alta está para el insensato la sabiduría;
En la puerta no abrirá él su boca.

⁸Al que piensa hacer el mal,
Le llamarán hombre de malos pensamientos.
⁹El pensamiento del necio es pecado,
Y abominación a los hombres el escarnecedor.

¹⁰Si fueres flojo en el día de trabajo,
Tu fuerza será reducida.
¹¹Libra a los que son llevados a la muerte;
Salva a los que están en peligro de muerte.

²⁰Do not join those who drink too much wine
or gorge themselves on meat,
²¹for drunkards and gluttons become poor,
and drowsiness clothes them in rags.

²²Listen to your father, who gave you life,
and do not despise your mother when she is old.
²³Buy the truth and do not sell it;
get wisdom, discipline and understanding.
²⁴The father of a righteous man has great joy;
he who has a wise son delights in him.
²⁵May your father and mother be glad;
may she who gave you birth rejoice!

²⁶My son, give me your heart
and let your eyes keep to my ways,
²⁷for a prostitute is a deep pit
and a wayward wife is a narrow well.
²⁸Like a bandit she lies in wait,
and multiplies the unfaithful among men.

²⁹Who has woe? Who has sorrow?
Who has strife? Who has complaints?
Who has needless bruises? Who has bloodshot eyes?
³⁰Those who linger over wine,
who go to sample bowls of mixed wine.
³¹Do not gaze at wine when it is red,
when it sparkles in the cup,
when it goes down smoothly!
³²In the end it bites like a snake
and poisons like a viper.
³³Your eyes will see strange sights
and your mind imagine confusing things.
³⁴You will be like one sleeping on the high seas,
lying on top of the rigging.
³⁵"They hit me," you will say, "but I'm not hurt!
They beat me, but I don't feel it!
When will I wake up
so I can find another drink?"

24 Do not envy wicked men,
do not desire their company;
²for their hearts plot violence,
and their lips talk about making trouble.

³By wisdom a house is built,
and through understanding it is established;
⁴through knowledge its rooms are filled
with rare and beautiful treasures.

⁵A wise man has great power,
and a man of knowledge increases strength;
⁶for waging war you need guidance,
and for victory many advisers.

⁷Wisdom is too high for a fool;
in the assembly at the gate he has nothing to say.

⁸He who plots evil
will be known as a schemer.
⁹The schemes of folly are sin,
and men detest a mocker.

¹⁰If you falter in times of trouble,
how small is your strength!

¹¹Rescue those being led away to death;
hold back those staggering toward slaughter.

12 Porque si dijeres: Ciertamente no lo supimos,
¿Acaso no lo entenderá el que pesa los corazones?
El que mira por tu alma, él lo conocerá,
Y dará al hombre según sus obras.

13 Come, hijo mío, de la miel, porque es buena,
Y el panal es dulce a tu paladar.
14 Así será a tu alma el conocimiento de la sabiduría;
Si la hallares tendrás recompensa,
Y al fin tu esperanza no será cortada.

15 Oh impío, no aceches la tienda del justo,
No saquees su cámara;
16 Porque siete veces cae el justo, y vuelve a
levantarse;
Mas los impíos caerán en el mal.

17 Cuando cayere tu enemigo, no te regocijes,
Y cuando tropezare, no se alegre tu corazón;
18 No sea que Jehová lo mire, y le desagrade,
Y aparte de sobre él su enojo.

19 No te entremetas con los malignos,
Ni tengas envidia de los impíos;
20 Porque para el malo no habrá buen fin,
Y la lámpara de los impíos será apagada.

21 Teme a Jehová, hijo mío, y al rey;
No te entremetas con los veleidosos;
22 Porque su quebrantamiento vendrá de repente;
Y el quebrantamiento de ambos, ¿quién lo
comprende?

23 También estos son dichos de los sabios:

Hacer acepción de personas en el juicio no es
bueno.
24 El que dijere al malo: Justo eres,
Los pueblos lo maldecirán, y le detestarán las
naciones;
25 Mas los que lo reprendieren tendrán felicidad,
Y sobre ellos vendrá gran bendición.
26 Besados serán los labios
Del que responde palabras rectas.

27 Prepara tus labores fuera,
Y disponlas en tus campos,
Y después edificarás tu casa.

28 No seas sin causa testigo contra tu prójimo,
Y no lisonjees con tus labios.
29 No digas: Como me hizo, así le haré;
Daré el pago al hombre según su obra.

30 Pasé junto al campo del hombre perezoso,
Y junto a la viña del hombre falto de
entendimiento;
31 Y he aquí que por toda ella habían crecido los
espinos,
Ortigas habían ya cubierto su faz,
Y su cerca de piedra estaba ya destruida.
32 Miré, y lo puse en mi corazón;
Lo vi, y tomé consejo.
33 Un poco de sueño, cabeceando otro poco,
Poniendo mano sobre mano otro poco para dormir;

12 If you say, "But we knew nothing about this,"
does not he who weighs the heart perceive it?
Does not he who guards your life know it?
Will he not repay each person according to
what he has done?

13 Eat honey, my son, for it is good;
honey from the comb is sweet to your taste.
14 Know also that wisdom is sweet to your soul;
if you find it, there is a future hope for you,
and your hope will not be cut off.

15 Do not lie in wait like an outlaw against a
righteous man's house,
do not raid his dwelling place;
16 for though a righteous man falls seven times, he
rises again,
but the wicked are brought down by calamity.

17 Do not gloat when your enemy falls;
when he stumbles, do not let your heart
rejoice,
18 or the LORD will see and disapprove
and turn his wrath away from him.

19 Do not fret because of evil men
or be envious of the wicked,
20 for the evil man has no future hope,
and the lamp of the wicked will be snuffed
out.

21 Fear the LORD and the king, my son,
and do not join with the rebellious,
22 for those two will send sudden destruction upon
them,
and who knows what calamities they can
bring?

Further Sayings of the Wise

23 These also are sayings of the wise:

To show partiality in judging is not good:
24 Whoever says to the guilty, "You are innocent"—
peoples will curse him and nations denounce
him.
25 But it will go well with those who convict the
guilty,
and rich blessing will come upon them.

26 An honest answer
is like a kiss on the lips.

27 Finish your outdoor work
and get your fields ready;
after that, build your house.

28 Do not testify against your neighbor without
cause,
or use your lips to deceive.
29 Do not say, "I'll do to him as he has done to me;
I'll pay that man back for what he did."

30 I went past the field of the sluggard,
past the vineyard of the man who lacks
judgment;
31 thorns had come up everywhere,
the ground was covered with weeds,
and the stone wall was in ruins.
32 I applied my heart to what I observed
and learned a lesson from what I saw:
33 A little sleep, a little slumber,
a little folding of the hands to rest—

34Así vendrá como caminante tu necesidad,
Y tu pobreza como hombre armado.

Comparaciones y lecciones morales

25 1También estos son proverbios de Salomón, los cuales copiaron los varones de Ezequías, rey de Judá:

2Gloria de Dios es encubrir un asunto;
Pero honra del rey es escudriñarlo.
3Para la altura de los cielos, y para la profundidad de la tierra,
Y para el corazón de los reyes, no hay investigación.
4Quita las escorias de la plata,
Y saldrá alhaja al fundidor.
5Aparta al impío de la presencia del rey,
Y su trono se afirmará en justicia.
6No te alabes delante del rey,
Ni estés en el lugar de los grandes;
7Porque mejor es que se te diga: Sube acá,
Y no que seas humillado delante del príncipe
A quien han mirado tus ojos.

8No entres apresuradamente en pleito,
No sea que no sepas qué hacer al fin,
Después que tu prójimo te haya avergonzado.
9Trata tu causa con tu compañero,
Y no descubras el secreto a otro,
10No sea que te deshonre el que lo oyere,
Y tu infamia no pueda repararse.

11Manzana de oro con figuras de plata
Es la palabra dicha como conviene.
12Como zarcillo de oro y joyel de oro fino
Es el que reprende al sabio que tiene oído dócil.
13Como frío de nieve en tiempo de la siega,
Así es el mensajero fiel a los que lo envían,
Pues al alma de su señor da refrigerio.
14Como nubes y vientos sin lluvia,
Así es el hombre que se jacta de falsa liberalidad.

15Con larga paciencia se aplaca el príncipe,
Y la lengua blanda quebranta los huesos.
16¿Hallaste miel? Come lo que te basta,
No sea que hastiado de ella la vomites.
17Detén tu pie de la casa de tu vecino,
No sea que hastiado de ti te aborrezca.
18Martillo y cuchillo y saeta aguda
Es el hombre que habla contra su prójimo falso testimonio.
19Como diente roto y pie descoyuntado
Es la confianza en el prevaricador en tiempo de angustia.
20El que canta canciones al corazón afligido
Es como el que quita la ropa en tiempo de frío, o el que sobre el jabón echa vinagre.

More Proverbs of Solomon

25 These are more proverbs of Solomon, copied by the men of Hezekiah king of Judah:

2It is the glory of God to conceal a matter;
to search out a matter is the glory of kings.
3As the heavens are high and the earth is deep,
so the hearts of kings are unsearchable.
4Remove the dross from the silver,
and out comes material for[u] the silversmith;
5remove the wicked from the king's presence,
and his throne will be established through righteousness.
6Do not exalt yourself in the king's presence,
and do not claim a place among great men;
7it is better for him to say to you, "Come up here,"
than for him to humiliate you before a nobleman.

What you have seen with your eyes
8   do not bring[v] hastily to court,
for what will you do in the end
if your neighbor puts you to shame?
9If you argue your case with a neighbor,
do not betray another man's confidence,
10or he who hears it may shame you
and you will never lose your bad reputation.

11A word aptly spoken
is like apples of gold in settings of silver.
12Like an earring of gold or an ornament of fine gold
is a wise man's rebuke to a listening ear.
13Like the coolness of snow at harvest time
is a trustworthy messenger to those who send him;
he refreshes the spirit of his masters.
14Like clouds and wind without rain
is a man who boasts of gifts he does not give.
15Through patience a ruler can be persuaded,
and a gentle tongue can break a bone.
16If you find honey, eat just enough—
too much of it, and you will vomit.
17Seldom set foot in your neighbor's house—
too much of you, and he will hate you.
18Like a club or a sword or a sharp arrow
is the man who gives false testimony against his neighbor.
19Like a bad tooth or a lame foot
is reliance on the unfaithful in times of trouble.
20Like one who takes away a garment on a cold day,
or like vinegar poured on soda,
is one who sings songs to a heavy heart.

34and poverty will come on you like a bandit
and scarcity like an armed man.[t]

---

t34 Or like a vagrant / and scarcity like a beggar u4 Or comes a vessel from v7,8 Or nobleman / on whom you had set your eyes. / 8Do not go

21 Si el que te aborrece tuviere hambre, dale de
    comer pan,
  Y si tuviere sed, dale de beber agua;
22 Porque ascuas amontonarás sobre su cabeza,
  Y Jehová te lo pagará.
23 El viento del norte ahuyenta la lluvia,
  Y el rostro airado la lengua detractora.
24 Mejor es estar en un rincón del terrado,
  Que con mujer rencillosa en casa espaciosa.
25 Como el agua fría al alma sedienta,
  Así son las buenas nuevas de lejanas tierras.
26 Como fuente turbia y manantial corrompido,
  Es el justo que cae delante del impío.
27 Comer mucha miel no es bueno,
  Ni el buscar la propia gloria es gloria.
28 Como ciudad derribada y sin muro
  Es el hombre cuyo espíritu no tiene rienda.

21 If your enemy is hungry, give him food to eat;
  if he is thirsty, give him water to drink.
22 In doing this, you will heap burning coals on his
  head,
  and the LORD will reward you.

23 As a north wind brings rain,
  so a sly tongue brings angry looks.

24 Better to live on a corner of the roof
  than share a house with a quarrelsome wife.

25 Like cold water to a weary soul
  is good news from a distant land.

26 Like a muddied spring or a polluted well
  is a righteous man who gives way to the
  wicked.

27 It is not good to eat too much honey,
  nor is it honorable to seek one's own honor.

28 Like a city whose walls are broken down
  is a man who lacks self-control.

26

1 Como no conviene la nieve en el verano, ni la
  lluvia en la siega,
  Así no conviene al necio la honra.
2 Como el gorrión en su vagar, y como la golondrina
  en su vuelo,
  Así la maldición nunca vendrá sin causa.
3 El látigo para el caballo, el cabestro para el asno,
  Y la vara para la espalda del necio.
4 Nunca respondas al necio de acuerdo con su
  necedad,
  Para que no seas tú también como él.
5 Responde al necio como merece su necedad,
  Para que no se estime sabio en su propia opinión.
6 Como el que se corta los pies y bebe su daño,
  Así es el que envía recado por mano de un necio.
7 Las piernas del cojo penden inútiles;
  Así es el proverbio en la boca del necio.
8 Como quien liga la piedra en la honda,
  Así hace el que da honra al necio.
9 Espinas hincadas en mano del embriagado,
  Tal es el proverbio en la boca de los necios.
10 Como arquero que a todos hiere,
  Es el que toma a sueldo insensatos y vagabundos.
11 Como perro que vuelve a su vómito,
  Así es el necio que repite su necedad.
12 ¿Has visto hombre sabio en su propia opinión?
  Más esperanza hay del necio que de él.
13 Dice el perezoso: El león está en el camino;
  El león está en las calles.
14 Como la puerta gira sobre sus quicios,
  Así el perezoso se vuelve en su cama.
15 Mete el perezoso su mano en el plato;
  Se cansa de llevarla a su boca.
16 En su propia opinión el perezoso es más sabio
  Que siete que sepan aconsejar.
17 El que pasando se deja llevar de la ira en pleito
  ajeno
  Es como el que toma al perro por las orejas.

26

1 Like snow in summer or rain in harvest,
  honor is not fitting for a fool.

2 Like a fluttering sparrow or a darting swallow,
  an undeserved curse does not come to rest.

3 A whip for the horse, a halter for the donkey,
  and a rod for the backs of fools!

4 Do not answer a fool according to his folly,
  or you will be like him yourself.

5 Answer a fool according to his folly,
  or he will be wise in his own eyes.

6 Like cutting off one's feet or drinking violence
  is the sending of a message by the hand of a
  fool.

7 Like a lame man's legs that hang limp
  is a proverb in the mouth of a fool.

8 Like tying a stone in a sling
  is the giving of honor to a fool.

9 Like a thornbush in a drunkard's hand
  is a proverb in the mouth of a fool.

10 Like an archer who wounds at random
  is he who hires a fool or any passer-by.

11 As a dog returns to its vomit,
  so a fool repeats his folly.

12 Do you see a man wise in his own eyes?
  There is more hope for a fool than for him.

13 The sluggard says, "There is a lion in the road,
  a fierce lion roaming the streets!"

14 As a door turns on its hinges,
  so a sluggard turns on his bed.

15 The sluggard buries his hand in the dish;
  he is too lazy to bring it back to his mouth.

16 The sluggard is wiser in his own eyes
  than seven men who answer discreetly.

17 Like one who seizes a dog by the ears
  is a passer-by who meddles in a quarrel not his
  own.

¹⁸Como el que enloquece, y echa llamas
  Y saetas y muerte,
¹⁹Tal es el hombre que engaña a su amigo,
  Y dice: Ciertamente lo hice por broma.
²⁰Sin leña se apaga el fuego,
  Y donde no hay chismoso, cesa la contienda.
²¹El carbón para brasas, y la leña para el fuego;
  Y el hombre rencilloso para encender contienda.
²²Las palabras del chismoso son como bocados suaves,
  Y penetran hasta las entrañas.
²³Como escoria de plata echada sobre el tiesto
  Son los labios lisonjeros y el corazón malo.
²⁴El que odia disimula con sus labios;
  Mas en su interior maquina engaño.
²⁵Cuando hablare amigablemente, no le creas;
  Porque siete abominaciones hay en su corazón.
²⁶Aunque su odio se cubra con disimulo,
  Su maldad será descubierta en la congregación.
²⁷El que cava foso caerá en él;
  Y al que revuelve la piedra, sobre él le volverá.
²⁸La lengua falsa atormenta al que ha lastimado,
  Y la boca lisonjera hace resbalar.

27

¹No te jactes del día de mañana;
  Porque no sabes qué dará de sí el día.
²Alábete el extraño, y no tu propia boca;
  El ajeno, y no los labios tuyos.
³Pesada es la piedra, y la arena pesa;
  Mas la ira del necio es más pesada que ambas.
⁴Cruel es la ira, e impetuoso el furor;
  Mas ¿quién podrá sostenerse delante de la envidia?
⁵Mejor es represión manifiesta
  Que amor oculto.
⁶Fieles son las heridas del que ama;
  Pero importunos los besos del que aborrece.
⁷El hombre saciado desprecia el panal de miel;
  Pero al hambriento todo lo amargo es dulce.
⁸Cual ave que se va de su nido,
  Tal es el hombre que se va de su lugar.
⁹El ungüento y el perfume alegran el corazón,
  Y el cordial consejo del amigo, al hombre.
¹⁰No dejes a tu amigo, ni al amigo de tu padre;
  Ni vayas a la casa de tu hermano en el día de tu
    aflicción.
  Mejor es el vecino cerca que el hermano lejos.
¹¹Sé sabio, hijo mío, y alegra mi corazón,
  Y tendré qué responder al que me agravie.

¹⁸Like a madman shooting
  firebrands or deadly arrows
¹⁹is a man who deceives his neighbor
  and says, "I was only joking!"
²⁰Without wood a fire goes out;
  without gossip a quarrel dies down.
²¹As charcoal to embers and as wood to fire,
  so is a quarrelsome man for kindling strife.
²²The words of a gossip are like choice morsels;
  they go down to a man's inmost parts.
²³Like a coating of glaze ^w over earthenware
  are fervent lips with an evil heart.
²⁴A malicious man disguises himself with his lips,
  but in his heart he harbors deceit.
²⁵Though his speech is charming, do not believe
    him,
  for seven abominations fill his heart.
²⁶His malice may be concealed by deception,
  but his wickedness will be exposed in the
    assembly.
²⁷If a man digs a pit, he will fall into it;
  if a man rolls a stone, it will roll back on him.
²⁸A lying tongue hates those it hurts,
  and a flattering mouth works ruin.

27

Do not boast about tomorrow,
  for you do not know what a day may bring
    forth.
²Let another praise you, and not your own mouth;
  someone else, and not your own lips.
³Stone is heavy and sand a burden,
  but provocation by a fool is heavier than both.
⁴Anger is cruel and fury overwhelming,
  but who can stand before jealousy?
⁵Better is open rebuke
  than hidden love.
⁶Wounds from a friend can be trusted,
  but an enemy multiplies kisses.
⁷He who is full loathes honey,
  but to the hungry even what is bitter tastes
    sweet.
⁸Like a bird that strays from its nest
  is a man who strays from his home.
⁹Perfume and incense bring joy to the heart,
  and the pleasantness of one's friend springs
    from his earnest counsel.
¹⁰Do not forsake your friend and the friend of your
    father,
  and do not go to your brother's house when
    disaster strikes you—
  better a neighbor nearby than a brother far
    away.
¹¹Be wise, my son, and bring joy to my heart;
  then I can answer anyone who treats me with
    contempt.

---

^w23 With a different word division of the Hebrew; Masoretic Text
of silver dross

12 El avisado ve el mal y se esconde;
Mas los simples pasan y llevan el daño.
13 Quítale su ropa al que salió fiador por el extraño;
Y al que fía a la extraña, tómale prenda.
14 El que bendice a su amigo en alta voz, madrugando de mañana,
Por maldición se le contará.
15 Gotera continua en tiempo de lluvia
Y la mujer rencillosa, son semejantes;
16 Pretender contenerla es como refrenar el viento,
O sujetar el aceite en la mano derecha.
17 Hierro con hierro se aguza;
Y así el hombre aguza el rostro de su amigo.
18 Quien cuida la higuera comerá su fruto,
Y el que mira por los intereses de su señor, tendrá honra.
19 Como en el agua el rostro corresponde al rostro,
Así el corazón del hombre al del hombre.
20 El Seol y el Abadón nunca se sacian;
Así los ojos del hombre nunca están satisfechos.
21 El crisol prueba la plata, y la hornaza el oro,
Y al hombre la boca del que lo alaba.
22 Aunque majes al necio en un mortero entre granos de trigo majados con el pisón,
No se apartará de él su necedad.
23 Sé diligente en conocer el estado de tus ovejas,
Y mira con cuidado por tus rebaños;
24 Porque las riquezas no duran para siempre;
¿Y será la corona para perpetuas generaciones?
25 Saldrá la grama, aparecerá la hierba,
Y se segarán las hierbas de los montes.
26 Los corderos son para tus vestidos,
Y los cabritos para el precio del campo;
27 Y abundancia de leche de las cabras para tu mantenimiento, para mantenimiento de tu casa,
Y para sustento de tus criadas.

Proverbios antitéticos

28 1 Huye el impío sin que nadie lo persiga;
Mas el justo está confiado como un león.
2 Por la rebelión de la tierra sus príncipes son muchos;
Mas por el hombre entendido y sabio permanece estable.
3 El hombre pobre y robador de los pobres
Es como lluvia torrencial que deja sin pan.
4 Los que dejan la ley alaban a los impíos;
Mas los que la guardan contenderán con ellos.
5 Los hombres malos no entienden el juicio;
Mas los que buscan a Jehová entienden todas las cosas.
6 Mejor es el pobre que camina en su integridad,
Que el de perversos caminos y rico.

12 The prudent see danger and take refuge,
but the simple keep going and suffer for it.
13 Take the garment of one who puts up security for a stranger;
hold it in pledge if he does it for a wayward woman.
14 If a man loudly blesses his neighbor early in the morning,
it will be taken as a curse.
15 A quarrelsome wife is like
a constant dripping on a rainy day;
16 restraining her is like restraining the wind
or grasping oil with the hand.
17 As iron sharpens iron,
so one man sharpens another.
18 He who tends a fig tree will eat its fruit,
and he who looks after his master will be honored.
19 As water reflects a face,
so a man's heart reflects the man.
20 Death and Destruction x are never satisfied,
and neither are the eyes of man.
21 The crucible for silver and the furnace for gold,
but man is tested by the praise he receives.
22 Though you grind a fool in a mortar,
grinding him like grain with a pestle,
you will not remove his folly from him.
23 Be sure you know the condition of your flocks,
give careful attention to your herds;
24 for riches do not endure forever,
and a crown is not secure for all generations.
25 When the hay is removed and new growth appears
and the grass from the hills is gathered in,
26 the lambs will provide you with clothing,
and the goats with the price of a field.
27 You will have plenty of goats' milk
to feed you and your family
and to nourish your servant girls.

28 The wicked man flees though no one pursues,
but the righteous are as bold as a lion.
2 When a country is rebellious, it has many rulers,
but a man of understanding and knowledge maintains order.
3 A ruler y who oppresses the poor
is like a driving rain that leaves no crops.
4 Those who forsake the law praise the wicked,
but those who keep the law resist them.
5 Evil men do not understand justice,
but those who seek the LORD understand it fully.
6 Better a poor man whose walk is blameless
than a rich man whose ways are perverse.

---

x20 Hebrew *Sheol and Abaddon*   y3 Or *A poor man*

7 El que guarda la ley es hijo prudente;
Mas el que es compañero de glotones avergüenza a
su padre.
8 El que aumenta sus riquezas con usura y crecido
interés,
Para aquel que se compadece de los pobres las
aumenta.
9 El que aparta su oído para no oír la ley,
Su oración también es abominable.
10 El que hace errar a los rectos por el mal camino,
El caerá en su misma fosa;
Mas los perfectos heredarán el bien.
11 El hombre rico es sabio en su propia opinión;
Mas el pobre entendido lo escudriña.
12 Cuando los justos se alegran, grande es la gloria;
Mas cuando se levantan los impíos, tienen que
esconderse los hombres.
13 El que encubre sus pecados no prosperará;
Mas el que los confiesa y se aparta alcanzará
misericordia.
14 Bienaventurado el hombre que siempre teme a
Dios;
Mas el que endurece su corazón caerá en el mal.
15 León rugiente y oso hambriento
Es el príncipe impío sobre el pueblo pobre.
16 El príncipe falto de entendimiento multiplicará la
extorsión;
Mas el que aborrece la avaricia prolongará sus días.
17 El hombre cargado de la sangre de alguno
Huirá hasta el sepulcro, y nadie le detendrá.
18 El que en integridad camina será salvo;
Mas el de perversos caminos caerá en alguno.
19 El que labra su tierra se saciará de pan;
Mas el que sigue a los ociosos se llenará de
pobreza.
20 El hombre de verdad tendrá muchas bendiciones;
Mas el que se apresura a enriquecerse no será sin
culpa.
21 Hacer acepción de personas no es bueno;
Hasta por un bocado de pan prevaricará el hombre.
22 Se apresura a ser rico el avaro,
Y no sabe que le ha de venir pobreza.
23 El que reprende al hombre, hallará después mayor
gracia
Que el que lisonjea con la lengua.
24 El que roba a su padre o a su madre, y dice que no
es maldad,
Compañero es del hombre destruidor.
25 El altivo de ánimo suscita contiendas;
Mas el que confía en Jehová prosperará.
26 El que confía en su propio corazón es necio;
Mas el que camina en sabiduría será librado.
27 El que da al pobre no tendrá pobreza;
Mas el que aparta sus ojos tendrá muchas
maldiciones.

7 He who keeps the law is a discerning son,
but a companion of gluttons disgraces his
father.
8 He who increases his wealth by exorbitant
interest
amasses it for another, who will be kind to the
poor.
9 If anyone turns a deaf ear to the law,
even his prayers are detestable.
10 He who leads the upright along an evil path
will fall into his own trap,
but the blameless will receive a good
inheritance.
11 A rich man may be wise in his own eyes,
but a poor man who has discernment sees
through him.
12 When the righteous triumph, there is great
elation;
but when the wicked rise to power, men go
into hiding.
13 He who conceals his sins does not prosper,
but whoever confesses and renounces them
finds mercy.
14 Blessed is the man who always fears the LORD,
but he who hardens his heart falls into trouble.
15 Like a roaring lion or a charging bear
is a wicked man ruling over a helpless people.
16 A tyrannical ruler lacks judgment,
but he who hates ill-gotten gain will enjoy a
long life.
17 A man tormented by the guilt of murder
will be a fugitive till death;
let no one support him.
18 He whose walk is blameless is kept safe,
but he whose ways are perverse will suddenly
fall.
19 He who works his land will have abundant food,
but the one who chases fantasies will have his
fill of poverty.
20 A faithful man will be richly blessed,
but one eager to get rich will not go
unpunished.
21 To show partiality is not good—
yet a man will do wrong for a piece of bread.
22 A stingy man is eager to get rich
and is unaware that poverty awaits him.
23 He who rebukes a man will in the end gain more
favor
than he who has a flattering tongue.
24 He who robs his father or mother
and says, "It's not wrong"—
he is partner to him who destroys.
25 A greedy man stirs up dissension,
but he who trusts in the LORD will prosper.
26 He who trusts in himself is a fool,
but he who walks in wisdom is kept safe.
27 He who gives to the poor will lack nothing,
but he who closes his eyes to them receives
many curses.

28 Cuando los impíos son levantados se esconde el hombre;
Mas cuando perecen, los justos se multiplican.

29 1 El hombre que reprendido endurece la cerviz,
De repente será quebrantado, y no habrá para él medicina.
2 Cuando los justos dominan, el pueblo se alegra;
Mas cuando domina el impío, el pueblo gime.
3 El hombre que ama la sabiduría alegra a su padre;
Mas el que frecuenta rameras perderá los bienes.
4 El rey con el juicio afirma la tierra;
Mas el que exige presentes la destruye.
5 El hombre que lisonjea a su prójimo,
Red tiende delante de sus pasos.
6 En la transgresión del hombre malo hay lazo;
Mas el justo cantará y se alegrará.
7 Conoce el justo la causa de los pobres;
Mas el impío no entiende sabiduría.
8 Los hombres escarnecedores ponen la ciudad en llamas;
Mas los sabios apartan la ira.
9 Si el hombre sabio contendiere con el necio,
Que se enoje o que se ría, no tendrá reposo.
10 Los hombres sanguinarios aborrecen al perfecto,
Mas los rectos buscan su contentamiento.
11 El necio da rienda suelta a toda su ira,
Mas el sabio al fin la sosiega.
12 Si un gobernante atiende la palabra mentirosa,
Todos sus servidores serán impíos.
13 El pobre y el usurero se encuentran;
Jehová alumbra los ojos de ambos.
14 Del rey que juzga con verdad a los pobres,
El trono será firme para siempre.
15 La vara y la corrección dan sabiduría;
Mas el muchacho consentido avergonzará a su madre.
16 Cuando los impíos son muchos, mucha es la transgresión;
Mas los justos verán la ruina de ellos.
17 Corrige a tu hijo, y te dará descanso,
Y dará alegría a tu alma.
18 Sin profecía el pueblo se desenfrena;
Mas el que guarda la ley es bienaventurado.
19 El siervo no se corrige con palabras;
Porque entiende, mas no hace caso.
20 ¿Has visto hombre ligero en sus palabras?
Más esperanza hay del necio que de él.
21 El siervo mimado desde la niñez por su amo,
A la postre será su heredero.

28 When the wicked rise to power, people go into hiding;
but when the wicked perish, the righteous thrive.

29 A man who remains stiff-necked after many rebukes
will suddenly be destroyed—without remedy.
2 When the righteous thrive, the people rejoice;
when the wicked rule, the people groan.
3 A man who loves wisdom brings joy to his father,
but a companion of prostitutes squanders his wealth.
4 By justice a king gives a country stability,
but one who is greedy for bribes tears it down.
5 Whoever flatters his neighbor
is spreading a net for his feet.
6 An evil man is snared by his own sin,
but a righteous one can sing and be glad.
7 The righteous care about justice for the poor,
but the wicked have no such concern.
8 Mockers stir up a city,
but wise men turn away anger.
9 If a wise man goes to court with a fool,
the fool rages and scoffs, and there is no peace.
10 Bloodthirsty men hate a man of integrity
and seek to kill the upright.
11 A fool gives full vent to his anger,
but a wise man keeps himself under control.
12 If a ruler listens to lies,
all his officials become wicked.
13 The poor man and the oppressor have this in common:
The LORD gives sight to the eyes of both.
14 If a king judges the poor with fairness,
his throne will always be secure.
15 The rod of correction imparts wisdom,
but a child left to himself disgraces his mother.
16 When the wicked thrive, so does sin,
but the righteous will see their downfall.
17 Discipline your son, and he will give you peace;
he will bring delight to your soul.
18 Where there is no revelation, the people cast off restraint;
but blessed is he who keeps the law.
19 A servant cannot be corrected by mere words;
though he understands, he will not respond.
20 Do you see a man who speaks in haste?
There is more hope for a fool than for him.
21 If a man pampers his servant from youth,
he will bring grief z in the end.

z 21 The meaning of the Hebrew for this word is uncertain.

22 El hombre iracundo levanta contiendas,
Y el furioso muchas veces peca.
23 La soberbia del hombre le abate;
Pero al humilde de espíritu sustenta la honra.
24 El cómplice del ladrón aborrece su propia alma;
Pues oye la imprecación y no dice nada.
25 El temor del hombre pondrá lazo;
Mas el que confía en Jehová será exaltado.
26 Muchos buscan el favor del príncipe;
Mas de Jehová viene el juicio de cada uno.
27 Abominación es a los justos el hombre inicuo;
Y abominación es al impío el de caminos rectos.

Las palabras de Agur

30 ¹ Palabras de Agur, hijo de Jaqué; la profecía que dijo el varón a Itiel, a Itiel y a Ucal.

2 Ciertamente más rudo soy yo que ninguno,
Ni tengo entendimiento de hombre.
3 Yo ni aprendí sabiduría,
Ni conozco la ciencia del Santo.
4 ¿Quién subió al cielo, y descendió?
¿Quién encerró los vientos en sus puños?
¿Quién ató las aguas en un paño?
¿Quién afirmó todos los términos de la tierra?
¿Cuál es su nombre, y el nombre de su hijo, si sabes?

5 Toda palabra de Dios es limpia;
El es escudo a los que en él esperan.
6 No añadas a sus palabras, para que no te reprenda,
Y seas hallado mentiroso.

7 Dos cosas te he demandado;
No me las niegues antes que muera:
8 Vanidad y palabra mentirosa aparta de mí;
No me des pobreza ni riquezas;
Manténme del pan necesario;
9 No sea que me sacie, y te niegue, y diga: ¿Quién es Jehová?
O que siendo pobre, hurte,
Y blasfeme el nombre de mi Dios.

10 No acuses al siervo ante su señor,
No sea que te maldiga, y lleves el castigo.

11 Hay generación que maldice a su padre
Y a su madre no bendice.
12 Hay generación limpia en su propia opinión,
Si bien no se ha limpiado de su inmundicia.
13 Hay generación cuyos ojos son altivos
Y cuyos párpados están levantados en alto.
14 Hay generación cuyos dientes son espadas, y sus muelas cuchillos,
Para devorar a los pobres de la tierra, y a los menesterosos de entre los hombres.

15 La sanguijuela tiene dos hijas que dicen: ¡Dame! ¡dame!
Tres cosas hay que nunca se sacian;
Aun la cuarta nunca dice: ¡Basta!

Sayings of Agur

30 The sayings of Agur son of Jakeh—an oracle[a]:

This man declared to Ithiel,
to Ithiel and to Ucal:[b]

2 "I am the most ignorant of men;
I do not have a man's understanding.
3 I have not learned wisdom,
nor have I knowledge of the Holy One.
4 Who has gone up to heaven and come down?
Who has gathered up the wind in the hollow of his hands?
Who has wrapped up the waters in his cloak?
Who has established all the ends of the earth?
What is his name, and the name of his son?
Tell me if you know!

5 "Every word of God is flawless;
he is a shield to those who take refuge in him.
6 Do not add to his words,
or he will rebuke you and prove you a liar.

7 "Two things I ask of you, O LORD;
do not refuse me before I die:
8 Keep falsehood and lies far from me;
give me neither poverty nor riches,
but give me only my daily bread.
9 Otherwise, I may have too much and disown you
and say, 'Who is the LORD?'
Or I may become poor and steal,
and so dishonor the name of my God.

10 "Do not slander a servant to his master,
or he will curse you, and you will pay for it.

11 "There are those who curse their fathers
and do not bless their mothers;
12 those who are pure in their own eyes
and yet are not cleansed of their filth;
13 those whose eyes are ever so haughty,
whose glances are so disdainful;
14 those whose teeth are swords
and whose jaws are set with knives
to devour the poor from the earth,
the needy from among mankind.

15 "The leech has two daughters.
'Give! Give!' they cry.

"There are three things that are never satisfied,
four that never say, 'Enough!':

ᵃ1 Or *Jakeh of Massa*   ᵇ1 Masoretic Text; with a different word division of the Hebrew *declared,* "I am weary, O God; / I am weary, O God, and faint.

16 El Seol, la matriz estéril,
La tierra que no se sacia de aguas,
Y el fuego que jamás dice: ¡Basta!

17 El ojo que escarnece a su padre
Y menosprecia la enseñanza de la madre,
Los cuervos de la cañada lo saquen,
Y lo devoren los hijos del águila.

18 Tres cosas me son ocultas;
Aun tampoco sé la cuarta:
19 El rastro del águila en el aire;
El rastro de la culebra sobre la peña;
El rastro de la nave en medio del mar;
Y el rastro del hombre en la doncella.

20 El proceder de la mujer adúltera es así:
Come, y limpia su boca
Y dice: No he hecho maldad.

21 Por tres cosas se alborota la tierra,
Y la cuarta ella no puede sufrir:
22 Por el siervo cuando reina;
Por el necio cuando se sacia de pan;
23 Por la mujer odiada cuando se casa;
Y por la sierva cuando hereda a su señora.

24 Cuatro cosas son de las más pequeñas de la tierra,
Y las mismas son más sabias que los sabios:
25 Las hormigas, pueblo no fuerte,
Y en el verano preparan su comida;
26 Los conejos, pueblo nada esforzado,
Y ponen su casa en la piedra;
27 Las langostas, que no tienen rey,
Y salen todas por cuadrillas;
28 La araña que atrapas con la mano,
Y está en palacios de rey.

29 Tres cosas hay de hermoso andar,
Y la cuarta pasea muy bien:
30 El león, fuerte entre todos los animales,
Que no vuelve atrás por nada;
31 El ceñido de lomos; asimismo el macho cabrío;
Y el rey, a quien nadie resiste.

32 Si neciamente has procurado enaltecerte,
O si has pensado hacer mal,
Pon el dedo sobre tu boca.
33 Ciertamente el que bate la leche sacará mantequilla,
Y el que recio se suena las narices sacará sangre;
Y el que provoca la ira causará contienda.

Exhortación a un rey

31 1 Palabras del rey Lemuel; la profecía con que le enseñó su madre.

2 ¿Qué, hijo mío? ¿y qué, hijo de mi vientre?
¿Y qué, hijo de mis deseos?
3 No des a las mujeres tu fuerza,
Ni tus caminos a lo que destruye a los reyes.
4 No es de los reyes, oh Lemuel, no es de los reyes beber vino,
Ni de los príncipes la sidra;
5 No sea que bebiendo olviden la ley,
Y perviertan el derecho de todos los afligidos.

16 the grave, c the barren womb,
land, which is never satisfied with water,
and fire, which never says, 'Enough!'

17 "The eye that mocks a father,
that scorns obedience to a mother,
will be pecked out by the ravens of the valley,
will be eaten by the vultures.

18 "There are three things that are too amazing for me,
four that I do not understand:
19 the way of an eagle in the sky,
the way of a snake on a rock,
the way of a ship on the high seas,
and the way of a man with a maiden.

20 "This is the way of an adulteress:
She eats and wipes her mouth
and says, 'I've done nothing wrong.'

21 "Under three things the earth trembles,
under four it cannot bear up:
22 a servant who becomes king,
a fool who is full of food,
23 an unloved woman who is married,
and a maidservant who displaces her mistress.

24 "Four things on earth are small,
yet they are extremely wise:
25 Ants are creatures of little strength,
yet they store up their food in the summer;
26 coneys d are creatures of little power,
yet they make their home in the crags;
27 locusts have no king,
yet they advance together in ranks;
28 a lizard can be caught with the hand,
yet it is found in kings' palaces.

29 "There are three things that are stately in their stride,
four that move with stately bearing:
30 a lion, mighty among beasts,
who retreats before nothing;
31 a strutting rooster, a he-goat,
and a king with his army around him. e

32 "If you have played the fool and exalted yourself,
or if you have planned evil,
clap your hand over your mouth!
33 For as churning the milk produces butter,
and as twisting the nose produces blood,
so stirring up anger produces strife."

Sayings of King Lemuel

31 The sayings of King Lemuel—an oracle f his mother taught him:

2 "O my son, O son of my womb,
O son of my vows, g
3 do not spend your strength on women,
your vigor on those who ruin kings.

4 "It is not for kings, O Lemuel—
not for kings to drink wine,
not for rulers to crave beer,
5 lest they drink and forget what the law decrees,
and deprive all the oppressed of their rights.

---

c 16 Hebrew *Sheol*   d 26 That is, the hyrax or rock badger
e 31 Or *king secure against revolt*   f 1 Or *of Lemuel king of Massa, which*   g 2 Or / the answer to my prayers

6 Dad la sidra al desfallecido,
Y el vino a los de amargado ánimo.
7 Beban, y olvídense de su necesidad,
Y de su miseria no se acuerden más.
8 Abre tu boca por el mudo
En el juicio de todos los desvalidos.
9 Abre tu boca, juzga con justicia,
Y defiende la causa del pobre y del menesteroso.

Elogio de la mujer virtuosa

10 Mujer virtuosa, ¿quién la hallará?
Porque su estima sobrepasa largamente a la de las
piedras preciosas.
11 El corazón de su marido está en ella confiado,
Y no carecerá de ganancias.
12 Le da ella bien y no mal
Todos los días de su vida.
13 Busca lana y lino,
Y con voluntad trabaja con sus manos.
14 Es como nave de mercader;
Trae su pan de lejos.
15 Se levanta aun de noche
Y da comida a su familia
Y ración a sus criadas.
16 Considera la heredad, y la compra,
Y planta viña del fruto de sus manos.
17 Ciñe de fuerza sus lomos,
Y esfuerza sus brazos.
18 Ve que van bien sus negocios;
Su lámpara no se apaga de noche.
19 Aplica su mano al huso,
Y sus manos a la rueca.
20 Alarga su mano al pobre,
Y extiende sus manos al menesteroso.
21 No tiene temor de la nieve por su familia,
Porque toda su familia está vestida de ropas dobles.
22 Ella se hace tapices;
De lino fino y púrpura es su vestido.
23 Su marido es conocido en las puertas,
Cuando se sienta con los ancianos de la tierra.
24 Hace telas, y vende,
Y da cintas al mercader.
25 Fuerza y honor son su vestidura;
Y se ríe de lo por venir.
26 Abre su boca con sabiduría,
Y la ley de clemencia está en su lengua.
27 Considera los caminos de su casa,
Y no come el pan de balde.
28 Se levantan sus hijos y la llaman bienaventurada;
Y su marido también la alaba:
29 Muchas mujeres hicieron el bien;
Mas tú sobrepasas a todas.
30 Engañosa es la gracia, y vana la hermosura;
La mujer que teme a Jehová, ésa será alabada.
31 Dadle del fruto de sus manos,
Y alábenla en las puertas sus hechos.

6 Give beer to those who are perishing,
wine to those who are in anguish;
7 let them drink and forget their poverty
and remember their misery no more.
8 "Speak up for those who cannot speak for
themselves,
for the rights of all who are destitute.
9 Speak up and judge fairly;
defend the rights of the poor and needy."

Epilogue: The Wife of Noble Character

10 hA wife of noble character who can find?
She is worth far more than rubies.
11 Her husband has full confidence in her
and lacks nothing of value.
12 She brings him good, not harm,
all the days of her life.
13 She selects wool and flax
and works with eager hands.
14 She is like the merchant ships,
bringing her food from afar.
15 She gets up while it is still dark;
she provides food for her family
and portions for her servant girls.
16 She considers a field and buys it;
out of her earnings she plants a vineyard.
17 She sets about her work vigorously;
her arms are strong for her tasks.
18 She sees that her trading is profitable,
and her lamp does not go out at night.
19 In her hand she holds the distaff
and grasps the spindle with her fingers.
20 She opens her arms to the poor
and extends her hands to the needy.
21 When it snows, she has no fear for her
household;
for all of them are clothed in scarlet.
22 She makes coverings for her bed;
she is clothed in fine linen and purple.
23 Her husband is respected at the city gate,
where he takes his seat among the elders of
the land.
24 She makes linen garments and sells them,
and supplies the merchants with sashes.
25 She is clothed with strength and dignity;
she can laugh at the days to come.
26 She speaks with wisdom,
and faithful instruction is on her tongue.
27 She watches over the affairs of her household
and does not eat the bread of idleness.
28 Her children arise and call her blessed;
her husband also, and he praises her:
29 "Many women do noble things,
but you surpass them all."
30 Charm is deceptive, and beauty is fleeting;
but a woman who fears the LORD is to be
praised.
31 Give her the reward she has earned,
and let her works bring her praise at the city
gate.

h10 Verses 10-31 are an acrostic, each verse beginning with a
successive letter of the Hebrew alphabet.

ECLESIASTÉS
O EL PREDICADOR

ECCLESIASTES

Todo es vanidad

1 ¹ Palabras del Predicador, hijo de David, rey en Jerusalén.

² Vanidad de vanidades, dijo el Predicador; vanidad de vanidades, todo es vanidad.

³ ¿Qué provecho tiene el hombre de todo su trabajo con que se afana debajo del sol?

⁴ Generación va, y generación viene; mas la tierra siempre permanece.

⁵ Sale el sol, y se pone el sol, y se apresura a volver al lugar de donde se levanta.

⁶ El viento tira hacia el sur, y rodea al norte; va girando de continuo, y a sus giros vuelve el viento de nuevo.

⁷ Los ríos todos van al mar, y el mar no se llena; al lugar de donde los ríos vinieron, allí vuelven para correr de nuevo.

⁸ Todas las cosas son fatigosas más de lo que el hombre puede expresar; nunca se sacia el ojo de ver, ni el oído de oír.

⁹ ¿Qué es lo que fue? Lo mismo que será. ¿Qué es lo que ha sido hecho? Lo mismo que se hará; y nada hay nuevo debajo del sol.

¹⁰ ¿Hay algo de que se puede decir: He aquí esto es nuevo? Ya fue en los siglos que nos han precedido.

¹¹ No hay memoria de lo que precedió, ni tampoco de lo que sucederá habrá memoria en los que serán después.

La experiencia del Predicador

¹² Yo el Predicador fui rey sobre Israel en Jerusalén.

¹³ Y di mi corazón a inquirir y a buscar con sabiduría sobre todo lo que se hace debajo del cielo; este penoso trabajo dio Dios a los hijos de los hombres, para que se ocupen en él.

¹⁴ Miré todas las obras que se hacen debajo del sol; y he aquí, todo ello es vanidad y aflicción de espíritu.

¹⁵ Lo torcido no se puede enderezar, y lo incompleto no puede contarse.

¹⁶ Hablé yo en mi corazón, diciendo: He aquí yo me he engrandecido, y he crecido en sabiduría sobre todos los que fueron antes de mí en Jerusalén; y mi corazón ha percibido mucha sabiduría y ciencia.

¹⁷ Y dediqué mi corazón a conocer la sabiduría, y también a entender las locuras y los desvaríos; conocí que aun esto era aflicción de espíritu.

¹⁸ Porque en la mucha sabiduría hay mucha molestia; y quien añade ciencia, añade dolor.

Everything Is Meaningless

1 The words of the Teacher,ᵃ son of David, king in Jerusalem:

²"Meaningless! Meaningless!"
  says the Teacher.
"Utterly meaningless!
  Everything is meaningless."

³What does man gain from all his labor
  at which he toils under the sun?
⁴Generations come and generations go,
  but the earth remains forever.
⁵The sun rises and the sun sets,
  and hurries back to where it rises.
⁶The wind blows to the south
  and turns to the north;
round and round it goes,
  ever returning on its course.
⁷All streams flow into the sea,
  yet the sea is never full.
To the place the streams come from,
  there they return again.
⁸All things are wearisome,
  more than one can say.
The eye never has enough of seeing,
  nor the ear its fill of hearing.
⁹What has been will be again,
  what has been done will be done again;
  there is nothing new under the sun.
¹⁰Is there anything of which one can say,
  "Look! This is something new"?
It was here already, long ago;
  it was here before our time.
¹¹There is no remembrance of men of old,
  and even those who are yet to come
will not be remembered
  by those who follow.

Wisdom Is Meaningless

¹²I, the Teacher, was king over Israel in Jerusalem. ¹³I devoted myself to study and to explore by wisdom all that is done under heaven. What a heavy burden God has laid on men! ¹⁴I have seen all the things that are done under the sun; all of them are meaningless, a chasing after the wind.

¹⁵What is twisted cannot be straightened;
  what is lacking cannot be counted.

¹⁶I thought to myself, "Look, I have grown and increased in wisdom more than anyone who has ruled over Jerusalem before me; I have experienced much of wisdom and knowledge." ¹⁷Then I applied myself to the understanding of wisdom, and also of madness and folly, but I learned that this, too, is a chasing after the wind.

¹⁸For with much wisdom comes much sorrow;
  the more knowledge, the more grief.

ᵃ1 Or *leader of the assembly*; also in verses 2 and 12

2 ¹ Dije yo en mi corazón: Ven ahora, te probaré con alegría, y gozarás de bienes. Mas he aquí esto también era vanidad.

² A la risa dije: Enloqueces; y al placer: ¿De qué sirve esto?

³ Propuse en mi corazón agasajar mi carne con vino, y que anduviese mi corazón en sabiduría, con retención de la necedad, hasta ver cuál fuese el bien de los hijos de los hombres, en el cual se ocuparan debajo del cielo todos los días de su vida.

⁴ Engrandecí mis obras, edifiqué para mí casas, planté para mí viñas;

⁵ me hice huertos y jardines, y planté en ellos árboles de todo fruto.

⁶ Me hice estanques de aguas, para regar de ellos el bosque donde crecían los árboles.

⁷ Compré siervos y siervas, y tuve siervos nacidos en casa; también tuve posesión grande de vacas y de ovejas, más que todos los que fueron antes de mí en Jerusalén.

⁸ Me amontoné también plata y oro, y tesoros preciados de reyes y de provincias; me hice de cantores y cantoras, de los deleites de los hijos de los hombres, y de toda clase de instrumentos de música.

⁹ Y fui engrandecido y aumentado más que todos los que fueron antes de mí en Jerusalén; a más de esto, conservé conmigo mi sabiduría.

¹⁰ No negué a mis ojos ninguna cosa que desearan, ni aparté mi corazón de placer alguno, porque mi corazón gozó de todo mi trabajo; y esta fue mi parte de toda mi faena.

¹¹ Miré yo luego todas las obras que habían hecho mis manos, y el trabajo que tomé para hacerlas; y he aquí, todo era vanidad y aflicción de espíritu, y sin provecho debajo del sol.

¹² Después volví yo a mirar para ver la sabiduría y los desvaríos y la necedad; porque ¿qué podrá hacer el hombre que venga después del rey? Nada, sino lo que ya ha sido hecho.

¹³ Y he visto que la sabiduría sobrepasa a la necedad, como la luz a las tinieblas.

¹⁴ El sabio tiene sus ojos en su cabeza, mas el necio anda en tinieblas; pero también entendí yo que un mismo suceso acontecerá al uno como al otro.

¹⁵ Entonces dije yo en mi corazón: Como sucederá al necio, me sucederá también a mí. ¿Para qué, pues, he trabajado hasta ahora por hacerme más sabio? Y dije en mi corazón, que también esto era vanidad.

¹⁶ Porque ni del sabio ni del necio habrá memoria para siempre; pues en los días venideros ya todo será olvidado, y también morirá el sabio como el necio.

¹⁷ Aborrecí, por tanto, la vida, porque la obra que se hace debajo del sol me era fastidiosa; por cuanto todo es vanidad y aflicción de espíritu.

¹⁸ Asimismo aborrecí todo mi trabajo que había hecho debajo del sol, el cual tendré que dejar a otro que vendrá después de mí.

¹⁹ Y ¿quién sabe si será sabio o necio el que se enseñoreará de todo mi trabajo en que yo me afané y en que ocupé debajo del sol mi sabiduría? Esto también es vanidad.

²⁰ Volvió, por tanto, a desesperanzarse mi corazón acerca de todo el trabajo en que me afané, y en que había ocupado debajo del sol mi sabiduría.

²¹ ¡Que el hombre trabaje con sabiduría, y con ciencia y

Pleasures Are Meaningless

2 I thought in my heart, "Come now, I will test you with pleasure to find out what is good." But that also proved to be meaningless. ²"Laughter," I said, "is foolish. And what does pleasure accomplish?" ³I tried cheering myself with wine, and embracing folly—my mind still guiding me with wisdom. I wanted to see what was worthwhile for men to do under heaven during the few days of their lives.

⁴I undertook great projects: I built houses for myself and planted vineyards. ⁵I made gardens and parks and planted all kinds of fruit trees in them. ⁶I made reservoirs to water groves of flourishing trees. ⁷I bought male and female slaves and had other slaves who were born in my house. I also owned more herds and flocks than anyone in Jerusalem before me. ⁸I amassed silver and gold for myself, and the treasure of kings and provinces. I acquired men and women singers, and a harem *b* as well—the delights of the heart of man. ⁹I became greater by far than anyone in Jerusalem before me. In all this my wisdom stayed with me.

¹⁰I denied myself nothing my eyes desired;
  I refused my heart no pleasure.
My heart took delight in all my work,
  and this was the reward for all my labor.
¹¹Yet when I surveyed all that my hands had done
  and what I had toiled to achieve,
everything was meaningless, a chasing after the
    wind;
  nothing was gained under the sun.

Wisdom and Folly Are Meaningless

¹²Then I turned my thoughts to consider wisdom,
  and also madness and folly.
What more can the king's successor do
  than what has already been done?
¹³I saw that wisdom is better than folly,
  just as light is better than darkness.
¹⁴The wise man has eyes in his head,
  while the fool walks in the darkness;
but I came to realize
  that the same fate overtakes them both.

¹⁵Then I thought in my heart,

"The fate of the fool will overtake me also.
  What then do I gain by being wise?"
I said in my heart,
  "This too is meaningless."
¹⁶For the wise man, like the fool, will not be long
    remembered;
  in days to come both will be forgotten.
Like the fool, the wise man too must die!

Toil Is Meaningless

¹⁷So I hated life, because the work that is done under the sun was grievous to me. All of it is meaningless, a chasing after the wind. ¹⁸I hated all the things I had toiled for under the sun, because I must leave them to the one who comes after me. ¹⁹And who knows whether he will be a wise man or a fool? Yet he will have control over all the work into which I have poured my effort and skill under the sun. This too is meaningless. ²⁰So my heart began to despair over all my toilsome labor under the sun. ²¹For a man may do

---

b 8 The meaning of the Hebrew for this phrase is uncertain.

con rectitud, y que haya de dar su hacienda a hombre que nunca trabajó en ello! También es esto vanidad y mal grande. 22Porque ¿qué tiene el hombre de todo su trabajo, y de la fatiga de su corazón, con que se afana debajo del sol? 23Porque todos sus días no son sino dolores, y sus trabajos molestias; aun de noche su corazón no reposa. Esto también es vanidad. 24No hay cosa mejor para el hombre sino que coma y beba, y que su alma se alegre en su trabajo. También he visto que esto es de la mano de Dios. 25Porque ¿quién comerá, y quién se cuidará, mejor que yo? 26Porque al hombre que le agrada, Dios le da sabiduría, ciencia y gozo; mas al pecador da el trabajo de recoger y amontonar, para darlo al que agrada a Dios. También esto es vanidad y aflicción de espíritu.

Todo tiene su tiempo

3 1Todo tiene su tiempo, y todo lo que se quiere debajo del cielo tiene su hora. 2Tiempo de nacer, y tiempo de morir; tiempo de plantar, y tiempo de arrancar lo plantado; 3tiempo de matar, y tiempo de curar; tiempo de destruir, y tiempo de edificar; 4tiempo de llorar, y tiempo de reír; tiempo de endechar, y tiempo de bailar; 5tiempo de esparcir piedras, y tiempo de juntar piedras; tiempo de abrazar, y tiempo de abstenerse de abrazar; 6tiempo de buscar, y tiempo de perder; tiempo de guardar, y tiempo de desechar; 7tiempo de romper, y tiempo de coser; tiempo de callar, y tiempo de hablar; 8tiempo de amar, y tiempo de aborrecer; tiempo de guerra, y tiempo de paz. 9¿Qué provecho tiene el que trabaja, de aquello en que se afana? 10Yo he visto el trabajo que Dios ha dado a los hijos de los hombres para que se ocupen en él. 11Todo lo hizo hermoso en su tiempo; y ha puesto eternidad en el corazón de ellos, sin que alcance el hombre a entender la obra que ha hecho Dios desde el principio hasta el fin. 12Yo he conocido que no hay para ellos cosa mejor que alegrarse, y hacer bien en su vida; 13y también que es don de Dios que todo hombre coma y beba, y goce el bien de toda su labor. 14He entendido que todo lo que Dios hace será perpetuo; sobre aquello no se añadirá, ni de ello se disminuirá; y lo hace Dios, para que delante de él teman los hombres. 15Aquello que fue, ya es; y lo que ha de ser, fue ya; y Dios restaura lo que pasó.

Injusticias de la vida

16Vi más debajo del sol: en lugar del juicio, allí impiedad; y en lugar de la justicia, allí iniquidad. 17Y dije yo en mi corazón: Al justo y al impío juzgará Dios; porque allí hay un tiempo para todo lo que se quiere y para todo lo que se hace. 18Dije en mi corazón: Es así, por causa de los hijos de los hombres, para que Dios los pruebe, y para que vean que ellos mismos son semejantes a las bestias.

his work with wisdom, knowledge and skill, and then he must leave all he owns to someone who has not worked for it. This too is meaningless and a great misfortune. 22What does a man get for all the toil and anxious striving with which he labors under the sun? 23All his days his work is pain and grief; even at night his mind does not rest. This too is meaningless.

24A man can do nothing better than to eat and drink and find satisfaction in his work. This too, I see, is from the hand of God, 25for without him, who can eat or find enjoyment? 26To the man who pleases him, God gives wisdom, knowledge and happiness, but to the sinner he gives the task of gathering and storing up wealth to hand it over to the one who pleases God. This too is meaningless, a chasing after the wind.

A Time for Everything

3 There is a time for everything,
　and a season for every activity under heaven:

2　a time to be born and a time to die,
　　a time to plant and a time to uproot,
3　a time to kill and a time to heal,
　　a time to tear down and a time to build,
4　a time to weep and a time to laugh,
　　a time to mourn and a time to dance,
5　a time to scatter stones and a time to gather
　　　them,
　　a time to embrace and a time to refrain,
6　a time to search and a time to give up,
　　a time to keep and a time to throw away,
7　a time to tear and a time to mend,
　　a time to be silent and a time to speak,
8　a time to love and a time to hate,
　　a time for war and a time for peace.

9What does the worker gain from his toil? 10I have seen the burden God has laid on men. 11He has made everything beautiful in its time. He has also set eternity in the hearts of men; yet they cannot fathom what God has done from beginning to end. 12I know that there is nothing better for men than to be happy and do good while they live. 13That everyone may eat and drink, and find satisfaction in all his toil—this is the gift of God. 14I know that everything God does will endure forever; nothing can be added to it and nothing taken from it. God does it so that men will revere him.

15Whatever is has already been,
　and what will be has been before;
　and God will call the past to account.c

16And I saw something else under the sun:

In the place of judgment—wickedness was there,
　in the place of justice—wickedness was there.

17I thought in my heart,

"God will bring to judgment
　both the righteous and the wicked,
for there will be a time for every activity,
　a time for every deed."

18I also thought, "As for men, God tests them so that they may see that they are like the animals. 19Man's

c15 Or God calls back the past

19 Porque lo que sucede a los hijos de los hombres, y lo que sucede a las bestias, un mismo suceso es: como mueren los unos, así mueren los otros, y una misma respiración tienen todos; ni tiene más el hombre que la bestia; porque todo es vanidad.
20 Todo va a un mismo lugar; todo es hecho del polvo, y todo volverá al mismo polvo.
21 ¿Quién sabe que el espíritu de los hijos de los hombres sube arriba, y que el espíritu del animal desciende abajo a la tierra?
22 Así, pues, he visto que no hay cosa mejor para el hombre que alegrarse en su trabajo, porque esta es su parte; porque ¿quién lo llevará para que vea lo que ha de ser después de él?

4 1 Me volví y vi todas las violencias que se hacen debajo del sol; y he aquí las lágrimas de los oprimidos, sin tener quien los consuele; y la fuerza estaba en la mano de sus opresores, y para ellos no había consolador.
2 Y alabé yo a los finados, los que ya murieron, más que a los vivientes, los que viven todavía.
3 Y tuve por más feliz que unos y otros al que no ha sido aún, que no ha visto las malas obras que debajo del sol se hacen.
4 He visto asimismo que todo trabajo y toda excelencia de obras despierta la envidia del hombre contra su prójimo. También esto es vanidad y aflicción de espíritu.
5 El necio cruza sus manos y come su misma carne.
6 Más vale un puño lleno con descanso, que ambos puños llenos con trabajo y aflicción de espíritu.
7 Yo me volví otra vez, y vi vanidad debajo del sol.
8 Está un hombre solo y sin sucesor, que no tiene hijo ni hermano; pero nunca cesa de trabajar, ni sus ojos se sacian de sus riquezas, ni se pregunta: ¿Para quién trabajo yo, y defraudo mi alma del bien? También esto es vanidad, y duro trabajo.
9 Mejores son dos que uno; porque tienen mejor paga de su trabajo.
10 Porque si cayeren, el uno levantará a su compañero; pero ¡ay del solo! que cuando cayere, no habrá segundo que lo levante.
11 También si dos durmieren juntos, se calentarán mutuamente; mas ¿cómo se calentará uno solo?
12 Y si alguno prevaleciere contra uno, dos le resistirán; y cordón de tres dobleces no se rompe pronto.

fate is like that of the animals; the same fate awaits them both: As one dies, so dies the other. All have the same breath ^{d}; man has no advantage over the animal. Everything is meaningless. 20 All go to the same place; all come from dust, and to dust all return. 21 Who knows if the spirit of man rises upward and if the spirit of the animal ^{e} goes down into the earth?"
22 So I saw that there is nothing better for a man than to enjoy his work, because that is his lot. For who can bring him to see what will happen after him?

Oppression, Toil, Friendlessness

4 Again I looked and saw all the oppression that was taking place under the sun:

I saw the tears of the oppressed—
  and they have no comforter;
power was on the side of their oppressors—
  and they have no comforter.
2 And I declared that the dead,
  who had already died,
are happier than the living,
  who are still alive.
3 But better than both
  is he who has not yet been,
who has not seen the evil
  that is done under the sun.

4 And I saw that all labor and all achievement spring from man's envy of his neighbor. This too is meaningless, a chasing after the wind.

5 The fool folds his hands
  and ruins himself.
6 Better one handful with tranquillity
  than two handfuls with toil
  and chasing after the wind.

7 Again I saw something meaningless under the sun:

8 There was a man all alone;
  he had neither son nor brother.
There was no end to his toil,
  yet his eyes were not content with his wealth.
"For whom am I toiling," he asked,
  "and why am I depriving myself of
    enjoyment?"
This too is meaningless—
  a miserable business!

9 Two are better than one,
  because they have a good return for their
    work:
10 If one falls down,
  his friend can help him up.
But pity the man who falls
  and has no one to help him up!
11 Also, if two lie down together, they will keep
    warm.
  But how can one keep warm alone?
12 Though one may be overpowered,
  two can defend themselves.
A cord of three strands is not quickly broken.

---

^{d} 19 Or *spirit* ^{e} 21 Or *Who knows the spirit of man, which rises upward, or the spirit of the animal, which*

13 Mejor es el muchacho pobre y sabio, que el rey viejo y necio que no admite consejos;
14 porque de la cárcel salió para reinar, aunque en su reino nació pobre.
15 Vi a todos los que viven debajo del sol caminando con el muchacho sucesor, que estará en lugar de aquél.
16 No tenía fin la muchedumbre del pueblo que le seguía; sin embargo, los que vengan después tampoco estarán contentos de él. Y esto es también vanidad y aflicción de espíritu.

La insensatez de hacer votos a la ligera

5 1 Cuando fueres a la casa de Dios, guarda tu pie; y acércate más para oír que para ofrecer el sacrificio de los necios; porque no saben que hacen mal.
2 No te des prisa con tu boca, ni tu corazón se apresure a proferir palabra delante de Dios; porque Dios está en el cielo, y tú sobre la tierra; por tanto, sean pocas tus palabras.
3 Porque de la mucha ocupación viene el sueño, y de la multitud de las palabras la voz del necio.
4 Cuando a Dios haces promesa, no tardes en cumplirla; porque él no se complace en los insensatos. Cumple lo que prometes.
5 Mejor es que no prometas, y no que prometas y no cumplas.
6 No dejes que tu boca te haga pecar, ni digas delante del ángel, que fue ignorancia. ¿Por qué harás que Dios se enoje a causa de tu voz, y que destruya la obra de tus manos?
7 Donde abundan los sueños, también abundan las vanidades y las muchas palabras; mas tú, teme a Dios.

La vanidad de la vida

8 Si opresión de pobres y perversión de derecho y de justicia vieres en la provincia, no te maravilles de ello; porque sobre el alto vigila otro más alto, y uno más alto está sobre ellos.
9 Además, el provecho de la tierra es para todos; el rey mismo está sujeto a los campos.
10 El que ama el dinero, no se saciará de dinero; y el que ama el mucho tener, no sacará fruto. También esto es vanidad.
11 Cuando aumentan los bienes, también aumentan los que los consumen. ¿Qué bien, pues, tendrá su dueño, sino verlos con sus ojos?
12 Dulce es el sueño del trabajador, coma mucho, coma poco; pero al rico no le deja dormir la abundancia.
13 Hay un mal doloroso que he visto debajo del sol: las riquezas guardadas por sus dueños para su mal;
14 las cuales se pierden en malas ocupaciones, y a los hijos que engendraron, nada les queda en la mano.
15 Como salió del vientre de su madre, desnudo, así vuelve, yéndose tal como vino; y nada tiene de su trabajo para llevar en su mano.

Advancement Is Meaningless

13 Better a poor but wise youth than an old but foolish king who no longer knows how to take warning. 14 The youth may have come from prison to the kingship, or he may have been born in poverty within his kingdom. 15 I saw that all who lived and walked under the sun followed the youth, the king's successor. 16 There was no end to all the people who were before them. But those who came later were not pleased with the successor. This too is meaningless, a chasing after the wind.

Stand in Awe of God

5 Guard your steps when you go to the house of God. Go near to listen rather than to offer the sacrifice of fools, who do not know that they do wrong.

2 Do not be quick with your mouth,
     do not be hasty in your heart
     to utter anything before God.
God is in heaven
     and you are on earth,
     so let your words be few.
3 As a dream comes when there are many cares,
     so the speech of a fool when there are many words.

4 When you make a vow to God, do not delay in fulfilling it. He has no pleasure in fools; fulfill your vow. 5 It is better not to vow than to make a vow and not fulfill it. 6 Do not let your mouth lead you into sin. And do not protest to the ˌtempleˌ messenger, "My vow was a mistake." Why should God be angry at what you say and destroy the work of your hands? 7 Much dreaming and many words are meaningless. Therefore stand in awe of God.

Riches Are Meaningless

8 If you see the poor oppressed in a district, and justice and rights denied, do not be surprised at such things; for one official is eyed by a higher one, and over them both are others higher still. 9 The increase from the land is taken by all; the king himself profits from the fields.

10 Whoever loves money never has money enough;
     whoever loves wealth is never satisfied with
     his income.
This too is meaningless.

11 As goods increase,
     so do those who consume them.
And what benefit are they to the owner
     except to feast his eyes on them?

12 The sleep of a laborer is sweet,
     whether he eats little or much,
but the abundance of a rich man
     permits him no sleep.

13 I have seen a grievous evil under the sun:

wealth hoarded to the harm of its owner,
14   or wealth lost through some misfortune,
so that when he has a son
     there is nothing left for him.
15 Naked a man comes from his mother's womb,
     and as he comes, so he departs.
He takes nothing from his labor
     that he can carry in his hand.

16 Este también es un gran mal, que como vino, así haya de volver. ¿Y de qué le aprovechó trabajar en vano?

17 Además de esto, todos los días de su vida comerá en tinieblas, con mucho afán y dolor y miseria.

18 He aquí, pues, el bien que yo he visto: que lo bueno es comer y beber, y gozar uno del bien de todo su trabajo con que se fatiga debajo del sol, todos los días de su vida que Dios le ha dado; porque esta es su parte.

19 Asimismo, a todo hombre a quien Dios da riquezas y bienes, y le da también facultad para que coma de ellas, y tome su parte, y goce de su trabajo, esto es don de Dios.

20 Porque no se acordará mucho de los días de su vida; pues Dios le llenará de alegría el corazón.

6 ¹ Hay un mal que he visto debajo del cielo, y muy común entre los hombres:

2 El del hombre a quien Dios da riquezas y bienes y honra, y nada le falta de todo lo que su alma desea; pero Dios no le da la facultad de disfrutar de ello, sino que lo disfrutan los extraños. Esto es vanidad, y mal doloroso.

3 Aunque el hombre engendrare cien hijos, y viviere muchos años, y los días de su edad fueren numerosos; si su alma no se sació del bien, y también careció de sepultura, yo digo que un abortivo es mejor que él.

4 Porque éste en vano viene, y a las tinieblas va, y con tinieblas su nombre es cubierto.

5 Además, no ha visto el sol, ni lo ha conocido; más reposo tiene éste que aquél.

6 Porque si aquél viviere mil años dos veces, sin gustar del bien, ¿no van todos al mismo lugar?

7 Todo el trabajo del hombre es para su boca, y con todo eso su deseo no se sacia.

8 Porque ¿qué más tiene el sabio que el necio? ¿Qué más tiene el pobre que supo caminar entre los vivos?

9 Más vale vista de ojos que deseo que pasa. Y también esto es vanidad y aflicción de espíritu.

10 Respecto de lo que es, ya ha mucho que tiene nombre, y se sabe que es hombre y que no puede contender con Aquel que es más poderoso que él.

11 Ciertamente las muchas palabras multiplican la vanidad. ¿Qué más tiene el hombre?

12 Porque ¿quién sabe cuál es el bien del hombre en la vida, todos los días de la vida de su vanidad, los cuales él pasa como sombra? Porque ¿quién enseñará al hombre qué será después de él debajo del sol?

Contraste entre la sabiduría y la insensatez

7 ¹ Mejor es la buena fama que el buen ungüento; y mejor el día de la muerte que el día del nacimiento.

2 Mejor es ir a la casa del luto que a la casa del banquete; porque aquello es el fin de todos los hombres, y el que vive lo pondrá en su corazón.

---

16 This too is a grievous evil:

As a man comes, so he departs,
and what does he gain,
since he toils for the wind?

17 All his days he eats in darkness,
with great frustration, affliction and anger.

18 Then I realized that it is good and proper for a man to eat and drink, and to find satisfaction in his toilsome labor under the sun during the few days of life God has given him—for this is his lot. 19 Moreover, when God gives any man wealth and possessions, and enables him to enjoy them, to accept his lot and be happy in his work—this is a gift of God. 20 He seldom reflects on the days of his life, because God keeps him occupied with gladness of heart.

6 I have seen another evil under the sun, and it weighs heavily on men: 2 God gives a man wealth, possessions and honor, so that he lacks nothing his heart desires, but God does not enable him to enjoy them, and a stranger enjoys them instead. This is meaningless, a grievous evil.

3 A man may have a hundred children and live many years; yet no matter how long he lives, if he cannot enjoy his prosperity and does not receive proper burial, I say that a stillborn child is better off than he. 4 It comes without meaning, it departs in darkness, and in darkness its name is shrouded. 5 Though it never saw the sun or knew anything, it has more rest than does that man— 6 even if he lives a thousand years twice over but fails to enjoy his prosperity. Do not all go to the same place?

7 All man's efforts are for his mouth,
yet his appetite is never satisfied.

8 What advantage has a wise man
over a fool?
What does a poor man gain
by knowing how to conduct himself before others?

9 Better what the eye sees
than the roving of the appetite.
This too is meaningless,
a chasing after the wind.

10 Whatever exists has already been named,
and what man is has been known;
no man can contend
with one who is stronger than he.

11 The more the words,
the less the meaning,
and how does that profit anyone?

12 For who knows what is good for a man in life, during the few and meaningless days he passes through like a shadow? Who can tell him what will happen under the sun after he is gone?

Wisdom

7 A good name is better than fine perfume,
and the day of death better than the day of birth.

2 It is better to go to a house of mourning
than to go to a house of feasting,
for death is the destiny of every man;
the living should take this to heart.

3 Mejor es el pesar que la risa; porque con la tristeza del rostro se enmendará el corazón.

4 El corazón de los sabios está en la casa del luto; mas el corazón de los insensatos, en la casa en que hay alegría.

5 Mejor es oir la reprensión del sabio que la canción de los necios.

6 Porque la risa del necio es como el estrépito de los espinos debajo de la olla. Y también esto es vanidad.

7 Ciertamente la opresión hace entontecer al sabio, y las dádivas corrompen el corazón.

8 Mejor es el fin del negocio que su principio; mejor es el sufrido de espíritu que el altivo de espíritu.

9 No te apresures en tu espíritu a enojarte; porque el enojo reposa en el seno de los necios.

10 Nunca digas: ¿Cuál es la causa de que los tiempos pasados fueron mejores que estos? Porque nunca de esto preguntarás con sabiduría.

11 Buena es la ciencia con herencia, y provechosa para los que ven el sol.

12 Porque escudo es la ciencia, y escudo es el dinero; mas la sabiduría excede, en que da vida a sus poseedores.

13 Mira la obra de Dios; porque ¿quién podrá enderezar lo que él torció?

14 En el día del bien goza del bien; y en el día de la adversidad considera. Dios hizo tanto lo uno como lo otro, a fin de que el hombre nada halle después de él.

15 Todo esto he visto en los días de mi vanidad. Justo hay que perece por su justicia, y hay impío que por su maldad alarga sus días.

16 No seas demasiado justo, ni seas sabio con exceso; ¿por qué habrás de destruirte?

17 No hagas mucho mal, ni seas insensato; ¿por qué habrás de morir antes de tu tiempo?

18 Bueno es que tomes esto, y también de aquello no apartes tu mano; porque aquel que a Dios teme, saldrá bien en todo.

19 La sabiduría fortalece al sabio más que diez poderosos que haya en una ciudad.

20 Ciertamente no hay hombre justo en la tierra, que haga el bien y nunca peque.

21 Tampoco apliques tu corazón a todas las cosas que se hablan, para que no oigas a tu siervo cuando dice mal de ti;

22 porque tu corazón sabe que tú también dijiste mal de otros muchas veces.

3 Sorrow is better than laughter,
    because a sad face is good for the heart.

4 The heart of the wise is in the house of
      mourning,
    but the heart of fools is in the house of
      pleasure.

5 It is better to heed a wise man's rebuke
    than to listen to the song of fools.

6 Like the crackling of thorns under the pot,
    so is the laughter of fools.
    This too is meaningless.

7 Extortion turns a wise man into a fool,
    and a bribe corrupts the heart.

8 The end of a matter is better than its beginning,
    and patience is better than pride.

9 Do not be quickly provoked in your spirit,
    for anger resides in the lap of fools.

10 Do not say, "Why were the old days better than
      these?"
    For it is not wise to ask such questions.

11 Wisdom, like an inheritance, is a good thing
    and benefits those who see the sun.

12 Wisdom is a shelter
    as money is a shelter,
    but the advantage of knowledge is this:
      that wisdom preserves the life of its possessor.

13 Consider what God has done:

    Who can straighten
      what he has made crooked?

14 When times are good, be happy;
    but when times are bad, consider:
    God has made the one
      as well as the other.
    Therefore, a man cannot discover
      anything about his future.

15 In this meaningless life of mine I have seen both of these:

    a righteous man perishing in his righteousness,
      and a wicked man living long in his
      wickedness.

16 Do not be overrighteous,
    neither be overwise—
    why destroy yourself?

17 Do not be overwicked,
    and do not be a fool—
    why die before your time?

18 It is good to grasp the one
    and not let go of the other.
    The man who fears God will avoid all
    ₍extremes₎.f

19 Wisdom makes one wise man more powerful
    than ten rulers in a city.

20 There is not a righteous man on earth
    who does what is right and never sins.

21 Do not pay attention to every word people say,
    or you may hear your servant cursing you—

22 for you know in your heart
    that many times you yourself have cursed
      others.

f18 Or will follow them both

23 Todas estas cosas probé con sabiduría, diciendo: Seré sabio; pero la sabiduría se alejó de mí.

24 Lejos está lo que fue; y lo muy profundo, ¿quién lo hallará?

25 Me volví y fijé mi corazón para saber y examinar e inquirir la sabiduría y la razón, y para conocer la maldad de la insensatez y el desvarío del error.

26 Y he hallado más amarga que la muerte a la mujer cuyo corazón es lazos y redes, y sus manos ligaduras. El que agrada a Dios escapará de ella; mas el pecador quedará en ella preso.

27 He aquí que esto he hallado, dice el Predicador, pesando las cosas una por una para hallar la razón;

28 lo que aún busca mi alma, y no lo encuentra: un hombre entre mil he hallado, pero mujer entre todas éstas nunca hallé.

29 He aquí, solamente esto he hallado: que Dios hizo al hombre recto, pero ellos buscaron muchas perversiones.

8 1 ¿Quién como el sabio? ¿y quién como el que sabe la declaración de las cosas? La sabiduría del hombre ilumina su rostro, y la tosquedad de su semblante se mudará.

2 Te aconsejo que guardes el mandamiento del rey y la palabra del juramento de Dios.

3 No te apresures a irte de su presencia, ni en cosa mala persistas; porque él hará todo lo que quiere.

4 Pues la palabra del rey es con potestad, ¿y quién le dirá: ¿Qué haces?

5 El que guarda el mandamiento no experimentará mal; y el corazón del sabio discierne el tiempo y el juicio;

6 Porque para todo lo que quisieres hay tiempo y juicio; porque el mal del hombre es grande sobre él;

7 pues no sabe lo que ha de ser; y el cuándo haya de ser, ¿quién se lo enseñará?

8 No hay hombre que tenga potestad sobre el espíritu para retener el espíritu, ni potestad sobre el día de la muerte; y no valen armas en tal guerra, ni la impiedad librará al que la posee.

23 All this I tested by wisdom and I said,

"I am determined to be wise" —
but this was beyond me.
24 Whatever wisdom may be,
it is far off and most profound—
who can discover it?
25 So I turned my mind to understand,
to investigate and to search out wisdom and
the scheme of things
and to understand the stupidity of wickedness
and the madness of folly.
26 I find more bitter than death
the woman who is a snare,
whose heart is a trap
and whose hands are chains.
The man who pleases God will escape her,
but the sinner she will ensnare.

27 "Look," says the Teacher,[g] "this is what I have discovered:

"Adding one thing to another to discover the
scheme of things—
28 while I was still searching
but not finding—
I found one upright man among a thousand,
but not one upright woman among them all.
29 This only have I found:
God made mankind upright,
but men have gone in search of many
schemes."

8 Who is like the wise man?
Who knows the explanation of things?
Wisdom brightens a man's face
and changes its hard appearance.

Obey the King

2 Obey the king's command, I say, because you took an oath before God. 3 Do not be in a hurry to leave the king's presence. Do not stand up for a bad cause, for he will do whatever he pleases. 4 Since a king's word is supreme, who can say to him, "What are you doing?"

5 Whoever obeys his command will come to no
harm,
and the wise heart will know the proper time
and procedure.
6 For there is a proper time and procedure for
every matter,
though a man's misery weighs heavily upon
him.

7 Since no man knows the future,
who can tell him what is to come?
8 No man has power over the wind to contain
it[h];
so no one has power over the day of his
death.
As no one is discharged in time of war,
so wickedness will not release those who
practice it.

9 Todo esto he visto, y he puesto mi corazón en todo lo que debajo del sol se hace; hay tiempo en que el hombre se enseñorea del hombre para mal suyo.

Desigualdades de la vida

10 Asimismo he visto a los inicuos sepultados con honra; mas los que frecuentaban el lugar santo fueron luego puestos en olvido en la ciudad donde habían actuado con rectitud. Esto también es vanidad.

11 Por cuanto no se ejecuta luego sentencia sobre la mala obra, el corazón de los hijos de los hombres está en ellos dispuesto para hacer el mal.

12 Aunque el pecador haga mal cien veces, y prolongue sus días, con todo yo también sé que les irá bien a los que a Dios temen, los que temen ante su presencia.

13 y que no le irá bien al impío, ni le serán prolongados los días, que son como sombra; por cuanto no teme delante de la presencia de Dios.

14 Hay vanidad que se hace sobre la tierra: que hay justos a quienes sucede como si hicieran obras de impíos, y hay impíos a quienes acontece como si hicieran obras de justos. Digo que esto también es vanidad.

15 Por tanto, alabé yo la alegría; que no tiene el hombre bien debajo del sol, sino que coma y beba y se alegre; y que esto le quede de su trabajo los días de su vida que Dios le concede debajo del sol.

16 Yo, pues, dediqué mi corazón a conocer sabiduría, y a ver la faena que se hace sobre la tierra (porque hay quien ni de noche ni de día ve sueño en sus ojos);

17 y he visto todas las obras de Dios, que el hombre no puede alcanzar la obra que debajo del sol se hace; por mucho que trabaje el hombre buscándola, no la hallará; aunque diga el sabio que la conoce, no por eso podrá alcanzarla.

9 ¹ Ciertamente he dado mi corazón a todas estas cosas, para declarar todo esto: que los justos y los sabios, y sus obras, están en la mano de Dios; que sea amor o que sea odio, no lo saben los hombres; todo está delante de ellos.

2 Todo acontece de la misma manera a todos; un mismo suceso ocurre al justo y al impío; al bueno, al limpio y al no limpio; al que sacrifica, y al que no sacrifica; como al bueno, así al que peca; al que jura, como al que teme el juramento.

3 Este mal hay entre todo lo que se hace debajo del sol, que un mismo suceso acontece a todos, y también que el corazón de los hijos de los hombres está lleno de mal y de insensatez en su corazón durante su vida; y después de esto se van a los muertos.

4 Aún hay esperanza para todo aquel que está entre los vivos; porque mejor es perro vivo que león muerto.

5 Porque los que viven saben que han de morir; pero los muertos nada saben, ni tienen más paga; porque su memoria es puesta en olvido.

6 También su amor y su odio y su envidia fenecieron ya; y nunca más tendrán parte en todo lo que se hace debajo del sol.

9 All this I saw, as I applied my mind to everything done under the sun. There is a time when a man lords it over others to his own[i] hurt. 10 Then too, I saw the wicked buried—those who used to come and go from the holy place and receive praise[j] in the city where they did this. This too is meaningless.

11 When the sentence for a crime is not quickly carried out, the hearts of the people are filled with schemes to do wrong. 12 Although a wicked man commits a hundred crimes and still lives a long time, I know that it will go better with God-fearing men, who are reverent before God. 13 Yet because the wicked do not fear God, it will not go well with them, and their days will not lengthen like a shadow.

14 There is something else meaningless that occurs on earth: righteous men who get what the wicked deserve, and wicked men who get what the righteous deserve. This too, I say, is meaningless. 15 So I commend the enjoyment of life, because nothing is better for a man under the sun than to eat and drink and be glad. Then joy will accompany him in his work all the days of the life God has given him under the sun.

16 When I applied my mind to know wisdom and to observe man's labor on earth—his eyes not seeing sleep day or night— 17 then I saw all that God has done. No one can comprehend what goes on under the sun. Despite all his efforts to search it out, man cannot discover its meaning. Even if a wise man claims he knows, he cannot really comprehend it.

A Common Destiny for All

9 So I reflected on all this and concluded that the righteous and the wise and what they do are in God's hands, but no man knows whether love or hate awaits him. 2 All share a common destiny—the righteous and the wicked, the good and the bad,[k] the clean and the unclean, those who offer sacrifices and those who do not.

As it is with the good man,
    so with the sinner;
as it is with those who take oaths,
    so with those who are afraid to take them.

3 This is the evil in everything that happens under the sun: The same destiny overtakes all. The hearts of men, moreover, are full of evil and there is madness in their hearts while they live, and afterward they join the dead. 4 Anyone who is among the living has hope[l]—even a live dog is better off than a dead lion!

5 For the living know that they will die,
    but the dead know nothing;
they have no further reward,
    and even the memory of them is forgotten.
6 Their love, their hate
    and their jealousy have long since vanished;
never again will they have a part
    in anything that happens under the sun.

---

i9 Or *to their*   *j10* Some Hebrew manuscripts and Septuagint (Aquila); most Hebrew manuscripts *and are forgotten*
k2 Septuagint (Aquila), Vulgate and Syriac; Hebrew does not have *and the bad.*   *l4* Or *What then is to be chosen? With all who live, there is hope*

7 Anda, y come tu pan con gozo, y bebe tu vino con alegre corazón; porque tus obras ya son agradables a Dios.

8 En todo tiempo sean blancos tus vestidos, y nunca falte ungüento sobre tu cabeza.

9 Goza de la vida con la mujer que amas, todos los días de la vida de tu vanidad que te son dados debajo del sol, todos los días de tu vanidad; porque esta es tu parte en la vida, y en tu trabajo con que te afanas debajo del sol.

10 Todo lo que te viniere a la mano para hacer, hazlo según tus fuerzas; porque en el Seol, adonde vas, no hay obra, ni trabajo, ni ciencia, ni sabiduría.

11 Me volví y vi debajo del sol, que ni es de los ligeros la carrera, ni la guerra de los fuertes, ni aun de los sabios el pan, ni de los prudentes las riquezas, ni de los elocuentes el favor; sino que tiempo y ocasión acontecen a todos.

12 Porque el hombre tampoco conoce su tiempo; como los peces que son presos en la mala red, y como las aves que se enredan en lazo, así son enlazados los hijos de los hombres en el tiempo malo, cuando cae de repente sobre ellos.

13 También vi esta sabiduría debajo del sol, la cual me parece grande:

14 una pequeña ciudad, y pocos hombres en ella; y viene contra ella un gran rey, y la asedia y levanta contra ella grandes baluartes;

15 y se halla en ella un hombre pobre, sabio, el cual libra a la ciudad con su sabiduría; y nadie se acordaba de aquel hombre pobre.

16 Entonces dije yo: Mejor es la sabiduría que la fuerza, aunque la ciencia del pobre sea menospreciada, y no sean escuchadas sus palabras.

17 Las palabras del sabio escuchadas en quietud, son mejores que el clamor del señor entre los necios.

18 Mejor es la sabiduría que las armas de guerra; pero un pecador destruye mucho bien.

Excelencia de la sabiduría

10 1 Las moscas muertas hacen heder y dar mal olor al perfume del perfumista; así una pequeña locura, al que es estimado como sabio y honorable.

2 El corazón del sabio está a su mano derecha, mas el corazón del necio a su mano izquierda.

3 Y aun mientras va el necio por el camino, le falta cordura, y va diciendo a todos que es necio.

4 Si el espíritu del príncipe se exaltare contra ti, no dejes tu lugar; porque la mansedumbre hará cesar grandes ofensas.

5 Hay un mal que he visto debajo del sol, a manera de error emanado del príncipe:

6 la necedad está colocada en grandes alturas, y los ricos están sentados en lugar bajo.

7 Vi siervos a caballo, y príncipes que andaban como siervos sobre la tierra.

8 El que hiciere hoyo caerá en él; y al que aportillare vallado, le morderá la serpiente.

7 Go, eat your food with gladness, and drink your wine with a joyful heart, for it is now that God favors what you do. 8 Always be clothed in white, and always anoint your head with oil. 9 Enjoy life with your wife, whom you love, all the days of this meaningless life that God has given you under the sun— all your meaningless days. For this is your lot in life and in your toilsome labor under the sun. 10 Whatever your hand finds to do, do it with all your might, for in the grave, *m* where you are going, there is neither working nor planning nor knowledge nor wisdom.

11 I have seen something else under the sun:

The race is not to the swift
  or the battle to the strong,
nor does food come to the wise
  or wealth to the brilliant
  or favor to the learned;
but time and chance happen to them all.

12 Moreover, no man knows when his hour will come:

As fish are caught in a cruel net,
  or birds are taken in a snare,
so men are trapped by evil times
  that fall unexpectedly upon them.

Wisdom Better Than Folly

13 I also saw under the sun this example of wisdom that greatly impressed me: 14 There was once a small city with only a few people in it. And a powerful king came against it, surrounded it and built huge siegeworks against it. 15 Now there lived in that city a man poor but wise, and he saved the city by his wisdom. But nobody remembered that poor man. 16 So I said, "Wisdom is better than strength." But the poor man's wisdom is despised, and his words are no longer heeded.

17 The quiet words of the wise are more to be heeded
  than the shouts of a ruler of fools.
18 Wisdom is better than weapons of war,
  but one sinner destroys much good.

10 1 As dead flies give perfume a bad smell, so a little folly outweighs wisdom and honor.
2 The heart of the wise inclines to the right,
  but the heart of the fool to the left.
3 Even as he walks along the road,
  the fool lacks sense
  and shows everyone how stupid he is.
4 If a ruler's anger rises against you,
  do not leave your post;
  calmness can lay great errors to rest.

5 There is an evil I have seen under the sun,
  the sort of error that arises from a ruler:
6 Fools are put in many high positions,
  while the rich occupy the low ones.
7 I have seen slaves on horseback,
  while princes go on foot like slaves.

8 Whoever digs a pit may fall into it;
  whoever breaks through a wall may be bitten
    by a snake.

m 10 Hebrew *Sheol*

9 Quien corta piedras, se hiere con ellas; el que parte leña, en ello peligra.

10 Si se embotare el hierro, y su filo no fuere amolado, hay que añadir entonces más fuerza; pero la sabiduría es provechosa para dirigir.

11 Si muerde la serpiente antes de ser encantada, de nada sirve el encantador.

12 Las palabras de la boca del sabio son llenas de gracia, mas los labios del necio causan su propia ruina.

13 El principio de las palabras de su boca es necedad; y el fin de su charla, nocivo desvarío.

14 El necio multiplica palabras, aunque no sabe nadie lo que ha de ser; ¿y quién le hará saber lo que después de él será?

15 El trabajo de los necios los fatiga; porque no saben por dónde ir a la ciudad.

16 ¡Ay de ti, tierra, cuando tu rey es muchacho, y tus príncipes banquetean de mañana!

17 ¡Bienaventurada tú, tierra, cuando tu rey es hijo de nobles, y tus príncipes comen a su hora, para reponer sus fuerzas y no para beber!

18 Por la pereza se cae la techumbre, y por la flojedad de las manos se llueve la casa.

19 Por el placer se hace el banquete, y el vino alegra a los vivos; y el dinero sirve para todo.

20 Ni aun en tu pensamiento digas mal del rey, ni en lo secreto de tu cámara digas mal del rico; porque las aves del cielo llevarán la voz, y las que tienen alas harán saber la palabra.

11 1 Echa tu pan sobre las aguas: porque después de muchos días lo hallarás.

2 Reparte a siete, y aun a ocho; porque no sabes el mal que vendrá sobre la tierra.

3 Si las nubes fueren llenas de agua, sobre la tierra la derramarán; y si el árbol cayere al sur, o al norte, en el lugar que el árbol cayere, allí quedará.

4 El que al viento observa, no sembrará; y el que mira a las nubes, no segará.

5 Como tú no sabes cuál es el camino del viento, o cómo crecen los huesos en el vientre de la mujer encinta, así ignoras la obra de Dios, el cual hace todas las cosas.

6 Por la mañana siembra tu semilla, y a la tarde no dejes reposar tu mano; porque no sabes cuál es lo mejor, si esto o aquello, o si lo uno y lo otro es igualmente bueno.

9 Whoever quarries stones may be injured by them;
whoever splits logs may be endangered by
them.

10 If the ax is dull
and its edge unsharpened,
more strength is needed
but skill will bring success.

11 If a snake bites before it is charmed,
there is no profit for the charmer.

12 Words from a wise man's mouth are gracious,
but a fool is consumed by his own lips.

13 At the beginning his words are folly;
at the end they are wicked madness—

14 and the fool multiplies words.

No one knows what is coming—
who can tell him what will happen after him?

15 A fool's work wearies him;
he does not know the way to town.

16 Woe to you, O land whose king was a servant[n]
and whose princes feast in the morning.

17 Blessed are you, O land whose king is of noble
birth
and whose princes eat at a proper time—
for strength and not for drunkenness.

18 If a man is lazy, the rafters sag;
if his hands are idle, the house leaks.

19 A feast is made for laughter,
and wine makes life merry,
but money is the answer for everything.

20 Do not revile the king even in your thoughts,
or curse the rich in your bedroom,
because a bird of the air may carry your words,
and a bird on the wing may report what you
say.

Bread Upon the Waters

11 Cast your bread upon the waters,
for after many days you will find it again.

2 Give portions to seven, yes to eight,
for you do not know what disaster may come
upon the land.

3 If clouds are full of water,
they pour rain upon the earth.
Whether a tree falls to the south or to the north,
in the place where it falls, there will it lie.

4 Whoever watches the wind will not plant;
whoever looks at the clouds will not reap.

5 As you do not know the path of the wind,
or how the body is formed[o] in a mother's
womb,
so you cannot understand the work of God,
the Maker of all things.

6 Sow your seed in the morning,
and at evening let not your hands be idle,
for you do not know which will succeed,
whether this or that,
or whether both will do equally well.

---

n 16 Or *king is a child*   o 5 Or *know how life* (or *the spirit*)
/ *enters the body being formed*

7Suave ciertamente es la luz, y agradable a los ojos ver el sol;

8pero aunque un hombre viva muchos años, y en todos ellos tenga gozo, acuérdese sin embargo que los días de las tinieblas serán muchos. Todo cuanto viene es vanidad.

Consejos para la juventud

9Alégrate, joven, en tu juventud, y tome placer tu corazón en los días de tu adolescencia; y anda en los caminos de tu corazón y en la vista de tus ojos; pero sabe, que sobre todas estas cosas te juzgará Dios.

10Quita, pues, de tu corazón el enojo, y aparta de tu carne el mal; porque la adolescencia y la juventud son vanidad.

12 1Acuérdate de tu Creador en los días de tu juventud, antes que vengan los días malos, y lleguen los años de los cuales digas: No tengo en ellos contentamiento;

2antes que se oscurezca el sol, y la luz, y la luna y las estrellas, y vuelvan las nubes tras la lluvia;

3cuando temblarán los guardas de la casa, y se encorvarán los hombres fuertes, y cesarán las muelas porque han disminuido, y se oscurecerán los que miran por las ventanas;

4y las puertas de afuera se cerrarán, por lo bajo del ruido de la muela; cuando se levantará a la voz del ave, y todas las hijas del canto serán abatidas;

5cuando también temerán de lo que es alto, y habrá terrores en el camino; y florecerá el almendro, y la langosta será una carga, y se perderá el apetito; porque el hombre va a su morada eterna, y los endechadores andarán alrededor por las calles;

6antes que la cadena de plata se quiebre, y se rompa el cuenco de oro, y el cántaro se quiebre junto a la fuente, y la rueda sea rota sobre el pozo;

7y el polvo vuelva a la tierra, como era, y el espíritu vuelva a Dios que lo dio.

8Vanidad de vanidades, dijo el Predicador, todo es vanidad.

Resumen del deber del hombre

9Y cuanto más sabio fue el Predicador, tanto más enseñó sabiduría al pueblo; e hizo escuchar, e hizo escudriñar, y compuso muchos proverbios.

10Procuró el Predicador hallar palabras agradables, y escribir rectamente palabras de verdad.

11Las palabras de los sabios son como aguijones; y como clavos hincados son las de los maestros de las congregaciones, dadas por un Pastor.

Remember Your Creator While Young

7Light is sweet,
   and it pleases the eyes to see the sun.
8However many years a man may live,
   let him enjoy them all.
But let him remember the days of darkness,
   for they will be many.
Everything to come is meaningless.

9Be happy, young man, while you are young,
   and let your heart give you joy in the days of
      your youth.
Follow the ways of your heart
   and whatever your eyes see,
but know that for all these things
   God will bring you to judgment.
10So then, banish anxiety from your heart
   and cast off the troubles of your body,
   for youth and vigor are meaningless.

12 Remember your Creator
   in the days of your youth,
before the days of trouble come
   and the years approach when you will say,
   "I find no pleasure in them" —
2before the sun and the light
   and the moon and the stars grow dark,
   and the clouds return after the rain;
3when the keepers of the house tremble,
   and the strong men stoop,
when the grinders cease because they are few,
   and those looking through the windows grow
      dim;
4when the doors to the street are closed
   and the sound of grinding fades;
when men rise up at the sound of birds,
   but all their songs grow faint;
5when men are afraid of heights
   and of dangers in the streets;
when the almond tree blossoms
   and the grasshopper drags himself along
   and desire no longer is stirred.
Then man goes to his eternal home
   and mourners go about the streets.

6Remember him — before the silver cord is
      severed,
   or the golden bowl is broken;
before the pitcher is shattered at the spring,
   or the wheel broken at the well,
7and the dust returns to the ground it came from,
   and the spirit returns to God who gave it.

8"Meaningless! Meaningless!" says the Teacher.p
   "Everything is meaningless!"

The Conclusion of the Matter

9Not only was the Teacher wise, but also he imparted knowledge to the people. He pondered and searched out and set in order many proverbs. 10The Teacher searched to find just the right words, and what he wrote was upright and true.

11The words of the wise are like goads, their collected sayings like firmly embedded nails — given by one

p8 Or the leader of the assembly; also in verses 9 and 10

12 Ahora, hijo mío, a más de esto, sé amonestado. No hay fin de hacer muchos libros; y el mucho estudio es fatiga de la carne.

13 El fin de todo el discurso oído es este: Teme a Dios, y guarda sus mandamientos; porque esto es el todo del hombre.

14 Porque Dios traerá toda obra a juicio, juntamente con toda cosa encubierta, sea buena o sea mala.

Shepherd. 12Be warned, my son, of anything in addition to them.

Of making many books there is no end, and much study wearies the body.

13Now all has been heard;
    here is the conclusion of the matter:
Fear God and keep his commandments,
    for this is the whole ‚duty‚ of man.
14For God will bring every deed into judgment,
    including every hidden thing,
    whether it is good or evil.

CANTAR DE LOS CANTARES

DE SALOMÓN

La esposa y las hijas de Jerusalén

1 ¹Cantar de los cantares, el cual es de Salomón.

²¡Oh, si él me besara con besos de su boca!
Porque mejores son tus amores que el vino.
³A más del olor de tus suaves ungüentos,
Tu nombre es como ungüento derramado;
Por eso las doncellas te aman.
⁴Atráeme; en pos de ti correremos.
El rey me ha metido en sus cámaras;
Nos gozaremos y alegraremos en ti;
Nos acordaremos de tus amores más que del vino;
Con razón te aman.

⁵Morena soy, oh hijas de Jerusalén, pero codiciable
Como las tiendas de Cedar,
Como las cortinas de Salomón.
⁶No reparéis en que soy morena,
Porque el sol me miró.
Los hijos de mi madre se airaron contra mí;
Me pusieron a guardar las viñas;
Y mi viña, que era mía, no guardé.
⁷Hazme saber, oh tú a quien ama mi alma,
Dónde apacientas, dónde sesteas al mediodía;
Pues ¿por qué había de estar yo como errante
Junto a los rebaños de tus compañeros?

⁸Si tú no lo sabes, oh hermosa entre las mujeres,
Vé, sigue las huellas del rebaño,
Y apacienta tus cabritas junto a las cabañas de los
pastores.

La esposa y el esposo

⁹A yegua de los carros de Faraón
Te he comparado, amiga mía.
¹⁰Hermosas son tus mejillas entre los pendientes,
Tu cuello entre los collares.
¹¹Zarcillos de oro te haremos,
Tachonados de plata.

¹²Mientras el rey estaba en su reclinatorio,
Mi nardo dio su olor.
¹³Mi amado es para mí un manojito de mirra,
Que reposa entre mis pechos.
¹⁴Racimo de flores de alheña en las viñas de En-gadi
Es para mí mi amado.

SONG OF SONGS

1 Solomon's Song of Songs.

Beloved[a]

²Let him kiss me with the kisses of his mouth—
for your love is more delightful than wine.
³Pleasing is the fragrance of your perfumes;
your name is like perfume poured out.
No wonder the maidens love you!
⁴Take me away with you—let us hurry!
Let the king bring me into his chambers.

Friends

We rejoice and delight in you[b];
we will praise your love more than wine.

Beloved

How right they are to adore you!

⁵Dark am I, yet lovely,
O daughters of Jerusalem,
dark like the tents of Kedar,
like the tent curtains of Solomon.[c]
⁶Do not stare at me because I am dark,
because I am darkened by the sun.
My mother's sons were angry with me
and made me take care of the vineyards;
my own vineyard I have neglected.
⁷Tell me, you whom I love, where you graze your
flock
and where you rest your sheep at midday.
Why should I be like a veiled woman
beside the flocks of your friends?

Friends

⁸If you do not know, most beautiful of women,
follow the tracks of the sheep
and graze your young goats
by the tents of the shepherds.

Lover

⁹I liken you, my darling, to a mare
harnessed to one of the chariots of Pharaoh.
¹⁰Your cheeks are beautiful with earrings,
your neck with strings of jewels.
¹¹We will make you earrings of gold,
studded with silver.

Beloved

¹²While the king was at his table,
my perfume spread its fragrance.
¹³My lover is to me a sachet of myrrh
resting between my breasts.
¹⁴My lover is to me a cluster of henna blossoms
from the vineyards of En Gedi.

[a]Primarily on the basis of the gender of the Hebrew pronouns
used, male and female speakers are indicated in the margins by the
captions *Lover* and *Beloved* respectively. The words of others are
marked *Friends*. In some instances the divisions and their captions
are debatable.   [b]4 The Hebrew is masculine singular.   [c]5 Or
Salma

15 He aquí que tú eres hermosa, amiga mía;
   He aquí eres bella; tus ojos son como palomas.

16 He aquí que tú eres hermoso, amado mío, y dulce;
   Nuestro lecho es de flores.

17 Las vigas de nuestra casa son de cedro,
   Y de ciprés los artesonados.

2 1 Yo soy la rosa de Sarón,
   Y el lirio de los valles.

2 Como el lirio entre los espinos,
   Así es mi amiga entre las doncellas.

3 Como el manzano entre los árboles silvestres,
   Así es mi amado entre los jóvenes;
   Bajo la sombra del deseado me senté,
   Y su fruto fue dulce a mi paladar.
4 Me llevó a la casa del banquete,
   Y su bandera sobre mí fue amor.
5 Sustentadme con pasas, confortadme con manzanas;
   Porque estoy enferma de amor.
6 Su izquierda esté debajo de mi cabeza,
   Y su derecha me abrace.
7 Yo os conjuro, oh doncellas de Jerusalén,
   Por los corzos y por las ciervas del campo,
   Que no despertéis ni hagáis velar al amor,
   Hasta que quiera.

8 ¡La voz de mi amado! He aquí él viene
   Saltando sobre los montes,
   Brincando sobre los collados.
9 Mi amado es semejante al corzo,
   O al cervatillo.
   Helo aquí, está tras nuestra pared,
   Mirando por las ventanas,
   Atisbando por las celosías.
10 Mi amado habló, y me dijo:
   Levántate, oh amiga mía, hermosa mía, y ven.
11 Porque he aquí ha pasado el invierno,
   Se ha mudado, la lluvia se fue;
12 Se han mostrado las flores en la tierra,
   El tiempo de la canción ha venido,
   Y en nuestro país se ha oído la voz de la tórtola.
13 La higuera ha echado sus higos,
   Y las vides en cierne dieron olor;
   Levántate, oh amiga mía, hermosa mía, y ven.

Lover

15 How beautiful you are, my darling!
   Oh, how beautiful!
   Your eyes are doves.

Beloved

16 How handsome you are, my lover!
   Oh, how charming!
   And our bed is verdant.

Lover

17 The beams of our house are cedars;
   our rafters are firs.

Beloved d

2 I am a rose e of Sharon,
   a lily of the valleys.

Lover

2 Like a lily among thorns
   is my darling among the maidens.

Beloved

3 Like an apple tree among the trees of the forest
   is my lover among the young men.
   I delight to sit in his shade,
   and his fruit is sweet to my taste.
4 He has taken me to the banquet hall,
   and his banner over me is love.
5 Strengthen me with raisins,
   refresh me with apples,
   for I am faint with love.
6 His left arm is under my head,
   and his right arm embraces me.
7 Daughters of Jerusalem, I charge you
   by the gazelles and by the does of the field:
   Do not arouse or awaken love
   until it so desires.

8 Listen! My lover!
   Look! Here he comes,
   leaping across the mountains,
   bounding over the hills.
9 My lover is like a gazelle or a young stag.
   Look! There he stands behind our wall,
   gazing through the windows,
   peering through the lattice.
10 My lover spoke and said to me,
   "Arise, my darling,
   my beautiful one, and come with me.
11 See! The winter is past;
   the rains are over and gone.
12 Flowers appear on the earth;
   the season of singing has come,
   the cooing of doves
   is heard in our land.
13 The fig tree forms its early fruit;
   the blossoming vines spread their fragrance.
   Arise, come, my darling;
   my beautiful one, come with me."

d 1 Or *Lover*   e 1 Possibly a member of the crocus family

14 Paloma mía, que estás en los agujeros de la peña,
en lo escondido de escarpados parajes,
Muéstrame tu rostro, hazme oir tu voz;
Porque dulce es la voz tuya, y hermoso tu aspecto.
15 Cazadnos las zorras, las zorras pequeñas, que echan
a perder las viñas;
Porque nuestras viñas están en cierne.

16 Mi amado es mío, y yo suya;
El apacienta entre lirios.
17 Hasta que apunte el día, y huyan las sombras,
Vuélvete, amado mío; sé semejante al corzo, o
como el cervatillo
Sobre los montes de Beter.

El ensueño de la esposa

3 1 Por las noches busqué en mi lecho al que ama mi
alma;
Lo busqué, y no lo hallé.
2 Y dije: Me levantaré ahora, y rodearé por la ciudad;
Por las calles y por las plazas
Buscaré al que ama mi alma;
Lo busqué, y no lo hallé.
3 Me hallaron los guardas que rondan la ciudad,
Y les dije: ¿Habéis visto al que ama mi alma?
4 Apenas hube pasado de ellos un poco,
Hallé luego al que ama mi alma;
Lo así, y no lo dejé,
Hasta que lo metí en casa de mi madre,
Y en la cámara de la que me dio a luz.
5 Yo os conjuro, oh doncellas de Jerusalén,
Por los corzos y por las ciervas del campo,
Que no despertéis ni hagáis velar al amor,
Hasta que quiera.

El cortejo de bodas

6 ¿Quién es ésta que sube del desierto como columna
de humo,
Sahumada de mirra y de incienso
Y de todo polvo aromático?
7 He aquí es la litera de Salomón;
Sesenta valientes la rodean,
De los fuertes de Israel.
8 Todos ellos tienen espadas, diestros en la guerra;
Cada uno su espada sobre su muslo,
Por los temores de la noche.
9 El rey Salomón se hizo una carroza
De madera del Líbano.
10 Hizo sus columnas de plata,
Su respaldo de oro,
Su asiento de grana,
Su interior recamado de amor
Por las doncellas de Jerusalén.

Lover

14 My dove in the clefts of the rock,
in the hiding places on the mountainside,
show me your face,
let me hear your voice;
for your voice is sweet,
and your face is lovely.
15 Catch for us the foxes,
the little foxes
that ruin the vineyards,
our vineyards that are in bloom.

Beloved

16 My lover is mine and I am his;
he browses among the lilies.
17 Until the day breaks
and the shadows flee,
turn, my lover,
and be like a gazelle
or like a young stag
on the rugged hills.*f*

3 All night long on my bed
I looked for the one my heart loves;
I looked for him but did not find him.
2 I will get up now and go about the city,
through its streets and squares;
I will search for the one my heart loves.
So I looked for him but did not find him.
3 The watchmen found me
as they made their rounds in the city.
"Have you seen the one my heart loves?"
4 Scarcely had I passed them
when I found the one my heart loves.
I held him and would not let him go
till I had brought him to my mother's house,
to the room of the one who conceived me.
5 Daughters of Jerusalem, I charge you
by the gazelles and by the does of the field:
Do not arouse or awaken love
until it so desires.

6 Who is this coming up from the desert
like a column of smoke,
perfumed with myrrh and incense
made from all the spices of the merchant?
7 Look! It is Solomon's carriage,
escorted by sixty warriors,
the noblest of Israel,
8 all of them wearing the sword,
all experienced in battle,
each with his sword at his side,
prepared for the terrors of the night.
9 King Solomon made for himself the carriage;
he made it of wood from Lebanon.
10 Its posts he made of silver,
its base of gold.
Its seat was upholstered with purple,
its interior lovingly inlaid
by*g* the daughters of Jerusalem.

---

f 17 Or *the hills of Bether*   *g* 10 Or *its inlaid interior a gift of
love / from*

11 Salid, oh doncellas de Sion, y ved al rey Salomón
Con la corona con que le coronó su madre en el
    día de su desposorio,
Y el día del gozo de su corazón.

El esposo alaba a la esposa

4 ¹ He aquí que tú eres hermosa, amiga mía; he aquí
    que tú eres hermosa;
Tus ojos entre tus guedejas como de paloma;
Tus cabellos como manada de cabras
Que se recuestan en las laderas de Galaad.
² Tus dientes como manadas de ovejas trasquiladas,
Que suben del lavadero,
Todas con crías gemelas,
Y ninguna entre ellas estéril.
³ Tus labios como hilo de grana,
Y tu habla hermosa;
Tus mejillas, como cachos de granada detrás de tu
    velo.
⁴ Tu cuello, como la torre de David, edificada para
    armería;
Mil escudos están colgados en ella,
Todos escudos de valientes.
⁵ Tus dos pechos, como gemelos de gacela,
Que se apacientan entre lirios.
⁶ Hasta que apunte el día y huyan las sombras,
Me iré al monte de la mirra,
Y al collado del incienso.
⁷ Toda tú eres hermosa, amiga mía,
Y en ti no hay mancha.
⁸ Ven conmigo desde el Líbano, oh esposa mía;
Ven conmigo desde el Líbano.
Mira desde la cumbre de Amana,
Desde la cumbre de Senir y de Hermón,
Desde las guaridas de los leones,
Desde los montes de los leopardos.

⁹ Prendiste mi corazón, hermana, esposa mía;
Has apresado mi corazón con uno de tus ojos,
Con una gargantilla de tu cuello.
¹⁰ ¡Cuán hermosos son tus amores, hermana,
    esposa mía!
¡Cuánto mejores que el vino tus amores,
Y el olor de tus ungüentos que todas las especias
    aromáticas!
¹¹ Como panal de miel destilan tus labios, oh esposa;
Miel y leche hay debajo de tu lengua;
Y el olor de tus vestidos como el olor del Líbano.
¹² Huerto cerrado eres, hermana mía, esposa mía;
Fuente cerrada, fuente sellada.
¹³ Tus renuevos son paraíso de granados, con frutos
    suaves,
De flores de alheña y nardos;
¹⁴ Nardo y azafrán, caña aromática y canela,
Con todos los árboles de incienso;
Mirra y áloes, con todas las principales especias
    aromáticas.

11 Come out, you daughters of Zion,
    and look at King Solomon wearing the crown,
    the crown with which his mother crowned
        him
on the day of his wedding,
    the day his heart rejoiced.

Lover

4 How beautiful you are, my darling!
    Oh, how beautiful!
    Your eyes behind your veil are doves.
Your hair is like a flock of goats
    descending from Mount Gilead.
² Your teeth are like a flock of sheep just shorn,
    coming up from the washing.
Each has its twin;
    not one of them is alone.
³ Your lips are like a scarlet ribbon;
    your mouth is lovely.
Your temples behind your veil
    are like the halves of a pomegranate.
⁴ Your neck is like the tower of David,
    built with elegance *h*;
on it hang a thousand shields,
    all of them shields of warriors.
⁵ Your two breasts are like two fawns,
    like twin fawns of a gazelle
    that browse among the lilies.
⁶ Until the day breaks
    and the shadows flee,
I will go to the mountain of myrrh
    and to the hill of incense.
⁷ All beautiful you are, my darling;
    there is no flaw in you.

⁸ Come with me from Lebanon, my bride,
    come with me from Lebanon.
Descend from the crest of Amana,
    from the top of Senir, the summit of Hermon,
from the lions' dens
    and the mountain haunts of the leopards.
⁹ You have stolen my heart, my sister, my bride;
    you have stolen my heart
with one glance of your eyes,
    with one jewel of your necklace.
¹⁰ How delightful is your love, my sister, my bride!
    How much more pleasing is your love than
        wine,
    and the fragrance of your perfume than any
        spice!
¹¹ Your lips drop sweetness as the honeycomb, my
        bride;
    milk and honey are under your tongue.
The fragrance of your garments is like that of
        Lebanon.
¹² You are a garden locked up, my sister, my bride;
    you are a spring enclosed, a sealed fountain.
¹³ Your plants are an orchard of pomegranates
    with choice fruits,
    with henna and nard,
¹⁴   nard and saffron,
    calamus and cinnamon,
    with every kind of incense tree,
    with myrrh and aloes
    and all the finest spices.

h 4 The meaning of the Hebrew for this word is uncertain.

15Fuente de huertos,
  Pozo de aguas vivas,
  Que corren del Líbano.

16Levántate, Aquilón, y ven, Austro;
  Soplad en mi huerto, despréndanse sus aromas.
  Venga mi amado a su huerto,
  Y coma de su dulce fruta.

5 1Yo vine a mi huerto, oh hermana, esposa mía;
  He recogido mi mirra y mis aromas;
  He comido mi panal y mi miel,
  Mi vino y mi leche he bebido.

Comed, amigos; bebed en abundancia, oh amados.

El tormento de la separación

2Yo dormía, pero mi corazón velaba.
  Es la voz de mi amado que llama:
  Abreme, hermana mía, amiga mía,
  paloma mía, perfecta mía,
  Porque mi cabeza está llena de rocío,
  Mis cabellos de las gotas de la noche.
3Me he desnudado de mi ropa; ¿cómo me he de
    vestir?
  He lavado mis pies; ¿cómo los he de ensuciar?
4Mi amado metió su mano por la ventanilla,
  Y mi corazón se conmovió dentro de mí.
5Yo me levanté para abrir a mi amado,
  Y mis manos gotearon mirra,
  Y mis dedos mirra, que corría
  Sobre la manecilla del cerrojo.
6Abrí yo a mi amado;
  Pero mi amado se había ido, había ya pasado;
  Y tras su hablar salió mi alma.
  Lo busqué, y no lo hallé;
  Lo llamé, y no me respondió.
7Me hallaron los guardas que rondan la ciudad;
  Me golpearon, me hirieron;
  Me quitaron mi manto de encima los guardas de los
    muros.
8Yo os conjuro, oh doncellas de Jerusalén, si halláis a
    mi amado,
  Que le hagáis saber que estoy enferma de amor.

La esposa alaba al esposo

9¿Qué es tu amado más que otro amado,
  Oh la más hermosa de todas las mujeres?
  ¿Qué es tu amado más que otro amado,
  Que así nos conjuras?

15You are *i* a garden fountain,
  a well of flowing water
  streaming down from Lebanon.

Beloved

16Awake, north wind,
  and come, south wind!
Blow on my garden,
  that its fragrance may spread abroad.
Let my lover come into his garden
  and taste its choice fruits.

Lover

5 I have come into my garden, my sister, my
    bride;
  I have gathered my myrrh with my spice.
I have eaten my honeycomb and my honey;
  I have drunk my wine and my milk.

Friends

Eat, O friends, and drink;
  drink your fill, O lovers.

Beloved

2I slept but my heart was awake.
  Listen! My lover is knocking:
"Open to me, my sister, my darling,
  my dove, my flawless one.
My head is drenched with dew,
  my hair with the dampness of the night."
3I have taken off my robe—
  must I put it on again?
I have washed my feet—
  must I soil them again?
4My lover thrust his hand through the
    latch-opening;
  my heart began to pound for him.
5I arose to open for my lover,
  and my hands dripped with myrrh,
my fingers with flowing myrrh,
  on the handles of the lock.
6I opened for my lover,
  but my lover had left; he was gone.
  My heart sank at his departure. *j*
I looked for him but did not find him.
  I called him but he did not answer.
7The watchmen found me
  as they made their rounds in the city.
They beat me, they bruised me;
  they took away my cloak,
  those watchmen of the walls!
8O daughters of Jerusalem, I charge you—
  if you find my lover,
what will you tell him?
  Tell him I am faint with love.

Friends

9How is your beloved better than others,
  most beautiful of women?
How is your beloved better than others,
  that you charge us so?

10 Mi amado es blanco y rubio,
Señalado entre diez mil.
11 Su cabeza como oro finísimo;
Sus cabellos crespos, negros como el cuervo.
12 Sus ojos, como palomas junto a los arroyos de las
aguas,
Que se lavan con leche, y a la perfección colocados.
13 Sus mejillas, como una era de especias aromáticas,
como fragantes flores;
Sus labios, como lirios que destilan mirra fragante.
14 Sus manos, como anillos de oro engastados de
jacintos;
Su cuerpo, como claro marfil cubierto de zafiros.
15 Sus piernas, como columnas de mármol fundadas
sobre basas de oro fino;
Su aspecto como el Líbano, escogido como los
cedros.
16 Su paladar, dulcísimo, y todo él codiciable.
Tal es mi amado, tal es mi amigo,
Oh doncellas de Jerusalén.

Mutuo encanto del esposo y de la esposa

6 1 ¿A dónde se ha ido tu amado, oh la más hermosa
de todas las mujeres?
¿A dónde se apartó tu amado,
Y lo buscaremos contigo?

2 Mi amado descendió a su huerto,
a las eras de las especias,
Para apacentar en los huertos, y para recoger los
lirios.
3 Yo soy de mi amado, y mi amado es mío;
El apacienta entre los lirios.

4 Hermosa eres tú, oh amiga mía, como Tirsa;
De desear, como Jerusalén;
Imponente como ejércitos en orden.
5 Aparta tus ojos de delante de mí,
Porque ellos me vencieron.
Tu cabello es como manada de cabras
Que se recuestan en las laderas de Galaad.
6 Tus dientes, como manadas de ovejas que suben del
lavadero,
Todas con crías gemelas,
Y estéril no hay entre ellas.
7 Como cachos de granada son tus mejillas
Detrás de tu velo.
8 Sesenta son las reinas, y ochenta las concubinas,
Y las doncellas sin número;
9 Mas una es la paloma mía, la perfecta mía;
Es la única de su madre,
La escogida de la que la dio a luz.
La vieron las doncellas, y la llamaron
bienaventurada;
Las reinas y las concubinas, y la alabaron.

Beloved

10 My lover is radiant and ruddy,
outstanding among ten thousand.
11 His head is purest gold;
his hair is wavy
and black as a raven.
12 His eyes are like doves
by the water streams,
washed in milk,
mounted like jewels.
13 His cheeks are like beds of spice
yielding perfume.
His lips are like lilies
dripping with myrrh.
14 His arms are rods of gold
set with chrysolite.
His body is like polished ivory
decorated with sapphires. *k*
15 His legs are pillars of marble
set on bases of pure gold.
His appearance is like Lebanon,
choice as its cedars.
16 His mouth is sweetness itself;
he is altogether lovely.
This is my lover, this my friend,
O daughters of Jerusalem.

Friends

6 Where has your lover gone,
most beautiful of women?
Which way did your lover turn,
that we may look for him with you?

Beloved

2 My lover has gone down to his garden,
to the beds of spices,
to browse in the gardens
and to gather lilies.
3 I am my lover's and my lover is mine;
he browses among the lilies.

Lover

4 You are beautiful, my darling, as Tirzah,
lovely as Jerusalem,
majestic as troops with banners.
5 Turn your eyes from me;
they overwhelm me.
Your hair is like a flock of goats
descending from Gilead.
6 Your teeth are like a flock of sheep
coming up from the washing.
Each has its twin,
not one of them is alone.
7 Your temples behind your veil
are like the halves of a pomegranate.
8 Sixty queens there may be,
and eighty concubines,
and virgins beyond number;
9 but my dove, my perfect one, is unique,
the only daughter of her mother,
the favorite of the one who bore her.
The maidens saw her and called her blessed;
the queens and concubines praised her.

k 14 Or lapis lazuli

10¿Quién es ésta que se muestra como el alba,
   Hermosa como la luna,
   Esclarecida como el sol,
   Imponente como ejércitos en orden?

11Al huerto de los nogales descendí
   A ver los frutos del valle,
   Y para ver si brotaban las vides,
   Si florecían los granados.
12Antes que lo supiera, mi alma me puso
   Entre los carros de Aminadab.

13Vuélvete, vuélvete, oh sulamita;
   Vuélvete, vuélvete, y te miraremos.

¿Qué veréis en la sulamita?
   Algo como la reunión de dos campamentos.

7 1¡Cuán hermosos son tus pies en las sandalias,
   Oh hija de príncipe!
   Los contornos de tus muslos son como joyas,
   Obra de mano de excelente maestro.
2Tu ombligo como una taza redonda
   Que no le falta bebida.
   Tu vientre como montón de trigo
   Cercado de lirios.
3Tus dos pechos, como gemelos de gacela.
4Tu cuello, como torre de marfil;
   Tus ojos, como los estanques de Hesbón junto a la
     puerta de Bat-rabim;
   Tu nariz, como la torre del Líbano,
   Que mira hacia Damasco.
5Tu cabeza encima de ti, como el Carmelo;
   Y el cabello de tu cabeza, como la púrpura del rey
   Suspendida en los corredores.

6¡Qué hermosa eres, y cuán suave,
   Oh amor deleitoso!
7Tu estatura es semejante a la palmera,
   Y tus pechos a los racimos.
8Yo dije: Subiré a la palmera,
   Asiré sus ramas.
   Deja que tus pechos sean como racimos de vid,
   Y el olor de tu boca como de manzanas,
9Y tu paladar como el buen vino,
   Que se entra a mi amado suavemente,
   Y hace hablar los labios de los viejos.

10Yo soy de mi amado,
   Y conmigo tiene su contentamiento.
11Ven, oh amado mío, salgamos al campo,
   Moremos en las aldeas.
12Levantémonos de mañana a las viñas;
   Veamos si brotan las vides, si están en cierne,
   Si han florecido los granados;
   Allí te daré mis amores.

Friends

10Who is this that appears like the dawn,
   fair as the moon, bright as the sun,
   majestic as the stars in procession?

Lover

11I went down to the grove of nut trees
   to look at the new growth in the valley,
   to see if the vines had budded
   or the pomegranates were in bloom.
12Before I realized it,
   my desire set me among the royal chariots of
     my people. *l*

Friends

13Come back, come back, O Shulammite;
   come back, come back, that we may gaze on
     you!

Lover

Why would you gaze on the Shulammite
   as on the dance of Mahanaim?

7 How beautiful your sandaled feet,
   O prince's daughter!
   Your graceful legs are like jewels,
   the work of a craftsman's hands.
2Your navel is a rounded goblet
   that never lacks blended wine.
   Your waist is a mound of wheat
   encircled by lilies.
3Your breasts are like two fawns,
   twins of a gazelle.
4Your neck is like an ivory tower.
   Your eyes are the pools of Heshbon
   by the gate of Bath Rabbim.
   Your nose is like the tower of Lebanon
   looking toward Damascus.
5Your head crowns you like Mount Carmel.
   Your hair is like royal tapestry;
   the king is held captive by its tresses.
6How beautiful you are and how pleasing,
   O love, with your delights!
7Your stature is like that of the palm,
   and your breasts like clusters of fruit.
8I said, "I will climb the palm tree;
   I will take hold of its fruit."
   May your breasts be like the clusters of the vine,
   the fragrance of your breath like apples,
9   and your mouth like the best wine.

Beloved

May the wine go straight to my lover,
   flowing gently over lips and teeth. *m*
10I belong to my lover,
   and his desire is for me.
11Come, my lover, let us go to the countryside,
   let us spend the night in the villages. *n*
12Let us go early to the vineyards
   to see if the vines have budded,
   if their blossoms have opened,
   and if the pomegranates are in bloom—
   there I will give you my love.

l 12 Or *among the chariots of Amminadab;* or *among the chariots of the people of the prince*   *m 9* Septuagint, Aquila, Vulgate and Syriac; Hebrew *lips of sleepers*   *n 11* Or *henna bushes*

13 Las mandrágoras han dado olor,
Y a nuestras puertas hay toda suerte de dulces
frutas,
Nuevas y añejas, que para ti, oh amado mío, he
guardado.

8 1 ¡Oh, si tú fueras como un hermano mío
Que mamó los pechos de mi madre!
Entonces, hallándote fuera, te besaría,
Y no me menospreciarían.
2 Yo te llevaría, te metería en casa de mi madre;
Tú me enseñarías,
Y yo te haría beber vino
Adobado del mosto de mis granadas.
3 Su izquierda esté debajo de mi cabeza,
Y su derecha me abrace.
4 Os conjuro, oh doncellas de Jerusalén,
Que no despertéis ni hagáis velar al amor,
Hasta que quiera.

El poder del amor

5 ¿Quién es ésta que sube del desierto,
Recostada sobre su amado?

Debajo de un manzano te desperté;
Allí tuvo tu madre dolores,
Allí tuvo dolores la que te dio a luz.

6 Ponme como un sello sobre tu corazón, como una
marca sobre tu brazo;
Porque fuerte es como la muerte el amor;
Duros como el Seol los celos;
Sus brasas, brasas de fuego, fuerte llama.
7 Las muchas aguas no podrán apagar el amor,
Ni lo ahogarán los ríos.
Si diese el hombre todos los bienes de su casa por
este amor,
De cierto lo menospreciarían.

8 Tenemos una pequeña hermana,
Que no tiene pechos;
¿Qué haremos a nuestra hermana
Cuando de ella se hablare?
9 Si ella es muro,
Edificaremos sobre él un palacio de plata;
Si fuere puerta,
La guarneceremos con tablas de cedro.
10 Yo soy muro, y mis pechos como torres,
Desde que fui en sus ojos como la que halla paz.

11 Salomón tuvo una viña en Baal-hamón,
La cual entregó a guardas,
Cada uno de los cuales debía traer mil monedas de
plata por su fruto.

13 The mandrakes send out their fragrance,
and at our door is every delicacy,
both new and old,
that I have stored up for you, my lover.

8 If only you were to me like a brother,
who was nursed at my mother's breasts!
Then, if I found you outside,
I would kiss you,
and no one would despise me.
2 I would lead you
and bring you to my mother's house—
she who has taught me.
I would give you spiced wine to drink,
the nectar of my pomegranates.
3 His left arm is under my head
and his right arm embraces me.
4 Daughters of Jerusalem, I charge you:
Do not arouse or awaken love
until it so desires.

Friends

5 Who is this coming up from the desert
leaning on her lover?

Beloved

Under the apple tree I roused you;
there your mother conceived you,
there she who was in labor gave you birth.
6 Place me like a seal over your heart,
like a seal on your arm;
for love is as strong as death,
its jealousy *o* unyielding as the grave. *p*
It burns like blazing fire,
like a mighty flame. *q*
7 Many waters cannot quench love;
rivers cannot wash it away.
If one were to give
all the wealth of his house for love,
it *r* would be utterly scorned.

Friends

8 We have a young sister,
and her breasts are not yet grown.
What shall we do for our sister
for the day she is spoken for?
9 If she is a wall,
we will build towers of silver on her.
If she is a door,
we will enclose her with panels of cedar.

Beloved

10 I am a wall,
and my breasts are like towers.
Thus I have become in his eyes
like one bringing contentment.
11 Solomon had a vineyard in Baal Hamon;
he let out his vineyard to tenants.
Each was to bring for its fruit
a thousand shekels *s* of silver.

*o 6 Or ardor   p 6 Hebrew Sheol   q 6 Or / like the very flame
of the Lord   r 7 Or he   s 11 That is, about 25 pounds (about
11.5 kilograms); also in verse 12*

¹²Mi viña, que es mía, está delante de mí;
Las mil serán tuyas, oh Salomón,
Y doscientas para los que guardan su fruto.

¹³Oh, tú que habitas en los huertos,
Los compañeros escuchan tu voz;
Házmela oír.

¹⁴Apresúrate, amado mío,
Y sé semejante al corzo, o al cervatillo,
Sobre las montañas de los aromas.

¹²But my own vineyard is mine to give;
the thousand shekels are for you, O Solomon,
and two hundred ^t are for those who tend its
fruit.

Lover

¹³You who dwell in the gardens
with friends in attendance,
let me hear your voice!

Beloved

¹⁴Come away, my lover,
and be like a gazelle
or like a young stag
on the spice-laden mountains.

^t12 That is, about 5 pounds (about 2.3 kilograms)

ISAÍAS

ISAIAH

Una nación pecadora

1 ¹ Visión de Isaías hijo de Amoz, la cual vio acerca de Judá y Jerusalén en días de Uzías, Jotam, Acaz y Ezequías, reyes de Judá.

² Oíd, cielos, y escucha tú, tierra; porque habla Jehová: Crié hijos, y los engrandecí, y ellos se rebelaron contra mí.
³ El buey conoce a su dueño, y el asno el pesebre de su señor; Israel no entiende, mi pueblo no tiene conocimiento.
⁴ ¡Oh gente pecadora, pueblo cargado de maldad, generación de malignos, hijos depravados! Dejaron a Jehová, provocaron a ira al Santo de Israel, se volvieron atrás.

⁵ ¿Por qué querréis ser castigados aún? ¿Todavía os rebelaréis? Toda cabeza está enferma, y todo corazón doliente.
⁶ Desde la planta del pie hasta la cabeza no hay en él cosa sana, sino herida, hinchazón y podrida llaga; no están curadas, ni vendadas, ni suavizadas con aceite.
⁷ Vuestra tierra está destruida, vuestras ciudades puestas a fuego, vuestra tierra delante de vosotros comida por extranjeros, y asolada como asolamiento de extraños.
⁸ Y queda la hija de Sion como enramada en viña, y como cabaña en melonar, como ciudad asolada.
⁹ Si Jehová de los ejércitos no nos hubiese dejado un resto pequeño, como Sodoma fuéramos, y semejantes a Gomorra.

Llamamiento al arrepentimiento verdadero

¹⁰ Príncipes de Sodoma, oíd la palabra de Jehová; escuchad la ley de nuestro Dios, pueblo de Gomorra.
¹¹ ¿Para qué me sirve, dice Jehová, la multitud de vuestros sacrificios? Hastiado estoy de holocaustos de carneros y de sebo de animales gordos; no quiero sangre de bueyes, ni de ovejas, ni de machos cabríos.
¹² ¿Quién demanda esto de vuestras manos, cuando venís a presentaros delante de mí para hollar mis atrios?

1 ¹ The vision concerning Judah and Jerusalem that Isaiah son of Amoz saw during the reigns of Uzziah, Jotham, Ahaz and Hezekiah, kings of Judah.

A Rebellious Nation

² Hear, O heavens! Listen, O earth!
    For the LORD has spoken:
"I reared children and brought them up,
    but they have rebelled against me.
³ The ox knows his master,
    the donkey his owner's manger,
but Israel does not know,
    my people do not understand."

⁴ Ah, sinful nation,
    a people loaded with guilt,
a brood of evildoers,
    children given to corruption!
They have forsaken the LORD;
    they have spurned the Holy One of Israel
    and turned their backs on him.

⁵ Why should you be beaten anymore?
    Why do you persist in rebellion?
Your whole head is injured,
    your whole heart afflicted.
⁶ From the sole of your foot to the top of your
        head
    there is no soundness—
only wounds and welts
    and open sores,
not cleansed or bandaged
    or soothed with oil.

⁷ Your country is desolate,
    your cities burned with fire;
your fields are being stripped by foreigners
    right before you,
    laid waste as when overthrown by strangers.
⁸ The Daughter of Zion is left
    like a shelter in a vineyard,
like a hut in a field of melons,
    like a city under siege.
⁹ Unless the LORD Almighty
    had left us some survivors,
we would have become like Sodom,
    we would have been like Gomorrah.

¹⁰ Hear the word of the LORD,
    you rulers of Sodom;
listen to the law of our God,
    you people of Gomorrah!
¹¹ "The multitude of your sacrifices—
    what are they to me?" says the LORD.
"I have more than enough of burnt offerings,
    of rams and the fat of fattened animals;
I have no pleasure
    in the blood of bulls and lambs and goats.
¹² When you come to appear before me,
    who has asked this of you,
    this trampling of my courts?

13No me traigáis más vana ofrenda; el incienso me es abominación; luna nueva y día de reposo, * el convocar asambleas, no lo puedo sufrir; son iniquidad vuestras fiestas solemnes.

14Vuestras lunas nuevas y vuestras fiestas solemnes las tiene aborrecidas mi alma; me son gravosas; cansado estoy de soportarlas.

15Cuando extendáis vuestras manos, yo esconderé de vosotros mis ojos; asimismo cuando multipliquéis la oración, yo no oiré; llenas están de sangre vuestras manos.

16Lavaos y limpiaos; quitad la iniquidad de vuestras obras de delante de mis ojos; dejad de hacer lo malo;

17aprended a hacer el bien; buscad el juicio, restituid al agraviado, haced justicia al huérfano, amparad a la viuda.

18Venid luego, dice Jehová, y estemos a cuenta: si vuestros pecados fueren como la grana, como la nieve serán emblanquecidos; si fueren rojos como el carmesí, vendrán a ser como blanca lana.

19Si quisiereis y oyereis, comeréis el bien de la tierra; 20si no quisiereis y fuereis rebeldes, seréis consumidos a espada; porque la boca de Jehová lo ha dicho.

Juicio y redención de Jerusalén

21¿Cómo te has convertido en ramera, oh ciudad fiel? Llena estuvo de justicia, en ella habitó la equidad; pero ahora, los homicidas.

22Tu plata se ha convertido en escorias, tu vino está mezclado con agua.

23Tus príncipes, prevaricadores y compañeros de ladrones; todos aman el soborno, y van tras las recompensas; no hacen justicia al huérfano, ni llega a ellos la causa de la viuda.

24Por tanto, dice el Señor, Jehová de los ejércitos, el Fuerte de Israel: Ea, tomaré satisfacción de mis enemigos, me vengaré de mis adversarios;

25y volveré mi mano contra ti, y limpiaré hasta lo más puro tus escorias, y quitaré toda tu impureza.

26Restauraré tus jueces como al principio, y tus consejeros como eran antes; entonces te llamarán Ciudad de justicia, Ciudad fiel.

27Sion será rescatada con juicio, y los convertidos de ella con justicia.

28Pero los rebeldes y pecadores a una serán quebrantados, y los que dejan a Jehová serán consumidos.

13Stop bringing meaningless offerings!
　Your incense is detestable to me.
New Moons, Sabbaths and convocations—
　I cannot bear your evil assemblies.
14Your New Moon festivals and your appointed feasts
　my soul hates.
They have become a burden to me;
　I am weary of bearing them.
15When you spread out your hands in prayer,
　I will hide my eyes from you;
even if you offer many prayers,
　I will not listen.
Your hands are full of blood;
16　wash and make yourselves clean.
Take your evil deeds
　out of my sight!
Stop doing wrong,
17　learn to do right!
Seek justice,
　encourage the oppressed. a
Defend the cause of the fatherless,
　plead the case of the widow.

18"Come now, let us reason together,"
　says the LORD.
"Though your sins are like scarlet,
　they shall be as white as snow;
though they are red as crimson,
　they shall be like wool.
19If you are willing and obedient,
　you will eat the best from the land;
20but if you resist and rebel,
　you will be devoured by the sword."
　　For the mouth of the LORD has spoken.

21See how the faithful city
　has become a harlot!
She once was full of justice;
　righteousness used to dwell in her—
　but now murderers!
22Your silver has become dross,
　your choice wine is diluted with water.
23Your rulers are rebels,
　companions of thieves;
they all love bribes
　and chase after gifts.
They do not defend the cause of the fatherless;
　the widow's case does not come before them.
24Therefore the Lord, the LORD Almighty,
　the Mighty One of Israel, declares:
"Ah, I will get relief from my foes
　and avenge myself on my enemies.
25I will turn my hand against you;
　I will thoroughly purge away your dross
　and remove all your impurities.
26I will restore your judges as in days of old,
　your counselors as at the beginning.
Afterward you will be called
　the City of Righteousness,
　the Faithful City."

27Zion will be redeemed with justice,
　her penitent ones with righteousness.
28But rebels and sinners will both be broken,
　and those who forsake the LORD will perish.

29 Entonces os avergonzarán las encinas que amasteis, y os afrentarán los huertos que escogisteis.
30 Porque seréis como encina a la que se le cae la hoja, y como huerto al que le faltan las aguas.
31 Y el fuerte será como estopa, y lo que hizo como centella; y ambos serán encendidos juntamente, y no habrá quien apague.

Reinado universal de Jehová

2 1 Lo que vio Isaías hijo de Amoz acerca de Judá y de Jerusalén.
2 Acontecerá en lo postrero de los tiempos, que será confirmado el monte de la casa de Jehová como cabeza de los montes, y será exaltado sobre los collados, y correrán a él todas las naciones.
3 Y vendrán muchos pueblos, y dirán: Venid, y subamos al monte de Jehová, a la casa del Dios de Jacob; y nos enseñará sus caminos, y caminaremos por sus sendas. Porque de Sion saldrá la ley, y de Jerusalén la palabra de Jehová.
4 Y juzgará entre las naciones, y reprenderá a muchos pueblos; y volverán sus espadas en rejas de arado, y sus lanzas en hoces; no alzará espada nación contra nación, ni se adiestrarán más para la guerra.

Juicio de Jehová contra los soberbios

5 Venid, oh casa de Jacob, y caminaremos a la luz de Jehová.
6 Ciertamente tú has dejado tu pueblo, la casa de Jacob, porque están llenos de costumbres traídas del oriente, y de agoreros, como los filisteos; y pactan con hijos de extranjeros.
7 Su tierra está llena de plata y oro, sus tesoros no tienen fin. También está su tierra llena de caballos, y sus carros son innumerables.
8 Además su tierra está llena de ídolos, y se han arrodillado ante la obra de sus manos y ante lo que fabricaron sus dedos.
9 Y se ha inclinado el hombre, y el varón se ha humillado; por tanto, no los perdones.
10 Métete en la peña, escóndete en el polvo, de la presencia temible de Jehová, y del resplandor de su majestad.
11 La altivez de los ojos del hombre será abatida, y la soberbia de los hombres será humillada; y Jehová solo será exaltado en aquel día.

29 "You will be ashamed because of the sacred oaks
  in which you have delighted;
you will be disgraced because of the gardens
  that you have chosen.
30 You will be like an oak with fading leaves,
  like a garden without water.
31 The mighty man will become tinder
  and his work a spark;
both will burn together,
  with no one to quench the fire."

The Mountain of the LORD

2 This is what Isaiah son of Amoz saw concerning Judah and Jerusalem:

2 In the last days

the mountain of the LORD's temple will be
  established
  as chief among the mountains;
it will be raised above the hills,
  and all nations will stream to it.

3 Many peoples will come and say,

"Come, let us go up to the mountain of the
  LORD,
  to the house of the God of Jacob.
He will teach us his ways,
  so that we may walk in his paths."
The law will go out from Zion,
  the word of the LORD from Jerusalem.
4 He will judge between the nations
  and will settle disputes for many peoples.
They will beat their swords into plowshares
  and their spears into pruning hooks.
Nation will not take up sword against nation,
  nor will they train for war anymore.

5 Come, O house of Jacob,
  let us walk in the light of the LORD.

The Day of the LORD

6 You have abandoned your people,
  the house of Jacob.
They are full of superstitions from the East;
  they practice divination like the Philistines
  and clasp hands with pagans.
7 Their land is full of silver and gold;
  there is no end to their treasures.
Their land is full of horses;
  there is no end to their chariots.
8 Their land is full of idols;
  they bow down to the work of their hands,
  to what their fingers have made.
9 So man will be brought low
  and mankind humbled—
  do not forgive them. b

10 Go into the rocks,
  hide in the ground
from dread of the LORD
  and the splendor of his majesty!
11 The eyes of the arrogant man will be humbled
  and the pride of men brought low;
  the LORD alone will be exalted in that day.

b 9 Or *not raise them up*

12 Porque día de Jehová de los ejércitos vendrá sobre todo soberbio y altivo, sobre todo enaltecido, y será abatido;
13 sobre todos los cedros del Líbano altos y erguidos, y sobre todas las encinas de Basán;
14 sobre todos los montes altos, y sobre todos los collados elevados;
15 sobre toda torre alta, y sobre todo muro fuerte;
16 sobre todas las naves de Tarsis, y sobre todas las pinturas preciadas.
17 La altivez del hombre será abatida, y la soberbia de los hombres será humillada; y solo Jehová será exaltado en aquel día.
18 Y quitará totalmente los ídolos.
19 Y se meterán en las cavernas de las peñas y en las aberturas de la tierra, por la presencia temible de Jehová, y por el resplandor de su majestad, cuando él se levante para castigar la tierra.
20 Aquel día arrojará el hombre a los topos y murciélagos sus ídolos de plata y sus ídolos de oro, que le hicieron para que adorase;
21 y se meterá en las hendiduras de las rocas y en las cavernas de las peñas, por la presencia formidable de Jehová, y por el resplandor de su majestad, cuando se levante para castigar la tierra.
22 Dejaos del hombre, cuyo aliento está en su nariz; porque ¿de qué es él estimado?

Juicio de Jehová contra Judá y Jerusalén

3 1 Porque he aquí que el Señor Jehová de los ejércitos quita de Jerusalén y de Judá al sustentador y al fuerte, todo sustento de pan y todo socorro de agua;
2 el valiente y el hombre de guerra, el juez y el profeta, el adivino y el anciano;
3 el capitán de cincuenta y el hombre de respeto, el consejero, el artífice excelente y el hábil orador.
4 Y les pondré jóvenes por príncipes, y muchachos serán sus señores.
5 Y el pueblo se hará violencia unos a otros, cada cual contra su vecino; el joven se levantará contra el anciano, y el villano contra el noble.
6 Cuando alguno tomare de la mano a su hermano, de la familia de su padre, y le dijere: Tú tienes vestido, tú serás nuestro príncipe, y toma en tus manos esta ruina;
7 él jurará aquel día, diciendo: No tomaré ese cuidado; porque en mi casa ni hay pan, ni qué vestir; no me hagáis príncipe del pueblo.
8 Pues arruinada está Jerusalén, y Judá ha caído; porque la lengua de ellos y sus obras han sido contra Jehová para irritar los ojos de su majestad.

12 The LORD Almighty has a day in store
for all the proud and lofty,
for all that is exalted
(and they will be humbled),
13 for all the cedars of Lebanon, tall and lofty,
and all the oaks of Bashan,
14 for all the towering mountains
and all the high hills,
15 for every lofty tower
and every fortified wall,
16 for every trading ship c
and every stately vessel.
17 The arrogance of man will be brought low
and the pride of men humbled;
the LORD alone will be exalted in that day,
18 and the idols will totally disappear.

19 Men will flee to caves in the rocks
and to holes in the ground
from dread of the LORD
and the splendor of his majesty,
when he rises to shake the earth.
20 In that day men will throw away
to the rodents and bats
their idols of silver and idols of gold,
which they made to worship.
21 They will flee to caverns in the rocks
and to the overhanging crags
from dread of the LORD
and the splendor of his majesty,
when he rises to shake the earth.

22 Stop trusting in man,
who has but a breath in his nostrils.
Of what account is he?

Judgment on Jerusalem and Judah

3 See now, the Lord,
the LORD Almighty,
is about to take from Jerusalem and Judah
both supply and support:
all supplies of food and all supplies of water,
2 the hero and warrior,
the judge and prophet,
the soothsayer and elder,
3 the captain of fifty and man of rank,
the counselor, skilled craftsman and clever enchanter.

4 I will make boys their officials;
mere children will govern them.
5 People will oppress each other—
man against man, neighbor against neighbor.
The young will rise up against the old,
the base against the honorable.

6 A man will seize one of his brothers
at his father's home, and say,
"You have a cloak, you be our leader;
take charge of this heap of ruins!"
7 But in that day he will cry out,
"I have no remedy.
I have no food or clothing in my house;
do not make me the leader of the people."

8 Jerusalem staggers,
Judah is falling;
their words and deeds are against the LORD,
defying his glorious presence.

c 16 Hebrew *every ship of Tarshish*

9 La apariencia de sus rostros testifica contra ellos; porque como Sodoma publican su pecado, no lo disimulan. ¡Ay del alma de ellos! porque amontonaron mal para sí. 10 Decid al justo que le irá bien, porque comerá de los frutos de sus manos.

11 ¡Ay del impío! Mal le irá, porque según las obras de sus manos le será pagado.

12 Los opresores de mi pueblo son muchachos, y mujeres se enseñorearon de él. Pueblo mío, los que te guían te engañan, y tuercen el curso de tus caminos.

13 Jehová está en pie para litigar, y está para juzgar a los pueblos.

14 Jehová vendrá a juicio contra los ancianos de su pueblo y contra sus príncipes; porque vosotros habéis devorado la viña, y el despojo del pobre está en vuestras casas.

15 ¿Qué pensáis vosotros que majáis mi pueblo y moléis las caras de los pobres? dice el Señor, Jehová de los ejércitos.

Juicio contra las hijas de Sion

16 Asimismo dice Jehová: Por cuanto las hijas de Sion se ensoberbecen, y andan con cuello erguido y con ojos desvergonzados; cuando andan van danzando, y haciendo son con los pies;

17 por tanto, el Señor raerá la cabeza de las hijas de Sion, y Jehová descubrirá sus vergüenzas.

18 Aquel día quitará el Señor el atavío del calzado, las redecillas, las lunetas,

19 los collares, los pendientes y los brazaletes,

20 las cofias, los atavíos de las piernas, los partidores del pelo, los pomitos de olor y los zarcillos,

21 los anillos, y los joyeles de las narices,

22 las ropas de gala, los mantoncillos, los velos, las bolsas,

23 los espejos, el lino fino, las gasas y los tocados.

24 Y en lugar de los perfumes aromáticos vendrá hediondez; y cuerda en lugar de cinturón, y cabeza rapada en lugar de la compostura del cabello; en lugar de ropa de gala ceñimiento de cilicio, y quemadura en vez de hermosura.

25 Tus varones caerán a espada, y tu fuerza en la guerra.

26 Sus puertas se entristecerán y enlutarán, y ella, desamparada, se sentará en tierra.

4 1 Echarán mano de un hombre siete mujeres en aquel tiempo, diciendo: Nosotras comeremos de nuestro pan, y nos vestiremos de nuestras ropas; solamente permítenos llevar tu nombre, quita nuestro oprobio.

Futuro glorioso de Jerusalén

2 En aquel tiempo el renuevo de Jehová será para hermosura y gloria, y el fruto de la tierra para grandeza y honra, a los sobrevivientes de Israel.

3 Y acontecerá que el que quedare en Sion, y el que fuere dejado en Jerusalén, será llamado santo; todos los que en Jerusalén estén registrados entre los vivientes,

9 The look on their faces testifies against them;
    they parade their sin like Sodom;
    they do not hide it.
Woe to them!
    They have brought disaster upon themselves.

10 Tell the righteous it will be well with them,
    for they will enjoy the fruit of their deeds.
11 Woe to the wicked! Disaster is upon them!
    They will be paid back for what their hands have done.

12 Youths oppress my people,
    women rule over them.
O my people, your guides lead you astray;
    they turn you from the path.

13 The LORD takes his place in court;
    he rises to judge the people.
14 The LORD enters into judgment
    against the elders and leaders of his people:
"It is you who have ruined my vineyard;
    the plunder from the poor is in your houses.
15 What do you mean by crushing my people
    and grinding the faces of the poor?"
        declares the Lord, the LORD Almighty.

16 The LORD says,
"The women of Zion are haughty,
walking along with outstretched necks,
    flirting with their eyes,
tripping along with mincing steps,
    with ornaments jingling on their ankles.
17 Therefore the Lord will bring sores on the heads
    of the women of Zion;
    the LORD will make their scalps bald."

18 In that day the Lord will snatch away their finery: the bangles and headbands and crescent necklaces, 19 the earrings and bracelets and veils, 20 the headdresses and ankle chains and sashes, the perfume bottles and charms, 21 the signet rings and nose rings, 22 the fine robes and the capes and cloaks, the purses 23 and mirrors, and the linen garments and tiaras and shawls.

24 Instead of fragrance there will be a stench;
    instead of a sash, a rope;
    instead of well-dressed hair, baldness;
    instead of fine clothing, sackcloth;
    instead of beauty, branding.
25 Your men will fall by the sword,
    your warriors in battle.
26 The gates of Zion will lament and mourn;
    destitute, she will sit on the ground.

4 In that day seven women
    will take hold of one man
and say, "We will eat our own food
    and provide our own clothes;
only let us be called by your name.
    Take away our disgrace!"

The Branch of the LORD

2 In that day the Branch of the LORD will be beautiful and glorious, and the fruit of the land will be the pride and glory of the survivors in Israel. 3 Those who are left in Zion, who remain in Jerusalem, will be called holy, all who are recorded among the living in Jerusalem.

4 cuando el Señor lave las inmundicias de las hijas de Sion, y limpie la sangre de Jerusalén de en medio de ella, con espíritu de juicio y con espíritu de devastación.

5 Y creará Jehová sobre toda la morada del monte de Sion, y sobre los lugares de sus convocaciones, nube y oscuridad de día, y de noche resplandor de fuego que eche llamas; porque sobre toda gloria habrá un dosel,

6 y habrá un abrigo para sombra contra el calor del día, para refugio y escondedero contra el turbión y contra el aguacero.

Parábola de la viña

5 1 Ahora cantaré por mi amado el cantar de mi amado a su viña. Tenía mi amado una viña en una ladera fértil.

2 La había cercado y despedregado y plantado de vides escogidas; había edificado en medio de ella una torre, y hecho también en ella un lagar; y esperaba que diese uvas, y dio uvas silvestres.

3 Ahora, pues, vecinos de Jerusalén y varones de Judá, juzgad ahora entre mí y mi viña.

4 ¿Qué más se podía hacer a mi viña, que yo no haya hecho en ella? ¿Cómo, esperando yo que diese uvas, ha dado uvas silvestres?

5 Os mostraré, pues, ahora lo que haré yo a mi viña: Le quitaré su vallado, y será consumida; aportillaré su cerca, y será hollada.

6 Haré que quede desierta; no será podada ni cavada, y crecerán el cardo y los espinos; y aun a las nubes mandaré que no derramen lluvia sobre ella.

7 Ciertamente la viña de Jehová de los ejércitos es la casa de Israel, y los hombres de Judá planta deliciosa suya. Esperaba juicio, y he aquí vileza; justicia, y he aquí clamor.

Ayes sobre los malvados

8 ¡Ay de los que juntan casa a casa, y añaden heredad a heredad hasta ocuparlo todo! ¿Habitaréis vosotros solos en medio de la tierra?

9 Ha llegado a mis oídos de parte de Jehová de los ejércitos, que las muchas casas han de quedar asoladas, sin morador las grandes y hermosas.

10 Y diez yugadas de viña producirán un bato, y un homer de semilla producirá un efa.

The Song of the Vineyard

5 I will sing for the one I love
a song about his vineyard:
My loved one had a vineyard
on a fertile hillside.
2 He dug it up and cleared it of stones
and planted it with the choicest vines.
He built a watchtower in it
and cut out a winepress as well.
Then he looked for a crop of good grapes,
but it yielded only bad fruit.

3 "Now you dwellers in Jerusalem and men of Judah,
judge between me and my vineyard.
4 What more could have been done for my vineyard
than I have done for it?
When I looked for good grapes,
why did it yield only bad?
5 Now I will tell you
what I am going to do to my vineyard:
I will take away its hedge,
and it will be destroyed;
I will break down its wall,
and it will be trampled.
6 I will make it a wasteland,
neither pruned nor cultivated,
and briers and thorns will grow there.
I will command the clouds
not to rain on it."

7 The vineyard of the LORD Almighty
is the house of Israel,
and the men of Judah
are the garden of his delight.
And he looked for justice, but saw bloodshed;
for righteousness, but heard cries of distress.

Woes and Judgments

8 Woe to you who add house to house
and join field to field
till no space is left
and you live alone in the land.

9 The LORD Almighty has declared in my hearing:

"Surely the great houses will become desolate,
the fine mansions left without occupants.
10 A ten-acre *e* vineyard will produce only a bath *f* of wine,
a homer *g* of seed only an ephah *h* of grain."

---

d 4 Or *the Spirit*   *e* 10 Hebrew *ten-yoke,* that is, the land plowed by 10 yoke of oxen in one day   *f* 10 That is, probably about 6 gallons (about 22 liters)   *g* 10 That is, probably about 6 bushels (about 220 liters)   *h* 10 That is, probably about 3/5 bushel (about 22 liters)

11 ¡Ay de los que se levantan de mañana para seguir la embriaguez; que se están hasta la noche, hasta que el vino los enciende!

12 Y en sus banquetes hay arpas, vihuelas, tamboriles, flautas y vino, y no miran la obra de Jehová, ni consideran la obra de sus manos.

13 Por tanto, mi pueblo fue llevado cautivo, porque no tuvo conocimiento; y su gloria pereció de hambre, y su multitud se secó de sed.

14 Por eso ensanchó su interior el Seol, y sin medida extendió su boca; y allá descenderá la gloria de ellos, y su multitud, y su fausto, y el que en él se regocijaba.

15 Y el hombre será humillado, y el varón será abatido, y serán bajados los ojos de los altivos.

16 Pero Jehová de los ejércitos será exaltado en juicio, y el Dios Santo será santificado con justicia.

17 Y los corderos serán apacentados según su costumbre; y extraños devorarán los campos desolados de los ricos.

18 ¡Ay de los que traen la iniquidad con cuerdas de vanidad, y el pecado como con coyundas de carreta,

19 los cuales dicen: Venga ya, apresúrese su obra, y veamos; acérquese, y venga el consejo del Santo de Israel, para que lo sepamos!

20 ¡Ay de los que a lo malo dicen bueno, y a lo bueno malo; que hacen de la luz tinieblas, y de las tinieblas luz; que ponen lo amargo por dulce, y lo dulce por amargo!

21 ¡Ay de los sabios en sus propios ojos, y de los que son prudentes delante de sí mismos!

22 ¡Ay de los que son valientes para beber vino, y hombres fuertes para mezclar bebida;

23 los que justifican al impío mediante cohecho, y al justo quitan su derecho!

24 Por tanto, como la lengua del fuego consume el rastrojo, y la llama devora la paja, así será su raíz como podredumbre, y su flor se desvanecerá como polvo; porque desecharon la ley de Jehová de los ejércitos, y abominaron la palabra del Santo de Israel.

25 Por esta causa se encendió el furor de Jehová contra su pueblo, y extendió contra él su mano, y le hirió; y se estremecieron los montes, y sus cadáveres fueron arrojados en medio de las calles. Con todo esto no ha cesado su furor, sino que todavía su mano está extendida.

11 Woe to those who rise early in the morning
   to run after their drinks,
who stay up late at night
   till they are inflamed with wine.
12 They have harps and lyres at their banquets,
   tambourines and flutes and wine,
but they have no regard for the deeds of the
   LORD,
   no respect for the work of his hands.
13 Therefore my people will go into exile
   for lack of understanding;
their men of rank will die of hunger
   and their masses will be parched with thirst.
14 Therefore the grave*i* enlarges its appetite
   and opens its mouth without limit;
into it will descend their nobles and masses
   with all their brawlers and revelers.
15 So man will be brought low
   and mankind humbled,
   the eyes of the arrogant humbled.
16 But the LORD Almighty will be exalted by his
   justice,
   and the holy God will show himself holy by
   his righteousness.
17 Then sheep will graze as in their own pasture;
   lambs will feed*i* among the ruins of the rich.
18 Woe to those who draw sin along with cords of
   deceit,
   and wickedness as with cart ropes,
19 to those who say, "Let God hurry,
   let him hasten his work
   so we may see it.
Let it approach,
   let the plan of the Holy One of Israel come,
   so we may know it."

20 Woe to those who call evil good
   and good evil,
who put darkness for light
   and light for darkness,
who put bitter for sweet
   and sweet for bitter.

21 Woe to those who are wise in their own eyes
   and clever in their own sight.

22 Woe to those who are heroes at drinking wine
   and champions at mixing drinks,
23 who acquit the guilty for a bribe,
   but deny justice to the innocent.
24 Therefore, as tongues of fire lick up straw
   and as dry grass sinks down in the flames,
so their roots will decay
   and their flowers blow away like dust;
for they have rejected the law of the LORD
   Almighty
   and spurned the word of the Holy One of
   Israel.
25 Therefore the LORD's anger burns against his
   people;
   his hand is raised and he strikes them down.
The mountains shake,
   and the dead bodies are like refuse in the
   streets.

Yet for all this, his anger is not turned away,
   his hand is still upraised.

*i*14 Hebrew *Sheol*   *i*17 Septuagint; Hebrew / *strangers will eat*

26Alzará pendón a naciones lejanas, y silbará al que está en el extremo de la tierra; y he aquí que vendrá pronto y velozmente.

27No habrá entre ellos cansado, ni quien tropiece; ninguno se dormirá, ni le tomará sueño; a ninguno se le desatará el cinto de los lomos, ni se le romperá la correa de sus sandalias.

28Sus saetas estarán afiladas, y todos sus arcos entesados; los cascos de sus caballos parecerán como de pedernal, y las ruedas de sus carros como torbellino.

29Su rugido será como de león; rugirá a manera de leoncillo, crujirá los dientes, y arrebatará la presa; se la llevará con seguridad, y nadie se la quitará.

30Y bramará sobre él en aquel día como bramido del mar; entonces mirará hacia la tierra, y he aquí tinieblas de tribulación, y en sus cielos se oscurecerá la luz.

Visión y llamamiento de Isaías

6 1En el año que murió el rey Uzías vi yo al Señor sentado sobre un trono alto y sublime, y sus faldas llenaban el templo.

2Por encima de él había serafines; cada uno tenía seis alas; con dos cubrían sus rostros, con dos cubrían sus pies, y con dos volaban.

3Y el uno al otro daba voces, diciendo: Santo, santo, santo, Jehová de los ejércitos; toda la tierra está llena de su gloria.

4Y los quiciales de las puertas se estremecieron con la voz del que clamaba, y la casa se llenó de humo.

5Entonces dije: ¡Ay de mí! que soy muerto; porque siendo hombre inmundo de labios, y habitando en medio de pueblo que tiene labios inmundos, han visto mis ojos al Rey, Jehová de los ejércitos.

6Y voló hacia mí uno de los serafines, teniendo en su mano un carbón encendido, tomado del altar con unas tenazas;

7y tocando con él sobre mi boca, dijo: He aquí que esto tocó tus labios, y es quitada tu culpa, y limpio tu pecado.

8Después oí la voz del Señor, que decía: ¿A quién enviaré, y quién irá por nosotros? Entonces respondí yo: Heme aquí, envíame a mí.

9Y dijo: Anda, y dí a este pueblo: Oíd bien, y no entendáis; ved por cierto, mas no comprendáis.

10Engruesa el corazón de este pueblo, y agrava sus oídos, y ciega sus ojos, para que no vea con sus ojos, ni oiga con sus oídos, ni su corazón entienda, ni se convierta, y haya para él sanidad.

11Y yo dije: ¿Hasta cuándo, Señor? Y respondió él: Hasta que las ciudades estén asoladas y sin morador, y no haya hombre en las casas, y la tierra esté hecha un desierto;

26He lifts up a banner for the distant nations,
    he whistles for those at the ends of the earth.
Here they come,
    swiftly and speedily!
27Not one of them grows tired or stumbles,
    not one slumbers or sleeps;
not a belt is loosened at the waist,
    not a sandal thong is broken.
28Their arrows are sharp,
    all their bows are strung;
their horses' hoofs seem like flint,
    their chariot wheels like a whirlwind.
29Their roar is like that of the lion,
    they roar like young lions;
they growl as they seize their prey
    and carry it off with no one to rescue.
30In that day they will roar over it
    like the roaring of the sea.
And if one looks at the land,
    he will see darkness and distress;
    even the light will be darkened by the clouds.

Isaiah's Commission

6 In the year that King Uzziah died, I saw the Lord seated on a throne, high and exalted, and the train of his robe filled the temple. 2Above him were seraphs, each with six wings: With two wings they covered their faces, with two they covered their feet, and with two they were flying. 3And they were calling to one another:

"Holy, holy, holy is the LORD Almighty;
    the whole earth is full of his glory."

4At the sound of their voices the doorposts and thresholds shook and the temple was filled with smoke.

5"Woe to me!" I cried. "I am ruined! For I am a man of unclean lips, and I live among a people of unclean lips, and my eyes have seen the King, the LORD Almighty."

6Then one of the seraphs flew to me with a live coal in his hand, which he had taken with tongs from the altar. 7With it he touched my mouth and said, "See, this has touched your lips; your guilt is taken away and your sin atoned for."

8Then I heard the voice of the Lord saying, "Whom shall I send? And who will go for us?"
    And I said, "Here am I. Send me!"

9He said, "Go and tell this people:

" 'Be ever hearing, but never understanding;
    be ever seeing, but never perceiving.'
10Make the heart of this people calloused;
    make their ears dull
    and close their eyes.k
Otherwise they might see with their eyes,
    hear with their ears,
    understand with their hearts,
and turn and be healed."

11Then I said, "For how long, O Lord?"
And he answered:

"Until the cities lie ruined
    and without inhabitant,
until the houses are left deserted
    and the fields ruined and ravaged,

---

k9,10 Hebrew; Septuagint 'You will be ever hearing, but never understanding; / you will be ever seeing, but never perceiving.' / 10This people's heart has become calloused; / they hardly hear with their ears, / and they have closed their eyes

12hasta que Jehová haya echado lejos a los hombres, y multiplicado los lugares abandonados en medio de la tierra.

13Y si quedare aún en ella la décima parte, ésta volverá a ser destruida; pero como el roble y la encina, que al ser cortados aún queda el tronco, así será el tronco, la simiente santa.

Mensaje de Isaías a Acaz

7 1 Aconteció en los días de Acaz hijo de Jotam, hijo de Uzías, rey de Judá, que Rezín rey de Siria y Peka hijo de Remalías, rey de Israel, subieron contra Jerusalén para combatirla; pero no la pudieron tomar.

2Y vino la nueva a la casa de David, diciendo: Siria se ha confederado con Efraín. Y se le estremeció el corazón, y el corazón de su pueblo, como se estremecen los árboles del monte a causa del viento.

3Entonces dijo Jehová a Isaías: Sal ahora al encuentro de Acaz, tú, y Sear-jasub*a* tu hijo, al extremo del acueducto del estanque de arriba, en el camino de la heredad del Lavador,

4y dile: Guarda, y repósate; no temas, ni se turbe tu corazón a causa de estos dos cabos de tizón que humean, por el ardor de la ira de Rezín y de Siria, y del hijo de Remalías.

5Ha acordado maligno consejo contra ti el sirio, con Efraín y con el hijo de Remalías, diciendo:

6Vamos contra Judá y aterroricémosla, y repartámosla entre nosotros, y pongamos en medio de ella por rey al hijo de Tabeel.

7Por tanto, Jehová el Señor dice así: No subsistirá, ni será.

8Porque la cabeza de Siria es Damasco, y la cabeza de Damasco, Rezín; y dentro de sesenta y cinco años Efraín será quebrantado hasta dejar de ser pueblo.

9Y la cabeza de Efraín es Samaria, y la cabeza de Samaria el hijo de Remalías. Si vosotros no creyereis, de cierto no permaneceréis.

10Habló también Jehová a Acaz, diciendo:

11Pide para ti señal de Jehová tu Dios, demandándola ya sea de abajo en lo profundo, o de arriba en lo alto.

12Y respondió Acaz: No pediré, y no tentaré a Jehová.

13Dijo entonces Isaías: Oíd ahora, casa de David. ¿Os es poco el ser molestos a los hombres, sino que también lo seáis a mi Dios?

14Por tanto, el Señor mismo os dará señal: He aquí que la virgen concebirá, y dará a luz un hijo, y llamará su nombre Emanuel.*b*

15Comerá mantequilla y miel, hasta que sepa desechar lo malo y escoger lo bueno.

16Porque antes que el niño sepa desechar lo malo y escoger lo bueno, la tierra de los dos reyes que tú temes será abandonada.

17Jehová hará venir sobre ti, sobre tu pueblo y sobre la casa de tu padre, días cuales nunca vinieron desde el día que Efraín se apartó de Judá, esto es, al rey de Asiria.

18Y acontecerá que aquel día silbará Jehová a la mosca que está en el fin de los ríos de Egipto, y a la abeja que está en la tierra de Asiria;

The Sign of Immanuel

7 When Ahaz son of Jotham, the son of Uzziah, was king of Judah, King Rezin of Aram and Pekah son of Remaliah king of Israel marched up to fight against Jerusalem, but they could not overpower it.

2Now the house of David was told, "Aram has allied itself with*l* Ephraim"; so the hearts of Ahaz and his people were shaken, as the trees of the forest are shaken by the wind.

3Then the Lord said to Isaiah, "Go out, you and your son Shear-Jashub,*m* to meet Ahaz at the end of the aqueduct of the Upper Pool, on the road to the Washerman's Field. 4Say to him, 'Be careful, keep calm and don't be afraid. Do not lose heart because of these two smoldering stubs of firewood—because of the fierce anger of Rezin and Aram and of the son of Remaliah. 5Aram, Ephraim and Remaliah's son have plotted your ruin, saying, 6"Let us invade Judah; let us tear it apart and divide it among ourselves, and make the son of Tabeel king over it." 7Yet this is what the Sovereign Lord says:

" 'It will not take place,
  it will not happen,
8for the head of Aram is Damascus,
  and the head of Damascus is only Rezin.
Within sixty-five years
  Ephraim will be too shattered to be a people.
9The head of Ephraim is Samaria,
  and the head of Samaria is only Remaliah's
    son.
If you do not stand firm in your faith,
  you will not stand at all.' "

10Again the Lord spoke to Ahaz, 11"Ask the Lord your God for a sign, whether in the deepest depths or in the highest heights."

12But Ahaz said, "I will not ask; I will not put the Lord to the test."

13Then Isaiah said, "Hear now, you house of David! Is it not enough to try the patience of men? Will you try the patience of my God also? 14Therefore the Lord himself will give you*n* a sign: The virgin will be with child and will give birth to a son, and*o* will call him Immanuel.*p* 15He will eat curds and honey when he knows enough to reject the wrong and choose the right. 16But before the boy knows enough to reject the wrong and choose the right, the land of the two kings you dread will be laid waste. 17The Lord will bring on you and on your people and on the house of your father a time unlike any since Ephraim broke away from Judah—he will bring the king of Assyria."

18In that day the Lord will whistle for flies from the distant streams of Egypt and for bees from the land of Assyria. 19They will all come and settle in the steep

---

l2 Or has set up camp in   m3 Shear-Jashub means a remnant will return.   n14 The Hebrew is plural.   o14 Masoretic Text; Dead Sea Scrolls and he or and they   p14 Immanuel means God with us.

---

aEsto es, Un remanente volverá.   bEsto es, Dios con nosotros.

¹⁹y vendrán y acamparán todos en los valles desiertos, y en las cavernas de las piedras, y en todos los zarzales, y en todas las matas.

²⁰En aquel día el Señor raerá con navaja alquilada, con los que habitan al otro lado del río, esto es, con el rey de Asiria, cabeza y pelo de los pies, y aun la barba también quitará.

²¹Acontecerá en aquel tiempo, que criará un hombre una vaca y dos ovejas;

²²y a causa de la abundancia de leche que darán, comerá mantequilla; ciertamente mantequilla y miel comerá el que quede en medio de la tierra.

²³Acontecerá también en aquel tiempo, que el lugar donde había mil vides que valían mil siclos de plata, será para espinos y cardos.

²⁴Con saetas y arco irán allá, porque toda la tierra será espinos y cardos.

²⁵Y a todos los montes que se cavaban con azada, no llegarán allá por el temor de los espinos y de los cardos, sino que serán para pasto de bueyes y para ser hollados de los ganados.

Sea Jehová vuestro temor

8 ¹ Me dijo Jehová: Toma una tabla grande, y escribe en ella con caracteres legibles tocante a Maher-salal-has-baz. c

²Y junté conmigo por testigos fieles al sacerdote Urías y a Zacarías hijo de Jeberequías.

³Y me llegué a la profetisa, la cual concibió, y dio a luz un hijo. Y me dijo Jehová: Ponle por nombre Maher-salal-hasbaz.

⁴Porque antes que el niño sepa decir: Padre mío, y Madre mía, será quitada la riqueza de Damasco y los despojos de Samaria delante del rey de Asiria.

⁵Otra vez volvió Jehová a hablarme, diciendo:

⁶Por cuanto desechó este pueblo las aguas de Siloé, que corren mansamente, y se regocijó con Rezín y con el hijo de Remalías;

⁷he aquí, por tanto, que el Señor hace subir sobre ellos aguas de ríos, impetuosas y muchas, esto es, al rey de Asiria con todo su poder; el cual subirá sobre todos sus ríos, y pasará sobre todas sus riberas;

⁸y pasando hasta Judá, inundará y pasará adelante, y llegará hasta la garganta; y extendiendo sus alas, llenará la anchura de tu tierra, oh Emanuel.

⁹Reuníos, pueblos, y seréis quebrantados; oíd, todos los que sois de lejanas tierras; ceñíos, y seréis quebrantados; disponeos, y seréis quebrantados.

¹⁰Tomad consejo, y será anulado; proferid palabra, y no será firme, porque Dios está con nosotros.

ravines and in the crevices in the rocks, on all the thornbushes and at all the water holes. ²⁰In that day the Lord will use a razor hired from beyond the River *q* — the king of Assyria — to shave your head and the hair of your legs, and to take off your beards also. ²¹In that day, a man will keep alive a young cow and two goats. ²²And because of the abundance of the milk they give, he will have curds to eat. All who remain in the land will eat curds and honey. ²³In that day, in every place where there were a thousand vines worth a thousand silver shekels, *r* there will be only briers and thorns. ²⁴Men will go there with bow and arrow, for the land will be covered with briers and thorns. ²⁵As for all the hills once cultivated by the hoe, you will no longer go there for fear of the briers and thorns; they will become places where cattle are turned loose and where sheep run.

Assyria, the LORD's Instrument

8 The LORD said to me, "Take a large scroll and write on it with an ordinary pen: Maher-Shalal-Hash-Baz. *s* ²And I will call in Uriah the priest and Zechariah son of Jeberekiah as reliable witnesses for me."

³Then I went to the prophetess, and she conceived and gave birth to a son. And the LORD said to me, "Name him Maher-Shalal-Hash-Baz. ⁴Before the boy knows how to say 'My father' or 'My mother,' the wealth of Damascus and the plunder of Samaria will be carried off by the king of Assyria."

⁵The LORD spoke to me again:

⁶"Because this people has rejected
    the gently flowing waters of Shiloah
  and rejoices over Rezin
    and the son of Remaliah,
⁷therefore the Lord is about to bring against them
    the mighty floodwaters of the River *q* —
    the king of Assyria with all his pomp.
  It will overflow all its channels,
    run over all its banks
⁸and sweep on into Judah, swirling over it,
    passing through it and reaching up to the
       neck.
  Its outspread wings will cover the breadth of your
      land,
    O Immanuel *t*!"

⁹Raise the war cry, *u* you nations, and be
      shattered!
  Listen, all you distant lands.
Prepare for battle, and be shattered!
  Prepare for battle, and be shattered!
¹⁰Devise your strategy, but it will be thwarted;
  propose your plan, but it will not stand,
for God is with us. *v*

---

q20,7 That is, the Euphrates   *r23* That is, about 25 pounds (about 11.5 kilograms)   *s1* Maher-Shalal-Hash-Baz means *quick to the plunder, swift to the spoil*; also in verse 3.   *t8* Immanuel means *God with us.*   *u9* Or *Do your worst*   *v10* Hebrew *Immanuel*

11 Porque Jehová me dijo de esta manera con mano fuerte, y me enseñó que no caminase por el camino de este pueblo, diciendo:

12 No llaméis conspiración a todas las cosas que este pueblo llama conspiración; ni temáis lo que ellos temen, ni tengáis miedo.

13 A Jehová de los ejércitos, a él santificad; sea él vuestro temor, y él sea vuestro miedo.

14 Entonces él será por santuario; pero a las dos casas de Israel, por piedra para tropezar, y por tropezadero para caer, y por lazo y por red al morador de Jerusalén.

15 Y muchos tropezarán entre ellos, y caerán, y serán quebrantados; y se enredarán y serán apresados.

16 Ata el testimonio, sella la ley entre mis discípulos.

17 Esperaré, pues, a Jehová, el cual escondió su rostro de la casa de Jacob, y en él confiaré.

18 He aquí, yo y los hijos que me dio Jehová somos por señales y presagios en Israel, de parte de Jehová de los ejércitos, que mora en el monte de Sion.

19 Y si os dijeren: Preguntad a los encantadores y a los adivinos, que susurran hablando, responded: ¿No consultará el pueblo a su Dios? ¿Consultará a los muertos por los vivos?

20 ¡A la ley y al testimonio! Si no dijeren conforme a esto, es porque no les ha amanecido.

21 Y pasarán por la tierra fatigados y hambrientos, y acontecerá que teniendo hambre, se enojarán y maldecirán a su rey y a su Dios, levantando el rostro en alto.

22 Y mirarán a la tierra, y he aquí tribulación y tinieblas, oscuridad y angustia; y serán sumidos en las tinieblas.

Nacimiento y reinado del Mesías

9 1 Mas no habrá siempre oscuridad para la que está ahora en angustia, tal como la aflicción que le vino en el tiempo que livianamente tocaron la primera vez a la tierra de Zabulón y a la tierra de Neftalí; pues al fin llenará de gloria el camino del mar, de aquel lado del Jordán, en Galilea de los gentiles.

2 El pueblo que andaba en tinieblas vio gran luz; los que moraban en tierra de sombra de muerte, luz resplandeció sobre ellos.

3 Multiplicaste la gente, y aumentaste la alegría. Se alegrarán delante de ti como se alegran en la siega, como se gozan cuando reparten despojos.

4 Porque tú quebraste su pesado yugo, y la vara de su hombro, y el cetro de su opresor, como en el día de Madián.

Fear God

11 The LORD spoke to me with his strong hand upon me, warning me not to follow the way of this people. He said:

12 "Do not call conspiracy
    everything that these people call conspiracy w;
do not fear what they fear,
    and do not dread it.
13 The LORD Almighty is the one you are to regard
        as holy,
    he is the one you are to fear,
    he is the one you are to dread,
14 and he will be a sanctuary;
    but for both houses of Israel he will be
a stone that causes men to stumble
    and a rock that makes them fall.
And for the people of Jerusalem he will be
    a trap and a snare.
15 Many of them will stumble;
    they will fall and be broken,
    they will be snared and captured."

16 Bind up the testimony
    and seal up the law among my disciples.
17 I will wait for the LORD,
    who is hiding his face from the house of Jacob.
I will put my trust in him.

18 Here am I, and the children the LORD has given me. We are signs and symbols in Israel from the LORD Almighty, who dwells on Mount Zion. 19 When men tell you to consult mediums and spiritists, who whisper and mutter, should not a people inquire of their God? Why consult the dead on behalf of the living? 20 To the law and to the testimony! If they do not speak according to this word, they have no light of dawn. 21 Distressed and hungry, they will roam through the land; when they are famished, they will become enraged and, looking upward, will curse their king and their God. 22 Then they will look toward the earth and see only distress and darkness and fearful gloom, and they will be thrust into utter darkness.

To Us a Child Is Born

9 Nevertheless, there will be no more gloom for those who were in distress. In the past he humbled the land of Zebulun and the land of Naphtali, but in the future he will honor Galilee of the Gentiles, by the way of the sea, along the Jordan—

2 The people walking in darkness
    have seen a great light;
on those living in the land of the shadow of
        death x
    a light has dawned.
3 You have enlarged the nation
    and increased their joy;
they rejoice before you
    as people rejoice at the harvest,
as men rejoice
    when dividing the plunder.
4 For as in the day of Midian's defeat,
    you have shattered
the yoke that burdens them,
    the bar across their shoulders,
    the rod of their oppressor.

---

w 12 Or *Do not call for a treaty / every time these people call for a treaty*   x 2 Or *land of darkness*

5 Porque todo calzado que lleva el guerrero en el tumulto de la batalla, y todo manto revolcado en sangre serán quemados, pasto del fuego.
6 Porque un niño nos es nacido, hijo nos es dado, y el principado sobre su hombro; y se llamará su nombre Admirable, Consejero, Dios fuerte, Padre eterno, Príncipe de paz.
7 Lo dilatado de su imperio y la paz no tendrán límite, sobre el trono de David y sobre su reino, disponiéndolo y confirmándolo en juicio y en justicia desde ahora y para siempre. El celo de Jehová de los ejércitos hará esto.

La ira de Jehová contra Israel

8 El Señor envió palabra a Jacob, y cayó en Israel.
9 Y la sabrá todo el pueblo, Efraín y los moradores de Samaria, que con soberbia y con altivez de corazón dicen:
10 Los ladrillos cayeron, pero edificaremos de cantería; cortaron los cabrahigos, pero en su lugar pondremos cedros.
11 Pero Jehová levantará los enemigos de Rezín contra él, y juntará a sus enemigos;
12 del oriente los sirios, y los filisteos del poniente; y a boca llena devorarán a Israel. Ni con todo eso ha cesado su furor, sino que todavía su mano está extendida.
13 Pero el pueblo no se convirtió al que lo castigaba, ni buscó a Jehová de los ejércitos.
14 Y Jehová cortará de Israel cabeza y cola, rama y caña en un mismo día.
15 El anciano y venerable de rostro es la cabeza; el profeta que enseña mentira, es la cola.
16 Porque los gobernadores de este pueblo son engañadores, y sus gobernados se pierden.
17 Por tanto, el Señor no tomará contentamiento en sus jóvenes, ni de sus huérfanos y viudas tendrá misericordia; porque todos son falsos y malignos, y toda boca habla despropósitos. Ni con todo esto ha cesado su furor, sino que todavía su mano está extendida.
18 Porque la maldad se encendió como fuego, cardos y espinos devorará; y se encenderá en lo espeso del bosque, y serán alzados como remolinos de humo.
19 Por la ira de Jehová de los ejércitos se oscureció la tierra, y será el pueblo como pasto del fuego; el hombre no tendrá piedad de su hermano.

---

5 Every warrior's boot used in battle
  and every garment rolled in blood
will be destined for burning,
  will be fuel for the fire.
6 For to us a child is born,
  to us a son is given,
  and the government will be on his shoulders.
And he will be called
  Wonderful Counselor,y Mighty God,
  Everlasting Father, Prince of Peace.
7 Of the increase of his government and peace
  there will be no end.
He will reign on David's throne
  and over his kingdom,
establishing and upholding it
  with justice and righteousness
  from that time on and forever.
The zeal of the LORD Almighty
  will accomplish this.

The LORD's Anger Against Israel

8 The Lord has sent a message against Jacob;
  it will fall on Israel.
9 All the people will know it—
  Ephraim and the inhabitants of Samaria—
who say with pride
  and arrogance of heart,
10 "The bricks have fallen down,
  but we will rebuild with dressed stone;
the fig trees have been felled,
  but we will replace them with cedars."
11 But the LORD has strengthened Rezin's foes
  against them
  and has spurred their enemies on.
12 Arameans from the east and Philistines from the
  west
  have devoured Israel with open mouth.

Yet for all this, his anger is not turned away,
  his hand is still upraised.

13 But the people have not returned to him who
  struck them,
  nor have they sought the LORD Almighty.
14 So the LORD will cut off from Israel both head
  and tail,
  both palm branch and reed in a single day;
15 the elders and prominent men are the head,
  the prophets who teach lies are the tail.
16 Those who guide this people mislead them,
  and those who are guided are led astray.
17 Therefore the Lord will take no pleasure in the
  young men,
  nor will he pity the fatherless and widows,
for everyone is ungodly and wicked,
  every mouth speaks vileness.

Yet for all this, his anger is not turned away,
  his hand is still upraised.

18 Surely wickedness burns like a fire;
  it consumes briers and thorns,
it sets the forest thickets ablaze,
  so that it rolls upward in a column of smoke.
19 By the wrath of the LORD Almighty
  the land will be scorched
and the people will be fuel for the fire;
  no one will spare his brother.

y6 Or Wonderful, Counselor

20 Cada uno hurtará a la mano derecha, y tendrá hambre, y comerá a la izquierda, y no se saciará; cada cual comerá la carne de su brazo;
21 Manasés a Efraín, y Efraín a Manasés, y ambos contra Judá. Ni con todo esto ha cesado su furor, sino que todavía su mano está extendida.

10

1 ¡Ay de los que dictan leyes injustas, y prescriben tiranía,
2 para apartar del juicio a los pobres, y para quitar el derecho a los afligidos de mi pueblo; para despojar a las viudas, y robar a los huérfanos!
3 ¿Y qué haréis en el día del castigo? ¿A quién os acogeréis para que os ayude, cuando venga de lejos el asolamiento? ¿En dónde dejaréis vuestra gloria?
4 Sin mí se inclinarán entre los presos, y entre los muertos caerán. Ni con todo esto ha cesado su furor, sino que todavía su mano está extendida.

Asiria, instrumento de Dios

5 Oh Asiria, vara y báculo de mi furor, en su mano he puesto mi ira.
6 Le mandaré contra una nación pérfida, y sobre el pueblo de mi ira le enviaré, para que quite despojos, y arrebate presa, y lo ponga para ser hollado como lodo de las calles.
7 Aunque él no lo pensará así, ni su corazón lo imaginará de esta manera, sino que su pensamiento será desarraigar y cortar naciones no pocas.
8 Porque él dice: Mis príncipes, ¿no son todos reyes?
9 ¿No es Calno como Carquemis, Hamat como Arfad, y Samaria como Damasco?
10 Como halló mi mano los reinos de los ídolos, siendo sus imágenes más que las de Jerusalén y de Samaria;
11 como hice a Samaria y a sus ídolos, ¿no haré también así a Jerusalén y a sus ídolos?
12 Pero acontecerá que después que el Señor haya acabado toda su obra en el monte de Sion y en Jerusalén, castigará el fruto de la soberbia del corazón del rey de Asiria, y la gloria de la altivez de sus ojos.
13 Porque dijo: Con el poder de mi mano lo he hecho, y con mi sabiduría, porque he sido prudente; quité los territorios de los pueblos, y saqueé sus tesoros, y derribé como valientes a los que estaban sentados;

20 On the right they will devour,
    but still be hungry;
on the left they will eat,
    but not be satisfied.
Each will feed on the flesh of his own
    offspring[z]:
21   Manasseh will feed on Ephraim, and Ephraim
      on Manasseh;
    together they will turn against Judah.

Yet for all this, his anger is not turned away,
    his hand is still upraised.

10

Woe to those who make unjust laws,
    to those who issue oppressive decrees,
2 to deprive the poor of their rights
    and withhold justice from the oppressed of my
      people,
making widows their prey
    and robbing the fatherless.
3 What will you do on the day of reckoning,
    when disaster comes from afar?
To whom will you run for help?
    Where will you leave your riches?
4 Nothing will remain but to cringe among the
    captives
or fall among the slain.

Yet for all this, his anger is not turned away,
    his hand is still upraised.

God's Judgment on Assyria

5 "Woe to the Assyrian, the rod of my anger,
    in whose hand is the club of my wrath!
6 I send him against a godless nation,
    I dispatch him against a people who anger me,
to seize loot and snatch plunder,
    and to trample them down like mud in the
      streets.
7 But this is not what he intends,
    this is not what he has in mind;
his purpose is to destroy,
    to put an end to many nations.
8 'Are not my commanders all kings?' he says.
9   'Has not Calno fared like Carchemish?
Is not Hamath like Arpad,
    and Samaria like Damascus?
10 As my hand seized the kingdoms of the idols,
    kingdoms whose images excelled those of
      Jerusalem and Samaria—
11 shall I not deal with Jerusalem and her images
    as I dealt with Samaria and her idols?' "

12 When the Lord has finished all his work against Mount Zion and Jerusalem, he will say, "I will punish the king of Assyria for the willful pride of his heart and the haughty look in his eyes. 13 For he says:

" 'By the strength of my hand I have done this,
    and by my wisdom, because I have
      understanding.
I removed the boundaries of nations,
    I plundered their treasures;
    like a mighty one I subdued[a] their kings.

---

z20 Or arm   a13 Or / I subdued the mighty,

14y halló mi mano como nido las riquezas de los pueblos; y como se recogen los huevos abandonados, así me apoderé yo de toda la tierra; y no hubo quien moviese ala, ni abriese boca y graznase.

15¿Se gloriará el hacha contra el que con ella corta? ¿Se ensoberbecerá la sierra contra el que la mueve? ¡Como si el báculo levantase al que lo levanta; como si levantase la vara al que no es leño!

16Por esto el Señor, Jehová de los ejércitos, enviará debilidad sobre sus robustos, y debajo de su gloria encenderá una hoguera como ardor de fuego.

17Y la luz de Israel será por fuego, y su Santo por llama, que abrase y consuma en un día sus cardos y sus espinos.

18La gloria de su bosque y de su campo fértil consumirá totalmente, alma y cuerpo, y vendrá a ser como abanderado en derrota.

19Y los árboles que queden en su bosque serán en número que un niño los pueda contar.

20Acontecerá en aquel tiempo, que los que hayan quedado de Israel y los que hayan quedado de la casa de Jacob, nunca más se apoyarán en el que los hirió, sino que se apoyarán con verdad en Jehová, el Santo de Israel.

21El remanente volverá, el remanente de Jacob volverá al Dios fuerte.

22Porque si tu pueblo, oh Israel, fuere como las arenas del mar, el remanente de él volverá; la destrucción acordada rebosará justicia.

23Pues el Señor, Jehová de los ejércitos, hará consumación ya determinada en medio de la tierra.

24Por tanto el Señor, Jehová de los ejércitos, dice así: Pueblo mío, morador de Sion, no temas de Asiria. Con vara te herirá, y contra ti alzará su palo, a la manera de Egipto; 25mas de aquí a muy poco tiempo se acabará mi furor y mi enojo, para destrucción de ellos.

26Y levantará Jehová de los ejércitos azote contra él como la matanza de Madián en la peña de Oreb, y alzará su vara sobre el mar como hizo por la vía de Egipto.

27Acontecerá en aquel tiempo que su carga será quitada de tu hombro, y su yugo de tu cerviz, y el yugo se pudrirá a causa de la unción.

14As one reaches into a nest,
    so my hand reached for the wealth of the
        nations;
as men gather abandoned eggs,
    so I gathered all the countries;
not one flapped a wing,
    or opened its mouth to chirp.' "

15Does the ax raise itself above him who swings it,
    or the saw boast against him who uses it?
As if a rod were to wield him who lifts it up,
    or a club brandish him who is not wood!

16Therefore, the Lord, the LORD Almighty,
    will send a wasting disease upon his sturdy
        warriors;
under his pomp a fire will be kindled
    like a blazing flame.

17The Light of Israel will become a fire,
    their Holy One a flame;
in a single day it will burn and consume
    his thorns and his briers.

18The splendor of his forests and fertile fields
    it will completely destroy,
    as when a sick man wastes away.

19And the remaining trees of his forests will be so
        few
    that a child could write them down.

The Remnant of Israel

20In that day the remnant of Israel,
    the survivors of the house of Jacob,
will no longer rely on him
    who struck them down
but will truly rely on the LORD,
    the Holy One of Israel.

21A remnant will return,b a remnant of Jacob
    will return to the Mighty God.

22Though your people, O Israel, be like the sand by
        the sea,
    only a remnant will return.
Destruction has been decreed,
    overwhelming and righteous.

23The Lord, the LORD Almighty, will carry out
    the destruction decreed upon the whole land.

24Therefore, this is what the Lord, the LORD Almighty, says:

"O my people who live in Zion,
    do not be afraid of the Assyrians,
who beat you with a rod
    and lift up a club against you, as Egypt did.

25Very soon my anger against you will end
    and my wrath will be directed to their
        destruction."

26The LORD Almighty will lash them with a whip,
    as when he struck down Midian at the rock of
        Oreb;
and he will raise his staff over the waters,
    as he did in Egypt.

27In that day their burden will be lifted from your
        shoulders,
    their yoke from your neck;
the yoke will be broken
    because you have grown so fat.c

b21 Hebrew shear-jashub; also in verse 22   c27 Hebrew; Septuagint broken / from your shoulders

28 Vino hasta Ajat, pasó hasta Migrón; en Micmas contará su ejército.
29 Pasaron el vado; se alojaron en Geba; Ramá tembló; Gabaa de Saúl huyó.
30 Grita en alta voz, hija de Galim; haz que se oiga hacia Lais, pobrecilla Anatot.
31 Madmena se alborotó; los moradores de Gebim huyen.
32 Aún vendrá día cuando reposará en Nob; alzará su mano al monte de la hija de Sion, al collado de Jerusalén.

33 He aquí el Señor, Jehová de los ejércitos, desgajará el ramaje con violencia, y los árboles de gran altura serán cortados, y los altos serán humillados.
34 Y cortará con hierro la espesura del bosque, y el Líbano caerá con estruendo.

Reinado justo del Mesías

11 1 Saldrá una vara del tronco de Isaí, y un vástago retoñará de sus raíces.
2 Y reposará sobre él el Espíritu de Jehová; espíritu de sabiduría y de inteligencia, espíritu de consejo y de poder, espíritu de conocimiento y de temor de Jehová.
3 Y le hará entender diligente en el temor de Jehová. No juzgará según la vista de sus ojos, ni argüirá por lo que oigan sus oídos;
4 sino que juzgará con justicia a los pobres, y argüirá con equidad por los mansos de la tierra; y herirá la tierra con la vara de su boca, y con el espíritu de sus labios matará al impío.
5 Y será la justicia cinto de sus lomos, y la fidelidad ceñidor de su cintura.
6 Morará el lobo con el cordero, y el leopardo con el cabrito se acostará; el becerro y el león y la bestia doméstica andarán juntos, y un niño los pastoreará.
7 La vaca y la osa pacerán, sus crías se echarán juntas; y el león como el buey comerá paja.
8 Y el niño de pecho jugará sobre la cueva del áspid, y el recién destetado extenderá su mano sobre la caverna de la víbora.
9 No harán mal ni dañarán en todo mi santo monte; porque la tierra será llena del conocimiento de Jehová, como las aguas cubren el mar.
10 Acontecerá en aquel tiempo que la raíz de Isaí, la cual estará puesta por pendón a los pueblos, será buscada por las gentes; y su habitación será gloriosa.

28 They enter Aiath;
    they pass through Migron;
    they store supplies at Micmash.
29 They go over the pass, and say,
    "We will camp overnight at Geba."
Ramah trembles;
    Gibeah of Saul flees.
30 Cry out, O Daughter of Gallim!
    Listen, O Laishah!
    Poor Anathoth!
31 Madmenah is in flight;
    the people of Gebim take cover.
32 This day they will halt at Nob;
    they will shake their fist
at the mount of the Daughter of Zion,
    at the hill of Jerusalem.

33 See, the Lord, the LORD Almighty,
    will lop off the boughs with great power.
The lofty trees will be felled,
    the tall ones will be brought low.
34 He will cut down the forest thickets with an ax;
    Lebanon will fall before the Mighty One.

The Branch From Jesse

11 A shoot will come up from the stump of Jesse;
    from his roots a Branch will bear fruit.
2 The Spirit of the LORD will rest on him—
    the Spirit of wisdom and of understanding,
    the Spirit of counsel and of power,
    the Spirit of knowledge and of the fear of the
    LORD—
3 and he will delight in the fear of the LORD.

He will not judge by what he sees with his eyes,
    or decide by what he hears with his ears;
4 but with righteousness he will judge the needy,
    with justice he will give decisions for the poor
        of the earth.
He will strike the earth with the rod of his
        mouth;
    with the breath of his lips he will slay the
        wicked.
5 Righteousness will be his belt
    and faithfulness the sash around his waist.

6 The wolf will live with the lamb,
    the leopard will lie down with the goat,
the calf and the lion and the yearling^d together;
    and a little child will lead them.
7 The cow will feed with the bear,
    their young will lie down together,
    and the lion will eat straw like the ox.
8 The infant will play near the hole of the cobra,
    and the young child put his hand into the
        viper's nest.
9 They will neither harm nor destroy
    on all my holy mountain,
for the earth will be full of the knowledge of the
    LORD
        as the waters cover the sea.

10 In that day the Root of Jesse will stand as a banner for the peoples; the nations will rally to him, and his place of rest will be glorious. 11 In that day the Lord will

---

d 6 Hebrew; Septuagint *lion will feed*

11 Asimismo acontecerá en aquel tiempo, que Jehová alzará otra vez su mano para recobrar el remanente de su pueblo que aún quede en Asiria, Egipto, Patros, Etiopía, Elam, Sinar y Hamat, y en las costas del mar.

12 Y levantará pendón a las naciones, y juntará los desterrados de Israel, y reunirá los esparcidos de Judá de los cuatro confines de la tierra.

13 Y se disipará la envidia de Efraín, y los enemigos de Judá serán destruidos. Efraín no tendrá envidia de Judá, ni Judá afligirá a Efraín;

14 sino que volarán sobre los hombros de los filisteos al occidente, saquearán también a los de oriente; Edom y Moab les servirán, y los hijos de Amón los obedecerán.

15 Y secará Jehová la lengua del mar de Egipto; y levantará su mano con el poder de su espíritu sobre el río, y lo herirá en sus siete brazos, y hará que pasen por él con sandalias.

16 Y habrá camino para el remanente de su pueblo, el que quedó de Asiria, de la manera que lo hubo para Israel el día que subió de la tierra de Egipto.

reach out his hand a second time to reclaim the remnant that is left of his people from Assyria, from Lower Egypt, from Upper Egypt,e from Cush,f from Elam, from Babylonia,g from Hamath and from the islands of the sea.

12 He will raise a banner for the nations
    and gather the exiles of Israel;
he will assemble the scattered people of Judah
    from the four quarters of the earth.
13 Ephraim's jealousy will vanish,
    and Judah's enemiesh will be cut off;
Ephraim will not be jealous of Judah,
    nor Judah hostile toward Ephraim.
14 They will swoop down on the slopes of Philistia
    to the west;
    together they will plunder the people to the
      east.
They will lay hands on Edom and Moab,
    and the Ammonites will be subject to them.
15 The LORD will dry up
    the gulf of the Egyptian sea;
with a scorching wind he will sweep his hand
    over the Euphrates River.i
He will break it up into seven streams
    so that men can cross over in sandals.
16 There will be a highway for the remnant of his
    people
    that is left from Assyria,
as there was for Israel
    when they came up from Egypt.

Cántico de acción de gracias

12 1 En aquel día dirás: Cantaré a ti, oh Jehová; pues aunque te enojaste contra mí, tu indignación se apartó, y me has consolado.

2 He aquí Dios es salvación mía; me aseguraré y no temeré; porque mi fortaleza y mi canción es JAH Jehová, quien ha sido salvación para mí.

3 Sacaréis con gozo aguas de las fuentes de la salvación.
4 Y diréis en aquel día: Cantad a Jehová, aclamad su nombre, haced célebres en los pueblos sus obras, recordad que su nombre es engrandecido.

5 Cantad salmos a Jehová, porque ha hecho cosas magníficas; sea sabido esto por toda la tierra.

6 Regocíjate y canta, oh moradora de Sion; porque grande es en medio de ti el Santo de Israel.

Songs of Praise

12 In that day you will say:

"I will praise you, O LORD.
    Although you were angry with me,
your anger has turned away
    and you have comforted me.
2 Surely God is my salvation;
    I will trust and not be afraid.
The LORD, the LORD, is my strength and my
      song;
    he has become my salvation."
3 With joy you will draw water
    from the wells of salvation.

4 In that day you will say:

"Give thanks to the LORD, call on his name;
    make known among the nations what he has
      done,
    and proclaim that his name is exalted.
5 Sing to the LORD, for he has done glorious things;
    let this be known to all the world.
6 Shout aloud and sing for joy, people of Zion,
    for great is the Holy One of Israel among
      you."

Profecía sobre Babilonia

13 1 Profecía sobre Babilonia, revelada a Isaías hijo de Amoz.

2 Levantad bandera sobre un alto monte; alzad la voz a ellos, alzad la mano, para que entren por puertas de príncipes.

A Prophecy Against Babylon

13 An oracle concerning Babylon that Isaiah son of Amoz saw:

2 Raise a banner on a bare hilltop,
    shout to them;
beckon to them
    to enter the gates of the nobles.

---

e11 Hebrew *from Pathros*   f11 That is, the upper Nile region
g11 Hebrew *Shinar*   h13 Or *hostility*   i15 Hebrew *the River*

3 Yo mandé a mis consagrados, asimismo llamé a mis valientes para mi ira, a los que se alegran con mi gloria.
4 Estruendo de multitud en los montes, como de mucho pueblo; estruendo de ruido de reinos, de naciones reunidas; Jehová de los ejércitos pasa revista a las tropas para la batalla.
5 Vienen de lejana tierra, de lo postrero de los cielos, Jehová y los instrumentos de su ira, para destruir toda la tierra.
6 Aullad, porque cerca está el día de Jehová; vendrá como asolamiento del Todopoderoso.
7 Por tanto, toda mano se debilitará, y desfallecerá todo corazón de hombre,
8 y se llenarán de terror; angustias y dolores se apoderarán de ellos; tendrán dolores como mujer de parto; se asombrará cada cual al mirar a su compañero; sus rostros, rostros de llamas.
9 He aquí el día de Jehová viene, terrible, y de indignación y ardor de ira, para convertir la tierra en soledad, y raer de ella a sus pecadores.
10 Por lo cual las estrellas de los cielos y sus luceros no darán su luz; y el sol se oscurecerá al nacer, y la luna no dará su resplandor.
11 Y castigaré al mundo por su maldad, y a los impíos por su iniquidad; y haré que cese la arrogancia de los soberbios, y abatiré la altivez de los fuertes.
12 Haré más precioso que el oro fino al varón, y más que el oro de Ofir al hombre.
13 Porque haré estremecer los cielos, y la tierra se moverá de su lugar, en la indignación de Jehová de los ejércitos, y en el día del ardor de su ira.
14 Y como gacela perseguida, y como oveja sin pastor, cada cual mirará hacia su pueblo, y cada uno huirá a su tierra.
15 Cualquiera que sea hallado será alanceado; y cualquiera que por ellos sea tomado, caerá a espada.
16 Sus niños serán estrellados delante de ellos; sus casas serán saqueadas, y violadas sus mujeres.
17 He aquí que yo despierto contra ellos a los medos, que no se ocuparán de la plata, ni codiciarán oro.
18 Con arco tirarán a los niños, y no tendrán misericordia del fruto del vientre, ni su ojo perdonará a los hijos.
19 Y Babilonia, hermosura de reinos y ornamento de la grandeza de los caldeos, será como Sodoma y Gomorra, a las que trastornó Dios.

3 I have commanded my holy ones;
I have summoned my warriors to carry out my wrath—
those who rejoice in my triumph.

4 Listen, a noise on the mountains,
like that of a great multitude!
Listen, an uproar among the kingdoms,
like nations massing together!
The LORD Almighty is mustering
an army for war.

5 They come from faraway lands,
from the ends of the heavens—
the LORD and the weapons of his wrath—
to destroy the whole country.

6 Wail, for the day of the LORD is near;
it will come like destruction from the
Almighty./

7 Because of this, all hands will go limp,
every man's heart will melt.

8 Terror will seize them,
pain and anguish will grip them;
they will writhe like a woman in labor.
They will look aghast at each other,
their faces aflame.

9 See, the day of the LORD is coming
—a cruel day, with wrath and fierce anger—
to make the land desolate
and destroy the sinners within it.

10 The stars of heaven and their constellations
will not show their light.
The rising sun will be darkened
and the moon will not give its light.

11 I will punish the world for its evil,
the wicked for their sins.
I will put an end to the arrogance of the haughty
and will humble the pride of the ruthless.

12 I will make man scarcer than pure gold,
more rare than the gold of Ophir.

13 Therefore I will make the heavens tremble;
and the earth will shake from its place
at the wrath of the LORD Almighty,
in the day of his burning anger.

14 Like a hunted gazelle,
like sheep without a shepherd,
each will return to his own people,
each will flee to his native land.

15 Whoever is captured will be thrust through;
all who are caught will fall by the sword.

16 Their infants will be dashed to pieces before their eyes;
their houses will be looted and their wives ravished.

17 See, I will stir up against them the Medes,
who do not care for silver
and have no delight in gold.

18 Their bows will strike down the young men;
they will have no mercy on infants
nor will they look with compassion on children.

19 Babylon, the jewel of kingdoms,
the glory of the Babylonians' k pride,
will be overthrown by God
like Sodom and Gomorrah.

j6 Hebrew Shaddai   k19 Or Chaldeans'

20 Nunca más será habitada, ni se morará en ella de generación en generación; ni levantará allí tienda el árabe, ni pastores tendrán allí majada.
21 sino que dormirán allí las fieras del desierto, y sus casas se llenarán de hurones; allí habitarán avestruces, y allí saltarán las cabras salvajes.
22 En sus palacios aullarán hienas, y chacales en sus casas de deleite; y cercano a llegar está su tiempo, y sus días no se alargarán.

Escarnio contra el rey de Babilonia

14 1 Porque Jehová tendrá piedad de Jacob, y todavía escogerá a Israel, y lo hará reposar en su tierra; y a ellos se unirán extranjeros, y se juntarán a la familia de Jacob.
2 Y los tomarán los pueblos, y los traerán a su lugar; y la casa de Israel los poseerá por siervos y criadas en la tierra de Jehová; y cautivarán a los que los cautivaron, y señorearán sobre los que los oprimieron.
3 Y en el día que Jehová te dé reposo de tu trabajo y de tu temor, y de la dura servidumbre en que te hicieron servir,
4 pronunciarás este proverbio contra el rey de Babilonia, y dirás: ¡Cómo paró el opresor, cómo acabó la ciudad codiciosa de oro!
5 Quebrantó Jehová el báculo de los impíos, el cetro de los señores;
6 el que hería a los pueblos con furor, con llaga permanente, el que se enseñoreaba de las naciones con ira, y las perseguía con crueldad.
7 Toda la tierra está en reposo y en paz; se cantaron alabanzas.
8 Aun los cipreses se regocijaron a causa de ti, y los cedros del Líbano, diciendo: Desde que tú pereciste, no ha subido cortador contra nosotros.
9 El Seol abajo se espantó de ti; despertó muertos que en tu venida saliesen a recibirte, hizo levantar de sus sillas a todos los príncipes de la tierra, a todos los reyes de las naciones.
10 Todos ellos darán voces, y te dirán: ¿Tú también te debilitaste como nosotros, y llegaste a ser como nosotros?
11 Descendió al Seol tu soberbia, y el sonido de tus arpas; gusanos serán tu cama, y gusanos te cubrirán.

20 She will never be inhabited
    or lived in through all generations;
no Arab will pitch his tent there,
    no shepherd will rest his flocks there.
21 But desert creatures will lie there,
    jackals will fill her houses;
there the owls will dwell,
    and there the wild goats will leap about.
22 Hyenas will howl in her strongholds,
    jackals in her luxurious palaces.
Her time is at hand,
    and her days will not be prolonged.

14 The LORD will have compassion on Jacob;
    once again he will choose Israel
    and will settle them in their own land.
Aliens will join them
    and unite with the house of Jacob.
2 Nations will take them
    and bring them to their own place.
And the house of Israel will possess the nations
    as menservants and maidservants in the LORD's land.
They will make captives of their captors
    and rule over their oppressors.

3 On the day the LORD gives you relief from suffering and turmoil and cruel bondage, 4 you will take up this taunt against the king of Babylon:

How the oppressor has come to an end!
    How his fury[l] has ended!
5 The LORD has broken the rod of the wicked,
    the scepter of the rulers,
6 which in anger struck down peoples
    with unceasing blows,
and in fury subdued nations
    with relentless aggression.
7 All the lands are at rest and at peace;
    they break into singing.
8 Even the pine trees and the cedars of Lebanon
    exult over you and say,
"Now that you have been laid low,
    no woodsman comes to cut us down."

9 The grave[m] below is all astir
    to meet you at your coming;
it rouses the spirits of the departed to greet
        you—
all those who were leaders in the world;
it makes them rise from their thrones—
all those who were kings over the nations.
10 They will all respond,
    they will say to you,
"You also have become weak, as we are;
    you have become like us."
11 All your pomp has been brought down to the grave,
    along with the noise of your harps;
maggots are spread out beneath you
    and worms cover you.

---

l 4 Dead Sea Scrolls, Septuagint and Syriac; the meaning of the word in the Masoretic Text is uncertain.   *m 9* Hebrew *Sheol*; also in verses 11 and 15

12 ¡Cómo caíste del cielo, oh Lucero, hijo de la mañana! Cortado fuiste por tierra, tú que debilitabas a las naciones. 13 Tú que decías en tu corazón: Subiré al cielo; en lo alto, junto a las estrellas de Dios, levantaré mi trono, y en el monte del testimonio me sentaré, a los lados del norte; 14 sobre las alturas de las nubes subiré, y seré semejante al Altísimo. 15 Mas tú derribado eres hasta el Seol, a los lados del abismo. 16 Se inclinarán hacia ti los que te vean, te contemplarán, diciendo: ¿Es éste aquel varón que hacía temblar la tierra, que trastornaba los reinos; 17 que puso el mundo como un desierto, que asoló sus ciudades, que a sus presos nunca abrió la cárcel? 18 Todos los reyes de las naciones, todos ellos yacen con honra cada uno en su morada; 19 pero tú echado eres de tu sepulcro como vástago abominable, como vestido de muertos pasados a espada, que descendieron al fondo de la sepultura; como cuerpo muerto hollado. 20 No serás contado con ellos en la sepultura; porque tú destruiste tu tierra, mataste a tu pueblo. No será nombrada para siempre la descendencia de los malignos.

21 Preparad sus hijos para el matadero, por la maldad de sus padres; no se levanten, ni posean la tierra, ni llenen de ciudades la faz del mundo. 22 Porque yo me levantaré contra ellos, dice Jehová de los ejércitos, y raeré de Babilonia el nombre y el remanente, hijo y nieto, dice Jehová. 23 Y la convertiré en posesión de erizos, y en lagunas de agua; y la barreré con escobas de destrucción, dice Jehová de los ejércitos.

Asiria será destruida

24 Jehová de los ejércitos juró diciendo: Ciertamente se hará de la manera que lo he pensado, y será confirmado como lo he determinado; 25 que quebrantaré al asirio en mi tierra, y en mis montes lo hollaré; y su yugo será apartado de ellos, y su carga será quitada de su hombro. 26 Este es el consejo que está acordado sobre toda la tierra, y esta, la mano extendida sobre todas las naciones.

12 How you have fallen from heaven,
　O morning star, son of the dawn!
You have been cast down to the earth,
　you who once laid low the nations!
13 You said in your heart,
　"I will ascend to heaven;
I will raise my throne
　above the stars of God;
I will sit enthroned on the mount of assembly,
　on the utmost heights of the sacred
　　mountain.ⁿ
14 I will ascend above the tops of the clouds;
　I will make myself like the Most High."
15 But you are brought down to the grave,
　to the depths of the pit.

16 Those who see you stare at you,
　they ponder your fate:
"Is this the man who shook the earth
　and made kingdoms tremble,
17 the man who made the world a desert,
　who overthrew its cities
　and would not let his captives go home?"
18 All the kings of the nations lie in state,
　each in his own tomb.
19 But you are cast out of your tomb
　like a rejected branch;
you are covered with the slain,
　with those pierced by the sword,
　those who descend to the stones of the pit.
Like a corpse trampled underfoot,
20 　you will not join them in burial,
for you have destroyed your land
　and killed your people.

The offspring of the wicked
　will never be mentioned again.
21 Prepare a place to slaughter his sons
　for the sins of their forefathers;
they are not to rise to inherit the land
　and cover the earth with their cities.

22 "I will rise up against them,"
　declares the LORD Almighty.
"I will cut off from Babylon her name and
　survivors,
　her offspring and descendants,"
　　　　　　　　declares the LORD.
23 "I will turn her into a place for owls
　and into swampland;
I will sweep her with the broom of destruction,"
　declares the LORD Almighty.

A Prophecy Against Assyria

24 The LORD Almighty has sworn,

"Surely, as I have planned, so it will be,
　and as I have purposed, so it will stand.
25 I will crush the Assyrian in my land;
　on my mountains I will trample him down.
His yoke will be taken from my people,
　and his burden removed from their shoulders."

26 This is the plan determined for the whole world;
　this is the hand stretched out over all nations.

ⁿ13 Or the north; Hebrew Zaphon

27Porque Jehová de los ejércitos lo ha determinado, ¿y quién lo impedirá? Y su mano extendida, ¿quién la hará retroceder?

Profecía sobre Filistea

28En el año que murió el rey Acaz fue esta profecía: 29No te alegres tú, Filistea toda, por haberse quebrado la vara del que te hería; porque de la raíz de la culebra saldrá áspid, y su fruto, serpiente voladora.

30Y los primogénitos de los pobres serán apacentados, y los menesterosos se acostarán confiados; mas yo haré morir de hambre tu raíz, y destruiré lo que de ti quedare. 31Aúlla, oh puerta; clama, oh ciudad; disuelta estás toda tú, Filistea; porque humo vendrá del norte, no quedará uno solo en sus asambleas.

32¿Y qué se responderá a los mensajeros de las naciones? Que Jehová fundó a Sion, y que a ella se acogerán los afligidos de su pueblo.

Profecía sobre Moab

15 1Profecía sobre Moab. Cierto, de noche fue destruida Ar de Moab, puesta en silencio. Cierto, de noche fue destruida Kir de Moab, reducida a silencio. 2Subió a Bayit y a Dibón, lugares altos, a llorar; sobre Nebo y sobre Medeba aullará Moab; toda cabeza de ella será rapada, y toda barba rasurada. 3Se ceñirán de cilicio en sus calles; en sus terrados y en sus plazas aullarán todos, deshaciéndose en llanto. 4Hesbón y Eleale gritarán, hasta Jahaza se oirá su voz; por lo que aullarán los guerreros de Moab, se lamentará el alma de cada uno dentro de él. 5Mi corazón dará gritos por Moab; sus fugitivos huirán hasta Zoar, como novilla de tres años. Por la cuesta de Luhit subirán llorando, y levantarán grito de quebrantamiento por el camino de Horonaim. 6Las aguas de Nimrim serán consumidas, y se secará la hierba, se marchitarán los retoños, todo verdor perecerá. 7Por tanto, las riquezas que habrán adquirido, y las que habrán reservado, las llevarán al torrente de los sauces. 8Porque el llanto rodeó los límites de Moab; hasta Eglaim llegó su alarido, y hasta Beer-elim su clamor.

27For the Lord Almighty has purposed, and who can thwart him?
His hand is stretched out, and who can turn it back?

A Prophecy Against the Philistines

28This oracle came in the year King Ahaz died:

29Do not rejoice, all you Philistines,
    that the rod that struck you is broken;
from the root of that snake will spring up a viper,
    its fruit will be a darting, venomous serpent.
30The poorest of the poor will find pasture,
    and the needy will lie down in safety.
But your root I will destroy by famine;
    it will slay your survivors.

31Wail, O gate! Howl, O city!
    Melt away, all you Philistines!
A cloud of smoke comes from the north,
    and there is not a straggler in its ranks.
32What answer shall be given
    to the envoys of that nation?
"The Lord has established Zion,
    and in her his afflicted people will find refuge."

A Prophecy Against Moab

15 An oracle concerning Moab:

Ar in Moab is ruined,
    destroyed in a night!
Kir in Moab is ruined,
    destroyed in a night!
2Dibon goes up to its temple,
    to its high places to weep;
Moab wails over Nebo and Medeba.
Every head is shaved
    and every beard cut off.
3In the streets they wear sackcloth;
    on the roofs and in the public squares
they all wail,
    prostrate with weeping.
4Heshbon and Elealeh cry out,
    their voices are heard all the way to Jahaz.
Therefore the armed men of Moab cry out,
    and their hearts are faint.

5My heart cries out over Moab;
    her fugitives flee as far as Zoar,
    as far as Eglath Shelishiyah.
They go up the way to Luhith,
    weeping as they go;
on the road to Horonaim
    they lament their destruction.
6The waters of Nimrim are dried up
    and the grass is withered;
the vegetation is gone
    and nothing green is left.
7So the wealth they have acquired and stored up
    they carry away over the Ravine of the Poplars.
8Their outcry echoes along the border of Moab;
    their wailing reaches as far as Eglaim,
    their lamentation as far as Beer Elim.

9 Y las aguas de Dimón se llenarán de sangre; porque yo traeré sobre Dimón males mayores, leones a los que escaparen de Moab, y a los sobrevivientes de la tierra.

16

1 Enviad cordero al señor de la tierra, desde Sela del desierto al monte de la hija de Sion.

2 Y cual ave espantada que huye de su nido, así serán las hijas de Moab en los vados de Arnón.

3 Reúne consejo, haz juicio; pon tu sombra en medio del día como la noche; esconde a los desterrados, no entregues a los que andan errantes.

4 Moren contigo mis desterrados, oh Moab; sé para ellos escondedero de la presencia del devastador; porque el atormentador fenecerá, el devastador tendrá fin, el pisoteador será consumido de sobre la tierra.

5 Y se dispondrá el trono en misericordia; y sobre él se sentará firmemente, en el tabernáculo de David, quien juzgue y busque el juicio, y apresure la justicia.

6 Hemos oído la soberbia de Moab; muy grandes son su soberbia, su arrogancia y su altivez; pero sus mentiras no serán firmes.

7 Por tanto, aullará Moab, todo él aullará; gemiréis en gran manera abatidos, por las tortas de uvas de Kirhareset.

8 Porque los campos de Hesbón fueron talados, y las vides de Sibma; señores de naciones pisotearon sus generosos sarmientos; habían llegado hasta Jazer, y se habían extendido por el desierto; se extendieron sus plantas, pasaron el mar.

9 Por lo cual lamentaré con lloro de Jazer por la viña de Sibma; te regaré con mis lágrimas, oh Hesbón y Eleale; porque sobre tus cosechas y sobre tu siega caerá el grito de guerra.

10 Quitado es el gozo y la alegría del campo fértil; en las viñas no cantarán, ni se regocijarán; no pisará vino en los lagares el pisador; he hecho cesar el grito del lagarero.

11 Por tanto, mis entrañas vibrarán como arpa por Moab, y mi corazón por Kir-hareset.

12 Y cuando apareciere Moab cansado sobre los lugares altos, cuando venga a su santuario a orar, no le valdrá.

9 Dimon's o waters are full of blood,
but I will bring still more upon Dimon o—
a lion upon the fugitives of Moab
and upon those who remain in the land.

16

Send lambs as tribute
to the ruler of the land,
from Sela, across the desert,
to the mount of the Daughter of Zion.

2 Like fluttering birds
pushed from the nest,
so are the women of Moab
at the fords of the Arnon.

3 "Give us counsel,
render a decision.
Make your shadow like night—
at high noon.
Hide the fugitives,
do not betray the refugees.
4 Let the Moabite fugitives stay with you;
be their shelter from the destroyer."

The oppressor will come to an end,
and destruction will cease;
the aggressor will vanish from the land.
5 In love a throne will be established;
in faithfulness a man will sit on it—
one from the house p of David—
one who in judging seeks justice
and speeds the cause of righteousness.

6 We have heard of Moab's pride—
her overweening pride and conceit,
her pride and her insolence—
but her boasts are empty.
7 Therefore the Moabites wail,
they wail together for Moab.
Lament and grieve
for the men q of Kir Hareseth.
8 The fields of Heshbon wither,
the vines of Sibmah also.
The rulers of the nations
have trampled down the choicest vines,
which once reached Jazer
and spread toward the desert.
Their shoots spread out
and went as far as the sea.
9 So I weep, as Jazer weeps,
for the vines of Sibmah.
O Heshbon, O Elealeh,
I drench you with tears!
The shouts of joy over your ripened fruit
and over your harvests have been stilled.
10 Joy and gladness are taken away from the
orchards;
no one sings or shouts in the vineyards;
no one treads out wine at the presses,
for I have put an end to the shouting.
11 My heart laments for Moab like a harp,
my inmost being for Kir Hareseth.
12 When Moab appears at her high place,
she only wears herself out;
when she goes to her shrine to pray,
it is to no avail.

o 9 Masoretic Text; Dead Sea Scrolls, some Septuagint manuscripts and Vulgate *Dibon*   p 5 Hebrew *tent*   q 7 Or *"raisin cakes,"* a wordplay

13Esta es la palabra que pronunció Jehová sobre Moab desde aquel tiempo;
14pero ahora Jehová ha hablado, diciendo: Dentro de tres años, como los años de un jornalero, será abatida la gloria de Moab, con toda su gran multitud; y los sobrevivientes serán pocos, pequeños y débiles.

Profecía sobre Damasco

17 1Profecía sobre Damasco. He aquí que Damasco dejará de ser ciudad, y será montón de ruinas.
2Las ciudades de Aroer están desamparadas, en majadas se convertirán; dormirán allí, y no habrá quien los espante.
3Y cesará el socorro de Efraín, y el reino de Damasco; y lo que quede de Siria será como la gloria de los hijos de Israel, dice Jehová de los ejércitos.

Juicio sobre Israel

4En aquel tiempo la gloria de Jacob se atenuará, y se enflaquecerá la grosura de su carne.
5Y será como cuando el segador recoge la mies, y con su brazo siega las espigas; será también como el que recoge espigas en el valle de Refaim.
6Y quedarán en él rebuscos, como cuando sacuden el olivo; dos o tres frutos en la punta de la rama, cuatro o cinco en sus ramas más fructíferas, dice Jehová Dios de Israel.
7En aquel día mirará el hombre a su Hacedor, y sus ojos contemplarán al Santo de Israel.
8Y no mirará a los altares que hicieron sus manos, ni mirará a lo que hicieron sus dedos, ni a los símbolos de Asera, ni a las imágenes del sol.
9En aquel día sus ciudades fortificadas serán como los frutos que quedan en los renuevos y en las ramas, los cuales fueron dejados a causa de los hijos de Israel; y habrá desolación.
10Porque te olvidaste del Dios de tu salvación, y no te acordaste de la roca de tu refugio; por tanto, sembrarás plantas hermosas, y plantarás sarmiento extraño.
11El día que las plantes, las harás crecer, y harás que su simiente brote de mañana; pero la cosecha será arrebatada en el día de la angustia, y del dolor desesperado.
12¡Ay! multitud de muchos pueblos que harán ruido como estruendo del mar, y murmullo de naciones que harán alboroto como bramido de muchas aguas.
13Los pueblos harán estrépito como de ruido de muchas aguas; pero Dios los reprenderá, y huirán lejos; serán ahuyentados como el tamo de los montes delante del viento, y como el polvo delante del torbellino.

13This is the word the LORD has already spoken concerning Moab. 14But now the LORD says: "Within three years, as a servant bound by contract would count them, Moab's splendor and all her many people will be despised, and her survivors will be very few and feeble."

An Oracle Against Damascus

17 An oracle concerning Damascus:

"See, Damascus will no longer be a city
  but will become a heap of ruins.
2The cities of Aroer will be deserted
  and left to flocks, which will lie down,
  with no one to make them afraid.
3The fortified city will disappear from Ephraim,
  and royal power from Damascus;
the remnant of Aram will be
  like the glory of the Israelites,"
          declares the LORD Almighty.

4"In that day the glory of Jacob will fade;
  the fat of his body will waste away.
5It will be as when a reaper gathers the standing grain
  and harvests the grain with his arm—
as when a man gleans heads of grain
  in the Valley of Rephaim.
6Yet some gleanings will remain,
  as when an olive tree is beaten,
leaving two or three olives on the topmost branches,
  four or five on the fruitful boughs,"
          declares the LORD, the God of Israel.

7In that day men will look to their Maker
  and turn their eyes to the Holy One of Israel.
8They will not look to the altars,
  the work of their hands,
and they will have no regard for the Asherah poles[r]
  and the incense altars their fingers have made.

9In that day their strong cities, which they left because of the Israelites, will be like places abandoned to thickets and undergrowth. And all will be desolation.

10You have forgotten God your Savior;
  you have not remembered the Rock, your fortress.
Therefore, though you set out the finest plants
  and plant imported vines,
11though on the day you set them out, you make them grow,
  and on the morning when you plant them,
  you bring them to bud,
yet the harvest will be as nothing
  in the day of disease and incurable pain.

12Oh, the raging of many nations—
  they rage like the raging sea!
Oh, the uproar of the peoples—
  they roar like the roaring of great waters!
13Although the peoples roar like the roar of surging waters,
  when he rebukes them they flee far away,
driven before the wind like chaff on the hills,
  like tumbleweed before a gale.

r8 That is, symbols of the goddess Asherah

14Al tiempo de la tarde, he aquí la turbación, pero antes de la mañana el enemigo ya no existe. Esta es la parte de los que nos aplastan, y la suerte de los que nos saquean.

Profecía sobre Etiopía

18 1¡Ay de la tierra que hace sombra con las alas, que está tras los ríos de Etiopía;
2que envía mensajeros por el mar, y en naves de junco sobre las aguas! Andad, mensajeros veloces, a la nación de elevada estatura y tez brillante, al pueblo temible desde su principio y después, gente fuerte y conquistadora, cuya tierra es surcada por ríos.
3Vosotros, todos los moradores del mundo y habitantes de la tierra, cuando se levante bandera en los montes, mirad; y cuando se toque trompeta, escuchad.
4Porque Jehová me dijo así: Me estaré quieto, y los miraré desde mi morada, como sol claro después de la lluvia, como nube de rocío en el calor de la siega.
5Porque antes de la siega, cuando el fruto sea perfecto, y pasada la flor se maduren los frutos, entonces podará con podaderas las ramitas, y cortará y quitará las ramas.
6Y serán dejados todos para las aves de los montes y para las bestias de la tierra; sobre ellos tendrán el verano las aves, e invernarán todas las bestias de la tierra.
7En aquel tiempo será traída ofrenda a Jehová de los ejércitos, del pueblo de elevada estatura y tez brillante, del pueblo temible desde su principio y después, gente fuerte y conquistadora, cuya tierra es surcada por ríos, al lugar del nombre de Jehová de los ejércitos, al monte de Sion.

Profecía sobre Egipto

19 1Profecía sobre Egipto. He aquí que Jehová monta sobre una ligera nube, y entrará en Egipto; y los ídolos de Egipto temblarán delante de él, y desfallecerá el corazón de los egipcios dentro de ellos.
2Levantaré egipcios contra egipcios, y cada uno peleará contra su hermano, cada uno contra su prójimo; ciudad contra ciudad, y reino contra reino.
3Y el espíritu de Egipto se desvanecerá en medio de él, y destruiré su consejo; y preguntarán a sus imágenes, a sus hechiceros, a sus evocadores y a sus adivinos.

A Prophecy Against Cush

14In the evening, sudden terror!
　Before the morning, they are gone!
This is the portion of those who loot us,
　the lot of those who plunder us.

18 Woe to the land of whirring wings*s*
　along the rivers of Cush,*t*
2which sends envoys by sea
　in papyrus boats over the water.

Go, swift messengers,
to a people tall and smooth-skinned,
　to a people feared far and wide,
an aggressive nation of strange speech,
　whose land is divided by rivers.

3All you people of the world,
　you who live on the earth,
when a banner is raised on the mountains,
　you will see it,
and when a trumpet sounds,
　you will hear it.
4This is what the LORD says to me:
　"I will remain quiet and will look on from my
　　　dwelling place,
like shimmering heat in the sunshine,
　like a cloud of dew in the heat of harvest."
5For, before the harvest, when the blossom is
　　　gone
　and the flower becomes a ripening grape,
he will cut off the shoots with pruning knives,
　and cut down and take away the spreading
　　　branches.
6They will all be left to the mountain birds of prey
　and to the wild animals;
the birds will feed on them all summer,
　the wild animals all winter.

7At that time gifts will be brought to the LORD Almighty

from a people tall and smooth-skinned,
　from a people feared far and wide,
an aggressive nation of strange speech,
　whose land is divided by rivers—

the gifts will be brought to Mount Zion, the place of the Name of the LORD Almighty.

A Prophecy About Egypt

19 An oracle concerning Egypt:

See, the LORD rides on a swift cloud
　and is coming to Egypt.
The idols of Egypt tremble before him,
　and the hearts of the Egyptians melt within
　　　them.

2"I will stir up Egyptian against Egyptian—
　brother will fight against brother,
　neighbor against neighbor,
　city against city,
　kingdom against kingdom.
3The Egyptians will lose heart,
　and I will bring their plans to nothing;
they will consult the idols and the spirits of the
　　　dead,
　the mediums and the spiritists.

s1 Or *of locusts*　*t1* That is, the upper Nile region

4Y entregaré a Egipto en manos de señor duro, y rey violento se enseñoreará de ellos, dice el Señor, Jehová de los ejércitos.

5Y las aguas del mar faltarán, y el río se agotará y secará.

6Y se alejarán los ríos, se agotarán y secarán las corrientes de los fosos; la caña y el carrizo serán cortados.

7La pradera de junto al río, de junto a la ribera del río, y toda sementera del río, se secarán, se perderán, y no serán más.

8Los pescadores también se entristecerán; harán duelo todos los que echan anzuelo en el río, y desfallecerán los que extienden red sobre las aguas.

9Los que labran lino fino y los que tejen redes serán confundidos,

10porque todas sus redes serán rotas; y se entristecerán todos los que hacen viveros para peces.

11Ciertamente son necios los príncipes de Zoán; el consejo de los prudentes consejeros de Faraón se ha desvanecido. ¿Cómo diréis a Faraón: Yo soy hijo de los sabios, e hijo de los reyes antiguos?

12¿Dónde están ahora aquellos tus sabios? Que te digan ahora, o te hagan saber qué es lo que Jehová de los ejércitos ha determinado sobre Egipto.

13Se han desvanecido los príncipes de Zoán, se han engañado los príncipes de Menfis; engañaron a Egipto los que son la piedra angular de sus familias.

14Jehová mezcló espíritu de vértigo en medio de él; e hicieron errar a Egipto en toda su obra, como tambalea el ebrio en su vómito.

15Y no aprovechará a Egipto cosa que haga la cabeza o la cola, la rama o el junco.

16En aquel día los egipcios serán como mujeres; porque se asombrarán y temerán en la presencia de la mano alta de Jehová de los ejércitos, que él levantará contra ellos.

17Y la tierra de Judá será de espanto a Egipto; todo hombre que de ella se acordare temerá por causa del consejo que Jehová de los ejércitos acordó sobre aquél.

18En aquel tiempo habrá cinco ciudades en la tierra de Egipto que hablen la lengua de Canaán, y que juren por Jehová de los ejércitos; una será llamada la ciudad de Herez.

19En aquel tiempo habrá altar para Jehová en medio de la tierra de Egipto, y monumento a Jehová junto a su frontera.

20Y será por señal y por testimonio a Jehová de los ejércitos en la tierra de Egipto; porque clamarán a Jehová a causa de sus opresores, y él les enviará salvador y príncipe que los libre.

21Y Jehová será conocido de Egipto, y los de Egipto conocerán a Jehová en aquel día, y harán sacrificio y oblación; y harán votos a Jehová, y los cumplirán.

4I will hand the Egyptians over
   to the power of a cruel master,
and a fierce king will rule over them,"
   declares the Lord, the Lord Almighty.

5The waters of the river will dry up,
   and the riverbed will be parched and dry.
6The canals will stink;
   the streams of Egypt will dwindle and dry up.
The reeds and rushes will wither,
7   also the plants along the Nile,
   at the mouth of the river.
Every sown field along the Nile
   will become parched, will blow away and be
     no more.
8The fishermen will groan and lament,
   all who cast hooks into the Nile;
those who throw nets on the water
   will pine away.
9Those who work with combed flax will despair,
   the weavers of fine linen will lose hope.
10The workers in cloth will be dejected,
   and all the wage earners will be sick at heart.

11The officials of Zoan are nothing but fools;
   the wise counselors of Pharaoh give senseless
     advice.
How can you say to Pharaoh,
   "I am one of the wise men,
   a disciple of the ancient kings"?

12Where are your wise men now?
   Let them show you and make known
what the Lord Almighty
   has planned against Egypt.
13The officials of Zoan have become fools,
   the leaders of Memphisᵘ are deceived;
the cornerstones of her peoples
   have led Egypt astray.
14The Lord has poured into them
   a spirit of dizziness;
they make Egypt stagger in all that she does,
   as a drunkard staggers around in his vomit.
15There is nothing Egypt can do—
   head or tail, palm branch or reed.

16In that day the Egyptians will be like women. They will shudder with fear at the uplifted hand that the Lord Almighty raises against them. 17And the land of Judah will bring terror to the Egyptians; everyone to whom Judah is mentioned will be terrified, because of what the Lord Almighty is planning against them.

18In that day five cities in Egypt will speak the language of Canaan and swear allegiance to the Lord Almighty. One of them will be called the City of Destruction.ᵛ

19In that day there will be an altar to the Lord in the heart of Egypt, and a monument to the Lord at its border. 20It will be a sign and witness to the Lord Almighty in the land of Egypt. When they cry out to the Lord because of their oppressors, he will send them a savior and defender, and he will rescue them. 21So the Lord will make himself known to the Egyptians, and in that day they will acknowledge the Lord. They will worship with sacrifices and grain offerings; they will make vows to the Lord and keep them.

ᵘ13 Hebrew *Noph*   ᵛ18 Most manuscripts of the Masoretic Text; some manuscripts of the Masoretic Text, Dead Sea Scrolls and Vulgate *City of the Sun* (that is, Heliopolis)

22 Y herirá Jehová a Egipto; herirá y sanará, y se convertirán a Jehová, y les será clemente y los sanará.

23 En aquel tiempo habrá una calzada de Egipto a Asiria, y asirios entrarán en Egipto, y egipcios en Asiria; y los egipcios servirán con los asirios a Jehová.

24 En aquel tiempo Israel será tercero con Egipto y con Asiria para bendición en medio de la tierra;

25 porque Jehová de los ejércitos los bendecirá diciendo: Bendito el pueblo mío Egipto, y el asirio obra de mis manos, e Israel mi heredad.

Predicción de la conquista de Egipto y de Etiopía por Asiria

20 1 En el año que vino el Tartán a Asdod, cuando lo envió Sargón rey de Asiria, y peleó contra Asdod y la tomó;

2 en aquel tiempo habló Jehová por medio de Isaías hijo de Amoz, diciendo: Vé y quita el cilicio de tus lomos, y descalza las sandalias de tus pies. Y lo hizo así, andando desnudo y descalzo.

3 Y dijo Jehová: De la manera que anduvo mi siervo Isaías desnudo y descalzo tres años, por señal y pronóstico sobre Egipto y sobre Etiopía,

4 así llevará el rey de Asiria a los cautivos de Egipto y los deportados de Etiopía, a jóvenes y a ancianos, desnudos y descalzos, y descubiertas las nalgas para vergüenza de Egipto.

5 Y se turbarán y avergonzarán de Etiopía su esperanza, y de Egipto su gloria.

6 Y dirá en aquel día el morador de esta costa: Mirad qué tal fue nuestra esperanza, a donde nos acogimos por socorro para ser libres de la presencia del rey de Asiria; ¿y cómo escaparemos nosotros?

Profecía sobre el desierto del mar

21 1 Profecía sobre el desierto del mar. Como torbellino del Neguev, así viene del desierto, de la tierra horrenda.

2 Visión dura me ha sido mostrada. El prevaricador prevarica, y el destructor destruye. Sube, oh Elam; sitia, oh Media. Todo su gemido hice cesar.

3 Por tanto, mis lomos se han llenado de dolor; angustias se apoderaron de mí, como angustias de mujer de parto; me agobié oyendo, y al ver me he espantado.

4 Se pasmó mi corazón, el horror me ha intimidado; la noche de mi deseo se me volvió en espanto.

5 Ponen la mesa, extienden tapices; comen, beben. ¡Levantaos, oh príncipes, ungid el escudo!

6 Porque el Señor me dijo así: Vé, pon centinela que haga saber lo que vea.

22 The LORD will strike Egypt with a plague; he will strike them and heal them. They will turn to the LORD, and he will respond to their pleas and heal them. 23 In that day there will be a highway from Egypt to Assyria. The Assyrians will go to Egypt and the Egyptians to Assyria. The Egyptians and Assyrians will worship together. 24 In that day Israel will be the third, along with Egypt and Assyria, a blessing on the earth. 25 The LORD Almighty will bless them, saying, "Blessed be Egypt my people, Assyria my handiwork, and Israel my inheritance."

A Prophecy Against Egypt and Cush

20 In the year that the supreme commander, sent by Sargon king of Assyria, came to Ashdod and attacked and captured it— 2 at that time the LORD spoke through Isaiah son of Amoz. He said to him, "Take off the sackcloth from your body and the sandals from your feet." And he did so, going around stripped and barefoot.

3 Then the LORD said, "Just as my servant Isaiah has gone stripped and barefoot for three years, as a sign and portent against Egypt and Cush,w 4 so the king of Assyria will lead away stripped and barefoot the Egyptian captives and Cushite exiles, young and old, with buttocks bared—to Egypt's shame. 5 Those who trusted in Cush and boasted in Egypt will be afraid and put to shame. 6 In that day the people who live on this coast will say, 'See what has happened to those we relied on, those we fled to for help and deliverance from the king of Assyria! How then can we escape?'"

A Prophecy Against Babylon

21 An oracle concerning the Desert by the Sea:

Like whirlwinds sweeping through the
　　southland,
an invader comes from the desert,
　from a land of terror.

2 A dire vision has been shown to me:
　The traitor betrays, the looter takes loot.
Elam, attack! Media, lay siege!
　I will bring to an end all the groaning she
　　caused.

3 At this my body is racked with pain,
　pangs seize me, like those of a woman in
　　labor;
I am staggered by what I hear,
　I am bewildered by what I see.
4 My heart falters,
　fear makes me tremble;
the twilight I longed for
　has become a horror to me.

5 They set the tables,
　they spread the rugs,
　　they eat, they drink!
Get up, you officers,
　oil the shields!

6 This is what the Lord says to me:

"Go, post a lookout
　and have him report what he sees.

w 3 That is, the upper Nile region; also in verse 5

7 Y vio hombres montados, jinetes de dos en dos, montados sobre asnos, montados sobre camellos; y miró más atentamente,

8 y gritó como un león: Señor, sobre la atalaya estoy yo continuamente de día, y las noches enteras sobre mi guarda;

9 y he aquí vienen hombres montados, jinetes de dos en dos. Después habló y dijo: Cayó, cayó Babilonia; y todos los ídolos de sus dioses quebrantó en tierra.

10 Oh pueblo mío, trillado y aventado, os he dicho lo que oí de Jehová de los ejércitos, Dios de Israel.

Profecía sobre Duma

11 Profecía sobre Duma. Me dan voces de Seir: Guarda, ¿qué de la noche? Guarda, ¿qué de la noche?

12 El guarda respondió: La mañana viene, y después la noche; preguntad si queréis, preguntad; volved, venid.

Profecía sobre Arabia

13 Profecía sobre Arabia. En el bosque pasaréis la noche en Arabia, oh caminantes de Dedán.

14 Salid a encontrar al sediento; llevadle agua, moradores de tierra de Tema, socorred con pan al que huye.

15 Porque ante la espada huye, ante la espada desnuda, ante el arco entesado, ante el peso de la batalla.

16 Porque así me ha dicho Jehová: De aquí a un año, semejante a años de jornalero, toda la gloria de Cedar será deshecha;

17 y los sobrevivientes del número de los valientes flecheros, hijos de Cedar, serán reducidos; porque Jehová Dios de Israel lo ha dicho.

Profecía sobre el valle de la visión

22 1 Profecía sobre el valle de la visión. ¿Qué tienes ahora, que con todos los tuyos has subido sobre los terrados?

2 Tú, llena de alborotos, ciudad turbulenta, ciudad alegre; tus muertos no son muertos a espada, ni muertos en guerra.

3 Todos tus príncipes juntos huyeron del arco, fueron atados; todos los que en ti se hallaron, fueron atados juntamente, aunque habían huido lejos.

7 When he sees chariots
  with teams of horses,
riders on donkeys
  or riders on camels,
let him be alert,
  fully alert."

8 And the lookout x shouted,

"Day after day, my lord, I stand on the
    watchtower;
  every night I stay at my post.
9 Look, here comes a man in a chariot
  with a team of horses.
And he gives back the answer:
  'Babylon has fallen, has fallen!
All the images of its gods
  lie shattered on the ground!' "

10 O my people, crushed on the threshing floor,
  I tell you what I have heard
from the LORD Almighty,
  from the God of Israel.

A Prophecy Against Edom

11 An oracle concerning Dumah y:

Someone calls to me from Seir,
  "Watchman, what is left of the night?
  Watchman, what is left of the night?"
12 The watchman replies,
  "Morning is coming, but also the night.
If you would ask, then ask;
  and come back yet again."

A Prophecy Against Arabia

13 An oracle concerning Arabia:

You caravans of Dedanites,
  who camp in the thickets of Arabia,
14 bring water for the thirsty;
you who live in Tema,
  bring food for the fugitives.
15 They flee from the sword,
  from the drawn sword,
from the bent bow
  and from the heat of battle.

16 This is what the Lord says to me: "Within one year, as a servant bound by contract would count it, all the pomp of Kedar will come to an end. 17 The survivors of the bowmen, the warriors of Kedar, will be few." The LORD, the God of Israel, has spoken.

A Prophecy About Jerusalem

22 An oracle concerning the Valley of Vision:

What troubles you now,
  that you have all gone up on the roofs,
2 O town full of commotion,
  O city of tumult and revelry?
Your slain were not killed by the sword,
  nor did they die in battle.
3 All your leaders have fled together;
  they have been captured without using the
    bow.
All you who were caught were taken prisoner
    together,
  having fled while the enemy was still far away.

---

x8 Dead Sea Scrolls and Syriac; Masoretic Text *A lion*
y11 *Dumah* means *silence* or *stillness,* a wordplay on *Edom.*

4 Por esto dije: Dejadme, lloraré amargamente; no os afanéis por consolarme de la destrucción de la hija de mi pueblo.

5 Porque día es de alboroto, de angustia y de confusión, de parte del Señor, Jehová de los ejércitos, en el valle de la visión, para derribar el muro, y clamar al monte.

6 Y Elam tomó aljaba, con carros y con jinetes, y Kir sacó el escudo.

7 Tus hermosos valles fueron llenos de carros, y los de a caballo acamparon a la puerta.

8 Y desnudó la cubierta de Judá; y miraste en aquel día hacia la casa de armas del bosque.

9 Visteis las brechas de la ciudad de David, que se multiplicaron; y recogisteis las aguas del estanque de abajo.

10 Y contasteis las casas de Jerusalén, y derribasteis casas para fortificar el muro.

11 Hicisteis foso entre los dos muros para las aguas del estanque viejo; y no tuvisteis respeto al que lo hizo, ni mirasteis de lejos al que lo labró.

12 Por tanto, el Señor, Jehová de los ejércitos, llamó en este día a llanto y a endechas, a raparse el cabello y a vestir cilicio;

13 y he aquí gozo y alegría, matando vacas y degollando ovejas, comiendo carne y bebiendo vino, diciendo: Comamos y bebamos, porque mañana moriremos.

14 Esto fue revelado a mis oídos de parte de Jehová de los ejércitos: Que este pecado no os será perdonado hasta que muráis, dice el Señor, Jehová de los ejércitos.

Sebna será sustituido por Eliaquim

15 Jehová de los ejércitos dice así: Vé, entra a este tesorero, a Sebna el mayordomo, y dile:

16 ¿Qué tienes tú aquí, o a quién tienes aquí, que labraste aquí sepulcro para ti, como el que en lugar alto labra su sepultura, o el que esculpe para sí morada en una peña?

17 He aquí que Jehová te transportará en duro cautiverio, y de cierto te cubrirá el rostro.

18 Te echará a rodar con ímpetu, como a bola por tierra extensa; allá morirás, y allá estarán los carros de tu gloria, oh vergüenza de la casa de tu señor.

19 Y te arrojaré de tu lugar, y de tu puesto te empujaré.

20 En aquel día llamaré a mi siervo Eliaquim hijo de Hilcías,

21 y lo vestiré de tus vestiduras, y lo ceñiré de tu talabarte, y entregaré en sus manos tu potestad; y será padre al morador de Jerusalén, y a la casa de Judá.

22 Y pondré la llave de la casa de David sobre su hombro; y abrirá, y nadie cerrará; cerrará, y nadie abrirá.

4 Therefore I said, "Turn away from me;
    let me weep bitterly.
Do not try to console me
    over the destruction of my people."

5 The Lord, the LORD Almighty, has a day
    of tumult and trampling and terror
    in the Valley of Vision,
a day of battering down walls
    and of crying out to the mountains.
6 Elam takes up the quiver,
    with her charioteers and horses;
    Kir uncovers the shield.
7 Your choicest valleys are full of chariots,
    and horsemen are posted at the city gates;
8   the defenses of Judah are stripped away.

And you looked in that day
    to the weapons in the Palace of the Forest;
9 you saw that the City of David
    had many breaches in its defenses;
you stored up water
    in the Lower Pool.
10 You counted the buildings in Jerusalem
    and tore down houses to strengthen the wall.
11 You built a reservoir between the two walls
    for the water of the Old Pool,
but you did not look to the One who made it,
    or have regard for the One who planned it
        long ago.

12 The Lord, the LORD Almighty,
    called you on that day
to weep and to wail,
    to tear out your hair and put on sackcloth.
13 But see, there is joy and revelry,
    slaughtering of cattle and killing of sheep,
    eating of meat and drinking of wine!
"Let us eat and drink," you say,
    "for tomorrow we die!"

14 The LORD Almighty has revealed this in my hearing: "Till your dying day this sin will not be atoned for," says the Lord, the LORD Almighty.

15 This is what the Lord, the LORD Almighty, says:

"Go, say to this steward,
    to Shebna, who is in charge of the palace:
16 What are you doing here and who gave you permission
    to cut out a grave for yourself here,
hewing your grave on the height
    and chiseling your resting place in the rock?

17 "Beware, the LORD is about to take firm hold of you
    and hurl you away, O you mighty man.
18 He will roll you up tightly like a ball
    and throw you into a large country.
There you will die
    and there your splendid chariots will remain—
    you disgrace to your master's house!
19 I will depose you from your office,
    and you will be ousted from your position.

20 "In that day I will summon my servant, Eliakim son of Hilkiah. 21 I will clothe him with your robe and fasten your sash around him and hand your authority over to him. He will be a father to those who live in Jerusalem and to the house of Judah. 22 I will place on his shoulder the key to the house of David; what he opens no one can shut, and what he shuts no one can

23 Y lo hincaré como clavo en lugar firme; y será por asiento de honra a la casa de su padre.

24 Colgarán de él toda la honra de la casa de su padre, los hijos y los nietos, todos los vasos menores, desde las tazas hasta toda clase de jarros.

25 En aquel día, dice Jehová de los ejércitos, el clavo hincado en lugar firme será quitado; será quebrado y caerá, y la carga que sobre él se puso se echará a perder; porque Jehová habló.

Profecía sobre Tiro

23 1 Profecía sobre Tiro. Aullad, naves de Tarsis, porque destruida es Tiro hasta no quedar casa, ni a donde entrar; desde la tierra de Quitim les es revelado.

2 Callad, moradores de la costa, mercaderes de Sidón, que pasando el mar te abastecían.

3 Su provisión procedía de las sementeras que crecen con las muchas aguas del Nilo, de la mies del río. Fue también emporio de las naciones.

4 Avergüénzate, Sidón, porque el mar, la fortaleza del mar habló, diciendo: Nunca estuve de parto, ni di a luz, ni crié jóvenes, ni levanté vírgenes.

5 Cuando llegue la noticia a Egipto, tendrán dolor de las nuevas de Tiro.

6 Pasaos a Tarsis; aullad, moradores de la costa.

7 ¿No era ésta vuestra ciudad alegre, con muchos días de antigüedad? Sus pies la llevarán a morar lejos.

8 ¿Quién decretó esto sobre Tiro, la que repartía coronas, cuyos negociantes eran príncipes, cuyos mercaderes eran los nobles de la tierra?

9 Jehová de los ejércitos lo decretó, para envilecer la soberbia de toda gloria, y para abatir a todos los ilustres de la tierra.

10 Pasa cual río de tu tierra, oh hija de Tarsis, porque no tendrás ya más poder.

11 Extendió su mano sobre el mar, hizo temblar los reinos; Jehová mandó respecto a Canaán, que sus fortalezas sean destruidas.

open. 23 I will drive him like a peg into a firm place; he will be a seat *z* of honor for the house of his father.

24 All the glory of his family will hang on him: its offspring and offshoots—all its lesser vessels, from the bowls to all the jars.

25 "In that day," declares the LORD Almighty, "the peg driven into the firm place will give way; it will be sheared off and will fall, and the load hanging on it will be cut down." The LORD has spoken.

A Prophecy About Tyre

23 An oracle concerning Tyre:

Wail, O ships of Tarshish!
  For Tyre is destroyed
    and left without house or harbor.
From the land of Cyprus *a*
  word has come to them.

2 Be silent, you people of the island
  and you merchants of Sidon,
    whom the seafarers have enriched.
3 On the great waters
  came the grain of the Shihor;
the harvest of the Nile *b* was the revenue of Tyre,
  and she became the marketplace of the nations.
4 Be ashamed, O Sidon, and you, O fortress of the sea,
  for the sea has spoken:
"I have neither been in labor nor given birth;
  I have neither reared sons nor brought up daughters."
5 When word comes to Egypt,
  they will be in anguish at the report from Tyre.

6 Cross over to Tarshish;
  wail, you people of the island.
7 Is this your city of revelry,
  the old, old city,
whose feet have taken her
  to settle in far-off lands?
8 Who planned this against Tyre,
  the bestower of crowns,
whose merchants are princes,
  whose traders are renowned in the earth?
9 The LORD Almighty planned it,
  to bring low the pride of all glory
  and to humble all who are renowned on the earth.

10 Till *c* your land as along the Nile,
  O Daughter of Tarshish,
  for you no longer have a harbor.
11 The LORD has stretched out his hand over the sea
  and made its kingdoms tremble.
He has given an order concerning Phoenicia *d*
  that her fortresses be destroyed.

---

z 23 Or *throne*   *a 1* Hebrew *Kittim*   *b 2,3* Masoretic Text; one Dead Sea Scroll *Sidon, / who cross over the sea; / your envoys 3 are on the great waters. / The grain of the Shihor, / the harvest of the Nile,*   *c 10* Dead Sea Scrolls and some Septuagint manuscripts; Masoretic Text *Go through*   *d 11* Hebrew *Canaan*

¹²Y dijo: No te alegrarás más, oh oprimida virgen hija de Sidón. Levántate para pasar a Quitim, y aun allí no tendrás reposo.

¹³Mira la tierra de los caldeos. Este pueblo no existía; Asiria la fundó para los moradores del desierto. Levantaron sus fortalezas, edificaron sus palacios; él la convirtió en ruinas.

¹⁴Aullad, naves de Tarsis, porque destruida es vuestra fortaleza.

¹⁵Acontecerá en aquel día, que Tiro será puesta en olvido por setenta años, como días de un rey. Después de los setenta años, cantará Tiro canción como de ramera.

¹⁶Toma arpa, y rodea la ciudad, oh ramera olvidada; haz buena melodía, reitera la canción, para que seas recordada.

¹⁷Y acontecerá que al fin de los setenta años visitará Jehová a Tiro; y volverá a comerciar, y otra vez fornicará con todos los reinos del mundo sobre la faz de la tierra.

¹⁸Pero sus negocios y ganancias serán consagrados a Jehová; no se guardarán ni se atesorarán, porque sus ganancias serán para los que estuvieren delante de Jehová, para que coman hasta saciarse, y vistan espléndidamente.

El juicio de Jehová sobre la tierra

24 ¹He aquí que Jehová vacía la tierra y la desnuda, y trastorna su faz, y hace esparcir a sus moradores. ²Y sucederá así como al pueblo, también al sacerdote; como al siervo, así a su amo; como a la criada, a su ama; como al que compra, al que vende; como al que presta, al que toma prestado; como al que da a logro, así al que lo recibe.

³La tierra será enteramente vaciada, y completamente saqueada; porque Jehová ha pronunciado esta palabra.

⁴Se destruyó, cayó la tierra; enfermó, cayó el mundo; enfermaron los altos pueblos de la tierra.

⁵Y la tierra se contaminó bajo sus moradores; porque traspasaron las leyes, falsearon el derecho, quebrantaron el pacto sempiterno.

⁶Por esta causa la maldición consumió la tierra, y sus moradores fueron asolados; por esta causa fueron consumidos los habitantes de la tierra, y disminuyeron los hombres.

⁷Se perdió el vino, enfermó la vid, gimieron todos los que eran alegres de corazón.

⁸Cesó el regocijo de los panderos, se acabó el estruendo de los que se alegran, cesó la alegría del arpa.

⁹No beberán vino con cantar; la sidra les será amarga a los que la bebieren.

---

¹²He said, "No more of your reveling,
  O Virgin Daughter of Sidon, now crushed!

"Up, cross over to Cyprus*e*;
  even there you will find no rest."

¹³Look at the land of the Babylonians,*f*
  this people that is now of no account!
The Assyrians have made it
  a place for desert creatures;
they raised up their siege towers,
  they stripped its fortresses bare
  and turned it into a ruin.

¹⁴Wail, you ships of Tarshish;
  your fortress is destroyed!

¹⁵At that time Tyre will be forgotten for seventy years, the span of a king's life. But at the end of these seventy years, it will happen to Tyre as in the song of the prostitute:

¹⁶"Take up a harp, walk through the city,
  O prostitute forgotten;
play the harp well, sing many a song,
  so that you will be remembered."

¹⁷At the end of seventy years, the LORD will deal with Tyre. She will return to her hire as a prostitute and will ply her trade with all the kingdoms on the face of the earth. ¹⁸Yet her profit and her earnings will be set apart for the LORD; they will not be stored up or hoarded. Her profits will go to those who live before the LORD, for abundant food and fine clothes.

The LORD's Devastation of the Earth

24 See, the LORD is going to lay waste the
  earth
  and devastate it;
he will ruin its face
  and scatter its inhabitants—
²it will be the same
  for priest as for people,
  for master as for servant,
  for mistress as for maid,
  for seller as for buyer,
  for borrower as for lender,
  for debtor as for creditor.
³The earth will be completely laid waste
  and totally plundered.
           The LORD has spoken this word.

⁴The earth dries up and withers,
  the world languishes and withers,
  the exalted of the earth languish.
⁵The earth is defiled by its people;
  they have disobeyed the laws,
violated the statutes
  and broken the everlasting covenant.
⁶Therefore a curse consumes the earth;
  its people must bear their guilt.
Therefore earth's inhabitants are burned up,
  and very few are left.
⁷The new wine dries up and the vine withers;
  all the merrymakers groan.
⁸The gaiety of the tambourines is stilled,
  the noise of the revelers has stopped,
  the joyful harp is silent.
⁹No longer do they drink wine with a song;
  the beer is bitter to its drinkers.

---

*e*12 Hebrew *Kittim*   *f*13 Or *Chaldeans*

10Quebrantada está la ciudad por la vanidad; toda casa se ha cerrado, para que no entre nadie.

11Hay clamores por falta de vino en las calles; todo gozo se oscureció, se desterró la alegría de la tierra.

12La ciudad quedó desolada, y con ruina fue derribada la puerta.

13Porque así será en medio de la tierra, en medio de los pueblos, como olivo sacudido, como rebuscos después de la vendimia.

14Estos alzarán su voz, cantarán gozosos por la grandeza de Jehová; desde el mar darán voces.

15Glorificad por esto a Jehová en los valles; en las orillas del mar sea nombrado Jehová Dios de Israel.

16De lo postrero de la tierra oímos cánticos: Gloria al justo. Y yo dije: ¡Mi desdicha, mi desdicha, ay de mí! Prevaricadores han prevaricado; y han prevaricado con prevaricación de desleales.

17Terror, foso y red sobre ti, oh morador de la tierra.

18Y acontecerá que el que huyere de la voz del terror caerá en el foso; y el que saliere de en medio del foso será preso en la red; porque de lo alto se abrirán ventanas, y temblarán los cimientos de la tierra.

19Será quebrantada del todo la tierra, enteramente desmenuzada será la tierra, en gran manera será la tierra conmovida.

20Temblará la tierra como un ebrio, y será removida como una choza; y se agravará sobre ella su pecado, y caerá, y nunca más se levantará.

21Acontecerá en aquel día, que Jehová castigará al ejército de los cielos en lo alto, y a los reyes de la tierra sobre la tierra.

22Y serán amontonados como se amontona a los encarcelados en mazmorra, y en prisión quedarán encerrados, y serán castigados después de muchos días.

23La luna se avergonzará, y el sol se confundirá, cuando Jehová de los ejércitos reine en el monte de Sion y en Jerusalén, y delante de sus ancianos sea glorioso.

Cántico de alabanza por el favor de Jehová

25 1Jehová, tú eres mi Dios; te exaltaré, alabaré tu nombre, porque has hecho maravillas; tus consejos antiguos son verdad y firmeza.

2Porque convertiste la ciudad en montón, la ciudad fortificada en ruina; el alcázar de los extraños para que no sea ciudad, ni nunca jamás sea reedificado.

3Por esto te dará gloria el pueblo fuerte, te temerá la ciudad de gentes robustas.

10The ruined city lies desolate;
   the entrance to every house is barred.
11In the streets they cry out for wine;
   all joy turns to gloom,
   all gaiety is banished from the earth.
12The city is left in ruins,
   its gate is battered to pieces.
13So will it be on the earth
   and among the nations,
as when an olive tree is beaten,
   or as when gleanings are left after the grape
    harvest.

14They raise their voices, they shout for joy;
   from the west they acclaim the LORD's
    majesty.
15Therefore in the east give glory to the LORD;
   exalt the name of the LORD, the God of Israel,
   in the islands of the sea.
16From the ends of the earth we hear singing:
   "Glory to the Righteous One."

But I said, "I waste away, I waste away!
   Woe to me!
The treacherous betray!
   With treachery the treacherous betray!"
17Terror and pit and snare await you,
   O people of the earth.
18Whoever flees at the sound of terror
   will fall into a pit;
whoever climbs out of the pit
   will be caught in a snare.

The floodgates of the heavens are opened,
   the foundations of the earth shake.
19The earth is broken up,
   the earth is split asunder,
   the earth is thoroughly shaken.
20The earth reels like a drunkard,
   it sways like a hut in the wind;
so heavy upon it is the guilt of its rebellion
   that it falls—never to rise again.

21In that day the LORD will punish
   the powers in the heavens above
   and the kings on the earth below.
22They will be herded together
   like prisoners bound in a dungeon;
they will be shut up in prison
   and be punished*g* after many days.
23The moon will be abashed, the sun ashamed;
   for the LORD Almighty will reign
on Mount Zion and in Jerusalem,
   and before its elders, gloriously.

Praise to the LORD

25 O LORD, you are my God;
   I will exalt you and praise your name,
for in perfect faithfulness
   you have done marvelous things,
   things planned long ago.
2You have made the city a heap of rubble,
   the fortified town a ruin,
the foreigners' stronghold a city no more;
   it will never be rebuilt.
3Therefore strong peoples will honor you;
   cities of ruthless nations will revere you.

---

g22 Or released

4 Porque fuiste fortaleza al pobre, fortaleza al menesteroso en su aflicción, refugio contra el turbión, sombra contra el calor; porque el ímpetu de los violentos es como turbión contra el muro.
5 Como el calor en lugar seco, así humillarás el orgullo de los extraños; y como calor debajo de nube harás marchitar el renuevo de los robustos.
6 Y Jehová de los ejércitos hará en este monte a todos los pueblos banquete de manjares suculentos, banquete de vinos refinados, de gruesos tuétanos y de vinos purificados.
7 Y destruirá en este monte la cubierta con que están cubiertos todos los pueblos, y el velo que envuelve a todas las naciones.
8 Destruirá a la muerte para siempre; y enjugará Jehová el Señor toda lágrima de todos los rostros; y quitará la afrenta de su pueblo de toda la tierra; porque Jehová lo ha dicho.
9 Y se dirá en aquel día: He aquí, éste es nuestro Dios, le hemos esperado, y nos salvará; éste es Jehová a quien hemos esperado, nos gozaremos y nos alegraremos en su salvación.
10 Porque la mano de Jehová reposará en este monte; pero Moab será hollado en su mismo sitio, como es hollada la paja en el muladar.
11 Y extenderá su mano por en medio de él, como la extiende el nadador para nadar; y abatirá su soberbia y la destreza de sus manos;
12 Y abatirá la fortaleza de tus altos muros; la humillará y la echará a tierra, hasta el polvo.

Cántico de confianza en la protección de Jehová

26 1 En aquel día cantarán este cántico en tierra de Judá: Fuerte ciudad tenemos; salvación puso Dios por muros y antemuro.
2 Abrid las puertas, y entrará la gente justa, guardadora de verdades.
3 Tú guardarás en completa paz a aquel cuyo pensamiento en ti persevera; porque en ti ha confiado.
4 Confiad en Jehová perpetuamente, porque en Jehová el Señor está la fortaleza de los siglos.
5 Porque derribó a los que moraban en lugar sublime; humilló a la ciudad exaltada, la humilló hasta la tierra, la derribó hasta el polvo.
6 La hollará pie, los pies del afligido, los pasos de los menesterosos.

4 You have been a refuge for the poor,
　a refuge for the needy in his distress,
a shelter from the storm
　and a shade from the heat.
For the breath of the ruthless
　is like a storm driving against a wall
5　and like the heat of the desert.
You silence the uproar of foreigners;
　as heat is reduced by the shadow of a cloud,
　so the song of the ruthless is stilled.

6 On this mountain the LORD Almighty will prepare
　a feast of rich food for all peoples,
　a banquet of aged wine—
　the best of meats and the finest of wines.
7 On this mountain he will destroy
　the shroud that enfolds all peoples,
　the sheet that covers all nations;
8　he will swallow up death forever.
The Sovereign LORD will wipe away the tears
　from all faces;
he will remove the disgrace of his people
　from all the earth.
　　　　　　　　The LORD has spoken.

9 In that day they will say,

"Surely this is our God;
　we trusted in him, and he saved us.
This is the LORD, we trusted in him;
　let us rejoice and be glad in his salvation."

10 The hand of the LORD will rest on this mountain;
　but Moab will be trampled under him
　as straw is trampled down in the manure.
11 They will spread out their hands in it,
　as a swimmer spreads out his hands to swim.
God will bring down their pride
　despite the cleverness h of their hands.
12 He will bring down your high fortified walls
　and lay them low;
he will bring them down to the ground,
　to the very dust.

A Song of Praise

26 In that day this song will be sung in the land of Judah:

We have a strong city;
　God makes salvation
　its walls and ramparts.
2 Open the gates
　that the righteous nation may enter,
　the nation that keeps faith.
3 You will keep in perfect peace
　him whose mind is steadfast,
　because he trusts in you.
4 Trust in the LORD forever,
　for the LORD, the LORD, is the Rock eternal.
5 He humbles those who dwell on high,
　he lays the lofty city low;
he levels it to the ground
　and casts it down to the dust.
6 Feet trample it down—
　the feet of the oppressed,
　the footsteps of the poor.

h 11 The meaning of the Hebrew for this word is uncertain.

7 El camino del justo es rectitud; tú, que eres recto, pesas el camino del justo.

8 También en el camino de tus juicios, oh Jehová, te hemos esperado; tu nombre y tu memoria son el deseo de nuestra alma.

9 Con mi alma te he deseado en la noche, y en tanto que me dure el espíritu dentro de mí, madrugaré a buscarte; porque luego que hay juicios tuyos en la tierra, los moradores del mundo aprenden justicia.

10 Se mostrará piedad al malvado, y no aprenderá justicia; en tierra de rectitud hará iniquidad, y no mirará a la majestad de Jehová.

11 Jehová, tu mano está alzada, pero ellos no ven; verán al fin, y se avergonzarán los que envidian a tu pueblo; y a tus enemigos fuego los consumirá

12 Jehová, tú nos darás paz, porque también hiciste en nosotros todas nuestras obras.

13 Jehová Dios nuestro, otros señores fuera de ti se han enseñoreado de nosotros; pero en ti solamente nos acordaremos de tu nombre.

14 Muertos son, no vivirán; han fallecido, no resucitarán; porque los castigaste, y destruiste y deshiciste todo su recuerdo.

15 Aumentaste el pueblo, oh Jehová, aumentaste el pueblo; te hiciste glorioso; ensanchaste todos los confines de la tierra.

16 Jehová, en la tribulación te buscaron; derramaron oración cuando los castigaste.

17 Como la mujer encinta cuando se acerca el alumbramiento gime y da gritos en sus dolores, así hemos sido delante de ti, oh Jehová.

18 Concebimos, tuvimos dolores de parto, dimos a luz viento; ninguna liberación hicimos en la tierra, ni cayeron los moradores del mundo.

19 Tus muertos vivirán; sus cadáveres resucitarán. ¡Despertad y cantad, moradores del polvo! porque tu rocío es cual rocío de hortalizas, y la tierra dará sus muertos.

20 Anda, pueblo mío, entra en tus aposentos, cierra tras ti tus puertas; escóndete un poquito, por un momento, en tanto que pasa la indignación.

21 Porque he aquí que Jehová sale de su lugar para castigar al morador de la tierra por su maldad contra él; y la tierra descubrirá la sangre derramada sobre ella, y no encubrirá ya más a sus muertos.

7 The path of the righteous is level;
O upright One, you make the way of the
righteous smooth.

8 Yes, LORD, walking in the way of your laws,[i]
we wait for you;
your name and renown
are the desire of our hearts.

9 My soul yearns for you in the night;
in the morning my spirit longs for you.
When your judgments come upon the earth,
the people of the world learn righteousness.

10 Though grace is shown to the wicked,
they do not learn righteousness;
even in a land of uprightness they go on doing
evil
and regard not the majesty of the LORD.

11 O LORD, your hand is lifted high,
but they do not see it.
Let them see your zeal for your people and be
put to shame;
let the fire reserved for your enemies consume
them.

12 LORD, you establish peace for us;
all that we have accomplished you have done
for us.

13 O LORD, our God, other lords besides you have
ruled over us,
but your name alone do we honor.

14 They are now dead, they live no more;
those departed spirits do not rise.
You punished them and brought them to ruin;
you wiped out all memory of them.

15 You have enlarged the nation, O LORD;
you have enlarged the nation.
You have gained glory for yourself;
you have extended all the borders of the land.

16 LORD, they came to you in their distress;
when you disciplined them,
they could barely whisper a prayer.[j]

17 As a woman with child and about to give birth
writhes and cries out in her pain,
so were we in your presence, O LORD.

18 We were with child, we writhed in pain,
but we gave birth to wind.
We have not brought salvation to the earth;
we have not given birth to people of the
world.

19 But your dead will live;
their bodies will rise.
You who dwell in the dust,
wake up and shout for joy.
Your dew is like the dew of the morning;
the earth will give birth to her dead.

20 Go, my people, enter your rooms
and shut the doors behind you;
hide yourselves for a little while
until his wrath has passed by.

21 See, the LORD is coming out of his dwelling
to punish the people of the earth for their sins.
The earth will disclose the blood shed upon her;
she will conceal her slain no longer.

---

i 8 Or *judgments* j 16 The meaning of the Hebrew for this clause is uncertain.

Liberación y regreso de Israel

27 ¹ En aquel día Jehová castigará con su espada dura, grande y fuerte al leviatán serpiente veloz, y al leviatán serpiente tortuosa; y matará al dragón que está en el mar.

² En aquel día cantad acerca de la viña del vino rojo.

³ Yo Jehová la guardo, cada momento la regaré; la guardaré de noche y de día, para que nadie la dañe.

⁴ No hay enojo en mí. ¿Quién pondrá contra mí en batalla espinos y cardos? Yo los hollaré, los quemaré a una.

⁵ ¿O forzará alguien mi fortaleza? Haga conmigo paz; sí, haga paz conmigo.

⁶ Días vendrán cuando Jacob echará raíces, florecerá y echará renuevos Israel, y la faz del mundo llenará de fruto.

⁷ ¿Acaso ha sido herido como quien lo hirió, o ha sido muerto como los que lo mataron?

⁸ Con medida lo castigarás en sus vástagos. El los remueve con su recio viento en el día del aire solano.

⁹ De esta manera, pues, será perdonada la iniquidad de Jacob, y este será todo el fruto, la remoción de su pecado; cuando haga todas las piedras del altar como piedras de cal desmenuzadas, y no se levanten los símbolos de Asera ni las imágenes del sol.

¹⁰ Porque la ciudad fortificada será desolada, la ciudad habitada será abandonada y dejada como un desierto; allí pastará el becerro, allí tendrá su majada, y acabará sus ramas.

¹¹ Cuando sus ramas se sequen, serán quebradas; mujeres vendrán a encenderlas; porque aquel no es pueblo de entendimiento; por tanto, su Hacedor no tendrá de él misericordia, ni se compadecerá de él el que lo formó.

¹² Acontecerá en aquel día, que trillará Jehová desde el río Eufrates hasta el torrente de Egipto, y vosotros, hijos de Israel, seréis reunidos uno a uno.

¹³ Acontecerá también en aquel día, que se tocará con gran trompeta, y vendrán los que habían sido esparcidos en la tierra de Asiria, y los que habían sido desterrados a Egipto, y adorarán a Jehová en el monte santo, en Jerusalén.

Deliverance of Israel

27 In that day,

the LORD will punish with his sword,
  his fierce, great and powerful sword,
Leviathan the gliding serpent,
  Leviathan the coiling serpent;
he will slay the monster of the sea.

²In that day—

"Sing about a fruitful vineyard:
³   I, the LORD, watch over it;
  I water it continually.
I guard it day and night
  so that no one may harm it.
⁴   I am not angry.
If only there were briers and thorns confronting me!
  I would march against them in battle;
  I would set them all on fire.
⁵Or else let them come to me for refuge;
  let them make peace with me,
  yes, let them make peace with me."

⁶In days to come Jacob will take root,
  Israel will bud and blossom
  and fill all the world with fruit.

⁷Has ˏthe LORDˎ struck her
  as he struck down those who struck her?
Has she been killed
  as those were killed who killed her?
⁸By warfare ᵏ and exile you contend with her—
  with his fierce blast he drives her out,
  as on a day the east wind blows.
⁹By this, then, will Jacob's guilt be atoned for,
  and this will be the full fruitage of the removal of his sin:
When he makes all the altar stones
  to be like chalk stones crushed to pieces,
no Asherah poles ˡ or incense altars
  will be left standing.
¹⁰The fortified city stands desolate,
  an abandoned settlement, forsaken like the desert;
there the calves graze,
  there they lie down;
  they strip its branches bare.
¹¹When its twigs are dry, they are broken off
  and women come and make fires with them.
For this is a people without understanding;
  so their Maker has no compassion on them,
  and their Creator shows them no favor.

¹²In that day the LORD will thresh from the flowing Euphrates ᵐ to the Wadi of Egypt, and you, O Israelites, will be gathered up one by one. ¹³And in that day a great trumpet will sound. Those who were perishing in Assyria and those who were exiled in Egypt will come and worship the LORD on the holy mountain in Jerusalem.

ᵏ8 See Septuagint; the meaning of the Hebrew for this word is uncertain.   ˡ9 That is, symbols of the goddess Asherah   ᵐ12 Hebrew *River*

Condenación de Efraín

28 ¹¡Ay de la corona de soberbia de los ebrios de Efraín, y de la flor caduca de la hermosura de su gloria, que está sobre la cabeza del valle fértil de los aturdidos del vino!

² He aquí, Jehová tiene uno que es fuerte y poderoso; como turbión de granizo y como torbellino trastornador, como ímpetu de recias aguas que inundan, con fuerza derriba a tierra.

³ Con los pies será pisoteada la corona de soberbia de los ebrios de Efraín.

⁴ Y será la flor caduca de la hermosura de su gloria que está sobre la cabeza del valle fértil, como la fruta temprana, la primera del verano, la cual, apenas la ve el que la mira, se la traga tan luego como la tiene a mano.

⁵ En aquel día Jehová de los ejércitos será por corona de gloria y diadema de hermosura al remanente de su pueblo; ⁶ y por espíritu de juicio al que se sienta en juicio, y por fuerzas a los que rechacen la batalla en la puerta.

⁷ Pero también éstos erraron con el vino, y con sidra se entontecieron; el sacerdote y el profeta erraron con sidra, fueron trastornados por el vino; se aturdieron con la sidra, erraron en la visión, tropezaron en el juicio.

⁸ Porque toda mesa está llena de vómito y suciedad, hasta no haber lugar limpio.

⁹ ¿A quién se enseñará ciencia, o a quién se hará entender doctrina? ¿A los destetados? ¿a los arrancados de los pechos?

¹⁰ Porque mandamiento tras mandamiento, mandato sobre mandato, renglón tras renglón, línea sobre línea, un poquito allí, otro poquito allá;

¹¹ porque en lengua de tartamudos, y en extraña lengua hablará a este pueblo,

¹² a los cuales él dijo: Este es el reposo; dad reposo al cansado; y este es el refrigerio; mas no quisieron oír.

¹³ La palabra, pues, de Jehová les será mandamiento tras mandamiento, mandato sobre mandato, renglón tras renglón, línea sobre línea, un poquito allí, otro poquito allá; hasta que vayan y caigan de espaldas, y sean quebrantados, enlazados y presos.

Amonestación a Jerusalén

¹⁴ Por tanto, varones burladores que gobernáis a este pueblo que está en Jerusalén, oíd la palabra de Jehová.

Woe to Ephraim

28 Woe to that wreath, the pride of Ephraim's drunkards,
to the fading flower, his glorious beauty,
set on the head of a fertile valley—
to that city, the pride of those laid low by wine!
²See, the Lord has one who is powerful and strong.
Like a hailstorm and a destructive wind,
like a driving rain and a flooding downpour,
he will throw it forcefully to the ground.
³That wreath, the pride of Ephraim's drunkards,
will be trampled underfoot.
⁴That fading flower, his glorious beauty,
set on the head of a fertile valley,
will be like a fig ripe before harvest—
as soon as someone sees it and takes it in his hand,
he swallows it.

⁵In that day the Lord Almighty
will be a glorious crown,
a beautiful wreath
for the remnant of his people.
⁶He will be a spirit of justice
to him who sits in judgment,
a source of strength
to those who turn back the battle at the gate.

⁷And these also stagger from wine
and reel from beer:
Priests and prophets stagger from beer
and are befuddled with wine;
they reel from beer,
they stagger when seeing visions,
they stumble when rendering decisions.
⁸All the tables are covered with vomit
and there is not a spot without filth.

⁹"Who is it he is trying to teach?
To whom is he explaining his message?
To children weaned from their milk,
to those just taken from the breast?
¹⁰For it is:
Do and do, do and do,
rule on rule, rule on rule^n;
a little here, a little there."

¹¹Very well then, with foreign lips and strange tongues
God will speak to this people,
¹²to whom he said,
"This is the resting place, let the weary rest";
and, "This is the place of repose"—
but they would not listen.
¹³So then, the word of the Lord to them will become:
Do and do, do and do,
rule on rule, rule on rule;
a little here, a little there—
so that they will go and fall backward,
be injured and snared and captured.

¹⁴Therefore hear the word of the Lord, you scoffers
who rule this people in Jerusalem.

^{n}10 Hebrew / *sav lasav sav lasav* / *kav lakav kav lakav* (possibly meaningless sounds; perhaps a mimicking of the prophet's words); also in verse 13

15 Por cuanto habéis dicho: Pacto tenemos hecho con la muerte, e hicimos convenio con el Seol; cuando pase el turbión del azote, no llegará a nosotros, porque hemos puesto nuestro refugio en la mentira, y en la falsedad nos esconderemos;

16 por tanto, Jehová el Señor dice así: He aquí que yo he puesto en Sion por fundamento una piedra, piedra probada, angular, preciosa, de cimiento estable; el que creyere, no se apresure.

17 Y ajustaré el juicio a cordel, y a nivel la justicia; y granizo barrerá el refugio de la mentira, y aguas arrollarán el escondrijo.

18 Y será anulado vuestro pacto con la muerte, y vuestro convenio con el Seol no será firme; cuando pase el turbión del azote, seréis de él pisoteados.

19 Luego que comience a pasar, él os arrebatará; porque de mañana en mañana pasará, de día y de noche; y será ciertamente espanto el entender lo oído.

20 La cama será corta para poder estirarse, y la manta estrecha para poder envolverse.

21 Porque Jehová se levantará como en el monte Perazim, como en el valle de Gabaón se enojará; para hacer su obra, su extraña obra, y para hacer su operación, su extraña operación.

22 Ahora, pues, no os burléis, para que no se aprieten más vuestras ataduras; porque destrucción ya determinada sobre toda la tierra he oído del Señor, Jehová de los ejércitos.

23 Estad atentos, y oíd mi voz; atended, y oíd mi dicho.

24 El que ara para sembrar, ¿arará todo el día? ¿Romperá y quebrará los terrones de la tierra?

25 Cuando ha igualado su superficie, ¿no derrama el eneldo, siembra el comino, pone el trigo en hileras, y la cebada en el lugar señalado, y la avena en su borde apropiado?

26 Porque su Dios le instruye, y le enseña lo recto;

27 que el eneldo no se trilla con trillo, ni sobre el comino se pasa rueda de carreta; sino que con un palo se sacude el eneldo, y el comino con una vara.

28 El grano se trilla; pero no lo trillará para siempre, ni lo comprime con la rueda de su carreta, ni lo quebranta con los dientes de su trillo.

29 También esto salió de Jehová de los ejércitos, para hacer maravilloso el consejo y engrandecer la sabiduría.

15 You boast, "We have entered into a covenant
　　with death,
　with the grave o we have made an agreement.
When an overwhelming scourge sweeps by,
　it cannot touch us,
for we have made a lie our refuge
　and falsehood p our hiding place."

16 So this is what the Sovereign LORD says:

"See, I lay a stone in Zion,
　a tested stone,
a precious cornerstone for a sure foundation;
　the one who trusts will never be dismayed.
17 I will make justice the measuring line
　and righteousness the plumb line;
hail will sweep away your refuge, the lie,
　and water will overflow your hiding place.
18 Your covenant with death will be annulled;
　your agreement with the grave will not stand.
When the overwhelming scourge sweeps by,
　you will be beaten down by it.
19 As often as it comes it will carry you away;
　morning after morning, by day and by night,
　it will sweep through."

The understanding of this message
　will bring sheer terror.
20 The bed is too short to stretch out on,
　the blanket too narrow to wrap around you.
21 The LORD will rise up as he did at Mount
　　Perazim,
　he will rouse himself as in the Valley of
　　Gibeon—
to do his work, his strange work,
　and perform his task, his alien task.
22 Now stop your mocking,
　or your chains will become heavier;
the Lord, the LORD Almighty, has told me
　of the destruction decreed against the whole
　　land.

23 Listen and hear my voice;
　pay attention and hear what I say.
24 When a farmer plows for planting, does he plow
　　continually?
　Does he keep on breaking up and harrowing
　　the soil?
25 When he has leveled the surface,
　does he not sow caraway and scatter cummin?
Does he not plant wheat in its place, q
　barley in its plot, q
　and spelt in its field?
26 His God instructs him
　and teaches him the right way.

27 Caraway is not threshed with a sledge,
　nor is a cartwheel rolled over cummin;
caraway is beaten out with a rod,
　and cummin with a stick.
28 Grain must be ground to make bread;
　so one does not go on threshing it forever.
Though he drives the wheels of his threshing cart
　　over it,
　his horses do not grind it.
29 All this also comes from the LORD Almighty,
　wonderful in counsel and magnificent in
　　wisdom.

Ariel y sus enemigos

29 ¹¡Ay de Ariel, de Ariel, ciudad donde habitó David! Añadid un año a otro, las fiestas sigan su curso. ²Mas yo pondré a Ariel en apretura, y será desconsolada y triste; y será a mí como Ariel. ³Porque acamparé contra ti alrededor, y te sitiaré con campamentos, y levantaré contra ti baluartes. ⁴Entonces serás humillada, hablarás desde la tierra, y tu habla saldrá del polvo; y será tu voz de la tierra como la de un fantasma, y tu habla susurrará desde el polvo.

⁵Y la muchedumbre de tus enemigos será como polvo menudo, y la multitud de los fuertes como tamo que pasa; y será repentinamente, en un momento. ⁶Por Jehová de los ejércitos serás visitada con truenos, con terremotos y con gran ruido, con torbellino y tempestad, y llama de fuego consumidor. ⁷Y será como sueño de visión nocturna la multitud de todas las naciones que pelean contra Ariel, y todos los que pelean contra ella y su fortaleza, y los que la ponen en apretura. ⁸Y les sucederá como el que tiene hambre y sueña, y le parece que come, pero cuando despierta, su estómago está vacío; o como el que tiene sed y sueña, y le parece que bebe, pero cuando despierta, se halla cansado y sediento; así será la multitud de todas las naciones que pelearán contra el monte de Sion.

Ceguera e hipocresía de Israel

⁹Deteneos y maravillaos; ofuscaos y cegaos; embriagaos, y no de vino; tambalead, y no de sidra. ¹⁰Porque Jehová derramó sobre vosotros espíritu de sueño, y cerró los ojos de vuestros profetas, y puso velo sobre las cabezas de vuestros videntes. ¹¹Y os será toda visión como palabras de libro sellado, el cual si dieren al que sabe leer, y le dijeren: Lee ahora esto; él dirá: No puedo, porque está sellado. ¹²Y si se diere el libro al que no sabe leer, diciéndole: Lee ahora esto; él dirá: No sé leer.

¹³Dice, pues, el Señor: Porque este pueblo se acerca a mí con su boca, y con sus labios me honra, pero su corazón está lejos de mí, y su temor de mí no es más que un mandamiento de hombres que les ha sido enseñado; ¹⁴por tanto, he aquí que nuevamente excitaré yo la admiración de este pueblo con un prodigio grande y espantoso; porque perecerá la sabiduría de sus sabios, y se desvanecerá la inteligencia de sus entendidos.

Woe to David's City

29 Woe to you, Ariel, Ariel,
    the city where David settled!
Add year to year
    and let your cycle of festivals go on.
²Yet I will besiege Ariel;
    she will mourn and lament,
    she will be to me like an altar hearth.ʳ
³I will encamp against you all around;
    I will encircle you with towers
    and set up my siege works against you.
⁴Brought low, you will speak from the ground;
    your speech will mumble out of the dust.
Your voice will come ghostlike from the earth;
    out of the dust your speech will whisper.

⁵But your many enemies will become like fine dust,
    the ruthless hordes like blown chaff.
Suddenly, in an instant,
⁶   the LORD Almighty will come
    with thunder and earthquake and great noise,
    with windstorm and tempest and flames of a devouring fire.
⁷Then the hordes of all the nations that fight against Ariel,
    that attack her and her fortress and besiege her,
will be as it is with a dream,
    with a vision in the night—
⁸as when a hungry man dreams that he is eating,
    but he awakens, and his hunger remains;
as when a thirsty man dreams that he is drinking,
    but he awakens faint, with his thirst unquenched.
So will it be with the hordes of all the nations
    that fight against Mount Zion.

⁹Be stunned and amazed,
    blind yourselves and be sightless;
be drunk, but not from wine,
    stagger, but not from beer.
¹⁰The LORD has brought over you a deep sleep:
    He has sealed your eyes (the prophets);
    he has covered your heads (the seers).

¹¹For you this whole vision is nothing but words sealed in a scroll. And if you give the scroll to someone who can read, and say to him, "Read this, please," he will answer, "I can't; it is sealed." ¹²Or if you give the scroll to someone who cannot read, and say, "Read this, please," he will answer, "I don't know how to read."

¹³The Lord says:

"These people come near to me with their mouth
    and honor me with their lips,
    but their hearts are far from me.
Their worship of me
    is made up only of rules taught by men.ˢ
¹⁴Therefore once more I will astound these people
    with wonder upon wonder;
the wisdom of the wise will perish,
    the intelligence of the intelligent will vanish."

ʳ2 The Hebrew for *altar hearth* sounds like the Hebrew for *Ariel*.
ˢ13 Hebrew; Septuagint *They worship me in vain; / their teachings are but rules taught by men*

15¡Ay de los que se esconden de Jehová, encubriendo el consejo, y sus obras están en tinieblas, y dicen: ¿Quién nos ve, y quién nos conoce?
16Vuestra perversidad ciertamente será reputada como el barro del alfarero. ¿Acaso la obra dirá de su hacedor: No me hizo? ¿Dirá la vasija de aquel que la ha formado: No entendió?

Redención de Israel

17¿No se convertirá de aquí a muy poco tiempo el Líbano en campo fructífero, y el campo fértil será estimado por bosque?
18En aquel tiempo los sordos oirán las palabras del libro, y los ojos de los ciegos verán en medio de la oscuridad y de las tinieblas.
19Entonces los humildes crecerán en alegría en Jehová, y aun los más pobres de los hombres se gozarán en el Santo de Israel.
20Porque el violento será acabado, y el escarnecedor será consumido; serán destruidos todos los que se desvelan para hacer iniquidad,
21los que hacen pecar al hombre en palabra; los que arman lazo al que reprendía en la puerta, y pervierten la causa del justo con vanidad.
22Por tanto, Jehová, que redimió a Abraham, dice así a la casa de Jacob: No será ahora avergonzado Jacob, ni su rostro se pondrá pálido;
23porque verá a sus hijos, obra de mis manos en medio de ellos, que santificarán mi nombre; y santificarán al Santo de Jacob, y temerán al Dios de Israel.
24Y los extraviados de espíritu aprenderán inteligencia, y los murmuradores aprenderán doctrina.

La futilidad de confiar en Egipto

30 1¡Ay de los hijos que se apartan, dice Jehová, para tomar consejo, y no de mí; para cobijarse con cubierta, y no de mi espíritu, añadiendo pecado a pecado!
2Que se apartan para descender a Egipto, y no han preguntado de mi boca; para fortalecerse con la fuerza de Faraón, y poner su esperanza en la sombra de Egipto.
3Pero la fuerza de Faraón se os cambiará en vergüenza, y el amparo en la sombra de Egipto en confusión.
4Cuando estén sus príncipes en Zoán, y sus embajadores lleguen a Hanes,
5todos se avergonzarán del pueblo que no les aprovecha, ni los socorre, ni les trae provecho; antes les será para vergüenza y aun para oprobio.

15Woe to those who go to great depths
　　to hide their plans from the LORD,
who do their work in darkness and think,
　　"Who sees us? Who will know?"
16You turn things upside down,
　　as if the potter were thought to be like the clay!
Shall what is formed say to him who formed it,
　　"He did not make me"?
Can the pot say of the potter,
　　"He knows nothing"?

17In a very short time, will not Lebanon be turned into a fertile field
　　and the fertile field seem like a forest?
18In that day the deaf will hear the words of the scroll,
　　and out of gloom and darkness
　　the eyes of the blind will see.
19Once more the humble will rejoice in the LORD;
　　the needy will rejoice in the Holy One of Israel.
20The ruthless will vanish,
　　the mockers will disappear,
　　and all who have an eye for evil will be cut down—
21those who with a word make a man out to be guilty,
　　who ensnare the defender in court
　　and with false testimony deprive the innocent of justice.

22Therefore this is what the LORD, who redeemed Abraham, says to the house of Jacob:

"No longer will Jacob be ashamed;
　　no longer will their faces grow pale.
23When they see among them their children,
　　the work of my hands,
they will keep my name holy;
　　they will acknowledge the holiness of the Holy One of Jacob,
　　and will stand in awe of the God of Israel.
24Those who are wayward in spirit will gain understanding;
　　those who complain will accept instruction."

Woe to the Obstinate Nation

30 "Woe to the obstinate children,"
　　declares the LORD,
"to those who carry out plans that are not mine,
　　forming an alliance, but not by my Spirit,
　　heaping sin upon sin;
2who go down to Egypt
　　without consulting me;
who look for help to Pharaoh's protection,
　　to Egypt's shade for refuge.
3But Pharaoh's protection will be to your shame,
　　Egypt's shade will bring you disgrace.
4Though they have officials in Zoan
　　and their envoys have arrived in Hanes,
5everyone will be put to shame
　　because of a people useless to them,
who bring neither help nor advantage,
　　but only shame and disgrace."

6 Profecía sobre las bestias del Neguev: Por tierra de tribulación y de angustia, de donde salen la leona y el león, la víbora y la serpiente que vuela, llevan sobre lomos de asnos sus riquezas, y sus tesoros sobre jorobas de camellos, a un pueblo que no les será de provecho.

7 Ciertamente Egipto en vano e inútilmente dará ayuda; por tanto yo le di voces, que su fortaleza sería estarse quietos.

8 Vé, pues, ahora, y escribe esta visión en una tabla delante de ellos, y regístrala en un libro, para que quede hasta el día postrero, eternamente y para siempre.

9 Porque este pueblo es rebelde, hijos mentirosos, hijos que no quisieron oir la ley de Jehová;

10 que dicen a los videntes: No veáis; y a los profetas: No nos profeticéis lo recto, decidnos cosas halagüeñas, profetizad mentiras;

11 dejad el camino, apartaos de la senda, quitad de nuestra presencia al Santo de Israel.

12 Por tanto, el Santo de Israel dice así: Porque desechasteis esta palabra, y confiasteis en violencia y en iniquidad, y en ello os habéis apoyado;

13 por tanto, os será este pecado como grieta que amenaza ruina, extendiéndose en una pared elevada, cuya caída viene súbita y repentinamente.

14 Y se quebrará como se quiebra un vaso de alfarero, que sin misericordia lo hacen pedazos; tanto, que entre los pedazos no se halla tiesto para traer fuego del hogar, o para sacar agua del pozo.

15 Porque así dijo Jehová el Señor, el Santo de Israel: En descanso y en reposo seréis salvos; en quietud y en confianza será vuestra fortaleza. Y no quisisteis,

16 sino que dijisteis: No, antes huiremos en caballos; por tanto, vosotros huiréis. Sobre corceles veloces cabalgaremos; por tanto, serán veloces vuestros perseguidores.

17 Un millar huirá a la amenaza de uno; a la amenaza de cinco huiréis vosotros todos, hasta que quedéis como mástil en la cumbre de un monte, y como bandera sobre una colina.

Promesa de la gracia de Dios a Israel

18 Por tanto, Jehová esperará para tener piedad de vosotros, y por tanto, será exaltado teniendo de vosotros misericordia; porque Jehová es Dios justo; bienaventurados todos los que confían en él.

19 Ciertamente el pueblo morará en Sion, en Jerusalén; nunca más llorarás; el que tiene misericordia se apiadará de ti; al oir la voz de tu clamor te responderá.

20 Bien que os dará el Señor pan de congoja y agua de

6 An oracle concerning the animals of the Negev:

Through a land of hardship and distress,
    of lions and lionesses,
    of adders and darting snakes,
the envoys carry their riches on donkeys' backs,
    their treasures on the humps of camels,
to that unprofitable nation,
7   to Egypt, whose help is utterly useless.
Therefore I call her
    Rahab the Do-Nothing.

8 Go now, write it on a tablet for them,
    inscribe it on a scroll,
that for the days to come
    it may be an everlasting witness.
9 These are rebellious people, deceitful children,
    children unwilling to listen to the LORD's
        instruction.
10 They say to the seers,
    "See no more visions!"
and to the prophets,
    "Give us no more visions of what is right!
Tell us pleasant things,
    prophesy illusions.
11 Leave this way,
    get off this path,
and stop confronting us
    with the Holy One of Israel!"

12 Therefore, this is what the Holy One of Israel says:

"Because you have rejected this message,
    relied on oppression
    and depended on deceit,
13 this sin will become for you
    like a high wall, cracked and bulging,
    that collapses suddenly, in an instant.
14 It will break in pieces like pottery,
    shattered so mercilessly
that among its pieces not a fragment will be
        found
for taking coals from a hearth
    or scooping water out of a cistern."

15 This is what the Sovereign LORD, the Holy One of Israel, says:

"In repentance and rest is your salvation,
    in quietness and trust is your strength,
    but you would have none of it.
16 You said, 'No, we will flee on horses.'
    Therefore you will flee!
You said, 'We will ride off on swift horses.'
    Therefore your pursuers will be swift!
17 A thousand will flee
    at the threat of one;
at the threat of five
    you will all flee away,
till you are left
    like a flagstaff on a mountaintop,
    like a banner on a hill."

18 Yet the LORD longs to be gracious to you;
    he rises to show you compassion.
For the LORD is a God of justice.
    Blessed are all who wait for him!

19 O people of Zion, who live in Jerusalem, you will weep no more. How gracious he will be when you cry for help! As soon as he hears, he will answer you. 20 Although the Lord gives you the bread of adversity

angustia, con todo, tus maestros nunca más te serán quitados, sino que tus ojos verán a tus maestros.
21 Entonces tus oídos oirán a tus espaldas palabra que diga: Este es el camino, andad por él; y no echéis a la mano derecha, ni tampoco torzáis a la mano izquierda.
22 Entonces profanarás la cubierta de tus esculturas de plata, y la vestidura de tus imágenes fundidas de oro; las apartarás como trapo asqueroso; ¡Sal fuera! les dirás.
23 Entonces dará el Señor lluvia a tu sementera, cuando siembres la tierra, y dará pan del fruto de la tierra, y será abundante y pingüe; tus ganados en aquel tiempo serán apacentados en espaciosas dehesas.
24 Tus bueyes y tus asnos que labran la tierra comerán grano limpio, aventado con pala y criba.
25 Y sobre todo monte alto, y sobre todo collado elevado, habrá ríos y corrientes de aguas el día de la gran matanza, cuando caerán las torres.
26 Y la luz de la luna será como la luz del sol, y la luz del sol siete veces mayor, como la luz de siete días, el día que vendare Jehová la herida de su pueblo, y curare la llaga que él causó.

El juicio de Jehová sobre Asiria

27 He aquí que el nombre de Jehová viene de lejos; su rostro encendido, y con llamas de fuego devorador; sus labios llenos de ira, y su lengua como fuego que consume.
28 Su aliento, cual torrente que inunda; llegará hasta el cuello, para zarandear a las naciones con criba de destrucción; y el freno estará en las quijadas de los pueblos, haciéndoles errar.
29 Vosotros tendréis cántico como de noche en que se celebra pascua, y alegría de corazón, como el que va con flauta para venir al monte de Jehová, al Fuerte de Israel.
30 Y Jehová hará oir su potente voz, y hará ver el descenso de su brazo, con furor de rostro y llama de fuego consumidor, con torbellino, tempestad y piedra de granizo.
31 Porque Asiria que hirió con vara, con la voz de Jehová será quebrantada.
32 Y cada golpe de la vara justiciera que asiente Jehová sobre él, será con panderos y con arpas; y en batalla tumultuosa peleará contra ellos.
33 Porque Tofet ya de tiempo está dispuesto y preparado para el rey, profundo y ancho, cuya pira es de fuego, y mucha leña; el soplo de Jehová, como torrente de azufre, lo enciende.

Los egipcios son hombres y no dioses

31 1 ¡Ay de los que descienden a Egipto por ayuda, y confían en caballos; y su esperanza ponen en carros, porque son muchos, y en jinetes, porque son valientes; y no miran al Santo de Israel, ni buscan a Jehová!

and the water of affliction, your teachers will be hidden no more; with your own eyes you will see them.
21 Whether you turn to the right or to the left, your ears will hear a voice behind you, saying, "This is the way; walk in it." 22 Then you will defile your idols overlaid with silver and your images covered with gold; you will throw them away like a menstrual cloth and say to them, "Away with you!"

23 He will also send you rain for the seed you sow in the ground, and the food that comes from the land will be rich and plentiful. In that day your cattle will graze in broad meadows. 24 The oxen and donkeys that work the soil will eat fodder and mash, spread out with fork and shovel. 25 In the day of great slaughter, when the towers fall, streams of water will flow on every high mountain and every lofty hill. 26 The moon will shine like the sun, and the sunlight will be seven times brighter, like the light of seven full days, when the LORD binds up the bruises of his people and heals the wounds he inflicted.

27 See, the Name of the LORD comes from afar,
    with burning anger and dense clouds of smoke;
his lips are full of wrath,
    and his tongue is a consuming fire.
28 His breath is like a rushing torrent,
    rising up to the neck.
He shakes the nations in the sieve of destruction;
    he places in the jaws of the peoples
    a bit that leads them astray.
29 And you will sing
    as on the night you celebrate a holy festival;
your hearts will rejoice
    as when people go up with flutes
to the mountain of the LORD,
    to the Rock of Israel.
30 The LORD will cause men to hear his majestic voice
    and will make them see his arm coming down
with raging anger and consuming fire,
    with cloudburst, thunderstorm and hail.
31 The voice of the LORD will shatter Assyria;
    with his scepter he will strike them down.
32 Every stroke the LORD lays on them
    with his punishing rod
will be to the music of tambourines and harps,
    as he fights them in battle with the blows of his arm.
33 Topheth has long been prepared;
    it has been made ready for the king.
Its fire pit has been made deep and wide,
    with an abundance of fire and wood;
the breath of the LORD,
    like a stream of burning sulfur,
    sets it ablaze.

Woe to Those Who Rely on Egypt

31 Woe to those who go down to Egypt for help,
    who rely on horses,
who trust in the multitude of their chariots
    and in the great strength of their horsemen,
but do not look to the Holy One of Israel,
    or seek help from the LORD.

2 Pero él también es sabio, y traerá el mal, y no retirará sus palabras. Se levantará, pues, contra la casa de los malignos, y contra el auxilio de los que hacen iniquidad.

3 Y los egipcios hombres son, y no Dios; y sus caballos carne, y no espíritu; de manera que al extender Jehová su mano, caerá el ayudador y caerá el ayudado, y todos ellos desfallecerán a una.

4 Porque Jehová me dijo a mí de esta manera: Como el león y el cachorro de león ruge sobre la presa, y si se reúne cuadrilla de pastores contra él, no lo espantarán sus voces, ni se acobardará por el tropel de ellos; así Jehová de los ejércitos descenderá a pelear sobre el monte de Sion, y sobre su collado.

5 Como las aves que vuelan, así amparará Jehová de los ejércitos a Jerusalén, amparando, librando, preservando y salvando.

6 Volved a aquel contra quien se rebelaron profundamente los hijos de Israel.

7 Porque en aquel día arrojará el hombre sus ídolos de plata y sus ídolos de oro, que para vosotros han hecho vuestras manos pecadoras.

8 Entonces caerá Asiria por espada no de varón, y la consumirá espada no de hombre; y huirá de la presencia de la espada, y sus jóvenes serán tributarios.

9 Y de miedo pasará su fortaleza, y sus príncipes, con pavor, dejarán sus banderas, dice Jehová, cuyo fuego está en Sion, y su horno en Jerusalén.

2 Yet he too is wise and can bring disaster;
　he does not take back his words.
He will rise up against the house of the wicked,
　against those who help evildoers.

3 But the Egyptians are men and not God;
　their horses are flesh and not spirit.
When the LORD stretches out his hand,
　he who helps will stumble,
　he who is helped will fall;
　both will perish together.

4 This is what the LORD says to me:

"As a lion growls,
　a great lion over his prey—
and though a whole band of shepherds
　is called together against him,
he is not frightened by their shouts
　or disturbed by their clamor—
so the LORD Almighty will come down
　to do battle on Mount Zion and on its heights.

5 Like birds hovering overhead,
　the LORD Almighty will shield Jerusalem;
he will shield it and deliver it,
　he will 'pass over' it and will rescue it."

6 Return to him you have so greatly revolted against, O Israelites. 7 For in that day every one of you will reject the idols of silver and gold your sinful hands have made.

8 "Assyria will fall by a sword that is not of man;
　a sword, not of mortals, will devour them.
They will flee before the sword
　and their young men will be put to forced labor.

9 Their stronghold will fall because of terror;
　at sight of the battle standard their
　　commanders will panic,"
declares the LORD,
　whose fire is in Zion,
　whose furnace is in Jerusalem.

El Rey justo

32 1 He aquí que para justicia reinará un rey, y príncipes presidirán en juicio.

2 Y será aquel varón como escondedero contra el viento, y como refugio contra el turbión; como arroyos de aguas en tierra de sequedad, como sombra de gran peñasco en tierra calurosa.

3 No se ofuscarán entonces los ojos de los que ven, y los oídos de los oyentes oirán atentos.

4 Y el corazón de los necios entenderá para saber, y la lengua de los tartamudos hablará rápida y claramente.

5 El ruin nunca más será llamado generoso, ni el tramposo será llamado espléndido.

6 Porque el ruin hablará ruindades, y su corazón fabricará iniquidad, para cometer impiedad y para hablar escarnio contra Jehová, dejando vacía el alma hambrienta, y quitando la bebida al sediento.

7 Las armas del tramposo son malas; trama intrigas inicuas para enredar a los simples con palabras mentirosas, y para hablar en juicio contra el pobre.

The Kingdom of Righteousness

32 See, a king will reign in righteousness
and rulers will rule with justice.

2 Each man will be like a shelter from the wind
　and a refuge from the storm,
like streams of water in the desert
　and the shadow of a great rock in a thirsty land.

3 Then the eyes of those who see will no longer be closed,
　and the ears of those who hear will listen.

4 The mind of the rash will know and understand,
　and the stammering tongue will be fluent and clear.

5 No longer will the fool be called noble
　nor the scoundrel be highly respected.

6 For the fool speaks folly,
　his mind is busy with evil:
He practices ungodliness
　and spreads error concerning the LORD;
the hungry he leaves empty
　and from the thirsty he withholds water.

7 The scoundrel's methods are wicked,
　he makes up evil schemes
to destroy the poor with lies,
　even when the plea of the needy is just.

8 Pero el generoso pensará generosidades, y por generosidades será exaltado.

Advertencia a las mujeres de Jerusalén

9 Mujeres indolentes, levantaos, oíd mi voz; hijas confiadas, escuchad mi razón.

10 De aquí a algo más de un año tendréis espanto, oh confiadas; porque la vendimia faltará, y la cosecha no vendrá.

11 Temblad, oh indolentes; turbaos, oh confiadas; despojaos, desnudaos, ceñid los lomos con cilicio.

12 Golpeándose el pecho lamentarán por los campos deleitosos, por la vid fértil.

13 Sobre la tierra de mi pueblo subirán espinos y cardos, y aun sobre todas las casas en que hay alegría en la ciudad de alegría.

14 Porque los palacios quedarán desiertos, la multitud de la ciudad cesará; las torres y fortalezas se volverán cuevas para siempre, donde descansen asnos monteses, y ganados hagan majada;

15 hasta que sobre nosotros sea derramado el Espíritu de lo alto, y el desierto se convierta en campo fértil, y el campo fértil sea estimado por bosque.

16 Y habitará el juicio en el desierto, y en el campo fértil morará la justicia.

17 Y el efecto de la justicia será paz; y la labor de la justicia, reposo y seguridad para siempre.

18 Y mi pueblo habitará en morada de paz, en habitaciones seguras, y en recreos de reposo.

19 Y cuando caiga granizo, caerá en los montes; y la ciudad será del todo abatida.

20 Dichosos vosotros los que sembráis junto a todas las aguas, y dejáis libres al buey y al asno.

The Women of Jerusalem

9 You women who are so complacent,
  rise up and listen to me;
you daughters who feel secure,
  hear what I have to say!
10 In little more than a year
  you who feel secure will tremble;
the grape harvest will fail,
  and the harvest of fruit will not come.
11 Tremble, you complacent women;
  shudder, you daughters who feel secure!
Strip off your clothes,
  put sackcloth around your waists.
12 Beat your breasts for the pleasant fields,
  for the fruitful vines
13 and for the land of my people,
  a land overgrown with thorns and briers—
yes, mourn for all houses of merriment
  and for this city of revelry.
14 The fortress will be abandoned,
  the noisy city deserted;
citadel and watchtower will become a wasteland
  forever,
  the delight of donkeys, a pasture for flocks,
15 till the Spirit is poured upon us from on high,
  and the desert becomes a fertile field,
  and the fertile field seems like a forest.
16 Justice will dwell in the desert
  and righteousness live in the fertile field.
17 The fruit of righteousness will be peace;
  the effect of righteousness will be quietness
    and confidence forever.
18 My people will live in peaceful dwelling places,
  in secure homes,
  in undisturbed places of rest.
19 Though hail flattens the forest
  and the city is leveled completely,
20 how blessed you will be,
  sowing your seed by every stream,
  and letting your cattle and donkeys range free.

Jehová traerá salvación

33 1 ¡Ay de ti, que saqueas, y nunca fuiste saqueado; que haces deslealtad, bien que nadie contra ti la hizo! Cuando acabes de saquear, serás tú saqueado; y cuando acabes de hacer deslealtad, se hará contra ti.

2 Oh Jehová, ten misericordia de nosotros, a ti hemos esperado; tú, brazo de ellos en la mañana, sé también nuestra salvación en tiempo de la tribulación.

3 Los pueblos huyeron a la voz del estruendo; las naciones fueron esparcidas al levantarte tú.

4 Sus despojos serán recogidos como cuando recogen orugas; correrán sobre ellos como de una a otra parte corren las langostas.

5 Será exaltado Jehová, el cual mora en las alturas; llenó a Sion de juicio y de justicia.

Distress and Help

33 Woe to you, O destroyer,
  you who have not been destroyed!
Woe to you, O traitor,
  you who have not been betrayed!
When you stop destroying,
  you will be destroyed;
when you stop betraying,
  you will be betrayed.

2 O LORD, be gracious to us;
  we long for you.
Be our strength every morning,
  our salvation in time of distress.
3 At the thunder of your voice, the peoples flee;
  when you rise up, the nations scatter.
4 Your plunder, O nations, is harvested as by young
    locusts;
  like a swarm of locusts men pounce on it.

5 The LORD is exalted, for he dwells on high;
  he will fill Zion with justice and righteousness.

6 Y reinarán en tus tiempos la sabiduría y la ciencia, y abundancia de salvación; el temor de Jehová será su tesoro.

7 He aquí que sus embajadores darán voces afuera; los mensajeros de paz llorarán amargamente.

8 Las calzadas están deshechas, cesaron los caminantes; ha anulado el pacto, aborreció las ciudades, tuvo en nada a los hombres.

9 Se enlutó, enfermó la tierra; el Líbano se avergonzó, y fue cortado; Sarón se ha vuelto como desierto, y Basán y el Carmelo fueron sacudidos.

10 Ahora me levantaré, dice Jehová; ahora seré exaltado, ahora seré engrandecido.

11 Concebisteis hojarascas, rastrojo daréis a luz; el soplo de vuestro fuego os consumirá.

12 Y los pueblos serán como cal quemada; como espinos cortados serán quemados con fuego.

13 Oíd, los que estáis lejos, lo que he hecho; y vosotros los que estáis cerca, conoced mi poder.

14 Los pecadores se asombraron en Sion, espanto sobrecogió a los hipócritas. ¿Quién de nosotros morará con el fuego consumidor? ¿Quién de nosotros habitará con las llamas eternas?

15 El que camina en justicia y habla lo recto; el que aborrece la ganancia de violencias, el que sacude sus manos para no recibir cohecho, el que tapa sus oídos para no oir propuestas sanguinarias; el que cierra sus ojos para no ver cosa mala;

16 éste habitará en las alturas; fortaleza de rocas será su lugar de refugio; se le dará su pan, y sus aguas serán seguras.

17 Tus ojos verán al Rey en su hermosura; verán la tierra que está lejos.

18 Tu corazón imaginará el espanto, y dirá: ¿Qué es del escriba? ¿qué del pesador del tributo? ¿qué del que pone en lista las casas más insignes?

19 No verás a aquel pueblo orgulloso, pueblo de lengua difícil de entender, de lengua tartamuda que no comprendas.

20 Mira a Sion, ciudad de nuestras fiestas solemnes; tus ojos verán a Jerusalén, morada de quietud, tienda que no será desarmada, ni serán arrancadas sus estacas, ni ninguna de sus cuerdas será rota.

21 Porque ciertamente allí será Jehová para con nosotros fuerte, lugar de ríos, de arroyos muy anchos, por el cual no andará galera de remos, ni por él pasará gran nave.

6 He will be the sure foundation for your times,
　　a rich store of salvation and wisdom and
　　　　knowledge;
　　the fear of the LORD is the key to this
　　　　treasure. *t*

7 Look, their brave men cry aloud in the streets;
　　the envoys of peace weep bitterly.

8 The highways are deserted,
　　no travelers are on the roads.
　The treaty is broken,
　　its witnesses *u* are despised,
　　no one is respected.

9 The land mourns *v* and wastes away,
　　Lebanon is ashamed and withers;
　Sharon is like the Arabah,
　　and Bashan and Carmel drop their leaves.

10 "Now will I arise," says the LORD.
　　"Now will I be exalted;
　　now will I be lifted up.

11 You conceive chaff,
　　you give birth to straw;
　　your breath is a fire that consumes you.

12 The peoples will be burned as if to lime;
　　like cut thornbushes they will be set ablaze."

13 You who are far away, hear what I have done;
　　you who are near, acknowledge my power!

14 The sinners in Zion are terrified;
　　trembling grips the godless:
　"Who of us can dwell with the consuming fire?
　　Who of us can dwell with everlasting
　　　　burning?"

15 He who walks righteously
　　and speaks what is right,
　who rejects gain from extortion
　　and keeps his hand from accepting bribes,
　who stops his ears against plots of murder
　　and shuts his eyes against contemplating evil—

16 this is the man who will dwell on the heights,
　　whose refuge will be the mountain fortress.
　His bread will be supplied,
　　and water will not fail him.

17 Your eyes will see the king in his beauty
　　and view a land that stretches afar.

18 In your thoughts you will ponder the former
　　　　terror:
　"Where is that chief officer?
　Where is the one who took the revenue?
　Where is the officer in charge of the towers?"

19 You will see those arrogant people no more,
　　those people of an obscure speech,
　　with their strange, incomprehensible tongue.

20 Look upon Zion, the city of our festivals;
　　your eyes will see Jerusalem,
　　a peaceful abode, a tent that will not be
　　　　moved;
　its stakes will never be pulled up,
　　nor any of its ropes broken.

21 There the LORD will be our Mighty One.
　　It will be like a place of broad rivers and
　　　　streams.
　No galley with oars will ride them,
　　no mighty ship will sail them.

---

t 6 Or *is a treasure from him*　　*u* 8 Dead Sea Scrolls; Masoretic Text / *the cities*　　*v* 9 Or *dries up*

22 Porque Jehová es nuestro juez, Jehová es nuestro legislador, Jehová es nuestro Rey; él mismo nos salvará.

23 Tus cuerdas se aflojaron; no afirmaron su mástil, ni entesaron la vela; se repartirá entonces botín de muchos despojos; los cojos arrebatarán el botín.

24 No dirá el morador: Estoy enfermo; al pueblo que more en ella le será perdonada la iniquidad.

La ira de Jehová contra las naciones

34 1 Acercaos, naciones, juntaos para oir; y vosotros, pueblos, escuchad. Oiga la tierra y cuanto hay en ella, el mundo y todo lo que produce.

2 Porque Jehová está airado contra todas las naciones, e indignado contra todo el ejército de ellas; las destruirá y las entregará al matadero.

3 Y los muertos de ellas serán arrojados, y de sus cadáveres se levantará hedor; y los montes se disolverán por la sangre de ellos.

4 Y todo el ejército de los cielos se disolverá, y se enrollarán los cielos como un libro; y caerá todo su ejército, como se cae la hoja de la parra, y como se cae la de la higuera.

5 Porque en los cielos se embriagará mi espada; he aquí que descenderá sobre Edom en juicio, y sobre el pueblo de mi anatema.

6 Llena está de sangre la espada de Jehová, engrasada está de grosura, de sangre de corderos y de machos cabríos, de grosura de riñones de carneros; porque Jehová tiene sacrificios en Bosra, y grande matanza en tierra de Edom.

7 Y con ellos caerán búfalos, y toros con becerros; y su tierra se embriagará de sangre, y su polvo se engrasará de grosura.

8 Porque es día de venganza de Jehová, año de retribuciones en el pleito de Sion.

9 Y sus arroyos se convertirán en brea, y su polvo en azufre, y su tierra en brea ardiente.

10 No se apagará de noche ni de día, perpetuamente subirá su humo; de generación en generación será asolada, nunca jamás pasará nadie por ella.

11 Se adueñarán de ella el pelícano y el erizo, la lechuza y el cuervo morarán en ella; y se extenderá sobre ella cordel de destrucción, y niveles de asolamiento.

12 Llamarán a sus príncipes, príncipes sin reino; y todos sus grandes serán nada.

---

22 For the LORD is our judge,
the LORD is our lawgiver,
the LORD is our king;
it is he who will save us.

23 Your rigging hangs loose:
The mast is not held secure,
the sail is not spread.
Then an abundance of spoils will be divided
and even the lame will carry off plunder.

24 No one living in Zion will say, "I am ill";
and the sins of those who dwell there will be
forgiven.

Judgment Against the Nations

34 Come near, you nations, and listen;
pay attention, you peoples!
Let the earth hear, and all that is in it,
the world, and all that comes out of it!

2 The LORD is angry with all nations;
his wrath is upon all their armies.
He will totally destroy*w* them,
he will give them over to slaughter.

3 Their slain will be thrown out,
their dead bodies will send up a stench;
the mountains will be soaked with their blood.

4 All the stars of the heavens will be dissolved
and the sky rolled up like a scroll;
all the starry host will fall
like withered leaves from the vine,
like shriveled figs from the fig tree.

5 My sword has drunk its fill in the heavens;
see, it descends in judgment on Edom,
the people I have totally destroyed.

6 The sword of the LORD is bathed in blood,
it is covered with fat—
the blood of lambs and goats,
fat from the kidneys of rams.
For the LORD has a sacrifice in Bozrah
and a great slaughter in Edom.

7 And the wild oxen will fall with them,
the bull calves and the great bulls.
Their land will be drenched with blood,
and the dust will be soaked with fat.

8 For the LORD has a day of vengeance,
a year of retribution, to uphold Zion's cause.

9 Edom's streams will be turned into pitch,
her dust into burning sulfur;
her land will become blazing pitch!

10 It will not be quenched night and day;
its smoke will rise forever.
From generation to generation it will lie desolate;
no one will ever pass through it again.

11 The desert owl*x* and screech owl*x* will possess
it;
the great owl*x* and the raven will nest there.
God will stretch out over Edom
the measuring line of chaos
and the plumb line of desolation.

12 Her nobles will have nothing there to be called a
kingdom,
all her princes will vanish away.

---

w2 The Hebrew term refers to the irrevocable giving over of things or persons to the LORD, often by totally destroying them; also in verse 5.   *x11* The precise identification of these birds is uncertain.

13 En sus alcázares crecerán espinos, y ortigas y cardos en sus fortalezas; y serán morada de chacales, y patio para los pollos de los avestruces.

14 Las fieras del desierto se encontrarán con las hienas, y la cabra salvaje gritará a su compañero; la lechuza también tendrá allí morada, y hallará para sí reposo.

15 Allí anidará el buho, pondrá sus huevos, y sacará sus pollos, y los juntará debajo de sus alas; también se juntarán allí buitres, cada uno con su compañera.

16 Inquirid en el libro de Jehová, y leed si faltó alguno de ellos; ninguno faltó con su compañera; porque su boca mandó, y los reunió su mismo Espíritu.

17 Y él les echó suertes, y su mano les repartió con cordel; para siempre la tendrán por heredad; de generación en generación morarán allí.

Futuro glorioso de Sion

35 ¹ Se alegrarán el desierto y la soledad; el yermo se gozará y florecerá como la rosa.

2 Florecerá profusamente, y también se alegrará y cantará con júbilo; la gloria del Líbano le será dada, la hermosura del Carmelo y de Sarón. Ellos verán la gloria de Jehová, la hermosura del Dios nuestro.

3 Fortaleced las manos cansadas, afirmad las rodillas endebles.

4 Decid a los de corazón apocado: Esforzaos, no temáis; he aquí que vuestro Dios viene con retribución, con pago; Dios mismo vendrá, y os salvará.

5 Entonces los ojos de los ciegos serán abiertos, y los oídos de los sordos se abrirán.

6 Entonces el cojo saltará como un ciervo, y cantará la lengua del mudo; porque aguas serán cavadas en el desierto, y torrentes en la soledad.

7 El lugar seco se convertirá en estanque, y el sequedal en manaderos de aguas; en la morada de chacales, en su guarida, será lugar de cañas y juncos.

8 Y habrá allí calzada y camino, y será llamado Camino de Santidad; no pasará inmundo por él, sino que él mismo estará con ellos; el que anduviere en este camino, por torpe que sea, no se extraviará.

9 No habrá allí león, ni fiera subirá por él, ni allí se hallará, para que caminen los redimidos.

---

13 Thorns will overrun her citadels,
     nettles and brambles her strongholds.
She will become a haunt for jackals,
     a home for owls.
14 Desert creatures will meet with hyenas,
     and wild goats will bleat to each other;
there the night creatures will also repose
     and find for themselves places of rest.
15 The owl will nest there and lay eggs,
     she will hatch them, and care for her young
         under the shadow of her wings;
there also the falcons will gather,
     each with its mate.

16 Look in the scroll of the LORD and read:

None of these will be missing,
     not one will lack her mate.
For it is his mouth that has given the order,
     and his Spirit will gather them together.
17 He allots their portions;
     his hand distributes them by measure.
They will possess it forever
     and dwell there from generation to generation.

Joy of the Redeemed

35 The desert and the parched land will be glad;
     the wilderness will rejoice and blossom.
Like the crocus, 2 it will burst into bloom;
     it will rejoice greatly and shout for joy.
The glory of Lebanon will be given to it,
     the splendor of Carmel and Sharon;
they will see the glory of the LORD,
     the splendor of our God.

3 Strengthen the feeble hands,
     steady the knees that give way;
4 say to those with fearful hearts,
     "Be strong, do not fear;
your God will come,
     he will come with vengeance;
with divine retribution
     he will come to save you."

5 Then will the eyes of the blind be opened
     and the ears of the deaf unstopped.
6 Then will the lame leap like a deer,
     and the mute tongue shout for joy.
Water will gush forth in the wilderness
     and streams in the desert.
7 The burning sand will become a pool,
     the thirsty ground bubbling springs.
In the haunts where jackals once lay,
     grass and reeds and papyrus will grow.

8 And a highway will be there;
     it will be called the Way of Holiness.
The unclean will not journey on it;
     it will be for those who walk in that Way;
     wicked fools will not go about on it.ʸ
9 No lion will be there,
     nor will any ferocious beast get up on it;
     they will not be found there.
But only the redeemed will walk there,

ʸ8 Or / the simple will not stray from it

10Y los redimidos de Jehová volverán, y vendrán a Sion con alegría; y gozo perpetuo será sobre sus cabezas; y tendrán gozo y alegría, y huirán la tristeza y el gemido.

10 and the ransomed of the LORD will return.
They will enter Zion with singing;
everlasting joy will crown their heads.
Gladness and joy will overtake them,
and sorrow and sighing will flee away.

La invasión de Senaquerib

36 1Aconteció en el año catorce del rey Ezequías, que Senaquerib rey de Asiria subió contra todas las ciudades fortificadas de Judá, y las tomó. 2Y el rey de Asiria envió al Rabsaces con un gran ejército desde Laquis a Jerusalén contra el rey Ezequías; y acampó junto al acueducto del estanque de arriba, en el camino de la heredad del Lavador. 3Y salió a él Eliaquim hijo de Hilcías, mayordomo, y Sebna, escriba, y Joa hijo de Asaf, canciller,

4a los cuales dijo el Rabsaces: Decid ahora a Ezequías: El gran rey, el rey de Asiria, dice así: ¿Qué confianza es esta en que te apoyas? 5Yo digo que el consejo y poderío para la guerra, de que tú hablas, no son más que palabras vacías. Ahora bien, ¿en quién confías para que te rebeles contra mí? 6He aquí que confías en este báculo de caña frágil, en Egipto, en el cual si alguien se apoyare, se le entrará por la mano, y la atravesará. Tal es Faraón rey de Egipto para con todos los que en él confían. 7Y si me decís: En Jehová nuestro Dios confiamos; ¿no es éste aquel cuyos lugares altos y cuyos altares hizo quitar Ezequías, y dijo a Judá y a Jerusalén: Delante de este altar adoraréis? 8Ahora, pues, yo te ruego que des rehenes al rey de Asiria mi señor, y yo te daré dos mil caballos, si tú puedes dar jinetes que cabalguen sobre ellos. 9¿Cómo, pues, podrás resistir a un capitán, al menor de los siervos de mi señor, aunque estés confiado en Egipto con sus carros y su gente de a caballo? 10¿Acaso vine yo ahora a esta tierra para destruirla sin Jehová? Jehová me dijo: Sube a esta tierra y destrúyela.

11Entonces dijeron Eliaquim, Sebna y Joa al Rabsaces: Te rogamos que hables a tus siervos en arameo, porque nosotros lo entendemos; y no hables con nosotros en lengua de Judá, porque lo oye el pueblo que está sobre el muro. 12Y dijo el Rabsaces: ¿Acaso me envió mi señor a que dijese estas palabras a ti y a tu señor, y no a los hombres que están sobre el muro, expuestos a comer su estiércol y beber su orina con vosotros? 13Entonces el Rabsaces se puso en pie y gritó a gran voz en lengua de Judá, diciendo: Oíd las palabras del gran rey, el rey de Asiria. 14El rey dice así: No os engañe Ezequías, porque no os podrá librar. 15Ni os haga Ezequías confiar en Jehová, diciendo: Ciertamente Jehová nos librará; no será entregada esta ciudad en manos del rey de Asiria. 16No escuchéis a Ezequías, porque así dice el rey de Asiria: Haced conmigo paz, y salid a mí; y coma cada uno de su viña, y cada uno de su higuera, y beba cada cual las aguas de su pozo, 17hasta que yo venga y os lleve a una tierra como la vuestra, tierra de grano y de vino, tierra de pan y de viñas.

Sennacherib Threatens Jerusalem

36 In the fourteenth year of King Hezekiah's reign, Sennacherib king of Assyria attacked all the fortified cities of Judah and captured them. 2Then the king of Assyria sent his field commander with a large army from Lachish to King Hezekiah at Jerusalem. When the commander stopped at the aqueduct of the Upper Pool, on the road to the Washerman's Field, 3Eliakim son of Hilkiah the palace administrator, Shebna the secretary, and Joah son of Asaph the recorder went out to him.

4The field commander said to them, "Tell Hezekiah,

" 'This is what the great king, the king of Assyria, says: On what are you basing this confidence of yours? 5You say you have strategy and military strength—but you speak only empty words. On whom are you depending, that you rebel against me? 6Look now, you are depending on Egypt, that splintered reed of a staff, which pierces a man's hand and wounds him if he leans on it! Such is Pharaoh king of Egypt to all who depend on him. 7And if you say to me, "We are depending on the LORD our God"—isn't he the one whose high places and altars Hezekiah removed, saying to Judah and Jerusalem, "You must worship before this altar"?

8" 'Come now, make a bargain with my master, the king of Assyria: I will give you two thousand horses—if you can put riders on them! 9How then can you repulse one officer of the least of my master's officials, even though you are depending on Egypt for chariots and horsemen? 10Furthermore, have I come to attack and destroy this land without the LORD? The LORD himself told me to march against this country and destroy it.' "

11Then Eliakim, Shebna and Joah said to the field commander, "Please speak to your servants in Aramaic, since we understand it. Don't speak to us in Hebrew in the hearing of the people on the wall."

12But the commander replied, "Was it only to your master and you that my master sent me to say these things, and not to the men sitting on the wall—who, like you, will have to eat their own filth and drink their own urine?"

13Then the commander stood and called out in Hebrew, "Hear the words of the great king, the king of Assyria! 14This is what the king says: Do not let Hezekiah deceive you. He cannot deliver you! 15Do not let Hezekiah persuade you to trust in the LORD when he says, 'The LORD will surely deliver us; this city will not be given into the hand of the king of Assyria.'

16"Do not listen to Hezekiah. This is what the king of Assyria says: Make peace with me and come out to me. Then every one of you will eat from his own vine and fig tree and drink water from his own cistern, 17until I come and take you to a land like your own—a land of grain and new wine, a land of bread and vineyards.

18 Mirad que no os engañe Ezequías diciendo: Jehová nos librará. ¿Acaso libraron los dioses de las naciones cada uno su tierra de la mano del rey de Asiria?

19 ¿Dónde está el dios de Hamat y de Arfad? ¿Dónde está el dios de Sefarvaim? ¿Libraron a Samaria de mi mano?

20 ¿Qué dios hay entre los dioses de estas tierras que haya librado su tierra de mi mano, para que Jehová libre de mi mano a Jerusalén?

21 Pero ellos callaron, y no le respondieron palabra; porque el rey así lo había mandado, diciendo: No le respondáis.

22 Entonces Eliaquim hijo de Hilcías, mayordomo, y Sebna escriba, y Joa hijo de Asaf, canciller, vinieron a Ezequías, rasgados sus vestidos, y le contaron las palabras del Rabsaces.

Judá es librado de Senaquerib

37 1 Aconteció, pues, que cuando el rey Ezequías oyó esto, rasgó sus vestidos, y cubierto de cilicio vino a la casa de Jehová.

2 Y envió a Eliaquim mayordomo, a Sebna escriba y a los ancianos de los sacerdotes, cubiertos de cilicio, al profeta Isaías hijo de Amoz.

3 Los cuales le dijeron: Así ha dicho Ezequías: Día de angustia, de represión y de blasfemia es este día; porque los hijos han llegado hasta el punto de nacer, y la que da a luz no tiene fuerzas.

4 Quizá oirá Jehová tu Dios las palabras del Rabsaces, al cual el rey de Asiria su señor envió para blasfemar al Dios vivo, y para vituperar con las palabras que oyó Jehová tu Dios; eleva, pues, oración tú por el remanente que aún ha quedado.

5 Vinieron, pues, los siervos de Ezequías a Isaías.

6 Y les dijo Isaías: Diréis así a vuestro señor: Así ha dicho Jehová: No temas por las palabras que has oído, con las cuales me han blasfemado los siervos del rey de Asiria.

7 He aquí que yo pondré en él un espíritu, y oirá un rumor, y volverá a su tierra; y haré que en su tierra perezca a espada.

8 Vuelto, pues, el Rabsaces, halló al rey de Asiria que combatía contra Libna; porque ya había oído que se había apartado de Laquis.

9 Mas oyendo decir de Tirhaca rey de Etiopía: He aquí que ha salido para hacerte guerra; al oirlo, envió embajadores a Ezequías, diciendo:

10 Así diréis a Ezequías rey de Judá: No te engañe tu Dios en quien tú confías, diciendo: Jerusalén no será entregada en mano del rey de Asiria.

11 He aquí que tú oíste lo que han hecho los reyes de Asiria a todas las tierras, que las destruyeron; ¿y escaparás tú?

12 ¿Acaso libraron sus dioses a las naciones que destruyeron mis antepasados, a Gozán, Harán, Resef y a los hijos de Edén que moraban en Telasar?

13 ¿Dónde está el rey de Hamat, el rey de Arfad, y el rey de la ciudad de Sefarvaim, de Hena y de Iva?

14 Y tomó Ezequías las cartas de mano de los embajadores, y las leyó; y subió a la casa de Jehová, y las extendió delante de Jehová.

15 Entonces Ezequías oró a Jehová, diciendo:

16 Jehová de los ejércitos, Dios de Israel, que moras entre los querubines, sólo tú eres Dios de todos los reinos de la tierra; tú hiciste los cielos y la tierra.

17 Inclina, oh Jehová, tu oído, y oye; abre, oh Jehová, tus

18 "Do not let Hezekiah mislead you when he says, 'The LORD will deliver us.' Has the god of any nation ever delivered his land from the hand of the king of Assyria? 19 Where are the gods of Hamath and Arpad? Where are the gods of Sepharvaim? Have they rescued Samaria from my hand? 20 Who of all the gods of these countries has been able to save his land from me? How then can the LORD deliver Jerusalem from my hand?"

21 But the people remained silent and said nothing in reply, because the king had commanded, "Do not answer him."

22 Then Eliakim son of Hilkiah the palace administrator, Shebna the secretary, and Joah son of Asaph the recorder went to Hezekiah, with their clothes torn, and told him what the field commander had said.

Jerusalem's Deliverance Foretold

37 When King Hezekiah heard this, he tore his clothes and put on sackcloth and went into the temple of the LORD. 2 He sent Eliakim the palace administrator, Shebna the secretary, and the leading priests, all wearing sackcloth, to the prophet Isaiah son of Amoz. 3 They told him, "This is what Hezekiah says: This day is a day of distress and rebuke and disgrace, as when children come to the point of birth and there is no strength to deliver them. 4 It may be that the LORD your God will hear the words of the field commander, whom his master, the king of Assyria, has sent to ridicule the living God, and that he will rebuke him for the words the LORD your God has heard. Therefore pray for the remnant that still survives."

5 When King Hezekiah's officials came to Isaiah, 6 Isaiah said to them, "Tell your master, 'This is what the LORD says: Do not be afraid of what you have heard—those words with which the underlings of the king of Assyria have blasphemed me. 7 Listen! I am going to put a spirit in him so that when he hears a certain report, he will return to his own country, and there I will have him cut down with the sword.' "

8 When the field commander heard that the king of Assyria had left Lachish, he withdrew and found the king fighting against Libnah.

9 Now Sennacherib received a report that Tirhakah, the Cushite z king of Egypt, was marching out to fight against him. When he heard it, he sent messengers to Hezekiah with this word: 10 "Say to Hezekiah king of Judah: Do not let the god you depend on deceive you when he says, 'Jerusalem will not be handed over to the king of Assyria.' 11 Surely you have heard what the kings of Assyria have done to all the countries, destroying them completely. And will you be delivered? 12 Did the gods of the nations that were destroyed by my forefathers deliver them—the gods of Gozan, Haran, Rezeph and the people of Eden who were in Tel Assar? 13 Where is the king of Hamath, the king of Arpad, the king of the city of Sepharvaim, or of Hena or Ivvah?"

Hezekiah's Prayer

14 Hezekiah received the letter from the messengers and read it. Then he went up to the temple of the LORD and spread it out before the LORD. 15 And Hezekiah prayed to the LORD: 16 "O LORD Almighty, God of Israel, enthroned between the cherubim, you alone are God over all the kingdoms of the earth. You have made heaven and earth. 17 Give ear, O LORD, and hear; open

z 9 That is, from the upper Nile region

ojos, y mira; y oye todas las palabras de Senaquerib, que ha enviado a blasfemar al Dios viviente.

18 Ciertamente, oh Jehová, los reyes de Asiria destruyeron todas las tierras y sus comarcas,

19 y entregaron los dioses de ellos al fuego; porque no eran dioses, sino obra de manos de hombre, madera y piedra; por eso los destruyeron.

20 Ahora pues, Jehová Dios nuestro, líbranos de su mano, para que todos los reinos de la tierra conozcan que sólo tú eres Jehová.

21 Entonces Isaías hijo de Amoz envió a decir a Ezequías: Así ha dicho Jehová Dios de Israel: Acerca de lo que me rogaste sobre Senaquerib rey de Asiria,

22 estas son las palabras que Jehová habló contra él: La virgen hija de Sion te menosprecia, te escarnece; detrás de ti mueve su cabeza la hija de Jerusalén.

23 ¿A quién vituperaste, y a quién blasfemaste? ¿Contra quién has alzado tu voz, y levantado tus ojos en alto? Contra el Santo de Israel.

24 Por mano de tus siervos has vituperado al Señor, y dijiste: Con la multitud de mis carros subiré a las alturas de los montes, a las laderas del Líbano; cortaré sus altos cedros, sus cipreses escogidos; llegaré hasta sus más elevadas cumbres, al bosque de sus feraces campos.

25 Yo cavé, y bebí las aguas, y con las pisadas de mis pies secaré todos los ríos de Egipto.

26 ¿No has oído decir que desde tiempos antiguos yo lo hice, que desde los días de la antigüedad lo tengo ideado? Y ahora lo he hecho venir, y tú serás para reducir las ciudades fortificadas a montones de escombros.

27 Sus moradores fueron de corto poder; fueron acobardados y confusos, fueron como hierba del campo y hortaliza verde, como heno de los terrados, que antes de sazón se seca.

28 He conocido tu condición, tu salida y tu entrada, y tu furor contra mí.

29 Porque contra mí te airaste, y tu arrogancia ha subido a mis oídos; pondré, pues, mi garfio en tu nariz, y mi freno en tus labios, y te haré volver por el camino por donde viniste.

your eyes, O Lord, and see; listen to all the words Sennacherib has sent to insult the living God.

18 "It is true, O Lord, that the Assyrian kings have laid waste all these peoples and their lands. 19 They have thrown their gods into the fire and destroyed them, for they were not gods but only wood and stone, fashioned by human hands. 20 Now, O Lord our God, deliver us from his hand, so that all kingdoms on earth may know that you alone, O Lord, are God. [a]"

Sennacherib's Fall

21 Then Isaiah son of Amoz sent a message to Hezekiah: "This is what the Lord, the God of Israel, says: Because you have prayed to me concerning Sennacherib king of Assyria, 22 this is the word the Lord has spoken against him:

"The Virgin Daughter of Zion
　　despises and mocks you.
The Daughter of Jerusalem
　　tosses her head as you flee.
23 Who is it you have insulted and blasphemed?
　　Against whom have you raised your voice
and lifted your eyes in pride?
　　Against the Holy One of Israel!
24 By your messengers
　　you have heaped insults on the Lord.
And you have said,
　　'With my many chariots
I have ascended the heights of the mountains,
　　the utmost heights of Lebanon.
I have cut down its tallest cedars,
　　the choicest of its pines.
I have reached its remotest heights,
　　the finest of its forests.
25 I have dug wells in foreign lands [b]
　　and drunk the water there.
With the soles of my feet
　　I have dried up all the streams of Egypt.'

26 "Have you not heard?
　　Long ago I ordained it.
In days of old I planned it;
　　now I have brought it to pass,
that you have turned fortified cities
　　into piles of stone.
27 Their people, drained of power,
　　are dismayed and put to shame.
They are like plants in the field,
　　like tender green shoots,
like grass sprouting on the roof,
　　scorched [c] before it grows up.

28 "But I know where you stay
　　and when you come and go
　　and how you rage against me.
29 Because you rage against me
　　and because your insolence has reached my ears,
I will put my hook in your nose
　　and my bit in your mouth,
and I will make you return
　　by the way you came.

a20 Dead Sea Scrolls (see also 2 Kings 19:19); Masoretic Text alone are the Lord　b25 Dead Sea Scrolls (see also 2 Kings 19:24); Masoretic Text does not have in foreign lands. c27 Some manuscripts of the Masoretic Text, Dead Sea Scrolls and some Septuagint manuscripts (see also 2 Kings 19:26); most manuscripts of the Masoretic Text roof / and terraced fields

30 Y esto te será por señal: Comeréis este año lo que nace de suyo, y el año segundo lo que nace de suyo; y el año tercero sembraréis y segaréis, y plantaréis viñas, y comeréis su fruto.
31 Y lo que hubiere quedado de la casa de Judá y lo que hubiere escapado, volverá a echar raíz abajo, y dará fruto arriba.
32 Porque de Jerusalén saldrá un remanente, y del monte de Sion los que se salven. El celo de Jehová de los ejércitos hará esto.
33 Por tanto, así dice Jehová acerca del rey de Asiria: No entrará en esta ciudad, ni arrojará saeta en ella; no vendrá delante de ella con escudo, ni levantará contra ella baluarte.
34 Por el camino que vino, volverá, y no entrará en esta ciudad, dice Jehová.
35 Porque yo ampararé a esta ciudad para salvarla, por amor de mí mismo, y por amor de David mi siervo.
36 Y salió el ángel de Jehová y mató a ciento ochenta y cinco mil en el campamento de los asirios; y cuando se levantaron por la mañana, he aquí que todo era cuerpos de muertos.
37 Entonces Senaquerib rey de Asiria se fue, e hizo su morada en Nínive.
38 Y aconteció que mientras adoraba en el templo de Nisroc su dios, sus hijos Adramelec y Sarezer le mataron a espada, y huyeron a la tierra de Ararat; y reinó en su lugar Esarhadón su hijo.

Enfermedad de Ezequías

38 1 En aquellos días Ezequías enfermó de muerte. Y vino a él el profeta Isaías hijo de Amoz, y le dijo: Jehová dice así: Ordena tu casa, porque morirás, y no vivirás.
2 Entonces volvió Ezequías su rostro a la pared, e hizo oración a Jehová,
3 y dijo: Oh Jehová, te ruego que te acuerdes ahora que he andado delante de ti en verdad y con íntegro corazón, y que he hecho lo que ha sido agradable delante de tus ojos. Y lloró Ezequías con gran lloro.
4 Entonces vino palabra de Jehová a Isaías, diciendo:
5 Vé y dí a Ezequías: Jehová Dios de David tu padre dice así: He oído tu oración, y visto tus lágrimas; he aquí que yo añado a tus días quince años.
6 Y te libraré a ti y a esta ciudad, de mano del rey de Asiria; y a esta ciudad ampararé.
7 Y esto te será señal de parte de Jehová, que Jehová hará esto que ha dicho:
8 He aquí yo haré volver la sombra por los grados que ha descendido con el sol, en el reloj de Acaz, diez grados atrás. Y volvió el sol diez grados atrás, por los cuales había ya descendido.
9 Escritura de Ezequías rey de Judá, de cuando enfermó y sanó de su enfermedad:
10 Yo dije: A la mitad de mis días iré a las puertas del Seol; privado soy del resto de mis años.

30 "This will be the sign for you, O Hezekiah:

"This year you will eat what grows by itself,
    and the second year what springs from that.
But in the third year sow and reap,
    plant vineyards and eat their fruit.
31 Once more a remnant of the house of Judah
    will take root below and bear fruit above.
32 For out of Jerusalem will come a remnant,
    and out of Mount Zion a band of survivors.
The zeal of the LORD Almighty
    will accomplish this.

33 "Therefore this is what the LORD says concerning the king of Assyria:

"He will not enter this city
    or shoot an arrow here.
He will not come before it with shield
    or build a siege ramp against it.
34 By the way that he came he will return;
    he will not enter this city,"
                    declares the LORD.
35 "I will defend this city and save it,
    for my sake and for the sake of David my
          servant!"

36 Then the angel of the LORD went out and put to death a hundred and eighty-five thousand men in the Assyrian camp. When the people got up the next morning—there were all the dead bodies! 37 So Sennacherib king of Assyria broke camp and withdrew. He returned to Nineveh and stayed there.
38 One day, while he was worshiping in the temple of his god Nisroch, his sons Adrammelech and Sharezer cut him down with the sword, and they escaped to the land of Ararat. And Esarhaddon his son succeeded him as king.

Hezekiah's Illness

38 In those days Hezekiah became ill and was at the point of death. The prophet Isaiah son of Amoz went to him and said, "This is what the LORD says: Put your house in order, because you are going to die; you will not recover."
2 Hezekiah turned his face to the wall and prayed to the LORD, 3 "Remember, O LORD, how I have walked before you faithfully and with wholehearted devotion and have done what is good in your eyes." And Hezekiah wept bitterly.
4 Then the word of the LORD came to Isaiah: 5 "Go and tell Hezekiah, 'This is what the LORD, the God of your father David, says: I have heard your prayer and seen your tears; I will add fifteen years to your life. 6 And I will deliver you and this city from the hand of the king of Assyria. I will defend this city.
7 " 'This is the LORD's sign to you that the LORD will do what he has promised: 8 I will make the shadow cast by the sun go back the ten steps it has gone down on the stairway of Ahaz.' " So the sunlight went back the ten steps it had gone down.

9 A writing of Hezekiah king of Judah after his illness and recovery:

10 I said, "In the prime of my life
    must I go through the gates of death d
    and be robbed of the rest of my years?"

d 10 Hebrew Sheol

11 Dije: No veré a JAH, a JAH en la tierra de los vivientes; ya no veré más hombre con los moradores del mundo. 12 Mi morada ha sido movida y traspasada de mí, como tienda de pastor. Como tejedor corté mi vida; me cortará con la enfermedad; me consumirás entre el día y la noche. 13 Contaba yo hasta la mañana. Como un león molió todos mis huesos; de la mañana a la noche me acabarás. 14 Como la grulla y como la golondrina me quejaba; gemía como la paloma; alzaba en alto mis ojos. Jehová, violencia padezco; fortaléceme. 15 ¿Qué diré? El que me lo dijo, él mismo lo ha hecho. Andaré humildemente todos mis años, a causa de aquella amargura de mi alma. 16 Oh Señor, por todas estas cosas los hombres vivirán, y en todas ellas está la vida de mi espíritu; pues tú me restablecerás, y harás que viva. 17 He aquí, amargura grande me sobrevino en la paz, mas a ti agradó librar mi vida del hoyo de corrupción; porque echaste tras tus espaldas todos mis pecados. 18 Porque el Seol no te exaltará, ni te alabará la muerte; ni los que descienden al sepulcro esperarán tu verdad. 19 El que vive, el que vive, éste te dará alabanza, como yo hoy; el padre hará notoria tu verdad a los hijos. 20 Jehová me salvará; por tanto cantaremos nuestros cánticos en la casa de Jehová todos los días de nuestra vida.

21 Y había dicho Isaías: Tomen masa de higos, y pónganla en la llaga, y sanará.

22 Había asimismo dicho Ezequías: ¿Qué señal tendré de que subiré a la casa de Jehová?

Ezequías recibe a los enviados de Babilonia

39 1 En aquel tiempo Merodac-baladán hijo de Baladán, rey de Babilonia, envió cartas y presentes a Ezequías; porque supo que había estado enfermo, y que había convalecido.

2 Y se regocijó con ellos Ezequías, y les mostró la casa de su tesoro, plata y oro, especias, ungüentos preciosos, toda su casa de armas, y todo lo que se hallaba en sus tesoros; no hubo cosa en su casa y en todos sus dominios, que Ezequías no les mostrase.

3 Entonces el profeta Isaías vino al rey Ezequías, y le dijo: ¿Qué dicen estos hombres, y de dónde han venido a ti? Y Ezequías respondió: De tierra muy lejana han venido a mí, de Babilonia.

11 I said, "I will not again see the Lord, the Lord, in the land of the living; no longer will I look on mankind, or be with those who now dwell in this world.*e*

12 Like a shepherd's tent my house has been pulled down and taken from me. Like a weaver I have rolled up my life, and he has cut me off from the loom; day and night you made an end of me.

13 I waited patiently till dawn, but like a lion he broke all my bones; day and night you made an end of me.

14 I cried like a swift or thrush, I moaned like a mourning dove. My eyes grew weak as I looked to the heavens. I am troubled; O Lord, come to my aid!"

15 But what can I say? He has spoken to me, and he himself has done this. I will walk humbly all my years because of this anguish of my soul.

16 Lord, by such things men live; and my spirit finds life in them too. You restored me to health and let me live.

17 Surely it was for my benefit that I suffered such anguish. In your love you kept me from the pit of destruction; you have put all my sins behind your back.

18 For the grave *f* cannot praise you, death cannot sing your praise; those who go down to the pit cannot hope for your faithfulness.

19 The living, the living—they praise you, as I am doing today; fathers tell their children about your faithfulness.

20 The Lord will save me, and we will sing with stringed instruments all the days of our lives in the temple of the Lord.

21 Isaiah had said, "Prepare a poultice of figs and apply it to the boil, and he will recover." 22 Hezekiah had asked, "What will be the sign that I will go up to the temple of the Lord?"

Envoys From Babylon

39 At that time Merodach-Baladan son of Baladan king of Babylon sent Hezekiah letters and a gift, because he had heard of his illness and recovery. 2 Hezekiah received the envoys gladly and showed them what was in his storehouses—the silver, the gold, the spices, the fine oil, his entire armory and everything found among his treasures. There was nothing in his palace or in all his kingdom that Hezekiah did not show them.

3 Then Isaiah the prophet went to King Hezekiah and asked, "What did those men say, and where did they come from?"

"From a distant land," Hezekiah replied. "They came to me from Babylon."

e 11 A few Hebrew manuscripts; most Hebrew manuscripts in the place of cessation   f 18 Hebrew Sheol

4 Dijo entonces: ¿Qué han visto en tu casa? Y dijo Ezequías: Todo lo que hay en mi casa han visto, y ninguna cosa hay en mis tesoros que no les haya mostrado.

5 Entonces dijo Isaías a Ezequías: Oye palabra de Jehová de los ejércitos:

6 He aquí vienen días en que será llevado a Babilonia todo lo que hay en tu casa, y lo que tus padres han atesorado hasta hoy; ninguna cosa quedará, dice Jehová.

7 De tus hijos que saldrán de ti, y que habrás engendrado, tomarán, y serán eunucos en el palacio del rey de Babilonia.

8 Y dijo Ezequías a Isaías: La palabra de Jehová que has hablado es buena. Y añadió: A lo menos, haya paz y seguridad en mis días.

Jehová consuela a Sion

40 1 Consolaos, consolaos, pueblo mío, dice vuestro Dios.

2 Hablad al corazón de Jerusalén; decidle a voces que su tiempo es ya cumplido, que su pecado es perdonado; que doble ha recibido de la mano de Jehová por todos sus pecados.

3 Voz que clama en el desierto: Preparad camino a Jehová; enderezad calzada en la soledad a nuestro Dios.

4 Todo valle sea alzado, y bájese todo monte y collado; y lo torcido se enderece, y lo áspero se allane.

5 Y se manifestará la gloria de Jehová, y toda carne juntamente la verá; porque la boca de Jehová ha hablado.

6 Voz que decía: Da voces. Y yo respondí: ¿Qué tengo que decir a voces? Que toda carne es hierba, y toda su gloria como flor del campo.

7 La hierba se seca, y la flor se marchita, porque el viento de Jehová sopló en ella; ciertamente como hierba es el pueblo.

8 Sécase la hierba, marchítase la flor; mas la palabra del Dios nuestro permanece para siempre.

9 Súbete sobre un monte alto, anunciadora de Sion; levanta fuertemente tu voz, anunciadora de Jerusalén; levántala, no temas; dí a las ciudades de Judá: ¡Ved aquí al Dios vuestro!

10 He aquí que Jehová el Señor vendrá con poder, y su brazo señoreará; he aquí que su recompensa viene con él, y su paga delante de su rostro.

---

4 The prophet asked, "What did they see in your palace?"

"They saw everything in my palace," Hezekiah said. "There is nothing among my treasures that I did not show them."

5 Then Isaiah said to Hezekiah, "Hear the word of the LORD Almighty: 6 The time will surely come when everything in your palace, and all that your fathers have stored up until this day, will be carried off to Babylon. Nothing will be left, says the LORD. 7 And some of your descendants, your own flesh and blood who will be born to you, will be taken away, and they will become eunuchs in the palace of the king of Babylon."

8 "The word of the LORD you have spoken is good," Hezekiah replied. For he thought, "There will be peace and security in my lifetime."

Comfort for God's People

40 Comfort, comfort my people,
　　says your God.
2 Speak tenderly to Jerusalem,
　　and proclaim to her
that her hard service has been completed,
　　that her sin has been paid for,
that she has received from the LORD's hand
　　double for all her sins.

3 A voice of one calling:
"In the desert prepare
　　the way for the LORD g;
make straight in the wilderness
　　a highway for our God. h
4 Every valley shall be raised up,
　　every mountain and hill made low;
the rough ground shall become level,
　　the rugged places a plain.
5 And the glory of the LORD will be revealed,
　　and all mankind together will see it.
　　　　For the mouth of the LORD has spoken."

6 A voice says, "Cry out."
　　And I said, "What shall I cry?"

"All men are like grass,
　　and all their glory is like the flowers of the field.
7 The grass withers and the flowers fall,
　　because the breath of the LORD blows on them.
　　Surely the people are grass.
8 The grass withers and the flowers fall,
　　but the word of our God stands forever."

9 You who bring good tidings to Zion,
　　go up on a high mountain.
You who bring good tidings to Jerusalem, i
　　lift up your voice with a shout,
lift it up, do not be afraid;
　　say to the towns of Judah,
　　"Here is your God!"
10 See, the Sovereign LORD comes with power,
　　and his arm rules for him.
See, his reward is with him,
　　and his recompense accompanies him.

---

g3 Or A voice of one calling in the desert: / "Prepare the way for the LORD　h3 Hebrew; Septuagint make straight the paths of our God　i9 Or O Zion, bringer of good tidings, / go up on a high mountain. / O Jerusalem, bringer of good tidings

11 Como pastor apacentará su rebaño; en su brazo llevará los corderos, y en su seno los llevará; pastoreará suavemente a las recién paridas.

El incomparable Dios de Israel

12 ¿Quién midió las aguas con el hueco de su mano y los cielos con su palmo, con tres dedos juntó el polvo de la tierra, y pesó los montes con balanza y con pesas los collados?

13 ¿Quién enseñó al Espíritu de Jehová, o le aconsejó enseñándole?

14 ¿A quién pidió consejo para ser avisado? ¿Quién le enseñó el camino del juicio, o le enseñó ciencia, o le mostró la senda de la prudencia?

15 He aquí que las naciones le son como la gota de agua que cae del cubo, y como menudo polvo en las balanzas le son estimadas; he aquí que hace desaparecer las islas como polvo.

16 Ni el Líbano bastará para el fuego, ni todos sus animales para el sacrificio.

17 Como nada son todas las naciones delante de él; y en su comparación serán estimadas en menos que nada, y que lo que no es.

18 ¿A qué, pues, haréis semejante a Dios, o qué imagen le compondréis?

19 El artífice prepara la imagen de talla, el platero le extiende el oro y le funde cadenas de plata.

20 El pobre escoge, para ofrecerle, madera que no se apolille; se busca un maestro sabio, que le haga una imagen de talla que no se mueva.

21 ¿No sabéis? ¿No habéis oído? ¿Nunca os lo han dicho desde el principio? ¿No habéis sido enseñados desde que la tierra se fundó?

22 El está sentado sobre el círculo de la tierra, cuyos moradores son como langostas; él extiende los cielos como una cortina, los despliega como una tienda para morar.

23 El convierte en nada a los poderosos, y a los que gobiernan la tierra hace como cosa vana.

24 Como si nunca hubieran sido plantados, como si nunca hubieran sido sembrados, como si nunca su tronco hubiera tenido raíz en la tierra; tan pronto como sopla en ellos se secan, y el torbellino los lleva como hojarasca.

25 ¿A qué, pues, me haréis semejante o me compararéis? dice el Santo.

26 Levantad en alto vuestros ojos, y mirad quién creó estas cosas; él saca y cuenta su ejército; a todas llama por sus nombres; ninguna faltará; tal es la grandeza de su fuerza, y el poder de su dominio.

27 ¿Por qué dices, oh Jacob, y hablas tú, Israel: Mi camino está escondido de Jehová, y de mi Dios pasó mi juicio?

11 He tends his flock like a shepherd:
　He gathers the lambs in his arms
and carries them close to his heart;
　he gently leads those that have young.

12 Who has measured the waters in the hollow of
　　his hand,
　or with the breadth of his hand marked off the
　　heavens?
Who has held the dust of the earth in a basket,
　or weighed the mountains on the scales
　and the hills in a balance?

13 Who has understood the mind/ of the LORD,
　or instructed him as his counselor?

14 Whom did the LORD consult to enlighten him,
　and who taught him the right way?
Who was it that taught him knowledge
　or showed him the path of understanding?

15 Surely the nations are like a drop in a bucket;
　they are regarded as dust on the scales;
　he weighs the islands as though they were fine
　　dust.

16 Lebanon is not sufficient for altar fires,
　nor its animals enough for burnt offerings.

17 Before him all the nations are as nothing;
　they are regarded by him as worthless
　and less than nothing.

18 To whom, then, will you compare God?
　What image will you compare him to?

19 As for an idol, a craftsman casts it,
　and a goldsmith overlays it with gold
　and fashions silver chains for it.

20 A man too poor to present such an offering
　selects wood that will not rot.
He looks for a skilled craftsman
　to set up an idol that will not topple.

21 Do you not know?
　Have you not heard?
Has it not been told you from the beginning?
　Have you not understood since the earth was
　　founded?

22 He sits enthroned above the circle of the earth,
　and its people are like grasshoppers.
He stretches out the heavens like a canopy,
　and spreads them out like a tent to live in.

23 He brings princes to naught
　and reduces the rulers of this world to
　　nothing.

24 No sooner are they planted,
　no sooner are they sown,
　no sooner do they take root in the ground,
than he blows on them and they wither,
　and a whirlwind sweeps them away like chaff.

25 "To whom will you compare me?
　Or who is my equal?" says the Holy One.

26 Lift your eyes and look to the heavens:
　Who created all these?
He who brings out the starry host one by one,
　and calls them each by name.
Because of his great power and mighty strength,
　not one of them is missing.

27 Why do you say, O Jacob,
　and complain, O Israel,
"My way is hidden from the LORD;
　my cause is disregarded by my God"?

l13 Or *Spirit*; or *spirit*

²⁸¿No has sabido, no has oído que el Dios eterno es Jehová, el cual creó los confines de la tierra? No desfallece, ni se fatiga con cansancio, y su entendimiento no hay quien lo alcance.

²⁹El da esfuerzo al cansado, y multiplica las fuerzas al que no tiene ningunas.

³⁰Los muchachos se fatigan y se cansan, los jóvenes flaquean y caen;

³¹pero los que esperan a Jehová tendrán nuevas fuerzas; levantarán alas como las águilas; correrán, y no se cansarán; caminarán, y no se fatigarán.

Seguridad de Dios para Israel

41 ¹Escuchadme, costas, y esfuércense los pueblos; acérquense, y entonces hablen; estemos juntamente a juicio.

²¿Quién despertó del oriente al justo, lo llamó para que le siguiese, entregó delante de él naciones, y le hizo enseñorear de reyes; los entregó a su espada como polvo, como hojarasca que su arco arrebata?

³Los siguió, pasó en paz por camino por donde sus pies nunca habían entrado.

⁴¿Quién hizo y realizó esto? ¿Quién llama las generaciones desde el principio? Yo Jehová, el primero, y yo mismo con los postreros.

⁵Las costas vieron, y tuvieron temor; los confines de la tierra se espantaron; se congregaron, y vinieron.

⁶Cada cual ayudó a su vecino, y a su hermano dijo: Esfuérzate.

⁷El carpintero animó al platero, y el que alisaba con martillo al que batía en el yunque, diciendo: Buena está la soldadura; y lo afirmó con clavos, para que no se moviese.

⁸Pero tú, Israel, siervo mío eres; tú, Jacob, a quien yo escogí, descendencia de Abraham mi amigo.

⁹Porque te tomé de los confines de la tierra, y de tierras lejanas te llamé, y te dije: Mi siervo eres tú; te escogí, y no te deseché.

¹⁰No temas, porque yo estoy contigo; no desmayes, porque yo soy tu Dios que te esfuerzo; siempre te ayudaré, siempre te sustentaré con la diestra de mi justicia.

¹¹He aquí que todos los que se enojan contra ti serán avergonzados y confundidos; serán como nada y perecerán los que contienden contigo.

¹²Buscarás a los que tienen contienda contigo, y no los hallarás; serán como nada, y como cosa que no es, aquellos que te hacen la guerra.

²⁸Do you not know?
　　Have you not heard?
The Lord is the everlasting God,
　　the Creator of the ends of the earth.
He will not grow tired or weary,
　　and his understanding no one can fathom.
²⁹He gives strength to the weary
　　and increases the power of the weak.
³⁰Even youths grow tired and weary,
　　and young men stumble and fall;
³¹but those who hope in the Lord
　　will renew their strength.
They will soar on wings like eagles;
　　they will run and not grow weary,
　　they will walk and not be faint.

The Helper of Israel

41 "Be silent before me, you islands!
　　Let the nations renew their strength!
Let them come forward and speak;
　　let us meet together at the place of judgment.

²"Who has stirred up one from the east,
　　calling him in righteousness to his service ^k?
He hands nations over to him
　　and subdues kings before him.
He turns them to dust with his sword,
　　to windblown chaff with his bow.
³He pursues them and moves on unscathed,
　　by a path his feet have not traveled before.
⁴Who has done this and carried it through,
　　calling forth the generations from the
　　　beginning?
I, the Lord—with the first of them
　　and with the last—I am he."

⁵The islands have seen it and fear;
　　the ends of the earth tremble.
They approach and come forward;
⁶　each helps the other
　　and says to his brother, "Be strong!"
⁷The craftsman encourages the goldsmith,
　　and he who smooths with the hammer
　　spurs on him who strikes the anvil.
He says of the welding, "It is good."
　　He nails down the idol so it will not topple.

⁸"But you, O Israel, my servant,
　　Jacob, whom I have chosen,
　　you descendants of Abraham my friend,
⁹I took you from the ends of the earth,
　　from its farthest corners I called you.
I said, 'You are my servant';
　　I have chosen you and have not rejected you.
¹⁰So do not fear, for I am with you;
　　do not be dismayed, for I am your God.
I will strengthen you and help you;
　　I will uphold you with my righteous right
　　　hand.

¹¹"All who rage against you
　　will surely be ashamed and disgraced;
those who oppose you
　　will be as nothing and perish.
¹²Though you search for your enemies,
　　you will not find them.
Those who wage war against you
　　will be as nothing at all.

^k2 Or / whom victory meets at every step

13 Porque yo Jehová soy tu Dios, quien te sostiene de tu mano derecha, y te dice: No temas, yo te ayudo.

14 No temas, gusano de Jacob, oh vosotros los pocos de Israel; yo soy tu socorro, dice Jehová; el Santo de Israel es tu Redentor.

15 He aquí que yo te he puesto por trillo, trillo nuevo, lleno de dientes; trillarás montes y los molerás, y collados reducirás a tamo.

16 Los aventarás, y los llevará el viento, y los esparcirá el torbellino; pero tú te regocijarás en Jehová, te gloriarás en el Santo de Israel.

17 Los afligidos y menesterosos buscan las aguas, y no las hay; seca está de sed su lengua; yo Jehová los oiré, yo el Dios de Israel no los desampararé.

18 En las alturas abriré ríos, y fuentes en medio de los valles; abriré en el desierto estanques de aguas, y manantiales de aguas en la tierra seca.

19 Daré en el desierto cedros, acacias, arrayanes y olivos; pondré en la soledad cipreses, pinos y bojes juntamente,

20 para que vean y conozcan, y adviertan y entiendan todos, que la mano de Jehová hace esto, y que el Santo de Israel lo creó.

Dios reta a los falsos dioses

21 Alegad por vuestra causa, dice Jehová; presentad vuestras pruebas, dice el Rey de Jacob.

22 Traigan, anúnciennos lo que ha de venir; díganos lo que ha pasado desde el principio, y pondremos nuestro corazón en ello; sepamos también su postrimería, y hacednos entender lo que ha de venir.

23 Dadnos nuevas de lo que ha de ser después, para que sepamos que vosotros sois dioses; o a lo menos haced bien, o mal, para que tengamos qué contar, y juntamente nos maravillemos.

24 He aquí que vosotros sois nada, y vuestras obras vanidad; abominación es el que os escogió.

25 Del norte levanté a uno, y vendrá; del nacimiento del sol invocará mi nombre; y pisoteará príncipes como lodo, y como pisa el barro el alfarero.

26 ¿Quién lo anunció desde el principio, para que sepamos; o de tiempo atrás, y diremos: Es justo? Cierto, no hay quien anuncie; sí, no hay quien enseñe; ciertamente no hay quien oiga vuestras palabras.

27 Yo soy el primero que he enseñado estas cosas a Sion, y a Jerusalén daré un mensajero de alegres nuevas.

13 For I am the LORD, your God,
   who takes hold of your right hand
and says to you, Do not fear;
   I will help you.
14 Do not be afraid, O worm Jacob,
   O little Israel,
for I myself will help you," declares the LORD,
   your Redeemer, the Holy One of Israel.
15 "See, I will make you into a threshing sledge,
   new and sharp, with many teeth.
You will thresh the mountains and crush them,
   and reduce the hills to chaff.
16 You will winnow them, the wind will pick them up,
   and a gale will blow them away.
But you will rejoice in the LORD
   and glory in the Holy One of Israel.

17 "The poor and needy search for water,
   but there is none;
   their tongues are parched with thirst.
But I the LORD will answer them;
   I, the God of Israel, will not forsake them.
18 I will make rivers flow on barren heights,
   and springs within the valleys.
I will turn the desert into pools of water,
   and the parched ground into springs.
19 I will put in the desert
   the cedar and the acacia, the myrtle and the olive.
I will set pines in the wasteland,
   the fir and the cypress together,
20 so that people may see and know,
   may consider and understand,
that the hand of the LORD has done this,
   that the Holy One of Israel has created it.

21 "Present your case," says the LORD.
   "Set forth your arguments," says Jacob's King.
22 "Bring in ˻your idols˼ to tell us
   what is going to happen.
Tell us what the former things were,
   so that we may consider them
   and know their final outcome.
Or declare to us the things to come,
23   tell us what the future holds,
   so we may know that you are gods.
Do something, whether good or bad,
   so that we will be dismayed and filled with fear.
24 But you are less than nothing
   and your works are utterly worthless;
   he who chooses you is detestable.

25 "I have stirred up one from the north, and he comes—
   one from the rising sun who calls on my name.
He treads on rulers as if they were mortar,
   as if he were a potter treading the clay.
26 Who told of this from the beginning, so we could know,
   or beforehand, so we could say, 'He was right'?
No one told of this,
   no one foretold it,
   no one heard any words from you.
27 I was the first to tell Zion, 'Look, here they are!'
   I gave to Jerusalem a messenger of good tidings.

²⁸Miré, y no había ninguno; y pregunté de estas cosas, y ningún consejero hubo; les pregunté, y no respondieron palabra.

²⁹He aquí, todos son vanidad, y las obras de ellos nada; viento y vanidad son sus imágenes fundidas.

El Siervo de Jehová

42 ¹He aquí mi siervo, yo le sostendré; mi escogido, en quien mi alma tiene contentamiento; he puesto sobre él mi Espíritu; él traerá justicia a las naciones.

²No gritará, ni alzará su voz, ni la hará oír en las calles.

³No quebrará la caña cascada, ni apagará el pábilo que humeare; por medio de la verdad traerá justicia.

⁴No se cansará ni desmayará, hasta que establezca en la tierra justicia; y las costas esperarán su ley.

⁵Así dice Jehová Dios, Creador de los cielos, y el que los despliega; el que extiende la tierra y sus productos; el que da aliento al pueblo que mora sobre ella, y espíritu a los que por ella andan:

⁶Yo Jehová te he llamado en justicia, y te sostendré por la mano; te guardaré y te pondré por pacto al pueblo, por luz de las naciones,

⁷para que abras los ojos de los ciegos, para que saques de la cárcel a los presos, y de casas de prisión a los que moran en tinieblas.

⁸Yo Jehová; este es mi nombre; y a otro no daré mi gloria, ni mi alabanza a esculturas.

⁹He aquí se cumplieron las cosas primeras, y yo anuncio cosas nuevas; antes que salgan a luz, yo os las haré notorias.

Alabanza por la liberación poderosa de Jehová

¹⁰Cantad a Jehová un nuevo cántico, su alabanza desde el fin de la tierra; los que descendéis al mar, y cuanto hay en él, las costas y los moradores de ellas.

¹¹Alcen la voz el desierto y sus ciudades, las aldeas donde habita Cedar; canten los moradores de Sela, y desde la cumbre de los montes den voces de júbilo.

¹²Den gloria a Jehová, y anuncien sus loores en las costas.

¹³Jehová saldrá como gigante, y como hombre de guerra despertará celo; gritará, voceará, se esforzará sobre sus enemigos.

¹⁴Desde el siglo he callado, he guardado silencio, y me he detenido; daré voces como la que está de parto; asolaré y devoraré juntamente.

²⁸I look but there is no one —
no one among them to give counsel,
no one to give answer when I ask them.
²⁹See, they are all false!
Their deeds amount to nothing;
their images are but wind and confusion.

The Servant of the Lord

42 "Here is my servant, whom I uphold,
my chosen one in whom I delight;
I will put my Spirit on him
and he will bring justice to the nations.
²He will not shout or cry out,
or raise his voice in the streets.
³A bruised reed he will not break,
and a smoldering wick he will not snuff out.
In faithfulness he will bring forth justice;
⁴ he will not falter or be discouraged
till he establishes justice on earth.
In his law the islands will put their hope."

⁵This is what God the Lord says—
he who created the heavens and stretched them
out,
who spread out the earth and all that comes
out of it,
who gives breath to its people,
and life to those who walk on it:
⁶"I, the Lord, have called you in righteousness;
I will take hold of your hand.
I will keep you and will make you
to be a covenant for the people
and a light for the Gentiles,
⁷to open eyes that are blind,
to free captives from prison
and to release from the dungeon those who sit
in darkness.

⁸"I am the Lord; that is my name!
I will not give my glory to another
or my praise to idols.
⁹See, the former things have taken place,
and new things I declare;
before they spring into being
I announce them to you."

Song of Praise to the Lord

¹⁰Sing to the Lord a new song,
his praise from the ends of the earth,
you who go down to the sea, and all that is in it,
you islands, and all who live in them.
¹¹Let the desert and its towns raise their voices;
let the settlements where Kedar lives rejoice.
Let the people of Sela sing for joy;
let them shout from the mountaintops.
¹²Let them give glory to the Lord
and proclaim his praise in the islands.
¹³The Lord will march out like a mighty man,
like a warrior he will stir up his zeal;
with a shout he will raise the battle cry
and will triumph over his enemies.

¹⁴"For a long time I have kept silent,
I have been quiet and held myself back.
But now, like a woman in childbirth,
I cry out, I gasp and pant.

15Convertiré en soledad montes y collados, haré secar toda su hierba; los ríos tornaré en islas, y secaré los estanques.
16Y guiaré a los ciegos por camino que no sabían, les haré andar por sendas que no habían conocido; delante de ellos cambiaré las tinieblas en luz, y lo escabroso en llanura. Estas cosas les haré, y no los desampararé.
17Serán vueltos atrás y en extremo confundidos los que confían en ídolos, y dicen a las imágenes de fundición: Vosotros sois nuestros dioses.

Israel no aprende de la disciplina

18Sordos, oíd, y vosotros, ciegos, mirad para ver.
19¿Quién es ciego, sino mi siervo? ¿Quién es sordo, como mi mensajero que envié? ¿Quién es ciego como mi escogido, y ciego como el siervo de Jehová,
20que ve muchas cosas y no advierte, que abre los oídos y no oye?
21Jehová se complació por amor de su justicia en magnificar la ley y engrandecerla.
22Mas este es pueblo saqueado y pisoteado, todos ellos atrapados en cavernas y escondidos en cárceles; son puestos para despojo, y no hay quien libre; despojados, y no hay quien diga: Restituid.
23¿Quién de vosotros oirá esto? ¿Quién atenderá y escuchará respecto al porvenir?
24¿Quién dio a Jacob en botín, y entregó a Israel a saqueadores? ¿No fue Jehová, contra quien pecamos? No quisieron andar en sus caminos, ni oyeron su ley.
25Por tanto, derramó sobre él el ardor de su ira, y fuerza de guerra; le puso fuego por todas partes, pero no entendió; y le consumió, mas no hizo caso.

Jehová es el único Redentor

43 1Ahora, así dice Jehová, Creador tuyo, oh Jacob, y Formador tuyo, oh Israel: No temas, porque yo te redimí; te puse nombre, mío eres tú.
2Cuando pases por las aguas, yo estaré contigo; y si por los ríos, no te anegarán. Cuando pases por el fuego, no te quemarás, ni la llama arderá en ti.

15I will lay waste the mountains and hills
   and dry up all their vegetation;
I will turn rivers into islands
   and dry up the pools.
16I will lead the blind by ways they have not known,
   along unfamiliar paths I will guide them;
I will turn the darkness into light before them
   and make the rough places smooth.
These are the things I will do;
   I will not forsake them.
17But those who trust in idols,
   who say to images, 'You are our gods,'
   will be turned back in utter shame.

Israel Blind and Deaf

18"Hear, you deaf;
   look, you blind, and see!
19Who is blind but my servant,
   and deaf like the messenger I send?
Who is blind like the one committed to me,
   blind like the servant of the LORD?
20You have seen many things, but have paid no attention;
   your ears are open, but you hear nothing."
21It pleased the LORD
   for the sake of his righteousness
   to make his law great and glorious.
22But this is a people plundered and looted,
   all of them trapped in pits
   or hidden away in prisons.
They have become plunder,
   with no one to rescue them;
they have been made loot,
   with no one to say, "Send them back."

23Which of you will listen to this
   or pay close attention in time to come?
24Who handed Jacob over to become loot,
   and Israel to the plunderers?
Was it not the LORD,
   against whom we have sinned?
For they would not follow his ways;
   they did not obey his law.
25So he poured out on them his burning anger,
   the violence of war.
It enveloped them in flames, yet they did not understand;
   it consumed them, but they did not take it to heart.

Israel's Only Savior

43 But now, this is what the LORD says—
   he who created you, O Jacob,
   he who formed you, O Israel:
"Fear not, for I have redeemed you;
   I have summoned you by name; you are mine.
2When you pass through the waters,
   I will be with you;
and when you pass through the rivers,
   they will not sweep over you.
When you walk through the fire,
   you will not be burned;
   the flames will not set you ablaze.

3 Porque yo Jehová, Dios tuyo, el Santo de Israel, soy tu Salvador; a Egipto he dado por tu rescate, a Etiopía y a Seba por ti.

4 Porque a mis ojos fuiste de gran estima, fuiste honorable, y yo te amé; daré, pues, hombres por ti, y naciones por tu vida.

5 No temas, porque yo estoy contigo; del oriente traeré tu generación, y del occidente te recogeré.

6 Diré al norte: Da acá; y al sur: No detengas; trae de lejos mis hijos, y mis hijas de los confines de la tierra,

7 todos los llamados de mi nombre; para gloria mía los he creado, los formé y los hice.

8 Sacad al pueblo ciego que tiene ojos, y a los sordos que tienen oídos.

9 Congréguense a una todas las naciones, y júntense todos los pueblos. ¿Quién de ellos hay que nos dé nuevas de esto, y que nos haga oir las cosas primeras? Presenten sus testigos, y justifíquense; oigan, y digan: Verdad es.

10 Vosotros sois mis testigos, dice Jehová, y mi siervo que yo escogí, para que me conozcáis y creáis, y entendáis que yo mismo soy; antes de mí no fue formado dios, ni lo será después de mí.

11 Yo, yo Jehová, y fuera de mí no hay quien salve.

12 Yo anuncié, y salvé, e hice oir, y no hubo entre vosotros dios ajeno. Vosotros, pues, sois mis testigos, dice Jehová, que yo soy Dios.

13 Aun antes que hubiera día, yo era; y no hay quien de mi mano libre. Lo que hago yo, ¿quién lo estorbará?

14 Así dice Jehová, Redentor vuestro, el Santo de Israel: Por vosotros envié a Babilonia, e hice descender como fugitivos a todos ellos, aun a los caldeos en las naves de que se gloriaban.

15 Yo Jehová, Santo vuestro, Creador de Israel, vuestro Rey.

16 Así dice Jehová, el que abre camino en el mar, y senda en las aguas impetuosas;

17 el que saca carro y caballo, ejército y fuerza; caen juntamente para no levantarse; fenecen, como pábilo quedan apagados.

18 No os acordéis de las cosas pasadas, ni traigáis a memoria las cosas antiguas.

3 For I am the LORD, your God,
    the Holy One of Israel, your Savior;
I give Egypt for your ransom,
    Cush[l] and Seba in your stead.
4 Since you are precious and honored in my sight,
    and because I love you,
I will give men in exchange for you,
    and people in exchange for your life.
5 Do not be afraid, for I am with you;
    I will bring your children from the east
    and gather you from the west.
6 I will say to the north, 'Give them up!'
    and to the south, 'Do not hold them back.'
Bring my sons from afar
    and my daughters from the ends of the
        earth—
7 everyone who is called by my name,
    whom I created for my glory,
    whom I formed and made."

8 Lead out those who have eyes but are blind,
    who have ears but are deaf.
9 All the nations gather together
    and the peoples assemble.
Which of them foretold this
    and proclaimed to us the former things?
Let them bring in their witnesses to prove they
        were right,
    so that others may hear and say, "It is true."
10 "You are my witnesses," declares the LORD,
    "and my servant whom I have chosen,
so that you may know and believe me
    and understand that I am he.
Before me no god was formed,
    nor will there be one after me.
11 I, even I, am the LORD,
    and apart from me there is no savior.
12 I have revealed and saved and proclaimed—
    I, and not some foreign god among you.
You are my witnesses," declares the LORD, "that I
        am God.
13   Yes, and from ancient days I am he.
No one can deliver out of my hand.
    When I act, who can reverse it?"

God's Mercy and Israel's Unfaithfulness

14 This is what the LORD says—
    your Redeemer, the Holy One of Israel:
"For your sake I will send to Babylon
    and bring down as fugitives all the
        Babylonians,[m]
in the ships in which they took pride.
15 I am the LORD, your Holy One,
    Israel's Creator, your King."

16 This is what the LORD says—
    he who made a way through the sea,
    a path through the mighty waters,
17 who drew out the chariots and horses,
    the army and reinforcements together,
and they lay there, never to rise again,
    extinguished, snuffed out like a wick:
18 "Forget the former things;
    do not dwell on the past.

---

l3 That is, the upper Nile region   m14 Or Chaldeans

19 He aquí que yo hago cosa nueva; pronto saldrá a luz; ¿no la conoceréis? Otra vez abriré camino en el desierto, y ríos en la soledad.
20 Las fieras del campo me honrarán, los chacales y los pollos del avestruz; porque daré aguas en el desierto, ríos en la soledad, para que beba mi pueblo, mi escogido.
21 Este pueblo he creado para mí; mis alabanzas publicará.

22 Y no me invocaste a mí, oh Jacob, sino que de mí te cansaste, oh Israel.
23 No me trajiste a mí los animales de tus holocaustos, ni a mí me honraste con tus sacrificios; no te hice servir con ofrenda, ni te hice fatigar con incienso.
24 No compraste para mí caña aromática por dinero, ni me saciaste con la grosura de tus sacrificios, sino pusiste sobre mí la carga de tus pecados, me fatigaste con tus maldades.
25 Yo, yo soy el que borro tus rebeliones por amor de mí mismo, y no me acordaré de tus pecados.
26 Hazme recordar, entremos en juicio juntamente; habla tú para justificarte.
27 Tu primer padre pecó, y tus enseñadores prevaricaron contra mí.
28 Por tanto, yo profané los príncipes del santuario, y puse por anatema a Jacob y por oprobio a Israel.

Jehová es el único Dios

44 1 Ahora pues, oye, Jacob, siervo mío, y tú, Israel, a quien yo escogí.
2 Así dice Jehová, Hacedor tuyo, y el que te formó desde el vientre, el cual te ayudará: No temas, siervo mío Jacob, y tú, Jesurún, a quien yo escogí.
3 Porque yo derramaré aguas sobre el sequedal, y ríos sobre la tierra árida; mi Espíritu derramaré sobre tu generación, y mi bendición sobre tus renuevos;
4 y brotarán entre hierba, como sauces junto a las riberas de las aguas.
5 Este dirá: Yo soy de Jehová; el otro se llamará del nombre de Jacob, y otro escribirá con su mano: A Jehová, y se apellidará con el nombre de Israel.
6 Así dice Jehová Rey de Israel, y su Redentor, Jehová de los ejércitos: Yo soy el primero, y yo soy el postrero, y fuera de mí no hay Dios.

19 See, I am doing a new thing!
　　Now it springs up; do you not perceive it?
　I am making a way in the desert
　　and streams in the wasteland.
20 The wild animals honor me,
　　the jackals and the owls,
　because I provide water in the desert
　　and streams in the wasteland,
　to give drink to my people, my chosen,
21 　the people I formed for myself
　　that they may proclaim my praise.

22 "Yet you have not called upon me, O Jacob,
　　you have not wearied yourselves for me,
　　　O Israel.
23 You have not brought me sheep for burnt offerings,
　　nor honored me with your sacrifices.
　I have not burdened you with grain offerings
　　nor wearied you with demands for incense.
24 You have not bought any fragrant calamus for me,
　　or lavished on me the fat of your sacrifices.
　But you have burdened me with your sins
　　and wearied me with your offenses.

25 "I, even I, am he who blots out
　　your transgressions, for my own sake,
　　and remembers your sins no more.
26 Review the past for me,
　　let us argue the matter together;
　　state the case for your innocence.
27 Your first father sinned;
　　your spokesmen rebelled against me.
28 So I will disgrace the dignitaries of your temple,
　　and I will consign Jacob to destruction[n]
　　and Israel to scorn.

Israel the Chosen

44 "But now listen, O Jacob, my servant,
Israel, whom I have chosen.
2 This is what the LORD says—
　he who made you, who formed you in the womb,
　and who will help you:
　Do not be afraid, O Jacob, my servant,
　Jeshurun, whom I have chosen.
3 For I will pour water on the thirsty land,
　　and streams on the dry ground;
　I will pour out my Spirit on your offspring,
　　and my blessing on your descendants.
4 They will spring up like grass in a meadow,
　　like poplar trees by flowing streams.
5 One will say, 'I belong to the LORD';
　　another will call himself by the name of Jacob;
　still another will write on his hand, 'The LORD's,'
　　and will take the name Israel.

The LORD, Not Idols

6 "This is what the LORD says—
　Israel's King and Redeemer, the LORD Almighty:
　I am the first and I am the last;
　　apart from me there is no God.

---

[n]28 The Hebrew term refers to the irrevocable giving over of things or persons to the LORD, often by totally destroying them.

7 ¿Y quién proclamará lo venidero, lo declarará, y lo pondrá en orden delante de mí, como hago yo desde que establecí el pueblo antiguo? Anúncienles lo que viene, y lo que está por venir.

8 No temáis, ni os amedrentéis; ¿no te lo hice oír desde la antigüedad, y te lo dije? Luego vosotros sois mis testigos. No hay Dios sino yo. No hay Fuerte; no conozco ninguno.

La insensatez de la idolatría

9 Los formadores de imágenes de talla, todos ellos son vanidad, y lo más precioso de ellos para nada es útil; y ellos mismos son testigos para su confusión, de que los ídolos no ven ni entienden.

10 ¿Quién formó un dios, o quién fundió una imagen que para nada es de provecho?

11 He aquí que todos los suyos serán avergonzados, porque los artífices mismos son hombres. Todos ellos se juntarán, se presentarán, se asombrarán, y serán avergonzados a una.

12 El herrero toma la tenaza, trabaja en las ascuas, le da forma con los martillos, y trabaja en ello con la fuerza de su brazo; luego tiene hambre, y le faltan las fuerzas; no bebe agua, y se desmaya.

13 El carpintero tiende la regla, lo señala con almagre, lo labra con los cepillos, le da figura con el compás, lo hace en forma de varón, a semejanza de hombre hermoso, para tenerlo en casa.

14 Corta cedros, y toma ciprés y encina, que crecen entre los árboles del bosque; planta pino, que se críe con la lluvia.

15 De él se sirve luego el hombre para quemar, y toma de ellos para calentarse; enciende también el horno, y cuece panes; hace además un dios, y lo adora; fabrica un ídolo, y se arrodilla delante de él.

16 Parte del leño quema en el fuego; con parte de él come carne, prepara un asado, y se sacia; después se calienta, y dice: ¡Oh! me he calentado, he visto el fuego;

17 y hace del sobrante un dios, un ídolo suyo; se postra delante de él, lo adora, y le ruega diciendo: Líbrame, porque mi dios eres tú.

18 No saben ni entienden; porque cerrados están sus ojos para no ver, y su corazón para no entender.

19 No discurre para consigo, no tiene sentido ni entendimiento para decir: Parte de esto quemé en el fuego, y sobre sus brasas cocí pan, asé carne, y la comí. ¿Haré del resto de él una abominación? ¿Me postraré delante de un tronco de árbol?

20 De ceniza se alimenta; su corazón engañado le desvía,

---

7 Who then is like me? Let him proclaim it.
Let him declare and lay out before me
what has happened since I established my ancient people,
and what is yet to come—
yes, let him foretell what will come.
8 Do not tremble, do not be afraid.
Did I not proclaim this and foretell it long ago?
You are my witnesses. Is there any God besides me?
No, there is no other Rock; I know not one."

9 All who make idols are nothing,
and the things they treasure are worthless.
Those who would speak up for them are blind;
they are ignorant, to their own shame.
10 Who shapes a god and casts an idol,
which can profit him nothing?
11 He and his kind will be put to shame;
craftsmen are nothing but men.
Let them all come together and take their stand;
they will be brought down to terror and infamy.

12 The blacksmith takes a tool
and works with it in the coals;
he shapes an idol with hammers,
he forges it with the might of his arm.
He gets hungry and loses his strength;
he drinks no water and grows faint.
13 The carpenter measures with a line
and makes an outline with a marker;
he roughs it out with chisels
and marks it with compasses.
He shapes it in the form of man,
of man in all his glory,
that it may dwell in a shrine.
14 He cut down cedars,
or perhaps took a cypress or oak.
He let it grow among the trees of the forest,
or planted a pine, and the rain made it grow.
15 It is man's fuel for burning;
some of it he takes and warms himself,
he kindles a fire and bakes bread.
But he also fashions a god and worships it;
he makes an idol and bows down to it.
16 Half of the wood he burns in the fire;
over it he prepares his meal,
he roasts his meat and eats his fill.
He also warms himself and says,
"Ah! I am warm; I see the fire."
17 From the rest he makes a god, his idol;
he bows down to it and worships.
He prays to it and says,
"Save me; you are my god."
18 They know nothing, they understand nothing;
their eyes are plastered over so they cannot see,
and their minds closed so they cannot understand.
19 No one stops to think,
no one has the knowledge or understanding to say,
"Half of it I used for fuel;
I even baked bread over its coals,
I roasted meat and I ate.
Shall I make a detestable thing from what is left?
Shall I bow down to a block of wood?"
20 He feeds on ashes, a deluded heart misleads him;

para que no libre su alma, ni diga: ¿No es pura mentira lo que tengo en mi mano derecha?

Jehová es el Redentor de Israel

21 Acuérdate de estas cosas, oh Jacob, e Israel, porque mi siervo eres. Yo te formé, siervo mío eres tú; Israel, no me olvides.

22 Yo deshice como una nube tus rebeliones, y como niebla tus pecados; vuélvete a mí, porque yo te redimí.

23 Cantad loores, oh cielos, porque Jehová lo hizo; gritad con júbilo, profundidades de la tierra; prorrumpid, montes, en alabanza; bosque, y todo árbol que en él está; porque Jehová redimió a Jacob, y en Israel será glorificado.

24 Así dice Jehová, tu Redentor, que te formó desde el vientre: Yo Jehová, que lo hago todo, que extiendo solo los cielos, que extiendo la tierra por mí mismo;

25 que deshago las señales de los adivinos, y enloquezco a los agoreros; que hago volver atrás a los sabios, y desvanezco su sabiduría.

26 Yo, el que despierta la palabra de su siervo, y cumple el consejo de sus mensajeros; que dice a Jerusalén: Serás habitada; y a las ciudades de Judá: Reconstruidas serán, y sus ruinas reedificaré;

27 que dice a las profundidades: Secaos, y tus ríos haré secar;

28 que dice de Ciro: Es mi pastor, y cumplirá todo lo que yo quiero, al decir a Jerusalén: Serás edificada; y al templo: Serás fundado.

Encargo de Dios para Ciro

45 1 Así dice Jehová a su ungido, a Ciro, al cual tomé yo por su mano derecha, para sujetar naciones delante de él y desatar lomos de reyes; para abrir delante de él puertas, y las puertas no se cerrarán:

2 Yo iré delante de ti, y enderezaré los lugares torcidos; quebrantaré puertas de bronce, y cerrojos de hierro haré pedazos;

3 y te daré los tesoros escondidos, y los secretos muy guardados, para que sepas que yo soy Jehová, el Dios de Israel, que te pongo nombre.

---

he cannot save himself, or say,
    "Is not this thing in my right hand a lie?"

21 "Remember these things, O Jacob,
    for you are my servant, O Israel.
I have made you, you are my servant;
    O Israel, I will not forget you.
22 I have swept away your offenses like a cloud,
    your sins like the morning mist.
Return to me,
    for I have redeemed you."

23 Sing for joy, O heavens, for the LORD has done
        this;
    shout aloud, O earth beneath.
Burst into song, you mountains,
    you forests and all your trees,
for the LORD has redeemed Jacob,
    he displays his glory in Israel.

Jerusalem to Be Inhabited

24 "This is what the LORD says—
    your Redeemer, who formed you in the
        womb:

I am the LORD,
    who has made all things,
    who alone stretched out the heavens,
    who spread out the earth by myself,

25 who foils the signs of false prophets
    and makes fools of diviners,
who overthrows the learning of the wise
    and turns it into nonsense,
26 who carries out the words of his servants
    and fulfills the predictions of his messengers,

who says of Jerusalem, 'It shall be inhabited,'
    of the towns of Judah, 'They shall be built,'
    and of their ruins, 'I will restore them,'
27 who says to the watery deep, 'Be dry,
    and I will dry up your streams,'
28 who says of Cyrus, 'He is my shepherd
    and will accomplish all that I please;
he will say of Jerusalem, "Let it be rebuilt,"
    and of the temple, "Let its foundations be
        laid." '

45 "This is what the LORD says to his anointed,
    to Cyrus, whose right hand I take hold of
to subdue nations before him
    and to strip kings of their armor,
to open doors before him
    so that gates will not be shut:
2 I will go before you
    and will level the mountains o;
I will break down gates of bronze
    and cut through bars of iron.
3 I will give you the treasures of darkness,
    riches stored in secret places,
so that you may know that I am the LORD,
    the God of Israel, who summons you by name.

---

o 2 Dead Sea Scrolls and Septuagint; the meaning of the word in the Masoretic Text is uncertain.

4 Por amor de mi siervo Jacob, y de Israel mi escogido, te llamé por tu nombre; te puse sobrenombre, aunque no me conociste.

5 Yo soy Jehová, y ninguno más hay; no hay Dios fuera de mí. Yo te ceñiré, aunque tú no me conociste,

6 para que se sepa desde el nacimiento del sol, y hasta donde se pone, que no hay más que yo; yo Jehová, y ninguno más que yo,

7 que formo la luz y creo las tinieblas, que hago la paz y creo la adversidad. Yo Jehová soy el que hago todo esto.

Jehová el Creador

8 Rociad, cielos, de arriba, y las nubes destilen la justicia; ábrase la tierra, y prodúzcanse la salvación y la justicia; háganse brotar juntamente. Yo Jehová lo he creado.

9 ¡Ay del que pleitea con su Hacedor! ¡el tiesto con los tiestos de la tierra! ¿Dirá el barro al que lo labra: ¿Qué haces?; o tu obra: ¿No tiene manos?

10 ¡Ay del que dice al padre: ¿Por qué engendraste? y a la mujer: ¿Por qué diste a luz?

11 Así dice Jehová, el Santo de Israel, y su Formador: Preguntadme de las cosas por venir; mandadme acerca de mis hijos, y acerca de la obra de mis manos.

12 Yo hice la tierra, y creé sobre ella al hombre. Yo, mis manos, extendieron los cielos, y a todo su ejército mandé.

13 Yo lo desperté en justicia, y enderezaré todos sus caminos; él edificará mi ciudad, y soltará mis cautivos, no por precio ni por dones, dice Jehová de los ejércitos.

14 Así dice Jehová: El trabajo de Egipto, las mercaderías de Etiopía, y los sabeos, hombres de elevada estatura, se pasarán a ti y serán tuyos; irán en pos de ti, pasarán con grillos; te harán reverencia y te suplicarán diciendo: Ciertamente en ti está Dios, y no hay otro fuera de Dios.

15 Verdaderamente tú eres Dios que te encubres, Dios de Israel, que salvas.

4 For the sake of Jacob my servant,
    of Israel my chosen,
I summon you by name
    and bestow on you a title of honor,
    though you do not acknowledge me.
5 I am the LORD, and there is no other;
    apart from me there is no God.
I will strengthen you,
    though you have not acknowledged me,
6 so that from the rising of the sun
    to the place of its setting
men may know there is none besides me.
    I am the LORD, and there is no other.
7 I form the light and create darkness,
    I bring prosperity and create disaster;
    I, the LORD, do all these things.

8 "You heavens above, rain down righteousness;
    let the clouds shower it down.
Let the earth open wide,
    let salvation spring up,
let righteousness grow with it;
    I, the LORD, have created it.

9 "Woe to him who quarrels with his Maker,
    to him who is but a potsherd among the
        potsherds on the ground.
Does the clay say to the potter,
    'What are you making?'
Does your work say,
    'He has no hands'?
10 Woe to him who says to his father,
    'What have you begotten?'
or to his mother,
    'What have you brought to birth?'

11 "This is what the LORD says—
    the Holy One of Israel, and its Maker:
Concerning things to come,
    do you question me about my children,
    or give me orders about the work of my
        hands?
12 It is I who made the earth
    and created mankind upon it.
My own hands stretched out the heavens;
    I marshaled their starry hosts.
13 I will raise up Cyrus[p] in my righteousness:
    I will make all his ways straight.
He will rebuild my city
    and set my exiles free,
but not for a price or reward,
    says the LORD Almighty."

14 This is what the LORD says:

"The products of Egypt and the merchandise of
    Cush,[q]
    and those tall Sabeans—
they will come over to you
    and will be yours;
they will trudge behind you,
    coming over to you in chains.
They will bow down before you
    and plead with you, saying,
'Surely God is with you, and there is no other;
    there is no other god.' "

15 Truly you are a God who hides himself,
    O God and Savior of Israel.

p13 Hebrew *him*   *q14* That is, the upper Nile region

16 Confusos y avergonzados serán todos ellos; irán con afrenta todos los fabricadores de imágenes.

17 Israel será salvo en Jehová con salvación eterna; no os avergonzaréis ni os afrentaréis, por todos los siglos.

18 Porque así dijo Jehová, que creó los cielos; él es Dios, el que formó la tierra, el que la hizo y la compuso; no la creó en vano, para que fuese habitada la creó: Yo soy Jehová, y no hay otro.

19 No hablé en secreto, en un lugar oscuro de la tierra; no dije a la descendencia de Jacob: En vano me buscáis. Yo soy Jehová que hablo justicia, que anuncio rectitud.

Jehová y los ídolos de Babilonia

20 Reuníos, y venid; juntaos todos los sobrevivientes de entre las naciones. No tienen conocimiento aquellos que erigen el madero de su ídolo, y los que ruegan a un dios que no salva.

21 Proclamad, y hacedlos acercarse, y entren todos en consulta; ¿quién hizo oír esto desde el principio, y lo tiene dicho desde entonces, sino yo Jehová? Y no hay más Dios que yo; Dios justo y Salvador; ningún otro fuera de mí.

22 Mirad a mí, y sed salvos, todos los términos de la tierra, porque yo soy Dios, y no hay más.

23 Por mí mismo hice juramento, de mi boca salió palabra en justicia, y no será revocada: Que a mí se doblará toda rodilla, y jurará toda lengua.

24 Y se dirá de mí: Ciertamente en Jehová está la justicia y la fuerza; a él vendrán, y todos los que contra él se enardecen serán avergonzados.

25 En Jehová será justificada y se gloriará toda la descendencia de Israel.

46 1 Se postró Bel, se abatió Nebo; sus imágenes fueron puestas sobre bestias, sobre animales de carga; esas cosas que vosotros solíais llevar son alzadas cual carga, sobre las bestias cansadas.

2 Fueron humillados, fueron abatidos juntamente; no pudieron escaparse de la carga, sino que tuvieron ellos mismos que ir en cautiverio.

16 All the makers of idols will be put to shame and disgraced;
  they will go off into disgrace together.

17 But Israel will be saved by the LORD
  with an everlasting salvation;
you will never be put to shame or disgraced,
  to ages everlasting.

18 For this is what the LORD says—
  he who created the heavens,
  he is God;
he who fashioned and made the earth,
  he founded it;
he did not create it to be empty,
  but formed it to be inhabited—
he says:
"I am the LORD,
  and there is no other.

19 I have not spoken in secret,
  from somewhere in a land of darkness;
I have not said to Jacob's descendants,
  'Seek me in vain.'
I, the LORD, speak the truth;
  I declare what is right.

20 "Gather together and come;
  assemble, you fugitives from the nations.
Ignorant are those who carry about idols of wood,
  who pray to gods that cannot save.

21 Declare what is to be, present it—
  let them take counsel together.
Who foretold this long ago,
  who declared it from the distant past?
Was it not I, the LORD?
  And there is no God apart from me,
a righteous God and a Savior;
  there is none but me.

22 "Turn to me and be saved,
  all you ends of the earth;
for I am God, and there is no other.

23 By myself I have sworn,
  my mouth has uttered in all integrity
  a word that will not be revoked:
Before me every knee will bow;
  by me every tongue will swear.

24 They will say of me, 'In the LORD alone
  are righteousness and strength.' "
All who have raged against him
  will come to him and be put to shame.

25 But in the LORD all the descendants of Israel
  will be found righteous and will exult.

Gods of Babylon

46 Bel bows down, Nebo stoops low;
  their idols are borne by beasts of burden. r
The images that are carried about are burdensome,
  a burden for the weary.

2 They stoop and bow down together;
  unable to rescue the burden,
they themselves go off into captivity.

r 1 Or are but beasts and cattle

3 Oídme, oh casa de Jacob, y todo el resto de la casa de Israel, los que sois traídos por mí desde el vientre, los que sois llevados desde la matriz.

4 Y hasta la vejez yo mismo, y hasta las canas os soportaré yo; yo hice, yo llevaré, yo soportaré y guardaré.

5 ¿A quién me asemejáis, y me igualáis, y me comparáis, para que seamos semejantes?

6 Sacan oro de la bolsa, y pesan plata con balanzas, alquilan un platero para hacer un dios de ello; se postran y adoran.

7 Se lo echan sobre los hombros, lo llevan, y lo colocan en su lugar; allí se está, y no se mueve de su sitio. Le gritan, y tampoco responde, ni libra de la tribulación.

8 Acordaos de esto, y tened vergüenza; volved en vosotros, prevaricadores.

9 Acordaos de las cosas pasadas desde los tiempos antiguos; porque yo soy Dios, y no hay otro Dios, y nada hay semejante a mí,

10 que anuncio lo por venir desde el principio, y desde la antigüedad lo que aún no era hecho; que digo: Mi consejo permanecerá, y haré todo lo que quiero;

11 que llamo desde el oriente al ave, y de tierra lejana al varón de mi consejo. Yo hablé, y lo haré venir; lo he pensado, y también lo haré.

12 Oídme, duros de corazón, que estáis lejos de la justicia:

13 Haré que se acerque mi justicia; no se alejará, y mi salvación no se detendrá. Y pondré salvación en Sion, y mi gloria en Israel.

Juicio sobre Babilonia

47 1 Desciende y siéntate en el polvo, virgen hija de Babilonia. Siéntate en la tierra, sin trono, hija de los caldeos; porque nunca más te llamarán tierna y delicada.

2 Toma el molino y muele harina; descubre tus guedejas, descalza los pies, descubre las piernas, pasa los ríos.

3 Será tu vergüenza descubierta, y tu deshonra será vista; haré retribución, y no se librará hombre alguno.

---

3 "Listen to me, O house of Jacob,
all you who remain of the house of Israel,
you whom I have upheld since you were conceived,
and have carried since your birth.

4 Even to your old age and gray hairs
I am he, I am he who will sustain you.
I have made you and I will carry you;
I will sustain you and I will rescue you.

5 "To whom will you compare me or count me equal?
To whom will you liken me that we may be compared?

6 Some pour out gold from their bags
and weigh out silver on the scales;
they hire a goldsmith to make it into a god,
and they bow down and worship it.

7 They lift it to their shoulders and carry it;
they set it up in its place, and there it stands.
From that spot it cannot move.
Though one cries out to it, it does not answer;
it cannot save him from his troubles.

8 "Remember this, fix it in mind,
take it to heart, you rebels.

9 Remember the former things, those of long ago;
I am God, and there is no other;
I am God, and there is none like me.

10 I make known the end from the beginning,
from ancient times, what is still to come.
I say: My purpose will stand,
and I will do all that I please.

11 From the east I summon a bird of prey;
from a far-off land, a man to fulfill my purpose.
What I have said, that will I bring about;
what I have planned, that will I do.

12 Listen to me, you stubborn-hearted,
you who are far from righteousness.

13 I am bringing my righteousness near,
it is not far away;
and my salvation will not be delayed.
I will grant salvation to Zion,
my splendor to Israel.

The Fall of Babylon

47 "Go down, sit in the dust,
Virgin Daughter of Babylon;
sit on the ground without a throne,
Daughter of the Babylonians. *s*
No more will you be called
tender or delicate.

2 Take millstones and grind flour;
take off your veil.
Lift up your skirts, bare your legs,
and wade through the streams.

3 Your nakedness will be exposed
and your shame uncovered.
I will take vengeance;
I will spare no one."

---

s 1 Or *Chaldeans*; also in verse 5

4 Nuestro Redentor, Jehová de los ejércitos es su nombre, el Santo de Israel.

5 Siéntate, calla, y entra en tinieblas, hija de los caldeos; porque nunca más te llamarán señora de reinos.

6 Me enojé contra mi pueblo, profané mi heredad, y los entregué en tu mano; no les tuviste compasión; sobre el anciano agravaste mucho tu yugo.

7 Dijiste: Para siempre seré señora; y no has pensado en esto, ni te acordaste de tu postrimería.

8 Oye, pues, ahora esto, mujer voluptuosa, tú que estás sentada confiadamente, tú que dices en tu corazón: Yo soy, y fuera de mí no hay más; no quedaré viuda, ni conoceré orfandad.

9 Estas dos cosas te vendrán de repente en un mismo día, orfandad y viudez; en toda su fuerza vendrán sobre ti, a pesar de la multitud de tus hechizos y de tus muchos encantamientos.

10 Porque te confiaste en tu maldad, diciendo: Nadie me ve. Tu sabiduría y tu misma ciencia te engañaron, y dijiste en tu corazón: Yo, y nadie más.

11 Vendrá, pues, sobre ti mal, cuyo nacimiento no sabrás; caerá sobre ti quebrantamiento, el cual no podrás remediar; y destrucción que no sepas vendrá de repente sobre ti.

12 Estate ahora en tus encantamientos y en la multitud de tus hechizos, en los cuales te fatigaste desde tu juventud; quizá podrás mejorarte, quizá te fortalecerás.

13 Te has fatigado en tus muchos consejos. Comparezcan ahora y te defiendan los contempladores de los cielos, los que observan las estrellas, los que cuentan los meses, para pronosticar lo que vendrá sobre ti.

14 He aquí que serán como tamo; fuego los quemará, no salvarán sus vidas del poder de la llama; no quedará brasa para calentarse, ni lumbre a la cual se sienten.

15 Así te serán aquellos con quienes te fatigaste, los que traficaron contigo desde tu juventud; cada uno irá por su camino, no habrá quien te salve.

4 Our Redeemer—the LORD Almighty is his
    name—
  is the Holy One of Israel.
5 "Sit in silence, go into darkness,
    Daughter of the Babylonians;
no more will you be called
  queen of kingdoms.
6 I was angry with my people
    and desecrated my inheritance;
I gave them into your hand,
    and you showed them no mercy.
Even on the aged
  you laid a very heavy yoke.
7 You said, 'I will continue forever—
  the eternal queen!'
But you did not consider these things
  or reflect on what might happen.

8 "Now then, listen, you wanton creature,
    lounging in your security
and saying to yourself,
  'I am, and there is none besides me.
I will never be a widow
  or suffer the loss of children.'
9 Both of these will overtake you
  in a moment, on a single day:
  loss of children and widowhood.
They will come upon you in full measure,
  in spite of your many sorceries
  and all your potent spells.
10 You have trusted in your wickedness
  and have said, 'No one sees me.'
Your wisdom and knowledge mislead you
  when you say to yourself,
  'I am, and there is none besides me.'
11 Disaster will come upon you,
  and you will not know how to conjure it
    away.
A calamity will fall upon you
  that you cannot ward off with a ransom;
a catastrophe you cannot foresee
  will suddenly come upon you.

12 "Keep on, then, with your magic spells
  and with your many sorceries,
  which you have labored at since childhood.
Perhaps you will succeed,
  perhaps you will cause terror.
13 All the counsel you have received has only worn
    you out!
Let your astrologers come forward,
those stargazers who make predictions month by
    month,
  let them save you from what is coming upon
    you.
14 Surely they are like stubble;
  the fire will burn them up.
They cannot even save themselves
  from the power of the flame.
Here are no coals to warm anyone;
  here is no fire to sit by.
15 That is all they can do for you—
  these you have labored with
  and trafficked with since childhood.
Each of them goes on in his error;
  there is not one that can save you.

Dios reprende la infidelidad de Israel

48 ¹Oíd esto, casa de Jacob, que os llamáis del nombre de Israel, los que salieron de las aguas de Judá, los que juran en el nombre de Jehová, y hacen memoria del Dios de Israel, mas no en verdad ni en justicia; ²porque de la santa ciudad se nombran, y en el Dios de Israel confían; su nombre es Jehová de los ejércitos.

³Lo que pasó, ya antes lo dije, y de mi boca salió; lo publiqué, lo hice pronto, y fue realidad.

⁴Por cuanto conozco que eres duro, y barra de hierro tu cerviz, y tu frente de bronce,

⁵te lo dije ya hace tiempo; antes que sucediera te lo advertí, para que no dijeras: Mi ídolo lo hizo, mis imágenes de escultura y de fundición mandaron estas cosas.

⁶Lo oíste, y lo viste todo; ¿y no lo anunciaréis vosotros? Ahora, pues, te he hecho oír cosas nuevas y ocultas que tú no sabías.

⁷Ahora han sido creadas, no en días pasados, ni antes de este día las habías oído, para que no digas: He aquí que yo lo sabía.

⁸Sí, nunca lo habías oído, ni nunca lo habías conocido; ciertamente no se abrió antes tu oído; porque sabía que siendo desleal habías de desobedecer, por tanto te llamé rebelde desde el vientre.

⁹Por amor de mi nombre diferiré mi ira, y para alabanza mía la reprimiré para no destruirte.

¹⁰He aquí te he purificado, y no como a plata; te he escogido en horno de aflicción.

¹¹Por mí, por amor de mí mismo lo haré, para que no sea amancillado mi nombre, y mi honra no la daré a otro.

¹²Oyeme, Jacob, y tú, Israel, a quien llamé: Yo mismo, yo el primero, yo también el postrero.

¹³Mi mano fundó también la tierra, y mi mano derecha midió los cielos con el palmo; al llamarlos yo, comparecieron juntamente.

¹⁴Juntaos todos vosotros, y oíd. ¿Quién hay entre ellos que anuncie estas cosas? Aquel a quien Jehová amó ejecutará su voluntad en Babilonia, y su brazo estará sobre los caldeos.

¹⁵Yo, yo hablé, y le llamé y le traje; por tanto, será prosperado su camino.

Stubborn Israel

48 "Listen to this, O house of Jacob,
    you who are called by the name of Israel
    and come from the line of Judah,
you who take oaths in the name of the LORD
    and invoke the God of Israel—
    but not in truth or righteousness—
²you who call yourselves citizens of the holy city
    and rely on the God of Israel—
    the LORD Almighty is his name:
³I foretold the former things long ago,
    my mouth announced them and I made them
        known;
    then suddenly I acted, and they came to pass.
⁴For I knew how stubborn you were;
    the sinews of your neck were iron,
    your forehead was bronze.
⁵Therefore I told you these things long ago;
    before they happened I announced them to
        you
so that you could not say,
    'My idols did them;
    my wooden image and metal god ordained
        them.'
⁶You have heard these things; look at them all.
    Will you not admit them?

"From now on I will tell you of new things,
    of hidden things unknown to you.
⁷They are created now, and not long ago;
    you have not heard of them before today.
So you cannot say,
    'Yes, I knew of them.'
⁸You have neither heard nor understood;
    from of old your ear has not been open.
Well do I know how treacherous you are;
    you were called a rebel from birth.
⁹For my own name's sake I delay my wrath;
    for the sake of my praise I hold it back from
        you,
    so as not to cut you off.
¹⁰See, I have refined you, though not as silver;
    I have tested you in the furnace of affliction.
¹¹For my own sake, for my own sake, I do this.
    How can I let myself be defamed?
    I will not yield my glory to another.

Israel Freed

¹²"Listen to me, O Jacob,
    Israel, whom I have called:
I am he;
    I am the first and I am the last.
¹³My own hand laid the foundations of the earth,
    and my right hand spread out the heavens;
when I summon them,
    they all stand up together.

¹⁴"Come together, all of you, and listen:
    Which of ₍the idols₎ has foretold these things?
The LORD's chosen ally
    will carry out his purpose against Babylon;
    his arm will be against the Babylonians.ᵗ
¹⁵I, even I, have spoken;
    yes, I have called him.
I will bring him,
    and he will succeed in his mission.

ᵗ14 Or *Chaldeans*; also in verse 20

16 Acercaos a mí, oíd esto: desde el principio no hablé en secreto; desde que eso se hizo, allí estaba yo; y ahora me envió Jehová el Señor, y su Espíritu.

17 Así ha dicho Jehová, Redentor tuyo, el Santo de Israel: Yo soy Jehová Dios tuyo, que te enseña provechosamente, que te encamina por el camino que debes seguir.

18 ¡Oh, si hubieras atendido a mis mandamientos! Fuera entonces tu paz como un río, y tu justicia como las ondas del mar.

19 Fuera como la arena tu descendencia, y los renuevos de tus entrañas como los granos de arena; nunca su nombre sería cortado, ni raído de mi presencia.

20 Salid de Babilonia, huid de entre los caldeos; dad nuevas de esto con voz de alegría, publicadlo, llevadlo hasta lo postrero de la tierra; decid: Redimió Jehová a Jacob su siervo.

21 No tuvieron sed cuando los llevó por los desiertos; les hizo brotar agua de la piedra; abrió la peña, y corrieron las aguas.

22 No hay paz para los malos, dijo Jehová.

Israel, siervo de Jehová

49 1 Oídme, costas, y escuchad, pueblos lejanos. Jehová me llamó desde el vientre, desde las entrañas de mi madre tuvo mi nombre en memoria.

2 Y puso mi boca como espada aguda, me cubrió con la sombra de su mano; y me puso por saeta bruñida, me guardó en su aljaba;

3 y me dijo: Mi siervo eres, oh Israel, porque en ti me gloriaré.

4 Pero yo dije: Por demás he trabajado, en vano y sin provecho he consumido mis fuerzas; pero mi causa está delante de Jehová, y mi recompensa con mi Dios.

5 Ahora pues, dice Jehová, el que me formó desde el vientre para ser su siervo, para hacer volver a él a Jacob y para congregarle a Israel (porque estimado seré en los ojos de Jehová, y el Dios mío será mi fuerza);

6 dice: Poco es para mí que tú seas mi siervo para levantar las tribus de Jacob, y para que restaures el remanente de Israel; también te di por luz de las naciones, para que seas mi salvación hasta lo postrero de la tierra.

16 "Come near me and listen to this:

"From the first announcement I have not spoken
    in secret;
  at the time it happens, I am there."

And now the Sovereign LORD has sent me,
  with his Spirit.

17 This is what the LORD says—
  your Redeemer, the Holy One of Israel:
"I am the LORD your God,
  who teaches you what is best for you,
  who directs you in the way you should go.
18 If only you had paid attention to my commands,
  your peace would have been like a river,
  your righteousness like the waves of the sea.
19 Your descendants would have been like the sand,
  your children like its numberless grains;
their name would never be cut off
  nor destroyed from before me."

20 Leave Babylon,
  flee from the Babylonians!
Announce this with shouts of joy
  and proclaim it.
Send it out to the ends of the earth;
  say, "The LORD has redeemed his servant
    Jacob."
21 They did not thirst when he led them through
    the deserts;
he made water flow for them from the rock;
he split the rock
  and water gushed out.
22 "There is no peace," says the LORD, "for the
    wicked."

The Servant of the LORD

49 Listen to me, you islands;
  hear this, you distant nations:
Before I was born the LORD called me;
  from my birth he has made mention of my
    name.
2 He made my mouth like a sharpened sword,
  in the shadow of his hand he hid me;
he made me into a polished arrow
  and concealed me in his quiver.
3 He said to me, "You are my servant,
  Israel, in whom I will display my splendor."
4 But I said, "I have labored to no purpose;
  I have spent my strength in vain and for
    nothing.
Yet what is due me is in the LORD's hand,
  and my reward is with my God."

5 And now the LORD says—
  he who formed me in the womb to be his
    servant
to bring Jacob back to him
  and gather Israel to himself,
for I am honored in the eyes of the LORD
  and my God has been my strength—
6 he says:
"It is too small a thing for you to be my servant
  to restore the tribes of Jacob
  and bring back those of Israel I have kept.
I will also make you a light for the Gentiles,
  that you may bring my salvation to the ends of
    the earth."

7 Así ha dicho Jehová, Redentor de Israel, el Santo suyo, al menospreciado de alma, al abominado de las naciones, al siervo de los tiranos: Verán reyes, y se levantarán príncipes, y adorarán por Jehová; porque fiel es el Santo de Israel, el cual te escogió.

Dios promete restaurar a Sion

8 Así dijo Jehová: En tiempo aceptable te oí, y en el día de salvación te ayudé; y te guardaré, y te daré por pacto al pueblo, para que restaures la tierra, para que heredes asoladas heredades;

9 para que digas a los presos: Salid; y a los que están en tinieblas: Mostraos. En los caminos serán apacentados, y en todas las alturas tendrán sus pastos.

10 No tendrán hambre ni sed, ni el calor ni el sol los afligirá; porque el que tiene de ellos misericordia los guiará, y los conducirá a manantiales de aguas.

11 Y convertiré en camino todos mis montes, y mis calzadas serán levantadas.

12 He aquí éstos vendrán de lejos; y he aquí éstos del norte y del occidente, y éstos de la tierra de Sinim.

13 Cantad alabanzas, oh cielos, y alégrate, tierra; y prorrumpid en alabanzas, oh montes; porque Jehová ha consolado a su pueblo, y de sus pobres tendrá misericordia.

14 Pero Sion dijo: Me dejó Jehová, y el Señor se olvidó de mí.

15 ¿Se olvidará la mujer de lo que dio a luz, para dejar de compadecerse del hijo de su vientre? Aunque olvide ella, yo nunca me olvidaré de ti.

16 He aquí que en las palmas de las manos te tengo esculpida; delante de mí están siempre tus muros.

17 Tus edificadores vendrán aprisa; tus destruidores y tus asoladores saldrán de ti.

18 Alza tus ojos alrededor, y mira: todos éstos se han reunido, han venido a ti. Vivo yo, dice Jehová, que de todos, como de vestidura de honra, serás vestida; y de ellos serás ceñida como novia.

19 Porque tu tierra devastada, arruinada y desierta, ahora será estrecha por la multitud de los moradores, y tus destruidores serán apartados lejos.

20 Aun los hijos de tu orfandad dirán a tus oídos: Estrecho es para mí este lugar; apártate, para que yo more.

7 This is what the LORD says—
the Redeemer and Holy One of Israel—
to him who was despised and abhorred by the nation,
to the servant of rulers:
"Kings will see you and rise up,
princes will see and bow down,
because of the LORD, who is faithful,
the Holy One of Israel, who has chosen you."

Restoration of Israel

8 This is what the LORD says:

"In the time of my favor I will answer you,
and in the day of salvation I will help you;
I will keep you and will make you
to be a covenant for the people,
to restore the land
and to reassign its desolate inheritances,
9 to say to the captives, 'Come out,'
and to those in darkness, 'Be free!'

"They will feed beside the roads
and find pasture on every barren hill.
10 They will neither hunger nor thirst,
nor will the desert heat or the sun beat upon them.
He who has compassion on them will guide them
and lead them beside springs of water.
11 I will turn all my mountains into roads,
and my highways will be raised up.
12 See, they will come from afar—
some from the north, some from the west,
some from the region of Aswan. u"

13 Shout for joy, O heavens;
rejoice, O earth;
burst into song, O mountains!
For the LORD comforts his people
and will have compassion on his afflicted ones.

14 But Zion said, "The LORD has forsaken me,
the Lord has forgotten me."

15 "Can a mother forget the baby at her breast
and have no compassion on the child she has borne?
Though she may forget,
I will not forget you!
16 See, I have engraved you on the palms of my hands;
your walls are ever before me.
17 Your sons hasten back,
and those who laid you waste depart from you.
18 Lift up your eyes and look around;
all your sons gather and come to you.
As surely as I live," declares the LORD,
"you will wear them all as ornaments;
you will put them on, like a bride.

19 "Though you were ruined and made desolate
and your land laid waste,
now you will be too small for your people,
and those who devoured you will be far away.
20 The children born during your bereavement
will yet say in your hearing,
'This place is too small for us;
give us more space to live in.'

u 12 Dead Sea Scrolls; Masoretic Text Sinim

21 Y dirás en tu corazón: ¿Quién me engendró éstos? Porque yo había sido privada de hijos y estaba sola, peregrina y desterrada; ¿quién, pues, crió éstos? He aquí yo había sido dejada sola; ¿dónde estaban éstos?

22 Así dijo Jehová el Señor: He aquí, yo tenderé mi mano a las naciones, y a los pueblos levantaré mi bandera; y traerán en brazos a tus hijos, y tus hijas serán traídas en hombros.

23 Reyes serán tus ayos, y sus reinas tus nodrizas; con el rostro inclinado a tierra te adorarán, y lamerán el polvo de tus pies; y conocerás que yo soy Jehová, que no se avergonzarán los que esperan en mí.

24 ¿Será quitado el botín al valiente? ¿Será rescatado el cautivo de un tirano?

25 Pero así dice Jehová: Ciertamente el cautivo será rescatado del valiente, y el botín será arrebatado al tirano; y tu pleito yo lo defenderé, y yo salvaré a tus hijos.

26 Y a los que te despojaron haré comer sus propias carnes, y con su sangre serán embriagados como con vino; y conocerá todo hombre que yo Jehová soy Salvador tuyo y Redentor tuyo, el Fuerte de Jacob.

Jehová ayuda a quienes confían en él

50 1 Así dijo Jehová: ¿Qué es de la carta de repudio de vuestra madre, con la cual yo la repudié? ¿O quiénes son mis acreedores, a quienes yo os he vendido? He aquí que por vuestras maldades sois vendidos, y por vuestras rebeliones fue repudiada vuestra madre.

2 ¿Por qué cuando vine, no hallé a nadie, y cuando llamé, nadie respondió? ¿Acaso se ha acortado mi mano para no redimir? ¿No hay en mí poder para librar? He aquí que con mi reprensión hago secar el mar; convierto los ríos en desierto; sus peces se pudren por falta de agua, y mueren de sed.

3 Visto de oscuridad los cielos, y hago como cilicio su cubierta.

4 Jehová el Señor me dio lengua de sabios, para saber hablar palabras al cansado; despertará mañana tras mañana, despertará mi oído para que oiga como los sabios.

5 Jehová el Señor me abrió el oído, y yo no fui rebelde, ni me volví atrás.

21 Then you will say in your heart,
'Who bore me these?
I was bereaved and barren;
   I was exiled and rejected.
Who brought these up?
I was left all alone,
   but these—where have they come from?' "

22 This is what the Sovereign LORD says:

"See, I will beckon to the Gentiles,
   I will lift up my banner to the peoples;
they will bring your sons in their arms
   and carry your daughters on their shoulders.
23 Kings will be your foster fathers,
   and their queens your nursing mothers.
They will bow down before you with their faces
   to the ground;
   they will lick the dust at your feet.
Then you will know that I am the LORD;
   those who hope in me will not be
      disappointed."

24 Can plunder be taken from warriors,
   or captives rescued from the fierce v?

25 But this is what the LORD says:

"Yes, captives will be taken from warriors,
   and plunder retrieved from the fierce;
I will contend with those who contend with you,
   and your children I will save.
26 I will make your oppressors eat their own flesh;
   they will be drunk on their own blood, as
      with wine.
Then all mankind will know
   that I, the LORD, am your Savior,
   your Redeemer, the Mighty One of Jacob."

Israel's Sin and the Servant's Obedience

50 This is what the LORD says:

"Where is your mother's certificate of divorce
   with which I sent her away?
Or to which of my creditors
   did I sell you?
Because of your sins you were sold;
   because of your transgressions your mother
      was sent away.
2 When I came, why was there no one?
   When I called, why was there no one to
      answer?
Was my arm too short to ransom you?
   Do I lack the strength to rescue you?
By a mere rebuke I dry up the sea,
   I turn rivers into a desert;
their fish rot for lack of water
   and die of thirst.
3 I clothe the sky with darkness
   and make sackcloth its covering."

4 The Sovereign LORD has given me an instructed
      tongue,
   to know the word that sustains the weary.
He wakens me morning by morning,
   wakens my ear to listen like one being taught.
5 The Sovereign LORD has opened my ears,
   and I have not been rebellious;
   I have not drawn back.

---

v24 Dead Sea Scrolls, Vulgate and Syriac (see also Septuagint and verse 25); Masoretic Text *righteous*

6 Di mi cuerpo a los heridores, y mis mejillas a los que me mesaban la barba; no escondí mi rostro de injurias y de esputos.

7 Porque Jehová el Señor me ayudará, por tanto no me avergoncé; por eso puse mi rostro como un pedernal, y sé que no seré avergonzado.

8 Cercano está de mí el que me salva; ¿quién contenderá conmigo? Juntémonos. ¿Quién es el adversario de mi causa? Acérquese a mí.

9 He aquí que Jehová el Señor me ayudará; ¿quién hay que me condene? He aquí que todos ellos se envejecerán como ropa de vestir, serán comidos por la polilla.

10 ¿Quién hay entre vosotros que teme a Jehová, y oye la voz de su siervo? El que anda en tinieblas y carece de luz, confíe en el nombre de Jehová, y apóyese en su Dios.

11 He aquí que todos vosotros encendéis fuego, y os rodeáis de teas; andad a la luz de vuestro fuego, y de las teas que encendisteis. De mi mano os vendrá esto; en dolor seréis sepultados.

6 I offered my back to those who beat me,
my cheeks to those who pulled out my beard;
I did not hide my face
from mocking and spitting.
7 Because the Sovereign LORD helps me,
I will not be disgraced.
Therefore have I set my face like flint,
and I know I will not be put to shame.
8 He who vindicates me is near.
Who then will bring charges against me?
Let us face each other!
Who is my accuser?
Let him confront me!
9 It is the Sovereign LORD who helps me.
Who is he that will condemn me?
They will all wear out like a garment;
the moths will eat them up.

10 Who among you fears the LORD
and obeys the word of his servant?
Let him who walks in the dark,
who has no light,
trust in the name of the LORD
and rely on his God.
11 But now, all you who light fires
and provide yourselves with flaming torches,
go, walk in the light of your fires
and of the torches you have set ablaze.
This is what you shall receive from my hand:
You will lie down in torment.

Palabras de consuelo para Sion

51 1 Oídme, los que seguís la justicia, los que buscáis a Jehová. Mirad a la piedra de donde fuisteis cortados, y al hueco de la cantera de donde fuisteis arrancados.
2 Mirad a Abraham vuestro padre, y a Sara que os dio a luz; porque cuando no era más que uno solo lo llamé, y lo bendije y lo multipliqué.
3 Ciertamente consolará Jehová a Sion; consolará todas sus soledades, y cambiará su desierto en paraíso, y su soledad en huerto de Jehová; se hallará en ella alegría y gozo, alabanza y voces de canto.
4 Estad atentos a mí, pueblo mío, y oídme, nación mía; porque de mí saldrá la ley, y mi justicia para luz de los pueblos.
5 Cercana está mi justicia, ha salido mi salvación, y mis brazos juzgarán a los pueblos; a mí me esperan los de la costa, y en mi brazo ponen su esperanza.
6 Alzad a los cielos vuestros ojos, y mirad abajo a la tierra; porque los cielos serán deshechos como humo, y la tierra se envejecerá como ropa de vestir, y de la misma manera perecerán sus moradores; pero mi salvación será para siempre, mi justicia no perecerá.

Everlasting Salvation for Zion

51 "Listen to me, you who pursue
righteousness
and who seek the LORD:
Look to the rock from which you were cut
and to the quarry from which you were hewn;
2 look to Abraham, your father,
and to Sarah, who gave you birth.
When I called him he was but one,
and I blessed him and made him many.
3 The LORD will surely comfort Zion
and will look with compassion on all her
ruins;
he will make her deserts like Eden,
her wastelands like the garden of the LORD.
Joy and gladness will be found in her,
thanksgiving and the sound of singing.

4 "Listen to me, my people;
hear me, my nation:
The law will go out from me;
my justice will become a light to the nations.
5 My righteousness draws near speedily,
my salvation is on the way,
and my arm will bring justice to the nations.
The islands will look to me
and wait in hope for my arm.
6 Lift up your eyes to the heavens,
look at the earth beneath;
the heavens will vanish like smoke,
the earth will wear out like a garment
and its inhabitants die like flies.
But my salvation will last forever,
my righteousness will never fail.

7 Oídme, los que conocéis justicia, pueblo en cuyo corazón está mi ley. No temáis afrenta de hombre, ni desmayéis por sus ultrajes.
8 Porque como a vestidura los comerá polilla, como a lana los comerá gusano; pero mi justicia permanecerá perpetuamente, y mi salvación por siglos de siglos.
9 Despiértate, despiértate, vístete de poder, oh brazo de Jehová; despiértate como en el tiempo antiguo, en los siglos pasados. ¿No eres tú el que cortó a Rahab, y el que hirió al dragón?
10 ¿No eres tú el que secó el mar, las aguas del gran abismo; el que transformó en camino las profundidades del mar para que pasaran los redimidos?
11 Ciertamente volverán los redimidos de Jehová; volverán a Sion cantando, y gozo perpetuo habrá sobre sus cabezas; tendrán gozo y alegría, y el dolor y el gemido huirán.
12 Yo, yo soy vuestro consolador. ¿Quién eres tú para que tengas temor del hombre, que es mortal, y del hijo de hombre, que es como heno?
13 Y ya te has olvidado de Jehová tu Hacedor, que extendió los cielos y fundó la tierra; y todo el día temiste continuamente del furor del que aflige, cuando se disponía para destruir. ¿Pero en dónde está el furor del que aflige?
14 El preso agobiado será libertado pronto; no morirá en la mazmorra, ni le faltará su pan.
15 Porque yo Jehová, que agito el mar y hago rugir sus ondas, soy tu Dios, cuyo nombre es Jehová de los ejércitos.
16 Y en tu boca he puesto mis palabras, y con la sombra de mi mano te cubrí, extendiendo los cielos y echando los cimientos de la tierra, y diciendo a Sion: Pueblo mío eres tú.
17 Despierta, despierta, levántate, oh Jerusalén, que bebiste de la mano de Jehová el cáliz de su ira; porque el cáliz de aturdimiento bebiste hasta los sedimentos.
18 De todos los hijos que dio a luz, no hay quien la guíe; ni quien la tome de la mano, de todos los hijos que crió.
19 Estas dos cosas te han acontecido: asolamiento y quebrantamiento, hambre y espada. ¿Quién se dolerá de ti? ¿Quién te consolará?

7 "Hear me, you who know what is right,
    you people who have my law in your hearts:
  Do not fear the reproach of men
    or be terrified by their insults.
8 For the moth will eat them up like a garment;
    the worm will devour them like wool.
  But my righteousness will last forever,
    my salvation through all generations."

9 Awake, awake! Clothe yourself with strength,
    O arm of the Lord;
  awake, as in days gone by,
    as in generations of old.
  Was it not you who cut Rahab to pieces,
    who pierced that monster through?
10 Was it not you who dried up the sea,
    the waters of the great deep,
  who made a road in the depths of the sea
    so that the redeemed might cross over?
11 The ransomed of the Lord will return.
    They will enter Zion with singing;
    everlasting joy will crown their heads.
  Gladness and joy will overtake them,
    and sorrow and sighing will flee away.

12 "I, even I, am he who comforts you.
    Who are you that you fear mortal men,
    the sons of men, who are but grass,
13 that you forget the Lord your Maker,
    who stretched out the heavens
    and laid the foundations of the earth,
  that you live in constant terror every day
    because of the wrath of the oppressor,
    who is bent on destruction?
  For where is the wrath of the oppressor?
14   The cowering prisoners will soon be set free;
    they will not die in their dungeon,
    nor will they lack bread.
15 For I am the Lord your God,
    who churns up the sea so that its waves
      roar—
    the Lord Almighty is his name.
16 I have put my words in your mouth
    and covered you with the shadow of my
      hand—
  I who set the heavens in place,
    who laid the foundations of the earth,
    and who say to Zion, 'You are my people.' "

The Cup of the Lord's Wrath

17 Awake, awake!
    Rise up, O Jerusalem,
  you who have drunk from the hand of the Lord
    the cup of his wrath,
  you who have drained to its dregs
    the goblet that makes men stagger.
18 Of all the sons she bore
    there was none to guide her;
  of all the sons she reared
    there was none to take her by the hand.
19 These double calamities have come upon you—
    who can comfort you?—
  ruin and destruction, famine and sword—
    who can w console you?

w19 Dead Sea Scrolls, Septuagint, Vulgate and Syriac; Masoretic Text / how can I

20 Tus hijos desmayaron, estuvieron tendidos en las encrucijadas de todos los caminos, como antílope en la red, llenos de la indignación de Jehová, de la ira del Dios tuyo.

21 Oye, pues, ahora esto, afligida, ebria, y no de vino:
22 Así dijo Jehová tu Señor, y tu Dios, el cual aboga por su pueblo: He aquí he quitado de tu mano el cáliz de aturdimiento, los sedimentos del cáliz de mi ira; nunca más lo beberás.

23 Y lo pondré en mano de tus angustiadores, que dijeron a tu alma: Inclínate, y pasaremos por encima de ti. Y tú pusiste tu cuerpo como tierra, y como camino, para que pasaran.

Dios librará del cautiverio a Sion

52 1 Despierta, despierta, vístete de poder, oh Sion; vístete tu ropa hermosa, oh Jerusalén, ciudad santa; porque nunca más vendrá a ti incircunciso ni inmundo. 2 Sacúdete del polvo; levántate y siéntate, Jerusalén; suelta las ataduras de tu cuello, cautiva hija de Sion.

3 Porque así dice Jehová: De balde fuisteis vendidos; por tanto, sin dinero seréis rescatados.

4 Porque así dijo Jehová el Señor: Mi pueblo descendió a Egipto en tiempo pasado, para morar allá, y el asirio lo cautivó sin razón.

5 Y ahora ¿qué hago aquí, dice Jehová, ya que mi pueblo es llevado injustamente? Y los que en él se enseñorean, lo hacen aullar, dice Jehová, y continuamente es blasfemado mi nombre todo el día.

6 Por tanto, mi pueblo sabrá mi nombre por esta causa en aquel día; porque yo mismo que hablo, he aquí estaré presente.

7 ¡Cuán hermosos son sobre los montes los pies del que trae alegres nuevas, del que anuncia la paz, del que trae nuevas del bien, del que publica salvación, del que dice a Sion: ¡Tu Dios reina!

8 ¡Voz de tus atalayas! Alzarán la voz, juntamente darán voces de júbilo; porque ojo a ojo verán que Jehová vuelve a traer a Sion.

20 Your sons have fainted;
   they lie at the head of every street,
   like antelope caught in a net.
They are filled with the wrath of the LORD
   and the rebuke of your God.

21 Therefore hear this, you afflicted one,
   made drunk, but not with wine.
22 This is what your Sovereign LORD says,
   your God, who defends his people:
"See, I have taken out of your hand
   the cup that made you stagger;
from that cup, the goblet of my wrath,
   you will never drink again.
23 I will put it into the hands of your tormentors,
   who said to you,
'Fall prostrate that we may walk over you.'
And you made your back like the ground,
   like a street to be walked over."

52 Awake, awake, O Zion,
   clothe yourself with strength.
Put on your garments of splendor,
   O Jerusalem, the holy city.
The uncircumcised and defiled
   will not enter you again.
2 Shake off your dust;
   rise up, sit enthroned, O Jerusalem.
Free yourself from the chains on your neck,
   O captive Daughter of Zion.

3 For this is what the LORD says:

"You were sold for nothing,
   and without money you will be redeemed."

4 For this is what the Sovereign LORD says:

"At first my people went down to Egypt to live;
   lately, Assyria has oppressed them.

5 "And now what do I have here?" declares the LORD.

"For my people have been taken away for
         nothing,
   and those who rule them mock,ˣ"
                    declares the LORD.
"And all day long
   my name is constantly blasphemed.
6 Therefore my people will know my name;
   therefore in that day they will know
that it is I who foretold it.
   Yes, it is I."

7 How beautiful on the mountains
   are the feet of those who bring good news,
who proclaim peace,
   who bring good tidings,
   who proclaim salvation,
who say to Zion,
   "Your God reigns!"
8 Listen! Your watchmen lift up their voices;
   together they shout for joy.
When the LORD returns to Zion,
   they will see it with their own eyes.

ˣ5 Dead Sea Scrolls and Vulgate; Masoretic Text *wail*

9 Cantad alabanzas, alegraos juntamente, soledades de Jerusalén; porque Jehová ha consolado a su pueblo, a Jerusalén ha redimido.

10 Jehová desnudó su santo brazo ante los ojos de todas las naciones, y todos los confines de la tierra verán la salvación del Dios nuestro.

11 Apartaos, apartaos, salid de ahí, no toquéis cosa inmunda; salid de en medio de ella; purificaos los que lleváis los utensilios de Jehová.

12 Porque no saldréis apresurados, ni iréis huyendo; porque Jehová irá delante de vosotros, y os congregará el Dios de Israel.

Sufrimientos del Siervo de Jehová.

13 He aquí que mi siervo será prosperado, será engrandecido y exaltado, y será puesto muy en alto.

14 Como se asombraron de ti muchos, de tal manera fue desfigurado de los hombres su parecer, y su hermosura más que la de los hijos de los hombres,

15 así asombrará él a muchas naciones; los reyes cerrarán ante él la boca, porque verán lo que nunca les fue contado, y entenderán lo que jamás habían oído.

53

1 ¿Quién ha creído a nuestro anuncio? ¿y sobre quién se ha manifestado el brazo de Jehová?

2 Subirá cual renuevo delante de él, y como raíz de tierra seca; no hay parecer en él, ni hermosura; le veremos, mas sin atractivo para que le deseemos.

3 Despreciado y desechado entre los hombres, varón de dolores, experimentado en quebranto; y como que escondimos de él el rostro, fue menospreciado, y no lo estimamos.

4 Ciertamente llevó él nuestras enfermedades, y sufrió nuestros dolores; y nosotros le tuvimos por azotado, por herido de Dios y abatido.

5 Mas él herido fue por nuestras rebeliones, molido por nuestros pecados; el castigo de nuestra paz fue sobre él, y por su llaga fuimos nosotros curados.

6 Todos nosotros nos descarriamos como ovejas, cada cual se apartó por su camino; mas Jehová cargó en él el pecado de todos nosotros.

7 Angustiado él, y afligido, no abrió su boca; como cordero fue llevado al matadero; y como oveja delante de sus trasquiladores, enmudeció, y no abrió su boca.

9 Burst into songs of joy together,
  you ruins of Jerusalem,
for the LORD has comforted his people,
  he has redeemed Jerusalem.

10 The LORD will lay bare his holy arm
  in the sight of all the nations,
and all the ends of the earth will see
  the salvation of our God.

11 Depart, depart, go out from there!
  Touch no unclean thing!
Come out from it and be pure,
  you who carry the vessels of the LORD.

12 But you will not leave in haste
  or go in flight;
for the LORD will go before you,
  the God of Israel will be your rear guard.

The Suffering and Glory of the Servant

13 See, my servant will act wisely[y];
  he will be raised and lifted up and highly
    exalted.

14 Just as there were many who were appalled at
    him[z] —
  his appearance was so disfigured beyond that
    of any man
  and his form marred beyond human likeness —

15 so will he sprinkle many nations,[a]
  and kings will shut their mouths because of
    him.
For what they were not told, they will see,
  and what they have not heard, they will
    understand.

53

Who has believed our message
  and to whom has the arm of the LORD been
    revealed?

2 He grew up before him like a tender shoot,
  and like a root out of dry ground.
He had no beauty or majesty to attract us to him,
  nothing in his appearance that we should
    desire him.

3 He was despised and rejected by men,
  a man of sorrows, and familiar with suffering.
Like one from whom men hide their faces
  he was despised, and we esteemed him not.

4 Surely he took up our infirmities
  and carried our sorrows,
yet we considered him stricken by God,
  smitten by him, and afflicted.

5 But he was pierced for our transgressions,
  he was crushed for our iniquities;
the punishment that brought us peace was upon
    him,
  and by his wounds we are healed.

6 We all, like sheep, have gone astray,
  each of us has turned to his own way;
and the LORD has laid on him
  the iniquity of us all.

7 He was oppressed and afflicted,
  yet he did not open his mouth;
he was led like a lamb to the slaughter,
  and as a sheep before her shearers is silent,
  so he did not open his mouth.

---

y 13 Or *will prosper*   z 14 Hebrew *you*   a 15 Hebrew; Septuagint *so will many nations marvel at him*

8 Por cárcel y por juicio fue quitado; y su generación, ¿quién la contará? Porque fue cortado de la tierra de los vivientes, y por la rebelión de mi pueblo fue herido.
9 Y se dispuso con los impíos su sepultura, mas con los ricos fue en su muerte; aunque nunca hizo maldad, ni hubo engaño en su boca.
10 Con todo eso, Jehová quiso quebrantarlo, sujetándole a padecimiento. Cuando haya puesto su vida en expiación por el pecado, verá linaje, vivirá por largos días, y la voluntad de Jehová será en su mano prosperada.
11 Verá el fruto de la aflicción de su alma, y quedará satisfecho; por su conocimiento justificará mi siervo justo a muchos, y llevará las iniquidades de ellos.
12 Por tanto, yo le daré parte con los grandes, y con los fuertes repartirá despojos; por cuanto derramó su vida hasta la muerte, y fue contado con los pecadores, habiendo él llevado el pecado de muchos, y orado por los transgresores.

El amor eterno de Jehová hacia Israel

54 1 Regocíjate, oh estéril, la que no daba a luz; levanta canción y da voces de júbilo, la que nunca estuvo de parto; porque más son los hijos de la desamparada que los de la casada, ha dicho Jehová.
2 Ensancha el sitio de tu tienda, y las cortinas de tus habitaciones sean extendidas; no seas escasa; alarga tus cuerdas, y refuerza tus estacas.
3 Porque te extenderás a la mano derecha y a la mano izquierda; y tu descendencia heredará naciones, y habitará las ciudades asoladas.
4 No temas, pues no serás confundida; y no te avergüences, porque no serás afrentada, sino que te olvidarás de la vergüenza de tu juventud, y de la afrenta de tu viudez no tendrás más memoria.
5 Porque tu marido es tu Hacedor; Jehová de los ejércitos es su nombre; y tu Redentor, el Santo de Israel; Dios de toda la tierra será llamado.

8 By oppression *b* and judgment he was taken away.
And who can speak of his descendants?
For he was cut off from the land of the living;
for the transgression of my people he was stricken. *c*
9 He was assigned a grave with the wicked,
and with the rich in his death,
though he had done no violence,
nor was any deceit in his mouth.
10 Yet it was the LORD's will to crush him and cause him to suffer,
and though the LORD makes *d* his life a guilt offering,
he will see his offspring and prolong his days,
and the will of the LORD will prosper in his hand.
11 After the suffering of his soul,
he will see the light ₍of life,₎ *e* and be satisfied *f*;
by his knowledge *g* my righteous servant will justify many,
and he will bear their iniquities.
12 Therefore I will give him a portion among the great, *h*
and he will divide the spoils with the strong, *i*
because he poured out his life unto death,
and was numbered with the transgressors.
For he bore the sin of many,
and made intercession for the transgressors.

The Future Glory of Zion

54 "Sing, O barren woman,
you who never bore a child;
burst into song, shout for joy,
you who were never in labor;
because more are the children of the desolate woman
than of her who has a husband,"
says the LORD.

2 "Enlarge the place of your tent,
stretch your tent curtains wide,
do not hold back;
lengthen your cords,
strengthen your stakes.
3 For you will spread out to the right and to the left;
your descendants will dispossess nations
and settle in their desolate cities.

4 "Do not be afraid; you will not suffer shame.
Do not fear disgrace; you will not be humiliated.
You will forget the shame of your youth
and remember no more the reproach of your widowhood.
5 For your Maker is your husband—
the LORD Almighty is his name—
the Holy One of Israel is your Redeemer;
he is called the God of all the earth.

b 8 Or *From arrest*   *c 8* Or *away.* / *Yet who of his generation considered* / *that he was cut off from the land of the living* / *for the transgression of my people,* / *to whom the blow was due?*   *d 10* Hebrew *though you make*   *e 11* Dead Sea Scrolls (see also Septuagint); Masoretic Text does not have *the light ₍of life₎.*   *f 11* Or (with Masoretic Text) *11 He will see the result of the suffering of his soul* / *and be satisfied*   *g 11* Or *by knowledge of him*   *h 12* Or *many*   *i 12* Or *numerous*

6 Porque como a mujer abandonada y triste de espíritu te llamó Jehová, y como a la esposa de la juventud que es repudiada, dijo el Dios tuyo.

7 Por un breve momento te abandoné, pero te recogeré con grandes misericordias.

8 Con un poco de ira escondí mi rostro de ti por un momento; pero con misericordia eterna tendré compasión de ti, dijo Jehová tu Redentor.

9 Porque esto me será como en los días de Noé, cuando juré que nunca más las aguas de Noé pasarían sobre la tierra; así he jurado que no me enojaré contra ti, ni te reñiré.

10 Porque los montes se moverán, y los collados temblarán, pero no se apartará de ti mi misericordia, ni el pacto de mi paz se quebrantará, dijo Jehová, el que tiene misericordia de ti.

11 Pobrecita, fatigada con tempestad, sin consuelo; he aquí que yo cimentaré tus piedras sobre carbunclo, y sobre zafiros te fundaré.

12 Tus ventanas pondré de piedras preciosas, tus puertas de piedras de carbunclo, y toda tu muralla de piedras preciosas.

13 Y todos tus hijos serán enseñados por Jehová; y se multiplicará la paz de tus hijos.

14 Con justicia serás adornada; estarás lejos de opresión, porque no temerás, y de temor, porque no se acercará a ti.

15 Si alguno conspirare contra ti, lo hará sin mí; el que contra ti conspirare, delante de ti caerá.

16 He aquí que yo hice al herrero que sopla las ascuas en el fuego, y que saca la herramienta para su obra; y yo he creado al destruidor para destruir.

17 Ninguna arma forjada contra ti prosperará, y condenarás toda lengua que se levante contra ti en juicio. Esta es la herencia de los siervos de Jehová, y su salvación de mí vendrá, dijo Jehová.

Misericordia gratuita para todos

55 1 A todos los sedientos: Venid a las aguas; y los que no tienen dinero, venid, comprad y comed. Venid, comprad sin dinero y sin precio, vino y leche.

2 ¿Por qué gastáis el dinero en lo que no es pan, y vuestro trabajo en lo que no sacia? Oídme atentamente, y comed del bien, y se deleitará vuestra alma con grosura.

---

6 The Lord will call you back
　as if you were a wife deserted and distressed
　　in spirit—
a wife who married young,
　only to be rejected," says your God.
7 "For a brief moment I abandoned you,
　but with deep compassion I will bring you
　　back.
8 In a surge of anger
　I hid my face from you for a moment,
but with everlasting kindness
　I will have compassion on you,"
　says the Lord your Redeemer.

9 "To me this is like the days of Noah,
　when I swore that the waters of Noah would
　　never again cover the earth.
So now I have sworn not to be angry with you,
　never to rebuke you again.
10 Though the mountains be shaken
　and the hills be removed,
yet my unfailing love for you will not be shaken
　nor my covenant of peace be removed,"
　says the Lord, who has compassion on you.

11 "O afflicted city, lashed by storms and not
　　comforted,
　I will build you with stones of turquoise,*j*
　your foundations with sapphires.*k*
12 I will make your battlements of rubies,
　your gates of sparkling jewels,
　and all your walls of precious stones.
13 All your sons will be taught by the Lord,
　and great will be your children's peace.
14 In righteousness you will be established:
Tyranny will be far from you;
　you will have nothing to fear.
Terror will be far removed;
　it will not come near you.
15 If anyone does attack you, it will not be my
　　doing;
　whoever attacks you will surrender to you.

16 "See, it is I who created the blacksmith
　who fans the coals into flame
　and forges a weapon fit for its work.
And it is I who have created the destroyer to
　　work havoc;
17　no weapon forged against you will prevail,
　and you will refute every tongue that accuses
　　you.
This is the heritage of the servants of the Lord,
　and this is their vindication from me,"
　　　　declares the Lord.

Invitation to the Thirsty

55 "Come, all you who are thirsty,
　come to the waters;
and you who have no money,
　come, buy and eat!
Come, buy wine and milk
　without money and without cost.
2 Why spend money on what is not bread,
　and your labor on what does not satisfy?
Listen, listen to me, and eat what is good,
　and your soul will delight in the richest of
　　fare.

j 11 The meaning of the Hebrew for this word is uncertain.
k 11 Or *lapis lazuli*

3 Inclinad vuestro oído, y venid a mí; oíd, y vivirá vuestra alma; y haré con vosotros pacto eterno, las misericordias firmes a David.

4 He aquí que yo lo di por testigo a los pueblos, por jefe y por maestro a las naciones.

5 He aquí, llamarás a gente que no conociste, y gentes que no te conocieron correrán a ti, por causa de Jehová tu Dios, y del Santo de Israel que te ha honrado.

6 Buscad a Jehová mientras puede ser hallado, llamadle en tanto que está cercano.

7 Deje el impío su camino, y el hombre inicuo sus pensamientos, y vuélvase a Jehová, el cual tendrá de él misericordia, y al Dios nuestro, el cual será amplio en perdonar.

8 Porque mis pensamientos no son vuestros pensamientos, ni vuestros caminos mis caminos, dijo Jehová.

9 Como son más altos los cielos que la tierra, así son mis caminos más altos que vuestros caminos, y mis pensamientos más que vuestros pensamientos.

10 Porque como desciende de los cielos la lluvia y la nieve, y no vuelve allá, sino que riega la tierra, y la hace germinar y producir, y da semilla al que siembra, y pan al que come,

11 así será mi palabra que sale de mi boca; no volverá a mí vacía, sino que hará lo que yo quiero, y será prosperada en aquello para que la envíe.

12 Porque con alegría saldréis, y con paz seréis vueltos; los montes y los collados levantarán canción delante de vosotros, y todos los árboles del campo darán palmadas de aplauso.

13 En lugar de la zarza crecerá ciprés, y en lugar de la ortiga crecerá arrayán; y será a Jehová por nombre, por señal eterna que nunca será raída.

Recompensa de los que guardan el pacto de Dios

56 1 Así dijo Jehová: Guardad derecho, y haced justicia; porque cercana está mi salvación para venir, y mi justicia para manifestarse.

2 Bienaventurado el hombre que hace esto, y el hijo de hombre que lo abraza; que guarda el día de reposo * para no profanarlo, y que guarda su mano de hacer todo mal.

3 Y el extranjero que sigue a Jehová no hable diciendo: Me apartará totalmente Jehová de su pueblo. Ni diga el eunuco: He aquí yo soy árbol seco.

*Aquí equivale a *sábado*

3 Give ear and come to me;
　　hear me, that your soul may live.
I will make an everlasting covenant with you,
　　my faithful love promised to David.
4 See, I have made him a witness to the peoples,
　　a leader and commander of the peoples.
5 Surely you will summon nations you know not,
　　and nations that do not know you will hasten
　　　　to you,
because of the LORD your God,
　　the Holy One of Israel,
　　for he has endowed you with splendor."

6 Seek the LORD while he may be found;
　　call on him while he is near.
7 Let the wicked forsake his way
　　and the evil man his thoughts.
Let him turn to the LORD, and he will have
　　　　mercy on him,
　　and to our God, for he will freely pardon.

8 "For my thoughts are not your thoughts,
　　neither are your ways my ways,"
　　　　　　　　　declares the LORD.
9 "As the heavens are higher than the earth,
　　so are my ways higher than your ways
　　and my thoughts than your thoughts.
10 As the rain and the snow
　　come down from heaven,
and do not return to it
　　without watering the earth
and making it bud and flourish,
　　so that it yields seed for the sower and bread
　　　　for the eater,
11 so is my word that goes out from my mouth:
　　It will not return to me empty,
but will accomplish what I desire
　　and achieve the purpose for which I sent it.
12 You will go out in joy
　　and be led forth in peace;
the mountains and hills
　　will burst into song before you,
and all the trees of the field
　　will clap their hands.
13 Instead of the thornbush will grow the pine tree,
　　and instead of briers the myrtle will grow.
This will be for the LORD's renown,
　　for an everlasting sign,
　　which will not be destroyed."

Salvation for Others

56 This is what the LORD says:
"Maintain justice
　　and do what is right,
for my salvation is close at hand
　　and my righteousness will soon be revealed.
2 Blessed is the man who does this,
　　the man who holds it fast,
who keeps the Sabbath without desecrating it,
　　and keeps his hand from doing any evil."

3 Let no foreigner who has bound himself to the
　　LORD say,
　　"The LORD will surely exclude me from his
　　　　people."
And let not any eunuch complain,
　　"I am only a dry tree."

4 Porque así dijo Jehová: A los eunucos que guarden mis días de reposo, * y escojan lo que yo quiero, y abracen mi pacto;

5 yo les daré lugar en mi casa y dentro de mis muros, y nombre mejor que el de hijos e hijas; nombre perpetuo les daré, que nunca perecerá.

6 Y a los hijos de los extranjeros que sigan a Jehová para servirle, y que amen el nombre de Jehová para ser sus siervos; a todos los que guarden el día de reposo * para no profanarlo, y abracen mi pacto,

7 yo los llevaré a mi santo monte, y los recrearé en mi casa de oración; sus holocaustos y sus sacrificios serán aceptos sobre mi altar; porque mi casa será llamada casa de oración para todos los pueblos.

8 Dice Jehová el Señor, el que reúne a los dispersos de Israel: Aún juntaré sobre él a sus congregados.

9 Todas las bestias del campo, todas las fieras del bosque, venid a devorar.

10 Sus atalayas son ciegos, todos ellos ignorantes; todos ellos perros mudos, no pueden ladrar; soñolientos, echados, aman el dormir.

11 Y esos perros comilones son insaciables; y los pastores mismos no saben entender; todos ellos siguen sus propios caminos, cada uno busca su propio provecho, cada uno por su lado.

12 Venid, dicen, tomemos vino, embriaguémonos de sidra; y será el día de mañana como este, o mucho más excelente.

Condenación de la idolatría de Israel

57 1 Perece el justo, y no hay quien piense en ello; y los piadosos mueren, y no hay quien entienda que de delante de la aflicción es quitado el justo.

2 Entrará en la paz; descansarán en sus lechos todos los que andan delante de Dios.

3 Mas vosotros llegaos acá, hijos de la hechicera, generación del adúltero y de la fornicaria.

4 ¿De quién os habéis burlado? ¿Contra quién ensanchasteis la boca, y alargasteis la lengua? ¿No sois vosotros hijos rebeldes, generación mentirosa,

*Aquí equivale a *sábado*

4 For this is what the LORD says:

"To the eunuchs who keep my Sabbaths,
    who choose what pleases me
    and hold fast to my covenant—
5 to them I will give within my temple and its walls
    a memorial and a name
    better than sons and daughters;
I will give them an everlasting name
    that will not be cut off.
6 And foreigners who bind themselves to the LORD
    to serve him,
to love the name of the LORD,
    and to worship him,
all who keep the Sabbath without desecrating it
    and who hold fast to my covenant—
7 these I will bring to my holy mountain
    and give them joy in my house of prayer.
Their burnt offerings and sacrifices
    will be accepted on my altar;
for my house will be called
    a house of prayer for all nations."
8 The Sovereign LORD declares—
    he who gathers the exiles of Israel:
"I will gather still others to them
    besides those already gathered."

God's Accusation Against the Wicked

9 Come, all you beasts of the field,
    come and devour, all you beasts of the forest!
10 Israel's watchmen are blind,
    they all lack knowledge;
they are all mute dogs,
    they cannot bark;
they lie around and dream,
    they love to sleep.
11 They are dogs with mighty appetites;
    they never have enough.
They are shepherds who lack understanding;
    they all turn to their own way,
    each seeks his own gain.
12 "Come," each one cries, "let me get wine!
    Let us drink our fill of beer!
And tomorrow will be like today,
    or even far better."

57 The righteous perish,
    and no one ponders it in his heart;
devout men are taken away,
    and no one understands
that the righteous are taken away
    to be spared from evil.
2 Those who walk uprightly
    enter into peace;
    they find rest as they lie in death.

3 "But you—come here, you sons of a sorceress,
    you offspring of adulterers and prostitutes!
4 Whom are you mocking?
    At whom do you sneer
    and stick out your tongue?
Are you not a brood of rebels,
    the offspring of liars?

5 que os enfervorizáis con los ídolos debajo de todo árbol frondoso, que sacrificáis los hijos en los valles, debajo de los peñascos?

6 En las piedras lisas del valle está tu parte; ellas, ellas son tu suerte; y a ellas derramaste libación, y ofreciste presente. ¿No habré de castigar estas cosas?

7 Sobre el monte alto y empinado pusiste tu cama; allí también subiste a hacer sacrificio.

8 Y tras la puerta y el umbral pusiste tu recuerdo; porque a otro, y no a mí, te descubriste, y subiste, y ensanchaste tu cama, e hiciste con ellos pacto; amaste su cama dondequiera que la veías.

9 Y fuiste al rey con ungüento, y multiplicaste tus perfumes, y enviaste tus embajadores lejos, y te abatiste hasta la profundidad del Seol.

10 En la multitud de tus caminos te cansaste, pero no dijiste: No hay remedio; hallaste nuevo vigor en tu mano, por tanto, no te desalentaste.

11 ¿Y de quién te asustaste y temiste, que has faltado a la fe, y no te has acordado de mí, ni te vino al pensamiento? ¿No he guardado silencio desde tiempos antiguos, y nunca me has temido?

12 Yo publicaré tu justicia y tus obras, que no te aprovecharán.

13 Cuando clames, que te libren tus ídolos; pero a todos ellos llevará el viento, un soplo los arrebatará; mas el que en mí confía tendrá la tierra por heredad, y poseerá mi santo monte.

14 Y dirá: Allanad, allanad; barred el camino, quitad los tropiezos del camino de mi pueblo.

15 Porque así dijo el Alto y Sublime, el que habita la eternidad, y cuyo nombre es el Santo: Yo habito en la altura y la santidad, y con el quebrantado y humilde de espíritu, para hacer vivir el espíritu de los humildes, y para vivificar el corazón de los quebrantados.

16 Porque no contenderé para siempre, ni para siempre me enojaré; pues decaería ante mí el espíritu, y las almas que yo he creado.

17 Por la iniquidad de su codicia me enojé, y le herí, escondí mi rostro y me indigné; y él siguió rebelde por el camino de su corazón.

18 He visto sus caminos; pero le sanaré, y le pastorearé, y le daré consuelo a él y a sus enlutados;

---

5 You burn with lust among the oaks
   and under every spreading tree;
you sacrifice your children in the ravines
   and under the overhanging crags.
6 The idols among the smooth stones of the
      ravines are your portion;
   they, they are your lot.
Yes, to them you have poured out drink offerings
   and offered grain offerings.
In the light of these things, should I relent?
7 You have made your bed on a high and lofty hill;
   there you went up to offer your sacrifices.
8 Behind your doors and your doorposts
   you have put your pagan symbols.
Forsaking me, you uncovered your bed,
   you climbed into it and opened it wide;
you made a pact with those whose beds you
     love,
   and you looked on their nakedness.
9 You went to Molech *l* with olive oil
   and increased your perfumes.
You sent your ambassadors *m* far away;
   you descended to the grave *n* itself!
10 You were wearied by all your ways,
   but you would not say, 'It is hopeless.'
You found renewal of your strength,
   and so you did not faint.

11 "Whom have you so dreaded and feared
   that you have been false to me,
and have neither remembered me
   nor pondered this in your hearts?
Is it not because I have long been silent
   that you do not fear me?
12 I will expose your righteousness and your works,
   and they will not benefit you.
13 When you cry out for help,
   let your collection of idols save you!
The wind will carry all of them off,
   a mere breath will blow them away.
But the man who makes me his refuge
   will inherit the land
   and possess my holy mountain."

Comfort for the Contrite

14 And it will be said:

"Build up, build up, prepare the road!
   Remove the obstacles out of the way of my
     people."
15 For this is what the high and lofty One says—
   he who lives forever, whose name is holy:
"I live in a high and holy place,
   but also with him who is contrite and lowly in
     spirit,
to revive the spirit of the lowly
   and to revive the heart of the contrite.
16 I will not accuse forever,
   nor will I always be angry,
for then the spirit of man would grow faint
     before me—
   the breath of man that I have created.
17 I was enraged by his sinful greed;
   I punished him, and hid my face in anger,
   yet he kept on in his willful ways.
18 I have seen his ways, but I will heal him;
   I will guide him and restore comfort to him,

---

l 9 Or *to the king*   *m* 9 Or *idols*   *n* 9 Hebrew *Sheol*

19 produciré fruto de labios: Paz, paz al que está lejos y al cercano, dijo Jehová; y lo sanaré.
20 Pero los impíos son como el mar en tempestad, que no puede estarse quieto, y sus aguas arrojan cieno y lodo.
21 No hay paz, dijo mi Dios, para los impíos.

El verdadero ayuno

58 1 Clama a voz en cuello, no te detengas; alza tu voz como trompeta, y anuncia a mi pueblo su rebelión, y a la casa de Jacob su pecado.
2 Que me buscan cada día, y quieren saber mis caminos, como gente que hubiese hecho justicia, y que no hubiese dejado la ley de su Dios; me piden justos juicios, y quieren acercarse a Dios.
3 ¿Por qué, dicen, ayunamos, y no hiciste caso; humillamos nuestras almas, y no te diste por entendido? He aquí que en el día de vuestro ayuno buscáis vuestro propio gusto, y oprimís a todos vuestros trabajadores.
4 He aquí que para contiendas y debates ayunáis, y para herir con el puño inicuamente; no ayunéis como hoy, para que vuestra voz sea oída en lo alto.
5 ¿Es tal el ayuno que yo escogí, que de día aflija el hombre su alma, que incline su cabeza como junco, y haga cama de cilicio y de ceniza? ¿Llamaréis esto ayuno, y día agradable a Jehová?
6 ¿No es más bien el ayuno que yo escogí, desatar las ligaduras de impiedad, soltar las cargas de opresión, y dejar ir libres a los quebrantados, y que rompáis todo yugo?
7 ¿No es que partas tu pan con el hambriento, y a los pobres errantes albergues en casa; que cuando veas al desnudo, lo cubras, y no te escondas de tu hermano?
8 Entonces nacerá tu luz como el alba, y tu salvación se dejará ver pronto; e irá tu justicia delante de ti, y la gloria de Jehová será tu retaguardia.
9 Entonces invocarás, y te oirá Jehová; clamarás, y dirá él: Heme aquí. Si quitares de en medio de ti el yugo, el dedo amenazador, y el hablar vanidad;
10 y si dieres tu pan al hambriento, y saciares al alma afligida, en las tinieblas nacerá tu luz, y tu oscuridad será como el mediodía.

19 creating praise on the lips of the mourners in
　　Israel.
Peace, peace, to those far and near,"
　says the LORD. "And I will heal them."
20 But the wicked are like the tossing sea,
　　which cannot rest,
　　whose waves cast up mire and mud.
21 "There is no peace," says my God, "for the
　　wicked."

True Fasting

58 "Shout it aloud, do not hold back.
　　Raise your voice like a trumpet.
Declare to my people their rebellion
　　and to the house of Jacob their sins.
2 For day after day they seek me out;
　　they seem eager to know my ways,
as if they were a nation that does what is right
　　and has not forsaken the commands of its
　　　God.
They ask me for just decisions
　　and seem eager for God to come near them.
3 'Why have we fasted,' they say,
　　'and you have not seen it?
Why have we humbled ourselves,
　　and you have not noticed?'

"Yet on the day of your fasting, you do as you
　　please
　　and exploit all your workers.
4 Your fasting ends in quarreling and strife,
　　and in striking each other with wicked fists.
You cannot fast as you do today
　　and expect your voice to be heard on high.
5 Is this the kind of fast I have chosen,
　　only a day for a man to humble himself?
Is it only for bowing one's head like a reed
　　and for lying on sackcloth and ashes?
Is that what you call a fast,
　　a day acceptable to the LORD?

6 "Is not this the kind of fasting I have chosen:
　to loose the chains of injustice
　　and untie the cords of the yoke,
　to set the oppressed free
　　and break every yoke?
7 Is it not to share your food with the hungry
　　and to provide the poor wanderer with
　　　shelter—
when you see the naked, to clothe him,
　　and not to turn away from your own flesh and
　　　blood?
8 Then your light will break forth like the dawn,
　　and your healing will quickly appear;
then your righteousness o will go before you,
　　and the glory of the LORD will be your rear
　　　guard.
9 Then you will call, and the LORD will answer;
　　you will cry for help, and he will say: Here
　　　am I.

"If you do away with the yoke of oppression,
　　with the pointing finger and malicious talk,
10 and if you spend yourselves in behalf of the
　　hungry
　　and satisfy the needs of the oppressed,
then your light will rise in the darkness,
　　and your night will become like the noonday.

o 8 Or *your righteous One*

¹¹ Jehová te pastoreará siempre, y en las sequías saciará tu alma, y dará vigor a tus huesos; y serás como huerto de riego, y como manantial de aguas, cuyas aguas nunca faltan.

¹² Y los tuyos edificarán las ruinas antiguas; los cimientos de generación y generación levantarás, y serás llamado reparador de portillos, restaurador de calzadas para habitar.

La observancia del día de reposo

¹³ Si retrajeres del día de reposo * tu pie, de hacer tu voluntad en mi día santo, y lo llamares delicia, santo, glorioso de Jehová; y lo venerares, no andando en tus propios caminos, ni buscando tu voluntad, ni hablando tus propias palabras,

¹⁴ entonces te deleitarás en Jehová; y yo te haré subir sobre las alturas de la tierra, y te daré a comer la heredad de Jacob tu padre; porque la boca de Jehová lo ha hablado.

Confesión del pecado de Israel

59 ¹ He aquí que no se ha acortado la mano de Jehová para salvar, ni se ha agravado su oído para oír;

² pero vuestras iniquidades han hecho división entre vosotros y vuestro Dios, y vuestros pecados han hecho ocultar de vosotros su rostro para no oír.

³ Porque vuestras manos están contaminadas de sangre, y vuestros dedos de iniquidad; vuestros labios pronuncian mentira, habla maldad vuestra lengua.

⁴ No hay quien clame por la justicia, ni quien juzgue por la verdad; confían en vanidad, y hablan vanidades; conciben maldades, y dan a luz iniquidad.

⁵ Incuban huevos de áspides, y tejen telas de arañas; el que comiere de sus huevos, morirá; y si los apretaren, saldrán víboras.

⁶ Sus telas no servirán para vestir, ni de sus obras serán cubiertos; sus obras son obras de iniquidad, y obra de rapiña está en sus manos.

⁷ Sus pies corren al mal, se apresuran para derramar la sangre inocente; sus pensamientos, pensamientos de iniquidad; destrucción y quebrantamiento hay en sus caminos.

⁸ No conocieron camino de paz, ni hay justicia en sus caminos; sus veredas son torcidas; cualquiera que por ellas fuere, no conocerá paz.

⁹ Por esto se alejó de nosotros la justicia, y no nos alcanzó la rectitud; esperamos luz, y he aquí tinieblas; resplandores, y andamos en oscuridad.

¹⁰ Palpamos la pared como ciegos, y andamos a tientas como sin ojos; tropezamos a mediodía como de noche; estamos en lugares oscuros como muertos.

*Aquí equivale a *sábado*

---

¹¹ The LORD will guide you always;
   he will satisfy your needs in a sun-scorched land
   and will strengthen your frame.
You will be like a well-watered garden,
   like a spring whose waters never fail.
¹² Your people will rebuild the ancient ruins
   and will raise up the age-old foundations;
you will be called Repairer of Broken Walls,
   Restorer of Streets with Dwellings.

¹³ "If you keep your feet from breaking the Sabbath
   and from doing as you please on my holy day,
if you call the Sabbath a delight
   and the LORD's holy day honorable,
and if you honor it by not going your own way
   and not doing as you please or speaking idle words,
¹⁴ then you will find your joy in the LORD,
   and I will cause you to ride on the heights of the land
   and to feast on the inheritance of your father Jacob."
The mouth of the LORD has spoken.

Sin, Confession and Redemption

59 Surely the arm of the LORD is not too short to save,
   nor his ear too dull to hear.
² But your iniquities have separated
   you from your God;
your sins have hidden his face from you,
   so that he will not hear.
³ For your hands are stained with blood,
   your fingers with guilt.
Your lips have spoken lies,
   and your tongue mutters wicked things.
⁴ No one calls for justice;
   no one pleads his case with integrity.
They rely on empty arguments and speak lies;
   they conceive trouble and give birth to evil.
⁵ They hatch the eggs of vipers
   and spin a spider's web.
Whoever eats their eggs will die,
   and when one is broken, an adder is hatched.
⁶ Their cobwebs are useless for clothing;
   they cannot cover themselves with what they make.
Their deeds are evil deeds,
   and acts of violence are in their hands.
⁷ Their feet rush into sin;
   they are swift to shed innocent blood.
Their thoughts are evil thoughts;
   ruin and destruction mark their ways.
⁸ The way of peace they do not know;
   there is no justice in their paths.
They have turned them into crooked roads;
   no one who walks in them will know peace.

⁹ So justice is far from us,
   and righteousness does not reach us.
We look for light, but all is darkness;
   for brightness, but we walk in deep shadows.
¹⁰ Like the blind we grope along the wall,
   feeling our way like men without eyes.
At midday we stumble as if it were twilight;
   among the strong, we are like the dead.

11 Gruñimos como osos todos nosotros, y gemimos lastimeramente como palomas; esperamos justicia, y no la hay; salvación, y se alejó de nosotros.
12 Porque nuestras rebeliones se han multiplicado delante de ti, y nuestros pecados han atestiguado contra nosotros; porque con nosotros están nuestras iniquidades, y conocemos nuestros pecados:
13 el prevaricar y mentir contra Jehová, y el apartarse de en pos de nuestro Dios; el hablar calumnia y rebelión, concebir y proferir de corazón palabras de mentira.
14 Y el derecho se retiró, y la justicia se puso lejos; porque la verdad tropezó en la plaza, y la equidad no pudo venir.
15 Y la verdad fue detenida, y el que se apartó del mal fue puesto en prisión; y lo vio Jehová, y desagradó a sus ojos, porque pereció el derecho.
16 Y vio que no había hombre, y se maravilló que no hubiera quien se interpusiese; y lo salvó su brazo, y le afirmó su misma justicia.
17 Pues de justicia se vistió como de una coraza, con yelmo de salvación en su cabeza; tomó ropas de venganza por vestidura, y se cubrió de celo como de manto,
18 como para vindicación, como para retribuir con ira a sus enemigos, y dar el pago a sus adversarios; el pago dará a los de la costa.
19 Y temerán desde el occidente el nombre de Jehová, y desde el nacimiento del sol su gloria; porque vendrá el enemigo como río, mas el Espíritu de Jehová levantará bandera contra él.
20 Y vendrá el Redentor a Sion, y a los que se volvieren de la iniquidad en Jacob, dice Jehová.
21 Y este será mi pacto con ellos, dijo Jehová: El Espíritu mío que está sobre ti, y mis palabras que puse en tu boca, no faltarán de tu boca, ni de la boca de tus hijos, ni de la boca de los hijos de tus hijos, dijo Jehová, desde ahora y para siempre.

La futura gloria de Sion

60 1 Levántate, resplandece; porque ha venido tu luz, y la gloria de Jehová ha nacido sobre ti.
2 Porque he aquí que tinieblas cubrirán la tierra, y oscuridad las naciones; mas sobre ti amanecerá Jehová, y sobre ti será vista su gloria.
3 Y andarán las naciones a tu luz, y los reyes al resplandor de tu nacimiento.
4 Alza tus ojos alrededor y mira, todos éstos se han juntado, vinieron a ti; tus hijos vendrán de lejos, y tus hijas serán llevadas en brazos.

11 We all growl like bears;
  we moan mournfully like doves.
We look for justice, but find none;
  for deliverance, but it is far away.
12 For our offenses are many in your sight,
  and our sins testify against us.
Our offenses are ever with us,
  and we acknowledge our iniquities:
13 rebellion and treachery against the LORD,
  turning our backs on our God,
fomenting oppression and revolt,
  uttering lies our hearts have conceived.
14 So justice is driven back,
  and righteousness stands at a distance;
truth has stumbled in the streets,
  honesty cannot enter.
15 Truth is nowhere to be found,
  and whoever shuns evil becomes a prey.

The LORD looked and was displeased
  that there was no justice.
16 He saw that there was no one,
  he was appalled that there was no one to
    intervene;
so his own arm worked salvation for him,
  and his own righteousness sustained him.
17 He put on righteousness as his breastplate,
  and the helmet of salvation on his head;
he put on the garments of vengeance
  and wrapped himself in zeal as in a cloak.
18 According to what they have done,
  so will he repay
wrath to his enemies
  and retribution to his foes;
  he will repay the islands their due.
19 From the west, men will fear the name of the
  LORD,
and from the rising of the sun, they will revere
  his glory.
For he will come like a pent-up flood
  that the breath of the LORD drives along. p

20 "The Redeemer will come to Zion,
  to those in Jacob who repent of their sins,"
          declares the LORD.

21 "As for me, this is my covenant with them," says the LORD. "My Spirit, who is on you, and my words that I have put in your mouth will not depart from your mouth, or from the mouths of your children, or from the mouths of their descendants from this time on and forever," says the LORD.

The Glory of Zion

60 1 "Arise, shine, for your light has come, and the glory of the LORD rises upon you.
2 See, darkness covers the earth
  and thick darkness is over the peoples,
but the LORD rises upon you
  and his glory appears over you.
3 Nations will come to your light,
  and kings to the brightness of your dawn.

4 "Lift up your eyes and look about you:
  All assemble and come to you;
your sons come from afar,
  and your daughters are carried on the arm.

p 19 Or *When the enemy comes in like a flood, / the Spirit of the* LORD *will put him to flight*

5 Entonces verás, y resplandecerás; se maravillará y ensanchará tu corazón, porque se haya vuelto a ti la multitud del mar, y las riquezas de las naciones hayan venido a ti.
6 Multitud de camellos te cubrirá; dromedarios de Madián y de Efa; vendrán todos los de Sabá; traerán oro e incienso, y publicarán alabanzas de Jehová.
7 Todo el ganado de Cedar será juntado para ti; carneros de Nebaiot te serán servidos; serán ofrecidos con agrado sobre mi altar, y glorificaré la casa de mi gloria.
8 ¿Quiénes son éstos que vuelan como nubes, y como palomas a sus ventanas?
9 Ciertamente a mí esperarán los de la costa, y las naves de Tarsis desde el principio, para traer tus hijos de lejos, su plata y su oro con ellos, al nombre de Jehová tu Dios, y al Santo de Israel, que te ha glorificado.
10 Y extranjeros edificarán tus muros, y sus reyes te servirán; porque en mi ira te castigué, mas en mi buena voluntad tendré de ti misericordia.
11 Tus puertas estarán de continuo abiertas; no se cerrarán de día ni de noche, para que a ti sean traídas las riquezas de las naciones, y conducidos a ti sus reyes.
12 Porque la nación o el reino que no te sirviere perecerá, y del todo será asolado.
13 La gloria del Líbano vendrá a ti, cipreses, pinos y bojes juntamente, para decorar el lugar de mi santuario; y yo honraré el lugar de mis pies.
14 Y vendrán a ti humillados los hijos de los que te afligieron, y a las pisadas de tus pies se encorvarán todos los que te escarnecían, y te llamarán Ciudad de Jehová, Sion del Santo de Israel.
15 En vez de estar abandonada y aborrecida, tanto que nadie pasaba por ti, haré que seas una gloria eterna, el gozo de todos los siglos.
16 Y mamarás la leche de las naciones, el pecho de los reyes mamarás; y conocerás que yo Jehová soy el Salvador tuyo y Redentor tuyo, el Fuerte de Jacob.
17 En vez de bronce traeré oro, y por hierro plata, y por madera bronce, y en lugar de piedras hierro; y pondré paz por tu tributo, y justicia por tus opresores.
18 Nunca más se oirá en tu tierra violencia, destrucción ni quebrantamiento en tu territorio, sino que a tus muros llamarás Salvación, y a tus puertas Alabanza.

5 Then you will look and be radiant,
  your heart will throb and swell with joy;
the wealth on the seas will be brought to you,
  to you the riches of the nations will come.
6 Herds of camels will cover your land,
  young camels of Midian and Ephah.
And all from Sheba will come,
  bearing gold and incense
  and proclaiming the praise of the LORD.
7 All Kedar's flocks will be gathered to you,
  the rams of Nebaioth will serve you;
they will be accepted as offerings on my altar,
  and I will adorn my glorious temple.

8 "Who are these that fly along like clouds,
  like doves to their nests?
9 Surely the islands look to me;
  in the lead are the ships of Tarshish,_q
bringing your sons from afar,
  with their silver and gold,
to the honor of the LORD your God,
  the Holy One of Israel,
  for he has endowed you with splendor.

10 "Foreigners will rebuild your walls,
  and their kings will serve you.
Though in anger I struck you,
  in favor I will show you compassion.
11 Your gates will always stand open,
  they will never be shut, day or night,
so that men may bring you the wealth of the
    nations—
  their kings led in triumphal procession.
12 For the nation or kingdom that will not serve you
    will perish;
  it will be utterly ruined.

13 "The glory of Lebanon will come to you,
  the pine, the fir and the cypress together,
to adorn the place of my sanctuary;
  and I will glorify the place of my feet.
14 The sons of your oppressors will come bowing
    before you;
  all who despise you will bow down at your
    feet
and will call you the City of the LORD,
  Zion of the Holy One of Israel.

15 "Although you have been forsaken and hated,
  with no one traveling through,
I will make you the everlasting pride
  and the joy of all generations.
16 You will drink the milk of nations
  and be nursed at royal breasts.
Then you will know that I, the LORD, am your
    Savior,
  your Redeemer, the Mighty One of Jacob.
17 Instead of bronze I will bring you gold,
  and silver in place of iron.
Instead of wood I will bring you bronze,
  and iron in place of stones.
I will make peace your governor
  and righteousness your ruler.
18 No longer will violence be heard in your land,
  nor ruin or destruction within your borders,
but you will call your walls Salvation
  and your gates Praise.

q 9 Or *the trading ships*

19 El sol nunca más te servirá de luz para el día, ni el resplandor de la luna te alumbrará, sino que Jehová te será por luz perpetua, y el Dios tuyo por tu gloria.
20 No se pondrá jamás tu sol, ni menguará tu luna; porque Jehová te será por luz perpetua, y los días de tu luto serán acabados.
21 Y tu pueblo, todos ellos serán justos, para siempre heredarán la tierra; renuevos de mi plantío, obra de mis manos, para glorificarme.
22 El pequeño vendrá a ser mil, el menor, un pueblo fuerte. Yo Jehová, a su tiempo haré que esto sea cumplido pronto.

Buenas nuevas de salvación para Sion

61 1 El Espíritu de Jehová el Señor está sobre mí, porque me ungió Jehová; me ha enviado a predicar buenas nuevas a los abatidos, a vendar a los quebrantados de corazón, a publicar libertad a los cautivos, y a los presos apertura de la cárcel;
2 a proclamar el año de la buena voluntad de Jehová, y el día de venganza del Dios nuestro; a consolar a todos los enlutados;
3 a ordenar que a los afligidos de Sion se les dé gloria en lugar de ceniza, óleo de gozo en lugar de luto, manto de alegría en lugar del espíritu angustiado; y serán llamados árboles de justicia, plantío de Jehová, para gloria suya.
4 Reedificarán las ruinas antiguas, y levantarán los asolamientos primeros, y restaurarán las ciudades arruinadas, los escombros de muchas generaciones.
5 Y extranjeros apacentarán vuestras ovejas, y los extraños serán vuestros labradores y vuestros viñadores.
6 Y vosotros seréis llamados sacerdotes de Jehová, ministros de nuestro Dios seréis llamados; comeréis las riquezas de las naciones, y con su gloria seréis sublimes.
7 En lugar de vuestra doble confusión y de vuestra deshonra, os alabarán en sus heredades; por lo cual en sus tierras poseerán doble honra, y tendrán perpetuo gozo.
8 Porque yo Jehová soy amante del derecho, aborrecedor del latrocinio para holocausto; por tanto, afirmaré en verdad su obra, y haré con ellos pacto perpetuo.
9 Y la descendencia de ellos será conocida entre las naciones, y sus renuevos en medio de los pueblos; todos los que los vieren, reconocerán que son linaje bendito de Jehová.

19 The sun will no more be your light by day,
   nor will the brightness of the moon shine on
      you,
for the LORD will be your everlasting light,
   and your God will be your glory.
20 Your sun will never set again,
   and your moon will wane no more;
the LORD will be your everlasting light,
   and your days of sorrow will end.
21 Then will all your people be righteous
   and they will possess the land forever.
They are the shoot I have planted,
   the work of my hands,
   for the display of my splendor.
22 The least of you will become a thousand,
   the smallest a mighty nation.
I am the LORD;
   in its time I will do this swiftly."

The Year of the LORD's Favor

61 1 The Spirit of the Sovereign LORD is on me,
   because the LORD has anointed me
to preach good news to the poor.
He has sent me to bind up the brokenhearted,
   to proclaim freedom for the captives
   and release from darkness for the prisoners,[r]
2 to proclaim the year of the LORD's favor
   and the day of vengeance of our God,
to comfort all who mourn,
3   and provide for those who grieve in Zion—
to bestow on them a crown of beauty
   instead of ashes,
the oil of gladness
   instead of mourning,
and a garment of praise
   instead of a spirit of despair.
They will be called oaks of righteousness,
   a planting of the LORD
   for the display of his splendor.

4 They will rebuild the ancient ruins
   and restore the places long devastated;
they will renew the ruined cities
   that have been devastated for generations.
5 Aliens will shepherd your flocks;
   foreigners will work your fields and vineyards.
6 And you will be called priests of the LORD,
   you will be named ministers of our God.
You will feed on the wealth of nations,
   and in their riches you will boast.

7 Instead of their shame
   my people will receive a double portion,
and instead of disgrace
   they will rejoice in their inheritance;
and so they will inherit a double portion in their
      land,
   and everlasting joy will be theirs.

8 "For I, the LORD, love justice;
   I hate robbery and iniquity.
In my faithfulness I will reward them
   and make an everlasting covenant with them.
9 Their descendants will be known among the
      nations
   and their offspring among the peoples.
All who see them will acknowledge
   that they are a people the LORD has blessed."

r1 Hebrew; Septuagint the blind

10En gran manera me gozaré en Jehová, mi alma se alegrará en mi Dios; porque me vistió con vestiduras de salvación, me rodeó de manto de justicia, como a novio me atavió, y como a novia adornada con sus joyas.
11Porque como la tierra produce su renuevo, y como el huerto hace brotar su semilla, así Jehová el Señor hará brotar justicia y alabanza delante de todas las naciones.

62 1Por amor de Sion no callaré, y por amor de Jerusalén no descansaré, hasta que salga como resplandor su justicia, y su salvación se encienda como una antorcha.
2Entonces verán las gentes tu justicia, y todos los reyes tu gloria; y te será puesto un nombre nuevo, que la boca de Jehová nombrará.
3Y serás corona de gloria en la mano de Jehová, y diadema de reino en la mano del Dios tuyo.
4Nunca más te llamarán Desamparada, ni tu tierra se dirá más Desolada; sino que serás llamada Hefzi-bá,d y tu tierra, Beula;e porque el amor de Jehová estará en ti, y tu tierra será desposada.
5Pues como el joven se desposa con la virgen, se desposarán contigo tus hijos; y como el gozo del esposo con la esposa, así se gozará contigo el Dios tuyo.
6Sobre tus muros, oh Jerusalén, he puesto guardas; todo el día y toda la noche no callarán jamás. Los que os acordáis de Jehová, no reposéis,
7ni le deis tregua, hasta que restablezca a Jerusalén, y la ponga por alabanza en la tierra.
8Juró Jehová por su mano derecha, y por su poderoso brazo: Que jamás daré tu trigo por comida a tus enemigos, ni beberán los extraños el vino que es fruto de tu trabajo;
9sino que los que lo cosechan lo comerán, y alabarán a Jehová; y los que lo vendimian, lo beberán en los atrios de mi santuario.
10Pasad, pasad por las puertas; barred el camino al pueblo; allanad, allanad la calzada, quitad las piedras, alzad pendón a los pueblos.
11He aquí que Jehová hizo oir hasta lo último de la tierra: Decid a la hija de Sion: He aquí viene tu Salvador; he aquí su recompensa con él, y delante de él su obra.

10I delight greatly in the LORD;
  my soul rejoices in my God.
For he has clothed me with garments of salvation
  and arrayed me in a robe of righteousness,
as a bridegroom adorns his head like a priest,
  and as a bride adorns herself with her jewels.
11For as the soil makes the sprout come up
  and a garden causes seeds to grow,
so the Sovereign LORD will make righteousness
    and praise
  spring up before all nations.

Zion's New Name

62 For Zion's sake I will not keep silent,
  for Jerusalem's sake I will not remain quiet,
till her righteousness shines out like the dawn,
  her salvation like a blazing torch.
2The nations will see your righteousness,
  and all kings your glory;
you will be called by a new name
  that the mouth of the LORD will bestow.
3You will be a crown of splendor in the LORD's
    hand,
  a royal diadem in the hand of your God.
4No longer will they call you Deserted,
  or name your land Desolate.
But you will be called Hephzibah,s
  and your land Beulah;t
for the LORD will take delight in you,
  and your land will be married.
5As a young man marries a maiden,
  so will your sonsu marry you;
as a bridegroom rejoices over his bride,
  so will your God rejoice over you.

6I have posted watchmen on your walls,
    O Jerusalem;
  they will never be silent day or night.
You who call on the LORD,
  give yourselves no rest,
7and give him no rest till he establishes Jerusalem
  and makes her the praise of the earth.

8The LORD has sworn by his right hand
  and by his mighty arm:
"Never again will I give your grain
  as food for your enemies,
and never again will foreigners drink the new
    wine
  for which you have toiled;
9but those who harvest it will eat it
  and praise the LORD,
and those who gather the grapes will drink it
  in the courts of my sanctuary."

10Pass through, pass through the gates!
  Prepare the way for the people.
Build up, build up the highway!
  Remove the stones.
Raise a banner for the nations.

11The LORD has made proclamation
  to the ends of the earth:
"Say to the Daughter of Zion,
  'See, your Savior comes!
See, his reward is with him,
  and his recompense accompanies him.' "

---

dEsto es, *Mi deleite está en ella.*   eEsto es, *Desposada.*

s4 *Hephzibah* means *my delight is in her.*   t4 *Beulah* means *married.*   u5 Or *Builder*

12 Y les llamarán Pueblo Santo, Redimidos de Jehová; y a ti te llamarán Ciudad Deseada, no desamparada.

El día de la venganza de Jehová

63 1 ¿Quién es éste que viene de Edom, de Bosra, con vestidos rojos? ¿éste hermoso en su vestido, que marcha en la grandeza de su poder? Yo, el que hablo en justicia, grande para salvar.
2 ¿Por qué es rojo tu vestido, y tus ropas como del que ha pisado en lagar?
3 He pisado yo solo el lagar, y de los pueblos nadie había conmigo; los pisé con mi ira, y los hollé con mi furor; y su sangre salpicó mis vestidos, y manché todas mis ropas.
4 Porque el día de la venganza está en mi corazón, y el año de mis redimidos ha llegado.
5 Miré, y no había quien ayudara, y me maravillé que no hubiera quien sustentase; y me salvó mi brazo, y me sostuvo mi ira.
6 Y con mi ira hollé los pueblos, y los embriagué en mi furor, y derramé en tierra su sangre.

Bondad de Jehová hacia Israel

7 De las misericordias de Jehová haré memoria, de las alabanzas de Jehová, conforme a todo lo que Jehová nos ha dado, y de la grandeza de sus beneficios hacia la casa de Israel, que les ha hecho según sus misericordias, y según la multitud de sus piedades.
8 Porque dijo: Ciertamente mi pueblo son, hijos que no mienten; y fue su Salvador.
9 En toda angustia de ellos él fue angustiado, y el ángel de su faz los salvó; en su amor y en su clemencia los redimió, y los trajo, y los levantó todos los días de la antigüedad.
10 Mas ellos fueron rebeldes, e hicieron enojar su santo espíritu; por lo cual se les volvió enemigo, y él mismo peleó contra ellos.
11 Pero se acordó de los días antiguos, de Moisés y de su pueblo, diciendo: ¿Dónde está el que les hizo subir del mar con el pastor de su rebaño? ¿dónde el que puso en medio de él su santo espíritu,
12 el que los guió por la diestra de Moisés con el brazo de su gloria; el que dividió las aguas delante de ellos, haciéndose así nombre perpetuo,

God's Day of Vengeance and Redemption

63 Who is this coming from Edom,
from Bozrah, with his garments stained crimson?
Who is this, robed in splendor,
    striding forward in the greatness of his strength?

"It is I, speaking in righteousness,
    mighty to save."

2 Why are your garments red,
    like those of one treading the winepress?

3 "I have trodden the winepress alone;
    from the nations no one was with me.
I trampled them in my anger
    and trod them down in my wrath;
their blood spattered my garments,
    and I stained all my clothing.
4 For the day of vengeance was in my heart,
    and the year of my redemption has come.
5 I looked, but there was no one to help,
    I was appalled that no one gave support;
so my own arm worked salvation for me,
    and my own wrath sustained me.
6 I trampled the nations in my anger;
    in my wrath I made them drunk
    and poured their blood on the ground."

Praise and Prayer

7 I will tell of the kindnesses of the LORD,
    the deeds for which he is to be praised,
    according to all the LORD has done for us—
yes, the many good things he has done
    for the house of Israel,
    according to his compassion and many kindnesses.
8 He said, "Surely they are my people,
    sons who will not be false to me";
    and so he became their Savior.
9 In all their distress he too was distressed,
    and the angel of his presence saved them.
In his love and mercy he redeemed them;
    he lifted them up and carried them
    all the days of old.
10 Yet they rebelled
    and grieved his Holy Spirit.
So he turned and became their enemy
    and he himself fought against them.

11 Then his people recalled v the days of old,
    the days of Moses and his people—
where is he who brought them through the sea,
    with the shepherd of his flock?
Where is he who set
    his Holy Spirit among them,
12 who sent his glorious arm of power
    to be at Moses' right hand,
who divided the waters before them,
    to gain for himself everlasting renown,

v 11 Or *But may he recall*

13el que los condujo por los abismos, como un caballo por el desierto, sin que tropezaran?
14El Espíritu de Jehová los pastoreó, como a una bestia que desciende al valle; así pastoreaste a tu pueblo, para hacerte nombre glorioso.

Plegaria pidiendo misericordia y ayuda

15Mira desde el cielo, y contempla desde tu santa y gloriosa morada. ¿Dónde está tu celo, y tu poder, la conmoción de tus entrañas y tus piedades para conmigo? ¿Se han estrechado?
16Pero tú eres nuestro padre, si bien Abraham nos ignora, e Israel no nos conoce; tú, oh Jehová, eres nuestro padre; nuestro Redentor perpetuo es tu nombre.
17¿Por qué, oh Jehová, nos has hecho errar de tus caminos, y endureciste nuestro corazón a tu temor? Vuélvete por amor de tus siervos, por las tribus de tu heredad.
18Por poco tiempo lo poseyó tu santo pueblo; nuestros enemigos han hollado tu santuario.
19Hemos venido a ser como aquellos de quienes nunca te enseñoreaste, sobre los cuales nunca fue llamado tu nombre.

64 1¡Oh, si rompieses los cielos, y descendieras, y a tu presencia se escurriesen los montes,
2como fuego abrasador de fundiciones, fuego que hace hervir las aguas, para que hicieras notorio tu nombre a tus enemigos, y las naciones temblasen a tu presencia!
3Cuando, haciendo cosas terribles cuales nunca esperábamos, descendiste, fluyeron los montes delante de ti.
4Ni nunca oyeron, ni oídos percibieron, ni ojo ha visto a Dios fuera de ti, que hiciese por el que en él espera.
5Saliste al encuentro del que con alegría hacía justicia, de los que se acordaban de ti en tus caminos; he aquí, tú te enojaste porque pecamos; en los pecados hemos perseverado por largo tiempo; ¿podremos acaso ser salvos?
6Si bien todos nosotros somos como suciedad, y todas nuestras justicias como trapo de inmundicia; y caímos todos nosotros como la hoja, y nuestras maldades nos llevaron como viento.
7Nadie hay que invoque tu nombre, que se despierte para apoyarse en ti; por lo cual escondiste de nosotros tu rostro, y nos dejaste marchitar en poder de nuestras maldades.
8Ahora pues, Jehová, tú eres nuestro padre; nosotros barro, y tú el que nos formaste; así que obra de tus manos somos todos nosotros.

13who led them through the depths?
Like a horse in open country,
they did not stumble;
14like cattle that go down to the plain,
they were given rest by the Spirit of the LORD.
This is how you guided your people
to make for yourself a glorious name.

15Look down from heaven and see
from your lofty throne, holy and glorious.
Where are your zeal and your might?
Your tenderness and compassion are withheld
from us.
16But you are our Father,
though Abraham does not know us
or Israel acknowledge us;
you, O LORD, are our Father,
our Redeemer from of old is your name.
17Why, O LORD, do you make us wander from
your ways
and harden our hearts so we do not revere
you?
Return for the sake of your servants,
the tribes that are your inheritance.
18For a little while your people possessed your holy
place,
but now our enemies have trampled down
your sanctuary.
19We are yours from of old;
but you have not ruled over them,
they have not been called by your name. w

64 Oh, that you would rend the heavens and
come down,
that the mountains would tremble before you!
2As when fire sets twigs ablaze
and causes water to boil,
come down to make your name known to your
enemies
and cause the nations to quake before you!
3For when you did awesome things that we did
not expect,
you came down, and the mountains trembled
before you.
4Since ancient times no one has heard,
no ear has perceived,
no eye has seen any God besides you,
who acts on behalf of those who wait for him.
5You come to the help of those who gladly do
right,
who remember your ways.
But when we continued to sin against them,
you were angry.
How then can we be saved?
6All of us have become like one who is unclean,
and all our righteous acts are like filthy rags;
we all shrivel up like a leaf,
and like the wind our sins sweep us away.
7No one calls on your name
or strives to lay hold of you;
for you have hidden your face from us
and made us waste away because of our sins.

8Yet, O LORD, you are our Father.
We are the clay, you are the potter;
we are all the work of your hand.

w 19 Or *We are like those you have never ruled, / like those never called by your name*

9 No te enojes sobremanera, Jehová, ni tengas perpetua memoria de la iniquidad; he aquí, mira ahora, pueblo tuyo somos todos nosotros.
10 Tus santas ciudades están desiertas, Sion es un desierto, Jerusalén una soledad.
11 La casa de nuestro santuario y de nuestra gloria, en la cual te alabaron nuestros padres, fue consumida al fuego; y todas nuestras cosas preciosas han sido destruidas.
12 ¿Te estarás quieto, oh Jehová, sobre estas cosas? ¿Callarás, y nos afligirás sobremanera?

Castigo de los rebeldes

65 1 Fui buscado por los que no preguntaban por mí; fui hallado por los que no me buscaban. Dije a gente que no invocaba mi nombre: Heme aquí, heme aquí.
2 Extendí mis manos todo el día a pueblo rebelde, el cual anda por camino no bueno, en pos de sus pensamientos;
3 pueblo que en mi rostro me provoca de continuo a ira, sacrificando en huertos, y quemando incienso sobre ladrillos;
4 que se quedan en los sepulcros, y en lugares escondidos pasan la noche; que comen carne de cerdo, y en sus ollas hay caldo de cosas inmundas;
5 que dicen: Estate en tu lugar, no te acerques a mí, porque soy más santo que tú; éstos son humo en mi furor, fuego que arde todo el día.
6 He aquí que escrito está delante de mí; no callaré, sino que recompensaré, y daré el pago en su seno
7 por vuestras iniquidades, dice Jehová, y por las iniquidades de vuestros padres juntamente, los cuales quemaron incienso sobre los montes, y sobre los collados me afrentaron; por tanto, yo les mediré su obra antigua en su seno.
8 Así ha dicho Jehová: Como si alguno hallase mosto en un racimo, y dijese: No lo desperdicies, porque bendición hay en él; así haré yo por mis siervos, que no lo destruiré todo.
9 Sacaré descendencia de Jacob, y de Judá heredero de mis montes; y mis escogidos poseerán por heredad la tierra, y mis siervos habitarán allí.
10 Y será Sarón para habitación de ovejas, y el valle de Acor para majada de vacas, para mi pueblo que me buscó.
11 Pero vosotros los que dejáis a Jehová, que olvidáis mi santo monte, que ponéis mesa para la Fortuna, y suministráis libaciones para el Destino;

9 Do not be angry beyond measure, O LORD;
  do not remember our sins forever.
Oh, look upon us, we pray,
  for we are all your people.
10 Your sacred cities have become a desert;
  even Zion is a desert, Jerusalem a desolation.
11 Our holy and glorious temple, where our fathers praised you,
  has been burned with fire,
  and all that we treasured lies in ruins.
12 After all this, O LORD, will you hold yourself back?
  Will you keep silent and punish us beyond measure?

Judgment and Salvation

65 "I revealed myself to those who did not ask for me;
  I was found by those who did not seek me.
To a nation that did not call on my name,
  I said, 'Here am I, here am I.'
2 All day long I have held out my hands
  to an obstinate people,
who walk in ways not good,
  pursuing their own imaginations—
3 a people who continually provoke me
  to my very face,
offering sacrifices in gardens
  and burning incense on altars of brick;
4 who sit among the graves
  and spend their nights keeping secret vigil;
who eat the flesh of pigs,
  and whose pots hold broth of unclean meat;
5 who say, 'Keep away; don't come near me,
  for I am too sacred for you!'
Such people are smoke in my nostrils,
  a fire that keeps burning all day.

6 "See, it stands written before me:
  I will not keep silent but will pay back in full;
  I will pay it back into their laps—
7 both your sins and the sins of your fathers,"
  says the LORD.
"Because they burned sacrifices on the mountains
  and defied me on the hills,
I will measure into their laps
  the full payment for their former deeds."

8 This is what the LORD says:

"As when juice is still found in a cluster of grapes
  and men say, 'Don't destroy it,
  there is yet some good in it,'
so will I do in behalf of my servants;
  I will not destroy them all.
9 I will bring forth descendants from Jacob,
  and from Judah those who will possess my mountains;
my chosen people will inherit them,
  and there will my servants live.
10 Sharon will become a pasture for flocks,
  and the Valley of Achor a resting place for herds,
for my people who seek me.

11 "But as for you who forsake the LORD
  and forget my holy mountain,
who spread a table for Fortune
  and fill bowls of mixed wine for Destiny,

¹²yo también os destinaré a la espada, y todos vosotros os arrodillaréis al degolladero, por cuanto llamé, y no respondisteis; hablé, y no oísteis, sino que hicisteis lo malo delante de mis ojos, y escogisteis lo que me desagrada.

¹³Por tanto, así dijo Jehová el Señor: He aquí que mis siervos comerán, y vosotros tendréis hambre; he aquí que mis siervos beberán, y vosotros tendréis sed; he aquí que mis siervos se alegrarán, y vosotros seréis avergonzados;

¹⁴he aquí que mis siervos cantarán por júbilo del corazón, y vosotros clamaréis por el dolor del corazón, y por el quebrantamiento de espíritu aullaréis.

¹⁵Y dejaréis vuestro nombre por maldición a mis escogidos, y Jehová el Señor te matará, y a sus siervos llamará por otro nombre.

¹⁶El que se bendijere en la tierra, en el Dios de verdad se bendecirá; y el que jurare en la tierra, por el Dios de verdad jurará; porque las angustias primeras serán olvidadas, y serán cubiertas de mis ojos.

Cielos nuevos y tierra nueva

¹⁷Porque he aquí que yo crearé nuevos cielos y nueva tierra; y de lo primero no habrá memoria, ni más vendrá al pensamiento.

¹⁸Mas os gozaréis y os alegraréis para siempre en las cosas que yo he creado; porque he aquí que yo traigo a Jerusalén alegría, y a su pueblo gozo.

¹⁹Y me alegraré con Jerusalén, y me gozaré con mi pueblo; y nunca más se oirán en ella voz de lloro, ni voz de clamor.

²⁰No habrá más allí niño que muera de pocos días, ni viejo que sus días no cumpla; porque el niño morirá de cien años, y el pecador de cien años será maldito.

²¹Edificarán casas, y morarán en ellas; plantarán viñas, y comerán el fruto de ellas.

²²No edificarán para que otro habite, ni plantarán para que otro coma; porque según los días de los árboles serán los días de mi pueblo, y mis escogidos disfrutarán la obra de sus manos.

²³No trabajarán en vano, ni darán a luz para maldición; porque son linaje de los benditos de Jehová, y sus descendientes con ellos.

²⁴Y antes que clamen, responderé yo; mientras aún hablan, yo habré oído.

¹²I will destine you for the sword,
    and you will all bend down for the slaughter;
for I called but you did not answer,
    I spoke but you did not listen.
You did evil in my sight
    and chose what displeases me."

¹³Therefore this is what the Sovereign LORD says:

"My servants will eat,
    but you will go hungry;
my servants will drink,
    but you will go thirsty;
my servants will rejoice,
    but you will be put to shame.
¹⁴My servants will sing
    out of the joy of their hearts,
but you will cry out
    from anguish of heart
    and wail in brokenness of spirit.
¹⁵You will leave your name
    to my chosen ones as a curse;
the Sovereign LORD will put you to death,
    but to his servants he will give another name.
¹⁶Whoever invokes a blessing in the land
    will do so by the God of truth;
he who takes an oath in the land
    will swear by the God of truth.
For the past troubles will be forgotten
    and hidden from my eyes.

New Heavens and a New Earth

¹⁷"Behold, I will create
    new heavens and a new earth.
The former things will not be remembered,
    nor will they come to mind.
¹⁸But be glad and rejoice forever
    in what I will create,
for I will create Jerusalem to be a delight
    and its people a joy.
¹⁹I will rejoice over Jerusalem
    and take delight in my people;
the sound of weeping and of crying
    will be heard in it no more.

²⁰"Never again will there be in it
    an infant who lives but a few days,
    or an old man who does not live out his years;
he who dies at a hundred
    will be thought a mere youth;
he who fails to reach[x] a hundred
    will be considered accursed.
²¹They will build houses and dwell in them;
    they will plant vineyards and eat their fruit.
²²No longer will they build houses and others live
    in them,
    or plant and others eat.
For as the days of a tree,
    so will be the days of my people;
my chosen ones will long enjoy
    the works of their hands.
²³They will not toil in vain
    or bear children doomed to misfortune;
for they will be a people blessed by the LORD,
    they and their descendants with them.
²⁴Before they call I will answer;
    while they are still speaking I will hear.

---

x20 Or / the sinner who reaches

25 El lobo y el cordero serán apacentados juntos, y el león comerá paja como el buey; y el polvo será el alimento de la serpiente. No afligirán, ni harán mal en todo mi santo monte, dijo Jehová.

Los juicios de Jehová y la futura prosperidad de Sion

66 1 Jehová dijo así: El cielo es mi trono, y la tierra estrado de mis pies; ¿dónde está la casa que me habréis de edificar, y dónde el lugar de mi reposo? 2 Mi mano hizo todas estas cosas, y así todas estas cosas fueron, dice Jehová; pero miraré a aquel que es pobre y humilde de espíritu, y que tiembla a mi palabra.

3 El que sacrifica buey es como si matase a un hombre; el que sacrifica oveja, como si degollase un perro; el que hace ofrenda, como si ofreciese sangre de cerdo; el que quema incienso, como si bendijese a un ídolo. Y porque escogieron sus propios caminos, y su alma amó sus abominaciones,

4 también yo escogeré para ellos escarnios, y traeré sobre ellos lo que temieron; porque llamé, y nadie respondió; hablé, y no oyeron, sino que hicieron lo malo delante de mis ojos, y escogieron lo que me desagrada.

5 Oíd palabra de Jehová, vosotros los que tembláis a su palabra: Vuestros hermanos que os aborrecen, y os echan fuera por causa de mi nombre, dijeron: Jehová sea glorificado. Pero él se mostrará para alegría vuestra, y ellos serán confundidos.

6 Voz de alboroto de la ciudad, voz del templo, voz de Jehová que da el pago a sus enemigos.

7 Antes que estuviese de parto, dio a luz; antes que le viniesen dolores, dio a luz hijo.

8 ¿Quién oyó cosa semejante? ¿quién vio tal cosa? ¿Concebirá la tierra en un día? ¿Nacerá una nación de una vez? Pues en cuanto Sion estuvo de parto, dio a luz sus hijos.

9 Yo que hago dar a luz, ¿no haré nacer? dijo Jehová. Yo que hago engendrar, ¿impediré el nacimiento? dice tu Dios.

10 Alegraos con Jerusalén, y gozaos con ella, todos los que la amáis; llenaos con ella de gozo, todos los que os enlutáis por ella;

---

25 The wolf and the lamb will feed together,
and the lion will eat straw like the ox,
but dust will be the serpent's food.
They will neither harm nor destroy
on all my holy mountain,"
       says the LORD.

Judgment and Hope

66 This is what the LORD says:

"Heaven is my throne,
and the earth is my footstool.
Where is the house you will build for me?
Where will my resting place be?
2 Has not my hand made all these things,
and so they came into being?"
       declares the LORD.

"This is the one I esteem:
he who is humble and contrite in spirit,
and trembles at my word.
3 But whoever sacrifices a bull
is like one who kills a man,
and whoever offers a lamb,
like one who breaks a dog's neck;
whoever makes a grain offering
is like one who presents pig's blood,
and whoever burns memorial incense,
like one who worships an idol.
They have chosen their own ways,
and their souls delight in their abominations;
4 so I also will choose harsh treatment for them
and will bring upon them what they dread.
For when I called, no one answered,
when I spoke, no one listened.
They did evil in my sight
and chose what displeases me."

5 Hear the word of the LORD,
you who tremble at his word:
"Your brothers who hate you,
and exclude you because of my name, have said,
'Let the LORD be glorified,
that we may see your joy!'
Yet they will be put to shame.
6 Hear that uproar from the city,
hear that noise from the temple!
It is the sound of the LORD
repaying his enemies all they deserve.

7 "Before she goes into labor,
she gives birth;
before the pains come upon her,
she delivers a son.
8 Who has ever heard of such a thing?
Who has ever seen such things?
Can a country be born in a day
or a nation be brought forth in a moment?
Yet no sooner is Zion in labor
than she gives birth to her children.
9 Do I bring to the moment of birth
and not give delivery?" says the LORD.
"Do I close up the womb
when I bring to delivery?" says your God.
10 "Rejoice with Jerusalem and be glad for her,
all you who love her;
rejoice greatly with her,
all you who mourn over her.

¹¹ para que maméis y os saciéis de los pechos de sus consolaciones; para que bebáis, y os deleitéis con el resplandor de su gloria.

¹² Porque así dice Jehová: He aquí que yo extiendo sobre ella paz como un río, y la gloria de las naciones como torrente que se desborda; y mamaréis, y en los brazos seréis traídos, y sobre las rodillas seréis mimados.

¹³ Como aquel a quien consuela su madre, así os consolaré yo a vosotros, y en Jerusalén tomaréis consuelo.

¹⁴ Y veréis, y se alegrará vuestro corazón, y vuestros huesos reverdecerán como la hierba; y la mano de Jehová para con sus siervos será conocida, y se enojará contra sus enemigos.

¹⁵ Porque he aquí que Jehová vendrá con fuego, y sus carros como torbellino, para descargar su ira con furor, y su reprensión con llama de fuego.

¹⁶ Porque Jehová juzgará con fuego y con su espada a todo hombre; y los muertos de Jehová serán multiplicados.

¹⁷ Los que se santifican y los que se purifican en los huertos, unos tras otros, los que comen carne de cerdo y abominación y ratón, juntamente serán talados, dice Jehová.

¹⁸ Porque yo conozco sus obras y sus pensamientos; tiempo vendrá para juntar a todas las naciones y lenguas; y vendrán, y verán mi gloria.

¹⁹ Y pondré entre ellos señal, y enviaré de los escapados de ellos a las naciones, a Tarsis, a Fut y Lud que disparan arco, a Tubal y a Javán, a las costas lejanas que no oyeron de mí, ni vieron mi gloria; y publicarán mi gloria entre las naciones.

²⁰ Y traerán a todos vuestros hermanos de entre todas las naciones, por ofrenda a Jehová, en caballos, en carros, en literas, en mulos y en camellos, a mi santo monte de Jerusalén, dice Jehová, al modo que los hijos de Israel traen la ofrenda en utensilios limpios a la casa de Jehová.

²¹ Y tomaré también de ellos para sacerdotes y levitas, dice Jehová.

²² Porque como los cielos nuevos y la nueva tierra que yo hago permanecerán delante de mí, dice Jehová, así permanecerá vuestra descendencia y vuestro nombre.

²³ Y de mes en mes, y de día de reposo en día de reposo, * vendrán todos a adorar delante de mí, dijo Jehová.

²⁴ Y saldrán, y verán los cadáveres de los hombres que se rebelaron contra mí; porque su gusano nunca morirá, ni su fuego se apagará, y serán abominables a todo hombre.

¹¹ For you will nurse and be satisfied
   at her comforting breasts;
you will drink deeply
   and delight in her overflowing abundance."

¹² For this is what the LORD says:

"I will extend peace to her like a river,
   and the wealth of nations like a flooding
      stream;
you will nurse and be carried on her arm
   and dandled on her knees.
¹³ As a mother comforts her child,
   so will I comfort you;
and you will be comforted over Jerusalem."

¹⁴ When you see this, your heart will rejoice
   and you will flourish like grass;
the hand of the LORD will be made known to his
      servants,
   but his fury will be shown to his foes.
¹⁵ See, the LORD is coming with fire,
   and his chariots are like a whirlwind;
he will bring down his anger with fury,
   and his rebuke with flames of fire.
¹⁶ For with fire and with his sword
   the LORD will execute judgment upon all men,
   and many will be those slain by the LORD.

¹⁷ "Those who consecrate and purify themselves to go into the gardens, following the one in the midst of[y] those who eat the flesh of pigs and rats and other abominable things—they will meet their end together," declares the LORD.

¹⁸ "And I, because of their actions and their imaginations, am about to come[z] and gather all nations and tongues, and they will come and see my glory.

¹⁹ "I will set a sign among them, and I will send some of those who survive to the nations—to Tarshish, to the Libyans[a] and Lydians (famous as archers), to Tubal and Greece, and to the distant islands that have not heard of my fame or seen my glory. They will proclaim my glory among the nations. ²⁰ And they will bring all your brothers, from all the nations, to my holy mountain in Jerusalem as an offering to the LORD—on horses, in chariots and wagons, and on mules and camels," says the LORD. "They will bring them, as the Israelites bring their grain offerings, to the temple of the LORD in ceremonially clean vessels. ²¹ And I will select some of them also to be priests and Levites," says the LORD.

²² "As the new heavens and the new earth that I make will endure before me," declares the LORD, "so will your name and descendants endure. ²³ From one New Moon to another and from one Sabbath to another, all mankind will come and bow down before me," says the LORD. ²⁴ "And they will go out and look upon the dead bodies of those who rebelled against me; their worm will not die, nor will their fire be quenched, and they will be loathsome to all mankind."

y17 Or *gardens behind one of your temples, and* meaning of the Hebrew for this clause is uncertain. *z18* The Septuagint manuscripts *Put* (Libyans); Hebrew *Pul* *a19* Some

JEREMÍAS

Llamamiento y misión de Jeremías

1 1 Las palabras de Jeremías hijo de Hilcías, de los sacerdotes que estuvieron en Anatot, en tierra de Benjamín.
2 Palabra de Jehová que le vino en los días de Josías hijo de Amón, rey de Judá, en el año decimotercero de su reinado.
3 Le vino también en días de Joacim hijo de Josías, rey de Judá, hasta el fin del año undécimo de Sedequías hijo de Josías, rey de Judá, hasta la cautividad de Jerusalén en el mes quinto.
4 Vino, pues, palabra de Jehová a mí, diciendo:
5 Antes que te formase en el vientre te conocí, y antes que nacieses te santifiqué, te di por profeta a las naciones.
6 Y yo dije: ¡Ah! ¡ah, Señor Jehová! He aquí, no sé hablar, porque soy niño.
7 Y me dijo Jehová: No digas: Soy un niño; porque a todo lo que te envíe irás tú, y dirás todo lo que te mande.
8 No temas delante de ellos, porque contigo estoy para librarte, dice Jehová.
9 Y extendió Jehová su mano y tocó mi boca, y me dijo Jehová: He aquí he puesto mis palabras en tu boca.
10 Mira que te he puesto en este día sobre naciones y sobre reinos, para arrancar y para destruir, para arruinar y para derribar, para edificar y para plantar.
11 La palabra de Jehová vino a mí, diciendo: ¿Qué ves tú, Jeremías? Y dije: Veo una vara de almendro. *a*
12 Y me dijo Jehová: Bien has visto; porque yo apresuro *b* mi palabra para ponerla por obra.
13 Vino a mí la palabra de Jehová por segunda vez, diciendo: ¿Qué ves tú? Y dije: Veo una olla que hierve; y su faz está hacia el norte.
14 Me dijo Jehová: Del norte se soltará el mal sobre todos los moradores de esta tierra.
15 Porque he aquí que yo convoco a todas las familias de los reinos del norte, dice Jehová; y vendrán, y pondrá cada uno su campamento a la entrada de las puertas de Jerusalén, y junto a todos sus muros en derredor, y contra todas las ciudades de Judá.
16 Y a causa de toda su maldad, proferiré mis juicios contra los que me dejaron, e incensaron a dioses extraños, y la obra de sus manos adoraron.
17 Tú, pues, ciñe tus lomos, levántate, y háblales todo cuanto te mande; no temas delante de ellos, para que no te haga yo quebrantar delante de ellos.
18 Porque he aquí que yo te he puesto en este día como ciudad fortificada, como columna de hierro, y como muro de bronce contra toda esta tierra, contra los reyes de Judá, sus príncipes, sus sacerdotes, y el pueblo de la tierra.

JEREMIAH

1 1 The words of Jeremiah son of Hilkiah, one of the priests at Anathoth in the territory of Benjamin.
2 The word of the LORD came to him in the thirteenth year of the reign of Josiah son of Amon king of Judah, 3 and through the reign of Jehoiakim son of Josiah king of Judah, down to the fifth month of the eleventh year of Zedekiah son of Josiah king of Judah, when the people of Jerusalem went into exile.

The Call of Jeremiah

4 The word of the LORD came to me, saying,

5 "Before I formed you in the womb I knew *a* you,
    before you were born I set you apart;
I appointed you as a prophet to the nations."

6 "Ah, Sovereign LORD," I said, "I do not know how to speak; I am only a child."
7 But the LORD said to me, "Do not say, 'I am only a child.' You must go to everyone I send you to and say whatever I command you. 8 Do not be afraid of them, for I am with you and will rescue you," declares the LORD.
9 Then the LORD reached out his hand and touched my mouth and said to me, "Now, I have put my words in your mouth. 10 See, today I appoint you over nations and kingdoms to uproot and tear down, to destroy and overthrow, to build and to plant."
11 The word of the LORD came to me: "What do you see, Jeremiah?"
"I see the branch of an almond tree," I replied.
12 The LORD said to me, "You have seen correctly, for I am watching *b* to see that my word is fulfilled."
13 The word of the LORD came to me again: "What do you see?"
"I see a boiling pot, tilting away from the north," I answered.
14 The LORD said to me, "From the north disaster will be poured out on all who live in the land. 15 I am about to summon all the peoples of the northern kingdoms," declares the LORD.

"Their kings will come and set up their thrones
    in the entrance of the gates of Jerusalem;
they will come against all her surrounding walls
    and against all the towns of Judah.
16 I will pronounce my judgments on my people
    because of their wickedness in forsaking me,
in burning incense to other gods
    and in worshiping what their hands have
        made.

17 "Get yourself ready! Stand up and say to them whatever I command you. Do not be terrified by them, or I will terrify you before them. 18 Today I have made you a fortified city, an iron pillar and a bronze wall to stand against the whole land—against the kings of Judah, its officials, its priests and the people of the land.

---

a Heb. *shaked*.   *b* Heb. *shoked*.

a 5 Or *chose*   *b* 12 The Hebrew for *watching* sounds like the Hebrew for *almond tree*.

¹⁹Y pelearán contra ti, pero no te vencerán; porque yo estoy contigo, dice Jehová, para librarte.

Jehová y la apostasía de Israel

2 ¹Vino a mí palabra de Jehová, diciendo: ²Anda y clama a los oídos de Jerusalén, diciendo: Así dice Jehová: Me he acordado de ti, de la fidelidad de tu juventud, del amor de tu desposorio, cuando andabas en pos de mí en el desierto, en tierra no sembrada.

³Santo era Israel a Jehová, primicias de sus nuevos frutos. Todos los que le devoraban eran culpables; mal venía sobre ellos, dice Jehová.

⁴Oíd la palabra de Jehová, casa de Jacob, y todas las familias de la casa de Israel.

⁵Así dijo Jehová: ¿Qué maldad hallaron en mí vuestros padres, que se alejaron de mí, y se fueron tras la vanidad y se hicieron vanos?

⁶Y no dijeron: ¿Dónde está Jehová, que nos hizo subir de la tierra de Egipto, que nos condujo por el desierto, por una tierra desierta y despoblada, por tierra seca y de sombra de muerte, por una tierra por la cual no pasó varón, ni allí habitó hombre?

⁷Y os introduje en tierra de abundancia, para que comieseis su fruto y su bien; pero entrasteis y contaminasteis mi tierra, e hicisteis abominable mi heredad.

⁸Los sacerdotes no dijeron: ¿Dónde está Jehová? y los que tenían la ley no me conocieron; y los pastores se rebelaron contra mí, y los profetas profetizaron en nombre de Baal, y anduvieron tras lo que no aprovecha.

⁹Por tanto, contenderé aún con vosotros, dijo Jehová, y con los hijos de vuestros hijos pleitearé.

¹⁰Porque pasad a las costas de Quitim y mirad; y enviad a Cedar, y considerad cuidadosamente, y ved si se ha hecho cosa semejante a esta.

¹¹¿Acaso alguna nación ha cambiado sus dioses, aunque ellos no son dioses? Sin embargo, mi pueblo ha trocado su gloria por lo que no aprovecha.

¹²Espantaos, cielos, sobre esto, y horrorizaos; desolaos en gran manera, dijo Jehová.

¹³Porque dos males ha hecho mi pueblo: me dejaron a mí, fuente de agua viva, y cavaron para sí cisternas, cisternas rotas que no retienen agua.

¹⁴¿Es Israel siervo? ¿es esclavo? ¿Por qué ha venido a ser presa?

Israel Forsakes God

2 The word of the LORD came to me: ²"Go and proclaim in the hearing of Jerusalem:

" 'I remember the devotion of your youth,
    how as a bride you loved me
and followed me through the desert,
    through a land not sown.
³Israel was holy to the LORD,
    the firstfruits of his harvest;
all who devoured her were held guilty,
    and disaster overtook them,' "
                declares the LORD.

⁴Hear the word of the LORD, O house of Jacob,
    all you clans of the house of Israel.

⁵This is what the LORD says:

"What fault did your fathers find in me,
    that they strayed so far from me?
They followed worthless idols
    and became worthless themselves.
⁶They did not ask, 'Where is the LORD,
    who brought us up out of Egypt
and led us through the barren wilderness,
    through a land of deserts and rifts,
a land of drought and darkness,ᶜ
    a land where no one travels and no one lives?'
⁷I brought you into a fertile land
    to eat its fruit and rich produce.
But you came and defiled my land
    and made my inheritance detestable.
⁸The priests did not ask,
    'Where is the LORD?'
Those who deal with the law did not know me;
    the leaders rebelled against me.
The prophets prophesied by Baal,
    following worthless idols.

⁹"Therefore I bring charges against you again,"
                declares the LORD.
    "And I will bring charges against your
        children's children.
¹⁰Cross over to the coasts of Kittimᵈ and look,
    send to Kedarᵉ and observe closely;
    see if there has ever been anything like this:
¹¹Has a nation ever changed its gods?
    (Yet they are not gods at all.)
But my people have exchanged theirᶠ Glory
    for worthless idols.
¹²Be appalled at this, O heavens,
    and shudder with great horror,"
                declares the LORD.
¹³"My people have committed two sins:
They have forsaken me,
    the spring of living water,
and have dug their own cisterns,
    broken cisterns that cannot hold water.
¹⁴Is Israel a servant, a slave by birth?
    Why then has he become plunder?

ᶜ6 Or *and the shadow of death*   ᵈ10 That is, Cyprus and western coastlands   ᵉ10 The home of Bedouin tribes in the Syro-Arabian desert   ᶠ11 Masoretic Text; an ancient Hebrew scribal tradition *my*

15 Los cachorros del león rugieron contra él, alzaron su voz, y asolaron su tierra; quemadas están sus ciudades, sin morador.

16 Aun los hijos de Menfis y de Tafnes te quebrantaron la coronilla.

17 ¿No te acarreó esto el haber dejado a Jehová tu Dios, cuando te conducía por el camino?

18 Ahora, pues, ¿qué tienes tú en el camino de Egipto, para que bebas agua del Nilo? ¿Y qué tienes tú en el camino de Asiria, para que bebas agua del Eufrates?

19 Tu maldad te castigará, y tus rebeldías te condenarán; sabe, pues, y ve cuán malo y amargo es el haber dejado tú a Jehová tu Dios, y faltar mi temor en ti, dice el Señor, Jehová de los ejércitos.

20 Porque desde muy atrás rompiste tu yugo y tus ataduras, y dijiste: No serviré. Con todo eso, sobre todo collado alto y debajo de todo árbol frondoso te echabas como ramera.

21 Te planté de vid escogida, simiente verdadera toda ella; ¿cómo, pues, te me has vuelto sarmiento de vid extraña?

22 Aunque te laves con lejía, y amontones jabón sobre ti, la mancha de tu pecado permanecerá aún delante de mí, dijo Jehová el Señor.

23 ¿Cómo puedes decir: No soy inmunda, nunca anduve tras los baales? Mira tu proceder en el valle, conoce lo que has hecho, dromedaria ligera que tuerce su camino,

24 asna montés acostumbrada al desierto, que en su ardor olfatea el viento. De su lujuria, ¿quién la detendrá? Todos los que la buscaren no se fatigarán, porque en el tiempo de su celo la hallarán.

25 Guarda tus pies de andar descalzos, y tu garganta de la sed. Mas dijiste: No hay remedio en ninguna manera, porque a extraños he amado, y tras ellos he de ir.

26 Como se avergüenza el ladrón cuando es descubierto, así se avergonzará la casa de Israel, ellos, sus reyes, sus príncipes, sus sacerdotes y sus profetas,

27 que dicen a un leño: Mi padre eres tú; y a una piedra: Tú me has engendrado. Porque me volvieron la cerviz, y no el rostro; y en el tiempo de su calamidad dicen: Levántate, y líbranos.

---

15 Lions have roared;
　　they have growled at him.
They have laid waste his land;
　　his towns are burned and deserted.
16 Also, the men of Memphis g and Tahpanhes
　　have shaved the crown of your head. h
17 Have you not brought this on yourselves
　　by forsaking the LORD your God
　　when he led you in the way?
18 Now why go to Egypt
　　to drink water from the Shihor i?
And why go to Assyria
　　to drink water from the River i?
19 Your wickedness will punish you;
　　your backsliding will rebuke you.
Consider then and realize
　　how evil and bitter it is for you
　　when you forsake the LORD your God
　　and have no awe of me,"
　　　　declares the Lord, the LORD Almighty.

20 "Long ago you broke off your yoke
　　and tore off your bonds;
　　you said, 'I will not serve you!'
Indeed, on every high hill
　　and under every spreading tree
　　you lay down as a prostitute.
21 I had planted you like a choice vine
　　of sound and reliable stock.
How then did you turn against me
　　into a corrupt, wild vine?
22 Although you wash yourself with soda
　　and use an abundance of soap,
　　the stain of your guilt is still before me,"
　　　　declares the Sovereign LORD.
23 "How can you say, 'I am not defiled;
　　I have not run after the Baals'?
See how you behaved in the valley;
　　consider what you have done.
You are a swift she-camel
　　running here and there,
24 a wild donkey accustomed to the desert,
　　sniffing the wind in her craving—
　　in her heat who can restrain her?
Any males that pursue her need not tire
　　themselves;
　　at mating time they will find her.
25 Do not run until your feet are bare
　　and your throat is dry.
But you said, 'It's no use!
　　I love foreign gods,
　　and I must go after them.'

26 "As a thief is disgraced when he is caught,
　　so the house of Israel is disgraced—
they, their kings and their officials,
　　their priests and their prophets.
27 They say to wood, 'You are my father,'
　　and to stone, 'You gave me birth.'
They have turned their backs to me
　　and not their faces;
yet when they are in trouble, they say,
　　'Come and save us!'

---

g 16 Hebrew Noph　　h 16 Or have cracked your skull　　i 18 That is, a branch of the Nile　　i 18 That is, the Euphrates

28 ¿Y dónde están tus dioses que hiciste para ti? Levántense ellos, a ver si te podrán librar en el tiempo de tu aflicción; porque según el número de tus ciudades, oh Judá, fueron tus dioses.

29 ¿Por qué porfías conmigo? Todos vosotros prevaricasteis contra mí, dice Jehová.

30 En vano he azotado a vuestros hijos; no han recibido corrección. Vuestra espada devoró a vuestros profetas como león destrozador.

31 ¡Oh generación! atended vosotros a la palabra de Jehová. ¿He sido yo un desierto para Israel, o tierra de tinieblas? ¿Por qué ha dicho mi pueblo: Somos libres; nunca más vendremos a ti?

32 ¿Se olvida la virgen de su atavío, o la desposada de sus galas? Pero mi pueblo se ha olvidado de mí por innumerables días.

33 ¿Por qué adornas tu camino para hallar amor? Aun a las malvadas enseñaste tus caminos.

34 Aun en tus faldas se halló la sangre de los pobres, de los inocentes. No los hallaste en ningún delito; sin embargo, en todas estas cosas dices:

35 Soy inocente, de cierto su ira se apartó de mí. He aquí yo entraré en juicio contigo, porque dijiste: No he pecado.

36 ¿Para qué discurres tanto, cambiando tus caminos? También serás avergonzada de Egipto, como fuiste avergonzada de Asiria.

37 También de allí saldrás con tus manos sobre tu cabeza, porque Jehová desechó a aquellos en quienes tú confiabas, y no prosperarás por ellos.

3 ¹Dicen: Si alguno dejare a su mujer, y yéndose ésta de él se juntare a otro hombre, ¿volverá a ella más? ¿No será tal tierra del todo amancillada? Tú, pues, has fornicado con muchos amigos; mas ¡vuélvete a mí! dice Jehová.

²Alza tus ojos a las alturas, y ve en qué lugar no te hayas prostituido. Junto a los caminos te sentabas para ellos como árabe en el desierto, y con tus fornicaciones y con tu maldad has contaminado la tierra.

³Por esta causa las aguas han sido detenidas, y faltó la lluvia tardía; y has tenido frente de ramera, y no quisiste tener vergüenza.

⁴A lo menos desde ahora, ¿no me llamarás a mí, Padre mío, guiador de mi juventud?

---

28 Where then are the gods you made for
     yourselves?
    Let them come if they can save you
     when you are in trouble!
For you have as many gods
     as you have towns, O Judah.

29 "Why do you bring charges against me?
     You have all rebelled against me,"
                   declares the LORD.

30 "In vain I punished your people;
     they did not respond to correction.
Your sword has devoured your prophets
     like a ravening lion.

31 "You of this generation, consider the word of the
LORD:

    "Have I been a desert to Israel
     or a land of great darkness?
Why do my people say, 'We are free to roam;
     we will come to you no more'?

32 Does a maiden forget her jewelry,
     a bride her wedding ornaments?
Yet my people have forgotten me,
     days without number.

33 How skilled you are at pursuing love!
     Even the worst of women can learn from your
     ways.

34 On your clothes men find
     the lifeblood of the innocent poor,
     though you did not catch them breaking in.
Yet in spite of all this

35   you say, 'I am innocent;
     he is not angry with me.'
But I will pass judgment on you
     because you say, 'I have not sinned.'

36 Why do you go about so much,
     changing your ways?
You will be disappointed by Egypt
     as you were by Assyria.

37 You will also leave that place
     with your hands on your head,
for the LORD has rejected those you trust;
     you will not be helped by them.

3 "If a man divorces his wife
   and she leaves him and marries another man,
should he return to her again?
    Would not the land be completely defiled?
But you have lived as a prostitute with many
     lovers—
    would you now return to me?"
                  declares the LORD.

2 "Look up to the barren heights and see.
    Is there any place where you have not been
     ravished?
By the roadside you sat waiting for lovers,
     sat like a nomad *k* in the desert.
You have defiled the land
     with your prostitution and wickedness.

3 Therefore the showers have been withheld,
     and no spring rains have fallen.
Yet you have the brazen look of a prostitute;
     you refuse to blush with shame.

4 Have you not just called to me:
    'My Father, my friend from my youth,

k2 Or an Arab

5 ¿Guardará su enojo para siempre? ¿Eternamente lo guardará? He aquí que has hablado y hecho cuantas maldades pudiste.

Jehová exhorta a Israel y a Judá al arrepentimiento

6 Me dijo Jehová en días del rey Josías: ¿Has visto lo que ha hecho la rebelde Israel? Ella se va sobre todo monte alto y debajo de todo árbol frondoso, y allí fornica.
7 Y dije: Después de hacer todo esto, se volverá a mí; pero no se volvió, y lo vio su hermana la rebelde Judá.
8 Ella vio que por haber fornicado la rebelde Israel, yo la había despedido y dado carta de repudio; pero no tuvo temor la rebelde Judá su hermana, sino que también fue ella y fornicó.
9 Y sucedió que por juzgar ella cosa liviana su fornicación, la tierra fue contaminada, y adulteró con la piedra y con el leño.
10 Con todo esto, su hermana la rebelde Judá no se volvió a mí de todo corazón, sino fingidamente, dice Jehová.
11 Y me dijo Jehová: Ha resultado justa la rebelde Israel en comparación con la desleal Judá.
12 Vé y clama estas palabras hacia el norte, y dí: Vuélvete, oh rebelde Israel, dice Jehová; no haré caer mi ira sobre ti, porque misericordioso soy yo, dice Jehová, no guardaré para siempre el enojo.
13 Reconoce, pues, tu maldad, porque contra Jehová tu Dios has prevaricado, y fornicaste con los extraños debajo de todo árbol frondoso, y no oíste mi voz, dice Jehová.
14 Convertíos, hijos rebeldes, dice Jehová, porque yo soy vuestro esposo; y os tomaré uno de cada ciudad, y dos de cada familia, y os introduciré en Sion;
15 y os daré pastores según mi corazón, que os apacienten con ciencia y con inteligencia.
16 Y acontecerá que cuando os multipliquéis y crezcáis en la tierra, en esos días, dice Jehová, no se dirá más: Arca del pacto de Jehová; ni vendrá al pensamiento, ni se acordarán de ella, ni la echarán de menos, ni se hará otra.
17 En aquel tiempo llamarán a Jerusalén: Trono de Jehová, y todas las naciones vendrán a ella en el nombre de Jehová en Jerusalén; ni andarán más tras la dureza de su malvado corazón.
18 En aquellos tiempos irán de la casa de Judá a la casa de Israel, y vendrán juntamente de la tierra del norte a la tierra que hice heredar a vuestros padres.
19 Yo preguntaba: ¿Cómo os pondré por hijos, y os daré la tierra deseable, la rica heredad de las naciones? Y dije: Me llamaréis: Padre mío, y no os apartaréis de en pos de mí.
20 Pero como la esposa infiel abandona a su compañero, así prevaricasteis contra mí, oh casa de Israel, dice Jehová.
21 Voz fue oída sobre las alturas, llanto de los ruegos de los hijos de Israel; porque han torcido su camino, de Jehová su Dios se han olvidado.

5 will you always be angry?
   Will your wrath continue forever?'
This is how you talk,
   but you do all the evil you can."

Unfaithful Israel

6 During the reign of King Josiah, the LORD said to me, "Have you seen what faithless Israel has done? She has gone up on every high hill and under every spreading tree and has committed adultery there. 7 I thought that after she had done all this she would return to me but she did not, and her unfaithful sister Judah saw it. 8 I gave faithless Israel her certificate of divorce and sent her away because of all her adulteries. Yet I saw that her unfaithful sister Judah had no fear; she also went out and committed adultery. 9 Because Israel's immorality mattered so little to her, she defiled the land and committed adultery with stone and wood. 10 In spite of all this, her unfaithful sister Judah did not return to me with all her heart, but only in pretense," declares the LORD.

11 The LORD said to me, "Faithless Israel is more righteous than unfaithful Judah. 12 Go, proclaim this message toward the north:

" 'Return, faithless Israel,' declares the LORD,
   'I will frown on you no longer,
for I am merciful,' declares the LORD,
   'I will not be angry forever.
13 Only acknowledge your guilt—
   you have rebelled against the LORD your God,
you have scattered your favors to foreign gods
   under every spreading tree,
   and have not obeyed me,' "

                              declares the LORD.

14 "Return, faithless people," declares the LORD, "for I am your husband. I will choose you—one from a town and two from a clan—and bring you to Zion. 15 Then I will give you shepherds after my own heart, who will lead you with knowledge and understanding. 16 In those days, when your numbers have increased greatly in the land," declares the LORD, "men will no longer say, 'The ark of the covenant of the LORD.' It will never enter their minds or be remembered; it will not be missed, nor will another one be made. 17 At that time they will call Jerusalem The Throne of the LORD, and all nations will gather in Jerusalem to honor the name of the LORD. No longer will they follow the stubbornness of their evil hearts. 18 In those days the house of Judah will join the house of Israel, and together they will come from a northern land to the land I gave your forefathers as an inheritance.
19 "I myself said,

" 'How gladly would I treat you like sons
   and give you a desirable land,
   the most beautiful inheritance of any nation.'
I thought you would call me 'Father'
   and not turn away from following me.
20 But like a woman unfaithful to her husband,
   so you have been unfaithful to me, O house of Israel,"

                              declares the LORD.

21 A cry is heard on the barren heights,
   the weeping and pleading of the people of Israel,
because they have perverted their ways
   and have forgotten the LORD their God.

22Convertíos, hijos rebeldes, y sanaré vuestras rebeliones. He aquí nosotros venimos a ti, porque tú eres Jehová nuestro Dios.

23Ciertamente vanidad son los collados, y el bullicio sobre los montes; ciertamente en Jehová nuestro Dios está la salvación de Israel.

24Confusión consumió el trabajo de nuestros padres desde nuestra juventud; sus ovejas, sus vacas, sus hijos y sus hijas.

25Yacemos en nuestra confusión, y nuestra afrenta nos cubre; porque pecamos contra Jehová nuestro Dios, nosotros y nuestros padres, desde nuestra juventud y hasta este día, y no hemos escuchado la voz de Jehová nuestro Dios.

4 1Si te volvieres, oh Israel, dice Jehová, vuélvete a mí. Y si quitares de delante de mí tus abominaciones, y no anduvieres de acá para allá,

2y jurares: Vive Jehová, en verdad, en juicio y en justicia, entonces las naciones serán benditas en él, y en él se gloriarán.

3Porque así dice Jehová a todo varón de Judá y de Jerusalén: Arad campo para vosotros, y no sembréis entre espinos.

4Circuncidaos a Jehová, y quitad el prepucio de vuestro corazón, varones de Judá y moradores de Jerusalén; no sea que mi ira salga como fuego, y se encienda y no haya quien la apague, por la maldad de vuestras obras.

Judá es amenazada de invasión

5Anunciad en Judá, y proclamad en Jerusalén, y decid: Tocad trompeta en la tierra; pregonad, juntaos, y decid: Reuníos, y entrémonos en las ciudades fortificadas.

6Alzad bandera en Sion, huid, no os detengáis; porque yo hago venir mal del norte, y quebrantamiento grande.

7El león sube de la espesura, y el destruidor de naciones está en marcha, y ha salido de su lugar para poner tu tierra en desolación; tus ciudades quedarán asoladas y sin morador.

8Por esto vestíos de cilicio, endechad y aullad; porque la ira de Jehová no se ha apartado de nosotros.

9En aquel día, dice Jehová, desfallecerá el corazón del rey y el corazón de los príncipes, y los sacerdotes estarán atónitos, y se maravillarán los profetas.

22"Return, faithless people;
  I will cure you of backsliding."

"Yes, we will come to you,
  for you are the LORD our God.
23Surely the idolatrous commotion on the hills
  and mountains is a deception;
surely in the LORD our God
  is the salvation of Israel.
24From our youth shameful gods have consumed
  the fruits of our fathers' labor—
their flocks and herds,
  their sons and daughters.
25Let us lie down in our shame,
  and let our disgrace cover us.
We have sinned against the LORD our God,
  both we and our fathers;
from our youth till this day
  we have not obeyed the LORD our God."

4 "If you will return, O Israel,
  return to me,"
                    declares the LORD.
"If you put your detestable idols out of my sight
  and no longer go astray,
2and if in a truthful, just and righteous way
  you swear, 'As surely as the LORD lives,'
then the nations will be blessed by him
  and in him they will glory."

3This is what the LORD says to the men of Judah and to Jerusalem:

"Break up your unplowed ground
  and do not sow among thorns.
4Circumcise yourselves to the LORD,
  circumcise your hearts,
  you men of Judah and people of Jerusalem,
or my wrath will break out and burn like fire
  because of the evil you have done—
burn with no one to quench it.

Disaster From the North

5"Announce in Judah and proclaim in Jerusalem
    and say:
  'Sound the trumpet throughout the land!'
Cry aloud and say:
  'Gather together!
Let us flee to the fortified cities!'
6Raise the signal to go to Zion!
  Flee for safety without delay!
For I am bringing disaster from the north,
  even terrible destruction."

7A lion has come out of his lair;
  a destroyer of nations has set out.
He has left his place
  to lay waste your land.
Your towns will lie in ruins
  without inhabitant.
8So put on sackcloth,
  lament and wail,
for the fierce anger of the LORD
  has not turned away from us.

9"In that day," declares the LORD,
  "the king and the officials will lose heart,
the priests will be horrified,
  and the prophets will be appalled."

10 Y dije: ¡Ay, ay, Jehová Dios! Verdaderamente en gran manera has engañado a este pueblo y a Jerusalén, diciendo: Paz tendréis; pues la espada ha venido hasta el alma.

11 En aquel tiempo se dirá a este pueblo y a Jerusalén: Viento seco de las alturas del desierto vino a la hija de mi pueblo, no para aventar, ni para limpiar.

12 Viento más vehemente que este vendrá a mí; y ahora yo pronunciaré juicios contra ellos.

13 He aquí que subirá como nube, y su carro como torbellino; más ligeros son sus caballos que las águilas. ¡Ay de nosotros, porque entregados somos a despojo!

14 Lava tu corazón de maldad, oh Jerusalén, para que seas salva. ¿Hasta cuándo permitirás en medio de ti los pensamientos de iniquidad?

15 Porque una voz trae las nuevas desde Dan, y hace oír la calamidad desde el monte de Efraín.

16 Decid a las naciones: He aquí, haced oír sobre Jerusalén: Guardas vienen de tierra lejana, y lanzarán su voz contra las ciudades de Judá.

17 Como guardas de campo estuvieron en derredor de ella, porque se rebeló contra mí, dice Jehová.

18 Tu camino y tus obras te hicieron esto; esta es tu maldad, por lo cual amargura penetrará hasta tu corazón.

19 ¡Mis entrañas, mis entrañas! Me duelen las fibras de mi corazón; mi corazón se agita dentro de mí; no callaré; porque sonido de trompeta has oído, oh alma mía, pregón de guerra.

20 Quebrantamiento sobre quebrantamiento es anunciado; porque toda la tierra es destruida; de repente son destruidas mis tiendas, en un momento mis cortinas.

21 ¿Hasta cuándo he de ver bandera, he de oir sonido de trompeta?

22 Porque mi pueblo es necio, no me conocieron; son hijos ignorantes y no son entendidos; sabios para hacer el mal, pero hacer el bien no supieron.

23 Miré a la tierra, y he aquí que estaba asolada y vacía; y a los cielos, y no había en ellos luz.

24 Miré a los montes, y he aquí que temblaban, y todos los collados fueron destruidos.

25 Miré, y no había hombre, y todas las aves del cielo se habían ido.

26 Miré, y he aquí el campo fértil era un desierto, y todas sus ciudades eran asoladas delante de Jehová, delante del ardor de su ira.

27 Porque así dijo Jehová: Toda la tierra será asolada; pero no la destruiré del todo.

10 Then I said, "Ah, Sovereign Lord, how completely you have deceived this people and Jerusalem by saying, 'You will have peace,' when the sword is at our throats."

11 At that time this people and Jerusalem will be told, "A scorching wind from the barren heights in the desert blows toward my people, but not to winnow or cleanse; 12 a wind too strong for that comes from me.[1] Now I pronounce my judgments against them."

13 Look! He advances like the clouds,
    his chariots come like a whirlwind,
    his horses are swifter than eagles.
    Woe to us! We are ruined!
14 O Jerusalem, wash the evil from your heart and
        be saved.
    How long will you harbor wicked thoughts?
15 A voice is announcing from Dan,
    proclaiming disaster from the hills of Ephraim.
16 "Tell this to the nations,
    proclaim it to Jerusalem:
'A besieging army is coming from a distant land,
    raising a war cry against the cities of Judah.
17 They surround her like men guarding a field,
    because she has rebelled against me,' "
                                        declares the Lord.
18 "Your own conduct and actions
    have brought this upon you.
This is your punishment.
    How bitter it is!
    How it pierces to the heart!"

19 Oh, my anguish, my anguish!
    I writhe in pain.
Oh, the agony of my heart!
    My heart pounds within me,
    I cannot keep silent.
For I have heard the sound of the trumpet;
    I have heard the battle cry.
20 Disaster follows disaster;
    the whole land lies in ruins.
In an instant my tents are destroyed,
    my shelter in a moment.
21 How long must I see the battle standard
    and hear the sound of the trumpet?

22 "My people are fools;
    they do not know me.
They are senseless children;
    they have no understanding.
They are skilled in doing evil;
    they know not how to do good."

23 I looked at the earth,
    and it was formless and empty;
and at the heavens,
    and their light was gone.
24 I looked at the mountains,
    and they were quaking;
    all the hills were swaying.
25 I looked, and there were no people;
    every bird in the sky had flown away.
26 I looked, and the fruitful land was a desert;
    all its towns lay in ruins
    before the Lord, before his fierce anger.

27 This is what the Lord says:

"The whole land will be ruined,
    though I will not destroy it completely.

1 12 Or comes at my command

22Convertíos, hijos rebeldes, y sanaré vuestras rebeliones. He aquí nosotros venimos a ti, porque tú eres Jehová nuestro Dios.
23Ciertamente vanidad son los collados, y el bullicio sobre los montes; ciertamente en Jehová nuestro Dios está la salvación de Israel.
24Confusión consumió el trabajo de nuestros padres desde nuestra juventud; sus ovejas, sus vacas, sus hijos y sus hijas.
25Yacemos en nuestra confusión, y nuestra afrenta nos cubre; porque pecamos contra Jehová nuestro Dios, nosotros y nuestros padres, desde nuestra juventud y hasta este día, y no hemos escuchado la voz de Jehová nuestro Dios.

4 1Si te volvieres, oh Israel, dice Jehová, vuélvete a mí. Y si quitares de delante de mí tus abominaciones, y no anduvieres de acá para allá,
2y jurares: Vive Jehová, en verdad, en juicio y en justicia, entonces las naciones serán benditas en él, y en él se gloriarán.
3Porque así dice Jehová a todo varón de Judá y de Jerusalén: Arad campo para vosotros, y no sembréis entre espinos.
4Circuncidaos a Jehová, y quitad el prepucio de vuestro corazón, varones de Judá y moradores de Jerusalén; no sea que mi ira salga como fuego, y se encienda y no haya quien la apague, por la maldad de vuestras obras.

Judá es amenazada de invasión

5Anunciad en Judá, y proclamad en Jerusalén, y decid: Tocad trompeta en la tierra; pregonad, juntaos, y decid: Reuníos, y entrémonos en las ciudades fortificadas.
6Alzad bandera en Sion, huid, no os detengáis; porque yo hago venir mal del norte, y quebrantamiento grande.
7El león sube de la espesura, y el destruidor de naciones está en marcha, y ha salido de su lugar para poner tu tierra en desolación; tus ciudades quedarán asoladas y sin morador.
8Por esto vestíos de cilicio, endechad y aullad; porque la ira de Jehová no se ha apartado de nosotros.
9En aquel día, dice Jehová, desfallecerá el corazón del rey y el corazón de los príncipes, y los sacerdotes estarán atónitos, y se maravillarán los profetas.

22"Return, faithless people;
  I will cure you of backsliding."

"Yes, we will come to you,
  for you are the LORD our God.
23Surely the idolatrous commotion on the hills
  and mountains is a deception;
surely in the LORD our God
  is the salvation of Israel.
24From our youth shameful gods have consumed
  the fruits of our fathers' labor—
their flocks and herds,
  their sons and daughters.
25Let us lie down in our shame,
  and let our disgrace cover us.
We have sinned against the LORD our God,
  both we and our fathers;
from our youth till this day
  we have not obeyed the LORD our God."

4 "If you will return, O Israel,
  return to me,"
                 declares the LORD.
"If you put your detestable idols out of my sight
  and no longer go astray,
2and if in a truthful, just and righteous way
  you swear, 'As surely as the LORD lives,'
then the nations will be blessed by him
  and in him they will glory."

3This is what the LORD says to the men of Judah and to Jerusalem:

"Break up your unplowed ground
  and do not sow among thorns.
4Circumcise yourselves to the LORD,
  circumcise your hearts,
  you men of Judah and people of Jerusalem,
or my wrath will break out and burn like fire
  because of the evil you have done—
  burn with no one to quench it.

Disaster From the North

5"Announce in Judah and proclaim in Jerusalem
  and say:
'Sound the trumpet throughout the land!'
Cry aloud and say:
'Gather together!
Let us flee to the fortified cities!'
6Raise the signal to go to Zion!
  Flee for safety without delay!
For I am bringing disaster from the north,
  even terrible destruction."

7A lion has come out of his lair;
  a destroyer of nations has set out.
He has left his place
  to lay waste your land.
Your towns will lie in ruins
  without inhabitant.
8So put on sackcloth,
  lament and wail,
for the fierce anger of the LORD
  has not turned away from us.

9"In that day," declares the LORD,
  "the king and the officials will lose heart,
the priests will be horrified,
  and the prophets will be appalled."

10 Y dije: ¡Ay, ay, Jehová Dios! Verdaderamente en gran manera has engañado a este pueblo y a Jerusalén, diciendo: Paz tendréis; pues la espada ha venido hasta el alma.

11 En aquel tiempo se dirá a este pueblo y a Jerusalén: Viento seco de las alturas del desierto vino a la hija de mi pueblo, no para aventar, ni para limpiar.

12 Viento más vehemente que este vendrá a mí; y ahora yo pronunciaré juicios contra ellos.

13 He aquí que subirá como nube, y su carro como torbellino; más ligeros son sus caballos que las águilas. ¡Ay de nosotros, porque entregados somos a despojo!

14 Lava tu corazón de maldad, oh Jerusalén, para que seas salva. ¿Hasta cuándo permitirás en medio de ti los pensamientos de iniquidad?

15 Porque una voz trae las nuevas desde Dan, y hace oir la calamidad desde el monte de Efraín.

16 Decid a las naciones: He aquí, haced oír sobre Jerusalén: Guardas vienen de tierra lejana, y lanzarán su voz contra las ciudades de Judá.

17 Como guardas de campo estuvieron en derredor de ella, porque se rebeló contra mí, dice Jehová.

18 Tu camino y tus obras te hicieron esto; esta es tu maldad, por lo cual amargura penetrará hasta tu corazón.

19 ¡Mis entrañas, mis entrañas! Me duelen las fibras de mi corazón; mi corazón se agita dentro de mí; no callaré; porque sonido de trompeta has oído, oh alma mía, pregón de guerra.

20 Quebrantamiento sobre quebrantamiento es anunciado; porque toda la tierra es destruida; de repente son destruidas mis tiendas, en un momento mis cortinas.

21 ¿Hasta cuándo he de ver bandera, he de oir sonido de trompeta?

22 Porque mi pueblo es necio, no me conocieron; son hijos ignorantes y no son entendidos; sabios para hacer el mal, pero hacer el bien no supieron.

23 Miré a la tierra, y he aquí que estaba asolada y vacía; y a los cielos, y no había en ellos luz.

24 Miré a los montes, y he aquí que temblaban, y todos los collados fueron destruidos.

25 Miré, y no había hombre, y todas las aves del cielo se habían ido.

26 Miré, y he aquí el campo fértil era un desierto, y todas sus ciudades eran asoladas delante de Jehová, delante del ardor de su ira.

27 Porque así dijo Jehová: Toda la tierra será asolada; pero no la destruiré del todo.

10 Then I said, "Ah, Sovereign LORD, how completely you have deceived this people and Jerusalem by saying, 'You will have peace,' when the sword is at our throats."

11 At that time this people and Jerusalem will be told, "A scorching wind from the barren heights in the desert blows toward my people, but not to winnow or cleanse; 12 a wind too strong for that comes from me.[l] Now I pronounce my judgments against them."

13 Look! He advances like the clouds,
　his chariots come like a whirlwind,
his horses are swifter than eagles.
　Woe to us! We are ruined!
14 O Jerusalem, wash the evil from your heart and
　be saved.
　How long will you harbor wicked thoughts?
15 A voice is announcing from Dan,
　proclaiming disaster from the hills of Ephraim.
16 "Tell this to the nations,
　proclaim it to Jerusalem:
'A besieging army is coming from a distant land,
　raising a war cry against the cities of Judah.
17 They surround her like men guarding a field,
　because she has rebelled against me,' "
　　　　　　　　　　　　　　declares the LORD.
18 "Your own conduct and actions
　have brought this upon you.
This is your punishment.
　How bitter it is!
　How it pierces to the heart!"

19 Oh, my anguish, my anguish!
　I writhe in pain.
Oh, the agony of my heart!
　My heart pounds within me,
　I cannot keep silent.
For I have heard the sound of the trumpet;
　I have heard the battle cry.
20 Disaster follows disaster;
　the whole land lies in ruins.
In an instant my tents are destroyed,
　my shelter in a moment.
21 How long must I see the battle standard
　and hear the sound of the trumpet?

22 "My people are fools;
　they do not know me.
They are senseless children;
　they have no understanding.
They are skilled in doing evil;
　they know not how to do good."

23 I looked at the earth,
　and it was formless and empty;
and at the heavens,
　and their light was gone.
24 I looked at the mountains,
　and they were quaking;
　all the hills were swaying.
25 I looked, and there were no people;
　every bird in the sky had flown away.
26 I looked, and the fruitful land was a desert;
　all its towns lay in ruins
　before the LORD, before his fierce anger.

27 This is what the LORD says:

"The whole land will be ruined,
　though I will not destroy it completely.

l 12 Or comes at my command

28 Por esto se enlutará la tierra, y los cielos arriba se oscurecerán, porque hablé, lo pensé, y no me arrepentí, ni desistiré de ello.

29 Al estruendo de la gente de a caballo y de los flecheros huyó toda la ciudad; entraron en las espesuras de los bosques, y subieron a los peñascos; todas las ciudades fueron abandonadas, y no quedó en ellas morador alguno.

30 Y tú, destruida, ¿qué harás? Aunque te vistas de grana, aunque te adornes con atavíos de oro, aunque pintes con antimonio tus ojos, en vano te engalanas; te menospreciarán tus amantes, buscarán tu vida.

31 Porque oí una voz como de mujer que está de parto, angustia como de primeriza; voz de la hija de Sion que lamenta y extiende sus manos, diciendo: ¡Ay ahora de mí! que mi alma desmaya a causa de los asesinos.

Impiedad de Jerusalén y de Judá

5 1 Recorred las calles de Jerusalén, y mirad ahora, e informaos; buscad en sus plazas a ver si halláis hombre, si hay alguno que haga justicia, que busque verdad; y yo la perdonaré.

2 Aunque digan: Vive Jehová, juran falsamente.

3 Oh Jehová, ¿no miran tus ojos a la verdad? Los azotaste, y no les dolió; los consumiste, y no quisieron recibir corrección; endurecieron sus rostros más que la piedra, no quisieron convertirse.

4 Pero yo dije: Ciertamente éstos son pobres, han enloquecido, pues no conocen el camino de Jehová, el juicio de su Dios.

5 Iré a los grandes, y les hablaré; porque ellos conocen el camino de Jehová, el juicio de su Dios. Pero ellos también quebraron el yugo, rompieron las coyundas.

6 Por tanto, el león de la selva los matará, los destruirá el lobo del desierto, el leopardo acechará sus ciudades; cualquiera que de ellas saliere será arrebatado; porque sus rebeliones se han multiplicado, se han aumentado sus deslealtades.

7 ¿Cómo te he de perdonar por esto? Sus hijos me dejaron, y juraron por lo que no es Dios. Los sacié, y adulteraron, y en casa de rameras se juntaron en compañías.

8 Como caballos bien alimentados, cada cual relinchaba tras la mujer de su prójimo.

28 Therefore the earth will mourn
    and the heavens above grow dark,
because I have spoken and will not relent,
    I have decided and will not turn back."

29 At the sound of horsemen and archers
    every town takes to flight.
Some go into the thickets;
    some climb up among the rocks.
All the towns are deserted;
    no one lives in them.

30 What are you doing, O devastated one?
    Why dress yourself in scarlet
    and put on jewels of gold?
Why shade your eyes with paint?
    You adorn yourself in vain.
Your lovers despise you;
    they seek your life.

31 I hear a cry as of a woman in labor,
    a groan as of one bearing her first child—
the cry of the Daughter of Zion gasping for
        breath,
    stretching out her hands and saying,
"Alas! I am fainting;
    my life is given over to murderers."

Not One Is Upright

5 "Go up and down the streets of Jerusalem,
    look around and consider,
    search through her squares.
If you can find but one person
    who deals honestly and seeks the truth,
    I will forgive this city.
2 Although they say, 'As surely as the LORD lives,'
    still they are swearing falsely."

3 O LORD, do not your eyes look for truth?
    You struck them, but they felt no pain;
    you crushed them, but they refused correction.
They made their faces harder than stone
    and refused to repent.
4 I thought, "These are only the poor;
    they are foolish,
for they do not know the way of the LORD,
    the requirements of their God.
5 So I will go to the leaders
    and speak to them;
surely they know the way of the LORD,
    the requirements of their God."
But with one accord they too had broken off the
        yoke
    and torn off the bonds.
6 Therefore a lion from the forest will attack them,
    a wolf from the desert will ravage them,
a leopard will lie in wait near their towns
    to tear to pieces any who venture out,
for their rebellion is great
    and their backslidings many.

7 "Why should I forgive you?
    Your children have forsaken me
    and sworn by gods that are not gods.
I supplied all their needs,
    yet they committed adultery
    and thronged to the houses of prostitutes.
8 They are well-fed, lusty stallions,
    each neighing for another man's wife.

9 ¿No había de castigar esto? dijo Jehová. De una nación como esta, ¿no se había de vengar mi alma?

10 Escalad sus muros y destruid, pero no del todo; quitad las almenas de sus muros, porque no son de Jehová.

11 Porque resueltamente se rebelaron contra mí la casa de Israel y la casa de Judá, dice Jehová.

12 Negaron a Jehová, y dijeron: El no es, y no vendrá mal sobre nosotros, ni veremos espada ni hambre;

13 antes los profetas serán como viento, porque no hay en ellos palabra; así se hará a ellos.

14 Por tanto, así ha dicho Jehová Dios de los ejércitos: Porque dijeron esta palabra, he aquí yo pongo mis palabras en tu boca por fuego, y a este pueblo por leña, y los consumirá.

15 He aquí yo traigo sobre vosotros gente de lejos, oh casa de Israel, dice Jehová; gente robusta, gente antigua, gente cuya lengua ignorarás, y no entenderás lo que hablare.

16 Su aljaba como sepulcro abierto, todos valientes.

17 Y comerá tu mies y tu pan, comerá a tus hijos y a tus hijas; comerá tus ovejas y tus vacas, comerá tus viñas y tus higueras, y a espada convertirá en nada tus ciudades fortificadas en que confías.

18 No obstante, en aquellos días, dice Jehová, no os destruiré del todo.

19 Y cuando dijeren: ¿Por qué Jehová el Dios nuestro hizo con nosotros todas estas cosas?, entonces les dirás: De la manera que me dejasteis a mí, y servisteis a dioses ajenos en vuestra tierra, así serviréis a extraños en tierra ajena.

20 Anunciad esto en la casa de Jacob, y haced que esto se oiga en Judá, diciendo:

21 Oíd ahora esto, pueblo necio y sin corazón, que tiene ojos y no ve, que tiene oídos y no oye:

22 ¿A mí no me temeréis? dice Jehová. ¿No os amedrentaréis ante mí, que puse arena por término al mar, por ordenación eterna la cual no quebrantará? Se levantarán tempestades, mas no prevalecerán; bramarán sus ondas, mas no lo pasarán.

23 No obstante, este pueblo tiene corazón falso y rebelde; se apartaron y se fueron.

24 Y no dijeron en su corazón: Temamos ahora a Jehová Dios nuestro, que da lluvia temprana y tardía en su tiempo, y nos guarda los tiempos establecidos de la siega.

25 Vuestras iniquidades han estorbado estas cosas, y vuestros pecados apartaron de vosotros el bien.

26 Porque fueron hallados en mi pueblo impíos; acechaban como quien pone lazos, pusieron trampa para cazar hombres.

9 Should I not punish them for this?"
　　declares the LORD.
"Should I not avenge myself
　　on such a nation as this?

10 "Go through her vineyards and ravage them,
　　but do not destroy them completely.
Strip off her branches,
　　for these people do not belong to the LORD.

11 The house of Israel and the house of Judah
　　have been utterly unfaithful to me,"
　　　　　　　　declares the LORD.

12 They have lied about the LORD;
　　they said, "He will do nothing!
No harm will come to us;
　　we will never see sword or famine.

13 The prophets are but wind
　　and the word is not in them;
　　so let what they say be done to them."

14 Therefore this is what the LORD God Almighty says:

"Because the people have spoken these words,
　　I will make my words in your mouth a fire
　　and these people the wood it consumes.

15 O house of Israel," declares the LORD,
"I am bringing a distant nation against you—
　　an ancient and enduring nation,
　　a people whose language you do not know,
　　whose speech you do not understand.

16 Their quivers are like an open grave;
　　all of them are mighty warriors.

17 They will devour your harvests and food,
　　devour your sons and daughters;
　　they will devour your flocks and herds,
　　devour your vines and fig trees.
With the sword they will destroy
　　the fortified cities in which you trust.

18 "Yet even in those days," declares the LORD, "I will not destroy you completely. 19 And when the people ask, 'Why has the LORD our God done all this to us?' you will tell them, 'As you have forsaken me and served foreign gods in your own land, so now you will serve foreigners in a land not your own.'

20 "Announce this to the house of Jacob
　　and proclaim it in Judah:

21 Hear this, you foolish and senseless people,
　　who have eyes but do not see,
　　who have ears but do not hear:

22 Should you not fear me?" declares the LORD.
"Should you not tremble in my presence?
I made the sand a boundary for the sea,
　　an everlasting barrier it cannot cross.
The waves may roll, but they cannot prevail;
　　they may roar, but they cannot cross it.

23 But these people have stubborn and rebellious hearts;
　　they have turned aside and gone away.

24 They do not say to themselves,
　　'Let us fear the LORD our God,
　　who gives autumn and spring rains in season,
　　who assures us of the regular weeks of harvest.'

25 Your wrongdoings have kept these away;
　　your sins have deprived you of good.

26 "Among my people are wicked men
　　who lie in wait like men who snare birds
　　and like those who set traps to catch men.

27 Como jaula llena de pájaros, así están sus casas llenas de engaño; así se hicieron grandes y ricos.

28 Se engordaron y se pusieron lustrosos, y sobrepasaron los hechos del malo; no juzgaron la causa, la causa del huérfano; con todo, se hicieron prósperos, y la causa de los pobres no juzgaron.

29 ¿No castigaré esto? dice Jehová; ¿y de tal gente no se vengará mi alma?

30 Cosa espantosa y fea es hecha en la tierra;

31 los profetas profetizaron mentira, y los sacerdotes dirigían por manos de ellos; y mi pueblo así lo quiso. ¿Qué, pues, haréis cuando llegue el fin?

El juicio contra Jerusalén y Judá

6 1 Huid, hijos de Benjamín, de en medio de Jerusalén, y tocad bocina en Tecoa, y alzad por señal humo sobre Bet-haquerem; porque del norte se ha visto mal, y quebrantamiento grande.

2 Destruiré a la bella y delicada hija de Sion.

3 Contra ella vendrán pastores y sus rebaños; junto a ella plantarán sus tiendas alrededor; cada uno apacentará en su lugar.

4 Anunciad guerra contra ella; levantaos y asaltémosla a mediodía. ¡Ay de nosotros! que va cayendo ya el día, que las sombras de la tarde se han extendido.

5 Levantaos y asaltemos de noche, y destruyamos sus palacios.

6 Porque así dijo Jehová de los ejércitos: Cortad árboles, y levantad vallado contra Jerusalén; esta es la ciudad que ha de ser castigada; toda ella está llena de violencia.

7 Como la fuente nunca cesa de manar sus aguas, así ella nunca cesa de manar su maldad; injusticia y robo se oyen en ella; continuamente en mi presencia, enfermedad y herida.

8 Corrígete, Jerusalén, para que no se aparte mi alma de ti, para que no te convierta en desierto, en tierra inhabitada.

9 Así dijo Jehová de los ejércitos: Del todo rebuscarán como a vid el resto de Israel; vuelve tu mano como vendimiador entre los sarmientos.

27 Like cages full of birds,
   their houses are full of deceit;
they have become rich and powerful
28 and have grown fat and sleek.
Their evil deeds have no limit;
   they do not plead the case of the fatherless to
     win it,
   they do not defend the rights of the poor.
29 Should I not punish them for this?"
   declares the LORD.
"Should I not avenge myself
   on such a nation as this?

30 "A horrible and shocking thing
   has happened in the land:
31 The prophets prophesy lies,
   the priests rule by their own authority,
and my people love it this way.
   But what will you do in the end?

Jerusalem Under Siege

6 "Flee for safety, people of Benjamin!
Flee from Jerusalem!
Sound the trumpet in Tekoa!
   Raise the signal over Beth Hakkerem!
For disaster looms out of the north,
   even terrible destruction.
2 I will destroy the Daughter of Zion,
   so beautiful and delicate.
3 Shepherds with their flocks will come against
   her;
   they will pitch their tents around her,
   each tending his own portion."

4 "Prepare for battle against her!
   Arise, let us attack at noon!
But, alas, the daylight is fading,
   and the shadows of evening grow long.
5 So arise, let us attack at night
   and destroy her fortresses!"

6 This is what the LORD Almighty says:

"Cut down the trees
   and build siege ramps against Jerusalem.
This city must be punished;
   it is filled with oppression.
7 As a well pours out its water,
   so she pours out her wickedness.
Violence and destruction resound in her;
   her sickness and wounds are ever
     before me.
8 Take warning, O Jerusalem,
   or I will turn away from you
and make your land desolate
   so no one can live in it."

9 This is what the LORD Almighty says:

"Let them glean the remnant of Israel
   as thoroughly as a vine;
pass your hand over the branches again,
   like one gathering grapes."

10 ¿A quién hablaré y amonestaré, para que oigan? He aquí que sus oídos son incircuncisos, y no pueden escuchar; he aquí que la palabra de Jehová les es cosa vergonzosa, no la aman.

11 Por tanto, estoy lleno de la ira de Jehová, estoy cansado de contenerme; la derramaré sobre los niños en la calle, y sobre la reunión de los jóvenes igualmente; porque será preso tanto el marido como la mujer, tanto el viejo como el muy anciano.

12 Y sus casas serán traspasadas a otros, sus heredades y también sus mujeres; porque extenderé mi mano sobre los moradores de la tierra, dice Jehová.

13 Porque desde el más chico de ellos hasta el más grande, cada uno sigue la avaricia; y desde el profeta hasta el sacerdote, todos son engañadores.

14 Y curan la herida de mi pueblo con liviandad, diciendo: Paz, paz; y no hay paz.

15 ¿Se han avergonzado de haber hecho abominación? Ciertamente no se han avergonzado, ni aun saben tener vergüenza; por tanto, caerán entre los que caigan; cuando los castigue caerán, dice Jehová.

16 Así dijo Jehová: Paraos en los caminos, y mirad, y preguntad por las sendas antiguas, cuál sea el buen camino, y andad por él, y hallaréis descanso para vuestra alma. Mas dijeron: No andaremos.

17 Puse también sobre vosotros atalayas, que dijesen: Escuchad al sonido de la trompeta. Y dijeron ellos: No escucharemos.

18 Por tanto, oíd, naciones, y entended, oh congregación, lo que sucederá.

19 Oye, tierra: He aquí yo traigo mal sobre este pueblo, el fruto de sus pensamientos; porque no escucharon mis palabras, y aborrecieron mi ley.

20 ¿Para qué a mí este incienso de Sabá, y la buena caña olorosa de tierra lejana? Vuestros holocaustos no son aceptables, ni vuestros sacrificios me agradan.

21 Por tanto, Jehová dice esto: He aquí yo pongo a este pueblo tropiezos, y caerán en ellos los padres y los hijos juntamente; el vecino y su compañero perecerán.

22 Así ha dicho Jehová: He aquí que viene pueblo de la tierra del norte, y una nación grande se levantará de los confines de la tierra.

---

10 To whom can I speak and give warning?
Who will listen to me?
Their ears are closed [m]
so they cannot hear.
The word of the LORD is offensive to them;
they find no pleasure in it.

11 But I am full of the wrath of the LORD,
and I cannot hold it in.

"Pour it out on the children in the street
and on the young men gathered together;
both husband and wife will be caught in it,
and the old, those weighed down with years.

12 Their houses will be turned over to others,
together with their fields and their wives,
when I stretch out my hand
against those who live in the land,"
declares the LORD.

13 "From the least to the greatest,
all are greedy for gain;
prophets and priests alike,
all practice deceit.

14 They dress the wound of my people
as though it were not serious.
'Peace, peace,' they say,
when there is no peace.

15 Are they ashamed of their loathsome conduct?
No, they have no shame at all;
they do not even know how to blush.
So they will fall among the fallen;
they will be brought down when I punish them,"
says the LORD.

16 This is what the LORD says:

"Stand at the crossroads and look;
ask for the ancient paths,
ask where the good way is, and walk in it,
and you will find rest for your souls.
But you said, 'We will not walk in it.'

17 I appointed watchmen over you and said,
'Listen to the sound of the trumpet!'
But you said, 'We will not listen.'

18 Therefore hear, O nations,
observe, O witnesses,
what will happen to them.

19 Hear, O earth:
I am bringing disaster on this people,
the fruit of their schemes,
because they have not listened to my words
and have rejected my law.

20 What do I care about incense from Sheba
or sweet calamus from a distant land?
Your burnt offerings are not acceptable;
your sacrifices do not please me."

21 Therefore this is what the LORD says:

"I will put obstacles before this people.
Fathers and sons alike will stumble over them;
neighbors and friends will perish."

22 This is what the LORD says:

"Look, an army is coming
from the land of the north;
a great nation is being stirred up
from the ends of the earth.

---

m 10 Hebrew *uncircumcised*

23 Arco y jabalina empuñarán; crueles son, y no tendrán misericordia; su estruendo brama como el mar, y montarán a caballo como hombres dispuestos para la guerra, contra ti, oh hija de Sion.
24 Su fama oímos, y nuestras manos se descoyuntaron; se apoderó de nosotros angustia, dolor como de mujer que está de parto.
25 No salgas al campo, ni andes por el camino; porque espada de enemigo y temor hay por todas partes.
26 Hija de mi pueblo, cíñete de cilicio, y revuélcate en ceniza; ponte luto como por hijo único, llanto de amarguras; porque pronto vendrá sobre nosotros el destruidor.
27 Por fortaleza te he puesto en mi pueblo, por torre; conocerás, pues, y examinarás el camino de ellos.
28 Todos ellos son rebeldes, porfiados, andan chismeando; son bronce y hierro; todos ellos son corruptores.
29 Se quemó el fuelle, por el fuego se ha consumido el plomo; en vano fundió el fundidor, pues la escoria no se ha arrancado.
30 Plata desechada los llamarán, porque Jehová los desechó.

23 They are armed with bow and spear;
　　they are cruel and show no mercy.
　They sound like the roaring sea
　　as they ride on their horses;
　they come like men in battle formation
　　to attack you, O Daughter of Zion.”
24 We have heard reports about them,
　　and our hands hang limp.
　Anguish has gripped us,
　　pain like that of a woman in labor.
25 Do not go out to the fields
　　or walk on the roads,
　for the enemy has a sword,
　　and there is terror on every side.
26 O my people, put on sackcloth
　　and roll in ashes;
　mourn with bitter wailing
　　as for an only son,
　for suddenly the destroyer
　　will come upon us.

27 “I have made you a tester of metals
　　and my people the ore,
　that you may observe
　　and test their ways.
28 They are all hardened rebels,
　　going about to slander.
　They are bronze and iron;
　　they all act corruptly.
29 The bellows blow fiercely
　　to burn away the lead with fire,
　but the refining goes on in vain;
　　the wicked are not purged out.
30 They are called rejected silver,
　　because the LORD has rejected them.”

Mejorad vuestros caminos y vuestras obras

7 1 Palabra de Jehová que vino a Jeremías, diciendo: 2 Ponte a la puerta de la casa de Jehová, y proclama allí esta palabra, y dí: Oíd palabra de Jehová, todo Judá, los que entráis por estas puertas para adorar a Jehová.
3 Así ha dicho Jehová de los ejércitos, Dios de Israel: Mejorad vuestros caminos y vuestras obras, y os haré morar en este lugar.
4 No fiéis en palabras de mentira, diciendo: Templo de Jehová, templo de Jehová, templo de Jehová es este.
5 Pero si mejorareis cumplidamente vuestros caminos y vuestras obras; si con verdad hiciereis justicia entre el hombre y su prójimo,
6 y no oprimiereis al extranjero, al huérfano y a la viuda, ni en este lugar derramareis la sangre inocente, ni anduviereis en pos de dioses ajenos para mal vuestro,
7 os haré morar en este lugar, en la tierra que di a vuestros padres para siempre.
8 He aquí, vosotros confiáis en palabras de mentira, que no aprovechan.
9 Hurtando, matando, adulterando, jurando en falso, e incensando a Baal, y andando tras dioses extraños que no conocisteis,
10 ¿vendréis y os pondréis delante de mí en esta casa sobre la cual es invocado mi nombre, y diréis: Librados somos; para seguir haciendo todas estas abominaciones?
11 ¿Es cueva de ladrones delante de vuestros ojos esta casa sobre la cual es invocado mi nombre? He aquí que también yo lo veo, dice Jehová.
12 Andad ahora a mi lugar en Silo, donde hice morar mi nombre al principio, y ved lo que le hice por la maldad de mi pueblo Israel.

False Religion Worthless

7 This is the word that came to Jeremiah from the LORD: 2 “Stand at the gate of the LORD’s house and there proclaim this message:
　“ ‘Hear the word of the LORD, all you people of Judah who come through these gates to worship the LORD. 3 This is what the LORD Almighty, the God of Israel, says: Reform your ways and your actions, and I will let you live in this place. 4 Do not trust in deceptive words and say, “This is the temple of the LORD, the temple of the LORD, the temple of the LORD!” 5 If you really change your ways and your actions and deal with each other justly, 6 if you do not oppress the alien, the fatherless or the widow and do not shed innocent blood in this place, and if you do not follow other gods to your own harm, 7 then I will let you live in this place, in the land I gave your forefathers for ever and ever. 8 But look, you are trusting in deceptive words that are worthless.
9 “ ‘Will you steal and murder, commit adultery and perjury, n burn incense to Baal and follow other gods you have not known, 10 and then come and stand before me in this house, which bears my Name, and say, “We are safe”—safe to do all these detestable things? 11 Has this house, which bears my Name, become a den of robbers to you? But I have been watching! declares the LORD.
12 “ ‘Go now to the place in Shiloh where I first made a dwelling for my Name, and see what I did to it because of the wickedness of my people Israel.

n 9 Or and swear by false gods

13 Ahora, pues, por cuanto vosotros habéis hecho todas estas obras, dice Jehová, y aunque os hablé desde temprano y sin cesar, no oísteis, y os llamé, y no respondisteis; 14 haré también a esta casa sobre la cual es invocado mi nombre, en la que vosotros confiáis, y a este lugar que di a vosotros y a vuestros padres, como hice a Silo. 15 Os echaré de mi presencia, como eché a todos vuestros hermanos, a toda la generación de Efraín.

16 Tú, pues, no ores por este pueblo, ni levantes por ellos clamor ni oración, ni me ruegues; porque no te oiré. 17 ¿No ves lo que éstos hacen en las ciudades de Judá y en las calles de Jerusalén? 18 Los hijos recogen la leña, los padres encienden el fuego, y las mujeres amasan la masa, para hacer tortas a la reina del cielo y para hacer ofrendas a dioses ajenos, para provocarme a ira. 19 ¿Me provocarán ellos a ira? dice Jehová. ¿No obran más bien ellos mismos su propia confusión? 20 Por tanto, así ha dicho Jehová el Señor: He aquí que mi furor y mi ira se derramarán sobre este lugar, sobre los hombres, sobre los animales, sobre los árboles del campo y sobre los frutos de la tierra; se encenderán, y no se apagarán.

Castigo de la rebelión de Judá

21 Así ha dicho Jehová de los ejércitos, Dios de Israel: Añadid vuestros holocaustos sobre vuestros sacrificios, y comed la carne. 22 Porque no hablé yo con vuestros padres, ni nada les mandé acerca de holocaustos y de víctimas el día que los saqué de la tierra de Egipto. 23 Mas esto les mandé, diciendo: Escuchad mi voz, y seré a vosotros por Dios, y vosotros me seréis por pueblo; y andad en todo camino que os mande, para que os vaya bien. 24 Y no oyeron ni inclinaron su oído; antes caminaron en sus propios consejos, en la dureza de su corazón malvado, y fueron hacia atrás y no hacia adelante. 25 desde el día que vuestros padres salieron de la tierra de Egipto hasta hoy. Y os envié todos los profetas mis siervos, enviándolos desde temprano y sin cesar; 26 pero no me oyeron ni inclinaron su oído, sino que endurecieron su cerviz, e hicieron peor que sus padres.

27 Tú, pues, les dirás todas estas palabras, pero no te oirán; los llamarás, y no te responderán. 28 Les dirás, por tanto: Esta es la nación que no escuchó la voz de Jehová su Dios, ni admitió corrección; pereció la verdad, y de la boca de ellos fue cortada. 29 Corta tu cabello, y arrójalo, y levanta llanto sobre las alturas; porque Jehová ha aborrecido y dejado la generación objeto de su ira. 30 Porque los hijos de Judá han hecho lo malo ante mis ojos, dice Jehová; pusieron sus abominaciones en la casa sobre la cual fue invocado mi nombre, amancillándola. 31 Y han edificado los lugares altos de Tofet, que está en el valle del hijo de Hinom, para quemar al fuego a sus hijos y a sus hijas, cosa que yo no les mandé, ni subió en mi corazón. 32 Por tanto, he aquí vendrán días, ha dicho Jehová, en que no se diga más, Tofet, ni valle del hijo de Hinom, sino Valle de la Matanza; y serán enterrados en Tofet, por no haber lugar. 33 Y serán los cuerpos muertos de este pueblo para comida de las aves del cielo y de las bestias de la tierra; y no habrá quien las espante. 34 Y haré cesar de las ciudades de Judá, y de las calles de Jerusalén, la voz de gozo y la voz de alegría, la voz del esposo y la voz de la esposa; porque la tierra será desolada.

13 While you were doing all these things, declares the LORD, I spoke to you again and again, but you did not listen; I called you, but you did not answer. 14 Therefore, what I did to Shiloh I will now do to the house that bears my Name, the temple you trust in, the place I gave to you and your fathers. 15 I will thrust you from my presence, just as I did all your brothers, the people of Ephraim.'

16 "So do not pray for this people nor offer any plea or petition for them; do not plead with me, for I will not listen to you. 17 Do you not see what they are doing in the towns of Judah and in the streets of Jerusalem? 18 The children gather wood, the fathers light the fire, and the women knead the dough and make cakes of bread for the Queen of Heaven. They pour out drink offerings to other gods to provoke me to anger. 19 But am I the one they are provoking? declares the LORD. Are they not rather harming themselves, to their own shame?

20 " 'Therefore this is what the Sovereign LORD says: My anger and my wrath will be poured out on this place, on man and beast, on the trees of the field and on the fruit of the ground, and it will burn and not be quenched.

21 " 'This is what the LORD Almighty, the God of Israel, says: Go ahead, add your burnt offerings to your other sacrifices and eat the meat yourselves! 22 For when I brought your forefathers out of Egypt and spoke to them, I did not just give them commands about burnt offerings and sacrifices, 23 but I gave them this command: Obey me, and I will be your God and you will be my people. Walk in all the ways I command you, that it may go well with you. 24 But they did not listen or pay attention; instead, they followed the stubborn inclinations of their evil hearts. They went backward and not forward. 25 From the time your forefathers left Egypt until now, day after day, again and again I sent you my servants the prophets. 26 But they did not listen to me or pay attention. They were stiff-necked and did more evil than their forefathers.'

27 "When you tell them all this, they will not listen to you; when you call to them, they will not answer. 28 Therefore say to them, 'This is the nation that has not obeyed the LORD its God or responded to correction. Truth has perished; it has vanished from their lips. 29 Cut off your hair and throw it away; take up a lament on the barren heights, for the LORD has rejected and abandoned this generation that is under his wrath.

The Valley of Slaughter

30 " 'The people of Judah have done evil in my eyes, declares the LORD. They have set up their detestable idols in the house that bears my Name and have defiled it. 31 They have built the high places of Topheth in the Valley of Ben Hinnom to burn their sons and daughters in the fire—something I did not command, nor did it enter my mind. 32 So beware, the days are coming, declares the LORD, when people will no longer call it Topheth or the Valley of Ben Hinnom, but the Valley of Slaughter, for they will bury the dead in Topheth until there is no more room. 33 Then the carcasses of this people will become food for the birds of the air and the beasts of the earth, and there will be no one to frighten them away. 34 I will bring an end to the sounds of joy and gladness and to the voices of bride and bridegroom in the towns of Judah and the streets of Jerusalem, for the land will become desolate.

8 ¹ En aquel tiempo, dice Jehová, sacarán los huesos de los reyes de Judá, y los huesos de sus príncipes, y los huesos de los sacerdotes, y los huesos de los profetas, y los huesos de los moradores de Jerusalén, fuera de sus sepulcros;

² y los esparcirán al sol y a la luna y a todo el ejército del cielo, a quienes amaron y a quienes sirvieron, en pos de quienes anduvieron, a quienes preguntaron, y ante quienes se postraron. No serán recogidos ni enterrados; serán como estiércol sobre la faz de la tierra.

³ Y escogerá la muerte antes que la vida todo el resto que quede de esta mala generación, en todos los lugares adonde arroje yo a los que queden, dice Jehová de los ejércitos.

⁴ Les dirás asimismo: Así ha dicho Jehová: El que cae, ¿no se levanta? El que se desvía, ¿no vuelve al camino? ⁵ ¿Por qué es este pueblo de Jerusalén rebelde con rebeldía perpetua? Abrazaron el engaño, y no han querido volverse. ⁶ Escuché y oí; no hablan rectamente, no hay hombre que se arrepienta de su mal, diciendo: ¿Qué he hecho? Cada cual se volvió a su propia carrera, como caballo que arremete con ímpetu a la batalla. ⁷ Aun la cigüeña en el cielo conoce su tiempo, y la tórtola y la grulla y la golondrina guardan el tiempo de su venida; pero mi pueblo no conoce el juicio de Jehová.

⁸ ¿Cómo decís: Nosotros somos sabios, y la ley de Jehová está con nosotros? Ciertamente la ha cambiado en mentira la pluma mentirosa de los escribas. ⁹ Los sabios se avergonzaron, se espantaron y fueron consternados; he aquí que aborrecieron la palabra de Jehová; ¿y qué sabiduría tienen? ¹⁰ Por tanto, daré a otros sus mujeres, y sus campos a quienes los conquisten; porque desde el más pequeño hasta el más grande cada uno sigue la avaricia; desde el profeta hasta el sacerdote todos hacen engaño. ¹¹ Y curaron la herida de la hija de mi pueblo con liviandad, diciendo: Paz, paz; y no hay paz. ¹² ¿Se han avergonzado de haber hecho abominación? Ciertamente no se han avergonzado en lo más mínimo, ni supieron avergonzarse; caerán, por tanto, entre los que caigan; cuando los castigue caerán, dice Jehová. ¹³ Los cortaré del todo, dice Jehová. No quedarán uvas en la vid, ni higos en la higuera, y se caerá la hoja; y lo que les he dado pasará de ellos.

8 " 'At that time, declares the Lord, the bones of the kings and officials of Judah, the bones of the priests and prophets, and the bones of the people of Jerusalem will be removed from their graves. ²They will be exposed to the sun and the moon and all the stars of the heavens, which they have loved and served and which they have followed and consulted and worshiped. They will not be gathered up or buried, but will be like refuse lying on the ground. ³Wherever I banish them, all the survivors of this evil nation will prefer death to life, declares the Lord Almighty.'

Sin and Punishment

⁴"Say to them, 'This is what the Lord says:

" 'When men fall down, do they not get up?
  When a man turns away, does he not return?
⁵Why then have these people turned away?
  Why does Jerusalem always turn away?
They cling to deceit;
  they refuse to return.
⁶I have listened attentively,
  but they do not say what is right.
No one repents of his wickedness,
  saying, "What have I done?"
Each pursues his own course
  like a horse charging into battle.
⁷Even the stork in the sky
  knows her appointed seasons,
and the dove, the swift and the thrush
  observe the time of their migration.
But my people do not know
  the requirements of the Lord.

⁸" 'How can you say, "We are wise,
  for we have the law of the Lord,"
when actually the lying pen of the scribes
  has handled it falsely?
⁹The wise will be put to shame;
  they will be dismayed and trapped.
Since they have rejected the word of the Lord,
  what kind of wisdom do they have?
¹⁰Therefore I will give their wives to other men
  and their fields to new owners.
From the least to the greatest,
  all are greedy for gain;
prophets and priests alike,
  all practice deceit.
¹¹They dress the wound of my people
  as though it were not serious.
"Peace, peace," they say,
  when there is no peace.
¹²Are they ashamed of their loathsome conduct?
  No, they have no shame at all;
  they do not even know how to blush.
So they will fall among the fallen;
  they will be brought down when they are punished,
        says the Lord.

¹³" 'I will take away their harvest,
      declares the Lord.
There will be no grapes on the vine.
There will be no figs on the tree,
  and their leaves will wither.
What I have given them
  will be taken from them.ᵒ' "

ᵒ 13 The meaning of the Hebrew for this sentence is uncertain.

14 ¿Por qué nos estamos sentados? Reuníos, y entremos en las ciudades fortificadas, y perezcamos allí; porque Jehová nuestro Dios nos ha destinado a perecer, y nos ha dado a beber aguas de hiel, porque pecamos contra Jehová.

15 Esperamos paz, y no hubo bien; día de curación, y he aquí turbación.

16 Desde Dan se oyó el bufido de sus caballos; al sonido de los relinchos de sus corceles tembló toda la tierra; y vinieron y devoraron la tierra y su abundancia, a la ciudad y a los moradores de ella.

17 Porque he aquí que yo envío sobre vosotros serpientes, áspides contra los cuales no hay encantamiento, y os morderán, dice Jehová.

Lamento sobre Judá y Jerusalén

18 A causa de mi fuerte dolor, mi corazón desfallece en mí.

19 He aquí voz del clamor de la hija de mi pueblo, que viene de la tierra lejana: ¿No está Jehová en Sion? ¿No está en ella su Rey? ¿Por qué me hicieron airar con sus imágenes de talla, con vanidades ajenas?

20 Pasó la siega, terminó el verano, y nosotros no hemos sido salvos.

21 Quebrantado estoy por el quebrantamiento de la hija de mi pueblo; entenebrecido estoy, espanto me ha arrebatado.

22 ¿No hay bálsamo en Galaad? ¿No hay allí médico? ¿Por qué, pues, no hubo medicina para la hija de mi pueblo?

9 1 ¡Oh, si mi cabeza se hiciese aguas, y mis ojos fuentes de lágrimas, para que llore día y noche los muertos de la hija de mi pueblo!

2 ¡Oh, quién me diese en el desierto un albergue de caminantes, para que dejase a mi pueblo, y de ellos me apartase! Porque todos ellos son adúlteros, congregación de prevaricadores.

3 Hicieron que su lengua lanzara mentira como un arco, y no se fortalecieron para la verdad en la tierra; porque de mal en mal procedieron, y me han desconocido, dice Jehová.

14 "Why are we sitting here?
   Gather together!
Let us flee to the fortified cities
   and perish there!
For the LORD our God has doomed us to perish
   and given us poisoned water to drink,
because we have sinned against him.

15 We hoped for peace
   but no good has come,
for a time of healing
   but there was only terror.

16 The snorting of the enemy's horses
   is heard from Dan;
at the neighing of their stallions
   the whole land trembles.
They have come to devour
   the land and everything in it,
   the city and all who live there."

17 "See, I will send venomous snakes among you,
   vipers that cannot be charmed,
   and they will bite you,"
               declares the LORD.

18 O my Comforter[p] in sorrow,
   my heart is faint within me.

19 Listen to the cry of my people
   from a land far away:
"Is the LORD not in Zion?
   Is her King no longer there?"

"Why have they provoked me to anger with their
     images,
   with their worthless foreign idols?"

20 "The harvest is past,
   the summer has ended,
   and we are not saved."

21 Since my people are crushed, I am crushed;
   I mourn, and horror grips me.

22 Is there no balm in Gilead?
   Is there no physician there?
Why then is there no healing
   for the wound of my people?

9 1 Oh, that my head were a spring of water
   and my eyes a fountain of tears!
I would weep day and night
   for the slain of my people.

2 Oh, that I had in the desert
   a lodging place for travelers,
so that I might leave my people
   and go away from them;
for they are all adulterers,
   a crowd of unfaithful people.

3 "They make ready their tongue
   like a bow, to shoot lies;
it is not by truth
   that they triumph[q] in the land.
They go from one sin to another;
   they do not acknowledge me,"
               declares the LORD.

---

p 18 The meaning of the Hebrew for this word is uncertain.
q 3 Or *lies; / they are not valiant for truth*

4 Guárdese cada uno de su compañero, y en ningún hermano tenga confianza; porque todo hermano engaña con falacia, y todo compañero anda calumniando.

5 Y cada uno engaña a su compañero, y ninguno habla verdad; acostumbraron su lengua a hablar mentira, se ocupan de actuar perversamente.

6 Su morada está en medio del engaño; por muy engañadores no quisieron conocerme, dice Jehová.

7 Por tanto, así ha dicho Jehová de los ejércitos: He aquí que yo los refinaré y los probaré; porque ¿qué más he de hacer por la hija de mi pueblo?

8 Saeta afilada es la lengua de ellos; engaño habla; con su boca dice paz a su amigo, y dentro de sí pone sus asechanzas.

9 ¿No los he de castigar por estas cosas? dice Jehová. De tal nación, ¿no se vengará mi alma?

10 Por los montes levantaré lloro y lamentación, y llanto por los pastizales del desierto; porque fueron desolados hasta no quedar quien pase, ni oírse bramido de ganado; desde las aves del cielo hasta las bestias de la tierra huyeron, y se fueron.

11 Reduciré a Jerusalén a un montón de ruinas, morada de chacales; y convertiré las ciudades de Judá en desolación en que no quede morador.

Amenaza de ruina y exilio

12 ¿Quién es varón sabio que entienda esto? ¿y a quién habló la boca de Jehová, para que pueda declararlo? ¿Por qué causa la tierra ha perecido, ha sido asolada como desierto, hasta no haber quien pase?

13 Dijo Jehová: Porque dejaron mi ley, la cual di delante de ellos, y no obedecieron a mi voz, ni caminaron conforme a ella;

14 antes se fueron tras la imaginación de su corazón, y en pos de los baales, según les enseñaron sus padres.

15 Por tanto, así ha dicho Jehová de los ejércitos, Dios de Israel: He aquí que a este pueblo yo les daré a comer ajenjo, y les daré a beber aguas de hiel;

16 Y los esparciré entre naciones que ni ellos ni sus padres conocieron; y enviaré espada en pos de ellos, hasta que los acabe.

17 Así dice Jehová de los ejércitos: Considerad, y llamad plañideras que vengan; buscad a las hábiles en su oficio;

18 y dense prisa, y levanten llanto por nosotros, y deshágan-se nuestros ojos en lágrimas, y nuestros párpados se destilen en aguas.

4 "Beware of your friends;
    do not trust your brothers.
For every brother is a deceiver,r
    and every friend is a slanderer.
5 Friend deceives friend,
    and no one speaks the truth.
They have taught their tongues to lie;
    they weary themselves with sinning.
6 Yous live in the midst of deception;
    in their deceit they refuse to acknowledge
        me,"

declares the LORD.

7 Therefore this is what the LORD Almighty says:

"See, I will refine and test them,
    for what else can I do
    because of the sin of my people?
8 Their tongue is a deadly arrow;
    it speaks with deceit.
With his mouth each speaks cordially to his
        neighbor,
    but in his heart he sets a trap for him.
9 Should I not punish them for this?"
    declares the LORD.
"Should I not avenge myself
    on such a nation as this?"

10 I will weep and wail for the mountains
    and take up a lament concerning the desert
        pastures.
They are desolate and untraveled,
    and the lowing of cattle is not heard.
The birds of the air have fled
    and the animals are gone.

11 "I will make Jerusalem a heap of ruins,
    a haunt of jackals;
and I will lay waste the towns of Judah
    so no one can live there."

12 What man is wise enough to understand this? Who has been instructed by the LORD and can explain it? Why has the land been ruined and laid waste like a desert that no one can cross?

13 The LORD said, "It is because they have forsaken my law, which I set before them; they have not obeyed me or followed my law. 14 Instead, they have followed the stubbornness of their hearts; they have followed the Baals, as their fathers taught them." 15 Therefore, this is what the LORD Almighty, the God of Israel, says: "See, I will make this people eat bitter food and drink poisoned water. 16 I will scatter them among nations that neither they nor their fathers have known, and I will pursue them with the sword until I have destroyed them."

17 This is what the LORD Almighty says:

"Consider now! Call for the wailing women to
        come;
    send for the most skillful of them.
18 Let them come quickly
    and wail over us
till our eyes overflow with tears
    and water streams from our eyelids.

---

r 4 Or a deceiving Jacob   s 6 That is, Jeremiah (the Hebrew is singular)

19 Porque de Sion fue oída voz de endecha: ¡Cómo hemos sido destruidos! En gran manera hemos sido avergonzados, porque abandonamos la tierra, porque han destruido nuestras moradas.

20 Oíd, pues, oh mujeres, palabra de Jehová, y vuestro oído reciba la palabra de su boca: Enseñad endechas a vuestras hijas, y lamentación cada una a su amiga.

21 Porque la muerte ha subido por nuestras ventanas, ha entrado en nuestros palacios, para exterminar a los niños de las calles, a los jóvenes de las plazas.

22 Habla: Así ha dicho Jehová: Los cuerpos de los hombres muertos caerán como estiércol sobre la faz del campo, y como manojo tras el segador, que no hay quien lo recoja.

El conocimiento de Dios es la gloria del hombre

23 Así dijo Jehová: No se alabe el sabio en su sabiduría, ni en su valentía se alabe el valiente, ni el rico se alabe en sus riquezas.

24 Mas alábese en esto el que se hubiere de alabar: en entenderme y conocerme, que yo soy Jehová, que hago misericordia, juicio y justicia en la tierra; porque estas cosas quiero, dice Jehová.

25 He aquí que vienen días, dice Jehová, en que castigaré a todo circuncidado, y a todo incircunciso;

26 a Egipto y a Judá, a Edom y a los hijos de Amón y de Moab, y a todos los arrinconados en el postrer rincón, los que moran en el desierto; porque todas las naciones son incircuncisas, y toda la casa de Israel es incircuncisa de corazón.

Los falsos dioses y el Dios verdadero

10 1 Oíd la palabra que Jehová ha hablado sobre vosotros, oh casa de Israel.

2 Así dijo Jehová: No aprendáis el camino de las naciones, ni de las señales del cielo tengáis temor, aunque las naciones las teman.

3 Porque las costumbres de los pueblos son vanidad; porque leño del bosque cortaron, obra de manos de artífice con buril.

4 Con plata y oro lo adornan; con clavos y martillo lo afirman para que no se mueva.

5 Derechos están como palmera, y no hablan; son llevados, porque no pueden andar. No tengáis temor de ellos, porque ni pueden hacer mal, ni para hacer bien tienen poder.

6 No hay semejante a ti, oh Jehová; grande eres tú, y grande tu nombre en poderío.

---

19 The sound of wailing is heard from Zion:
  'How ruined we are!
  How great is our shame!
We must leave our land
  because our houses are in ruins.' "

20 Now, O women, hear the word of the LORD;
  open your ears to the words of his mouth.
Teach your daughters how to wail;
  teach one another a lament.

21 Death has climbed in through our windows
  and has entered our fortresses;
it has cut off the children from the streets
  and the young men from the public squares.

22 Say, "This is what the LORD declares:

" 'The dead bodies of men will lie
  like refuse on the open field,
like cut grain behind the reaper,
  with no one to gather them.' "

23 This is what the LORD says:

"Let not the wise man boast of his wisdom
  or the strong man boast of his strength
  or the rich man boast of his riches,
24 but let him who boasts boast about this:
  that he understands and knows me,
that I am the LORD, who exercises kindness,
  justice and righteousness on earth,
  for in these I delight,"
                    declares the LORD.

25 "The days are coming," declares the LORD, "when I will punish all who are circumcised only in the flesh— 26 Egypt, Judah, Edom, Ammon, Moab and all who live in the desert in distant places.[t] For all these nations are really uncircumcised, and even the whole house of Israel is uncircumcised in heart."

God and Idols

10 Hear what the LORD says to you, O house of Israel. 2 This is what the LORD says:

"Do not learn the ways of the nations
  or be terrified by signs in the sky,
  though the nations are terrified by them.
3 For the customs of the peoples are worthless;
  they cut a tree out of the forest,
  and a craftsman shapes it with his chisel.
4 They adorn it with silver and gold;
  they fasten it with hammer and nails
  so it will not totter.
5 Like a scarecrow in a melon patch,
  their idols cannot speak;
they must be carried
  because they cannot walk.
Do not fear them;
  they can do no harm
  nor can they do any good."

6 No one is like you, O LORD;
  you are great,
  and your name is mighty in power.

---

t 26 Or desert and who clip the hair by their foreheads

7 ¿Quién no te temerá, oh Rey de las naciones? Porque a ti es debido el temor; porque entre todos los sabios de las naciones y en todos sus reinos, no hay semejante a ti.
8 Todos se infatuarán y entontecerán. Enseñanza de vanidades es el leño.
9 Traerán plata batida de Tarsis y oro de Ufaz, obra del artífice, y de manos del fundidor; los vestirán de azul y de púrpura, obra de peritos es todo.
10 Mas Jehová es el Dios verdadero; él es Dios vivo y Rey eterno; a su ira tiembla la tierra, y las naciones no pueden sufrir su indignación.
11 Les diréis así: Los dioses que no hicieron los cielos ni la tierra, desaparezcan de la tierra y de debajo de los cielos.
12 El que hizo la tierra con su poder, el que puso en orden el mundo con su saber, y extendió los cielos con su sabiduría;
13 a su voz se produce muchedumbre de aguas en el cielo, y hace subir las nubes de lo postrero de la tierra; hace los relámpagos con la lluvia, y saca el viento de sus depósitos.
14 Todo hombre se embrutece, y le falta ciencia; se avergüenza de su ídolo todo fundidor, porque mentirosa es su obra de fundición, y no hay espíritu en ella.
15 Vanidad son, obra vana; al tiempo de su castigo perecerán.
16 No es así la porción de Jacob; porque él es el Hacedor de todo, e Israel es la vara de su heredad; Jehová de los ejércitos es su nombre.

Asolamiento de Judá

17 Recoge de las tierras tus mercaderías, la que moras en lugar fortificado.
18 Porque así ha dicho Jehová: He aquí que esta vez arrojaré con honda los moradores de la tierra, y los afligiré, para que lo sientan.
19 ¡Ay de mí, por mi quebrantamiento! mi llaga es muy dolorosa. Pero dije: Ciertamente enfermedad mía es esta, y debo sufrirla.
20 Mi tienda está destruida, y todas mis cuerdas están rotas; mis hijos me han abandonado y perecieron; no hay ya más quien levante mi tienda, ni quien cuelgue mis cortinas.
21 Porque los pastores se infatuaron, y no buscaron a Jehová; por tanto, no prosperaron, y todo su ganado se esparció.

7 Who should not revere you,
   O King of the nations?
   This is your due.
Among all the wise men of the nations
   and in all their kingdoms,
   there is no one like you.
8 They are all senseless and foolish;
   they are taught by worthless wooden idols.
9 Hammered silver is brought from Tarshish
   and gold from Uphaz.
What the craftsman and goldsmith have made
   is then dressed in blue and purple—
   all made by skilled workers.
10 But the LORD is the true God;
   he is the living God, the eternal King.
When he is angry, the earth trembles;
   the nations cannot endure his wrath.

11 "Tell them this: 'These gods, who did not make the heavens and the earth, will perish from the earth and from under the heavens.' " [u]

12 But God made the earth by his power;
   he founded the world by his wisdom
   and stretched out the heavens by his
      understanding.
13 When he thunders, the waters in the heavens
      roar;
   he makes clouds rise from the ends of the
      earth.
He sends lightning with the rain
   and brings out the wind from his storehouses.

14 Everyone is senseless and without knowledge;
   every goldsmith is shamed by his idols.
His images are a fraud;
   they have no breath in them.
15 They are worthless, the objects of mockery;
   when their judgment comes, they will perish.
16 He who is the Portion of Jacob is not like these,
   for he is the Maker of all things,
including Israel, the tribe of his inheritance—
   the LORD Almighty is his name.

Coming Destruction

17 Gather up your belongings to leave the land,
   you who live under siege.
18 For this is what the LORD says:
   "At this time I will hurl out
      those who live in this land;
   I will bring distress on them
      so that they may be captured."

19 Woe to me because of my injury!
   My wound is incurable!
Yet I said to myself,
   "This is my sickness, and I must endure it."
20 My tent is destroyed;
   all its ropes are snapped.
My sons are gone from me and are no more;
   no one is left now to pitch my tent
   or to set up my shelter.
21 The shepherds are senseless
   and do not inquire of the LORD;
so they do not prosper
   and all their flock is scattered.

___
[u] 11 The text of this verse is in Aramaic.

22 He aquí que voz de rumor viene, y alboroto grande de la tierra del norte, para convertir en soledad todas las ciudades de Judá, en morada de chacales.

23 Conozco, oh Jehová, que el hombre no es señor de su camino, ni del hombre que camina es el ordenar sus pasos.

24 Castígame, oh Jehová, mas con juicio; no con tu furor, para que no me aniquiles.

25 Derrama tu enojo sobre los pueblos que no te conocen, y sobre las naciones que no invocan tu nombre; porque se comieron a Jacob, lo devoraron, le han consumido, y han asolado su morada.

22 Listen! The report is coming—
a great commotion from the land of the north!
It will make the towns of Judah desolate,
a haunt of jackals.

Jeremiah's Prayer

23 I know, O LORD, that a man's life is not his own;
it is not for man to direct his steps.
24 Correct me, LORD, but only with justice—
not in your anger,
lest you reduce me to nothing.
25 Pour out your wrath on the nations
that do not acknowledge you,
on the peoples who do not call on your name.
For they have devoured Jacob;
they have devoured him completely
and destroyed his homeland.

El pacto violado

11 ¹ Palabra que vino de Jehová a Jeremías, diciendo: ² Oíd las palabras de este pacto, y hablad a todo varón de Judá, y a todo morador de Jerusalén.

3 Y les dirás tú: Así dijo Jehová Dios de Israel: Maldito el varón que no obedeciere las palabras de este pacto,

4 el cual mandé a vuestros padres el día que los saqué de la tierra de Egipto, del horno de hierro, diciéndoles: Oíd mi voz, y cumplid mis palabras, conforme a todo lo que os mando; y me seréis por pueblo, y yo seré a vosotros por Dios;

5 para que confirme el juramento que hice a vuestros padres, que les daría la tierra que fluye leche y miel, como en este día. Y respondí y dije: Amén, oh Jehová.

6 Y Jehová me dijo: Pregona todas estas palabras en las ciudades de Judá y en las calles de Jerusalén, diciendo: Oíd las palabras de este pacto, y ponedlas por obra.

7 Porque solemnemente protesté a vuestros padres el día que les hice subir de la tierra de Egipto, amonestándoles desde temprano y sin cesar hasta el día de hoy, diciendo: Oíd mi voz.

8 Pero no oyeron, ni inclinaron su oído, antes se fueron cada uno tras la imaginación de su malvado corazón; por tanto, traeré sobre ellos todas las palabras de este pacto, el cual mandé que cumpliesen, y no lo cumplieron.

9 Y me dijo Jehová: Conspiración se ha hallado entre los varones de Judá, y entre los moradores de Jerusalén.

10 Se han vuelto a las maldades de sus primeros padres, los cuales no quisieron escuchar mis palabras, y se fueron tras dioses ajenos para servirles; la casa de Israel y la casa de Judá invalidaron mi pacto, el cual había yo concertado con sus padres.

11 Por tanto, así ha dicho Jehová: He aquí yo traigo sobre ellos mal del que no podrán salir; y clamarán a mí, y no los oiré.

12 E irán las ciudades de Judá y los moradores de Jerusalén, y clamarán a los dioses a quienes queman ellos incienso, los cuales no los podrán salvar en el tiempo de su mal.

13 Porque según el número de tus ciudades fueron tus dioses, oh Judá; y según el número de tus calles, oh Jerusalén, pusiste los altares de ignominia, altares para ofrecer incienso a Baal.

14 Tú, pues, no ores por este pueblo, ni levantes por ellos clamor ni oración; porque yo no oiré en el día que en su aflicción clamen a mí.

The Covenant Is Broken

11 This is the word that came to Jeremiah from the LORD: ²"Listen to the terms of this covenant and tell them to the people of Judah and to those who live in Jerusalem. ³Tell them that this is what the LORD, the God of Israel, says: 'Cursed is the man who does not obey the terms of this covenant— ⁴the terms I commanded your forefathers when I brought them out of Egypt, out of the iron-smelting furnace.' I said, 'Obey me and do everything I command you, and you will be my people, and I will be your God. ⁵Then I will fulfill the oath I swore to your forefathers, to give them a land flowing with milk and honey'—the land you possess today."

I answered, "Amen, LORD."

6 The LORD said to me, "Proclaim all these words in the towns of Judah and in the streets of Jerusalem: 'Listen to the terms of this covenant and follow them. ⁷From the time I brought your forefathers up from Egypt until today, I warned them again and again, saying, "Obey me." ⁸But they did not listen or pay attention; instead, they followed the stubbornness of their evil hearts. So I brought on them all the curses of the covenant I had commanded them to follow but that they did not keep.' "

9 Then the LORD said to me, "There is a conspiracy among the people of Judah and those who live in Jerusalem. ¹⁰They have returned to the sins of their forefathers, who refused to listen to my words. They have followed other gods to serve them. Both the house of Israel and the house of Judah have broken the covenant I made with their forefathers. ¹¹Therefore this is what the LORD says: 'I will bring on them a disaster they cannot escape. Although they cry out to me, I will not listen to them. ¹²The towns of Judah and the people of Jerusalem will go and cry out to the gods to whom they burn incense, but they will not help them at all when disaster strikes. ¹³You have as many gods as you have towns, O Judah; and the altars you have set up to burn incense to that shameful god Baal are as many as the streets of Jerusalem.'

14 "Do not pray for this people nor offer any plea or petition for them, because I will not listen when they call to me in the time of their distress.

15 ¿Qué derecho tiene mi amada en mi casa, habiendo hecho muchas abominaciones? ¿Crees que los sacrificios y las carnes santificadas de las víctimas pueden evitarte el castigo? ¿Puedes gloriarte de eso?

16 Olivo verde, hermoso en su fruto y en su parecer, llamó Jehová tu nombre. A la voz de recio estrépito hizo encender fuego sobre él, y quebraron sus ramas.

17 Porque Jehová de los ejércitos que te plantó ha pronunciado mal contra ti, a causa de la maldad que la casa de Israel y la casa de Judá han hecho, provocándome a ira con incensar a Baal.

Complot contra Jeremías

18 Y Jehová me lo hizo saber, y lo conocí; entonces me hiciste ver sus obras.

19 Y yo era como cordero inocente que llevan a degollar, pues no entendía que maquinaban designios contra mí, diciendo: Destruyamos el árbol con su fruto, y cortémoslo de la tierra de los vivientes, para que no haya más memoria de su nombre.

20 Pero, oh Jehová de los ejércitos, que juzgas con justicia, que escudriñas la mente y el corazón, vea yo tu venganza de ellos; porque ante ti he expuesto mi causa.

21 Por tanto, así ha dicho Jehová acerca de los varones de Anatot que buscan tu vida, diciendo: No profetices en nombre de Jehová, para que no mueras a nuestras manos;

22 así, pues, ha dicho Jehová de los ejércitos: He aquí que yo los castigaré; los jóvenes morirán a espada, sus hijos y sus hijas morirán de hambre,

23 y no quedará remanente de ellos, pues yo traeré mal sobre los varones de Anatot, el año de su castigo.

Queja de Jeremías y respuesta de Dios

12 1 Justo eres tú, oh Jehová, para que yo dispute contigo; sin embargo, alegaré mi causa ante ti. ¿Por qué es prosperado el camino de los impíos, y tienen bien todos los que se portan deslealmente?

2 Los plantaste, y echaron raíces; crecieron y dieron fruto; cercano estás tú en sus bocas, pero lejos de sus corazones.

3 Pero tú, oh Jehová, me conoces; me viste, y probaste mi corazón para contigo; arrebátalos como a ovejas para el degolladero, y señálalos para el día de la matanza.

4 ¿Hasta cuándo estará desierta la tierra, y marchita la hierba de todo el campo? Por la maldad de los que en ella moran, faltaron los ganados y las aves; porque dijeron: No verá Dios nuestro fin.

15 "What is my beloved doing in my temple
     as she works out her evil schemes with many?
     Can consecrated meat avert ˪your
         punishment˺?
When you engage in your wickedness,
     then you rejoice. ᵛ"

16 The LORD called you a thriving olive tree
     with fruit beautiful in form.
But with the roar of a mighty storm
     he will set it on fire,
     and its branches will be broken.

17 The LORD Almighty, who planted you, has decreed disaster for you, because the house of Israel and the house of Judah have done evil and provoked me to anger by burning incense to Baal.

Plot Against Jeremiah

18 Because the LORD revealed their plot to me, I knew it, for at that time he showed me what they were doing. 19 I had been like a gentle lamb led to the slaughter; I did not realize that they had plotted against me, saying,

"Let us destroy the tree and its fruit;
     let us cut him off from the land of the living,
     that his name be remembered no more."
20 But, O LORD Almighty, you who judge
         righteously
     and test the heart and mind,
let me see your vengeance upon them,
     for to you I have committed my cause.

21 "Therefore this is what the LORD says about the men of Anathoth who are seeking your life and saying, 'Do not prophesy in the name of the LORD or you will die by our hands'— 22 therefore this is what the LORD Almighty says: 'I will punish them. Their young men will die by the sword, their sons and daughters by famine. 23 Not even a remnant will be left to them, because I will bring disaster on the men of Anathoth in the year of their punishment.' "

Jeremiah's Complaint

12 You are always righteous, O LORD,
     when I bring a case before you.
Yet I would speak with you about your justice:
     Why does the way of the wicked prosper?
     Why do all the faithless live at ease?
2 You have planted them, and they have taken
         root;
     they grow and bear fruit.
You are always on their lips
     but far from their hearts.
3 Yet you know me, O LORD;
     you see me and test my thoughts about you.
Drag them off like sheep to be butchered!
     Set them apart for the day of slaughter!
4 How long will the land lie parched ʷ
     and the grass in every field be withered?
Because those who live in it are wicked,
     the animals and birds have perished.
Moreover, the people are saying,
     "He will not see what happens to us."

5 Si corriste con los de a pie, y te cansaron, ¿cómo contenderás con los caballos? Y si en la tierra de paz no estabas seguro, ¿cómo harás en la espesura del Jordán? 6 Porque aun tus hermanos y la casa de tu padre, aun ellos se levantaron contra ti, aun ellos dieron grito en pos de ti. No los creas cuando bien te hablen.

7 He dejado mi casa, desamparé mi heredad, he entregado lo que amaba mi alma en mano de sus enemigos. 8 Mi heredad fue para mí como león en la selva; contra mí dio su rugido; por tanto, la aborrecí. 9 ¿Es mi heredad para mí como ave de rapiña de muchos colores? ¿No están contra ella aves de rapiña en derredor? Venid, reuníos, vosotras todas las fieras del campo, venid a devorarla. 10 Muchos pastores han destruido mi viña, hollaron mi heredad, convirtieron en desierto y soledad mi heredad preciosa. 11 Fue puesta en asolamiento, y lloró sobre mí desolada; fue asolada toda la tierra, porque no hubo hombre que reflexionase. 12 Sobre todas las alturas del desierto vinieron destruidores; porque la espada de Jehová devorará desde un extremo de la tierra hasta el otro; no habrá paz para ninguna carne. 13 Sembraron trigo, y segaron espinos; tuvieron la heredad, mas no aprovecharon nada; se avergonzarán de sus frutos a causa de la ardiente ira de Jehová.

14 Así dijo Jehová contra todos mis malos vecinos, que tocan la heredad que hice poseer a mi pueblo Israel: He aquí que yo los arrancaré de su tierra, y arrancaré de en medio de ellos a la casa de Judá. 15 Y después que los haya arrancado, volveré y tendré misericordia de ellos, y los haré volver cada uno a su heredad y cada cual a su tierra. 16 Y si cuidadosamente aprendieren los caminos de mi pueblo, para jurar en mi nombre, diciendo: Vive Jehová, así como enseñaron a mi pueblo a jurar por Baal, ellos serán prosperados en medio de mi pueblo. 17 Mas si no oyeren, arrancaré esa nación, sacándola de raíz y destruyéndola, dice Jehová.

La señal del cinto podrido

13 1 Así me dijo Jehová: Vé y cómprate un cinto de lino, y cíñelo sobre tus lomos, y no lo metas en agua. 2 Y compré el cinto conforme a la palabra de Jehová, y lo puse sobre mis lomos. 3 Vino a mí segunda vez palabra de Jehová, diciendo:

God's Answer

5 "If you have raced with men on foot
   and they have worn you out,
     how can you compete with horses?
If you stumble in safe country,[x]
   how will you manage in the thickets by[y] the
     Jordan?
6 Your brothers, your own family—
   even they have betrayed you;
     they have raised a loud cry against you.
Do not trust them,
   though they speak well of you.

7 "I will forsake my house,
   abandon my inheritance;
I will give the one I love
   into the hands of her enemies.
8 My inheritance has become to me
   like a lion in the forest.
She roars at me;
   therefore I hate her.
9 Has not my inheritance become to me
   like a speckled bird of prey
     that other birds of prey surround and attack?
Go and gather all the wild beasts;
   bring them to devour.
10 Many shepherds will ruin my vineyard
   and trample down my field;
they will turn my pleasant field
   into a desolate wasteland.
11 It will be made a wasteland,
   parched and desolate before me;
the whole land will be laid waste
   because there is no one who cares.
12 Over all the barren heights in the desert
   destroyers will swarm,
for the sword of the LORD will devour
   from one end of the land to the other;
     no one will be safe.
13 They will sow wheat but reap thorns;
   they will wear themselves out but gain
     nothing.
So bear the shame of your harvest
   because of the LORD's fierce anger."

14 This is what the LORD says: "As for all my wicked neighbors who seize the inheritance I gave my people Israel, I will uproot them from their lands and I will uproot the house of Judah from among them. 15 But after I uproot them, I will again have compassion and will bring each of them back to his own inheritance and his own country. 16 And if they learn well the ways of my people and swear by my name, saying, 'As surely as the LORD lives'—even as they once taught my people to swear by Baal—then they will be established among my people. 17 But if any nation does not listen, I will completely uproot and destroy it," declares the LORD.

A Linen Belt

13 This is what the LORD said to me: "Go and buy a linen belt and put it around your waist, but do not let it touch water." 2 So I bought a belt, as the LORD directed, and put it around my waist.

3 Then the word of the LORD came to me a second time: 4 "Take the belt you bought and are wearing

x5 Or *If you put your trust in a land of safety*   y5 Or *the flooding of*

⁴Toma el cinto que compraste, que está sobre tus lomos, y levántate y vete al Eufrates, y escóndelo allá en la hendidura de una peña. ⁵Fui, pues, y lo escondí junto al Eufrates, como Jehová me mandó. ⁶Y sucedió que después de muchos días me dijo Jehová: Levántate y vete al Eufrates, y toma de allí el cinto que te mandé esconder allá. ⁷Entonces fui al Eufrates, y cavé, y tomé el cinto del lugar donde lo había escondido; y he aquí que el cinto se había podrido; para ninguna cosa era bueno.

⁸Y vino a mí palabra de Jehová, diciendo: ⁹Así ha dicho Jehová: Así haré podrir la soberbia de Judá, y la mucha soberbia de Jerusalén. ¹⁰Este pueblo malo, que no quiere oir mis palabras, que anda en las imaginaciones de su corazón, y que va en pos de dioses ajenos para servirles, y para postrarse ante ellos, vendrá a ser como este cinto, que para ninguna cosa es bueno. ¹¹Porque como el cinto se junta a los lomos del hombre, así hice juntar a mí toda la casa de Israel y toda la casa de Judá, dice Jehová, para que me fuesen por pueblo y por fama, por alabanza y por honra; pero no escucharon.

La señal de las tinajas llenas

¹²Les dirás, pues, esta palabra: Así ha dicho Jehová, Dios de Israel: Toda tinaja se llenará de vino. Y ellos te dirán: ¿No sabemos que toda tinaja se llenará de vino? ¹³Entonces les dirás: Así ha dicho Jehová: He aquí que yo lleno de embriaguez a todos los moradores de esta tierra, y a los reyes de la estirpe de David que se sientan sobre su trono, a los sacerdotes y profetas, y a todos los moradores de Jerusalén; ¹⁴y los quebrantaré el uno contra el otro, los padres con los hijos igualmente, dice Jehová; no perdonaré, ni tendré piedad ni misericordia, para no destruirlos.

Judá será llevada en cautiverio

¹⁵Escuchad y oíd; no os envanezcáis, pues Jehová ha hablado. ¹⁶Dad gloria a Jehová Dios vuestro, antes que haga venir tinieblas, y antes que vuestros pies tropiecen en montes de oscuridad, y esperéis luz, y os la vuelva en sombra de muerte y tinieblas. ¹⁷Mas si no oyereis esto, en secreto llorará mi alma a causa de vuestra soberbia; y llorando amargamente se desharán mis ojos en lágrimas, porque el rebaño de Jehová fue hecho cautivo.

¹⁸Dí al rey y a la reina: Humillaos, sentaos en tierra; porque la corona de vuestra gloria ha caído de vuestras cabezas. ¹⁹Las ciudades del Neguev fueron cerradas, y no hubo quien las abriese; toda Judá fue transportada, llevada en cautiverio fue toda ella. ²⁰Alzad vuestros ojos, y ved a los que vienen del norte. ¿Dónde está el rebaño que te fue dado, tu hermosa grey?

around your waist, and go now to Perath *z* and hide it there in a crevice in the rocks." ⁵So I went and hid it at Perath, as the LORD told me.

⁶Many days later the LORD said to me, "Go now to Perath and get the belt I told you to hide there." ⁷So I went to Perath and dug up the belt and took it from the place where I had hidden it, but now it was ruined and completely useless.

⁸Then the word of the LORD came to me: ⁹"This is what the LORD says: 'In the same way I will ruin the pride of Judah and the great pride of Jerusalem. ¹⁰These wicked people, who refuse to listen to my words, who follow the stubbornness of their hearts and go after other gods to serve and worship them, will be like this belt—completely useless! ¹¹For as a belt is bound around a man's waist, so I bound the whole house of Israel and the whole house of Judah to me,' declares the LORD, 'to be my people for my renown and praise and honor. But they have not listened.'

Wineskins

¹²"Say to them: 'This is what the LORD, the God of Israel, says: Every wineskin should be filled with wine.' And if they say to you, 'Don't we know that every wineskin should be filled with wine?' ¹³then tell them, 'This is what the LORD says: I am going to fill with drunkenness all who live in this land, including the kings who sit on David's throne, the priests, the prophets and all those living in Jerusalem. ¹⁴I will smash them one against the other, fathers and sons alike, declares the LORD. I will allow no pity or mercy or compassion to keep me from destroying them.' "

Threat of Captivity

¹⁵Hear and pay attention,
do not be arrogant,
for the LORD has spoken.
¹⁶Give glory to the LORD your God
before he brings the darkness,
before your feet stumble
on the darkening hills.
You hope for light,
but he will turn it to thick darkness
and change it to deep gloom.
¹⁷But if you do not listen,
I will weep in secret
because of your pride;
my eyes will weep bitterly,
overflowing with tears,
because the LORD's flock will be taken captive.

¹⁸Say to the king and to the queen mother,
"Come down from your thrones,
for your glorious crowns
will fall from your heads."
¹⁹The cities in the Negev will be shut up,
and there will be no one to open them.
All Judah will be carried into exile,
carried completely away.

²⁰Lift up your eyes and see
those who are coming from the north.
Where is the flock that was entrusted to you,
the sheep of which you boasted?

---

z 4 Or possibly *the Euphrates*; also in verses 5-7

21 ¿Qué dirás cuando él ponga como cabeza sobre ti a aquellos a quienes tú enseñaste a ser tus amigos? ¿No te darán dolores como de mujer que está de parto?
22 Si dijeres en tu corazón: ¿Por qué me ha sobrevenido esto? Por la enormidad de tu maldad fueron descubiertas tus faldas, fueron desnudados tus calcañares.
23 ¿Mudará el etíope su piel, y el leopardo sus manchas? Así también, ¿podréis vosotros hacer bien, estando habituados a hacer mal?
24 Por tanto, yo los esparciré al viento del desierto, como tamo que pasa.
25 Esta es tu suerte, la porción que yo he medido para ti, dice Jehová, porque te olvidaste de mí y confiaste en la mentira.
26 Yo, pues, descubriré también tus faldas delante de tu rostro, y se manifestará tu ignominia,
27 tus adulterios, tus relinchos, la maldad de tu fornicación sobre los collados; en el campo vi tus abominaciones. ¡Ay de ti, Jerusalén! ¿No serás al fin limpia? ¿Cuánto tardarás tú en purificarte?

Mensaje con motivo de la sequía

14 1 Palabra de Jehová que vino a Jeremías, con motivo de la sequía.
2 Se enlutó Judá, y sus puertas se despoblaron; se sentaron tristes en tierra, y subió el clamor de Jerusalén.
3 Los nobles enviaron sus criados al agua; vinieron a las lagunas, y no hallaron agua; volvieron con sus vasijas vacías; se avergonzaron, se confundieron, y cubrieron sus cabezas.
4 Porque se resquebrajó la tierra por no haber llovido en el país, están confusos los labradores, cubrieron sus cabezas.
5 Aun las ciervas en los campos parían y dejaban la cría, porque no había hierba.
6 Y los asnos monteses se ponían en las alturas, aspiraban el viento como chacales; sus ojos se ofuscaron porque no había hierba.
7 Aunque nuestras iniquidades testifican contra nosotros, oh Jehová, actúa por amor de tu nombre; porque nuestras rebeliones se han multiplicado, contra ti hemos pecado.
8 Oh esperanza de Israel, Guardador suyo en el tiempo de la aflicción, ¿por qué te has hecho como forastero en la tierra, y como caminante que se retira para pasar la noche?

21 What will you say when ⌊the LORD⌋ sets over you
   those you cultivated as your special allies?
Will not pain grip you
   like that of a woman in labor?
22 And if you ask yourself,
   "Why has this happened to me?" —
it is because of your many sins
   that your skirts have been torn off
   and your body mistreated.
23 Can the Ethiopian[a] change his skin
   or the leopard its spots?
Neither can you do good
   who are accustomed to doing evil.

24 "I will scatter you like chaff
   driven by the desert wind.
25 This is your lot,
   the portion I have decreed for you,"
                    declares the LORD,
"because you have forgotten me
   and trusted in false gods.
26 I will pull up your skirts over your face
   that your shame may be seen—
27 your adulteries and lustful neighings,
   your shameless prostitution!
I have seen your detestable acts
   on the hills and in the fields.
Woe to you, O Jerusalem!
   How long will you be unclean?"

Drought, Famine, Sword

14 This is the word of the LORD to Jeremiah concerning the drought:

2 "Judah mourns,
   her cities languish;
they wail for the land,
   and a cry goes up from Jerusalem.
3 The nobles send their servants for water;
   they go to the cisterns
   but find no water.
They return with their jars unfilled;
   dismayed and despairing,
   they cover their heads.
4 The ground is cracked
   because there is no rain in the land;
the farmers are dismayed
   and cover their heads.
5 Even the doe in the field
   deserts her newborn fawn
   because there is no grass.
6 Wild donkeys stand on the barren heights
   and pant like jackals;
their eyesight fails
   for lack of pasture."

7 Although our sins testify against us,
   O LORD, do something for the sake of your
                    name.
For our backsliding is great;
   we have sinned against you.
8 O Hope of Israel,
   its Savior in times of distress,
why are you like a stranger in the land,
   like a traveler who stays only a night?

---

a 23 Hebrew *Cushite* (probably a person from the upper Nile region)

9 ¿Por qué eres como hombre atónito, y como valiente que no puede librar? Sin embargo, tú estás entre nosotros, oh Jehová, y sobre nosotros es invocado tu nombre; no nos desampares.

10 Así ha dicho Jehová acerca de este pueblo: Se deleitaron en vagar, y no dieron reposo a sus pies; por tanto, Jehová no se agrada de ellos; se acordará ahora de su maldad, y castigará sus pecados.

11 Me dijo Jehová: No ruegues por este pueblo para bien. 12 Cuando ayunen, yo no oiré su clamor, y cuando ofrezcan holocausto y ofrenda no lo aceptaré, sino que los consumiré con espada, con hambre y con pestilencia.

13 Y yo dije: ¡Ah! ¡ah, Señor Jehová! He aquí que los profetas les dicen: No veréis espada, ni habrá hambre entre vosotros, sino que en este lugar os daré paz verdadera. 14 Me dijo entonces Jehová: Falsamente profetizan los profetas en mi nombre; no los envié, ni les mandé, ni les hablé; visión mentirosa, adivinación, vanidad y engaño de su corazón os profetizan.

15 Por tanto, así ha dicho Jehová sobre los profetas que profetizan en mi nombre, los cuales yo no envié, y que dicen: Ni espada ni hambre habrá en esta tierra; con espada y con hambre serán consumidos esos profetas. 16 Y el pueblo a quien profetizan será echado en las calles de Jerusalén por hambre y por espada, y no habrá quien los entierre a ellos, a sus mujeres, a sus hijos y a sus hijas; y sobre ellos derramaré su maldad.

17 Les dirás, pues, esta palabra: Derramen mis ojos lágrimas noche y día, y no cesen; porque de gran quebrantamiento es quebrantada la virgen hija de mi pueblo, de plaga muy dolorosa. 18 Si salgo al campo, he aquí muertos a espada; y si entro en la ciudad, he aquí enfermos de hambre; porque tanto el profeta como el sacerdote anduvieron vagando en la tierra, y no entendieron.

19 ¿Has desechado enteramente a Judá? ¿Ha aborrecido tu alma a Sion? ¿Por qué nos hiciste herir sin que haya remedio? Esperamos paz, y no hubo bien; tiempo de curación, y he aquí turbación. 20 Reconocemos, oh Jehová, nuestra impiedad, la iniquidad de nuestros padres; porque contra ti hemos pecado. 21 Por amor de tu nombre no nos deseches, ni deshonres tu glorioso trono; acuérdate, no invalides tu pacto con nosotros.

9 Why are you like a man taken by surprise,
　like a warrior powerless to save?
You are among us, O Lord,
　and we bear your name;
　do not forsake us!

10 This is what the Lord says about this people:

"They greatly love to wander;
　they do not restrain their feet.
So the Lord does not accept them;
　he will now remember their wickedness
　and punish them for their sins."

11 Then the Lord said to me, "Do not pray for the well-being of this people. 12 Although they fast, I will not listen to their cry; though they offer burnt offerings and grain offerings, I will not accept them. Instead, I will destroy them with the sword, famine and plague."

13 But I said, "Ah, Sovereign Lord, the prophets keep telling them, 'You will not see the sword or suffer famine. Indeed, I will give you lasting peace in this place.'"

14 Then the Lord said to me, "The prophets are prophesying lies in my name. I have not sent them or appointed them or spoken to them. They are prophesying to you false visions, divinations, idolatries [b] and the delusions of their own minds. 15 Therefore, this is what the Lord says about the prophets who are prophesying in my name: I did not send them, yet they are saying, 'No sword or famine will touch this land.' Those same prophets will perish by sword and famine. 16 And the people they are prophesying to will be thrown out into the streets of Jerusalem because of the famine and sword. There will be no one to bury them or their wives, their sons or their daughters. I will pour out on them the calamity they deserve.

17 "Speak this word to them:

" 'Let my eyes overflow with tears
　night and day without ceasing;
for my virgin daughter—my people—
　has suffered a grievous wound,
　a crushing blow.
18 If I go into the country,
　I see those slain by the sword;
if I go into the city,
　I see the ravages of famine.
Both prophet and priest
　have gone to a land they know not.'"

19 Have you rejected Judah completely?
　Do you despise Zion?
Why have you afflicted us
　so that we cannot be healed?
We hoped for peace
　but no good has come,
for a time of healing
　but there is only terror.
20 O Lord, we acknowledge our wickedness
　and the guilt of our fathers;
　we have indeed sinned against you.
21 For the sake of your name do not despise us;
　do not dishonor your glorious throne.
Remember your covenant with us
　and do not break it.

---

b 14 Or *visions, worthless divinations*

22 ¿Hay entre los ídolos de las naciones quien haga llover? ¿y darán los cielos lluvias? ¿No eres tú, Jehová, nuestro Dios? En ti, pues, esperamos, pues tú hiciste todas estas cosas.

La implacable ira de Dios contra Judá

15 1 Me dijo Jehová: Si Moisés y Samuel se pusieran delante de mí, no estaría mi voluntad con este pueblo; échalos de mi presencia, y salgan.

2 Y si te preguntaren: ¿A dónde saldremos? les dirás: Así ha dicho Jehová: El que a muerte, a muerte; el que a espada, a espada; el que a hambre, a hambre; y el que a cautiverio, a cautiverio.

3 Y enviaré sobre ellos cuatro géneros de castigo, dice Jehová: espada para matar, y perros para despedazar, y aves del cielo y bestias de la tierra para devorar y destruir.

4 Y los entregaré para terror a todos los reinos de la tierra, a causa de Manasés hijo de Ezequías, rey de Judá, por lo que hizo en Jerusalén.

5 Porque ¿quién tendrá compasión de ti, oh Jerusalén? ¿Quién se entristecerá por tu causa, o quién vendrá a preguntar por tu paz?

6 Tú me dejaste, dice Jehová; te volviste atrás; por tanto, yo extenderé sobre ti mi mano y te destruiré; estoy cansado de arrepentirme.

7 Aunque los aventé con aventador hasta las puertas de la tierra, y dejé sin hijos a mi pueblo y lo desbaraté, no se volvieron de sus caminos.

8 Sus viudas se me multiplicaron más que la arena del mar; traje contra ellos destruidor a mediodía sobre la madre y sobre los hijos; hice que de repente cayesen terrores sobre la ciudad.

9 Languideció la que dio a luz siete; se llenó de dolor su alma, su sol se puso siendo aún de día; fue avergonzada y llena de confusión; y lo que de ella quede, lo entregaré a la espada delante de sus enemigos, dice Jehová.

10 ¡Ay de mí, madre mía, que me engendraste hombre de contienda y hombre de discordia para toda la tierra! Nunca he dado ni tomado en préstamo, y todos me maldicen.

11 ¡Sea así, oh Jehová, si no te he rogado por su bien, si no he suplicado ante ti en favor del enemigo en tiempo de aflicción y en época de angustia!

12 ¿Puede alguno quebrar el hierro, el hierro del norte y el bronce?

22 Do any of the worthless idols of the nations bring rain?
Do the skies themselves send down showers?
No, it is you, O LORD our God.
Therefore our hope is in you,
for you are the one who does all this.

15 Then the LORD said to me: "Even if Moses and Samuel were to stand before me, my heart would not go out to this people. Send them away from my presence! Let them go! 2And if they ask you, 'Where shall we go?' tell them, 'This is what the LORD says:

" 'Those destined for death, to death;
those for the sword, to the sword;
those for starvation, to starvation;
those for captivity, to captivity.'

3 "I will send four kinds of destroyers against them," declares the LORD, "the sword to kill and the dogs to drag away and the birds of the air and the beasts of the earth to devour and destroy. 4I will make them abhorrent to all the kingdoms of the earth because of what Manasseh son of Hezekiah king of Judah did in Jerusalem.

5 "Who will have pity on you, O Jerusalem?
Who will mourn for you?
Who will stop to ask how you are?
6 You have rejected me," declares the LORD.
"You keep on backsliding.
So I will lay hands on you and destroy you;
I can no longer show compassion.
7 I will winnow them with a winnowing fork
at the city gates of the land.
I will bring bereavement and destruction on my people,
for they have not changed their ways.
8 I will make their widows more numerous
than the sand of the sea.
At midday I will bring a destroyer
against the mothers of their young men;
suddenly I will bring down on them
anguish and terror.
9 The mother of seven will grow faint
and breathe her last.
Her sun will set while it is still day;
she will be disgraced and humiliated.
I will put the survivors to the sword
before their enemies,"
                                    declares the LORD.

10 Alas, my mother, that you gave me birth,
a man with whom the whole land strives and contends!
I have neither lent nor borrowed,
yet everyone curses me.

11 The LORD said,

"Surely I will deliver you for a good purpose;
surely I will make your enemies plead with you
in times of disaster and times of distress.

12 "Can a man break iron—
iron from the north—or bronze?

13 Tus riquezas y tus tesoros entregaré a la rapiña sin ningún precio, por todos tus pecados, y en todo tu territorio.

14 Y te haré servir a tus enemigos en tierra que no conoces; porque fuego se ha encendido en mi furor, y arderá sobre vosotros.

Jehová reanima a Jeremías

15 Tú lo sabes, oh Jehová; acuérdate de mí, y visítame, y véngame de mis enemigos. No me reproches en la prolongación de tu enojo; sabes que por amor de ti sufro afrenta.

16 Fueron halladas tus palabras, y yo las comí; y tu palabra me fue por gozo y por alegría de mi corazón; porque tu nombre se invocó sobre mí, oh Jehová Dios de los ejércitos.

17 No me senté en compañía de burladores, ni me engreí a causa de tu profecía; me senté solo, porque me llenaste de indignación.

18 ¿Por qué fue perpetuo mi dolor, y mi herida desahuciada no admitió curación? ¿Serás para mí como cosa ilusoria, como aguas que no son estables?

19 Por tanto, así dijo Jehová: Si te convirtieres, yo te restauraré, y delante de mí estarás; y si entresacares lo precioso de lo vil, serás como mi boca. Conviértanse ellos a ti, y tú no te conviertas a ellos.

20 Y te pondré en este pueblo por muro fortificado de bronce, y pelearán contra ti, pero no te vencerán; porque yo estoy contigo para guardarte y para defenderte, dice Jehová.

21 Y te libraré de la mano de los malos, y te redimiré de la mano de los fuertes.

Juicio de Jehová contra Judá

16 1 Vino a mí palabra de Jehová, diciendo: 2 No tomarás para ti mujer, ni tendrás hijos ni hijas en este lugar.

3 Porque así ha dicho Jehová acerca de los hijos y de las hijas que nazcan en este lugar, de sus madres que los den a luz y de los padres que los engendren en esta tierra. 4 De dolorosas enfermedades morirán; no serán plañidos ni enterrados; serán como estiércol sobre la faz de la tierra; con espada y con hambre serán consumidos, y sus cuerpos servirán de comida a las aves del cielo y a las bestias de la tierra.

5 Porque así ha dicho Jehová: No entres en casa de luto, ni vayas a lamentar, ni los consueles; porque yo he quitado mi paz de este pueblo, dice Jehová, mi misericordia y mis piedades.

6 Morirán en esta tierra grandes y pequeños; no se enterrarán, ni los plañirán, ni se rasgarán ni se raerán los cabellos por ellos;

7 ni partirán pan por ellos en el luto para consolarlos de sus muertos; ni les darán a beber vaso de consolaciones por su padre o por su madre.

13 Your wealth and your treasures
  I will give as plunder, without charge,
because of all your sins
  throughout your country.
14 I will enslave you to your enemies
  in c a land you do not know,
for my anger will kindle a fire
  that will burn against you."

15 You understand, O LORD;
  remember me and care for me.
Avenge me on my persecutors.
You are long-suffering—do not take me away;
  think of how I suffer reproach for your sake.
16 When your words came, I ate them;
  they were my joy and my heart's delight,
for I bear your name,
  O LORD God Almighty.
17 I never sat in the company of revelers,
  never made merry with them;
I sat alone because your hand was on me
  and you had filled me with indignation.
18 Why is my pain unending
  and my wound grievous and incurable?
Will you be to me like a deceptive brook,
  like a spring that fails?

19 Therefore this is what the LORD says:

"If you repent, I will restore you
  that you may serve me;
if you utter worthy, not worthless, words,
  you will be my spokesman.
Let this people turn to you,
  but you must not turn to them.
20 I will make you a wall to this people,
  a fortified wall of bronze;
they will fight against you
  but will not overcome you,
for I am with you
  to rescue and save you,"

declares the LORD.
21 "I will save you from the hands of the wicked
  and redeem you from the grasp of the cruel."

Day of Disaster

16 Then the word of the LORD came to me: 2 "You must not marry and have sons or daughters in this place." 3 For this is what the LORD says about the sons and daughters born in this land and about the women who are their mothers and the men who are their fathers: 4 "They will die of deadly diseases. They will not be mourned or buried but will be like refuse lying on the ground. They will perish by sword and famine, and their dead bodies will become food for the birds of the air and the beasts of the earth."

5 For this is what the LORD says: "Do not enter a house where there is a funeral meal; do not go to mourn or show sympathy, because I have withdrawn my blessing, my love and my pity from this people," declares the LORD. 6 "Both high and low will die in this land. They will not be buried or mourned, and no one will cut himself or shave his head for them. 7 No one will offer food to comfort those who mourn for the dead—not even for a father or a mother—nor will anyone give them a drink to console them.

---

c 14 Some Hebrew manuscripts, Septuagint and Syriac (see also Jer. 17:4); most Hebrew manuscripts I will cause your enemies to bring you / into

8 Asimismo no entres en casa de banquete, para sentarte con ellos a comer o a beber.

9 Porque así ha dicho Jehová de los ejércitos, Dios de Israel: He aquí que yo haré cesar en este lugar, delante de vuestros ojos y en vuestros días, toda voz de gozo y toda voz de alegría, y toda voz de esposo y toda voz de esposa.

10 Y acontecerá que cuando anuncies a este pueblo todas estas cosas, te dirán ellos: ¿Por qué anuncia Jehová contra nosotros todo este mal tan grande? ¿Qué maldad es la nuestra, o qué pecado es el nuestro, que hemos cometido contra Jehová nuestro Dios?

11 Entonces les dirás: Porque vuestros padres me dejaron, dice Jehová, y anduvieron en pos de dioses ajenos, y los sirvieron, y ante ellos se postraron, y me dejaron a mí y no guardaron mi ley;

12 y vosotros habéis hecho peor que vuestros padres; porque he aquí que vosotros camináis cada uno tras la imaginación de su malvado corazón, no oyéndome a mí.

13 Por tanto, yo os arrojaré de esta tierra a una tierra que ni vosotros ni vuestros padres habéis conocido, y allá serviréis a dioses ajenos de día y de noche; porque no os mostraré clemencia.

14 No obstante, he aquí vienen días, dice Jehová, en que no se dirá más: Vive Jehová, que hizo subir a los hijos de Israel de tierra de Egipto;

15 sino: Vive Jehová, que hizo subir a los hijos de Israel de la tierra del norte, y de todas las tierras adonde los había arrojado; y los volveré a su tierra, la cual di a sus padres.

16 He aquí que yo envío muchos pescadores, dice Jehová, y los pescarán, y después enviaré muchos cazadores, y los cazarán por todo monte y por todo collado, y por las cavernas de los peñascos.

17 Porque mis ojos están sobre todos sus caminos, los cuales no se me ocultaron, ni su maldad se esconde de la presencia de mis ojos.

18 Pero primero pagaré al doble su iniquidad y su pecado; porque contaminaron mi tierra con los cadáveres de sus ídolos, y de sus abominaciones llenaron mi heredad.

19 Oh Jehová, fortaleza mía y fuerza mía, y refugio mío en el tiempo de la aflicción, a ti vendrán naciones desde los extremos de la tierra, y dirán: Ciertamente mentira poseyeron nuestros padres, vanidad, y no hay en ellos provecho.

20 ¿Hará acaso el hombre dioses para sí? Mas ellos no son dioses.

21 Por tanto, he aquí les enseñaré esta vez, les haré conocer mi mano y mi poder, y sabrán que mi nombre es Jehová.

El pecado escrito en el corazón de Judá

17 1 El pecado de Judá escrito está con cincel de hierro y con punta de diamante; esculpido está en la tabla de su corazón, y en los cuernos de sus altares,

2 mientras sus hijos se acuerdan de sus altares y de sus imágenes de Asera, que están junto a los árboles frondosos y en los collados altos,

8 "And do not enter a house where there is feasting and sit down to eat and drink. 9 For this is what the Lord Almighty, the God of Israel, says: Before your eyes and in your days I will bring an end to the sounds of joy and gladness and to the voices of bride and bridegroom in this place.

10 "When you tell these people all this and they ask you, 'Why has the Lord decreed such a great disaster against us? What wrong have we done? What sin have we committed against the Lord our God?' 11 then say to them, 'It is because your fathers forsook me,' declares the Lord, 'and followed other gods and served and worshiped them. They forsook me and did not keep my law. 12 But you have behaved more wickedly than your fathers. See how each of you is following the stubbornness of his evil heart instead of obeying me. 13 So I will throw you out of this land into a land neither you nor your fathers have known, and there you will serve other gods day and night, for I will show you no favor.'

14 "However, the days are coming," declares the Lord, "when men will no longer say, 'As surely as the Lord lives, who brought the Israelites up out of Egypt,' 15 but they will say, 'As surely as the Lord lives, who brought the Israelites up out of the land of the north and out of all the countries where he had banished them.' For I will restore them to the land I gave their forefathers.

16 "But now I will send for many fishermen," declares the Lord, "and they will catch them. After that I will send for many hunters, and they will hunt them down on every mountain and hill and from the crevices of the rocks. 17 My eyes are on all their ways; they are not hidden from me, nor is their sin concealed from my eyes. 18 I will repay them double for their wickedness and their sin, because they have defiled my land with the lifeless forms of their vile images and have filled my inheritance with their detestable idols."

19 O Lord, my strength and my fortress,
    my refuge in time of distress,
to you the nations will come
    from the ends of the earth and say,
"Our fathers possessed nothing but false gods,
    worthless idols that did them no good.
20 Do men make their own gods?
    Yes, but they are not gods!"

21 "Therefore I will teach them—
    this time I will teach them
    my power and might.
Then they will know
    that my name is the Lord.

17 "Judah's sin is engraved with an iron tool,
    inscribed with a flint point,
on the tablets of their hearts
    and on the horns of their altars.
2 Even their children remember
    their altars and Asherah poles*d*
beside the spreading trees
    and on the high hills.

d2 That is, symbols of the goddess Asherah

3 sobre las montañas y sobre el campo. Todos tus tesoros entregaré al pillaje por el pecado de tus lugares altos en todo tu territorio.

4 Y perderás la heredad que yo te di, y te haré servir a tus enemigos en tierra que no conociste; porque fuego habéis encendido en mi furor, que para siempre arderá.

5 Así ha dicho Jehová: Maldito el varón que confía en el hombre, y pone carne por su brazo, y su corazón se aparta de Jehová.

6 Será como la retama en el desierto, y no verá cuando viene el bien, sino que morará en los sequedales en el desierto, en tierra despoblada y deshabitada.

7 Bendito el varón que confía en Jehová, y cuya confianza es Jehová.

8 Porque será como el árbol plantado junto a las aguas, que junto a la corriente echará sus raíces, y no verá cuando viene el calor, sino que su hoja estará verde; y en el año de sequía no se fatigará, ni dejará de dar fruto.

9 Engañoso es el corazón más que todas las cosas, y perverso; ¿quién lo conocerá?

10 Yo Jehová, que escudriño la mente, que pruebo el corazón, para dar a cada uno según su camino, según el fruto de sus obras.

11 Como la perdiz que cubre lo que no puso, es el que injustamente amontona riquezas; en la mitad de sus días las dejará, y en su postrimería será insensato.

12 Trono de gloria, excelso desde el principio, es el lugar de nuestro santuario.

13 ¡Oh Jehová, esperanza de Israel! todos los que te dejan serán avergonzados; y los que se apartan de mí serán escritos en el polvo, porque dejaron a Jehová, manantial de aguas vivas.

14 Sáname, oh Jehová, y seré sano; sálvame, y seré salvo; porque tú eres mi alabanza.

15 He aquí que ellos me dicen: ¿Dónde está la palabra de Jehová? ¡Que se cumpla ahora!

16 Mas yo no he ido en pos de ti para incitarte a su castigo, ni deseé día de calamidad, tú lo sabes. Lo que de mi boca ha salido, fue en tu presencia.

17 No me seas tú por espanto, pues mi refugio eres tú en el día malo.

3 My mountain in the land
    and your[e] wealth and all your treasures
I will give away as plunder,
    together with your high places,
    because of sin throughout your country.
4 Through your own fault you will lose
    the inheritance I gave you.
I will enslave you to your enemies
    in a land you do not know,
for you have kindled my anger,
    and it will burn forever."

5 This is what the LORD says:

"Cursed is the one who trusts in man,
    who depends on flesh for his strength
    and whose heart turns away from the LORD.
6 He will be like a bush in the wastelands;
    he will not see prosperity when it comes.
He will dwell in the parched places of the desert,
    in a salt land where no one lives.

7 "But blessed is the man who trusts in the LORD,
    whose confidence is in him.
8 He will be like a tree planted by the water
    that sends out its roots by the stream.
It does not fear when heat comes;
    its leaves are always green.
It has no worries in a year of drought
    and never fails to bear fruit."

9 The heart is deceitful above all things
    and beyond cure.
    Who can understand it?

10 "I the LORD search the heart
    and examine the mind,
to reward a man according to his conduct,
    according to what his deeds deserve."

11 Like a partridge that hatches eggs it did not lay
    is the man who gains riches by unjust means.
When his life is half gone, they will desert him,
    and in the end he will prove to be a fool.

12 A glorious throne, exalted from the beginning,
    is the place of our sanctuary.
13 O LORD, the hope of Israel,
    all who forsake you will be put to shame.
Those who turn away from you will be written in
        the dust
    because they have forsaken the LORD,
    the spring of living water.

14 Heal me, O LORD, and I will be healed;
    save me and I will be saved,
    for you are the one I praise.
15 They keep saying to me,
    "Where is the word of the LORD?
    Let it now be fulfilled!"
16 I have not run away from being your shepherd;
    you know I have not desired the day of
        despair.
    What passes my lips is open before you.
17 Do not be a terror to me;
    you are my refuge in the day of disaster.

e 2,3 Or hills / 3and the mountains of the land. / Your

18 Avergüéncense los que me persiguen, y no me aver-güence yo; asómbrense ellos, y yo no me asombre; trae sobre ellos día malo, y quebrántalos con doble quebranta-miento.

Observancia del día de reposo

19 Así me ha dicho Jehová: Vé y ponte a la puerta de los hijos del pueblo, por la cual entran y salen los reyes de Judá, y ponte en todas las puertas de Jerusalén,
20 y diles: Oíd la palabra de Jehová, reyes de Judá, y todo Judá y todos los moradores de Jerusalén que entráis por estas puertas.
21 Así ha dicho Jehová: Guardaos por vuestra vida de llevar carga en el día de reposo, * y de meterla por las puertas de Jerusalén.
22 Ni saquéis carga de vuestras casas en el día de reposo, * ni hagáis trabajo alguno, sino santificad el día de reposo, * como mandé a vuestros padres.
23 Pero ellos no oyeron, ni inclinaron su oído, sino endure-cieron su cerviz para no oir, ni recibir corrección.
24 No obstante, si vosotros me obedeciereis, dice Jeho-vá, no metiendo carga por las puertas de esta ciudad en el día de reposo, * sino que santificareis el día de reposo, * no haciendo en él ningún trabajo,
25 entrarán por las puertas de esta ciudad, en carros y en caballos, los reyes y los príncipes que se sientan sobre el trono de David, ellos y sus príncipes, los varones de Judá y los moradores de Jerusalén; y esta ciudad será habitada para siempre.
26 Y vendrán de las ciudades de Judá, de los alrededores de Jerusalén, de tierra de Benjamín, de la Sefela, de los montes y del Neguev, trayendo holocausto y sacrificio, y ofrenda e incienso, y trayendo sacrificio de alabanza a la casa de Jehová.
27 Pero si no me oyereis para santificar el día de reposo, * y para no traer carga ni meterla por las puertas de Jerusalén en día de reposo, * yo haré descender fuego en sus puer-tas, y consumirá los palacios de Jerusalén, y no se apagará.

La señal del alfarero y el barro

18 1 Palabra de Jehová que vino a Jeremías, diciendo: 2 Levántate y vete a casa del alfarero, y allí te haré oir mis palabras.
3 Y descendí a casa del alfarero, y he aquí que él trabajaba sobre la rueda.
4 Y la vasija de barro que él hacía se echó a perder en su mano; y volvió y la hizo otra vasija, según le pareció mejor hacerla.
5 Entonces vino a mí palabra de Jehová, diciendo:
6 ¿No podré yo hacer de vosotros como este alfarero, oh casa de Israel? dice Jehová. He aquí que como el barro en la mano del alfarero, así sois vosotros en mi mano, oh casa de Israel.
7 En un instante hablaré contra pueblos y contra reinos, para arrancar, y derribar, y destruir.
8 Pero si esos pueblos se convirtieren de su maldad contra la cual hablé, yo me arrepentiré del mal que había pensado hacerles.
9 y en un instante hablaré de la gente y del reino, para edificar y para plantar.
10 Pero si hiciere lo malo delante de mis ojos, no oyendo mi voz, me arrepentiré del bien que había determinado hacerle.

*Aquí equivale a *sábado*

18 Let my persecutors be put to shame,
    but keep me from shame;
let them be terrified,
    but keep me from terror.
Bring on them the day of disaster;
    destroy them with double destruction.

Keeping the Sabbath Holy

19 This is what the LORD said to me: "Go and stand at the gate of the people, through which the kings of Judah go in and out; stand also at all the other gates of Jerusalem. 20 Say to them, 'Hear the word of the LORD, O kings of Judah and all people of Judah and everyone living in Jerusalem who come through these gates. 21 This is what the LORD says: Be careful not to carry a load on the Sabbath day or bring it through the gates of Jerusalem. 22 Do not bring a load out of your houses or do any work on the Sabbath, but keep the Sabbath day holy, as I commanded your forefathers. 23 Yet they did not listen or pay attention; they were stiff-necked and would not listen or respond to disci-pline. 24 But if you are careful to obey me, declares the LORD, and bring no load through the gates of this city on the Sabbath, but keep the Sabbath day holy by not doing any work on it, 25 then kings who sit on David's throne will come through the gates of this city with their officials. They and their officials will come riding in chariots and on horses, accompanied by the men of Judah and those living in Jerusalem, and this city will be inhabited forever. 26 People will come from the towns of Judah and the villages around Jerusalem, from the territory of Benjamin and the western foothills, from the hill country and the Negev, bringing burnt offerings and sacrifices, grain offerings, incense and thank offerings to the house of the LORD. 27 But if you do not obey me to keep the Sabbath day holy by not carrying any load as you come through the gates of Jerusalem on the Sabbath day, then I will kindle an unquenchable fire in the gates of Jerusalem that will consume her fortresses.' "

At the Potter's House

18 This is the word that came to Jeremiah from the LORD: 2 "Go down to the potter's house, and there I will give you my message." 3 So I went down to the potter's house, and I saw him working at the wheel. 4 But the pot he was shaping from the clay was marred in his hands; so the potter formed it into another pot, shaping it as seemed best to him.
5 Then the word of the LORD came to me: 6 "O house of Israel, can I not do with you as this potter does?" declares the LORD. "Like clay in the hand of the potter, so are you in my hand, O house of Israel. 7 If at any time I announce that a nation or kingdom is to be uprooted, torn down and destroyed, 8 and if that nation I warned repents of its evil, then I will relent and not inflict on it the disaster I had planned. 9 And if at another time I announce that a nation or kingdom is to be built up and planted, 10 and if it does evil in my sight and does not obey me, then I will reconsider the good I had intended to do for it.

11 Ahora, pues, habla luego a todo hombre de Judá y a los moradores de Jerusalén, diciendo: Así ha dicho Jehová: He aquí que yo dispongo mal contra vosotros, y trazo contra vosotros designios; conviértase ahora cada uno de su mal camino, y mejore sus caminos y sus obras.

12 Y dijeron: Es en vano; porque en pos de nuestros ídolos iremos, y haremos cada uno el pensamiento de nuestro malvado corazón.

13 Por tanto, así dijo Jehová: Preguntad ahora a las naciones, quién ha oído cosa semejante. Gran fealdad ha hecho la virgen de Israel.

14 ¿Faltará la nieve del Líbano de la piedra del campo? ¿Faltarán las aguas frías que corren de lejanas tierras?

15 Porque mi pueblo me ha olvidado, incensando a lo que es vanidad, y ha tropezado en sus caminos, en las sendas antiguas, para que camine por sendas y no por camino transitado,

16 para poner su tierra en desolación, objeto de burla perpetua; todo aquel que pasare por ella se asombrará, y meneará la cabeza.

17 Como viento solano los esparciré delante del enemigo; les mostraré las espaldas y no el rostro, en el día de su perdición.

Conspiración del pueblo y oración de Jeremías

18 Y dijeron: Venid y maquinemos contra Jeremías; porque la ley no faltará al sacerdote, ni el consejo al sabio, ni la palabra al profeta. Venid e hirámoslo de lengua, y no atendamos a ninguna de sus palabras.

19 Oh Jehová, mira por mí, y oye la voz de los que contienden conmigo.

20 ¿Se da mal por bien, para que hayan cavado hoyo a mi alma? Acuérdate que me puse delante de ti para hablar bien por ellos, para apartar de ellos tu ira.

21 Por tanto, entrega sus hijos a hambre, dispérsalos por medio de la espada, y queden sus mujeres sin hijos, y viudas; y sus maridos sean puestos a muerte, y sus jóvenes heridos a espada en la guerra.

22 Oígase clamor de sus casas, cuando traigas sobre ellos ejército de repente; porque cavaron hoyo para prenderme, y a mis pies han escondido lazos.

23 Pero tú, oh Jehová, conoces todo su consejo contra mí para muerte; no perdones su maldad, ni borres su pecado de delante de tu rostro; y tropiecen delante de ti; haz así con ellos en el tiempo de tu enojo.

La señal de la vasija rota

19 1 Así dijo Jehová: Vé y compra una vasija de barro del alfarero, y lleva contigo de los ancianos del pueblo, y de los ancianos de los sacerdotes;

2 y saldrás al valle del hijo de Hinom, que está a la entrada

11 "Now therefore say to the people of Judah and those living in Jerusalem, 'This is what the LORD says: Look! I am preparing a disaster for you and devising a plan against you. So turn from your evil ways, each one of you, and reform your ways and your actions.' 12But they will reply, 'It's no use. We will continue with our own plans; each of us will follow the stubbornness of his evil heart.'"

13Therefore this is what the LORD says:

"Inquire among the nations:
    Who has ever heard anything like this?
A most horrible thing has been done
    by Virgin Israel.
14Does the snow of Lebanon
    ever vanish from its rocky slopes?
Do its cool waters from distant sources
    ever cease to flow?f
15Yet my people have forgotten me;
    they burn incense to worthless idols,
which made them stumble in their ways
    and in the ancient paths.
They made them walk in bypaths
    and on roads not built up.
16Their land will be laid waste,
    an object of lasting scorn;
all who pass by will be appalled
    and will shake their heads.
17Like a wind from the east,
    I will scatter them before their enemies;
I will show them my back and not my face
    in the day of their disaster."

18They said, "Come, let's make plans against Jeremiah; for the teaching of the law by the priest will not be lost, nor will counsel from the wise, nor the word from the prophets. So come, let's attack him with our tongues and pay no attention to anything he says."

19Listen to me, O LORD;
    hear what my accusers are saying!
20Should good be repaid with evil?
    Yet they have dug a pit for me.
Remember that I stood before you
    and spoke in their behalf
    to turn your wrath away from them.
21So give their children over to famine;
    hand them over to the power of the sword.
Let their wives be made childless and widows;
    let their men be put to death,
    their young men slain by the sword in battle.
22Let a cry be heard from their houses
    when you suddenly bring invaders against
        them,
for they have dug a pit to capture me
    and have hidden snares for my feet.
23But you know, O LORD,
    all their plots to kill me.
Do not forgive their crimes
    or blot out their sins from your sight.
Let them be overthrown before you;
    deal with them in the time of your anger.

19 This is what the LORD says: "Go and buy a clay jar from a potter. Take along some of the elders of the people and of the priests 2and go out to the

f 14 The meaning of the Hebrew for this sentence is uncertain.

de la puerta oriental, y proclamarás allí las palabras que yo te hablaré.

3 Dirás, pues: Oíd palabra de Jehová, oh reyes de Judá, y moradores de Jerusalén. Así dice Jehová de los ejércitos, Dios de Israel: He aquí que yo traigo mal sobre este lugar, tal que a todo el que lo oyere, le retiñan los oídos.

4 Porque me dejaron, y enajenaron este lugar, y ofrecieron en él incienso a dioses ajenos, los cuales no habían conocido ellos, ni sus padres, ni los reyes de Judá; y llenaron este lugar de sangre de inocentes.

5 Y edificaron lugares altos a Baal, para quemar con fuego a sus hijos en holocaustos al mismo Baal; cosa que no les mandé, ni hablé, ni me vino al pensamiento.

6 Por tanto, he aquí vienen días, dice Jehová, que este lugar no se llamará más Tofet, ni valle del hijo de Hinom, sino Valle de la Matanza.

7 Y desvaneceré el consejo de Judá y de Jerusalén en este lugar, y les haré caer a espada delante de sus enemigos, y en las manos de los que buscan sus vidas; y daré sus cuerpos para comida a las aves del cielo y a las bestias de la tierra.

8 Pondré a esta ciudad por espanto y burla; todo aquel que pasare por ella se asombrará, y se burlará sobre toda su destrucción.

9 Y les haré comer la carne de sus hijos y la carne de sus hijas, y cada uno comerá la carne de su amigo, en el asedio y en el apuro con que los estrecharán sus enemigos y los que buscan sus vidas.

10 Entonces quebrarás la vasija ante los ojos de los varones que van contigo,

11 y les dirás: Así ha dicho Jehová de los ejércitos: Así quebrantaré a este pueblo y a esta ciudad, como quien quiebra una vasija de barro, que no se puede restaurar más; y en Tofet se enterrarán, porque no habrá otro lugar para enterrar.

12 Así haré a este lugar, dice Jehová, y a sus moradores, poniendo esta ciudad como Tofet.

13 Las casas de Jerusalén, y las casas de los reyes de Judá, serán como el lugar de Tofet, inmundas, por todas las casas sobre cuyos tejados ofrecieron incienso a todo el ejército del cielo, y vertieron libaciones a dioses ajenos.

14 Y volvió Jeremías de Tofet, adonde le envió Jehová a profetizar, y se paró en el atrio de la casa de Jehová y dijo a todo el pueblo:

15 Así ha dicho Jehová de los ejércitos, Dios de Israel: He aquí, yo traigo sobre esta ciudad y sobre todas sus villas todo el mal que hablé contra ella; porque han endurecido su cerviz para no oír mis palabras.

Profecía contra Pasur

20 1 El sacerdote Pasur hijo de Imer, que presidía como príncipe en la casa de Jehová, oyó a Jeremías que profetizaba estas palabras.

2 Y azotó Pasur al profeta Jeremías, y lo puso en el cepo que estaba en la puerta superior de Benjamín, la cual conducía a la casa de Jehová.

3 Y el día siguiente Pasur sacó a Jeremías del cepo. Le dijo entonces Jeremías: Jehová no ha llamado tu nombre Pasur, sino Magor-misabib. c

4 Porque así ha dicho Jehová: He aquí, haré que seas un terror a ti mismo y a todos los que bien te quieren, y caerán por la espada de sus enemigos, y tus ojos lo verán; y a todo Judá entregaré en manos del rey de Babilonia, y los llevará cautivos a Babilonia, y los matará a espada.

Valley of Ben Hinnom, near the entrance of the Potsherd Gate. There proclaim the words I tell you, 3and say, 'Hear the word of the LORD, O kings of Judah and people of Jerusalem. This is what the LORD Almighty, the God of Israel, says: Listen! I am going to bring a disaster on this place that will make the ears of everyone who hears of it tingle. 4For they have forsaken me and made this a place of foreign gods; they have burned sacrifices in it to gods that neither they nor their fathers nor the kings of Judah ever knew, and they have filled this place with the blood of the innocent. 5They have built the high places of Baal to burn their sons in the fire as offerings to Baal — something I did not command or mention, nor did it enter my mind. 6So beware, the days are coming, declares the LORD, when people will no longer call this place Topheth or the Valley of Ben Hinnom, but the Valley of Slaughter.

7 "'In this place I will ruin*g* the plans of Judah and Jerusalem. I will make them fall by the sword before their enemies, at the hands of those who seek their lives, and I will give their carcasses as food to the birds of the air and the beasts of the earth. 8I will devastate this city and make it an object of scorn; all who pass by will be appalled and will scoff because of all its wounds. 9I will make them eat the flesh of their sons and daughters, and they will eat one another's flesh during the stress of the siege imposed on them by the enemies who seek their lives.'

10 "Then break the jar while those who go with you are watching, 11and say to them, 'This is what the LORD Almighty says: I will smash this nation and this city just as this potter's jar is smashed and cannot be repaired. They will bury the dead in Topheth until there is no more room. 12This is what I will do to this place and to those who live here, declares the LORD. I will make this city like Topheth. 13The houses in Jerusalem and those of the kings of Judah will be defiled like this place, Topheth — all the houses where they burned incense on the roofs to all the starry hosts and poured out drink offerings to other gods.'"

14 Jeremiah then returned from Topheth, where the LORD had sent him to prophesy, and stood in the court of the LORD's temple and said to all the people, 15"This is what the LORD Almighty, the God of Israel, says: 'Listen! I am going to bring on this city and the villages around it every disaster I pronounced against them, because they were stiff-necked and would not listen to my words.'"

Jeremiah and Pashhur

20 When the priest Pashhur son of Immer, the chief officer in the temple of the LORD, heard Jeremiah prophesying these things, 2he had Jeremiah the prophet beaten and put in the stocks at the Upper Gate of Benjamin at the LORD's temple. 3The next day, when Pashhur released him from the stocks, Jeremiah said to him, "The LORD's name for you is not Pashhur, but Magor-Missabib. h 4For this is what the LORD says: 'I will make you a terror to yourself and to all your friends; with your own eyes you will see them fall by the sword of their enemies. I will hand all Judah over to the king of Babylon, who will carry them away to Babylon or put them to the sword. 5I will hand over

---

c Esto es, *Terror por todas partes.*

g 7 The Hebrew for *ruin* sounds like the Hebrew for *jar* (see verses 1 and 10).   *h* 3 *Magor-Missabib* means *terror on every side.*

5 Entregaré asimismo toda la riqueza de esta ciudad, todo su trabajo y todas sus cosas preciosas; y daré todos los tesoros de los reyes de Judá en manos de sus enemigos, y los saquearán, y los tomarán y los llevarán a Babilonia. 6 Y tú, Pasur, y todos los moradores de tu casa iréis cautivos; entrarás en Babilonia, y allí morirás, y allí serás enterrado tú, y todos los que bien te quieren, a los cuales has profetizado con mentira.

Lamento de Jeremías

7 Me sedujiste, oh Jehová, y fui seducido; más fuerte fuiste que yo, y me venciste; cada día he sido escarnecido, cada cual se burla de mí. 8 Porque cuantas veces hablo, doy voces, grito: Violencia y destrucción; porque la palabra de Jehová me ha sido para afrenta y escarnio cada día. 9 Y dije: No me acordaré más de él, ni hablaré más en su nombre; no obstante, había en mi corazón como un fuego ardiente metido en mis huesos; traté de sufrirlo, y no pude. 10 Porque oí la murmuración de muchos, temor de todas partes: Denunciad, denunciémosle. Todos mis amigos miraban si claudicaría. Quizá se engañará, decían, y prevaleceremos contra él, y tomaremos de él nuestra venganza. 11 Mas Jehová está conmigo como poderoso gigante; por tanto, los que me persiguen tropezarán, y no prevalecerán; serán avergonzados en gran manera, porque no prosperarán; tendrán perpetua confusión que jamás será olvidada. 12 Oh Jehová de los ejércitos, que pruebas a los justos, que ves los pensamientos y el corazón, vea yo tu venganza de ellos; porque a ti he encomendado mi causa. 13 Cantad a Jehová, load a Jehová; porque ha librado el alma del pobre de mano de los malignos. 14 Maldito el día en que nací; el día en que mi madre me dio a luz no sea bendito. 15 Maldito el hombre que dio nuevas a mi padre, diciendo: Hijo varón te ha nacido, haciéndole alegrarse así mucho. 16 Y sea el tal hombre como las ciudades que asoló Jehová, y no se arrepintió; oiga gritos de mañana, y voces a mediodía, 17 porque no me mató en el vientre, y mi madre me hubiera sido mi sepulcro, y su vientre embarazado para siempre. 18 ¿Para qué salí del vientre? ¿Para ver trabajo y dolor, y que mis días se gastasen en afrenta?

Jeremiah's Complaint

7 O LORD, you deceived[i] me, and I was
    deceived[i];
  you overpowered me and prevailed.
I am ridiculed all day long;
  everyone mocks me.
8 Whenever I speak, I cry out
  proclaiming violence and destruction.
So the word of the LORD has brought me
  insult and reproach all day long.
9 But if I say, "I will not mention him
  or speak any more in his name,"
his word is in my heart like a fire,
  a fire shut up in my bones.
I am weary of holding it in;
  indeed, I cannot.
10 I hear many whispering,
  "Terror on every side!
  Report him! Let's report him!"
All my friends
  are waiting for me to slip, saying,
"Perhaps he will be deceived;
  then we will prevail over him
  and take our revenge on him."

11 But the LORD is with me like a mighty warrior;
  so my persecutors will stumble and not
    prevail.
They will fail and be thoroughly disgraced;
  their dishonor will never be forgotten.
12 O LORD Almighty, you who examine the
    righteous
  and probe the heart and mind,
let me see your vengeance upon them,
  for to you I have committed my cause.

13 Sing to the LORD!
  Give praise to the LORD!
He rescues the life of the needy
  from the hands of the wicked.

14 Cursed be the day I was born!
  May the day my mother bore me not be
    blessed!
15 Cursed be the man who brought my father the
    news,
  who made him very glad, saying,
  "A child is born to you—a son!"
16 May that man be like the towns
  the LORD overthrew without pity.
May he hear wailing in the morning,
  a battle cry at noon.
17 For he did not kill me in the womb,
  with my mother as my grave,
  her womb enlarged forever.
18 Why did I ever come out of the womb
  to see trouble and sorrow
  and to end my days in shame?

i 7 Or persuaded

Jerusalén será destruida

21 [1] Palabra de Jehová que vino a Jeremías, cuando el rey Sedequías envió a él a Pasur hijo de Malquías y al sacerdote Sofonías hijo de Maasías, para que le dijesen: [2] Consulta ahora acerca de nosotros a Jehová, porque Nabucodonosor rey de Babilonia hace guerra contra nosotros; quizá Jehová hará con nosotros según todas sus maravillas, y aquél se irá de sobre nosotros.

[3] Y Jeremías les dijo: Diréis así a Sedequías:

[4] Así ha dicho Jehová Dios de Israel: He aquí yo vuelvo atrás las armas de guerra que están en vuestras manos, con que vosotros peleáis contra el rey de Babilonia; y a los caldeos que están fuera de la muralla y os tienen sitiados, yo los reuniré en medio de esta ciudad. [5] Pelearé contra vosotros con mano alzada y con brazo fuerte, con furor y enojo e ira grande. [6] Y heriré a los moradores de esta ciudad, y los hombres y las bestias morirán de pestilencia grande.

[7] Después, dice Jehová, entregaré a Sedequías rey de Judá, a sus criados, al pueblo y a los que queden de la pestilencia, de la espada y del hambre en la ciudad, en mano de Nabucodonosor rey de Babilonia, en mano de sus enemigos y de los que buscan sus vidas, y él los herirá a filo de espada; no los perdonará, ni tendrá compasión de ellos, ni tendrá de ellos misericordia.

[8] Y a este pueblo dirás: Así ha dicho Jehová: He aquí pongo delante de vosotros camino de vida y camino de muerte. [9] El que quedare en esta ciudad morirá a espada, de hambre o de pestilencia; mas el que saliere y se pasare a los caldeos que os tienen sitiados, vivirá, y su vida le será por despojo. [10] Porque mi rostro he puesto contra esta ciudad para mal, y no para bien, dice Jehová; en mano del rey de Babilonia será entregada, y la quemará a fuego.

[11] Y a la casa del rey de Judá dirás: Oíd palabra de Jehová. [12] Casa de David, así dijo Jehová: Haced de mañana juicio, y librad al oprimido de mano del opresor, para que mi ira no salga como fuego, y se encienda y no haya quien lo apague, por la maldad de vuestras obras. [13] He aquí yo estoy contra ti, moradora del valle, y de la piedra de la llanura, dice Jehová; los que decís: ¿Quién subirá contra nosotros, y quién entrará en nuestras moradas? [14] Yo os castigaré conforme al fruto de vuestras obras, dice Jehová, y haré encender fuego en su bosque, y consumirá todo lo que está alrededor de él.

Profecías contra los reyes de Judá

22 [1] Así dijo Jehová: Desciende a la casa del rey de Judá, y habla allí esta palabra, [2] y dí: Oye palabra de Jehová, oh rey de Judá que estás sentado sobre el trono de David, tú, y tus siervos, y tu pueblo que entra por estas puertas.

God Rejects Zedekiah's Request

21 The word came to Jeremiah from the LORD when King Zedekiah sent to him Pashhur son of Malkijah and the priest Zephaniah son of Maaseiah. They said: [2]"Inquire now of the LORD for us because Nebuchadnezzar[i] king of Babylon is attacking us. Perhaps the LORD will perform wonders for us as in times past so that he will withdraw from us."

[3]But Jeremiah answered them, "Tell Zedekiah, [4]'This is what the LORD, the God of Israel, says: I am about to turn against you the weapons of war that are in your hands, which you are using to fight the king of Babylon and the Babylonians[k] who are outside the wall besieging you. And I will gather them inside this city. [5]I myself will fight against you with an outstretched hand and a mighty arm in anger and fury and great wrath. [6]I will strike down those who live in this city—both men and animals—and they will die of a terrible plague. [7]After that, declares the LORD, I will hand over Zedekiah king of Judah, his officials and the people in this city who survive the plague, sword and famine, to Nebuchadnezzar king of Babylon and to their enemies who seek their lives. He will put them to the sword; he will show them no mercy or pity or compassion.'

[8]"Furthermore, tell the people, 'This is what the LORD says: See, I am setting before you the way of life and the way of death. [9]Whoever stays in this city will die by the sword, famine or plague. But whoever goes out and surrenders to the Babylonians who are besieging you will live; he will escape with his life. [10]I have determined to do this city harm and not good, declares the LORD. It will be given into the hands of the king of Babylon, and he will destroy it with fire.'

[11]"Moreover, say to the royal house of Judah, 'Hear the word of the LORD; [12]O house of David, this is what the LORD says:

" 'Administer justice every morning;
    rescue from the hand of his oppressor
    the one who has been robbed,
or my wrath will break out and burn like fire
    because of the evil you have done—
    burn with no one to quench it.
[13]I am against you, ⌊Jerusalem⌋,
    you who live above this valley
    on the rocky plateau,
                  declares the LORD—
you who say, "Who can come against us?
    Who can enter our refuge?"
[14]I will punish you as your deeds deserve,
                  declares the LORD.
I will kindle a fire in your forests
    that will consume everything around you.' "

Judgment Against Evil Kings

22 This is what the LORD says: "Go down to the palace of the king of Judah and proclaim this message there: [2]'Hear the word of the LORD, O king of Judah, you who sit on David's throne—you, your officials and your people who come through these gates. [3]This is what the LORD says: Do what is just and

12 Hebrew *Nebuchadrezzar*, of which *Nebuchadnezzar* is a variant; here and often in Jeremiah and Ezekiel   *k4* Or *Chaldeans*; also in verse 9

3 Así ha dicho Jehová: Haced juicio y justicia, y librad al oprimido de mano del opresor, y no engañéis ni robéis al extranjero, ni al huérfano ni a la viuda, ni derraméis sangre inocente en este lugar.

4 Porque si efectivamente obedeciereis esta palabra, los reyes que en lugar de David se sientan sobre su trono, entrarán montados en carros y en caballos por las puertas de esta casa; ellos, y sus criados y su pueblo.

5 Mas si no oyereis estas palabras, por mí mismo he jurado, dice Jehová, que esta casa será desierta.

6 Porque así ha dicho Jehová acerca de la casa del rey de Judá: Como Galaad eres tú para mí, y como la cima del Líbano; sin embargo, te convertiré en soledad, y como ciudades deshabitadas.

7 Prepararé contra ti destruidores, cada uno con sus armas, y cortarán tus cedros escogidos y los echarán en el fuego.

8 Y muchas gentes pasarán junto a esta ciudad, y dirán cada uno a su compañero: ¿Por qué hizo así Jehová con esta gran ciudad?

9 Y se les responderá: Porque dejaron el pacto de Jehová su Dios, y adoraron dioses ajenos y les sirvieron.

10 No lloréis al muerto, ni de él os condoláis; llorad amargamente por el que se va, porque no volverá jamás, ni verá la tierra donde nació.

11 Porque así ha dicho Jehová acerca de Salum hijo de Josías, rey de Judá, el cual reinó en lugar de Josías su padre, y que salió de este lugar: No volverá más aquí,

12 sino que morirá en el lugar adonde lo llevaron cautivo, y no verá más esta tierra.

13 ¡Ay del que edifica su casa sin justicia, y sus salas sin equidad, sirviéndose de su prójimo de balde, y no dándole el salario de su trabajo!

14 Que dice: Edificaré para mí casa espaciosa, y salas airosas; y le abre ventanas, y la cubre de cedro, y la pinta de bermellón.

15 ¿Reinarás, porque te rodeas de cedro? ¿No comió y bebió tu padre, e hizo juicio y justicia, y entonces le fue bien?

16 El juzgó la causa del afligido y del menesteroso, y entonces estuvo bien. ¿No es esto conocerme a mí? dice Jehová.

17 Mas tus ojos y tu corazón no son sino para la avaricia, y para derramar sangre inocente, y para opresión y para hacer agravio.

right. Rescue from the hand of his oppressor the one who has been robbed. Do no wrong or violence to the alien, the fatherless or the widow, and do not shed innocent blood in this place. 4For if you are careful to carry out these commands, then kings who sit on David's throne will come through the gates of this palace, riding in chariots and on horses, accompanied by their officials and their people. 5But if you do not obey these commands, declares the LORD, I swear by myself that this palace will become a ruin.' "

6For this is what the LORD says about the palace of the king of Judah:

"Though you are like Gilead to me,
    like the summit of Lebanon,
I will surely make you like a desert,
    like towns not inhabited.
7I will send destroyers against you,
    each man with his weapons,
and they will cut up your fine cedar beams
    and throw them into the fire.

8"People from many nations will pass by this city and will ask one another, 'Why has the LORD done such a thing to this great city?' 9And the answer will be: 'Because they have forsaken the covenant of the LORD their God and have worshiped and served other gods.' "

10Do not weep for the dead ͺkingͺ or mourn his
    loss;
    rather, weep bitterly for him who is exiled,
because he will never return
    nor see his native land again.

11For this is what the LORD says about Shallum/ son of Josiah, who succeeded his father as king of Judah but has gone from this place: "He will never return. 12He will die in the place where they have led him captive; he will not see this land again."

13"Woe to him who builds his palace by
    unrighteousness,
    his upper rooms by injustice,
making his countrymen work for nothing,
    not paying them for their labor.
14He says, 'I will build myself a great palace
    with spacious upper rooms.'
So he makes large windows in it,
    panels it with cedar
    and decorates it in red.

15"Does it make you a king
    to have more and more cedar?
Did not your father have food and drink?
    He did what was right and just,
    so all went well with him.
16He defended the cause of the poor and needy,
    and so all went well.
Is that not what it means to know me?"
    declares the LORD.
17"But your eyes and your heart
    are set only on dishonest gain,
on shedding innocent blood
    and on oppression and extortion."

/11 Also called *Jehoahaz*

18 Por tanto, así ha dicho Jehová acerca de Joacim hijo de Josías, rey de Judá: No lo llorarán, diciendo: ¡Ay, hermano mío! y ¡Ay, hermana! ni lo lamentarán, diciendo: ¡Ay, señor! ¡Ay, su grandeza!

19 En sepultura de asno será enterrado, arrastrándole y echándole fuera de las puertas de Jerusalén.

20 Sube al Líbano y clama, y en Basán da tu voz, y grita hacia todas partes; porque todos tus enamorados son destruidos.

21 Te he hablado en tus prosperidades, mas dijiste: No oiré. Este fue tu camino desde tu juventud, que nunca oíste mi voz.

22 A todos tus pastores pastoreará el viento, y tus enamorados irán en cautiverio; entonces te avergonzarás y te confundirás a causa de toda tu maldad.

23 Habitaste en el Líbano, hiciste tu nido en los cedros. ¡Cómo gemirás cuando te vinieren dolores, dolor como de mujer que está de parto!

24 Vivo yo, dice Jehová, que si Conías hijo de Joacim rey de Judá fuera anillo en mi mano derecha, aun de allí te arrancaría.

25 Te entregaré en mano de los que buscan tu vida, y en mano de aquellos cuya vista temes; sí, en mano de Nabucodonosor rey de Babilonia, y en mano de los caldeos.

26 Te haré llevar cautivo a ti y a tu madre que te dio a luz, a tierra ajena en que no nacisteis; y allá moriréis.

27 Y a la tierra a la cual ellos con toda el alma anhelan volver, allá no volverán.

28 ¿Es este hombre Conías una vasija despreciada y quebrada? ¿Es un trasto que nadie estima? ¿Por qué fueron arrojados él y su generación, y echados a tierra que no habían conocido?

29 ¡Tierra, tierra, tierra! oye palabra de Jehová.

30 Así ha dicho Jehová: Escribid lo que sucederá a este hombre privado de descendencia, hombre a quien nada próspero sucederá en todos los días de su vida; porque ninguno de su descendencia logrará sentarse sobre el trono de David, ni reinar sobre Judá.

Regreso del remanente

23 1 ¡Ay de los pastores que destruyen y dispersan las ovejas de mi rebaño! dice Jehová.

2 Por tanto, así ha dicho Jehová Dios de Israel a los pastores que apacientan mi pueblo: Vosotros dispersasteis mis ovejas, y las espantasteis, y no las habéis cuidado. He aquí que yo castigo la maldad de vuestras obras, dice Jehová.

3 Y yo mismo recogeré el remanente de mis ovejas de todas las tierras adonde las eché, y las haré volver a sus moradas; y crecerán y se multiplicarán.

4 Y pondré sobre ellas pastores que las apacienten; y no temerán más, ni se amedrentarán, ni serán menoscabadas, dice Jehová.

---

18 Therefore this is what the LORD says about Jehoiakim son of Josiah king of Judah:

"They will not mourn for him:
    'Alas, my brother! Alas, my sister!'
They will not mourn for him:
    'Alas, my master! Alas, his splendor!'
19 He will have the burial of a donkey—
    dragged away and thrown
    outside the gates of Jerusalem."

20 "Go up to Lebanon and cry out,
    let your voice be heard in Bashan,
cry out from Abarim,
    for all your allies are crushed.
21 I warned you when you felt secure,
    but you said, 'I will not listen!'
This has been your way from your youth;
    you have not obeyed me.
22 The wind will drive all your shepherds away,
    and your allies will go into exile.
Then you will be ashamed and disgraced
    because of all your wickedness.
23 You who live in 'Lebanon,[m]
    who are nestled in cedar buildings,
how you will groan when pangs come upon you,
    pain like that of a woman in labor!

24 "As surely as I live," declares the LORD, "even if you, Jehoiachin[n] son of Jehoiakim king of Judah, were a signet ring on my right hand, I would still pull you off. 25 I will hand you over to those who seek your life, those you fear—to Nebuchadnezzar king of Babylon and to the Babylonians.[o] 26 I will hurl you and the mother who gave you birth into another country, where neither of you was born, and there you both will die. 27 You will never come back to the land you long to return to."

28 Is this man Jehoiachin a despised, broken pot,
    an object no one wants?
Why will he and his children be hurled out,
    cast into a land they do not know?
29 O land, land, land,
    hear the word of the LORD!
30 This is what the LORD says:
    "Record this man as if childless,
    a man who will not prosper in his lifetime,
for none of his offspring will prosper,
    none will sit on the throne of David
    or rule anymore in Judah."

The Righteous Branch

23 "Woe to the shepherds who are destroying and scattering the sheep of my pasture!" declares the LORD. 2 Therefore this is what the LORD, the God of Israel, says to the shepherds who tend my people: "Because you have scattered my flock and driven them away and have not bestowed care on them, I will bestow punishment on you for the evil you have done," declares the LORD. 3 "I myself will gather the remnant of my flock out of all the countries where I have driven them and will bring them back to their pasture, where they will be fruitful and increase in number. 4 I will place shepherds over them who will tend them, and they will no longer be afraid or terrified, nor will any be missing," declares the LORD.

---

m 23 That is, the palace in Jerusalem (see 1 Kings 7:2)
n 24 Hebrew *Coniah*, a variant of *Jehoiachin*; also in verse 28
o 25 Or *Chaldeans*

5He aquí que vienen días, dice Jehová, en que levantaré a David renuevo justo, y reinará como Rey, el cual será dichoso, y hará juicio y justicia en la tierra.

6En sus días será salvo Judá, e Israel habitará confiado; y este será su nombre con el cual le llamarán: Jehová, justicia nuestra.

7Por tanto, he aquí que vienen días, dice Jehová, en que no dirán más: Vive Jehová que hizo subir a los hijos de Israel de la tierra de Egipto,

8sino: Vive Jehová que hizo subir y trajo la descendencia de la casa de Israel de tierra del norte, y de todas las tierras adonde yo los había echado; y habitarán en su tierra.

Denunciación de los falsos profetas

9A causa de los profetas mi corazón está quebrantado dentro de mí, todos mis huesos tiemblan; estoy como un ebrio, y como hombre a quien dominó el vino, delante de Jehová, y delante de sus santas palabras.

10Porque la tierra está llena de adúlteros; a causa de la maldición la tierra está desierta; los pastizales del desierto se secaron; la carrera de ellos fue mala, y su valentía no es recta.

11Porque tanto el profeta como el sacerdote son impíos; aun en mi casa hallé su maldad, dice Jehová.

12Por tanto, su camino será como resbaladeros en oscuridad; serán empujados, y caerán en él; porque yo traeré mal sobre ellos en el año de su castigo, dice Jehová.

13En los profetas de Samaria he visto desatinos; profetizaban en nombre de Baal, e hicieron errar a mi pueblo de Israel.

14Y en los profetas de Jerusalén he visto torpezas; cometían adulterios, y andaban en mentiras, y fortalecían las manos de los malos, para que ninguno se convirtiese de su maldad; me fueron todos ellos como Sodoma, y sus moradores como Gomorra.

15Por tanto, así ha dicho Jehová de los ejércitos contra aquellos profetas: He aquí que yo les hago comer ajenjos, y les haré beber agua de hiel; porque de los profetas de Jerusalén salió la hipocresía sobre toda la tierra.

16Así ha dicho Jehová de los ejércitos: No escuchéis las palabras de los profetas que os profetizan; os alimentan con vanas esperanzas; hablan visión de su propio corazón, no de la boca de Jehová.

5"The days are coming," declares the LORD,
   "when I will raise up to David p a righteous Branch,
a King who will reign wisely
   and do what is just and right in the land.
6In his days Judah will be saved
   and Israel will live in safety.
This is the name by which he will be called:
   The LORD Our Righteousness.

7"So then, the days are coming," declares the LORD, "when people will no longer say, 'As surely as the LORD lives, who brought the Israelites up out of Egypt,' 8but they will say, 'As surely as the LORD lives, who brought the descendants of Israel up out of the land of the north and out of all the countries where he had banished them.' Then they will live in their own land."

Lying Prophets

9Concerning the prophets:

My heart is broken within me;
   all my bones tremble.
I am like a drunken man,
   like a man overcome by wine,
because of the LORD
   and his holy words.
10The land is full of adulterers;
   because of the curse q the land lies parched r
   and the pastures in the desert are withered.
The ˌprophetsˌ follow an evil course
   and use their power unjustly.

11"Both prophet and priest are godless;
   even in my temple I find their wickedness,"
                  declares the LORD.
12"Therefore their path will become slippery;
   they will be banished to darkness
   and there they will fall.
I will bring disaster on them
   in the year they are punished,"
                  declares the LORD.

13"Among the prophets of Samaria
   I saw this repulsive thing:
They prophesied by Baal
   and led my people Israel astray.
14And among the prophets of Jerusalem
   I have seen something horrible:
   They commit adultery and live a lie.
They strengthen the hands of evildoers,
   so that no one turns from his wickedness.
They are all like Sodom to me;
   the people of Jerusalem are like Gomorrah."

15Therefore, this is what the LORD Almighty says concerning the prophets:

"I will make them eat bitter food
   and drink poisoned water,
because from the prophets of Jerusalem
   ungodliness has spread throughout the land."

16This is what the LORD Almighty says:

"Do not listen to what the prophets are
          prophesying to you;
   they fill you with false hopes.
They speak visions from their own minds,
   not from the mouth of the LORD.

---

p 5 Or up from David's line   q 10 Or because of these things
r 10 Or land mourns

17Dicen atrevidamente a los que me irritan: Jehová dijo: Paz tendréis; y a cualquiera que anda tras la obstinación de su corazón, dicen: No vendrá mal sobre vosotros.

18Porque ¿quién estuvo en el secreto de Jehová, y vio, y oyó su palabra? ¿Quién estuvo atento a su palabra, y la oyó?

19He aquí que la tempestad de Jehová saldrá con furor; y la tempestad que está preparada caerá sobre la cabeza de los malos.

20No se apartará el furor de Jehová hasta que lo haya hecho, y hasta que haya cumplido los pensamientos de su corazón; en los postreros días lo entenderéis cumplidamente.

21No envié yo aquellos profetas, pero ellos corrían; yo no les hablé, mas ellos profetizaban.

22Pero si ellos hubieran estado en mi secreto, habrían hecho oir mis palabras a mi pueblo, y lo habrían hecho volver de su mal camino, y de la maldad de sus obras.

23¿Soy yo Dios de cerca solamente, dice Jehová, y no Dios desde muy lejos?

24¿Se ocultará alguno, dice Jehová, en escondrijos que yo no lo vea? ¿No lleno yo, dice Jehová, el cielo y la tierra?

25Yo he oído lo que aquellos profetas dijeron, profetizando mentira en mi nombre, diciendo: Soñé, soñé.

26¿Hasta cuándo estará esto en el corazón de los profetas que profetizan mentira, y que profetizan el engaño de su corazón?

27¿No piensan cómo hacen que mi pueblo se olvide de mi nombre con sus sueños que cada uno cuenta a su compañero, al modo que sus padres se olvidaron de mi nombre por Baal?

28El profeta que tuviere un sueño, cuente el sueño; y aquel a quien fuere mi palabra, cuente mi palabra verdadera. ¿Qué tiene que ver la paja con el trigo? dice Jehová.

29¿No es mi palabra como fuego, dice Jehová, y como martillo que quebranta la piedra?

30Por tanto, he aquí que yo estoy contra los profetas, dice Jehová, que hurtan mis palabras cada uno de su más cercano.

31Dice Jehová: He aquí que yo estoy contra los profetas que endulzan sus lenguas y dicen: El ha dicho.

32He aquí, dice Jehová, yo estoy contra los que profetizan sueños mentirosos, y los cuentan, y hacen errar a mi pueblo con sus mentiras y con sus lisonjas, y yo no los envié ni les mandé; y ningún provecho hicieron a este pueblo, dice Jehová.

33Y cuando te preguntare este pueblo, o el profeta, o el sacerdote, diciendo: ¿Cuál es la profecía de Jehová? les dirás: Esta es la profecía: Os dejaré, ha dicho Jehová.

17They keep saying to those who despise me,
  'The LORD says: You will have peace.'
And to all who follow the stubbornness of their
  hearts
  they say, 'No harm will come to you.'
18But which of them has stood in the council of
  the LORD
to see or to hear his word?
Who has listened and heard his word?
19See, the storm of the LORD
  will burst out in wrath,
a whirlwind swirling down
  on the heads of the wicked.
20The anger of the LORD will not turn back
  until he fully accomplishes
  the purposes of his heart.
In days to come
  you will understand it clearly.
21I did not send these prophets,
  yet they have run with their message;
I did not speak to them,
  yet they have prophesied.
22But if they had stood in my council,
  they would have proclaimed my words to my
  people
and would have turned them from their evil ways
  and from their evil deeds.

23"Am I only a God nearby,"
                   declares the LORD,
  "and not a God far away?
24Can anyone hide in secret places
  so that I cannot see him?"
                   declares the LORD.
  "Do not I fill heaven and earth?"
                   declares the LORD.

25"I have heard what the prophets say who prophesy lies in my name. They say, 'I had a dream! I had a dream!' 26How long will this continue in the hearts of these lying prophets, who prophesy the delusions of their own minds? 27They think the dreams they tell one another will make my people forget my name, just as their fathers forgot my name through Baal worship. 28Let the prophet who has a dream tell his dream, but let the one who has my word speak it faithfully. For what has straw to do with grain?" declares the LORD. 29"Is not my word like fire," declares the LORD, "and like a hammer that breaks a rock in pieces?

30"Therefore," declares the LORD, "I am against the prophets who steal from one another words supposedly from me. 31Yes," declares the LORD, "I am against the prophets who wag their own tongues and yet declare, 'The LORD declares.' 32Indeed, I am against those who prophesy false dreams," declares the LORD. "They tell them and lead my people astray with their reckless lies, yet I did not send or appoint them. They do not benefit these people in the least," declares the LORD.

False Oracles and False Prophets

33"When these people, or a prophet or a priest, ask you, 'What is the oracles of the LORD?' say to them, 'What oracle?t I will forsake you, declares the LORD.'

---

s33 Or burden (see Septuagint and Vulgate)   t33 Hebrew; Septuagint and Vulgate You are the burden. (The Hebrew for oracle and burden is the same.)

34 Y al profeta, al sacerdote o al pueblo que dijere: Profecía de Jehová, yo enviaré castigo sobre tal hombre y sobre su casa.

35 Así diréis cada cual a su compañero, y cada cual a su hermano: ¿Qué ha respondido Jehová, y qué habló Jehová?

36 Y nunca más os vendrá a la memoria decir: Profecía de Jehová; porque la palabra de cada uno le será por profecía; pues pervertisteis las palabras del Dios viviente, de Jehová de los ejércitos, Dios nuestro.

37 Así dirás al profeta: ¿Qué te respondió Jehová, y qué habló Jehová?

38 Mas si dijereis: Profecía de Jehová; por eso Jehová dice así: Porque dijisteis esta palabra, Profecía de Jehová, habiendo yo enviado a deciros: No digáis: Profecía de Jehová,

39 por tanto, he aquí que yo os echaré en olvido, y arrancaré de mi presencia a vosotros y a la ciudad que di a vosotros y a vuestros padres;

40 y pondré sobre vosotros afrenta perpetua, y eterna confusión que nunca borrará el olvido.

La señal de los higos buenos y malos

24 1 Después de haber transportado Nabucodonosor rey de Babilonia a Jeconías hijo de Joacim, rey de Judá, a los príncipes de Judá y los artesanos y herreros de Jerusalén, y haberlos llevado a Babilonia, me mostró Jehová dos cestas de higos puestas delante del templo de Jehová.

2 Una cesta tenía higos muy buenos, como brevas; y la otra cesta tenía higos muy malos, que de malos no se podían comer.

3 Y me dijo Jehová: ¿Qué ves tú, Jeremías? Y dije: Higos; higos buenos, muy buenos; y malos, muy malos, que de malos no se pueden comer.

4 Y vino a mí palabra de Jehová, diciendo:

5 Así ha dicho Jehová Dios de Israel: Como a estos higos buenos, así miraré a los transportados de Judá, a los cuales eché de este lugar a la tierra de los caldeos, para bien.

6 Porque pondré mis ojos sobre ellos para bien, y los volveré a esta tierra, y los edificaré, y no los destruiré; los plantaré y no los arrancaré.

7 Y les daré corazón para que me conozcan que yo soy Jehová; y me serán por pueblo, y yo les seré a ellos por Dios; porque se volverán a mí de todo su corazón.

8 Y como los higos malos, que de malos no se pueden comer, así ha dicho Jehová, pondré a Sedequías rey de Judá, a sus príncipes y al resto de Jerusalén que quedó en esta tierra, y a los que moran en la tierra de Egipto.

9 Y los daré por escarnio y por mal a todos los reinos de la tierra; por infamia, por ejemplo, por refrán y por maldición a todos los lugares adonde yo los arroje.

10 Y enviaré sobre ellos espada, hambre y pestilencia, hasta que sean exterminados de la tierra que les di a ellos y a sus padres.

Setenta años de desolación

25 1 Palabra que vino a Jeremías acerca de todo el pueblo de Judá en el año cuarto de Joacim hijo de Josías, rey de Judá, el cual era el año primero de Nabucodonosor rey de Babilonia;

2 la cual habló el profeta Jeremías a todo el pueblo de Judá y a todos los moradores de Jerusalén, diciendo:

3 Desde el año trece de Josías hijo de Amón, rey de Judá,

34 If a prophet or a priest or anyone else claims, 'This is the oracle of the LORD,' I will punish that man and his household. 35 This is what each of you keeps on saying to his friend or relative: 'What is the LORD's answer?' or 'What has the LORD spoken?' 36 But you must not mention 'the oracle of the LORD' again, because every man's own word becomes his oracle and so you distort the words of the living God, the LORD Almighty, our God. 37 This is what you keep saying to a prophet: 'What is the LORD's answer to you?' or 'What has the LORD spoken?' 38 Although you claim, 'This is the oracle of the LORD,' this is what the LORD says: You used the words, 'This is the oracle of the LORD,' even though I told you that you must not claim, 'This is the oracle of the LORD.' 39 Therefore, I will surely forget you and cast you out of my presence along with the city I gave to you and your fathers. 40 I will bring upon you everlasting disgrace — everlasting shame that will not be forgotten."

Two Baskets of Figs

24 After Jehoiachin [u] son of Jehoiakim king of Judah and the officials, the craftsmen and the artisans of Judah were carried into exile from Jerusalem to Babylon by Nebuchadnezzar king of Babylon, the LORD showed me two baskets of figs placed in front of the temple of the LORD. 2 One basket had very good figs, like those that ripen early; the other basket had very poor figs, so bad they could not be eaten.

3 Then the LORD asked me, "What do you see, Jeremiah?"

"Figs," I answered. "The good ones are very good, but the poor ones are so bad they cannot be eaten."

4 Then the word of the LORD came to me: 5 "This is what the LORD, the God of Israel, says: 'Like these good figs, I regard as good the exiles from Judah, whom I sent away from this place to the land of the Babylonians. [v] 6 My eyes will watch over them for their good, and I will bring them back to this land. I will build them up and not tear them down; I will plant them and not uproot them. 7 I will give them a heart to know me, that I am the LORD. They will be my people, and I will be their God, for they will return to me with all their heart.

8 " 'But like the poor figs, which are so bad they cannot be eaten,' says the LORD, 'so will I deal with Zedekiah king of Judah, his officials and the survivors from Jerusalem, whether they remain in this land or live in Egypt. 9 I will make them abhorrent and an offense to all the kingdoms of the earth, a reproach and a byword, an object of ridicule and cursing, wherever I banish them. 10 I will send the sword, famine and plague against them until they are destroyed from the land I gave to them and their fathers.' "

Seventy Years of Captivity

25 The word came to Jeremiah concerning all the people of Judah in the fourth year of Jehoiakim son of Josiah king of Judah, which was the first year of Nebuchadnezzar king of Babylon. 2 So Jeremiah the prophet said to all the people of Judah and to all those living in Jerusalem: 3 For twenty-three years — from the

---

u 1 Hebrew *Jeconiah,* a variant of *Jehoiachin*   v 5 Or *Chaldeans*

hasta este día, que son veintitrés años, ha venido a mí palabra de Jehová, y he hablado desde temprano y sin cesar; pero no oísteis.

4 Y envió Jehová a vosotros todos sus siervos los profetas, enviándoles desde temprano y sin cesar; pero no oísteis, ni inclinasteis vuestro oído para escuchar

5 cuando decían: Volveos ahora de vuestro mal camino y de la maldad de vuestras obras, y moraréis en la tierra que os dio Jehová a vosotros y a vuestros padres para siempre;

6 y no vayáis en pos de dioses ajenos, sirviéndoles y adorándoles, ni me provoquéis a ira con la obra de vuestras manos; y no os haré mal.

7 Pero no me habéis oído, dice Jehová, para provocarme a ira con la obra de vuestras manos para mal vuestro.

8 Por tanto, así ha dicho Jehová de los ejércitos: Por cuanto no habéis oído mis palabras,

9 he aquí enviaré y tomaré a todas las tribus del norte, dice Jehová, y a Nabucodonosor rey de Babilonia, mi siervo, y los traeré contra esta tierra y contra sus moradores, y contra todas estas naciones en derredor; y los destruiré, y los pondré por escarnio y por burla y en desolación perpetua.

10 Y haré que desaparezca de entre ellos la voz de gozo y la voz de alegría, la voz de desposado y la voz de desposada, ruido de molino y luz de lámpara.

11 Toda esta tierra será puesta en ruinas y en espanto; y servirán estas naciones al rey de Babilonia setenta años.

12 Y cuando sean cumplidos los setenta años, castigaré al rey de Babilonia y a aquella nación por su maldad, ha dicho Jehová, y a la tierra de los caldeos; y la convertiré en desiertos para siempre.

13 Y traeré sobre aquella tierra todas mis palabras que he hablado contra ella, con todo lo que está escrito en este libro, profetizado por Jeremías contra todas las naciones.

14 Porque también ellas serán sojuzgadas por muchas naciones y grandes reyes; y yo les pagaré conforme a sus hechos, y conforme a la obra de sus manos.

La copa de ira para las naciones

15 Porque así me dijo Jehová Dios de Israel: Toma de mi mano la copa del vino de este furor, y da a beber de él a todas las naciones a las cuales yo te envío.

16 Y beberán, y temblarán y enloquecerán, a causa de la espada que yo envío entre ellas.

17 Y tomé la copa de la mano de Jehová, y di de beber a todas las naciones, a las cuales me envió Jehová:

18 a Jerusalén, a las ciudades de Judá y a sus reyes, y a sus príncipes, para ponerlos en ruinas, en escarnio y en burla y en maldición, como hasta hoy;

19 a Faraón rey de Egipto, a sus siervos, a sus príncipes y a todo su pueblo;

20 y a toda la mezcla de naciones, a todos los reyes de tierra de Uz, y a todos los reyes de la tierra de Filistea, a Ascalón, a Gaza, a Ecrón y al remanente de Asdod;

21 a Edom, a Moab y a los hijos de Amón;

22 a todos los reyes de Tiro, a todos los reyes de Sidón, a los reyes de las costas que están de ese lado del mar;

23 a Dedán, a Tema y a Buz, y a todos los que se rapan las sienes;

24 a todos los reyes de Arabia, a todos los reyes de pueblos mezclados que habitan en el desierto;

25 a todos los reyes de Zimri, a todos los reyes de Elam, a todos los reyes de Media;

thirteenth year of Josiah son of Amon king of Judah until this very day—the word of the LORD has come to me and I have spoken to you again and again, but you have not listened.

4 And though the LORD has sent all his servants the prophets to you again and again, you have not listened or paid any attention. 5 They said, "Turn now, each of you, from your evil ways and your evil practices, and you can stay in the land the LORD gave to you and your fathers for ever and ever. 6 Do not follow other gods to serve and worship them; do not provoke me to anger with what your hands have made. Then I will not harm you."

7 "But you did not listen to me," declares the LORD, "and you have provoked me with what your hands have made, and you have brought harm to yourselves."

8 Therefore the LORD Almighty says this: "Because you have not listened to my words, 9 I will summon all the peoples of the north and my servant Nebuchadnezzar king of Babylon," declares the LORD, "and I will bring them against this land and its inhabitants and against all the surrounding nations. I will completely destroy[w] them and make them an object of horror and scorn, and an everlasting ruin. 10 I will banish from them the sounds of joy and gladness, the voices of bride and bridegroom, the sound of millstones and the light of the lamp. 11 This whole country will become a desolate wasteland, and these nations will serve the king of Babylon seventy years.

12 "But when the seventy years are fulfilled, I will punish the king of Babylon and his nation, the land of the Babylonians,[x] for their guilt," declares the LORD, "and will make it desolate forever. 13 I will bring upon that land all the things I have spoken against it, all that are written in this book and prophesied by Jeremiah against all the nations. 14 They themselves will be enslaved by many nations and great kings; I will repay them according to their deeds and the work of their hands."

The Cup of God's Wrath

15 This is what the LORD, the God of Israel, said to me: "Take from my hand this cup filled with the wine of my wrath and make all the nations to whom I send you drink it. 16 When they drink it, they will stagger and go mad because of the sword I will send among them."

17 So I took the cup from the LORD's hand and made all the nations to whom he sent me drink it: 18 Jerusalem and the towns of Judah, its kings and officials, to make them a ruin and an object of horror and scorn and cursing, as they are today; 19 Pharaoh king of Egypt, his attendants, his officials and all his people, 20 and all the foreign people there; all the kings of Uz; all the kings of the Philistines (those of Ashkelon, Gaza, Ekron, and the people left at Ashdod); 21 Edom, Moab and Ammon; 22 all the kings of Tyre and Sidon; the kings of the coastlands across the sea; 23 Dedan, Tema, Buz and all who are in distant places[y]; 24 all the kings of Arabia and all the kings of the foreign people who live in the desert; 25 all the kings of Zimri, Elam and Media; 26 and all the kings of the north, near and far,

26 a todos los reyes del norte, los de cerca y los de lejos, los unos con los otros, y a todos los reinos del mundo que están sobre la faz de la tierra; y el rey de Babilonia beberá después de ellos.

27 Les dirás, pues: Así ha dicho Jehová de los ejércitos, Dios de Israel: Bebed, y embriagaos, y vomitad, y caed, y no os levantéis, a causa de la espada que yo envío entre vosotros.

28 Y si no quieren tomar la copa de tu mano para beber, les dirás tú: Así ha dicho Jehová de los ejércitos: Tenéis que beber.

29 Porque he aquí que a la ciudad en la cual es invocado mi nombre yo comienzo a hacer mal; ¿y vosotros seréis absueltos? No seréis absueltos; porque espada traigo sobre todos los moradores de la tierra, dice Jehová de los ejércitos.

30 Tú, pues, profetizarás contra ellos todas estas palabras y les dirás: Jehová rugirá desde lo alto, y desde su morada santa dará su voz; rugirá fuertemente contra su morada; canción de lagareros cantará contra todos los moradores de la tierra.

31 Llegará el estruendo hasta el fin de la tierra, porque Jehová tiene juicio contra las naciones; él es el Juez de toda carne; entregará los impíos a espada, dice Jehová.

32 Así ha dicho Jehová de los ejércitos: He aquí que el mal irá de nación en nación, y grande tempestad se levantará de los fines de la tierra.

33 Y yacerán los muertos de Jehová en aquel día desde un extremo de la tierra hasta el otro; no se endecharán ni se recogerán ni serán enterrados; como estiércol quedarán sobre la faz de la tierra.

34 Aullad, pastores, y clamad; revolcaos en el polvo, mayorales del rebaño; porque cumplidos son vuestros días para que seáis degollados y esparcidos, y caeréis como vaso precioso.

35 Y se acabará la huida de los pastores, y el escape de los mayorales del rebaño.

36 ¡Voz de la gritería de los pastores, y aullido de los mayorales del rebaño! porque Jehová asoló sus pastos.

37 Y los pastos delicados serán destruidos por el ardor de la ira de Jehová.

38 Dejó cual leoncillo su guarida; pues asolada fue la tierra de ellos por la ira del opresor, y por el furor de su saña.

Jeremías es amenazado de muerte

26 1 En el principio del reinado de Joacim hijo de Josías, rey de Judá, vino esta palabra de Jehová, diciendo:

2 Así ha dicho Jehová: Ponte en el atrio de la casa de Jehová, y habla a todas las ciudades de Judá, que vienen para adorar en la casa de Jehová, todas las palabras que yo te mandé hablarles; no retengas palabra.

3 Quizá oigan, y se vuelvan cada uno de su mal camino, y me arrepentiré yo del mal que pienso hacerles por la maldad de sus obras.

4 Les dirás, pues: Así ha dicho Jehová: Si no me oyereis

one after the other—all the kingdoms on the face of the earth. And after all of them, the king of Sheshach[z] will drink it too.

27 "Then tell them, 'This is what the LORD Almighty, the God of Israel, says: Drink, get drunk and vomit, and fall to rise no more because of the sword I will send among you.' 28 But if they refuse to take the cup from your hand and drink, tell them, 'This is what the LORD Almighty says: You must drink it! 29 See, I am beginning to bring disaster on the city that bears my Name, and will you indeed go unpunished? You will not go unpunished, for I am calling down a sword upon all who live on the earth, declares the LORD Almighty.'

30 "Now prophesy all these words against them and say to them:

" 'The LORD will roar from on high;
    he will thunder from his holy dwelling
      and roar mightily against his land.
He will shout like those who tread the grapes,
    shout against all who live on the earth.
31 The tumult will resound to the ends of the earth,
    for the LORD will bring charges against the
      nations;
he will bring judgment on all mankind
    and put the wicked to the sword,' "
                      declares the LORD.

32 This is what the LORD Almighty says:

"Look! Disaster is spreading
    from nation to nation;
a mighty storm is rising
    from the ends of the earth."

33 At that time those slain by the LORD will be everywhere—from one end of the earth to the other. They will not be mourned or gathered up or buried, but will be like refuse lying on the ground.

34 Weep and wail, you shepherds;
    roll in the dust, you leaders of the flock.
For your time to be slaughtered has come;
    you will fall and be shattered like fine pottery.
35 The shepherds will have nowhere to flee,
    the leaders of the flock no place to escape.
36 Hear the cry of the shepherds,
    the wailing of the leaders of the flock,
    for the LORD is destroying their pasture.
37 The peaceful meadows will be laid waste
    because of the fierce anger of the LORD.
38 Like a lion he will leave his lair,
    and their land will become desolate
because of the sword[a] of the oppressor
    and because of the LORD's fierce anger.

Jeremiah Threatened With Death

26 Early in the reign of Jehoiakim son of Josiah king of Judah, this word came from the LORD: 2 "This is what the LORD says: Stand in the courtyard of the LORD's house and speak to all the people of the towns of Judah who come to worship in the house of the LORD. Tell them everything I command you; do not omit a word. 3 Perhaps they will listen and each will turn from his evil way. Then I will relent and not bring on them the disaster I was planning because of the evil they have done. 4 Say to them, 'This is what the LORD

---

z 26 *Sheshach* is a cryptogram for Babylon.   a 38 Some Hebrew manuscripts and Septuagint (see also Jer. 46:16 and 50:16); most Hebrew manuscripts *anger*

para andar en mi ley, la cual puse ante vosotros,
5 para atender a las palabras de mis siervos los profetas, que yo os envío desde temprano y sin cesar, a los cuales no habéis oído,

6 yo pondré esta casa como Silo, y esta ciudad la pondré por maldición a todas las naciones de la tierra.

7 Y los sacerdotes, los profetas y todo el pueblo oyeron a Jeremías hablar estas palabras en la casa de Jehová.

8 Y cuando terminó de hablar Jeremías todo lo que Jehová le había mandado que hablase a todo el pueblo, los sacerdotes y los profetas y todo el pueblo le echaron mano, diciendo: De cierto morirás.

9 ¿Por qué has profetizado en nombre de Jehová, diciendo: Esta casa será como Silo, y esta ciudad será asolada hasta no quedar morador? Y todo el pueblo se juntó contra Jeremías en la casa de Jehová.

10 Y los príncipes de Judá oyeron estas cosas, y subieron de la casa del rey a la casa de Jehová, y se sentaron en la entrada de la puerta nueva de la casa de Jehová.

11 Entonces hablaron los sacerdotes y los profetas a los príncipes y a todo el pueblo, diciendo: En pena de muerte ha incurrido este hombre; porque profetizó contra esta ciudad, como vosotros habéis oído con vuestros oídos.

12 Y habló Jeremías a todos los príncipes y a todo el pueblo, diciendo: Jehová me envió a profetizar contra esta casa y contra esta ciudad, todas las palabras que habéis oído.

13 Mejorad ahora vuestros caminos y vuestras obras, y oíd la voz de Jehová vuestro Dios, y se arrepentirá Jehová del mal que ha hablado contra vosotros.

14 En lo que a mí toca, he aquí estoy en vuestras manos; haced de mí como mejor y más recto os parezca.

15 Mas sabed de cierto que si me matáis, sangre inocente echaréis sobre vosotros, y sobre esta ciudad y sobre sus moradores; porque en verdad Jehová me envió a vosotros para que dijese todas estas palabras en vuestros oídos.

16 Y dijeron los príncipes y todo el pueblo a los sacerdotes y profetas: No ha incurrido este hombre en pena de muerte, porque en nombre de Jehová nuestro Dios nos ha hablado.

17 Entonces se levantaron algunos de los ancianos de la tierra y hablaron a toda la reunión del pueblo, diciendo:

18 Miqueas de Moreset profetizó en tiempo de Ezequías rey de Judá, y habló a todo el pueblo de Judá, diciendo: Así ha dicho Jehová de los ejércitos: Sion será arada como campo, y Jerusalén vendrá a ser montones de ruinas, y el monte de la casa como cumbres de bosque.

19 ¿Acaso lo mataron Ezequías rey de Judá y todo Judá? ¿No temió a Jehová, y oró en presencia de Jehová, y Jehová se arrepintió del mal que había hablado contra ellos? ¿Haremos, pues, nosotros tan gran mal contra nuestras almas?

20 Hubo también un hombre que profetizaba en nombre de Jehová, Urías hijo de Semaías, de Quiriat-jearim, el cual profetizó contra esta ciudad y contra esta tierra, conforme a todas las palabras de Jeremías;

21 y oyeron sus palabras el rey Joacim y todos sus grandes, y todos sus príncipes, y el rey procuró matarle; entendiendo lo cual Urías, tuvo temor, y huyó a Egipto.

22 Y el rey Joacim envió hombres a Egipto, a Elnatán hijo de Acbor y otros hombres con él, a Egipto;

23 los cuales sacaron a Urías de Egipto y lo trajeron al rey Joacim, el cual lo mató a espada, y echó su cuerpo en los sepulcros del vulgo.

says: If you do not listen to me and follow my law, which I have set before you, 5and if you do not listen to the words of my servants the prophets, whom I have sent to you again and again (though you have not listened), 6then I will make this house like Shiloh and this city an object of cursing among all the nations of the earth.' "

7The priests, the prophets and all the people heard Jeremiah speak these words in the house of the LORD. 8But as soon as Jeremiah finished telling all the people everything the LORD had commanded him to say, the priests, the prophets and all the people seized him and said, "You must die! 9Why do you prophesy in the LORD's name that this house will be like Shiloh and this city will be desolate and deserted?" And all the people crowded around Jeremiah in the house of the LORD.

10When the officials of Judah heard about these things, they went up from the royal palace to the house of the LORD and took their places at the entrance of the New Gate of the LORD's house. 11Then the priests and the prophets said to the officials and all the people, "This man should be sentenced to death because he has prophesied against this city. You have heard it with your own ears!"

12Then Jeremiah said to all the officials and all the people: "The LORD sent me to prophesy against this house and this city all the things you have heard. 13Now reform your ways and your actions and obey the LORD your God. Then the LORD will relent and not bring the disaster he has pronounced against you. 14As for me, I am in your hands; do with me whatever you think is good and right. 15Be assured, however, that if you put me to death, you will bring the guilt of innocent blood on yourselves and on this city and on those who live in it, for in truth the LORD has sent me to you to speak all these words in your hearing."

16Then the officials and all the people said to the priests and the prophets, "This man should not be sentenced to death! He has spoken to us in the name of the LORD our God."

17Some of the elders of the land stepped forward and said to the entire assembly of people, 18"Micah of Moresheth prophesied in the days of Hezekiah king of Judah. He told all the people of Judah, 'This is what the LORD Almighty says:

" 'Zion will be plowed like a field,
Jerusalem will become a heap of rubble,
the temple hill a mound overgrown with
thickets.' b

19"Did Hezekiah king of Judah or anyone else in Judah put him to death? Did not Hezekiah fear the LORD and seek his favor? And did not the LORD relent, so that he did not bring the disaster he pronounced against them? We are about to bring a terrible disaster on ourselves!"

20(Now Uriah son of Shemaiah from Kiriath Jearim was another man who prophesied in the name of the LORD; he prophesied the same things against this city and this land as Jeremiah did. 21When King Jehoiakim and all his officers and officials heard his words, the king sought to put him to death. But Uriah heard of it and fled in fear to Egypt. 22King Jehoiakim, however, sent Elnathan son of Acbor to Egypt, along with some other men. 23They brought Uriah out of Egypt and took him to King Jehoiakim, who had him struck down with a sword and his body thrown into the burial place of the common people.)

b 18 Micah 3:12

24 Pero la mano de Ahicam hijo de Safán estaba a favor de Jeremías, para que no lo entregasen en las manos del pueblo para matarlo.

La señal de los yugos

27 1 En el principio del reinado de Joacim hijo de Josías, rey de Judá, vino esta palabra de Jehová a Jeremías, diciendo:

2 Jehová me ha dicho así: Hazte coyundas y yugos, y ponlos sobre tu cuello;

3 y los enviarás al rey de Edom, y al rey de Moab, y al rey de los hijos de Amón, y al rey de Tiro, y al rey de Sidón, por mano de los mensajeros que vienen a Jerusalén a Sedequías rey de Judá.

4 Y les mandarás que digan a sus señores: Así ha dicho Jehová de los ejércitos, Dios de Israel: Así habéis de decir a vuestros señores:

5 Yo hice la tierra, el hombre y las bestias que están sobre la faz de la tierra, con mi gran poder y con mi brazo extendido, y la di a quien yo quise.

6 Y ahora yo he puesto todas estas tierras en mano de Nabucodonosor rey de Babilonia, mi siervo, y aun las bestias del campo le he dado para que le sirvan.

7 Y todas las naciones le servirán a él, a su hijo, y al hijo de su hijo, hasta que venga también el tiempo de su misma tierra, y la reduzcan a servidumbre muchas naciones y grandes reyes.

8 Y a la nación y al reino que no sirviere a Nabucodonosor rey de Babilonia, y que no pusiere su cuello debajo del yugo del rey de Babilonia, castigaré a tal nación con espada y con hambre y con pestilencia, dice Jehová, hasta que la acabe yo por su mano.

9 Y vosotros no prestéis oído a vuestros profetas, ni a vuestros adivinos, ni a vuestros soñadores, ni a vuestros agoreros, ni a vuestros encantadores, que os hablan diciendo: No serviréis al rey de Babilonia.

10 Porque ellos os profetizan mentira, para haceros alejar de vuestra tierra, y para que yo os arroje y perezcáis.

11 Mas a la nación que sometiere su cuello al yugo del rey de Babilonia y le sirviere, la dejaré en su tierra, dice Jehová, y la labrará y morará en ella.

12 Hablé también a Sedequías rey de Judá conforme a todas estas palabras, diciendo: Someted vuestros cuellos al yugo del rey de Babilonia, y servidle a él y a su pueblo, y vivid.

13 ¿Por qué moriréis tú y tu pueblo a espada, de hambre y de pestilencia, según ha dicho Jehová de la nación que no sirviere al rey de Babilonia?

14 No oigáis las palabras de los profetas que os hablan diciendo: No serviréis al rey de Babilonia; porque os profetizan mentira.

15 Porque yo no los envié, dice Jehová, y ellos profetizan falsamente en mi nombre, para que yo os arroje y perezcáis vosotros y los profetas que os profetizan.

16 También a los sacerdotes y a todo este pueblo hablé diciendo: Así ha dicho Jehová: No oigáis las palabras de vuestros profetas que os profetizan diciendo: He aquí que los utensilios de la casa de Jehová volverán de Babilonia ahora pronto; porque os profetizan mentira.

17 No los oigáis; servid al rey de Babilonia y vivid; ¿por qué ha de ser desolada esta ciudad?

18 Y si ellos son profetas, y si está con ellos la palabra de Jehová, oren ahora a Jehová de los ejércitos para que los utensilios que han quedado en la casa de Jehová y en la casa del rey de Judá y en Jerusalén, no vayan a Babilonia.

19 Porque así ha dicho Jehová de los ejércitos acerca de aquellas columnas, del estanque, de las basas y del resto de los utensilios que quedan en esta ciudad,

20 que no quitó Nabucodonosor rey de Babilonia cuando

24 Furthermore, Ahikam son of Shaphan supported Jeremiah, and so he was not handed over to the people to be put to death.

Judah to Serve Nebuchadnezzar

27 Early in the reign of Zedekiah c son of Josiah king of Judah, this word came to Jeremiah from the LORD: 2 This is what the LORD said to me: "Make a yoke out of straps and crossbars and put it on your neck. 3 Then send word to the kings of Edom, Moab, Ammon, Tyre and Sidon through the envoys who have come to Jerusalem to Zedekiah king of Judah. 4 Give them a message for their masters and say, 'This is what the LORD Almighty, the God of Israel, says: "Tell this to your masters: 5 With my great power and outstretched arm I made the earth and its people and the animals that are on it, and I give it to anyone I please. 6 Now I will hand all your countries over to my servant Nebuchadnezzar king of Babylon; I will make even the wild animals subject to him. 7 All nations will serve him and his son and his grandson until the time for his land comes; then many nations and great kings will subjugate him.

8 " ' "If, however, any nation or kingdom will not serve Nebuchadnezzar king of Babylon or bow its neck under his yoke, I will punish that nation with the sword, famine and plague, declares the LORD, until I destroy it by his hand. 9 So do not listen to your prophets, your diviners, your interpreters of dreams, your mediums or your sorcerers who tell you, 'You will not serve the king of Babylon.' 10 They prophesy lies to you that will only serve to remove you far from your lands; I will banish you and you will perish. 11 But if any nation will bow its neck under the yoke of the king of Babylon and serve him, I will let that nation remain in its own land to till it and to live there, declares the LORD." ' "

12 I gave the same message to Zedekiah king of Judah. I said, "Bow your neck under the yoke of the king of Babylon; serve him and his people, and you will live. 13 Why will you and your people die by the sword, famine and plague with which the LORD has threatened any nation that will not serve the king of Babylon? 14 Do not listen to the words of the prophets who say to you, 'You will not serve the king of Babylon,' for they are prophesying lies to you. 15 'I have not sent them,' declares the LORD. 'They are prophesying lies in my name. Therefore, I will banish you and you will perish, both you and the prophets who prophesy to you.' "

16 Then I said to the priests and all these people, "This is what the LORD says: Do not listen to the prophets who say, 'Very soon now the articles from the LORD's house will be brought back from Babylon.' They are prophesying lies to you. 17 Do not listen to them. Serve the king of Babylon, and you will live. Why should this city become a ruin? 18 If they are prophets and have the word of the LORD, let them plead with the LORD Almighty that the furnishings remaining in the house of the LORD and in the palace of the king of Judah and in Jerusalem not be taken to Babylon. 19 For this is what the LORD Almighty says about the pillars, the Sea, the movable stands and the other furnishings that are left in this city, 20 which

---

c 1 A few Hebrew manuscripts and Syriac (see also Jer. 27:3, 12 and 28:1); most Hebrew manuscripts *Jehoiakim* (Most Septuagint manuscripts do not have this verse.)

transportó de Jerusalén a Babilonia a Jeconías hijo de Joacim, rey de Judá, y a todos los nobles de Judá y de Jerusalén;

21 así, pues, ha dicho Jehová de los ejércitos, Dios de Israel, acerca de los utensilios que quedaron en la casa de Jehová, y en la casa del rey de Judá, y en Jerusalén:

22 A Babilonia serán transportados, y allí estarán hasta el día en que yo los visite, dice Jehová; y después los traeré y los restauraré a este lugar.

Falsa profecía de Hananías

28 1 Aconteció en el mismo año, en el principio del reinado de Sedequías rey de Judá, en el año cuarto, en el quinto mes, que Hananías hijo de Azur, profeta que era de Gabaón, me habló en la casa de Jehová delante de los sacerdotes y de todo el pueblo, diciendo:

2 Así habló Jehová de los ejércitos, Dios de Israel, diciendo: Quebranté el yugo del rey de Babilonia.

3 Dentro de dos años haré volver a este lugar todos los utensilios de la casa de Jehová, que Nabucodonosor rey de Babilonia tomó de este lugar para llevarlos a Babilonia, 4 y yo haré volver a este lugar a Jeconías hijo de Joacim, rey de Judá, y a todos los transportados de Judá que entraron en Babilonia, dice Jehová; porque yo quebrantaré el yugo del rey de Babilonia.

5 Entonces respondió el profeta Jeremías al profeta Hananías, delante de los sacerdotes y delante de todo el pueblo que estaba en la casa de Jehová.

6 Y dijo el profeta Jeremías: Amén, así lo haga Jehová. Confirme Jehová tus palabras, con las cuales profetizaste que los utensilios de la casa de Jehová, y todos los transportados, han de ser devueltos de Babilonia a este lugar.

7 Con todo eso, oye ahora esta palabra que yo hablo en tus oídos y en los oídos de todo el pueblo:

8 Los profetas que fueron antes de mí y antes de ti en tiempos pasados, profetizaron guerra, aflicción y pestilencia contra muchas tierras y contra grandes reinos.

9 El profeta que profetiza de paz, cuando se cumpla la palabra del profeta, será conocido como el profeta que Jehová en verdad envió.

10 Entonces el profeta Hananías quitó el yugo del cuello del profeta Jeremías, y lo quebró.

11 Y habló Hananías en presencia de todo el pueblo, diciendo: Así ha dicho Jehová: De esta manera romperé el yugo de Nabucodonosor rey de Babilonia, del cuello de todas las naciones, dentro de dos años. Y siguió Jeremías su camino.

12 Y después que el profeta Hananías rompió el yugo del cuello del profeta Jeremías, vino palabra de Jehová a Jeremías, diciendo:

13 Vé y habla a Hananías, diciendo: Así ha dicho Jehová: Yugos de madera quebraste, mas en vez de ellos harás yugos de hierro.

14 Porque así ha dicho Jehová de los ejércitos, Dios de Israel: Yugo de hierro puse sobre el cuello de todas estas naciones, para que sirvan a Nabucodonosor rey de Babilonia, y han de servirle; y aun también le he dado las bestias del campo.

15 Entonces dijo el profeta Jeremías al profeta Hananías: Ahora oye, Hananías: Jehová no te envió, y tú has hecho confiar en mentira a este pueblo.

16 Por tanto, así ha dicho Jehová: He aquí que yo te quito de sobre la faz de la tierra; morirás en este año, porque hablaste rebelión contra Jehová.

17 Y en el mismo año murió Hananías, en el mes séptimo.

Nebuchadnezzar king of Babylon did not take away when he carried Jehoiachin*d* son of Jehoiakim king of Judah into exile from Jerusalem to Babylon, along with all the nobles of Judah and Jerusalem— 21 yes, this is what the LORD Almighty, the God of Israel, says about the things that are left in the house of the LORD and in the palace of the king of Judah and in Jerusalem: 22 'They will be taken to Babylon and there they will remain until the day I come for them,' declares the LORD. 'Then I will bring them back and restore them to this place.' "

The False Prophet Hananiah

28 In the fifth month of that same year, the fourth year, early in the reign of Zedekiah king of Judah, the prophet Hananiah son of Azzur, who was from Gibeon, said to me in the house of the LORD in the presence of the priests and all the people: 2 "This is what the LORD Almighty, the God of Israel, says: 'I will break the yoke of the king of Babylon. 3 Within two years I will bring back to this place all the articles of the LORD's house that Nebuchadnezzar king of Babylon removed from here and took to Babylon. 4 I will also bring back to this place Jehoiachin*d* son of Jehoiakim king of Judah and all the other exiles from Judah who went to Babylon,' declares the LORD, 'for I will break the yoke of the king of Babylon.' "

5 Then the prophet Jeremiah replied to the prophet Hananiah before the priests and all the people who were standing in the house of the LORD. 6 He said, "Amen! May the LORD do so! May the LORD fulfill the words you have prophesied by bringing the articles of the LORD's house and all the exiles back to this place from Babylon. 7 Nevertheless, listen to what I have to say in your hearing and in the hearing of all the people: 8 From early times the prophets who preceded you and me have prophesied war, disaster and plague against many countries and great kingdoms. 9 But the prophet who prophesies peace will be recognized as one truly sent by the LORD only if his prediction comes true."

10 Then the prophet Hananiah took the yoke off the neck of the prophet Jeremiah and broke it, 11 and he said before all the people, "This is what the LORD says: 'In the same way will I break the yoke of Nebuchadnezzar king of Babylon off the neck of all the nations within two years.' " At this, the prophet Jeremiah went on his way.

12 Shortly after the prophet Hananiah had broken the yoke off the neck of the prophet Jeremiah, the word of the LORD came to Jeremiah: 13 "Go and tell Hananiah, 'This is what the LORD says: You have broken a wooden yoke, but in its place you will get a yoke of iron. 14 This is what the LORD Almighty, the God of Israel, says: I will put an iron yoke on the necks of all these nations to make them serve Nebuchadnezzar king of Babylon, and they will serve him. I will even give him control over the wild animals.' "

15 Then the prophet Jeremiah said to Hananiah the prophet, "Listen, Hananiah! The LORD has not sent you, yet you have persuaded this nation to trust in lies. 16 Therefore, this is what the LORD says: 'I am about to remove you from the face of the earth. This very year you are going to die, because you have preached rebellion against the LORD.' "

17 In the seventh month of that same year, Hananiah the prophet died.

d 20,4 Hebrew Jeconiah, a variant of Jehoiachin

Carta de Jeremías a los cautivos

29 ¹Estas son las palabras de la carta que el profeta Jeremías envió de Jerusalén a los ancianos que habían quedado de los que fueron transportados, y a los sacerdotes y profetas y a todo el pueblo que Nabucodonosor llevó cautivo de Jerusalén a Babilonia

²(después que salió el rey Jeconías, la reina, los del palacio, los príncipes de Judá y de Jerusalén, los artífices y los ingenieros de Jerusalén),

³por mano de Elasa hijo de Safán y de Gemarías hijo de Hilcías, a quienes envió Sedequías rey de Judá a Babilonia, a Nabucodonosor rey de Babilonia. Decía:

⁴Así ha dicho Jehová de los ejércitos, Dios de Israel, a todos los de la cautividad que hice transportar de Jerusalén a Babilonia:

⁵Edificad casas, y habitadlas; y plantad huertos, y comed del fruto de ellos.

⁶Casaos, y engendrad hijos e hijas; dad mujeres a vuestros hijos, y dad maridos a vuestras hijas, para que tengan hijos e hijas; y multiplicaos ahí, y no os disminuyáis.

⁷Y procurad la paz de la ciudad a la cual os hice transportar, y rogad por ella a Jehová; porque en su paz tendréis vosotros paz.

⁸Porque así ha dicho Jehová de los ejércitos, Dios de Israel: No os engañen vuestros profetas que están entre vosotros, ni vuestros adivinos; ni atendáis a los sueños que soñáis.

⁹Porque falsamente os profetizan ellos en mi nombre; no los envié, ha dicho Jehová.

¹⁰Porque así dijo Jehová: Cuando en Babilonia se cumplan los setenta años, yo os visitaré, y despertaré sobre vosotros mi buena palabra, para haceros volver a este lugar.

¹¹Porque yo sé los pensamientos que tengo acerca de vosotros, dice Jehová, pensamientos de paz, y no de mal, para daros el fin que esperáis.

¹²Entonces me invocaréis, y vendréis y oraréis a mí, y yo os oiré;

¹³y me buscaréis y me hallaréis, porque me buscaréis de todo vuestro corazón.

¹⁴Y seré hallado por vosotros, dice Jehová, y haré volver vuestra cautividad, y os reuniré de todas las naciones y de todos los lugares adonde os arrojé, dice Jehová; y os haré volver al lugar de donde os hice llevar.

¹⁵Mas habéis dicho: Jehová nos ha levantado profetas en Babilonia.

¹⁶Pero así ha dicho Jehová acerca del rey que está sentado sobre el trono de David, y de todo el pueblo que mora en esta ciudad, de vuestros hermanos que no salieron con vosotros en cautiverio;

¹⁷así ha dicho Jehová de los ejércitos: He aquí envío yo contra ellos espada, hambre y pestilencia, y los pondré como los higos malos, que de tan malos no se pueden comer.

¹⁸Los perseguiré con espada, con hambre y con pestilencia, y los daré por escarnio a todos los reinos de la tierra, por maldición y por espanto, y por burla y por afrenta para todas las naciones entre las cuales los he arrojado;

¹⁹por cuanto no oyeron mis palabras, dice Jehová, que les envié por mis siervos los profetas, desde temprano y sin cesar; y no habéis escuchado, dice Jehová.

A Letter to the Exiles

29 This is the text of the letter that the prophet Jeremiah sent from Jerusalem to the surviving elders among the exiles and to the priests, the prophets and all the other people Nebuchadnezzar had carried into exile from Jerusalem to Babylon. ²(This was after King Jehoiachin*e* and the queen mother, the court officials and the leaders of Judah and Jerusalem, the craftsmen and the artisans had gone into exile from Jerusalem.) ³He entrusted the letter to Elasah son of Shaphan and to Gemariah son of Hilkiah, whom Zedekiah king of Judah sent to King Nebuchadnezzar in Babylon. It said:

⁴This is what the LORD Almighty, the God of Israel, says to all those, "I carried into exile from Jerusalem to Babylon: ⁵"Build houses and settle down; plant gardens and eat what they produce. ⁶Marry and have sons and daughters; find wives for your sons and give your daughters in marriage, so that they too may have sons and daughters. Increase in number there; do not decrease. ⁷Also, seek the peace and prosperity of the city to which I have carried you into exile. Pray to the LORD for it, because if it prospers, you too will prosper." ⁸Yes, this is what the LORD Almighty, the God of Israel, says: "Do not let the prophets and diviners among you deceive you. Do not listen to the dreams you encourage them to have. ⁹They are prophesying lies to you in my name. I have not sent them," declares the LORD.

¹⁰This is what the LORD says: "When seventy years are completed for Babylon, I will come to you and fulfill my gracious promise to bring you back to this place. ¹¹For I know the plans I have for you," declares the LORD, "plans to prosper you and not to harm you, plans to give you hope and a future. ¹²Then you will call upon me and come and pray to me, and I will listen to you. ¹³You will seek me and find me when you seek me with all your heart. ¹⁴I will be found by you," declares the LORD, "and will bring you back from captivity.*f* I will gather you from all the nations and places where I have banished you," declares the LORD, "and will bring you back to the place from which I carried you into exile."

¹⁵You may say, "The LORD has raised up prophets for us in Babylon," ¹⁶but this is what the LORD says about the king who sits on David's throne and all the people who remain in this city, your countrymen who did not go with you into exile— ¹⁷yes, this is what the LORD Almighty says: "I will send the sword, famine and plague against them and I will make them like poor figs that are so bad they cannot be eaten. ¹⁸I will pursue them with the sword, famine and plague and will make them abhorrent to all the kingdoms of the earth and an object of cursing and horror, of scorn and reproach, among all the nations where I drive them. ¹⁹For they have not listened to my words," declares the LORD, "words that I sent to them again and again by my servants the prophets. And you exiles have not listened either," declares the LORD.

---

e2 Hebrew *Jeconiah*, a variant of *Jehoiachin*   *f14* Or *will restore your fortunes*

20 Oíd, pues, palabra de Jehová, vosotros todos los transportados que envié de Jerusalén a Babilonia.
21 Así ha dicho Jehová de los ejércitos, Dios de Israel, acerca de Acab hijo de Colaías, y acerca de Sedequías hijo de Maasías, que os profetizan falsamente en mi nombre: He aquí los entrego yo en mano de Nabucodonosor rey de Babilonia, y él los matará delante de vuestros ojos.
22 Y todos los transportados de Judá que están en Babilonia harán de ellos una maldición, diciendo: Póngate Jehová como a Sedequías y como a Acab, a quienes asó al fuego el rey de Babilonia.
23 Porque hicieron maldad en Israel, y cometieron adulterio con las mujeres de sus prójimos, y falsamente hablaron en mi nombre palabra que no les mandé; lo cual yo sé y testifico, dice Jehová.
24 Y a Semaías de Nehelam hablarás, diciendo:
25 Así habló Jehová de los ejércitos, Dios de Israel, diciendo: Tú enviaste cartas en tu nombre a todo el pueblo que está en Jerusalén, y al sacerdote Sofonías hijo de Maasías, y a todos los sacerdotes, diciendo:
26 Jehová te ha puesto por sacerdote en lugar del sacerdote Joiada, para que te encargues en la casa de Jehová de todo hombre loco que profetice, poniéndolo en el calabozo y en el cepo.
27 ¿Por qué, pues, no has reprendido ahora a Jeremías de Anatot, que os profetiza?
28 Porque él nos envió a decir en Babilonia: Largo será el cautiverio; edificad casas, y habitadlas; plantad huertos, y comed el fruto de ellos.
29 Y el sacerdote Sofonías había leído esta carta a oídos del profeta Jeremías.
30 Y vino palabra de Jehová a Jeremías, diciendo:
31 Envía a decir a todos los cautivos: Así ha dicho Jehová de Semaías de Nehelam: Porque os profetizó Semaías, y yo no lo envié, y os hizo confiar en mentira;
32 por tanto, así ha dicho Jehová: He aquí que yo castigaré a Semaías de Nehelam y a su descendencia; no tendrá varón que more entre este pueblo, ni verá el bien que haré yo a mi pueblo, dice Jehová; porque contra Jehová ha hablado rebelión.

Dios promete que los cautivos volverán

30 ¹ Palabra de Jehová que vino a Jeremías, diciendo: ² Así habló Jehová Dios de Israel, diciendo: Escríbete en un libro todas las palabras que te he hablado.
3 Porque he aquí que vienen días, dice Jehová, en que haré volver a los cautivos de mi pueblo Israel y Judá, ha dicho Jehová, y los traeré a la tierra que di a sus padres, y la disfrutarán.
4 Estas, pues, son las palabras que habló Jehová acerca de Israel y de Judá.
5 Porque así ha dicho Jehová: Hemos oído voz de temblor; de espanto, y no de paz.
6 Inquirid ahora, y mirad si el varón da a luz; porque he visto que todo hombre tenía las manos sobre sus lomos, como mujer que está de parto, y se han vuelto pálidos todos los rostros.

20 Therefore, hear the word of the Lord, all you exiles whom I have sent away from Jerusalem to Babylon. 21 This is what the Lord Almighty, the God of Israel, says about Ahab son of Kolaiah and Zedekiah son of Maaseiah, who are prophesying lies to you in my name: "I will hand them over to Nebuchadnezzar king of Babylon, and he will put them to death before your very eyes. 22 Because of them, all the exiles from Judah who are in Babylon will use this curse: 'The Lord treat you like Zedekiah and Ahab, whom the king of Babylon burned in the fire.' 23 For they have done outrageous things in Israel; they have committed adultery with their neighbors' wives and in my name have spoken lies, which I did not tell them to do. I know it and am a witness to it," declares the Lord.

Message to Shemaiah

24 Tell Shemaiah the Nehelamite, 25 "This is what the Lord Almighty, the God of Israel, says: You sent letters in your own name to all the people in Jerusalem, to Zephaniah son of Maaseiah the priest, and to all the other priests. You said to Zephaniah, 26 'The Lord has appointed you priest in place of Jehoiada to be in charge of the house of the Lord; you should put any madman who acts like a prophet into the stocks and neck-irons. 27 So why have you not reprimanded Jeremiah from Anathoth, who poses as a prophet among you? 28 He has sent this message to us in Babylon: It will be a long time. Therefore build houses and settle down; plant gardens and eat what they produce.' "
29 Zephaniah the priest, however, read the letter to Jeremiah the prophet. 30 Then the word of the Lord came to Jeremiah: 31 "Send this message to all the exiles: 'This is what the Lord says about Shemaiah the Nehelamite: Because Shemaiah has prophesied to you, even though I did not send him, and has led you to believe a lie, 32 this is what the Lord says: I will surely punish Shemaiah the Nehelamite and his descendants. He will have no one left among this people, nor will he see the good things I will do for my people, declares the Lord, because he has preached rebellion against me.' "

Restoration of Israel

30 This is the word that came to Jeremiah from the Lord: 2 "This is what the Lord, the God of Israel, says: 'Write in a book all the words I have spoken to you. 3 The days are coming,' declares the Lord, 'when I will bring my people Israel and Judah back from captivity g and restore them to the land I gave their forefathers to possess,' says the Lord."
4 These are the words the Lord spoke concerning Israel and Judah: 5 "This is what the Lord says:

" 'Cries of fear are heard —
     terror, not peace.
6 Ask and see:
     Can a man bear children?
Then why do I see every strong man
     with his hands on his stomach like a woman
       in labor,
     every face turned deathly pale?

g3 Or *will restore the fortunes of my people Israel and Judah*

7 ¡Ah, cuán grande es aquel día! tanto, que no hay otro semejante a él; tiempo de angustia para Jacob; pero de ella será librado.

8 En aquel día, dice Jehová de los ejércitos, yo quebraré su yugo de tu cuello, y romperé tus coyundas, y extranjeros no lo volverán más a poner en servidumbre,

9 sino que servirán a Jehová su Dios y a David su rey, a quien yo les levantaré.

10 Tú, pues, siervo mío Jacob, no temas, dice Jehová, ni te atemorices, Israel; porque he aquí que yo soy el que te salvo de lejos a ti y a tu descendencia de la tierra de cautividad; y Jacob volverá, descansará y vivirá tranquilo, y no habrá quien le espante.

11 Porque yo estoy contigo para salvarte, dice Jehová, y destruiré a todas las naciones entre las cuales te esparcí; pero a ti no te destruiré, sino que te castigaré con justicia; de ninguna manera te dejaré sin castigo.

12 Porque así ha dicho Jehová: Incurable es tu quebrantamiento, y dolorosa tu llaga.

13 No hay quien juzgue tu causa para sanarte; no hay para ti medicamentos eficaces.

14 Todos tus enamorados te olvidaron; no te buscan; porque como hiere un enemigo te herí, con azote de adversario cruel, a causa de la magnitud de tu maldad y de la multitud de tus pecados.

15 ¿Por qué gritas a causa de tu quebrantamiento? Incurable es tu dolor, porque por la grandeza de tu iniquidad y por tus muchos pecados te he hecho esto.

16 Pero serán consumidos todos los que te consumen; y todos tus adversarios, todos irán en cautiverio; hollados serán los que te hollaron, y a todos los que hicieron presa de ti daré en presa.

17 Mas yo haré venir sanidad para ti, y sanaré tus heridas, dice Jehová; porque desechada te llamaron, diciendo: Esta es Sion, de la que nadie se acuerda.

18 Así ha dicho Jehová: He aquí yo hago volver los cautivos de las tiendas de Jacob, y de sus tiendas tendré misericordia, y la ciudad será edificada sobre su colina, y el templo será asentado según su forma.

19 Y saldrá de ellos acción de gracias, y voz de nación que está en regocijo, y los multiplicaré, y no serán disminuidos; los multiplicaré, y no serán menoscabados.

20 Y serán sus hijos como antes, y su congregación delante de mí será confirmada; y castigaré a todos sus opresores.

7 How awful that day will be!
  None will be like it.
It will be a time of trouble for Jacob,
  but he will be saved out of it.

8 " ' In that day,' declares the LORD Almighty,
  'I will break the yoke off their necks
and will tear off their bonds;
  no longer will foreigners enslave them.
9 Instead, they will serve the LORD their God
  and David their king,
  whom I will raise up for them.

10 " 'So do not fear, O Jacob my servant;
  do not be dismayed, O Israel,'
               declares the LORD.
'I will surely save you out of a distant place,
  your descendants from the land of their exile.
Jacob will again have peace and security,
  and no one will make him afraid.
11 I am with you and will save you,'
  declares the LORD.
'Though I completely destroy all the nations
  among which I scatter you,
  I will not completely destroy you.
I will discipline you but only with justice;
  I will not let you go entirely unpunished.'

12 "This is what the LORD says:

" 'Your wound is incurable,
  your injury beyond healing.
13 There is no one to plead your cause,
  no remedy for your sore,
  no healing for you.
14 All your allies have forgotten you;
  they care nothing for you.
I have struck you as an enemy would
  and punished you as would the cruel,
because your guilt is so great
  and your sins so many.
15 Why do you cry out over your wound,
  your pain that has no cure?
Because of your great guilt and many sins
  I have done these things to you.

16 " 'But all who devour you will be devoured;
  all your enemies will go into exile.
Those who plunder you will be plundered;
  all who make spoil of you I will despoil.
17 But I will restore you to health
  and heal your wounds,'
               declares the LORD,
'because you are called an outcast,
  Zion for whom no one cares.'

18 "This is what the LORD says:

" 'I will restore the fortunes of Jacob's tents
  and have compassion on his dwellings;
the city will be rebuilt on her ruins,
  and the palace will stand in its proper place.
19 From them will come songs of thanksgiving
  and the sound of rejoicing.
I will add to their numbers,
  and they will not be decreased;
I will bring them honor,
  and they will not be disdained.
20 Their children will be as in days of old,
  and their community will be established before me;
  I will punish all who oppress them.

21 De ella saldrá su príncipe, y de en medio de ella saldrá su señoreador; y le haré llegar cerca, y él se acercará a mí; porque ¿quién es aquel que se atreve a acercarse a mí? dice Jehová.

22 Y me seréis por pueblo, y yo seré vuestro Dios.

23 He aquí, la tempestad de Jehová sale con furor; la tempestad que se prepara, sobre la cabeza de los impíos reposará.

24 No se calmará el ardor de la ira de Jehová, hasta que haya hecho y cumplido los pensamientos de su corazón; en el fin de los días entenderéis esto.

31 ¹ En aquel tiempo, dice Jehová, yo seré por Dios a todas las familias de Israel, y ellas me serán a mí por pueblo.

2 Así ha dicho Jehová: El pueblo que escapó de la espada halló gracia en el desierto, cuando Israel iba en busca de reposo.

3 Jehová se manifestó a mí hace ya mucho tiempo, diciendo: Con amor eterno te he amado; por tanto, te prolongué mi misericordia.

4 Aún te edificaré, y serás edificada, oh virgen de Israel; todavía serás adornada con tus panderos, y saldrás en alegres danzas.

5 Aún plantarás viñas en los montes de Samaria; plantarán los que plantan, y disfrutarán de ellas.

6 Porque habrá día en que clamarán los guardas en el monte de Efraín: Levantaos, y subamos a Sion, a Jehová nuestro Dios.

7 Porque así ha dicho Jehová: Regocijaos en Jacob con alegría, y dad voces de júbilo a la cabeza de naciones; haced oír, alabad, y decid: Oh Jehová, salva a tu pueblo, el remanente de Israel.

8 He aquí yo los hago volver de la tierra del norte, y los reuniré de los fines de la tierra, y entre ellos ciegos y cojos, la mujer que está encinta y la que dio a luz juntamente; en gran compañía volverán acá.

9 Irán con lloro, mas con misericordia los haré volver, y los haré andar junto a arroyos de aguas, por camino derecho en el cual no tropezarán; porque soy a Israel por padre, y Efraín es mi primogénito.

10 Oíd palabra de Jehová, oh naciones, y hacedlo saber en las costas que están lejos, y decid: El que esparció a Israel lo reunirá y guardará, como el pastor a su rebaño.

---

21 Their leader will be one of their own;
     their ruler will arise from among them.
I will bring him near and he will come close to me,
     for who is he who will devote himself
     to be close to me?'
                       declares the LORD.

22 " 'So you will be my people,
     and I will be your God.' "

23 See, the storm of the LORD
     will burst out in wrath,
a driving wind swirling down
     on the heads of the wicked.

24 The fierce anger of the LORD will not turn back
     until he fully accomplishes
     the purposes of his heart.
In days to come
     you will understand this.

31 "At that time," declares the LORD, "I will be the God of all the clans of Israel, and they will be my people."

2 This is what the LORD says:

"The people who survive the sword
     will find favor in the desert;
     I will come to give rest to Israel."

3 The LORD appeared to us in the past,[h] saying:

"I have loved you with an everlasting love;
     I have drawn you with loving-kindness.
4 I will build you up again
     and you will be rebuilt, O Virgin Israel.
Again you will take up your tambourines
     and go out to dance with the joyful.
5 Again you will plant vineyards
     on the hills of Samaria;
the farmers will plant them
     and enjoy their fruit.
6 There will be a day when watchmen cry out
     on the hills of Ephraim,
'Come, let us go up to Zion,
     to the LORD our God.' "

7 This is what the LORD says:

"Sing with joy for Jacob;
     shout for the foremost of the nations.
Make your praises heard, and say,
     'O LORD, save your people,
     the remnant of Israel.'
8 See, I will bring them from the land of the north
     and gather them from the ends of the earth.
Among them will be the blind and the lame,
     expectant mothers and women in labor;
     a great throng will return.
9 They will come with weeping;
     they will pray as I bring them back.
I will lead them beside streams of water
     on a level path where they will not stumble,
because I am Israel's father,
     and Ephraim is my firstborn son.

10 "Hear the word of the LORD, O nations;
     proclaim it in distant coastlands:
'He who scattered Israel will gather them
     and will watch over his flock like a shepherd.'

h3 Or LORD has appeared to us from afar

11 Porque Jehová redimió a Jacob, lo redimió de mano del más fuerte que él.

12 Y vendrán con gritos de gozo en lo alto de Sion, y correrán al bien de Jehová, al pan, al vino, al aceite, y al ganado de las ovejas y de las vacas; y su alma será como huerto de riego, y nunca más tendrán dolor.

13 Entonces la virgen se alegrará en la danza, los jóvenes y los viejos juntamente; y cambiaré su lloro en gozo, y los consolaré, y los alegraré de su dolor.

14 Y el alma del sacerdote satisfaré con abundancia, y mi pueblo será saciado de mi bien, dice Jehová.

15 Así ha dicho Jehová: Voz fue oída en Ramá, llanto y lloro amargo; Raquel que lamenta por sus hijos, y no quiso ser consolada acerca de sus hijos, porque perecieron.

16 Así ha dicho Jehová: Reprime del llanto tu voz, y de las lágrimas tus ojos; porque salario hay para tu trabajo, dice Jehová, y volverán de la tierra del enemigo.

17 Esperanza hay también para tu porvenir, dice Jehová, y los hijos volverán a su propia tierra.

18 Escuchando, he oído a Efraín que se lamentaba: Me azotaste, y fui castigado como novillo indómito; conviérteme, y seré convertido, porque tú eres Jehová mi Dios.

19 Porque después que me aparté tuve arrepentimiento, y después que reconocí mi falta, herí mi muslo; me avergoncé y me confundí, porque llevé la afrenta de mi juventud.

20 ¿No es Efraín hijo precioso para mí? ¿no es niño en quien me deleito? pues desde que hablé de él, me he acordado de él constantemente. Por eso mis entrañas se conmovieron por él; ciertamente tendré de él misericordia, dice Jehová.

21 Establécete señales, ponte majanos altos, nota atentamente la calzada; vuélvete por el camino por donde fuiste, virgen de Israel, vuelve a estas tus ciudades.

22 ¿Hasta cuándo andarás errante, oh hija contumaz? Porque Jehová creará una cosa nueva sobre la tierra: la mujer rodeará al varón.

11For the LORD will ransom Jacob
   and redeem them from the hand of those
      stronger than they.
12They will come and shout for joy on the heights
      of Zion;
   they will rejoice in the bounty of the LORD—
the grain, the new wine and the oil,
   the young of the flocks and herds.
They will be like a well-watered garden,
   and they will sorrow no more.
13Then maidens will dance and be glad,
   young men and old as well.
I will turn their mourning into gladness;
   I will give them comfort and joy instead of
      sorrow.
14I will satisfy the priests with abundance,
   and my people will be filled with my bounty,"
                  declares the LORD.

15This is what the LORD says:

"A voice is heard in Ramah,
   mourning and great weeping,
Rachel weeping for her children
   and refusing to be comforted,
   because her children are no more."

16This is what the LORD says:

"Restrain your voice from weeping
   and your eyes from tears,
for your work will be rewarded,"
                  declares the LORD.
   "They will return from the land of the enemy.
17So there is hope for your future,"
                  declares the LORD.
   "Your children will return to their own land.

18"I have surely heard Ephraim's moaning:
   'You disciplined me like an unruly calf,
   and I have been disciplined.
Restore me, and I will return,
   because you are the LORD my God.
19After I strayed,
   I repented;
after I came to understand,
   I beat my breast.
I was ashamed and humiliated
   because I bore the disgrace of my youth.'
20Is not Ephraim my dear son,
   the child in whom I delight?
Though I often speak against him,
   I still remember him.
Therefore my heart yearns for him;
   I have great compassion for him,"
                  declares the LORD.

21"Set up road signs;
   put up guideposts.
Take note of the highway,
   the road that you take.
Return, O Virgin Israel,
   return to your towns.
22How long will you wander,
   O unfaithful daughter?
The LORD will create a new thing on earth—
   a woman will surround *i* a man."

*i*22 Or *will go about seeking;* or *will protect*

23 Así ha dicho Jehová de los ejércitos, Dios de Israel: Aún dirán esta palabra en la tierra de Judá y en sus ciudades, cuando yo haga volver sus cautivos: Jehová te bendiga, oh morada de justicia, oh monte santo.
24 Y habitará allí Judá, y también en todas sus ciudades labradores, y los que van con rebaño.
25 Porque satisfaré al alma cansada, y saciaré a toda alma entristecida.
26 En esto me desperté, y vi, y mi sueño me fue agradable.

El nuevo pacto

27 He aquí vienen días, dice Jehová, en que sembraré la casa de Israel y la casa de Judá de simiente de hombre y de simiente de animal.
28 Y así como tuve cuidado de ellos para arrancar y derribar, y trastornar y perder y afligir, tendré cuidado de ellos para edificar y plantar, dice Jehová.
29 En aquellos días no dirán más: Los padres comieron las uvas agrias y los dientes de los hijos tienen la dentera,
30 sino que cada cual morirá por su propia maldad; los dientes de todo hombre que comiere las uvas agrias, tendrán la dentera.
31 He aquí que vienen días, dice Jehová, en los cuales haré nuevo pacto con la casa de Israel y con la casa de Judá.
32 No como el pacto que hice con sus padres el día que tomé su mano para sacarlos de la tierra de Egipto; porque ellos invalidaron mi pacto, aunque fui yo un marido para ellos, dice Jehová.
33 Pero este es el pacto que haré con la casa de Israel después de aquellos días, dice Jehová: Daré mi ley en su mente, y la escribiré en su corazón; y yo seré a ellos por Dios, y ellos me serán por pueblo.
34 Y no enseñará más ninguno a su prójimo, ni ninguno a su hermano, diciendo: Conoce a Jehová; porque todos me conocerán, desde el más pequeño de ellos hasta el más grande, dice Jehová; porque perdonaré la maldad de ellos, y no me acordaré más de su pecado.
35 Así ha dicho Jehová, que da el sol para luz del día, las leyes de la luna y de las estrellas para luz de la noche, que parte el mar, y braman sus ondas; Jehová de los ejércitos es su nombre:
36 Si faltaren estas leyes delante de mí, dice Jehová, también la descendencia de Israel faltará para no ser nación delante de mí eternamente.

---

23 This is what the LORD Almighty, the God of Israel, says: "When I bring them back from captivity,/ the people in the land of Judah and in its towns will once again use these words: 'The LORD bless you, O righteous dwelling, O sacred mountain.' 24 People will live together in Judah and all its towns — farmers and those who move about with their flocks. 25 I will refresh the weary and satisfy the faint."

26 At this I awoke and looked around. My sleep had been pleasant to me.

27 "The days are coming," declares the LORD, "when I will plant the house of Israel and the house of Judah with the offspring of men and of animals. 28 Just as I watched over them to uproot and tear down, and to overthrow, destroy and bring disaster, so I will watch over them to build and to plant," declares the LORD. 29 "In those days people will no longer say,

'The fathers have eaten sour grapes,
　　and the children's teeth are set on edge.'

30 Instead, everyone will die for his own sin; whoever eats sour grapes — his own teeth will be set on edge.

31 "The time is coming," declares the LORD,
　　"when I will make a new covenant
with the house of Israel
　　and with the house of Judah.
32 It will not be like the covenant
　　I made with their forefathers
when I took them by the hand
　　to lead them out of Egypt,
because they broke my covenant,
　　though I was a husband to k them, l"
　　　　　　　　　　　　declares the LORD.
33 "This is the covenant I will make with the house
　　　　of Israel
　　after that time," declares the LORD.
"I will put my law in their minds
　　and write it on their hearts.
I will be their God,
　　and they will be my people.
34 No longer will a man teach his neighbor,
　　or a man his brother, saying, 'Know the LORD,'
because they will all know me,
　　from the least of them to the greatest,"
　　　　　　　　　　　　declares the LORD.
"For I will forgive their wickedness
　　and will remember their sins no more."

35 This is what the LORD says,

he who appoints the sun
　　to shine by day,
who decrees the moon and stars
　　to shine by night,
who stirs up the sea
　　so that its waves roar —
　　the LORD Almighty is his name:
36 "Only if these decrees vanish from my sight,"
　　declares the LORD,
"will the descendants of Israel ever cease
　　to be a nation before me."

---

l23 Or I restore their fortunes　　k32 Hebrew; Septuagint and Syriac / and I turned away from　　l32 Or was their master

37 Así ha dicho Jehová: Si los cielos arriba se pueden medir, y explorarse abajo los fundamentos de la tierra, también yo desecharé toda la descendencia de Israel por todo lo que hicieron, dice Jehová.

38 He aquí que vienen días, dice Jehová, en que la ciudad será edificada a Jehová, desde la torre de Hananeel hasta la puerta del Angulo.

39 Y saldrá más allá el cordel de la medida delante de él sobre el collado de Gareb, y rodeará a Goa.

40 Y todo el valle de los cuerpos muertos y de la ceniza, y todas las llanuras hasta el arroyo de Cedrón, hasta la esquina de la puerta de los caballos al oriente, será santo a Jehová; no será arrancada ni destruida más para siempre.

Jeremías compra la heredad de Hanameel

32 1 Palabra de Jehová que vino a Jeremías, el año décimo de Sedequías rey de Judá, que fue el año decimoctavo de Nabucodonosor.

2 Entonces el ejército del rey de Babilonia tenía sitiada a Jerusalén, y el profeta Jeremías estaba preso en el patio de la cárcel que estaba en la casa del rey de Judá.

3 Porque Sedequías rey de Judá lo había puesto preso, diciendo: ¿Por qué profetizas tú diciendo: Así ha dicho Jehová: He aquí yo entrego esta ciudad en mano del rey de Babilonia, y la tomará;

4 y Sedequías rey de Judá no escapará de la mano de los caldeos, sino que de cierto será entregado en mano del rey de Babilonia, y hablará con él boca a boca, y sus ojos verán sus ojos,

5 y hará llevar a Sedequías a Babilonia, y allá estará hasta que yo le visite; y si peleareis contra los caldeos, no os irá bien, dice Jehová?

6 Dijo Jeremías: Palabra de Jehová vino a mí, diciendo:

7 He aquí que Hanameel hijo de Salum tu tío viene a ti, diciendo: Cómprame mi heredad que está en Anatot; porque tú tienes derecho a ella para comprarla.

8 Y vino a mí Hanameel hijo de mi tío, conforme a la palabra de Jehová, al patio de la cárcel, y me dijo: Compra ahora mi heredad, que está en Anatot en tierra de Benjamín, porque tuyo es el derecho de la herencia, y a ti corresponde el rescate; cómprala para ti. Entonces conocí que era palabra de Jehová.

9 Y compré la heredad de Hanameel, hijo de mi tío, la cual estaba en Anatot, y le pesé el dinero; diecisiete siclos de plata.

10 Y escribí la carta y la sellé, y la hice certificar con testigos, y pesé el dinero en balanza.

11 Tomé luego la carta de venta, sellada según el derecho y costumbre, y la copia abierta.

12 Y di la carta de venta a Baruc hijo de Nerías, hijo de Maasías, delante de Hanameel el hijo de mi tío, y delante de los testigos que habían suscrito la carta de venta, delante de todos los judíos que estaban en el patio de la cárcel.

13 Y di orden a Baruc delante de ellos, diciendo:

14 Así ha dicho Jehová de los ejércitos, Dios de Israel: Toma estas cartas, esta carta de venta sellada, y esta carta abierta, y ponlas en una vasija de barro, para que se conserven muchos días.

15 Porque así ha dicho Jehová de los ejércitos, Dios de Israel: Aún se comprarán casas, heredades y viñas en esta tierra.

37 This is what the LORD says:

"Only if the heavens above can be measured
and the foundations of the earth below be searched out
will I reject all the descendants of Israel
because of all they have done,"
declares the LORD.

38 "The days are coming," declares the LORD, "when this city will be rebuilt for me from the Tower of Hananel to the Corner Gate. 39 The measuring line will stretch from there straight to the hill of Gareb and then turn to Goah. 40 The whole valley where dead bodies and ashes are thrown, and all the terraces out to the Kidron Valley on the east as far as the corner of the Horse Gate, will be holy to the LORD. The city will never again be uprooted or demolished."

Jeremiah Buys a Field

32 This is the word that came to Jeremiah from the LORD in the tenth year of Zedekiah king of Judah, which was the eighteenth year of Nebuchadnezzar. 2 The army of the king of Babylon was then besieging Jerusalem, and Jeremiah the prophet was confined in the courtyard of the guard in the royal palace of Judah.

3 Now Zedekiah king of Judah had imprisoned him there, saying, "Why do you prophesy as you do? You say, 'This is what the LORD says: I am about to hand this city over to the king of Babylon, and he will capture it. 4 Zedekiah king of Judah will not escape out of the hands of the Babylonians*m* but will certainly be handed over to the king of Babylon, and will speak with him face to face and see him with his own eyes. 5 He will take Zedekiah to Babylon, where he will remain until I deal with him, declares the LORD. If you fight against the Babylonians, you will not succeed.' "

6 Jeremiah said, "The word of the LORD came to me: 7 Hanamel son of Shallum your uncle is going to come to you and say, 'Buy my field at Anathoth, because as nearest relative it is your right and duty to buy it.'

8 "Then, just as the LORD had said, my cousin Hanamel came to me in the courtyard of the guard and said, 'Buy my field at Anathoth in the territory of Benjamin. Since it is your right to redeem it and possess it, buy it for yourself.'

"I knew that this was the word of the LORD; 9 so I bought the field at Anathoth from my cousin Hanamel and weighed out for him seventeen shekels*n* of silver. 10 I signed and sealed the deed, had it witnessed, and weighed out the silver on the scales. 11 I took the deed of purchase — the sealed copy containing the terms and conditions, as well as the unsealed copy — 12 and I gave this deed to Baruch son of Neriah, the son of Mahseiah, in the presence of my cousin Hanamel and of the witnesses who had signed the deed and of all the Jews sitting in the courtyard of the guard.

13 "In their presence I gave Baruch these instructions: 14 'This is what the LORD Almighty, the God of Israel, says: Take these documents, both the sealed and unsealed copies of the deed of purchase, and put them in a clay jar so they will last a long time. 15 For this is what the LORD Almighty, the God of Israel, says: Houses, fields and vineyards will again be bought in this land.'

---

m4 Or *Chaldeans*; also in verses 5, 24, 25, 28, 29 and 43
n9 That is, about 7 ounces (about 200 grams)

16 Y después que di la carta de venta a Baruc hijo de Nerías, oré a Jehová, diciendo:

17 ¡Oh Señor Jehová! he aquí que tú hiciste el cielo y la tierra con tu gran poder, y con tu brazo extendido, ni hay nada que sea difícil para ti;

18 que haces misericordia a millares, y castigas la maldad de los padres en sus hijos después de ellos; Dios grande, poderoso, Jehová de los ejércitos es su nombre;

19 grande en consejo, y magnífico en hechos; porque tus ojos están abiertos sobre todos los caminos de los hijos de los hombres, para dar a cada uno según sus caminos, y según el fruto de sus obras.

20 Tú hiciste señales y portentos en tierra de Egipto hasta este día, y en Israel, y entre los hombres; y te has hecho nombre, como se ve en el día de hoy.

21 Y sacaste a tu pueblo Israel de la tierra de Egipto con señales y portentos, con mano fuerte y brazo extendido, y con terror grande;

22 y les diste esta tierra, de la cual juraste a sus padres que se la darías, la tierra que fluye leche y miel;

23 y entraron, y la disfrutaron; pero no oyeron tu voz, ni anduvieron en tu ley; nada hicieron de lo que les mandaste hacer; por tanto, has hecho venir sobre ellos todo este mal.

24 He aquí que con arietes han acometido la ciudad para tomarla, y la ciudad va a ser entregada en mano de los caldeos que pelean contra ella, a causa de la espada, del hambre y de la pestilencia; ha venido, pues, a suceder lo que tú dijiste, y he aquí lo estás viendo.

25 ¡Oh Señor Jehová! ¿y tú me has dicho: Cómprate la heredad por dinero, y pon testigos; aunque la ciudad sea entregada en manos de los caldeos?

26 Y vino palabra de Jehová a Jeremías, diciendo:

27 He aquí que yo soy Jehová, Dios de toda carne; ¿habrá algo que sea difícil para mí?

28 Por tanto, así ha dicho Jehová: He aquí voy a entregar esta ciudad en mano de los caldeos, y en mano de Nabucodonosor rey de Babilonia, y la tomará.

29 Y vendrán los caldeos que atacan esta ciudad, y la pondrán a fuego y la quemarán, asimismo las casas sobre cuyas azoteas ofrecieron incienso a Baal y derramaron libaciones a dioses ajenos, para provocarme a ira.

30 Porque los hijos de Israel y los hijos de Judá no han hecho sino lo malo delante de mis ojos desde su juventud; porque los hijos de Israel no han hecho más que provocarme a ira con la obra de sus manos, dice Jehová.

31 De tal manera que para enojo mío y para ira mía me ha sido esta ciudad desde el día que la edificaron hasta hoy, para que la haga quitar de mi presencia,

32 por toda la maldad de los hijos de Israel y de los hijos de Judá, que han hecho para enojarme, ellos, sus reyes, sus príncipes, sus sacerdotes y sus profetas, y los varones de Judá y los moradores de Jerusalén.

33 Y me volvieron la cerviz, y no el rostro; y cuando los enseñaba desde temprano y sin cesar, no escucharon para recibir corrección.

34 Antes pusieron sus abominaciones en la casa en la cual es invocado mi nombre, contaminándola.

35 Y edificaron lugares altos a Baal, los cuales están en el valle del hijo de Hinom, para hacer pasar por el fuego sus hijos y sus hijas a Moloc; lo cual no les mandé, ni me vino al pensamiento que hiciesen esta abominación, para hacer pecar a Judá.

36 Y con todo, ahora así dice Jehová Dios de Israel a esta ciudad, de la cual decís vosotros: Entregada será en mano del rey de Babilonia a espada, a hambre y a pestilencia:

16 "After I had given the deed of purchase to Baruch son of Neriah, I prayed to the LORD:

17 "Ah, Sovereign LORD, you have made the heavens and the earth by your great power and outstretched arm. Nothing is too hard for you. 18 You show love to thousands but bring the punishment for the fathers' sins into the laps of their children after them. O great and powerful God, whose name is the LORD Almighty, 19 great are your purposes and mighty are your deeds. Your eyes are open to all the ways of men; you reward everyone according to his conduct and as his deeds deserve. 20 You performed miraculous signs and wonders in Egypt and have continued them to this day, both in Israel and among all mankind, and have gained the renown that is still yours. 21 You brought your people Israel out of Egypt with signs and wonders, by a mighty hand and an outstretched arm and with great terror. 22 You gave them this land you had sworn to give their forefathers, a land flowing with milk and honey. 23 They came in and took possession of it, but they did not obey you or follow your law; they did not do what you commanded them to do. So you brought all this disaster upon them.

24 "See how the siege ramps are built up to take the city. Because of the sword, famine and plague, the city will be handed over to the Babylonians who are attacking it. What you said has happened, as you now see. 25 And though the city will be handed over to the Babylonians, you, O Sovereign LORD, say to me, 'Buy the field with silver and have the transaction witnessed.' "

26 Then the word of the LORD came to Jeremiah: 27 "I am the LORD, the God of all mankind. Is anything too hard for me? 28 Therefore, this is what the LORD says: I am about to hand this city over to the Babylonians and to Nebuchadnezzar king of Babylon, who will capture it. 29 The Babylonians who are attacking this city will come in and set it on fire; they will burn it down, along with the houses where the people provoked me to anger by burning incense on the roofs to Baal and by pouring out drink offerings to other gods.

30 "The people of Israel and Judah have done nothing but evil in my sight from their youth; indeed, the people of Israel have done nothing but provoke me with what their hands have made, declares the LORD. 31 From the day it was built until now, this city has so aroused my anger and wrath that I must remove it from my sight. 32 The people of Israel and Judah have provoked me by all the evil they have done — they, their kings and officials, their priests and prophets, the men of Judah and the people of Jerusalem. 33 They turned their backs to me and not their faces; though I taught them again and again, they would not listen or respond to discipline. 34 They set up their abominable idols in the house that bears my Name and defiled it. 35 They built high places for Baal in the Valley of Ben Hinnom to sacrifice their sons and daughters o to Molech, though I never commanded, nor did it enter my mind, that they should do such a detestable thing and so make Judah sin.

36 "You are saying about this city, 'By the sword, famine and plague it will be handed over to the king of Babylon'; but this is what the LORD, the God of Israel, says: 37 I will surely gather them from all the

o 35 Or *to make their sons and daughters pass through the fire*

37 He aquí que yo los reuniré de todas las tierras a las cuales los eché con mi furor, y con mi enojo e indignación grande; y los haré volver a este lugar, y los haré habitar seguramente;

38 y me serán por pueblo, y yo seré a ellos por Dios.

39 Y les daré un corazón, y un camino, para que me teman perpetuamente, para que tengan bien ellos, y sus hijos después de ellos.

40 Y haré con ellos pacto eterno, que no me volveré atrás de hacerles bien, y pondré mi temor en el corazón de ellos, para que no se aparten de mí.

41 Y me alegraré con ellos haciéndoles bien, y los plantaré en esta tierra en verdad, de todo mi corazón y de toda mi alma.

42 Porque así ha dicho Jehová: Como traje sobre este pueblo todo este gran mal, así traeré sobre ellos todo el bien que acerca de ellos hablo.

43 Y poseerán heredad en esta tierra de la cual vosotros decís: Está desierta, sin hombres y sin animales, es entregada en manos de los caldeos.

44 Heredades comprarán por dinero, y harán escritura y la sellarán y pondrán testigos, en tierra de Benjamín y en los contornos de Jerusalén, y en las ciudades de Judá; y en las ciudades de las montañas, y en las ciudades de la Sefela, y en las ciudades del Neguev; porque yo haré regresar sus cautivos, dice Jehová.

Restauración de la prosperidad de Jerusalén

33 1 Vino palabra de Jehová a Jeremías la segunda vez, estando él aún preso en el patio de la cárcel, diciendo:

2 Así ha dicho Jehová, que hizo la tierra, Jehová que la formó para afirmarla; Jehová es su nombre:

3 Clama a mí, y yo te responderé, y te enseñaré cosas grandes y ocultas que tú no conoces.

4 Porque así ha dicho Jehová Dios de Israel acerca de las casas de esta ciudad, y de las casas de los reyes de Judá, derribadas con arietes y con hachas

5 (porque vinieron para pelear contra los caldeos, para llenarlas de cuerpos de hombres muertos, a los cuales herí yo con mi furor y con mi ira, pues escondí mi rostro de esta ciudad a causa de toda su maldad):

6 He aquí que yo les traeré sanidad y medicina; y los curaré, y les revelaré abundancia de paz y de verdad.

7 Y haré volver los cautivos de Judá y los cautivos de Israel, y los restableceré como al principio.

8 Y los limpiaré de toda su maldad con que pecaron contra mí; y perdonaré todos sus pecados con que contra mí pecaron, y con que contra mí se rebelaron.

9 Y me será a mí por nombre de gozo, de alabanza y de gloria, entre todas las naciones de la tierra, que habrán oído todo el bien que yo les hago; y temerán y temblarán de todo el bien y de toda la paz que yo les haré.

10 Así ha dicho Jehová: En este lugar, del cual decís que está desierto sin hombres y sin animales, en las ciudades de Judá y en las calles de Jerusalén, que están asoladas, sin hombre y sin morador y sin animal,

11 ha de oírse aún voz de gozo y de alegría, voz de desposa-

---

lands where I banish them in my furious anger and great wrath; I will bring them back to this place and let them live in safety. 38 They will be my people, and I will be their God. 39 I will give them singleness of heart and action, so that they will always fear me for their own good and the good of their children after them. 40 I will make an everlasting covenant with them: I will never stop doing good to them, and I will inspire them to fear me, so that they will never turn away from me. 41 I will rejoice in doing them good and will assuredly plant them in this land with all my heart and soul.

42 "This is what the LORD says: As I have brought all this great calamity on this people, so I will give them all the prosperity I have promised them. 43 Once more fields will be bought in this land of which you say, 'It is a desolate waste, without men or animals, for it has been handed over to the Babylonians.' 44 Fields will be bought for silver, and deeds will be signed, sealed and witnessed in the territory of Benjamin, in the villages around Jerusalem, in the towns of Judah and in the towns of the hill country, of the western foothills and of the Negev, because I will restore their fortunes,*p* declares the LORD."

Promise of Restoration

33 While Jeremiah was still confined in the courtyard of the guard, the word of the LORD came to him a second time: 2 "This is what the LORD says, he who made the earth, the LORD who formed it and established it — the LORD is his name: 3 'Call to me and I will answer you and tell you great and unsearchable things you do not know.' 4 For this is what the LORD, the God of Israel, says about the houses in this city and the royal palaces of Judah that have been torn down to be used against the siege ramps and the sword 5 in the fight with the Babylonians*q*: 'They will be filled with the dead bodies of the men I will slay in my anger and wrath. I will hide my face from this city because of all its wickedness.

6 " 'Nevertheless, I will bring health and healing to it; I will heal my people and will let them enjoy abundant peace and security. 7 I will bring Judah and Israel back from captivity*r* and will rebuild them as they were before. 8 I will cleanse them from all the sin they have committed against me and will forgive all their sins of rebellion against me. 9 Then this city will bring me renown, joy, praise and honor before all nations on earth that hear of all the good things I do for it; and they will be in awe and will tremble at the abundant prosperity and peace I provide for it.'

10 "This is what the LORD says: 'You say about this place, "It is a desolate waste, without men or animals." Yet in the towns of Judah and the streets of Jerusalem that are deserted, inhabited by neither men nor animals, there will be heard once more 11 the sounds of

---

p44 Or will bring them back from captivity   q5 Or Chaldeans
r7 Or will restore the fortunes of Judah and Israel

do y voz de desposada, voz de los que digan: Alabad a Jehová de los ejércitos, porque Jehová es bueno, porque para siempre es su misericordia; voz de los que traigan ofrendas de acción de gracias a la casa de Jehová. Porque volveré a traer los cautivos de la tierra como al principio, ha dicho Jehová.

12 Así dice Jehová de los ejércitos: En este lugar desierto, sin hombre y sin animal, y en todas sus ciudades, aún habrá cabañas de pastores que hagan pastar sus ganados. 13 En las ciudades de las montañas, en las ciudades de la Sefela, en las ciudades del Neguev, en la tierra de Benjamín, y alrededor de Jerusalén y en las ciudades de Judá, aún pasarán ganados por las manos del que los cuente, ha dicho Jehová.

14 He aquí vienen días, dice Jehová, en que yo confirmaré la buena palabra que he hablado a la casa de Israel y a la casa de Judá. 15 En aquellos días y en aquel tiempo haré brotar a David un Renuevo de justicia, y hará juicio y justicia en la tierra. 16 En aquellos días Judá será salvo, y Jerusalén habitará segura, y se le llamará: Jehová, justicia nuestra. 17 Porque así ha dicho Jehová: No faltará a David varón que se siente sobre el trono de la casa de Israel. 18 Ni a los sacerdotes y levitas faltará varón que delante de mí ofrezca holocausto y encienda ofrenda, y que haga sacrificio todos los días.

19 Vino palabra de Jehová a Jeremías, diciendo: 20 Así ha dicho Jehová: Si pudiereis invalidar mi pacto con el día y mi pacto con la noche, de tal manera que no haya día ni noche a su tiempo, 21 podrá también invalidarse mi pacto con mi siervo David, para que deje de tener hijo que reine sobre su trono, y mi pacto con los levitas y sacerdotes, mis ministros. 22 Como no puede ser contado el ejército del cielo, ni la arena del mar se puede medir, así multiplicaré la descendencia de David mi siervo, y los levitas que me sirven.

23 Vino palabra de Jehová a Jeremías, diciendo: 24 ¿No has echado de ver lo que habla este pueblo, diciendo: Dos familias que Jehová escogiera ha desechado? Y han tenido en poco a mi pueblo, hasta no tenerlo más por nación. 25 Así ha dicho Jehová: Si no permanece mi pacto con el día y la noche, si yo no he puesto las leyes del cielo y la tierra, 26 también desecharé la descendencia de Jacob, y de David mi siervo, para no tomar de su descendencia quien sea señor sobre la posteridad de Abraham, de Isaac y de Jacob. Porque haré volver sus cautivos, y tendré de ellos misericordia.

Jeremías amonesta a Sedequías

34 ¹ Palabra de Jehová que vino a Jeremías cuando Nabucodonosor rey de Babilonia y todo su ejército, y todos los reinos de la tierra bajo el señorío de su mano, y todos los pueblos, peleaban contra Jerusalén y contra todas sus ciudades, la cual dijo:

joy and gladness, the voices of bride and bridegroom, and the voices of those who bring thank offerings to the house of the LORD, saying,

"Give thanks to the LORD Almighty,
　　for the LORD is good;
　　his love endures forever."

For I will restore the fortunes of the land as they were before,' says the LORD.

12 "This is what the LORD Almighty says: 'In this place, desolate and without men or animals—in all its towns there will again be pastures for shepherds to rest their flocks. 13 In the towns of the hill country, of the western foothills and of the Negev, in the territory of Benjamin, in the villages around Jerusalem and in the towns of Judah, flocks will again pass under the hand of the one who counts them,' says the LORD.

14 " 'The days are coming,' declares the LORD, 'when I will fulfill the gracious promise I made to the house of Israel and to the house of Judah.

15 " 'In those days and at that time
　　I will make a righteous Branch sprout from
　　　　David's line;
　　he will do what is just and right in the land.
16 In those days Judah will be saved
　　and Jerusalem will live in safety.
This is the name by which it *s* will be called:
　　The LORD Our Righteousness.'

17 For this is what the LORD says: 'David will never fail to have a man to sit on the throne of the house of Israel, 18 nor will the priests, who are Levites, ever fail to have a man to stand before me continually to offer burnt offerings, to burn grain offerings and to present sacrifices.' "

19 The word of the LORD came to Jeremiah: 20 "This is what the LORD says: 'If you can break my covenant with the day and my covenant with the night, so that day and night no longer come at their appointed time, 21 then my covenant with David my servant—and my covenant with the Levites who are priests ministering before me—can be broken and David will no longer have a descendant to reign on his throne. 22 I will make the descendants of David my servant and the Levites who minister before me as countless as the stars of the sky and as measureless as the sand on the seashore.' "

23 The word of the LORD came to Jeremiah: 24 "Have you not noticed that these people are saying, 'The LORD has rejected the two kingdoms *t* he chose'? So they despise my people and no longer regard them as a nation. 25 This is what the LORD says: 'If I have not established my covenant with day and night and the fixed laws of heaven and earth, 26 then I will reject the descendants of Jacob and David my servant and will not choose one of his sons to rule over the descendants of Abraham, Isaac and Jacob. For I will restore their fortunes *u* and have compassion on them.' "

Warning to Zedekiah

34 While Nebuchadnezzar king of Babylon and all his army and all the kingdoms and peoples in the empire he ruled were fighting against Jerusalem and all its surrounding towns, this word came to Jeremiah from the LORD: 2 "This is what the LORD, the God

s 16 Or he　　t 24 Or families　　u 26 Or will bring them back from captivity

2 Así ha dicho Jehová Dios de Israel: Vé y habla a Sedequías rey de Judá, y dile: Así ha dicho Jehová: He aquí yo entregaré esta ciudad al rey de Babilonia, y la quemará con fuego;

3 y no escaparás tú de su mano, sino que ciertamente serás apresado, y en su mano serás entregado; y tus ojos verán los ojos del rey de Babilonia, y te hablará boca a boca, y en Babilonia entrarás.

4 Con todo eso, oye palabra de Jehová, Sedequías rey de Judá: Así ha dicho Jehová acerca de ti: No morirás a espada.

5 En paz morirás, y así como quemaron especias por tus padres, los reyes primeros que fueron antes de ti, las quemarán por ti, y te endecharán, diciendo, ¡Ay, señor! Porque yo he hablado la palabra, dice Jehová.

6 Y habló el profeta Jeremías a Sedequías rey de Judá todas estas palabras en Jerusalén.

7 Y el ejército del rey de Babilonia peleaba contra Jerusalén, y contra todas las ciudades de Judá que habían quedado, contra Laquis y contra Azeca; porque de las ciudades fortificadas de Judá éstas habían quedado.

Violación del pacto de libertar a los siervos hebreos

8 Palabra de Jehová que vino a Jeremías, después que Sedequías hizo pacto con todo el pueblo en Jerusalén para promulgarles libertad;

9 que cada uno dejase libre a su siervo y a su sierva, hebreo y hebrea; que ninguno usase a los judíos, sus hermanos, como siervos.

10 Y cuando oyeron todos los príncipes, y todo el pueblo que había convenido en el pacto de dejar libre cada uno a su siervo y cada uno a su sierva, que ninguno los usase más como siervos, obedecieron, y los dejaron.

11 Pero después se arrepintieron, e hicieron volver a los siervos y a las siervas que habían dejado libres, y los sujetaron como siervos y siervas.

12 Vino, pues, palabra de Jehová a Jeremías, diciendo:

13 Así dice Jehová Dios de Israel: Yo hice pacto con vuestros padres el día que los saqué de tierra de Egipto, de casa de servidumbre, diciendo:

14 Al cabo de siete años dejará cada uno a su hermano hebreo que le fuere vendido; le servirá seis años, y lo enviará libre; pero vuestros padres no me oyeron, ni inclinaron su oído.

15 Y vosotros os habíais hoy convertido, y hecho lo recto delante de mis ojos, anunciando cada uno libertad a su prójimo; y habíais hecho pacto en mi presencia, en la casa en la cual es invocado mi nombre.

16 Pero os habéis vuelto y profanado mi nombre, y habéis vuelto a tomar cada uno a su siervo y cada uno a su sierva, que habíais dejado libres a su voluntad; y los habéis sujetado para que os sean siervos y siervas.

17 Por tanto, así ha dicho Jehová: Vosotros no me habéis oído para promulgar cada uno libertad a su hermano, y cada uno a su compañero; he aquí que yo promulgo libertad, dice Jehová, a la espada y a la pestilencia y al hambre; y os pondré por afrenta ante todos los reinos de la tierra.

18 Y entregaré a los hombres que traspasaron mi pacto, que no han llevado a efecto las palabras del pacto que celebraron en mi presencia, dividiendo en dos partes el becerro y pasando por medio de ellas;

19 a los príncipes de Judá y a los príncipes de Jerusalén, a los oficiales y a los sacerdotes y a todo el pueblo de la tierra, que pasaron entre las partes del becerro,

20 los entregaré en mano de sus enemigos y en mano de los que buscan su vida; y sus cuerpos muertos serán comida de las aves del cielo, y de las bestias de la tierra.

of Israel, says: Go to Zedekiah king of Judah and tell him, 'This is what the LORD says: I am about to hand this city over to the king of Babylon, and he will burn it down. 3 You will not escape from his grasp but will surely be captured and handed over to him. You will see the king of Babylon with your own eyes, and he will speak with you face to face. And you will go to Babylon.

4 " 'Yet hear the promise of the LORD, O Zedekiah king of Judah. This is what the LORD says concerning you: You will not die by the sword; 5 you will die peacefully. As people made a funeral fire in honor of your fathers, the former kings who preceded you, so they will make a fire in your honor and lament, "Alas, O master!" I myself make this promise, declares the LORD.' "

6 Then Jeremiah the prophet told all this to Zedekiah king of Judah, in Jerusalem, 7 while the army of the king of Babylon was fighting against Jerusalem and the other cities of Judah that were still holding out—Lachish and Azekah. These were the only fortified cities left in Judah.

Freedom for Slaves

8 The word came to Jeremiah from the LORD after King Zedekiah had made a covenant with all the people in Jerusalem to proclaim freedom for the slaves. 9 Everyone was to free his Hebrew slaves, both male and female; no one was to hold a fellow Jew in bondage. 10 So all the officials and people who entered into this covenant agreed that they would free their male and female slaves and no longer hold them in bondage. They agreed, and set them free. 11 But afterward they changed their minds and took back the slaves they had freed and enslaved them again.

12 Then the word of the LORD came to Jeremiah: 13 "This is what the LORD, the God of Israel, says: I made a covenant with your forefathers when I brought them out of Egypt, out of the land of slavery. I said, 14 'Every seventh year each of you must free any fellow Hebrew who has sold himself to you. After he has served you six years, you must let him go free.' v Your fathers, however, did not listen to me or pay attention to me. 15 Recently you repented and did what is right in my sight: Each of you proclaimed freedom to his countrymen. You even made a covenant before me in the house that bears my Name. 16 But now you have turned around and profaned my name; each of you has taken back the male and female slaves you had set free to go where they wished. You have forced them to become your slaves again.

17 "Therefore, this is what the LORD says: You have not obeyed me; you have not proclaimed freedom for your fellow countrymen. So I now proclaim 'freedom' for you, declares the LORD—'freedom' to fall by the sword, plague and famine. I will make you abhorrent to all the kingdoms of the earth. 18 The men who have violated my covenant and have not fulfilled the terms of the covenant they made before me, I will treat like the calf they cut in two and then walked between its pieces. 19 The leaders of Judah and Jerusalem, the court officials, the priests and all the people of the land who walked between the pieces of the calf, 20 I will hand over to their enemies who seek their lives. Their dead bodies will become food for the birds of the air and the beasts of the earth.

v14 Deut. 15:12

21 Y a Sedequías rey de Judá y a sus príncipes los entregaré en mano de sus enemigos, y en mano de los que buscan su vida, y en mano del ejército del rey de Babilonia, que se ha ido de vosotros.

22 He aquí, mandaré yo, dice Jehová, y los haré volver a esta ciudad, y pelearán contra ella y la tomarán, y la quemarán con fuego; y reduciré a soledad las ciudades de Judá, hasta no quedar morador.

Obediencia de los recabitas

35 1 Palabra de Jehová que vino a Jeremías en días de Joacim hijo de Josías, rey de Judá, diciendo:

2 Vé a casa de los recabitas y habla con ellos, e introdúcelos en la casa de Jehová, en uno de los aposentos, y dales a beber vino.

3 Tomé entonces a Jaazanías hijo de Jeremías, hijo de Habasinías, a sus hermanos, a todos sus hijos, y a toda la familia de los recabitas;

4 y los llevé a la casa de Jehová, al aposento de los hijos de Hanán hijo de Igdalías, varón de Dios, el cual estaba junto al aposento de los príncipes, que estaba sobre el aposento de Maasías hijo de Salum, guarda de la puerta.

5 Y puse delante de los hijos de la familia de los recabitas tazas y copas llenas de vino, y les dije: Bebed vino.

6 Mas ellos dijeron: No beberemos vino; porque Jonadab hijo de Recab nuestro padre nos ordenó diciendo: No beberéis jamás vino vosotros ni vuestros hijos;

7 ni edificaréis casa, ni sembraréis sementera, ni plantaréis viña, ni la retendréis; sino que moraréis en tiendas todos vuestros días, para que viváis muchos días sobre la faz de la tierra donde vosotros habitáis.

8 Y nosotros hemos obedecido a la voz de nuestro padre Jonadab hijo de Recab en todas las cosas que nos mandó, de no beber vino en todos nuestros días, ni nosotros, ni nuestras mujeres, ni nuestros hijos ni nuestras hijas;

9 y de no edificar casas para nuestra morada, y de no tener viña, ni heredad, ni sementera.

10 Moramos, pues, en tiendas, y hemos obedecido y hecho conforme a todas las cosas que nos mandó Jonadab nuestro padre.

11 Sucedió, no obstante, que cuando Nabucodonosor rey de Babilonia subió a la tierra, dijimos: Venid, y ocultémonos en Jerusalén, de la presencia del ejército de los caldeos y de la presencia del ejército de los de Siria; y en Jerusalén nos quedamos.

12 Y vino palabra de Jehová a Jeremías, diciendo:

13 Así ha dicho Jehová de los ejércitos, Dios de Israel: Vé y di a los varones de Judá, y a los moradores de Jerusalén: ¿No aprenderéis a obedecer mis palabras? dice Jehová.

14 Fue firme la palabra de Jonadab hijo de Recab, el cual mandó a sus hijos que no bebiesen vino, y no lo han bebido hasta hoy, por obedecer al mandamiento de su padre; y yo os he hablado a vosotros desde temprano y sin cesar, y no me habéis oído.

15 Y envié a vosotros todos mis siervos los profetas, desde temprano y sin cesar, para deciros: Volveos ahora cada uno de vuestro mal camino, y enmendad vuestras obras, y no vayáis tras dioses ajenos para servirles, y viviréis en la tierra que di a vosotros y a vuestros padres; mas no inclinasteis vuestro oído, ni me oísteis.

16 Ciertamente los hijos de Jonadab hijo de Recab tuvieron por firme el mandamiento que les dio su padre; pero este pueblo no me ha obedecido.

17 Por tanto, así ha dicho Jehová Dios de los ejércitos, Dios de Israel: He aquí traeré yo sobre Judá y sobre todos los moradores de Jerusalén todo el mal que contra ellos he hablado; porque les hablé, y no oyeron; los llamé, y no han respondido.

21 "I will hand Zedekiah king of Judah and his officials over to their enemies who seek their lives, to the army of the king of Babylon, which has withdrawn from you. 22 I am going to give the order, declares the LORD, and I will bring them back to this city. They will fight against it, take it and burn it down. And I will lay waste the towns of Judah so no one can live there."

The Recabites

35 This is the word that came to Jeremiah from the LORD during the reign of Jehoiakim son of Josiah king of Judah: 2 "Go to the Recabite family and invite them to come to one of the side rooms of the house of the LORD and give them wine to drink."

3 So I went to get Jaazaniah son of Jeremiah, the son of Habazziniah, and his brothers and all his sons—the whole family of the Recabites. 4 I brought them into the house of the LORD, into the room of the sons of Hanan son of Igdaliah the man of God. It was next to the room of the officials, which was over that of Maaseiah son of Shallum the doorkeeper. 5 Then I set bowls full of wine and some cups before the men of the Recabite family and said to them, "Drink some wine."

6 But they replied, "We do not drink wine, because our forefather Jonadab son of Recab gave us this command: 'Neither you nor your descendants must ever drink wine. 7 Also you must never build houses, sow seed or plant vineyards; you must never have any of these things, but must always live in tents. Then you will live a long time in the land where you are nomads.' 8 We have obeyed everything our forefather Jonadab son of Recab commanded us. Neither we nor our wives nor our sons and daughters have ever drunk wine 9 or built houses to live in or had vineyards, fields or crops. 10 We have lived in tents and have fully obeyed everything our forefather Jonadab commanded us. 11 But when Nebuchadnezzar king of Babylon invaded this land, we said, 'Come, we must go to Jerusalem to escape the Babylonian w and Aramean armies.' So we have remained in Jerusalem."

12 Then the word of the LORD came to Jeremiah, saying: 13 "This is what the LORD Almighty, the God of Israel, says: Go and tell the men of Judah and the people of Jerusalem, 'Will you not learn a lesson and obey my words?' declares the LORD. 14 'Jonadab son of Recab ordered his sons not to drink wine and this command has been kept. To this day they do not drink wine, because they obey their forefather's command. But I have spoken to you again and again, yet you have not obeyed me. 15 Again and again I sent all my servants the prophets to you. They said, "Each of you must turn from your wicked ways and reform your actions; do not follow other gods to serve them. Then you will live in the land I have given to you and your fathers." But you have not paid attention or listened to me. 16 The descendants of Jonadab son of Recab have carried out the command their forefather gave them, but these people have not obeyed me.'

17 "Therefore, this is what the LORD God Almighty, the God of Israel, says: 'Listen! I am going to bring on Judah and on everyone living in Jerusalem every disaster I pronounced against them. I spoke to them, but they did not listen; I called to them, but they did not answer.'"

w 11 Or Chaldean

18 Y dijo Jeremías a la familia de los recabitas: Así ha dicho Jehová de los ejércitos, Dios de Israel: Por cuanto obedecisteis al mandamiento de Jonadab vuestro padre, y guardasteis todos sus mandamientos, e hicisteis conforme a todas las cosas que os mandó;

19 por tanto, así ha dicho Jehová de los ejércitos, Dios de Israel: No faltará de Jonadab hijo de Recab un varón que esté en mi presencia todos los días.

El rey quema el rollo

36 1 Aconteció en el cuarto año de Joacim hijo de Josías, rey de Judá, que vino esta palabra de Jehová a Jeremías, diciendo:

2 Toma un rollo de libro, y escribe en él todas las palabras que te he hablado contra Israel y contra Judá, y contra todas las naciones, desde el día que comencé a hablarte, desde los días de Josías hasta hoy.

3 Quizá oiga la casa de Judá todo el mal que yo pienso hacerles, y se arrepienta cada uno de su mal camino, y yo perdonaré su maldad y su pecado.

4 Y llamó Jeremías a Baruc hijo de Nerías, y escribió Baruc de boca de Jeremías, en un rollo de libro, todas las palabras que Jehová le había hablado.

5 Después mandó Jeremías a Baruc, diciendo: A mí se me ha prohibido entrar en la casa de Jehová.

6 Entra tú, pues, y lee de este rollo que escribiste de mi boca, las palabras de Jehová a los oídos del pueblo, en la casa de Jehová, el día del ayuno; y las leerás también a oídos de todos los de Judá que vienen de sus ciudades.

7 Quizá llegue la oración de ellos a la presencia de Jehová, y se vuelva cada uno de su mal camino; porque grande es el furor y la ira que ha expresado Jehová contra este pueblo.

8 Y Baruc hijo de Nerías hizo conforme a todas las cosas que le mandó Jeremías profeta, leyendo en el libro las palabras de Jehová en la casa de Jehová.

9 Y aconteció en el año quinto de Joacim hijo de Josías, rey de Judá, en el mes noveno, que promulgaron ayuno en la presencia de Jehová a todo el pueblo de Jerusalén y a todo el pueblo que venía de las ciudades de Judá a Jerusalén.

10 Y Baruc leyó en el libro las palabras de Jeremías en la casa de Jehová, en el aposento de Gemarías hijo de Safán escriba, en el atrio de arriba, a la entrada de la puerta nueva de la casa de Jehová, a oídos del pueblo.

11 Y Micaías hijo de Gemarías, hijo de Safán, habiendo oído del libro todas las palabras de Jehová,

12 descendió a la casa del rey, al aposento del secretario, y he aquí que todos los príncipes estaban allí sentados, esto es: Elisama secretario, Delaía hijo de Semaías, Elnatán hijo de Acbor, Gemarías hijo de Safán, Sedequías hijo de Ananías, y todos los príncipes.

13 Y les contó Micaías todas las palabras que había oído cuando Baruc leyó en el libro a oídos del pueblo.

14 Entonces enviaron todos los príncipes a Jehudí hijo de Netanías, hijo de Selemías, hijo de Cusi, para que dijese a Baruc: Toma el rollo en el que leíste a oídos del pueblo, y ven. Y Baruc hijo de Nerías tomó el rollo en su mano y vino a ellos.

15 Y le dijeron: Siéntate ahora, y léelo a nosotros. Y se lo leyó Baruc.

16 Cuando oyeron todas aquellas palabras, cada uno se volvió espantado a su compañero, y dijeron a Baruc: Sin duda contaremos al rey todas estas palabras.

17 Preguntaron luego a Baruc, diciendo: Cuéntanos ahora cómo escribiste de boca de Jeremías todas estas palabras.

18 Y Baruc les dijo: El me dictaba de su boca todas estas palabras, y yo escribía con tinta en el libro.

18 Then Jeremiah said to the family of the Recabites, "This is what the LORD Almighty, the God of Israel, says: 'You have obeyed the command of your forefather Jonadab and have followed all his instructions and have done everything he ordered.' 19 Therefore, this is what the LORD Almighty, the God of Israel, says: 'Jonadab son of Recab will never fail to have a man to serve me.'"

Jehoiakim Burns Jeremiah's Scroll

36 In the fourth year of Jehoiakim son of Josiah king of Judah, this word came to Jeremiah from the LORD: 2 "Take a scroll and write on it all the words I have spoken to you concerning Israel, Judah and all the other nations from the time I began speaking to you in the reign of Josiah till now. 3 Perhaps when the people of Judah hear about every disaster I plan to inflict on them, each of them will turn from his wicked way; then I will forgive their wickedness and their sin."

4 So Jeremiah called Baruch son of Neriah, and while Jeremiah dictated all the words the LORD had spoken to him, Baruch wrote them on the scroll. 5 Then Jeremiah told Baruch, "I am restricted; I cannot go to the LORD's temple. 6 So you go to the house of the LORD on a day of fasting and read to the people from the scroll the words of the LORD that you wrote as I dictated. Read them to all the people of Judah who come in from their towns. 7 Perhaps they will bring their petition before the LORD, and each will turn from his wicked ways, for the anger and wrath pronounced against this people by the LORD are great."

8 Baruch son of Neriah did everything Jeremiah the prophet told him to do; at the LORD's temple he read the words of the LORD from the scroll. 9 In the ninth month of the fifth year of Jehoiakim son of Josiah king of Judah, a time of fasting before the LORD was proclaimed for all the people in Jerusalem and those who had come from the towns of Judah. 10 From the room of Gemariah son of Shaphan the secretary, which was in the upper courtyard at the entrance of the New Gate of the temple, Baruch read to all the people at the LORD's temple the words of Jeremiah from the scroll.

11 When Micaiah son of Gemariah, the son of Shaphan, heard all the words of the LORD from the scroll, 12 he went down to the secretary's room in the royal palace, where all the officials were sitting: Elishama the secretary, Delaiah son of Shemaiah, Elnathan son of Acbor, Gemariah son of Shaphan, Zedekiah son of Hananiah, and all the other officials. 13 After Micaiah told them everything he had heard Baruch read to the people from the scroll, 14 all the officials sent Jehudi son of Nethaniah, the son of Shelemiah, the son of Cushi, to say to Baruch, "Bring the scroll from which you have read to the people and come." So Baruch son of Neriah went to them with the scroll in his hand. 15 They said to him, "Sit down, please, and read it to us."

So Baruch read it to them. 16 When they heard all these words, they looked at each other in fear and said to Baruch, "We must report all these words to the king." 17 Then they asked Baruch, "Tell us, how did you come to write all this? Did Jeremiah dictate it?"

18 "Yes," Baruch replied, "he dictated all these words to me, and I wrote them in ink on the scroll."

19 Entonces dijeron los príncipes a Baruc: Vé y escóndete, tú y Jeremías, y nadie sepa dónde estáis.

20 Y entraron a donde estaba el rey, al atrio, habiendo depositado el rollo en el aposento de Elisama secretario; y contaron a oídos del rey todas estas palabras.

21 Y envió el rey a Jehudí a que tomase el rollo, el cual lo tomó del aposento de Elisama secretario, y leyó en él Jehudí a oídos del rey, y a oídos de todos los príncipes que junto al rey estaban.

22 Y el rey estaba en la casa de invierno en el mes noveno, y había un brasero ardiendo delante de él.

23 Cuando Jehudí había leído tres o cuatro planas, lo rasgó el rey con un cortaplumas de escriba, y lo echó en el fuego que había en el brasero, hasta que todo el rollo se consumió sobre el fuego que en el brasero había.

24 Y no tuvieron temor ni rasgaron sus vestidos el rey y todos sus siervos que oyeron todas estas palabras.

25 Y aunque Elnatán y Delaía y Gemarías rogaron al rey que no quemase aquel rollo, no los quiso oir.

26 También mandó el rey a Jerameel hijo de Hamelec, a Seraías hijo de Azriel y a Selemías hijo de Abdeel, para que prendiesen a Baruc el escribiente y al profeta Jeremías; pero Jehová los escondió.

27 Y vino palabra de Jehová a Jeremías, después que el rey quemó el rollo, las palabras que Baruc había escrito de boca de Jeremías, diciendo:

28 Vuelve a tomar otro rollo, y escribe en él todas las palabras primeras que estaban en el primer rollo que quemó Joacim rey de Judá.

29 Y dirás a Joacim rey de Judá: Así ha dicho Jehová: Tú quemaste este rollo, diciendo: ¿Por qué escribiste en él, diciendo: De cierto vendrá el rey de Babilonia, y destruirá esta tierra, y hará que no queden en ella ni hombres ni animales?

30 Por tanto, así ha dicho Jehová acerca de Joacim rey de Judá: No tendrá quien se siente sobre el trono de David; y su cuerpo será echado al calor del día y al hielo de la noche.

31 Y castigaré su maldad en él, y en su descendencia y en sus siervos; y traeré sobre ellos, y sobre los moradores de Jerusalén y sobre los varones de Judá, todo el mal que les he anunciado y no escucharon.

32 Y tomó Jeremías otro rollo y lo dio a Baruc hijo de Nerías escriba; y escribió en él de boca de Jeremías todas las palabras del libro que quemó en el fuego Joacim rey de Judá; y aun fueron añadidas sobre ellas muchas otras palabras semejantes.

Encarcelamiento de Jeremías

37 1 En lugar de Conías hijo de Joacim reinó el rey Sedequías hijo de Josías, al cual Nabucodonosor rey de Babilonia constituyó por rey en la tierra de Judá.

2 Pero no obedeció él ni sus siervos ni el pueblo de la tierra a las palabras de Jehová, las cuales dijo por el profeta Jeremías.

3 Y envió el rey Sedequías a Jucal hijo de Selemías, y al sacerdote Sofonías hijo de Maasías, para que dijesen al profeta Jeremías: Ruega ahora por nosotros a Jehová nuestro Dios.

4 Y Jeremías entraba y salía en medio del pueblo; porque todavía no lo habían puesto en la cárcel.

5 Y cuando el ejército de Faraón había salido de Egipto, y llegó noticia de ello a oídos de los caldeos que tenían sitiada a Jerusalén, se retiraron de Jerusalén.

6 Entonces vino palabra de Jehová al profeta Jeremías, diciendo:

19 Then the officials said to Baruch, "You and Jeremiah, go and hide. Don't let anyone know where you are."

20 After they put the scroll in the room of Elishama the secretary, they went to the king in the courtyard and reported everything to him. 21 The king sent Jehudi to get the scroll, and Jehudi brought it from the room of Elishama the secretary and read it to the king and all the officials standing beside him. 22 It was the ninth month and the king was sitting in the winter apartment, with a fire burning in the firepot in front of him. 23 Whenever Jehudi had read three or four columns of the scroll, the king cut them off with a scribe's knife and threw them into the firepot, until the entire scroll was burned in the fire. 24 The king and all his attendants who heard all these words showed no fear, nor did they tear their clothes. 25 Even though Elnathan, Delaiah and Gemariah urged the king not to burn the scroll, he would not listen to them. 26 Instead, the king commanded Jerahmeel, a son of the king, Seraiah son of Azriel and Shelemiah son of Abdeel to arrest Baruch the scribe and Jeremiah the prophet. But the LORD had hidden them.

27 After the king burned the scroll containing the words that Baruch had written at Jeremiah's dictation, the word of the LORD came to Jeremiah: 28 "Take another scroll and write on it all the words that were on the first scroll, which Jehoiakim king of Judah burned up. 29 Also tell Jehoiakim king of Judah, 'This is what the LORD says: You burned that scroll and said, "Why did you write on it that the king of Babylon would certainly come and destroy this land and cut off both men and animals from it?" 30 Therefore, this is what the LORD says about Jehoiakim king of Judah: He will have no one to sit on the throne of David; his body will be thrown out and exposed to the heat by day and the frost by night. 31 I will punish him and his children and his attendants for their wickedness; I will bring on them and those living in Jerusalem and the people of Judah every disaster I pronounced against them, because they have not listened.' "

32 So Jeremiah took another scroll and gave it to the scribe Baruch son of Neriah, and as Jeremiah dictated, Baruch wrote on it all the words of the scroll that Jehoiakim king of Judah had burned in the fire. And many similar words were added to them.

Jeremiah in Prison

37 Zedekiah son of Josiah was made king of Judah by Nebuchadnezzar king of Babylon; he reigned in place of Jehoiachin*x* son of Jehoiakim. 2 Neither he nor his attendants nor the people of the land paid any attention to the words the LORD had spoken through Jeremiah the prophet. 3 King Zedekiah, however, sent Jehucal son of Shelemiah with the priest Zephaniah son of Maaseiah to Jeremiah the prophet with this message: "Please pray to the LORD our God for us." 4 Now Jeremiah was free to come and go among the people, for he had not yet been put in prison. 5 Pharaoh's army had marched out of Egypt, and when the Babylonians*y* who were besieging Jerusalem heard the report about them, they withdrew from Jerusalem. 6 Then the word of the LORD came to Jeremiah the prophet: 7 "This is what the LORD, the God of Israel,

x1 Hebrew *Coniah*, a variant of *Jehoiachin*   *y5* Or *Chaldeans*; also in verses 8, 9, 13 and 14

7 Así ha dicho Jehová Dios de Israel: Diréis así al rey de Judá, que os envió a mí para que me consultaseis: He aquí que el ejército de Faraón que había salido en vuestro socorro, se volvió a su tierra en Egipto.

8 Y volverán los caldeos y atacarán esta ciudad, y la tomarán y la pondrán a fuego.

9 Así ha dicho Jehová: No os engañéis a vosotros mismos, diciendo: Sin duda ya los caldeos se apartarán de nosotros; porque no se apartarán.

10 Porque aun cuando hiriéseis a todo el ejército de los caldeos que pelean contra vosotros, y quedasen de ellos solamente hombres heridos, cada uno se levantará de su tienda, y pondrán esta ciudad a fuego.

11 Y aconteció que cuando el ejército de los caldeos se retiró de Jerusalén a causa del ejército de Faraón,

12 salía Jeremías de Jerusalén para irse a tierra de Benjamín, para apartarse de en medio del pueblo.

13 Y cuando fue a la puerta de Benjamín, estaba allí un capitán que se llamaba Irías hijo de Selemías, hijo de Hananías, el cual apresó al profeta Jeremías, diciendo: Tú te pasas a los caldeos.

14 Y Jeremías dijo: Falso; no me paso a los caldeos. Pero él no lo escuchó, sino prendió Irías a Jeremías, y lo llevó delante de los príncipes.

15 Y los príncipes se airaron contra Jeremías, y le azotaron y le pusieron en prisión en la casa del escriba Jonatán, porque la habían convertido en cárcel.

16 Entró, pues, Jeremías en la casa de la cisterna, y en las bóvedas. Y habiendo estado allá Jeremías por muchos días,

17 el rey Sedequías envió y le sacó; y le preguntó el rey secretamente en su casa, y dijo: ¿Hay palabra de Jehová? Y Jeremías dijo: Hay. Y dijo más: En mano del rey de Babilonia serás entregado.

18 Dijo también Jeremías al rey Sedequías: ¿En qué pequé contra ti, y contra tus siervos, y contra este pueblo, para que me pusieseis en la cárcel?

19 ¿Y dónde están vuestros profetas que os profetizaban diciendo: No vendrá el rey de Babilonia contra vosotros, ni contra esta tierra?

20 Ahora pues, oye, te ruego, oh rey mi señor; caiga ahora mi súplica delante de ti, y no me hagas volver a casa del escriba Jonatán, para que no muera allí.

21 Entonces dio orden el rey Sedequías, y custodiaron a Jeremías en el patio de la cárcel, haciéndole dar una torta de pan al día, de la calle de los Panaderos, hasta que todo el pan de la ciudad se gastase. Y quedó Jeremías en el patio de la cárcel.

Jeremías en la cisterna

38 1 Oyeron Sefatías hijo de Matán, Gedalías hijo de Pasur, Jucal hijo de Selemías, y Pasur hijo de Malquías, las palabras que Jeremías hablaba a todo el pueblo, diciendo:

2 Así ha dicho Jehová: El que se quedare en esta ciudad morirá a espada, o de hambre, o de pestilencia; mas el que se pasare a los caldeos vivirá, pues su vida le será por botín, y vivirá.

3 Así ha dicho Jehová: De cierto será entregada esta ciudad en manos del ejército del rey de Babilonia, y la tomará.

4 Y dijeron los príncipes al rey: Muera ahora este hombre; porque de esta manera hace desmayar las manos de los hombres de guerra que han quedado en esta ciudad, y las manos de todo el pueblo, hablándoles tales palabras; porque este hombre no busca la paz de este pueblo, sino el mal.

says: Tell the king of Judah, who sent you to inquire of me, 'Pharaoh's army, which has marched out to support you, will go back to its own land, to Egypt. 8 Then the Babylonians will return and attack this city; they will capture it and burn it down.'

9 "This is what the LORD says: Do not deceive yourselves, thinking, 'The Babylonians will surely leave us.' They will not! 10 Even if you were to defeat the entire Babylonian[z] army that is attacking you and only wounded men were left in their tents, they would come out and burn this city down."

11 After the Babylonian army had withdrawn from Jerusalem because of Pharaoh's army, 12 Jeremiah started to leave the city to go to the territory of Benjamin to get his share of the property among the people there. 13 But when he reached the Benjamin Gate, the captain of the guard, whose name was Irijah son of Shelemiah, the son of Hananiah, arrested him and said, "You are deserting to the Babylonians!"

14 "That's not true!" Jeremiah said. "I am not deserting to the Babylonians." But Irijah would not listen to him; instead, he arrested Jeremiah and brought him to the officials. 15 They were angry with Jeremiah and had him beaten and imprisoned in the house of Jonathan the secretary, which they had made into a prison.

16 Jeremiah was put into a vaulted cell in a dungeon, where he remained a long time. 17 Then King Zedekiah sent for him and had him brought to the palace, where he asked him privately, "Is there any word from the LORD?"

"Yes," Jeremiah replied, "you will be handed over to the king of Babylon."

18 Then Jeremiah said to King Zedekiah, "What crime have I committed against you or your officials or this people, that you have put me in prison? 19 Where are your prophets who prophesied to you, 'The king of Babylon will not attack you or this land'? 20 But now, my lord the king, please listen. Let me bring my petition before you: Do not send me back to the house of Jonathan the secretary, or I will die there."

21 King Zedekiah then gave orders for Jeremiah to be placed in the courtyard of the guard and given bread from the street of the bakers each day until all the bread in the city was gone. So Jeremiah remained in the courtyard of the guard.

Jeremiah Thrown Into a Cistern

38 Shephatiah son of Mattan, Gedaliah son of Pashhur, Jehucal[a] son of Shelemiah, and Pashhur son of Malkijah heard what Jeremiah was telling all the people when he said, 2 "This is what the LORD says: 'Whoever stays in this city will die by the sword, famine or plague, but whoever goes over to the Babylonians[b] will live. He will escape with his life; he will live.' 3 And this is what the LORD says: 'This city will certainly be handed over to the army of the king of Babylon, who will capture it.' "

4 Then the officials said to the king, "This man should be put to death. He is discouraging the soldiers who are left in this city, as well as all the people, by the things he is saying to them. This man is not seeking the good of these people but their ruin."

---

z10 Or Chaldean; also in verse 11   a1 Hebrew Jucal, a variant of Jehucal   b2 Or Chaldeans; also in verses 18, 19 and 23

5 Y dijo el rey Sedequías: He aquí que él está en vuestras manos; pues el rey nada puede hacer contra vosotros. 6 Entonces tomaron ellos a Jeremías y lo hicieron echar en la cisterna de Malquías hijo de Hamelec, que estaba en el patio de la cárcel; y metieron a Jeremías con sogas. Y en la cisterna no había agua, sino cieno, y se hundió Jeremías en el cieno.

7 Y oyendo Ebed-melec, hombre etíope, eunuco de la casa real, que habían puesto a Jeremías en la cisterna, y estando sentado el rey a la puerta de Benjamín, 8 Ebed-melec salió de la casa del rey y habló al rey, diciendo: 9 Mi señor el rey, mal hicieron estos varones en todo lo que han hecho con el profeta Jeremías, al cual hicieron echar en la cisterna; porque allí morirá de hambre, pues no hay más pan en la ciudad. 10 Entonces mandó el rey al mismo etíope Ebed-melec, diciendo: Toma en tu poder treinta hombres de aquí, y haz sacar al profeta Jeremías de la cisterna, antes que muera. 11 Y tomó Ebed-melec en su poder a los hombres, y entró a la casa del rey debajo de la tesorería, y tomó de allí trapos viejos y ropas raídas y andrajosas, y los echó a Jeremías con sogas en la cisterna. 12 Y dijo el etíope Ebed-melec a Jeremías: Pon ahora esos trapos viejos y ropas raídas y andrajosas, bajo los sobacos, debajo de las sogas. Y lo hizo así Jeremías. 13 De este modo sacaron a Jeremías con sogas, y lo subieron de la cisterna; y quedó Jeremías en el patio de la cárcel.

Sedequías consulta secretamente a Jeremías

14 Después envió el rey Sedequías, e hizo traer al profeta Jeremías a su presencia, en la tercera entrada de la casa de Jehová. Y dijo el rey a Jeremías: Te haré una pregunta; no me encubras ninguna cosa. 15 Y Jeremías dijo a Sedequías: Si te lo declarare, ¿no es verdad que me matarás? y si te diere consejo, no me escucharás. 16 Y juró el rey Sedequías en secreto a Jeremías, diciendo: Vive Jehová que nos hizo esta alma, que no te mataré, ni te entregaré en mano de estos varones que buscan tu vida. 17 Entonces dijo Jeremías a Sedequías: Así ha dicho Jehová Dios de los ejércitos, Dios de Israel: Si te entregas en seguida a los príncipes del rey de Babilonia, tu alma vivirá, y esta ciudad no será puesta a fuego, y vivirás tú y tu casa. 18 Pero si no te entregas a los príncipes del rey de Babilonia, esta ciudad será entregada en mano de los caldeos, y la pondrán a fuego, y tú no escaparás de sus manos. 19 Y dijo el rey Sedequías a Jeremías: Tengo temor de los judíos que se han pasado a los caldeos, no sea que me entreguen en sus manos y me escarnezcan. 20 Y dijo Jeremías: No te entregarán. Oye ahora la voz de Jehová que yo te hablo, y te irá bien y vivirás. 21 Pero si no quieres entregarte, esta es la palabra que me ha mostrado Jehová: 22 He aquí que todas las mujeres que han quedado en casa del rey de Judá serán sacadas a los príncipes del rey de Babilonia; y ellas mismas dirán: Te han engañado, y han prevalecido contra ti tus amigos; hundieron en el cieno tus pies, se volvieron atrás.

5 "He is in your hands," King Zedekiah answered. "The king can do nothing to oppose you." 6 So they took Jeremiah and put him into the cistern of Malkijah, the king's son, which was in the courtyard of the guard. They lowered Jeremiah by ropes into the cistern; it had no water in it, only mud, and Jeremiah sank down into the mud.

7 But Ebed-Melech, a Cushite,c an officiald in the royal palace, heard that they had put Jeremiah into the cistern. While the king was sitting in the Benjamin Gate, 8 Ebed-Melech went out of the palace and said to him, 9 "My lord the king, these men have acted wickedly in all they have done to Jeremiah the prophet. They have thrown him into a cistern, where he will starve to death when there is no longer any bread in the city." 10 Then the king commanded Ebed-Melech the Cushite, "Take thirty men from here with you and lift Jeremiah the prophet out of the cistern before he dies." 11 So Ebed-Melech took the men with him and went to a room under the treasury in the palace. He took some old rags and worn-out clothes from there and let them down with ropes to Jeremiah in the cistern. 12 Ebed-Melech the Cushite said to Jeremiah, "Put these old rags and worn-out clothes under your arms to pad the ropes." Jeremiah did so, 13 and they pulled him up with the ropes and lifted him out of the cistern. And Jeremiah remained in the courtyard of the guard.

Zedekiah Questions Jeremiah Again

14 Then King Zedekiah sent for Jeremiah the prophet and had him brought to the third entrance to the temple of the LORD. "I am going to ask you something," the king said to Jeremiah. "Do not hide anything from me." 15 Jeremiah said to Zedekiah, "If I give you an answer, will you not kill me? Even if I did give you counsel, you would not listen to me." 16 But King Zedekiah swore this oath secretly to Jeremiah: "As surely as the LORD lives, who has given us breath, I will neither kill you nor hand you over to those who are seeking your life." 17 Then Jeremiah said to Zedekiah, "This is what the LORD God Almighty, the God of Israel, says: 'If you surrender to the officers of the king of Babylon, your life will be spared and this city will not be burned down; you and your family will live. 18 But if you will not surrender to the officers of the king of Babylon, this city will be handed over to the Babylonians and they will burn it down; you yourself will not escape from their hands.' " 19 King Zedekiah said to Jeremiah, "I am afraid of the Jews who have gone over to the Babylonians, for the Babylonians may hand me over to them and they will mistreat me." 20 "They will not hand you over," Jeremiah replied. "Obey the LORD by doing what I tell you. Then it will go well with you, and your life will be spared. 21 But if you refuse to surrender, this is what the LORD has revealed to me: 22 All the women left in the palace of the king of Judah will be brought out to the officials of the king of Babylon. Those women will say to you:

" 'They misled you and overcame you—
    those trusted friends of yours.
Your feet are sunk in the mud;
    your friends have deserted you.'

---

c7 Probably from the upper Nile region   d7 Or a eunuch

23 Sacarán, pues, todas tus mujeres y tus hijos a los caldeos, y tú no escaparás de sus manos, sino que por mano del rey de Babilonia serás apresado, y a esta ciudad quemará a fuego.

24 Y dijo Sedequías a Jeremías: Nadie sepa estas palabras, y no morirás.

25 Y si los príncipes oyeren que yo he hablado contigo, y vinieren a ti y te dijeren: Decláranos ahora qué hablaste con el rey, no nos lo encubras, y no te mataremos; asimismo qué te dijo el rey;

26 les dirás: Supliqué al rey que no me hiciese volver a casa de Jonatán para que no me muriese allí.

27 Y vinieron luego todos los príncipes a Jeremías, y le preguntaron; y él les respondió conforme a todo lo que el rey le había mandado. Con esto se alejaron de él, porque el asunto no se había oído.

28 Y quedó Jeremías en el patio de la cárcel hasta el día que fue tomada Jerusalén; y allí estaba cuando Jerusalén fue tomada.

Caída de Jerusalén

39 1 En el noveno año de Sedequías rey de Judá, en el mes décimo, vino Nabucodonosor rey de Babilonia con todo su ejército contra Jerusalén, y la sitiaron.

2 Y en el undécimo año de Sedequías, en el mes cuarto, a los nueve días del mes se abrió brecha en el muro de la ciudad.

3 Y entraron todos los príncipes del rey de Babilonia, y acamparon a la puerta de en medio: Nergal-sarezer, Samgar-nebo, Sarsequim el Rabsaris, Nergal-sarezer el Rabmag y todos los demás príncipes del rey de Babilonia.

4 Y viéndolos Sedequías rey de Judá y todos los hombres de guerra, huyeron y salieron de noche de la ciudad por el camino del huerto del rey, por la puerta entre los dos muros; y salió el rey por el camino del Arabá.

5 Pero el ejército de los caldeos los siguió, y alcanzaron a Sedequías en los llanos de Jericó; y le tomaron, y le hicieron subir a Ribla en tierra de Hamat, donde estaba Nabucodonosor rey de Babilonia, y le sentenció.

6 Y degolló el rey de Babilonia a los hijos de Sedequías en presencia de éste en Ribla, haciendo asimismo degollar el rey de Babilonia a todos los nobles de Judá.

7 Y sacó los ojos del rey Sedequías, y le aprisionó con grillos para llevarle a Babilonia.

8 Y los caldeos pusieron a fuego la casa del rey y las casas del pueblo, y derribaron los muros de Jerusalén.

9 Y al resto del pueblo que había quedado en la ciudad, y a los que se habían adherido a él, con todo el resto del pueblo que había quedado, Nabuzaradán capitán de la guardia los transportó a Babilonia.

10 Pero Nabuzaradán capitán de la guardia hizo quedar en tierra de Judá a los pobres del pueblo que no tenían nada, y les dio viñas y heredades.

Nabucodonosor cuida de Jeremías

11 Y Nabucodonosor había ordenado a Nabuzaradán capitán de la guardia acerca de Jeremías, diciendo:

12 Tómale y vela por él, y no le hagas mal alguno, sino que harás con él como él te dijere.

13 Envió, por tanto, Nabuzaradán capitán de la guardia, y Nabusazbán el Rabsaris, Nergal-sarezer el Rabmag y todos los príncipes del rey de Babilonia;

14 enviaron entonces y tomaron a Jeremías del patio de la

The Fall of Jerusalem

23 "All your wives and children will be brought out to the Babylonians. You yourself will not escape from their hands but will be captured by the king of Babylon; and this city will *e* be burned down."

24 Then Zedekiah said to Jeremiah, "Do not let anyone know about this conversation, or you may die. 25 If the officials hear that I talked with you, and they come to you and say, 'Tell us what you said to the king and what the king said to you; do not hide it from us or we will kill you,' 26 then tell them, 'I was pleading with the king not to send me back to Jonathan's house to die there.' "

27 All the officials did come to Jeremiah and question him, and he told them everything the king had ordered him to say. So they said no more to him, for no one had heard his conversation with the king.

28 And Jeremiah remained in the courtyard of the guard until the day Jerusalem was captured.

The Fall of Jerusalem

39 This is how Jerusalem was taken: 1 In the ninth year of Zedekiah king of Judah, in the tenth month, Nebuchadnezzar king of Babylon marched against Jerusalem with his whole army and laid siege to it. 2 And on the ninth day of the fourth month of Zedekiah's eleventh year, the city wall was broken through. 3 Then all the officials of the king of Babylon came and took seats in the Middle Gate: Nergal-Sharezer of Samgar, Nebo-Sarsekim *f* a chief officer, Nergal-Sharezer a high official and all the other officials of the king of Babylon. 4 When Zedekiah king of Judah and all the soldiers saw them, they fled; they left the city at night by way of the king's garden, through the gate between the two walls, and headed toward the Arabah. *g*

5 But the Babylonian *h* army pursued them and overtook Zedekiah in the plains of Jericho. They captured him and took him to Nebuchadnezzar king of Babylon at Riblah in the land of Hamath, where he pronounced sentence on him. 6 There at Riblah the king of Babylon slaughtered the sons of Zedekiah before his eyes and also killed all the nobles of Judah. 7 Then he put out Zedekiah's eyes and bound him with bronze shackles to take him to Babylon.

8 The Babylonians *i* set fire to the royal palace and the houses of the people and broke down the walls of Jerusalem. 9 Nebuzaradan commander of the imperial guard carried into exile to Babylon the people who remained in the city, along with those who had gone over to him, and the rest of the people. 10 But Nebuzaradan the commander of the guard left behind in the land of Judah some of the poor people, who owned nothing; and at that time he gave them vineyards and fields.

11 Now Nebuchadnezzar king of Babylon had given these orders about Jeremiah through Nebuzaradan commander of the imperial guard: 12 "Take him and look after him; don't harm him but do for him whatever he asks." 13 So Nebuzaradan the commander of the guard, Nebushazban a chief officer, Nergal-Sharezer a high official and all the other officers of the king of Babylon 14 sent and had Jeremiah taken out of the

---

e 23 Or *and you will cause this city to   f 3* Or *Nergal-Sharezer, Samgar-Nebo, Sarsekim   g 4* Or *the Jordan Valley   h 5* Or *Chaldean   i 8* Or *Chaldeans*

---

cárcel, y lo entregaron a Gedalías hijo de Ahicam, hijo de Safán, para que lo sacase a casa; y vivió entre el pueblo.

Dios promete librar a Ebed-melec

15 Y había venido palabra de Jehová a Jeremías, estando preso en el patio de la cárcel, diciendo:
16 Vé y habla a Ebed-melec etíope, diciendo: Así ha dicho Jehová de los ejércitos, Dios de Israel: He aquí yo traigo mis palabras sobre esta ciudad para mal, y no para bien; y sucederá esto en aquel día en presencia tuya.
17 Pero en aquel día yo te libraré, dice Jehová, y no serás entregado en manos de aquellos a quienes tú temes.
18 Porque ciertamente te libraré, y no caerás a espada, sino que tu vida te será por botín, porque tuviste confianza en mí, dice Jehová.

Jeremías y el remanente con Gedalías

40 1 Palabra de Jehová que vino a Jeremías, después que Nabuzaradán capitán de la guardia le envió desde Ramá, cuando le tomó estando atado con cadenas entre todos los cautivos de Jerusalén y de Judá que iban deportados a Babilonia.
2 Tomó, pues, el capitán de la guardia a Jeremías y le dijo: Jehová tu Dios habló este mal contra este lugar;
3 y lo ha traído y hecho Jehová según lo había dicho; porque pecasteis contra Jehová, y no oísteis su voz, por eso os ha venido esto.
4 Y ahora yo te he soltado hoy de las cadenas que tenías en tus manos. Si te parece bien venir conmigo a Babilonia, ven, y yo velaré por ti; pero si no te parece bien venir conmigo a Babilonia, déjalo. Mira, toda la tierra está delante de ti; vé a donde mejor y más cómodo te parezca ir.
5 Si prefieres quedarte, vuélvete a Gedalías hijo de Ahicam, hijo de Safán, al cual el rey de Babilonia ha puesto sobre todas las ciudades de Judá, y vive con él en medio del pueblo; o vé a donde te parezca más cómodo ir. Y le dio el capitán de la guardia provisiones y un presente, y le despidió.
6 Se fue entonces Jeremías a Gedalías hijo de Ahicam, a Mizpa, y habitó con él en medio del pueblo que había quedado en la tierra.

7 Cuando todos los jefes del ejército que estaban por el campo, ellos y sus hombres, oyeron que el rey de Babilonia había puesto a Gedalías hijo de Ahicam para gobernar la tierra, y que le había encomendado los hombres y las mujeres y los niños, y los pobres de la tierra que no fueron transportados a Babilonia,
8 vinieron luego a Gedalías en Mizpa; esto es, Ismael hijo de Netanías, Johanán y Jonatán hijos de Carea, Seraías hijo de Tanhumet, los hijos de Efai netofatita, y Jezanías hijo de un maacateo, ellos y sus hombres.
9 Y les juró Gedalías hijo de Ahicam, hijo de Safán, a ellos y a sus hombres, diciendo: No tengáis temor de servir a los caldeos; habitad en la tierra, y servid al rey de Babilonia, y os irá bien.
10 Y he aquí que yo habito en Mizpa, para estar delante de los caldeos que vendrán a nosotros; mas vosotros tomad el vino, los frutos del verano y el aceite, y ponedlos en vuestros almacenes, y quedaos en vuestras ciudades que habéis tomado.

courtyard of the guard. They turned him over to Gedaliah son of Ahikam, the son of Shaphan, to take him back to his home. So he remained among his own people.

15 While Jeremiah had been confined in the courtyard of the guard, the word of the LORD came to him:
16 "Go and tell Ebed-Melech the Cushite, 'This is what the LORD Almighty, the God of Israel, says: I am about to fulfill my words against this city through disaster, not prosperity. At that time they will be fulfilled before your eyes. 17 But I will rescue you on that day, declares the LORD; you will not be handed over to those you fear. 18 I will save you; you will not fall by the sword but will escape with your life, because you trust in me, declares the LORD.'"

Jeremiah Freed

40 The word came to Jeremiah from the LORD after Nebuzaradan commander of the imperial guard had released him at Ramah. He had found Jeremiah bound in chains among all the captives from Jerusalem and Judah who were being carried into exile to Babylon. 2 When the commander of the guard found Jeremiah, he said to him, "The LORD your God decreed this disaster for this place. 3 And now the LORD has brought it about; he has done just as he said he would. All this happened because you people sinned against the LORD and did not obey him. 4 But today I am freeing you from the chains on your wrists. Come with me to Babylon, if you like, and I will look after you; but if you do not want to, then don't come. Look, the whole country lies before you; go wherever you please." 5 However, before Jeremiah turned to go,/ Nebuzaradan added, "Go back to Gedaliah son of Ahikam, the son of Shaphan, whom the king of Babylon has appointed over the towns of Judah, and live with him among the people, or go anywhere else you please."

Then the commander gave him provisions and a present and let him go. 6 So Jeremiah went to Gedaliah son of Ahikam at Mizpah and stayed with him among the people who were left behind in the land.

Gedaliah Assassinated

7 When all the army officers and their men who were still in the open country heard that the king of Babylon had appointed Gedaliah son of Ahikam as governor over the land and had put him in charge of the men, women and children who were the poorest in the land and who had not been carried into exile to Babylon, 8 they came to Gedaliah at Mizpah—Ishmael son of Nethaniah, Johanan and Jonathan the sons of Kareah, Seraiah son of Tanhumeth, the sons of Ephai the Netophathite, and Jaazaniah k the son of the Maacathite, and their men. 9 Gedaliah son of Ahikam, the son of Shaphan, took an oath to reassure them and their men. "Do not be afraid to serve the Babylonians, f" he said. "Settle down in the land and serve the king of Babylon, and it will go well with you. 10 I myself will stay at Mizpah to represent you before the Babylonians who come to us, but you are to harvest the wine, summer fruit and oil, and put them in your storage jars, and live in the towns you have taken over."

/5 Or *Jeremiah answered*   k8 Hebrew *Jezaniah*, a variant of *Jaazaniah*   /9 Or *Chaldeans*; also in verse 10

11 Asimismo todos los judíos que estaban en Moab, y entre los hijos de Amón, y en Edom, y los que estaban en todas las tierras, cuando oyeron decir que el rey de Babilonia había dejado a algunos en Judá, y que había puesto sobre ellos a Gedalías hijo de Ahicam, hijo de Safán,

12 todos estos judíos regresaron entonces de todos los lugares adonde habían sido echados, y vinieron a tierra de Judá, a Gedalías en Mizpa; y recogieron vino y abundantes frutos.

Conspiración de Ismael contra Gedalías

13 Y Johanán hijo de Carea y todos los príncipes de la gente de guerra que estaban en el campo, vinieron a Gedalías en Mizpa,

14 Y le dijeron: ¿No sabes que Baalis rey de los hijos de Amón ha enviado a Ismael hijo de Netanías para matarte? Mas Gedalías hijo de Ahicam no les creyó.

15 Entonces Johanán hijo de Carea habló a Gedalías en secreto en Mizpa, diciendo: Yo iré ahora y mataré a Ismael hijo de Netanías, y ningún hombre lo sabrá. ¿Por qué te ha de matar, y todos los judíos que se han reunido a ti se dispersarán, y perecerá el resto de Judá?

16 Pero Gedalías hijo de Ahicam dijo a Johanán hijo de Carea: No hagas esto, porque es falso lo que tú dices de Ismael.

41 1 Aconteció en el mes séptimo que vino Ismael hijo de Netanías, hijo de Elisama, de la descendencia real, y algunos príncipes del rey y diez hombres con él, a Gedalías hijo de Ahicam en Mizpa; y comieron pan juntos allí en Mizpa.

2 Y se levantó Ismael hijo de Netanías y los diez hombres que con él estaban, e hirieron a espada a Gedalías hijo de Ahicam, hijo de Safán, matando así a aquel a quien el rey de Babilonia había puesto para gobernar la tierra.

3 Asimismo mató Ismael a todos los judíos que estaban con Gedalías en Mizpa, y a los soldados caldeos que allí estaban.

4 Sucedió además, un día después que mató a Gedalías, cuando nadie lo sabía aún,

5 que venían unos hombres de Siquem, de Silo y de Samaria, ochenta hombres, raída la barba y rotas las ropas, y rasguñados, y traían en sus manos ofrenda e incienso para llevar a la casa de Jehová.

6 Y de Mizpa les salió al encuentro, llorando, Ismael el hijo de Netanías. Y aconteció que cuando los encontró, les dijo: Venid a Gedalías hijo de Ahicam.

7 Y cuando llegaron dentro de la ciudad, Ismael hijo de Netanías los degolló, y los echó dentro de una cisterna, él y los hombres que con él estaban.

8 Mas entre aquéllos fueron hallados diez hombres que dijeron a Ismael: No nos mates; porque tenemos en el campo tesoros de trigos y cebadas y aceites y miel. Y los dejó, y no los mató entre sus hermanos.

9 Y la cisterna en que echó Ismael todos los cuerpos de los hombres que mató a causa de Gedalías, era la misma que había hecho el rey Asa a causa de Baasa rey de Israel; Ismael hijo de Netanías la llenó de muertos.

10 Después llevó Ismael cautivo a todo el resto del pueblo que estaba en Mizpa, a las hijas del rey y a todo el pueblo que en Mizpa había quedado, el cual había encargado Nabuzaradán capitán de la guardia a Gedalías hijo de Ahicam. Los llevó, pues, cautivos Ismael hijo de Netanías, y se fue para pasarse a los hijos de Amón.

11 Y oyeron Johanán hijo de Carea y todos los príncipes de la gente de guerra que estaban con él, todo el mal que había hecho Ismael hijo de Netanías.

12 Entonces tomaron a todos los hombres y fueron a pelear

11 When all the Jews in Moab, Ammon, Edom and all the other countries heard that the king of Babylon had left a remnant in Judah and had appointed Gedaliah son of Ahikam, the son of Shaphan, as governor over them, 12 they all came back to the land of Judah, to Gedaliah at Mizpah, from all the countries where they had been scattered. And they harvested an abundance of wine and summer fruit.

13 Johanan son of Kareah and all the army officers still in the open country came to Gedaliah at Mizpah 14 and said to him, "Don't you know that Baalis king of the Ammonites has sent Ishmael son of Nethaniah to take your life?" But Gedaliah son of Ahikam did not believe them.

15 Then Johanan son of Kareah said privately to Gedaliah in Mizpah, "Let me go and kill Ishmael son of Nethaniah, and no one will know it. Why should he take your life and cause all the Jews who are gathered around you to be scattered and the remnant of Judah to perish?"

16 But Gedaliah son of Ahikam said to Johanan son of Kareah, "Don't do such a thing! What you are saying about Ishmael is not true."

41 In the seventh month Ishmael son of Nethaniah, the son of Elishama, who was of royal blood and had been one of the king's officers, came with ten men to Gedaliah son of Ahikam at Mizpah. While they were eating together there, 2 Ishmael son of Nethaniah and the ten men who were with him got up and struck down Gedaliah son of Ahikam, the son of Shaphan, with the sword, killing the one whom the king of Babylon had appointed as governor over the land. 3 Ishmael also killed all the Jews who were with Gedaliah at Mizpah, as well as the Babylonian m soldiers who were there.

4 The day after Gedaliah's assassination, before anyone knew about it, 5 eighty men who had shaved off their beards, torn their clothes and cut themselves came from Shechem, Shiloh and Samaria, bringing grain offerings and incense with them to the house of the LORD. 6 Ishmael son of Nethaniah went out from Mizpah to meet them, weeping as he went. When he met them, he said, "Come to Gedaliah son of Ahikam." 7 When they went into the city, Ishmael son of Nethaniah and the men who were with him slaughtered them and threw them into a cistern. 8 But ten of them said to Ishmael, "Don't kill us! We have wheat and barley, oil and honey, hidden in a field." So he let them alone and did not kill them with the others. 9 Now the cistern where he threw all the bodies of the men he had killed along with Gedaliah was the one King Asa had made as part of his defense against Baasha king of Israel. Ishmael son of Nethaniah filled it with the dead.

10 Ishmael made captives of all the rest of the people who were in Mizpah — the king's daughters along with all the others who were left there, over whom Nebuzaradan commander of the imperial guard had appointed Gedaliah son of Ahikam. Ishmael son of Nethaniah took them captive and set out to cross over to the Ammonites.

11 When Johanan son of Kareah and all the army officers who were with him heard about all the crimes Ishmael son of Nethaniah had committed, 12 they took

m3 Or *Chaldean*

contra Ismael hijo de Netanías, y lo hallaron junto al gran estanque que está en Gabaón.

13 Y aconteció que cuando todo el pueblo que estaba con Ismael vio a Johanán hijo de Carea y a todos los capitanes de la gente de guerra que estaban con él, se alegraron.

14 Y todo el pueblo que Ismael había traído cautivo de Mizpa se volvió y fue con Johanán hijo de Carea.

15 Pero Ismael hijo de Netanías escapó delante de Johanán con ocho hombres, y se fue a los hijos de Amón.

16 Y Johanán hijo de Carea y todos los capitanes de la gente de guerra que con él estaban tomaron a todo el resto del pueblo que había recobrado de Ismael hijo de Netanías, a quienes llevó de Mizpa después que mató a Gedalías hijo de Ahicam; hombres de guerra, mujeres, niños y eunucos, que Johanán había traído de Gabaón;

17 y fueron y habitaron en Gerutquimam, que está cerca de Belén, a fin de ir y meterse en Egipto,

18 a causa de los caldeos; porque los temían, por haber dado muerte Ismael hijo de Netanías a Gedalías hijo de Ahicam, al cual el rey de Babilonia había puesto para gobernar la tierra.

Mensaje a Johanán

42 1 Vinieron todos los oficiales de la gente de guerra, y Johanán hijo de Carea, Jezanías hijo de Osaías, y todo el pueblo desde el menor hasta el mayor,

2 y dijeron al profeta Jeremías: Acepta ahora nuestro ruego delante de ti, y ruega por nosotros a Jehová tu Dios por todo este resto (pues de muchos hemos quedado unos pocos, como nos ven tus ojos),

3 para que Jehová tu Dios nos enseñe el camino por donde vayamos, y lo que hemos de hacer.

4 Y el profeta Jeremías les dijo: He oído. He aquí que voy a orar a Jehová vuestro Dios, como habéis dicho, y todo lo que Jehová os respondiere, os enseñaré; no os reservaré palabra.

5 Y ellos dijeron a Jeremías: Jehová sea entre nosotros testigo de la verdad y de la lealtad, si no hiciéremos conforme a todo aquello para lo cual Jehová tu Dios te enviare a nosotros.

6 Sea bueno, sea malo, a la voz de Jehová nuestro Dios al cual te enviamos, obedeceremos, para que obedeciendo a la voz de Jehová nuestro Dios nos vaya bien.

7 Aconteció que al cabo de diez días vino palabra de Jehová a Jeremías.

8 Y llamó a Johanán hijo de Carea y a todos los oficiales de la gente de guerra que con él estaban, y a todo el pueblo desde el menor hasta el mayor;

9 y les dijo: Así ha dicho Jehová Dios de Israel, al cual me enviasteis para presentar vuestros ruegos en su presencia:

10 Si os quedareis quietos en esta tierra, os edificaré, y no os destruiré; os plantaré, y no os arrancaré; porque estoy arrepentido del mal que os he hecho.

11 No temáis de la presencia del rey de Babilonia, del cual tenéis temor; no temáis de su presencia, ha dicho Jehová, porque con vosotros estoy yo para salvaros y libraros de su mano;

12 y tendré de vosotros misericordia, y él tendrá misericordia de vosotros y os hará regresar a vuestra tierra.

13 Mas si dijereis: No moraremos en esta tierra, no obedeciendo así a la voz de Jehová vuestro Dios,

14 diciendo: No, sino que entraremos en la tierra de Egipto, en la cual no veremos guerra, ni oiremos sonido de trompeta, ni padeceremos hambre, y allá moraremos;

---

all their men and went to fight Ishmael son of Nethaniah. They caught up with him near the great pool in Gibeon. 13 When all the people Ishmael had with him saw Johanan son of Kareah and the army officers who were with him, they were glad. 14 All the people Ishmael had taken captive at Mizpah turned and went over to Johanan son of Kareah. 15 But Ishmael son of Nethaniah and eight of his men escaped from Johanan and fled to the Ammonites.

Flight to Egypt

16 Then Johanan son of Kareah and all the army officers who were with him led away all the survivors from Mizpah whom he had recovered from Ishmael son of Nethaniah after he had assassinated Gedaliah son of Ahikam: the soldiers, women, children and court officials he had brought from Gibeon. 17 And they went on, stopping at Geruth Kimham near Bethlehem on their way to Egypt 18 to escape the Babylonians. [n] They were afraid of them because Ishmael son of Nethaniah had killed Gedaliah son of Ahikam, whom the king of Babylon had appointed as governor over the land.

42 Then all the army officers, including Johanan son of Kareah and Jezaniah [o] son of Hoshaiah, and all the people from the least to the greatest approached 2 Jeremiah the prophet and said to him, "Please hear our petition and pray to the LORD your God for this entire remnant. For as you now see, though we were once many, now only a few are left. 3 Pray that the LORD your God will tell us where we should go and what we should do."

4 "I have heard you," replied Jeremiah the prophet. "I will certainly pray to the LORD your God as you have requested; I will tell you everything the LORD says and will keep nothing back from you."

5 Then they said to Jeremiah, "May the LORD be a true and faithful witness against us if we do not act in accordance with everything the LORD your God sends you to tell us. 6 Whether it is favorable or unfavorable, we will obey the LORD our God, to whom we are sending you, so that it will go well with us, for we will obey the LORD our God."

7 Ten days later the word of the LORD came to Jeremiah. 8 So he called together Johanan son of Kareah and all the army officers who were with him and all the people from the least to the greatest. 9 He said to them, "This is what the LORD, the God of Israel, to whom you sent me to present your petition, says: 10 'If you stay in this land, I will build you up and not tear you down; I will plant you and not uproot you, for I am grieved over the disaster I have inflicted on you. 11 Do not be afraid of the king of Babylon, whom you now fear. Do not be afraid of him, declares the LORD, for I am with you and will save you and deliver you from his hands. 12 I will show you compassion so that he will have compassion on you and restore you to your land.'

13 "However, if you say, 'We will not stay in this land,' and so disobey the LORD your God, 14 and if you say, 'No, we will go and live in Egypt, where we will not see war or hear the trumpet or be hungry for bread,' 15 then hear the word of the LORD, O remnant

---

n18 Or Chaldeans   o1 Hebrew; Septuagint (see also 43:2) Azariah

15 ahora por eso, oíd la palabra de Jehová, remanente de Judá: Así ha dicho Jehová de los ejércitos, Dios de Israel: Si vosotros volviereis vuestros rostros para entrar en Egipto, y entrareis para morar allá,

16 sucederá que la espada que teméis, os alcanzará allí en la tierra de Egipto, y el hambre de que tenéis temor, allá en Egipto os perseguirá; y allí moriréis.

17 Todos los hombres que volvieren sus rostros para entrar en Egipto para morar allí, morirán a espada, de hambre y de pestilencia; no habrá de ellos quien quede vivo, ni quien escape delante del mal que traeré yo sobre ellos.

18 Porque así ha dicho Jehová de los ejércitos, Dios de Israel: Como se derramó mi enojo y mi ira sobre los moradores de Jerusalén, así se derramará mi ira sobre vosotros cuando entrareis en Egipto; y seréis objeto de execración y de espanto, y de maldición y de afrenta; y no veréis más este lugar.

19 Jehová habló sobre vosotros, oh remanente de Judá: No vayáis a Egipto; sabed ciertamente que os lo aviso hoy.

20 ¿Por qué hicisteis errar vuestras almas? Pues vosotros me enviasteis a Jehová vuestro Dios, diciendo: Ora por nosotros a Jehová nuestro Dios, y haznos saber todas las cosas que Jehová nuestro Dios dijere, y lo haremos.

21 Y os lo he declarado hoy, y no habéis obedecido a la voz de Jehová vuestro Dios, ni a todas las cosas por las cuales me envió a vosotros.

22 Ahora, pues, sabed de cierto que a espada, de hambre y de pestilencia moriréis en el lugar donde deseasteis entrar para morar allí.

La emigración a Egipto

43 1 Aconteció que cuando Jeremías acabó de hablar a todo el pueblo todas las palabras de Jehová Dios de ellos, todas estas palabras por las cuales Jehová Dios de ellos le había enviado a ellos mismos,

2 dijo Azarías hijo de Osaías y Johanán hijo de Carea, y todos los varones soberbios dijeron a Jeremías: Mentira dices; no te ha enviado Jehová nuestro Dios para decir: No vayáis a Egipto para morar allí;

3 sino que Baruc hijo de Nerías te incita contra nosotros, para entregarnos en manos de los caldeos, para matarnos y hacernos transportar a Babilonia.

4 No obedeció, pues, Johanán hijo de Carea y todos los oficiales de la gente de guerra y todo el pueblo, a la voz de Jehová para quedarse en tierra de Judá,

5 sino que tomó Johanán hijo de Carea y todos los oficiales de la gente de guerra, a todo el remanente de Judá que se había vuelto de todas las naciones donde había sido echado, para morar en tierra de Judá;

6 a hombres y mujeres y niños, y a las hijas del rey y a toda persona que había dejado Nabuzaradán capitán de la guardia con Gedalías hijo de Ahicam, hijo de Safán, y al profeta Jeremías y a Baruc hijo de Nerías,

7 y entraron en tierra de Egipto, porque no obedecieron a la voz de Jehová; y llegaron hasta Tafnes.

8 Y vino palabra de Jehová a Jeremías en Tafnes, diciendo:

9 Toma con tu mano piedras grandes, y cúbrelas de barro en el enladrillado que está a la puerta de la casa de Faraón en Tafnes, a vista de los hombres de Judá;

10 y diles: Así ha dicho Jehová de los ejércitos, Dios de Israel: He aquí yo enviaré y tomaré a Nabucodonosor rey de Babilonia, mi siervo, y pondré su trono sobre estas piedras que he escondido, y extenderá su pabellón sobre ellas.

11 Y vendrá y asolará la tierra de Egipto; los que a muerte, a muerte, y los que a cautiverio, a cautiverio, y los que a espada, a espada.

of Judah. This is what the LORD Almighty, the God of Israel, says: 'If you are determined to go to Egypt and you do go to settle there, 16 then the sword you fear will overtake you there, and the famine you dread will follow you into Egypt, and there you will die. 17 Indeed, all who are determined to go to Egypt to settle there will die by the sword, famine and plague; not one of them will survive or escape the disaster I will bring on them.' 18 This is what the LORD Almighty, the God of Israel, says: 'As my anger and wrath have been poured out on those who lived in Jerusalem, so will my wrath be poured out on you when you go to Egypt. You will be an object of cursing and horror, of condemnation and reproach; you will never see this place again.'

19 "O remnant of Judah, the LORD has told you, 'Do not go to Egypt.' Be sure of this: I warn you today 20 that when you made a fatal mistake _p_ when you sent me to the LORD your God and said, 'Pray to the LORD our God for us; tell us everything he says and we will do it.' 21 I have told you today, but you still have not obeyed the LORD your God in all he sent me to tell you. 22 So now, be sure of this: You will die by the sword, famine and plague in the place where you want to go to settle."

43 When Jeremiah finished telling the people all the words of the LORD their God—everything the LORD had sent him to tell them—2 Azariah son of Hoshaiah and Johanan son of Kareah and all the arrogant men said to Jeremiah, "You are lying! The LORD our God has not sent you to say, 'You must not go to Egypt to settle there.' 3 But Baruch son of Neriah is inciting you against us to hand us over to the Babylonians, _q_ so they may kill us or carry us into exile to Babylon."

4 So Johanan son of Kareah and all the army officers and all the people disobeyed the LORD's command to stay in the land of Judah. 5 Instead, Johanan son of Kareah and all the army officers led away all the remnant of Judah who had come back to live in the land of Judah from all the nations where they had been scattered. 6 They also led away all the men, women and children and the king's daughters whom Nebuzaradan commander of the imperial guard had left with Gedaliah son of Ahikam, the son of Shaphan, and Jeremiah the prophet and Baruch son of Neriah. 7 So they entered Egypt in disobedience to the LORD and went as far as Tahpanhes.

8 In Tahpanhes the word of the LORD came to Jeremiah: 9 "While the Jews are watching, take some large stones with you and bury them in clay in the brick pavement at the entrance to Pharaoh's palace in Tahpanhes. 10 Then say to them, 'This is what the LORD Almighty, the God of Israel, says: I will send for my servant Nebuchadnezzar king of Babylon, and I will set his throne over these stones I have buried here; he will spread his royal canopy above them. 11 He will come and attack Egypt, bringing death to those destined for death, captivity to those destined for captivity, and the

---

p20 Or you erred in your hearts   _q3 Or Chaldeans_   _r12 Or I_

12 Y pondrá fuego a los templos de los dioses de Egipto y los quemará, y a ellos los llevará cautivos; y limpiará la tierra de Egipto, como el pastor limpia su capa, y saldrá de allá en paz.

13 Además quebrará las estatuas de Bet-semes, que está en tierra de Egipto, y los templos de los dioses de Egipto quemará a fuego.

Jeremías profetiza a los judíos en Egipto

44 1 Palabra que vino a Jeremías acerca de todos los judíos que moraban en la tierra de Egipto, que vivían en Migdol, en Tafnes, en Menfis y en tierra de Patros, diciendo:

2 Así ha dicho Jehová de los ejércitos, Dios de Israel: Vosotros habéis visto todo el mal que traje sobre Jerusalén y sobre todas las ciudades de Judá; y he aquí que ellas están el día de hoy asoladas; no hay quien more en ellas,

3 a causa de la maldad que ellos cometieron para enojarme, yendo a ofrecer incienso, honrando a dioses ajenos que ellos no habían conocido, ni vosotros ni vuestros padres.

4 Y envié a vosotros todos mis siervos los profetas, desde temprano y sin cesar, para deciros: No hagáis esta cosa abominable que yo aborrezco.

5 Pero no oyeron ni inclinaron su oído para convertirse de su maldad, para dejar de ofrecer incienso a dioses ajenos.

6 Se derramó, por tanto, mi ira y mi furor, y se encendió en las ciudades de Judá y en las calles de Jerusalén, y fueron puestas en soledad y en destrucción, como están hoy.

7 Ahora, pues, así ha dicho Jehová de los ejércitos, Dios de Israel: ¿Por qué hacéis tan grande mal contra vosotros mismos, para ser destruidos el hombre y la mujer, el muchacho y el niño de pecho de en medio de Judá, sin que os quede remanente alguno,

8 haciéndome enojar con las obras de vuestras manos, ofreciendo incienso a dioses ajenos en la tierra de Egipto, adonde habéis entrado para vivir, de suerte que os acabéis, y seáis por maldición y por oprobio a todas las naciones de la tierra?

9 ¿Os habéis olvidado de las maldades de vuestros padres, de las maldades de los reyes de Judá, de las maldades de sus mujeres, de vuestras maldades y de las maldades de vuestras mujeres, que hicieron en la tierra de Judá y en las calles de Jerusalén?

10 No se han humillado hasta el día de hoy, ni han tenido temor, ni han caminado en mi ley ni en mis estatutos, los cuales puse delante de vosotros y delante de vuestros padres.

11 Por tanto, así ha dicho Jehová de los ejércitos, Dios de Israel: He aquí que yo vuelvo mi rostro contra vosotros para mal, y para destruir a todo Judá.

12 Y tomaré el resto de Judá que volvieron sus rostros para ir a tierra de Egipto para morar allí, y en tierra de Egipto serán todos consumidos; caerán a espada, y serán consumidos de hambre; a espada y de hambre morirán desde el menor hasta el mayor, y serán objeto de execración, de espanto, de maldición y de oprobio.

13 Pues castigaré a los que moran en tierra de Egipto como castigué a Jerusalén, con espada, con hambre y con pestilencia.

14 Y del resto de los de Judá que entraron en la tierra de Egipto para habitar allí, no habrá quien escape, ni quien quede vivo para volver a la tierra de Judá, por volver a la cual suspiran ellos para habitar allí; porque no volverán sino algunos fugitivos.

---

sword to those destined for the sword. 12 He r will set fire to the temples of the gods of Egypt; he will burn their temples and take their gods captive. As a shepherd wraps his garment around him, so will he wrap Egypt around himself and depart from there unscathed. 13 There in the temple of the sun s in Egypt he will demolish the sacred pillars and will burn down the temples of the gods of Egypt.' "

Disaster Because of Idolatry

44 This word came to Jeremiah concerning all the Jews living in Lower Egypt — in Migdol, Tahpanhes and Memphis t — and in Upper Egypt u: 2 "This is what the LORD Almighty, the God of Israel, says: You saw the great disaster I brought on Jerusalem and on all the towns of Judah. Today they lie deserted and in ruins 3 because of the evil they have done. They provoked me to anger by burning incense and by worshiping other gods that neither they nor you nor your fathers ever knew. 4 Again and again I sent my servants the prophets, who said, 'Do not do this detestable thing that I hate!' 5 But they did not listen or pay attention; they did not turn from their wickedness or stop burning incense to other gods. 6 Therefore, my fierce anger was poured out; it raged against the towns of Judah and the streets of Jerusalem and made them the desolate ruins they are today.

7 "Now this is what the LORD God Almighty, the God of Israel, says: Why bring such great disaster on yourselves by cutting off from Judah the men and women, the children and infants, and so leave yourselves without a remnant? 8 Why provoke me to anger with what your hands have made, burning incense to other gods in Egypt, where you have come to live? You will destroy yourselves and make yourselves an object of cursing and reproach among all the nations on earth. 9 Have you forgotten the wickedness committed by your fathers and by the kings and queens of Judah and the wickedness committed by you and your wives in the land of Judah and the streets of Jerusalem? 10 To this day they have not humbled themselves or shown reverence, nor have they followed my law and the decrees I set before you and your fathers.

11 "Therefore, this is what the LORD Almighty, the God of Israel, says: I am determined to bring disaster on you and to destroy all Judah. 12 I will take away the remnant of Judah who were determined to go to Egypt to settle there. They will all perish in Egypt; they will fall by the sword or die from famine. From the least to the greatest, they will die by sword or famine. They will become an object of cursing and horror, of condemnation and reproach. 13 I will punish those who live in Egypt with the sword, famine and plague, as I punished Jerusalem. 14 None of the remnant of Judah who have gone to live in Egypt will escape or survive to return to the land of Judah, to which they long to return and live; none will return except a few fugitives."

---

s 13 Or *in Heliopolis*   t 1 Hebrew *Noph*   u 1 Hebrew *in Pathros*

15 Entonces todos los que sabían que sus mujeres habían ofrecido incienso a dioses ajenos, y todas las mujeres que estaban presentes, una gran concurrencia, y todo el pueblo que habitaba en tierra de Egipto, en Patros, respondieron a Jeremías, diciendo:

16 La palabra que nos has hablado en nombre de Jehová, no la oiremos de ti;

17 sino que ciertamente pondremos por obra toda palabra que ha salido de nuestra boca, para ofrecer incienso a la reina del cielo, derramándole libaciones, como hemos hecho nosotros y nuestros padres, nuestros reyes y nuestros príncipes, en las ciudades de Judá y en las plazas de Jerusalén, y tuvimos abundancia de pan, y estuvimos alegres, y no vimos mal alguno.

18 Mas desde que dejamos de ofrecer incienso a la reina del cielo y de derramarle libaciones, nos falta todo, y a espada y de hambre somos consumidos.

19 Y cuando ofrecimos incienso a la reina del cielo, y le derramamos libaciones, ¿acaso le hicimos nosotras tortas para tributarle culto, y le derramamos libaciones, sin consentimiento de nuestros maridos?

20 Y habló Jeremías a todo el pueblo, a los hombres y a las mujeres y a todo el pueblo que le había respondido esto, diciendo:

21 ¿No se ha acordado Jehová, y no ha venido a su memoria el incienso que ofrecisteis en las ciudades de Judá, y en las calles de Jerusalén, vosotros y vuestros padres, vuestros reyes y vuestros príncipes y el pueblo de la tierra?

22 Y no pudo sufrirlo más Jehová, a causa de la maldad de vuestras obras, a causa de las abominaciones que habíais hecho; por tanto, vuestra tierra fue puesta en asolamiento, en espanto y en maldición, hasta quedar sin morador, como está hoy.

23 Porque ofrecisteis incienso y pecasteis contra Jehová, y no obedecisteis a la voz de Jehová, ni anduvisteis en su ley ni en sus estatutos ni en sus testimonios; por tanto, ha venido sobre vosotros este mal, como hasta hoy.

24 Y dijo Jeremías a todo el pueblo, y a todas las mujeres: Oíd palabra de Jehová, todos los de Judá que estáis en tierra de Egipto.

25 Así ha hablado Jehová de los ejércitos, Dios de Israel, diciendo: Vosotros y vuestras mujeres hablasteis con vuestras bocas, y con vuestras manos lo ejecutasteis, diciendo: Cumpliremos efectivamente nuestros votos que hicimos, de ofrecer incienso a la reina del cielo y derramarle libaciones; confirmáis a la verdad vuestros votos, y ponéis vuestros votos por obra.

26 Por tanto, oíd palabra de Jehová, todo Judá que habitáis en tierra de Egipto: He aquí he jurado por mi grande nombre, dice Jehová, que mi nombre no será invocado más en toda la tierra de Egipto por boca de ningún hombre de Judá, diciendo: Vive Jehová el Señor.

27 He aquí que yo velo sobre ellos para mal, y no para bien; y todos los hombres de Judá que están en tierra de Egipto serán consumidos a espada y de hambre, hasta que perezcan del todo.

28 Y los que escapen de la espada volverán de la tierra de Egipto a la tierra de Judá, pocos hombres; sabrá, pues, todo el resto de Judá que ha entrado en Egipto a morar allí, la palabra de quién ha de permanecer: si la mía, o la suya.

29 Y esto tendréis por señal, dice Jehová, de que en este lugar os castigo, para que sepáis que de cierto permanecerán mis palabras para mal sobre vosotros.

30 Así ha dicho Jehová: He aquí que yo entrego a Faraón Hofra rey de Egipto en mano de sus enemigos, y en mano de los que buscan su vida, así como entregué a Sedequías rey de Judá en mano de Nabucodonosor rey de Babilonia, su enemigo que buscaba su vida.

15 Then all the men who knew that their wives were burning incense to other gods, along with all the women who were present — a large assembly — and all the people living in Lower and Upper Egypt, *v* said to Jeremiah, 16 "We will not listen to the message you have spoken to us in the name of the LORD! 17 We will certainly do everything we said we would: We will burn incense to the Queen of Heaven and will pour out drink offerings to her just as we and our fathers, our kings and our officials did in the towns of Judah and in the streets of Jerusalem. At that time we had plenty of food and were well off and suffered no harm. 18 But ever since we stopped burning incense to the Queen of Heaven and pouring out drink offerings to her, we have had nothing and have been perishing by sword and famine."

19 The women added, "When we burned incense to the Queen of Heaven and poured out drink offerings to her, did not our husbands know that we were making cakes like her image and pouring out drink offerings to her?"

20 Then Jeremiah said to all the people, both men and women, who were answering him, 21 "Did not the LORD remember and think about the incense burned in the towns of Judah and the streets of Jerusalem by you and your fathers, your kings and your officials and the people of the land? 22 When the LORD could no longer endure your wicked actions and the detestable things you did, your land became an object of cursing and a desolate waste without inhabitants, as it is today. 23 Because you have burned incense and have sinned against the LORD and have not obeyed him or followed his law or his decrees or his stipulations, this disaster has come upon you, as you now see."

24 Then Jeremiah said to all the people, including the women, "Hear the word of the LORD, all you people of Judah in Egypt. 25 This is what the LORD Almighty, the God of Israel, says: You and your wives have shown by your actions what you promised when you said, 'We will certainly carry out the vows we made to burn incense and pour out drink offerings to the Queen of Heaven.'

"Go ahead then, do what you promised! Keep your vows! 26 But hear the word of the LORD, all Jews living in Egypt: 'I swear by my great name,' says the LORD, 'that no one from Judah living anywhere in Egypt will ever again invoke my name or swear, "As surely as the Sovereign LORD lives." 27 For I am watching over them for harm, not for good; the Jews in Egypt will perish by sword and famine until they are all destroyed. 28 Those who escape the sword and return to the land of Judah from Egypt will be very few. Then the whole remnant of Judah who came to live in Egypt will know whose word will stand — mine or theirs.

29 " 'This will be the sign to you that I will punish you in this place,' declares the LORD, 'so that you will know that my threats of harm against you will surely stand.' 30 This is what the LORD says: 'I am going to hand Pharaoh Hophra king of Egypt over to his enemies who seek his life, just as I handed Zedekiah king of Judah over to Nebuchadnezzar king of Babylon, the enemy who was seeking his life.' "

Mensaje a Baruc

45 ¹ Palabra que habló el profeta Jeremías a Baruc hijo de Nerías, cuando escribía en el libro estas palabras de boca de Jeremías, en el año cuarto de Joacim hijo de Josías rey de Judá, diciendo:

² Así ha dicho Jehová Dios de Israel a ti, oh Baruc:

³ Tú dijiste: ¡Ay de mí ahora! porque ha añadido Jehová tristeza a mi dolor; fatigado estoy de gemir, y no he hallado descanso.

⁴ Así le dirás: Ha dicho Jehová: He aquí que yo destruyo a los que edifiqué, y arranco a los que planté, y a toda esta tierra.

⁵ ¿Y tú buscas para ti grandezas? No las busques; porque he aquí que yo traigo mal sobre toda carne, ha dicho Jehová; pero a ti te daré tu vida por botín en todos los lugares adonde fueres.

Profecías acerca de Egipto

46 ¹ Palabra de Jehová que vino al profeta Jeremías, contra las naciones.

² Con respecto a Egipto: contra el ejército de Faraón Necao rey de Egipto, que estaba cerca del río Eufrates en Carquemis, a quien destruyó Nabucodonosor rey de Babilonia, en el año cuarto de Joacim hijo de Josías, rey de Judá.

³ Preparad escudo y pavés, y venid a la guerra.

⁴ Uncid caballos y subid, vosotros los jinetes, y poneos con yelmos; limpiad las lanzas, vestíos las corazas.

⁵ ¿Por qué los vi medrosos, retrocediendo? Sus valientes fueron deshechos, y huyeron sin volver a mirar atrás; miedo de todas partes, dice Jehová.

⁶ No huya el ligero, ni el valiente escape; al norte junto a la ribera del Eufrates tropezaron y cayeron.

⁷ ¿Quién es este que sube como río, y cuyas aguas se mueven como ríos?

⁸ Egipto como río se ensancha, y las aguas se mueven como ríos, y dijo: Subiré, cubriré la tierra, destruiré a la ciudad y a los que en ella moran.

⁹ Subid, caballos, y alborotaos, carros, y salgan los valientes; los etíopes y los de Put que toman escudo, y los de Lud que toman y entesan arco.

A Message to Baruch

45 This is what Jeremiah the prophet told Baruch son of Neriah in the fourth year of Jehoiakim son of Josiah king of Judah, after Baruch had written on a scroll the words Jeremiah was then dictating: ²"This is what the Lord, the God of Israel, says to you, Baruch: ³You said, 'Woe to me! The Lord has added sorrow to my pain; I am worn out with groaning and find no rest.' "

⁴ The Lord said, "Say this to him: 'This is what the Lord says: I will overthrow what I have built and uproot what I have planted, throughout the land. ⁵Should you then seek great things for yourself? Seek them not. For I will bring disaster on all people, declares the Lord, but wherever you go I will let you escape with your life.' "

A Message About Egypt

46 This is the word of the Lord that came to Jeremiah the prophet concerning the nations:

²Concerning Egypt:

This is the message against the army of Pharaoh Neco king of Egypt, which was defeated at Carchemish on the Euphrates River by Nebuchadnezzar king of Babylon in the fourth year of Jehoiakim son of Josiah king of Judah:

³"Prepare your shields, both large and small,
    and march out for battle!
⁴Harness the horses,
    mount the steeds!
Take your positions
    with helmets on!
Polish your spears,
    put on your armor!
⁵What do I see?
    They are terrified,
they are retreating,
    their warriors are defeated.
They flee in haste
    without looking back,
    and there is terror on every side,"
                declares the Lord.
⁶"The swift cannot flee
    nor the strong escape.
In the north by the River Euphrates
    they stumble and fall.

⁷"Who is this that rises like the Nile,
    like rivers of surging waters?
⁸Egypt rises like the Nile,
    like rivers of surging waters.
She says, 'I will rise and cover the earth;
    I will destroy cities and their people.'
⁹Charge, O horses!
    Drive furiously, O charioteers!
March on, O warriors—
    men of Cush *w* and Put who carry shields,
    men of Lydia who draw the bow.

---

w 9 That is, the upper Nile region

10 Mas ese día será para Jehová Dios de los ejércitos día de retribución, para vengarse de sus enemigos; y la espada devorará y se saciará, y se embriagará de la sangre de ellos; porque sacrificio será para Jehová Dios de los ejércitos, en tierra del norte junto al río Eufrates.
11 Sube a Galaad, y toma bálsamo, virgen hija de Egipto; por demás multiplicarás las medicinas; no hay curación para ti.
12 Las naciones oyeron tu afrenta, y tu clamor llenó la tierra; porque valiente tropezó contra valiente, y cayeron ambos juntos.
13 Palabra que habló Jehová al profeta Jeremías acerca de la venida de Nabucodonosor rey de Babilonia, para asolar la tierra de Egipto:
14 Anunciad en Egipto, y haced saber en Migdol; haced saber también en Menfis y en Tafnes; decid: Ponte en pie y prepárate, porque espada devorará tu comarca.
15 ¿Por qué ha sido derribada tu fortaleza? No pudo mantenerse firme, porque Jehová la empujó.
16 Multiplicó los caídos, y cada uno cayó sobre su compañero; y dijeron: Levántate y volvámonos a nuestro pueblo, y a la tierra de nuestro nacimiento, huyamos ante la espada vencedora.
17 Allí gritaron: Faraón rey de Egipto es destruido; dejó pasar el tiempo señalado.
18 Vivo yo, dice el Rey, cuyo nombre es Jehová de los ejércitos, que como Tabor entre los montes, y como Carmelo junto al mar, así vendrá.
19 Hazte enseres de cautiverio, moradora hija de Egipto; porque Menfis será desierto, y será asolada hasta no quedar morador.
20 Becerra hermosa es Egipto; mas viene destrucción, del norte viene.
21 Sus soldados mercenarios también en medio de ella como becerros engordados; porque también ellos volvieron atrás, huyeron todos sin pararse, porque vino sobre ellos el día de su quebrantamiento, el tiempo de su castigo.
22 Su voz saldrá como de serpiente; porque vendrán los enemigos, y con hachas vendrán a ella como cortadores de leña.
23 Cortarán sus bosques, dice Jehová, aunque sean impenetrables; porque serán más numerosos que langostas, no tendrán número.

10 But that day belongs to the Lord, the LORD Almighty—
a day of vengeance, for vengeance on his foes.
The sword will devour till it is satisfied,
till it has quenched its thirst with blood.
For the Lord, the LORD Almighty, will offer sacrifice
in the land of the north by the River Euphrates.

11 "Go up to Gilead and get balm,
O Virgin Daughter of Egypt.
But you multiply remedies in vain;
there is no healing for you.
12 The nations will hear of your shame;
your cries will fill the earth.
One warrior will stumble over another;
both will fall down together."

13 This is the message the LORD spoke to Jeremiah the prophet about the coming of Nebuchadnezzar king of Babylon to attack Egypt:

14 "Announce this in Egypt, and proclaim it in Migdol;
proclaim it also in Memphis x and Tahpanhes:
'Take your positions and get ready,
for the sword devours those around you.'
15 Why will your warriors be laid low?
They cannot stand, for the LORD will push them down.
16 They will stumble repeatedly;
they will fall over each other.
They will say, 'Get up, let us go back
to our own people and our native lands,
away from the sword of the oppressor.'
17 There they will exclaim,
'Pharaoh king of Egypt is only a loud noise;
he has missed his opportunity.'

18 "As surely as I live," declares the King,
whose name is the LORD Almighty,
"one will come who is like Tabor among the mountains,
like Carmel by the sea.
19 Pack your belongings for exile,
you who live in Egypt,
for Memphis will be laid waste
and lie in ruins without inhabitant.

20 "Egypt is a beautiful heifer,
but a gadfly is coming
against her from the north.
21 The mercenaries in her ranks
are like fattened calves.
They too will turn and flee together,
they will not stand their ground,
for the day of disaster is coming upon them,
the time for them to be punished.
22 Egypt will hiss like a fleeing serpent
as the enemy advances in force;
they will come against her with axes,
like men who cut down trees.
23 They will chop down her forest,"
declares the LORD,
"dense though it be.
They are more numerous than locusts,
they cannot be counted.

x14 Hebrew Noph; also in verse 19

24 Se avergonzará la hija de Egipto; entregada será en manos del pueblo del norte.

25 Jehová de los ejércitos, Dios de Israel, ha dicho: He aquí que yo castigo a Amón dios de Tebas, a Faraón, a Egipto, y a sus dioses y a sus reyes; así a Faraón como a los que en él confían.

26 Y los entregaré en mano de los que buscan su vida, en mano de Nabucodonosor rey de Babilonia y en mano de sus siervos; pero después será habitado como en los días pasados, dice Jehová.

27 Y tú no temas, siervo mío Jacob, ni desmayes, Israel; porque he aquí yo te salvaré de lejos, y a tu descendencia de la tierra de su cautividad. Y volverá Jacob, y descansará y será prosperado, y no habrá quién lo atemorice.

28 Tú, siervo mío Jacob, no temas, dice Jehová, porque yo estoy contigo; porque destruiré a todas las naciones entre las cuales te he dispersado; pero a ti no te destruiré del todo, sino que te castigaré con justicia; de ninguna manera te dejaré sin castigo.

Profecía sobre los filisteos

47 1 Palabra de Jehová que vino al profeta Jeremías acerca de los filisteos, antes que Faraón destruyese a Gaza.

2 Así ha dicho Jehová: He aquí que suben aguas del norte, y se harán torrente; inundarán la tierra y su plenitud; la ciudad y los moradores de ella; y los hombres clamarán, y lamentará todo morador de la tierra.

3 Por el sonido de los cascos de sus caballos, por el alboroto de sus carros, por el estruendo de sus ruedas, los padres no cuidaron a los hijos por la debilidad de sus manos;

4 a causa del día que viene para destrución de todos los filisteos, para destruir a Tiro y a Sidón todo aliado que les queda todavía; porque Jehová destruirá a los filisteos, al resto de la costa de Caftor.

5 Gaza fue rapada, Ascalón ha perecido, y el resto de su valle; ¿hasta cuándo te sajarás?

6 Oh espada de Jehová, ¿hasta cuándo reposarás? Vuelve a tu vaina, reposa y sosiégate.

7 ¿Cómo reposarás? pues Jehová te ha enviado contra Ascalón, y contra la costa del mar, allí te puso.

---

24 The Daughter of Egypt will be put to shame,
　　handed over to the people of the north."

25 The LORD Almighty, the God of Israel, says: "I am about to bring punishment on Amon god of Thebes, *y* on Pharaoh, on Egypt and her gods and her kings, and on those who rely on Pharaoh. 26 I will hand them over to those who seek their lives, to Nebuchadnezzar king of Babylon and his officers. Later, however, Egypt will be inhabited as in times past," declares the LORD.

27 "Do not fear, O Jacob my servant;
　　do not be dismayed, O Israel.
I will surely save you out of a distant place,
　　your descendants from the land of their exile.
Jacob will again have peace and security,
　　and no one will make him afraid.
28 Do not fear, O Jacob my servant,
　　for I am with you," declares the LORD.
"Though I completely destroy all the nations
　　among which I scatter you,
I will not completely destroy you.
I will discipline you but only with justice;
　　I will not let you go entirely unpunished."

A Message About the Philistines

47 This is the word of the LORD that came to Jeremiah the prophet concerning the Philistines before Pharaoh attacked Gaza:

2 This is what the LORD says:

"See how the waters are rising in the north;
　　they will become an overflowing torrent.
They will overflow the land and everything in it,
　　the towns and those who live in them.
The people will cry out;
　　all who dwell in the land will wail
3 at the sound of the hoofs of galloping steeds,
　　at the noise of enemy chariots
　　and the rumble of their wheels.
Fathers will not turn to help their children;
　　their hands will hang limp.
4 For the day has come
　　to destroy all the Philistines
and to cut off all survivors
　　who could help Tyre and Sidon.
The LORD is about to destroy the Philistines,
　　the remnant from the coasts of Caphtor. *z*
5 Gaza will shave her head in mourning;
　　Ashkelon will be silenced.
O remnant on the plain,
　　how long will you cut yourselves?

6 " 'Ah, sword of the LORD,' ⌊you cry⌋
　　'how long till you rest?
Return to your scabbard;
　　cease and be still.'
7 But how can it rest
　　when the LORD has commanded it,
when he has ordered it
　　to attack Ashkelon and the coast?"

*y*25 Hebrew *No*　　*z*4 That is, Crete

Profecía sobre Moab

48 ¹Acerca de Moab. Así ha dicho Jehová de los ejércitos, Dios de Israel: ¡Ay de Nebo! porque fue destruida y avergonzada: Quiriataim fue tomada; fue confundida Misgab, y desmayó.

²No se alabará ya más Moab; en Hesbón maquinaron mal contra ella, diciendo: Venid, y quitémosla de entre las naciones. También tú, Madmena, serás cortada; espada irá en pos de ti.

³¡Voz de clamor de Horonaim, destrucción y gran quebrantamiento!

⁴Moab fue quebrantada; hicieron que se oyese el clamor de sus pequeños.

⁵Porque a la subida de Luhit con llanto subirá el que llora; porque a la bajada de Horonaim los enemigos oyeron clamor de quebranto.

⁶Huid, salvad vuestra vida, y sed como retama en el desierto.

⁷Pues por cuanto confiaste en tus bienes y en tus tesoros, tú también serás tomada; y Quemos será llevado en cautiverio, sus sacerdotes y sus príncipes juntamente.

⁸Y vendrá destruidor a cada una de las ciudades, y ninguna ciudad escapará; se arruinará también el valle, y será destruida la llanura, como ha dicho Jehová.

⁹Dad alas a Moab, para que se vaya volando; pues serán desiertas sus ciudades hasta no quedar en ellas morador.

¹⁰Maldito el que hiciere indolentemente la obra de Jehová, y maldito el que detuviere de la sangre su espada.

¹¹Quieto estuvo Moab desde su juventud, y sobre su sedimento ha estado reposado, y no fue vaciado de vasija en vasija, ni nunca estuvo en cautiverio; por tanto, quedó su sabor en él, y su olor no se ha cambiado.

¹²Por eso vienen días, ha dicho Jehová, en que yo le enviaré trasvasadores que le trasvasarán; y vaciarán sus vasijas, y romperán sus odres.

¹³Y se avergonzará Moab de Quemos, como la casa de Israel se avergonzó de Bet-el, su confianza.

¹⁴¿Cómo, pues, diréis: Somos hombres valientes, y robustos para la guerra?

A Message About Moab

48 Concerning Moab:

This is what the LORD Almighty, the God of Israel, says:

"Woe to Nebo, for it will be ruined.
  Kiriathaim will be disgraced and captured;
  the stronghold[a] will be disgraced and
    shattered.
²Moab will be praised no more;
  in Heshbon[b] men will plot her downfall:
  'Come, let us put an end to that nation.'
You too, O Madmen,[c] will be silenced;
  the sword will pursue you.
³Listen to the cries from Horonaim,
  cries of great havoc and destruction.
⁴Moab will be broken;
  her little ones will cry out.[d]
⁵They go up the way to Luhith,
  weeping bitterly as they go;
on the road down to Horonaim
  anguished cries over the destruction are heard.
⁶Flee! Run for your lives;
  become like a bush[e] in the desert.
⁷Since you trust in your deeds and riches,
  you too will be taken captive,
and Chemosh will go into exile,
  together with his priests and officials.
⁸The destroyer will come against every town,
  and not a town will escape.
The valley will be ruined
  and the plateau destroyed,
  because the LORD has spoken.
⁹Put salt on Moab,
  for she will be laid waste;[f]
her towns will become desolate,
  with no one to live in them.

¹⁰"A curse on him who is lax in doing the LORD's
    work!
  A curse on him who keeps his sword from
    bloodshed!

¹¹"Moab has been at rest from youth,
  like wine left on its dregs,
not poured from one jar to another—
  she has not gone into exile.
So she tastes as she did,
  and her aroma is unchanged.
¹²But days are coming,
  declares the LORD,
"when I will send men who pour from jars,
  and they will pour her out;
they will empty her jars
  and smash her jugs.
¹³Then Moab will be ashamed of Chemosh,
  as the house of Israel was ashamed
when they trusted in Bethel.

¹⁴"How can you say, 'We are warriors,
  men valiant in battle'?

ᵃ1 Or / Misgab   ᵇ2 The Hebrew for *Heshbon* sounds like the Hebrew for *plot*.   ᶜ2 The name of the Moabite town Madmen sounds like the Hebrew for *be silenced*.   ᵈ4 Hebrew; Septuagint / proclaim it to Zoar   ᵉ6 Or like Aroer   f9 Or Give wings to Moab, / for she will fly away

15 Destruido fue Moab, y sus ciudades asoladas, y sus jóvenes escogidos descendieron al degolladero, ha dicho el Rey, cuyo nombre es Jehová de los ejércitos.
16 Cercano está el quebrantamiento de Moab para venir, y su mal se apresura mucho.
17 Compadeceos de él todos los que estáis alrededor suyo; y todos los que sabéis su nombre, decid: ¡Cómo se quebró la vara fuerte, el báculo hermoso!
18 Desciende de la gloria, siéntate en tierra seca, moradora hija de Dibón; porque el destruidor de Moab subió contra ti, destruyó tus fortalezas.
19 Párate en el camino, y mira, oh moradora de Aroer; pregunta a la que va huyendo, y a la que escapó; dile: ¿Qué ha acontecido?
20 Se avergonzó Moab, porque fue quebrantado; lamentad y clamad; anunciad en Arnón que Moab es destruido.
21 Vino juicio sobre la tierra de la llanura; sobre Holón, sobre Jahaza, sobre Mefaat,
22 sobre Dibón, sobre Nebo, sobre Bet-diblataim,
23 sobre Quiriataim, sobre Bet-gamul, sobre Bet-meón,
24 sobre Queriot, sobre Bosra y sobre todas las ciudades de tierra de Moab, las de lejos y las de cerca.
25 Cortado es el poder de Moab, y su brazo quebrantado, dice Jehová.
26 Embriagadle, porque contra Jehová se engrandeció; y revuélquese Moab sobre su vómito, y sea también él por motivo de escarnio.
27 ¿Y no te fue a ti Israel por motivo de escarnio, como si lo tomaran entre ladrones? Porque cuando de él hablaste, tú te has burlado.
28 Abandonad las ciudades y habitad en peñascos, oh moradores de Moab, y sed como la paloma que hace nido en la boca de la caverna.
29 Hemos oído la soberbia de Moab, que es muy soberbio, arrogante, orgulloso, altivo y altanero de corazón.
30 Yo conozco, dice Jehová, su cólera, pero no tendrá efecto; sus jactancias no le aprovecharán.
31 Por tanto, yo aullaré sobre Moab; sobre todo Moab haré clamor, y sobre los hombres de Kir-hares gemiré.
32 Con llanto de Jazer lloraré por ti, oh vid de Sibma; tus sarmientos pasaron el mar, llegaron hasta el mar de Jazer; sobre tu cosecha y sobre tu vendimia vino el destruidor.

15 Moab will be destroyed and her towns invaded;
    her finest young men will go down in the
        slaughter,"
    declares the King, whose name is the LORD
        Almighty.
16 "The fall of Moab is at hand;
    her calamity will come quickly.
17 Mourn for her, all who live around her,
    all who know her fame;
    say, 'How broken is the mighty scepter,
    how broken the glorious staff!'
18 "Come down from your glory
    and sit on the parched ground,
    O inhabitants of the Daughter of Dibon,
    for he who destroys Moab
    will come up against you
    and ruin your fortified cities.
19 Stand by the road and watch,
    you who live in Aroer.
    Ask the man fleeing and the woman escaping,
    ask them, 'What has happened?'
20 Moab is disgraced, for she is shattered.
    Wail and cry out!
    Announce by the Arnon
    that Moab is destroyed.
21 Judgment has come to the plateau—
    to Holon, Jahzah and Mephaath,
22   to Dibon, Nebo and Beth Diblathaim,
23   to Kiriathaim, Beth Gamul and Beth Meon,
24   to Kerioth and Bozrah—
    to all the towns of Moab, far and near.
25 Moab's horn*g* is cut off;
    her arm is broken,"
                                    declares the LORD.

26 "Make her drunk,
    for she has defied the LORD.
    Let Moab wallow in her vomit;
    let her be an object of ridicule.
27 Was not Israel the object of your ridicule?
    Was she caught among thieves,
    that you shake your head in scorn
    whenever you speak of her?
28 Abandon your towns and dwell among the rocks,
    you who live in Moab.
    Be like a dove that makes its nest
    at the mouth of a cave.

29 "We have heard of Moab's pride—
    her overweening pride and conceit,
    her pride and arrogance
    and the haughtiness of her heart.
30 I know her insolence but it is futile,"
                                    declares the LORD,
    "and her boasts accomplish nothing.
31 Therefore I wail over Moab,
    for all Moab I cry out,
    I moan for the men of Kir Hareseth.
32 I weep for you, as Jazer weeps,
    O vines of Sibmah.
    Your branches spread as far as the sea;
    they reached as far as the sea of Jazer.
    The destroyer has fallen
    on your ripened fruit and grapes.

g25 Horn here symbolizes strength.

33 Y será cortada la alegría y el regocijo de los campos fértiles, de la tierra de Moab; y de los lagares haré que falte el vino; no pisarán con canción; la canción no será canción.

34 El clamor de Hesbón llega hasta Eleale; hasta Jahaza dieron su voz; desde Zoar hasta Horonaim, becerra de tres años; porque también las aguas de Nimrim serán destruidas.

35 Y exterminaré de Moab, dice Jehová, a quien sacrifique sobre los lugares altos, y a quien ofrezca incienso a sus dioses.

36 Por tanto, mi corazón resonará como flautas por causa de Moab, asimismo resonará mi corazón a modo de flautas por los hombres de Kirhares; porque perecieron las riquezas que habían hecho.

37 Porque toda cabeza será rapada, y toda barba raída; sobre toda mano habrá rasguños, y cilicio sobre todo lomo.

38 Sobre todos los terrados de Moab, y en sus calles, todo él será llanto; porque yo quebranté a Moab como a vasija que no agrada, dice Jehová.

39 ¡Lamentad! ¡Cómo ha sido quebrantado! ¡Cómo volvió la espalda Moab, y fue avergonzado! Fue Moab objeto de escarnio y de espanto a todos los que están en sus alrededores.

40 Porque así ha dicho Jehová: He aquí que como águila volará, y extenderá sus alas contra Moab.

41 Tomadas serán las ciudades, y tomadas serán las fortalezas; y será aquel día el corazón de los valientes de Moab como el corazón de mujer en angustias.

42 Y Moab será destruido hasta dejar de ser pueblo, porque se engrandeció contra Jehová.

43 Miedo y hoyo y lazo contra ti, oh morador de Moab, dice Jehová.

44 El que huyere del miedo caerá en el hoyo, y el que saliere del hoyo será preso en el lazo; porque yo traeré sobre él, sobre Moab, el año de su castigo, dice Jehová.

45 A la sombra de Hesbón se pararon sin fuerzas los que huían; mas salió, fuego de Hesbón, y llama de en medio de Sehón, y quemó el rincón de Moab, y la coronilla de los hijos revoltosos.

46 ¡Ay de ti, Moab! pereció el pueblo de Quemos; porque tus hijos fueron puestos presos para cautividad, y tus hijas para cautiverio.

33 Joy and gladness are gone
    from the orchards and fields of Moab.
I have stopped the flow of wine from the presses;
    no one treads them with shouts of joy.
Although there are shouts,
    they are not shouts of joy.

34 "The sound of their cry rises
    from Heshbon to Elealeh and Jahaz,
from Zoar as far as Horonaim and Eglath
      Shelishiyah,
    for even the waters of Nimrim are dried up.
35 In Moab I will put an end
    to those who make offerings on the high
      places
    and burn incense to their gods,"
                        declares the LORD.
36 "So my heart laments for Moab like a flute;
    it laments like a flute for the men of Kir
      Hareseth.
    The wealth they acquired is gone.
37 Every head is shaved
    and every beard cut off;
every hand is slashed
    and every waist is covered with sackcloth.
38 On all the roofs in Moab
    and in the public squares
there is nothing but mourning,
    for I have broken Moab
    like a jar that no one wants,"
                        declares the LORD.
39 "How shattered she is! How they wail!
    How Moab turns her back in shame!
Moab has become an object of ridicule,
    an object of horror to all those around her."

40 This is what the LORD says:

"Look! An eagle is swooping down,
    spreading its wings over Moab.
41 Kerioth h will be captured
    and the strongholds taken.
In that day the hearts of Moab's warriors
    will be like the heart of a woman in labor.
42 Moab will be destroyed as a nation
    because she defied the LORD.
43 Terror and pit and snare await you,
    O people of Moab,"
                        declares the LORD.
44 "Whoever flees from the terror
    will fall into a pit,
whoever climbs out of the pit
    will be caught in a snare;
for I will bring upon Moab
    the year of her punishment,"
                        declares the LORD.

45 "In the shadow of Heshbon
    the fugitives stand helpless,
for a fire has gone out from Heshbon,
    a blaze from the midst of Sihon;
it burns the foreheads of Moab,
    the skulls of the noisy boasters.
46 Woe to you, O Moab!
    The people of Chemosh are destroyed;
your sons are taken into exile
    and your daughters into captivity.

h 41 Or The cities

47 Pero haré volver a los cautivos de Moab en lo postrero de los tiempos, dice Jehová. Hasta aquí es el juicio de Moab.

Profecía sobre los amonitas

49 1 Acerca de los hijos de Amón. Así ha dicho Jehová: ¿No tiene hijos Israel? ¿No tiene heredero? ¿Por qué Milcom ha desposeído a Gad, y su pueblo se ha establecido en sus ciudades?
2 Por tanto, vienen días, ha dicho Jehová, en que haré oir clamor de guerra en Rabá de los hijos de Amón; y será convertida en montón de ruinas, y sus ciudades serán puestas a fuego, e Israel tomará por heredad a los que los tomaron a ellos, ha dicho Jehová.
3 Lamenta, oh Hesbón, porque destruida es Hai; clamad, hijas de Rabá, vestíos de cilicio, endechad, y rodead los vallados, porque Milcom fue llevado en cautiverio, sus sacerdotes y sus príncipes juntamente.
4 ¿Por qué te glorías de los valles? Tu valle se deshizo, oh hija contumaz, la que confía en sus tesoros, la que dice: ¿Quién vendrá contra mí?
5 He aquí yo traigo sobre ti espanto, dice el Señor, Jehová de los ejércitos, de todos tus alrededores; y seréis lanzados cada uno derecho hacia adelante, y no habrá quien recoja a los fugitivos.
6 Y después de esto haré volver a los cautivos de los hijos de Amón, dice Jehová.

Profecía sobre Edom

7 Acerca de Edom. Así ha dicho Jehová de los ejércitos: ¿No hay más sabiduría en Temán? ¿Se ha acabado el consejo en los sabios? ¿Se corrompió su sabiduría?
8 Huid, volveos atrás, habitad en lugares profundos, oh moradores de Dedán; porque el quebrantamiento de Esaú traeré sobre él en el tiempo en que lo castigue.
9 Si vendimiadores hubieran venido contra ti, ¿no habrían dejado rebuscos? Si ladrones de noche, ¿no habrían tomado lo que les bastase?
10 Mas yo desnudaré a Esaú, descubriré sus escondrijos, y no podrá esconderse; será destruida su descendencia, sus hermanos y sus vecinos, y dejará de ser.
11 Deja tus huérfanos, yo los criaré; y en mí confiarán tus viudas.

47 "Yet I will restore the fortunes of Moab
    in days to come,"
                declares the LORD.

Here ends the judgment on Moab.

A Message About Ammon

49 Concerning the Ammonites:

This is what the LORD says:

"Has Israel no sons?
    Has she no heirs?
Why then has Molech[i] taken possession of Gad?
    Why do his people live in its towns?
2 But the days are coming,"
    declares the LORD,
"when I will sound the battle cry
    against Rabbah of the Ammonites;
it will become a mound of ruins,
    and its surrounding villages will be set on fire.
Then Israel will drive out
    those who drove her out,"
                says the LORD.
3 "Wail, O Heshbon, for Ai is destroyed!
    Cry out, O inhabitants of Rabbah!
Put on sackcloth and mourn;
    rush here and there inside the walls,
for Molech will go into exile,
    together with his priests and officials.
4 Why do you boast of your valleys,
    boast of your valleys so fruitful?
O unfaithful daughter,
    you trust in your riches and say,
    'Who will attack me?'
5 I will bring terror on you
    from all those around you,"
         declares the Lord, the LORD Almighty.
"Every one of you will be driven away,
    and no one will gather the fugitives.

6 "Yet afterward, I will restore the fortunes of the
    Ammonites,"
                declares the LORD.

A Message About Edom

7 Concerning Edom:

This is what the LORD Almighty says:

"Is there no longer wisdom in Teman?
    Has counsel perished from the prudent?
    Has their wisdom decayed?
8 Turn and flee, hide in deep caves,
    you who live in Dedan,
for I will bring disaster on Esau
    at the time I punish him.
9 If grape pickers came to you,
    would they not leave a few grapes?
If thieves came during the night,
    would they not steal only as much as they
        wanted?
10 But I will strip Esau bare;
    I will uncover his hiding places,
    so that he cannot conceal himself.
His children, relatives and neighbors will perish,
    and he will be no more.
11 Leave your orphans; I will protect their lives.
    Your widows too can trust in me."

i 1 Or their king; Hebrew malcam; also in verse 3

12 Porque así ha dicho Jehová: He aquí que los que no estaban condenados a beber el cáliz, beberán ciertamente; ¿y serás tú absuelto del todo? No serás absuelto, sino que ciertamente beberás.

13 Porque por mí he jurado, dice Jehová, que asolamiento, oprobio, soledad y maldición será Bosra, y todas sus ciudades serán desolaciones perpetuas.

14 La noticia oí, que de Jehová había sido enviado mensajero a las naciones, diciendo: Juntaos y venid contra ella, y subid a la batalla.

15 He aquí que te haré pequeño entre las naciones, menospreciado entre los hombres.

16 Tu arrogancia te engañó, y la soberbia de tu corazón. Tú que habitas en cavernas de peñas, que tienes la altura del monte, aunque alces como águila tu nido, de allí te haré descender, dice Jehová.

17 Y se convertirá Edom en desolación; todo aquel que pasare por ella se asombrará, y se burlará de todas sus calamidades.

18 Como sucedió en la destrucción de Sodoma y de Gomorra y de sus ciudades vecinas, dice Jehová, así no morará allí nadie, ni la habitará hijo de hombre.

19 He aquí que como león subirá de la espesura del Jordán contra la bella y robusta; porque muy pronto le haré huir de ella, y al que fuere escogido la encargaré; porque ¿quién es semejante a mí, y quién me emplazará? ¿Quién será aquel pastor que me podrá resistir?

20 Por tanto, oíd el consejo que Jehová ha acordado sobre Edom, y sus pensamientos que ha resuelto sobre los moradores de Temán. Ciertamente a los más pequeños de su rebaño los arrastrarán, y destruirán sus moradas con ellos.

21 Del estruendo de la caída de ellos la tierra temblará, y el grito de su voz se oirá en el Mar Rojo.

22 He aquí que como águila subirá y volará, y extenderá sus alas contra Bosra; y el corazón de los valientes de Edom será en aquel día como el corazón de mujer en angustias.

Profecía sobre Damasco

23 Acerca de Damasco. Se confundieron Hamat y Arfad, porque oyeron malas nuevas; se derritieron en aguas de desmayo, no pueden sosegarse.

24 Se desmayó Damasco, se volvió para huir, y le tomó temblor y angustia, y dolores le tomaron, como de mujer que está de parto.

25 ¡Cómo dejaron a la ciudad tan alabada, la ciudad de mi gozo!

12 This is what the LORD says: "If those who do not deserve to drink the cup must drink it, why should you go unpunished? You will not go unpunished, but must drink it. 13 I swear by myself," declares the LORD, "that Bozrah will become a ruin and an object of horror, of reproach and of cursing; and all its towns will be in ruins forever."

14 I have heard a message from the LORD:
    An envoy was sent to the nations to say,
"Assemble yourselves to attack it!
    Rise up for battle!"

15 "Now I will make you small among the nations,
    despised among men.
16 The terror you inspire
    and the pride of your heart have deceived you,
you who live in the clefts of the rocks,
    who occupy the heights of the hill.
Though you build your nest as high as the
    eagle's,
    from there I will bring you down,"
                declares the LORD.
17 "Edom will become an object of horror;
    all who pass by will be appalled and will scoff
    because of all its wounds.
18 As Sodom and Gomorrah were overthrown,
    along with their neighboring towns,"
                says the LORD,
"so no one will live there;
    no man will dwell in it.

19 "Like a lion coming up from Jordan's thickets
    to a rich pastureland,
I will chase Edom from its land in an instant.
    Who is the chosen one I will appoint for this?
Who is like me and who can challenge me?
    And what shepherd can stand against me?"
20 Therefore, hear what the LORD has planned
    against Edom,
    what he has purposed against those who live
    in Teman:
The young of the flock will be dragged away;
    he will completely destroy their pasture
    because of them.
21 At the sound of their fall the earth will tremble;
    their cry will resound to the Red Sea./
22 Look! An eagle will soar and swoop down,
    spreading its wings over Bozrah.
In that day the hearts of Edom's warriors
    will be like the heart of a woman in labor.

A Message About Damascus

23 Concerning Damascus:

"Hamath and Arpad are dismayed,
    for they have heard bad news.
They are disheartened,
    troubled like k the restless sea.
24 Damascus has become feeble,
    she has turned to flee
    and panic has gripped her;
anguish and pain have seized her,
    pain like that of a woman in labor.
25 Why has the city of renown not been abandoned,
    the town in which I delight?

---

l21 Hebrew *Yam Suph*; that is, Sea of Reeds   k23 Hebrew *on* or *by*

26 Por tanto, sus jóvenes caerán en sus plazas, y todos los hombres de guerra morirán en aquel día, ha dicho Jehová de los ejércitos.

27 Y haré encender fuego en el muro de Damasco, y consumirá las casas de Ben-adad.

Profecía sobre Cedar y Hazor

28 Acerca de Cedar y de los reinos de Hazor, los cuales asoló Nabucodonosor rey de Babilonia. Así ha dicho Jehová: Levantaos, subid contra Cedar, y destruid a los hijos del oriente.

29 Sus tiendas y sus ganados tomarán; sus cortinas y todos sus utensilios y sus camellos tomarán para sí, y clamarán contra ellos: Miedo alrededor.

30 Huid, idos muy lejos, habitad en lugares profundos, oh moradores de Hazor, dice Jehová; porque tomó consejo contra vosotros Nabucodonosor rey de Babilonia, y contra vosotros ha formado un designio.

31 Levantaos, subid contra una nación pacífica que vive confiadamente, dice Jehová, que ni tiene puertas ni cerrojos, que vive solitaria.

32 Serán sus camellos por botín, y la multitud de sus ganados por despojo; y los esparciré por todos los vientos, arrojados hasta el último rincón; y de todos lados les traeré su ruina, dice Jehová.

33 Hazor será morada de chacales, soledad para siempre; ninguno morará allí, ni la habitará hijo de hombre.

Profecía sobre Elam

34 Palabra de Jehová que vino al profeta Jeremías acerca de Elam, en el principio del reinado de Sedequías rey de Judá, diciendo:

35 Así ha dicho Jehová de los ejércitos: He aquí que yo quiebro el arco de Elam, parte principal de su fortaleza.

36 Traeré sobre Elam los cuatro vientos de los cuatro puntos del cielo, y los aventaré a todos estos vientos; y no habrá nación a donde no vayan fugitivos de Elam.

37 Y haré que Elam se intimide delante de sus enemigos, y delante de los que buscan su vida; y traeré sobre ellos mal, y el ardor de mi ira, dice Jehová; y enviaré en pos de ellos espada hasta que los acabe.

38 Y pondré mi trono en Elam, y destruiré a su rey y a su príncipe, dice Jehová.

26 Surely, her young men will fall in the streets;
all her soldiers will be silenced in that day,"
declares the LORD Almighty.
27 "I will set fire to the walls of Damascus;
it will consume the fortresses of Ben-Hadad."

A Message About Kedar and Hazor

28 Concerning Kedar and the kingdoms of Hazor, which Nebuchadnezzar king of Babylon attacked:

This is what the LORD says:

"Arise, and attack Kedar
and destroy the people of the East.
29 Their tents and their flocks will be taken;
their shelters will be carried off
with all their goods and camels.
Men will shout to them,
'Terror on every side!'

30 "Flee quickly away!
Stay in deep caves, you who live in Hazor,"
declares the LORD.
"Nebuchadnezzar king of Babylon has plotted
against you;
he has devised a plan against you.

31 "Arise and attack a nation at ease,
which lives in confidence,"
declares the LORD,
"a nation that has neither gates nor bars;
its people live alone.
32 Their camels will become plunder,
and their large herds will be booty.
I will scatter to the winds those who are in
distant places[l]
and will bring disaster on them from every
side,"
declares the LORD.
33 "Hazor will become a haunt of jackals,
a desolate place forever.
No one will live there;
no man will dwell in it."

A Message About Elam

34 This is the word of the LORD that came to Jeremiah the prophet concerning Elam, early in the reign of Zedekiah king of Judah:

35 This is what the LORD Almighty says:

"See, I will break the bow of Elam,
the mainstay of their might.
36 I will bring against Elam the four winds
from the four quarters of the heavens;
I will scatter them to the four winds,
and there will not be a nation
where Elam's exiles do not go.
37 I will shatter Elam before their foes,
before those who seek their lives;
I will bring disaster upon them,
even my fierce anger,"
declares the LORD.
"I will pursue them with the sword
until I have made an end of them.
38 I will set my throne in Elam
and destroy her king and officials,"
declares the LORD.

---

l32 Or who clip the hair by their foreheads

³⁹Pero acontecerá en los últimos días, que haré volver a los cautivos de Elam, dice Jehová.

Profecía sobre Babilonia

50 ¹Palabra que habló Jehová contra Babilonia, contra la tierra de los caldeos, por medio del profeta Jeremías.

²Anunciad en las naciones, y haced saber; levantad también bandera, publicad, y no encubráis; decid: Tomada es Babilonia, Bel es confundido, deshecho es Merodac; destruidas son sus esculturas, quebrados son sus ídolos. ³Porque subió contra ella una nación del norte, la cual pondrá su tierra en asolamiento, y no habrá ni hombre ni animal que en ella more; huyeron, y se fueron.

⁴En aquellos días y en aquel tiempo, dice Jehová, vendrán los hijos de Israel, ellos y los hijos de Judá juntamente; e irán andando y llorando, y buscarán a Jehová su Dios. ⁵Preguntarán por el camino de Sion, hacia donde volverán sus rostros, diciendo: Venid, y juntémonos a Jehová con pacto eterno que jamás se ponga en olvido.

⁶Ovejas perdidas fueron mi pueblo; sus pastores las hicieron errar, por los montes las descarriaron; anduvieron de monte en collado, y se olvidaron de sus rediles. ⁷Todos los que los hallaban, los devoraban; y decían sus enemigos: No pecaremos, porque ellos pecaron contra Jehová morada de justicia, contra Jehová esperanza de sus padres.

⁸Huid de en medio de Babilonia, y salid de la tierra de los caldeos, y sed como los machos cabríos que van delante del rebaño. ⁹Porque yo levanto y hago subir contra Babilonia reunión de grandes pueblos de la tierra del norte; desde allí se prepararán contra ella, y será tomada; sus flechas son como de valiente diestro, que no volverá vacío. ¹⁰Y Caldea será para botín; todos los que la saquearen se saciarán, dice Jehová.

¹¹Porque os alegrasteis, porque os gozasteis destruyendo mi heredad, porque os llenasteis como novilla sobre la hierba, y relinchasteis como caballos. ¹²Vuestra madre se avergonzó mucho, se afrentó la que os dio a luz; he aquí será la última de las naciones; desierto, sequedal y páramo.

A Message About Babylon

50 ¹This is the word the L<small>ORD</small> spoke through Jeremiah the prophet concerning Babylon and the land of the Babylonians^m:

²"Announce and proclaim among the nations,
　　lift up a banner and proclaim it;
　　keep nothing back, but say,
'Babylon will be captured;
　　Bel will be put to shame,
　　Marduk filled with terror.
Her images will be put to shame
　　and her idols filled with terror.'
³A nation from the north will attack her
　　and lay waste her land.
No one will live in it;
　　both men and animals will flee away.

⁴"In those days, at that time,"
　　declares the L<small>ORD</small>,
"the people of Israel and the people of Judah together
　　will go in tears to seek the L<small>ORD</small> their God.
⁵They will ask the way to Zion
　　and turn their faces toward it.
They will come and bind themselves to the L<small>ORD</small>
　　in an everlasting covenant
　　that will not be forgotten.

⁶"My people have been lost sheep;
　　their shepherds have led them astray
　　and caused them to roam on the mountains.
They wandered over mountain and hill
　　and forgot their own resting place.
⁷Whoever found them devoured them;
　　their enemies said, 'We are not guilty,
for they sinned against the L<small>ORD</small>, their true pasture,
　　the L<small>ORD</small>, the hope of their fathers.'

⁸"Flee out of Babylon;
　　leave the land of the Babylonians,
　　and be like the goats that lead the flock.
⁹For I will stir up and bring against Babylon
　　an alliance of great nations from the land of the north.
They will take up their positions against her,
　　and from the north she will be captured.
Their arrows will be like skilled warriors
　　who do not return empty-handed.
¹⁰So Babyloniaⁿ will be plundered;
　　all who plunder her will have their fill,"
　　　　　　　　　declares the L<small>ORD</small>.

¹¹"Because you rejoice and are glad,
　　you who pillage my inheritance,
because you frolic like a heifer threshing grain
　　and neigh like stallions,
¹²your mother will be greatly ashamed;
　　she who gave you birth will be disgraced.
She will be the least of the nations—
　　a wilderness, a dry land, a desert.

---

^m1 Or *Chaldeans*; also in verses 8, 25, 35 and 45　　ⁿ10 Or *Chaldea*

13 Por la ira de Jehová no será habitada, sino será asolada toda ella; todo hombre que pasare por Babilonia se asombrará, y se burlará de sus calamidades.
14 Poneos en orden contra Babilonia alrededor, todos los que entesáis arco; tirad contra ella, no escatiméis las saetas, porque pecó contra Jehová.
15 Gritad contra ella en derredor; se rindió; han caído sus cimientos, derribados son sus muros, porque es venganza de Jehová. Tomad venganza de ella; haced con ella como ella hizo.
16 Destruid en Babilonia al que siembra, y al que mete hoz en tiempo de la siega; delante de la espada destructora cada uno volverá el rostro hacia su pueblo, cada uno huirá hacia su tierra.
17 Rebaño descarriado es Israel; leones lo dispersaron; el rey de Asiria lo devoró primero, Nabucodonosor rey de Babilonia lo deshuesó después.
18 Por tanto, así ha dicho Jehová de los ejércitos, Dios de Israel: Yo castigo al rey de Babilonia y a su tierra, como castigué al rey de Asiria.
19 Y volveré a traer a Israel a su morada, y pacerá en el Carmelo y en Basán; y en el monte de Efraín y en Galaad se saciará su alma.
20 En aquellos días y en aquel tiempo, dice Jehová, la maldad de Israel será buscada, y no aparecerá; y los pecados de Judá, y no se hallarán; porque perdonaré a los que yo hubiere dejado.
21 Sube contra la tierra de Merataim,d contra ella y contra los moradores de Pecod;e destruye y mata en pos de ellos, dice Jehová, y haz conforme a todo lo que yo te he mandado.
22 Estruendo de guerra en la tierra, y quebrantamiento grande.
23 ¡Cómo fue cortado y quebrado el martillo de toda la tierra! ¡cómo se convirtió Babilonia en desolación entre las naciones!
24 Te puse lazos, y fuiste tomada, oh Babilonia, y tú no lo supiste; fuiste hallada, y aun presa, porque provocaste a Jehová.
25 Abrió Jehová su tesoro, y sacó los instrumentos de su furor; porque esta es obra de Jehová, Dios de los ejércitos, en la tierra de los caldeos.

13 Because of the Lord's anger she will not be inhabited
  but will be completely desolate.
All who pass Babylon will be horrified and scoff
  because of all her wounds.

14 "Take up your positions around Babylon,
  all you who draw the bow.
Shoot at her! Spare no arrows,
  for she has sinned against the Lord.
15 Shout against her on every side!
  She surrenders, her towers fall,
  her walls are torn down.
Since this is the vengeance of the Lord,
  take vengeance on her;
  do to her as she has done to others.
16 Cut off from Babylon the sower,
  and the reaper with his sickle at harvest.
Because of the sword of the oppressor
  let everyone return to his own people,
  let everyone flee to his own land.

17 "Israel is a scattered flock
  that lions have chased away.
The first to devour him
  was the king of Assyria;
the last to crush his bones
  was Nebuchadnezzar king of Babylon."

18 Therefore this is what the Lord Almighty, the God of Israel, says:

"I will punish the king of Babylon and his land
  as I punished the king of Assyria.
19 But I will bring Israel back to his own pasture
  and he will graze on Carmel and Bashan;
his appetite will be satisfied
  on the hills of Ephraim and Gilead.
20 In those days, at that time,"
  declares the Lord,
"search will be made for Israel's guilt,
  but there will be none,
and for the sins of Judah,
  but none will be found,
  for I will forgive the remnant I spare.

21 "Attack the land of Merathaim
  and those who live in Pekod.
Pursue, kill and completely destroyo them,"
  declares the Lord.
  "Do everything I have commanded you.
22 The noise of battle is in the land,
  the noise of great destruction!
23 How broken and shattered
  is the hammer of the whole earth!
How desolate is Babylon
  among the nations!
24 I set a trap for you, O Babylon,
  and you were caught before you knew it;
you were found and captured
  because you opposed the Lord.
25 The Lord has opened his arsenal
  and brought out the weapons of his wrath,
for the Sovereign Lord Almighty has work to do
  in the land of the Babylonians.

---

dO, doble rebelión.   eO, castigo.

o21 The Hebrew term refers to the irrevocable giving over of things or persons to the Lord, often by totally destroying them; also in verse 26.

26 Venid contra ella desde el extremo de la tierra; abrid sus almacenes, convertidla en montón de ruinas, y destruidla; que no le quede nada.

27 Matad a todos sus novillos; que vayan al matadero. ¡Ay de ellos! pues ha venido su día, el tiempo de su castigo.

28 Voz de los que huyen y escapan de la tierra de Babilonia, para dar en Sion las nuevas de la retribución de Jehová nuestro Dios, de la venganza de su templo.

29 Haced juntar contra Babilonia flecheros, a todos los que entesan arco; acampad contra ella alrededor; no escape de ella ninguno; pagadle según su obra; conforme a todo lo que ella hizo, haced con ella; porque contra Jehová se ensoberbeció, contra el Santo de Israel.

30 Por tanto, sus jóvenes caerán en sus plazas, y todos sus hombres de guerra serán destruidos en aquel día, dice Jehová.

31 He aquí yo estoy contra ti, oh soberbio, dice el Señor, Jehová de los ejércitos; porque tu día ha venido, el tiempo en que te castigaré.

32 Y el soberbio tropezará y caerá, y no tendrá quien lo levante; y encenderé fuego en sus ciudades, y quemaré todos sus alrededores.

33 Así ha dicho Jehová de los ejércitos: Oprimidos fueron los hijos de Israel y los hijos de Judá juntamente; y todos los que los tomaron cautivos los retuvieron; no los quisieron soltar.

34 El redentor de ellos es el Fuerte; Jehová de los ejércitos es su nombre; de cierto abogará la causa de ellos para hacer reposar la tierra, y turbar a los moradores de Babilonia.

35 Espada contra los caldeos, dice Jehová, y contra los moradores de Babilonia, contra sus príncipes y contra sus sabios.

36 Espada contra los adivinos, y se entontecerán; espada contra sus valientes, y serán quebrantados.

37 Espada contra sus caballos, contra sus carros, y contra todo el pueblo que está en medio de ella, y serán como mujeres; espada contra sus tesoros, y serán saqueados.

38 Sequedad sobre sus aguas, y se secarán; porque es tierra de ídolos, y se entontecen con imágenes.

39 Por tanto, allí morarán fieras del desierto y chacales, morarán también en ella polluelos de avestruz; nunca más será poblada ni se habitará por generaciones y generaciones.

26 Come against her from afar.
    Break open her granaries;
      pile her up like heaps of grain.
  Completely destroy her
    and leave her no remnant.
27 Kill all her young bulls;
    let them go down to the slaughter!
  Woe to them! For their day has come,
    the time for them to be punished.
28 Listen to the fugitives and refugees from Babylon
    declaring in Zion
  how the LORD our God has taken vengeance,
    vengeance for his temple.

29 "Summon archers against Babylon,
    all those who draw the bow.
  Encamp all around her;
    let no one escape.
  Repay her for her deeds;
    do to her as she has done.
  For she has defied the LORD,
    the Holy One of Israel.
30 Therefore, her young men will fall in the streets;
    all her soldiers will be silenced in that day,"
            declares the LORD.
31 "See, I am against you, O arrogant one,"
    declares the Lord, the LORD Almighty,
  "for your day has come,
    the time for you to be punished.
32 The arrogant one will stumble and fall
    and no one will help her up;
  I will kindle a fire in her towns
    that will consume all who are around her."

33 This is what the LORD Almighty says:

  "The people of Israel are oppressed,
    and the people of Judah as well.
  All their captors hold them fast,
    refusing to let them go.
34 Yet their Redeemer is strong;
    the LORD Almighty is his name.
  He will vigorously defend their cause
    so that he may bring rest to their land,
    but unrest to those who live in Babylon.

35 "A sword against the Babylonians!"
    declares the LORD—
  "against those who live in Babylon
    and against her officials and wise men!
36 A sword against her false prophets!
    They will become fools.
  A sword against her warriors!
    They will be filled with terror.
37 A sword against her horses and chariots
    and all the foreigners in her ranks!
    They will become women.
  A sword against her treasures!
    They will be plundered.
38 A drought on p her waters!
    They will dry up.
  For it is a land of idols,
    idols that will go mad with terror.

39 "So desert creatures and hyenas will live there,
    and there the owl will dwell.
  It will never again be inhabited
    or lived in from generation to generation.

p38 Or *A sword against*

40 Como en la destrucción que Dios hizo de Sodoma y de Gomorra y de sus ciudades vecinas, dice Jehová, así no morará allí hombre, ni hijo de hombre la habitará.

41 He aquí viene un pueblo del norte, y una nación grande y muchos reyes se levantarán de los extremos de la tierra.

42 Arco y lanza manejarán; serán crueles, y no tendrán compasión; su voz rugirá como el mar, y montarán sobre caballos; se prepararán contra ti como hombres a la pelea, oh hija de Babilonia.

43 Oyó la noticia el rey de Babilonia, y sus manos se debilitaron; angustia le tomó, dolor como de mujer de parto.

44 He aquí que como león subirá de la espesura del Jordán a la morada fortificada; porque muy pronto le haré huir de ella, y al que yo escoja la encargaré; porque ¿quién es semejante a mí? ¿y quién me emplazará? ¿o quién será aquel pastor que podrá resistirme?

45 Por tanto, oíd la determinación que Jehová ha acordado contra Babilonia, y los pensamientos que ha formado contra la tierra de los caldeos: Ciertamente a los más pequeños de su rebaño los arrastrarán, y destruirán sus moradas con ellos.

46 Al grito de la toma de Babilonia la tierra tembló, y el clamor se oyó entre las naciones.

Juicios de Jehová contra Babilonia

51 1 Así ha dicho Jehová: He aquí que yo levanto un viento destruidor contra Babilonia, y contra sus moradores que se levantan contra mí.

2 Y enviaré a Babilonia aventadores que la avienten, y vaciarán su tierra; porque se pondrán contra ella de todas partes en el día del mal.

3 Diré al flechero que entesa su arco, y al que se enorgullece de su coraza: No perdonéis a sus jóvenes, destruid todo su ejército.

4 Y caerán muertos en la tierra de los caldeos, y alanceados en sus calles.

5 Porque Israel y Judá no han enviudado de su Dios, Jehová de los ejércitos, aunque su tierra fue llena de pecado contra el Santo de Israel.

6 Huid de en medio de Babilonia, y librad cada uno su vida, para que no perezcáis a causa de su maldad; porque el tiempo es de venganza de Jehová; le dará su pago.

40 As God overthrew Sodom and Gomorrah along with their neighboring towns,"
declares the Lord,
"so no one will live there;
no man will dwell in it.

41 "Look! An army is coming from the north;
a great nation and many kings
are being stirred up from the ends of the earth.

42 They are armed with bows and spears;
they are cruel and without mercy.
They sound like the roaring sea
as they ride on their horses;
they come like men in battle formation
to attack you, O Daughter of Babylon.

43 The king of Babylon has heard reports about them,
and his hands hang limp.
Anguish has gripped him,
pain like that of a woman in labor.

44 Like a lion coming up from Jordan's thickets
to a rich pastureland,
I will chase Babylon from its land in an instant.
Who is the chosen one I will appoint for this?
Who is like me and who can challenge me?
And what shepherd can stand against me?"

45 Therefore, hear what the Lord has planned against Babylon,
what he has purposed against the land of the Babylonians:
The young of the flock will be dragged away;
he will completely destroy their pasture because of them.

46 At the sound of Babylon's capture the earth will tremble;
its cry will resound among the nations.

51 This is what the Lord says:

"See, I will stir up the spirit of a destroyer
against Babylon and the people of Leb Kamai.q

2 I will send foreigners to Babylon
to winnow her and to devastate her land;
they will oppose her on every side
in the day of her disaster.

3 Let not the archer string his bow,
nor let him put on his armor.
Do not spare her young men;
completely destroyr her army.

4 They will fall down slain in Babylon,s
fatally wounded in her streets.

5 For Israel and Judah have not been forsaken
by their God, the Lord Almighty,
though their landt is full of guilt
before the Holy One of Israel.

6 "Flee from Babylon!
Run for your lives!
Do not be destroyed because of her sins.
It is time for the Lord's vengeance;
he will pay her what she deserves.

q1 *Leb Kamai* is a cryptogram for Chaldea, that is, Babylonia.
r3 The Hebrew term refers to the irrevocable giving over of things or persons to the Lord, often by totally destroying them. s4 Or *Chaldea* t5 Or / *and the land ,of the Babylonians,*

7 Copa de oro fue Babilonia en la mano de Jehová, que embriagó a toda la tierra; de su vino bebieron los pueblos; se aturdieron, por tanto, las naciones.

8 En un momento cayó Babilonia, y se despedazó; gemid sobre ella; tomad bálsamo para su dolor, quizá sane.

9 Curamos a Babilonia, y no ha sanado; dejadla y vámonos cada uno a su tierra; porque ha llegado hasta el cielo su juicio, y se ha alzado hasta las nubes.

10 Jehová sacó a luz nuestras justicias; venid, y contemos en Sion la obra de Jehová nuestro Dios.

11 Limpiad las saetas, embrazad los escudos; ha despertado Jehová el espíritu de los reyes de Media; porque contra Babilonia es su pensamiento para destruirla; porque venganza es de Jehová, y venganza de su templo.

12 Levantad bandera sobre los muros de Babilonia, reforzad la guardia, poned centinelas, disponed celadas; porque deliberó Jehová, y aun pondrá en efecto lo que ha dicho contra los moradores de Babilonia.

13 Tú, la que moras entre muchas aguas, rica en tesoros, ha venido tu fin, la medida de tu codicia.

14 Jehová de los ejércitos juró por sí mismo, diciendo: Yo te llenaré de hombres como de langostas, y levantarán contra ti gritería.

15 El es el que hizo la tierra con su poder, el que afirmó el mundo con su sabiduría, y extendió los cielos con su inteligencia.

16 A su voz se producen tumultos de aguas en los cielos, y hace subir las nubes de lo último de la tierra; él hace relámpagos con la lluvia, y saca el viento de sus depósitos.

17 Todo hombre se ha infatuado, y no tiene ciencia; se avergüenza todo artífice de su escultura, porque mentira es su ídolo, no tiene espíritu.

18 Vanidad son, obra digna de burla; en el tiempo del castigo perecerán.

19 No es como ellos la porción de Jacob; porque él es el Formador de todo, e Israel es el cetro de su herencia; Jehová de los ejércitos es su nombre.

20 Martillo me sois, y armas de guerra; y por medio de ti quebrantaré naciones, y por medio de ti destruiré reinos.

21 Por tu medio quebrantaré caballos y a sus jinetes, y por medio de ti quebrantaré carros y a los que en ellos suben.

22 Asimismo por tu medio quebrantaré hombres y mujeres, y por medio de ti quebrantaré viejos y jóvenes, y por tu medio quebrantaré jóvenes y vírgenes.

---

7 Babylon was a gold cup in the LORD's hand;
   she made the whole earth drunk.
The nations drank her wine;
   therefore they have now gone mad.
8 Babylon will suddenly fall and be broken.
   Wail over her!
Get balm for her pain;
   perhaps she can be healed.

9 " 'We would have healed Babylon,
   but she cannot be healed;
let us leave her and each go to his own land,
   for her judgment reaches to the skies,
   it rises as high as the clouds.'

10 " 'The LORD has vindicated us;
   come, let us tell in Zion
   what the LORD our God has done.'

11 "Sharpen the arrows,
   take up the shields!
The LORD has stirred up the kings of the Medes,
   because his purpose is to destroy Babylon.
The LORD will take vengeance,
   vengeance for his temple.
12 Lift up a banner against the walls of Babylon!
   Reinforce the guard,
station the watchmen,
   prepare an ambush!
The LORD will carry out his purpose,
   his decree against the people of Babylon.
13 You who live by many waters
   and are rich in treasures,
your end has come,
   the time for you to be cut off.
14 The LORD Almighty has sworn by himself:
   I will surely fill you with men, as with a
      swarm of locusts,
   and they will shout in triumph over you.

15 "He made the earth by his power;
   he founded the world by his wisdom
   and stretched out the heavens by his
      understanding.
16 When he thunders, the waters in the heavens
      roar;
   he makes clouds rise from the ends of the
      earth.
He sends lightning with the rain
   and brings out the wind from his storehouses.

17 "Every man is senseless and without knowledge;
   every goldsmith is shamed by his idols.
His images are a fraud;
   they have no breath in them.
18 They are worthless, the objects of mockery;
   when their judgment comes, they will perish.
19 He who is the Portion of Jacob is not like these,
   for he is the Maker of all things,
including the tribe of his inheritance—
   the LORD Almighty is his name.

20 "You are my war club,
   my weapon for battle—
with you I shatter nations,
   with you I destroy kingdoms,
21 with you I shatter horse and rider,
   with you I shatter chariot and driver,
22 with you I shatter man and woman,
   with you I shatter old man and youth,
   with you I shatter young man and maiden,

23 También quebrantaré por medio de ti al pastor y a su rebaño; quebrantaré por tu medio a labradores y a sus yuntas; a jefes y a príncipes quebrantaré por medio de ti.
24 Y pagaré a Babilonia y a todos los moradores de Caldea, todo el mal que ellos hicieron en Sion delante de vuestros ojos, dice Jehová.
25 He aquí yo estoy contra ti, oh monte destruidor, dice Jehová, que destruiste toda la tierra; y extenderé mi mano contra ti, y te haré rodar de las peñas, y te reduciré a monte quemado.
26 Y nadie tomará de ti piedra para esquina, ni piedra para cimiento; porque perpetuo asolamiento serás, ha dicho Jehová.
27 Alzad bandera en la tierra, tocad trompeta en las naciones, preparad pueblos contra ella; juntad contra ella los reinos de Ararat, de Mini y de Askenaz; señalad contra ella capitán, haced subir caballos como langostas erizadas.
28 Preparad contra ella naciones; los reyes de Media, sus capitanes y todos sus príncipes, y todo territorio de su dominio.
29 Temblará la tierra, y se afligirá; porque es confirmado contra Babilonia todo el pensamiento de Jehová, para poner la tierra de Babilonia en soledad, para que no haya morador en ella.
30 Los valientes de Babilonia dejaron de pelear, se encerraron en sus fortalezas; les faltaron las fuerzas, se volvieron como mujeres; incendiadas están sus casas, rotos sus cerrojos.
31 Correo se encontrará con correo, mensajero se encontrará con mensajero, para anunciar al rey de Babilonia que su ciudad es tomada por todas partes.
32 Los vados fueron tomados, y los baluartes quemados a fuego, y se consternaron los hombres de guerra.
33 Porque así ha dicho Jehová de los ejércitos, Dios de Israel: La hija de Babilonia es como una era cuando está de trillar; de aquí a poco le vendrá el tiempo de la siega.
34 Me devoró, me desmenuzó Nabucodonosor rey de Babilonia, y me dejó como vaso vacío; me tragó como dragón, llenó su vientre de mis delicadezas, y me echó fuera.

23 with you I shatter shepherd and flock,
    with you I shatter farmer and oxen,
    with you I shatter governors and officials.

24 "Before your eyes I will repay Babylon and all who live in Babylonia^u for all the wrong they have done in Zion," declares the LORD.

25 "I am against you, O destroying mountain,
    you who destroy the whole earth,"
                                    declares the LORD.
  "I will stretch out my hand against you,
    roll you off the cliffs,
    and make you a burned-out mountain.
26 No rock will be taken from you for a
      cornerstone,
    nor any stone for a foundation,
    for you will be desolate forever,"
                                    declares the LORD.

27 "Lift up a banner in the land!
    Blow the trumpet among the nations!
  Prepare the nations for battle against her;
    summon against her these kingdoms:
    Ararat, Minni and Ashkenaz.
  Appoint a commander against her;
    send up horses like a swarm of locusts.
28 Prepare the nations for battle against her—
    the kings of the Medes,
    their governors and all their officials,
    and all the countries they rule.
29 The land trembles and writhes,
    for the LORD's purposes against Babylon
      stand—
  to lay waste the land of Babylon
    so that no one will live there.
30 Babylon's warriors have stopped fighting;
    they remain in their strongholds.
  Their strength is exhausted;
    they have become like women.
  Her dwellings are set on fire;
    the bars of her gates are broken.
31 One courier follows another
    and messenger follows messenger
  to announce to the king of Babylon
    that his entire city is captured,
32 the river crossings seized,
    the marshes set on fire,
    and the soldiers terrified."

33 This is what the LORD Almighty, the God of Israel, says:

  "The Daughter of Babylon is like a threshing floor
    at the time it is trampled;
    the time to harvest her will soon come."

34 "Nebuchadnezzar king of Babylon has devoured
      us,
    he has thrown us into confusion,
    he has made us an empty jar.
  Like a serpent he has swallowed us
    and filled his stomach with our delicacies,
    and then has spewed us out.

^u24 Or *Chaldea*; also in verse 35

35 Sobre Babilonia caiga la violencia hecha a mí y a mi carne, dirá la moradora de Sion; y mi sangre caiga sobre los moradores de Caldea, dirá Jerusalén.

36 Por tanto, así ha dicho Jehová: He aquí que yo juzgo tu causa y haré tu venganza; y secaré su mar, y haré que su corriente quede seca.

37 Y será Babilonia montones de ruinas, morada de chacales, espanto y burla, sin morador.

38 Todos a una rugirán como leones; como cachorros de leones gruñirán.

39 En medio de su calor les pondré banquetes, y haré que se embriaguen, para que se alegren, y duerman eterno sueño y no despierten, dice Jehová.

40 Los haré traer como corderos al matadero, como carneros y machos cabríos.

41 ¡Cómo fue apresada Babilonia, y fue tomada la que era alabada por toda la tierra! ¡Cómo vino a ser Babilonia objeto de espanto entre las naciones!

42 Subió el mar sobre Babilonia; de la multitud de sus olas fue cubierta.

43 Sus ciudades fueron asoladas, la tierra seca y desierta, tierra en que no morará nadie, ni pasará por ella hijo de hombre.

44 Y juzgaré a Bel en Babilonia, y sacaré de su boca lo que se ha tragado; y no vendrán más naciones a él, y el muro de Babilonia caerá.

45 Salid de en medio de ella, pueblo mío, y salvad cada uno su vida del ardor de la ira de Jehová.

46 Y no desmaye vuestro corazón, ni temáis a causa del rumor que se oirá por la tierra; en un año vendrá el rumor, y después en otro año rumor, y habrá violencia en la tierra, dominador contra dominador.

47 Por tanto, he aquí vienen días en que yo destruiré los ídolos de Babilonia, y toda su tierra será avergonzada, y todos sus muertos caerán en medio de ella.

48 Los cielos y la tierra y todo lo que está en ellos cantarán de gozo sobre Babilonia; porque del norte vendrán contra ella destruidores, dice Jehová.

49 Por los muertos de Israel caerá Babilonia, como por Babilonia cayeron los muertos de toda la tierra.

35 May the violence done to our flesh[v] be upon
    Babylon,"
  say the inhabitants of Zion.
"May our blood be on those who live in
    Babylonia,"
  says Jerusalem.

36 Therefore, this is what the LORD says:

"See, I will defend your cause
  and avenge you;
I will dry up her sea
  and make her springs dry.
37 Babylon will be a heap of ruins,
  a haunt of jackals,
an object of horror and scorn,
  a place where no one lives.
38 Her people all roar like young lions,
  they growl like lion cubs.
39 But while they are aroused,
  I will set out a feast for them
  and make them drunk,
so that they shout with laughter—
  then sleep forever and not awake,"
             declares the LORD.
40 "I will bring them down
  like lambs to the slaughter,
  like rams and goats.

41 "How Sheshach[w] will be captured,
  the boast of the whole earth seized!
What a horror Babylon will be
  among the nations!
42 The sea will rise over Babylon;
  its roaring waves will cover her.
43 Her towns will be desolate,
  a dry and desert land,
a land where no one lives,
  through which no man travels.
44 I will punish Bel in Babylon
  and make him spew out what he has
    swallowed.
The nations will no longer stream to him.
  And the wall of Babylon will fall.

45 "Come out of her, my people!
  Run for your lives!
  Run from the fierce anger of the LORD.
46 Do not lose heart or be afraid
  when rumors are heard in the land;
one rumor comes this year, another the next,
  rumors of violence in the land
  and of ruler against ruler.
47 For the time will surely come
  when I will punish the idols of Babylon;
her whole land will be disgraced
  and her slain will all lie fallen within her.
48 Then heaven and earth and all that is in them
  will shout for joy over Babylon,
for out of the north
  destroyers will attack her,"
             declares the LORD.

49 "Babylon must fall because of Israel's slain,
  just as the slain in all the earth
  have fallen because of Babylon.

---

v 35 Or *done to us and to our children*   w 41 *Sheshach* is a cryptogram for Babylon.

50 Los que escapasteis de la espada, andad, no os detengáis; acordaos por muchos días de Jehová, y acordaos de Jerusalén.

51 Estamos avergonzados, porque oímos la afrenta; la confusión cubrió nuestros rostros, porque vinieron extranjeros contra los santuarios de la casa de Jehová.

52 Por tanto, vienen días, dice Jehová, en que yo destruiré sus ídolos, y en toda su tierra gemirán los heridos.

53 Aunque suba Babilonia hasta el cielo, y se fortifique en las alturas, de mí vendrán a ella destruidores, dice Jehová.

54 ¡Oyese el clamor de Babilonia, y el gran quebrantamiento de la tierra de los caldeos!

55 Porque Jehová destruirá a Babilonia, y quitará de ella la mucha jactancia; y bramarán sus olas, y como sonido de muchas aguas será la voz de ellos.

56 Porque vino destruidor contra ella, contra Babilonia, y sus valientes fueron apresados; el arco de ellos fue quebrado; porque Jehová, Dios de retribuciones, dará la paga.

57 Y embriagaré a sus príncipes y a sus sabios, a sus capitanes, a sus nobles y a sus fuertes; y dormirán sueño eterno y no despertarán, dice el Rey, cuyo nombre es Jehová de los ejércitos.

58 Así ha dicho Jehová de los ejércitos: El muro ancho de Babilonia será derribado enteramente, y sus altas puertas serán quemadas a fuego; en vano trabajaron los pueblos, y las naciones se cansaron sólo para el fuego.

59 Palabra que envió el profeta Jeremías a Seraías hijo de Nerías, hijo de Maasías, cuando iba con Sedequías rey de Judá a Babilonia, en el cuarto año de su reinado. Y era Seraías el principal camarero.

60 Escribió, pues, Jeremías en un libro todo el mal que había de venir sobre Babilonia, todas las palabras que están escritas contra Babilonia.

61 Y dijo Jeremías a Seraías: Cuando llegues a Babilonia, y veas y leas todas estas cosas,

62 dirás: Oh Jehová, tú has dicho contra este lugar que lo habías de destruir, hasta no quedar en él morador, ni hombre ni animal, sino que para siempre ha de ser asolado.

63 Y cuando acabes de leer este libro, le atarás una piedra, y lo echarás en medio del Eufrates,

64 y dirás: Así se hundirá Babilonia, y no se levantará del mal que yo traigo sobre ella; y serán rendidos. Hasta aquí son las palabras de Jeremías.

Reinado de Sedequías

52 1 Era Sedequías de edad de veintiún años cuando comenzó a reinar, y reinó once años en Jerusalén. Su madre se llamaba Hamutal, hija de Jeremías de Libna. 2 E hizo lo malo ante los ojos de Jehová, conforme a todo lo que hizo Joacim.

---

50 You who have escaped the sword,
  leave and do not linger!
Remember the LORD in a distant land,
  and think on Jerusalem."

51 "We are disgraced,
  for we have been insulted
  and shame covers our faces,
because foreigners have entered
  the holy places of the LORD's house."

52 "But days are coming," declares the LORD,
  "when I will punish her idols,
and throughout her land
  the wounded will groan.
53 Even if Babylon reaches the sky
  and fortifies her lofty stronghold,
I will send destroyers against her,"
            declares the LORD.

54 "The sound of a cry comes from Babylon,
  the sound of great destruction
  from the land of the Babylonians. x
55 The LORD will destroy Babylon;
  he will silence her noisy din.
Waves ₍of enemies₎ will rage like great waters;
  the roar of their voices will resound.
56 A destroyer will come against Babylon;
  her warriors will be captured,
  and their bows will be broken.
For the LORD is a God of retribution;
  he will repay in full.
57 I will make her officials and wise men drunk,
  her governors, officers and warriors as well;
they will sleep forever and not awake,"
  declares the King, whose name is the LORD
    Almighty.

58 This is what the LORD Almighty says:

"Babylon's thick wall will be leveled
  and her high gates set on fire;
the peoples exhaust themselves for nothing,
  the nations' labor is only fuel for the flames."

59 This is the message Jeremiah gave to the staff officer Seraiah son of Neriah, the son of Mahseiah, when he went to Babylon with Zedekiah king of Judah in the fourth year of his reign. 60 Jeremiah had written on a scroll about all the disasters that would come upon Babylon—all that had been recorded concerning Babylon. 61 He said to Seraiah, "When you get to Babylon, see that you read all these words aloud. 62 Then say, 'O LORD, you have said you will destroy this place, so that neither man nor animal will live in it; it will be desolate forever.' 63 When you finish reading this scroll, tie a stone to it and throw it into the Euphrates. 64 Then say, 'So will Babylon sink to rise no more because of the disaster I will bring upon her. And her people will fall.' "

The words of Jeremiah end here.

The Fall of Jerusalem

52 Zedekiah was twenty-one years old when he became king, and he reigned in Jerusalem eleven years. His mother's name was Hamutal daughter of Jeremiah; she was from Libnah. 2 He did evil in the eyes of the LORD, just as Jehoiakim had done. 3 It was be-

x 54 Or Chaldeans

3 Y a causa de la ira de Jehová contra Jerusalén y Judá, llegó a echarlos de su presencia. Y se rebeló Sedequías contra el rey de Babilonia.

Caída de Jerusalén

4 Aconteció, por tanto, a los nueve años de su reinado, en el mes décimo, a los diez días del mes, que vino Nabucodonosor rey de Babilonia, él y todo su ejército, contra Jerusalén, y acamparon contra ella, y de todas partes edificaron contra ella baluartes.
5 Y estuvo sitiada la ciudad hasta el undécimo año del rey Sedequías.
6 En el mes cuarto, a los nueve días del mes, prevaleció el hambre en la ciudad, hasta no haber pan para el pueblo.
7 Y fue abierta una brecha en el muro de la ciudad, y todos los hombres de guerra huyeron, y salieron de la ciudad de noche por el camino de la puerta entre los dos muros que había cerca del jardín del rey, y se fueron por el camino del Arabá, estando aún los caldeos junto a la ciudad alrededor.
8 Y el ejército de los caldeos siguió al rey, y alcanzaron a Sedequías en los llanos de Jericó; y lo abandonó todo su ejército.
9 Entonces prendieron al rey, y le hicieron venir al rey de Babilonia, a Ribla en tierra de Hamat, donde pronunció sentencia contra él.
10 Y degolló el rey de Babilonia a los hijos de Sedequías delante de sus ojos, y también degolló en Ribla a todos los príncipes de Judá.
11 No obstante, el rey de Babilonia sólo le sacó los ojos a Sedequías, y le ató con grillos, y lo hizo llevar a Babilonia; y lo puso en la cárcel hasta el día en que murió.

Cautividad de Judá

12 Y en el mes quinto, a los diez días del mes, que era el año diecinueve del reinado de Nabucodonosor rey de Babilonia, vino a Jerusalén Nabuzaradán capitán de la guardia, que solía estar delante del rey de Babilonia.
13 Y quemó la casa de Jehová, y la casa del rey, y todas las casas de Jerusalén; y destruyó con fuego todo edificio grande.
14 Y todo el ejército de los caldeos, que venía con el capitán de la guardia, destruyó todos los muros en derredor de Jerusalén.
15 E hizo transportar Nabuzaradán capitán de la guardia a los pobres del pueblo, y a toda la otra gente del pueblo que había quedado en la ciudad, a los desertores que se habían pasado al rey de Babilonia, y a todo el resto de la multitud del pueblo.
16 Mas de los pobres del país dejó Nabuzaradán capitán de la guardia para viñadores y labradores.
17 Y los caldeos quebraron las columnas de bronce que estaban en la casa de Jehová, y las basas, y el mar de bronce que estaba en la casa de Jehová, y llevaron todo el bronce a Babilonia.
18 Se llevaron también los calderos, las palas, las despabiladeras, los tazones, las cucharas, y todos los utensilios de bronce con que se ministraba,
19 y los incensarios, tazones, copas, ollas, candeleros, escudillas y tazas; lo de oro por oro, y lo de plata por plata, se llevó el capitán de la guardia.
20 Las dos columnas, un mar, y los doce bueyes de bronce que estaban debajo de las basas, que había hecho el rey Salomón en la casa de Jehová; el peso del bronce de todo esto era incalculable.
21 En cuanto a las columnas, la altura de cada columna era de dieciocho codos, y un cordón de doce codos la rodeaba; y su espesor era de cuatro dedos, y eran huecas.

cause of the LORD's anger that all this happened to Jerusalem and Judah, and in the end he thrust them from his presence.

Now Zedekiah rebelled against the king of Babylon.
4 So in the ninth year of Zedekiah's reign, on the tenth day of the tenth month, Nebuchadnezzar king of Babylon marched against Jerusalem with his whole army. They camped outside the city and built siege works all around it. 5 The city was kept under siege until the eleventh year of King Zedekiah.

6 By the ninth day of the fourth month the famine in the city had become so severe that there was no food for the people to eat. 7 Then the city wall was broken through, and the whole army fled. They left the city at night through the gate between the two walls near the king's garden, though the Babylonians y were surrounding the city. They fled toward the Arabah, z 8 but the Babylonian a army pursued King Zedekiah and overtook him in the plains of Jericho. All his soldiers were separated from him and scattered, 9 and he was captured.

He was taken to the king of Babylon at Riblah in the land of Hamath, where he pronounced sentence on him. 10 There at Riblah the king of Babylon slaughtered the sons of Zedekiah before his eyes; he also killed all the officials of Judah. 11 Then he put out Zedekiah's eyes, bound him with bronze shackles and took him to Babylon, where he put him in prison till the day of his death.

12 On the tenth day of the fifth month, in the nineteenth year of Nebuchadnezzar king of Babylon, Nebuzaradan commander of the imperial guard, who served the king of Babylon, came to Jerusalem. 13 He set fire to the temple of the LORD, the royal palace and all the houses of Jerusalem. Every important building was burned down. 14 The whole Babylonian army under the commander of the imperial guard broke down all the walls around Jerusalem. 15 Nebuzaradan the commander of the guard carried into exile some of the poorest people and those who remained in the city, along with the rest of the craftsmen b and those who had gone over to the king of Babylon. 16 But Nebuzaradan left behind the rest of the poorest people of the land to work the vineyards and fields.

17 The Babylonians broke up the bronze pillars, the movable stands and the bronze Sea that were at the temple of the LORD and they carried all the bronze to Babylon. 18 They also took away the pots, shovels, wick trimmers, sprinkling bowls, dishes and all the bronze articles used in the temple service. 19 The commander of the imperial guard took away the basins, censers, sprinkling bowls, pots, lampstands, dishes and bowls used for drink offerings—all that were made of pure gold or silver.

20 The bronze from the two pillars, the Sea and the twelve bronze bulls under it, and the movable stands, which King Solomon had made for the temple of the LORD, was more than could be weighed. 21 Each of the pillars was eighteen cubits high and twelve cubits in circumference c; each was four fingers thick, and hol-

---

y7 Or *Chaldeans*; also in verse 17   z7 Or *the Jordan Valley*
a8 Or *Chaldean*; also in verse 14   b15 Or *populace*
c21 That is, about 27 feet (about 8.1 meters) high and 18 feet (about 5.4 meters) in circumference

22 Y el capitel de bronce que había sobre ella era de una altura de cinco codos, con una red y granadas alrededor del capitel, todo de bronce; y lo mismo era lo de la segunda columna con sus granadas.

23 Había noventa y seis granadas en cada hilera; todas ellas eran ciento sobre la red alrededor.

24 Tomó también el capitán de la guardia a Seraías el principal sacerdote, a Sofonías el segundo sacerdote, y tres guardas del atrio.

25 Y de la ciudad tomó a un oficial que era capitán de los hombres de guerra, a siete hombres de los consejeros íntimos del rey, que estaban en la ciudad, y al principal secretario de la milicia, que pasaba revista al pueblo de la tierra para la guerra, y sesenta hombres del pueblo que se hallaron dentro de la ciudad.

26 Los tomó, pues, Nabuzaradán capitán de la guardia, y los llevó al rey de Babilonia en Ribla.

27 Y el rey de Babilonia los hirió, y los mató en Ribla en tierra de Hamat. Así Judá fue transportada de su tierra.

28 Este es el pueblo que Nabucodonosor llevó cautivo: En el año séptimo, a tres mil veintitrés hombres de Judá.

29 En el año dieciocho de Nabucodonosor él llevó cautivas de Jerusalén a ochocientas treinta y dos personas.

30 El año veintitrés de Nabucodonosor, Nabuzaradán capitán de la guardia llevó cautivas a setecientas cuarenta y cinco personas de los hombres de Judá; todas las personas en total fueron cuatro mil seiscientas.

Joaquín es libertado y recibe honores en Babilonia

31 Y sucedió que en el año treinta y siete del cautiverio de Joaquín rey de Judá, en el mes duodécimo, a los veinticinco días del mes, Evil-merodac rey de Babilonia, en el año primero de su reinado, alzó la cabeza de Joaquín rey de Judá y lo sacó de la cárcel.

32 Y habló con él amigablemente, e hizo poner su trono sobre los tronos de los reyes que estaban con él en Babilonia.

33 Le hizo mudar también los vestidos de prisionero, y comía pan en la mesa del rey siempre todos los días de su vida.

34 Y continuamente se le daba una ración de parte del rey de Babilonia, cada día durante todos los días de su vida, hasta el día de su muerte.

low. 22 The bronze capital on top of the one pillar was five cubits d high and was decorated with a network and pomegranates of bronze all around. The other pillar, with its pomegranates, was similar. 23 There were ninety-six pomegranates on the sides; the total number of pomegranates above the surrounding network was a hundred.

24 The commander of the guard took as prisoners Seraiah the chief priest, Zephaniah the priest next in rank and the three doorkeepers. 25 Of those still in the city, he took the officer in charge of the fighting men, and seven royal advisers. He also took the secretary who was chief officer in charge of conscripting the people of the land and sixty of his men who were found in the city. 26 Nebuzaradan the commander took them all and brought them to the king of Babylon at Riblah. 27 There at Riblah, in the land of Hamath, the king had them executed.

So Judah went into captivity, away from her land. 28 This is the number of the people Nebuchadnezzar carried into exile:

in the seventh year, 3,023 Jews;
29 in Nebuchadnezzar's eighteenth year,
832 people from Jerusalem;
30 in his twenty-third year,
745 Jews taken into exile by Nebuzaradan the commander of the imperial guard.
There were 4,600 people in all.

Jehoiachin Released

31 In the thirty-seventh year of the exile of Jehoiachin king of Judah, in the year Evil-Merodach e became king of Babylon, he released Jehoiachin king of Judah and freed him from prison on the twenty-fifth day of the twelfth month. 32 He spoke kindly to him and gave him a seat of honor higher than those of the other kings who were with him in Babylon. 33 So Jehoiachin put aside his prison clothes and for the rest of his life ate regularly at the king's table. 34 Day by day the king of Babylon gave Jehoiachin a regular allowance as long as he lived, till the day of his death.

---

d 22 That is, about 7 1/2 feet (about 2.3 meters)　　e 31 Also called Amel-Marduk

LAMENTACIONES
DE JEREMÍAS

Tristezas de Sion la cautiva

1 1 ¡Cómo ha quedado sola la ciudad populosa!
La grande entre las naciones se ha vuelto como viuda,
La señora de provincias ha sido hecha tributaria.

2 Amargamente llora en la noche, y sus lágrimas están en sus mejillas.
No tiene quien la consuele de todos sus amantes;
Todos sus amigos le faltaron, se le volvieron enemigos.

3 Judá ha ido en cautiverio a causa de la aflicción y de la dura servidumbre;
Ella habitó entre las naciones, y no halló descanso;
Todos sus perseguidores la alcanzaron entre las estrechuras.

4 Las calzadas de Sion tienen luto, porque no hay quien venga a las fiestas solemnes;
Todas sus puertas están asoladas, sus sacerdotes gimen,
Sus vírgenes están afligidas, y ella tiene amargura.

5 Sus enemigos han sido hechos príncipes, sus aborrecedores fueron prosperados,
Porque Jehová la afligió por la multitud de sus rebeliones;
Sus hijos fueron en cautividad delante del enemigo.

6 Desapareció de la hija de Sion toda su hermosura;
Sus príncipes fueron como ciervos que no hallan pasto,
Y anduvieron sin fuerzas delante del perseguidor.

7 Jerusalén, cuando cayó su pueblo en mano del enemigo y no hubo quien la ayudase,
Se acordó de los días de su aflicción, y de sus rebeliones,
Y de todas las cosas agradables que tuvo desde los tiempos antiguos.
La miraron los enemigos, y se burlaron de su caída.

8 Pecado cometió Jerusalén, por lo cual ella ha sido removida;
Todos los que la honraban la han menospreciado, porque vieron su vergüenza;
Y ella suspira, y se vuelve atrás.

LAMENTATIONS

1 *a*How deserted lies the city,
once so full of people!
How like a widow is she,
who once was great among the nations!
She who was queen among the provinces
has now become a slave.

2 Bitterly she weeps at night,
tears are upon her cheeks.
Among all her lovers
there is none to comfort her.
All her friends have betrayed her;
they have become her enemies.

3 After affliction and harsh labor,
Judah has gone into exile.
She dwells among the nations;
she finds no resting place.
All who pursue her have overtaken her
in the midst of her distress.

4 The roads to Zion mourn,
for no one comes to her appointed feasts.
All her gateways are desolate,
her priests groan,
her maidens grieve,
and she is in bitter anguish.

5 Her foes have become her masters;
her enemies are at ease.
The LORD has brought her grief
because of her many sins.
Her children have gone into exile,
captive before the foe.

6 All the splendor has departed
from the Daughter of Zion.
Her princes are like deer
that find no pasture;
in weakness they have fled
before the pursuer.

7 In the days of her affliction and wandering
Jerusalem remembers all the treasures
that were hers in days of old.
When her people fell into enemy hands,
there was no one to help her.
Her enemies looked at her
and laughed at her destruction.

8 Jerusalem has sinned greatly
and so has become unclean.
All who honored her despise her,
for they have seen her nakedness;
she herself groans
and turns away.

*a*This chapter is an acrostic poem, the verses of which begin with the successive letters of the Hebrew alphabet.

9 Su inmundicia está en sus faldas, y no se acordó de su fin;
Por tanto, ella ha descendido sorprendentemente, y no tiene quien la consuele.
Mira, oh Jehová, mi aflicción, porque el enemigo se ha engrandecido.

10 Extendió su mano el enemigo a todas sus cosas preciosas;
Ella ha visto entrar en su santuario a las naciones
De las cuales mandaste que no entrasen en tu congregación.

11 Todo su pueblo buscó su pan suspirando;
Dieron por la comida todas sus cosas preciosas, para entretener la vida.
Mira, oh Jehová, y ve que estoy abatida.

12 ¿No os conmueve a cuantos pasáis por el camino?
Mirad, y ved si hay dolor como mi dolor que me ha venido;
Porque Jehová me ha angustiado en el día de su ardiente furor.

13 Desde lo alto envió fuego que consume mis huesos;
Ha extendido red a mis pies, me volvió atrás,
Me dejó desolada, y con dolor todo el día.

14 El yugo de mis rebeliones ha sido atado por su mano;
Ataduras han sido echadas sobre mi cerviz; ha debilitado mis fuerzas;
Me ha entregado el Señor en manos contra las cuales no podré levantarme.

15 El Señor ha hollado a todos mis hombres fuertes en medio de mí;
Llamó contra mí compañía para quebrantar a mis jóvenes;
Como lagar ha hollado el Señor a la virgen hija de Judá.

16 Por esta causa lloro; mis ojos, mis ojos fluyen aguas,
Porque se alejó de mí el consolador que dé reposo a mi alma;
Mis hijos son destruidos, porque el enemigo prevaleció.

17 Sion extendió sus manos; no tiene quien la consuele;
Jehová dio mandamiento contra Jacob, que sus vecinos fuesen sus enemigos;
Jerusalén fue objeto de abominación entre ellos.

18 Jehová es justo; yo contra su palabra me rebelé.
Oíd ahora, pueblos todos, y ved mi dolor;
Mis vírgenes y mis jóvenes fueron llevados en cautiverio.

9 Her filthiness clung to her skirts;
she did not consider her future.
Her fall was astounding;
there was none to comfort her.
"Look, O LORD, on my affliction,
for the enemy has triumphed."

10 The enemy laid hands
on all her treasures;
she saw pagan nations
enter her sanctuary—
those you had forbidden
to enter your assembly.

11 All her people groan
as they search for bread;
they barter their treasures for food
to keep themselves alive.
"Look, O LORD, and consider,
for I am despised."

12 "Is it nothing to you, all you who pass by?
Look around and see.
Is any suffering like my suffering
that was inflicted on me,
that the LORD brought on me
in the day of his fierce anger?

13 "From on high he sent fire,
sent it down into my bones.
He spread a net for my feet
and turned me back.
He made me desolate,
faint all the day long.

14 "My sins have been bound into a yoke[b];
by his hands they were woven together.
They have come upon my neck
and the Lord has sapped my strength.
He has handed me over
to those I cannot withstand.

15 "The Lord has rejected
all the warriors in my midst;
he has summoned an army against me
to[c] crush my young men.
In his winepress the Lord has trampled
the Virgin Daughter of Judah.

16 "This is why I weep
and my eyes overflow with tears.
No one is near to comfort me,
no one to restore my spirit.
My children are destitute
because the enemy has prevailed."

17 Zion stretches out her hands,
but there is no one to comfort her.
The LORD has decreed for Jacob
that his neighbors become his foes;
Jerusalem has become
an unclean thing among them.

18 "The LORD is righteous,
yet I rebelled against his command.
Listen, all you peoples;
look upon my suffering.
My young men and maidens
have gone into exile.

---

b 14 Most Hebrew manuscripts; Septuagint *He kept watch over my sins*   c 15 Or *has set a time for me / when he will*

¹⁹ Di voces a mis amantes, mas ellos me han
　　engañado;
Mis sacerdotes y mis ancianos en la ciudad
　　perecieron,
Buscando comida para sí con que entretener su
　　vida.

²⁰ Mira, oh Jehová, estoy atribulada, mis entrañas
　　hierven.
Mi corazón se trastorna dentro de mí, porque me
　　rebelé en gran manera.
Por fuera hizo estragos la espada; por dentro
　　señoreó la muerte.

²¹ Oyeron que gemía, mas no hay consolador para mí;
Todos mis enemigos han oído mi mal, se alegran de
　　lo que tú hiciste.
Harás venir el día que has anunciado, y serán
　　como yo.

²² Venga delante de ti toda su maldad,
Y haz con ellos como hiciste conmigo por todas mis
　　rebeliones;
Porque muchos son mis suspiros, y mi corazón está
　　adolorido.

Las tristezas de Sion vienen de Jehová

2 ¹ ¡Cómo oscureció el Señor en su furor a la hija de
　　Sion!
Derribó del cielo a la tierra la hermosura de Israel,
Y no se acordó del estrado de sus pies en el día de
　　su furor.

² Destruyó el Señor, y no perdonó;
Destruyó en su furor todas las tiendas de Jacob;
Echó por tierra las fortalezas de la hija de Judá,
Humilló al reino y a sus príncipes.

³ Cortó con el ardor de su ira todo el poderío de
　　Israel;
Retiró de él su diestra frente al enemigo,
Y se encendió en Jacob como llama de fuego que ha
　　devorado alrededor.

⁴ Entesó su arco como enemigo, afirmó su mano
　　derecha como adversario,
Y destruyó cuanto era hermoso.
En la tienda de la hija de Sion derramó como fuego
　　su enojo.

⁵ El Señor llegó a ser como enemigo, destruyó a
　　Israel;
Destruyó todos sus palacios, derribó sus fortalezas,
Y multiplicó en la hija de Judá la tristeza y el
　　lamento.

¹⁹ "I called to my allies
　　but they betrayed me.
My priests and my elders
　　perished in the city
while they searched for food
　　to keep themselves alive.

²⁰ "See, O Lᴏʀᴅ, how distressed I am!
　　I am in torment within,
and in my heart I am disturbed,
　　for I have been most rebellious.
Outside, the sword bereaves;
　　inside, there is only death.

²¹ "People have heard my groaning,
　　but there is no one to comfort me.
All my enemies have heard of my distress;
　　they rejoice at what you have done.
May you bring the day you have announced
　　so they may become like me.

²² "Let all their wickedness come before you;
　　deal with them
as you have dealt with me
　　because of all my sins.
My groans are many
　　and my heart is faint."

2 ᵈHow the Lord has covered the Daughter of
　　Zion
　　with the cloud of his angerᵉ!
He has hurled down the splendor of Israel
　　from heaven to earth;
he has not remembered his footstool
　　in the day of his anger.

² Without pity the Lord has swallowed up
　　all the dwellings of Jacob;
in his wrath he has torn down
　　the strongholds of the Daughter of Judah.
He has brought her kingdom and its princes
　　down to the ground in dishonor.

³ In fierce anger he has cut off
　　every hornᶠ of Israel.
He has withdrawn his right hand
　　at the approach of the enemy.
He has burned in Jacob like a flaming fire
　　that consumes everything around it.

⁴ Like an enemy he has strung his bow;
　　his right hand is ready.
Like a foe he has slain
　　all who were pleasing to the eye;
he has poured out his wrath like fire
　　on the tent of the Daughter of Zion.

⁵ The Lord is like an enemy;
　　he has swallowed up Israel.
He has swallowed up all her palaces
　　and destroyed her strongholds.
He has multiplied mourning and lamentation
　　for the Daughter of Judah.

ᵈThis chapter is an acrostic poem, the verses of which begin with
the successive letters of the Hebrew alphabet.　　ᵉ1 Or How the
Lord in his anger / has treated the Daughter of Zion with
contempt　　ᶠ3 Or / all the strength; or every king; horn here
symbolizes strength.

6 Quitó su tienda como enramada de huerto;
  Destruyó el lugar en donde se congregaban;
  Jehová ha hecho olvidar las fiestas solemnes y los
    días de reposo * en Sion,
  Y en el ardor de su ira ha desechado al rey y al
    sacerdote.

7 Desechó el Señor su altar, menospreció su
    santuario;
  Ha entregado en mano del enemigo los muros de
    sus palacios;
  Hicieron resonar su voz en la casa de Jehová como
    en día de fiesta.

8 Jehová determinó destruir el muro de la hija de
    Sion;
  Extendió el cordel, no retrajo su mano de la
    destrucción;
  Hizo, pues, que se lamentara el antemuro y el
    muro; fueron desolados juntamente.

9 Sus puertas fueron echadas por tierra, destruyó y
    quebrantó sus cerrojos;
  Su rey y sus príncipes están entre las naciones
    donde no hay ley;
  Sus profetas tampoco hallaron visión de Jehová.

10 Se sentaron en tierra, callaron los ancianos de la
    hija de Sion;
  Echaron polvo sobre sus cabezas, se ciñeron de
    cilicio;
  Las vírgenes de Jerusalén bajaron sus cabezas a
    tierra.

11 Mis ojos desfallecieron de lágrimas, se conmovieron
    mis entrañas,
  Mi hígado se derramó por tierra a causa del
    quebrantamiento de la hija de mi pueblo,
  Cuando desfallecía el niño y el que mamaba, en las
    plazas de la ciudad.

12 Decían a sus madres: ¿Dónde está el trigo y el
    vino?
  Desfallecían como heridos en las calles de la ciudad,
  Derramando sus almas en el regazo de sus madres.

13 ¿Qué testigo te traeré, o a quién te haré semejante,
    hija de Jerusalén?
  ¿A quién te compararé para consolarte, oh virgen
    hija de Sion?
  Porque grande como el mar es tu quebrantamiento;
    ¿quién te sanará?

14 Tus profetas vieron para ti vanidad y locura;
  Y no descubrieron tu pecado para impedir tu
    cautiverio,
  Sino que te predicaron vanas profecías y extravíos.

6 He has laid waste his dwelling like a garden;
  he has destroyed his place of meeting.
The LORD has made Zion forget
  her appointed feasts and her Sabbaths;
in his fierce anger he has spurned
  both king and priest.

7 The Lord has rejected his altar
  and abandoned his sanctuary.
He has handed over to the enemy
  the walls of her palaces;
they have raised a shout in the house of the
    LORD
  as on the day of an appointed feast.

8 The LORD determined to tear down
  the wall around the Daughter of Zion.
He stretched out a measuring line
  and did not withhold his hand from
    destroying.
He made ramparts and walls lament;
  together they wasted away.

9 Her gates have sunk into the ground;
  their bars he has broken and destroyed.
Her king and her princes are exiled among the
    nations,
  the law is no more,
and her prophets no longer find
  visions from the LORD.

10 The elders of the Daughter of Zion
  sit on the ground in silence;
they have sprinkled dust on their heads
  and put on sackcloth.
The young women of Jerusalem
  have bowed their heads to the ground.

11 My eyes fail from weeping,
  I am in torment within,
my heart is poured out on the ground
  because my people are destroyed,
because children and infants faint
  in the streets of the city.

12 They say to their mothers,
  "Where is bread and wine?"
as they faint like wounded men
  in the streets of the city,
as their lives ebb away
  in their mothers' arms.

13 What can I say for you?
  With what can I compare you,
  O Daughter of Jerusalem?
To what can I liken you,
  that I may comfort you,
  O Virgin Daughter of Zion?
Your wound is as deep as the sea.
  Who can heal you?

14 The visions of your prophets
  were false and worthless;
they did not expose your sin
  to ward off your captivity.
The oracles they gave you
  were false and misleading.

*Aquí equivale a *sábado*

15 Todos los que pasaban por el camino batieron las
manos sobre ti;
Silbaron, y movieron despectivamente sus cabezas
sobre la hija de Jerusalén, diciendo:
¿Es esta la ciudad que decían de perfecta
hermosura, el gozo de toda la tierra?

16 Todos tus enemigos abrieron contra ti su boca;
Se burlaron, y crujieron los dientes; dijeron:
Devorémosla;
Ciertamente este es el día que esperábamos; lo
hemos hallado, lo hemos visto.

17 Jehová ha hecho lo que tenía determinado;
Ha cumplido su palabra, la cual él había mandado
desde tiempo antiguo.
Destruyó, y no perdonó;
Y ha hecho que el enemigo se alegre sobre ti,
Y enalteció el poder de tus adversarios.

18 El corazón de ellos clamaba al Señor;
Oh hija de Sion, echa lágrimas cual arroyo día y
noche;
No descanses, ni cesen las niñas de tus ojos.

19 Levántate, da voces en la noche, al comenzar las
vigilias;
Derrama como agua tu corazón ante la presencia
del Señor;
Alza tus manos a él implorando la vida de tus
pequeñitos,
Que desfallecen de hambre en las entradas de todas
las calles.

20 Mira, oh Jehová, y considera a quién has hecho así.
¿Han de comer las mujeres el fruto de sus entrañas,
los pequeñitos a su tierno cuidado?
¿Han de ser muertos en el santuario del Señor el
sacerdote y el profeta?

21 Niños y viejos yacían por tierra en las calles;
Mis vírgenes y mis jóvenes cayeron a espada;
Mataste en el día de tu furor; degollaste, no
perdonaste,

22 Has convocado de todas partes mis temores, como
en un día de solemnidad;
Y en el día del furor de Jehová no hubo quien
escapase ni quedase vivo;
Los que crié y mantuve, mi enemigo los acabó.

Esperanza de liberación por la misericordia de Dios

3 1 Yo soy el hombre que ha visto aflicción bajo el
látigo de su enojo.
2 Me guió y me llevó en tinieblas, y no en luz;

15 All who pass your way
clap their hands at you;
they scoff and shake their heads
at the Daughter of Jerusalem:
"Is this the city that was called
the perfection of beauty,
the joy of the whole earth?"

16 All your enemies open their mouths
wide against you;
they scoff and gnash their teeth
and say, "We have swallowed her up.
This is the day we have waited for;
we have lived to see it."

17 The LORD has done what he planned;
he has fulfilled his word,
which he decreed long ago.
He has overthrown you without pity,
he has let the enemy gloat over you,
he has exalted the horn[g] of your foes.

18 The hearts of the people
cry out to the Lord.
O wall of the Daughter of Zion,
let your tears flow like a river
day and night;
give yourself no relief,
your eyes no rest.

19 Arise, cry out in the night,
as the watches of the night begin;
pour out your heart like water
in the presence of the Lord.
Lift up your hands to him
for the lives of your children,
who faint from hunger
at the head of every street.

20 "Look, O LORD, and consider:
Whom have you ever treated like this?
Should women eat their offspring,
the children they have cared for?
Should priest and prophet be killed
in the sanctuary of the Lord?

21 "Young and old lie together
in the dust of the streets;
my young men and maidens
have fallen by the sword.
You have slain them in the day of your anger;
you have slaughtered them without pity.

22 "As you summon to a feast day,
so you summoned against me terrors on every
side.
In the day of the LORD's anger
no one escaped or survived;
those I cared for and reared,
my enemy has destroyed."

3 [h] I am the man who has seen affliction
by the rod of his wrath.
2 He has driven me away and made me walk
in darkness rather than light;

g17 Horn here symbolizes strength.　h This chapter is an acrostic
poem; the verses of each stanza begin with the successive letters
of the Hebrew alphabet, and the verses within each stanza begin
with the same letter.

3 Ciertamente contra mí volvió y revolvió su mano todo el día.

4 Hizo envejecer mi carne y mi piel; quebrantó mis huesos;
5 Edificó baluartes contra mí, y me rodeó de amargura y de trabajo.
6 Me dejó en oscuridad, como los ya muertos de mucho tiempo.

7 Me cercó por todos lados, y no puedo salir; ha hecho más pesadas mis cadenas;
8 Aun cuando clamé y di voces, cerró los oídos a mi oración;
9 Cercó mis caminos con piedra labrada, torció mis senderos.

10 Fue para mí como oso que acecha, como león en escondrijos;
11 Torció mis caminos, y me despedazó; me dejó desolado.
12 Entesó su arco, y me puso como blanco para la saeta.

13 Hizo entrar en mis entrañas las saetas de su aljaba.
14 Fui escarnio a todo mi pueblo, burla de ellos todos los días;
15 Me llenó de amarguras, me embriagó de ajenjos.

16 Mis dientes quebró con cascajo, me cubrió de ceniza;
17 Y mi alma se alejó de la paz, me olvidé del bien,
18 Y dije: Perecieron mis fuerzas, y mi esperanza en Jehová.

19 Acuérdate de mi aflicción y de mi abatimiento, del ajenjo y de la hiel;
20 Lo tendré aún en memoria, porque mi alma está abatida dentro de mí;
21 Esto recapacitaré en mi corazón, por lo tanto esperaré.

22 Por la misericordia de Jehová no hemos sido consumidos, porque nunca decayeron sus misericordias.
23 Nuevas son cada mañana; grande es tu fidelidad.
24 Mi porción es Jehová, dijo mi alma; por tanto, en él esperaré.

25 Bueno es Jehová a los que en él esperan, al alma que le busca.
26 Bueno es esperar en silencio la salvación de Jehová.
27 Bueno le es al hombre llevar el yugo desde su juventud.

28 Que se siente solo y calle, porque es Dios quien se lo impuso;
29 Ponga su boca en el polvo, por si aún hay esperanza;
30 Dé la mejilla al que le hiere, y sea colmado de afrentas.

31 Porque el Señor no desecha para siempre;
32 Antes si aflige, también se compadece según la multitud de sus misericordias;
33 Porque no aflige ni entristece voluntariamente a los hijos de los hombres.

3 indeed, he has turned his hand against me again and again, all day long.

4 He has made my skin and my flesh grow old and has broken my bones.
5 He has besieged me and surrounded me with bitterness and hardship.
6 He has made me dwell in darkness like those long dead.

7 He has walled me in so I cannot escape; he has weighed me down with chains.
8 Even when I call out or cry for help, he shuts out my prayer.
9 He has barred my way with blocks of stone; he has made my paths crooked.

10 Like a bear lying in wait, like a lion in hiding,
11 he dragged me from the path and mangled me and left me without help.
12 He drew his bow and made me the target for his arrows.

13 He pierced my heart with arrows from his quiver.
14 I became the laughingstock of all my people; they mock me in song all day long.
15 He has filled me with bitter herbs and sated me with gall.

16 He has broken my teeth with gravel; he has trampled me in the dust.
17 I have been deprived of peace; I have forgotten what prosperity is.
18 So I say, "My splendor is gone and all that I had hoped from the LORD."

19 I remember my affliction and my wandering, the bitterness and the gall.
20 I well remember them, and my soul is downcast within me.
21 Yet this I call to mind and therefore I have hope:

22 Because of the LORD's great love we are not consumed, for his compassions never fail.
23 They are new every morning; great is your faithfulness.
24 I say to myself, "The LORD is my portion; therefore I will wait for him."

25 The LORD is good to those whose hope is in him, to the one who seeks him;
26 it is good to wait quietly for the salvation of the LORD.
27 It is good for a man to bear the yoke while he is young.

28 Let him sit alone in silence, for the LORD has laid it on him.
29 Let him bury his face in the dust— there may yet be hope.
30 Let him offer his cheek to one who would strike him, and let him be filled with disgrace.

31 For men are not cast off by the Lord forever.
32 Though he brings grief, he will show compassion, so great is his unfailing love.
33 For he does not willingly bring affliction or grief to the children of men.

³⁴Desmenuzar bajo los pies a todos los encarcelados de la tierra,

³⁵Torcer el derecho del hombre delante de la presencia del Altísimo,

³⁶Trastornar al hombre en su causa, el Señor no lo aprueba.

³⁷¿Quién será aquel que diga que sucedió algo que el Señor no mandó?

³⁸¿De la boca del Altísimo no sale lo malo y lo bueno?

³⁹¿Por qué se lamenta el hombre viviente? Laméntese el hombre en su pecado.

⁴⁰Escudriñemos nuestros caminos, y busquemos, y volvámonos a Jehová,

⁴¹Levantemos nuestros corazones y manos a Dios en los cielos;

⁴²Nosotros nos hemos rebelado, y fuimos desleales; tú no perdonaste.

⁴³Desplegaste la ira y nos perseguiste; matàste, y no perdonaste;

⁴⁴Te cubriste de nube para que no pasase la oración nuestra;

⁴⁵Nos volviste en oprobio y abominación en medio de los pueblos.

⁴⁶Todos nuestros enemigos abrieron contra nosotros su boca;

⁴⁷Temor y lazo fueron para nosotros, asolamiento y quebranto;

⁴⁸Ríos de aguas echan mis ojos por el quebrantamiento de la hija de mi pueblo.

⁴⁹Mis ojos destilan y no cesan, porque no hay alivio

⁵⁰Hasta que Jehová mire y vea desde los cielos;

⁵¹Mis ojos contristaron mi alma por todas las hijas de mi ciudad.

⁵²Mis enemigos me dieron caza como a ave, sin haber por qué;

⁵³Ataron mi vida en cisterna, pusieron piedra sobre mí;

⁵⁴Aguas cubrieron mi cabeza; yo dije: Muerto soy.

⁵⁵Invoqué tu nombre, oh Jehová, desde la cárcel profunda;

⁵⁶Oíste mi voz; no escondas tu oído al clamor de mis suspiros.

⁵⁷Te acercaste el día que te invoqué; dijiste: No temas.

⁵⁸Abogaste, Señor, la causa de mi alma; redimiste mi vida.

⁵⁹Tú has visto, oh Jehová, mi agravio; defiende mi causa.

⁶⁰Has visto toda su venganza, todos sus pensamientos contra mí.

⁶¹Has oído el oprobio de ellos, oh Jehová, todas sus maquinaciones contra mí;

⁶²Los dichos de los que contra mí se levantaron, y su designio contra mí todo el día.

⁶³Su sentarse y su levantarse mira; yo soy su canción.

⁶⁴Dales el pago, oh Jehová, según la obra de sus manos.

³⁴To crush underfoot all prisoners in the land,

³⁵to deny a man his rights before the Most High,

³⁶to deprive a man of justice— would not the Lord see such things?

³⁷Who can speak and have it happen if the Lord has not decreed it?

³⁸Is it not from the mouth of the Most High that both calamities and good things come?

³⁹Why should any living man complain when punished for his sins?

⁴⁰Let us examine our ways and test them, and let us return to the Lord.

⁴¹Let us lift up our hearts and our hands to God in heaven, and say:

⁴²"We have sinned and rebelled and you have not forgiven.

⁴³"You have covered yourself with anger and pursued us; you have slain without pity.

⁴⁴You have covered yourself with a cloud so that no prayer can get through.

⁴⁵You have made us scum and refuse among the nations.

⁴⁶"All our enemies have opened their mouths wide against us.

⁴⁷We have suffered terror and pitfalls, ruin and destruction."

⁴⁸Streams of tears flow from my eyes because my people are destroyed.

⁴⁹My eyes will flow unceasingly, without relief,

⁵⁰until the Lord looks down from heaven and sees.

⁵¹What I see brings grief to my soul because of all the women of my city.

⁵²Those who were my enemies without cause hunted me like a bird.

⁵³They tried to end my life in a pit and threw stones at me;

⁵⁴the waters closed over my head, and I thought I was about to be cut off.

⁵⁵I called on your name, O Lord, from the depths of the pit.

⁵⁶You heard my plea: "Do not close your ears to my cry for relief."

⁵⁷You came near when I called you, and you said, "Do not fear."

⁵⁸O Lord, you took up my case; you redeemed my life.

⁵⁹You have seen, O Lord, the wrong done to me. Uphold my cause!

⁶⁰You have seen the depth of their vengeance, all their plots against me.

⁶¹O Lord, you have heard their insults, all their plots against me—

⁶²what my enemies whisper and mutter against me all day long.

⁶³Look at them! Sitting or standing, they mock me in their songs.

⁶⁴Pay them back what they deserve, O Lord, for what their hands have done.

65 Entrégalos al endurecimiento de corazón; tu maldición caiga sobre ellos.
66 Persíguelos en tu furor, y quebrántalos de debajo de los cielos, oh Jehová.

El castigo de Sion consumado

4 1 ¡Cómo se ha ennegrecido el oro! ¡Cómo el buen oro ha perdido su brillo!
Las piedras del santuario están esparcidas por las encrucijadas de todas las calles.

2 Los hijos de Sion, preciados y estimados más que el oro puro,
¡Cómo son tenidos por vasijas de barro, obra de manos de alfarero!

3 Aun los chacales dan la teta, y amamantan a sus cachorros;
La hija de mi pueblo es cruel como los avestruces en el desierto.

4 La lengua del niño de pecho se pegó a su paladar por la sed;
Los pequeñuelos pidieron pan, y no hubo quien se lo repartiese.

5 Los que comían delicadamente fueron asolados en las calles;
Los que se criaron entre púrpura se abrazaron a los estercoleros.

6 Porque se aumentó la iniquidad de la hija de mi pueblo más que el pecado de Sodoma,
Que fue destruida en un momento, sin que acamparan contra ella compañías.

7 Sus nobles fueron más puros que la nieve, más blancos que la leche;
Más rubios eran sus cuerpos que el coral, su talle más hermoso que el zafiro.

8 Oscuro más que la negrura es su aspecto; no los conocen por las calles;
Su piel está pegada a sus huesos, seca como un palo.

9 Más dichosos fueron los muertos a espada que los muertos por el hambre;
Porque éstos murieron poco a poco por falta de los frutos de la tierra.

10 Las manos de mujeres piadosas cocieron a sus hijos;
Sus propios hijos les sirvieron de comida en el día del quebrantamiento de la hija de mi pueblo.

11 Cumplió Jehová su enojo, derramó el ardor de su ira;
Y encendió en Sion fuego que consumió hasta sus cimientos.

12 Nunca los reyes de la tierra, ni todos los que habitan en el mundo,
Creyeron que el enemigo y el adversario entrara por las puertas de Jerusalén.

65 Put a veil over their hearts,
and may your curse be on them!
66 Pursue them in anger and destroy them
from under the heavens of the LORD.

4 *i*How the gold has lost its luster,
the fine gold become dull!
The sacred gems are scattered
at the head of every street.

2 How the precious sons of Zion,
once worth their weight in gold,
are now considered as pots of clay,
the work of a potter's hands!

3 Even jackals offer their breasts
to nurse their young,
but my people have become heartless
like ostriches in the desert.

4 Because of thirst the infant's tongue
sticks to the roof of its mouth;
the children beg for bread,
but no one gives it to them.

5 Those who once ate delicacies
are destitute in the streets.
Those nurtured in purple
now lie on ash heaps.

6 The punishment of my people
is greater than that of Sodom,
which was overthrown in a moment
without a hand turned to help her.

7 Their princes were brighter than snow
and whiter than milk,
their bodies more ruddy than rubies,
their appearance like sapphires.*j*

8 But now they are blacker than soot;
they are not recognized in the streets.
Their skin has shriveled on their bones;
it has become as dry as a stick.

9 Those killed by the sword are better off
than those who die of famine;
racked with hunger, they waste away
for lack of food from the field.

10 With their own hands compassionate women
have cooked their own children,
who became their food
when my people were destroyed.

11 The LORD has given full vent to his wrath;
he has poured out his fierce anger.
He kindled a fire in Zion
that consumed her foundations.

12 The kings of the earth did not believe,
nor did any of the world's people,
that enemies and foes could enter
the gates of Jerusalem.

*i*This chapter is an acrostic poem, the verses of which begin with the successive letters of the Hebrew alphabet. *j 7 Or lapis lazuli*

¹³Es por causa de los pecados de sus profetas, y las maldades de sus sacerdotes,

Quienes derramaron en medio de ella la sangre de los justos.

¹⁴Titubearon como ciegos en las calles, fueron contaminados con sangre,

De modo que no pudiesen tocarse sus vestiduras.

¹⁵¡Apartaos! ¡Inmundos! les gritaban; ¡Apartaos, apartaos, no toquéis!

Huyeron y fueron dispersados; se dijo entre las naciones:

Nunca más morarán aquí.

¹⁶La ira de Jehová los apartó, no los mirará más;

No respetaron la presencia de los sacerdotes, ni tuvieron compasión de los viejos.

¹⁷Aun han desfallecido nuestros ojos esperando en vano nuestro socorro;

En nuestra esperanza aguardamos a una nación que no puede salvar.

¹⁸Cazaron nuestros pasos, para que no anduviésemos por nuestras calles;

Se acercó nuestro fin, se cumplieron nuestros días; porque llegó nuestro fin.

¹⁹Ligeros fueron nuestros perseguidores más que las águilas del cielo;

Sobre los montes nos persiguieron, en el desierto nos pusieron emboscadas.

²⁰El aliento de nuestras vidas, el ungido de Jehová,

De quien habíamos dicho: A su sombra tendremos vida entre las naciones, fue apresado en sus lazos.

²¹Gózate y alégrate, hija de Edom, la que habitas en tierra de Uz;

Aun hasta ti llegará la copa; te embriagarás, y vomitarás.

²²Se ha cumplido tu castigo, oh hija de Sion;

Nunca más te hará llevar cautiva.

Castigará tu iniquidad, oh hija de Edom; Descubrirá tus pecados.

Oración del pueblo afligido

5 ¹Acuérdate, oh Jehová, de lo que nos ha sucedido; Mira, y ve nuestro oprobio.

²Nuestra heredad ha pasado a extraños, Nuestras casas a forasteros.

³Huérfanos somos sin padre; Nuestras madres son como viudas.

⁴Nuestra agua bebemos por dinero; Compramos nuestra leña por precio.

⁵Padecemos persecución sobre nosotros; Nos fatigamos, y no hay para nosotros reposo.

⁶Al egipcio y al asirio extendimos la mano, para saciarnos de pan.

⁷Nuestros padres pecaron, y han muerto; Y nosotros llevamos su castigo.

⁸Siervos se enseñorearon de nosotros; No hubo quien nos librase de su mano.

¹³But it happened because of the sins of her prophets

and the iniquities of her priests,

who shed within her the blood of the righteous.

¹⁴Now they grope through the streets like men who are blind.

They are so defiled with blood that no one dares to touch their garments.

¹⁵"Go away! You are unclean!" men cry to them.

"Away! Away! Don't touch us!" When they flee and wander about, people among the nations say, "They can stay here no longer."

¹⁶The LORD himself has scattered them; he no longer watches over them.

The priests are shown no honor, the elders no favor.

¹⁷Moreover, our eyes failed, looking in vain for help;

from our towers we watched for a nation that could not save us.

¹⁸Men stalked us at every step, so we could not walk in our streets.

Our end was near, our days were numbered, for our end had come.

¹⁹Our pursuers were swifter than eagles in the sky;

they chased us over the mountains and lay in wait for us in the desert.

²⁰The LORD's anointed, our very life breath, was caught in their traps.

We thought that under his shadow we would live among the nations.

²¹Rejoice and be glad, O Daughter of Edom, you who live in the land of Uz.

But to you also the cup will be passed; you will be drunk and stripped naked.

²²O Daughter of Zion, your punishment will end; he will not prolong your exile.

But, O Daughter of Edom, he will punish your sin

and expose your wickedness.

5 Remember, O LORD, what has happened to us; look, and see our disgrace.

²Our inheritance has been turned over to aliens, our homes to foreigners.

³We have become orphans and fatherless, our mothers like widows.

⁴We must buy the water we drink; our wood can be had only at a price.

⁵Those who pursue us are at our heels; we are weary and find no rest.

⁶We submitted to Egypt and Assyria to get enough bread.

⁷Our fathers sinned and are no more, and we bear their punishment.

⁸Slaves rule over us, and there is none to free us from their hands.

9 Con peligro de nuestras vidas traíamos nuestro pan
Ante la espada del desierto.
10 Nuestra piel se ennegreció como un horno
A causa del ardor del hambre.
11 Violaron a las mujeres en Sion,
A las vírgenes en las ciudades de Judá.
12 A los príncipes colgaron de las manos;
No respetaron el rostro de los viejos.
13 Llevaron a los jóvenes a moler,
Y los muchachos desfallecieron bajo el peso de la
leña.
14 Los ancianos no se ven más en la puerta,
Los jóvenes dejaron sus canciones.
15 Cesó el gozo de nuestro corazón;
Nuestra danza se cambió en luto.
16 Cayó la corona de nuestra cabeza;
¡Ay ahora de nosotros! porque pecamos.
17 Por esto fue entristecido nuestro corazón,
Por esto se entenebrecieron nuestros ojos,
18 Por el monte de Sion que está asolado;
Zorras andan por él.
19 Mas tú, Jehová, permanecerás para siempre;
Tu trono de generación en generación.
20 ¿Por qué te olvidas completamente de nosotros,
Y nos abandonas tan largo tiempo?
21 Vuélvenos, oh Jehová, a ti, y nos volveremos;
Renueva nuestros días como al principio.
22 Porque nos has desechado;
Te has airado contra nosotros en gran manera.

9 We get our bread at the risk of our lives
because of the sword in the desert.
10 Our skin is hot as an oven,
feverish from hunger.
11 Women have been ravished in Zion,
and virgins in the towns of Judah.
12 Princes have been hung up by their hands;
elders are shown no respect.
13 Young men toil at the millstones;
boys stagger under loads of wood.
14 The elders are gone from the city gate;
the young men have stopped their music.
15 Joy is gone from our hearts;
our dancing has turned to mourning.
16 The crown has fallen from our head.
Woe to us, for we have sinned!
17 Because of this our hearts are faint,
because of these things our eyes grow dim
18 for Mount Zion, which lies desolate,
with jackals prowling over it.

19 You, O Lord, reign forever;
your throne endures from generation to
generation.
20 Why do you always forget us?
Why do you forsake us so long?
21 Restore us to yourself, O Lord, that we may
return;
renew our days as of old
22 unless you have utterly rejected us
and are angry with us beyond measure.

EZEQUIEL

EZEKIEL

La visión de la gloria divina

1 ¹Aconteció en el año treinta, en el mes cuarto, a los cinco días del mes, que estando yo en medio de los cautivos junto al río Quebar, los cielos se abrieron, y vi visiones de Dios.

²En el quinto año de la deportación del rey Joaquín, a los cinco días del mes,

³vino palabra de Jehová al sacerdote Ezequiel hijo de Buzi, en la tierra de los caldeos, junto al río Quebar; vino allí sobre él la mano de Jehová.

⁴Y miré, y he aquí venía del norte un viento tempestuoso, y una gran nube, con un fuego envolvente, y alrededor de él un resplandor, y en medio del fuego algo que parecía como bronce refulgente,

⁵y en medio de ella la figura de cuatro seres vivientes. Y esta era su apariencia: había en ellos semejanza de hombre.

⁶Cada uno tenía cuatro caras y cuatro alas.

⁷Y los pies de ellos eran derechos, y la planta de sus pies como planta de pie de becerro; centelleaban a manera de bronce muy bruñido.

⁸Debajo de sus alas, a sus cuatro lados, tenían manos de hombre; y sus caras y sus alas por los cuatro lados.

⁹Con las alas se juntaban el uno al otro. No se volvían cuando andaban, sino que cada uno caminaba derecho hacia adelante.

¹⁰Y el aspecto de sus caras era cara de hombre, y cara de león al lado derecho de los cuatro, y cara de buey a la izquierda en los cuatro; asimismo había en los cuatro cara de águila.

¹¹Así eran sus caras. Y tenían sus alas extendidas por encima, cada uno dos, las cuales se juntaban; y las otras dos cubrían sus cuerpos.

¹²Y cada uno caminaba derecho hacia adelante; hacia donde el espíritu les movía que anduviesen, andaban; y cuando andaban, no se volvían.

¹³Cuanto a la semejanza de los seres vivientes, su aspecto era como de carbones de fuego encendidos, como visión de hachones encendidos que andaba entre los seres vivientes; y el fuego resplandecía, y del fuego salían relámpagos.

¹⁴Y los seres vivientes corrían y volvían a semejanza de relámpagos.

¹⁵Mientras yo miraba los seres vivientes, he aquí una rueda sobre la tierra junto a los seres vivientes, a los cuatro lados.

¹⁶El aspecto de las ruedas y su obra era semejante al color del crisólito. Y las cuatro tenían una misma semejanza; su apariencia y su obra eran como rueda en medio de rueda.

¹⁷Cuando andaban, se movían hacia sus cuatro costados; no se volvían cuando andaban.

¹⁸Y sus aros eran altos y espantosos, y llenos de ojos alrededor en las cuatro.

¹⁹Y cuando los seres vivientes andaban, las ruedas andaban junto a ellos; y cuando los seres vivientes se levantaban de la tierra, las ruedas se levantaban.

²⁰Hacia donde el espíritu les movía que anduviesen, andaban; hacia donde les movía el espíritu que anduviesen, las ruedas también se levantaban tras ellos; porque el espíritu de los seres vivientes estaba en las ruedas.

²¹Cuando ellos andaban, andaban ellas, y cuando ellos se

The Living Creatures and the Glory of the LORD

1 ¹In the[a] thirtieth year, in the fourth month on the fifth day, while I was among the exiles by the Kebar River, the heavens were opened and I saw visions of God.

²On the fifth of the month—it was the fifth year of the exile of King Jehoiachin— ³the word of the LORD came to Ezekiel the priest, the son of Buzi,[b] by the Kebar River in the land of the Babylonians.[c] There the hand of the LORD was upon him.

⁴I looked, and I saw a windstorm coming out of the north—an immense cloud with flashing lightning and surrounded by brilliant light. The center of the fire looked like glowing metal, ⁵and in the fire was what looked like four living creatures. In appearance their form was that of a man, ⁶but each of them had four faces and four wings. ⁷Their legs were straight; their feet were like those of a calf and gleamed like burnished bronze. ⁸Under their wings on their four sides they had the hands of a man. All four of them had faces and wings, ⁹and their wings touched one another. Each one went straight ahead; they did not turn as they moved.

¹⁰Their faces looked like this: Each of the four had the face of a man, and on the right side each had the face of a lion, and on the left the face of an ox; each also had the face of an eagle. ¹¹Such were their faces. Their wings were spread out upward; each had two wings, one touching the wing of another creature on either side, and two wings covering its body. ¹²Each one went straight ahead. Wherever the spirit would go, they would go, without turning as they went. ¹³The appearance of the living creatures was like burning coals of fire or like torches. Fire moved back and forth among the creatures; it was bright, and lightning flashed out of it. ¹⁴The creatures sped back and forth like flashes of lightning.

¹⁵As I looked at the living creatures, I saw a wheel on the ground beside each creature with its four faces. ¹⁶This was the appearance and structure of the wheels: They sparkled like chrysolite, and all four looked alike. Each appeared to be made like a wheel intersecting a wheel. ¹⁷As they moved, they would go in any one of the four directions the creatures faced; the wheels did not turn about[d] as the creatures went. ¹⁸Their rims were high and awesome, and all four rims were full of eyes all around.

¹⁹When the living creatures moved, the wheels beside them moved; and when the living creatures rose from the ground, the wheels also rose. ²⁰Wherever the spirit would go, they would go, and the wheels would rise along with them, because the spirit of the living creatures was in the wheels. ²¹When the creatures

paraban, se paraban ellas; asimismo cuando se levantaban de la tierra, las ruedas se levantaban tras ellos; porque el espíritu de los seres vivientes estaba en las ruedas.

22 Y sobre las cabezas de los seres vivientes aparecía una expansión a manera de cristal maravilloso, extendido encima sobre sus cabezas.

23 Y debajo de la expansión las alas de ellos estaban derechas, extendiéndose la una hacia la otra; y cada uno tenía dos alas que cubrían su cuerpo.

24 Y oí el sonido de sus alas cuando andaban, como sonido de muchas aguas, como la voz del Omnipotente, como ruido de muchedumbre, como el ruido de un ejército. Cuando se paraban, bajaban sus alas.

25 Y cuando se paraban y bajaban sus alas, se oía una voz de arriba de la expansión que había sobre sus cabezas.

26 Y sobre la expansión que había sobre sus cabezas se veía la figura de un trono que parecía de piedra de zafiro; y sobre la figura del trono había una semejanza que parecía de hombre sentado sobre él.

27 Y vi apariencia como de bronce refulgente, como apariencia de fuego dentro de ella en derredor, desde el aspecto de sus lomos para arriba; y desde sus lomos para abajo, vi que parecía como fuego, y que tenía resplandor alrededor.

28 Como parece el arco iris que está en las nubes el día que llueve, así era el parecer del resplandor alrededor. Esta fue la visión de la semejanza de la gloria de Jehová. Y cuando yo la vi, me postré sobre mi rostro, y oí la voz de uno que hablaba.

Llamamiento de Ezequiel

2 1 Me dijo: Hijo de hombre, ponte sobre tus pies, y hablaré contigo.

2 Y luego que me habló, entró el Espíritu en mí y me afirmó sobre mis pies, y oí al que me hablaba.

3 Y me dijo: Hijo de hombre, yo te envío a los hijos de Israel, a gentes rebeldes que se rebelaron contra mí; ellos y sus padres se han rebelado contra mí hasta este mismo día.

4 Yo, pues, te envío a hijos de duro rostro y de empedernido corazón; y les dirás: Así ha dicho Jehová el Señor.

5 Acaso ellos escuchen; pero si no escucharen, porque son una casa rebelde, siempre conocerán que hubo profeta entre ellos.

6 Y tú, hijo de hombre, no les temas, ni tengas miedo de sus palabras, aunque te hallas entre zarzas y espinos, y moras con escorpiones; no tengas miedo de sus palabras, ni temas delante de ellos, porque son casa rebelde.

7 Les hablarás, pues, mis palabras, escuchen o dejen de escuchar; porque son muy rebeldes.

8 Mas tú, hijo de hombre, oye lo que yo te hablo; no seas rebelde como la casa rebelde; abre tu boca, y come lo que yo te doy.

9 Y miré, y he aquí una mano extendida hacia mí, y en ella había un rollo de libro.

10 Y lo extendió delante de mí, y estaba escrito por delante y por detrás; y había escritas en él endechas y lamentaciones y ayes.

3 1 Me dijo: Hijo de hombre, come lo que hallas; come este rollo, y vé y habla a la casa de Israel.

2 Y abrí mi boca, y me hizo comer aquel rollo.

moved, they also moved; when the creatures stood still, they also stood still; and when the creatures rose from the ground, the wheels rose along with them, because the spirit of the living creatures was in the wheels.

22 Spread out above the heads of the living creatures was what looked like an expanse, sparkling like ice, and awesome. 23 Under the expanse their wings were stretched out one toward the other, and each had two wings covering its body. 24 When the creatures moved, I heard the sound of their wings, like the roar of rushing waters, like the voice of the Almighty, *e* like the tumult of an army. When they stood still, they lowered their wings.

25 Then there came a voice from above the expanse over their heads as they stood with lowered wings. 26 Above the expanse over their heads was what looked like a throne of sapphire, *f* and high above on the throne was a figure like that of a man. 27 I saw that from what appeared to be his waist up he looked like glowing metal, as if full of fire, and that from there down he looked like fire; and brilliant light surrounded him. 28 Like the appearance of a rainbow in the clouds on a rainy day, so was the radiance around him.

This was the appearance of the likeness of the glory of the LORD. When I saw it, I fell facedown, and I heard the voice of one speaking.

Ezekiel's Call

2 He said to me, "Son of man, stand up on your feet and I will speak to you." 2 As he spoke, the Spirit came into me and raised me to my feet, and I heard him speaking to me.

3 He said: "Son of man, I am sending you to the Israelites, to a rebellious nation that has rebelled against me; they and their fathers have been in revolt against me to this very day. 4 The people to whom I am sending you are obstinate and stubborn. Say to them, 'This is what the Sovereign LORD says.' 5 And whether they listen or fail to listen—for they are a rebellious house—they will know that a prophet has been among them. 6 And you, son of man, do not be afraid of them or their words. Do not be afraid, though briers and thorns are all around you and you live among scorpions. Do not be afraid of what they say or terrified by them, though they are a rebellious house. 7 You must speak my words to them, whether they listen or fail to listen, for they are rebellious. 8 But you, son of man, listen to what I say to you. Do not rebel like that rebellious house; open your mouth and eat what I give you."

9 Then I looked, and I saw a hand stretched out to me. In it was a scroll, 10 which he unrolled before me. On both sides of it were written words of lament and mourning and woe.

3 And he said to me, "Son of man, eat what is before you, eat this scroll; then go and speak to the house of Israel." 2 So I opened my mouth, and he gave me the scroll to eat.

*e*24 Hebrew *Shaddai*   *f*26 Or *lapis lazuli*

3 Y me dijo: Hijo de hombre, alimenta tu vientre, y llena tus entrañas de este rollo que yo te doy. Y lo comí, y fue en mi boca dulce como miel.

4 Luego me dijo: Hijo de hombre, vé y entra a la casa de Israel, y habla a ellos con mis palabras.

5 Porque no eres enviado a pueblo de habla profunda ni de lengua difícil, sino a la casa de Israel.

6 No a muchos pueblos de habla profunda ni de lengua difícil, cuyas palabras no entiendas; y si a ellos te enviara, ellos te oyeran.

7 Mas la casa de Israel no te querrá oir, porque no me quiere oir a mí; porque toda la casa de Israel es dura de frente y obstinada de corazón.

8 He aquí yo he hecho tu rostro fuerte contra los rostros de ellos, y tu frente fuerte contra sus frentes.

9 Como diamante, más fuerte que pedernal he hecho tu frente; no los temas, ni tengas miedo delante de ellos, porque son casa rebelde.

10 Y me dijo: Hijo de hombre, toma en tu corazón todas mis palabras que yo te hablaré, y oye con tus oídos.

11 Y vé y entra a los cautivos, a los hijos de tu pueblo, y háblales y diles: Así ha dicho Jehová el Señor; escuchen, o dejen de escuchar.

12 Y me levantó el Espíritu, y oí detrás de mí una voz de gran estruendo, que decía: Bendita sea la gloria de Jehová desde su lugar.

13 Oí también el sonido de las alas de los seres vivientes que se juntaban la una con la otra, y el sonido de las ruedas delante de ellos, y sonido de gran estruendo.

14 Me levantó, pues, el Espíritu, y me tomó; y fui en amargura, en la indignación de mi espíritu, pero la mano de Jehová era fuerte sobre mí.

15 Y vine a los cautivos en Tel-abib, que moraban junto al río Quebar, y me senté donde ellos estaban sentados, y allí permanecí siete días atónito entre ellos.

El atalaya de Israel

16 Y aconteció que al cabo de los siete días vino a mí palabra de Jehová, diciendo:

17 Hijo de hombre, yo te he puesto por atalaya a la casa de Israel; oirás, pues, tú la palabra de mi boca, y los amonestarás de mi parte.

18 Cuando yo dijere al impío: De cierto morirás; y tú no le amonestares ni le hablares, para que el impío sea apercibido de su mal camino a fin de que viva, el impío morirá por su maldad, pero su sangre demandaré de tu mano.

19 Pero si tú amonestares al impío, y él no se convirtiere de su impiedad y de su mal camino, él morirá por su maldad, pero tú habrás librado tu alma.

20 Si el justo se apartare de su justicia e hiciere maldad, y pusiere yo tropiezo delante de él, él morirá, porque tú no le amonestaste; en su pecado morirá, y sus justicias que había hecho no vendrán en memoria; pero su sangre demandaré de tu mano.

21 Pero si al justo amonestares para que no peque, y no pecare, de cierto vivirá, porque fue amonestado; y tú habrás librado tu alma.

El profeta mudo

22 Vino allí la mano de Jehová sobre mí, y me dijo: Levántate, y sal al campo, y allí hablaré contigo.

23 Y me levanté y salí al campo; y he aquí que allí estaba la gloria de Jehová, como la gloria que había visto junto al río Quebar; y me postré sobre mi rostro.

24 Entonces entró el Espíritu en mí y me afirmó sobre mis pies, y me habló, y me dijo: Entra, y enciérrate dentro de tu casa.

25 Y tú, oh hijo de hombre, he aquí que pondrán sobre ti

3 Then he said to me, "Son of man, eat this scroll I am giving you and fill your stomach with it." So I ate it, and it tasted as sweet as honey in my mouth.

4 He then said to me: "Son of man, go now to the house of Israel and speak my words to them. 5 You are not being sent to a people of obscure speech and difficult language, but to the house of Israel— 6 not to many peoples of obscure speech and difficult language, whose words you cannot understand. Surely if I had sent you to them, they would have listened to you. 7 But the house of Israel is not willing to listen to you because they are not willing to listen to me, for the whole house of Israel is hardened and obstinate. 8 But I will make you as unyielding and hardened as they are. 9 I will make your forehead like the hardest stone, harder than flint. Do not be afraid of them or terrified by them, though they are a rebellious house."

10 And he said to me, "Son of man, listen carefully and take to heart all the words I speak to you. 11 Go now to your countrymen in exile and speak to them. Say to them, 'This is what the Sovereign LORD says,' whether they listen or fail to listen."

12 Then the Spirit lifted me up, and I heard behind me a loud rumbling sound—May the glory of the LORD be praised in his dwelling place!— 13 the sound of the wings of the living creatures brushing against each other and the sound of the wheels beside them, a loud rumbling sound. 14 The Spirit then lifted me up and took me away, and I went in bitterness and in the anger of my spirit, with the strong hand of the LORD upon me. 15 I came to the exiles who lived at Tel Abib near the Kebar River. And there, where they were living, I sat among them for seven days—overwhelmed.

Warning to Israel

16 At the end of seven days the word of the LORD came to me: 17 "Son of man, I have made you a watchman for the house of Israel; so hear the word I speak and give them warning from me. 18 When I say to a wicked man, 'You will surely die,' and you do not warn him or speak out to dissuade him from his evil ways in order to save his life, that wicked man will die for g his sin, and I will hold you accountable for his blood. 19 But if you do warn the wicked man and he does not turn from his wickedness or from his evil ways, he will die for his sin; but you will have saved yourself.

20 "Again, when a righteous man turns from his righteousness and does evil, and I put a stumbling block before him, he will die. Since you did not warn him, he will die for his sin. The righteous things he did will not be remembered, and I will hold you accountable for his blood. 21 But if you do warn the righteous man not to sin and he does not sin, he will surely live because he took warning, and you will have saved yourself."

22 The hand of the LORD was upon me there, and he said to me, "Get up and go out to the plain, and there I will speak to you." 23 So I got up and went out to the plain. And the glory of the LORD was standing there, like the glory I had seen by the Kebar River, and I fell facedown.

24 Then the Spirit came into me and raised me to my feet. He spoke to me and said: "Go, shut yourself inside your house. 25 And you, son of man, they will tie with

g 18 Or in; also in verses 19 and 20

cuerdas, y con ellas te ligarán, y no saldrás entre ellos. 26Y haré que se pegue tu lengua a tu paladar, y estarás mudo, y no serás a ellos varón que reprende; porque son casa rebelde.

27Mas cuando yo te hubiere hablado, abriré tu boca, y les dirás: Así ha dicho Jehová el Señor: El que oye, oiga; y el que no quiera oír, no oiga; porque casa rebelde son.

Predicción del sitio de Jerusalén

4 1Tú, hijo de hombre, tómate un adobe, y ponlo delante de ti, y diseña sobre él la ciudad de Jerusalén. 2Y pondrás contra ella sitio, y edificarás contra ella fortaleza, y sacarás contra ella baluarte, y pondrás delante de ella campamento, y colocarás contra ella arietes alrededor. 3Tómate también una plancha de hierro, y ponla en lugar de muro de hierro entre ti y la ciudad; afirmarás luego tu rostro contra ella, y será en lugar de cerco, y la sitiarás. Es señal a la casa de Israel.

4Y tú te acostarás sobre tu lado izquierdo, y pondrás sobre él la maldad de la casa de Israel. El número de los días que duermas sobre él, llevarás sobre ti la maldad de ellos. 5Yo te he dado los años de su maldad por el número de los días, trescientos noventa días; y así llevarás tú la maldad de la casa de Israel. 6Cumplidos éstos, te acostarás sobre tu lado derecho segunda vez, y llevarás la maldad de la casa de Judá cuarenta días; día por año, día por año te lo he dado. 7Al asedio de Jerusalén afirmarás tu rostro, y descubierto tu brazo, profetizarás contra ella. 8Y he aquí he puesto sobre ti ataduras, y no te volverás de un lado a otro, hasta que hayas cumplido los días de tu asedio.

9Y tú toma para ti trigo, cebada, habas, lentejas, millo y avena, y ponlos en una vasija, y hazte pan de ellos el número de los días que te acuestes sobre tu lado; trescientos noventa días comerás de él. 10La comida que comerás será de peso de veinte siclos al día; de tiempo en tiempo la comerás. 11Y beberás el agua por medida, la sexta parte de un hin; de tiempo en tiempo la beberás. 12Y comerás pan de cebada cocido debajo de la ceniza; y lo cocerás a vista de ellos al fuego de excremento humano. 13Y dijo Jehová: Así comerán los hijos de Israel su pan inmundo, entre las naciones a donde los arrojaré yo. 14Y dije: ¡Ah, Señor Jehová! he aquí que mi alma no es inmunda, ni nunca desde mi juventud hasta este tiempo comí cosa mortecina ni despedazada, ni nunca en mi boca entró carne inmunda. 15Y me respondió: He aquí te permito usar estiércol de bueyes en lugar de excremento humano para cocer tu pan. 16Me dijo luego: Hijo de hombre, he aquí quebrantaré el sustento del pan en Jerusalén; y comerán el pan por peso y con angustia, y beberán el agua por medida y con espanto, 17para que al faltarles el pan y el agua, se miren unos a otros con espanto, y se consuman en su maldad.

5 1Y tú, hijo de hombre, tómate un cuchillo agudo, toma una navaja de barbero, y hazla pasar sobre tu cabeza y tu barba; toma después una balanza de pesar y divide los cabellos.

ropes; you will be bound so that you cannot go out among the people. 26I will make your tongue stick to the roof of your mouth so that you will be silent and unable to rebuke them, though they are a rebellious house. 27But when I speak to you, I will open your mouth and you shall say to them, 'This is what the Sovereign LORD says.' Whoever will listen let him listen, and whoever will refuse let him refuse; for they are a rebellious house.

Siege of Jerusalem Symbolized

4 "Now, son of man, take a clay tablet, put it in front of you and draw the city of Jerusalem on it. 2Then lay siege to it: Erect siege works against it, build a ramp up to it, set up camps against it and put battering rams around it. 3Then take an iron pan, place it as an iron wall between you and the city and turn your face toward it. It will be under siege, and you shall besiege it. This will be a sign to the house of Israel.

4"Then lie on your left side and put the sin of the house of Israel upon yourself.h You are to bear their sin for the number of days you lie on your side. 5I have assigned you the same number of days as the years of their sin. So for 390 days you will bear the sin of the house of Israel.

6"After you have finished this, lie down again, this time on your right side, and bear the sin of the house of Judah. I have assigned you 40 days, a day for each year. 7Turn your face toward the siege of Jerusalem and with bared arm prophesy against her. 8I will tie you up with ropes so that you cannot turn from one side to the other until you have finished the days of your siege.

9"Take wheat and barley, beans and lentils, millet and spelt; put them in a storage jar and use them to make bread for yourself. You are to eat it during the 390 days you lie on your side. 10Weigh out twenty shekelsi of food to eat each day and eat it at set times. 11Also measure out a sixth of a hinj of water and drink it at set times. 12Eat the food as you would a barley cake; bake it in the sight of the people, using human excrement for fuel." 13The LORD said, "In this way the people of Israel will eat defiled food among the nations where I will drive them."

14Then I said, "Not so, Sovereign LORD! I have never defiled myself. From my youth until now I have never eaten anything found dead or torn by wild animals. No unclean meat has ever entered my mouth."

15"Very well," he said, "I will let you bake your bread over cow manure instead of human excrement."

16He then said to me: "Son of man, I will cut off the supply of food in Jerusalem. The people will eat rationed food in anxiety and drink rationed water in despair, 17for food and water will be scarce. They will be appalled at the sight of each other and will waste away because ofk their sin.

5 "Now, son of man, take a sharp sword and use it as a barber's razor to shave your head and your beard. Then take a set of scales and divide up the hair.

h4 Or your side   i10 That is, about 8 ounces (about 0.2 kilogram)   j11 That is, about 2/3 quart (about 0.6 liter)   k17 Or away in

2 Una tercera parte quemarás a fuego en medio de la ciudad, cuando se cumplan los días del asedio; y tomarás una tercera parte y la cortarás con espada alrededor de la ciudad; y una tercera parte esparcirás al viento, y yo desenvainaré espada en pos de ellos.

3 Tomarás también de allí unos pocos en número, y los atarás en la falda de tu manto.

4 Y tomarás otra vez de ellos, y los echarás en medio del fuego, y en el fuego los quemarás; de allí saldrá el fuego a toda la casa de Israel.

5 Así ha dicho Jehová el Señor: Esta es Jerusalén; la puse en medio de las naciones y de las tierras alrededor de ella.

6 Y ella cambió mis decretos y mis ordenanzas en impiedad más que las naciones, y más que las tierras que están alrededor de ella; porque desecharon mis decretos y mis mandamientos, y no anduvieron en ellos.

7 Por tanto, así ha dicho Jehová: ¿Por haberos multiplicado más que las naciones que están alrededor de vosotros, no habéis andado en mis mandamientos, ni habéis guardado mis leyes? Ni aun según las leyes de las naciones que están alrededor de vosotros habéis andado.

8 Así, pues, ha dicho Jehová el Señor: He aquí yo estoy contra ti; sí, yo, y haré juicios en medio de ti ante los ojos de las naciones.

9 Y haré en ti lo que nunca hice, ni jamás haré cosa semejante, a causa de todas tus abominaciones.

10 Por eso los padres comerán a los hijos en medio de ti, y los hijos comerán a sus padres; y haré en ti juicios, y esparciré a todos los vientos todo lo que quedare de ti.

11 Por tanto, vivo yo, dice Jehová el Señor, ciertamente por haber profanado mi santuario con todas tus abominaciones, te quebrantaré yo también; mi ojo no perdonará, ni tampoco tendré yo misericordia.

12 Una tercera parte de ti morirá de pestilencia y será consumida de hambre en medio de ti; y una tercera parte caerá a espada alrededor de ti; y una tercera parte esparciré a todos los vientos, y tras ellos desenvainaré espada.

13 Y se cumplirá mi furor y saciaré en ellos mi enojo, y tomaré satisfacción; y sabrán que yo Jehová he hablado en mi celo, cuando cumpla en ellos mi enojo.

14 Y te convertiré en soledad y en oprobio entre las naciones que están alrededor de ti, a los ojos de todo transeúnte.

15 Y serás oprobio y escarnio y escarmiento y espanto a las naciones que están alrededor de ti, cuando yo haga en ti juicios con furor e indignación, y en represiones de ira. Yo Jehová he hablado.

16 Cuando arroje yo sobre ellos las perniciosas saetas del hambre, que serán para destrucción, las cuales enviaré para destruiros, entonces aumentaré el hambre sobre vosotros, y quebrantaré entre vosotros el sustento del pan.

17 Enviaré, pues, sobre vosotros hambre, y bestias feroces que te destruyan; y pestilencia y sangre pasarán por en medio de ti, y enviaré sobre ti espada. Yo Jehová he hablado.

Profecía contra los montes de Israel

6 1 Vino a mí palabra de Jehová, diciendo:

2 Hijo de hombre, pon tu rostro hacia los montes de Israel, y profetiza contra ellos.

3 Y dirás: Montes de Israel, oíd palabra de Jehová el Señor: Así ha dicho Jehová el Señor a los montes y a los collados, a los arroyos y a los valles: He aquí que yo, yo haré venir sobre vosotros espada, y destruiré vuestros lugares altos.

4 Vuestros altares serán asolados, y vuestras imágenes del

2 When the days of your siege come to an end, burn a third of the hair with fire inside the city. Take a third and strike it with the sword all around the city. And scatter a third to the wind. For I will pursue them with drawn sword. 3 But take a few strands of hair and tuck them away in the folds of your garment. 4 Again, take a few of these and throw them into the fire and burn them up. A fire will spread from there to the whole house of Israel.

5 "This is what the Sovereign LORD says: This is Jerusalem, which I have set in the center of the nations, with countries all around her. 6 Yet in her wickedness she has rebelled against my laws and decrees more than the nations and countries around her. She has rejected my laws and has not followed my decrees.

7 "Therefore this is what the Sovereign LORD says: You have been more unruly than the nations around you and have not followed my decrees or kept my laws. You have not even *l* conformed to the standards of the nations around you.

8 "Therefore this is what the Sovereign LORD says: I myself am against you, Jerusalem, and I will inflict punishment on you in the sight of the nations. 9 Because of all your detestable idols, I will do to you what I have never done before and will never do again. 10 Therefore in your midst fathers will eat their children, and children will eat their fathers. I will inflict punishment on you and will scatter all your survivors to the winds. 11 Therefore as surely as I live, declares the Sovereign LORD, because you have defiled my sanctuary with all your vile images and detestable practices, I myself will withdraw my favor; I will not look on you with pity or spare you. 12 A third of your people will die of the plague or perish by famine inside you; a third will fall by the sword outside your walls; and a third I will scatter to the winds and pursue with drawn sword.

13 "Then my anger will cease and my wrath against them will subside, and I will be avenged. And when I have spent my wrath upon them, they will know that I the LORD have spoken in my zeal.

14 "I will make you a ruin and a reproach among the nations around you, in the sight of all who pass by. 15 You will be a reproach and a taunt, a warning and an object of horror to the nations around you when I inflict punishment on you in anger and in wrath and with stinging rebuke. I the LORD have spoken. 16 When I shoot at you with my deadly and destructive arrows of famine, I will shoot to destroy you. I will bring more and more famine upon you and cut off your supply of food. 17 I will send famine and wild beasts against you, and they will leave you childless. Plague and bloodshed will sweep through you, and I will bring the sword against you. I the LORD have spoken."

A Prophecy Against the Mountains of Israel

6 The word of the LORD came to me: 2 "Son of man, set your face against the mountains of Israel; prophesy against them 3 and say: 'O mountains of Israel, hear the word of the Sovereign LORD. This is what the Sovereign LORD says to the mountains and hills, to the ravines and valleys: I am about to bring a sword against you, and I will destroy your high places. 4 Your

---

l 7 Most Hebrew manuscripts; some Hebrew manuscripts and Syriac *You have*

sol serán quebradas; y haré que caigan vuestros muertos delante de vuestros ídolos.

5 Y pondré los cuerpos muertos de los hijos de Israel delante de sus ídolos, y vuestros huesos esparciré en derredor de vuestros altares.

6 Dondequiera que habitéis, serán desiertas las ciudades, y los lugares altos serán asolados, para que sean asolados y se hagan desiertos vuestros altares; y vuestros ídolos serán quebrados y acabarán, vuestras imágenes del sol serán destruidas, y vuestras obras serán deshechas.

7 Y los muertos caerán en medio de vosotros; y sabréis que yo soy Jehová.

8 Mas dejaré un resto, de modo que tengáis entre las naciones algunos que escapen de la espada, cuando seáis esparcidos por las tierras.

9 Y los que de vosotros escaparen se acordarán de mí entre las naciones en las cuales serán cautivos; porque yo me quebranté a causa de su corazón fornicario que se apartó de mí, y a causa de sus ojos que fornicaron tras sus ídolos; y se avergonzarán de sí mismos, a causa de los males que hicieron en todas sus abominaciones.

10 Y sabrán que yo soy Jehová; no en vano dije que les había de hacer este mal.

11 Así ha dicho Jehová el Señor: Palmotea con tus manos, y golpea con tu pie, y di: ¡Ay, por todas las grandes abominaciones de la casa de Israel! porque con espada y con hambre y con pestilencia caerán.

12 El que esté lejos morirá de pestilencia, el que esté cerca caerá a espada, y el que quede y sea asediado morirá de hambre; así cumpliré en ellos mi enojo.

13 Y sabréis que yo soy Jehová, cuando sus muertos estén en medio de sus ídolos, en derredor de sus altares, sobre todo collado alto, en todas las cumbres de los montes, debajo de todo árbol frondoso y debajo de toda encina espesa, lugares donde ofrecieron incienso a todos sus ídolos.

14 Y extenderé mi mano contra ellos, y dondequiera que habiten haré la tierra más asolada y devastada que el desierto hacia Diblat; y conocerán que yo soy Jehová.

El fin viene

7 1 Vino a mí palabra de Jehová, diciendo:
2 Tú, hijo de hombre, así ha dicho Jehová el Señor a la tierra de Israel: El fin, el fin viene sobre los cuatro extremos de la tierra.

3 Ahora será el fin sobre ti, y enviaré sobre ti mi furor, y te juzgaré según tus caminos; y pondré sobre ti todas tus abominaciones.

4 Y mi ojo no te perdonará, ni tendré misericordia; antes pondré sobre ti tus caminos, y en medio de ti estarán tus abominaciones; y sabréis que yo soy Jehová.

5 Así ha dicho Jehová el Señor: Un mal, he aquí que viene un mal.

6 Viene el fin, el fin viene; se ha despertado contra ti; he aquí que viene.

7 La mañana viene para ti, oh morador de la tierra; el tiempo viene, cercano está el día; día de tumulto, y no de alegría, sobre los montes.

8 Ahora pronto derramaré mi ira sobre ti, y cumpliré en ti mi furor, y te juzgaré según tus caminos; y pondré sobre ti tus abominaciones.

9 Y mi ojo no perdonará, ni tendré misericordia; según tus caminos pondré sobre ti, y en medio de ti estarán tus abominaciones; y sabréis que yo Jehová soy el que castiga.

altars will be demolished and your incense altars will be smashed; and I will slay your people in front of your idols. 5 I will lay the dead bodies of the Israelites in front of their idols, and I will scatter your bones around your altars. 6 Wherever you live, the towns will be laid waste and the high places demolished, so that your altars will be laid waste and devastated, your idols smashed and ruined, your incense altars broken down, and what you have made wiped out. 7 Your people will fall slain among you, and you will know that I am the LORD.

8 " 'But I will spare some, for some of you will escape the sword when you are scattered among the lands and nations. 9 Then in the nations where they have been carried captive, those who escape will remember me — how I have been grieved by their adulterous hearts, which have turned away from me, and by their eyes, which have lusted after their idols. They will loathe themselves for the evil they have done and for all their detestable practices. 10 And they will know that I am the LORD; I did not threaten in vain to bring this calamity on them.

11 " 'This is what the Sovereign LORD says: Strike your hands together and stamp your feet and cry out "Alas!" because of all the wicked and detestable practices of the house of Israel, for they will fall by the sword, famine and plague. 12 He that is far away will die of the plague, and he that is near will fall by the sword, and he that survives and is spared will die of famine. So will I spend my wrath upon them. 13 And they will know that I am the LORD, when their people lie slain among their idols around their altars, on every high hill and on all the mountaintops, under every spreading tree and every leafy oak — places where they offered fragrant incense to all their idols. 14 And I will stretch out my hand against them and make the land a desolate waste from the desert to Diblah[m] — wherever they live. Then they will know that I am the LORD.' "

The End Has Come

7 The word of the LORD came to me: 2 "Son of man, this is what the Sovereign LORD says to the land of Israel: The end! The end has come upon the four corners of the land. 3 The end is now upon you and I will unleash my anger against you. I will judge you according to your conduct and repay you for all your detestable practices. 4 I will not look on you with pity or spare you; I will surely repay you for your conduct and the detestable practices among you. Then you will know that I am the LORD.

5 "This is what the Sovereign LORD says: Disaster! An unheard-of[n] disaster is coming. 6 The end has come! The end has come! It has roused itself against you. It has come! 7 Doom has come upon you — you who dwell in the land. The time has come, the day is near; there is panic, not joy, upon the mountains. 8 I am about to pour out my wrath on you and spend my anger against you; I will judge you according to your conduct and repay you for all your detestable practices. 9 I will not look on you with pity or spare you; I will repay you in accordance with your conduct and the detestable practices among you. Then you will know that it is I the LORD who strikes the blow.

---

m 14 Most Hebrew manuscripts; a few Hebrew manuscripts *Riblah*
n 5 Most Hebrew manuscripts; some Hebrew manuscripts and Syriac *Disaster after*

¹⁰ He aquí el día, he aquí que viene; ha salido la mañana; ha florecido la vara, ha reverdecido la soberbia.

¹¹ La violencia se ha levantado en vara de maldad; ninguno quedará de ellos, ni de su multitud, ni uno de los suyos, ni habrá entre ellos quien se lamente.

¹² El tiempo ha venido, se acercó el día; el que compra, no se alegre, y el que vende, no llore, porque la ira está sobre toda la multitud.

¹³ Porque el que vende no volverá a lo vendido, aunque queden vivos; porque la visión sobre toda la multitud no se revocará, y a causa de su iniquidad ninguno podrá amparar su vida.

¹⁴ Tocarán trompeta, y prepararán todas las cosas, y no habrá quien vaya a la batalla; porque mi ira está sobre toda la multitud.

¹⁵ De fuera espada, de dentro pestilencia y hambre; el que esté en el campo morirá a espada, y al que esté en la ciudad lo consumirá el hambre y la pestilencia.

¹⁶ Y los que escapen de ellos huirán y estarán sobre los montes como palomas de los valles, gimiendo todos, cada uno por su iniquidad.

¹⁷ Toda mano se debilitará, y toda rodilla será débil como el agua.

¹⁸ Se ceñirán también de cilicio, y les cubrirá terror; en todo rostro habrá vergüenza, y todas sus cabezas estarán rapadas.

¹⁹ Arrojarán su plata en las calles, y su oro será desechado; ni su plata ni su oro podrá librarlos en el día del furor de Jehová; no saciarán su alma, ni llenarán sus entrañas, porque ha sido tropiezo para su maldad.

²⁰ Por cuanto convirtieron la gloria de su ornamento en soberbia, e hicieron de ella las imágenes de sus abominables ídolos, por eso se lo convertí en cosa repugnante.

²¹ En mano de extraños la entregué para ser saqueada, y será presa de los impíos de la tierra, y la profanarán.

²² Y apartaré de ellos mi rostro, y será violado mi lugar secreto; pues entrarán en él invasores y lo profanarán.

²³ Haz una cadena, porque la tierra está llena de delitos de sangre, y la ciudad está llena de violencia.

²⁴ Traeré, por tanto, los más perversos de las naciones, los cuales poseerán las casas de ellos; y haré cesar la soberbia de los poderosos, y sus santuarios serán profanados.

²⁵ Destrucción viene; y buscarán la paz, y no la habrá.

²⁶ Quebrantamiento vendrá sobre quebrantamiento, y habrá rumor sobre rumor; y buscarán respuesta del profeta, mas la ley se alejará del sacerdote, y de los ancianos el consejo.

²⁷ El rey se enlutará, y el príncipe se vestirá de tristeza, y las manos del pueblo de la tierra temblarán; según su camino haré con ellos, y con los juicios de ellos los juzgaré; y sabrán que yo soy Jehová.

Visión de las abominaciones en Jerusalén

8 ¹ En el sexto año, en el mes sexto, a los cinco días del mes, aconteció que estaba yo sentado en mi casa, y los ancianos de Judá estaban sentados delante de mí, y allí se posó sobre mí la mano de Jehová el Señor.

² Y miré, y he aquí una figura que parecía de hombre; desde sus lomos para abajo, fuego; y desde sus lomos para arriba parecía resplandor, el aspecto de bronce refulgente.

³ Y aquella figura extendió la mano, y me tomó por las guedejas de mi cabeza; y el Espíritu me alzó entre el cielo y la tierra, y me llevó en visiones de Dios a Jerusalén, a la entrada de la puerta de adentro que mira hacia el norte, donde estaba la habitación de la imagen del celo, la que provoca a celos.

---

¹⁰ "The day is here! It has come! Doom has burst forth, the rod has budded, arrogance has blossomed! ¹¹ Violence has grown into *o* a rod to punish wickedness; none of the people will be left, none of that crowd—no wealth, nothing of value. ¹² The time has come, the day has arrived. Let not the buyer rejoice nor the seller grieve, for wrath is upon the whole crowd. ¹³ The seller will not recover the land he has sold as long as both of them live, for the vision concerning the whole crowd will not be reversed. Because of their sins, not one of them will preserve his life. ¹⁴ Though they blow the trumpet and get everything ready, no one will go into battle, for my wrath is upon the whole crowd.

¹⁵ "Outside is the sword, inside are plague and famine; those in the country will die by the sword, and those in the city will be devoured by famine and plague. ¹⁶ All who survive and escape will be in the mountains, moaning like doves of the valleys, each because of his sins. ¹⁷ Every hand will go limp, and every knee will become as weak as water. ¹⁸ They will put on sackcloth and be clothed with terror. Their faces will be covered with shame and their heads will be shaved. ¹⁹ They will throw their silver into the streets, and their gold will be an unclean thing. Their silver and gold will not be able to save them in the day of the Lord's wrath. They will not satisfy their hunger or fill their stomachs with it, for it has made them stumble into sin. ²⁰ They were proud of their beautiful jewelry and used it to make their detestable idols and vile images. Therefore I will turn these into an unclean thing for them. ²¹ I will hand it all over as plunder to foreigners and as loot to the wicked of the earth, and they will defile it. ²² I will turn my face away from them, and they will desecrate my treasured place; robbers will enter it and desecrate it.

²³ "Prepare chains, because the land is full of bloodshed and the city is full of violence. ²⁴ I will bring the most wicked of the nations to take possession of their houses; I will put an end to the pride of the mighty, and their sanctuaries will be desecrated. ²⁵ When terror comes, they will seek peace, but there will be none. ²⁶ Calamity upon calamity will come, and rumor upon rumor. They will try to get a vision from the prophet; the teaching of the law by the priest will be lost, as will the counsel of the elders. ²⁷ The king will mourn, the prince will be clothed with despair, and the hands of the people of the land will tremble. I will deal with them according to their conduct, and by their own standards I will judge them. Then they will know that I am the Lord."

Idolatry in the Temple

8 ¹ In the sixth year, in the sixth month on the fifth day, while I was sitting in my house and the elders of Judah were sitting before me, the hand of the Sovereign Lord came upon me there. ² I looked, and I saw a figure like that of a man. *p* From what appeared to be his waist down he was like fire, and from there up his appearance was as bright as glowing metal. ³ He stretched out what looked like a hand and took me by the hair of my head. The Spirit lifted me up between earth and heaven and in visions of God he took me to Jerusalem, to the entrance to the north gate of the inner court, where the idol that provokes to jealousy

---

o 11 Or The violent one has become   p 2 Or saw a fiery figure

4 Y he aquí, allí estaba la gloria del Dios de Israel, como la visión que yo había visto en el campo.

5 Y me dijo: Hijo de hombre, alza ahora tus ojos hacia el lado del norte. Y alcé mis ojos hacia el norte, y he aquí al norte, junto a la puerta del altar, aquella imagen del celo en la entrada.

6 Me dijo entonces: Hijo de hombre, ¿no ves lo que éstos hacen, las grandes abominaciones que la casa de Israel hace aquí para alejarme de mi santuario? Pero vuélvete aún, y verás abominaciones mayores.

7 Y me llevó a la entrada del atrio, y miré, y he aquí en la pared un agujero.

8 Y me dijo: Hijo de hombre, cava ahora en la pared. Y cavé en la pared, y he aquí una puerta.

9 Me dijo luego: Entra, y ve las malvadas abominaciones que éstos hacen allí.

10 Entré, pues, y miré; y he aquí toda forma de reptiles y bestias abominables, y todos los ídolos de la casa de Israel, que estaban pintados en la pared por todo alrededor.

11 Y delante de ellos estaban setenta varones de los ancianos de la casa de Israel, y Jaazanías hijo de Safán en medio de ellos, cada uno con su incensario en su mano; y subía una nube espesa de incienso.

12 Y me dijo: Hijo de hombre, ¿has visto las cosas que los ancianos de la casa de Israel hacen en tinieblas, cada uno en sus cámaras pintadas de imágenes? Porque dicen ellos: No nos ve Jehová; Jehová ha abandonado la tierra.

13 Me dijo después: Vuélvete aún, verás abominaciones mayores que hacen éstos.

14 Y me llevó a la entrada de la puerta de la casa de Jehová, que está al norte; y he aquí mujeres que estaban allí sentadas endechando a Tamuz.

15 Luego me dijo: ¿No ves, hijo de hombre? Vuélvete aún, verás abominaciones mayores que estas.

16 Y me llevó al atrio de adentro de la casa de Jehová; y he aquí junto a la entrada del templo de Jehová, entre la entrada y el altar, como veinticinco varones, sus espaldas vueltas al templo de Jehová y sus rostros hacia el oriente, y adoraban al sol, postrándose hacia el oriente.

17 Y me dijo: ¿No has visto, hijo de hombre? ¿Es cosa liviana para la casa de Judá hacer las abominaciones que hacen aquí? Después que han llenado de maldad la tierra, se volvieron a mí para irritarme; he aquí que aplican el ramo a sus narices.

18 Pues también yo procederé con furor; no perdonará mi ojo, ni tendré misericordia; y gritarán a mis oídos con gran voz, y no los oiré.

Visión de la muerte de los culpables

9 1 Clamó en mis oídos con gran voz, diciendo: Los verdugos de la ciudad han llegado, y cada uno trae en su mano su instrumento para destruir.

2 Y he aquí que seis varones venían del camino de la puerta de arriba que mira hacia el norte, y cada uno traía en su mano su instrumento para destruir. Y entre ellos había un varón vestido de lino, el cual traía a su cintura un tintero de escribano; y entrados, se pararon junto al altar de bronce.

3 Y la gloria del Dios de Israel se elevó de encima del querubín, sobre el cual había estado, al umbral de la casa; y llamó Jehová al varón vestido de lino, que tenía a su cintura el tintero de escribano,

4 y le dijo Jehová: Pasa por en medio de la ciudad, por en medio de Jerusalén, y ponles una señal en la frente a los hombres que gimen y que claman a causa de todas las abominaciones que se hacen en medio de ella.

stood. 4And there before me was the glory of the God of Israel, as in the vision I had seen in the plain.

5Then he said to me, "Son of man, look toward the north." So I looked, and in the entrance north of the gate of the altar I saw this idol of jealousy.

6And he said to me, "Son of man, do you see what they are doing—the utterly detestable things the house of Israel is doing here, things that will drive me far from my sanctuary? But you will see things that are even more detestable."

7Then he brought me to the entrance to the court. I looked, and I saw a hole in the wall. 8He said to me, "Son of man, now dig into the wall." So I dug into the wall and saw a doorway there.

9And he said to me, "Go in and see the wicked and detestable things they are doing here." 10So I went in and looked, and I saw portrayed all over the walls all kinds of crawling things and detestable animals and all the idols of the house of Israel. 11In front of them stood seventy elders of the house of Israel, and Jaazaniah son of Shaphan was standing among them. Each had a censer in his hand, and a fragrant cloud of incense was rising.

12He said to me, "Son of man, have you seen what the elders of the house of Israel are doing in the darkness, each at the shrine of his own idol? They say, 'The Lord does not see us; the Lord has forsaken the land.'" 13Again, he said, "You will see them doing things that are even more detestable."

14Then he brought me to the entrance to the north gate of the house of the Lord, and I saw women sitting there, mourning for Tammuz. 15He said to me, "Do you see this, son of man? You will see things that are even more detestable than this."

16He then brought me into the inner court of the house of the Lord, and there at the entrance to the temple, between the portico and the altar, were about twenty-five men. With their backs toward the temple of the Lord and their faces toward the east, they were bowing down to the sun in the east.

17He said to me, "Have you seen this, son of man? Is it a trivial matter for the house of Judah to do the detestable things they are doing here? Must they also fill the land with violence and continually provoke me to anger? Look at them putting the branch to their nose! 18Therefore I will deal with them in anger; I will not look on them with pity or spare them. Although they shout in my ears, I will not listen to them."

Idolaters Killed

9 Then I heard him call out in a loud voice, "Bring the guards of the city here, each with a weapon in his hand." 2And I saw six men coming from the direction of the upper gate, which faces north, each with a deadly weapon in his hand. With them was a man clothed in linen who had a writing kit at his side. They came in and stood beside the bronze altar.

3Now the glory of the God of Israel went up from above the cherubim, where it had been, and moved to the threshold of the temple. Then the Lord called to the man clothed in linen who had the writing kit at his side 4and said to him, "Go throughout the city of Jerusalem and put a mark on the foreheads of those who grieve and lament over all the detestable things that are done in it."

5 Y a los otros dijo, oyéndolo yo: Pasad por la ciudad en pos de él, y matad; no perdone vuestro ojo, ni tengáis misericordia.

6 Matad a viejos, jóvenes y vírgenes, niños y mujeres, hasta que no quede ninguno; pero a todo aquel sobre el cual hubiere señal, no os acercaréis; y comenzaréis por mi santuario. Comenzaron, pues, desde los varones ancianos que estaban delante del templo.

7 Y les dijo: Contaminad la casa, y llenad los atrios de muertos; salid. Y salieron, y mataron en la ciudad.

8 Aconteció que cuando ellos iban matando y quedé yo solo, me postré sobre mi rostro, y clamé y dije: ¡Ah, Señor Jehová! ¿destruirás a todo el remanente de Israel derramando tu furor sobre Jerusalén?

9 Y me dijo: La maldad de la casa de Israel y de Judá es grande sobremanera, pues la tierra está llena de sangre, y la ciudad está llena de perversidad; porque han dicho: Ha abandonado Jehová la tierra, y Jehová no ve.

10 Así, pues, haré yo; mi ojo no perdonará, ni tendré misericordia; haré recaer el camino de ellos sobre sus propias cabezas.

11 Y he aquí que el varón vestido de lino, que tenía el tintero a su cintura, respondió una palabra, diciendo: He hecho conforme a todo lo que me mandaste.

La gloria de Dios abandona el templo

10 1 Miré, y he aquí en la expansión que había sobre la cabeza de los querubines como una piedra de zafiro, que parecía como semejanza de un trono que se mostró sobre ellos.

2 Y habló al varón vestido de lino, y le dijo: Entra en medio de las ruedas debajo de los querubines, y llena tus manos de carbones encendidos de entre los querubines, y espárcelos sobre la ciudad. Y entró a vista mía.

3 Y los querubines estaban a la mano derecha de la casa cuando este varón entró; y la nube llenaba el atrio de adentro.

4 Entonces la gloria de Jehová se elevó de encima del querubín al umbral de la puerta; y la casa fue llena de la nube, y el atrio se llenó del resplandor de la gloria de Jehová.

5 Y el estruendo de las alas de los querubines se oía hasta el atrio de afuera, como la voz del Dios Omnipotente cuando habla.

6 Aconteció, pues, que al mandar al varón vestido de lino, diciendo: Toma fuego de entre las ruedas, de entre los querubines, él entró y se paró entre las ruedas.

7 Y un querubín extendió su mano de en medio de los querubines al fuego que estaba entre ellos, y tomó de él y lo puso en las manos del que estaba vestido de lino, el cual lo tomó y salió.

8 Y apareció en los querubines la figura de una mano de hombre debajo de sus alas.

9 Y miré, y he aquí cuatro ruedas junto a los querubines, junto a cada querubín una rueda; y el aspecto de las ruedas era como de crisólito.

10 En cuanto a su apariencia, las cuatro eran de una misma forma, como si estuviera una en medio de otra.

11 Cuando andaban, hacia los cuatro frentes andaban; no se volvían cuando andaban, sino que al lugar adonde se volvía la primera, en pos de ella iban; ni se volvían cuando andaban.

12 Y todo su cuerpo, sus espaldas, sus manos, sus alas y las ruedas estaban llenos de ojos alrededor en sus cuatro ruedas.

13 A las ruedas, oyéndolo yo, se les gritaba: ¡Rueda!

14 Y cada uno tenía cuatro caras. La primera era rostro de

5 As I listened, he said to the others, "Follow him through the city and kill, without showing pity or compassion. 6 Slaughter old men, young men and maidens, women and children, but do not touch anyone who has the mark. Begin at my sanctuary." So they began with the elders who were in front of the temple.

7 Then he said to them, "Defile the temple and fill the courts with the slain. Go!" So they went out and began killing throughout the city. 8 While they were killing and I was left alone, I fell facedown, crying out, "Ah, Sovereign LORD! Are you going to destroy the entire remnant of Israel in this outpouring of your wrath on Jerusalem?"

9 He answered me, "The sin of the house of Israel and Judah is exceedingly great; the land is full of bloodshed and the city is full of injustice. They say, 'The LORD has forsaken the land; the LORD does not see.' 10 So I will not look on them with pity or spare them, but I will bring down on their own heads what they have done."

11 Then the man in linen with the writing kit at his side brought back word, saying, "I have done as you commanded."

The Glory Departs From the Temple

10 1 I looked, and I saw the likeness of a throne of sapphire^q above the expanse that was over the heads of the cherubim. 2 The LORD said to the man clothed in linen, "Go in among the wheels beneath the cherubim. Fill your hands with burning coals from among the cherubim and scatter them over the city." And as I watched, he went in.

3 Now the cherubim were standing on the south side of the temple when the man went in, and a cloud filled the inner court. 4 Then the glory of the LORD rose from above the cherubim and moved to the threshold of the temple. The cloud filled the temple, and the court was full of the radiance of the glory of the LORD. 5 The sound of the wings of the cherubim could be heard as far away as the outer court, like the voice of God Almighty^r when he speaks.

6 When the LORD commanded the man in linen, "Take fire from among the wheels, from among the cherubim," the man went in and stood beside a wheel. 7 Then one of the cherubim reached out his hand to the fire that was among them. He took up some of it and put it into the hands of the man in linen, who took it and went out. 8 (Under the wings of the cherubim could be seen what looked like the hands of a man.)

9 I looked, and I saw beside the cherubim four wheels, one beside each of the cherubim; the wheels sparkled like chrysolite. 10 As for their appearance, the four of them looked alike; each was like a wheel intersecting a wheel. 11 As they moved, they would go in any one of the four directions the cherubim faced; the wheels did not turn about^s as the cherubim went. The cherubim went in whatever direction the head faced, without turning as they went. 12 Their entire bodies, including their backs, their hands and their wings, were completely full of eyes, as were their four wheels. 13 I heard the wheels being called "the whirling wheels." 14 Each of the cherubim had four faces:

---

q1 Or *lapis lazuli*   r5 Hebrew *El-Shaddai*   s11 Or *aside*

querubín; la segunda, de hombre; la tercera, cara de león; la cuarta, cara de águila.

15 Y se levantaron los querubines; este es el ser viviente que vi en el río Quebar.

16 Y cuando andaban los querubines, andaban las ruedas junto con ellos; y cuando los querubines alzaban sus alas para levantarse de la tierra, las ruedas tampoco se apartaban de ellos.

17 Cuando se paraban ellos, se paraban ellas, y cuando ellos se alzaban, se alzaban con ellos; porque el espíritu de los seres vivientes estaba en ellas.

18 Entonces la gloria de Jehová se elevó de encima del umbral de la casa, y se puso sobre los querubines.

19 Y alzando los querubines sus alas, se levantaron de la tierra delante de mis ojos; cuando ellos salieron, también las ruedas se alzaron al lado de ellos; y se pararon a la entrada de la puerta oriental de la casa de Jehová, y la gloria del Dios de Israel estaba por encima sobre ellos.

20 Estos eran los mismos seres vivientes que vi debajo del Dios de Israel junto al río Quebar; y conocí que eran querubines.

21 Cada uno tenía cuatro caras y cada uno cuatro alas, y figuras de manos de hombre debajo de sus alas.

22 Y la semejanza de sus rostros era la de los rostros que vi junto al río Quebar, su misma apariencia y su ser; cada uno caminaba derecho hacia adelante.

Represión de los príncipes malvados

11 1 El Espíritu me elevó, y me llevó por la puerta oriental de la casa de Jehová, la cual mira hacia el oriente; y he aquí a la entrada de la puerta veinticinco hombres, entre los cuales vi a Jaazanías hijo de Azur y a Pelatías hijo de Benaía, principales del pueblo.

2 Y me dijo: Hijo de hombre, estos son los hombres que maquinan perversidad, y dan en esta ciudad mal consejo;

3 los cuales dicen: No será tan pronto; edifiquemos casas; esta será la olla, y nosotros la carne.

4 Por tanto profetiza contra ellos; profetiza, hijo de hombre.

5 Y vino sobre mí el Espíritu de Jehová, y me dijo: Dí: Así ha dicho Jehová: Así habéis hablado, oh casa de Israel, y las cosas que suben a vuestro espíritu, yo las he entendido.

6 Habéis multiplicado vuestros muertos en esta ciudad, y habéis llenado de muertos sus calles.

7 Por tanto, así ha dicho Jehová el Señor: Vuestros muertos que habéis puesto en medio de ella, ellos son la carne, y ella es la olla; mas yo os sacaré a vosotros de en medio de ella.

8 Espada habéis temido, y espada traeré sobre vosotros, dice Jehová el Señor.

9 Y os sacaré de en medio de ella, y os entregaré en manos de extraños, y haré juicios entre vosotros.

10 A espada caeréis; en los límites de Israel os juzgaré, y sabréis que yo soy Jehová.

11 La ciudad no os será por olla, ni vosotros seréis en medio de ella la carne; en los límites de Israel os juzgaré.

12 Y sabréis que yo soy Jehová; porque no habéis andado en mis estatutos, ni habéis obedecido mis decretos, sino según las costumbres de las naciones que os rodean habéis hecho.

13 Y aconteció que mientras yo profetizaba, aquel Pelatías hijo de Benaía murió. Entonces me postré rostro a tierra y clamé con gran voz, y dije: ¡Ah, Señor Jehová! ¿Destruirás del todo al remanente de Israel?

One face was that of a cherub, the second the face of a man, the third the face of a lion, and the fourth the face of an eagle.

15 Then the cherubim rose upward. These were the living creatures I had seen by the Kebar River. 16 When the cherubim moved, the wheels beside them moved; and when the cherubim spread their wings to rise from the ground, the wheels did not leave their side. 17 When the cherubim stood still, they also stood still; and when the cherubim rose, they rose with them, because the spirit of the living creatures was in them.

18 Then the glory of the LORD departed from over the threshold of the temple and stopped above the cherubim. 19 While I watched, the cherubim spread their wings and rose from the ground, and as they went, the wheels went with them. They stopped at the entrance to the east gate of the LORD's house, and the glory of the God of Israel was above them.

20 These were the living creatures I had seen beneath the God of Israel by the Kebar River, and I realized that they were cherubim. 21 Each had four faces and four wings, and under their wings was what looked like the hands of a man. 22 Their faces had the same appearance as those I had seen by the Kebar River. Each one went straight ahead.

Judgment on Israel's Leaders

11 Then the Spirit lifted me up and brought me to the gate of the house of the LORD that faces east. There at the entrance to the gate were twenty-five men, and I saw among them Jaazaniah son of Azzur and Pelatiah son of Benaiah, leaders of the people. 2 The LORD said to me, "Son of man, these are the men who are plotting evil and giving wicked advice in this city. 3 They say, 'Will it not soon be time to build houses? t This city is a cooking pot, and we are the meat.' 4 Therefore prophesy against them; prophesy, son of man."

5 Then the Spirit of the LORD came upon me, and he told me to say: "This is what the LORD says: That is what you are saying, O house of Israel, but I know what is going through your mind. 6 You have killed many people in this city and filled its streets with the dead.

7 "Therefore this is what the Sovereign LORD says: The bodies you have thrown there are the meat and this city is the pot, but I will drive you out of it. 8 You fear the sword, and the sword is what I will bring against you, declares the Sovereign LORD. 9 I will drive you out of the city and hand you over to foreigners and inflict punishment on you. 10 You will fall by the sword, and I will execute judgment on you at the borders of Israel. Then you will know that I am the LORD. 11 This city will not be a pot for you, nor will you be the meat in it; I will execute judgment on you at the borders of Israel. 12 And you will know that I am the LORD, for you have not followed my decrees or kept my laws but have conformed to the standards of the nations around you."

13 Now as I was prophesying, Pelatiah son of Benaiah died. Then I fell facedown and cried out in a loud voice, "Ah, Sovereign LORD! Will you completely destroy the remnant of Israel?"

t3 Or *This is not the time to build houses.*

Promesa de restauración y renovación

14 Y vino a mí palabra de Jehová, diciendo:
15 Hijo de hombre, tus hermanos, tus hermanos, los hombres de tu parentesco y toda la casa de Israel, toda ella son aquellos a quienes dijeron los moradores de Jerusalén: Alejaos de Jehová; a nosotros es dada la tierra en posesión.
16 Por tanto, di: Así ha dicho Jehová el Señor: Aunque les he arrojado lejos entre las naciones, y les he esparcido por las tierras, con todo eso les seré por un pequeño santuario en las tierras adonde lleguen.
17 Di, por tanto: Así ha dicho Jehová el Señor: Yo os recogeré de los pueblos, y os congregaré de las tierras en las cuales estáis esparcidos, y os daré la tierra de Israel.
18 Y volverán allá, y quitarán de ella todas sus idolatrías y todas sus abominaciones.
19 Y les daré un corazón, y un espíritu nuevo pondré dentro de ellos; y quitaré el corazón de piedra de en medio de su carne, y les daré un corazón de carne,
20 para que anden en mis ordenanzas, y guarden mis decretos y los cumplan, y me sean por pueblo, y yo sea a ellos por Dios.
21 Mas a aquellos cuyo corazón anda tras el deseo de sus idolatrías y de sus abominaciones, yo traigo su camino sobre sus propias cabezas, dice Jehová el Señor.
22 Después alzaron los querubines sus alas, y las ruedas en pos de ellos; y la gloria del Dios de Israel estaba sobre ellos.
23 Y la gloria de Jehová se elevó de en medio de la ciudad, y se puso sobre el monte que está al oriente de la ciudad.
24 Luego me levantó el Espíritu y me volvió a llevar en visión del Espíritu de Dios a la tierra de los caldeos, a los cautivos. Y se fue de mí la visión que había visto.
25 Y hablé a los cautivos todas las cosas que Jehová me había mostrado.

Salida de Ezequiel en señal de la cautividad

12 1 Vino a mí palabra de Jehová, diciendo:
2 Hijo de hombre, tú habitas en medio de casa rebelde, los cuales tienen ojos para ver y no ven, tienen oídos para oír y no oyen, porque son casa rebelde.
3 Por tanto tú, hijo de hombre, prepárate enseres de marcha, y parte de día delante de sus ojos; y te pasarás de tu lugar a otro lugar a vista de ellos, por si tal vez atienden, porque son casa rebelde.
4 Y sacarás tus enseres de día delante de sus ojos, como enseres de cautiverio; mas tú saldrás por la tarde a vista de ellos, como quien sale en cautiverio.
5 Delante de sus ojos te abrirás paso por entre la pared, y saldrás por ella.
6 Delante de sus ojos los llevarás sobre tus hombros, de noche los sacarás; cubrirás tu rostro, y no mirarás la tierra; porque por señal te he dado a la casa de Israel.
7 Y yo hice así como me fue mandado; saqué mis enseres de día, como enseres de cautiverio, y a la tarde me abrí paso por entre la pared con mi propia mano; salí de noche, y los llevé sobre los hombros a vista de ellos.
8 Y vino a mí palabra de Jehová por la mañana, diciendo:
9 Hijo de hombre, ¿no te ha dicho la casa de Israel, aquella casa rebelde: ¿Qué haces?
10 Diles: Así ha dicho Jehová el Señor: Esta profecía se refiere al príncipe en Jerusalén, y a toda la casa de Israel que está en medio de ella.

14 The word of the Lord came to me: 15 "Son of man, your brothers—your brothers who are your blood relatives[u] and the whole house of Israel—are those of whom the people of Jerusalem have said, 'They are[v] far away from the Lord; this land was given to us as our possession.'

Promised Return of Israel

16 "Therefore say: 'This is what the Sovereign Lord says: Although I sent them far away among the nations and scattered them among the countries, yet for a little while I have been a sanctuary for them in the countries where they have gone.'
17 "Therefore say: 'This is what the Sovereign Lord says: I will gather you from the nations and bring you back from the countries where you have been scattered, and I will give you back the land of Israel again.'
18 "They will return to it and remove all its vile images and detestable idols. 19 I will give them an undivided heart and put a new spirit in them; I will remove from them their heart of stone and give them a heart of flesh. 20 Then they will follow my decrees and be careful to keep my laws. They will be my people, and I will be their God. 21 But as for those whose hearts are devoted to their vile images and detestable idols, I will bring down on their own heads what they have done, declares the Sovereign Lord."
22 Then the cherubim, with the wheels beside them, spread their wings, and the glory of the God of Israel was above them. 23 The glory of the Lord went up from within the city and stopped above the mountain east of it. 24 The Spirit lifted me up and brought me to the exiles in Babylonia[w] in the vision given by the Spirit of God.
Then the vision I had seen went up from me, 25 and I told the exiles everything the Lord had shown me.

The Exile Symbolized

12 The word of the Lord came to me: 2 "Son of man, you are living among a rebellious people. They have eyes to see but do not see and ears to hear but do not hear, for they are a rebellious people.
3 "Therefore, son of man, pack your belongings for exile and in the daytime, as they watch, set out and go from where you are to another place. Perhaps they will understand, though they are a rebellious house. 4 During the daytime, while they watch, bring out your belongings packed for exile. Then in the evening, while they are watching, go out like those who go into exile. 5 While they watch, dig through the wall and take your belongings out through it. 6 Put them on your shoulder as they are watching and carry them out at dusk. Cover your face so that you cannot see the land, for I have made you a sign to the house of Israel."
7 So I did as I was commanded. During the day I brought out my things packed for exile. Then in the evening I dug through the wall with my hands. I took my belongings out at dusk, carrying them on my shoulders while they watched.
8 In the morning the word of the Lord came to me: 9 "Son of man, did not that rebellious house of Israel ask you, 'What are you doing?'
10 "Say to them, 'This is what the Sovereign Lord says: This oracle concerns the prince in Jerusalem and

---

u 15 Or *are in exile with you* (see Septuagint and Syriac)
v 15 Or *those to whom the people of Jerusalem have said, 'Stay*
w 24 Or *Chaldea*

11 Diles: Yo soy vuestra señal; como yo hice, así se hará con vosotros; partiréis al destierro, en cautividad.

12 Y al príncipe que está en medio de ellos llevarán a cuestas de noche, y saldrán; por la pared abrirán paso para sacarlo por ella; cubrirá su rostro para no ver con sus ojos la tierra.

13 Mas yo extenderé mi red sobre él, y caerá preso en mi trampa, y haré llevarlo a Babilonia, a tierra de caldeos, pero no la verá, y allá morirá.

14 Y a todos los que estuvieren alrededor de él para ayudarle, y a todas sus tropas, esparciré a todos los vientos, y desenvainaré espada en pos de ellos.

15 Y sabrán que yo soy Jehová, cuando los esparciere entre las naciones, y los dispersare por la tierra.

16 Y haré que unos pocos de ellos escapen de la espada, del hambre y de la peste, para que cuenten todas sus abominaciones entre las naciones adonde llegaren; y sabrán que yo soy Jehová.

17 Vino a mí palabra de Jehová, diciendo:

18 Hijo de hombre, come tu pan con temblor, y bebe tu agua con estremecimiento y con ansiedad.

19 Y dí al pueblo de la tierra: Así ha dicho Jehová el Señor sobre los moradores de Jerusalén y sobre la tierra de Israel: Su pan comerán con temor, y con espanto beberán su agua; porque su tierra será despojada de su plenitud, por la maldad de todos los que en ella moran.

20 Y las ciudades habitadas quedarán desiertas, y la tierra será asolada; y sabréis que yo soy Jehová.

21 Vino a mí palabra de Jehová, diciendo:

22 Hijo de hombre, ¿qué refrán es este que tenéis vosotros en la tierra de Israel, que dice: Se van prolongando los días, y desaparecerá toda visión?

23 Diles, por tanto: Así ha dicho Jehová el Señor: Haré cesar este refrán, y no repetirán más este refrán en Israel. Diles, pues: Se han acercado aquellos días, y el cumplimiento de toda visión.

24 Porque no habrá más visión vana, ni habrá adivinación de lisonjeros en medio de la casa de Israel.

25 Porque yo Jehová hablaré, y se cumplirá la palabra que yo hable; no se tardará más, sino que en vuestros días, oh casa rebelde, hablaré palabra y la cumpliré, dice Jehová el Señor.

26 Y vino a mí palabra de Jehová, diciendo:

27 Hijo de hombre, he aquí que los de la casa de Israel dicen: La visión que éste ve es para de aquí a muchos días, para lejanos tiempos profetiza éste.

28 Diles, por tanto: Así ha dicho Jehová el Señor: No se tardará más ninguna de mis palabras, sino que la palabra que yo hable se cumplirá, dice Jehová el Señor.

Condenación de los falsos profetas

13 1 Vino a mí palabra de Jehová, diciendo: 2 Hijo de hombre, profetiza contra los profetas de Israel que profetizan, y dí a los que profetizan de su propio corazón: Oíd palabra de Jehová.

3 Así ha dicho Jehová el Señor: ¡Ay de los profetas insensatos, que andan en pos de su propio espíritu, y nada han visto!

4 Como zorras en los desiertos fueron tus profetas, oh Israel.

5 No habéis subido a las brechas, ni habéis edificado un muro alrededor de la casa de Israel, para que resista firme en la batalla en el día de Jehová.

6 Vieron vanidad y adivinación mentirosa. Dicen: Ha dicho Jehová, y Jehová no los envió; con todo, esperan que él confirme la palabra de ellos.

the whole house of Israel who are there.' 11Say to them, 'I am a sign to you.'

"As I have done, so it will be done to them. They will go into exile as captives.

12 "The prince among them will put his things on his shoulder at dusk and leave, and a hole will be dug in the wall for him to go through. He will cover his face so that he cannot see the land. 13 I will spread my net for him, and he will be caught in my snare; I will bring him to Babylonia, the land of the Chaldeans, but he will not see it, and there he will die. 14 I will scatter to the winds all those around him—his staff and all his troops—and I will pursue them with drawn sword.

15 "They will know that I am the Lord, when I disperse them among the nations and scatter them through the countries. 16 But I will spare a few of them from the sword, famine and plague, so that in the nations where they go they may acknowledge all their detestable practices. Then they will know that I am the Lord."

17 The word of the Lord came to me: 18 "Son of man, tremble as you eat your food, and shudder in fear as you drink your water. 19 Say to the people of the land: 'This is what the Sovereign Lord says about those living in Jerusalem and in the land of Israel: They will eat their food in anxiety and drink their water in despair, for their land will be stripped of everything in it because of the violence of all who live there. 20 The inhabited towns will be laid waste and the land will be desolate. Then you will know that I am the Lord.'"

21 The word of the Lord came to me: 22 "Son of man, what is this proverb you have in the land of Israel: 'The days go by and every vision comes to nothing'? 23 Say to them, 'This is what the Sovereign Lord says: I am going to put an end to this proverb, and they will no longer quote it in Israel.' Say to them, 'The days are near when every vision will be fulfilled. 24 For there will be no more false visions or flattering divinations among the people of Israel. 25 But I the Lord will speak what I will, and it shall be fulfilled without delay. For in your days, you rebellious house, I will fulfill whatever I say, declares the Sovereign Lord.'"

26 The word of the Lord came to me: 27 "Son of man, the house of Israel is saying, 'The vision he sees is for many years from now, and he prophesies about the distant future.'

28 "Therefore say to them, 'This is what the Sovereign Lord says: None of my words will be delayed any longer; whatever I say will be fulfilled, declares the Sovereign Lord.'"

False Prophets Condemned

13 The word of the Lord came to me: 2 "Son of man, prophesy against the prophets of Israel who are now prophesying. Say to those who prophesy out of their own imagination: 'Hear the word of the Lord! 3 This is what the Sovereign Lord says: Woe to the foolishx prophets who follow their own spirit and have seen nothing! 4 Your prophets, O Israel, are like jackals among ruins. 5 You have not gone up to the breaks in the wall to repair it for the house of Israel so that it will stand firm in the battle on the day of the Lord. 6 Their visions are false and their divinations a lie. They say, "The Lord declares," when the Lord has not sent them; yet they expect their words to be fulfilled. 7 Have you not seen false visions and uttered

x3 Or *wicked*

7 ¿No habéis visto visión vana, y no habéis dicho adivinación mentirosa, pues que decís: Dijo Jehová, no habiendo yo hablado?

8 Por tanto, así ha dicho Jehová el Señor: Por cuanto vosotros habéis hablado vanidad, y habéis visto mentira, por tanto, he aquí yo estoy contra vosotros, dice Jehová el Señor.

9 Estará mi mano contra los profetas que ven vanidad y adivinan mentira; no estarán en la congregación de mi pueblo, ni serán inscritos en el libro de la casa de Israel, ni a la tierra de Israel volverán; y sabréis que yo soy Jehová el Señor.

10 Sí, por cuanto engañaron a mi pueblo, diciendo: Paz, no habiendo paz; y uno edificaba la pared, y he aquí que los otros la recubrían con lodo suelto,

11 dí a los recubridores con lodo suelto, que caerá; vendrá lluvia torrencial, y enviaré piedras de granizo que la hagan caer, y viento tempestuoso la romperá.

12 Y he aquí cuando la pared haya caído, ¿no os dirán: ¿Dónde está la embarradura con que la recubristeis?

13 Por tanto, así ha dicho Jehová el Señor: Haré que la rompa viento tempestuoso con mi ira, y lluvia torrencial vendrá con mi furor, y piedras de granizo con enojo para consumir.

14 Así desbarataré la pared que vosotros recubristeis con lodo suelto, y la echaré a tierra, y será descubierto su cimiento, y caerá, y seréis consumidos en medio de ella; y sabréis que yo soy Jehová.

15 Cumpliré así mi furor en la pared y en los que la recubrieron con lodo suelto; y os diré: No existe la pared, ni los que la recubrieron,

16 los profetas de Israel que profetizan acerca de Jerusalén, y ven para ella visión de paz, no habiendo paz, dice Jehová el Señor.

17 Y tú, hijo de hombre, pon tu rostro contra las hijas de tu pueblo que profetizan de su propio corazón, y profetiza contra ellas,

18 y dí: Así ha dicho Jehová el Señor: ¡Ay de aquellas que cosen vendas mágicas para todas las manos, y hacen velos mágicos para la cabeza de toda edad, para cazar las almas! ¿Habéis de cazar las almas de mi pueblo, para mantener así vuestra propia vida?

19 ¿Y habéis de profanarme entre mi pueblo por puñados de cebada y por pedazos de pan, matando a las personas que no deben morir, y dando vida a las personas que no deben vivir, mintiendo a mi pueblo que escucha la mentira?

20 Por tanto, así ha dicho Jehová el Señor: He aquí yo estoy contra vuestras vendas mágicas, con que cazáis las almas al vuelo; yo las libraré de vuestras manos, y soltaré para que vuelen como aves las almas que vosotras cazáis volando.

21 Romperé asimismo vuestros velos mágicos, y libraré a mi pueblo de vuestra mano, y no estarán más como presa en vuestra mano; y sabréis que yo soy Jehová.

22 Por cuanto entristecisteis con mentiras el corazón del justo, al cual yo no entristecí, y fortalecisteis las manos del impío, para que no se apartase de su mal camino, infundiéndole ánimo,

23 por tanto, no veréis más visión vana, ni practicaréis más adivinación; y libraré mi pueblo de vuestra mano, y sabréis que yo soy Jehová.

lying divinations when you say, "The Lord declares," though I have not spoken?

8 " 'Therefore this is what the Sovereign Lord says: Because of your false words and lying visions, I am against you, declares the Sovereign Lord. 9 My hand will be against the prophets who see false visions and utter lying divinations. They will not belong to the council of my people or be listed in the records of the house of Israel, nor will they enter the land of Israel. Then you will know that I am the Sovereign Lord.

10 " 'Because they lead my people astray, saying, "Peace," when there is no peace, and because, when a flimsy wall is built, they cover it with whitewash, 11 therefore tell those who cover it with whitewash that it is going to fall. Rain will come in torrents, and I will send hailstones hurtling down, and violent winds will burst forth. 12 When the wall collapses, will people not ask you, "Where is the whitewash you covered it with?"

13 " 'Therefore this is what the Sovereign Lord says: In my wrath I will unleash a violent wind, and in my anger hailstones and torrents of rain will fall with destructive fury. 14 I will tear down the wall you have covered with whitewash and will level it to the ground so that its foundation will be laid bare. When it y falls, you will be destroyed in it; and you will know that I am the Lord. 15 So I will spend my wrath against the wall and against those who covered it with whitewash. I will say to you, "The wall is gone and so are those who whitewashed it, 16 those prophets of Israel who prophesied to Jerusalem and saw visions of peace for her when there was no peace, declares the Sovereign Lord." '

17 "Now, son of man, set your face against the daughters of your people who prophesy out of their own imagination. Prophesy against them 18 and say, 'This is what the Sovereign Lord says: Woe to the women who sew magic charms on all their wrists and make veils of various lengths for their heads in order to ensnare people. Will you ensnare the lives of my people but preserve your own? 19 You have profaned me among my people for a few handfuls of barley and scraps of bread. By lying to my people, who listen to lies, you have killed those who should not have died and have spared those who should not live.

20 " 'Therefore this is what the Sovereign Lord says: I am against your magic charms with which you ensnare people like birds and I will tear them from your arms; I will set free the people that you ensnare like birds. 21 I will tear off your veils and save my people from your hands, and they will no longer fall prey to your power. Then you will know that I am the Lord. 22 Because you disheartened the righteous with your lies, when I had brought them no grief, and because you encouraged the wicked not to turn from their evil ways and so save their lives, 23 therefore you will no longer see false visions or practice divination. I will save my people from your hands. And then you will know that I am the Lord.' "

y 14 Or the city

Juicio contra los idólatras que consultan al profeta

14 ¹Vinieron a mí algunos de los ancianos de Israel, y se sentaron delante de mí.
²Y vino a mí palabra de Jehová, diciendo:
³Hijo de hombre, estos hombres han puesto sus ídolos en su corazón, y han establecido el tropiezo de su maldad delante de su rostro. ¿Acaso he de ser yo en modo alguno consultado por ellos?
⁴Háblales, por tanto, y diles: Así ha dicho Jehová el Señor: Cualquier hombre de la casa de Israel que hubiere puesto sus ídolos en su corazón, y establecido el tropiezo de su maldad delante de su rostro, y viniere al profeta, yo Jehová responderé al que viniere conforme a la multitud de sus ídolos,
⁵para tomar a la casa de Israel por el corazón, ya que se han apartado de mí todos ellos por sus ídolos.
⁶Por tanto, dí a la casa de Israel: Así dice Jehová el Señor: Convertíos, y volveos de vuestros ídolos, y apartad vuestro rostro de todas vuestras abominaciones.
⁷Porque cualquier hombre de la casa de Israel, y de los extranjeros que moran en Israel, que se hubiere apartado de andar en pos de mí, y hubiere puesto sus ídolos en su corazón, y establecido delante de su rostro el tropiezo de su maldad, y viniere al profeta para preguntarle por mí, yo Jehová le responderé por mí mismo;
⁸y pondré mi rostro contra aquel hombre, y le pondré por señal y por escarmiento, y lo cortaré de en medio de mi pueblo; y sabréis que yo soy Jehová.
⁹Y cuando el profeta fuere engañado y hablare palabra, yo Jehová engañé al tal profeta; y extenderé mi mano contra él, y lo destruiré de en medio de mi pueblo Israel.
¹⁰Y llevarán ambos el castigo de su maldad; como la maldad del que consultare, así será la maldad del profeta,
¹¹para que la casa de Israel no se desvíe más de en pos de mí, ni se contamine más en todas sus rebeliones; y me sean por pueblo, y yo les sea por Dios, dice Jehová el Señor.

Justicia del castigo de Jerusalén

¹²Vino a mí palabra de Jehová, diciendo:
¹³Hijo de hombre, cuando la tierra pecare contra mí rebelándose pérfidamente, y extendiere yo mi mano sobre ella, y le quebrantare el sustento del pan, y enviare en ella hambre, y cortare de ella hombres y bestias,
¹⁴si estuviesen en medio de ella estos tres varones, Noé, Daniel y Job, ellos por su justicia librarían únicamente sus propias vidas, dice Jehová el Señor.
¹⁵Si hiciere pasar bestias feroces por la tierra y la asolaren, y quedare desolada de modo que no haya quien pase a causa de las fieras,
¹⁶y estos tres varones estuviesen en medio de ella, vivo yo, dice Jehová el Señor, ni a sus hijos ni a sus hijas librarían; ellos solos serían librados, y la tierra quedaría desolada.
¹⁷O si yo trajere espada sobre la tierra, y dijere: Espada, pasa por la tierra; e hiciere cortar de ella hombres y bestias,
¹⁸y estos tres varones estuviesen en medio de ella, vivo yo, dice Jehová el Señor, no librarían a sus hijos ni a sus hijas; ellos solos serían librados.
¹⁹O si enviare pestilencia sobre esa tierra y derramare mi ira sobre ella en sangre, para cortar de ella hombres y bestias,
²⁰y estuviesen en medio de ella Noé, Daniel y Job, vivo yo, dice Jehová el Señor, no librarían a hijo ni a hija; ellos por su justicia librarían solamente sus propias vidas.

Idolaters Condemned

14 Some of the elders of Israel came to me and sat down in front of me. ²Then the word of the Lord came to me: ³"Son of man, these men have set up idols in their hearts and put wicked stumbling blocks before their faces. Should I let them inquire of me at all? ⁴Therefore speak to them and tell them, 'This is what the Sovereign Lord says: When any Israelite sets up idols in his heart and puts a wicked stumbling block before his face and then goes to a prophet, I the Lord will answer him myself in keeping with his great idolatry. ⁵I will do this to recapture the hearts of the people of Israel, who have all deserted me for their idols.'

⁶"Therefore say to the house of Israel, 'This is what the Sovereign Lord says: Repent! Turn from your idols and renounce all your detestable practices!

⁷"'When any Israelite or any alien living in Israel separates himself from me and sets up idols in his heart and puts a wicked stumbling block before his face and then goes to a prophet to inquire of me, I the Lord will answer him myself. ⁸I will set my face against that man and make him an example and a byword. I will cut him off from my people. Then you will know that I am the Lord.

⁹"'And if the prophet is enticed to utter a prophecy, I the Lord have enticed that prophet, and I will stretch out my hand against him and destroy him from among my people Israel. ¹⁰They will bear their guilt—the prophet will be as guilty as the one who consults him. ¹¹Then the people of Israel will no longer stray from me, nor will they defile themselves anymore with all their sins. They will be my people, and I will be their God, declares the Sovereign Lord.'"

Judgment Inescapable

¹²The word of the Lord came to me: ¹³"Son of man, if a country sins against me by being unfaithful and I stretch out my hand against it to cut off its food supply and send famine upon it and kill its men and their animals, ¹⁴even if these three men—Noah, Daniel[z] and Job—were in it, they could save only themselves by their righteousness, declares the Sovereign Lord.

¹⁵"Or if I send wild beasts through that country and they leave it childless and it becomes desolate so that no one can pass through it because of the beasts, ¹⁶as surely as I live, declares the Sovereign Lord, even if these three men were in it, they could not save their own sons or daughters. They alone would be saved, but the land would be desolate.

¹⁷"Or if I bring a sword against that country and say, 'Let the sword pass throughout the land,' and I kill its men and their animals, ¹⁸as surely as I live, declares the Sovereign Lord, even if these three men were in it, they could not save their own sons or daughters. They alone would be saved.

¹⁹"Or if I send a plague into that land and pour out my wrath upon it through bloodshed, killing its men and their animals, ²⁰as surely as I live, declares the Sovereign Lord, even if Noah, Daniel and Job were in it, they could save neither son nor daughter. They would save only themselves by their righteousness.

---

z 14 Or Daniel; the Hebrew spelling may suggest a person other than the prophet Daniel; also in verse 20.

21 Por lo cual así ha dicho Jehová el Señor: ¿Cuánto más cuando yo enviare contra Jerusalén mis cuatro juicios terribles, espada, hambre, fieras y pestilencia, para cortar de ella hombres y bestias?

22 Sin embargo, he aquí quedará en ella un remanente, hijos e hijas, que serán llevados fuera; he aquí que ellos vendrán a vosotros, y veréis su camino y sus hechos, y seréis consolados del mal que hice venir sobre Jerusalén, de todas las cosas que traje sobre ella.

23 Y os consolarán cuando viereis su camino y sus hechos, y conoceréis que no sin causa hice todo lo que he hecho en ella, dice Jehová el Señor.

Jerusalén es como una vid inútil

15 1 Vino a mí palabra de Jehová, diciendo: 2 Hijo de hombre, ¿qué es la madera de la vid más que cualquier otra madera? ¿Qué es el sarmiento entre los árboles del bosque?

3 ¿Tomarán de ella madera para hacer alguna obra? ¿Tomarán de ella una estaca para colgar en ella alguna cosa?

4 He aquí, es puesta en el fuego para ser consumida; sus dos extremos consumió el fuego, y la parte de en medio se quemó; ¿servirá para obra alguna?

5 He aquí que cuando estaba entera no servía para obra alguna; ¿cuánto menos después que el fuego la hubiere consumido, y fuere quemada? ¿Servirá más para obra alguna?

6 Por tanto, así ha dicho Jehová el Señor: Como la madera de la vid entre los árboles del bosque, la cual di al fuego para que la consumiese, así haré a los moradores de Jerusalén.

7 Y pondré mi rostro contra ellos; aunque del fuego se escaparon, fuego los consumirá; y sabréis que yo soy Jehová, cuando pusiere mi rostro contra ellos.

8 Y convertiré la tierra en asolamiento, por cuanto cometieron prevaricación, dice Jehová el Señor.

Infidelidad de Jerusalén

16 1 Vino a mí palabra de Jehová, diciendo: 2 Hijo de hombre, notifica a Jerusalén sus abominaciones,

3 y di: Así ha dicho Jehová el Señor sobre Jerusalén: Tu origen, tu nacimiento, es de la tierra de Canaán; tu padre fue amorreo, y tu madre hetea.

4 Y en cuanto a tu nacimiento, el día que naciste no fue cortado tu ombligo, ni fuiste lavada con aguas para limpiarte, ni salada con sal, ni fuiste envuelta con fajas.

5 No hubo ojo que se compadeciese de ti para hacerte algo de esto, teniendo de ti misericordia; sino que fuiste arrojada sobre la faz del campo, con menosprecio de tu vida, en el día que naciste.

6 Y yo pasé junto a ti, y te vi sucia en tus sangres, y cuando estabas en tus sangres te dije: ¡Vive! Sí, te dije, cuando estabas en tus sangres: ¡Vive!

7 Te hice multiplicar como la hierba del campo; y creciste y te hiciste grande, y llegaste a ser muy hermosa; tus pechos se habían formado, y tu pelo había crecido; pero estabas desnuda y descubierta.

8 Y pasé yo otra vez junto a ti, y te miré, y he aquí que tu tiempo era tiempo de amores; y extendí mi manto sobre ti, y cubrí tu desnudez; y te di juramento y entré en pacto contigo, dice Jehová el Señor, y fuiste mía.

21 "For this is what the Sovereign LORD says: How much worse will it be when I send against Jerusalem my four dreadful judgments—sword and famine and wild beasts and plague—to kill its men and their animals! 22 Yet there will be some survivors—sons and daughters who will be brought out of it. They will come to you, and when you see their conduct and their actions, you will be consoled regarding the disaster I have brought upon Jerusalem—every disaster I have brought upon it. 23 You will be consoled when you see their conduct and their actions, for you will know that I have done nothing in it without cause, declares the Sovereign LORD."

Jerusalem, A Useless Vine

15 The word of the LORD came to me: 2 "Son of man, how is the wood of a vine better than that of a branch on any of the trees in the forest? 3 Is wood ever taken from it to make anything useful? Do they make pegs from it to hang things on? 4 And after it is thrown on the fire as fuel and the fire burns both ends and chars the middle, is it then useful for anything? 5 If it was not useful for anything when it was whole, how much less can it be made into something useful when the fire has burned it and it is charred?

6 "Therefore this is what the Sovereign LORD says: As I have given the wood of the vine among the trees of the forest as fuel for the fire, so will I treat the people living in Jerusalem. 7 I will set my face against them. Although they have come out of the fire, the fire will yet consume them. And when I set my face against them, you will know that I am the LORD. 8 I will make the land desolate because they have been unfaithful, declares the Sovereign LORD."

An Allegory of Unfaithful Jerusalem

16 The word of the LORD came to me: 2 "Son of man, confront Jerusalem with her detestable practices 3 and say, 'This is what the Sovereign LORD says to Jerusalem: Your ancestry and birth were in the land of the Canaanites; your father was an Amorite and your mother a Hittite. 4 On the day you were born your cord was not cut, nor were you washed with water to make you clean, nor were you rubbed with salt or wrapped in cloths. 5 No one looked on you with pity or had compassion enough to do any of these things for you. Rather, you were thrown out into the open field, for on the day you were born you were despised.

6 " 'Then I passed by and saw you kicking about in your blood, and as you lay there in your blood I said to you, "Live!" a 7 I made you grow like a plant of the field. You grew up and developed and became the most beautiful of jewels. b Your breasts were formed and your hair grew, you who were naked and bare.

8 " 'Later I passed by, and when I looked at you and saw that you were old enough for love, I spread the corner of my garment over you and covered your nakedness. I gave you my solemn oath and entered into a covenant with you, declares the Sovereign LORD, and you became mine.

---

a 6 A few Hebrew manuscripts, Septuagint and Syriac; most Hebrew manuscripts *"Live!" And as you lay there in your blood I said to you, "Live!"* b 7 Or *became mature*

9 Te lavé con agua, y lavé tus sangres de encima de ti, y te ungí con aceite;

10 y te vestí de bordado, te calcé de tejón, te ceñí de lino y te cubrí de seda.

11 Te atavié con adornos, y puse brazaletes en tus brazos y collar a tu cuello.

12 Puse joyas en tu nariz, y zarcillos en tus orejas, y una hermosa diadema en tu cabeza.

13 Así fuiste adornada de oro y de plata, y tu vestido era de lino fino, seda y bordado; comiste flor de harina de trigo, miel y aceite; y fuiste hermoseada en extremo, prosperaste hasta llegar a reinar.

14 Y salió tu renombre entre las naciones a causa de tu hermosura; porque era perfecta, a causa de mi hermosura que yo puse sobre ti, dice Jehová el Señor.

15 Pero confiaste en tu hermosura, y te prostituiste a causa de tu renombre, y derramaste tus fornicaciones a cuantos pasaron; suya eras.

16 Y tomaste de tus vestidos, y te hiciste diversos lugares altos, y fornicaste sobre ellos; cosa semejante nunca había sucedido, ni sucederá más.

17 Tomaste asimismo tus hermosas alhajas de oro y de plata que yo te había dado, y te hiciste imágenes de hombre y fornicaste con ellas;

18 y tomaste tus vestidos de diversos colores y las cubriste; y mi aceite y mi incienso pusiste delante de ellas.

19 Mi pan también, que yo te había dado, la flor de la harina, el aceite y la miel, con que yo te mantuve, pusiste delante de ellas para olor agradable; y fue así, dice Jehová el Señor.

20 Además de esto, tomaste tus hijos y tus hijas que habías dado a luz para mí, y los sacrificaste a ellas para que fuesen consumidos. ¿Eran poca cosa tus fornicaciones,

21 para que degollases también a mis hijos y los ofrecieras a aquellas imágenes como ofrenda que el fuego consumía?

22 Y con todas tus abominaciones y tus fornicaciones no te has acordado de los días de tu juventud, cuando estabas desnuda y descubierta, cuando estabas envuelta en tu sangre.

23 Y sucedió que después de toda tu maldad (¡ay, ay de ti! dice Jehová el Señor),

24 te edificaste lugares altos, y te hiciste altar en todas las plazas.

25 En toda cabeza de camino edificaste lugar alto, e hiciste abominable tu hermosura, y te ofreciste a cuantos pasaban, y multiplicaste tus fornicaciones.

26 Y fornicaste con los hijos de Egipto, tus vecinos, gruesos de carnes; y aumentaste tus fornicaciones para enojarme.

27 Por tanto, he aquí que yo extendí contra ti mi mano, y disminuí tu provisión ordinaria, y te entregué a la voluntad de las hijas de los filisteos, que te aborrecen, las cuales se avergüenzan de tu camino deshonesto.

28 Fornicaste también con los asirios, por no haberte saciado; y fornicaste con ellos y tampoco te saciaste.

29 Multiplicaste asimismo tu fornicación en la tierra de Canaán y de los caldeos, y tampoco con esto te saciaste.

30 ¡Cuán inconstante es tu corazón, dice Jehová el Señor, habiendo hecho todas estas cosas, obras de una ramera desvergonzada,

31 edificando tus lugares altos en toda cabeza de camino, y haciendo tus altares en todas las plazas! Y no fuiste semejante a ramera, en que menospreciaste la paga,

32 sino como mujer adúltera, que en lugar de su marido recibe a ajenos.

9 " 'I bathed c you with water and washed the blood from you and put ointments on you. 10 I clothed you with an embroidered dress and put leather sandals on you. I dressed you in fine linen and covered you with costly garments. 11 I adorned you with jewelry: I put bracelets on your arms and a necklace around your neck, 12 and I put a ring on your nose, earrings on your ears and a beautiful crown on your head. 13 So you were adorned with gold and silver; your clothes were of fine linen and costly fabric and embroidered cloth. Your food was fine flour, honey and olive oil. You became very beautiful and rose to be a queen. 14 And your fame spread among the nations on account of your beauty, because the splendor I had given you made your beauty perfect, declares the Sovereign Lord.

15 " 'But you trusted in your beauty and used your fame to become a prostitute. You lavished your favors on anyone who passed by and your beauty became his. d 16 You took some of your garments to make gaudy high places, where you carried on your prostitution. Such things should not happen, nor should they ever occur. 17 You also took the fine jewelry I gave you, the jewelry made of my gold and silver, and you made for yourself male idols and engaged in prostitution with them. 18 And you took your embroidered clothes to put on them, and you offered my oil and incense before them. 19 Also the food I provided for you—the fine flour, olive oil and honey I gave you to eat—you offered as fragrant incense before them. That is what happened, declares the Sovereign Lord.

20 " 'And you took your sons and daughters whom you bore to me and sacrificed them as food to the idols. Was your prostitution not enough? 21 You slaughtered my children and sacrificed them e to the idols. 22 In all your detestable practices and your prostitution you did not remember the days of your youth, when you were naked and bare, kicking about in your blood.

23 " 'Woe! Woe to you, declares the Sovereign Lord. In addition to all your other wickedness, 24 you built a mound for yourself and made a lofty shrine in every public square. 25 At the head of every street you built your lofty shrines and degraded your beauty, offering your body with increasing promiscuity to anyone who passed by. 26 You engaged in prostitution with the Egyptians, your lustful neighbors, and provoked me to anger with your increasing promiscuity. 27 So I stretched out my hand against you and reduced your territory; I gave you over to the greed of your enemies, the daughters of the Philistines, who were shocked by your lewd conduct. 28 You engaged in prostitution with the Assyrians too, because you were insatiable; and even after that, you still were not satisfied. 29 Then you increased your promiscuity to include Babylonia, f a land of merchants, but even with this you were not satisfied.

30 " 'How weak-willed you are, declares the Sovereign Lord, when you do all these things, acting like a brazen prostitute! 31 When you built your mounds at the head of every street and made your lofty shrines in every public square, you were unlike a prostitute, because you scorned payment.

32 " 'You adulterous wife! You prefer strangers to your own husband! 33 Every prostitute receives a fee,

---

c 9 Or I had bathed   d 15 Most Hebrew manuscripts; one Hebrew manuscript (see some Septuagint manuscripts) by. Such a thing should not happen   e 21 Or and made them pass through the fire   f 29 Or Chaldea

33 A todas las rameras les dan dones; mas tú diste tus dones a todos tus enamorados; y les diste presentes, para que de todas partes se llegasen a ti en tus fornicaciones.

34 Y ha sucedido contigo, en tus fornicaciones, lo contrario de las demás mujeres: porque ninguno te ha solicitado para fornicar, y tú das la paga, en lugar de recibirla; por esto has sido diferente.

35 Por tanto, ramera, oye palabra de Jehová.

36 Así ha dicho Jehová el Señor: Por cuanto han sido descubiertas tus desnudeces en tus fornicaciones, y tu confusión ha sido manifestada a tus enamorados, y a los ídolos de tus abominaciones, y en la sangre de tus hijos, los cuales les diste;

37 por tanto, he aquí que yo reuniré a todos tus enamorados con los cuales tomaste placer, y a todos los que amaste, con todos los que aborreciste; y los reuniré alrededor de ti y les descubriré tu desnudez, y ellos verán toda tu desnudez.

38 Y yo te juzgaré por las leyes de las adúlteras, y de las que derraman sangre; y traeré sobre ti sangre de ira y de celos.

39 Y te entregaré en manos de ellos; y destruirán tus lugares altos, y derribarán tus altares, y te despojarán de tus ropas, se llevarán tus hermosas alhajas, y te dejarán desnuda y descubierta.

40 Y harán subir contra ti muchedumbre de gente, y te apedrearán, y te atravesarán con sus espadas.

41 Quemarán tus casas a fuego, y harán en ti juicios en presencia de muchas mujeres; y así haré que dejes de ser ramera, y que ceses de prodigar tus dones.

42 Y saciaré mi ira sobre ti, y se apartará de ti mi celo, y descansaré y no me enojaré más.

43 Por cuanto no te acordaste de los días de tu juventud, y me provocaste a ira en todo esto, por eso, he aquí yo también traeré tu camino sobre tu cabeza, dice Jehová el Señor; pues ni aun has pensado sobre toda tu lujuria.

44 He aquí, todo el que usa de refranes te aplicará a ti el refrán que dice: Cual la madre, tal la hija.

45 Hija eres tú de tu madre, que desechó a su marido y a sus hijos; y hermana eres tú de tus hermanas, que desecharon a sus maridos y a sus hijos; vuestra madre fue hetea, y vuestro padre amorreo.

46 Y tu hermana mayor es Samaria, ella y sus hijas, que habitan al norte de ti; y tu hermana menor es Sodoma con sus hijas, la cual habita al sur de ti.

47 Ni aun anduviste en sus caminos, ni hiciste según sus abominaciones; antes, como si esto fuera poco y muy poco, te corrompiste más que ellas en todos tus caminos.

48 Vivo yo, dice Jehová el Señor, que Sodoma tu hermana y sus hijas no han hecho como hiciste tú y tus hijas.

49 He aquí que esta fue la maldad de Sodoma tu hermana: soberbia, saciedad de pan, y abundancia de ociosidad tuvieron ella y sus hijas; y no fortaleció la mano del afligido y del menesteroso.

50 Y se llenaron de soberbia, e hicieron abominación delante de mí, y cuando lo vi las quité.

51 Y Samaria no cometió ni la mitad de tus pecados; porque tú multiplicaste tus abominaciones más que ellas, y has justificado a tus hermanas con todas las abominaciones que tú hiciste.

52 Tú también, que juzgaste a tus hermanas, lleva tu vergüenza en los pecados que tú hiciste, más abominables que los de ellas; más justas son que tú; avergüénzate, pues, tú también, y lleva tu confusión, por cuanto has justificado a tus hermanas.

but you give gifts to all your lovers, bribing them to come to you from everywhere for your illicit favors. 34 So in your prostitution you are the opposite of others; no one runs after you for your favors. You are the very opposite, for you give payment and none is given to you.

35 " 'Therefore, you prostitute, hear the word of the LORD! 36 This is what the Sovereign LORD says: Because you poured out your wealth*g* and exposed your nakedness in your promiscuity with your lovers, and because of all your detestable idols, and because you gave them your children's blood, 37 therefore I am going to gather all your lovers, with whom you found pleasure, those you loved as well as those you hated. I will gather them against you from all around and will strip you in front of them, and they will see all your nakedness. 38 I will sentence you to the punishment of women who commit adultery and who shed blood; I will bring upon you the blood vengeance of my wrath and jealous anger. 39 Then I will hand you over to your lovers, and they will tear down your mounds and destroy your lofty shrines. They will strip you of your clothes and take your fine jewelry and leave you naked and bare. 40 They will bring a mob against you, who will stone you and hack you to pieces with their swords. 41 They will burn down your houses and inflict punishment on you in the sight of many women. I will put a stop to your prostitution, and you will no longer pay your lovers. 42 Then my wrath against you will subside and my jealous anger will turn away from you; I will be calm and no longer angry.

43 " 'Because you did not remember the days of your youth but enraged me with all these things, I will surely bring down on your head what you have done, declares the Sovereign LORD. Did you not add lewdness to all your other detestable practices?

44 " 'Everyone who quotes proverbs will quote this proverb about you: "Like mother, like daughter." 45 You are a true daughter of your mother, who despised her husband and her children; and you are a true sister of your sisters, who despised their husbands and their children. Your mother was a Hittite and your father an Amorite. 46 Your older sister was Samaria, who lived to the north of you with her daughters; and your younger sister, who lived to the south of you with her daughters, was Sodom. 47 You not only walked in their ways and copied their detestable practices, but in all your ways you soon became more depraved than they. 48 As surely as I live, declares the Sovereign LORD, your sister Sodom and her daughters never did what you and your daughters have done.

49 " 'Now this was the sin of your sister Sodom: She and her daughters were arrogant, overfed and unconcerned; they did not help the poor and needy. 50 They were haughty and did detestable things before me. Therefore I did away with them as you have seen. 51 Samaria did not commit half the sins you did. You have done more detestable things than they, and have made your sisters seem righteous by all these things you have done. 52 Bear your disgrace, for you have furnished some justification for your sisters. Because your sins were more vile than theirs, they appear more righteous than you. So then, be ashamed and bear your disgrace, for you have made your sisters appear righteous.

53 Yo, pues, haré volver a sus cautivos, los cautivos de Sodoma y de sus hijas, y los cautivos de Samaria y de sus hijas, y haré volver los cautivos de tus cautiverios entre ellas,

54 para que lleves tu confusión, y te avergüences de todo lo que has hecho, siendo tú motivo de consuelo para ellas.

55 Y tus hermanas, Sodoma con sus hijas y Samaria con sus hijas, volverán a su primer estado; tú también y tus hijas volveréis a vuestro primer estado.

56 No era tu hermana Sodoma digna de mención en tu boca en el tiempo de tus soberbias,

57 antes que tu maldad fuese descubierta. Así también ahora llevas tú la afrenta de las hijas de Siria y de todas las hijas de los filisteos, las cuales por todos lados te desprecian.

58 Sufre tú el castigo de tu lujuria y de tus abominaciones, dice Jehová.

59 Pero más ha dicho Jehová el Señor: ¿Haré yo contigo como tú hiciste, que menospreciaste el juramento para invalidar el pacto?

60 Antes yo tendré memoria de mi pacto que concerté contigo en los días de tu juventud, y estableceré contigo un pacto sempiterno.

61 Y te acordarás de tus caminos y te avergonzarás, cuando recibas a tus hermanas, las mayores que tú y las menores que tú, las cuales yo te daré por hijas, mas no por tu pacto,

62 sino por mi pacto que yo confirmaré contigo; y sabrás que yo soy Jehová;

63 para que te acuerdes y te avergüences, y nunca más abras la boca, a causa de tu vergüenza, cuando yo perdone todo lo que hiciste, dice Jehová el Señor.

Parábola de las águilas y la vid

17 1 Vino a mí palabra de Jehová, diciendo:
2 Hijo de hombre, propón una figura, y compón una parábola a la casa de Israel.

3 Y dirás: Así ha dicho Jehová el Señor: Una gran águila, de grandes alas y de largos miembros, llena de plumas de diversos colores, vino al Líbano, y tomó el cogollo del cedro.

4 Arrancó el principal de sus renuevos y lo llevó a tierra de mercaderes, y lo puso en una ciudad de comerciantes.

5 Tomó también de la simiente de la tierra, y la puso en un campo bueno para sembrar, la plantó junto a aguas abundantes, la puso como un sauce.

6 Y brotó, y se hizo una vid de mucho ramaje, de poca altura, y sus ramas miraban al águila, y sus raíces estaban debajo de ella; así que se hizo una vid, y arrojó sarmientos y echó mugrones.

7 Había también otra gran águila, de grandes alas y de muchas plumas; y he aquí que esta vid juntó cerca de ella sus raíces, y extendió hacia ella sus ramas, para ser regada por ella por los surcos de su plantío.

8 En un buen campo, junto a muchas aguas, fue plantada, para que hiciese ramas y diese fruto, y para que fuese vid robusta.

9 Diles: Así ha dicho Jehová el Señor: ¿Será prosperada? ¿No arrancará sus raíces, y destruirá su fruto, y se secará? Todas sus hojas lozanas se secarán; y eso sin gran poder ni mucha gente para arrancarla de sus raíces.

10 Y he aquí está plantada; ¿será prosperada? ¿No se secará del todo cuando el viento solano la toque? En los surcos de su verdor se secará.

11 Y vino a mí palabra de Jehová, diciendo:

53 " 'However, I will restore the fortunes of Sodom and her daughters and of Samaria and her daughters, and your fortunes along with them, 54so that you may bear your disgrace and be ashamed of all you have done in giving them comfort. 55And your sisters, Sodom with her daughters and Samaria with her daughters, will return to what they were before; and you and your daughters will return to what you were before. 56You would not even mention your sister Sodom in the day of your pride, 57before your wickedness was uncovered. Even so, you are now scorned by the daughters of Edom h and all her neighbors and the daughters of the Philistines—all those around you who despise you. 58You will bear the consequences of your lewdness and your detestable practices, declares the LORD.

59 " 'This is what the Sovereign LORD says: I will deal with you as you deserve, because you have despised my oath by breaking the covenant. 60Yet I will remember the covenant I made with you in the days of your youth, and I will establish an everlasting covenant with you. 61Then you will remember your ways and be ashamed when you receive your sisters, both those who are older than you and those who are younger. I will give them to you as daughters, but not on the basis of my covenant with you. 62So I will establish my covenant with you, and you will know that I am the LORD. 63Then, when I make atonement for you for all you have done, you will remember and be ashamed and never again open your mouth because of your humiliation, declares the Sovereign LORD.' "

Two Eagles and a Vine

17 The word of the LORD came to me: 2"Son of man, set forth an allegory and tell the house of Israel a parable. 3Say to them, 'This is what the Sovereign LORD says: A great eagle with powerful wings, long feathers and full plumage of varied colors came to Lebanon. Taking hold of the top of a cedar, 4he broke off its topmost shoot and carried it away to a land of merchants, where he planted it in a city of traders.

5 " 'He took some of the seed of your land and put it in fertile soil. He planted it like a willow by abundant water, 6and it sprouted and became a low, spreading vine. Its branches turned toward him, but its roots remained under it. So it became a vine and produced branches and put out leafy boughs.

7 " 'But there was another great eagle with powerful wings and full plumage. The vine now sent out its roots toward him from the plot where it was planted and stretched out its branches to him for water. 8It had been planted in good soil by abundant water so that it would produce branches, bear fruit and become a splendid vine.'

9 "Say to them, 'This is what the Sovereign LORD says: Will it thrive? Will it not be uprooted and stripped of its fruit so that it withers? All its new growth will wither. It will not take a strong arm or many people to pull it up by the roots. 10Even if it is transplanted, will it thrive? Will it not wither completely when the east wind strikes it—wither away in the plot where it grew?' "

11 Then the word of the LORD came to me: 12"Say

---

h 57 Many Hebrew manuscripts and Syriac; most Hebrew manuscripts, Septuagint and Vulgate *Aram*

12 Dí ahora a la casa rebelde: ¿No habéis entendido qué significan estas cosas? Diles: He aquí que el rey de Babilonia vino a Jerusalén, y tomó a tu rey y a sus príncipes, y los llevó consigo a Babilonia.

13 Tomó también a uno de la descendencia real e hizo pacto con él, y le hizo prestar juramento; y se llevó consigo a los poderosos de la tierra,

14 para que el reino fuese abatido y no se levantase, a fin de que guardando el pacto, permaneciese en pie.

15 Pero se rebeló contra él, enviando embajadores a Egipto para que le diese caballos y mucha gente. ¿Será prosperado, escapará el que estas cosas hizo? El que rompió el pacto, ¿podrá escapar?

16 Vivo yo, dice Jehová el Señor, que morirá en medio de Babilonia, en el lugar donde habita el rey que le hizo reinar, cuyo juramento menospreció, y cuyo pacto hecho con él rompió.

17 Y ni con gran ejército ni con mucha compañía hará Faraón nada por él en la batalla, cuando se levanten vallados y se edifiquen torres para cortar muchas vidas.

18 Por cuanto menospreció el juramento y quebrantó el pacto, cuando he aquí que había dado su mano, y ha hecho todas estas cosas, no escapará.

19 Por tanto, así ha dicho Jehová el Señor: Vivo yo, que el juramento mío que menospreció, y mi pacto que ha quebrantado, lo traeré sobre su misma cabeza.

20 Extenderé sobre él mi red, y será preso en mi lazo, y lo haré venir a Babilonia, y allí entraré en juicio con él por su prevaricación con que contra mí se ha rebelado.

21 Y todos sus fugitivos, con todas sus tropas, caerán a espada, y los que queden serán esparcidos a todos los vientos; y sabréis que yo Jehová he hablado.

22 Así ha dicho Jehová el Señor: Tomaré yo del cogollo de aquel alto cedro, y lo plantaré; del principal de sus renuevos cortaré un tallo, y lo plantaré sobre el monte alto y sublime.

23 En el monte alto de Israel lo plantaré, y alzará ramas, y dará fruto, y se hará magnífico cedro; y habitarán debajo de él todas las aves de toda especie; a la sombra de sus ramas habitarán.

24 Y sabrán todos los árboles del campo que yo Jehová abatí el árbol sublime, levanté el árbol bajo, hice secar el árbol verde, e hice reverdecer el árbol seco. Yo Jehová lo he dicho, y lo haré.

El alma que pecare morirá

18 1 Vino a mí palabra de Jehová, diciendo: 2 ¿Qué pensáis vosotros, los que usáis este refrán sobre la tierra de Israel, que dice: Los padres comieron las uvas agrias, y los dientes de los hijos tienen la dentera?

3 Vivo yo, dice Jehová el Señor, que nunca más tendréis por qué usar este refrán en Israel.

4 He aquí que todas las almas son mías; como el alma del padre, así el alma del hijo es mía; el alma que pecare, esa morirá.

5 Y el hombre que fuere justo, e hiciere según el derecho y la justicia;

6 que no comiere sobre los montes, ni alzare sus ojos a los ídolos de la casa de Israel, ni violare la mujer de su prójimo, ni se llegare a la mujer menstruosa,

7 ni oprimiere a ninguno; que al deudor devolviere su prenda, que no cometiere robo, y que diere de su pan al hambriento y cubriere al desnudo con vestido,

to this rebellious house, 'Do you not know what these things mean?' Say to them: 'The king of Babylon went to Jerusalem and carried off her king and her nobles, bringing them back with him to Babylon. 13 Then he took a member of the royal family and made a treaty with him, putting him under oath. He also carried away the leading men of the land, 14 so that the kingdom would be brought low, unable to rise again, surviving only by keeping his treaty. 15 But the king rebelled against him by sending his envoys to Egypt to get horses and a large army. Will he succeed? Will he who does such things escape? Will he break the treaty and yet escape?

16 " 'As surely as I live, declares the Sovereign LORD, he shall die in Babylon, in the land of the king who put him on the throne, whose oath he despised and whose treaty he broke. 17 Pharaoh with his mighty army and great horde will be of no help to him in war, when ramps are built and siege works erected to destroy many lives. 18 He despised the oath by breaking the covenant. Because he had given his hand in pledge and yet did all these things, he shall not escape.

19 " 'Therefore this is what the Sovereign LORD says: As surely as I live, I will bring down on his head my oath that he despised and my covenant that he broke. 20 I will spread my net for him, and he will be caught in my snare. I will bring him to Babylon and execute judgment upon him there because he was unfaithful to me. 21 All his fleeing troops will fall by the sword, and the survivors will be scattered to the winds. Then you will know that I the LORD have spoken.

22 " 'This is what the Sovereign LORD says: I myself will take a shoot from the very top of a cedar and plant it; I will break off a tender sprig from its topmost shoots and plant it on a high and lofty mountain. 23 On the mountain heights of Israel I will plant it; it will produce branches and bear fruit and become a splendid cedar. Birds of every kind will nest in it; they will find shelter in the shade of its branches. 24 All the trees of the field will know that I the LORD bring down the tall tree and make the low tree grow tall. I dry up the green tree and make the dry tree flourish.

" 'I the LORD have spoken, and I will do it.' "

The Soul Who Sins Will Die

18 The word of the LORD came to me: 2 "What do you people mean by quoting this proverb about the land of Israel:

" 'The fathers eat sour grapes,
and the children's teeth are set on edge'?

3 "As surely as I live, declares the Sovereign LORD, you will no longer quote this proverb in Israel. 4 For every living soul belongs to me, the father as well as the son—both alike belong to me. The soul who sins is the one who will die.

5 "Suppose there is a righteous man
who does what is just and right.
6 He does not eat at the mountain shrines
or look to the idols of the house of Israel.
He does not defile his neighbor's wife
or lie with a woman during her period.
7 He does not oppress anyone,
but returns what he took in pledge for a loan.
He does not commit robbery
but gives his food to the hungry
and provides clothing for the naked.

8que no prestare a interés ni tomare usura; que de la maldad retrajere su mano, e hiciere juicio verdadero entre hombre y hombre,

9en mis ordenanzas caminare, y guardare mis decretos para hacer rectamente, éste es justo; éste vivirá, dice Jehová el Señor.

10Mas si engendrare hijo ladrón, derramador de sangre, o que haga alguna cosa de estas,

11y que no haga las otras, sino que comiere sobre los montes, o violare la mujer de su prójimo,

12al pobre y menesteroso oprimiere, cometiere robos, no devolviere la prenda, o alzare sus ojos a los ídolos e hiciere abominación,

13prestare a interés y tomare usura; ¿vivirá éste? No vivirá. Todas estas abominaciones hizo; de cierto morirá, su sangre será sobre él.

14Pero si éste engendrare hijo, el cual viere todos los pecados que su padre hizo, y viéndolos no hiciere según ellos;

15no comiere sobre los montes, ni alzare sus ojos a los ídolos de la casa de Israel; la mujer de su prójimo no violare,

16ni oprimiere a nadie, la prenda no retuviere, ni cometiere robos; al hambriento diere de su pan, y cubriere con vestido al desnudo;

17apartare su mano del pobre, interés y usura no recibiere; guardare mis decretos y anduviere en mis ordenanzas; éste no morirá por la maldad de su padre; de cierto vivirá.

18Su padre, por cuanto hizo agravio, despojó violentamente al hermano, e hizo en medio de su pueblo lo que no es bueno, he aquí que él morirá por su maldad.

19Y si dijereis: ¿Por qué el hijo no llevará el pecado de su padre? Porque el hijo hizo según el derecho y la justicia, guardó todos mis estatutos y los cumplió, de cierto vivirá.

20El alma que pecare, esa morirá; el hijo no llevará el pecado del padre, ni el padre llevará el pecado del hijo; la justicia del justo será sobre él, y la impiedad del impío será sobre él.

El camino de Dios es justo

21Mas el impío, si se apartare de todos sus pecados que hizo, y guardare todos mis estatutos e hiciere según el derecho y la justicia, de cierto vivirá; no morirá.

22Todas las transgresiones que cometió, no le serán recordadas; en su justicia que hizo vivirá.

23¿Quiero yo la muerte del impío? dice Jehová el Señor. ¿No vivirá, si se apartare de sus caminos?

8He does not lend at usury
  or take excessive interest.*i*
He withholds his hand from doing wrong
  and judges fairly between man and man.
9He follows my decrees
  and faithfully keeps my laws.
That man is righteous;
  he will surely live,
                declares the Sovereign LORD.

10"Suppose he has a violent son, who sheds blood or does any of these other things*j* 11(though the father has done none of them):

"He eats at the mountain shrines.
He defiles his neighbor's wife.
12He oppresses the poor and needy.
He commits robbery.
He does not return what he took in pledge.
He looks to the idols.
He does detestable things.
13He lends at usury and takes excessive interest.

Will such a man live? He will not! Because he has done all these detestable things, he will surely be put to death and his blood will be on his own head.

14"But suppose this son has a son who sees all the sins his father commits, and though he sees them, he does not do such things:

15"He does not eat at the mountain shrines
  or look to the idols of the house of Israel.
He does not defile his neighbor's wife.
16He does not oppress anyone
  or require a pledge for a loan.
He does not commit robbery
  but gives his food to the hungry
  and provides clothing for the naked.
17He withholds his hand from sin*k*
  and takes no usury or excessive interest.
He keeps my laws and follows my decrees.

He will not die for his father's sin; he will surely live. 18But his father will die for his own sin, because he practiced extortion, robbed his brother and did what was wrong among his people.

19"Yet you ask, 'Why does the son not share the guilt of his father?' Since the son has done what is just and right and has been careful to keep all my decrees, he will surely live. 20The soul who sins is the one who will die. The son will not share the guilt of the father, nor will the father share the guilt of the son. The righteousness of the righteous man will be credited to him, and the wickedness of the wicked will be charged against him.

21"But if a wicked man turns away from all the sins he has committed and keeps all my decrees and does what is just and right, he will surely live; he will not die. 22None of the offenses he has committed will be remembered against him. Because of the righteous things he has done, he will live. 23Do I take any pleasure in the death of the wicked? declares the Sovereign LORD. Rather, am I not pleased when they turn from their ways and live?

---

*i*8 Or *take interest*; similarly in verses 13 and 17   *j*10 Or *things to a brother*   *k*17 Septuagint (see also verse 8); Hebrew *from the poor*

24 Mas si el justo se apartare de su justicia y cometiere maldad, e hiciere conforme a todas las abominaciones que el impío hizo, ¿vivirá él? Ninguna de las justicias que hizo le serán tenidas en cuenta; por su rebelión con que prevaricó, y por el pecado que cometió, por ello morirá.

25 Y si dijereis: No es recto el camino del Señor; oíd ahora, casa de Israel: ¿No es recto mi camino? ¿no son vuestros caminos torcidos?

26 Apartándose el justo de su justicia, y haciendo iniquidad, él morirá por ello; por la iniquidad que hizo, morirá.

27 Y apartándose el impío de su impiedad que hizo, y haciendo según el derecho y la justicia, hará vivir su alma.

28 Porque miró y se apartó de todas sus transgresiones que había cometido, de cierto vivirá; no morirá.

29 Si aún dijere la casa de Israel: No es recto el camino del Señor; ¿no son rectos mis caminos, casa de Israel? Ciertamente, vuestros caminos no son rectos.

30 Por tanto, yo os juzgaré a cada uno según sus caminos, oh casa de Israel, dice Jehová el Señor. Convertíos, y apartaos de todas vuestras transgresiones, y no os será la iniquidad causa de ruina.

31 Echad de vosotros todas vuestras transgresiones con que habéis pecado, y haceos un corazón nuevo y un espíritu nuevo. ¿Por qué moriréis, casa de Israel?

32 Porque no quiero la muerte del que muere, dice Jehová el Señor; convertíos, pues, y viviréis.

Lamentación sobre los príncipes de Israel

19 1 Y tú, levanta endecha sobre los príncipes de Israel.

2 Dirás: ¡Cómo se echó entre los leones tu madre la leona! Entre los leoncillos crio sus cachorros,

3 e hizo subir uno de sus cachorros; vino a ser leoncillo, y aprendió a arrebatar la presa, y a devorar hombres.

4 Y las naciones oyeron de él; fue tomado en la trampa de ellas, y lo llevaron con grillos a la tierra de Egipto.

5 Viendo ella que había esperado mucho tiempo, y que se perdía su esperanza, tomó otro de sus cachorros, y lo puso por leoncillo.

6 Y él andaba entre los leones; se hizo leoncillo, aprendió a arrebatar la presa, devoró hombres.

7 Saqueó fortalezas, y asoló ciudades; y la tierra fue desolada, y cuanto había en ella, al estruendo de sus rugidos.

8 Arremetieron contra él las gentes de las provincias de alrededor, y extendieron sobre él su red, y en el foso fue apresado.

9 Y lo pusieron en una jaula y lo llevaron con cadenas, y lo llevaron al rey de Babilonia; lo pusieron en las fortalezas, para que su voz no se oyese más sobre los montes de Israel.

---

24 "But if a righteous man turns from his righteousness and commits sin and does the same detestable things the wicked man does, will he live? None of the righteous things he has done will be remembered. Because of the unfaithfulness he is guilty of and because of the sins he has committed, he will die.

25 "Yet you say, 'The way of the Lord is not just.' Hear, O house of Israel: Is my way unjust? Is it not your ways that are unjust? 26 If a righteous man turns from his righteousness and commits sin, he will die for it; because of the sin he has committed he will die. 27 But if a wicked man turns away from the wickedness he has committed and does what is just and right, he will save his life. 28 Because he considers all the offenses he has committed and turns away from them, he will surely live; he will not die. 29 Yet the house of Israel says, 'The way of the Lord is not just.' Are my ways unjust, O house of Israel? Is it not your ways that are unjust?

30 "Therefore, O house of Israel, I will judge you, each one according to his ways, declares the Sovereign LORD. Repent! Turn away from all your offenses; then sin will not be your downfall. 31 Rid yourselves of all the offenses you have committed, and get a new heart and a new spirit. Why will you die, O house of Israel? 32 For I take no pleasure in the death of anyone, declares the Sovereign LORD. Repent and live!

A Lament for Israel's Princes

19 "Take up a lament concerning the princes of Israel 2 and say:

" 'What a lioness was your mother
  among the lions!
She lay down among the young lions
  and reared her cubs.
3 She brought up one of her cubs,
  and he became a strong lion.
He learned to tear the prey
  and he devoured men.
4 The nations heard about him,
  and he was trapped in their pit.
They led him with hooks
  to the land of Egypt.

5 " 'When she saw her hope unfulfilled,
  her expectation gone,
she took another of her cubs
  and made him a strong lion.
6 He prowled among the lions,
  for he was now a strong lion.
He learned to tear the prey
  and he devoured men.
7 He broke down/ their strongholds
  and devastated their towns.
The land and all who were in it
  were terrified by his roaring.
8 Then the nations came against him,
  those from regions round about.
They spread their net for him,
  and he was trapped in their pit.
9 With hooks they pulled him into a cage
  and brought him to the king of Babylon.
They put him in prison,
  so his roar was heard no longer
  on the mountains of Israel.

17 Targum (see Septuagint); Hebrew He knew

10 Tu madre fue como una vid en medio de la viña, plantada junto a las aguas, dando fruto y echando vástagos a causa de las muchas aguas.

11 Y ella tuvo varas fuertes para cetros de reyes; y se elevó su estatura por encima entre las ramas, y fue vista por causa de su altura y la multitud de sus sarmientos.

12 Pero fue arrancada con ira, derribada en tierra, y el viento solano secó su fruto; sus ramas fuertes fueron quebradas y se secaron; las consumió el fuego.

13 Y ahora está plantada en el desierto, en tierra de sequedad y de aridez.

14 Y ha salido fuego de la vara de sus ramas, que ha consumido su fruto, y no ha quedado en ella vara fuerte para cetro de rey. Endecha es esta, y de endecha servirá.

10 " 'Your mother was like a vine in your
    vineyard *m*
  planted by the water;
it was fruitful and full of branches
  because of abundant water.
11 Its branches were strong,
  fit for a ruler's scepter.
It towered high
  above the thick foliage,
conspicuous for its height
  and for its many branches.
12 But it was uprooted in fury
  and thrown to the ground.
The east wind made it shrivel,
  it was stripped of its fruit;
its strong branches withered
  and fire consumed them.
13 Now it is planted in the desert,
  in a dry and thirsty land.
14 Fire spread from one of its main *n* branches
  and consumed its fruit.
No strong branch is left on it
  fit for a ruler's scepter.'

This is a lament and is to be used as a lament."

Modo de proceder de Dios con Israel

20 1 Aconteció en el año séptimo, en el mes quinto, a los diez días del mes, que vinieron algunos de los ancianos de Israel a consultar a Jehová, y se sentaron delante de mí.

2 Y vino a mí palabra de Jehová, diciendo:

3 Hijo de hombre, habla a los ancianos de Israel, y diles: Así ha dicho Jehová el Señor: ¿A consultarme venís vosotros? Vivo yo, que no os responderé, dice Jehová el Señor.

4 ¿Quieres tú juzgarlos? ¿Los quieres juzgar tú, hijo de hombre? Hazles conocer las abominaciones de sus padres,

5 y diles: Así ha dicho Jehová el Señor: El día que escogí a Israel, y que alcé mi mano para jurar a la descendencia de la casa de Jacob, cuando me di a conocer a ellos en la tierra de Egipto, cuando alcé mi mano y les juré diciendo: Yo soy Jehová vuestro Dios;

6 aquel día que les alcé mi mano, jurando así que los sacaría de la tierra de Egipto a la tierra que les había provisto, que fluye leche y miel, la cual es la más hermosa de todas las tierras;

7 entonces les dije: Cada uno eche de sí las abominaciones de delante de sus ojos, y no os contaminéis con los ídolos de Egipto. Yo soy Jehová vuestro Dios.

8 Mas ellos se rebelaron contra mí, y no quisieron obedecerme; no echó de sí cada uno las abominaciones de delante de sus ojos, ni dejaron los ídolos de Egipto; y dije que derramaría mi ira sobre ellos, para cumplir mi enojo en ellos en medio de la tierra de Egipto.

9 Con todo, a causa de mi nombre, para que no se infamase ante los ojos de las naciones en medio de las cuales estaban, en cuyos ojos fui conocido, actué para sacarlos de la tierra de Egipto.

10 Los saqué de la tierra de Egipto, y los traje al desierto,

11 y les di mis estatutos, y les hice conocer mis decretos, por los cuales el hombre que los cumpliere vivirá.

12 Y les di también mis días de reposo, * para que fuesen por señal entre mí y ellos, para que supiesen que yo soy Jehová que los santifico.

Rebellious Israel

20 In the seventh year, in the fifth month on the tenth day, some of the elders of Israel came to inquire of the LORD, and they sat down in front of me.

2 Then the word of the LORD came to me: 3 "Son of man, speak to the elders of Israel and say to them, 'This is what the Sovereign LORD says: Have you come to inquire of me? As surely as I live, I will not let you inquire of me, declares the Sovereign LORD.'

4 "Will you judge them? Will you judge them, son of man? Then confront them with the detestable practices of their fathers 5 and say to them: 'This is what the Sovereign LORD says: On the day I chose Israel, I swore with uplifted hand to the descendants of the house of Jacob and revealed myself to them in Egypt. With uplifted hand I said to them, "I am the LORD your God." 6 On that day I swore to them that I would bring them out of Egypt into a land I had searched out for them, a land flowing with milk and honey, the most beautiful of all lands. 7 And I said to them, "Each of you, get rid of the vile images you have set your eyes on, and do not defile yourselves with the idols of Egypt. I am the LORD your God."

8 " 'But they rebelled against me and would not listen to me; they did not get rid of the vile images they had set their eyes on, nor did they forsake the idols of Egypt. So I said I would pour out my wrath on them and spend my anger against them in Egypt. 9 But for the sake of my name I did what would keep it from being profaned in the eyes of the nations they lived among and in whose sight I had revealed myself to the Israelites by bringing them out of Egypt. 10 Therefore I led them out of Egypt and brought them into the desert. 11 I gave them my decrees and made known to them my laws, for the man who obeys them will live by them. 12 Also I gave them my Sabbaths as a sign between us, so they would know that I the LORD made them holy.

*Aquí equivale a *sábado*

m 10 Two Hebrew manuscripts; most Hebrew manuscripts *your blood* *n* 14 Or *from under its*

13 Mas se rebeló contra mí la casa de Israel en el desierto; no anduvieron en mis estatutos, y desecharon mis decretos, por los cuales el hombre que los cumpliere, vivirá; y mis días de reposo * profanaron en gran manera; dije, por tanto, que derramaría sobre ellos mi ira en el desierto para exterminarlos.

14 Pero actué a causa de mi nombre, para que no se infamase a la vista de las naciones ante cuyos ojos los había sacado.

15 También yo les alcé mi mano en el desierto, jurando que no los traería a la tierra que les había dado, que fluye leche y miel, la cual es la más hermosa de todas las tierras; 16 porque desecharon mis decretos, y no anduvieron en mis estatutos, y mis días de reposo * profanaron, porque tras sus ídolos iba su corazón.

17 Con todo, los perdonó mi ojo, pues no los maté, ni los exterminé en el desierto;

18 antes dije en el desierto a sus hijos: No andéis en los estatutos de vuestros padres, ni guardéis sus leyes, ni os contaminéis con sus ídolos.

19 Yo soy Jehová vuestro Dios; andad en mis estatutos, y guardad mis preceptos, y ponedlos por obra;

20 y santificad mis días de reposo, * y sean por señal entre mí y vosotros, para que sepáis que yo soy Jehová vuestro Dios.

21 Mas los hijos se rebelaron contra mí; no anduvieron en mis estatutos, ni guardaron mis decretos para ponerlos por obra, por los cuales el hombre que los cumpliere vivirá; profanaron mis días de reposo. * Dije entonces que derramaría mi ira sobre ellos, para cumplir mi enojo en ellos en el desierto.

22 Mas retraje mi mano a causa de mi nombre, para que no se infamase a la vista de las naciones ante cuyos ojos los había sacado.

23 También les alcé yo mi mano en el desierto, jurando que los esparciría entre las naciones, y que los dispersaría por las tierras,

24 porque no pusieron por obra mis decretos, sino que desecharon mis estatutos y profanaron mis días de reposo, * y tras los ídolos de sus padres se les fueron los ojos.

25 Por eso yo también les di estatutos que no eran buenos, y decretos por los cuales no podrían vivir.

26 Y los contaminé en sus ofrendas cuando hacían pasar por el fuego a todo primogénito, para desolarlos y hacerles saber que yo soy Jehová.

27 Por tanto, hijo de hombre, habla a la casa de Israel, y diles: Así ha dicho Jehová el Señor: Aun en esto me afrentaron vuestros padres cuando cometieron rebelión contra mí.

28 Porque yo los traje a la tierra sobre la cual había alzado mi mano jurando que había de dársela, y miraron a todo collado alto y a todo árbol frondoso, y allí sacrificaron sus víctimas, y allí presentaron ofrendas que me irritan, allí pusieron también su incienso agradable, y allí derramaron sus libaciones.

29 Y yo les dije: ¿Qué es ese lugar alto adonde vosotros vais? Y fue llamado su nombre Bama a hasta el día de hoy.

30 Dí, pues, a la casa de Israel: Así ha dicho Jehová el Señor: ¿No os contamináis vosotros a la manera de vuestros padres, y fornicáis tras sus abominaciones?

31 Porque ofreciendo vuestras ofrendas, haciendo pasar vuestros hijos por el fuego, os habéis contaminado con todos vuestros ídolos hasta hoy; ¿y he de responderos yo, casa de Israel? Vivo yo, dice Jehová el Señor, que no os responderé.

13 " 'Yet the people of Israel rebelled against me in the desert. They did not follow my decrees but rejected my laws — although the man who obeys them will live by them — and they utterly desecrated my Sabbaths. So I said I would pour out my wrath on them and destroy them in the desert. 14 But for the sake of my name I did what would keep it from being profaned in the eyes of the nations in whose sight I had brought them out. 15 Also with uplifted hand I swore to them in the desert that I would not bring them into the land I had given them — a land flowing with milk and honey, most beautiful of all lands — 16 because they rejected my laws and did not follow my decrees and desecrated my Sabbaths. For their hearts were devoted to their idols. 17 Yet I looked on them with pity and did not destroy them or put an end to them in the desert. 18 I said to their children in the desert, "Do not follow the statutes of your fathers or keep their laws or defile yourselves with their idols. 19 I am the LORD your God; follow my decrees and be careful to keep my laws. 20 Keep my Sabbaths holy, that they may be a sign between us. Then you will know that I am the LORD your God."

21 " 'But the children rebelled against me: They did not follow my decrees, they were not careful to keep my laws — although the man who obeys them will live by them — and they desecrated my Sabbaths. So I said I would pour out my wrath on them and spend my anger against them in the desert. 22 But I withheld my hand, and for the sake of my name I did what would keep it from being profaned in the eyes of the nations in whose sight I had brought them out. 23 Also with uplifted hand I swore to them in the desert that I would disperse them among the nations and scatter them through the countries, 24 because they had not obeyed my laws but had rejected my decrees and desecrated my Sabbaths, and their eyes ⸤lusted⸥ after their fathers' idols. 25 I also gave them over to statutes that were not good and laws they could not live by; 26 I let them become defiled through their gifts — the sacrifice of every firstborn o — that I might fill them with horror so they would know that I am the LORD.'

27 "Therefore, son of man, speak to the people of Israel and say to them, 'This is what the Sovereign LORD says: In this also your fathers blasphemed me by forsaking me: 28 When I brought them into the land I had sworn to give them and they saw any high hill or any leafy tree, there they offered their sacrifices, made offerings that provoked me to anger, presented their fragrant incense and poured out their drink offerings. 29 Then I said to them: What is this high place you go to?' " (It is called Bamah p to this day.)

Judgment and Restoration

30 "Therefore say to the house of Israel: 'This is what the Sovereign LORD says: Will you defile yourselves the way your fathers did and lust after their vile images? 31 When you offer your gifts — the sacrifice of your sons in q the fire — you continue to defile yourselves with all your idols to this day. Am I to let you inquire of me, O house of Israel? As surely as I live, declares the Sovereign LORD, I will not let you inquire of me.

---

*Aquí equivale a sábado   a Esto es, lugar alto.

o 26 Or —making every firstborn pass through ⸤the fire⸥
p 29 Bamah means high place.   q 31 Or —making your sons pass through

32 Y no ha de ser lo que habéis pensado. Porque vosotros decís: Seamos como las naciones, como las demás familias de la tierra, que sirven al palo y a la piedra.

33 Vivo yo, dice Jehová el Señor, que con mano fuerte y brazo extendido, y enojo derramado, he de reinar sobre vosotros;

34 y os sacaré de entre los pueblos, y os reuniré de las tierras en que estáis esparcidos, con mano fuerte y brazo extendido, y enojo derramado;

35 y os traeré al desierto de los pueblos, y allí litigaré con vosotros cara a cara.

36 Como litigué con vuestros padres en el desierto de la tierra de Egipto, así litigaré con vosotros, dice Jehová el Señor.

37 Os haré pasar bajo la vara, y os haré entrar en los vínculos del pacto;

38 y apartaré de entre vosotros a los rebeldes, y a los que se rebelaron contra mí; de la tierra de sus peregrinaciones los sacaré, mas a la tierra de Israel no entrarán; y sabréis que yo soy Jehová.

39 Y a vosotros, oh casa de Israel, así ha dicho Jehová el Señor: Andad cada uno tras sus ídolos, y servidles, si es que a mí no me obedecéis; pero no profanéis más mi santo nombre con vuestras ofrendas y con vuestros ídolos.

40 Pero en mi santo monte, en el alto monte de Israel, dice Jehová el Señor, allí me servirá toda la casa de Israel, toda ella en la tierra; allí los aceptaré, y allí demandaré vuestras ofrendas, y las primicias de vuestros dones, con todas vuestras cosas consagradas.

41 Como incienso agradable os aceptaré, cuando os haya sacado de entre los pueblos, y os haya congregado de entre las tierras en que estáis esparcidos; y seré santificado en vosotros a los ojos de las naciones.

42 Y sabréis que yo soy Jehová, cuando os haya traído a la tierra de Israel, la tierra por la cual alcé mi mano jurando que la daría a vuestros padres.

43 Y allí os acordaréis de vuestros caminos, y de todos vuestros hechos en que os contaminasteis; y os aborreceréis a vosotros mismos a causa de todos vuestros pecados que cometisteis.

44 Y sabréis que yo soy Jehová, cuando haga con vosotros por amor de mi nombre, no según vuestros caminos malos ni según vuestras perversas obras, oh casa de Israel, dice Jehová el Señor.

Profecía contra el Neguev

45 Vino a mí palabra de Jehová, diciendo:

46 Hijo de hombre, pon tu rostro hacia el sur, derrama tu palabra hacia la parte austral, profetiza contra el bosque del Neguev.

47 Y dirás al bosque del Neguev: Oye la palabra de Jehová: Así ha dicho Jehová el Señor: He aquí que yo enciendo en ti fuego, el cual consumirá en ti todo árbol verde y todo árbol seco; no se apagará la llama del fuego; y serán quemados en ella todos los rostros, desde el sur hasta el norte.

48 Y verá toda carne que yo Jehová lo encendí; no se apagará.

49 Y dije: ¡Ah, Señor Jehová! ellos dicen de mí: ¿No profiere éste parábolas?

La espada afilada de Jehová

21 1 Vino a mí palabra de Jehová, diciendo:
2 Hijo de hombre, pon tu rostro contra Jerusalén, y derrama palabra sobre los santuarios, y profetiza contra la tierra de Israel.

32 " 'You say, "We want to be like the nations, like the peoples of the world, who serve wood and stone." But what you have in mind will never happen. 33 As surely as I live, declares the Sovereign LORD, I will rule over you with a mighty hand and an outstretched arm and with outpoured wrath. 34 I will bring you from the nations and gather you from the countries where you have been scattered—with a mighty hand and an outstretched arm and with outpoured wrath. 35 I will bring you into the desert of the nations and there, face to face, I will execute judgment upon you. 36 As I judged your fathers in the desert of the land of Egypt, so I will judge you, declares the Sovereign LORD. 37 I will take note of you as you pass under my rod, and I will bring you into the bond of the covenant. 38 I will purge you of those who revolt and rebel against me. Although I will bring them out of the land where they are living, yet they will not enter the land of Israel. Then you will know that I am the LORD.

39 " 'As for you, O house of Israel, this is what the Sovereign LORD says: Go and serve your idols, every one of you! But afterward you will surely listen to me and no longer profane my holy name with your gifts and idols. 40 For on my holy mountain, the high mountain of Israel, declares the Sovereign LORD, there in the land the entire house of Israel will serve me, and there I will accept them. There I will require your offerings and your choice gifts, r along with all your holy sacrifices. 41 I will accept you as fragrant incense when I bring you out from the nations and gather you from the countries where you have been scattered, and I will show myself holy among you in the sight of the nations. 42 Then you will know that I am the LORD, when I bring you into the land of Israel, the land I had sworn with uplifted hand to give to your fathers. 43 There you will remember your conduct and all the actions by which you have defiled yourselves, and you will loathe yourselves for all the evil you have done. 44 You will know that I am the LORD, when I deal with you for my name's sake and not according to your evil ways and your corrupt practices, O house of Israel, declares the Sovereign LORD.' "

Prophecy Against the South

45 The word of the LORD came to me: 46 "Son of man, set your face toward the south; preach against the south and prophesy against the forest of the southland. 47 Say to the southern forest: 'Hear the word of the LORD. This is what the Sovereign LORD says: I am about to set fire to you, and it will consume all your trees, both green and dry. The blazing flame will not be quenched, and every face from south to north will be scorched by it. 48 Everyone will see that I the LORD have kindled it; it will not be quenched.' "

49 Then I said, "Ah, Sovereign LORD! They are saying of me, 'Isn't he just telling parables?' "

Babylon, God's Sword of Judgment

21 The word of the LORD came to me: 2 "Son of man, set your face against Jerusalem and preach against the sanctuary. Prophesy against the land of Israel 3 and say to her: 'This is what the LORD says:

r40 Or *and the gifts of your firstfruits*

³ Dirás a la tierra de Israel: Así ha dicho Jehová: He aquí que yo estoy contra ti, y sacaré mi espada de su vaina, y cortaré de ti al justo y al impío.

⁴ Y por cuanto he de cortar de ti al justo y al impío, por tanto, mi espada saldrá de su vaina contra toda carne, desde el sur hasta el norte.

⁵ Y sabrá toda carne que yo Jehová saqué mi espada de su vaina; no la envainaré más.

⁶ Y tú, hijo de hombre, gime con quebrantamiento de tus lomos y con amargura; gime delante de los ojos de ellos.

⁷ Y cuando te dijeren: ¿Por qué gimes tú? dirás: Por una noticia que cuando llegue hará que desfallezca todo corazón, y toda mano se debilitará, y se angustiará todo espíritu, y toda rodilla será débil como el agua; he aquí que viene, y se hará, dice Jehová el Señor.

⁸ Vino a mí palabra de Jehová, diciendo:

⁹ Hijo de hombre, profetiza, y di: Así ha dicho Jehová el Señor: Di: La espada, la espada está afilada, y también pulida.

¹⁰ Para degollar víctimas está afilada, pulida está para que relumbre. ¿Hemos de alegrarnos? Al cetro de mi hijo ha despreciado como a un palo cualquiera.

¹¹ Y la dio a pulir para tenerla a mano; la espada está afilada, y está pulida para entregarla en mano del matador.

¹² Clama y lamenta, oh hijo de hombre; porque ésta será sobre mi pueblo, será ella sobre todos los príncipes de Israel; caerán ellos a espada juntamente con mi pueblo; hiere, pues, tu muslo;

¹³ porque está probado. ¿Y qué, si la espada desprecia aun al cetro? Él no será más, dice Jehová el Señor.

¹⁴ Tú, pues, hijo de hombre, profetiza, y bate una mano contra otra, y duplíquese y triplíquese el furor de la espada homicida; esta es la espada de la gran matanza que los traspasará,

¹⁵ para que el corazón desmaye, y los estragos se multipliquen; en todas las puertas de ellos he puesto espanto de espada. ¡Ah! dispuesta está para que relumbre, y preparada para degollar.

¹⁶ Corta a la derecha, hiere a la izquierda, adonde quiera que te vuelvas.

¹⁷ Y yo también batiré mi mano contra mi mano, y haré reposar mi ira. Yo Jehová he hablado.

¹⁸ Vino a mí palabra de Jehová, diciendo:

¹⁹ Tú, hijo de hombre, traza dos caminos por donde venga la espada del rey de Babilonia; de una misma tierra salgan ambos; y pon una señal al comienzo de cada camino, que indique la ciudad adonde va.

²⁰ El camino señalarás por donde venga la espada a Rabá de los hijos de Amón, y a Judá contra Jerusalén, la ciudad fortificada.

²¹ Porque el rey de Babilonia se ha detenido en una encru-

I am against you. I will draw my sword from its scabbard and cut off from you both the righteous and the wicked. ⁴Because I am going to cut off the righteous and the wicked, my sword will be unsheathed against everyone from south to north. ⁵Then all people will know that I the LORD have drawn my sword from its scabbard; it will not return again.'

⁶"Therefore groan, son of man! Groan before them with broken heart and bitter grief. ⁷And when they ask you, 'Why are you groaning?' you shall say, 'Because of the news that is coming. Every heart will melt and every hand go limp; every spirit will become faint and every knee become as weak as water.' It is coming! It will surely take place, declares the Sovereign LORD."

⁸The word of the LORD came to me: ⁹"Son of man, prophesy and say, 'This is what the Lord says:

" 'A sword, a sword,
    sharpened and polished—
¹⁰sharpened for the slaughter,
    polished to flash like lightning!

" 'Shall we rejoice in the scepter of my son ⌐Judah⌐? The sword despises every such stick.

¹¹" 'The sword is appointed to be polished,
    to be grasped with the hand;
it is sharpened and polished,
    made ready for the hand of the slayer.
¹²Cry out and wail, son of man,
    for it is against my people;
    it is against all the princes of Israel.
They are thrown to the sword
    along with my people.
Therefore beat your breast.

¹³" 'Testing will surely come. And what if the scepter ⌐of Judah⌐, which the sword despises, does not continue? declares the Sovereign LORD.'

¹⁴"So then, son of man, prophesy
    and strike your hands together.
Let the sword strike twice,
    even three times.
It is a sword for slaughter—
    a sword for great slaughter,
    closing in on them from every side.
¹⁵So that hearts may melt
    and the fallen be many,
I have stationed the sword for slaughterˢ
    at all their gates.
Oh! It is made to flash like lightning,
    it is grasped for slaughter.
¹⁶O sword, slash to the right,
    then to the left,
    wherever your blade is turned.
¹⁷I too will strike my hands together,
    and my wrath will subside.
I the LORD have spoken."

¹⁸The word of the LORD came to me: ¹⁹"Son of man, mark out two roads for the sword of the king of Babylon to take, both starting from the same country. Make a signpost where the road branches off to the city. ²⁰Mark out one road for the sword to come against Rabbah of the Ammonites and another against Judah and fortified Jerusalem. ²¹For the king of Bab-

---

ˢ 15 Septuagint; the meaning of the Hebrew for this word is uncertain.

cijada, al principio de los dos caminos, para usar de adivinación; ha sacudido las saetas, consultó a sus ídolos, miró el hígado. 22 La adivinación señaló a su mano derecha, sobre Jerusalén, para dar la orden de ataque, para dar comienzo a la matanza, para levantar la voz en grito de guerra, para poner arietes contra las puertas, para levantar vallados, y edificar torres de sitio. 23 Mas para ellos esto será como adivinación mentirosa, ya que les ha hecho solemnes juramentos; pero él trae a la memoria la maldad de ellos, para apresarlos.

24 Por tanto, así ha dicho Jehová el Señor: Por cuanto habéis hecho traer a la memoria vuestras maldades, manifestando vuestras traiciones, y descubriendo vuestros pecados en todas vuestras obras; por cuanto habéis venido en memoria, seréis entregados en su mano.

25 Y tú, profano e impío príncipe de Israel, cuyo día ha llegado ya, el tiempo de la consumación de la maldad, 26 así ha dicho Jehová el Señor: Depón la tiara, quita la corona; esto no será más así; sea exaltado lo bajo, y humillado lo alto. 27 A ruina, a ruina, a ruina lo reduciré, y esto no será más, hasta que venga aquel cuyo es el derecho, y yo se lo entregaré.

Juicio contra los amonitas

28 Y tú, hijo de hombre, profetiza, y di: Así ha dicho Jehová el Señor acerca de los hijos de Amón, y de su oprobio. Dirás, pues: La espada, la espada está desenvainada para degollar; para consumir está pulida con resplandor. 29 Te profetizan vanidad, te adivinan mentira, para que la emplees sobre los cuellos de los malos sentenciados a muerte, cuyo día vino en el tiempo de la consumación de la maldad. 30 ¿La volveré a su vaina? En el lugar donde te criaste, en la tierra donde has vivido, te juzgaré. 31 Y derramaré sobre ti mi ira; el fuego de mi enojo haré encender sobre ti, y te entregaré en mano de hombres temerarios, artífices de destrucción. 32 Serás pasto del fuego, se empapará la tierra de tu sangre; no habrá más memoria de ti, porque yo Jehová he hablado.

Los pecados de Jerusalén

22 ¹ Vino a mí palabra de Jehová, diciendo: ² Tú, hijo de hombre, ¿no juzgarás tú, no juzgarás tú a la ciudad derramadora de sangre, y le mostrarás todas sus abominaciones? ³ Dirás, pues: Así ha dicho Jehová el Señor: ¡Ciudad derramadora de sangre en medio de sí, para que venga su hora, y que hizo ídolos contra sí misma para contaminarse! ⁴ En tu sangre que derramaste has pecado, y te has contaminado en tus ídolos que hiciste; y has hecho acercar tu día, y has llegado al término de tus años; por tanto, te he dado en oprobio a las naciones, y en escarnio a todas las tierras. ⁵ Las que están cerca de ti y las que están lejos se reirán de ti, amancillada de nombre, y de grande turbación.

⁶ He aquí que los príncipes de Israel, cada uno según su poder, se esfuerzan en derramar sangre.

ylon will stop at the fork in the road, at the junction of the two roads, to seek an omen: He will cast lots with arrows, he will consult his idols, he will examine the liver. 22 Into his right hand will come the lot for Jerusalem, where he is to set up battering rams, to give the command to slaughter, to sound the battle cry, to set battering rams against the gates, to build a ramp and to erect siege works. 23 It will seem like a false omen to those who have sworn allegiance to him, but he will remind them of their guilt and take them captive.

24 "Therefore this is what the Sovereign LORD says: 'Because you people have brought to mind your guilt by your open rebellion, revealing your sins in all that you do—because you have done this, you will be taken captive.

25 " 'O profane and wicked prince of Israel, whose day has come, whose time of punishment has reached its climax, 26 this is what the Sovereign LORD says: Take off the turban, remove the crown. It will not be as it was: The lowly will be exalted and the exalted will be brought low. 27 A ruin! A ruin! I will make it a ruin! It will not be restored until he comes to whom it rightfully belongs; to him I will give it.'

28 "And you, son of man, prophesy and say, 'This is what the Sovereign LORD says about the Ammonites and their insults:

" 'A sword, a sword,
    drawn for the slaughter,
polished to consume
    and to flash like lightning!
29 Despite false visions concerning you
    and lying divinations about you,
it will be laid on the necks
    of the wicked who are to be slain,
whose day has come,
    whose time of punishment has reached its
        climax.
30 Return the sword to its scabbard.
    In the place where you were created,
in the land of your ancestry,
    I will judge you.
31 I will pour out my wrath upon you
    and breathe out my fiery anger against you;
I will hand you over to brutal men,
    men skilled in destruction.
32 You will be fuel for the fire,
    your blood will be shed in your land,
you will be remembered no more;
    for I the LORD have spoken.' "

Jerusalem's Sins

22 The word of the LORD came to me: 2 "Son of man, will you judge her? Will you judge this city of bloodshed? Then confront her with all her detestable practices 3 and say: 'This is what the Sovereign LORD says: O city that brings on herself doom by shedding blood in her midst and defiles herself by making idols, 4 you have become guilty because of the blood you have shed and have become defiled by the idols you have made. You have brought your days to a close, and the end of your years has come. Therefore I will make you an object of scorn to the nations and a laughingstock to all the countries. 5 Those who are near and those who are far away will mock you, O infamous city, full of turmoil.

6 " 'See how each of the princes of Israel who are in you uses his power to shed blood. 7 In you they have

7 Al padre y a la madre despreciaron en ti; al extranjero trataron con violencia en medio de ti; al huérfano y a la viuda despojaron en ti.

8 Mis santuarios menospreciaste, y mis días de reposo * has profanado.

9 Calumniadores hubo en ti para derramar sangre; y sobre los montes comieron en ti; hicieron en medio de ti perversidades.

10 La desnudez del padre descubrieron en ti, y en ti hicieron violencia a la que estaba inmunda por su menstruo.

11 Cada uno hizo abominación con la mujer de su prójimo, cada uno contaminó pervertidamente a su nuera, y cada uno violó en ti a su hermana, hija de su padre.

12 Precio recibieron en ti para derramar sangre; interés y usura tomaste, y a tus prójimos defraudaste con violencia; te olvidaste de mí, dice Jehová el Señor.

13 Y he aquí que batí mis manos a causa de tu avaricia que cometiste, y a causa de la sangre que derramaste en medio de ti.

14 ¿Estará firme tu corazón? ¿Serán fuertes tus manos en los días en que yo proceda contra ti? Yo Jehová he hablado, y lo haré.

15 Te dispersaré por las naciones, y te esparciré por las tierras; y haré fenecer de ti tu inmundicia.

16 Y por ti misma serás degradada a la vista de las naciones; y sabrás que yo soy Jehová.

17 Vino a mí palabra de Jehová, diciendo:

18 Hijo de hombre, la casa de Israel se me ha convertido en escoria; todos ellos son bronce y estaño y hierro y plomo en medio del horno; y en escorias de plata se convirtieron.

19 Por tanto, así ha dicho Jehová el Señor: Por cuanto todos vosotros os habéis convertido en escorias, por tanto, he aquí que yo os reuniré en medio de Jerusalén.

20 Como quien junta plata y bronce y hierro y plomo y estaño en medio del horno, para encender fuego en él para fundirlos, así os juntaré en mi furor y en mi ira, y os pondré allí, y os fundiré.

21 Yo os juntaré y soplaré sobre vosotros en el fuego de mi furor, y en medio de él seréis fundidos.

22 Como se funde la plata en medio del horno, así seréis fundidos en medio de él; y sabréis que yo Jehová habré derramado mi enojo sobre vosotros.

23 Vino a mí palabra de Jehová, diciendo:

24 Hijo de hombre, di a ella: Tú no eres tierra limpia, ni rociada con lluvia en el día del furor.

25 Hay conjuración de sus profetas en medio de ella, como león rugiente que arrebata presa; devoraron almas, tomaron haciendas y honra, multiplicaron sus viudas en medio de ella.

26 Sus sacerdotes violaron mi ley, y contaminaron mis santuarios; entre lo santo y lo profano no hicieron diferencia, ni distinguieron entre inmundo y limpio; y de mis días de reposo * apartaron sus ojos, y yo he sido profanado en medio de ellos.

27 Sus príncipes en medio de ella son como lobos que arrebatan presa, derramando sangre, para destruir las almas, para obtener ganancias injustas.

28 Y sus profetas recubrían con lodo suelto, profetizándoles vanidad y adivinándoles mentira, diciendo: Así ha dicho Jehová el Señor; y Jehová no había hablado.

29 El pueblo de la tierra usaba de opresión y cometía robo, al afligido y menesteroso hacía violencia, y al extranjero oprimía sin derecho.

30 Y busqué entre ellos hombre que hiciese vallado y que se pusiese en la brecha delante de mí, a favor de la tierra, para que yo no la destruyese; y no lo hallé.

treated father and mother with contempt; in you they have oppressed the alien and mistreated the fatherless and the widow. 8 You have despised my holy things and desecrated my Sabbaths. 9 In you are slanderous men bent on shedding blood; in you are those who eat at the mountain shrines and commit lewd acts. 10 In you are those who dishonor their fathers' bed; in you are those who violate women during their period, when they are ceremonially unclean. 11 In you one man commits a detestable offense with his neighbor's wife, another shamefully defiles his daughter-in-law, and another violates his sister, his own father's daughter. 12 In you men accept bribes to shed blood; you take usury and excessive interest[t] and make unjust gain from your neighbors by extortion. And you have forgotten me, declares the Sovereign LORD.

13 " 'I will surely strike my hands together at the unjust gain you have made and at the blood you have shed in your midst. 14 Will your courage endure or your hands be strong in the day I deal with you? I the LORD have spoken, and I will do it. 15 I will disperse you among the nations and scatter you through the countries; and I will put an end to your uncleanness. 16 When you have been defiled[u] in the eyes of the nations, you will know that I am the LORD.' "

17 Then the word of the LORD came to me: 18 "Son of man, the house of Israel has become dross to me; all of them are the copper, tin, iron and lead left inside a furnace. They are but the dross of silver. 19 Therefore this is what the Sovereign LORD says: 'Because you have all become dross, I will gather you into Jerusalem. 20 As men gather silver, copper, iron, lead and tin into a furnace to melt it with a fiery blast, so will I gather you in my anger and my wrath and put you inside the city and melt you. 21 I will gather you and I will blow on you with my fiery wrath, and you will be melted inside her. 22 As silver is melted in a furnace, so you will be melted inside her, and you will know that I the LORD have poured out my wrath upon you.' "

23 Again the word of the LORD came to me: 24 "Son of man, say to the land, 'You are a land that has had no rain or showers[v] in the day of wrath.' 25 There is a conspiracy of her princes[w] within her like a roaring lion tearing its prey; they devour people, take treasures and precious things and make many widows within her. 26 Her priests do violence to my law and profane my holy things; they do not distinguish between the holy and the common; they teach that there is no difference between the unclean and the clean; and they shut their eyes to the keeping of my Sabbaths, so that I am profaned among them. 27 Her officials within her are like wolves tearing their prey; they shed blood and kill people to make unjust gain. 28 Her prophets whitewash these deeds for them by false visions and lying divinations. They say, 'This is what the Sovereign LORD says'—when the LORD has not spoken. 29 The people of the land practice extortion and commit robbery; they oppress the poor and needy and mistreat the alien, denying them justice.

30 "I looked for a man among them who would build up the wall and stand before me in the gap on behalf of the land so I would not have to destroy it, but I found

---

* Aquí equivale a *sábado*

t12 Or *usury and interest*   *u16* Or *When I have allotted you your inheritance*   *v24* Septuagint; Hebrew *has not been cleansed or rained on*   *w25* Septuagint; Hebrew *prophets*

31 Por tanto, derramé sobre ellos mi ira; con el ardor de mi ira los consumí; hice volver el camino de ellos sobre su propia cabeza, dice Jehová el Señor.

Las dos hermanas

23 1 Vino a mí palabra de Jehová, diciendo:
2 Hijo de hombre, hubo dos mujeres, hijas de una madre,
3 las cuales fornicaron en Egipto; en su juventud fornicaron. Allí fueron apretados sus pechos, allí fueron estrujados sus pechos virginales.
4 Y se llamaban, la mayor, Ahola,b y su hermana, Aholiba;c las cuales llegaron a ser mías, y dieron a luz hijos e hijas. Y se llamaron: Samaria, Ahola; y Jerusalén, Aholiba.
5 Y Ahola cometió fornicación aun estando en mi poder; y se enamoró de sus amantes los asirios, vecinos suyos,
6 vestidos de púrpura, gobernadores y capitanes, jóvenes codiciables todos ellos, jinetes que iban a caballo.
7 Y se prostituyó con ellos, con todos los más escogidos de los hijos de los asirios, y con todos aquellos de quienes se enamoró; se contaminó con todos los ídolos de ellos.
8 Y no dejó sus fornicaciones de Egipto; porque con ella se echaron en su juventud, y ellos comprimieron sus pechos virginales, y derramaron sobre ella su fornicación.
9 Por lo cual la entregué en mano de sus amantes, en mano de los hijos de los asirios, de quienes se había enamorado.
10 Ellos descubrieron su desnudez, tomaron sus hijos y sus hijas, y a ella mataron a espada; y vino a ser famosa entre las mujeres, pues en ella hicieron escarmiento.
11 Y la vio su hermana Aholiba, y enloqueció de lujuria más que ella; y sus fornicaciones fueron más que las fornicaciones de su hermana.
12 Se enamoró de los hijos de los asirios sus vecinos, gobernadores y capitanes, vestidos de ropas y armas excelentes, jinetes que iban a caballo, todos ellos jóvenes codiciables.
13 Y vi que se había contaminado; un mismo camino era el de ambas.
14 Y aumentó sus fornicaciones; pues cuando vio a hombres pintados en la pared, imágenes de caldeos pintadas de color,
15 ceñidos por sus lomos con talabartes, y tiaras de colores en sus cabezas, teniendo todos ellos apariencia de capitanes, a la manera de los hombres de Babilonia, de Caldea, tierra de su nacimiento,
16 se enamoró de ellos a primera vista, y les envió mensajeros a la tierra de los caldeos.
17 Así, pues, se llegaron a ella los hombres de Babilonia en su lecho de amores, y la contaminaron, y ella también se contaminó con ellos, y su alma se hastió de ellos.
18 Así hizo patentes sus fornicaciones y descubrió sus desnudeces, por lo cual mi alma se hastió de ella, como se había ya hastiado mi alma de su hermana.
19 Aun multiplicó sus fornicaciones, trayendo en memoria los días de su juventud, en los cuales había fornicado en la tierra de Egipto.
20 Y se enamoró de sus rufianes, cuya lujuria es como el ardor carnal de los asnos, y cuyo flujo como flujo de caballos.
21 Así trajiste de nuevo a la memoria la lujuria de tu juventud, cuando los egipcios comprimieron tus pechos, los pechos de tu juventud.
22 Por tanto, Aholiba, así ha dicho Jehová el Señor: He aquí que yo suscitaré contra ti a tus amantes, de los cuales se hastió tu alma, y les haré venir contra ti en derredor;

none. 31 So I will pour out my wrath on them and consume them with my fiery anger, bringing down on their own heads all they have done, declares the Sovereign LORD."

Two Adulterous Sisters

23 The word of the LORD came to me: 2 "Son of man, there were two women, daughters of the same mother. 3 They became prostitutes in Egypt, engaging in prostitution from their youth. In that land their breasts were fondled and their virgin bosoms caressed. 4 The older was named Oholah, and her sister was Oholibah. They were mine and gave birth to sons and daughters. Oholah is Samaria, and Oholibah is Jerusalem.

5 "Oholah engaged in prostitution while she was still mine; and she lusted after her lovers, the Assyrians — warriors 6 clothed in blue, governors and commanders, all of them handsome young men, and mounted horsemen. 7 She gave herself as a prostitute to all the elite of the Assyrians and defiled herself with all the idols of everyone she lusted after. 8 She did not give up the prostitution she began in Egypt, when during her youth men slept with her, caressed her virgin bosom and poured out their lust upon her.

9 "Therefore I handed her over to her lovers, the Assyrians, for whom she lusted. 10 They stripped her naked, took away her sons and daughters and killed her with the sword. She became a byword among women, and punishment was inflicted on her.

11 "Her sister Oholibah saw this, yet in her lust and prostitution she was more depraved than her sister. 12 She too lusted after the Assyrians — governors and commanders, warriors in full dress, mounted horsemen, all handsome young men. 13 I saw that she too defiled herself; both of them went the same way.

14 "But she carried her prostitution still further. She saw men portrayed on a wall, figures of Chaldeansx portrayed in red, 15 with belts around their waists and flowing turbans on their heads; all of them looked like Babylonian chariot officers, natives of Chaldea.y 16 As soon as she saw them, she lusted after them and sent messengers to them in Chaldea. 17 Then the Babylonians came to her, to the bed of love, and in their lust they defiled her. After she had been defiled by them, she turned away from them in disgust. 18 When she carried on her prostitution openly and exposed her nakedness, I turned away from her in disgust, just as I had turned away from her sister. 19 Yet she became more and more promiscuous as she recalled the days of her youth, when she was a prostitute in Egypt. 20 There she lusted after her lovers, whose genitals were like those of donkeys and whose emission was like that of horses. 21 So you longed for the lewdness of your youth, when in Egypt your bosom was caressed and your young breasts fondled.z

22 "Therefore, Oholibah, this is what the Sovereign LORD says: I will stir up your lovers against you, those you turned away from in disgust, and I will bring them against you from every side — 23 the Babylonians and

---

x14 Or Babylonians   y15 Or Babylonia; also in verse 16
z21 Syriac (see also verse 3); Hebrew caressed because of your young breasts

²³ los de Babilonia, y todos los caldeos, los de Pecod, Soa y Coa, y todos los de Asiria con ellos; jóvenes codiciables, gobernadores y capitanes, nobles y varones de renombre, que montan a caballo todos ellos.
²⁴ Y vendrán contra ti carros, carretas y ruedas, y multitud de pueblos. Escudos, paveses y yelmos pondrán contra ti en derredor; y yo pondré delante de ellos el juicio, y por sus leyes te juzgarán.
²⁵ Y pondré mi celo contra ti, y procederán contigo con furor; te quitarán tu nariz y tus orejas, y lo que te quedare caerá a espada. Ellos tomarán a tus hijos y a tus hijas, y tu remanente será consumido por el fuego.
²⁶ Y te despojarán de tus vestidos, y te arrebatarán todos los adornos de tu hermosura.
²⁷ Y haré cesar de ti tu lujuria, y tu fornicación de la tierra de Egipto; y no levantarás ya más a ellos tus ojos, ni nunca más te acordarás de Egipto.
²⁸ Porque así ha dicho Jehová el Señor: He aquí, yo te entrego en mano de aquellos que aborreciste, en mano de aquellos de los cuales se hastió tu alma;
²⁹ los cuales procederán contigo con odio, y tomarán todo el fruto de tu labor, y te dejarán desnuda y descubierta; y se descubrirá la inmundicia de tus fornicaciones, y tu lujuria y tu prostitución.
³⁰ Estas cosas se harán contigo porque fornicaste en pos de las naciones, con las cuales te contaminaste en sus ídolos.
³¹ En el camino de tu hermana anduviste; yo, pues, pondré su cáliz en tu mano.
³² Así ha dicho Jehová el Señor: Beberás el hondo y ancho cáliz de tu hermana, que es de gran capacidad; de ti se mofarán las naciones, y te escarnecerán.
³³ Serás llena de embriaguez y de dolor por el cáliz de soledad y de desolación, por el cáliz de tu hermana Samaria.
³⁴ Lo beberás, pues, y lo agotarás, y quebrarás sus tiestos; y rasgarás tus pechos, porque yo he hablado, dice Jehová el Señor.
³⁵ Por tanto, así ha dicho Jehová el Señor: Por cuanto te has olvidado de mí, y me has echado tras tus espaldas, por eso, lleva tú también tu lujuria y tus fornicaciones.
³⁶ Y me dijo Jehová: Hijo de hombre, ¿no juzgarás tú a Ahola y a Aholiba, y les denunciarás sus abominaciones?
³⁷ Porque han adulterado, y hay sangre en sus manos, y han fornicado con sus ídolos; y aun a sus hijos que habían dado a luz para mí, hicieron pasar por el fuego, quemándolos.
³⁸ Aun esto más me hicieron: contaminaron mi santuario en aquel día, y profanaron mis días de reposo. *
³⁹ Pues habiendo sacrificado sus hijos a sus ídolos, entraban en mi santuario el mismo día para contaminarlo; y he aquí, así hicieron en medio de mi casa.
⁴⁰ Además, enviaron por hombres que viniesen de lejos, a los cuales había sido enviado mensajero, y he aquí vinieron; y por amor de ellos te lavaste, y pintaste tus ojos, y te ataviaste con adornos;
⁴¹ y te sentaste sobre suntuoso estrado, y fue preparada mesa delante de él, y sobre ella pusiste mi incienso y mi aceite.

all the Chaldeans, the men of Pekod and Shoa and Koa, and all the Assyrians with them, handsome young men, all of them governors and commanders, chariot officers and men of high rank, all mounted on horses. ²⁴They will come against you with weapons,^a chariots and wagons and with a throng of people; they will take up positions against you on every side with large and small shields and with helmets. I will turn you over to them for punishment, and they will punish you according to their standards. ²⁵I will direct my jealous anger against you, and they will deal with you in fury. They will cut off your noses and your ears, and those of you who are left will fall by the sword. They will take away your sons and daughters, and those of you who are left will be consumed by fire. ²⁶They will also strip you of your clothes and take your fine jewelry. ²⁷So I will put a stop to the lewdness and prostitution you began in Egypt. You will not look on these things with longing or remember Egypt anymore.

²⁸"For this is what the Sovereign LORD says: I am about to hand you over to those you hate, to those you turned away from in disgust. ²⁹They will deal with you in hatred and take away everything you have worked for. They will leave you naked and bare, and the shame of your prostitution will be exposed. Your lewdness and promiscuity ³⁰have brought this upon you, because you lusted after the nations and defiled yourself with their idols. ³¹You have gone the way of your sister; so I will put her cup into your hand.

³²"This is what the Sovereign LORD says:

"You will drink your sister's cup,
    a cup large and deep;
it will bring scorn and derision,
    for it holds so much.
³³You will be filled with drunkenness and sorrow,
    the cup of ruin and desolation,
    the cup of your sister Samaria.
³⁴You will drink it and drain it dry;
    you will dash it to pieces
    and tear your breasts.

I have spoken, declares the Sovereign LORD.

³⁵"Therefore this is what the Sovereign LORD says: Since you have forgotten me and thrust me behind your back, you must bear the consequences of your lewdness and prostitution."

³⁶The LORD said to me: "Son of man, will you judge Oholah and Oholibah? Then confront them with their detestable practices, ³⁷for they have committed adultery and blood is on their hands. They committed adultery with their idols; they even sacrificed their children, whom they bore to me,^b as food for them. ³⁸They have also done this to me: At that same time they defiled my sanctuary and desecrated my Sabbaths. ³⁹On the very day they sacrificed their children to their idols, they entered my sanctuary and desecrated it. That is what they did in my house.

⁴⁰"They even sent messengers for men who came from far away, and when they arrived you bathed yourself for them, painted your eyes and put on your jewelry. ⁴¹You sat on an elegant couch, with a table spread before it on which you had placed the incense and oil that belonged to me.

---

^a24 The meaning of the Hebrew for this word is uncertain.
^b37 Or even made the children they bore to me pass through the fire

42 Y se oyó en ella voz de compañía que se solazaba con ella; y con los varones de la gente común fueron traídos los sabeos del desierto, y pusieron pulseras en sus manos, y bellas coronas sobre sus cabezas.

43 Y dije respecto de la envejecida en adulterios: ¿Todavía cometerán fornicaciones con ella, y ella con ellos? 44 Porque han venido a ella como quien viene a mujer ramera; así vinieron a Ahola y a Aholiba, mujeres depravadas.

45 Por tanto, hombres justos las juzgarán por la ley de las adúlteras, y por la ley de las que derraman sangre; porque son adúlteras, y sangre hay en sus manos.

46 Por lo que así ha dicho Jehová el Señor: Yo haré subir contra ellas tropas, las entregaré a turbación y a rapiña, 47 y las turbas las apedrearán, y las atravesarán con sus espadas; matarán a sus hijos y a sus hijas, y sus casas consumirán con fuego.

48 Y haré cesar la lujuria de la tierra, y escarmentarán todas las mujeres, y no harán según vuestras perversidades.

49 Y sobre vosotras pondrán vuestras perversidades, y pagaréis los pecados de vuestra idolatría; y sabréis que yo soy Jehová el Señor.

Parábola de la olla hirviente

24 1 Vino a mí palabra de Jehová en el año noveno, en el mes décimo, a los diez días del mes, diciendo: 2 Hijo de hombre, escribe la fecha de este día; el rey de Babilonia puso sitio a Jerusalén este mismo día.

3 Y habla por parábola a la casa rebelde, y diles: Así ha dicho Jehová el Señor: Pon una olla, ponla, y echa también en ella agua;

4 junta sus piezas de carne en ella; todas buenas piezas, pierna y espalda; llénala de huesos escogidos.

5 Toma una oveja escogida, y también enciende los huesos debajo de ella; haz que hierva bien; cuece también sus huesos dentro de ella.

6 Pues así ha dicho Jehová el Señor: ¡Ay de la ciudad de sangres, de la olla herrumbrosa cuya herrumbre no ha sido quitada! Por sus piezas, por sus piezas sácala, sin echar suerte sobre ella.

7 Porque su sangre está en medio de ella; sobre una piedra alisada la ha derramado; no la derramó sobre la tierra para que fuese cubierta con polvo.

8 Habiendo, pues, hecho subir la ira para hacer venganza, yo pondré su sangre sobre la dura piedra, para que no sea cubierta.

9 Por tanto, así ha dicho Jehová el Señor: ¡Ay de la ciudad de sangres! Pues también haré yo gran hoguera,

10 multiplicando la leña, y encendiendo el fuego para consumir la carne y hacer la salsa; y los huesos serán quemados.

---

42 "The noise of a carefree crowd was around her; Sabeans c were brought from the desert along with men from the rabble, and they put bracelets on the arms of the woman and her sister and beautiful crowns on their heads. 43 Then I said about the one worn out by adultery, 'Now let them use her as a prostitute, for that is all she is.' 44 And they slept with her. As men sleep with a prostitute, so they slept with those lewd women, Oholah and Oholibah. 45 But righteous men will sentence them to the punishment of women who commit adultery and shed blood, because they are adulterous and blood is on their hands.

46 "This is what the Sovereign LORD says: Bring a mob against them and give them over to terror and plunder. 47 The mob will stone them and cut them down with their swords; they will kill their sons and daughters and burn down their houses.

48 "So I will put an end to lewdness in the land, that all women may take warning and not imitate you. 49 You will suffer the penalty for your lewdness and bear the consequences of your sins of idolatry. Then you will know that I am the Sovereign LORD."

The Cooking Pot

24 In the ninth year, in the tenth month on the tenth day, the word of the LORD came to me: 2 "Son of man, record this date, this very date, because the king of Babylon has laid siege to Jerusalem this very day. 3 Tell this rebellious house a parable and say to them: 'This is what the Sovereign LORD says:

" 'Put on the cooking pot; put it on
    and pour water into it.
4 Put into it the pieces of meat,
    all the choice pieces—the leg and the
        shoulder.
Fill it with the best of these bones;
5   take the pick of the flock.
Pile wood beneath it for the bones;
    bring it to a boil
    and cook the bones in it.

6 " 'For this is what the Sovereign LORD says:

" 'Woe to the city of bloodshed,
    to the pot now encrusted,
    whose deposit will not go away!
Empty it piece by piece
    without casting lots for them.

7 " 'For the blood she shed is in her midst:
    She poured it on the bare rock;
she did not pour it on the ground,
    where the dust would cover it.
8 To stir up wrath and take revenge
    I put her blood on the bare rock,
    so that it would not be covered.

9 " 'Therefore this is what the Sovereign LORD says:

" 'Woe to the city of bloodshed!
    I, too, will pile the wood high.
10 So heap on the wood
    and kindle the fire.
Cook the meat well,
    mixing in the spices;
    and let the bones be charred.

---

c 42 Or drunkards

11 Asentando después la olla vacía sobre sus brasas, para que se caldee, y se queme su fondo, y se funda en ella su suciedad, y se consuma su herrumbre.

12 En vano se cansó, y no salió de ella su mucha herrumbre. Sólo en fuego será su herrumbre consumida.

13 En tu inmunda lujuria padecerás, porque te limpié, y tú no te limpiaste de tu inmundicia; nunca más te limpiarás, hasta que yo sacie mi ira sobre ti.

14 Yo Jehová he hablado; vendrá, y yo lo haré. No me volveré atrás, ni tendré misericordia, ni me arrepentiré; según tus caminos y tus obras te juzgarán, dice Jehová el Señor.

Muerte de la esposa de Ezequiel

15 Vino a mí palabra de Jehová, diciendo:

16 Hijo de hombre, he aquí que yo te quito de golpe el deleite de tus ojos; no endeches, ni llores, ni corran tus lágrimas.

17 Reprime el suspirar, no hagas luto de mortuorios; ata tu turbante sobre ti, y pon tus zapatos en tus pies, y no te cubras con rebozo, ni comas pan de enlutados.

18 Hablé al pueblo por la mañana, y a la tarde murió mi mujer; y a la mañana hice como me fue mandado.

19 Y me dijo el pueblo: ¿No nos enseñarás qué significan para nosotros estas cosas que haces?

20 Y yo les dije: La palabra de Jehová vino a mí, diciendo:

21 Di a la casa de Israel: Así ha dicho Jehová el Señor: He aquí yo profano mi santuario, la gloria de vuestro poderío, el deseo de vuestros ojos y el deleite de vuestra alma; y vuestros hijos y vuestras hijas que dejasteis caerán a espada.

22 Y haréis de la manera que yo hice; no os cubriréis con rebozo, ni comeréis pan de hombres en luto.

23 Vuestros turbantes estarán sobre vuestras cabezas, y vuestros zapatos en vuestros pies; no endecharéis ni lloraréis, sino que os consumiréis a causa de vuestras maldades, y gemiréis unos con otros.

24 Ezequiel, pues, os será por señal; según todas las cosas que él hizo, haréis; cuando esto ocurra, entonces sabréis que yo soy Jehová el Señor.

25 Y tú, hijo de hombre, el día que yo arrebate a ellos su fortaleza, el gozo de su gloria, el deleite de sus ojos y el anhelo de sus almas, y también sus hijos y sus hijas, 26 ese día vendrá a ti uno que haya escapado para traer las noticias.

27 En aquel día se abrirá tu boca para hablar con el fugitivo, y hablarás, y no estarás más mudo; y les serás por señal, y sabrán que yo soy Jehová.

Profecía contra Amón

25 1 Vino a mí palabra de Jehová, diciendo:
2 Hijo de hombre, pon tu rostro hacia los hijos de Amón, y profetiza contra ellos.

3 Y dirás a los hijos de Amón: Oíd palabra de Jehová el Señor. Así dice Jehová el Señor: Por cuanto dijiste: ¡Ea, bien!, cuando mi santuario era profanado, y la tierra de Israel era asolada, y llevada en cautiverio la casa de Judá; 4 por tanto, he aquí yo te entrego por heredad a los orientales, y pondrán en ti sus apriscos y plantarán en ti sus tiendas; ellos comerán tus sementeras, y beberán tu leche.

5 Y pondré a Rabá por habitación de camellos, y a los hijos

11 Then set the empty pot on the coals
   till it becomes hot and its copper glows
so its impurities may be melted
   and its deposit burned away.

12 It has frustrated all efforts;
   its heavy deposit has not been removed,
   not even by fire.

13 " 'Now your impurity is lewdness. Because I tried to cleanse you but you would not be cleansed from your impurity, you will not be clean again until my wrath against you has subsided.

14 " 'I the LORD have spoken. The time has come for me to act. I will not hold back; I will not have pity, nor will I relent. You will be judged according to your conduct and your actions, declares the Sovereign LORD.' "

Ezekiel's Wife Dies

15 The word of the LORD came to me: 16 "Son of man, with one blow I am about to take away from you the delight of your eyes. Yet do not lament or weep or shed any tears. 17 Groan quietly; do not mourn for the dead. Keep your turban fastened and your sandals on your feet; do not cover the lower part of your face or eat the customary food ⸤of mourners⸥."

18 So I spoke to the people in the morning, and in the evening my wife died. The next morning I did as I had been commanded.

19 Then the people asked me, "Won't you tell us what these things have to do with us?"

20 So I said to them, "The word of the LORD came to me: 21 Say to the house of Israel, 'This is what the Sovereign LORD says: I am about to desecrate my sanctuary—the stronghold in which you take pride, the delight of your eyes, the object of your affection. The sons and daughters you left behind will fall by the sword. 22 And you will do as I have done. You will not cover the lower part of your face or eat the customary food ⸤of mourners⸥. 23 You will keep your turbans on your heads and your sandals on your feet. You will not mourn or weep but will waste away because of [d] your sins and groan among yourselves. 24 Ezekiel will be a sign to you; you will do just as he has done. When this happens, you will know that I am the Sovereign LORD.'

25 "And you, son of man, on the day I take away their stronghold, their joy and glory, the delight of their eyes, their heart's desire, and their sons and daughters as well— 26 on that day a fugitive will come to tell you the news. 27 At that time your mouth will be opened; you will speak with him and will no longer be silent. So you will be a sign to them, and they will know that I am the LORD."

A Prophecy Against Ammon

25 The word of the LORD came to me: 2 "Son of man, set your face against the Ammonites and prophesy against them. 3 Say to them, 'Hear the word of the Sovereign LORD. This is what the Sovereign LORD says: Because you said "Aha!" over my sanctuary when it was desecrated and over the land of Israel when it was laid waste and over the people of Judah when they went into exile, 4 therefore I am going to give you to the people of the East as a possession. They will set up their camps and pitch their tents among you; they will eat your fruit and drink your milk. 5 I will

d 23 Or away in

de Amón por majada de ovejas; y sabréis que yo soy Jehová.

6 Porque así ha dicho Jehová el Señor: Por cuanto batiste tus manos, y golpeaste con tu pie, y te gozaste en el alma con todo tu menosprecio para la tierra de Israel,

7 por tanto, he aquí yo extenderé mi mano contra ti, y te entregaré a las naciones para ser saqueada; te cortaré de entre los pueblos, y te destruiré de entre las tierras; te exterminaré, y sabrás que yo soy Jehová.

Profecía contra Moab

8 Así ha dicho Jehová el Señor: Por cuanto dijo Moab y Seir: He aquí la casa de Judá es como todas las naciones; 9 por tanto, he aquí yo abro el lado de Moab desde las ciudades, desde sus ciudades que están en su confín, las tierras deseables de Bet-jesimot, Baal-meón y Quiriataim, 10 a los hijos del oriente contra los hijos de Amón; y la entregaré por heredad, para que no haya más memoria de los hijos de Amón entre las naciones.

11 También en Moab haré juicios, y sabrán que yo soy Jehová.

Profecía contra Edom

12 Así ha dicho Jehová el Señor: Por lo que hizo Edom, tomando venganza de la casa de Judá, pues, delinquieron en extremo, y se vengaron de ellos;

13 por tanto, así ha dicho Jehová el Señor: Yo también extenderé mi mano sobre Edom, y cortaré de ella hombres y bestias, y la asolaré; desde Temán hasta Dedán caerán a espada.

14 Y pondré mi venganza contra Edom en manos de mi pueblo Israel, y harán en Edom según mi enojo y conforme a mi ira; y conocerán mi venganza, dice Jehová el Señor.

Profecía contra los filisteos

15 Así ha dicho Jehová el Señor: Por lo que hicieron los filisteos con venganza, cuando se vengaron con despecho de ánimo, destruyendo por antiguas enemistades;

16 por tanto, así ha dicho Jehová: He aquí yo extiendo mi mano contra los filisteos, y cortaré a los cereteos, y destruiré el resto que queda en la costa del mar.

17 Y haré en ellos grandes venganzas con reprensiones de ira; y sabrán que yo soy Jehová, cuando haga mi venganza en ellos.

Profecía contra Tiro

26 1 Aconteció en el undécimo año, en el día primero del mes, que vino a mí palabra de Jehová, diciendo:

2 Hijo de hombre, por cuanto dijo Tiro contra Jerusalén: Ea, bien; quebrantada está la que era puerta de las naciones; a mí se volvió; yo seré llena, y ella desierta.

3 por tanto, así ha dicho Jehová el Señor: He aquí yo estoy contra ti, oh Tiro, y haré subir contra ti muchas naciones, como el mar hace subir sus olas.

4 Y demolerán los muros de Tiro, y derribarán sus torres; y barreré de ella hasta su polvo, y la dejaré como una peña lisa.

5 Tendedero de redes será en medio del mar, porque yo he hablado, dice Jehová el Señor; y será saqueada por las naciones.

6 Y sus hijas que están en el campo serán muertas a espada; y sabrán que yo soy Jehová.

turn Rabbah into a pasture for camels and Ammon into a resting place for sheep. Then you will know that I am the LORD. 6 For this is what the Sovereign LORD says: Because you have clapped your hands and stamped your feet, rejoicing with all the malice of your heart against the land of Israel, 7 therefore I will stretch out my hand against you and give you as plunder to the nations. I will cut you off from the nations and exterminate you from the countries. I will destroy you, and you will know that I am the LORD.' "

A Prophecy Against Moab

8 "This is what the Sovereign LORD says: 'Because Moab and Seir said, "Look, the house of Judah has become like all the other nations," 9 therefore I will expose the flank of Moab, beginning at its frontier towns—Beth Jeshimoth, Baal Meon and Kiriathaim— the glory of that land. 10 I will give Moab along with the Ammonites to the people of the East as a possession, so that the Ammonites will not be remembered among the nations; 11 and I will inflict punishment on Moab. Then they will know that I am the LORD.' "

A Prophecy Against Edom

12 "This is what the Sovereign LORD says: 'Because Edom took revenge on the house of Judah and became very guilty by doing so, 13 therefore this is what the Sovereign LORD says: I will stretch out my hand against Edom and kill its men and their animals. I will lay it waste, and from Teman to Dedan they will fall by the sword. 14 I will take vengeance on Edom by the hand of my people Israel, and they will deal with Edom in accordance with my anger and my wrath; they will know my vengeance, declares the Sovereign LORD.' "

A Prophecy Against Philistia

15 "This is what the Sovereign LORD says: 'Because the Philistines acted in vengeance and took revenge with malice in their hearts, and with ancient hostility sought to destroy Judah, 16 therefore this is what the Sovereign LORD says: I am about to stretch out my hand against the Philistines, and I will cut off the Kerethites and destroy those remaining along the coast. 17 I will carry out great vengeance on them and punish them in my wrath. Then they will know that I am the LORD, when I take vengeance on them.' "

A Prophecy Against Tyre

26 In the eleventh year, on the first day of the month, the word of the LORD came to me: 2 "Son of man, because Tyre has said of Jerusalem, 'Aha! The gate to the nations is broken, and its doors have swung open to me; now that she lies in ruins I will prosper,' 3 therefore this is what the Sovereign LORD says: I am against you, O Tyre, and I will bring many nations against you, like the sea casting up its waves. 4 They will destroy the walls of Tyre and pull down her towers; I will scrape away her rubble and make her a bare rock. 5 Out in the sea she will become a place to spread fishnets, for I have spoken, declares the Sovereign LORD. She will become plunder for the nations, 6 and her settlements on the mainland will be ravaged by the sword. Then they will know that I am the LORD.

7Porque así ha dicho Jehová el Señor: He aquí que del norte traigo yo contra Tiro a Nabucodonosor rey de Babilonia, rey de reyes, con caballos y carros y jinetes, y tropas y mucho pueblo.
8Matará a espada a tus hijas que están en el campo, y pondrá contra ti torres de sitio, y levantará contra ti baluarte, y escudo afirmará contra ti.
9Y pondrá contra ti arietes, contra tus muros, y tus torres destruirá con hachas.
10Por la multitud de sus caballos te cubrirá el polvo de ellos; con el estruendo de su caballería y de las ruedas y de los carros, temblarán tus muros, cuando entre por tus puertas como por portillos de ciudad destruida.
11Con los cascos de sus caballos hollará todas tus calles; a tu pueblo matará a filo de espada, y tus fuertes columnas caerán a tierra.
12Y robarán tus riquezas y saquearán tus mercaderías; arruinarán tus muros, y tus casas preciosas destruirán; y pondrán tus piedras y tu madera y tu polvo en medio de las aguas.
13Y haré cesar el estrépito de tus canciones, y no se oirá más el son de tus cítaras.
14Y te pondré como una peña lisa; tendedero de redes serás, y nunca más serás edificada; porque yo Jehová he hablado, dice Jehová el Señor.
15Así ha dicho Jehová el Señor a Tiro: ¿No se estremecerán las costas al estruendo de tu caída, cuando griten los heridos, cuando se haga la matanza en medio de ti?
16Entonces todos los príncipes del mar descenderán de sus tronos, y se quitarán sus mantos, y desnudarán sus ropas bordadas; de espanto se vestirán, se sentarán sobre la tierra, y temblarán a cada momento, y estarán atónitos sobre ti.
17Y levantarán sobre ti endechas, y te dirán: ¿Cómo pereciste tú, poblada por gente de mar, ciudad que era alabada, que era fuerte en el mar, ella y sus habitantes, que infundían terror a todos los que la rodeaban?
18Ahora se estremecerán las islas en el día de tu caída; sí, las islas que están en el mar se espantarán a causa de tu fin.
19Porque así ha dicho Jehová el Señor: Yo te convertiré en ciudad asolada, como las ciudades que no se habitan; haré subir sobre ti el abismo, y las muchas aguas te cubrirán.
20Y te haré descender con los que descienden al sepulcro, con los pueblos de otros siglos, y te pondré en las profundidades de la tierra, como los desiertos antiguos, con los que descienden al sepulcro, para que nunca más seas poblada; y daré gloria en la tierra de los vivientes.
21Te convertiré en espanto, y dejarás de ser; serás buscada, y nunca más serás hallada, dice Jehová el Señor.

27 1Vino a mí palabra de Jehová, diciendo: 2Tú, hijo de hombre, levanta endechas sobre Tiro. 3Dirás a Tiro, que está asentada a las orillas del mar, la que trafica con los pueblos de muchas costas: Así ha dicho Jehová el Señor: Tiro, tú has dicho: Yo soy de perfecta hermosura.

7"For this is what the Sovereign Lord says: From the north I am going to bring against Tyre Nebuchadnezzar[e] king of Babylon, king of kings, with horses and chariots, with horsemen and a great army. 8He will ravage your settlements on the mainland with the sword; he will set up siege works against you, build a ramp up to your walls and raise his shields against you. 9He will direct the blows of his battering rams against your walls and demolish your towers with his weapons. 10His horses will be so many that they will cover you with dust. Your walls will tremble at the noise of the war horses, wagons and chariots when he enters your gates as men enter a city whose walls have been broken through. 11The hoofs of his horses will trample all your streets; he will kill your people with the sword, and your strong pillars will fall to the ground. 12They will plunder your wealth and loot your merchandise; they will break down your walls and demolish your fine houses and throw your stones, timber and rubble into the sea. 13I will put an end to your noisy songs, and the music of your harps will be heard no more. 14I will make you a bare rock, and you will become a place to spread fishnets. You will never be rebuilt, for I the Lord have spoken, declares the Sovereign Lord.

15"This is what the Sovereign Lord says to Tyre: Will not the coastlands tremble at the sound of your fall, when the wounded groan and the slaughter takes place in you? 16Then all the princes of the coast will step down from their thrones and lay aside their robes and take off their embroidered garments. Clothed with terror, they will sit on the ground, trembling every moment, appalled at you. 17Then they will take up a lament concerning you and say to you:

" 'How you are destroyed, O city of renown,
    peopled by men of the sea!
You were a power on the seas,
    you and your citizens;
you put your terror
    on all who lived there.
18Now the coastlands tremble
    on the day of your fall;
the islands in the sea
    are terrified at your collapse.'

19"This is what the Sovereign Lord says: When I make you a desolate city, like cities no longer inhabited, and when I bring the ocean depths over you and its vast waters cover you, 20then I will bring you down with those who go down to the pit, to the people of long ago. I will make you dwell in the earth below, as in ancient ruins, with those who go down to the pit, and you will not return or take your place[f] in the land of the living. 21I will bring you to a horrible end and you will be no more. You will be sought, but you will never again be found, declares the Sovereign Lord."

A Lament for Tyre

27 The word of the Lord came to me: 2"Son of man, take up a lament concerning Tyre. 3Say to Tyre, situated at the gateway to the sea, merchant of peoples on many coasts, 'This is what the Sovereign Lord says:

" 'You say, O Tyre,
    "I am perfect in beauty."

---

e7 Hebrew Nebuchadrezzar, of which Nebuchadnezzar is a variant; here and often in Ezekiel and Jeremiah   f20 Septuagint; Hebrew return, and I will give glory

4 En el corazón de los mares están tus confines; los que te edificaron completaron tu belleza.

5 De hayas del monte Senir te fabricaron todo el maderaje; tomaron cedros del Líbano para hacerte el mástil.

6 De encinas de Basán hicieron tus remos; tus bancos de pino de las costas de Quitim, incrustados de marfil.

7 De lino fino bordado de Egipto era tu cortina, para que te sirviese de vela; de azul y púrpura de las costas de Elisa era tu pabellón.

8 Los moradores de Sidón y de Arvad fueron tus remeros; tus sabios, oh Tiro, estaban en ti; ellos fueron tus pilotos.

9 Los ancianos de Gebal y sus más hábiles obreros calafateaban tus junturas; todas las naves del mar y los remeros de ellas fueron a ti para negociar, para participar de tus negocios.

10 Persas y los de Lud y Fut fueron en tu ejército tus hombres de guerra; escudos y yelmos colgaron en ti; ellos te dieron tu esplendor.

11 Y los hijos de Arvad con tu ejército estuvieron sobre tus muros alrededor, y los gamadeos en tus torres; sus escudos colgaron sobre tus muros alrededor; ellos completaron tu hermosura.

12 Tarsis comerciaba contigo por la abundancia de todas tus riquezas; con plata, hierro, estaño y plomo comerciaba en tus ferias.

13 Javán, Tubal y Mesec comerciaban también contigo; con hombres y con utensilios de bronce comerciaban en tus ferias.

14 Los de la casa de Togarma, con caballos y corceles de guerra y mulos, comerciaban en tu mercado.

15 Los hijos de Dedán traficaban contigo; muchas costas tomaban mercadería de tu mano; colmillos de marfil y ébano te dieron por sus pagos.

16 Edom traficaba contigo por la multitud de tus productos; con perlas, púrpura, vestidos bordados, linos finos, corales y rubíes venía a tus ferias.

17 Judá, y la tierra de Israel comerciaban contigo; con trigos de Minit y Panag, miel, aceite y resina negociaban en tus mercados.

18 Damasco comerciaba contigo por tus muchos productos, por la abundancia de toda riqueza; con vino de Helbón y lana blanca negociaban.

19 Asimismo Dan y el errante Javán vinieron a tus ferias, para negociar en tu mercado con hierro labrado, mirra destilada y caña aromática.

20 Dedán comerciaba contigo en paños preciosos para carros.

21 Arabia y todos los príncipes de Cedar traficaban contigo en corderos y carneros y machos cabríos; en estas cosas fueron tus mercaderes.

4 Your domain was on the high seas;
    your builders brought your beauty to
        perfection.
5 They made all your timbers
    of pine trees from Senir$g$;
they took a cedar from Lebanon
    to make a mast for you.
6 Of oaks from Bashan
    they made your oars;
of cypress wood$h$ from the coasts of Cyprus$i$
    they made your deck, inlaid with ivory.
7 Fine embroidered linen from Egypt was your sail
    and served as your banner;
your awnings were of blue and purple
    from the coasts of Elishah.
8 Men of Sidon and Arvad were your oarsmen;
    your skilled men, O Tyre, were aboard as your
        seamen.
9 Veteran craftsmen of Gebal$j$ were on board
    as shipwrights to caulk your seams.
All the ships of the sea and their sailors
    came alongside to trade for your wares.

10 " 'Men of Persia, Lydia and Put
    served as soldiers in your army.
They hung their shields and helmets on your
        walls,
    bringing you splendor.
11 Men of Arvad and Helech
    manned your walls on every side;
men of Gammad
    were in your towers.
They hung their shields around your walls;
    they brought your beauty to perfection.

12 " 'Tarshish did business with you because of your great wealth of goods; they exchanged silver, iron, tin and lead for your merchandise.

13 " 'Greece, Tubal and Meshech traded with you; they exchanged slaves and articles of bronze for your wares.

14 " 'Men of Beth Togarmah exchanged work horses, war horses and mules for your merchandise.

15 " 'The men of Rhodes$k$ traded with you, and many coastlands were your customers; they paid you with ivory tusks and ebony.

16 " 'Aram$l$ did business with you because of your many products; they exchanged turquoise, purple fabric, embroidered work, fine linen, coral and rubies for your merchandise.

17 " 'Judah and Israel traded with you; they exchanged wheat from Minnith and confections,m honey, oil and balm for your wares.

18 " 'Damascus, because of your many products and great wealth of goods, did business with you in wine from Helbon and wool from Zahar.

19 " 'Danites and Greeks from Uzal bought your merchandise; they exchanged wrought iron, cassia and calamus for your wares.

20 " 'Dedan traded in saddle blankets with you.

21 " 'Arabia and all the princes of Kedar were your customers; they did business with you in lambs, rams and goats.

---

g5 That is, Hermon h6 Targum; the Masoretic Text has a different division of the consonants. i6 Hebrew *Kittim*
j9 That is, Byblos k15 Septuagint; Hebrew *Dedan* l16 Most Hebrew manuscripts; some Hebrew manuscripts and Syriac *Edom*
m17 The meaning of the Hebrew for this word is uncertain.

22 Los mercaderes de Sabá y de Raama fueron también tus mercaderes; con lo principal de toda especiería, y toda piedra preciosa, y oro, vinieron a tus ferias.

23 Harán, Cane, Edén, y los mercaderes de Sabá, de Asiria y de Quilmad, contrataban contigo.

24 Estos mercaderes tuyos negociaban contigo en varias cosas; en mantos de azul y bordados, y en cajas de ropas preciosas, enlazadas con cordones, y en madera de cedro.

25 Las naves de Tarsis eran como tus caravanas que traían tus mercancías; así llegaste a ser opulenta, te multiplicaste en gran manera en medio de los mares.

26 En muchas aguas te engolfaron tus remeros; viento solano te quebrantó en medio de los mares.

27 Tus riquezas, tus mercaderías, tu tráfico, tus remeros, tus pilotos, tus calafateadores y los agentes de tus negocios, y todos tus hombres de guerra que hay en ti, con toda tu compañía que en medio de ti se halla, caerán en medio de los mares el día de tu caída.

28 Al estrépito de las voces de tus marineros temblarán las costas.

29 Descenderán de sus naves todos los que toman remo; remeros y todos los pilotos del mar se quedarán en tierra,

30 y harán oír su voz sobre ti, y gritarán amargamente, y echarán polvo sobre sus cabezas, y se revolcarán en ceniza.

31 Se raerán por ti los cabellos, se ceñirán de cilicio, y endecharán por ti endechas amargas, con amargura del alma.

32 Y levantarán sobre ti endechas en sus lamentaciones, y endecharán sobre ti, diciendo: ¿Quién como Tiro, como la destruida en medio del mar?

33 Cuando tus mercaderías salían de las naves, saciabas a muchos pueblos; a los reyes de la tierra enriqueciste con la multitud de tus riquezas y de tu comercio.

34 En el tiempo en que seas quebrantada por los mares en lo profundo de las aguas, tu comercio y toda tu compañía caerán en medio de ti.

35 Todos los moradores de las costas se maravillarán sobre ti, y sus reyes temblarán de espanto; demudarán sus rostros.

36 Los mercaderes en los pueblos silbarán contra ti; vendrás a ser espanto, y para siempre, dejarás de ser.

28 1 Vino a mí palabra de Jehová, diciendo: 2 Hijo de hombre, dí al príncipe de Tiro: Así ha dicho Jehová el Señor: Por cuanto se enalteció tu corazón, y dijiste: Yo soy un dios, en el trono de Dios estoy sentado en medio de los mares (siendo tú hombre y no Dios), y has puesto tu corazón como corazón de Dios;

22 " 'The merchants of Sheba and Raamah traded with you; for your merchandise they exchanged the finest of all kinds of spices and precious stones, and gold.

23 " 'Haran, Canneh and Eden and merchants of Sheba, Asshur and Kilmad traded with you. 24 In your marketplace they traded with you beautiful garments, blue fabric, embroidered work and multicolored rugs with cords twisted and tightly knotted.

25 " 'The ships of Tarshish serve
   as carriers for your wares.
You are filled with heavy cargo
   in the heart of the sea.
26 Your oarsmen take you
   out to the high seas.
But the east wind will break you to pieces
   in the heart of the sea.
27 Your wealth, merchandise and wares,
   your mariners, seamen and shipwrights,
your merchants and all your soldiers,
   and everyone else on board
will sink into the heart of the sea
   on the day of your shipwreck.
28 The shorelands will quake
   when your seamen cry out.
29 All who handle the oars
   will abandon their ships;
the mariners and all the seamen
   will stand on the shore.
30 They will raise their voice
   and cry bitterly over you;
they will sprinkle dust on their heads
   and roll in ashes.
31 They will shave their heads because of you
   and will put on sackcloth.
They will weep over you with anguish of soul
   and with bitter mourning.
32 As they wail and mourn over you,
   they will take up a lament concerning you:
"Who was ever silenced like Tyre,
   surrounded by the sea?"
33 When your merchandise went out on the seas,
   you satisfied many nations;
with your great wealth and your wares
   you enriched the kings of the earth.
34 Now you are shattered by the sea
   in the depths of the waters;
your wares and all your company
   have gone down with you.
35 All who live in the coastlands
   are appalled at you;
their kings shudder with horror
   and their faces are distorted with fear.
36 The merchants among the nations hiss at you;
   you have come to a horrible end
   and will be no more.' "

A Prophecy Against the King of Tyre

28 The word of the LORD came to me: 2 "Son of man, say to the ruler of Tyre, 'This is what the Sovereign LORD says:

" 'In the pride of your heart
   you say, "I am a god;
I sit on the throne of a god
   in the heart of the seas."
But you are a man and not a god,
   though you think you are as wise as a god.

3 he aquí que tú eres más sabio que Daniel; no hay secreto que te sea oculto.

4 Con tu sabiduría y con tu prudencia has acumulado riquezas, y has adquirido oro y plata en tus tesoros.

5 Con la grandeza de tu sabiduría en tus contrataciones has multiplicado tus riquezas; y a causa de tus riquezas se ha enaltecido tu corazón.

6 Por tanto, así ha dicho Jehová el Señor: Por cuanto pusiste tu corazón como corazón de Dios,

7 por tanto, he aquí yo traigo sobre ti extranjeros, los fuertes de las naciones, que desenvainarán sus espadas contra la hermosura de tu sabiduría, y mancharán tu esplendor.

8 Al sepulcro te harán descender, y morirás con la muerte de los que mueren en medio de los mares.

9 ¿Hablarás delante del que te mate, diciendo: Yo soy Dios? Tú, hombre eres, y no Dios, en la mano de tu matador.

10 De muerte de incircuncisos morirás por mano de extranjeros; porque yo he hablado, dice Jehová el Señor.

11 Vino a mi palabra de Jehová, diciendo:

12 Hijo de hombre, levanta endechas sobre el rey de Tiro, y dile: Así ha dicho Jehová el Señor: Tú eras el sello de la perfección, lleno de sabiduría, y acabado de hermosura.

13 En Edén, en el huerto de Dios estuviste; de toda piedra preciosa era tu vestidura; de cornerina, topacio, jaspe, crisólito, berilo y ónice; de zafiro, carbunclo, esmeralda y oro; los primores de tus tamboriles y flautas estuvieron preparados para ti en el día de tu creación.

14 Tú, querubín grande, protector, yo te puse en el santo monte de Dios, allí estuviste; en medio de las piedras de fuego te paseabas.

15 Perfecto eras en todos tus caminos desde el día que fuiste creado, hasta que se halló en ti maldad.

16 A causa de la multitud de tus contrataciones fuiste lleno de iniquidad, y pecaste; por lo que yo te eché del monte de Dios, y te arrojé de entre las piedras del fuego, oh querubín protector.

3 Are you wiser than Daniel[n]?
　Is no secret hidden from you?
4 By your wisdom and understanding
　you have gained wealth for yourself
and amassed gold and silver
　in your treasuries.
5 By your great skill in trading
　you have increased your wealth,
and because of your wealth
　your heart has grown proud.

6 " 'Therefore this is what the Sovereign LORD says:

" 'Because you think you are wise,
　as wise as a god,
7 I am going to bring foreigners against you,
　the most ruthless of nations;
they will draw their swords against your beauty
　and wisdom
　and pierce your shining splendor.
8 They will bring you down to the pit,
　and you will die a violent death
　in the heart of the seas.
9 Will you then say, "I am a god,"
　in the presence of those who kill you?
You will be but a man, not a god,
　in the hands of those who slay you.
10 You will die the death of the uncircumcised
　at the hands of foreigners.

I have spoken, declares the Sovereign LORD.' "

11 The word of the LORD came to me: 12 "Son of man, take up a lament concerning the king of Tyre and say to him: 'This is what the Sovereign LORD says:

" 'You were the model of perfection,
　full of wisdom and perfect in beauty.
13 You were in Eden,
　the garden of God;
every precious stone adorned you:
　ruby, topaz and emerald,
　chrysolite, onyx and jasper,
　sapphire,[o] turquoise and beryl.[p]
Your settings and mountings[q] were made of
　gold;
　on the day you were created they were
　　prepared.
14 You were anointed as a guardian cherub,
　for so I ordained you.
You were on the holy mount of God;
　you walked among the fiery stones.
15 You were blameless in your ways
　from the day you were created
　till wickedness was found in you.
16 Through your widespread trade
　you were filled with violence,
　and you sinned.
So I drove you in disgrace from the mount of
　God,
　and I expelled you, O guardian cherub,
　from among the fiery stones.

n3 Or Danel; the Hebrew spelling may suggest a person other than the prophet Daniel.　o13 Or lapis lazuli　p13 The precise identification of some of these precious stones is uncertain.　q13 The meaning of the Hebrew for this phrase is uncertain.

17 Se enalteció tu corazón a causa de tu hermosura, corrompiste tu sabiduría a causa de tu esplendor; yo te arrojaré por tierra; delante de los reyes te pondré para que miren en ti.

18 Con la multitud de tus maldades y con la iniquidad de tus contrataciones profanaste tu santuario; yo, pues, saqué fuego de en medio de ti, el cual te consumió, y te puse en ceniza sobre la tierra a los ojos de todos los que te miran.

19 Todos los que te conocieron de entre los pueblos se maravillarán sobre ti; espanto serás, y para siempre dejarás de ser.

17 Your heart became proud
    on account of your beauty,
and you corrupted your wisdom
    because of your splendor.
So I threw you to the earth;
    I made a spectacle of you before kings.
18 By your many sins and dishonest trade
    you have desecrated your sanctuaries.
So I made a fire come out from you,
    and it consumed you,
and I reduced you to ashes on the ground
    in the sight of all who were watching.
19 All the nations who knew you
    are appalled at you;
you have come to a horrible end
    and will be no more.' "

Profecía contra Sidón

20 Vino a mí palabra de Jehová, diciendo:

21 Hijo de hombre, pon tu rostro hacia Sidón, y profetiza contra ella,

22 y dirás: Así ha dicho Jehová el Señor: He aquí yo estoy contra ti, oh Sidón, y en medio de ti seré glorificado; y sabrán que yo soy Jehová, cuando haga en ella juicios, y en ella me santifique.

23 Enviaré a ella pestilencia y sangre en sus calles, y caerán muertos en medio de ella, con espada contra ella por todos lados; y sabrán que yo soy Jehová.

24 Y nunca más será a la casa de Israel espina desgarradora, ni aguijón que le dé dolor, en medio de cuantos la rodean y la menosprecian; y sabrán que yo soy Jehová.

25 Así ha dicho Jehová el Señor: Cuando recoja a la casa de Israel de los pueblos entre los cuales está esparcida, entonces me santificaré en ellos ante los ojos de las naciones, y habitarán en su tierra, la cual di a mi siervo Jacob.

26 Y habitarán en ella seguros, y edificarán casas, y plantarán viñas, y vivirán confiadamente, cuando yo haga juicios en todos los que los despojan en sus alrededores; y sabrán que yo soy Jehová su Dios.

A Prophecy Against Sidon

20 The word of the LORD came to me: 21 "Son of man, set your face against Sidon; prophesy against her 22 and say: 'This is what the Sovereign LORD says:

" 'I am against you, O Sidon,
    and I will gain glory within you.
They will know that I am the LORD,
    when I inflict punishment on her
    and show myself holy within her.
23 I will send a plague upon her
    and make blood flow in her streets.
The slain will fall within her,
    with the sword against her on every side.
Then they will know that I am the LORD.

24 " 'No longer will the people of Israel have malicious neighbors who are painful briers and sharp thorns. Then they will know that I am the Sovereign LORD.

25 " 'This is what the Sovereign LORD says: When I gather the people of Israel from the nations where they have been scattered, I will show myself holy among them in the sight of the nations. Then they will live in their own land, which I gave to my servant Jacob. 26 They will live there in safety and will build houses and plant vineyards; they will live in safety when I inflict punishment on all their neighbors who maligned them. Then they will know that I am the LORD their God.' "

Profecías contra Egipto

29 1 En el año décimo, en el mes décimo, a los doce días del mes, vino a mí palabra de Jehová, diciendo:

2 Hijo de hombre, pon tu rostro contra Faraón rey de Egipto, y profetiza contra él y contra todo Egipto.

3 Habla, y di: Así ha dicho Jehová el Señor: He aquí yo estoy contra ti, Faraón rey de Egipto, el gran dragón que yace en medio de sus ríos, el cual dijo: Mío es el Nilo, pues yo lo hice.

4 Yo, pues, pondré garfios en tus quijadas, y pegaré los peces de tus ríos a tus escamas, y te sacaré de en medio de tus ríos, y todos los peces de tus ríos saldrán pegados a tus escamas.

A Prophecy Against Egypt

29 In the tenth year, in the tenth month on the twelfth day, the word of the LORD came to me: 2 "Son of man, set your face against Pharaoh king of Egypt and prophesy against him and against all Egypt. 3 Speak to him and say: 'This is what the Sovereign LORD says:

" 'I am against you, Pharaoh king of Egypt,
    you great monster lying among your streams.
You say, "The Nile is mine;
    I made it for myself."
4 But I will put hooks in your jaws
    and make the fish of your streams stick to
      your scales.
I will pull you out from among your streams,
    with all the fish sticking to your scales.

5 Y te dejaré en el desierto a ti y a todos los peces de tus ríos; sobre la faz del campo caerás; no serás recogido, ni serás juntado; a las fieras de la tierra y a las aves del cielo te he dado por comida.

6 Y sabrán todos los moradores de Egipto que yo soy Jehová, por cuanto fueron báculo de caña a la casa de Israel.

7 Cuando te tomaron con la mano, te quebraste, y les rompiste todo el hombro; y cuando se apoyaron en ti, te quebraste, y les rompiste sus lomos enteramente.

8 Por tanto, así ha dicho Jehová el Señor: He aquí que yo traigo contra ti espada, y cortaré de ti hombres y bestias.

9 Y la tierra de Egipto será asolada y desierta, y sabrán que yo soy Jehová; por cuanto dijo: El Nilo es mío, y yo lo hice.

10 Por tanto, he aquí yo estoy contra ti, y contra tus ríos; y pondré la tierra de Egipto en desolación, en la soledad del desierto, desde Migdol hasta Sevene, hasta el límite de Etiopía.

11 No pasará por ella pie de hombre, ni pie de animal pasará por ella, ni será habitada, por cuarenta años.

12 Y pondré a la tierra de Egipto en soledad entre las tierras asoladas, y sus ciudades entre las ciudades destruidas estarán desoladas por cuarenta años; y esparciré a Egipto entre las naciones, y lo dispersaré por las tierras.

13 Porque así ha dicho Jehová el Señor: Al fin de cuarenta años recogeré a Egipto de entre los pueblos entre los cuales fueren esparcidos;

14 y volveré a traer los cautivos de Egipto, y los llevaré a la tierra de Patros, a la tierra de su origen; y allí serán un reino despreciable.

15 En comparación con los otros reinos será humilde; nunca más se alzará sobre las naciones; porque yo los disminuiré, para que no vuelvan a tener dominio sobre las naciones.

16 Y no será ya más para la casa de Israel apoyo de confianza, que les haga recordar el pecado de mirar en pos de ellos; y sabrán que yo soy Jehová el Señor.

17 Aconteció en el año veintisiete, en el mes primero, el día primero del mes, que vino a mí palabra de Jehová, diciendo:

18 Hijo de hombre, Nabucodonosor rey de Babilonia hizo a su ejército prestar un arduo servicio contra Tiro. Toda cabeza ha quedado calva, y toda espalda desollada; y ni para él ni para su ejército hubo paga de Tiro, por el servicio que prestó contra ella.

19 Por tanto, así ha dicho Jehová el Señor; He aquí que yo doy a Nabucodonosor, rey de Babilonia, la tierra de Egipto; y él tomará sus riquezas, y recogerá sus despojos, y arrebatará botín, y habrá paga para su ejército.

20 Por su trabajo con que sirvió contra ella le he dado la tierra de Egipto; porque trabajaron para mí, dice Jehová el Señor.

21 En aquel tiempo haré retoñar el poder de la casa de Israel. Y abriré tu boca en medio de ellos, y sabrán que yo soy Jehová.

30 1 Vino a mí palabra de Jehová, diciendo:
2 Hijo de hombre, profetiza, y di: Así ha dicho Jehová el Señor: Lamentad: ¡Ay de aquel día!

5 I will leave you in the desert,
 you and all the fish of your streams.
You will fall on the open field
 and not be gathered or picked up.
I will give you as food
 to the beasts of the earth and the birds of the air.

6 Then all who live in Egypt will know that I am the LORD.

" 'You have been a staff of reed for the house of Israel. 7 When they grasped you with their hands, you splintered and you tore open their shoulders; when they leaned on you, you broke and their backs were wrenched.r

8 " 'Therefore this is what the Sovereign LORD says: I will bring a sword against you and kill your men and their animals. 9 Egypt will become a desolate wasteland. Then they will know that I am the LORD.

" 'Because you said, "The Nile is mine; I made it," 10 therefore I am against you and against your streams, and I will make the land of Egypt a ruin and a desolate waste from Migdol to Aswan, as far as the border of Cush.s 11 No foot of man or animal will pass through it; no one will live there for forty years. 12 I will make the land of Egypt desolate among devastated lands, and her cities will lie desolate forty years among ruined cities. And I will disperse the Egyptians among the nations and scatter them through the countries.

13 " 'Yet this is what the Sovereign LORD says: At the end of forty years I will gather the Egyptians from the nations where they were scattered. 14 I will bring them back from captivity and return them to Upper Egypt,t the land of their ancestry. There they will be a lowly kingdom. 15 It will be the lowliest of kingdoms and will never again exalt itself above the other nations. I will make it so weak that it will never again rule over the nations. 16 Egypt will no longer be a source of confidence for the people of Israel but will be a reminder of their sin in turning to her for help. Then they will know that I am the Sovereign LORD.' "

17 In the twenty-seventh year, in the first month on the first day, the word of the LORD came to me: 18 "Son of man, Nebuchadnezzar king of Babylon drove his army in a hard campaign against Tyre; every head was rubbed bare and every shoulder made raw. Yet he and his army got no reward from the campaign he led against Tyre. 19 Therefore this is what the Sovereign LORD says: I am going to give Egypt to Nebuchadnezzar king of Babylon, and he will carry off its wealth. He will loot and plunder the land as pay for his army. 20 I have given him Egypt as a reward for his efforts because he and his army did it for me, declares the Sovereign LORD. 21 "On that day I will make a hornu grow for the house of Israel, and I will open your mouth among them. Then they will know that I am the LORD."

A Lament for Egypt

30 The word of the LORD came to me: 2 "Son of man, prophesy and say: 'This is what the Sovereign LORD says:

" 'Wail and say,
 "Alas for that day!"

r 7 Syriac (see also Septuagint and Vulgate); Hebrew *and you caused their backs to stand* s 10 That is, the upper Nile region t 14 Hebrew *to Pathros* u 21 *Horn* here symbolizes strength.

3 Porque cerca está el día, cerca está el día de Jehová; día de nublado, día de castigo de las naciones será.

4 Y vendrá espada a Egipto, y habrá miedo en Etiopía, cuando caigan heridos en Egipto; y tomarán sus riquezas, y serán destruidos sus fundamentos.

5 Etiopía, Fut, Lud, toda Arabia, Libia, y los hijos de las tierras aliadas, caerán con ellos a filo de espada.

6 Así ha dicho Jehová: También caerán los que sostienen a Egipto, y la altivez de su poderío caerá; desde Migdol hasta Sevene caerán en él a filo de espada, dice Jehová el Señor.

7 Y serán asolados entre las tierras asoladas, y sus ciudades serán entre las ciudades desiertas.

8 Y sabrán que yo soy Jehová, cuando ponga fuego a Egipto, y sean quebrantados todos sus ayudadores.

9 En aquel tiempo saldrán mensajeros de delante de mí en naves, para espantar a Etiopía la confiada; y tendrán espanto como en el día de Egipto; porque he aquí viene.

10 Así ha dicho Jehová el Señor: Destruiré las riquezas de Egipto por mano de Nabucodonosor rey de Babilonia.

11 El, y con él su pueblo, los más fuertes de las naciones, serán traídos para destruir la tierra; y desenvainarán sus espadas sobre Egipto, y llenarán de muertos la tierra.

12 Y secaré los ríos, y entregaré la tierra en manos de malos, y por mano de extranjeros destruiré la tierra y cuanto en ella hay. Yo Jehová he hablado.

13 Así ha dicho Jehová el Señor: Destruiré también las imágenes, y destruiré los ídolos de Menfis; y no habrá más príncipe de la tierra de Egipto, y en la tierra de Egipto pondré temor.

14 Asolaré a Patros, y pondré fuego a Zoán, y haré juicios en Tebas.

15 Y derramaré mi ira sobre Sin, fortaleza de Egipto, y exterminaré a la multitud de Tebas.

16 Y pondré fuego a Egipto; Sin tendrá gran dolor, y Tebas será destrozada, y Menfis tendrá continuas angustias.

17 Los jóvenes de Avén y de Pibeset caerán a filo de espada, y las mujeres irán en cautiverio.

3 For the day is near,
　　the day of the LORD is near—
a day of clouds,
　　a time of doom for the nations.
4 A sword will come against Egypt,
　　and anguish will come upon Cush. v
When the slain fall in Egypt,
　　her wealth will be carried away
　　and her foundations torn down.

5 Cush and Put, Lydia and all Arabia, Libya w and the people of the covenant land will fall by the sword along with Egypt.

6 "This is what the LORD says:

" 'The allies of Egypt will fall
　　and her proud strength will fail.
From Migdol to Aswan
　　they will fall by the sword within her,
　　　　　　declares the Sovereign LORD.
7 " 'They will be desolate
　　among desolate lands,
and their cities will lie
　　among ruined cities.
8 Then they will know that I am the LORD,
　　when I set fire to Egypt
　　and all her helpers are crushed.

9 " 'On that day messengers will go out from me in ships to frighten Cush out of her complacency. Anguish will take hold of them on the day of Egypt's doom, for it is sure to come.

10 " 'This is what the Sovereign LORD says:

" 'I will put an end to the hordes of Egypt
　　by the hand of Nebuchadnezzar king of
　　　　Babylon.
11 He and his army—the most ruthless of nations—
　　will be brought in to destroy the land.
They will draw their swords against Egypt
　　and fill the land with the slain.
12 I will dry up the streams of the Nile
　　and sell the land to evil men;
by the hand of foreigners
　　I will lay waste the land and everything in it.

I the LORD have spoken.

13 " 'This is what the Sovereign LORD says:

" 'I will destroy the idols
　　and put an end to the images in Memphis. x
No longer will there be a prince in Egypt,
　　and I will spread fear throughout the land.
14 I will lay waste Upper Egypt, y
　　set fire to Zoan
　　and inflict punishment on Thebes. z
15 I will pour out my wrath on Pelusium, a
　　the stronghold of Egypt,
　　and cut off the hordes of Thebes.
16 I will set fire to Egypt;
　　Pelusium will writhe in agony.
Thebes will be taken by storm;
　　Memphis will be in constant distress.
17 The young men of Heliopolis b and Bubastis c
　　will fall by the sword,
　　and the cities themselves will go into captivity.

v 4 That is, the upper Nile region; also in verses 5 and 9
w 5 Hebrew Cub　x 13 Hebrew Noph; also in verse 16
y 14 Hebrew waste Pathros　z 14 Hebrew No; also in verses 15
and 16　a 15 Hebrew Sin; also in verse 16　b 17 Hebrew
Awen (or On)　c 17 Hebrew Pi Beseth

18 Y en Tafnes se oscurecerá el día, cuando quebrante yo allí el poder de Egipto, y cesará en ella la soberbia de su poderío; tiniebla la cubrirá, y los moradores de sus aldeas irán en cautiverio.
19 Haré, pues, juicios en Egipto, y sabrán que yo soy Jehová.

20 Aconteció en el año undécimo, en el mes primero, a los siete días del mes, que vino a mí palabra de Jehová diciendo:
21 Hijo de hombre, he quebrado el brazo de Faraón rey de Egipto; y he aquí que no ha sido vendado poniéndole medicinas, ni poniéndole faja para ligarlo, a fin de fortalecerlo para que pueda sostener la espada.
22 Por tanto, así ha dicho Jehová el Señor: Heme aquí contra Faraón rey de Egipto, y quebraré sus brazos, el fuerte y el fracturado, y haré que la espada se le caiga de la mano.
23 Y esparciré a los egipcios entre las naciones, y los dispersaré por las tierras.
24 Y fortaleceré los brazos del rey de Babilonia, y pondré mi espada en su mano; mas quebraré los brazos de Faraón, y delante de aquél gemirá con gemidos de herido de muerte.
25 Fortaleceré, pues, los brazos del rey de Babilonia, y los brazos de Faraón caerán; y sabrán que yo soy Jehová, cuando yo ponga mi espada en la mano del rey de Babilonia, y él la extienda contra la tierra de Egipto.
26 Y esparciré a los egipcios entre las naciones, y los dispersaré por las tierras; y sabrán que yo soy Jehová.

31 1 Aconteció en el año undécimo, en el mes tercero, el día primero del mes, que vino a mí palabra de Jehová, diciendo:
2 Hijo de hombre, di a Faraón rey de Egipto, y a su pueblo: ¿A quién te comparaste en tu grandeza?
3 He aquí era el asirio cedro en el Líbano, de hermosas ramas, de frondoso ramaje y de grande altura, y su copa estaba entre densas ramas.
4 Las aguas lo hicieron crecer, lo encumbró el abismo; sus ríos corrían alrededor de su pie, y a todos los árboles del campo enviaba sus corrientes.
5 Por tanto, se encumbró su altura sobre todos los árboles del campo, y se multiplicaron sus ramas, y a causa de las muchas aguas se alargó su ramaje que había echado.
6 En sus ramas hacían nido todas las aves del cielo, y debajo de su ramaje parían todas las bestias del campo, y a su sombra habitaban muchas naciones.
7 Se hizo, pues, hermoso en su grandeza con la extensión de sus ramas; porque su raíz estaba junto a muchas aguas.

18 Dark will be the day at Tahpanhes
  when I break the yoke of Egypt;
  there her proud strength will come to an end.
She will be covered with clouds,
  and her villages will go into captivity.
19 So I will inflict punishment on Egypt,
  and they will know that I am the LORD.' "

20 In the eleventh year, in the first month on the seventh day, the word of the LORD came to me: 21 "Son of man, I have broken the arm of Pharaoh king of Egypt. It has not been bound up for healing or put in a splint so as to become strong enough to hold a sword. 22 Therefore this is what the Sovereign LORD says: I am against Pharaoh king of Egypt. I will break both his arms, the good arm as well as the broken one, and make the sword fall from his hand. 23 I will disperse the Egyptians among the nations and scatter them through the countries. 24 I will strengthen the arms of the king of Babylon and put my sword in his hand, but I will break the arms of Pharaoh, and he will groan before him like a mortally wounded man. 25 I will strengthen the arms of the king of Babylon, but the arms of Pharaoh will fall limp. Then they will know that I am the LORD, when I put my sword into the hand of the king of Babylon and he brandishes it against Egypt. 26 I will disperse the Egyptians among the nations and scatter them through the countries. Then they will know that I am the LORD."

A Cedar in Lebanon

31 In the eleventh year, in the third month on the first day, the word of the LORD came to me: 2 "Son of man, say to Pharaoh king of Egypt and to his hordes:

" 'Who can be compared with you in majesty?
3 Consider Assyria, once a cedar in Lebanon,
  with beautiful branches overshadowing the forest;
  it towered on high,
  its top above the thick foliage.
4 The waters nourished it,
  deep springs made it grow tall;
  their streams flowed
  all around its base
  and sent their channels
  to all the trees of the field.
5 So it towered higher
  than all the trees of the field;
  its boughs increased
  and its branches grew long,
  spreading because of abundant waters.
6 All the birds of the air
  nested in its boughs,
  all the beasts of the field
  gave birth under its branches;
  all the great nations
  lived in its shade.
7 It was majestic in beauty,
  with its spreading boughs,
  for its roots went down
  to abundant waters.
8 The cedars in the garden of God
  could not rival it,
  nor could the pine trees

8 Los cedros no lo cubrieron en el huerto de Dios; las hayas no fueron semejantes a sus ramas, ni los castaños fueron semejantes a su ramaje; ningún árbol en el huerto de Dios fue semejante a él en su hermosura.

9 Lo hice hermoso con la multitud de sus ramas; y todos los árboles del Edén, que estaban en el huerto de Dios, tuvieron de él envidia.

10 Por tanto, así dijo Jehová el Señor: Ya que por ser encumbrado en altura, y haber levantado su cumbre entre densas ramas, su corazón se elevó con su altura,

11 yo lo entregaré en manos del poderoso de las naciones, que de cierto le tratará según su maldad. Yo lo he desechado.

12 Y lo destruirán extranjeros, los poderosos de las naciones, y lo derribarán; sus ramas caerán sobre los montes y por todos los valles, y por todos los arroyos de la tierra será quebrado su ramaje; y se irán de su sombra todos los pueblos de la tierra, y lo dejarán.

13 Sobre su ruina habitarán todas las aves del cielo, y sobre sus ramas estarán todas las bestias del campo,

14 para que no se exalten en su altura todos los árboles que crecen junto a las aguas, ni levanten su copa entre la espesura, ni confíen en su altura todos los que beben aguas; porque todos están destinados a muerte, a lo profundo de la tierra, entre los hijos de los hombres, con los que descienden a la fosa.

15 Así ha dicho Jehová el Señor: El día que descendió al Seol, hice hacer luto, hice cubrir por él el abismo, y detuve sus ríos, y las muchas aguas fueron detenidas; al Líbano cubrí de tinieblas por él, y todos los árboles del campo se desmayaron.

16 Del estruendo de su caída hice temblar a las naciones, cuando las hice descender al Seol con todos los que descienden a la sepultura; y todos los árboles escogidos del Edén, y los mejores del Líbano, todos los que beben aguas, fueron consolados en lo profundo de la tierra.

17 También ellos descendieron con él al Seol, con los muertos a espada, los que fueron su brazo, los que estuvieron a su sombra en medio de las naciones.

18 ¿A quién te has comparado así en gloria y en grandeza entre los árboles del Edén? Pues derribado serás con los árboles del Edén en lo profundo de la tierra; entre los incircuncisos yacerás, con los muertos a espada. Este es Faraón y todo su pueblo, dice Jehová el Señor.

32 ¹ Aconteció en el año duodécimo, en el mes duodécimo, el día primero del mes, que vino a mí palabra de Jehová, diciendo:

2 Hijo de hombre, levanta endechas sobre Faraón rey de Egipto, y dile: A leoncillo de naciones eres semejante, y eres como el dragón en los mares; pues secabas tus ríos, y enturbiabas las aguas con tus pies, y hollabas sus riberas.

3 Así ha dicho Jehová el Señor: Yo extenderé sobre ti mi red con reunión de muchos pueblos, y te harán subir con mi red.

equal its boughs,
nor could the plane trees
compare with its branches—
no tree in the garden of God
could match its beauty.
9 I made it beautiful
with abundant branches,
the envy of all the trees of Eden
in the garden of God.

10 " 'Therefore this is what the Sovereign LORD says: Because it towered on high, lifting its top above the thick foliage, and because it was proud of its height, 11 I handed it over to the ruler of the nations, for him to deal with according to its wickedness. I cast it aside, 12 and the most ruthless of foreign nations cut it down and left it. Its boughs fell on the mountains and in all the valleys; its branches lay broken in all the ravines of the land. All the nations of the earth came out from under its shade and left it. 13 All the birds of the air settled on the fallen tree, and all the beasts of the field were among its branches. 14 Therefore no other trees by the waters are ever to tower proudly on high, lifting their tops above the thick foliage. No other trees so well-watered are ever to reach such a height; they are all destined for death, for the earth below, among mortal men, with those who go down to the pit.

15 " 'This is what the Sovereign LORD says: On the day it was brought down to the grave^d I covered the deep springs with mourning for it; I held back its streams, and its abundant waters were restrained. Because of it I clothed Lebanon with gloom, and all the trees of the field withered away. 16 I made the nations tremble at the sound of its fall when I brought it down to the grave with those who go down to the pit. Then all the trees of Eden, the choicest and best of Lebanon, all the trees that were well-watered, were consoled in the earth below. 17 Those who lived in its shade, its allies among the nations, had also gone down to the grave with it, joining those killed by the sword.

18 " 'Which of the trees of Eden can be compared with you in splendor and majesty? Yet you, too, will be brought down with the trees of Eden to the earth below; you will lie among the uncircumcised, with those killed by the sword.

" 'This is Pharaoh and all his hordes, declares the Sovereign LORD.' "

A Lament for Pharaoh

32 In the twelfth year, in the twelfth month on the first day, the word of the LORD came to me: 2 "Son of man, take up a lament concerning Pharaoh king of Egypt and say to him:

" 'You are like a lion among the nations;
you are like a monster in the seas
thrashing about in your streams,
churning the water with your feet
and muddying the streams.

3 " 'This is what the Sovereign LORD says:

" 'With a great throng of people
I will cast my net over you,
and they will haul you up in my net.

---

^{d}15 Hebrew *Sheol*; also in verses 16 and 17

4 Y te dejaré en tierra, te echaré sobre la faz del campo, y haré posar sobre ti todas las aves del cielo, y saciaré de ti a las fieras de toda la tierra.

5 Pondré tus carnes sobre los montes, y llenaré los valles de tus cadáveres.

6 Y regaré de tu sangre la tierra donde nadas, hasta los montes; y los arroyos se llenarán de ti.

7 Y cuando te haya extinguido, cubriré los cielos, y haré entenebrecer sus estrellas; el sol cubriré con nublado, y la luna no hará resplandecer su luz.

8 Haré entenebrecer todos los astros brillantes del cielo por ti, y pondré tinieblas sobre tu tierra, dice Jehová el Señor.

9 Y entristeceré el corazón de muchos pueblos, cuando lleve al cautiverio a los tuyos entre las naciones, por las tierras que no conociste.

10 Y dejaré atónitos por ti a muchos pueblos, y sus reyes tendrán horror grande a causa de ti, cuando haga resplandecer mi espada delante de sus rostros; y todos se sobresaltarán en sus ánimos a cada momento en el día de tu caída.

11 Porque así ha dicho Jehová el Señor: La espada del rey de Babilonia vendrá sobre ti.

12 Con espadas de fuertes haré caer tu pueblo; todos ellos serán los poderosos de las naciones; y destruirán la soberbia de Egipto, y toda su multitud será deshecha.

13 Todas sus bestias destruiré de sobre las muchas aguas; ni más las enturbiará pie de hombre, ni pezuña de bestia las enturbiará.

14 Entonces haré asentarse sus aguas, y haré correr sus ríos como aceite, dice Jehová el Señor.

15 Cuando asuele la tierra de Egipto, y la tierra quede despojada de todo cuanto en ella hay, cuando mate a todos los que en ella moran, sabrán que yo soy Jehová.

16 Esta es la endecha, y la cantarán; las hijas de las naciones la cantarán; endecharán sobre Egipto y sobre toda su multitud, dice Jehová el Señor.

17 Aconteció en el año duodécimo, a los quince días del mes, que vino a mí palabra de Jehová, diciendo:

18 Hijo de hombre, endecha sobre la multitud de Egipto, y despéñalo a él, y a las hijas de las naciones poderosas, a lo profundo de la tierra, con los que descienden a la sepultura.

19 Porque eres tan hermoso, desciende, y yace con los incircuncisos.

20 Entre los muertos a espada caerá; a la espada es entregado; traedlo a él y a todos sus pueblos.

21 De en medio del Seol hablarán a él los fuertes de los fuertes, con los que le ayudaron, que descendieron y yacen con los incircuncisos muertos a espada.

---

4 I will throw you on the land
   and hurl you on the open field.
I will let all the birds of the air settle on you
   and all the beasts of the earth gorge
      themselves on you.

5 I will spread your flesh on the mountains
   and fill the valleys with your remains.

6 I will drench the land with your flowing blood
   all the way to the mountains,
   and the ravines will be filled with your flesh.

7 When I snuff you out, I will cover the heavens
   and darken their stars;
I will cover the sun with a cloud,
   and the moon will not give its light.

8 All the shining lights in the heavens
   I will darken over you;
   I will bring darkness over your land,
         declares the Sovereign LORD.

9 I will trouble the hearts of many peoples
   when I bring about your destruction among
      the nations,
   among e lands you have not known.

10 I will cause many peoples to be appalled at you,
   and their kings will shudder with horror
      because of you
   when I brandish my sword before them.
On the day of your downfall
   each of them will tremble
   every moment for his life.

11 " 'For this is what the Sovereign LORD says:

" 'The sword of the king of Babylon
   will come against you.

12 I will cause your hordes to fall
   by the swords of mighty men—
   the most ruthless of all nations.
They will shatter the pride of Egypt,
   and all her hordes will be overthrown.

13 I will destroy all her cattle
   from beside abundant waters
no longer to be stirred by the foot of man
   or muddied by the hoofs of cattle.

14 Then I will let her waters settle
   and make her streams flow like oil,
         declares the Sovereign LORD.

15 When I make Egypt desolate
   and strip the land of everything in it,
when I strike down all who live there,
   then they will know that I am the LORD.'

16 "This is the lament they will chant for her. The daughters of the nations will chant it; for Egypt and all her hordes they will chant it, declares the Sovereign LORD."

17 In the twelfth year, on the fifteenth day of the month, the word of the LORD came to me: 18 "Son of man, wail for the hordes of Egypt and consign to the earth below both her and the daughters of mighty nations, with those who go down to the pit. 19 Say to them, 'Are you more favored than others? Go down and be laid among the uncircumcised.' 20 They will fall among those killed by the sword. The sword is drawn; let her be dragged off with all her hordes. 21 From within the grave f the mighty leaders will say of Egypt and her allies, 'They have come down and they lie with the uncircumcised, with those killed by the sword.'

---

e 9 Hebrew; Septuagint bring you into captivity among the nations, / to   f 21 Hebrew Sheol; also in verse 27

22 Allí está Asiria con toda su multitud; en derredor de él están sus sepulcros; todos ellos cayeron muertos a espada.

23 Sus sepulcros fueron puestos a los lados de la fosa, y su gente está por los alrededores de su sepulcro; todos ellos cayeron muertos a espada, los cuales sembraron el terror en la tierra de los vivientes.

24 Allí Elam, y toda su multitud por los alrededores de su sepulcro; todos ellos cayeron muertos a espada, los cuales descendieron incircuncisos a lo más profundo de la tierra, porque sembraron su terror en la tierra de los vivientes, mas llevaron su confusión con los que descienden al sepulcro.

25 En medio de los muertos le pusieron lecho con toda su multitud; a sus alrededores están sus sepulcros; todos ellos incircuncisos, muertos a espada, porque fue puesto su espanto en la tierra de los vivientes, mas llevaron su confusión con los que descienden al sepulcro; él fue puesto en medio de los muertos.

26 Allí Mesec y Tubal, y toda su multitud; sus sepulcros en sus alrededores; todos ellos incircuncisos, muertos a espada, porque habían sembrado su terror en la tierra de los vivientes.

27 Y no yacerán con los fuertes de los incircuncisos que cayeron, los cuales descendieron al Seol con sus armas de guerra, y sus espadas puestas debajo de sus cabezas; mas sus pecados estarán sobre sus huesos, por cuanto fueron terror de fuertes en la tierra de los vivientes.

28 Tú, pues, serás quebrantado entre los incircuncisos, y yacerás con los muertos a espada.

29 Allí Edom, sus reyes y todos sus príncipes, los cuales con su poderío fueron puestos con los muertos a espada; ellos yacerán con los incircuncisos, y con los que descienden al sepulcro.

30 Allí los príncipes del norte, todos ellos, y todos los sidonios, que con su terror descendieron con los muertos, avergonzados de su poderío, yacen también incircuncisos con los muertos a espada, y comparten su confusión con los que descienden al sepulcro.

31 A éstos verá Faraón, y se consolará sobre toda su multitud; Faraón muerto a espada, y todo su ejército, dice Jehová el Señor.

32 Porque puse mi terror en la tierra de los vivientes, también Faraón y toda su multitud yacerán entre los incircuncisos con los muertos a espada, dice Jehová el Señor.

El deber del atalaya

33 1 Vino a mí palabra de Jehová, diciendo:
2 Hijo de hombre, habla a los hijos de tu pueblo, y diles: Cuando trajere yo espada sobre la tierra, y el pueblo de la tierra tomare un hombre de su territorio y lo pusiere por atalaya,
3 y él viere venir la espada sobre la tierra, y tocare trompeta y avisare al pueblo,
4 cualquiera que oyere el sonido de la trompeta y no se apercibiere, y viniendo la espada lo hiriere, su sangre será sobre su cabeza.
5 El sonido de la trompeta oyó, y no se apercibió; su sangre será sobre él; mas el que se apercibiere librará su vida.
6 Pero si el atalaya viere venir la espada y no tocare la trompeta, y el pueblo no se apercibiere, y viniendo la espada, hiriere de él a alguno, éste fue tomado por causa de su pecado, pero demandaré su sangre de mano del atalaya.
7 A ti, pues, hijo de hombre, te he puesto por atalaya a la casa de Israel, y oirás la palabra de mi boca, y los amonestarás de mi parte.

22 "Assyria is there with her whole army; she is surrounded by the graves of all her slain, all who have fallen by the sword. 23 Their graves are in the depths of the pit and her army lies around her grave. All who had spread terror in the land of the living are slain, fallen by the sword.

24 "Elam is there, with all her hordes around her grave. All of them are slain, fallen by the sword. All who had spread terror in the land of the living went down uncircumcised to the earth below. They bear their shame with those who go down to the pit. 25 A bed is made for her among the slain, with all her hordes around her grave. All of them are uncircumcised, killed by the sword. Because their terror had spread in the land of the living, they bear their shame with those who go down to the pit; they are laid among the slain.

26 "Meshech and Tubal are there, with all their hordes around their graves. All of them are uncircumcised, killed by the sword because they spread their terror in the land of the living. 27 Do they not lie with the other uncircumcised warriors who have fallen, who went down to the grave with their weapons of war, whose swords were placed under their heads? The punishment for their sins rested on their bones, though the terror of these warriors had stalked through the land of the living.

28 "You too, O Pharaoh, will be broken and will lie among the uncircumcised, with those killed by the sword.

29 "Edom is there, her kings and all her princes; despite their power, they are laid with those killed by the sword. They lie with the uncircumcised, with those who go down to the pit.

30 "All the princes of the north and all the Sidonians are there; they went down with the slain in disgrace despite the terror caused by their power. They lie uncircumcised with those killed by the sword and bear their shame with those who go down to the pit.

31 "Pharaoh—he and all his army—will see them and he will be consoled for all his hordes that were killed by the sword, declares the Sovereign LORD. 32 Although I had him spread terror in the land of the living, Pharaoh and all his hordes will be laid among the uncircumcised, with those killed by the sword, declares the Sovereign LORD."

Ezekiel a Watchman

33 The word of the LORD came to me: 2 "Son of man, speak to your countrymen and say to them: 'When I bring the sword against a land, and the people of the land choose one of their men and make him their watchman, 3 and he sees the sword coming against the land and blows the trumpet to warn the people, 4 then if anyone hears the trumpet but does not take warning and the sword comes and takes his life, his blood will be on his own head. 5 Since he heard the sound of the trumpet but did not take warning, his blood will be on his own head. If he had taken warning, he would have saved himself. 6 But if the watchman sees the sword coming and does not blow the trumpet to warn the people and the sword comes and takes the life of one of them, that man will be taken away because of his sin, but I will hold the watchman accountable for his blood.'

7 "Son of man, I have made you a watchman for the house of Israel; so hear the word I speak and give them

8 Cuando yo dijere al impío: Impío, de cierto morirás; si tú no hablares para que se guarde el impío de su camino, el impío morirá por su pecado, pero su sangre yo la demandaré de tu mano.

9 Y si tú avisares al impío de su camino para que se aparte de él, y él no se apartare de su camino, él morirá por su pecado, pero tú libraste tu vida.

El camino de Dios es justo

10 Tú, pues, hijo de hombre, dí a la casa de Israel: Vosotros habéis hablado así, diciendo: Nuestras rebeliones y nuestros pecados están sobre nosotros, y a causa de ellos somos consumidos; ¿cómo, pues, viviremos?

11 Diles: Vivo yo, dice Jehová el Señor, que no quiero la muerte del impío, sino que se vuelva el impío de su camino, y que viva. Volveos, volveos de vuestros malos caminos; ¿por qué moriréis, oh casa de Israel?

12 Y tú, hijo de hombre, dí a los hijos de tu pueblo: La justicia del justo no lo librará el día que se rebelare; y la impiedad del impío no le será estorbo el día que se volviere de su impiedad; y el justo no podrá vivir por su justicia el día que pecare.

13 Cuando yo dijere al justo: De cierto vivirás, y él confiado en su justicia hiciere iniquidad, todas sus justicias no serán recordadas, sino que morirá por su iniquidad que hizo.

14 Y cuando yo dijere al impío: De cierto morirás; si él se convirtiere de su pecado, e hiciere según el derecho y la justicia,

15 si el impío restituyere la prenda, devolviere lo que hubiere robado, y caminare en los estatutos de la vida, no haciendo iniquidad, vivirá ciertamente y no morirá.

16 No se le recordará ninguno de sus pecados que había cometido; hizo según el derecho y la justicia; vivirá ciertamente.

17 Luego dirán los hijos de tu pueblo: No es recto el camino del Señor; el camino de ellos es el que no es recto.

18 Cuando el justo se apartare de su justicia, e hiciere iniquidad, morirá por ello.

19 Y cuando el impío se apartare de su impiedad, e hiciere según el derecho y la justicia, vivirá por ello.

20 Y dijisteis: No es recto el camino del Señor. Yo os juzgaré, oh casa de Israel, a cada uno conforme a sus caminos.

Nuevas de la caída de Jerusalén

21 Aconteció en el año duodécimo de nuestro cautiverio, en el mes décimo, a los cinco días del mes, que vino a mí un fugitivo de Jerusalén, diciendo: La ciudad ha sido conquistada.

22 Y la mano de Jehová había sido sobre mí la tarde antes de llegar el fugitivo, y había abierto mi boca, hasta que vino a mí por la mañana; y abrió mi boca, y ya no más estuve callado.

23 Y vino a mí palabra de Jehová, diciendo:

24 Hijo de hombre, los que habitan aquellos lugares asolados en la tierra de Israel hablan diciendo: Abraham era uno, y poseyó la tierra; pues nosotros somos muchos; a nosotros nos es dada la tierra en posesión.

25 Por tanto, diles: Así ha dicho Jehová el Señor: ¿Comeréis con sangre, y a vuestros ídolos alzaréis vuestros ojos, y derramaréis sangre, y poseeréis vosotros la tierra?

26 Estuvisteis sobre vuestras espadas, hicisteis abominación, y contaminasteis cada cual a la mujer de su prójimo; ¿y habréis de poseer la tierra?

warning from me. 8 When I say to the wicked, 'O wicked man, you will surely die,' and you do not speak out to dissuade him from his ways, that wicked man will die for *g* his sin, and I will hold you accountable for his blood. 9 But if you do warn the wicked man to turn from his ways and he does not do so, he will die for his sin, but you will have saved yourself.

10 "Son of man, say to the house of Israel, 'This is what you are saying: "Our offenses and sins weigh us down, and we are wasting away because of *h* them. How then can we live?" ' 11 Say to them, 'As surely as I live, declares the Sovereign LORD, I take no pleasure in the death of the wicked, but rather that they turn from their ways and live. Turn! Turn from your evil ways! Why will you die, O house of Israel?'

12 "Therefore, son of man, say to your countrymen, 'The righteousness of the righteous man will not save him when he disobeys, and the wickedness of the wicked man will not cause him to fall when he turns from it. The righteous man, if he sins, will not be allowed to live because of his former righteousness.' 13 If I tell the righteous man that he will surely live, but then he trusts in his righteousness and does evil, none of the righteous things he has done will be remembered; he will die for the evil he has done. 14 And if I say to the wicked man, 'You will surely die,' but he then turns away from his sin and does what is just and right— 15 if he gives back what he took in pledge for a loan, returns what he has stolen, follows the decrees that give life, and does no evil, he will surely live; he will not die. 16 None of the sins he has committed will be remembered against him. He has done what is just and right; he will surely live.

17 "Yet your countrymen say, 'The way of the Lord is not just.' But it is their way that is not just. 18 If a righteous man turns from his righteousness and does evil, he will die for it. 19 And if a wicked man turns away from his wickedness and does what is just and right, he will live by doing so. 20 Yet, O house of Israel, you say, 'The way of the Lord is not just.' But I will judge each of you according to his own ways."

Jerusalem's Fall Explained

21 In the twelfth year of our exile, in the tenth month on the fifth day, a man who had escaped from Jerusalem came to me and said, "The city has fallen!" 22 Now the evening before the man arrived, the hand of the LORD was upon me, and he opened my mouth before the man came to me in the morning. So my mouth was opened and I was no longer silent.

23 Then the word of the LORD came to me: 24 "Son of man, the people living in those ruins in the land of Israel are saying, 'Abraham was only one man, yet he possessed the land. But we are many; surely the land has been given to us as our possession.' 25 Therefore say to them, 'This is what the Sovereign LORD says: Since you eat meat with the blood still in it and look to your idols and shed blood, should you then possess the land? 26 You rely on your sword, you do detestable things, and each of you defiles his neighbor's wife. Should you then possess the land?'

g 8 Or in; also in verse 9   *h 10 Or away in*

27 Les dirás así: Así ha dicho Jehová el Señor: Vivo yo, que los que están en aquellos lugares asolados caerán a espada, y al que está sobre la faz del campo entregaré a las fieras para que lo devoren; y los que están en las fortalezas y en las cuevas, de pestilencia morirán.

28 Y convertiré la tierra en desierto y en soledad, y cesará la soberbia de su poderío; y los montes de Israel serán asolados hasta que no haya quien pase.

29 Y sabrán que yo soy Jehová, cuando convierta la tierra en soledad y desierto, por todas las abominaciones que han hecho.

30 Y tú, hijo de hombre, los hijos de tu pueblo se mofan de ti junto a las paredes y a las puertas de las casas, y habla el uno con el otro, cada uno con su hermano, diciendo: Venid ahora, y oíd qué palabra viene de Jehová.

31 Y vendrán a ti como viene el pueblo, y estarán delante de ti como pueblo mío, y oirán tus palabras, y no las pondrán por obra; antes hacen halagos con sus bocas, y el corazón de ellos anda en pos de su avaricia.

32 Y he aquí que tú eres a ellos como cantor de amores, hermoso de voz y que canta bien; y oirán tus palabras, pero no las pondrán por obra.

33 Pero cuando ello viniere (y viene ya), sabrán que hubo profeta entre ellos.

Profecía contra los pastores de Israel

34 1 Vino a mí palabra de Jehová, diciendo: 2 Hijo de hombre, profetiza contra los pastores de Israel; profetiza, y dí a los pastores: Así ha dicho Jehová el Señor: ¡Ay de los pastores de Israel, que se apacientan a sí mismos! ¿No apacientan los pastores a los rebaños? 3 Coméis la grosura, y os vestís de la lana; la engordada degolláis, mas no apacentáis a las ovejas.

4 No fortalecisteis las débiles, ni curasteis la enferma; no vendasteis la perniquebrada, ni volvisteis al redil la descarriada, ni buscasteis la perdida, sino que os habeis enseñoreado de ellas con dureza y con violencia.

5 Y andan errantes por falta de pastor, y son presa de todas las fieras del campo, y se han dispersado.

6 Anduvieron perdidas mis ovejas por todos los montes, y en todo collado alto; y en toda la faz de la tierra fueron esparcidas mis ovejas, y no hubo quien las buscase, ni quien preguntase por ellas.

7 Por tanto, pastores, oíd palabra de Jehová:

8 Vivo yo, ha dicho Jehová el Señor, que por cuanto mi rebaño fue para ser robado, y mis ovejas fueron para ser presa de todas las fieras del campo, sin pastor; ni mis pastores buscaron mis ovejas, sino que los pastores se apacentaron a sí mismos, y no apacentaron mis ovejas; 9 por tanto, oh pastores, oíd palabra de Jehová.

10 Así ha dicho Jehová el Señor: He aquí, yo estoy contra los pastores; y demandaré mis ovejas de su mano, y les haré dejar de apacentar las ovejas; ni los pastores se apacentarán más a sí mismos, pues yo libraré mis ovejas de sus bocas, y no les serán más por comida.

11 Porque así ha dicho Jehová el Señor: He aquí yo, yo mismo iré a buscar mis ovejas, y las reconoceré.

12 Como reconoce su rebaño el pastor el día que está en medio de sus ovejas esparcidas, así reconoceré mis ovejas, y las libraré de todos los lugares en que fueron esparcidas el día del nublado y de la oscuridad.

13 Y yo las sacaré de los pueblos, y las juntaré de las tierras; las traeré a su propia tierra, y las apacentaré en los montes de Israel, por las riberas, y en todos los lugares habitados del país.

14 En buenos pastos las apacentaré, y en los altos montes

27 "Say this to them: 'This is what the Sovereign LORD says: As surely as I live, those who are left in the ruins will fall by the sword, those out in the country I will give to the wild animals to be devoured, and those in strongholds and caves will die of a plague. 28 I will make the land a desolate waste, and her proud strength will come to an end, and the mountains of Israel will become desolate so that no one will cross them. 29 Then they will know that I am the LORD, when I have made the land a desolate waste because of all the detestable things they have done.'

30 "As for you, son of man, your countrymen are talking together about you by the walls and at the doors of the houses, saying to each other, 'Come and hear the message that has come from the LORD.' 31 My people come to you, as they usually do, and sit before you to listen to your words, but they do not put them into practice. With their mouths they express devotion, but their hearts are greedy for unjust gain. 32 Indeed, to them you are nothing more than one who sings love songs with a beautiful voice and plays an instrument well, for they hear your words but do not put them into practice.

33 "When all this comes true—and it surely will—then they will know that a prophet has been among them."

Shepherds and Sheep

34 The word of the LORD came to me: 2 "Son of man, prophesy against the shepherds of Israel; prophesy and say to them: 'This is what the Sovereign LORD says: Woe to the shepherds of Israel who only take care of themselves! Should not shepherds take care of the flock? 3 You eat the curds, clothe yourselves with the wool and slaughter the choice animals, but you do not take care of the flock. 4 You have not strengthened the weak or healed the sick or bound up the injured. You have not brought back the strays or searched for the lost. You have ruled them harshly and brutally. 5 So they were scattered because there was no shepherd, and when they were scattered they became food for all the wild animals. 6 My sheep wandered over all the mountains and on every high hill. They were scattered over the whole earth, and no one searched or looked for them.

7 " 'Therefore, you shepherds, hear the word of the LORD: 8 As surely as I live, declares the Sovereign LORD, because my flock lacks a shepherd and so has been plundered and has become food for all the wild animals, and because my shepherds did not search for my flock but cared for themselves rather than for my flock, 9 therefore, O shepherds, hear the word of the LORD: 10 This is what the Sovereign LORD says: I am against the shepherds and will hold them accountable for my flock. I will remove them from tending the flock so that the shepherds can no longer feed themselves. I will rescue my flock from their mouths, and it will no longer be food for them.

11 " 'For this is what the Sovereign LORD says: I myself will search for my sheep and look after them. 12 As a shepherd looks after his scattered flock when he is with them, so will I look after my sheep. I will rescue them from all the places where they were scattered on a day of clouds and darkness. 13 I will bring them out from the nations and gather them from the countries, and I will bring them into their own land. I will pasture them on the mountains of Israel, in the ravines and in all the settlements in the land. 14 I will tend them in

de Israel estará su aprisco; allí dormirán en buen redil, y en pastos suculentos serán apacentadas sobre los montes de Israel.

15 Yo apacentaré mis ovejas, y yo les daré aprisco, dice Jehová el Señor.

16 Yo buscaré la perdida, y haré volver al redil la descarriada, vendaré la perniquebrada, y fortaleceré la débil; mas a la engordada y a la fuerte destruiré; las apacentaré con justicia.

17 Mas en cuanto a vosotras, ovejas mías, así ha dicho Jehová el Señor: He aquí yo juzgo entre oveja y oveja, entre carneros y machos cabríos.

18 ¿Os es poco que comáis los buenos pastos, sino que también holláis con vuestros pies lo que de vuestros pastos queda; y que bebiendo las aguas claras, enturbiáis además con vuestros pies las que quedan?

19 Y mis ovejas comen lo hollado de vuestros pies, y beben lo que con vuestros pies habéis enturbiado.

20 Por tanto, así les dice Jehová el Señor: He aquí yo, yo juzgaré entre la oveja engordada y la oveja flaca,

21 por cuanto empujasteis con el costado y con el hombro, y acorneasteis con vuestros cuernos a todas las débiles, hasta que las echasteis y las dispersasteis.

22 Yo salvaré a mis ovejas, y nunca más serán para rapiña; y juzgaré entre oveja y oveja.

23 Y levantaré sobre ellas a un pastor, y él las apacentará; a mi siervo David, él las apacentará, y él les será por pastor.

24 Yo Jehová les seré por Dios, y mi siervo David príncipe en medio de ellos. Yo Jehová he hablado.

25 Y estableceré con ellos pacto de paz, y quitaré de la tierra las fieras; y habitarán en el desierto con seguridad, y dormirán en los bosques.

26 Y daré bendición a ellas y a los alrededores de mi collado, y haré descender la lluvia en su tiempo; lluvias de bendición serán.

27 Y el árbol del campo dará su fruto, y la tierra dará su fruto, y estarán sobre su tierra con seguridad; y sabrán que yo soy Jehová, cuando rompa las coyundas de su yugo, y los libre de mano de los que se sirven de ellos.

28 No serán más por despojo de las naciones, ni las fieras de la tierra las devorarán; sino que habitarán con seguridad, y no habrá quien las espante.

29 Y levantaré para ellos una planta de renombre, y no serán ya más consumidos de hambre en la tierra, ni ya más serán avergonzados por las naciones.

30 Y sabrán que yo Jehová su Dios estoy con ellos, y ellos son mi pueblo, la casa de Israel, dice Jehová el Señor.

31 Y vosotras, ovejas mías, ovejas de mi pasto, hombres sois, y yo vuestro Dios, dice Jehová el Señor.

Profecía contra el Monte Seir

35 1 Vino a mí palabra de Jehová, diciendo:

2 Hijo de hombre, pon tu rostro hacia el monte de Seir, y profetiza contra él,

3 y dile: Así ha dicho Jehová el Señor: He aquí yo estoy contra ti, oh monte de Seir, y extenderé mi mano contra ti, y te convertiré en desierto y en soledad.

4 A tus ciudades asolaré, y tú serás asolado; y sabrás que yo soy Jehová.

5 Por cuanto tuviste enemistad perpetua, y entregaste a los hijos de Israel al poder de la espada en el tiempo de su aflicción, en el tiempo extremadamente malo,

a good pasture, and the mountain heights of Israel will be their grazing land. There they will lie down in good grazing land, and there they will feed in a rich pasture on the mountains of Israel. 15 I myself will tend my sheep and have them lie down, declares the Sovereign Lord. 16 I will search for the lost and bring back the strays. I will bind up the injured and strengthen the weak, but the sleek and the strong I will destroy. I will shepherd the flock with justice.

17 " 'As for you, my flock, this is what the Sovereign Lord says: I will judge between one sheep and another, and between rams and goats. 18 Is it not enough for you to feed on the good pasture? Must you also trample the rest of your pasture with your feet? Is it not enough for you to drink clear water? Must you also muddy the rest with your feet? 19 Must my flock feed on what you have trampled and drink what you have muddied with your feet?

20 " 'Therefore this is what the Sovereign Lord says to them: See, I myself will judge between the fat sheep and the lean sheep. 21 Because you shove with flank and shoulder, butting all the weak sheep with your horns until you have driven them away, 22 I will save my flock, and they will no longer be plundered. I will judge between one sheep and another. 23 I will place over them one shepherd, my servant David, and he will tend them; he will tend them and be their shepherd. 24 I the Lord will be their God, and my servant David will be prince among them. I the Lord have spoken.

25 " 'I will make a covenant of peace with them and rid the land of wild beasts so that they may live in the desert and sleep in the forests in safety. 26 I will bless them and the places surrounding my hill. i I will send down showers in season; there will be showers of blessing. 27 The trees of the field will yield their fruit and the ground will yield its crops; the people will be secure in their land. They will know that I am the Lord, when I break the bars of their yoke and rescue them from the hands of those who enslaved them. 28 They will no longer be plundered by the nations, nor will wild animals devour them. They will live in safety, and no one will make them afraid. 29 I will provide for them a land renowned for its crops, and they will no longer be victims of famine in the land or bear the scorn of the nations. 30 Then they will know that I, the Lord their God, am with them and that they, the house of Israel, are my people, declares the Sovereign Lord. 31 You my sheep, the sheep of my pasture, are people, and I am your God, declares the Sovereign Lord.' "

A Prophecy Against Edom

35 The word of the Lord came to me: 2 "Son of man, set your face against Mount Seir; prophesy against it 3 and say: 'This is what the Sovereign Lord says: I am against you, Mount Seir, and I will stretch out my hand against you and make you a desolate waste. 4 I will turn your towns into ruins and you will be desolate. Then you will know that I am the Lord.

5 " 'Because you harbored an ancient hostility and delivered the Israelites over to the sword at the time of their calamity, the time their punishment reached its climax, 6 therefore as surely as I live, declares the

---

i 26 Or *I will make them and the places surrounding my hill a blessing*

6por tanto, vivo yo, dice Jehová el Señor, que a sangre te destinaré, y sangre te perseguirá; y porque la sangre no aborreciste, sangre te perseguirá.

7Y convertiré al monte de Seir en desierto y en soledad, y cortaré de él al que vaya y al que venga.

8Y llenaré sus montes de sus muertos; en tus collados, en tus valles y en todos tus arroyos, caerán muertos a espada.

9Yo te pondré en asolamiento perpetuo, y tus ciudades nunca más se restaurarán; y sabréis que yo soy Jehová.

10Por cuanto dijiste: Las dos naciones y las dos tierras serán mías, y tomaré posesión de ellas; estando allí Jehová;

11por tanto, vivo yo, dice Jehová el Señor, yo haré conforme a tu ira, y conforme a tu celo con que procediste, a causa de tus enemistades con ellos; y seré conocido en ellos, cuando te juzgue.

12Y sabrás que yo Jehová he oído todas tus injurias que proferiste contra los montes de Israel, diciendo: Destruidos son, nos han sido dados para que los devoremos.

13Y os engrandecisteis contra mí con vuestra boca, y multiplicasteis contra mí vuestras palabras. Yo lo oí.

14Así ha dicho Jehová el Señor: Para que toda la tierra se regocije, yo te haré una desolación.

15Como te alegraste sobre la heredad de la casa de Israel, porque fue asolada, así te haré a ti; asolado será el monte de Seir, y todo Edom, todo él; y sabrán que yo soy Jehová.

Restauración futura de Israel

36 1Tú, hijo de hombre, profetiza a los montes de Israel, y dí: Montes de Israel, oíd palabra de Jehová.

2Así ha dicho Jehová el Señor: Por cuanto el enemigo dijo de vosotros: ¡Ea! también las alturas eternas nos han sido dadas por heredad;

3profetiza, por tanto, y dí: Así ha dicho Jehová el Señor: Por cuanto os asolaron y os tragaron de todas partes, para que fueseis heredad de las otras naciones, y se os ha hecho caer en boca de habladores y ser el oprobio de los pueblos,

4por tanto, montes de Israel, oíd palabra de Jehová el Señor: Así ha dicho Jehová el Señor a los montes y a los collados, a los arroyos y a los valles, a las ruinas y asolamientos y a las ciudades desamparadas, que fueron puestas por botín y escarnio de las otras naciones alrededor;

5por eso, así ha dicho Jehová el Señor: He hablado por cierto en el fuego de mi celo contra las demás naciones, y contra todo Edom, que se disputaron mi tierra por heredad con alegría, de todo corazón y con enconamiento de ánimo, para que sus expulsados fuesen presa suya.

6Por tanto, profetiza sobre la tierra de Israel, y dí a los montes y a los collados, y a los arroyos y a los valles: Así ha dicho Jehová el Señor: He aquí, en mi celo y en mi furor he hablado, por cuanto habéis llevado el oprobio de las naciones.

7Por lo cual así ha dicho Jehová el Señor: Yo he alzado mi mano, he jurado que las naciones que están a vuestro alrededor han de llevar su afrenta.

8Mas vosotros, oh montes de Israel, daréis vuestras ramas, y llevaréis vuestro fruto para mi pueblo Israel; porque cerca están para venir.

9Porque he aquí, yo estoy por vosotros, y a vosotros me volveré, y seréis labrados y sembrados;

10Y haré multiplicar sobre vosotros hombres, a toda la casa de Israel, toda ella; y las ciudades serán habitadas, y edificadas las ruinas.

11Multiplicaré sobre vosotros hombres y ganado, y serán

Sovereign Lord, I will give you over to bloodshed and it will pursue you. Since you did not hate bloodshed, bloodshed will pursue you. 7I will make Mount Seir a desolate waste and cut off from it all who come and go. 8I will fill your mountains with the slain; those killed by the sword will fall on your hills and in your valleys and in all your ravines. 9I will make you desolate forever; your towns will not be inhabited. Then you will know that I am the Lord.

10" 'Because you have said, "These two nations and countries will be ours and we will take possession of them," even though I the Lord was there, 11therefore as surely as I live, declares the Sovereign Lord, I will treat you in accordance with the anger and jealousy you showed in your hatred of them and I will make myself known among them when I judge you. 12Then you will know that I the Lord have heard all the contemptible things you have said against the mountains of Israel. You said, "They have been laid waste and have been given over to us to devour." 13You boasted against me and spoke against me without restraint, and I heard it. 14This is what the Sovereign Lord says: While the whole earth rejoices, I will make you desolate. 15Because you rejoiced when the inheritance of the house of Israel became desolate, that is how I will treat you. You will be desolate, O Mount Seir, you and all of Edom. Then they will know that I am the Lord.' "

A Prophecy to the Mountains of Israel

36 "Son of man, prophesy to the mountains of Israel and say, 'O mountains of Israel, hear the word of the Lord. 2This is what the Sovereign Lord says: The enemy said of you, "Aha! The ancient heights have become our possession." ' 3Therefore prophesy and say, 'This is what the Sovereign Lord says: Because they ravaged and hounded you from every side so that you became the possession of the rest of the nations and the object of people's malicious talk and slander, 4therefore, O mountains of Israel, hear the word of the Sovereign Lord: This is what the Sovereign Lord says to the mountains and hills, to the ravines and valleys, to the desolate ruins and the deserted towns that have been plundered and ridiculed by the rest of the nations around you— 5this is what the Sovereign Lord says: In my burning zeal I have spoken against the rest of the nations, and against all Edom, for with glee and with malice in their hearts they made my land their own possession so that they might plunder its pastureland.' 6Therefore prophesy concerning the land of Israel and say to the mountains and hills, to the ravines and valleys: 'This is what the Sovereign Lord says: I speak in my jealous wrath because you have suffered the scorn of the nations. 7Therefore this is what the Sovereign Lord says: I swear with uplifted hand that the nations around you will also suffer scorn.

8" 'But you, O mountains of Israel, will produce branches and fruit for my people Israel, for they will soon come home. 9I am concerned for you and will look on you with favor; you will be plowed and sown, 10and I will multiply the number of people upon you, even the whole house of Israel. The towns will be inhabited and the ruins rebuilt. 11I will increase the

multiplicados y creceréis; y os haré morar como solíais antiguamente, y os haré mayor bien que en vuestros principios; y sabréis que yo soy Jehová.

12 Y haré andar hombres sobre vosotros, a mi pueblo Israel; y tomarán posesión de ti, y les serás por heredad, y nunca más les matarás los hijos.

13 Así ha dicho Jehová el Señor: Por cuanto dicen de vosotros: Comedora de hombres, y matadora de los hijos de tu nación has sido;

14 por tanto, no devorarás más hombres, y nunca más matarás a los hijos de tu nación, dice Jehová el Señor.

15 Y nunca más te haré oír injuria de naciones, ni más llevarás denuestos de pueblos, ni harás más morir a los hijos de tu nación, dice Jehová el Señor.

16 Vino a mí palabra de Jehová, diciendo:

17 Hijo de hombre, mientras la casa de Israel moraba en su tierra, la contaminó con sus caminos y con sus obras; como inmundicia de menstruosa fue su camino delante de mí.

18 Y derramé mi ira sobre ellos por la sangre que derramaron sobre la tierra; porque con sus ídolos la contaminaron.

19 Les esparcí por las naciones, y fueron dispersados por las tierras; conforme a sus caminos y conforme a sus obras les juzgué.

20 Y cuando llegaron a las naciones adonde fueron, profanaron mi santo nombre, diciéndose de ellos: Estos son pueblo de Jehová, y de la tierra de él han salido.

21 Pero he tenido dolor al ver mi santo nombre profanado por la casa de Israel entre las naciones.

22 Por tanto, di a la casa de Israel: Así ha dicho Jehová el Señor: No lo hago por vosotros, oh casa de Israel, sino por causa de mi santo nombre, el cual profanasteis vosotros entre las naciones adonde habéis llegado.

23 Y santificaré mi grande nombre, profanado entre las naciones, el cual profanasteis vosotros en medio de ellas; y sabrán las naciones que yo soy Jehová, dice Jehová el Señor, cuando sea santificado en vosotros delante de sus ojos.

24 Y yo os tomaré de las naciones, y os recogeré de todas las tierras, y os traeré a vuestro país.

25 Esparciré sobre vosotros agua limpia, y seréis limpiados de todas vuestras inmundicias; y de todos vuestros ídolos os limpiaré.

26 Os daré corazón nuevo, y pondré espíritu nuevo dentro de vosotros; y quitaré de vuestra carne el corazón de piedra, y os daré un corazón de carne.

27 Y pondré dentro de vosotros mi Espíritu, y haré que andéis en mis estatutos, y guardéis mis preceptos, y los pongáis por obra.

28 Habitaréis en la tierra que di a vuestros padres, y vosotros me seréis por pueblo, y yo seré a vosotros por Dios.

29 Y os guardaré de todas vuestras inmundicias; y llamaré al trigo, y lo multiplicaré, y no os daré hambre.

30 Multiplicaré asimismo el fruto de los árboles, y el fruto de los campos, para que nunca más recibáis oprobio de hambre entre las naciones.

31 Y os acordaréis de vuestros malos caminos, y de vuestras obras que no fueron buenas; y os avergonzaréis de vosotros mismos por vuestras iniquidades y por vuestras abominaciones.

32 No lo hago por vosotros, dice Jehová el Señor, sabedlo bien; avergonzaos y cubríos de confusión por vuestras iniquidades, casa de Israel.

33 Así ha dicho Jehová el Señor: El día que os limpie de todas vuestras iniquidades, haré también que sean habitadas las ciudades, y las ruinas serán reedificadas.

34 Y la tierra asolada será labrada, en lugar de haber permanecido asolada a ojos de todos los que pasaron.

35 Y dirán: Esta tierra que era asolada ha venido a ser como

number of men and animals upon you, and they will be fruitful and become numerous. I will settle people on you as in the past and will make you prosper more than before. Then you will know that I am the LORD. 12 I will cause people, my people Israel, to walk upon you. They will possess you, and you will be their inheritance; you will never again deprive them of their children.

13 " 'This is what the Sovereign LORD says: Because people say to you, "You devour men and deprive your nation of its children," 14 therefore you will no longer devour men or make your nation childless, declares the Sovereign LORD. 15 No longer will I make you hear the taunts of the nations, and no longer will you suffer the scorn of the peoples or cause your nation to fall, declares the Sovereign LORD.' "

16 Again the word of the LORD came to me: 17 "Son of man, when the people of Israel were living in their own land, they defiled it by their conduct and their actions. Their conduct was like a woman's monthly uncleanness in my sight. 18 So I poured out my wrath on them because they had shed blood in the land and because they had defiled it with their idols. 19 I dispersed them among the nations, and they were scattered through the countries; I judged them according to their conduct and their actions. 20 And wherever they went among the nations they profaned my holy name, for it was said of them, 'These are the LORD's people, and yet they had to leave his land.' 21 I had concern for my holy name, which the house of Israel profaned among the nations where they had gone.

22 "Therefore say to the house of Israel, 'This is what the Sovereign LORD says: It is not for your sake, O house of Israel, that I am going to do these things, but for the sake of my holy name, which you have profaned among the nations where you have gone. 23 I will show the holiness of my great name, which has been profaned among the nations, the name you have profaned among them. Then the nations will know that I am the LORD, declares the Sovereign LORD, when I show myself holy through you before their eyes.

24 " 'For I will take you out of the nations; I will gather you from all the countries and bring you back into your own land. 25 I will sprinkle clean water on you, and you will be clean; I will cleanse you from all your impurities and from all your idols. 26 I will give you a new heart and put a new spirit in you; I will remove from you your heart of stone and give you a heart of flesh. 27 And I will put my Spirit in you and move you to follow my decrees and be careful to keep my laws. 28 You will live in the land I gave your forefathers; you will be my people, and I will be your God. 29 I will save you from all your uncleanness. I will call for the grain and make it plentiful and will not bring famine upon you. 30 I will increase the fruit of the trees and the crops of the field, so that you will no longer suffer disgrace among the nations because of famine. 31 Then you will remember your evil ways and wicked deeds, and you will loathe yourselves for your sins and detestable practices. 32 I want you to know that I am not doing this for your sake, declares the Sovereign LORD. Be ashamed and disgraced for your conduct, O house of Israel!

33 " 'This is what the Sovereign LORD says: On the day I cleanse you from all your sins, I will resettle your towns, and the ruins will be rebuilt. 34 The desolate land will be cultivated instead of lying desolate in the sight of all who pass through it. 35 They will say, "This land that was laid waste has become like the garden

huerto del Edén; y estas ciudades que eran desiertas y asoladas y arruinadas, están fortificadas y habitadas.

36 Y las naciones que queden en vuestros alrededores sabrán que yo reedifiqué lo que estaba derribado, y planté lo que estaba desolado; yo Jehová he hablado, y lo haré.

37 Así ha dicho Jehová el Señor: Aún seré solicitado por la casa de Israel, para hacerles esto; multiplicaré los hombres como se multiplican los rebaños.

38 Como las ovejas consagradas, como las ovejas de Jerusalén en sus fiestas solemnes, así las ciudades desiertas serán llenas de rebaños de hombres; y sabrán que yo soy Jehová.

El valle de los huesos secos

37 1 La mano de Jehová vino sobre mí, y me llevó en el Espíritu de Jehová, y me puso en medio de un valle que estaba lleno de huesos.

2 Y me hizo pasar cerca de ellos por todo en derredor; y he aquí que eran muchísimos sobre la faz del campo, y por cierto secos en gran manera.

3 Y me dijo: Hijo de hombre, ¿vivirán estos huesos? Y dije: Señor Jehová, tú lo sabes.

4 Me dijo entonces: Profetiza sobre estos huesos, y diles: Huesos secos, oíd palabra de Jehová.

5 Así ha dicho Jehová el Señor a estos huesos: He aquí, yo hago entrar espíritu en vosotros, y viviréis.

6 Y pondré tendones sobre vosotros, y haré subir sobre vosotros carne, y os cubriré de piel, y pondré en vosotros espíritu, y viviréis; y sabréis que yo soy Jehová.

7 Profeticé, pues, como me fue mandado; y hubo un ruido mientras yo profetizaba, y he aquí un temblor; y los huesos se juntaron cada hueso con su hueso.

8 Y miré, y he aquí tendones sobre ellos, y la carne subió, y la piel cubrió por encima de ellos; pero no había en ellos espíritu.

9 Y me dijo: Profetiza al espíritu, profetiza, hijo de hombre, y di al espíritu: Así ha dicho Jehová el Señor: Espíritu, ven de los cuatro vientos, y sopla sobre estos muertos, y vivirán.

10 Y profeticé como me había mandado, y entró espíritu en ellos, y vivieron, y estuvieron sobre sus pies; un ejército grande en extremo.

11 Me dijo luego: Hijo de hombre, todos estos huesos son la casa de Israel. He aquí, ellos dicen: Nuestros huesos se secaron, y pereció nuestra esperanza, y somos del todo destruidos.

12 Por tanto, profetiza, y diles: Así ha dicho Jehová el Señor: He aquí yo abro vuestros sepulcros, pueblo mío, y os haré subir de vuestras sepulturas, y os traeré a la tierra de Israel.

13 Y sabréis que yo soy Jehová, cuando abra vuestros sepulcros, y os saque de vuestras sepulturas, pueblo mío.

14 Y pondré mi Espíritu en vosotros, y viviréis, y os haré reposar sobre vuestra tierra; y sabréis que yo Jehová hablé, y lo hice, dice Jehová.

La reunión de Judá e Israel

15 Vino a mí palabra de Jehová, diciendo:

16 Hijo de hombre, toma ahora un palo, y escribe en él: Para Judá, y para los hijos de Israel sus compañeros. Toma después otro palo, y escribe en él: Para José, palo de Efraín, y para toda la casa de Israel sus compañeros.

17 Júntalos luego el uno con el otro, para que sean uno solo, y serán uno solo en tu mano.

of Eden; the cities that were lying in ruins, desolate and destroyed, are now fortified and inhabited.'

36 Then the nations around you that remain will know that I the LORD have rebuilt what was destroyed and have replanted what was desolate. I the LORD have spoken, and I will do it.'

37 "This is what the Sovereign LORD says: Once again I will yield to the plea of the house of Israel and do this for them: I will make their people as numerous as sheep, 38 as numerous as the flocks for offerings at Jerusalem during her appointed feasts. So will the ruined cities be filled with flocks of people. Then they will know that I am the LORD."

The Valley of Dry Bones

37 The hand of the LORD was upon me, and he brought me out by the Spirit of the LORD and set me in the middle of a valley; it was full of bones. 2 He led me back and forth among them, and I saw a great many bones on the floor of the valley, bones that were very dry. 3 He asked me, "Son of man, can these bones live?"

I said, "O Sovereign LORD, you alone know."

4 Then he said to me, "Prophesy to these bones and say to them, 'Dry bones, hear the word of the LORD! 5 This is what the Sovereign LORD says to these bones: I will make breath/ enter you, and you will come to life. 6 I will attach tendons to you and make flesh come upon you and cover you with skin; I will put breath in you, and you will come to life. Then you will know that I am the LORD.' "

7 So I prophesied as I was commanded. And as I was prophesying, there was a noise, a rattling sound, and the bones came together, bone to bone. 8 I looked, and tendons and flesh appeared on them and skin covered them, but there was no breath in them.

9 Then he said to me, "Prophesy to the breath; prophesy, son of man, and say to it, 'This is what the Sovereign LORD says: Come from the four winds, O breath, and breathe into these slain, that they may live.' " 10 So I prophesied as he commanded me, and breath entered them; they came to life and stood up on their feet—a vast army.

11 Then he said to me: "Son of man, these bones are the whole house of Israel. They say, 'Our bones are dried up and our hope is gone; we are cut off.' 12 Therefore prophesy and say to them: 'This is what the Sovereign LORD says: O my people, I am going to open your graves and bring you up from them; I will bring you back to the land of Israel. 13 Then you, my people, will know that I am the LORD, when I open your graves and bring you up from them. 14 I will put my Spirit in you and you will live, and I will settle you in your own land. Then you will know that I the LORD have spoken, and I have done it, declares the LORD.' "

One Nation Under One King

15 The word of the LORD came to me: 16 "Son of man, take a stick of wood and write on it, 'Belonging to Judah and the Israelites associated with him.' Then take another stick of wood, and write on it, 'Ephraim's stick, belonging to Joseph and all the house of Israel associated with him.' 17 Join them together into one stick so that they will become one in your hand.

/5 The Hebrew for this word can also mean *wind* or *spirit* (see verses 6-14).

18 Y cuando te pregunten los hijos de tu pueblo, diciendo: ¿No nos enseñarás qué te propones con eso?,

19 diles: Así ha dicho Jehová el Señor: He aquí, yo tomo el palo de José que está en la mano de Efraín, y a las tribus de Israel sus compañeros, y los pondré con el palo de Judá, y los haré un solo palo, y serán uno en mi mano.

20 Y los palos sobre que escribas estarán en tu mano delante de sus ojos,

21 y les dirás: Así ha dicho Jehová el Señor: He aquí, yo tomo a los hijos de Israel de entre las naciones a las cuales fueron, y los recogeré de todas partes, y los traeré a su tierra;

22 y los haré una nación en la tierra, en los montes de Israel, y un rey será a todos ellos por rey; y nunca más serán dos naciones, ni nunca más serán divididos en dos reinos.

23 Ni se contaminarán ya más con sus ídolos, con sus abominaciones y con todas sus rebeliones; y los salvaré de todas sus rebeliones con las cuales pecaron, y los limpiaré; y me serán por pueblo, y yo a ellos por Dios.

24 Mi siervo David será rey sobre ellos, y todos ellos tendrán un solo pastor; y andarán en mis preceptos, y mis estatutos guardarán, y los pondrán por obra.

25 Habitarán en la tierra que di a mi siervo Jacob, en la cual habitaron vuestros padres; en ella habitarán ellos, sus hijos y los hijos de sus hijos para siempre; y mi siervo David será príncipe de ellos para siempre.

26 Y haré con ellos pacto de paz, pacto perpetuo será con ellos; y los estableceré y los multiplicaré, y pondré mi santuario entre ellos para siempre.

27 Estará en medio de ellos mi tabernáculo, y seré a ellos por Dios, y ellos me serán por pueblo.

28 Y sabrán las naciones que yo Jehová santifico a Israel, estando mi santuario en medio de ellos para siempre.

Profecía contra Gog

38 1 Vino a mí palabra de Jehová, diciendo:

2 Hijo de hombre, pon tu rostro contra Gog en tierra de Magog, príncipe soberano de Mesec y Tubal, y profetiza contra él,

3 y di: Así ha dicho Jehová el Señor: He aquí, yo estoy contra ti, oh Gog, príncipe soberano de Mesec y Tubal.

4 Y te quebrantaré, y pondré garfios en tus quijadas, y te sacaré a ti y a todo tu ejército, caballos y jinetes, de todo en todo equipados, gran multitud con paveses y escudos, teniendo todos ellos espadas;

5 Persia, Cus y Fut con ellos; todos ellos con escudo y yelmo;

6 Gomer, y todas sus tropas; la casa de Togarma, de los confines del norte, y todas sus tropas; muchos pueblos contigo.

7 Prepárate y apercíbete, tú y toda tu multitud que se ha reunido a ti, y sé tú su guarda.

8 De aquí a muchos días serás visitado; al cabo de años vendrás a la tierra salvada de la espada, recogida de muchos pueblos, a los montes de Israel, que siempre fueron una desolación; mas fue sacada de las naciones, y todos ellos morarán confiadamente.

9 Subirás tú, y vendrás como tempestad; como nublado para cubrir la tierra serás tú y todas tus tropas, y muchos pueblos contigo.

10 Así ha dicho Jehová el Señor: En aquel día subirán palabras en tu corazón, y concebirás mal pensamiento,

18 "When your countrymen ask you, 'Won't you tell us what you mean by this?' 19 say to them, 'This is what the Sovereign LORD says: I am going to take the stick of Joseph—which is in Ephraim's hand—and of the Israelite tribes associated with him, and join it to Judah's stick, making them a single stick of wood, and they will become one in my hand.' 20 Hold before their eyes the sticks you have written on 21 and say to them, 'This is what the Sovereign LORD says: I will take the Israelites out of the nations where they have gone. I will gather them from all around and bring them back into their own land. 22 I will make them one nation in the land, on the mountains of Israel. There will be one king over all of them and they will never again be two nations or be divided into two kingdoms. 23 They will no longer defile themselves with their idols and vile images or with any of their offenses, for I will save them from all their sinful backsliding,k and I will cleanse them. They will be my people, and I will be their God.

24 " 'My servant David will be king over them, and they will all have one shepherd. They will follow my laws and be careful to keep my decrees. 25 They will live in the land I gave to my servant Jacob, the land where your fathers lived. They and their children and their children's children will live there forever, and David my servant will be their prince forever. 26 I will make a covenant of peace with them; it will be an everlasting covenant. I will establish them and increase their numbers, and I will put my sanctuary among them forever. 27 My dwelling place will be with them; I will be their God, and they will be my people. 28 Then the nations will know that I the LORD make Israel holy, when my sanctuary is among them forever.' "

A Prophecy Against Gog

38 The word of the LORD came to me: 2 "Son of man, set your face against Gog, of the land of Magog, the chief prince ofl Meshech and Tubal; prophesy against him 3 and say: 'This is what the Sovereign LORD says: I am against you, O Gog, chief prince ofm Meshech and Tubal. 4 I will turn you around, put hooks in your jaws and bring you out with your whole army—your horses, your horsemen fully armed, and a great horde with large and small shields, all of them brandishing their swords. 5 Persia, Cushn and Put will be with them, all with shields and helmets, 6 also Gomer with all its troops, and Beth Togarmah from the far north with all its troops—the many nations with you.

7 " 'Get ready; be prepared, you and all the hordes gathered about you, and take command of them. 8 After many days you will be called to arms. In future years you will invade a land that has recovered from war, whose people were gathered from many nations to the mountains of Israel, which had long been desolate. They had been brought out from the nations, and now all of them live in safety. 9 You and all your troops and the many nations with you will go up, advancing like a storm; you will be like a cloud covering the land.

10 " 'This is what the Sovereign LORD says: On that day thoughts will come into your mind and you will devise an evil scheme. 11 You will say, "I will invade

---

k 23 Many Hebrew manuscripts (see also Septuagint); most Hebrew manuscripts *all their dwelling places where they sinned*   l 2 Or *the prince of Rosh*,   m 3 Or *Gog, prince of Rosh*,   n 5 That is, the upper Nile region

11 y dirás: Subiré contra una tierra indefensa, iré contra gentes tranquilas que habitan confiadamente; todas ellas habitan sin muros, y no tienen cerrojos ni puertas;

12 para arrebatar despojos y para tomar botín, para poner tus manos sobre las tierras desiertas ya pobladas, y sobre el pueblo recogido de entre las naciones, que se hace de ganado y posesiones, que mora en la parte central de la tierra.

13 Sabá y Dedán, y los mercaderes de Tarsis y todos sus príncipes, te dirán: ¿Has venido a arrebatar despojos? ¿Has reunido tu multitud para tomar botín, para quitar plata y oro, para tomar ganados y posesiones, para tomar grandes despojos?

14 Por tanto, profetiza, hijo de hombre, y dí a Gog: Así ha dicho Jehová el Señor: En aquel tiempo, cuando mi pueblo Israel habite con seguridad, ¿no lo sabrás tú?

15 Vendrás de tu lugar, de las regiones del norte, tú y muchos pueblos contigo, todos ellos a caballo, gran multitud y poderoso ejército,

16 y subirás contra mi pueblo Israel como nublado para cubrir la tierra; será al cabo de los días; y te traeré sobre mi tierra, para que las naciones me conozcan, cuando sea santificado en ti, oh Gog, delante de sus ojos.

17 Así ha dicho Jehová el Señor: ¿No eres tú aquel de quien hablé yo en tiempos pasados por mis siervos los profetas de Israel, los cuales profetizaron en aquellos tiempos que yo te había de traer sobre ellos?

18 En aquel tiempo, cuando venga Gog contra la tierra de Israel, dijo Jehová el Señor, subirá mi ira y mi enojo.

19 Porque he hablado en mi celo, y en el fuego de mi ira: Que en aquel tiempo habrá gran temblor sobre la tierra de Israel;

20 que los peces del mar, las aves del cielo, las bestias del campo y toda serpiente que se arrastra sobre la tierra, y todos los hombres que están sobre la faz de la tierra, temblarán ante mi presencia; y se desmoronarán los montes, y los vallados caerán, y todo muro caerá a tierra.

21 Y en todos mis montes llamaré contra él la espada, dice Jehová el Señor; la espada de cada cual será contra su hermano.

22 Y yo litigaré contra él con pestilencia y con sangre; y haré llover sobre él, sobre sus tropas y sobre los muchos pueblos que están con él, impetuosa lluvia, y piedras de granizo, fuego y azufre.

23 Y seré engrandecido y santificado, y seré conocido ante los ojos de muchas naciones; y sabrán que yo soy Jehová.

39

1 Tú pues, hijo de hombre, profetiza contra Gog, y dí: Así ha dicho Jehová el Señor: He aquí yo estoy contra ti, oh Gog, príncipe soberano de Mesec y Tubal.

2 Y te quebrantaré, y te conduciré y te haré subir de las partes del norte, y te traeré sobre los montes de Israel;

3 y sacaré tu arco de tu mano izquierda, y derribaré tus saetas de tu mano derecha.

4 Sobre los montes de Israel caerás tú y todas tus tropas, y los pueblos que fueron contigo; a aves de rapiña de toda especie, y a las fieras del campo, te he dado por comida.

5 Sobre la faz del campo caerás; porque yo he hablado, dice Jehová el Señor.

6 Y enviaré fuego sobre Magog, y sobre los que moran con seguridad en las costas; y sabrán que yo soy Jehová.

7 Y haré notorio mi santo nombre en medio de mi pueblo Israel, y nunca más dejaré profanar mi santo nombre; y sabrán las naciones que yo soy Jehová, el Santo en Israel.

a land of unwalled villages; I will attack a peaceful and unsuspecting people — all of them living without walls and without gates and bars. 12 I will plunder and loot and turn my hand against the resettled ruins and the people gathered from the nations, rich in livestock and goods, living at the center of the land." 13 Sheba and Dedan and the merchants of Tarshish and all her villages o will say to you, "Have you come to plunder? Have you gathered your hordes to loot, to carry off silver and gold, to take away livestock and goods and to seize much plunder?" '

14 "Therefore, son of man, prophesy and say to Gog: 'This is what the Sovereign LORD says: In that day, when my people Israel are living in safety, will you not take notice of it? 15 You will come from your place in the far north, you and many nations with you, all of them riding on horses, a great horde, a mighty army. 16 You will advance against my people Israel like a cloud that covers the land. In days to come, O Gog, I will bring you against my land, so that the nations may know me when I show myself holy through you before their eyes.

17 " 'This is what the Sovereign LORD says: Are you not the one I spoke of in former days by my servants the prophets of Israel? At that time they prophesied for years that I would bring you against them. 18 This is what will happen in that day: When Gog attacks the land of Israel, my hot anger will be aroused, declares the Sovereign LORD. 19 In my zeal and fiery wrath I declare that at that time there shall be a great earthquake in the land of Israel. 20 The fish of the sea, the birds of the air, the beasts of the field, every creature that moves along the ground, and all the people on the face of the earth will tremble at my presence. The mountains will be overturned, the cliffs will crumble and every wall will fall to the ground. 21 I will summon a sword against Gog on all my mountains, declares the Sovereign LORD. Every man's sword will be against his brother. 22 I will execute judgment upon him with plague and bloodshed; I will pour down torrents of rain, hailstones and burning sulfur on him and on his troops and on the many nations with him. 23 And so I will show my greatness and my holiness, and I will make myself known in the sight of many nations. Then they will know that I am the LORD.'

39

"Son of man, prophesy against Gog and say: 'This is what the Sovereign LORD says: I am against you, O Gog, chief prince of p Meshech and Tubal. 2 I will turn you around and drag you along. I will bring you from the far north and send you against the mountains of Israel. 3 Then I will strike your bow from your left hand and make your arrows drop from your right hand. 4 On the mountains of Israel you will fall, you and all your troops and the nations with you. I will give you as food to all kinds of carrion birds and to the wild animals. 5 You will fall in the open field, for I have spoken, declares the Sovereign LORD. 6 I will send fire on Magog and on those who live in safety in the coastlands, and they will know that I am the LORD.

7 " 'I will make known my holy name among my people Israel. I will no longer let my holy name be profaned, and the nations will know that I the LORD

---

8 He aquí viene, y se cumplirá, dice Jehová el Señor; este es el día del cual he hablado.

9 Y los moradores de las ciudades de Israel saldrán, y encenderán y quemarán armas, escudos, paveses, arcos y saetas, dardos de mano y lanzas; y los quemarán en el fuego por siete años.

10 No traerán leña del campo, ni cortarán de los bosques, sino quemarán las armas en el fuego; y despojarán a sus despojadores, y robarán a los que les robaron, dice Jehová el Señor.

11 En aquel tiempo yo daré a Gog lugar para sepultura allí en Israel, el valle de los que pasan al oriente del mar; y obstruirá el paso a los transeúntes, pues allí enterrarán a Gog y a toda su multitud; y lo llamarán el Valle de Hamón-gog*d*

12 Y la casa de Israel los estará enterrando por siete meses, para limpiar la tierra.

13 Los enterrará todo el pueblo de la tierra; y será para ellos célebre el día en que yo sea glorificado, dice Jehová el Señor.

14 Y tomarán hombres a jornal que vayan por el país con los que viajen, para enterrar a los que queden sobre la faz de la tierra, a fin de limpiarla; al cabo de siete meses harán el reconocimiento.

15 Y pasarán los que irán por el país, y el que vea los huesos de algún hombre pondrá junto a ellos una señal, hasta que los entierren los sepultureros en el valle de Hamón-gog.

16 Y también el nombre de la ciudad será Hamona; *e* y limpiarán la tierra.

17 Y tú, hijo de hombre, así ha dicho Jehová el Señor: Dí a las aves de toda especie, y a toda fiera del campo: Juntaos, y venid; reuníos de todas partes a mi víctima que sacrifico para vosotros, un sacrificio grande sobre los montes de Israel; y comeréis carne y beberéis sangre.

18 Comeréis carne de fuertes, y beberéis sangre de príncipes de la tierra; de carneros, de corderos, de machos cabríos, de bueyes y de toros, engordados todos en Basán.

19 Comeréis grosura hasta saciaros, y beberéis hasta embriagaros de sangre de las víctimas que para vosotros sacrifiqué.

20 Y os saciaréis sobre mi mesa, de caballos y de jinetes fuertes y de todos los hombres de guerra, dice Jehová el Señor.

21 Y pondré mi gloria entre las naciones, y todas las naciones verán mi juicio que habré hecho, y mi mano que sobre ellos puse.

22 Y de aquel día en adelante sabrá la casa de Israel que yo soy Jehová su Dios.

23 Y sabrán las naciones que la casa de Israel fue llevada cautiva por su pecado, por cuanto se rebelaron contra mí, y yo escondí de ellos mi rostro, y los entregué en manos de sus enemigos, y cayeron todos a espada.

24 Conforme a su inmundicia y conforme a sus rebeliones hice con ellos, y de ellos escondí mi rostro.

25 Por tanto, así ha dicho Jehová el Señor: Ahora volveré la cautividad de Jacob, y tendré misericordia de toda la casa de Israel, y me mostraré celoso por mi santo nombre.

26 Y ellos sentirán su vergüenza, y toda su rebelión con que prevaricaron contra mí, cuando habiten en su tierra con seguridad, y no haya quien los espante;

27 cuando los saque de entre los pueblos, y los reúna de la tierra de sus enemigos, y sea santificado en ellos ante los ojos de muchas naciones.

am the Holy One in Israel. 8 It is coming! It will surely take place, declares the Sovereign LORD. This is the day I have spoken of.

9 " 'Then those who live in the towns of Israel will go out and use the weapons for fuel and burn them up—the small and large shields, the bows and arrows, the war clubs and spears. For seven years they will use them for fuel. 10 They will not need to gather wood from the fields or cut it from the forests, because they will use the weapons for fuel. And they will plunder those who plundered them and loot those who looted them, declares the Sovereign LORD.

11 " 'On that day I will give Gog a burial place in Israel, in the valley of those who travel east toward *q* the Sea.*r* It will block the way of travelers, because Gog and all his hordes will be buried there. So it will be called the Valley of Hamon Gog.*s*

12 " 'For seven months the house of Israel will be burying them in order to cleanse the land. 13 All the people of the land will bury them, and the day I am glorified will be a memorable day for them, declares the Sovereign LORD.

14 " 'Men will be regularly employed to cleanse the land. Some will go throughout the land and, in addition to them, others will bury those that remain on the ground. At the end of the seven months they will begin their search. 15 As they go through the land and one of them sees a human bone, he will set up a marker beside it until the gravediggers have buried it in the Valley of Hamon Gog. 16 (Also a town called Hamonah*t* will be there.) And so they will cleanse the land.'

17 "Son of man, this is what the Sovereign LORD says: Call out to every kind of bird and all the wild animals: 'Assemble and come together from all around to the sacrifice I am preparing for you, the great sacrifice on the mountains of Israel. There you will eat flesh and drink blood. 18 You will eat the flesh of mighty men and drink the blood of the princes of the earth as if they were rams and lambs, goats and bulls—all of them fattened animals from Bashan. 19 At the sacrifice I am preparing for you, you will eat fat till you are glutted and drink blood till you are drunk. 20 At my table you will eat your fill of horses and riders, mighty men and soldiers of every kind,' declares the Sovereign LORD.

21 "I will display my glory among the nations, and all the nations will see the punishment I inflict and the hand I lay upon them. 22 From that day forward the house of Israel will know that I am the LORD their God. 23 And the nations will know that the people of Israel went into exile for their sin, because they were unfaithful to me. So I hid my face from them and handed them over to their enemies, and they all fell by the sword. 24 I dealt with them according to their uncleanness and their offenses, and I hid my face from them.

25 "Therefore this is what the Sovereign LORD says: I will now bring Jacob back from captivity*u* and will have compassion on all the people of Israel, and I will be zealous for my holy name. 26 They will forget their shame and all the unfaithfulness they showed toward me when they lived in safety in their land with no one to make them afraid. 27 When I have brought them back from the nations and have gathered them from the countries of their enemies, I will show myself holy through them in the sight of many nations. 28 Then

q 11 Or *of*   *r* 11 That is, the Dead Sea   *s* 11 *Hamon Gog* means *hordes of Gog.*   *t* 16 *Hamonah* means *horde.*   *u* 25 Or *now restore the fortunes of Jacob*

d Esto es, *la multitud de Gog.*   *e* Esto es, *multitud.*

28 Y sabrán que yo soy Jehová su Dios, cuando después de haberlos llevado al cautiverio entre las naciones, los reúna sobre su tierra, sin dejar allí a ninguno de ellos.

29 Ni esconderé más de ellos mi rostro; porque habré derramado de mi Espíritu sobre la casa de Israel, dice Jehová el Señor.

La visión del templo

40 ¹ En el año veinticinco de nuestro cautiverio, al principio del año, a los diez días del mes, a los catorce años después que la ciudad fue conquistada, en aquel mismo día vino sobre mí la mano de Jehová, y me llevó allá.

² En visiones de Dios me llevó a la tierra de Israel, y me puso sobre un monte muy alto, sobre el cual había un edificio parecido a una gran ciudad, hacia la parte sur.

³ Me llevó allí, y he aquí un varón, cuyo aspecto era como aspecto de bronce; y tenía un cordel de lino en su mano, y una caña de medir; y él estaba a la puerta.

⁴ Y me habló aquel varón, diciendo: Hijo de hombre, mira con tus ojos, y oye con tus oídos, y pon tu corazón a todas las cosas que te muestro; porque para que yo te las mostrase has sido traído aquí. Cuenta todo lo que ves a la casa de Israel.

⁵ Y he aquí un muro fuera de la casa; y la caña de medir que aquel varón tenía en la mano era de seis codos de a codo y palmo menor; y midió el espesor del muro, de una caña, y la altura, de otra caña.

⁶ Después vino a la puerta que mira hacia el oriente, y subió por sus gradas, y midió un poste de la puerta, de una caña de ancho, y el otro poste, de otra caña de ancho.

⁷ Y cada cámara tenía una caña de largo, y una caña de ancho; y entre las cámaras había cinco codos de ancho; y cada poste de la puerta junto a la entrada de la puerta por dentro, una caña.

⁸ Midió asimismo la entrada de la puerta por dentro, una caña.

⁹ Midió luego la entrada del portal, de ocho codos, y sus postes de dos codos; y la puerta del portal estaba por el lado de adentro.

¹⁰ Y la puerta oriental tenía tres cámaras a cada lado, las tres de una medida; también de una medida los portales a cada lado.

¹¹ Midió el ancho de la entrada de la puerta, de diez codos, y la longitud del portal, de trece codos.

¹² El espacio delante de las cámaras era de un codo a un lado, y de otro codo al otro lado; y cada cámara tenía seis codos por un lado, y seis codos por el otro.

¹³ Midió la puerta desde el techo de una cámara hasta el techo de la otra, veinticinco codos de ancho, puerta contra puerta.

¹⁴ Y midió los postes, de sesenta codos, cada poste del atrio y del portal todo en derredor.

¹⁵ Y desde el frente de la puerta de la entrada hasta el frente de la entrada de la puerta interior, cincuenta codos.

¹⁶ Y había ventanas estrechas en las cámaras, y en sus portales por dentro de la puerta alrededor, y asimismo en los corredores; y las ventanas estaban alrededor por dentro; y en cada poste había palmeras.

---

they will know that I am the LORD their God, for though I sent them into exile among the nations, I will gather them to their own land, not leaving any behind. ²⁹ I will no longer hide my face from them, for I will pour out my Spirit on the house of Israel, declares the Sovereign LORD."

The New Temple Area

40 In the twenty-fifth year of our exile, at the beginning of the year, on the tenth of the month, in the fourteenth year after the fall of the city—on that very day the hand of the LORD was upon me and he took me there. ² In visions of God he took me to the land of Israel and set me on a very high mountain, on whose south side were some buildings that looked like a city. ³ He took me there, and I saw a man whose appearance was like bronze; he was standing in the gateway with a linen cord and a measuring rod in his hand. ⁴ The man said to me, "Son of man, look with your eyes and hear with your ears and pay attention to everything I am going to show you, for that is why you have been brought here. Tell the house of Israel everything you see."

The East Gate to the Outer Court

⁵ I saw a wall completely surrounding the temple area. The length of the measuring rod in the man's hand was six long cubits, each of which was a cubit^v and a handbreadth.^{w} He measured the wall; it was one measuring rod thick and one rod high.

⁶ Then he went to the gate facing east. He climbed its steps and measured the threshold of the gate; it was one rod deep.^{x} ⁷ The alcoves for the guards were one rod long and one rod wide, and the projecting walls between the alcoves were five cubits thick. And the threshold of the gate next to the portico facing the temple was one rod deep.

⁸ Then he measured the portico of the gateway; ⁹ it^y was eight cubits deep and its jambs were two cubits thick. The portico of the gateway faced the temple.

¹⁰ Inside the east gate were three alcoves on each side; the three had the same measurements, and the faces of the projecting walls on each side had the same measurements. ¹¹ Then he measured the width of the entrance to the gateway; it was ten cubits and its length was thirteen cubits. ¹² In front of each alcove was a wall one cubit high, and the alcoves were six cubits square. ¹³ Then he measured the gateway from the top of the rear wall of one alcove to the top of the opposite one; the distance was twenty-five cubits from one parapet opening to the opposite one. ¹⁴ He measured along the faces of the projecting walls all around the inside of the gateway—sixty cubits. The measurement was up to the portico^z facing the courtyard.^{a} ¹⁵ The distance from the entrance of the gateway to the far end of its portico was fifty cubits. ¹⁶ The alcoves and the projecting walls inside the gateway were surmounted by narrow parapet openings all around, as was the portico; the openings all around faced inward. The faces of the projecting walls were decorated with palm trees.

---

^{v}5 The common cubit was about 1 1/2 feet (about 0.5 meter).
^{w}5 That is, about 3 inches (about 8 centimeters) ^{x}6 Septuagint; Hebrew *deep, the first threshold, one rod deep* ^{y}8,9 Many Hebrew manuscripts, Septuagint, Vulgate and Syriac; most Hebrew manuscripts *gateway facing the temple; it was one rod deep.*
^{9}*Then he measured the portico of the gateway; it*
^{z}14 Septuagint; Hebrew *projecting wall* ^{a}14 The meaning of the Hebrew for this verse is uncertain.

17 Me llevó luego al atrio exterior, y he aquí había cámaras, y estaba enlosado todo en derredor; treinta cámaras había alrededor en aquel atrio.

18 El enlosado a los lados de las puertas, en proporción a la longitud de los portales, era el enlosado más bajo.

19 Y midió la anchura desde el frente de la puerta de abajo hasta el frente del atrio interior por fuera, de cien codos hacia el oriente y el norte.

20 Y de la puerta que estaba hacia el norte en el atrio exterior, midió su longitud y su anchura.

21 Sus cámaras eran tres de un lado, y tres del otro; y sus postes y sus arcos eran como la medida de la puerta primera: cincuenta codos de longitud, y veinticinco de ancho.

22 Y sus ventanas y sus arcos y sus palmeras eran conforme a la medida de la puerta que estaba hacia el oriente; y se subía a ella por siete gradas, y delante de ellas estaban sus arcos.

23 La puerta del atrio interior estaba enfrente de la puerta hacia el norte, y así al oriente; y midió de puerta a puerta, cien codos.

24 Me llevó después hacia el sur, y he aquí una puerta hacia el sur; y midió sus portales y sus arcos conforme a estas medidas.

25 Y tenía sus ventanas y sus arcos alrededor, como las otras ventanas; la longitud era de cincuenta codos, y el ancho de veinticinco codos.

26 Sus gradas eran de siete peldaños, con sus arcos delante de ellas; y tenía palmeras, una de un lado, y otra del otro lado, en sus postes.

27 Había también puerta hacia el sur del atrio interior; y midió de puerta a puerta hacia el sur cien codos.

28 Me llevó después en el atrio de adentro a la puerta del sur, y midió la puerta del sur conforme a estas medidas.

29 Sus cámaras y sus postes y sus arcos eran conforme a estas medidas, y tenía sus ventanas y sus arcos alrededor; la longitud era de cincuenta codos, y de veinticinco codos el ancho.

30 Los arcos alrededor eran de veinticinco codos de largo, y cinco codos de ancho.

31 Y sus arcos caían afuera al atrio, con palmeras en sus postes; y sus gradas eran de ocho peldaños.

32 Y me llevó al atrio interior hacia el oriente, y midió la puerta conforme a estas medidas.

33 Eran sus cámaras y sus postes y sus arcos conforme a estas medidas, y tenía sus ventanas y sus arcos alrededor; la longitud era de cincuenta codos, y la anchura de veinticinco codos.

34 Y sus arcos caían afuera al atrio, con palmeras en sus postes de un lado y de otro; y sus gradas eran de ocho peldaños.

35 Me llevó luego a la puerta del norte, y midió conforme a estas medidas;

36 sus cámaras, sus postes, sus arcos y sus ventanas alrededor; la longitud era de cincuenta codos, y de veinticinco codos el ancho.

37 Sus postes caían afuera al atrio, con palmeras a cada uno de sus postes de un lado y de otro; y sus gradas eran de ocho peldaños.

The Outer Court

17 Then he brought me into the outer court. There I saw some rooms and a pavement that had been constructed all around the court; there were thirty rooms along the pavement. 18 It abutted the sides of the gateways and was as wide as they were long; this was the lower pavement. 19 Then he measured the distance from the inside of the lower gateway to the outside of the inner court; it was a hundred cubits on the east side as well as on the north.

The North Gate

20 Then he measured the length and width of the gate facing north, leading into the outer court. 21 Its alcoves — three on each side — its projecting walls and its portico had the same measurements as those of the first gateway. It was fifty cubits long and twenty-five cubits wide. 22 Its openings, its portico and its palm tree decorations had the same measurements as those of the gate facing east. Seven steps led up to it, with its portico opposite them. 23 There was a gate to the inner court facing the north gate, just as there was on the east. He measured from one gate to the opposite one; it was a hundred cubits.

The South Gate

24 Then he led me to the south side and I saw a gate facing south. He measured its jambs and its portico, and they had the same measurements as the others. 25 The gateway and its portico had narrow openings all around, like the openings of the others. It was fifty cubits long and twenty-five cubits wide. 26 Seven steps led up to it, with its portico opposite them; it had palm tree decorations on the faces of the projecting walls on each side. 27 The inner court also had a gate facing south, and he measured from this gate to the outer gate on the south side; it was a hundred cubits.

Gates to the Inner Court

28 Then he brought me into the inner court through the south gate, and he measured the south gate; it had the same measurements as the others. 29 Its alcoves, its projecting walls and its portico had the same measurements as the others. The gateway and its portico had openings all around. It was fifty cubits long and twenty-five cubits wide. 30 (The porticoes of the gateways around the inner court were twenty-five cubits wide and five cubits deep.) 31 Its portico faced the outer court; palm trees decorated its jambs, and eight steps led up to it.

32 Then he brought me to the inner court on the east side, and he measured the gateway; it had the same measurements as the others. 33 Its alcoves, its projecting walls and its portico had the same measurements as the others. The gateway and its portico had openings all around. It was fifty cubits long and twenty-five cubits wide. 34 Its portico faced the outer court; palm trees decorated the jambs on either side, and eight steps led up to it.

35 Then he brought me to the north gate and measured it. It had the same measurements as the others, 36 as did its alcoves, its projecting walls and its portico, and it had openings all around. It was fifty cubits long and twenty-five cubits wide. 37 Its portico *b* faced the outer court; palm trees decorated the jambs on either side, and eight steps led up to it.

---

b 37 Septuagint (see also verses 31 and 34); Hebrew *jambs*

³⁸Y había allí una cámara, y su puerta con postes de portales; allí lavarán el holocausto.

³⁹Y en la entrada de la puerta había dos mesas a un lado, y otras dos al otro, para degollar sobre ellas el holocausto y la expiación y el sacrificio por el pecado.

⁴⁰A un lado, por fuera de las gradas, a la entrada de la puerta del norte, había dos mesas; y al otro lado que estaba a la entrada de la puerta, dos mesas.

⁴¹Cuatro mesas a un lado, y cuatro mesas al otro lado, junto a la puerta; ocho mesas, sobre las cuales degollarán las víctimas.

⁴²Las cuatro mesas para el holocausto eran de piedra labrada, de un codo y medio de longitud, y codo y medio de ancho, y de un codo de altura; sobre éstas pondrán los utensilios con que degollarán el holocausto y el sacrificio.

⁴³Y adentro, ganchos, de un palmo menor, dispuestos en derredor; y sobre las mesas la carne de las víctimas.

⁴⁴Y fuera de la puerta interior, en el atrio de adentro que estaba al lado de la puerta del norte, estaban las cámaras de los cantores, las cuales miraban hacia el sur; una estaba al lado de la puerta del oriente que miraba hacia el norte.

⁴⁵Y me dijo: Esta cámara que mira hacia el sur es de los sacerdotes que hacen la guardia del templo.

⁴⁶Y la cámara que mira hacia el norte es de los sacerdotes que hacen la guardia del altar; estos son los hijos de Sadoc, los cuales son llamados de los hijos de Leví para ministrar a Jehová.

⁴⁷Y midió el atrio, cien codos de longitud, y cien codos de anchura; era cuadrado; y el altar estaba delante de la casa.

⁴⁸Y me llevó al pórtico del templo, y midió cada poste del pórtico, cinco codos de un lado, y cinco codos de otro; y la anchura de la puerta tres codos de un lado, y tres codos de otro.

⁴⁹La longitud del pórtico, veinte codos, y el ancho once codos, al cual subían por gradas; y había columnas junto a los postes, una de un lado y otra de otro.

41

¹Me introdujo luego en el templo, y midió los postes, siendo el ancho seis codos de un lado, y seis codos de otro, que era el ancho del tabernáculo.

²El ancho de la puerta era de diez codos, y los lados de la puerta, de cinco codos de un lado, y cinco del otro. Y midió su longitud, de cuarenta codos, y la anchura de veinte codos.

³Y pasó al interior, y midió cada poste de la puerta, de dos codos; y la puerta, de seis codos; y la anchura de la entrada, de siete codos.

⁴Midió también su longitud, de veinte codos, y la anchura de veinte codos, delante del templo; y me dijo: Este es el lugar santísimo.

⁵Después midió el muro de la casa, de seis codos; y de cuatro codos la anchura de las cámaras, en torno de la casa alrededor.

⁶Las cámaras laterales estaban sobrepuestas unas a otras,

The Rooms for Preparing Sacrifices

³⁸A room with a doorway was by the portico in each of the inner gateways, where the burnt offerings were washed. ³⁹In the portico of the gateway were two tables on each side, on which the burnt offerings, sin offerings and guilt offerings were slaughtered. ⁴⁰By the outside wall of the portico of the gateway, near the steps at the entrance to the north gateway were two tables, and on the other side of the steps were two tables. ⁴¹So there were four tables on one side of the gateway and four on the other—eight tables in all—on which the sacrifices were slaughtered. ⁴²There were also four tables of dressed stone for the burnt offerings, each a cubit and a half long, a cubit and a half wide and a cubit high. On them were placed the utensils for slaughtering the burnt offerings and the other sacrifices. ⁴³And double-pronged hooks, each a handbreadth long, were attached to the wall all around. The tables were for the flesh of the offerings.

Rooms for the Priests

⁴⁴Outside the inner gate, within the inner court, were two rooms, one^c at the side of the north gate and facing south, and another at the side of the south^d gate and facing north. ⁴⁵He said to me, "The room facing south is for the priests who have charge of the temple, ⁴⁶and the room facing north is for the priests who have charge of the altar. These are the sons of Zadok, who are the only Levites who may draw near to the LORD to minister before him."

⁴⁷Then he measured the court: It was square—a hundred cubits long and a hundred cubits wide. And the altar was in front of the temple.

The Temple

⁴⁸He brought me to the portico of the temple and measured the jambs of the portico; they were five cubits wide on either side. The width of the entrance was fourteen cubits and its projecting walls were^e three cubits wide on either side. ⁴⁹The portico was twenty cubits wide, and twelve^f cubits from front to back. It was reached by a flight of stairs,^g and there were pillars on each side of the jambs.

41

Then the man brought me to the outer sanctuary and measured the jambs; the width of the jambs was six cubits^h on each side.ⁱ ²The entrance was ten cubits wide, and the projecting walls on each side of it were five cubits wide. He also measured the outer sanctuary; it was forty cubits long and twenty cubits wide.

³Then he went into the inner sanctuary and measured the jambs of the entrance; each was two cubits wide. The entrance was six cubits wide, and the projecting walls on each side of it were seven cubits wide. ⁴And he measured the length of the inner sanctuary; it was twenty cubits, and its width was twenty cubits across the end of the outer sanctuary. He said to me, "This is the Most Holy Place."

⁵Then he measured the wall of the temple; it was six cubits thick, and each side room around the temple was four cubits wide. ⁶The side rooms were on three

^c44 Septuagint; Hebrew were rooms for singers, which were ^d44 Septuagint; Hebrew east   ^e48 Septuagint; Hebrew entrance was   ^f49 Septuagint; Hebrew eleven   ^g49 Hebrew; Septuagint Ten steps led up to it   ^h1 The common cubit was about 1 1/2 feet (about 0.5 meter).   ⁱ1 One Hebrew manuscript and Septuagint; most Hebrew manuscripts side, the width of the tent

treinta en cada uno de los tres pisos; y entraban modillones en la pared de la casa alrededor, sobre los que estribasen las cámaras, para que no estribasen en la pared de la casa.

7 Y había mayor anchura en las cámaras de más arriba; la escalera de caracol de la casa subía muy alto alrededor por dentro de la casa; por tanto, la casa tenía más anchura arriba. Del piso inferior se podía subir al de en medio, y de éste al superior.

8 Y miré la altura de la casa alrededor; los cimientos de las cámaras eran de una caña entera de seis codos largos.

9 El ancho de la pared de afuera de las cámaras era de cinco codos, igual al espacio que quedaba de las cámaras de la casa por dentro.

10 Y entre las cámaras había anchura de veinte codos por todos lados alrededor de la casa.

11 La puerta de cada cámara salía al espacio que quedaba, una puerta hacia el norte, y otra puerta hacia el sur; y el ancho del espacio que quedaba era de cinco codos por todo alrededor.

12 Y el edificio que estaba delante del espacio abierto al lado del occidente era de setenta codos; y la pared del edificio, de cinco codos de grueso alrededor, y noventa codos de largo.

13 Luego midió la casa, cien codos de largo; y el espacio abierto y el edificio y sus paredes, de cien codos de longitud.

14 Y el ancho del frente de la casa y del espacio abierto al oriente era de cien codos.

15 Y midió la longitud del edificio que estaba delante del espacio abierto que había detrás de él, y las cámaras de uno y otro lado, cien codos; y el templo de dentro, y los portales del atrio.

16 Los umbrales y las ventanas estrechas y las cámaras alrededor de los tres pisos estaba todo cubierto de madera desde el suelo hasta las ventanas; y las ventanas también cubiertas.

17 Por encima de la puerta, y hasta la casa de adentro, y afuera de ella, y por toda la pared en derredor por dentro y por fuera, tomó medidas.

18 Y estaba labrada con querubines y palmeras, entre querubín y querubín una palmera; y cada querubín tenía dos rostros;

19 un rostro de hombre hacia la palmera del un lado, y un rostro de león hacia la palmera del otro lado, por toda la casa alrededor.

20 Desde el suelo hasta encima de la puerta había querubines labrados y palmeras, por toda la pared del templo.

21 Cada poste del templo era cuadrado, y el frente del santuario era como el otro frente.

22 La altura del altar de madera era de tres codos, y su longitud de dos codos; y sus esquinas, su superficie y sus paredes eran de madera. Y me dijo: Esta es la mesa que está delante de Jehová.

23 El templo y el santuario tenían dos puertas.

24 Y en cada puerta había dos hojas, dos hojas que giraban; dos hojas en una puerta, y otras dos en la otra.

25 En las puertas del templo había labrados de querubines y palmeras, así como los que había en las paredes; y en la fachada del atrio al exterior había un portal de madera.

26 Y había ventanas estrechas, y palmeras de uno y otro lado a los lados del pórtico; así eran las cámaras de la casa y los umbrales.

levels, one above another, thirty on each level. There were ledges all around the wall of the temple to serve as supports for the side rooms, so that the supports were not inserted into the wall of the temple. 7 The side rooms all around the temple were wider at each successive level. The structure surrounding the temple was built in ascending stages, so that the rooms widened as one went upward. A stairway went up from the lowest floor to the top floor through the middle floor.

8 I saw that the temple had a raised base all around it, forming the foundation of the side rooms. It was the length of the rod, six long cubits. 9 The outer wall of the side rooms was five cubits thick. The open area between the side rooms of the temple 10 and the ⌊priests'⌋ rooms was twenty cubits wide all around the temple. 11 There were entrances to the side rooms from the open area, one on the north and another on the south; and the base adjoining the open area was five cubits wide all around.

12 The building facing the temple courtyard on the west side was seventy cubits wide. The wall of the building was five cubits thick all around, and its length was ninety cubits.

13 Then he measured the temple; it was a hundred cubits long, and the temple courtyard and the building with its walls were also a hundred cubits long. 14 The width of the temple courtyard on the east, including the front of the temple, was a hundred cubits.

15 Then he measured the length of the building facing the courtyard at the rear of the temple, including its galleries on each side; it was a hundred cubits.

The outer sanctuary, the inner sanctuary and the portico facing the court, 16 as well as the thresholds and the narrow windows and galleries around the three of them — everything beyond and including the threshold was covered with wood. The floor, the wall up to the windows, and the windows were covered. 17 In the space above the outside of the entrance to the inner sanctuary and on the walls at regular intervals all around the inner and outer sanctuary 18 were carved cherubim and palm trees. Palm trees alternated with cherubim. Each cherub had two faces: 19 the face of a man toward the palm tree on one side and the face of a lion toward the palm tree on the other. They were carved all around the whole temple. 20 From the floor to the area above the entrance, cherubim and palm trees were carved on the wall of the outer sanctuary.

21 The outer sanctuary had a rectangular doorframe, and the one at the front of the Most Holy Place was similar. 22 There was a wooden altar three cubits high and two cubits square*j*; its corners, its base*k* and its sides were of wood. The man said to me, "This is the table that is before the Lord." 23 Both the outer sanctuary and the Most Holy Place had double doors. 24 Each door had two leaves — two hinged leaves for each door. 25 And on the doors of the outer sanctuary were carved cherubim and palm trees like those carved on the walls, and there was a wooden overhang on the front of the portico. 26 On the sidewalls of the portico were narrow windows with palm trees carved on each side. The side rooms of the temple also had overhangs.

*j*22 Septuagint; Hebrew *long*   *k*22 Septuagint; Hebrew *length*

42 ¹Me trajo luego al atrio exterior hacia el norte, y me llevó a la cámara que estaba delante del espacio abierto que quedaba enfrente del edificio, hacia el norte. ²Por delante de la puerta del norte su longitud era de cien codos, y el ancho de cincuenta codos. ³Frente a los veinte codos que había en el atrio interior, y enfrente del enlosado que había en el atrio exterior, estaban las cámaras, las unas enfrente de las otras en tres pisos. ⁴Y delante de las cámaras había un corredor de diez codos de ancho hacia adentro, con una vía de un codo; y sus puertas daban al norte. ⁵Y las cámaras más altas eran más estrechas; porque las galerías quitaban de ellas más que de las bajas y de las de en medio del edificio. ⁶Porque estaban en tres pisos, y no tenían columnas como las columnas de los atrios; por tanto, eran más estrechas que las de abajo y las de en medio, desde el suelo. ⁷Y el muro que estaba afuera enfrente de las cámaras, hacia el atrio exterior delante de las cámaras, tenía cincuenta codos de largo. ⁸Porque la longitud de las cámaras del atrio de afuera era de cincuenta codos; y delante de la fachada del templo había cien codos. ⁹Y debajo de las cámaras estaba la entrada al lado oriental, para entrar en él desde el atrio exterior.

¹⁰A lo largo del muro del atrio, hacia el oriente, enfrente del espacio abierto, y delante del edificio, había cámaras. ¹¹Y el corredor que había delante de ellas era semejante al de las cámaras que estaban hacia el norte; tanto su longitud como su ancho eran lo mismo, y todas sus salidas, conforme a sus puertas y conforme a sus entradas. ¹²Así también eran las puertas de las cámaras que estaban hacia el sur; había una puerta al comienzo del corredor que había enfrente del muro al lado oriental, para quien entraba en las cámaras.

¹³Y me dijo: Las cámaras del norte y las del sur, que están delante del espacio abierto, son cámaras santas en las cuales los sacerdotes que se acercan a Jehová comerán las santas ofrendas; allí pondrán las ofrendas santas, la ofrenda y la expiación y el sacrificio por el pecado, porque el lugar es santo. ¹⁴Cuando los sacerdotes entren, no saldrán del lugar santo al atrio exterior, sino que allí dejarán sus vestiduras con que ministran, porque son santas; y se vestirán otros vestidos, y así se acercarán a lo que es del pueblo.

¹⁵Y luego que acabó las medidas de la casa de adentro, me sacó por el camino de la puerta que miraba hacia el oriente, y lo midió todo alrededor. ¹⁶Midió el lado oriental con la caña de medir, quinientas cañas de la caña de medir alrededor. ¹⁷Midió al lado del norte, quinientas cañas de la caña de medir alrededor. ¹⁸Midió al lado del sur, quinientas cañas de la caña de medir. ¹⁹Rodeó al lado del occidente, y midió quinientas cañas de la caña de medir. ²⁰A los cuatro lados lo midió; tenía un muro todo alrededor, de quinientas cañas de longitud y quinientas cañas de ancho, para hacer separación entre el santuario y el lugar profano.

Rooms for the Priests

42 Then the man led me northward into the outer court and brought me to the rooms opposite the temple courtyard and opposite the outer wall on the north side. ²The building whose door faced north was a hundred cubits^l long and fifty cubits wide. ³Both in the section twenty cubits from the inner court and in the section opposite the pavement of the outer court, gallery faced gallery at the three levels. ⁴In front of the rooms was an inner passageway ten cubits wide and a hundred cubits^m long. Their doors were on the north. ⁵Now the upper rooms were narrower, for the galleries took more space from them than from the rooms on the lower and middle floors of the building. ⁶The rooms on the third floor had no pillars, as the courts had; so they were smaller in floor space than those on the lower and middle floors. ⁷There was an outer wall parallel to the rooms and the outer court; it extended in front of the rooms for fifty cubits. ⁸While the row of rooms on the side next to the outer court was fifty cubits long, the row on the side nearest the sanctuary was a hundred cubits long. ⁹The lower rooms had an entrance on the east side as one enters them from the outer court.

¹⁰On the south side^n along the length of the wall of the outer court, adjoining the temple courtyard and opposite the outer wall, were rooms ¹¹with a passageway in front of them. These were like the rooms on the north; they had the same length and width, with similar exits and dimensions. Similar to the doorways on the north ¹²were the doorways of the rooms on the south. There was a doorway at the beginning of the passageway that was parallel to the corresponding wall extending eastward, by which one enters the rooms.

¹³Then he said to me, "The north and south rooms facing the temple courtyard are the priests' rooms, where the priests who approach the LORD will eat the most holy offerings. There they will put the most holy offerings—the grain offerings, the sin offerings and the guilt offerings—for the place is holy. ¹⁴Once the priests enter the holy precincts, they are not to go into the outer court until they leave behind the garments in which they minister, for these are holy. They are to put on other clothes before they go near the places that are for the people."

¹⁵When he had finished measuring what was inside the temple area, he led me out by the east gate and measured the area all around: ¹⁶He measured the east side with the measuring rod; it was five hundred cubits.^{o} ¹⁷He measured the north side; it was five hundred cubits^p by the measuring rod. ¹⁸He measured the south side; it was five hundred cubits by the measuring rod. ¹⁹Then he turned to the west side and measured; it was five hundred cubits by the measuring rod. ²⁰So he measured the area on all four sides. It had a wall around it, five hundred cubits long and five hundred cubits wide, to separate the holy from the common.

---

^{l}2 The common cubit was about 1 1/2 feet (about 0.5 meter).
^{m}4 Septuagint and Syriac; Hebrew *and one cubit*
^{n}10 Septuagint; Hebrew *Eastward* ^{o}16 See Septuagint of verse 17; Hebrew *rods*; also in verses 18 and 19. ^{p}17 Septuagint; Hebrew *rods*

La gloria de Jehová llena el templo

43 ¹Me llevó luego a la puerta, a la puerta que mira hacia el oriente;

²y he aquí la gloria del Dios de Israel, que venía del oriente; y su sonido era como el sonido de muchas aguas, y la tierra resplandecía a causa de su gloria.

³Y el aspecto de lo que vi era como una visión, como aquella visión que vi cuando vine para destruir la ciudad; y las visiones eran como la visión que vi junto al río Quebar; y me postré sobre mi rostro.

⁴Y la gloria de Jehová entró en la casa por la vía de la puerta que daba al oriente.

⁵Y me alzó el Espíritu y me llevó al atrio interior; y he aquí que la gloria de Jehová llenó la casa.

Leyes del templo

⁶Y oí uno que me hablaba desde la casa; y un varón estaba junto a mí,

⁷y me dijo: Hijo de hombre, este es el lugar de mi trono, el lugar donde posaré las plantas de mis pies, en el cual habitaré entre los hijos de Israel para siempre; y nunca más profanará la casa de Israel mi santo nombre, ni ellos ni sus reyes, con sus fornicaciones, ni con los cuerpos muertos de sus reyes en sus lugares altos.

⁸Porque poniendo ellos su umbral junto a mi umbral, y su contrafuerte junto a mi contrafuerte, mediando sólo una pared entre mí y ellos, han contaminado mi santo nombre con sus abominaciones que hicieron; por tanto, los consumí en mi furor.

⁹Ahora arrojarán lejos de mí sus fornicaciones, y los cuerpos muertos de sus reyes, y habitaré en medio de ellos para siempre.

¹⁰Tú, hijo de hombre, muestra a la casa de Israel esta casa, y avergüéncense de sus pecados; y midan el diseño de ella.

¹¹Y si se avergonzaren de todo lo que han hecho, hazles entender el diseño de la casa, su disposición, sus salidas y sus entradas, y todas sus formas, y todas sus descripciones, y todas sus configuraciones, y todas sus leyes; y descríbelo delante de sus ojos, para que guarden toda su forma y todas sus reglas, y las pongan por obra.

¹²Esta es la ley de la casa: Sobre la cumbre del monte, el recinto entero, todo en derredor, será santísimo. He aquí que esta es la ley de la casa.

¹³Estas son las medidas del altar por codos (el codo de a codo y palmo menor). La base, de un codo, y de un codo el ancho; y su remate por su borde alrededor, de un palmo. Este será el zócalo del altar.

¹⁴Y desde la base, sobre el suelo, hasta el lugar de abajo, dos codos, y la anchura de un codo; y desde la cornisa menor hasta la cornisa mayor, cuatro codos, y el ancho de un codo.

¹⁵El altar era de cuatro codos, y encima del altar había cuatro cuernos.

¹⁶Y el altar tenía doce codos de largo, y doce de ancho, cuadrado a sus cuatro lados.

¹⁷El descanso era de catorce codos de longitud y catorce de anchura en sus cuatro lados, y de medio codo el borde alrededor; y la base de un codo por todos lados; y sus gradas estaban al oriente.

¹⁸Y me dijo: Hijo de hombre, así ha dicho Jehová el Señor: Estas son las ordenanzas del altar el día en que sea hecho, para ofrecer holocausto sobre él y para esparcir sobre él la sangre.

¹⁹A los sacerdotes levitas que son del linaje de Sadoc, que se acerquen a mí, dice Jehová el Señor, para ministrar ante mí, darás un becerro de la vacada para expiación.

The Glory Returns to the Temple

43 Then the man brought me to the gate facing east, ²and I saw the glory of the God of Israel coming from the east. His voice was like the roar of rushing waters, and the land was radiant with his glory. ³The vision I saw was like the vision I had seen when he *q* came to destroy the city and like the visions I had seen by the Kebar River, and I fell facedown. ⁴The glory of the LORD entered the temple through the gate facing east. ⁵Then the Spirit lifted me up and brought me into the inner court, and the glory of the LORD filled the temple.

⁶While the man was standing beside me, I heard someone speaking to me from inside the temple. ⁷He said: "Son of man, this is the place of my throne and the place for the soles of my feet. This is where I will live among the Israelites forever. The house of Israel will never again defile my holy name—neither they nor their kings—by their prostitution *r* and the lifeless idols *s* of their kings at their high places. ⁸When they placed their threshold next to my threshold and their doorposts beside my doorposts, with only a wall between me and them, they defiled my holy name by their detestable practices. So I destroyed them in my anger. ⁹Now let them put away from me their prostitution and the lifeless idols of their kings, and I will live among them forever.

¹⁰"Son of man, describe the temple to the people of Israel, that they may be ashamed of their sins. Let them consider the plan, ¹¹and if they are ashamed of all they have done, make known to them the design of the temple—its arrangement, its exits and entrances—its whole design and all its regulations *t* and laws. Write these down before them so that they may be faithful to its design and follow all its regulations.

¹²"This is the law of the temple: All the surrounding area on top of the mountain will be most holy. Such is the law of the temple.

The Altar

¹³"These are the measurements of the altar in long cubits, that cubit being a cubit *u* and a handbreadth *v*: Its gutter is a cubit deep and a cubit wide, with a rim of one span *w* around the edge. And this is the height of the altar: ¹⁴From the gutter on the ground up to the lower ledge it is two cubits high and a cubit wide, and from the smaller ledge up to the larger ledge it is four cubits high and a cubit wide. ¹⁵The altar hearth is four cubits high, and four horns project upward from the hearth. ¹⁶The altar hearth is square, twelve cubits long and twelve cubits wide. ¹⁷The upper ledge also is square, fourteen cubits long and fourteen cubits wide, with a rim of half a cubit and a gutter of a cubit all around. The steps of the altar face east."

¹⁸Then he said to me, "Son of man, this is what the Sovereign LORD says: These will be the regulations for sacrificing burnt offerings and sprinkling blood upon the altar when it is built: ¹⁹You are to give a young bull as a sin offering to the priests, who are Levites, of the family of Zadok, who come near to minister before me, declares the Sovereign LORD. ²⁰You are to take some

---

*q*3 Some Hebrew manuscripts and Vulgate; most Hebrew manuscripts *I*   *r*7 Or *their spiritual adultery;* also in verse 9   *s*7 Or *the corpses;* also in verse 9   *t*11 Some Hebrew manuscripts and Septuagint; most Hebrew manuscripts *regulations and its whole design*   *u*13 The common cubit was about 1 1/2 feet (about 0.5 meter).   *v*13 That is, about 3 inches (about 8 centimeters)   *w*13 That is, about 9 inches (about 22 centimeters)

20 Y tomarás de su sangre, y pondrás en los cuatro cuernos del altar, y en las cuatro esquinas del descanso, y en el borde alrededor; así lo limpiarás y purificarás.
21 Tomarás luego el becerro de la expiación, y lo quemarás conforme a la ley de la casa, fuera del santuario.
22 Al segundo día ofrecerás un macho cabrío sin defecto, para expiación; y purificarán el altar como lo purificaron con el becerro.
23 Cuando acabes de expiar, ofrecerás un becerro de la vacada sin defecto, y carnero sin tacha de la manada;
24 y los ofrecerás delante de Jehová, y los sacerdotes echarán sal sobre ellos, y los ofrecerán en holocausto a Jehová.
25 Por siete días sacrificarán un macho cabrío cada día en expiación; asimismo sacrificarán el becerro de la vacada y un carnero sin tacha del rebaño.
26 Por siete días harán expiación por el altar, y lo limpiarán, y así lo consagrarán.
27 Y acabados estos días, del octavo día en adelante, los sacerdotes sacrificarán sobre el altar vuestros holocaustos y vuestras ofrendas de paz; y me seréis aceptos, dice Jehová el Señor.

44 ¹ Me hizo volver hacia la puerta exterior del santuario, la cual mira hacia el oriente; y estaba cerrada.
2 Y me dijo Jehová: Esta puerta estará cerrada; no se abrirá, ni entrará por ella hombre, porque Jehová Dios de Israel entró por ella; estará, por tanto, cerrada.
3 En cuanto al príncipe, por ser el príncipe, él se sentará allí para comer pan delante de Jehová; por el vestíbulo de la puerta entrará, y por ese mismo camino saldrá.
4 Y me llevó hacia la puerta del norte por delante de la casa; y miré, y he aquí la gloria de Jehová había llenado la casa de Jehová; y me postré sobre mi rostro.
5 Y me dijo Jehová: Hijo de hombre, pon atención, y mira con tus ojos, y oye con tus oídos todo lo que yo hablo contigo sobre todas las ordenanzas de la casa de Jehová, y todas sus leyes; y pon atención a las entradas de la casa, y a todas las salidas del santuario.
6 Y dirás a los rebeldes, a la casa de Israel: Así ha dicho Jehová el Señor: Basta ya de todas vuestras abominaciones, oh casa de Israel;
7 de traer extranjeros, incircuncisos de corazón e incircuncisos de carne, para estar en mi santuario y para contaminar mi casa; de ofrecer mi pan, la grosura y la sangre, y de invalidar mi pacto con todas vuestras abominaciones.
8 Pues no habéis guardado lo establecido acerca de mis cosas santas, sino que habéis puesto extranjeros como guardas de las ordenanzas en mi santuario.
9 Así ha dicho Jehová el Señor: Ningún hijo de extranjero, incircunciso de corazón e incircunciso de carne, entrará en mi santuario, de todos los hijos de extranjeros que están entre los hijos de Israel.
10 Y los levitas que se apartaron de mí cuando Israel se alejó de mí, yéndose tras sus ídolos, llevarán su iniquidad.
11 Y servirán en mi santuario como porteros a las puertas de la casa y sirvientes en la casa; ellos matarán el holocausto y la víctima para el pueblo, y estarán ante él para servirle.
12 Por cuanto les sirvieron delante de sus ídolos, y fueron

of its blood and put it on the four horns of the altar and on the four corners of the upper ledge and all around the rim, and so purify the altar and make atonement for it. 21You are to take the bull for the sin offering and burn it in the designated part of the temple area outside the sanctuary.
22"On the second day you are to offer a male goat without defect for a sin offering, and the altar is to be purified as it was purified with the bull. 23When you have finished purifying it, you are to offer a young bull and a ram from the flock, both without defect. 24You are to offer them before the LORD, and the priests are to sprinkle salt on them and sacrifice them as a burnt offering to the LORD.
25"For seven days you are to provide a male goat daily for a sin offering; you are also to provide a young bull and a ram from the flock, both without defect. 26For seven days they are to make atonement for the altar and cleanse it; thus they will dedicate it. 27At the end of these days, from the eighth day on, the priests are to present your burnt offerings and fellowship offerings*x* on the altar. Then I will accept you, declares the Sovereign LORD."

The Prince, the Levites, the Priests

44 Then the man brought me back to the outer gate of the sanctuary, the one facing east, and it was shut. 2The LORD said to me, "This gate is to remain shut. It must not be opened; no one may enter through it. It is to remain shut because the LORD, the God of Israel, has entered through it. 3The prince himself is the only one who may sit inside the gateway to eat in the presence of the LORD. He is to enter by way of the portico of the gateway and go out the same way."
4Then the man brought me by way of the north gate to the front of the temple. I looked and saw the glory of the LORD filling the temple of the LORD, and I fell facedown.
5The LORD said to me, "Son of man, look carefully, listen closely and give attention to everything I tell you concerning all the regulations regarding the temple of the LORD. Give attention to the entrance of the temple and all the exits of the sanctuary. 6Say to the rebellious house of Israel, 'This is what the Sovereign LORD says: Enough of your detestable practices, O house of Israel! 7In addition to all your other detestable practices, you brought foreigners uncircumcised in heart and flesh into my sanctuary, desecrating my temple while you offered me food, fat and blood, and you broke my covenant. 8Instead of carrying out your duty in regard to my holy things, you put others in charge of my sanctuary. 9This is what the Sovereign LORD says: No foreigner uncircumcised in heart and flesh is to enter my sanctuary, not even the foreigners who live among the Israelites.
10" 'The Levites who went far from me when Israel went astray and who wandered from me after their idols must bear the consequences of their sin. 11They may serve in my sanctuary, having charge of the gates of the temple and serving in it; they may slaughter the burnt offerings and sacrifices for the people and stand before the people and serve them. 12But because they

a la casa de Israel por tropezadero de maldad; por tanto, he alzado mi mano y jurado, dice Jehová el Señor, que ellos llevarán su iniquidad.

13 No se acercarán a mí para servirme como sacerdotes, ni se acercarán a ninguna de mis cosas santas, a mis cosas santísimas, sino que llevarán su vergüenza y las abominaciones que hicieron.

14 Les pondré, pues, por guardas encargados de la custodia de la casa, para todo el servicio de ella, y para todo lo que en ella haya de hacerse.

15 Mas los sacerdotes levitas hijos de Sadoc, que guardaron el ordenamiento del santuario cuando los hijos de Israel se apartaron de mí, ellos se acercarán para ministrar ante mí, y delante de mí estarán para ofrecerme la grosura y la sangre, dice Jehová el Señor.

16 Ellos entrarán en mi santuario, y se acercarán a mi mesa para servirme, y guardarán mis ordenanzas.

17 Y cuando entren por las puertas del atrio interior, se vestirán vestiduras de lino; no llevarán sobre ellos cosa de lana, cuando ministren en las puertas del atrio interior y dentro de la casa.

18 Turbantes de lino tendrán sobre sus cabezas, y calzoncillos de lino sobre sus lomos; no se ceñirán cosa que los haga sudar.

19 Cuando salgan al atrio exterior, al atrio de afuera, al pueblo, se quitarán las vestiduras con que ministraron, y las dejarán en las cámaras del santuario, y se vestirán de otros vestidos, para no santificar al pueblo con sus vestiduras.

20 Y no se raparán su cabeza, ni dejarán crecer su cabello, sino que lo recortarán solamente.

21 Ninguno de los sacerdotes beberá vino cuando haya de entrar en el atrio interior.

22 Ni viuda ni repudiada tomará por mujer, sino que tomará virgen del linaje de la casa de Israel, o viuda que fuere viuda de sacerdote.

23 Y enseñarán a mi pueblo a hacer diferencia entre lo santo y lo profano, y les enseñarán a discernir entre lo limpio y lo no limpio.

24 En los casos de pleito ellos estarán para juzgar; conforme a mis juicios juzgarán; y mis leyes y mis decretos guardarán en todas mis fiestas solemnes, y santificarán mis días de reposo. *

25 No se acercarán a hombre muerto para contaminarse; pero por padre o madre, hijo o hija, hermano, o hermana que no haya tenido marido, sí podrán contaminarse.

26 Y después de su purificación, le contarán siete días.

27 Y el día que entre al santuario, al atrio interior, para ministrar en el santuario, ofrecerá su expiación, dice Jehová el Señor.

28 Y habrá para ellos heredad; yo seré su heredad, pero no les daréis posesión en Israel; yo soy su posesión.

29 La ofrenda y la expiación y el sacrificio por el pecado comerán, y toda cosa consagrada en Israel será de ellos.

30 Y las primicias de todos los primeros frutos de todo, y toda ofrenda de todo lo que se presente de todas vuestras ofrendas, será de los sacerdotes; asimismo daréis al sacerdote las primicias de todas vuestras masas, para que repose la bendición en vuestras casas.

31 Ninguna cosa mortecina ni desgarrada, así de aves como de animales, comerán los sacerdotes.

served them in the presence of their idols and made the house of Israel fall into sin, therefore I have sworn with uplifted hand that they must bear the consequences of their sin, declares the Sovereign LORD. 13They are not to come near to serve me as priests or come near any of my holy things or my most holy offerings; they must bear the shame of their detestable practices. 14Yet I will put them in charge of the duties of the temple and all the work that is to be done in it.

15 'But the priests, who are Levites and descendants of Zadok and who faithfully carried out the duties of my sanctuary when the Israelites went astray from me, are to come near to minister before me; they are to stand before me to offer sacrifices of fat and blood, declares the Sovereign LORD. 16They alone are to enter my sanctuary; they alone are to come near my table to minister before me and perform my service.

17 'When they enter the gates of the inner court, they are to wear linen clothes; they must not wear any woolen garment while ministering at the gates of the inner court or inside the temple. 18They are to wear linen turbans on their heads and linen undergarments around their waists. They must not wear anything that makes them perspire. 19When they go out into the outer court where the people are, they are to take off the clothes they have been ministering in and are to leave them in the sacred rooms, and put on other clothes, so that they do not consecrate the people by means of their garments.

20 'They must not shave their heads or let their hair grow long, but they are to keep the hair of their heads trimmed. 21No priest is to drink wine when he enters the inner court. 22They must not marry widows or divorced women; they may marry only virgins of Israelite descent or widows of priests. 23They are to teach my people the difference between the holy and the common and show them how to distinguish between the unclean and the clean.

24 'In any dispute, the priests are to serve as judges and decide it according to my ordinances. They are to keep my laws and my decrees for all my appointed feasts, and they are to keep my Sabbaths holy.

25 'A priest must not defile himself by going near a dead person; however, if the dead person was his father or mother, son or daughter, brother or unmarried sister, then he may defile himself. 26After he is cleansed, he must wait seven days. 27On the day he goes into the inner court of the sanctuary to minister in the sanctuary, he is to offer a sin offering for himself, declares the Sovereign LORD.

28 'I am to be the only inheritance the priests have. You are to give them no possession in Israel; I will be their possession. 29They will eat the grain offerings, the sin offerings and the guilt offerings; and everything in Israel devotedy to the LORD will belong to them. 30The best of all the firstfruits and of all your special gifts will belong to the priests. You are to give them the first portion of your ground meal so that a blessing may rest on your household. 31The priests must not eat anything, bird or animal, found dead or torn by wild animals.

---

*Aquí equivale a *sábado*

y29 The Hebrew term refers to the irrevocable giving over of things or persons to the LORD.

45 ¹ Cuando repartáis por suertes la tierra en heredad, apartaréis una porción para Jehová, que le consagraréis en la tierra, de longitud de veinticinco mil cañas y diez mil de ancho; esto será santificado en todo su territorio alrededor.

² De esto será para el santuario quinientas cañas de longitud y quinientas de ancho, en cuadro alrededor; y cincuenta codos en derredor para sus ejidos.

³ Y de esta medida medirás en longitud veinticinco mil cañas, y en ancho diez mil, en lo cual estará el santuario y el lugar santísimo.

⁴ Lo consagrado de esta tierra será para los sacerdotes, ministros del santuario, que se acercan para ministrar a Jehová; y servirá de lugar para sus casas, y como recinto sagrado para el santuario.

⁵ Asimismo veinticinco mil cañas de longitud y diez mil de ancho, lo cual será para los levitas ministros de la casa, como posesión para sí, con veinte cámaras.

⁶ Para propiedad de la ciudad señalaréis cinco mil de anchura y veinticinco mil de longitud, delante de lo que se apartó para el santuario; será para toda la casa de Israel.

⁷ Y la parte del príncipe estará junto a lo que se apartó para el santuario, de uno y otro lado, y junto a la posesión de la ciudad, delante de lo que se apartó para el santuario, y delante de la posesión de la ciudad, desde el extremo occidental hasta el extremo oriental, y la longitud será desde el límite occidental hasta el límite oriental.

⁸ Esta tierra tendrá por posesión en Israel, y nunca más mis príncipes oprimirán a mi pueblo; y darán la tierra a la casa de Israel conforme a sus tribus.

⁹ Así ha dicho Jehová el Señor: ¡Basta ya, oh príncipes de Israel! Dejad la violencia y la rapiña. Haced juicio y justicia; quitad vuestras imposiciones de sobre mi pueblo, dice Jehová el Señor.

¹⁰ Balanzas justas, efa justo, y bato justo tendréis.

¹¹ El efa y el bato serán de una misma medida: que el bato tenga la décima parte del homer, y la décima parte del homer el efa; la medida de ellos será según el homer.

¹² Y el siclo será de veinte geras. Veinte siclos, veinticinco siclos, quince siclos, os serán una mina.

¹³ Esta será la ofrenda que ofreceréis: la sexta parte de un efa por cada homer del trigo, y la sexta parte de un efa por cada homer de la cebada.

¹⁴ La ordenanza para el aceite será que ofreceréis un bato de aceite, que es la décima parte de un coro; diez batos harán un homer; porque diez batos son un homer.

¹⁵ Y una cordera del rebaño de doscientas, de las engordadas de Israel, para sacrificio, y para holocausto y para ofrendas de paz, para expiación por ellos, dice Jehová el Señor.

¹⁶ Todo el pueblo de la tierra estará obligado a dar esta ofrenda para el príncipe de Israel.

¹⁷ Mas al príncipe corresponderá el dar el holocausto y el

Division of the Land

45 " 'When you allot the land as an inheritance, you are to present to the LORD a portion of the land as a sacred district, 25,000 cubits long and 20,000 *z* cubits wide; the entire area will be holy. ²Of this, a section 500 cubits square is to be for the sanctuary, with 50 cubits around it for open land. ³In the sacred district, measure off a section 25,000 cubits *a* long and 10,000 cubits *b* wide. In it will be the sanctuary, the Most Holy Place. ⁴It will be the sacred portion of the land for the priests, who minister in the sanctuary and who draw near to minister before the LORD. It will be a place for their houses as well as a holy place for the sanctuary. ⁵An area 25,000 cubits long and 10,000 cubits wide will belong to the Levites, who serve in the temple, as their possession for towns to live in. *c*

⁶ 'You are to give the city as its property an area 5,000 cubits wide and 25,000 cubits long, adjoining the sacred portion; it will belong to the whole house of Israel.

⁷ 'The prince will have the land bordering each side of the area formed by the sacred district and the property of the city. It will extend westward from the west side and eastward from the east side, running lengthwise from the western to the eastern border parallel to one of the tribal portions. ⁸This land will be his possession in Israel. And my princes will no longer oppress my people but will allow the house of Israel to possess the land according to their tribes.

⁹ 'This is what the Sovereign LORD says: You have gone far enough, O princes of Israel! Give up your violence and oppression and do what is just and right. Stop dispossessing my people, declares the Sovereign LORD. ¹⁰You are to use accurate scales, an accurate ephah *d* and an accurate bath. *e* ¹¹The ephah and the bath are to be the same size, the bath containing a tenth of a homer *f* and the ephah a tenth of a homer; the homer is to be the standard measure for both. ¹²The shekel *g* is to consist of twenty gerahs. Twenty shekels plus twenty-five shekels plus fifteen shekels equal one mina. *h*

Offerings and Holy Days

¹³ " 'This is the special gift you are to offer: a sixth of an ephah from each homer of wheat and a sixth of an ephah from each homer of barley. ¹⁴The prescribed portion of oil, measured by the bath, is a tenth of a bath from each cor (which consists of ten baths or one homer, for ten baths are equivalent to a homer). ¹⁵Also one sheep is to be taken from every flock of two hundred from the well-watered pastures of Israel. These will be used for the grain offerings, burnt offerings and fellowship offerings *i* to make atonement for the people, declares the Sovereign LORD. ¹⁶All the people of the land will participate in this special gift for the use of the prince in Israel. ¹⁷It will be the duty of

z 1 Septuagint (see also verses 3 and 5 and 48:9); Hebrew *10,000*   *a 3* That is, about 7 miles (about 12 kilometers)   *b 3* That is, about 3 miles (about 5 kilometers)   *c 5* Septuagint; Hebrew *temple; they will have as their possession 20 rooms*   *d 10* An ephah was a dry measure.   *e 10* A bath was a liquid measure.   *f 11* A homer was a dry measure.   *g 12* A shekel weighed about 2/5 ounce (about 11.5 grams).   *h 12* That is, 60 shekels; the common mina was 50 shekels.   *i 15* Traditionally *peace offerings*; also in verse 17

sacrificio y la libación en las fiestas solemnes, en las lunas nuevas, en los días de reposo* y en todas las fiestas de la casa de Israel; él dispondrá la expiación, la ofrenda, el holocausto y las ofrendas de paz, para hacer expiación por la casa de Israel.

18 Así ha dicho Jehová el Señor: El mes primero, el día primero del mes, tomarás de la vacada un becerro sin defecto, y purificarás el santuario.

19 Y el sacerdote tomará de la sangre de la expiación, y pondrá sobre los postes de la casa, y sobre los cuatro ángulos del descanso del altar, y sobre los postes de las puertas del atrio interior.

20 Así harás el séptimo día del mes para los que pecaron por error y por engaño, y harás expiación por la casa.

21 El mes primero, a los catorce días del mes, tendréis la pascua, fiesta de siete días; se comerá pan sin levadura.

22 Aquel día el príncipe sacrificará por sí mismo y por todo el pueblo de la tierra, un becerro por el pecado.

23 Y en los siete días de la fiesta solemne ofrecerá holocausto a Jehová, siete becerros y siete carneros sin defecto, cada día de los siete días; y por el pecado un macho cabrío cada día.

24 Y con cada becerro ofrecerá ofrenda de un efa, y con cada carnero un efa; y por cada efa un hin de aceite.

25 En el mes séptimo, a los quince días del mes, en la fiesta, hará como en estos siete días en cuanto a la expiación, en cuanto al holocausto, en cuanto al presente y en cuanto al aceite.

46 1 Así ha dicho Jehová el Señor: La puerta del atrio interior que mira al oriente estará cerrada los seis días de trabajo, y el día de reposo* se abrirá; se abrirá también el día de la luna nueva.

2 Y el príncipe entrará por el camino del portal de la puerta exterior, y estará en pie junto al umbral de la puerta mientras los sacerdotes ofrezcan su holocausto y sus ofrendas de paz, y adorará junto a la entrada de la puerta; después saldrá; pero no se cerrará la puerta hasta la tarde.

3 Asimismo adorará el pueblo de la tierra delante de Jehová, a la entrada de la puerta, en los días de reposo* y en las lunas nuevas.

4 El holocausto que el príncipe ofrecerá a Jehová en el día de reposo* será seis corderos sin defecto, y un carnero sin tacha;

5 y por ofrenda un efa con cada carnero; y con cada cordero una ofrenda conforme a sus posibilidades, y un hin de aceite con el efa.

6 Mas el día de la luna nueva, un becerro sin tacha de la vacada, seis corderos, y un carnero; deberán ser sin defecto.

7 Y hará ofrenda de un efa con el becerro, y un efa con cada carnero; pero con los corderos, conforme a sus posibilidades; y un hin de aceite por cada efa.

8 Y cuando el príncipe entrare, entrará por el camino del portal de la puerta, y por el mismo camino saldrá.

9 Mas cuando el pueblo de la tierra entrare delante de Jehová en las fiestas, el que entrare por la puerta del norte saldrá por la puerta del sur, y el que entrare por la puerta del sur saldrá por la puerta del norte; no volverá por la puerta por donde entró, sino que saldrá por la de enfrente de ella.

the prince to provide the burnt offerings, grain offerings and drink offerings at the festivals, the New Moons and the Sabbaths—at all the appointed feasts of the house of Israel. He will provide the sin offerings, grain offerings, burnt offerings and fellowship offerings to make atonement for the house of Israel.

18 "'This is what the Sovereign LORD says: In the first month on the first day you are to take a young bull without defect and purify the sanctuary. 19 The priest is to take some of the blood of the sin offering and put it on the doorposts of the temple, on the four corners of the upper ledge of the altar and on the gateposts of the inner court. 20 You are to do the same on the seventh day of the month for anyone who sins unintentionally or through ignorance; so you are to make atonement for the temple.

21 "'In the first month on the fourteenth day you are to observe the Passover, a feast lasting seven days, during which you shall eat bread made without yeast. 22 On that day the prince is to provide a bull as a sin offering for himself and for all the people of the land. 23 Every day during the seven days of the Feast he is to provide seven bulls and seven rams without defect as a burnt offering to the LORD, and a male goat for a sin offering. 24 He is to provide as a grain offering an ephah for each bull and an ephah for each ram, along with a hin *j* of oil for each ephah.

25 "'During the seven days of the Feast, which begins in the seventh month on the fifteenth day, he is to make the same provision for sin offerings, burnt offerings, grain offerings and oil.

46 "'This is what the Sovereign LORD says: The gate of the inner court facing east is to be shut on the six working days, but on the Sabbath day and on the day of the New Moon it is to be opened. 2 The prince is to enter from the outside through the portico of the gateway and stand by the gatepost. The priests are to sacrifice his burnt offering and his fellowship offerings. *k* He is to worship at the threshold of the gateway and then go out, but the gate will not be shut until evening. 3 On the Sabbaths and New Moons the people of the land are to worship in the presence of the LORD at the entrance to that gateway. 4 The burnt offering the prince brings to the LORD on the Sabbath day is to be six male lambs and a ram, all without defect. 5 The grain offering given with the ram is to be an ephah, *l* and the grain offering with the lambs is to be as much as he pleases, along with a hin *j* of oil for each ephah. 6 On the day of the New Moon he is to offer a young bull, six lambs and a ram, all without defect. 7 He is to provide as a grain offering one ephah with the bull, one ephah with the ram, and with the lambs as much as he wants to give, along with a hin of oil with each ephah. 8 When the prince enters, he is to go in through the portico of the gateway, and he is to come out the same way.

9 "'When the people of the land come before the LORD at the appointed feasts, whoever enters by the north gate to worship is to go out the south gate; and whoever enters by the south gate is to go out the north gate. No one is to return through the gate by which he entered, but each is to go out the opposite gate.

*j24,5 That is, probably about 4 quarts (about 4 liters)
*k2 Traditionally *peace offerings*; also in verse 12   *l5 That is, probably about 3/5 bushel (about 22 liters)

10 Y el príncipe, cuando ellos entraren, entrará en medio de ellos; y cuando ellos salieren, él saldrá.

11 Y en las fiestas y en las asambleas solemnes será la ofrenda un efa con cada becerro, y un efa con cada carnero; y con los corderos, conforme a sus posibilidades; y un hin de aceite con cada efa.

12 Mas cuando el príncipe libremente hiciere holocausto u ofrendas de paz a Jehová, le abrirán la puerta que mira al oriente, y hará su holocausto y sus ofrendas de paz, como hace en el día de reposo; * después saldrá, y cerrarán la puerta después que saliere.

13 Y ofrecerás en sacrificio a Jehová cada día en holocausto un cordero de un año sin defecto; cada mañana lo sacrificarás.

14 Y con él harás todas las mañanas ofrenda de la sexta parte de un efa, y la tercera parte de un hin de aceite para mezclar con la flor de harina; ofrenda para Jehová continuamente, por estatuto perpetuo.

15 Ofrecerán, pues, el cordero y la ofrenda y el aceite, todas las mañanas en holocausto continuo.

16 Así ha dicho Jehová el Señor: Si el príncipe diere parte de su heredad a sus hijos, será de ellos; posesión de ellos será por herencia.

17 Mas si de su heredad diere parte a alguno de sus siervos, será de él hasta el año del jubileo, y volverá al príncipe; mas su herencia será de sus hijos.

18 Y el príncipe no tomará nada de la herencia del pueblo, para no defraudarlos de su posesión; de lo que él posee dará herencia a sus hijos, a fin de que ninguno de mi pueblo sea echado de su posesión.

19 Me trajo después por la entrada que estaba hacia la puerta, a las cámaras santas de los sacerdotes, las cuales miraban al norte, y vi que había allí un lugar en el fondo del lado de occidente.

20 Y me dijo: Este es el lugar donde los sacerdotes cocerán la ofrenda por el pecado y la expiación; allí cocerán la ofrenda, para no sacarla al atrio exterior, santificando así al pueblo.

21 Y luego me sacó al atrio exterior, y me llevó por los cuatro rincones del atrio; y en cada rincón había un patio.

22 En los cuatro rincones del atrio había patios cercados, de cuarenta codos de longitud y treinta de ancho; una misma medida tenían los cuatro.

23 Y había una pared alrededor de ellos, alrededor de los cuatro, y abajo fogones alrededor de las paredes.

24 Y me dijo: Estas son las cocinas, donde los servidores de la casa cocerán la ofrenda del pueblo.

Las aguas salutíferas

47 1 Me hizo volver luego a la entrada de la casa; y he aquí aguas que salían de debajo del umbral de la casa hacia el oriente; porque la fachada de la casa estaba al oriente; y las aguas descendían de debajo, hacia el lado derecho de la casa, al sur del altar.

2 Y me sacó por el camino de la puerta del norte, y me hizo dar la vuelta por el camino exterior, fuera de la puerta, al camino de la que mira al oriente; y vi que las aguas salían del lado derecho.

3 Y salió el varón hacia el oriente, llevando un cordel en su mano; y midió mil codos, y me hizo pasar por las aguas hasta los tobillos.

10 The prince is to be among them, going in when they go in and going out when they go out.

11 " 'At the festivals and the appointed feasts, the grain offering is to be an ephah with a bull, an ephah with a ram, and with the lambs as much as one pleases, along with a hin of oil for each ephah. 12 When the prince provides a freewill offering to the LORD— whether a burnt offering or fellowship offerings—the gate facing east is to be opened for him. He shall offer his burnt offering or his fellowship offerings as he does on the Sabbath day. Then he shall go out, and after he has gone out, the gate will be shut.

13 " 'Every day you are to provide a year-old lamb without defect for a burnt offering to the LORD; morning by morning you shall provide it. 14 You are also to provide with it morning by morning a grain offering, consisting of a sixth of an ephah with a third of a hin of oil to moisten the flour. The presenting of this grain offering to the LORD is a lasting ordinance. 15 So the lamb and the grain offering and the oil shall be provided morning by morning for a regular burnt offering.

16 " 'This is what the Sovereign LORD says: If the prince makes a gift from his inheritance to one of his sons, it will also belong to his descendants; it is to be their property by inheritance. 17 If, however, he makes a gift from his inheritance to one of his servants, the servant may keep it until the year of freedom; then it will revert to the prince. His inheritance belongs to his sons only; it is theirs. 18 The prince must not take any of the inheritance of the people, driving them off their property. He is to give his sons their inheritance out of his own property, so that none of my people will be separated from his property.' "

19 Then the man brought me through the entrance at the side of the gate to the sacred rooms facing north, which belonged to the priests, and showed me a place at the western end. 20 He said to me, "This is the place where the priests will cook the guilt offering and the sin offering and bake the grain offering, to avoid bringing them into the outer court and consecrating the people."

21 He then brought me to the outer court and led me around to its four corners, and I saw in each corner another court. 22 In the four corners of the outer court were enclosed m courts, forty cubits long and thirty cubits wide; each of the courts in the four corners was the same size. 23 Around the inside of each of the four courts was a ledge of stone, with places for fire built all around under the ledge. 24 He said to me, "These are the kitchens where those who minister at the temple will cook the sacrifices of the people."

The River From the Temple

47 The man brought me back to the entrance of the temple, and I saw water coming out from under the threshold of the temple toward the east (for the temple faced east). The water was coming down from under the south side of the temple, south of the altar. 2 He then brought me out through the north gate and led me around the outside to the outer gate facing east, and the water was flowing from the south side.

3 As the man went eastward with a measuring line in his hand, he measured off a thousand cubits n and

---

*Aquí equivale a *sábado*

m22 The meaning of the Hebrew for this word is uncertain.
n3 That is, about 1,500 feet (about 450 meters)

4 Midió otros mil, y me hizo pasar por las aguas hasta las rodillas. Midió luego otros mil, y me hizo pasar por las aguas hasta los lomos.
5 Midió otros mil, y era ya un río que yo no podía pasar, porque las aguas habían crecido de manera que el río no se podía pasar sino a nado.
6 Y me dijo: ¿Has visto, hijo de hombre? Después me llevó, y me hizo volver por la ribera del río.
7 Y volviendo yo, vi que en la ribera del río había muchísimos árboles a uno y otro lado.
8 Y me dijo: Estas aguas salen a la región del oriente, y descenderán al Arabá, y entrarán en el mar; y entradas en el mar, recibirán sanidad las aguas.
9 Y toda alma viviente que nadare por dondequiera que entraren estos dos ríos, vivirá; y habrá muchísimos peces por haber entrado allá estas aguas, y recibirán sanidad; y vivirá todo lo que entrare en este río.
10 Y junto a él estarán los pescadores, y desde En-gadi hasta En-eglaim será su tendedero de redes; y por sus especies serán los peces tan numerosos como los peces del Mar Grande.
11 Sus pantanos y sus lagunas no se sanearán; quedarán para salinas.
12 Y junto al río, en la ribera, a uno y otro lado, crecerá toda clase de árboles frutales; sus hojas nunca caerán, ni faltará su fruto. A su tiempo madurará, porque sus aguas salen del santuario; y su fruto será para comer, y su hoja para medicina.

Límites y repartición de la tierra

13 Así ha dicho Jehová el Señor: Estos son los límites en que repartiréis la tierra por heredad entre las doce tribus de Israel. José tendrá dos partes.
14 Y la heredaréis así los unos como los otros; por ella alcé mi mano jurando que la había de dar a vuestros padres; por tanto, esta será la tierra de vuestra heredad.
15 Y este será el límite de la tierra hacia el lado del norte; desde el Mar Grande, camino de Hetlón viniendo a Zedad,
16 Hamat, Berota, Sibraim, que está entre el límite de Damasco y el límite de Hamat; Hazar-haticón, que es el límite de Haurán.
17 Y será el límite del norte desde el mar hasta Hazar-enán en el límite de Damasco al norte, y al límite de Hamat al lado del norte.
18 Del lado del oriente, en medio de Haurán y de Damasco, y de Galaad y de la tierra de Israel, al Jordán; esto mediréis de límite hasta el mar oriental.
19 Del lado meridional, hacia el sur, desde Tamar hasta las aguas de las rencillas; desde Cades y el arroyo hasta el Mar Grande; y esto será el lado meridional, al sur.
20 Del lado del occidente el Mar Grande será el límite hasta enfrente de la entrada de Hamat; este será el lado occidental.

then led me through water that was ankle-deep. 4 He measured off another thousand cubits and led me through water that was knee-deep. He measured off another thousand and led me through water that was up to the waist. 5 He measured off another thousand, but now it was a river that I could not cross, because the water had risen and was deep enough to swim in—a river that no one could cross. 6 He asked me, "Son of man, do you see this?"

Then he led me back to the bank of the river. 7 When I arrived there, I saw a great number of trees on each side of the river. 8 He said to me, "This water flows toward the eastern region and goes down into the Arabah, o where it enters the Sea. p When it empties into the Sea, p the water there becomes fresh. 9 Swarms of living creatures will live wherever the river flows. There will be large numbers of fish, because this water flows there and makes the salt water fresh; so where the river flows everything will live. 10 Fishermen will stand along the shore; from En Gedi to En Eglaim there will be places for spreading nets. The fish will be of many kinds—like the fish of the Great Sea. q 11 But the swamps and marshes will not become fresh; they will be left for salt. 12 Fruit trees of all kinds will grow on both banks of the river. Their leaves will not wither, nor will their fruit fail. Every month they will bear, because the water from the sanctuary flows to them. Their fruit will serve for food and their leaves for healing."

The Boundaries of the Land

13 This is what the Sovereign LORD says: "These are the boundaries by which you are to divide the land for an inheritance among the twelve tribes of Israel, with two portions for Joseph. 14 You are to divide it equally among them. Because I swore with uplifted hand to give it to your forefathers, this land will become your inheritance.

15 "This is to be the boundary of the land:

"On the north side it will run from the Great Sea by the Hethlon road past Lebo r Hamath to Zedad, 16 Berothah s and Sibraim (which lies on the border between Damascus and Hamath), as far as Hazer Hatticon, which is on the border of Hauran. 17 The boundary will extend from the sea to Hazar Enan, t along the northern border of Damascus, with the border of Hamath to the north. This will be the north boundary.

18 "On the east side the boundary will run between Hauran and Damascus, along the Jordan between Gilead and the land of Israel, to the eastern sea and as far as Tamar. u This will be the east boundary.

19 "On the south side it will run from Tamar as far as the waters of Meribah Kadesh, then along the Wadi ,of Egypt, to the Great Sea. This will be the south boundary.

20 "On the west side, the Great Sea will be the boundary to a point opposite Lebo v Hamath. This will be the west boundary.

o8 Or the Jordan Valley　p8 That is, the Dead Sea　q10 That is, the Mediterranean; also in verses 15, 19 and 20　r15 Or past the entrance to　s15,16 See Septuagint and Ezekiel 48:1; Hebrew road to go into Zedad, 16 Hamath, Berothah　t17 Hebrew Enon, a variant of Enan　u18 Septuagint and Syriac; Hebrew Israel. You will measure to the eastern sea　v20 Or opposite the entrance to

21 Repartiréis, pues, esta tierra entre vosotros según las tribus de Israel.

22 Y echaréis sobre ella suertes por heredad para vosotros, y para los extranjeros que moran entre vosotros, que entre vosotros han engendrado hijos; y los tendréis como naturales entre los hijos de Israel; echarán suertes con vosotros para tener heredad entre las tribus de Israel.

23 En la tribu en que morare el extranjero, allí le daréis su heredad, ha dicho Jehová el Señor.

48 ¹ Estos son los nombres de las tribus: Desde el extremo norte por la vía de Hetlón viniendo a Hamat, Hazar-enán, en los confines de Damasco, al norte, hacia Hamat, tendrá Dan una parte, desde el lado oriental hasta el occidental.

2 Junto a la frontera de Dan, desde el lado del oriente hasta el lado del mar, tendrá Aser una parte.

3 Junto al límite de Aser, desde el lado del oriente hasta el lado del mar, Neftalí, otra.

4 Junto al límite de Neftalí, desde el lado del oriente hasta el lado del mar, Manasés, otra.

5 Junto al límite de Manasés, desde el lado del oriente hasta el lado del mar, Efraín, otra.

6 Junto al límite de Efraín, desde el lado del oriente hasta el lado del mar, Rubén, otra.

7 Junto al límite de Rubén, desde el lado del oriente hasta el lado del mar, Judá, otra.

8 Junto al límite de Judá, desde el lado del oriente hasta el lado del mar, estará la porción que reservaréis de veinticinco mil cañas de anchura, y de longitud como cualquiera de las otras partes, esto es, desde el lado del oriente hasta el lado del mar; y el santuario estará en medio de ella.

9 La porción que reservaréis para Jehová tendrá de longitud veinticinco mil cañas, y diez mil de ancho.

10 La porción santa que pertenecerá a los sacerdotes será de veinticinco mil cañas al norte, y de diez mil de anchura al occidente, y de diez mil de ancho al oriente, y de veinticinco mil de longitud al sur; y el santuario de Jehová estará en medio de ella.

11 Los sacerdotes santificados de los hijos de Sadoc que me guardaron fidelidad, que no erraron cuando erraron los hijos de Israel, como erraron los levitas,

12 ellos tendrán como parte santísima la porción de la tierra reservada, junto al límite de la de los levitas.

13 Y la de los levitas, al lado de los límites de la de los sacerdotes, será de veinticinco mil cañas de longitud, y de diez mil de anchura; toda la longitud de veinticinco mil, y la anchura de diez mil.

14 No venderán nada de ello, ni lo permutarán, ni traspasarán las primicias de la tierra; porque es cosa consagrada a Jehová.

15 Y las cinco mil cañas de anchura que quedan de las veinticinco mil, serán profanas, para la ciudad, para habitación y para ejido; y la ciudad estará en medio.

16 Estas serán sus medidas: al lado del norte cuatro mil quinientas cañas, al lado del sur cuatro mil quinientas, al lado del oriente cuatro mil quinientas, y al lado del occidente cuatro mil quinientas.

17 Y el ejido de la ciudad será al norte de doscientas cincuenta cañas, al sur de doscientas cincuenta, al oriente de doscientas cincuenta, y de doscientas cincuenta al occidente.

18 Y lo que quedare de longitud delante de la porción santa,

21 "You are to distribute this land among yourselves according to the tribes of Israel. 22 You are to allot it as an inheritance for yourselves and for the aliens who have settled among you and who have children. You are to consider them as native-born Israelites; along with you they are to be allotted an inheritance among the tribes of Israel. 23 In whatever tribe the alien settles, there you are to give him his inheritance," declares the Sovereign LORD.

The Division of the Land

48 "These are the tribes, listed by name: At the northern frontier, Dan will have one portion; it will follow the Hethlon road to Lebo*w* Hamath; Hazar Enan and the northern border of Damascus next to Hamath will be part of its border from the east side to the west side.

2 "Asher will have one portion; it will border the territory of Dan from east to west.

3 "Naphtali will have one portion; it will border the territory of Asher from east to west.

4 "Manasseh will have one portion; it will border the territory of Naphtali from east to west.

5 "Ephraim will have one portion; it will border the territory of Manasseh from east to west.

6 "Reuben will have one portion; it will border the territory of Ephraim from east to west.

7 "Judah will have one portion; it will border the territory of Reuben from east to west.

8 "Bordering the territory of Judah from east to west will be the portion you are to present as a special gift. It will be 25,000 cubits*ˣ* wide, and its length from east to west will equal one of the tribal portions; the sanctuary will be in the center of it.

9 "The special portion you are to offer to the LORD will be 25,000 cubits long and 10,000 cubits*ʸ* wide. 10 This will be the sacred portion for the priests. It will be 25,000 cubits long on the north side, 10,000 cubits wide on the west side, 10,000 cubits wide on the east side and 25,000 cubits long on the south side. In the center of it will be the sanctuary of the LORD. 11 This will be for the consecrated priests, the Zadokites, who were faithful in serving me and did not go astray as the Levites did when the Israelites went astray. 12 It will be a special gift to them from the sacred portion of the land, a most holy portion, bordering the territory of the Levites.

13 "Alongside the territory of the priests, the Levites will have an allotment 25,000 cubits long and 10,000 cubits wide. Its total length will be 25,000 cubits and its width 10,000 cubits. 14 They must not sell or exchange any of it. This is the best of the land and must not pass into other hands, because it is holy to the LORD.

15 "The remaining area, 5,000 cubits wide and 25,000 cubits long, will be for the common use of the city, for houses and for pastureland. The city will be in the center of it 16 and will have these measurements: the north side 4,500 cubits, the south side 4,500 cubits, the east side 4,500 cubits, and the west side 4,500 cubits. 17 The pastureland for the city will be 250 cubits on the north, 250 cubits on the south, 250 cubits on the east, and 250 cubits on the west. 18 What remains

---

w1 Or *to the entrance to*   *x8* That is, about 7 miles (about 12 kilometers)   *y9* That is, about 3 miles (about 5 kilometers)

diez mil cañas al oriente y diez mil al occidente, que será lo que quedará de la porción santa, será para sembrar para los que sirven a la ciudad.

19 Y los que sirvan a la ciudad serán de todas las tribus de Israel.

20 Toda la porción reservada de veinticinco mil cañas por veinticinco mil en cuadro, reservaréis como porción para el santuario, y para la posesión de la ciudad.

21 Y del príncipe será lo que quedare a uno y otro lado de la porción santa y de la posesión de la ciudad, esto es, delante de las veinticinco mil cañas de la porción hasta el límite oriental, y al occidente delante de las veinticinco mil hasta el límite occidental, delante de las partes dichas será del príncipe; porción santa será, y el santuario de la casa estará en medio de ella.

22 De este modo la parte del príncipe será la comprendida desde la porción de los levitas y la porción de la ciudad, entre el límite de Judá y el límite de Benjamín.

23 En cuanto a las demás tribus, desde el lado del oriente hasta el lado del mar, tendrá Benjamín una porción.

24 Junto al límite de Benjamín, desde el lado del oriente hasta el lado del mar, Simeón, otra.

25 Junto al límite de Simeón, desde el lado del oriente hasta el lado del mar, Isacar, otra.

26 Junto al límite de Isacar, desde el lado del oriente hasta el lado del mar, Zabulón, otra.

27 Junto al límite de Zabulón, desde el lado del oriente hasta el lado del mar, Gad, otra.

28 Junto al límite de Gad, al lado meridional al sur, será el límite desde Tamar hasta las aguas de las rencillas, y desde Cades y el arroyo hasta el Mar Grande.

29 Esta es la tierra que repartiréis por suertes en heredad a las tribus de Israel, y estas son sus porciones, ha dicho Jehová el Señor.

30 Y estas son las salidas de la ciudad: al lado del norte, cuatro mil quinientas cañas por medida.

31 Y las puertas de la ciudad serán según los nombres de las tribus de Israel: tres puertas al norte: la puerta de Rubén, una; la puerta de Judá, otra; la puerta de Leví, otra.

32 Al lado oriental cuatro mil quinientas cañas, y tres puertas: la puerta de José, una; la puerta de Benjamín, otra; la puerta de Dan, otra.

33 Al lado del sur, cuatro mil quinientas cañas por medida, y tres puertas: la puerta de Simeón, una; la puerta de Isacar, otra; la puerta de Zabulón, otra.

34 Y al lado occidental cuatro mil quinientas cañas, y sus tres puertas: la puerta de Gad, una; la puerta de Aser, otra; la puerta de Neftalí, otra.

35 En derredor tendrá dieciocho mil cañas. Y el nombre de la ciudad desde aquel día será Jehová-sama./

of the area, bordering on the sacred portion and running the length of it, will be 10,000 cubits on the east side and 10,000 cubits on the west side. Its produce will supply food for the workers of the city. 19 The workers from the city who farm it will come from all the tribes of Israel. 20 The entire portion will be a square, 25,000 cubits on each side. As a special gift you will set aside the sacred portion, along with the property of the city.

21 "What remains on both sides of the area formed by the sacred portion and the city property will belong to the prince. It will extend eastward from the 25,000 cubits of the sacred portion to the eastern border, and westward from the 25,000 cubits to the western border. Both these areas running the length of the tribal portions will belong to the prince, and the sacred portion with the temple sanctuary will be in the center of them. 22 So the property of the Levites and the property of the city will lie in the center of the area that belongs to the prince. The area belonging to the prince will lie between the border of Judah and the border of Benjamin.

23 "As for the rest of the tribes: Benjamin will have one portion; it will extend from the east side to the west side.

24 "Simeon will have one portion; it will border the territory of Benjamin from east to west.

25 "Issachar will have one portion; it will border the territory of Simeon from east to west.

26 "Zebulun will have one portion; it will border the territory of Issachar from east to west.

27 "Gad will have one portion; it will border the territory of Zebulun from east to west.

28 "The southern boundary of Gad will run south from Tamar to the waters of Meribah Kadesh, then along the Wadi of Egypt to the Great Sea.z

29 "This is the land you are to allot as an inheritance to the tribes of Israel, and these will be their portions," declares the Sovereign LORD.

The Gates of the City

30 "These will be the exits of the city: Beginning on the north side, which is 4,500 cubits long, 31 the gates of the city will be named after the tribes of Israel. The three gates on the north side will be the gate of Reuben, the gate of Judah and the gate of Levi.

32 "On the east side, which is 4,500 cubits long, will be three gates: the gate of Joseph, the gate of Benjamin and the gate of Dan.

33 "On the south side, which measures 4,500 cubits, will be three gates: the gate of Simeon, the gate of Issachar and the gate of Zebulun.

34 "On the west side, which is 4,500 cubits long, will be three gates: the gate of Gad, the gate of Asher and the gate of Naphtali.

35 "The distance all around will be 18,000 cubits.

"And the name of the city from that time on will be:

THE LORD IS THERE."

/Esto es, *Jehová allí.*   z28 That is, the Mediterranean

DANIEL

DANIEL

Daniel y sus compañeros en Babilonia

1 ¹ En el año tercero del reinado de Joacim rey de Judá, vino Nabucodonosor rey de Babilonia a Jerusalén, y la sitió.
² Y el Señor entregó en sus manos a Joacim rey de Judá, y parte de los utensilios de la casa de Dios; y los trajo a tierra de Sinar, a la casa de su dios, y colocó los utensilios en la casa del tesoro de su dios.
³ Y dijo el rey a Aspenaz, jefe de sus eunucos, que trajese de los hijos de Israel, del linaje real de los príncipes,
⁴ muchachos en quienes no hubiese tacha alguna, de buen parecer, enseñados en toda sabiduría, sabios en ciencia y de buen entendimiento, e idóneos para estar en el palacio del rey; y que les enseñase las letras y la lengua de los caldeos.
⁵ Y les señaló el rey ración para cada día, de la provisión de la comida del rey, y del vino que él bebía; y que los criase tres años, para que al fin de ellos se presentasen delante del rey.
⁶ Entre éstos estaban Daniel, Ananías, Misael y Azarías, de los hijos de Judá.
⁷ A éstos el jefe de los eunucos puso nombres: puso a Daniel, Beltsasar; a Ananías, Sadrac; a Misael, Mesac; y a Azarías, Abed-nego.
⁸ Y Daniel propuso en su corazón no contaminarse con la porción de la comida del rey, ni con el vino que él bebía; pidió, por tanto, al jefe de los eunucos que no se le obligase a contaminarse.
⁹ Y puso Dios a Daniel en gracia y en buena voluntad con el jefe de los eunucos;
¹⁰ y dijo el jefe de los eunucos a Daniel: Temo a mi señor el rey, que señaló vuestra comida y vuestra bebida; pues luego que él vea vuestros rostros más pálidos que los de los muchachos que son semejantes a vosotros, condenaréis para con el rey mi cabeza.
¹¹ Entonces dijo Daniel a Melsar, que estaba puesto por el jefe de los eunucos sobre Daniel, Ananías, Misael y Azarías:
¹² Te ruego que hagas la prueba con tus siervos por diez días, y nos den legumbres a comer, y agua a beber.
¹³ Compara luego nuestros rostros con los rostros de los muchachos que comen de la ración de la comida del rey, y haz después con tus siervos según veas.
¹⁴ Consintió, pues, con ellos en esto, y probó con ellos diez días.
¹⁵ Y al cabo de los diez días pareció el rostro de ellos mejor y más robusto que el de los otros muchachos que comían de la porción de la comida del rey.
¹⁶ Así, pues, Melsar se llevaba la porción de la comida de ellos y el vino que habían de beber, y les daba legumbres.
¹⁷ A estos cuatro muchachos Dios les dio conocimiento e inteligencia en todas las letras y ciencias; y Daniel tuvo entendimiento en toda visión y sueños.
¹⁸ Pasados, pues, los días al fin de los cuales había dicho el rey que los trajesen, el jefe de los eunucos los trajo delante de Nabucodonosor.
¹⁹ Y el rey habló con ellos, y no fueron hallados entre todos ellos otros como Daniel, Ananías, Misael y Azarías; así, pues, estuvieron delante del rey.
²⁰ En todo asunto de sabiduría e inteligencia que el rey les consultó, los halló diez veces mejores que todos los magos y astrólogos que había en todo su reino.

Daniel's Training in Babylon

1 In the third year of the reign of Jehoiakim king of Judah, Nebuchadnezzar king of Babylon came to Jerusalem and besieged it. ²And the Lord delivered Jehoiakim king of Judah into his hand, along with some of the articles from the temple of God. These he carried off to the temple of his god in Babylonia[a] and put in the treasure house of his god.

³Then the king ordered Ashpenaz, chief of his court officials, to bring in some of the Israelites from the royal family and the nobility— ⁴young men without any physical defect, handsome, showing aptitude for every kind of learning, well informed, quick to understand, and qualified to serve in the king's palace. He was to teach them the language and literature of the Babylonians.[b] ⁵The king assigned them a daily amount of food and wine from the king's table. They were to be trained for three years, and after that they were to enter the king's service.

⁶Among these were some from Judah: Daniel, Hananiah, Mishael and Azariah. ⁷The chief official gave them new names: to Daniel, the name Belteshazzar; to Hananiah, Shadrach; to Mishael, Meshach; and to Azariah, Abednego.

⁸But Daniel resolved not to defile himself with the royal food and wine, and he asked the chief official for permission not to defile himself this way. ⁹Now God had caused the official to show favor and sympathy to Daniel, ¹⁰but the official told Daniel, "I am afraid of my lord the king, who has assigned your[c] food and drink. Why should he see you looking worse than the other young men your age? The king would then have my head because of you."

¹¹Daniel then said to the guard whom the chief official had appointed over Daniel, Hananiah, Mishael and Azariah, ¹²"Please test your servants for ten days: Give us nothing but vegetables to eat and water to drink. ¹³Then compare our appearance with that of the young men who eat the royal food, and treat your servants in accordance with what you see." ¹⁴So he agreed to this and tested them for ten days.

¹⁵At the end of the ten days they looked healthier and better nourished than any of the young men who ate the royal food. ¹⁶So the guard took away their choice food and the wine they were to drink and gave them vegetables instead.

¹⁷To these four young men God gave knowledge and understanding of all kinds of literature and learning. And Daniel could understand visions and dreams of all kinds.

¹⁸At the end of the time set by the king to bring them in, the chief official presented them to Nebuchadnezzar. ¹⁹The king talked with them, and he found none equal to Daniel, Hananiah, Mishael and Azariah; so they entered the king's service. ²⁰In every matter of wisdom and understanding about which the king questioned them, he found them ten times better than all the magicians and enchanters in his whole kingdom.

*a*2 Hebrew *Shinar*   *b*4 Or *Chaldeans*   *c*10 The Hebrew for *your* and *you* in this verse is plural.

21 Y continuó Daniel hasta el año primero del rey Ciro.

Daniel interpreta el sueño
de Nabucodonosor

2 ¹En el segundo año del reinado de Nabucodonosor, tuvo Nabucodonosor sueños, y se perturbó su espíritu, y se le fue el sueño.
²Hizo llamar el rey a magos, astrólogos, encantadores y caldeos, para que le explicasen sus sueños. Vinieron, pues, y se presentaron delante del rey.
³Y el rey les dijo: He tenido un sueño, y mi espíritu se ha turbado por saber el sueño.
⁴Entonces hablaron los caldeos al rey en lengua aramea: Rey, para siempre vive; dí el sueño a tus siervos, y te mostraremos la interpretación.
⁵Respondió el rey y dijo a los caldeos: El asunto lo olvidé; si no me mostráis el sueño y su interpretación, seréis hechos pedazos, y vuestras casas serán convertidas en muladares.
⁶Y si me mostrareis el sueño y su interpretación, recibiréis de mí dones y favores y gran honra. Decidme, pues, el sueño y su interpretación.
⁷Respondieron por segunda vez, y dijeron: Diga el rey el sueño a sus siervos, y le mostraremos la interpretación.
⁸El rey respondió y dijo: Yo conozco ciertamente que vosotros ponéis dilaciones, porque veis que el asunto se me ha ido.
⁹Si no me mostráis el sueño, una sola sentencia hay para vosotros. Ciertamente preparáis respuesta mentirosa y perversa que decir delante de mí, entre tanto que pasa el tiempo. Decidme, pues, el sueño, para que yo sepa que me podéis dar su interpretación.
¹⁰Los caldeos respondieron delante del rey, y dijeron: No hay hombre sobre la tierra que pueda declarar el asunto del rey; además de esto, ningún rey, príncipe ni señor preguntó cosa semejante a ningún mago ni astrólogo ni caldeo.
¹¹Porque el asunto que el rey demanda es difícil, y no hay quien lo pueda declarar al rey, salvo los dioses cuya morada no es con la carne.
¹²Por esto el rey con ira y con gran enojo mandó que matasen a todos los sabios de Babilonia.
¹³Y se publicó el edicto de que los sabios fueran llevados a la muerte; y buscaron a Daniel y a sus compañeros para matarlos.
¹⁴Entonces Daniel habló sabia y prudentemente a Arioc, capitán de la guardia del rey, que había salido para matar a los sabios de Babilonia.
¹⁵Habló y dijo a Arioc capitán del rey: ¿Cuál es la causa de que este edicto se publique de parte del rey tan apresuradamente? Entonces Arioc hizo saber a Daniel lo que había.
¹⁶Y Daniel entró y pidió al rey que le diese tiempo, y que él mostraría la interpretación al rey.
¹⁷Luego se fue Daniel a su casa e hizo saber lo que había a Ananías, Misael y Azarías, sus compañeros,
¹⁸para que pidiesen misericordias del Dios del cielo sobre este misterio, a fin de que Daniel y sus compañeros no pereciesen con los otros sabios de Babilonia.
¹⁹Entonces el secreto fue revelado a Daniel en visión de noche, por lo cual bendijo Daniel al Dios del cielo.
²⁰Y Daniel habló y dijo: Sea bendito el nombre de Dios de siglos en siglos, porque suyos son el poder y la sabiduría.
²¹El muda los tiempos y las edades; quita reyes, y pone reyes; da la sabiduría a los sabios, y la ciencia a los entendidos.

21 And Daniel remained there until the first year of King Cyrus.

Nebuchadnezzar's Dream

2 In the second year of his reign, Nebuchadnezzar had dreams; his mind was troubled and he could not sleep. ²So the king summoned the magicians, enchanters, sorcerers and astrologers[d] to tell him what he had dreamed. When they came in and stood before the king, ³he said to them, "I have had a dream that troubles me and I want to know what it means.[e]"
⁴Then the astrologers answered the king in Aramaic,[f] "O king, live forever! Tell your servants the dream, and we will interpret it."
⁵The king replied to the astrologers, "This is what I have firmly decided: If you do not tell me what my dream was and interpret it, I will have you cut into pieces and your houses turned into piles of rubble. ⁶But if you tell me the dream and explain it, you will receive from me gifts and rewards and great honor. So tell me the dream and interpret it for me."
⁷Once more they replied, "Let the king tell his servants the dream, and we will interpret it."
⁸Then the king answered, "I am certain that you are trying to gain time, because you realize that this is what I have firmly decided: ⁹If you do not tell me the dream, there is just one penalty for you. You have conspired to tell me misleading and wicked things, hoping the situation will change. So then, tell me the dream, and I will know that you can interpret it for me."
¹⁰The astrologers answered the king, "There is not a man on earth who can do what the king asks! No king, however great and mighty, has ever asked such a thing of any magician or enchanter or astrologer. ¹¹What the king asks is too difficult. No one can reveal it to the king except the gods, and they do not live among men."
¹²This made the king so angry and furious that he ordered the execution of all the wise men of Babylon. ¹³So the decree was issued to put the wise men to death, and men were sent to look for Daniel and his friends to put them to death.
¹⁴When Arioch, the commander of the king's guard, had gone out to put to death the wise men of Babylon, Daniel spoke to him with wisdom and tact. ¹⁵He asked the king's officer, "Why did the king issue such a harsh decree?" Arioch then explained the matter to Daniel. ¹⁶At this, Daniel went in to the king and asked for time, so that he might interpret the dream for him.
¹⁷Then Daniel returned to his house and explained the matter to his friends Hananiah, Mishael and Azariah. ¹⁸He urged them to plead for mercy from the God of heaven concerning this mystery, so that he and his friends might not be executed with the rest of the wise men of Babylon. ¹⁹During the night the mystery was revealed to Daniel in a vision. Then Daniel praised the God of heaven ²⁰and said:

"Praise be to the name of God for ever and ever;
    wisdom and power are his.
²¹He changes times and seasons;
    he sets up kings and deposes them.
He gives wisdom to the wise
    and knowledge to the discerning.

---

*d2 Or Chaldeans; also in verses 4, 5 and 10   e3 Or was
/4 The text from here through chapter 7 is in Aramaic.*

22 El revela lo profundo y lo escondido; conoce lo que está en tinieblas, y con él mora la luz.

23 A ti, oh Dios de mis padres, te doy gracias y te alabo, porque me has dado sabiduría y fuerza, y ahora me has revelado lo que te pedimos; pues nos has dado a conocer el asunto del rey.

24 Después de esto fue Daniel a Arioc, al cual el rey había puesto para matar a los sabios de Babilonia, y le dijo así: No mates a los sabios de Babilonia; llévame a la presencia del rey, y yo le mostraré la interpretación.

25 Entonces Arioc llevó prontamente a Daniel ante el rey, y le dijo así: He hallado un varón de los deportados de Judá, el cual dará al rey la interpretación.

26 Respondió el rey y dijo a Daniel, al cual llamaban Beltsasar: ¿Podrás tú hacerme conocer el sueño que vi, y su interpretación?

27 Daniel respondió delante del rey, diciendo: El misterio que el rey demanda, ni sabios, ni astrólogos, ni magos ni adivinos lo pueden revelar al rey.

28 Pero hay un Dios en los cielos, el cual revela los misterios, y él ha hecho saber al rey Nabucodonosor lo que ha de acontecer en los postreros días. He aquí tu sueño, y las visiones que has tenido en tu cama:

29 Estando tú, oh rey, en tu cama, te vinieron pensamientos por saber lo que había de ser en lo por venir; y el que revela los misterios te mostró lo que ha de ser.

30 Y a mí me ha sido revelado este misterio, no porque en mí haya más sabiduría que en todos los vivientes, sino para que se dé a conocer al rey la interpretación, y para que entiendas tú los pensamientos de tu corazón.

31 Tú, oh rey, veías, y he aquí una gran imagen. Esta imagen, que era muy grande, y cuya gloria era muy sublime, estaba en pie delante de ti, y su aspecto era terrible.

32 La cabeza de esta imagen era de oro fino; su pecho y sus brazos, de plata; su vientre y sus muslos, de bronce;

33 sus piernas, de hierro; sus pies, en parte de hierro y en parte de barro cocido.

34 Estabas mirando, hasta que una piedra fue cortada, no con mano, e hirió a la imagen en sus pies de hierro y de barro cocido, y los desmenuzó.

35 Entonces fueron desmenuzados también el hierro, el barro cocido, el bronce, la plata y el oro, y fueron como tamo de las eras del verano, y se los llevó el viento sin que de ellos quedara rastro alguno. Mas la piedra que hirió a la imagen fue hecha un gran monte que llenó toda la tierra.

36 Este es el sueño; también la interpretación de él diremos en presencia del rey.

37 Tú, oh rey, eres rey de reyes; porque el Dios del cielo te ha dado reino, poder, fuerza y majestad.

38 Y dondequiera que habitan hijos de hombres, bestias del campo y aves del cielo, él los ha entregado en tu mano, y te ha dado el dominio sobre todo; tú eres aquella cabeza de oro.

39 Y después de ti se levantará otro reino inferior al tuyo; y luego un tercer reino de bronce, el cual dominará sobre toda la tierra.

40 Y el cuarto reino será fuerte como hierro; y como el hierro desmenuza y rompe todas las cosas, desmenuzará y quebrantará todo.

41 Y lo que viste de los pies y los dedos, en parte de barro cocido de alfarero y en parte de hierro, será un reino dividido; mas habrá en él algo de la fuerza del hierro, así como viste hierro mezclado con barro cocido.

42 Y por ser los dedos de los pies en parte de hierro y en

22 He reveals deep and hidden things;
  he knows what lies in darkness,
  and light dwells with him.
23 I thank and praise you, O God of my fathers:
  You have given me wisdom and power,
  you have made known to me what we asked of
    you,
  you have made known to us the dream of the
    king."

Daniel Interprets the Dream

24 Then Daniel went to Arioch, whom the king had appointed to execute the wise men of Babylon, and said to him, "Do not execute the wise men of Babylon. Take me to the king, and I will interpret his dream for him."

25 Arioch took Daniel to the king at once and said, "I have found a man among the exiles from Judah who can tell the king what his dream means."

26 The king asked Daniel (also called Belteshazzar), "Are you able to tell me what I saw in my dream and interpret it?"

27 Daniel replied, "No wise man, enchanter, magician or diviner can explain to the king the mystery he has asked about, 28 but there is a God in heaven who reveals mysteries. He has shown King Nebuchadnezzar what will happen in days to come. Your dream and the visions that passed through your mind as you lay on your bed are these:

29 "As you were lying there, O king, your mind turned to things to come, and the revealer of mysteries showed you what is going to happen. 30 As for me, this mystery has been revealed to me, not because I have greater wisdom than other living men, but so that you, O king, may know the interpretation and that you may understand what went through your mind.

31 "You looked, O king, and there before you stood a large statue—an enormous, dazzling statue, awesome in appearance. 32 The head of the statue was made of pure gold, its chest and arms of silver, its belly and thighs of bronze, 33 its legs of iron, its feet partly of iron and partly of baked clay. 34 While you were watching, a rock was cut out, but not by human hands. It struck the statue on its feet of iron and clay and smashed them. 35 Then the iron, the clay, the bronze, the silver and the gold were broken to pieces at the same time and became like chaff on a threshing floor in the summer. The wind swept them away without leaving a trace. But the rock that struck the statue became a huge mountain and filled the whole earth.

36 "This was the dream, and now we will interpret it to the king. 37 You, O king, are the king of kings. The God of heaven has given you dominion and power and might and glory; 38 in your hands he has placed mankind and the beasts of the field and the birds of the air. Wherever they live, he has made you ruler over them all. You are that head of gold.

39 "After you, another kingdom will rise, inferior to yours. Next, a third kingdom, one of bronze, will rule over the whole earth. 40 Finally, there will be a fourth kingdom, strong as iron—for iron breaks and smashes everything—and as iron breaks things to pieces, so it will crush and break all the others. 41 Just as you saw that the feet and toes were partly of baked clay and partly of iron, so this will be a divided kingdom; yet it will have some of the strength of iron in it, even as you saw iron mixed with clay. 42 As the toes were

parte de barro cocido, el reino será en parte fuerte, y en parte frágil.

43 Así como viste el hierro mezclado con barro, se mezclarán por medio de alianzas humanas; pero no se unirán el uno con el otro, como el hierro no se mezcla con el barro.

44 Y en los días de estos reyes el Dios del cielo levantará un reino que no será jamás destruido, ni será el reino dejado a otro pueblo; desmenuzará y consumirá a todos estos reinos, pero él permanecerá para siempre,

45 de la manera que viste que del monte fue cortada una piedra, no con mano, la cual desmenuzó el hierro, el bronce, el barro, la plata y el oro. El gran Dios ha mostrado al rey lo que ha de acontecer en lo por venir; y el sueño es verdadero, y fiel su interpretación.

46 Entonces el rey Nabucodonosor se postró sobre su rostro y se humilló ante Daniel, y mandó que le ofreciesen presentes e incienso.

47 El rey habló a Daniel, y dijo: Ciertamente el Dios vuestro es Dios de dioses, y Señor de los reyes, y el que revela los misterios, pues pudiste revelar este misterio.

48 Entonces el rey engrandeció a Daniel, y le dio muchos honores y grandes dones, y le hizo gobernador de toda la provincia de Babilonia, y jefe supremo de todos los sabios de Babilonia.

49 Y Daniel solicitó del rey, y obtuvo que pusiera sobre los negocios de la provincia de Babilonia a Sadrac, Mesac y Abed-nego; y Daniel estaba en la corte del rey.

Rescatados del horno de fuego

3 1 El rey Nabucodonosor hizo una estatua de oro cuya altura era de sesenta codos, y su anchura de seis codos; la levantó en el campo de Dura, en la provincia de Babilonia.

2 Y envió el rey Nabucodonosor a que se reuniesen los sátrapas, los magistrados y capitanes, oidores, tesoreros, consejeros, jueces, y todos los gobernadores de las provincias, para que viniesen a la dedicación de la estatua que el rey Nabucodonosor había levantado.

3 Fueron, pues, reunidos los sátrapas, magistrados, capitanes, oidores, tesoreros, consejeros, jueces, y todos los gobernadores de las provincias, a la dedicación de la estatua que el rey Nabucodonosor había levantado; y estaban en pie delante de la estatua que había levantado el rey Nabucodonosor.

4 Y el pregonero anunciaba en alta voz: Mándase a vosotros, oh pueblos, naciones y lenguas,

5 que al oir el son de la bocina, de la flauta, del tamboril, del arpa, del salterio, de la zampoña y de todo instrumento de música, os postréis y adoréis la estatua de oro que el rey Nabucodonosor ha levantado;

6 y cualquiera que no se postre y adore, inmediatamente será echado dentro de un horno de fuego ardiendo.

7 Por lo cual, al oir todos los pueblos el son de la bocina, de la flauta, del tamboril, del arpa, del salterio, de la zampoña y de todo instrumento de música, todos los pueblos, naciones y lenguas se postraron y adoraron la estatua de oro que el rey Nabucodonosor había levantado.

8 Por esto en aquel tiempo algunos varones caldeos vinieron y acusaron maliciosamente a los judíos.

9 Hablaron y dijeron al rey Nabucodonosor: Rey, para siempre vive.

10 Tú, oh rey, has dado una ley que todo hombre, al oir el son de la bocina, de la flauta, del tamboril, del arpa, del salterio, de la zampoña y de todo instrumento de música, se postre y adore la estatua de oro;

partly iron and partly clay, so this kingdom will be partly strong and partly brittle. 43 And just as you saw the iron mixed with baked clay, so the people will be a mixture and will not remain united, any more than iron mixes with clay.

44 "In the time of those kings, the God of heaven will set up a kingdom that will never be destroyed, nor will it be left to another people. It will crush all those kingdoms and bring them to an end, but it will itself endure forever. 45 This is the meaning of the vision of the rock cut out of a mountain, but not by human hands—a rock that broke the iron, the bronze, the clay, the silver and the gold to pieces.

"The great God has shown the king what will take place in the future. The dream is true and the interpretation is trustworthy."

46 Then King Nebuchadnezzar fell prostrate before Daniel and paid him honor and ordered that an offering and incense be presented to him. 47 The king said to Daniel, "Surely your God is the God of gods and the Lord of kings and a revealer of mysteries, for you were able to reveal this mystery."

48 Then the king placed Daniel in a high position and lavished many gifts on him. He made him ruler over the entire province of Babylon and placed him in charge of all its wise men. 49 Moreover, at Daniel's request the king appointed Shadrach, Meshach and Abednego administrators over the province of Babylon, while Daniel himself remained at the royal court.

The Image of Gold and the Fiery Furnace

3 King Nebuchadnezzar made an image of gold, ninety feet high and nine feet *g* wide, and set it up on the plain of Dura in the province of Babylon. 2 He then summoned the satraps, prefects, governors, advisers, treasurers, judges, magistrates and all the other provincial officials to come to the dedication of the image he had set up. 3 So the satraps, prefects, governors, advisers, treasurers, judges, magistrates and all the other provincial officials assembled for the dedication of the image that King Nebuchadnezzar had set up, and they stood before it.

4 Then the herald loudly proclaimed, "This is what you are commanded to do, O peoples, nations and men of every language: 5 As soon as you hear the sound of the horn, flute, zither, lyre, harp, pipes and all kinds of music, you must fall down and worship the image of gold that King Nebuchadnezzar has set up. 6 Whoever does not fall down and worship will immediately be thrown into a blazing furnace."

7 Therefore, as soon as they heard the sound of the horn, flute, zither, lyre, harp and all kinds of music, all the peoples, nations and men of every language fell down and worshiped the image of gold that King Nebuchadnezzar had set up.

8 At this time some astrologers *h* came forward and denounced the Jews. 9 They said to King Nebuchadnezzar, "O king, live forever! 10 You have issued a decree, O king, that everyone who hears the sound of the horn, flute, zither, lyre, harp, pipes and all kinds of music must fall down and worship the image of gold, 11 and

---

g 1 Aramaic sixty cubits high and six cubits wide (about 27 meters high and 2.7 meters wide)   *h 8 Or Chaldeans*

11 y el que no se postre y adore, sea echado dentro de un horno de fuego ardiendo.

12 Hay unos varones judíos, los cuales pusiste sobre los negocios de la provincia de Babilonia: Sadrac, Mesac y Abed-nego; estos varones, oh rey, no te han respetado; no adoran tus dioses, ni adoran la estatua de oro que has levantado.

13 Entonces Nabucodonosor dijo con ira y con enojo que trajesen a Sadrac, Mesac y Abed-nego. Al instante fueron traídos estos varones delante del rey.

14 Habló Nabucodonosor y les dijo: ¿Es verdad, Sadrac, Mesac y Abednego, que vosotros no honráis a mi dios, ni adoráis la estatua de oro que he levantado?

15 Ahora, pues, ¿estáis dispuestos para que al oir el son de la bocina, de la flauta, del tamboril, del arpa, del salterio, de la zampoña y de todo instrumento de música, os postréis y adoréis la estatua que he hecho? Porque si no la adorareis, en la misma hora seréis echados en medio de un horno de fuego ardiendo; ¿y qué dios será aquel que os libre de mis manos?

16 Sadrac, Mesac y Abed-nego respondieron al rey Nabucodonosor, diciendo: No es necesario que te respondamos sobre este asunto.

17 He aquí nuestro Dios a quien servimos puede librarnos del horno de fuego ardiendo; y de tu mano, oh rey, nos librará.

18 Y si no, sepas, oh rey, que no serviremos a tus dioses, ni tampoco adoraremos la estatua que has levantado.

19 Entonces Nabucodonosor se llenó de ira, y se demudó el aspecto de su rostro contra Sadrac, Mesac y Abed-nego, y ordenó el horno se calentase siete veces más de lo acostumbrado.

20 Y mandó a hombres muy vigorosos que tenía en su ejército, que atasen a Sadrac, Mesac y Abed-nego, para echarlos en el horno de fuego ardiendo.

21 Entonces estos varones fueron atados con sus mantos, sus calzas, sus turbantes y sus vestidos, y fueron echados dentro del horno de fuego ardiendo.

22 Y como la orden del rey era apremiante, y lo habían calentado mucho, la llama del fuego mató a aquellos que habían alzado a Sadrac, Mesac y Abed-nego.

23 Y estos tres varones, Sadrac, Mesac y Abed-nego, cayeron atados dentro del horno de fuego ardiendo.

24 Entonces el rey Nabucodonosor se espantó, y se levantó apresuradamente y dijo a los de su consejo: ¿No echaron a tres varones atados dentro del fuego? Ellos respondieron al rey: Es verdad, oh rey.

25 Y él dijo: He aquí yo veo cuatro varones sueltos, que se pasean en medio del fuego sin sufrir ningún daño; y el aspecto del cuarto es semejante a hijo de los dioses.

26 Entonces Nabucodonosor se acercó a la puerta del horno de fuego ardiendo, y dijo: Sadrac, Mesac y Abed-nego, siervos del Dios Altísimo, salid y venid. Entonces Sadrac, Mesac y Abed-nego salieron de en medio del fuego.

27 Y se juntaron los sátrapas, los gobernadores, los capitanes y los consejeros del rey, para mirar a estos varones, cómo el fuego no había tenido poder alguno sobre sus cuerpos, ni aun el cabello de sus cabezas se había quemado; sus ropas estaban intactas, y ni siquiera olor de fuego tenían.

28 Entonces Nabucodonosor dijo: Bendito sea el Dios de ellos, de Sadrac, Mesac y Abed-nego, que envió su ángel y libró a sus siervos que confiaron en él, y que no cumplieron el edicto del rey, y entregaron sus cuerpos antes que servir y adorar a otro dios que su Dios.

29 Por lo tanto, decreto que todo pueblo, nación o lengua que dijere blasfemia contra el Dios de Sadrac, Mesac y Abed-nego, sea descuartizado, y su casa convertida en

that whoever does not fall down and worship will be thrown into a blazing furnace. 12But there are some Jews whom you have set over the affairs of the province of Babylon—Shadrach, Meshach and Abednego—who pay no attention to you, O king. They neither serve your gods nor worship the image of gold you have set up."

13Furious with rage, Nebuchadnezzar summoned Shadrach, Meshach and Abednego. So these men were brought before the king, 14and Nebuchadnezzar said to them, "Is it true, Shadrach, Meshach and Abednego, that you do not serve my gods or worship the image of gold I have set up? 15Now when you hear the sound of the horn, flute, zither, lyre, harp, pipes and all kinds of music, if you are ready to fall down and worship the image I made, very good. But if you do not worship it, you will be thrown immediately into a blazing furnace. Then what god will be able to rescue you from my hand?"

16Shadrach, Meshach and Abednego replied to the king, "O Nebuchadnezzar, we do not need to defend ourselves before you in this matter. 17If we are thrown into the blazing furnace, the God we serve is able to save us from it, and he will rescue us from your hand, O king. 18But even if he does not, we want you to know, O king, that we will not serve your gods or worship the image of gold you have set up."

19Then Nebuchadnezzar was furious with Shadrach, Meshach and Abednego, and his attitude toward them changed. He ordered the furnace heated seven times hotter than usual 20and commanded some of the strongest soldiers in his army to tie up Shadrach, Meshach and Abednego and throw them into the blazing furnace. 21So these men, wearing their robes, trousers, turbans and other clothes, were bound and thrown into the blazing furnace. 22The king's command was so urgent and the furnace so hot that the flames of the fire killed the soldiers who took up Shadrach, Meshach and Abednego, 23and these three men, firmly tied, fell into the blazing furnace.

24Then King Nebuchadnezzar leaped to his feet in amazement and asked his advisers, "Weren't there three men that we tied up and threw into the fire?"

They replied, "Certainly, O king."

25He said, "Look! I see four men walking around in the fire, unbound and unharmed, and the fourth looks like a son of the gods."

26Nebuchadnezzar then approached the opening of the blazing furnace and shouted, "Shadrach, Meshach and Abednego, servants of the Most High God, come out! Come here!"

So Shadrach, Meshach and Abednego came out of the fire, 27and the satraps, prefects, governors and royal advisers crowded around them. They saw that the fire had not harmed their bodies, nor was a hair of their heads singed; their robes were not scorched, and there was no smell of fire on them.

28Then Nebuchadnezzar said, "Praise be to the God of Shadrach, Meshach and Abednego, who has sent his angel and rescued his servants! They trusted in him and defied the king's command and were willing to give up their lives rather than serve or worship any god except their own God. 29Therefore I decree that the people of any nation or language who say anything against the God of Shadrach, Meshach and Abednego

muladar; por cuanto no hay dios que pueda librar como éste.

30 Entonces el rey engrandeció a Sadrac, Mesac y Abednego en la provincia de Babilonia.

La locura de Nabucodonosor

4 1 Nabucodonosor rey, a todos los pueblos, naciones y lenguas que moran en toda la tierra: Paz os sea multiplicada.

2 Conviene que yo declare las señales y milagros que el Dios Altísimo ha hecho conmigo.

3 ¡Cuán grandes son sus señales, y cuán potentes sus maravillas! Su reino, reino sempiterno, y su señorío de generación en generación.

4 Yo Nabucodonosor estaba tranquilo en mi casa, y floreciente en mi palacio,

5 Vi un sueño que me espantó, y tendido en cama, las imaginaciones y visiones de mi cabeza me turbaron.

6 Por esto mandé que vinieran delante de mí todos los sabios de Babilonia, para que me mostrasen la interpretación del sueño.

7 Y vinieron magos, astrólogos, caldeos y adivinos, y les dije el sueño, pero no me pudieron mostrar su interpretación,

8 hasta que entró delante de mí Daniel, cuyo nombre es Beltsasar, como el nombre de mi dios, y en quien mora el espíritu de los dioses santos. Conté delante de él el sueño, diciendo:

9 Beltsasar, jefe de los magos, ya que he entendido que hay en ti espíritu de los dioses santos, y que ningún misterio se te esconde, declárame las visiones de mi sueño que he visto, y su interpretación.

10 Estas fueron las visiones de mi cabeza mientras estaba en mi cama: Me parecía ver en medio de la tierra un árbol, cuya altura era grande.

11 Crecía este árbol, y se hacía fuerte, y su copa llegaba hasta el cielo, y se le alcanzaba a ver desde todos los confines de la tierra.

12 Su follaje era hermoso y su fruto abundante, y había en él alimento para todos. Debajo de él se ponían a la sombra las bestias del campo, y en sus ramas hacían morada las aves del cielo, y se mantenía de él toda carne.

13 Vi en las visiones de mi cabeza mientras estaba en mi cama, que he aquí un vigilante y santo descendía del cielo.

14 Y clamaba fuertemente y decía así: Derribad el árbol, y cortad sus ramas, quitadle el follaje, y dispersad su fruto; váyanse las bestias que están debajo de él, y las aves de sus ramas.

15 Mas la cepa de sus raíces dejaréis en la tierra, con atadura de hierro y de bronce entre la hierba del campo; sea mojado con el rocío del cielo, y con las bestias sea su parte entre la hierba de la tierra.

16 Su corazón de hombre sea cambiado, y le sea dado corazón de bestia, y pasen sobre él siete tiempos.

be cut into pieces and their houses be turned into piles of rubble, for no other god can save in this way."

30 Then the king promoted Shadrach, Meshach and Abednego in the province of Babylon.

Nebuchadnezzar's Dream of a Tree

4 King Nebuchadnezzar,

To the peoples, nations and men of every language, who live in all the world:

May you prosper greatly!

2 It is my pleasure to tell you about the miraculous signs and wonders that the Most High God has performed for me.

3 How great are his signs,
     how mighty his wonders!
His kingdom is an eternal kingdom;
     his dominion endures from generation to
       generation.

4 I, Nebuchadnezzar, was at home in my palace, contented and prosperous. 5 I had a dream that made me afraid. As I was lying in my bed, the images and visions that passed through my mind terrified me. 6 So I commanded that all the wise men of Babylon be brought before me to interpret the dream for me. 7 When the magicians, enchanters, astrologers[i] and diviners came, I told them the dream, but they could not interpret it for me. 8 Finally, Daniel came into my presence and I told him the dream. (He is called Belteshazzar, after the name of my god, and the spirit of the holy gods is in him.)

9 I said, "Belteshazzar, chief of the magicians, I know that the spirit of the holy gods is in you, and no mystery is too difficult for you. Here is my dream; interpret it for me. 10 These are the visions I saw while lying in my bed: I looked, and there before me stood a tree in the middle of the land. Its height was enormous. 11 The tree grew large and strong and its top touched the sky; it was visible to the ends of the earth. 12 Its leaves were beautiful, its fruit abundant, and on it was food for all. Under it the beasts of the field found shelter, and the birds of the air lived in its branches; from it every creature was fed.

13 "In the visions I saw while lying in my bed, I looked, and there before me was a messenger,[j] a holy one, coming down from heaven. 14 He called in a loud voice: 'Cut down the tree and trim off its branches; strip off its leaves and scatter its fruit. Let the animals flee from under it and the birds from its branches. 15 But let the stump and its roots, bound with iron and bronze, remain in the ground, in the grass of the field.

" 'Let him be drenched with the dew of heaven, and let him live with the animals among the plants of the earth. 16 Let his mind be changed from that of a man and let him be given the mind of an animal, till seven times[k] pass by for him.

---

i 7 Or Chaldeans   j 13 Or watchman; also in verses 17 and 23
k 16 Or years; also in verses 23, 25 and 32

17 La sentencia es por decreto de los vigilantes, y por dicho de los santos la resolución, para que conozcan los vivientes que el Altísimo gobierna el reino de los hombres, y que a quien él quiere lo da, y constituye sobre él al más bajo de los hombres.

18 Yo el rey Nabucodonosor he visto este sueño. Tú, pues, Beltsasar, dirás la interpretación de él, porque todos los sabios de mi reino no han podido mostrarme su interpretación; mas tú puedes, porque mora en ti el espíritu de los dioses santos.

19 Entonces Daniel, cuyo nombre era Beltsasar, quedó antónito casi una hora, y sus pensamientos lo turbaban. El rey habló y dijo: Beltsasar, no te turben ni el sueño ni su interpretación. Beltsasar respondió y dijo: Señor mío, el sueño sea para tus enemigos, y su interpretación para los que mal te quieren.

20 El árbol que viste, que crecía y se hacía fuerte, y cuya copa llegaba hasta el cielo, y que se veía desde todos los confines de la tierra,

21 cuyo follaje era hermoso, y su fruto abundante, y en que había alimento para todos, debajo del cual moraban las bestias del campo, y en cuyas ramas anidaban las aves del cielo,

22 tú mismo eres, oh rey, que creciste y te hiciste fuerte, pues creció tu grandeza y ha llegado hasta el cielo, y tu dominio hasta los confines de la tierra.

23 Y en cuanto a lo que vio el rey, un vigilante y santo que descendía del cielo y decía: Cortad el árbol y destruidlo; mas la cepa de sus raíces dejaréis en la tierra, con atadura de hierro y de bronce en la hierba del campo; y sea mojado con el rocío del cielo, y con las bestias del campo sea su parte, hasta que pasen sobre él siete tiempos;

24 esta es la interpretación, oh rey, y la sentencia del Altísimo, que ha venido sobre mi señor el rey:

25 Que te echarán de entre los hombres, y con las bestias del campo será tu morada, y con hierba del campo te apacentarán como a los bueyes, y con el rocío del cielo serás bañado; y siete tiempos pasarán sobre ti, hasta que conozcas que el Altísimo tiene dominio en el reino de los hombres, y que lo da a quien él quiere.

26 Y en cuanto a la orden de dejar en la tierra la cepa de las raíces del mismo árbol, significa que tu reino te quedará firme, luego que reconozcas que el cielo gobierna.

27 Por tanto, oh rey, acepta mi consejo: tus pecados redime con justicia, y tus iniquidades haciendo misericordias para con los oprimidos, pues tal vez será eso una prolongación de tu tranquilidad.

28 Todo esto vino sobre el rey Nabucodonosor.

29 Al cabo de doce meses, paseando en el palacio real de Babilonia,

30 habló el rey y dijo: ¿No es ésta la gran Babilonia que yo edifiqué para casa real con la fuerza de mi poder, y para gloria de mi majestad?

31 Aún estaba la palabra en la boca del rey, cuando vino una voz del cielo: A ti se te dice, rey Nabucodonosor: El reino ha sido quitado de ti;

32 y de entre los hombres te arrojarán, y con las bestias del

17 " 'The decision is announced by messengers, the holy ones declare the verdict, so that the living may know that the Most High is sovereign over the kingdoms of men and gives them to anyone he wishes and sets over them the lowliest of men.'

18 "This is the dream that I, King Nebuchadnezzar, had. Now, Belteshazzar, tell me what it means, for none of the wise men in my kingdom can interpret it for me. But you can, because the spirit of the holy gods is in you."

Daniel Interprets the Dream

19 Then Daniel (also called Belteshazzar) was greatly perplexed for a time, and his thoughts terrified him. So the king said, "Belteshazzar, do not let the dream or its meaning alarm you."

Belteshazzar answered, "My lord, if only the dream applied to your enemies and its meaning to your adversaries! 20 The tree you saw, which grew large and strong, with its top touching the sky, visible to the whole earth, 21 with beautiful leaves and abundant fruit, providing food for all, giving shelter to the beasts of the field, and having nesting places in its branches for the birds of the air — 22 you, O king, are that tree! You have become great and strong; your greatness has grown until it reaches the sky, and your dominion extends to distant parts of the earth.

23 "You, O king, saw a messenger, a holy one, coming down from heaven and saying, 'Cut down the tree and destroy it, but leave the stump, bound with iron and bronze, in the grass of the field, while its roots remain in the ground. Let him be drenched with the dew of heaven; let him live like the wild animals, until seven times pass by for him.'

24 "This is the interpretation, O king, and this is the decree the Most High has issued against my lord the king: 25 You will be driven away from people and will live with the wild animals; you will eat grass like cattle and be drenched with the dew of heaven. Seven times will pass by for you until you acknowledge that the Most High is sovereign over the kingdoms of men and gives them to anyone he wishes. 26 The command to leave the stump of the tree with its roots means that your kingdom will be restored to you when you acknowledge that Heaven rules. 27 Therefore, O king, be pleased to accept my advice: Renounce your sins by doing what is right, and your wickedness by being kind to the oppressed. It may be that then your prosperity will continue."

The Dream Is Fulfilled

28 All this happened to King Nebuchadnezzar. 29 Twelve months later, as the king was walking on the roof of the royal palace of Babylon, 30 he said, "Is not this the great Babylon I have built as the royal residence, by my mighty power and for the glory of my majesty?"

31 The words were still on his lips when a voice came from heaven, "This is what is decreed for you, King Nebuchadnezzar: Your royal authority has been taken from you. 32 You will be driven

campo será tu habitación, y como a los bueyes te apacentarán; y siete tiempos pasarán sobre ti, hasta que reconozcas que el Altísimo tiene el domino en el reino de los hombres, y lo da a quien él quiere.

33 En la misma hora se cumplió la palabra sobre Nabucodonosor, y fue echado de entre los hombres; y comía hierba como los bueyes, y su cuerpo se mojaba con el rocío del cielo, hasta que su pelo creció como plumas de águila, y sus uñas como las de las aves.

34 Mas al fin del tiempo yo Nabucodonosor alcé mis ojos al cielo, y mi razón me fue devuelta; y bendije al Altísimo, y alabé y glorifiqué al que vive para siempre, cuyo dominio es sempiterno, y su reino por todas las edades.

35 Todos los habitantes de la tierra son considerados como nada; y él hace según su voluntad en el ejército del cielo, y en los habitantes de la tierra, y no hay quien detenga su mano, y le diga: ¿Qué haces?

36 En el mismo tiempo mi razón me fue devuelta, y la majestad de mi reino, mi dignidad y mi grandeza volvieron a mí, y mis gobernadores y mis consejeros me buscaron; y fui restablecido en mi reino, y mayor grandeza me fue añadida.

37 Ahora yo Nabucodonosor alabo, engrandezco y glorifico al Rey del cielo, porque todas sus obras son verdaderas, y sus caminos justos; y él puede humillar a los que andan con soberbia.

away from people and will live with the wild animals; you will eat grass like cattle. Seven times will pass by for you until you acknowledge that the Most High is sovereign over the kingdoms of men and gives them to anyone he wishes."

33 Immediately what had been said about Nebuchadnezzar was fulfilled. He was driven away from people and ate grass like cattle. His body was drenched with the dew of heaven until his hair grew like the feathers of an eagle and his nails like the claws of a bird.

34 At the end of that time, I, Nebuchadnezzar, raised my eyes toward heaven, and my sanity was restored. Then I praised the Most High; I honored and glorified him who lives forever.

His dominion is an eternal dominion;
  his kingdom endures from generation to
    generation.
35 All the peoples of the earth
  are regarded as nothing.
He does as he pleases
  with the powers of heaven
    and the peoples of the earth.
No one can hold back his hand
  or say to him: "What have you done?"

36 At the same time that my sanity was restored, my honor and splendor were returned to me for the glory of my kingdom. My advisers and nobles sought me out, and I was restored to my throne and became even greater than before. 37 Now I, Nebuchadnezzar, praise and exalt and glorify the King of heaven, because everything he does is right and all his ways are just. And those who walk in pride he is able to humble.

La escritura en la pared

5 1 El rey Belsasar hizo un gran banquete a mil de sus príncipes, y en presencia de los mil bebía vino. 2 Belsasar, con el gusto del vino, mandó que trajesen los vasos de oro y de plata que Nabucodonosor su padre había traído del templo de Jerusalén, para que bebiesen en ellos el rey y sus grandes, sus mujeres y sus concubinas. 3 Entonces fueron traídos los vasos de oro que habían traído del templo de la casa de Dios que estaba en Jerusalén, y bebieron en ellos el rey y sus príncipes, sus mujeres y sus concubinas. 4 Bebieron vino, y alabaron a los dioses de oro y de plata, de bronce, de hierro, de madera y de piedra. 5 En aquella misma hora aparecieron los dedos de una mano de hombre, que escribía delante del candelero sobre lo encalado de la pared del palacio real, y el rey veía la mano que escribía. 6 Entonces el rey palideció, y sus pensamientos lo turbaron, y se debilitaron sus lomos, y sus rodillas daban la una contra la otra. 7 El rey gritó en alta voz que hiciesen venir magos, caldeos y adivinos; y dijo el rey a los sabios de Babilonia: Cualquiera que lea esta escritura y me muestre su interpretación, será vestido de púrpura, y un collar de oro llevará en su cuello, y será el tercer señor en el reino. 8 Entonces fueron introducidos todos los sabios del rey, pero no pudieron leer la escritura ni mostrar al rey su interpretación.

The Writing on the Wall

5 King Belshazzar gave a great banquet for a thousand of his nobles and drank wine with them. 2 While Belshazzar was drinking his wine, he gave orders to bring in the gold and silver goblets that Nebuchadnezzar his father¹ had taken from the temple in Jerusalem, so that the king and his nobles, his wives and his concubines might drink from them. 3 So they brought in the gold goblets that had been taken from the temple of God in Jerusalem, and the king and his nobles, his wives and his concubines drank from them. 4 As they drank the wine, they praised the gods of gold and silver, of bronze, iron, wood and stone. 5 Suddenly the fingers of a human hand appeared and wrote on the plaster of the wall, near the lampstand in the royal palace. The king watched the hand as it wrote. 6 His face turned pale and he was so frightened that his knees knocked together and his legs gave way.

7 The king called out for the enchanters, astrologers ᵐ and diviners to be brought and said to these wise men of Babylon, "Whoever reads this writing and tells me what it means will be clothed in purple and have a gold chain placed around his neck, and he will be made the third highest ruler in the kingdom." 8 Then all the king's wise men came in, but they could not read the writing or tell the king what it meant. 9 So King Belshazzar became even more terri-

---

¹ 2 Or ancestor; or predecessor; also in verses 11, 13 and 18
ᵐ 7 Or Chaldeans; also in verse 11

9 Entonces el rey Belsasar se turbó sobremanera, y palideció, y sus príncipes estaban perplejos.

10 La reina, por las palabras del rey y de sus príncipes, entró a la sala del banquete, y dijo: Rey, vive para siempre; no te turben tus pensamientos, ni palidezca tu rostro.

11 En tu reino hay un hombre en el cual mora el espíritu de los dioses santos, y en los días de tu padre se halló en él luz e inteligencia y sabiduría, como sabiduría de los dioses; al que el rey Nabucodonosor tu padre, oh rey, constituyó jefe sobre todos los magos, astrólogos, caldeos y adivinos,

12 por cuanto fue hallado en él mayor espíritu y ciencia y entendimiento, para interpretar sueños y descifrar enigmas y resolver dudas; esto es, en Daniel, al cual el rey puso por nombre Beltsasar. Llámese, pues, ahora a Daniel, y él te dará la interpretación.

13 Entonces Daniel fue traído delante del rey. Y dijo el rey a Daniel: ¿Eres tú aquel Daniel de los hijos de la cautividad de Judá que mi padre trajo de Judea?

14 Yo he oído de ti que el espíritu de los dioses santos está en ti, y que en ti se halló luz, entendimiento y mayor sabiduría.

15 Y ahora fueron traídos delante de mí sabios y astrólogos para que leyesen esta escritura y me diesen su interpretación; pero no han podido mostrarme la interpretación del asunto.

16 Yo, pues, he oído de ti que puedes dar interpretaciones y resolver dificultades. Si ahora puedes leer esta escritura y darme su interpretación, serás vestido de púrpura, y un collar de oro llevarás en tu cuello, y serás el tercer señor en el reino.

17 Entonces Daniel respondió y dijo delante del rey: Tus dones sean para ti, y da tus recompensas a otros. Leeré la escritura al rey, y le daré la interpretación.

18 El Altísimo Dios, oh rey, dio a Nabucodonosor tu padre el reino y la grandeza, la gloria y la majestad.

19 Y por la grandeza que le dio, todos los pueblos, naciones y lenguas temblaban y temían delante de él. A quien quería mataba, y a quien quería daba vida; engrandecía a quien quería, y a quien quería humillaba.

20 Mas cuando su corazón se ensoberbeció, y su espíritu se endureció en su orgullo, fue depuesto del trono de su reino, y despojado de su gloria.

21 Y fue echado de entre los hijos de los hombres, y su mente se hizo semejante a la de las bestias, y con los asnos monteses fue su morada. Hierba le hicieron comer como a buey, y su cuerpo fue mojado con el rocío del cielo, hasta que reconoció que el Altísimo Dios tiene dominio sobre el reino de los hombres, y que pone sobre él al que le place.

22 Y tú, su hijo Belsasar, no has humillado tu corazón, sabiendo todo esto;

23 sino que contra el Señor del cielo te has ensoberbecido, e hiciste traer delante de ti los vasos de su casa, y tú y tus grandes, tus mujeres y tus concubinas, bebisteis vino en ellos; además de esto, diste alabanza a dioses de plata y oro, de bronce, de hierro, de madera y de piedra, que ni ven, ni oyen, ni saben; y al Dios en cuya mano está tu vida, y cuyos son todos tus caminos, nunca honraste.

24 Entonces de su presencia fue enviada la mano que trazó esta escritura.

25 Y la escritura que trazó es: MENE, MENE, TEKEL, UPARSIN.

fied and his face grew more pale. His nobles were baffled.

10 The queen,[n] hearing the voices of the king and his nobles, came into the banquet hall. "O king, live forever!" she said. "Don't be alarmed! Don't look so pale! 11 There is a man in your kingdom who has the spirit of the holy gods in him. In the time of your father he was found to have insight and intelligence and wisdom like that of the gods. King Nebuchadnezzar your father—your father the king, I say—appointed him chief of the magicians, enchanters, astrologers and diviners. 12 This man Daniel, whom the king called Belteshazzar, was found to have a keen mind and knowledge and understanding, and also the ability to interpret dreams, explain riddles and solve difficult problems. Call for Daniel, and he will tell you what the writing means."

13 So Daniel was brought before the king, and the king said to him, "Are you Daniel, one of the exiles my father the king brought from Judah? 14 I have heard that the spirit of the gods is in you and that you have insight, intelligence and outstanding wisdom. 15 The wise men and enchanters were brought before me to read this writing and tell me what it means, but they could not explain it. 16 Now I have heard that you are able to give interpretations and to solve difficult problems. If you can read this writing and tell me what it means, you will be clothed in purple and have a gold chain placed around your neck, and you will be made the third highest ruler in the kingdom."

17 Then Daniel answered the king, "You may keep your gifts for yourself and give your rewards to someone else. Nevertheless, I will read the writing for the king and tell him what it means.

18 "O king, the Most High God gave your father Nebuchadnezzar sovereignty and greatness and glory and splendor. 19 Because of the high position he gave him, all the peoples and nations and men of every language dreaded and feared him. Those the king wanted to put to death, he put to death; those he wanted to spare, he spared; those he wanted to promote, he promoted; and those he wanted to humble, he humbled. 20 But when his heart became arrogant and hardened with pride, he was deposed from his royal throne and stripped of his glory. 21 He was driven away from people and given the mind of an animal; he lived with the wild donkeys and ate grass like cattle; and his body was drenched with the dew of heaven, until he acknowledged that the Most High God is sovereign over the kingdoms of men and sets over them anyone he wishes.

22 "But you his son,[o] O Belshazzar, have not humbled yourself, though you knew all this. 23 Instead, you have set yourself up against the Lord of heaven. You had the goblets from his temple brought to you, and you and your nobles, your wives and your concubines drank wine from them. You praised the gods of silver and gold, of bronze, iron, wood and stone, which cannot see or hear or understand. But you did not honor the God who holds in his hand your life and all your ways. 24 Therefore he sent the hand that wrote the inscription.

25 "This is the inscription that was written:

MENE, MENE, TEKEL, PARSIN[p]

26 Esta es la interpretación del asunto: MENE: Contó Dios tu reino, y le ha puesto fin.

27 TEKEL: Pesado has sido en balanza, y fuiste hallado falto.

28 PERES: Tu reino ha sido roto, y dado a los medos y a los persas.

29 Entonces mandó Belsasar vestir a Daniel de púrpura, y poner en su cuello un collar de oro, y proclamar que él era el tercer señor del reino.

30 La misma noche fue muerto Belsasar rey de los caldeos.

31 Y Darío de Media tomó el reino, siendo de sesenta y dos años.

Daniel en el foso de los leones

6 ¹ Pareció bien a Darío constituir sobre el reino ciento veinte sátrapas, que gobernasen en todo el reino.

² Y sobre ellos tres gobernadores, de los cuales Daniel era uno, a quienes estos sátrapas diesen cuenta, para que el rey no fuese perjudicado.

³ Pero Daniel mismo era superior a estos sátrapas y gobernadores, porque había en él un espíritu superior; y el rey pensó en ponerlo sobre todo el reino.

⁴ Entonces los gobernadores y sátrapas buscaban ocasión para acusar a Daniel en lo relacionado al reino; mas no podían hallar ocasión alguna o falta, porque él era fiel, y ningún vicio ni falta fue hallado en él.

⁵ Entonces dijeron aquellos hombres: No hallaremos contra este Daniel ocasión alguna para acusarle, si no la hallamos contra él en relación con la ley de su Dios.

⁶ Entonces estos gobernadores y sátrapas se juntaron delante del rey, y le dijeron así: ¡Rey Darío, para siempre vive!

⁷ Todos los gobernadores del reino, magistrados, sátrapas, príncipes y capitanes han acordado por consejo que promulgues un edicto real y lo confirmes, que cualquiera que en el espacio de treinta días demande petición de cualquier dios u hombre fuera de ti, oh rey, sea echado en el foso de los leones.

⁸ Ahora, oh rey, confirma el edicto y fírmalo, para que no pueda ser revocado, conforme a la ley de Media y de Persia, la cual no puede ser abrogada.

⁹ Firmó, pues, el rey Darío el edicto y la prohibición.

10 Cuando Daniel supo que el edicto había sido firmado, entró en su casa, y abiertas las ventanas de su cámara que daban hacia Jerusalén, se arrodillaba tres veces al día, y oraba y daba gracias delante de su Dios, como lo solía hacer antes.

11 Entonces se juntaron aquellos hombres, y hallaron a Daniel orando y rogando en presencia de su Dios.

12 Fueron luego ante el rey y le hablaron del edicto real: ¿No has confirmado edicto que cualquiera que en el espacio de treinta días pida a cualquier dios u hombre fuera de ti, oh rey, sea echado en el foso de los leones? Respondió el rey diciendo: Verdad es, conforme a la ley de Media y de Persia, la cual no puede ser abrogada.

13 Entonces respondieron y dijeron delante del rey: Daniel, que es de los hijos de los cautivos de Judá, no te respeta a ti, oh rey, ni acata el edicto que confirmaste, sino que tres veces al día hace su petición.

14 Cuando el rey oyó el asunto, le pesó en gran manera, y resolvió librar a Daniel; y hasta la puesta del sol trabajó para librarle.

26 "This is what these words mean:

*Mene*ᑫ: God has numbered the days of your reign and brought it to an end.

27 *Tekel*ʳ: You have been weighed on the scales and found wanting.

28 *Peres*ˢ: Your kingdom is divided and given to the Medes and Persians."

29 Then at Belshazzar's command, Daniel was clothed in purple, a gold chain was placed around his neck, and he was proclaimed the third highest ruler in the kingdom.

30 That very night Belshazzar, king of the Babylonians,ᵗ was slain, 31 and Darius the Mede took over the kingdom, at the age of sixty-two.

Daniel in the Den of Lions

6 It pleased Darius to appoint 120 satraps to rule throughout the kingdom, ²with three administrators over them, one of whom was Daniel. The satraps were made accountable to them so that the king might not suffer loss. ³Now Daniel so distinguished himself among the administrators and the satraps by his exceptional qualities that the king planned to set him over the whole kingdom. ⁴At this, the administrators and the satraps tried to find grounds for charges against Daniel in his conduct of government affairs, but they were unable to do so. They could find no corruption in him, because he was trustworthy and neither corrupt nor negligent. ⁵Finally these men said, "We will never find any basis for charges against this man Daniel unless it has something to do with the law of his God."

⁶So the administrators and the satraps went as a group to the king and said: "O King Darius, live forever! ⁷The royal administrators, prefects, satraps, advisers and governors have all agreed that the king should issue an edict and enforce the decree that anyone who prays to any god or man during the next thirty days, except to you, O king, shall be thrown into the lions' den. ⁸Now, O king, issue the decree and put it in writing so that it cannot be altered—in accordance with the laws of the Medes and Persians, which cannot be repealed." ⁹So King Darius put the decree in writing.

10 Now when Daniel learned that the decree had been published, he went home to his upstairs room where the windows opened toward Jerusalem. Three times a day he got down on his knees and prayed, giving thanks to his God, just as he had done before. 11 Then these men went as a group and found Daniel praying and asking God for help. 12 So they went to the king and spoke to him about his royal decree: "Did you not publish a decree that during the next thirty days anyone who prays to any god or man except to you, O king, would be thrown into the lions' den?"

The king answered, "The decree stands—in accordance with the laws of the Medes and Persians, which cannot be repealed."

13 Then they said to the king, "Daniel, who is one of the exiles from Judah, pays no attention to you, O king, or to the decree you put in writing. He still prays three times a day." 14 When the king heard this, he was greatly distressed; he was determined to rescue Daniel and made every effort until sundown to save him.

ᑫ*26 Mene* can mean *numbered* or *mina* (a unit of money). ʳ*27 Tekel* can mean *weighed* or *shekel.* ˢ*28 Peres* (the singular of *Parsin*) can mean *divided* or *Persia* or *a half mina* or *a half shekel.* ᵗ*30* Or *Chaldeans*

15 Pero aquellos hombres rodearon al rey y le dijeron: Sepas, oh rey, que es ley de Media y de Persia que ningún edicto u ordenanza que el rey confirme puede ser abrogado.

16 Entonces el rey mandó, y trajeron a Daniel, y le echaron en el foso de los leones. Y el rey dijo a Daniel: El Dios tuyo, a quien tú continuamente sirves, él te libre.

17 Y fue traída una piedra y puesta sobre la puerta del foso, la cual selló el rey con su anillo y con el anillo de sus príncipes, para que el acuerdo acerca de Daniel no se alterase.

18 Luego el rey se fue a su palacio, y se acostó ayuno; ni instrumentos de música fueron traídos delante de él, y se le fue el sueño.

19 El rey, pues, se levantó muy de mañana, y fue apresuradamente al foso de los leones.

20 Y acercándose al foso llamó a voces a Daniel con voz triste, y le dijo: Daniel, siervo del Dios viviente, el Dios tuyo, a quien tú continuamente sirves, ¿te ha podido librar de los leones?

21 Entonces Daniel respondió al rey: Oh rey, vive para siempre.

22 Mi Dios envió su ángel, el cual cerró la boca de los leones, para que no me hiciesen daño, porque ante él fui hallado inocente; y aun delante de ti, oh rey, yo no he hecho nada malo.

23 Entonces se alegró el rey en gran manera a causa de él, y mandó sacar a Daniel del foso; y fue Daniel sacado del foso, y ninguna lesión se halló en él, porque había confiado en su Dios.

24 Y dio orden el rey, y fueron traídos aquellos hombres que habían acusado a Daniel, y fueron echados en el foso de los leones ellos, sus hijos y sus mujeres; y aún no habían llegado al fondo del foso, cuando los leones se apoderaron de ellos y quebraron todos sus huesos.

25 Entonces el rey Darío escribió a todos los pueblos, naciones y lenguas que habitan en toda la tierra: Paz os sea multiplicada.

26 De parte mía es puesta esta ordenanza: Que en todo el dominio de mi reino todos teman y tiemblen ante la presencia del Dios de Daniel; porque él es el Dios viviente y permanece por todos los siglos, y su reino no será jamás destruido, y su dominio perdurará hasta el fin.

27 El salva y libra, y hace señales y maravillas en el cielo y en la tierra; él ha librado a Daniel del poder de los leones.

28 Y este Daniel prosperó durante el reinado de Darío y durante el reinado de Ciro el persa.

15 Then the men went as a group to the king and said to him, "Remember, O king, that according to the law of the Medes and Persians no decree or edict that the king issues can be changed."

16 So the king gave the order, and they brought Daniel and threw him into the lions' den. The king said to Daniel, "May your God, whom you serve continually, rescue you!"

17 A stone was brought and placed over the mouth of the den, and the king sealed it with his own signet ring and with the rings of his nobles, so that Daniel's situation might not be changed. 18 Then the king returned to his palace and spent the night without eating and without any entertainment being brought to him. And he could not sleep.

19 At the first light of dawn, the king got up and hurried to the lions' den. 20 When he came near the den, he called to Daniel in an anguished voice, "Daniel, servant of the living God, has your God, whom you serve continually, been able to rescue you from the lions?"

21 Daniel answered, "O king, live forever! 22 My God sent his angel, and he shut the mouths of the lions. They have not hurt me, because I was found innocent in his sight. Nor have I ever done any wrong before you, O king."

23 The king was overjoyed and gave orders to lift Daniel out of the den. And when Daniel was lifted from the den, no wound was found on him, because he had trusted in his God.

24 At the king's command, the men who had falsely accused Daniel were brought in and thrown into the lions' den, along with their wives and children. And before they reached the floor of the den, the lions overpowered them and crushed all their bones.

25 Then King Darius wrote to all the peoples, nations and men of every language throughout the land:

"May you prosper greatly!

26 "I issue a decree that in every part of my kingdom people must fear and reverence the God of Daniel.

"For he is the living God
   and he endures forever;
his kingdom will not be destroyed,
   his dominion will never end.
27 He rescues and he saves;
   he performs signs and wonders
   in the heavens and on the earth.
He has rescued Daniel
   from the power of the lions."

28 So Daniel prospered during the reign of Darius and the reign of Cyrus u the Persian.

Visión de las cuatro bestias

7 1 En el primer año de Belsasar rey de Babilonia tuvo Daniel un sueño, y visiones de su cabeza mientras estaba en su lecho; luego escribió el sueño, y relató lo principal del asunto.

2 Daniel dijo: Miraba yo en mi visión de noche, y he aquí que los cuatro vientos del cielo combatían en el gran mar.

3 Y cuatro bestias grandes, diferentes la una de la otra, subían del mar.

Daniel's Dream of Four Beasts

7 In the first year of Belshazzar king of Babylon, Daniel had a dream, and visions passed through his mind as he was lying on his bed. He wrote down the substance of his dream.

2 Daniel said: "In my vision at night I looked, and there before me were the four winds of heaven churning up the great sea. 3 Four great beasts, each different from the others, came up out of the sea.

---

u 28 Or Darius, that is, the reign of Cyrus

4 La primera era como león, y tenía alas de águila. Yo estaba mirando hasta que sus alas fueron arrancadas, y fue levantada del suelo y se puso enhiesta sobre los pies a manera de hombre, y le fue dado corazón de hombre.

5 Y he aquí otra segunda bestia, semejante a un oso, la cual se alzaba de un costado más que el otro, y tenía en su boca tres costillas entre los dientes; y le fue dicho así: Levántate, devora mucha carne.

6 Después de esto miré, y he aquí otra, semejante a un leopardo, con cuatro alas de ave en sus espaldas; tenía también esta bestia cuatro cabezas; y le fue dado dominio.

7 Después de esto miraba yo en las visiones de la noche, y he aquí la cuarta bestia, espantosa y terrible y en gran manera fuerte, la cual tenía unos dientes grandes de hierro; devoraba y desmenuzaba, y las sobras hollaba con sus pies, y era muy diferente de todas las bestias que vi antes de ella, y tenía diez cuernos.

8 Mientras yo contemplaba los cuernos, he aquí que otro cuerno pequeño salía entre ellos, y delante de él fueron arrancados tres cuernos de los primeros; y he aquí que este cuerno tenía ojos como de hombre, y una boca que hablaba grandes cosas.

9 Estuve mirando hasta que fueron puestos tronos, y se sentó un Anciano de días, cuyo vestido era blanco como la nieve, y el pelo de su cabeza como lana limpia; su trono llama de fuego, y las ruedas del mismo, fuego ardiente.

10 Un río de fuego procedía y salía de delante de él; millares de millares le servían, y millones de millones asistían delante de él; el Juez se sentó, y los libros fueron abiertos.

11 Yo entonces miraba a causa del sonido de las grandes palabras que hablaba el cuerno; miraba hasta que mataron a la bestia, y su cuerpo fue destrozado y entregado para ser quemado en el fuego.

12 Habían también quitado a las otras bestias su dominio, pero les había sido prolongada la vida hasta cierto tiempo.

13 Miraba yo en la visión de la noche, y he aquí con las nubes del cielo venía uno como un hijo de hombre, que vino hasta el Anciano de días, y le hicieron acercarse delante de él.

14 Y le fue dado dominio, gloria y reino, para que todos los pueblos, naciones y lenguas le sirvieran; su dominio es dominio eterno, que nunca pasará, y su reino uno que no será destruido.

15 Se me turbó el espíritu a mí, Daniel, en medio de mi cuerpo, y las visiones de mi cabeza me asombraron.

16 Me acerqué a uno de los que asistían, y le pregunté la verdad acerca de todo esto. Y me habló, y me hizo conocer la interpretación de las cosas.

17 Estas cuatro grandes bestias son cuatro reyes que se levantarán en la tierra.

18 Después recibirán el reino los santos del Altísimo, y poseerán el reino hasta el siglo, eternamente y para siempre.

19 Entonces tuve deseo de saber la verdad acerca de la cuarta bestia, que era tan diferente de todas las otras, espantosa en gran manera, que tenía dientes de hierro y uñas de bronce, que devoraba y desmenuzaba, y las sobras hollaba con sus pies;

4 "The first was like a lion, and it had the wings of an eagle. I watched until its wings were torn off and it was lifted from the ground so that it stood on two feet like a man, and the heart of a man was given to it.

5 "And there before me was a second beast, which looked like a bear. It was raised up on one of its sides, and it had three ribs in its mouth between its teeth. It was told, 'Get up and eat your fill of flesh!'

6 "After that, I looked, and there before me was another beast, one that looked like a leopard. And on its back it had four wings like those of a bird. This beast had four heads, and it was given authority to rule.

7 "After that, in my vision at night I looked, and there before me was a fourth beast — terrifying and frightening and very powerful. It had large iron teeth; it crushed and devoured its victims and trampled underfoot whatever was left. It was different from all the former beasts, and it had ten horns.

8 "While I was thinking about the horns, there before me was another horn, a little one, which came up among them; and three of the first horns were uprooted before it. This horn had eyes like the eyes of a man and a mouth that spoke boastfully.

9 "As I looked,

"thrones were set in place,
    and the Ancient of Days took his seat.
His clothing was as white as snow;
    the hair of his head was white like wool.
His throne was flaming with fire,
    and its wheels were all ablaze.
10 A river of fire was flowing,
    coming out from before him.
Thousands upon thousands attended him;
    ten thousand times ten thousand stood before
      him.
The court was seated,
    and the books were opened.

11 "Then I continued to watch because of the boastful words the horn was speaking. I kept looking until the beast was slain and its body destroyed and thrown into the blazing fire. 12 (The other beasts had been stripped of their authority, but were allowed to live for a period of time.)

13 "In my vision at night I looked, and there before me was one like a son of man, coming with the clouds of heaven. He approached the Ancient of Days and was led into his presence. 14 He was given authority, glory and sovereign power; all peoples, nations and men of every language worshiped him. His dominion is an everlasting dominion that will not pass away, and his kingdom is one that will never be destroyed.

The Interpretation of the Dream

15 "I, Daniel, was troubled in spirit, and the visions that passed through my mind disturbed me. 16 I approached one of those standing there and asked him the true meaning of all this.

"So he told me and gave me the interpretation of these things: 17 'The four great beasts are four kingdoms that will rise from the earth. 18 But the saints of the Most High will receive the kingdom and will possess it forever — yes, for ever and ever.'

19 "Then I wanted to know the true meaning of the fourth beast, which was different from all the others and most terrifying, with its iron teeth and bronze claws — the beast that crushed and devoured its victims and trampled underfoot whatever was left. 20 I

20asimismo acerca de los diez cuernos que tenía en su cabeza, y del otro que le había salido, delante del cual habían caído tres; y este mismo cuerno tenía ojos, y boca que hablaba grandes cosas, y parecía más grande que sus compañeros.

21Y veía yo que este cuerno hacía guerra contra los santos, y los vencía,

22hasta que vino el Anciano de días, y se dio el juicio a los santos del Altísimo; y llegó el tiempo, y los santos recibieron el reino.

23Dijo así: La cuarta bestia será un cuarto reino en la tierra, el cual será diferente de todos los otros reinos, y a toda la tierra devorará, trillará y despedazará.

24Y los diez cuernos significan que de aquel reino se levantarán diez reyes; y tras ellos se levantará otro, el cual será diferente de los primeros, y a tres reyes derribará.

25Y hablará palabras contra el Altísimo, y a los santos del Altísimo quebrantará, y pensará en cambiar los tiempos y la ley; y serán entregados en su mano hasta tiempo, y tiempos, y medio tiempo.

26Pero se sentará el Juez, y le quitarán su dominio para que sea destruido y arruinado hasta el fin,

27y que el reino, y el dominio y la majestad de los reinos debajo de todo el cielo, sea dado al pueblo de los santos del Altísimo, cuyo reino es reino eterno, y todos los dominios le servirán y obedecerán.

28Aquí fue el fin de sus palabras. En cuanto a mí, Daniel, mis pensamientos me turbaron y mi rostro se demudó; pero guardé el asunto en mi corazón.

Visión del carnero y del macho cabrío

8 1En el año tercero del reinado del rey Belsasar me apareció una visión a mí, Daniel, después de aquella que me había aparecido antes.

2Vi en visión; y cuando la vi, yo estaba en Susa, que es la capital del reino en la provincia de Elam; vi, pues, en visión, estando junto al río Ulai.

3Alcé los ojos y miré, y he aquí un carnero que estaba delante del río, y tenía dos cuernos; y aunque los cuernos eran altos, uno era más alto que el otro; y el más alto creció después.

4Vi que el carnero hería con los cuernos al poniente, al norte y al sur, y que ninguna bestia podía parar delante de él, ni había quien escapase de su poder; y hacía conforme a su voluntad, y se engrandecía.

5Mientras yo consideraba esto, he aquí un macho cabrío venía del lado del poniente sobre la faz de toda la tierra, sin tocar tierra; y aquel macho cabrío tenía un cuerno notable entre sus ojos.

6Y vino hasta el carnero de dos cuernos, que yo había visto en la ribera del río, y corrió contra él con la furia de su fuerza.

7Y lo vi que llegó junto al carnero, y se levantó contra él y lo hirió, y le quebró sus dos cuernos, y el carnero no tenía fuerzas para pararse delante de él; lo derribó, por tanto, en tierra, y lo pisoteó, y no hubo quien librase al carnero de su poder.

8Y el macho cabrío se engrandeció sobremanera; pero estando en su mayor fuerza, aquel gran cuerno fue quebrado, y en su lugar salieron otros cuatro cuernos notables hacia los cuatro vientos del cielo.

9Y de uno de ellos salió un cuerno pequeño, que creció mucho al sur, y al oriente, y hacia la tierra gloriosa.

10Y se engrandeció hasta el ejército del cielo; y parte del ejército y de las estrellas echó por tierra, y las pisoteó.

11Aun se engrandeció contra el príncipe de los ejércitos,

also wanted to know about the ten horns on its head and about the other horn that came up, before which three of them fell—the horn that looked more imposing than the others and that had eyes and a mouth that spoke boastfully. 21As I watched, this horn was waging war against the saints and defeating them, 22until the Ancient of Days came and pronounced judgment in favor of the saints of the Most High, and the time came when they possessed the kingdom.

23"He gave me this explanation: 'The fourth beast is a fourth kingdom that will appear on earth. It will be different from all the other kingdoms and will devour the whole earth, trampling it down and crushing it. 24The ten horns are ten kings who will come from this kingdom. After them another king will arise, different from the earlier ones; he will subdue three kings. 25He will speak against the Most High and oppress his saints and try to change the set times and the laws. The saints will be handed over to him for a time, times and half a time.v

26" 'But the court will sit, and his power will be taken away and completely destroyed forever. 27Then the sovereignty, power and greatness of the kingdoms under the whole heaven will be handed over to the saints, the people of the Most High. His kingdom will be an everlasting kingdom, and all rulers will worship and obey him.'

28"This is the end of the matter. I, Daniel, was deeply troubled by my thoughts, and my face turned pale, but I kept the matter to myself."

Daniel's Vision of a Ram and a Goat

8 In the third year of King Belshazzar's reign, I, Daniel, had a vision, after the one that had already appeared to me. 2In my vision I saw myself in the citadel of Susa in the province of Elam; in the vision I was beside the Ulai Canal. 3I looked up, and there before me was a ram with two horns, standing beside the canal, and the horns were long. One of the horns was longer than the other but grew up later. 4I watched the ram as he charged toward the west and the north and the south. No animal could stand against him, and none could rescue from his power. He did as he pleased and became great.

5As I was thinking about this, suddenly a goat with a prominent horn between his eyes came from the west, crossing the whole earth without touching the ground. 6He came toward the two-horned ram I had seen standing beside the canal and charged at him in great rage. 7I saw him attack the ram furiously, striking the ram and shattering his two horns. The ram was powerless to stand against him; the goat knocked him to the ground and trampled on him, and none could rescue the ram from his power. 8The goat became very great, but at the height of his power his large horn was broken off, and in its place four prominent horns grew up toward the four winds of heaven.

9Out of one of them came another horn, which started small but grew in power to the south and to the east and toward the Beautiful Land. 10It grew until it reached the host of the heavens, and it threw some of the starry host down to the earth and trampled on them. 11It set itself up to be as great as the Prince of

v25 Or *for a year, two years and half a year*

y por él fue quitado el continuo sacrificio, y el lugar de su santuario fue echado por tierra.

12 Y a causa de la prevaricación le fue entregado el ejército junto con el continuo sacrificio; y echó por tierra la verdad, e hizo cuanto quiso, y prosperó.

13 Entonces oí a un santo que hablaba; y otro de los santos preguntó a aquel que hablaba: ¿Hasta cuándo durará la visión del continuo sacrificio, y la prevaricación asoladora entregando el santuario y el ejército para ser pisoteados?

14 Y él dijo: Hasta dos mil trescientas tardes y mañanas; luego el santuario será purificado.

15 Y aconteció que mientras yo Daniel consideraba la visión y procuraba comprenderla, he aquí se puso delante de mí uno con apariencia de hombre.

16 Y oí una voz de hombre entre las riberas del Ulai, que gritó y dijo: Gabriel, enseña a éste la visión.

17 Vino luego cerca de donde yo estaba; y con su venida me asombré, y me postré sobre mi rostro. Pero él me dijo: Entiende, hijo de hombre, porque la visión es para el tiempo del fin.

18 Mientras él hablaba conmigo, caí dormido en tierra sobre mi rostro; y él me tocó, y me hizo estar en pie.

19 Y dijo: He aquí yo te enseñaré lo que ha de venir al fin de la ira; porque eso es para el tiempo del fin.

20 En cuanto al carnero que viste, que tenía dos cuernos, éstos son los reyes de Media y de Persia.

21 El macho cabrío es el rey de Grecia, y el cuerno grande que tenía entre sus ojos es el rey primero.

22 Y en cuanto al cuerno que fue quebrado, y sucedieron cuatro en su lugar, significa que cuatro reinos se levantarán de esa nación, aunque no con la fuerza de él.

23 Y al fin del reinado de éstos, cuando los transgresores lleguen al colmo, se levantará un rey altivo de rostro y entendido en enigmas.

24 Y su poder se fortalecerá, mas no con fuerza propia; y causará grandes ruinas, y prosperará, y hará arbitrariamente, y destruirá a los fuertes y al pueblo de los santos.

25 Con su sagacidad hará prosperar el engaño en su mano; y en su corazón se engrandecerá, y sin aviso destruirá a muchos; y se levantará contra el Príncipe de los príncipes, pero será quebrantado, aunque no por mano humana.

26 La visión de las tardes y mañanas que se ha referido es verdadera; y tú guarda la visión, porque es para muchos días.

27 Y yo Daniel quedé quebrantado, y estuve enfermo algunos días, y cuando convalecí, atendí los negocios del rey; pero estaba espantado a causa de la visión, y no la entendía.

Oración de Daniel por su pueblo

9 1 En el año primero de Darío hijo de Asuero, de la nación de los medos, que vino a ser rey sobre el reino de los caldeos,

2 en el año primero de su reinado, yo Daniel miré atentamente en los libros el número de los años de que habló Jehová al profeta Jeremías, que habían de cumplirse las desolaciones de Jerusalén en setenta años.

3 Y volví mi rostro a Dios el Señor, buscándole en oración y ruego, en ayuno, cilicio y ceniza.

the host; it took away the daily sacrifice from him, and the place of his sanctuary was brought low. 12Because of rebellion, the host _of the saints_w and the daily sacrifice were given over to it. It prospered in everything it did, and truth was thrown to the ground.

13Then I heard a holy one speaking, and another holy one said to him, "How long will it take for the vision to be fulfilled—the vision concerning the daily sacrifice, the rebellion that causes desolation, and the surrender of the sanctuary and of the host that will be trampled underfoot?"

14He said to me, "It will take 2,300 evenings and mornings; then the sanctuary will be reconsecrated."

The Interpretation of the Vision

15While I, Daniel, was watching the vision and trying to understand it, there before me stood one who looked like a man. 16And I heard a man's voice from the Ulai calling, "Gabriel, tell this man the meaning of the vision."

17As he came near the place where I was standing, I was terrified and fell prostrate. "Son of man," he said to me, "understand that the vision concerns the time of the end."

18While he was speaking to me, I was in a deep sleep, with my face to the ground. Then he touched me and raised me to my feet.

19He said: "I am going to tell you what will happen later in the time of wrath, because the vision concerns the appointed time of the end.x 20The two-horned ram that you saw represents the kings of Media and Persia. 21The shaggy goat is the king of Greece, and the large horn between his eyes is the first king. 22The four horns that replaced the one that was broken off represent four kingdoms that will emerge from his nation but will not have the same power.

23"In the latter part of their reign, when rebels have become completely wicked, a stern-faced king, a master of intrigue, will arise. 24He will become very strong, but not by his own power. He will cause astounding devastation and will succeed in whatever he does. He will destroy the mighty men and the holy people. 25He will cause deceit to prosper, and he will consider himself superior. When they feel secure, he will destroy many and take his stand against the Prince of princes. Yet he will be destroyed, but not by human power.

26"The vision of the evenings and mornings that has been given you is true, but seal up the vision, for it concerns the distant future."

27I, Daniel, was exhausted and lay ill for several days. Then I got up and went about the king's business. I was appalled by the vision; it was beyond understanding.

Daniel's Prayer

9 In the first year of Darius son of Xerxesy (a Mede by descent), who was made ruler over the Babylonianz kingdom— 2in the first year of his reign, I, Daniel, understood from the Scriptures, according to the word of the LORD given to Jeremiah the prophet, that the desolation of Jerusalem would last seventy years. 3So I turned to the Lord God and pleaded with him in prayer and petition, in fasting, and in sackcloth and ashes.

---

w12 Or *rebellion, the armies*   x19 Or *because the end will be at the appointed time*   y1 Hebrew *Ahasuerus*   z1 Or *Chaldean*

4 Y oré a Jehová mi Dios e hice confesión diciendo: Ahora, Señor, Dios grande, digno de ser temido, que guardas el pacto y la misericordia con los que te aman y guardan tus mandamientos;

5 hemos pecado, hemos cometido iniquidad, hemos hecho impíamente, y hemos sido rebeldes, y nos hemos apartado de tus mandamientos y de tus ordenanzas.

6 No hemos obedecido a tus siervos los profetas, que en tu nombre hablaron a nuestros reyes, a nuestros príncipes, a nuestros padres y a todo el pueblo de la tierra.

7 Tuya es, Señor, la justicia, y nuestra la confusión de rostro, como en el día de hoy lleva todo hombre de Judá, los moradores de Jerusalén, y todo Israel, los de cerca y los de lejos, en todas las tierras adonde los has echado a causa de su rebelión con que se rebelaron contra ti.

8 Oh Jehová, nuestra es la confusión de rostro, de nuestros reyes, de nuestros príncipes y de nuestros padres; porque contra ti pecamos.

9 De Jehová nuestro Dios es el tener misericordia y el perdonar, aunque contra él nos hemos rebelado,

10 y no obedecimos a la voz de Jehová nuestro Dios, para andar en sus leyes que él puso delante de nosotros por medio de sus siervos los profetas.

11 Todo Israel traspasó tu ley apartándose para no obedecer tu voz; por lo cual ha caído sobre nosotros la maldición y el juramento que está escrito en la ley de Moisés, siervo de Dios; porque contra él pecamos.

12 Y él ha cumplido la palabra que habló contra nosotros y contra nuestros jefes que nos gobernaron, trayendo sobre nosotros tan grande mal; pues nunca fue hecho debajo del cielo nada semejante a lo que se ha hecho contra Jerusalén.

13 Conforme está escrito en la ley de Moisés, todo este mal vino sobre nosotros; y no hemos implorado el favor de Jehová nuestro Dios, para convertirnos de nuestras maldades y entender tu verdad.

14 Por tanto, Jehová veló sobre el mal y lo trajo sobre nosotros; porque justo es Jehová nuestro Dios en todas sus obras que ha hecho, porque no obedecimos a su voz.

15 Ahora pues, Señor Dios nuestro, que sacaste tu pueblo de la tierra de Egipto con mano poderosa, y te hiciste renombre cual lo tienes hoy; hemos pecado, hemos hecho impíamente.

16 Oh Señor, conforme a todos tus actos de justicia, apártese ahora tu ira y tu furor de sobre tu ciudad Jerusalén, tu santo monte; porque a causa de nuestros pecados, y por la maldad de nuestros padres, Jerusalén y tu pueblo son el oprobio de todos en derredor nuestro.

17 Ahora pues, Dios nuestro, oye la oración de tu siervo, y sus ruegos; y haz que tu rostro resplandezca sobre tu santuario asolado, por amor del Señor.

18 Inclina, oh Dios mío, tu oído, y oye; abre tus ojos, y mira nuestras desolaciones, y la ciudad sobre la cual es invocado tu nombre; porque no elevamos nuestros ruegos ante ti confiados en nuestras justicias, sino en tus muchas misericordias.

19 Oye, Señor; oh Señor, perdona; presta oído, Señor, y hazlo; no tardes, por amor de ti mismo, Dios mío; porque tu nombre es invocado sobre tu ciudad y sobre tu pueblo.

Profecía de las setenta semanas

20 Aún estaba hablando y orando, y confesando mi pecado y el pecado de mi pueblo Israel, y derramaba mi ruego delante de Jehová mi Dios por el monte santo de mi Dios; 21 aún estaba hablando en oración, cuando el varón Gabriel, a quien había visto en la visión al principio, volando con presteza, vino a mí como a la hora del sacrificio de la tarde.

22 Y me hizo entender, y habló conmigo, diciendo: Daniel,

4 I prayed to the Lord my God and confessed:

"O Lord, the great and awesome God, who keeps his covenant of love with all who love him and obey his commands, 5 we have sinned and done wrong. We have been wicked and have rebelled; we have turned away from your commands and laws. 6 We have not listened to your servants the prophets, who spoke in your name to our kings, our princes and our fathers, and to all the people of the land.

7 "Lord, you are righteous, but this day we are covered with shame—the men of Judah and people of Jerusalem and all Israel, both near and far, in all the countries where you have scattered us because of our unfaithfulness to you. 8 O Lord, we and our kings, our princes and our fathers are covered with shame because we have sinned against you. 9 The Lord our God is merciful and forgiving, even though we have rebelled against him; 10 we have not obeyed the Lord our God or kept the laws he gave us through his servants the prophets. 11 All Israel has transgressed your law and turned away, refusing to obey you.

"Therefore the curses and sworn judgments written in the Law of Moses, the servant of God, have been poured out on us, because we have sinned against you. 12 You have fulfilled the words spoken against us and against our rulers by bringing upon us great disaster. Under the whole heaven nothing has ever been done like what has been done to Jerusalem. 13 Just as it is written in the Law of Moses, all this disaster has come upon us, yet we have not sought the favor of the Lord our God by turning from our sins and giving attention to your truth. 14 The Lord did not hesitate to bring the disaster upon us, for the Lord our God is righteous in everything he does; yet we have not obeyed him.

15 "Now, O Lord our God, who brought your people out of Egypt with a mighty hand and who made for yourself a name that endures to this day, we have sinned, we have done wrong. 16 O Lord, in keeping with all your righteous acts, turn away your anger and your wrath from Jerusalem, your city, your holy hill. Our sins and the iniquities of our fathers have made Jerusalem and your people an object of scorn to all those around us.

17 "Now, our God, hear the prayers and petitions of your servant. For your sake, O Lord, look with favor on your desolate sanctuary. 18 Give ear, O God, and hear; open your eyes and see the desolation of the city that bears your Name. We do not make requests of you because we are righteous, but because of your great mercy. 19 O Lord, listen! O Lord, forgive! O Lord, hear and act! For your sake, O my God, do not delay, because your city and your people bear your Name."

The Seventy "Sevens"

20 While I was speaking and praying, confessing my sin and the sin of my people Israel and making my request to the Lord my God for his holy hill— 21 while I was still in prayer, Gabriel, the man I had seen in the earlier vision, came to me in swift flight about the time of the evening sacrifice. 22 He instructed me and said

ahora he salido para darte sabiduría y entendimiento. 23 Al principio de tus ruegos fue dada la orden, y yo he venido para enseñártela, porque tú eres muy amado. Entiende, pues, la orden, y entiende la visión.

24 Setenta semanas están determinadas sobre tu pueblo y sobre tu santa ciudad, para terminar la prevaricación, y poner fin al pecado, y expiar la iniquidad, para traer la justicia perdurable, y sellar la visión y la profecía, y ungir al Santo de los santos.

25 Sabe, pues, y entiende, que desde la salida de la orden para restaurar y edificar a Jerusalén hasta el Mesías Príncipe, habrá siete semanas, y sesenta y dos semanas; se volverá a edificar la plaza y el muro en tiempos angustiosos.

26 Y después de las sesenta y dos semanas se quitará la vida al Mesías, mas no por sí; y el pueblo de un príncipe que ha de venir destruirá la ciudad y el santuario; y su fin será con inundación, y hasta el fin de la guerra durarán las devastaciones.

27 Y por otra semana confirmará el pacto con muchos; a la mitad de la semana hará cesar el sacrificio y la ofrenda. Después con la muchedumbre de las abominaciones vendrá el desolador, hasta que venga la consumación, y lo que está determinado se derrame sobre el desolador.

Visión de Daniel junto al río

10 1 En el año tercero de Ciro rey de Persia fue revelada palabra a Daniel, llamado Beltsasar; y la palabra era verdadera, y el conflicto grande; pero él comprendió la palabra, y tuvo inteligencia en la visión.

2 En aquellos días yo Daniel estuve afligido por espacio de tres semanas.

3 No comí manjar delicado, ni entró en mi boca carne ni vino, ni me ungí con ungüento, hasta que se cumplieron las tres semanas.

4 Y el día veinticuatro del mes primero estaba yo a la orilla del gran río Hidekel.

5 Y alcé mis ojos y miré, y he aquí un varón vestido de lino, y ceñidos sus lomos de oro de Ufaz.

6 Su cuerpo era como de berilo, y su rostro parecía un relámpago, y sus ojos como antorchas de fuego, y sus brazos y sus pies como de color de bronce bruñido, y el sonido de sus palabras como el estruendo de una multitud.

7 Y sólo yo, Daniel, vi aquella visión, y no la vieron los hombres que estaban conmigo, sino que se apoderó de ellos un gran temor, y huyeron y se escondieron.

8 Quedé, pues, yo solo, y vi esta gran visión, y no quedó fuerza en mí, antes mi fuerza se cambió en desfallecimiento, y no tuve vigor alguno.

9 Pero oí el sonido de sus palabras; y al oir el sonido de sus palabras, caí sobre mi rostro en un profundo sueño, con mi rostro en tierra.

10 Y he aquí una mano me tocó, e hizo que me pusiese sobre mis rodillas y sobre las palmas de mis manos.

11 Y me dijo: Daniel, varón muy amado, está atento a las palabras que te hablaré, y ponte en pie; porque a ti he sido enviado ahora. Mientras hablaba esto conmigo, me puse en pie temblando.

to me, "Daniel, I have now come to give you insight and understanding. 23 As soon as you began to pray, an answer was given, which I have come to tell you, for you are highly esteemed. Therefore, consider the message and understand the vision:

24 "Seventy 'sevens' [a] are decreed for your people and your holy city to finish [b] transgression, to put an end to sin, to atone for wickedness, to bring in everlasting righteousness, to seal up vision and prophecy and to anoint the most holy. [c]

25 "Know and understand this: From the issuing of the decree [d] to restore and rebuild Jerusalem until the Anointed One, [e] the ruler, comes, there will be seven 'sevens,' and sixty-two 'sevens.' It will be rebuilt with streets and a trench, but in times of trouble. 26 After the sixty-two 'sevens,' the Anointed One will be cut off and will have nothing. [f] The people of the ruler who will come will destroy the city and the sanctuary. The end will come like a flood: War will continue until the end, and desolations have been decreed. 27 He will confirm a covenant with many for one 'seven.' [g] In the middle of the 'seven' [g] he will put an end to sacrifice and offering. And on a wing ⸤of the temple⸥ he will set up an abomination that causes desolation, until the end that is decreed is poured out on him. [h] [i]

Daniel's Vision of a Man

10 In the third year of Cyrus king of Persia, a revelation was given to Daniel (who was called Belteshazzar). Its message was true and it concerned a great war. [j] The understanding of the message came to him in a vision.

2 At that time I, Daniel, mourned for three weeks. 3 I ate no choice food; no meat or wine touched my lips; and I used no lotions at all until the three weeks were over.

4 On the twenty-fourth day of the first month, as I was standing on the bank of the great river, the Tigris, 5 I looked up and there before me was a man dressed in linen, with a belt of the finest gold around his waist. 6 His body was like chrysolite, his face like lightning, his eyes like flaming torches, his arms and legs like the gleam of burnished bronze, and his voice like the sound of a multitude.

7 I, Daniel, was the only one who saw the vision; the men with me did not see it, but such terror overwhelmed them that they fled and hid themselves. 8 So I was left alone, gazing at this great vision; I had no strength left, my face turned deathly pale and I was helpless. 9 Then I heard him speaking, and as I listened to him, I fell into a deep sleep, my face to the ground.

10 A hand touched me and set me trembling on my hands and knees. 11 He said, "Daniel, you who are highly esteemed, consider carefully the words I am about to speak to you, and stand up, for I have now been sent to you." And when he said this to me, I stood up trembling.

---

a 24 Or 'weeks'; also in verses 25 and 26   b 24 Or restrain
c 24 Or Most Holy Place; or most holy One   d 25 Or word
e 25 Or an anointed one; also in verse 26   f 26 Or off and will
have no one; or off, but not for himself   g 27 Or 'week'
h 27 Or it   i 27 Or And one who causes desolation will come
upon the pinnacle of the abominable ⸤temple⸥, until the end that is
decreed is poured out on the desolated ⸤city⸥   j 1 Or true and
burdensome

12 Entonces me dijo: Daniel, no temas; porque desde el primer día que dispusiste tu corazón a entender y a humillarte en la presencia de tu Dios, fueron oídas tus palabras; y a causa de tus palabras yo he venido.

13 Mas el príncipe del reino de Persia se me opuso durante veintiún días; pero he aquí Miguel, uno de los principales príncipes, vino para ayudarme, y quedé allí con los reyes de Persia.

14 He venido para hacerte saber lo que ha de venir a tu pueblo en los postreros días; porque la visión es para esos días.

15 Mientras me decía estas palabras, estaba yo con los ojos puestos en tierra, y enmudecido.

16 Pero he aquí, uno con semejanza de hijo de hombre tocó mis labios. Entonces abrí mi boca y hablé, y dije al que estaba delante de mí: Señor mío, con la visión me han sobrevenido dolores, y no me queda fuerza.

17 ¿Cómo, pues, podrá el siervo de mi señor hablar con mi señor? Porque al instante me faltó la fuerza, y no me quedó aliento.

18 Y aquel que tenía semejanza de hombre me tocó otra vez, y me fortaleció,

19 y me dijo: Muy amado, no temas; la paz sea contigo; esfuérzate y aliéntate. Y mientras él me hablaba, recobré las fuerzas, y dije: Hable mi señor, porque me has fortalecido.

20 El me dijo: ¿Sabes por qué he venido a ti? Pues ahora tengo que volver para pelear contra el príncipe de Persia; y al terminar con él, el príncipe de Grecia vendrá.

21 Pero yo te declararé lo que está escrito en el libro de la verdad; y ninguno me ayuda contra ellos, sino Miguel vuestro príncipe.

11 1 Y yo mismo, en el año primero de Darío el medo, estuve para animarlo y fortalecerlo.

Los reyes del norte y del sur

2 Y ahora yo te mostraré la verdad. He aquí que aún habrá tres reyes en Persia, y el cuarto se hará de grandes riquezas más que todos ellos; y al hacerse fuerte con sus riquezas, levantará a todos contra el reino de Grecia.

3 Se levantará luego un rey valiente, el cual dominará con gran poder y hará su voluntad.

4 Pero cuando se haya levantado, su reino será quebrantado y repartido hacia los cuatro vientos del cielo; no a sus descendientes, ni según el dominio con que él dominó; porque su reino será arrancado, y será para otros fuera de ellos.

5 Y se hará fuerte el rey del sur; mas uno de sus príncipes será más fuerte que él, y se hará poderoso; su dominio será grande.

6 Al cabo de años harán alianza, y la hija del rey del sur vendrá al rey del norte para hacer la paz. Pero ella no podrá retener la fuerza de su brazo, ni permanecerá él, ni su brazo; porque será entregada ella y los que la habían traído, asimismo su hijo, y los que estaban de parte de ella en aquel tiempo.

7 Pero un renuevo de sus raíces se levantará sobre su trono, y vendrá con ejército contra el rey del norte, y entrará en la fortaleza, y hará en ellos a su arbitrio, y predominará.

8 Y aun a los dioses de ellos, sus imágenes fundidas y sus

12 Then he continued, "Do not be afraid, Daniel. Since the first day that you set your mind to gain understanding and to humble yourself before your God, your words were heard, and I have come in response to them. 13 But the prince of the Persian kingdom resisted me twenty-one days. Then Michael, one of the chief princes, came to help me, because I was detained there with the king of Persia. 14 Now I have come to explain to you what will happen to your people in the future, for the vision concerns a time yet to come."

15 While he was saying this to me, I bowed with my face toward the ground and was speechless. 16 Then one who looked like a man *k* touched my lips, and I opened my mouth and began to speak. I said to the one standing before me, "I am overcome with anguish because of the vision, my lord, and I am helpless. 17 How can I, your servant, talk with you, my lord? My strength is gone and I can hardly breathe."

18 Again the one who looked like a man touched me and gave me strength. 19 "Do not be afraid, O man highly esteemed," he said. "Peace! Be strong now; be strong."

When he spoke to me, I was strengthened and said, "Speak, my lord, since you have given me strength."

20 So he said, "Do you know why I have come to you? Soon I will return to fight against the prince of Persia, and when I go, the prince of Greece will come; 21 but first I will tell you what is written in the Book of Truth. (No one supports me against them except Michael, your prince.

11 1 And in the first year of Darius the Mede, I took my stand to support and protect him.)

The Kings of the South and the North

2 "Now then, I tell you the truth: Three more kings will appear in Persia, and then a fourth, who will be far richer than all the others. When he has gained power by his wealth, he will stir up everyone against the kingdom of Greece. 3 Then a mighty king will appear, who will rule with great power and do as he pleases. 4 After he has appeared, his empire will be broken up and parceled out toward the four winds of heaven. It will not go to his descendants, nor will it have the power he exercised, because his empire will be uprooted and given to others.

5 "The king of the South will become strong, but one of his commanders will become even stronger than he and will rule his own kingdom with great power. 6 After some years, they will become allies. The daughter of the king of the South will go to the king of the North to make an alliance, but she will not retain her power, and he and his power *l* will not last. In those days she will be handed over, together with her royal escort and her father *m* and the one who supported her.

7 "One from her family line will arise to take her place. He will attack the forces of the king of the North and enter his fortress; he will fight against them and be victorious. 8 He will also seize their gods, their metal

---

k 16 Most manuscripts of the Masoretic Text; one manuscript of the Masoretic Text, Dead Sea Scrolls and Septuagint *Then something that looked like a man's hand*   *l 6* Or *offspring*   *m 6* Or *child* (see Vulgate and Syriac)

objetos preciosos de plata y de oro, llevará cautivos a Egipto; y por años se mantendrá él contra el rey del norte. 9Así entrará en el reino el rey del sur, y volverá a su tierra.

10Mas los hijos de aquél se airarán, y reunirán multitud de grandes ejércitos; y vendrá apresuradamente e inundará, y pasará adelante; luego volverá y llevará la guerra hasta su fortaleza.

11 Por lo cual se enfurecerá el rey del sur, y saldrá y peleará contra el rey del norte; y pondrá en campaña multitud grande, y toda aquella multitud será entregada en su mano.

12Y al llevarse él la multitud, se elevará su corazón, y derribará a muchos millares; mas no prevalecerá.

13Y el rey del norte volverá a poner en campaña una multitud mayor que la primera; y al cabo de algunos años vendrá apresuradamente con gran ejército y con muchas riquezas.

14En aquellos tiempos se levantarán muchos contra el rey del sur; y hombres turbulentos de tu pueblo se levantarán para cumplir la visión, pero ellos caerán.

15Vendrá, pues, el rey del norte, y levantará baluartes, y tomará la ciudad fuerte; y las fuerzas del sur no podrán sostenerse, ni sus tropas escogidas, porque no habrá fuerzas para resistir.

16Y el que vendrá contra él hará su voluntad, y no habrá quien se le pueda enfrentar; y estará en la tierra gloriosa, la cual será consumida en su poder.

17Afirmará luego su rostro para venir con el poder de todo su reino; y hará con aquél convenios, y le dará una hija de mujeres para destruirle; pero no permanecerá, ni tendrá éxito.

18Volverá después su rostro a las costas, y tomará muchas; mas un príncipe hará cesar su afrenta, y aun hará volver sobre él su oprobio.

19Luego volverá su rostro a las fortalezas de su tierra; mas tropezará y caerá, y no será hallado.

20Y se levantará en su lugar uno que hará pasar un cobrador de tributos por la gloria del reino; pero en pocos días será quebrantado, aunque no en ira, ni en batalla.

21Y le sucederá en su lugar un hombre despreciable, al cual no darán la honra del reino; pero vendrá sin aviso y tomará el reino con halagos.

22Las fuerzas enemigas serán barridas delante de él como con inundación de aguas; serán del todo destruidos, junto con el príncipe del pacto.

23Y después del pacto con él, engañará y subirá, y saldrá vencedor con poca gente.

24Estando la provincia en paz y en abundancia, entrará y hará lo que no hicieron sus padres, ni los padres de sus padres; botín, despojos y riquezas repartirá a sus soldados, y contra las fortalezas formará sus designios; y esto por un tiempo.

25Y despertará sus fuerzas y su ardor contra el rey del sur con gran ejército; y el rey del sur se empeñará en la guerra con grande y muy fuerte ejército; mas no prevalecerá, porque le harán traición.

26Aun los que coman de sus manjares le quebrantarán; y su ejército será destruido, y caerán muchos muertos.

27El corazón de estos dos reyes será para hacer mal, y en una misma mesa hablarán mentira; mas no servirá de nada, porque el plazo aún no habrá llegado.

images and their valuable articles of silver and gold and carry them off to Egypt. For some years he will leave the king of the North alone. 9Then the king of the North will invade the realm of the king of the South but will retreat to his own country. 10His sons will prepare for war and assemble a great army, which will sweep on like an irresistible flood and carry the battle as far as his fortress.

11"Then the king of the South will march out in a rage and fight against the king of the North, who will raise a large army, but it will be defeated. 12When the army is carried off, the king of the South will be filled with pride and will slaughter many thousands, yet he will not remain triumphant. 13For the king of the North will muster another army, larger than the first; and after several years, he will advance with a huge army fully equipped.

14"In those times many will rise against the king of the South. The violent men among your own people will rebel in fulfillment of the vision, but without success. 15Then the king of the North will come and build up siege ramps and will capture a fortified city. The forces of the South will be powerless to resist; even their best troops will not have the strength to stand. 16The invader will do as he pleases; no one will be able to stand against him. He will establish himself in the Beautiful Land and will have the power to destroy it. 17He will determine to come with the might of his entire kingdom and will make an alliance with the king of the South. And he will give him a daughter in marriage in order to overthrow the kingdom, but his plans[n] will not succeed or help him. 18Then he will turn his attention to the coastlands and will take many of them, but a commander will put an end to his insolence and will turn his insolence back upon him. 19After this, he will turn back toward the fortresses of his own country but will stumble and fall, to be seen no more.

20"His successor will send out a tax collector to maintain the royal splendor. In a few years, however, he will be destroyed, yet not in anger or in battle.

21"He will be succeeded by a contemptible person who has not been given the honor of royalty. He will invade the kingdom when its people feel secure, and he will seize it through intrigue. 22Then an overwhelming army will be swept away before him; both it and a prince of the covenant will be destroyed. 23After coming to an agreement with him, he will act deceitfully, and with only a few people he will rise to power. 24When the richest provinces feel secure, he will invade them and will achieve what neither his fathers nor his forefathers did. He will distribute plunder, loot and wealth among his followers. He will plot the overthrow of fortresses—but only for a time.

25"With a large army he will stir up his strength and courage against the king of the South. The king of the South will wage war with a large and very powerful army, but he will not be able to stand because of the plots devised against him. 26Those who eat from the king's provisions will try to destroy him; his army will be swept away, and many will fall in battle. 27The two kings, with their hearts bent on evil, will sit at the same table and lie to each other, but to no avail, because an end will still come at the appointed time. 28The king

28 Y volverá a su tierra con gran riqueza, y su corazón será contra el pacto santo; hará su voluntad, y volverá a su tierra.

29 Al tiempo señalado volverá al sur; mas no será la postrera venida como la primera.

30 Porque vendrán contra él naves de Quitim, y él se contristará, y volverá, y se enojará contra el pacto santo, y hará según su voluntad; volverá, pues, y se entenderá con los que abandonen el santo pacto.

31 Y se levantarán de su parte tropas que profanarán el santuario y la fortaleza, y quitarán el continuo sacrificio, y pondrán la abominación desoladora.

32 Con lisonjas seducirá a los violadores del pacto; mas el pueblo que conoce a su Dios se esforzará y actuará.

33 Y los sabios del pueblo instruirán a muchos; y por algunos días caerán a espada y a fuego, en cautividad y despojo.

34 Y en su caída serán ayudados de pequeño socorro; y muchos se juntarán a ellos con lisonjas.

35 También algunos de los sabios caerán para ser depurados y limpiados y emblanquecidos, hasta el tiempo determinado; porque aun para esto hay plazo.

36 Y el rey hará su voluntad, y se ensoberbecerá, y se engrandecerá sobre todo dios; y contra el Dios de los dioses hablará maravillas, y prosperará, hasta que sea consumada la ira; porque lo determinado se cumplirá.

37 Del Dios de sus padres no hará caso, ni del amor de las mujeres; ni respetará a dios alguno, porque sobre todo se engrandecerá.

38 Mas honrará en su lugar al dios de las fortalezas, dios que sus padres no conocieron; lo honrará con oro y plata, con piedras preciosas y con cosas de gran precio.

39 Con un dios ajeno se hará de las fortalezas más inexpugnables, y colmará de honores a los que le reconozcan, y por precio repartirá la tierra.

40 Pero al cabo del tiempo el rey del sur contenderá con él; y el rey del norte se levantará contra él como una tempestad, con carros y gente de a caballo, y muchas naves; y entrará por las tierras, e inundará, y pasará.

41 Entrará a la tierra gloriosa, y muchas provincias caerán; mas éstas escaparán de su mano: Edom y Moab, y la mayoría de los hijos de Amón.

42 Extenderá su mano contra las tierras, y no escapará el país de Egipto.

43 Y se apoderará de los tesoros de oro y plata, y de todas las cosas preciosas de Egipto; y los de Libia y de Etiopía le seguirán.

44 Pero noticias del oriente y del norte lo atemorizarán, y saldrá con gran ira para destruir y matar a muchos.

45 Y plantará las tiendas de su palacio entre los mares y el monte glorioso y santo; mas llegará a su fin, y no tendrá quien le ayude.

El tiempo del fin

12 1 En aquel tiempo se levantará Miguel, el gran príncipe que está de parte de los hijos de tu pueblo; y será tiempo de angustia, cual nunca fue desde que hubo gente hasta entonces; pero en aquel tiempo será libertado tu pueblo, todos los que se hallen escritos en el libro.

of the North will return to his own country with great wealth, but his heart will be set against the holy covenant. He will take action against it and then return to his own country.

29 "At the appointed time he will invade the South again, but this time the outcome will be different from what it was before. 30 Ships of the western coastlands _o_ will oppose him, and he will lose heart. Then he will turn back and vent his fury against the holy covenant. He will return and show favor to those who forsake the holy covenant.

31 "His armed forces will rise up to desecrate the temple fortress and will abolish the daily sacrifice. Then they will set up the abomination that causes desolation. 32 With flattery he will corrupt those who have violated the covenant, but the people who know their God will firmly resist him.

33 "Those who are wise will instruct many, though for a time they will fall by the sword or be burned or captured or plundered. 34 When they fall, they will receive a little help, and many who are not sincere will join them. 35 Some of the wise will stumble, so that they may be refined, purified and made spotless until the time of the end, for it will still come at the appointed time.

The King Who Exalts Himself

36 "The king will do as he pleases. He will exalt and magnify himself above every god and will say unheard-of things against the God of gods. He will be successful until the time of wrath is completed, for what has been determined must take place. 37 He will show no regard for the gods of his fathers or for the one desired by women, nor will he regard any god, but will exalt himself above them all. 38 Instead of them, he will honor a god of fortresses; a god unknown to his fathers he will honor with gold and silver, with precious stones and costly gifts. 39 He will attack the mightiest fortresses with the help of a foreign god and will greatly honor those who acknowledge him. He will make them rulers over many people and will distribute the land at a price. _p_

40 "At the time of the end the king of the South will engage him in battle, and the king of the North will storm out against him with chariots and cavalry and a great fleet of ships. He will invade many countries and sweep through them like a flood. 41 He will also invade the Beautiful Land. Many countries will fall, but Edom, Moab and the leaders of Ammon will be delivered from his hand. 42 He will extend his power over many countries; Egypt will not escape. 43 He will gain control of the treasures of gold and silver and all the riches of Egypt, with the Libyans and Nubians in submission. 44 But reports from the east and the north will alarm him, and he will set out in a great rage to destroy and annihilate many. 45 He will pitch his royal tents between the seas at _q_ the beautiful holy mountain. Yet he will come to his end, and no one will help him.

The End Times

12 "At that time Michael, the great prince who protects your people, will arise. There will be a time of distress such as has not happened from the beginning of nations until then. But at that time your people — everyone whose name is found written in the

2 Y muchos de los que duermen en el polvo de la tierra serán despertados, unos para vida eterna, y otros para vergüenza y confusión perpetua.

3 Los entendidos resplandecerán como el resplandor del firmamento; y los que enseñan la justicia a la multitud, como las estrellas a perpetua eternidad.

4 Pero tú, Daniel, cierra las palabras y sella el libro hasta el tiempo del fin. Muchos correrán de aquí para allá, y la ciencia se aumentará.

5 Y yo Daniel miré, y he aquí otros dos que estaban en pie, el uno a este lado del río, y el otro al otro lado del río.

6 Y dijo uno al varón vestido de lino, que estaba sobre las aguas del río: ¿Cuándo será el fin de estas maravillas?

7 Y oí al varón vestido de lino, que estaba sobre las aguas del río, el cual alzó su diestra y su siniestra al cielo, y juró por el que vive por los siglos, que será por tiempo, tiempos, y la mitad de un tiempo. Y cuando se acabe la dispersión del poder del pueblo santo, todas estas cosas serán cumplidas.

8 Y yo oí, mas no entendí. Y dije: Señor mío, ¿cuál será el fin de estas cosas?

9 El respondió: Anda, Daniel, pues estas palabras están cerradas y selladas hasta el tiempo del fin.

10 Muchos serán limpios, y emblanquecidos y purificados; los impíos procederán impíamente, y ninguno de los impíos entenderá, pero los entendidos comprenderán.

11 Y desde el tiempo que sea quitado el continuo sacrificio hasta la abominación desoladora, habrá mil doscientos noventa días.

12 Bienaventurado el que espere, y llegue a mil trescientos treinta y cinco días.

13 Y tú irás hasta el fin, y reposarás, y te levantarás para recibir tu heredad al fin de los días.

book — will be delivered. 2Multitudes who sleep in the dust of the earth will awake: some to everlasting life, others to shame and everlasting contempt. 3Those who are wise r will shine like the brightness of the heavens, and those who lead many to righteousness, like the stars for ever and ever. 4But you, Daniel, close up and seal the words of the scroll until the time of the end. Many will go here and there to increase knowledge."

5Then I, Daniel, looked, and there before me stood two others, one on this bank of the river and one on the opposite bank. 6One of them said to the man clothed in linen, who was above the waters of the river, "How long will it be before these astonishing things are fulfilled?"

7The man clothed in linen, who was above the waters of the river, lifted his right hand and his left hand toward heaven, and I heard him swear by him who lives forever, saying, "It will be for a time, times and half a time. s When the power of the holy people has been finally broken, all these things will be completed."

8I heard, but I did not understand. So I asked, "My lord, what will the outcome of all this be?"

9He replied, "Go your way, Daniel, because the words are closed up and sealed until the time of the end. 10Many will be purified, made spotless and refined, but the wicked will continue to be wicked. None of the wicked will understand, but those who are wise will understand.

11"From the time that the daily sacrifice is abolished and the abomination that causes desolation is set up, there will be 1,290 days. 12Blessed is the one who waits for and reaches the end of the 1,335 days.

13"As for you, go your way till the end. You will rest, and then at the end of the days you will rise to receive your allotted inheritance."

r3 Or who impart wisdom   s7 Or a year, two years and half a year

OSEAS

HOSEA

La esposa infiel de Oseas, y sus hijos

1 ¹ Palabra de Jehová que vino a Oseas hijo de Beeri, en días de Uzías, Jotam, Acaz y Ezequías, reyes de Judá, y en días de Jeroboam hijo de Joás, rey de Israel.

² El principio de la palabra de Jehová por medio de Oseas. Dijo Jehová a Oseas: Vé, tómate una mujer fornicaria, e hijos de fornicación; porque la tierra fornica apartándose de Jehová.

³ Fue, pues, y tomó a Gomer hija de Diblaim, la cual concibió y le dio a luz un hijo.

⁴ Y le dijo Jehová: Ponle por nombre Jezreel; porque de aquí a poco yo castigaré a la casa de Jehú por causa de la sangre de Jezreel, y haré cesar el reino de la casa de Israel.

⁵ Y en aquel día quebraré yo el arco de Israel en el valle de Jezreel.

⁶ Concibió ella otra vez, y dio a luz una hija. Y le dijo Dios: Ponle por nombre Lo-ruhama, *a* porque no me compadeceré más de la casa de Israel, sino que los quitaré del todo.

⁷ Mas de la casa de Judá tendré misericordia, y los salvaré por Jehová su Dios; y no los salvaré con arco, ni con espada, ni con batalla, ni con caballos ni jinetes.

⁸ Después de haber destetado a Lo-ruhama, concibió y dio a luz un hijo.

⁹ Y dijo Dios: Ponle por nombre Lo-ammi, *b* porque vosotros no sois mi pueblo, ni yo seré vuestro Dios.

¹⁰ Con todo, será el número de los hijos de Israel como la arena del mar, que no se puede medir ni contar. Y en el lugar en donde les fue dicho: Vosotros no sois pueblo mío, les será dicho: Sois hijos del Dios viviente.

¹¹ Y se congregarán los hijos de Judá y de Israel, y nombrarán un solo jefe, y subirán de la tierra; porque el día de Jezreel será grande.

El amor de Jehová hacia su pueblo infiel

2 ¹ Decid a vuestros hermanos: Ammi; *c* y a vuestras hermanas: Ruhama. *d*

² Contended con vuestra madre, contended; porque ella no es mi mujer, ni yo su marido; aparte, pues, sus fornicaciones de su rostro, y sus adulterios de entre sus pechos;

³ no sea que yo la despoje y desnude, la ponga como el día en que nació, la haga como un desierto, la deje como tierra seca, y la mate de sed.

⁴ Ni tendré misericordia de sus hijos, porque son hijos de prostitución.

The word of the LORD

1 The word of the LORD that came to Hosea son of Beeri during the reigns of Uzziah, Jotham, Ahaz and Hezekiah, kings of Judah, and during the reign of Jeroboam son of Jehoash *a* king of Israel:

Hosea's Wife and Children

² When the LORD began to speak through Hosea, the LORD said to him, "Go, take to yourself an adulterous wife and children of unfaithfulness, because the land is guilty of the vilest adultery in departing from the LORD." ³ So he married Gomer daughter of Diblaim, and she conceived and bore him a son.

⁴ Then the LORD said to Hosea, "Call him Jezreel, because I will soon punish the house of Jehu for the massacre at Jezreel, and I will put an end to the kingdom of Israel. ⁵ In that day I will break Israel's bow in the Valley of Jezreel."

⁶ Gomer conceived again and gave birth to a daughter. Then the LORD said to Hosea, "Call her Lo-Ruhamah, *b* for I will no longer show love to the house of Israel, that I should at all forgive them. ⁷ Yet I will show love to the house of Judah; and I will save them — not by bow, sword or battle, or by horses and horsemen, but by the LORD their God."

⁸ After she had weaned Lo-Ruhamah, Gomer had another son. ⁹ Then the LORD said, "Call him Lo-Ammi, *c* for you are not my people, and I am not your God.

¹⁰ "Yet the Israelites will be like the sand on the seashore, which cannot be measured or counted. In the place where it was said to them, 'You are not my people,' they will be called 'sons of the living God.' ¹¹ The people of Judah and the people of Israel will be reunited, and they will appoint one leader and will come up out of the land, for great will be the day of Jezreel.

2 "Say of your brothers, 'My people,' and of your sisters, 'My loved one.'

Israel Punished and Restored

² "Rebuke your mother, rebuke her,
  for she is not my wife,
  and I am not her husband.
Let her remove the adulterous look from her face
  and the unfaithfulness from between her
  breasts.
³ Otherwise I will strip her naked
  and make her as bare as on the day she was
  born;
I will make her like a desert,
  turn her into a parched land,
  and slay her with thirst.
⁴ I will not show my love to her children,
  because they are the children of adultery.

---

a Esto es, *No compadecida.* *b* Esto es, *No Pueblo mío.*
c Esto es, *pueblo mío.* *d* Esto es, *Compadecida.*

a 1 Hebrew *Joash,* a variant of *Jehoash* *b* 6 *Lo-Ruhamah* means *not loved.* *c* 9 *Lo-Ammi* means *not my people.*

5 Porque su madre se prostituyó; la que los dio a luz se deshonró, porque dijo: Iré tras mis amantes, que me dan mi pan y mi agua, mi lana y mi lino, mi aceite y mi bebida. 6 Por tanto, he aquí yo rodearé de espinos su camino, y la cercaré con seto, y no hallará sus caminos.

7 Seguirá a sus amantes, y no los alcanzará; los buscará, y no los hallará. Entonces dirá: Iré y me volveré a mi primer marido; porque mejor me iba entonces que ahora.

8 Y ella no reconoció que yo le daba el trigo, el vino y el aceite, y que le multipliqué la plata y el oro que ofrecían a Baal.

9 Por tanto, yo volveré y tomaré mi trigo a su tiempo, y mi vino a su sazón, y quitaré mi lana y mi lino que había dado para cubrir su desnudez.

10 Y ahora descubriré yo su locura delante de los ojos de sus amantes, y nadie la librará de mi mano.

11 Haré cesar todo su gozo, sus fiestas, sus nuevas lunas y sus días de reposo, * y todas sus festividades.

12 Y haré talar sus vides y sus higueras, de las cuales dijo: Mi salario son, salario que me han dado mis amantes. Y las reduciré a un matorral, y las comerán las bestias del campo.

13 Y la castigaré por los días en que incensaba a los baales, y se adornaba de sus zarcillos y de sus joyeles, y se iba tras sus amantes y se olvidaba de mí, dice Jehová.

14 Pero he aquí que yo la atraeré y la llevaré al desierto, y hablaré a su corazón.

15 Y le daré sus viñas desde allí, y el valle de Acor por puerta de esperanza; y allí cantará como en los tiempos de su juventud, y como en el día de su subida de la tierra de Egipto.

16 En aquel tiempo, dice Jehová, me llamarás Ishi,e y nunca más me llamarás Baali.f

17 Porque quitaré de su boca los nombres de los baales, y nunca más se mencionarán sus nombres.

18 En aquel tiempo haré para ti pacto con las bestias del campo, con las aves del cielo y con las serpientes de la tierra; y quitaré de la tierra arco y espada y guerra, y te haré dormir segura.

19 Y te desposaré conmigo para siempre; te desposaré conmigo en justicia, juicio, benignidad y misericordia.

5 Their mother has been unfaithful
and has conceived them in disgrace.
She said, 'I will go after my lovers,
who give me my food and my water,
my wool and my linen, my oil and my drink.'
6 Therefore I will block her path with thornbushes;
I will wall her in so that she cannot find her way.
7 She will chase after her lovers but not catch them;
she will look for them but not find them.
Then she will say,
'I will go back to my husband as at first,
for then I was better off than now.'
8 She has not acknowledged that I was the one
who gave her the grain, the new wine and oil,
who lavished on her the silver and gold—
which they used for Baal.

9 "Therefore I will take away my grain when it ripens,
and my new wine when it is ready.
I will take back my wool and my linen,
intended to cover her nakedness.
10 So now I will expose her lewdness
before the eyes of her lovers;
no one will take her out of my hands.
11 I will stop all her celebrations:
her yearly festivals, her New Moons,
her Sabbath days—all her appointed feasts.
12 I will ruin her vines and her fig trees,
which she said were her pay from her lovers;
I will make them a thicket,
and wild animals will devour them.
13 I will punish her for the days
she burned incense to the Baals;
she decked herself with rings and jewelry,
and went after her lovers,
but me she forgot,"
declares the LORD.

14 "Therefore I am now going to allure her;
I will lead her into the desert
and speak tenderly to her.
15 There I will give her back her vineyards,
and will make the Valley of Achord a door of hope.
There she will singe as in the days of her youth,
as in the day she came up out of Egypt.

16 "In that day," declares the LORD,
"you will call me 'my husband';
you will no longer call me 'my master.'f
17 I will remove the names of the Baals from her lips;
no longer will their names be invoked.
18 In that day I will make a covenant for them
with the beasts of the field and the birds of the air
and the creatures that move along the ground.
Bow and sword and battle
I will abolish from the land,
so that all may lie down in safety.
19 I will betroth you to me forever;
I will betroth you ing righteousness and justice,
inh love and compassion.

---

*Aquí equivale a sábado   eEsto es, Mi marido.   fEsto es, Mi señor.

d15 Achor means trouble.   e15 Or respond   f16 Hebrew baal
g19 Or with; also in verse 20   h19 Or with

20 Y te desposaré conmigo en fidelidad, y conocerás a Jehová.

21 En aquel tiempo responderé, dice Jehová, yo responderé a los cielos, y ellos responderán a la tierra;

22 Y la tierra responderá al trigo, al vino y al aceite, y ellos responderán a Jezreel.*g*

23 Y la sembraré para mí en la tierra, y tendré misericordia de Lo-ruhama; y diré a Lo-ammi: Tú eres pueblo mío, y él dirá: Dios mío.

Oseas y la adúltera

3 ¹ Me dijo otra vez Jehová: Vé, ama a una mujer amada de su compañero, aunque adúltera, como el amor de Jehová para con los hijos de Israel, los cuales miran a dioses ajenos, y aman tortas de pasas.

² La compré entonces para mí por quince siclos de plata y un homer y medio de cebada.

³ Y le dije: Tú serás mía durante muchos días; no fornicarás, ni tomarás otro varón; lo mismo haré yo contigo.

⁴ Porque muchos días estarán los hijos de Israel sin rey, sin príncipe, sin sacrificio, sin estatua, sin efod y sin terafines.

⁵ Después volverán los hijos de Israel, y buscarán a Jehová su Dios, y a David su rey; y temerán a Jehová y a su bondad en el fin de los días.

Controversia de Jehová con Israel

4 ¹ Oíd palabra de Jehová, hijos de Israel, porque Jehová contiende con los moradores de la tierra; porque no hay verdad, ni misericordia, ni conocimiento de Dios en la tierra.

² Perjurar, mentir, matar, hurtar y adulterar prevalecen, y homicidio tras homicidio se suceden.

³ Por lo cual se enlutará la tierra, y se extenuará todo morador de ella, con las bestias del campo y las aves del cielo; y aun los peces del mar morirán.

⁴ Ciertamente hombre no contienda ni reprenda a hombre, porque tu pueblo es como los que resisten al sacerdote.

⁵ Caerás por tanto en el día, y caerá también contigo el profeta de noche; y a tu madre destruiré.

⁶ Mi pueblo fue destruido, porque le faltó conocimiento. Por cuanto desechaste el conocimiento, yo te echaré del sacerdocio; y porque olvidaste la ley de tu Dios, también yo me olvidaré de tus hijos.

20 I will betroth you in faithfulness,
and you will acknowledge the LORD.

21 "In that day I will respond,"
declares the LORD—
"I will respond to the skies,
and they will respond to the earth;

22 and the earth will respond to the grain,
the new wine and oil,
and they will respond to Jezreel. *i*

23 I will plant her for myself in the land;
I will show my love to the one I called 'Not my loved one.'*j*
I will say to those called 'Not my people,*k* 'You are my people';
and they will say, 'You are my God.' "

Hosea's Reconciliation With His Wife

3 The LORD said to me, "Go, show your love to your wife again, though she is loved by another and is an adulteress. Love her as the LORD loves the Israelites, though they turn to other gods and love the sacred raisin cakes."

²So I bought her for fifteen shekels*l* of silver and about a homer and a lethek*m* of barley. ³Then I told her, "You are to live with*n* me many days; you must not be a prostitute or be intimate with any man, and I will live with*n* you."

⁴For the Israelites will live many days without king or prince, without sacrifice or sacred stones, without ephod or idol. ⁵Afterward the Israelites will return and seek the LORD their God and David their king. They will come trembling to the LORD and to his blessings in the last days.

The Charge Against Israel

4 Hear the word of the LORD, you Israelites, because the LORD has a charge to bring against you who live in the land:
"There is no faithfulness, no love,
no acknowledgment of God in the land.

²There is only cursing,*o* lying and murder,
stealing and adultery;
they break all bounds,
and bloodshed follows bloodshed.

³Because of this the land mourns,*p*
and all who live in it waste away;
the beasts of the field and the birds of the air
and the fish of the sea are dying.

⁴"But let no man bring a charge,
let no man accuse another,
for your people are like those
who bring charges against a priest.

⁵You stumble day and night,
and the prophets stumble with you.
So I will destroy your mother—

⁶ my people are destroyed from lack of knowledge.

"Because you have rejected knowledge,
I also reject you as my priests;
because you have ignored the law of your God,
I also will ignore your children.

---

i22 Jezreel means *God plants.*   *j23* Hebrew *Lo-Ruhamah*
k23 Hebrew *Lo-Ammi*   *l2* That is, about 6 ounces (about 170 grams)   *m2* That is, probably about 10 bushels (about 330 liters)   *n3* Or *wait for*   *o2* That is, to pronounce a curse upon   *p3* Or *dries up*

g Esto es, *Dios siembra.*

7 Conforme a su grandeza, así pecaron contra mí; también yo cambiaré su honra en afrenta.
8 Del pecado de mi pueblo comen, y en su maldad levantan su alma.
9 Y será el pueblo como el sacerdote; le castigaré por su conducta, y le pagaré conforme a sus obras.
10 Comerán, pero no se saciarán; fornicarán, mas no se multiplicarán, porque dejaron de servir a Jehová.
11 Fornicación, vino y mosto quitan el juicio.
12 Mi pueblo a su ídolo de madera pregunta, y el leño le responde; porque espíritu de fornicaciones lo hizo errar, y dejaron a su Dios para fornicar.
13 Sobre las cimas de los montes sacrificaron, e incensaron sobre los collados, debajo de las encinas, álamos y olmos que tuviesen buena sombra; por tanto, vuestras hijas fornicarán, y adulterarán vuestras nueras.
14 No castigaré a vuestras hijas cuando forniquen, ni a vuestras nueras cuando adulteren; porque ellos mismos se van con rameras, y con malas mujeres sacrifican; por tanto, el pueblo sin entendimiento caerá.
15 Si fornicas tú, Israel, a lo menos no peque Judá; y no entréis en Gilgal, ni subáis a Bet-avén, ni juréis: Vive Jehová.
16 Porque como novilla indómita se apartó Israel; ¿los apacentará ahora Jehová como a corderos en lugar espacioso?
17 Efraín es dado a ídolos; déjalo.
18 Su bebida se corrompió; fornicaron sin cesar; sus príncipes amaron lo que avergüenza.
19 El viento los ató en sus alas, y de sus sacrificios serán avergonzados.

7 The more the priests increased,
   the more they sinned against me;
   they exchanged^q their^r Glory for something
       disgraceful.
8 They feed on the sins of my people
   and relish their wickedness.
9 And it will be: Like people, like priests.
   I will punish both of them for their ways
   and repay them for their deeds.

10 "They will eat but not have enough;
    they will engage in prostitution but not
        increase,
 because they have deserted the LORD
    to give themselves 11to prostitution,
 to old wine and new,
    which take away the understanding 12of my
        people.
 They consult a wooden idol
    and are answered by a stick of wood.
 A spirit of prostitution leads them astray;
    they are unfaithful to their God.
13 They sacrifice on the mountaintops
    and burn offerings on the hills,
 under oak, poplar and terebinth,
    where the shade is pleasant.
 Therefore your daughters turn to prostitution
    and your daughters-in-law to adultery.

14 "I will not punish your daughters
    when they turn to prostitution,
 nor your daughters-in-law
    when they commit adultery,
 because the men themselves consort with harlots
    and sacrifice with shrine prostitutes—
    a people without understanding will come to
        ruin!

15 "Though you commit adultery, O Israel,
    let not Judah become guilty.

 "Do not go to Gilgal;
    do not go up to Beth Aven.^s
    And do not swear, 'As surely as the LORD
        lives!'
16 The Israelites are stubborn,
    like a stubborn heifer.
 How then can the LORD pasture them
    like lambs in a meadow?
17 Ephraim is joined to idols;
    leave him alone!
18 Even when their drinks are gone,
    they continue their prostitution;
    their rulers dearly love shameful ways.
19 A whirlwind will sweep them away,
    and their sacrifices will bring them shame.

Castigo de la apostasía de Israel

5 1 Sacerdotes, oíd esto, y estad atentos, casa de Israel, y casa del rey, escuchad; porque para vosotros es el juicio, pues habéis sido lazo en Mizpa, y red tendida sobre Tabor.
2 Y haciendo víctimas han bajado hasta lo profundo; por tanto, yo castigaré a todos ellos.

Judgment Against Israel

5 "Hear this, you priests!
    Pay attention, you Israelites!
 Listen, O royal house!
    This judgment is against you:
 You have been a snare at Mizpah,
    a net spread out on Tabor.
2 The rebels are deep in slaughter.
    I will discipline all of them.

---

^q 7 Syriac and an ancient Hebrew scribal tradition; Masoretic Text *I will exchange*   ^r 7 Masoretic Text; an ancient Hebrew scribal tradition *my*   ^s 15 *Beth Aven* means *house of wickedness* (a name for Bethel, which means *house of God*).

3 Yo conozco a Efraín, e Israel no me es desconocido; porque ahora, oh Efraín, te has prostituido, y se ha contaminado Israel.

4 No piensan en convertirse a su Dios, porque espíritu de fornicación está en medio de ellos, y no conocen a Jehová.

5 La soberbia de Israel le desmentirá en su cara; Israel y Efraín tropezarán en su pecado, y Judá tropezará también con ellos.

6 Con sus ovejas y con sus vacas andarán buscando a Jehová, y no le hallarán; se apartó de ellos.

7 Contra Jehová prevaricaron, porque han engendrado hijos extraños; ahora en un solo mes serán consumidos ellos y sus heredades.

8 Tocad bocina en Gabaa, trompeta en Ramá: sonad alarma en Bet-avén; tiembla, oh Benjamín.

9 Efraín será asolado en el día del castigo; en las tribus de Israel hice conocer la verdad.

10 Los príncipes de Judá fueron como los que traspasan los linderos; derramaré sobre ellos como agua mi ira.

11 Efraín es vejado, quebrantado en juicio, porque quiso andar en pos de vanidades.

12 Yo, pues, seré como polilla a Efraín, y como carcoma a la casa de Judá.

13 Y verá Efraín su enfermedad, y Judá su llaga; irá entonces Efraín a Asiria, y enviará al rey Jareb; mas él no os podrá sanar, ni os curará la llaga.

14 Porque yo seré como león a Efraín, y como cachorro de león a la casa de Judá; yo, yo arrebataré, y me iré; tomaré, y no habrá quien liberte.

Insinceridad del arrepentimiento de Israel

15 Andaré y volveré a mi lugar, hasta que reconozcan su pecado y busquen mi rostro. En su angustia me buscarán.

6 1 Venid y volvamos a Jehová; porque él arrebató, y nos curará; hirió, y nos vendará.

2 Nos dará vida después de dos días; en el tercer día nos resucitará, y viviremos delante de él.

---

3 I know all about Ephraim;
  Israel is not hidden from me.
Ephraim, you have now turned to prostitution;
  Israel is corrupt.

4 "Their deeds do not permit them
  to return to their God.
A spirit of prostitution is in their heart;
  they do not acknowledge the LORD.

5 Israel's arrogance testifies against them;
  the Israelites, even Ephraim, stumble in their sin;
  Judah also stumbles with them.

6 When they go with their flocks and herds
  to seek the LORD,
they will not find him;
  he has withdrawn himself from them.

7 They are unfaithful to the LORD;
  they give birth to illegitimate children.
Now their New Moon festivals
  will devour them and their fields.

8 "Sound the trumpet in Gibeah,
  the horn in Ramah.
Raise the battle cry in Beth Aven t;
  lead on, O Benjamin.

9 Ephraim will be laid waste
  on the day of reckoning.
Among the tribes of Israel
  I proclaim what is certain.

10 Judah's leaders are like those
  who move boundary stones.
I will pour out my wrath on them
  like a flood of water.

11 Ephraim is oppressed,
  trampled in judgment,
  intent on pursuing idols. u

12 I am like a moth to Ephraim,
  like rot to the people of Judah.

13 "When Ephraim saw his sickness,
  and Judah his sores,
then Ephraim turned to Assyria,
  and sent to the great king for help.
But he is not able to cure you,
  not able to heal your sores.

14 For I will be like a lion to Ephraim,
  like a great lion to Judah.
I will tear them to pieces and go away;
  I will carry them off, with no one to rescue them.

15 Then I will go back to my place
  until they admit their guilt.
And they will seek my face;
  in their misery they will earnestly seek me."

Israel Unrepentant

6 "Come, let us return to the LORD.
He has torn us to pieces
  but he will heal us;
he has injured us
  but he will bind up our wounds.

2 After two days he will revive us;
  on the third day he will restore us,
  that we may live in his presence.

---

t8 *Beth Aven* means *house of wickedness* (a name for Bethel, which means *house of God*). u11 The meaning of the Hebrew for this word is uncertain.

3 Y conoceremos, y proseguiremos en conocer a Jehová; como el alba está dispuesta su salida, y vendrá a nosotros como la lluvia, como la lluvia tardía y temprana a la tierra.

4 ¿Qué haré a ti, Efraín? ¿Qué haré a ti, oh Judá? La piedad vuestra es como nube de la mañana, y como el rocío de la madrugada, que se desvanece.

5 Por esta causa los corté por medio de los profetas, con las palabras de mi boca los maté; y tus juicios serán como luz que sale.

6 Porque misericordia quiero, y no sacrificio, y conocimiento de Dios más que holocaustos.

7 Mas ellos, cual Adán, traspasaron el pacto; allí prevaricaron contra mí.

8 Galaad, ciudad de hacedores de iniquidad, manchada de sangre.

9 Y como ladrones que esperan a algún hombre, así una compañía de sacerdotes mata en el camino hacia Siquem; así cometieron abominación.

10 En la casa de Israel he visto inmundicia; allí fornicó Efraín, y se contaminó Israel.

11 Para ti también, oh Judá, está preparada una siega, cuando yo haga volver el cautiverio de mi pueblo.

Iniquidad y rebelión de Israel

7 1 Mientras curaba yo a Israel, se descubrió la iniquidad de Efraín, y las maldades de Samaria; porque hicieron engaño; y entra el ladrón, y el salteador despoja por fuera.

2 Y no consideran en su corazón que tengo en memoria toda su maldad; ahora les rodearán sus obras; delante de mí están.

3 Con su maldad alegran al rey, y a los príncipes con sus mentiras.

4 Todos ellos son adúlteros; son como horno encendido por el hornero, que cesa de avivar el fuego después que está hecha la masa, hasta que se haya leudado.

5 En el día de nuestro rey los príncipes lo hicieron enfermar con copas de vino; extendió su mano con los escarnecedores.

6 Aplicaron su corazón, semejante a un horno, a sus artificios; toda la noche duerme su hornero; a la mañana está encendido como llama de fuego.

7 Todos ellos arden como un horno, y devoraron a sus jueces; cayeron todos sus reyes; no hay entre ellos quien a mí clame.

8 Efraín se ha mezclado con los demás pueblos; Efraín fue torta no volteada.

3 Let us acknowledge the LORD;
    let us press on to acknowledge him.
As surely as the sun rises,
    he will appear;
he will come to us like the winter rains,
    like the spring rains that water the earth."

4 "What can I do with you, Ephraim?
    What can I do with you, Judah?
Your love is like the morning mist,
    like the early dew that disappears.
5 Therefore I cut you in pieces with my prophets,
    I killed you with the words of my mouth;
    my judgments flashed like lightning upon you.
6 For I desire mercy, not sacrifice,
    and acknowledgment of God rather than burnt
        offerings.
7 Like Adam,ᵛ they have broken the covenant—
    they were unfaithful to me there.
8 Gilead is a city of wicked men,
    stained with footprints of blood.
9 As marauders lie in ambush for a man,
    so do bands of priests;
they murder on the road to Shechem,
    committing shameful crimes.
10 I have seen a horrible thing
    in the house of Israel.
There Ephraim is given to prostitution
    and Israel is defiled.

11 "Also for you, Judah,
    a harvest is appointed.

"Whenever I would restore the fortunes of my
        people,

7 1 whenever I would heal Israel,
    the sins of Ephraim are exposed
    and the crimes of Samaria revealed.
They practice deceit,
    thieves break into houses,
    bandits rob in the streets;
2 but they do not realize
    that I remember all their evil deeds.
Their sins engulf them;
    they are always before me.

3 "They delight the king with their wickedness,
    the princes with their lies.
4 They are all adulterers,
    burning like an oven
whose fire the baker need not stir
    from the kneading of the dough till it rises.
5 On the day of the festival of our king
    the princes become inflamed with wine,
    and he joins hands with the mockers.
6 Their hearts are like an oven;
    they approach him with intrigue.
Their passion smolders all night;
    in the morning it blazes like a flaming fire.
7 All of them are hot as an oven;
    they devour their rulers.
All their kings fall,
    and none of them calls on me.

8 "Ephraim mixes with the nations;
    Ephraim is a flat cake not turned over.

ᵛ7 Or *As at Adam;* or *Like men*

9 Devoraron extraños su fuerza, y él no lo supo; y aun canas le han cubierto, y él no lo supo.

10 Y la soberbia de Israel testificará contra él en su cara; y no se volvieron a Jehová su Dios, ni lo buscaron con todo esto.

11 Efraín fue como paloma incauta, sin entendimiento; llamarán a Egipto, acudirán a Asiria.

12 Cuando fueren, tenderé sobre ellos mi red; les haré caer como aves del cielo; les castigaré conforme a lo que se ha anunciado en sus congregaciones.

13 ¡Ay de ellos! porque se apartaron de mí; destrucción vendrá sobre ellos, porque contra mí se rebelaron; yo los redimí, y ellos hablaron mentiras contra mí.

14 Y no clamaron a mí con su corazón cuando gritaban sobre sus camas; para el trigo y el mosto se congregaron, se rebelaron contra mí.

15 Y aunque yo los enseñé y fortalecí sus brazos, contra mí pensaron mal.

16 Volvieron, pero no al Altísimo; fueron como arco engañoso; cayeron sus príncipes a espada por la soberbia de su lengua; esto será su escarnio en la tierra de Egipto.

Represión de la idolatría de Israel

8 1 Pon a tu boca trompeta. Como águila viene contra la casa de Jehová, porque traspasaron mi pacto, y se rebelaron contra mi ley.

2 A mí clamará Israel: Dios mío, te hemos conocido.

3 Israel desechó el bien; enemigo lo perseguirá.

4 Ellos establecieron reyes, pero no escogidos por mí; constituyeron príncipes, mas yo no lo supe; de su plata y de su oro hicieron ídolos para sí, para ser ellos mismos destruidos.

5 Tu becerro, oh Samaria, te hizo alejarte; se encendió mi enojo contra ellos, hasta que no pudieron alcanzar purificación.

6 Porque de Israel es también éste, y artífice lo hizo; no es Dios; por lo que será deshecho en pedazos el becerro de Samaria.

7 Porque sembraron viento, y torbellino segarán; no tendrán mies, ni su espiga hará harina; y si la hiciere, extraños la comerán.

9 Foreigners sap his strength,
 but he does not realize it.
His hair is sprinkled with gray,
 but he does not notice.

10 Israel's arrogance testifies against him,
 but despite all this
he does not return to the LORD his God
 or search for him.

11 "Ephraim is like a dove,
 easily deceived and senseless—
now calling to Egypt,
 now turning to Assyria.

12 When they go, I will throw my net over them;
 I will pull them down like birds of the air.
When I hear them flocking together,
 I will catch them.

13 Woe to them,
 because they have strayed from me!
Destruction to them,
 because they have rebelled against me!
I long to redeem them
 but they speak lies against me.

14 They do not cry out to me from their hearts
 but wail upon their beds.
They gather together w for grain and new wine
 but turn away from me.

15 I trained them and strengthened them,
 but they plot evil against me.

16 They do not turn to the Most High;
 they are like a faulty bow.
Their leaders will fall by the sword
 because of their insolent words.
For this they will be ridiculed
 in the land of Egypt.

Israel to Reap the Whirlwind

8 "Put the trumpet to your lips!
 An eagle is over the house of the LORD
because the people have broken my covenant
 and rebelled against my law.

2 Israel cries out to me,
 'O our God, we acknowledge you!'

3 But Israel has rejected what is good;
 an enemy will pursue him.

4 They set up kings without my consent;
 they choose princes without my approval.
With their silver and gold
 they make idols for themselves
 to their own destruction.

5 Throw out your calf-idol, O Samaria!
 My anger burns against them.
How long will they be incapable of purity?

6 They are from Israel!
This calf—a craftsman has made it;
 it is not God.
It will be broken in pieces,
 that calf of Samaria.

7 "They sow the wind
 and reap the whirlwind.
The stalk has no head;
 it will produce no flour.
Were it to yield grain,
 foreigners would swallow it up.

---

w 14 Most Hebrew manuscripts; some Hebrew manuscripts and Septuagint *They slash themselves*

8 Devorado será Israel; pronto será entre las naciones como vasija que no se estima.
9 Porque ellos subieron a Asiria, como asno montés para sí solo; Efraín con salario alquiló amantes.
10 Aunque alquilen entre las naciones, ahora las juntaré, y serán afligidos un poco de tiempo por la carga del rey y de los príncipes.
11 Porque multiplicó Efraín altares para pecar, tuvo altares para pecar.
12 Le escribí las grandezas de mi ley, y fueron tenidas por cosa extraña.
13 En los sacrificios de mis ofrendas sacrificaron carne, y comieron; no los quiso Jehová; ahora se acordará de su iniquidad, y castigará su pecado; ellos volverán a Egipto.
14 Olvidó, pues, Israel a su Hacedor, y edificó templos, y Judá multiplicó ciudades fortificadas; mas yo meteré fuego en sus ciudades, el cual consumirá sus palacios.

Castigo de la persistente infidelidad de Israel

9 1 No te alegres, oh Israel, hasta saltar de gozo como los pueblos, pues has fornicado apartándote de tu Dios; amaste salario de ramera en todas las eras de trigo.
2 La era y el lagar no los mantendrán, y les fallará el mosto.
3 No quedarán en la tierra de Jehová, sino que volverá Efraín a Egipto y a Asiria, donde comerán vianda inmunda.
4 No harán libaciones a Jehová, ni sus sacrificios le serán gratos; como pan de enlutados les serán a ellos; todos los que coman de él serán inmundos. Será, pues, el pan de ellos para sí mismos; ese pan no entrará en la casa de Jehová.
5 ¿Qué haréis en el día de la solemnidad, y en el día de la fiesta de Jehová?
6 Porque he aquí se fueron ellos a causa de la destrucción. Egipto los recogerá, Menfis los enterrará. La ortiga conquistará lo deseable de su plata, y espino crecerá en sus moradas.
7 Vinieron los días del castigo, vinieron los días de la retribución; e Israel lo conocerá. Necio es el profeta, insensato es el varón de espíritu, a causa de la multitud de tu maldad, y grande odio.

8 Israel is swallowed up;
    now she is among the nations
    like a worthless thing.
9 For they have gone up to Assyria
    like a wild donkey wandering alone.
Ephraim has sold herself to lovers.
10 Although they have sold themselves among the
    nations,
    I will now gather them together.
They will begin to waste away
    under the oppression of the mighty king.
11 "Though Ephraim built many altars for sin
    offerings,
    these have become altars for sinning.
12 I wrote for them the many things of my law,
    but they regarded them as something alien.
13 They offer sacrifices given to me
    and they eat the meat,
    but the LORD is not pleased with them.
Now he will remember their wickedness
    and punish their sins:
    They will return to Egypt.
14 Israel has forgotten his Maker
    and built palaces;
Judah has fortified many towns.
But I will send fire upon their cities
    that will consume their fortresses."

Punishment for Israel

9 Do not rejoice, O Israel;
    do not be jubilant like the other nations.
For you have been unfaithful to your God;
    you love the wages of a prostitute
    at every threshing floor.
2 Threshing floors and winepresses will not feed
    the people;
    the new wine will fail them.
3 They will not remain in the LORD's land;
    Ephraim will return to Egypt
    and eat unclean x food in Assyria.
4 They will not pour out wine offerings to the
    LORD,
    nor will their sacrifices please him.
Such sacrifices will be to them like the bread of
    mourners;
    all who eat them will be unclean.
This food will be for themselves;
    it will not come into the temple of the LORD.
5 What will you do on the day of your appointed
    feasts,
    on the festival days of the LORD?
6 Even if they escape from destruction,
    Egypt will gather them,
    and Memphis will bury them.
Their treasures of silver will be taken over by
    briers,
    and thorns will overrun their tents.
7 The days of punishment are coming,
    the days of reckoning are at hand.
    Let Israel know this.
Because your sins are so many
    and your hostility so great,
the prophet is considered a fool,
    the inspired man a maniac.

---

x3 That is, ceremonially unclean

8 Atalaya es Efraín para con mi Dios; el profeta es lazo de cazador en todos sus caminos, odio en la casa de su Dios. 9 Llegaron hasta lo más bajo en su corrupción, como en los días de Gabaa; ahora se acordará de su iniquidad, castigará su pecado.

10 Como uvas en el desierto hallé a Israel; como la fruta temprana de la higuera en su principio vi a vuestros padres. Ellos acudieron a Baal-peor, se apartaron para vergüenza, y se hicieron abominables como aquello que amaron. 11 La gloria de Efraín volará cual ave, de modo que no habrá nacimientos, ni embarazos, ni concepciones. 12 Y si llegaren a grandes sus hijos, los quitaré de entre los hombres, porque ¡ay de ellos también, cuando de ellos me aparte! 13 Efraín, según veo, es semejante a Tiro, situado en lugar delicioso; pero Efraín sacará sus hijos a la matanza. 14 Dales, oh Jehová, lo que les has de dar; dales matriz que aborte, y pechos enjutos.

15 Toda la maldad de ellos fue en Gilgal; allí, pues, les tomé aversión; por la perversidad de sus obras los echaré de mi casa; no los amaré más; todos sus príncipes son desleales.

16 Efraín fue herido, su raíz está seca, no dará más fruto; aunque engendren, yo mataré lo deseable de su vientre. 17 Mi Dios los desechará, porque ellos no le oyeron; y andarán errantes entre las naciones.

10

1 Israel es una frondosa viña, que da abundante fruto para sí mismo; conforme a la abundancia de su fruto multiplicó también los altares, conforme a la bondad de su tierra aumentaron sus ídolos. 2 Está dividido su corazón. Ahora serán hallados culpables; Jehová demolerá sus altares, destruirá sus ídolos.

3 Seguramente dirán ahora: No tenemos rey, porque no temimos a Jehová; ¿y qué haría el rey por nosotros?

8 The prophet, along with my God,
  is the watchman over Ephraim,*y*
yet snares await him on all his paths,
  and hostility in the house of his God.
9 They have sunk deep into corruption,
  as in the days of Gibeah.
God will remember their wickedness
  and punish them for their sins.

10 "When I found Israel,
  it was like finding grapes in the desert;
when I saw your fathers,
  it was like seeing the early fruit on the fig
  tree.
But when they came to Baal Peor,
  they consecrated themselves to that shameful
  idol
  and became as vile as the thing they loved.
11 Ephraim's glory will fly away like a bird—
  no birth, no pregnancy, no conception.
12 Even if they rear children,
  I will bereave them of every one.
Woe to them
  when I turn away from them!
13 I have seen Ephraim, like Tyre,
  planted in a pleasant place.
But Ephraim will bring out
  their children to the slayer."

14 Give them, O LORD—
  what will you give them?
Give them wombs that miscarry
  and breasts that are dry.

15 "Because of all their wickedness in Gilgal,
  I hated them there.
Because of their sinful deeds,
  I will drive them out of my house.
I will no longer love them;
  all their leaders are rebellious.
16 Ephraim is blighted,
  their root is withered,
  they yield no fruit.
Even if they bear children,
  I will slay their cherished offspring."

17 My God will reject them
  because they have not obeyed him;
  they will be wanderers among the nations.

10

Israel was a spreading vine;
  he brought forth fruit for himself.
As his fruit increased,
  he built more altars;
as his land prospered,
  he adorned his sacred stones.
2 Their heart is deceitful,
  and now they must bear their guilt.
The LORD will demolish their altars
  and destroy their sacred stones.

3 Then they will say, "We have no king
  because we did not revere the LORD.
But even if we had a king,
  what could he do for us?"

---

y8 Or *The prophet is the watchman over Ephraim,* / *the people of my God*

4 Han hablado palabras jurando en vano al hacer pacto; por tanto, el juicio florecerá como ajenjo en los surcos del campo.
5 Por las becerras de Bet-avén serán atemorizados los moradores de Samaria; porque su pueblo lamentará a causa del becerro, y sus sacerdotes que en él se regocijaban por su gloria, la cual será disipada.
6 Aun será él llevado a Asiria como presente al rey Jareb; Efraín será avergonzado, e Israel se avergonzará de su consejo.
7 De Samaria fue cortado su rey como espuma sobre la superficie de las aguas.
8 Y los lugares altos de Avén serán destruidos, el pecado de Israel; crecerá sobre sus altares espino y cardo. Y dirán a los montes: Cubridnos; y a los collados: Caed sobre nosotros.
9 Desde los días de Gabaa has pecado, oh Israel; allí estuvieron; no los tomó la batalla en Gabaa contra los inicuos.
10 Y los castigaré cuando lo desee; y pueblos se juntarán sobre ellos cuando sean atados por su doble crimen.
11 Efraín es novilla domada, que le gusta trillar, mas yo pasaré sobre su lozana cerviz; haré llevar yugo a Efraín; arará Judá, quebrará sus terrones Jacob.
12 Sembrad para vosotros en justicia, segad para vosotros en misericordia; haced para vosotros barbecho; porque es el tiempo de buscar a Jehová, hasta que venga y os enseñe justicia.
13 Habéis arado impiedad, y segasteis iniquidad; comeréis fruto de mentira, porque confiaste en tu camino y en la multitud de tus valientes.
14 Por tanto, en tus pueblos se levantará alboroto, y todas tus fortalezas serán destruidas, como destruyó Salmán a Bet-arbel en el día de la batalla, cuando la madre fue destrozada con los hijos.
15 Así hará a vosotros Bet-el, por causa de vuestra gran maldad; a la mañana será del todo cortado el rey de Israel.

4 They make many promises,
　take false oaths
and make agreements;
therefore lawsuits spring up
like poisonous weeds in a plowed field.
5 The people who live in Samaria fear
　for the calf-idol of Beth Aven. *z*
Its people will mourn over it,
　and so will its idolatrous priests,
those who had rejoiced over its splendor,
　because it is taken from them into exile.
6 It will be carried to Assyria
　as tribute for the great king.
Ephraim will be disgraced;
　Israel will be ashamed of its wooden idols. *a*
7 Samaria and its king will float away
　like a twig on the surface of the waters.
8 The high places of wickedness *b* will be
　　destroyed—
　it is the sin of Israel.
Thorns and thistles will grow up
　and cover their altars.
Then they will say to the mountains, "Cover us!"
　and to the hills, "Fall on us!"
9 "Since the days of Gibeah, you have sinned,
　　O Israel,
　and there you have remained. *c*
Did not war overtake
　the evildoers in Gibeah?
10 When I please, I will punish them;
　nations will be gathered against them
to put them in bonds for their double sin.
11 Ephraim is a trained heifer
　that loves to thresh;
so I will put a yoke
　on her fair neck.
I will drive Ephraim,
　Judah must plow,
　and Jacob must break up the ground.
12 Sow for yourselves righteousness,
　reap the fruit of unfailing love,
and break up your unplowed ground;
　for it is time to seek the LORD,
until he comes
　and showers righteousness on you.
13 But you have planted wickedness,
　you have reaped evil,
　you have eaten the fruit of deception.
Because you have depended on your own
　　strength
　and on your many warriors,
14 the roar of battle will rise against your people,
　so that all your fortresses will be devastated—
as Shalman devastated Beth Arbel on the day of
　　battle,
　when mothers were dashed to the ground
　　with their children.
15 Thus will it happen to you, O Bethel,
　because your wickedness is great.
When that day dawns,
　the king of Israel will be completely destroyed.

---

z5 Beth Aven means *house of wickedness* (a name for Bethel, which means *house of God*). *a6* Or *its counsel*　*b8* Hebrew *aven,* a reference to Beth Aven (a derogatory name for Bethel) *c9* Or *there a stand was taken*

Dios se compadece de su pueblo obstinado

11 ¹Cuando Israel era muchacho, yo lo amé, y de Egipto llamé a mi hijo.

²Cuanto más yo los llamaba, tanto más se alejaban de mí; a los baales sacrificaban, y a los ídolos ofrecían sahumerios.

³Yo con todo eso enseñaba a andar al mismo Efraín, tomándole de los brazos; y no conoció que yo le cuidaba.

⁴Con cuerdas humanas los atraje, con cuerdas de amor; y fui para ellos como los que alzan el yugo de sobre su cerviz, y puse delante de ellos la comida.

⁵No volverá a tierra de Egipto, sino que el asirio mismo será su rey, porque no se quisieron convertir.

⁶Caerá espada sobre sus ciudades, y consumirá sus aldeas; las consumirá a causa de sus propios consejos.

⁷Entre tanto, mi pueblo está adherido a la rebelión contra mí; aunque me llaman el Altísimo, ninguno absolutamente me quiere enaltecer.

⁸¿Cómo podré abandonarte, oh Efraín? ¿Te entregaré yo, Israel? ¿Cómo podré yo hacerte como Adma, o ponerte como a Zeboim? Mi corazón se conmueve dentro de mí, se inflama toda mi compasión.

⁹No ejecutaré el ardor de mi ira, ni volveré para destruir a Efraín; porque Dios soy, y no hombre, el Santo en medio de ti; y no entraré en la ciudad.

¹⁰En pos de Jehová caminarán; él rugirá como león; rugirá, y los hijos vendrán temblando desde el occidente.

¹¹Como ave acudirán velozmente de Egipto, y de la tierra de Asiria como paloma; y los haré habitar en sus casas, dice Jehová.

¹²Me rodeó Efraín de mentira, y la casa de Israel de engaño. Judá aún gobierna con Dios, y es fiel con los santos.

Efraín reprendido por su falsedad y opresión

12 ¹Efraín se apacienta de viento, y sigue al solano; mentira y destrucción aumenta continuamente; porque hicieron pacto con los asirios, y el aceite se lleva a Egipto.

²Pleito tiene Jehová con Judá para castigar a Jacob conforme a sus caminos; le pagará conforme a sus obras.

³En el seno materno tomó por el calcañar a su hermano, y con su poder venció al ángel.

God's Love for Israel

11 ¹"When Israel was a child, I loved him, and out of Egypt I called my son.

²But the more I^d called Israel, the further they went from me.^{e} They sacrificed to the Baals and they burned incense to images.

³It was I who taught Ephraim to walk, taking them by the arms; but they did not realize it was I who healed them.

⁴I led them with cords of human kindness, with ties of love; I lifted the yoke from their neck and bent down to feed them.

⁵"Will they not return to Egypt and will not Assyria rule over them because they refuse to repent?

⁶Swords will flash in their cities, will destroy the bars of their gates and put an end to their plans.

⁷My people are determined to turn from me. Even if they call to the Most High, he will by no means exalt them.

⁸"How can I give you up, Ephraim? How can I hand you over, Israel? How can I treat you like Admah? How can I make you like Zeboiim? My heart is changed within me; all my compassion is aroused.

⁹I will not carry out my fierce anger, nor will I turn and devastate Ephraim. For I am God, and not man— the Holy One among you. I will not come in wrath.^{f}

¹⁰They will follow the LORD; he will roar like a lion. When he roars, his children will come trembling from the west.

¹¹They will come trembling like birds from Egypt, like doves from Assyria. I will settle them in their homes," declares the LORD.

Israel's Sin

¹²Ephraim has surrounded me with lies, the house of Israel with deceit. And Judah is unruly against God, even against the faithful Holy One.

12 ¹Ephraim feeds on the wind; he pursues the east wind all day and multiplies lies and violence. He makes a treaty with Assyria and sends olive oil to Egypt.

²The LORD has a charge to bring against Judah; he will punish Jacob^g according to his ways and repay him according to his deeds.

³In the womb he grasped his brother's heel; as a man he struggled with God.

---

^{d}2 Some Septuagint manuscripts; Hebrew *they* ^{e}2 Septuagint; Hebrew *them* ^{f}9 Or *come against any city* ^{g}2 *Jacob* means *he grasps the heel* (figuratively, *he deceives*).

4 Venció al ángel, y prevaleció; lloró, y le rogó; en Bet-el le halló, y allí habló con nosotros.
5 Mas Jehová es Dios de los ejércitos; Jehová es su nombre.
6 Tú, pues, vuélvete a tu Dios; guarda misericordia y juicio, y en tu Dios confía siempre.
7 Mercader que tiene en su mano peso falso, amador de opresión,
8 Efraín dijo: Ciertamente he enriquecido, he hallado riquezas para mí; nadie hallará iniquidad en mí, ni pecado en todos mis trabajos.
9 Pero yo soy Jehová tu Dios desde la tierra de Egipto; aún te haré morar en tiendas, como en los días de la fiesta.
10 Y he hablado a los profetas, y aumenté la profecía, y por medio de los profetas usé parábolas.
11 ¿Es Galaad iniquidad? Ciertamente vanidad han sido; en Gilgal sacrificaron bueyes, y sus altares son como montones en los surcos del campo.
12 Pero Jacob huyó a tierra de Aram, Israel sirvió para adquirir mujer, y por adquirir mujer fue pastor.
13 Y por un profeta Jehová hizo subir a Israel de Egipto, y por un profeta fue guardado.
14 Efraín ha provocado a Dios con amarguras; por tanto, hará recaer sobre él la sangre que ha derramado, y su Señor le pagará su oprobio.

Destrucción total de Efraín predicha

13 1 Cuando Efraín hablaba, hubo temor; fue exaltado en Israel; mas pecó en Baal, y murió.
2 Y ahora añadieron a su pecado, y de su plata se han hecho según su entendimiento imágenes de fundición, ídolos, toda obra de artífices, acerca de los cuales dicen a los hombres que sacrifican, que besen los becerros.
3 Por tanto, serán como la niebla de la mañana, y como el rocío de la madrugada que se pasa; como el tamo que la tempestad arroja de la era, y como el humo que sale de la chimenea.
4 Mas yo soy Jehová tu Dios desde la tierra de Egipto; no conocerás, pues, otro dios fuera de mí, ni otro salvador sino a mí.
5 Yo te conocí en el desierto, en tierra seca.

4 He struggled with the angel and overcame him;
　he wept and begged for his favor.
He found him at Bethel
　and talked with him there—
5 the LORD God Almighty,
　the LORD is his name of renown!
6 But you must return to your God;
　maintain love and justice,
　and wait for your God always.

7 The merchant uses dishonest scales;
　he loves to defraud.
8 Ephraim boasts,
　"I am very rich; I have become wealthy.
With all my wealth they will not find in me
　any iniquity or sin."

9 "I am the LORD your God,
　who brought you out of[h] Egypt;
I will make you live in tents again,
　as in the days of your appointed feasts.
10 I spoke to the prophets,
　gave them many visions
　and told parables through them."

11 Is Gilead wicked?
　Its people are worthless!
Do they sacrifice bulls in Gilgal?
　Their altars will be like piles of stones
　on a plowed field.
12 Jacob fled to the country of Aram[i];
　Israel served to get a wife,
　and to pay for her he tended sheep.
13 The LORD used a prophet to bring Israel up from
　Egypt,
　by a prophet he cared for him.
14 But Ephraim has bitterly provoked him to anger;
　his Lord will leave upon him the guilt of his
　bloodshed
　and will repay him for his contempt.

The LORD's Anger Against Israel

13 When Ephraim spoke, men trembled;
　he was exalted in Israel.
But he became guilty of Baal worship and
　died.
2 Now they sin more and more;
　they make idols for themselves from their
　silver,
cleverly fashioned images,
　all of them the work of craftsmen.
It is said of these people,
　"They offer human sacrifice
　and kiss[j] the calf-idols."
3 Therefore they will be like the morning mist,
　like the early dew that disappears,
　like chaff swirling from a threshing floor,
　like smoke escaping through a window.

4 "But I am the LORD your God,
　who brought you out of[h] Egypt.
You shall acknowledge no God but me,
　no Savior except me.
5 I cared for you in the desert,
　in the land of burning heat.

h 9,4 Or God / ever since you were in　i 12 That is, Northwest Mesopotamia　j 2 Or "Men who sacrifice / kiss

6En sus pastos se saciaron, y repletos, se ensoberbeció su corazón; por esta causa se olvidaron de mí.

7Por tanto, yo seré para ellos como león; como un leopardo en el camino los acecharé.

8Como osa que ha perdido los hijos los encontraré, y desgarraré las fibras de su corazón, y allí los devoraré como león; fiera del campo los despedazará.

9Te perdiste, oh Israel, mas en mí está tu ayuda.

10¿Dónde está tu rey, para que te guarde con todas tus ciudades; y tus jueces, de los cuales dijiste: Dame rey y príncipes?

11Te di rey en mi furor, y te lo quité en mi ira.

12Atada está la maldad de Efraín; su pecado está guardado.

13Dolores de mujer que da a luz le vendrán; es un hijo no sabio, porque ya hace tiempo que no debiera detenerse al punto mismo de nacer.

14De la mano del Seol los redimiré, los libraré de la muerte. Oh muerte, yo seré tu muerte; y seré tu destrucción, oh Seol; la compasión será escondida de mi vista.

15Aunque él fructifique entre los hermanos, vendrá el solano, viento de Jehová; se levantará desde el desierto, y se secará su manantial, y se agotará su fuente; él saqueará el tesoro de todas sus preciosas alhajas.

16Samaria será asolada, porque se rebeló contra su Dios; caerán a espada; sus niños serán estrellados, y sus mujeres encintas serán abiertas.

Súplica a Israel para que vuelva a Jehová

14 1Vuelve, oh Israel, a Jehová tu Dios; porque por tu pecado has caído.

2Llevad con vosotros palabras de súplica, y volved a Jehová, y decidle: Quita toda iniquidad, y acepta el bien, y te ofreceremos la ofrenda de nuestros labios.

3No nos librará el asirio; no montaremos en caballos, ni nunca más diremos a la obra de nuestras manos: Dioses nuestros; porque en ti el huérfano alcanzará misericordia.

4Yo sanaré su rebelión, los amaré de pura gracia; porque mi ira se apartó de ellos.

6When I fed them, they were satisfied;
  when they were satisfied, they became proud;
  then they forgot me.
7So I will come upon them like a lion,
  like a leopard I will lurk by the path.
8Like a bear robbed of her cubs,
  I will attack them and rip them open.
 Like a lion I will devour them;
  a wild animal will tear them apart.

9"You are destroyed, O Israel,
  because you are against me, against your
      helper.
10Where is your king, that he may save you?
  Where are your rulers in all your towns,
 of whom you said,
  'Give me a king and princes'?
11So in my anger I gave you a king,
  and in my wrath I took him away.
12The guilt of Ephraim is stored up,
  his sins are kept on record.
13Pains as of a woman in childbirth come to him,
  but he is a child without wisdom;
 when the time arrives,
  he does not come to the opening of the
      womb.

14"I will ransom them from the power of the
      grave k;
  I will redeem them from death.
 Where, O death, are your plagues?
  Where, O grave, k is your destruction?

 "I will have no compassion,
15 even though he thrives among his brothers.
 An east wind from the LORD will come,
  blowing in from the desert;
 his spring will fail
  and his well dry up.
 His storehouse will be plundered
  of all its treasures.
16The people of Samaria must bear their guilt,
  because they have rebelled against their God.
 They will fall by the sword;
  their little ones will be dashed to the ground,
  their pregnant women ripped open."

Repentance to Bring Blessing

14 Return, O Israel, to the LORD your God.
    Your sins have been your downfall!
2Take words with you
  and return to the LORD.
 Say to him:
  "Forgive all our sins
 and receive us graciously,
  that we may offer the fruit of our lips. l
3Assyria cannot save us;
  we will not mount war-horses.
 We will never again say 'Our gods'
  to what our own hands have made,
  for in you the fatherless find compassion."

4"I will heal their waywardness
  and love them freely,
  for my anger has turned away from them.

k14 Hebrew *Sheol*   l2 Or *offer our lips as sacrifices of bulls*

5 Yo seré a Israel como rocío; él florecerá como lirio, y extenderá sus raíces como el Líbano.

6 Se extenderán sus ramas, y será su gloria como la del olivo, y perfumará como el Líbano.

7 Volverán y se sentarán bajo su sombra; serán vivificados como trigo, y florecerán como la vid; su olor será como de vino del Líbano.

8 Efraín dirá: ¿Qué más tendré ya con los ídolos? Yo lo oiré, y miraré; yo seré a él como la haya verde; de mí será hallado tu fruto.

9 ¿Quién es sabio para que entienda esto, y prudente para que lo sepa? Porque los caminos de Jehová son rectos, y los justos andarán por ellos; mas los rebeldes caerán en ellos.

5 I will be like the dew to Israel;
    he will blossom like a lily.
Like a cedar of Lebanon
    he will send down his roots;
6   his young shoots will grow.
His splendor will be like an olive tree,
    his fragrance like a cedar of Lebanon.
7 Men will dwell again in his shade.
    He will flourish like the grain.
He will blossom like a vine,
    and his fame will be like the wine from
        Lebanon.
8 O Ephraim, what more have I *m* to do with
    idols?
I will answer him and care for him.
I am like a green pine tree;
    your fruitfulness comes from me."

9 Who is wise? He will realize these things.
    Who is discerning? He will understand them.
The ways of the LORD are right;
    the righteous walk in them,
    but the rebellious stumble in them.

---

m 8 Or *What more has Ephraim*

JOEL

Devastación de la tierra por la langosta

1 ¹ Palabra de Jehová que vino a Joel, hijo de Petuel.
² Oíd esto, ancianos, y escuchad, todos los moradores de la tierra. ¿Ha acontecido esto en vuestros días, o en los días de vuestros padres?
³ De esto contaréis a vuestros hijos, y vuestros hijos a sus hijos, y sus hijos a la otra generación.
⁴ Lo que quedó de la oruga comió el saltón, y lo que quedó del saltón comió el revoltón; y la langosta comió lo que del revoltón había quedado.
⁵ Despertad, borrachos, y llorad; gemid, todos los que bebéis vino, a causa del mosto, porque os es quitado de vuestra boca.
⁶ Porque pueblo fuerte e innumerable subió a mi tierra; sus dientes son dientes de león, y sus muelas, muelas de león.
⁷ Asoló mi vid, y descortezó mi higuera; del todo la desnudó y derribó; sus ramas quedaron blancas.
⁸ Llora tú como joven vestida de cilicio por el marido de su juventud.
⁹ Desapareció de la casa de Jehová la ofrenda y la libación; los sacerdotes ministros de Jehová están de duelo.
¹⁰ El campo está asolado, se enlutó la tierra; porque el trigo fue destruido, se secó el mosto, se perdió el aceite.
¹¹ Confundíos, labradores; gemid, viñeros, por el trigo y la cebada, porque se perdió la mies del campo.
¹² La vid está seca, y pereció la higuera; el granado también, la palmera y el manzano; todos los árboles del campo se secaron, por lo cual se extinguió el gozo de los hijos de los hombres.

JOEL

An Invasion of Locusts

1 The word of the Lord that came to Joel son of Pethuel.

² Hear this, you elders;
  listen, all who live in the land.
Has anything like this ever happened in your days
  or in the days of your forefathers?
³ Tell it to your children,
  and let your children tell it to their children,
  and their children to the next generation.
⁴ What the locust swarm has left
  the great locusts have eaten;
what the great locusts have left
  the young locusts have eaten;
what the young locusts have left
  other locusts *a* have eaten.

⁵ Wake up, you drunkards, and weep!
  Wail, all you drinkers of wine;
wail because of the new wine,
  for it has been snatched from your lips.
⁶ A nation has invaded my land,
  powerful and without number;
 it has the teeth of a lion,
  the fangs of a lioness.
⁷ It has laid waste my vines
  and ruined my fig trees.
 It has stripped off their bark
  and thrown it away,
  leaving their branches white.

⁸ Mourn like a virgin *b* in sackcloth
  grieving for the husband *c* of her youth.
⁹ Grain offerings and drink offerings
  are cut off from the house of the Lord.
The priests are in mourning,
  those who minister before the Lord.
¹⁰ The fields are ruined,
  the ground is dried up *d*;
the grain is destroyed,
  the new wine is dried up,
  the oil fails.
¹¹ Despair, you farmers,
  wail, you vine growers;
grieve for the wheat and the barley,
  because the harvest of the field is destroyed.
¹² The vine is dried up
  and the fig tree is withered;
the pomegranate, the palm and the apple tree—
  all the trees of the field—are dried up.
Surely the joy of mankind
  is withered away.

13Ceñíos y lamentad, sacerdotes; gemid, ministros del altar; venid, dormid en cilicio, ministros de mi Dios; porque quitada es de la casa de vuestro Dios la ofrenda y la libación.

14Proclamad ayuno, convocad a asamblea; congregad a los ancianos y a todos los moradores de la tierra en la casa de Jehová vuestro Dios, y clamad a Jehová.

15¡Ay del día! porque cercano está el día de Jehová, y vendrá como destrucción por el Todopoderoso.

16¿No fue arrebatado el alimento de delante de nuestros ojos, la alegría y el placer de la casa de nuestro Dios?

17El grano se pudrió debajo de los terrones, los graneros fueron asolados, los alfolíes destruidos; porque se secó el trigo.

18¡Cómo gimieron las bestias! ¡cuán turbados anduvieron los hatos de los bueyes, porque no tuvieron pastos! También fueron asolados los rebaños de las ovejas.

19A ti, oh Jehová, clamaré; porque fuego consumió los pastos del desierto, y llama abrasó todos los árboles del campo.

20Las bestias del campo bramarán también a ti, porque se secaron los arroyos de las aguas, y fuego consumió las praderas del desierto.

2

1Tocad trompeta en Sion, y dad alarma en mi santo monte; tiemblen todos los moradores de la tierra, porque viene el día de Jehová, porque está cercano.

2Día de tinieblas y de oscuridad, día de nube y de sombra; como sobre los montes se extiende el alba, así vendrá un pueblo grande y fuerte; semejante a él no lo hubo jamás, ni después de él lo habrá en años de muchas generaciones.

3Delante de él consumirá fuego, tras de él abrasará llama; como el huerto del Edén será la tierra delante de él, y detrás de él como desierto asolado; ni tampoco habrá quien de él escape.

4Su aspecto, como aspecto de caballos, y como gente de a caballo correrán.

5Como estruendo de carros saltarán sobre las cumbres de los montes; como sonido de llama de fuego que consume hojarascas, como pueblo fuerte dispuesto para la batalla.

A Call to Repentance

13Put on sackcloth, O priests, and mourn;
　wail, you who minister before the altar.
Come, spend the night in sackcloth,
　you who minister before my God;
for the grain offerings and drink offerings
　are withheld from the house of your God.

14Declare a holy fast;
　call a sacred assembly.
Summon the elders
　and all who live in the land
to the house of the LORD your God,
　and cry out to the LORD.

15Alas for that day!
　For the day of the LORD is near;
　it will come like destruction from the
　　Almighty.e

16Has not the food been cut off
　before our very eyes—
joy and gladness
　from the house of our God?

17The seeds are shriveled
　beneath the clods.f
The storehouses are in ruins,
　the granaries have been broken down,
　for the grain has dried up.

18How the cattle moan!
　The herds mill about
because they have no pasture;
　even the flocks of sheep are suffering.

19To you, O LORD, I call,
　for fire has devoured the open pastures
　and flames have burned up all the trees of the
　　field.

20Even the wild animals pant for you;
　the streams of water have dried up
　and fire has devoured the open pastures.

An Army of Locusts

2

1Blow the trumpet in Zion;
　sound the alarm on my holy hill.
Let all who live in the land tremble,
　for the day of the LORD is coming.
It is close at hand—
2　a day of darkness and gloom,
　a day of clouds and blackness.
Like dawn spreading across the mountains
　a large and mighty army comes,
such as never was of old
　nor ever will be in ages to come.

3Before them fire devours,
　behind them a flame blazes.
Before them the land is like the garden of Eden,
　behind them, a desert waste—
　nothing escapes them.

4They have the appearance of horses;
　they gallop along like cavalry.

5With a noise like that of chariots
　they leap over the mountaintops,
like a crackling fire consuming stubble,
　like a mighty army drawn up for battle.

e15 Hebrew Shaddai　　f17 The meaning of the Hebrew for this word is uncertain.

⁶Delante de él temerán los pueblos; se pondrán pálidos todos los semblantes.

⁷Como valientes correrán, como hombres de guerra subirán el muro; cada cual marchará por su camino, y no torcerá su rumbo.

⁸Ninguno estrechará a su compañero, cada uno irá por su carrera; y aun cayendo sobre la espada no se herirán.

⁹Irán por la ciudad, correrán por el muro, subirán por las casas, entrarán por las ventanas a manera de ladrones.

¹⁰Delante de él temblará la tierra, se estremecerán los cielos; el sol y la luna se oscurecerán, y las estrellas retraerán su resplandor.

¹¹Y Jehová dará su orden delante de su ejército; porque muy grande es su campamento; fuerte es el que ejecuta su orden; porque grande es el día de Jehová, y muy terrible; ¿quién podrá soportarlo?

La misericordia de Jehová

¹²Por eso pues, ahora, dice Jehová, convertíos a mí con todo vuestro corazón, con ayuno y lloro y lamento.

¹³Rasgad vuestro corazón, y no vuestros vestidos, y convertíos a Jehová vuestro Dios; porque misericordioso es y clemente, tardo para la ira y grande en misericordia, y que se duele del castigo.

¹⁴¿Quién sabe si volverá y se arrepentirá y dejará bendición tras de él, esto es, ofrenda y libación para Jehová vuestro Dios?

¹⁵Tocad trompeta en Sion, proclamad ayuno, convocad asamblea.

¹⁶Reunid al pueblo, santificad la reunión, juntad a los ancianos, congregad a los niños y a los que maman, salga de su cámara el novio, y de su tálamo la novia.

¹⁷Entre la entrada y el altar lloren los sacerdotes ministros de Jehová, y digan: Perdona, oh Jehová, a tu pueblo, y no entregues al oprobio tu heredad, para que las naciones se enseñoreen de ella. ¿Por qué han de decir entre los pueblos: Dónde está su Dios?

¹⁸Y Jehová, solícito por su tierra, perdonará a su pueblo.

⁶At the sight of them, nations are in anguish; every face turns pale.

⁷They charge like warriors; they scale walls like soldiers. They all march in line, not swerving from their course.

⁸They do not jostle each other; each marches straight ahead. They plunge through defenses without breaking ranks.

⁹They rush upon the city; they run along the wall. They climb into the houses; like thieves they enter through the windows.

¹⁰Before them the earth shakes, the sky trembles, the sun and moon are darkened, and the stars no longer shine.

¹¹The LORD thunders at the head of his army; his forces are beyond number, and mighty are those who obey his command. The day of the LORD is great; it is dreadful. Who can endure it?

Rend Your Heart

¹²"Even now," declares the LORD, "return to me with all your heart, with fasting and weeping and mourning."

¹³Rend your heart and not your garments. Return to the LORD your God, for he is gracious and compassionate, slow to anger and abounding in love, and he relents from sending calamity.

¹⁴Who knows? He may turn and have pity and leave behind a blessing— grain offerings and drink offerings for the LORD your God.

¹⁵Blow the trumpet in Zion, declare a holy fast, call a sacred assembly.

¹⁶Gather the people, consecrate the assembly; bring together the elders, gather the children, those nursing at the breast. Let the bridegroom leave his room and the bride her chamber.

¹⁷Let the priests, who minister before the LORD, weep between the temple porch and the altar. Let them say, "Spare your people, O LORD. Do not make your inheritance an object of scorn, a byword among the nations. Why should they say among the peoples, 'Where is their God?' "

The LORD's Answer

¹⁸Then the LORD will be jealous for his land and take pity on his people.

19 Responderá Jehová, y dirá a su pueblo: He aquí yo os envío pan, mosto y aceite, y seréis saciados de ellos; y nunca más os pondré en oprobio entre las naciones.
20 Y haré alejar de vosotros al del norte, y lo echaré en tierra seca y desierta; su faz será hacia el mar oriental, y su fin al mar occidental; y exhalará su hedor, y subirá su pudrición, porque hizo grandes cosas.
21 Tierra, no temas; alégrate y gózate, porque Jehová hará grandes cosas.
22 Animales del campo, no temáis; porque los pastos del desierto reverdecerán, porque los árboles llevarán su fruto, la higuera y la vid darán sus frutos.
23 Vosotros también, hijos de Sion, alegraos y gozaos en Jehová vuestro Dios; porque os ha dado la primera lluvia a su tiempo, y hará descender sobre vosotros lluvia temprana y tardía como al principio.
24 Las eras se llenarán de trigo, y los lagares rebosarán de vino y aceite.
25 Y os restituiré los años que comió la oruga, el saltón, el revoltón y la langosta, mi gran ejército que envié contra vosotros.
26 Comeréis hasta saciaros, y alabaréis el nombre de Jehová vuestro Dios, el cual hizo maravillas con vosotros; y nunca jamás será mi pueblo avergonzado.
27 Y conoceréis que en medio de Israel estoy yo, y que yo soy Jehová vuestro Dios, y no hay otro; y mi pueblo nunca jamás será avergonzado.

Derramamiento del Espíritu de Dios

28 Y después de esto derramaré mi Espíritu sobre toda carne, y profetizarán vuestros hijos y vuestras hijas; vuestros ancianos soñarán sueños, y vuestros jóvenes verán visiones.
29 Y también sobre los siervos y sobre las siervas derramaré mi Espíritu en aquellos días.
30 Y daré prodigios en el cielo y en la tierra, sangre, y fuego, y columnas de humo.
31 El sol se convertirá en tinieblas, y la luna en sangre, antes que venga el día grande y espantoso de Jehová.

19 The LORD will reply[g] to them:

"I am sending you grain, new wine and oil,
   enough to satisfy you fully;
never again will I make you
   an object of scorn to the nations.
20 "I will drive the northern army far from you,
   pushing it into a parched and barren land,
with its front columns going into the eastern
   sea[h]
and those in the rear into the western sea.[i]
And its stench will go up;
   its smell will rise."

Surely he has done great things.[j]
21 Be not afraid, O land;
   be glad and rejoice.
Surely the LORD has done great things.
22 Be not afraid, O wild animals,
   for the open pastures are becoming green.
The trees are bearing their fruit;
   the fig tree and the vine yield their riches.
23 Be glad, O people of Zion,
   rejoice in the LORD your God,
for he has given you
   the autumn rains in righteousness.[k]
He sends you abundant showers,
   both autumn and spring rains, as before.
24 The threshing floors will be filled with grain;
   the vats will overflow with new wine and oil.

25 "I will repay you for the years the locusts have
   eaten—
   the great locust and the young locust,
   the other locusts and the locust swarm[l]—
my great army that I sent among you.
26 You will have plenty to eat, until you are full,
   and you will praise the name of the LORD your
     God,
who has worked wonders for you;
   never again will my people be shamed.
27 Then you will know that I am in Israel,
   that I am the LORD your God,
   and that there is no other;
never again will my people be shamed.

The Day of the LORD

28 "And afterward,
   I will pour out my Spirit on all people.
Your sons and daughters will prophesy,
   your old men will dream dreams,
   your young men will see visions.
29 Even on my servants, both men and women,
   I will pour out my Spirit in those days.
30 I will show wonders in the heavens
   and on the earth,
   blood and fire and billows of smoke.
31 The sun will be turned to darkness
   and the moon to blood
   before the coming of the great and dreadful
     day of the LORD.

g 18,19 Or LORD was jealous . . . / and took pity . . . / 19 The LORD replied h 20 That is, the Dead Sea i 20 That is, the Mediterranean j 20 Or rise. / Surely it has done great things." k 23 Or / the teacher for righteousness: l 25 The precise meaning of the four Hebrew words used here for locusts is uncertain.

³²Y todo aquel que invocare el nombre de Jehová será salvo;· porque en el monte de Sion y en Jerusalén habrá salvación, como ha dicho Jehová, y entre el remanente al cual él habrá llamado.

Juicio de Jehová sobre las naciones

3 ¹Porque he aquí que en aquellos días, y en aquel tiempo en que haré volver la cautividad de Judá y de Jerusalén,

²reuniré a todas las naciones, y las haré descender al valle de Josafat, y allí entraré en juicio con ellas a causa de mi pueblo, y de Israel mi heredad, a quien ellas esparcieron entre las naciones, y repartieron mi tierra;

³y echaron suertes sobre mi pueblo, y dieron los niños por una ramera, y vendieron las niñas por vino para beber.

⁴Y también, ¿qué tengo yo con vosotras, Tiro y Sidón, y todo el territorio de Filistea? ¿Queréis vengaros de mí? Y si de mí os vengáis, bien pronto haré yo recaer la paga sobre vuestra cabeza.

⁵Porque habéis llevado mi plata y mi oro, y mis cosas preciosas y hermosas metisteis en vuestros templos;

⁶y vendisteis los hijos de Judá y los hijos de Jerusalén a los hijos de los griegos, para alejarlos de su tierra.

⁷He aquí yo los levantaré del lugar donde los vendisteis, y volveré vuestra paga sobre vuestra cabeza;

⁸y venderé vuestros hijos y vuestras hijas a los hijos de Judá, y ellos los venderán a los sabeos, nación lejana; porque Jehová ha hablado.

⁹Proclamad esto entre las naciones, proclamad guerra, despertad a los valientes, acérquense, vengan todos los hombres de guerra.

¹⁰Forjad espadas de vuestros azadones, lanzas de vuestras hoces; diga el débil: Fuerte soy.

¹¹Juntaos y venid, naciones todas de alrededor, y congregaos; haz venir allí, oh Jehová, a tus fuertes.

¹²Despiértense las naciones, y suban al valle de Josafat; porque allí me sentaré para juzgar a todas las naciones de alrededor.

¹³Echad la hoz, porque la mies está ya madura. Venid, descended, porque el lagar está lleno, rebosan las cubas; porque mucha es la maldad de ellos.

¹⁴Muchos pueblos en el valle de la decisión; porque cercano está el día de Jehová en el valle de la decisión.

³²And everyone who calls
    on the name of the LORD will be saved;
for on Mount Zion and in Jerusalem
    there will be deliverance,
    as the LORD has said,
among the survivors
    whom the LORD calls.

The Nations Judged

3 "In those days and at that time,
    when I restore the fortunes of Judah and
        Jerusalem,

²I will gather all nations
    and bring them down to the Valley of
        Jehoshaphat.^m
There I will enter into judgment against them
    concerning my inheritance, my people Israel,
for they scattered my people among the nations
    and divided up my land.

³They cast lots for my people
    and traded boys for prostitutes;
they sold girls for wine
    that they might drink.

⁴"Now what have you against me, O Tyre and Sidon and all you regions of Philistia? Are you repaying me for something I have done? If you are paying me back, I will swiftly and speedily return on your own heads what you have done. ⁵For you took my silver and my gold and carried off my finest treasures to your temples. ⁶You sold the people of Judah and Jerusalem to the Greeks, that you might send them far from their homeland.

⁷"See, I am going to rouse them out of the places to which you sold them, and I will return on your own heads what you have done. ⁸I will sell your sons and daughters to the people of Judah, and they will sell them to the Sabeans, a nation far away." The LORD has spoken.

⁹Proclaim this among the nations:
    Prepare for war!
Rouse the warriors!
    Let all the fighting men draw near and attack.
¹⁰Beat your plowshares into swords
    and your pruning hooks into spears.
Let the weakling say,
    "I am strong!"
¹¹Come quickly, all you nations from every side,
    and assemble there.

Bring down your warriors, O LORD!

¹²"Let the nations be roused;
    let them advance into the Valley of
        Jehoshaphat,
for there I will sit
    to judge all the nations on every side.
¹³Swing the sickle,
    for the harvest is ripe.
Come, trample the grapes,
    for the winepress is full
    and the vats overflow—
so great is their wickedness!"

¹⁴Multitudes, multitudes
    in the valley of decision!
For the day of the LORD is near
    in the valley of decision.

^m2 *Jehoshaphat* means *the* LORD *judges*; also in verse 12.

15 El sol y la luna se oscurecerán, y las estrellas retraerán su resplandor.

Liberación de Judá

16 Y Jehová rugirá desde Sion, y dará su voz desde Jerusalén, y temblarán los cielos y la tierra; pero Jehová será la esperanza de su pueblo, y la fortaleza de los hijos de Israel.
17 Y conoceréis que yo soy Jehová vuestro Dios, que habito en Sion, mi santo monte; y Jerusalén será santa, y extraños no pasarán más por ella.
18 Sucederá en aquel tiempo, que los montes destilarán mosto, y los collados fluirán leche, y por todos los arroyos de Judá correrán aguas; y saldrá una fuente de la casa de Jehová, y regará el valle de Sitim.
19 Egipto será destruido, y Edom será vuelto en desierto asolado, por la injuria hecha a los hijos de Judá; porque derramaron en su tierra sangre inocente.
20 Pero Judá será habitada para siempre, y Jerusalén por generación y generación.
21 Y limpiaré la sangre de los que no había limpiado; y Jehová morará en Sion.

15 The sun and moon will be darkened,
and the stars no longer shine.
16 The Lord will roar from Zion
and thunder from Jerusalem;
the earth and the sky will tremble.
But the Lord will be a refuge for his people,
a stronghold for the people of Israel.

Blessings for God's People

17 "Then you will know that I, the Lord your God,
dwell in Zion, my holy hill.
Jerusalem will be holy;
never again will foreigners invade her.

18 "In that day the mountains will drip new wine,
and the hills will flow with milk;
all the ravines of Judah will run with water.
A fountain will flow out of the Lord's house
and will water the valley of acacias. n
19 But Egypt will be desolate,
Edom a desert waste,
because of violence done to the people of Judah,
in whose land they shed innocent blood.
20 Judah will be inhabited forever
and Jerusalem through all generations.
21 Their bloodguilt, which I have not pardoned,
I will pardon."

The Lord dwells in Zion!

n 18 Or Valley of Shittim

AMÓS

AMOS

Juicios contra las naciones vecinas

1 ¹ Las palabras de Amós, que fue uno de los pastores de Tecoa, que profetizó acerca de Israel en días de Uzías rey de Judá y en días de Jeroboam hijo de Joás, rey de Israel, dos años antes del terremoto.

² Dijo: Jehová rugirá desde Sion, y dará su voz desde Jerusalén, y los campos de los pastores se enlutarán, y se secará la cumbre del Carmelo.

³ Así ha dicho Jehová: Por tres pecados de Damasco, y por el cuarto, no revocaré su castigo; porque trillaron a Galaad con trillos de hierro.

⁴ Prenderé fuego en la casa de Hazael, y consumirá los palacios de Ben-adad.

⁵ Y quebraré los cerrojos de Damasco, y destruiré a los moradores del valle de Avén; y los gobernadores de Bet-edén; y el pueblo de Siria será transportado a Kir, dice Jehová.

⁶ Así ha dicho Jehová: Por tres pecados de Gaza, y por el cuarto, no revocaré su castigo; porque llevó cautivo a todo un pueblo para entregarlo a Edom.

⁷ Prenderé fuego en el muro de Gaza, y consumirá sus palacios.

⁸ Y destruiré a los moradores de Asdod, y a los gobernadores de Ascalón; y volveré mi mano contra Ecrón, y el resto de los filisteos perecerá, ha dicho Jehová el Señor.

⁹ Así ha dicho Jehová: Por tres pecados de Tiro, y por el cuarto, no revocaré su castigo; porque entregaron a todo un pueblo cautivo a Edom, y no se acordaron del pacto de hermanos.

¹⁰ Prenderé fuego en el muro de Tiro, y consumirá sus palacios.

¹¹ Así ha dicho Jehová: Por tres pecados de Edom, y por el cuarto, no revocaré su castigo; porque persiguió a espada a su hermano, y violó todo afecto natural; y en su furor le ha robado siempre, y perpetuamente ha guardado el rencor.

¹² Prenderé fuego en Temán, y consumirá los palacios de Bosra.

1 The words of Amos, one of the shepherds of Tekoa—what he saw concerning Israel two years before the earthquake, when Uzziah was king of Judah and Jeroboam son of Jehoash[a] was king of Israel. ²He said:

"The LORD roars from Zion
   and thunders from Jerusalem;
the pastures of the shepherds dry up,[b]
   and the top of Carmel withers."

Judgment on Israel's Neighbors

³This is what the LORD says:

"For three sins of Damascus,
   even for four, I will not turn back ⸢my wrath⸣.
Because she threshed Gilead
   with sledges having iron teeth,
⁴I will send fire upon the house of Hazael
   that will consume the fortresses of Ben-Hadad.
⁵I will break down the gate of Damascus;
   I will destroy the king who is in[c] the Valley
     of Aven[d]
and the one who holds the scepter in Beth Eden.
   The people of Aram will go into exile to Kir,"
                 says the LORD.

⁶This is what the LORD says:

"For three sins of Gaza,
   even for four, I will not turn back ⸢my wrath⸣.
Because she took captive whole communities
   and sold them to Edom,
⁷I will send fire upon the walls of Gaza
   that will consume her fortresses.
⁸I will destroy the king[e] of Ashdod
   and the one who holds the scepter in
     Ashkelon.
I will turn my hand against Ekron,
   till the last of the Philistines is dead,"
           says the Sovereign LORD.

⁹This is what the LORD says:

"For three sins of Tyre,
   even for four, I will not turn back ⸢my wrath⸣.
Because she sold whole communities of captives
   to Edom,
   disregarding a treaty of brotherhood,
¹⁰I will send fire upon the walls of Tyre
   that will consume her fortresses."

¹¹This is what the LORD says:

"For three sins of Edom,
   even for four, I will not turn back ⸢my wrath⸣.
Because he pursued his brother with a sword,
   stifling all compassion,[f]
because his anger raged continually
   and his fury flamed unchecked,
¹²I will send fire upon Teman
   that will consume the fortresses of Bozrah."

---

a1 Hebrew *Joash,* a variant of *Jehoash*   *b2* Or *shepherds mourn*   *c5* Or *the inhabitants of*   *d5 Aven* means *wickedness.*   *e8* Or *inhabitants*   *f11* Or *sword / and destroyed his allies*

13 Así ha dicho Jehová: Por tres pecados de los hijos de Amón, y por el cuarto, no revocaré su castigo; porque para ensanchar sus tierras abrieron a las mujeres de Galaad que estaban encintas.

14 Encenderé fuego en el muro de Rabá, y consumirá sus palacios con estruendo en el día de la batalla, con tempestad en día tempestuoso;

15 y su rey irá en cautiverio, él y todos sus príncipes, dice Jehová.

2 1 Así ha dicho Jehová: Por tres pecados de Moab, y por el cuarto, no revocaré su castigo; porque quemó los huesos del rey de Edom hasta calcinarlos.

2 Prenderé fuego en Moab, y consumirá los palacios de Queriot; y morirá Moab con tumulto, con estrépito y sonido de trompeta.

3 Y quitaré el juez de en medio de él, y mataré con él a todos sus príncipes, dice Jehová.

4 Así ha dicho Jehová: Por tres pecados de Judá, y por el cuarto, no revocaré su castigo; porque menospreciaron la ley de Jehová, y no guardaron sus ordenanzas, y les hicieron errar sus mentiras, en pos de las cuales anduvieron sus padres.

5 Prenderé, por tanto, fuego en Judá, el cual consumirá los palacios de Jerusalén.

Juicio contra Israel

6 Así ha dicho Jehová: Por tres pecados de Israel, y por el cuarto, no revocaré su castigo; porque vendieron por dinero al justo, y al pobre por un par de zapatos.

7 Pisotean en el polvo de la tierra las cabezas de los desvalidos, y tuercen el camino de los humildes; y el hijo y su padre se llegan a la misma joven, profanando mi santo nombre.

8 Sobre las ropas empeñadas se acuestan junto a cualquier altar; y el vino de los multados beben en la casa de sus dioses.

9 Yo destruí delante de ellos al amorreo, cuya altura era como la altura de los cedros, y fuerte como una encina; y destruí su fruto arriba y sus raíces abajo.

10 Y a vosotros os hice subir de la tierra de Egipto, y os conduje por el desierto cuarenta años, para que entraseis en posesión de la tierra del amorreo.

13 This is what the LORD says:

"For three sins of Ammon,
 even for four, I will not turn back ˌmy wrathˌ.
Because he ripped open the pregnant women of Gilead
 in order to extend his borders,
14 I will set fire to the walls of Rabbah
 that will consume her fortresses
amid war cries on the day of battle,
 amid violent winds on a stormy day.
15 Her king*g* will go into exile,
 he and his officials together,"
                    says the LORD.

2 This is what the LORD says:

"For three sins of Moab,
 even for four, I will not turn back ˌmy wrathˌ.
Because he burned, as if to lime,
 the bones of Edom's king,
2 I will send fire upon Moab
 that will consume the fortresses of Kerioth. *h*
Moab will go down in great tumult
 amid war cries and the blast of the trumpet.
3 I will destroy her ruler
 and kill all her officials with him,"
                    says the LORD.

4 This is what the LORD says:

"For three sins of Judah,
 even for four, I will not turn back ˌmy wrathˌ.
Because they have rejected the law of the LORD
 and have not kept his decrees,
because they have been led astray by false
  gods,*i*
 the gods*j* their ancestors followed,
5 I will send fire upon Judah
 that will consume the fortresses of Jerusalem."

Judgment on Israel

6 This is what the LORD says:

"For three sins of Israel,
 even for four, I will not turn back ˌmy wrathˌ.
They sell the righteous for silver,
 and the needy for a pair of sandals.
7 They trample on the heads of the poor
 as upon the dust of the ground
 and deny justice to the oppressed.
Father and son use the same girl
 and so profane my holy name.
8 They lie down beside every altar
 on garments taken in pledge.
In the house of their god
 they drink wine taken as fines.

9 "I destroyed the Amorite before them,
 though he was tall as the cedars
 and strong as the oaks.
I destroyed his fruit above
 and his roots below.

10 "I brought you up out of Egypt,
 and I led you forty years in the desert
 to give you the land of the Amorites.

---

g 15 Or / Molech; Hebrew malcam   *h* 2 Or of her cities
i 4 Or by lies   *j* 4 Or lies

11 Y levanté de vuestros hijos para profetas, y de vuestros jóvenes para que fuesen nazareos. ¿No es esto así, dice Jehová, hijos de Israel?

12 Mas vosotros disteis de beber vino a los nazareos, y a los profetas mandasteis diciendo: No profeticéis.

13 Pues he aquí, yo os apretaré en vuestro lugar, como se aprieta el carro lleno de gavillas;

14 y el ligero no podrá huir, y al fuerte no le ayudará su fuerza, ni el valiente librará su vida.

15 El que maneja el arco no resistirá, ni escapará el ligero de pies, ni el que cabalga en caballo salvará su vida.

16 El esforzado de entre los valientes huirá desnudo aquel día, dice Jehová.

11 I also raised up prophets from among your sons
    and Nazirites from among your young men.
Is this not true, people of Israel?"
                               declares the LORD.

12 "But you made the Nazirites drink wine
    and commanded the prophets not to prophesy.

13 "Now then, I will crush you
    as a cart crushes when loaded with grain.

14 The swift will not escape,
    the strong will not muster their strength,
    and the warrior will not save his life.

15 The archer will not stand his ground,
    the fleet-footed soldier will not get away,
    and the horseman will not save his life.

16 Even the bravest warriors
    will flee naked on that day,"
                                declares the LORD.

El rugido del león

3 1 Oíd esta palabra que ha hablado Jehová contra vosotros, hijos de Israel, contra toda la familia que hice subir de la tierra de Egipto. Dice así:

2 A vosotros solamente he conocido de todas las familias de la tierra; por tanto, os castigaré por todas vuestras maldades.

3 ¿Andarán dos juntos, si no estuvieren de acuerdo?

4 ¿Rugirá el león en la selva sin haber presa? ¿Dará el leoncillo su rugido desde su guarida, si no apresare?

5 ¿Caerá el ave en lazo sobre la tierra, sin haber cazador? ¿Se levantará el lazo de la tierra, si no ha atrapado algo?

6 ¿Se tocará la trompeta en la ciudad, y no se alborotará el pueblo? ¿Habrá algún mal en la ciudad, el cual Jehová no haya hecho?

7 Porque no hará nada Jehová el Señor, sin que revele su secreto a sus siervos los profetas.

8 Si el león ruge, ¿quién no temerá? Si habla Jehová el Señor, ¿quién no profetizará?

Destrucción de Samaria

9 Proclamad en los palacios de Asdod, y en los palacios de la tierra de Egipto, y decid: Reuníos sobre los montes de Samaria, y ved las muchas opresiones en medio de ella, y las violencias cometidas en su medio.

10 No saben hacer lo recto, dice Jehová, atesorando rapiña y despojo en sus palacios.

11 Por tanto, Jehová el Señor ha dicho así: Un enemigo vendrá por todos lados de la tierra, y derribará tu fortaleza, y tus palacios serán saqueados.

Witnesses Summoned Against Israel

3 Hear this word the LORD has spoken against you, O people of Israel—against the whole family I brought up out of Egypt:

2 "You only have I chosen
    of all the families of the earth;
therefore I will punish you
    for all your sins."

3 Do two walk together
    unless they have agreed to do so?

4 Does a lion roar in the thicket
    when he has no prey?
Does he growl in his den
    when he has caught nothing?

5 Does a bird fall into a trap on the ground
    where no snare has been set?
Does a trap spring up from the earth
    when there is nothing to catch?

6 When a trumpet sounds in a city,
    do not the people tremble?
When disaster comes to a city,
    has not the LORD caused it?

7 Surely the Sovereign LORD does nothing
    without revealing his plan
    to his servants the prophets.

8 The lion has roared—
    who will not fear?
The Sovereign LORD has spoken—
    who can but prophesy?

9 Proclaim to the fortresses of Ashdod
    and to the fortresses of Egypt:
"Assemble yourselves on the mountains of
    Samaria;
    see the great unrest within her
    and the oppression among her people."

10 "They do not know how to do right," declares
    the LORD,
"who hoard plunder and loot in their
    fortresses."

11 Therefore this is what the Sovereign LORD says:

"An enemy will overrun the land;
    he will pull down your strongholds
    and plunder your fortresses."

12Así ha dicho Jehová: De la manera que el pastor libra de la boca del león dos piernas, o la punta de una oreja, así escaparán los hijos de Israel que moran en Samaria en el rincón de una cama, y al lado de un lecho.

13Oíd y testificad contra la casa de Jacob, ha dicho Jehová Dios de los ejércitos:

14Que el día que castigue las rebeliones de Israel, castigaré también los altares de Bet-el; y serán cortados los cuernos del altar, y caerán a tierra.

15Y heriré la casa de invierno con la casa de verano, y las casas de marfil perecerán; y muchas casas serán arruinadas, dice Jehová.

4 1Oíd esta palabra, vacas de Basán, que estáis en el monte de Samaria, que oprimís a los pobres y quebrantáis a los menesterosos, que decís a vuestros señores: Traed, y beberemos.

2Jehová el Señor juró por su santidad: He aquí, vienen sobre vosotras días en que os llevarán con ganchos, y a vuestros descendientes con anzuelos de pescador;

3y saldréis por las brechas una tras otra, y seréis echadas del palacio, dice Jehová.

Aunque castigado, Israel no aprende

4Id a Bet-el, y prevaricad; aumentad en Gilgal la rebelión, y traed de mañana vuestros sacrificios, y vuestros diezmos cada tres días.

5Y ofreced sacrificio de alabanza con pan leudado, y proclamad, publicad ofrendas voluntarias, pues que así lo queréis, hijos de Israel, dice Jehová el Señor.

6Os hice estar a diente limpio en todas vuestras ciudades, y hubo falta de pan en todos vuestros pueblos; mas no os volvisteis a mí, dice Jehová.

7También os detuve la lluvia tres meses antes de la siega; e hice llover sobre una ciudad, y sobre otra ciudad no hice llover; sobre una parte llovió, y la parte sobre la cual no llovió, se secó.

8Y venían dos o tres ciudades a una ciudad para beber agua, y no se saciaban; con todo, no os volvisteis a mí, dice Jehová.

12This is what the LORD says:

"As a shepherd saves from the lion's mouth
only two leg bones or a piece of an ear,
so will the Israelites be saved,
those who sit in Samaria
on the edge of their beds
and in Damascus on their couches. k"

13"Hear this and testify against the house of Jacob," declares the Lord, the LORD God Almighty.

14"On the day I punish Israel for her sins,
I will destroy the altars of Bethel;
the horns of the altar will be cut off
and fall to the ground.

15I will tear down the winter house
along with the summer house;
the houses adorned with ivory will be destroyed
and the mansions will be demolished,"
declares the LORD.

Israel Has Not Returned to God

4 Hear this word, you cows of Bashan on Mount Samaria,
you women who oppress the poor and crush the needy
and say to your husbands, "Bring us some drinks!"

2The Sovereign LORD has sworn by his holiness:
"The time will surely come
when you will be taken away with hooks,
the last of you with fishhooks.

3You will each go straight out
through breaks in the wall,
and you will be cast out toward Harmon, l"
declares the LORD.

4"Go to Bethel and sin;
go to Gilgal and sin yet more.
Bring your sacrifices every morning,
your tithes every three years. m

5Burn leavened bread as a thank offering
and brag about your freewill offerings—
boast about them, you Israelites,
for this is what you love to do,"
declares the Sovereign LORD.

6"I gave you empty stomachs n in every city
and lack of bread in every town,
yet you have not returned to me,"
declares the LORD.

7"I also withheld rain from you
when the harvest was still three months away.
I sent rain on one town,
but withheld it from another.
One field had rain;
another had none and dried up.

8People staggered from town to town for water
but did not get enough to drink,
yet you have not returned to me,"
declares the LORD.

---

k 12 The meaning of the Hebrew for this line is uncertain.
l 3 Masoretic Text; with a different word division of the Hebrew (see Septuagint) out, O mountain of oppression   m 4 Or tithes on the third day   n 6 Hebrew you cleanness of teeth

9 Os herí con viento solano y con oruga; la langosta devoró vuestros muchos huertos y vuestras viñas, y vuestros higuerales y vuestros olivares; pero nunca os volvisteis a mí, dice Jehová.

10 Envié contra vosotros mortandad tal como en Egipto; maté a espada a vuestros jóvenes, con cautiverio de vuestros caballos, e hice subir el hedor de vuestros campamentos hasta vuestras narices; mas no os volvisteis a mí, dice Jehová.

11 Os trastorné como cuando Dios trastornó a Sodoma y a Gomorra, y fuisteis como tizón escapado del fuego; mas no os volvisteis a mí, dice Jehová.

12 Por tanto, de esta manera te haré a ti, oh Israel; y porque te he de hacer esto, prepárate para venir al encuentro de tu Dios, oh Israel.

13 Porque he aquí, el que forma los montes, y crea el viento, y anuncia al hombre su pensamiento; el que hace de las tinieblas mañana, y pasa sobre las alturas de la tierra; Jehová Dios de los ejércitos es su nombre.

Llamamiento al arrepentimiento

5 1 Oíd esta palabra que yo levanto para lamentación sobre vosotros, casa de Israel.

2 Cayó la virgen de Israel, y no podrá levantarse ya más; fue dejada sobre su tierra, no hay quien la levante.

3 Porque así ha dicho Jehová el Señor: La ciudad que salga con mil, volverá con ciento, y la que salga con ciento volverá con diez, en la casa de Israel.

4 Pero así dice Jehová a la casa de Israel: Buscadme, y viviréis;

5 y no busquéis a Bet-el, ni entréis en Gilgal, ni paséis a Beerseba; porque Gilgal será llevada en cautiverio, y Bet-el será deshecha.

6 Buscad a Jehová, y vivid; no sea que acometa como fuego a la casa de José y la consuma, sin haber en Bet-el quien lo apague.

7 Los que convertís en ajenjo el juicio, y la justicia la echáis por tierra,

9 "Many times I struck your gardens and vineyards,
 I struck them with blight and mildew.
Locusts devoured your fig and olive trees,
 yet you have not returned to me,"
       declares the LORD.

10 "I sent plagues among you
 as I did to Egypt.
I killed your young men with the sword,
 along with your captured horses.
I filled your nostrils with the stench of your
 camps,
 yet you have not returned to me,"
       declares the LORD.

11 "I overthrew some of you
 as I *o* overthrew Sodom and Gomorrah.
You were like a burning stick snatched from the
 fire,
 yet you have not returned to me,"
       declares the LORD.

12 "Therefore this is what I will do to you, Israel,
 and because I will do this to you,
 prepare to meet your God, O Israel."

13 He who forms the mountains,
 creates the wind,
 and reveals his thoughts to man,
he who turns dawn to darkness,
 and treads the high places of the earth—
 the LORD God Almighty is his name.

A Lament and Call to Repentance

5 Hear this word, O house of Israel, this lament I take up concerning you:

2 "Fallen is Virgin Israel,
 never to rise again,
deserted in her own land,
 with no one to lift her up."

3 This is what the Sovereign LORD says:

"The city that marches out a thousand strong for
 Israel
 will have only a hundred left;
the town that marches out a hundred strong
 will have only ten left."

4 This is what the LORD says to the house of Israel:

"Seek me and live;
5 do not seek Bethel,
do not go to Gilgal,
 do not journey to Beersheba.
For Gilgal will surely go into exile,
 and Bethel will be reduced to nothing. *p*"
6 Seek the LORD and live,
 or he will sweep through the house of Joseph
  like a fire;
it will devour,
 and Bethel will have no one to quench it.

7 You who turn justice into bitterness
 and cast righteousness to the ground

---

o 11 Hebrew *God* *p* 5 Or *grief*; or *wickedness*; Hebrew *aven,* a reference to Beth Aven (a derogatory name for Bethel)

8buscad al que hace las Pléyades y el Orión, y vuelve las tinieblas en mañana, y hace oscurecer el día como noche; el que llama a las aguas del mar, y las derrama sobre la faz de la tierra; Jehová es su nombre;
9que da esfuerzo al despojador sobre el fuerte, y hace que el despojador venga sobre la fortaleza.
10Ellos aborrecieron al reprensor en la puerta de la ciudad, y al que hablaba lo recto abominaron.
11Por tanto, puesto que vejáis al pobre y recibís de él carga de trigo, edificasteis casas de piedra labrada, mas no las habitaréis; plantasteis hermosas viñas, mas no beberéis el vino de ellas.
12Porque yo sé de vuestras muchas rebeliones, y de vuestros grandes pecados; sé que afligís al justo, y recibís cohecho, y en los tribunales hacéis perder su causa a los pobres.
13Por tanto, el prudente en tal tiempo calla, porque el tiempo es malo.
14Buscad lo bueno, y no lo malo, para que viváis; porque así Jehová Dios de los ejércitos estará con vosotros, como decís.
15Aborreced el mal, y amad el bien, y estableced la justicia en juicio; quizá Jehová Dios de los ejércitos tendrá piedad del remanente de José.
16Por tanto, así ha dicho Jehová, Dios de los ejércitos: En todas las plazas habrá llanto, y en todas las calles dirán: ¡Ay! ¡Ay!, y al labrador llamarán a lloro, y a endecha a los que sepan endechar.
17Y en todas las viñas habrá llanto; porque pasaré en medio de ti, dice Jehová.
18¡Ay de los que desean el día de Jehová! ¿Para qué queréis este día de Jehová? Será de tinieblas, y no de luz;
19como el que huye de delante del león, y se encuentra con el oso; o como si entrare en casa y apoyare su mano en la pared, y le muerde una culebra.
20¿No será el día de Jehová tinieblas, y no luz; oscuridad, que no tiene resplandor?
21Aborrecí, abominé vuestras solemnidades, y no me complaceré en vuestras asambleas.
22Y si me ofreciereis vuestros holocaustos y vuestras ofrendas, no los recibiré, ni miraré a las ofrendas de paz de vuestros animales engordados.

8(he who made the Pleiades and Orion,
who turns blackness into dawn
and darkens day into night,
who calls for the waters of the sea
and pours them out over the face of the
land—
the LORD is his name—
9he flashes destruction on the stronghold
and brings the fortified city to ruin),
10you hate the one who reproves in court
and despise him who tells the truth.

11You trample on the poor
and force him to give you grain.
Therefore, though you have built stone mansions,
you will not live in them;
though you have planted lush vineyards,
you will not drink their wine.
12For I know how many are your offenses
and how great your sins.

You oppress the righteous and take bribes
and you deprive the poor of justice in the
courts.
13Therefore the prudent man keeps quiet in such
times,
for the times are evil.

14Seek good, not evil,
that you may live.
Then the LORD God Almighty will be with you,
just as you say he is.
15Hate evil, love good;
maintain justice in the courts.
Perhaps the LORD God Almighty will have mercy
on the remnant of Joseph.

16Therefore this is what the Lord, the LORD God
Almighty, says:

"There will be wailing in all the streets
and cries of anguish in every public square.
The farmers will be summoned to weep
and the mourners to wail.
17There will be wailing in all the vineyards,
for I will pass through your midst,"
says the LORD.

The Day of the LORD

18Woe to you who long
for the day of the LORD!
Why do you long for the day of the LORD?
That day will be darkness, not light.
19It will be as though a man fled from a lion
only to meet a bear,
as though he entered his house
and rested his hand on the wall
only to have a snake bite him.
20Will not the day of the LORD be darkness, not
light—
pitch-dark, without a ray of brightness?

21"I hate, I despise your religious feasts;
I cannot stand your assemblies.
22Even though you bring me burnt offerings and
grain offerings,
I will not accept them.
Though you bring choice fellowship offerings,q
I will have no regard for them.

q22 Traditionally peace offerings

23 Quita de mí la multitud de tus cantares, pues no escucharé las salmodias de tus instrumentos.
24 Pero corra el juicio como las aguas, y la justicia como impetuoso arroyo.
25 ¿Me ofrecisteis sacrificios y ofrendas en el desierto en cuarenta años, oh casa de Israel?
26 Antes bien, llevabais el tabernáculo de vuestro Moloc y Quiún, ídolos vuestros, la estrella de vuestros dioses que os hicisteis.
27 Os haré, pues, transportar más allá de Damasco, ha dicho Jehová, cuyo nombre es Dios de los ejércitos.

Destrucción de Israel

6 ¹ ¡Ay de los reposados en Sion, y de los confiados en el monte de Samaria, los notables y principales entre las naciones, a los cuales acude la casa de Israel!
2 Pasad a Calne, y mirad; y de allí id a la gran Hamat; descended luego a Gat de los filisteos; ved si son aquellos reinos mejores que estos reinos, si su extensión es mayor que la vuestra,
3 oh vosotros que dilatáis el día malo, y acercáis la silla de iniquidad.
4 Duermen en camas de marfil, y reposan sobre sus lechos; y comen los corderos del rebaño, y los novillos de en medio del engordadero;
5 gorjean al son de la flauta, e inventan instrumentos musicales, como David;
6 beben vino en tazones, y se ungen con los ungüentos más preciosos; y no se afligen por el quebrantamiento de José.
7 Por tanto, ahora irán a la cabeza de los que van a cautividad, y se acercará el duelo de los que se entregan a los placeres.
8 Jehová el Señor juró por sí mismo, Jehová Dios de los ejércitos ha dicho: Abomino la grandeza de Jacob, y aborrezco sus palacios; y entregaré al enemigo la ciudad y cuanto hay en ella.
9 Y acontecerá que si diez hombres quedaren en una casa, morirán.
10 Y un pariente tomará a cada uno, y lo quemará para sacar los huesos de casa; y dirá al que estará en los rincones de la casa: ¿Hay aún alguno contigo? Y dirá: No. Y dirá aquél: Calla, porque no podemos mencionar el nombre de Jehová.
11 Porque he aquí, Jehová mandará, y herirá con hendiduras la casa mayor, y la casa menor con aberturas.
12 ¿Correrán los caballos por las peñas? ¿Ararán en ellas con bueyes? ¿Por qué habéis vosotros convertido el juicio en veneno, y el fruto de justicia en ajenjo?

23 Away with the noise of your songs!
    I will not listen to the music of your harps.
24 But let justice roll on like a river,
    righteousness like a never-failing stream!

25 "Did you bring me sacrifices and offerings
    forty years in the desert, O house of Israel?
26 You have lifted up the shrine of your king,
    the pedestal of your idols,
    the star of your god r—
    which you made for yourselves.
27 Therefore I will send you into exile beyond
      Damascus,"
    says the LORD, whose name is God Almighty.

Woe to the Complacent

6 Woe to you who are complacent in Zion,
    and to you who feel secure on Mount Samaria,
you notable men of the foremost nation,
    to whom the people of Israel come!
2 Go to Calneh and look at it;
    go from there to great Hamath,
    and then go down to Gath in Philistia.
Are they better off than your two kingdoms?
    Is their land larger than yours?
3 You put off the evil day
    and bring near a reign of terror.
4 You lie on beds inlaid with ivory
    and lounge on your couches.
You dine on choice lambs
    and fattened calves.
5 You strum away on your harps like David
    and improvise on musical instruments.
6 You drink wine by the bowlful
    and use the finest lotions,
    but you do not grieve over the ruin of Joseph.
7 Therefore you will be among the first to go into
      exile;
    your feasting and lounging will end.

The LORD Abhors the Pride of Israel

8 The Sovereign LORD has sworn by himself—the LORD God Almighty declares:

"I abhor the pride of Jacob
    and detest his fortresses;
I will deliver up the city
    and everything in it."

9 If ten men are left in one house, they too will die. 10 And if a relative who is to burn the bodies comes to carry them out of the house and asks anyone still hiding there, "Is anyone with you?" and he says, "No," then he will say, "Hush! We must not mention the name of the LORD."

11 For the LORD has given the command,
    and he will smash the great house into pieces
    and the small house into bits.

12 Do horses run on the rocky crags?
    Does one plow there with oxen?
But you have turned justice into poison
    and the fruit of righteousness into bitterness—

---

r26 Or lifted up Sakkuth your king / and Kaiwan your idols, / your star-gods; Septuagint lifted up the shrine of Molech / and the star of your god Rephan, / their idols

13 Vosotros que os alegráis en nada, que decís: ¿No hemos adquirido poder con nuestra fuerza?

14 Pues he aquí, oh casa de Israel, dice Jehová Dios de los ejércitos, levantaré yo sobre vosotros a una nación que os oprimirá desde la entrada de Hamat hasta el arroyo del Arabá.

Tres visiones de destrucción

7 1 Así me ha mostrado Jehová el Señor: He aquí, él criaba langostas cuando comenzaba a crecer el heno tardío; y he aquí era el heno tardío después de las siegas del rey.

2 Y aconteció que cuando acabó de comer la hierba de la tierra, yo dije: Señor Jehová, perdona ahora; ¿quién levantará a Jacob? porque es pequeño.

3 Se arrepintió Jehová de esto: No será, dijo Jehová.

4 Jehová el Señor me mostró así: He aquí, Jehová el Señor llamaba para juzgar con fuego; y consumió un gran abismo, y consumió una parte de la tierra.

5 Y dije: Señor Jehová, cesa ahora; ¿quién levantará a Jacob? porque es pequeño.

6 Se arrepintió Jehová de esto: No será esto tampoco, dijo Jehová el Señor.

7 Me enseñó así: He aquí el Señor estaba sobre un muro hecho a plomo, y en su mano una plomada de albañil.

8 Jehová entonces me dijo: ¿Qué ves, Amós? Y dije: Una plomada de albañil. Y el Señor dijo: He aquí, yo pongo plomada de albañil en medio de mi pueblo Israel; no lo toleraré más.

9 Los lugares altos de Isaac serán destruidos, y los santuarios de Israel serán asolados, y me levantaré con espada sobre la casa de Jeroboam.

Amós y Amasías

10 Entonces el sacerdote Amasías de Bet-el envió a decir a Jeroboam rey de Israel: Amós se ha levantado contra ti en medio de la casa de Israel; la tierra no puede sufrir todas sus palabras.

11 Porque así ha dicho Amós: Jeroboam morirá a espada, e Israel será llevado de su tierra en cautiverio.

12 Y Amasías dijo a Amós: Vidente, vete, huye a tierra de Judá, y come allá tu pan, y profetiza allá;

13 y no profetices más en Bet-el, porque es santuario del rey, y capital del reino.

14 Entonces respondió Amós, y dijo a Amasías: No soy profeta, ni soy hijo de profeta, sino que soy boyero, y recojo higos silvestres.

15 Y Jehová me tomó de detrás del ganado, y me dijo: Vé y profetiza a mi pueblo Israel.

16 Ahora, pues, oye palabra de Jehová. Tú dices: No profetices contra Israel, ni hables contra la casa de Isaac.

---

13 you who rejoice in the conquest of Lo Debar[s] and say, "Did we not take Karnaim[t] by our own strength?"

14 For the LORD God Almighty declares,
"I will stir up a nation against you, O house of Israel,
that will oppress you all the way
from Lebo[u] Hamath to the valley of the Arabah."

Locusts, Fire and a Plumb Line

7 This is what the Sovereign LORD showed me: He was preparing swarms of locusts after the king's share had been harvested and just as the second crop was coming up. 2 When they had stripped the land clean, I cried out, "Sovereign LORD, forgive! How can Jacob survive? He is so small!"

3 So the LORD relented.
"This will not happen," the LORD said.

4 This is what the Sovereign LORD showed me: The Sovereign LORD was calling for judgment by fire; it dried up the great deep and devoured the land. 5 Then I cried out, "Sovereign LORD, I beg you, stop! How can Jacob survive? He is so small!"

6 So the LORD relented.
"This will not happen either," the Sovereign LORD said.

7 This is what he showed me: The Lord was standing by a wall that had been built true to plumb, with a plumb line in his hand. 8 And the LORD asked me, "What do you see, Amos?"
"A plumb line," I replied.
Then the Lord said, "Look, I am setting a plumb line among my people Israel; I will spare them no longer.

9 "The high places of Isaac will be destroyed
and the sanctuaries of Israel will be ruined;
with my sword I will rise against the house of Jeroboam."

Amos and Amaziah

10 Then Amaziah the priest of Bethel sent a message to Jeroboam king of Israel: "Amos is raising a conspiracy against you in the very heart of Israel. The land cannot bear all his words. 11 For this is what Amos is saying:

" 'Jeroboam will die by the sword,
and Israel will surely go into exile,
away from their native land.' "

12 Then Amaziah said to Amos, "Get out, you seer! Go back to the land of Judah. Earn your bread there and do your prophesying there. 13 Don't prophesy anymore at Bethel, because this is the king's sanctuary and the temple of the kingdom."

14 Amos answered Amaziah, "I was neither a prophet nor a prophet's son, but I was a shepherd, and I also took care of sycamore-fig trees. 15 But the LORD took me from tending the flock and said to me, 'Go, prophesy to my people Israel.' 16 Now then, hear the word of the LORD. You say,

" 'Do not prophesy against Israel,
and stop preaching against the house of Isaac.'

---

s 13 Lo Debar means *nothing.*   *t 13* Karnaim means *horns; horn* here symbolizes strength.   *u 14* Or *from the entrance to*

17 Por tanto, así ha dicho Jehová: Tu mujer será ramera en medio de la ciudad, y tus hijos y tus hijas caerán a espada, y tu tierra será repartida por suertes; y tú morirás en tierra inmunda, e Israel será llevado cautivo lejos de su tierra.

El canastillo de fruta de verano

8 ¹ Así me ha mostrado Jehová el Señor: He aquí un canastillo de fruta de verano. ª

² Y dijo: ¿Qué ves, Amós? Y respondí: Un canastillo de fruta de verano. Y me dijo Jehová: Ha venido el fin ᵇ sobre mi pueblo Israel; no lo toleraré más.

³ Y los cantores del templo gemirán en aquel día, dice Jehová el Señor; muchos serán los cuerpos muertos; en todo lugar los echarán fuera en silencio.

El juicio sobre Israel se acerca

⁴ Oíd esto, los que explotáis a los menesterosos, y arruináis a los pobres de la tierra,

⁵ diciendo: ¿Cuándo pasará el mes, y venderemos el trigo; y la semana, y abriremos los graneros del pan, y achicaremos la medida, y subiremos el precio, y falsearemos con engaño la balanza,

⁶ para comprar los pobres por dinero, y los necesitados por un par de zapatos, y venderemos los desechos del trigo?

⁷ Jehová juró por la gloria de Jacob: No me olvidaré jamás de todas sus obras.

⁸ ¿No se estremecerá la tierra sobre esto? ¿No llorará todo habitante de ella? Subirá toda, como un río, y crecerá y mermará como el río de Egipto.

⁹ Acontecerá en aquel día, dice Jehová el Señor, que haré que se ponga el sol a mediodía, y cubriré de tinieblas la tierra en el día claro.

¹⁰ Y cambiaré vuestras fiestas en lloro, y todos vuestros cantares en lamentaciones; y haré poner cilicio sobre todo lomo, y que se rape toda cabeza; y la volveré como en llanto de unigénito, y su postrimería como día amargo.

¹¹ He aquí vienen días, dice Jehová el Señor, en los cuales enviaré hambre a la tierra, no hambre de pan, ni sed de agua, sino de oir la palabra de Jehová.

¹² E irán errantes de mar a mar; desde el norte hasta el oriente discurrirán buscando palabra de Jehová, y no la hallarán.

---

17 "Therefore this is what the LORD says:

" 'Your wife will become a prostitute in the city,
    and your sons and daughters will fall by the
        sword.
Your land will be measured and divided up,
    and you yourself will die in a pagan ᵛ country.
And Israel will certainly go into exile,
    away from their native land.' "

A Basket of Ripe Fruit

8 This is what the Sovereign LORD showed me: a basket of ripe fruit. ²"What do you see, Amos?" he asked.

"A basket of ripe fruit," I answered.

Then the LORD said to me, "The time is ripe for my people Israel; I will spare them no longer.

³"In that day," declares the Sovereign LORD, "the songs in the temple will turn to wailing. ʷ Many, many bodies—flung everywhere! Silence!"

⁴Hear this, you who trample the needy
    and do away with the poor of the land,

⁵saying,

"When will the New Moon be over
    that we may sell grain,
and the Sabbath be ended
    that we may market wheat?"—
skimping the measure,
    boosting the price
    and cheating with dishonest scales,
⁶buying the poor with silver
    and the needy for a pair of sandals,
    selling even the sweepings with the wheat.

⁷The LORD has sworn by the Pride of Jacob: "I will never forget anything they have done.

⁸"Will not the land tremble for this,
    and all who live in it mourn?
The whole land will rise like the Nile;
    it will be stirred up and then sink
    like the river of Egypt.

⁹"In that day," declares the Sovereign LORD,

"I will make the sun go down at noon
    and darken the earth in broad daylight.
¹⁰I will turn your religious feasts into mourning
    and all your singing into weeping.
I will make all of you wear sackcloth
    and shave your heads.
I will make that time like mourning for an only
        son
    and the end of it like a bitter day.

¹¹"The days are coming," declares the Sovereign
        LORD,
    "when I will send a famine through the
        land—
not a famine of food or a thirst for water,
    but a famine of hearing the words of the
        LORD.
¹²Men will stagger from sea to sea
    and wander from north to east,
searching for the word of the LORD,
    but they will not find it.

ªHeb. *kayits.* ᵇHeb. *ha·kets.*

ᵛ17 Hebrew *an unclean* ʷ3 Or *"the temple singers will wail"*

13 En aquel tiempo las doncellas hermosas y los jóvenes desmayarán de sed.
14 Los que juran por el pecado de Samaria, y dicen: Por tu Dios, oh Dan, y: Por el camino de Beerseba, caerán, y nunca más se levantarán.

Los juicios de Jehová son ineludibles

9 1 Vi al Señor que estaba sobre el altar, y dijo: Derriba el capitel, y estremézcanse las puertas, y hazlos pedazos sobre la cabeza de todos; y al postrero de ellos mataré a espada; no habrá de ellos quien huya, ni quien escape.
2 Aunque cavasen hasta el Seol, de allá los tomará mi mano; y aunque subieren hasta el cielo, de allá los haré descender.
3 Si se escondieren en la cumbre del Carmelo, allí los buscaré y los tomaré; y aunque se escondieren de delante de mis ojos en lo profundo del mar, allí mandaré a la serpiente y los morderá.
4 Y si fueren en cautiverio delante de sus enemigos, allí mandaré la espada, y los matará; y pondré sobre ellos mis ojos para mal, y no para bien.
5 El Señor, Jehová de los ejércitos, es el que toca la tierra, y se derretirá, y llorarán todos los que en ella moran; y crecerá toda como un río, y mermará luego como el río de Egipto.
6 Él edificó en el cielo sus cámaras, y ha establecido su expansión sobre la tierra; él llama las aguas del mar, y sobre la faz de la tierra las derrama; Jehová es su nombre.
7 Hijos de Israel, ¿no me sois vosotros como hijos de etíopes, dice Jehová? ¿No hice yo subir a Israel de la tierra de Egipto, y a los filisteos de Caftor, y de Kir a los arameos?
8 He aquí los ojos de Jehová el Señor están contra el reino pecador, y yo lo asolaré de la faz de la tierra; mas no destruiré del todo la casa de Jacob, dice Jehová.

13 "In that day

"the lovely young women and strong young men
　will faint because of thirst.
14 They who swear by the shame$x$ of Samaria,
　or say, 'As surely as your god lives, O Dan,'
　or, 'As surely as the god$y$ of Beersheba
　　lives' —
they will fall,
　never to rise again."

Israel to Be Destroyed

9 I saw the Lord standing by the altar, and he said:

"Strike the tops of the pillars
　so that the thresholds shake.
Bring them down on the heads of all the people;
　those who are left I will kill with the sword.
Not one will get away,
　none will escape.
2 Though they dig down to the depths of the grave,z
　from there my hand will take them.
Though they climb up to the heavens,
　from there I will bring them down.
3 Though they hide themselves on the top of Carmel,
　there I will hunt them down and seize them.
Though they hide from me at the bottom of the sea,
　there I will command the serpent to bite them.
4 Though they are driven into exile by their enemies,
　there I will command the sword to slay them.
I will fix my eyes upon them
　for evil and not for good."

5 The Lord, the LORD Almighty,
　he who touches the earth and it melts,
　and all who live in it mourn —
the whole land rises like the Nile,
　then sinks like the river of Egypt —
6 he who builds his lofty palace$a$ in the heavens
　and sets its foundation$b$ on the earth,
who calls for the waters of the sea
　and pours them out over the face of the land —
　the LORD is his name.

7 "Are not you Israelites
　the same to me as the Cushites$c$?"
　　declares the LORD.
"Did I not bring Israel up from Egypt,
　the Philistines from Caphtor$d$
　and the Arameans from Kir?

8 "Surely the eyes of the Sovereign LORD
　are on the sinful kingdom.
I will destroy it
　from the face of the earth —
yet I will not totally destroy
　the house of Jacob,"
　　declares the LORD.

---

x14 Or by Ashima; or by the idol　y14 Or power　z2 Hebrew to Sheol　a6 The meaning of the Hebrew for this phrase is uncertain.　b6 The meaning of the Hebrew for this word is uncertain.　c7 That is, people from the upper Nile region　d7 That is, Crete

9 Porque he aquí yo mandaré y haré que la casa de Israel sea zarandeada entre todas las naciones, como se zarandea el grano en una criba, y no cae un granito en la tierra. 10 A espada morirán todos los pecadores de mi pueblo, que dicen: No se acercará, ni nos alcanzará el mal.

Restauración futura de Israel

11 En aquel día yo levantaré el tabernáculo caído de David, y cerraré sus portillos y levantaré sus ruinas, y lo edificaré como en el tiempo pasado;
12 para que aquellos sobre los cuales es invocado mi nombre posean el resto de Edom, y a todas las naciones, dice Jehová que hace esto.
13 He aquí vienen días, dice Jehová, en que el que ara alcanzará al segador, y el pisador de las uvas al que lleve la simiente; y los montes destilarán mosto, y todos los collados se derretirán.
14 Y traeré del cautiverio a mi pueblo Israel, y edificarán ellos las ciudades asoladas, y las habitarán; plantarán viñas, y beberán el vino de ellas, y harán huertos, y comerán el fruto de ellos.
15 Pues los plantaré sobre su tierra, y nunca más serán arrancados de su tierra que yo les di, ha dicho Jehová Dios tuyo.

9 "For I will give the command,
   and I will shake the house of Israel
     among all the nations
as grain is shaken in a sieve,
   and not a pebble will reach the ground.
10 All the sinners among my people
   will die by the sword,
all those who say,
   'Disaster will not overtake or meet us.'

Israel's Restoration

11 "In that day I will restore
   David's fallen tent.
I will repair its broken places,
   restore its ruins,
   and build it as it used to be,
12 so that they may possess the remnant of Edom
   and all the nations that bear my name, e"
     declares the LORD, who will do these things.

13 "The days are coming," declares the LORD,

"when the reaper will be overtaken by the
     plowman
   and the planter by the one treading grapes.
New wine will drip from the mountains
   and flow from all the hills.
14 I will bring back my exiled f people Israel;
   they will rebuild the ruined cities and live in
     them.
They will plant vineyards and drink their wine;
   they will make gardens and eat their fruit.
15 I will plant Israel in their own land,
   never again to be uprooted
   from the land I have given them,"

           says the LORD your God.

e 12 Hebrew; Septuagint so that the remnant of men / and all the nations that bear my name may seek the Lord;   f 14 Or will restore the fortunes of my

ABDÍAS

OBADIAH

La humillación de Edom

1 Visión de Abdías. Jehová el Señor ha dicho así en cuanto a Edom: Hemos oído el pregón de Jehová, y mensajero ha sido enviado a las naciones. Levantaos, y levantémonos contra este pueblo en batalla.

2 He aquí, pequeño te he hecho entre las naciones; estás abatido en gran manera.

3 La soberbia de tu corazón te ha engañado, tú que moras en las hendiduras de las peñas, en tu altísima morada; que dices en tu corazón: ¿Quién me derribará a tierra?

4 Si te remontares como águila, y aunque entre las estrellas pusieres tu nido, de ahí te derribaré, dice Jehová.

5 Si ladrones vinieran a ti, o robadores de noche (¡cómo has sido destruido!), ¿no hurtarían lo que les bastase? Si entraran a ti vendimiadores, ¿no dejarían algún rebusco?

6 ¡Cómo fueron escudriñadas las cosas de Esaú! Sus tesoros escondidos fueron buscados.

7 Todos tus aliados te han engañado; hasta los confines te hicieron llegar; los que estaban en paz contigo prevalecieron contra ti; los que comían tu pan pusieron lazo debajo de ti; no hay en ello entendimiento.

8 ¿No haré que perezcan en aquel día, dice Jehová, los sabios de Edom, y la prudencia del monte de Esaú?

9 Y tus valientes, oh Temán, serán amedrentados; porque todo hombre será cortado del monte de Esaú por el estrago.

10 Por la injuria a tu hermano Jacob te cubrirá vergüenza, y serás cortado para siempre.

11 El día que estando tú delante, llevaban extraños cautivo su ejército, y extraños entraban por sus puertas, y echaban suertes sobre Jerusalén, tú también eras como uno de ellos.

12 Pues no debiste tú haber estado mirando en el día de tu hermano, en el día de su infortunio; no debiste haberte alegrado de los hijos de Judá en el día en que se perdieron, ni debiste haberte jactado en el día de la angustia.

1 The vision of Obadiah.

This is what the Sovereign LORD says about Edom—

We have heard a message from the LORD:
    An envoy was sent to the nations to say,
    "Rise, and let us go against her for battle"—

2 "See, I will make you small among the nations;
    you will be utterly despised.
3 The pride of your heart has deceived you,
    you who live in the clefts of the rocks[a]
    and make your home on the heights,
you who say to yourself,
    'Who can bring me down to the ground?'
4 Though you soar like the eagle
    and make your nest among the stars,
    from there I will bring you down,"
                                    declares the LORD.
5 "If thieves came to you,
    if robbers in the night—
Oh, what a disaster awaits you—
    would they not steal only as much as they
        wanted?
If grape pickers came to you,
    would they not leave a few grapes?
6 But how Esau will be ransacked,
    his hidden treasures pillaged!
7 All your allies will force you to the border;
    your friends will deceive and overpower you;
those who eat your bread will set a trap for
        you,[b]
    but you will not detect it.

8 "In that day," declares the LORD,
    "will I not destroy the wise men of Edom,
    men of understanding in the mountains of
        Esau?
9 Your warriors, O Teman, will be terrified,
    and everyone in Esau's mountains
    will be cut down in the slaughter.
10 Because of the violence against your brother
        Jacob,
    you will be covered with shame;
    you will be destroyed forever.
11 On the day you stood aloof
    while strangers carried off his wealth
and foreigners entered his gates
    and cast lots for Jerusalem,
    you were like one of them.
12 You should not look down on your brother
    in the day of his misfortune,
nor rejoice over the people of Judah
    in the day of their destruction,
nor boast so much
    in the day of their trouble.

---

a 3 Or *of Sela*   b 7 The meaning of the Hebrew for this clause is uncertain.

13 No debiste haber entrado por la puerta de mi pueblo en el día de su quebrantamiento; no, no debiste haber mirado su mal en el día de su quebranto, ni haber echado mano a sus bienes en el día de su calamidad.

14 Tampoco debiste haberte parado en las encrucijadas para matar a los que de ellos escapasen; ni debiste haber entregado a los que quedaban en el día de angustia.

La exaltación de Israel

15 Porque cercano está el día de Jehová sobre todas las naciones; como tú hiciste se hará contigo; tu recompensa volverá sobre tu cabeza.

16 De la manera que vosotros bebisteis en mi santo monte, beberán continuamente todas las naciones; beberán, y engullirán, y serán como si no hubieran sido.

17 Mas en el monte de Sion habrá un remanente que se salve; y será santo, y la casa de Jacob recuperará sus posesiones.

18 La casa de Jacob será fuego, y la casa de José será llama, y la casa de Esaú estopa, y los quemarán y los consumirán; ni aun resto quedará de la casa de Esaú, porque Jehová lo ha dicho.

19 Y los del Neguev poseerán el monte de Esaú, y los de la Sefela a los filisteos; poseerán también los campos de Efraín, y los campos de Samaria; y Benjamín a Galaad.

20 Y los cautivos de este ejército de los hijos de Israel poseerán lo de los cananeos hasta Sarepta; y los cautivos de Jerusalén que están en Sefarad poseerán las ciudades del Neguev.

21 Y subirán salvadores al monte de Sion para juzgar al monte de Esaú; y el reino será de Jehová.

---

13 You should not march through the gates of my people
     in the day of their disaster,
nor look down on them in their calamity
     in the day of their disaster,
nor seize their wealth
     in the day of their disaster.
14 You should not wait at the crossroads
     to cut down their fugitives,
nor hand over their survivors
     in the day of their trouble.
15 "The day of the LORD is near
     for all nations.
As you have done, it will be done to you;
     your deeds will return upon your own head.
16 Just as you drank on my holy hill,
     so all the nations will drink continually;
they will drink and drink
     and be as if they had never been.
17 But on Mount Zion will be deliverance;
     it will be holy,
and the house of Jacob
     will possess its inheritance.
18 The house of Jacob will be a fire
     and the house of Joseph a flame;
the house of Esau will be stubble,
     and they will set it on fire and consume it.
There will be no survivors
     from the house of Esau."
                   The LORD has spoken.

19 People from the Negev will occupy
     the mountains of Esau,
and people from the foothills will possess
     the land of the Philistines.
They will occupy the fields of Ephraim and
     Samaria,
and Benjamin will possess Gilead.
20 This company of Israelite exiles who are in
     Canaan
will possess the land as far as Zarephath;
the exiles from Jerusalem who are in Sepharad
     will possess the towns of the Negev.
21 Deliverers will go up on c Mount Zion
     to govern the mountains of Esau.
And the kingdom will be the LORD's.

---

c21 Or from

JONÁS

Jonás huye de Jehová

1 ¹ Vino palabra de Jehová a Jonás hijo de Amitai, diciendo:

² Levántate y vé a Nínive, aquella gran ciudad, y pregona contra ella; porque ha subido su maldad delante de mí.

³ Y Jonás se levantó para huir de la presencia de Jehová a Tarsis, y descendió a Jope, y halló una nave que partía para Tarsis; y pagando su pasaje, entró en ella para irse con ellos a Tarsis, lejos de la presencia de Jehová.

⁴ Pero Jehová hizo levantar un gran viento en el mar, y hubo en el mar una tempestad tan grande que se pensó que se partiría la nave.

⁵ Y los marineros tuvieron miedo, y cada uno clamaba a su dios; y echaron al mar los enseres que había en la nave, para descargarla de ellos. Pero Jonás había bajado al interior de la nave, y se había echado a dormir.

⁶ Y el patrón de la nave se le acercó y le dijo: ¿Qué tienes, dormilón? Levántate, y clama a tu Dios; quizá él tendrá compasión de nosotros, y no pereceremos.

⁷ Y dijeron cada uno a su compañero: Venid y echemos suertes, para que sepamos por causa de quién nos ha venido este mal. Y echaron suertes, y la suerte cayó sobre Jonás.

⁸ Entonces le dijeron ellos: Decláranos ahora por qué nos ha venido este mal. ¿Qué oficio tienes, y de dónde vienes? ¿Cuál es tu tierra, y de qué pueblo eres?

⁹ Y él les respondió: Soy hebreo, y temo a Jehová, Dios de los cielos, que hizo el mar y la tierra.

¹⁰ Y aquellos hombres temieron sobremanera, y le dijeron: ¿Por qué has hecho esto? Porque ellos sabían que huía de la presencia de Jehová, pues él se lo había declarado.

¹¹ Y le dijeron: ¿Qué haremos contigo para que el mar se nos aquiete? Porque el mar se iba embraveciendo más y más.

¹² El les respondió: Tomadme y echadme al mar, y el mar se os aquietará; porque yo sé que por mi causa ha venido esta gran tempestad sobre vosotros.

¹³ Y aquellos hombres trabajaron para hacer volver la nave a tierra; mas no pudieron, porque el mar se iba embraveciendo más y más contra ellos.

¹⁴ Entonces clamaron a Jehová y dijeron: Te rogamos ahora, Jehová, que no perezcamos nosotros por la vida de este hombre, ni pongas sobre nosotros la sangre inocente; porque tú, Jehová, has hecho como has querido.

¹⁵ Y tomaron a Jonás, y lo echaron al mar; y el mar se aquietó de su furor.

¹⁶ Y temieron aquellos hombres a Jehová con gran temor, y ofrecieron sacrificio a Jehová, e hicieron votos.

¹⁷ Pero Jehová tenía preparado un gran pez que tragase a Jonás; y estuvo Jonás en el vientre del pez tres días y tres noches.

Oración de Jonás

2 ¹ Entonces oró Jonás a Jehová su Dios desde el vientre del pez,

² y dijo:

Invoqué en mi angustia a Jehová, y él me oyó;
Desde el seno del Seol clamé,
Y mi voz oíste.

JONAH

Jonah Flees From the LORD

1 The word of the LORD came to Jonah son of Amittai: ²"Go to the great city of Nineveh and preach against it, because its wickedness has come up before me."

³But Jonah ran away from the LORD and headed for Tarshish. He went down to Joppa, where he found a ship bound for that port. After paying the fare, he went aboard and sailed for Tarshish to flee from the LORD.

⁴Then the LORD sent a great wind on the sea, and such a violent storm arose that the ship threatened to break up. ⁵All the sailors were afraid and each cried out to his own god. And they threw the cargo into the sea to lighten the ship.

But Jonah had gone below deck, where he lay down and fell into a deep sleep. ⁶The captain went to him and said, "How can you sleep? Get up and call on your god! Maybe he will take notice of us, and we will not perish."

⁷Then the sailors said to each other, "Come, let us cast lots to find out who is responsible for this calamity." They cast lots and the lot fell on Jonah.

⁸So they asked him, "Tell us, who is responsible for making all this trouble for us? What do you do? Where do you come from? What is your country? From what people are you?"

⁹He answered, "I am a Hebrew and I worship the LORD, the God of heaven, who made the sea and the land."

¹⁰This terrified them and they asked, "What have you done?" (They knew he was running away from the LORD, because he had already told them so.)

¹¹The sea was getting rougher and rougher. So they asked him, "What should we do to you to make the sea calm down for us?"

¹²"Pick me up and throw me into the sea," he replied, "and it will become calm. I know that it is my fault that this great storm has come upon you."

¹³Instead, the men did their best to row back to land. But they could not, for the sea grew even wilder than before. ¹⁴Then they cried to the LORD, "O LORD, please do not let us die for taking this man's life. Do not hold us accountable for killing an innocent man, for you, O LORD, have done as you pleased." ¹⁵Then they took Jonah and threw him overboard, and the raging sea grew calm. ¹⁶At this the men greatly feared the LORD, and they offered a sacrifice to the LORD and made vows to him.

¹⁷But the LORD provided a great fish to swallow Jonah, and Jonah was inside the fish three days and three nights.

Jonah's Prayer

2 From inside the fish Jonah prayed to the LORD his God. ²He said:

"In my distress I called to the LORD,
    and he answered me.
From the depths of the grave*a* I called for help,
    and you listened to my cry.

---

*a*2 Hebrew *Sheol*

3 Me echaste a lo profundo, en medio de los mares,
Y me rodeó la corriente;
Todas tus ondas y tus olas pasaron sobre mí.
4 Entonces dije: Desechado soy de delante de tus ojos;
Mas aún veré tu santo templo.
5 Las aguas me rodearon hasta el alma,
Rodeóme el abismo;
El alga se enredó a mi cabeza.
6 Descendí a los cimientos de los montes;
La tierra echó sus cerrojos sobre mí para siempre;
Mas tú sacaste mi vida de la sepultura, oh Jehová Dios mío.
7 Cuando mi alma desfallecía en mí, me acordé de Jehová,
Y mi oración llegó hasta ti en tu santo templo.
8 Los que siguen vanidades ilusorias,
Su misericordia abandonan.
9 Mas yo con voz de alabanza te ofreceré sacrificios;
Pagaré lo que prometí.
La salvación es de Jehová.
10 Y mandó Jehová al pez, y vomitó a Jonás en tierra.

3 You hurled me into the deep,
into the very heart of the seas,
and the currents swirled about me;
all your waves and breakers
swept over me.
4 I said, 'I have been banished
from your sight;
yet I will look again
toward your holy temple.'
5 The engulfing waters threatened me, *b*
the deep surrounded me;
seaweed was wrapped around my head.
6 To the roots of the mountains I sank down;
the earth beneath barred me in forever.
But you brought my life up from the pit,
O LORD my God.

7 "When my life was ebbing away,
I remembered you, LORD,
and my prayer rose to you,
to your holy temple.

8 "Those who cling to worthless idols
forfeit the grace that could be theirs.
9 But I, with a song of thanksgiving,
will sacrifice to you.
What I have vowed I will make good.
Salvation comes from the LORD."

10 And the LORD commanded the fish, and it vomited Jonah onto dry land.

Nínive se arrepiente

3 ¹Vino palabra de Jehová por segunda vez a Jonás, diciendo:
²Levántate y vé a Nínive, aquella gran ciudad, y proclama en ella el mensaje que yo te diré.
³Y se levantó Jonás, y fue a Nínive conforme a la palabra de Jehová. Y era Nínive ciudad grande en extremo, de tres días de camino.
⁴Y comenzó Jonás a entrar por la ciudad, camino de un día, y predicaba diciendo: De aquí a cuarenta días Nínive será destruida.
⁵Y los hombres de Nínive creyeron a Dios, y proclamaron ayuno, y se vistieron de cilicio desde el mayor hasta el menor de ellos.
⁶Y llegó la noticia hasta el rey de Nínive, y se levantó de su silla, se despojó de su vestido, y se cubrió de cilicio y se sentó sobre ceniza.
⁷E hizo proclamar y anunciar en Nínive, por mandato del rey y de sus grandes, diciendo: Hombres y animales, bueyes y ovejas, no gusten cosa alguna; no se les dé alimento, ni beban agua;
⁸sino cúbranse de cilicio hombres y animales, y clamen a Dios fuertemente; y conviértase cada uno de su mal camino, de la rapiña que hay en sus manos.
⁹¿Quién sabe si se volverá y se arrepentirá Dios, y se apartará del ardor de su ira, y no pereceremos?
¹⁰Y vio Dios lo que hicieron, que se convirtieron de su mal camino; y se arrepintió del mal que había dicho que les haría, y no lo hizo.

Jonah Goes to Nineveh

3 Then the word of the LORD came to Jonah a second time: ²"Go to the great city of Nineveh and proclaim to it the message I give you."

³Jonah obeyed the word of the LORD and went to Nineveh. Now Nineveh was a very important city—a visit required three days. ⁴On the first day, Jonah started into the city. He proclaimed: "Forty more days and Nineveh will be overturned." ⁵The Ninevites believed God. They declared a fast, and all of them, from the greatest to the least, put on sackcloth.

⁶When the news reached the king of Nineveh, he rose from his throne, took off his royal robes, covered himself with sackcloth and sat down in the dust. ⁷Then he issued a proclamation in Nineveh:

"By the decree of the king and his nobles:

Do not let any man or beast, herd or flock, taste anything; do not let them eat or drink. ⁸But let man and beast be covered with sackcloth. Let everyone call urgently on God. Let them give up their evil ways and their violence. ⁹Who knows? God may yet relent and with compassion turn from his fierce anger so that we will not perish."

¹⁰When God saw what they did and how they turned from their evil ways, he had compassion and did not bring upon them the destruction he had threatened.

b5 Or waters were at my throat

El enojo de Jonás

4 ¹ Pero Jonás se apesadumbró en extremo, y se enojó. ² Y oró a Jehová y dijo: Ahora, oh Jehová, ¿no es esto lo que yo decía estando aún en mi tierra? Por eso me apresuré a huir a Tarsis; porque sabía yo que tú eres Dios clemente y piadoso, tardo en enojarte, y de grande misericordia, y que te arrepientes del mal. ³ Ahora pues, oh Jehová, te ruego que me quites la vida; porque mejor me es la muerte que la vida.

⁴ Y Jehová le dijo: ¿Haces tú bien en enojarte tanto?

⁵ Y salió Jonás de la ciudad, y acampó hacia el oriente de la ciudad, y se hizo allí una enramada, y se sentó debajo de ella a la sombra, hasta ver qué acontecería en la ciudad.

⁶ Y preparó Jehová Dios una calabacera, la cual creció sobre Jonás para que hiciese sombra sobre su cabeza, y le librase de su malestar; y Jonás se alegró grandemente por la calabacera.

⁷ Pero al venir el alba del día siguiente, Dios preparó un gusano, el cual hirió la calabacera, y se secó.

⁸ Y aconteció que al salir el sol, preparó Dios un recio viento solano, y el sol hirió a Jonás en la cabeza, y se desmayaba, y deseaba la muerte, diciendo: Mejor sería para mí la muerte que la vida.

⁹ Entonces dijo Dios a Jonás: ¿Tanto te enojas por la calabacera? Y él respondió: Mucho me enojo, hasta la muerte.

¹⁰ Y dijo Jehová: Tuviste tú lástima de la calabacera, en la cual no trabajaste, ni tú la hiciste crecer; que en espacio de una noche nació, y en espacio de otra noche pereció.

¹¹ ¿Y no tendré yo piedad de Nínive, aquella gran ciudad donde hay más de ciento veinte mil personas que no saben discernir entre su mano derecha y su mano izquierda, y muchos animales?

Jonah's Anger at the Lord's Compassion

4 But Jonah was greatly displeased and became angry. ²He prayed to the Lord, "O Lord, is this not what I said when I was still at home? That is why I was so quick to flee to Tarshish. I knew that you are a gracious and compassionate God, slow to anger and abounding in love, a God who relents from sending calamity. ³Now, O Lord, take away my life, for it is better for me to die than to live."

⁴But the Lord replied, "Have you any right to be angry?"

⁵Jonah went out and sat down at a place east of the city. There he made himself a shelter, sat in its shade and waited to see what would happen to the city. ⁶Then the Lord God provided a vine and made it grow up over Jonah to give shade for his head to ease his discomfort, and Jonah was very happy about the vine. ⁷But at dawn the next day God provided a worm, which chewed the vine so that it withered. ⁸When the sun rose, God provided a scorching east wind, and the sun blazed on Jonah's head so that he grew faint. He wanted to die, and said, "It would be better for me to die than to live."

⁹But God said to Jonah, "Do you have a right to be angry about the vine?"

"I do," he said. "I am angry enough to die."

¹⁰But the Lord said, "You have been concerned about this vine, though you did not tend it or make it grow. It sprang up overnight and died overnight. ¹¹But Nineveh has more than a hundred and twenty thousand people who cannot tell their right hand from their left, and many cattle as well. Should I not be concerned about that great city?"

MIQUEAS

MICAH

Lamento sobre Samaria y Jerusalén

1 ¹ Palabra de Jehová que vino a Miqueas de Moreset en días de Jotam, Acaz y Ezequías, reyes de Judá; lo que vio sobre Samaria y Jerusalén.

² Oíd, pueblos todos; está atenta, tierra, y cuanto hay en ti; y Jehová el Señor, el Señor desde su santo templo, sea testigo contra vosotros.

³ Porque he aquí, Jehová sale de su lugar, y descenderá y hollará las alturas de la tierra.

⁴ Y se derretirán los montes debajo de él, y los valles se hendirán como la cera delante del fuego, como las aguas que corren por un precipicio.

⁵ Todo esto por la rebelión de Jacob, y por los pecados de la casa de Israel. ¿Cuál es la rebelión de Jacob? ¿No es Samaria? ¿Y cuáles son los lugares altos de Judá? ¿No es Jerusalén?

⁶ Haré, pues, de Samaria montones de ruinas, y tierra para plantar viñas; y derramaré sus piedras por el valle, y descubriré sus cimientos.

⁷ Y todas sus estatuas serán despedazadas, y todos sus dones serán quemados en fuego, y asolaré todos sus ídolos; porque de dones de rameras los juntó, y a dones de rameras volverán.

⁸ Por esto lamentaré y aullaré, y andaré despojado y desnudo; haré aullido como de chacales, y lamento como de avestruces.

⁹ Porque su llaga es dolorosa, y llegó hasta Judá; llegó hasta la puerta de mi pueblo, hasta Jerusalén.

¹⁰ No lo digáis en Gat, ni lloréis mucho; revuélcate en el polvo de Bet-le-afra.

¹¹ Pásate, oh morador de Safir, desnudo y con vergüenza; el morador de Zaanán no sale; el llanto de Bet-esel os quitará su apoyo.

1 The word of the LORD that came to Micah of Moresheth during the reigns of Jotham, Ahaz and Hezekiah, kings of Judah — the vision he saw concerning Samaria and Jerusalem.

²Hear, O peoples, all of you,
 listen, O earth and all who are in it,
that the Sovereign LORD may witness against you,
 the Lord from his holy temple.

Judgment Against Samaria and Jerusalem

³Look! The LORD is coming from his dwelling place;
 he comes down and treads the high places of the earth.
⁴The mountains melt beneath him
 and the valleys split apart,
like wax before the fire,
 like water rushing down a slope.
⁵All this is because of Jacob's transgression,
 because of the sins of the house of Israel.
What is Jacob's transgression?
 Is it not Samaria?
What is Judah's high place?
 Is it not Jerusalem?

⁶"Therefore I will make Samaria a heap of rubble,
 a place for planting vineyards.
I will pour her stones into the valley
 and lay bare her foundations.
⁷All her idols will be broken to pieces;
 all her temple gifts will be burned with fire;
 I will destroy all her images.
Since she gathered her gifts from the wages of prostitutes,
 as the wages of prostitutes they will again be used."

Weeping and Mourning

⁸Because of this I will weep and wail;
 I will go about barefoot and naked.
I will howl like a jackal
 and moan like an owl.
⁹For her wound is incurable;
 it has come to Judah.
It *a* has reached the very gate of my people,
 even to Jerusalem itself.
¹⁰Tell it not in Gath *b*;
 weep not at all. *c*
In Beth Ophrah *d*
 roll in the dust.
¹¹Pass on in nakedness and shame,
 you who live in Shaphir. *e*
Those who live in Zaanan *f*
 will not come out.
Beth Ezel is in mourning;
 its protection is taken from you.

a 9 Or He *b 10 Gath sounds like the Hebrew for tell.*
c 10 Hebrew; Septuagint may suggest not in Acco. The Hebrew for in Acco sounds like the Hebrew for weep. *d 10 Beth Ophrah means house of dust.* *e 11 Shaphir means pleasant.*
f 11 Zaanan sounds like the Hebrew for come out.

12 Porque los moradores de Marot anhelaron ansiosamente el bien; pues de parte de Jehová el mal había descendido hasta la puerta de Jerusalén.

13 Uncid al carro bestias veloces, oh moradores de Laquis, que fuisteis principio de pecado a la hija de Sion; porque en vosotros se hallaron las rebeliones de Israel.

14 Por tanto, vosotros daréis dones a Moreset-gat; las casas de Aczib serán para engaño a los reyes de Israel.

15 Aun os traeré nuevo poseedor, oh moradores de Maresa; la flor de Israel huirá hasta Adulam.

16 Ráete y trasquílate por los hijos de tus delicias; hazte calvo como águila, porque en cautiverio se fueron de ti.

¡Ay de los que oprimen a los pobres!

2 ¹ ¡Ay de los que en sus camas piensan iniquidad y maquinan el mal, y cuando llega la mañana lo ejecutan, porque tienen en su mano el poder!

2 Codician las heredades, y las roban; y casas, y las toman; oprimen al hombre y a su casa, al hombre y a su heredad.

3 Por tanto, así ha dicho Jehová: He aquí, yo pienso contra esta familia un mal del cual no sacaréis vuestros cuellos, ni andaréis erguidos; porque el tiempo será malo.

4 En aquel tiempo levantarán sobre vosotros refrán, y se hará endecha de lamentación, diciendo: Del todo fuimos destruidos; él ha cambiado la porción de mi pueblo. ¡Cómo nos quitó nuestros campos! Los dio y los repartió a otros.

5 Por tanto, no habrá quien a suerte reparta heredades en la congregación de Jehová.

6 No profeticéis, dicen a los que profetizan; no les profeticen, porque no les alcanzará vergüenza.

7 Tú que te dices casa de Jacob, ¿se ha acortado el Espíritu de Jehová? ¿Son estas sus obras? ¿No hacen mis palabras bien al que camina rectamente?

8 El que ayer era mi pueblo, se ha levantado como enemigo; de sobre el vestido quitasteis las capas atrevidamente a los que pasaban, como adversarios de guerra.

---

12 Those who live in Maroth g writhe in pain,
     waiting for relief,
because disaster has come from the LORD,
     even to the gate of Jerusalem.

13 You who live in Lachish, h
     harness the team to the chariot.
You were the beginning of sin
     to the Daughter of Zion,
for the transgressions of Israel
     were found in you.

14 Therefore you will give parting gifts
     to Moresheth Gath.
The town of Aczib i will prove deceptive
     to the kings of Israel.

15 I will bring a conqueror against you
     who live in Mareshah. j
He who is the glory of Israel
     will come to Adullam.

16 Shave your heads in mourning
     for the children in whom you delight;
make yourselves as bald as the vulture,
     for they will go from you into exile.

Man's Plans and God's

2 Woe to those who plan iniquity,
     to those who plot evil on their beds!
At morning's light they carry it out
     because it is in their power to do it.

2 They covet fields and seize them,
     and houses, and take them.
They defraud a man of his home,
     a fellowman of his inheritance.

3 Therefore, the LORD says:

"I am planning disaster against this people,
     from which you cannot save yourselves.
You will no longer walk proudly,
     for it will be a time of calamity.

4 In that day men will ridicule you;
     they will taunt you with this mournful song:
'We are utterly ruined;
     my people's possession is divided up.
He takes it from me!
     He assigns our fields to traitors.' "

5 Therefore you will have no one in the assembly
     of the LORD
to divide the land by lot.

False Prophets

6 "Do not prophesy," their prophets say.
     "Do not prophesy about these things;
disgrace will not overtake us."

7 Should it be said, O house of Jacob:
     "Is the Spirit of the LORD angry?
Does he do such things?"

"Do not my words do good
     to him whose ways are upright?

8 Lately my people have risen up
     like an enemy.
You strip off the rich robe
     from those who pass by without a care,
like men returning from battle.

---

g 12 Maroth sounds like the Hebrew for bitter.   h 13 Lachish sounds like the Hebrew for team.   i 14 Aczib means deception.
j 15 Mareshah sounds like the Hebrew for conqueror.

9 A las mujeres de mi pueblo echasteis fuera de las casas que eran su delicia; a sus niños quitasteis mi perpetua alabanza.

10 Levantaos y andad, porque no es este el lugar de reposo, pues está contaminado, corrompido grandemente.

11 Si alguno andando con espíritu de falsedad mintiere diciendo: Yo te profetizaré de vino y de sidra; este tal será el profeta de este pueblo.

12 De cierto te juntaré todo, oh Jacob; recogeré ciertamente el resto de Israel; lo reuniré como ovejas de Bosra, como rebaño en medio de su aprisco; harán estruendo por la multitud de hombres.

13 Subirá el que abre caminos delante de ellos; abrirán camino y pasarán la puerta, y saldrán por ella; y su rey pasará delante de ellos, y a la cabeza de ellos Jehová.

9 You drive the women of my people
     from their pleasant homes.
You take away my blessing
     from their children forever.
10 Get up, go away!
     For this is not your resting place,
because it is defiled,
     it is ruined, beyond all remedy.
11 If a liar and deceiver comes and says,
     'I will prophesy for you plenty of wine and
         beer,'
     he would be just the prophet for this people!

Deliverance Promised

12 "I will surely gather all of you, O Jacob;
     I will surely bring together the remnant of
         Israel.
I will bring them together like sheep in a pen,
     like a flock in its pasture;
     the place will throng with people.
13 One who breaks open the way will go up before
         them;
     they will break through the gate and go out.
Their king will pass through before them,
     the LORD at their head."

Acusación contra los dirigentes de Israel

3 ¹ Dije: Oíd ahora, príncipes de Jacob, y jefes de la casa de Israel: ¿No concierne a vosotros saber lo que es justo?

2 Vosotros que aborrecéis lo bueno y amáis lo malo, que les quitáis su piel y su carne de sobre los huesos;

3 que coméis asimismo la carne de mi pueblo, y les desolláis su piel de sobre ellos, y les quebrantáis los huesos y los rompéis como para el caldero, y como carnes en olla.

4 Entonces clamaréis a Jehová, y no os responderá; antes esconderá de vosotros su rostro en aquel tiempo, por cuanto hicisteis malvadas obras.

5 Así ha dicho Jehová acerca de los profetas que hacen errar a mi pueblo, y claman: Paz, cuando tienen algo que comer, y al que no les da de comer, proclaman guerra contra él:

6 Por tanto, de la profecía se os hará noche, y oscuridad del adivinar; y sobre los profetas se pondrá el sol, y el día se entenebrecerá sobre ellos.

7 Y serán avergonzados los profetas, y se confundirán los adivinos; y ellos todos cerrarán sus labios, porque no hay respuesta de Dios.

8 Mas yo estoy lleno de poder del Espíritu de Jehová, y de juicio y de fuerza, para denunciar a Jacob su rebelión, y a Israel su pecado.

Leaders and Prophets Rebuked

3 Then I said,

"Listen, you leaders of Jacob,
     you rulers of the house of Israel.
Should you not know justice,
2   you who hate good and love evil;
     who tear the skin from my people
        and the flesh from their bones;
3 who eat my people's flesh,
     strip off their skin
     and break their bones in pieces;
who chop them up like meat for the pan,
     like flesh for the pot?"

4 Then they will cry out to the LORD,
     but he will not answer them.
At that time he will hide his face from them
     because of the evil they have done.

5 This is what the LORD says:

"As for the prophets
     who lead my people astray,
if one feeds them,
     they proclaim 'peace';
if he does not,
     they prepare to wage war against him.
6 Therefore night will come over you, without
        visions,
     and darkness, without divination.
The sun will set for the prophets,
     and the day will go dark for them.
7 The seers will be ashamed
     and the diviners disgraced.
They will all cover their faces
     because there is no answer from God."

8 But as for me, I am filled with power,
     with the Spirit of the LORD,
     and with justice and might,
to declare to Jacob his transgression,
     to Israel his sin.

9 Oíd ahora esto, jefes de la casa de Jacob, y capitanes de la casa de Israel, que abomináis el juicio, y pervertís todo el derecho;

10 que edificáis a Sion con sangre, y a Jerusalén con injusticia.

11 Sus jefes juzgan por cohecho, y sus sacerdotes enseñan por precio, y sus profetas adivinan por dinero; y se apoyan en Jehová, diciendo: ¿No está Jehová entre nosotros? No vendrá mal sobre nosotros.

12 Por tanto, a causa de vosotros Sion será arada como campo, y Jerusalén vendrá a ser montones de ruinas, y el monte de la casa como cumbres de bosque.

Reinado universal de Jehová

4 1 Acontecerá en los postreros tiempos que el monte de la casa de Jehová será establecido por cabecera de montes, y más alto que los collados, y correrán a él los pueblos.

2 Vendrán muchas naciones, y dirán: Venid, y subamos al monte de Jehová, y a la casa del Dios de Jacob; y nos enseñará en sus caminos, y andaremos por sus veredas; porque de Sion saldrá la ley, y de Jerusalén la palabra de Jehová.

3 Y él juzgará entre muchos pueblos, y corregirá a naciones poderosas hasta muy lejos; y martillarán sus espadas para azadones, y sus lanzas para hoces; no alzará espada nación contra nación, ni se ensayarán más para la guerra.

4 Y se sentará cada uno debajo de su vid y debajo de su higuera, y no habrá quien los amedrente; porque la boca de Jehová de los ejércitos lo ha hablado.

5 Aunque todos los pueblos anden cada uno en el nombre de su dios, nosotros con todo andaremos en el nombre de Jehová nuestro Dios eternamente y para siempre.

Israel será redimido del cautiverio

6 En aquel día, dice Jehová, juntaré la que cojea, y recogeré la descarriada, y a la que afligí;

7 y pondré a la coja como remanente, y a la descarriada como nación robusta; y Jehová reinará sobre ellos en el monte de Sion desde ahora y para siempre.

8 Y tú, oh torre del rebaño, fortaleza de la hija de Sion, hasta ti vendrá el señorío primero, el reino de la hija de Jerusalén.

9 Hear this, you leaders of the house of Jacob,
　you rulers of the house of Israel,
who despise justice
　and distort all that is right;
10 who build Zion with bloodshed,
　and Jerusalem with wickedness.
11 Her leaders judge for a bribe,
　her priests teach for a price,
　and her prophets tell fortunes for money.
Yet they lean upon the Lord and say,
　"Is not the Lord among us?
　No disaster will come upon us."
12 Therefore because of you,
　Zion will be plowed like a field,
Jerusalem will become a heap of rubble,
　the temple hill a mound overgrown with
　　thickets.

The Mountain of the Lord

4 In the last days

the mountain of the Lord's temple will be
　established
　as chief among the mountains;
it will be raised above the hills,
　and peoples will stream to it.

2 Many nations will come and say,

"Come, let us go up to the mountain of the
　Lord,
　to the house of the God of Jacob.
He will teach us his ways,
　so that we may walk in his paths."
The law will go out from Zion,
　the word of the Lord from Jerusalem.
3 He will judge between many peoples
　and will settle disputes for strong nations far
　　and wide.
They will beat their swords into plowshares
　and their spears into pruning hooks.
Nation will not take up sword against nation,
　nor will they train for war anymore.
4 Every man will sit under his own vine
　and under his own fig tree,
and no one will make them afraid,
　for the Lord Almighty has spoken.
5 All the nations may walk
　in the name of their gods;
we will walk in the name of the Lord
　our God for ever and ever.

The Lord's Plan

6 "In that day," declares the Lord,

"I will gather the lame;
　I will assemble the exiles
　and those I have brought to grief.
7 I will make the lame a remnant,
　those driven away a strong nation.
The Lord will rule over them in Mount Zion
　from that day and forever.
8 As for you, O watchtower of the flock,
　O stronghold k of the Daughter of Zion,
the former dominion will be restored to you;
　kingship will come to the Daughter of
　　Jerusalem."

k8 Or hill

9 Ahora, ¿por qué gritas tanto? ¿No hay rey en ti? ¿Pereció tu consejero, que te ha tomado dolor como de mujer de parto?

10 Duélete y gime, hija de Sion, como mujer que está de parto; porque ahora saldrás de la ciudad y morarás en el campo, y llegarás hasta Babilonia; allí serás librada, allí te redimirá Jehová de la mano de tus enemigos.

11 Pero ahora se han juntado muchas naciones contra ti, y dicen: Sea profanada, y vean nuestros ojos su deseo en Sion.

12 Mas ellos no conocieron los pensamientos de Jehová, ni entendieron su consejo; por lo cual los juntó como gavillas en la era.

13 Levántate y trilla, hija de Sion, porque haré tu cuerno como de hierro, y tus uñas de bronce, y desmenuzarás a muchos pueblos; y consagrarás a Jehová su botín, y sus riquezas al Señor de toda la tierra.

El reinado del libertador desde Belén

5 ¹ Rodéate ahora de muros, hija de guerreros; nos han sitiado; con vara herirán en la mejilla al juez de Israel.

2 Pero tú, Belén Efrata, pequeña para estar entre las familias de Judá, de ti me saldrá el que será Señor en Israel; y sus salidas son desde el principio, desde los días de la eternidad.

3 Pero los dejará hasta el tiempo que dé a luz la que ha de dar a luz; y el resto de sus hermanos se volverá con los hijos de Israel.

4 Y él estará, y apacentará con poder de Jehová, con grandeza del nombre de Jehová su Dios; y morarán seguros, porque ahora será engrandecido hasta los fines de la tierra.

5 Y éste será nuestra paz. Cuando el asirio viniere a nuestra tierra, y cuando hollare nuestros palacios, entonces levantaremos contra él siete pastores, y ocho hombres principales;

---

9 Why do you now cry aloud—
  have you no king?
Has your counselor perished,
  that pain seizes you like that of a woman in
    labor?
10 Writhe in agony, O Daughter of Zion,
  like a woman in labor,
for now you must leave the city
  to camp in the open field.
You will go to Babylon;
  there you will be rescued.
There the LORD will redeem you
  out of the hand of your enemies.

11 But now many nations
  are gathered against you.
They say, "Let her be defiled,
  let our eyes gloat over Zion!"
12 But they do not know
  the thoughts of the LORD;
they do not understand his plan,
  he who gathers them like sheaves to the
    threshing floor.

13 "Rise and thresh, O Daughter of Zion,
  for I will give you horns of iron;
I will give you hoofs of bronze
  and you will break to pieces many nations."
You will devote their ill-gotten gains to the LORD,
  their wealth to the Lord of all the earth.

A Promised Ruler From Bethlehem

5 Marshal your troops, O city of troops,[l]
  for a siege is laid against us.
They will strike Israel's ruler
  on the cheek with a rod.

2 "But you, Bethlehem Ephrathah,
  though you are small among the clans[m] of
    Judah,
out of you will come for me
  one who will be ruler over Israel,
whose origins[n] are from of old,
  from ancient times.[o]

3 Therefore Israel will be abandoned
  until the time when she who is in labor gives
    birth
and the rest of his brothers return
  to join the Israelites.

4 He will stand and shepherd his flock
  in the strength of the LORD,
  in the majesty of the name of the LORD his
    God.
And they will live securely, for then his greatness
  will reach to the ends of the earth.
5 And he will be their peace.

Deliverance and Destruction

When the Assyrian invades our land
  and marches through our fortresses,
we will raise against him seven shepherds,
  even eight leaders of men.

---

l 1 Or Strengthen your walls, O walled city   m 2 Or rulers
n 2 Hebrew goings out   o 2 Or from days of eternity

6 y devastarán la tierra de Asiria a espada, y con sus espadas la tierra de Nimrod; y nos librará del asirio, cuando viniere contra nuestra tierra y hollare nuestros confines.

7 El remanente de Jacob será en medio de muchos pueblos como el rocío de Jehová, como las lluvias sobre la hierba, las cuales no esperan a varón, ni aguardan a hijos de hombres.

8 Asimismo el remanente de Jacob será entre las naciones, en medio de muchos pueblos, como el león entre las bestias de la selva, como el cachorro del león entre las manadas de las ovejas, el cual si pasare, y hollare, y arrebatare, no hay quien escape.

9 Tu mano se alzará sobre tus enemigos, y todos tus adversarios serán destruidos.

10 Acontecerá en aquel día, dice Jehová, que haré matar tus caballos de en medio de ti, y haré destruir tus carros.

11 Haré también destruir las ciudades de tu tierra, y arruinaré todas tus fortalezas.

12 Asimismo destruiré de tu mano las hechicerías, y no se hallarán en ti agoreros.

13 Y haré destruir tus esculturas y tus imágenes de en medio de ti, y nunca más te inclinarás a la obra de tus manos.

14 Arrancaré tus imágenes de Asera de en medio de ti, y destruiré tus ciudades;

15 y con ira y con furor haré venganza en las naciones que no obedecieron.

Controversia de Jehová contra Israel

6 ¹ Oíd ahora lo que dice Jehová: Levántate, contiende contra los montes, y oigan los collados tu voz.

2 Oíd, montes, y fuertes cimientos de la tierra, el pleito de Jehová; porque Jehová tiene pleito con su pueblo, y altercará con Israel.

3 Pueblo mío, ¿qué te he hecho, o en qué te he molestado? Responde contra mí.

4 Porque yo te hice subir de la tierra de Egipto, y de la casa de servidumbre te redimí; y envié delante de ti a Moisés, a Aarón y a María.

5 Pueblo mío, acuérdate ahora qué aconsejó Balac rey de Moab, y qué le respondió Balaam hijo de Beor, desde Sitim hasta Gilgal, para que conozcas las justicias de Jehová.

Lo que pide Jehová

6 ¿Con qué me presentaré ante Jehová, y adoraré al Dios Altísimo? ¿Me presentaré ante él con holocaustos, con becerros de un año?

6 They will rule*p* the land of Assyria with the sword,
　　the land of Nimrod with drawn sword.*q*
He will deliver us from the Assyrian
　　when he invades our land
　　and marches into our borders.

7 The remnant of Jacob will be
　　in the midst of many peoples
like dew from the LORD,
　　like showers on the grass,
which do not wait for man
　　or linger for mankind.

8 The remnant of Jacob will be among the nations,
　　in the midst of many peoples,
like a lion among the beasts of the forest,
　　like a young lion among flocks of sheep,
which mauls and mangles as it goes,
　　and no one can rescue.

9 Your hand will be lifted up in triumph over your enemies,
　　and all your foes will be destroyed.

10 "In that day," declares the LORD,

"I will destroy your horses from among you
　　and demolish your chariots.
11 I will destroy the cities of your land
　　and tear down all your strongholds.
12 I will destroy your witchcraft
　　and you will no longer cast spells.
13 I will destroy your carved images
　　and your sacred stones from among you;
you will no longer bow down
　　to the work of your hands.
14 I will uproot from among you your Asherah poles*r*
　　and demolish your cities.
15 I will take vengeance in anger and wrath
　　upon the nations that have not obeyed me."

The LORD's Case Against Israel

6 Listen to what the LORD says:

"Stand up, plead your case before the mountains;
　　let the hills hear what you have to say.
2 Hear, O mountains, the LORD's accusation;
　　listen, you everlasting foundations of the earth.
For the LORD has a case against his people;
　　he is lodging a charge against Israel.

3 "My people, what have I done to you?
　　How have I burdened you? Answer me.
4 I brought you up out of Egypt
　　and redeemed you from the land of slavery.
I sent Moses to lead you,
　　also Aaron and Miriam.
5 My people, remember
　　what Balak king of Moab counseled
　　and what Balaam son of Beor answered.
Remember ⌊your journey⌋ from Shittim to Gilgal,
　　that you may know the righteous acts of the LORD."

6 With what shall I come before the LORD
　　and bow down before the exalted God?
Shall I come before him with burnt offerings,
　　with calves a year old?

*p*6 Or *crush*　*q*6 Or *Nimrod in its gates*　*r*14 That is, symbols of the goddess Asherah

7 ¿Se agradará Jehová de millares de carneros, o de diez mil arroyos de aceite? ¿Daré mi primogénito por mi rebelión, el fruto de mis entrañas por el pecado de mi alma?

8 Oh hombre, él te ha declarado lo que es bueno, y qué pide Jehová de ti: solamente hacer justicia, y amar misericordia, y humillarte ante tu Dios.

9 La voz de Jehová clama a la ciudad; es sabio temer a tu nombre. Prestad atención al castigo, y a quien lo establece.

10 ¿Hay aún en casa del impío tesoros de impiedad, y medida escasa que es detestable?

11 ¿Daré por inocente al que tiene balanza falsa y bolsa de pesas engañosas?

12 Sus ricos se colmaron de rapiña, y sus moradores hablaron mentira, y su lengua es engañosa en su boca.

13 Por eso yo también te hice enflaquecer hiriéndote, asolándote por tus pecados.

14 Comerás, y no te saciarás, y tu abatimiento estará en medio de ti; recogerás, mas no salvarás, y lo que salvares, lo entregaré yo a la espada.

15 Sembrarás, mas no segarás; pisarás aceitunas, mas no te ungirás con el aceite; y mosto, mas no beberás el vino.

16 Porque los mandamientos de Omri se han guardado, y toda obra de la casa de Acab; y en los consejos de ellos anduvisteis, para que yo te pusiese en asolamiento, y tus moradores para burla. Llevaréis, por tanto, el oprobio de mi pueblo.

Corrupción moral de Israel

7 1 ¡Ay de mí! porque estoy como cuando han recogido los frutos del verano, como cuando han rebuscado después de la vendimia, y no queda racimo para comer; mi alma deseó los primeros frutos.

2 Faltó el misericordioso de la tierra, y ninguno hay recto entre los hombres; todos acechan por sangre; cada cual arma red a su hermano.

3 Para completar la maldad con sus manos, el príncipe demanda, y el juez juzga por recompensa; y el grande habla el antojo de su alma, y lo confirman.

4 El mejor de ellos es como el espino; el más recto, como zarzal; el día de tu castigo viene, el que anunciaron tus atalayas; ahora será su confusión.

5 No creáis en amigo, ni confiéis en príncipe; de la que duerme a tu lado cuídate, no abras tu boca.

---

7 Will the LORD be pleased with thousands of rams,
   with ten thousand rivers of oil?
Shall I offer my firstborn for my transgression,
   the fruit of my body for the sin of my soul?
8 He has showed you, O man, what is good.
   And what does the LORD require of you?
To act justly and to love mercy
   and to walk humbly with your God.

Israel's Guilt and Punishment

9 Listen! The LORD is calling to the city—
   and to fear your name is wisdom—
"Heed the rod and the One who appointed
   it.*s*
10 Am I still to forget, O wicked house,
   your ill-gotten treasures
   and the short ephah,*t* which is accursed?
11 Shall I acquit a man with dishonest scales,
   with a bag of false weights?
12 Her rich men are violent;
   her people are liars
   and their tongues speak deceitfully.
13 Therefore, I have begun to destroy you,
   to ruin you because of your sins.
14 You will eat but not be satisfied;
   your stomach will still be empty.*u*
You will store up but save nothing,
   because what you save I will give to the
      sword.
15 You will plant but not harvest;
   you will press olives but not use the oil on
      yourselves,
   you will crush grapes but not drink the wine.
16 You have observed the statutes of Omri
   and all the practices of Ahab's house,
   and you have followed their traditions.
Therefore I will give you over to ruin
   and your people to derision;
   you will bear the scorn of the nations.*v*

Israel's Misery

7 What misery is mine!
   I am like one who gathers summer fruit
      at the gleaning of the vineyard;
there is no cluster of grapes to eat,
   none of the early figs that I crave.
2 The godly have been swept from the land;
   not one upright man remains.
All men lie in wait to shed blood;
   each hunts his brother with a net.
3 Both hands are skilled in doing evil;
   the ruler demands gifts,
   the judge accepts bribes,
   the powerful dictate what they desire—
      they all conspire together.
4 The best of them is like a brier,
   the most upright worse than a thorn hedge.
The day of your watchmen has come,
   the day God visits you.
Now is the time of their confusion.
5 Do not trust a neighbor;
   put no confidence in a friend.
Even with her who lies in your embrace
   be careful of your words.

---

s9 The meaning of the Hebrew for this line is uncertain.
t10 An ephah was a dry measure. *u14* The meaning of the
Hebrew for this word is uncertain. *v16* Septuagint; Hebrew
scorn due my people

6 Porque el hijo deshonra al padre, la hija se levanta contra la madre, la nuera contra su suegra, y los enemigos del hombre son los de su casa.

7 Mas yo a Jehová miraré, esperaré al Dios de mi salvación; el Dios mío me oirá.

Jehová trae luz y libertad

8 Tú, enemiga mía, no te alegres de mí, porque aunque caí, me levantaré; aunque more en tinieblas, Jehová será mi luz.

9 La ira de Jehová soportaré, porque pequé contra él, hasta que juzgue mi causa y haga mi justicia; él me sacará a luz; veré su justicia.

10 Y mi enemiga lo verá, y la cubrirá vergüenza; la que me decía: ¿Dónde está Jehová tu Dios? Mis ojos la verán; ahora será hollada como lodo de las calles.

11 Viene el día en que se edificarán tus muros; aquel día se extenderán los límites.

12 En ese día vendrán hasta ti desde Asiria y las ciudades fortificadas, y desde las ciudades fortificadas hasta el Río, y de mar a mar, y de monte a monte.

13 Y será asolada la tierra a causa de sus moradores, por el fruto de sus obras.

Compasión de Jehová por Israel

14 Apacienta tu pueblo con tu cayado, el rebaño de tu heredad, que mora solo en la montaña, en campo fértil; busque pasto en Basán y Galaad, como en el tiempo pasado.

15 Yo les mostraré maravillas como el día que saliste de Egipto.

16 Las naciones verán, y se avergonzarán de todo su poderío; pondrán la mano sobre su boca, ensordecerán sus oídos.

17 Lamerán el polvo como la culebra; como las serpientes de la tierra, temblarán en sus encierros; se volverán amedrentados ante Jehová nuestro Dios, y temerán a causa de ti.

18 ¿Qué Dios como tú, que perdona la maldad, y olvida el pecado del remanente de su heredad? No retuvo para siempre su enojo, porque se deleita en misericordia.

6 For a son dishonors his father,
a daughter rises up against her mother,
a daughter-in-law against her mother-in-law —
a man's enemies are the members of his own household.

7 But as for me, I watch in hope for the LORD,
I wait for God my Savior;
my God will hear me.

Israel Will Rise

8 Do not gloat over me, my enemy!
Though I have fallen, I will rise.
Though I sit in darkness,
the LORD will be my light.
9 Because I have sinned against him,
I will bear the LORD's wrath,
until he pleads my case
and establishes my right.
He will bring me out into the light;
I will see his righteousness.
10 Then my enemy will see it
and will be covered with shame,
she who said to me,
"Where is the LORD your God?"
My eyes will see her downfall;
even now she will be trampled underfoot
like mire in the streets.

11 The day for building your walls will come,
the day for extending your boundaries.
12 In that day people will come to you
from Assyria and the cities of Egypt,
even from Egypt to the Euphrates
and from sea to sea
and from mountain to mountain.
13 The earth will become desolate because of its inhabitants,
as the result of their deeds.

Prayer and Praise

14 Shepherd your people with your staff,
the flock of your inheritance,
which lives by itself in a forest,
in fertile pasturelands. w
Let them feed in Bashan and Gilead
as in days long ago.

15 "As in the days when you came out of Egypt,
I will show them my wonders."

16 Nations will see and be ashamed,
deprived of all their power.
They will lay their hands on their mouths
and their ears will become deaf.
17 They will lick dust like a snake,
like creatures that crawl on the ground.
They will come trembling out of their dens;
they will turn in fear to the LORD our God
and will be afraid of you.
18 Who is a God like you,
who pardons sin and forgives the transgression
of the remnant of his inheritance?
You do not stay angry forever
but delight to show mercy.

w 14 Or in the middle of Carmel

19El volverá a tener misericordia de nosotros; sepultará nuestras iniquidades, y echará en lo profundo del mar todos nuestros pecados.
20Cumplirás la verdad a Jacob, y a Abraham la misericordia, que juraste a nuestros padres desde tiempos antiguos.

19You will again have compassion on us;
　　you will tread our sins underfoot
　　and hurl all our iniquities into the depths of
　　　the sea.
20You will be true to Jacob,
　　and show mercy to Abraham,
　as you pledged on oath to our fathers
　　in days long ago.

NAHUM

NAHUM

La ira vengadora de Dios

1 ¹ Profecía sobre Nínive. Libro de la visión de Nahum de Elcos.

² Jehová es Dios celoso y vengador; Jehová es vengador y lleno de indignación; se venga de sus adversarios, y guarda enojo para sus enemigos.

³ Jehová es tardo para la ira y grande en poder, y no tendrá por inocente al culpable. Jehová marcha en la tempestad y el torbellino, y las nubes son el polvo de sus pies.

⁴ El amenaza al mar, y lo hace secar, y agosta todos los ríos; Basán fue destruido, y el Carmelo, y la flor del Líbano fue destruida.

⁵ Los montes tiemblan delante de él, y los collados se derriten; la tierra se conmueve a su presencia, y el mundo, y todos los que en él habitan.

⁶ ¿Quién permanecerá delante de su ira? ¿y quién quedará en pie en el ardor de su enojo? Su ira se derrama como fuego, y por él se hienden las peñas.

⁷ Jehová es bueno, fortaleza en el día de la angustia; y conoce a los que en él confían.

⁸ Mas con inundación impetuosa consumirá a sus adversarios, y tinieblas perseguirán a sus enemigos.

⁹ ¿Qué pensáis contra Jehová? El hará consumación; no tomará venganza dos veces de sus enemigos.

¹⁰ Aunque sean como espinos entretejidos, y estén empapados en su embriaguez, serán consumidos como hojarasca completamente seca.

¹¹ De ti salió el que imaginó mal contra Jehová, un consejero perverso.

¹² Así ha dicho Jehová: Aunque reposo tengan, y sean tantos, aun así serán talados, y él pasará. Bastante te he afligido; no te afligiré ya más.

¹³ Porque ahora quebraré su yugo de sobre ti, y romperé tus coyundas.

¹⁴ Mas acerca de ti mandará Jehová, que no quede ni memoria de tu nombre; de la casa de tu dios destruiré escultura y estatua de fundición; allí pondré tu sepulcro, porque fuiste vil.

1 An oracle concerning Nineveh. The book of the vision of Nahum the Elkoshite.

The Lord's Anger Against Nineveh

² The Lord is a jealous and avenging God;
　the Lord takes vengeance and is filled with
　　wrath.
The Lord takes vengeance on his foes
　and maintains his wrath against his enemies.
³ The Lord is slow to anger and great in power;
　the Lord will not leave the guilty unpunished.
His way is in the whirlwind and the storm,
　and clouds are the dust of his feet.
⁴ He rebukes the sea and dries it up;
　he makes all the rivers run dry.
Bashan and Carmel wither
　and the blossoms of Lebanon fade.
⁵ The mountains quake before him
　and the hills melt away.
The earth trembles at his presence,
　the world and all who live in it.
⁶ Who can withstand his indignation?
　Who can endure his fierce anger?
His wrath is poured out like fire;
　the rocks are shattered before him.

⁷ The Lord is good,
　a refuge in times of trouble.
He cares for those who trust in him,
⁸　but with an overwhelming flood
he will make an end of ⌞Nineveh⌟;
　he will pursue his foes into darkness.

⁹ Whatever they plot against the Lord
　he ª will bring to an end;
　trouble will not come a second time.
¹⁰ They will be entangled among thorns
　and drunk from their wine;
　they will be consumed like dry stubble. ᵇ
¹¹ From you, ⌞O Nineveh⌟ has one come forth
　who plots evil against the Lord
　and counsels wickedness.

¹² This is what the Lord says:

"Although they have allies and are numerous,
　they will be cut off and pass away.
Although I have afflicted you, ⌞O Judah⌟
　I will afflict you no more.
¹³ Now I will break their yoke from your neck
　and tear your shackles away."

¹⁴ The Lord has given a command concerning you,
　⌞Nineveh⌟:
"You will have no descendants to bear your
　　name.
I will destroy the carved images and cast idols
　that are in the temple of your gods.
I will prepare your grave,
　for you are vile."

ª9 Or *What do you foes plot against the Lord? / He*　ᵇ10 The meaning of the Hebrew for this verse is uncertain.

Anuncio de la caída de Nínive

15 He aquí sobre los montes los pies del que trae buenas nuevas, del que anuncia la paz. Celebra, oh Judá, tus fiestas, cumple tus votos; porque nunca más volverá a pasar por ti el malvado; pereció del todo.

2 1 Subió destruidor contra ti; guarda la fortaleza, vigila el camino, cíñete los lomos, refuerza mucho tu poder. 2 Porque Jehová restaurará la gloria de Jacob como la gloria de Israel; porque saqueadores los saquearon, y estropearon sus mugrones.

3 El escudo de sus valientes estará enrojecido, los varones de su ejército vestidos de grana; el carro como fuego de antorchas; el día que se prepare, temblarán las hayas. 4 Los carros se precipitarán a las plazas, con estruendo rodarán por las calles; su aspecto será como antorchas encendidas, correrán como relámpagos.

5 Se acordará él de sus valientes; se atropellarán en su marcha; se apresurarán a su muro, y la defensa se preparará. 6 Las puertas de los ríos se abrirán, y el palacio será destruido.

7 Y la reina será cautiva; mandarán que suba, y sus criadas la llevarán gimiendo como palomas, golpeándose sus pechos. 8 Fue Nínive de tiempo antiguo como estanque de aguas; pero ellos huyen. Dicen: ¡Deteneos, deteneos!; pero ninguno mira. 9 Saquead plata, saquead oro; no hay fin de las riquezas y suntuosidad de toda clase de efectos codiciables.

10 Vacía, agotada y desolada está, y el corazón desfallecido; temblor de rodillas, dolor en las entrañas, rostros demudados. 11 ¿Qué es de la guarida de los leones, y de la majada de los cachorros de los leones, donde se recogía el león y la leona, y los cachorros del león, y no había quien los espantase? 12 El león arrebataba en abundancia para sus cachorros, y ahogaba para sus leonas, y llenaba de presa sus cavernas, y de robo sus guaridas.

Destrucción total de Nínive

13 Heme aquí contra ti, dice Jehová de los ejércitos. Encenderé y reduciré a humo tus carros, y espada devorará tus leoncillos; y cortaré de la tierra tu robo, y nunca más se oirá la voz de tus mensajeros.

15 Look, there on the mountains,
    the feet of one who brings good news,
    who proclaims peace!
Celebrate your festivals, O Judah,
    and fulfill your vows.
No more will the wicked invade you;
    they will be completely destroyed.

Nineveh to Fall

2 An attacker advances against you, Nineveh.
    Guard the fortress,
    watch the road,
    brace yourselves,
    marshal all your strength!

2 The LORD will restore the splendor of Jacob
    like the splendor of Israel,
though destroyers have laid them waste
    and have ruined their vines.

3 The shields of his soldiers are red;
    the warriors are clad in scarlet.
The metal on the chariots flashes
    on the day they are made ready;
    the spears of pine are brandished. c
4 The chariots storm through the streets,
    rushing back and forth through the squares.
They look like flaming torches;
    they dart about like lightning.

5 He summons his picked troops,
    yet they stumble on their way.
They dash to the city wall;
    the protective shield is put in place.
6 The river gates are thrown open
    and the palace collapses.
7 It is decreed d that the city
    be exiled and carried away.
Its slave girls moan like doves
    and beat upon their breasts.
8 Nineveh is like a pool,
    and its water is draining away.
"Stop! Stop!" they cry,
    but no one turns back.
9 Plunder the silver!
    Plunder the gold!
The supply is endless,
    the wealth from all its treasures!
10 She is pillaged, plundered, stripped!
    Hearts melt, knees give way,
    bodies tremble, every face grows pale.

11 Where now is the lions' den,
    the place where they fed their young,
where the lion and lioness went,
    and the cubs, with nothing to fear?
12 The lion killed enough for his cubs
    and strangled the prey for his mate,
filling his lairs with the kill
    and his dens with the prey.

13 "I am against you,"
    declares the LORD Almighty.
"I will burn up your chariots in smoke,
    and the sword will devour your young lions.
    I will leave you no prey on the earth.
The voices of your messengers
    will no longer be heard."

c3 Hebrew; Septuagint and Syriac / the horsemen rush to and fro
d7 The meaning of the Hebrew for this word is uncertain.

3 ¹¡Ay de ti, ciudad sanguinaria, toda llena de mentira y de rapiña, sin apartarte del pillaje!
²Chasquido de látigo, y fragor de ruedas, caballo atropellador, y carro que salta;
³jinete enhiesto, y resplandor de espada, y resplandor de lanza; y multitud de muertos, y multitud de cadáveres; cadáveres sin fin, y en sus cadáveres tropezarán.
⁴a causa de la multitud de las fornicaciones de la ramera de hermosa gracia, maestra en hechizos, que seduce a las naciones con sus fornicaciones, y a los pueblos con sus hechizos.

⁵Heme aquí contra ti, dice Jehová de los ejércitos, y descubriré tus faldas en tu rostro, y mostraré a las naciones tu desnudez, y a los reinos tu vergüenza.
⁶Y echaré sobre ti inmundicias, y te afrentaré, y te pondré como estiércol.
⁷Todos los que te vieren se apartarán de ti, y dirán: Nínive es asolada; ¿quién se compadecerá de ella? ¿Dónde te buscaré consoladores?

⁸¿Eres tú mejor que Tebas, que estaba asentada junto al Nilo, rodeada de aguas, cuyo baluarte era el mar, y aguas por muro?
⁹Etiopía era su fortaleza, también Egipto, y eso sin límite; Fut y Libia fueron sus ayudadores.
¹⁰Sin embargo ella fue llevada en cautiverio; también sus pequeños fueron estrellados en las encrucijadas de todas las calles, y sobre sus varones echaron suertes, y todos sus grandes fueron aprisionados con grillos.
¹¹Tú también serás embriagada, y serás encerrada; tú también buscarás refugio a causa del enemigo.
¹²Todas tus fortalezas serán cual higueras con brevas, que si las sacuden, caen en la boca del que las ha de comer.
¹³He aquí, tu pueblo será como mujeres en medio de ti; las puertas de tu tierra se abrirán de par en par a tus enemigos; fuego consumirá tus cerrojos.
¹⁴Provéete de agua para el asedio, refuerza tus fortalezas; entra en el lodo, pisa el barro, refuerza el horno.

Woe to Nineveh

3 Woe to the city of blood,
full of lies,
full of plunder,
    never without victims!
²The crack of whips,
    the clatter of wheels,
galloping horses
    and jolting chariots!
³Charging cavalry,
    flashing swords
    and glittering spears!
Many casualties,
    piles of dead,
bodies without number,
    people stumbling over the corpses—
⁴all because of the wanton lust of a harlot,
    alluring, the mistress of sorceries,
who enslaved nations by her prostitution
    and peoples by her witchcraft.

⁵"I am against you," declares the LORD Almighty.
    "I will lift your skirts over your face.
I will show the nations your nakedness
    and the kingdoms your shame.
⁶I will pelt you with filth,
    I will treat you with contempt
    and make you a spectacle.
⁷All who see you will flee from you and say,
    'Nineveh is in ruins—who will mourn for her?'
Where can I find anyone to comfort you?"

⁸Are you better than Thebes,^e
    situated on the Nile,
    with water around her?
The river was her defense,
    the waters her wall.
⁹Cush^f and Egypt were her boundless strength;
    Put and Libya were among her allies.
¹⁰Yet she was taken captive
    and went into exile.
Her infants were dashed to pieces
    at the head of every street.
Lots were cast for her nobles,
    and all her great men were put in chains.
¹¹You too will become drunk;
    you will go into hiding
    and seek refuge from the enemy.

¹²All your fortresses are like fig trees
    with their first ripe fruit;
when they are shaken,
    the figs fall into the mouth of the eater.
¹³Look at your troops—
    they are all women!
The gates of your land
    are wide open to your enemies;
    fire has consumed their bars.

¹⁴Draw water for the siege,
    strengthen your defenses!
Work the clay,
    tread the mortar,
    repair the brickwork!

^e8 Hebrew *No Amon*   ^f9 That is, the upper Nile region

15 Allí te consumirá el fuego, te talará la espada, te devorará como pulgón; multiplícate como langosta, multiplícate como el langostón.

16 Multiplicaste tus mercaderes más que las estrellas del cielo; la langosta hizo presa, y voló.

17 Tus príncipes serán como langostas, y tus grandes como nubes de langostas que se sientan en vallados en día de frío; salido el sol se van, y no se conoce el lugar donde están.

18 Durmieron tus pastores, oh rey de Asiria, reposaron tus valientes; tu pueblo se derramó por los montes, y no hay quien lo junte.

19 No hay medicina para tu quebradura; tu herida es incurable; todos los que oigan tu fama batirán las manos sobre ti, porque ¿sobre quién no pasó continuamente tu maldad?

15 There the fire will devour you;
    the sword will cut you down
    and, like grasshoppers, consume you.
  Multiply like grasshoppers,
    multiply like locusts!
16 You have increased the number of your
    merchants
    till they are more than the stars of the sky,
  but like locusts they strip the land
    and then fly away.
17 Your guards are like locusts,
    your officials like swarms of locusts
    that settle in the walls on a cold day—
  but when the sun appears they fly away,
    and no one knows where.

18 O king of Assyria, your shepherds*g* slumber;
    your nobles lie down to rest.
  Your people are scattered on the mountains
    with no one to gather them.
19 Nothing can heal your wound;
    your injury is fatal.
  Everyone who hears the news about you
    claps his hands at your fall,
  for who has not felt
    your endless cruelty?

HABACUC

Habacuc se queja de injusticia

1 ¹ La profecía que vio el profeta Habacuc.
² ¿Hasta cuándo, oh Jehová, clamaré, y no oirás; y daré voces a ti a causa de la violencia, y no salvarás?
³ ¿Por qué me haces ver iniquidad, y haces que vea molestia? Destrucción y violencia están delante de mí, y pleito y contienda se levantan.
⁴ Por lo cual la ley es debilitada, y el juicio no sale según la verdad; por cuanto el impío asedia al justo, por eso sale torcida la justicia.

Los caldeos castigarán a Judá

⁵ Mirad entre las naciones, y ved, y asombraos; porque haré una obra en vuestros días, que aun cuando se os contare, no la creeréis.
⁶ Porque he aquí, yo levanto a los caldeos, nación cruel y presurosa, que camina por la anchura de la tierra para poseer las moradas ajenas.
⁷ Formidable es y terrible; de ella misma procede su justicia y su dignidad.
⁸ Sus caballos serán más ligeros que leopardos, y más feroces que lobos nocturnos, y sus jinetes se multiplicarán; vendrán de lejos sus jinetes, y volarán como águilas que se apresuran a devorar.
⁹ Toda ella vendrá a la presa; el terror va delante de ella, y recogerá cautivos como arena.
¹⁰ Escarnecerá a los reyes, y de los príncipes hará burla; se reirá de toda fortaleza, y levantará terraplén y la tomará.
¹¹ Luego pasará como el huracán, y ofenderá atribuyendo su fuerza a su dios.

Protesta de Habacuc

¹² ¿No eres tú desde el principio, oh Jehová, Dios mío, Santo mío? No moriremos. Oh Jehová, para juicio lo pusiste; y tú, oh Roca, lo fundaste para castigar.
¹³ Muy limpio eres de ojos para ver el mal, ni puedes ver el agravio; ¿por qué ves a los menospreciadores, y callas cuando destruye el impío al más justo que él,
¹⁴ y haces que sean los hombres como los peces del mar, como reptiles que no tienen quien los gobierne?

HABAKKUK

1 The oracle that Habakkuk the prophet received.

Habakkuk's Complaint

² How long, O LORD, must I call for help,
    but you do not listen?
Or cry out to you, "Violence!"
    but you do not save?
³ Why do you make me look at injustice?
    Why do you tolerate wrong?
Destruction and violence are before me;
    there is strife, and conflict abounds.
⁴ Therefore the law is paralyzed,
    and justice never prevails.
The wicked hem in the righteous,
    so that justice is perverted.

The LORD's Answer

⁵ "Look at the nations and watch—
    and be utterly amazed.
For I am going to do something in your days
    that you would not believe,
    even if you were told.
⁶ I am raising up the Babylonians,[a]
    that ruthless and impetuous people,
who sweep across the whole earth
    to seize dwelling places not their own.
⁷ They are a feared and dreaded people;
    they are a law to themselves
    and promote their own honor.
⁸ Their horses are swifter than leopards,
    fiercer than wolves at dusk.
Their cavalry gallops headlong;
    their horsemen come from afar.
They fly like a vulture swooping to devour;
⁹   they all come bent on violence.
Their hordes[b] advance like a desert wind
    and gather prisoners like sand.
¹⁰ They deride kings
    and scoff at rulers.
They laugh at all fortified cities;
    they build earthen ramps and capture them.
¹¹ Then they sweep past like the wind and go on—
    guilty men, whose own strength is their god."

Habakkuk's Second Complaint

¹² O LORD, are you not from everlasting?
    My God, my Holy One, we will not die.
O LORD, you have appointed them to execute judgment;
    O Rock, you have ordained them to punish.
¹³ Your eyes are too pure to look on evil;
    you cannot tolerate wrong.
Why then do you tolerate the treacherous?
    Why are you silent while the wicked
swallow up those more righteous than themselves?
¹⁴ You have made men like fish in the sea,
    like sea creatures that have no ruler.

---

a6 Or *Chaldeans*   *b9* The meaning of the Hebrew for this word is uncertain.

15 Sacará a todos con anzuelo, los recogerá con su red, y los juntará en sus mallas; por lo cual se alegrará y se regocijará.

16 Por esto hará sacrificios a su red, y ofrecerá sahumerios a sus mallas; porque con ellas engordó su porción, y engrasó su comida.

17 ¿Vaciará por eso su red, y no tendrá piedad de aniquilar naciones continuamente?

Jehová responde a Habacuc

2 1 Sobre mi guarda estaré, y sobre la fortaleza afirmaré el pie, y velaré para ver lo que se me dirá, y qué he de responder tocante a mi queja.

2 Y Jehová me respondió, y dijo: Escribe la visión, y declárala en tablas, para que corra el que leyere en ella.

3 Aunque la visión tardará aún por un tiempo, mas se apresura hacia el fin, y no mentirá; aunque tardare, espéralo, porque sin duda vendrá, no tardará.

4 He aquí que aquel cuya alma no es recta, se enorgullece; mas el justo por su fe vivirá.

5 Y también, el que es dado al vino se traicionero, hombre soberbio, que no permanecerá; ensanchó como el Seol su alma, y es como la muerte, que no se saciará; antes reunió para sí todas las gentes, y juntó para sí todos los pueblos.

Ayes contra los injustos

6 ¿No han de levantar todos éstos refrán sobre él, y sarcasmos contra él? Dirán: ¡Ay del que multiplicó lo que no era suyo! ¿Hasta cuándo había de acumular sobre sí prenda tras prenda?

7 ¿No se levantarán de repente tus deudores, y se despertarán los que te harán temblar, y serás despojo para ellos?

8 Por cuanto tú has despojado a muchas naciones, todos los otros pueblos te despojarán, a causa de la sangre de los hombres, y de los robos de la tierra, de las ciudades y de todos los que habitan en ellas.

9 ¡Ay del que codicia injusta ganancia para su casa, para poner en alto su nido, para escaparse del poder del mal!

10 Tomaste consejo vergonzoso para tu casa, asolaste muchos pueblos, y has pecado contra tu vida.

11 Porque la piedra clamará desde el muro, y la tabla del enmaderado le responderá.

12 ¡Ay del que edifica la ciudad con sangre, y del que funda una ciudad con iniquidad!

---

15 The wicked foe pulls all of them up with hooks,
  he catches them in his net,
 he gathers them up in his dragnet;
  and so he rejoices and is glad.
16 Therefore he sacrifices to his net
  and burns incense to his dragnet,
 for by his net he lives in luxury
  and enjoys the choicest food.
17 Is he to keep on emptying his net,
  destroying nations without mercy?

2 I will stand at my watch
  and station myself on the ramparts;
 I will look to see what he will say to me,
  and what answer I am to give to this
   complaint. c

The Lord's Answer

2 Then the Lord replied:

"Write down the revelation
  and make it plain on tablets
  so that a herald d may run with it.
3 For the revelation awaits an appointed time;
  it speaks of the end
  and will not prove false.
 Though it linger, wait for it;
  it e will certainly come and will not delay.

4 "See, he is puffed up;
  his desires are not upright—
  but the righteous will live by his faith f—
5 indeed, wine betrays him;
  he is arrogant and never at rest.
 Because he is as greedy as the grave g
  and like death is never satisfied,
 he gathers to himself all the nations
  and takes captive all the peoples.

6 "Will not all of them taunt him with ridicule and scorn, saying,

" 'Woe to him who piles up stolen goods
  and makes himself wealthy by extortion!
 How long must this go on?'
7 Will not your debtors h suddenly arise?
  Will they not wake up and make you tremble?
  Then you will become their victim.
8 Because you have plundered many nations,
  the peoples who are left will plunder you.
 For you have shed man's blood;
  you have destroyed lands and cities and
   everyone in them.

9 "Woe to him who builds his realm by unjust gain
  to set his nest on high,
  to escape the clutches of ruin!
10 You have plotted the ruin of many peoples,
  shaming your own house and forfeiting your
   life.
11 The stones of the wall will cry out,
  and the beams of the woodwork will echo it.

12 "Woe to him who builds a city with bloodshed
  and establishes a town by crime!

---

c 1 Or and what to answer when I am rebuked   d 2 Or so that whoever reads it   e 3 Or Though he linger, wait for him; / he f 4 Or faithfulness   g 5 Hebrew Sheol   h 7 Or creditors

13 ¿No es esto de Jehová de los ejércitos? Los pueblos, pues, trabajarán para el fuego, y las naciones se fatigarán en vano.

14 Porque la tierra será llena del conocimiento de la gloria de Jehová, como las aguas cubren el mar.

15 ¡Ay del que da de beber a su prójimo! ¡Ay de ti, que le acercas tu hiel, y le embriagas para mirar su desnudez!

16 Te has llenado de deshonra más que de honra; bebe tú también, y serás descubierto; el cáliz de la mano derecha de Jehová vendrá hasta ti, y vómito de afrenta sobre tu gloria.

17 Porque la rapiña del Líbano caerá sobre ti, y la destrucción de las fieras te quebrantará, a causa de la sangre de los hombres, y del robo de la tierra, de las ciudades y de todos los que en ellas habitaban.

18 ¿De qué sirve la escultura que esculpió el que la hizo? ¿la estatua de fundición que enseña mentira, para que haciendo imágenes mudas confíe el hacedor en su obra?

19 ¡Ay del que dice al palo: Despiértate; y a la piedra muda: Levántate! ¿Podrá él enseñar? He aquí está cubierto de oro y plata, y no hay espíritu dentro de él.

20 Mas Jehová está en su santo templo; calle delante de él toda la tierra.

Oración de Habacuc

3 1 Oración del profeta Habacuc, sobre Sigionot.
2 Oh Jehová, he oído tu palabra, y temí.
Oh Jehová, aviva tu obra en medio de los tiempos,
En medio de los tiempos hazla conocer;
En la ira acuérdate de la misericordia.
3 Dios vendrá de Temán,
Y el Santo desde el monte de Parán.　　　*Selah*
Su gloria cubrió los cielos,
Y la tierra se llenó de su alabanza.
4 Y el resplandor fue como la luz;
Rayos brillantes salían de su mano,
Y allí estaba escondido su poder.
5 Delante de su rostro iba mortandad,
Y a sus pies salían carbones encendidos.
6 Se levantó, y midió la tierra;
Miró, e hizo temblar las gentes;
Los montes antiguos fueron desmenuzados,
Los collados antiguos se humillaron.
Sus caminos son eternos.
7 He visto las tiendas de Cusán en aflicción;
Las tiendas de la tierra de Madián temblaron.

13 Has not the LORD Almighty determined
that the people's labor is only fuel for the fire,
that the nations exhaust themselves for
nothing?
14 For the earth will be filled with the knowledge of
the glory of the LORD,
as the waters cover the sea.
15 "Woe to him who gives drink to his neighbors,
pouring it from the wineskin till they are
drunk,
so that he can gaze on their naked bodies.
16 You will be filled with shame instead of glory.
Now it is your turn! Drink and be exposed *i*!
The cup from the LORD's right hand is coming
around to you,
and disgrace will cover your glory.
17 The violence you have done to Lebanon will
overwhelm you,
and your destruction of animals will terrify
you.
For you have shed man's blood;
you have destroyed lands and cities and
everyone in them.
18 "Of what value is an idol, since a man has carved
it?
Or an image that teaches lies?
For he who makes it trusts in his own creation;
he makes idols that cannot speak.
19 Woe to him who says to wood, 'Come to life!'
Or to lifeless stone, 'Wake up!'
Can it give guidance?
It is covered with gold and silver;
there is no breath in it.
20 But the LORD is in his holy temple;
let all the earth be silent before him."

Habakkuk's Prayer

3 A prayer of Habakkuk the prophet. On *shigionoth.i*

2 LORD, I have heard of your fame;
I stand in awe of your deeds, O LORD.
Renew them in our day,
in our time make them known;
in wrath remember mercy.

3 God came from Teman,
the Holy One from Mount Paran.　　*Selahk*
His glory covered the heavens
and his praise filled the earth.
4 His splendor was like the sunrise;
rays flashed from his hand,
where his power was hidden.
5 Plague went before him;
pestilence followed his steps.
6 He stood, and shook the earth;
he looked, and made the nations tremble.
The ancient mountains crumbled
and the age-old hills collapsed.
His ways are eternal.
7 I saw the tents of Cushan in distress,
the dwellings of Midian in anguish.

i16 Masoretic Text; Dead Sea Scrolls, Aquila, Vulgate and Syriac
(see also Septuagint) *and stagger　／1* Probably a literary or
musical term　*k3* A word of uncertain meaning; possibly a
musical term; also in verses 9 and 13

8 ¿Te airaste, oh Jehová, contra los ríos?
¿Contra los ríos te airaste?
¿Fue tu ira contra el mar
Cuando montaste en tus caballos,
Y en tus carros de victoria?
9 Se descubrió enteramente tu arco;
Los juramentos a las tribus fueron palabra segura.

Selah

Hendiste la tierra con ríos.
10 Te vieron y tuvieron temor los montes;
Pasó la inundación de las aguas;
El abismo dio su voz,
A lo alto alzó sus manos.
11 El sol y la luna se pararon en su lugar;
A la luz de tus saetas anduvieron,
Y al resplandor de tu fulgente lanza.
12 Con ira hollaste la tierra,
Con furor trillaste las naciones.
13 Saliste para socorrer a tu pueblo,
Para socorrer a tu ungido.
Traspasaste la cabeza de la casa del impío,
Descubriendo el cimiento hasta la roca. *Selah*
14 Horadaste con sus propios dardos las cabezas de sus
guerreros,
Que como tempestad acometieron para dispersarme,
Cuyo regocijo era como para devorar al pobre
encubiertamente.
15 Caminaste en el mar con tus caballos,
Sobre la mole de las grandes aguas.
16 Oí, y se conmovieron mis entrañas;
A la voz temblaron mis labios;
Pudrición entró en mis huesos, y dentro de mí me
estremecí;
Si bien estaré quieto en el día de la angustia,
Cuando suba al pueblo el que lo invadirá con sus
tropas.
17 Aunque la higuera no florezca,
Ni en las vides haya frutos,
Aunque falte el producto del olivo,
Y los labrados no den mantenimiento,
Y las ovejas sean quitadas de la majada,
Y no haya vacas en los corrales,
18 Con todo, yo me alegraré en Jehová,
Y me gozaré en el Dios de mi salvación.
19 Jehová el Señor es mi fortaleza,
El cual hace mis pies como de ciervas,
Y en mis alturas me hace andar.

8 Were you angry with the rivers, O LORD?
Was your wrath against the streams?
Did you rage against the sea
when you rode with your horses
and your victorious chariots?
9 You uncovered your bow,
you called for many arrows. *Selah*
You split the earth with rivers;
10 the mountains saw you and writhed.
Torrents of water swept by;
the deep roared
and lifted its waves on high.

11 Sun and moon stood still in the heavens
at the glint of your flying arrows,
at the lightning of your flashing spear.
12 In wrath you strode through the earth
and in anger you threshed the nations.
13 You came out to deliver your people,
to save your anointed one.
You crushed the leader of the land of wickedness,
you stripped him from head to foot. *Selah*
14 With his own spear you pierced his head
when his warriors stormed out to scatter us,
gloating as though about to devour
the wretched who were in hiding.
15 You trampled the sea with your horses,
churning the great waters.

16 I heard and my heart pounded,
my lips quivered at the sound;
decay crept into my bones,
and my legs trembled.
Yet I will wait patiently for the day of calamity
to come on the nation invading us.
17 Though the fig tree does not bud
and there are no grapes on the vines,
though the olive crop fails
and the fields produce no food,
though there are no sheep in the pen
and no cattle in the stalls,
18 yet I will rejoice in the LORD,
I will be joyful in God my Savior.

19 The Sovereign LORD is my strength;
he makes my feet like the feet of a deer,
he enables me to go on the heights.

For the director of music. On my stringed
instruments.

SOFONÍAS

ZEPHANIAH

El día de la ira de Jehová

1 ¹Palabra de Jehová que vino a Sofonías hijo de Cusi, hijo de Gedalías, hijo de Amarías, hijo de Ezequías, en días de Josías hijo de Amón, rey de Judá.

²Destruiré por completo todas las cosas de sobre la faz de la tierra, dice Jehová.

³Destruiré los hombres y las bestias; destruiré las aves del cielo y los peces del mar, y cortaré a los impíos; y raeré a los hombres de sobre la faz de la tierra, dice Jehová.

⁴Extenderé mi mano sobre Judá, y sobre todos los habitantes de Jerusalén, y exterminaré de este lugar los restos de Baal, y el nombre de los ministros idólatras con sus sacerdotes;

⁵y a los que sobre los terrados se postran al ejército del cielo, y a los que se postran jurando por Jehová y jurando por Milcom;

⁶y a los que se apartan de en pos de Jehová, y a los que no buscaron a Jehová, ni le consultaron.

⁷Calla en la presencia de Jehová el Señor, porque el día de Jehová está cercano; porque Jehová ha preparado sacrificio, y ha dispuesto a sus convidados.

⁸Y en el día del sacrificio de Jehová castigaré a los príncipes, y a los hijos del rey, y a todos los que visten vestido extranjero.

⁹Asimismo castigaré en aquel día a todos los que saltan la puerta, los que llenan las casas de sus señores de robo y de engaño.

¹⁰Y habrá en aquel día, dice Jehová, voz de clamor desde la puerta del Pescado, y aullido desde la segunda puerta, y gran quebrantamiento desde los collados.

¹¹Aullad, habitantes de Mactes, porque todo el pueblo mercader es destruido; destruidos son todos los que traían dinero.

¹²Acontecerá en aquel tiempo que yo escudriñaré a Jerusalén con linterna, y castigaré a los hombres que reposan tranquilos como el vino asentado, los cuales dicen en su corazón: Jehová ni hará bien ni hará mal.

1 ¹The word of the LORD that came to Zephaniah son of Cushi, the son of Gedaliah, the son of Amariah, the son of Hezekiah, during the reign of Josiah son of Amon king of Judah:

Warning of Coming Destruction

²"I will sweep away everything
   from the face of the earth,"
           declares the LORD.
³"I will sweep away both men and animals;
   I will sweep away the birds of the air
   and the fish of the sea.
The wicked will have only heaps of rubble[a]
   when I cut off man from the face of the
     earth,"
           declares the LORD.

Against Judah

⁴"I will stretch out my hand against Judah
   and against all who live in Jerusalem.
I will cut off from this place every remnant of
   Baal,
   the names of the pagan and the idolatrous
     priests—
⁵those who bow down on the roofs
   to worship the starry host,
those who bow down and swear by the LORD
   and who also swear by Molech,[b]
⁶those who turn back from following the LORD
   and neither seek the LORD nor inquire of him.
⁷Be silent before the Sovereign LORD,
   for the day of the LORD is near.
The LORD has prepared a sacrifice;
   he has consecrated those he has invited.
⁸On the day of the LORD's sacrifice
   I will punish the princes
   and the king's sons
and all those clad
   in foreign clothes.
⁹On that day I will punish
   all who avoid stepping on the threshold,[c]
who fill the temple of their gods
   with violence and deceit.

¹⁰"On that day," declares the LORD,
   "a cry will go up from the Fish Gate,
   wailing from the New Quarter,
   and a loud crash from the hills.
¹¹Wail, you who live in the market district[d];
   all your merchants will be wiped out,
   all who trade with[e] silver will be ruined.
¹²At that time I will search Jerusalem with lamps
   and punish those who are complacent,
   who are like wine left on its dregs,
who think, 'The LORD will do nothing,
   either good or bad.'

a3 The meaning of the Hebrew for this line is uncertain.
b5 Hebrew *Malcam*, that is, Milcom   *c9* See 1 Samuel 5:5.
d11 Or *the Mortar*   *e11* Or *in*

13 Por tanto, serán saqueados sus bienes, y sus casas asoladas; edificarán casas, mas no las habitarán, y plantarán viñas, mas no beberán el vino de ellas.

14 Cercano está el día grande de Jehová, cercano y muy próximo; es amarga la voz del día de Jehová; gritará allí el valiente.

15 Día de ira aquel día, día de angustia y de aprieto, día de alboroto y de asolamiento, día de tiniebla y de oscuridad, día de nublado y de entenebrecimiento,

16 día de trompeta y de algazara sobre las ciudades fortificadas, y sobre las altas torres.

17 Y atribularé a los hombres, y andarán como ciegos, porque pecaron contra Jehová; y la sangre de ellos será derramada como polvo, y su carne como estiércol.

18 Ni su plata ni su oro podrá librarlos en el día de la ira de Jehová, pues toda la tierra será consumida con el fuego de su celo; porque ciertamente destrucción apresurada hará de todos los habitantes de la tierra.

Juicios contra las naciones vecinas

2 1 Congregaos y meditad, oh nación sin pudor, 2 antes que tenga efecto el decreto, y el día se pase como el tamo; antes que venga sobre vosotros el furor de la ira de Jehová, antes que el día de la ira de Jehová venga sobre vosotros.

3 Buscad a Jehová todos los humildes de la tierra, los que pusisteis por obra su juicio; buscad justicia, buscad mansedumbre; quizás seréis guardados en el día del enojo de Jehová.

4 Porque Gaza será desamparada, y Ascalón asolada; saquearán a Asdod en pleno día, y Ecrón será desarraigada.

5 ¡Ay de los que moran en la costa del mar, del pueblo de los cereteos! La palabra de Jehová es contra vosotros, oh Canaán, tierra de los filisteos, y te haré destruir hasta no dejar morador.

6 Y será la costa del mar praderas para pastores, y corrales de ovejas.

---

13 Their wealth will be plundered,
     their houses demolished.
They will build houses
     but not live in them;
they will plant vineyards
     but not drink the wine.

The Great Day of the LORD

14 "The great day of the LORD is near—
     near and coming quickly.
Listen! The cry on the day of the LORD will be
     bitter,
     the shouting of the warrior there.

15 That day will be a day of wrath,
     a day of distress and anguish,
a day of trouble and ruin,
     a day of darkness and gloom,
     a day of clouds and blackness,

16 a day of trumpet and battle cry
     against the fortified cities
     and against the corner towers.

17 I will bring distress on the people
     and they will walk like blind men,
because they have sinned against the LORD.
Their blood will be poured out like dust
     and their entrails like filth.

18 Neither their silver nor their gold
     will be able to save them
     on the day of the LORD's wrath.
In the fire of his jealousy
     the whole world will be consumed,
for he will make a sudden end
     of all who live in the earth."

2 Gather together, gather together,
     O shameful nation,
2 before the appointed time arrives
     and that day sweeps on like chaff,
before the fierce anger of the LORD comes upon
     you,
before the day of the LORD's wrath comes
     upon you.
3 Seek the LORD, all you humble of the land,
     you who do what he commands.
Seek righteousness, seek humility;
     perhaps you will be sheltered
     on the day of the LORD's anger.

Against Philistia

4 Gaza will be abandoned
     and Ashkelon left in ruins.
At midday Ashdod will be emptied
     and Ekron uprooted.
5 Woe to you who live by the sea,
     O Kerethite people;
the word of the LORD is against you,
     O Canaan, land of the Philistines.
"I will destroy you,
     and none will be left."

6 The land by the sea, where the Kerethites *f*
     dwell,
     will be a place for shepherds and sheep pens.

---

f 6 The meaning of the Hebrew for this word is uncertain.

7 Será aquel lugar para el remanente de la casa de Judá; allí apacentarán; en las casas de Ascalón dormirán de noche; porque Jehová su Dios los visitará, y levantará su cautiverio.

8 Yo he oído las afrentas de Moab, y los denuestos de los hijos de Amón con que deshonraron a mi pueblo, y se engrandecieron sobre su territorio.

9 Por tanto, vivo yo, dice Jehová de los ejércitos, Dios de Israel, que Moab será como Sodoma, y los hijos de Amón como Gomorra; campo de ortigas, y mina de sal, y asolamiento perpetuo; el remanente de mi pueblo los saqueará, y el remanente de mi pueblo los heredará.

10 Esto les vendrá por su soberbia, porque afrentaron y se engrandecieron contra el pueblo de Jehová de los ejércitos.

11 Terrible será Jehová contra ellos, porque destruirá a todos los dioses de la tierra, y desde sus lugares se inclinarán a él todas las tierras de las naciones.

12 También vosotros los de Etiopía seréis muertos con mi espada.

13 Y extenderá su mano sobre el norte, y destruirá a Asiria, y convertirá a Nínive en asolamiento y en sequedal como un desierto.

14 Rebaños de ganado harán en ella majada, todas las bestias del campo; el pelícano también y el erizo dormirán en sus dinteles; su voz cantará en las ventanas; habrá desolación en las puertas, porque su enmaderamiento de cedro será descubierto.

15 Esta es la ciudad alegre que estaba confiada, la que decía en su corazón: Yo, y no más. ¡Cómo fue asolada, hecha guarida de fieras! Cualquiera que pasare junto a ella, se burlará y sacudirá su mano.

El pecado de Jerusalén, y su redención

3 1 ¡Ay de la ciudad rebelde y contaminada y opresora! 2 No escuchó la voz, ni recibió la corrección; no confió en Jehová, no se acercó a su Dios.

---

7 It will belong to the remnant of the house of
   Judah;
   there they will find pasture.
In the evening they will lie down
   in the houses of Ashkelon.
The LORD their God will care for them;
   he will restore their fortunes. *g*

Against Moab and Ammon

8 "I have heard the insults of Moab
   and the taunts of the Ammonites,
who insulted my people
   and made threats against their land.
9 Therefore, as surely as I live,"
   declares the LORD Almighty, the God of Israel,
"surely Moab will become like Sodom,
   the Ammonites like Gomorrah—
a place of weeds and salt pits,
   a wasteland forever.
The remnant of my people will plunder them;
   the survivors of my nation will inherit their
   land."

10 This is what they will get in return for their
   pride,
   for insulting and mocking the people of the
   LORD Almighty.
11 The LORD will be awesome to them
   when he destroys all the gods of the land.
The nations on every shore will worship him,
   every one in its own land.

Against Cush

12 "You too, O Cushites, *h*
   will be slain by my sword."

Against Assyria

13 He will stretch out his hand against the north
   and destroy Assyria,
leaving Nineveh utterly desolate
   and dry as the desert.
14 Flocks and herds will lie down there,
   creatures of every kind.
The desert owl and the screech owl
   will roost on her columns.
Their calls will echo through the windows,
   rubble will be in the doorways,
   the beams of cedar will be exposed.
15 This is the carefree city
   that lived in safety.
She said to herself,
   "I am, and there is none besides me."
What a ruin she has become,
   a lair for wild beasts!
All who pass by her scoff
   and shake their fists.

The Future of Jerusalem

3 Woe to the city of oppressors,
   rebellious and defiled!
2 She obeys no one,
   she accepts no correction.
She does not trust in the LORD,
   she does not draw near to her God.

---

g 7 Or *will bring back their captives*   *h* 12 That is, people from the upper Nile region

3 Sus príncipes en medio de ella son leones rugientes; sus jueces, lobos nocturnos que no dejan hueso para la mañana.

4 Sus profetas son livianos, hombres prevaricadores; sus sacerdotes contaminaron el santuario, falsearon la ley.

5 Jehová en medio de ella es justo, no hará iniquidad; de mañana sacará a luz su juicio, nunca faltará; pero el perverso no conoce la vergüenza.

6 Hice destruir naciones; sus habitaciones están asoladas; hice desiertas sus calles, hasta no quedar quien pase; sus ciudades están asoladas hasta no quedar hombre, hasta no quedar habitante.

7 Dije: Ciertamente me temerá; recibirá corrección, y no será destruida su morada según todo aquello por lo cual la castigué. Mas ellos se apresuraron a corromper todos sus hechos.

8 Por tanto, esperadme, dice Jehová, hasta el día que me levante para juzgaros; porque mi determinación es reunir las naciones, juntar los reinos, para derramar sobre ellos mi enojo, todo el ardor de mi ira; por el fuego de mi celo será consumida toda la tierra.

9 En aquel tiempo devolveré yo a los pueblos pureza de labios, para que todos invoquen el nombre de Jehová, para que le sirvan de común consentimiento.

10 De la región más allá de los ríos de Etiopía me suplicarán; la hija de mis esparcidos traerá su ofrenda.

11 En aquel día no serás avergonzada por ninguna de tus obras con que te rebelaste contra mí; porque entonces quitaré de en medio de ti a los que se alegran en tu soberbia, y nunca más te ensoberbecerás en mi santo monte.

12 Y dejaré en medio de ti un pueblo humilde y pobre, el cual confiará en el nombre de Jehová.

13 El remanente de Israel no hará injusticia ni dirá mentira, ni en boca de ellos se hallará lengua engañosa; porque ellos serán apacentados, y dormirán, y no habrá quien los atemorice.

14 Canta, oh hija de Sion; da voces de júbilo, oh Israel; gózate y regocíjate de todo corazón, hija de Jerusalén.

15 Jehová ha apartado tus juicios, ha echado fuera tus enemigos; Jehová es Rey de Israel en medio de ti; nunca más verás el mal.

3 Her officials are roaring lions,
　　her rulers are evening wolves,
　　who leave nothing for the morning.
4 Her prophets are arrogant;
　　they are treacherous men.
Her priests profane the sanctuary
　　and do violence to the law.
5 The LORD within her is righteous;
　　he does no wrong.
Morning by morning he dispenses his justice,
　　and every new day he does not fail,
　　yet the unrighteous know no shame.

6 "I have cut off nations;
　　their strongholds are demolished.
I have left their streets deserted,
　　with no one passing through.
Their cities are destroyed;
　　no one will be left—no one at all.
7 I said to the city,
　　'Surely you will fear me
　　and accept correction!'
Then her dwelling would not be cut off,
　　nor all my punishments come upon her.
But they were still eager
　　to act corruptly in all they did.
8 Therefore wait for me," declares the LORD,
　　"for the day I will stand up to testify.[i]
I have decided to assemble the nations,
　　to gather the kingdoms
and to pour out my wrath on them—
　　all my fierce anger.
The whole world will be consumed
　　by the fire of my jealous anger.

9 "Then will I purify the lips of the peoples,
　　that all of them may call on the name of the
　　　LORD
　　and serve him shoulder to shoulder.
10 From beyond the rivers of Cush[j]
　　my worshipers, my scattered people,
　　will bring me offerings.
11 On that day you will not be put to shame
　　for all the wrongs you have done to me,
because I will remove from this city
　　those who rejoice in their pride.
Never again will you be haughty
　　on my holy hill.
12 But I will leave within you
　　the meek and humble,
　　who trust in the name of the LORD.
13 The remnant of Israel will do no wrong;
　　they will speak no lies,
　　nor will deceit be found in their mouths.
They will eat and lie down
　　and no one will make them afraid."

14 Sing, O Daughter of Zion;
　　shout aloud, O Israel!
Be glad and rejoice with all your heart,
　　O Daughter of Jerusalem!
15 The LORD has taken away your punishment,
　　he has turned back your enemy.
The LORD, the King of Israel, is with you;
　　never again will you fear any harm.

---

i 8 Septuagint and Syriac; Hebrew *will rise up to plunder*
j 10 That is, the upper Nile region

16 En aquel tiempo se dirá a Jerusalén: No temas; Sion, no se debiliten tus manos.

17 Jehová está en medio de ti, poderoso, él salvará; se gozará sobre ti con alegría, callará de amor, se regocijará sobre ti con cánticos.

18 Reuniré a los fastidiados por causa del largo tiempo; tuyos fueron, para quienes el oprobio de ella era una carga.

19 He aquí, en aquel tiempo yo apremiaré a todos tus opresores; y salvaré a la que cojea, y recogeré la descarriada; y os pondré por alabanza y por renombre en toda la tierra.

20 En aquel tiempo yo os traeré, en aquel tiempo os reuniré yo; pues os pondré para renombre y para alabanza entre todos los pueblos de la tierra, cuando levante vuestro cautiverio delante de vuestros ojos, dice Jehová.

16 On that day they will say to Jerusalem,
"Do not fear, O Zion;
do not let your hands hang limp.
17 The LORD your God is with you,
he is mighty to save.
He will take great delight in you,
he will quiet you with his love,
he will rejoice over you with singing."
18 "The sorrows for the appointed feasts
I will remove from you;
they are a burden and a reproach to you. k
19 At that time I will deal
with all who oppressed you;
I will rescue the lame
and gather those who have been scattered.
I will give them praise and honor
in every land where they were put to shame.
20 At that time I will gather you;
at that time I will bring you home.
I will give you honor and praise
among all the peoples of the earth
when I restore your fortunes l
before your very eyes,"
says the LORD.

k 18 Or "I will gather you who mourn for the appointed feasts; / your reproach is a burden to you   l 20 Or I bring back your captives

HAGEO

HAGGAI

Exhortación a edificar el templo

1 ¹ En el año segundo del rey Darío, en el mes sexto, en el primer día del mes, vino palabra de Jehová por medio del profeta Hageo a Zorobabel hijo de Salatiel, gobernador de Judá, y a Josué hijo de Josadac, sumo sacerdote, diciendo:

² Así ha hablado Jehová de los ejércitos, diciendo: Este pueblo dice: No ha llegado aún el tiempo, el tiempo de que la casa de Jehová sea reedificada.

³ Entonces vino palabra de Jehová por medio del profeta Hageo, diciendo:

⁴ ¿Es para vosotros tiempo, para vosotros, de habitar en vuestras casas artesonadas, y esta casa está desierta?

⁵ Pues así ha dicho Jehová de los ejércitos: Meditad bien sobre vuestros caminos.

⁶ Sembráis mucho, y recogéis poco; coméis, y no os saciáis; bebéis, y no quedáis satisfechos; os vestís, y no os calentáis; y el que trabaja a jornal recibe su jornal en saco roto.

⁷ Así ha dicho Jehová de los ejércitos: Meditad sobre vuestros caminos.

⁸ Subid al monte, y traed madera, y reedificad la casa; y pondré en ella mi voluntad, y seré glorificado, ha dicho Jehová.

⁹ Buscáis mucho, y halláis poco; y encerráis en casa, y yo lo disiparé en un soplo. ¿Por qué? dice Jehová de los ejércitos. Por cuanto mi casa está desierta, y cada uno de vosotros corre a su propia casa.

¹⁰ Por eso se detuvo de los cielos sobre vosotros la lluvia, y la tierra detuvo sus frutos.

¹¹ Y llamé la sequía sobre esta tierra, y sobre los montes, sobre el trigo, sobre el vino, sobre el aceite, sobre todo lo que la tierra produce, sobre los hombres y sobre las bestias, y sobre todo trabajo de manos.

¹² Y oyó Zorobabel hijo de Salatiel, y Josué hijo de Josadac, sumo sacerdote, y todo el resto del pueblo, la voz de Jehová su Dios, y las palabras del profeta Hageo, como le había enviado Jehová su Dios; y temió el pueblo delante de Jehová.

¹³ Entonces Hageo, enviado de Jehová, habló por mandato de Jehová al pueblo, diciendo: Yo estoy con vosotros, dice Jehová.

¹⁴ Y despertó Jehová el espíritu de Zorobabel hijo de Salatiel, gobernador de Judá, y el espíritu de Josué hijo de Josadac, sumo sacerdote, y el espíritu de todo el resto del pueblo; y vinieron y trabajaron en la casa de Jehová de los ejércitos, su Dios,

¹⁵ en el día veinticuatro del mes sexto, en el segundo año del rey Darío.

La gloria del nuevo templo

2 ¹ En el mes séptimo, a los veintiún días del mes, vino palabra de Jehová por medio del profeta Hageo, diciendo:

² Habla ahora a Zorobabel hijo de Salatiel, gobernador de Judá, y a Josué hijo de Josadac, sumo sacerdote, y al resto del pueblo, diciendo:

³ ¿Quién ha quedado entre vosotros que haya visto esta casa en su gloria primera, y cómo la veis ahora? ¿No es ella como nada delante de vuestros ojos?

A Call to Build the House of the LORD

1 In the second year of King Darius, on the first day of the sixth month, the word of the LORD came through the prophet Haggai to Zerubbabel son of Shealtiel, governor of Judah, and to Joshua ᵃ son of Jehozadak, the high priest:

²This is what the LORD Almighty says: "These people say, 'The time has not yet come for the LORD's house to be built.' "

³Then the word of the LORD came through the prophet Haggai: ⁴"Is it a time for you yourselves to be living in your paneled houses, while this house remains a ruin?"

⁵Now this is what the LORD Almighty says: "Give careful thought to your ways. ⁶You have planted much, but have harvested little. You eat, but never have enough. You drink, but never have your fill. You put on clothes, but are not warm. You earn wages, only to put them in a purse with holes in it."

⁷This is what the LORD Almighty says: "Give careful thought to your ways. ⁸Go up into the mountains and bring down timber and build the house, so that I may take pleasure in it and be honored," says the LORD. ⁹"You expected much, but see, it turned out to be little. What you brought home, I blew away. Why?" declares the LORD Almighty. "Because of my house, which remains a ruin, while each of you is busy with his own house. ¹⁰Therefore, because of you the heavens have withheld their dew and the earth its crops. ¹¹I called for a drought on the fields and the mountains, on the grain, the new wine, the oil and whatever the ground produces, on men and cattle, and on the labor of your hands."

¹²Then Zerubbabel son of Shealtiel, Joshua son of Jehozadak, the high priest, and the whole remnant of the people obeyed the voice of the LORD their God and the message of the prophet Haggai, because the LORD their God had sent him. And the people feared the LORD.

¹³Then Haggai, the LORD's messenger, gave this message of the LORD to the people: "I am with you," declares the LORD. ¹⁴So the LORD stirred up the spirit of Zerubbabel son of Shealtiel, governor of Judah, and the spirit of Joshua son of Jehozadak, the high priest, and the spirit of the whole remnant of the people. They came and began to work on the house of the LORD Almighty, their God, ¹⁵on the twenty-fourth day of the sixth month in the second year of King Darius.

The Promised Glory of the New House

2 On the twenty-first day of the seventh month, the word of the LORD came through the prophet Haggai: ²"Speak to Zerubbabel son of Shealtiel, governor of Judah, to Joshua son of Jehozadak, the high priest, and to the remnant of the people. Ask them, ³'Who of you is left who saw this house in its former glory? How does it look to you now? Does it not seem to you like

---

ᵃ 1 A variant of *Jeshua*; here and elsewhere in Haggai

4 Pues ahora, Zorobabel, esfuérzate, dice Jehová; esfuérzate también, Josué hijo de Josadac, sumo sacerdote; y cobrad ánimo, pueblo todo de la tierra, dice Jehová, y trabajad; porque yo estoy con vosotros, dice Jehová de los ejércitos.
5 Según el pacto que hice con vosotros cuando salisteis de Egipto, así mi Espíritu estará en medio de vosotros, no temáis.
6 Porque así dice Jehová de los ejércitos: De aquí a poco yo haré temblar los cielos y la tierra, el mar y la tierra seca;
7 y haré temblar a todas las naciones, y vendrá el Deseado de todas las naciones; y llenaré de gloria esta casa, ha dicho Jehová de los ejércitos.
8 Mía es la plata, y mío es el oro, dice Jehová de los ejércitos.
9 La gloria postrera de esta casa será mayor que la primera, ha dicho Jehová de los ejércitos; y daré paz en este lugar, dice Jehová de los ejércitos.

La infidelidad del pueblo es reprendida

10 A los veinticuatro días del noveno mes, en el segundo año de Darío, vino palabra de Jehová por medio del profeta Hageo, diciendo:
11 Así ha dicho Jehová de los ejércitos: Pregunta ahora a los sacerdotes acerca de la ley, diciendo:
12 Si alguno llevare carne santificada en la falda de su ropa, y con el vuelo de ella tocare pan, o vianda, o vino, o aceite, o cualquier otra comida, ¿será santificada? Y respondieron los sacerdotes y dijeron: No.
13 Y dijo Hageo: Si un inmundo a causa de cuerpo muerto tocare alguna cosa de estas, ¿será inmunda? Y respondieron los sacerdotes, y dijeron: Inmunda será.
14 Y respondió Hageo y dijo: Así es este pueblo y esta gente delante de mí, dice Jehová; y asimismo toda obra de sus manos; y todo lo que aquí ofrecen es inmundo.
15 Ahora, pues, meditad en vuestro corazón desde este día en adelante, antes que pongan piedra sobre piedra en el templo de Jehová.
16 Antes que sucediesen estas cosas, venían al montón de veinte efas, y había diez; venían al lagar para sacar cincuenta cántaros y había veinte.
17 Os herí con viento solano, con tizoncillo y con granizo en toda obra de vuestras manos; mas no os convertisteis a mí, dice Jehová.
18 Meditad, pues, en vuestro corazón, desde este día en adelante, desde el día veinticuatro del noveno mes, desde el día que se echó el cimiento del templo de Jehová; meditad, pues, en vuestro corazón.
19 ¿No está aún la simiente en el granero? Ni la vid, ni la higuera, ni el granado, ni el árbol de olivo ha florecido todavía; mas desde este día os bendeciré.

Promesa de Jehová a Zorobabel

20 Vino por segunda vez palabra de Jehová a Hageo, a los veinticuatro días del mismo mes, diciendo:
21 Habla a Zorobabel gobernador de Judá, diciendo: Yo haré temblar los cielos y la tierra;
22 y trastornaré el trono de los reinos, y destruiré la fuerza de los reinos de las naciones; trastornaré los carros y los que en ellos suben, y vendrán abajo los caballos y sus jinetes, cada cual por la espada de su hermano.
23 En aquel día, dice Jehová de los ejércitos, te tomaré, oh Zorobabel hijo de Salatiel, siervo mío, dice Jehová, y te pondré como anillo de sellar; porque yo te escogí, dice Jehová de los ejércitos.

nothing? 4 But now be strong, O Zerubbabel,' declares the LORD. 'Be strong, O Joshua son of Jehozadak, the high priest. Be strong, all you people of the land,' declares the LORD, 'and work. For I am with you,' declares the LORD Almighty. 5 'This is what I covenanted with you when you came out of Egypt. And my Spirit remains among you. Do not fear.'
6 "This is what the LORD Almighty says: 'In a little while I will once more shake the heavens and the earth, the sea and the dry land. 7 I will shake all nations, and the desired of all nations will come, and I will fill this house with glory,' says the LORD Almighty. 8 'The silver is mine and the gold is mine,' declares the LORD Almighty. 9 'The glory of this present house will be greater than the glory of the former house,' says the LORD Almighty. 'And in this place I will grant peace,' declares the LORD Almighty."

Blessings for a Defiled People

10 On the twenty-fourth day of the ninth month, in the second year of Darius, the word of the LORD came to the prophet Haggai: 11 "This is what the LORD Almighty says: 'Ask the priests what the law says: 12 If a person carries consecrated meat in the fold of his garment, and that fold touches some bread or stew, some wine, oil or other food, does it become consecrated?' "
The priests answered, "No."
13 Then Haggai said, "If a person defiled by contact with a dead body touches one of these things, does it become defiled?"
"Yes," the priests replied, "it becomes defiled."
14 Then Haggai said, " 'So it is with this people and this nation in my sight,' declares the LORD. 'Whatever they do and whatever they offer there is defiled.
15 " 'Now give careful thought to this from this day on b — consider how things were before one stone was laid on another in the LORD's temple. 16 When anyone came to a heap of twenty measures, there were only ten. When anyone went to a wine vat to draw fifty measures, there were only twenty. 17 I struck all the work of your hands with blight, mildew and hail, yet you did not turn to me,' declares the LORD. 18 'From this day on, from this twenty-fourth day of the ninth month, give careful thought to the day when the foundation of the LORD's temple was laid. Give careful thought: 19 Is there yet any seed left in the barn? Until now, the vine and the fig tree, the pomegranate and the olive tree have not borne fruit.
" 'From this day on I will bless you.' "

Zerubbabel the LORD's Signet Ring

20 The word of the LORD came to Haggai a second time on the twenty-fourth day of the month: 21 "Tell Zerubbabel governor of Judah that I will shake the heavens and the earth. 22 I will overturn royal thrones and shatter the power of the foreign kingdoms. I will overthrow chariots and their drivers; horses and their riders will fall, each by the sword of his brother.
23 " 'On that day,' declares the LORD Almighty, 'I will take you, my servant Zerubbabel son of Shealtiel,' declares the LORD, 'and I will make you like my signet ring, for I have chosen you,' declares the LORD Almighty."

b 15 Or to the days past

ZACARÍAS

ZECHARIAH

Llamamiento a volver a Jehová

1 ¹En el octavo mes del año segundo de Darío, vino palabra de Jehová al Profeta Zacarías hijo de Berequías, hijo de Iddo, diciendo:
²Se enojó Jehová en gran manera contra vuestros padres.
³Diles, pues: Así ha dicho Jehová de los ejércitos: Volveos a mí, dice Jehová de los ejércitos, y yo me volveré a vosotros, ha dicho Jehová de los ejércitos.
⁴No seáis como vuestros padres, a los cuales clamaron los primeros profetas, diciendo: Así ha dicho Jehová de los ejércitos: Volveos ahora de vuestros malos caminos y de vuestras malas obras; y no atendieron, ni me escucharon, dice Jehová.
⁵Vuestros padres, ¿dónde están? y los profetas, ¿han de vivir para siempre?
⁶Pero mis palabras y mis ordenanzas que mandé a mis siervos los profetas, ¿no alcanzaron a vuestros padres? Por eso volvieron ellos y dijeron: Como Jehová de los ejércitos pensó tratarnos conforme a nuestros caminos, y conforme a nuestras obras, así lo hizo con nosotros.

La visión de los caballos

⁷A los veinticuatro días del mes undécimo, que es el mes de Sebat, en el año segundo de Darío, vino palabra de Jehová al profeta Zacarías hijo de Berequías, hijo de Iddo, diciendo:
⁸Vi de noche, y he aquí un varón que cabalgaba sobre un caballo alazán, el cual estaba entre los mirtos que había en la hondura; y detrás de él había caballos alazanes, overos y blancos.
⁹Entonces dije: ¿Qué son éstos, señor mío? Y me dijo el ángel que hablaba conmigo: Yo te enseñaré lo que son éstos.
¹⁰Y aquel varón que estaba entre los mirtos respondió y dijo: Estos son los que Jehová ha enviado a recorrer la tierra.
¹¹Y ellos hablaron a aquel ángel de Jehová que estaba entre los mirtos, y dijeron: Hemos recorrido la tierra, y he aquí toda la tierra está reposada y quieta.
¹²Respondió el ángel de Jehová y dijo: Oh Jehová de los ejércitos, ¿hasta cuándo no tendrás piedad de Jerusalén, y de las ciudades de Judá, con las cuales has estado airado por espacio de setenta años?
¹³Y Jehová respondió buenas palabras, palabras consoladoras, al ángel que hablaba conmigo.
¹⁴Y me dijo el ángel que hablaba conmigo: Clama diciendo: Así ha dicho Jehová de los ejércitos: Celé con gran celo a Jerusalén y a Sion.
¹⁵Y estoy muy airado contra las naciones que están reposadas; porque cuando yo estaba enojado un poco, ellos agravaron el mal.
¹⁶Por tanto, así ha dicho Jehová: Yo me he vuelto a Jerusalén con misericordia; en ella será edificada mi casa, dice Jehová de los ejércitos, y la plomada será tendida sobre Jerusalén.
¹⁷Clama aún, diciendo: Así dice Jehová de los ejércitos: Aún rebosarán mis ciudades con la abundancia del bien, y aún consolará Jehová a Sion, y escogerá todavía a Jerusalén.

A Call to Return to the LORD

1 In the eighth month of the second year of Darius, the word of the LORD came to the prophet Zechariah son of Berekiah, the son of Iddo:
²"The LORD was very angry with your forefathers. ³Therefore tell the people: This is what the LORD Almighty says: 'Return to me,' declares the LORD Almighty, 'and I will return to you,' says the LORD Almighty. ⁴Do not be like your forefathers, to whom the earlier prophets proclaimed: This is what the LORD Almighty says: 'Turn from your evil ways and your evil practices.' But they would not listen or pay attention to me, declares the LORD. ⁵Where are your forefathers now? And the prophets, do they live forever? ⁶But did not my words and my decrees, which I commanded my servants the prophets, overtake your forefathers?

"Then they repented and said, 'The LORD Almighty has done to us what our ways and practices deserve, just as he determined to do.' "

The Man Among the Myrtle Trees

⁷On the twenty-fourth day of the eleventh month, the month of Shebat, in the second year of Darius, the word of the LORD came to the prophet Zechariah son of Berekiah, the son of Iddo.

⁸During the night I had a vision—and there before me was a man riding a red horse! He was standing among the myrtle trees in a ravine. Behind him were red, brown and white horses.

⁹I asked, "What are these, my lord?"

The angel who was talking with me answered, "I will show you what they are."

¹⁰Then the man standing among the myrtle trees explained, "They are the ones the LORD has sent to go throughout the earth."

¹¹And they reported to the angel of the LORD, who was standing among the myrtle trees, "We have gone throughout the earth and found the whole world at rest and in peace."

¹²Then the angel of the LORD said, "LORD Almighty, how long will you withhold mercy from Jerusalem and from the towns of Judah, which you have been angry with these seventy years?" ¹³So the LORD spoke kind and comforting words to the angel who talked with me.

¹⁴Then the angel who was speaking to me said, "Proclaim this word: This is what the LORD Almighty says: 'I am very jealous for Jerusalem and Zion, ¹⁵but I am very angry with the nations that feel secure. I was only a little angry, but they added to the calamity.'

¹⁶"Therefore, this is what the LORD says: 'I will return to Jerusalem with mercy, and there my house will be rebuilt. And the measuring line will be stretched out over Jerusalem,' declares the LORD Almighty.

¹⁷"Proclaim further: This is what the LORD Almighty says: 'My towns will again overflow with prosperity, and the LORD will again comfort Zion and choose Jerusalem.' "

Visión de los cuernos y los carpinteros

18 Después alcé mis ojos y miré, y he aquí cuatro cuernos.

19 Y dije al ángel que hablaba conmigo: ¿Qué son éstos? Y me respondió: Estos son los cuernos que dispersaron a Judá, a Israel y a Jerusalén.

20 Me mostró luego Jehová cuatro carpinteros.

21 Y yo dije: ¿Qué vienen éstos a hacer? Y me respondió, diciendo: Aquéllos son los cuernos que dispersaron a Judá, tanto que ninguno alzó su cabeza; mas éstos han venido para hacerlos temblar, para derribar los cuernos de las naciones que alzaron el cuerno sobre la tierra de Judá para dispersarla.

Llamamiento a los cautivos

2 1 Alcé después mis ojos y miré, y he aquí un varón que tenía en su mano un cordel de medir.

2 Y le dije: ¿A dónde vas? Y él me respondió: A medir a Jerusalén, para ver cuánta es su anchura, y cuánta su longitud.

3 Y he aquí, salía aquel ángel que hablaba conmigo, y otro ángel le salió al encuentro,

4 y le dijo: Corre, habla a este joven, diciendo: Sin muros será habitada Jerusalén, a causa de la multitud de hombres y de ganado en medio de ella.

5 Yo seré para ella, dice Jehová, muro de fuego en derredor, y para gloria estaré en medio de ella.

6 Eh, eh, huid de la tierra del norte, dice Jehová, pues por los cuatro vientos de los cielos os esparcí, dice Jehová.

7 Oh Sion, la que moras con la hija de Babilonia, escápate.

8 Porque así ha dicho Jehová de los ejércitos: Tras la gloria me enviará él a las naciones que os despojaron; porque el que os toca, toca a la niña de su ojo.

9 Porque he aquí yo alzo mi mano sobre ellos, y serán despojo a sus siervos, y sabréis que Jehová de los ejércitos me envió.

10 Canta y alégrate, hija de Sion; porque he aquí vengo, y moraré en medio de ti, ha dicho Jehová.

11 Y se unirán muchas naciones a Jehová en aquel día, y me serán por pueblo, y moraré en medio de ti; y entonces conocerás que Jehová de los ejércitos me ha enviado a ti.

12 Y Jehová poseerá a Judá su heredad en la tierra santa, y escogerá aún a Jerusalén.

13 Calle toda carne delante de Jehová; porque él se ha levantado de su santa morada.

Visión del sumo sacerdote Josué

3 1 Me mostró al sumo sacerdote Josué, el cual estaba delante del ángel de Jehová, y Satanás estaba a su mano derecha para acusarle.

2 Y dijo Jehová a Satanás: Jehová te reprenda, oh Satanás; Jehová que ha escogido a Jerusalén te reprenda. ¿No es éste un tizón arrebatado del incendio?

3 Y Josué estaba vestido de vestiduras viles, y estaba delante del ángel.

4 Y habló el ángel, y mandó a los que estaban delante de él, diciendo: Quitadle esas vestiduras viles. Y a él le dijo: Mira que he quitado de ti tu pecado, y te he hecho vestir de ropas de gala.

5 Después dijo: Pongan mitra limpia sobre su cabeza. Y pusieron una mitra limpia sobre su cabeza, y le vistieron las ropas. Y el ángel de Jehová estaba en pie.

6 Y el ángel de Jehová amonestó a Josué, diciendo:

Four Horns and Four Craftsmen

18 Then I looked up—and there before me were four horns! 19 I asked the angel who was speaking to me, "What are these?"

He answered me, "These are the horns that scattered Judah, Israel and Jerusalem."

20 Then the LORD showed me four craftsmen. 21 I asked, "What are these coming to do?"

He answered, "These are the horns that scattered Judah so that no one could raise his head, but the craftsmen have come to terrify them and throw down these horns of the nations who lifted up their horns against the land of Judah to scatter its people."

A Man With a Measuring Line

2 Then I looked up—and there before me was a man with a measuring line in his hand! 2 I asked, "Where are you going?"

He answered me, "To measure Jerusalem, to find out how wide and how long it is."

3 Then the angel who was speaking to me left, and another angel came to meet him 4 and said to him: "Run, tell that young man, 'Jerusalem will be a city without walls because of the great number of men and livestock in it. 5 And I myself will be a wall of fire around it,' declares the LORD, 'and I will be its glory within.'

6 "Come! Come! Flee from the land of the north," declares the LORD, "for I have scattered you to the four winds of heaven," declares the LORD.

7 "Come, O Zion! Escape, you who live in the Daughter of Babylon!" 8 For this is what the LORD Almighty says: "After he has honored me and has sent me against the nations that have plundered you—for whoever touches you touches the apple of his eye— 9 I will surely raise my hand against them so that their slaves will plunder them.[a] Then you will know that the LORD Almighty has sent me.

10 "Shout and be glad, O Daughter of Zion. For I am coming, and I will live among you," declares the LORD. 11 "Many nations will be joined with the LORD in that day and will become my people. I will live among you and you will know that the LORD Almighty has sent me to you. 12 The LORD will inherit Judah as his portion in the holy land and will again choose Jerusalem. 13 Be still before the LORD, all mankind, because he has roused himself from his holy dwelling."

Clean Garments for the High Priest

3 Then he showed me Joshua[b] the high priest standing before the angel of the LORD, and Satan[c] standing at his right side to accuse him. 2 The LORD said to Satan, "The LORD rebuke you, Satan! The LORD, who has chosen Jerusalem, rebuke you! Is not this man a burning stick snatched from the fire?"

3 Now Joshua was dressed in filthy clothes as he stood before the angel. 4 The angel said to those who were standing before him, "Take off his filthy clothes."

Then he said to Joshua, "See, I have taken away your sin, and I will put rich garments on you."

5 Then I said, "Put a clean turban on his head." So they put a clean turban on his head and clothed him, while the angel of the LORD stood by.

6 The angel of the LORD gave this charge to Joshua:

---

[a] 8,9 Or says after . . . eye: 9 "I . . . plunder them."   [b] 1 A variant of Jeshua; here and elsewhere in Zechariah   [c] 1 Satan means accuser.

7 Así dice Jehová de los ejércitos: Si anduvieres por mis caminos, y si guardares mi ordenanza, también tú gobernarás mi casa, también guardarás mis atrios, y entre éstos que aquí están te daré lugar.

8 Escucha pues, ahora, Josué sumo sacerdote, tú y tus amigos que se sientan delante de ti, porque son varones simbólicos. He aquí, yo traigo a mi siervo el Renuevo.

9 Porque he aquí aquella piedra que puse delante de Josué; sobre esta única piedra hay siete ojos; he aquí yo grabaré su escultura, dice Jehová de los ejércitos, y quitaré el pecado de la tierra en un día.

10 En aquel día, dice Jehová de los ejércitos, cada uno de vosotros convidará a su compañero, debajo de su vid y debajo de su higuera.

El candelabro de oro y los olivos

4 1 Volvió el ángel que hablaba conmigo, y me despertó, como un hombre que es despertado de su sueño.

2 Y me dijo: ¿Qué ves? Y respondí: He mirado, y he aquí un candelabro todo de oro, con un depósito encima, y sus siete lámparas encima del candelabro, y siete tubos para las lámparas que están encima de él;

3 Y junto a él dos olivos, el uno a la derecha del depósito, y el otro a su izquierda.

4 Proseguí y hablé, diciendo a aquel ángel que hablaba conmigo: ¿Qué es esto, señor mío?

5 Y el ángel que hablaba conmigo respondió y me dijo: ¿No sabes qué es esto? Y dije: No, señor mío.

6 Entonces respondió y me habló diciendo: Esta es palabra de Jehová a Zorobabel, que dice: No con ejército, ni con fuerza, sino con mi Espíritu, ha dicho Jehová de los ejércitos.

7 ¿Quién eres tú, oh gran monte? Delante de Zorobabel serás reducido a llanura; él sacará la primera piedra con aclamaciones de: Gracia, gracia a ella.

8 Vino palabra de Jehová a mí, diciendo:

9 Las manos de Zorobabel echarán el cimiento de esta casa, y sus manos la acabarán; y conocerás que Jehová de los ejércitos me envió a vosotros.

10 Porque los que menospreciaron el día de las pequeñeces se alegrarán, y verán la plomada en la mano de Zorobabel. Estos siete son los ojos de Jehová, que recorren toda la tierra.

11 Hablé más, y le dije: ¿Qué significan estos dos olivos; a la derecha del candelabro y a su izquierda?

12 Hablé aún de nuevo, y le dije: ¿Qué significan las dos ramas de olivo que por medio de dos tubos de oro vierten de sí aceite como oro?

13 Y me respondió diciendo: ¿No sabes qué es esto? Y dije: Señor mío, no.

14 Y él dijo: Estos son los dos ungidos que están delante del Señor de toda la tierra.

El rollo volante

5 1 De nuevo alcé mis ojos y miré, y he aquí un rollo que volaba.

2 Y me dijo: ¿Qué ves? Y respondí: Veo un rollo que vuela, de veinte codos de largo, y diez codos de ancho.

---

7 "This is what the Lord Almighty says: 'If you will walk in my ways and keep my requirements, then you will govern my house and have charge of my courts, and I will give you a place among these standing here.

8 " 'Listen, O high priest Joshua and your associates seated before you, who are men symbolic of things to come: I am going to bring my servant, the Branch. 9 See, the stone I have set in front of Joshua! There are seven eyes d on that one stone, and I will engrave an inscription on it,' says the Lord Almighty, 'and I will remove the sin of this land in a single day.

10 " 'In that day each of you will invite his neighbor to sit under his vine and fig tree,' declares the Lord Almighty."

The Gold Lampstand and the Two Olive Trees

4 Then the angel who talked with me returned and wakened me, as a man is wakened from his sleep. 2 He asked me, "What do you see?"

I answered, "I see a solid gold lampstand with a bowl at the top and seven lights on it, with seven channels to the lights. 3 Also there are two olive trees by it, one on the right of the bowl and the other on its left."

4 I asked the angel who talked with me, "What are these, my lord?"

5 He answered, "Do you not know what these are?"

"No, my lord," I replied.

6 So he said to me, "This is the word of the Lord to Zerubbabel: 'Not by might nor by power, but by my Spirit,' says the Lord Almighty.

7 "What e are you, O mighty mountain? Before Zerubbabel you will become level ground. Then he will bring out the capstone to shouts of 'God bless it! God bless it!' "

8 Then the word of the Lord came to me: 9 "The hands of Zerubbabel have laid the foundation of this temple; his hands will also complete it. Then you will know that the Lord Almighty has sent me to you.

10 "Who despises the day of small things? Men will rejoice when they see the plumb line in the hand of Zerubbabel.

"(These seven are the eyes of the Lord, which range throughout the earth.)"

11 Then I asked the angel, "What are these two olive trees on the right and the left of the lampstand?"

12 Again I asked him, "What are these two olive branches beside the two gold pipes that pour out golden oil?"

13 He replied, "Do you not know what these are?"

"No, my lord," I said.

14 So he said, "These are the two who are anointed to f serve the Lord of all the earth."

The Flying Scroll

5 I looked again—and there before me was a flying scroll!

2 He asked me, "What do you see?"

I answered, "I see a flying scroll, thirty feet long and fifteen feet wide. g"

---

d 9 Or facets   e 7 Or Who   f 14 Or two who bring oil and
g 2 Hebrew twenty cubits long and ten cubits wide (about 9 meters long and 4.5 meters wide)

3 Entonces me dijo: Esta es la maldición que sale sobre la faz de toda la tierra; porque todo aquel que hurta (como está de un lado del rollo) será destruido; y todo aquel que jura falsamente (como está del otro lado del rollo) será destruido.

4 Yo la he hecho salir, dice Jehová de los ejércitos, y vendrá a la casa del ladrón, y a la casa del que jura falsamente en mi nombre; y permanecerá en medio de su casa y la consumirá, con sus maderas y sus piedras.

La mujer en el efa

5 Y salió aquel ángel que hablaba conmigo, y me dijo: Alza ahora tus ojos, y mira qué es esto que sale.

6 Y dije: ¿Qué es? Y él dijo: Este es un efa que sale. Además dijo: Esta es la iniquidad de ellos en toda la tierra.

7 Y he aquí, levantaron la tapa de plomo, y una mujer estaba sentada en medio de aquel efa.

8 Y él dijo: Esta es la Maldad; y la echó dentro del efa, y echó la masa de plomo en la boca del efa.

9 Alcé luego mis ojos, y miré, y he aquí dos mujeres que salían, y traían viento en sus alas, y tenían alas como de cigüeña, y alzaron el efa entre la tierra y los cielos.

10 Dije al ángel que hablaba conmigo: ¿A dónde llevan el efa?

11 Y él me respondió: Para que le sea edificada casa en tierra de Sinar; y cuando esté preparada lo pondrán sobre su base.

Los cuatro carros

6 1 De nuevo alcé mis ojos y miré, y he aquí cuatro carros que salían de entre dos montes; y aquellos montes eran de bronce.

2 En el primer carro había caballos alazanes, en el segundo carro caballos negros,

3 en el tercer carro caballos blancos, y en el cuarto carro caballos overos rucios rodados.

4 Respondí entonces y dije al ángel que hablaba conmigo: Señor mío, ¿qué es esto?

5 Y el ángel me respondió y me dijo: Estos son los cuatro vientos de los cielos, que salen después de presentarse delante del Señor de toda la tierra.

6 El carro con los caballos negros salía hacia la tierra del norte, y los blancos salieron tras ellos, y los overos salieron hacia la tierra del sur.

7 Y los alazanes salieron y se afanaron por ir a recorrer la tierra. Y dijo: Id, recorred la tierra. Y recorrieron la tierra.

8 Luego me llamó, y me habló diciendo: Mira, los que salieron hacia la tierra del norte hicieron reposar mi Espíritu en la tierra del norte.

Coronación simbólica de Josué

9 Vino a mí palabra de Jehová, diciendo:

10 Toma de los del cautiverio a Heldai, a Tobías y a Jedaías, los cuales volvieron de Babilonia; e irás tú en aquel día, y entrarás en casa de Josías hijo de Sofonías.

11 Tomarás, pues, plata y oro, y harás coronas, y las pondrás en la cabeza del sumo sacerdote Josué, hijo de Josadac.

12 Y le hablarás, diciendo: Así ha hablado Jehová de los ejércitos, diciendo: He aquí el varón cuyo nombre es el Renuevo, el cual brotará de sus raíces, y edificará el templo de Jehová.

3 And he said to me, "This is the curse that is going out over the whole land; for according to what it says on one side, every thief will be banished, and according to what it says on the other, everyone who swears falsely will be banished. 4 The LORD Almighty declares, 'I will send it out, and it will enter the house of the thief and the house of him who swears falsely by my name. It will remain in his house and destroy it, both its timbers and its stones.' "

The Woman in a Basket

5 Then the angel who was speaking to me came forward and said to me, "Look up and see what this is that is appearing."

6 I asked, "What is it?"

He replied, "It is a measuring basket. h" And he added, "This is the iniquity i of the people throughout the land."

7 Then the cover of lead was raised, and there in the basket sat a woman! 8 He said, "This is wickedness," and he pushed her back into the basket and pushed the lead cover down over its mouth.

9 Then I looked up — and there before me were two women, with the wind in their wings! They had wings like those of a stork, and they lifted up the basket between heaven and earth.

10 "Where are they taking the basket?" I asked the angel who was speaking to me.

11 He replied, "To the country of Babylonia j to build a house for it. When it is ready, the basket will be set there in its place."

Four Chariots

6 I looked up again — and there before me were four chariots coming out from between two mountains — mountains of bronze! 2 The first chariot had red horses, the second black, 3 the third white, and the fourth dappled — all of them powerful. 4 I asked the angel who was speaking to me, "What are these, my lord?"

5 The angel answered me, "These are the four spirits k of heaven, going out from standing in the presence of the Lord of the whole world. 6 The one with the black horses is going toward the north country, the one with the white horses toward the west, l and the one with the dappled horses toward the south."

7 When the powerful horses went out, they were straining to go throughout the earth. And he said, "Go throughout the earth!" So they went throughout the earth.

8 Then he called to me, "Look, those going toward the north country have given my Spirit m rest in the land of the north."

A Crown for Joshua

9 The word of the LORD came to me: 10 "Take silver and gold from the exiles Heldai, Tobijah and Jedaiah, who have arrived from Babylon. Go the same day to the house of Josiah son of Zephaniah. 11 Take the silver and gold and make a crown, and set it on the head of the high priest, Joshua son of Jehozadak. 12 Tell him this is what the LORD Almighty says: 'Here is the man whose name is the Branch, and he will branch out from his place and build the temple of the LORD. 13 It is he

h6 Hebrew an ephah; also in verses 7-11　　i6 Or appearance
j11 Hebrew Shinar　　k5 Or winds　　l6 Or horses after them
m8 Or spirit

13 El edificará el templo de Jehová, y él llevará gloria, y se sentará y dominará en su trono, y habrá sacerdote a su lado; y consejo de paz habrá entre ambos.

14 Las coronas servirán a Helem, a Tobías, a Jedaías y a Hen hijo de Sofonías, como memoria en el templo de Jehová.

15 Y los que están lejos vendrán y ayudarán a edificar el templo de Jehová, y conoceréis que Jehová de los ejércitos me ha enviado a vosotros. Y esto sucederá si oyereis obedientes la voz de Jehová vuestro Dios.

El ayuno que Dios reprueba

7 1 Aconteció que en el año cuarto del rey Darío vino palabra de Jehová a Zacarías, a los cuatro días del mes noveno, que es Quisleu,

2 cuando el pueblo de Bet-el había enviado a Sarezer, con Regem-melec y sus hombres, a implorar el favor de Jehová,

3 y a hablar a los sacerdotes que estaban en la casa de Jehová de los ejércitos, y a los profetas, diciendo: ¿Lloraremos en el mes quinto? ¿Haremos abstinencia como hemos hecho ya algunos años?

4 Vino, pues, a mí palabra de Jehová de los ejércitos, diciendo:

5 Habla a todo el pueblo del país, y a los sacerdotes, diciendo: Cuando ayunasteis y llorasteis en el quinto y en el séptimo mes estos setenta años, ¿habéis ayunado para mí?

6 Y cuando coméis y bebéis, ¿no coméis y bebéis para vosotros mismos?

7 ¿No son estas las palabras que proclamó Jehová por medio de los profetas primeros, cuando Jerusalén estaba habitada y tranquila, y sus ciudades en sus alrededores y el Neguev y la Sefela estaban también habitados?

La desobediencia, causa del cautiverio

8 Y vino palabra de Jehová a Zacarías, diciendo:

9 Así habló Jehová de los ejércitos, diciendo: Juzgad conforme a la verdad, y haced misericordia y piedad cada cual con su hermano;

10 no oprimáis a la viuda, al huérfano, al extranjero ni al pobre; ni ninguno piense mal en su corazón contra su hermano.

11 Pero no quisieron escuchar, antes volvieron la espalda, y taparon sus oídos para no oir;

12 y pusieron su corazón como diamante, para no oir la ley ni las palabras que Jehová de los ejércitos enviaba por su Espíritu, por medio de los profetas primeros; vino, por tanto, gran enojo de parte de Jehová de los ejércitos.

13 Y aconteció que así como él clamó, y no escucharon, también ellos clamaron, y yo no escuché, dice Jehová de los ejércitos;

14 sino que los esparcí con torbellino por todas las naciones que ellos no conocían, y la tierra fue desolada tras ellos, sin quedar quien fuese ni viniese; pues convirtieron en desierto la tierra deseable.

Promesa de la restauración de Jerusalén

8 1 Vino a mí palabra de Jehová de los ejércitos, diciendo:

2 Así ha dicho Jehová de los ejércitos: Celé a Sion con gran celo, y con gran ira la celé.

who will build the temple of the LORD, and he will be clothed with majesty and will sit and rule on his throne. And he will be a priest on his throne. And there will be harmony between the two.' 14 The crown will be given to Heldai,[n] Tobijah, Jedaiah and Hen[o] son of Zephaniah as a memorial in the temple of the LORD. 15 Those who are far away will come and help to build the temple of the LORD, and you will know that the LORD Almighty has sent me to you. This will happen if you diligently obey the LORD your God."

Justice and Mercy, Not Fasting

7 In the fourth year of King Darius, the word of the LORD came to Zechariah on the fourth day of the ninth month, the month of Kislev. 2 The people of Bethel had sent Sharezer and Regem-Melech, together with their men, to entreat the LORD 3 by asking the priests of the house of the LORD Almighty and the prophets, "Should I mourn and fast in the fifth month, as I have done for so many years?"

4 Then the word of the LORD Almighty came to me: 5 "Ask all the people of the land and the priests, 'When you fasted and mourned in the fifth and seventh months for the past seventy years, was it really for me that you fasted? 6 And when you were eating and drinking, were you not just feasting for yourselves? 7 Are these not the words the LORD proclaimed through the earlier prophets when Jerusalem and its surrounding towns were at rest and prosperous, and the Negev and the western foothills were settled?' "

8 And the word of the LORD came again to Zechariah: 9 "This is what the LORD Almighty says: 'Administer true justice; show mercy and compassion to one another. 10 Do not oppress the widow or the fatherless, the alien or the poor. In your hearts do not think evil of each other.'

11 "But they refused to pay attention; stubbornly they turned their backs and stopped up their ears. 12 They made their hearts as hard as flint and would not listen to the law or to the words that the LORD Almighty had sent by his Spirit through the earlier prophets. So the LORD Almighty was very angry.

13 " 'When I called, they did not listen; so when they called, I would not listen,' says the LORD Almighty. 14 'I scattered them with a whirlwind among all the nations, where they were strangers. The land was left so desolate behind them that no one could come or go. This is how they made the pleasant land desolate.' "

The LORD Promises to Bless Jerusalem

8 Again the word of the LORD Almighty came to me. 2 This is what the LORD Almighty says: "I am very jealous for Zion; I am burning with jealousy for her."

3 Así dice Jehová: Yo he restaurado a Sion, y moraré en medio de Jerusalén; y Jerusalén se llamará Ciudad de la Verdad, y el monte de Jehová de los ejércitos, Monte de Santidad.

4 Así ha dicho Jehová de los ejércitos: Aún han de morar ancianos y ancianas en las calles de Jerusalén, cada cual con bordón en su mano por la multitud de los días.

5 Y las calles de la ciudad estarán llenas de muchachos y muchachas que jugarán en ellas.

6 Así dice Jehová de los ejércitos: Si esto parecerá maravilloso a los ojos del remanente de este pueblo en aquellos días, ¿también será maravilloso delante de mis ojos? dice Jehová de los ejércitos.

7 Así ha dicho Jehová de los ejércitos: He aquí, yo salvo a mi pueblo de la tierra del oriente, y de la tierra donde se pone el sol;

8 y los traeré, y habitarán en medio de Jerusalén; y me serán por pueblo, y yo seré a ellos por Dios en verdad y en justicia.

9 Así ha dicho Jehová de los ejércitos: Esfuércense vuestras manos, los que oís en estos días estas palabras de la boca de los profetas, desde el día que se echó el cimiento a la casa de Jehová de los ejércitos, para edificar el templo.

10 Porque antes de estos días no ha habido paga de hombre ni paga de bestia, ni hubo paz para el que salía ni para el que entraba, a causa del enemigo; y yo dejé a todos los hombres cada cual contra su compañero.

11 Mas ahora no lo haré con el remanente de este pueblo como en aquellos días pasados, dice Jehová de los ejércitos.

12 Porque habrá simiente de paz; la vid dará su fruto, y dará su producto la tierra, y los cielos darán su rocío; y haré que el remanente de este pueblo posea todo esto.

13 Y sucederá que como fuisteis maldición entre las naciones, oh casa de Judá y casa de Israel, así os salvaré y seréis bendición. No temáis, mas esfuércense vuestras manos.

14 Porque así ha dicho Jehová de los ejércitos: Como pensé haceros mal cuando vuestros padres me provocaron a ira, dice Jehová de los ejércitos, y no me arrepentí,

15 así al contrario he pensado hacer bien a Jerusalén y a la casa de Judá en estos días; no temáis.

16 Estas son las cosas que habéis de hacer: Hablad verdad cada cual con su prójimo; juzgad según la verdad y lo conducente a la paz en vuestras puertas.

17 Y ninguno de vosotros piense mal en su corazón contra su prójimo, ni améis el juramento falso: porque todas estas son cosas que aborrezco, dice Jehová.

18 Vino a mí palabra de Jehová de los ejércitos, diciendo:

19 Así ha dicho Jehová de los ejércitos: El ayuno del cuarto mes, el ayuno del quinto, el ayuno del séptimo, y el ayuno del décimo, se convertirán para la casa de Judá en gozo y alegría, y en festivas solemnidades. Amad, pues, la verdad y la paz.

20 Así ha dicho Jehová de los ejércitos: Aún vendrán pueblos, y habitantes de muchas ciudades;

21 y vendrán los habitantes de una ciudad a otra, y dirán: Vamos a implorar el favor de Jehová, y a buscar a Jehová de los ejércitos. Yo también iré.

22 Y vendrán muchos pueblos y fuertes naciones a buscar a Jehová de los ejércitos en Jerusalén, y a implorar el favor de Jehová.

23 Así ha dicho Jehová de los ejércitos: En aquellos días acontecerá que diez hombres de las naciones de toda lengua tomarán del manto a un judío, diciendo: Iremos con vosotros, porque hemos oído que Dios está con vosotros.

3 This is what the LORD says: "I will return to Zion and dwell in Jerusalem. Then Jerusalem will be called the City of Truth, and the mountain of the LORD Almighty will be called the Holy Mountain."

4 This is what the LORD Almighty says: "Once again men and women of ripe old age will sit in the streets of Jerusalem, each with cane in hand because of his age. 5 The city streets will be filled with boys and girls playing there."

6 This is what the LORD Almighty says: "It may seem marvelous to the remnant of this people at that time, but will it seem marvelous to me?" declares the LORD Almighty.

7 This is what the LORD Almighty says: "I will save my people from the countries of the east and the west. 8 I will bring them back to live in Jerusalem; they will be my people, and I will be faithful and righteous to them as their God."

9 This is what the LORD Almighty says: "You who now hear these words spoken by the prophets who were there when the foundation was laid for the house of the LORD Almighty, let your hands be strong so that the temple may be built. 10 Before that time there were no wages for man or beast. No one could go about his business safely because of his enemy, for I had turned every man against his neighbor. 11 But now I will not deal with the remnant of this people as I did in the past," declares the LORD Almighty.

12 "The seed will grow well, the vine will yield its fruit, the ground will produce its crops, and the heavens will drop their dew. I will give all these things as an inheritance to the remnant of this people. 13 As you have been an object of cursing among the nations, O Judah and Israel, so will I save you, and you will be a blessing. Do not be afraid, but let your hands be strong."

14 This is what the LORD Almighty says: "Just as I had determined to bring disaster upon you and showed no pity when your fathers angered me," says the LORD Almighty, 15 "so now I have determined to do good again to Jerusalem and Judah. Do not be afraid. 16 These are the things you are to do: Speak the truth to each other, and render true and sound judgment in your courts; 17 do not plot evil against your neighbor, and do not love to swear falsely. I hate all this," declares the LORD.

18 Again the word of the LORD Almighty came to me. 19 This is what the LORD Almighty says: "The fasts of the fourth, fifth, seventh and tenth months will become joyful and glad occasions and happy festivals for Judah. Therefore love truth and peace."

20 This is what the LORD Almighty says: "Many peoples and the inhabitants of many cities will yet come, 21 and the inhabitants of one city will go to another and say, 'Let us go at once to entreat the LORD and seek the LORD Almighty. I myself am going.' 22 And many peoples and powerful nations will come to Jerusalem to seek the LORD Almighty and to entreat him.

23 This is what the LORD Almighty says: "In those days ten men from all languages and nations will take firm hold of one Jew by the hem of his robe and say, 'Let us go with you, because we have heard that God is with you.'"

Castigo de las naciones vecinas

9 [1]La profecía de la palabra de Jehová está contra la
tierra de Hadrac y sobre Damasco; porque a Jehová
deben mirar los ojos de los hombres, y de todas las tribus
de Israel.
[2]También Hamat será comprendida en el territorio de
éste; Tiro y Sidón, aunque sean muy sabias.
[3]Bien que Tiro se edificó fortaleza, y amontonó plata como
polvo, y oro como lodo de las calles,
[4]he aquí, el Señor la empobrecerá, y herirá en el mar su
poderío, y ella será consumida de fuego.
[5]Verá Ascalón, y temerá; Gaza también, y se dolerá en
gran manera; asimismo Ecrón, porque su esperanza será
confundida; y perecerá el rey de Gaza, y Ascalón no será
habitada.
[6]Habitará en Asdod un extranjero, y pondré fin a la soberbia de los filisteos.
[7]Quitaré la sangre de su boca, y sus abominaciones de
entre sus dientes, y quedará también un remanente para
nuestro Dios, y serán como capitanes en Judá, y Ecrón será
como el jebuseo.
[8]Entonces acamparé alrededor de mi casa como un guarda, para que ninguno vaya ni venga, y no pasará más sobre
ellos el opresor; porque ahora miraré con mis ojos.

El futuro rey de Sion

[9]Alégrate mucho, hija de Sion; da voces de júbilo, hija
de Jerusalén; he aquí tu rey vendrá a ti, justo y salvador,
humilde, y cabalgando sobre un asno, sobre un pollino hijo
de asna.
[10]Y de Efraín destruiré los carros, y los caballos de Jerusalén, y los arcos de guerra serán quebrados; y hablará paz
a las naciones, y su señorío será de mar a mar, y desde el
río hasta los fines de la tierra.
[11]Y tú también por la sangre de tu pacto serás salva; yo
he sacado tus presos de la cisterna en que no hay agua.
[12]Volveos a la fortaleza, oh prisioneros de esperanza; hoy
también os anuncio que os restauraré el doble.
[13]Porque he entesado para mí a Judá como arco, e hice
a Efraín su flecha, y despertaré a tus hijos, oh Sion, contra
tus hijos, oh Grecia, y te pondré como espada de valiente.

Judgment on Israel's Enemies

An Oracle

9 The word of the LORD is against the land of
Hadrach
and will rest upon Damascus—
for the eyes of men and all the tribes of Israel
are on the LORD—[p]
[2]and upon Hamath too, which borders on it,
and upon Tyre and Sidon, though they are
very skillful.
[3]Tyre has built herself a stronghold;
she has heaped up silver like dust,
and gold like the dirt of the streets.
[4]But the Lord will take away her possessions
and destroy her power on the sea,
and she will be consumed by fire.
[5]Ashkelon will see it and fear;
Gaza will writhe in agony,
and Ekron too, for her hope will wither.
Gaza will lose her king
and Ashkelon will be deserted.
[6]Foreigners will occupy Ashdod,
and I will cut off the pride of the Philistines.
[7]I will take the blood from their mouths,
the forbidden food from between their teeth.
Those who are left will belong to our God
and become leaders in Judah,
and Ekron will be like the Jebusites.
[8]But I will defend my house
against marauding forces.
Never again will an oppressor overrun my people,
for now I am keeping watch.

The Coming of Zion's King

[9]Rejoice greatly, O Daughter of Zion!
Shout, Daughter of Jerusalem!
See, your king[q] comes to you,
righteous and having salvation,
gentle and riding on a donkey,
on a colt, the foal of a donkey.
[10]I will take away the chariots from Ephraim
and the war-horses from Jerusalem,
and the battle bow will be broken.
He will proclaim peace to the nations.
His rule will extend from sea to sea
and from the River[r] to the ends of the
earth.[s]
[11]As for you, because of the blood of my covenant
with you,
I will free your prisoners from the waterless
pit.
[12]Return to your fortress, O prisoners of hope;
even now I announce that I will restore twice
as much to you.
[13]I will bend Judah as I bend my bow
and fill it with Ephraim.
I will rouse your sons, O Zion,
against your sons, O Greece,
and make you like a warrior's sword.

[p]1 Or *Damascus. / For the eye of the LORD is on all mankind, / as well as on the tribes of Israel,* [q]9 Or *King* [r]10 That is, the Euphrates [s]10 Or *the end of the land*

14 Y Jehová será visto sobre ellos, y su dardo saldrá como relámpago; y Jehová el Señor tocará trompeta, e irá entre torbellinos del austro.

15 Jehová de los ejércitos los amparará, y ellos devorarán, y hollarán las piedras de la honda, y beberán, y harán estrépito como tomados de vino; y se llenarán como tazón, o como cuernos del altar.

16 Y los salvará en aquel día Jehová su Dios como rebaño de su pueblo; porque como piedras de diadema serán enaltecidos en su tierra.

17 Porque ¡cuánta es su bondad, y cuánta su hermosura! El trigo alegrará a los jóvenes, y el vino a las doncellas.

Jehová redimirá a su pueblo

10 1 Pedid a Jehová lluvia en la estación tardía. Jehová hará relámpagos, y os dará lluvia abundante, y hierba verde en el campo a cada uno.

2 Porque los terafines han dado vanos oráculos, y los adivinos han visto mentira, han hablado sueños vanos, y vano es su consuelo; por lo cual el pueblo vaga como ovejas, y sufre porque no tiene pastor.

3 Contra los pastores se ha encendido mi enojo, y castigaré a los jefes; pero Jehová de los ejércitos visitará su rebaño, la casa de Judá, y los pondrá como su caballo de honor en la guerra.

4 De él saldrá la piedra angular, de él la clavija, de él el arco de guerra, de él también todo apremiador.

5 Y serán como valientes que en la batalla huellan al enemigo en el lodo de las calles; y pelearán, porque Jehová estará con ellos; y los que cabalgan en caballos serán avergonzados.

6 Porque yo fortaleceré la casa de Judá, y guardaré la casa de José; y los haré volver; porque de ellos tendré piedad, y serán como si no los hubiera desechado; porque yo soy Jehová su Dios, y los oiré.

7 Y será Efraín como valiente, y se alegrará su corazón como a causa del vino; sus hijos también verán, y se alegrarán; su corazón se gozará en Jehová.

8 Yo los llamaré con un silbido, y los reuniré, porque los he redimido; y serán multiplicados tanto como fueron antes.

9 Bien que los esparciré entre los pueblos, aun en lejanos países se acordarán de mí; y vivirán con sus hijos, y volverán.

The Lord Will Appear

14 Then the Lord will appear over them;
　　his arrow will flash like lightning.
The Sovereign Lord will sound the trumpet;
　　he will march in the storms of the south,
15　and the Lord Almighty will shield them.
They will destroy
　　and overcome with slingstones.
They will drink and roar as with wine;
　　they will be full like a bowl
　　used for sprinkling[t] the corners of the altar.
16 The Lord their God will save them on that day
　　as the flock of his people.
They will sparkle in his land
　　like jewels in a crown.
17 How attractive and beautiful they will be!
　　Grain will make the young men thrive,
　　and new wine the young women.

The Lord Will Care for Judah

10 Ask the Lord for rain in the springtime;
　　it is the Lord who makes the storm clouds.
He gives showers of rain to men,
　　and plants of the field to everyone.
2 The idols speak deceit,
　　diviners see visions that lie;
they tell dreams that are false,
　　they give comfort in vain.
Therefore the people wander like sheep
　　oppressed for lack of a shepherd.

3 "My anger burns against the shepherds,
　　and I will punish the leaders;
for the Lord Almighty will care
　　for his flock, the house of Judah,
　　and make them like a proud horse in battle.
4 From Judah will come the cornerstone,
　　from him the tent peg,
　　from him the battle bow,
　　from him every ruler.
5 Together they[u] will be like mighty men
　　trampling the muddy streets in battle.
Because the Lord is with them,
　　they will fight and overthrow the horsemen.

6 "I will strengthen the house of Judah
　　and save the house of Joseph.
I will restore them
　　because I have compassion on them.
They will be as though
　　I had not rejected them,
for I am the Lord their God
　　and I will answer them.
7 The Ephraimites will become like mighty men,
　　and their hearts will be glad as with wine.
Their children will see it and be joyful;
　　their hearts will rejoice in the Lord.
8 I will signal for them
　　and gather them in.
Surely I will redeem them;
　　they will be as numerous as before.
9 Though I scatter them among the peoples,
　　yet in distant lands they will remember me.
They and their children will survive,
　　and they will return.

t 15 Or bowl, / like　u 4,5 Or ruler, all of them together. /
5 They

10 Porque yo los traeré de la tierra de Egipto, y los recogeré de Asiria; y los traeré a la tierra de Galaad y del Líbano, y no les bastará.

11 Y la tribulación pasará por el mar, y herirá en el mar las ondas, y se secarán todas las profundidades del río; y la soberbia de Asiria será derribada, y se perderá el cetro de Egipto.

12 Y yo los fortaleceré en Jehová, y caminarán en su nombre, dice Jehová.

11

1 Oh Líbano, abre tus puertas, y consuma el fuego tus cedros.

2 Aúlla, oh ciprés, porque el cedro cayó, porque los árboles magníficos son derribados. Aullad, encinas de Basán, porque el bosque espeso es derribado.

3 Voz de aullido de pastores, porque su magnificencia es asolada; estruendo de rugidos de cachorros de leones, porque la gloria del Jordán es destruida.

Los pastores inútiles

4 Así ha dicho Jehová mi Dios: Apacienta las ovejas de la matanza,

5 a las cuales matan sus compradores, y no se tienen por culpables; y el que las vende, dice: Bendito sea Jehová, porque he enriquecido; ni sus pastores tienen piedad de ellas.

6 Por tanto, no tendré ya más piedad de los moradores de la tierra, dice Jehová; porque he aquí, yo entregaré los hombres cada cual en mano de su compañero y en mano de su rey; y asolarán la tierra, y yo no los libraré de sus manos.

7 Apacenté, pues, las ovejas de la matanza, esto es, a los pobres del rebaño. Y tomé para mí dos cayados: al uno puse por nombre Gracia, y al otro Ataduras; y apacenté las ovejas.

8 Y destruí a tres pastores en un mes; pues mi alma se impacientó contra ellos, y también el alma de ellos me aborreció a mí.

9 Y dije: No os apacentaré; la que muriere, que muera; y la que se perdiere, que se pierda; y las que quedaren, que cada una coma la carne de su compañera.

10 Tomé luego mi cayado Gracia, y lo quebré, para romper mi pacto que concerté con todos los pueblos.

11 Y fue deshecho en ese día, y así conocieron los pobres del rebaño que miraban a mí, que era palabra de Jehová.

12 Y les dije: Si os parece bien, dadme mi salario; y si no, dejadlo. Y pesaron por mi salario treinta piezas de plata.

13 Y me dijo Jehová: Echalo al tesoro; ¡hermoso precio con que me han apreciado! Y tomé las treinta piezas de plata, y las eché en la casa de Jehová al tesoro.

14 Quebré luego el otro cayado, Ataduras, para romper la hermandad entre Judá e Israel.

15 Y me dijo Jehová: Toma aún los aperos de un pastor insensato;

16 porque he aquí, yo levanto en la tierra a un pastor que no visitará las perdidas, ni buscará la pequeña, ni curará la perniquebrada, ni llevará la cansada a cuestas, sino que comerá la carne de la gorda, y romperá sus pezuñas.

10 I will bring them back from Egypt
　and gather them from Assyria.
I will bring them to Gilead and Lebanon,
　and there will not be room enough for them.
11 They will pass through the sea of trouble;
　the surging sea will be subdued
　and all the depths of the Nile will dry up.
Assyria's pride will be brought down
　and Egypt's scepter will pass away.
12 I will strengthen them in the LORD
　and in his name they will walk,"
　　　　　declares the LORD.

11

Open your doors, O Lebanon,
　so that fire may devour your cedars!
2 Wail, O pine tree, for the cedar has fallen;
　the stately trees are ruined!
Wail, oaks of Bashan;
　the dense forest has been cut down!
3 Listen to the wail of the shepherds;
　their rich pastures are destroyed!
Listen to the roar of the lions;
　the lush thicket of the Jordan is ruined!

Two Shepherds

4 This is what the LORD my God says: "Pasture the flock marked for slaughter. 5 Their buyers slaughter them and go unpunished. Those who sell them say, 'Praise the LORD, I am rich!' Their own shepherds do not spare them. 6 For I will no longer have pity on the people of the land," declares the LORD. "I will hand everyone over to his neighbor and his king. They will oppress the land, and I will not rescue them from their hands."

7 So I pastured the flock marked for slaughter, particularly the oppressed of the flock. Then I took two staffs and called one Favor and the other Union, and I pastured the flock. 8 In one month I got rid of the three shepherds.

The flock detested me, and I grew weary of them 9 and said, "I will not be your shepherd. Let the dying die, and the perishing perish. Let those who are left eat one another's flesh."

10 Then I took my staff called Favor and broke it, revoking the covenant I had made with all the nations. 11 It was revoked on that day, and so the afflicted of the flock who were watching me knew it was the word of the LORD.

12 I told them, "If you think it best, give me my pay; but if not, keep it." So they paid me thirty pieces of silver.

13 And the LORD said to me, "Throw it to the potter"—the handsome price at which they priced me! So I took the thirty pieces of silver and threw them into the house of the LORD to the potter.

14 Then I broke my second staff called Union, breaking the brotherhood between Judah and Israel.

15 Then the LORD said to me, "Take again the equipment of a foolish shepherd. 16 For I am going to raise up a shepherd over the land who will not care for the lost, or seek the young, or heal the injured, or feed the healthy, but will eat the meat of the choice sheep, tearing off their hoofs.

17 ¡Ay del pastor inútil que abandona el ganado! Hiera la espada su brazo, y su ojo derecho; del todo se secará su brazo, y su ojo derecho será enteramente oscurecido.

Liberación futura de Jerusalén

12 1 Profecía de la palabra de Jehová acerca de Israel. Jehová, que extiende los cielos y funda la tierra, y forma el espíritu del hombre dentro de él, ha dicho:
2 He aquí yo pongo a Jerusalén por copa que hará temblar a todos los pueblos de alrededor contra Judá, en el sitio contra Jerusalén.
3 Y en aquel día yo pondré a Jerusalén por piedra pesada a todos los pueblos; todos los que se la cargaren serán despedazados, bien que todas las naciones de la tierra se juntarán contra ella.
4 En aquel día, dice Jehová, heriré con pánico a todo caballo, y con locura al jinete; mas sobre la casa de Judá abriré mis ojos, y a todo caballo de los pueblos heriré con ceguera.
5 Y los capitanes de Judá dirán en su corazón: Tienen fuerza los habitantes de Jerusalén en Jehová de los ejércitos, su Dios.
6 En aquel día pondré a los capitanes de Judá como brasero de fuego entre leña, y como antorcha ardiendo entre gavillas; y consumirán a diestra y a siniestra a todos los pueblos alrededor; y Jerusalén será otra vez habitada en su lugar, en Jerusalén.
7 Y librará Jehová las tiendas de Judá primero, para que la gloria de la casa de David y del habitante de Jerusalén no se engrandezca sobre Judá.
8 En aquel día Jehová defenderá al morador de Jerusalén; el que entre ellos fuere débil, en aquel tiempo será como David; y la casa de David como Dios, como el ángel de Jehová delante de ellos.
9 Y en aquel día yo procuraré destruir a todas las naciones que vinieren contra Jerusalén.
10 Y derramaré sobre la casa de David, y sobre los moradores de Jerusalén, espíritu de gracia y de oración; y mirarán a mí, a quien traspasaron, y llorarán como se llora por hijo unigénito, afligiéndose por él como quien se aflige por el primogénito.
11 En aquel día habrá gran llanto en Jerusalén, como el llanto de Hadad-rimón en el valle de Meguido.
12 Y la tierra lamentará, cada linaje aparte; los descendientes de la casa de David por sí, y sus mujeres por sí; los descendientes de la casa de Natán por sí, y sus mujeres por sí;
13 los descendientes de la casa de Leví por sí, y sus mujeres por sí; los descendientes de Simei por sí, y sus mujeres por sí;
14 todos los otros linajes, cada uno por sí, y sus mujeres por sí.

13 1 En aquel tiempo habrá un manantial abierto para la casa de David y para los habitantes de Jerusalén, para la purificación del pecado y de la inmundicia.
2 Y en aquel día, dice Jehová de los ejércitos, quitaré de la tierra los nombres de las imágenes, y nunca más serán recordados; y también haré cortar de la tierra a los profetas y al espíritu de inmundicia.

17 "Woe to the worthless shepherd,
who deserts the flock!
May the sword strike his arm and his right eye!
May his arm be completely withered,
his right eye totally blinded!"

Jerusalem's Enemies to Be Destroyed

An Oracle

12 This is the word of the LORD concerning Israel. The LORD, who stretches out the heavens, who lays the foundation of the earth, and who forms the spirit of man within him, declares: 2 "I am going to make Jerusalem a cup that sends all the surrounding peoples reeling. Judah will be besieged as well as Jerusalem. 3 On that day, when all the nations of the earth are gathered against her, I will make Jerusalem an immovable rock for all the nations. All who try to move it will injure themselves. 4 On that day I will strike every horse with panic and its rider with madness," declares the LORD. "I will keep a watchful eye over the house of Judah, but I will blind all the horses of the nations. 5 Then the leaders of Judah will say in their hearts, 'The people of Jerusalem are strong, because the LORD Almighty is their God.'
6 "On that day I will make the leaders of Judah like a firepot in a woodpile, like a flaming torch among sheaves. They will consume right and left all the surrounding peoples, but Jerusalem will remain intact in her place.
7 "The LORD will save the dwellings of Judah first, so that the honor of the house of David and of Jerusalem's inhabitants may not be greater than that of Judah. 8 On that day the LORD will shield those who live in Jerusalem, so that the feeblest among them will be like David, and the house of David will be like God, like the Angel of the LORD going before them. 9 On that day I will set out to destroy all the nations that attack Jerusalem.

Mourning for the One They Pierced

10 "And I will pour out on the house of David and the inhabitants of Jerusalem a spirit v of grace and supplication. They will look on w me, the one they have pierced, and they will mourn for him as one mourns for an only child, and grieve bitterly for him as one grieves for a firstborn son. 11 On that day the weeping in Jerusalem will be great, like the weeping of Hadad Rimmon in the plain of Megiddo. 12 The land will mourn, each clan by itself, with their wives by themselves: the clan of the house of David and their wives, the clan of the house of Nathan and their wives, 13 the clan of the house of Levi and their wives, the clan of Shimei and their wives, 14 and all the rest of the clans and their wives.

Cleansing From Sin

13 "On that day a fountain will be opened to the house of David and the inhabitants of Jerusalem, to cleanse them from sin and impurity.
2 "On that day, I will banish the names of the idols from the land, and they will be remembered no more," declares the LORD Almighty. "I will remove both the prophets and the spirit of impurity from the land. 3 And

³ Y acontecerá que cuando alguno profetizare aún, le dirán su padre y su madre que lo engendraron: No vivirás, porque has hablado mentira en el nombre de Jehová; y su padre y su madre que lo engendraron le traspasarán cuando profetizare.

⁴ Y sucederá en aquel tiempo, que todos los profetas se avergonzarán de su visión cuando profetizaren; ni nunca más vestirán el manto velloso para mentir.

⁵ Y dirá: No soy profeta; labrador soy de la tierra, pues he estado en el campo desde mi juventud.

⁶ Y le preguntarán: ¿Qué heridas son estas en tus manos? Y él responderá: Con ellas fui herido en casa de mis amigos.

El pastor de Jehová es herido

⁷ Levántate, oh espada, contra el pastor, y contra el hombre compañero mío, dice Jehová de los ejércitos. Hiere al pastor, y serán dispersadas las ovejas; y haré volver mi mano contra los pequeñitos.

⁸ Y acontecerá en toda la tierra, dice Jehová, que las dos terceras partes serán cortadas en ella, y se perderán; mas la tercera quedará en ella.

⁹ Y meteré en el fuego a la tercera parte, y los fundiré como se funde la plata, y los probaré como se prueba el oro. El invocará mi nombre, y yo le oiré, y diré: Pueblo mío; y él dirá: Jehová es mi Dios.

Jerusalén y las naciones

14 ¹ He aquí, el día de Jehová viene, y en medio de ti serán repartidos tus despojos.

² Porque yo reuniré a todas las naciones para combatir contra Jerusalén; y la ciudad será tomada, y serán saqueadas las casas, y violadas las mujeres; y la mitad de la ciudad irá en cautiverio, mas el resto del pueblo no será cortado de la ciudad.

³ Después saldrá Jehová y peleará con aquellas naciones, como peleó en el día de la batalla.

⁴ Y se afirmarán sus pies en aquel día sobre el monte de los Olivos, que está en frente de Jerusalén al oriente; y el monte de los Olivos se partirá por en medio, hacia el oriente y hacia el occidente, haciendo un valle muy grande; y la mitad del monte se apartará hacia el norte, y la otra mitad hacia el sur.

⁵ Y huiréis al valle de los montes, porque el valle de los montes llegará hasta Azal; huiréis de la manera que huisteis por causa del terremoto en los días de Uzías rey de Judá; y vendrá Jehová mi Dios, y con él todos los santos.

⁶ Y acontecerá que en ese día no habrá luz clara, ni oscura.

⁷ Será un día, el cual es conocido de Jehová, que no será ni día ni noche; pero sucederá que al caer la tarde habrá luz.

⁸ Acontecerá también en aquel día, que saldrán de Jerusalén aguas vivas, la mitad de ellas hacia el mar oriental, y la otra mitad hacia el mar occidental, en verano y en invierno.

⁹ Y Jehová será rey sobre toda la tierra. En aquel día Jehová será uno, y uno su nombre.

---

if anyone still prophesies, his father and mother, to whom he was born, will say to him, 'You must die, because you have told lies in the LORD's name.' When he prophesies, his own parents will stab him.

⁴ "On that day every prophet will be ashamed of his prophetic vision. He will not put on a prophet's garment of hair in order to deceive. ⁵ He will say, 'I am not a prophet. I am a farmer; the land has been my livelihood since my youth.ˣ' ⁶ If someone asks him, 'What are these wounds on your bodyʸ?' he will answer, 'The wounds I was given at the house of my friends.'

The Shepherd Struck, the Sheep Scattered

⁷ "Awake, O sword, against my shepherd,
     against the man who is close to me!"
     declares the LORD Almighty.
"Strike the shepherd,
     and the sheep will be scattered,
     and I will turn my hand against the little ones.
⁸ In the whole land," declares the LORD,
     "two-thirds will be struck down and perish;
     yet one-third will be left in it.
⁹ This third I will bring into the fire;
     I will refine them like silver
     and test them like gold.
They will call on my name
     and I will answer them;
I will say, 'They are my people,'
     and they will say, 'The LORD is our God.'"

The LORD Comes and Reigns

14 A day of the LORD is coming when your plunder will be divided among you.

² I will gather all the nations to Jerusalem to fight against it; the city will be captured, the houses ransacked, and the women raped. Half of the city will go into exile, but the rest of the people will not be taken from the city.

³ Then the LORD will go out and fight against those nations, as he fights in the day of battle. ⁴ On that day his feet will stand on the Mount of Olives, east of Jerusalem, and the Mount of Olives will be split in two from east to west, forming a great valley, with half of the mountain moving north and half moving south. ⁵ You will flee by my mountain valley, for it will extend to Azel. You will flee as you fled from the earthquakeᶻ in the days of Uzziah king of Judah. Then the LORD my God will come, and all the holy ones with him.

⁶ On that day there will be no light, no cold or frost. ⁷ It will be a unique day, without daytime or nighttime—a day known to the LORD. When evening comes, there will be light.

⁸ On that day living water will flow out from Jerusalem, half to the eastern seaᵃ and half to the western sea,ᵇ in summer and in winter.

⁹ The LORD will be king over the whole earth. On that day there will be one LORD, and his name the only name.

ˣ5 Or *farmer; a man sold me in my youth*   ʸ6 Or *wounds between your hands*   ᶻ5 Or ⁵*My mountain valley will be blocked and will extend to Azel. It will be blocked as it was blocked because of the earthquake*   ᵃ8 That is, the Dead Sea   ᵇ8 That is, the Mediterranean

10 Toda la tierra se volverá como llanura desde Geba hasta Rimón al sur de Jerusalén; y ésta será enaltecida, y habitada en su lugar desde la puerta de Benjamín hasta el lugar de la puerta primera, hasta la puerta del Angulo, y desde la torre de Hananeel hasta los lagares del rey.

11 Y morarán en ella, y no habrá nunca más maldición, sino que Jerusalén será habitada confiadamente.

12 Y esta será la plaga con que herirá Jehová a todos los pueblos que pelearon contra Jerusalén: la carne de ellos se corromperá estando ellos sobre sus pies, y se consumirán en las cuencas sus ojos, y la lengua se les deshará en su boca.

13 Y acontecerá en aquel día que habrá entre ellos gran pánico enviado por Jehová; y trabará cada uno de la mano de su compañero, y levantará su mano contra la mano de su compañero.

14 Y Judá también peleará en Jerusalén. Y serán reunidas las riquezas de todas las naciones de alrededor: oro y plata, y ropas de vestir, en gran abundancia.

15 Así también será la plaga de los caballos, de los mulos, de los camellos, de los asnos y de todas las bestias que estuvieren en aquellos campamentos.

16 Y todos los que sobrevivieren de las naciones que vinieron contra Jerusalén, subirán de año en año para adorar al Rey, a Jehová de los ejércitos, y a celebrar la fiesta de los tabernáculos.

17 Y acontecerá que los de las familias de la tierra que no subieren a Jerusalén para adorar al Rey, Jehová de los ejércitos, no vendrá sobre ellos lluvia.

18 Y si la familia de Egipto no subiere y no viniere, sobre ellos no habrá lluvia; vendrá la plaga con que Jehová herirá las naciones que no subieren a celebrar la fiesta de los tabernáculos.

19 Esta será la pena del pecado de Egipto, y del pecado de todas las naciones que no subieren para celebrar la fiesta de los tabernáculos.

20 En aquel día estará grabado sobre las campanillas de los caballos: SANTIDAD A JEHOVÁ; y las ollas de la casa de Jehová serán como los tazones del altar.

21 Y toda olla en Jerusalén y Judá será consagrada a Jehová de los ejércitos; y todos los que sacrificaren vendrán y tomarán de ellas, y cocerán en ellas; y no habrá en aquel día más mercader en la casa de Jehová de los ejércitos.

10 The whole land, from Geba to Rimmon, south of Jerusalem, will become like the Arabah. But Jerusalem will be raised up and remain in its place, from the Benjamin Gate to the site of the First Gate, to the Corner Gate, and from the Tower of Hananel to the royal winepresses. 11 It will be inhabited; never again will it be destroyed. Jerusalem will be secure.

12 This is the plague with which the LORD will strike all the nations that fought against Jerusalem: Their flesh will rot while they are still standing on their feet, their eyes will rot in their sockets, and their tongues will rot in their mouths. 13 On that day men will be stricken by the LORD with great panic. Each man will seize the hand of another, and they will attack each other. 14 Judah too will fight at Jerusalem. The wealth of all the surrounding nations will be collected — great quantities of gold and silver and clothing. 15 A similar plague will strike the horses and mules, the camels and donkeys, and all the animals in those camps.

16 Then the survivors from all the nations that have attacked Jerusalem will go up year after year to worship the King, the LORD Almighty, and to celebrate the Feast of Tabernacles. 17 If any of the peoples of the earth do not go up to Jerusalem to worship the King, the LORD Almighty, they will have no rain. 18 If the Egyptian people do not go up and take part, they will have no rain. The LORD c will bring on them the plague he inflicts on the nations that do not go up to celebrate the Feast of Tabernacles. 19 This will be the punishment of Egypt and the punishment of all the nations that do not go up to celebrate the Feast of Tabernacles.

20 On that day HOLY TO THE LORD will be inscribed on the bells of the horses, and the cooking pots in the LORD's house will be like the sacred bowls in front of the altar. 21 Every pot in Jerusalem and Judah will be holy to the LORD Almighty, and all who come to sacrifice will take some of the pots and cook in them. And on that day there will no longer be a Canaanite d in the house of the LORD Almighty.

---

c 18 Or part, then the LORD   d 21 Or merchant

MALAQUÍAS

Amor de Jehová por Jacob

1 ¹Profecía de la palabra de Jehová contra Israel, por medio de Malaquías.

²Yo os he amado, dice Jehová; y dijisteis: ¿En qué nos amaste? ¿No era Esaú hermano de Jacob? dice Jehová. Y amé a Jacob, ³y a Esaú aborrecí, y convertí sus montes en desolación, y abandoné su heredad para los chacales del desierto. ⁴Cuando Edom dijere: Nos hemos empobrecido, pero volveremos a edificar lo arruinado; así ha dicho Jehová de los ejércitos: Ellos edificarán, y yo destruiré; y les llamarán territorio de impiedad, y pueblo contra el cual Jehová está indignado para siempre.

⁵Y vuestros ojos lo verán, y diréis: Sea Jehová engrandecido más allá de los límites de Israel.

Jehová reprende a los sacerdotes

⁶El hijo honra al padre, y el siervo a su señor. Si, pues, soy yo padre, ¿dónde está mi honra? y si soy señor, ¿dónde está mi temor? dice Jehová de los ejércitos a vosotros, oh sacerdotes, que menospreciáis mi nombre. Y decís: ¿En qué hemos menospreciado tu nombre?

⁷En que ofrecéis sobre mi altar pan inmundo. Y dijisteis: ¿En qué te hemos deshonrado? En que pensáis que la mesa de Jehová es despreciable.

⁸Y cuando ofrecéis el animal ciego para el sacrificio, ¿no es malo? Asimismo cuando ofrecéis el cojo o el enfermo, ¿no es malo? Preséntalo, pues, a tu príncipe; ¿acaso se agradará de ti, o le serás acepto? dice Jehová de los ejércitos.

⁹Ahora, pues, orad por el favor de Dios, para que tenga piedad de nosotros. Pero ¿cómo podéis agradarle, si hacéis estas cosas? dice Jehová de los ejércitos.

¹⁰¿Quién también hay de vosotros que cierre las puertas o alumbre mi altar de balde? Yo no tengo complacencia en vosotros, dice Jehová de los ejércitos, ni de vuestra mano aceptaré ofrenda.

¹¹Porque desde donde el sol nace hasta donde se pone, es grande mi nombre entre las naciones; y en todo lugar se ofrece a mi nombre incienso y ofrenda limpia, porque grande es mi nombre entre las naciones, dice Jehová de los ejércitos.

¹²Y vosotros lo habéis profanado cuando decís: Inmunda es la mesa de Jehová, y cuando decís que su alimento es despreciable.

¹³Habéis además dicho: ¡Oh, qué fastidio es esto! y me despreciáis, dice Jehová de los ejércitos; y trajisteis lo hurtado, o cojo, o enfermo, y presentasteis ofrenda. ¿Aceptaré yo eso de vuestra mano? dice Jehová.

¹⁴Maldito el que engaña, el que teniendo machos en su rebaño, promete, y sacrifica a Jehová lo dañado. Porque yo soy Gran Rey, dice Jehová de los ejércitos, y mi nombre es temible entre las naciones.

MALACHI

1 ¹An oracle: The word of the LORD to Israel through Malachi.ᵃ

Jacob Loved, Esau Hated

²"I have loved you," says the LORD.

"But you ask, 'How have you loved us?'

"Was not Esau Jacob's brother?" the LORD says. "Yet I have loved Jacob, ³but Esau I have hated, and I have turned his mountains into a wasteland and left his inheritance to the desert jackals.

⁴Edom may say, "Though we have been crushed, we will rebuild the ruins."

But this is what the LORD Almighty says: "They may build, but I will demolish. They will be called the Wicked Land, a people always under the wrath of the LORD. ⁵You will see it with your own eyes and say, 'Great is the LORD—even beyond the borders of Israel!'

Blemished Sacrifices

⁶"A son honors his father, and a servant his master. If I am a father, where is the honor due me? If I am a master, where is the respect due me?" says the LORD Almighty. "It is you, O priests, who show contempt for my name.

"But you ask, 'How have we shown contempt for your name?'

⁷"You place defiled food on my altar.

"But you ask, 'How have we defiled you?'

"By saying that the LORD's table is contemptible. ⁸When you bring blind animals for sacrifice, is that not wrong? When you sacrifice crippled or diseased animals, is that not wrong? Try offering them to your governor! Would he be pleased with you? Would he accept you?" says the LORD Almighty.

⁹"Now implore God to be gracious to us. With such offerings from your hands, will he accept you?"—says the LORD Almighty.

¹⁰"Oh, that one of you would shut the temple doors, so that you would not light useless fires on my altar! I am not pleased with you," says the LORD Almighty, "and I will accept no offering from your hands. ¹¹My name will be great among the nations, from the rising to the setting of the sun. In every place incense and pure offerings will be brought to my name, because my name will be great among the nations," says the LORD Almighty.

¹²"But you profane it by saying of the Lord's table, 'It is defiled,' and of its food, 'It is contemptible.' ¹³And you say, 'What a burden!' and you sniff at it contemptuously," says the LORD Almighty.

"When you bring injured, crippled or diseased animals and offer them as sacrifices, should I accept them from your hands?" says the LORD. ¹⁴"Cursed is the cheat who has an acceptable male in his flock and vows to give it, but then sacrifices a blemished animal to the Lord. For I am a great king," says the LORD Almighty, "and my name is to be feared among the nations.

ᵃ1 *Malachi* means *my messenger.*

Represión de la infidelidad de Israel

2 ¹Ahora, pues, oh sacerdotes, para vosotros es este mandamiento.

²Si no oyereis, y si no decidís de corazón dar gloria a mi nombre, ha dicho Jehová de los ejércitos, enviaré maldición sobre vosotros, y maldeciré vuestras bendiciones; y aun las he maldecido, porque no os habéis decidido de corazón.

³He aquí, yo os dañaré la sementera, y os echaré al rostro el estiércol, el estiércol de vuestros animales sacrificados, y seréis arrojados juntamente con él.

⁴Y sabréis que yo os envié este mandamiento, para que fuese mi pacto con Leví, ha dicho Jehová de los ejércitos.

⁵Mi pacto con él fue de vida y de paz, las cuales cosas yo le di para que me temiera; y tuvo temor de mí, y delante de mi nombre estuvo humillado.

⁶La ley de verdad estuvo en su boca, e iniquidad no fue hallada en sus labios; en paz y en justicia anduvo conmigo, y a muchos hizo apartar de la iniquidad.

⁷Porque los labios del sacerdote han de guardar la sabiduría, y de su boca el pueblo buscará la ley; porque mensajero es de Jehová de los ejércitos.

⁸Mas vosotros os habéis apartado del camino; habéis hecho tropezar a muchos en la ley; habéis corrompido el pacto de Leví, dice Jehová de los ejércitos.

⁹Por tanto, yo también os he hecho viles y bajos ante todo el pueblo, así como vosotros no habéis guardado mis caminos, y en la ley hacéis acepción de personas.

¹⁰¿No tenemos todos un mismo padre? ¿No nos ha creado un mismo Dios? ¿Por qué, pues, nos portamos deslealmente el uno contra el otro, profanando el pacto de nuestros padres?

¹¹Prevaricó Judá, y en Israel y en Jerusalén se ha cometido abominación; porque Judá ha profanado el santuario de Jehová que él amó, y se casó con hija de dios extraño.

¹²Jehová cortará de las tiendas de Jacob al hombre que hiciere esto, al que vela y al que responde, y al que ofrece ofrenda a Jehová de los ejércitos.

¹³Y esta otra vez haréis cubrir el altar de Jehová de lágrimas, de llanto, y de clamor; así que no miraré más a la ofrenda, para aceptarla con gusto de vuestra mano.

¹⁴Mas diréis: ¿Por qué? Porque Jehová ha atestiguado entre ti y la mujer de tu juventud, contra la cual has sido desleal, siendo ella tu compañera, y la mujer de tu pacto.

¹⁵¿No hizo él uno, habiendo en él abundancia de espíritu? ¿Y por qué uno? Porque buscaba una descendencia para Dios. Guardaos, pues, en vuestro espíritu, y no seáis desleales con la mujer de vuestra juventud.

¹⁶Porque Jehová Dios de Israel ha dicho que él aborrece el repudio, y al que cubre de iniquidad su vestido, dijo Jehová de los ejércitos. Guardaos, pues, en vuestro espíritu, y no seáis desleales.

Admonition for the Priests

2 ¹"And now this admonition is for you, O priests. ²If you do not listen, and if you do not set your heart to honor my name," says the LORD Almighty, "I will send a curse upon you, and I will curse your blessings. Yes, I have already cursed them, because you have not set your heart to honor me.

³"Because of you I will rebuke*b* your descendants*c*; I will spread on your faces the offal from your festival sacrifices, and you will be carried off with it. ⁴And you will know that I have sent you this admonition so that my covenant with Levi may continue," says the LORD Almighty. ⁵"My covenant was with him, a covenant of life and peace, and I gave them to him; this called for reverence and he revered me and stood in awe of my name. ⁶True instruction was in his mouth and nothing false was found on his lips. He walked with me in peace and uprightness, and turned many from sin.

⁷"For the lips of a priest ought to preserve knowledge, and from his mouth men should seek instruction—because he is the messenger of the LORD Almighty. ⁸But you have turned from the way and by your teaching have caused many to stumble; you have violated the covenant with Levi," says the LORD Almighty. ⁹"So I have caused you to be despised and humiliated before all the people, because you have not followed my ways but have shown partiality in matters of the law."

Judah Unfaithful

¹⁰Have we not all one Father*d*? Did not one God create us? Why do we profane the covenant of our fathers by breaking faith with one another?

¹¹Judah has broken faith. A detestable thing has been committed in Israel and in Jerusalem: Judah has desecrated the sanctuary the LORD loves, by marrying the daughter of a foreign god. ¹²As for the man who does this, whoever he may be, may the LORD cut him off from the tents of Jacob*e*—even though he brings offerings to the LORD Almighty.

¹³Another thing you do: You flood the LORD's altar with tears. You weep and wail because he no longer pays attention to your offerings or accepts them with pleasure from your hands. ¹⁴You ask, "Why?" It is because the LORD is acting as the witness between you and the wife of your youth, because you have broken faith with her, though she is your partner, the wife of your marriage covenant.

¹⁵Has not ˎthe LORDˌ made them one? In flesh and spirit they are his. And why one? Because he was seeking godly offspring.*f* So guard yourself in your spirit, and do not break faith with the wife of your youth.

¹⁶"I hate divorce," says the LORD God of Israel, "and I hate a man's covering himself*g* with violence as well as with his garment," says the LORD Almighty.

So guard yourself in your spirit, and do not break faith.

*b*3 Or *cut off* (see Septuagint)   *c*3 Or *will blight your grain*
*d*10 Or *father*   *e*12 Or *¹²May the LORD cut off from the tents of Jacob anyone who gives testimony in behalf of the man who does this*   *f*15 Or *¹⁵But the one ˎwho is our fatherˌ did not do this, not as long as life remained in him. And what was he seeking? An offspring from God*   *g*16 Or *his wife*

El día del juicio se acerca

17 Habéis hecho cansar a Jehová con vuestras palabras. Y decís: ¿En qué le hemos cansado? En que decís: Cualquiera que hace mal agrada a Jehová, y en los tales se complace; o si no, ¿dónde está el Dios de justicia?

The Day of Judgment

17You have wearied the Lord with your words.
"How have we wearied him?" you ask.
By saying, "All who do evil are good in the eyes of the Lord, and he is pleased with them" or "Where is the God of justice?"

3 1 He aquí, yo envío mi mensajero, el cual preparará el camino delante de mí; y vendrá súbitamente a su templo el Señor a quien vosotros buscáis, y el ángel del pacto, a quien deseáis vosotros. He aquí viene, ha dicho Jehová de los ejércitos.

2 ¿Y quién podrá soportar el tiempo de su venida? ¿o quién podrá estar en pie cuando él se manifieste? Porque él es como fuego purificador, y como jabón de lavadores.

3 Y se sentará para afinar y limpiar la plata; porque limpiará a los hijos de Leví, los afinará como a oro y como a plata, y traerán a Jehová ofrenda en justicia.

4 Y será grata a Jehová la ofrenda de Judá y de Jerusalén, como en los días pasados, y como en los años antiguos.

5 Y vendré a vosotros para juicio; y seré pronto testigo contra los hechiceros y adúlteros, contra los que juran mentira, y los que defraudan en su salario al jornalero, a la viuda y al huérfano, y los que hacen injusticia al extranjero, no teniendo temor de mí, dice Jehová de los ejércitos.

El pago de los diezmos

6 Porque yo Jehová no cambio; por esto, hijos de Jacob, no habéis sido consumidos.

7 Desde los días de vuestros padres os habéis apartado de mis leyes, y no las guardasteis. Volveos a mí, y yo me volveré a vosotros, ha dicho Jehová de los ejércitos. Mas dijisteis: ¿En qué hemos de volvernos?

8 ¿Robará el hombre a Dios? Pues vosotros me habéis robado. Y dijisteis: ¿En qué te hemos robado? En vuestros diezmos y ofrendas.

9 Malditos sois con maldición, porque vosotros, la nación toda, me habéis robado.

10 Traed todos los diezmos al alfolí y haya alimento en mi casa; y probadme ahora en esto, dice Jehová de los ejércitos, si no os abriré las ventanas de los cielos, y derramaré sobre vosotros bendición hasta que sobreabunde.

11 Reprenderé también por vosotros al devorador, y no os destruirá el fruto de la tierra, ni vuestra vid en el campo será estéril, dice Jehová de los ejércitos.

12 Y todas las naciones os dirán bienaventurados; porque seréis tierra deseable, dice Jehová de los ejércitos.

Diferencia entre el justo y el malo

13 Vuestras palabras contra mí han sido violentas, dice Jehová. Y dijisteis: ¿Qué hemos hablado contra ti?

14 Habéis dicho: Por demás es servir a Dios. ¿Qué aprovecha que guardemos su ley, y que andemos afligidos en presencia de Jehová de los ejércitos?

15 Decimos, pues, ahora: Bienaventurados son los soberbios, y los que hacen impiedad no sólo son prosperados, sino que tentaron a Dios y escaparon.

16 Entonces los que temían a Jehová hablaron cada uno a su compañero; y Jehová escuchó y oyó, y fue escrito libro de memoria delante de él para los que temen a Jehová, y para los que piensan en su nombre.

3 "See, I will send my messenger, who will prepare the way before me. Then suddenly the Lord you are seeking will come to his temple; the messenger of the covenant, whom you desire, will come," says the Lord Almighty.

2But who can endure the day of his coming? Who can stand when he appears? For he will be like a refiner's fire or a launderer's soap. 3He will sit as a refiner and purifier of silver; he will purify the Levites and refine them like gold and silver. Then the Lord will have men who will bring offerings in righteousness, 4and the offerings of Judah and Jerusalem will be acceptable to the Lord, as in days gone by, as in former years.

5"So I will come near to you for judgment. I will be quick to testify against sorcerers, adulterers and perjurers, against those who defraud laborers of their wages, who oppress the widows and the fatherless, and deprive aliens of justice, but do not fear me," says the Lord Almighty.

Robbing God

6"I the Lord do not change. So you, O descendants of Jacob, are not destroyed. 7Ever since the time of your forefathers you have turned away from my decrees and have not kept them. Return to me, and I will return to you," says the Lord Almighty.

"But you ask, 'How are we to return?'
8"Will a man rob God? Yet you rob me.
"But you ask, 'How do we rob you?'
"In tithes and offerings. 9You are under a curse—the whole nation of you—because you are robbing me. 10Bring the whole tithe into the storehouse, that there may be food in my house. Test me in this," says the Lord Almighty, "and see if I will not throw open the floodgates of heaven and pour out so much blessing that you will not have room enough for it. 11I will prevent pests from devouring your crops, and the vines in your fields will not cast their fruit," says the Lord Almighty. 12"Then all the nations will call you blessed, for yours will be a delightful land," says the Lord Almighty.

13"You have said harsh things against me," says the Lord.

"Yet you ask, 'What have we said against you?'
14"You have said, 'It is futile to serve God. What did we gain by carrying out his requirements and going about like mourners before the Lord Almighty? 15But now we call the arrogant blessed. Certainly the evildoers prosper, and even those who challenge God escape.' "

16Then those who feared the Lord talked with each other, and the Lord listened and heard. A scroll of remembrance was written in his presence concerning those who feared the Lord and honored his name.

17 Y serán para mí especial tesoro, ha dicho Jehová de los ejércitos, en el día en que yo actúe; y los perdonaré, como el hombre que perdona a su hijo que le sirve.
18 Entonces os volveréis, y discerniréis la diferencia entre el justo y el malo, entre el que sirve a Dios y el que no le sirve.

El advenimiento del día de Jehová

4 1 Porque he aquí, viene el día ardiente como un horno, y todos los soberbios y todos los que hacen maldad serán estopa; aquel día que vendrá los abrasará, ha dicho Jehová de los ejércitos, y no les dejará ni raíz ni rama.
2 Mas a vosotros los que teméis mi nombre, nacerá el Sol de justicia, y en sus alas traerá salvación; y saldréis, y saltaréis como becerros de la manada.
3 Hollaréis a los malos, los cuales serán ceniza bajo las plantas de vuestros pies, en el día en que yo actúe, ha dicho Jehová de los ejércitos.
4 Acordaos de la ley de Moisés mi siervo, al cual encargué en Horeb ordenanzas y leyes para todo Israel.
5 He aquí, yo os envío el profeta Elías, antes que venga el día de Jehová, grande y terrible.
6 El hará volver el corazón de los padres hacia los hijos, y el corazón de los hijos hacia los padres, no sea que yo venga y hiera la tierra con maldición.

17 "They will be mine," says the Lord Almighty, "in the day when I make up my treasured possession.[h] I will spare them, just as in compassion a man spares his son who serves him. 18 And you will again see the distinction between the righteous and the wicked, between those who serve God and those who do not.

The Day of the Lord

4 "Surely the day is coming; it will burn like a furnace. All the arrogant and every evildoer will be stubble, and that day that is coming will set them on fire," says the Lord Almighty. "Not a root or a branch will be left to them. 2 But for you who revere my name, the sun of righteousness will rise with healing in its wings. And you will go out and leap like calves released from the stall. 3 Then you will trample down the wicked; they will be ashes under the soles of your feet on the day when I do these things," says the Lord Almighty.
4 "Remember the law of my servant Moses, the decrees and laws I gave him at Horeb for all Israel.
5 "See, I will send you the prophet Elijah before that great and dreadful day of the Lord comes. 6 He will turn the hearts of the fathers to their children, and the hearts of the children to their fathers; or else I will come and strike the land with a curse."

h 17 Or Almighty, "my treasured possession, in the day when I act

EL
NUEVO TESTAMENTO

DE NUESTGRO SEÑOR JESUCRISTO
Versión Reina y Valera Revisión 1960

THE
NEW TESTAMENT

OF OUR LORD AND SAVIOR JESUS CHRIST
New International Version

EL SANTO EVANGELIO SEGÚN
SAN MATEO

Genealogía de Jesucristo

1 ¹ Libro de la genealogía de Jesucristo, hijo de David, hijo de Abraham.

² Abraham engendró a Isaac, Isaac a Jacob, y Jacob a Judá y a sus hermanos.

³ Judá engendró de Tamar a Fares y a Zara, Fares a Esrom, y Esrom a Aram.

⁴ Aram engendró a Aminadab, Aminadab a Naasón, y Naasón a Salmón.

⁵ Salmón engendró de Rahab a Booz, Booz engendró de Rut a Obed, y Obed a Isaí.

⁶ Isaí engendró al rey David, y el rey David engendró a Salomón de la que fue mujer de Urías.

⁷ Salomón engendró a Roboam, Roboam a Abías, y Abías a Asa.

⁸ Asa engendró a Josafat, Josafat a Joram, y Joram a Uzías.

⁹ Uzías engendró a Jotam, Jotam a Acaz, y Acaz a Ezequías.

¹⁰ Ezequías engendró a Manasés, Manasés a Amón, y Amón a Josías.

¹¹ Josías engendró a Jeconías y a sus hermanos, en el tiempo de la deportación a Babilonia.

¹² Después de la deportación a Babilonia, Jeconías engendró a Salatiel, y Salatiel a Zorobabel.

¹³ Zorobabel engendró a Abiud, Abiud a Eliaquim, y Eliaquim a Azor.

¹⁴ Azor engendró a Sadoc, Sadoc a Aquim, y Aquim a Eliud.

¹⁵ Eliud engendró a Eleazar, Eleazar a Matán, Matán a Jacob;

¹⁶ y Jacob engendró a José, marido de María, de la cual nació Jesús, llamado el Cristo.

¹⁷ De manera que todas las generaciones desde Abraham hasta David son catorce; desde David hasta la deportación a Babilonia, catorce; y desde la deportación a Babilonia hasta Cristo, catorce.

MATTHEW

The Genealogy of Jesus

1 A record of the genealogy of Jesus Christ the son of David, the son of Abraham:

²Abraham was the father of Isaac,
Isaac the father of Jacob,
Jacob the father of Judah and his brothers,
³Judah the father of Perez and Zerah, whose mother was Tamar,
Perez the father of Hezron,
Hezron the father of Ram,
⁴Ram the father of Amminadab,
Amminadab the father of Nahshon,
Nahshon the father of Salmon,
⁵Salmon the father of Boaz, whose mother was Rahab,
Boaz the father of Obed, whose mother was Ruth,
Obed the father of Jesse,
⁶and Jesse the father of King David.

David was the father of Solomon, whose mother had been Uriah's wife,
⁷Solomon the father of Rehoboam,
Rehoboam the father of Abijah,
Abijah the father of Asa,
⁸Asa the father of Jehoshaphat,
Jehoshaphat the father of Jehoram,
Jehoram the father of Uzziah,
⁹Uzziah the father of Jotham,
Jotham the father of Ahaz,
Ahaz the father of Hezekiah,
¹⁰Hezekiah the father of Manasseh,
Manasseh the father of Amon,
Amon the father of Josiah,
¹¹and Josiah the father of Jeconiah[a] and his brothers at the time of the exile to Babylon.

¹²After the exile to Babylon:
Jeconiah was the father of Shealtiel,
Shealtiel the father of Zerubbabel,
¹³Zerubbabel the father of Abiud,
Abiud the father of Eliakim,
Eliakim the father of Azor,
¹⁴Azor the father of Zadok,
Zadok the father of Akim,
Akim the father of Eliud,
¹⁵Eliud the father of Eleazar,
Eleazar the father of Matthan,
Matthan the father of Jacob,
¹⁶and Jacob the father of Joseph, the husband of Mary, of whom was born Jesus, who is called Christ.

¹⁷Thus there were fourteen generations in all from Abraham to David, fourteen from David to the exile to Babylon, and fourteen from the exile to the Christ.[b]

---

a11 That is, Jehoiachin; also in verse 12   *b17* Or *Messiah.* "The Christ" (Greek) and "the Messiah" (Hebrew) both mean "the Anointed One."

Nacimiento de Jesucristo

18 El nacimiento de Jesucristo fue así: Estando desposada María su madre con José, antes que se juntasen, se halló que había concebido del Espíritu Santo.

19 José su marido, como era justo, y no quería infamarla, quiso dejarla secretamente.

20 Y pensando él en esto, he aquí un ángel del Señor le apareció en sueños y le dijo: José, hijo de David, no temas recibir a María tu mujer, porque lo que en ella es engendrado, del Espíritu Santo es.

21 Y dará a luz un hijo, y llamarás su nombre JESÚS,ᵃ porque él salvará a su pueblo de sus pecados.

22 Todo esto aconteció para que se cumpliese lo dicho por el Señor por medio del profeta, cuando dijo:

23 He aquí, una virgen concebirá y dará a luz un hijo,
Y llamarás su nombre Emanuel, que traducido es:
Dios con nosotros.

24 Y despertando José del sueño, hizo como el ángel del Señor le había mandado, y recibió a su mujer.

25 Pero no la conoció hasta que dio a luz a su hijo primogénito; y le puso por nombre JESÚS.

La visita de los magos

2 ¹ Cuando Jesús nació en Belén de Judea en días del rey Herodes, vinieron del oriente a Jerusalén unos magos, 2 diciendo: ¿Dónde está el rey de los judíos, que ha nacido? Porque su estrella hemos visto en el oriente, y venimos a adorarle.

3 Oyendo esto, el rey Herodes se turbó, y toda Jerusalén con él.

4 Y convocados todos los principales sacerdotes, y los escribas del pueblo, les preguntó dónde había de nacer el Cristo.

5 Ellos le dijeron: En Belén de Judea; porque así está escrito por el profeta:

6 Y tú, Belén, de la tierra de Judá,
No eres la más pequeña entre los príncipes de Judá;
Porque de ti saldrá un guiador,
Que apacentaráᵇ a mi pueblo Israel.

7 Entonces Herodes, llamando en secreto a los magos, indagó de ellos diligentemente el tiempo de la aparición de la estrella;

8 y enviándolos a Belén, dijo: Id allá y averiguad con diligencia acerca del niño; y cuando le halléis, hacédmelo saber, para que yo también vaya y le adore.

9 Ellos, habiendo oído al rey, se fueron; y he aquí la estrella que habían visto en el oriente iba delante de ellos, hasta que llegando, se detuvo sobre donde estaba el niño.

10 Y al ver la estrella, se regocijaron con muy grande gozo.

11 Y al entrar en la casa, vieron al niño con su madre María, y postrándose, lo adoraron; y abriendo sus tesoros, le ofrecieron presentes: oro, incienso y mirra.

12 Pero siendo avisados por revelación en sueños que no volviesen a Herodes, regresaron a su tierra por otro camino.

The Birth of Jesus Christ

18 This is how the birth of Jesus Christ came about: His mother Mary was pledged to be married to Joseph, but before they came together, she was found to be with child through the Holy Spirit. 19 Because Joseph her husband was a righteous man and did not want to expose her to public disgrace, he had in mind to divorce her quietly.

20 But after he had considered this, an angel of the Lord appeared to him in a dream and said, "Joseph son of David, do not be afraid to take Mary home as your wife, because what is conceived in her is from the Holy Spirit. 21 She will give birth to a son, and you are to give him the name Jesus, c because he will save his people from their sins."

22 All this took place to fulfill what the Lord had said through the prophet: 23 "The virgin will be with child and will give birth to a son, and they will call him Immanuel" d—which means, "God with us."

24 When Joseph woke up, he did what the angel of the Lord had commanded him and took Mary home as his wife. 25 But he had no union with her until she gave birth to a son. And he gave him the name Jesus.

The Visit of the Magi

2 After Jesus was born in Bethlehem in Judea, during the time of King Herod, Magi e from the east came to Jerusalem 2 and asked, "Where is the one who has been born king of the Jews? We saw his star in the east f and have come to worship him."

3 When King Herod heard this he was disturbed, and all Jerusalem with him. 4 When he had called together all the people's chief priests and teachers of the law, he asked them where the Christ g was to be born. 5 "In Bethlehem in Judea," they replied, "for this is what the prophet has written:

6 " 'But you, Bethlehem, in the land of Judah,
    are by no means least among the rulers of
        Judah;
for out of you will come a ruler
    who will be the shepherd of my people
        Israel.' h "

7 Then Herod called the Magi secretly and found out from them the exact time the star had appeared. 8 He sent them to Bethlehem and said, "Go and make a careful search for the child. As soon as you find him, report to me, so that I too may go and worship him."

9 After they had heard the king, they went on their way, and the star they had seen in the east i went ahead of them until it stopped over the place where the child was. 10 When they saw the star, they were overjoyed. 11 On coming to the house, they saw the child with his mother Mary, and they bowed down and worshiped him. Then they opened their treasures and presented him with gifts of gold and of incense and of myrrh. 12 And having been warned in a dream not to go back to Herod, they returned to their country by another route.

---

c21 Jesus is the Greek form of Joshua, which means the LORD saves.   d23 Isaiah 7:14   e1 Traditionally Wise Men   f2 Or star when it rose   g4 Or Messiah   h6 Micah 5:2   i9 Or seen when it rose

---

ᵃEsto es, Salvador.   ᵇO, regirá.

Matanza de los niños

13 Después que partieron ellos, he aquí un ángel del Señor apareció en sueños a José y dijo: Levántate, y toma al niño y a su madre, y huye a Egipto, y permanece allá hasta que yo te diga; porque acontecerá que Herodes buscará al niño para matarlo.

14 Y él, despertando, tomó de noche al niño y a su madre, y se fue a Egipto,

15 y estuvo allá hasta la muerte de Herodes; para que se cumpliese lo que dijo el Señor por medio del profeta, cuando dijo: De Egipto llamé a mi Hijo.

16 Herodes entonces, cuando se vio burlado por los magos, se enojó mucho, y mandó matar a todos los niños menores de dos años que había en Belén y en todos sus alrededores, conforme al tiempo que había inquirido de los magos.

17 Entonces se cumplió lo que fue dicho por el profeta Jeremías, cuando dijo:

18 Voz fue oída en Ramá,
   Grande lamentación, lloro y gemido;
   Raquel que llora a sus hijos,
   Y no quiso ser consolada, porque perecieron.

19 Pero después de muerto Herodes, he aquí un ángel del Señor apareció en sueños a José en Egipto,

20 diciendo: Levántate, toma al niño y a su madre, y vete a tierra de Israel, porque han muerto los que procuraban la muerte del niño.

21 Entonces él se levantó, y tomó al niño y a su madre, y vino a tierra de Israel.

22 Pero oyendo que Arquelao reinaba en Judea en lugar de Herodes su padre, tuvo temor de ir allá; pero avisado por revelación en sueños, se fue a la región de Galilea,

23 y vino y habitó en la ciudad que se llama Nazaret, para que se cumpliese lo que fue dicho por los profetas, que habría de ser llamado nazareno.

Predicación de Juan el Bautista

3 1 En aquellos días vino Juan el Bautista predicando en el desierto de Judea,

2 y diciendo: Arrepentíos, porque el reino de los cielos se ha acercado.

3 Pues éste es aquel de quien habló el profeta Isaías, cuando dijo:
   Voz del que clama en el desierto:
   Preparad el camino del Señor,
   Enderezad sus sendas.

4 Y Juan estaba vestido de pelo de camello, y tenía un cinto de cuero alrededor de sus lomos; y su comida era langostas y miel silvestre.

5 Y salía a él Jerusalén, y toda Judea, y toda la provincia de alrededor del Jordán,

6 y eran bautizados por él en el Jordán, confesando sus pecados.

7 Al ver él que muchos de los fariseos y de los saduceos venían a su bautismo, les decía: ¡Generación de víboras! ¿Quién os enseñó a huir de la ira venidera?

8 Haced, pues, frutos dignos de arrepentimiento,

9 y no penséis decir dentro de vosotros mismos: A Abraham tenemos por padre; porque yo os digo que Dios puede levantar hijos a Abraham aun de estas piedras.

10 Y ya también el hacha está puesta a la raíz de los árboles; por tanto, todo árbol que no da buen fruto es cortado y echado en el fuego.

The Escape to Egypt

13 When they had gone, an angel of the Lord appeared to Joseph in a dream. "Get up," he said, "take the child and his mother and escape to Egypt. Stay there until I tell you, for Herod is going to search for the child to kill him."

14 So he got up, took the child and his mother during the night and left for Egypt, 15 where he stayed until the death of Herod. And so was fulfilled what the Lord had said through the prophet: "Out of Egypt I called my son." *j*

16 When Herod realized that he had been outwitted by the Magi, he was furious, and he gave orders to kill all the boys in Bethlehem and its vicinity who were two years old and under, in accordance with the time he had learned from the Magi. 17 Then what was said through the prophet Jeremiah was fulfilled:

18 "A voice is heard in Ramah,
      weeping and great mourning,
   Rachel weeping for her children
      and refusing to be comforted,
   because they are no more." *k*

The Return to Nazareth

19 After Herod died, an angel of the Lord appeared in a dream to Joseph in Egypt 20 and said, "Get up, take the child and his mother and go to the land of Israel, for those who were trying to take the child's life are dead."

21 So he got up, took the child and his mother and went to the land of Israel. 22 But when he heard that Archelaus was reigning in Judea in place of his father Herod, he was afraid to go there. Having been warned in a dream, he withdrew to the district of Galilee, 23 and he went and lived in a town called Nazareth. So was fulfilled what was said through the prophets: "He will be called a Nazarene."

John the Baptist Prepares the Way

3 In those days John the Baptist came, preaching in the Desert of Judea 2 and saying, "Repent, for the kingdom of heaven is near." 3 This is he who was spoken of through the prophet Isaiah:

   "A voice of one calling in the desert,
   'Prepare the way for the Lord,
      make straight paths for him.' " *l*

4 John's clothes were made of camel's hair, and he had a leather belt around his waist. His food was locusts and wild honey. 5 People went out to him from Jerusalem and all Judea and the whole region of the Jordan. 6 Confessing their sins, they were baptized by him in the Jordan River.

7 But when he saw many of the Pharisees and Sadducees coming to where he was baptizing, he said to them: "You brood of vipers! Who warned you to flee from the coming wrath? 8 Produce fruit in keeping with repentance. 9 And do not think you can say to yourselves, 'We have Abraham as our father.' I tell you that out of these stones God can raise up children for Abraham. 10 The ax is already at the root of the trees, and every tree that does not produce good fruit will be cut down and thrown into the fire.

---

j 15 Hosea 11:1   *k 18* Jer. 31:15   *l 3* Isaiah 40:3

11 Yo a la verdad os bautizo en agua para arrepentimiento; pero el que viene tras mí, cuyo calzado yo no soy digno de llevar, es más poderoso que yo; él os bautizará en Espíritu Santo y fuego.

12 Su aventador está en su mano, y limpiará su era; y recogerá su trigo en el granero, y quemará la paja en fuego que nunca se apagará.

El bautismo de Jesús

13 Entonces Jesús vino de Galilea a Juan al Jordán, para ser bautizado por él.

14 Mas Juan se le oponía, diciendo: Yo necesito ser bautizado por ti, ¿y tú vienes a mí?

15 Pero Jesús le respondió: Deja ahora, porque así conviene que cumplamos toda justicia. Entonces le dejó.

16 Y Jesús, después que fue bautizado, subió luego del agua; y he aquí los cielos le fueron abiertos, y vio al Espíritu de Dios que descendía como paloma, y venía sobre él.

17 Y hubo una voz de los cielos, que decía: Este es mi Hijo amado, en quien tengo complacencia.

Tentación de Jesús

4 1 Entonces Jesús fue llevado por el Espíritu al desierto, para ser tentado por el diablo.

2 Y después de haber ayunado cuarenta días y cuarenta noches, tuvo hambre.

3 Y vino a él el tentador, y le dijo: Si eres Hijo de Dios, dí que estas piedras se conviertan en pan.

4 El respondió y dijo: Escrito está: No sólo de pan vivirá el hombre, sino de toda palabra que sale de la boca de Dios.

5 Entonces el diablo le llevó a la santa ciudad, y le puso sobre el pináculo del templo,

6 y le dijo: Si eres Hijo de Dios, échate abajo; porque escrito está:

A sus ángeles mandará acerca de ti,

y,

En sus manos te sostendrán,

Para que no tropieces con tu pie en piedra.

7 Jesús le dijo: Escrito está también: No tentarás al Señor tu Dios.

8 Otra vez le llevó el diablo a un monte muy alto, y le mostró todos los reinos del mundo y la gloria de ellos,

9 y le dijo: Todo esto te daré, si postrado me adorares.

10 Entonces Jesús le dijo: Vete, Satanás, porque escrito está: Al Señor tu Dios adorarás, y a él solo servirás.

11 El diablo entonces le dejó; y he aquí vinieron ángeles y le servían.

Jesús principia su ministerio

12 Cuando Jesús oyó que Juan estaba preso, volvió a Galilea;

13 y dejando a Nazaret, vino y habitó en Capernaum, ciudad marítima, en la región de Zabulón y de Neftalí,

14 para que se cumpliese lo dicho por el profeta Isaías, cuando dijo:

15 Tierra de Zabulón y tierra de Neftalí,

Camino del mar, al otro lado del Jordán,

Galilea de los gentiles;

11 "I baptize you with m water for repentance. But after me will come one who is more powerful than I, whose sandals I am not fit to carry. He will baptize you with the Holy Spirit and with fire. 12 His winnowing fork is in his hand, and he will clear his threshing floor, gathering his wheat into the barn and burning up the chaff with unquenchable fire."

The Baptism of Jesus

13 Then Jesus came from Galilee to the Jordan to be baptized by John. 14 But John tried to deter him, saying, "I need to be baptized by you, and do you come to me?"

15 Jesus replied, "Let it be so now; it is proper for us to do this to fulfill all righteousness." Then John consented.

16 As soon as Jesus was baptized, he went up out of the water. At that moment heaven was opened, and he saw the Spirit of God descending like a dove and lighting on him. 17 And a voice from heaven said, "This is my Son, whom I love; with him I am well pleased."

The Temptation of Jesus

4 Then Jesus was led by the Spirit into the desert to be tempted by the devil. 2 After fasting forty days and forty nights, he was hungry. 3 The tempter came to him and said, "If you are the Son of God, tell these stones to become bread."

4 Jesus answered, "It is written: 'Man does not live on bread alone, but on every word that comes from the mouth of God.' n"

5 Then the devil took him to the holy city and had him stand on the highest point of the temple. 6 "If you are the Son of God," he said, "throw yourself down. For it is written:

" 'He will command his angels concerning you,
　　and they will lift you up in their hands,
so that you will not strike your foot against a
　　stone.' o"

7 Jesus answered him, "It is also written: 'Do not put the Lord your God to the test.' p"

8 Again, the devil took him to a very high mountain and showed him all the kingdoms of the world and their splendor. 9 "All this I will give you," he said, "if you will bow down and worship me."

10 Jesus said to him, "Away from me, Satan! For it is written: 'Worship the Lord your God, and serve him only.' q"

11 Then the devil left him, and angels came and attended him.

Jesus Begins to Preach

12 When Jesus heard that John had been put in prison, he returned to Galilee. 13 Leaving Nazareth, he went and lived in Capernaum, which was by the lake in the area of Zebulun and Naphtali— 14 to fulfill what was said through the prophet Isaiah:

15 "Land of Zebulun and land of Naphtali,
　　the way to the sea, along the Jordan,
　　Galilee of the Gentiles—

m 11 Or in　n 4 Deut. 8:3　o 6 Psalm 91:11,12　p 7 Deut. 6:16　q 10 Deut. 6:13

16 El pueblo asentado en tinieblas vio gran luz;
  Y a los asentados en región de sombra de muerte,
  Luz les resplandeció.

17 Desde entonces comenzó Jesús a predicar, y a decir: Arrepentíos, porque el reino de los cielos se ha acercado.

18 Andando Jesús junto al mar de Galilea, vio a dos hermanos, Simón, llamado Pedro, y Andrés su hermano, que echaban la red en el mar; porque eran pescadores. 19 Y les dijo: Venid en pos de mí, y os haré pescadores de hombres. 20 Ellos entonces, dejando al instante las redes, le siguieron. 21 Pasando de allí, vio a otros dos hermanos, Jacobo hijo de Zebedeo, y Juan su hermano, en la barca con Zebedeo su padre, que remendaban sus redes; y los llamó. 22 Y ellos, dejando al instante la barca y a su padre, le siguieron.

23 Y recorrió Jesús toda Galilea, enseñando en las sinagogas de ellos, y predicando el evangelio del reino, y sanando toda enfermedad y toda dolencia en el pueblo. 24 Y se difundió su fama por toda Siria; y le trajeron todos los que tenían dolencias, los afligidos por diversas enfermedades y tormentos, los endemoniados, lunáticos y paralíticos; y los sanó. 25 Y le siguió mucha gente de Galilea, de Decápolis, de Jerusalén, de Judea y del otro lado del Jordán.

El Sermón del monte: Las bienaventuranzas

5 1 Viendo la multitud, subió al monte; y sentándose, vinieron a él sus discípulos. 2 Y abriendo su boca les enseñaba, diciendo:

3 Bienaventurados los pobres en espíritu, porque de ellos es el reino de los cielos.

4 Bienaventurados los que lloran, porque ellos recibirán consolación.

5 Bienaventurados los mansos, porque ellos recibirán la tierra por heredad.

6 Bienaventurados los que tienen hambre y sed de justicia, porque ellos serán saciados.

7 Bienaventurados los misericordiosos, porque ellos alcanzarán misericordia.

8 Bienaventurados los de limpio corazón, porque ellos verán a Dios.

9 Bienaventurados los pacificadores, porque ellos serán llamados hijos de Dios.

10 Bienaventurados los que padecen persecución por causa de la justicia, porque de ellos es el reino de los cielos.

11 Bienaventurados sois cuando por mi causa os vituperen y os persigan, y digan toda clase de mal contra vosotros, mintiendo. 12 Gozaos y alegraos, porque vuestro galardón es grande en los cielos; porque así persiguieron a los profetas que fueron antes de vosotros.

16 the people living in darkness
  have seen a great light;
on those living in the land of the shadow of
  death
  a light has dawned." r

17 From that time on Jesus began to preach, "Repent, for the kingdom of heaven is near."

The Calling of the First Disciples

18 As Jesus was walking beside the Sea of Galilee, he saw two brothers, Simon called Peter and his brother Andrew. They were casting a net into the lake, for they were fishermen. 19 "Come, follow me," Jesus said, "and I will make you fishers of men." 20 At once they left their nets and followed him.

21 Going on from there, he saw two other brothers, James son of Zebedee and his brother John. They were in a boat with their father Zebedee, preparing their nets. Jesus called them, 22 and immediately they left the boat and their father and followed him.

Jesus Heals the Sick

23 Jesus went throughout Galilee, teaching in their synagogues, preaching the good news of the kingdom, and healing every disease and sickness among the people. 24 News about him spread all over Syria, and people brought to him all who were ill with various diseases, those suffering severe pain, the demon-possessed, those having seizures, and the paralyzed, and he healed them. 25 Large crowds from Galilee, the Decapolis, s Jerusalem, Judea and the region across the Jordan followed him.

The Beatitudes

5 Now when he saw the crowds, he went up on a mountainside and sat down. His disciples came to him, 2 and he began to teach them, saying:

3 "Blessed are the poor in spirit,
  for theirs is the kingdom of heaven.
4 Blessed are those who mourn,
  for they will be comforted.
5 Blessed are the meek,
  for they will inherit the earth.
6 Blessed are those who hunger and thirst for
  righteousness,
  for they will be filled.
7 Blessed are the merciful,
  for they will be shown mercy.
8 Blessed are the pure in heart,
  for they will see God.
9 Blessed are the peacemakers,
  for they will be called sons of God.
10 Blessed are those who are persecuted because of
  righteousness,
  for theirs is the kingdom of heaven.

11 "Blessed are you when people insult you, persecute you and falsely say all kinds of evil against you because of me. 12 Rejoice and be glad, because great is your reward in heaven, for in the same way they persecuted the prophets who were before you.

La sal de la tierra

13 Vosotros sois la sal de la tierra; pero si la sal se desvaneciere, ¿con qué será salada? No sirve más para nada, sino para ser echada fuera y hollada por los hombres.

La luz del mundo

14 Vosotros sois la luz del mundo; una ciudad asentada sobre un monte no se puede esconder.
15 Ni se enciende una luz y se pone debajo de un almud, sino sobre el candelero, y alumbra a todos los que están en casa.
16 Así alumbre vuestra luz delante de los hombres, para que vean vuestras buenas obras, y glorifiquen a vuestro Padre que está en los cielos.

Jesús y la ley

17 No penséis que he venido para abrogar la ley o los profetas; no he venido para abrogar, sino para cumplir.
18 Porque de cierto os digo que hasta que pasen el cielo y la tierra, ni una jota ni una tilde pasará de la ley, hasta que todo se haya cumplido.
19 De manera que cualquiera que quebrante uno de estos mandamientos muy pequeños, y así enseñe a los hombres, muy pequeño será llamado en el reino de los cielos; mas cualquiera que los haga y los enseñe, éste será llamado grande en el reino de los cielos.
20 Porque os digo que si vuestra justicia no fuere mayor que la de los escribas y fariseos, no entraréis en el reino de los cielos.

Jesús y la ira

21 Oísteis que fue dicho a los antiguos: No matarás; y cualquiera que matare será culpable de juicio.
22 Pero yo os digo que cualquiera que se enoje contra su hermano, será culpable de juicio; y cualquiera que diga: Necio, a su hermano, será culpable ante el concilio; y cualquiera que le diga: Fatuo, quedará expuesto al infierno de fuego.
23 Por tanto, si traes tu ofrenda al altar, y allí te acuerdas de que tu hermano tiene algo contra ti,
24 deja allí tu ofrenda delante del altar, y anda, reconcíliate primero con tu hermano, y entonces ven y presenta tu ofrenda.
25 Ponte de acuerdo con tu adversario pronto, entre tanto que estás con él en el camino, no sea que el adversario te entregue al juez, y el juez al alguacil, y seas echado en la cárcel.
26 De cierto te digo que no saldrás de allí, hasta que pagues el último cuadrante.

Jesús y el adulterio

27 Oísteis que fue dicho: No cometerás adulterio.
28 Pero yo os digo que cualquiera que mira a una mujer para codiciarla, ya adulteró con ella en su corazón.
29 Por tanto, si tu ojo derecho te es ocasión de caer, sácalo, y échalo de ti; pues mejor te es que se pierda uno de tus miembros, y no que todo tu cuerpo sea echado al infierno.
30 Y si tu mano derecha te es ocasión de caer, córtala, y échala de ti; pues mejor te es que se pierda uno de tus miembros, y no que todo tu cuerpo sea echado al infierno.

Jesús y el divorcio

31 También fue dicho: Cualquiera que repudie a su mujer, dele carta de divorcio.

Salt and Light

13 "You are the salt of the earth. But if the salt loses its saltiness, how can it be made salty again? It is no longer good for anything, except to be thrown out and trampled by men.
14 "You are the light of the world. A city on a hill cannot be hidden. 15 Neither do people light a lamp and put it under a bowl. Instead they put it on its stand, and it gives light to everyone in the house. 16 In the same way, let your light shine before men, that they may see your good deeds and praise your Father in heaven.

The Fulfillment of the Law

17 "Do not think that I have come to abolish the Law or the Prophets; I have not come to abolish them but to fulfill them. 18 I tell you the truth, until heaven and earth disappear, not the smallest letter, not the least stroke of a pen, will by any means disappear from the Law until everything is accomplished. 19 Anyone who breaks one of the least of these commandments and teaches others to do the same will be called least in the kingdom of heaven, but whoever practices and teaches these commands will be called great in the kingdom of heaven. 20 For I tell you that unless your righteousness surpasses that of the Pharisees and the teachers of the law, you will certainly not enter the kingdom of heaven.

Murder

21 "You have heard that it was said to the people long ago, 'Do not murder,*t* and anyone who murders will be subject to judgment.' 22 But I tell you that anyone who is angry with his brother*u* will be subject to judgment. Again, anyone who says to his brother, 'Raca,'*v* is answerable to the Sanhedrin. But anyone who says, 'You fool!' will be in danger of the fire of hell.
23 "Therefore, if you are offering your gift at the altar and there remember that your brother has something against you, 24 leave your gift there in front of the altar. First go and be reconciled to your brother; then come and offer your gift.
25 "Settle matters quickly with your adversary who is taking you to court. Do it while you are still with him on the way, or he may hand you over to the judge, and the judge may hand you over to the officer, and you may be thrown into prison. 26 I tell you the truth, you will not get out until you have paid the last penny.*w*

Adultery

27 "You have heard that it was said, 'Do not commit adultery.'*x* 28 But I tell you that anyone who looks at a woman lustfully has already committed adultery with her in his heart. 29 If your right eye causes you to sin, gouge it out and throw it away. It is better for you to lose one part of your body than for your whole body to be thrown into hell. 30 And if your right hand causes you to sin, cut it off and throw it away. It is better for you to lose one part of your body than for your whole body to go into hell.

Divorce

31 "It has been said, 'Anyone who divorces his wife must give her a certificate of divorce.'*y* 32 But I tell you

---

t 21 Exodus 20:13 *u 22* Some manuscripts *brother without cause* *v 22* An Aramaic term of contempt *w 26* Greek *kodrantes* *x 27* Exodus 20:14 *y 31* Deut. 24:1

32 Pero yo os digo que el que repudia a su mujer, a no ser por causa de fornicación, hace que ella adultere; y el que se casa con la repudiada, comete adulterio.

Jesús y los juramentos

33 Además habéis oído que fue dicho a los antiguos: No perjurarás, sino cumplirás al Señor tus juramentos.
34 Pero yo os digo: No juréis en ninguna manera; ni por el cielo, porque es el trono de Dios;
35 ni por la tierra, porque es el estrado de sus pies; ni por Jerusalén, porque es la ciudad del gran Rey.
36 Ni por tu cabeza jurarás, porque no puedes hacer blanco o negro un solo cabello.
37 Pero sea vuestro hablar: Sí, sí; no, no; porque lo que es más de esto, de mal procede.

El amor hacia los enemigos

38 Oísteis que fue dicho: Ojo por ojo, y diente por diente.
39 Pero yo os digo: No resistáis al que es malo; antes, a cualquiera que te hiera en la mejilla derecha, vuélvele también la otra;
40 y al que quiera ponerte a pleito y quitarte la túnica, déjale también la capa;
41 y a cualquiera que te obligue a llevar carga por una milla, vé con él dos.
42 Al que te pida, dale; y al que quiera tomar de ti prestado, no se lo rehúses.
43 Oísteis que fue dicho: Amarás a tu prójimo, y aborrecerás a tu enemigo.
44 Pero yo os digo: Amad a vuestros enemigos, bendecid a los que os maldicen, haced bien a los que os aborrecen, y orad por los que os ultrajan y os persiguen;
45 para que seáis hijos de vuestro Padre que está en los cielos, que hace salir su sol sobre malos y buenos, y que hace llover sobre justos e injustos.
46 Porque si amáis a los que os aman, ¿qué recompensa tendréis? ¿No hacen también lo mismo los publicanos?
47 Y si saludáis a vuestros hermanos solamente, ¿qué hacéis de más? ¿No hacen también así los gentiles?
48 Sed, pues, vosotros perfectos, como vuestro Padre que está en los cielos es perfecto.

Jesús y la limosna

6 1 Guardaos de hacer vuestra justicia delante de los hombres, para ser vistos de ellos; de otra manera no tendréis recompensa de vuestro Padre que está en los cielos.
2 Cuando, pues, des limosna, no hagas tocar trompeta delante de ti, como hacen los hipócritas en las sinagogas y en las calles, para ser alabados por los hombres; de cierto os digo que ya tienen su recompensa.
3 Mas cuando tú des limosna, no sepa tu izquierda lo que hace tu derecha,
4 para que sea tu limosna en secreto; y tu Padre que ve en lo secreto te recompensará en público.

Jesús y la oración

5 Y cuando ores, no seas como los hipócritas; porque ellos aman el orar en pie en las sinagogas y en las esquinas de las calles, para ser vistos de los hombres; de cierto os digo que ya tienen su recompensa.
6 Mas tú, cuando ores, entra en tu aposento, y cerrada la puerta, ora a tu Padre que está en secreto; y tu Padre que ve en lo secreto te recompensará en público.

that anyone who divorces his wife, except for marital unfaithfulness, causes her to become an adulteress, and anyone who marries the divorced woman commits adultery.

Oaths

33 "Again, you have heard that it was said to the people long ago, 'Do not break your oath, but keep the oaths you have made to the Lord.' 34 But I tell you, Do not swear at all: either by heaven, for it is God's throne; 35 or by the earth, for it is his footstool; or by Jerusalem, for it is the city of the Great King. 36 And do not swear by your head, for you cannot make even one hair white or black. 37 Simply let your 'Yes' be 'Yes,' and your 'No,' 'No'; anything beyond this comes from the evil one.

An Eye for an Eye

38 "You have heard that it was said, 'Eye for eye, and tooth for tooth.'z 39 But I tell you, Do not resist an evil person. If someone strikes you on the right cheek, turn to him the other also. 40 And if someone wants to sue you and take your tunic, let him have your cloak as well. 41 If someone forces you to go one mile, go with him two miles. 42 Give to the one who asks you, and do not turn away from the one who wants to borrow from you.

Love for Enemies

43 "You have heard that it was said, 'Love your neighbora and hate your enemy.' 44 But I tell you: Love your enemies b and pray for those who persecute you, 45 that you may be sons of your Father in heaven. He causes his sun to rise on the evil and the good, and sends rain on the righteous and the unrighteous. 46 If you love those who love you, what reward will you get? Are not even the tax collectors doing that? 47 And if you greet only your brothers, what are you doing more than others? Do not even pagans do that? 48 Be perfect, therefore, as your heavenly Father is perfect.

Giving to the Needy

6 "Be careful not to do your 'acts of righteousness' before men, to be seen by them. If you do, you will have no reward from your Father in heaven.
2 "So when you give to the needy, do not announce it with trumpets, as the hypocrites do in the synagogues and on the streets, to be honored by men. I tell you the truth, they have received their reward in full. 3 But when you give to the needy, do not let your left hand know what your right hand is doing, 4 so that your giving may be in secret. Then your Father, who sees what is done in secret, will reward you.

Prayer

5 "And when you pray, do not be like the hypocrites, for they love to pray standing in the synagogues and on the street corners to be seen by men. I tell you the truth, they have received their reward in full. 6 But when you pray, go into your room, close the door and pray to your Father, who is unseen. Then your Father,

---

z38 Exodus 21:24; Lev. 24:20; Deut. 19:21   a43 Lev. 19:18
b44 Some late manuscripts *enemies, bless those who curse you, do good to those who hate you*

7Y orando, no uséis vanas repeticiones, como los gentiles, que piensan que por su palabrería serán oídos.
8No os hagáis, pues, semejantes a ellos; porque vuestro Padre sabe de qué cosas tenéis necesidad, antes que vosotros le pidáis.
9Vosotros, pues, oraréis así:

Padre nuestro que estás en los cielos,
Santificado sea tu nombre.
10Venga tu reino.
Hágase tu voluntad, como en el cielo, así también
en la tierra.
11El pan nuestro de cada día, dánoslo hoy.
12Y perdónanos nuestras deudas, como también
nosotros perdonamos a nuestros deudores.
13Y no nos metas en tentación, mas líbranos del mal;
porque tuyo es el reino, y el poder, y la gloria,
por todos los siglos. Amén.
14Porque si perdonáis a los hombres sus ofensas, os perdonará también a vosotros vuestro Padre celestial;
15mas si no perdonáis a los hombres sus ofensas, tampoco vuestro Padre os perdonará vuestras ofensas.

Jesús y el ayuno

16Cuando ayunéis, no seáis austeros, como los hipócritas; porque ellos demudan sus rostros para mostrar a los hombres que ayunan; de cierto os digo que ya tienen su recompensa.
17Pero tú, cuando ayunes, unge tu cabeza y lava tu rostro,
18para no mostrar a los hombres que ayunas, sino a tu Padre que está en secreto; y tu Padre que ve en lo secreto te recompensará en público.

Tesoros en el cielo

19No os hagáis tesoros en la tierra, donde la polilla y el orín corrompen, y donde ladrones minan y hurtan;
20sino haceos tesoros en el cielo, donde ni la polilla ni el orín corrompen, y donde ladrones no minan ni hurtan.
21Porque donde esté vuestro tesoro, allí estará también vuestro corazón.

La lámpara del cuerpo

22La lámpara del cuerpo es el ojo; así que, si tu ojo es bueno, todo tu cuerpo estará lleno de luz;
23pero si tu ojo es maligno, todo tu cuerpo estará en tinieblas. Así que, si la luz que en ti hay es tinieblas, ¿cuántas no serán las mismas tinieblas?

Dios y las riquezas

24Ninguno puede servir a dos señores; porque o aborrecerá al uno y amará al otro, o estimará al uno y menospreciará al otro. No podéis servir a Dios y a las riquezas.c

El afán y la ansiedad

25Por tanto os digo: No os afanéis por vuestra vida, qué habéis de comer o qué habéis de beber; ni por vuestro cuerpo, qué habéis de vestir. ¿No es la vida más que el alimento, y el cuerpo más que el vestido?
26Mirad las aves del cielo, que no siembran, ni siegan, ni recogen en graneros; y vuestro Padre celestial las alimenta. ¿No valéis vosotros mucho más que ellas?
27¿Y quién de vosotros podrá, por mucho que se afane, añadir a su estatura un codo?
28Y por el vestido, ¿por qué os afanáis? Considerad los lirios del campo, cómo crecen: no trabajan ni hilan;
29pero os digo, que ni aun Salomón con toda su gloria se vistió así como uno de ellos.

c Gr. Mamón.

who sees what is done in secret, will reward you. 7And when you pray, do not keep on babbling like pagans, for they think they will be heard because of their many words. 8Do not be like them, for your Father knows what you need before you ask him.
9"This, then, is how you should pray:

" 'Our Father in heaven,
hallowed be your name,
10your kingdom come,
your will be done
on earth as it is in heaven.
11Give us today our daily bread.
12Forgive us our debts,
as we also have forgiven our debtors.
13And lead us not into temptation,
but deliver us from the evil one.'c

14For if you forgive men when they sin against you, your heavenly Father will also forgive you. 15But if you do not forgive men their sins, your Father will not forgive your sins.

Fasting

16"When you fast, do not look somber as the hypocrites do, for they disfigure their faces to show men they are fasting. I tell you the truth, they have received their reward in full. 17But when you fast, put oil on your head and wash your face, 18so that it will not be obvious to men that you are fasting, but only to your Father, who is unseen; and your Father, who sees what is done in secret, will reward you.

Treasures in Heaven

19"Do not store up for yourselves treasures on earth, where moth and rust destroy, and where thieves break in and steal. 20But store up for yourselves treasures in heaven, where moth and rust do not destroy, and where thieves do not break in and steal. 21For where your treasure is, there your heart will be also.
22"The eye is the lamp of the body. If your eyes are good, your whole body will be full of light. 23But if your eyes are bad, your whole body will be full of darkness. If then the light within you is darkness, how great is that darkness!
24"No one can serve two masters. Either he will hate the one and love the other, or he will be devoted to the one and despise the other. You cannot serve both God and Money.

Do Not Worry

25"Therefore I tell you, do not worry about your life, what you will eat or drink; or about your body, what you will wear. Is not life more important than food, and the body more important than clothes? 26Look at the birds of the air; they do not sow or reap or store away in barns, and yet your heavenly Father feeds them. Are you not much more valuable than they? 27Who of you by worrying can add a single hour to his life d?
28"And why do you worry about clothes? See how the lilies of the field grow. They do not labor or spin. 29Yet I tell you that not even Solomon in all his splendor was dressed like one of these. 30If that is how God

c13 Or from evil; some late manuscripts one, / for yours is the kingdom and the power and the glory forever. Amen.   d27 Or single cubit to his height

30 Y si la hierba del campo que hoy es, y mañana se echa en el horno, Dios la viste así, ¿no hará mucho más a vosotros, hombres de poca fe?

31 No os afanéis, pues, diciendo: ¿Qué comeremos, o qué beberemos, o qué vestiremos?

32 Porque los gentiles buscan todas estas cosas; pero vuestro Padre celestial sabe que tenéis necesidad de todas estas cosas.

33 Mas buscad primeramente el reino de Dios y su justicia, y todas estas cosas os serán añadidas.

34 Así que, no os afanéis por el día de mañana, porque el día de mañana traerá su afán. Basta a cada día su propio mal.

El juzgar a los demás

7 1 No juzguéis, para que no seáis juzgados. 2 Porque con el juicio con que juzgáis, seréis juzgados, y con la medida con que medís, os será medido.

3 ¿Y por qué miras la paja que está en el ojo de tu hermano, y no echas de ver la viga que está en tu propio ojo?

4 ¿O cómo dirás a tu hermano: Déjame sacar la paja de tu ojo, y he aquí la viga en el ojo tuyo?

5 ¡Hipócrita! saca primero la viga de tu propio ojo, y entonces verás bien para sacar la paja del ojo de tu hermano.

6 No deis lo santo a los perros, ni echéis vuestras perlas delante de los cerdos, no sea que las pisoteen, y se vuelvan y os despedacen.

La oración, y la regla de oro

7 Pedid, y se os dará; buscad, y hallaréis; llamad, y se os abrirá.

8 Porque todo aquel que pide, recibe; y el que busca, halla; y al que llama, se le abrirá.

9 ¿Qué hombre hay de vosotros, que si su hijo le pide pan, le dará una piedra?

10 ¿O si le pide un pescado, le dará una serpiente?

11 Pues si vosotros, siendo malos, sabéis dar buenas dádivas a vuestros hijos, ¿cuánto más vuestro Padre que está en los cielos dará buenas cosas a los que le pidan?

12 Así que, todas las cosas que queráis que los hombres hagan con vosotros, así también haced vosotros con ellos; porque esto es la ley y los profetas.

La puerta estrecha

13 Entrad por la puerta estrecha; porque ancha es la puerta, y espacioso el camino que lleva a la perdición, y muchos son los que entran por ella;

14 porque estrecha es la puerta, y angosto el camino que lleva a la vida, y pocos son los que la hallan.

Por sus frutos los conoceréis

15 Guardaos de los falsos profetas, que vienen a vosotros con vestidos de ovejas, pero por dentro son lobos rapaces.

16 Por sus frutos los conoceréis. ¿Acaso se recogen uvas de los espinos, o higos de los abrojos?

17 Así, todo buen árbol da buenos frutos, pero el árbol malo da frutos malos.

18 No puede el buen árbol dar malos frutos, ni el árbol malo dar frutos buenos.

19 Todo árbol que no da buen fruto, es cortado y echado en el fuego.

20 Así que, por sus frutos los conoceréis.

Nunca os conocí

21 No todo el que me dice: Señor, Señor, entrará en el reino de los cielos, sino el que hace la voluntad de mi Padre que está en los cielos.

22 Muchos me dirán en aquel día: Señor, Señor, ¿no profe-

clothes the grass of the field, which is here today and tomorrow is thrown into the fire, will he not much more clothe you, O you of little faith? 31 So do not worry, saying, 'What shall we eat?' or 'What shall we drink?' or 'What shall we wear?' 32 For the pagans run after all these things, and your heavenly Father knows that you need them. 33 But seek first his kingdom and his righteousness, and all these things will be given to you as well. 34 Therefore do not worry about tomorrow, for tomorrow will worry about itself. Each day has enough trouble of its own.

Judging Others

7 "Do not judge, or you too will be judged. 2 For in the same way you judge others, you will be judged, and with the measure you use, it will be measured to you.

3 "Why do you look at the speck of sawdust in your brother's eye and pay no attention to the plank in your own eye? 4 How can you say to your brother, 'Let me take the speck out of your eye,' when all the time there is a plank in your own eye? 5 You hypocrite, first take the plank out of your own eye, and then you will see clearly to remove the speck from your brother's eye.

6 "Do not give dogs what is sacred; do not throw your pearls to pigs. If you do, they may trample them under their feet, and then turn and tear you to pieces.

Ask, Seek, Knock

7 "Ask and it will be given to you; seek and you will find; knock and the door will be opened to you. 8 For everyone who asks receives; he who seeks finds; and to him who knocks, the door will be opened.

9 "Which of you, if his son asks for bread, will give him a stone? 10 Or if he asks for a fish, will give him a snake? 11 If you, then, though you are evil, know how to give good gifts to your children, how much more will your Father in heaven give good gifts to those who ask him! 12 So in everything, do to others what you would have them do to you, for this sums up the Law and the Prophets.

The Narrow and Wide Gates

13 "Enter through the narrow gate. For wide is the gate and broad is the road that leads to destruction, and many enter through it. 14 But small is the gate and narrow the road that leads to life, and only a few find it.

A Tree and Its Fruit

15 "Watch out for false prophets. They come to you in sheep's clothing, but inwardly they are ferocious wolves. 16 By their fruit you will recognize them. Do people pick grapes from thornbushes, or figs from thistles? 17 Likewise every good tree bears good fruit, but a bad tree bears bad fruit. 18 A good tree cannot bear bad fruit, and a bad tree cannot bear good fruit. 19 Every tree that does not bear good fruit is cut down and thrown into the fire. 20 Thus, by their fruit you will recognize them.

21 "Not everyone who says to me, 'Lord, Lord,' will enter the kingdom of heaven, but only he who does the will of my Father who is in heaven. 22 Many will

tizamos en tu nombre, y en tu nombre echamos fuera demonios, y en tu nombre hicimos muchos milagros? 23 Y entonces les declararé: Nunca os conocí; apartaos de mí, hacedores de maldad.

Los dos cimientos

24 Cualquiera, pues, que me oye estas palabras, y las hace, le compararé a un hombre prudente, que edificó su casa sobre la roca.
25 Descendió lluvia, y vinieron ríos, y soplaron vientos, y golpearon contra aquella casa; y no cayó, porque estaba fundada sobre la roca.
26 Pero cualquiera que me oye estas palabras y no las hace, le compararé a un hombre insensato, que edificó su casa sobre la arena;
27 y descendió lluvia, y vinieron ríos, y soplaron vientos, y dieron con ímpetu contra aquella casa; y cayó, y fue grande su ruina.
28 Y cuando terminó Jesús estas palabras, la gente se admiraba de su doctrina;
29 porque les enseñaba como quien tiene autoridad, y no como los escribas.

Jesús sana a un leproso

8 1 Cuando descendió Jesús del monte, le seguía mucha gente.
2 Y he aquí vino un leproso y se postró ante él, diciendo: Señor, si quieres, puedes limpiarme.
3 Jesús extendió la mano y le tocó, diciendo: Quiero; sé limpio. Y al instante su lepra desapareció.
4 Entonces Jesús le dijo: Mira, no lo digas a nadie; sino vé, muéstrate al sacerdote, y presenta la ofrenda que ordenó Moisés, para testimonio a ellos.

Jesús sana al siervo de un centurión

5 Entrando Jesús en Capernaum, vino a él un centurión, rogándole,
6 y diciendo: Señor, mi criado esta postrado en casa, paralítico, gravemente atormentado.
7 Y Jesús le dijo: Yo iré y le sanaré.
8 Respondió el centurión y dijo: Señor, no soy digno de que entres bajo mi techo; solamente dí la palabra, y mi criado sanará.
9 Porque también yo soy hombre bajo autoridad, y tengo bajo mis órdenes soldados; y digo a éste: Vé, y va; y al otro: Ven, y viene; y a mi siervo: Haz esto, y lo hace.
10 Al oirlo Jesús, se maravilló, y dijo a los que le seguían: De cierto os digo, que ni aun en Israel he hallado tanta fe.
11 Y os digo que vendrán muchos del oriente y del occidente, y se sentarán con Abraham e Isaac y Jacob en el reino de los cielos;
12 mas los hijos del reino serán echados a las tinieblas de afuera; allí será el lloro y el crujir de dientes.
13 Entonces Jesús dijo al centurión: Vé, y como creíste, te sea hecho. Y su criado fue sanado en aquella misma hora.

Jesús sana a la suegra de Pedro

14 Vino Jesús a casa de Pedro, y vio a la suegra de éste postrada en cama, con fiebre.

say to me on that day, 'Lord, Lord, did we not prophesy in your name, and in your name drive out demons and perform many miracles?' 23 Then I will tell them plainly, 'I never knew you. Away from me, you evildoers!'

The Wise and Foolish Builders

24 "Therefore everyone who hears these words of mine and puts them into practice is like a wise man who built his house on the rock. 25 The rain came down, the streams rose, and the winds blew and beat against that house; yet it did not fall, because it had its foundation on the rock. 26 But everyone who hears these words of mine and does not put them into practice is like a foolish man who built his house on sand. 27 The rain came down, the streams rose, and the winds blew and beat against that house, and it fell with a great crash."

28 When Jesus had finished saying these things, the crowds were amazed at his teaching, 29 because he taught as one who had authority, and not as their teachers of the law.

The Man With Leprosy

8 When he came down from the mountainside, large crowds followed him. 2 A man with leprosy*e* came and knelt before him and said, "Lord, if you are willing, you can make me clean."
3 Jesus reached out his hand and touched the man. "I am willing," he said. "Be clean!" Immediately he was cured*f* of his leprosy. 4 Then Jesus said to him, "See that you don't tell anyone. But go, show yourself to the priest and offer the gift Moses commanded, as a testimony to them."

The Faith of the Centurion

5 When Jesus had entered Capernaum, a centurion came to him, asking for help. 6 "Lord," he said, "my servant lies at home paralyzed and in terrible suffering."
7 Jesus said to him, "I will go and heal him."
8 The centurion replied, "Lord, I do not deserve to have you come under my roof. But just say the word, and my servant will be healed. 9 For I myself am a man under authority, with soldiers under me. I tell this one, 'Go,' and he goes; and that one, 'Come,' and he comes. I say to my servant, 'Do this,' and he does it."
10 When Jesus heard this, he was astonished and said to those following him, "I tell you the truth, I have not found anyone in Israel with such great faith. 11 I say to you that many will come from the east and the west, and will take their places at the feast with Abraham, Isaac and Jacob in the kingdom of heaven. 12 But the subjects of the kingdom will be thrown outside, into the darkness, where there will be weeping and gnashing of teeth."
13 Then Jesus said to the centurion, "Go! It will be done just as you believed it would." And his servant was healed at that very hour.

Jesus Heals Many

14 When Jesus came into Peter's house, he saw Peter's mother-in-law lying in bed with a fever. 15 He

e 2 The Greek word was used for various diseases affecting the skin—not necessarily leprosy. f 3 Greek made clean

15 Y tocó su mano, y la fiebre la dejó; y ella se levantó, y les servía.

16 Y cuando llegó la noche, trajeron a él muchos endemoniados; y con la palabra echó fuera a los demonios, y sanó a todos los enfermos;

17 para que se cumpliese lo dicho por el profeta Isaías, cuando dijo: El mismo tomó nuestras enfermedades, y llevó nuestras dolencias.

Los que querían seguir a Jesús

18 Viéndose Jesús rodeado de mucha gente, mandó pasar al otro lado.

19 Y vino un escriba y le dijo: Maestro, te seguiré adondequiera que vayas.

20 Jesús le dijo: Las zorras tienen guaridas, y las aves del cielo nidos; mas el Hijo del Hombre no tiene dónde recostar su cabeza.

21 Otro de sus discípulos le dijo: Señor, permíteme que vaya primero y entierre a mi padre.

22 Jesús le dijo: Sígueme; deja que los muertos entierren a sus muertos.

Jesús calma la tempestad

23 Y entrando él en la barca, sus discípulos le siguieron.

24 Y he aquí que se levantó en el mar una tempestad tan grande que las olas cubrían la barca; pero él dormía.

25 Y vinieron sus discípulos y le despertaron, diciendo: ¡Señor, sálvanos, que perecemos!

26 El les dijo: ¿Por qué teméis, hombres de poca fe? Entonces, levantándose, reprendió a los vientos y al mar; y se hizo grande bonanza.

27 Y los hombres se maravillaron, diciendo: ¿Qué hombre es éste, que aun los vientos y el mar le obedecen?

Los endemoniados gadarenos

28 Cuando llegó a la otra orilla, a la tierra de los gadarenos, vinieron a su encuentro dos endemoniados que salían de los sepulcros, feroces en gran manera, tanto que nadie podía pasar por aquel camino.

29 Y clamaron diciendo: ¿Qué tienes con nosotros, Jesús, Hijo de Dios? ¿Has venido acá para atormentarnos antes de tiempo?

30 Estaba paciendo lejos de ellos un hato de muchos cerdos.

31 Y los demonios le rogaron diciendo: Si nos echas fuera, permítenos ir a aquel hato de cerdos.

32 El les dijo: Id. Y ellos salieron, y se fueron a aquel hato de cerdos; y he aquí, todo el hato de cerdos se precipitó en el mar por un despeñadero, y perecieron en las aguas.

33 Y los que los apacentaban huyeron, y viniendo a la ciudad, contaron todas las cosas, y lo que había pasado con los endemoniados.

34 Y toda la ciudad salió al encuentro de Jesús; y cuando le vieron, le rogaron que se fuera de sus contornos.

Jesús sana a un paralítico

9 ¹ Entonces, entrando Jesús en la barca, pasó al otro lado y vino a su ciudad.

2 Y sucedió que le trajeron un paralítico, tendido sobre una cama; y al ver Jesús la fe de ellos, dijo al paralítico: Ten ánimo, hijo; tus pecados te son perdonados.

3 Entonces algunos de los escribas decían dentro de sí: Este blasfema.

4 Y conociendo Jesús los pensamientos de ellos, dijo: ¿Por qué pensáis mal en vuestros corazones?

touched her hand and the fever left her, and she got up and began to wait on him.

16 When evening came, many who were demon-possessed were brought to him, and he drove out the spirits with a word and healed all the sick. 17 This was to fulfill what was spoken through the prophet Isaiah:

"He took up our infirmities
and carried our diseases." *g*

The Cost of Following Jesus

18 When Jesus saw the crowd around him, he gave orders to cross to the other side of the lake. 19 Then a teacher of the law came to him and said, "Teacher, I will follow you wherever you go."

20 Jesus replied, "Foxes have holes and birds of the air have nests, but the Son of Man has no place to lay his head."

21 Another disciple said to him, "Lord, first let me go and bury my father."

22 But Jesus told him, "Follow me, and let the dead bury their own dead."

Jesus Calms the Storm

23 Then he got into the boat and his disciples followed him. 24 Without warning, a furious storm came up on the lake, so that the waves swept over the boat. But Jesus was sleeping. 25 The disciples went and woke him, saying, "Lord, save us! We're going to drown!"

26 He replied, "You of little faith, why are you so afraid?" Then he got up and rebuked the winds and the waves, and it was completely calm.

27 The men were amazed and asked, "What kind of man is this? Even the winds and the waves obey him!"

The Healing of Two Demon-possessed Men

28 When he arrived at the other side in the region of the Gadarenes, *h* two demon-possessed men coming from the tombs met him. They were so violent that no one could pass that way. 29 "What do you want with us, Son of God?" they shouted. "Have you come here to torture us before the appointed time?"

30 Some distance from them a large herd of pigs was feeding. 31 The demons begged Jesus, "If you drive us out, send us into the herd of pigs."

32 He said to them, "Go!" So they came out and went into the pigs, and the whole herd rushed down the steep bank into the lake and died in the water. 33 Those tending the pigs ran off, went into the town and reported all this, including what had happened to the demon-possessed men. 34 Then the whole town went out to meet Jesus. And when they saw him, they pleaded with him to leave their region.

Jesus Heals a Paralytic

9 Jesus stepped into a boat, crossed over and came to his own town. 2 Some men brought to him a paralytic, lying on a mat. When Jesus saw their faith, he said to the paralytic, "Take heart, son; your sins are forgiven."

3 At this, some of the teachers of the law said to themselves, "This fellow is blaspheming!"

4 Knowing their thoughts, Jesus said, "Why do you

---

g 17 Isaiah 53:4   *h 28* Some manuscripts *Gergesenes*; others *Gerasenes*

5 Porque ¿qué es más fácil, decir: Los pecados te son perdonados, o decir: Levántate y anda?
6 Pues para que sepáis que el Hijo del Hombre tiene potestad en la tierra para perdonar pecados (dice entonces al paralítico): Levántate, toma tu cama, y vete a tu casa.
7 Entonces él se levantó y se fue a su casa.
8 Y la gente, al verlo, se maravilló y glorificó a Dios, que había dado tal potestad a los hombres.

Llamamiento de Mateo

9 Pasando Jesús de allí, vio a un hombre llamado Mateo, que estaba sentado al banco de los tributos públicos, y le dijo: Sígueme. Y se levantó y le siguió.
10 Y aconteció que estando él sentado a la mesa en la casa, he aquí que muchos publicanos y pecadores, que habían venido, se sentaron juntamente a la mesa con Jesús y sus discípulos.
11 Cuando vieron esto los fariseos, dijeron a los discípulos: ¿Por qué come vuestro Maestro con los publicanos y pecadores?
12 Al oír esto Jesús, les dijo: Los sanos no tienen necesidad de médico, sino los enfermos.
13 Id, pues, y aprended lo que significa: Misericordia quiero, y no sacrificio. Porque no he venido a llamar a justos, sino a pecadores, al arrepentimiento.

La pregunta sobre el ayuno

14 Entonces vinieron a él los discípulos de Juan, diciendo: ¿Por qué nosotros y los fariseos ayunamos muchas veces, y tus discípulos no ayunan?
15 Jesús les dijo: ¿Acaso pueden los que están de bodas tener luto entre tanto que el esposo está con ellos? Pero vendrán días cuando el esposo les será quitado, y entonces ayunarán.
16 Nadie pone remiendo de paño nuevo en vestido viejo; porque tal remiendo tira del vestido, y se hace peor la rotura.
17 Ni echan vino nuevo en odres viejos; de otra manera los odres se rompen, y el vino se derrama, y los odres se pierden; pero echan el vino nuevo en odres nuevos, y lo uno y lo otro se conservan juntamente.

La hija de Jairo, y la mujer que tocó el manto de Jesús

18 Mientras él les decía estas cosas, vino un hombre principal y se postró ante él, diciendo: Mi hija acaba de morir; mas ven y pon tu mano sobre ella, y vivirá.
19 Y se levantó Jesús, y le siguió con sus discípulos.
20 Y he aquí una mujer enferma de flujo de sangre desde hacía doce años, se le acercó por detrás y tocó el borde de su manto;
21 porque decía dentro de sí: Si tocare solamente su manto, seré salva.
22 Pero Jesús, volviéndose y mirándola, dijo: Ten ánimo, hija; tu fe te ha salvado. Y la mujer fue salva desde aquella hora.
23 Al entrar Jesús en la casa del principal, viendo a los que tocaban flautas, y la gente que hacía alboroto,
24 les dijo: Apartaos, porque la niña no está muerta, sino duerme. Y se burlaban de él.
25 Pero cuando la gente había sido echada fuera, entró, y tomó de la mano a la niña, y ella se levantó.
26 Y se difundió la fama de esto por toda aquella tierra.

Dos ciegos reciben la vista

27 Pasando Jesús de allí, le siguieron dos ciegos, dando voces y diciendo: ¡Ten misericordia de nosotros, Hijo de David!

entertain evil thoughts in your hearts? 5Which is easier: to say, 'Your sins are forgiven,' or to say, 'Get up and walk'? 6But so that you may know that the Son of Man has authority on earth to forgive sins. . . ." Then he said to the paralytic, "Get up, take your mat and go home." 7And the man got up and went home. 8When the crowd saw this, they were filled with awe; and they praised God, who had given such authority to men.

The Calling of Matthew

9As Jesus went on from there, he saw a man named Matthew sitting at the tax collector's booth. "Follow me," he told him, and Matthew got up and followed him.
10While Jesus was having dinner at Matthew's house, many tax collectors and "sinners" came and ate with him and his disciples. 11When the Pharisees saw this, they asked his disciples, "Why does your teacher eat with tax collectors and 'sinners'?"
12On hearing this, Jesus said, "It is not the healthy who need a doctor, but the sick. 13But go and learn what this means: 'I desire mercy, not sacrifice.' *i* For I have not come to call the righteous, but sinners."

Jesus Questioned About Fasting

14Then John's disciples came and asked him, "How is it that we and the Pharisees fast, but your disciples do not fast?"
15Jesus answered, "How can the guests of the bridegroom mourn while he is with them? The time will come when the bridegroom will be taken from them; then they will fast.
16"No one sews a patch of unshrunk cloth on an old garment, for the patch will pull away from the garment, making the tear worse. 17Neither do men pour new wine into old wineskins. If they do, the skins will burst, the wine will run out and the wineskins will be ruined. No, they pour new wine into new wineskins, and both are preserved."

A Dead Girl and a Sick Woman

18While he was saying this, a ruler came and knelt before him and said, "My daughter has just died. But come and put your hand on her, and she will live." 19Jesus got up and went with him, and so did his disciples.
20Just then a woman who had been subject to bleeding for twelve years came up behind him and touched the edge of his cloak. 21She said to herself, "If I only touch his cloak, I will be healed."
22Jesus turned and saw her. "Take heart, daughter," he said, "your faith has healed you." And the woman was healed from that moment.
23When Jesus entered the ruler's house and saw the flute players and the noisy crowd, 24he said, "Go away. The girl is not dead but asleep." But they laughed at him. 25After the crowd had been put outside, he went in and took the girl by the hand, and she got up. 26News of this spread through all that region.

Jesus Heals the Blind and Mute

27As Jesus went on from there, two blind men followed him, calling out, "Have mercy on us, Son of David!"

i13 Hosea 6:6

28 Y llegado a la casa, vinieron a él los ciegos; y Jesús les dijo: ¿Creéis que puedo hacer esto? Ellos dijeron: Sí, Señor.

29 Entonces les tocó los ojos, diciendo: Conforme a vuestra fe os sea hecho.

30 Y los ojos de ellos fueron abiertos. Y Jesús les encargó rigurosamente, diciendo: Mirad que nadie lo sepa.

31 Pero salidos ellos, divulgaron la fama de él por toda aquella tierra.

Un mudo habla

32 Mientras salían ellos, he aquí, le trajeron un mudo, endemoniado.

33 Y echado fuera el demonio, el mudo habló; y la gente se maravillaba, y decía: Nunca se ha visto cosa semejante en Israel.

34 Pero los fariseos decían: Por el príncipe de los demonios echa fuera los demonios.

La mies es mucha

35 Recorría Jesús todas las ciudades y aldeas, enseñando en las sinagogas de ellos, y predicando el evangelio del reino, y sanando toda enfermedad y toda dolencia en el pueblo.

36 Y al ver las multitudes, tuvo compasión de ellas; porque estaban desamparadas y dispersas como ovejas que no tienen pastor.

37 Entonces dijo a sus discípulos: A la verdad la mies es mucha, mas los obreros pocos.

38 Rogad, pues, al Señor de la mies, que envíe obreros a su mies.

Elección de los doce apóstoles

10 1 Entonces llamando a sus doce discípulos, les dio autoridad sobre los espíritus inmundos, para que los echasen fuera, y para sanar toda enfermedad y toda dolencia.

2 Los nombres de los doce apóstoles son estos: primero Simón, llamado Pedro, y Andrés su hermano; Jacobo hijo de Zebedeo, y Juan su hermano;

3 Felipe, Bartolomé, Tomás, Mateo el publicano, Jacobo hijo de Alfeo, Lebeo, por sobrenombre Tadeo,

4 Simón el cananista, y Judas Iscariote, el que también le entregó.

Misión de los doce

5 A estos doce envió Jesús, y les dio instrucciones, diciendo: Por camino de gentiles no vayáis, y en ciudad de samaritanos no entréis,

6 sino id antes a las ovejas perdidas de la casa de Israel.

7 Y yendo, predicad, diciendo: El reino de los cielos se ha acercado.

8 Sanad enfermos, limpiad leprosos, resucitad muertos, echad fuera demonios; de gracia recibisteis, dad de gracia.

9 No os proveáis de oro, ni plata, ni cobre en vuestros cintos;

10 ni de alforja para el camino, ni de dos túnicas, ni de calzado, ni de bordón; porque el obrero es digno de su alimento.

11 Mas en cualquier ciudad o aldea donde entréis, informaos quién en ella sea digno, y posad allí hasta que salgáis.

12 Y al entrar en la casa, saludadla;

13 Y si la casa fuere digna, vuestra paz vendrá sobre ella; mas si no fuere digna, vuestra paz se volverá a vosotros.

14 Y si alguno no os recibiere, ni oyere vuestras palabras, salid de aquella casa o ciudad, y sacudid el polvo de vuestros pies.

28 When he had gone indoors, the blind men came to him, and he asked them, "Do you believe that I am able to do this?"

"Yes, Lord," they replied.

29 Then he touched their eyes and said, "According to your faith will it be done to you"; 30 and their sight was restored. Jesus warned them sternly, "See that no one knows about this." 31 But they went out and spread the news about him all over that region.

32 While they were going out, a man who was demon-possessed and could not talk was brought to Jesus. 33 And when the demon was driven out, the man who had been mute spoke. The crowd was amazed and said, "Nothing like this has ever been seen in Israel."

34 But the Pharisees said, "It is by the prince of demons that he drives out demons."

The Workers Are Few

35 Jesus went through all the towns and villages, teaching in their synagogues, preaching the good news of the kingdom and healing every disease and sickness. 36 When he saw the crowds, he had compassion on them, because they were harassed and helpless, like sheep without a shepherd. 37 Then he said to his disciples, "The harvest is plentiful but the workers are few. 38 Ask the Lord of the harvest, therefore, to send out workers into his harvest field."

Jesus Sends Out the Twelve

10 He called his twelve disciples to him and gave them authority to drive out evil*i* spirits and to heal every disease and sickness.

2 These are the names of the twelve apostles: first, Simon (who is called Peter) and his brother Andrew; James son of Zebedee, and his brother John; 3 Philip and Bartholomew; Thomas and Matthew the tax collector; James son of Alphaeus, and Thaddaeus; 4 Simon the Zealot and Judas Iscariot, who betrayed him.

5 These twelve Jesus sent out with the following instructions: "Do not go among the Gentiles or enter any town of the Samaritans. 6 Go rather to the lost sheep of Israel. 7 As you go, preach this message: 'The kingdom of heaven is near.' 8 Heal the sick, raise the dead, cleanse those who have leprosy, *k* drive out demons. Freely you have received, freely give. 9 Do not take along any gold or silver or copper in your belts; 10 take no bag for the journey, or extra tunic, or sandals or a staff; for the worker is worth his keep.

11 "Whatever town or village you enter, search for some worthy person there and stay at his house until you leave. 12 As you enter the home, give it your greeting. 13 If the home is deserving, let your peace rest on it; if it is not, let your peace return to you. 14 If anyone will not welcome you or listen to your words, shake the dust off your feet when you leave that home or

---

i 1 Greek *unclean*   *k 8* The Greek word was used for various diseases affecting the skin—not necessarily leprosy.

15 De cierto os digo que en el día del juicio, será más tolerable el castigo para la tierra de Sodoma y de Gomorra, que para aquella ciudad.

Persecuciones venideras

16 He aquí, yo os envío como a ovejas en medio de lobos; sed, pues, prudentes como serpientes, y sencillos como palomas.

17 Y guardaos de los hombres, porque os entregarán a los concilios, y en sus sinagogas os azotarán;

18 y aun ante gobernadores y reyes seréis llevados por causa de mí, para testimonio a ellos y a los gentiles.

19 Mas cuando os entreguen, no os preocupéis por cómo o qué hablaréis; porque en aquella hora os será dado lo que habéis de hablar.

20 Porque no sois vosotros los que habláis, sino el Espíritu de vuestro Padre que habla en vosotros.

21 El hermano entregará a la muerte al hermano, y el padre al hijo; y los hijos se levantarán contra los padres, y los harán morir.

22 Y seréis aborrecidos de todos por causa de mi nombre; mas el que persevere hasta el fin, éste será salvo.

23 Cuando os persigan en esta ciudad, huid a la otra; porque de cierto os digo, que no acabaréis de recorrer todas las ciudades de Israel, antes que venga el Hijo del Hombre.

24 El discípulo no es más que su maestro, ni el siervo más que su señor.

25 Bástale al discípulo ser como su maestro, y al siervo como su señor. Si al padre de familia llamaron Beelzebú, ¿cuánto más a los de su casa?

A quién se debe temer

26 Así que, no los temáis; porque nada hay encubierto, que no haya de ser manifestado; ni oculto, que no haya de saberse.

27 Lo que os digo en tinieblas, decidlo en la luz; y lo que oís al oído, proclamadlo desde las azoteas.

28 Y no temáis a los que matan el cuerpo, mas el alma no pueden matar; temed más bien a aquel que puede destruir el alma y el cuerpo en el infierno.

29 ¿No se venden dos pajarillos por un cuarto? Con todo, ni uno de ellos cae a tierra sin vuestro Padre.

30 Pues aun vuestros cabellos están todos contados.

31 Así que, no temáis; más valéis vosotros que muchos pajarillos.

32 A cualquiera, pues, que me confiese delante de los hombres, yo también le confesaré delante de mi Padre que está en los cielos.

33 Y a cualquiera que me niegue delante de los hombres, yo también le negaré delante de mi Padre que está en los cielos.

Jesús, causa de división

34 No penséis que he venido para traer paz a la tierra; no he venido para traer paz, sino espada.

35 Porque he venido para poner en disensión al hombre contra su padre, a la hija contra su madre, y a la nuera contra su suegra;

36 y los enemigos del hombre serán los de su casa.

37 El que ama a padre o madre más que a mí, no es digno de mí; el que ama a hijo o hija más que a mí, no es digno de mí;

38 y el que no toma su cruz y sigue en pos de mí, no es digno de mí.

39 El que halla su vida, la perderá; y el que pierde su vida por causa de mí, la hallará.

town. 15 I tell you the truth, it will be more bearable for Sodom and Gomorrah on the day of judgment than for that town. 16 I am sending you out like sheep among wolves. Therefore be as shrewd as snakes and as innocent as doves.

17 "Be on your guard against men; they will hand you over to the local councils and flog you in their synagogues. 18 On my account you will be brought before governors and kings as witnesses to them and to the Gentiles. 19 But when they arrest you, do not worry about what to say or how to say it. At that time you will be given what to say, 20 for it will not be you speaking, but the Spirit of your Father speaking through you.

21 "Brother will betray brother to death, and a father his child; children will rebel against their parents and have them put to death. 22 All men will hate you because of me, but he who stands firm to the end will be saved. 23 When you are persecuted in one place, flee to another. I tell you the truth, you will not finish going through the cities of Israel before the Son of Man comes.

24 "A student is not above his teacher, nor a servant above his master. 25 It is enough for the student to be like his teacher, and the servant like his master. If the head of the house has been called Beelzebub, l how much more the members of his household! 26 "So do not be afraid of them. There is nothing concealed that will not be disclosed, or hidden that will not be made known. 27 What I tell you in the dark, speak in the daylight; what is whispered in your ear, proclaim from the roofs. 28 Do not be afraid of those who kill the body but cannot kill the soul. Rather, be afraid of the One who can destroy both soul and body in hell. 29 Are not two sparrows sold for a penny m? Yet not one of them will fall to the ground apart from the will of your Father. 30 And even the very hairs of your head are all numbered. 31 So don't be afraid; you are worth more than many sparrows.

32 "Whoever acknowledges me before men, I will also acknowledge him before my Father in heaven. 33 But whoever disowns me before men, I will disown him before my Father in heaven.

34 "Do not suppose that I have come to bring peace to the earth. I did not come to bring peace, but a sword. 35 For I have come to turn

    " 'a man against his father,
       a daughter against her mother,
       a daughter-in-law against her mother-in-law —
36   a man's enemies will be the members of his
       own household.' n

37 "Anyone who loves his father or mother more than me is not worthy of me; anyone who loves his son or daughter more than me is not worthy of me; 38 and anyone who does not take his cross and follow me is not worthy of me. 39 Whoever finds his life will lose it, and whoever loses his life for my sake will find it.

l 25 Greek Beezeboul or Beelzeboul   m 29 Greek an assarion
n 36 Micah 7:6

Recompensas

40 El que a vosotros recibe, a mí me recibe; y el que me recibe a mí, recibe al que me envió.

41 El que recibe a un profeta por cuanto es profeta, recompensa de profeta recibirá; y el que recibe a un justo por cuanto es justo, recompensa de justo recibirá.

42 Y cualquiera que dé a uno de estos pequeñitos un vaso de agua fría solamente, por cuanto es discípulo, de cierto os digo que no perderá su recompensa.

Los mensajeros de Juan el Bautista

11 1 Cuando Jesús terminó de dar instrucciones a sus doce discípulos, se fue de allí a enseñar y a predicar en las ciudades de ellos.

2 Y al oir Juan, en la cárcel, los hechos de Cristo, le envió dos de sus discípulos,

3 para preguntarle: ¿Eres tú aquel que había de venir, o esperaremos a otro?

4 Respondiendo Jesús, les dijo: Id, y haced saber a Juan las cosas que oís y veis.

5 Los ciegos ven, los cojos andan, los leprosos son limpiados, los sordos oyen, los muertos son resucitados, y a los pobres es anunciado el evangelio;

6 y bienaventurado es el que no halle tropiezo en mí.

7 Mientras ellos se iban, comenzó Jesús a decir de Juan a la gente: ¿Qué salisteis a ver al desierto? ¿Una caña sacudida por el viento?

8 ¿O qué salisteis a ver? ¿A un hombre cubierto de vestiduras delicadas? He aquí, los que llevan vestiduras delicadas, en las casas de los reyes están.

9 Pero ¿qué salisteis a ver? ¿A un profeta? Sí, os digo, y más que profeta.

10 Porque éste es de quien está escrito:

He aquí, yo envío mi mensajero delante de tu faz,
El cual preparará tu camino delante de ti.

11 De cierto os digo: Entre los que nacen de mujer no se ha levantado otro mayor que Juan el Bautista; pero el más pequeño en el reino de los cielos, mayor es que él.

12 Desde los días de Juan el Bautista hasta ahora, el reino de los cielos sufre violencia, y los violentos lo arrebatan.

13 Porque todos los profetas y la ley profetizaron hasta Juan.

14 Y si queréis recibirlo, él es aquel Elías que había de venir.

15 El que tiene oídos para oir, oiga.

16 Mas ¿a qué compararé esta generación? Es semejante a los muchachos que se sientan en las plazas, y dan voces a sus compañeros,

17 diciendo: Os tocamos flauta, y no bailasteis; os endechamos, y no lamentasteis.

18 Porque vino Juan, que ni comía ni bebía, y dicen: Demonio tiene.

19 Vino el Hijo del Hombre, que come y bebe, y dicen: He aquí un hombre comilón, y bebedor de vino, amigo de publicanos y de pecadores. Pero la sabiduría es justificada por sus hijos.

Ayes sobre las ciudades impenitentes

20 Entonces comenzó a reconvenir a las ciudades en las cuales había hecho muchos de sus milagros, porque no se habían arrepentido, diciendo:

21 ¡Ay de ti, Corazín! ¡Ay de ti, Betsaida! Porque si en Tiro y en Sidón se hubieran hecho los milagros que han sido hechos en vosotras, tiempo ha que se hubieran arrepentido en cilicio y en ceniza.

22 Por tanto os digo que en el día del juicio, será más

Jesus and John the Baptist

40 "He who receives you receives me, and he who receives me receives the one who sent me. 41 Anyone who receives a prophet because he is a prophet will receive a prophet's reward, and anyone who receives a righteous man because he is a righteous man will receive a righteous man's reward. 42 And if anyone gives even a cup of cold water to one of these little ones because he is my disciple, I tell you the truth, he will certainly not lose his reward."

11 After Jesus had finished instructing his twelve disciples, he went on from there to teach and preach in the towns of Galilee. o

2 When John heard in prison what Christ was doing, he sent his disciples 3 to ask him, "Are you the one who was to come, or should we expect someone else?"

4 Jesus replied, "Go back and report to John what you hear and see: 5 The blind receive sight, the lame walk, those who have leprosy p are cured, the deaf hear, the dead are raised, and the good news is preached to the poor. 6 Blessed is the man who does not fall away on account of me."

7 As John's disciples were leaving, Jesus began to speak to the crowd about John: "What did you go out into the desert to see? A reed swayed by the wind? 8 If not, what did you go out to see? A man dressed in fine clothes? No, those who wear fine clothes are in kings' palaces. 9 Then what did you go out to see? A prophet? Yes, I tell you, and more than a prophet. 10 This is the one about whom it is written:

"'I will send my messenger ahead of you,
who will prepare your way before you.' q

11 I tell you the truth: Among those born of women there has not risen anyone greater than John the Baptist; yet he who is least in the kingdom of heaven is greater than he. 12 From the days of John the Baptist until now, the kingdom of heaven has been forcefully advancing, and forceful men lay hold of it. 13 For all the Prophets and the Law prophesied until John. 14 And if you are willing to accept it, he is the Elijah who was to come. 15 He who has ears, let him hear.

16 "To what can I compare this generation? They are like children sitting in the marketplaces and calling out to others:

17 "'We played the flute for you,
and you did not dance;
we sang a dirge,
and you did not mourn.'

18 For John came neither eating nor drinking, and they say, 'He has a demon.' 19 The Son of Man came eating and drinking, and they say, 'Here is a glutton and a drunkard, a friend of tax collectors and "sinners." ' But wisdom is proved right by her actions."

Woe on Unrepentant Cities

20 Then Jesus began to denounce the cities in which most of his miracles had been performed, because they did not repent. 21 "Woe to you, Korazin! Woe to you, Bethsaida! If the miracles that were performed in you had been performed in Tyre and Sidon, they would have repented long ago in sackcloth and ashes. 22 But

---

o 1 Greek *in their towns*   p 5 The Greek word was used for various diseases affecting the skin—not necessarily leprosy.
q 10 Mal. 3:1

tolerable el castigo para Tiro y para Sidón, que para vosotras.

23 Y tú, Capernaum, que eres levantada hasta el cielo, hasta el Hadesᵈ serás abatida; porque si en Sodoma se hubieran hecho los milagros que han sido hechos en ti, habría permanecido hasta el día de hoy.

24 Por tanto os digo que en el día del juicio, será más tolerable el castigo para la tierra de Sodoma, que para ti.

Venid a mí y descansad

25 En aquel tiempo, respondiendo Jesús, dijo: Te alabo, Padre, Señor del cielo y de la tierra, porque escondiste estas cosas de los sabios y de los entendidos, y las revelaste a los niños.

26 Sí, Padre, porque así te agradó.

27 Todas las cosas me fueron entregadas por mi Padre; y nadie conoce al Hijo, sino el Padre, ni al Padre conoce alguno, sino el Hijo, y aquel a quien el Hijo lo quiera revelar.

28 Venid a mí todos los que estáis trabajados y cargados, y yo os haré descansar.

29 Llevad mi yugo sobre vosotros, y aprended de mí, que soy manso y humilde de corazón; y hallaréis descanso para vuestras almas;

30 porque mi yugo es fácil, y ligera mi carga.

Los discípulos recogen espigas en el día de reposo

12 ¹ En aquel tiempo iba Jesús por los sembrados en un día de reposo; * y sus discípulos tuvieron hambre, y comenzaron a arrancar espigas y a comer.

2 Viéndolo los fariseos, le dijeron: He aquí tus discípulos hacen lo que no es lícito hacer en el día de reposo. *

3 Pero él les dijo: ¿No habéis leído lo que hizo David, cuando él y los que con él estaban tuvieron hambre; 4 cómo entró en la casa de Dios, y comió los panes de la proposición, que no les era lícito comer ni a él ni a los que con él estaban, sino solamente a los sacerdotes?

5 ¿O no habéis leído en la ley, cómo en el día de reposo * los sacerdotes en el templo profanan el día de reposo, * y son sin culpa?

6 Pues os digo que uno mayor que el templo está aquí.

7 Y si supieseis qué significa: Misericordia quiero, y no sacrificio, no condenaríais a los inocentes;

8 porque el Hijo del Hombre es Señor del día de reposo. *

El hombre de la mano seca

9 Pasando de allí, vino a la sinagoga de ellos.

10 Y he aquí había allí uno que tenía seca una mano; y preguntaron a Jesús, para poder acusarle: ¿Es lícito sanar en el día de reposo? *

11 El les dijo: ¿Qué hombre habrá de vosotros, que tenga una oveja, y si ésta cayere en un hoyo en día de reposo, * no le eche mano, y la levante?

12 Pues ¿cuánto más vale un hombre que una oveja? Por consiguiente, es lícito hacer el bien en los días de reposo. *

13 Entonces dijo a aquel hombre: Extiende tu mano. Y él la extendió, y le fue restaurada sana como la otra.

14 Y salidos los fariseos, tuvieron consejo contra Jesús para destruirle.

El siervo escogido

15 Sabiendo esto Jesús, se apartó de allí; y le siguió mucha gente, y sanaba a todos,

16 y les encargaba rigurosamente que no le descubriesen;

I tell you, it will be more bearable for Tyre and Sidon on the day of judgment than for you. 23And you, Capernaum, will you be lifted up to the skies? No, you will go down to the depths. r If the miracles that were performed in you had been performed in Sodom, it would have remained to this day. 24But I tell you that it will be more bearable for Sodom on the day of judgment than for you."

Rest for the Weary

25At that time Jesus said, "I praise you, Father, Lord of heaven and earth, because you have hidden these things from the wise and learned, and revealed them to little children. 26Yes, Father, for this was your good pleasure.

27"All things have been committed to me by my Father. No one knows the Son except the Father, and no one knows the Father except the Son and those to whom the Son chooses to reveal him.

28"Come to me, all you who are weary and burdened, and I will give you rest. 29Take my yoke upon you and learn from me, for I am gentle and humble in heart, and you will find rest for your souls. 30For my yoke is easy and my burden is light."

Lord of the Sabbath

12 At that time Jesus went through the grainfields on the Sabbath. His disciples were hungry and began to pick some heads of grain and eat them. 2When the Pharisees saw this, they said to him, "Look! Your disciples are doing what is unlawful on the Sabbath."

3He answered, "Haven't you read what David did when he and his companions were hungry? 4He entered the house of God, and he and his companions ate the consecrated bread—which was not lawful for them to do, but only for the priests. 5Or haven't you read in the Law that on the Sabbath the priests in the temple desecrate the day and yet are innocent? 6I tell you that ones greater than the temple is here. 7If you had known what these words mean, 'I desire mercy, not sacrifice,' t you would not have condemned the innocent. 8For the Son of Man is Lord of the Sabbath."

9Going on from that place, he went into their synagogue, 10and a man with a shriveled hand was there. Looking for a reason to accuse Jesus, they asked him, "Is it lawful to heal on the Sabbath?"

11He said to them, "If any of you has a sheep and it falls into a pit on the Sabbath, will you not take hold of it and lift it out? 12How much more valuable is a man than a sheep! Therefore it is lawful to do good on the Sabbath."

13Then he said to the man, "Stretch out your hand." So he stretched it out and it was completely restored, just as sound as the other. 14But the Pharisees went out and plotted how they might kill Jesus.

God's Chosen Servant

15Aware of this, Jesus withdrew from that place. Many followed him, and he healed all their sick, 16warning them not to tell who he was. 17This was to

---

ᵈNombre griego del lugar de los muertos. *Aquí equivale a sábado

r23 Greek Hades   s6 Or something; also in verses 41 and 42   t7 Hosea 6:6

17 para que se cumpliese lo dicho por el profeta Isaías, cuando dijo:

18 He aquí mi siervo, a quien he escogido;
Mi Amado, en quien se agrada mi alma;
Pondré mi Espíritu sobre él,
Y a los gentiles anunciará juicio.

19 No contenderá, ni voceará,
Ni nadie oirá en las calles su voz.

20 La caña cascada no quebrará,
Y el pábilo que humea no apagará,
Hasta que saque a victoria el juicio.

21 Y en su nombre esperarán los gentiles.

La blasfemia contra el Espíritu Santo

22 Entonces fue traído a él un endemoniado, ciego y mudo; y le sanó, de tal manera que el ciego y mudo veía y hablaba.

23 Y toda la gente estaba atónita, y decía: ¿Será éste aquel Hijo de David?

24 Mas los fariseos, al oírlo, decían: Este no echa fuera los demonios sino por Beelzebú, príncipe de los demonios.

25 Sabiendo Jesús los pensamientos de ellos, les dijo: Todo reino dividido contra sí mismo, es asolado, y toda ciudad o casa dividida contra sí misma, no permanecerá.

26 Y si Satanás echa fuera a Satanás, contra sí mismo está dividido; ¿cómo, pues, permanecerá su reino?

27 Y si yo echo fuera los demonios por Beelzebú, ¿por quién los echan vuestros hijos? Por tanto, ellos serán vuestros jueces.

28 Pero si yo por el Espíritu de Dios echo fuera los demonios, ciertamente ha llegado a vosotros el reino de Dios.

29 Porque ¿cómo puede alguno entrar en la casa del hombre fuerte, y saquear sus bienes, si primero no le ata? Y entonces podrá saquear su casa.

30 El que no es conmigo, contra mí es; y el que conmigo no recoge, desparrama.

31 Por tanto os digo: Todo pecado y blasfemia será perdonado a los hombres; mas la blasfemia contra el Espíritu no les será perdonada.

32 A cualquiera que dijere alguna palabra contra el Hijo del Hombre, le será perdonado; pero al que hable contra el Espíritu Santo, no le será perdonado, ni en este siglo ni en el venidero.

33 O haced el árbol bueno, y su fruto bueno, o haced el árbol malo, y su fruto malo; porque por el fruto se conoce el árbol.

34 ¡Generación de víboras! ¿Cómo podéis hablar lo bueno, siendo malos? Porque de la abundancia del corazón habla la boca.

35 El hombre bueno, del buen tesoro del corazón saca buenas cosas; y el hombre malo, del mal tesoro saca malas cosas.

36 Mas yo os digo que de toda palabra ociosa que hablen los hombres, de ella darán cuenta en el día del juicio.

37 Porque por tus palabras serás justificado, y por tus palabras serás condenado.

La generación perversa demanda señal

38 Entonces respondieron algunos de los escribas y de los fariseos, diciendo: Maestro, deseamos ver de ti señal.

39 El respondió y les dijo: La generación mala y adúltera demanda señal; pero señal no le será dada, sino la señal del profeta Jonás.

40 Porque como estuvo Jonás en el vientre del gran pez tres días y tres noches, así estará el Hijo del Hombre en el corazón de la tierra tres días y tres noches.

---

fulfill what was spoken through the prophet Isaiah:

18 "Here is my servant whom I have chosen,
the one I love, in whom I delight;
I will put my Spirit on him,
and he will proclaim justice to the nations.

19 He will not quarrel or cry out;
no one will hear his voice in the streets.

20 A bruised reed he will not break,
and a smoldering wick he will not snuff out,
till he leads justice to victory.

21 In his name the nations will put their hope." u

Jesus and Beelzebub

22 Then they brought him a demon-possessed man who was blind and mute, and Jesus healed him, so that he could both talk and see. 23 All the people were astonished and said, "Could this be the Son of David?"

24 But when the Pharisees heard this, they said, "It is only by Beelzebub, v the prince of demons, that this fellow drives out demons."

25 Jesus knew their thoughts and said to them, "Every kingdom divided against itself will be ruined, and every city or household divided against itself will not stand. 26 If Satan drives out Satan, he is divided against himself. How then can his kingdom stand? 27 And if I drive out demons by Beelzebub, by whom do your people drive them out? So then, they will be your judges. 28 But if I drive out demons by the Spirit of God, then the kingdom of God has come upon you.

29 "Or again, how can anyone enter a strong man's house and carry off his possessions unless he first ties up the strong man? Then he can rob his house.

30 "He who is not with me is against me, and he who does not gather with me scatters. 31 And so I tell you, every sin and blasphemy will be forgiven men, but the blasphemy against the Spirit will not be forgiven. 32 Anyone who speaks a word against the Son of Man will be forgiven, but anyone who speaks against the Holy Spirit will not be forgiven, either in this age or in the age to come.

33 "Make a tree good and its fruit will be good, or make a tree bad and its fruit will be bad, for a tree is recognized by its fruit. 34 You brood of vipers, how can you who are evil say anything good? For out of the overflow of the heart the mouth speaks. 35 The good man brings good things out of the good stored up in him, and the evil man brings evil things out of the evil stored up in him. 36 But I tell you that men will have to give account on the day of judgment for every careless word they have spoken. 37 For by your words you will be acquitted, and by your words you will be condemned."

The Sign of Jonah

38 Then some of the Pharisees and teachers of the law said to him, "Teacher, we want to see a miraculous sign from you."

39 He answered, "A wicked and adulterous generation asks for a miraculous sign! But none will be given it except the sign of the prophet Jonah. 40 For as Jonah was three days and three nights in the belly of a huge fish, so the Son of Man will be three days and three

---

u21 Isaiah 42:1-4   v24 Greek *Beezeboul* or *Beelzeboul*; also in verse 27

41 Los hombres de Nínive se levantarán en el juicio con esta generación, y la condenarán; porque ellos se arrepintieron a la predicación de Jonás, y he aquí más que Jonás en este lugar.

42 La reina del Sur se levantará en el juicio con esta generación, y la condenará; porque ella vino de los fines de la tierra para oír la sabiduría de Salomón, y he aquí más que Salomón en este lugar.

El espíritu inmundo que vuelve

43 Cuando el espíritu inmundo sale del hombre, anda por lugares secos, buscando reposo, y no lo halla.
44 Entonces dice: Volveré a mi casa de donde salí; y cuando llega, la halla desocupada, barrida y adornada.
45 Entonces va, y toma consigo otros siete espíritus peores que él, y entrados, moran allí; y el postrer estado de aquel hombre viene a ser peor que el primero. Así también acontecerá a esta mala generación.

La madre y los hermanos de Jesús

46 Mientras él aún hablaba a la gente, he aquí su madre y sus hermanos estaban afuera, y le querían hablar.
47 Y le dijo uno: He aquí tu madre y tus hermanos están afuera, y te quieren hablar.
48 Respondiendo él al que le decía esto, dijo: ¿Quién es mi madre, y quiénes son mis hermanos?
49 Y extendiendo su mano hacia sus discípulos, dijo: He aquí mi madre y mis hermanos.
50 Porque todo aquel que hace la voluntad de mi Padre que está en los cielos, ése es mi hermano, y hermana, y madre.

Parábola del sembrador

13 1 Aquel día salió Jesús de la casa y se sentó junto al mar.
2 Y se le juntó mucha gente; y entrando él en la barca, se sentó, y toda la gente estaba en la playa.
3 Y les habló muchas cosas por parábolas, diciendo: He aquí, el sembrador salió a sembrar.
4 Y mientras sembraba, parte de la semilla cayó junto al camino; y vinieron las aves y la comieron.
5 Parte cayó en pedregales, donde no había mucha tierra; y brotó pronto, porque no tenía profundidad de tierra;
6 pero salido el sol, se quemó; y porque no tenía raíz, se secó.
7 Y parte cayó entre espinos; y los espinos crecieron, y la ahogaron.
8 Pero parte cayó en buena tierra, y dio fruto, cuál a ciento, cuál a sesenta, y cuál a treinta por uno.
9 El que tiene oídos para oír, oiga.

Propósito de las parábolas

10 Entonces, acercándose los discípulos, le dijeron: ¿Por qué les hablas por parábolas?
11 El respondiendo, les dijo: Porque a vosotros os es dado saber los misterios del reino de los cielos; mas a ellos no les es dado.
12 Porque a cualquiera que tiene, se le dará, y tendrá más; pero al que no tiene, aun lo que tiene le será quitado.
13 Por eso les hablo por parábolas: porque viendo no ven, y oyendo no oyen, ni entienden.
14 De manera que se cumple en ellos la profecía de Isaías, que dijo:
De oído oiréis, y no entenderéis;
Y viendo veréis, y no percibiréis.

nights in the heart of the earth. 41 The men of Nineveh will stand up at the judgment with this generation and condemn it; for they repented at the preaching of Jonah, and now one ʷ greater than Jonah is here.
42 The Queen of the South will rise at the judgment with this generation and condemn it; for she came from the ends of the earth to listen to Solomon's wisdom, and now one greater than Solomon is here.
43 "When an evil ˣ spirit comes out of a man, it goes through arid places seeking rest and does not find it. 44 Then it says, 'I will return to the house I left.' When it arrives, it finds the house unoccupied, swept clean and put in order. 45 Then it goes and takes with it seven other spirits more wicked than itself, and they go in and live there. And the final condition of that man is worse than the first. That is how it will be with this wicked generation."

Jesus' Mother and Brothers

46 While Jesus was still talking to the crowd, his mother and brothers stood outside, wanting to speak to him. 47 Someone told him, "Your mother and brothers are standing outside, wanting to speak to you." ʸ
48 He replied to him, "Who is my mother, and who are my brothers?" 49 Pointing to his disciples, he said, "Here are my mother and my brothers. 50 For whoever does the will of my Father in heaven is my brother and sister and mother."

The Parable of the Sower

13 That same day Jesus went out of the house and sat by the lake. 2 Such large crowds gathered around him that he got into a boat and sat in it, while all the people stood on the shore. 3 Then he told them many things in parables, saying: "A farmer went out to sow his seed. 4 As he was scattering the seed, some fell along the path, and the birds came and ate it up. 5 Some fell on rocky places, where it did not have much soil. It sprang up quickly, because the soil was shallow. 6 But when the sun came up, the plants were scorched, and they withered because they had no root. 7 Other seed fell among thorns, which grew up and choked the plants. 8 Still other seed fell on good soil, where it produced a crop—a hundred, sixty or thirty times what was sown. 9 He who has ears, let him hear."
10 The disciples came to him and asked, "Why do you speak to the people in parables?"
11 He replied, "The knowledge of the secrets of the kingdom of heaven has been given to you, but not to them. 12 Whoever has will be given more, and he will have an abundance. Whoever does not have, even what he has will be taken from him. 13 This is why I speak to them in parables:

"Though seeing, they do not see;
though hearing, they do not hear or
understand.

14 In them is fulfilled the prophecy of Isaiah:

" 'You will be ever hearing but never
understanding;
you will be ever seeing but never perceiving.

ʷ41 Or *something*; also in verse 42   ˣ43 Greek *unclean*
ʸ47 Some manuscripts do not have verse 47.

15 Porque el corazón de este pueblo se ha engrosado,
Y con los oídos oyen pesadamente,
Y han cerrado sus ojos;
Para que no vean con los ojos,
Y oigan con los oídos,
Y con el corazón entiendan,
Y se conviertan,
Y yo los sane.

16 Pero bienaventurados vuestros ojos, porque ven; y vuestros oídos, porque oyen.

17 Porque de cierto os digo, que muchos profetas y justos desearon ver lo que veis, y no lo vieron; y oir lo que oís, y no lo oyeron.

Jesús explica la parábola del sembrador

18 Oíd, pues, vosotros la parábola del sembrador:

19 Cuando alguno oye la palabra del reino y no la entiende, viene el malo, y arrebata lo que fue sembrado en su corazón. Este es el que fue sembrado junto al camino.

20 Y el que fue sembrado en pedregales, éste es el que oye la palabra, y al momento la recibe con gozo;

21 pero no tiene raíz en sí, sino que es de corta duración, pues al venir la aflicción o la persecución por causa de la palabra, luego tropieza.

22 El que fue sembrado entre espinos, éste es el que oye la palabra, pero el afán de este siglo y el engaño de las riquezas ahogan la palabra, y se hace infructuosa.

23 Mas el que fue sembrado en buena tierra, éste es el que oye y entiende la palabra, y da fruto; y produce a ciento, a sesenta, y a treinta por uno.

Parábola del trigo y la cizaña

24 Les refirió otra parábola, diciendo: El reino de los cielos es semejante a un hombre que sembró buena semilla en su campo;

25 pero mientras dormían los hombres, vino su enemigo y sembró cizaña entre el trigo, y se fue.

26 Y cuando salió la hierba y dio fruto, entonces apareció también la cizaña.

27 Vinieron entonces los siervos del padre de familia y le dijeron: Señor, ¿no sembraste buena semilla en tu campo? ¿De dónde, pues, tiene cizaña?

28 El les dijo: Un enemigo ha hecho esto. Y los siervos le dijeron: ¿Quieres, pues, que vayamos y la arranquemos?

29 El les dijo: No, no sea que al arrancar la cizaña, arranquéis también con ella el trigo.

30 Dejad crecer juntamente lo uno y lo otro hasta la siega; y al tiempo de la siega yo diré a los segadores: Recoged primero la cizaña, y atadla en manojos para quemarla; pero recoged el trigo en mi granero.

Parábola de la semilla de mostaza

31 Otra parábola les refirió, diciendo: El reino de los cielos es semejante al grano de mostaza, que un hombre tomó y sembró en su campo;

32 el cual a la verdad es la más pequeña de todas las semillas; pero cuando ha crecido, es la mayor de las hortalizas, y se hace árbol, de tal manera que vienen las aves del cielo y hacen nidos en sus ramas.

Parábola de la levadura

33 Otra parábola les dijo: El reino de los cielos es semejante a la levadura que tomó una mujer, y escondió en tres medidas de harina, hasta que todo fue leudado.

El uso que Jesús hace de las parábolas

34 Todo esto habló Jesús por parábolas a la gente, y sin parábolas no les hablaba;

15 For this people's heart has become calloused;
they hardly hear with their ears,
and they have closed their eyes.
Otherwise they might see with their eyes,
hear with their ears,
understand with their hearts
and turn, and I would heal them.'z

16 But blessed are your eyes because they see, and your ears because they hear. 17 For I tell you the truth, many prophets and righteous men longed to see what you see but did not see it, and to hear what you hear but did not hear it.

18 "Listen then to what the parable of the sower means: 19 When anyone hears the message about the kingdom and does not understand it, the evil one comes and snatches away what was sown in his heart. This is the seed sown along the path. 20 The one who received the seed that fell on rocky places is the man who hears the word and at once receives it with joy. 21 But since he has no root, he lasts only a short time. When trouble or persecution comes because of the word, he quickly falls away. 22 The one who received the seed that fell among the thorns is the man who hears the word, but the worries of this life and the deceitfulness of wealth choke it, making it unfruitful. 23 But the one who received the seed that fell on good soil is the man who hears the word and understands it. He produces a crop, yielding a hundred, sixty or thirty times what was sown."

The Parable of the Weeds

24 Jesus told them another parable: "The kingdom of heaven is like a man who sowed good seed in his field. 25 But while everyone was sleeping, his enemy came and sowed weeds among the wheat, and went away. 26 When the wheat sprouted and formed heads, then the weeds also appeared.

27 "The owner's servants came to him and said, 'Sir, didn't you sow good seed in your field? Where then did the weeds come from?'

28 " 'An enemy did this,' he replied.

"The servants asked him, 'Do you want us to go and pull them up?'

29 " 'No,' he answered, 'because while you are pulling the weeds, you may root up the wheat with them. 30 Let both grow together until the harvest. At that time I will tell the harvesters: First collect the weeds and tie them in bundles to be burned; then gather the wheat and bring it into my barn.' "

The Parables of the Mustard Seed and the Yeast

31 He told them another parable: "The kingdom of heaven is like a mustard seed, which a man took and planted in his field. 32 Though it is the smallest of all your seeds, yet when it grows, it is the largest of garden plants and becomes a tree, so that the birds of the air come and perch in its branches."

33 He told them still another parable: "The kingdom of heaven is like yeast that a woman took and mixed into a large amounta of flour until it worked all through the dough."

34 Jesus spoke all these things to the crowd in parables; he did not say anything to them without using a

z15 Isaiah 6:9,10   a33 Greek *three satas* (probably about 1/2 bushel or 22 liters)

35 para que se cumpliese lo dicho por el profeta, cuando dijo:

Abriré en parábolas mi boca;
Declararé cosas escondidas desde la fundación del mundo.

Jesús explica la parábola de la cizaña

36 Entonces, despedida la gente, entró Jesús en la casa; y acercándose a él sus discípulos, le dijeron: Explícanos la parábola de la cizaña del campo.

37 Respondiendo él, les dijo: El que siembra la buena semilla es el Hijo del Hombre.

38 El campo es el mundo; la buena semilla son los hijos del reino, y la cizaña son los hijos del malo.

39 El enemigo que la sembró es el diablo; la siega es el fin del siglo; y los segadores son los ángeles.

40 De manera que como se arranca la cizaña, y se quema en el fuego, así será en el fin de este siglo.

41 Enviará el Hijo del Hombre a sus ángeles, y recogerán de su reino a todos los que sirven de tropiezo, y a los que hacen iniquidad,

42 y los echarán en el horno de fuego; allí será el lloro y el crujir de dientes.

43 Entonces los justos resplandecerán como el sol en el reino de su Padre. El que tiene oídos para oir, oiga.

El tesoro escondido

44 Además, el reino de los cielos es semejante a un tesoro escondido en un campo, el cual un hombre halla, y lo esconde de nuevo; y gozoso por ello va y vende todo lo que tiene, y compra aquel campo.

La perla de gran precio

45 También el reino de los cielos es semejante a un mercader que busca buenas perlas,

46 que habiendo hallado una perla preciosa, fue y vendió todo lo que tenía, y la compró.

La red

47 Asimismo el reino de los cielos es semejante a una red, que echada en el mar, recoge de toda clase de peces;

48 y una vez llena, la sacan a la orilla; y sentados, recogen lo bueno en cestas, y lo malo echan fuera.

49 Así será al fin del siglo: saldrán los ángeles, y apartarán a los malos de entre los justos,

50 y los echarán en el horno de fuego; allí será el lloro y el crujir de dientes.

Tesoros nuevos y viejos

51 Jesús les dijo: ¿Habéis entendido todas estas cosas? Ellos respondieron: Sí, Señor.

52 El les dijo: Por eso todo escriba docto en el reino de los cielos es semejante a un padre de familia, que saca de su tesoro cosas nuevas y cosas viejas.

Jesús en Nazaret

53 Aconteció que cuando terminó Jesús estas parábolas, se fue de allí.

54 Y venido a su tierra, les enseñaba en la sinagoga de ellos, de tal manera que se maravillaban, y decían: ¿De dónde tiene éste esta sabiduría y estos milagros?

55 ¿No es éste el hijo del carpintero? ¿No se llama su madre María, y sus hermanos, Jacobo, José, Simón y Judas?

56 ¿No están todas sus hermanas con nosotros? ¿De dónde, pues, tiene éste todas estas cosas?

57 Y se escandalizaban de él. Pero Jesús les dijo: No hay profeta sin honra, sino en su propia tierra y en su casa.

parable. 35 So was fulfilled what was spoken through the prophet:

"I will open my mouth in parables,
I will utter things hidden since the creation of the world." b

The Parable of the Weeds Explained

36 Then he left the crowd and went into the house. His disciples came to him and said, "Explain to us the parable of the weeds in the field."

37 He answered, "The one who sowed the good seed is the Son of Man. 38 The field is the world, and the good seed stands for the sons of the kingdom. The weeds are the sons of the evil one, 39 and the enemy who sows them is the devil. The harvest is the end of the age, and the harvesters are angels.

40 "As the weeds are pulled up and burned in the fire, so it will be at the end of the age. 41 The Son of Man will send out his angels, and they will weed out of his kingdom everything that causes sin and all who do evil. 42 They will throw them into the fiery furnace, where there will be weeping and gnashing of teeth. 43 Then the righteous will shine like the sun in the kingdom of their Father. He who has ears, let him hear.

The Parables of the Hidden Treasure and the Pearl

44 "The kingdom of heaven is like treasure hidden in a field. When a man found it, he hid it again, and then in his joy went and sold all he had and bought that field.

45 "Again, the kingdom of heaven is like a merchant looking for fine pearls. 46 When he found one of great value, he went away and sold everything he had and bought it.

The Parable of the Net

47 "Once again, the kingdom of heaven is like a net that was let down into the lake and caught all kinds of fish. 48 When it was full, the fishermen pulled it up on the shore. Then they sat down and collected the good fish in baskets, but threw the bad away. 49 This is how it will be at the end of the age. The angels will come and separate the wicked from the righteous 50 and throw them into the fiery furnace, where there will be weeping and gnashing of teeth.

51 "Have you understood all these things?" Jesus asked.

"Yes," they replied.

52 He said to them, "Therefore every teacher of the law who has been instructed about the kingdom of heaven is like the owner of a house who brings out of his storeroom new treasures as well as old."

A Prophet Without Honor

53 When Jesus had finished these parables, he moved on from there. 54 Coming to his hometown, he began teaching the people in their synagogue, and they were amazed. "Where did this man get this wisdom and these miraculous powers?" they asked. 55 "Isn't this the carpenter's son? Isn't his mother's name Mary, and aren't his brothers James, Joseph, Simon and Judas? 56 Aren't all his sisters with us? Where then did this man get all these things?" 57 And they took offense at him.

But Jesus said to them, "Only in his hometown and in his own house is a prophet without honor."

b35 Psalm 78:2

58 Y no hizo allí muchos milagros, a causa de la incredulidad de ellos.

Muerte de Juan el Bautista

14 1 En aquel tiempo Herodes el tetrarca oyó la fama de Jesús,
2 y dijo a sus criados: Este es Juan el Bautista; ha resucitado de los muertos, y por eso actúan en él estos poderes.
3 Porque Herodes había prendido a Juan, y le había encadenado y metido en la cárcel, por causa de Herodías, mujer de Felipe su hermano;
4 porque Juan le decía: No te es lícito tenerla.,
5 Y Herodes quería matarle, pero temía al pueblo; porque tenían a Juan por profeta.
6 Pero cuando se celebraba el cumpleaños de Herodes, la hija de Herodías danzó en medio, y agradó a Herodes,
7 por lo cual éste le prometió con juramento darle todo lo que pidiese.
8 Ella, instruida primero por su madre, dijo: Dame aquí en un plato la cabeza de Juan el Bautista.
9 Entonces el rey se entristeció; pero a causa del juramento, y de los que estaban con él a la mesa, mandó que se la diesen,
10 y ordenó decapitar a Juan en la cárcel.
11 Y fue traída su cabeza en un plato, y dada a la muchacha; y ella la presentó a su madre.
12 Entonces llegaron sus discípulos, y tomaron el cuerpo y lo enterraron; y fueron y dieron las nuevas a Jesús.

Alimentación de los cinco mil

13 Oyéndolo Jesús, se apartó de allí en una barca a un lugar desierto y apartado; y cuando la gente lo oyó, le siguió a pie desde las ciudades.
14 Y saliendo Jesús, vio una gran multitud, y tuvo compasión de ellos, y sanó a los que de ellos estaban enfermos.
15 Cuando anochecía, se acercaron a él sus discípulos, diciendo: El lugar es desierto, y la hora ya pasada; despide a la multitud, para que vayan por las aldeas y compren de comer.
16 Jesús les dijo: No tienen necesidad de irse; dadles vosotros de comer.
17 Y ellos dijeron: No tenemos aquí sino cinco panes y dos peces.
18 El les dijo: Traédmelos acá.
19 Entonces mandó a la gente recostarse sobre la hierba; y tomando los cinco panes y los dos peces, y levantando los ojos al cielo, bendijo, y partió y dio los panes a los discípulos, y los discípulos a la multitud.
20 Y comieron todos, y se saciaron; y recogieron lo que sobró de los pedazos, doce cestas llenas.
21 Y los que comieron fueron como cinco mil hombres, sin contar las mujeres y los niños.

Jesús anda sobre el mar

22 En seguida Jesús hizo a sus discípulos entrar en la barca e ir delante de él a la otra ribera, entre tanto que él despedía a la multitud.
23 Despedida la multitud, subió al monte a orar aparte; y cuando llegó la noche, estaba allí solo.
24 Y ya la barca estaba en medio del mar, azotada por las olas; porque el viento era contrario.
25 Mas a la cuarta vigilia de la noche, Jesús vino a ellos andando sobre el mar.
26 Y los discípulos, viéndole andar sobre el mar, se turbaron, diciendo: ¡Un fantasma! Y dieron voces de miedo.

58 And he did not do many miracles there because of their lack of faith.

John the Baptist Beheaded

14 At that time Herod the tetrarch heard the reports about Jesus, 2 and he said to his attendants, "This is John the Baptist; he has risen from the dead! That is why miraculous powers are at work in him."

3 Now Herod had arrested John and bound him and put him in prison because of Herodias, his brother Philip's wife, 4 for John had been saying to him: "It is not lawful for you to have her." 5 Herod wanted to kill John, but he was afraid of the people, because they considered him a prophet.

6 On Herod's birthday the daughter of Herodias danced for them and pleased Herod so much 7 that he promised with an oath to give her whatever she asked. 8 Prompted by her mother, she said, "Give me here on a platter the head of John the Baptist." 9 The king was distressed, but because of his oaths and his dinner guests, he ordered that her request be granted 10 and had John beheaded in the prison. 11 His head was brought in on a platter and given to the girl, who carried it to her mother. 12 John's disciples came and took his body and buried it. Then they went and told Jesus.

Jesus Feeds the Five Thousand

13 When Jesus heard what had happened, he withdrew by boat privately to a solitary place. Hearing of this, the crowds followed him on foot from the towns. 14 When Jesus landed and saw a large crowd, he had compassion on them and healed their sick.

15 As evening approached, the disciples came to him and said, "This is a remote place, and it's already getting late. Send the crowds away, so they can go to the villages and buy themselves some food."

16 Jesus replied, "They do not need to go away. You give them something to eat."

17 "We have here only five loaves of bread and two fish," they answered.

18 "Bring them here to me," he said. 19 And he directed the people to sit down on the grass. Taking the five loaves and the two fish and looking up to heaven, he gave thanks and broke the loaves. Then he gave them to the disciples, and the disciples gave them to the people. 20 They all ate and were satisfied, and the disciples picked up twelve basketfuls of broken pieces that were left over. 21 The number of those who ate was about five thousand men, besides women and children.

Jesus Walks on the Water

22 Immediately Jesus made the disciples get into the boat and go on ahead of him to the other side, while he dismissed the crowd. 23 After he had dismissed them, he went up on a mountainside by himself to pray. When evening came, he was there alone, 24 but the boat was already a considerable distance[c] from land, buffeted by the waves because the wind was against it.

25 During the fourth watch of the night Jesus went out to them, walking on the lake. 26 When the disciples saw him walking on the lake, they were terrified. "It's a ghost," they said, and cried out in fear.

---

c 24 Greek *many stadia*

27 Pero en seguida Jesús les habló, diciendo: ¡Tened ánimo; yo soy, no temáis!

28 Entonces le respondió Pedro, y dijo: Señor, si eres tú, manda que yo vaya a ti sobre las aguas.

29 Y él dijo: Ven. Y descendiendo Pedro de la barca, andaba sobre las aguas para ir a Jesús.

30 Pero al ver el fuerte viento, tuvo miedo; y comenzando a hundirse, dio voces, diciendo: ¡Señor, sálvame!

31 Al momento Jesús, extendiendo la mano, asió de él, y le dijo: ¡Hombre de poca fe! ¿Por qué dudaste?

32 Y cuando ellos subieron en la barca, se calmó el viento.

33 Entonces los que estaban en la barca vinieron y le adoraron, diciendo: Verdaderamente eres Hijo de Dios.

Jesús sana a los enfermos en Genesaret

34 Y terminada la travesía, vinieron a tierra de Genesaret.

35 Cuando le conocieron los hombres de aquel lugar, enviaron noticia por toda aquella tierra alrededor, y trajeron a él todos los enfermos;

36 y le rogaban que les dejase tocar solamente el borde de su manto; y todos los que lo tocaron, quedaron sanos.

Lo que contamina al hombre

15 1 Entonces se acercaron a Jesús ciertos escribas y fariseos de Jerusalén, diciendo:

2 ¿Por qué tus discípulos quebrantan la tradición de los ancianos? Porque no se lavan las manos cuando comen pan.

3 Respondiendo él, les dijo: ¿Por qué también vosotros quebrantáis el mandamiento de Dios por vuestra tradición?

4 Porque Dios mandó diciendo: Honra a tu padre y a tu madre; y: El que maldiga al padre o a la madre, muera irremisiblemente.

5 Pero vosotros decís: Cualquiera que diga a su padre o a su madre: Es mi ofrenda a Dios todo aquello con que pudiera ayudarte,

6 ya no ha de honrar a su padre o a su madre. Así habéis invalidado el mandamiento de Dios por vuestra tradición.

7 Hipócritas, bien profetizó de vosotros Isaías, cuando dijo:

8 Este pueblo de labios me honra;
Mas su corazón está lejos de mí.

9 Pues en vano me honran,
Enseñando como doctrinas, mandamientos de hombres.

10 Y llamando a sí a la multitud, les dijo: Oíd, y entended:

11 No lo que entra en la boca contamina al hombre; mas lo que sale de la boca, esto contamina al hombre.

12 Entonces acercándose sus discípulos, le dijeron: ¿Sabes que los fariseos se ofendieron cuando oyeron esta palabra?

13 Pero respondiendo él, dijo: Toda planta que no plantó mi Padre celestial, será desarraigada.

14 Dejadlos; son ciegos guías de ciegos; y si el ciego guiare al ciego, ambos caerán en el hoyo.

15 Respondiendo Pedro, le dijo: Explícanos esta parábola.

16 Jesús dijo: ¿También vosotros sois aún sin entendimiento?

17 ¿No entendéis que todo lo que entra en la boca va al vientre, y es echado en la letrina?

18 Pero lo que sale de la boca, del corazón sale; y esto contamina al hombre.

19 Porque del corazón salen los malos pensamientos, los homicidios, los adulterios, las fornicaciones, los hurtos, los falsos testimonios, las blasfemias.

20 Estas cosas son las que contaminan al hombre; pero el comer con las manos sin lavar no contamina al hombre.

27 But Jesus immediately said to them: "Take courage! It is I. Don't be afraid."

28 "Lord, if it's you," Peter replied, "tell me to come to you on the water."

29 "Come," he said.

Then Peter got down out of the boat, walked on the water and came toward Jesus. 30 But when he saw the wind, he was afraid and, beginning to sink, cried out, "Lord, save me!"

31 Immediately Jesus reached out his hand and caught him. "You of little faith," he said, "why did you doubt?"

32 And when they climbed into the boat, the wind died down. 33 Then those who were in the boat worshiped him, saying, "Truly you are the Son of God."

34 When they had crossed over, they landed at Gennesaret. 35 And when the men of that place recognized Jesus, they sent word to all the surrounding country. People brought all their sick to him 36 and begged him to let the sick just touch the edge of his cloak, and all who touched him were healed.

Clean and Unclean

15 Then some Pharisees and teachers of the law came to Jesus from Jerusalem and asked, 2 "Why do your disciples break the tradition of the elders? They don't wash their hands before they eat!"

3 Jesus replied, "And why do you break the command of God for the sake of your tradition? 4 For God said, 'Honor your father and mother'd and 'Anyone who curses his father or mother must be put to death.'e 5 But you say that if a man says to his father or mother, 'Whatever help you might otherwise have received from me is a gift devoted to God,' 6 he is not to 'honor his father'f with it. Thus you nullify the word of God for the sake of your tradition. 7 You hypocrites! Isaiah was right when he prophesied about you:

8 " 'These people honor me with their lips,
    but their hearts are far from me.
9 They worship me in vain;
    their teachings are but rules taught by men.'g"

10 Jesus called the crowd to him and said, "Listen and understand. 11 What goes into a man's mouth does not make him 'unclean,' but what comes out of his mouth, that is what makes him 'unclean.' "

12 Then the disciples came to him and asked, "Do you know that the Pharisees were offended when they heard this?"

13 He replied, "Every plant that my heavenly Father has not planted will be pulled up by the roots. 14 Leave them; they are blind guides.h If a blind man leads a blind man, both will fall into a pit."

15 Peter said, "Explain the parable to us."

16 "Are you still so dull?" Jesus asked them. 17 "Don't you see that whatever enters the mouth goes into the stomach and then out of the body? 18 But the things that come out of the mouth come from the heart, and these make a man 'unclean.' 19 For out of the heart come evil thoughts, murder, adultery, sexual immorality, theft, false testimony, slander. 20 These are what make a man 'unclean'; but eating with unwashed hands does not make him 'unclean.' "

---

d4 Exodus 20:12; Deut. 5:16   e4 Exodus 21:17; Lev. 20:9
f6 Some manuscripts *father or his mother*   g9 Isaiah 29:13
h14 Some manuscripts *guides of the blind*

La fe de la mujer cananea

21 Saliendo Jesús de allí, se fue a la región de Tiro y de Sidón.
22 Y he aquí una mujer cananea que había salido de aquella región clamaba, diciéndole: ¡Señor, Hijo de David, ten misericordia de mí! Mi hija es gravemente atormentada por un demonio.
23 Pero Jesús no le respondió palabra. Entonces acercándose sus discípulos, le rogaron, diciendo: Despídela, pues da voces tras nosotros.
24 El respondiendo, dijo: No soy enviado sino a las ovejas perdidas de la casa de Israel.
25 Entonces ella vino y se postró ante él, diciendo: ¡Señor, socórreme!
26 Respondiendo él, dijo: No está bien tomar el pan de los hijos, y echarlo a los perrillos.
27 Y ella dijo: Sí, Señor; pero aun los perrillos comen de las migajas que caen de la mesa de sus amos.
28 Entonces respondiendo Jesús, dijo: Oh mujer, grande es tu fe; hágase contigo como quieres. Y su hija fue sanada desde aquella hora.

Jesús sana a muchos

29 Pasó Jesús de allí y vino junto al mar de Galilea; y subiendo al monte, se sentó allí.
30 Y se le acercó mucha gente que traía consigo a cojos, ciegos, mudos, mancos, y otros muchos enfermos; y los pusieron a los pies de Jesús, y los sanó;
31 de manera que la multitud se maravillaba, viendo a los mudos hablar, a los mancos sanados, a los cojos andar, y a los ciegos ver; y glorificaban al Dios de Israel.

Alimentación de los cuatro mil

32 Y Jesús, llamando a sus discípulos, dijo: Tengo compasión de la gente, porque ya hace tres días que están conmigo, y no tienen qué comer; y enviarlos en ayunas no quiero, no sea que desmayen en el camino.
33 Entonces sus discípulos le dijeron: ¿De dónde tenemos nosotros tantos panes en el desierto, para saciar a una multitud tan grande?
34 Jesús les dijo: ¿Cuántos panes tenéis? Y ellos dijeron: Siete, y unos pocos pececillos.
35 Y mandó a la multitud que se recostase en tierra.
36 Y tomando los siete panes y los peces, dio gracias, los partió y dio a sus discípulos, y los discípulos a la multitud.
37 Y comieron todos, y se saciaron; y recogieron lo que sobró de los pedazos, siete canastas llenas.
38 Y eran los que habían comido, cuatro mil hombres, sin contar las mujeres y los niños.
39 Entonces, despedida la gente, entró en la barca, y vino a la región de Magdala.

La demanda de una señal

16 1 Vinieron los fariseos y los saduceos para tentarle, y le pidieron que les mostrase señal del cielo.
2 Mas él respondiendo, les dijo: Cuando anochece, decís: Buen tiempo; porque el cielo tiene arreboles.
3 Y por la mañana: Hoy habrá tempestad; porque tiene arreboles el cielo nublado. ¡Hipócritas! que sabéis distinguir el aspecto del cielo, ¡mas las señales de los tiempos no podéis!
4 La generación mala y adúltera demanda señal; pero señal no le será dada, sino la señal del profeta Jonás. Y dejándolos, se fue.

The Faith of the Canaanite Woman

21 Leaving that place, Jesus withdrew to the region of Tyre and Sidon. 22 A Canaanite woman from that vicinity came to him, crying out, "Lord, Son of David, have mercy on me! My daughter is suffering terribly from demon-possession."

23 Jesus did not answer a word. So his disciples came to him and urged him, "Send her away, for she keeps crying out after us."

24 He answered, "I was sent only to the lost sheep of Israel."

25 The woman came and knelt before him. "Lord, help me!" she said.

26 He replied, "It is not right to take the children's bread and toss it to their dogs."

27 "Yes, Lord," she said, "but even the dogs eat the crumbs that fall from their masters' table."

28 Then Jesus answered, "Woman, you have great faith! Your request is granted." And her daughter was healed from that very hour.

Jesus Feeds the Four Thousand

29 Jesus left there and went along the Sea of Galilee. Then he went up on a mountainside and sat down. 30 Great crowds came to him, bringing the lame, the blind, the crippled, the mute and many others, and laid them at his feet; and he healed them. 31 The people were amazed when they saw the mute speaking, the crippled made well, the lame walking and the blind seeing. And they praised the God of Israel.

32 Jesus called his disciples to him and said, "I have compassion for these people; they have already been with me three days and have nothing to eat. I do not want to send them away hungry, or they may collapse on the way."

33 His disciples answered, "Where could we get enough bread in this remote place to feed such a crowd?"

34 "How many loaves do you have?" Jesus asked.
"Seven," they replied, "and a few small fish."

35 He told the crowd to sit down on the ground. 36 Then he took the seven loaves and the fish, and when he had given thanks, he broke them and gave them to the disciples, and they in turn to the people. 37 They all ate and were satisfied. Afterward the disciples picked up seven basketfuls of broken pieces that were left over. 38 The number of those who ate was four thousand, besides women and children. 39 After Jesus had sent the crowd away, he got into the boat and went to the vicinity of Magadan.

The Demand for a Sign

16 The Pharisees and Sadducees came to Jesus and tested him by asking him to show them a sign from heaven.

2 He replied,[i] "When evening comes, you say, 'It will be fair weather, for the sky is red,' 3 and in the morning, 'Today it will be stormy, for the sky is red and overcast.' You know how to interpret the appearance of the sky, but you cannot interpret the signs of the times. 4 A wicked and adulterous generation looks for a miraculous sign, but none will be given it except the sign of Jonah." Jesus then left them and went away.

---

i2 Some early manuscripts do not have the rest of verse 2 and all of verse 3.

La levadura de los fariseos

5 Llegando sus discípulos al otro lado, se habían olvidado de traer pan.

6 Y Jesús les dijo: Mirad, guardaos de la levadura de los fariseos y de los saduceos.

7 Ellos pensaban dentro de sí, diciendo: Esto dice porque no trajimos pan.

8 Y entendiéndolo Jesús, les dijo: ¿Por qué pensáis dentro de vosotros, hombres de poca fe, que no tenéis pan?

9 ¿No entendéis aún, ni os acordáis de los cinco panes entre cinco mil hombres, y cuántas cestas recogisteis?

10 ¿Ni de los siete panes entre cuatro mil, y cuántas canastas recogisteis?

11 ¿Cómo es que no entendéis que no fue por el pan que os dije que os guardaseis de la levadura de los fariseos y de los saduceos?

12 Entonces entendieron que no les había dicho que se guardasen de la levadura del pan, sino de la doctrina de los fariseos y de los saduceos.

La confesión de Pedro

13 Viniendo Jesús a la región de Cesarea de Filipo, preguntó a sus discípulos, diciendo: ¿Quién dicen los hombres que es el Hijo del Hombre?

14 Ellos dijeron: Unos, Juan el Bautista; otros, Elías; y otros, Jeremías, o alguno de los profetas.

15 El les dijo: Y vosotros, ¿quién decís que soy yo?

16 Respondiendo Simón Pedro, dijo: Tú eres el Cristo, el Hijo del Dios viviente.

17 Entonces le respondió Jesús: Bienaventurado eres, Simón, hijo de Jonás, porque no te lo reveló carne ni sangre, sino mi Padre que está en los cielos.

18 Y yo también te digo, que tú eres Pedro,e y sobre esta rocaf edificaré mi iglesia; y las puertas del Hades no prevalecerán contra ella.

19 Y a ti te daré las llaves del reino de los cielos; y todo lo que atares en la tierra será atado en los cielos; y todo lo que desatares en la tierra será desatado en los cielos.

20 Entonces mandó a sus discípulos que a nadie dijesen que él era Jesús el Cristo.

Jesús anuncia su muerte

21 Desde entonces comenzó Jesús a declarar a sus discípulos que le era necesario ir a Jerusalén y padecer mucho de los ancianos, de los principales sacerdotes y de los escribas; y ser muerto, y resucitar al tercer día.

22 Entonces Pedro, tomándolo aparte, comenzó a reconvenirle, diciendo: Señor, ten compasión de ti; en ninguna manera esto te acontezca.

23 Pero él, volviéndose, dijo a Pedro: ¡Quítate de delante de mí, Satanás!; me eres tropiezo, porque no pones la mira en las cosas de Dios, sino en las de los hombres.

24 Entonces Jesús dijo a sus discípulos: Si alguno quiere venir en pos de mí, niéguese a sí mismo, y tome su cruz, y sígame.

25 Porque todo el que quiera salvar su vida, la perderá; y todo el que pierda su vida por causa de mí, la hallará.

26 Porque ¿qué aprovechará al hombre, si ganare todo el mundo, y perdiere su alma? ¿O qué recompensa dará el hombre por su alma?

27 Porque el Hijo del Hombre vendrá en la gloria de su Padre con sus ángeles, y entonces pagará a cada uno conforme a sus obras.

The Yeast of the Pharisees and Sadducees

5 When they went across the lake, the disciples forgot to take bread. 6 "Be careful," Jesus said to them. "Be on your guard against the yeast of the Pharisees and Sadducees."

7 They discussed this among themselves and said, "It is because we didn't bring any bread."

8 Aware of their discussion, Jesus asked, "You of little faith, why are you talking among yourselves about having no bread? 9 Do you still not understand? Don't you remember the five loaves for the five thousand, and how many basketfuls you gathered? 10 Or the seven loaves for the four thousand, and how many basketfuls you gathered? 11 How is it you don't understand that I was not talking to you about bread? But be on your guard against the yeast of the Pharisees and Sadducees." 12 Then they understood that he was not telling them to guard against the yeast used in bread, but against the teaching of the Pharisees and Sadducees.

Peter's Confession of Christ

13 When Jesus came to the region of Caesarea Philippi, he asked his disciples, "Who do people say the Son of Man is?"

14 They replied, "Some say John the Baptist; others say Elijah; and still others, Jeremiah or one of the prophets."

15 "But what about you?" he asked. "Who do you say I am?"

16 Simon Peter answered, "You are the Christ,i the Son of the living God."

17 Jesus replied, "Blessed are you, Simon son of Jonah, for this was not revealed to you by man, but by my Father in heaven. 18 And I tell you that you are Peter,k and on this rock I will build my church, and the gates of Hadesl will not overcome it.m 19 I will give you the keys of the kingdom of heaven; whatever you bind on earth will ben bound in heaven, and whatever you loose on earth will ben loosed in heaven." 20 Then he warned his disciples not to tell anyone that he was the Christ.

Jesus Predicts His Death

21 From that time on Jesus began to explain to his disciples that he must go to Jerusalem and suffer many things at the hands of the elders, chief priests and teachers of the law, and that he must be killed and on the third day be raised to life.

22 Peter took him aside and began to rebuke him. "Never, Lord!" he said. "This shall never happen to you!"

23 Jesus turned and said to Peter, "Get behind me, Satan! You are a stumbling block to me; you do not have in mind the things of God, but the things of men."

24 Then Jesus said to his disciples, "If anyone would come after me, he must deny himself and take up his cross and follow me. 25 For whoever wants to save his lifeo will lose it, but whoever loses his life for me will find it. 26 What good will it be for a man if he gains the whole world, yet forfeits his soul? Or what can a man give in exchange for his soul? 27 For the Son of Man is going to come in his Father's glory with his angels, and then he will reward each person according to what he has done. 28 I tell you the truth, some who are standing

i16 Or Messiah; also in verse 20　　k18 Peter means rock. l18 Or hell　m18 Or not prove stronger than it　n19 Or have been　o25 The Greek word means either life or soul; also in verse 26.

eGr. Petros.　fGr. petra.

28 De cierto os digo que hay algunos de los que están aquí, que no gustarán la muerte, hasta que hayan visto al Hijo del Hombre viniendo en su reino.

here will not taste death before they see the Son of Man coming in his kingdom."

La transfiguración

17 1 Seis días después, Jesús tomó a Pedro, a Jacobo y a Juan su hermano, y los llevó aparte a un monte alto;

2 y se transfiguró delante de ellos, y resplandeció su rostro como el sol, y sus vestidos se hicieron blancos como la luz.

3 Y he aquí les aparecieron Moisés y Elías, hablando con él.

4 Entonces Pedro dijo a Jesús: Señor, bueno es para nosotros que estemos aquí; si quieres, hagamos aquí tres enramadas: una para ti, otra para Moisés, y otra para Elías.

5 Mientras él aún hablaba, una nube de luz los cubrió; y he aquí una voz desde la nube, que decía: Este es mi Hijo amado, en quien tengo complacencia; a él oíd.

6 Al oír esto los discípulos, se postraron sobre sus rostros, y tuvieron gran temor.

7 Entonces Jesús se acercó y los tocó, y dijo: Levantaos, y no temáis.

8 Y alzando ellos los ojos, a nadie vieron sino a Jesús solo.

9 Cuando descendieron del monte, Jesús les mandó, diciendo: No digáis a nadie la visión, hasta que el Hijo del Hombre resucite de los muertos.

10 Entonces sus discípulos le preguntaron, diciendo: ¿Por qué, pues, dicen los escribas que es necesario que Elías venga primero?

11 Respondiendo Jesús, les dijo: A la verdad, Elías viene primero, y restaurará todas las cosas.

12 Mas os digo que Elías ya vino, y no le conocieron, sino que hicieron con él todo lo que quisieron; así también el Hijo del Hombre padecerá de ellos.

13 Entonces los discípulos comprendieron que les había hablado de Juan el Bautista.

The Transfiguration

17 1 After six days Jesus took with him Peter, James and John the brother of James, and led them up a high mountain by themselves. 2 There he was transfigured before them. His face shone like the sun, and his clothes became as white as the light. 3 Just then there appeared before them Moses and Elijah, talking with Jesus.

4 Peter said to Jesus, "Lord, it is good for us to be here. If you wish, I will put up three shelters—one for you, one for Moses and one for Elijah."

5 While he was still speaking, a bright cloud enveloped them, and a voice from the cloud said, "This is my Son, whom I love; with him I am well pleased. Listen to him!"

6 When the disciples heard this, they fell facedown to the ground, terrified. 7 But Jesus came and touched them. "Get up," he said. "Don't be afraid." 8 When they looked up, they saw no one except Jesus.

9 As they were coming down the mountain, Jesus instructed them, "Don't tell anyone what you have seen, until the Son of Man has been raised from the dead."

10 The disciples asked him, "Why then do the teachers of the law say that Elijah must come first?"

11 Jesus replied, "To be sure, Elijah comes and will restore all things. 12 But I tell you, Elijah has already come, and they did not recognize him, but have done to him everything they wished. In the same way the Son of Man is going to suffer at their hands." 13 Then the disciples understood that he was talking to them about John the Baptist.

Jesús sana a un muchacho lunático

14 Cuando llegaron al gentío, vino a él un hombre que se arrodilló delante de él, diciendo:

15 Señor, ten misericordia de mi hijo, que es lunático, y padece muchísimo; porque muchas veces cae en el fuego, y muchas en el agua.

16 Y lo he traído a tus discípulos, pero no le han podido sanar.

17 Respondiendo Jesús, dijo: ¡Oh generación incrédula y perversa! ¿Hasta cuándo he de estar con vosotros? ¿Hasta cuándo os he de soportar? Traédmelo acá.

18 Y reprendió Jesús al demonio, el cual salió del muchacho, y éste quedó sano desde aquella hora.

19 Viniendo entonces los discípulos a Jesús, aparte, dijeron: ¿Por qué nosotros no pudimos echarlo fuera?

20 Jesús les dijo: Por vuestra poca fe; porque de cierto os digo, que si tuviereis fe como un grano de mostaza, diréis a este monte: Pásate de aquí allá, y se pasará; y nada os será imposible.

21 Pero este género no sale sino con oración y ayuno.

The Healing of a Boy With a Demon

14 When they came to the crowd, a man approached Jesus and knelt before him. 15 "Lord, have mercy on my son," he said. "He has seizures and is suffering greatly. He often falls into the fire or into the water. 16 I brought him to your disciples, but they could not heal him."

17 "O unbelieving and perverse generation," Jesus replied, "how long shall I stay with you? How long shall I put up with you? Bring the boy here to me." 18 Jesus rebuked the demon, and it came out of the boy, and he was healed from that moment.

19 Then the disciples came to Jesus in private and asked, "Why couldn't we drive it out?"

20 He replied, "Because you have so little faith. I tell you the truth, if you have faith as small as a mustard seed, you can say to this mountain, 'Move from here to there' and it will move. Nothing will be impossible for you. p"

Jesús anuncia otra vez su muerte

22 Estando ellos en Galilea, Jesús les dijo: El Hijo del Hombre será entregado en manos de hombres,

23 y le matarán; mas al tercer día resucitará. Y ellos se entristecieron en gran manera.

22 When they came together in Galilee, he said to them, "The Son of Man is going to be betrayed into the hands of men. 23 They will kill him, and on the third day he will be raised to life." And the disciples were filled with grief.

p20 Some manuscripts you. 21 But this kind does not go out except by prayer and fasting.

Pago del impuesto del templo

24 Cuando llegaron a Capernaum, vinieron a Pedro los que cobraban las dos dracmas, y le dijeron: ¿Vuestro Maestro no paga las dos dracmas?
25 El dijo: Sí. Y al entrar él en casa, Jesús le habló primero, diciendo: ¿Qué te parece, Simón? Los reyes de la tierra, ¿de quiénes cobran los tributos o los impuestos? ¿De sus hijos, o de los extraños?
26 Pedro le respondió: De los extraños. Jesús le dijo: Luego los hijos están exentos.
27 Sin embargo, para no ofenderles, vé al mar, y echa el anzuelo, y el primer pez que saques, tómalo, y al abrirle la boca, hallarás un estatero; g tómalo, y dáselo por mí y por ti.

¿Quién es el mayor?

18 1 En aquel tiempo los discípulos vinieron a Jesús, diciendo: ¿Quién es el mayor en el reino de los cielos?
2 Y llamando Jesús a un niño, lo puso en medio de ellos,
3 y dijo: De cierto os digo, que si no os volvéis y os hacéis como niños, no entraréis en el reino de los cielos.
4 Así que, cualquiera que se humille como este niño, ése es el mayor en el reino de los cielos.
5 Y cualquiera que reciba en mi nombre a un niño como este, a mí me recibe.

Ocasiones de caer

6 Y cualquiera que haga tropezar a alguno de estos pequeños que creen en mí, mejor le fuera que se le colgase al cuello una piedra de molino de asno, y que se le hundiese en lo profundo del mar.
7 ¡Ay del mundo por los tropiezos! porque es necesario que vengan tropiezos, pero ¡ay de aquel hombre por quien viene el tropiezo!
8 Por tanto, si tu mano o tu pie te es ocasión de caer, córtalo y échalo de ti; mejor te es entrar en la vida cojo o manco, que teniendo dos manos o dos pies ser echado en el fuego eterno.
9 Y si tu ojo te es ocasión de caer, sácalo y échalo de ti; mejor te es entrar con un solo ojo en la vida, que teniendo dos ojos ser echado en el infierno de fuego.

Parábola de la oveja perdida

10 Mirad que no menospreciéis a uno de estos pequeños; porque os digo que sus ángeles en los cielos ven siempre el rostro de mi Padre que está en los cielos.
11 Porque el Hijo del Hombre ha venido para salvar lo que se había perdido.
12 ¿Qué os parece? Si un hombre tiene cien ovejas, y se descarría una de ellas, ¿no deja las noventa y nueve y va por los montes a buscar la que se había descarriado?
13 Y si acontece que la encuentra, de cierto os digo que se regocija más por aquélla, que por las noventa y nueve que no se descarriaron.
14 Así, no es la voluntad de vuestro Padre que está en los cielos, que se pierda uno de estos pequeños.

Cómo se debe perdonar al hermano

15 Por tanto, si tu hermano peca contra ti, vé y repréndele estando tú y él solos; si te oyere, has ganado a tu hermano.
16 Mas si no te oyere, toma aún contigo a uno o dos, para que en boca de dos o tres testigos conste toda palabra.

The Temple Tax

24 After Jesus and his disciples arrived in Capernaum, the collectors of the two-drachma tax came to Peter and asked, "Doesn't your teacher pay the temple tax q?"
25 "Yes, he does," he replied.
When Peter came into the house, Jesus was the first to speak. "What do you think, Simon?" he asked. "From whom do the kings of the earth collect duty and taxes—from their own sons or from others?"
26 "From others," Peter answered.
"Then the sons are exempt," Jesus said to him. 27 "But so that we may not offend them, go to the lake and throw out your line. Take the first fish you catch; open its mouth and you will find a four-drachma coin. Take it and give it to them for my tax and yours."

The Greatest in the Kingdom of Heaven

18 At that time the disciples came to Jesus and asked, "Who is the greatest in the kingdom of heaven?"
2 He called a little child and had him stand among them. 3 And he said: "I tell you the truth, unless you change and become like little children, you will never enter the kingdom of heaven. 4 Therefore, whoever humbles himself like this child is the greatest in the kingdom of heaven.
5 "And whoever welcomes a little child like this in my name welcomes me. 6 But if anyone causes one of these little ones who believe in me to sin, it would be better for him to have a large millstone hung around his neck and to be drowned in the depths of the sea.
7 "Woe to the world because of the things that cause people to sin! Such things must come, but woe to the man through whom they come! 8 If your hand or your foot causes you to sin, cut it off and throw it away. It is better for you to enter life maimed or crippled than to have two hands or two feet and be thrown into eternal fire. 9 And if your eye causes you to sin, gouge it out and throw it away. It is better for you to enter life with one eye than to have two eyes and be thrown into the fire of hell.

The Parable of the Lost Sheep

10 "See that you do not look down on one of these little ones. For I tell you that their angels in heaven always see the face of my Father in heaven. r
12 "What do you think? If a man owns a hundred sheep, and one of them wanders away, will he not leave the ninety-nine on the hills and go to look for the one that wandered off? 13 And if he finds it, I tell you the truth, he is happier about that one sheep than about the ninety-nine that did not wander off. 14 In the same way your Father in heaven is not willing that any of these little ones should be lost.

A Brother Who Sins Against You

15 "If your brother sins against you, s go and show him his fault, just between the two of you. If he listens to you, you have won your brother over. 16 But if he will not listen, take one or two others along, so that 'every matter may be established by the testimony of two or three witnesses.' t 17 If he refuses to listen to

---

g Moneda correspondiente a cuatro dracmas.

q24 Greek *the two drachmas*   r10 Some manuscripts *heaven.*
11 *The Son of Man came to save what was lost.*   s15 Some manuscripts do not have *against you.*   t16 Deut. 19:15

17 Si no los oyere a ellos, dilo a la iglesia; y si no oyere a la iglesia, tenle por gentil y publicano.
18 De cierto os digo que todo lo que atéis en la tierra, será atado en el cielo; y todo lo que desatéis en la tierra, será desatado en el cielo.
19 Otra vez os digo, que si dos de vosotros se pusieren de acuerdo en la tierra acerca de cualquiera cosa que pidieren, les será hecho por mi Padre que está en los cielos.
20 Porque donde están dos o tres congregados en mi nombre, allí estoy yo en medio de ellos.
21 Entonces se le acercó Pedro y le dijo: Señor, ¿cuántas veces perdonaré a mi hermano que peque contra mí? ¿Hasta siete?
22 Jesús le dijo: No te digo hasta siete, sino aun hasta setenta veces siete.

Los dos deudores

23 Por lo cual el reino de los cielos es semejante a un rey que quiso hacer cuentas con sus siervos.
24 Y comenzando a hacer cuentas, le fue presentado uno que le debía diez mil talentos.
25 A éste, como no pudo pagar, ordenó su señor venderle, y a su mujer e hijos, y todo lo que tenía, para que se le pagase la deuda.
26 Entonces aquel siervo, postrado, le suplicaba, diciendo: Señor, ten paciencia conmigo, y yo te lo pagaré todo.
27 El señor de aquel siervo, movido a misericordia, le soltó y le perdonó la deuda.
28 Pero saliendo aquel siervo, halló a uno de sus consiervos, que le debía cien denarios; y asiendo de él, le ahogaba, diciendo: Págame lo que me debes.
29 Entonces su consiervo, postrándose a sus pies, le rogaba diciendo: Ten paciencia conmigo, y yo te lo pagaré todo.
30 Mas él no quiso, sino fue y le echó en la cárcel, hasta que pagase la deuda.
31 Viendo sus consiervos lo que pasaba, se entristecieron mucho, y fueron y refirieron a su señor todo lo que había pasado.
32 Entonces, llamándole su señor, le dijo: Siervo malvado, toda aquella deuda te perdoné, porque me rogaste.
33 ¿No debías tú también tener misericordia de tu consiervo, como yo tuve misericordia de ti?
34 Entonces su señor, enojado, le entregó a los verdugos, hasta que pagase todo lo que le debía.
35 Así también mi Padre celestial hará con vosotros si no perdonáis de todo corazón cada uno a su hermano sus ofensas.

Jesús enseña sobre el divorcio

19 1 Aconteció que cuando Jesús terminó estas palabras, se alejó de Galilea, y fue a las regiones de Judea al otro lado del Jordán.
2 Y le siguieron grandes multitudes, y los sanó allí.
3 Entonces vinieron a él los fariseos, tentándole y diciéndole: ¿Es lícito al hombre repudiar a su mujer por cualquier causa?
4 El, respondiendo, les dijo: ¿No habéis leído que el que los hizo al principio, varón y hembra los hizo,
5 y dijo: Por esto el hombre dejará padre y madre, y se unirá a su mujer, y los dos serán una sola carne?
6 Así que no son ya más dos, sino una sola carne; por tanto, lo que Dios juntó, no lo separe el hombre.

them, tell it to the church; and if he refuses to listen even to the church, treat him as you would a pagan or a tax collector.
18 "I tell you the truth, whatever you bind on earth will be *u* bound in heaven, and whatever you loose on earth will be *u* loosed in heaven.
19 "Again, I tell you that if two of you on earth agree about anything you ask for, it will be done for you by my Father in heaven. 20 For where two or three come together in my name, there am I with them."

The Parable of the Unmerciful Servant

21 Then Peter came to Jesus and asked, "Lord, how many times shall I forgive my brother when he sins against me? Up to seven times?"
22 Jesus answered, "I tell you, not seven times, but seventy-seven times. *v*
23 "Therefore, the kingdom of heaven is like a king who wanted to settle accounts with his servants. 24 As he began the settlement, a man who owed him ten thousand talents *w* was brought to him. 25 Since he was not able to pay, the master ordered that he and his wife and his children and all that he had be sold to repay the debt.
26 "The servant fell on his knees before him. 'Be patient with me,' he begged, 'and I will pay back everything.' 27 The servant's master took pity on him, canceled the debt and let him go.
28 "But when that servant went out, he found one of his fellow servants who owed him a hundred denarii. *x* He grabbed him and began to choke him. 'Pay back what you owe me!' he demanded.
29 "His fellow servant fell to his knees and begged him, 'Be patient with me, and I will pay you back.'
30 "But he refused. Instead, he went off and had the man thrown into prison until he could pay the debt.
31 When the other servants saw what had happened, they were greatly distressed and went and told their master everything that had happened.
32 "Then the master called the servant in. 'You wicked servant,' he said, 'I canceled all that debt of yours because you begged me to. 33 Shouldn't you have had mercy on your fellow servant just as I had on you?' 34 In anger his master turned him over to the jailers to be tortured, until he should pay back all he owed.
35 "This is how my heavenly Father will treat each of you unless you forgive your brother from your heart."

Divorce

19 When Jesus had finished saying these things, he left Galilee and went into the region of Judea to the other side of the Jordan. 2 Large crowds followed him, and he healed them there.
3 Some Pharisees came to him to test him. They asked, "Is it lawful for a man to divorce his wife for any and every reason?"
4 "Haven't you read," he replied, "that at the beginning the Creator 'made them male and female,' *y* 5 and said, 'For this reason a man will leave his father and mother and be united to his wife, and the two will become one flesh' *z*? 6 So they are no longer two, but one. Therefore what God has joined together, let man not separate."

---

u18 Or *have been* *v22* Or *seventy times seven* *w24* That is, millions of dollars *x28* That is, a few dollars *y4* Gen. 1:27 *z5* Gen. 2:24

7 Le dijeron: ¿Por qué, pues, mandó Moisés dar carta de divorcio, y repudiarla?

8 El les dijo: Por la dureza de vuestro corazón Moisés os permitió repudiar a vuestras mujeres; mas al principio no fue así.

9 Y yo os digo que cualquiera que repudia a su mujer, salvo por causa de fornicación, y se casa con otra, adultera; y el que se casa con la repudiada, adultera.

10 Le dijeron sus discípulos: Si así es la condición del hombre con su mujer, no conviene casarse.

11 Entonces él les dijo: No todos son capaces de recibir esto, sino aquellos a quiénes es dado.

12 Pues hay eunucos que nacieron así del vientre de su madre, y hay eunucos que son hechos eunucos por los hombres, y hay eunucos que a sí mismos se hicieron eunucos por causa del reino de los cielos. El que sea capaz de recibir esto, que lo reciba.

Jesús bendice a los niños

13 Entonces le fueron presentados unos niños, para que pusiese las manos sobre ellos, y orase; y los discípulos les reprendieron.

14 Pero Jesús dijo: Dejad a los niños venir a mí, y no se lo impidáis; porque de los tales es el reino de los cielos.

15 Y habiendo puesto sobre ellos las manos, se fue de allí.

El joven rico

16 Entonces vino uno y le dijo: Maestro bueno, ¿qué bien haré para tener la vida eterna?

17 El le dijo: ¿Por qué me llamas bueno? Ninguno hay bueno sino uno: Dios. Mas si quieres entrar en la vida, guarda los mandamientos.

18 Le dijo: ¿Cuáles? Y Jesús dijo: No matarás. No adulterarás. No hurtarás. No dirás falso testimonio.

19 Honra a tu padre y a tu madre; y, Amarás a tu prójimo como a ti mismo.

20 El joven le dijo: Todo esto lo he guardado desde mi juventud. ¿Qué más me falta?

21 Jesús le dijo: Si quieres ser perfecto, anda, vende lo que tienes, y dalo a los pobres, y tendrás tesoro en el cielo; y ven y sígueme.

22 Oyendo el joven esta palabra, se fue triste, porque tenía muchas posesiones.

23 Entonces Jesús dijo a sus discípulos: De cierto os digo, que difícilmente entrará un rico en el reino de los cielos.

24 Otra vez os digo, que es más fácil pasar un camello por el ojo de una aguja, que entrar un rico en el reino de Dios.

25 Sus discípulos, oyendo esto, se asombraron en gran manera, diciendo: ¿Quién, pues, podrá ser salvo?

26 Y mirándolos Jesús, les dijo: Para los hombres esto es imposible; mas para Dios todo es posible.

27 Entonces respondiendo Pedro, le dijo: He aquí, nosotros lo hemos dejado todo, y te hemos seguido; ¿qué, pues, tendremos?

28 Y Jesús les dijo: De cierto os digo que en la regeneración, cuando el Hijo del Hombre se siente en el trono de su gloria, vosotros que me habéis seguido también os sentaréis sobre doce tronos, para juzgar a las doce tribus de Israel.

29 Y cualquiera que haya dejado casas, o hermanos, o hermanas, o padre, o madre, o mujer, o hijos, o tierras, por mi nombre, recibirá cien veces más, y heredará la vida eterna.

30 Pero muchos primeros serán postreros, y postreros, primeros.

7 "Why then," they asked, "did Moses command that a man give his wife a certificate of divorce and send her away?"

8 Jesus replied, "Moses permitted you to divorce your wives because your hearts were hard. But it was not this way from the beginning. 9 I tell you that anyone who divorces his wife, except for marital unfaithfulness, and marries another woman commits adultery."

10 The disciples said to him, "If this is the situation between a husband and wife, it is better not to marry."

11 Jesus replied, "Not everyone can accept this word, but only those to whom it has been given. 12 For some are eunuchs because they were born that way; others were made that way by men; and others have renounced marriage*a* because of the kingdom of heaven. The one who can accept this should accept it."

The Little Children and Jesus

13 Then little children were brought to Jesus for him to place his hands on them and pray for them. But the disciples rebuked those who brought them.

14 Jesus said, "Let the little children come to me, and do not hinder them, for the kingdom of heaven belongs to such as these." 15 When he had placed his hands on them, he went on from there.

The Rich Young Man

16 Now a man came up to Jesus and asked, "Teacher, what good thing must I do to get eternal life?"

17 "Why do you ask me about what is good?" Jesus replied. "There is only One who is good. If you want to enter life, obey the commandments."

18 "Which ones?" the man inquired.

Jesus replied, " 'Do not murder, do not commit adultery, do not steal, do not give false testimony, 19 honor your father and mother,'*b* and 'love your neighbor as yourself.'*c*"

20 "All these I have kept," the young man said. "What do I still lack?"

21 Jesus answered, "If you want to be perfect, go, sell your possessions and give to the poor, and you will have treasure in heaven. Then come, follow me."

22 When the young man heard this, he went away sad, because he had great wealth.

23 Then Jesus said to his disciples, "I tell you the truth, it is hard for a rich man to enter the kingdom of heaven. 24 Again I tell you, it is easier for a camel to go through the eye of a needle than for a rich man to enter the kingdom of God."

25 When the disciples heard this, they were greatly astonished and asked, "Who then can be saved?"

26 Jesus looked at them and said, "With man this is impossible, but with God all things are possible."

27 Peter answered him, "We have left everything to follow you! What then will there be for us?"

28 Jesus said to them, "I tell you the truth, at the renewal of all things, when the Son of Man sits on his glorious throne, you who have followed me will also sit on twelve thrones, judging the twelve tribes of Israel. 29 And everyone who has left houses or brothers or sisters or father or mother*d* or children or fields for my sake will receive a hundred times as much and will inherit eternal life. 30 But many who are first will be last, and many who are last will be first.

---

a 12 Or have made themselves eunuchs   *b 19 Exodus 20:12-16; Deut. 5:16-20*   *c 19 Lev. 19:18*   *d 29 Some manuscripts mother or wife*

Los obreros de la viña

20 ¹Porque el reino de los cielos es semejante a un hombre, padre de familia, que salió por la mañana a contratar obreros para su viña.

²Y habiendo convenido con los obreros en un denario al día, los envió a su viña.

³Saliendo cerca de la hora tercera del día, vio a otros que estaban en la plaza desocupados;

⁴y les dijo: Id también vosotros a mi viña, y os daré lo que sea justo. Y ellos fueron.

⁵Salió otra vez cerca de las horas sexta y novena, e hizo lo mismo.

⁶Y saliendo cerca de la hora undécima, halló a otros que estaban desocupados; y les dijo: ¿Por qué estáis aquí todo el día desocupados?

⁷Le dijeron: Porque nadie nos ha contratado. El les dijo: Id también vosotros a la viña, y recibiréis lo que sea justo.

⁸Cuando llegó la noche, el señor de la viña dijo a su mayordomo: Llama a los obreros y págales el jornal, comenzando desde los postreros hasta los primeros.

⁹Y al venir los que habían ido cerca de la hora undécima, recibieron cada uno un denario.

¹⁰Al venir también los primeros, pensaron que habían de recibir más; pero también ellos recibieron cada uno un denario.

¹¹Y al recibirlo, murmuraban contra el padre de familia,

¹²diciendo: Estos postreros han trabajado una sola hora, y los has hecho iguales a nosotros, que hemos soportado la carga y el calor del día.

¹³El, respondiendo, dijo a uno de ellos: Amigo, no te hago agravio; ¿no conviniste conmigo en un denario?

¹⁴Toma lo que es tuyo, y vete; pero quiero dar a este postrero, como a ti.

¹⁵¿No me es lícito hacer lo que quiero con lo mío? ¿O tienes tú envidia, porque yo soy bueno?

¹⁶Así, los primeros serán postreros, y los postreros, primeros; porque muchos son llamados, mas pocos escogidos.

Nuevamente Jesús anuncia su muerte

¹⁷Subiendo Jesús a Jerusalén, tomó a sus doce discípulos aparte en el camino, y les dijo:

¹⁸He aquí subimos a Jerusalén, y el Hijo del Hombre será entregado a los principales sacerdotes y a los escribas, y le condenarán a muerte;

¹⁹y le entregarán a los gentiles para que le escarnezcan, le azoten, y le crucifiquen; mas al tercer día resucitará.

Petición de Santiago y de Juan

²⁰Entonces se le acercó la madre de los hijos de Zebedeo con sus hijos, postrándose ante él y pidiéndole algo.

²¹El le dijo: ¿Qué quieres? Ella le dijo: Ordena que en tu reino se sienten estos dos hijos míos, el uno a tu derecha, y el otro a tu izquierda.

²²Entonces Jesús respondiendo, dijo: No sabéis lo que pedís. ¿Podéis beber del vaso que yo he de beber, y ser bautizados con el bautismo con que yo soy bautizado? Y ellos le dijeron: Podemos.

²³El les dijo: A la verdad, de mi vaso beberéis, y con el bautismo con que yo soy bautizado, seréis bautizados; pero el sentaros a mi derecha y a mi izquierda, no es mío darlo, sino a aquellos para quienes está preparado por mi Padre.

²⁴Cuando los diez oyeron esto, se enojaron contra los dos hermanos.

²⁵Entonces Jesús, llamándolos, dijo: Sabéis que los gober-

The Parable of the Workers in the Vineyard

20 "For the kingdom of heaven is like a landowner who went out early in the morning to hire men to work in his vineyard. ²He agreed to pay them a denarius for the day and sent them into his vineyard.

³"About the third hour he went out and saw others standing in the marketplace doing nothing. ⁴He told them, 'You also go and work in my vineyard, and I will pay you whatever is right.' ⁵So they went.

"He went out again about the sixth hour and the ninth hour and did the same thing. ⁶About the eleventh hour he went out and found still others standing around. He asked them, 'Why have you been standing here all day long doing nothing?'

⁷"'Because no one has hired us,' they answered.

"He said to them, 'You also go and work in my vineyard.'

⁸"When evening came, the owner of the vineyard said to his foreman, 'Call the workers and pay them their wages, beginning with the last ones hired and going on to the first.'

⁹"The workers who were hired about the eleventh hour came and each received a denarius. ¹⁰So when those came who were hired first, they expected to receive more. But each one of them also received a denarius. ¹¹When they received it, they began to grumble against the landowner. ¹²'These men who were hired last worked only one hour,' they said, 'and you have made them equal to us who have borne the burden of the work and the heat of the day.'

¹³"But he answered one of them, 'Friend, I am not being unfair to you. Didn't you agree to work for a denarius? ¹⁴Take your pay and go. I want to give the man who was hired last the same as I gave you. ¹⁵Don't I have the right to do what I want with my own money? Or are you envious because I am generous?'

¹⁶"So the last will be first, and the first will be last."

Jesus Again Predicts His Death

¹⁷Now as Jesus was going up to Jerusalem, he took the twelve disciples aside and said to them, ¹⁸"We are going up to Jerusalem, and the Son of Man will be betrayed to the chief priests and the teachers of the law. They will condemn him to death ¹⁹and will turn him over to the Gentiles to be mocked and flogged and crucified. On the third day he will be raised to life!"

A Mother's Request

²⁰Then the mother of Zebedee's sons came to Jesus with her sons and, kneeling down, asked a favor of him.

²¹"What is it you want?" he asked.

She said, "Grant that one of these two sons of mine may sit at your right and the other at your left in your kingdom."

²²"You don't know what you are asking," Jesus said to them. "Can you drink the cup I am going to drink?"

"We can," they answered.

²³Jesus said to them, "You will indeed drink from my cup, but to sit at my right or left is not for me to grant. These places belong to those for whom they have been prepared by my Father."

²⁴When the ten heard about this, they were indignant with the two brothers. ²⁵Jesus called them together and said, "You know that the rulers of the Gentiles

nantes de las naciones se enseñorean de ellas, y los que son grandes ejercen sobre ellas potestad.
26 Mas entre vosotros no será así, sino que el que quiera hacerse grande entre vosotros será vuestro servidor,
27 y el que quiera ser el primero entre vosotros será vuestro siervo;
28 como el Hijo del Hombre no vino para ser servido, sino para servir, y para dar su vida en rescate por muchos.

Dos ciegos reciben la vista

29 Al salir ellos de Jericó, le seguía una gran multitud.
30 Y dos ciegos que estaban sentados junto al camino, cuando oyeron que Jesús pasaba, clamaron, diciendo: ¡Señor, Hijo de David, ten misericordia de nosotros!
31 Y la gente les reprendió para que callasen; pero ellos clamaban más, diciendo: ¡Señor, Hijo de David, ten misericordia de nosotros!
32 Y deteniéndose Jesús, los llamó, y les dijo: ¿Qué queréis que os haga?
33 Ellos le dijeron: Señor, que sean abiertos nuestros ojos.
34 Entonces Jesús, compadecido, les tocó los ojos, y en seguida recibieron la vista; y le siguieron.

La entrada triunfal en Jerusalén

21 1 Cuando se acercaron a Jerusalén, y vinieron a Betfagé, al monte de los Olivos, Jesús envió dos discípulos,
2 diciéndoles: Id a la aldea que está enfrente de vosotros, y luego hallaréis una asna atada, y un pollino con ella; desatadla, y traédmelos.
3 Y si alguien os dijere algo, decid: El Señor los necesita; y luego los enviará.
4 Todo esto aconteció para que se cumpliese lo dicho por el profeta, cuando dijo:
5 Decid a la hija de Sion:
　He aquí, tu Rey viene a ti,
　Manso, y sentado sobre una asna,
　Sobre un pollino, hijo de animal de carga.
6 Y los discípulos fueron, e hicieron como Jesús les mandó;
7 y trajeron el asna y el pollino, y pusieron sobre ellos sus mantos; y él se sentó encima.
8 Y la multitud, que era muy numerosa, tendía sus mantos en el camino; y otros cortaban ramas de los árboles, y las tendían en el camino.
9 Y la gente que iba delante y la que iba detrás aclamaba, diciendo: ¡Hosanna al Hijo de David! ¡Bendito el que viene en el nombre del Señor! ¡Hosanna en las alturas!
10 Cuando entró él en Jerusalén, toda la ciudad se conmovió, diciendo: ¿Quién es éste?
11 Y la gente decía: Este es Jesús el profeta, de Nazaret de Galilea.

Purificación del templo

12 Y entró Jesús en el templo de Dios, y echó fuera a todos los que vendían y compraban en el templo, y volcó las mesas de los cambistas, y las sillas de los que vendían palomas;
13 y les dijo: Escrito está: Mi casa, casa de oración será llamada; mas vosotros la habéis hecho cueva de ladrones.

lord it over them, and their high officials exercise authority over them. 26Not so with you. Instead, whoever wants to become great among you must be your servant, 27and whoever wants to be first must be your slave— 28just as the Son of Man did not come to be served, but to serve, and to give his life as a ransom for many."

Two Blind Men Receive Sight

29As Jesus and his disciples were leaving Jericho, a large crowd followed him. 30Two blind men were sitting by the roadside, and when they heard that Jesus was going by, they shouted, "Lord, Son of David, have mercy on us!"
31The crowd rebuked them and told them to be quiet, but they shouted all the louder, "Lord, Son of David, have mercy on us!"
32Jesus stopped and called them. "What do you want me to do for you?" he asked.
33"Lord," they answered, "we want our sight."
34Jesus had compassion on them and touched their eyes. Immediately they received their sight and followed him.

The Triumphal Entry

21 As they approached Jerusalem and came to Bethphage on the Mount of Olives, Jesus sent two disciples, 2saying to them, "Go to the village ahead of you, and at once you will find a donkey tied there, with her colt by her. Untie them and bring them to me. 3If anyone says anything to you, tell him that the Lord needs them, and he will send them right away."
4This took place to fulfill what was spoken through the prophet:
5"Say to the Daughter of Zion,
　'See, your king comes to you,
gentle and riding on a donkey,
　on a colt, the foal of a donkey.' " e

6The disciples went and did as Jesus had instructed them. 7They brought the donkey and the colt, placed their cloaks on them, and Jesus sat on them. 8A very large crowd spread their cloaks on the road, while others cut branches from the trees and spread them on the road. 9The crowds that went ahead of him and those that followed shouted,

"Hosannaf to the Son of David!"

"Blessed is he who comes in the name of the
　Lord!"g

"Hosannaf in the highest!"

10When Jesus entered Jerusalem, the whole city was stirred and asked, "Who is this?"
11The crowds answered, "This is Jesus, the prophet from Nazareth in Galilee."

Jesus at the Temple

12Jesus entered the temple area and drove out all who were buying and selling there. He overturned the tables of the money changers and the benches of those selling doves. 13"It is written," he said to them, " 'My house will be called a house of prayer,'h but you are making it a 'den of robbers.' i"

e5 Zech. 9:9　f9 A Hebrew expression meaning "Save!" which became an exclamation of praise; also in verse 15　g9 Psalm 118:26　h13 Isaiah 56:7　i13 Jer. 7:11

14 Y vinieron a él en el templo ciegos y cojos, y los sanó.
15 Pero los principales sacerdotes y los escribas, viendo las maravillas que hacía, y a los muchachos aclamando en el templo y diciendo: ¡Hosanna al Hijo de David! se indignaron,
16 y le dijeron: ¿Oyes lo que éstos dicen? Y Jesús les dijo: Sí; ¿nunca leísteis:
De la boca de los niños y de los que maman
Perfeccionaste la alabanza?
17 Y dejándolos, salió fuera de la ciudad, a Betania, y posó allí.

Maldición de la higuera estéril

18 Por la mañana, volviendo a la ciudad, tuvo hambre.
19 Y viendo una higuera cerca del camino, vino a ella, y no halló nada en ella, sino hojas solamente; y le dijo: Nunca jamás nazca de ti fruto. Y luego se secó la higuera.
20 Viendo esto los discípulos, decían maravillados: ¿Cómo es que se secó en seguida la higuera?
21 Respondiendo Jesús, les dijo: De cierto os digo, que si tuviereis fe, y no dudareis, no sólo haréis esto de la higuera, sino que si a este monte dijereis: Quítate y échate en el mar, será hecho.
22 Y todo lo que pidiereis en oración, creyendo, lo recibiréis.

La autoridad de Jesús

23 Cuando vino al templo, los principales sacerdotes y los ancianos del pueblo se acercaron a él mientras enseñaba, y le dijeron: ¿Con qué autoridad haces estas cosas? ¿y quién te dio esta autoridad?
24 Respondiendo Jesús, les dijo: Yo también os haré una pregunta, y si me la contestáis, también yo os diré con qué autoridad hago estas cosas.
25 El bautismo de Juan, ¿de dónde era? ¿Del cielo, o de los hombres? Ellos entonces discutían entre sí, diciendo: Si decimos, del cielo, nos dirá: ¿Por qué, pues, no le creísteis?
26 Y si decimos, de los hombres, tememos al pueblo; porque todos tienen a Juan por profeta.
27 Y respondiendo a Jesús, dijeron: No sabemos. Y él también les dijo: Tampoco yo os digo con qué autoridad hago estas cosas.

Parábola de los dos hijos

28 Pero ¿qué os parece? Un hombre tenía dos hijos, y acercándose al primero, le dijo: Hijo, vé hoy a trabajar en mi viña.
29 Respondiendo él, dijo: No quiero; pero después, arrepentido, fue.
30 Y acercándose al otro, le dijo de la misma manera; y respondiendo él, dijo: Sí, señor, voy. Y no fue.
31 ¿Cuál de los dos hizo la voluntad de su padre? Dijeron ellos: El primero. Jesús les dijo: De cierto os digo, que los publicanos y las rameras van delante de vosotros al reino de Dios.
32 Porque vino a vosotros Juan en camino de justicia, y no le creísteis; pero los publicanos y las rameras le creyeron; y vosotros, viendo esto, no os arrepentisteis después para creerle.

14 The blind and the lame came to him at the temple, and he healed them. 15 But when the chief priests and the teachers of the law saw the wonderful things he did and the children shouting in the temple area, "Hosanna to the Son of David," they were indignant.
16 "Do you hear what these children are saying?" they asked him.
"Yes," replied Jesus, "have you never read,
" 'From the lips of children and infants
you have ordained praise'/?"
17 And he left them and went out of the city to Bethany, where he spent the night.

The Fig Tree Withers

18 Early in the morning, as he was on his way back to the city, he was hungry. 19 Seeing a fig tree by the road, he went up to it but found nothing on it except leaves. Then he said to it, "May you never bear fruit again!" Immediately the tree withered.
20 When the disciples saw this, they were amazed. "How did the fig tree wither so quickly?" they asked.
21 Jesus replied, "I tell you the truth, if you have faith and do not doubt, not only can you do what was done to the fig tree, but also you can say to this mountain, 'Go, throw yourself into the sea,' and it will be done. 22 If you believe, you will receive whatever you ask for in prayer."

The Authority of Jesus Questioned

23 Jesus entered the temple courts, and, while he was teaching, the chief priests and the elders of the people came to him. "By what authority are you doing these things?" they asked. "And who gave you this authority?"
24 Jesus replied, "I will also ask you one question. If you answer me, I will tell you by what authority I am doing these things. 25 John's baptism—where did it come from? Was it from heaven, or from men?"
They discussed it among themselves and said, "If we say, 'From heaven,' he will ask, 'Then why didn't you believe him?' 26 But if we say, 'From men'—we are afraid of the people, for they all hold that John was a prophet."
27 So they answered Jesus, "We don't know."
Then he said, "Neither will I tell you by what authority I am doing these things.

The Parable of the Two Sons

28 "What do you think? There was a man who had two sons. He went to the first and said, 'Son, go and work today in the vineyard.'
29 " 'I will not,' he answered, but later he changed his mind and went.
30 "Then the father went to the other son and said the same thing. He answered, 'I will, sir,' but he did not go.
31 "Which of the two did what his father wanted?"
"The first," they answered.
Jesus said to them, "I tell you the truth, the tax collectors and the prostitutes are entering the kingdom of God ahead of you. 32 For John came to you to show you the way of righteousness, and you did not believe him, but the tax collectors and the prostitutes did. And even after you saw this, you did not repent and believe him.

Los labradores malvados

33 Oíd otra parábola: Hubo un hombre, padre de familia, el cual plantó una viña, la cercó de vallado, cavó en ella un lagar, edificó una torre, y la arrendó a unos labradores, y se fue lejos.
34 Y cuando se acercó el tiempo de los frutos, envió sus siervos a los labradores, para que recibiesen sus frutos.
35 Mas los labradores, tomando a los siervos, a uno golpearon, a otro mataron, y a otro apedrearon.
36 Envió de nuevo otros siervos, más que los primeros; e hicieron con ellos de la misma manera.
37 Finalmente les envió su hijo, diciendo: Tendrán respeto a mi hijo.
38 Mas los labradores, cuando vieron al hijo, dijeron entre sí: Este es el heredero; venid, matémosle, y apoderémonos de su heredad.
39 Y tomándole, le echaron fuera de la viña, y le mataron.
40 Cuando venga, pues, el señor de la viña, ¿qué hará a aquellos labradores?
41 Le dijeron: A los malos destruirá sin misericordia, y arrendará su viña a otros labradores, que le paguen el fruto a su tiempo.
42 Jesús les dijo: ¿Nunca leísteis en las Escrituras:
La piedra que desecharon los edificadores,
Ha venido a ser cabeza del ángulo.
El Señor ha hecho esto,
Y es cosa maravillosa a nuestros ojos?
43 Por tanto os digo, que el reino de Dios será quitado de vosotros, y será dado a gente que produzca los frutos de él.
44 Y el que cayere sobre esta piedra será quebrantado; y sobre quien ella cayere, le desmenuzará.
45 Y oyendo sus parábolas los principales sacerdotes y los fariseos, entendieron que hablaba de ellos.
46 Pero al buscar cómo echarle mano, temían al pueblo, porque éste le tenía por profeta.

Parábola de la fiesta de bodas

22 1 Respondiendo Jesús, les volvió a hablar en parábolas, diciendo:
2 El reino de los cielos es semejante a un rey que hizo fiesta de bodas a su hijo;
3 y envió a sus siervos a llamar a los convidados a las bodas; mas éstos no quisieron venir.
4 Volvió a enviar otros siervos, diciendo: Decid a los convidados: He aquí, he preparado mi comida; mis toros y animales engordados han sido muertos, y todo está dispuesto; venid a las bodas.
5 Mas ellos, sin hacer caso, se fueron, uno a su labranza, y otro a sus negocios;
6 y otros, tomando a los siervos, los afrentaron y los mataron.
7 Al oírlo el rey, se enojó; y enviando sus ejércitos, destruyó a aquellos homicidas, y quemó su ciudad.
8 Entonces dijo a sus siervos: Las bodas a la verdad están preparadas; mas los que fueron convidados no eran dignos.
9 Id, pues, a las salidas de los caminos, y llamad a las bodas a cuantos halléis.
10 Y saliendo los siervos por los caminos, juntaron a todos los que hallaron, juntamente malos y buenos; y las bodas fueron llenas de convidados.

The Parable of the Tenants

33 "Listen to another parable: There was a landowner who planted a vineyard. He put a wall around it, dug a winepress in it and built a watchtower. Then he rented the vineyard to some farmers and went away on a journey. 34 When the harvest time approached, he sent his servants to the tenants to collect his fruit.
35 "The tenants seized his servants; they beat one, killed another, and stoned a third. 36 Then he sent other servants to them, more than the first time, and the tenants treated them the same way. 37 Last of all, he sent his son to them. 'They will respect my son,' he said.
38 "But when the tenants saw the son, they said to each other, 'This is the heir. Come, let's kill him and take his inheritance.' 39 So they took him and threw him out of the vineyard and killed him.
40 "Therefore, when the owner of the vineyard comes, what will he do to those tenants?"
41 "He will bring those wretches to a wretched end," they replied, "and he will rent the vineyard to other tenants, who will give him his share of the crop at harvest time."
42 Jesus said to them, "Have you never read in the Scriptures:

" 'The stone the builders rejected
has become the capstone*k*;
the Lord has done this,
and it is marvelous in our eyes'*l*?

43 "Therefore I tell you that the kingdom of God will be taken away from you and given to a people who will produce its fruit. 44 He who falls on this stone will be broken to pieces, but he on whom it falls will be crushed."*m*
45 When the chief priests and the Pharisees heard Jesus' parables, they knew he was talking about them. 46 They looked for a way to arrest him, but they were afraid of the crowd because the people held that he was a prophet.

The Parable of the Wedding Banquet

22 Jesus spoke to them again in parables, saying: 2 "The kingdom of heaven is like a king who prepared a wedding banquet for his son. 3 He sent his servants to those who had been invited to the banquet to tell them to come, but they refused to come.
4 "Then he sent some more servants and said, 'Tell those who have been invited that I have prepared my dinner: My oxen and fattened cattle have been butchered, and everything is ready. Come to the wedding banquet.'
5 "But they paid no attention and went off — one to his field, another to his business. 6 The rest seized his servants, mistreated them and killed them. 7 The king was enraged. He sent his army and destroyed those murderers and burned their city.
8 "Then he said to his servants, 'The wedding banquet is ready, but those I invited did not deserve to come. 9 Go to the street corners and invite to the banquet anyone you find.' 10 So the servants went out into the streets and gathered all the people they could find, both good and bad, and the wedding hall was filled with guests.

*k*42 Or *cornerstone*   *l*42 Psalm 118:22,23   *m*44 Some manuscripts do not have verse 44.

11 Y entró el rey para ver a los convidados, y vio allí a un hombre que no estaba vestido de boda.

12 Y le dijo: Amigo, ¿cómo entraste aquí, sin estar vestido de boda? Mas él enmudeció.

13 Entonces el rey dijo a los que servían: Atadle de pies y manos, y echadle en las tinieblas de afuera; allí será el lloro y el crujir de dientes.

14 Porque muchos son llamados, y pocos escogidos.

La cuestión del tributo

15 Entonces se fueron los fariseos y consultaron cómo sorprenderle en alguna palabra.

16 Y le enviaron los discípulos de ellos con los herodianos, diciendo: Maestro, sabemos que eres amante de la verdad, y que enseñas con verdad el camino de Dios, y que no te cuidas de nadie, porque no miras la apariencia de los hombres.

17 Dinos, pues, qué te parece: ¿Es lícito dar tributo a César, o no?

18 Pero Jesús, conociendo la malicia de ellos, les dijo: ¿Por qué me tentáis, hipócritas?

19 Mostradme la moneda del tributo. Y ellos le presentaron un denario.

20 Entonces les dijo: ¿De quién es esta imagen, y la inscripción?

21 Le dijeron: De César. Y les dijo: Dad, pues, a César lo que es de César, y a Dios lo que es de Dios.

22 Oyendo esto, se maravillaron, y dejándole, se fueron.

La pregunta sobre la resurrección

23 Aquel día vinieron a él los saduceos, que dicen que no hay resurrección, y le preguntaron,

24 diciendo: Maestro, Moisés dijo: Si alguno muriere sin hijos, su hermano se casará con su mujer, y levantará descendencia a su hermano.

25 Hubo, pues, entre nosotros siete hermanos; el primero se casó, y murió; y no teniendo descendencia, dejó su mujer a su hermano.

26 De la misma manera también el segundo, y el tercero, hasta el séptimo.

27 Y después de todos murió también la mujer.

28 En la resurrección, pues, ¿de cuál de los siete será ella mujer, ya que todos la tuvieron?

29 Entonces respondiendo Jesús, les dijo: Erráis, ignorando las Escrituras y el poder de Dios.

30 Porque en la resurrección ni se casarán ni se darán en casamiento, sino serán como los ángeles de Dios en el cielo.

31 Pero respecto a la resurrección de los muertos, ¿no habéis leído lo que os fue dicho por Dios, cuando dijo:

32 Yo soy el Dios de Abraham, el Dios de Isaac y el Dios de Jacob? Dios no es Dios de muertos, sino de vivos.

33 Oyendo esto la gente, se admiraba de su doctrina.

El gran mandamiento

34 Entonces los fariseos, oyendo que había hecho callar a los saduceos, se juntaron a una.

35 Y uno de ellos, intérprete de la ley, preguntó por tentarle, diciendo:

36 Maestro, ¿cuál es el gran mandamiento en la ley?

37 Jesús le dijo: Amarás al Señor tu Dios con todo tu corazón, y con toda tu alma, y con toda tu mente.

38 Este es el primero y grande mandamiento.

39 Y el segundo es semejante: Amarás a tu prójimo como a ti mismo.

40 De estos dos mandamientos depende toda la ley y los profetas.

11 "But when the king came in to see the guests, he noticed a man there who was not wearing wedding clothes. 12 'Friend,' he asked, 'how did you get in here without wedding clothes?' The man was speechless.

13 "Then the king told the attendants, 'Tie him hand and foot, and throw him outside, into the darkness, where there will be weeping and gnashing of teeth.'

14 "For many are invited, but few are chosen."

Paying Taxes to Caesar

15 Then the Pharisees went out and laid plans to trap him in his words. 16 They sent their disciples to him along with the Herodians. "Teacher," they said, "we know you are a man of integrity and that you teach the way of God in accordance with the truth. You aren't swayed by men, because you pay no attention to who they are. 17 Tell us then, what is your opinion? Is it right to pay taxes to Caesar or not?"

18 But Jesus, knowing their evil intent, said, "You hypocrites, why are you trying to trap me? 19 Show me the coin used for paying the tax." They brought him a denarius, 20 and he asked them, "Whose portrait is this? And whose inscription?"

21 "Caesar's," they replied.

Then he said to them, "Give to Caesar what is Caesar's, and to God what is God's."

22 When they heard this, they were amazed. So they left him and went away.

Marriage at the Resurrection

23 That same day the Sadducees, who say there is no resurrection, came to him with a question. 24 "Teacher," they said, "Moses told us that if a man dies without having children, his brother must marry the widow and have children for him. 25 Now there were seven brothers among us. The first one married and died, and since he had no children, he left his wife to his brother. 26 The same thing happened to the second and third brother, right on down to the seventh. 27 Finally, the woman died. 28 Now then, at the resurrection, whose wife will she be of the seven, since all of them were married to her?"

29 Jesus replied, "You are in error because you do not know the Scriptures or the power of God. 30 At the resurrection people will neither marry nor be given in marriage; they will be like the angels in heaven. 31 But about the resurrection of the dead—have you not read what God said to you, 32 'I am the God of Abraham, the God of Isaac, and the God of Jacob'[n]? He is not the God of the dead but of the living."

33 When the crowds heard this, they were astonished at his teaching.

The Greatest Commandment

34 Hearing that Jesus had silenced the Sadducees, the Pharisees got together. 35 One of them, an expert in the law, tested him with this question: 36 "Teacher, which is the greatest commandment in the Law?"

37 Jesus replied: " 'Love the Lord your God with all your heart and with all your soul and with all your mind.'[o] 38 This is the first and greatest commandment. 39 And the second is like it: 'Love your neighbor as yourself.'[p] 40 All the Law and the Prophets hang on these two commandments."

---

n 32 Exodus 3:6   o 37 Deut. 6:5   p 39 Lev. 19:18

¿De quién es hijo el Cristo?

41 Y estando juntos los fariseos, Jesús les preguntó, 42 diciendo: ¿Qué pensáis del Cristo? ¿De quién es hijo? Le dijeron: De David.

43 El les dijo: ¿Pues cómo David en el Espíritu le llama Señor, diciendo:

44 Dijo el Señor a mi Señor:
Siéntate a mi derecha,
Hasta que ponga a tus enemigos por estrado de tus pies?

45 Pues si David le llama Señor, ¿cómo es su hijo?

46 Y nadie le podía responder palabra; ni osó alguno desde aquel día preguntarle más.

Jesús acusa a escribas y fariseos

23 1 Entonces habló Jesús a la gente y a sus discípulos, diciendo:

2 En la cátedra de Moisés se sientan los escribas y los fariseos.

3 Así que, todo lo que os digan que guardéis, guardadlo y hacedlo; mas no hagáis conforme a sus obras, porque dicen, y no hacen.

4 Porque atan cargas pesadas y difíciles de llevar, y las ponen sobre los hombros de los hombres; pero ellos ni con un dedo quieren moverlas.

5 Antes, hacen todas sus obras para ser vistos por los hombres. Pues ensanchan sus filacterias, y extienden los flecos de sus mantos;

6 y aman los primeros asientos en las cenas, y las primeras sillas en las sinagogas,

7 y las salutaciones en las plazas, y que los hombres los llamen: Rabí, Rabí.

8 Pero vosotros no queráis que os llamen Rabí; porque uno es vuestro Maestro, el Cristo, y todos vosotros sois hermanos.

9 Y no llaméis padre vuestro a nadie en la tierra; porque uno es vuestro Padre, el que está en los cielos.

10 Ni seáis llamados maestros; porque uno es vuestro Maestro, el Cristo.

11 El que es el mayor de vosotros, sea vuestro siervo.

12 Porque el que se enaltece será humillado, y el que se humilla será enaltecido.

13 Mas ¡ay de vosotros, escribas y fariseos, hipócritas! porque cerráis el reino de los cielos delante de los hombres; pues ni entráis vosotros, ni dejáis entrar a los que están entrando.

14 ¡Ay de vosotros, escribas y fariseos, hipócritas! porque devoráis las casas de las viudas, y como pretexto hacéis largas oraciones; por esto recibiréis mayor condenación.

15 ¡Ay de vosotros, escribas y fariseos, hipócritas! porque recorréis mar y tierra para hacer un prosélito, y una vez hecho, le hacéis dos veces más hijo del infierno que vosotros.

16 ¡Ay de vosotros, guías ciegos! que decís: Si alguno jura por el templo, no es nada; pero si alguno jura por el oro del templo, es deudor.

17 ¡Insensatos y ciegos! porque ¿cuál es mayor, el oro, o el templo que santifica al oro?

18 También decís: Si alguno jura por el altar, no es nada; pero si alguno jura por la ofrenda que está sobre él, es deudor.

19 ¡Necios y ciegos! porque ¿cuál es mayor, la ofrenda, o el altar que santifica la ofrenda?

20 Pues el que jura por el altar, jura por él, y por todo lo que está sobre él;

Whose Son Is the Christ?

41 While the Pharisees were gathered together, Jesus asked them, 42 "What do you think about the Christ q? Whose son is he?"

"The son of David," they replied.

43 He said to them, "How is it then that David, speaking by the Spirit, calls him 'Lord'? For he says,

44 " 'The Lord said to my Lord:
"Sit at my right hand
until I put your enemies
under your feet." ' r

45 If then David calls him 'Lord,' how can he be his son?" 46 No one could say a word in reply, and from that day on no one dared to ask him any more questions.

Seven Woes

23 Then Jesus said to the crowds and to his disciples: 2 "The teachers of the law and the Pharisees sit in Moses' seat. 3 So you must obey them and do everything they tell you. But do not do what they do, for they do not practice what they preach. 4 They tie up heavy loads and put them on men's shoulders, but they themselves are not willing to lift a finger to move them.

5 "Everything they do is done for men to see: They make their phylacteries s wide and the tassels on their garments long; 6 they love the place of honor at banquets and the most important seats in the synagogues; 7 they love to be greeted in the marketplaces and to have men call them 'Rabbi.'

8 "But you are not to be called 'Rabbi,' for you have only one Master and you are all brothers. 9 And do not call anyone on earth 'father,' for you have one Father, and he is in heaven. 10 Nor are you to be called 'teacher,' for you have one Teacher, the Christ. q 11 The greatest among you will be your servant. 12 For whoever exalts himself will be humbled, and whoever humbles himself will be exalted.

13 "Woe to you, teachers of the law and Pharisees, you hypocrites! You shut the kingdom of heaven in men's faces. You yourselves do not enter, nor will you let those enter who are trying to. t

15 "Woe to you, teachers of the law and Pharisees, you hypocrites! You travel over land and sea to win a single convert, and when he becomes one, you make him twice as much a son of hell as you are.

16 "Woe to you, blind guides! You say, 'If anyone swears by the temple, it means nothing; but if anyone swears by the gold of the temple, he is bound by his oath.' 17 You blind fools! Which is greater: the gold, or the temple that makes the gold sacred? 18 You also say, 'If anyone swears by the altar, it means nothing; but if anyone swears by the gift on it, he is bound by his oath.' 19 You blind men! Which is greater: the gift, or the altar that makes the gift sacred? 20 Therefore, he who swears by the altar swears by it and by everything on it. 21 And he who swears by the temple swears by

q 42,10 Or Messiah   r 44 Psalm 110:1   s 5 That is, boxes containing Scripture verses, worn on forehead and arm   t 13 Some manuscripts to. 14 Woe to you, teachers of the law and Pharisees, you hypocrites! You devour widows' houses and for a show make lengthy prayers. Therefore you will be punished more severely.

21 y el que jura por el templo, jura por él, y por el que lo habita;

22 y el que jura por el cielo, jura por el trono de Dios, y por aquel que está sentado en él.

23 ¡Ay de vosotros, escribas y fariseos, hipócritas! porque diezmáis la menta y el eneldo y el comino, y dejáis lo más importante de la ley: la justicia, la misericordia y la fe. Esto era necesario hacer, sin dejar de hacer aquello.

24 ¡Guías ciegos, que coláis el mosquito, y tragáis el camello!

25 ¡Ay de vosotros, escribas y fariseos, hipócritas! porque limpiáis lo de fuera del vaso y del plato, pero por dentro estáis llenos de robo y de injusticia.

26 ¡Fariseo ciego! Limpia primero lo de dentro del vaso y del plato, para que también lo de fuera sea limpio.

27 ¡Ay de vosotros, escribas y fariseos, hipócritas! porque sois semejantes a sepulcros blanqueados, que por fuera, a la verdad, se muestran hermosos, mas por dentro están llenos de huesos de muertos y de toda inmundicia.

28 Así también vosotros por fuera, a la verdad, os mostráis justos a los hombres, pero por dentro estáis llenos de hipocresía e iniquidad.

29 ¡Ay de vosotros, escribas y fariseos, hipócritas! porque edificáis los sepulcros de los profetas, y adornáis los monumentos de los justos,

30 y decís: Si hubiésemos vivido en los días de nuestros padres, no hubiéramos sido sus cómplices en la sangre de los profetas.

31 Así que dais testimonio contra vosotros mismos, de que sois hijos de aquellos que mataron a los profetas.

32 ¡Vosotros también llenad la medida de vuestros padres!

33 ¡Serpientes, generación de víboras! ¿Cómo escaparéis de la condenación del infierno?

34 Por tanto, he aquí yo os envío profetas y sabios y escribas; y de ellos, a unos mataréis y crucificaréis, y a otros azotaréis en vuestras sinagogas, y perseguiréis de ciudad en ciudad;

35 para que venga sobre vosotros toda la sangre justa que se ha derramado sobre la tierra, desde la sangre de Abel el justo hasta la sangre de Zacarías hijo de Berequías, a quien matasteis entre el templo y el altar.

36 De cierto os digo que todo esto vendrá sobre esta generación.

Lamento de Jesús sobre Jerusalén

37 ¡Jerusalén, Jerusalén, que matas a los profetas, y apedreas a los que te son enviados! ¡Cuántas veces quise juntar a tus hijos, como la gallina junta sus polluelos debajo de las alas, y no quisiste!

38 He aquí vuestra casa os es dejada desierta.

39 Porque os digo que desde ahora no me veréis, hasta que digáis: Bendito el que viene en el nombre del Señor.

Jesús predice la destrucción del templo

24 1 Cuando Jesús salió del templo y se iba, se acercaron sus discípulos para mostrarle los edificios del templo.

2 Respondiendo él, les dijo: ¿Veis todo esto? De cierto os digo, que no quedará aquí piedra sobre piedra, que no sea derribada.

Señales antes del fin

3 Y estando él sentado en el monte de los Olivos, los discípulos se le acercaron aparte, diciendo: Dinos, ¿cuándo serán estas cosas, y qué señal habrá de tu venida, y del fin del siglo?

4 Respondiendo Jesús, les dijo: Mirad que nadie os engañe.

it and by the one who dwells in it. 22 And he who swears by heaven swears by God's throne and by the one who sits on it.

23 "Woe to you, teachers of the law and Pharisees, you hypocrites! You give a tenth of your spices — mint, dill and cummin. But you have neglected the more important matters of the law — justice, mercy and faithfulness. You should have practiced the latter, without neglecting the former. 24 You blind guides! You strain out a gnat but swallow a camel.

25 "Woe to you, teachers of the law and Pharisees, you hypocrites! You clean the outside of the cup and dish, but inside they are full of greed and self-indulgence. 26 Blind Pharisee! First clean the inside of the cup and dish, and then the outside also will be clean.

27 "Woe to you, teachers of the law and Pharisees, you hypocrites! You are like whitewashed tombs, which look beautiful on the outside but on the inside are full of dead men's bones and everything unclean. 28 In the same way, on the outside you appear to people as righteous but on the inside you are full of hypocrisy and wickedness.

29 "Woe to you, teachers of the law and Pharisees, you hypocrites! You build tombs for the prophets and decorate the graves of the righteous. 30 And you say, 'If we had lived in the days of our forefathers, we would not have taken part with them in shedding the blood of the prophets.' 31 So you testify against yourselves that you are the descendants of those who murdered the prophets. 32 Fill up, then, the measure of the sin of your forefathers!

33 "You snakes! You brood of vipers! How will you escape being condemned to hell? 34 Therefore I am sending you prophets and wise men and teachers. Some of them you will kill and crucify; others you will flog in your synagogues and pursue from town to town. 35 And so upon you will come all the righteous blood that has been shed on earth, from the blood of righteous Abel to the blood of Zechariah son of Berekiah, whom you murdered between the temple and the altar. 36 I tell you the truth, all this will come upon this generation.

37 "O Jerusalem, Jerusalem, you who kill the prophets and stone those sent to you, how often I have longed to gather your children together, as a hen gathers her chicks under her wings, but you were not willing. 38 Look, your house is left to you desolate. 39 For I tell you, you will not see me again until you say, 'Blessed is he who comes in the name of the Lord.' u "

Signs of the End of the Age

24 Jesus left the temple and was walking away when his disciples came up to him to call his attention to its buildings. 2 "Do you see all these things?" he asked. "I tell you the truth, not one stone here will be left on another; every one will be thrown down."

3 As Jesus was sitting on the Mount of Olives, the disciples came to him privately. "Tell us," they said, "when will this happen, and what will be the sign of your coming and of the end of the age?"

4 Jesus answered: "Watch out that no one deceives

u 39 Psalm 118:26

5 Porque vendrán muchos en mi nombre, diciendo: Yo soy el Cristo; y a muchos engañarán.
6 Y oiréis de guerras y rumores de guerras; mirad que no os turbéis, porque es necesario que todo esto acontezca; pero aún no es el fin.
7 Porque se levantará nación contra nación, y reino contra reino; y habrá pestes y hambres y terremotos en diferentes lugares.
8 Y todo esto será principio de dolores.
9 Entonces os entregarán a tribulación, y os matarán, y seréis aborrecidos de todas las gentes por causa de mi nombre.
10 Muchos tropezarán entonces, y se entregarán unos a otros, y unos a otros se aborrecerán.
11 Y muchos falsos profetas se levantarán, y engañarán a muchos;
12 y por haberse multiplicado la maldad, el amor de muchos se enfriará.
13 Mas el que persevere hasta el fin, éste será salvo.
14 Y será predicado este evangelio del reino en todo el mundo, para testimonio a todas las naciones; y entonces vendrá el fin.
15 Por tanto, cuando veáis en el lugar santo la abominación desoladora de que habló el profeta Daniel (el que lee, entienda),
16 entonces los que estén en Judea, huyan a los montes.
17 El que esté en la azotea, no descienda para tomar algo de su casa;
18 y el que esté en el campo, no vuelva atrás para tomar su capa.
19 Mas ¡ay de las que estén encintas, y de las que críen en aquellos días!
20 Orad, pues, que vuestra huida no sea en invierno ni en día de reposo; *
21 porque habrá entonces gran tribulación, cual no la ha habido desde el principio del mundo hasta ahora, ni la habrá.
22 Y si aquellos días no fuesen acortados, nadie sería salvo; mas por causa de los escogidos, aquellos días serán acortados.
23 Entonces, si alguno os dijere: Mirad, aquí está el Cristo, o mirad, allí está, no lo creáis.
24 Porque se levantarán falsos Cristos, y falsos profetas, y harán grandes señales y prodigios, de tal manera que engañarán, si fuere posible, aun a los escogidos.
25 Ya os lo he dicho antes.
26 Así que, si os dijeren: Mirad, está en el desierto, no salgáis; o mirad, está en los aposentos, no lo creáis.
27 Porque como el relámpago que sale del oriente y se muestra hasta el occidente, así será también la venida del Hijo del Hombre.
28 Porque dondequiera que estuviere el cuerpo muerto, allí se juntarán las águilas.

La venida del Hijo del Hombre

29 E inmediatamente después de la tribulación de aquellos días, el sol se oscurecerá, y la luna no dará su resplandor, y las estrellas caerán del cielo, y las potencias de los cielos serán conmovidas.
30 Entonces aparecerá la señal del Hijo del Hombre en el cielo; y entonces lamentarán todas las tribus de la tierra, y verán al Hijo del Hombre viniendo sobre las nubes del cielo, con poder y gran gloria.
31 Y enviará sus ángeles con gran voz de trompeta, y juntarán a sus escogidos, de los cuatro vientos, desde un extremo del cielo hasta el otro.

you. 5For many will come in my name, claiming, 'I am the Christ, v' and will deceive many. 6You will hear of wars and rumors of wars, but see to it that you are not alarmed. Such things must happen, but the end is still to come. 7Nation will rise against nation, and kingdom against kingdom. There will be famines and earthquakes in various places. 8All these are the beginning of birth pains.
9"Then you will be handed over to be persecuted and put to death, and you will be hated by all nations because of me. 10At that time many will turn away from the faith and will betray and hate each other, 11and many false prophets will appear and deceive many people. 12Because of the increase of wickedness, the love of most will grow cold, 13but he who stands firm to the end will be saved. 14And this gospel of the kingdom will be preached in the whole world as a testimony to all nations, and then the end will come.
15"So when you see standing in the holy place 'the abomination that causes desolation,' w spoken of through the prophet Daniel—let the reader understand— 16then let those who are in Judea flee to the mountains. 17Let no one on the roof of his house go down to take anything out of the house. 18Let no one in the field go back to get his cloak. 19How dreadful it will be in those days for pregnant women and nursing mothers! 20Pray that your flight will not take place in winter or on the Sabbath. 21For then there will be great distress, unequaled from the beginning of the world until now—and never to be equaled again. 22If those days had not been cut short, no one would survive, but for the sake of the elect those days will be shortened. 23At that time if anyone says to you, 'Look, here is the Christ!' or, 'There he is!' do not believe it. 24For false Christs and false prophets will appear and perform great signs and miracles to deceive even the elect—if that were possible. 25See, I have told you ahead of time.
26"So if anyone tells you, 'There he is, out in the desert,' do not go out; or, 'Here he is, in the inner rooms,' do not believe it. 27For as lightning that comes from the east is visible even in the west, so will be the coming of the Son of Man. 28Wherever there is a carcass, there the vultures will gather.
29"Immediately after the distress of those days

" 'the sun will be darkened,
    and the moon will not give its light;
the stars will fall from the sky,
    and the heavenly bodies will be shaken.' x

30"At that time the sign of the Son of Man will appear in the sky, and all the nations of the earth will mourn. They will see the Son of Man coming on the clouds of the sky, with power and great glory. 31And he will send his angels with a loud trumpet call, and they will gather his elect from the four winds, from one end of the heavens to the other.

---

*Aquí equivale a *sábado*

v5 Or *Messiah*; also in verse 23   w15 Daniel 9:27; 11:31; 12:11   x29 Isaiah 13:10; 34:4

³²De la higuera aprended la parábola: Cuando ya su rama está tierna, y brotan las hojas, sabéis que el verano está cerca.

³³Así también vosotros, cuando veáis todas estas cosas, conoced que está cerca, a las puertas.

³⁴De cierto os digo, que no pasará esta generación hasta que todo esto acontezca.

³⁵El cielo y la tierra pasarán, pero mis palabras no pasarán.

³⁶Pero del día y la hora nadie sabe, ni aun los ángeles de los cielos, sino sólo mi Padre.

³⁷Mas como en los días de Noé, así será la venida del Hijo del Hombre.

³⁸Porque como en los días antes del diluvio estaban comiendo y bebiendo, casándose y dando en casamiento, hasta el día en que Noé entró en el arca,

³⁹y no entendieron hasta que vino el diluvio y se los llevó a todos, así será también la venida del Hijo del Hombre.

⁴⁰Entonces estarán dos en el campo; el uno será tomado, y el otro será dejado.

⁴¹Dos mujeres estarán moliendo en un molino; la una será tomada, y la otra será dejada.

⁴²Velad, pues, porque no sabéis a qué hora ha de venir vuestro Señor.

⁴³Pero sabed esto, que si el padre de familia supiese a qué hora el ladrón habría de venir, velaría, y no dejaría minar su casa.

⁴⁴Por tanto, también vosotros estad preparados; porque el Hijo del Hombre vendrá a la hora que no pensáis.

⁴⁵¿Quién es, pues, el siervo fiel y prudente, al cual puso su señor sobre su casa para que les dé el alimento a tiempo?

⁴⁶Bienaventurado aquel siervo al cual, cuando su señor venga, le halle haciendo así.

⁴⁷De cierto os digo que sobre todos sus bienes le pondrá.

⁴⁸Pero si aquel siervo malo dijere en su corazón: Mi señor tarda en venir;

⁴⁹y comenzare a golpear a sus consiervos, y aun a comer y a beber con los borrachos,

⁵⁰vendrá el señor de aquel siervo en día que éste no espera, y a la hora que no sabe,

⁵¹y lo castigará duramente, y pondrá su parte con los hipócritas; allí será el lloro y el crujir de dientes.

Parábola de las diez vírgenes

25 ¹Entonces el reino de los cielos será semejante a diez vírgenes que tomando sus lámparas, salieron a recibir al esposo.

²Cinco de ellas eran prudentes y cinco insensatas.

³Las insensatas, tomando sus lámparas, no tomaron consigo aceite;

⁴mas las prudentes tomaron aceite en sus vasijas, juntamente con sus lámparas.

⁵Y tardándose el esposo, cabecearon todas y se durmieron.

⁶Y a la medianoche se oyó un clamor: ¡Aquí viene el esposo; salid a recibirle!

⁷Entonces todas aquellas vírgenes se levantaron, y arreglaron sus lámparas.

⁸Y las insensatas dijeron a las prudentes: Dadnos de vuestro aceite; porque nuestras lámparas se apagan.

⁹Mas las prudentes respondieron diciendo: Para que no nos falte a nosotras y a vosotras, id más bien a los que venden, y comprad para vosotras mismas.

³²"Now learn this lesson from the fig tree: As soon as its twigs get tender and its leaves come out, you know that summer is near. ³³Even so, when you see all these things, you know that it _y_ is near, right at the door. ³⁴I tell you the truth, this generation _z_ will certainly not pass away until all these things have happened. ³⁵Heaven and earth will pass away, but my words will never pass away.

The Day and Hour Unknown

³⁶"No one knows about that day or hour, not even the angels in heaven, nor the Son, _a_ but only the Father. ³⁷As it was in the days of Noah, so it will be at the coming of the Son of Man. ³⁸For in the days before the flood, people were eating and drinking, marrying and giving in marriage, up to the day Noah entered the ark; ³⁹and they knew nothing about what would happen until the flood came and took them all away. That is how it will be at the coming of the Son of Man. ⁴⁰Two men will be in the field; one will be taken and the other left. ⁴¹Two women will be grinding with a hand mill; one will be taken and the other left.

⁴²"Therefore keep watch, because you do not know on what day your Lord will come. ⁴³But understand this: If the owner of the house had known at what time of night the thief was coming, he would have kept watch and would not have let his house be broken into. ⁴⁴So you also must be ready, because the Son of Man will come at an hour when you do not expect him.

⁴⁵"Who then is the faithful and wise servant, whom the master has put in charge of the servants in his household to give them their food at the proper time? ⁴⁶It will be good for that servant whose master finds him doing so when he returns. ⁴⁷I tell you the truth, he will put him in charge of all his possessions. ⁴⁸But suppose that servant is wicked and says to himself, 'My master is staying away a long time,' ⁴⁹and he then begins to beat his fellow servants and to eat and drink with drunkards. ⁵⁰The master of that servant will come on a day when he does not expect him and at an hour he is not aware of. ⁵¹He will cut him to pieces and assign him a place with the hypocrites, where there will be weeping and gnashing of teeth.

The Parable of the Ten Virgins

25 "At that time the kingdom of heaven will be like ten virgins who took their lamps and went out to meet the bridegroom. ²Five of them were foolish and five were wise. ³The foolish ones took their lamps but did not take any oil with them. ⁴The wise, however, took oil in jars along with their lamps. ⁵The bridegroom was a long time in coming, and they all became drowsy and fell asleep.

⁶"At midnight the cry rang out: 'Here's the bridegroom! Come out to meet him!'

⁷"Then all the virgins woke up and trimmed their lamps. ⁸The foolish ones said to the wise, 'Give us some of your oil; our lamps are going out.'

⁹" 'No,' they replied, 'there may not be enough for both us and you. Instead, go to those who sell oil and buy some for yourselves.'

_y_33 Or _he_   _z_34 Or _race_   _a_36 Some manuscripts do not have _nor the Son._

10 Pero mientras ellas iban a comprar, vino el esposo; y las que estaban preparadas entraron con él a las bodas; y se cerró la puerta.

11 Después vinieron también las otras vírgenes, diciendo: ¡Señor, señor, ábrenos!

12 Mas él, respondiendo, dijo: De cierto os digo, que no os conozco.

13 Velad, pues, porque no sabéis el día ni la hora en que el Hijo del Hombre ha de venir.

Parábola de los talentos

14 Porque el reino de los cielos es como un hombre que yéndose lejos, llamó a sus siervos y les entregó sus bienes.

15 A uno dio cinco talentos, y a otro dos, y a otro uno, a cada uno conforme a su capacidad; y luego se fue lejos.

16 Y el que había recibido cinco talentos fue y negoció con ellos, y ganó otros cinco talentos.

17 Asimismo el que había recibido dos, ganó también otros dos.

18 Pero el que había recibido uno fue y cavó en la tierra, y escondió el dinero de su señor.

19 Después de mucho tiempo vino el señor de aquellos siervos, y arregló cuentas con ellos.

20 Y llegando el que había recibido cinco talentos, trajo otros cinco talentos, diciendo: Señor, cinco talentos me entregaste; aquí tienes, he ganado otros cinco talentos sobre ellos.

21 Y su señor le dijo: Bien, buen siervo y fiel; sobre poco has sido fiel, sobre mucho te pondré; entra en el gozo de tu señor.

22 Llegando también el que había recibido dos talentos, dijo: Señor, dos talentos me entregaste; aquí tienes, he ganado otros dos talentos sobre ellos.

23 Su señor le dijo: Bien, buen siervo y fiel; sobre poco has sido fiel, sobre mucho te pondré; entra en el gozo de tu señor.

24 Pero llegando también el que había recibido un talento, dijo: Señor, te conocía que eres hombre duro, que siegas donde no sembraste y recoges donde no esparciste;

25 por lo cual tuve miedo, y fui y escondí tu talento en la tierra; aquí tienes lo que es tuyo.

26 Respondiendo su señor, le dijo: Siervo malo y negligente, sabías que siego donde no sembré, y que recojo donde no esparcí.

27 Por tanto, debías haber dado mi dinero a los banqueros, y al venir yo, hubiera recibido lo que es mío con los intereses.

28 Quitadle, pues, el talento, y dadlo al que tiene diez talentos.

29 Porque al que tiene, le será dado, y tendrá más; y al que no tiene, aun lo que tiene le será quitado.

30 Y al siervo inútil echadle en las tinieblas de afuera; allí será el lloro y el crujir de dientes.

El juicio de las naciones

31 Cuando el Hijo del Hombre venga en su gloria, y todos los santos ángeles con él, entonces se sentará en su trono de gloria,

32 y serán reunidas delante de él todas las naciones; y apartará los unos de los otros, como aparta el pastor las ovejas de los cabritos.

33 Y pondrá las ovejas a su derecha, y los cabritos a su izquierda.

10 "But while they were on their way to buy the oil, the bridegroom arrived. The virgins who were ready went in with him to the wedding banquet. And the door was shut.

11 "Later the others also came. 'Sir! Sir!' they said. 'Open the door for us!'

12 "But he replied, 'I tell you the truth, I don't know you.'

13 "Therefore keep watch, because you do not know the day or the hour.

The Parable of the Talents

14 "Again, it will be like a man going on a journey, who called his servants and entrusted his property to them. 15 To one he gave five talents[b] of money, to another two talents, and to another one talent, each according to his ability. Then he went on his journey. 16 The man who had received the five talents went at once and put his money to work and gained five more. 17 So also, the one with the two talents gained two more. 18 But the man who had received the one talent went off, dug a hole in the ground and hid his master's money.

19 "After a long time the master of those servants returned and settled accounts with them. 20 The man who had received the five talents brought the other five. 'Master,' he said, 'you entrusted me with five talents. See, I have gained five more.'

21 "His master replied, 'Well done, good and faithful servant! You have been faithful with a few things; I will put you in charge of many things. Come and share your master's happiness!'

22 "The man with the two talents also came. 'Master,' he said, 'you entrusted me with two talents; see, I have gained two more.'

23 "His master replied, 'Well done, good and faithful servant! You have been faithful with a few things; I will put you in charge of many things. Come and share your master's happiness!'

24 "Then the man who had received the one talent came. 'Master,' he said, 'I knew that you are a hard man, harvesting where you have not sown and gathering where you have not scattered seed. 25 So I was afraid and went out and hid your talent in the ground. See, here is what belongs to you.'

26 "His master replied, 'You wicked, lazy servant! So you knew that I harvest where I have not sown and gather where I have not scattered seed? 27 Well then, you should have put my money on deposit with the bankers, so that when I returned I would have received it back with interest.

28 " 'Take the talent from him and give it to the one who has the ten talents. 29 For everyone who has will be given more, and he will have an abundance. Whoever does not have, even what he has will be taken from him. 30 And throw that worthless servant outside, into the darkness, where there will be weeping and gnashing of teeth.'

The Sheep and the Goats

31 "When the Son of Man comes in his glory, and all the angels with him, he will sit on his throne in heavenly glory. 32 All the nations will be gathered before him, and he will separate the people one from another as a shepherd separates the sheep from the goats. 33 He will put the sheep on his right and the goats on his left.

---

b 15 A talent was worth more than a thousand dollars.

34 Entonces el Rey dirá a los de su derecha: Venid, benditos de mi Padre, heredad el reino preparado para vosotros desde la fundación del mundo.

35 Porque tuve hambre, y me disteis de comer; tuve sed, y me disteis de beber; fui forastero, y me recogisteis;

36 estuve desnudo, y me cubristeis; enfermo, y me visitasteis; en la cárcel, y vinisteis a mí.

37 Entonces los justos le responderán diciendo: Señor, ¿cuándo te vimos hambriento, y te sustentamos, o sediento, y te dimos de beber?

38 ¿Y cuándo te vimos forastero, y te recogimos, o desnudo, y te cubrimos?

39 ¿O cuándo te vimos enfermo, o en la cárcel, y vinimos a ti?

40 Y respondiendo el Rey, les dirá: De cierto os digo que en cuanto lo hicisteis a uno de estos mis hermanos más pequeños, a mí lo hicisteis.

41 Entonces dirá también a los de la izquierda: Apartaos de mí, malditos, al fuego eterno preparado para el diablo y sus ángeles.

42 Porque tuve hambre, y no me disteis de comer; tuve sed, y no me disteis de beber;

43 fui forastero, y no me recogisteis; estuve desnudo, y no me cubristeis; enfermo, y en la cárcel, y no me visitasteis.

44 Entonces también ellos le responderán diciendo: Señor, ¿cuándo te vimos hambriento, sediento, forastero, desnudo, enfermo, o en la cárcel, y no te servimos?

45 Entonces les responderá diciendo: De cierto os digo que en cuanto no lo hicisteis a uno de estos más pequeños, tampoco a mí lo hicisteis.

46 E irán éstos al castigo eterno, y los justos a la vida eterna.

El complot para prender a Jesús

26 1 Cuando hubo acabado Jesús todas estas palabras, dijo a sus discípulos:

2 Sabéis que dentro de dos días se celebra la pascua, y el Hijo del Hombre será entregado para ser crucificado.

3 Entonces los principales sacerdotes, los escribas, y los ancianos del pueblo se reunieron en el patio del sumo sacerdote llamado Caifás,

4 y tuvieron consejo para prender con engaño a Jesús, y matarle.

5 Pero decían: No durante la fiesta, para que no se haga alboroto en el pueblo.

Jesús es ungido en Betania

6 Y estando Jesús en Betania, en casa de Simón el leproso,

7 vino a él una mujer, con un vaso de alabastro de perfume de gran precio, y lo derramó sobre la cabeza de él, estando sentado a la mesa.

8 Al ver esto, los discípulos se enojaron, diciendo: ¿Para qué este desperdicio?

9 Porque esto podía haberse vendido a gran precio, y haberse dado a los pobres.

10 Y entendiéndolo Jesús, les dijo: ¿Por qué molestáis a esta mujer? pues ha hecho conmigo una buena obra.

11 Porque siempre tendréis pobres con vosotros, pero a mí no siempre me tendréis.

12 Porque al derramar este perfume sobre mi cuerpo, lo ha hecho a fin de prepararme para la sepultura.

13 De cierto os digo que dondequiera que se predique este evangelio, en todo el mundo, también se contará lo que ésta ha hecho, para memoria de ella.

34 "Then the King will say to those on his right, 'Come, you who are blessed by my Father; take your inheritance, the kingdom prepared for you since the creation of the world. 35 For I was hungry and you gave me something to eat, I was thirsty and you gave me something to drink, I was a stranger and you invited me in, 36 I needed clothes and you clothed me, I was sick and you looked after me, I was in prison and you came to visit me.'

37 "Then the righteous will answer him, 'Lord, when did we see you hungry and feed you, or thirsty and give you something to drink? 38 When did we see you a stranger and invite you in, or needing clothes and clothe you? 39 When did we see you sick or in prison and go to visit you?'

40 "The King will reply, 'I tell you the truth, whatever you did for one of the least of these brothers of mine, you did for me.'

41 "Then he will say to those on his left, 'Depart from me, you who are cursed, into the eternal fire prepared for the devil and his angels. 42 For I was hungry and you gave me nothing to eat, I was thirsty and you gave me nothing to drink, 43 I was a stranger and you did not invite me in, I needed clothes and you did not clothe me, I was sick and in prison and you did not look after me.'

44 "They also will answer, 'Lord, when did we see you hungry or thirsty or a stranger or needing clothes or sick or in prison, and did not help you?'

45 "He will reply, 'I tell you the truth, whatever you did not do for one of the least of these, you did not do for me.'

46 "Then they will go away to eternal punishment, but the righteous to eternal life."

The Plot Against Jesus

26 When Jesus had finished saying all these things, he said to his disciples, 2 "As you know, the Passover is two days away—and the Son of Man will be handed over to be crucified."

3 Then the chief priests and the elders of the people assembled in the palace of the high priest, whose name was Caiaphas, 4 and they plotted to arrest Jesus in some sly way and kill him. 5 "But not during the Feast," they said, "or there may be a riot among the people."

Jesus Anointed at Bethany

6 While Jesus was in Bethany in the home of a man known as Simon the Leper, 7 a woman came to him with an alabaster jar of very expensive perfume, which she poured on his head as he was reclining at the table.

8 When the disciples saw this, they were indignant. "Why this waste?" they asked. 9 "This perfume could have been sold at a high price and the money given to the poor."

10 Aware of this, Jesus said to them, "Why are you bothering this woman? She has done a beautiful thing to me. 11 The poor you will always have with you, but you will not always have me. 12 When she poured this perfume on my body, she did it to prepare me for burial. 13 I tell you the truth, wherever this gospel is preached throughout the world, what she has done will also be told, in memory of her."

Judas ofrece entregar a Jesús

14 Entonces uno de los doce, que se llamaba Judas Iscariote, fue a los principales sacerdotes,

15 y les dijo: ¿Qué me queréis dar, y yo os lo entregaré? Y ellos le asignaron treinta piezas de plata.

16 Y desde entonces buscaba oportunidad para entregarle.

Institución de la Cena del Señor

17 El primer día de la fiesta de los panes sin levadura, vinieron los discípulos a Jesús, diciéndole: ¿Dónde quieres que preparemos para que comas la pascua?

18 Y él dijo: Id a la ciudad a cierto hombre, y decidle: El Maestro dice: Mi tiempo está cerca; en tu casa celebraré la pascua con mis discípulos.

19 Y los discípulos hicieron como Jesús les mandó, y prepararon la pascua.

20 Cuando llegó la noche, se sentó a la mesa con los doce.

21 Y mientras comían, dijo: De cierto os digo, que uno de vosotros me va a entregar.

22 Y entristecidos en gran manera, comenzó cada uno de ellos a decirle: ¿Soy yo, Señor?

23 Entonces él respondiendo, dijo: El que mete la mano conmigo en el plato, ése me va a entregar.

24 A la verdad el Hijo del Hombre va, según está escrito de él, mas ¡ay de aquel hombre por quien el Hijo del Hombre es entregado! Bueno le fuera a ese hombre no haber nacido.

25 Entonces respondiendo Judas, el que le entregaba, dijo: ¿Soy yo, Maestro? Le dijo: Tú lo has dicho.

26 Y mientras comían, tomó Jesús el pan, y bendijo, y lo partió, y dio a sus discípulos, y dijo: Tomad, comed; esto es mi cuerpo.

27 Y tomando la copa, y habiendo dado gracias, les dio, diciendo: Bebed de ella todos;

28 porque esto es mi sangre del nuevo pacto, que por muchos es derramada para remisión de los pecados.

29 Y os digo que desde ahora no beberé más de este fruto de la vid, hasta aquel día en que lo beba nuevo con vosotros en el reino de mi Padre.

Jesús anuncia la negación de Pedro

30 Y cuando hubieron cantado el himno, salieron al monte de los Olivos.

31 Entonces Jesús les dijo: Todos vosotros os escandalizaréis de mí esta noche; porque escrito está: Heriré al pastor, y las ovejas del rebaño serán dispersadas.

32 Pero después que haya resucitado, iré delante de vosotros a Galilea.

33 Respondiendo Pedro, le dijo: Aunque todos se escandalicen de ti, yo nunca me escandalizaré.

34 Jesús le dijo: De cierto te digo que esta noche, antes que el gallo cante, me negarás tres veces.

35 Pedro le dijo: Aunque me sea necesario morir contigo, no te negaré. Y todos los discípulos dijeron lo mismo.

Judas Agrees to Betray Jesus

14 Then one of the Twelve—the one called Judas Iscariot—went to the chief priests 15 and asked, "What are you willing to give me if I hand him over to you?" So they counted out for him thirty silver coins. 16 From then on Judas watched for an opportunity to hand him over.

The Lord's Supper

17 On the first day of the Feast of Unleavened Bread, the disciples came to Jesus and asked, "Where do you want us to make preparations for you to eat the Passover?"

18 He replied, "Go into the city to a certain man and tell him, 'The Teacher says: My appointed time is near. I am going to celebrate the Passover with my disciples at your house.' " 19 So the disciples did as Jesus had directed them and prepared the Passover.

20 When evening came, Jesus was reclining at the table with the Twelve. 21 And while they were eating, he said, "I tell you the truth, one of you will betray me."

22 They were very sad and began to say to him one after the other, "Surely not I, Lord?"

23 Jesus replied, "The one who has dipped his hand into the bowl with me will betray me. 24 The Son of Man will go just as it is written about him. But woe to that man who betrays the Son of Man! It would be better for him if he had not been born."

25 Then Judas, the one who would betray him, said, "Surely not I, Rabbi?"

Jesus answered, "Yes, it is you."c

26 While they were eating, Jesus took bread, gave thanks and broke it, and gave it to his disciples, saying, "Take and eat; this is my body."

27 Then he took the cup, gave thanks and offered it to them, saying, "Drink from it, all of you. 28 This is my blood of thed covenant, which is poured out for many for the forgiveness of sins. 29 I tell you, I will not drink of this fruit of the vine from now on until that day when I drink it anew with you in my Father's kingdom."

30 When they had sung a hymn, they went out to the Mount of Olives.

Jesus Predicts Peter's Denial

31 Then Jesus told them, "This very night you will all fall away on account of me, for it is written:

" 'I will strike the shepherd,
    and the sheep of the flock will be scattered.'e

32 But after I have risen, I will go ahead of you into Galilee."

33 Peter replied, "Even if all fall away on account of you, I never will."

34 "I tell you the truth," Jesus answered, "this very night, before the rooster crows, you will disown me three times."

35 But Peter declared, "Even if I have to die with you, I will never disown you." And all the other disciples said the same.

---

c25 Or *"You yourself have said it"*   d28 Some manuscripts *the new*   e31 Zech. 13:7

Jesús ora en Getsemaní

36 Entonces llegó Jesús con ellos a un lugar que se llama Getsemaní, y dijo a sus discípulos: Sentaos aquí, entre tanto que voy allí y oro.

37 Y tomando a Pedro, y a los dos hijos de Zebedeo, comenzó a entristecerse y a angustiarse en gran manera.

38 Entonces Jesús les dijo: Mi alma está muy triste, hasta la muerte; quedaos aquí, y velad conmigo.

39 Yendo un poco adelante, se postró sobre su rostro, orando y diciendo: Padre mío, si es posible, pase de mí esta copa; pero no sea como yo quiero, sino como tú.

40 Vino luego a sus discípulos, y los halló durmiendo, y dijo a Pedro: ¿Así que no habéis podido velar conmigo una hora?

41 Velad y orad, para que no entréis en tentación; el espíritu a la verdad está dispuesto, pero la carne es débil.

42 Otra vez fue, y oró por segunda vez, diciendo: Padre mío, si no puede pasar de mí esta copa sin que yo la beba, hágase tu voluntad.

43 Vino otra vez y los halló durmiendo, porque los ojos de ellos estaban cargados de sueño.

44 Y dejándolos, se fue de nuevo, y oró por tercera vez, diciendo las mismas palabras.

45 Entonces vino a sus discípulos y les dijo: Dormid ya, y descansad. He aquí ha llegado la hora, y el Hijo del Hombre es entregado en manos de pecadores.

46 Levantaos, vamos; ved, se acerca el que me entrega.

Arresto de Jesús

47 Mientras todavía hablaba, vino Judas, uno de los doce, y con él mucha gente con espadas y palos, de parte de los principales sacerdotes y de los ancianos del pueblo.

48 Y el que le entregaba les había dado señal, diciendo: Al que yo besare, ése es; prendedle.

49 Y en seguida se acercó a Jesús y dijo: ¡Salve, Maestro! Y le besó.

50 Y Jesús le dijo: Amigo, ¿a qué vienes? Entonces se acercaron y echaron mano a Jesús, y le prendieron.

51 Pero uno de los que estaban con Jesús, extendiendo la mano, sacó su espada, e hiriendo a un siervo del sumo sacerdote, le quitó la oreja.

52 Entonces Jesús le dijo: Vuelve tu espada a su lugar; porque todos los que tomen espada, a espada perecerán.

53 ¿Acaso piensas que no puedo ahora orar a mi Padre, y que él no me daría más de doce legiones de ángeles?

54 ¿Pero cómo entonces se cumplirían las Escrituras, de que es necesario que así se haga?

55 En aquella hora dijo Jesús a la gente: ¿Como contra un ladrón habéis salido con espadas y con palos para prenderme? Cada día me sentaba con vosotros enseñando en el templo, y no me prendisteis.

56 Mas todo esto sucede, para que se cumplan las Escrituras de los profetas. Entonces todos los discípulos, dejándole, huyeron.

Jesús ante el concilio

57 Los que prendieron a Jesús le llevaron al sumo sacerdote Caifás, adonde estaban reunidos los escribas y los ancianos.

58 Mas Pedro le seguía de lejos hasta el patio del sumo sacerdote; y entrando, se sentó con los alguaciles, para ver el fin.

Gethsemane

36 Then Jesus went with his disciples to a place called Gethsemane, and he said to them, "Sit here while I go over there and pray." 37 He took Peter and the two sons of Zebedee along with him, and he began to be sorrowful and troubled. 38 Then he said to them, "My soul is overwhelmed with sorrow to the point of death. Stay here and keep watch with me."

39 Going a little farther, he fell with his face to the ground and prayed, "My Father, if it is possible, may this cup be taken from me. Yet not as I will, but as you will."

40 Then he returned to his disciples and found them sleeping. "Could you men not keep watch with me for one hour?" he asked Peter. 41 "Watch and pray so that you will not fall into temptation. The spirit is willing, but the body is weak."

42 He went away a second time and prayed, "My Father, if it is not possible for this cup to be taken away unless I drink it, may your will be done."

43 When he came back, he again found them sleeping, because their eyes were heavy. 44 So he left them and went away once more and prayed the third time, saying the same thing.

45 Then he returned to the disciples and said to them, "Are you still sleeping and resting? Look, the hour is near, and the Son of Man is betrayed into the hands of sinners. 46 Rise, let us go! Here comes my betrayer!"

Jesus Arrested

47 While he was still speaking, Judas, one of the Twelve, arrived. With him was a large crowd armed with swords and clubs, sent from the chief priests and the elders of the people. 48 Now the betrayer had arranged a signal with them: "The one I kiss is the man; arrest him." 49 Going at once to Jesus, Judas said, "Greetings, Rabbi!" and kissed him.

50 Jesus replied, "Friend, do what you came for." *f* Then the men stepped forward, seized Jesus and arrested him. 51 With that, one of Jesus' companions reached for his sword, drew it out and struck the servant of the high priest, cutting off his ear.

52 "Put your sword back in its place," Jesus said to him, "for all who draw the sword will die by the sword. 53 Do you think I cannot call on my Father, and he will at once put at my disposal more than twelve legions of angels? 54 But how then would the Scriptures be fulfilled that say it must happen in this way?"

55 At that time Jesus said to the crowd, "Am I leading a rebellion, that you have come out with swords and clubs to capture me? Every day I sat in the temple courts teaching, and you did not arrest me. 56 But this has all taken place that the writings of the prophets might be fulfilled." Then all the disciples deserted him and fled.

Before the Sanhedrin

57 Those who had arrested Jesus took him to Caiaphas, the high priest, where the teachers of the law and the elders had assembled. 58 But Peter followed him at a distance, right up to the courtyard of the high priest. He entered and sat down with the guards to see the outcome.

---

f50 Or "Friend, why have you come?"

59Y los principales sacerdotes y los ancianos y todo el concilio, buscaban falso testimonio contra Jesús, para entregarle a la muerte,

60y no lo hallaron, aunque muchos testigos falsos se presentaban. Pero al fin vinieron dos testigos falsos,

61que dijeron: Este dijo: Puedo derribar el templo de Dios, y en tres días reedificarlo.

62Y levantándose el sumo sacerdote, le dijo: ¿No respondes nada? ¿Qué testifican éstos contra ti?

63Mas Jesús callaba. Entonces el sumo sacerdote le dijo: Te conjuro por el Dios viviente, que nos digas si eres tú el Cristo, el Hijo de Dios.

64Jesús le dijo: Tú lo has dicho; y además os digo, que desde ahora veréis al Hijo del Hombre sentado a la diestra del poder de Dios, y viniendo en las nubes del cielo.

65Entonces el sumo sacerdote rasgó sus vestiduras, diciendo: ¡Ha blasfemado! ¿Qué más necesidad tenemos de testigos? He aquí, ahora mismo habéis oído su blasfemia.

66¿Qué os parece? Y respondiendo ellos, dijeron: ¡Es reo de muerte!

67Entonces le escupieron en el rostro, y le dieron de puñetazos, y otros le abofeteaban,

68diciendo: Profetízanos, Cristo, quién es el que te golpeó.

Pedro niega a Jesús

69Pedro estaba sentado fuera en el patio; y se le acercó una criada, diciendo: Tú también estabas con Jesús el galileo.

70Mas él negó delante de todos, diciendo: No sé lo que dices.

71Saliendo él a la puerta, le vio otra, y dijo a los que estaban allí: También éste estaba con Jesús el nazareno.

72Pero él negó otra vez con juramento: No conozco al hombre.

73Un poco después, acercándose los que por allí estaban, dijeron a Pedro: Verdaderamente también tú eres de ellos, porque aun tu manera de hablar te descubre.

74Entonces él comenzó a maldecir, y a jurar: No conozco al hombre. Y en seguida cantó el gallo.

75Entonces Pedro se acordó de las palabras de Jesús, que le había dicho: Antes que cante el gallo, me negarás tres veces. Y saliendo fuera, lloró amargamente.

Jesús ante Pilato

27 1Venida la mañana, todos los principales sacerdotes y los ancianos del pueblo entraron en consejo contra Jesús, para entregarle a muerte.

2Y le llevaron atado, y le entregaron a Poncio Pilato, el gobernador.

Muerte de Judas

3Entonces Judas, el que le había entregado, viendo que era condenado, devolvió arrepentido las treinta piezas de plata a los principales sacerdotes y a los ancianos,

4diciendo: Yo he pecado entregando sangre inocente. Mas ellos dijeron: ¿Qué nos importa a nosotros? ¡Allá tú!

5Y arrojando las piezas de plata en el templo, salió, y fue y se ahorcó.

6Los principales sacerdotes, tomando las piezas de plata, dijeron: No es lícito echarlas en el tesoro de las ofrendas, porque es precio de sangre.

7Y después de consultar, compraron con ellas el campo del alfarero, para sepultura de los extranjeros.

59The chief priests and the whole Sanhedrin were looking for false evidence against Jesus so that they could put him to death. 60But they did not find any, though many false witnesses came forward.

Finally two came forward 61and declared, "This fellow said, 'I am able to destroy the temple of God and rebuild it in three days.' "

62Then the high priest stood up and said to Jesus, "Are you not going to answer? What is this testimony that these men are bringing against you?" 63But Jesus remained silent.

The high priest said to him, "I charge you under oath by the living God: Tell us if you are the Christ,g the Son of God."

64"Yes, it is as you say," Jesus replied. "But I say to all of you: In the future you will see the Son of Man sitting at the right hand of the Mighty One and coming on the clouds of heaven."

65Then the high priest tore his clothes and said, "He has spoken blasphemy! Why do we need any more witnesses? Look, now you have heard the blasphemy. 66What do you think?"

"He is worthy of death," they answered.

67Then they spit in his face and struck him with their fists. Others slapped him 68and said, "Prophesy to us, Christ. Who hit you?"

Peter Disowns Jesus

69Now Peter was sitting out in the courtyard, and a servant girl came to him. "You also were with Jesus of Galilee," she said.

70But he denied it before them all. "I don't know what you're talking about," he said.

71Then he went out to the gateway, where another girl saw him and said to the people there, "This fellow was with Jesus of Nazareth."

72He denied it again, with an oath: "I don't know the man!"

73After a little while, those standing there went up to Peter and said, "Surely you are one of them, for your accent gives you away."

74Then he began to call down curses on himself and he swore to them, "I don't know the man!"

Immediately a rooster crowed. 75Then Peter remembered the word Jesus had spoken: "Before the rooster crows, you will disown me three times." And he went outside and wept bitterly.

Judas Hangs Himself

27 Early in the morning, all the chief priests and the elders of the people came to the decision to put Jesus to death. 2They bound him, led him away and handed him over to Pilate, the governor.

3When Judas, who had betrayed him, saw that Jesus was condemned, he was seized with remorse and returned the thirty silver coins to the chief priests and the elders. 4"I have sinned," he said, "for I have betrayed innocent blood."

"What is that to us?" they replied. "That's your responsibility."

5So Judas threw the money into the temple and left. Then he went away and hanged himself.

6The chief priests picked up the coins and said, "It is against the law to put this into the treasury, since it is blood money." 7So they decided to use the money to buy the potter's field as a burial place for foreigners.

g63 Or Messiah; also in verse 68

8 Por lo cual aquel campo se llama hasta el día de hoy: Campo de sangre.

9 Así se cumplió lo dicho por el profeta Jeremías, cuando dijo: Y tomaron las treinta piezas de plata, precio del apreciado, según precio puesto por los hijos de Israel; 10 y las dieron para el campo del alfarero, como me ordenó el Señor.

Pilato interroga a Jesús

11 Jesús, pues, estaba en pie delante del gobernador; y éste le preguntó, diciendo: ¿Eres tú el Rey de los judíos? Y Jesús le dijo: Tú lo dices.

12 Y siendo acusado por los principales sacerdotes y por los ancianos, nada respondió.

13 Pilato entonces le dijo: ¿No oyes cuántas cosas testifican contra ti?

14 Pero Jesús no le respondió ni una palabra; de tal manera que el gobernador se maravillaba mucho.

Jesús sentenciado a muerte

15 Ahora bien, en el día de la fiesta acostumbraba el gobernador soltar al pueblo un preso, el que quisiesen. 16 Y tenían entonces un preso famoso llamado Barrabás. 17 Reunidos, pues, ellos, les dijo Pilato: ¿A quién queréis que os suelte: a Barrabás, o a Jesús, llamado el Cristo? 18 Porque sabía que por envidia le habían entregado.

19 Y estando él sentado en el tribunal, su mujer le mandó decir: No tengas nada que ver con ese justo; porque hoy he padecido mucho en sueños por causa de él.

20 Pero los principales sacerdotes y los ancianos persuadieron a la multitud que pidiese a Barrabás, y que Jesús fuese muerto.

21 Y respondiendo el gobernador, les dijo: ¿A cuál de los dos queréis que os suelte? Y ellos dijeron: A Barrabás.

22 Pilato les dijo: ¿Qué, pues, haré de Jesús, llamado el Cristo? Todos le dijeron: ¡Sea crucificado!

23 Y el gobernador les dijo: Pues ¿qué mal ha hecho? Pero ellos gritaban aún más, diciendo: ¡Sea crucificado!

24 Viendo Pilato que nada adelantaba, sino que se hacía más alboroto, tomó agua y se lavó las manos delante del pueblo, diciendo: Inocente soy yo de la sangre de este justo; allá vosotros.

25 Y respondiendo todo el pueblo, dijo: Su sangre sea sobre nosotros, y sobre nuestros hijos.

26 Entonces les soltó a Barrabás; y habiendo azotado a Jesús, le entregó para ser crucificado.

27 Entonces los soldados del gobernador llevaron a Jesús al pretorio, y reunieron alrededor de él a toda la compañía; 28 y desnudándole, le echaron encima un manto de escarlata, 29 y pusieron sobre su cabeza una corona tejida de espinas, y una caña en su mano derecha; e hincando la rodilla delante de él, le escarnecían, diciendo: ¡Salve, Rey de los judíos!

30 Y escupiéndole, tomaban la caña y le golpeaban en la cabeza.

31 Después de haberle escarnecido, le quitaron el manto, le pusieron sus vestidos, y le llevaron para crucificarle.

Crucifixión y muerte de Jesús

32 Cuando salían, hallaron a un hombre de Cirene que se llamaba Simón; a éste obligaron a que llevase la cruz. 33 Y cuando llegaron a un lugar llamado Gólgota, que significa: Lugar de la Calavera,

8 That is why it has been called the Field of Blood to this day. 9 Then what was spoken by Jeremiah the prophet was fulfilled: "They took the thirty silver coins, the price set on him by the people of Israel, 10 and they used them to buy the potter's field, as the Lord commanded me." h

Jesus Before Pilate

11 Meanwhile Jesus stood before the governor, and the governor asked him, "Are you the king of the Jews?"

"Yes, it is as you say," Jesus replied.

12 When he was accused by the chief priests and the elders, he gave no answer. 13 Then Pilate asked him, "Don't you hear the testimony they are bringing against you?" 14 But Jesus made no reply, not even to a single charge — to the great amazement of the governor.

15 Now it was the governor's custom at the Feast to release a prisoner chosen by the crowd. 16 At that time they had a notorious prisoner, called Barabbas. 17 So when the crowd had gathered, Pilate asked them, "Which one do you want me to release to you: Barabbas, or Jesus who is called Christ?" 18 For he knew it was out of envy that they had handed Jesus over to him.

19 While Pilate was sitting on the judge's seat, his wife sent him this message: "Don't have anything to do with that innocent man, for I have suffered a great deal today in a dream because of him."

20 But the chief priests and the elders persuaded the crowd to ask for Barabbas and to have Jesus executed.

21 "Which of the two do you want me to release to you?" asked the governor.

"Barabbas," they answered.

22 "What shall I do, then, with Jesus who is called Christ?" Pilate asked.

They all answered, "Crucify him!"

23 "Why? What crime has he committed?" asked Pilate.

But they shouted all the louder, "Crucify him!"

24 When Pilate saw that he was getting nowhere, but that instead an uproar was starting, he took water and washed his hands in front of the crowd. "I am innocent of this man's blood," he said. "It is your responsibility!"

25 All the people answered, "Let his blood be on us and on our children!"

26 Then he released Barabbas to them. But he had Jesus flogged, and handed him over to be crucified.

The Soldiers Mock Jesus

27 Then the governor's soldiers took Jesus into the Praetorium and gathered the whole company of soldiers around him. 28 They stripped him and put a scarlet robe on him, 29 and then twisted together a crown of thorns and set it on his head. They put a staff in his right hand and knelt in front of him and mocked him. "Hail, king of the Jews!" they said. 30 They spit on him, and took the staff and struck him on the head again and again. 31 After they had mocked him, they took off the robe and put his own clothes on him. Then they led him away to crucify him.

The Crucifixion

32 As they were going out, they met a man from Cyrene, named Simon, and they forced him to carry the cross. 33 They came to a place called Golgotha

h10 See Zech. 11:12,13; Jer. 19:1-13; 32:6-9.

34 le dieron a beber vinagre mezclado con hiel; pero después de haberlo probado, no quiso beberlo.

35 Cuando le hubieron crucificado, repartieron entre sí sus vestidos, echando suertes, para que se cumpliese lo dicho por el profeta: Partieron entre sí mis vestidos, y sobre mi ropa echaron suertes.

36 Y sentados le guardaban allí.

37 Y pusieron sobre su cabeza su causa escrita: ESTE ES JESÚS, EL REY DE LOS JUDÍOS.

38 Entonces crucificaron con él a dos ladrones, uno a la derecha, y otro a la izquierda.

39 Y los que pasaban le injuriaban, meneando la cabeza,

40 y diciendo: Tú que derribas el templo, y en tres días lo reedificas, sálvate a ti mismo; si eres Hijo de Dios, desciende de la cruz.

41 De esta manera también los principales sacerdotes, escarneciéndole con los escribas y los fariseos y los ancianos, decían:

42 A otros salvó, a sí mismo no se puede salvar; si es el Rey de Israel, descienda ahora de la cruz, y creeremos en él.

43 Confió en Dios; líbrele ahora si le quiere; porque ha dicho: Soy Hijo de Dios.

44 Lo mismo le injuriaban también los ladrones que estaban crucificados con él.

45 Y desde la hora sexta hubo tinieblas sobre toda la tierra hasta la hora novena.

46 Cerca de la hora novena, Jesús clamó a gran voz, diciendo: Elí, Elí, ¿lama sabactani? Esto es: Dios mío, Dios mío, ¿por qué me has desamparado?

47 Algunos de los que estaban allí decían, al oirlo: A Elías llama éste.

48 Y al instante, corriendo uno de ellos, tomó una esponja, y la empapó de vinagre, y poniéndola en una caña, le dio a beber.

49 Pero los otros decían: Deja, veamos si viene Elías a librarle.

50 Mas Jesús, habiendo otra vez clamado a gran voz, entregó el espíritu.

51 Y he aquí, el velo del templo se rasgó en dos, de arriba abajo; y la tierra tembló, y las rocas se partieron;

52 y se abrieron los sepulcros, y muchos cuerpos de santos que habían dormido, se levantaron;

53 y saliendo de los sepulcros, después de la resurrección de él, vinieron a la santa ciudad, y aparecieron a muchos.

54 El centurión, y los que estaban con él guardando a Jesús, visto el terremoto, y las cosas que habían sido hechas, temieron en gran manera, y dijeron: Verdaderamente éste era Hijo de Dios.

55 Estaban allí muchas mujeres mirando de lejos, las cuales habían seguido a Jesús desde Galilea, sirviéndole,

56 entre las cuales estaban María Magdalena, María la madre de Jacobo y de José, y la madre de los hijos de Zebedeo.

Jesús es sepultado

57 Cuando llegó la noche, vino un hombre rico de Arimatea, llamado José, que también había sido discípulo de Jesús.

58 Este fue a Pilato y pidió el cuerpo de Jesús. Entonces Pilato mandó que se le diese el cuerpo.

59 Y tomando José el cuerpo, lo envolvió en una sábana limpia,

60 y lo puso en su sepulcro nuevo, que había labrado en la peña; y después de hacer rodar una gran piedra a la entrada del sepulcro, se fue.

(which means The Place of the Skull). 34There they offered Jesus wine to drink, mixed with gall; but after tasting it, he refused to drink it. 35When they had crucified him, they divided up his clothes by casting lots.*i* 36And sitting down, they kept watch over him there. 37Above his head they placed the written charge against him: THIS IS JESUS, THE KING OF THE JEWS. 38Two robbers were crucified with him, one on his right and one on his left. 39Those who passed by hurled insults at him, shaking their heads 40and saying, "You who are going to destroy the temple and build it in three days, save yourself! Come down from the cross, if you are the Son of God!"

41In the same way the chief priests, the teachers of the law and the elders mocked him. 42"He saved others," they said, "but he can't save himself! He's the King of Israel! Let him come down now from the cross, and we will believe in him. 43He trusts in God. Let God rescue him now if he wants him, for he said, 'I am the Son of God.' " 44In the same way the robbers who were crucified with him also heaped insults on him.

The Death of Jesus

45From the sixth hour until the ninth hour darkness came over all the land. 46About the ninth hour Jesus cried out in a loud voice, *"Eloi, Eloi,j lama sabachthani?"*—which means, "My God, my God, why have you forsaken me?"*k*

47When some of those standing there heard this, they said, "He's calling Elijah."

48Immediately one of them ran and got a sponge. He filled it with wine vinegar, put it on a stick, and offered it to Jesus to drink. 49The rest said, "Now leave him alone. Let's see if Elijah comes to save him."

50And when Jesus had cried out again in a loud voice, he gave up his spirit.

51At that moment the curtain of the temple was torn in two from top to bottom. The earth shook and the rocks split. 52The tombs broke open and the bodies of many holy people who had died were raised to life. 53They came out of the tombs, and after Jesus' resurrection they went into the holy city and appeared to many people.

54When the centurion and those with him who were guarding Jesus saw the earthquake and all that had happened, they were terrified, and exclaimed, "Surely he was the Son*l* of God!"

55Many women were there, watching from a distance. They had followed Jesus from Galilee to care for his needs. 56Among them were Mary Magdalene, Mary the mother of James and Joses, and the mother of Zebedee's sons.

The Burial of Jesus

57As evening approached, there came a rich man from Arimathea, named Joseph, who had himself become a disciple of Jesus. 58Going to Pilate, he asked for Jesus' body, and Pilate ordered that it be given to him. 59Joseph took the body, wrapped it in a clean linen cloth, 60and placed it in his own new tomb that he had cut out of the rock. He rolled a big stone in front of the entrance to the tomb and went away. 61Mary

---

i35 A few late manuscripts *lots that the word spoken by the prophet might be fulfilled: "They divided my garments among themselves and cast lots for my clothing"* (Psalm 22:18)
j46 Some manuscripts *Eli, Eli*   *k46* Psalm 22:1   *l54* Or *a son*

61 Y estaban allí María Magdalena, y la otra María, sentadas delante del sepulcro.

La guardia ante la tumba

62 Al día siguiente, que es después de la preparación, se reunieron los principales sacerdotes y los fariseos ante Pilato,
63 diciendo: Señor, nos acordamos que aquel engañador dijo, viviendo aún: Después de tres días resucitaré.
64 Manda, pues, que se asegure el sepulcro hasta el tercer día, no sea que vengan sus discípulos de noche, y lo hurten, y digan al pueblo: Resucitó de entre los muertos. Y será el postrer error peor que el primero.
65 Y Pilato les dijo: Ahí tenéis una guardia; id, aseguradlo como sabéis.
66 Entonces ellos fueron y aseguraron el sepulcro, sellando la piedra y poniendo la guardia.

La resurrección

28 1 Pasado el día de reposo, * al amanecer del primer día de la semana, vinieron María Magdalena y la otra María, a ver el sepulcro.
2 Y hubo un gran terremoto; porque un ángel del Señor, descendiendo del cielo y llegando, removió la piedra, y se sentó sobre ella.
3 Su aspecto era como un relámpago, y su vestido blanco como la nieve.
4 Y de miedo de él los guardas temblaron y se quedaron como muertos.
5 Mas el ángel, respondiendo, dijo a las mujeres: No temáis vosotras; porque yo sé que buscáis a Jesús, el que fue crucificado.
6 No está aquí, pues ha resucitado, como dijo. Venid, ved el lugar donde fue puesto el Señor.
7 E id pronto y decid a sus discípulos que ha resucitado de los muertos, y he aquí va delante de vosotros a Galilea; allí le veréis. He aquí, os lo he dicho.
8 Entonces ellas, saliendo del sepulcro con temor y gran gozo, fueron corriendo a dar las nuevas a sus discípulos. Y mientras iban a dar las nuevas a los discípulos,
9 he aquí, Jesús les salió al encuentro, diciendo: ¡Salve! Y ellas, acercándose, abrazaron sus pies, y le adoraron.
10 Entonces Jesús les dijo: No temáis; id, dad las nuevas a mis hermanos, para que vayan a Galilea, y allí me verán.

El informe de la guardia

11 Mientras ellas iban, he aquí unos de la guardia fueron a la ciudad, y dieron aviso a los principales sacerdotes de todas las cosas que habían acontecido.
12 Y reunidos con los ancianos, y habido consejo, dieron mucho dinero a los soldados,
13 diciendo: Decid vosotros: Sus discípulos vinieron de noche, y lo hurtaron, estando nosotros dormidos.
14 Y si esto lo oyere el gobernador, nosotros le persuadiremos, y os pondremos a salvo.
15 Y ellos, tomando el dinero, hicieron como se les había instruido. Este dicho se ha divulgado entre los judíos hasta el día de hoy.

La gran comisión

16 Pero los once discípulos se fueron a Galilea, al monte donde Jesús les había ordenado.
17 Y cuando le vieron, le adoraron; pero algunos dudaban.
18 Y Jesús se acercó y les habló diciendo: Toda potestad me es dada en el cielo y en la tierra.

Magdalene and the other Mary were sitting there opposite the tomb.

The Guard at the Tomb

62 The next day, the one after Preparation Day, the chief priests and the Pharisees went to Pilate. 63 "Sir," they said, "we remember that while he was still alive that deceiver said, 'After three days I will rise again.' 64 So give the order for the tomb to be made secure until the third day. Otherwise, his disciples may come and steal the body and tell the people that he has been raised from the dead. This last deception will be worse than the first."
65 "Take a guard," Pilate answered. "Go, make the tomb as secure as you know how." 66 So they went and made the tomb secure by putting a seal on the stone and posting the guard.

The Resurrection

28 After the Sabbath, at dawn on the first day of the week, Mary Magdalene and the other Mary went to look at the tomb.
2 There was a violent earthquake, for an angel of the Lord came down from heaven and, going to the tomb, rolled back the stone and sat on it. 3 His appearance was like lightning, and his clothes were white as snow. 4 The guards were so afraid of him that they shook and became like dead men.
5 The angel said to the women, "Do not be afraid, for I know that you are looking for Jesus, who was crucified. 6 He is not here; he has risen, just as he said. Come and see the place where he lay. 7 Then go quickly and tell his disciples: 'He has risen from the dead and is going ahead of you into Galilee. There you will see him.' Now I have told you."
8 So the women hurried away from the tomb, afraid yet filled with joy, and ran to tell his disciples. 9 Suddenly Jesus met them. "Greetings," he said. They came to him, clasped his feet and worshiped him. 10 Then Jesus said to them, "Do not be afraid. Go and tell my brothers to go to Galilee; there they will see me."

The Guards' Report

11 While the women were on their way, some of the guards went into the city and reported to the chief priests everything that had happened. 12 When the chief priests had met with the elders and devised a plan, they gave the soldiers a large sum of money, 13 telling them, "You are to say, 'His disciples came during the night and stole him away while we were asleep.' 14 If this report gets to the governor, we will satisfy him and keep you out of trouble." 15 So the soldiers took the money and did as they were instructed. And this story has been widely circulated among the Jews to this very day.

The Great Commission

16 Then the eleven disciples went to Galilee, to the mountain where Jesus had told them to go. 17 When they saw him, they worshiped him; but some doubted. 18 Then Jesus came to them and said, "All authority in

*Aquí equivale a *sábado*

19 Por tanto, id, y haced discípulos a todas las naciones, bautizándolos en el nombre del Padre, y del Hijo, y del Espíritu Santo;

20 enseñándoles que guarden todas las cosas que os he mandado; y he aquí yo estoy con vosotros todos los días, hasta el fin del mundo. **Amén.**

heaven and on earth has been given to me. 19 Therefore go and make disciples of all nations, baptizing them in *m* the name of the Father and of the Son and of the Holy Spirit, 20 and teaching them to obey everything I have commanded you. And surely I am with you always, to the very end of the age."

m 19 Or *into*; see Acts 8:16; 19:5; Romans 6:3; 1 Cor. 1:13; 10:2 and Gal. 3:27.

EL SANTO EVANGELIO SEGÚN
SAN MARCOS

MARK

Predicación de Juan el Bautista

1 ¹Principio del evangelio de Jesucristo, Hijo de Dios. ²Como está escrito en Isaías el profeta:
He aquí yo envío mi mensajero delante de tu faz,
El cual preparará tu camino delante de ti.
³Voz del que clama en el desierto:
Preparad el camino del Señor;
Enderezad sus sendas.
⁴Bautizaba Juan en el desierto, y predicaba el bautismo de arrepentimiento para perdón de pecados. ⁵Y salían a él toda la provincia de Judea, y todos los de Jerusalén; y eran bautizados por él en el río Jordán, confesando sus pecados. ⁶Y Juan estaba vestido de pelo de camello, y tenía un cinto de cuero alrededor de sus lomos; y comía langostas y miel silvestre. ⁷Y predicaba, diciendo: Viene tras mí el que es más poderoso que yo, a quien no soy digno de desatar encorvado la correa de su calzado. ⁸Yo a la verdad os he bautizado con agua; pero él os bautizará con Espíritu Santo.

El bautismo de Jesús

⁹Aconteció en aquellos días, que Jesús vino de Nazaret de Galilea, y fue bautizado por Juan en el Jordán. ¹⁰Y luego, cuando subía del agua, vio abrirse los cielos, y al Espíritu como paloma que descendía sobre él. ¹¹Y vino una voz de los cielos que decía: Tú eres mi Hijo amado; en ti tengo complacencia.

Tentación de Jesús

¹²Y luego el Espíritu le impulsó al desierto. ¹³Y estuvo allí en el desierto cuarenta días, y era tentado por Satanás, y estaba con las fieras; y los ángeles le servían.

Jesús principia su ministerio

¹⁴Después que Juan fue encarcelado, Jesús vino a Galilea predicando el evangelio del reino de Dios, ¹⁵diciendo: El tiempo se ha cumplido, y el reino de Dios se ha acercado; arrepentíos, y creed en el evangelio.

Jesús llama a cuatro pescadores

¹⁶Andando junto al mar de Galilea, vio a Simón y a Andrés su hermano, que echaban la red en el mar; porque eran pescadores. ¹⁷Y les dijo Jesús: Venid en pos de mí, y haré que seáis pescadores de hombres. ¹⁸Y dejando luego sus redes, le siguieron. ¹⁹Pasando de allí un poco más adelante, vio a Jacobo hijo de Zebedeo, y a Juan su hermano, también ellos en la barca, que remendaban las redes. ²⁰Y luego los llamó; y dejando a su padre Zebedeo en la barca con los jornaleros, le siguieron.

Un hombre que tenía un espíritu inmundo

²¹Y entraron en Capernaum; y los días de reposo, * entrando en la sinagoga, enseñaba. ²²Y se admiraban de su doctrina; porque les enseñaba como quien tiene autoridad, y no como los escribas.

John the Baptist Prepares the Way

1 The beginning of the gospel about Jesus Christ, the Son of God. [a]

²It is written in Isaiah the prophet:
"I will send my messenger ahead of you,
who will prepare your way" [b]—
³"a voice of one calling in the desert,
'Prepare the way for the Lord,
make straight paths for him.' " [c]

⁴And so John came, baptizing in the desert region and preaching a baptism of repentance for the forgiveness of sins. ⁵The whole Judean countryside and all the people of Jerusalem went out to him. Confessing their sins, they were baptized by him in the Jordan River. ⁶John wore clothing made of camel's hair, with a leather belt around his waist, and he ate locusts and wild honey. ⁷And this was his message: "After me will come one more powerful than I, the thongs of whose sandals I am not worthy to stoop down and untie. ⁸I baptize you with [d] water, but he will baptize you with the Holy Spirit."

The Baptism and Temptation of Jesus

⁹At that time Jesus came from Nazareth in Galilee and was baptized by John in the Jordan. ¹⁰As Jesus was coming up out of the water, he saw heaven being torn open and the Spirit descending on him like a dove. ¹¹And a voice came from heaven: "You are my Son, whom I love; with you I am well pleased."

¹²At once the Spirit sent him out into the desert, ¹³and he was in the desert forty days, being tempted by Satan. He was with the wild animals, and angels attended him.

The Calling of the First Disciples

¹⁴After John was put in prison, Jesus went into Galilee, proclaiming the good news of God. ¹⁵"The time has come," he said. "The kingdom of God is near. Repent and believe the good news!"

¹⁶As Jesus walked beside the Sea of Galilee, he saw Simon and his brother Andrew casting a net into the lake, for they were fishermen. ¹⁷"Come, follow me," Jesus said, "and I will make you fishers of men." ¹⁸At once they left their nets and followed him.

¹⁹When he had gone a little farther, he saw James son of Zebedee and his brother John in a boat, preparing their nets. ²⁰Without delay he called them, and they left their father Zebedee in the boat with the hired men and followed him.

Jesus Drives Out an Evil Spirit

²¹They went to Capernaum, and when the Sabbath came, Jesus went into the synagogue and began to teach. ²²The people were amazed at his teaching, because he taught them as one who had authority, not

---

*Aquí equivale a *sábado*

[a]1 Some manuscripts do not have *the Son of God.*   [b]2 Mal. 3:1
[c]3 Isaiah 40:3   [d]8 Or *in*

23 Pero había en la sinagoga de ellos un hombre con espíritu inmundo, que dio voces,
24 diciendo: ¡Ah! ¿qué tienes con nosotros, Jesús nazareno? ¿Has venido para destruirnos? Sé quién eres, el Santo de Dios.
25 Pero Jesús le reprendió, diciendo: ¡Cállate, y sal de él!
26 Y el espíritu inmundo, sacudiéndole con violencia, y clamando a gran voz, salió de él.
27 Y todos se asombraron, de tal manera que discutían entre sí, diciendo: ¿Qué es esto? ¿Qué nueva doctrina es esta, que con autoridad manda aun a los espíritus inmundos, y le obedecen?
28 Y muy pronto se difundió su fama por toda la provincia alrededor de Galilea.

Jesús sana a la suegra de Pedro

29 Al salir de la sinagoga, vinieron a casa de Simón y Andrés, con Jacobo y Juan.
30 Y la suegra de Simón estaba acostada con fiebre; y en seguida le hablaron de ella.
31 Entonces él se acercó, y la tomó de la mano y la levantó; e inmediatamente le dejó la fiebre, y ella les servía.

Muchos sanados al ponerse el sol

32 Cuando llegó la noche, luego que el sol se puso, le trajeron todos los que tenían enfermedades, y a los endemoniados;
33 y toda la ciudad se agolpó a la puerta.
34 Y sanó a muchos que estaban enfermos de diversas enfermedades, y echó fuera muchos demonios; y no dejaba hablar a los demonios, porque le conocían.

Jesús recorre Galilea predicando

35 Levantándose muy de mañana, siendo aún muy oscuro, salió y se fue a un lugar desierto, y allí oraba.
36 Y le buscó Simón, y los que con él estaban;
37 y hallándole, le dijeron: Todos te buscan.
38 El les dijo: Vamos a los lugares vecinos, para que predique también allí; porque para esto he venido.
39 Y predicaba en las sinagogas de ellos en toda Galilea, y echaba fuera los demonios.

Jesús sana a un leproso

40 Vino a él un leproso, rogándole; e hincada la rodilla, le dijo: Si quieres, puedes limpiarme.
41 Y Jesús, teniendo misericordia de él, extendió la mano y le tocó, y le dijo: Quiero, sé limpio.
42 Y así que él hubo hablado, al instante la lepra se fue de aquél, y quedó limpio.
43 Entonces le encargó rigurosamente, y le despidió luego,
44 y le dijo: Mira, no digas a nadie nada, sino vé, muéstrate al sacerdote, y ofrece por tu purificación lo que Moisés mandó, para testimonio a ellos.
45 Pero ido él, comenzó a publicarlo mucho y a divulgar el hecho, de manera que ya Jesús no podía entrar abiertamente en la ciudad, sino que se quedaba fuera en los lugares desiertos; y venían a él de todas partes.

Jesús sana a un paralítico

2 ¹ Entró Jesús otra vez en Capernaum después de algunos días; y se oyó que estaba en casa.
2 E inmediatamente se juntaron muchos, de manera que ya no cabían ni aun a la puerta; y les predicaba la palabra.
3 Entonces vinieron a él unos trayendo un paralítico, que era cargado por cuatro.

as the teachers of the law. 23 Just then a man in their synagogue who was possessed by an evil*e* spirit cried out, 24 "What do you want with us, Jesus of Nazareth? Have you come to destroy us? I know who you are — the Holy One of God!"
25 "Be quiet!" said Jesus sternly. "Come out of him!"
26 The evil spirit shook the man violently and came out of him with a shriek.
27 The people were all so amazed that they asked each other, "What is this? A new teaching — and with authority! He even gives orders to evil spirits and they obey him." 28 News about him spread quickly over the whole region of Galilee.

Jesus Heals Many

29 As soon as they left the synagogue, they went with James and John to the home of Simon and Andrew.
30 Simon's mother-in-law was in bed with a fever, and they told Jesus about her. 31 So he went to her, took her hand and helped her up. The fever left her and she began to wait on them.
32 That evening after sunset the people brought to Jesus all the sick and demon-possessed. 33 The whole town gathered at the door, 34 and Jesus healed many who had various diseases. He also drove out many demons, but he would not let the demons speak because they knew who he was.

Jesus Prays in a Solitary Place

35 Very early in the morning, while it was still dark, Jesus got up, left the house and went off to a solitary place, where he prayed. 36 Simon and his companions went to look for him, 37 and when they found him, they exclaimed: "Everyone is looking for you!"
38 Jesus replied, "Let us go somewhere else — to the nearby villages — so I can preach there also. That is why I have come." 39 So he traveled throughout Galilee, preaching in their synagogues and driving out demons.

A Man With Leprosy

40 A man with leprosy*f* came to him and begged him on his knees, "If you are willing, you can make me clean."
41 Filled with compassion, Jesus reached out his hand and touched the man. "I am willing," he said. "Be clean!" 42 Immediately the leprosy left him and he was cured.
43 Jesus sent him away at once with a strong warning: 44 "See that you don't tell this to anyone. But go, show yourself to the priest and offer the sacrifices that Moses commanded for your cleansing, as a testimony to them." 45 Instead he went out and began to talk freely, spreading the news. As a result, Jesus could no longer enter a town openly but stayed outside in lonely places. Yet the people still came to him from everywhere.

Jesus Heals a Paralytic

2 A few days later, when Jesus again entered Capernaum, the people heard that he had come home. 2 So many gathered that there was no room left, not even outside the door, and he preached the word to

---

e 23 Greek unclean; also in verses 26 and 27   f 40 The Greek word was used for various diseases affecting the skin — not necessarily leprosy.

4 Y como no podían acercarse a él a causa de la multitud, descubrieron el techo de donde estaba, y haciendo una abertura, bajaron el lecho en que yacía el paralítico.
5 Al ver Jesús la fe de ellos, dijo al paralítico: Hijo, tus pecados te son perdonados.
6 Estaban allí sentados algunos de los escribas, los cuales cavilaban en sus corazones:
7 ¿Por qué habla éste así? Blasfemias dice. ¿Quién puede perdonar pecados, sino sólo Dios?
8 Y conociendo luego Jesús en su espíritu que cavilaban de esta manera dentro de sí mismos, les dijo: ¿Por qué caviláis así en vuestros corazones?
9 ¿Qué es más fácil, decir al paralítico: Tus pecados te son perdonados, o decirle: Levántate, toma tu lecho y anda?
10 Pues para que sepáis que el Hijo del Hombre tiene potestad en la tierra para perdonar pecados (dijo al paralítico):
11 A ti te digo: Levántate, toma tu lecho, y vete a tu casa.
12 Entonces él se levantó en seguida, y tomando su lecho, salió delante de todos, de manera que todos se asombraron, y glorificaron a Dios, diciendo: Nunca hemos visto tal cosa.

Llamamiento de Leví

13 Después volvió a salir al mar; y toda la gente venía a él, y les enseñaba.
14 Y al pasar, vio a Leví hijo de Alfeo, sentado al banco de los tributos públicos, y le dijo: Sígueme. Y levantándose, le siguió.
15 Aconteció que estando Jesús a la mesa en casa de él, muchos publicanos y pecadores estaban también a la mesa juntamente con Jesús y sus discípulos; porque había muchos que le habían seguido.
16 Y los escribas y los fariseos, viéndole comer con los publicanos y con los pecadores, dijeron a los discípulos: ¿Qué es esto, que él come y bebe con los publicanos y pecadores?
17 Al oír esto Jesús, les dijo: Los sanos no tienen necesidad de médico, sino los enfermos. No he venido a llamar a justos, sino a pecadores.

La pregunta sobre el ayuno

18 Y los discípulos de Juan y los de los fariseos ayunaban; y vinieron, y le dijeron: ¿Por qué los discípulos de Juan y los de los fariseos ayunan, y tus discípulos no ayunan?
19 Jesús les dijo: ¿Acaso pueden los que están de bodas ayunar mientras está con ellos el esposo? Entre tanto que tienen consigo al esposo, no pueden ayunar.
20 Pero vendrán días cuando el esposo les será quitado, y entonces en aquellos días ayunarán.
21 Nadie pone remiendo de paño nuevo en vestido viejo; de otra manera, el mismo remiendo nuevo tira de lo viejo, y se hace peor la rotura.
22 Y nadie echa vino nuevo en odres viejos; de otra manera, el vino nuevo rompe los odres, y el vino se derrama, y los odres se pierden; pero el vino nuevo en odres nuevos se ha de echar.

Los discípulos recogen espigas en el día de reposo

23 Aconteció que al pasar él por los sembrados un día de reposo, * sus discípulos, andando, comenzaron a arrancar espigas.
24 Entonces los fariseos le dijeron: Mira, ¿por qué hacen en el día de reposo * lo que no es lícito?

them. 3 Some men came, bringing to him a paralytic, carried by four of them. 4 Since they could not get him to Jesus because of the crowd, they made an opening in the roof above Jesus and, after digging through it, lowered the mat the paralyzed man was lying on. 5 When Jesus saw their faith, he said to the paralytic, "Son, your sins are forgiven."
6 Now some teachers of the law were sitting there, thinking to themselves, 7 "Why does this fellow talk like that? He's blaspheming! Who can forgive sins but God alone?"
8 Immediately Jesus knew in his spirit that this was what they were thinking in their hearts, and he said to them, "Why are you thinking these things? 9 Which is easier: to say to the paralytic, 'Your sins are forgiven,' or to say, 'Get up, take your mat and walk'? 10 But that you may know that the Son of Man has authority on earth to forgive sins . . . ." He said to the paralytic, 11 "I tell you, get up, take your mat and go home." 12 He got up, took his mat and walked out in full view of them all. This amazed everyone and they praised God, saying, "We have never seen anything like this!"

The Calling of Levi

13 Once again Jesus went out beside the lake. A large crowd came to him, and he began to teach them. 14 As he walked along, he saw Levi son of Alphaeus sitting at the tax collector's booth. "Follow me," Jesus told him, and Levi got up and followed him.
15 While Jesus was having dinner at Levi's house, many tax collectors and "sinners" were eating with him and his disciples, for there were many who followed him. 16 When the teachers of the law who were Pharisees saw him eating with the "sinners" and tax collectors, they asked his disciples: "Why does he eat with tax collectors and 'sinners'?"
17 On hearing this, Jesus said to them, "It is not the healthy who need a doctor, but the sick. I have not come to call the righteous, but sinners."

Jesus Questioned About Fasting

18 Now John's disciples and the Pharisees were fasting. Some people came and asked Jesus, "How is it that John's disciples and the disciples of the Pharisees are fasting, but yours are not?"
19 Jesus answered, "How can the guests of the bridegroom fast while he is with them? They cannot, so long as they have him with them. 20 But the time will come when the bridegroom will be taken from them, and on that day they will fast.
21 "No one sews a patch of unshrunk cloth on an old garment. If he does, the new piece will pull away from the old, making the tear worse. 22 And no one pours new wine into old wineskins. If he does, the wine will burst the skins, and both the wine and the wineskins will be ruined. No, he pours new wine into new wineskins."

Lord of the Sabbath

23 One Sabbath Jesus was going through the grainfields, and as his disciples walked along, they began to pick some heads of grain. 24 The Pharisees said to him, "Look, why are they doing what is unlawful on the Sabbath?"

*Aquí equivale a sábado

25 Pero él les dijo: ¿Nunca leísteis lo que hizo David cuando tuvo necesidad, y sintió hambre, él y los que con él estaban;
26 cómo entró en la casa de Dios, siendo Abiatar sumo sacerdote, y comió los panes de la proposición, de los cuales no es lícito comer sino a los sacerdotes, y aun dio a los que con él estaban?
27 También les dijo: El día de reposo * fue hecho por causa del hombre, y no el hombre por causa del día de reposo. *
28 Por tanto, el Hijo del Hombre es Señor aun del día de reposo. *

El hombre de la mano seca

3 1 Otra vez entró Jesús en la sinagoga; y había allí un hombre que tenía seca una mano.
2 Y le acechaban para ver si en el día de reposo * le sanaría, a fin de poder acusarle.
3 Entonces dijo al hombre que tenía la mano seca: Levántate y ponte en medio.
4 Y les dijo: ¿Es lícito en los días de reposo * hacer bien, o hacer mal; salvar la vida, o quitarla? Pero ellos callaban.
5 Entonces, mirándolos alrededor con enojo, entristecido por la dureza de sus corazones, dijo al hombre: Extiende tu mano. Y él la extendió, y la mano le fue restaurada sana.
6 Y salidos los fariseos, tomaron consejo con los herodianos contra él para destruirle.

La multitud a la orilla del mar

7 Mas Jesús se retiró al mar con sus discípulos, y le siguió gran multitud de Galilea. Y de Judea,
8 de Jerusalén, de Idumea, del otro lado del Jordán, y de los alrededores de Tiro y de Sidón, oyendo cuán grandes cosas hacía, grandes multitudes vinieron a él.
9 Y dijo a sus discípulos que le tuviesen siempre lista la barca, a causa del gentío, para que no le oprimiesen.
10 Porque había sanado a muchos; de manera que por tocarle, cuantos tenían plagas caían sobre él.
11 Y los espíritus inmundos, al verle, se postraban delante de él, y daban voces, diciendo: Tú eres el Hijo de Dios.
12 Mas él les reprendía mucho para que no le descubriesen.

Elección de los doce apóstoles

13 Después subió al monte, y llamó a sí a los que él quiso; y vinieron a él.
14 Y estableció a doce, para que estuviesen con él, y para enviarlos a predicar,
15 y que tuviesen autoridad para sanar enfermedades y para echar fuera demonios:
16 a Simón, a quien puso por sobrenombre Pedro;
17 a Jacobo hijo de Zebedeo, y a Juan hermano de Jacobo, a quienes apellidó Boanerges, esto es, Hijos del trueno;
18 a Andrés, Felipe, Bartolomé, Mateo, Tomás, Jacobo hijo de Alfeo, Tadeo, Simón el cananista,
19 y Judas Iscariote, el que le entregó. Y vinieron a casa.

La blasfemia contra el Espíritu Santo

20 Y se agolpó de nuevo la gente, de modo que ellos ni aun podían comer pan.
21 Cuando lo oyeron los suyos, vinieron para prenderle; porque decían: Está fuera de sí.

25 He answered, "Have you never read what David did when he and his companions were hungry and in need? 26 In the days of Abiathar the high priest, he entered the house of God and ate the consecrated bread, which is lawful only for priests to eat. And he also gave some to his companions."
27 Then he said to them, "The Sabbath was made for man, not man for the Sabbath. 28 So the Son of Man is Lord even of the Sabbath."

3 Another time he went into the synagogue, and a man with a shriveled hand was there. 2 Some of them were looking for a reason to accuse Jesus, so they watched him closely to see if he would heal him on the Sabbath. 3 Jesus said to the man with the shriveled hand, "Stand up in front of everyone."
4 Then Jesus asked them, "Which is lawful on the Sabbath: to do good or to do evil, to save life or to kill?" But they remained silent.
5 He looked around at them in anger and, deeply distressed at their stubborn hearts, said to the man, "Stretch out your hand." He stretched it out, and his hand was completely restored. 6 Then the Pharisees went out and began to plot with the Herodians how they might kill Jesus.

Crowds Follow Jesus

7 Jesus withdrew with his disciples to the lake, and a large crowd from Galilee followed. 8 When they heard all he was doing, many people came to him from Judea, Jerusalem, Idumea, and the regions across the Jordan and around Tyre and Sidon. 9 Because of the crowd he told his disciples to have a small boat ready for him, to keep the people from crowding him. 10 For he had healed many, so that those with diseases were pushing forward to touch him. 11 Whenever the evil*g* spirits saw him, they fell down before him and cried out, "You are the Son of God." 12 But he gave them strict orders not to tell who he was.

The Appointing of the Twelve Apostles

13 Jesus went up on a mountainside and called to him those he wanted, and they came to him. 14 He appointed twelve—designating them apostles*h*— that they might be with him and that he might send them out to preach 15 and to have authority to drive out demons. 16 These are the twelve he appointed: Simon (to whom he gave the name Peter); 17 James son of Zebedee and his brother John (to them he gave the name Boanerges, which means Sons of Thunder); 18 Andrew, Philip, Bartholomew, Matthew, Thomas, James son of Alphaeus, Thaddaeus, Simon the Zealot 19 and Judas Iscariot, who betrayed him.

Jesus and Beelzebub

20 Then Jesus entered a house, and again a crowd gathered, so that he and his disciples were not even able to eat. 21 When his family heard about this, they went to take charge of him, for they said, "He is out of his mind."

---

*Aquí equivale a *sábado*

g 11 Greek *unclean*; also in verse 30　　*h 14* Some manuscripts do not have *designating them apostles*.

22 Pero los escribas que habían venido de Jerusalén decían que tenía a Beelzebú, y que por el príncipe de los demonios echaba fuera los demonios.

23 Y habiéndolos llamado, les decía en parábolas: ¿Cómo puede Satanás echar fuera a Satanás?

24 Si un reino está dividido contra sí mismo, tal reino no puede permanecer.

25 Y si una casa está dividida contra sí misma, tal casa no puede permanecer.

26 Y si Satanás se levanta contra sí mismo, y se divide, no puede permanecer, sino que ha llegado su fin.

27 Ninguno puede entrar en la casa de un hombre fuerte y saquear sus bienes, si antes no le ata, y entonces podrá saquear su casa.

28 De cierto os digo que todos los pecados serán perdonados a los hijos de los hombres, y las blasfemias cualesquiera que sean;

29 pero cualquiera que blasfeme contra el Espíritu Santo, no tiene jamás perdón, sino que es reo de juicio eterno.

30 Porque ellos habían dicho: Tiene espíritu inmundo.

La madre y los hermanos de Jesús

31 Vienen después sus hermanos y su madre, y quedándose afuera, enviaron a llamarle.

32 Y la gente que estaba sentada alrededor de él le dijo: Tu madre y tus hermanos están afuera, y te buscan.

33 El les respondió diciendo: ¿Quién es mi madre y mis hermanos?

34 Y mirando a los que estaban sentados alrededor de él, dijo: He aquí mi madre y mis hermanos.

35 Porque todo aquel que hace la voluntad de Dios, ése es mi hermano, y mi hermana, y mi madre.

Parábola del sembrador

4 ¹ Otra vez comenzó Jesús a enseñar junto al mar, y se reunió alrededor de él mucha gente, tanto que entrando en una barca, se sentó en ella en el mar; y toda la gente estaba en tierra junto al mar.

2 Y les enseñaba por parábolas muchas cosas, y les decía en su doctrina:

3 Oíd: He aquí, el sembrador salió a sembrar;

4 y al sembrar, aconteció que una parte cayó junto al camino, y vinieron las aves del cielo y la comieron.

5 Otra parte cayó en pedregales, donde no tenía mucha tierra; y brotó pronto, porque no tenía profundidad de tierra.

6 Pero salido el sol, se quemó; y porque no tenía raíz, se secó.

7 Otra parte cayó entre espinos; y los espinos crecieron y la ahogaron, y no dio fruto.

8 Pero otra parte cayó en buena tierra, y dio fruto, pues brotó y creció, y produjo a treinta, a sesenta, y a ciento por uno.

9 Entonces les dijo: El que tiene oídos para oír, oiga.

10 Cuando estuvo solo, los que estaban cerca de él con los doce le preguntaron sobre la parábola.

11 Y les dijo: A vosotros os es dado saber el misterio del reino de Dios; mas a los que están fuera, por parábolas todas las cosas;

12 para que viendo, vean y no perciban; y oyendo, oigan y no entiendan; para que no se conviertan, y les sean perdonados los pecados.

13 Y les dijo: ¿No sabéis esta parábola? ¿Cómo, pues, entenderéis todas las parábolas?

14 El sembrador es el que siembra la palabra.

15 Y éstos son los de junto al camino: en quienes se siembra

22 And the teachers of the law who came down from Jerusalem said, "He is possessed by Beelzebub *i*! By the prince of demons he is driving out demons."

23 So Jesus called them and spoke to them in parables: "How can Satan drive out Satan? 24 If a kingdom is divided against itself, that kingdom cannot stand. 25 If a house is divided against itself, that house cannot stand. 26 And if Satan opposes himself and is divided, he cannot stand; his end has come. 27 In fact, no one can enter a strong man's house and carry off his possessions unless he first ties up the strong man. Then he can rob his house. 28 I tell you the truth, all the sins and blasphemies of men will be forgiven them. 29 But whoever blasphemes against the Holy Spirit will never be forgiven; he is guilty of an eternal sin."

30 He said this because they were saying, "He has an evil spirit."

Jesus' Mother and Brothers

31 Then Jesus' mother and brothers arrived. Standing outside, they sent someone in to call him. 32 A crowd was sitting around him, and they told him, "Your mother and brothers are outside looking for you."

33 "Who are my mother and my brothers?" he asked.

34 Then he looked at those seated in a circle around him and said, "Here are my mother and my brothers! 35 Whoever does God's will is my brother and sister and mother."

The Parable of the Sower

4 Again Jesus began to teach by the lake. The crowd that gathered around him was so large that he got into a boat and sat in it out on the lake, while all the people were along the shore at the water's edge. 2 He taught them many things by parables, and in his teaching said: 3 "Listen! A farmer went out to sow his seed. 4 As he was scattering the seed, some fell along the path, and the birds came and ate it up. 5 Some fell on rocky places, where it did not have much soil. It sprang up quickly, because the soil was shallow. 6 But when the sun came up, the plants were scorched, and they withered because they had no root. 7 Other seed fell among thorns, which grew up and choked the plants, so that they did not bear grain. 8 Still other seed fell on good soil. It came up, grew and produced a crop, multiplying thirty, sixty, or even a hundred times."

9 Then Jesus said, "He who has ears to hear, let him hear."

10 When he was alone, the Twelve and the others around him asked him about the parables. 11 He told them, "The secret of the kingdom of God has been given to you. But to those on the outside everything is said in parables 12 so that,

" 'they may be ever seeing but never perceiving,
and ever hearing but never understanding;
otherwise they might turn and be forgiven!'/"

13 Then Jesus said to them, "Don't you understand this parable? How then will you understand any parable? 14 The farmer sows the word. 15 Some people are

la palabra, pero después que la oyen, en seguida viene Satanás, y quita la palabra que se sembró en sus corazones. 16 Estos son asimismo los que fueron sembrados en pedregales: los que cuando han oído la palabra, al momento la reciben con gozo;
17 pero no tienen raíz en sí, sino que son de corta duración, porque cuando viene la tribulación o la persecución por causa de la palabra, luego tropiezan.
18 Estos son los que fueron sembrados entre espinos: los que oyen la palabra,
19 pero los afanes de este siglo, y el engaño de las riquezas, y las codicias de otras cosas, entran y ahogan la palabra, y se hace infructuosa.
20 Y éstos son los que fueron sembrados en buena tierra: los que oyen la palabra y la reciben, y dan fruto a treinta, a sesenta, y a ciento por uno.

Nada oculto que no haya de ser manifestado

21 También les dijo: ¿Acaso se trae la luz para ponerla debajo del almud, o debajo de la cama? ¿No es para ponerla en el candelero?
22 Porque no hay nada oculto que no haya de ser manifestado; ni escondido, que no haya de salir a luz.
23 Si alguno tiene oídos para oir, oiga.
24 Les dijo también: Mirad lo que oís; porque con la medida con que medís, os será medido, y aun se os añadirá a vosotros los que oís.
25 Porque al que tiene, se le dará; y al que no tiene, aun lo que tiene se le quitará.

Parábola del crecimiento de la semilla

26 Decía además: Así es el reino de Dios, como cuando un hombre echa semilla en la tierra;
27 y duerme y se levanta, de noche y de día, y la semilla brota y crece sin que él sepa cómo.
28 Porque de suyo lleva fruto la tierra, primero hierba, luego espiga, después grano lleno en la espiga;
29 y cuando el fruto está maduro, en seguida se mete la hoz, porque la siega ha llegado.

Parábola de la semilla de mostaza

30 Decía también: ¿A qué haremos semejante el reino de Dios, o con qué parábola lo compararemos?
31 Es como el grano de mostaza, que cuando se siembra en tierra, es la más pequeña de todas las semillas que hay en la tierra;
32 pero después de sembrado, crece, y se hace la mayor de todas las hortalizas, y echa grandes ramas, de tal manera que las aves del cielo pueden morar bajo su sombra.

El uso que Jesús hace de las parábolas

33 Con muchas parábolas como estas les hablaba la palabra, conforme a lo que podían oir.
34 Y sin parábolas no les hablaba; aunque a sus discípulos en particular les declaraba todo.

Jesús calma la tempestad

35 Aquel día, cuando llegó la noche, les dijo: Pasemos al otro lado.
36 Y despidiendo a la multitud, le tomaron como estaba, en la barca; y había también con él otras barcas.
37 Pero se levantó una gran tempestad de viento, y echaba las olas en la barca, de tal manera que ya se anegaba.
38 Y él estaba en la popa, durmiendo sobre un cabezal; y le despertaron, y le dijeron: Maestro, ¿no tienes cuidado que perecemos?

like seed along the path, where the word is sown. As soon as they hear it, Satan comes and takes away the word that was sown in them. 16 Others, like seed sown on rocky places, hear the word and at once receive it with joy. 17 But since they have no root, they last only a short time. When trouble or persecution comes because of the word, they quickly fall away. 18 Still others, like seed sown among thorns, hear the word; 19 but the worries of this life, the deceitfulness of wealth and the desires for other things come in and choke the word, making it unfruitful. 20 Others, like seed sown on good soil, hear the word, accept it, and produce a crop— thirty, sixty or even a hundred times what was sown."

A Lamp on a Stand

21 He said to them, "Do you bring in a lamp to put it under a bowl or a bed? Instead, don't you put it on its stand? 22 For whatever is hidden is meant to be disclosed, and whatever is concealed is meant to be brought out into the open. 23 If anyone has ears to hear, let him hear."
24 "Consider carefully what you hear," he continued. "With the measure you use, it will be measured to you—and even more. 25 Whoever has will be given more; whoever does not have, even what he has will be taken from him."

The Parable of the Growing Seed

26 He also said, "This is what the kingdom of God is like. A man scatters seed on the ground. 27 Night and day, whether he sleeps or gets up, the seed sprouts and grows, though he does not know how. 28 All by itself the soil produces grain—first the stalk, then the head, then the full kernel in the head. 29 As soon as the grain is ripe, he puts the sickle to it, because the harvest has come."

The Parable of the Mustard Seed

30 Again he said, "What shall we say the kingdom of God is like, or what parable shall we use to describe it? 31 It is like a mustard seed, which is the smallest seed you plant in the ground. 32 Yet when planted, it grows and becomes the largest of all garden plants, with such big branches that the birds of the air can perch in its shade."
33 With many similar parables Jesus spoke the word to them, as much as they could understand. 34 He did not say anything to them without using a parable. But when he was alone with his own disciples, he explained everything.

Jesus Calms the Storm

35 That day when evening came, he said to his disciples, "Let us go over to the other side." 36 Leaving the crowd behind, they took him along, just as he was, in the boat. There were also other boats with him. 37 A furious squall came up, and the waves broke over the boat, so that it was nearly swamped. 38 Jesus was in the stern, sleeping on a cushion. The disciples woke him and said to him, "Teacher, don't you care if we drown?"

39 Y levantándose, reprendió al viento, y dijo al mar: Calla, enmudece. Y cesó el viento, y se hizo grande bonanza.
40 Y les dijo: ¿Por qué estáis así amedrentados? ¿Cómo no tenéis fe?
41 Entonces temieron con gran temor, y se decían el uno al otro: ¿Quién es éste, que aun el viento y el mar le obedecen?

El endemoniado gadareno

5 1 Vinieron al otro lado del mar, a la región de los gadarenos.
2 Y cuando salió él de la barca, en seguida vino a su encuentro, de los sepulcros, un hombre con un espíritu inmundo,
3 que tenía su morada en los sepulcros, y nadie podía atarle, ni aun con cadenas.
4 Porque muchas veces había sido atado con grillos y cadenas, mas las cadenas habían sido hechas pedazos por él, y desmenuzados los grillos; y nadie le podía dominar.
5 Y siempre, de día y de noche, andaba dando voces en los montes y en los sepulcros, e hiriéndose con piedras.
6 Cuando vio, pues, a Jesús de lejos, corrió, y se arrodilló ante él.
7 Y clamando a gran voz, dijo: ¿Qué tienes conmigo, Jesús, Hijo del Dios Altísimo? Te conjuro por Dios que no me atormentes.
8 Porque le decía: Sal de este hombre, espíritu inmundo.
9 Y le preguntó: ¿Cómo te llamas? Y respondió diciendo: Legión me llamo; porque somos muchos.
10 Y le rogaba mucho que no los enviase fuera de aquella región.
11 Estaba allí cerca del monte un gran hato de cerdos paciendo.
12 Y le rogaron todos los demonios, diciendo: Envíanos a los cerdos para que entremos en ellos.
13 Y luego Jesús les dio permiso. Y saliendo aquellos espíritus inmundos, entraron en los cerdos, los cuales eran como dos mil; y el hato se precipitó en el mar por un despeñadero, y en el mar se ahogaron.
14 Y los que apacentaban los cerdos huyeron, y dieron aviso en la ciudad y en los campos. Y salieron a ver qué era aquello que había sucedido.
15 Vienen a Jesús, y ven al que había sido atormentado del demonio, y que había tenido la legión, sentado, vestido y en su juicio cabal; y tuvieron miedo.
16 Y les contaron los que lo habían visto, cómo le había acontecido al que había tenido el demonio, y lo de los cerdos.
17 Y comenzaron a rogarle que se fuera de sus contornos.
18 Al entrar él en la barca, el que había estado endemoniado le rogaba que le dejase estar con él.
19 Mas Jesús no se lo permitió, sino que le dijo: Vete a tu casa, a los tuyos, y cuéntales cuán grandes cosas el Señor ha hecho contigo, y cómo ha tenido misericordia de ti.
20 Y se fue, y comenzó a publicar en Decápolis cuán grandes cosas había hecho Jesús con él; y todos se maravillaban.

La hija de Jairo, y la mujer que tocó el manto de Jesús

21 Pasando otra vez Jesús en una barca a la otra orilla, se reunió alrededor de él una gran multitud; y él estaba junto al mar.
22 Y vino uno de los principales de la sinagoga, llamado Jairo; y luego que le vio, se postró a sus pies,
23 y le rogaba mucho, diciendo: Mi hija está agonizando; ven y pon las manos sobre ella para que sea salva, y vivirá.

39 He got up, rebuked the wind and said to the waves, "Quiet! Be still!" Then the wind died down and it was completely calm.
40 He said to his disciples, "Why are you so afraid? Do you still have no faith?"
41 They were terrified and asked each other, "Who is this? Even the wind and the waves obey him!"

The Healing of a Demon-possessed Man

5 They went across the lake to the region of the Gerasenes. *k* 2 When Jesus got out of the boat, a man with an evil *l* spirit came from the tombs to meet him. 3 This man lived in the tombs, and no one could bind him any more, not even with a chain. 4 For he had often been chained hand and foot, but he tore the chains apart and broke the irons on his feet. No one was strong enough to subdue him. 5 Night and day among the tombs and in the hills he would cry out and cut himself with stones.
6 When he saw Jesus from a distance, he ran and fell on his knees in front of him. 7 He shouted at the top of his voice, "What do you want with me, Jesus, Son of the Most High God? Swear to God that you won't torture me!" 8 For Jesus had said to him, "Come out of this man, you evil spirit!"
9 Then Jesus asked him, "What is your name?"
"My name is Legion," he replied, "for we are many." 10 And he begged Jesus again and again not to send them out of the area.
11 A large herd of pigs was feeding on the nearby hillside. 12 The demons begged Jesus, "Send us among the pigs; allow us to go into them." 13 He gave them permission, and the evil spirits came out and went into the pigs. The herd, about two thousand in number, rushed down the steep bank into the lake and were drowned.
14 Those tending the pigs ran off and reported this in the town and countryside, and the people went out to see what had happened. 15 When they came to Jesus, they saw the man who had been possessed by the legion of demons, sitting there, dressed and in his right mind; and they were afraid. 16 Those who had seen it told the people what had happened to the demon-possessed man — and told about the pigs as well. 17 Then the people began to plead with Jesus to leave their region.
18 As Jesus was getting into the boat, the man who had been demon-possessed begged to go with him. 19 Jesus did not let him, but said, "Go home to your family and tell them how much the Lord has done for you, and how he has had mercy on you." 20 So the man went away and began to tell in the Decapolis *m* how much Jesus had done for him. And all the people were amazed.

A Dead Girl and a Sick Woman

21 When Jesus had again crossed over by boat to the other side of the lake, a large crowd gathered around him while he was by the lake. 22 Then one of the synagogue rulers, named Jairus, came there. Seeing Jesus, he fell at his feet 23 and pleaded earnestly with him, "My little daughter is dying. Please come and put your hands on her so that she will be healed and live."

k 1 Some manuscripts *Gadarenes*; other manuscripts *Gergesenes*
l 2 Greek *unclean*; also in verses 8 and 13   *m 20* That is, the Ten Cities

24 Fue, pues, con él; y le seguía una gran multitud, y le apretaban.

25 Pero una mujer que desde hacía doce años padecía de flujo de sangre,

26 y había sufrido mucho de muchos médicos, y gastado todo lo que tenía, y nada había aprovechado, antes le iba peor,

27 cuando oyó hablar de Jesús, vino por detrás entre la multitud, y tocó su manto.

28 Porque decía: Si tocare tan solamente su manto, seré salva.

29 Y en seguida la fuente de su sangre se secó; y sintió en el cuerpo que estaba sana de aquel azote.

30 Luego Jesús, conociendo en sí mismo el poder que había salido de él, volviéndose a la multitud, dijo: ¿Quién ha tocado mis vestidos?

31 Sus discípulos le dijeron: Ves que la multitud te aprieta, y dices: ¿Quién me ha tocado?

32 Pero él miraba alrededor para ver quién había hecho esto.

33 Entonces la mujer, temiendo y temblando, sabiendo lo que en ella había sido hecho, vino y se postró delante de él, y le dijo toda la verdad.

34 Y él le dijo: Hija, tu fe te ha hecho salva; vé en paz, y queda sana de tu azote.

35 Mientras él aún hablaba, vinieron de casa del principal de la sinagoga, diciendo: Tu hija ha muerto; ¿para qué molestas más al Maestro?

36 Pero Jesús, luego que oyó lo que se decía, dijo al principal de la sinagoga: No temas, cree solamente.

37 Y no permitió que le siguiese nadie sino Pedro, Jacobo, y Juan hermano de Jacobo.

38 Y vino a casa del principal de la sinagoga, y vio el alboroto y a los que lloraban y lamentaban mucho.

39 Y entrando, les dijo: ¿Por qué alborotáis y lloráis? La niña no está muerta, sino duerme.

40 Y se burlaban de él. Mas él, echando fuera a todos, tomó al padre y a la madre de la niña, y a los que estaban con él, y entró donde estaba la niña.

41 Y tomando la mano de la niña, le dijo: Talita cumi; que traducido es: Niña, a ti te digo, levántate.

42 Y luego la niña se levantó y andaba, pues tenía doce años. Y se espantaron grandemente.

43 Pero él les mandó mucho que nadie lo supiese, y dijo que se le diese de comer.

Jesús en Nazaret

6 1 Salió Jesús de allí y vino a su tierra, y le seguían sus discípulos.

2 Y llegado el día de reposo, *comenzó a enseñar en la sinagoga; y muchos, oyéndole, se admiraban, y decían: ¿De dónde tiene éste estas cosas? ¿Y qué sabiduría es esta que le es dada, y estos milagros que por sus manos son hechos?

3 ¿No es éste el carpintero, hijo de María, hermano de Jacobo, de José, de Judas y de Simón? ¿No están también aquí con nosotros sus hermanas? Y se escandalizaban de él.

4 Mas Jesús les decía: No hay profeta sin honra sino en su propia tierra, y entre sus parientes, y en su casa.

5 Y no pudo hacer allí ningún milagro, salvo que sanó a unos pocos enfermos, poniendo sobre ellos las manos.

6 Y estaba asombrado de la incredulidad de ellos. Y recorría las aldeas de alrededor, enseñando.

24 So Jesus went with him.

A large crowd followed and pressed around him. 25 And a woman was there who had been subject to bleeding for twelve years. 26 She had suffered a great deal under the care of many doctors and had spent all she had, yet instead of getting better she grew worse. 27 When she heard about Jesus, she came up behind him in the crowd and touched his cloak, 28 because she thought, "If I just touch his clothes, I will be healed." 29 Immediately her bleeding stopped and she felt in her body that she was freed from her suffering.

30 At once Jesus realized that power had gone out from him. He turned around in the crowd and asked, "Who touched my clothes?"

31 "You see the people crowding against you," his disciples answered, "and yet you can ask, 'Who touched me?' "

32 But Jesus kept looking around to see who had done it. 33 Then the woman, knowing what had happened to her, came and fell at his feet and, trembling with fear, told him the whole truth. 34 He said to her, "Daughter, your faith has healed you. Go in peace and be freed from your suffering."

35 While Jesus was still speaking, some men came from the house of Jairus, the synagogue ruler. "Your daughter is dead," they said. "Why bother the teacher any more?"

36 Ignoring what they said, Jesus told the synagogue ruler, "Don't be afraid; just believe."

37 He did not let anyone follow him except Peter, James and John the brother of James. 38 When they came to the home of the synagogue ruler, Jesus saw a commotion, with people crying and wailing loudly. 39 He went in and said to them, "Why all this commotion and wailing? The child is not dead but asleep." 40 But they laughed at him.

After he put them all out, he took the child's father and mother and the disciples who were with him, and went in where the child was. 41 He took her by the hand and said to her, "Talitha koum!" (which means, "Little girl, I say to you, get up!"). 42 Immediately the girl stood up and walked around (she was twelve years old). At this they were completely astonished. 43 He gave strict orders not to let anyone know about this, and told them to give her something to eat.

A Prophet Without Honor

6 Jesus left there and went to his hometown, accompanied by his disciples. 2 When the Sabbath came, he began to teach in the synagogue, and many who heard him were amazed.

"Where did this man get these things?" they asked. "What's this wisdom that has been given him, that he even does miracles! 3 Isn't this the carpenter? Isn't this Mary's son and the brother of James, Joseph, n Judas and Simon? Aren't his sisters here with us?" And they took offense at him.

4 Jesus said to them, "Only in his hometown, among his relatives and in his own house is a prophet without honor." 5 He could not do any miracles there, except lay his hands on a few sick people and heal them. 6 And he was amazed at their lack of faith.

Jesus Sends Out the Twelve

Then Jesus went around teaching from village to village. 7 Calling the Twelve to him, he sent them out

---

*Aquí equivale a *sábado*

n3 Greek Joses, a variant of Joseph

Misión de los doce discípulos

7 Después llamó a los doce, y comenzó a enviarlos de dos en dos; y les dio autoridad sobre los espíritus inmundos.

8 Y les mandó que no llevasen nada para el camino, sino solamente bordón; ni alforja, ni pan, ni dinero en el cinto, 9 sino que calzasen sandalias, y no vistiesen dos túnicas.

10 Y les dijo: Dondequiera que entréis en una casa, posad en ella hasta que salgáis de aquel lugar.

11 Y si en algún lugar no os recibieren ni os oyeren, salid de allí, y sacudid el polvo que está debajo de vuestros pies, para testimonio a ellos. De cierto os digo que en el día del juicio, será más tolerable el castigo para los de Sodoma y Gomorra, que para aquella ciudad.

12 Y saliendo, predicaban que los hombres se arrepintiesen. 13 Y echaban fuera muchos demonios, y ungían con aceite a muchos enfermos, y los sanaban.

Muerte de Juan el Bautista

14 Oyó el rey Herodes la fama de Jesús, porque su nombre se había hecho notorio; y dijo: Juan el Bautista ha resucitado de los muertos, y por eso actúan en él estos poderes.

15 Otros decían: Es Elías. Y otros decían: Es un profeta, o alguno de los profetas.

16 Al oir esto Herodes, dijo: Este es Juan el que yo decapité, que ha resucitado de los muertos.

17 Porque el mismo Herodes había enviado y prendido a Juan, y le había encadenado en la cárcel por causa de Herodías, mujer de Felipe su hermano; pues la había tomado por mujer.

18 Porque Juan decía a Herodes: No te es lícito tener la mujer de tu hermano.

19 Pero Herodías le acechaba, y deseaba matarle, y no podía;

20 porque Herodes temía a Juan, sabiendo que era varón justo y santo, y le guardaba a salvo; y oyéndole, se quedaba muy perplejo, pero le escuchaba de buena gana.

21 Pero venido un día oportuno, en que Herodes, en la fiesta de su cumpleaños, daba una cena a sus príncipes y tribunos y a los principales de Galilea,

22 entrando la hija de Herodías, danzó, y agradó a Herodes y a los que estaban con él a la mesa; y el rey dijo a la muchacha: Pídeme lo que quieras, y yo te lo daré.

23 Y le juró: Todo lo que me pidas te daré, hasta la mitad de mi reino.

24 Saliendo ella, dijo a su madre: ¿Qué pediré? Y ella le dijo: La cabeza de Juan el Bautista.

25 Entonces ella entró prontamente al rey, y pidió diciendo: Quiero que ahora mismo me des en un plato la cabeza de Juan el Bautista.

26 Y el rey se entristeció mucho; pero a causa del juramento, y de los que estaban con él a la mesa, no quiso desecharla.

27 Y en seguida el rey, enviando a uno de la guardia, mandó que fuese traída la cabeza de Juan.

28 El guarda fue, le decapitó en la cárcel, y trajo su cabeza en un plato y la dio a la muchacha, y la muchacha la dio a su madre.

29 Cuando oyeron esto sus discípulos, vinieron y tomaron su cuerpo, y lo pusieron en un sepulcro.

Alimentación de los cinco mil

30 Entonces los apóstoles se juntaron con Jesús, y le contaron todo lo que habían hecho, y lo que habían enseñado.

31 El les dijo: Venid vosotros aparte a un lugar desierto, y

two by two and gave them authority over evil o spirits.

8 These were his instructions: "Take nothing for the journey except a staff—no bread, no bag, no money in your belts. 9 Wear sandals but not an extra tunic. 10 Whenever you enter a house, stay there until you leave that town. 11 And if any place will not welcome you or listen to you, shake the dust off your feet when you leave, as a testimony against them."

12 They went out and preached that people should repent. 13 They drove out many demons and anointed many sick people with oil and healed them.

John the Baptist Beheaded

14 King Herod heard about this, for Jesus' name had become well known. Some were saying, p "John the Baptist has been raised from the dead, and that is why miraculous powers are at work in him."

15 Others said, "He is Elijah."

And still others claimed, "He is a prophet, like one of the prophets of long ago."

16 But when Herod heard this, he said, "John, the man I beheaded, has been raised from the dead!"

17 For Herod himself had given orders to have John arrested, and he had him bound and put in prison. He did this because of Herodias, his brother Philip's wife, whom he had married. 18 For John had been saying to Herod, "It is not lawful for you to have your brother's wife." 19 So Herodias nursed a grudge against John and wanted to kill him. But she was not able to, 20 because Herod feared John and protected him, knowing him to be a righteous and holy man. When Herod heard John, he was greatly puzzled q; yet he liked to listen to him.

21 Finally the opportune time came. On his birthday Herod gave a banquet for his high officials and military commanders and the leading men of Galilee. 22 When the daughter of Herodias came in and danced, she pleased Herod and his dinner guests.

The king said to the girl, "Ask me for anything you want, and I'll give it to you." 23 And he promised her with an oath, "Whatever you ask I will give you, up to half my kingdom."

24 She went out and said to her mother, "What shall I ask for?"

"The head of John the Baptist," she answered.

25 At once the girl hurried in to the king with the request: "I want you to give me right now the head of John the Baptist on a platter."

26 The king was greatly distressed, but because of his oaths and his dinner guests, he did not want to refuse her. 27 So he immediately sent an executioner with orders to bring John's head. The man went, beheaded John in the prison, 28 and brought back his head on a platter. He presented it to the girl, and she gave it to her mother. 29 On hearing of this, John's disciples came and took his body and laid it in a tomb.

Jesus Feeds the Five Thousand

30 The apostles gathered around Jesus and reported to him all they had done and taught. 31 Then, because

---

o 7 Greek *unclean*   p 14 Some early manuscripts *He was saying*
q 20 Some early manuscripts *he did many things*

descansad un poco. Porque eran muchos los que iban y venían, de manera que ni aun tenían tiempo para comer.
32 Y se fueron solos en una barca a un lugar desierto.
33 Pero muchos los vieron ir, y le reconocieron; y muchos fueron allá a pie desde las ciudades, y llegaron antes que ellos, y se juntaron a él.
34 Y salió Jesús y vio una gran multitud, y tuvo compasión de ellos, porque eran como ovejas que no tenían pastor; y comenzó a enseñarles muchas cosas.
35 Cuando ya era muy avanzada la hora, sus discípulos se acercaron a él, diciendo: El lugar es desierto, y la hora ya muy avanzada.
36 Despídelos para que vayan a los campos y aldeas de alrededor, y compren pan, pues no tienen qué comer.
37 Respondiendo él, les dijo: Dadles vosotros de comer. Ellos le dijeron: ¿Que vayamos y compremos pan por doscientos denarios, y les demos de comer?
38 El les dijo: ¿Cuántos panes tenéis? Id y vedlo. Y al saberlo, dijeron: Cinco, y dos peces.
39 Y les mandó que hiciesen recostar a todos por grupos sobre la hierba verde.
40 Y se recostaron por grupos, de ciento en ciento, y de cincuenta en cincuenta.
41 Entonces tomó los cinco panes y los dos peces, y levantando los ojos al cielo, bendijo, y partió los panes, y dio a sus discípulos para que los pusiesen delante; y repartió los dos peces entre todos.
42 Y comieron todos, y se saciaron.
43 Y recogieron de los pedazos doce cestas llenas, y de lo que sobró de los peces.
44 Y los que comieron eran cinco mil hombres.

Jesús anda sobre el mar

45 En seguida hizo a sus discípulos entrar en la barca e ir delante de él a Betsaida, en la otra ribera, entre tanto que él despedía a la multitud.
46 Y después que los hubo despedido, se fue al monte a orar;
47 y al venir la noche, la barca estaba en medio del mar, y él solo en tierra.
48 Y viéndoles remar con gran fatiga, porque el viento les era contrario, cerca de la cuarta vigilia de la noche vino a ellos andando sobre el mar, y quería adelantárseles.
49 Viéndole ellos andar sobre el mar, pensaron que era un fantasma, y gritaron;
50 porque todos le veían, y se turbaron. Pero en seguida habló con ellos, y les dijo: ¡Tened ánimo; yo soy, no temáis!
51 Y subió a ellos en la barca, y se calmó el viento; y ellos se asombraron en gran manera, y se maravillaban.
52 Porque aún no habían entendido lo de los panes, por cuanto estaban endurecidos sus corazones.

Jesús sana a los enfermos en Genesaret

53 Terminada la travesía, vinieron a tierra de Genesaret, y arribaron a la orilla.
54 Y saliendo ellos de la barca, en seguida la gente le conoció.
55 Y recorriendo toda la tierra de alrededor, comenzaron a traer de todas partes enfermos en lechos, a donde oían que estaba.
56 Y dondequiera que entraba, en aldeas, ciudades o campos, ponían en las calles a los que estaban enfermos, y le rogaban que les dejase tocar siquiera el borde de su manto; y todos los que le tocaban quedaban sanos.

so many people were coming and going that they did not even have a chance to eat, he said to them, "Come with me by yourselves to a quiet place and get some rest."
32 So they went away by themselves in a boat to a solitary place. 33 But many who saw them leaving recognized them and ran on foot from all the towns and got there ahead of them. 34 When Jesus landed and saw a large crowd, he had compassion on them, because they were like sheep without a shepherd. So he began teaching them many things.
35 By this time it was late in the day, so his disciples came to him. "This is a remote place," they said, "and it's already very late. 36 Send the people away so they can go to the surrounding countryside and villages and buy themselves something to eat."
37 But he answered, "You give them something to eat."
They said to him, "That would take eight months of a man's wages[r]! Are we to go and spend that much on bread and give it to them to eat?"
38 "How many loaves do you have?" he asked. "Go and see."
When they found out, they said, "Five — and two fish."
39 Then Jesus directed them to have all the people sit down in groups on the green grass. 40 So they sat down in groups of hundreds and fifties. 41 Taking the five loaves and the two fish and looking up to heaven, he gave thanks and broke the loaves. Then he gave them to his disciples to set before the people. He also divided the two fish among them all. 42 They all ate and were satisfied, 43 and the disciples picked up twelve basketfuls of broken pieces of bread and fish. 44 The number of the men who had eaten was five thousand.

Jesus Walks on the Water

45 Immediately Jesus made his disciples get into the boat and go on ahead of him to Bethsaida, while he dismissed the crowd. 46 After leaving them, he went up on a mountainside to pray.
47 When evening came, the boat was in the middle of the lake, and he was alone on land. 48 He saw the disciples straining at the oars, because the wind was against them. About the fourth watch of the night he went out to them, walking on the lake. He was about to pass by them, 49 but when they saw him walking on the lake, they thought he was a ghost. They cried out, 50 because they all saw him and were terrified.
Immediately he spoke to them and said, "Take courage! It is I. Don't be afraid." 51 Then he climbed into the boat with them, and the wind died down. They were completely amazed, 52 for they had not understood about the loaves; their hearts were hardened.
53 When they had crossed over, they landed at Gennesaret and anchored there. 54 As soon as they got out of the boat, people recognized Jesus. 55 They ran throughout that whole region and carried the sick on mats to wherever they heard he was. 56 And wherever he went — into villages, towns or countryside — they placed the sick in the marketplaces. They begged him to let them touch even the edge of his cloak, and all who touched him were healed.

---

r37 Greek *take two hundred denarii*

Lo que contamina al hombre

7 ¹ Se juntaron a Jesús los fariseos, y algunos de los escribas, que habían venido de Jerusalén;
² los cuales, viendo a algunos de los discípulos de Jesús comer pan con manos inmundas, esto es, no lavadas, los condenaban.
³ Porque los fariseos y todos los judíos, aferrándose a la tradición de los ancianos, si muchas veces no se lavan las manos, no comen.
⁴ Y volviendo de la plaza, si no se lavan, no comen. Y otras muchas cosas hay que tomaron para guardar, como los lavamientos de los vasos de beber, y de los jarros, y de los utensilios de metal, y de los lechos.
⁵ Le preguntaron, pues, los fariseos y los escribas: ¿Por qué tus discípulos no andan conforme a la tradición de los ancianos, sino que comen pan con manos inmundas?
⁶ Respondiendo él, les dijo: Hipócritas, bien profetizó de vosotros Isaías, como está escrito:

Este pueblo de labios me honra,
Mas su corazón está lejos de mí.
⁷ Pues en vano me honran,
Enseñando como doctrinas mandamientos de
hombres.

⁸ Porque dejando el mandamiento de Dios, os aferráis a la tradición de los hombres: los lavamientos de los jarros y de los vasos de beber; y hacéis otras muchas cosas semejantes.
⁹ Les decía también: Bien invalidáis el mandamiento de Dios para guardar vuestra tradición.
¹⁰ Porque Moisés dijo: Honra a tu padre y a tu madre; y: El que maldiga al padre o a la madre, muera irremisiblemente.
¹¹ Pero vosotros decís: Basta que diga un hombre al padre o a la madre: Es Corbán (que quiere decir, mi ofrenda a Dios) todo aquello con que pudiera ayudarte,
¹² y no le dejáis hacer más por su padre o por su madre,
¹³ invalidando la palabra de Dios con vuestra tradición que habéis transmitido. Y muchas cosas hacéis semejantes a estas.
¹⁴ Y llamando a sí a toda la multitud, les dijo: Oídme todos, y entended:
¹⁵ Nada hay fuera del hombre que entre en él, que le pueda contaminar; pero lo que sale de él, eso es lo que contamina al hombre.
¹⁶ Si alguno tiene oídos para oír, oiga.
¹⁷ Cuando se alejó de la multitud y entró en casa, le preguntaron sus discípulos sobre la parábola.
¹⁸ El les dijo: ¿También vosotros estáis así sin entendimiento? ¿No entendéis que todo lo de fuera que entra en el hombre, no le puede contaminar,
¹⁹ porque no entra en su corazón, sino en el vientre, y sale a la letrina? Esto decía, haciendo limpios todos los alimentos.
²⁰ Pero decía, que lo que del hombre sale, eso contamina al hombre.
²¹ Porque de dentro, del corazón de los hombres, salen los malos pensamientos, los adulterios, las fornicaciones, los homicidios,
²² los hurtos, las avaricias, las maldades, el engaño, la lascivia, la envidia, la maledicencia, la soberbia, la insensatez.
²³ Todas estas maldades de dentro salen, y contaminan al hombre.

La fe de la mujer sirofenicia

²⁴ Levantándose de allí, se fue a la región de Tiro y de Sidón; y entrando en una casa, no quiso que nadie lo supiese; pero no pudo esconderse.

Clean and Unclean

7 The Pharisees and some of the teachers of the law who had come from Jerusalem gathered around Jesus and ²saw some of his disciples eating food with hands that were "unclean," that is, unwashed. ³(The Pharisees and all the Jews do not eat unless they give their hands a ceremonial washing, holding to the tradition of the elders. ⁴When they come from the marketplace they do not eat unless they wash. And they observe many other traditions, such as the washing of cups, pitchers and kettles.ˢ)

⁵So the Pharisees and teachers of·the law asked Jesus, "Why don't your disciples live according to the tradition of the elders instead of eating their food with 'unclean' hands?"

⁶He replied, "Isaiah was right when he prophesied about you hypocrites; as it is written:

" 'These people honor me with their lips,
   but their hearts are far from me.
⁷They worship me in vain;
   their teachings are but rules taught by men.' ᵗ

⁸You have let go of the commands of God and are holding on to the traditions of men."

⁹And he said to them: "You have a fine way of setting aside the commands of God in order to observeᵘ your own traditions! ¹⁰For Moses said, 'Honor your father and your mother,'ᵛ and, 'Anyone who curses his father or mother must be put to death.'ʷ ¹¹But you say that if a man says to his father or mother: 'Whatever help you might otherwise have received from me is Corban' (that is, a gift devoted to God), ¹²then you no longer let him do anything for his father or mother. ¹³Thus you nullify the word of God by your tradition that you have handed down. And you do many things like that."

¹⁴Again Jesus called the crowd to him and said, "Listen to me, everyone, and understand this. ¹⁵Nothing outside a man can make him 'unclean' by going into him. Rather, it is what comes out of a man that makes him 'unclean.'ˣ

¹⁷After he had left the crowd and entered the house, his disciples asked him about this parable. ¹⁸"Are you so dull?" he asked. "Don't you see that nothing that enters a man from the outside can make him 'unclean'? ¹⁹For it doesn't go into his heart but into his stomach, and then out of his body." (In saying this, Jesus declared all foods "clean.")

²⁰He went on: "What comes out of a man is what makes him 'unclean.' ²¹For from within, out of men's hearts, come evil thoughts, sexual immorality, theft, murder, adultery, ²²greed, malice, deceit, lewdness, envy, slander, arrogance and folly. ²³All these evils come from inside and make a man 'unclean.' "

The Faith of a Syrophoenician Woman

²⁴Jesus left that place and went to the vicinity of Tyre.ʸ He entered a house and did not want anyone to know it; yet he could not keep his presence secret.

ˢ4 Some early manuscripts *pitchers, kettles and dining couches* ᵗ6,7 Isaiah 29:13 ᵘ9 Some manuscripts *set up* ᵛ10 Exodus 20:12; Deut. 5:16 ʷ10 Exodus 21:17; Lev. 20:9 ˣ15 Some early manuscripts *'unclean.'* ¹⁶*If anyone has ears to hear, let him hear.* ʸ24 Many early manuscripts *Tyre and Sidon*

25 Porque una mujer, cuya hija tenía un espíritu inmundo, luego que oyó de él, vino y se postró a sus pies.
26 La mujer era griega, y sirofenicia de nación; y le rogaba que echase fuera de su hija al demonio.
27 Pero Jesús le dijo: Deja primero que se sacien los hijos, porque no está bien tomar el pan de los hijos y echarlo a los perrillos.
28 Respondió ella y le dijo: Sí, Señor; pero aun los perrillos, debajo de la mesa, comen de las migajas de los hijos.
29 Entonces le dijo: Por esta palabra, vé; el demonio ha salido de tu hija.
30 Y cuando llegó ella a su casa, halló que el demonio había salido, y a la hija acostada en la cama.

Jesús sana a un sordomudo

31 Volviendo a salir de la región de Tiro, vino por Sidón al mar de Galilea, pasando por la región de Decápolis.
32 Y le trajeron un sordo y tartamudo, y le rogaron que le pusiera la mano encima.
33 Y tomándole aparte de la gente, metió los dedos en las orejas de él, y escupiendo, tocó su lengua;
34 y levantando los ojos al cielo, gimió, y le dijo: Efata, es decir: Sé abierto.
35 Al momento fueron abiertos sus oídos, y se desató la ligadura de su lengua, y hablaba bien.
36 Y les mandó que no lo dijesen a nadie; pero cuanto más les mandaba, tanto más y más lo divulgaban.
37 Y en gran manera se maravillaban, diciendo: Bien lo ha hecho todo; hace a los sordos oir, y a los mudos hablar.

Alimentación de los cuatro mil

8 1 En aquellos días, como había una gran multitud, y no tenían qué comer, Jesús llamó a sus discípulos, y les dijo:
2 Tengo compasión de la gente, porque ya hace tres días que están conmigo, y no tienen qué comer;
3 y si los enviare en ayunas a sus casas, se desmayarán en el camino, pues algunos de ellos han venido de lejos.
4 Sus discípulos le respondieron: ¿De dónde podrá alguien saciar de pan a éstos aquí en el desierto?
5 El les preguntó: ¿Cuántos panes tenéis? Ellos dijeron: Siete.
6 Entonces mandó a la multitud que se recostase en tierra; y tomando los siete panes, habiendo dado gracias, los partió, y dio a sus discípulos para que los pusiesen delante; y los pusieron delante de la multitud.
7 Tenían también unos pocos pececillos; y los bendijo, y mandó que también los pusiesen delante.
8 Y comieron, y se saciaron; y recogieron de los pedazos que habían sobrado, siete canastas.
9 Eran los que comieron, como cuatro mil; y los despidió.
10 Y luego entrando en la barca con sus discípulos, vino a la región de Dalmanuta.

La demanda de una señal

11 Vinieron entonces los fariseos y comenzaron a discutir con él, pidiéndole señal del cielo, para tentarle.
12 Y gimiendo en su espíritu, dijo: ¿Por qué pide señal esta generación? De cierto os digo que no se dará señal a esta generación.
13 Y dejándolos, volvió a entrar en la barca, y se fue a la otra ribera.

25 In fact, as soon as she heard about him, a woman whose little daughter was possessed by an evil^z spirit came and fell at his feet. 26 The woman was a Greek, born in Syrian Phoenicia. She begged Jesus to drive the demon out of her daughter.
27 "First let the children eat all they want," he told her, "for it is not right to take the children's bread and toss it to their dogs."
28 "Yes, Lord," she replied, "but even the dogs under the table eat the children's crumbs."
29 Then he told her, "For such a reply, you may go; the demon has left your daughter."
30 She went home and found her child lying on the bed, and the demon gone.

The Healing of a Deaf and Mute Man

31 Then Jesus left the vicinity of Tyre and went through Sidon, down to the Sea of Galilee and into the region of the Decapolis.^{a} 32 There some people brought to him a man who was deaf and could hardly talk, and they begged him to place his hand on the man.
33 After he took him aside, away from the crowd, Jesus put his fingers into the man's ears. Then he spit and touched the man's tongue. 34 He looked up to heaven and with a deep sigh said to him, *"Ephphatha!"* (which means, "Be opened!"). 35 At this, the man's ears were opened, his tongue was loosened and he began to speak plainly.
36 Jesus commanded them not to tell anyone. But the more he did so, the more they kept talking about it. 37 People were overwhelmed with amazement. "He has done everything well," they said. "He even makes the deaf hear and the mute speak."

Jesus Feeds the Four Thousand

8 During those days another large crowd gathered. Since they had nothing to eat, Jesus called his disciples to him and said, 2 "I have compassion for these people; they have already been with me three days and have nothing to eat. 3 If I send them home hungry, they will collapse on the way, because some of them have come a long distance."
4 His disciples answered, "But where in this remote place can anyone get enough bread to feed them?"
5 "How many loaves do you have?" Jesus asked.
"Seven," they replied.
6 He told the crowd to sit down on the ground. When he had taken the seven loaves and given thanks, he broke them and gave them to his disciples to set before the people, and they did so. 7 They had a few small fish as well; he gave thanks for them also and told the disciples to distribute them. 8 The people ate and were satisfied. Afterward the disciples picked up seven basketfuls of broken pieces that were left over. 9 About four thousand men were present. And having sent them away, 10 he got into the boat with his disciples and went to the region of Dalmanutha.
11 The Pharisees came and began to question Jesus. To test him, they asked him for a sign from heaven. 12 He sighed deeply and said, "Why does this generation ask for a miraculous sign? I tell you the truth, no sign will be given to it." 13 Then he left them, got back into the boat and crossed to the other side.

^{z}25 Greek *unclean* ^{a}31 That is, the Ten Cities

La levadura de los fariseos

14 Habían olvidado de traer pan, y no tenían sino un pan consigo en la barca.

15 Y él les mandó, diciendo: Mirad, guardaos de la levadura de los fariseos, y de la levadura de Herodes.

16 Y discutían entre sí, diciendo: Es porque no trajimos pan.

17 Y entendiéndolo Jesús, les dijo: ¿Qué discutís, porque no tenéis pan? ¿No entendéis ni comprendéis? ¿Aún tenéis endurecido vuestro corazón?

18 ¿Teniendo ojos no veis, y teniendo oídos no oís? ¿Y no recordáis?

19 Cuando partí los cinco panes entre cinco mil, ¿cuántas cestas llenas de los pedazos recogisteis? Y ellos dijeron: Doce.

20 Y cuando los siete panes entre cuatro mil, ¿cuántas canastas llenas de los pedazos recogisteis? Y ellos dijeron: Siete.

21 Y les dijo: ¿Cómo aún no entendéis?

Un ciego sanado en Betsaida

22 Vino luego a Betsaida; y le trajeron un ciego, y le rogaron que le tocase.

23 Entonces, tomando la mano del ciego, le sacó fuera de la aldea; y escupiendo en sus ojos, le puso las manos encima, y le preguntó si veía algo.

24 El, mirando, dijo: Veo los hombres como árboles, pero los veo que andan.

25 Luego le puso otra vez las manos sobre los ojos, y le hizo que mirase; y fue restablecido, y vio de lejos y claramente a todos.

26 Y lo envió a su casa, diciendo: No entres en la aldea, ni lo digas a nadie en la aldea.

La confesión de Pedro

27 Salieron Jesús y sus discípulos por las aldeas de Cesarea de Filipo. Y en el camino preguntó a sus discípulos, diciéndoles: ¿Quién dicen los hombres que soy yo?

28 Ellos respondieron: Unos, Juan el Bautista; otros, Elías; y otros, alguno de los profetas.

29 Entonces él les dijo: Y vosotros, ¿quién decís que soy? Respondiendo Pedro, le dijo: Tú eres el Cristo.

30 Pero él les mandó que no dijesen esto de él a ninguno.

Jesús anuncia su muerte

31 Y comenzó a enseñarles que le era necesario al Hijo del Hombre padecer mucho, y ser desechado por los ancianos, por los principales sacerdotes y por los escribas, y ser muerto, y resucitar después de tres días.

32 Esto les decía claramente. Entonces Pedro le tomó aparte y comenzó a reconvenirle.

33 Pero él, volviéndose y mirando a los discípulos, reprendió a Pedro, diciendo: ¡Quítate de delante de mí, Satanás! porque no pones la mira en las cosas de Dios, sino en las de los hombres.

34 Y llamando a la gente y a sus discípulos, les dijo: Si alguno quiere venir en pos de mí, niéguese a sí mismo, y tome su cruz, y sígame.

35 Porque todo el que quiera salvar su vida, la perderá; y todo el que pierda su vida por causa de mí y del evangelio, la salvará.

36 Porque ¿qué aprovechará al hombre si ganare todo el mundo, y perdiere su alma?

37 ¿O qué recompensa dará el hombre por su alma?

The Yeast of the Pharisees and Herod

14 The disciples had forgotten to bring bread, except for one loaf they had with them in the boat. 15 "Be careful," Jesus warned them. "Watch out for the yeast of the Pharisees and that of Herod."

16 They discussed this with one another and said, "It is because we have no bread."

17 Aware of their discussion, Jesus asked them: "Why are you talking about having no bread? Do you still not see or understand? Are your hearts hardened? 18 Do you have eyes but fail to see, and ears but fail to hear? And don't you remember? 19 When I broke the five loaves for the five thousand, how many basketfuls of pieces did you pick up?"

"Twelve," they replied.

20 "And when I broke the seven loaves for the four thousand, how many basketfuls of pieces did you pick up?"

They answered, "Seven."

21 He said to them, "Do you still not understand?"

The Healing of a Blind Man at Bethsaida

22 They came to Bethsaida, and some people brought a blind man and begged Jesus to touch him. 23 He took the blind man by the hand and led him outside the village. When he had spit on the man's eyes and put his hands on him, Jesus asked, "Do you see anything?"

24 He looked up and said, "I see people; they look like trees walking around."

25 Once more Jesus put his hands on the man's eyes. Then his eyes were opened, his sight was restored, and he saw everything clearly. 26 Jesus sent him home, saying, "Don't go into the village. b"

Peter's Confession of Christ

27 Jesus and his disciples went on to the villages around Caesarea Philippi. On the way he asked them, "Who do people say I am?"

28 They replied, "Some say John the Baptist; others say Elijah; and still others, one of the prophets."

29 "But what about you?" he asked. "Who do you say I am?"

Peter answered, "You are the Christ. c"

30 Jesus warned them not to tell anyone about him.

Jesus Predicts His Death

31 He then began to teach them that the Son of Man must suffer many things and be rejected by the elders, chief priests and teachers of the law, and that he must be killed and after three days rise again. 32 He spoke plainly about this, and Peter took him aside and began to rebuke him.

33 But when Jesus turned and looked at his disciples, he rebuked Peter. "Get behind me, Satan!" he said. "You do not have in mind the things of God, but the things of men."

34 Then he called the crowd to him along with his disciples and said: "If anyone would come after me, he must deny himself and take up his cross and follow me. 35 For whoever wants to save his life d will lose it, but whoever loses his life for me and for the gospel will save it. 36 What good is it for a man to gain the whole world, yet forfeit his soul? 37 Or what can a man give

---

b26 Some manuscripts *Don't go and tell anyone in the village*
c29 Or *Messiah.* "The Christ" (Greek) and "the Messiah" (Hebrew) both mean "the Anointed One."   d35 The Greek word means either *life* or *soul*; also in verse 36.

38 Porque el que se avergonzare de mí y de mis palabras en esta generación adúltera y pecadora, el Hijo del Hombre se avergonzará también de él, cuando venga en la gloria de su Padre con los santos ángeles.

9

1 También les dijo: De cierto os digo que hay algunos de los que están aquí, que no gustarán la muerte hasta que hayan visto el reino de Dios venido con poder.

La transfiguración

2 Seis días después, Jesús tomó a Pedro, a Jacobo y a Juan, y los llevó aparte solos a un monte alto; y se transfiguró delante de ellos.
3 Y sus vestidos se volvieron resplandecientes, muy blancos, como la nieve, tanto que ningún lavador en la tierra los puede hacer tan blancos.
4 Y les apareció Elías con Moisés, que hablaban con Jesús.
5 Entonces Pedro dijo a Jesús: Maestro, bueno es para nosotros que estemos aquí; y hagamos tres enramadas, una para ti, otra para Moisés, y otra para Elías.
6 Porque no sabía lo que hablaba, pues estaban espantados.
7 Entonces vino una nube que les hizo sombra, y desde la nube una voz que decía: Este es mi Hijo amado; a él oíd.
8 Y luego, cuando miraron, no vieron más a nadie consigo, sino a Jesús solo.
9 Y descendiendo ellos del monte, les mandó que a nadie dijesen lo que habían visto, sino cuando el Hijo del Hombre hubiese resucitado de los muertos.
10 Y guardaron la palabra entre sí, discutiendo qué sería aquello de resucitar de los muertos.
11 Y le preguntaron, diciendo: ¿Por qué dicen los escribas que es necesario que Elías venga primero?
12 Respondiendo él, les dijo: Elías a la verdad vendrá primero, y restaurará todas las cosas; ¿y cómo está escrito del Hijo del Hombre, que padezca mucho y sea tenido en nada?
13 Pero os digo que Elías ya vino, y le hicieron todo lo que quisieron, como está escrito de él.

Jesús sana a un muchacho endemoniado

14 Cuando llegó a donde estaban los discípulos, vio una gran multitud alrededor de ellos, y escribas que disputaban con ellos.
15 Y en seguida toda la gente, viéndole, se asombró, y corriendo a él, le saludaron.
16 El les preguntó: ¿Qué disputáis con ellos?
17 Y respondiendo uno de la multitud, dijo: Maestro, traje a ti mi hijo, que tiene un espíritu mudo,
18 el cual, dondequiera que le toma, le sacude; y echa espumarajos, y cruje los dientes, y se va secando; y dije a tus discípulos que le echasen fuera, y no pudieron.
19 Y respondiendo él, les dijo: ¡Oh generación incrédula! ¿Hasta cuándo he de estar con vosotros? ¿Hasta cuándo os he de soportar? Traédmelo.
20 Y se lo trajeron; y cuando el espíritu vio a Jesús, sacudió con violencia al muchacho, quien cayendo en tierra se revolcaba, echando espumarajos.
21 Jesús preguntó al padre: ¿Cuánto tiempo hace que le sucede esto? Y él dijo: Desde niño.
22 Y muchas veces le echa en el fuego y en el agua, para matarle; pero si puedes hacer algo, ten misericordia de nosotros, y ayúdanos.

in exchange for his soul? 38 If anyone is ashamed of me and my words in this adulterous and sinful generation, the Son of Man will be ashamed of him when he comes in his Father's glory with the holy angels."

9

And he said to them, "I tell you the truth, some who are standing here will not taste death before they see the kingdom of God come with power."

The Transfiguration

2 After six days Jesus took Peter, James and John with him and led them up a high mountain, where they were all alone. There he was transfigured before them. 3 His clothes became dazzling white, whiter than anyone in the world could bleach them. 4 And there appeared before them Elijah and Moses, who were talking with Jesus.
5 Peter said to Jesus, "Rabbi, it is good for us to be here. Let us put up three shelters—one for you, one for Moses and one for Elijah." 6 (He did not know what to say, they were so frightened.)
7 Then a cloud appeared and enveloped them, and a voice came from the cloud: "This is my Son, whom I love. Listen to him!"
8 Suddenly, when they looked around, they no longer saw anyone with them except Jesus.
9 As they were coming down the mountain, Jesus gave them orders not to tell anyone what they had seen until the Son of Man had risen from the dead. 10 They kept the matter to themselves, discussing what "rising from the dead" meant.
11 And they asked him, "Why do the teachers of the law say that Elijah must come first?"
12 Jesus replied, "To be sure, Elijah does come first, and restores all things. Why then is it written that the Son of Man must suffer much and be rejected? 13 But I tell you, Elijah has come, and they have done to him everything they wished, just as it is written about him."

The Healing of a Boy With an Evil Spirit

14 When they came to the other disciples, they saw a large crowd around them and the teachers of the law arguing with them. 15 As soon as all the people saw Jesus, they were overwhelmed with wonder and ran to greet him.
16 "What are you arguing with them about?" he asked.
17 A man in the crowd answered, "Teacher, I brought you my son, who is possessed by a spirit that has robbed him of speech. 18 Whenever it seizes him, it throws him to the ground. He foams at the mouth, gnashes his teeth and becomes rigid. I asked your disciples to drive out the spirit, but they could not."
19 "O unbelieving generation," Jesus replied, "how long shall I stay with you? How long shall I put up with you? Bring the boy to me."
20 So they brought him. When the spirit saw Jesus, it immediately threw the boy into a convulsion. He fell to the ground and rolled around, foaming at the mouth.
21 Jesus asked the boy's father, "How long has he been like this?"
"From childhood," he answered. 22 "It has often thrown him into fire or water to kill him. But if you can do anything, take pity on us and help us."

23 Jesús le dijo: Si puedes creer, al que cree todo le es posible.

24 E inmediatamente el padre del muchacho clamó y dijo: Creo; ayuda mi incredulidad.

25 Y cuando Jesús vio que la multitud se agolpaba, reprendió al espíritu inmundo, diciéndole: Espíritu mudo y sordo, yo te mando, sal de él, y no entres más en él.

26 Entonces el espíritu, clamando y sacudiéndole con violencia, salió; y él quedó como muerto, de modo que muchos decían: Está muerto.

27 Pero Jesús, tomándole de la mano, le enderezó; y se levantó.

28 Cuando él entró en casa, sus discípulos le preguntaron aparte: ¿Por qué nosotros no pudimos echarle fuera?

29 Y les dijo: Este género con nada puede salir, sino con oración y ayuno.

Jesús anuncia otra vez su muerte

30 Habiendo salido de allí, caminaron por Galilea; y no quería que nadie lo supiese.

31 Porque enseñaba a sus discípulos, y les decía: El Hijo del Hombre será entregado en manos de hombres, y le matarán; pero después de muerto, resucitará al tercer día.

32 Pero ellos no entendían esta palabra, y tenían miedo de preguntarle.

¿Quién es el mayor?

33 Y llegó a Capernaum; y cuando estuvo en casa, les preguntó: ¿Qué disputabais entre vosotros en el camino?

34 Mas ellos callaron; porque en el camino habían disputado entre sí, quién había de ser el mayor.

35 Entonces él se sentó y llamó a los doce, y les dijo: Si alguno quiere ser el primero, será el postrero de todos, y el servidor de todos.

36 Y tomó a un niño, y lo puso en medio de ellos; y tomándole en sus brazos, les dijo:

37 El que reciba en mi nombre a un niño como este, me recibe a mí; y el que a mí me recibe, no me recibe a mí sino al que me envió.

El que no es contra nosotros, por nosotros es

38 Juan le respondió diciendo: Maestro, hemos visto a uno que en tu nombre echaba fuera demonios, pero él no nos sigue; y se lo prohibimos, porque no nos seguía.

39 Pero Jesús dijo: No se lo prohibáis; porque ninguno hay que haga milagro en mi nombre, que luego pueda decir mal de mí.

40 Porque el que no es contra nosotros, por nosotros es.

41 Y cualquiera que os diere un vaso de agua en mi nombre, porque sois de Cristo, de cierto os digo que no perderá su recompensa.

Ocasiones de caer

42 Cualquiera que haga tropezar a uno de estos pequeñitos que creen en mí, mejor le fuera si se le atase una piedra de molino al cuello, y se le arrojase en el mar.

43 Si tu mano te fuere ocasión de caer, córtala; mejor te es entrar en la vida manco, que teniendo dos manos ir al infierno, al fuego que no puede ser apagado,

44 donde el gusano de ellos no muere, y el fuego nunca se apaga.

45 Y si tu pie te fuere ocasión de caer, córtalo; mejor te es entrar a la vida cojo, que teniendo dos pies ser echado en el infierno, al fuego que no puede ser apagado,

46 donde el gusano de ellos no muere, y el fuego nunca se apaga.

47 Y si tu ojo te fuere ocasión de caer, sácalo; mejor te es

23 " 'If you can'?" said Jesus. "Everything is possible for him who believes."

24 Immediately the boy's father exclaimed, "I do believe; help me overcome my unbelief!"

25 When Jesus saw that a crowd was running to the scene, he rebuked the evil e spirit. "You deaf and mute spirit," he said, "I command you, come out of him and never enter him again."

26 The spirit shrieked, convulsed him violently and came out. The boy looked so much like a corpse that many said, "He's dead." 27 But Jesus took him by the hand and lifted him to his feet, and he stood up.

28 After Jesus had gone indoors, his disciples asked him privately, "Why couldn't we drive it out?"

29 He replied, "This kind can come out only by prayer. f "

30 They left that place and passed through Galilee. Jesus did not want anyone to know where they were, 31 because he was teaching his disciples. He said to them, "The Son of Man is going to be betrayed into the hands of men. They will kill him, and after three days he will rise." 32 But they did not understand what he meant and were afraid to ask him about it.

Who Is the Greatest?

33 They came to Capernaum. When he was in the house, he asked them, "What were you arguing about on the road?" 34 But they kept quiet because on the way they had argued about who was the greatest.

35 Sitting down, Jesus called the Twelve and said, "If anyone wants to be first, he must be the very last, and the servant of all."

36 He took a little child and had him stand among them. Taking him in his arms, he said to them, 37 "Whoever welcomes one of these little children in my name welcomes me; and whoever welcomes me does not welcome me but the one who sent me."

Whoever Is Not Against Us Is for Us

38 "Teacher," said John, "we saw a man driving out demons in your name and we told him to stop, because he was not one of us."

39 "Do not stop him," Jesus said. "No one who does a miracle in my name can in the next moment say anything bad about me, 40 for whoever is not against us is for us. 41 I tell you the truth, anyone who gives you a cup of water in my name because you belong to Christ will certainly not lose his reward.

Causing to Sin

42 "And if anyone causes one of these little ones who believe in me to sin, it would be better for him to be thrown into the sea with a large millstone tied around his neck. 43 If your hand causes you to sin, cut it off. It is better for you to enter life maimed than with two hands to go into hell, where the fire never goes out. g 45 And if your foot causes you to sin, cut it off. It is better for you to enter life crippled than to have two feet and be thrown into hell. h 47 And if your eye

---

e25 Greek unclean   f29 Some manuscripts prayer and fasting
g43 Some manuscripts out, 44 where / " 'their worm does not die,
/ and the fire is not quenched.'   h45 Some manuscripts hell,
46 where / " 'their worm does not die, / and the fire is not
quenched.'

entrar en el reino de Dios con un ojo, que teniendo dos ojos ser echado al infierno,
48 donde el gusano de ellos no muere, y el fuego nunca se apaga.
49 Porque todos serán salados con fuego, y todo sacrificio será salado con sal.
50 Buena es la sal; mas si la sal se hace insípida, ¿con qué la sazonaréis? Tened sal en vosotros mismos; y tened paz los unos con los otros.

Jesús enseña sobre el divorcio

10 1 Levantándose de allí, vino a la región de Judea y al otro lado del Jordán; y volvió el pueblo a juntarse a él, y de nuevo les enseñaba como solía.
2 Y se acercaron los fariseos y le preguntaron, para tentarle, si era lícito al marido repudiar a su mujer.
3 El, respondiendo, les dijo: ¿Qué os mandó Moisés?
4 Ellos dijeron: Moisés permitió dar carta de divorcio, y repudiarla.
5 Y respondiendo Jesús, les dijo: Por la dureza de vuestro corazón os escribió este mandamiento;
6 pero al principio de la creación, varón y hembra los hizo Dios.
7 Por esto dejará el hombre a su padre y a su madre, y se unirá a su mujer,
8 y los dos serán una sola carne; así que no son ya más dos, sino uno.
9 Por tanto, lo que Dios juntó, no lo separe el hombre.
10 En casa volvieron los discípulos a preguntarle de lo mismo,
11 y les dijo: Cualquiera que repudia a su mujer y se casa con otra, comete adulterio contra ella;
12 y si la mujer repudia a su marido y se casa con otro, comete adulterio.

Jesús bendice a los niños

13 Y le presentaban niños para que los tocase; y los discípulos reprendían a los que los presentaban.
14 Viéndolo Jesús, se indignó, y les dijo: Dejad a los niños venir a mí, y no se lo impidáis; porque de los tales es el reino de Dios.
15 De cierto os digo, que el que no reciba el reino de Dios como un niño, no entrará en él.
16 Y tomándolos en los brazos, poniendo las manos sobre ellos, los bendecía.

El joven rico

17 Al salir él para seguir su camino, vino uno corriendo, e hincando la rodilla delante de él, le preguntó: Maestro bueno, ¿qué haré para heredar la vida eterna?
18 Jesús le dijo: ¿Por qué me llamas bueno? Ninguno hay bueno, sino sólo uno, Dios.
19 Los mandamientos sabes: No adulteres. No mates. No hurtes. No digas falso testimonio. No defraudes. Honra a tu padre y a tu madre.
20 El entonces, respondiendo, le dijo: Maestro, todo esto lo he guardado desde mi juventud.
21 Entonces Jesús, mirándole, le amó, y le dijo: Una cosa te falta: anda, vende todo lo que tienes, y dalo a los pobres, y tendrás tesoro en el cielo; y ven, sígueme, tomando tu cruz.
22 Pero él, afligido por esta palabra, se fue triste, porque tenía muchas posesiones.

---

causes you to sin, pluck it out. It is better for you to enter the kingdom of God with one eye than to have two eyes and be thrown into hell, 48 where

> " 'their worm does not die,
>   and the fire is not quenched.' *i*

49 Everyone will be salted with fire.
50 "Salt is good, but if it loses its saltiness, how can you make it salty again? Have salt in yourselves, and be at peace with each other."

Divorce

10 Jesus then left that place and went into the region of Judea and across the Jordan. Again crowds of people came to him, and as was his custom, he taught them.
2 Some Pharisees came and tested him by asking, "Is it lawful for a man to divorce his wife?"
3 "What did Moses command you?" he replied.
4 They said, "Moses permitted a man to write a certificate of divorce and send her away."
5 "It was because your hearts were hard that Moses wrote you this law," Jesus replied. 6 "But at the beginning of creation God 'made them male and female.' *j*
7 'For this reason a man will leave his father and mother and be united to his wife, *k* 8 and the two will become one flesh.' *l* So they are no longer two, but one.
9 Therefore what God has joined together, let man not separate."
10 When they were in the house again, the disciples asked Jesus about this. 11 He answered, "Anyone who divorces his wife and marries another woman commits adultery against her. 12 And if she divorces her husband and marries another man, she commits adultery."

The Little Children and Jesus

13 People were bringing little children to Jesus to have him touch them, but the disciples rebuked them.
14 When Jesus saw this, he was indignant. He said to them, "Let the little children come to me, and do not hinder them, for the kingdom of God belongs to such as these. 15 I tell you the truth, anyone who will not receive the kingdom of God like a little child will never enter it." 16 And he took the children in his arms, put his hands on them and blessed them.

The Rich Young Man

17 As Jesus started on his way, a man ran up to him and fell on his knees before him. "Good teacher," he asked, "what must I do to inherit eternal life?"
18 "Why do you call me good?" Jesus answered. "No one is good—except God alone. 19 You know the commandments: 'Do not murder, do not commit adultery, do not steal, do not give false testimony, do not defraud, honor your father and mother.' *m m*
20 "Teacher," he declared, "all these I have kept since I was a boy."
21 Jesus looked at him and loved him. "One thing you lack," he said. "Go, sell everything you have and give to the poor, and you will have treasure in heaven. Then come, follow me."
22 At this the man's face fell. He went away sad, because he had great wealth.

---

i 48 Isaiah 66:24   j 6 Gen. 1:27   k 7 Some early manuscripts do not have and be united to his wife.   l 8 Gen. 2:24 m 19 Exodus 20:12-16; Deut. 5:16-20

23 Entonces Jesús, mirando alrededor, dijo a sus discípulos: ¡Cuán difícilmente entrarán en el reino de Dios los que tienen riquezas!

24 Los discípulos se asombraron de sus palabras; pero Jesús, respondiendo, volvió a decirles: Hijos, ¡cuán difícil les es entrar en el reino de Dios, a los que confían en las riquezas!

25 Más fácil es pasar un camello por el ojo de una aguja, que entrar un rico en el reino de Dios.

26 Ellos se asombraban aun más, diciendo entre sí: ¿Quién, pues, podrá ser salvo?

27 Entonces Jesús, mirándolos, dijo: Para los hombres es imposible, mas para Dios, no; porque todas las cosas son posibles para Dios.

28 Entonces Pedro comenzó a decirle: He aquí, nosotros lo hemos dejado todo, y te hemos seguido.

29 Respondió Jesús y dijo: De cierto os digo que no hay ninguno que haya dejado casa, o hermanos, o hermanas, o padre, o madre, o mujer, o hijos, o tierras, por causa de mí y del evangelio,

30 que no reciba cien veces más ahora en este tiempo; casas, hermanos, hermanas, madres, hijos, y tierras, con persecuciones; y en el siglo venidero la vida eterna.

31 Pero muchos primeros serán postreros, y los postreros, primeros.

Nuevamente Jesús anuncia su muerte

32 Iban por el camino subiendo a Jerusalén; y Jesús iba delante, y ellos se asombraron, y le seguían con miedo. Entonces volviendo a tomar a los doce aparte, les comenzó a decir las cosas que le habían de acontecer:

33 He aquí subimos a Jerusalén, y el Hijo del Hombre será entregado a los principales sacerdotes y a los escribas, y le condenarán a muerte, y le entregarán a los gentiles;

34 y le escarnecerán, le azotarán, y escupirán en él, y le matarán; mas al tercer día resucitará.

Petición de Santiago y de Juan

35 Entonces Jacobo y Juan, hijos de Zebedeo, se le acercaron, diciendo: Maestro, querríamos que nos hagas lo que pidiéremos.

36 El les dijo: ¿Qué queréis que os haga?

37 Ellos le dijeron: Concédenos que en tu gloria nos sentemos el uno a tu derecha, y el otro a tu izquierda.

38 Entonces Jesús les dijo: No sabéis lo que pedís. ¿Podéis beber del vaso que yo bebo, o ser bautizados con el bautismo con que yo soy bautizado?

39 Ellos dijeron: Podemos. Jesús les dijo: A la verdad, del vaso que yo bebo, beberéis, y con el bautismo con que yo soy bautizado, seréis bautizados;

40 pero el sentaros a mi derecha y a mi izquierda, no es mío darlo, sino a aquellos para quienes está preparado.

41 Cuando lo oyeron los diez, comenzaron a enojarse contra Jacobo y contra Juan.

42 Mas Jesús, llamándolos, les dijo: Sabéis que los que son tenidos por gobernantes de las naciones se enseñorean de ellas, y sus grandes ejercen sobre ellas potestad.

43 Pero no será así entre vosotros, sino que el que quiera hacerse grande entre vosotros será vuestro servidor,

44 y el que de vosotros quiera ser el primero, será siervo de todos.

45 Porque el Hijo del Hombre no vino para ser servido, sino para servir, y para dar su vida en rescate por muchos.

23 Jesus looked around and said to his disciples, "How hard it is for the rich to enter the kingdom of God!"

24 The disciples were amazed at his words. But Jesus said again, "Children, how hard it is[n] to enter the kingdom of God! 25 It is easier for a camel to go through the eye of a needle than for a rich man to enter the kingdom of God."

26 The disciples were even more amazed, and said to each other, "Who then can be saved?"

27 Jesus looked at them and said, "With man this is impossible, but not with God; all things are possible with God."

28 Peter said to him, "We have left everything to follow you!"

29 "I tell you the truth," Jesus replied, "no one who has left home or brothers or sisters or mother or father or children or fields for me and the gospel 30 will fail to receive a hundred times as much in this present age (homes, brothers, sisters, mothers, children and fields—and with them, persecutions) and in the age to come, eternal life. 31 But many who are first will be last, and the last first."

Jesus Again Predicts His Death

32 They were on their way up to Jerusalem, with Jesus leading the way, and the disciples were astonished, while those who followed were afraid. Again he took the Twelve aside and told them what was going to happen to him. 33 "We are going up to Jerusalem," he said, "and the Son of Man will be betrayed to the chief priests and teachers of the law. They will condemn him to death and will hand him over to the Gentiles, 34 who will mock him and spit on him, flog him and kill him. Three days later he will rise."

The Request of James and John

35 Then James and John, the sons of Zebedee, came to him. "Teacher," they said, "we want you to do for us whatever we ask."

36 "What do you want me to do for you?" he asked.

37 They replied, "Let one of us sit at your right and the other at your left in your glory."

38 "You don't know what you are asking," Jesus said. "Can you drink the cup I drink or be baptized with the baptism I am baptized with?"

39 "We can," they answered.

Jesus said to them, "You will drink the cup I drink and be baptized with the baptism I am baptized with, 40 but to sit at my right or left is not for me to grant. These places belong to those for whom they have been prepared."

41 When the ten heard about this, they became indignant with James and John. 42 Jesus called them together and said, "You know that those who are regarded as rulers of the Gentiles lord it over them, and their high officials exercise authority over them. 43 Not so with you. Instead, whoever wants to become great among you must be your servant, 44 and whoever wants to be first must be slave of all. 45 For even the Son of Man did not come to be served, but to serve, and to give his life as a ransom for many."

---

[n]24 Some manuscripts *is for those who trust in riches*

El ciego Bartimeo recibe la vista

46 Entonces vinieron a Jericó; y al salir de Jericó él y sus discípulos y una gran multitud, Bartimeo el ciego, hijo de Timeo, estaba sentado junto al camino mendigando. 47 Y oyendo que era Jesús nazareno, comenzó a dar voces y a decir: ¡Jesús, Hijo de David, ten misericordia de mí! 48 Y muchos le reprendían para que callase, pero él clamaba mucho más: ¡Hijo de David, ten misericordia de mí! 49 Entonces Jesús, deteniéndose, mandó llamarle; y llamaron al ciego, diciéndole: Ten confianza; levántate, te llama. 50 El entonces, arrojando su capa, se levantó y vino a Jesús. 51 Respondiendo Jesús, le dijo: ¿Qué quieres que te haga? Y el ciego le dijo: Maestro, que recobre la vista. 52 Y Jesús le dijo: Vete, tu fe te ha salvado. Y en seguida recobró la vista, y seguía a Jesús en el camino.

La entrada triunfal en Jerusalén

11 1 Cuando se acercaban a Jerusalén, junto a Betfagé y a Betania, frente al monte de los Olivos, Jesús envió dos de sus discípulos, 2 y les dijo: Id a la aldea que está enfrente de vosotros, y luego que entréis en ella, hallaréis un pollino atado, en el cual ningún hombre ha montado; desatadlo y traedlo. 3 Y si alguien os dijere: ¿Por qué hacéis eso? decid que el Señor lo necesita, y que luego lo devolverá. 4 Fueron, y hallaron el pollino atado afuera a la puerta, en el recodo del camino, y lo desataron. 5 Y unos de los que estaban allí les dijeron: ¿Qué hacéis desatando el pollino? 6 Ellos entonces les dijeron como Jesús había mandado; y los dejaron. 7 Y trajeron el pollino a Jesús, y echaron sobre él sus mantos, y se sentó sobre él. 8 También muchos tendían sus mantos por el camino, y otros cortaban ramas de los árboles, y las tendían por el camino. 9 Y los que iban delante y los que venían detrás daban voces, diciendo: ¡Hosanna! ¡Bendito el que viene en el nombre del Señor! 10 ¡Bendito el reino de nuestro padre David que viene! ¡Hosanna en las alturas!

11 Y entró Jesús en Jerusalén, y en el templo; y habiendo mirado alrededor todas las cosas, como ya anochecía, se fue a Betania con los doce.

Maldición de la higuera estéril

12 Al día siguiente, cuando salieron de Betania, tuvo hambre. 13 Y viendo de lejos una higuera que tenía hojas, fue a ver si tal vez hallaba en ella algo; pero cuando llegó a ella, nada halló sino hojas, pues no era tiempo de higos. 14 Entonces Jesús dijo a la higuera: Nunca jamás coma nadie fruto de ti. Y lo oyeron sus discípulos.

Purificación del templo

15 Vinieron, pues, a Jerusalén; y entrando Jesús en el templo, comenzó a echar fuera a los que vendían y compraban en el templo; y volcó las mesas de los cambistas, y las sillas de los que vendían palomas;

Blind Bartimaeus Receives His Sight

46 Then they came to Jericho. As Jesus and his disciples, together with a large crowd, were leaving the city, a blind man, Bartimaeus (that is, the Son of Timaeus), was sitting by the roadside begging. 47 When he heard that it was Jesus of Nazareth, he began to shout, "Jesus, Son of David, have mercy on me!" 48 Many rebuked him and told him to be quiet, but he shouted all the more, "Son of David, have mercy on me!"

49 Jesus stopped and said, "Call him."

So they called to the blind man, "Cheer up! On your feet! He's calling you." 50 Throwing his cloak aside, he jumped to his feet and came to Jesus.

51 "What do you want me to do for you?" Jesus asked him.

The blind man said, "Rabbi, I want to see."

52 "Go," said Jesus, "your faith has healed you." Immediately he received his sight and followed Jesus along the road.

The Triumphal Entry

11 As they approached Jerusalem and came to Bethphage and Bethany at the Mount of Olives, Jesus sent two of his disciples, 2 saying to them, "Go to the village ahead of you, and just as you enter it, you will find a colt tied there, which no one has ever ridden. Untie it and bring it here. 3 If anyone asks you, 'Why are you doing this?' tell him, 'The Lord needs it and will send it back here shortly.' "

4 They went and found a colt outside in the street, tied at a doorway. As they untied it, 5 some people standing there asked, "What are you doing, untying that colt?" 6 They answered as Jesus had told them to, and the people let them go. 7 When they brought the colt to Jesus and threw their cloaks over it, he sat on it. 8 Many people spread their cloaks on the road, while others spread branches they had cut in the fields. 9 Those who went ahead and those who followed shouted,

"Hosanna!o"

"Blessed is he who comes in the name of the Lord!"p

10 "Blessed is the coming kingdom of our father David!"

"Hosanna in the highest!"

11 Jesus entered Jerusalem and went to the temple. He looked around at everything, but since it was already late, he went out to Bethany with the Twelve.

Jesus Clears the Temple

12 The next day as they were leaving Bethany, Jesus was hungry. 13 Seeing in the distance a fig tree in leaf, he went to find out if it had any fruit. When he reached it, he found nothing but leaves, because it was not the season for figs. 14 Then he said to the tree, "May no one ever eat fruit from you again." And his disciples heard him say it.

15 On reaching Jerusalem, Jesus entered the temple area and began driving out those who were buying and selling there. He overturned the tables of the money changers and the benches of those selling doves, 16 and

---

o9 A Hebrew expression meaning "Save!" which became an exclamation of praise; also in verse 10   p9 Psalm 118:25,26

16 y no consentía que nadie atravesase el templo llevando utensilio alguno.

17 Y les enseñaba, diciendo: ¿No está escrito: Mi casa será llamada casa de oración para todas las naciones? Mas vosotros la habéis hecho cueva de ladrones.

18 Y lo oyeron los escribas y los principales sacerdotes, y buscaban cómo matarle; porque le tenían miedo, por cuanto todo el pueblo estaba admirado de su doctrina.

19 Pero al llegar la noche, Jesús salió de la ciudad.

La higuera maldecida se seca

20 Y pasando por la mañana, vieron que la higuera se había secado desde las raíces.

21 Entonces Pedro, acordándose, le dijo: Maestro, mira, la higuera que maldijiste se ha secado.

22 Respondiendo Jesús, les dijo: Tened fe en Dios.

23 Porque de cierto os digo que cualquiera que dijere a este monte: Quítate y échate en el mar, y no dudare en su corazón, sino creyere que será hecho lo que dice, lo que diga le será hecho.

24 Por tanto, os digo que todo lo que pidiereis orando, creed que lo recibiréis, y os vendrá.

25 Y cuando estéis orando, perdonad, si tenéis algo contra alguno, para que también vuestro Padre que está en los cielos os perdone a vosotros vuestras ofensas.

26 Porque si vosotros no perdonáis, tampoco vuestro Padre que está en los cielos os perdonará vuestras ofensas.

La autoridad de Jesús

27 Volvieron entonces a Jerusalén; y andando él por el templo, vinieron a él los principales sacerdotes, los escribas y los ancianos,

28 y le dijeron: ¿Con qué autoridad haces estas cosas, y quién te dio autoridad para hacer estas cosas?

29 Jesús, respondiendo, les dijo: Os haré yo también una pregunta; respondedme, y os diré con qué autoridad hago estas cosas.

30 El bautismo de Juan, ¿era del cielo, o de los hombres? Respondedme.

31 Entonces ellos discutían entre sí, diciendo: Si decimos, del cielo, dirá: ¿Por qué, pues, no le creísteis?

32 ¿Y si decimos, de los hombres...? Pero temían al pueblo, pues todos tenían a Juan como un verdadero profeta.

33 Así que, respondiendo, dijeron a Jesús: No sabemos. Entonces respondiendo Jesús, les dijo: Tampoco yo os digo con qué autoridad hago estas cosas.

Los labradores malvados

12 1 Entonces comenzó Jesús a decirles por parábolas: Un hombre plantó una viña, la cercó de vallado, cavó un lagar, edificó una torre, y la arrendó a unos labradores, y se fue lejos.

2 Y a su tiempo envió un siervo a los labradores, para que recibiese de éstos del fruto de la viña.

3 Mas ellos, tomándole, le golpearon, y le enviaron con las manos vacías.

4 Volvió a enviarles otro siervo; pero apedreándole, le hirieron en la cabeza, y también le enviaron afrentado.

5 Volvió a enviar otro, y a éste mataron; y a otros muchos, golpeando a unos y matando a otros.

6 Por último, teniendo aún un hijo suyo, amado, lo envió también a ellos, diciendo: Tendrán respeto a mi hijo.

---

would not allow anyone to carry merchandise through the temple courts. 17 And as he taught them, he said, "Is it not written:

  "'My house will be called
    a house of prayer for all nations' q?

But you have made it 'a den of robbers.' r"

18 The chief priests and the teachers of the law heard this and began looking for a way to kill him, for they feared him, because the whole crowd was amazed at his teaching.

19 When evening came, they s went out of the city.

The Withered Fig Tree

20 In the morning, as they went along, they saw the fig tree withered from the roots. 21 Peter remembered and said to Jesus, "Rabbi, look! The fig tree you cursed has withered!"

22 "Have t faith in God," Jesus answered. 23 "I tell you the truth, if anyone says to this mountain, 'Go, throw yourself into the sea,' and does not doubt in his heart but believes that what he says will happen, it will be done for him. 24 Therefore I tell you, whatever you ask for in prayer, believe that you have received it, and it will be yours. 25 And when you stand praying, if you hold anything against anyone, forgive him, so that your Father in heaven may forgive you your sins. u"

The Authority of Jesus Questioned

27 They arrived again in Jerusalem, and while Jesus was walking in the temple courts, the chief priests, the teachers of the law and the elders came to him. 28 "By what authority are you doing these things?" they asked. "And who gave you authority to do this?"

29 Jesus replied, "I will ask you one question. Answer me, and I will tell you by what authority I am doing these things. 30 John's baptism — was it from heaven, or from men? Tell me!"

31 They discussed it among themselves and said, "If we say, 'From heaven,' he will ask, 'Then why didn't you believe him?' 32 But if we say, 'From men'. . . ." (They feared the people, for everyone held that John really was a prophet.)

33 So they answered Jesus, "We don't know."

Jesus said, "Neither will I tell you by what authority I am doing these things."

The Parable of the Tenants

12 He then began to speak to them in parables: "A man planted a vineyard. He put a wall around it, dug a pit for the winepress and built a watchtower. Then he rented the vineyard to some farmers and went away on a journey. 2 At harvest time he sent a servant to the tenants to collect from them some of the fruit of the vineyard. 3 But they seized him, beat him and sent him away empty-handed. 4 Then he sent another servant to them; they struck this man on the head and treated him shamefully. 5 He sent still another, and that one they killed. He sent many others; some of them they beat, others they killed.

6 "He had one left to send, a son, whom he loved. He sent him last of all, saying, 'They will respect my son.'

---

q 17 Isaiah 56:7   r 17 Jer. 7:11   s 19 Some early manuscripts he   t 22 Some early manuscripts If you have   u 25 Some manuscripts sins. 26 But if you do not forgive, neither will your Father who is in heaven forgive your sins.

7 Mas aquellos labradores dijeron entre sí: Este es el heredero; venid, matémosle, y la heredad será nuestra.
8 Y tomándole, le mataron, y le echaron fuera de la viña.
9 ¿Qué, pues, hará el señor de la viña? Vendrá, y destruirá a los labradores, y dará su viña a otros.
10 ¿Ni aun esta escritura habéis leído:
La piedra que desecharon los edificadores
Ha venido a ser cabeza del ángulo;
11 El Señor ha hecho esto,
Y es cosa maravillosa a nuestros ojos?
12 Y procuraban prenderle, porque entendían que decía contra ellos aquella parábola; pero temían a la multitud, y dejándole, se fueron.

La cuestión del tributo

13 Y le enviaron algunos de los fariseos y de los herodianos, para que le sorprendiesen en alguna palabra.
14 Viniendo ellos, le dijeron: Maestro, sabemos que eres hombre veraz, y que no te cuidas de nadie; porque no miras la apariencia de los hombres, sino que con verdad enseñas el camino de Dios. ¿Es lícito dar tributo a César, o no? ¿Daremos, o no daremos?
15 Mas él, percibiendo la hipocresía de ellos, les dijo: ¿Por qué me tentáis? Traedme la moneda para que la vea.
16 Ellos se la trajeron; y les dijo: ¿De quién es esta imagen y la inscripción? Ellos le dijeron: De César.
17 Respondiendo Jesús, les dijo: Dad a César lo que es de César, y a Dios lo que es de Dios. Y se maravillaron de él.

La pregunta sobre la resurrección

18 Entonces vinieron a él los saduceos, que dicen que no hay resurrección, y le preguntaron, diciendo:
19 Maestro, Moisés nos escribió que si el hermano de alguno muriere y dejare esposa, pero no dejare hijos, que su hermano se case con ella, y levante descendencia a su hermano.
20 Hubo siete herrnanos; el primero tomó esposa, y murió sin dejar descendencia.
21 Y el segundo se casó con ella, y murió, y tampoco dejó descendencia; y el tercero, de la misma manera.
22 Y así los siete, y no dejaron descendencia; y después de todos murió también la mujer.
23 En la resurrección, pues, cuando resuciten, ¿de cuál de ellos será ella mujer, ya que los siete la tuvieron por mujer?
24 Entonces respondiendo Jesús, les dijo: ¿No erráis por esto, porque ignoráis las Escrituras, y el poder de Dios?
25 Porque cuando resuciten de los muertos, ni se casarán ni se darán en casamiento, sino serán como los ángeles que están en los cielos.
26 Pero respecto a que los muertos resucitan, ¿no habéis leído en el libro de Moisés cómo le habló Dios en la zarza, diciendo: Yo soy el Dios de Abraham, el Dios de Isaac y el Dios de Jacob?
27 Dios no es Dios de muertos, sino Dios de vivos; así que vosotros mucho erráis.

El gran mandamiento

28 Acercándose uno de los escribas, que los había oído disputar, y sabía que les había respondido bien, le preguntó: ¿Cuál es el primer mandamiento de todos?

7 "But the tenants said to one another, 'This is the heir. Come, let's kill him, and the inheritance will be ours.' 8 So they took him and killed him, and threw him out of the vineyard.

9 "What then will the owner of the vineyard do? He will come and kill those tenants and give the vineyard to others. 10 Haven't you read this scripture:

" 'The stone the builders rejected
has become the capstone v;
11 the Lord has done this,
and it is marvelous in our eyes' w ?"

12 Then they looked for a way to arrest him because they knew he had spoken the parable against them. But they were afraid of the crowd; so they left him and went away.

Paying Taxes to Caesar

13 Later they sent some of the Pharisees and Herodians to Jesus to catch him in his words. 14 They came to him and said, "Teacher, we know you are a man of integrity. You aren't swayed by men, because you pay no attention to who they are; but you teach the way of God in accordance with the truth. Is it right to pay taxes to Caesar or not? 15 Should we pay or shouldn't we?"

But Jesus knew their hypocrisy. "Why are you trying to trap me?" he asked. "Bring me a denarius and let me look at it." 16 They brought the coin, and he asked them, "Whose portrait is this? And whose inscription?"

"Caesar's," they replied.

17 Then Jesus said to them, "Give to Caesar what is Caesar's and to God what is God's."

And they were amazed at him.

Marriage at the Resurrection

18 Then the Sadducees, who say there is no resurrection, came to him with a question. 19 "Teacher," they said, "Moses wrote for us that if a man's brother dies and leaves a wife but no children, the man must marry the widow and have children for his brother. 20 Now there were seven brothers. The first one married and died without leaving any children. 21 The second one married the widow, but he also died, leaving no child. It was the same with the third. 22 In fact, none of the seven left any children. Last of all, the woman died too. 23 At the resurrection x whose wife will she be, since the seven were married to her?"

24 Jesus replied, "Are you not in error because you do not know the Scriptures or the power of God? 25 When the dead rise, they will neither marry nor be given in marriage; they will be like the angels in heaven. 26 Now about the dead rising—have you not read in the book of Moses, in the account of the bush, how God said to him, 'I am the God of Abraham, the God of Isaac, and the God of Jacob' y ? 27 He is not the God of the dead, but of the living. You are badly mistaken!"

The Greatest Commandment

28 One of the teachers of the law came and heard them debating. Noticing that Jesus had given them a good answer, he asked him, "Of all the commandments, which is the most important?"

---

v 10 Or cornerstone   w 11 Psalm 118:22,23   x 23 Some manuscripts resurrection, when men rise from the dead, y 26 Exodus 3:6

29 Jesús le respondió: El primer mandamiento de todos es: Oye, Israel; el Señor nuestro Dios, el Señor uno es.
30 Y amarás al Señor tu Dios con todo tu corazón, y con toda tu alma, y con toda tu mente y con todas tus fuerzas. Este es el principal mandamiento.
31 Y el segundo es semejante: Amarás a tu prójimo como a ti mismo. No hay otro mandamiento mayor que éstos.
32 Entonces el escriba le dijo: Bien, Maestro, verdad has dicho, que uno es Dios, y no hay otro fuera de él;
33 y el amarle con todo el corazón, con todo el entendimiento, con toda el alma, y con todas las fuerzas, y amar al prójimo como a uno mismo, es más que todos los holocaustos y sacrificios.
34 Jesús entonces, viendo que había respondido sabiamente, le dijo: No estás lejos del reino de Dios. Y ya ninguno osaba preguntarle.

¿De quién es hijo el Cristo?

35 Enseñando Jesús en el templo, decía: ¿Cómo dicen los escribas que el Cristo es hijo de David?
36 Porque el mismo David dijo por el Espíritu Santo:
Dijo el Señor a mi Señor:
Siéntate a mi diestra,
Hasta que ponga tus enemigos por estrado de tus pies.
37 David mismo le llama Señor; ¿cómo, pues, es su hijo? Y gran multitud del pueblo le oía de buena gana.

Jesús acusa a los escribas

38 Y les decía en su doctrina: Guardaos de los escribas, que gustan de andar con largas ropas, y aman las salutaciones en las plazas,
39 y las primeras sillas en las sinagogas, y los primeros asientos en las cenas;
40 que devoran las casas de las viudas, y por pretexto hacen largas oraciones. Estos recibirán mayor condenación.

La ofrenda de la viuda

41 Estando Jesús sentado delante del arca de la ofrenda, miraba cómo el pueblo echaba dinero en el arca; y muchos ricos echaban mucho.
42 Y vino una viuda pobre, y echó dos blancas, o sea un cuadrante.
43 Entonces llamando a sus discípulos, les dijo: De cierto os digo que esta viuda pobre echó más que todos los que han echado en el arca;
44 porque todos han echado de lo que les sobra; pero ésta, de su pobreza echó todo lo que tenía, todo su sustento.

Jesús predice la destrucción del templo

13 1 Saliendo Jesús del templo, le dijo uno de sus discípulos: Maestro, mira qué piedras, y qué edificios.
2 Jesús, respondiendo, le dijo: ¿Ves estos grandes edificios? No quedará piedra sobre piedra, que no sea derribada.

Señales antes del fin

3 Y se sentó en el monte de los Olivos, frente al templo. Y Pedro, Jacobo, Juan y Andrés le preguntaron aparte:
4 Dinos, ¿cuándo serán estas cosas? ¿Y qué señal habrá cuando todas estas cosas hayan de cumplirse?

29 "The most important one," answered Jesus, "is this: 'Hear, O Israel, the Lord our God, the Lord is one.z 30 Love the Lord your God with all your heart and with all your soul and with all your mind and with all your strength.'a 31 The second is this: 'Love your neighbor as yourself.'b There is no commandment greater than these."
32 "Well said, teacher," the man replied. "You are right in saying that God is one and there is no other but him. 33 To love him with all your heart, with all your understanding and with all your strength, and to love your neighbor as yourself is more important than all burnt offerings and sacrifices."
34 When Jesus saw that he had answered wisely, he said to him, "You are not far from the kingdom of God." And from then on no one dared ask him any more questions.

Whose Son Is the Christ?

35 While Jesus was teaching in the temple courts, he asked, "How is it that the teachers of the law say that the Christc is the son of David? 36 David himself, speaking by the Holy Spirit, declared:

" 'The Lord said to my Lord:
"Sit at my right hand
until I put your enemies
under your feet." ' d

37 David himself calls him 'Lord.' How then can he be his son?"
The large crowd listened to him with delight.
38 As he taught, Jesus said, "Watch out for the teachers of the law. They like to walk around in flowing robes and be greeted in the marketplaces, 39 and have the most important seats in the synagogues and the places of honor at banquets. 40 They devour widows' houses and for a show make lengthy prayers. Such men will be punished most severely."

The Widow's Offering

41 Jesus sat down opposite the place where the offerings were put and watched the crowd putting their money into the temple treasury. Many rich people threw in large amounts. 42 But a poor widow came and put in two very small copper coins,e worth only a fraction of a penny.f
43 Calling his disciples to him, Jesus said, "I tell you the truth, this poor widow has put more into the treasury than all the others. 44 They all gave out of their wealth; but she, out of her poverty, put in everything—all she had to live on."

Signs of the End of the Age

13 As he was leaving the temple, one of his disciples said to him, "Look, Teacher! What massive stones! What magnificent buildings!"
2 "Do you see all these great buildings?" replied Jesus. "Not one stone here will be left on another; every one will be thrown down."
3 As Jesus was sitting on the Mount of Olives opposite the temple, Peter, James, John and Andrew asked him privately, 4 "Tell us, when will these things happen? And what will be the sign that they are all about to be fulfilled?"

z29 Or the Lord our God is one Lord   a30 Deut. 6:4,5
b31 Lev. 19:18   c35 Or Messiah   d36 Psalm 110:1
e42 Greek two lepta   f42 Greek kodrantes

5 Jesús, respondiéndoles, comenzó a decir: Mirad que nadie os engañe;

6 porque vendrán muchos en mi nombre, diciendo: Yo soy el Cristo; y engañarán a muchos.

7 Mas cuando oigáis de guerras y de rumores de guerras, no os turbéis, porque es necesario que suceda así; pero aún no es el fin.

8 Porque se levantará nación contra nación, y reino contra reino; y habrá terremotos en muchos lugares, y habrá hambres y alborotos; principios de dolores son estos.

9 Pero mirad por vosotros mismos; porque os entregarán a los concilios, y en las sinagogas os azotarán; y delante de gobernadores y de reyes os llevarán por causa de mí, para testimonio a ellos.

10 Y es necesario que el evangelio sea predicado antes a todas las naciones.

11 Pero cuando os trajeren para entregaros, no os preocupéis por lo que habéis de decir, ni lo penséis, sino lo que os fuere dado en aquella hora, eso hablad; porque no sois vosotros los que habláis, sino el Espíritu Santo.

12 Y el hermano entregará a la muerte al hermano, y el padre al hijo; y se levantarán los hijos contra los padres, y los matarán.

13 Y seréis aborrecidos de todos por causa de mi nombre; mas el que persevere hasta el fin, éste será salvo.

14 Pero cuando veáis la abominación desoladora de que habló el profeta Daniel, puesta donde no debe estar (el que lee, entienda), entonces los que estén en Judea huyan a los montes.

15 El que esté en la azotea, no descienda a la casa, ni entre para tomar algo de su casa;

16 y el que esté en el campo, no vuelva atrás a tomar su capa.

17 Mas ¡ay de las que estén encintas, y de las que críen en aquellos días!

18 Orad, pues, que vuestra huida no sea en invierno;

19 porque aquellos días serán de tribulación cual nunca ha habido desde el principio de la creación que Dios creó, hasta este tiempo, ni la habrá.

20 Y si el Señor no hubiese acortado aquellos días, nadie sería salvo; mas por causa de los escogidos que él escogió, acortó aquellos días.

21 Entonces si alguno os dijere: Mirad, aquí está el Cristo; o, mirad, allí está, no le creáis.

22 Porque se levantarán falsos Cristos y falsos profetas, y harán señales y prodigios, para engañar, si fuese posible, aun a los escogidos.

23 Mas vosotros mirad; os lo he dicho todo antes.

La venida del Hijo del Hombre

24 Pero en aquellos días, después de aquella tribulación, el sol se oscurecerá, y la luna no dará su resplandor,

25 y las estrellas caerán del cielo, y las potencias que están en los cielos serán conmovidas.

26 Entonces verán al Hijo del Hombre, que vendrá en las nubes con gran poder y gloria.

27 Y entonces enviará sus ángeles, y juntará a sus escogidos de los cuatro vientos, desde el extremo de la tierra hasta el extremo del cielo.

28 De la higuera aprended la parábola: Cuando ya su rama está tierna, y brotan las hojas, sabéis que el verano está cerca.

29 Así también vosotros, cuando veáis que suceden estas cosas, conoced que está cerca, a las puertas.

30 De cierto os digo, que no pasará esta generación hasta que todo esto acontezca.

31 El cielo y la tierra pasarán, pero mis palabras no pasarán.

5 Jesus said to them: "Watch out that no one deceives you. 6 Many will come in my name, claiming, 'I am he,' and will deceive many. 7 When you hear of wars and rumors of wars, do not be alarmed. Such things must happen, but the end is still to come. 8 Nation will rise against nation, and kingdom against kingdom. There will be earthquakes in various places, and famines. These are the beginning of birth pains.

9 "You must be on your guard. You will be handed over to the local councils and flogged in the synagogues. On account of me you will stand before governors and kings as witnesses to them. 10 And the gospel must first be preached to all nations. 11 Whenever you are arrested and brought to trial, do not worry beforehand about what to say. Just say whatever is given you at the time, for it is not you speaking, but the Holy Spirit.

12 "Brother will betray brother to death, and a father his child. Children will rebel against their parents and have them put to death. 13 All men will hate you because of me, but he who stands firm to the end will be saved.

14 "When you see 'the abomination that causes desolation' *g* standing where it *h* does not belong—let the reader understand—then let those who are in Judea flee to the mountains. 15 Let no one on the roof of his house go down or enter the house to take anything out. 16 Let no one in the field go back to get his cloak. 17 How dreadful it will be in those days for pregnant women and nursing mothers! 18 Pray that this will not take place in winter, 19 because those will be days of distress unequaled from the beginning, when God created the world, until now—and never to be equaled again. 20 If the Lord had not cut short those days, no one would survive. But for the sake of the elect, whom he has chosen, he has shortened them. 21 At that time if anyone says to you, 'Look, here is the Christ *i*!' or, 'Look, there he is!' do not believe it. 22 For false Christs and false prophets will appear and perform signs and miracles to deceive the elect—if that were possible. 23 So be on your guard; I have told you everything ahead of time.

24 "But in those days, following that distress,

" 'the sun will be darkened,
　　and the moon will not give its light;
25 the stars will fall from the sky,
　　and the heavenly bodies will be shaken.' *j*

26 "At that time men will see the Son of Man coming in clouds with great power and glory. 27 And he will send his angels and gather his elect from the four winds, from the ends of the earth to the ends of the heavens.

28 "Now learn this lesson from the fig tree: As soon as its twigs get tender and its leaves come out, you know that summer is near. 29 Even so, when you see these things happening, you know that it is near, right at the door. 30 I tell you the truth, this generation *k* will certainly not pass away until all these things have happened. 31 Heaven and earth will pass away, but my words will never pass away.

g14 Daniel 9:27; 11:31; 12:11　　*h14* Or *he*; also in verse 29
i21 Or *Messiah*　　*j25* Isaiah 13:10; 34:4　　*k30* Or *race*

32 Pero de aquel día y de la hora nadie sabe, ni aun los ángeles que están en el cielo, ni el Hijo, sino el Padre. 33 Mirad, velad y orad; porque no sabéis cuándo será el tiempo. 34 Es como el hombre que yéndose lejos, dejó su casa, y dio autoridad a sus siervos, y a cada uno su obra, y al portero mandó que velase. 35 Velad, pues, porque no sabéis cuándo vendrá el señor de la casa; si al anochecer, o a la medianoche, o al canto del gallo, o a la mañana; 36 para que cuando venga de repente, no os halle durmiendo. 37 Y lo que a vosotros digo, a todos lo digo: Velad.

El complot para prender a Jesús

14 1 Dos días después era la pascua, y la fiesta de los panes sin levadura; y buscaban los principales sacerdotes y los escribas cómo prenderle por engaño y matarle. 2 Y decían: No durante la fiesta, para que no se haga alboroto del pueblo.

Jesús es ungido en Betania

3 Pero estando él en Betania, en casa de Simón el leproso, y sentado a la mesa, vino una mujer con un vaso de alabastro de perfume de nardo puro de mucho precio; y quebrando el vaso de alabastro, se lo derramó sobre su cabeza. 4 Y hubo algunos que se enojaron dentro de sí, y dijeron: ¿Para qué se ha hecho este desperdicio de perfume? 5 Porque podía haberse vendido por más de trescientos denarios, y haberse dado a los pobres. Y murmuraban contra ella. 6 Pero Jesús dijo: Dejadla; ¿por qué la molestáis? Buena obra me ha hecho. 7 Siempre tendréis a los pobres con vosotros, y cuando queráis les podréis hacer bien; pero a mí no siempre me tendréis. 8 Esta ha hecho lo que podía; porque se ha anticipado a ungir mi cuerpo para la sepultura. 9 De cierto os digo que dondequiera que se predique este evangelio, en todo el mundo, también se contará lo que ésta ha hecho, para memoria de ella.

Judas ofrece entregar a Jesús

10 Entonces Judas Iscariote, uno de los doce, fue a los principales sacerdotes para entregárselo. 11 Ellos, al oirlo, se alegraron, y prometieron darle dinero. Y Judas buscaba oportunidad para entregarle.

Institución de la Cena del Señor

12 El primer día de la fiesta de los panes sin levadura, cuando sacrificaban el cordero de la pascua, sus discípulos le dijeron: ¿Dónde quieres que vayamos a preparar para que comas la pascua? 13 Y envió dos de sus discípulos, y les dijo: Id a la ciudad, y os saldrá al encuentro un hombre que lleva un cántaro de agua; seguidle, 14 y donde entrare, decid al señor de la casa: El Maestro dice: ¿Dónde está el aposento donde he de comer la pascua con mis discípulos? 15 Y él os mostrará un gran aposento alto ya dispuesto; preparad para nosotros allí. 16 Fueron sus discípulos y entraron en la ciudad, y hallaron como les había dicho; y prepararon la pascua.

17 Y cuando llegó la noche, vino él con los doce.

The Day and Hour Unknown

32 "No one knows about that day or hour, not even the angels in heaven, nor the Son, but only the Father. 33 Be on guard! Be alert[l]! You do not know when that time will come. 34 It's like a man going away: He leaves his house and puts his servants in charge, each with his assigned task, and tells the one at the door to keep watch.

35 "Therefore keep watch because you do not know when the owner of the house will come back—whether in the evening, or at midnight, or when the rooster crows, or at dawn. 36 If he comes suddenly, do not let him find you sleeping. 37 What I say to you, I say to everyone: 'Watch!' "

Jesus Anointed at Bethany

14 Now the Passover and the Feast of Unleavened Bread were only two days away, and the chief priests and the teachers of the law were looking for some sly way to arrest Jesus and kill him. 2 "But not during the Feast," they said, "or the people may riot."

3 While he was in Bethany, reclining at the table in the home of a man known as Simon the Leper, a woman came with an alabaster jar of very expensive perfume, made of pure nard. She broke the jar and poured the perfume on his head.

4 Some of those present were saying indignantly to one another, "Why this waste of perfume? 5 It could have been sold for more than a year's wages[m] and the money given to the poor." And they rebuked her harshly.

6 "Leave her alone," said Jesus. "Why are you bothering her? She has done a beautiful thing to me. 7 The poor you will always have with you, and you can help them any time you want. But you will not always have me. 8 She did what she could. She poured perfume on my body beforehand to prepare for my burial. 9 I tell you the truth, wherever the gospel is preached throughout the world, what she has done will also be told, in memory of her."

10 Then Judas Iscariot, one of the Twelve, went to the chief priests to betray Jesus to them. 11 They were delighted to hear this and promised to give him money. So he watched for an opportunity to hand him over.

The Lord's Supper

12 On the first day of the Feast of Unleavened Bread, when it was customary to sacrifice the Passover lamb, Jesus' disciples asked him, "Where do you want us to go and make preparations for you to eat the Passover?"

13 So he sent two of his disciples, telling them, "Go into the city, and a man carrying a jar of water will meet you. Follow him. 14 Say to the owner of the house he enters, 'The Teacher asks: Where is my guest room, where I may eat the Passover with my disciples?' 15 He will show you a large upper room, furnished and ready. Make preparations for us there."

16 The disciples left, went into the city and found things just as Jesus had told them. So they prepared the Passover.

17 When evening came, Jesus arrived with the

---

l 33 Some manuscripts alert and pray   m 5 Greek than three hundred denarii

18Y cuando se sentaron a la mesa, mientras comían, dijo Jesús: De cierto os digo que uno de vosotros, que come conmigo, me va a entregar.

19Entonces ellos comenzaron a entristecerse, y a decirle uno por uno: ¿Seré yo? Y el otro: ¿Seré yo?

20El, respondiendo, les dijo: Es uno de los doce, el que moja conmigo en el plato.

21A la verdad el Hijo del Hombre va, según está escrito de él, mas ¡ay de aquel hombre por quien el Hijo del Hombre es entregado! Bueno le fuera a ese hombre no haber nacido.

22Y mientras comían, Jesús tomó pan y bendijo, y lo partió y les dio, diciendo: Tomad, esto es mi cuerpo.

23Y tomando la copa, y habiendo dado gracias, les dio; y bebieron de ella todos.

24Y les dijo: Esto es mi sangre del nuevo pacto, que por muchos es derramada.

25De cierto os digo que no beberé más del fruto de la vid, hasta aquel día en que lo beba nuevo en el reino de Dios.

Jesús anuncia la negación de Pedro

26Cuando hubieron cantado el himno, salieron al monte de los Olivos.

27Entonces Jesús les dijo: Todos os escandalizaréis de mí esta noche; porque escrito está: Heriré al pastor, y las ovejas serán dispersadas.

28Pero después que haya resucitado, iré delante de vosotros a Galilea.

29Entonces Pedro le dijo: Aunque todos se escandalicen, yo no.

30Y le dijo Jesús: De cierto te digo que tú, hoy, en esta noche, antes que el gallo haya cantado dos veces, me negarás tres veces.

31Mas él con mayor insistencia decía: Si me fuere necesario morir contigo, no te negaré. También todos decían lo mismo.

Jesús ora en Getsemaní

32Vinieron, pues, a un lugar que se llama Getsemaní, y dijo a sus discípulos: Sentaos aquí, entre tanto que yo oro.

33Y tomó consigo a Pedro, a Jacobo y a Juan, y comenzó a entristecerse y a angustiarse.

34Y les dijo: Mi alma está muy triste, hasta la muerte; quedaos aquí y velad.

35Yéndose un poco adelante, se postró en tierra, y oró que si fuese posible, pasase de él aquella hora.

36Y decía: Abba, Padre, todas las cosas son posibles para ti; aparta de mí esta copa; mas no lo que yo quiero, sino lo que tú.

37Vino luego y los halló durmiendo; y dijo a Pedro: Simón, ¿duermes? ¿No has podido velar una hora?

38Velad y orad, para que no entréis en tentación; el espíritu a la verdad está dispuesto, pero la carne es débil.

39Otra vez fue y oró, diciendo las mismas palabras.

40Al volver, otra vez los halló durmiendo, porque los ojos de ellos estaban cargados de sueño; y no sabían qué responderle.

41Vino la tercera vez, y les dijo: Dormid ya, y descansad. Basta, la hora ha venido; he aquí, el Hijo del Hombre es entregado en manos de los pecadores.

42Levantaos, vamos; he aquí, se acerca el que me entrega.

Twelve. 18While they were reclining at the table eating, he said, "I tell you the truth, one of you will betray me—one who is eating with me."

19They were saddened, and one by one they said to him, "Surely not I?"

20"It is one of the Twelve," he replied, "one who dips bread into the bowl with me. 21The Son of Man will go just as it is written about him. But woe to that man who betrays the Son of Man! It would be better for him if he had not been born."

22While they were eating, Jesus took bread, gave thanks and broke it, and gave it to his disciples, saying, "Take it; this is my body."

23Then he took the cup, gave thanks and offered it to them, and they all drank from it.

24"This is my blood of the[n] covenant, which is poured out for many," he said to them. 25"I tell you the truth, I will not drink again of the fruit of the vine until that day when I drink it anew in the kingdom of God."

26When they had sung a hymn, they went out to the Mount of Olives.

Jesus Predicts Peter's Denial

27"You will all fall away," Jesus told them, "for it is written:

" 'I will strike the shepherd,
    and the sheep will be scattered.'[o]

28But after I have risen, I will go ahead of you into Galilee."

29Peter declared, "Even if all fall away, I will not."

30"I tell you the truth," Jesus answered, "today—yes, tonight—before the rooster crows twice[p] you yourself will disown me three times."

31But Peter insisted emphatically, "Even if I have to die with you, I will never disown you." And all the others said the same.

Gethsemane

32They went to a place called Gethsemane, and Jesus said to his disciples, "Sit here while I pray." 33He took Peter, James and John along with him, and he began to be deeply distressed and troubled. 34"My soul is overwhelmed with sorrow to the point of death," he said to them. "Stay here and keep watch."

35Going a little farther, he fell to the ground and prayed that if possible the hour might pass from him. 36"Abba,[q] Father," he said, "everything is possible for you. Take this cup from me. Yet not what I will, but what you will."

37Then he returned to his disciples and found them sleeping. "Simon," he said to Peter, "are you asleep? Could you not keep watch for one hour? 38Watch and pray so that you will not fall into temptation. The spirit is willing, but the body is weak."

39Once more he went away and prayed the same thing. 40When he came back, he again found them sleeping, because their eyes were heavy. They did not know what to say to him.

41Returning the third time, he said to them, "Are you still sleeping and resting? Enough! The hour has come. Look, the Son of Man is betrayed into the hands of sinners. 42Rise! Let us go! Here comes my betrayer!"

n24 Some manuscripts the new   o27 Zech. 13:7   p30 Some early manuscripts do not have twice.   q36 Aramaic for Father

Arresto de Jesús

43 Luego, hablando él aún, vino Judas, que era uno de los doce, y con él mucha gente con espadas y palos, de parte de los principales sacerdotes y de los escribas y de los ancianos.
44 Y el que le entregaba les había dado señal, diciendo: Al que yo besare, ése es; prendedle, y llevadle con seguridad.
45 Y cuando vino, se acercó luego a él, y le dijo: Maestro, Maestro. Y le besó.
46 Entonces ellos le echaron mano, y le prendieron.
47 Pero uno de los que estaban allí, sacando la espada, hirió al siervo del sumo sacerdote, cortándole la oreja.
48 Y respondiendo Jesús, les dijo: ¿Como contra un ladrón habéis salido con espadas y con palos para prenderme?
49 Cada día estaba con vosotros enseñando en el templo, y no me prendisteis; pero es así, para que se cumplan las Escrituras.
50 Entonces todos los discípulos, dejándole, huyeron.

El joven que huyó

51 Pero cierto joven le seguía, cubierto el cuerpo con una sábana; y le prendieron;
52 mas él, dejando la sábana, huyó desnudo.

Jesús ante el concilio

53 Trajeron, pues, a Jesús al sumo sacerdote; y se reunieron todos los principales sacerdotes y los ancianos y los escribas.
54 Y Pedro le siguió de lejos hasta dentro del patio del sumo sacerdote; y estaba sentado con los alguaciles, calentándose al fuego.
55 Y los principales sacerdotes y todo el concilio buscaban testimonio contra Jesús, para entregarle a la muerte; pero no lo hallaban.
56 Porque muchos decían falso testimonio contra él, mas sus testimonios no concordaban.
57 Entonces levantándose unos, dieron falso testimonio contra él, diciendo:
58 Nosotros le hemos oído decir: Yo derribaré este templo hecho a mano, y en tres días edificaré otro hecho sin mano.
59 Pero ni aun así concordaban en el testimonio.
60 Entonces el sumo sacerdote, levantándose en medio, preguntó a Jesús, diciendo: ¿No respondes nada? ¿Qué testifican éstos contra ti?
61 Mas él callaba, y nada respondía. El sumo sacerdote le volvió a preguntar, y le dijo: ¿Eres tú el Cristo, el Hijo del Bendito?
62 Y Jesús le dijo: Yo soy; y veréis al Hijo del Hombre sentado a la diestra del poder de Dios, y viniendo en las nubes del cielo.
63 Entonces el sumo sacerdote, rasgando su vestidura, dijo: ¿Qué más necesidad tenemos de testigos?
64 Habéis oído la blasfemia; ¿qué os parece? Y todos ellos le condenaron, declarándole ser digno de muerte.
65 Y algunos comenzaron a escupirle, y a cubrirle el rostro y a darle de puñetazos, y a decirle: Profetiza. Y los alguaciles le daban de bofetadas.

Pedro niega a Jesús

66 Estando Pedro abajo, en el patio, vino una de las criadas del sumo sacerdote;
67 y cuando vio a Pedro que se calentaba, mirándole, dijo: Tú también estabas con Jesús el nazareno.
68 Mas él negó, diciendo: No le conozco, ni sé lo que dices. Y salió a la entrada; y cantó el gallo.

Jesus Arrested

43 Just as he was speaking, Judas, one of the Twelve, appeared. With him was a crowd armed with swords and clubs, sent from the chief priests, the teachers of the law, and the elders.
44 Now the betrayer had arranged a signal with them: "The one I kiss is the man; arrest him and lead him away under guard." 45 Going at once to Jesus, Judas said, "Rabbi!" and kissed him. 46 The men seized Jesus and arrested him. 47 Then one of those standing near drew his sword and struck the servant of the high priest, cutting off his ear.
48 "Am I leading a rebellion," said Jesus, "that you have come out with swords and clubs to capture me? 49 Every day I was with you, teaching in the temple courts, and you did not arrest me. But the Scriptures must be fulfilled." 50 Then everyone deserted him and fled.
51 A young man, wearing nothing but a linen garment, was following Jesus. When they seized him, 52 he fled naked, leaving his garment behind.

Before the Sanhedrin

53 They took Jesus to the high priest, and all the chief priests, elders and teachers of the law came together. 54 Peter followed him at a distance, right into the courtyard of the high priest. There he sat with the guards and warmed himself at the fire.
55 The chief priests and the whole Sanhedrin were looking for evidence against Jesus so that they could put him to death, but they did not find any. 56 Many testified falsely against him, but their statements did not agree.
57 Then some stood up and gave this false testimony against him: 58 "We heard him say, 'I will destroy this man-made temple and in three days will build another, not made by man.' " 59 Yet even then their testimony did not agree.
60 Then the high priest stood up before them and asked Jesus, "Are you not going to answer? What is this testimony that these men are bringing against you?" 61 But Jesus remained silent and gave no answer.
Again the high priest asked him, "Are you the Christ,ᵣ the Son of the Blessed One?"
62 "I am," said Jesus. "And you will see the Son of Man sitting at the right hand of the Mighty One and coming on the clouds of heaven."
63 The high priest tore his clothes. "Why do we need any more witnesses?" he asked. 64 "You have heard the blasphemy. What do you think?"
They all condemned him as worthy of death. 65 Then some began to spit at him; they blindfolded him, struck him with their fists, and said, "Prophesy!" And the guards took him and beat him.

Peter Disowns Jesus

66 While Peter was below in the courtyard, one of the servant girls of the high priest came by. 67 When she saw Peter warming himself, she looked closely at him.
"You also were with that Nazarene, Jesus," she said.
68 But he denied it. "I don't know or understand what you're talking about," he said, and went out into the entryway.ˢ

ʳ61 Or *Messiah*   ˢ68 Some early manuscripts *entryway and the rooster crowed*

⁶⁹Y la criada, viéndole otra vez, comenzó a decir a los que estaban allí: Este es de ellos.

⁷⁰Pero él negó otra vez. Y poco después, los que estaban allí dijeron otra vez a Pedro: Verdaderamente tú eres de ellos; porque eres galileo, y tu manera de hablar es semejante a la de ellos.

⁷¹Entonces él comenzó a maldecir, y a jurar: No conozco a este hombre de quien habláis.

⁷²Y el gallo cantó la segunda vez. Entonces Pedro se acordó de las palabras que Jesús le había dicho: Antes que el gallo cante dos veces, me negarás tres veces. Y pensando en esto, lloraba.

Jesús ante Pilato

15 ¹Muy de mañana, habiendo tenido consejo los principales sacerdotes con los ancianos, con los escribas y con todo el concilio, llevaron a Jesús atado, y le entregaron a Pilato.

²Pilato le preguntó: ¿Eres tú el Rey de los judíos? Respondiendo él, le dijo: Tú lo dices.

³Y los principales sacerdotes le acusaban mucho.

⁴Otra vez le preguntó Pilato, diciendo: ¿Nada respondes? Mira de cuántas cosas te acusan.

⁵Mas Jesús ni aun con eso respondió; de modo que Pilato se maravillaba.

Jesús sentenciado a muerte

⁶Ahora bien, en el día de la fiesta les soltaba un preso, cualquiera que pidiesen.

⁷Y había uno que se llamaba Barrabás, preso con sus compañeros de motín que habían cometido homicidio en una revuelta.

⁸Y viniendo la multitud, comenzó a pedir que hiciese como siempre les había hecho.

⁹Y Pilato les respondió diciendo: ¿Queréis que os suelte al Rey de los judíos?

¹⁰Porque conocía que por envidia le habían entregado los principales sacerdotes.

¹¹Mas los principales sacerdotes incitaron a la multitud para que les soltase más bien a Barrabás.

¹²Respondiendo Pilato, les dijo otra vez: ¿Qué, pues, queréis que haga del que llamáis Rey de los judíos?

¹³Y ellos volvieron a dar voces: ¡Crucifícale!

¹⁴Pilato les decía: ¿Pues qué mal ha hecho? Pero ellos gritaban aun más: ¡Crucifícale!

¹⁵Y Pilato, queriendo satisfacer al pueblo, les soltó a Barrabás, y entregó a Jesús, después de azotarle, para que fuese crucificado.

¹⁶Entonces los soldados le llevaron dentro del atrio, esto es, al pretorio, y convocaron a toda la compañía.

¹⁷Y le vistieron de púrpura, y poniéndole una corona tejida de espinas,

¹⁸comenzaron luego a saludarle: ¡Salve, Rey de los judíos!

¹⁹Y le golpeaban en la cabeza con una caña, y le escupían, y puestos de rodillas le hacían reverencias.

²⁰Después de haberle escarnecido, le desnudaron la púrpura, y le pusieron sus propios vestidos, y le sacaron para crucificarle.

Crucifixión y muerte de Jesús

²¹Y obligaron a uno que pasaba, Simón de Cirene, padre de Alejandro y de Rufo, que venía del campo, a que le llevase la cruz.

²²Y le llevaron a un lugar llamado Gólgota, que traducido es: Lugar de la Calavera.

---

⁶⁹When the servant girl saw him there, she said again to those standing around, "This fellow is one of them." ⁷⁰Again he denied it.

After a little while, those standing near said to Peter, "Surely you are one of them, for you are a Galilean." ⁷¹He began to call down curses on himself, and he swore to them, "I don't know this man you're talking about."

⁷²Immediately the rooster crowed the second time.ᵗ Then Peter remembered the word Jesus had spoken to him: "Before the rooster crows twiceᵘ you will disown me three times." And he broke down and wept.

Jesus Before Pilate

15 Very early in the morning, the chief priests, with the elders, the teachers of the law and the whole Sanhedrin, reached a decision. They bound Jesus, led him away and handed him over to Pilate.

²"Are you the king of the Jews?" asked Pilate.

"Yes, it is as you say," Jesus replied.

³The chief priests accused him of many things. ⁴So again Pilate asked him, "Aren't you going to answer? See how many things they are accusing you of."

⁵But Jesus still made no reply, and Pilate was amazed.

⁶Now it was the custom at the Feast to release a prisoner whom the people requested. ⁷A man called Barabbas was in prison with the insurrectionists who had committed murder in the uprising. ⁸The crowd came up and asked Pilate to do for them what he usually did.

⁹"Do you want me to release to you the king of the Jews?" asked Pilate, ¹⁰knowing it was out of envy that the chief priests had handed Jesus over to him. ¹¹But the chief priests stirred up the crowd to have Pilate release Barabbas instead.

¹²"What shall I do, then, with the one you call the king of the Jews?" Pilate asked them.

¹³"Crucify him!" they shouted.

¹⁴"Why? What crime has he committed?" asked Pilate.

But they shouted all the louder, "Crucify him!"

¹⁵Wanting to satisfy the crowd, Pilate released Barabbas to them. He had Jesus flogged, and handed him over to be crucified.

The Soldiers Mock Jesus

¹⁶The soldiers led Jesus away into the palace (that is, the Praetorium) and called together the whole company of soldiers. ¹⁷They put a purple robe on him, then twisted together a crown of thorns and set it on him. ¹⁸And they began to call out to him, "Hail, king of the Jews!" ¹⁹Again and again they struck him on the head with a staff and spit on him. Falling on their knees, they paid homage to him. ²⁰And when they had mocked him, they took off the purple robe and put his own clothes on him. Then they led him out to crucify him.

The Crucifixion

²¹A certain man from Cyrene, Simon, the father of Alexander and Rufus, was passing by on his way in from the country, and they forced him to carry the cross. ²²They brought Jesus to the place called Golgotha (which means The Place of the Skull). ²³Then they

---

ᵗ 72 Some early manuscripts do not have *the second time*.
ᵘ 72 Some early manuscripts do not have *twice*.

23Y le dieron a beber vino mezclado con mirra; mas él no lo tomó.

24Cuando le hubieron crucificado, repartieron entre sí sus vestidos, echando suertes sobre ellos para ver qué se llevaría cada uno.

25Era la hora tercera cuando le crucificaron.

26Y el título escrito de su causa era: EL REY DE LOS JUDÍOS.

27Crucificaron también con él a dos ladrones, uno a su derecha, y el otro a su izquierda.

28Y se cumplió la Escritura que dice: Y fue contado con los inicuos.

29Y los que pasaban le injuriaban, meneando la cabeza y diciendo: ¡Bah! tú que derribas el templo de Dios, y en tres días lo reedificas,

30sálvate a ti mismo, y desciende de la cruz.

31De esta manera también los principales sacerdotes, escarneciendo, se decían unos a otros, con los escribas: A otros salvó, a sí mismo no se puede salvar.

32El Cristo, Rey de Israel, descienda ahora de la cruz, para que veamos y creamos. También los que estaban crucificados con él le injuriaban.

33Cuando vino la hora sexta, hubo tinieblas sobre toda la tierra hasta la hora novena.

34Y a la hora novena Jesús clamó a gran voz, diciendo: Eloi, Eloi, ¿lama sabactani? que traducido es: Dios mío, Dios mío, ¿por qué me has desamparado?

35Y algunos de los que estaban allí decían, al oírlo: Mirad, llama a Elías.

36Y corrió uno, y empapando una esponja en vinagre, y poniéndola en una caña, le dio a beber, diciendo: Dejad, veamos si viene Elías a bajarle.

37Mas Jesús, dando una gran voz, expiró.

38Entonces el velo del templo se rasgó en dos, de arriba abajo.

39Y el centurión que estaba frente a él, viendo que después de clamar había expirado así, dijo: Verdaderamente este hombre era Hijo de Dios.

40También había algunas mujeres mirando de lejos, entre las cuales estaban María Magdalena, María la madre de Jacobo el menor y de José, y Salomé,

41quienes, cuando él estaba en Galilea, le seguían y le servían; y otras muchas que habían subido con él a Jerusalén.

Jesús es sepultado

42Cuando llegó la noche, porque era la preparación, es decir, la víspera del día de reposo, *

43José de Arimatea, miembro noble del concilio, que también esperaba el reino de Dios, vino y entró osadamente a Pilato, y pidió el cuerpo de Jesús.

44Pilato se sorprendió de que ya hubiese muerto; y haciendo venir al centurión, le preguntó si ya estaba muerto.

45E informado por el centurión, dio el cuerpo a José,

46el cual compró una sábana, y quitándolo, lo envolvió en la sábana, y lo puso en un sepulcro que estaba cavado en una peña, e hizo rodar una piedra a la entrada del sepulcro.

47Y María Magdalena y María madre de José miraban dónde lo ponían.

La resurrección

16 1Cuando pasó el día de reposo, * María Magdalena, María la madre de Jacobo, y Salomé, compraron especias aromáticas para ir a ungirle.

offered him wine mixed with myrrh, but he did not take it. 24And they crucified him. Dividing up his clothes, they cast lots to see what each would get.

25It was the third hour when they crucified him. 26The written notice of the charge against him read: THE KING OF THE JEWS. 27They crucified two robbers with him, one on his right and one on his left.v 29Those who passed by hurled insults at him, shaking their heads and saying, "So! You who are going to destroy the temple and build it in three days, 30come down from the cross and save yourself!"

31In the same way the chief priests and the teachers of the law mocked him among themselves. "He saved others," they said, "but he can't save himself! 32Let this Christ,w this King of Israel, come down now from the cross, that we may see and believe." Those crucified with him also heaped insults on him.

The Death of Jesus

33At the sixth hour darkness came over the whole land until the ninth hour. 34And at the ninth hour Jesus cried out in a loud voice, *"Eloi, Eloi, lama sabachthani?"*—which means, "My God, my God, why have you forsaken me?"x

35When some of those standing near heard this, they said, "Listen, he's calling Elijah."

36One man ran, filled a sponge with wine vinegar, put it on a stick, and offered it to Jesus to drink. "Now leave him alone. Let's see if Elijah comes to take him down," he said.

37With a loud cry, Jesus breathed his last.

38The curtain of the temple was torn in two from top to bottom. 39And when the centurion, who stood there in front of Jesus, heard his cry andy saw how he died, he said, "Surely this man was the Sonz of God!"

40Some women were watching from a distance. Among them were Mary Magdalene, Mary the mother of James the younger and of Joses, and Salome. 41In Galilee these women had followed him and cared for his needs. Many other women who had come up with him to Jerusalem were also there.

The Burial of Jesus

42It was Preparation Day (that is, the day before the Sabbath). So as evening approached, 43Joseph of Arimathea, a prominent member of the Council, who was himself waiting for the kingdom of God, went boldly to Pilate and asked for Jesus' body. 44Pilate was surprised to hear that he was already dead. Summoning the centurion, he asked him if Jesus had already died. 45When he learned from the centurion that it was so, he gave the body to Joseph. 46So Joseph bought some linen cloth, took down the body, wrapped it in the linen, and placed it in a tomb cut out of rock. Then he rolled a stone against the entrance of the tomb. 47Mary Magdalene and Mary the mother of Joses saw where he was laid.

The Resurrection

16 When the Sabbath was over, Mary Magdalene, Mary the mother of James, and Salome bought spices so that they might go to anoint Jesus' body.

---

v27 Some manuscripts *left, 28and the scripture was fulfilled which says, "He was counted with the lawless ones"* (Isaiah 53:12)
w32 Or *Messiah*   x34 Psalm 22:1   y39 Some manuscripts do not have *heard his cry and*   z39 Or *a son*

*Aquí equivale a *sábado*

2 Y muy de mañana, el primer día de la semana, vinieron al sepulcro, ya salido el sol.

3 Pero decían entre sí: ¿Quién nos removerá la piedra de la entrada del sepulcro?

4 Pero cuando miraron, vieron removida la piedra, que era muy grande.

5 Y cuando entraron en el sepulcro, vieron a un joven sentado al lado derecho, cubierto de una larga ropa blanca; y se espantaron.

6 Mas él les dijo: No os asustéis; buscáis a Jesús nazareno, el que fue crucificado; ha resucitado, no está aquí; mirad el lugar en donde le pusieron.

7 Pero id, decid a sus discípulos, y a Pedro, que él va delante de vosotros a Galilea; allí le veréis, como os dijo.

8 Y ellas se fueron huyendo del sepulcro, porque les había tomado temblor y espanto; ni decían nada a nadie, porque tenían miedo.

Jesús se aparece a María Magdalena

9 Habiendo, pues, resucitado Jesús por la mañana, el primer día de la semana, apareció primeramente a María Magdalena, de quien había echado siete demonios.

10 Yendo ella, lo hizo saber a los que habían estado con él, que estaban tristes y llorando.

11 Ellos, cuando oyeron que vivía, y que había sido visto por ella, no lo creyeron.

Jesús se aparece a dos de sus discípulos

12 Pero después apareció en otra forma a dos de ellos que iban de camino, yendo al campo.

13 Ellos fueron y lo hicieron saber a los otros; y ni aun a ellos creyeron.

Jesús comisiona a los apóstoles

14 Finalmente se apareció a los once mismos, estando ellos sentados a la mesa, y les reprochó su incredulidad y dureza de corazón, porque no habían creído a los que le habían visto resucitado.

15 Y les dijo: Id por todo el mundo y predicad el evangelio a toda criatura.

16 El que creyere y fuere bautizado, será salvo; mas el que no creyere, será condenado.

17 Y estas señales seguirán a los que creen: En mi nombre echarán fuera demonios; hablarán nuevas lenguas;

18 tomarán en las manos serpientes, y si bebieren cosa mortífera, no les hará daño; sobre los enfermos pondrán sus manos, y sanarán.

La ascensión

19 Y el Señor, después que les habló, fue recibido arriba en el cielo, y se sentó a la diestra de Dios.

20 Y ellos, saliendo, predicaron en todas partes, ayudándoles el Señor y confirmando la palabra con las señales que la seguían. Amén.

2 Very early on the first day of the week, just after sunrise, they were on their way to the tomb 3 and they asked each other, "Who will roll the stone away from the entrance of the tomb?"

4 But when they looked up, they saw that the stone, which was very large, had been rolled away. 5 As they entered the tomb, they saw a young man dressed in a white robe sitting on the right side, and they were alarmed.

6 "Don't be alarmed," he said. "You are looking for Jesus the Nazarene, who was crucified. He has risen! He is not here. See the place where they laid him. 7 But go, tell his disciples and Peter, 'He is going ahead of you into Galilee. There you will see him, just as he told you.' "

8 Trembling and bewildered, the women went out and fled from the tomb. They said nothing to anyone, because they were afraid.

[The earliest manuscripts and some other ancient witnesses do not have Mark 16:9–20.]

9 When Jesus rose early on the first day of the week, he appeared first to Mary Magdalene, out of whom he had driven seven demons. 10 She went and told those who had been with him and who were mourning and weeping. 11 When they heard that Jesus was alive and that she had seen him, they did not believe it.

12 Afterward Jesus appeared in a different form to two of them while they were walking in the country. 13 These returned and reported it to the rest; but they did not believe them either.

14 Later Jesus appeared to the Eleven as they were eating; he rebuked them for their lack of faith and their stubborn refusal to believe those who had seen him after he had risen.

15 He said to them, "Go into all the world and preach the good news to all creation. 16 Whoever believes and is baptized will be saved, but whoever does not believe will be condemned. 17 And these signs will accompany those who believe: In my name they will drive out demons; they will speak in new tongues; 18 they will pick up snakes with their hands; and when they drink deadly poison, it will not hurt them at all; they will place their hands on sick people, and they will get well."

19 After the Lord Jesus had spoken to them, he was taken up into heaven and he sat at the right hand of God. 20 Then the disciples went out and preached everywhere, and the Lord worked with them and confirmed his word by the signs that accompanied it.

EL SANTO EVANGELIO SEGÚN
SAN LUCAS

LUKE

Dedicatoria a Teófilo

1 ¹ Puesto que ya muchos han tratado de poner en orden la historia de las cosas que entre nosotros han sido ciertísimas,
² tal como nos lo enseñaron los que desde el principio lo vieron con sus ojos, y fueron ministros de la palabra, ³ me ha parecido también a mí, después de haber investigado con diligencia todas las cosas desde su origen, escribírtelas por orden, oh excelentísimo Teófilo,
⁴ para que conozcas bien la verdad de las cosas en las cuales has sido instruido.

Anuncio del nacimiento de Juan

⁵ Hubo en los días de Herodes, rey de Judea, un sacerdote llamado Zacarías, de la clase de Abías; su mujer era de las hijas de Aarón, y se llamaba Elisabet.
⁶ Ambos eran justos delante de Dios, y andaban irreprensibles en todos los mandamientos y ordenanzas del Señor.
⁷ Pero no tenían hijo, porque Elisabet era estéril, y ambos eran ya de edad avanzada.
⁸ Aconteció que ejerciendo Zacarías el sacerdocio delante de Dios según el orden de su clase,
⁹ conforme a la costumbre del sacerdocio, le tocó en suerte ofrecer el incienso, entrando en el santuario del Señor.
¹⁰ Y toda la multitud del pueblo estaba fuera orando a la hora del incienso.
¹¹ Y se le apareció un ángel del Señor puesto en pie a la derecha del altar del incienso.
¹² Y se turbó Zacarías al verle, y le sobrecogió temor.
¹³ Pero el ángel le dijo: Zacarías, no temas; porque tu oración ha sido oída, y tu mujer Elisabet te dará a luz un hijo, y llamarás su nombre Juan.
¹⁴ Y tendrás gozo y alegría, y muchos se regocijarán de su nacimiento;
¹⁵ porque será grande delante de Dios. No beberá vino ni sidra, y será lleno del Espíritu Santo, aun desde el vientre de su madre.
¹⁶ Y hará que muchos de los hijos de Israel se conviertan al Señor Dios de ellos.
¹⁷ E irá delante de él con el espíritu y el poder de Elías, para hacer volver los corazones de los padres a los hijos, y de los rebeldes a la prudencia de los justos, para preparar al Señor un pueblo bien dispuesto.
¹⁸ Dijo Zacarías al ángel: ¿En qué conoceré esto? Porque yo soy viejo, y mi mujer es de edad avanzada.
¹⁹ Respondiendo el ángel, le dijo: Yo soy Gabriel, que estoy delante de Dios; y he sido enviado a hablarte, y darte estas buenas nuevas.
²⁰ Y ahora quedarás mudo y no podrás hablar, hasta el día en que esto se haga, por cuanto no creíste mis palabras, las cuales se cumplirán a su tiempo.
²¹ Y el pueblo estaba esperando a Zacarías, y se extrañaba de que él se demorase en el santuario.
²² Pero cuando salió, no les podía hablar; y comprendieron que había visto visión en el santuario. El les hablaba por señas, y permaneció mudo.
²³ Y cumplidos los días de su ministerio, se fue a su casa.
²⁴ Después de aquellos días concibió su mujer Elisabet, y se recluyó en casa por cinco meses, diciendo:

Introduction

1 Many have undertaken to draw up an account of the things that have been fulfilled[a] among us, ²just as they were handed down to us by those who from the first were eyewitnesses and servants of the word. ³Therefore, since I myself have carefully investigated everything from the beginning, it seemed good also to me to write an orderly account for you, most excellent Theophilus, ⁴so that you may know the certainty of the things you have been taught.

The Birth of John the Baptist Foretold

⁵In the time of Herod king of Judea there was a priest named Zechariah, who belonged to the priestly division of Abijah; his wife Elizabeth was also a descendant of Aaron. ⁶Both of them were upright in the sight of God, observing all the Lord's commandments and regulations blamelessly. ⁷But they had no children, because Elizabeth was barren; and they were both well along in years.

⁸Once when Zechariah's division was on duty and he was serving as priest before God, ⁹he was chosen by lot, according to the custom of the priesthood, to go into the temple of the Lord and burn incense. ¹⁰And when the time for the burning of incense came, all the assembled worshipers were praying outside.

¹¹Then an angel of the Lord appeared to him, standing at the right side of the altar of incense. ¹²When Zechariah saw him, he was startled and was gripped with fear. ¹³But the angel said to him: "Do not be afraid, Zechariah; your prayer has been heard. Your wife Elizabeth will bear you a son, and you are to give him the name John. ¹⁴He will be a joy and delight to you, and many will rejoice because of his birth, ¹⁵for he will be great in the sight of the Lord. He is never to take wine or other fermented drink, and he will be filled with the Holy Spirit even from birth.[b] ¹⁶Many of the people of Israel will he bring back to the Lord their God. ¹⁷And he will go on before the Lord, in the spirit and power of Elijah, to turn the hearts of the fathers to their children and the disobedient to the wisdom of the righteous—to make ready a people prepared for the Lord."

¹⁸Zechariah asked the angel, "How can I be sure of this? I am an old man and my wife is well along in years."

¹⁹The angel answered, "I am Gabriel. I stand in the presence of God, and I have been sent to speak to you and to tell you this good news. ²⁰And now you will be silent and not able to speak until the day this happens, because you did not believe my words, which will come true at their proper time."

²¹Meanwhile, the people were waiting for Zechariah and wondering why he stayed so long in the temple. ²²When he came out, he could not speak to them. They realized he had seen a vision in the temple, for he kept making signs to them but remained unable to speak.

²³When his time of service was completed, he returned home. ²⁴After this his wife Elizabeth became

---

a1 Or been surely believed   *b15 Or from his mother's womb*

25 Así ha hecho conmigo el Señor en los días en que se dignó quitar mi afrenta entre los hombres.

Anuncio del nacimiento de Jesús

26 Al sexto mes el ángel Gabriel fue enviado por Dios a una ciudad de Galilea, llamada Nazaret,
27 a una virgen desposada con un varón que se llamaba José, de la casa de David; y el nombre de la virgen era María.
28 Y entrando el ángel en donde ella estaba, dijo: ¡Salve, muy favorecida! El Señor es contigo; bendita tú entre las mujeres.
29 Mas ella, cuando le vio, se turbó por sus palabras, y pensaba qué salutación sería esta.
30 Entonces el ángel le dijo: María, no temas, porque has hallado gracia delante de Dios.
31 Y ahora, concebirás en tu vientre, y darás a luz un hijo, y llamarás su nombre JESÚS.
32 Este será grande, y será llamado Hijo del Altísimo; y el Señor Dios le dará el trono de David su padre;
33 y reinará sobre la casa de Jacob para siempre, y su reino no tendrá fin.
34 Entonces María dijo al ángel: ¿Cómo será esto? pues no conozco varón.
35 Respondiendo el ángel, le dijo: El Espíritu Santo vendrá sobre ti, y el poder del Altísimo te cubrirá con su sombra; por lo cual también el Santo Ser que nacerá, será llamado Hijo de Dios.
36 Y he aquí tu parienta Elisabet, ella también ha concebido hijo en su vejez; y este es el sexto mes para ella, la que llamaban estéril;
37 porque nada hay imposible para Dios.
38 Entonces María dijo: He aquí la sierva del Señor; hágase conmigo conforme a tu palabra. Y el ángel se fue de su presencia.

María visita a Elisabet

39 En aquellos días, levantándose María, fue de prisa a la montaña, a una ciudad de Judá;
40 y entró en casa de Zacarías, y saludó a Elisabet.
41 Y aconteció que cuando oyó Elisabet la salutación de María, la criatura saltó en su vientre; y Elisabet fue llena del Espíritu Santo,
42 y exclamó a gran voz, y dijo: Bendita tú entre las mujeres, y bendito el fruto de tu vientre.
43 ¿Por qué se me concede esto a mí, que la madre de mi Señor venga a mí?
44 Porque tan pronto como llegó la voz de tu salutación a mis oídos, la criatura saltó de alegría en mi vientre.
45 Y bienaventurada la que creyó, porque se cumplirá lo que le fue dicho de parte del Señor.
46 Entonces María dijo:
Engrandece mi alma al Señor;
47 Y mi espíritu se regocija en Dios mi Salvador.
48 Porque ha mirado la bajeza de su sierva;
Pues he aquí, desde ahora me dirán bienaventurada todas las generaciones.
49 Porque me ha hecho grandes cosas el Poderoso;
Santo es su nombre,
50 Y su misericordia es de generación en generación
A los que le temen.
51 Hizo proezas con su brazo;
Esparció a los soberbios en el pensamiento de sus corazones.
52 Quitó de los tronos a los poderosos,
Y exaltó a los humildes.

pregnant and for five months remained in seclusion.
25 "The Lord has done this for me," she said. "In these days he has shown his favor and taken away my disgrace among the people."

The Birth of Jesus Foretold

26 In the sixth month, God sent the angel Gabriel to Nazareth, a town in Galilee, 27 to a virgin pledged to be married to a man named Joseph, a descendant of David. The virgin's name was Mary. 28 The angel went to her and said, "Greetings, you who are highly favored! The Lord is with you."
29 Mary was greatly troubled at his words and wondered what kind of greeting this might be. 30 But the angel said to her, "Do not be afraid, Mary, you have found favor with God. 31 You will be with child and give birth to a son, and you are to give him the name Jesus. 32 He will be great and will be called the Son of the Most High. The Lord God will give him the throne of his father David, 33 and he will reign over the house of Jacob forever; his kingdom will never end."
34 "How will this be," Mary asked the angel, "since I am a virgin?"
35 The angel answered, "The Holy Spirit will come upon you, and the power of the Most High will overshadow you. So the holy one to be born will be called c the Son of God. 36 Even Elizabeth your relative is going to have a child in her old age, and she who was said to be barren is in her sixth month. 37 For nothing is impossible with God."
38 "I am the Lord's servant," Mary answered. "May it be to me as you have said." Then the angel left her.

Mary Visits Elizabeth

39 At that time Mary got ready and hurried to a town in the hill country of Judea, 40 where she entered Zechariah's home and greeted Elizabeth. 41 When Elizabeth heard Mary's greeting, the baby leaped in her womb, and Elizabeth was filled with the Holy Spirit. 42 In a loud voice she exclaimed: "Blessed are you among women, and blessed is the child you will bear! 43 But why am I so favored, that the mother of my Lord should come to me? 44 As soon as the sound of your greeting reached my ears, the baby in my womb leaped for joy. 45 Blessed is she who has believed that what the Lord has said to her will be accomplished!"

Mary's Song

46 And Mary said:

"My soul glorifies the Lord
47   and my spirit rejoices in God my Savior,
48 for he has been mindful
    of the humble state of his servant.
From now on all generations will call me blessed,
49   for the Mighty One has done great things for me—
  holy is his name.
50 His mercy extends to those who fear him,
  from generation to generation.
51 He has performed mighty deeds with his arm;
  he has scattered those who are proud in their inmost thoughts.
52 He has brought down rulers from their thrones
  but has lifted up the humble.

c35 Or So the child to be born will be called holy,

53 A los hambrientos colmó de bienes,
  Y a los ricos envió vacíos.
54 Socorrió a Israel su siervo,
  Acordándose de la misericordia,
55 De la cual habló a nuestros padres,
  Para con Abraham y su descendencia para siempre.
56 Y se quedó María con ella como tres meses; después se volvió a su casa.

Nacimiento de Juan el Bautista

57 Cuando a Elisabet se le cumplió el tiempo de su alumbramiento, dio a luz un hijo.
58 Y cuando oyeron los vecinos y los parientes que Dios había engrandecido para con ella su misericordia, se regocijaron con ella.
59 Aconteció que al octavo día vinieron para circuncidar al niño; y le llamaban con el nombre de su padre, Zacarías;
60 pero respondiendo su madre, dijo: No; se llamará Juan.
61 Le dijeron: ¿Por qué? No hay nadie en tu parentela que se llame con ese nombre.
62 Entonces preguntaron por señas a su padre, cómo le quería llamar.
63 Y pidiendo una tablilla, escribió, diciendo: Juan es su nombre. Y todos se maravillaron.
64 Al momento fue abierta su boca y suelta su lengua, y habló bendiciendo a Dios.
65 Y se llenaron de temor todos sus vecinos; y en todas las montañas de Judea se divulgaron todas estas cosas.
66 Y todos los que las oían las guardaban en su corazón, diciendo: ¿Quién, pues, será este niño? Y la mano del Señor estaba con él.

Profecía de Zacarías

67 Y Zacarías su padre fue lleno del Espíritu Santo, y profetizó, diciendo:
68 Bendito el Señor Dios de Israel,
  Que ha visitado y redimido a su pueblo,
69 Y nos levantó un poderoso Salvador
  En la casa de David su siervo,
70 Como habló por boca de sus santos profetas que fueron desde el principio;
71 Salvación de nuestros enemigos, y de la mano de todos los que nos aborrecieron;
72 Para hacer misericordia con nuestros padres,
  Y acordarse de su santo pacto;
73 Del juramento que hizo a Abraham nuestro padre,
  Que nos había de conceder
74 Que, librados de nuestros enemigos,
  Sin temor le serviríamos
75 En santidad y en justicia delante de él, todos nuestros días.
76 Y tú, niño, profeta del Altísimo serás llamado;
  Porque irás delante de la presencia del Señor, para preparar sus caminos;
77 Para dar conocimiento de salvación a su pueblo,
  Para perdón de sus pecados,
78 Por la entrañable misericordia de nuestro Dios,
  Con que nos visitó desde lo alto la aurora,
79 Para dar luz a los que habitan en tinieblas y en sombra de muerte;
  Para encaminar nuestros pies por camino de paz.

53 He has filled the hungry with good things
  but has sent the rich away empty.
54 He has helped his servant Israel,
  remembering to be merciful
55 to Abraham and his descendants forever,
  even as he said to our fathers."
56 Mary stayed with Elizabeth for about three months and then returned home.

The Birth of John the Baptist

57 When it was time for Elizabeth to have her baby, she gave birth to a son. 58 Her neighbors and relatives heard that the Lord had shown her great mercy, and they shared her joy.
59 On the eighth day they came to circumcise the child, and they were going to name him after his father Zechariah, 60 but his mother spoke up and said, "No! He is to be called John."
61 They said to her, "There is no one among your relatives who has that name."
62 Then they made signs to his father, to find out what he would like to name the child. 63 He asked for a writing tablet, and to everyone's astonishment he wrote, "His name is John." 64 Immediately his mouth was opened and his tongue was loosed, and he began to speak, praising God. 65 The neighbors were all filled with awe, and throughout the hill country of Judea people were talking about all these things. 66 Everyone who heard this wondered about it, asking, "What then is this child going to be?" For the Lord's hand was with him.

Zechariah's Song

67 His father Zechariah was filled with the Holy Spirit and prophesied:
68 "Praise be to the Lord, the God of Israel,
  because he has come and has redeemed his people.
69 He has raised up a horn ^{d} of salvation for us
  in the house of his servant David
70 (as he said through his holy prophets of long ago),
71 salvation from our enemies
  and from the hand of all who hate us—
72 to show mercy to our fathers
  and to remember his holy covenant,
73 the oath he swore to our father Abraham:
74 to rescue us from the hand of our enemies,
  and to enable us to serve him without fear
75 in holiness and righteousness before him all our days.

76 And you, my child, will be called a prophet of the Most High;
  for you will go on before the Lord to prepare the way for him,
77 to give his people the knowledge of salvation
  through the forgiveness of their sins,
78 because of the tender mercy of our God,
  by which the rising sun will come to us from heaven
79 to shine on those living in darkness
  and in the shadow of death,
  to guide our feet into the path of peace."

---

^{d} 69 Horn here symbolizes strength.

80 Y el niño crecía, y se fortalecía en espíritu; y estuvo en lugares desiertos hasta el día de su manifestación a Israel.

Nacimiento de Jesús

2 1 Aconteció en aquellos días, que se promulgó un edicto de parte de Augusto César, que todo el mundo fuese empadronado.
2 Este primer censo se hizo siendo Cirenio gobernador de Siria.
3 E iban todos para ser empadronados, cada uno a su ciudad.
4 Y José subió de Galilea, de la ciudad de Nazaret, a Judea, a la ciudad de David, que se llama Belén, por cuanto era de la casa y familia de David;
5 para ser empadronado con María su mujer, desposada con él, la cual estaba encinta.
6 Y aconteció que estando ellos allí, se cumplieron los días de su alumbramiento.
7 Y dio a luz a su hijo primogénito, y lo envolvió en pañales, y lo acostó en un pesebre, porque no había lugar para ellos en el mesón.

Los ángeles y los pastores

8 Había pastores en la misma región, que velaban y guardaban las vigilias de la noche sobre su rebaño.
9 Y he aquí, se les presentó un ángel del Señor, y la gloria del Señor los rodeó de resplandor; y tuvieron gran temor.
10 Pero el ángel les dijo: No temáis; porque he aquí os doy nuevas de gran gozo, que será para todo el pueblo;
11 que os ha nacido hoy, en la ciudad de David, un Salvador, que es CRISTO el Señor.
12 Esto os servirá de señal: Hallaréis al niño envuelto en pañales, acostado en un pesebre.
13 Y repentinamente apareció con el ángel una multitud de las huestes celestiales, que alababan a Dios, y decían:
14 ¡Gloria a Dios en las alturas,
Y en la tierra paz, buena voluntad para con los hombres!
15 Sucedió que cuando los ángeles se fueron de ellos al cielo, los pastores se dijeron unos a otros: Pasemos, pues, hasta Belén, y veamos esto que ha sucedido, y que el Señor nos ha manifestado.
16 Vinieron, pues, apresuradamente, y hallaron a María y a José, y al niño acostado en el pesebre.
17 Y al verlo, dieron a conocer lo que se les había dicho acerca del niño.
18 Y todos los que oyeron, se maravillaron de lo que los pastores les decían.
19 Pero María guardaba todas estas cosas, meditándolas en su corazón.
20 Y volvieron los pastores glorificando y alabando a Dios por todas las cosas que habían oído y visto, como se les había dicho.

Presentación de Jesús en el templo

21 Cumplidos los ocho días para circuncidar al niño, le pusieron por nombre JESÚS, el cual le había sido puesto por el ángel antes que fuese concebido.
22 Y cuando se cumplieron los días de la purificación de ellos, conforme a la ley de Moisés, le trajeron a Jerusalén para presentarle al Señor
23 (como está escrito en la ley del Señor: Todo varón que abriere la matriz será llamado santo al Señor),
24 y para ofrecer conforme a lo que se dice en la ley del Señor: Un par de tórtolas, o dos palominos.

80 And the child grew and became strong in spirit; and he lived in the desert until he appeared publicly to Israel.

The Birth of Jesus

2 In those days Caesar Augustus issued a decree that a census should be taken of the entire Roman world. 2(This was the first census that took place while Quirinius was governor of Syria.) 3And everyone went to his own town to register.

4So Joseph also went up from the town of Nazareth in Galilee to Judea, to Bethlehem the town of David, because he belonged to the house and line of David. 5He went there to register with Mary, who was pledged to be married to him and was expecting a child. 6While they were there, the time came for the baby to be born, 7and she gave birth to her firstborn, a son. She wrapped him in cloths and placed him in a manger, because there was no room for them in the inn.

The Shepherds and the Angels

8And there were shepherds living out in the fields nearby, keeping watch over their flocks at night. 9An angel of the Lord appeared to them, and the glory of the Lord shone around them, and they were terrified. 10But the angel said to them, "Do not be afraid. I bring you good news of great joy that will be for all the people. 11Today in the town of David a Savior has been born to you; he is Christ e the Lord. 12This will be a sign to you: You will find a baby wrapped in cloths and lying in a manger."

13Suddenly a great company of the heavenly host appeared with the angel, praising God and saying,

14"Glory to God in the highest,
and on earth peace to men on whom his favor rests."

15When the angels had left them and gone into heaven, the shepherds said to one another, "Let's go to Bethlehem and see this thing that has happened, which the Lord has told us about."

16So they hurried off and found Mary and Joseph, and the baby, who was lying in the manger. 17When they had seen him, they spread the word concerning what had been told them about this child, 18and all who heard it were amazed at what the shepherds said to them. 19But Mary treasured up all these things and pondered them in her heart. 20The shepherds returned, glorifying and praising God for all the things they had heard and seen, which were just as they had been told.

Jesus Presented in the Temple

21On the eighth day, when it was time to circumcise him, he was named Jesus, the name the angel had given him before he had been conceived.

22When the time of their purification according to the Law of Moses had been completed, Joseph and Mary took him to Jerusalem to present him to the Lord 23(as it is written in the Law of the Lord, "Every firstborn male is to be consecrated to the Lord" f), 24and to offer a sacrifice in keeping with what is said in the Law of the Lord: "a pair of doves or two young pigeons." g

---

e 11 Or Messiah. "The Christ" (Greek) and "the Messiah" (Hebrew) both mean "the Anointed One"; also in verse 26.
f 23 Exodus 13:2,12   g 24 Lev. 12:8

25 Y he aquí había en Jerusalén un hombre llamado Simeón, y este hombre, justo y piadoso, esperaba la consolación de Israel; y el Espíritu Santo estaba sobre él.
26 Y le había sido revelado por el Espíritu Santo, que no vería la muerte antes que viese al Ungido del Señor.
27 Y movido por el Espíritu, vino al templo. Y cuando los padres del niño Jesús lo trajeron al templo, para hacer por él conforme al rito de la ley,
28 él le tomó en sus brazos, y bendijo a Dios, diciendo:
29 Ahora, Señor, despides a tu siervo en paz,
　Conforme a tu palabra;
30 Porque han visto mis ojos tu salvación,
31 La cual has preparado en presencia de todos los
　　pueblos;
32 Luz para revelación a los gentiles,
　Y gloria de tu pueblo Israel.
33 Y José y su madre estaban maravillados de todo lo que se decía de él.
34 Y los bendijo Simeón, y dijo a su madre María: He aquí, éste está puesto para caída y para levantamiento de muchos en Israel, y para señal que será contradicha
35 (y una espada traspasará tu misma alma), para que sean revelados los pensamientos de muchos corazones.
36 Estaba también allí Ana, profetisa, hija de Fanuel, de la tribu de Aser, de edad muy avanzada, pues había vivido con su marido siete años desde su virginidad,
37 y era viuda hacía ochenta y cuatro años; y no se apartaba del templo, sirviendo de noche y de día con ayunos y oraciones.
38 Esta, presentándose en la misma hora, daba gracias a Dios, y hablaba del niño a todos los que esperaban la redención en Jerusalén.

El regreso a Nazaret

39 Después de haber cumplido con todo lo prescrito en la ley del Señor, volvieron a Galilea, a su ciudad de Nazaret.
40 Y el niño crecía y se fortalecía, y se llenaba de sabiduría; y la gracia de Dios era sobre él.

El niño Jesús en el templo

41 Iban sus padres todos los años a Jerusalén en la fiesta de la pascua;
42 y cuando tuvo doce años, subieron a Jerusalén conforme a la costumbre de la fiesta.
43 Al regresar ellos, acabada la fiesta, se quedó el niño Jesús en Jerusalén, sin que lo supiesen José y su madre.
44 Y pensando que estaba entre la compañía, anduvieron camino de un día; y le buscaban entre los parientes y los conocidos;
45 pero como no le hallaron, volvieron a Jerusalén buscándole.
46 Y aconteció que tres días después le hallaron en el templo, sentado en medio de los doctores de la ley, oyéndoles y preguntándoles.
47 Y todos los que le oían, se maravillaban de su inteligencia y de sus respuestas.
48 Cuando le vieron, se sorprendieron; y le dijo su madre: Hijo, ¿por qué nos has hecho así? He aquí, tu padre y yo te hemos buscado con angustia.
49 Entonces él les dijo: ¿Por qué me buscabais? ¿No sabíais que en los negocios de mi Padre me es necesario estar?
50 Mas ellos no entendieron las palabras que les habló.
51 Y descendió con ellos, y volvió a Nazaret, y estaba sujeto a ellos. Y su madre guardaba todas estas cosas en su corazón.
52 Y Jesús crecía en sabiduría y en estatura, y en gracia para con Dios y los hombres.

25 Now there was a man in Jerusalem called Simeon, who was righteous and devout. He was waiting for the consolation of Israel, and the Holy Spirit was upon him.
26 It had been revealed to him by the Holy Spirit that he would not die before he had seen the Lord's Christ.
27 Moved by the Spirit, he went into the temple courts. When the parents brought in the child Jesus to do for him what the custom of the Law required, 28 Simeon took him in his arms and praised God, saying:
29 "Sovereign Lord, as you have promised,
　you now dismiss *h* your servant in peace.
30 For my eyes have seen your salvation,
31 which you have prepared in the sight of all
　　people,
32 a light for revelation to the Gentiles
　and for glory to your people Israel."

33 The child's father and mother marveled at what was said about him. 34 Then Simeon blessed them and said to Mary, his mother: "This child is destined to cause the falling and rising of many in Israel, and to be a sign that will be spoken against, 35 so that the thoughts of many hearts will be revealed. And a sword will pierce your own soul too."
36 There was also a prophetess, Anna, the daughter of Phanuel, of the tribe of Asher. She was very old; she had lived with her husband seven years after her marriage, 37 and then was a widow until she was eighty-four. *i* She never left the temple but worshiped night and day, fasting and praying. 38 Coming up to them at that very moment, she gave thanks to God and spoke about the child to all who were looking forward to the redemption of Jerusalem.
39 When Joseph and Mary had done everything required by the Law of the Lord, they returned to Galilee to their own town of Nazareth. 40 And the child grew and became strong; he was filled with wisdom, and the grace of God was upon him.

The Boy Jesus at the Temple

41 Every year his parents went to Jerusalem for the Feast of the Passover. 42 When he was twelve years old, they went up to the Feast, according to the custom. 43 After the Feast was over, while his parents were returning home, the boy Jesus stayed behind in Jerusalem, but they were unaware of it. 44 Thinking he was in their company, they traveled on for a day. Then they began looking for him among their relatives and friends. 45 When they did not find him, they went back to Jerusalem to look for him. 46 After three days they found him in the temple courts, sitting among the teachers, listening to them and asking them questions. 47 Everyone who heard him was amazed at his understanding and his answers. 48 When his parents saw him, they were astonished. His mother said to him, "Son, why have you treated us like this? Your father and I have been anxiously searching for you."
49 "Why were you searching for me?" he asked. "Didn't you know I had to be in my Father's house?" 50 But they did not understand what he was saying to them.
51 Then he went down to Nazareth with them and was obedient to them. But his mother treasured all these things in her heart. 52 And Jesus grew in wisdom and stature, and in favor with God and men.

h29 Or *promised, / now dismiss*　*i37* Or *widow for eighty-four years*

Predicación de Juan el Bautista

3 [1] En el año decimoquinto del imperio de Tiberio César, siendo gobernador de Judea Poncio Pilato, y Herodes tetrarca de Galilea, y su hermano Felipe tetrarca de Iturea y de la provincia de Traconite, y Lisanias tetrarca de Abilinia, [2] y siendo sumos sacerdotes Anás y Caifás, vino palabra de Dios a Juan, hijo de Zacarías, en el desierto. [3] Y él fue por toda la región contigua al Jordán, predicando el bautismo del arrepentimiento para perdón de pecados, [4] como está escrito en el libro de las palabras del profeta Isaías, que dice:

Voz del que clama en el desierto:
Preparad el camino del Señor;
Enderezad sus sendas.
[5] Todo valle se rellenará,
Y se bajará todo monte y collado;
Los caminos torcidos serán enderezados,
Y los caminos ásperos allanados;
[6] Y verá toda carne la salvación de Dios.

[7] Y decía a las multitudes que salían para ser bautizadas por él: ¡Oh generación de víboras! ¿Quién os enseñó a huir de la ira venidera? [8] Haced, pues, frutos dignos de arrepentimiento, y no comencéis a decir dentro de vosotros mismos: Tenemos a Abraham por padre; porque os digo que Dios puede levantar hijos a Abraham aun de estas piedras. [9] Y ya también el hacha está puesta a la raíz de los árboles; por tanto, todo árbol que no da buen fruto se corta y se echa en el fuego.

[10] Y la gente le preguntaba, diciendo: Entonces, ¿qué haremos? [11] Y respondiendo, les dijo: El que tiene dos túnicas, dé al que no tiene; y el que tiene qué comer, haga lo mismo. [12] Vinieron también unos publicanos para ser bautizados, y le dijeron: Maestro, ¿qué haremos? [13] El les dijo: No exijáis más de lo que os está ordenado. [14] También le preguntaron unos soldados, diciendo: Y nosotros, ¿que haremos? Y les dijo: No hagáis extorsión a nadie, ni calumniéis; y contentaos con vuestro salario.

[15] Como el pueblo estaba en expectativa, preguntándose todos en sus corazones si acaso Juan sería el Cristo, [16] respondió Juan, diciendo a todos: Yo a la verdad os bautizo en agua; pero viene uno más poderoso que yo, de quien no soy digno de desatar la correa de su calzado; él os bautizará en Espíritu Santo y fuego. [17] Su aventador está en su mano, y limpiará su era, y recogerá el trigo en su granero, y quemará la paja en fuego que nunca se apagará.

[18] Con estas y otras muchas exhortaciones anunciaba las buenas nuevas al pueblo. [19] Entonces Herodes el tetrarca, siendo reprendido por Juan a causa de Herodías, mujer de Felipe su hermano, y de todas las maldades que Herodes había hecho, [20] sobre todas ellas, añadió además esta: encerró a Juan en la cárcel.

El bautismo de Jesús

[21] Aconteció que cuando todo el pueblo se bautizaba, también Jesús fue bautizado; y orando, el cielo se abrió, [22] y descendió el Espíritu Santo sobre él en forma corporal, como paloma, y vino una voz del cielo que decía: Tú eres mi Hijo amado; en ti tengo complacencia.

John the Baptist Prepares the Way

3 In the fifteenth year of the reign of Tiberius Caesar—when Pontius Pilate was governor of Judea, Herod tetrarch of Galilee, his brother Philip tetrarch of Iturea and Traconitis, and Lysanias tetrarch of Abilene— [2] during the high priesthood of Annas and Caiaphas, the word of God came to John son of Zechariah in the desert. [3] He went into all the country around the Jordan, preaching a baptism of repentance for the forgiveness of sins. [4] As is written in the book of the words of Isaiah the prophet:

"A voice of one calling in the desert,
'Prepare the way for the Lord,
make straight paths for him.
[5] Every valley shall be filled in,
every mountain and hill made low.
The crooked roads shall become straight,
the rough ways smooth.
[6] And all mankind will see God's salvation.' "[j]

[7] John said to the crowds coming out to be baptized by him, "You brood of vipers! Who warned you to flee from the coming wrath? [8] Produce fruit in keeping with repentance. And do not begin to say to yourselves, 'We have Abraham as our father.' For I tell you that out of these stones God can raise up children for Abraham. [9] The ax is already at the root of the trees, and every tree that does not produce good fruit will be cut down and thrown into the fire."

[10] "What should we do then?" the crowd asked.

[11] John answered, "The man with two tunics should share with him who has none, and the one who has food should do the same."

[12] Tax collectors also came to be baptized. "Teacher," they asked, "what should we do?"

[13] "Don't collect any more than you are required to," he told them.

[14] Then some soldiers asked him, "And what should we do?"

He replied, "Don't extort money and don't accuse people falsely—be content with your pay."

[15] The people were waiting expectantly and were all wondering in their hearts if John might possibly be the Christ.[k] [16] John answered them all, "I baptize you with[l] water. But one more powerful than I will come, the thongs of whose sandals I am not worthy to untie. He will baptize you with the Holy Spirit and with fire. [17] His winnowing fork is in his hand to clear his threshing floor and to gather the wheat into his barn, but he will burn up the chaff with unquenchable fire." [18] And with many other words John exhorted the people and preached the good news to them.

[19] But when John rebuked Herod the tetrarch because of Herodias, his brother's wife, and all the other evil things he had done, [20] Herod added this to them all: He locked John up in prison.

The Baptism and Genealogy of Jesus

[21] When all the people were being baptized, Jesus was baptized too. And as he was praying, heaven was opened [22] and the Holy Spirit descended on him in bodily form like a dove. And a voice came from heaven: "You are my Son, whom I love; with you I am well pleased."

Genealogía de Jesús

23 Jesús mismo al comenzar su ministerio era como de treinta años, hijo, según se creía, de José, hijo de Elí, 24 hijo de Matat, hijo de Leví, hijo de Melqui, hijo de Jana, hijo de José, 25 hijo de Matatías, hijo de Amós, hijo de Nahum, hijo de Esli, hijo de Nagai, 26 hijo de Maat, hijo de Matatías, hijo de Semei, hijo de José, hijo de Judá, 27 hijo de Joana, hijo de Resa, hijo de Zorobabel, hijo de Salatiel, hijo de Neri, 28 hijo de Melqui, hijo de Adi, hijo de Cosam, hijo de Elmodam, hijo de Er, 29 hijo de Josué, hijo de Eliezer, hijo de Jorim, hijo de Matat, 30 hijo de Leví, hijo de Simeón, hijo de Judá, hijo de José, hijo de Jonán, hijo de Eliaquim, 31 hijo de Melea, hijo de Mainán, hijo de Matata, hijo de Natán, 32 hijo de David, hijo de Isaí, hijo de Obed, hijo de Booz, hijo de Salmón, hijo de Naasón, 33 hijo de Aminadab, hijo de Aram, hijo de Esrom, hijo de Fares, hijo de Judá, 34 hijo de Jacob, hijo de Isaac, hijo de Abraham, hijo de Taré, hijo de Nacor, 35 hijo de Serug, hijo de Ragau, hijo de Peleg, hijo de Heber, hijo de Sala, 36 hijo de Cainán, hijo de Arfaxad, hijo de Sem, hijo de Noé, hijo de Lamec, 37 hijo de Matusalén, hijo de Enoc, hijo de Jared, hijo de Mahalaleel, hijo de Cainán, 38 hijo de Enós, hijo de Set, hijo de Adán, hijo de Dios.

Tentación de Jesús

4 1 Jesús, lleno del Espíritu Santo, volvió del Jordán, y fue llevado por el Espíritu al desierto 2 por cuarenta días, y era tentado por el diablo. Y no comió nada en aquellos días, pasados los cuales, tuvo hambre. 3 Entonces le dijo el diablo: Si eres Hijo de Dios, dí a esta piedra que se convierta en pan. 4 Jesús, respondiéndole, dijo: Escrito está: No sólo de pan vivirá el hombre, sino de toda palabra de Dios. 5 Y le llevó el diablo a un alto monte, y le mostró en un momento todos los reinos de la tierra. 6 Y le dijo el diablo: A ti te daré toda esta potestad, y la gloria de ellos; porque a mí me ha sido entregada, y a quien quiero la doy. 7 Si tú postrado me adorares, todos serán tuyos. 8 Respondiendo Jesús, le dijo: Vete de mí, Satanás, porque escrito está: Al Señor tu Dios adorarás, y a él solo servirás. 9 Y le llevó a Jerusalén, y le puso sobre el pináculo del templo, y le dijo: Si eres Hijo de Dios, échate de aquí abajo;

The Temptation of Jesus

23 Now Jesus himself was about thirty years old when he began his ministry. He was the son, so it was thought, of Joseph,

the son of Heli, 24 the son of Matthat,
the son of Levi, the son of Melki,
the son of Jannai, the son of Joseph,
25 the son of Mattathias, the son of Amos,
the son of Nahum, the son of Esli,
the son of Naggai, 26 the son of Maath,
the son of Mattathias, the son of Semein,
the son of Josech, the son of Joda,
27 the son of Joanan, the son of Rhesa,
the son of Zerubbabel, the son of Shealtiel,
the son of Neri, 28 the son of Melki,
the son of Addi, the son of Cosam,
the son of Elmadam, the son of Er,
29 the son of Joshua, the son of Eliezer,
the son of Jorim, the son of Matthat,
the son of Levi, 30 the son of Simeon,
the son of Judah, the son of Joseph,
the son of Jonam, the son of Eliakim,
31 the son of Melea, the son of Menna,
the son of Mattatha, the son of Nathan,
the son of David, 32 the son of Jesse,
the son of Obed, the son of Boaz,
the son of Salmon, _m_ the son of Nahshon,
33 the son of Amminadab, the son of Ram, _n_
the son of Hezron, the son of Perez,
the son of Judah, 34 the son of Jacob,
the son of Isaac, the son of Abraham,
the son of Terah, the son of Nahor,
35 the son of Serug, the son of Reu,
the son of Peleg, the son of Eber,
the son of Shelah, 36 the son of Cainan,
the son of Arphaxad, the son of Shem,
the son of Noah, the son of Lamech,
37 the son of Methuselah, the son of Enoch,
the son of Jared, the son of Mahalalel,
the son of Kenan, 38 the son of Enosh,
the son of Seth, the son of Adam,
the son of God.

4 Jesus, full of the Holy Spirit, returned from the Jordan and was led by the Spirit in the desert, 2 where for forty days he was tempted by the devil. He ate nothing during those days, and at the end of them he was hungry. 3 The devil said to him, "If you are the Son of God, tell this stone to become bread." 4 Jesus answered, "It is written: 'Man does not live on bread alone.' _o_" 5 The devil led him up to a high place and showed him in an instant all the kingdoms of the world. 6 And he said to him, "I will give you all their authority and splendor, for it has been given to me, and I can give it to anyone I want to. 7 So if you worship me, it will all be yours." 8 Jesus answered, "It is written: 'Worship the Lord your God and serve him only.' _p_" 9 The devil led him to Jerusalem and had him stand on the highest point of the temple. "If you are the Son of God," he said, "throw yourself down from here.

m32 Some early manuscripts Sala   n33 Some manuscripts Amminadab, the son of Admin, the son of Arni; other manuscripts vary widely.   o4 Deut. 8:3   p8 Deut. 6:13

10porque escrito está:

A sus ángeles mandará acerca de ti, que te guarden;
11y,

En las manos te sostendrán,

Para que no tropieces con tu pie en piedra.
12Respondiendo Jesús, le dijo: Dicho está: No tentarás al Señor tu Dios.
13Y cuando el diablo hubo acabado toda tentación, se apartó de él por un tiempo.

Jesús principia su ministerio

14Y Jesús volvió en el poder del Espíritu a Galilea, y se difundió su fama por toda la tierra de alrededor.
15Y enseñaba en las sinagogas de ellos, y era glorificado por todos.

Jesús en Nazaret

16Vino a Nazaret, donde se había criado; y en el día de reposo * entró en la sinagoga, conforme a su costumbre, y se levantó a leer.
17Y se le dio el libro del profeta Isaías; y habiendo abierto el libro, halló el lugar donde estaba escrito:
18El Espíritu del Señor está sobre mí,

Por cuanto me ha ungido para dar buenas nuevas a los pobres;

Me ha enviado a sanar a los quebrantados de corazón;

A pregonar libertad a los cautivos,

Y vista a los ciegos;

A poner en libertad a los oprimidos;
19A predicar el año agradable del Señor.
20Y enrollando el libro, lo dio al ministro, y se sentó; y los ojos de todos en la sinagoga estaban fijos en él.
21Y comenzó a decirles: Hoy se ha cumplido esta Escritura delante de vosotros.
22Y todos daban buen testimonio de él, y estaban maravillados de las palabras de gracia que salían de su boca, y decían: ¿No es éste el hijo de José?
23El les dijo: Sin duda me diréis este refrán: Médico, cúrate a ti mismo; de tantas cosas que hemos oído que se han hecho en Capernaum, haz también aquí en tu tierra.
24Y añadió: De cierto os digo, que ningún profeta es acepto en su propia tierra.
25Y en verdad os digo que muchas viudas había en Israel en los días de Elías, cuando el cielo fue cerrado por tres años y seis meses, y hubo una gran hambre en toda la tierra;
26pero a ninguna de ellas fue enviado Elías, sino a una mujer viuda en Sarepta de Sidón.
27Y muchos leprosos había en Israel en tiempo del profeta Eliseo; pero ninguno de ellos fue limpiado, sino Naamán el sirio.
28Al oir estas cosas, todos en la sinagoga se llenaron de ira;
29y levantándose, le echaron fuera de la ciudad, y le llevaron hasta la cumbre del monte sobre el cual estaba edificada la ciudad de ellos, para despeñarle.
30Mas él pasó por en medio de ellos, y se fue.

Un hombre que tenía un espíritu inmundo

31Descendió Jesús a Capernaum, ciudad de Galilea; y les enseñaba en los días de reposo. *
32Y se admiraban de su doctrina, porque su palabra era con autoridad.

10For it is written:

" 'He will command his angels concerning you
to guard you carefully;
11they will lift you up in their hands,
so that you will not strike your foot against a stone.' q"
12Jesus answered, "It says: 'Do not put the Lord your God to the test.' r"
13When the devil had finished all this tempting, he left him until an opportune time.

Jesus Rejected at Nazareth

14Jesus returned to Galilee in the power of the Spirit, and news about him spread through the whole countryside. 15He taught in their synagogues, and everyone praised him.

16He went to Nazareth, where he had been brought up, and on the Sabbath day he went into the synagogue, as was his custom. And he stood up to read. 17The scroll of the prophet Isaiah was handed to him. Unrolling it, he found the place where it is written:

18"The Spirit of the Lord is on me,
because he has anointed me
to preach good news to the poor.
He has sent me to proclaim freedom for the prisoners
and recovery of sight for the blind,
to release the oppressed,
19 to proclaim the year of the Lord's favor." s

20Then he rolled up the scroll, gave it back to the attendant and sat down. The eyes of everyone in the synagogue were fastened on him, 21and he began by saying to them, "Today this scripture is fulfilled in your hearing."

22All spoke well of him and were amazed at the gracious words that came from his lips. "Isn't this Joseph's son?" they asked.

23Jesus said to them, "Surely you will quote this proverb to me: 'Physician, heal yourself! Do here in your hometown what we have heard that you did in Capernaum.' "

24"I tell you the truth," he continued, "no prophet is accepted in his hometown. 25I assure you that there were many widows in Israel in Elijah's time, when the sky was shut for three and a half years and there was a severe famine throughout the land. 26Yet Elijah was not sent to any of them, but to a widow in Zarephath in the region of Sidon. 27And there were many in Israel with leprosy t in the time of Elisha the prophet, yet not one of them was cleansed—only Naaman the Syrian."

28All the people in the synagogue were furious when they heard this. 29They got up, drove him out of the town, and took him to the brow of the hill on which the town was built, in order to throw him down the cliff. 30But he walked right through the crowd and went on his way.

Jesus Drives Out an Evil Spirit

31Then he went down to Capernaum, a town in Galilee, and on the Sabbath began to teach the people. 32They were amazed at his teaching, because his message had authority.

---

q11 Psalm 91:11,12   r12 Deut. 6:16   s19 Isaiah 61:1,2
t27 The Greek word was used for various diseases affecting the skin—not necessarily leprosy.

*Aquí equivale a sábado

³³Estaba en la sinagoga un hombre que tenía un espíritu de demonio inmundo, el cual exclamó a gran voz,
³⁴diciendo: Déjanos; ¿qué tienes con nosotros, Jesús nazareno? ¿Has venido para destruirnos? Yo te conozco quién eres, el Santo de Dios.
³⁵Y Jesús le reprendió, diciendo: Cállate, y sal de él. Entonces el demonio, derribándole en medio de ellos, salió de él, y no le hizo daño alguno.
³⁶Y estaban todos maravillados, y hablaban unos a otros, diciendo: ¿Qué palabra es esta, que con autoridad y poder manda a los espíritus inmundos, y salen?
³⁷Y su fama se difundía por todos los lugares de los contornos.

Jesús sana a la suegra de Pedro

³⁸Entonces Jesús se levantó y salió de la sinagoga, y entró en casa de Simón. La suegra de Simón tenía una gran fiebre; y le rogaron por ella.
³⁹E inclinándose hacia ella, reprendió a la fiebre; y la fiebre la dejó, y levantándose ella al instante, les servía.

Muchos sanados al ponerse el sol

⁴⁰Al ponerse el sol, todos los que tenían enfermos de diversas enfermedades los traían a él; y él, poniendo las manos sobre cada uno de ellos, los sanaba.
⁴¹También salían demonios de muchos, dando voces y diciendo: Tú eres el Hijo de Dios. Pero él los reprendía y no les dejaba hablar, porque sabían que él era el Cristo.

Jesús recorre Galilea predicando

⁴²Cuando ya era de día, salió y se fue a un lugar desierto; y la gente le buscaba, y llegando a donde estaba, le detenían para que no se fuera de ellos.
⁴³Pero él les dijo: Es necesario que también a otras ciudades anuncie el evangelio del reino de Dios; porque para esto he sido enviado.
⁴⁴Y predicaba en las sinagogas de Galilea.

La pesca milagrosa

5 ¹Aconteció que estando Jesús junto al lago de Genesaret, el gentío se agolpaba sobre él para oir la palabra de Dios.
²Y vio dos barcas que estaban cerca de la orilla del lago; y los pescadores, habiendo descendido de ellas, lavaban sus redes.
³Y entrando en una de aquellas barcas, la cual era de Simón, le rogó que la apartase de tierra un poco; y sentándose, enseñaba desde la barca a la multitud.
⁴Cuando terminó de hablar, dijo a Simón: Boga mar adentro, y echad vuestras redes para pescar.
⁵Respondiendo Simón, le dijo: Maestro, toda la noche hemos estado trabajando, y nada hemos pescado; mas en tu palabra echaré la red.
⁶Y habiéndolo hecho, encerraron gran cantidad de peces, y su red se rompía.
⁷Entonces hicieron señas a los compañeros que estaban en la otra barca, para que viniesen a ayudarles; y vinieron, y llenaron ambas barcas, de tal manera que se hundían.
⁸Viendo esto Simón Pedro, cayó de rodillas ante Jesús, diciendo: Apártate de mí, Señor, porque soy hombre pecador.
⁹Porque por la pesca que habían hecho, el temor se había apoderado de él, y de todos los que estaban con él,
¹⁰y asimismo de Jacobo y Juan, hijos de Zebedeo, que eran compañeros de Simón. Pero Jesús dijo a Simón: No temas; desde ahora serás pescador de hombres.

³³In the synagogue there was a man possessed by a demon, an evil ᵘ spirit. He cried out at the top of his voice, ³⁴"Ha! What do you want with us, Jesus of Nazareth? Have you come to destroy us? I know who you are—the Holy One of God!"
³⁵"Be quiet!" Jesus said sternly. "Come out of him!" Then the demon threw the man down before them all and came out without injuring him.
³⁶All the people were amazed and said to each other, "What is this teaching? With authority and power he gives orders to evil spirits and they come out!"
³⁷And the news about him spread throughout the surrounding area.

Jesus Heals Many

³⁸Jesus left the synagogue and went to the home of Simon. Now Simon's mother-in-law was suffering from a high fever, and they asked Jesus to help her. ³⁹So he bent over her and rebuked the fever, and it left her. She got up at once and began to wait on them.
⁴⁰When the sun was setting, the people brought to Jesus all who had various kinds of sickness, and laying his hands on each one, he healed them. ⁴¹Moreover, demons came out of many people, shouting, "You are the Son of God!" But he rebuked them and would not allow them to speak, because they knew he was the Christ. ᵛ
⁴²At daybreak Jesus went out to a solitary place. The people were looking for him and when they came to where he was, they tried to keep him from leaving them. ⁴³But he said, "I must preach the good news of the kingdom of God to the other towns also, because that is why I was sent." ⁴⁴And he kept on preaching in the synagogues of Judea. ʷ

The Calling of the First Disciples

5 One day as Jesus was standing by the Lake of Gennesaret, ˣ with the people crowding around him and listening to the word of God, ²he saw at the water's edge two boats, left there by the fishermen, who were washing their nets. ³He got into one of the boats, the one belonging to Simon, and asked him to put out a little from shore. Then he sat down and taught the people from the boat.
⁴When he had finished speaking, he said to Simon, "Put out into deep water, and let downʸ the nets for a catch."
⁵Simon answered, "Master, we've worked hard all night and haven't caught anything. But because you say so, I will let down the nets."
⁶When they had done so, they caught such a large number of fish that their nets began to break. ⁷So they signaled their partners in the other boat to come and help them, and they came and filled both boats so full that they began to sink.
⁸When Simon Peter saw this, he fell at Jesus' knees and said, "Go away from me, Lord; I am a sinful man!" ⁹For he and all his companions were astonished at the catch of fish they had taken, ¹⁰and so were James and John, the sons of Zebedee, Simon's partners.

ᵘ33 Greek *unclean*; also in verse 36   ᵛ41 Or *Messiah*
ʷ44 Or *the land of the Jews*; some manuscripts *Galilee*
ˣ1 That is, Sea of Galilee   ʸ4 The Greek verb is plural.

11 Y cuando trajeron a tierra las barcas, dejándolo todo, le siguieron.

Jesús sana a un leproso

12 Sucedió que estando él en una de las ciudades, se presentó un hombre lleno de lepra, el cual, viendo a Jesús, se postró con el rostro en tierra y le rogó, diciendo: Señor, si quieres, puedes limpiarme.

13 Entonces, extendiendo él la mano, le tocó, diciendo: Quiero; sé limpio. Y al instante la lepra se fue de él.

14 Y él le mandó que no lo dijese a nadie; sino vé, le dijo, muéstrate al sacerdote, y ofrece por tu purificación, según mandó Moisés, para testimonio a ellos.

15 Pero su fama se extendía más y más; y se reunía mucha gente para oirle, y para que les sanase de sus enfermedades.

16 Mas él se apartaba a lugares desiertos, y oraba.

Jesús sana a un paralítico

17 Aconteció un día, que él estaba enseñando, y estaban sentados los fariseos y doctores de la ley, los cuales habían venido de todas las aldeas de Galilea, y de Judea y Jerusalén; y el poder del Señor estaba con él para sanar.

18 Y sucedió que unos hombres que traían en un lecho a un hombre que estaba paralítico, procuraban llevarle adentro y ponerle delante de él.

19 Pero no hallando cómo hacerlo a causa de la multitud, subieron encima de la casa, y por el tejado le bajaron con el lecho, poniéndole en medio, delante de Jesús.

20 Al ver él la fe de ellos, le dijo: Hombre, tus pecados te son perdonados.

21 Entonces los escribas y los fariseos comenzaron a cavilar, diciendo: ¿Quién es éste que habla blasfemias? ¿Quién puede perdonar pecados sino sólo Dios?

22 Jesús entonces, conociendo los pensamientos de ellos, respondiendo les dijo: ¿Qué caviláis en vuestros corazones?

23 ¿Qué es más fácil, decir: Tus pecados te son perdonados, o decir: Levántate y anda?

24 Pues para que sepáis que el Hijo del Hombre tiene potestad en la tierra para perdonar pecados (dijo al paralítico): A ti te digo: Levántate, toma tu lecho, y vete a tu casa.

25 Al instante, levantándose en presencia de ellos, y tomando el lecho en que estaba acostado, se fue a su casa, glorificando a Dios.

26 Y todos, sobrecogidos de asombro, glorificaban a Dios; y llenos de temor, decían: Hoy hemos visto maravillas.

Llamamiento de Leví

27 Después de estas cosas salió, y vio a un publicano llamado Leví, sentado al banco de los tributos públicos, y le dijo: Sígueme.

28 Y dejándolo todo, se levantó y le siguió.

29 Y Leví le hizo gran banquete en su casa; y había mucha compañía de publicanos y de otros que estaban a la mesa con ellos.

30 Y los escribas y los fariseos murmuraban contra los discípulos, diciendo: ¿Por qué coméis y bebéis con publicanos y pecadores?

31 Respondiendo Jesús, les dijo: Los que están sanos no tienen necesidad de médico, sino los enfermos.

32 No he venido a llamar a justos, sino a pecadores al arrepentimiento.

Then Jesus said to Simon, "Don't be afraid; from now on you will catch men." 11 So they pulled their boats up on shore, left everything and followed him.

The Man With Leprosy

12 While Jesus was in one of the towns, a man came along who was covered with leprosy.z When he saw Jesus, he fell with his face to the ground and begged him, "Lord, if you are willing, you can make me clean."

13 Jesus reached out his hand and touched the man. "I am willing," he said. "Be clean!" And immediately the leprosy left him.

14 Then Jesus ordered him, "Don't tell anyone, but go, show yourself to the priest and offer the sacrifices that Moses commanded for your cleansing, as a testimony to them."

15 Yet the news about him spread all the more, so that crowds of people came to hear him and to be healed of their sicknesses. 16 But Jesus often withdrew to lonely places and prayed.

Jesus Heals a Paralytic

17 One day as he was teaching, Pharisees and teachers of the law, who had come from every village of Galilee and from Judea and Jerusalem, were sitting there. And the power of the Lord was present for him to heal the sick. 18 Some men came carrying a paralytic on a mat and tried to take him into the house to lay him before Jesus. 19 When they could not find a way to do this because of the crowd, they went up on the roof and lowered him on his mat through the tiles into the middle of the crowd, right in front of Jesus.

20 When Jesus saw their faith, he said, "Friend, your sins are forgiven."

21 The Pharisees and the teachers of the law began thinking to themselves, "Who is this fellow who speaks blasphemy? Who can forgive sins but God alone?"

22 Jesus knew what they were thinking and asked, "Why are you thinking these things in your hearts? 23 Which is easier: to say, 'Your sins are forgiven,' or to say, 'Get up and walk'? 24 But that you may know that the Son of Man has authority on earth to forgive sins. . . ." He said to the paralyzed man, "I tell you, get up, take your mat and go home." 25 Immediately he stood up in front of them, took what he had been lying on and went home praising God. 26 Everyone was amazed and gave praise to God. They were filled with awe and said, "We have seen remarkable things today."

The Calling of Levi

27 After this, Jesus went out and saw a tax collector by the name of Levi sitting at his tax booth. "Follow me," Jesus said to him, 28 and Levi got up, left everything and followed him.

29 Then Levi held a great banquet for Jesus at his house, and a large crowd of tax collectors and others were eating with them. 30 But the Pharisees and the teachers of the law who belonged to their sect complained to his disciples, "Why do you eat and drink with tax collectors and 'sinners'?"

31 Jesus answered them, "It is not the healthy who need a doctor, but the sick. 32 I have not come to call the righteous, but sinners to repentance."

---

z 12 The Greek word was used for various diseases affecting the skin—not necessarily leprosy.

La pregunta sobre el ayuno

33 Entonces ellos le dijeron: ¿Por qué los discípulos de Juan ayunan muchas veces y hacen oraciones, y asimismo los de los fariseos, pero los tuyos comen y beben?

34 El les dijo: ¿Podéis acaso hacer que los que están de bodas ayunen, entre tanto que el esposo está con ellos?

35 Mas vendrán días cuando el esposo les será quitado; entonces, en aquellos días ayunarán.

36 Les dijo también una parábola: Nadie corta un pedazo de un vestido nuevo y lo pone en un vestido viejo; pues si lo hace, no solamente rompe el nuevo, sino que el remiendo sacado de él no armoniza con el viejo.

37 Y nadie echa vino nuevo en odres viejos; de otra manera, el vino nuevo romperá los odres y se derramará, y los odres se perderán.

38 Mas el vino nuevo en odres nuevos se ha de echar; y lo uno y lo otro se conservan.

39 Y ninguno que beba del añejo, quiere luego el nuevo; porque dice: El añejo es mejor.

Los discípulos recogen espigas en el día de reposo

6 1 Aconteció en un día de reposo, * que pasando Jesús por los sembrados, sus discípulos arrancaban espigas y comían, restregándolas con las manos.

2 Y algunos de los fariseos les dijeron: ¿Por qué hacéis lo que no es lícito hacer en los días de reposo? *

3 Respondiendo Jesús, les dijo: ¿Ni aun esto habéis leído, lo que hizo David cuando tuvo hambre él, y los que con él estaban;

4 cómo entró en la casa de Dios, y tomó los panes de la proposición, de los cuales no es lícito comer sino sólo a los sacerdotes, y comió, y dio también a los que estaban con él?

5 Y les decía: El Hijo del Hombre es Señor aun del día de reposo. *

El hombre de la mano seca

6 Aconteció también en otro día de reposo, * que él entró en la sinagoga y enseñaba; y estaba allí un hombre que tenía seca la mano derecha.

7 Y le acechaban los escribas y los fariseos, para ver si en el día de reposo * lo sanaría, a fin de hallar de qué acusarle.

8 Mas él conocía los pensamientos de ellos; y dijo al hombre que tenía la mano seca: Levántate, y ponte en medio. Y él, levantándose, se puso en pie.

9 Entonces Jesús les dijo: Os preguntaré una cosa: ¿Es lícito en día de reposo * hacer bien, o hacer mal? ¿salvar la vida, o quitarla?

10 Y mirándolos a todos alrededor, dijo al hombre: Extiende tu mano. Y él lo hizo así, y su mano fue restaurada.

11 Y ellos se llenaron de furor, y hablaban entre sí qué podrían hacer contra Jesús.

Elección de los doce apóstoles

12 En aquellos días él fue al monte a orar, y pasó la noche orando a Dios.

13 Y cuando era de día, llamó a sus discípulos, y escogió a doce de ellos, a los cuales también llamó apóstoles:

14 a Simón, a quien también llamó Pedro, a Andrés su hermano, Jacobo y Juan, Felipe y Bartolomé,

15 Mateo, Tomás, Jacobo hijo de Alfeo, Simón llamado Zelote,

16 Judas hermano de Jacobo, y Judas Iscariote, que llegó a ser el traidor.

Jesus Questioned About Fasting

33 They said to him, "John's disciples often fast and pray, and so do the disciples of the Pharisees, but yours go on eating and drinking."

34 Jesus answered, "Can you make the guests of the bridegroom fast while he is with them? 35 But the time will come when the bridegroom will be taken from them; in those days they will fast."

36 He told them this parable: "No one tears a patch from a new garment and sews it on an old one. If he does, he will have torn the new garment, and the patch from the new will not match the old. 37 And no one pours new wine into old wineskins. If he does, the new wine will burst the skins, the wine will run out and the wineskins will be ruined. 38 No, new wine must be poured into new wineskins. 39 And no one after drinking old wine wants the new, for he says, 'The old is better.'"

Lord of the Sabbath

6 One Sabbath Jesus was going through the grainfields, and his disciples began to pick some heads of grain, rub them in their hands and eat the kernels. 2 Some of the Pharisees asked, "Why are you doing what is unlawful on the Sabbath?"

3 Jesus answered them, "Have you never read what David did when he and his companions were hungry? 4 He entered the house of God, and taking the consecrated bread, he ate what is lawful only for priests to eat. And he also gave some to his companions." 5 Then Jesus said to them, "The Son of Man is Lord of the Sabbath."

6 On another Sabbath he went into the synagogue and was teaching, and a man was there whose right hand was shriveled. 7 The Pharisees and the teachers of the law were looking for a reason to accuse Jesus, so they watched him closely to see if he would heal on the Sabbath. 8 But Jesus knew what they were thinking and said to the man with the shriveled hand, "Get up and stand in front of everyone." So he got up and stood there.

9 Then Jesus said to them, "I ask you, which is lawful on the Sabbath: to do good or to do evil, to save life or to destroy it?"

10 He looked around at them all, and then said to the man, "Stretch out your hand." He did so, and his hand was completely restored. 11 But they were furious and began to discuss with one another what they might do to Jesus.

The Twelve Apostles

12 One of those days Jesus went out to a mountainside to pray, and spent the night praying to God. 13 When morning came, he called his disciples to him and chose twelve of them, whom he also designated apostles: 14 Simon (whom he named Peter), his brother Andrew, James, John, Philip, Bartholomew, 15 Matthew, Thomas, James son of Alphaeus, Simon who was called the Zealot, 16 Judas son of James, and Judas Iscariot, who became a traitor.

*Aquí equivale a *sábado*

Jesús atiende a una multitud

17 Y descendió con ellos, y se detuvo en un lugar llano, en compañía de sus discípulos y de una gran multitud de gente de toda Judea, de Jerusalén y de la costa de Tiro y de Sidón, que había venido para oírle, y para ser sanados de sus enfermedades;

18 y los que habían sido atormentados de espíritus inmundos eran sanados.

19 Y toda la gente procuraba tocarle, porque poder salía de él y sanaba a todos.

Bienaventuranzas y ayes

20 Y alzando los ojos hacia sus discípulos, decía:
Bienaventurados vosotros los pobres, porque vuestro es el reino de Dios.

21 Bienaventurados los que ahora tenéis hambre, porque seréis saciados.
Bienaventurados los que ahora lloráis, porque reiréis.

22 Bienaventurados seréis cuando los hombres os aborrezcan, y cuando os aparten de sí, y os vituperen, y desechen vuestro nombre como malo, por causa del Hijo del Hombre.

23 Gozaos en aquel día, y alegraos, porque he aquí vuestro galardón es grande en los cielos; porque así hacían sus padres con los profetas.

24 Mas ¡ay de vosotros, ricos! porque ya tenéis vuestro consuelo.

25 ¡Ay de vosotros, los que ahora estáis saciados! porque tendréis hambre. ¡Ay de vosotros, los que ahora reís! porque lamentaréis y lloraréis.

26 ¡Ay de vosotros, cuando todos los hombres hablen bien de vosotros! porque así hacían sus padres con los falsos profetas.

El amor hacia los enemigos, y la regla de oro

27 Pero a vosotros los que oís, os digo: Amad a vuestros enemigos, haced bien a los que os aborrecen;

28 bendecid a los que os maldicen, y orad por los que os calumnian.

29 Al que te hiera en una mejilla, preséntale también la otra; y al que te quite la capa, ni aun la túnica le niegues.

30 A cualquiera que te pida, dale; y al que tome lo que es tuyo, no pidas que te lo devuelva.

31 Y como queréis que hagan los hombres con vosotros, así también haced vosotros con ellos.

32 Porque si amáis a los que os aman, ¿qué mérito tenéis? Porque también los pecadores aman a los que los aman.

33 Y si hacéis bien a los que os hacen bien, ¿qué mérito tenéis? Porque también los pecadores hacen lo mismo.

34 Y si prestáis a aquellos de quienes esperáis recibir, ¿qué mérito tenéis? Porque también los pecadores prestan a los pecadores, para recibir otro tanto.

35 Amad, pues, a vuestros enemigos, y haced bien, y prestad, no esperando de ello nada; y será vuestro galardón grande, y seréis hijos del Altísimo; porque él es benigno para con los ingratos y malos.

36 Sed, pues, misericordiosos, como también vuestro Padre es misericordioso.

El juzgar a los demás

37 No juzguéis, y no seréis juzgados; no condenéis, y no seréis condenados; perdonad, y seréis perdonados.

38 Dad, y se os dará; medida buena, apretada, remecida y rebosando darán en vuestro regazo; porque con la misma medida con que medís, os volverán a medir.

Blessings and Woes

17 He went down with them and stood on a level place. A large crowd of his disciples was there and a great number of people from all over Judea, from Jerusalem, and from the coast of Tyre and Sidon, 18 who had come to hear him and to be healed of their diseases. Those troubled by evil[a] spirits were cured, 19 and the people all tried to touch him, because power was coming from him and healing them all.

20 Looking at his disciples, he said:

"Blessed are you who are poor,
　for yours is the kingdom of God.
21 Blessed are you who hunger now,
　for you will be satisfied.
Blessed are you who weep now,
　for you will laugh.
22 Blessed are you when men hate you,
　when they exclude you and insult you
　and reject your name as evil,
　　because of the Son of Man.

23 "Rejoice in that day and leap for joy, because great is your reward in heaven. For that is how their fathers treated the prophets.

24 "But woe to you who are rich,
　for you have already received your comfort.
25 Woe to you who are well fed now,
　for you will go hungry.
Woe to you who laugh now,
　for you will mourn and weep.
26 Woe to you when all men speak well of you,
　for that is how their fathers treated the false
　　prophets.

Love for Enemies

27 "But I tell you who hear me: Love your enemies, do good to those who hate you, 28 bless those who curse you, pray for those who mistreat you. 29 If someone strikes you on one cheek, turn to him the other also. If someone takes your cloak, do not stop him from taking your tunic. 30 Give to everyone who asks you, and if anyone takes what belongs to you, do not demand it back. 31 Do to others as you would have them do to you.

32 "If you love those who love you, what credit is that to you? Even 'sinners' love those who love them. 33 And if you do good to those who are good to you, what credit is that to you? Even 'sinners' do that. 34 And if you lend to those from whom you expect repayment, what credit is that to you? Even 'sinners' lend to 'sinners,' expecting to be repaid in full. 35 But love your enemies, do good to them, and lend to them without expecting to get anything back. Then your reward will be great, and you will be sons of the Most High, because he is kind to the ungrateful and wicked. 36 Be merciful, just as your Father is merciful.

Judging Others

37 "Do not judge, and you will not be judged. Do not condemn, and you will not be condemned. Forgive, and you will be forgiven. 38 Give, and it will be given to you. A good measure, pressed down, shaken together and running over, will be poured into your lap. For with the measure you use, it will be measured to you."

a 18 Greek unclean

39 Y les decía una parábola: ¿Acaso puede un ciego guiar a otro ciego? ¿No caerán ambos en el hoyo?

40 El discípulo no es superior a su maestro; mas todo el que fuere perfeccionado, será como su maestro.

41 ¿Por qué miras la paja que está en el ojo de tu hermano, y no echas de ver la viga que está en tu propio ojo?

42 ¿O cómo puedes decir a tu hermano: Hermano, déjame sacar la paja que está en tu ojo, no mirando tú la viga que está en el ojo tuyo? Hipócrita, saca primero la viga de tu propio ojo, y entonces verás bien para sacar la paja que está en el ojo de tu hermano.

Por sus frutos los conoceréis

43 No es buen árbol el que da malos frutos, ni árbol malo el que da buen fruto.

44 Porque cada árbol se conoce por su fruto; pues no se cosechan higos de los espinos, ni de las zarzas se vendimian uvas.

45 El hombre bueno, del buen tesoro de su corazón saca lo bueno; y el hombre malo, del mal tesoro de su corazón saca lo malo; porque de la abundancia del corazón habla la boca.

Los dos cimientos

46 ¿Por qué me llamáis, Señor, Señor, y no hacéis lo que yo digo?

47 Todo aquel que viene a mí, y oye mis palabras y las hace, os indicaré a quién es semejante.

48 Semejante es al hombre que al edificar una casa, cavó y ahondó y puso el fundamento sobre la roca; y cuando vino una inundación, el río dio con ímpetu contra aquella casa, pero no la pudo mover, porque estaba fundada sobre la roca.

49 Mas el que oyó y no hizo, semejante es al hombre que edificó su casa sobre tierra, sin fundamento; contra la cual el río dio con ímpetu, y luego cayó, y fue grande la ruina de aquella casa.

Jesús sana al siervo de un centurión

7 1 Después que hubo terminado todas sus palabras al pueblo que le oía, entró en Capernaum.

2 Y el siervo de un centurión, a quien éste quería mucho, estaba enfermo y a punto de morir.

3 Cuando el centurión oyó hablar de Jesús, le envió unos ancianos de los judíos, rogándole que viniese y sanase a su siervo.

4 Y ellos vinieron a Jesús y le rogaron con solicitud, diciéndole: Es digno de que le concedas esto;

5 porque ama a nuestra nación, y nos edificó una sinagoga.

6 Y Jesús fue con ellos. Pero cuando ya no estaban lejos de la casa, el centurión envió a él unos amigos, diciéndole: Señor, no te molestes, pues no soy digno de que entres bajo mi techo;

7 por lo que ni aun me tuve por digno de venir a ti; pero dí la palabra, y mi siervo será sano.

8 Porque también yo soy hombre puesto bajo autoridad, y tengo soldados bajo mis órdenes; y digo a éste: Vé, y va; y al otro: Ven, y viene; y a mi siervo: Haz esto, y lo hace.

9 Al oir esto, Jesús se maravilló de él, y volviéndose, dijo a la gente que le seguía: Os digo que ni aun en Israel he hallado tanta fe.

10 Y al regresar a casa los que habían sido enviados, hallaron sano al siervo que había estado enfermo.

Jesús resucita al hijo de la viuda de Naín

11 Aconteció después, que él iba a la ciudad que se llama Naín, e iban con él muchos de sus discípulos, y una gran multitud.

39 He also told them this parable: "Can a blind man lead a blind man? Will they not both fall into a pit? 40 A student is not above his teacher, but everyone who is fully trained will be like his teacher.

41 "Why do you look at the speck of sawdust in your brother's eye and pay no attention to the plank in your own eye? 42 How can you say to your brother, 'Brother, let me take the speck out of your eye,' when you yourself fail to see the plank in your own eye? You hypocrite, first take the plank out of your eye, and then you will see clearly to remove the speck from your brother's eye.

A Tree and Its Fruit

43 "No good tree bears bad fruit, nor does a bad tree bear good fruit. 44 Each tree is recognized by its own fruit. People do not pick figs from thornbushes, or grapes from briers. 45 The good man brings good things out of the good stored up in his heart, and the evil man brings evil things out of the evil stored up in his heart. For out of the overflow of his heart his mouth speaks.

The Wise and Foolish Builders

46 "Why do you call me, 'Lord, Lord,' and do not do what I say? 47 I will show you what he is like who comes to me and hears my words and puts them into practice. 48 He is like a man building a house, who dug down deep and laid the foundation on rock. When a flood came, the torrent struck that house but could not shake it, because it was well built. 49 But the one who hears my words and does not put them into practice is like a man who built a house on the ground without a foundation. The moment the torrent struck that house, it collapsed and its destruction was complete."

The Faith of the Centurion

7 When Jesus had finished saying all this in the hearing of the people, he entered Capernaum. 2 There a centurion's servant, whom his master valued highly, was sick and about to die. 3 The centurion heard of Jesus and sent some elders of the Jews to him, asking him to come and heal his servant. 4 When they came to Jesus, they pleaded earnestly with him, "This man deserves to have you do this, 5 because he loves our nation and has built our synagogue." 6 So Jesus went with them.

He was not far from the house when the centurion sent friends to say to him: "Lord, don't trouble yourself, for I do not deserve to have you come under my roof. 7 That is why I did not even consider myself worthy to come to you. But say the word, and my servant will be healed. 8 For I myself am a man under authority, with soldiers under me. I tell this one, 'Go,' and he goes; and that one, 'Come,' and he comes. I say to my servant, 'Do this,' and he does it."

9 When Jesus heard this, he was amazed at him, and turning to the crowd following him, he said, "I tell you, I have not found such great faith even in Israel." 10 Then the men who had been sent returned to the house and found the servant well.

Jesus Raises a Widow's Son

11 Soon afterward, Jesus went to a town called Nain, and his disciples and a large crowd went along with

12 Cuando llegó cerca de la puerta de la ciudad, he aquí que llevaban a enterrar a un difunto, hijo único de su madre, la cual era viuda; y había con ella mucha gente de la ciudad.

13 Y cuando el Señor la vio, se compadeció de ella, y le dijo: No llores.

14 Y acercándose, tocó el féretro; y los que lo llevaban se detuvieron. Y dijo: Joven, a ti te digo, levántate.

15 Entonces se incorporó el que había muerto, y comenzó a hablar. Y lo dio a su madre.

16 Y todos tuvieron miedo, y glorificaban a Dios, diciendo: Un gran profeta se ha levantado entre nosotros; y: Dios ha visitado a su pueblo.

17 Y se extendió la fama de él por toda Judea, y por toda la región de alrededor.

Los mensajeros de Juan el Bautista

18 Los discípulos de Juan le dieron las nuevas de todas estas cosas. Y llamó Juan a dos de sus discípulos,

19 y los envió a Jesús, para preguntarle: ¿Eres tú el que había de venir, o esperaremos a otro?

20 Cuando, pues, los hombres vinieron a él, dijeron: Juan el Bautista nos ha enviado a ti, para preguntarte: ¿Eres tú el que había de venir, o esperaremos a otro?

21 En esa misma hora sanó a muchos de enfermedades y plagas, y de espíritus malos, y a muchos ciegos les dio la vista.

22 Y respondiendo Jesús, les dijo: Id, haced saber a Juan lo que habéis visto y oído: los ciegos ven, los cojos andan, los leprosos son limpiados, los sordos oyen, los muertos son resucitados, y a los pobres es anunciado el evangelio;

23 y bienaventurado es aquel que no halle tropiezo en mí.

24 Cuando se fueron los mensajeros de Juan, comenzó a decir de Juan a la gente: ¿Qué salisteis a ver al desierto? ¿Una caña sacudida por el viento?

25 Mas ¿qué salisteis a ver? ¿A un hombre cubierto de vestiduras delicadas? He aquí, los que tienen vestidura preciosa y viven en deleites, en los palacios de los reyes están.

26 Mas ¿qué salisteis a ver? ¿A un profeta? Sí, os digo, y más que profeta.

27 Este es de quien está escrito:
He aquí, envío mi mensajero delante de tu faz,
El cual preparará tu camino delante de ti.

28 Os digo que entre los nacidos de mujeres, no hay mayor profeta que Juan el Bautista; pero el más pequeño en el reino de Dios es mayor que él.

29 Y todo el pueblo y los publicanos, cuando lo oyeron, justificaron a Dios, bautizándose con el bautismo de Juan.

30 Mas los fariseos y los intérpretes de la ley desecharon los designios de Dios respecto de sí mismos, no siendo bautizados por Juan.

31 Y dijo el Señor: ¿A qué, pues, compararé los hombres de esta generación, y a qué son semejantes?

32 Semejantes son a los muchachos sentados en la plaza, que dan voces unos a otros y dicen: Os tocamos flauta, y no bailasteis; os endechamos, y no llorasteis.

33 Porque vino Juan el Bautista, que ni comía pan ni bebía vino, y decís: Demonio tiene.

34 Vino el Hijo del Hombre, que come y bebe, y decís: Este es un hombre comilón y bebedor de vino, amigo de publicanos y de pecadores.

him. 12 As he approached the town gate, a dead person was being carried out — the only son of his mother, and she was a widow. And a large crowd from the town was with her. 13 When the Lord saw her, his heart went out to her and he said, "Don't cry."

14 Then he went up and touched the coffin, and those carrying it stood still. He said, "Young man, I say to you, get up!" 15 The dead man sat up and began to talk, and Jesus gave him back to his mother.

16 They were all filled with awe and praised God. "A great prophet has appeared among us," they said. "God has come to help his people." 17 This news about Jesus spread throughout Judea[b] and the surrounding country.

Jesus and John the Baptist

18 John's disciples told him about all these things. Calling two of them, 19 he sent them to the Lord to ask, "Are you the one who was to come, or should we expect someone else?"

20 When the men came to Jesus, they said, "John the Baptist sent us to you to ask, 'Are you the one who was to come, or should we expect someone else?' "

21 At that very time Jesus cured many who had diseases, sicknesses and evil spirits, and gave sight to many who were blind. 22 So he replied to the messengers, "Go back and report to John what you have seen and heard: The blind receive sight, the lame walk, those who have leprosy[c] are cured, the deaf hear, the dead are raised, and the good news is preached to the poor. 23 Blessed is the man who does not fall away on account of me."

24 After John's messengers left, Jesus began to speak to the crowd about John: "What did you go out into the desert to see? A reed swayed by the wind? 25 If not, what did you go out to see? A man dressed in fine clothes? No, those who wear expensive clothes and indulge in luxury are in palaces. 26 But what did you go out to see? A prophet? Yes, I tell you, and more than a prophet. 27 This is the one about whom it is written:

" 'I will send my messenger ahead of you,
who will prepare your way before you.'[d]

28 I tell you, among those born of women there is no one greater than John; yet the one who is least in the kingdom of God is greater than he."

29 (All the people, even the tax collectors, when they heard Jesus' words, acknowledged that God's way was right, because they had been baptized by John. 30 But the Pharisees and experts in the law rejected God's purpose for themselves, because they had not been baptized by John.)

31 "To what, then, can I compare the people of this generation? What are they like? 32 They are like children sitting in the marketplace and calling out to each other:

" 'We played the flute for you,
and you did not dance;
we sang a dirge,
and you did not cry.'

33 For John the Baptist came neither eating bread nor drinking wine, and you say, 'He has a demon.' 34 The Son of Man came eating and drinking, and you say, 'Here is a glutton and a drunkard, a friend of tax

---

b17 Or the land of the Jews   c22 The Greek word was used for various diseases affecting the skin—not necessarily leprosy.
d27 Mal. 3:1

35 Mas la sabiduría es justificada por todos sus hijos.

Jesús en el hogar de Simón el fariseo

36 Uno de los fariseos rogó a Jesús que comiese con él. Y habiendo entrado en casa del fariseo, se sentó a la mesa. 37 Entonces una mujer de la ciudad, que era pecadora, al saber que Jesús estaba a la mesa en casa del fariseo, trajo un frasco de alabastro con perfume; 38 y estando detrás de él a sus pies, llorando, comenzó a regar con lágrimas sus pies, y los enjugaba con sus cabellos; y besaba sus pies, y los ungía con el perfume. 39 Cuando vio esto el fariseo que le había convidado, dijo para sí: Este, si fuera profeta, conocería quién y qué clase de mujer es la que le toca, que es pecadora. 40 Entonces respondiendo Jesús, le dijo: Simón, una cosa tengo que decirte. Y él le dijo: Dí, Maestro. 41 Un acreedor tenía dos deudores: el uno le debía quinientos denarios, y el otro cincuenta; 42 y no teniendo ellos con qué pagar, perdonó a ambos. Dí, pues, ¿cuál de ellos le amará más? 43 Respondiendo Simón, dijo: Pienso que aquel a quien perdonó más. Y él le dijo: Rectamente has juzgado. 44 Y vuelto a la mujer, dijo a Simón: ¿Ves esta mujer? Entré en tu casa, y no me diste agua para mis pies; mas ésta ha regado mis pies con lágrimas, y los ha enjugado con sus cabellos. 45 No me diste beso; mas ésta, desde que entré, no ha cesado de besar mis pies. 46 No ungiste mi cabeza con aceite; mas ésta ha ungido con perfume mis pies. 47 Por lo cual te digo que sus muchos pecados le son perdonados, porque amó mucho; mas aquel a quien se le perdona poco, poco ama. 48 Y a ella le dijo: Tus pecados te son perdonados. 49 Y los que estaban juntamente sentados a la mesa, comenzaron a decir entre sí: ¿Quién es éste, que también perdona pecados? 50 Pero él dijo a la mujer: Tu fe te ha salvado, vé en paz.

Mujeres que sirven a Jesús

8 1 Aconteció después, que Jesús iba por todas las ciudades y aldeas, predicando y anunciando el evangelio del reino de Dios, y los doce con él, 2 y algunas mujeres que habían sido sanadas de espíritus malos y de enfermedades: María, que se llamaba Magdalena, de la que habían salido siete demonios, 3 Juana, mujer de Chuza intendente de Herodes, y Susana, y otras muchas que le servían de sus bienes.

Parábola del sembrador

4 Juntándose una gran multitud, y los que de cada ciudad venían a él, les dijo por parábola: 5 El sembrador salió a sembrar su semilla; y mientras sembraba, una parte cayó junto al camino, y fue hollada, y las aves del cielo la comieron. 6 Otra parte cayó sobre la piedra; y nacida, se secó, porque no tenía humedad. 7 Otra parte cayó entre espinos, y los espinos que nacieron juntamente con ella, la ahogaron. 8 Y otra parte cayó en buena tierra, y nació y llevó fruto a ciento por uno. Hablando estas cosas, decía a gran voz: El que tiene oídos para oir, oiga.

collectors and "sinners." 35 But wisdom is proved right by all her children."

Jesus Anointed by a Sinful Woman

36 Now one of the Pharisees invited Jesus to have dinner with him, so he went to the Pharisee's house and reclined at the table. 37 When a woman who had lived a sinful life in that town learned that Jesus was eating at the Pharisee's house, she brought an alabaster jar of perfume, 38 and as she stood behind him at his feet weeping, she began to wet his feet with her tears. Then she wiped them with her hair, kissed them and poured perfume on them.

39 When the Pharisee who had invited him saw this, he said to himself, "If this man were a prophet, he would know who is touching him and what kind of woman she is—that she is a sinner."

40 Jesus answered him, "Simon, I have something to tell you."

"Tell me, teacher," he said.

41 "Two men owed money to a certain moneylender. One owed him five hundred denarii, e and the other fifty. 42 Neither of them had the money to pay him back, so he canceled the debts of both. Now which of them will love him more?"

43 Simon replied, "I suppose the one who had the bigger debt canceled."

"You have judged correctly," Jesus said.

44 Then he turned toward the woman and said to Simon, "Do you see this woman? I came into your house. You did not give me any water for my feet, but she wet my feet with her tears and wiped them with her hair. 45 You did not give me a kiss, but this woman, from the time I entered, has not stopped kissing my feet. 46 You did not put oil on my head, but she has poured perfume on my feet. 47 Therefore, I tell you, her many sins have been forgiven—for she loved much. But he who has been forgiven little loves little."

48 Then Jesus said to her, "Your sins are forgiven."

49 The other guests began to say among themselves, "Who is this who even forgives sins?"

50 Jesus said to the woman, "Your faith has saved you; go in peace."

The Parable of the Sower

8 After this, Jesus traveled about from one town and village to another, proclaiming the good news of the kingdom of God. The Twelve were with him, 2 and also some women who had been cured of evil spirits and diseases: Mary (called Magdalene) from whom seven demons had come out; 3 Joanna the wife of Cuza, the manager of Herod's household; Susanna; and many others. These women were helping to support them out of their own means.

4 While a large crowd was gathering and people were coming to Jesus from town after town, he told this parable: 5 "A farmer went out to sow his seed. As he was scattering the seed, some fell along the path; it was trampled on, and the birds of the air ate it up. 6 Some fell on rock, and when it came up, the plants withered because they had no moisture. 7 Other seed fell among thorns, which grew up with it and choked the plants. 8 Still other seed fell on good soil. It came up and yielded a crop, a hundred times more than was sown."

When he said this, he called out, "He who has ears to hear, let him hear."

e 41 A denarius was a coin worth about a day's wages.

9 Y sus discípulos le preguntaron, diciendo: ¿Qué significa esta parábola?

10 Y él dijo: A vosotros os es dado conocer los misterios del reino de Dios; pero a los otros por parábolas, para que viendo no vean, y oyendo no entiendan.

11 Esta es, pues, la parábola: La semilla es la palabra de Dios.

12 Y los de junto al camino son los que oyen, y luego viene el diablo y quita de su corazón la palabra, para que no crean y se salven.

13 Los de sobre la piedra son los que habiendo oído, reciben la palabra con gozo; pero éstos no tienen raíces; creen por algún tiempo, y en el tiempo de la prueba se apartan.

14 La que cayó entre espinos, éstos son los que oyen, pero yéndose, son ahogados por los afanes y las riquezas y los placeres de la vida, y no llevan fruto.

15 Mas la que cayó en buena tierra, éstos son los que con corazón bueno y recto retienen la palabra oída, y dan fruto con perseverancia.

Nada oculto que no haya de ser manifestado

16 Nadie que enciende una luz la cubre con una vasija, ni la pone debajo de la cama, sino que la pone en un candelero para que los que entran vean la luz.

17 Porque nada hay oculto, que no haya de ser manifestado; ni escondido, que no haya de ser conocido, y de salir a luz.

18 Mirad, pues, cómo oís; porque a todo el que tiene, se le dará; y a todo el que no tiene, aun lo que piensa tener se le quitará.

La madre y los hermanos de Jesús

19 Entonces su madre y sus hermanos vinieron a él; pero no podían llegar hasta él por causa de la multitud.

20 Y se le avisó, diciendo: Tu madre y tus hermanos están fuera y quieren verte.

21 El entonces respondiendo, les dijo: Mi madre y mis hermanos son los que oyen la palabra de Dios, y la hacen.

Jesús calma la tempestad

22 Aconteció un día, que entró en una barca con sus discípulos, y les dijo: Pasemos al otro lado del lago. Y partieron.

23 Pero mientras navegaban, él se durmió. Y se desencadenó una tempestad de viento en el lago; y se anegaban y peligraban.

24 Y vinieron a él y le despertaron, diciendo: ¡Maestro, Maestro, que perecemos! Despertando él, reprendió al viento y a las olas; y cesaron, y se hizo bonanza.

25 Y les dijo: ¿Dónde está vuestra fe? Y atemorizados, se maravillaban, y se decían unos a otros: ¿Quién es éste, que aun a los vientos y a las aguas manda, y le obedecen?

El endemoniado gadareno

26 Y arribaron a la tierra de los gadarenos, que está en la ribera opuesta a Galilea.

27 Al llegar él a tierra, vino a su encuentro un hombre de la ciudad, endemoniado desde hacía mucho tiempo; y no vestía ropa, ni moraba en casa, sino en los sepulcros.

28 Este, al ver a Jesús, lanzó un gran grito, y postrándose a sus pies exclamó a gran voz: ¿Qué tienes conmigo, Jesús, Hijo del Dios Altísimo? Te ruego que no me atormentes.

9 His disciples asked him what this parable meant. 10 He said, "The knowledge of the secrets of the kingdom of God has been given to you, but to others I speak in parables, so that,

" 'though seeing, they may not see;
   though hearing, they may not understand.' f

11 "This is the meaning of the parable: The seed is the word of God. 12 Those along the path are the ones who hear, and then the devil comes and takes away the word from their hearts, so that they may not believe and be saved. 13 Those on the rock are the ones who receive the word with joy when they hear it, but they have no root. They believe for a while, but in the time of testing they fall away. 14 The seed that fell among thorns stands for those who hear, but as they go on their way they are choked by life's worries, riches and pleasures, and they do not mature. 15 But the seed on good soil stands for those with a noble and good heart, who hear the word, retain it, and by persevering produce a crop.

A Lamp on a Stand

16 "No one lights a lamp and hides it in a jar or puts it under a bed. Instead, he puts it on a stand, so that those who come in can see the light. 17 For there is nothing hidden that will not be disclosed, and nothing concealed that will not be known or brought out into the open. 18 Therefore consider carefully how you listen. Whoever has will be given more; whoever does not have, even what he thinks he has will be taken from him."

Jesus' Mother and Brothers

19 Now Jesus' mother and brothers came to see him, but they were not able to get near him because of the crowd. 20 Someone told him, "Your mother and brothers are standing outside, wanting to see you."

21 He replied, "My mother and brothers are those who hear God's word and put it into practice."

Jesus Calms the Storm

22 One day Jesus said to his disciples, "Let's go over to the other side of the lake." So they got into a boat and set out. 23 As they sailed, he fell asleep. A squall came down on the lake, so that the boat was being swamped, and they were in great danger.

24 The disciples went and woke him, saying, "Master, Master, we're going to drown!"

He got up and rebuked the wind and the raging waters; the storm subsided, and all was calm. 25 "Where is your faith?" he asked his disciples.

In fear and amazement they asked one another, "Who is this? He commands even the winds and the water, and they obey him."

The Healing of a Demon-possessed Man

26 They sailed to the region of the Gerasenes, g which is across the lake from Galilee. 27 When Jesus stepped ashore, he was met by a demon-possessed man from the town. For a long time this man had not worn clothes or lived in a house, but had lived in the tombs. 28 When he saw Jesus, he cried out and fell at his feet, shouting at the top of his voice, "What do you want with me, Jesus, Son of the Most High God? I beg you, don't torture me!" 29 For Jesus had commanded the

---

f 10 Isaiah 6:9   g 26 Some manuscripts Gadarenes; other manuscripts Gergesenes; also in verse 37

29(Porque mandaba al espíritu inmundo que saliese del hombre, pues hacía mucho tiempo que se había apoderado de él; y le ataban con cadenas y grillos, pero rompiendo las cadenas, era impelido por el demonio a los desiertos.)

30Y le preguntó Jesús, diciendo: ¿Cómo te llamas? Y él dijo: Legión. Porque muchos demonios habían entrado en él.

31Y le rogaban que no los mandase ir al abismo.

32Había allí un hato de muchos cerdos que pacían en el monte; y le rogaron que los dejase entrar en ellos; y les dio permiso.

33Y los demonios, salidos del hombre, entraron en los cerdos; y el hato se precipitó por un despeñadero al lago, y se ahogó.

34Y los que apacentaban los cerdos, cuando vieron lo que había acontecido, huyeron, y yendo dieron aviso en la ciudad y por los campos.

35Y salieron a ver lo que había sucedido; y vinieron a Jesús, y hallaron al hombre de quien habían salido los demonios, sentado a los pies de Jesús, vestido, y en su cabal juicio; y tuvieron miedo.

36Y los que lo habían visto, les contaron cómo había sido salvado el endemoniado.

37Entonces toda la multitud de la región alrededor de los gadarenos le rogó que se marchase de ellos, pues tenían gran temor. Y Jesús, entrando en la barca, se volvió.

38Y el hombre de quien habían salido los demonios le rogaba que le dejase estar con él; pero Jesús le despidió, diciendo:

39Vuélvete a tu casa, y cuenta cuán grandes cosas ha hecho Dios contigo. Y él se fue, publicando por toda la ciudad cuán grandes cosas había hecho Jesús con él.

La hija de Jairo, y la mujer que tocó el manto de Jesús

40Cuando volvió Jesús, le recibió la multitud con gozo; porque todos le esperaban.

41Entonces vino un varón llamado Jairo, que era principal de la sinagoga, y postrándose a los pies de Jesús, le rogaba que entrase en su casa;

42porque tenía una hija única, como de doce años, que se estaba muriendo. Y mientras iba, la multitud le oprimía.

43Pero una mujer que padecía de flujo de sangre desde hacía doce años, y que había gastado en médicos todo cuanto tenía, y por ninguno había podido ser curada,

44se le acercó por detrás y tocó el borde de su manto; y al instante se detuvo el flujo de su sangre.

45Entonces Jesús dijo: ¿Quién es el que me ha tocado? Y negando todos, dijo Pedro y los que con él estaban: Maestro, la multitud te aprieta y oprime, y dices: ¿Quién es el que me ha tocado?

46Pero Jesús dijo: Alguien me ha tocado; porque yo he conocido que ha salido poder de mí.

47Entonces, cuando la mujer vio que no había quedado oculta, vino temblando, y postrándose a sus pies, le declaró delante de todo el pueblo por qué causa le había tocado, y cómo al instante había sido sanada.

48Y él le dijo: Hija, tu fe te ha salvado; vé en paz.

49Estaba hablando aún, cuando vino uno de casa del principal de la sinagoga a decirle: Tu hija ha muerto; no molestes más al Maestro.

50Oyéndolo Jesús, le respondió: No temas; cree solamente, y será salva.

51Entrando en la casa, no dejó entrar a nadie consigo, sino a Pedro, a Jacobo, a Juan, y al padre y a la madre de la niña.

52Y lloraban todos y hacían lamentación por ella. Pero él dijo: No lloréis; no está muerta, sino que duerme.

evilh spirit to come out of the man. Many times it had seized him, and though he was chained hand and foot and kept under guard, he had broken his chains and had been driven by the demon into solitary places.

30Jesus asked him, "What is your name?"

"Legion," he replied, because many demons had gone into him. 31And they begged him repeatedly not to order them to go into the Abyss.

32A large herd of pigs was feeding there on the hillside. The demons begged Jesus to let them go into them, and he gave them permission. 33When the demons came out of the man, they went into the pigs, and the herd rushed down the steep bank into the lake and was drowned.

34When those tending the pigs saw what had happened, they ran off and reported this in the town and countryside, 35and the people went out to see what had happened. When they came to Jesus, they found the man from whom the demons had gone out, sitting at Jesus' feet, dressed and in his right mind; and they were afraid. 36Those who had seen it told the people how the demon-possessed man had been cured. 37Then all the people of the region of the Gerasenes asked Jesus to leave them, because they were overcome with fear. So he got into the boat and left.

38The man from whom the demons had gone out begged to go with him, but Jesus sent him away, saying, 39"Return home and tell how much God has done for you." So the man went away and told all over town how much Jesus had done for him.

A Dead Girl and a Sick Woman

40Now when Jesus returned, a crowd welcomed him, for they were all expecting him. 41Then a man named Jairus, a ruler of the synagogue, came and fell at Jesus' feet, pleading with him to come to his house 42because his only daughter, a girl of about twelve, was dying.

As Jesus was on his way, the crowds almost crushed him. 43And a woman was there who had been subject to bleeding for twelve years,i but no one could heal her. 44She came up behind him and touched the edge of his cloak, and immediately her bleeding stopped.

45"Who touched me?" Jesus asked.

When they all denied it, Peter said, "Master, the people are crowding and pressing against you."

46But Jesus said, "Someone touched me; I know that power has gone out from me."

47Then the woman, seeing that she could not go unnoticed, came trembling and fell at his feet. In the presence of all the people, she told why she had touched him and how she had been instantly healed. 48Then he said to her, "Daughter, your faith has healed you. Go in peace."

49While Jesus was still speaking, someone came from the house of Jairus, the synagogue ruler. "Your daughter is dead," he said. "Don't bother the teacher any more."

50Hearing this, Jesus said to Jairus, "Don't be afraid; just believe, and she will be healed."

51When he arrived at the house of Jairus, he did not let anyone go in with him except Peter, John and James, and the child's father and mother. 52Meanwhile, all the people were wailing and mourning for her. "Stop wailing," Jesus said. "She is not dead but asleep."

h29 Greek unclean   i43 Many manuscripts years, and she had spent all she had on doctors

53 Y se burlaban de él, sabiendo que estaba muerta.
54 Mas él, tomándola de la mano, clamó diciendo: Muchacha, levántate.
55 Entonces su espíritu volvió, e inmediatamente se levantó; y él mandó que se le diese de comer.
56 Y sus padres estaban atónitos; pero Jesús les mandó que a nadie dijesen lo que había sucedido.

Misión de los doce discípulos

9 ¹ Habiendo reunido a sus doce discípulos, les dio poder y autoridad sobre todos los demonios, y para sanar enfermedades.
2 Y los envió a predicar el reino de Dios, y a sanar a los enfermos.
3 Y les dijo: No toméis nada para el camino, ni bordón, ni alforja, ni pan, ni dinero; ni llevéis dos túnicas.
4 Y en cualquier casa donde entréis, quedad allí, y de allí salid.
5 Y dondequiera que no os recibieren, salid de aquella ciudad, y sacudid el polvo de vuestros pies en testimonio contra ellos.
6 Y saliendo, pasaban por todas las aldeas, anunciando el evangelio y sanando por todas partes.

Muerte de Juan el Bautista

7 Herodes el tetrarca oyó de todas las cosas que hacía Jesús; y estaba perplejo, porque decían algunos: Juan ha resucitado de los muertos;
8 otros: Elías ha aparecido; y otros: Algún profeta de los antiguos ha resucitado.
9 Y dijo Herodes: A Juan yo le hice decapitar; ¿quién, pues, es éste, de quien oigo tales cosas? Y procuraba verle.

Alimentación de los cinco mil

10 Vueltos los apóstoles, le contaron todo lo que habían hecho. Y tomándolos, se retiró aparte, a un lugar desierto de la ciudad llamada Betsaida.
11 Y cuando la gente lo supo, le siguió; y él les recibió, y les hablaba del reino de Dios, y sanaba a los que necesitaban ser curados.
12 Pero el día comenzaba a declinar; y acercándose los doce, le dijeron: Despide a la gente, para que vayan a las aldeas y campos de alrededor, y se alojen y encuentren alimentos; porque aquí estamos en lugar desierto.
13 El les dijo: Dadles vosotros de comer. Y dijeron ellos: No tenemos más que cinco panes y dos pescados, a no ser que vayamos nosotros a comprar alimentos para toda esta multitud.
14 Y eran como cinco mil hombres. Entonces dijo a sus discípulos: Hacedlos sentar en grupos, de cincuenta en cincuenta.
15 Así lo hicieron, haciéndolos sentar a todos.
16 Y tomando los cinco panes y los dos pescados, levantando los ojos al cielo, los bendijo, y los partió, y dio a sus discípulos para que los pusiesen delante de la gente.
17 Y comieron todos, y se saciaron; y recogieron lo que les sobró, doce cestas de pedazos.

La confesión de Pedro

18 Aconteció que mientras Jesús oraba aparte, estaban con él los discípulos; y les preguntó, diciendo: ¿Quién dice la gente que soy yo?
19 Ellos respondieron: Unos, Juan el Bautista; otros, Elías; y otros, que algún profeta de los antiguos ha resucitado.
20 El les dijo: ¿Y vosotros, quién decís que soy? Entonces respondiendo Pedro, dijo: El Cristo de Dios.

53 They laughed at him, knowing that she was dead.
54 But he took her by the hand and said, "My child, get up!" 55 Her spirit returned, and at once she stood up. Then Jesus told them to give her something to eat.
56 Her parents were astonished, but he ordered them not to tell anyone what had happened.

Jesus Sends Out the Twelve

9 When Jesus had called the Twelve together, he gave them power and authority to drive out all demons and to cure diseases, 2 and he sent them out to preach the kingdom of God and to heal the sick. 3 He told them: "Take nothing for the journey—no staff, no bag, no bread, no money, no extra tunic. 4 Whatever house you enter, stay there until you leave that town. 5 If people do not welcome you, shake the dust off your feet when you leave their town, as a testimony against them." 6 So they set out and went from village to village, preaching the gospel and healing people everywhere.

7 Now Herod the tetrarch heard about all that was going on. And he was perplexed, because some were saying that John had been raised from the dead, 8 others that Elijah had appeared, and still others that one of the prophets of long ago had come back to life. 9 But Herod said, "I beheaded John. Who, then, is this I hear such things about?" And he tried to see him.

Jesus Feeds the Five Thousand

10 When the apostles returned, they reported to Jesus what they had done. Then he took them with him and they withdrew by themselves to a town called Bethsaida, 11 but the crowds learned about it and followed him. He welcomed them and spoke to them about the kingdom of God, and healed those who needed healing.
12 Late in the afternoon the Twelve came to him and said, "Send the crowd away so they can go to the surrounding villages and countryside and find food and lodging, because we are in a remote place here."
13 He replied, "You give them something to eat."
They answered, "We have only five loaves of bread and two fish—unless we go and buy food for all this crowd." 14 (About five thousand men were there.)
But he said to his disciples, "Have them sit down in groups of about fifty each." 15 The disciples did so, and everybody sat down. 16 Taking the five loaves and the two fish and looking up to heaven, he gave thanks and broke them. Then he gave them to the disciples to set before the people. 17 They all ate and were satisfied, and the disciples picked up twelve basketfuls of broken pieces that were left over.

Peter's Confession of Christ

18 Once when Jesus was praying in private and his disciples were with him, he asked them, "Who do the crowds say I am?"
19 They replied, "Some say John the Baptist; others say Elijah; and still others, that one of the prophets of long ago has come back to life."
20 "But what about you?" he asked. "Who do you say I am?"
Peter answered, "The Christ[20] of God."

Jesús anuncia su muerte

21 Pero él les mandó que a nadie dijesen esto, encargándoselo rigurosamente,

22 y diciendo: Es necesario que el Hijo del Hombre padezca muchas cosas, y sea desechado por los ancianos, por los principales sacerdotes y por los escribas, y que sea muerto, y resucite al tercer día.

23 Y decía a todos: Si alguno quiere venir en pos de mí, niéguese a sí mismo, tome su cruz cada día, y sígame.

24 Porque todo el que quiera salvar su vida, la perderá; y todo el que pierda su vida por causa de mí, éste la salvará.

25 Pues ¿qué aprovecha al hombre, si gana todo el mundo, y se destruye o se pierde a sí mismo?

26 Porque el que se avergonzare de mí y de mis palabras, de éste se avergonzará el Hijo del Hombre cuando venga en su gloria, y en la del Padre, y de los santos ángeles.

27 Pero os digo en verdad, que hay algunos de los que están aquí, que no gustarán la muerte hasta que vean el reino de Dios.

La transfiguración

28 Aconteció como ocho días después de estas palabras, que tomó a Pedro, a Juan y a Jacobo, y subió al monte a orar.

29 Y entre tanto que oraba, la apariencia de su rostro se hizo otra, y su vestido blanco y resplandeciente.

30 Y he aquí dos varones que hablaban con él, los cuales eran Moisés y Elías;

31 quienes aparecieron rodeados de gloria, y hablaban de su partida, que iba Jesús a cumplir en Jerusalén.

32 Y Pedro y los que estaban con él estaban rendidos de sueño; mas permaneciendo despiertos, vieron la gloria de Jesús, y a los dos varones que estaban con él.

33 Y sucedió que apartándose ellos de él, Pedro dijo a Jesús: Maestro, bueno es para nosotros que estemos aquí; y hagamos tres enramadas, una para ti, una para Moisés, y una para Elías; no sabiendo lo que decía.

34 Mientras él decía esto, vino una nube que los cubrió; y tuvieron temor al entrar en la nube.

35 Y vino una voz desde la nube, que decía: Este es mi Hijo amado; a él oíd.

36 Y cuando cesó la voz, Jesús fue hallado solo; y ellos callaron, y por aquellos días no dijeron nada a nadie de lo que habían visto.

Jesús sana a un muchacho endemoniado

37 Al día siguiente, cuando descendieron del monte, una gran multitud les salió al encuentro.

38 Y he aquí, un hombre de la multitud clamó diciendo: Maestro, te ruego que veas a mi hijo, pues es el único que tengo;

39 y sucede que un espíritu le toma, y de repente da voces, y le sacude con violencia, y le hace echar espuma, y estropeándole, a duras penas se aparta de él.

40 Y rogué a tus discípulos que le echasen fuera, y no pudieron.

41 Respondiendo Jesús, dijo: ¡Oh generación incrédula y perversa! ¿Hasta cuándo he de estar con vosotros, y os he de soportar? Trae acá a tu hijo.

42 Y mientras se acercaba el muchacho, el demonio le derribó y le sacudió con violencia; pero Jesús reprendió al espíritu inmundo, y sanó al muchacho, y se lo devolvió a su padre.

43 Y todos se admiraban de la grandeza de Dios.

Jesús anuncia otra vez su muerte

Y maravillándose todos de todas las cosas que hacía, dijo a sus discípulos:

21 Jesus strictly warned them not to tell this to anyone. 22 And he said, "The Son of Man must suffer many things and be rejected by the elders, chief priests and teachers of the law, and he must be killed and on the third day be raised to life."

23 Then he said to them all: "If anyone would come after me, he must deny himself and take up his cross daily and follow me. 24 For whoever wants to save his life will lose it, but whoever loses his life for me will save it. 25 What good is it for a man to gain the whole world, and yet lose or forfeit his very self? 26 If anyone is ashamed of me and my words, the Son of Man will be ashamed of him when he comes in his glory and in the glory of the Father and of the holy angels. 27 I tell you the truth, some who are standing here will not taste death before they see the kingdom of God."

The Transfiguration

28 About eight days after Jesus said this, he took Peter, John and James with him and went up onto a mountain to pray. 29 As he was praying, the appearance of his face changed, and his clothes became as bright as a flash of lightning. 30 Two men, Moses and Elijah, 31 appeared in glorious splendor, talking with Jesus. They spoke about his departure, which he was about to bring to fulfillment at Jerusalem. 32 Peter and his companions were very sleepy, but when they became fully awake, they saw his glory and the two men standing with him. 33 As the men were leaving Jesus, Peter said to him, "Master, it is good for us to be here. Let us put up three shelters—one for you, one for Moses and one for Elijah." (He did not know what he was saying.)

34 While he was speaking, a cloud appeared and enveloped them, and they were afraid as they entered the cloud. 35 A voice came from the cloud, saying, "This is my Son, whom I have chosen; listen to him." 36 When the voice had spoken, they found that Jesus was alone. The disciples kept this to themselves, and told no one at that time what they had seen.

The Healing of a Boy With an Evil Spirit

37 The next day, when they came down from the mountain, a large crowd met him. 38 A man in the crowd called out, "Teacher, I beg you to look at my son, for he is my only child. 39 A spirit seizes him and he suddenly screams; it throws him into convulsions so that he foams at the mouth. It scarcely ever leaves him and is destroying him. 40 I begged your disciples to drive it out, but they could not."

41 "O unbelieving and perverse generation," Jesus replied, "how long shall I stay with you and put up with you? Bring your son here."

42 Even while the boy was coming, the demon threw him to the ground in a convulsion. But Jesus rebuked the evil k spirit, healed the boy and gave him back to his father. 43 And they were all amazed at the greatness of God.

k42 Greek unclean

44 Haced que os penetren bien en los oídos estas palabras; porque acontecerá que el Hijo del Hombre será entregado en manos de hombres.
45 Mas ellos no entendían estas palabras, pues les estaban veladas para que no las entendiesen; y temían preguntarle sobre esas palabras.

¿Quién es el mayor?

46 Entonces entraron en discusión sobre quién de ellos sería el mayor.
47 Y Jesús, percibiendo los pensamientos de sus corazones, tomó a un niño y lo puso junto a sí,
48 y les dijo: Cualquiera que reciba a este niño en mi nombre, a mí me recibe; y cualquiera que me recibe a mí, recibe al que me envió; porque el que es más pequeño entre todos vosotros, ése es el más grande.

El que no es contra nosotros, por nosotros es

49 Entonces respondiendo Juan, dijo: Maestro, hemos visto a uno que echaba fuera demonios en tu nombre; y se lo prohibimos, porque no sigue con nosotros.
50 Jesús le dijo: No se lo prohibáis; porque el que no es contra nosotros, por nosotros es.

Jesús reprende a Jacobo y a Juan

51 Cuando se cumplió el tiempo en que él había de ser recibido arriba, afirmó su rostro para ir a Jerusalén.
52 Y envió mensajeros delante de él, los cuales fueron y entraron en una aldea de los samaritanos para hacerle preparativos.
53 Mas no le recibieron, porque su aspecto era como de ir a Jerusalén.
54 Viendo esto sus discípulos Jacobo y Juan, dijeron: Señor, ¿quieres que mandemos que descienda fuego del cielo, como hizo Elías, y los consuma?
55 Entonces volviéndose él, los reprendió, diciendo: Vosotros no sabéis de qué espíritu sois;
56 porque el Hijo del Hombre no ha venido para perder las almas de los hombres, sino para salvarlas. Y se fueron a otra aldea.

Los que querían seguir a Jesús

57 Yendo ellos, uno le dijo en el camino: Señor, te seguiré adondequiera que vayas.
58 Y le dijo Jesús: Las zorras tienen guaridas, y las aves de los cielos nidos; mas el Hijo del Hombre no tiene dónde recostar la cabeza.
59 Y dijo a otro: Sígueme. El le dijo: Señor, déjame que primero vaya y entierre a mi padre.
60 Jesús le dijo: Deja que los muertos entierren a sus muertos; y tú vé, y anuncia el reino de Dios.
61 Entonces también dijo otro: Te seguiré, Señor; pero déjame que me despida primero de los que están en mi casa.
62 Y Jesús le dijo: Ninguno que poniendo su mano en el arado mira hacia atrás, es apto para el reino de Dios.

Misión de los setenta

10 1 Después de estas cosas, designó el Señor también a otros setenta, a quienes envió de dos en dos delante de él a toda ciudad y lugar adonde él había de ir.

While everyone was marveling at all that Jesus did, he said to his disciples, 44"Listen carefully to what I am about to tell you: The Son of Man is going to be betrayed into the hands of men." 45But they did not understand what this meant. It was hidden from them, so that they did not grasp it, and they were afraid to ask him about it.

Who Will Be the Greatest?

46An argument started among the disciples as to which of them would be the greatest. 47Jesus, knowing their thoughts, took a little child and had him stand beside him. 48Then he said to them, "Whoever welcomes this little child in my name welcomes me; and whoever welcomes me welcomes the one who sent me. For he who is least among you all—he is the greatest."
49"Master," said John, "we saw a man driving out demons in your name and we tried to stop him, because he is not one of us."
50"Do not stop him," Jesus said, "for whoever is not against you is for you."

Samaritan Opposition

51As the time approached for him to be taken up to heaven, Jesus resolutely set out for Jerusalem. 52And he sent messengers on ahead, who went into a Samaritan village to get things ready for him; 53but the people there did not welcome him, because he was heading for Jerusalem. 54When the disciples James and John saw this, they asked, "Lord, do you want us to call fire down from heaven to destroy them*l*?" 55But Jesus turned and rebuked them, 56and *m* they went to another village.

The Cost of Following Jesus

57As they were walking along the road, a man said to him, "I will follow you wherever you go."
58Jesus replied, "Foxes have holes and birds of the air have nests, but the Son of Man has no place to lay his head."
59He said to another man, "Follow me."
But the man replied, "Lord, first let me go and bury my father."
60Jesus said to him, "Let the dead bury their own dead, but you go and proclaim the kingdom of God."
61Still another said, "I will follow you, Lord; but first let me go back and say good-by to my family."
62Jesus replied, "No one who puts his hand to the plow and looks back is fit for service in the kingdom of God."

Jesus Sends Out the Seventy-two

10 After this the Lord appointed seventy-two*n* others and sent them two by two ahead of him to every town and place where he was about to go. 2He

---

*l54 Some manuscripts them, even as Elijah did   *m55,56 Some manuscripts them. And he said, "You do not know what kind of spirit you are of, for the Son of Man did not come to destroy men's lives, but to save them." *56And   *n1 Some manuscripts seventy; also in verse 17

2 Y les decía: La mies a la verdad es mucha, mas los obreros pocos; por tanto, rogad al Señor de la mies que envíe obreros a su mies.
3 Id; he aquí yo os envío como corderos en medio de lobos.
4 No llevéis bolsa, ni alforja, ni calzado; y a nadie saludéis por el camino.
5 En cualquier casa donde entréis, primeramente decid: Paz sea a esta casa.
6 Y si hubiere allí algún hijo de paz, vuestra paz reposará sobre él; y si no, se volverá a vosotros.
7 Y posad en aquella misma casa, comiendo y bebiendo lo que os den; porque el obrero es digno de su salario. No os paséis de casa en casa.
8 En cualquier ciudad donde entréis, y os reciban, comed lo que os pongan delante;
9 y sanad a los enfermos que en ella haya, y decidles: Se ha acercado a vosotros el reino de Dios.
10 Mas en cualquier ciudad donde entréis, y no os reciban, saliendo por sus calles, decid:
11 Aun el polvo de vuestra ciudad, que se ha pegado a nuestros pies, lo sacudimos contra vosotros. Pero esto sabed, que el reino de Dios se ha acercado a vosotros.
12 Y os digo que en aquel día será más tolerable el castigo para Sodoma, que para aquella ciudad.

Ayes sobre las ciudades impenitentes

13 ¡Ay de ti, Corazín! ¡Ay de ti, Betsaida! que si en Tiro y en Sidón se hubieran hecho los milagros que se han hecho en vosotras, tiempo ha que sentadas en cilicio y ceniza, se habrían arrepentido.
14 Por tanto, en el juicio será más tolerable el castigo para Tiro y Sidón, que para vosotras.
15 Y tú, Capernaum, que hasta los cielos eres levantada, hasta el Hades serás abatida.
16 El que a vosotros oye, a mí me oye; y el que a vosotros desecha, a mí me desecha; y el que me desecha a mí, desecha al que me envió.

Regreso de los setenta

17 Volvieron los setenta con gozo, diciendo: Señor, aun los demonios se nos sujetan en tu nombre.
18 Y les dijo: Yo veía a Satanás caer del cielo como un rayo.
19 He aquí os doy potestad de hollar serpientes y escorpiones, y sobre toda fuerza del enemigo, y nada os dañará.
20 Pero no os regocijéis de que los espíritus se os sujetan, sino regocijaos de que vuestros nombres están escritos en los cielos.

Jesús se regocija

21 En aquella misma hora Jesús se regocijó en el Espíritu, y dijo: Yo te alabo, oh Padre, Señor del cielo y de la tierra, porque escondiste estas cosas de los sabios y entendidos, y las has revelado a los niños. Sí, Padre, porque así te agradó.
22 Todas las cosas me fueron entregadas por mi Padre; y nadie conoce quién es el Hijo sino el Padre; ni quién es el Padre, sino el Hijo, y aquel a quien el Hijo lo quiera revelar.
23 Y volviéndose a los discípulos, les dijo aparte: Bienaventurados los ojos que ven lo que vosotros veis;
24 porque os digo que muchos profetas y reyes desearon ver lo que vosotros veis, y no lo vieron; y oir lo que oís, y no lo oyeron.

El buen samaritano

25 Y he aquí un intérprete de la ley se levantó y dijo, para probarle: Maestro, ¿haciendo qué cosa heredaré la vida eterna?

told them, "The harvest is plentiful, but the workers are few. Ask the Lord of the harvest, therefore, to send out workers into his harvest field. 3Go! I am sending you out like lambs among wolves. 4Do not take a purse or bag or sandals; and do not greet anyone on the road.
5"When you enter a house, first say, 'Peace to this house.' 6If a man of peace is there, your peace will rest on him; if not, it will return to you. 7Stay in that house, eating and drinking whatever they give you, for the worker deserves his wages. Do not move around from house to house.
8"When you enter a town and are welcomed, eat what is set before you. 9Heal the sick who are there and tell them, 'The kingdom of God is near you.' 10But when you enter a town and are not welcomed, go into its streets and say, 11'Even the dust of your town that sticks to our feet we wipe off against you. Yet be sure of this: The kingdom of God is near.' 12I tell you, it will be more bearable on that day for Sodom than for that town.
13"Woe to you, Korazin! Woe to you, Bethsaida! For if the miracles that were performed in you had been performed in Tyre and Sidon, they would have repented long ago, sitting in sackcloth and ashes. 14But it will be more bearable for Tyre and Sidon at the judgment than for you. 15And you, Capernaum, will you be lifted up to the skies? No, you will go down to the depths.o
16"He who listens to you listens to me; he who rejects you rejects me; but he who rejects me rejects him who sent me."
17The seventy-two returned with joy and said, "Lord, even the demons submit to us in your name."
18He replied, "I saw Satan fall like lightning from heaven. 19I have given you authority to trample on snakes and scorpions and to overcome all the power of the enemy; nothing will harm you. 20However, do not rejoice that the spirits submit to you, but rejoice that your names are written in heaven."
21At that time Jesus, full of joy through the Holy Spirit, said, "I praise you, Father, Lord of heaven and earth, because you have hidden these things from the wise and learned, and revealed them to little children. Yes, Father, for this was your good pleasure.
22"All things have been committed to me by my Father. No one knows who the Son is except the Father, and no one knows who the Father is except the Son and those to whom the Son chooses to reveal him."
23Then he turned to his disciples and said privately, "Blessed are the eyes that see what you see. 24For I tell you that many prophets and kings wanted to see what you see but did not see it, and to hear what you hear but did not hear it."

The Parable of the Good Samaritan

25On one occasion an expert in the law stood up to test Jesus. "Teacher," he asked, "what must I do to inherit eternal life?"

o15 Greek *Hades*

26 El le dijo: ¿Qué está escrito en la ley? ¿Cómo lees?
27 Aquél, respondiendo, dijo: Amarás al Señor tu Dios con todo tu corazón, y con toda tu alma, y con todas tus fuerzas, y con toda tu mente; y a tu prójimo como a ti mismo.
28 Y le dijo: Bien has respondido; haz esto, y vivirás.

29 Pero él, queriendo justificarse a sí mismo, dijo a Jesús: ¿Y quién es mi prójimo?
30 Respondiendo Jesús, dijo: Un hombre descendía de Jerusalén a Jericó, y cayó en manos de ladrones, los cuales le despojaron; e hiriéndole, se fueron, dejándole medio muerto.
31 Aconteció que descendió un sacerdote por aquel camino, y viéndole, pasó de largo.
32 Asimismo un levita, llegando cerca de aquel lugar, y viéndole, pasó de largo.
33 Pero un samaritano, que iba de camino, vino cerca de él, y viéndole, fue movido a misericordia;
34 y acercándose, vendó sus heridas, echándoles aceite y vino; y poniéndole en su cabalgadura, lo llevó al mesón, y cuidó de él.
35 Otro día al partir, sacó dos denarios, y los dio al mesonero, y le dijo: Cuídamele; y todo lo que gastes de más, yo te lo pagaré cuando regrese.
36 ¿Quién, pues, de estos tres te parece que fue el prójimo del que cayó en manos de los ladrones?
37 El dijo: El que usó de misericordia con él. Entonces Jesús le dijo: Vé, y haz tú lo mismo.

Jesús visita a Marta y a María

38 Aconteció que yendo de camino, entró en una aldea; y una mujer llamada Marta le recibió en su casa.
39 Esta tenía una hermana que se llamaba María, la cual, sentándose a los pies de Jesús, oía su palabra.
40 Pero Marta se preocupaba con muchos quehaceres, y acercándose, dijo: Señor, ¿no te da cuidado que mi hermana me deje servir sola? Dile, pues, que me ayude.
41 Respondiendo Jesús, le dijo: Marta, Marta, afanada y turbada estás con muchas cosas.
42 Pero sólo una cosa es necesaria; y María ha escogido la buena parte, la cual no le será quitada.

Jesús y la oración

11 ¹ Aconteció que estaba Jesús orando en un lugar, y cuando terminó, uno de sus discípulos le dijo: Señor, enséñanos a orar, como también Juan enseñó a sus discípulos.
2 Y les dijo: Cuando oréis, decid:
Padre nuestro que estás en los cielos,
Santificado sea tu nombre.
Venga tu reino.
Hágase tu voluntad, como en el cielo, así también en la tierra.
3 El pan nuestro de cada día, dánoslo hoy.
4 Y perdónanos nuestros pecados, porque también nosotros perdonamos a todos los que nos deben.
Y no nos metas en tentación, mas líbranos del mal.

26 "What is written in the Law?" he replied. "How do you read it?"
27 He answered: " 'Love the Lord your God with all your heart and with all your soul and with all your strength and with all your mind' *p*; and, 'Love your neighbor as yourself.' *q*"
28 "You have answered correctly," Jesus replied. "Do this and you will live."
29 But he wanted to justify himself, so he asked Jesus, "And who is my neighbor?"
30 In reply Jesus said: "A man was going down from Jerusalem to Jericho, when he fell into the hands of robbers. They stripped him of his clothes, beat him and went away, leaving him half dead. 31 A priest happened to be going down the same road, and when he saw the man, he passed by on the other side. 32 So too, a Levite, when he came to the place and saw him, passed by on the other side. 33 But a Samaritan, as he traveled, came where the man was; and when he saw him, he took pity on him. 34 He went to him and bandaged his wounds, pouring on oil and wine. Then he put the man on his own donkey, took him to an inn and took care of him. 35 The next day he took out two silver coins *r* and gave them to the innkeeper. 'Look after him,' he said, 'and when I return, I will reimburse you for any extra expense you may have.'
36 "Which of these three do you think was a neighbor to the man who fell into the hands of robbers?"
37 The expert in the law replied, "The one who had mercy on him."
Jesus told him, "Go and do likewise."

At the Home of Martha and Mary

38 As Jesus and his disciples were on their way, he came to a village where a woman named Martha opened her home to him. 39 She had a sister called Mary, who sat at the Lord's feet listening to what he said. 40 But Martha was distracted by all the preparations that had to be made. She came to him and asked, "Lord, don't you care that my sister has left me to do the work by myself? Tell her to help me!"
41 "Martha, Martha," the Lord answered, "you are worried and upset about many things, 42 but only one thing is needed. *s* Mary has chosen what is better, and it will not be taken away from her."

Jesus' Teaching on Prayer

11 One day Jesus was praying in a certain place. When he finished, one of his disciples said to him, "Lord, teach us to pray, just as John taught his disciples."
2 He said to them, "When you pray, say:

" 'Father, *t*
hallowed be your name,
your kingdom come. *u*
3 Give us each day our daily bread.
4 Forgive us our sins,
for we also forgive everyone who sins against us. *v*
And lead us not into temptation. *w* ' "

---

p27 Deut. 6:5   *q27* Lev. 19:18   *r35* Greek *two denarii*
s42 Some manuscripts *but few things are needed—or only one*
t2 Some manuscripts *Our Father in heaven*   *u2* Some manuscripts *come. May your will be done on earth as it is in heaven.*   *v4* Greek *everyone who is indebted to us*   *w4* Some manuscripts *temptation but deliver us from the evil one*

5 Les dijo también: ¿Quién de vosotros que tenga un amigo, va a él a medianoche y le dice: Amigo, préstame tres panes,

6 porque un amigo mío ha venido a mí de viaje, y no tengo qué ponerle delante;

7 y aquél, respondiendo desde adentro, le dice: No me molestes; la puerta ya está cerrada, y mis niños están conmigo en cama; no puedo levantarme, y dártelos?

8 Os digo, que aunque no se levante a dárselos por ser su amigo, sin embargo por su importunidad se levantará y le dará todo lo que necesite.

9 Y yo os digo: Pedid, y se os dará; buscad, y hallaréis; llamad, y se os abrirá.

10 Porque todo aquel que pide, recibe; y el que busca, halla; y al que llama, se le abrirá.

11 ¿Qué padre de vosotros, si su hijo le pide pan, le dará una piedra? ¿o si pescado, en lugar de pescado, le dará una serpiente?

12 ¿O si le pide un huevo, le dará un escorpión?

13 Pues si vosotros, siendo malos, sabéis dar buenas dádivas a vuestros hijos, ¿cuánto más vuestro Padre celestial dará el Espíritu Santo a los que se lo pidan?

Una casa dividida contra sí misma

14 Estaba Jesús echando fuera un demonio, que era mudo; y aconteció que salido el demonio, el mudo habló; y la gente se maravilló.

15 Pero algunos de ellos decían: Por Beelzebú, príncipe de los demonios, echa fuera los demonios.

16 Otros, para tentarle, le pedían señal del cielo.

17 Mas él, conociendo los pensamientos de ellos, les dijo: Todo reino dividido contra sí mismo, es asolado; y una casa dividida contra sí misma, cae.

18 Y si también Satanás está dividido contra sí mismo, ¿cómo permanecerá su reino? ya que decís que por Beelzebú echo yo fuera los demonios.

19 Pues si yo echo fuera los demonios por Beelzebú, ¿vuestros hijos por quién los echan? Por tanto, ellos serán vuestros jueces.

20 Mas si por el dedo de Dios echo yo fuera los demonios, ciertamente el reino de Dios ha llegado a vosotros.

21 Cuando el hombre fuerte armado guarda su palacio, en paz está lo que posee.

22 Pero cuando viene otro más fuerte que él y le vence, le quita todas sus armas en que confiaba, y reparte el botín.

23 El que no es conmigo, contra mí es; y el que conmigo no recoge, desparrama.

El espíritu inmundo que vuelve

24 Cuando el espíritu inmundo sale del hombre, anda por lugares secos, buscando reposo; y no hallándolo, dice: Volveré a mi casa de donde salí.

25 Y cuando llega, la halla barrida y adornada.

26 Entonces va, y toma otros siete espíritus peores que él; y entrados, moran allí; y el postrer estado de aquel hombre viene a ser peor que el primero.

Los que en verdad son bienaventurados

27 Mientras él decía estas cosas, una mujer de entre la multitud levantó la voz y le dijo: Bienaventurado el vientre que te trajo, y los senos que mamaste.

28 Y él dijo: Antes bienaventurados los que oyen la palabra de Dios, y la guardan.

5 Then he said to them, "Suppose one of you has a friend, and he goes to him at midnight and says, 'Friend, lend me three loaves of bread, 6 because a friend of mine on a journey has come to me, and I have nothing to set before him.'

7 "Then the one inside answers, 'Don't bother me. The door is already locked, and my children are with me in bed. I can't get up and give you anything.' 8 I tell you, though he will not get up and give him the bread because he is his friend, yet because of the man's boldness[x] he will get up and give him as much as he needs.

9 "So I say to you: Ask and it will be given to you; seek and you will find; knock and the door will be opened to you. 10 For everyone who asks receives; he who seeks finds; and to him who knocks, the door will be opened.

11 "Which of you fathers, if your son asks for[y] a fish, will give him a snake instead? 12 Or if he asks for an egg, will give him a scorpion? 13 If you then, though you are evil, know how to give good gifts to your children, how much more will your Father in heaven give the Holy Spirit to those who ask him!"

Jesus and Beelzebub

14 Jesus was driving out a demon that was mute. When the demon left, the man who had been mute spoke, and the crowd was amazed. 15 But some of them said, "By Beelzebub,[z] the prince of demons, he is driving out demons." 16 Others tested him by asking for a sign from heaven.

17 Jesus knew their thoughts and said to them: "Any kingdom divided against itself will be ruined, and a house divided against itself will fall. 18 If Satan is divided against himself, how can his kingdom stand? I say this because you claim that I drive out demons by Beelzebub. 19 Now if I drive out demons by Beelzebub, by whom do your followers drive them out? So then, they will be your judges. 20 But if I drive out demons by the finger of God, then the kingdom of God has come to you.

21 "When a strong man, fully armed, guards his own house, his possessions are safe. 22 But when someone stronger attacks and overpowers him, he takes away the armor in which the man trusted and divides up the spoils.

23 "He who is not with me is against me, and he who does not gather with me, scatters.

24 "When an evil[a] spirit comes out of a man, it goes through arid places seeking rest and does not find it. Then it says, 'I will return to the house I left.' 25 When it arrives, it finds the house swept clean and put in order. 26 Then it goes and takes seven other spirits more wicked than itself, and they go in and live there. And the final condition of that man is worse than the first."

27 As Jesus was saying these things, a woman in the crowd called out, "Blessed is the mother who gave you birth and nursed you."

28 He replied, "Blessed rather are those who hear the word of God and obey it."

---

x8 Or persistence   y11 Some manuscripts for bread, will give him a stone; or if he asks for   z15 Greek Beezeboul or Beelzeboul; also in verses 18 and 19   a24 Greek unclean

La generación perversa demanda señal

29 Y apiñándose las multitudes, comenzó a decir: Esta generación es mala; demanda señal, pero señal no le será dada, sino la señal de Jonás.

30 Porque así como Jonás fue señal a los ninivitas, también lo será el Hijo del Hombre a esta generación.

31 La reina del Sur se levantará en el juicio con los hombres de esta generación, y los condenará; porque ella vino de los fines de la tierra para oir la sabiduría de Salomón, y he aquí más que Salomón en este lugar.

32 Los hombres de Nínive se levantarán en el juicio con esta generación, y la condenarán; porque a la predicación de Jonás se arrepintieron, y he aquí más que Jonás en este lugar.

La lámpara del cuerpo

33 Nadie pone en oculto la luz encendida, ni debajo del almud, sino en el candelero, para que los que entran vean la luz.

34 La lámpara del cuerpo es el ojo; cuando tu ojo es bueno, también todo tu cuerpo está lleno de luz; pero cuando tu ojo es maligno, también tu cuerpo está en tinieblas.

35 Mira pues, no suceda que la luz que en ti hay, sea tinieblas.

36 Así que, si todo tu cuerpo está lleno de luz, no teniendo parte alguna de tinieblas, será todo luminoso, como cuando una lámpara te alumbra con su resplandor.

Jesús acusa a fariseos y a intérpretes de la ley

37 Luego que hubo hablado, le rogó un fariseo que comiese con él; y entrando Jesús en la casa, se sentó a la mesa.

38 El fariseo, cuando lo vio, se extrañó de que no se hubiese lavado antes de comer.

39 Pero el Señor le dijo: Ahora bien, vosotros los fariseos limpiáis lo de fuera del vaso y del plato, pero por dentro estáis llenos de rapacidad y de maldad.

40 Necios, ¿el que hizo lo de fuera, no hizo también lo de adentro?

41 Pero dad limosna de lo que tenéis, y entonces todo os será limpio.

42 Mas ¡ay de vosotros, fariseos! que diezmáis la menta, y la ruda, y toda hortaliza, y pasáis por alto la justicia y el amor de Dios. Esto os era necesario hacer, sin dejar aquello.

43 ¡Ay de vosotros, fariseos! que amáis las primeras sillas en las sinagogas, y las salutaciones en las plazas.

44 ¡Ay de vosotros, escribas y fariseos, hipócritas! que sois como sepulcros que no se ven, y los hombres que andan encima no lo saben.

45 Respondiendo uno de los intérpretes de la ley, le dijo: Maestro, cuando dices esto, también nos afrentas a nosotros.

46 Y él dijo: ¡Ay de vosotros también, intérpretes de la ley! porque cargáis a los hombres con cargas que no pueden llevar, pero vosotros ni aun con un dedo las tocáis.

47 ¡Ay de vosotros, que edificáis los sepulcros de los profetas a quienes mataron vuestros padres!

48 De modo que sois testigos y consentidores de los hechos de vuestros padres; porque a la verdad ellos los mataron, y vosotros edificáis sus sepulcros.

49 Por eso la sabiduría de Dios también dijo: Les enviaré profetas y apóstoles; y de ellos, a unos matarán y a otros perseguirán;

50 para que se demande de esta generación la sangre de todos los profetas que se ha derramado desde la fundación del mundo,

The Sign of Jonah

29 As the crowds increased, Jesus said, "This is a wicked generation. It asks for a miraculous sign, but none will be given it except the sign of Jonah. 30 For as Jonah was a sign to the Ninevites, so also will the Son of Man be to this generation. 31 The Queen of the South will rise at the judgment with the men of this generation and condemn them; for she came from the ends of the earth to listen to Solomon's wisdom, and now one b greater than Solomon is here. 32 The men of Nineveh will stand up at the judgment with this generation and condemn it; for they repented at the preaching of Jonah, and now one greater than Jonah is here.

The Lamp of the Body

33 "No one lights a lamp and puts it in a place where it will be hidden, or under a bowl. Instead he puts it on its stand, so that those who come in may see the light. 34 Your eye is the lamp of your body. When your eyes are good, your whole body also is full of light. But when they are bad, your body also is full of darkness. 35 See to it, then, that the light within you is not darkness. 36 Therefore, if your whole body is full of light, and no part of it dark, it will be completely lighted, as when the light of a lamp shines on you."

Six Woes

37 When Jesus had finished speaking, a Pharisee invited him to eat with him; so he went in and reclined at the table. 38 But the Pharisee, noticing that Jesus did not first wash before the meal, was surprised.

39 Then the Lord said to him, "Now then, you Pharisees clean the outside of the cup and dish, but inside you are full of greed and wickedness. 40 You foolish people! Did not the one who made the outside make the inside also? 41 But give what is inside the dish, c to the poor, and everything will be clean for you.

42 "Woe to you Pharisees, because you give God a tenth of your mint, rue and all other kinds of garden herbs, but you neglect justice and the love of God. You should have practiced the latter without leaving the former undone.

43 "Woe to you Pharisees, because you love the most important seats in the synagogues and greetings in the marketplaces.

44 "Woe to you, because you are like unmarked graves, which men walk over without knowing it."

45 One of the experts in the law answered him, "Teacher, when you say these things, you insult us also."

46 Jesus replied, "And you experts in the law, woe to you, because you load people down with burdens they can hardly carry, and you yourselves will not lift one finger to help them.

47 "Woe to you, because you build tombs for the prophets, and it was your forefathers who killed them. 48 So you testify that you approve of what your forefathers did; they killed the prophets, and you build their tombs. 49 Because of this, God in his wisdom said, 'I will send them prophets and apostles, some of whom they will kill and others they will persecute.' 50 Therefore this generation will be held responsible for the blood of all the prophets that has been shed since the beginning of the world, 51 from the blood of Abel to the

b31 Or *something*; also in verse 32   c41 Or *what you have*

51desde la sangre de Abel hasta la sangre de Zacarías, que murió entre el altar y el templo; sí, os digo que será demandada de esta generación.

52¡Ay de vosotros, intérpretes de la ley! porque habéis quitado la llave de ia ciencia; vosotros mismos no entrasteis, y a los que entraban se lo impedisteis.

53Diciéndoles él estas cosas, los escribas y los fariseos comenzaron a estrecharle en gran manera, y a provocarle a que hablase de muchas cosas;

54acechándole, y procurando cazar alguna palabra de su boca para acusarle.

La levadura de los fariseos

12 1En esto, juntándose por millares la multitud, tanto que unos a otros se atropellaban, comenzó a decir a sus discípulos, primeramente: Guardaos de la levadura de los fariseos, que es la hipocresía.

2Porque nada hay encubierto, que no haya de descubrirse; ni oculto, que no haya de saberse.

3Por tanto, todo lo que habéis dicho en tinieblas, a la luz se oirá; y lo que habéis hablado al oído en los aposentos, se proclamará en las azoteas.

A quién se debe temer

4Mas os digo, amigos míos: No temáis a los que matan el cuerpo, y después nada más pueden hacer.

5Pero os enseñaré a quién debéis temer: Temed a aquel que después de haber quitado la vida, tiene poder de echar en el infierno; sí, os digo, a éste temed.

6¿No se venden cinco pajarillos por dos cuartos? Con todo, ni uno de ellos está olvidado delante de Dios.

7Pues aun los cabellos de vuestra cabeza están todos contados. No temáis, pues; más valéis vosotros que muchos pajarillos.

El que me confesare delante de los hombres

8Os digo que todo aquel que me confesare delante de los hombres, también el Hijo del Hombre le confesará delante de los ángeles de Dios;

9mas el que me negare delante de los hombres, será negado delante de los ángeles de Dios.

10A todo aquel que dijere alguna palabra contra el Hijo del Hombre, le será perdonado; pero al que blasfemare contra el Espíritu Santo, no le será perdonado.

11Cuando os trajeren a las sinagogas, y ante los magistrados y las autoridades, no os preocupéis por cómo o qué habréis de responder, o qué habréis de decir;

12porque el Espíritu Santo os enseñará en la misma hora lo que debáis decir.

El rico insensato

13Le dijo uno de la multitud: Maestro, dí a mi hermano que parta conmigo la herencia.

14Mas él le dijo: Hombre, ¿quién me ha puesto sobre vosotros como juez o partidor?

15Y les dijo: Mirad, y guardaos de toda avaricia; porque la vida del hombre no consiste en la abundancia de los bienes que posee.

16También les refirió una parábola, diciendo: La heredad de un hombre rico había producido mucho.

17Y él pensaba dentro de sí, diciendo: ¿Qué haré, porque no tengo dónde guardar mis frutos?

18Y dijo: Esto haré: derribaré mis graneros, y los edificaré mayores, y allí guardaré todos mis frutos y mis bienes;

19y diré a mi alma: Alma, muchos bienes tienes guardados para muchos años; repósate, come, bebe, regocíjate.

---

blood of Zechariah, who was killed between the altar and the sanctuary. Yes, I tell you, this generation will be held responsible for it all.

52"Woe to you experts in the law, because you have taken away the key to knowledge. You yourselves have not entered, and you have hindered those who were entering."

53When Jesus left there, the Pharisees and the teachers of the law began to oppose him fiercely and to besiege him with questions, 54waiting to catch him in something he might say.

Warnings and Encouragements

12 Meanwhile, when a crowd of many thousands had gathered, so that they were trampling on one another, Jesus began to speak first to his disciples, saying: "Be on your guard against the yeast of the Pharisees, which is hypocrisy. 2There is nothing concealed that will not be disclosed, or hidden that will not be made known. 3What you have said in the dark will be heard in the daylight, and what you have whispered in the ear in the inner rooms will be proclaimed from the roofs.

4"I tell you, my friends, do not be afraid of those who kill the body and after that can do no more. 5But I will show you whom you should fear: Fear him who, after the killing of the body, has power to throw you into hell. Yes, I tell you, fear him. 6Are not five sparrows sold for two penniesd? Yet not one of them is forgotten by God. 7Indeed, the very hairs of your head are all numbered. Don't be afraid; you are worth more than many sparrows.

8"I tell you, whoever acknowledges me before men, the Son of Man will also acknowledge him before the angels of God. 9But he who disowns me before men will be disowned before the angels of God. 10And everyone who speaks a word against the Son of Man will be forgiven, but anyone who blasphemes against the Holy Spirit will not be forgiven.

11"When you are brought before synagogues, rulers and authorities, do not worry about how you will defend yourselves or what you will say, 12for the Holy Spirit will teach you at that time what you should say."

The Parable of the Rich Fool

13Someone in the crowd said to him, "Teacher, tell my brother to divide the inheritance with me."

14Jesus replied, "Man, who appointed me a judge or an arbiter between you?" 15Then he said to them, "Watch out! Be on your guard against all kinds of greed; a man's life does not consist in the abundance of his possessions."

16And he told them this parable: "The ground of a certain rich man produced a good crop. 17He thought to himself, 'What shall I do? I have no place to store my crops.'

18"Then he said, 'This is what I'll do. I will tear down my barns and build bigger ones, and there I will store all my grain and my goods. 19And I'll say to myself, "You have plenty of good things laid up for many years. Take life easy; eat, drink and be merry."'

d6 Greek two assaria

20 Pero Dios le dijo: Necio, esta noche vienen a pedirte tu alma; y lo que has provisto, ¿de quién será?
21 Así es el que hace para sí tesoro, y no es rico para con Dios.

El afán y la ansiedad

22 Dijo luego a sus discípulos: Por tanto os digo: No os afanéis por vuestra vida, qué comeréis; ni por el cuerpo, qué vestiréis.
23 La vida es más que la comida, y el cuerpo que el vestido.
24 Considerad los cuervos, que ni siembran, ni siegan; que ni tienen despensa, ni granero, y Dios los alimenta. ¿No valéis vosotros mucho más que las aves?
25 ¿Y quién de vosotros podrá con afanarse añadir a su estatura un codo?
26 Pues si no podéis ni aun lo que es menos, ¿por qué os afanáis por lo demás?
27 Considerad los lirios, cómo crecen; no trabajan, ni hilan; mas os digo, que ni aun Salomón con toda su gloria se vistió como uno de ellos.
28 Y si así viste Dios la hierba que hoy está en el campo, y mañana es echada al horno, ¿cuánto más a vosotros, hombres de poca fe?
29 Vosotros, pues, no os preocupéis por lo que habéis de comer, ni por lo que habéis de beber, ni estéis en ansiosa inquietud.
30 Porque todas estas cosas buscan las gentes del mundo; pero vuestro Padre sabe que tenéis necesidad de estas cosas.
31 Mas buscad el reino de Dios, y todas estas cosas os serán añadidas.

Tesoro en el cielo

32 No temáis, manada pequeña, porque a vuestro Padre le ha placido daros el reino.
33 Vended lo que poseéis, y dad limosna; haceos bolsas que no se envejezcan, tesoro en los cielos que no se agote, donde ladrón no llega, ni polilla destruye.
34 Porque donde está vuestro tesoro, allí estará también vuestro corazón.

El siervo vigilante

35 Estén ceñidos vuestros lomos, y vuestras lámparas encendidas;
36 y vosotros sed semejantes a hombres que aguardan a que su señor regrese de las bodas, para que cuando llegue y llame, le abran en seguida.
37 Bienaventurados aquellos siervos a los cuales su señor, cuando venga, halle velando; de cierto os digo que se ceñirá, y hará que se sienten a la mesa, y vendrá a servirles.
38 Y aunque venga a la segunda vigilia, y aunque venga a la tercera vigilia, si los hallare así, bienaventurados son aquellos siervos.
39 Pero sabed esto, que si supiese el padre de familia a qué hora el ladrón había de venir, velaría ciertamente, y no dejaría minar su casa.
40 Vosotros, pues, también, estad preparados, porque a la hora que no penséis, el Hijo del Hombre vendrá.

El siervo infiel

41 Entonces Pedro le dijo: Señor, ¿dices esta parábola a nosotros, o también a todos?
42 Y dijo el Señor: ¿Quién es el mayordomo fiel y prudente al cual su señor pondrá sobre su casa, para que a tiempo les dé su ración?
43 Bienaventurado aquel siervo al cual, cuando su señor venga, le halle haciendo así.
44 En verdad os digo que le pondrá sobre todos sus bienes.

20 "But God said to him, 'You fool! This very night your life will be demanded from you. Then who will get what you have prepared for yourself?'
21 "This is how it will be with anyone who stores up things for himself but is not rich toward God."

Do Not Worry

22 Then Jesus said to his disciples: "Therefore I tell you, do not worry about your life, what you will eat; or about your body, what you will wear. 23 Life is more than food, and the body more than clothes. 24 Consider the ravens: They do not sow or reap, they have no storeroom or barn; yet God feeds them. And how much more valuable you are than birds! 25 Who of you by worrying can add a single hour to his life e? 26 Since you cannot do this very little thing, why do you worry about the rest?
27 "Consider how the lilies grow. They do not labor or spin. Yet I tell you, not even Solomon in all his splendor was dressed like one of these. 28 If that is how God clothes the grass of the field, which is here today, and tomorrow is thrown into the fire, how much more will he clothe you, O you of little faith! 29 And do not set your heart on what you will eat or drink; do not worry about it. 30 For the pagan world runs after all such things, and your Father knows that you need them. 31 But seek his kingdom, and these things will be given to you as well.
32 "Do not be afraid, little flock, for your Father has been pleased to give you the kingdom. 33 Sell your possessions and give to the poor. Provide purses for yourselves that will not wear out, a treasure in heaven that will not be exhausted, where no thief comes near and no moth destroys. 34 For where your treasure is, there your heart will be also.

Watchfulness

35 "Be dressed ready for service and keep your lamps burning, 36 like men waiting for their master to return from a wedding banquet, so that when he comes and knocks they can immediately open the door for him. 37 It will be good for those servants whose master finds them watching when he comes. I tell you the truth, he will dress himself to serve, will have them recline at the table and will come and wait on them. 38 It will be good for those servants whose master finds them ready, even if he comes in the second or third watch of the night. 39 But understand this: If the owner of the house had known at what hour the thief was coming, he would not have let his house be broken into. 40 You also must be ready, because the Son of Man will come at an hour when you do not expect him."
41 Peter asked, "Lord, are you telling this parable to us, or to everyone?"
42 The Lord answered, "Who then is the faithful and wise manager, whom the master puts in charge of his servants to give them their food allowance at the proper time? 43 It will be good for that servant whom the master finds doing so when he returns. 44 I tell you the truth, he will put him in charge of all his possessions.

e25 Or single cubit to his height

45Mas si aquel siervo dijere en su corazón: Mi señor tarda en venir; y comenzare a golpear a los criados y a las criadas, y a comer y beber y embriagarse,
46vendrá el señor de aquel siervo en día que éste no espera, y a la hora que no sabe, y le castigará duramente, y le pondrá con los infieles.
47Aquel siervo que conociendo la voluntad de su señor, no se preparó, ni hizo conforme a su voluntad, recibirá muchos azotes.
48Mas el que sin conocerla hizo cosas dignas de azotes, será azotado poco; porque a todo aquel a quien se haya dado mucho, mucho se le demandará; y al que mucho se le haya confiado, más se le pedirá.

Jesús, causa de división

49Fuego vine a echar en la tierra; ¿y qué quiero, si ya se ha encendido?
50De un bautismo tengo que ser bautizado; y ¡cómo me angustio hasta que se cumpla!
51¿Pensáis que he venido para dar paz en la tierra? Os digo: No, sino disensión.
52Porque de aquí en adelante, cinco en una familia estarán divididos, tres contra dos, y dos contra tres.
53Estará dividido el padre contra el hijo, y el hijo contra el padre; la madre contra la hija, y la hija contra la madre; la suegra contra su nuera, y la nuera contra su suegra.

¿Cómo no reconocéis este tiempo?

54Decía también a la multitud: Cuando veis la nube que sale del poniente, luego decís: Agua viene; y así sucede.
55Y cuando sopla el viento del sur, decís: Hará calor; y lo hace.
56¡Hipócritas! Sabéis distinguir el aspecto del cielo y de la tierra; ¿y cómo no distinguís este tiempo?

Arréglate con tu adversario

57¿Y por qué no juzgáis por vosotros mismos lo que es justo?
58Cuando vayas al magistrado con tu adversario, procura en el camino arreglarte con él, no sea que te arrastre al juez, y el juez te entregue al alguacil, y el alguacil te meta en la cárcel.
59Te digo que no saldrás de allí, hasta que hayas pagado aun la última blanca.

Arrepentíos o pereceréis

13 1En este mismo tiempo estaban allí algunos que le contaban acerca de los galileos cuya sangre Pilato había mezclado con los sacrificios de ellos.
2Respondiendo Jesús, les dijo: ¿Pensáis que estos galileos, porque padecieron tales cosas, eran más pecadores que todos los galileos?
3Os digo: No; antes si no os arrepentís, todos pereceréis igualmente.
4O aquellos dieciocho sobre los cuales cayó la torre en Siloé, y los mató, ¿pensáis que eran más culpables que todos los hombres que habitan en Jerusalén?
5Os digo: No; antes si no os arrepentís, todos pereceréis igualmente.

Parábola de la higuera estéril

6Dijo también esta parábola: Tenía un hombre una higuera plantada en su viña, y vino a buscar fruto en ella, y no lo halló.
7Y dijo al viñador: He aquí, hace tres años que vengo a buscar fruto en esta higuera, y no lo hallo; córtala; ¿para qué inutiliza también la tierra?

45But suppose the servant says to himself, 'My master is taking a long time in coming,' and he then begins to beat the menservants and maidservants and to eat and drink and get drunk. 46The master of that servant will come on a day when he does not expect him and at an hour he is not aware of. He will cut him to pieces and assign him a place with the unbelievers.
47"That servant who knows his master's will and does not get ready or does not do what his master wants will be beaten with many blows. 48But the one who does not know and does things deserving punishment will be beaten with few blows. From everyone who has been given much, much will be demanded; and from the one who has been entrusted with much, much more will be asked.

Not Peace but Division

49"I have come to bring fire on the earth, and how I wish it were already kindled! 50But I have a baptism to undergo, and how distressed I am until it is completed! 51Do you think I came to bring peace on earth? No, I tell you, but division. 52From now on there will be five in one family divided against each other, three against two and two against three. 53They will be divided, father against son and son against father, mother against daughter and daughter against mother, mother-in-law against daughter-in-law and daughter-in-law against mother-in-law."

Interpreting the Times

54He said to the crowd: "When you see a cloud rising in the west, immediately you say, 'It's going to rain,' and it does. 55And when the south wind blows, you say, 'It's going to be hot,' and it is. 56Hypocrites! You know how to interpret the appearance of the earth and the sky. How is it that you don't know how to interpret this present time?
57"Why don't you judge for yourselves what is right? 58As you are going with your adversary to the magistrate, try hard to be reconciled to him on the way, or he may drag you off to the judge, and the judge turn you over to the officer, and the officer throw you into prison. 59I tell you, you will not get out until you have paid the last penny.*"

Repent or Perish

13 Now there were some present at that time who told Jesus about the Galileans whose blood Pilate had mixed with their sacrifices. 2Jesus answered, "Do you think that these Galileans were worse sinners than all the other Galileans because they suffered this way? 3I tell you, no! But unless you repent, you too will all perish. 4Or those eighteen who died when the tower in Siloam fell on them—do you think they were more guilty than all the others living in Jerusalem? 5I tell you, no! But unless you repent, you too will all perish."
6Then he told this parable: "A man had a fig tree, planted in his vineyard, and he went to look for fruit on it, but did not find any. 7So he said to the man who took care of the vineyard, 'For three years now I've been coming to look for fruit on this fig tree and haven't found any. Cut it down! Why should it use up the soil?'

---

59 Greek lepton

8 El entonces, respondiendo, le dijo: Señor, déjala todavía este año, hasta que yo cave alrededor de ella, y la abone. 9 Y si diere fruto, bien; si no, la cortarás después.

Jesús sana a una mujer en el día de reposo

10 Enseñaba Jesús en una sinagoga en el día de reposo; *
11 y había allí una mujer que desde hacía dieciocho años tenía espíritu de enfermedad, y andaba encorvada, y en ninguna manera se podía enderezar.
12 Cuando Jesús la vio, la llamó y le dijo: Mujer, eres libre de tu enfermedad.
13 Y puso las manos sobre ella; y ella se enderezó luego, y glorificaba a Dios.
14 Pero el principal de la sinagoga, enojado de que Jesús hubiese sanado en el día de reposo, * dijo a la gente: Seis días hay en que se debe trabajar; en éstos, pues, venid y sed sanados, y no en día de reposo. *
15 Entonces el Señor le respondió y dijo: Hipócrita, cada uno de vosotros ¿no desata en el día de reposo * su buey o su asno del pesebre y lo lleva a beber?
16 Y a esta hija de Abraham, que Satanás había atado dieciocho años, ¿no se le debía desatar de esta ligadura en el día de reposo? *
17 Al decir él estas cosas, se avergonzaban todos sus adversarios; pero todo el pueblo se regocijaba por todas las cosas gloriosas hechas por él.

Parábola de la semilla de mostaza

18 Y dijo: ¿A qué es semejante el reino de Dios, y con qué lo compararé?
19 Es semejante al grano de mostaza, que un hombre tomó y sembró en su huerto; y creció, y se hizo árbol grande, y las aves del cielo anidaron en sus ramas.

Parábola de la levadura

20 Y volvió a decir: ¿A qué compararé el reino de Dios?
21 Es semejante a la levadura, que una mujer tomó y escondió en tres medidas de harina, hasta que todo hubo fermentado.

La puerta estrecha

22 Pasaba Jesús por ciudades y aldeas, enseñando, y encaminándose a Jerusalén.
23 Y alguien le dijo: Señor, ¿son pocos los que se salvan? Y él les dijo:
24 Esforzaos a entrar por la puerta angosta; porque os digo que muchos procurarán entrar, y no podrán.
25 Después que el padre de familia se haya levantado y cerrado la puerta, y estando fuera empecéis a llamar a la puerta, diciendo: Señor, Señor, ábrenos, él respondiendo os dirá: No sé de dónde sois.
26 Entonces comenzaréis a decir: Delante de ti hemos comido y bebido, y en nuestras plazas enseñaste.
27 Pero os dirá: Os digo que no sé de dónde sois; apartaos de mí todos vosotros, hacedores de maldad.
28 Allí será el llanto y el crujir de dientes, cuando veáis a Abraham, a Isaac, a Jacob y a todos los profetas en el reino de Dios, y vosotros estéis excluidos.
29 Porque vendrán del oriente y del occidente, del norte y del sur, y se sentarán a la mesa en el reino de Dios.
30 Y he aquí, hay postreros que serán primeros, y primeros que serán postreros.

A Crippled Woman Healed on the Sabbath

10 On a Sabbath Jesus was teaching in one of the synagogues, 11 and a woman was there who had been crippled by a spirit for eighteen years. She was bent over and could not straighten up at all. 12 When Jesus saw her, he called her forward and said to her, "Woman, you are set free from your infirmity." 13 Then he put his hands on her, and immediately she straightened up and praised God.

14 Indignant because Jesus had healed on the Sabbath, the synagogue ruler said to the people, "There are six days for work. So come and be healed on those days, not on the Sabbath."

15 The Lord answered him, "You hypocrites! Doesn't each of you on the Sabbath untie his ox or donkey from the stall and lead it out to give it water? 16 Then should not this woman, a daughter of Abraham, whom Satan has kept bound for eighteen long years, be set free on the Sabbath day from what bound her?"

17 When he said this, all his opponents were humiliated, but the people were delighted with all the wonderful things he was doing.

The Parables of the Mustard Seed and the Yeast

18 Then Jesus asked, "What is the kingdom of God like? What shall I compare it to? 19 It is like a mustard seed, which a man took and planted in his garden. It grew and became a tree, and the birds of the air perched in its branches."

20 Again he asked, "What shall I compare the kingdom of God to? 21 It is like yeast that a woman took and mixed into a large amount g of flour until it worked all through the dough."

The Narrow Door

22 Then Jesus went through the towns and villages, teaching as he made his way to Jerusalem. 23 Someone asked him, "Lord, are only a few people going to be saved?"

He said to them, 24 "Make every effort to enter through the narrow door, because many, I tell you, will try to enter and will not be able to. 25 Once the owner of the house gets up and closes the door, you will stand outside knocking and pleading, 'Sir, open the door for us.'

"But he will answer, 'I don't know you or where you come from.'

26 "Then you will say, 'We ate and drank with you, and you taught in our streets.'

27 "But he will reply, 'I don't know you or where you come from. Away from me, all you evildoers!'

28 "There will be weeping there, and gnashing of teeth, when you see Abraham, Isaac and Jacob and all the prophets in the kingdom of God, but you yourselves thrown out. 29 People will come from east and west and north and south, and will take their places at the feast in the kingdom of God. 30 Indeed there are those who are last who will be first, and first who will be last."

---

*Aquí equivale a *sábado*

g21 Greek *three satas* (probably about 1/2 bushel or 22 liters)

Lamento de Jesús sobre Jerusalén

31 Aquel mismo día llegaron unos fariseos, diciéndole: Sal, y vete de aquí, porque Herodes te quiere matar.
32 Y les dijo: Id, y decid a aquella zorra: He aquí, echo fuera demonios y hago curaciones hoy y mañana, y al tercer día termino mi obra.
33 Sin embargo, es necesario que hoy y mañana y pasado mañana siga mi camino; porque no es posible que un profeta muera fuera de Jerusalén.
34 ¡Jerusalén, Jerusalén, que matas a los profetas, y apedreas a los que te son enviados! ¡Cuántas veces quise juntar a tus hijos, como la gallina a sus polluelos debajo de sus alas, y no quisiste!
35 He aquí, vuestra casa os es dejada desierta; y os digo que no me veréis, hasta que llegue el tiempo en que digáis: Bendito el que viene en nombre del Señor.

Jesús sana a un hidrópico

14 1 Aconteció un día de reposo, * que habiendo entrado para comer en casa de un gobernante, que era fariseo, éstos le acechaban.
2 Y he aquí estaba delante de él un hombre hidrópico.
3 Entonces Jesús habló a los intérpretes de la ley y a los fariseos, diciendo: ¿Es lícito sanar en el día de reposo? *
4 Mas ellos callaron. Y él, tomándole, le sanó, y le despidió.
5 Y dirigiéndose a ellos, dijo: ¿Quién de vosotros, si su asno o su buey cae en algún pozo, no lo sacará inmediatamente, aunque sea en día de reposo? *
6 Y no le podían replicar a estas cosas.

Los convidados a las bodas

7 Observando cómo escogían los primeros asientos a la mesa, refirió a los convidados una parábola, diciéndoles:
8 Cuando fueres convidado por alguno a bodas, no te sientes en el primer lugar, no sea que otro más distinguido que tú esté convidado por él,
9 y viniendo el que te convidó a ti y a él, te diga: Da lugar a éste; y entonces comiences con vergüenza a ocupar el último lugar.
10 Mas cuando fueres convidado, vé y siéntate en el último lugar, para que cuando venga el que te convidó, te diga: Amigo, sube más arriba; entonces tendrás gloria delante de los que se sientan contigo a la mesa.
11 Porque cualquiera que se enaltece, será humillado; y el que se humilla, será enaltecido.
12 Dijo también al que le había convidado: Cuando hagas comida o cena, no llames a tus amigos, ni a tus hermanos, ni a tus parientes, ni a vecinos ricos; no sea que ellos a su vez te vuelvan a convidar, y seas recompensado.
13 Mas cuando hagas banquete, llama a los pobres, los mancos, los cojos y los ciegos;
14 y serás bienaventurado; porque ellos no te pueden recompensar, pero te será recompensado en la resurrección de los justos.

Parábola de la gran cena

15 Oyendo esto uno de los que estaban sentados con él a la mesa, le dijo: Bienaventurado el que coma pan en el reino de Dios.
16 Entonces Jesús le dijo: Un hombre hizo una gran cena, y convidó a muchos.
17 Y a la hora de la cena envió a su siervo a decir a los convidados: Venid, que ya todo está preparado.
18 Y todos a una comenzaron a excusarse. El primero dijo: He comprado una hacienda, y necesito ir a verla; te ruego que me excuses.

Jesus' Sorrow for Jerusalem

31 At that time some Pharisees came to Jesus and said to him, "Leave this place and go somewhere else. Herod wants to kill you."
32 He replied, "Go tell that fox, 'I will drive out demons and heal people today and tomorrow, and on the third day I will reach my goal.' 33 In any case, I must keep going today and tomorrow and the next day—for surely no prophet can die outside Jerusalem!
34 "O Jerusalem, Jerusalem, you who kill the prophets and stone those sent to you, how often I have longed to gather your children together, as a hen gathers her chicks under her wings, but you were not willing! 35 Look, your house is left to you desolate. I tell you, you will not see me again until you say, 'Blessed is he who comes in the name of the Lord.' h"

Jesus at a Pharisee's House

14 One Sabbath, when Jesus went to eat in the house of a prominent Pharisee, he was being carefully watched. 2 There in front of him was a man suffering from dropsy. 3 Jesus asked the Pharisees and experts in the law, "Is it lawful to heal on the Sabbath or not?" 4 But they remained silent. So taking hold of the man, he healed him and sent him away.
5 Then he asked them, "If one of you has a son i or an ox that falls into a well on the Sabbath day, will you not immediately pull him out?" 6 And they had nothing to say.
7 When he noticed how the guests picked the places of honor at the table, he told them this parable: 8 "When someone invites you to a wedding feast, do not take the place of honor, for a person more distinguished than you may have been invited. 9 If so, the host who invited both of you will come and say to you, 'Give this man your seat.' Then, humiliated, you will have to take the least important place. 10 But when you are invited, take the lowest place, so that when your host comes, he will say to you, 'Friend, move up to a better place.' Then you will be honored in the presence of all your fellow guests. 11 For everyone who exalts himself will be humbled, and he who humbles himself will be exalted."
12 Then Jesus said to his host, "When you give a luncheon or dinner, do not invite your friends, your brothers or relatives, or your rich neighbors; if you do, they may invite you back and so you will be repaid. 13 But when you give a banquet, invite the poor, the crippled, the lame, the blind, 14 and you will be blessed. Although they cannot repay you, you will be repaid at the resurrection of the righteous."

The Parable of the Great Banquet

15 When one of those at the table with him heard this, he said to Jesus, "Blessed is the man who will eat at the feast in the kingdom of God."
16 Jesus replied: "A certain man was preparing a great banquet and invited many guests. 17 At the time of the banquet he sent his servant to tell those who had been invited, 'Come, for everything is now ready.'
18 "But they all alike began to make excuses. The first said, 'I have just bought a field, and I must go and see it. Please excuse me.'

---

*Aquí equivale a *sábado*   h35 Psalm 118:26   i5 Some manuscripts *donkey*

19Otro dijo: He comprado cinco yuntas de bueyes, y voy a probarlos; te ruego que me excuses.

20Y otro dijo: Acabo de casarme, y por tanto no puedo ir.

21Vuelto el siervo, hizo saber estas cosas a su señor. Entonces enojado el padre de familia, dijo a su siervo: Vé pronto por las plazas y las calles de la ciudad, y trae acá a los pobres, los mancos, los cojos y los ciegos.

22Y dijo el siervo: Señor, se ha hecho como mandaste, y aún hay lugar.

23Dijo el señor al siervo: Vé por los caminos y por los vallados, y fuérzalos a entrar, para que se llene mi casa.

24Porque os digo que ninguno de aquellos hombres que fueron convidados, gustará mi cena.

Lo que cuesta seguir a Cristo

25Grandes multitudes iban con él; y volviéndose, les dijo:

26Si alguno viene a mí, y no aborrece a su padre, y madre, y mujer, e hijos, y hermanos, y hermanas, y aun también su propia vida, no puede ser mi discípulo.

27Y el que no lleva su cruz y viene en pos de mí, no puede ser mi discípulo.

28Porque ¿quién de vosotros, queriendo edificar una torre, no se sienta primero y calcula los gastos, a ver si tiene lo que necesita para acabarla?

29No sea que después que haya puesto el cimiento, y no pueda acabarla, todos los que lo vean comiencen a hacer burla de él,

30diciendo: Este hombre comenzó a edificar, y no pudo acabar.

31¿O qué rey, al marchar a la guerra contra otro rey, no se sienta primero y considera si puede hacer frente con diez mil al que viene contra él con veinte mil?

32Y si no puede, cuando el otro está todavía lejos, le envía una embajada y le pide condiciones de paz.

33Así, pues, cualquiera de vosotros que no renuncia a todo lo que posee, no puede ser mi discípulo.

Cuando la sal pierde su sabor

34Buena es la sal; mas si la sal se hiciere insípida, ¿con qué se sazonará?

35Ni para la tierra ni para el muladar es útil; la arrojan fuera. El que tiene oídos para oir, oiga.

Parábola de la oveja perdida

15 1Se acercaban a Jesús todos los publicanos y pecadores para oirle,

2y los fariseos y los escribas murmuraban, diciendo: Este a los pecadores recibe, y con ellos come.

3Entonces él les refirió esta parábola, diciendo:

4¿Qué hombre de vosotros, teniendo cien ovejas, si pierde una de ellas, no deja las noventa y nueve en el desierto, y va tras la que se perdió, hasta encontrarla?

5Y cuando la encuentra, la pone sobre sus hombros gozoso;

6y al llegar a casa, reúne a sus amigos y vecinos, diciéndoles: Gozaos conmigo, porque he encontrado mi oveja que se había perdido.

7Os digo que así habrá más gozo en el cielo por un pecador que se arrepiente, que por noventa y nueve justos que no necesitan de arrepentimiento.

Parábola de la moneda perdida

8¿O qué mujer que tiene diez dracmas, si pierde una dracma, no enciende la lámpara, y barre la casa, y busca con diligencia hasta encontrarla?

19"Another said, 'I have just bought five yoke of oxen, and I'm on my way to try them out. Please excuse me.'

20"Still another said, 'I just got married, so I can't come.'

21"The servant came back and reported this to his master. Then the owner of the house became angry and ordered his servant, 'Go out quickly into the streets and alleys of the town and bring in the poor, the crippled, the blind and the lame.'

22" 'Sir,' the servant said, 'what you ordered has been done, but there is still room.'

23"Then the master told his servant, 'Go out to the roads and country lanes and make them come in, so that my house will be full. 24I tell you, not one of those men who were invited will get a taste of my banquet.' "

The Cost of Being a Disciple

25Large crowds were traveling with Jesus, and turning to them he said: 26"If anyone comes to me and does not hate his father and mother, his wife and children, his brothers and sisters—yes, even his own life—he cannot be my disciple. 27And anyone who does not carry his cross and follow me cannot be my disciple.

28"Suppose one of you wants to build a tower. Will he not first sit down and estimate the cost to see if he has enough money to complete it? 29For if he lays the foundation and is not able to finish it, everyone who sees it will ridicule him, 30saying, 'This fellow began to build and was not able to finish.'

31"Or suppose a king is about to go to war against another king. Will he not first sit down and consider whether he is able with ten thousand men to oppose the one coming against him with twenty thousand? 32If he is not able, he will send a delegation while the other is still a long way off and will ask for terms of peace. 33In the same way, any of you who does not give up everything he has cannot be my disciple.

34"Salt is good, but if it loses its saltiness, how can it be made salty again? 35It is fit neither for the soil nor for the manure pile; it is thrown out.

"He who has ears to hear, let him hear."

The Parable of the Lost Sheep

15 Now the tax collectors and "sinners" were all gathering around to hear him. 2But the Pharisees and the teachers of the law muttered, "This man welcomes sinners and eats with them."

3Then Jesus told them this parable: 4"Suppose one of you has a hundred sheep and loses one of them. Does he not leave the ninety-nine in the open country and go after the lost sheep until he finds it? 5And when he finds it, he joyfully puts it on his shoulders 6and goes home. Then he calls his friends and neighbors together and says, 'Rejoice with me; I have found my lost sheep.' 7I tell you that in the same way there will be more rejoicing in heaven over one sinner who repents than over ninety-nine righteous persons who do not need to repent.

The Parable of the Lost Coin

8"Or suppose a woman has ten silver coins/ and loses one. Does she not light a lamp, sweep the house and search carefully until she finds it? 9And when she

---

18 Greek ten drachmas, _each worth about a day's wages_

9Y cuando la encuentra, reúne a sus amigas y vecinas, diciendo: Gozaos conmigo, porque he encontrado la dracma que había perdido.
10Así os digo que hay gozo delante de los ángeles de Dios por un pecador que se arrepiente.

Parábola del hijo pródigo

11También dijo: Un hombre tenía dos hijos;
12y el menor de ellos dijo a su padre: Padre, dame la parte de los bienes que me corresponde; y les repartió los bienes.
13No muchos días después, juntándolo todo el hijo menor, se fue lejos a una provincia apartada; y allí desperdició sus bienes viviendo perdidamente.
14Y cuando todo lo hubo malgastado, vino una gran hambre en aquella provincia, y comenzó a faltarle.
15Y fue y se arrimó a uno de los ciudadanos de aquella tierra, el cual le envió a su hacienda para que apacentase cerdos.
16Y deseaba llenar su vientre de las algarrobas que comían los cerdos, pero nadie le daba.
17Y volviendo en sí, dijo: ¡Cuántos jornaleros en casa de mi padre tienen abundancia de pan, y yo aquí perezco de hambre!
18Me levantaré e iré a mi padre, y le diré: Padre, he pecado contra el cielo y contra ti.
19Ya no soy digno de ser llamado tu hijo; hazme como a uno de tus jornaleros.
20Y levantándose, vino a su padre. Y cuando aún estaba lejos, lo vio su padre, y fue movido a misericordia, y corrió, y se echó sobre su cuello, y le besó.
21Y el hijo le dijo: Padre, he pecado contra el cielo y contra ti, y ya no soy digno de ser llamado tu hijo.
22Pero el padre dijo a sus siervos: Sacad el mejor vestido, y vestidle; y poned un anillo en su mano, y calzado en sus pies.
23Y traed el becerro gordo y matadlo, y comamos y hagamos fiesta;
24porque este mi hijo muerto era, y ha revivido; se había perdido, y es hallado. Y comenzaron a regocijarse.
25Y su hijo mayor estaba en el campo; y cuando vino, y llegó cerca de la casa, oyó la música y las danzas;
26y llamando a uno de los criados, le preguntó qué era aquello.
27El le dijo: Tu hermano ha venido; y tu padre ha hecho matar el becerro gordo, por haberle recibido bueno y sano.
28Entonces se enojó, y no quería entrar. Salió por tanto su padre, y le rogaba que entrase.
29Mas él, respondiendo, dijo al padre: He aquí, tantos años te sirvo, no habiéndote desobedecido jamás, y nunca me has dado ni un cabrito para gozarme con mis amigos.
30Pero cuando vino este tu hijo, que ha consumido tus bienes con rameras, has hecho matar para él el becerro gordo.
31El entonces le dijo: Hijo, tú siempre estás conmigo, y todas mis cosas son tuyas.
32Mas era necesario hacer fiesta y regocijarnos, porque este tu hermano era muerto, y ha revivido; se había perdido, y es hallado.

Parábola del mayordomo infiel

16 1Dijo también a sus discípulos: Había un hombre rico que tenía un mayordomo, y éste fue acusado ante él como disipador de sus bienes.
2Entonces le llamó, y le dijo: ¿Qué es esto que oigo acerca de ti? Da cuenta de tu mayordomía, porque ya no podrás más ser mayordomo.

finds it, she calls her friends and neighbors together and says, 'Rejoice with me; I have found my lost coin.'
10In the same way, I tell you, there is rejoicing in the presence of the angels of God over one sinner who repents."

The Parable of the Lost Son

11Jesus continued: "There was a man who had two sons. 12The younger one said to his father, 'Father, give me my share of the estate.' So he divided his property between them.
13"Not long after that, the younger son got together all he had, set off for a distant country and there squandered his wealth in wild living. 14After he had spent everything, there was a severe famine in that whole country, and he began to be in need. 15So he went and hired himself out to a citizen of that country, who sent him to his fields to feed pigs. 16He longed to fill his stomach with the pods that the pigs were eating, but no one gave him anything.
17"When he came to his senses, he said, 'How many of my father's hired men have food to spare, and here I am starving to death! 18I will set out and go back to my father and say to him: Father, I have sinned against heaven and against you. 19I am no longer worthy to be called your son; make me like one of your hired men.' 20So he got up and went to his father.
"But while he was still a long way off, his father saw him and was filled with compassion for him; he ran to his son, threw his arms around him and kissed him.
21"The son said to him, 'Father, I have sinned against heaven and against you. I am no longer worthy to be called your son.k'
22"But the father said to his servants, 'Quick! Bring the best robe and put it on him. Put a ring on his finger and sandals on his feet. 23Bring the fattened calf and kill it. Let's have a feast and celebrate. 24For this son of mine was dead and is alive again; he was lost and is found.' So they began to celebrate.
25"Meanwhile, the older son was in the field. When he came near the house, he heard music and dancing. 26So he called one of the servants and asked him what was going on. 27'Your brother has come,' he replied, 'and your father has killed the fattened calf because he has him back safe and sound.'
28"The older brother became angry and refused to go in. So his father went out and pleaded with him. 29But he answered his father, 'Look! All these years I've been slaving for you and never disobeyed your orders. Yet you never gave me even a young goat so I could celebrate with my friends. 30But when this son of yours who has squandered your property with prostitutes comes home, you kill the fattened calf for him!'
31" 'My son,' the father said, 'you are always with me, and everything I have is yours. 32But we had to celebrate and be glad, because this brother of yours was dead and is alive again; he was lost and is found.' "

The Parable of the Shrewd Manager

16 Jesus told his disciples: "There was a rich man whose manager was accused of wasting his possessions. 2So he called him in and asked him, 'What is this I hear about you? Give an account of your management, because you cannot be manager any longer.'

k21 Some early manuscripts son. *Make me like one of your hired men.*

3 Entonces el mayordomo dijo para sí: ¿Qué haré? Porque mi amo me quita la mayordomía. Cavar, no puedo; mendigar, me da vergüenza.

4 Ya sé lo que haré para que cuando se me quite de la mayordomía, me reciban en sus casas.

5 Y llamando a cada uno de los deudores de su amo, dijo al primero: ¿Cuánto debes a mi amo?

6 El dijo: Cien barriles de aceite. Y le dijo: Toma tu cuenta, siéntate pronto, y escribe cincuenta.

7 Después dijo a otro: Y tú, ¿cuánto debes? Y él dijo: Cien medidas de trigo. El le dijo: Toma tu cuenta, y escribe ochenta.

8 Y alabó el amo al mayordomo malo por haber hecho sagazmente; porque los hijos de este siglo son más sagaces en el trato con sus semejantes que los hijos de luz.

9 Y yo os digo: Ganad amigos por medio de las riquezas injustas, para que cuando éstas falten, os reciban en las moradas eternas.

10 El que es fiel en lo muy poco, también en lo más es fiel; y el que en lo muy poco es injusto, también en lo más es injusto.

11 Pues si en las riquezas injustas no fuisteis fieles, ¿quién os confiará lo verdadero?

12 Y si en lo ajeno no fuisteis fieles, ¿quién os dará lo que es vuestro?

13 Ningún siervo puede servir a dos señores; porque o aborrecerá al uno y amará al otro, o estimará al uno y menospreciará al otro. No podéis servir a Dios y a las riquezas. a

14 Y oían también todas estas cosas los fariseos, que eran avaros, y se burlaban de él.

15 Entonces les dijo: Vosotros sois los que os justificáis a vosotros mismos delante de los hombres; mas Dios conoce vuestros corazones; porque lo que los hombres tienen por sublime, delante de Dios es abominación.

La ley y el reino de Dios

16 La ley y los profetas eran hasta Juan; desde entonces el reino de Dios es anunciado, y todos se esfuerzan por entrar en él.

17 Pero más fácil es que pasen el cielo y la tierra, que se frustre una tilde de la ley.

Jesús enseña sobre el divorcio

18 Todo el que repudia a su mujer, y se casa con otra, adultera; y el que se casa con la repudiada del marido, adultera.

El rico y Lázaro

19 Había un hombre rico, que se vestía de púrpura y de lino fino, y hacía cada día banquete con esplendidez.

20 Había también un mendigo llamado Lázaro, que estaba echado a la puerta de aquél, lleno de llagas,

21 y ansiaba saciarse de las migajas que caían de la mesa del rico; y aun los perros venían y le lamían las llagas.

22 Aconteció que murió el mendigo, y fue llevado por los ángeles al seno de Abraham; y murió también el rico, y fue sepultado.

23 Y en el Hades alzó sus ojos, estando en tormentos, y vio de lejos a Abraham, y a Lázaro en su seno.

24 Entonces él, dando voces, dijo: Padre Abraham, ten misericordia de mí, y envía a Lázaro para que moje la punta de su dedo en agua, y refresque mi lengua; porque estoy atormentado en esta llama.

3 "The manager said to himself, 'What shall I do now? My master is taking away my job. I'm not strong enough to dig, and I'm ashamed to beg— 4 I know what I'll do so that, when I lose my job here, people will welcome me into their houses.'

5 "So he called in each one of his master's debtors. He asked the first, 'How much do you owe my master?'

6 " 'Eight hundred gallons l of olive oil,' he replied.

"The manager told him, 'Take your bill, sit down quickly, and make it four hundred.'

7 "Then he asked the second, 'And how much do you owe?'

" 'A thousand bushels m of wheat,' he replied.

"He told him, 'Take your bill and make it eight hundred.'

8 "The master commended the dishonest manager because he had acted shrewdly. For the people of this world are more shrewd in dealing with their own kind than are the people of the light. 9 I tell you, use worldly wealth to gain friends for yourselves, so that when it is gone, you will be welcomed into eternal dwellings.

10 "Whoever can be trusted with very little can also be trusted with much, and whoever is dishonest with very little will also be dishonest with much. 11 So if you have not been trustworthy in handling worldly wealth, who will trust you with true riches? 12 And if you have not been trustworthy with someone else's property, who will give you property of your own?

13 "No servant can serve two masters. Either he will hate the one and love the other, or he will be devoted to the one and despise the other. You cannot serve both God and Money."

14 The Pharisees, who loved money, heard all this and were sneering at Jesus. 15 He said to them, "You are the ones who justify yourselves in the eyes of men, but God knows your hearts. What is highly valued among men is detestable in God's sight.

Additional Teachings

16 "The Law and the Prophets were proclaimed until John. Since that time, the good news of the kingdom of God is being preached, and everyone is forcing his way into it. 17 It is easier for heaven and earth to disappear than for the least stroke of a pen to drop out of the Law.

18 "Anyone who divorces his wife and marries another woman commits adultery, and the man who marries a divorced woman commits adultery.

The Rich Man and Lazarus

19 "There was a rich man who was dressed in purple and fine linen and lived in luxury every day. 20 At his gate was laid a beggar named Lazarus, covered with sores 21 and longing to eat what fell from the rich man's table. Even the dogs came and licked his sores.

22 "The time came when the beggar died and the angels carried him to Abraham's side. The rich man also died and was buried. 23 In hell, n where he was in torment, he looked up and saw Abraham far away, with Lazarus by his side. 24 So he called to him, 'Father Abraham, have pity on me and send Lazarus to dip the tip of his finger in water and cool my tongue, because I am in agony in this fire.'

---

l 6 Greek one hundred batous (probably about 3 kiloliters)
m 7 Greek one hundred korous (probably about 35 kiloliters)
n 23 Greek Hades

a Gr. Mamón.

25 Pero Abraham le dijo: Hijo, acuérdate que recibiste tus bienes en tu vida, y Lázaro también males; pero ahora éste es consolado aquí, y tú atormentado.
26 Además de todo esto, una gran sima está puesta entre nosotros y vosotros, de manera que los que quisieren pasar de aquí a vosotros, no pueden, ni de allá pasar acá.
27 Entonces le dijo: Te ruego, pues, padre, que le envíes a la casa de mi padre,
28 porque tengo cinco hermanos, para que les testifique, a fin de que no vengan ellos también a este lugar de tormento.
29 Y Abraham le dijo: A Moisés y a los profetas tienen; óiganlos.
30 El entonces dijo: No, padre Abraham; pero si alguno fuere a ellos de entre los muertos, se arrepentirán.
31 Mas Abraham le dijo: Si no oyen a Moisés y a los profetas, tampoco se persuadirán aunque alguno se levantare de los muertos.

Ocasiones de caer

17 1 Dijo Jesús a sus discípulos: Imposible es que no vengan tropiezos; mas ¡ay de aquel por quien vienen!
2 Mejor le fuera que se le atase al cuello una piedra de molino y se le arrojase al mar, que hacer tropezar a uno de estos pequeñitos.
3 Mirad por vosotros mismos. Si tu hermano pecare contra ti, repréndele; y si se arrepintiere, perdónale.
4 Y si siete veces al día pecare contra ti, y siete veces al día volviere a ti, diciendo: Me arrepiento; perdónale.

Auméntanos la fe

5 Dijeron los apóstoles al Señor: Auméntanos la fe.
6 Entonces el Señor dijo: Si tuvierais fe como un grano de mostaza, podríais decir a este sicómoro: Desarráigate, y plántate en el mar; y os obedecería.

El deber del siervo

7 ¿Quién de vosotros, teniendo un siervo que ara o apacienta ganado, al volver él del campo, luego le dice: Pasa, siéntate a la mesa?
8 ¿No le dice más bien: Prepárame la cena, cíñete, y sírveme hasta que haya comido y bebido; y después de esto, come y bebe tú?
9 ¿Acaso da gracias al siervo porque hizo lo que se le había mandado? Pienso que no.
10 Así también vosotros, cuando hayáis hecho todo lo que os ha sido ordenado, decid: Siervos inútiles somos, pues lo que debíamos hacer, hicimos.

Diez leprosos son limpiados

11 Yendo Jesús a Jerusalén, pasaba entre Samaria y Galilea.
12 Y al entrar en una aldea, le salieron al encuentro diez hombres leprosos, los cuales se pararon de lejos
13 y alzaron la voz, diciendo: ¡Jesús, Maestro, ten misericordia de nosotros!
14 Cuando él los vio, les dijo: Id, mostraos a los sacerdotes. Y aconteció que mientras iban, fueron limpiados.
15 Entonces uno de ellos, viendo que había sido sanado, volvió, glorificando a Dios a gran voz,
16 y se postró rostro en tierra a sus pies, dándole gracias; y éste era samaritano.
17 Respondiendo Jesús, dijo: ¿No son diez los que fueron limpiados? Y los nueve, ¿dónde están?
18 ¿No hubo quien volviese y diese gloria a Dios sino este extranjero?
19 Y le dijo: Levántate, vete; tu fe te ha salvado.

25 "But Abraham replied, 'Son, remember that in your lifetime you received your good things, while Lazarus received bad things, but now he is comforted here and you are in agony. 26 And besides all this, between us and you a great chasm has been fixed, so that those who want to go from here to you cannot, nor can anyone cross over from there to us.'
27 "He answered, 'Then I beg you, father, send Lazarus to my father's house, 28 for I have five brothers. Let him warn them, so that they will not also come to this place of torment.'
29 "Abraham replied, 'They have Moses and the Prophets; let them listen to them.'
30 " 'No, father Abraham,' he said, 'but if someone from the dead goes to them, they will repent.'
31 "He said to him, 'If they do not listen to Moses and the Prophets, they will not be convinced even if someone rises from the dead.' "

Sin, Faith, Duty

17 Jesus said to his disciples: "Things that cause people to sin are bound to come, but woe to that person through whom they come. 2 It would be better for him to be thrown into the sea with a millstone tied around his neck than for him to cause one of these little ones to sin. 3 So watch yourselves.
"If your brother sins, rebuke him, and if he repents, forgive him. 4 If he sins against you seven times in a day, and seven times comes back to you and says, 'I repent,' forgive him."
5 The apostles said to the Lord, "Increase our faith!"
6 He replied, "If you have faith as small as a mustard seed, you can say to this mulberry tree, 'Be uprooted and planted in the sea,' and it will obey you.
7 "Suppose one of you had a servant plowing or looking after the sheep. Would he say to the servant when he comes in from the field, 'Come along now and sit down to eat'? 8 Would he not rather say, 'Prepare my supper, get yourself ready and wait on me while I eat and drink; after that you may eat and drink'? 9 Would he thank the servant because he did what he was told to do? 10 So you also, when you have done everything you were told to do, should say, 'We are unworthy servants; we have only done our duty.' "

Ten Healed of Leprosy

11 Now on his way to Jerusalem, Jesus traveled along the border between Samaria and Galilee. 12 As he was going into a village, ten men who had leprosyᵒ met him. They stood at a distance 13 and called out in a loud voice, "Jesus, Master, have pity on us!"
14 When he saw them, he said, "Go, show yourselves to the priests." And as they went, they were cleansed.
15 One of them, when he saw he was healed, came back, praising God in a loud voice. 16 He threw himself at Jesus' feet and thanked him—and he was a Samaritan.
17 Jesus asked, "Were not all ten cleansed? Where are the other nine? 18 Was no one found to return and give praise to God except this foreigner?" 19 Then he said to him, "Rise and go; your faith has made you well."

ᵒ 12 The Greek word was used for various diseases affecting the skin—not necessarily leprosy.

La venida del Reino

20 Preguntado por los fariseos, cuándo había de venir el reino de Dios, les respondió y dijo: El reino de Dios no vendrá con advertencia,

21 ni dirán: Helo aquí, o helo allí; porque he aquí el reino de Dios está entre vosotros.

22 Y dijo a sus discípulos: Tiempo vendrá cuando desearéis ver uno de los días del Hijo del Hombre, y no lo veréis.

23 Y os dirán: Helo aquí, o helo allí. No vayáis, ni los sigáis.

24 Porque como el relámpago que al fulgurar resplandece desde un extremo del cielo hasta el otro, así también será el Hijo del Hombre en su día.

25 Pero primero es necesario que padezca mucho, y sea desechado por esta generación.

26 Como fue en los días de Noé, así también será en los días del Hijo del Hombre.

27 Comían, bebían, se casaban y se daban en casamiento, hasta el día en que entró Noé en el arca, y vino el diluvio y los destruyó a todos.

28 Asimismo como sucedió en los días de Lot; comían, bebían, compraban, vendían, plantaban, edificaban;

29 mas el día en que Lot salió de Sodoma, llovió del cielo fuego y azufre, y los destruyó a todos.

30 Así será el día en que el Hijo del Hombre se manifieste.

31 En aquel día, el que esté en la azotea, y sus bienes en casa, no descienda a tomarlos; y el que en el campo, asimismo no vuelva atrás.

32 Acordaos de la mujer de Lot.

33 Todo el que procure salvar su vida, la perderá; y todo el que la pierda, la salvará.

34 Os digo que en aquella noche estarán dos en una cama; el uno será tomado, y el otro será dejado.

35 Dos mujeres estarán moliendo juntas; la una será tomada, y la otra dejada.

36 Dos estarán en el campo; el uno será tomado, y el otro dejado.

37 Y respondiendo, le dijeron: ¿Dónde, Señor? El les dijo: Donde estuviere el cuerpo, allí se juntarán también las águilas.

Parábola de la viuda y el juez injusto

18 1 También les refirió Jesús una parábola sobre la necesidad de orar siempre, y no desmayar,

2 diciendo: Había en una ciudad un juez, que ni temía a Dios, ni respetaba a hombre.

3 Había también en aquella ciudad una viuda, la cual venía a él, diciendo: Hazme justicia de mi adversario.

4 Y él no quiso por algún tiempo; pero después de esto dijo dentro de sí: Aunque ni temo a Dios, ni tengo respeto a hombre,

5 sin embargo, porque esta viuda me es molesta, le haré justicia, no sea que viniendo de continuo, me agote la paciencia.

6 Y dijo el Señor: Oíd lo que dijo el juez injusto.

7 ¿Y acaso Dios no hará justicia a sus escogidos, que claman a él día y noche? ¿Se tardará en responderles?

8 Os digo que pronto les hará justicia. Pero cuando venga el Hijo del Hombre, ¿hallará fe en la tierra?

Parábola del fariseo y el publicano

9 A unos que confiaban en sí mismos como justos, y menospreciaban a los otros, dijo también esta parábola:

The Coming of the Kingdom of God

20 Once, having been asked by the Pharisees when the kingdom of God would come, Jesus replied, "The kingdom of God does not come with your careful observation, 21 nor will people say, 'Here it is,' or 'There it is,' because the kingdom of God is within*p* you."

22 Then he said to his disciples, "The time is coming when you will long to see one of the days of the Son of Man, but you will not see it. 23 Men will tell you, 'There he is!' or 'Here he is!' Do not go running off after them. 24 For the Son of Man in his day*q* will be like the lightning, which flashes and lights up the sky from one end to the other. 25 But first he must suffer many things and be rejected by this generation.

26 "Just as it was in the days of Noah, so also will it be in the days of the Son of Man. 27 People were eating, drinking, marrying and being given in marriage up to the day Noah entered the ark. Then the flood came and destroyed them all.

28 "It was the same in the days of Lot. People were eating and drinking, buying and selling, planting and building. 29 But the day Lot left Sodom, fire and sulfur rained down from heaven and destroyed them all.

30 "It will be just like this on the day the Son of Man is revealed. 31 On that day no one who is on the roof of his house, with his goods inside, should go down to get them. Likewise, no one in the field should go back for anything. 32 Remember Lot's wife! 33 Whoever tries to keep his life will lose it, and whoever loses his life will preserve it. 34 I tell you, on that night two people will be in one bed; one will be taken and the other left. 35 Two women will be grinding grain together; one will be taken and the other left.*r*"

37 "Where, Lord?" they asked.

He replied, "Where there is a dead body, there the vultures will gather."

The Parable of the Persistent Widow

18 Then Jesus told his disciples a parable to show them that they should always pray and not give up. 2 He said: "In a certain town there was a judge who neither feared God nor cared about men. 3 And there was a widow in that town who kept coming to him with the plea, 'Grant me justice against my adversary.'

4 "For some time he refused. But finally he said to himself, 'Even though I don't fear God or care about men, 5 yet because this widow keeps bothering me, I will see that she gets justice, so that she won't eventually wear me out with her coming!' "

6 And the Lord said, "Listen to what the unjust judge says. 7 And will not God bring about justice for his chosen ones, who cry out to him day and night? Will he keep putting them off? 8 I tell you, he will see that they get justice, and quickly. However, when the Son of Man comes, will he find faith on the earth?"

The Parable of the Pharisee and the Tax Collector

9 To some who were confident of their own righteousness and looked down on everybody else, Jesus told this parable: 10 "Two men went up to the temple

---

p21 Or *among*   *q24* Some manuscripts do not have *in his day.*
r35 Some manuscripts *left.* *36 Two men will be in the field; one will be taken and the other left.*

10 Dos hombres subieron al templo a orar: uno era fariseo, y el otro publicano.

11 El fariseo, puesto en pie, oraba consigo mismo de esta manera: Dios, te doy gracias porque no soy como los otros hombres, ladrones, injustos, adúlteros, ni aun como este publicano;

12 ayuno dos veces a la semana, doy diezmos de todo lo que gano.

13 Mas el publicano, estando lejos, no quería ni aun alzar los ojos al cielo, sino que se golpeaba el pecho, diciendo: Dios, sé propicio a mí, pecador.

14 Os digo que éste descendió a su casa justificado antes que el otro; porque cualquiera que se enaltece, será humillado; y el que se humilla será enaltecido.

Jesús bendice a los niños

15 Traían a él los niños para que los tocase; lo cual viendo los discípulos, les reprendieron.

16 Mas Jesús, llamándolos, dijo: Dejad a los niños venir a mí, y no se lo impidáis; porque de los tales es el reino de Dios.

17 De cierto os digo, que el que no recibe el reino de Dios como un niño, no entrará en él.

El joven rico

18 Un hombre principal le preguntó, diciendo: Maestro bueno, ¿qué haré para heredar la vida eterna?

19 Jesús le dijo: ¿Por qué me llamas bueno? Ninguno hay bueno, sino sólo Dios.

20 Los mandamientos sabes: No adulterarás; no matarás; no hurtarás; no dirás falso testimonio; honra a tu padre y a tu madre.

21 El dijo: Todo esto lo he guardado desde mi juventud.

22 Jesús, oyendo esto, le dijo: Aún te falta una cosa: vende todo lo que tienes, y dalo a los pobres, y tendrás tesoro en el cielo; y ven, sígueme.

23 Entonces él, oyendo esto, se puso muy triste, porque era muy rico.

24 Al ver Jesús que se había entristecido mucho, dijo: ¡Cuán difícilmente entrarán en el reino de Dios los que tienen riquezas!

25 Porque es más fácil pasar un camello por el ojo de una aguja, que entrar un rico en el reino de Dios.

26 Y los que oyeron esto dijeron: ¿Quién, pues, podrá ser salvo?

27 El les dijo: Lo que es imposible para los hombres, es posible para Dios.

28 Entonces Pedro dijo: He aquí, nosotros hemos dejado nuestras posesiones y te hemos seguido.

29 Y él les dijo: De cierto os digo, que no hay nadie que haya dejado casa, o padres, o hermanos, o mujer, o hijos, por el reino de Dios,

30 que no haya de recibir mucho más en este tiempo, y en el siglo venidero la vida eterna.

Nuevamente Jesús anuncia su muerte

31 Tomando Jesús a los doce, les dijo: He aquí subimos a Jerusalén, y se cumplirán todas las cosas escritas por los profetas acerca del Hijo del Hombre.

32 Pues será entregado a los gentiles, y será escarnecido, y afrentado, y escupido.

33 Y después que le hayan azotado, le matarán; mas al tercer día resucitará.

34 Pero ellos nada comprendieron de estas cosas, y esta palabra les era encubierta, y no entendían lo que se les decía.

to pray, one a Pharisee and the other a tax collector. 11 The Pharisee stood up and prayed about[s] himself: 'God, I thank you that I am not like other men—robbers, evildoers, adulterers—or even like this tax collector. 12 I fast twice a week and give a tenth of all I get.'

13 "But the tax collector stood at a distance. He would not even look up to heaven, but beat his breast and said, 'God, have mercy on me, a sinner.'

14 "I tell you that this man, rather than the other, went home justified before God. For everyone who exalts himself will be humbled, and he who humbles himself will be exalted."

The Little Children and Jesus

15 People were also bringing babies to Jesus to have him touch them. When the disciples saw this, they rebuked them. 16 But Jesus called the children to him and said, "Let the little children come to me, and do not hinder them, for the kingdom of God belongs to such as these. 17 I tell you the truth, anyone who will not receive the kingdom of God like a little child will never enter it."

The Rich Ruler

18 A certain ruler asked him, "Good teacher, what must I do to inherit eternal life?"

19 "Why do you call me good?" Jesus answered. "No one is good—except God alone. 20 You know the commandments: 'Do not commit adultery, do not murder, do not steal, do not give false testimony, honor your father and mother.'[t]

21 "All these I have kept since I was a boy," he said.

22 When Jesus heard this, he said to him, "You still lack one thing. Sell everything you have and give to the poor, and you will have treasure in heaven. Then come, follow me."

23 When he heard this, he became very sad, because he was a man of great wealth. 24 Jesus looked at him and said, "How hard it is for the rich to enter the kingdom of God! 25 Indeed, it is easier for a camel to go through the eye of a needle than for a rich man to enter the kingdom of God."

26 Those who heard this asked, "Who then can be saved?"

27 Jesus replied, "What is impossible with men is possible with God."

28 Peter said to him, "We have left all we had to follow you!"

29 "I tell you the truth," Jesus said to them, "no one who has left home or wife or brothers or parents or children for the sake of the kingdom of God 30 will fail to receive many times as much in this age and, in the age to come, eternal life."

Jesus Again Predicts His Death

31 Jesus took the Twelve aside and told them, "We are going up to Jerusalem, and everything that is written by the prophets about the Son of Man will be fulfilled. 32 He will be handed over to the Gentiles. They will mock him, insult him, spit on him, flog him and kill him. 33 On the third day he will rise again."

34 The disciples did not understand any of this. Its meaning was hidden from them, and they did not know what he was talking about.

11 Or to *20 Exodus 20:12-16; Deut. 5:16-20*

Un ciego de Jericó recibe la vista

35 Aconteció que acercándose Jesús a Jericó, un ciego estaba sentado junto al camino mendigando;

36 y al oir a la multitud que pasaba, preguntó qué era aquello.

37 Y le dijeron que pasaba Jesús nazareno.

38 Entonces dio voces, diciendo: ¡Jesús, Hijo de David, ten misericordia de mí!

39 Y los que iban delante le reprendían para que callase; pero él clamaba mucho más: ¡Hijo de David, ten misericordia de mí!

40 Jesús entonces, deteniéndose, mandó traerle a su presencia; y cuando llegó, le preguntó,

41 diciendo: ¿Qué quieres que te haga? Y él dijo: Señor, que reciba la vista.

42 Jesús le dijo: Recíbela, tu fe te ha salvado.

43 Y luego vio, y le seguía, glorificando a Dios; y todo el pueblo, cuando vio aquello, dio alabanza a Dios.

Jesús y Zaqueo

19 1 Habiendo entrado Jesús en Jericó, iba pasando por la ciudad.

2 Y sucedió que un varón llamado Zaqueo, que era jefe de los publicanos, y rico,

3 procuraba ver quién era Jesús; pero no podía a causa de la multitud, pues era pequeño de estatura.

4 Y corriendo delante, subió a un árbol sicómoro para verle; porque había de pasar por allí.

5 Cuando Jesús llegó a aquel lugar, mirando hacia arriba, le vio, y le dijo: Zaqueo, date prisa, desciende, porque hoy es necesario que pose yo en tu casa.

6 Entonces él descendió aprisa, y le recibió gozoso.

7 Al ver esto, todos murmuraban, diciendo que había entrado a posar con un hombre pecador.

8 Entonces Zaqueo, puesto en pie, dijo al Señor: He aquí, Señor, la mitad de mis bienes doy a los pobres; y si en algo he defraudado a alguno, se lo devuelvo cuadruplicado.

9 Jesús le dijo: Hoy ha venido la salvación a esta casa; por cuanto él también es hijo de Abraham.

10 Porque el Hijo del Hombre vino a buscar y a salvar lo que se había perdido.

Parábola de las diez minas

11 Oyendo ellos estas cosas, prosiguió Jesús y dijo una parábola, por cuanto estaba cerca de Jerusalén, y ellos pensaban que el reino de Dios se manifestaría inmediatamente.

12 Dijo, pues: Un hombre noble se fue a un país lejano, para recibir un reino y volver.

13 Y llamando a diez siervos suyos, les dio diez minas,b y les dijo: Negociad entre tanto que vengo.

14 Pero sus conciudadanos le aborrecían, y enviaron tras él una embajada, diciendo: No queremos que éste reine sobre nosotros.

15 Aconteció que vuelto él, después de recibir el reino, mandó llamar ante él a aquellos siervos a los cuales había dado el dinero, para saber lo que había negociado cada uno.

16 Vino el primero, diciendo: Señor, tu mina ha ganado diez minas.

17 El le dijo: Está bien, buen siervo; por cuanto en lo poco has sido fiel, tendrás autoridad sobre diez ciudades.

18 Vino otro, diciendo: Señor, tu mina ha producido cinco minas.

A Blind Beggar Receives His Sight

35 As Jesus approached Jericho, a blind man was sitting by the roadside begging. 36 When he heard the crowd going by, he asked what was happening. 37 They told him, "Jesus of Nazareth is passing by."

38 He called out, "Jesus, Son of David, have mercy on me!"

39 Those who led the way rebuked him and told him to be quiet, but he shouted all the more, "Son of David, have mercy on me!"

40 Jesus stopped and ordered the man to be brought to him. When he came near, Jesus asked him, 41 "What do you want me to do for you?"

"Lord, I want to see," he replied.

42 Jesus said to him, "Receive your sight; your faith has healed you." 43 Immediately he received his sight and followed Jesus, praising God. When all the people saw it, they also praised God.

Zacchaeus the Tax Collector

19 Jesus entered Jericho and was passing through. 2 A man was there by the name of Zacchaeus; he was a chief tax collector and was wealthy. 3 He wanted to see who Jesus was, but being a short man he could not, because of the crowd. 4 So he ran ahead and climbed a sycamore-fig tree to see him, since Jesus was coming that way.

5 When Jesus reached the spot, he looked up and said to him, "Zacchaeus, come down immediately. I must stay at your house today." 6 So he came down at once and welcomed him gladly.

7 All the people saw this and began to mutter, "He has gone to be the guest of a 'sinner.' "

8 But Zacchaeus stood up and said to the Lord, "Look, Lord! Here and now I give half of my possessions to the poor, and if I have cheated anybody out of anything, I will pay back four times the amount."

9 Jesus said to him, "Today salvation has come to this house, because this man, too, is a son of Abraham. 10 For the Son of Man came to seek and to save what was lost."

The Parable of the Ten Minas

11 While they were listening to this, he went on to tell them a parable, because he was near Jerusalem and the people thought that the kingdom of God was going to appear at once. 12 He said: "A man of noble birth went to a distant country to have himself appointed king and then to return. 13 So he called ten of his servants and gave them ten minas.u 'Put this money to work,' he said, 'until I come back.'

14 "But his subjects hated him and sent a delegation after him to say, 'We don't want this man to be our king.'

15 "He was made king, however, and returned home. Then he sent for the servants to whom he had given the money, in order to find out what they had gained with it.

16 "The first one came and said, 'Sir, your mina has earned ten more.'

17 " 'Well done, my good servant!' his master replied. 'Because you have been trustworthy in a very small matter, take charge of ten cities.'

18 "The second came and said, 'Sir, your mina has earned five more.'

---

b Moneda que correspondía a 100 dracmas.

u 13 A mina was about three months' wages.

19Y también a éste dijo: Tú también sé sobre cinco ciudades.

20Vino otro, diciendo: Señor, aquí está tu mina, la cual he tenido guardada en un pañuelo;

21porque tuve miedo de ti, por cuanto eres hombre severo, que tomas lo que no pusiste, y siegas lo que no sembraste.

22Entonces él le dijo: Mal siervo, por tu propia boca te juzgo. Sabías que yo era hombre severo, que tomo lo que no puse, y que siego lo que no sembré;

23¿por qué, pues, no pusiste mi dinero en el banco, para que al volver yo, lo hubiera recibido con los intereses?

24Y dijo a los que estaban presentes: Quitadle la mina, y dadla al que tiene las diez minas.

25Ellos le dijeron: Señor, tiene diez minas.

26Pues yo os digo que a todo el que tiene, se le dará; mas al que no tiene, aun lo que tiene se le quitará.

27Y también a aquellos mis enemigos que no querían que yo reinase sobre ellos, traedlos acá, y decapitadlos delante de mí.

La entrada triunfal en Jerusalén

28Dicho esto, iba delante subiendo a Jerusalén.

29Y aconteció que llegando cerca de Betfagé y de Betania, al monte que se llama de los Olivos, envió dos de sus discípulos,

30diciendo: Id a la aldea de enfrente, y al entrar en ella hallaréis un pollino atado, en el cual ningún hombre ha montado jamás; desatadlo, y traedlo.

31Y si alguien os preguntare: ¿Por qué lo desatáis? le responderéis así: Porque el Señor lo necesita.

32Fueron los que habían sido enviados, y hallaron como les dijo.

33Y cuando desataban el pollino, sus dueños les dijeron: ¿Por qué desatáis el pollino?

34Ellos dijeron: Porque el Señor lo necesita.

35Y lo trajeron a Jesús; y habiendo echado sus mantos sobre el pollino, subieron a Jesús encima.

36Y a su paso tendían sus mantos por el camino.

37Cuando llegaban ya cerca de la bajada del monte de los Olivos, toda la multitud de los discípulos, gozándose, comenzó a alabar a Dios a grandes voces por todas las maravillas que habían visto,

38diciendo: ¡Bendito el rey que viene en el nombre del Señor; paz en el cielo, y gloria en las alturas!

39Entonces algunos de los fariseos de entre la multitud le dijeron: Maestro, reprende a tus discípulos.

40El, respondiendo, les dijo: Os digo que si éstos callaran, las piedras clamarían.

41Y cuando llegó cerca de la ciudad, al verla, lloró sobre ella,

42diciendo: ¡Oh, si también tú conocieses, a lo menos en este tu día, lo que es para tu paz! Mas ahora está encubierto de tus ojos.

43Porque vendrán días sobre ti, cuando tus enemigos te rodearán con vallado, y te sitiarán, y por todas partes te estrecharán,

44y te derribarán a tierra, y a tus hijos dentro de ti, y no dejarán en ti piedra sobre piedra, por cuanto no conociste el tiempo de tu visitación.

19"His master answered, 'You take charge of five cities.'

20"Then another servant came and said, 'Sir, here is your mina; I have kept it laid away in a piece of cloth.

21I was afraid of you, because you are a hard man. You take out what you did not put in and reap what you did not sow.'

22"His master replied, 'I will judge you by your own words, you wicked servant! You knew, did you, that I am a hard man, taking out what I did not put in, and reaping what I did not sow? 23Why then didn't you put my money on deposit, so that when I came back, I could have collected it with interest?'

24"Then he said to those standing by, 'Take his mina away from him and give it to the one who has ten minas.'

25" 'Sir,' they said, 'he already has ten!'

26"He replied, 'I tell you that to everyone who has, more will be given, but as for the one who has nothing, even what he has will be taken away. 27But those enemies of mine who did not want me to be king over them—bring them here and kill them in front of me.' "

The Triumphal Entry

28After Jesus had said this, he went on ahead, going up to Jerusalem. 29As he approached Bethphage and Bethany at the hill called the Mount of Olives, he sent two of his disciples, saying to them, 30"Go to the village ahead of you, and as you enter it, you will find a colt tied there, which no one has ever ridden. Untie it and bring it here. 31If anyone asks you, 'Why are you untying it?' tell him, 'The Lord needs it.' "

32Those who were sent ahead went and found it just as he had told them. 33As they were untying the colt, its owners asked them, "Why are you untying the colt?"

34They replied, "The Lord needs it."

35They brought it to Jesus, threw their cloaks on the colt and put Jesus on it. 36As he went along, people spread their cloaks on the road.

37When he came near the place where the road goes down the Mount of Olives, the whole crowd of disciples began joyfully to praise God in loud voices for all the miracles they had seen:

38"Blessed is the king who comes in the name of the Lord!" v

"Peace in heaven and glory in the highest!"

39Some of the Pharisees in the crowd said to Jesus, "Teacher, rebuke your disciples!"

40"I tell you," he replied, "if they keep quiet, the stones will cry out."

41As he approached Jerusalem and saw the city, he wept over it 42and said, "If you, even you, had only known on this day what would bring you peace—but now it is hidden from your eyes. 43The days will come upon you when your enemies will build an embankment against you and encircle you and hem you in on every side. 44They will dash you to the ground, you and the children within your walls. They will not leave one stone on another, because you did not recognize the time of God's coming to you."

v38 Psalm 118:26

Purificación del templo

45 Y entrando en el templo, comenzó a echar fuera a todos los que vendían y compraban en él,
46 diciéndoles: Escrito está: Mi casa es casa de oración; mas vosotros la habéis hecho cueva de ladrones.
47 Y enseñaba cada día en el templo; pero los principales sacerdotes, los escribas y los principales del pueblo procuraban matarle.
48 Y no hallaban nada que pudieran hacerle, porque todo el pueblo estaba suspenso oyéndole.

La autoridad de Jesús

20 1 Sucedió un día, que enseñando Jesús al pueblo en el templo, y anunciando el evangelio, llegaron los principales sacerdotes y los escribas, con los ancianos,
2 y le hablaron diciendo: Dinos: ¿con qué autoridad haces estas cosas? ¿o quién es el que te ha dado esta autoridad?
3 Respondiendo Jesús, les dijo: Os haré yo también una pregunta; respondedme:
4 El bautismo de Juan, ¿era del cielo, o de los hombres?
5 Entonces ellos discutían entre sí, diciendo: Si decimos, del cielo, dirá: ¿Por qué, pues, no le creísteis?
6 Y si decimos, de los hombres, todo el pueblo nos apedreará; porque están persuadidos de que Juan era profeta.
7 Y respondieron que no sabían de dónde fuese.
8 Entonces Jesús les dijo: Yo tampoco os diré con qué autoridad hago estas cosas.

Los labradores malvados

9 Comenzó luego a decir al pueblo esta parábola: Un hombre plantó una viña, la arrendó a labradores, y se ausentó por mucho tiempo.
10 Y a su tiempo envió un siervo a los labradores, para que le diesen del fruto de la viña; pero los labradores le golpearon, y le enviaron con las manos vacías.
11 Volvió a enviar otro siervo; mas ellos a éste también, golpeado y afrentado, le enviaron con las manos vacías.
12 Volvió a enviar un tercer siervo; mas ellos también a éste echaron fuera, herido.
13 Entonces el señor de la viña dijo: ¿Qué haré? Enviaré a mi hijo amado; quizás cuando le vean a él, le tendrán respeto.
14 Mas los labradores, al verle, discutían entre sí, diciendo: Este es el heredero; venid, matémosle, para que la heredad sea nuestra.
15 Y le echaron fuera de la viña, y le mataron. ¿Qué, pues, les hará el señor de la viña?
16 Vendrá y destruirá a estos labradores, y dará su viña a otros. Cuando ellos oyeron esto, dijeron: ¡Dios nos libre!
17 Pero él, mirándolos, dijo: ¿Qué, pues, es lo que está escrito:

La piedra que desecharon los edificadores
Ha venido a ser cabeza del ángulo?

18 Todo el que cayere sobre aquella piedra, será quebrantado; mas sobre quien ella cayere, le desmenuzará.

La cuestión del tributo

19 Procuraban los principales sacerdotes y los escribas echarle mano en aquella hora, porque comprendieron que contra ellos había dicho esta parábola; pero temieron al pueblo.

Jesus at the Temple

45 Then he entered the temple area and began driving out those who were selling. 46 "It is written," he said to them, " 'My house will be a house of prayer' w; but you have made it 'a den of robbers.' x"
47 Every day he was teaching at the temple. But the chief priests, the teachers of the law and the leaders among the people were trying to kill him. 48 Yet they could not find any way to do it, because all the people hung on his words.

The Authority of Jesus Questioned

20 One day as he was teaching the people in the temple courts and preaching the gospel, the chief priests and the teachers of the law, together with the elders, came up to him. 2 "Tell us by what authority you are doing these things," they said. "Who gave you this authority?"
3 He replied, "I will also ask you a question. Tell me, 4 John's baptism — was it from heaven, or from men?"
5 They discussed it among themselves and said, "If we say, 'From heaven,' he will ask, 'Why didn't you believe him?' 6 But if we say, 'From men,' all the people will stone us, because they are persuaded that John was a prophet."
7 So they answered, "We don't know where it was from."
8 Jesus said, "Neither will I tell you by what authority I am doing these things."

The Parable of the Tenants

9 He went on to tell the people this parable: "A man planted a vineyard, rented it to some farmers and went away for a long time. 10 At harvest time he sent a servant to the tenants so they would give him some of the fruit of the vineyard. But the tenants beat him and sent him away empty-handed. 11 He sent another servant, but that one also they beat and treated shamefully and sent away empty-handed. 12 He sent still a third, and they wounded him and threw him out.
13 "Then the owner of the vineyard said, 'What shall I do? I will send my son, whom I love; perhaps they will respect him.'
14 "But when the tenants saw him, they talked the matter over. 'This is the heir,' they said. 'Let's kill him, and the inheritance will be ours.' 15 So they threw him out of the vineyard and killed him.
"What then will the owner of the vineyard do to them? 16 He will come and kill those tenants and give the vineyard to others."
When the people heard this, they said, "May this never be!"
17 Jesus looked directly at them and asked, "Then what is the meaning of that which is written:

" 'The stone the builders rejected
has become the capstone' y z?

18 Everyone who falls on that stone will be broken to pieces, but he on whom it falls will be crushed."
19 The teachers of the law and the chief priests looked for a way to arrest him immediately, because they knew he had spoken this parable against them. But they were afraid of the people.

w46 Isaiah 56:7   x46 Jer. 7:11   y17 Or cornerstone
z17 Psalm 118:22

20 Y acechándole enviaron espías que se simulasen justos, a fin de sorprenderle en alguna palabra, para entregarle al poder y autoridad del gobernador.
21 Y le preguntaron, diciendo: Maestro, sabemos que dices y enseñas rectamente, y que no haces acepción de persona, sino que enseñas el camino de Dios con verdad.
22 ¿Nos es lícito dar tributo a César, o no?
23 Mas él, comprendiendo la astucia de ellos, les dijo: ¿Por qué me tentáis?
24 Mostradme la moneda. ¿De quién tiene la imagen y la inscripción? Y respondiendo dijeron: De César.
25 Entonces les dijo: Pues dad a César lo que es de César, y a Dios lo que es de Dios.
26 Y no pudieron sorprenderle en palabra alguna delante del pueblo, sino que maravillados de su respuesta, callaron.

La pregunta sobre la resurrección

27 Llegando entonces algunos de los saduceos, los cuales niegan haber resurrección, le preguntaron,
28 diciendo: Maestro, Moisés nos escribió: Si el hermano de alguno muriere teniendo mujer, y no dejare hijos, que su hermano se case con ella, y levante descendencia a su hermano.
29 Hubo, pues, siete hermanos; y el primero tomó esposa, y murió sin hijos.
30 Y la tomó el segundo, el cual también murió sin hijos.
31 La tomó el tercero, y así todos los siete, y murieron sin dejar descendencia.
32 Finalmente murió también la mujer.
33 En la resurrección, pues, ¿de cuál de ellos será mujer, ya que los siete la tuvieron por mujer?
34 Entonces respondiendo Jesús, les dijo: Los hijos de este siglo se casan, y se dan en casamiento;
35 mas los que fueren tenidos por dignos de alcanzar aquel siglo y la resurrección de entre los muertos, ni se casan, ni se dan en casamiento.
36 Porque no pueden ya más morir, pues son iguales a los ángeles, y son hijos de Dios, al ser hijos de la resurrección.
37 Pero en cuanto a que los muertos han de resucitar, aun Moisés lo enseñó en el pasaje de la zarza, cuando llama al Señor, Dios de Abraham, Dios de Isaac y Dios de Jacob.
38 Porque Dios no es Dios de muertos, sino de vivos, pues para él todos viven.
39 Respondiéndole algunos de los escribas, dijeron: Maestro, bien has dicho.
40 Y no osaron preguntarle nada más.

¿De quién es hijo el Cristo?

41 Entonces él les dijo: ¿Cómo dicen que el Cristo es hijo de David?
42 Pues el mismo David dice en el libro de los Salmos:
Dijo el Señor a mi Señor:
Siéntate a mi diestra,
43 Hasta que ponga a tus enemigos por estrado de tus pies.
44 David, pues, le llama Señor; ¿cómo entonces es su hijo?

Jesús acusa a los escribas

45 Y oyéndole todo el pueblo, dijo a sus discípulos:
46 Guardaos de los escribas, que gustan de andar con ropas largas, y aman las salutaciones en las plazas, y las primeras sillas en las sinagogas, y los primeros asientos en las cenas;
47 que devoran las casas de las viudas, y por pretexto hacen largas oraciones; éstos recibirán mayor condenación.

Paying Taxes to Caesar

20 Keeping a close watch on him, they sent spies, who pretended to be honest. They hoped to catch Jesus in something he said so that they might hand him over to the power and authority of the governor. 21 So the spies questioned him: "Teacher, we know that you speak and teach what is right, and that you do not show partiality but teach the way of God in accordance with the truth. 22 Is it right for us to pay taxes to Caesar or not?"
23 He saw through their duplicity and said to them, 24 "Show me a denarius. Whose portrait and inscription are on it?"
25 "Caesar's," they replied.
He said to them, "Then give to Caesar what is Caesar's, and to God what is God's."
26 They were unable to trap him in what he had said there in public. And astonished by his answer, they became silent.

The Resurrection and Marriage

27 Some of the Sadducees, who say there is no resurrection, came to Jesus with a question. 28 "Teacher," they said, "Moses wrote for us that if a man's brother dies and leaves a wife but no children, the man must marry the widow and have children for his brother. 29 Now there were seven brothers. The first one married a woman and died childless. 30 The second 31 and then the third married her, and in the same way the seven died, leaving no children. 32 Finally, the woman died too. 33 Now then, at the resurrection whose wife will she be, since the seven were married to her?"
34 Jesus replied, "The people of this age marry and are given in marriage. 35 But those who are considered worthy of taking part in that age and in the resurrection from the dead will neither marry nor be given in marriage, 36 and they can no longer die; for they are like the angels. They are God's children, since they are children of the resurrection. 37 But in the account of the bush, even Moses showed that the dead rise, for he calls the Lord 'the God of Abraham, and the God of Isaac, and the God of Jacob.'a 38 He is not the God of the dead, but of the living, for to him all are alive."
39 Some of the teachers of the law responded, "Well said, teacher!" 40 And no one dared to ask him any more questions.

Whose Son Is the Christ?

41 Then Jesus said to them, "How is it that they say the Christb is the Son of David? 42 David himself declares in the Book of Psalms:

" 'The Lord said to my Lord:
"Sit at my right hand
43 until I make your enemies
a footstool for your feet." 'c

44 David calls him 'Lord.' How then can he be his son?"
45 While all the people were listening, Jesus said to his disciples, 46 "Beware of the teachers of the law. They like to walk around in flowing robes and love to be greeted in the marketplaces and have the most important seats in the synagogues and the places of honor at banquets. 47 They devour widows' houses and for a show make lengthy prayers. Such men will be punished most severely."

a 37 Exodus 3:6　　b 41 Or Messiah　　c 43 Psalm 110:1

La ofrenda de la viuda

21 ¹Levantando los ojos, vio a los ricos que echaban sus ofrendas en el arca de las ofrendas. ²Vio también a una viuda muy pobre, que echaba allí dos blancas. ³Y dijo: En verdad os digo, que esta viuda pobre echó más que todos. ⁴Porque todos aquéllos echaron para las ofrendas de Dios de lo que les sobra; mas ésta, de su pobreza echó todo el sustento que tenía.

Jesús predice la destrucción del templo

⁵Y a unos que hablaban de que el templo estaba adornado de hermosas piedras y ofrendas votivas, dijo: ⁶En cuanto a estas cosas que veis, días vendrán en que no quedará piedra sobre piedra, que no sea destruida.

Señales antes del fin

⁷Y le preguntaron, diciendo: Maestro, ¿cuándo será esto? ¿y qué señal habrá cuando estas cosas estén para suceder? ⁸El entonces dijo: Mirad que no seáis engañados; porque vendrán muchos en mi nombre, diciendo: Yo soy el Cristo, y: El tiempo está cerca. Mas no vayáis en pos de ellos. ⁹Y cuando oigáis de guerras y de sediciones, no os alarméis; porque es necesario que estas cosas acontezcan primero; pero el fin no será inmediatamente. ¹⁰Entonces les dijo: Se levantará nación contra nación, y reino contra reino; ¹¹y habrá grandes terremotos, y en diferentes lugares hambres y pestilencias; y habrá terror y grandes señales del cielo. ¹²Pero antes de todas estas cosas os echarán mano, y os perseguirán, y os entregarán a las sinagogas y a las cárceles, y seréis llevados ante reyes y ante gobernadores por causa de mi nombre. ¹³Y esto os será ocasión para dar testimonio. ¹⁴Proponed en vuestros corazones no pensar antes cómo habéis de responder en vuestra defensa; ¹⁵porque yo os daré palabra y sabiduría, la cual no podrán resistir ni contradecir todos los que se opongan. ¹⁶Mas seréis entregados aun por vuestros padres, y hermanos, y parientes, y amigos; y matarán a algunos de vosotros; ¹⁷y seréis aborrecidos de todos por causa de mi nombre. ¹⁸Pero ni un cabello de vuestra cabeza perecerá. ¹⁹Con vuestra paciencia ganaréis vuestras almas. ²⁰Pero cuando viereis a Jerusalén rodeada de ejércitos, sabed entonces que su destrucción ha llegado. ²¹Entonces los que estén en Judea, huyan a los montes; y los que en medio de ella, váyanse; y los que estén en los campos, no entren en ella. ²²Porque estos son días de retribución, para que se cumplan todas las cosas que están escritas. ²³Mas ¡ay de las que estén encintas, y de las que críen en aquellos días! porque habrá gran calamidad en la tierra, e ira sobre este pueblo. ²⁴Y caerán a filo de espada, y serán llevados cautivos a todas las naciones; y Jerusalén será hollada por los gentiles, hasta los tiempos de los gentiles se cumplan.

La venida del Hijo del Hombre

²⁵Entonces habrá señales en el sol, en la luna y en las estrellas, y en la tierra angustia de las gentes, confundidas a causa del bramido del mar y de las olas; ²⁶desfalleciendo los hombres por el temor y la expectación de las cosas que sobrevendrán en la tierra; porque las potencias de los cielos serán conmovidas.

The Widow's Offering

21 As he looked up, Jesus saw the rich putting their gifts into the temple treasury. ²He also saw a poor widow put in two very small copper coins. *d* ³"I tell you the truth," he said, "this poor widow has put in more than all the others. ⁴All these people gave their gifts out of their wealth; but she out of her poverty put in all she had to live on."

Signs of the End of the Age

⁵Some of his disciples were remarking about how the temple was adorned with beautiful stones and with gifts dedicated to God. But Jesus said, ⁶"As for what you see here, the time will come when not one stone will be left on another; every one of them will be thrown down."

⁷"Teacher," they asked, "when will these things happen? And what will be the sign that they are about to take place?"

⁸He replied: "Watch out that you are not deceived. For many will come in my name, claiming, 'I am he,' and, 'The time is near.' Do not follow them. ⁹When you hear of wars and revolutions, do not be frightened. These things must happen first, but the end will not come right away."

¹⁰Then he said to them: "Nation will rise against nation, and kingdom against kingdom. ¹¹There will be great earthquakes, famines and pestilences in various places, and fearful events and great signs from heaven.

¹²"But before all this, they will lay hands on you and persecute you. They will deliver you to synagogues and prisons, and you will be brought before kings and governors, and all on account of my name. ¹³This will result in your being witnesses to them. ¹⁴But make up your mind not to worry beforehand how you will defend yourselves. ¹⁵For I will give you words and wisdom that none of your adversaries will be able to resist or contradict. ¹⁶You will be betrayed even by parents, brothers, relatives and friends, and they will put some of you to death. ¹⁷All men will hate you because of me. ¹⁸But not a hair of your head will perish. ¹⁹By standing firm you will gain life.

²⁰"When you see Jerusalem being surrounded by armies, you will know that its desolation is near. ²¹Then let those who are in Judea flee to the mountains, let those in the city get out, and let those in the country not enter the city. ²²For this is the time of punishment in fulfillment of all that has been written. ²³How dreadful it will be in those days for pregnant women and nursing mothers! There will be great distress in the land and wrath against this people. ²⁴They will fall by the sword and will be taken as prisoners to all the nations. Jerusalem will be trampled on by the Gentiles until the times of the Gentiles are fulfilled.

²⁵"There will be signs in the sun, moon and stars. On the earth, nations will be in anguish and perplexity at the roaring and tossing of the sea. ²⁶Men will faint from terror, apprehensive of what is coming on the world, for the heavenly bodies will be shaken. ²⁷At

d2 Greek two lepta

27Entonces verán al Hijo del Hombre, que vendrá en una nube con poder y gran gloria. 28Cuando estas cosas comiencen a suceder, erguíos y levantad vuestra cabeza, porque vuestra redención está cerca.

29También les dijo una parábola: Mirad la higuera y todos los árboles. 30Cuando ya brotan, viéndolo, sabéis por vosotros mismos que el verano está ya cerca. 31Así también vosotros, cuando veáis que suceden estas cosas, sabed que está cerca el reino de Dios. 32De cierto os digo, que no pasará esta generación hasta que todo esto acontezca. 33El cielo y la tierra pasarán, pero mis palabras no pasarán.

34Mirad también por vosotros mismos, que vuestros corazones no se carguen de glotonería y embriaguez y de los afanes de esta vida, y venga de repente sobre vosotros aquel día. 35Porque como un lazo vendrá sobre todos los que habitan sobre la faz de toda la tierra. 36Velad, pues, en todo tiempo orando que seáis tenidos por dignos de escapar de todas estas cosas que vendrán, y de estar en pie delante del Hijo del Hombre.

37Y enseñaba de día en el templo; y de noche, saliendo, se estaba en el monte que se llama de los Olivos. 38Y todo el pueblo venía a él por la mañana, para oírle en el templo.

El complot para matar a Jesús

22 1Estaba cerca la fiesta de los panes sin levadura, que se llama la pascua. 2Y los principales sacerdotes y los escribas buscaban cómo matarle; porque temían al pueblo.

3Y entró Satanás en Judas, por sobrenombre Iscariote, el cual era uno del número de los doce; 4y éste fue y habló con los principales sacerdotes, y con los jefes de la guardia, de cómo se lo entregaría. 5Ellos se alegraron, y convinieron en darle dinero. 6Y él se comprometió, y buscaba una oportunidad para entregárselo a espaldas del pueblo.

Institución de la Cena del Señor

7Llegó el día de los panes sin levadura, en el cual era necesario sacrificar el cordero de la pascua. 8Y Jesús envió a Pedro y a Juan, diciendo: Id, preparadnos la pascua para que la comamos. 9Ellos le dijeron: ¿Dónde quieres que la preparemos? 10El les dijo: He aquí, al entrar en la ciudad os saldrá al encuentro un hombre que lleva un cántaro de agua; seguidle hasta la casa donde entrare, 11y decid al padre de familia de esa casa: El Maestro te dice: ¿Dónde está el aposento donde he de comer la pascua con mis discípulos? 12Entonces él os mostrará un gran aposento alto ya dispuesto; preparad allí. 13Fueron, pues, y hallaron como les había dicho; y prepararon la pascua.

14Cuando era la hora, se sentó a la mesa, y con él los apóstoles. 15Y les dijo: ¡Cuánto he deseado comer con vosotros esta pascua antes que padezca! 16Porque os digo que no la comeré más, hasta que se cumpla en el reino de Dios. 17Y habiendo tomado la copa, dio gracias, y dijo: Tomad esto, y repartidlo entre vosotros; 18porque os digo que no beberé más del fruto de la vid, hasta que el reino de Dios venga.

that time they will see the Son of Man coming in a cloud with power and great glory. 28When these things begin to take place, stand up and lift up your heads, because your redemption is drawing near."

29He told them this parable: "Look at the fig tree and all the trees. 30When they sprout leaves, you can see for yourselves and know that summer is near. 31Even so, when you see these things happening, you know that the kingdom of God is near.

32"I tell you the truth, this generation *e* will certainly not pass away until all these things have happened. 33Heaven and earth will pass away, but my words will never pass away.

34"Be careful, or your hearts will be weighed down with dissipation, drunkenness and the anxieties of life, and that day will close on you unexpectedly like a trap. 35For it will come upon all those who live on the face of the whole earth. 36Be always on the watch, and pray that you may be able to escape all that is about to happen, and that you may be able to stand before the Son of Man."

37Each day Jesus was teaching at the temple, and each evening he went out to spend the night on the hill called the Mount of Olives, 38and all the people came early in the morning to hear him at the temple.

Judas Agrees to Betray Jesus

22 Now the Feast of Unleavened Bread, called the Passover, was approaching, 2and the chief priests and the teachers of the law were looking for some way to get rid of Jesus, for they were afraid of the people. 3Then Satan entered Judas, called Iscariot, one of the Twelve. 4And Judas went to the chief priests and the officers of the temple guard and discussed with them how he might betray Jesus. 5They were delighted and agreed to give him money. 6He consented, and watched for an opportunity to hand Jesus over to them when no crowd was present.

The Last Supper

7Then came the day of Unleavened Bread on which the Passover lamb had to be sacrificed. 8Jesus sent Peter and John, saying, "Go and make preparations for us to eat the Passover."

9"Where do you want us to prepare for it?" they asked.

10He replied, "As you enter the city, a man carrying a jar of water will meet you. Follow him to the house that he enters, 11and say to the owner of the house, 'The Teacher asks: Where is the guest room, where I may eat the Passover with my disciples?' 12He will show you a large upper room, all furnished. Make preparations there."

13They left and found things just as Jesus had told them. So they prepared the Passover.

14When the hour came, Jesus and his apostles reclined at the table. 15And he said to them, "I have eagerly desired to eat this Passover with you before I suffer. 16For I tell you, I will not eat it again until it finds fulfillment in the kingdom of God."

17After taking the cup, he gave thanks and said, "Take this and divide it among you. 18For I tell you I will not drink again of the fruit of the vine until the kingdom of God comes."

e32 Or race

¹⁹Y tomó el pan y dio gracias, y lo partió y les dio, diciendo: Esto es mi cuerpo, que por vosotros es dado; haced esto en memoria de mí.

²⁰De igual manera, después que hubo cenado, tomó la copa, diciendo: Esta copa es el nuevo pacto en mi sangre, que por vosotros se derrama.

²¹Mas he aquí, la mano del que me entrega está conmigo en la mesa.

²²A la verdad el Hijo del Hombre va, según lo que está determinado; pero ¡ay de aquel hombre por quien es entregado!

²³Entonces ellos comenzaron a discutir entre sí, quién de ellos sería el que había de hacer esto.

La grandeza en el servicio

²⁴Hubo también entre ellos una disputa sobre quién de ellos sería el mayor.

²⁵Pero él les dijo: Los reyes de las naciones se enseñorean de ellas, y los que sobre ellas tienen autoridad son llamados bienhechores;

²⁶mas no así vosotros, sino sea el mayor entre vosotros como el más joven, y el que dirige, como el que sirve.

²⁷Porque, ¿cuál es mayor, el que se sienta a la mesa, o el que sirve? ¿No es el que se sienta a la mesa? Mas yo estoy entre vosotros como el que sirve.

²⁸Pero vosotros sois los que habéis permanecido conmigo en mis pruebas.

²⁹Yo, pues, os asigno un reino, como mi Padre me lo asignó a mí,

³⁰para que comáis y bebáis a mi mesa en mi reino, y os sentéis en tronos juzgando a las doce tribus de Israel.

Jesús anuncia la negación de Pedro

³¹Dijo también el Señor: Simón, Simón, he aquí Satanás os ha pedido para zarandearos como a trigo;

³²pero yo he rogado por ti, que tu fe no falte; y tú, una vez vuelto, confirma a tus hermanos.

³³El le dijo: Señor, dispuesto estoy a ir contigo no sólo a la cárcel, sino también a la muerte.

³⁴Y él le dijo: Pedro, te digo que el gallo no cantará hoy antes que tú niegues tres veces que me conoces.

Bolsa, alforja y espada

³⁵Y a ellos dijo: Cuando os envié sin bolsa, sin alforja, y sin calzado, ¿os faltó algo? Ellos dijeron: Nada.

³⁶Y les dijo: Pues ahora, el que tiene bolsa, tómela, y también la alforja; y el que no tiene espada, venda su capa y compre una.

³⁷Porque os digo que es necesario que se cumpla todavía en mí aquello que está escrito: Y fue contado con los inicuos; porque lo que está escrito de mí, tiene cumplimiento.

³⁸Entonces ellos dijeron: Señor, aquí hay dos espadas. Y él les dijo: Basta.

Jesús ora en Getsemaní

³⁹Y saliendo, se fue, como solía, al monte de los Olivos; y sus discípulos también le siguieron.

⁴⁰Cuando llegó a aquel lugar, les dijo: Orad que no entréis en tentación.

⁴¹Y él se apartó de ellos a distancia como de un tiro de piedra; y puesto de rodillas oró,

⁴²diciendo: Padre, si quieres, pasa de mí esta copa; pero no se haga mi voluntad, sino la tuya.

⁴³Y se le apareció un ángel del cielo para fortalecerle.

⁴⁴Y estando en agonía, oraba más intensamente; y era su sudor como grandes gotas de sangre que caían hasta la tierra.

¹⁹And he took bread, gave thanks and broke it, and gave it to them, saying, "This is my body given for you; do this in remembrance of me."

²⁰In the same way, after the supper he took the cup, saying, "This cup is the new covenant in my blood, which is poured out for you. ²¹But the hand of him who is going to betray me is with mine on the table. ²²The Son of Man will go as it has been decreed, but woe to that man who betrays him." ²³They began to question among themselves which of them it might be who would do this.

²⁴Also a dispute arose among them as to which of them was considered to be greatest. ²⁵Jesus said to them, "The kings of the Gentiles lord it over them; and those who exercise authority over them call themselves Benefactors. ²⁶But you are not to be like that. Instead, the greatest among you should be like the youngest, and the one who rules like the one who serves. ²⁷For who is greater, the one who is at the table or the one who serves? Is it not the one who is at the table? But I am among you as one who serves. ²⁸You are those who have stood by me in my trials. ²⁹And I confer on you a kingdom, just as my Father conferred one on me, ³⁰so that you may eat and drink at my table in my kingdom and sit on thrones, judging the twelve tribes of Israel.

³¹"Simon, Simon, Satan has asked to sift you*f* as wheat. ³²But I have prayed for you, Simon, that your faith may not fail. And when you have turned back, strengthen your brothers."

³³But he replied, "Lord, I am ready to go with you to prison and to death."

³⁴Jesus answered, "I tell you, Peter, before the rooster crows today, you will deny three times that you know me."

³⁵Then Jesus asked them, "When I sent you without purse, bag or sandals, did you lack anything?"

"Nothing," they answered.

³⁶He said to them, "But now if you have a purse, take it, and also a bag; and if you don't have a sword, sell your cloak and buy one. ³⁷It is written: 'And he was numbered with the transgressors'*g*; and I tell you that this must be fulfilled in me. Yes, what is written about me is reaching its fulfillment."

³⁸The disciples said, "See, Lord, here are two swords."

"That is enough," he replied.

Jesus Prays on the Mount of Olives

³⁹Jesus went out as usual to the Mount of Olives, and his disciples followed him. ⁴⁰On reaching the place, he said to them, "Pray that you will not fall into temptation." ⁴¹He withdrew about a stone's throw beyond them, knelt down and prayed, ⁴²"Father, if you are willing, take this cup from me; yet not my will, but yours be done." ⁴³An angel from heaven appeared to him and strengthened him. ⁴⁴And being in anguish, he prayed more earnestly, and his sweat was like drops of blood falling to the ground. *h*

---

f31 The Greek is plural.   *g37* Isaiah 53:12   *h44* Some early manuscripts do not have verses 43 and 44.

45 Cuando se levantó de la oración, y vino a sus discípulos, los halló durmiendo a causa de la tristeza;

46 y les dijo: ¿Por qué dormís? Levantaos, y orad para que no entréis en tentación.

Arresto de Jesús

47 Mientras él aún hablaba, se presentó una turba; y el que se llamaba Judas, uno de los doce, iba al frente de ellos; y se acercó hasta Jesús para besarle.

48 Entonces Jesús le dijo: Judas, ¿con un beso entregas al Hijo del Hombre?

49 Viendo los que estaban con él lo que había de acontecer, le dijeron: Señor, ¿heriremos a espada?

50 Y uno de ellos hirió a un siervo del sumo sacerdote, y le cortó la oreja derecha.

51 Entonces respondiendo Jesús, dijo: Basta ya; dejad. Y tocando su oreja, le sanó.

52 Y Jesús dijo a los principales sacerdotes, a los jefes de la guardia del templo y a los ancianos, que habían venido contra él: ¿Como contra un ladrón habéis salido con espadas y palos?

53 Habiendo estado con vosotros cada día en el templo, no extendisteis las manos contra mí; mas esta es vuestra hora, y la potestad de las tinieblas.

Pedro niega a Jesús

54 Y prendiéndole, le llevaron, y le condujeron a casa del sumo sacerdote. Y Pedro le seguía de lejos.

55 Y habiendo ellos encendido fuego en medio del patio, se sentaron alrededor; y Pedro se sentó también entre ellos.

56 Pero una criada, al verle sentado al fuego, se fijó en él, y dijo: También éste estaba con él.

57 Pero él lo negó, diciendo: Mujer, no lo conozco.

58 Un poco después, viéndole otro, dijo: Tú también eres de ellos. Y Pedro dijo: Hombre, no lo soy.

59 Como una hora después, otro afirmaba, diciendo: Verdaderamente también éste estaba con él, porque es galileo.

60 Y Pedro dijo: Hombre, no sé lo que dices. Y en seguida, mientras él todavía hablaba, el gallo cantó.

61 Entonces, vuelto el Señor, miró a Pedro; y Pedro se acordó de la palabra del Señor, que le había dicho: Antes que el gallo cante, me negarás tres veces.

62 Y Pedro, saliendo fuera, lloró amargamente.

Jesús escarnecido y azotado

63 Y los hombres que custodiaban a Jesús se burlaban de él y le golpeaban;

64 y vendándole los ojos, le golpeaban el rostro, y le preguntaban, diciendo: Profetiza, ¿quién es el que te golpeó?

65 Y decían otras muchas cosas injuriándole.

Jesús ante el concilio

66 Cuando era de día, se juntaron los ancianos del pueblo, los principales sacerdotes y los escribas, y le trajeron al concilio, diciendo:

67 ¿Eres tú el Cristo? Dínoslo. Y les dijo: Si os lo dijere, no creeréis;

68 y también si os preguntare, no me responderéis, ni me soltaréis.

69 Pero desde ahora el Hijo del Hombre se sentará a la diestra del poder de Dios.

70 Dijeron todos: ¿Luego eres tú el Hijo de Dios? Y él les dijo: Vosotros decís que lo soy.

71 Entonces ellos dijeron: ¿Qué más testimonio necesitamos? porque nosotros mismos lo hemos oído de su boca.

45 When he rose from prayer and went back to the disciples, he found them asleep, exhausted from sorrow. 46 "Why are you sleeping?" he asked them. "Get up and pray so that you will not fall into temptation."

Jesus Arrested

47 While he was still speaking a crowd came up, and the man who was called Judas, one of the Twelve, was leading them. He approached Jesus to kiss him, 48 but Jesus asked him, "Judas, are you betraying the Son of Man with a kiss?"

49 When Jesus' followers saw what was going to happen, they said, "Lord, should we strike with our swords?" 50 And one of them struck the servant of the high priest, cutting off his right ear.

51 But Jesus answered, "No more of this!" And he touched the man's ear and healed him.

52 Then Jesus said to the chief priests, the officers of the temple guard, and the elders, who had come for him, "Am I leading a rebellion, that you have come with swords and clubs? 53 Every day I was with you in the temple courts, and you did not lay a hand on me. But this is your hour—when darkness reigns."

Peter Disowns Jesus

54 Then seizing him, they led him away and took him into the house of the high priest. Peter followed at a distance. 55 But when they had kindled a fire in the middle of the courtyard and had sat down together, Peter sat down with them. 56 A servant girl saw him seated there in the firelight. She looked closely at him and said, "This man was with him."

57 But he denied it. "Woman, I don't know him," he said.

58 A little later someone else saw him and said, "You also are one of them."

"Man, I am not!" Peter replied.

59 About an hour later another asserted, "Certainly this fellow was with him, for he is a Galilean."

60 Peter replied, "Man, I don't know what you're talking about!" Just as he was speaking, the rooster crowed. 61 The Lord turned and looked straight at Peter. Then Peter remembered the word the Lord had spoken to him: "Before the rooster crows today, you will disown me three times." 62 And he went outside and wept bitterly.

The Guards Mock Jesus

63 The men who were guarding Jesus began mocking and beating him. 64 They blindfolded him and demanded, "Prophesy! Who hit you?" 65 And they said many other insulting things to him.

Jesus Before Pilate and Herod

66 At daybreak the council of the elders of the people, both the chief priests and teachers of the law, met together, and Jesus was led before them. 67 "If you are the Christ,[i]" they said, "tell us."

Jesus answered, "If I tell you, you will not believe me, 68 and if I asked you, you would not answer. 69 But from now on, the Son of Man will be seated at the right hand of the mighty God."

70 They all asked, "Are you then the Son of God?" He replied, "You are right in saying I am."

71 Then they said, "Why do we need any more testimony? We have heard it from his own lips."

i67 Or Messiah

Jesús ante Pilato

23 ¹ Levantándose entonces toda la muchedumbre de ellos, llevaron a Jesús a Pilato.

² Y comenzaron a acusarle, diciendo: A éste hemos hallado que pervierte a la nación, y que prohíbe dar tributo a César, diciendo que él mismo es el Cristo, un rey.

³ Entonces Pilato le preguntó, diciendo: ¿Eres tú el Rey de los judíos? Y respondiéndole él, dijo: Tú lo dices.

⁴ Y Pilato dijo a los principales sacerdotes, y a la gente: Ningún delito hallo en este hombre.

⁵ Pero ellos porfiaban, diciendo: Alborota al pueblo, enseñando por toda Judea, comenzando desde Galilea hasta aquí.

Jesús ante Herodes

⁶ Entonces Pilato, oyendo decir, Galilea, preguntó si el hombre era galileo.

⁷ Y al saber que era de la jurisdicción de Herodes, le remitió a Herodes, que en aquellos días también estaba en Jerusalén.

⁸ Herodes, viendo a Jesús, se alegró mucho, porque hacía tiempo que deseaba verle; porque había oído muchas cosas acerca de él, y esperaba verle hacer alguna señal.

⁹ Y le hacía muchas preguntas, pero él nada le respondió.

¹⁰ Y estaban los principales sacerdotes y los escribas acusándole con gran vehemencia.

¹¹ Entonces Herodes con sus soldados le menospreció y escarneció, vistiéndole de una ropa espléndida; y volvió a enviarle a Pilato.

¹² Y se hicieron amigos Pilato y Herodes aquel día; porque antes estaban enemistados entre sí.

Jesús sentenciado a muerte

¹³ Entonces Pilato, convocando a los principales sacerdotes, a los gobernantes, y al pueblo,

¹⁴ les dijo: Me habéis presentado a éste como un hombre que perturba al pueblo; pero habiéndole interrogado yo delante de vosotros, no he hallado en este hombre delito alguno de aquellos de que le acusáis.

¹⁵ Y ni aun Herodes, porque os remití a él; y he aquí, nada digno de muerte ha hecho este hombre.

¹⁶ Le soltaré, pues, después de castigarle.

¹⁷ Y tenía necesidad de soltarles uno en cada fiesta.

¹⁸ Mas toda la multitud dio voces a una, diciendo: ¡Fuera con éste, y suéltanos a Barrabás!

¹⁹ Este había sido echado en la cárcel por sedición en la ciudad, y por un homicidio.

²⁰ Les habló otra vez Pilato, queriendo soltar a Jesús;

²¹ pero ellos volvieron a dar voces, diciendo: ¡Crucifícale, crucifícale!

²² El les dijo por tercera vez: ¿Pues qué mal ha hecho éste? Ningún delito digno de muerte he hallado en él; le castigaré, pues, y le soltaré.

²³ Mas ellos instaban a grandes voces, pidiendo que fuese crucificado. Y las voces de ellos y de los principales sacerdotes prevalecieron.

²⁴ Entonces Pilato sentenció que se hiciese lo que ellos pedían;

²⁵ y les soltó a aquel que había sido echado en la cárcel por sedición y homicidio, a quien habían pedido; y entregó a Jesús a la voluntad de ellos.

Crucifixión y muerte de Jesús

²⁶ Y llevándole, tomaron a cierto Simón de Cirene, que venía del campo, y le pusieron encima la cruz para que la llevase tras Jesús.

²⁷ Y le seguía gran multitud del pueblo, y de mujeres que lloraban y hacían lamentación por él.

23 Then the whole assembly rose and led him off to Pilate. ²And they began to accuse him, saying, "We have found this man subverting our nation. He opposes payment of taxes to Caesar and claims to be Christ,ʲ a king."

³So Pilate asked Jesus, "Are you the king of the Jews?"

"Yes, it is as you say," Jesus replied.

⁴Then Pilate announced to the chief priests and the crowd, "I find no basis for a charge against this man."

⁵But they insisted, "He stirs up the people all over Judeaᵏ by his teaching. He started in Galilee and has come all the way here."

⁶On hearing this, Pilate asked if the man was a Galilean. ⁷When he learned that Jesus was under Herod's jurisdiction, he sent him to Herod, who was also in Jerusalem at that time.

⁸When Herod saw Jesus, he was greatly pleased, because for a long time he had been wanting to see him. From what he had heard about him, he hoped to see him perform some miracle. ⁹He plied him with many questions, but Jesus gave him no answer. ¹⁰The chief priests and the teachers of the law were standing there, vehemently accusing him. ¹¹Then Herod and his soldiers ridiculed and mocked him. Dressing him in an elegant robe, they sent him back to Pilate. ¹²That day Herod and Pilate became friends — before this they had been enemies.

¹³Pilate called together the chief priests, the rulers and the people, ¹⁴and said to them, "You brought me this man as one who was inciting the people to rebellion. I have examined him in your presence and have found no basis for your charges against him. ¹⁵Neither has Herod, for he sent him back to us; as you can see, he has done nothing to deserve death. ¹⁶Therefore, I will punish him and then release him.ˡ"

¹⁸With one voice they cried out, "Away with this man! Release Barabbas to us!" ¹⁹(Barabbas had been thrown into prison for an insurrection in the city, and for murder.)

²⁰Wanting to release Jesus, Pilate appealed to them again. ²¹But they kept shouting, "Crucify him! Crucify him!"

²²For the third time he spoke to them: "Why? What crime has this man committed? I have found in him no grounds for the death penalty. Therefore I will have him punished and then release him."

²³But with loud shouts they insistently demanded that he be crucified, and their shouts prevailed. ²⁴So Pilate decided to grant their demand. ²⁵He released the man who had been thrown into prison for insurrection and murder, the one they asked for, and surrendered Jesus to their will.

The Crucifixion

²⁶As they led him away, they seized Simon from Cyrene, who was on his way in from the country, and put the cross on him and made him carry it behind Jesus. ²⁷A large number of people followed him, including women who mourned and wailed for him.

28 Pero Jesús, vuelto hacia ellas, les dijo: Hijas de Jerusalén, no lloréis por mí, sino llorad por vosotras mismas y por vuestros hijos.
29 Porque he aquí vendrán días en que dirán: Bienaventuradas las estériles, y los vientres que no concibieron, y los pechos que no criaron.
30 Entonces comenzarán a decir a los montes: Caed sobre nosotros; y a los collados: Cubridnos.
31 Porque si en el árbol verde hacen estas cosas, ¿en el seco, qué no se hará?
32 Llevaban también con él a otros dos, que eran malhechores, para ser muertos.
33 Y cuando llegaron al lugar llamado de la Calavera, le crucificaron allí, y a los malhechores, uno a la derecha y otro a la izquierda.
34 Y Jesús decía: Padre, perdónalos, porque no saben lo que hacen. Y repartieron entre sí sus vestidos, echando suertes.
35 Y el pueblo estaba mirando; y aun los gobernantes se burlaban de él, diciendo: A otros salvó; sálvese a sí mismo, si éste es el Cristo, el escogido de Dios.
36 Los soldados también le escarnecían, acercándose y presentándole vinagre,
37 y diciendo: Si tú eres el Rey de los judíos, sálvate a ti mismo.
38 Había también sobre él un título escrito con letras griegas, latinas y hebreas: ESTE ES EL REY DE LOS JUDÍOS.
39 Y uno de los malhechores que estaban colgados le injuriaba, diciendo: Si tú eres el Cristo, sálvate a ti mismo y a nosotros.
40 Respondiendo el otro, le reprendió, diciendo: ¿Ni aun temes tú a Dios, estando en la misma condenación?
41 Nosotros, a la verdad, justamente padecemos, porque recibimos lo que merecieron nuestros hechos; mas éste ningún mal hizo.
42 Y dijo a Jesús: Acuérdate de mí cuando vengas en tu reino.
43 Entonces Jesús le dijo: De cierto te digo que hoy estarás conmigo en el paraíso.
44 Cuando era como la hora sexta, hubo tinieblas sobre toda la tierra hasta la hora novena.
45 Y el sol se oscureció, y el velo del templo se rasgó por la mitad.
46 Entonces Jesús, clamando a gran voz, dijo: Padre, en tus manos encomiendo mi espíritu. Y habiendo dicho esto, expiró.
47 Cuando el centurión vio lo que había acontecido, dio gloria a Dios, diciendo: Verdaderamente este hombre era justo.
48 Y toda la multitud de los que estaban presentes en este espectáculo, viendo lo que había acontecido, se volvían golpeándose el pecho.
49 Pero todos sus conocidos, y las mujeres que le habían seguido desde Galilea, estaban lejos mirando estas cosas.

Jesús es sepultado

50 Había un varón llamado José, de Arimatea, ciudad de Judea, el cual era miembro del concilio, varón bueno y justo.
51 Este, que también esperaba el reino de Dios, y no había consentido en el acuerdo ni en los hechos de ellos,
52 fue a Pilato, y pidió el cuerpo de Jesús.
53 Y quitándolo, lo envolvió en una sábana, y lo puso en un sepulcro abierto en una peña, en el cual aún no se había puesto a nadie.

28 Jesus turned and said to them, "Daughters of Jerusalem, do not weep for me; weep for yourselves and for your children. 29 For the time will come when you will say, 'Blessed are the barren women, the wombs that never bore and the breasts that never nursed!' 30 Then

" 'they will say to the mountains, "Fall on us!"
    and to the hills, "Cover us!" ' m

31 For if men do these things when the tree is green, what will happen when it is dry?"
32 Two other men, both criminals, were also led out with him to be executed. 33 When they came to the place called the Skull, there they crucified him, along with the criminals—one on his right, the other on his left. 34 Jesus said, "Father, forgive them, for they do not know what they are doing." n And they divided up his clothes by casting lots.
35 The people stood watching, and the rulers even sneered at him. They said, "He saved others; let him save himself if he is the Christ of God, the Chosen One."
36 The soldiers also came up and mocked him. They offered him wine vinegar 37 and said, "If you are the king of the Jews, save yourself."
38 There was a written notice above him, which read: THIS IS THE KING OF THE JEWS.
39 One of the criminals who hung there hurled insults at him: "Aren't you the Christ? Save yourself and us!"
40 But the other criminal rebuked him. "Don't you fear God," he said, "since you are under the same sentence? 41 We are punished justly, for we are getting what our deeds deserve. But this man has done nothing wrong."
42 Then he said, "Jesus, remember me when you come into your kingdom. o
43 Jesus answered him, "I tell you the truth, today you will be with me in paradise."

Jesus' Death

44 It was now about the sixth hour, and darkness came over the whole land until the ninth hour, 45 for the sun stopped shining. And the curtain of the temple was torn in two. 46 Jesus called out with a loud voice, "Father, into your hands I commit my spirit." When he had said this, he breathed his last.
47 The centurion, seeing what had happened, praised God and said, "Surely this was a righteous man." 48 When all the people who had gathered to witness this sight saw what took place, they beat their breasts and went away. 49 But all those who knew him, including the women who had followed him from Galilee, stood at a distance, watching these things.

Jesus' Burial

50 Now there was a man named Joseph, a member of the Council, a good and upright man, 51 who had not consented to their decision and action. He came from the Judean town of Arimathea and he was waiting for the kingdom of God. 52 Going to Pilate, he asked for Jesus' body. 53 Then he took it down, wrapped it in linen cloth and placed it in a tomb cut in the rock, one

---

m30 Hosea 10:8   n34 Some early manuscripts do not have this sentence.   o42 Some manuscripts *come with your kingly power*

54 Era día de la preparación, y estaba para comenzar el día de reposo.*

55 Y las mujeres que habían venido con él desde Galilea, siguieron también, y vieron el sepulcro, y cómo fue puesto su cuerpo.

56 Y vueltas, prepararon especias aromáticas y ungüentos; y descansaron el día de reposo,* conforme al mandamiento.

La resurrección

24 1 El primer día de la semana, muy de mañana, vinieron al sepulcro, trayendo las especias aromáticas que habían preparado, y algunas otras mujeres con ellas.

2 Y hallaron removida la piedra del sepulcro;

3 y entrando, no hallaron el cuerpo del Señor Jesús.

4 Aconteció que estando ellas perplejas por esto, he aquí se pararon junto a ellas dos varones con vestiduras resplandecientes;

5 y como tuvieron temor, y bajaron el rostro a tierra, les dijeron: ¿Por qué buscáis entre los muertos al que vive?

6 No está aquí, sino que ha resucitado. Acordaos de lo que os habló, cuando aún estaba en Galilea,

7 diciendo: Es necesario que el Hijo del Hombre sea entregado en manos de hombres pecadores, y que sea crucificado, y resucite al tercer día.

8 Entonces ellas se acordaron de sus palabras,

9 y volviendo del sepulcro, dieron nuevas de todas estas cosas a los once, y a todos los demás.

10 Eran María Magdalena, y Juana, y María madre de Jacobo, y las demás con ellas, quienes dijeron estas cosas a los apóstoles.

11 Mas a ellos les parecían locura las palabras de ellas, y no las creían.

12 Pero levantándose Pedro, corrió al sepulcro; y cuando miró dentro, vio los lienzos solos, y se fue a casa maravillándose de lo que había sucedido.

En el camino a Emaús

13 Y he aquí, dos de ellos iban el mismo día a una aldea llamada Emaús, que estaba a sesenta estadios de Jerusalén.

14 E iban hablando entre sí de todas aquellas cosas que habían acontecido.

15 Sucedió que mientras hablaban y discutían entre sí, Jesús mismo se acercó, y caminaba con ellos.

16 Mas los ojos de ellos estaban velados, para que no le conociesen.

17 Y les dijo: ¿Qué pláticas son estas que tenéis entre vosotros mientras camináis, y por qué estáis tristes?

18 Respondiendo uno de ellos, que se llamaba Cleofas, le dijo: ¿Eres tú el único forastero en Jerusalén que no has sabido las cosas que en ella han acontecido en estos días?

19 Entonces él les dijo: ¿Qué cosas? Y ellos le dijeron: De Jesús nazareno, que fue varón profeta, poderoso en obra y en palabra delante de Dios y de todo el pueblo;

20 y cómo le entregaron los principales sacerdotes y nuestros gobernantes a sentencia de muerte, y le crucificaron.

21 Pero nosotros esperábamos que él era el que había de redimir a Israel; y ahora, además de todo esto, hoy es ya el tercer día que esto ha acontecido.

22 Aunque también nos han asombrado unas mujeres de entre nosotros, las que antes del día fueron al sepulcro;

23 y como no hallaron su cuerpo, vinieron diciendo que

in which no one had yet been laid. 54 It was Preparation Day, and the Sabbath was about to begin.

55 The women who had come with Jesus from Galilee followed Joseph and saw the tomb and how his body was laid in it. 56 Then they went home and prepared spices and perfumes. But they rested on the Sabbath in obedience to the commandment.

The Resurrection

24 On the first day of the week, very early in the morning, the women took the spices they had prepared and went to the tomb. 2 They found the stone rolled away from the tomb, 3 but when they entered, they did not find the body of the Lord Jesus. 4 While they were wondering about this, suddenly two men in clothes that gleamed like lightning stood beside them. 5 In their fright the women bowed down with their faces to the ground, but the men said to them, "Why do you look for the living among the dead? 6 He is not here; he has risen! Remember how he told you, while he was still with you in Galilee: 7 'The Son of Man must be delivered into the hands of sinful men, be crucified and on the third day be raised again.' " 8 Then they remembered his words.

9 When they came back from the tomb, they told all these things to the Eleven and to all the others. 10 It was Mary Magdalene, Joanna, Mary the mother of James, and the others with them who told this to the apostles. 11 But they did not believe the women, because their words seemed to them like nonsense. 12 Peter, however, got up and ran to the tomb. Bending over, he saw the strips of linen lying by themselves, and he went away, wondering to himself what had happened.

On the Road to Emmaus

13 Now that same day two of them were going to a village called Emmaus, about seven miles*p* from Jerusalem. 14 They were talking with each other about everything that had happened. 15 As they talked and discussed these things with each other, Jesus himself came up and walked along with them; 16 but they were kept from recognizing him.

17 He asked them, "What are you discussing together as you walk along?"

They stood still, their faces downcast. 18 One of them, named Cleopas, asked him, "Are you only a visitor to Jerusalem and do not know the things that have happened there in these days?"

19 "What things?" he asked.

"About Jesus of Nazareth," they replied. "He was a prophet, powerful in word and deed before God and all the people. 20 The chief priests and our rulers handed him over to be sentenced to death, and they crucified him; 21 but we had hoped that he was the one who was going to redeem Israel. And what is more, it is the third day since all this took place. 22 In addition, some of our women amazed us. They went to the tomb early this morning 23 but didn't find his body. They came and

*Aquí equivale a *sábado*

p 13 Greek *sixty stadia* (about 11 kilometers)

también habían visto visión de ángeles, quienes dijeron que él vive.
24 Y fueron algunos de los nuestros al sepulcro, y hallaron así como las mujeres habían dicho, pero a él no le vieron.
25 Entonces él les dijo: ¡Oh insensatos, y tardos de corazón para creer todo lo que los profetas han dicho!
26 ¿No era necesario que el Cristo padeciera estas cosas, y que entrara en su gloria?
27 Y comenzando desde Moisés, y siguiendo por todos los profetas, les declaraba en todas las Escrituras lo que de él decían.
28 Llegaron a la aldea adonde iban, y él hizo como que iba más lejos.
29 Mas ellos le obligaron a quedarse, diciendo: Quédate con nosotros, porque se hace tarde, y el día ya ha declinado. Entró, pues, a quedarse con ellos.
30 Y aconteció que estando sentado con ellos a la mesa, tomó el pan y lo bendijo, lo partió, y les dio.
31 Entonces les fueron abiertos los ojos, y le reconocieron; mas él se desapareció de su vista.
32 Y se decían el uno al otro: ¿No ardía nuestro corazón en nosotros, mientras nos hablaba en el camino, y cuando nos abría las Escrituras?
33 Y levantándose en la misma hora, volvieron a Jerusalén, y hallaron a los once reunidos, y a los que estaban con ellos,
34 que decían: Ha resucitado el Señor verdaderamente, y ha aparecido a Simón.
35 Entonces ellos contaban las cosas que les habían acontecido en el camino, y cómo le habían reconocido al partir el pan.

Jesús se aparece a los discípulos

36 Mientras ellos aún hablaban de estas cosas, Jesús se puso en medio de ellos, y les dijo: Paz a vosotros.
37 Entonces, espantados y atemorizados, pensaban que veían espíritu.
38 Pero él les dijo: ¿Por qué estáis turbados, y vienen a vuestro corazón estos pensamientos?
39 Mirad mis manos y mis pies, que yo mismo soy; palpad, y ved; porque un espíritu no tiene carne ni huesos, como veis que yo tengo.
40 Y diciendo esto, les mostró las manos y los pies.
41 Y como todavía ellos, de gozo, no lo creían, y estaban maravillados, les dijo: ¿Tenéis aquí algo de comer?
42 Entonces le dieron parte de un pez asado, y un panal de miel.
43 Y él lo tomó, y comió delante de ellos.
44 Y les dijo: Estas son las palabras que os hablé, estando aún con vosotros: que era necesario que se cumpliese todo lo que está escrito de mí en la ley de Moisés, en los profetas y en los salmos.
45 Entonces les abrió el entendimiento, para que comprendiesen las Escrituras;
46 y les dijo: Así está escrito, y así fue necesario que el Cristo padeciese, y resucitase de los muertos al tercer día;
47 y que se predicase en su nombre el arrepentimiento y el perdón de pecados en todas las naciones, comenzando desde Jerusalén.
48 Y vosotros sois testigos de estas cosas.
49 He aquí, yo enviaré la promesa de mi Padre sobre vosotros; pero quedaos vosotros en la ciudad de Jerusalén, hasta que seáis investidos de poder desde lo alto.

told us that they had seen a vision of angels, who said he was alive. 24 Then some of our companions went to the tomb and found it just as the women had said, but him they did not see."
25 He said to them, "How foolish you are, and how slow of heart to believe all that the prophets have spoken! 26 Did not the Christ *q* have to suffer these things and then enter his glory?" 27 And beginning with Moses and all the Prophets, he explained to them what was said in all the Scriptures concerning himself.
28 As they approached the village to which they were going, Jesus acted as if he were going farther. 29 But they urged him strongly, "Stay with us, for it is nearly evening; the day is almost over." So he went in to stay with them.
30 When he was at the table with them, he took bread, gave thanks, broke it and began to give it to them. 31 Then their eyes were opened and they recognized him, and he disappeared from their sight. 32 They asked each other, "Were not our hearts burning within us while he talked with us on the road and opened the Scriptures to us?"
33 They got up and returned at once to Jerusalem. There they found the Eleven and those with them, assembled together 34 and saying, "It is true! The Lord has risen and has appeared to Simon." 35 Then the two told what had happened on the way, and how Jesus was recognized by them when he broke the bread.

Jesus Appears to the Disciples

36 While they were still talking about this, Jesus himself stood among them and said to them, "Peace be with you."
37 They were startled and frightened, thinking they saw a ghost. 38 He said to them, "Why are you troubled, and why do doubts rise in your minds? 39 Look at my hands and my feet. It is I myself! Touch me and see; a ghost does not have flesh and bones, as you see I have."
40 When he had said this, he showed them his hands and feet. 41 And while they still did not believe it because of joy and amazement, he asked them, "Do you have anything here to eat?" 42 They gave him a piece of broiled fish, 43 and he took it and ate it in their presence.
44 He said to them, "This is what I told you while I was still with you: Everything must be fulfilled that is written about me in the Law of Moses, the Prophets and the Psalms."
45 Then he opened their minds so they could understand the Scriptures. 46 He told them, "This is what is written: The Christ will suffer and rise from the dead on the third day, 47 and repentance and forgiveness of sins will be preached in his name to all nations, beginning at Jerusalem. 48 You are witnesses of these things. 49 I am going to send you what my Father has promised; but stay in the city until you have been clothed with power from on high."

q26 Or Messiah; also in verse 46

La ascensión

50 Y los sacó fuera hasta Betania, y alzando sus manos, los bendijo.

51 Y aconteció que bendiciéndolos, se separó de ellos, y fue llevado arriba al cielo.

52 Ellos, después de haberle adorado, volvieron a Jerusalén con gran gozo;

53 y estaban siempre en el templo, alabando y bendiciendo a Dios. Amén.

The Ascension

50 When he had led them out to the vicinity of Bethany, he lifted up his hands and blessed them. 51 While he was blessing them, he left them and was taken up into heaven. 52 Then they worshiped him and returned to Jerusalem with great joy. 53 And they stayed continually at the temple, praising God.

EL SANTO EVANGELIO SEGÚN
SAN JUAN

JOHN

El Verbo hecho carne

1 [1] En el principio era el Verbo, y el Verbo era con Dios, y el Verbo era Dios.

[2] Este era en el principio con Dios.

[3] Todas las cosas por él fueron hechas, y sin él nada de lo que ha sido hecho, fue hecho.

[4] En él estaba la vida, y la vida era la luz de los hombres.

[5] La luz en las tinieblas resplandece, y las tinieblas no prevalecieron contra ella.

[6] Hubo un hombre enviado de Dios, el cual se llamaba Juan.

[7] Este vino por testimonio, para que diese testimonio de la luz, a fin de que todos creyesen por él.

[8] No era él la luz, sino para que diese testimonio de la luz.

[9] Aquella luz verdadera, que alumbra a todo hombre, venía a este mundo.

[10] En el mundo estaba, y el mundo por él fue hecho; pero el mundo no le conoció.

[11] A lo suyo vino, y los suyos no le recibieron.

[12] Mas a todos los que le recibieron, a los que creen en su nombre, les dio potestad de ser hechos hijos de Dios;

[13] los cuales no son engendrados de sangre, ni de voluntad de carne, ni de voluntad de varón, sino de Dios.

[14] Y aquel Verbo fue hecho carne, y habitó entre nosotros (y vimos su gloria, gloria como del unigénito del Padre), lleno de gracia y de verdad.

[15] Juan dio testimonio de él, y clamó diciendo: Este es de quien yo decía: El que viene después de mí, es antes de mí; porque era primero que yo.

[16] Porque de su plenitud tomamos todos, y gracia sobre gracia.

[17] Pues la ley por medio de Moisés fue dada, pero la gracia y la verdad vinieron por medio de Jesucristo.

[18] A Dios nadie le vio jamás; el unigénito Hijo, que está en el seno del Padre, él le ha dado a conocer.

Testimonio de Juan el Bautista

[19] Este es el testimonio de Juan, cuando los judíos enviaron de Jerusalén sacerdotes y levitas para que le preguntasen: ¿Tú, quién eres?

[20] Confesó, y no negó, sino confesó: Yo no soy el Cristo.

[21] Y le preguntaron: ¿Qué pues? ¿Eres tú Elías? Dijo: No soy. ¿Eres tú el profeta? Y respondió: No.

[22] Le dijeron: ¿Pues quién eres? para que demos respuesta a los que nos enviaron. ¿Qué dices de ti mismo?

[23] Dijo: Yo soy la voz de uno que clama en el desierto: Enderezad el camino del Señor, como dijo el profeta Isaías.

[24] Y los que habían sido enviados eran de los fariseos.

[25] Y le preguntaron, y le dijeron: ¿Por qué, pues, bautizas, si tú no eres el Cristo, ni Elías, ni el profeta?

The Word Became Flesh

1 In the beginning was the Word, and the Word was with God, and the Word was God. [2] He was with God in the beginning.

[3] Through him all things were made; without him nothing was made that has been made. [4] In him was life, and that life was the light of men. [5] The light shines in the darkness, but the darkness has not understood[a] it.

[6] There came a man who was sent from God; his name was John. [7] He came as a witness to testify concerning that light, so that through him all men might believe. [8] He himself was not the light; he came only as a witness to the light. [9] The true light that gives light to every man was coming into the world.[b]

[10] He was in the world, and though the world was made through him, the world did not recognize him. [11] He came to that which was his own, but his own did not receive him. [12] Yet to all who received him, to those who believed in his name, he gave the right to become children of God — [13] children born not of natural descent,[c] nor of human decision or a husband's will, but born of God.

[14] The Word became flesh and made his dwelling among us. We have seen his glory, the glory of the One and Only,[d] who came from the Father, full of grace and truth.

[15] John testifies concerning him. He cries out, saying, "This was he of whom I said, 'He who comes after me has surpassed me because he was before me.' " [16] From the fullness of his grace we have all received one blessing after another. [17] For the law was given through Moses; grace and truth came through Jesus Christ. [18] No one has ever seen God, but God the One and Only,[d,e] who is at the Father's side, has made him known.

John the Baptist Denies Being the Christ

[19] Now this was John's testimony when the Jews of Jerusalem sent priests and Levites to ask him who he was. [20] He did not fail to confess, but confessed freely, "I am not the Christ.[f]"

[21] They asked him, "Then who are you? Are you Elijah?"

He said, "I am not."

"Are you the Prophet?"

He answered, "No."

[22] Finally they said, "Who are you? Give us an answer to take back to those who sent us. What do you say about yourself?"

[23] John replied in the words of Isaiah the prophet, "I am the voice of one calling in the desert, 'Make straight the way for the Lord.' "[g]

[24] Now some Pharisees who had been sent [25] questioned him, "Why then do you baptize if you are not the Christ, nor Elijah, nor the Prophet?"

---

[a] 5 Or *darkness, and the darkness has not overcome*   [b] 9 Or *This was the true light that gives light to every man who comes into the world*   [c] 13 Greek *of bloods*   [d] 14,18 Or *the Only Begotten*   [e] 18 Some manuscripts *but the only* (or *only begotten*) *Son*   [f] 20 Or *Messiah*. "The Christ" (Greek) and "the Messiah" (Hebrew) both mean "the Anointed One"; also in verse 25.   [g] 23 Isaiah 40:3

26 Juan les respondió diciendo: Yo bautizo con agua; mas en medio de vosotros está uno a quien vosotros no conocéis.

27 Este es el que viene después de mí, el que es antes de mí, del cual yo no soy digno de desatar la correa del calzado.

28 Estas cosas sucedieron en Betábara, al otro lado del Jordán, donde Juan estaba bautizando.

El Cordero de Dios

29 El siguiente día vio Juan a Jesús que venía a él, y dijo: He aquí el Cordero de Dios, que quita el pecado del mundo.

30 Este es aquel de quien yo dije: Después de mí viene un varón, el cual es antes de mí; porque era primero que yo.

31 Y yo no le conocía; mas para que fuese manifestado a Israel, por esto vine yo bautizando con agua.

32 También dio Juan testimonio, diciendo: Vi al Espíritu que descendía del cielo como paloma, y permaneció sobre él.

33 Y yo no le conocía; pero el que me envió a bautizar con agua, aquél me dijo: Sobre quien veas descender el Espíritu y que permanece sobre él, ése es el que bautiza con el Espíritu Santo.

34 Y yo le vi, y he dado testimonio de que éste es el Hijo de Dios.

Los primeros discípulos

35 El siguiente día otra vez estaba Juan, y dos de sus discípulos.

36 Y mirando a Jesús que andaba por allí, dijo: He aquí el Cordero de Dios.

37 Le oyeron hablar los dos discípulos, y siguieron a Jesús.

38 Y volviéndose Jesús, y viendo que le seguían, les dijo: ¿Qué buscáis? Ellos le dijeron: Rabí (que traducido es, Maestro), ¿dónde moras?

39 Les dijo: Venid y ved. Fueron, y vieron donde moraba, y se quedaron con él aquel día; porque era como la hora décima.

40 Andrés, hermano de Simón Pedro, era uno de los dos que habían oído a Juan, y habían seguido a Jesús.

41 Este halló primero a su hermano Simón, y le dijo: Hemos hallado al Mesías (que traducido es, el Cristo).

42 Y le trajo a Jesús. Y mirándole Jesús, dijo: Tú eres Simón, hijo de Jonás; tú serás llamado Cefas a (que quiere decir, Pedro a).

Jesús llama a Felipe y a Natanael

43 El siguiente día quiso Jesús ir a Galilea, y halló a Felipe, y le dijo: Sígueme.

44 Y Felipe era de Betsaida, la ciudad de Andrés y Pedro.

45 Felipe halló a Natanael, y le dijo: Hemos hallado a aquel de quien escribió Moisés en la ley, así como los profetas: a Jesús, el hijo de José, de Nazaret.

46 Natanael le dijo: ¿De Nazaret puede salir algo de bueno? Le dijo Felipe: Ven y ve.

47 Cuando Jesús vio a Natanael que se acercaba, dijo de él: He aquí un verdadero israelita, en quien no hay engaño.

48 Le dijo Natanael: ¿De dónde me conoces? Respondió Jesús y le dijo: Antes que Felipe te llamara, cuando estabas debajo de la higuera, te vi.

49 Respondió Natanael y le dijo: Rabí, tú eres el Hijo de Dios; tú eres el Rey de Israel.

26 "I baptize with h water," John replied, "but among you stands one you do not know. 27 He is the one who comes after me, the thongs of whose sandals I am not worthy to untie."

28 This all happened at Bethany on the other side of the Jordan, where John was baptizing.

Jesus the Lamb of God

29 The next day John saw Jesus coming toward him and said, "Look, the Lamb of God, who takes away the sin of the world! 30 This is the one I meant when I said, 'A man who comes after me has surpassed me because he was before me.' 31 I myself did not know him, but the reason I came baptizing with water was that he might be revealed to Israel."

32 Then John gave this testimony: "I saw the Spirit come down from heaven as a dove and remain on him. 33 I would not have known him, except that the one who sent me to baptize with water told me, 'The man on whom you see the Spirit come down and remain is he who will baptize with the Holy Spirit.' 34 I have seen and I testify that this is the Son of God."

Jesus' First Disciples

35 The next day John was there again with two of his disciples. 36 When he saw Jesus passing by, he said, "Look, the Lamb of God!"

37 When the two disciples heard him say this, they followed Jesus. 38 Turning around, Jesus saw them following and asked, "What do you want?"

They said, "Rabbi" (which means Teacher), "where are you staying?"

39 "Come," he replied, "and you will see."

So they went and saw where he was staying, and spent that day with him. It was about the tenth hour.

40 Andrew, Simon Peter's brother, was one of the two who heard what John had said and who had followed Jesus. 41 The first thing Andrew did was to find his brother Simon and tell him, "We have found the Messiah" (that is, the Christ). 42 And he brought him to Jesus.

Jesus looked at him and said, "You are Simon son of John. You will be called Cephas" (which, when translated, is Peter i).

Jesus Calls Philip and Nathanael

43 The next day Jesus decided to leave for Galilee. Finding Philip, he said to him, "Follow me."

44 Philip, like Andrew and Peter, was from the town of Bethsaida. 45 Philip found Nathanael and told him, "We have found the one Moses wrote about in the Law, and about whom the prophets also wrote — Jesus of Nazareth, the son of Joseph."

46 "Nazareth! Can anything good come from there?" Nathanael asked.

"Come and see," said Philip.

47 When Jesus saw Nathanael approaching, he said of him, "Here is a true Israelite, in whom there is nothing false."

48 "How do you know me?" Nathanael asked.

Jesus answered, "I saw you while you were still under the fig tree before Philip called you."

49 Then Nathanael declared, "Rabbi, you are the Son of God; you are the King of Israel."

---

a De la palabra *piedra* en arameo y en griego, respectivamente.

h 26 Or *in*; also in verses 31 and 33   i 42 Both *Cephas* (Aramaic) and *Peter* (Greek) mean *rock*.

50 Respondió Jesús y le dijo: ¿Porque te dije: Te vi debajo de la higuera, crees? Cosas mayores que estas verás.
51 Y le dijo: De cierto, de cierto os digo: De aquí adelante veréis el cielo abierto, y a los ángeles de Dios que suben y descienden sobre el Hijo del Hombre.

Las bodas de Caná

2 1 Al tercer día se hicieron unas bodas en Caná de Galilea; y estaba allí la madre de Jesús.
2 Y fueron también invitados a las bodas Jesús y sus discípulos.
3 Y faltando el vino, la madre de Jesús le dijo: No tienen vino.
4 Jesús le dijo: ¿Qué tienes conmigo, mujer? Aún no ha venido mi hora.
5 Su madre dijo a los que servían: Haced todo lo que os dijere.
6 Y estaban allí seis tinajas de piedra para agua, conforme al rito de la purificación de los judíos, en cada una de las cuales cabían dos o tres cántaros.
7 Jesús les dijo: Llenad estas tinajas de agua. Y las llenaron hasta arriba.
8 Entonces les dijo: Sacad ahora, y llevadlo al maestresala. Y se lo llevaron.
9 Cuando el maestresala probó el agua hecha vino, sin saber él de dónde era, aunque lo sabían los sirvientes que habían sacado el agua, llamó al esposo,
10 y le dijo: Todo hombre sirve primero el buen vino, y cuando ya han bebido mucho, entonces el inferior; mas tú has reservado el buen vino hasta ahora.
11 Este principio de señales hizo Jesús en Caná de Galilea, y manifestó su gloria; y sus discípulos creyeron en él.
12 Después de esto descendieron a Capernaum, él, su madre, sus hermanos y sus discípulos; y estuvieron allí no muchos días.

Jesús purifica el templo

13 Estaba cerca la pascua de los judíos; y subió Jesús a Jerusalén,
14 y halló en el templo a los que vendían bueyes, ovejas y palomas, y a los cambistas allí sentados.
15 Y haciendo un azote de cuerdas, echó fuera del templo a todos, y las ovejas y los bueyes; y esparció las monedas de los cambistas, y volcó las mesas;
16 y dijo a los que vendían palomas: Quitad de aquí esto, y no hagáis de la casa de mi Padre casa de mercado.
17 Entonces se acordaron sus discípulos que está escrito: El celo de tu casa me consume.
18 Y los judíos respondieron y le dijeron: ¿Qué señal nos muestras, ya que haces esto?
19 Respondió Jesús y les dijo: Destruid este templo, y en tres días lo levantaré.
20 Dijeron luego los judíos: En cuarenta y seis años fue edificado este templo, ¿y tú en tres días lo levantarás?
21 Mas él hablaba del templo de su cuerpo.
22 Por tanto, cuando resucitó de entre los muertos, sus discípulos se acordaron que había dicho esto; y creyeron la Escritura y la palabra que Jesús había dicho.

Jesús conoce a todos los hombres

23 Estando en Jerusalén en la fiesta de la pascua, muchos creyeron en su nombre, viendo las señales que hacía.
24 Pero Jesús mismo no se fiaba de ellos, porque conocía a todos,

50 Jesus said, "You believe/ because I told you I saw you under the fig tree. You shall see greater things than that." 51 He then added, "I tell you k the truth, you k shall see heaven open, and the angels of God ascending and descending on the Son of Man."

Jesus Changes Water to Wine

2 On the third day a wedding took place at Cana in Galilee. Jesus' mother was there, 2 and Jesus and his disciples had also been invited to the wedding. 3 When the wine was gone, Jesus' mother said to him, "They have no more wine."
4 "Dear woman, why do you involve me?" Jesus replied. "My time has not yet come."
5 His mother said to the servants, "Do whatever he tells you."
6 Nearby stood six stone water jars, the kind used by the Jews for ceremonial washing, each holding from twenty to thirty gallons.l
7 Jesus said to the servants, "Fill the jars with water"; so they filled them to the brim.
8 Then he told them, "Now draw some out and take it to the master of the banquet."
They did so, 9 and the master of the banquet tasted the water that had been turned into wine. He did not realize where it had come from, though the servants who had drawn the water knew. Then he called the bridegroom aside 10 and said, "Everyone brings out the choice wine first and then the cheaper wine after the guests have had too much to drink; but you have saved the best till now."
11 This, the first of his miraculous signs, Jesus performed at Cana in Galilee. He thus revealed his glory, and his disciples put their faith in him.

Jesus Clears the Temple

12 After this he went down to Capernaum with his mother and brothers and his disciples. There they stayed for a few days.
13 When it was almost time for the Jewish Passover, Jesus went up to Jerusalem. 14 In the temple courts he found men selling cattle, sheep and doves, and others sitting at tables exchanging money. 15 So he made a whip out of cords, and drove all from the temple area, both sheep and cattle; he scattered the coins of the money changers and overturned their tables. 16 To those who sold doves he said, "Get these out of here! How dare you turn my Father's house into a market!"
17 His disciples remembered that it is written: "Zeal for your house will consume me." m
18 Then the Jews demanded of him, "What miraculous sign can you show us to prove your authority to do all this?"
19 Jesus answered them, "Destroy this temple, and I will raise it again in three days."
20 The Jews replied, "It has taken forty-six years to build this temple, and you are going to raise it in three days?" 21 But the temple he had spoken of was his body. 22 After he was raised from the dead, his disciples recalled what he had said. Then they believed the Scripture and the words that Jesus had spoken.
23 Now while he was in Jerusalem at the Passover Feast, many people saw the miraculous signs he was doing and believed in his name. n 24 But Jesus would

---

l50 Or Do you believe . . . ?   k51 The Greek is plural.
l6 Greek two to three metretes (probably about 75 to 115 liters)
m17 Psalm 69:9   n23 Or and believed in him

25 y no tenía necesidad de que nadie le diese testimonio del hombre, pues él sabía lo que había en el hombre.

Jesús y Nicodemo

3 1 Había un hombre de los fariseos que se llamaba Nicodemo, un principal entre los judíos.
2 Este vino a Jesús de noche, y le dijo: Rabí, sabemos que has venido de Dios como maestro; porque nadie puede hacer estas señales que tú haces, si no está Dios con él.
3 Respondió Jesús y le dijo: De cierto, de cierto te digo, que el que no naciere de nuevo, no puede ver el reino de Dios.
4 Nicodemo le dijo: ¿Cómo puede un hombre nacer siendo viejo? ¿Puede acaso entrar por segunda vez en el vientre de su madre, y nacer?
5 Respondió Jesús: De cierto, de cierto te digo, que el que no naciere de agua y del Espíritu, no puede entrar en el reino de Dios.
6 Lo que es nacido de la carne, carne es; y lo que es nacido del Espíritu, *b* espíritu es.
7 No te maravilles de que te dije: Os es necesario nacer de nuevo.
8 El viento *b* sopla de donde quiere, y oyes su sonido; mas ni sabes de dónde viene, ni a dónde va; así es todo aquel que es nacido del Espíritu.
9 Respondió Nicodemo y le dijo: ¿Cómo puede hacerse esto?
10 Respondió Jesús y le dijo: ¿Eres tú maestro de Israel, y no sabes esto?
11 De cierto, de cierto te digo, que lo que sabemos hablamos, y lo que hemos visto, testificamos; y no recibís nuestro testimonio.
12 Si os he dicho cosas terrenales, y no creéis, ¿cómo creeréis si os dijere las celestiales?
13 Nadie subió al cielo, sino el que descendió del cielo; el Hijo del Hombre, que está en el cielo.
14 Y como Moisés levantó la serpiente en el desierto, así es necesario que el Hijo del Hombre sea levantado,
15 para que todo aquel que en él cree, no se pierda, mas tenga vida eterna.

De tal manera amó Dios al mundo

16 Porque de tal manera amó Dios al mundo, que ha dado a su Hijo unigénito, para que todo aquel que en él cree, no se pierda, mas tenga vida eterna.
17 Porque no envió Dios a su Hijo al mundo para condenar al mundo, sino para que el mundo sea salvo por él.
18 El que en él cree, no es condenado; pero el que no cree, ya ha sido condenado, porque no ha creído en el nombre del unigénito Hijo de Dios.
19 Y esta es la condenación: que la luz vino al mundo, y los hombres amaron más las tinieblas que la luz, porque sus obras eran malas.
20 Porque todo aquel que hace lo malo, aborrece la luz y no viene a la luz, para que sus obras no sean reprendidas.
21 Mas el que practica la verdad viene a la luz, para que sea manifiesto que sus obras son hechas en Dios.

El amigo del esposo

22 Después de esto, vino Jesús con sus discípulos a la tierra de Judea, y estuvo allí con ellos, y bautizaba.
23 Juan bautizaba también en Enón, junto a Salim, porque había allí muchas aguas; y venían, y eran bautizados.
24 Porque Juan no había sido aún encarcelado.
25 Entonces hubo discusión entre los discípulos de Juan y los judíos acerca de la purificación.

not entrust himself to them, for he knew all men. 25 He did not need man's testimony about man, for he knew what was in a man.

Jesus Teaches Nicodemus

3 Now there was a man of the Pharisees named Nicodemus, a member of the Jewish ruling council. 2 He came to Jesus at night and said, "Rabbi, we know you are a teacher who has come from God. For no one could perform the miraculous signs you are doing if God were not with him."
3 In reply Jesus declared, "I tell you the truth, no one can see the kingdom of God unless he is born again. *o*"
4 "How can a man be born when he is old?" Nicodemus asked. "Surely he cannot enter a second time into his mother's womb to be born!"
5 Jesus answered, "I tell you the truth, no one can enter the kingdom of God unless he is born of water and the Spirit. 6 Flesh gives birth to flesh, but the Spirit *p* gives birth to spirit. 7 You should not be surprised at my saying, 'You *q* must be born again.' 8 The wind blows wherever it pleases. You hear its sound, but you cannot tell where it comes from or where it is going. So it is with everyone born of the Spirit."
9 "How can this be?" Nicodemus asked.
10 "You are Israel's teacher," said Jesus, "and do you not understand these things? 11 I tell you the truth, we speak of what we know, and we testify to what we have seen, but still you people do not accept our testimony. 12 I have spoken to you of earthly things and you do not believe; how then will you believe if I speak of heavenly things? 13 No one has ever gone into heaven except the one who came from heaven—the Son of Man. *r* 14 Just as Moses lifted up the snake in the desert, so the Son of Man must be lifted up, 15 that everyone who believes in him may have eternal life. *s*
16 "For God so loved the world that he gave his one and only Son, *t* that whoever believes in him shall not perish but have eternal life. 17 For God did not send his Son into the world to condemn the world, but to save the world through him. 18 Whoever believes in him is not condemned, but whoever does not believe stands condemned already because he has not believed in the name of God's one and only Son. *u* 19 This is the verdict: Light has come into the world, but men loved darkness instead of light because their deeds were evil. 20 Everyone who does evil hates the light, and will not come into the light for fear that his deeds will be exposed. 21 But whoever lives by the truth comes into the light, so that it may be seen plainly that what he has done has been done through God." *v*

John the Baptist's Testimony About Jesus

22 After this, Jesus and his disciples went out into the Judean countryside, where he spent some time with them, and baptized. 23 Now John also was baptizing at Aenon near Salim, because there was plenty of water, and people were constantly coming to be baptized. 24 (This was before John was put in prison.) 25 An argument developed between some of John's disciples and a certain Jew *w* over the matter of ceremonial washing.

b La misma palabra griega significa tanto *viento* como *espíritu*.

o 3 Or *born from above*; also in verse 7   *p 6* Or *but spirit*
q 7 The Greek is plural.   *r 13* Some manuscripts *Man, who is in heaven*   *s 15* Or *believes may have eternal life in him*   *t 16* Or *his only begotten Son*   *u 18* Or *God's only begotten Son*
v 21 Some interpreters end the quotation after verse 15.
w 25 Some manuscripts *and certain Jews*

26 Y vinieron a Juan y le dijeron: Rabí, mira que el que estaba contigo al otro lado del Jordán, de quien tú diste testimonio, bautiza, y todos vienen a él.

27 Respondió Juan y dijo: No puede el hombre recibir nada, si no le fuere dado del cielo.

28 Vosotros mismos me sois testigos de que dije: Yo no soy el Cristo, sino que soy enviado delante de él.

29 El que tiene la esposa, es el esposo; mas el amigo del esposo, que está a su lado y le oye, se goza grandemente de la voz del esposo; así pues, este mi gozo está cumplido.

30 Es necesario que él crezca, pero que yo mengüe.

El que viene de arriba

31 El que de arriba viene, es sobre todos; el que es de la tierra, es terrenal, y cosas terrenales habla; el que viene del cielo, es sobre todos.

32 Y lo que vio y oyó, esto testifica; y nadie recibe su testimonio.

33 El que recibe su testimonio, éste atestigua que Dios es veraz.

34 Porque el que Dios envió, las palabras de Dios habla; pues Dios no da el Espíritu por medida.

35 El Padre ama al Hijo, y todas las cosas ha entregado en su mano.

36 El que cree en el Hijo tiene vida eterna; pero el que rehúsa creer en el Hijo no verá la vida, sino que la ira de Dios está sobre él.

Jesús y la mujer samaritana

4 1 Cuando, pues, el Señor entendió que los fariseos habían oído decir: Jesús hace y bautiza más discípulos que Juan

2 (aunque Jesús no bautizaba, sino sus discípulos),

3 salió de Judea, y se fue otra vez a Galilea.

4 Y le era necesario pasar por Samaria.

5 Vino, pues, a una ciudad de Samaria llamada Sicar, junto a la heredad que Jacob dio a su hijo José.

6 Y estaba allí el pozo de Jacob. Entonces Jesús, cansado del camino, se sentó así junto al pozo. Era como la hora sexta.

7 Vino una mujer de Samaria a sacar agua; y Jesús le dijo: Dame de beber.

8 Pues sus discípulos habían ido a la ciudad a comprar de comer.

9 La mujer samaritana le dijo: ¿Cómo tú, siendo judío, me pides a mí de beber, que soy mujer samaritana? Porque judíos y samaritanos no se tratan entre sí.

10 Respondió Jesús y le dijo: Si conocieras el don de Dios, y quién es el que te dice: Dame de beber; tú le pedirías, y él te daría agua viva.

11 La mujer le dijo: Señor, no tienes con qué sacarla, y el pozo es hondo. ¿De dónde, pues, tienes el agua viva?

12 ¿Acaso eres tú mayor que nuestro padre Jacob, que nos dio este pozo, del cual bebieron él, sus hijos y sus ganados?

13 Respondió Jesús y le dijo: Cualquiera que bebiere de esta agua, volverá a tener sed;

14 mas el que bebiere del agua que yo le daré, no tendrá sed jamás; sino que el agua que yo le daré será en él una fuente de agua que salte para vida eterna.

15 La mujer le dijo: Señor, dame esa agua, para que no tenga yo sed, ni venga aquí a sacarla.

16 Jesús le dijo: Vé, llama a tu marido, y ven acá.

26 They came to John and said to him, "Rabbi, that man who was with you on the other side of the Jordan—the one you testified about—well, he is baptizing, and everyone is going to him."

27 To this John replied, "A man can receive only what is given him from heaven. 28 You yourselves can testify that I said, 'I am not the Christ x but am sent ahead of him.' 29 The bride belongs to the bridegroom. The friend who attends the bridegroom waits and listens for him, and is full of joy when he hears the bridegroom's voice. That joy is mine, and it is now complete. 30 He must become greater; I must become less.

31 "The one who comes from above is above all; the one who is from the earth belongs to the earth, and speaks as one from the earth. The one who comes from heaven is above all. 32 He testifies to what he has seen and heard, but no one accepts his testimony. 33 The man who has accepted it has certified that God is truthful. 34 For the one whom God has sent speaks the words of God, for God y gives the Spirit without limit. 35 The Father loves the Son and has placed everything in his hands. 36 Whoever believes in the Son has eternal life, but whoever rejects the Son will not see life, for God's wrath remains on him." z

Jesus Talks With a Samaritan Woman

4 The Pharisees heard that Jesus was gaining and baptizing more disciples than John, 2 although in fact it was not Jesus who baptized, but his disciples. 3 When the Lord learned of this, he left Judea and went back once more to Galilee.

4 Now he had to go through Samaria. 5 So he came to a town in Samaria called Sychar, near the plot of ground Jacob had given to his son Joseph. 6 Jacob's well was there, and Jesus, tired as he was from the journey, sat down by the well. It was about the sixth hour.

7 When a Samaritan woman came to draw water, Jesus said to her, "Will you give me a drink?" 8 (His disciples had gone into the town to buy food.)

9 The Samaritan woman said to him, "You are a Jew and I am a Samaritan woman. How can you ask me for a drink?" (For Jews do not associate with Samaritans. a)

10 Jesus answered her, "If you knew the gift of God and who it is that asks you for a drink, you would have asked him and he would have given you living water."

11 "Sir," the woman said, "you have nothing to draw with and the well is deep. Where can you get this living water? 12 Are you greater than our father Jacob, who gave us the well and drank from it himself, as did also his sons and his flocks and herds?"

13 Jesus answered, "Everyone who drinks this water will be thirsty again, 14 but whoever drinks the water I give him will never thirst. Indeed, the water I give him will become in him a spring of water welling up to eternal life."

15 The woman said to him, "Sir, give me this water so that I won't get thirsty and have to keep coming here to draw water."

16 He told her, "Go, call your husband and come back."

---

x 28 Or Messiah　　y 34 Greek he　　z 36 Some interpreters end the quotation after verse 30.　　a 9 Or do not use dishes Samaritans have used

17Respondió la mujer y dijo: No tengo marido. Jesús le dijo: Bien has dicho: No tengo marido;
18porque cinco maridos has tenido, y el que ahora tienes no es tu marido; esto has dicho con verdad.
19Le dijo la mujer: Señor, me parece que tú eres profeta.
20Nuestros padres adoraron en este monte, y vosotros decís que en Jerusalén es el lugar donde se debe adorar.
21Jesús le dijo: Mujer, créeme, que la hora viene cuando ni en este monte ni en Jerusalén adoraréis al Padre.
22Vosotros adoráis lo que no sabéis; nosotros adoramos lo que sabemos; porque la salvación viene de los judíos.
23Mas la hora viene, y ahora es, cuando los verdaderos adoradores adorarán al Padre en espíritu y en verdad; porque también el Padre tales adoradores busca que le adoren.
24Dios es Espíritu; y los que le adoran, en espíritu y en verdad es necesario que adoren.
25Le dijo la mujer: Sé que ha de venir el Mesías, llamado el Cristo; cuando él venga nos declarará todas las cosas.
26Jesús le dijo: Yo soy, el que habla contigo.
27En esto vinieron sus discípulos, y se maravillaron de que hablaba con una mujer; sin embargo, ninguno dijo: ¿Qué preguntas? o, ¿Qué hablas con ella?
28Entonces la mujer dejó su cántaro, y fue a la ciudad, y dijo a los hombres:
29Venid, ved a un hombre que me ha dicho todo cuanto he hecho. ¿No será éste el Cristo?
30Entonces salieron de la ciudad, y vinieron a él.
31Entre tanto, los discípulos le rogaban, diciendo: Rabí, come.
32El les dijo: Yo tengo una comida que comer, que vosotros no sabéis.
33Entonces los discípulos decían unos a otros: ¿Le habrá traído alguien de comer?
34Jesús les dijo: Mi comida es que haga la voluntad del que me envió, y que acabe su obra.
35¿No decís vosotros: Aún faltan cuatro meses para que llegue la siega? He aquí os digo: Alzad vuestros ojos y mirad los campos, porque ya están blancos para la siega.
36Y el que siega recibe salario, y recoge fruto para vida eterna, para que el que siembra goce juntamente con el que siega.
37Porque en esto es verdadero el dicho: Uno es el que siembra, y otro es el que siega.
38Yo os he enviado a segar lo que vosotros no labrasteis; otros labraron, y vosotros habéis entrado en sus labores.
39Y muchos de los samaritanos de aquella ciudad creyeron en él por la palabra de la mujer, que daba testimonio diciendo: Me dijo todo lo que he hecho.
40Entonces vinieron los samaritanos a él y le rogaron que se quedase con ellos; y se quedó allí dos días.
41Y creyeron muchos más por la palabra de él,
42y decían a la mujer: Ya no creemos solamente por tu dicho, porque nosotros mismos hemos oído, y sabemos que verdaderamente éste es el Salvador del mundo, el Cristo.

Jesús sana al hijo de un noble

43Dos días después, salió de allí y fue a Galilea.
44Porque Jesús mismo dio testimonio de que el profeta no tiene honra en su propia tierra.

17"I have no husband," she replied.

Jesus said to her, "You are right when you say you have no husband. 18The fact is, you have had five husbands, and the man you now have is not your husband. What you have just said is quite true."

19"Sir," the woman said, "I can see that you are a prophet. 20Our fathers worshiped on this mountain, but you Jews claim that the place where we must worship is in Jerusalem."

21Jesus declared, "Believe me, woman, a time is coming when you will worship the Father neither on this mountain nor in Jerusalem. 22You Samaritans worship what you do not know; we worship what we do know, for salvation is from the Jews. 23Yet a time is coming and has now come when the true worshipers will worship the Father in spirit and truth, for they are the kind of worshipers the Father seeks. 24God is spirit, and his worshipers must worship in spirit and in truth."

25The woman said, "I know that Messiah" (called Christ) "is coming. When he comes, he will explain everything to us."

26Then Jesus declared, "I who speak to you am he."

The Disciples Rejoin Jesus

27Just then his disciples returned and were surprised to find him talking with a woman. But no one asked, "What do you want?" or "Why are you talking with her?"

28Then, leaving her water jar, the woman went back to the town and said to the people, 29"Come, see a man who told me everything I ever did. Could this be the Christ*b*?" 30They came out of the town and made their way toward him.

31Meanwhile his disciples urged him, "Rabbi, eat something."

32But he said to them, "I have food to eat that you know nothing about."

33Then his disciples said to each other, "Could someone have brought him food?"

34"My food," said Jesus, "is to do the will of him who sent me and to finish his work. 35Do you not say, 'Four months more and then the harvest'? I tell you, open your eyes and look at the fields! They are ripe for harvest. 36Even now the reaper draws his wages, even now he harvests the crop for eternal life, so that the sower and the reaper may be glad together. 37Thus the saying 'One sows and another reaps' is true. 38I sent you to reap what you have not worked for. Others have done the hard work, and you have reaped the benefits of their labor."

Many Samaritans Believe

39Many of the Samaritans from that town believed in him because of the woman's testimony, "He told me everything I ever did." 40So when the Samaritans came to him, they urged him to stay with them, and he stayed two days. 41And because of his words many more became believers.

42They said to the woman, "We no longer believe just because of what you said; now we have heard for ourselves, and we know that this man really is the Savior of the world."

Jesus Heals the Official's Son

43After the two days he left for Galilee. 44(Now Jesus himself had pointed out that a prophet has no honor in his own country.) 45When he arrived in Galilee, the

---

*b*29 Or *Messiah*

45 Cuando vino a Galilea, los galileos le recibieron, habiendo visto todas las cosas que había hecho en Jerusalén, en la fiesta; porque también ellos habían ido a la fiesta.

46 Vino, pues, Jesús otra vez a Caná de Galilea, donde había convertido el agua en vino. Y había en Capernaum un oficial del rey, cuyo hijo estaba enfermo.

47 Este, cuando oyó que Jesús había llegado de Judea a Galilea, vino a él y le rogó que descendiese y sanase a su hijo, que estaba a punto de morir.

48 Entonces Jesús le dijo: Si no viereis señales y prodigios, no creeréis.

49 El oficial del rey le dijo: Señor, desciende antes que mi hijo muera.

50 Jesús le dijo: Vé, tu hijo vive. Y el hombre creyó la palabra que Jesús le dijo, y se fue.

51 Cuando ya él descendía, sus siervos salieron a recibirle, y le dieron nuevas, diciendo: Tu hijo vive.

52 Entonces él les preguntó a qué hora había comenzado a estar mejor. Y le dijeron: Ayer a las siete le dejó la fiebre.

53 El padre entonces entendió que aquella era la hora en que Jesús le había dicho: Tu hijo vive; y creyó él con toda su casa.

54 Esta segunda señal hizo Jesús, cuando fue de Judea a Galilea.

El paralítico de Betesda

5 1 Después de estas cosas había una fiesta de los judíos, y subió Jesús a Jerusalén.

2 Y hay en Jerusalén, cerca de la puerta de las ovejas, un estanque, llamado en hebreo Betesda, el cual tiene cinco pórticos.

3 En éstos yacía una multitud de enfermos, ciegos, cojos y paralíticos, que esperaban el movimiento del agua.

4 Porque un ángel descendía de tiempo en tiempo al estanque, y agitaba el agua; y el que primero descendía al estanque después del movimiento del agua, quedaba sano de cualquier enfermedad que tuviese.

5 Y había allí un hombre que hacía treinta y ocho años que estaba enfermo.

6 Cuando Jesús lo vio acostado, y supo que llevaba ya mucho tiempo así, le dijo: ¿Quieres ser sano?

7 Señor, le respondió el enfermo, no tengo quien me meta en el estanque cuando se agita el agua; y entre tanto que yo voy, otro desciende antes que yo.

8 Jesús le dijo: Levántate, toma tu lecho, y anda.

9 Y al instante aquel hombre fue sanado, y tomó su lecho, y anduvo. Y era día de reposo * aquel día.

10 Entonces los judíos dijeron a aquel que había sido sanado: Es día de reposo; * no te es lícito llevar tu lecho.

11 El les respondió: El que me sanó, él mismo me dijo: Toma tu lecho y anda.

12 Entonces le preguntaron: ¿Quién es el que te dijo: Toma tu lecho y anda?

13 Y el que había sido sanado no sabía quién fuese, porque Jesús se había apartado de la gente que estaba en aquel lugar.

14 Después le halló Jesús en el templo, y le dijo: Mira, has sido sanado; no peques más, para que no te venga alguna cosa peor.

15 El hombre se fue, y dio aviso a los judíos, que Jesús era el que le había sanado.

Galileans welcomed him. They had seen all that he had done in Jerusalem at the Passover Feast, for they also had been there.

46 Once more he visited Cana in Galilee, where he had turned the water into wine. And there was a certain royal official whose son lay sick at Capernaum. 47 When this man heard that Jesus had arrived in Galilee from Judea, he went to him and begged him to come and heal his son, who was close to death.

48 "Unless you people see miraculous signs and wonders," Jesus told him, "you will never believe."

49 The royal official said, "Sir, come down before my child dies."

50 Jesus replied, "You may go. Your son will live."

The man took Jesus at his word and departed. 51 While he was still on the way, his servants met him with the news that his boy was living. 52 When he inquired as to the time when his son got better, they said to him, "The fever left him yesterday at the seventh hour."

53 Then the father realized that this was the exact time at which Jesus had said to him, "Your son will live." So he and all his household believed.

54 This was the second miraculous sign that Jesus performed, having come from Judea to Galilee.

The Healing at the Pool

5 Some time later, Jesus went up to Jerusalem for a feast of the Jews. 2 Now there is in Jerusalem near the Sheep Gate a pool, which in Aramaic is called Bethesda c and which is surrounded by five covered colonnades. 3 Here a great number of disabled people used to lie—the blind, the lame, the paralyzed. d 5 One who was there had been an invalid for thirty-eight years. 6 When Jesus saw him lying there and learned that he had been in this condition for a long time, he asked him, "Do you want to get well?"

7 "Sir," the invalid replied, "I have no one to help me into the pool when the water is stirred. While I am trying to get in, someone else goes down ahead of me."

8 Then Jesus said to him, "Get up! Pick up your mat and walk." 9 At once the man was cured; he picked up his mat and walked.

The day on which this took place was a Sabbath, 10 and so the Jews said to the man who had been healed, "It is the Sabbath; the law forbids you to carry your mat."

11 But he replied, "The man who made me well said to me, 'Pick up your mat and walk.' "

12 So they asked him, "Who is this fellow who told you to pick it up and walk?"

13 The man who was healed had no idea who it was, for Jesus had slipped away into the crowd that was there.

14 Later Jesus found him at the temple and said to him, "See, you are well again. Stop sinning or something worse may happen to you." 15 The man went away and told the Jews that it was Jesus who had made him well.

c2 Some manuscripts *Bethzatha*; other manuscripts *Bethsaida*
d3 Some less important manuscripts *paralyzed—and they waited for the moving of the waters.* 4From time to time an angel of the Lord would come down and stir up the waters. The first one into the pool after each such disturbance would be cured of whatever disease he had.

*Aquí equivale a *sábado*

16 Y por esta causa los judíos perseguían a Jesús, y procuraban matarle, porque hacía estas cosas en el día de reposo. *

17 Y Jesús les respondió: Mi Padre hasta ahora trabaja, y yo trabajo.

18 Por esto los judíos aun más procuraban matarle, porque no sólo quebrantaba el día de reposo, * sino que también decía que Dios era su propio Padre, haciéndose igual a Dios.

La autoridad del Hijo

19 Respondió entonces Jesús, y les dijo: De cierto, de cierto os digo: No puede el Hijo hacer nada por sí mismo, sino lo que ve hacer al Padre; porque todo lo que el Padre hace, también lo hace el Hijo igualmente.

20 Porque el Padre ama al Hijo, y le muestra todas las cosas que él hace; y mayores obras que estas le mostrará, de modo que vosotros os maravilléis.

21 Porque como el Padre levanta a los muertos, y les da vida, así también el Hijo a los que quiere da vida.

22 Porque el Padre a nadie juzga, sino que todo el juicio dio al Hijo,

23 para que todos honren al Hijo como honran al Padre. El que no honra al Hijo, no honra al Padre que le envió.

24 De cierto, de cierto os digo: El que oye mi palabra, y cree al que me envió, tiene vida eterna; y no vendrá a condenación, mas ha pasado de muerte a vida.

25 De cierto, de cierto os digo: Viene la hora, y ahora es, cuando los muertos oirán la voz del Hijo de Dios; y los que la oyeren vivirán.

26 Porque como el Padre tiene vida en sí mismo, así también ha dado al Hijo el tener vida en sí mismo;

27 y también le dio autoridad de hacer juicio, por cuanto es el Hijo del Hombre.

28 No os maravilléis de esto; porque vendrá hora cuando todos los que están en los sepulcros oirán su voz;

29 y los que hicieron lo bueno, saldrán a resurrección de vida; mas los que hicieron lo malo, a resurrección de condenación.

Testigos de Cristo

30 No puedo yo hacer nada por mí mismo; según oigo, así juzgo; y mi juicio es justo, porque no busco mi voluntad, sino la voluntad del que me envió, la del Padre.

31 Si yo doy testimonio acerca de mí mismo, mi testimonio no es verdadero.

32 Otro es el que da testimonio acerca de mí, y sé que el testimonio que da de mí es verdadero.

33 Vosotros enviasteis mensajeros a Juan, y él dio testimonio de la verdad.

34 Pero yo no recibo testimonio de hombre alguno; mas digo esto, para que vosotros seáis salvos.

35 El era antorcha que ardía y alumbraba; y vosotros quisisteis regocijaros por un tiempo en su luz.

36 Mas yo tengo mayor testimonio que el de Juan; porque las obras que el Padre me dio para que cumpliese, las mismas obras que yo hago, dan testimonio de mí, que el Padre me ha enviado.

37 También el Padre que me envió ha dado testimonio de mí. Nunca habéis oído su voz, ni habéis visto su aspecto,

38 ni tenéis su palabra morando en vosotros; porque a quien él envió, vosotros no creéis.

39 Escudriñad las Escrituras; porque a vosotros os parece que en ellas tenéis la vida eterna; y ellas son las que dan testimonio de mí;

40 y no queréis venir a mí para que tengáis vida.

41 Gloria de los hombres no recibo.

Life Through the Son

16 So, because Jesus was doing these things on the Sabbath, the Jews persecuted him. 17 Jesus said to them, "My Father is always at his work to this very day, and I, too, am working." 18 For this reason the Jews tried all the harder to kill him; not only was he breaking the Sabbath, but he was even calling God his own Father, making himself equal with God.

19 Jesus gave them this answer: "I tell you the truth, the Son can do nothing by himself; he can do only what he sees his Father doing, because whatever the Father does the Son also does. 20 For the Father loves the Son and shows him all he does. Yes, to your amazement he will show him even greater things than these. 21 For just as the Father raises the dead and gives them life, even so the Son gives life to whom he is pleased to give it. 22 Moreover, the Father judges no one, but has entrusted all judgment to the Son, 23 that all may honor the Son just as they honor the Father. He who does not honor the Son does not honor the Father, who sent him.

24 "I tell you the truth, whoever hears my word and believes him who sent me has eternal life and will not be condemned; he has crossed over from death to life. 25 I tell you the truth, a time is coming and has now come when the dead will hear the voice of the Son of God and those who hear will live. 26 For as the Father has life in himself, so he has granted the Son to have life in himself. 27 And he has given him authority to judge because he is the Son of Man.

28 "Do not be amazed at this, for a time is coming when all who are in their graves will hear his voice 29 and come out—those who have done good will rise to live, and those who have done evil will rise to be condemned. 30 By myself I can do nothing; I judge only as I hear, and my judgment is just, for I seek not to please myself but him who sent me.

Testimonies About Jesus

31 "If I testify about myself, my testimony is not valid. 32 There is another who testifies in my favor, and I know that his testimony about me is valid.

33 "You have sent to John and he has testified to the truth. 34 Not that I accept human testimony; but I mention it that you may be saved. 35 John was a lamp that burned and gave light, and you chose for a time to enjoy his light.

36 "I have testimony weightier than that of John. For the very work that the Father has given me to finish, and which I am doing, testifies that the Father has sent me. 37 And the Father who sent me has himself testified concerning me. You have never heard his voice nor seen his form, 38 nor does his word dwell in you, for you do not believe the one he sent. 39 You diligently study *e* the Scriptures because you think that by them you possess eternal life. These are the Scriptures that testify about me, 40 yet you refuse to come to me to have life.

41 "I do not accept praise from men, 42 but I know

42Mas yo os conozco, que no tenéis amor de Dios en vosotros.

43Yo he venido en nombre de mi Padre, y no me recibís; si otro viniere en su propio nombre, a ése recibiréis.

44¿Cómo podéis vosotros creer, pues recibís gloria los unos de los otros, y no buscáis la gloria que viene del Dios único?

45No penséis que yo voy a acusaros delante del Padre; hay quien os acusa, Moisés, en quien tenéis vuestra esperanza.

46Porque si creyeseis a Moisés, me creeríais a mí, porque de mí escribió él.

47Pero si no creéis a sus escritos, ¿cómo creeréis a mis palabras?

Alimentación de los cinco mil

6 1Después de esto, Jesús fue al otro lado del mar de Galilea, el de Tiberias.

2Y le seguía gran multitud, porque veían las señales que hacía en los enfermos.

3Entonces subió Jesús a un monte, y se sentó allí con sus discípulos.

4Y estaba cerca la pascua, la fiesta de los judíos.

5Cuando alzó Jesús los ojos, y vio que había venido a él gran multitud, dijo a Felipe: ¿De dónde compraremos pan para que coman éstos?

6Pero esto decía para probarle; porque él sabía lo que había de hacer.

7Felipe le respondió: Doscientos denarios de pan no bastarían para que cada uno de ellos tomase un poco.

8Uno de sus discípulos, Andrés, hermano de Simón Pedro, le dijo:

9Aquí está un muchacho, que tiene cinco panes de cebada y dos pececillos; mas ¿qué es esto para tantos?

10Entonces Jesús dijo: Haced recostar la gente. Y había mucha hierba en aquel lugar; y se recostaron como en número de cinco mil varones.

11Y tomó Jesús aquellos panes, y habiendo dado gracias, los repartió entre los discípulos, y los discípulos entre los que estaban recostados; asimismo de los peces, cuanto querían.

12Y cuando se hubieron saciado, dijo a sus discípulos: Recoged los pedazos que sobraron, para que no se pierda nada.

13Recogieron, pues, y llenaron doce cestas de pedazos, que de los cinco panes de cebada sobraron a los que habían comido.

14Aquellos hombres entonces, viendo la señal que Jesús había hecho, dijeron: Este verdaderamente es el profeta que había de venir al mundo.

15Pero entendiendo Jesús que iban a venir para apoderarse de él y hacerle rey, volvió a retirarse al monte él solo.

Jesús anda sobre el mar

16Al anochecer, descendieron sus discípulos al mar,

17y entrando en una barca, iban cruzando el mar hacia Capernaum. Estaba ya oscuro, y Jesús no había venido a ellos.

18Y se levantaba el mar con un gran viento que soplaba.

19Cuando habían remado como veinticinco o treinta estadios, vieron a Jesús que andaba sobre el mar y se acercaba a la barca; y tuvieron miedo.

20Mas él les dijo: Yo soy; no temáis.

21Ellos entonces con gusto le recibieron en la barca, la cual llegó en seguida a la tierra adonde iban.

---

you. I know that you do not have the love of God in your hearts. 43I have come in my Father's name, and you do not accept me; but if someone else comes in his own name, you will accept him. 44How can you believe if you accept praise from one another, yet make no effort to obtain the praise that comes from the only God*f*?

45"But do not think I will accuse you before the Father. Your accuser is Moses, on whom your hopes are set. 46If you believed Moses, you would believe me, for he wrote about me. 47But since you do not believe what he wrote, how are you going to believe what I say?"

Jesus Feeds the Five Thousand

6 Some time after this, Jesus crossed to the far shore of the Sea of Galilee (that is, the Sea of Tiberias), 2and a great crowd of people followed him because they saw the miraculous signs he had performed on the sick. 3Then Jesus went up on a mountainside and sat down with his disciples. 4The Jewish Passover Feast was near.

5When Jesus looked up and saw a great crowd coming toward him, he said to Philip, "Where shall we buy bread for these people to eat?" 6He asked this only to test him, for he already had in mind what he was going to do.

7Philip answered him, "Eight months' wages*g* would not buy enough bread for each one to have a bite!"

8Another of his disciples, Andrew, Simon Peter's brother, spoke up, 9"Here is a boy with five small barley loaves and two small fish, but how far will they go among so many?"

10Jesus said, "Have the people sit down." There was plenty of grass in that place, and the men sat down, about five thousand of them. 11Jesus then took the loaves, gave thanks, and distributed to those who were seated as much as they wanted. He did the same with the fish.

12When they had all had enough to eat, he said to his disciples, "Gather the pieces that are left over. Let nothing be wasted." 13So they gathered them and filled twelve baskets with the pieces of the five barley loaves left over by those who had eaten.

14After the people saw the miraculous sign that Jesus did, they began to say, "Surely this is the Prophet who is to come into the world." 15Jesus, knowing that they intended to come and make him king by force, withdrew again to a mountain by himself.

Jesus Walks on the Water

16When evening came, his disciples went down to the lake, 17where they got into a boat and set off across the lake for Capernaum. By now it was dark, and Jesus had not yet joined them. 18A strong wind was blowing and the waters grew rough. 19When they had rowed three or three and a half miles,*h* they saw Jesus approaching the boat, walking on the water; and they were terrified. 20But he said to them, "It is I; don't be afraid." 21Then they were willing to take him into the boat, and immediately the boat reached the shore where they were heading.

---

*f*44 Some early manuscripts *the Only One*   *g*7 Greek *two hundred denarii*   *h*19 Greek *rowed twenty-five or thirty stadia* (about 5 or 6 kilometers)

La gente busca a Jesús

22 El día siguiente, la gente que estaba al otro lado del mar vio que no había habido allí más que una sola barca, y que Jesús no había entrado en ella con sus discípulos, sino que éstos se habían ido solos.

23 Pero otras barcas habían arribado de Tiberias junto al lugar donde habían comido el pan después de haber dado gracias el Señor.

24 Cuando vio, pues, la gente que Jesús no estaba allí, ni sus discípulos, entraron en las barcas y fueron a Capernaum, buscando a Jesús.

Jesús, el pan de vida

25 Y hallándole al otro lado del mar, le dijeron: Rabí, ¿cuándo llegaste acá?

26 Respondió Jesús y les dijo: De cierto, de cierto os digo que me buscáis, no porque habéis visto las señales, sino porque comisteis el pan y os saciasteis.

27 Trabajad, no por la comida que perece, sino por la comida que a vida eterna permanece, la cual el Hijo del Hombre os dará; porque a éste señaló Dios el Padre.

28 Entonces le dijeron: ¿Qué debemos hacer para poner en práctica las obras de Dios?

29 Respondió Jesús y les dijo: Esta es la obra de Dios, que creáis en el que él ha enviado.

30 Le dijeron entonces: ¿Qué señal, pues, haces tú, para que veamos, y te creamos? ¿Qué obra haces?

31 Nuestros padres comieron el maná en el desierto, como está escrito: Pan del cielo les dio a comer.

32 Y Jesús les dijo: De cierto, de cierto os digo: No os dio Moisés el pan del cielo, mas mi Padre os da el verdadero pan del cielo.

33 Porque el pan de Dios es aquel que descendió del cielo y da vida al mundo.

34 Le dijeron: Señor, danos siempre este pan.

35 Jesús les dijo: Yo soy el pan de vida; el que a mí viene, nunca tendrá hambre; y el que en mí cree, no tendrá sed jamás.

36 Mas os he dicho, que aunque me habéis visto, no creéis.

37 Todo lo que el Padre me da, vendrá a mí; y al que a mí viene, no le echo fuera.

38 Porque he descendido del cielo, no para hacer mi voluntad, sino la voluntad del que me envió.

39 Y esta es la voluntad del Padre, el que me envió: Que de todo lo que me diere, no pierda yo nada, sino que lo resucite en el día postrero.

40 Y esta es la voluntad del que me ha enviado: Que todo aquel que ve al Hijo, y cree en él, tenga vida eterna; y yo le resucitaré en el día postrero.

41 Murmuraban entonces de él los judíos, porque había dicho: Yo soy el pan que descendió del cielo.

42 Y decían: ¿No es éste Jesús, el hijo de José, cuyo padre y madre nosotros conocemos? ¿Cómo, pues, dice éste: Del cielo he descendido?

43 Jesús respondió y les dijo: No murmuréis entre vosotros.

44 Ninguno puede venir a mí, si el Padre que me envió no le trajere; y yo le resucitaré en el día postrero.

45 Escrito está en los profetas: Y serán todos enseñados por Dios. Así que, todo aquel que oyó al Padre, y aprendió de él, viene a mí.

46 No que alguno haya visto al Padre, sino aquel que vino de Dios; éste ha visto al Padre.

47 De cierto, de cierto os digo: El que cree en mí, tiene vida eterna.

48 Yo soy el pan de vida.

49 Vuestros padres comieron el maná en el desierto, y murieron.

Jesus the Bread of Life

22 The next day the crowd that had stayed on the opposite shore of the lake realized that only one boat had been there, and that Jesus had not entered it with his disciples, but that they had gone away alone. 23 Then some boats from Tiberias landed near the place where the people had eaten the bread after the Lord had given thanks. 24 Once the crowd realized that neither Jesus nor his disciples were there, they got into the boats and went to Capernaum in search of Jesus.

25 When they found him on the other side of the lake, they asked him, "Rabbi, when did you get here?"

26 Jesus answered, "I tell you the truth, you are looking for me, not because you saw miraculous signs but because you ate the loaves and had your fill. 27 Do not work for food that spoils, but for food that endures to eternal life, which the Son of Man will give you. On him God the Father has placed his seal of approval."

28 Then they asked him, "What must we do to do the works God requires?"

29 Jesus answered, "The work of God is this: to believe in the one he has sent."

30 So they asked him, "What miraculous sign then will you give that we may see it and believe you? What will you do? 31 Our forefathers ate the manna in the desert; as it is written: 'He gave them bread from heaven to eat.' *i*"

32 Jesus said to them, "I tell you the truth, it is not Moses who has given you the bread from heaven, but it is my Father who gives you the true bread from heaven. 33 For the bread of God is he who comes down from heaven and gives life to the world."

34 "Sir," they said, "from now on give us this bread."

35 Then Jesus declared, "I am the bread of life. He who comes to me will never go hungry, and he who believes in me will never be thirsty. 36 But as I told you, you have seen me and still you do not believe. 37 All that the Father gives me will come to me, and whoever comes to me I will never drive away. 38 For I have come down from heaven not to do my will but to do the will of him who sent me. 39 And this is the will of him who sent me, that I shall lose none of all that he has given me, but raise them up at the last day. 40 For my Father's will is that everyone who looks to the Son and believes in him shall have eternal life, and I will raise him up at the last day."

41 At this the Jews began to grumble about him because he said, "I am the bread that came down from heaven." 42 They said, "Is this not Jesus, the son of Joseph, whose father and mother we know? How can he now say, 'I came down from heaven'?"

43 "Stop grumbling among yourselves," Jesus answered. 44 "No one can come to me unless the Father who sent me draws him, and I will raise him up at the last day. 45 It is written in the Prophets: 'They will all be taught by God.' *j* Everyone who listens to the Father and learns from him comes to me. 46 No one has seen the Father except the one who is from God; only he has seen the Father. 47 I tell you the truth, he who believes has everlasting life. 48 I am the bread of life. 49 Your forefathers ate the manna in the desert, yet they died. 50 But here is the bread that comes down from

i31 Exodus 16:4; Neh. 9:15; Psalm 78:24,25   *j45* Isaiah 54:13

50 Este es el pan que desciende del cielo, para que el que de él come, no muera.

51 Yo soy el pan vivo que descendió del cielo; si alguno comiere de este pan, vivirá para siempre; y el pan que yo daré es mi carne, la cual yo daré por la vida del mundo.

52 Entonces los judíos contendían entre sí, diciendo: ¿Cómo puede éste darnos a comer su carne?

53 Jesús les dijo: De cierto, de cierto os digo: Si no coméis la carne del Hijo del Hombre, y bebéis su sangre, no tenéis vida en vosotros.

54 El que come mi carne y bebe mi sangre, tiene vida eterna; y yo le resucitaré en el día postrero.

55 Porque mi carne es verdadera comida, y mi sangre es verdadera bebida.

56 El que come mi carne y bebe mi sangre, en mí permanece, y yo en él.

57 Como me envió el Padre viviente, y yo vivo por el Padre, asimismo el que me come, él también vivirá por mí.

58 Este es el pan que descendió del cielo; no como vuestros padres comieron el maná, y murieron; el que come de este pan, vivirá eternamente.

59 Estas cosas dijo en la sinagoga, enseñando en Capernaum.

Palabras de vida eterna

60 Al oirlas, muchos de sus discípulos dijeron: Dura es esta palabra; ¿quién la puede oir?

61 Sabiendo Jesús en sí mismo que sus discípulos murmuraban de esto, les dijo: ¿Esto os ofende?

62 ¿Pues qué, si viereis al Hijo del Hombre subir adonde estaba primero?

63 El espíritu es el que da vida; la carne para nada aprovecha; las palabras que yo os he hablado son espíritu y son vida.

64 Pero hay algunos de vosotros que no creen. Porque Jesús sabía desde el principio quiénes eran los que no creían, y quién le había de entregar.

65 Y dijo: Por eso os he dicho que ninguno puede venir a mí, si no le fuere dado del Padre.

66 Desde entonces muchos de sus discípulos volvieron atrás, y ya no andaban con él.

67 Dijo entonces Jesús a los doce: ¿Queréis acaso iros también vosotros?

68 Le respondió Simón Pedro: Señor, ¿a quién iremos? Tú tienes palabras de vida eterna.

69 Y nosotros hemos creído y conocemos que tú eres el Cristo, el Hijo del Dios viviente.

70 Jesús les respondió: ¿No os he escogido yo a vosotros los doce, y uno de vosotros es diablo?

71 Hablaba de Judas Iscariote, hijo de Simón; porque éste era el que le iba a entregar, y era uno de los doce.

Incredulidad de los hermanos de Jesús

7 1 Después de estas cosas, andaba Jesús en Galilea; pues no quería andar en Judea, porque los judíos procuraban matarle.

2 Estaba cerca la fiesta de los judíos, la de los tabernáculos;

3 y le dijeron sus hermanos: Sal de aquí, y vete a Judea, para que también tus discípulos vean las obras que haces.

4 Porque ninguno que procura darse a conocer hace algo en secreto. Si estas cosas haces, manifiéstate al mundo.

5 Porque ni aun sus hermanos creían en él.

6 Entonces Jesús les dijo: Mi tiempo aún no ha llegado, mas vuestro tiempo siempre está presto.

heaven, which a man may eat and not die. 51 I am the living bread that came down from heaven. If anyone eats of this bread, he will live forever. This bread is my flesh, which I will give for the life of the world."

52 Then the Jews began to argue sharply among themselves, "How can this man give us his flesh to eat?"

53 Jesus said to them, "I tell you the truth, unless you eat the flesh of the Son of Man and drink his blood, you have no life in you. 54 Whoever eats my flesh and drinks my blood has eternal life, and I will raise him up at the last day. 55 For my flesh is real food and my blood is real drink. 56 Whoever eats my flesh and drinks my blood remains in me, and I in him. 57 Just as the living Father sent me and I live because of the Father, so the one who feeds on me will live because of me. 58 This is the bread that came down from heaven. Your forefathers ate manna and died, but he who feeds on this bread will live forever." 59 He said this while teaching in the synagogue in Capernaum.

Many Disciples Desert Jesus

60 On hearing it, many of his disciples said, "This is a hard teaching. Who can accept it?"

61 Aware that his disciples were grumbling about this, Jesus said to them, "Does this offend you? 62 What if you see the Son of Man ascend to where he was before! 63 The Spirit gives life; the flesh counts for nothing. The words I have spoken to you are spirit^k and they are life. 64 Yet there are some of you who do not believe." For Jesus had known from the beginning which of them did not believe and who would betray him. 65 He went on to say, "This is why I told you that no one can come to me unless the Father has enabled him."

66 From this time many of his disciples turned back and no longer followed him.

67 "You do not want to leave too, do you?" Jesus asked the Twelve.

68 Simon Peter answered him, "Lord, to whom shall we go? You have the words of eternal life. 69 We believe and know that you are the Holy One of God."

70 Then Jesus replied, "Have I not chosen you, the Twelve? Yet one of you is a devil!" 71 (He meant Judas, the son of Simon Iscariot, who, though one of the Twelve, was later to betray him.)

Jesus Goes to the Feast of Tabernacles

7 After this, Jesus went around in Galilee, purposely staying away from Judea because the Jews there were waiting to take his life. 2 But when the Jewish Feast of Tabernacles was near, 3 Jesus' brothers said to him, "You ought to leave here and go to Judea, so that your disciples may see the miracles you do. 4 No one who wants to become a public figure acts in secret. Since you are doing these things, show yourself to the world." 5 For even his own brothers did not believe in him.

6 Therefore Jesus told them, "The right time for me

---

^{k}63 Or *Spirit*

7 No puede el mundo aborreceros a vosotros; mas a mí me aborrece, porque yo testifico de él, que sus obras son malas.

8 Subid vosotros a la fiesta; yo no subo todavía a esa fiesta, porque mi tiempo aún no se ha cumplido.

9 Y habiéndoles dicho esto, se quedó en Galilea.

Jesús en la fiesta de los tabernáculos

10 Pero después que sus hermanos habían subido, entonces él también subió a la fiesta, no abiertamente, sino como en secreto.

11 Y le buscaban los judíos en la fiesta, y decían: ¿Dónde está aquél?

12 Y había gran murmullo acerca de él entre la multitud, pues unos decían: Es bueno; pero otros decían: No, sino que engaña al pueblo.

13 Pero ninguno hablaba abiertamente de él, por miedo a los judíos.

14 Mas a la mitad de la fiesta subió Jesús al templo, y enseñaba.

15 Y se maravillaban los judíos, diciendo: ¿Cómo sabe éste letras, sin haber estudiado?

16 Jesús les respondió y dijo: Mi doctrina no es mía, sino de aquel que me envió.

17 El que quiera hacer la voluntad de Dios, conocerá si la doctrina es de Dios, o si yo hablo por mi propia cuenta.

18 El que habla por su propia cuenta, su propia gloria busca; pero el que busca la gloria del que le envió, éste es verdadero, y no hay en él injusticia.

19 ¿No os dio Moisés la ley, y ninguno de vosotros cumple la ley? ¿Por qué procuráis matarme?

20 Respondió la multitud y dijo: Demonio tienes; ¿quién procura matarte?

21 Jesús respondió y les dijo: Una obra hice, y todos os maravilláis.

22 Por cierto, Moisés os dio la circuncisión (no porque sea de Moisés, sino de los padres); y en el día de reposo * circuncidáis al hombre.

23 Si recibe el hombre la circuncisión en el día de reposo, * para que la ley de Moisés no sea quebrantada, ¿os enojáis conmigo porque en el día de reposo * sané completamente a un hombre?

24 No juzguéis según las apariencias, sino juzgad con justo juicio.

¿Es éste el Cristo?

25 Decían entonces unos de Jerusalén: ¿No es éste a quien buscan para matarle?

26 Pues mirad, habla públicamente, y no le dicen nada. ¿Habrán reconocido en verdad los gobernantes que éste es el Cristo?

27 Pero éste, sabemos de dónde es; mas cuando venga el Cristo, nadie sabrá de dónde sea.

28 Jesús entonces, enseñando en el templo, alzó la voz y dijo: A mí me conocéis, y sabéis de dónde soy; y no he venido de mí mismo, pero el que me envió es verdadero, a quien vosotros no conocéis.

29 Pero yo le conozco, porque de él procedo, y él me envió.

30 Entonces procuraban prenderle; pero ninguno le echó mano, porque aún no había llegado su hora.

31 Y muchos de la multitud creyeron en él, y decían: El Cristo, cuando venga, ¿hará más señales que las que éste hace?

---

has not yet come; for you any time is right. 7 The world cannot hate you, but it hates me because I testify that what it does is evil. 8 You go to the Feast. I am not yet *i* going up to this Feast, because for me the right time has not yet come." 9 Having said this, he stayed in Galilee.

10 However, after his brothers had left for the Feast, he went also, not publicly, but in secret. 11 Now at the Feast the Jews were watching for him and asking, "Where is that man?"

12 Among the crowds there was widespread whispering about him. Some said, "He is a good man."

Others replied, "No, he deceives the people." 13 But no one would say anything publicly about him for fear of the Jews.

Jesus Teaches at the Feast

14 Not until halfway through the Feast did Jesus go up to the temple courts and begin to teach. 15 The Jews were amazed and asked, "How did this man get such learning without having studied?"

16 Jesus answered, "My teaching is not my own. It comes from him who sent me. 17 If anyone chooses to do God's will, he will find out whether my teaching comes from God or whether I speak on my own. 18 He who speaks on his own does so to gain honor for himself, but he who works for the honor of the one who sent him is a man of truth; there is nothing false about him. 19 Has not Moses given you the law? Yet not one of you keeps the law. Why are you trying to kill me?"

20 "You are demon-possessed," the crowd answered. "Who is trying to kill you?"

21 Jesus said to them, "I did one miracle, and you are all astonished. 22 Yet, because Moses gave you circumcision (though actually it did not come from Moses, but from the patriarchs), you circumcise a child on the Sabbath. 23 Now if a child can be circumcised on the Sabbath so that the law of Moses may not be broken, why are you angry with me for healing the whole man on the Sabbath? 24 Stop judging by mere appearances, and make a right judgment."

Is Jesus the Christ?

25 At that point some of the people of Jerusalem began to ask, "Isn't this the man they are trying to kill? 26 Here he is, speaking publicly, and they are not saying a word to him. Have the authorities really concluded that he is the Christ *m*? 27 But we know where this man is from; when the Christ comes, no one will know where he is from."

28 Then Jesus, still teaching in the temple courts, cried out, "Yes, you know me, and you know where I am from. I am not here on my own, but he who sent me is true. You do not know him, 29 but I know him because I am from him and he sent me."

30 At this they tried to seize him, but no one laid a hand on him, because his time had not yet come. 31 Still, many in the crowd put their faith in him. They said, "When the Christ comes, will he do more miraculous signs than this man?"

---

*Aquí equivale a sábado

i 8 Some early manuscripts do not have *yet*.   *m* 26 Or *Messiah*; also in verses 27, 31, 41 and 42

Los fariseos envían alguaciles para prender a Jesús

32 Los fariseos oyeron a la gente que murmuraba de él estas cosas; y los principales sacerdotes y los fariseos enviaron alguaciles para que le prendiesen.

33 Entonces Jesús dijo: Todavía un poco de tiempo estaré con vosotros, e iré al que me envió.

34 Me buscaréis, y no me hallaréis; y a donde yo estaré, vosotros no podréis venir.

35 Entonces los judíos dijeron entre sí: ¿Adónde se irá éste, que no le hallemos? ¿Se irá a los dispersos entre los griegos, y enseñará a los griegos?

36 ¿Qué significa esto que dijo: Me buscaréis, y no me hallaréis; y a donde yo estaré, vosotros no podréis venir?

Ríos de agua viva

37 En el último y gran día de la fiesta, Jesús se puso en pie y alzó la voz, diciendo: Si alguno tiene sed, venga a mí y beba.

38 El que cree en mí, como dice la Escritura, de su interior correrán ríos de agua viva.

39 Esto dijo del Espíritu que habían de recibir los que creyesen en él; pues aún no había venido el Espíritu Santo, porque Jesús no había sido aún glorificado.

División entre la gente

40 Entonces algunos de la multitud, oyendo estas palabras, decían: Verdaderamente éste es el profeta.

41 Otros decían: Este es el Cristo. Pero algunos decían: ¿De Galilea ha de venir el Cristo?

42 ¿No dice la Escritura que del linaje de David, y de la aldea de Belén, de donde era David, ha de venir el Cristo?

43 Hubo entonces disensión entre la gente a causa de él.

44 Y algunos de ellos querían prenderle; pero ninguno le echó mano.

¡Nunca ha hablado hombre así!

45 Los alguaciles vinieron a los principales sacerdotes y a los fariseos; y éstos les dijeron: ¿Por qué no le habéis traído?

46 Los alguaciles respondieron: ¡Jamás hombre alguno ha hablado como este hombre!

47 Entonces los fariseos les respondieron: ¿También vosotros habéis sido engañados?

48 ¿Acaso ha creído en él alguno de los gobernantes, o de los fariseos?

49 Mas esta gente que no sabe la ley, maldita es.

50 Les dijo Nicodemo, el que vino a él de noche, el cual era uno de ellos:

51 ¿Juzga acaso nuestra ley a un hombre si primero no le oye, y sabe lo que ha hecho?

52 Respondieron y le dijeron: ¿Eres tú también galileo? Escudriña y ve que de Galilea nunca se ha levantado profeta.

La mujer adúltera

53 Cada uno se fue a su casa;

8 1 y Jesús se fue al monte de los Olivos.

2 Y por la mañana volvió al templo, y todo el pueblo vino a él; y sentado él, les enseñaba.

3 Entonces los escribas y los fariseos le trajeron una mujer sorprendida en adulterio; y poniéndola en medio,

32 The Pharisees heard the crowd whispering such things about him. Then the chief priests and the Pharisees sent temple guards to arrest him.

33 Jesus said, "I am with you for only a short time, and then I go to the one who sent me. 34 You will look for me, but you will not find me; and where I am, you cannot come."

35 The Jews said to one another, "Where does this man intend to go that we cannot find him? Will he go where our people live scattered among the Greeks, and teach the Greeks? 36 What did he mean when he said, 'You will look for me, but you will not find me,' and 'Where I am, you cannot come'?"

37 On the last and greatest day of the Feast, Jesus stood and said in a loud voice, "If anyone is thirsty, let him come to me and drink. 38 Whoever believes in me, as[n] the Scripture has said, streams of living water will flow from within him." 39 By this he meant the Spirit, whom those who believed in him were later to receive. Up to that time the Spirit had not been given, since Jesus had not yet been glorified.

40 On hearing his words, some of the people said, "Surely this man is the Prophet."

41 Others said, "He is the Christ."

Still others asked, "How can the Christ come from Galilee? 42 Does not the Scripture say that the Christ will come from David's family[o] and from Bethlehem, the town where David lived?" 43 Thus the people were divided because of Jesus. 44 Some wanted to seize him, but no one laid a hand on him.

Unbelief of the Jewish Leaders

45 Finally the temple guards went back to the chief priests and Pharisees, who asked them, "Why didn't you bring him in?"

46 "No one ever spoke the way this man does," the guards declared.

47 "You mean he has deceived you also?" the Pharisees retorted. 48 "Has any of the rulers or of the Pharisees believed in him? 49 No! But this mob that knows nothing of the law—there is a curse on them."

50 Nicodemus, who had gone to Jesus earlier and who was one of their own number, asked, 51 "Does our law condemn anyone without first hearing him to find out what he is doing?"

52 They replied, "Are you from Galilee, too? Look into it, and you will find that a prophet[p] does not come out of Galilee."

[The earliest manuscripts and many other ancient witnesses do not have John 7:53–8:11.]

53 Then each went to his own home.

8 But Jesus went to the Mount of Olives. 2 At dawn he appeared again in the temple courts, where all the people gathered around him, and he sat down to teach them. 3 The teachers of the law and the Pharisees

---

n 37,38 Or / If anyone is thirsty, let him come to me. / And let him drink, 38 who believes in me. / As   o 42 Greek seed
p 52 Two early manuscripts the Prophet

4 le dijeron: Maestro, esta mujer ha sido sorprendida en el acto mismo de adulterio. 5 Y en la ley nos mandó Moisés apedrear a tales mujeres. Tú, pues, ¿qué dices? 6 Mas esto decían tentándole, para poder acusarle. Pero Jesús, inclinado hacia el suelo, escribía en tierra con el dedo. 7 Y como insistieran en preguntarle, se enderezó y les dijo: El que de vosotros esté sin pecado sea el primero en arrojar la piedra contra ella. 8 E inclinándose de nuevo hacia el suelo, siguió escribiendo en tierra. 9 Pero ellos, al oir esto, acusados por su conciencia, salían uno a uno, comenzando desde los más viejos hasta los postreros; y quedó solo Jesús, y la mujer que estaba en medio. 10 Enderezándose Jesús, y no viendo a nadie sino a la mujer, le dijo: Mujer, ¿dónde están los que te acusaban? ¿Ninguno te condenó? 11 Ella dijo: Ninguno, Señor. Entonces Jesús le dijo: Ni yo te condeno; vete, y no peques más.

Jesús, la luz del mundo

12 Otra vez Jesús les habló, diciendo: Yo soy la luz del mundo; el que me sigue, no andará en tinieblas, sino que tendrá la luz de la vida. 13 Entonces los fariseos le dijeron: Tú das testimonio acerca de ti mismo; tu testimonio no es verdadero. 14 Respondió Jesús y les dijo: Aunque yo doy testimonio acerca de mí mismo, mi testimonio es verdadero, porque sé de dónde he venido y a dónde voy; pero vosotros no sabéis de dónde vengo, ni a dónde voy. 15 Vosotros juzgáis según la carne; yo no juzgo a nadie. 16 Y si yo juzgo, mi juicio es verdadero; porque no soy yo solo, sino yo y el que me envió, el Padre. 17 Y en vuestra ley está escrito que el testimonio de dos hombres es verdadero. 18 Yo soy el que doy testimonio de mí mismo, y el Padre que me envió da testimonio de mí. 19 Ellos le dijeron: ¿Dónde está tu Padre? Respondió Jesús: Ni a mí me conocéis, ni a mi Padre; si a mí me conocieseis, también a mi Padre conoceríais. 20 Estas palabras habló Jesús en el lugar de las ofrendas, enseñando en el templo; y nadie le prendió, porque aún no había llegado su hora.

A donde yo voy, vosotros no podéis venir

21 Otra vez les dijo Jesús: Yo me voy, y me buscaréis, pero en vuestro pecado moriréis; a donde yo voy, vosotros no podéis venir. 22 Decían entonces los judíos: ¿Acaso se matará a sí mismo, que dice: A donde yo voy, vosotros no podéis venir? 23 Y les dijo: Vosotros sois de abajo, yo soy de arriba; vosotros sois de este mundo, yo no soy de este mundo. 24 Por eso os dije que moriréis en vuestros pecados; porque si no creéis que yo soy, en vuestros pecados moriréis. 25 Entonces le dijeron: ¿Tú quién eres? Entonces Jesús les dijo: Lo que desde el principio os he dicho. 26 Muchas cosas tengo que decir y juzgar de vosotros; pero el que me envió es verdadero; y yo, lo que he oído de él, esto hablo al mundo. 27 Pero no entendieron que les hablaba del Padre. 28 Les dijo, pues, Jesús: Cuando hayáis levantado al Hijo del Hombre, entonces conoceréis que yo soy, y que nada hago por mí mismo, sino que según me enseñó el Padre, así hablo.

brought in a woman caught in adultery. They made her stand before the group 4 and said to Jesus, "Teacher, this woman was caught in the act of adultery. 5 In the Law Moses commanded us to stone such women. Now what do you say?" 6 They were using this question as a trap, in order to have a basis for accusing him.

But Jesus bent down and started to write on the ground with his finger. 7 When they kept on questioning him, he straightened up and said to them, "If any one of you is without sin, let him be the first to throw a stone at her." 8 Again he stooped down and wrote on the ground.

9 At this, those who heard began to go away one at a time, the older ones first, until only Jesus was left, with the woman still standing there. 10 Jesus straightened up and asked her, "Woman, where are they? Has no one condemned you?"

11 "No one, sir," she said.

"Then neither do I condemn you," Jesus declared. "Go now and leave your life of sin."

The Validity of Jesus' Testimony

12 When Jesus spoke again to the people, he said, "I am the light of the world. Whoever follows me will never walk in darkness, but will have the light of life." 13 The Pharisees challenged him, "Here you are, appearing as your own witness; your testimony is not valid."

14 Jesus answered, "Even if I testify on my own behalf, my testimony is valid, for I know where I came from and where I am going. But you have no idea where I come from or where I am going. 15 You judge by human standards; I pass judgment on no one. 16 But if I do judge, my decisions are right, because I am not alone. I stand with the Father, who sent me. 17 In your own Law it is written that the testimony of two men is valid. 18 I am one who testifies for myself; my other witness is the Father, who sent me."

19 Then they asked him, "Where is your father?"

"You do not know me or my Father," Jesus replied. "If you knew me, you would know my Father also." 20 He spoke these words while teaching in the temple area near the place where the offerings were put. Yet no one seized him, because his time had not yet come.

21 Once more Jesus said to them, "I am going away, and you will look for me, and you will die in your sin. Where I go, you cannot come."

22 This made the Jews ask, "Will he kill himself? Is that why he says, 'Where I go, you cannot come'?"

23 But he continued, "You are from below; I am from above. You are of this world; I am not of this world. 24 I told you that you would die in your sins; if you do not believe that I am ˌthe one I claim to be,ˌ q you will indeed die in your sins."

25 "Who are you?" they asked.

"Just what I have been claiming all along," Jesus replied. 26 "I have much to say in judgment of you. But he who sent me is reliable, and what I have heard from him I tell the world."

27 They did not understand that he was telling them about his Father. 28 So Jesus said, "When you have lifted up the Son of Man, then you will know that I am ˌthe one I claim to be,ˌ and that I do nothing on my own but speak just what the Father has taught me. 29 The

q24 Or *I am he*; also in verse 28

29 Porque el que me envió, conmigo está; no me ha dejado solo el Padre, porque yo hago siempre lo que le agrada. 30 Hablando él estas cosas, muchos creyeron en él.

La verdad os hará libres

31 Dijo entonces Jesús a los judíos que habían creído en él: Si vosotros permaneciereis en mi palabra, seréis verdaderamente mis discípulos;

32 y conoceréis la verdad, y la verdad os hará libres.

33 Le respondieron: Linaje de Abraham somos, y jamás hemos sido esclavos de nadie. ¿Cómo dices tú: Seréis libres?

34 Jesús les respondió: De cierto, de cierto os digo, que todo aquel que hace pecado, esclavo es del pecado.

35 Y el esclavo no queda en la casa para siempre; el hijo sí queda para siempre.

36 Así que, si el Hijo os libertare, seréis verdaderamente libres.

37 Sé que sois descendientes de Abraham; pero procuráis matarme, porque mi palabra no halla cabida en vosotros.

38 Yo hablo lo que he visto cerca del Padre; y vosotros hacéis lo que habéis oído cerca de vuestro padre.

Sois de vuestro padre el diablo

39 Respondieron y le dijeron: Nuestro padre es Abraham. Jesús les dijo: Si fueseis hijos de Abraham, las obras de Abraham haríais.

40 Pero ahora procuráis matarme a mí, hombre que os he hablado la verdad, la cual he oído de Dios; no hizo esto Abraham.

41 Vosotros hacéis las obras de vuestro padre. Entonces le dijeron: Nosotros no somos nacidos de fornicación; un padre tenemos, que es Dios.

42 Jesús entonces les dijo: Si vuestro padre fuese Dios, ciertamente me amaríais; porque yo de Dios he salido, y he venido; pues no he venido de mí mismo, sino que él me envió.

43 ¿Por qué no entendéis mi lenguaje? Porque no podéis escuchar mi palabra.

44 Vosotros sois de vuestro padre el diablo, y los deseos de vuestro padre queréis hacer. El ha sido homicida desde el principio, y no ha permanecido en la verdad, porque no hay verdad en él. Cuando habla mentira, de suyo habla; porque es mentiroso, y padre de mentira.

45 Y a mí, porque digo la verdad, no me creéis.

46 ¿Quién de vosotros me redarguye de pecado? Pues si digo la verdad, ¿por qué vosotros no me creéis?

47 El que es de Dios, las palabras de Dios oye; por esto no las oís vosotros, porque no sois de Dios.

La preexistencia de Cristo

48 Respondieron entonces los judíos, y le dijeron: ¿No decimos bien nosotros, que tú eres samaritano, y que tienes demonio?

49 Respondió Jesús: Yo no tengo demonio, antes honro a mi Padre; y vosotros me deshonráis.

50 Pero yo no busco mi gloria; hay quien la busca, y juzga.

51 De cierto, de cierto os digo, que el que guarda mi palabra, nunca verá muerte.

52 Entonces los judíos le dijeron: Ahora conocemos que tienes demonio. Abraham murió, y los profetas; y tú dices: El que guarda mi palabra, nunca sufrirá muerte.

53 ¿Eres tú acaso mayor que nuestro padre Abraham, el cual murió? ¡Y los profetas murieron! ¿Quién te haces a ti mismo?

54 Respondió Jesús: Si yo me glorifico a mí mismo, mi gloria nada es; mi Padre es el que me glorifica, el que vosotros decís que es vuestro Dios.

one who sent me is with me; he has not left me alone, for I always do what pleases him." 30 Even as he spoke, many put their faith in him.

The Children of Abraham

31 To the Jews who had believed him, Jesus said, "If you hold to my teaching, you are really my disciples. 32 Then you will know the truth, and the truth will set you free."

33 They answered him, "We are Abraham's descendants[r] and have never been slaves of anyone. How can you say that we shall be set free?"

34 Jesus replied, "I tell you the truth, everyone who sins is a slave to sin. 35 Now a slave has no permanent place in the family, but a son belongs to it forever. 36 So if the Son sets you free, you will be free indeed. 37 I know you are Abraham's descendants. Yet you are ready to kill me, because you have no room for my word. 38 I am telling you what I have seen in the Father's presence,[s] and you do what you have heard from your father.[t]

39 "Abraham is our father," they answered.

"If you were Abraham's children," said Jesus, "then you would[t] do the things Abraham did. 40 As it is, you are determined to kill me, a man who has told you the truth that I heard from God. Abraham did not do such things. 41 You are doing the things your own father does."

"We are not illegitimate children," they protested. "The only Father we have is God himself."

The Children of the Devil

42 Jesus said to them, "If God were your Father, you would love me, for I came from God and now am here. I have not come on my own; but he sent me. 43 Why is my language not clear to you? Because you are unable to hear what I say. 44 You belong to your father, the devil, and you want to carry out your father's desire. He was a murderer from the beginning, not holding to the truth, for there is no truth in him. When he lies, he speaks his native language, for he is a liar and the father of lies. 45 Yet because I tell the truth, you do not believe me! 46 Can any of you prove me guilty of sin? If I am telling the truth, why don't you believe me? 47 He who belongs to God hears what God says. The reason you do not hear is that you do not belong to God."

The Claims of Jesus About Himself

48 The Jews answered him, "Aren't we right in saying that you are a Samaritan and demon-possessed?"

49 "I am not possessed by a demon," said Jesus, "but I honor my Father and you dishonor me. 50 I am not seeking glory for myself; but there is one who seeks it, and he is the judge. 51 I tell you the truth, if anyone keeps my word, he will never see death."

52 At this the Jews exclaimed, "Now we know that you are demon-possessed! Abraham died and so did the prophets, yet you say that if anyone keeps your word, he will never taste death. 53 Are you greater than our father Abraham? He died, and so did the prophets. Who do you think you are?"

54 Jesus replied, "If I glorify myself, my glory means nothing. My Father, whom you claim as your God, is

---

[r]33 Greek seed; also in verse 37 [s]38 Or presence. Therefore do what you have heard from the Father. [t]39 Some early manuscripts "If you are Abraham's children," said Jesus, "then

55 Pero vosotros no le conocéis; mas yo le conozco, y si dijere que no le conozco, sería mentiroso como vosotros; pero le conozco, y guardo su palabra.

56 Abraham vuestro padre se gozó de que había de ver mi día; y lo vio, y se gozó.

57 Entonces le dijeron los judíos: Aún no tienes cincuenta años, ¿y has visto a Abraham?

58 Jesús les dijo: De cierto, de cierto os digo: Antes que Abraham fuese, yo soy.

59 Tomaron entonces piedras para arrojárselas; pero Jesús se escondió y salió del templo; y atravesando por en medio de ellos, se fue.

Jesús sana a un ciego de nacimiento

9 1 Al pasar Jesús, vio a un hombre ciego de nacimiento. 2 Y le preguntaron sus discípulos, diciendo: Rabí, ¿quién pecó, éste o sus padres, para que haya nacido ciego? 3 Respondió Jesús: No es que pecó éste, ni sus padres, sino para que las obras de Dios se manifiesten en él.

4 Me es necesario hacer las obras del que me envió, entre tanto que el día dura; la noche viene, cuando nadie puede trabajar.

5 Entre tanto que estoy en el mundo, luz soy del mundo.

6 Dicho esto, escupió en tierra, e hizo lodo con la saliva, y untó con el lodo los ojos del ciego,

7 y le dijo: Vé a lavarte en el estanque de Siloé (que traducido es, Enviado). Fue entonces, y se lavó, y regresó viendo.

8 Entonces los vecinos, y los que antes le habían visto que era ciego, decían: ¿No es éste el que se sentaba y mendigaba?

9 Unos decían: El es; y otros: A él se parece. El decía: Yo soy.

10 Y le dijeron: ¿Cómo te fueron abiertos los ojos?

11 Respondió él y dijo: Aquel hombre que se llama Jesús hizo lodo, me untó los ojos, y me dijo: Vé al Siloé, y lávate; y fui, y me lavé, y recibí la vista.

12 Entonces le dijeron: ¿Dónde está él? El dijo: No sé.

Los fariseos interrogan al ciego sanado

13 Llevaron ante los fariseos al que había sido ciego.

14 Y era día de reposo * cuando Jesús había hecho el lodo, y le había abierto los ojos.

15 Volvieron, pues, a preguntarle también los fariseos cómo había recibido la vista. El les dijo: Me puso lodo sobre los ojos, y me lavé, y veo.

16 Entonces algunos de los fariseos decían: Ese hombre no procede de Dios, porque no guarda el día de reposo. * Otros decían: ¿Cómo puede un hombre pecador hacer estas señales? Y había disensión entre ellos.

17 Entonces volvieron a decirle al ciego: ¿Qué dices tú del que te abrió los ojos? Y él dijo: Que es profeta.

18 Pero los judíos no creían que él había sido ciego, y que había recibido la vista, hasta que llamaron a los padres del que había recibido la vista,

19 y les preguntaron, diciendo: ¿Es éste vuestro hijo, el que vosotros decís que nació ciego? ¿Cómo, pues, ve ahora?

20 Sus padres respondieron y les dijeron: Sabemos que éste es nuestro hijo, y que nació ciego;

21 pero cómo vea ahora, no lo sabemos; o quién le haya abierto los ojos, nosotros tampoco lo sabemos; edad tiene, preguntadle a él; él hablará por sí mismo.

*Aquí equivale a *sábado*

---

the one who glorifies me. 55 Though you do not know him, I know him. If I said I did not, I would be a liar like you, but I do know him and keep his word. 56 Your father Abraham rejoiced at the thought of seeing my day; he saw it and was glad."

57 "You are not yet fifty years old," the Jews said to him, "and you have seen Abraham!"

58 "I tell you the truth," Jesus answered, "before Abraham was born, I am!" 59 At this, they picked up stones to stone him, but Jesus hid himself, slipping away from the temple grounds.

Jesus Heals a Man Born Blind

9 As he went along, he saw a man blind from birth. 2 His disciples asked him, "Rabbi, who sinned, this man or his parents, that he was born blind?"

3 "Neither this man nor his parents sinned," said Jesus, "but this happened so that the work of God might be displayed in his life. 4 As long as it is day, we must do the work of him who sent me. Night is coming, when no one can work. 5 While I am in the world, I am the light of the world."

6 Having said this, he spit on the ground, made some mud with the saliva, and put it on the man's eyes. 7 "Go," he told him, "wash in the Pool of Siloam" (this word means Sent). So the man went and washed, and came home seeing.

8 His neighbors and those who had formerly seen him begging asked, "Isn't this the same man who used to sit and beg?" 9 Some claimed that he was.

Others said, "No, he only looks like him."

But he himself insisted, "I am the man."

10 "How then were your eyes opened?" they demanded.

11 He replied, "The man they call Jesus made some mud and put it on my eyes. He told me to go to Siloam and wash. So I went and washed, and then I could see."

12 "Where is this man?" they asked him.

"I don't know," he said.

The Pharisees Investigate the Healing

13 They brought to the Pharisees the man who had been blind. 14 Now the day on which Jesus had made the mud and opened the man's eyes was a Sabbath. 15 Therefore the Pharisees also asked him how he had received his sight. "He put mud on my eyes," the man replied, "and I washed, and now I see."

16 Some of the Pharisees said, "This man is not from God, for he does not keep the Sabbath."

But others asked, "How can a sinner do such miraculous signs?" So they were divided.

17 Finally they turned again to the blind man, "What have you to say about him? It was your eyes he opened."

The man replied, "He is a prophet."

18 The Jews still did not believe that he had been blind and had received his sight until they sent for the man's parents. 19 "Is this your son?" they asked. "Is this the one you say was born blind? How is it that now he can see?"

20 "We know he is our son," the parents answered, "and we know he was born blind. 21 But how he can see now, or who opened his eyes, we don't know. Ask him. He is of age; he will speak for himself." 22 His

22 Esto dijeron sus padres, porque tenían miedo de los judíos, por cuanto los judíos ya habían acordado que si alguno confesase que Jesús era el Mesías, fuera expulsado de la sinagoga.

23 Por eso dijeron sus padres: Edad tiene, preguntadle a él.

24 Entonces volvieron a llamar al hombre que había sido ciego, y le dijeron: Da gloria a Dios; nosotros sabemos que ese hombre es pecador.

25 Entonces él respondió y dijo: Si es pecador, no lo sé; una cosa sé, que habiendo yo sido ciego, ahora veo.

26 Le volvieron a decir: ¿Qué te hizo? ¿Cómo te abrió los ojos?

27 El les respondió: Ya os lo he dicho, y no habéis querido oir; ¿por qué lo queréis oir otra vez? ¿Queréis también vosotros haceros sus discípulos?

28 Y le injuriaron, y dijeron: Tú eres su discípulo; pero nosotros, discípulos de Moisés somos.

29 Nosotros sabemos que Dios ha hablado a Moisés; pero respecto a ése, no sabemos de dónde sea.

30 Respondió el hombre, y les dijo: Pues esto es lo maravilloso, que vosotros no sepáis de dónde sea, y a mí me abrió los ojos.

31 Y sabemos que Dios no oye a los pecadores; pero si alguno es temeroso de Dios, y hace su voluntad, a ése oye.

32 Desde el principio no se ha oído decir que alguno abriese los ojos a uno que nació ciego.

33 Si éste no viniera de Dios, nada podría hacer.

34 Respondieron y le dijeron: Tú naciste del todo en pecado, ¿y nos enseñas a nosotros? Y le expulsaron.

Ceguera espiritual

35 Oyó Jesús que le habían expulsado; y hallándole, le dijo: ¿Crees tú en el Hijo de Dios?

36 Respondió él y dijo: ¿Quién es, Señor, para que crea en él?

37 Le dijo Jesús: Pues le has visto, y el que habla contigo, él es.

38 Y él dijo: Creo, Señor; y le adoró.

39 Dijo Jesús: Para juicio he venido yo a este mundo; para que los que no ven, vean, y los que ven, sean cegados.

40 Entonces algunos de los fariseos que estaban con él, al oir esto, le dijeron: ¿Acaso nosotros somos también ciegos?

41 Jesús les respondió: Si fuerais ciegos, no tendríais pecado; mas ahora, porque decís: Vemos, vuestro pecado permanece.

Parábola del redil

10 1 De cierto, de cierto os digo: El que no entra por la puerta en el redil de las ovejas, sino que sube por otra parte, ése es ladrón y salteador.

2 Mas el que entra por la puerta, el pastor de las ovejas es.

3 A éste abre el portero, y las ovejas oyen su voz; y a sus ovejas llama por nombre, y las saca.

4 Y cuando ha sacado fuera todas las propias, va delante de ellas; y las ovejas le siguen, porque conocen su voz.

5 Mas al extraño no seguirán, sino huirán de él, porque no conocen la voz de los extraños.

6 Esta alegoría les dijo Jesús; pero ellos no entendieron qué era lo que les decía.

Jesús, el buen pastor

7 Volvió, pues, Jesús a decirles: De cierto, de cierto os digo: Yo soy la puerta de las ovejas.

---

parents said this because they were afraid of the Jews, for already the Jews had decided that anyone who acknowledged that Jesus was the Christ u would be put out of the synagogue. 23 That was why his parents said, "He is of age; ask him."

24 A second time they summoned the man who had been blind. "Give glory to God, v" they said. "We know this man is a sinner."

25 He replied, "Whether he is a sinner or not, I don't know. One thing I do know. I was blind but now I see!"

26 Then they asked him, "What did he do to you? How did he open your eyes?"

27 He answered, "I have told you already and you did not listen. Why do you want to hear it again? Do you want to become his disciples, too?"

28 Then they hurled insults at him and said, "You are this fellow's disciple! We are disciples of Moses! 29 We know that God spoke to Moses, but as for this fellow, we don't even know where he comes from."

30 The man answered, "Now that is remarkable! You don't know where he comes from, yet he opened my eyes. 31 We know that God does not listen to sinners. He listens to the godly man who does his will. 32 Nobody has ever heard of opening the eyes of a man born blind. 33 If this man were not from God, he could do nothing."

34 To this they replied, "You were steeped in sin at birth; how dare you lecture us!" And they threw him out.

Spiritual Blindness

35 Jesus heard that they had thrown him out, and when he found him, he said, "Do you believe in the Son of Man?"

36 "Who is he, sir?" the man asked. "Tell me so that I may believe in him."

37 Jesus said, "You have now seen him; in fact, he is the one speaking with you."

38 Then the man said, "Lord, I believe," and he worshiped him.

39 Jesus said, "For judgment I have come into this world, so that the blind will see and those who see will become blind."

40 Some Pharisees who were with him heard him say this and asked, "What? Are we blind too?"

41 Jesus said, "If you were blind, you would not be guilty of sin; but now that you claim you can see, your guilt remains.

The Shepherd and His Flock

10 "I tell you the truth, the man who does not enter the sheep pen by the gate, but climbs in by some other way, is a thief and a robber. 2 The man who enters by the gate is the shepherd of his sheep. 3 The watchman opens the gate for him, and the sheep listen to his voice. He calls his own sheep by name and leads them out. 4 When he has brought out all his own, he goes on ahead of them, and his sheep follow him because they know his voice. 5 But they will never follow a stranger; in fact, they will run away from him because they do not recognize a stranger's voice." 6 Jesus used this figure of speech, but they did not understand what he was telling them.

7 Therefore Jesus said again, "I tell you the truth, I

u22 Or Messiah　　v24 A solemn charge to tell the truth (see Joshua 7:19)

8 Todos los que antes de mí vinieron, ladrones son y salteadores; pero no los oyeron las ovejas.

9 Yo soy la puerta; el que por mí entrare, será salvo; y entrará, y saldrá, y hallará pastos.

10 El ladrón no viene sino para hurtar y matar y destruir; yo he venido para que tengan vida, y para que la tengan en abundancia.

11 Yo soy el buen pastor; el buen pastor su vida da por las ovejas.

12 Mas el asalariado, y que no es el pastor, de quien no son propias las ovejas, ve venir al lobo y deja las ovejas y huye, y el lobo arrebata las ovejas y las dispersa.

13 Así que el asalariado huye, porque es asalariado, y no le importan las ovejas.

14 Yo soy el buen pastor; y conozco mis ovejas, y las mías me conocen,

15 así como el Padre me conoce, y yo conozco al Padre; y pongo mi vida por las ovejas.

16 También tengo otras ovejas que no son de este redil; aquéllas también debo traer, y oirán mi voz; y habrá un rebaño, y un pastor.

17 Por eso me ama el Padre, porque yo pongo mi vida, para volverla a tomar.

18 Nadie me la quita, sino que yo de mí mismo la pongo. Tengo poder para ponerla, y tengo poder para volverla a tomar. Este mandamiento recibí de mi Padre.

19 Volvió a haber disensión entre los judíos por estas palabras.

20 Muchos de ellos decían: Demonio tiene, y está fuera de sí; ¿por qué le oís?

21 Decían otros: Estas palabras no son de endemoniado. ¿Puede acaso el demonio abrir los ojos de los ciegos?

Los judíos rechazan a Jesús

22 Celebrábase en Jerusalén la fiesta de la dedicación. Era invierno,

23 y Jesús andaba en el templo por el pórtico de Salomón.

24 Y le rodearon los judíos y le dijeron: ¿Hasta cuándo nos turbarás el alma? Si tú eres el Cristo, dínoslo abiertamente.

25 Jesús les respondió: Os lo he dicho, y no creéis; las obras que yo hago en nombre de mi Padre, ellas dan testimonio de mí;

26 pero vosotros no creéis, porque no sois de mis ovejas, como os he dicho.

27 Mis ovejas oyen mi voz, y yo las conozco, y me siguen,

28 y yo les doy vida eterna; y no perecerán jamás, ni nadie las arrebatará de mi mano.

29 Mi Padre que me las dio, es mayor que todos, y nadie las puede arrebatar de la mano de mi Padre.

30 Yo y el Padre uno somos.

31 Entonces los judíos volvieron a tomar piedras para apedrearle.

32 Jesús les respondió: Muchas buenas obras os he mostrado de mi Padre; ¿por cuál de ellas me apedreáis?

33 Le respondieron los judíos, diciendo: Por buena obra no te apedreamos, sino por la blasfemia; porque tú, siendo hombre, te haces Dios.

34 Jesús les respondió: ¿No está escrito en vuestra ley: Yo dije, dioses sois?

35 Si llamó dioses a aquellos a quienes vino la palabra de Dios (y la Escritura no puede ser quebrantada),

36 ¿al que el Padre santificó y envió al mundo, vosotros decís: Tú blasfemas, porque dije: Hijo de Dios soy?

37 Si no hago las obras de mi Padre, no me creáis.

38 Mas si las hago, aunque no me creáis a mí, creed a las obras, para que conozcáis y creáis que el Padre está en mí, y yo en el Padre.

---

am the gate for the sheep. 8All who ever came before me were thieves and robbers, but the sheep did not listen to them. 9I am the gate; whoever enters through me will be saved. w He will come in and go out, and find pasture. 10The thief comes only to steal and kill and destroy; I have come that they may have life, and have it to the full.

11 "I am the good shepherd. The good shepherd lays down his life for the sheep. 12The hired hand is not the shepherd who owns the sheep. So when he sees the wolf coming, he abandons the sheep and runs away. Then the wolf attacks the flock and scatters it. 13The man runs away because he is a hired hand and cares nothing for the sheep.

14 "I am the good shepherd; I know my sheep and my sheep know me — 15just as the Father knows me and I know the Father — and I lay down my life for the sheep. 16I have other sheep that are not of this sheep pen. I must bring them also. They too will listen to my voice, and there shall be one flock and one shepherd. 17The reason my Father loves me is that I lay down my life — only to take it up again. 18No one takes it from me, but I lay it down of my own accord. I have authority to lay it down and authority to take it up again. This command I received from my Father."

19 At these words the Jews were again divided. 20Many of them said, "He is demon-possessed and raving mad. Why listen to him?"

21 But others said, "These are not the sayings of a man possessed by a demon. Can a demon open the eyes of the blind?"

The Unbelief of the Jews

22 Then came the Feast of Dedication x at Jerusalem. It was winter, 23and Jesus was in the temple area walking in Solomon's Colonnade. 24The Jews gathered around him, saying, "How long will you keep us in suspense? If you are the Christ, y tell us plainly."

25 Jesus answered, "I did tell you, but you do not believe. The miracles I do in my Father's name speak for me, 26but you do not believe because you are not my sheep. 27My sheep listen to my voice; I know them, and they follow me. 28I give them eternal life, and they shall never perish; no one can snatch them out of my hand. 29My Father, who has given them to me, is greater than all z; no one can snatch them out of my Father's hand. 30I and the Father are one."

31 Again the Jews picked up stones to stone him, 32but Jesus said to them, "I have shown you many great miracles from the Father. For which of these do you stone me?"

33 "We are not stoning you for any of these," replied the Jews, "but for blasphemy, because you, a mere man, claim to be God."

34 Jesus answered them, "Is it not written in your Law, 'I have said you are gods' a? 35If he called them 'gods,' to whom the word of God came — and the Scripture cannot be broken — 36what about the one whom the Father set apart as his very own and sent into the world? Why then do you accuse me of blasphemy because I said, 'I am God's Son'? 37Do not believe me unless I do what my Father does. 38But if I do it, even though you do not believe me, believe the miracles, that you may know and understand that the

---

w9 Or kept safe   x22 That is, Hanukkah   y24 Or Messiah
z29 Many early manuscripts What my Father has given me is greater than all   a34 Psalm 82:6

³⁹Procuraron otra vez prenderle, pero él se escapó de sus manos.

⁴⁰Y se fue de nuevo al otro lado del Jordán, al lugar donde primero había estado bautizando Juan; y se quedó allí.

⁴¹Y muchos venían a él, y decían: Juan, a la verdad, ninguna señal hizo; pero todo lo que Juan dijo de éste, era verdad.

⁴²Y muchos creyeron en él allí.

Muerte de Lázaro

11 ¹Estaba entonces enfermo uno llamado Lázaro, de Betania, la aldea de María y de Marta su hermana. ²(María, cuyo hermano Lázaro estaba enfermo, fue la que ungió al Señor con perfume, y le enjugó los pies con sus cabellos.)

³Enviaron, pues, las hermanas para decir a Jesús: Señor, he aquí el que amas está enfermo.

⁴Oyéndolo Jesús, dijo: Esta enfermedad no es para muerte, sino para la gloria de Dios, para que el Hijo de Dios sea glorificado por ella.

⁵Y amaba Jesús a Marta, a su hermana y a Lázaro.

⁶Cuando oyó, pues, que estaba enfermo, se quedó dos días más en el lugar donde estaba.

⁷Luego, después de esto, dijo a los discípulos: Vamos a Judea otra vez.

⁸Le dijeron los discípulos: Rabí, ahora procuraban los judíos apedrearte, ¿y otra vez vas allá?

⁹Respondió Jesús: ¿No tiene el día doce horas? El que anda de día, no tropieza, porque ve la luz de este mundo;

¹⁰pero el que anda de noche, tropieza, porque no hay luz en él.

¹¹Dicho esto, les dijo después: Nuestro amigo Lázaro duerme; mas voy para despertarle.

¹²Dijeron entonces sus discípulos: Señor, si duerme, sanará.

¹³Pero Jesús decía esto de la muerte de Lázaro; y ellos pensaron que hablaba del reposar del sueño.

¹⁴Entonces Jesús les dijo claramente: Lázaro ha muerto;

¹⁵y me alegro por vosotros, de no haber estado allí, para que creáis; mas vamos a él.

¹⁶Dijo entonces Tomás, llamado Dídimo, a sus condiscípulos: Vamos también nosotros, para que muramos con él.

Jesús, la resurrección y la vida

¹⁷Vino, pues, Jesús, y halló que hacía ya cuatro días que Lázaro estaba en el sepulcro.

¹⁸Betania estaba cerca de Jerusalén, como a quince estadios;

¹⁹y muchos de los judíos habían venido a Marta y a María, para consolarlas por su hermano.

²⁰Entonces Marta, cuando oyó que Jesús venía, salió a encontrarle; pero María se quedó en casa.

²¹Y Marta dijo a Jesús: Señor, si hubieses estado aquí, mi hermano no habría muerto.

²²Mas también sé ahora que todo lo que pidas a Dios, Dios te lo dará.

²³Jesús le dijo: Tu hermano resucitará.

²⁴Marta le dijo: Yo sé que resucitará en la resurrección, en el día postrero.

²⁵Le dijo Jesús: Yo soy la resurrección y la vida; el que cree en mí, aunque esté muerto, vivirá.

²⁶Y todo aquel que vive y cree en mí, no morirá eternamente. ¿Crees esto?

²⁷Le dijo: Sí, Señor; yo he creído que tú eres el Cristo, el Hijo de Dios, que has venido al mundo.

Father is in me, and I in the Father." ³⁹Again they tried to seize him, but he escaped their grasp.

⁴⁰Then Jesus went back across the Jordan to the place where John had been baptizing in the early days. Here he stayed ⁴¹and many people came to him. They said, "Though John never performed a miraculous sign, all that John said about this man was true." ⁴²And in that place many believed in Jesus.

The Death of Lazarus

11 Now a man named Lazarus was sick. He was from Bethany, the village of Mary and her sister Martha. ²This Mary, whose brother Lazarus now lay sick, was the same one who poured perfume on the Lord and wiped his feet with her hair. ³So the sisters sent word to Jesus, "Lord, the one you love is sick."

⁴When he heard this, Jesus said, "This sickness will not end in death. No, it is for God's glory so that God's Son may be glorified through it." ⁵Jesus loved Martha and her sister and Lazarus. ⁶Yet when he heard that Lazarus was sick, he stayed where he was two more days.

⁷Then he said to his disciples, "Let us go back to Judea."

⁸"But Rabbi," they said, "a short while ago the Jews tried to stone you, and yet you are going back there?"

⁹Jesus answered, "Are there not twelve hours of daylight? A man who walks by day will not stumble, for he sees by this world's light. ¹⁰It is when he walks by night that he stumbles, for he has no light."

¹¹After he had said this, he went on to tell them, "Our friend Lazarus has fallen asleep; but I am going there to wake him up."

¹²His disciples replied, "Lord, if he sleeps, he will get better." ¹³Jesus had been speaking of his death, but his disciples thought he meant natural sleep.

¹⁴So then he told them plainly, "Lazarus is dead, ¹⁵and for your sake I am glad I was not there, so that you may believe. But let us go to him."

¹⁶Then Thomas (called Didymus) said to the rest of the disciples, "Let us also go, that we may die with him."

Jesus Comforts the Sisters

¹⁷On his arrival, Jesus found that Lazarus had already been in the tomb for four days. ¹⁸Bethany was less than two miles ᵇ from Jerusalem, ¹⁹and many Jews had come to Martha and Mary to comfort them in the loss of their brother. ²⁰When Martha heard that Jesus was coming, she went out to meet him, but Mary stayed at home.

²¹"Lord," Martha said to Jesus, "if you had been here, my brother would not have died. ²²But I know that even now God will give you whatever you ask."

²³Jesus said to her, "Your brother will rise again."

²⁴Martha answered, "I know he will rise again in the resurrection at the last day."

²⁵Jesus said to her, "I am the resurrection and the life. He who believes in me will live, even though he dies; ²⁶and whoever lives and believes in me will never die. Do you believe this?"

²⁷"Yes, Lord," she told him, "I believe that you are the Christ, ᶜ the Son of God, who was to come into the world."

ᵇ 18 Greek *fifteen stadia* (about 3 kilometers)

Jesús llora ante la tumba de Lázaro

28 Habiendo dicho esto, fue y llamó a María su hermana, diciéndole en secreto: El Maestro está aquí y te llama.
29 Ella, cuando lo oyó, se levantó de prisa y vino a él.
30 Jesús todavía no había entrado en la aldea, sino que estaba en el lugar donde Marta le había encontrado.
31 Entonces los judíos que estaban en casa con ella y la consolaban, cuando vieron que María se había levantado de prisa y había salido, la siguieron, diciendo: Va al sepulcro a llorar allí.
32 María, cuando llegó a donde estaba Jesús, al verle, se postró a sus pies, diciéndole: Señor, si hubieses estado aquí, no habría muerto mi hermano.
33 Jesús entonces, al verla llorando, y a los judíos que la acompañaban, también llorando, se estremeció en espíritu y se conmovió,
34 y dijo: ¿Dónde le pusisteis? Le dijeron: Señor, ven y ve.
35 Jesús lloró.
36 Dijeron entonces los judíos: Mirad cómo le amaba.
37 Y algunos de ellos dijeron: ¿No podía éste, que abrió los ojos al ciego, haber hecho también que Lázaro no muriera?

Resurrección de Lázaro

38 Jesús, profundamente conmovido otra vez, vino al sepulcro. Era una cueva, y tenía una piedra puesta encima.
39 Dijo Jesús: Quitad la piedra. Marta, la hermana del que había muerto, le dijo: Señor, hiede ya, porque es de cuatro días.
40 Jesús le dijo: ¿No te he dicho que si crees, verás la gloria de Dios?
41 Entonces quitaron la piedra de donde había sido puesto el muerto. Y Jesús, alzando los ojos a lo alto, dijo: Padre, gracias te doy por haberme oído.
42 Yo sabía que siempre me oyes; pero lo dije por causa de la multitud que está alrededor, para que crean que tú me has enviado.
43 Y habiendo dicho esto, clamó a gran voz: ¡Lázaro, ven fuera!
44 Y el que había muerto salió, atadas las manos y los pies con vendas, y el rostro envuelto en un sudario. Jesús les dijo: Desatadle, y dejadle ir.

El complot para matar a Jesús

45 Entonces muchos de los judíos que habían venido para acompañar a María, y vieron lo que hizo Jesús, creyeron en él.
46 Pero algunos de ellos fueron a los fariseos y les dijeron lo que Jesús había hecho.
47 Entonces los principales sacerdotes y los fariseos reunieron el concilio, y dijeron: ¿Qué haremos? Porque este hombre hace muchas señales.
48 Si le dejamos así, todos creerán en él; y vendrán los romanos, y destruirán nuestro lugar santo y nuestra nación.
49 Entonces Caifás, uno de ellos, sumo sacerdote aquel año, les dijo: Vosotros no sabéis nada;
50 ni pensáis que nos conviene que un hombre muera por el pueblo, y no que toda la nación perezca.
51 Esto no lo dijo por sí mismo, sino que como era el sumo sacerdote aquel año, profetizó que Jesús había de morir por la nación;
52 y no solamente por la nación, sino también para congregar en uno a los hijos de Dios que estaban dispersos.

28 And after she had said this, she went back and called her sister Mary aside. "The Teacher is here," she said, "and is asking for you." 29 When Mary heard this, she got up quickly and went to him. 30 Now Jesus had not yet entered the village, but was still at the place where Martha had met him. 31 When the Jews who had been with Mary in the house, comforting her, noticed how quickly she got up and went out, they followed her, supposing she was going to the tomb to mourn there.
32 When Mary reached the place where Jesus was and saw him, she fell at his feet and said, "Lord, if you had been here, my brother would not have died."
33 When Jesus saw her weeping, and the Jews who had come along with her also weeping, he was deeply moved in spirit and troubled. 34 "Where have you laid him?" he asked.
"Come and see, Lord," they replied.
35 Jesus wept.
36 Then the Jews said, "See how he loved him!"
37 But some of them said, "Could not he who opened the eyes of the blind man have kept this man from dying?"

Jesus Raises Lazarus From the Dead

38 Jesus, once more deeply moved, came to the tomb. It was a cave with a stone laid across the entrance. 39 "Take away the stone," he said.
"But, Lord," said Martha, the sister of the dead man, "by this time there is a bad odor, for he has been there four days."
40 Then Jesus said, "Did I not tell you that if you believed, you would see the glory of God?"
41 So they took away the stone. Then Jesus looked up and said, "Father, I thank you that you have heard me. 42 I knew that you always hear me, but I said this for the benefit of the people standing here, that they may believe that you sent me."
43 When he had said this, Jesus called in a loud voice, "Lazarus, come out!" 44 The dead man came out, his hands and feet wrapped with strips of linen, and a cloth around his face.
Jesus said to them, "Take off the grave clothes and let him go."

The Plot to Kill Jesus

45 Therefore many of the Jews who had come to visit Mary, and had seen what Jesus did, put their faith in him. 46 But some of them went to the Pharisees and told them what Jesus had done. 47 Then the chief priests and the Pharisees called a meeting of the Sanhedrin.
"What are we accomplishing?" they asked. "Here is this man performing many miraculous signs. 48 If we let him go on like this, everyone will believe in him, and then the Romans will come and take away both our place d and our nation."
49 Then one of them, named Caiaphas, who was high priest that year, spoke up, "You know nothing at all! 50 You do not realize that it is better for you that one man die for the people than that the whole nation perish."
51 He did not say this on his own, but as high priest that year he prophesied that Jesus would die for the Jewish nation, 52 and not only for that nation but also for the scattered children of God, to bring them togeth-

c27 Or Messiah   d48 Or temple

53 Así que, desde aquel día acordaron matarle.

54 Por tanto, Jesús ya no andaba abiertamente entre los judíos, sino que se alejó de allí a la región contigua al desierto, a una ciudad llamada Efraín; y se quedó allí con sus discípulos.

55 Y estaba cerca la pascua de los judíos; y muchos subieron de aquella región a Jerusalén antes de la pascua, para purificarse.

56 Y buscaban a Jesús, y estando ellos en el templo, se preguntaban unos a otros: ¿Qué os parece? ¿No vendrá a la fiesta?

57 Y los principales sacerdotes y los fariseos habían dado orden de que si alguno supiese dónde estaba, lo manifestase, para que le prendiesen.

Jesús es ungido en Betania

12 ¹ Seis días antes de la pascua, vino Jesús a Betania, donde estaba Lázaro, el que había estado muerto, y a quien había resucitado de los muertos.

² Y le hicieron allí una cena; Marta servía, y Lázaro era uno de los que estaban sentados a la mesa con él.

³ Entonces María tomó una libra de perfume de nardo puro, de mucho precio, y ungió los pies de Jesús, y los enjugó con sus cabellos; y la casa se llenó del olor del perfume.

⁴ Y dijo uno de sus discípulos, Judas Iscariote hijo de Simón, el que le había de entregar:

⁵ ¿Por qué no fue este perfume vendido por trescientos denarios, y dado a los pobres?

⁶ Pero dijo esto, no porque se cuidara de los pobres, sino porque era ladrón, y teniendo la bolsa, sustraía de lo que se echaba en ella.

⁷ Entonces Jesús dijo: Déjala; para el día de mi sepultura ha guardado esto.

⁸ Porque a los pobres siempre los tendréis con vosotros, mas a mí no siempre me tendréis.

El complot contra Lázaro

⁹ Gran multitud de los judíos supieron entonces que él estaba allí, y vinieron, no solamente por causa de Jesús, sino también para ver a Lázaro, a quien había resucitado de los muertos.

10 Pero los principales sacerdotes acordaron dar muerte también a Lázaro,

11 porque a causa de él muchos de los judíos se apartaban y creían en Jesús.

La entrada triunfal en Jerusalén

12 El siguiente día, grandes multitudes que habían venido a la fiesta, al oír que Jesús venía a Jerusalén,

13 tomaron ramas de palmera y salieron a recibirle, y clamaban: ¡Hosanna! ¡Bendito el que viene en el nombre del Señor, el Rey de Israel!

14 Y halló Jesús un asnillo, y montó sobre él, como está escrito:

15 No temas, hija de Sion;
He aquí tu Rey viene,
Montado sobre un pollino de asna.

16 Estas cosas no las entendieron sus discípulos al principio; pero cuando Jesús fue glorificado, entonces se acordaron de que estas cosas estaban escritas acerca de él, y de que se las habían hecho.

---

er and make them one. 53So from that day on they plotted to take his life.

54Therefore Jesus no longer moved about publicly among the Jews. Instead he withdrew to a region near the desert, to a village called Ephraim, where he stayed with his disciples.

55When it was almost time for the Jewish Passover, many went up from the country to Jerusalem for their ceremonial cleansing before the Passover. 56They kept looking for Jesus, and as they stood in the temple area they asked one another, "What do you think? Isn't he coming to the Feast at all?" 57But the chief priests and Pharisees had given orders that if anyone found out where Jesus was, he should report it so that they might arrest him.

Jesus Anointed at Bethany

12 Six days before the Passover, Jesus arrived at Bethany, where Lazarus lived, whom Jesus had raised from the dead. ²Here a dinner was given in Jesus' honor. Martha served, while Lazarus was among those reclining at the table with him. ³Then Mary took about a pint *e* of pure nard, an expensive perfume; she poured it on Jesus' feet and wiped his feet with her hair. And the house was filled with the fragrance of the perfume.

⁴But one of his disciples, Judas Iscariot, who was later to betray him, objected, ⁵"Why wasn't this perfume sold and the money given to the poor? It was worth a year's wages.*f*" ⁶He did not say this because he cared about the poor but because he was a thief; as keeper of the money bag, he used to help himself to what was put into it.

⁷"Leave her alone," Jesus replied. "It was intended that she should save this perfume for the day of my burial. ⁸You will always have the poor among you, but you will not always have me."

⁹Meanwhile a large crowd of Jews found out that Jesus was there and came, not only because of him but also to see Lazarus, whom he had raised from the dead. 10So the chief priests made plans to kill Lazarus as well, 11for on account of him many of the Jews were going over to Jesus and putting their faith in him.

The Triumphal Entry

12The next day the great crowd that had come for the Feast heard that Jesus was on his way to Jerusalem. 13They took palm branches and went out to meet him, shouting,

"Hosanna!*g*"

"Blessed is he who comes in the name of the
Lord!"*h*

"Blessed is the King of Israel!"

14Jesus found a young donkey and sat upon it, as it is written,

15"Do not be afraid, O Daughter of Zion;
see, your king is coming,
seated on a donkey's colt."*i*

16At first his disciples did not understand all this. Only after Jesus was glorified did they realize that these things had been written about him and that they had done these things to him.

---

e 3 Greek *a litra* (probably about 0.5 liter)   *f 5* Greek *three hundred denarii*   *g 13* A Hebrew expression meaning "Save!" which became an exclamation of praise   *h 13* Psalm 118:25, 26   *i 15* Zech. 9:9

17 Y daba testimonio la gente que estaba con él cuando llamó a Lázaro del sepulcro, y le resucitó de los muertos. 18 Por lo cual también había venido la gente a recibirle, porque había oído que él había hecho esta señal. 19 Pero los fariseos dijeron entre sí: Ya veis que no conseguís nada. Mirad, el mundo se va tras él.

Unos griegos buscan a Jesús

20 Había ciertos griegos entre los que habían subido a adorar en la fiesta. 21 Estos, pues, se acercaron a Felipe, que era de Betsaida de Galilea, y le rogaron, diciendo: Señor, quisiéramos ver a Jesús. 22 Felipe fue y se lo dijo a Andrés; entonces Andrés y Felipe se lo dijeron a Jesús. 23 Jesús les respondió diciendo: Ha llegado la hora para que el Hijo del Hombre sea glorificado. 24 De cierto, de cierto os digo, que si el grano de trigo no cae en la tierra y muere, queda solo; pero si muere, lleva mucho fruto. 25 El que ama su vida, la perderá; y el que aborrece su vida en este mundo, para vida eterna la guardará. 26 Si alguno me sirve, sígame; y donde yo estuviere, allí también estará mi servidor. Si alguno me sirviere, mi Padre le honrará.

Jesús anuncia su muerte

27 Ahora está turbada mi alma; ¿y qué diré? ¿Padre, sálvame de esta hora? Mas para esto he llegado a esta hora. 28 Padre, glorifica tu nombre. Entonces vino una voz del cielo: Lo he glorificado, y lo glorificaré otra vez. 29 Y la multitud que estaba allí, y había oído la voz, decía que había sido un trueno. Otros decían: Un ángel le ha hablado. 30 Respondió Jesús y dijo: No ha venido esta voz por causa mía, sino por causa de vosotros. 31 Ahora es el juicio de este mundo; ahora el príncipe de este mundo será echado fuera. 32 Y yo, si fuere levantado de la tierra, a todos atraeré a mí mismo. 33 Y decía esto dando a entender de qué muerte iba a morir. 34 Le respondió la gente: Nosotros hemos oído de la ley, que el Cristo permanece para siempre. ¿Cómo, pues, dices tú que es necesario que el Hijo del Hombre sea levantado? ¿Quién es este Hijo del Hombre? 35 Entonces Jesús les dijo: Aún por un poco está la luz entre vosotros; andad entre tanto que tenéis luz, para que no os sorprendan las tinieblas; porque el que anda en tinieblas, no sabe a dónde va. 36 Entre tanto que tenéis la luz, creed en la luz, para que seáis hijos de luz.

Incredulidad de los judíos

Estas cosas habló Jesús, y se fue y se ocultó de ellos. 37 Pero a pesar de que había hecho tantas señales delante de ellos, no creían en él; 38 para que se cumpliese la palabra del profeta Isaías, que dijo:

Señor, ¿quién ha creído a nuestro anuncio?
¿Y a quién se ha revelado el brazo del Señor?

39 Por esto no podían creer, porque también dijo Isaías: 40 Cegó los ojos de ellos, y endureció su corazón;
Para que no vean con los ojos, y entiendan con el corazón,
Y se conviertan, y yo los sane.

17 Now the crowd that was with him when he called Lazarus from the tomb and raised him from the dead continued to spread the word. 18 Many people, because they had heard that he had given this miraculous sign, went out to meet him. 19 So the Pharisees said to one another, "See, this is getting us nowhere. Look how the whole world has gone after him!"

Jesus Predicts His Death

20 Now there were some Greeks among those who went up to worship at the Feast. 21 They came to Philip, who was from Bethsaida in Galilee, with a request. "Sir," they said, "we would like to see Jesus." 22 Philip went to tell Andrew; Andrew and Philip in turn told Jesus.

23 Jesus replied, "The hour has come for the Son of Man to be glorified. 24 I tell you the truth, unless a kernel of wheat falls to the ground and dies, it remains only a single seed. But if it dies, it produces many seeds. 25 The man who loves his life will lose it, while the man who hates his life in this world will keep it for eternal life. 26 Whoever serves me must follow me; and where I am, my servant also will be. My Father will honor the one who serves me.

27 "Now my heart is troubled, and what shall I say? 'Father, save me from this hour'? No, it was for this very reason I came to this hour. 28 Father, glorify your name!"

Then a voice came from heaven, "I have glorified it, and will glorify it again." 29 The crowd that was there and heard it said it had thundered; others said an angel had spoken to him.

30 Jesus said, "This voice was for your benefit, not mine. 31 Now is the time for judgment on this world; now the prince of this world will be driven out. 32 But I, when I am lifted up from the earth, will draw all men to myself." 33 He said this to show the kind of death he was going to die.

34 The crowd spoke up, "We have heard from the Law that the Christ/ will remain forever, so how can you say, 'The Son of Man must be lifted up'? Who is this 'Son of Man'?"

35 Then Jesus told them, "You are going to have the light just a little while longer. Walk while you have the light, before darkness overtakes you. The man who walks in the dark does not know where he is going. 36 Put your trust in the light while you have it, so that you may become sons of light." When he had finished speaking, Jesus left and hid himself from them.

The Jews Continue in Their Unbelief

37 Even after Jesus had done all these miraculous signs in their presence, they still would not believe in him. 38 This was to fulfill the word of Isaiah the prophet:

"Lord, who has believed our message
    and to whom has the arm of the Lord been
        revealed?" k

39 For this reason they could not believe, because, as Isaiah says elsewhere:

40 "He has blinded their eyes
    and deadened their hearts,
so they can neither see with their eyes,
    nor understand with their hearts,
    nor turn — and I would heal them." l

---

l34 Or *Messiah*   *k38* Isaiah 53:1

41 Isaías dijo esto cuando vio su gloria, y habló acerca de él.
42 Con todo eso, aun de los gobernantes, muchos creyeron en él; pero a causa de los fariseos no lo confesaban, para no ser expulsados de la sinagoga.
43 Porque amaban más la gloria de los hombres que la gloria de Dios.

Las palabras de Jesús juzgarán a los hombres

44 Jesús clamó y dijo: El que cree en mí, no cree en mí, sino en el que me envió;
45 y el que me ve, ve al que me envió.
46 Yo, la luz, he venido al mundo, para que todo aquel que cree en mí no permanezca en tinieblas.
47 Al que oye mis palabras, y no las guarda, yo no le juzgo; porque no he venido a juzgar al mundo, sino a salvar al mundo.
48 El que me rechaza, y no recibe mis palabras, tiene quien le juzgue; la palabra que he hablado, ella le juzgará en el día postrero.
49 Porque yo no he hablado por mi propia cuenta; el Padre que me envió, él me dio mandamiento de lo que he de decir, y de lo que he de hablar.
50 Y sé que su mandamiento es vida eterna. Así pues, lo que yo hablo, lo hablo como el Padre me lo ha dicho.

Jesús lava los pies de sus discípulos

13 1 Antes de la fiesta de la pascua, sabiendo Jesús que su hora había llegado para que pasase de este mundo al Padre, como había amado a los suyos que estaban en el mundo, los amó hasta el fin.
2 Y cuando cenaban, como el diablo ya había puesto en el corazón de Judas Iscariote, hijo de Simón, que le entregase,
3 sabiendo Jesús que el Padre le había dado todas las cosas en las manos, y que había salido de Dios, y a Dios iba,
4 se levantó de la cena, y se quitó su manto, y tomando una toalla, se la ciñó.
5 Luego puso agua en un lebrillo, y comenzó a lavar los pies de los discípulos, y a enjugarlos con la toalla con que estaba ceñido.
6 Entonces vino a Simón Pedro; y Pedro le dijo: Señor, ¿tú me lavas los pies?
7 Respondió Jesús y le dijo: Lo que yo hago, tú no lo comprendes ahora; mas lo entenderás después.
8 Pedro le dijo: No me lavarás los pies jamás. Jesús le respondió: Si no te lavare, no tendrás parte conmigo.
9 Le dijo Simón Pedro: Señor, no sólo mis pies, sino también las manos y la cabeza.
10 Jesús le dijo: El que está lavado, no necesita sino lavarse los pies, pues está todo limpio; y vosotros limpios estáis, aunque no todos.
11 Porque sabía quién le iba a entregar; por eso dijo: No estáis limpios todos.
12 Así que, después que les hubo lavado los pies, tomó su manto, volvió a la mesa, y les dijo: ¿Sabéis lo que os he hecho?
13 Vosotros me llamáis Maestro, y Señor; y decís bien, porque lo soy.
14 Pues si yo, el Señor y el Maestro, he lavado vuestros pies, vosotros también debéis lavaros los pies los unos a los otros.
15 Porque ejemplo os he dado, para que como yo os he hecho, vosotros también hagáis.
16 De cierto, de cierto os digo: El siervo no es mayor que su señor, ni el enviado es mayor que el que le envió.
17 Si sabéis estas cosas, bienaventurados seréis si las hiciereis.

41 Isaiah said this because he saw Jesus' glory and spoke about him.
42 Yet at the same time many even among the leaders believed in him. But because of the Pharisees they would not confess their faith for fear they would be put out of the synagogue; 43 for they loved praise from men more than praise from God.
44 Then Jesus cried out, "When a man believes in me, he does not believe in me only, but in the one who sent me. 45 When he looks at me, he sees the one who sent me. 46 I have come into the world as a light, so that no one who believes in me should stay in darkness.
47 "As for the person who hears my words but does not keep them, I do not judge him. For I did not come to judge the world, but to save it. 48 There is a judge for the one who rejects me and does not accept my words; that very word which I spoke will condemn him at the last day. 49 For I did not speak of my own accord, but the Father who sent me commanded me what to say and how to say it. 50 I know that his command leads to eternal life. So whatever I say is just what the Father has told me to say."

Jesus Washes His Disciples' Feet

13 It was just before the Passover Feast. Jesus knew that the time had come for him to leave this world and go to the Father. Having loved his own who were in the world, he now showed them the full extent of his love. _m_
2 The evening meal was being served, and the devil had already prompted Judas Iscariot, son of Simon, to betray Jesus. 3 Jesus knew that the Father had put all things under his power, and that he had come from God and was returning to God; 4 so he got up from the meal, took off his outer clothing, and wrapped a towel around his waist. 5 After that, he poured water into a basin and began to wash his disciples' feet, drying them with the towel that was wrapped around him.
6 He came to Simon Peter, who said to him, "Lord, are you going to wash my feet?"
7 Jesus replied, "You do not realize now what I am doing, but later you will understand."
8 "No," said Peter, "you shall never wash my feet."
Jesus answered, "Unless I wash you, you have no part with me."
9 "Then, Lord," Simon Peter replied, "not just my feet but my hands and my head as well!"
10 Jesus answered, "A person who has had a bath needs only to wash his feet; his whole body is clean. And you are clean, though not every one of you." 11 For he knew who was going to betray him, and that was why he said not every one was clean.
12 When he had finished washing their feet, he put on his clothes and returned to his place. "Do you understand what I have done for you?" he asked them. 13 "You call me 'Teacher' and 'Lord,' and rightly so, for that is what I am. 14 Now that I, your Lord and Teacher, have washed your feet, you also should wash one another's feet. 15 I have set you an example that you should do as I have done for you. 16 I tell you the truth, no servant is greater than his master, nor is a messenger greater than the one who sent him. 17 Now that you know these things, you will be blessed if you do them.

18 No hablo de todos vosotros; yo sé a quienes he elegido; mas para que se cumpla la Escritura: El que come pan conmigo, levantó contra mí su calcañar.

19 Desde ahora os lo digo antes que suceda, para que cuando suceda, creáis que yo soy.

20 De cierto, de cierto os digo: El que recibe al que yo enviare, me recibe a mí; y el que me recibe a mí, recibe al que me envió.

Jesús anuncia la traición de Judas

21 Habiendo dicho Jesús esto, se conmovió en espíritu, y declaró y dijo: De cierto, de cierto os digo, que uno de vosotros me va a entregar.

22 Entonces los discípulos se miraban unos a otros, dudando de quién hablaba.

23 Y uno de sus discípulos, al cual Jesús amaba, estaba recostado al lado de Jesús.

24 A éste, pues, hizo señas Simón Pedro, para que preguntase quién era aquel de quien hablaba.

25 El entonces, recostado cerca del pecho de Jesús, le dijo: Señor, ¿quién es?

26 Respondió Jesús: A quien yo diere el pan mojado, aquél es. Y mojando el pan, lo dio a Judas Iscariote hijo de Simón.

27 Y después del bocado, Satanás entró en él. Entonces Jesús le dijo: Lo que vas a hacer, hazlo más pronto.

28 Pero ninguno de los que estaban a la mesa entendió por qué le dijo esto.

29 Porque algunos pensaban, puesto que Judas tenía la bolsa, que Jesús le decía: Compra lo que necesitamos para la fiesta; o que diese algo a los pobres.

30 Cuando él, pues, hubo tomado el bocado, luego salió; y era ya de noche.

El nuevo mandamiento

31 Entonces, cuando hubo salido, dijo Jesús: Ahora es glorificado el Hijo del Hombre, y Dios es glorificado en él.

32 Si Dios es glorificado en él, Dios también le glorificará en sí mismo, y en seguida le glorificará.

33 Hijitos, aún estaré con vosotros un poco. Me buscaréis; pero como dije a los judíos, así os digo ahora a vosotros: A donde yo voy, vosotros no podéis ir.

34 Un mandamiento nuevo os doy: Que os améis unos a otros; como yo os he amado, que también os améis unos a otros.

35 En esto conocerán todos que sois mis discípulos, si tuviereis amor los unos con los otros.

Jesús anuncia la negación de Pedro

36 Le dijo Simón Pedro: Señor, ¿a dónde vas? Jesús le respondió: A donde yo voy, no me puedes seguir ahora; mas me seguirás después.

37 Le dijo Pedro: Señor, ¿por qué no te puedo seguir ahora? Mi vida pondré por ti.

38 Jesús le respondió: ¿Tu vida pondrás por mí? De cierto, de cierto te digo: No cantará el gallo, sin que me hayas negado tres veces.

Jesús, el camino al Padre

14 1 No se turbe vuestro corazón; creéis en Dios, creed también en mí.

Jesus Predicts His Betrayal

18 "I am not referring to all of you; I know those I have chosen. But this is to fulfill the scripture: 'He who shares my bread has lifted up his heel against me.'n

19 "I am telling you now before it happens, so that when it does happen you will believe that I am He. 20I tell you the truth, whoever accepts anyone I send accepts me; and whoever accepts me accepts the one who sent me."

21 After he had said this, Jesus was troubled in spirit and testified, "I tell you the truth, one of you is going to betray me."

22 His disciples stared at one another, at a loss to know which of them he meant. 23One of them, the disciple whom Jesus loved, was reclining next to him. 24Simon Peter motioned to this disciple and said, "Ask him which one he means."

25 Leaning back against Jesus, he asked him, "Lord, who is it?"

26 Jesus answered, "It is the one to whom I will give this piece of bread when I have dipped it in the dish." Then, dipping the piece of bread, he gave it to Judas Iscariot, son of Simon. 27As soon as Judas took the bread, Satan entered into him.

"What you are about to do, do quickly," Jesus told him, 28but no one at the meal understood why Jesus said this to him. 29Since Judas had charge of the money, some thought Jesus was telling him to buy what was needed for the Feast, or to give something to the poor. 30As soon as Judas had taken the bread, he went out. And it was night.

Jesus Predicts Peter's Denial

31 When he was gone, Jesus said, "Now is the Son of Man glorified and God is glorified in him. 32If God is glorified in him,o God will glorify the Son in himself, and will glorify him at once.

33 "My children, I will be with you only a little longer. You will look for me, and just as I told the Jews, so I tell you now: Where I am going, you cannot come.

34 "A new command I give you: Love one another. As I have loved you, so you must love one another. 35By this all men will know that you are my disciples, if you love one another."

36 Simon Peter asked him, "Lord, where are you going?"

Jesus replied, "Where I am going, you cannot follow now, but you will follow later."

37 Peter asked, "Lord, why can't I follow you now? I will lay down my life for you."

38 Then Jesus answered, "Will you really lay down your life for me? I tell you the truth, before the rooster crows, you will disown me three times!

Jesus Comforts His Disciples

14 "Do not let your hearts be troubled. Trust in Godρ; trust also in me. 2In my Father's house

---

n18 Psalm 41:9   o32 Many early manuscripts do not have If God is glorified in him.   p1 Or You trust in God

2 En la casa de mi Padre muchas moradas hay; si así no fuera, yo os lo hubiera dicho; voy, pues, a preparar lugar para vosotros.

3 Y si me fuere y os preparare lugar, vendré otra vez, y os tomaré a mí mismo, para que donde yo estoy, vosotros también estéis.

4 Y sabéis a dónde voy, y sabéis el camino.

5 Le dijo Tomás: Señor, no sabemos a dónde vas; ¿cómo, pues, podemos saber el camino?

6 Jesús le dijo: Yo soy el camino, y la verdad, y la vida; nadie viene al Padre, sino por mí.

7 Si me conocieseis, también a mi Padre conoceríais; y desde ahora le conocéis, y le habéis visto.

8 Felipe le dijo: Señor, muéstranos el Padre, y nos basta.

9 Jesús le dijo: ¿Tanto tiempo hace que estoy con vosotros, y no me has conocido, Felipe? El que me ha visto a mí, ha visto al Padre; ¿cómo, pues, dices tú: Muéstranos el Padre?

10 ¿No crees que yo soy en el Padre, y el Padre en mí? Las palabras que yo os hablo, no las hablo por mi propia cuenta, sino que el Padre que mora en mí, él hace las obras.

11 Creedme que yo soy en el Padre, y el Padre en mí; de otra manera, creedme por las mismas obras.

12 De cierto, de cierto os digo: El que en mí cree, las obras que yo hago, él las hará también; y aun mayores hará, porque yo voy al Padre.

13 Y todo lo que pidiereis al Padre en mi nombre, lo haré, para que el Padre sea glorificado en el Hijo.

14 Si algo pidiereis en mi nombre, yo lo haré.

La promesa del Espíritu Santo

15 Si me amáis, guardad mis mandamientos.

16 Y yo rogaré al Padre, y os dará otro Consolador, para que esté con vosotros para siempre:

17 el Espíritu de verdad, al cual el mundo no puede recibir, porque no le ve, ni le conoce; pero vosotros le conocéis, porque mora con vosotros, y estará en vosotros.

18 No os dejaré huérfanos; vendré a vosotros.

19 Todavía un poco, y el mundo no me verá más; pero vosotros me veréis; porque yo vivo, vosotros también viviréis.

20 En aquel día vosotros conoceréis que yo estoy en mi Padre, y vosotros en mí, y yo en vosotros.

21 El que tiene mis mandamientos, y los guarda, ése es el que me ama; y el que me ama, será amado por mi Padre, y yo le amaré, y me manifestaré a él.

22 Le dijo Judas (no el Iscariote): Señor, ¿cómo es que te manifestarás a nosotros, y no al mundo?

23 Respondió Jesús y le dijo: El que me ama, mi palabra guardará; y mi Padre le amará, y vendremos a él, y haremos morada con él.

24 El que no me ama, no guarda mis palabras; y la palabra que habéis oído no es mía, sino del Padre que me envió.

25 Os he dicho estas cosas estando con vosotros.

26 Mas el Consolador, el Espíritu Santo, a quien el Padre enviará en mi nombre, él os enseñará todas las cosas, y os recordará todo lo que yo os he dicho.

27 La paz os dejo, mi paz os doy; yo no os la doy como el mundo la da. No se turbe vuestro corazón, ni tenga miedo.

---

are many rooms; if it were not so, I would have told you. I am going there to prepare a place for you. 3And if I go and prepare a place for you, I will come back and take you to be with me that you also may be where I am. 4You know the way to the place where I am going."

Jesus the Way to the Father

5Thomas said to him, "Lord, we don't know where you are going, so how can we know the way?"

6Jesus answered, "I am the way and the truth and the life. No one comes to the Father except through me. 7If you really knew me, you would know q my Father as well. From now on, you do know him and have seen him."

8Philip said, "Lord, show us the Father and that will be enough for us."

9Jesus answered: "Don't you know me, Philip, even after I have been among you such a long time? Anyone who has seen me has seen the Father. How can you say, 'Show us the Father'? 10Don't you believe that I am in the Father, and that the Father is in me? The words I say to you are not just my own. Rather, it is the Father, living in me, who is doing his work. 11Believe me when I say that I am in the Father and the Father is in me; or at least believe on the evidence of the miracles themselves. 12I tell you the truth, anyone who has faith in me will do what I have been doing. He will do even greater things than these, because I am going to the Father. 13And I will do whatever you ask in my name, so that the Son may bring glory to the Father. 14You may ask me for anything in my name, and I will do it.

Jesus Promises the Holy Spirit

15"If you love me, you will obey what I command. 16And I will ask the Father, and he will give you another Counselor to be with you forever— 17the Spirit of truth. The world cannot accept him, because it neither sees him nor knows him. But you know him, for he lives with you and will be r in you. 18I will not leave you as orphans; I will come to you. 19Before long, the world will not see me anymore, but you will see me. Because I live, you also will live. 20On that day you will realize that I am in my Father, and you are in me, and I am in you. 21Whoever has my commands and obeys them, he is the one who loves me. He who loves me will be loved by my Father, and I too will love him and show myself to him."

22Then Judas (not Judas Iscariot) said, "But, Lord, why do you intend to show yourself to us and not to the world?"

23Jesus replied, "If anyone loves me, he will obey my teaching. My Father will love him, and we will come to him and make our home with him. 24He who does not love me will not obey my teaching. These words you hear are not my own; they belong to the Father who sent me.

25"All this I have spoken while still with you. 26But the Counselor, the Holy Spirit, whom the Father will send in my name, will teach you all things and will remind you of everything I have said to you. 27Peace I leave with you; my peace I give you. I do not give to you as the world gives. Do not let your hearts be troubled and do not be afraid.

---

q7 Some early manuscripts *If you really have known me, you will know*   r17 Some early manuscripts *and is*

28 Habéis oído que yo os he dicho: Voy, y vengo a vosotros. Si me amarais, os habríais regocijado, porque he dicho que voy al Padre; porque el Padre mayor es que yo. 29 Y ahora os lo he dicho antes que suceda, para que cuando suceda, creáis. 30 No hablaré ya mucho con vosotros; porque viene el príncipe de este mundo, y él nada tiene en mí. 31 Mas para que el mundo conozca que amo al Padre, y como el Padre me mandó, así hago. Levantaos, vamos de aquí.

Jesús, la vid verdadera

15 1 Yo soy la vid verdadera, y mi Padre es el labrador. 2 Todo pámpano que en mí no lleva fruto, lo quitará; y todo aquel que lleva fruto, lo limpiará, para que lleve más fruto. 3 Ya vosotros estáis limpios por la palabra que os he hablado. 4 Permaneced en mí, y yo en vosotros. Como el pámpano no puede llevar fruto por sí mismo, si no permanece en la vid, así tampoco vosotros, si no permanecéis en mí. 5 Yo soy la vid, vosotros los pámpanos; el que permanece en mí, y yo en él, éste lleva mucho fruto; porque separados de mí nada podéis hacer. 6 El que en mí no permanece, será echado fuera como pámpano, y se secará; y los recogen, y los echan en el fuego, y arden. 7 Si permanecéis en mí, y mis palabras permanecen en vosotros, pedid todo lo que queréis, y os será hecho. 8 En esto es glorificado mi Padre, en que llevéis mucho fruto, y seáis así mis discípulos. 9 Como el Padre me ha amado, así también yo os he amado; permaneced en mi amor. 10 Si guardareis mis mandamientos, permaneceréis en mi amor; así como yo he guardado los mandamientos de mi Padre, y permanezco en su amor. 11 Estas cosas os he hablado, para que mi gozo esté en vosotros, y vuestro gozo sea cumplido. 12 Este es mi mandamiento: Que os améis unos a otros, como yo os he amado. 13 Nadie tiene mayor amor que este, que uno ponga su vida por sus amigos. 14 Vosotros sois mis amigos, si hacéis lo que yo os mando. 15 Ya no os llamaré siervos, porque el siervo no sabe lo que hace su señor; pero os he llamado amigos, porque todas las cosas que oí de mi Padre, os las he dado a conocer. 16 No me elegisteis vosotros a mí, sino que yo os elegí a vosotros, y os he puesto para que vayáis y llevéis fruto, y vuestro fruto permanezca; para que todo lo que pidiereis al Padre en mi nombre, él os lo dé. 17 Esto os mando: Que os améis unos a otros.

El mundo os aborrecerá

18 Si el mundo os aborrece, sabed que a mí me ha aborrecido antes que a vosotros. 19 Si fuerais del mundo, el mundo amaría lo suyo; pero porque no sois del mundo, antes yo os elegí del mundo, por eso el mundo os aborrece. 20 Acordaos de la palabra que yo os he dicho: El siervo no es mayor que su señor. Si a mí me han perseguido, también a vosotros os perseguirán; si han guardado mi palabra, también guardarán la vuestra. 21 Mas todo esto os harán por causa de mi nombre, porque no conocen al que me ha enviado. 22 Si yo no hubiera venido, ni les hubiera hablado, no tendrían pecado; pero ahora no tienen excusa por su pecado. 23 El que me aborrece a mí, también a mi Padre aborrece.

28 "You heard me say, 'I am going away and I am coming back to you.' If you loved me, you would be glad that I am going to the Father, for the Father is greater than I. 29 I have told you now before it happens, so that when it does happen you will believe. 30 I will not speak with you much longer, for the prince of this world is coming. He has no hold on me, 31 but the world must learn that I love the Father and that I do exactly what my Father has commanded me.

"Come now; let us leave.

The Vine and the Branches

15 "I am the true vine, and my Father is the gardener. 2 He cuts off every branch in me that bears no fruit, while every branch that does bear fruit he prunes⁵ so that it will be even more fruitful. 3 You are already clean because of the word I have spoken to you. 4 Remain in me, and I will remain in you. No branch can bear fruit by itself; it must remain in the vine. Neither can you bear fruit unless you remain in me.

5 "I am the vine; you are the branches. If a man remains in me and I in him, he will bear much fruit; apart from me you can do nothing. 6 If anyone does not remain in me, he is like a branch that is thrown away and withers; such branches are picked up, thrown into the fire and burned. 7 If you remain in me and my words remain in you, ask whatever you wish, and it will be given you. 8 This is to my Father's glory, that you bear much fruit, showing yourselves to be my disciples.

9 "As the Father has loved me, so have I loved you. Now remain in my love. 10 If you obey my commands, you will remain in my love, just as I have obeyed my Father's commands and remain in his love. 11 I have told you this so that my joy may be in you and that your joy may be complete. 12 My command is this: Love each other as I have loved you. 13 Greater love has no one than this, that he lay down his life for his friends. 14 You are my friends if you do what I command. 15 I no longer call you servants, because a servant does not know his master's business. Instead, I have called you friends, for everything that I learned from my Father I have made known to you. 16 You did not choose me, but I chose you and appointed you to go and bear fruit—fruit that will last. Then the Father will give you whatever you ask in my name. 17 This is my command: Love each other.

The World Hates the Disciples

18 "If the world hates you, keep in mind that it hated me first. 19 If you belonged to the world, it would love you as its own. As it is, you do not belong to the world, but I have chosen you out of the world. That is why the world hates you. 20 Remember the words I spoke to you: 'No servant is greater than his master.'ᵗ If they persecuted me, they will persecute you also. If they obeyed my teaching, they will obey yours also. 21 They will treat you this way because of my name, for they do not know the One who sent me. 22 If I had not come and spoken to them, they would not be guilty of sin. Now, however, they have no excuse for their sin. 23 He who hates me hates my Father as well. 24 If I had

⁵2 The Greek for *prunes* also means *cleans.*   ᵗ20 John 13:16

24 Si yo no hubiese hecho entre ellos obras que ningún otro ha hecho, no tendrían pecado; pero ahora han visto y han aborrecido a mí y a mi Padre.
25 Pero esto es para que se cumpla la palabra que está escrita en su ley: Sin causa me aborrecieron.
26 Pero cuando venga el Consolador, a quien yo os enviaré del Padre, el Espíritu de verdad, el cual procede del Padre, él dará testimonio acerca de mí.
27 Y vosotros daréis testimonio también, porque habéis estado conmigo desde el principio.

16 1 Estas cosas os he hablado, para que no tengáis tropiezo.
2 Os expulsarán de las sinagogas; y aun viene la hora cuando cualquiera que os mate, pensará que rinde servicio a Dios.
3 Y harán esto porque no conocen al Padre ni a mí.
4 Mas os he dicho estas cosas, para que cuando llegue la hora, os acordéis de que ya os lo había dicho.

La obra del Espíritu Santo

Esto no os lo dije al principio, porque yo estaba con vosotros.
5 Pero ahora voy al que me envió; y ninguno de vosotros me pregunta: ¿A dónde vas?
6 Antes, porque os he dicho estas cosas, tristeza ha llenado vuestro corazón.
7 Pero yo os digo la verdad: Os conviene que yo me vaya; porque si no me fuese, el Consolador no vendría a vosotros; mas si me fuere, os lo enviaré.
8 Y cuando él venga, convencerá al mundo de pecado, de justicia y de juicio.
9 De pecado, por cuanto no creen en mí;
10 de justicia, por cuanto voy al Padre, y no me veréis más;
11 y de juicio, por cuanto el príncipe de este mundo ha sido ya juzgado.
12 Aún tengo muchas cosas que deciros, pero ahora no las podéis sobrellevar.
13 Pero cuando venga el Espíritu de verdad, él os guiará a toda la verdad; porque no hablará por su propia cuenta, sino que hablará todo lo que oyere, y os hará saber las cosas que habrán de venir.
14 El me glorificará; porque tomará de lo mío, y os lo hará saber.
15 Todo lo que tiene el Padre es mío; por eso dije que tomará de lo mío, y os lo hará saber.

La tristeza se convertirá en gozo

16 Todavía un poco, y no me veréis; y de nuevo un poco, y me veréis; porque yo voy al Padre.
17 Entonces se dijeron algunos de sus discípulos unos a otros: ¿Qué es esto que nos dice: Todavía un poco y no me veréis; y de nuevo un poco, y me veréis; y, porque yo voy al Padre?
18 Decían, pues: ¿Qué quiere decir con: Todavía un poco? No entendemos lo que habla.
19 Jesús conoció que querían preguntarle, y les dijo: ¿Preguntáis entre vosotros acerca de esto que dije: Todavía un poco y no me veréis, y de nuevo un poco y me veréis?
20 De cierto, de cierto os digo, que vosotros lloraréis y lamentaréis, y el mundo se alegrará; pero aunque vosotros estéis tristes, vuestra tristeza se convertirá en gozo.
21 La mujer cuando da a luz, tiene dolor, porque ha llegado su hora; pero después que ha dado a luz un niño, ya no se acuerda de la angustia, por el gozo de que haya nacido un hombre en el mundo.

not done among them what no one else did, they would not be guilty of sin. But now they have seen these miracles, and yet they have hated both me and my Father. 25 But this is to fulfill what is written in their Law: 'They hated me without reason.' u
26 "When the Counselor comes, whom I will send to you from the Father, the Spirit of truth who goes out from the Father, he will testify about me. 27 And you also must testify, for you have been with me from the beginning.

16 "All this I have told you so that you will not go astray. 2 They will put you out of the synagogue; in fact, a time is coming when anyone who kills you will think he is offering a service to God. 3 They will do such things because they have not known the Father or me. 4 I have told you this, so that when the time comes you will remember that I warned you. I did not tell you this at first because I was with you.

The Work of the Holy Spirit

5 "Now I am going to him who sent me, yet none of you asks me, 'Where are you going?' 6 Because I have said these things, you are filled with grief. 7 But I tell you the truth: It is for your good that I am going away. Unless I go away, the Counselor will not come to you; but if I go, I will send him to you. 8 When he comes, he will convict the world of guilt v in regard to sin and righteousness and judgment: 9 in regard to sin, because men do not believe in me; 10 in regard to righteousness, because I am going to the Father, where you can see me no longer; 11 and in regard to judgment, because the prince of this world now stands condemned.
12 "I have much more to say to you, more than you can now bear. 13 But when he, the Spirit of truth, comes, he will guide you into all truth. He will not speak on his own; he will speak only what he hears, and he will tell you what is yet to come. 14 He will bring glory to me by taking from what is mine and making it known to you. 15 All that belongs to the Father is mine. That is why I said the Spirit will take from what is mine and make it known to you.
16 "In a little while you will see me no more, and then after a little while you will see me."

The Disciples' Grief Will Turn to Joy

17 Some of his disciples said to one another, "What does he mean by saying, 'In a little while you will see me no more, and then after a little while you will see me,' and 'Because I am going to the Father'?" 18 They kept asking, "What does he mean by 'a little while'? We don't understand what he is saying."
19 Jesus saw that they wanted to ask him about this, so he said to them, "Are you asking one another what I meant when I said, 'In a little while you will see me no more, and then after a little while you will see me'? 20 I tell you the truth, you will weep and mourn while the world rejoices. You will grieve, but your grief will turn to joy. 21 A woman giving birth to a child has pain because her time has come; but when her baby is born she forgets the anguish because of her joy that a child

u25 Psalms 35:19; 69:4   v8 Or will expose the guilt of the world

22 También vosotros ahora tenéis tristeza; pero os volveré a ver, y se gozará vuestro corazón, y nadie os quitará vuestro gozo.

23 En aquel día no me preguntaréis nada. De cierto, de cierto os digo, que todo cuanto pidiereis al Padre en mi nombre, os lo dará.

24 Hasta ahora nada habéis pedido en mi nombre; pedid, y recibiréis, para que vuestro gozo sea cumplido.

Yo he vencido al mundo

25 Estas cosas os he hablado en alegorías; la hora viene cuando ya no os hablaré por alegorías, sino que claramente os anunciaré acerca del Padre.

26 En aquel día pediréis en mi nombre; y no os digo que yo rogaré al Padre por vosotros,

27 pues el Padre mismo os ama, porque vosotros me habéis amado, y habéis creído que yo salí de Dios.

28 Salí del Padre, y he venido al mundo; otra vez dejo el mundo, y voy al Padre.

29 Le dijeron sus discípulos: He aquí ahora hablas claramente, y ninguna alegoría dices.

30 Ahora entendemos que sabes todas las cosas, y no necesitas que nadie te pregunte; por esto creemos que has salido de Dios.

31 Jesús les respondió: ¿Ahora creéis?

32 He aquí la hora viene, y ha venido ya, en que seréis esparcidos cada uno por su lado, y me dejaréis solo; mas no estoy solo, porque el Padre está conmigo.

33 Estas cosas os he hablado para que en mí tengáis paz. En el mundo tendréis aflicción; pero confiad, yo he vencido al mundo.

Jesús ora por sus discípulos

17 1 Estas cosas habló Jesús, y levantando los ojos al cielo, dijo: Padre, la hora ha llegado; glorifica a tu Hijo, para que también tu Hijo te glorifique a ti;

2 como le has dado potestad sobre toda carne, para que dé vida eterna a todos los que le diste.

3 Y esta es la vida eterna: que te conozcan a ti, el único Dios verdadero, y a Jesucristo, a quien has enviado.

4 Yo te he glorificado en la tierra; he acabado la obra que me diste que hiciese.

5 Ahora pues, Padre, glorifícame tú al lado tuyo, con aquella gloria que tuve contigo antes que el mundo fuese.

6 He manifestado tu nombre a los hombres que del mundo me diste; tuyos eran, y me los diste, y han guardado tu palabra.

7 Ahora han conocido que todas las cosas que me has dado, proceden de ti;

8 porque las palabras que me diste, les he dado; y ellos las recibieron, y han conocido verdaderamente que salí de ti, y han creído que tú me enviaste.

9 Yo ruego por ellos; no ruego por el mundo, sino por los que me diste; porque tuyos son,

10 y todo lo mío es tuyo, y lo tuyo mío; y he sido glorificado en ellos.

11 Y ya no estoy en el mundo; mas éstos están en el mundo, y yo voy a ti. Padre santo, a los que me has dado, guárdalos en tu nombre, para que sean uno, así como nosotros.

is born into the world. 22So with you: Now is your time of grief, but I will see you again and you will rejoice, and no one will take away your joy. 23In that day you will no longer ask me anything. I tell you the truth, my Father will give you whatever you ask in my name. 24Until now you have not asked for anything in my name. Ask and you will receive, and your joy will be complete.

25"Though I have been speaking figuratively, a time is coming when I will no longer use this kind of language but will tell you plainly about my Father. 26In that day you will ask in my name. I am not saying that I will ask the Father on your behalf. 27No, the Father himself loves you because you have loved me and have believed that I came from God. 28I came from the Father and entered the world; now I am leaving the world and going back to the Father."

29Then Jesus' disciples said, "Now you are speaking clearly and without figures of speech. 30Now we can see that you know all things and that you do not even need to have anyone ask you questions. This makes us believe that you came from God."

31"You believe at last!" w Jesus answered. 32"But a time is coming, and has come, when you will be scattered, each to his own home. You will leave me all alone. Yet I am not alone, for my Father is with me.

33"I have told you these things, so that in me you may have peace. In this world you will have trouble. But take heart! I have overcome the world."

Jesus Prays for Himself

17 After Jesus said this, he looked toward heaven and prayed:

"Father, the time has come. Glorify your Son, that your Son may glorify you. 2For you granted him authority over all people that he might give eternal life to all those you have given him. 3Now this is eternal life: that they may know you, the only true God, and Jesus Christ, whom you have sent. 4I have brought you glory on earth by completing the work you gave me to do. 5And now, Father, glorify me in your presence with the glory I had with you before the world began.

Jesus Prays for His Disciples

6"I have revealed you x to those whom you gave me out of the world. They were yours; you gave them to me and they have obeyed your word. 7Now they know that everything you have given me comes from you. 8For I gave them the words you gave me and they accepted them. They knew with certainty that I came from you, and they believed that you sent me. 9I pray for them. I am not praying for the world, but for those you have given me, for they are yours. 10All I have is yours, and all you have is mine. And glory has come to me through them. 11I will remain in the world no longer, but they are still in the world, and I am coming to you. Holy Father, protect them by the power of your name—the name you gave me—so that they may be one as we are one. 12While I was with

---

w31 Or *"Do you now believe?"*   x6 Greek *your name*; also in verse 26

12 Cuando estaba con ellos en el mundo, yo los guardaba en tu nombre; a los que me diste, yo los guardé, y ninguno de ellos se perdió, sino el hijo de perdición, para que la Escritura se cumpliese.

13 Pero ahora voy a ti; y hablo esto en el mundo, para que tengan mi gozo cumplido en sí mismos.

14 Yo les he dado tu palabra; y el mundo los aborreció, porque no son del mundo, como tampoco yo soy del mundo.

15 No ruego que los quites del mundo, sino que los guardes del mal.

16 No son del mundo, como tampoco yo soy del mundo.

17 Santifícalos en tu verdad; tu palabra es verdad.

18 Como tú me enviaste al mundo, así yo los he enviado al mundo.

19 Y por ellos yo me santifico a mí mismo, para que también ellos sean santificados en la verdad.

20 Mas no ruego solamente por éstos, sino también por los que han de creer en mí por la palabra de ellos,

21 para que todos sean uno; como tú, oh Padre, en mí, y yo en ti, que también ellos sean uno en nosotros; para que el mundo crea que tú me enviaste.

22 La gloria que me diste, yo les he dado, para que sean uno, así como nosotros somos uno.

23 Yo en ellos, y tú en mí, para que sean perfectos en unidad, para que el mundo conozca que tú me enviaste, y que los has amado a ellos como también a mí me has amado.

24 Padre, aquellos que me has dado, quiero que donde yo estoy, también ellos estén conmigo, para que vean mi gloria que me has dado; porque me has amado desde antes de la fundación del mundo.

25 Padre justo, el mundo no te ha conocido, pero yo te he conocido, y éstos han conocido que tú me enviaste.

26 Y les he dado a conocer tu nombre, y lo daré a conocer aún, para que el amor con que me has amado, esté en ellos, y yo en ellos.

them, I protected them and kept them safe by that name you gave me. None has been lost except the one doomed to destruction so that Scripture would be fulfilled.

13 "I am coming to you now, but I say these things while I am still in the world, so that they may have the full measure of my joy within them. 14 I have given them your word and the world has hated them, for they are not of the world any more than I am of the world. 15 My prayer is not that you take them out of the world but that you protect them from the evil one. 16 They are not of the world, even as I am not of it. 17 Sanctify y them by the truth; your word is truth. 18 As you sent me into the world, I have sent them into the world. 19 For them I sanctify myself, that they too may be truly sanctified.

Jesus Prays for All Believers

20 "My prayer is not for them alone. I pray also for those who will believe in me through their message, 21 that all of them may be one, Father, just as you are in me and I am in you. May they also be in us so that the world may believe that you have sent me. 22 I have given them the glory that you gave me, that they may be one as we are one: 23 I in them and you in me. May they be brought to complete unity to let the world know that you sent me and have loved them even as you have loved me.

24 "Father, I want those you have given me to be with me where I am, and to see my glory, the glory you have given me because you loved me before the creation of the world.

25 "Righteous Father, though the world does not know you, I know you, and they know that you have sent me. 26 I have made you known to them, and will continue to make you known in order that the love you have for me may be in them and that I myself may be in them."

Arresto de Jesús

18 1 Habiendo dicho Jesús estas cosas, salió con sus discípulos al otro lado del torrente de Cedrón, donde había un huerto, en el cual entró con sus discípulos. 2 Y también Judas, el que le entregaba, conocía aquel lugar, porque muchas veces Jesús se había reunido allí con sus discípulos.

3 Judas, pues, tomando una compañía de soldados, y alguaciles de los principales sacerdotes y de los fariseos, fue allí con linternas y antorchas, y con armas.

4 Pero Jesús, sabiendo todas las cosas que le habían de sobrevenir, se adelantó y les dijo: ¿A quién buscáis?

5 Le respondieron: A Jesús nazareno. Jesús les dijo: Yo soy. Y estaba también con ellos Judas, el que le entregaba.

6 Cuando les dijo: Yo soy, retrocedieron, y cayeron a tierra.

7 Volvió, pues, a preguntarles: ¿A quién buscáis? Y ellos dijeron: A Jesús nazareno.

8 Respondió Jesús: Os he dicho que yo soy; pues si me buscáis a mí, dejad ir a éstos;

9 para que se cumpliese aquello que había dicho: De los que me diste, no perdí ninguno.

Jesus Arrested

18 When he had finished praying, Jesus left with his disciples and crossed the Kidron Valley. On the other side there was an olive grove, and he and his disciples went into it.

2 Now Judas, who betrayed him, knew the place, because Jesus had often met there with his disciples. 3 So Judas came to the grove, guiding a detachment of soldiers and some officials from the chief priests and Pharisees. They were carrying torches, lanterns and weapons.

4 Jesus, knowing all that was going to happen to him, went out and asked them, "Who is it you want?"

5 "Jesus of Nazareth," they replied.

"I am he," Jesus said. (And Judas the traitor was standing there with them.) 6 When Jesus said, "I am he," they drew back and fell to the ground.

7 Again he asked them, "Who is it you want?"

And they said, "Jesus of Nazareth."

8 "I told you that I am he," Jesus answered. "If you are looking for me, then let these men go." 9 This happened so that the words he had spoken would be fulfilled: "I have not lost one of those you gave me." z

y 17 Greek *hagiazo* (set apart for sacred use or make holy); also in verse 19   z 9 John 6:39

10 Entonces Simón Pedro, que tenía una espada, la desenvainó, e hirió al siervo del sumo sacerdote, y le cortó la oreja derecha. Y el siervo se llamaba Malco.
11 Jesús entonces dijo a Pedro: Mete tu espada en la vaina; la copa que el Padre me ha dado, ¿no la he de beber?

Jesús ante el sumo sacerdote

12 Entonces la compañía de soldados, el tribuno y los alguaciles de los judíos, prendieron a Jesús y le ataron,
13 y le llevaron primeramente a Anás; porque era suegro de Caifás, que era sumo sacerdote aquel año.
14 Era Caifás el que había dado el consejo a los judíos, de que convenía que un solo hombre muriese por el pueblo.

Pedro en el patio de Anás

15 Y seguían a Jesús Simón Pedro y otro discípulo. Y este discípulo era conocido del sumo sacerdote, y entró con Jesús al patio del sumo sacerdote;
16 mas Pedro estaba fuera, a la puerta. Salió, pues, el discípulo que era conocido del sumo sacerdote, y habló a la portera, e hizo entrar a Pedro.
17 Entonces la criada portera dijo a Pedro: ¿No eres tú también de los discípulos de este hombre? Dijo él: No lo soy.
18 Y estaban en pie los siervos y los alguaciles que habían encendido un fuego; porque hacía frío, y se calentaban; y también con ellos estaba Pedro en pie, calentándose.

Anás interroga a Jesús

19 Y el sumo sacerdote preguntó a Jesús acerca de sus discípulos y de su doctrina.
20 Jesús le respondió: Yo públicamente he hablado al mundo; siempre he enseñado en la sinagoga y en el templo, donde se reúnen todos los judíos, y nada he hablado en oculto.
21 ¿Por qué me preguntas a mí? Pregunta a los que han oído, qué les haya yo hablado; he aquí, ellos saben lo que yo he dicho.
22 Cuando Jesús hubo dicho esto, uno de los alguaciles, que estaba allí, le dio una bofetada, diciendo: ¿Así respondes al sumo sacerdote?
23 Jesús le respondió: Si he hablado mal, testifica en qué está el mal; y si bien, ¿por qué me golpeas?
24 Anás entonces le envió atado a Caifás, el sumo sacerdote.

Pedro niega a Jesús

25 Estaba, pues, Pedro en pie, calentándose. Y le dijeron: ¿No eres tú de sus discípulos? El negó, y dijo: No lo soy.
26 Uno de los siervos del sumo sacerdote, pariente de aquel a quien Pedro había cortado la oreja, le dijo: ¿No te vi yo en el huerto con él?
27 Negó Pedro otra vez; y en seguida cantó el gallo.

Jesús ante Pilato

28 Llevaron a Jesús de casa de Caifás al pretorio. Era de mañana, y ellos no entraron en el pretorio para no contaminarse, y así poder comer la pascua.
29 Entonces salió Pilato a ellos, y les dijo: ¿Qué acusación traéis contra este hombre?
30 Respondieron y le dijeron: Si éste no fuera malhechor, no te lo habríamos entregado.

10 Then Simon Peter, who had a sword, drew it and struck the high priest's servant, cutting off his right ear. (The servant's name was Malchus.)
11 Jesus commanded Peter, "Put your sword away! Shall I not drink the cup the Father has given me?"

Jesus Taken to Annas

12 Then the detachment of soldiers with its commander and the Jewish officials arrested Jesus. They bound him 13 and brought him first to Annas, who was the father-in-law of Caiaphas, the high priest that year.
14 Caiaphas was the one who had advised the Jews that it would be good if one man died for the people.

Peter's First Denial

15 Simon Peter and another disciple were following Jesus. Because this disciple was known to the high priest, he went with Jesus into the high priest's courtyard, 16 but Peter had to wait outside at the door. The other disciple, who was known to the high priest, came back, spoke to the girl on duty there and brought Peter in.
17 "You are not one of his disciples, are you?" the girl at the door asked Peter.
He replied, "I am not."
18 It was cold, and the servants and officials stood around a fire they had made to keep warm. Peter also was standing with them, warming himself.

The High Priest Questions Jesus

19 Meanwhile, the high priest questioned Jesus about his disciples and his teaching.
20 "I have spoken openly to the world," Jesus replied. "I always taught in synagogues or at the temple, where all the Jews come together. I said nothing in secret. 21 Why question me? Ask those who heard me. Surely they know what I said."
22 When Jesus said this, one of the officials nearby struck him in the face. "Is this the way you answer the high priest?" he demanded.
23 "If I said something wrong," Jesus replied, "testify as to what is wrong. But if I spoke the truth, why did you strike me?" 24 Then Annas sent him, still bound, to Caiaphas the high priest. a

Peter's Second and Third Denials

25 As Simon Peter stood warming himself, he was asked, "You are not one of his disciples, are you?"
He denied it, saying, "I am not."
26 One of the high priest's servants, a relative of the man whose ear Peter had cut off, challenged him, "Didn't I see you with him in the olive grove?" 27 Again Peter denied it, and at that moment a rooster began to crow.

Jesus Before Pilate

28 Then the Jews led Jesus from Caiaphas to the palace of the Roman governor. By now it was early morning, and to avoid ceremonial uncleanness the Jews did not enter the palace; they wanted to be able to eat the Passover. 29 So Pilate came out to them and asked, "What charges are you bringing against this man?"
30 "If he were not a criminal," they replied, "we would not have handed him over to you."

---

a 24 Or (Now Annas had sent him, still bound, to Caiaphas the high priest.)

31 Entonces les dijo Pilato: Tomadle vosotros, y juzgadle según vuestra ley. Y los judíos le dijeron: A nosotros no nos está permitido dar muerte a nadie;

32 para que se cumpliese la palabra que Jesús había dicho, dando a entender de qué muerte iba a morir.

33 Entonces Pilato volvió a entrar en el pretorio, y llamó a Jesús y le dijo: ¿Eres tú el Rey de los judíos?

34 Jesús le respondió: ¿Dices tú esto por ti mismo, o te lo han dicho otros de mí?

35 Pilato le respondió: ¿Soy yo acaso judío? Tu nación, y los principales sacerdotes, te han entregado a mí. ¿Qué has hecho?

36 Respondió Jesús: Mi reino no es de este mundo; si mi reino fuera de este mundo, mis servidores pelearían para que yo no fuera entregado a los judíos; pero mi reino no es de aquí.

37 Le dijo entonces Pilato: ¿Luego, eres tú rey? Respondió Jesús: Tú dices que yo soy rey. Yo para esto he nacido, y para esto he venido al mundo, para dar testimonio a la verdad. Todo aquel que es de la verdad, oye mi voz.

38 Le dijo Pilato: ¿Qué es la verdad? Y cuando hubo dicho esto, salió otra vez a los judíos, y les dijo: Yo no hallo en él ningún delito.

39 Pero vosotros tenéis la costumbre de que os suelte uno en la pascua. ¿Queréis, pues, que os suelte al Rey de los judíos?

40 Entonces todos dieron voces de nuevo, diciendo: No a éste, sino a Barrabás. Y Barrabás era ladrón.

19 1 Así que, entonces tomó Pilato a Jesús, y le azotó. 2 Y los soldados entretejieron una corona de espinas, y la pusieron sobre su cabeza, y le vistieron con un manto de púrpura;

3 y le decían: ¡Salve, Rey de los judíos! y le daban de bofetadas.

4 Entonces Pilato salió otra vez, y les dijo: Mirad, os lo traigo fuera, para que entendáis que ningún delito hallo en él.

5 Y salió Jesús, llevando la corona de espinas y el manto de púrpura. Y Pilato les dijo: ¡He aquí el hombre!

6 Cuando le vieron los principales sacerdotes y los alguaciles, dieron voces, diciendo: ¡Crucifícale! ¡Crucifícale! Pilato les dijo: Tomadle vosotros, y crucificadle; porque yo no hallo delito en él.

7 Los judíos le respondieron: Nosotros tenemos una ley, y según nuestra ley debe morir, porque se hizo a sí mismo Hijo de Dios.

8 Cuando Pilato oyó decir esto, tuvo más miedo.

9 Y entró otra vez en el pretorio, y dijo a Jesús: ¿De dónde eres tú? Mas Jesús no le dio respuesta.

10 Entonces le dijo Pilato: ¿A mí no me hablas? ¿No sabes que tengo autoridad para crucificarte, y que tengo autoridad para soltarte?

11 Respondió Jesús: Ninguna autoridad tendrías contra mí, si no te fuese dada de arriba; por tanto, el que a ti me ha entregado, mayor pecado tiene.

12 Desde entonces procuraba Pilato soltarle; pero los judíos daban voces, diciendo: Si a éste sueltas, no eres amigo de César; todo el que se hace rey, a César se opone.

13 Entonces Pilato, oyendo esto, llevó fuera a Jesús, y se sentó en el tribunal en el lugar llamado el Enlosado, y en hebreo Gabata.

14 Era la preparación de la pascua, y como la hora sexta.

31 Pilate said, "Take him yourselves and judge him by your own law."

"But we have no right to execute anyone," the Jews objected. 32 This happened so that the words Jesus had spoken indicating the kind of death he was going to die would be fulfilled.

33 Pilate then went back inside the palace, summoned Jesus and asked him, "Are you the king of the Jews?"

34 "Is that your own idea," Jesus asked, "or did others talk to you about me?"

35 "Am I a Jew?" Pilate replied. "It was your people and your chief priests who handed you over to me. What is it you have done?"

36 Jesus said, "My kingdom is not of this world. If it were, my servants would fight to prevent my arrest by the Jews. But now my kingdom is from another place."

37 "You are a king, then!" said Pilate.

Jesus answered, "You are right in saying I am a king. In fact, for this reason I was born, and for this I came into the world, to testify to the truth. Everyone on the side of truth listens to me."

38 "What is truth?" Pilate asked. With this he went out again to the Jews and said, "I find no basis for a charge against him. 39 But it is your custom for me to release to you one prisoner at the time of the Passover. Do you want me to release 'the king of the Jews'?"

40 They shouted back, "No, not him! Give us Barabbas!" Now Barabbas had taken part in a rebellion.

Jesus Sentenced to be Crucified

19 Then Pilate took Jesus and had him flogged. 2 The soldiers twisted together a crown of thorns and put it on his head. They clothed him in a purple robe 3 and went up to him again and again, saying, "Hail, king of the Jews!" And they struck him in the face.

4 Once more Pilate came out and said to the Jews, "Look, I am bringing him out to you to let you know that I find no basis for a charge against him." 5 When Jesus came out wearing the crown of thorns and the purple robe, Pilate said to them, "Here is the man!"

6 As soon as the chief priests and their officials saw him, they shouted, "Crucify! Crucify!"

But Pilate answered, "You take him and crucify him. As for me, I find no basis for a charge against him."

7 The Jews insisted, "We have a law, and according to that law he must die, because he claimed to be the Son of God."

8 When Pilate heard this, he was even more afraid, 9 and he went back inside the palace. "Where do you come from?" he asked Jesus, but Jesus gave him no answer. 10 "Do you refuse to speak to me?" Pilate said. "Don't you realize I have power either to free you or to crucify you?"

11 Jesus answered, "You would have no power over me if it were not given to you from above. Therefore the one who handed me over to you is guilty of a greater sin."

12 From then on, Pilate tried to set Jesus free, but the Jews kept shouting, "If you let this man go, you are no friend of Caesar. Anyone who claims to be a king opposes Caesar."

13 When Pilate heard this, he brought Jesus out and sat down on the judge's seat at a place known as the Stone Pavement (which in Aramaic is Gabbatha). 14 It

Entonces dijo a los judíos: ¡He aquí vuestro Rey!
15 Pero ellos gritaron: ¡Fuera, fuera, crucifícale! Pilato les dijo: ¿A vuestro Rey he de crucificar? Respondieron los principales sacerdotes: No tenemos más rey que César.
16 Así que entonces lo entregó a ellos para que fuese crucificado. Tomaron, pues, a Jesús, y le llevaron.

Crucifixión y muerte de Jesús

17 Y él, cargando su cruz, salió al lugar llamado de la Calavera, y en hebreo, Gólgota;
18 y allí le crucificaron, y con él a otros dos, uno a cada lado, y Jesús en medio.
19 Escribió también Pilato un título, que puso sobre la cruz, el cual decía: JESÚS NAZARENO, REY DE LOS JUDÍOS.
20 Y muchos de los judíos leyeron este título; porque el lugar donde Jesús fue crucificado estaba cerca de la ciudad, y el título estaba escrito en hebreo, en griego y en latín.
21 Dijeron a Pilato los principales sacerdotes de los judíos: No escribas: Rey de los judíos; sino, que él dijo: Soy Rey de los judíos.
22 Respondió Pilato: Lo que he escrito, he escrito.
23 Cuando los soldados hubieron crucificado a Jesús, tomaron sus vestidos, e hicieron cuatro partes, una para cada soldado. Tomaron también su túnica, la cual era sin costura, de un solo tejido de arriba abajo.
24 Entonces dijeron entre sí: No la partamos, sino echemos suertes sobre ella, a ver de quién será. Esto fue para que se cumpliese la Escritura, que dice:

Repartieron entre sí mis vestidos,
Y sobre mi ropa echaron suertes.

Y así lo hicieron los soldados.
25 Estaban junto a la cruz de Jesús su madre, y la hermana de su madre, María mujer de Cleofas, y María Magdalena.
26 Cuando vio Jesús a su madre, y al discípulo a quien él amaba, que estaba presente, dijo a su madre: Mujer, he ahí tu hijo.
27 Después dijo al discípulo: He ahí tu madre. Y desde aquella hora el discípulo la recibió en su casa.
28 Después de esto, sabiendo Jesús que ya todo estaba consumado, dijo, para que la Escritura se cumpliese: Tengo sed.
29 Y estaba allí una vasija llena de vinagre; entonces ellos empaparon en vinagre una esponja, y poniéndola en un hisopo, se la acercaron a la boca.
30 Cuando Jesús hubo tomado el vinagre, dijo: Consumado es. Y habiendo inclinado la cabeza, entregó el espíritu.

El costado de Jesús traspasado

31 Entonces los judíos, por cuanto era la preparación de la pascua, a fin de que los cuerpos no quedasen en la cruz en el día de reposo* (pues aquel día de reposo* era de gran solemnidad), rogaron a Pilato que se les quebrasen las piernas, y fuesen quitados de allí.
32 Vinieron, pues, los soldados, y quebraron las piernas al primero, y asimismo al otro que había sido crucificado con él.
33 Mas cuando llegaron a Jesús, como le vieron ya muerto, no le quebraron las piernas.
34 Pero uno de los soldados le abrió el costado con una lanza, y al instante salió sangre y agua.

*Aquí equivale a sábado

was the day of Preparation of Passover Week, about the sixth hour.

"Here is your king," Pilate said to the Jews.
15 But they shouted, "Take him away! Take him away! Crucify him!"

"Shall I crucify your king?" Pilate asked.

"We have no king but Caesar," the chief priests answered.
16 Finally Pilate handed him over to them to be crucified.

The Crucifixion

So the soldiers took charge of Jesus. 17 Carrying his own cross, he went out to the place of the Skull (which in Aramaic is called Golgotha). 18 Here they crucified him, and with him two others—one on each side and Jesus in the middle.
19 Pilate had a notice prepared and fastened to the cross. It read: JESUS OF NAZARETH, THE KING OF THE JEWS. 20 Many of the Jews read this sign, for the place where Jesus was crucified was near the city, and the sign was written in Aramaic, Latin and Greek. 21 The chief priests of the Jews protested to Pilate, "Do not write 'The King of the Jews,' but that this man claimed to be king of the Jews."
22 Pilate answered, "What I have written, I have written."
23 When the soldiers crucified Jesus, they took his clothes, dividing them into four shares, one for each of them, with the undergarment remaining. This garment was seamless, woven in one piece from top to bottom.
24 "Let's not tear it," they said to one another. "Let's decide by lot who will get it."

This happened that the scripture might be fulfilled which said,

"They divided my garments among them
and cast lots for my clothing." b

So this is what the soldiers did.
25 Near the cross of Jesus stood his mother, his mother's sister, Mary the wife of Clopas, and Mary Magdalene. 26 When Jesus saw his mother there, and the disciple whom he loved standing nearby, he said to his mother, "Dear woman, here is your son," 27 and to the disciple, "Here is your mother." From that time on, this disciple took her into his home.

The Death of Jesus

28 Later, knowing that all was now completed, and so that the Scripture would be fulfilled, Jesus said, "I am thirsty." 29 A jar of wine vinegar was there, so they soaked a sponge in it, put the sponge on a stalk of the hyssop plant, and lifted it to Jesus' lips. 30 When he had received the drink, Jesus said, "It is finished." With that, he bowed his head and gave up his spirit.
31 Now it was the day of Preparation, and the next day was to be a special Sabbath. Because the Jews did not want the bodies left on the crosses during the Sabbath, they asked Pilate to have the legs broken and the bodies taken down. 32 The soldiers therefore came and broke the legs of the first man who had been crucified with Jesus, and then those of the other. 33 But when they came to Jesus and found that he was already dead, they did not break his legs. 34 Instead, one of the soldiers pierced Jesus' side with a spear, bringing a sudden flow of blood and water. 35 The man who saw

b 24 Psalm 22:18

35 Y el que lo vio da testimonio, y su testimonio es verdadero; y él sabe que dice verdad, para que vosotros también creáis.

36 Porque estas cosas sucedieron para que se cumpliese la Escritura: No será quebrado hueso suyo.

37 Y también otra Escritura dice: Mirarán al que traspasaron.

Jesús es sepultado

38 Después de todo esto, José de Arimatea, que era discípulo de Jesús, pero secretamente por miedo de los judíos, rogó a Pilato que le permitiese llevarse el cuerpo de Jesús; y Pilato se lo concedió. Entonces vino, y se llevó el cuerpo de Jesús.

39 También Nicodemo, el que antes había visitado a Jesús de noche, vino trayendo un compuesto de mirra y de áloes, como cien libras.

40 Tomaron, pues, el cuerpo de Jesús, y lo envolvieron en lienzos con especias aromáticas, según es costumbre sepultar entre los judíos.

41 Y en el lugar donde había sido crucificado, había un huerto, y en el huerto un sepulcro nuevo, en el cual aún no había sido puesto ninguno.

42 Allí, pues, por causa de la preparación de la pascua de los judíos, y porque aquel sepulcro estaba cerca, pusieron a Jesús.

La resurrección

20 1 El primer día de la semana, María Magdalena fue de mañana, siendo aún oscuro, al sepulcro; y vio quitada la piedra del sepulcro.

2 Entonces corrió, y fue a Simón Pedro y al otro discípulo, aquel al que amaba Jesús, y les dijo: Se han llevado del sepulcro al Señor, y no sabemos dónde le han puesto.

3 Y salieron Pedro y el otro discípulo, y fueron al sepulcro.

4 Corrían los dos juntos; pero el otro discípulo corrió más aprisa que Pedro, y llegó primero al sepulcro.

5 Y bajándose a mirar, vio los lienzos puestos allí, pero no entró.

6 Luego llegó Simón Pedro tras él, y entró en el sepulcro, y vio los lienzos puestos allí,

7 y el sudario, que había estado sobre la cabeza de Jesús, no puesto con los lienzos, sino enrollado en un lugar aparte.

8 Entonces entró también el otro discípulo, que había venido primero al sepulcro; y vio, y creyó.

9 Porque aún no habían entendido la Escritura, que era necesario que él resucitase de los muertos.

10 Y volvieron los discípulos a los suyos.

Jesús se aparece a María Magdalena

11 Pero María estaba fuera llorando junto al sepulcro; y mientras lloraba, se inclinó para mirar dentro del sepulcro;

12 y vio a dos ángeles con vestiduras blancas, que estaban sentados el uno a la cabecera, y el otro a los pies, donde el cuerpo de Jesús había sido puesto.

13 Y le dijeron: Mujer, ¿por qué lloras? Les dijo: Porque se han llevado a mi Señor, y no sé dónde le han puesto.

14 Cuando había dicho esto, se volvió, y vio a Jesús que estaba allí; mas no sabía que era Jesús.

15 Jesús le dijo: Mujer, ¿por qué lloras? ¿A quién buscas? Ella, pensando que era el hortelano, le dijo: Señor, si tú lo has llevado, dime dónde lo has puesto, y yo lo llevaré.

it has given testimony, and his testimony is true. He knows that he tells the truth, and he testifies so that you also may believe. 36 These things happened so that the scripture would be fulfilled: "Not one of his bones will be broken," c 37 and, as another scripture says, "They will look on the one they have pierced." d

The Burial of Jesus

38 Later, Joseph of Arimathea asked Pilate for the body of Jesus. Now Joseph was a disciple of Jesus, but secretly because he feared the Jews. With Pilate's permission, he came and took the body away. 39 He was accompanied by Nicodemus, the man who earlier had visited Jesus at night. Nicodemus brought a mixture of myrrh and aloes, about seventy-five pounds. e 40 Taking Jesus' body, the two of them wrapped it, with the spices, in strips of linen. This was in accordance with Jewish burial customs. 41 At the place where Jesus was crucified, there was a garden, and in the garden a new tomb, in which no one had ever been laid. 42 Because it was the Jewish day of Preparation and since the tomb was nearby, they laid Jesus there.

The Empty Tomb

20 Early on the first day of the week, while it was still dark, Mary Magdalene went to the tomb and saw that the stone had been removed from the entrance. 2 So she came running to Simon Peter and the other disciple, the one Jesus loved, and said, "They have taken the Lord out of the tomb, and we don't know where they have put him!"

3 So Peter and the other disciple started for the tomb. 4 Both were running, but the other disciple outran Peter and reached the tomb first. 5 He bent over and looked in at the strips of linen lying there but did not go in. 6 Then Simon Peter, who was behind him, arrived and went into the tomb. He saw the strips of linen lying there, 7 as well as the burial cloth that had been around Jesus' head. The cloth was folded up by itself, separate from the linen. 8 Finally the other disciple, who had reached the tomb first, also went inside. He saw and believed. 9 (They still did not understand from Scripture that Jesus had to rise from the dead.)

Jesus Appears to Mary Magdalene

10 Then the disciples went back to their homes, 11 but Mary stood outside the tomb crying. As she wept, she bent over to look into the tomb 12 and saw two angels in white, seated where Jesus' body had been, one at the head and the other at the foot.

13 They asked her, "Woman, why are you crying?"

"They have taken my Lord away," she said, "and I don't know where they have put him." 14 At this, she turned around and saw Jesus standing there, but she did not realize that it was Jesus.

15 "Woman," he said, "why are you crying? Who is it you are looking for?"

Thinking he was the gardener, she said, "Sir, if you have carried him away, tell me where you have put him, and I will get him."

c 36 Exodus 12:46; Num. 9:12; Psalm 34:20   d 37 Zech. 12:10
e 39 Greek *a hundred litrai* (about 34 kilograms)

16 Jesús le dijo: ¡María! Volviéndose ella, le dijo: ¡Raboni! (que quiere decir, Maestro).

17 Jesús le dijo: No me toques, porque aún no he subido a mi Padre; mas vé a mis hermanos, y diles: Subo a mi Padre y a vuestro Padre, a mi Dios y a vuestro Dios.

18 Fue entonces María Magdalena para dar a los discípulos las nuevas de que había visto al Señor, y que él le había dicho estas cosas.

Jesús se aparece a los discípulos

19 Cuando llegó la noche de aquel mismo día, el primero de la semana, estando las puertas cerradas en el lugar donde los discípulos estaban reunidos por miedo de los judíos, vino Jesús, y puesto en medio, les dijo: Paz a vosotros.

20 Y cuando les hubo dicho esto, les mostró las manos y el costado. Y los discípulos se regocijaron viendo al Señor.

21 Entonces Jesús les dijo otra vez: Paz a vosotros. Como me envió el Padre, así también yo os envío.

22 Y habiendo dicho esto, sopló, y les dijo: Recibid el Espíritu Santo.

23 A quienes remitiereis los pecados, les son remitidos; y a quienes se los retuviereis, les son retenidos.

Incredulidad de Tomás

24 Pero Tomás, uno de los doce, llamado Dídimo, no estaba con ellos cuando Jesús vino.

25 Le dijeron, pues, los otros discípulos: Al Señor hemos visto. El les dijo: Si no viere en sus manos la señal de los clavos, y metiere mi dedo en el lugar de los clavos, y metiere mi mano en su costado, no creeré.

26 Ocho días después, estaban otra vez sus discípulos dentro, y con ellos Tomás. Llegó Jesús, estando las puertas cerradas, y se puso en medio y les dijo: Paz a vosotros.

27 Luego dijo a Tomás: Pon aquí tu dedo, y mira mis manos; y acerca tu mano, y métela en mi costado; y no seas incrédulo, sino creyente.

28 Entonces Tomás respondió y le dijo: ¡Señor mío, y Dios mío!

29 Jesús le dijo: Porque me has visto, Tomás, creíste; bienaventurados los que no vieron, y creyeron.

El propósito del libro

30 Hizo además Jesús muchas otras señales en presencia de sus discípulos, las cuales no están escritas en este libro.

31 Pero éstas se han escrito para que creáis que Jesús es el Cristo, el Hijo de Dios, y para que creyendo, tengáis vida en su nombre.

Jesús se aparece a siete de sus discípulos

21 1 Después de esto, Jesús se manifestó otra vez a sus discípulos junto al mar de Tiberias; y se manifestó de esta manera:

2 Estaban juntos Simón Pedro, Tomás llamado el Dídimo, Natanael el de Caná de Galilea, los hijos de Zebedeo, y otros dos de sus discípulos.

3 Simón Pedro les dijo: Voy a pescar. Ellos le dijeron: Vamos nosotros también contigo. Fueron, y entraron en una barca; y aquella noche no pescaron nada.

4 Cuando ya iba amaneciendo, se presentó Jesús en la playa; mas los discípulos no sabían que era Jesús.

5 Y les dijo: Hijitos, ¿tenéis algo de comer? Le respondieron: No.

16 Jesus said to her, "Mary."

She turned toward him and cried out in Aramaic, "Rabboni!" (which means Teacher).

17 Jesus said, "Do not hold on to me, for I have not yet returned to the Father. Go instead to my brothers and tell them, 'I am returning to my Father and your Father, to my God and your God.' "

18 Mary Magdalene went to the disciples with the news: "I have seen the Lord!" And she told them that he had said these things to her.

Jesus Appears to His Disciples

19 On the evening of that first day of the week, when the disciples were together, with the doors locked for fear of the Jews, Jesus came and stood among them and said, "Peace be with you!" 20 After he said this, he showed them his hands and side. The disciples were overjoyed when they saw the Lord.

21 Again Jesus said, "Peace be with you! As the Father has sent me, I am sending you." 22 And with that he breathed on them and said, "Receive the Holy Spirit. 23 If you forgive anyone his sins, they are forgiven; if you do not forgive them, they are not forgiven."

Jesus Appears to Thomas

24 Now Thomas (called Didymus), one of the Twelve, was not with the disciples when Jesus came. 25 So the other disciples told him, "We have seen the Lord!"

But he said to them, "Unless I see the nail marks in his hands and put my finger where the nails were, and put my hand into his side, I will not believe it."

26 A week later his disciples were in the house again, and Thomas was with them. Though the doors were locked, Jesus came and stood among them and said, "Peace be with you!" 27 Then he said to Thomas, "Put your finger here; see my hands. Reach out your hand and put it into my side. Stop doubting and believe."

28 Thomas said to him, "My Lord and my God!"

29 Then Jesus told him, "Because you have seen me, you have believed; blessed are those who have not seen and yet have believed."

30 Jesus did many other miraculous signs in the presence of his disciples, which are not recorded in this book. 31 But these are written that you may*f* believe that Jesus is the Christ, the Son of God, and that by believing you may have life in his name.

Jesus and the Miraculous Catch of Fish

21 Afterward Jesus appeared again to his disciples, by the Sea of Tiberias.*g* It happened this way: 2 Simon Peter, Thomas (called Didymus), Nathanael from Cana in Galilee, the sons of Zebedee, and two other disciples were together. 3 "I'm going out to fish," Simon Peter told them, and they said, "We'll go with you." So they went out and got into the boat, but that night they caught nothing.

4 Early in the morning, Jesus stood on the shore, but the disciples did not realize that it was Jesus.

5 He called out to them, "Friends, haven't you any fish?"

"No," they answered.

---

f 31 Some manuscripts may continue to   *g 1* That is, Sea of Galilee

6 El les dijo: Echad la red a la derecha de la barca, y hallaréis. Entonces la echaron, y ya no la podían sacar, por la gran cantidad de peces.

7 Entonces aquel discípulo a quien Jesús amaba dijo a Pedro: ¡Es el Señor! Simón Pedro, cuando oyó que era el Señor, se ciñó la ropa (porque se había despojado de ella), y se echó al mar.

8 Y los otros discípulos vinieron con la barca, arrastrando la red de peces, pues no distaban de tierra sino como doscientos codos.

9 Al descender a tierra, vieron brasas puestas, y un pez encima de ellas, y pan.

10 Jesús les dijo: Traed de los peces que acabáis de pescar.

11 Subió Simón Pedro, y sacó la red a tierra, llena de grandes peces, ciento cincuenta y tres; y aun siendo tantos, la red no se rompió.

12 Les dijo Jesús: Venid, comed. Y ninguno de los discípulos se atrevía a preguntarle: ¿Tú, quién eres? sabiendo que era el Señor.

13 Vino, pues, Jesús, y tomó el pan y les dio, y asimismo del pescado.

14 Esta era ya la tercera vez que Jesús se manifestaba a sus discípulos, después de haber resucitado de los muertos.

Apacienta mis ovejas

15 Cuando hubieron comido, Jesús dijo a Simón Pedro: Simón, hijo de Jonás, ¿me amas más que éstos? Le respondió: Sí, Señor; tú sabes que te amo. El le dijo: Apacienta mis corderos.

16 Volvió a decirle la segunda vez: Simón, hijo de Jonás, ¿me amas? Pedro le respondió: Sí, Señor; tú sabes que te amo. Le dijo: Pastorea mis ovejas.

17 Le dijo la tercera vez: Simón, hijo de Jonás, ¿me amas? Pedro se entristeció de que le dijese la tercera vez: ¿Me amas? y le respondió: Señor, tú lo sabes todo; tú sabes que te amo. Jesús le dijo: Apacienta mis ovejas.

18 De cierto, de cierto te digo: Cuando eras más joven, te ceñías, e ibas a donde querías; mas cuando ya seas viejo, extenderás tus manos, y te ceñirá otro, y te llevará a donde no quieras.

19 Esto dijo, dando a entender con qué muerte había de glorificar a Dios. Y dicho esto, añadió: Sígueme.

El discípulo amado

20 Volviéndose Pedro, vio que les seguía el discípulo a quien amaba Jesús, el mismo que en la cena se había recostado al lado de él, y le había dicho: Señor, ¿quién es el que te ha de entregar?

21 Cuando Pedro le vio, dijo a Jesús: Señor, ¿y qué de éste?

22 Jesús le dijo: Si quiero que él quede hasta que yo venga, ¿qué a ti? Sígueme tú.

23 Este dicho se extendió entonces entre los hermanos, que aquel discípulo no moriría. Pero Jesús no le dijo que no moriría, sino: Si quiero que él quede hasta que yo venga, ¿qué a ti?

24 Este es el discípulo que da testimonio de estas cosas, y escribió estas cosas; y sabemos que su testimonio es verdadero.

25 Y hay también otras muchas cosas que hizo Jesús, las cuales si se escribieran una por una, pienso que ni aun en el mundo cabrían los libros que se habrían de escribir. Amén.

6 He said, "Throw your net on the right side of the boat and you will find some." When they did, they were unable to haul the net in because of the large number of fish.

7 Then the disciple whom Jesus loved said to Peter, "It is the Lord!" As soon as Simon Peter heard him say, "It is the Lord," he wrapped his outer garment around him (for he had taken it off) and jumped into the water. 8 The other disciples followed in the boat, towing the net full of fish, for they were not far from shore, about a hundred yards. h 9 When they landed, they saw a fire of burning coals there with fish on it, and some bread.

10 Jesus said to them, "Bring some of the fish you have just caught."

11 Simon Peter climbed aboard and dragged the net ashore. It was full of large fish, 153, but even with so many the net was not torn. 12 Jesus said to them, "Come and have breakfast." None of the disciples dared ask him, "Who are you?" They knew it was the Lord. 13 Jesus came, took the bread and gave it to them, and did the same with the fish. 14 This was now the third time Jesus appeared to his disciples after he was raised from the dead.

Jesus Reinstates Peter

15 When they had finished eating, Jesus said to Simon Peter, "Simon son of John, do you truly love me more than these?"

"Yes, Lord," he said, "you know that I love you." Jesus said, "Feed my lambs."

16 Again Jesus said, "Simon son of John, do you truly love me?"

He answered, "Yes, Lord, you know that I love you."

Jesus said, "Take care of my sheep."

17 The third time he said to him, "Simon son of John, do you love me?"

Peter was hurt because Jesus asked him the third time, "Do you love me?" He said, "Lord, you know all things; you know that I love you."

Jesus said, "Feed my sheep. 18 I tell you the truth, when you were younger you dressed yourself and went where you wanted; but when you are old you will stretch out your hands, and someone else will dress you and lead you where you do not want to go." 19 Jesus said this to indicate the kind of death by which Peter would glorify God. Then he said to him, "Follow me!"

20 Peter turned and saw that the disciple whom Jesus loved was following them. (This was the one who had leaned back against Jesus at the supper and had said, "Lord, who is going to betray you?") 21 When Peter saw him, he asked, "Lord, what about him?"

22 Jesus answered, "If I want him to remain alive until I return, what is that to you? You must follow me." 23 Because of this, the rumor spread among the brothers that this disciple would not die. But Jesus did not say that he would not die; he only said, "If I want him to remain alive until I return, what is that to you?"

24 This is the disciple who testifies to these things and who wrote them down. We know that his testimony is true.

25 Jesus did many other things as well. If every one of them were written down, I suppose that even the whole world would not have room for the books that would be written.

h 8 Greek *about two hundred cubits* (about 90 meters)

HECHOS
DE LOS AP'OSTOLES

ACTS

La Promesa del Espíritu Santo

1 ¹En el primer tratado, oh Teófilo, hablé acerca de todas las cosas que Jesús comenzó a hacer y a enseñar, ²hasta el día en que fue recibido arriba, después de haber dado mandamientos por el Espíritu Santo a los apóstoles que había escogido;
³a quienes también, después de haber padecido, se presentó vivo con muchas pruebas indubitables, apareciéndoseles durante cuarenta días y hablándoles acerca del reino de Dios.
⁴Y estando juntos, les mandó que no se fueran de Jerusalén, sino que esperasen la promesa del Padre, la cual, les dijo, oísteis de mí.
⁵Porque Juan ciertamente bautizó con agua, mas vosotros seréis bautizados con el Espíritu Santo dentro de no muchos días.

La ascensión

⁶Entonces los que se habían reunido le preguntaron, diciendo: Señor, ¿restaurarás el reino a Israel en este tiempo?
⁷Y les dijo: No os toca a vosotros saber los tiempos o las sazones, que el Padre puso en su sola potestad;
⁸pero recibiréis poder, cuando haya venido sobre vosotros el Espíritu Santo, y me seréis testigos en Jerusalén, en toda Judea, en Samaria, y hasta lo último de la tierra.
⁹Y habiendo dicho estas cosas, viéndolo ellos, fue alzado, y le recibió una nube que le ocultó de sus ojos.
¹⁰Y estando ellos con los ojos puestos en el cielo, entre tanto que él se iba, he aquí se pusieron junto a ellos dos varones con vestiduras blancas;
¹¹los cuales también les dijeron: Varones galileos, ¿por qué estáis mirando al cielo? Este mismo Jesús, que ha sido tomado de vosotros al cielo, así vendrá como le habéis visto ir al cielo.

Elección del sucesor de Judas

¹²Entonces volvieron a Jerusalén desde el monte que se llama del Olivar, el cual está cerca de Jerusalén, camino de un día de reposo. *
¹³Y entrados, subieron al aposento alto, donde moraban Pedro y Jacobo, Juan, Andrés, Felipe, Tomás, Bartolomé, Mateo, Jacobo hijo de Alfeo, Simón el Zelote y Judas hermano de Jacobo.
¹⁴Todos éstos perseveraban unánimes en oración y ruego, con las mujeres, y con María la madre de Jesús, y con sus hermanos.
¹⁵En aquellos días Pedro se levantó en medio de los hermanos (y los reunidos eran como ciento veinte en número), y dijo:
¹⁶Varones hermanos, era necesario que se cumpliese la Escritura en que el Espíritu Santo habló antes por boca de David acerca de Judas, que fue guía de los que prendieron a Jesús,
¹⁷y era contado con nosotros, y tenía parte en este ministerio.
¹⁸Este, pues, con el salario de su iniquidad adquirió un campo, y cayendo de cabeza, se reventó por la mitad, y todas sus entrañas se derramaron.

Jesus Taken Up Into Heaven

1 In my former book, Theophilus, I wrote about all that Jesus began to do and to teach ²until the day he was taken up to heaven, after giving instructions through the Holy Spirit to the apostles he had chosen. ³After his suffering, he showed himself to these men and gave many convincing proofs that he was alive. He appeared to them over a period of forty days and spoke about the kingdom of God. ⁴On one occasion, while he was eating with them, he gave them this command: "Do not leave Jerusalem, but wait for the gift my Father promised, which you have heard me speak about. ⁵For John baptized witha water, but in a few days you will be baptized with the Holy Spirit."

⁶So when they met together, they asked him, "Lord, are you at this time going to restore the kingdom to Israel?"

⁷He said to them: "It is not for you to know the times or dates the Father has set by his own authority. ⁸But you will receive power when the Holy Spirit comes on you; and you will be my witnesses in Jerusalem, and in all Judea and Samaria, and to the ends of the earth."

⁹After he said this, he was taken up before their very eyes, and a cloud hid him from their sight.

¹⁰They were looking intently up into the sky as he was going, when suddenly two men dressed in white stood beside them. ¹¹"Men of Galilee," they said, "why do you stand here looking into the sky? This same Jesus, who has been taken from you into heaven, will come back in the same way you have seen him go into heaven."

Matthias Chosen to Replace Judas

¹²Then they returned to Jerusalem from the hill called the Mount of Olives, a Sabbath day's walkb from the city. ¹³When they arrived, they went upstairs to the room where they were staying. Those present were Peter, John, James and Andrew; Philip and Thomas, Bartholomew and Matthew; James son of Alphaeus and Simon the Zealot, and Judas son of James. ¹⁴They all joined together constantly in prayer, along with the women and Mary the mother of Jesus, and with his brothers.

¹⁵In those days Peter stood up among the believersc (a group numbering about a hundred and twenty) ¹⁶and said, "Brothers, the Scripture had to be fulfilled which the Holy Spirit spoke long ago through the mouth of David concerning Judas, who served as guide for those who arrested Jesus— ¹⁷he was one of our number and shared in this ministry."

¹⁸(With the reward he got for his wickedness, Judas bought a field; there he fell headlong, his body burst open and all his intestines spilled out. ¹⁹Everyone in

---

*Aquí equivale a *sábado*

a5 Or *in*   b12 That is, about 3/4 mile (about 1,100 meters)
c15 Greek *brothers*

19 Y fue notorio a todos los habitantes de Jerusalén, de tal manera que aquel campo se llama en su propia lengua, Acéldama, que quiere decir, Campo de sangre.

20 Porque está escrito en el libro de los Salmos:

Sea hecha desierta su habitación,
Y no haya quien more en ella;

y:

Tome otro su oficio.

21 Es necesario, pues, que de estos hombres que han estado juntos con nosotros todo el tiempo que el Señor Jesús entraba y salía entre nosotros,

22 comenzando desde el bautismo de Juan hasta el día en que de entre nosotros fue recibido arriba, uno sea hecho testigo con nosotros, de su resurrección.

23 Y señalaron a dos: a José, llamado Barsabás, que tenía por sobrenombre Justo, y a Matías.

24 Y orando, dijeron: Tú, Señor, que conoces los corazones de todos, muestra cuál de estos dos has escogido,

25 para que tome la parte de este ministerio y apostolado, de que cayó Judas por transgresión, para irse a su propio lugar.

26 Y les echaron suertes, y la suerte cayó sobre Matías; y fue contado con los once apóstoles.

La venida del Espíritu Santo

2 ¹ Cuando llegó el día de Pentecostés, estaban todos unánimes juntos.

2 Y de repente vino del cielo un estruendo como de un viento recio que soplaba, el cual llenó toda la casa donde estaban sentados;

3 y se les aparecieron lenguas repartidas, como de fuego, asentándose sobre cada uno de ellos.

4 Y fueron todos llenos del Espíritu Santo, y comenzaron a hablar en otras lenguas, según el Espíritu les daba que hablasen.

5 Moraban entonces en Jerusalén judíos, varones piadosos, de todas las naciones bajo el cielo.

6 Y hecho este estruendo, se juntó la multitud; y estaban confusos, porque cada uno les oía hablar en su propia lengua.

7 Y estaban atónitos y maravillados, diciendo: Mirad, ¿no son galileos todos estos que hablan?

8 ¿Cómo, pues, les oímos nosotros hablar cada uno en nuestra lengua en la que hemos nacido?

9 Partos, medos, elamitas, y los que habitamos en Mesopotamia, en Judea, en Capadocia, en el Ponto y en Asia,

10 en Frigia y Panfilia, en Egipto y en las regiones de Africa más allá de Cirene, y romanos aquí residentes, tanto judíos como prosélitos,

11 cretenses y árabes, les oímos hablar en nuestras lenguas las maravillas de Dios.

12 Y estaban todos atónitos y perplejos, diciéndose unos a otros: ¿Qué quiere decir esto?

13 Mas otros, burlándose, decían: Están llenos de mosto.

Primer discurso de Pedro

14 Entonces Pedro, poniéndose en pie con los once, alzó la voz y les habló diciendo: Varones judíos, y todos los que habitáis en Jerusalén, esto os sea notorio, y oíd mis palabras.

15 Porque éstos no están ebrios, como vosotros suponéis, puesto que es la hora tercera del día.

16 Mas esto es lo dicho por el profeta Joel:

17 Y en los postreros días, dice Dios,
Derramaré de mi Espíritu sobre toda carne,
Y vuestros hijos y vuestras hijas profetizarán;
Vuestros jóvenes verán visiones,
Y vuestros ancianos soñarán sueños;

Jerusalem heard about this, so they called that field in their language Akeldama, that is, Field of Blood.)

20 "For," said Peter, "it is written in the book of Psalms,

" 'May his place be deserted;
let there be no one to dwell in it,' d

and,

" 'May another take his place of leadership.' e

21 Therefore it is necessary to choose one of the men who have been with us the whole time the Lord Jesus went in and out among us, 22 beginning from John's baptism to the time when Jesus was taken up from us. For one of these must become a witness with us of his resurrection."

23 So they proposed two men: Joseph called Barsabbas (also known as Justus) and Matthias. 24 Then they prayed, "Lord, you know everyone's heart. Show us which of these two you have chosen 25 to take over this apostolic ministry, which Judas left to go where he belongs." 26 Then they cast lots, and the lot fell to Matthias; so he was added to the eleven apostles.

The Holy Spirit Comes at Pentecost

2 When the day of Pentecost came, they were all together in one place. 2 Suddenly a sound like the blowing of a violent wind came from heaven and filled the whole house where they were sitting. 3 They saw what seemed to be tongues of fire that separated and came to rest on each of them. 4 All of them were filled with the Holy Spirit and began to speak in other tongues f as the Spirit enabled them.

5 Now there were staying in Jerusalem God-fearing Jews from every nation under heaven. 6 When they heard this sound, a crowd came together in bewilderment, because each one heard them speaking in his own language. 7 Utterly amazed, they asked: "Are not all these men who are speaking Galileans? 8 Then how is it that each of us hears them in his own native language? 9 Parthians, Medes and Elamites; residents of Mesopotamia, Judea and Cappadocia, Pontus and Asia, 10 Phrygia and Pamphylia, Egypt and the parts of Libya near Cyrene; visitors from Rome 11 (both Jews and converts to Judaism); Cretans and Arabs—we hear them declaring the wonders of God in our own tongues!" 12 Amazed and perplexed, they asked one another, "What does this mean?"

13 Some, however, made fun of them and said, "They have had too much wine. g"

Peter Addresses the Crowd

14 Then Peter stood up with the Eleven, raised his voice and addressed the crowd: "Fellow Jews and all of you who live in Jerusalem, let me explain this to you; listen carefully to what I say. 15 These men are not drunk, as you suppose. It's only nine in the morning! 16 No, this is what was spoken by the prophet Joel:

17 " 'In the last days, God says,
I will pour out my Spirit on all people.
Your sons and daughters will prophesy,
your young men will see visions,
your old men will dream dreams.

---

d20 Psalm 69:25   e20 Psalm 109:8   f4 Or languages; also in verse 11   g13 Or sweet wine

18Y de cierto sobre mis siervos y sobre mis siervas en aquellos días

Derramaré de mi Espíritu, y profetizarán.

19Y daré prodigios arriba en el cielo,

Y señales abajo en la tierra,

Sangre y fuego y vapor de humo;

20El sol se convertirá en tinieblas,

Y la luna en sangre,

Antes que venga el día del Señor,

Grande y manifiesto;

21Y todo aquel que invocare el nombre del Señor, será salvo.

22Varones israelitas, oíd estas palabras: Jesús nazareno, varón aprobado por Dios entre vosotros con las maravillas, prodigios y señales que Dios hizo entre vosotros por medio de él, como vosotros mismos sabéis; 23a éste, entregado por el determinado consejo y anticipado conocimiento de Dios, prendisteis y matasteis por manos de inicuos, crucificándole; 24al cual Dios levantó, sueltos los dolores de la muerte, por cuanto era imposible que fuese retenido por ella. 25Porque David dice de él:

Veía al Señor siempre delante de mí;

Porque está a mi diestra, no seré conmovido.

26Por lo cual mi corazón se alegró, y se gozó mi lengua,

Y aun mi carne descansará en esperanza;

27Porque no dejarás mi alma en el Hades,

Ni permitirás que tu Santo vea corrupción.

28Me hiciste conocer los caminos de la vida;

Me llenarás de gozo con tu presencia.

29Varones hermanos, se os puede decir libremente del patriarca David, que murió y fue sepultado, y su sepulcro está con nosotros hasta el día de hoy. 30Pero siendo profeta, y sabiendo que con juramento Dios le había jurado que de su descendencia, en cuanto a la carne, levantaría al Cristo para que se sentase en su trono, 31viéndolo antes, habló de la resurrección de Cristo, que su alma no fue dejada en el Hades, ni su carne vio corrupción. 32A este Jesús resucitó Dios, de lo cual todos nosotros somos testigos. 33Así que, exaltado por la diestra de Dios, y habiendo recibido del Padre la promesa del Espíritu Santo, ha derramado esto que vosotros veis y oís. 34Porque David no subió a los cielos; pero él mismo dice:

Dijo el Señor a mi Señor:

Siéntate a mi diestra,

35Hasta que ponga a tus enemigos por estrado de tus pies.

36Sepa, pues, ciertísimamente toda la casa de Israel, que a este Jesús a quien vosotros crucificasteis, Dios le ha hecho Señor y Cristo.

37Al oír esto, se compungieron de corazón, y dijeron a Pedro y a los otros apóstoles: Varones hermanos, ¿qué haremos?

38Pedro les dijo: Arrepentíos, y bautícese cada uno de vosotros en el nombre de Jesucristo para perdón de los pecados; y recibiréis el don del Espíritu Santo. 39Porque para vosotros es la promesa, y para vuestros hijos, y para todos los que están lejos; para cuantos el Señor nuestro Dios llamare.

18Even on my servants, both men and women,

I will pour out my Spirit in those days,

and they will prophesy.

19I will show wonders in the heaven above

and signs on the earth below,

blood and fire and billows of smoke.

20The sun will be turned to darkness

and the moon to blood

before the coming of the great and glorious day of the Lord.

21And everyone who calls

on the name of the Lord will be saved.'h

22"Men of Israel, listen to this: Jesus of Nazareth was a man accredited by God to you by miracles, wonders and signs, which God did among you through him, as you yourselves know. 23This man was handed over to you by God's set purpose and foreknowledge; and you, with the help of wicked men,i put him to death by nailing him to the cross. 24But God raised him from the dead, freeing him from the agony of death, because it was impossible for death to keep its hold on him. 25David said about him:

" 'I saw the Lord always before me.

Because he is at my right hand,

I will not be shaken.

26Therefore my heart is glad and my tongue rejoices;

my body also will live in hope,

27because you will not abandon me to the grave,

nor will you let your Holy One see decay.

28You have made known to me the paths of life;

you will fill me with joy in your presence.'j

29"Brothers, I can tell you confidently that the patriarch David died and was buried, and his tomb is here to this day. 30But he was a prophet and knew that God had promised him on oath that he would place one of his descendants on his throne. 31Seeing what was ahead, he spoke of the resurrection of the Christ,k that he was not abandoned to the grave, nor did his body see decay. 32God has raised this Jesus to life, and we are all witnesses of the fact. 33Exalted to the right hand of God, he has received from the Father the promised Holy Spirit and has poured out what you now see and hear. 34For David did not ascend to heaven, and yet he said,

" 'The Lord said to my Lord:

"Sit at my right hand

35until I make your enemies

a footstool for your feet." 'l

36"Therefore let all Israel be assured of this: God has made this Jesus, whom you crucified, both Lord and Christ."

37When the people heard this, they were cut to the heart and said to Peter and the other apostles, "Brothers, what shall we do?"

38Peter replied, "Repent and be baptized, every one of you, in the name of Jesus Christ for the forgiveness of your sins. And you will receive the gift of the Holy Spirit. 39The promise is for you and your children and for all who are far off—for all whom the Lord our God will call."

---

h21 Joel 2:28-32   i23 Or of those not having the law (that is, Gentiles)   j28 Psalm 16:8-11   k31 Or Messiah. "The Christ" (Greek) and "the Messiah" (Hebrew) both mean "the Anointed One"; also in verse 36.   l35 Psalm 110:1

40 Y con otras muchas palabras testificaba y les exhortaba, diciendo: Sed salvos de esta perversa generación.

41 Así que, los que recibieron su palabra fueron bautizados; y se añadieron aquel día como tres mil personas.

42 Y perseveraban en la doctrina de los apóstoles, en la comunión unos con otros, en el partimiento del pan y en las oraciones.

La vida de los primeros cristianos

43 Y sobrevino temor a toda persona; y muchas maravillas y señales eran hechas por los apóstoles.

44 Todos los que habían creído estaban juntos, y tenían en común todas las cosas;

45 y vendían sus propiedades y sus bienes, y lo repartían a todos según la necesidad de cada uno.

46 Y perseverando unánimes cada día en el templo, y partiendo el pan en las casas, comían juntos con alegría y sencillez de corazón,

47 alabando a Dios, y teniendo favor con todo el pueblo. Y el Señor añadía cada día a la iglesia los que habían de ser salvos.

Curación de un cojo

3 1 Pedro y Juan subían juntos al templo a la hora novena, la de la oración.

2 Y era traído un hombre cojo de nacimiento, a quien ponían cada día a la puerta del templo que se llama la Hermosa, para que pidiese limosna de los que entraban en el templo.

3 Este, cuando vio a Pedro y a Juan que iban a entrar en el templo, les rogaba que le diesen limosna.

4 Pedro, con Juan, fijando en él los ojos, le dijo: Míranos.

5 Entonces él les estuvo atento, esperando recibir de ellos algo.

6 Mas Pedro dijo: No tengo plata ni oro, pero lo que tengo te doy; en el nombre de Jesucristo de Nazaret, levántate y anda.

7 Y tomándole por la mano derecha le levantó; y al momento se le afirmaron los pies y tobillos;

8 y saltando, se puso en pie y anduvo; y entró con ellos en el templo, andando, y saltando, y alabando a Dios.

9 Y todo el pueblo le vio andar y alabar a Dios.

10 Y le reconocían que era el que se sentaba a pedir limosna a la puerta del templo, la Hermosa; y se llenaron de asombro y espanto por lo que le había sucedido.

Discurso de Pedro en el pórtico de Salomón

11 Y teniendo asidos a Pedro y a Juan el cojo que había sido sanado, todo el pueblo, atónito, concurrió a ellos al pórtico que se llama de Salomón.

12 Viendo esto Pedro, respondió al pueblo: Varones israelitas, ¿por qué os maravilláis de esto? ¿o por qué ponéis los ojos en nosotros, como si por nuestro poder o piedad hubiésemos hecho andar a éste?

13 El Dios de Abraham, de Isaac y de Jacob, el Dios de nuestros padres, ha glorificado a su Hijo Jesús, a quien vosotros entregasteis y negasteis delante de Pilato, cuando éste había resuelto ponerle en libertad.

14 Mas vosotros negasteis al Santo y al Justo, y pedisteis que se os diese un homicida,

15 y matasteis al Autor de la vida, a quien Dios ha resucitado de los muertos, de lo cual nosotros somos testigos.

16 Y por la fe en su nombre, a éste, que vosotros veis y conocéis, le ha confirmado su nombre; y la fe que es por él ha dado a éste esta completa sanidad en presencia de todos vosotros.

40 With many other words he warned them; and he pleaded with them, "Save yourselves from this corrupt generation." 41 Those who accepted his message were baptized, and about three thousand were added to their number that day.

The Fellowship of the Believers

42 They devoted themselves to the apostles' teaching and to the fellowship, to the breaking of bread and to prayer. 43 Everyone was filled with awe, and many wonders and miraculous signs were done by the apostles. 44 All the believers were together and had everything in common. 45 Selling their possessions and goods, they gave to anyone as he had need. 46 Every day they continued to meet together in the temple courts. They broke bread in their homes and ate together with glad and sincere hearts, 47 praising God and enjoying the favor of all the people. And the Lord added to their number daily those who were being saved.

Peter Heals the Crippled Beggar

3 One day Peter and John were going up to the temple at the time of prayer—at three in the afternoon. 2 Now a man crippled from birth was being carried to the temple gate called Beautiful, where he was put every day to beg from those going into the temple courts. 3 When he saw Peter and John about to enter, he asked them for money. 4 Peter looked straight at him, as did John. Then Peter said, "Look at us!" 5 So the man gave them his attention, expecting to get something from them.

6 Then Peter said, "Silver or gold I do not have, but what I have I give you. In the name of Jesus Christ of Nazareth, walk." 7 Taking him by the right hand, he helped him up, and instantly the man's feet and ankles became strong. 8 He jumped to his feet and began to walk. Then he went with them into the temple courts, walking and jumping, and praising God. 9 When all the people saw him walking and praising God, 10 they recognized him as the same man who used to sit begging at the temple gate called Beautiful, and they were filled with wonder and amazement at what had happened to him.

Peter Speaks to the Onlookers

11 While the beggar held on to Peter and John, all the people were astonished and came running to them in the place called Solomon's Colonnade. 12 When Peter saw this, he said to them: "Men of Israel, why does this surprise you? Why do you stare at us as if by our own power or godliness we had made this man walk? 13 The God of Abraham, Isaac and Jacob, the God of our fathers, has glorified his servant Jesus. You handed him over to be killed, and you disowned him before Pilate, though he had decided to let him go. 14 You disowned the Holy and Righteous One and asked that a murderer be released to you. 15 You killed the author of life, but God raised him from the dead. We are witnesses of this. 16 By faith in the name of Jesus, this man whom you see and know was made strong. It is Jesus' name and the faith that comes through him that has given this complete healing to him, as you can all see.

17 Mas ahora, hermanos, sé que por ignorancia lo habéis hecho, como también vuestros gobernantes.

18 Pero Dios ha cumplido así lo que había antes anunciado por boca de todos sus profetas, que su Cristo había de padecer.

19 Así que, arrepentíos y convertíos, para que sean borrados vuestros pecados; para que vengan de la presencia del Señor tiempos de refrigerio,

20 y él envíe a Jesucristo, que os fue antes anunciado;

21 a quien de cierto es necesario que el cielo reciba hasta los tiempos de la restauración de todas las cosas, de que habló Dios por boca de sus santos profetas que han sido desde tiempo antiguo.

22 Porque Moisés dijo a los padres: El Señor vuestro Dios os levantará profeta de entre vuestros hermanos, como a mí; a él oiréis en todas las cosas que os hable;

23 y toda alma que no oiga a aquel profeta, será desarraigada del pueblo.

24 Y todos los profetas desde Samuel en adelante, cuantos han hablado, también han anunciado estos días.

25 Vosotros sois los hijos de los profetas, y del pacto que Dios hizo con nuestros padres, diciendo a Abraham: En tu simiente serán benditas todas las familias de la tierra.

26 A vosotros primeramente, Dios, habiendo levantado a su Hijo, lo envió para que os bendijese, a fin de que cada uno se convierta de su maldad.

Pedro y Juan ante el concilio

4 1 Hablando ellos al pueblo, vinieron sobre ellos los sacerdotes con el jefe de la guardia del templo, y los saduceos,

2 resentidos de que enseñasen al pueblo, y anunciasen en Jesús la resurrección de entre los muertos.

3 Y les echaron mano, y los pusieron en la cárcel hasta el día siguiente, porque era ya tarde.

4 Pero muchos de los que habían oído la palabra, creyeron; y el número de los varones era como cinco mil.

5 Aconteció al día siguiente, que se reunieron en Jerusalén los gobernantes, los ancianos y los escribas,

6 y el sumo sacerdote Anás, y Caifás y Juan y Alejandro, y todos los que eran de la familia de los sumos sacerdotes;

7 y poniéndoles en medio, les preguntaron: ¿Con qué potestad, o en qué nombre, habéis hecho vosotros esto?

8 Entonces Pedro, lleno del Espíritu Santo, les dijo: Gobernantes del pueblo, y ancianos de Israel:

9 Puesto que hoy se nos interroga acerca del beneficio hecho a un hombre enfermo, de qué manera éste haya sido sanado,

10 sea notorio a todos vosotros, y a todo el pueblo de Israel, que en el nombre de Jesucristo de Nazaret, a quien vosotros crucificasteis y a quien Dios resucitó de los muertos, por él este hombre está en vuestra presencia sano.

11 Este Jesús es la piedra reprobada por vosotros los edificadores, la cual ha venido a ser cabeza del ángulo.

12 Y en ningún otro hay salvación; porque no hay otro nombre bajo el cielo, dado a los hombres, en que podamos ser salvos.

13 Entonces viendo el denuedo de Pedro y de Juan, y sabiendo que eran hombres sin letras y del vulgo, se maravillaban; y les reconocían que habían estado con Jesús.

14 Y viendo al hombre que había sido sanado, que estaba en pie con ellos, no podían decir nada en contra.

15 Entonces les ordenaron que saliesen del concilio; y conferenciaban entre sí,

17 "Now, brothers, I know that you acted in ignorance, as did your leaders. 18 But this is how God fulfilled what he had foretold through all the prophets, saying that his Christ *m* would suffer. 19 Repent, then, and turn to God, so that your sins may be wiped out, that times of refreshing may come from the Lord, 20 and that he may send the Christ, who has been appointed for you — even Jesus. 21 He must remain in heaven until the time comes for God to restore everything, as he promised long ago through his holy prophets. 22 For Moses said, 'The Lord your God will raise up for you a prophet like me from among your own people; you must listen to everything he tells you. 23 Anyone who does not listen to him will be completely cut off from among his people.' *n*

24 "Indeed, all the prophets from Samuel on, as many as have spoken, have foretold these days. 25 And you are heirs of the prophets and of the covenant God made with your fathers. He said to Abraham, 'Through your offspring all peoples on earth will be blessed.' *o* 26 When God raised up his servant, he sent him first to you to bless you by turning each of you from your wicked ways."

Peter and John Before the Sanhedrin

4 The priests and the captain of the temple guard and the Sadducees came up to Peter and John while they were speaking to the people. 2 They were greatly disturbed because the apostles were teaching the people and proclaiming in Jesus the resurrection of the dead. 3 They seized Peter and John, and because it was evening, they put them in jail until the next day. 4 But many who heard the message believed, and the number of men grew to about five thousand.

5 The next day the rulers, elders and teachers of the law met in Jerusalem. 6 Annas the high priest was there, and so were Caiaphas, John, Alexander and the other men of the high priest's family. 7 They had Peter and John brought before them and began to question them: "By what power or what name did you do this?"

8 Then Peter, filled with the Holy Spirit, said to them: "Rulers and elders of the people! 9 If we are being called to account today for an act of kindness shown to a cripple and are asked how he was healed, 10 then know this, you and all the people of Israel: It is by the name of Jesus Christ of Nazareth, whom you crucified but whom God raised from the dead, that this man stands before you healed. 11 He is

"'the stone you builders rejected,
    which has become the capstone.' *p'* *q*

12 Salvation is found in no one else, for there is no other name under heaven given to men by which we must be saved."

13 When they saw the courage of Peter and John and realized that they were unschooled, ordinary men, they were astonished and they took note that these men had been with Jesus. 14 But since they could see the man who had been healed standing there with them, there was nothing they could say. 15 So they ordered them to withdraw from the Sanhedrin and then conferred together. 16 "What are we going to do

m18 Or *Messiah*; also in verse 20   *n23* Deut. 18:15,18,19   *o25* Gen. 22:18; 26:4   *p11* Or *cornerstone*   *q11* Psalm 118:22

16 diciendo: ¿Qué haremos con estos hombres? Porque de cierto, señal manifiesta ha sido hecha por ellos, notoria a todos los que moran en Jerusalén, y no lo podemos negar. 17 Sin embargo, para que no se divulgue más entre el pueblo, amenacémosles para que no hablen de aquí en adelante a hombre alguno en este nombre. 18 Y llamándolos, les intimaron que en ninguna manera hablasen ni enseñasen en el nombre de Jesús. 19 Mas Pedro y Juan respondieron diciéndoles: Juzgad si es justo delante de Dios obedecer a vosotros antes que a Dios; 20 porque no podemos dejar de decir lo que hemos visto y oído. 21 Ellos entonces les amenazaron y les soltaron, no hallando ningún modo de castigarles, por causa del pueblo; porque todos glorificaban a Dios por lo que se había hecho, 22 ya que el hombre en quien se había hecho este milagro de sanidad, tenía más de cuarenta años.

Los creyentes piden confianza y valor

23 Y puestos en libertad, vinieron a los suyos y contaron todo lo que los principales sacerdotes y los ancianos les habían dicho. 24 Y ellos, habiéndolo oído, alzaron unánimes la voz a Dios, y dijeron: Soberano Señor, tú eres el Dios que hiciste el cielo y la tierra, el mar y todo lo que en ellos hay; 25 que por boca de David tu siervo dijiste:

¿Por qué se amotinan las gentes,
Y los pueblos piensan cosas vanas?
26 Se reunieron los reyes de la tierra,
Y los príncipes se juntaron en uno
Contra el Señor, y contra su Cristo.

27 Porque verdaderamente se unieron en esta ciudad contra tu santo Hijo Jesús, a quien ungiste, Herodes y Poncio Pilato, con los gentiles y el pueblo de Israel, 28 para hacer cuanto tu mano y tu consejo habían antes determinado que sucediera. 29 Y ahora, Señor, mira sus amenazas, y concede a tus siervos que con todo denuedo hablen tu palabra, 30 mientras extiendes tu mano para que se hagan sanidades y señales y prodigios mediante el nombre de tu santo Hijo Jesús. 31 Cuando hubieron orado, el lugar en que estaban congregados tembló; y todos fueron llenos del Espíritu Santo, y hablaban con denuedo la palabra de Dios.

Todas las cosas en común

32 Y la multitud de los que habían creído era de un corazón y un alma; y ninguno decía ser suyo propio nada de lo que poseía, sino que tenían todas las cosas en común. 33 Y con gran poder los apóstoles daban testimonio de la resurrección del Señor Jesús, y abundante gracia era sobre todos ellos. 34 Así que no había entre ellos ningún necesitado; porque todos los que poseían heredades o casas, las vendían, y traían el precio de lo vendido, 35 y lo ponían a los pies de los apóstoles; y se repartía a cada uno según su necesidad. 36 Entonces José, a quien los apóstoles pusieron por sobrenombre Bernabé (que traducido es, Hijo de consolación), levita, natural de Chipre, 37 como tenía una heredad, la vendió y trajo el precio y lo puso a los pies de los apóstoles.

with these men?" they asked. "Everybody living in Jerusalem knows they have done an outstanding miracle, and we cannot deny it. 17 But to stop this thing from spreading any further among the people, we must warn these men to speak no longer to anyone in this name."

18 Then they called them in again and commanded them not to speak or teach at all in the name of Jesus. 19 But Peter and John replied, "Judge for yourselves whether it is right in God's sight to obey you rather than God. 20 For we cannot help speaking about what we have seen and heard."

21 After further threats they let them go. They could not decide how to punish them, because all the people were praising God for what had happened. 22 For the man who was miraculously healed was over forty years old.

The Believers' Prayer

23 On their release, Peter and John went back to their own people and reported all that the chief priests and elders had said to them. 24 When they heard this, they raised their voices together in prayer to God. "Sovereign Lord," they said, "you made the heaven and the earth and the sea, and everything in them. 25 You spoke by the Holy Spirit through the mouth of your servant, our father David:

" 'Why do the nations rage
    and the peoples plot in vain?
26 The kings of the earth take their stand
    and the rulers gather together
against the Lord
    and against his Anointed One.'[r][s]

27 Indeed Herod and Pontius Pilate met together with the Gentiles and the people[t] of Israel in this city to conspire against your holy servant Jesus, whom you anointed. 28 They did what your power and will had decided beforehand should happen. 29 Now, Lord, consider their threats and enable your servants to speak your word with great boldness. 30 Stretch out your hand to heal and perform miraculous signs and wonders through the name of your holy servant Jesus." 31 After they prayed, the place where they were meeting was shaken. And they were all filled with the Holy Spirit and spoke the word of God boldly.

The Believers Share Their Possessions

32 All the believers were one in heart and mind. No one claimed that any of his possessions was his own, but they shared everything they had. 33 With great power the apostles continued to testify to the resurrection of the Lord Jesus, and much grace was upon them all. 34 There were no needy persons among them. For from time to time those who owned lands or houses sold them, brought the money from the sales 35 and put it at the apostles' feet, and it was distributed to anyone as he had need.

36 Joseph, a Levite from Cyprus, whom the apostles called Barnabas (which means Son of Encouragement), 37 sold a field he owned and brought the money and put it at the apostles' feet.

r 26 That is, Christ or Messiah   s 26 Psalm 2:1,2   t 27 The Greek is plural.

Ananías y Safira

5 ¹ Pero cierto hombre llamado Ananías, con Safira su mujer, vendió una heredad,
² y sustrajo del precio, sabiéndolo también su mujer; y trayendo sólo una parte, la puso a los pies de los apóstoles.
³ Y dijo Pedro: Ananías, ¿por qué llenó Satanás tu corazón para que mintieses al Espíritu Santo, y sustrajeses del precio de la heredad?
⁴ Reteniéndola, ¿no se te quedaba a ti? y vendida, ¿no estaba en tu poder? ¿Por qué pusiste esto en tu corazón? No has mentido a los hombres, sino a Dios.
⁵ Al oír Ananías estas palabras, cayó y expiró. Y vino un gran temor sobre todos los que lo oyeron.
⁶ Y levantándose los jóvenes, lo envolvieron, y sacándolo, lo sepultaron.
⁷ Pasado un lapso como de tres horas, sucedió que entró su mujer, no sabiendo lo que había acontecido.
⁸ Entonces Pedro le dijo: Dime, ¿vendisteis en tanto la heredad? Y ella dijo: Sí, en tanto.
⁹ Y Pedro le dijo: ¿Por qué convinisteis en tentar al Espíritu del Señor? He aquí a la puerta los pies de los que han sepultado a tu marido, y te sacarán a ti.
¹⁰ Al instante ella cayó a los pies de él, y expiró; y cuando entraron los jóvenes, la hallaron muerta; y la sacaron, y la sepultaron junto a su marido.
¹¹ Y vino gran temor sobre toda la iglesia, y sobre todos los que oyeron estas cosas.

Muchas señales y maravillas

¹² Y por la mano de los apóstoles se hacían muchas señales y prodigios en el pueblo; y estaban todos unánimes en el pórtico de Salomón.
¹³ De los demás, ninguno se atrevía a juntarse con ellos; mas el pueblo los alababa grandemente.
¹⁴ Y los que creían en el Señor aumentaban más, gran número así de hombres como de mujeres;
¹⁵ tanto que sacaban los enfermos a las calles, y los ponían en camas y lechos, para que al pasar Pedro, a lo menos su sombra cayese sobre alguno de ellos.
¹⁶ Y aun de las ciudades vecinas muchos venían a Jerusalén, trayendo enfermos y atormentados de espíritus inmundos; y todos eran sanados.

Pedro y Juan son perseguidos

¹⁷ Entonces levantándose el sumo sacerdote y todos los que estaban con él, esto es, la secta de los saduceos, se llenaron de celos;
¹⁸ y echaron mano a los apóstoles y los pusieron en la cárcel pública.
¹⁹ Mas un ángel del Señor, abriendo de noche las puertas de la cárcel y sacándolos, dijo:
²⁰ Id, y puestos en pie en el templo, anunciad al pueblo todas las palabras de esta vida.
²¹ Habiendo oído esto, entraron de mañana en el templo, y enseñaban. Entre tanto, vinieron el sumo sacerdote y los que estaban con él, y convocaron al concilio y a todos los ancianos de los hijos de Israel, y enviaron a la cárcel para que fuesen traídos.
²² Pero cuando llegaron los alguaciles, no los hallaron en la cárcel; entonces volvieron y dieron aviso,
²³ diciendo: Por cierto, la cárcel hemos hallado cerrada con toda seguridad, y los guardas afuera de pie ante las puertas; mas cuando abrimos, a nadie hallamos dentro.

Ananias and Sapphira

5 Now a man named Ananias, together with his wife Sapphira, also sold a piece of property. ²With his wife's full knowledge he kept back part of the money for himself, but brought the rest and put it at the apostles' feet.
³Then Peter said, "Ananias, how is it that Satan has so filled your heart that you have lied to the Holy Spirit and have kept for yourself some of the money you received for the land? ⁴Didn't it belong to you before it was sold? And after it was sold, wasn't the money at your disposal? What made you think of doing such a thing? You have not lied to men but to God."
⁵When Ananias heard this, he fell down and died. And great fear seized all who heard what had happened. ⁶Then the young men came forward, wrapped up his body, and carried him out and buried him.
⁷About three hours later his wife came in, not knowing what had happened. ⁸Peter asked her, "Tell me, is this the price you and Ananias got for the land?"
"Yes," she said, "that is the price."
⁹Peter said to her, "How could you agree to test the Spirit of the Lord? Look! The feet of the men who buried your husband are at the door, and they will carry you out also."
¹⁰At that moment she fell down at his feet and died. Then the young men came in and, finding her dead, carried her out and buried her beside her husband. ¹¹Great fear seized the whole church and all who heard about these events.

The Apostles Heal Many

¹²The apostles performed many miraculous signs and wonders among the people. And all the believers used to meet together in Solomon's Colonnade. ¹³No one else dared join them, even though they were highly regarded by the people. ¹⁴Nevertheless, more and more men and women believed in the Lord and were added to their number. ¹⁵As a result, people brought the sick into the streets and laid them on beds and mats so that at least Peter's shadow might fall on some of them as he passed by. ¹⁶Crowds gathered also from the towns around Jerusalem, bringing their sick and those tormented by evil ᵘ spirits, and all of them were healed.

The Apostles Persecuted

¹⁷Then the high priest and all his associates, who were members of the party of the Sadducees, were filled with jealousy. ¹⁸They arrested the apostles and put them in the public jail. ¹⁹But during the night an angel of the Lord opened the doors of the jail and brought them out. ²⁰"Go, stand in the temple courts," he said, "and tell the people the full message of this new life."
²¹At daybreak they entered the temple courts, as they had been told, and began to teach the people.
When the high priest and his associates arrived, they called together the Sanhedrin—the full assembly of the elders of Israel—and sent to the jail for the apostles. ²²But on arriving at the jail, the officers did not find them there. So they went back and reported, ²³"We found the jail securely locked, with the guards standing at the doors; but when we opened them, we found no one inside." ²⁴On hearing this report, the

---

ᵘ 16 Greek unclean

24 Cuando oyeron estas palabras el sumo sacerdote y el jefe de la guardia del templo y los principales sacerdotes, dudaban en qué vendría a parar aquello.

25 Pero viniendo uno, les dio esta noticia: He aquí, los varones que pusisteis en la cárcel están en el templo, y enseñan al pueblo.

26 Entonces fue el jefe de la guardia con los alguaciles, y los trajo sin violencia, porque temían ser apedreados por el pueblo.

27 Cuando los trajeron, los presentaron en el concilio, y el sumo sacerdote les preguntó,

28 diciendo: ¿No os mandamos estrictamente que no enseñaseis en ese nombre? Y ahora habéis llenado a Jerusalén de vuestra doctrina, y queréis echar sobre nosotros la sangre de ese hombre.

29 Respondiendo Pedro y los apóstoles, dijeron: Es necesario obedecer a Dios antes que a los hombres.

30 El Dios de nuestros padres levantó a Jesús, a quien vosotros matasteis colgándole en un madero.

31 A éste, Dios ha exaltado con su diestra por Príncipe y Salvador, para dar a Israel arrepentimiento y perdón de pecados.

32 Y nosotros somos testigos suyos de estas cosas, y también el Espíritu Santo, el cual ha dado Dios a los que le obedecen.

33 Ellos, oyendo esto, se enfurecían y querían matarlos.

34 Entonces levantándose en el concilio un fariseo llamado Gamaliel, doctor de la ley, venerado de todo el pueblo, mandó que sacasen fuera por un momento a los apóstoles,

35 y luego dijo: Varones israelitas, mirad por vosotros lo que vais a hacer respecto a estos hombres.

36 Porque antes de estos días se levantó Teudas, diciendo que era alguien. A éste se unió un número como de cuatrocientos hombres; pero él fue muerto, y todos los que le obedecían fueron dispersados y reducidos a nada.

37 Después de éste, se levantó Judas el galileo, en los días del censo, y llevó en pos de sí a mucho pueblo. Pereció también él, y todos los que le obedecían fueron dispersados.

38 Y ahora os digo: Apartaos de estos hombres, y dejadlos; porque si este consejo o esta obra es de los hombres, se desvanecerá;

39 mas si es de Dios, no la podréis destruir; no seáis tal vez hallados luchando contra Dios.

40 Y convinieron con él; y llamando a los apóstoles, después de azotarlos, les intimaron que no hablasen en el nombre de Jesús, y los pusieron en libertad.

41 Y ellos salieron de la presencia del concilio, gozosos de haber sido tenidos por dignos de padecer afrenta por causa del Nombre.

42 Y todos los días, en el templo y por las casas, no cesaban de enseñar y predicar a Jesucristo.

Elección de siete diáconos

6 1 En aquellos días, como creciera el número de los discípulos, hubo murmuración de los griegos contra los hebreos, de que las viudas de aquéllos eran desatendidas en la distribución diaria.

2 Entonces los doce convocaron a la multitud de los discípulos, y dijeron: No es justo que nosotros dejemos la palabra de Dios, para servir a las mesas.

3 Buscad, pues, hermanos, de entre vosotros a siete varones de buen testimonio, llenos del Espíritu Santo y de sabiduría, a quienes encarguemos de este trabajo.

4 Y nosotros persistiremos en la oración y en el ministerio de la palabra.

captain of the temple guard and the chief priests were puzzled, wondering what would come of this.

25 Then someone came and said, "Look! The men you put in jail are standing in the temple courts teaching the people." 26 At that, the captain went with his officers and brought the apostles. They did not use force, because they feared that the people would stone them.

27 Having brought the apostles, they made them appear before the Sanhedrin to be questioned by the high priest. 28 "We gave you strict orders not to teach in this name," he said. "Yet you have filled Jerusalem with your teaching and are determined to make us guilty of this man's blood."

29 Peter and the other apostles replied: "We must obey God rather than men! 30 The God of our fathers raised Jesus from the dead—whom you had killed by hanging him on a tree. 31 God exalted him to his own right hand as Prince and Savior that he might give repentance and forgiveness of sins to Israel. 32 We are witnesses of these things, and so is the Holy Spirit, whom God has given to those who obey him."

33 When they heard this, they were furious and wanted to put them to death. 34 But a Pharisee named Gamaliel, a teacher of the law, who was honored by all the people, stood up in the Sanhedrin and ordered that the men be put outside for a little while. 35 Then he addressed them: "Men of Israel, consider carefully what you intend to do to these men. 36 Some time ago Theudas appeared, claiming to be somebody, and about four hundred men rallied to him. He was killed, all his followers were dispersed, and it all came to nothing. 37 After him, Judas the Galilean appeared in the days of the census and led a band of people in revolt. He too was killed, and all his followers were scattered. 38 Therefore, in the present case I advise you: Leave these men alone! Let them go! For if their purpose or activity is of human origin, it will fail. 39 But if it is from God, you will not be able to stop these men; you will only find yourselves fighting against God."

40 His speech persuaded them. They called the apostles in and had them flogged. Then they ordered them not to speak in the name of Jesus, and let them go.

41 The apostles left the Sanhedrin, rejoicing because they had been counted worthy of suffering disgrace for the Name. 42 Day after day, in the temple courts and from house to house, they never stopped teaching and proclaiming the good news that Jesus is the Christ. ᵛ

The Choosing of the Seven

6 In those days when the number of disciples was increasing, the Grecian Jews among them complained against the Hebraic Jews because their widows were being overlooked in the daily distribution of food. 2 So the Twelve gathered all the disciples together and said, "It would not be right for us to neglect the ministry of the word of God in order to wait on tables. 3 Brothers, choose seven men from among you who are known to be full of the Spirit and wisdom. We will turn this responsibility over to them 4 and will give our attention to prayer and the ministry of the word."

ᵛ42 Or *Messiah*

5 Agradó la propuesta a toda la multitud; y eligieron a Esteban, varón lleno de fe y del Espíritu Santo, a Felipe, a Prócoro, a Nicanor, a Timón, a Parmenas, y a Nicolás prosélito de Antioquía;
6 a los cuales presentaron ante los apóstoles, quienes, orando, les impusieron las manos.

7 Y crecía la palabra del Señor, y el número de los discípulos se multiplicaba grandemente en Jerusalén; también muchos de los sacerdotes obedecían a la fe.

Arresto de Esteban

8 Y Esteban, lleno de gracia y de poder, hacía grandes prodigios y señales entre el pueblo.
9 Entonces se levantaron unos de la sinagoga llamada de los libertos, y de los de Cirene, de Alejandría, de Cilicia y de Asia, disputando con Esteban.
10 Pero no podían resistir a la sabiduría y al Espíritu con que hablaba.
11 Entonces sobornaron a unos para que dijesen que le habían oído hablar palabras blasfemas contra Moisés y contra Dios.
12 Y soliviantaron al pueblo, a los ancianos y a los escribas; y arremetiendo, le arrebataron, y le trajeron al concilio.
13 Y pusieron testigos falsos que decían: Este hombre no cesa de hablar palabras blasfemas contra este lugar santo y contra la ley;
14 pues le hemos oído decir que ese Jesús de Nazaret destruirá este lugar, y cambiará las costumbres que nos dio Moisés.
15 Entonces todos los que estaban sentados en el concilio, al fijar los ojos en él, vieron su rostro como el rostro de un ángel.

Defensa y muerte de Esteban

7 1 El sumo sacerdote dijo entonces: ¿Es esto así?
2 Y él dijo: Varones hermanos y padres, oíd: El Dios de la gloria apareció a nuestro padre Abraham, estando en Mesopotamia, antes que morase en Harán,
3 y le dijo: Sal de tu tierra y de tu parentela, y ven a la tierra que yo te mostraré.
4 Entonces salió de la tierra de los caldeos y habitó en Harán; y de allí, muerto su padre, Dios le trasladó a esta tierra, en la cual vosotros habitáis ahora.
5 Y no le dio herencia en ella, ni aun para asentar un pie; pero le prometió que se la daría en posesión, y a su descendencia después de él, cuando él aún no tenía hijo.
6 Y le dijo Dios así: Que su descendencia sería extranjera en tierra ajena, y que los reducirían a servidumbre y los maltratarían, por cuatrocientos años.
7 Mas yo juzgaré, dijo Dios, a la nación de la cual serán siervos; y después de esto saldrán y me servirán en este lugar.
8 Y le dio el pacto de la circuncisión; y así Abraham engendró a Isaac, y le circuncidó al octavo día; e Isaac a Jacob, y Jacob a los doce patriarcas.
9 Los patriarcas, movidos por envidia, vendieron a José para Egipto; pero Dios estaba con él,
10 y le libró de todas sus tribulaciones, y le dio gracia y sabiduría delante de Faraón rey de Egipto, el cual lo puso por gobernador sobre Egipto y sobre toda su casa.

5 This proposal pleased the whole group. They chose Stephen, a man full of faith and of the Holy Spirit; also Philip, Procorus, Nicanor, Timon, Parmenas, and Nicolas from Antioch, a convert to Judaism. 6 They presented these men to the apostles, who prayed and laid their hands on them.

7 So the word of God spread. The number of disciples in Jerusalem increased rapidly, and a large number of priests became obedient to the faith.

Stephen Seized

8 Now Stephen, a man full of God's grace and power, did great wonders and miraculous signs among the people. 9 Opposition arose, however, from members of the Synagogue of the Freedmen (as it was called) — Jews of Cyrene and Alexandria as well as the provinces of Cilicia and Asia. These men began to argue with Stephen, 10 but they could not stand up against his wisdom or the Spirit by whom he spoke.

11 Then they secretly persuaded some men to say, "We have heard Stephen speak words of blasphemy against Moses and against God."

12 So they stirred up the people and the elders and the teachers of the law. They seized Stephen and brought him before the Sanhedrin. 13 They produced false witnesses, who testified, "This fellow never stops speaking against this holy place and against the law. 14 For we have heard him say that this Jesus of Nazareth will destroy this place and change the customs Moses handed down to us."

15 All who were sitting in the Sanhedrin looked intently at Stephen, and they saw that his face was like the face of an angel.

Stephen's Speech to the Sanhedrin

7 Then the high priest asked him, "Are these charges true?"
2 To this he replied: "Brothers and fathers, listen to me! The God of glory appeared to our father Abraham while he was still in Mesopotamia, before he lived in Haran. 3 'Leave your country and your people,' God said, 'and go to the land I will show you.' w
4 "So he left the land of the Chaldeans and settled in Haran. After the death of his father, God sent him to this land where you are now living. 5 He gave him no inheritance here, not even a foot of ground. But God promised him that he and his descendants after him would possess the land, even though at that time Abraham had no child. 6 God spoke to him in this way: 'Your descendants will be strangers in a country not their own, and they will be enslaved and mistreated four hundred years. 7 But I will punish the nation they serve as slaves,' God said, 'and afterward they will come out of that country and worship me in this place.' x 8 Then he gave Abraham the covenant of circumcision. And Abraham became the father of Isaac and circumcised him eight days after his birth. Later Isaac became the father of Jacob, and Jacob became the father of the twelve patriarchs.

9 "Because the patriarchs were jealous of Joseph, they sold him as a slave into Egypt. But God was with him 10 and rescued him from all his troubles. He gave Joseph wisdom and enabled him to gain the goodwill of Pharaoh king of Egypt; so he made him ruler over Egypt and all his palace.

---

w 3 Gen. 12:1   x 7 Gen. 15:13,14

11 Vino entonces hambre en toda la tierra de Egipto y de Canaán, y grande tribulación; y nuestros padres no hallaban alimentos.
12 Cuando oyó Jacob que había trigo en Egipto, envió a nuestros padres la primera vez.
13 Y en la segunda, José se dio a conocer a sus hermanos, y fue manifestado a Faraón el linaje de José.
14 Y enviando José, hizo venir a su padre Jacob, y a toda su parentela, en número de setenta y cinco personas.
15 Así descendió Jacob a Egipto, donde murió él, y también nuestros padres;
16 los cuales fueron trasladados a Siquem, y puestos en el sepulcro que a precio de dinero compró Abraham de los hijos de Hamor en Siquem.
17 Pero cuando se acercaba el tiempo de la promesa, que Dios había jurado a Abraham, el pueblo creció y se multiplicó en Egipto,
18 hasta que se levantó en Egipto otro rey que no conocía a José.
19 Este rey, usando de astucia con nuestro pueblo, maltrató a nuestros padres, a fin de que expusiesen a la muerte a sus niños, para que no se propagasen.
20 En aquel mismo tiempo nació Moisés, y fue agradable a Dios; y fue criado tres meses en casa de su padre.
21 Pero siendo expuesto a la muerte, la hija de Faraón le recogió y le crió como a hijo suyo.
22 Y fue enseñado Moisés en toda la sabiduría de los egipcios; y era poderoso en sus palabras y obras.
23 Cuando hubo cumplido la edad de cuarenta años, le vino al corazón el visitar a sus hermanos, los hijos de Israel.
24 Y al ver a uno que era maltratado, lo defendió, e hiriendo al egipcio, vengó al oprimido.
25 Pero él pensaba que sus hermanos comprendían que Dios les daría libertad por mano suya; mas ellos no lo habían entendido así.
26 Y al día siguiente, se presentó a unos de ellos que reñían, y los ponía en paz, diciendo: Varones, hermanos sois, ¿por qué os maltratáis el uno al otro?
27 Entonces el que maltrataba a su prójimo le rechazó, diciendo: ¿Quién te ha puesto por gobernante y juez sobre nosotros?
28 ¿Quieres tú matarme, como mataste ayer al egipcio?
29 Al oir esta palabra, Moisés huyó, y vivió como extranjero en tierra de Madián, donde engendró dos hijos.
30 Pasados cuarenta años, un ángel se le apareció en el desierto del monte Sinaí, en la llama de fuego de una zarza.
31 Entonces Moisés, mirando, se maravilló de la visión; y acercándose para observar, vino a él la voz del Señor:
32 Yo soy el Dios de tus padres, el Dios de Abraham, el Dios de Isaac, y el Dios de Jacob. Y Moisés, temblando, no se atrevía a mirar.
33 Y le dijo el Señor: Quita el calzado de tus pies, porque el lugar en que estás es tierra santa.
34 Ciertamente he visto la aflicción de mi pueblo que está en Egipto, y he oído su gemido, y he descendido para librarlos. Ahora, pues, ven, te enviaré a Egipto.
35 A este Moisés, a quien habían rechazado, diciendo: ¿Quién te ha puesto por gobernante y juez?, a éste lo envió Dios como gobernante y libertador por mano del ángel que se le apareció en la zarza.
36 Este los sacó, habiendo hecho prodigios y señales en tierra de Egipto, y en el Mar Rojo, y en el desierto por cuarenta años.
37 Este Moisés es el que dijo a los hijos de Israel: Profeta os levantará el Señor vuestro Dios de entre vuestros hermanos, como a mí; a él oiréis.
38 Este es aquel Moisés que estuvo en la congregación en

11 "Then a famine struck all Egypt and Canaan, bringing great suffering, and our fathers could not find food. 12 When Jacob heard that there was grain in Egypt, he sent our fathers on their first visit. 13 On their second visit, Joseph told his brothers who he was, and Pharaoh learned about Joseph's family. 14 After this, Joseph sent for his father Jacob and his whole family, seventy-five in all. 15 Then Jacob went down to Egypt, where he and our fathers died. 16 Their bodies were brought back to Shechem and placed in the tomb that Abraham had bought from the sons of Hamor at Shechem for a certain sum of money.

17 "As the time drew near for God to fulfill his promise to Abraham, the number of our people in Egypt greatly increased. 18 Then another king, who knew nothing about Joseph, became ruler of Egypt. 19 He dealt treacherously with our people and oppressed our forefathers by forcing them to throw out their newborn babies so that they would die.

20 "At that time Moses was born, and he was no ordinary child.[y] For three months he was cared for in his father's house. 21 When he was placed outside, Pharaoh's daughter took him and brought him up as her own son. 22 Moses was educated in all the wisdom of the Egyptians and was powerful in speech and action.

23 "When Moses was forty years old, he decided to visit his fellow Israelites. 24 He saw one of them being mistreated by an Egyptian, so he went to his defense and avenged him by killing the Egyptian. 25 Moses thought that his own people would realize that God was using him to rescue them, but they did not. 26 The next day Moses came upon two Israelites who were fighting. He tried to reconcile them by saying, 'Men, you are brothers; why do you want to hurt each other?'

27 "But the man who was mistreating the other pushed Moses aside and said, 'Who made you ruler and judge over us? 28 Do you want to kill me as you killed the Egyptian yesterday?'[z] 29 When Moses heard this, he fled to Midian, where he settled as a foreigner and had two sons.

30 "After forty years had passed, an angel appeared to Moses in the flames of a burning bush in the desert near Mount Sinai. 31 When he saw this, he was amazed at the sight. As he went over to look more closely, he heard the Lord's voice: 32 'I am the God of your fathers, the God of Abraham, Isaac and Jacob.'[a] Moses trembled with fear and did not dare to look.

33 "Then the Lord said to him, 'Take off your sandals; the place where you are standing is holy ground. 34 I have indeed seen the oppression of my people in Egypt. I have heard their groaning and have come down to set them free. Now come, I will send you back to Egypt.'[b]

35 "This is the same Moses whom they had rejected with the words, 'Who made you ruler and judge?' He was sent to be their ruler and deliverer by God himself, through the angel who appeared to him in the bush. 36 He led them out of Egypt and did wonders and miraculous signs in Egypt, at the Red Sea[c] and for forty years in the desert.

37 "This is that Moses who told the Israelites, 'God will send you a prophet like me from your own people.'[d] 38 He was in the assembly in the desert, with

---

y20 Or was fair in the sight of God   z28 Exodus 2:14
a32 Exodus 3:6   b34 Exodus 3:5,7,8,10   c36 That is, Sea of Reeds   d37 Deut. 18:15

el desierto con el ángel que le hablaba en el monte Sinaí, y con nuestros padres, y que recibió palabras de vida que darnos;

39 al cual nuestros padres no quisieron obedecer, sino que le desecharon, y en sus corazones se volvieron a Egipto, 40 cuando dijeron a Aarón: Haznos dioses que vayan delante de nosotros; porque a este Moisés, que nos sacó de la tierra de Egipto, no sabemos qué le haya acontecido.

41 Entonces hicieron un becerro, y ofrecieron sacrificio al ídolo, y en las obras de sus manos se regocijaron.

42 Y Dios se apartó, y los entregó a que rindiesen culto al ejército del cielo; como está escrito en el libro de los profetas:

¿Acaso me ofrecisteis víctimas y sacrificios
En el desierto por cuarenta años, casa de Israel?
43 Antes bien llevasteis el tabernáculo de Moloc,
Y la estrella de vuestro dios Renfán,
Figuras que os hicisteis para adorarlas.
Os transportaré, pues, más allá de Babilonia.

44 Tuvieron nuestros padres el tabernáculo del testimonio en el desierto, como había ordenado Dios cuando dijo a Moisés que lo hiciese conforme al modelo que había visto.

45 El cual, recibido a su vez por nuestros padres, lo introdujeron con Josué al tomar posesión de la tierra de los gentiles, a los cuales Dios arrojó de la presencia de nuestros padres, hasta los días de David.

46 Este halló gracia delante de Dios, y pidió proveer tabernáculo para el Dios de Jacob.

47 Mas Salomón le edificó casa;

48 si bien el Altísimo no habita en templos hechos de mano, como dice el profeta:

49 El cielo es mi trono,
Y la tierra el estrado de mis pies.
¿Qué casa me edificaréis? dice el Señor;
¿O cuál es el lugar de mi reposo?
50 ¿No hizo mi mano todas estas cosas?

51 ¡Duros de cerviz, e incircuncisos de corazón y de oídos! Vosotros resistís siempre al Espíritu Santo; como vuestros padres, así también vosotros.

52 ¿A cuál de los profetas no persiguieron vuestros padres? Y mataron a los que anunciaron de antemano la venida del Justo, de quien vosotros ahora habéis sido entregadores y matadores;

53 vosotros que recibisteis la ley por disposición de ángeles, y no la guardasteis.

54 Oyendo estas cosas, se enfurecían en sus corazones, y crujían los dientes contra él.

55 Pero Esteban, lleno del Espíritu Santo, puestos los ojos en el cielo, vio la gloria de Dios, y a Jesús que estaba a la diestra de Dios,

56 y dijo: He aquí, veo los cielos abiertos, y al Hijo del Hombre que está a la diestra de Dios.

57 Entonces ellos, dando grandes voces, se taparon los oídos, y arremetieron a una contra él.

58 Y echándole fuera de la ciudad, le apedrearon; y los testigos pusieron sus ropas a los pies de un joven que se llamaba Saulo.

59 Y apedreaban a Esteban, mientras él invocaba y decía: Señor Jesús, recibe mi espíritu.

60 Y puesto de rodillas, clamó a gran voz: Señor, no les tomes en cuenta este pecado. Y habiendo dicho esto, durmió.

the angel who spoke to him on Mount Sinai, and with our fathers; and he received living words to pass on to us.

39 "But our fathers refused to obey him. Instead, they rejected him and in their hearts turned back to Egypt. 40 They told Aaron, 'Make us gods who will go before us. As for this fellow Moses who led us out of Egypt — we don't know what has happened to him!' e 41 That was the time they made an idol in the form of a calf. They brought sacrifices to it and held a celebration in honor of what their hands had made. 42 But God turned away and gave them over to the worship of the heavenly bodies. This agrees with what is written in the book of the prophets:

" 'Did you bring me sacrifices and offerings
forty years in the desert, O house of Israel?
43 You have lifted up the shrine of Molech
and the star of your god Rephan,
the idols you made to worship.
Therefore I will send you into exile' f beyond
Babylon.

44 "Our forefathers had the tabernacle of the Testimony with them in the desert. It had been made as God directed Moses, according to the pattern he had seen. 45 Having received the tabernacle, our fathers under Joshua brought it with them when they took the land from the nations God drove out before them. It remained in the land until the time of David, 46 who enjoyed God's favor and asked that he might provide a dwelling place for the God of Jacob. g 47 But it was Solomon who built the house for him.

48 "However, the Most High does not live in houses made by men. As the prophet says:

49 " 'Heaven is my throne,
and the earth is my footstool.
What kind of house will you build for me?
says the Lord.
Or where will my resting place be?
50 Has not my hand made all these things?' h

51 "You stiff-necked people, with uncircumcised hearts and ears! You are just like your fathers: You always resist the Holy Spirit! 52 Was there ever a prophet your fathers did not persecute? They even killed those who predicted the coming of the Righteous One. And now you have betrayed and murdered him — 53 you who have received the law that was put into effect through angels but have not obeyed it."

The Stoning of Stephen

54 When they heard this, they were furious and gnashed their teeth at him. 55 But Stephen, full of the Holy Spirit, looked up to heaven and saw the glory of God, and Jesus standing at the right hand of God. 56 "Look," he said, "I see heaven open and the Son of Man standing at the right hand of God."

57 At this they covered their ears and, yelling at the top of their voices, they all rushed at him, 58 dragged him out of the city and began to stone him. Meanwhile, the witnesses laid their clothes at the feet of a young man named Saul.

59 While they were stoning him, Stephen prayed, "Lord Jesus, receive my spirit." 60 Then he fell on his knees and cried out, "Lord, do not hold this sin against them." When he had said this, he fell asleep.

---

e 40 Exodus 32:1   f 43 Amos 5:25-27   g 46 Some early manuscripts the house of Jacob   h 50 Isaiah 66:1,2

Saulo persigue a la iglesia

8 ¹Y Saulo consentía en su muerte. En aquel día hubo una gran persecución contra la iglesia que estaba en Jerusalén; y todos fueron esparcidos por las tierras de Judea y de Samaria, salvo los apóstoles.
²Y hombres piadosos llevaron a enterrar a Esteban, e hicieron gran llanto sobre él.
³Y Saulo asolaba la iglesia, y entrando casa por casa, arrastraba a hombres y a mujeres, y los entregaba en la cárcel.

Predicación del evangelio en Samaria

⁴Pero los que fueron esparcidos iban por todas partes anunciando el evangelio.
⁵Entonces Felipe, descendiendo a la ciudad de Samaria, les predicaba a Cristo.
⁶Y la gente, unánime, escuchaba atentamente las cosas que decía Felipe, oyendo y viendo las señales que hacía.
⁷Porque de muchos que tenían espíritus inmundos, salían éstos dando grandes voces; y muchos paralíticos y cojos eran sanados;
⁸así que había gran gozo en aquella ciudad.
⁹Pero había un hombre llamado Simón, que antes ejercía la magia en aquella ciudad, y había engañado a la gente de Samaria, haciéndose pasar por algún grande.
¹⁰A éste oían atentamente todos, desde el más pequeño hasta el más grande, diciendo: Este es el gran poder de Dios.
¹¹Y le estaban atentos, porque con sus artes mágicas les había engañado mucho tiempo.
¹²Pero cuando creyeron a Felipe, que anunciaba el evangelio del reino de Dios y el nombre de Jesucristo, se bautizaban hombres y mujeres.
¹³También creyó Simón mismo, y habiéndose bautizado, estaba siempre con Felipe; y viendo las señales y grandes milagros que se hacían, estaba atónito.
¹⁴Cuando los apóstoles que estaban en Jerusalén oyeron que Samaria había recibido la palabra de Dios, enviaron allá a Pedro y a Juan;
¹⁵los cuales, habiendo venido, oraron por ellos para que recibiesen el Espíritu Santo;
¹⁶porque aún no había descendido sobre ninguno de ellos, sino que solamente habían sido bautizados en el nombre de Jesús.
¹⁷Entonces les imponían las manos, y recibían el Espíritu Santo.
¹⁸Cuando vio Simón que por la imposición de las manos de los apóstoles se daba el Espíritu Santo, les ofreció dinero,
¹⁹diciendo: Dadme también a mí este poder, para que cualquiera a quien yo impusiere las manos reciba el Espíritu Santo.
²⁰Entonces Pedro le dijo: Tu dinero perezca contigo, porque has pensado que el don de Dios se obtiene con dinero.
²¹No tienes tú parte ni suerte en este asunto, porque tu corazón no es recto delante de Dios.
²²Arrepiéntete, pues, de esta tu maldad, y ruega a Dios, si quizás te sea perdonado el pensamiento de tu corazón;
²³porque en hiel de amargura y en prisión de maldad veo que estás.
²⁴Respondiendo entonces Simón, dijo: Rogad vosotros por mí al Señor, para que nada de esto que habéis dicho venga sobre mí.
²⁵Y ellos, habiendo testificado y hablado la palabra de Dios, se volvieron a Jerusalén, y en muchas poblaciones de los samaritanos anunciaron el evangelio.

8 And Saul was there, giving approval to his death.

The Church Persecuted and Scattered

On that day a great persecution broke out against the church at Jerusalem, and all except the apostles were scattered throughout Judea and Samaria. ²Godly men buried Stephen and mourned deeply for him. ³But Saul began to destroy the church. Going from house to house, he dragged off men and women and put them in prison.

Philip in Samaria

⁴Those who had been scattered preached the word wherever they went. ⁵Philip went down to a city in Samaria and proclaimed the Christ *i* there. ⁶When the crowds heard Philip and saw the miraculous signs he did, they all paid close attention to what he said. ⁷With shrieks, evil *j* spirits came out of many, and many paralytics and cripples were healed. ⁸So there was great joy in that city.

Simon the Sorcerer

⁹Now for some time a man named Simon had practiced sorcery in the city and amazed all the people of Samaria. He boasted that he was someone great, ¹⁰and all the people, both high and low, gave him their attention and exclaimed, "This man is the divine power known as the Great Power." ¹¹They followed him because he had amazed them for a long time with his magic. ¹²But when they believed Philip as he preached the good news of the kingdom of God and the name of Jesus Christ, they were baptized, both men and women. ¹³Simon himself believed and was baptized. And he followed Philip everywhere, astonished by the great signs and miracles he saw.

¹⁴When the apostles in Jerusalem heard that Samaria had accepted the word of God, they sent Peter and John to them. ¹⁵When they arrived, they prayed for them that they might receive the Holy Spirit, ¹⁶because the Holy Spirit had not yet come upon any of them; they had simply been baptized into *k* the name of the Lord Jesus. ¹⁷Then Peter and John placed their hands on them, and they received the Holy Spirit.

¹⁸When Simon saw that the Spirit was given at the laying on of the apostles' hands, he offered them money ¹⁹and said, "Give me also this ability so that everyone on whom I lay my hands may receive the Holy Spirit."

²⁰Peter answered: "May your money perish with you, because you thought you could buy the gift of God with money! ²¹You have no part or share in this ministry, because your heart is not right before God. ²²Repent of this wickedness and pray to the Lord. Perhaps he will forgive you for having such a thought in your heart. ²³For I see that you are full of bitterness and captive to sin."

²⁴Then Simon answered, "Pray to the Lord for me so that nothing you have said may happen to me."

²⁵When they had testified and proclaimed the word of the Lord, Peter and John returned to Jerusalem, preaching the gospel in many Samaritan villages.

i5 Or Messiah   j7 Greek unclean   k16 Or in

Felipe y el etíope

26 Un ángel del Señor habló a Felipe, diciendo: Levántate y vé hacia el sur, por el camino que desciende de Jerusalén a Gaza, el cual es desierto.
27 Entonces él se levantó y fue. Y sucedió que un etíope, eunuco, funcionario de Candace reina de los etíopes, el cual estaba sobre todos sus tesoros, y había venido a Jerusalén para adorar,
28 volvía sentado en su carro, y leyendo al profeta Isaías.
29 Y el Espíritu dijo a Felipe: Acércate y júntate a ese carro.
30 Acudiendo Felipe, le oyó que leía al profeta Isaías, y dijo: Pero ¿entiendes lo que lees?
31 El dijo: ¿Y cómo podré, si alguno no me enseñare? Y rogó a Felipe que subiese y se sentara con él.
32 El pasaje de la Escritura que leía era este:
Como oveja a la muerte fue llevado;
Y como cordero mudo delante del que lo trasquila,
Así no abrió su boca.
33 En su humillación no se le hizo justicia;
Mas su generación, ¿quién la contará?
Porque fue quitada de la tierra su vida.
34 Respondiendo el eunuco, dijo a Felipe: Te ruego que me digas: ¿de quién dice el profeta esto; de sí mismo, o de algún otro?
35 Entonces Felipe, abriendo su boca, y comenzando desde esta escritura, le anunció el evangelio de Jesús.
36 Y yendo por el camino, llegaron a cierta agua, y dijo el eunuco: Aquí hay agua; ¿qué impide que yo sea bautizado?
37 Felipe dijo: Si crees de todo corazón, bien puedes. Y respondiendo, dijo: Creo que Jesucristo es el Hijo de Dios.
38 Y mandó parar el carro; y descendieron ambos al agua, Felipe y el eunuco, y le bautizó.
39 Cuando subieron del agua, el Espíritu del Señor arrebató a Felipe; y el eunuco no le vio más, y siguió gozoso su camino.
40 Pero Felipe se encontró en Azoto; y pasando, anunciaba el evangelio en todas las ciudades, hasta que llegó a Cesarea.

Conversión de Saulo

9 ¹ Saulo, respirando aún amenazas y muerte contra los discípulos del Señor, vino al sumo sacerdote,
2 y le pidió cartas para las sinagogas de Damasco, a fin de que si hallase algunos hombres o mujeres de este Camino, los trajese presos a Jerusalén.
3 Mas yendo por el camino, aconteció que al llegar cerca de Damasco, repentinamente le rodeó un resplandor de luz del cielo;
4 y cayendo en tierra, oyó una voz que le decía: Saulo, Saulo, ¿por qué me persigues?
5 El dijo: ¿Quién eres, Señor? Y le dijo: Yo soy Jesús, a quien tú persigues; dura cosa te es dar coces contra el aguijón.
6 El, temblando y temeroso, dijo: Señor, ¿qué quieres que yo haga? Y el Señor le dijo: Levántate y entra en la ciudad, y se te dirá lo que debes hacer.
7 Y los hombres que iban con Saulo se pararon atónitos, oyendo a la verdad la voz, mas sin ver a nadie.
8 Entonces Saulo se levantó de tierra, y abriendo los ojos, no veía a nadie; así que, llevándole por la mano, le metieron en Damasco,
9 donde estuvo tres días sin ver, y no comió ni bebió.
10 Había entonces en Damasco un discípulo llamado Ananías, a quien el Señor dijo en visión: Ananías. Y él respondió: Heme aquí, Señor.

Philip and the Ethiopian

26 Now an angel of the Lord said to Philip, "Go south to the road—the desert road—that goes down from Jerusalem to Gaza." 27 So he started out, and on his way he met an Ethiopian[l] eunuch, an important official in charge of all the treasury of Candace, queen of the Ethiopians. This man had gone to Jerusalem to worship, 28 and on his way home was sitting in his chariot reading the book of Isaiah the prophet. 29 The Spirit told Philip, "Go to that chariot and stay near it."

30 Then Philip ran up to the chariot and heard the man reading Isaiah the prophet. "Do you understand what you are reading?" Philip asked.

31 "How can I," he said, "unless someone explains it to me?" So he invited Philip to come up and sit with him.

32 The eunuch was reading this passage of Scripture:

"He was led like a sheep to the slaughter,
and as a lamb before the shearer is silent,
so he did not open his mouth.
33 In his humiliation he was deprived of justice.
Who can speak of his descendants?
For his life was taken from the earth."[m]

34 The eunuch asked Philip, "Tell me, please, who is the prophet talking about, himself or someone else?" 35 Then Philip began with that very passage of Scripture and told him the good news about Jesus.

36 As they traveled along the road, they came to some water and the eunuch said, "Look, here is water. Why shouldn't I be baptized?"[n] 38 And he gave orders to stop the chariot. Then both Philip and the eunuch went down into the water and Philip baptized him. 39 When they came up out of the water, the Spirit of the Lord suddenly took Philip away, and the eunuch did not see him again, but went on his way rejoicing. 40 Philip, however, appeared at Azotus and traveled about, preaching the gospel in all the towns until he reached Caesarea.

Saul's Conversion

9 Meanwhile, Saul was still breathing out murderous threats against the Lord's disciples. He went to the high priest 2 and asked him for letters to the synagogues in Damascus, so that if he found any there who belonged to the Way, whether men or women, he might take them as prisoners to Jerusalem. 3 As he neared Damascus on his journey, suddenly a light from heaven flashed around him. 4 He fell to the ground and heard a voice say to him, "Saul, Saul, why do you persecute me?"

5 "Who are you, Lord?" Saul asked.

"I am Jesus, whom you are persecuting," he replied. 6 "Now get up and go into the city, and you will be told what you must do."

7 The men traveling with Saul stood there speechless; they heard the sound but did not see anyone. 8 Saul got up from the ground, but when he opened his eyes he could see nothing. So they led him by the hand into Damascus. 9 For three days he was blind, and did not eat or drink anything.

10 In Damascus there was a disciple named Ananias. The Lord called to him in a vision, "Ananias!"

"Yes, Lord," he answered.

---

l 27 That is, from the upper Nile region　*m* 33 Isaiah 53:7,8
n 36 Some late manuscripts *baptized?"* 37 *Philip said, "If you believe with all your heart, you may." The eunuch answered, "I believe that Jesus Christ is the Son of God."*

11 Y el Señor le dijo: Levántate, y vé a la calle que se llama Derecha, y busca en casa de Judas a uno llamado Saulo, de Tarso; porque he aquí, él ora,

12 y ha visto en visión a un varón llamado Ananías, que entra y le pone las manos encima para que recobre la vista.

13 Entonces Ananías respondió: Señor, he oído de muchos acerca de este hombre, cuántos males ha hecho a tus santos en Jerusalén;

14 y aun aquí tiene autoridad de los principales sacerdotes para prender a todos los que invocan tu nombre.

15 El Señor le dijo: Vé, porque instrumento escogido me es éste, para llevar mi nombre en presencia de los gentiles, y de reyes, y de los hijos de Israel;

16 porque yo le mostraré cuánto le es necesario padecer por mi nombre.

17 Fue entonces Ananías y entró en la casa, y poniendo sobre él las manos, dijo: Hermano Saulo, el Señor Jesús, que se te apareció en el camino por donde venías, me ha enviado para que recibas la vista y seas lleno del Espíritu Santo.

18 Y al momento le cayeron de los ojos como escamas, y recibió al instante la vista; y levantándose, fue bautizado.

19 Y habiendo tomado alimento, recobró fuerzas. Y estuvo Saulo por algunos días con los discípulos que estaban en Damasco.

Saulo predica en Damasco

20 En seguida predicaba a Cristo en las sinagogas, diciendo que éste era el Hijo de Dios.

21 Y todos los que le oían estaban atónitos, y decían: ¿No es éste el que asolaba en Jerusalén a los que invocaban este nombre, y a eso vino acá, para llevarlos presos ante los principales sacerdotes?

22 Pero Saulo mucho más se esforzaba, y confundía a los judíos que moraban en Damasco, demostrando que Jesús era el Cristo.

Saulo escapa de los judíos

23 Pasados muchos días, los judíos resolvieron en consejo matarle;

24 pero sus asechanzas llegaron a conocimiento de Saulo. Y ellos guardaban las puertas de día y de noche para matarle.

25 Entonces los discípulos, tomándole de noche, le bajaron por el muro, descolgándole en una canasta.

Saulo en Jerusalén

26 Cuando llegó a Jerusalén, trataba de juntarse con los discípulos; pero todos le tenían miedo, no creyendo que fuese discípulo.

27 Entonces Bernabé, tomándole, lo trajo a los apóstoles, y les contó cómo Saulo había visto en el camino al Señor, el cual le había hablado, y cómo en Damasco había hablado valerosamente en el nombre de Jesús.

28 Y estaba con ellos en Jerusalén; y entraba y salía,

29 y hablaba denodadamente en el nombre del Señor, y disputaba con los griegos; pero éstos procuraban matarle.

30 Cuando supieron esto los hermanos, le llevaron hasta Cesarea, y le enviaron a Tarso.

31 Entonces las iglesias tenían paz por toda Judea, Galilea y Samaria; y eran edificadas, andando en el temor del Señor, y se acrecentaban fortalecidas por el Espíritu Santo.

Curación de Eneas

32 Aconteció que Pedro, visitando a todos, vino también a los santos que habitaban en Lida.

33 Y halló allí a uno que se llamaba Eneas, que hacía ocho años que estaba en cama, pues era paralítico.

11 The Lord told him, "Go to the house of Judas on Straight Street and ask for a man from Tarsus named Saul, for he is praying. 12 In a vision he has seen a man named Ananias come and place his hands on him to restore his sight."

13 "Lord," Ananias answered, "I have heard many reports about this man and all the harm he has done to your saints in Jerusalem. 14 And he has come here with authority from the chief priests to arrest all who call on your name."

15 But the Lord said to Ananias, "Go! This man is my chosen instrument to carry my name before the Gentiles and their kings and before the people of Israel. 16 I will show him how much he must suffer for my name."

17 Then Ananias went to the house and entered it. Placing his hands on Saul, he said, "Brother Saul, the Lord—Jesus, who appeared to you on the road as you were coming here—has sent me so that you may see again and be filled with the Holy Spirit." 18 Immediately, something like scales fell from Saul's eyes, and he could see again. He got up and was baptized, 19 and after taking some food, he regained his strength.

Saul in Damascus and Jerusalem

Saul spent several days with the disciples in Damascus. 20 At once he began to preach in the synagogues that Jesus is the Son of God. 21 All those who heard him were astonished and asked, "Isn't he the man who raised havoc in Jerusalem among those who call on this name? And hasn't he come here to take them as prisoners to the chief priests?" 22 Yet Saul grew more and more powerful and baffled the Jews living in Damascus by proving that Jesus is the Christ.o

23 After many days had gone by, the Jews conspired to kill him, 24 but Saul learned of their plan. Day and night they kept close watch on the city gates in order to kill him. 25 But his followers took him by night and lowered him in a basket through an opening in the wall.

26 When he came to Jerusalem, he tried to join the disciples, but they were all afraid of him, not believing that he really was a disciple. 27 But Barnabas took him and brought him to the apostles. He told them how Saul on his journey had seen the Lord and that the Lord had spoken to him, and how in Damascus he had preached fearlessly in the name of Jesus. 28 So Saul stayed with them and moved about freely in Jerusalem, speaking boldly in the name of the Lord. 29 He talked and debated with the Grecian Jews, but they tried to kill him. 30 When the brothers learned of this, they took him down to Caesarea and sent him off to Tarsus.

31 Then the church throughout Judea, Galilee and Samaria enjoyed a time of peace. It was strengthened; and encouraged by the Holy Spirit, it grew in numbers, living in the fear of the Lord.

Aeneas and Dorcas

32 As Peter traveled about the country, he went to visit the saints in Lydda. 33 There he found a man named Aeneas, a paralytic who had been bedridden for

o22 Or Messiah

34 Y le dijo Pedro: Eneas, Jesucristo te sana; levántate, y haz tu cama. Y en seguida se levantó.

35 Y le vieron todos los que habitaban en Lida y en Sarón, los cuales se convirtieron al Señor.

Dorcas es resucitada

36 Había entonces en Jope una discípula llamada Tabita, que traducido quiere decir, Dorcas. Esta abundaba en buenas obras y en limosnas que hacía.

37 Y aconteció que en aquellos días enfermó y murió. Después de lavada, la pusieron en una sala.

38 Y como Lida estaba cerca de Jope, los discípulos, oyendo que Pedro estaba allí, le enviaron dos hombres, a rogarle: No tardes en venir a nosotros.

39 Levantándose entonces Pedro, fue con ellos; y cuando llegó, le llevaron a la sala, donde le rodearon todas las viudas, llorando y mostrando las túnicas y los vestidos que Dorcas hacía cuando estaba con ellas.

40 Entonces, sacando a todos, Pedro se puso de rodillas y oró; y volviéndose al cuerpo, dijo: Tabita, levántate. Y ella abrió los ojos, y al ver a Pedro, se incorporó.

41 Y él, dándole la mano, la levantó; entonces, llamando a los santos y a las viudas, la presentó viva.

42 Esto fue notorio en toda Jope, y muchos creyeron en el Señor.

43 Y aconteció que se quedó muchos días en Jope en casa de un cierto Simón, curtidor.

Pedro y Cornelio

10 1 Había en Cesarea un hombre llamado Cornelio, centurión de la compañía llamada la Italiana,

2 piadoso y temeroso de Dios con toda su casa, y que hacía muchas limosnas al pueblo, y oraba a Dios siempre.

3 Este vio claramente en una visión, como a la hora novena del día, que un ángel de Dios entraba donde él estaba, y le decía: Cornelio.

4 El, mirándole fijamente, y atemorizado, dijo: ¿Qué es, Señor? Y le dijo: Tus oraciones y tus limosnas han subido para memoria delante de Dios.

5 Envía, pues, ahora hombres a Jope, y haz venir a Simón, el que tiene por sobrenombre Pedro.

6 Este posa en casa de cierto Simón curtidor, que tiene su casa junto al mar; él te dirá lo que es necesario que hagas.

7 Ido el ángel que hablaba con Cornelio, éste llamó a dos de sus criados, y a un devoto soldado de los que le asistían;

8 a los cuales envió a Jope, después de haberles contado todo.

9 Al día siguiente, mientras ellos iban por el camino y se acercaban a la ciudad, Pedro subió a la azotea para orar, cerca de la hora sexta.

10 Y tuvo gran hambre, y quiso comer; pero mientras le preparaban algo, le sobrevino un éxtasis;

11 y vio el cielo abierto, y que descendía algo semejante a un gran lienzo, que atado de las cuatro puntas era bajado a la tierra;

12 en el cual había de todos los cuadrúpedos terrestres y reptiles y aves del cielo.

13 Y le vino una voz: Levántate, Pedro, mata y come.

14 Entonces Pedro dijo: Señor, no; porque ninguna cosa común o inmunda he comido jamás.

15 Volvió la voz a él la segunda vez: Lo que Dios limpió, no lo llames tú común.

16 Esto se hizo tres veces; y aquel lienzo volvió a ser recogido en el cielo.

eight years. 34"Aeneas," Peter said to him, "Jesus Christ heals you. Get up and take care of your mat." Immediately Aeneas got up. 35All those who lived in Lydda and Sharon saw him and turned to the Lord.

36In Joppa there was a disciple named Tabitha (which, when translated, is Dorcas*p*), who was always doing good and helping the poor. 37About that time she became sick and died, and her body was washed and placed in an upstairs room. 38Lydda was near Joppa; so when the disciples heard that Peter was in Lydda, they sent two men to him and urged him, "Please come at once!"

39Peter went with them, and when he arrived he was taken upstairs to the room. All the widows stood around him, crying and showing him the robes and other clothing that Dorcas had made while she was still with them.

40Peter sent them all out of the room; then he got down on his knees and prayed. Turning toward the dead woman, he said, "Tabitha, get up." She opened her eyes, and seeing Peter she sat up. 41He took her by the hand and helped her to her feet. Then he called the believers and the widows and presented her to them alive. 42This became known all over Joppa, and many people believed in the Lord. 43Peter stayed in Joppa for some time with a tanner named Simon.

Cornelius Calls for Peter

10 At Caesarea there was a man named Cornelius, a centurion in what was known as the Italian Regiment. 2He and all his family were devout and God-fearing; he gave generously to those in need and prayed to God regularly. 3One day at about three in the afternoon he had a vision. He distinctly saw an angel of God, who came to him and said, "Cornelius!"

4Cornelius stared at him in fear. "What is it, Lord?" he asked.

The angel answered, "Your prayers and gifts to the poor have come up as a memorial offering before God. 5Now send men to Joppa to bring back a man named Simon who is called Peter. 6He is staying with Simon the tanner, whose house is by the sea."

7When the angel who spoke to him had gone, Cornelius called two of his servants and a devout soldier who was one of his attendants. 8He told them everything that had happened and sent them to Joppa.

Peter's Vision

9About noon the following day as they were on their journey and approaching the city, Peter went up on the roof to pray. 10He became hungry and wanted something to eat, and while the meal was being prepared, he fell into a trance. 11He saw heaven opened and something like a large sheet being let down to earth by its four corners. 12It contained all kinds of four-footed animals, as well as reptiles of the earth and birds of the air. 13Then a voice told him, "Get up, Peter. Kill and eat."

14"Surely not, Lord!" Peter replied. "I have never eaten anything impure or unclean."

15The voice spoke to him a second time, "Do not call anything impure that God has made clean."

16This happened three times, and immediately the sheet was taken back to heaven.

p36 Both *Tabitha* (Aramaic) and *Dorcas* (Greek) mean *gazelle*.

17Y mientras Pedro estaba perplejo dentro de sí sobre
lo que significaría la visión que había visto, he aquí los
hombres que habían sido enviados por Cornelio, los cuales, preguntando por la casa de Simón, llegaron a la puerta.
18Y llamando, preguntaron si moraba allí un Simón que
tenía por sobrenombre Pedro.
19Y mientras Pedro pensaba en la visión, le dijo el Espíritu:
He aquí, tres hombres te buscan.
20Levántate, pues, y desciende, y no dudes de ir con ellos,
porque yo los he enviado.
21Entonces Pedro, descendiendo a donde estaban los
hombres que fueron enviados por Cornelio, les dijo: He
aquí, yo soy el que buscáis; ¿cuál es la causa por la que
habéis venido?
22Ellos dijeron: Cornelio el centurión, varón justo y temeroso de Dios, y que tiene buen testimonio en toda la nación
de los judíos, ha recibido instrucciones de un santo ángel,
de hacerte venir a su casa para oir tus palabras.
23Entonces, haciéndoles entrar, los hospedó. Y al día siguiente, levantándose, se fue con ellos; y le acompañaron
algunos de los hermanos de Jope.
24Al otro día entraron en Cesarea. Y Cornelio los estaba
esperando, habiendo convocado a sus parientes y amigos
más íntimos.
25Cuando Pedro entró, salió Cornelio a recibirle, y postrándose a sus pies, adoró.
26Mas Pedro le levantó, diciendo: Levántate, pues yo
mismo también soy hombre.
27Y hablando con él, entró, y halló a muchos que se habían
reunido.
28Y les dijo: Vosotros sabéis cuán abominable es para un
varón judío juntarse o acercarse a un extranjero; pero a mí
me ha mostrado Dios que a ningún hombre llame común
o inmundo;
29por lo cual, al ser llamado, vine sin replicar. Así que
pregunto: ¿Por qué causa me habéis hecho venir?
30Entonces Cornelio dijo: Hace cuatro días que a esta
hora yo estaba en ayunas; y a la hora novena, mientras
oraba en mi casa, vi que se puso delante de mí un varón
con vestido resplandeciente,
31y dijo: Cornelio, tu oración ha sido oída, y tus limosnas
han sido recordadas delante de Dios.
32Envía, pues, a Jope, y haz venir a Simón el que tiene por
sobrenombre Pedro, el cual mora en casa de Simón, un
curtidor, junto al mar; y cuando llegue, él te hablará.
33Así que luego envié por ti; y tú has hecho bien en venir.
Ahora, pues, todos nosotros estamos aquí en la presencia
de Dios, para oir todo lo que Dios te ha mandado.
34Entonces Pedro, abriendo la boca, dijo: En verdad
comprendo que Dios no hace acepción de personas,
35sino que en toda nación se agrada del que le teme y hace
justicia.
36Dios envió mensaje a los hijos de Israel, anunciando el
evangelio de la paz por medio de Jesucristo; éste es Señor
de todos.
37Vosotros sabéis lo que se divulgó por toda Judea, comenzando desde Galilea, después del bautismo que predicó
Juan:
38cómo Dios ungió con el Espíritu Santo y con poder a
Jesús de Nazaret, y cómo éste anduvo haciendo bienes y
sanando a todos los oprimidos por el diablo, porque Dios
estaba con él.
39Y nosotros somos testigos de todas las cosas que Jesús
hizo en la tierra de Judea y en Jerusalén; a quien mataron
colgándole en un madero.
40A éste levantó Dios al tercer día, e hizo que se manifestase;

17While Peter was wondering about the meaning of
the vision, the men sent by Cornelius found out where
Simon's house was and stopped at the gate. 18They
called out, asking if Simon who was known as Peter
was staying there.
19While Peter was still thinking about the vision, the
Spirit said to him, "Simon, three[q] men are looking for
you. 20So get up and go downstairs. Do not hesitate to
go with them, for I have sent them."
21Peter went down and said to the men, "I'm the
one you're looking for. Why have you come?"
22The men replied, "We have come from Cornelius
the centurion. He is a righteous and God-fearing man,
who is respected by all the Jewish people. A holy angel
told him to have you come to his house so that he
could hear what you have to say." 23Then Peter invited
the men into the house to be his guests.

Peter at Cornelius' House

The next day Peter started out with them, and some
of the brothers from Joppa went along. 24The following
day he arrived in Caesarea. Cornelius was expecting
them and had called together his relatives and close
friends. 25As Peter entered the house, Cornelius met
him and fell at his feet in reverence. 26But Peter made
him get up. "Stand up," he said, "I am only a man
myself."
27Talking with him, Peter went inside and found a
large gathering of people. 28He said to them: "You are
well aware that it is against our law for a Jew to
associate with a Gentile or visit him. But God has
shown me that I should not call any man impure or
unclean. 29So when I was sent for, I came without
raising any objection. May I ask why you sent for me?"
30Cornelius answered: "Four days ago I was in my
house praying at this hour, at three in the afternoon.
Suddenly a man in shining clothes stood before me
31and said, 'Cornelius, God has heard your prayer and
remembered your gifts to the poor. 32Send to Joppa for
Simon who is called Peter. He is a guest in the home
of Simon the tanner, who lives by the sea.' 33So I sent
for you immediately, and it was good of you to come.
Now we are all here in the presence of God to listen
to everything the Lord has commanded you to tell us."
34Then Peter began to speak: "I now realize how
true it is that God does not show favoritism 35but
accepts men from every nation who fear him and do
what is right. 36You know the message God sent to the
people of Israel, telling the good news of peace through
Jesus Christ, who is Lord of all. 37You know what has
happened throughout Judea, beginning in Galilee after
the baptism that John preached— 38how God anointed Jesus of Nazareth with the Holy Spirit and power,
and how he went around doing good and healing all
who were under the power of the devil, because God
was with him.
39"We are witnesses of everything he did in the
country of the Jews and in Jerusalem. They killed him
by hanging him on a tree, 40but God raised him from
the dead on the third day and caused him to be seen.

q19 One early manuscript *two*; other manuscripts do not have the number.

41 no a todo el pueblo, sino a los testigos que Dios había ordenado de antemano, a nosotros que comimos y bebimos con él después que resucitó de los muertos.

42 Y nos mandó que predicásemos al pueblo, y testificásemos que él es el que Dios ha puesto por Juez de vivos y muertos.

43 De éste dan testimonio todos los profetas, que todos los que en él creyeren, recibirán perdón de pecados por su nombre.

44 Mientras aún hablaba Pedro estas palabras, el Espíritu Santo cayó sobre todos los que oían el discurso.

45 Y los fieles de la circuncisión que habían venido con Pedro se quedaron atónitos de que también sobre los gentiles se derramase el don del Espíritu Santo.

46 Porque los oían que hablaban en lenguas, y que magnificaban a Dios.

47 Entonces respondió Pedro: ¿Puede acaso alguno impedir el agua, para que no sean bautizados estos que han recibido el Espíritu Santo también como nosotros?

48 Y mandó bautizarles en el nombre del Señor Jesús. Entonces le rogaron que se quedase por algunos días.

Informe de Pedro a la iglesia de Jerusalén

11 1 Oyeron los apóstoles y los hermanos que estaban en Judea, que también los gentiles habían recibido la palabra de Dios.

2 Y cuando Pedro subió a Jerusalén, disputaban con él los que eran de la circuncisión,

3 diciendo: ¿Por qué has entrado en casa de hombres incircuncisos, y has comido con ellos?

4 Entonces comenzó Pedro a contarles por orden lo sucedido, diciendo:

5 Estaba yo en la ciudad de Jope orando, y vi en éxtasis una visión; algo semejante a un gran lienzo que descendía, que por las cuatro puntas era bajado del cielo y venía hasta mí.

6 Cuando fijé en él los ojos, consideré y vi cuadrúpedos terrestres, y fieras, y reptiles, y aves del cielo.

7 Y oí una voz que me decía: Levántate, Pedro, mata y come.

8 Y dije: Señor, no; porque ninguna cosa común o inmunda entró jamás en mi boca.

9 Entonces la voz me respondió del cielo por segunda vez: Lo que Dios limpió, no lo llames tú común.

10 Y esto se hizo tres veces, y volvió todo a ser llevado arriba al cielo.

11 Y he aquí, luego llegaron tres hombres a la casa donde yo estaba, enviados a mí desde Cesarea.

12 Y el Espíritu me dijo que fuese con ellos sin dudar. Fueron también conmigo estos seis hermanos, y entramos en casa de un varón,

13 quien nos contó cómo había visto en su casa un ángel, que se puso en pie y le dijo: Envía hombres a Jope, y haz venir a Simón, el que tiene por sobrenombre Pedro;

14 él te hablará palabras por las cuales serás salvo tú, y toda tu casa.

15 Y cuando comencé a hablar, cayó el Espíritu Santo sobre ellos también, como sobre nosotros al principio.

16 Entonces me acordé de lo dicho por el Señor, cuando dijo: Juan ciertamente bautizó en agua, mas vosotros seréis bautizados con el Espíritu Santo.

17 Si Dios, pues, les concedió también el mismo don que a nosotros que hemos creído en el Señor Jesucristo, ¿quién era yo que pudiese estorbar a Dios?

18 Entonces, oídas estas cosas, callaron, y glorificaron a Dios, diciendo: ¡De manera que también a los gentiles ha dado Dios arrepentimiento para vida!

---

41 He was not seen by all the people, but by witnesses whom God had already chosen — by us who ate and drank with him after he rose from the dead. 42 He commanded us to preach to the people and to testify that he is the one whom God appointed as judge of the living and the dead. 43 All the prophets testify about him that everyone who believes in him receives forgiveness of sins through his name."

44 While Peter was still speaking these words, the Holy Spirit came on all who heard the message. 45 The circumcised believers who had come with Peter were astonished that the gift of the Holy Spirit had been poured out even on the Gentiles. 46 For they heard them speaking in tongues[r] and praising God.

Then Peter said, 47 "Can anyone keep these people from being baptized with water? They have received the Holy Spirit just as we have." 48 So he ordered that they be baptized in the name of Jesus Christ. Then they asked Peter to stay with them for a few days.

Peter Explains His Actions

11 The apostles and the brothers throughout Judea heard that the Gentiles also had received the word of God. 2 So when Peter went up to Jerusalem, the circumcised believers criticized him 3 and said, "You went into the house of uncircumcised men and ate with them."

4 Peter began and explained everything to them precisely as it had happened: 5 "I was in the city of Joppa praying, and in a trance I saw a vision. I saw something like a large sheet being let down from heaven by its four corners, and it came down to where I was. 6 I looked into it and saw four-footed animals of the earth, wild beasts, reptiles, and birds of the air. 7 Then I heard a voice telling me, 'Get up, Peter. Kill and eat.'

8 "I replied, 'Surely not, Lord! Nothing impure or unclean has ever entered my mouth.'

9 "The voice spoke from heaven a second time, 'Do not call anything impure that God has made clean.' 10 This happened three times, and then it was all pulled up to heaven again.

11 "Right then three men who had been sent to me from Caesarea stopped at the house where I was staying. 12 The Spirit told me to have no hesitation about going with them. These six brothers also went with me, and we entered the man's house. 13 He told us how he had seen an angel appear in his house and say, 'Send to Joppa for Simon who is called Peter. 14 He will bring you a message through which you and all your household will be saved.'

15 "As I began to speak, the Holy Spirit came on them as he had come on us at the beginning. 16 Then I remembered what the Lord had said: 'John baptized with[s] water, but you will be baptized with the Holy Spirit.' 17 So if God gave them the same gift as he gave us, who believed in the Lord Jesus Christ, who was I to think that I could oppose God?"

18 When they heard this, they had no further objections and praised God, saying, "So then, God has granted even the Gentiles repentance unto life."

---

r46 Or *other languages*   s16 Or *in*

La iglesia en Antioquía

¹⁹Ahora bien, los que habían sido esparcidos a causa de la persecución que hubo con motivo de Esteban, pasaron hasta Fenicia, Chipre y Antioquía, no hablando a nadie la palabra, sino sólo a los judíos.

²⁰Pero había entre ellos unos varones de Chipre y de Cirene, los cuales, cuando entraron en Antioquía, hablaron también a los griegos, anunciando el evangelio del Señor Jesús.

²¹Y la mano del Señor estaba con ellos, y gran número creyó y se convirtió al Señor.

²²Llegó la noticia de estas cosas a oídos de la iglesia que estaba en Jerusalén; y enviaron a Bernabé que fuese hasta Antioquía.

²³Este, cuando llegó, y vio la gracia de Dios, se regocijó, y exhortó a todos a que con propósito de corazón permaneciesen fieles al Señor.

²⁴Porque era varón bueno, y lleno del Espíritu Santo y de fe. Y una gran multitud fue agregada al Señor.

²⁵Después fue Bernabé a Tarso para buscar a Saulo; y hallándole, le trajo a Antioquía.

²⁶Y se congregaron allí todo un año con la iglesia, y enseñaron a mucha gente; y a los discípulos se les llamó cristianos por primera vez en Antioquía.

²⁷En aquellos días unos profetas descendieron de Jerusalén a Antioquía.

²⁸Y levantándose uno de ellos, llamado Agabo, daba a entender por el Espíritu, que vendría una gran hambre en toda la tierra habitada; la cual sucedió en tiempo de Claudio.

²⁹Entonces los discípulos, cada uno conforme a lo que tenía, determinaron enviar socorro a los hermanos que habitaban en Judea;

³⁰lo cual en efecto hicieron, enviándolo a los ancianos por mano de Bernabé y de Saulo.

Jacobo, muerto; Pedro, encarcelado

12 ¹En aquel mismo tiempo el rey Herodes echó mano a algunos de la iglesia para maltratarles.

²Y mató a espada a Jacobo, hermano de Juan.

³Y viendo que esto había agradado a los judíos, procedió a prender también a Pedro. Eran entonces los días de los panes sin levadura.

⁴Y habiéndole tomado preso, le puso en la cárcel, entregándole a cuatro grupos de cuatro soldados cada uno, para que le custodiasen; y se proponía sacarle al pueblo después de la pascua.

⁵Así que Pedro estaba custodiado en la cárcel; pero la iglesia hacía sin cesar oración a Dios por él.

Pedro es librado de la cárcel

⁶Y cuando Herodes le iba a sacar, aquella misma noche estaba Pedro durmiendo entre dos soldados, sujeto con dos cadenas, y los guardas delante de la puerta custodiaban la cárcel.

⁷Y he aquí que se presentó un ángel del Señor, y una luz resplandeció en la cárcel; y tocando a Pedro en el costado, le despertó, diciendo: Levántate pronto. Y las cadenas se le cayeron de las manos.

⁸Le dijo el ángel: Cíñete, y átate las sandalias. Y lo hizo así. Y le dijo: Envuélvete en tu manto, y sígueme.

⁹Y saliendo, le seguía; pero no sabía que era verdad lo que hacía el ángel, sino que pensaba que veía una visión.

¹⁰Habiendo pasado la primera y la segunda guardia, llegaron a la puerta de hierro que daba a la ciudad, la cual se les abrió por sí misma; y salidos, pasaron una calle, y luego el ángel se apartó de él.

The Church in Antioch

¹⁹Now those who had been scattered by the persecution in connection with Stephen traveled as far as Phoenicia, Cyprus and Antioch, telling the message only to Jews. ²⁰Some of them, however, men from Cyprus and Cyrene, went to Antioch and began to speak to Greeks also, telling them the good news about the Lord Jesus. ²¹The Lord's hand was with them, and a great number of people believed and turned to the Lord.

²²News of this reached the ears of the church at Jerusalem, and they sent Barnabas to Antioch. ²³When he arrived and saw the evidence of the grace of God, he was glad and encouraged them all to remain true to the Lord with all their hearts. ²⁴He was a good man, full of the Holy Spirit and faith, and a great number of people were brought to the Lord.

²⁵Then Barnabas went to Tarsus to look for Saul, ²⁶and when he found him, he brought him to Antioch. So for a whole year Barnabas and Saul met with the church and taught great numbers of people. The disciples were called Christians first at Antioch.

²⁷During this time some prophets came down from Jerusalem to Antioch. ²⁸One of them, named Agabus, stood up and through the Spirit predicted that a severe famine would spread over the entire Roman world. (This happened during the reign of Claudius.) ²⁹The disciples, each according to his ability, decided to provide help for the brothers living in Judea. ³⁰This they did, sending their gift to the elders by Barnabas and Saul.

Peter's Miraculous Escape From Prison

12 It was about this time that King Herod arrested some who belonged to the church, intending to persecute them. ²He had James, the brother of John, put to death with the sword. ³When he saw that this pleased the Jews, he proceeded to seize Peter also. This happened during the Feast of Unleavened Bread. ⁴After arresting him, he put him in prison, handing him over to be guarded by four squads of four soldiers each. Herod intended to bring him out for public trial after the Passover.

⁵So Peter was kept in prison, but the church was earnestly praying to God for him.

⁶The night before Herod was to bring him to trial, Peter was sleeping between two soldiers, bound with two chains, and sentries stood guard at the entrance. ⁷Suddenly an angel of the Lord appeared and a light shone in the cell. He struck Peter on the side and woke him up. "Quick, get up!" he said, and the chains fell off Peter's wrists.

⁸Then the angel said to him, "Put on your clothes and sandals." And Peter did so. "Wrap your cloak around you and follow me," the angel told him. ⁹Peter followed him out of the prison, but he had no idea that what the angel was doing was really happening; he thought he was seeing a vision. ¹⁰They passed the first and second guards and came to the iron gate leading to the city. It opened for them by itself, and they went through it. When they had walked the length of one street, suddenly the angel left him.

11 Entonces Pedro, volviendo en sí, dijo: Ahora entiendo verdaderamente que el Señor ha enviado su ángel, y me ha librado de la mano de Herodes, y de todo lo que el pueblo de los judíos esperaba.

12 Y habiendo considerado esto, llegó a casa de María la madre de Juan, el que tenía por sobrenombre Marcos, donde muchos estaban reunidos orando.

13 Cuando llamó Pedro a la puerta del patio, salió a escuchar una muchacha llamada Rode,

14 la cual, cuando reconoció la voz de Pedro, de gozo no abrió la puerta, sino que corriendo adentro, dio la nueva de que Pedro estaba a la puerta.

15 Y ellos le dijeron: Estás loca. Pero ella aseguraba que así era. Entonces ellos decían: ¡Es su ángel!

16 Mas Pedro persistía en llamar; y cuando abrieron y le vieron, se quedaron atónitos.

17 Pero él, haciéndoles con la mano señal de que callasen, les contó cómo el Señor le había sacado de la cárcel. Y dijo: Haced saber esto a Jacobo y a los hermanos. Y salió, y se fue a otro lugar.

18 Luego que fue de día, hubo no poco alboroto entre los soldados sobre qué había sido de Pedro.

19 Mas Herodes, habiéndole buscado sin hallarle, después de interrogar a los guardas, ordenó llevarlos a la muerte. Después descendió de Judea a Cesarea y se quedó allí.

Muerte de Herodes

20 Y Herodes estaba enojado contra los de Tiro y de Sidón; pero ellos vinieron de acuerdo ante él, y sobornado Blasto, que era camarero mayor del rey, pedían paz, porque su territorio era abastecido por el del rey.

21 Y un día señalado, Herodes, vestido de ropas reales, se sentó en el tribunal y les arengó.

22 Y el pueblo aclamaba gritando: ¡Voz de Dios, y no de hombre!

23 Al momento un ángel del Señor le hirió, por cuanto no dio la gloria a Dios; y expiró comido de gusanos.

24 Pero la palabra del Señor crecía y se multiplicaba.

25 Y Bernabé y Saulo, cumplido su servicio, volvieron de Jerusalén, llevando también consigo a Juan, el que tenía por sobrenombre Marcos.

Bernabé y Saulo comienzan su primer viaje misionero

13 1 Había entonces en la iglesia que estaba en Antioquía, profetas y maestros: Bernabé, Simón el que se llamaba Niger, Lucio de Cirene, Manaén el que se había criado junto con Herodes el tetrarca, y Saulo.

2 Ministrando éstos al Señor, y ayunando, dijo el Espíritu Santo: Apartadme a Bernabé y a Saulo para la obra a que los he llamado.

3 Entonces, habiendo ayunado y orado, les impusieron las manos y los despidieron.

Los apóstoles predican en Chipre

4 Ellos, entonces, enviados por el Espíritu Santo, descendieron a Seleucia, y de allí navegaron a Chipre.

5 Y llegados a Salamina, anunciaban la palabra de Dios en las sinagogas de los judíos. Tenían también a Juan de ayudante.

11 Then Peter came to himself and said, "Now I know without a doubt that the Lord sent his angel and rescued me from Herod's clutches and from everything the Jewish people were anticipating."

12 When this had dawned on him, he went to the house of Mary the mother of John, also called Mark, where many people had gathered and were praying. 13 Peter knocked at the outer entrance, and a servant girl named Rhoda came to answer the door. 14 When she recognized Peter's voice, she was so overjoyed she ran back without opening it and exclaimed, "Peter is at the door!"

15 "You're out of your mind," they told her. When she kept insisting that it was so, they said, "It must be his angel."

16 But Peter kept on knocking, and when they opened the door and saw him, they were astonished. 17 Peter motioned with his hand for them to be quiet and described how the Lord had brought him out of prison. "Tell James and the brothers about this," he said, and then he left for another place.

18 In the morning, there was no small commotion among the soldiers as to what had become of Peter. 19 After Herod had a thorough search made for him and did not find him, he cross-examined the guards and ordered that they be executed.

Herod's Death

Then Herod went from Judea to Caesarea and stayed there a while. 20 He had been quarreling with the people of Tyre and Sidon; they now joined together and sought an audience with him. Having secured the support of Blastus, a trusted personal servant of the king, they asked for peace, because they depended on the king's country for their food supply.

21 On the appointed day Herod, wearing his royal robes, sat on his throne and delivered a public address to the people. 22 They shouted, "This is the voice of a god, not of a man." 23 Immediately, because Herod did not give praise to God, an angel of the Lord struck him down, and he was eaten by worms and died.

24 But the word of God continued to increase and spread.

25 When Barnabas and Saul had finished their mission, they returned from ᵗ Jerusalem, taking with them John, also called Mark.

Barnabas and Saul Sent Off

13 In the church at Antioch there were prophets and teachers: Barnabas, Simeon called Niger, Lucius of Cyrene, Manaen (who had been brought up with Herod the tetrarch) and Saul. 2 While they were worshiping the Lord and fasting, the Holy Spirit said, "Set apart for me Barnabas and Saul for the work to which I have called them." 3 So after they had fasted and prayed, they placed their hands on them and sent them off.

On Cyprus

4 The two of them, sent on their way by the Holy Spirit, went down to Seleucia and sailed from there to Cyprus. 5 When they arrived at Salamis, they proclaimed the word of God in the Jewish synagogues. John was with them as their helper.

ᵗ25 Some manuscripts *to*

6 Y habiendo atravesado toda la isla hasta Pafos, hallaron a cierto mago, falso profeta, judío, llamado Barjesús,
7 que estaba con el procónsul Sergio Paulo, varón prudente. Este, llamando a Bernabé y a Saulo, deseaba oir la palabra de Dios.
8 Pero les resistía Elimas, el mago (pues así se traduce su nombre), procurando apartar de la fe al procónsul.
9 Entonces Saulo, que también es Pablo, lleno del Espíritu Santo, fijando en él los ojos,
10 dijo: ¡Oh, lleno de todo engaño y de toda maldad, hijo del diablo, enemigo de toda justicia! ¿No cesarás de trastornar los caminos rectos del Señor?
11 Ahora, pues, he aquí la mano del Señor está contra ti, y serás ciego, y no verás el sol por algún tiempo. E inmediatamente cayeron sobre él oscuridad y tinieblas; y andando alrededor, buscaba quien le condujese de la mano.
12 Entonces el procónsul, viendo lo que había sucedido, creyó, maravillado de la doctrina del Señor.

Pablo y Bernabé en Antioquía de Pisidia

13 Habiendo zarpado de Pafos, Pablo y sus compañeros arribaron a Perge de Panfilia; pero Juan, apartándose de ellos, volvió a Jerusalén.
14 Ellos, pasando de Perge, llegaron a Antioquía de Pisidia; y entraron en la sinagoga un día de reposo * y se sentaron.
15 Y después de la lectura de la ley y de los profetas, los principales de la sinagoga mandaron a decirles: Varones hermanos, si tenéis alguna palabra de exhortación para el pueblo, hablad.
16 Entonces Pablo, levantándose, hecha señal de silencio con la mano, dijo: Varones israelitas, y los que teméis a Dios, oíd:
17 El Dios de este pueblo de Israel escogió a nuestros padres, y enalteció al pueblo, siendo ellos extranjeros en tierra de Egipto, y con brazo levantado los sacó de ella.
18 Y por un tiempo como de cuarenta años los soportó en el desierto;
19 y habiendo destruido siete naciones en la tierra de Canaán, les dio en herencia su territorio.
20 Después, como por cuatrocientos cincuenta años, les dio jueces hasta el profeta Samuel.
21 Luego pidieron rey, y Dios les dio a Saúl hijo de Cis, varón de la tribu de Benjamín, por cuarenta años.
22 Quitado éste, les levantó por rey a David, de quien dio también testimonio diciendo: He hallado a David hijo de Isaí, varón conforme a mi corazón, quien hará todo lo que yo quiero.
23 De la descendencia de éste, y conforme a la promesa, Dios levantó a Jesús por Salvador a Israel.
24 Antes de su venida, predicó Juan el bautismo de arrepentimiento a todo el pueblo de Israel.
25 Mas cuando Juan terminaba su carrera, dijo: ¿Quién pensáis que soy? No soy yo él; mas he aquí viene tras mí uno de quien no soy digno de desatar el calzado de los pies.
26 Varones hermanos, hijos del linaje de Abraham, y los que entre vosotros teméis a Dios, a vosotros es enviada la palabra de esta salvación.
27 Porque los habitantes de Jerusalén y sus gobernantes, no conociendo a Jesús, ni las palabras de los profetas que se leen todos los días de reposo, * las cumplieron al condenarle.
28 Y sin hallar en él causa digna de muerte, pidieron a Pilato que se le matase.
29 Y habiendo cumplido todas las cosas que de él estaban escritas, quitándolo del madero, lo pusieron en el sepulcro.
30 Mas Dios le levantó de los muertos.

6 They traveled through the whole island until they came to Paphos. There they met a Jewish sorcerer and false prophet named Bar-Jesus, 7 who was an attendant of the proconsul, Sergius Paulus. The proconsul, an intelligent man, sent for Barnabas and Saul because he wanted to hear the word of God. 8 But Elymas the sorcerer (for that is what his name means) opposed them and tried to turn the proconsul from the faith. 9 Then Saul, who was also called Paul, filled with the Holy Spirit, looked straight at Elymas and said, 10 "You are a child of the devil and an enemy of everything that is right! You are full of all kinds of deceit and trickery. Will you never stop perverting the right ways of the Lord? 11 Now the hand of the Lord is against you. You are going to be blind, and for a time you will be unable to see the light of the sun."

Immediately mist and darkness came over him, and he groped about, seeking someone to lead him by the hand. 12 When the proconsul saw what had happened, he believed, for he was amazed at the teaching about the Lord.

In Pisidian Antioch

13 From Paphos, Paul and his companions sailed to Perga in Pamphylia, where John left them to return to Jerusalem. 14 From Perga they went on to Pisidian Antioch. On the Sabbath they entered the synagogue and sat down. 15 After the reading from the Law and the Prophets, the synagogue rulers sent word to them, saying, "Brothers, if you have a message of encouragement for the people, please speak."

16 Standing up, Paul motioned with his hand and said: "Men of Israel and you Gentiles who worship God, listen to me! 17 The God of the people of Israel chose our fathers; he made the people prosper during their stay in Egypt, with mighty power he led them out of that country, 18 he endured their conduct u for about forty years in the desert, 19 he overthrew seven nations in Canaan and gave their land to his people as their inheritance. 20 All this took about 450 years.

"After this, God gave them judges until the time of Samuel the prophet. 21 Then the people asked for a king, and he gave them Saul son of Kish, of the tribe of Benjamin, who ruled forty years. 22 After removing Saul, he made David their king. He testified concerning him: 'I have found David son of Jesse a man after my own heart; he will do everything I want him to do.'

23 "From this man's descendants God has brought to Israel the Savior Jesus, as he promised. 24 Before the coming of Jesus, John preached repentance and baptism to all the people of Israel. 25 As John was completing his work, he said: 'Who do you think I am? I am not that one. No, but he is coming after me, whose sandals I am not worthy to untie.'

26 "Brothers, children of Abraham, and you God-fearing Gentiles, it is to us that this message of salvation has been sent. 27 The people of Jerusalem and their rulers did not recognize Jesus, yet in condemning him they fulfilled the words of the prophets that are read every Sabbath. 28 Though they found no proper ground for a death sentence, they asked Pilate to have him executed. 29 When they had carried out all that was written about him, they took him down from the tree and laid him in a tomb. 30 But God raised him from the

---

*Aquí equivale a *sábado*   *Aquí equivale a *sábado*.   u 18 Some manuscripts *and cared for them*

31 Y él se apareció durante muchos días a los que habían subido juntamente con él de Galilea a Jerusalén, los cuales ahora son sus testigos ante el pueblo.

32 Y nosotros también os anunciamos el evangelio de aquella promesa hecha a nuestros padres,

33 la cual Dios ha cumplido a los hijos de ellos, a nosotros, resucitando a Jesús; como está escrito también en el salmo segundo: Mi hijo eres tú, yo te he engendrado hoy.

34 Y en cuanto a que le levantó de los muertos para nunca más volver a corrupción, lo dijo así: Os daré las misericordias fieles de David.

35 Por eso dice también en otro salmo: No permitirás que tu Santo vea corrupción.

36 Porque a la verdad David, habiendo servido a su propia generación según la voluntad de Dios, durmió, y fue reunido con sus padres, y vio corrupción.

37 Mas aquel a quien Dios levantó, no vio corrupción.

38 Sabed, pues, esto, varones hermanos: que por medio de él se os anuncia perdón de pecados,

39 y que de todo aquello de que por la ley de Moisés no pudisteis ser justificados, en él es justificado todo aquel que cree.

40 Mirad, pues, que no venga sobre vosotros lo que está dicho en los profetas:

41 Mirad, oh menospreciadores, y asombraos, y desapareced;
Porque yo hago una obra en vuestros días,
Obra que no creeréis, si alguien os la contare.

42 Cuando salieron ellos de la sinagoga de los judíos, los gentiles les rogaron que el siguiente día de reposo * les hablasen de estas cosas.

43 Y despedida la congregación, muchos de los judíos y de los prosélitos piadosos siguieron a Pablo y a Bernabé, quienes hablándoles, les persuadían a que perseverasen en la gracia de Dios.

44 El siguiente día de reposo * se juntó casi toda la ciudad para oir la palabra de Dios.

45 Pero viendo los judíos la muchedumbre, se llenaron de celos, y rebatían lo que Pablo decía, contradiciendo y blasfemando.

46 Entonces Pablo y Bernabé, hablando con denuedo, dijeron: A vosotros a la verdad era necesario que se os hablase primero la palabra de Dios; más puesto que la desecháis, y no os juzgáis dignos de la vida eterna, he aquí, nos volvemos a los gentiles.

47 Porque así nos ha mandado el Señor, diciendo:
Te he puesto para luz de los gentiles,
A fin de que seas para salvación hasta lo último de la tierra.

48 Los gentiles, oyendo esto, se regocijaban y glorificaban la palabra del Señor, y creyeron todos los que estaban ordenados para vida eterna.

49 Y la palabra del Señor se difundía por toda aquella provincia.

50 Pero los judíos instigaron a mujeres piadosas y distinguidas, y a los principales de la ciudad, y levantaron persecución contra Pablo y Bernabé, y los expulsaron de sus límites.

51 Ellos entonces, sacudiendo contra ellos el polvo de sus pies, llegaron a Iconio.

52 Y los discípulos estaban llenos de gozo y del Espíritu Santo.

dead, 31and for many days he was seen by those who traveled with him from Galilee to Jerusalem. They are now his witnesses to our people.

32 "We tell you the good news: What God promised our fathers 33he has fulfilled for us, their children, by raising up Jesus. As it is written in the second Psalm:

" 'You are my Son;
today I have become your Father.'v w

34 The fact that God raised him from the dead, never to decay, is stated in these words:

" 'I will give you the holy and sure blessings promised to David.'x

35 So it is stated elsewhere:

" 'You will not let your Holy One see decay.'y

36 "For when David had served God's purpose in his own generation, he fell asleep; he was buried with his fathers and his body decayed. 37But the one whom God raised from the dead did not see decay.

38 "Therefore, my brothers, I want you to know that through Jesus the forgiveness of sins is proclaimed to you. 39Through him everyone who believes is justified from everything you could not be justified from by the law of Moses. 40Take care that what the prophets have said does not happen to you:

41 " 'Look, you scoffers,
wonder and perish,
for I am going to do something in your days
that you would never believe,
even if someone told you.'z "

42 As Paul and Barnabas were leaving the synagogue, the people invited them to speak further about these things on the next Sabbath. 43When the congregation was dismissed, many of the Jews and devout converts to Judaism followed Paul and Barnabas, who talked with them and urged them to continue in the grace of God.

44 On the next Sabbath almost the whole city gathered to hear the word of the Lord. 45When the Jews saw the crowds, they were filled with jealousy and talked abusively against what Paul was saying.

46 Then Paul and Barnabas answered them boldly: "We had to speak the word of God to you first. Since you reject it and do not consider yourselves worthy of eternal life, we now turn to the Gentiles. 47For this is what the Lord has commanded us:

" 'I have made youa a light for the Gentiles,
that youa may bring salvation to the ends of the earth.'b "

48 When the Gentiles heard this, they were glad and honored the word of the Lord; and all who were appointed for eternal life believed.

49 The word of the Lord spread through the whole region. 50But the Jews incited the God-fearing women of high standing and the leading men of the city. They stirred up persecution against Paul and Barnabas, and expelled them from their region. 51So they shook the dust from their feet in protest against them and went to Iconium. 52And the disciples were filled with joy and with the Holy Spirit.

v33 Or have begotten you   w33 Psalm 2:7   x34 Isaiah 55:3
y35 Psalm 16:10   z41 Hab. 1:5   a47 The Greek is singular.
b47 Isaiah 49:6

*Aquí equivale a sábado

Pablo y Bernabé en Iconio

14 ¹Aconteció en Iconio que entraron juntos en la sinagoga de los judíos, y hablaron de tal manera que creyó una gran multitud de judíos, y asimismo de griegos.

²Mas los judíos que no creían excitaron y corrompieron los ánimos de los gentiles contra los hermanos.

³Por tanto, se detuvieron allí mucho tiempo, hablando con denuedo, confiados en el Señor, el cual daba testimonio a la palabra de su gracia, concediendo que se hiciesen por las manos de ellos señales y prodigios.

⁴Y la gente de la ciudad estaba dividida: unos estaban con los judíos, y otros con los apóstoles.

⁵Pero cuando los judíos y los gentiles, juntamente con sus gobernantes, se lanzaron a afrentarlos y apedrearlos,

⁶habiéndolo sabido, huyeron a Listra y Derbe, ciudades de Licaonia, y a toda la región circunvecina,

⁷y allí predicaban el evangelio.

Pablo es apedreado en Listra

⁸Y cierto hombre de Listra estaba sentado, imposibilitado de los pies, cojo de nacimiento, que jamás había andado.

⁹Este oyó hablar a Pablo, el cual, fijando en él sus ojos, y viendo que tenía fe para ser sanado,

¹⁰dijo a gran voz: Levántate derecho sobre tus pies. Y él saltó, y anduvo.

¹¹Entonces la gente, visto lo que Pablo había hecho, alzó la voz, diciendo en lengua licaónica: Dioses bajo la semejanza de hombres han descendido a nosotros.

¹²Y a Bernabé llamaban Júpiter, y a Pablo, Mercurio, porque éste era el que llevaba la palabra.

¹³Y el sacerdote de Júpiter, cuyo templo estaba frente a la ciudad, trajo toros y guirnaldas delante de las puertas, y juntamente con la muchedumbre quería ofrecer sacrificios.

¹⁴Cuando lo oyeron los apóstoles Bernabé y Pablo, rasgaron sus ropas, y se lanzaron entre la multitud, dando voces

¹⁵y diciendo: Varones, ¿por qué hacéis esto? Nosotros también somos hombres semejantes a vosotros, que os anunciamos que de estas vanidades os convirtáis al Dios vivo, que hizo el cielo y la tierra, el mar, y todo lo que en ellos hay.

¹⁶En las edades pasadas él ha dejado a todas las gentes andar en sus propios caminos;

¹⁷si bien no se dejó a sí mismo sin testimonio, haciendo bien, dándonos lluvias del cielo y tiempos fructíferos, llenando de sustento y de alegría nuestros corazones.

¹⁸Y diciendo estas cosas, difícilmente lograron impedir que la multitud les ofreciese sacrificio.

¹⁹Entonces vinieron unos judíos de Antioquía y de Iconio, que persuadieron a la multitud, y habiendo apedreado a Pablo, le arrastraron fuera de la ciudad, pensando que estaba muerto.

²⁰Pero rodeándole los discípulos, se levantó y entró en la ciudad; y al día siguiente salió con Bernabé para Derbe.

²¹Y después de anunciar el evangelio a aquella ciudad y de hacer muchos discípulos, volvieron a Listra, a Iconio y a Antioquía,

²²confirmando los ánimos de los discípulos, exhortándoles a que permaneciesen en la fe, y diciéndoles: Es necesario que a través de muchas tribulaciones entremos en el reino de Dios.

²³Y constituyeron ancianos en cada iglesia, y habiendo orado con ayunos, los encomendaron al Señor en quien habían creído.

El regreso a Antioquía de Siria

²⁴Pasando luego por Pisidia, vinieron a Panfilia.

In Iconium

14 At Iconium Paul and Barnabas went as usual into the Jewish synagogue. There they spoke so effectively that a great number of Jews and Gentiles believed. ²But the Jews who refused to believe stirred up the Gentiles and poisoned their minds against the brothers. ³So Paul and Barnabas spent considerable time there, speaking boldly for the Lord, who confirmed the message of his grace by enabling them to do miraculous signs and wonders. ⁴The people of the city were divided; some sided with the Jews, others with the apostles. ⁵There was a plot afoot among the Gentiles and Jews, together with their leaders, to mistreat them and stone them. ⁶But they found out about it and fled to the Lycaonian cities of Lystra and Derbe and to the surrounding country, ⁷where they continued to preach the good news.

In Lystra and Derbe

⁸In Lystra there sat a man crippled in his feet, who was lame from birth and had never walked. ⁹He listened to Paul as he was speaking. Paul looked directly at him, saw that he had faith to be healed ¹⁰and called out, "Stand up on your feet!" At that, the man jumped up and began to walk.

¹¹When the crowd saw what Paul had done, they shouted in the Lycaonian language, "The gods have come down to us in human form!" ¹²Barnabas they called Zeus, and Paul they called Hermes because he was the chief speaker. ¹³The priest of Zeus, whose temple was just outside the city, brought bulls and wreaths to the city gates because he and the crowd wanted to offer sacrifices to them.

¹⁴But when the apostles Barnabas and Paul heard of this, they tore their clothes and rushed out into the crowd, shouting: ¹⁵"Men, why are you doing this? We too are only men, human like you. We are bringing you good news, telling you to turn from these worthless things to the living God, who made heaven and earth and sea and everything in them. ¹⁶In the past, he let all nations go their own way. ¹⁷Yet he has not left himself without testimony: He has shown kindness by giving you rain from heaven and crops in their seasons; he provides you with plenty of food and fills your hearts with joy." ¹⁸Even with these words, they had difficulty keeping the crowd from sacrificing to them.

¹⁹Then some Jews came from Antioch and Iconium and won the crowd over. They stoned Paul and dragged him outside the city, thinking he was dead. ²⁰But after the disciples had gathered around him, he got up and went back into the city. The next day he and Barnabas left for Derbe.

The Return to Antioch in Syria

²¹They preached the good news in that city and won a large number of disciples. Then they returned to Lystra, Iconium and Antioch, ²²strengthening the disciples and encouraging them to remain true to the faith. "We must go through many hardships to enter the kingdom of God," they said. ²³Paul and Barnabas appointed elders*c* for them in each church and, with prayer and fasting, committed them to the Lord, in whom they had put their trust. ²⁴After going through

---

c23 Or *Barnabas ordained elders;* or *Barnabas had elders elected*

25 Y habiendo predicado la palabra en Perge, descendieron a Atalia.

26 De allí navegaron a Antioquía, desde donde habían sido encomendados a la gracia de Dios para la obra que habían cumplido.

27 Y habiendo llegado, y reunido a la iglesia, refirieron cuán grandes cosas había hecho Dios con ellos, y cómo había abierto la puerta de la fe a los gentiles.

28 Y se quedaron allí mucho tiempo con los discípulos.

El concilio en Jerusalén

15 1 Entonces algunos que venían de Judea enseñaban a los hermanos: Si no os circuncidáis conforme al rito de Moisés, no podéis ser salvos.

2 Como Pablo y Bernabé tuviesen una discusión y contienda no pequeña con ellos, se dispuso que subiesen Pablo y Bernabé a Jerusalén, y algunos otros de ellos, a los apóstoles y los ancianos, para tratar esta cuestión.

3 Ellos, pues, habiendo sido encaminados por la iglesia, pasaron por Fenicia y Samaria, contando la conversión de los gentiles; y causaban gran gozo a todos los hermanos.

4 Y llegados a Jerusalén, fueron recibidos por la iglesia y los apóstoles y los ancianos, y refirieron todas las cosas que Dios había hecho con ellos.

5 Pero algunos de la secta de los fariseos, que habían creído, se levantaron diciendo: Es necesario circuncidarlos, y mandarles que guarden la ley de Moisés.

6 Y se reunieron los apóstoles y los ancianos para conocer de este asunto.

7 Y después de mucha discusión, Pedro se levantó y les dijo: Varones hermanos, vosotros sabéis cómo ya hace algún tiempo que Dios escogió que los gentiles oyesen por mi boca la palabra del evangelio y creyesen.

8 Y Dios, que conoce los corazones, les dio testimonio, dándoles el Espíritu Santo lo mismo que a nosotros;

9 y ninguna diferencia hizo entre nosotros y ellos, purificando por la fe sus corazones.

10 Ahora, pues, ¿por qué tentáis a Dios, poniendo sobre la cerviz de los discípulos un yugo que ni nuestros padres ni nosotros hemos podido llevar?

11 Antes creemos que por la gracia del Señor Jesús seremos salvos, de igual modo que ellos.

12 Entonces toda la multitud calló, y oyeron a Bernabé y a Pablo, que contaban cuán grandes señales y maravillas había hecho Dios por medio de ellos entre los gentiles.

13 Y cuando ellos callaron, Jacobo respondió diciendo: Varones hermanos, oídme.

14 Simón ha contado cómo Dios visitó por primera vez a los gentiles, para tomar de ellos pueblo para su nombre.

15 Y con esto concuerdan las palabras de los profetas, como está escrito:

16 Después de esto volveré
     Y reedificaré el tabernáculo de David, que está
     caído;
     Y repararé sus ruinas,
     Y lo volveré a levantar,

17 Para que el resto de los hombres busque al Señor,
     Y todos los gentiles, sobre los cuales es invocado mi
     nombre,

18 Dice el Señor, que hace conocer todo esto desde
     tiempos antiguos.

19 Por lo cual yo juzgo que no se inquiete a los gentiles que se convierten a Dios,

Pisidia, they came into Pamphylia, 25and when they had preached the word in Perga, they went down to Attalia.

26From Attalia they sailed back to Antioch, where they had been committed to the grace of God for the work they had now completed. 27On arriving there, they gathered the church together and reported all that God had done through them and how he had opened the door of faith to the Gentiles. 28And they stayed there a long time with the disciples.

The Council at Jerusalem

15 Some men came down from Judea to Antioch and were teaching the brothers: "Unless you are circumcised, according to the custom taught by Moses, you cannot be saved." 2This brought Paul and Barnabas into sharp dispute and debate with them. So Paul and Barnabas were appointed, along with some other believers, to go up to Jerusalem to see the apostles and elders about this question. 3The church sent them on their way, and as they traveled through Phoenicia and Samaria, they told how the Gentiles had been converted. This news made all the brothers very glad. 4When they came to Jerusalem, they were welcomed by the church and the apostles and elders, to whom they reported everything God had done through them.

5Then some of the believers who belonged to the party of the Pharisees stood up and said, "The Gentiles must be circumcised and required to obey the law of Moses."

6The apostles and elders met to consider this question. 7After much discussion, Peter got up and addressed them: "Brothers, you know that some time ago God made a choice among you that the Gentiles might hear from my lips the message of the gospel and believe. 8God, who knows the heart, showed that he accepted them by giving the Holy Spirit to them, just as he did to us. 9He made no distinction between us and them, for he purified their hearts by faith. 10Now then, why do you try to test God by putting on the necks of the disciples a yoke that neither we nor our fathers have been able to bear? 11No! We believe it is through the grace of our Lord Jesus that we are saved, just as they are."

12The whole assembly became silent as they listened to Barnabas and Paul telling about the miraculous signs and wonders God had done among the Gentiles through them. 13When they finished, James spoke up: "Brothers, listen to me. 14Simon *d* has described to us how God at first showed his concern by taking from the Gentiles a people for himself. 15The words of the prophets are in agreement with this, as it is written:

16" 'After this I will return
     and rebuild David's fallen tent.
     Its ruins I will rebuild,
     and I will restore it,

17that the remnant of men may seek the Lord,
     and all the Gentiles who bear my name,
     says the Lord, who does these things' *e*

18   that have been known for ages. *f*

19"It is my judgment, therefore, that we should not make it difficult for the Gentiles who are turning to

---

d 14 Greek *Simeon*, a variant of *Simon*; that is, Peter   *e* 17 Amos 9:11,12   *f* 17,18 Some manuscripts *things'— / * 18*known to the Lord for ages is his work*

20 sino que se les escriba que se aparten de las contaminaciones de los ídolos, de fornicación, de ahogado y de sangre.

21 Porque Moisés desde tiempos antiguos tiene en cada ciudad quien lo predique en las sinagogas, donde es leído cada día de reposo. *

22 Entonces pareció bien a los apóstoles y a los ancianos, con toda la iglesia, elegir de entre ellos varones y enviarlos a Antioquía con Pablo y Bernabé: a Judas que tenía por sobrenombre Barsabás, y a Silas, varones principales entre los hermanos;

23 y escribir por conducto de ellos: Los apóstoles y los ancianos y los hermanos, a los hermanos de entre los gentiles que están en Antioquía, en Siria y en Cilicia, salud.

24 Por cuanto hemos oído que algunos que han salido de nosotros, a los cuales no dimos orden, os han inquietado con palabras, perturbando vuestras almas, mandando circuncidaros y guardar la ley,

25 nos ha parecido bien, habiendo llegado a un acuerdo, elegir varones y enviarlos a vosotros con nuestros amados Bernabé y Pablo,

26 hombres que han expuesto su vida por el nombre de nuestro Señor Jesucristo.

27 Así que enviamos a Judas y a Silas, los cuales también de palabra os harán saber lo mismo.

28 Porque ha parecido bien al Espíritu Santo, y a nosotros, no imponeros ninguna carga más que estas cosas necesarias:

29 que os abstengáis de lo sacrificado a ídolos, de sangre, de ahogado y de fornicación; de las cuales cosas si os guardareis, bien haréis. Pasadlo bien.

30 Así, pues, los que fueron enviados descendieron a Antioquía, y reuniendo a la congregación, entregaron la carta;

31 habiendo leído la cual, se regocijaron por la consolación.

32 Y Judas y Silas, como ellos también eran profetas, consolaron y confirmaron a los hermanos con abundancia de palabras.

33 Y pasando algún tiempo allí, fueron despedidos en paz por los hermanos, para volver a aquellos que los habían enviado.

34 Mas a Silas le pareció bien el quedarse allí.

35 Y Pablo y Bernabé continuaron en Antioquía, enseñando la palabra del Señor y anunciando el evangelio con otros muchos.

Pablo se separa de Bernabé, y comienza su segundo viaje misionero

36 Después de algunos días, Pablo dijo a Bernabé: Volvamos a visitar a los hermanos en todas las ciudades en que hemos anunciado la palabra del Señor, para ver cómo están.

37 Y Bernabé quería que llevasen consigo a Juan, el que tenía por sobrenombre Marcos;

38 pero a Pablo no le parecía bien llevar consigo al que se había apartado de ellos desde Panfilia, y no había ido con ellos a la obra.

39 Y hubo tal desacuerdo entre ellos, que se separaron el uno del otro; Bernabé, tomando a Marcos, navegó a Chipre,

40 y Pablo, escogiendo a Silas, salió encomendado por los hermanos a la gracia del Señor,

41 y pasó por Siria y Cilicia, confirmando a las iglesias.

God. 20 Instead we should write to them, telling them to abstain from food polluted by idols, from sexual immorality, from the meat of strangled animals and from blood. 21 For Moses has been preached in every city from the earliest times and is read in the synagogues on every Sabbath."

The Council's Letter to Gentile Believers

22 Then the apostles and elders, with the whole church, decided to choose some of their own men and send them to Antioch with Paul and Barnabas. They chose Judas (called Barsabbas) and Silas, two men who were leaders among the brothers. 23 With them they sent the following letter:

The apostles and elders, your brothers,

To the Gentile believers in Antioch, Syria and Cilicia:

Greetings.

24 We have heard that some went out from us without our authorization and disturbed you, troubling your minds by what they said. 25 So we all agreed to choose some men and send them to you with our dear friends Barnabas and Paul— 26 men who have risked their lives for the name of our Lord Jesus Christ. 27 Therefore we are sending Judas and Silas to confirm by word of mouth what we are writing. 28 It seemed good to the Holy Spirit and to us not to burden you with anything beyond the following requirements: 29 You are to abstain from food sacrificed to idols, from blood, from the meat of strangled animals and from sexual immorality. You will do well to avoid these things.

Farewell.

30 The men were sent off and went down to Antioch, where they gathered the church together and delivered the letter. 31 The people read it and were glad for its encouraging message. 32 Judas and Silas, who themselves were prophets, said much to encourage and strengthen the brothers. 33 After spending some time there, they were sent off by the brothers with the blessing of peace to return to those who had sent them.[g] 35 But Paul and Barnabas remained in Antioch, where they and many others taught and preached the word of the Lord.

Disagreement Between Paul and Barnabas

36 Some time later Paul said to Barnabas, "Let us go back and visit the brothers in all the towns where we preached the word of the Lord and see how they are doing." 37 Barnabas wanted to take John, also called Mark, with them, 38 but Paul did not think it wise to take him, because he had deserted them in Pamphylia and had not continued with them in the work. 39 They had such a sharp disagreement that they parted company. Barnabas took Mark and sailed for Cyprus, 40 but Paul chose Silas and left, commended by the brothers to the grace of the Lord. 41 He went through Syria and Cilicia, strengthening the churches.

---

*Aquí equivale a *sábado*

g 33 Some manuscripts *them,* 34*but Silas decided to remain there*

Timoteo acompaña a Pablo y a Silas

16 ¹Después llegó a Derbe y a Listra; y he aquí, había allí cierto discípulo llamado Timoteo, hijo de una mujer judía creyente, pero de padre griego;

²y daban buen testimonio de él los hermanos que estaban en Listra y en Iconio.

³Quiso Pablo que éste fuese con él; y tomándole, le circuncidó por causa de los judíos que había en aquellos lugares; porque todos sabían que su padre era griego.

⁴Y al pasar por las ciudades, les entregaban las ordenanzas que habían acordado los apóstoles y los ancianos que estaban en Jerusalén, para que las guardasen.

⁵Así que las iglesias eran confirmadas en la fe, y aumentaban en número cada día.

La visión del varón macedonio

⁶Y atravesando Frigia y la provincia de Galacia, les fue prohibido por el Espíritu Santo hablar la palabra en Asia;

⁷y cuando llegaron a Misia, intentaron ir a Bitinia, pero el Espíritu no se los permitió.

⁸Y pasando junto a Misia, descendieron a Troas.

⁹Y se le mostró a Pablo una visión de noche: un varón macedonio estaba en pie, rogándole y diciendo: Pasa a Macedonia y ayúdanos.

¹⁰Cuando vio la visión, en seguida procuramos partir para Macedonia, dando por cierto que Dios nos llamaba para que les anunciásemos el evangelio.

Encarcelados en Filipos

¹¹Zarpando, pues, de Troas, vinimos con rumbo directo a Samotracia, y el día siguiente a Neápolis;

¹²y de allí a Filipos, que es la primera ciudad de la provincia de Macedonia, y una colonia; y estuvimos en aquella ciudad algunos días.

¹³Y un día de reposo * salimos fuera de la puerta, junto al río, donde solía hacerse la oración; y sentándonos, hablamos a las mujeres que se habían reunido.

¹⁴Entonces una mujer llamada Lidia, vendedora de púrpura, de la ciudad de Tiatira, que adoraba a Dios, estaba oyendo; y el Señor abrió el corazón de ella para que estuviese atenta a lo que Pablo decía.

¹⁵Y cuando fue bautizada, y su familia, nos rogó diciendo: Si habéis juzgado que yo sea fiel al Señor, entrad en mi casa, y posad. Y nos obligó a quedarnos.

¹⁶Aconteció que mientras íbamos a la oración, nos salió al encuentro una muchacha que tenía espíritu de adivinación, la cual daba gran ganancia a sus amos, adivinando.

¹⁷Esta, siguiendo a Pablo y a nosotros, daba voces, diciendo: Estos hombres son siervos del Dios Altísimo, quienes os anuncian el camino de salvación.

¹⁸Y esto lo hacía por muchos días; mas desagradando a Pablo, éste se volvió y dijo al espíritu: Te mando en el nombre de Jesucristo, que salgas de ella. Y salió en aquella misma hora.

¹⁹Pero viendo sus amos que había salido la esperanza de su ganancia, prendieron a Pablo y a Silas, y los trajeron al foro, ante las autoridades;

²⁰y presentándolos a los magistrados, dijeron: Estos hombres, siendo judíos, alborotan nuestra ciudad,

²¹y enseñan costumbres que no nos es lícito recibir ni hacer, pues somos romanos.

²²Y se agolpó el pueblo contra ellos; y los magistrados, rasgándoles las ropas, ordenaron azotarles con varas.

Timothy Joins Paul and Silas

16 He came to Derbe and then to Lystra, where a disciple named Timothy lived, whose mother was a Jewess and a believer, but whose father was a Greek. ²The brothers at Lystra and Iconium spoke well of him. ³Paul wanted to take him along on the journey, so he circumcised him because of the Jews who lived in that area, for they all knew that his father was a Greek. ⁴As they traveled from town to town, they delivered the decisions reached by the apostles and elders in Jerusalem for the people to obey. ⁵So the churches were strengthened in the faith and grew daily in numbers.

Paul's Vision of the Man of Macedonia

⁶Paul and his companions traveled throughout the region of Phrygia and Galatia, having been kept by the Holy Spirit from preaching the word in the province of Asia. ⁷When they came to the border of Mysia, they tried to enter Bithynia, but the Spirit of Jesus would not allow them to. ⁸So they passed by Mysia and went down to Troas. ⁹During the night Paul had a vision of a man of Macedonia standing and begging him, "Come over to Macedonia and help us." ¹⁰After Paul had seen the vision, we got ready at once to leave for Macedonia, concluding that God had called us to preach the gospel to them.

Lydia's Conversion in Philippi

¹¹From Troas we put out to sea and sailed straight for Samothrace, and the next day on to Neapolis. ¹²From there we traveled to Philippi, a Roman colony and the leading city of that district of Macedonia. And we stayed there several days.

¹³On the Sabbath we went outside the city gate to the river, where we expected to find a place of prayer. We sat down and began to speak to the women who had gathered there. ¹⁴One of those listening was a woman named Lydia, a dealer in purple cloth from the city of Thyatira, who was a worshiper of God. The Lord opened her heart to respond to Paul's message. ¹⁵When she and the members of her household were baptized, she invited us to her home. "If you consider me a believer in the Lord," she said, "come and stay at my house." And she persuaded us.

Paul and Silas in Prison

¹⁶Once when we were going to the place of prayer, we were met by a slave girl who had a spirit by which she predicted the future. She earned a great deal of money for her owners by fortune-telling. ¹⁷This girl followed Paul and the rest of us, shouting, "These men are servants of the Most High God, who are telling you the way to be saved." ¹⁸She kept this up for many days. Finally Paul became so troubled that he turned around and said to the spirit, "In the name of Jesus Christ I command you to come out of her!" At that moment the spirit left her.

¹⁹When the owners of the slave girl realized that their hope of making money was gone, they seized Paul and Silas and dragged them into the marketplace to face the authorities. ²⁰They brought them before the magistrates and said, "These men are Jews, and are throwing our city into an uproar ²¹by advocating customs unlawful for us Romans to accept or practice." ²²The crowd joined in the attack against Paul and Silas, and the magistrates ordered them to be stripped

---

*Aquí equivale a *sábado*

23 Después de haberles azotado mucho, los echaron en la cárcel, mandando al carcelero que los guardase con seguridad. 24 El cual, recibido este mandato, los metió en el calabozo de más adentro, y les aseguró los pies en el cepo. 25 Pero a medianoche, orando Pablo y Silas, cantaban himnos a Dios; y los presos los oían. 26 Entonces sobrevino de repente un gran terremoto, de tal manera que los cimientos de la cárcel se sacudían; y al instante se abrieron todas las puertas, y las cadenas de todos se soltaron. 27 Despertando el carcelero, y viendo abiertas las puertas de la cárcel, sacó la espada y se iba a matar, pensando que los presos habían huido. 28 Mas Pablo clamó a gran voz, diciendo: No te hagas ningún mal, pues todos estamos aquí. 29 El entonces, pidiendo luz, se precipitó adentro, y temblando, se postró a los pies de Pablo y de Silas; 30 y sacándolos, les dijo: Señores, ¿qué debo hacer para ser salvo? 31 Ellos dijeron: Cree en el Señor Jesucristo, y serás salvo, tú y tu casa. 32 Y le hablaron la palabra del Señor a él y a todos los que estaban en su casa. 33 Y él, tomándolos en aquella misma hora de la noche, les lavó las heridas; y en seguida se bautizó él con todos los suyos. 34 Y llevándolos a su casa, les puso la mesa; y se regocijó con toda su casa de haber creído a Dios.

35 Cuando fue de día, los magistrados enviaron alguaciles a decir: Suelta a aquellos hombres. 36 Y el carcelero hizo saber estas palabras a Pablo: Los magistrados han mandado a decir que se os suelte; así que ahora salid, y marchaos en paz. 37 Pero Pablo les dijo: Después de azotarnos públicamente sin sentencia judicial, siendo ciudadanos romanos, nos echaron en la cárcel, ¿y ahora nos echan encubiertamente? No, por cierto, sino vengan ellos mismos a sacarnos. 38 Y los alguaciles hicieron saber estas palabras a los magistrados, los cuales tuvieron miedo al oír que eran romanos. 39 Y viniendo, les rogaron; y sacándolos, les pidieron que salieran de la ciudad. 40 Entonces, saliendo de la cárcel, entraron en casa de Lidia, y habiendo visto a los hermanos, los consolaron, y se fueron.

El alboroto en Tesalónica

17 1 Pasando por Anfípolis y Apolonia, llegaron a Tesalónica, donde había una sinagoga de los judíos. 2 Y Pablo, como acostumbraba, fue a ellos, y por tres días de reposo * discutió con ellos, 3 declarando y exponiendo por medio de las Escrituras, que era necesario que el Cristo padeciese, y resucitase de los muertos; y que Jesús, a quien yo os anuncio, decía él, es el Cristo. 4 Y algunos de ellos creyeron, y se juntaron con Pablo y con Silas; y de los griegos piadosos gran número, y mujeres nobles no pocas. 5 Entonces los judíos que no creían, teniendo celos, tomaron consigo a algunos ociosos, hombres malos, y juntando una turba, alborotaron la ciudad; y asaltando la casa de Jasón, procuraban sacarlos al pueblo.

and beaten. 23 After they had been severely flogged, they were thrown into prison, and the jailer was commanded to guard them carefully. 24 Upon receiving such orders, he put them in the inner cell and fastened their feet in the stocks. 25 About midnight Paul and Silas were praying and singing hymns to God, and the other prisoners were listening to them. 26 Suddenly there was such a violent earthquake that the foundations of the prison were shaken. At once all the prison doors flew open, and everybody's chains came loose. 27 The jailer woke up, and when he saw the prison doors open, he drew his sword and was about to kill himself because he thought the prisoners had escaped. 28 But Paul shouted, "Don't harm yourself! We are all here!"

29 The jailer called for lights, rushed in and fell trembling before Paul and Silas. 30 He then brought them out and asked, "Sirs, what must I do to be saved?" 31 They replied, "Believe in the Lord Jesus, and you will be saved — you and your household." 32 Then they spoke the word of the Lord to him and to all the others in his house. 33 At that hour of the night the jailer took them and washed their wounds; then immediately he and all his family were baptized. 34 The jailer brought them into his house and set a meal before them; he was filled with joy because he had come to believe in God — he and his whole family.

35 When it was daylight, the magistrates sent their officers to the jailer with the order: "Release those men." 36 The jailer told Paul, "The magistrates have ordered that you and Silas be released. Now you can leave. Go in peace." 37 But Paul said to the officers: "They beat us publicly without a trial, even though we are Roman citizens, and threw us into prison. And now do they want to get rid of us quietly? No! Let them come themselves and escort us out."

38 The officers reported this to the magistrates, and when they heard that Paul and Silas were Roman citizens, they were alarmed. 39 They came to appease them and escorted them from the prison, requesting them to leave the city. 40 After Paul and Silas came out of the prison, they went to Lydia's house, where they met with the brothers and encouraged them. Then they left.

In Thessalonica

17 When they had passed through Amphipolis and Apollonia, they came to Thessalonica, where there was a Jewish synagogue. 2 As his custom was, Paul went into the synagogue, and on three Sabbath days he reasoned with them from the Scriptures, 3 explaining and proving that the Christ h had to suffer and rise from the dead. "This Jesus I am proclaiming to you is the Christ, h" he said. 4 Some of the Jews were persuaded and joined Paul and Silas, as did a large number of God-fearing Greeks and not a few prominent women.

5 But the Jews were jealous; so they rounded up some bad characters from the marketplace, formed a mob and started a riot in the city. They rushed to Jason's house in search of Paul and Silas in order to

---

*Aquí equivale a *sábado*   h3 Or *Messiah*

6 Pero no hallándolos, trajeron a Jasón y a algunos hermanos ante las autoridades de la ciudad, gritando: Estos que
trastornan el mundo entero también han venido acá;
7 a los cuales Jasón ha recibido; y todos éstos contravienen
los decretos de César, diciendo que hay otro rey, Jesús.
8 Y alborotaron al pueblo y a las autoridades de la ciudad,
oyendo estas cosas.
9 Pero obtenida fianza de Jasón y de los demás, los soltaron.

Pablo y Silas en Berea

10 Inmediatamente, los hermanos enviaron de noche a
Pablo y a Silas hasta Berea. Y ellos, habiendo llegado,
entraron en la sinagoga de los judíos.
11 Y éstos eran más nobles que los que estaban en Tesalónica, pues recibieron la palabra con toda solicitud, escudriñando cada día las Escrituras para ver si estas cosas
eran así.
12 Así que creyeron muchos de ellos, y mujeres griegas de
distinción, y no pocos hombres.
13 Cuando los judíos de Tesalónica supieron que también
en Berea era anunciada la palabra de Dios por Pablo,
fueron allá, y también alborotaron a las multitudes.
14 Pero inmediatamente los hermanos enviaron a Pablo
que fuese hacia el mar; y Silas y Timoteo se quedaron allí.
15 Y los que se habían encargado de conducir a Pablo le
llevaron a Atenas; y habiendo recibido orden para Silas y
Timoteo, de que viniesen a él lo mas pronto que pudiesen,
salieron.

Pablo en Atenas

16 Mientras Pablo los esperaba en Atenas, su espíritu se
enardecía viendo la ciudad entregada a la idolatría.
17 Así que discutía en la sinagoga con los judíos y piadosos,
y en la plaza cada día con los que concurrían.
18 Y algunos filósofos de los epicúreos y de los estoicos
disputaban con él; y unos decían: ¿Qué querrá decir este
palabrero? Y otros: Parece que es predicador de nuevos
dioses; porque les predicaba el evangelio de Jesús, y de la
resurrección.
19 Y tomándole, le trajeron al Areópago, diciendo: ¿Podremos saber qué es esta nueva enseñanza de que hablas?
20 Pues traes a nuestros oídos cosas extrañas. Queremos,
pues, saber qué quiere decir esto.
21 (Porque todos los atenienses y los extranjeros residentes
allí, en ninguna otra cosa se interesaban sino en decir o en
oir algo nuevo.)
22 Entonces Pablo, puesto en pie en medio del Areópago, dijo: Varones atenienses, en todo observo que sois muy
religiosos;
23 porque pasando y mirando vuestros santuarios, hallé
también un altar en el cual estaba esta inscripción: AL
DIOS NO CONOCIDO. Al que vosotros adoráis, pues, sin
conocerle, es a quien yo os anuncio.
24 El Dios que hizo el mundo y todas las cosas que en él
hay, siendo Señor del cielo y de la tierra, no habita en
templos hechos por manos humanas,
25 ni es honrado por manos de hombres, como si necesitase
de algo; pues él es quien da a todos vida y aliento y todas
las cosas.
26 Y de una sangre ha hecho todo el linaje de los hombres,
para que habiten sobre toda la faz de la tierra; y les ha
prefijado el orden de los tiempos, y los límites de su
habitación;
27 para que busquen a Dios, si en alguna manera, palpando,
puedan hallarle, aunque ciertamente no está lejos de cada
uno de nosotros.

bring them out to the crowd. ⁱ 6 But when they did not
find them, they dragged Jason and some other brothers
before the city officials, shouting: "These men who
have caused trouble all over the world have now come
here, 7 and Jason has welcomed them into his house.
They are all defying Caesar's decrees, saying that there
is another king, one called Jesus." 8 When they heard
this, the crowd and the city officials were thrown into
turmoil. 9 Then they made Jason and the others post
bond and let them go.

In Berea

10 As soon as it was night, the brothers sent Paul and
Silas away to Berea. On arriving there, they went to the
Jewish synagogue. 11 Now the Bereans were of more
noble character than the Thessalonians, for they received the message with great eagerness and examined
the Scriptures every day to see if what Paul said was
true. 12 Many of the Jews believed, as did also a number
of prominent Greek women and many Greek men.
13 When the Jews in Thessalonica learned that Paul
was preaching the word of God at Berea, they went
there too, agitating the crowds and stirring them up.
14 The brothers immediately sent Paul to the coast, but
Silas and Timothy stayed at Berea. 15 The men who
escorted Paul brought him to Athens and then left with
instructions for Silas and Timothy to join him as soon
as possible.

In Athens

16 While Paul was waiting for them in Athens, he
was greatly distressed to see that the city was full of
idols. 17 So he reasoned in the synagogue with the Jews
and the God-fearing Greeks, as well as in the marketplace day by day with those who happened to be there.
18 A group of Epicurean and Stoic philosophers began
to dispute with him. Some of them asked, "What is this
babbler trying to say?" Others remarked, "He seems to
be advocating foreign gods." They said this because
Paul was preaching the good news about Jesus and the
resurrection. 19 Then they took him and brought him
to a meeting of the Areopagus, where they said to him,
"May we know what this new teaching is that you are
presenting? 20 You are bringing some strange ideas to
our ears, and we want to know what they mean."
21 (All the Athenians and the foreigners who lived there
spent their time doing nothing but talking about and
listening to the latest ideas.)
22 Paul then stood up in the meeting of the Areopagus and said: "Men of Athens! I see that in every way
you are very religious. 23 For as I walked around and
looked carefully at your objects of worship, I even
found an altar with this inscription: TO AN UNKNOWN
GOD. Now what you worship as something unknown
I am going to proclaim to you.
24 "The God who made the world and everything in
it is the Lord of heaven and earth and does not live in
temples built by hands. 25 And he is not served by
human hands, as if he needed anything, because he
himself gives all men life and breath and everything
else. 26 From one man he made every nation of men,
that they should inhabit the whole earth; and he determined the times set for them and the exact places
where they should live. 27 God did this so that men
would seek him and perhaps reach out for him and find
him, though he is not far from each one of us. 28 'For

ı5 Or the assembly of the people

28Porque en él vivimos, y nos movemos, y somos; como algunos de vuestros propios poetas también han dicho: Porque linaje suyo somos.

29Siendo, pues, linaje de Dios, no debemos pensar que la Divinidad sea semejante a oro, o plata, o piedra, escultura de arte y de imaginación de hombres.

30Pero Dios, habiendo pasado por alto los tiempos de esta ignorancia, ahora manda a todos los hombres en todo lugar, que se arrepientan;

31por cuanto ha establecido un día en el cual juzgará al mundo con justicia, por aquel varón a quien designó, dando fe a todos con haberle levantado de los muertos.

32Pero cuando oyeron lo de la resurrección de los muertos, unos se burlaban, y otros decían: Ya te oiremos acerca de esto otra vez.

33Y así Pablo salió de en medio de ellos.

34Mas algunos creyeron, juntándose con él; entre los cuales estaba Dionisio el areopagita, una mujer llamada Dámaris, y otros con ellos.

Pablo en Corinto

18 1Después de estas cosas, Pablo salió de Atenas y fue a Corinto.

2Y halló a un judío llamado Aquila, natural del Ponto, recién venido de Italia con Priscila su mujer, por cuanto Claudio había mandado que todos los judíos saliesen de Roma. Fue a ellos,

3y como era del mismo oficio, se quedó con ellos, y trabajaban juntos, pues el oficio de ellos era hacer tiendas.

4Y discutía en la sinagoga todos los días de reposo, * y persuadía a judíos y a griegos.

5Y cuando Silas y Timoteo vinieron de Macedonia, Pablo estaba entregado por entero a la predicación de la palabra, testificando a los judíos que Jesús era el Cristo.

6Pero oponiéndose y blasfemando éstos, les dijo, sacudiéndose los vestidos: Vuestra sangre sea sobre vuestra propia cabeza; yo, limpio; desde ahora me iré a los gentiles.

7Y saliendo de allí, se fue a la casa de uno llamado Justo, temeroso de Dios, la cual estaba junto a la sinagoga.

8Y Crispo, el principal de la sinagoga, creyó en el Señor con toda su casa; y muchos de los corintios, oyendo, creían y eran bautizados.

9Entonces el Señor dijo a Pablo en visión de noche: No temas, sino habla, y no calles;

10porque yo estoy contigo, y ninguno pondrá sobre ti la mano para hacerte mal, porque yo tengo mucho pueblo en esta ciudad.

11Y se detuvo allí un año y seis meses, enseñándoles la palabra de Dios.

12Pero siendo Galión procónsul de Acaya, los judíos se levantaron de común acuerdo contra Pablo, y le llevaron al tribunal,

13diciendo: Este persuade a los hombres a honrar a Dios contra la ley.

14Y al comenzar Pablo a hablar, Galión dijo a los judíos: Si fuera algún agravio o algún crimen enorme, oh judíos, conforme a derechos yo os toleraría.

15Pero si son cuestiones de palabras, y de nombres, y de vuestra ley, vedlo vosotros; porque yo no quiero ser juez de estas cosas.

16Y los echó del tribunal.

17Entonces todos los griegos, apoderándose de Sóstenes, principal de la sinagoga, le golpeaban delante del tribunal; pero a Galión nada se le daba de ello.

in him we live and move and have our being.' As some of your own poets have said, 'We are his offspring.'

29"Therefore since we are God's offspring, we should not think that the divine being is like gold or silver or stone—an image made by man's design and skill. 30In the past God overlooked such ignorance, but now he commands all people everywhere to repent. 31For he has set a day when he will judge the world with justice by the man he has appointed. He has given proof of this to all men by raising him from the dead."

32When they heard about the resurrection of the dead, some of them sneered, but others said, "We want to hear you again on this subject." 33At that, Paul left the Council. 34A few men became followers of Paul and believed. Among them was Dionysius, a member of the Areopagus, also a woman named Damaris, and a number of others.

In Corinth

18 After this, Paul left Athens and went to Corinth. 2There he met a Jew named Aquila, a native of Pontus, who had recently come from Italy with his wife Priscilla, because Claudius had ordered all the Jews to leave Rome. Paul went to see them, 3and because he was a tentmaker as they were, he stayed and worked with them. 4Every Sabbath he reasoned in the synagogue, trying to persuade Jews and Greeks.

5When Silas and Timothy came from Macedonia, Paul devoted himself exclusively to preaching, testifying to the Jews that Jesus was the Christ./ 6But when the Jews opposed Paul and became abusive, he shook out his clothes in protest and said to them, "Your blood be on your own heads! I am clear of my responsibility. From now on I will go to the Gentiles."

7Then Paul left the synagogue and went next door to the house of Titius Justus, a worshiper of God. 8Crispus, the synagogue ruler, and his entire household believed in the Lord; and many of the Corinthians who heard him believed and were baptized.

9One night the Lord spoke to Paul in a vision: "Do not be afraid; keep on speaking, do not be silent. 10For I am with you, and no one is going to attack and harm you, because I have many people in this city." 11So Paul stayed for a year and a half, teaching them the word of God.

12While Gallio was proconsul of Achaia, the Jews made a united attack on Paul and brought him into court. 13"This man," they charged, "is persuading the people to worship God in ways contrary to the law."

14Just as Paul was about to speak, Gallio said to the Jews, "If you Jews were making a complaint about some misdemeanor or serious crime, it would be reasonable for me to listen to you. 15But since it involves questions about words and names and your own law—settle the matter yourselves. I will not be a judge of such things." 16So he had them ejected from the court. 17Then they all turned on Sosthenes the synagogue ruler and beat him in front of the court. But Gallio showed no concern whatever.

---

*Aquí equivale a *sábado*

/5 Or *Messiah;* also in verse 28

18 Mas Pablo, habiéndose detenido aún muchos días allí, después se despidió de los hermanos y navegó a Siria, y con él Priscila y Aquila, habiéndose rapado la cabeza en Cencrea porque tenía hecho voto.
19 Y llegó a Efeso, y los dejó allí; y entrando en la sinagoga, discutía con los judíos,
20 los cuales le rogaban que se quedase con ellos por más tiempo; mas no accedió,
21 sino que se despidió de ellos, diciendo: Es necesario que en todo caso yo guarde en Jerusalén la fiesta que viene; pero otra vez volveré a vosotros, si Dios quiere. Y zarpó de Efeso.

Pablo regresa a Antioquía y comienza su tercer viaje misionero

22 Habiendo arribado a Cesarea, subió para saludar a la iglesia, y luego descendió a Antioquía.
23 Y después de estar allí algún tiempo, salió, recorriendo por orden la región de Galacia y de Frigia, confirmando a todos los discípulos.

Apolos predica en Efeso

24 Llegó entonces a Efeso un judío llamado Apolos, natural de Alejandría, varón elocuente, poderoso en las Escrituras.
25 Este había sido instruido en el camino del Señor; y siendo de espíritu fervoroso, hablaba y enseñaba diligentemente lo concerniente al Señor, aunque solamente conocía el bautismo de Juan.
26 Y comenzó a hablar con denuedo en la sinagoga; pero cuando le oyeron Priscila y Aquila, le tomaron aparte y le expusieron más exactamente el camino de Dios.
27 Y queriendo él pasar a Acaya, los hermanos le animaron, y escribieron a los discípulos que le recibiesen; y llegado él allá, fue de gran provecho a los que por la gracia habían creído;
28 porque con gran vehemencia refutaba públicamente a los judíos, demostrando por las Escrituras que Jesús era el Cristo.

Pablo en Efeso

19 1 Aconteció que entre tanto que Apolos estaba en Corinto, Pablo, después de recorrer las regiones superiores, vino a Efeso, y hallando a ciertos discípulos,
2 les dijo: ¿Recibisteis el Espíritu Santo cuando creísteis? Y ellos le dijeron: Ni siquiera hemos oído si hay Espíritu Santo.
3 Entonces dijo: ¿En qué, pues, fuisteis bautizados? Ellos dijeron: En el bautismo de Juan.
4 Dijo Pablo: Juan bautizó con bautismo de arrepentimiento, diciendo al pueblo que creyesen en aquel que vendría después de él, esto es, en Jesús el Cristo.
5 Cuando oyeron esto, fueron bautizados en el nombre del Señor Jesús.
6 Y habiéndoles impuesto Pablo las manos, vino sobre ellos el Espíritu Santo; y hablaban en lenguas, y profetizaban.
7 Eran por todos unos doce hombres.
8 Y entrando Pablo en la sinagoga, habló con denuedo por espacio de tres meses, discutiendo y persuadiendo acerca del reino de Dios.
9 Pero endureciéndose algunos y no creyendo, maldiciendo el Camino delante de la multitud, se apartó Pablo de ellos y separó a los discípulos, discutiendo cada día en la escuela de uno llamado Tiranno.

Priscilla, Aquila and Apollos

18 Paul stayed on in Corinth for some time. Then he left the brothers and sailed for Syria, accompanied by Priscilla and Aquila. Before he sailed, he had his hair cut off at Cenchrea because of a vow he had taken. 19 They arrived at Ephesus, where Paul left Priscilla and Aquila. He himself went into the synagogue and reasoned with the Jews. 20 When they asked him to spend more time with them, he declined. 21 But as he left, he promised, "I will come back if it is God's will." Then he set sail from Ephesus. 22 When he landed at Caesarea, he went up and greeted the church and then went down to Antioch.

23 After spending some time in Antioch, Paul set out from there and traveled from place to place throughout the region of Galatia and Phrygia, strengthening all the disciples.

24 Meanwhile a Jew named Apollos, a native of Alexandria, came to Ephesus. He was a learned man, with a thorough knowledge of the Scriptures. 25 He had been instructed in the way of the Lord, and he spoke with great fervor [k] and taught about Jesus accurately, though he knew only the baptism of John. 26 He began to speak boldly in the synagogue. When Priscilla and Aquila heard him, they invited him to their home and explained to him the way of God more adequately.

27 When Apollos wanted to go to Achaia, the brothers encouraged him and wrote to the disciples there to welcome him. On arriving, he was a great help to those who by grace had believed. 28 For he vigorously refuted the Jews in public debate, proving from the Scriptures that Jesus was the Christ.

Paul in Ephesus

19 While Apollos was at Corinth, Paul took the road through the interior and arrived at Ephesus. There he found some disciples 2 and asked them, "Did you receive the Holy Spirit when [l] you believed?"

They answered, "No, we have not even heard that there is a Holy Spirit."

3 So Paul asked, "Then what baptism did you receive?"

"John's baptism," they replied.

4 Paul said, "John's baptism was a baptism of repentance. He told the people to believe in the one coming after him, that is, in Jesus." 5 On hearing this, they were baptized into [m] the name of the Lord Jesus. 6 When Paul placed his hands on them, the Holy Spirit came on them, and they spoke in tongues [n] and prophesied. 7 There were about twelve men in all.

8 Paul entered the synagogue and spoke boldly there for three months, arguing persuasively about the kingdom of God. 9 But some of them became obstinate; they refused to believe and publicly maligned the Way. So Paul left them. He took the disciples with him and had discussions daily in the lecture hall of Tyrannus.

10 Así continuó por espacio de dos años, de manera que todos los que habitaban en Asia, judíos y griegos, oyeron la palabra del Señor Jesús.

11 Y hacía Dios milagros extraordinarios por mano de Pablo,

12 de tal manera que aun se llevaban a los enfermos los paños o delantales de su cuerpo, y las enfermedades se iban de ellos, y los espíritus malos salían.

13 Pero algunos de los judíos, exorcistas ambulantes, intentaron invocar el nombre del Señor Jesús sobre los que tenían espíritus malos, diciendo: Os conjuro por Jesús, el que predica Pablo.

14 Había siete hijos de un tal Esceva, judío, jefe de los sacerdotes, que hacían esto.

15 Pero respondiendo el espíritu malo, dijo: A Jesús conozco, y sé quién es Pablo; pero vosotros, ¿quiénes sois?

16 Y el hombre en quien estaba el espíritu malo, saltando sobre ellos y dominándolos, pudo más que ellos, de tal manera que huyeron de aquella casa desnudos y heridos.

17 Y esto fue notorio a todos los que habitaban en Efeso, así judíos como griegos; y tuvieron temor todos ellos, y era magnificado el nombre del Señor Jesús.

18 Y muchos de los que habían creído venían, confesando y dando cuenta de sus hechos.

19 Asimismo muchos de los que habían practicado la magia trajeron los libros y los quemaron delante de todos; y hecha la cuenta de su precio, hallaron que era cincuenta mil piezas de plata.

20 Así crecía y prevalecía poderosamente la palabra del Señor.

21 Pasadas estas cosas, Pablo se propuso en espíritu ir a Jerusalén, después de recorrer Macedonia y Acaya, diciendo: Después que haya estado allí, me será necesario ver también a Roma.

22 Y enviando a Macedonia a dos de los que le ayudaban, Timoteo y Erasto, él se quedó por algún tiempo en Asia.

El alboroto en Efeso

23 Hubo por aquel tiempo un disturbio no pequeño acerca del Camino.

24 Porque un platero llamado Demetrio, que hacía de plata templecillos de Diana, daba no poca ganancia a los artífices;

25 a los cuales, reunidos con los obreros del mismo oficio, dijo: Varones, sabéis que de este oficio obtenemos nuestra riqueza;

26 pero veis y oís que este Pablo, no solamente en Efeso, sino en casi toda Asia, ha apartado a muchas gentes con persuasión, diciendo que no son dioses los que se hacen con las manos.

27 Y no solamente hay peligro de que este nuestro negocio venga a desacreditarse, sino también que el templo de la gran diosa Diana sea estimado en nada, y comience a ser destruida la majestad de aquella a quien venera toda Asia, y el mundo entero.

28 Cuando oyeron estas cosas, se llenaron de ira, y gritaron, diciendo: ¡Grande es Diana de los efesios!

29 Y la ciudad se llenó de confusión, y a una se lanzaron al teatro, arrebatando a Gayo y a Aristarco, macedonios, compañeros de Pablo.

30 Y queriendo Pablo salir al pueblo, los discípulos no le dejaron.

31 También algunas de las autoridades de Asia, que eran sus amigos, le enviaron recado, rogándole que no se presentase en el teatro.

32 Unos, pues, gritaban una cosa, y otros otra; porque la concurrencia estaba confusa, y los más no sabían por qué se habían reunido.

10 This went on for two years, so that all the Jews and Greeks who lived in the province of Asia heard the word of the Lord.

11 God did extraordinary miracles through Paul, 12 so that even handkerchiefs and aprons that had touched him were taken to the sick, and their illnesses were cured and the evil spirits left them.

13 Some Jews who went around driving out evil spirits tried to invoke the name of the Lord Jesus over those who were demon-possessed. They would say, "In the name of Jesus, whom Paul preaches, I command you to come out." 14 Seven sons of Sceva, a Jewish chief priest, were doing this. 15 One day the evil spirit answered them, "Jesus I know, and I know about Paul, but who are you?" 16 Then the man who had the evil spirit jumped on them and overpowered them all. He gave them such a beating that they ran out of the house naked and bleeding.

17 When this became known to the Jews and Greeks living in Ephesus, they were all seized with fear, and the name of the Lord Jesus was held in high honor. 18 Many of those who believed now came and openly confessed their evil deeds. 19 A number who had practiced sorcery brought their scrolls together and burned them publicly. When they calculated the value of the scrolls, the total came to fifty thousand drachmas. o 20 In this way the word of the Lord spread widely and grew in power.

21 After all this had happened, Paul decided to go to Jerusalem, passing through Macedonia and Achaia. "After I have been there," he said, "I must visit Rome also." 22 He sent two of his helpers, Timothy and Erastus, to Macedonia, while he stayed in the province of Asia a little longer.

The Riot in Ephesus

23 About that time there arose a great disturbance about the Way. 24 A silversmith named Demetrius, who made silver shrines of Artemis, brought in no little business for the craftsmen. 25 He called them together, along with the workmen in related trades, and said: "Men, you know we receive a good income from this business. 26 And you see and hear how this fellow Paul has convinced and led astray large numbers of people here in Ephesus and in practically the whole province of Asia. He says that man-made gods are no gods at all. 27 There is danger not only that our trade will lose its good name, but also that the temple of the great goddess Artemis will be discredited, and the goddess herself, who is worshiped throughout the province of Asia and the world, will be robbed of her divine majesty."

28 When they heard this, they were furious and began shouting: "Great is Artemis of the Ephesians!" 29 Soon the whole city was in an uproar. The people seized Gaius and Aristarchus, Paul's traveling companions from Macedonia, and rushed as one man into the theater. 30 Paul wanted to appear before the crowd, but the disciples would not let him. 31 Even some of the officials of the province, friends of Paul, sent him a message begging him not to venture into the theater.

32 The assembly was in confusion: Some were shouting one thing, some another. Most of the people did

o 19 A drachma was a silver coin worth about a day's wages.

33 Y sacaron de entre la multitud a Alejandro, empujándole los judíos. Entonces Alejandro, pedido silencio con la mano, quería hablar en su defensa ante el pueblo.

34 Pero cuando le conocieron que era judío, todos a una voz gritaron casi por dos horas: ¡Grande es Diana de los efesios!

35 Entonces el escribano, cuando había apaciguado a la multitud, dijo: Varones efesios, ¿y quién es el hombre que no sabe que la ciudad de los efesios es guardiana del templo de la gran diosa Diana, y de la imagen venida de Júpiter?

36 Puesto que esto no puede contradecirse, es necesario que os apacigüéis, y que nada hagáis precipitadamente.

37 Porque habéis traído a estos hombres, sin ser sacrílegos ni blasfemadores de vuestra diosa.

38 Que si Demetrio y los artífices que están con él tienen pleito contra alguno, audiencias se conceden, y procónsules hay; acúsense los unos a los otros.

39 Y si demandáis alguna otra cosa, en legítima asamblea se puede decidir.

40 Porque peligro hay de que seamos acusados de sedición por esto de hoy, no habiendo ninguna causa por la cual podamos dar razón de este concurso.

41 Y habiendo dicho esto, despidió la asamblea.

Viaje de Pablo a Macedonia y Grecia

20 1 Después que cesó el alboroto, llamó Pablo a los discípulos, y habiéndolos exhortado y abrazado, se despidió y salió para ir a Macedonia.

2 Y después de recorrer aquellas regiones, y de exhortarles con abundancia de palabras, llegó a Grecia.

3 Después de haber estado allí tres meses, y siéndole puestas asechanzas por los judíos para cuando se embarcase para Siria, tomó la decisión de volver por Macedonia.

4 Y le acompañaron hasta Asia, Sópater de Berea, Aristarco y Segundo de Tesalónica, Gayo de Derbe, y Timoteo; y de Asia, Tíquico y Trófimo.

5 Estos, habiéndose adelantado, nos esperaron en Troas.

6 Y nosotros, pasados los días de los panes sin levadura, navegamos de Filipos, y en cinco días nos reunimos con ellos en Troas, donde nos quedamos siete días.

Visita de despedida de Pablo en Troas

7 El primer día de la semana, reunidos los discípulos para partir el pan, Pablo les enseñaba, habiendo de salir al día siguiente; y alargó el discurso hasta la medianoche.

8 Y había muchas lámparas en el aposento alto donde estaban reunidos;

9 y un joven llamado Eutico, que estaba sentado en la ventana, rendido de un sueño profundo, por cuanto Pablo disertaba largamente, vencido del sueño cayó del tercer piso abajo, y fue levantado muerto.

10 Entonces descendió Pablo y se echó sobre él, y abrazándole, dijo: No os alarméis, pues está vivo.

11 Después de haber subido, y partido el pan y comido, habló largamente hasta el alba; y así salió.

12 Y llevaron al joven vivo, y fueron grandemente consolados.

Viaje de Troas a Mileto

13 Nosotros, adelantándonos a embarcarnos, navegamos a Asón para recoger allí a Pablo, ya que así lo había determinado, queriendo él ir por tierra.

14 Cuando se reunió con nosotros en Asón, tomándole a bordo, vinimos a Mitilene.

---

not even know why they were there. 33The Jews pushed Alexander to the front, and some of the crowd shouted instructions to him. He motioned for silence in order to make a defense before the people. 34But when they realized he was a Jew, they all shouted in unison for about two hours: "Great is Artemis of the Ephesians!"

35The city clerk quieted the crowd and said: "Men of Ephesus, doesn't all the world know that the city of Ephesus is the guardian of the temple of the great Artemis and of her image, which fell from heaven? 36Therefore, since these facts are undeniable, you ought to be quiet and not do anything rash. 37You have brought these men here, though they have neither robbed temples nor blasphemed our goddess. 38If, then, Demetrius and his fellow craftsmen have a grievance against anybody, the courts are open and there are proconsuls. They can press charges. 39If there is anything further you want to bring up, it must be settled in a legal assembly. 40As it is, we are in danger of being charged with rioting because of today's events. In that case we would not be able to account for this commotion, since there is no reason for it." 41After he had said this, he dismissed the assembly.

Through Macedonia and Greece

20 When the uproar had ended, Paul sent for the disciples and, after encouraging them, said good-by and set out for Macedonia. 2He traveled through that area, speaking many words of encouragement to the people, and finally arrived in Greece, 3where he stayed three months. Because the Jews made a plot against him just as he was about to sail for Syria, he decided to go back through Macedonia. 4He was accompanied by Sopater son of Pyrrhus from Berea, Aristarchus and Secundus from Thessalonica, Gaius from Derbe, Timothy also, and Tychicus and Trophimus from the province of Asia. 5These men went on ahead and waited for us at Troas. 6But we sailed from Philippi after the Feast of Unleavened Bread, and five days later joined the others at Troas, where we stayed seven days.

Eutychus Raised From the Dead at Troas

7On the first day of the week we came together to break bread. Paul spoke to the people and, because he intended to leave the next day, kept on talking until midnight. 8There were many lamps in the upstairs room where we were meeting. 9Seated in a window was a young man named Eutychus, who was sinking into a deep sleep as Paul talked on and on. When he was sound asleep, he fell to the ground from the third story and was picked up dead. 10Paul went down, threw himself on the young man and put his arms around him. "Don't be alarmed," he said. "He's alive!" 11Then he went upstairs again and broke bread and ate. After talking until daylight, he left. 12The people took the young man home alive and were greatly comforted.

Paul's Farewell to the Ephesian Elders

13We went on ahead to the ship and sailed for Assos, where we were going to take Paul aboard. He had made this arrangement because he was going there on foot. 14When he met us at Assos, we took him aboard and went on to Mitylene. 15The next day we set sail

15 Navegando de allí, al día siguiente llegamos delante de Quío, y al otro día tomamos puerto en Samos; y habiendo hecho escala en Trogilio, al día siguiente llegamos a Mileto.

16 Porque Pablo se había propuesto pasar de largo a Efeso, para no detenerse en Asia, pues se apresuraba por estar el día de Pentecostés, si le fuese posible, en Jerusalén.

Discurso de despedida de Pablo en Mileto

17 Enviando, pues, desde Mileto a Efeso, hizo llamar a los ancianos de la iglesia.

18 Cuando vinieron a él, les dijo: Vosotros sabéis cómo me he comportado entre vosotros todo el tiempo, desde el primer día que entré en Asia,

19 sirviendo al Señor con toda humildad, y con muchas lágrimas, y pruebas que me han venido por las asechanzas de los judíos;

20 y cómo nada que fuese útil he rehuido de anunciaros y enseñaros, públicamente y por las casas,

21 testificando a judíos y a gentiles acerca del arrepentimiento para con Dios, y de la fe en nuestro Señor Jesucristo.

22 Ahora, he aquí, ligado yo en espíritu, voy a Jerusalén, sin saber lo que allá me ha de acontecer;

23 salvo que el Espíritu Santo por todas las ciudades me da testimonio, diciendo que me esperan prisiones y tribulaciones.

24 Pero de ninguna cosa hago caso, ni estimo preciosa mi vida para mí mismo, con tal que acabe mi carrera con gozo, y el ministerio que recibí del Señor Jesús, para dar testimonio del evangelio de la gracia de Dios.

25 Y ahora, he aquí, yo sé que ninguno de todos vosotros, entre quienes he pasado predicando el reino de Dios, verá más mi rostro.

26 Por tanto, yo os protesto en el día de hoy, que estoy limpio de la sangre de todos;

27 porque no he rehuido anunciaros todo el consejo de Dios.

28 Por tanto, mirad por vosotros, y por todo el rebaño en que el Espíritu Santo os ha puesto por obispos, para apacentar la iglesia del Señor, la cual él ganó por su propia sangre.

29 Porque yo sé que después de mi partida entrarán en medio de vosotros lobos rapaces, que no perdonarán al rebaño.

30 Y de vosotros mismos se levantarán hombres que hablen cosas perversas para arrastrar tras sí a los discípulos.

31 Por tanto, velad, acordándoos que por tres años, de noche y de día, no he cesado de amonestar con lágrimas a cada uno.

32 Y ahora, hermanos, os encomiendo a Dios, y a la palabra de su gracia, que tiene poder para sobreedificaros y daros herencia con todos los santificados.

33 Ni plata ni oro ni vestido de nadie he codiciado.

34 Antes vosotros sabéis que para lo que me ha sido necesario a mí y a los que están conmigo, estas manos me han servido.

35 En todo os he enseñado que, trabajando así, se debe ayudar a los necesitados, y recordar las palabras del Señor Jesús, que dijo: Más bienaventurado es dar que recibir.

36 Cuando hubo dicho estas cosas, se puso de rodillas, y oró con todos ellos.

37 Entonces hubo gran llanto de todos; y echándose al cuello de Pablo, le besaban,

38 doliéndose en gran manera por la palabra que dijo, de que no verían más su rostro. Y le acompañaron al barco.

from there and arrived off Kios. The day after that we crossed over to Samos, and on the following day arrived at Miletus. 16 Paul had decided to sail past Ephesus to avoid spending time in the province of Asia, for he was in a hurry to reach Jerusalem, if possible, by the day of Pentecost.

17 From Miletus, Paul sent to Ephesus for the elders of the church. 18 When they arrived, he said to them: "You know how I lived the whole time I was with you, from the first day I came into the province of Asia. 19 I served the Lord with great humility and with tears, although I was severely tested by the plots of the Jews. 20 You know that I have not hesitated to preach anything that would be helpful to you but have taught you publicly and from house to house. 21 I have declared to both Jews and Greeks that they must turn to God in repentance and have faith in our Lord Jesus.

22 "And now, compelled by the Spirit, I am going to Jerusalem, not knowing what will happen to me there. 23 I only know that in every city the Holy Spirit warns me that prison and hardships are facing me. 24 However, I consider my life worth nothing to me, if only I may finish the race and complete the task the Lord Jesus has given me — the task of testifying to the gospel of God's grace.

25 "Now I know that none of you among whom I have gone about preaching the kingdom will ever see me again. 26 Therefore, I declare to you today that I am innocent of the blood of all men. 27 For I have not hesitated to proclaim to you the whole will of God. 28 Keep watch over yourselves and all the flock of which the Holy Spirit has made you overseers. *p* Be shepherds of the church of God, *q* which he bought with his own blood. 29 I know that after I leave, savage wolves will come in among you and will not spare the flock. 30 Even from your own number men will arise and distort the truth in order to draw away disciples after them. 31 So be on your guard! Remember that for three years I never stopped warning each of you night and day with tears.

32 "Now I commit you to God and to the word of his grace, which can build you up and give you an inheritance among all those who are sanctified. 33 I have not coveted anyone's silver or gold or clothing. 34 You yourselves know that these hands of mine have supplied my own needs and the needs of my companions. 35 In everything I did, I showed you that by this kind of hard work we must help the weak, remembering the words the Lord Jesus himself said: 'It is more blessed to give than to receive.' "

36 When he had said this, he knelt down with all of them and prayed. 37 They all wept as they embraced him and kissed him. 38 What grieved them most was his statement that they would never see his face again. Then they accompanied him to the ship.

Viaje de Pablo a Jerusalén

21 ¹Después de separarnos de ellos, zarpamos y fuimos con rumbo directo a Cos, y al día siguiente a Rodas, y de allí a Pátara.

²Y hallando un barco que pasaba a Fenicia, nos embarcamos, y zarpamos.

³Al avistar Chipre, dejándola a mano izquierda, navegamos a Siria, y arribamos a Tiro, porque el barco había de descargar allí.

⁴Y hallados los discípulos, nos quedamos allí siete días; y ellos decían a Pablo por el Espíritu, que no subiese a Jerusalén.

⁵Cumplidos aquellos días, salimos, acompañándonos todos, con sus mujeres e hijos, hasta fuera de la ciudad; y puestos de rodillas en la playa, oramos.

⁶Y abrazándonos los unos a los otros, subimos al barco, y ellos se volvieron a sus casas.

⁷Y nosotros completamos la navegación, saliendo de Tiro y arribando a Tolemaida; y habiendo saludado a los hermanos, nos quedamos con ellos un día.

⁸Al otro día, saliendo Pablo y los que con él estábamos, fuimos a Cesarea; y entrando en casa de Felipe el evangelista, que era uno de los siete, posamos con él.

⁹Este tenía cuatro hijas doncellas que profetizaban.

¹⁰Y permaneciendo nosotros allí algunos días, descendió de Judea un profeta llamado Agabo,

¹¹quien viniendo a vernos, tomó el cinto de Pablo, y atándose los pies y las manos, dijo: Esto dice el Espíritu Santo: Así atarán los judíos en Jerusalén al varón de quien es este cinto, y le entregarán en manos de los gentiles.

¹²Al oir esto, le rogamos nosotros y los de aquel lugar, que no subiese a Jerusalén.

¹³Entonces Pablo respondió: ¿Qué hacéis llorando y quebrantándome el corazón? Porque yo estoy dispuesto no sólo a ser atado, mas aun a morir en Jerusalén por el nombre del Señor Jesús.

¹⁴Y como no le pudimos persuadir, desistimos, diciendo: Hágase la voluntad del Señor.

¹⁵Después de esos días, hechos ya los preparativos, subimos a Jerusalén.

¹⁶Y vinieron también con nosotros de Cesarea algunos de los discípulos, trayendo consigo a uno llamado Mnasón, de Chipre, discípulo antiguo, con quien nos hospedaríamos.

On to Jerusalem

21 After we had torn ourselves away from them, we put out to sea and sailed straight to Cos. The next day we went to Rhodes and from there to Patara. ²We found a ship crossing over to Phoenicia, went on board and set sail. ³After sighting Cyprus and passing to the south of it, we sailed on to Syria. We landed at Tyre, where our ship was to unload its cargo. ⁴Finding the disciples there, we stayed with them seven days. Through the Spirit they urged Paul not to go on to Jerusalem. ⁵But when our time was up, we left and continued on our way. All the disciples and their wives and children accompanied us out of the city, and there on the beach we knelt to pray. ⁶After saying good-by to each other, we went aboard the ship, and they returned home.

⁷We continued our voyage from Tyre and landed at Ptolemais, where we greeted the brothers and stayed with them for a day. ⁸Leaving the next day, we reached Caesarea and stayed at the house of Philip the evangelist, one of the Seven. ⁹He had four unmarried daughters who prophesied.

¹⁰After we had been there a number of days, a prophet named Agabus came down from Judea. ¹¹Coming over to us, he took Paul's belt, tied his own hands and feet with it and said, "The Holy Spirit says, 'In this way the Jews of Jerusalem will bind the owner of this belt and will hand him over to the Gentiles.' "

¹²When we heard this, we and the people there pleaded with Paul not to go up to Jerusalem. ¹³Then Paul answered, "Why are you weeping and breaking my heart? I am ready not only to be bound, but also to die in Jerusalem for the name of the Lord Jesus." ¹⁴When he would not be dissuaded, we gave up and said, "The Lord's will be done."

¹⁵After this, we got ready and went up to Jerusalem. ¹⁶Some of the disciples from Caesarea accompanied us and brought us to the home of Mnason, where we were to stay. He was a man from Cyprus and one of the early disciples.

Arresto de Pablo en el templo

¹⁷Cuando llegamos a Jerusalén, los hermanos nos recibieron con gozo.

¹⁸Y al día siguiente Pablo entró con nosotros a ver a Jacobo, y se hallaban reunidos todos los ancianos;

¹⁹a los cuales, después de haberles saludado, les contó una por una las cosas que Dios había hecho entre los gentiles por su ministerio.

²⁰Cuando ellos lo oyeron, glorificaron a Dios, y le dijeron: Ya ves, hermano, cuántos millares de judíos hay que han creído; y todos son celosos por la ley.

²¹Pero se les ha informado en cuanto a ti, que enseñas a todos los judíos que están entre los gentiles a apostatar de Moisés, diciéndoles que no circunciden a sus hijos, ni observen las costumbres.

²²¿Qué hay, pues? La multitud se reunirá de cierto, porque oirán que has venido.

²³Haz, pues, esto que te decimos: Hay entre nosotros cuatro hombres que tienen obligación de cumplir voto.

²⁴Tómalos contigo, purifícate con ellos, y paga sus gastos para que se rasuren la cabeza; y todos comprenderán que no hay nada de lo que se les informó acerca de ti, sino que tú también andas ordenadamente, guardando la ley.

Paul's Arrival at Jerusalem

¹⁷When we arrived at Jerusalem, the brothers received us warmly. ¹⁸The next day Paul and the rest of us went to see James, and all the elders were present. ¹⁹Paul greeted them and reported in detail what God had done among the Gentiles through his ministry.

²⁰When they heard this, they praised God. Then they said to Paul: "You see, brother, how many thousands of Jews have believed, and all of them are zealous for the law. ²¹They have been informed that you teach all the Jews who live among the Gentiles to turn away from Moses, telling them not to circumcise their children or live according to our customs. ²²What shall we do? They will certainly hear that you have come, ²³so do what we tell you. There are four men with us who have made a vow. ²⁴Take these men, join in their purification rites and pay their expenses, so that they can have their heads shaved. Then everybody will know there is no truth in these reports about you, but that you yourself are living in obedience to the law.

25 Pero en cuanto a los gentiles que han creído, nosotros les hemos escrito determinando que no guarden nada de esto; solamente que se abstengan de lo sacrificado a los ídolos, de sangre, de ahogado y de fornicación.

26 Entonces Pablo tomó consigo a aquellos hombres, y al día siguiente, habiéndose purificado con ellos, entró en el templo, para anunciar el cumplimiento de los días de la purificación, cuando había de presentarse la ofrenda por cada uno de ellos.

27 Pero cuando estaban para cumplirse los siete días, unos judíos de Asia, al verle en el templo, alborotaron a toda la multitud y le echaron mano,

28 dando voces: ¡Varones israelitas, ayudad! Este es el hombre que por todas partes enseña a todos contra el pueblo, la ley y este lugar; y además de esto, ha metido a griegos en el templo, y ha profanado este santo lugar.

29 Porque antes habían visto con él en la ciudad a Trófimo, de Efeso, a quien pensaban que Pablo había metido en el templo.

30 Así que toda la ciudad se conmovió, y se agolpó el pueblo; y apoderándose de Pablo, le arrastraron fuera del templo, e inmediatamente cerraron las puertas.

31 Y procurando ellos matarle, se le avisó al tribuno de la compañía, que toda la ciudad de Jerusalén estaba alborotada.

32 Este, tomando luego soldados y centuriones, corrió a ellos. Y cuando ellos vieron al tribuno y a los soldados, dejaron de golpear a Pablo.

33 Entonces, llegando el tribuno, le prendió y le mandó atar con dos cadenas, y preguntó quién era y qué había hecho.

34 Pero entre la multitud, unos gritaban una cosa, y otros otra; y como no podía entender nada de cierto a causa del alboroto, le mandó llevar a la fortaleza.

35 Al llegar a las gradas, aconteció que era llevado en peso por los soldados a causa de la violencia de la multitud;

36 porque la muchedumbre del pueblo venía detrás, gritando: ¡Muera!

Defensa de Pablo ante el pueblo

37 Cuando comenzaron a meter a Pablo en la fortaleza, dijo al tribuno: ¿Se me permite decirte algo? Y él dijo: ¿Sabes griego?

38 ¿No eres tú aquel egipcio que levantó una sedición antes de estos días, y sacó al desierto los cuatro mil sicarios?

39 Entonces dijo Pablo: Yo de cierto soy hombre judío de Tarso, ciudadano de una ciudad no insignificante de Cilicia; pero te ruego que me permitas hablar al pueblo.

40 Y cuando él se lo permitió, Pablo, estando en pie en las gradas, hizo señal con la mano al pueblo. Y hecho gran silencio, habló en lengua hebrea, diciendo:

22 1 Varones hermanos y padres, oíd ahora mi defensa ante vosotros.

2 Y al oir que les hablaba en lengua hebrea, guardaron más silencio. Y él les dijo:

3 Yo de cierto soy judío, nacido en Tarso de Cilicia, pero criado en esta ciudad, instruido a los pies de Gamaliel, estrictamente conforme a la ley de nuestros padres, celoso de Dios, como hoy lo sois todos vosotros.

25 As for the Gentile believers, we have written to them our decision that they should abstain from food sacrificed to idols, from blood, from the meat of strangled animals and from sexual immorality."

26 The next day Paul took the men and purified himself along with them. Then he went to the temple to give notice of the date when the days of purification would end and the offering would be made for each of them.

Paul Arrested

27 When the seven days were nearly over, some Jews from the province of Asia saw Paul at the temple. They stirred up the whole crowd and seized him, 28 shouting, "Men of Israel, help us! This is the man who teaches all men everywhere against our people and our law and this place. And besides, he has brought Greeks into the temple area and defiled this holy place." 29 (They had previously seen Trophimus the Ephesian in the city with Paul and assumed that Paul had brought him into the temple area.)

30 The whole city was aroused, and the people came running from all directions. Seizing Paul, they dragged him from the temple, and immediately the gates were shut. 31 While they were trying to kill him, news reached the commander of the Roman troops that the whole city of Jerusalem was in an uproar. 32 He at once took some officers and soldiers and ran down to the crowd. When the rioters saw the commander and his soldiers, they stopped beating Paul.

33 The commander came up and arrested him and ordered him to be bound with two chains. Then he asked who he was and what he had done. 34 Some in the crowd shouted one thing and some another, and since the commander could not get at the truth because of the uproar, he ordered that Paul be taken into the barracks. 35 When Paul reached the steps, the violence of the mob was so great he had to be carried by the soldiers. 36 The crowd that followed kept shouting, "Away with him!"

Paul Speaks to the Crowd

37 As the soldiers were about to take Paul into the barracks, he asked the commander, "May I say something to you?"

"Do you speak Greek?" he replied. 38 "Aren't you the Egyptian who started a revolt and led four thousand terrorists out into the desert some time ago?"

39 Paul answered, "I am a Jew, from Tarsus in Cilicia, a citizen of no ordinary city. Please let me speak to the people."

40 Having received the commander's permission, Paul stood on the steps and motioned to the crowd. When they were all silent, he said to them in Aramaic:

22 1 "Brothers and fathers, listen now to my defense."

2 When they heard him speak to them in Aramaic, they became very quiet.

Then Paul said: 3 "I am a Jew, born in Tarsus of Cilicia, but brought up in this city. Under Gamaliel I was thoroughly trained in the law of our fathers and

r40 Or possibly *Hebrew*; also in 22:2

4 Perseguía yo este Camino hasta la muerte, prendiendo y entregando en cárceles a hombres y mujeres;

5 como al sumo sacerdote también me es testigo, y todos los ancianos, de quienes también recibí cartas para los hermanos, y fui a Damasco para traer presos a Jerusalén también a los que estuviesen allí, para que fuesen castigados.

Pablo relata su conversión

6 Pero aconteció que yendo yo, al llegar cerca de Damasco, como a mediodía, de repente me rodeó mucha luz del cielo;

7 y caí al suelo, y oí una voz que me decía: Saulo, Saulo, ¿por qué me persigues?

8 Yo entonces respondí: ¿Quién eres, Señor? Y me dijo: Yo soy Jesús de Nazaret, a quien tú persigues.

9 Y los que estaban conmigo vieron a la verdad la luz, y se espantaron; pero no entendieron la voz del que hablaba conmigo.

10 Y dije: ¿Qué haré, Señor? Y el Señor me dijo: Levántate, y vé a Damasco, y allí se te dirá todo lo que está ordenado que hagas.

11 Y como yo no veía a causa de la gloria de la luz, llevado de la mano por los que estaban conmigo, llegué a Damasco.

12 Entonces uno llamado Ananías, varón piadoso según la ley, que tenía buen testimonio de todos los judíos que allí moraban,

13 vino a mí, y acercándose, me dijo: Hermano Saulo, recibe la vista. Y yo en aquella misma hora recobré la vista y lo miré.

14 Y él dijo: El Dios de nuestros padres te ha escogido para que conozcas su voluntad, y veas al Justo, y oigas la voz de su boca.

15 Porque serás testigo suyo a todos los hombres, de lo que has visto y oído.

16 Ahora, pues, ¿por qué te detienes? Levántate y bautízate, y lava tus pecados, invocando su nombre.

Pablo es enviado a los gentiles

17 Y me aconteció, vuelto a Jerusalén, que orando en el templo me sobrevino un éxtasis.

18 Y le ví que me decía: Date prisa, y sal prontamente de Jerusalén; porque no recibirán tu testimonio acerca de mí.

19 Yo dije: Señor, ellos saben que yo encarcelaba y azotaba en todas las sinagogas a los que creían en ti;

20 y cuando se derramaba la sangre de Esteban tu testigo, yo mismo también estaba presente, y consentía en su muerte, y guardaba las ropas de los que le mataban.

21 Pero me dijo: Vé, porque yo te enviaré lejos a los gentiles.

Pablo en manos del tribuno

22 Y le oyeron hasta esta palabra; entonces alzaron la voz, diciendo: Quita de la tierra a tal hombre, porque no conviene que viva.

23 Y como ellos gritaban y arrojaban sus ropas y lanzaban polvo al aire,

24 mandó el tribuno que le metiesen en la fortaleza, y ordenó que fuese examinado con azotes, para saber por qué causa clamaban así contra él.

25 Pero cuando le ataron con correas, Pablo dijo al centurión que estaba presente: ¿Os es lícito azotar a un ciudadano romano sin haber sido condenado?

26 Cuando el centurión oyó esto, fue y dio aviso al tribuno, diciendo: ¿Qué vas a hacer? Porque este hombre es ciudadano romano.

was just as zealous for God as any of you are today. 4 I persecuted the followers of this Way to their death, arresting both men and women and throwing them into prison, 5 as also the high priest and all the Council can testify. I even obtained letters from them to their brothers in Damascus, and went there to bring these people as prisoners to Jerusalem to be punished.

6 "About noon as I came near Damascus, suddenly a bright light from heaven flashed around me. 7 I fell to the ground and heard a voice say to me, 'Saul! Saul! Why do you persecute me?'

8 " 'Who are you, Lord?' I asked.

" 'I am Jesus of Nazareth, whom you are persecuting,' he replied. 9 My companions saw the light, but they did not understand the voice of him who was speaking to me.

10 " 'What shall I do, Lord?' I asked.

" 'Get up,' the Lord said, 'and go into Damascus. There you will be told all that you have been assigned to do.' 11 My companions led me by the hand into Damascus, because the brilliance of the light had blinded me.

12 "A man named Ananias came to see me. He was a devout observer of the law and highly respected by all the Jews living there. 13 He stood beside me and said, 'Brother Saul, receive your sight!' And at that very moment I was able to see him.

14 "Then he said: 'The God of our fathers has chosen you to know his will and to see the Righteous One and to hear words from his mouth. 15 You will be his witness to all men of what you have seen and heard. 16 And now what are you waiting for? Get up, be baptized and wash your sins away, calling on his name.'

17 "When I returned to Jerusalem and was praying at the temple, I fell into a trance 18 and saw the Lord speaking. 'Quick!' he said to me. 'Leave Jerusalem immediately, because they will not accept your testimony about me.'

19 " 'Lord,' I replied, 'these men know that I went from one synagogue to another to imprison and beat those who believe in you. 20 And when the blood of your martyr[s] Stephen was shed, I stood there giving my approval and guarding the clothes of those who were killing him.'

21 "Then the Lord said to me, 'Go; I will send you far away to the Gentiles.' "

Paul the Roman Citizen

22 The crowd listened to Paul until he said this. Then they raised their voices and shouted, "Rid the earth of him! He's not fit to live!"

23 As they were shouting and throwing off their cloaks and flinging dust into the air, 24 the commander ordered Paul to be taken into the barracks. He directed that he be flogged and questioned in order to find out why the people were shouting at him like this. 25 As they stretched him out to flog him, Paul said to the centurion standing there, "Is it legal for you to flog a Roman citizen who hasn't even been found guilty?"

26 When the centurion heard this, he went to the commander and reported it. "What are you going to do?" he asked. "This man is a Roman citizen."

[s]20 Or witness

27Vino el tribuno y le dijo: Dime, ¿eres tú ciudadano romano? El dijo: Sí.

28Respondió el tribuno: Yo con una gran suma adquirí esta ciudadanía. Entonces Pablo dijo: Pero yo lo soy de nacimiento.

29Así que, luego se apartaron de él los que le iban a dar tormento; y aun el tribuno, al saber que era ciudadano romano, también tuvo temor por haberle atado.

Pablo ante el concilio

30Al día siguiente, queriendo saber de cierto la causa por la cual le acusaban los judíos, le soltó de las cadenas, y mandó venir a los principales sacerdotes y a todo el concilio, y sacando a Pablo, le presentó ante ellos.

23 1Entonces Pablo, mirando fijamente al concilio, dijo: Varones hermanos, yo con toda buena conciencia he vivido delante de Dios hasta el día de hoy. 2El sumo sacerdote Ananías ordenó entonces a los que estaban junto a él, que le golpeasen en la boca. 3Entonces Pablo le dijo: ¡Dios te golpeará a ti, pared blanqueada! ¿Estás tú sentado para juzgarme conforme a la ley, y quebrantando la ley me mandas golpear? 4Los que estaban presentes dijeron: ¿Al sumo sacerdote de Dios injurias? 5Pablo dijo: No sabía, hermanos, que era el sumo sacerdote; pues escrito está: No maldecirás a un príncipe de tu pueblo.

6Entonces Pablo, notando que una parte era de saduceos y otra de fariseos, alzó la voz en el concilio: Varones hermanos, yo soy fariseo, hijo de fariseo; acerca de la esperanza y de la resurrección de los muertos se me juzga. 7Cuando dijo esto, se produjo disensión entre los fariseos y los saduceos, y la asamblea se dividió. 8Porque los saduceos dicen que no hay resurrección, ni ángel, ni espíritu; pero los fariseos afirman estas cosas. 9Y hubo un gran vocerío; y levantándose los escribas de la parte de los fariseos, contendían, diciendo: Ningún mal hallamos en este hombre; que si un espíritu le ha hablado, o un ángel, no resistamos a Dios. 10Y habiendo grande disensión, el tribuno, teniendo temor de que Pablo fuese despedazado por ellos, mandó que bajasen soldados y le arrebatasen de en medio de ellos, y le llevasen a la fortaleza.

11A la noche siguiente se le presentó el Señor y le dijo: Ten ánimo, Pablo, pues como has testificado de mí en Jerusalén, así es necesario que testifiques también en Roma.

Complot contra Pablo

12Venido el día, algunos de los judíos tramaron un complot y se juramentaron bajo maldición, diciendo que no comerían ni beberían hasta que hubiesen dado muerte a Pablo. 13Eran más de cuarenta los que habían hecho esta conjuración, 14los cuales fueron a los principales sacerdotes y a los ancianos y dijeron: Nosotros nos hemos juramentado bajo maldición, a no gustar nada hasta que hayamos dado muerte a Pablo. 15Ahora pues, vosotros, con el concilio, requerid al tribuno que le traiga mañana ante vosotros, como que queréis indagar alguna cosa más cierta acerca de él; y nosotros estaremos listos para matarle antes que llegue.

27The commander went to Paul and asked, "Tell me, are you a Roman citizen?"

"Yes, I am," he answered.

28Then the commander said, "I had to pay a big price for my citizenship."

"But I was born a citizen," Paul replied.

29Those who were about to question him withdrew immediately. The commander himself was alarmed when he realized that he had put Paul, a Roman citizen, in chains.

Before the Sanhedrin

30The next day, since the commander wanted to find out exactly why Paul was being accused by the Jews, he released him and ordered the chief priests and all the Sanhedrin to assemble. Then he brought Paul and had him stand before them.

23 Paul looked straight at the Sanhedrin and said, "My brothers, I have fulfilled my duty to God in all good conscience to this day." 2At this the high priest Ananias ordered those standing near Paul to strike him on the mouth. 3Then Paul said to him, "God will strike you, you whitewashed wall! You sit there to judge me according to the law, yet you yourself violate the law by commanding that I be struck!"

4Those who were standing near Paul said, "You dare to insult God's high priest?"

5Paul replied, "Brothers, I did not realize that he was the high priest; for it is written: 'Do not speak evil about the ruler of your people.'t"

6Then Paul, knowing that some of them were Sadducees and the others Pharisees, called out in the Sanhedrin, "My brothers, I am a Pharisee, the son of a Pharisee. I stand on trial because of my hope in the resurrection of the dead." 7When he said this, a dispute broke out between the Pharisees and the Sadducees, and the assembly was divided. 8(The Sadducees say that there is no resurrection, and that there are neither angels nor spirits, but the Pharisees acknowledge them all.)

9There was a great uproar, and some of the teachers of the law who were Pharisees stood up and argued vigorously. "We find nothing wrong with this man," they said. "What if a spirit or an angel has spoken to him?" 10The dispute became so violent that the commander was afraid Paul would be torn to pieces by them. He ordered the troops to go down and take him away from them by force and bring him into the barracks.

11The following night the Lord stood near Paul and said, "Take courage! As you have testified about me in Jerusalem, so you must also testify in Rome."

The Plot to Kill Paul

12The next morning the Jews formed a conspiracy and bound themselves with an oath not to eat or drink until they had killed Paul. 13More than forty men were involved in this plot. 14They went to the chief priests and elders and said, "We have taken a solemn oath not to eat anything until we have killed Paul. 15Now then, you and the Sanhedrin petition the commander to bring him before you on the pretext of wanting more accurate information about his case. We are ready to kill him before he gets here."

t5 Exodus 22:28

16 Mas el hijo de la hermana de Pablo, oyendo hablar de la celada, fue y entró en la fortaleza, y dio aviso a Pablo.
17 Pablo, llamando a uno de los centuriones, dijo: Lleva a este joven ante el tribuno, porque tiene cierto aviso que darle.
18 El entonces tomándole, le llevó al tribuno, y dijo: El preso Pablo me llamó y me rogó que trajese ante ti a este joven, que tiene algo que hablarte.
19 El tribuno, tomándole de la mano y retirándose aparte, le preguntó: ¿Qué es lo que tienes que decirme?
20 El le dijo: Los judíos han convenido en rogarte que mañana lleves a Pablo ante el concilio, como que van a inquirir alguna cosa más cierta acerca de él.
21 Pero tú no les creas; porque más de cuarenta hombres de ellos le acechan, los cuales se han juramentado bajo maldición, a no comer ni beber hasta que le hayan dado muerte; y ahora están listos esperando tu promesa.
22 Entonces el tribuno despidió al joven, mandándole que a nadie dijese que le había dado aviso de esto.

Pablo es enviado a Félix el gobernador

23 Y llamando a dos centuriones, mandó que preparasen para la hora tercera de la noche doscientos soldados, setenta jinetes y doscientos lanceros, para que fuesen hasta Cesarea;
24 y que preparasen cabalgaduras en que poniendo a Pablo, le llevasen en salvo a Félix el gobernador.
25 Y escribió una carta en estos términos:
26 Claudio Lisias al excelentísimo gobernador Félix: Salud.
27 A este hombre, aprehendido por los judíos, y que iban ellos a matar, lo libré yo acudiendo con la tropa, habiendo sabido que era ciudadano romano.
28 Y queriendo saber la causa por qué le acusaban, le llevé al concilio de ellos;
29 y hallé que le acusaban por cuestiones de la ley de ellos, pero que ningún delito tenía digno de muerte o de prisión.
30 Pero al ser avisado de asechanzas que los judíos habían tendido contra este hombre, al punto le he enviado a ti, intimando también a los acusadores que traten delante de ti lo que tengan contra él. Pásalo bien.
31 Y los soldados, tomando a Pablo como se les ordenó, le llevaron de noche a Antípatris.
32 Y al día siguiente, dejando a los jinetes que fuesen con él, volvieron a la fortaleza.
33 Cuando aquéllos llegaron a Cesarea, y dieron la carta al gobernador, presentaron también a Pablo delante de él.
34 Y el gobernador, leída la carta, preguntó de qué provincia era; y habiendo entendido que era de Cilicia,
35 le dijo: Te oiré cuando vengan tus acusadores. Y mandó que le custodiasen en el pretorio de Herodes.

16 But when the son of Paul's sister heard of this plot, he went into the barracks and told Paul.
17 Then Paul called one of the centurions and said, "Take this young man to the commander; he has something to tell him." 18 So he took him to the commander.
The centurion said, "Paul, the prisoner, sent for me and asked me to bring this young man to you because he has something to tell you."
19 The commander took the young man by the hand, drew him aside and asked, "What is it you want to tell me?"
20 He said: "The Jews have agreed to ask you to bring Paul before the Sanhedrin tomorrow on the pretext of wanting more accurate information about him. 21 Don't give in to them, because more than forty of them are waiting in ambush for him. They have taken an oath not to eat or drink until they have killed him. They are ready now, waiting for your consent to their request."
22 The commander dismissed the young man and cautioned him, "Don't tell anyone that you have reported this to me."

Paul Transferred to Caesarea

23 Then he called two of his centurions and ordered them, "Get ready a detachment of two hundred soldiers, seventy horsemen and two hundred spearmen *u* to go to Caesarea at nine tonight. 24 Provide mounts for Paul so that he may be taken safely to Governor Felix."
25 He wrote a letter as follows:

26 Claudius Lysias,

To His Excellency, Governor Felix:

Greetings.

27 This man was seized by the Jews and they were about to kill him, but I came with my troops and rescued him, for I had learned that he is a Roman citizen. 28 I wanted to know why they were accusing him, so I brought him to their Sanhedrin. 29 I found that the accusation had to do with questions about their law, but there was no charge against him that deserved death or imprisonment. 30 When I was informed of a plot to be carried out against the man, I sent him to you at once. I also ordered his accusers to present to you their case against him.

31 So the soldiers, carrying out their orders, took Paul with them during the night and brought him as far as Antipatris. 32 The next day they let the cavalry go on with him, while they returned to the barracks. 33 When the cavalry arrived in Caesarea, they delivered the letter to the governor and handed Paul over to him. 34 The governor read the letter and asked what province he was from. Learning that he was from Cilicia, 35 he said, "I will hear your case when your accusers get here." Then he ordered that Paul be kept under guard in Herod's palace.

---

u23 The meaning of the Greek for this word is uncertain.

Defensa de Pablo ante Félix

24 ¹ Cinco días después, descendió el sumo sacerdote Ananías con algunos de los ancianos y un cierto orador llamado Tértulo, y comparecieron ante el gobernador contra Pablo.

² Y cuando éste fue llamado, Tértulo comenzó a acusarle, diciendo: Como debido a ti gozamos de gran paz, y muchas cosas son bien gobernadas en el pueblo por tu prudencia,

³ oh excelentísimo Félix, lo recibimos en todo tiempo y en todo lugar con toda gratitud.

⁴ Pero por no molestarte más largamente, te ruego que nos oigas brevemente conforme a tu equidad.

⁵ Porque hemos hallado que este hombre es una plaga, y promotor de sediciones entre todos los judíos por todo el mundo, y cabecilla de la secta de los nazarenos.

⁶ Intentó también profanar el templo; y prendiéndole, quisimos juzgarle conforme a nuestra ley.

⁷ Pero interviniendo el tribuno Lisias, con gran violencia le quitó de nuestras manos,

⁸ mandando a sus acusadores que viniesen a ti. Tú mismo, pues, al juzgarle, podrás informarte de todas estas cosas de que le acusamos.

⁹ Los judíos también confirmaban, diciendo ser así todo.

¹⁰ Habiéndole hecho señal el gobernador a Pablo para que hablase, éste respondió: Porque sé que desde hace muchos años eres juez de esta nación, con buen ánimo hare mi defensa.

¹¹ Como tú puedes cerciorarte, no hace más de doce días que subí a adorar a Jerusalén;

¹² y no me hallaron disputando con ninguno, ni amotinando a la multitud; ni en el templo, ni en las sinagogas ni en la ciudad;

¹³ ni te pueden probar las cosas de que ahora me acusan.

¹⁴ Pero esto te confieso, que según el Camino que ellos llaman herejía, así sirvo al Dios de mis padres, creyendo todas las cosas que en la ley y en los profetas están escritas;

¹⁵ teniendo esperanza en Dios, la cual ellos también abrigan, de que ha de haber resurrección de los muertos, así de justos como de injustos.

¹⁶ Y por esto procuro tener siempre una conciencia sin ofensa ante Dios y ante los hombres.

¹⁷ Pero pasados algunos años, vine a hacer limosnas a mi nación y presentar ofrendas.

¹⁸ Estaba en ello, cuando unos judíos de Asia me hallaron purificado en el templo, no con multitud ni con alboroto.

¹⁹ Ellos debieran comparecer ante ti y acusarme, si contra mí tienen algo.

²⁰ O digan éstos mismos si hallaron en mí alguna cosa mal hecha, cuando comparecí ante el concilio,

²¹ a no ser que estando entre ellos prorrumpí en alta voz: Acerca de la resurrección de los muertos soy juzgado hoy por vosotros.

²² Entonces Félix, oídas estas cosas, estando bien informado de este Camino, les aplazó, diciendo: Cuando descendiere el tribuno Lisias, acabaré de conocer de vuestro asunto.

²³ Y mandó al centurión que se custodiase a Pablo, pero que se le concediese alguna libertad, y que no impidiese a ninguno de los suyos servirle o venir a él.

²⁴ Algunos días después, viniendo Félix con Drusila su mujer, que era judía, llamó a Pablo, y le oyó acerca de la fe en Jesucristo.

²⁵ Pero al disertar Pablo acerca de la justicia, del dominio propio y del juicio venidero, Felix se espantó y dijo: Ahora vete; pero cuando tenga oportunidad te llamaré.

²⁶ Esperaba también con esto, que Pablo le diera dinero

The Trial Before Felix

24 Five days later the high priest Ananias went down to Caesarea with some of the elders and a lawyer named Tertullus, and they brought their charges against Paul before the governor. ²When Paul was called in, Tertullus presented his case before Felix: "We have enjoyed a long period of peace under you, and your foresight has brought about reforms in this nation. ³Everywhere and in every way, most excellent Felix, we acknowledge this with profound gratitude. ⁴But in order not to weary you further, I would request that you be kind enough to hear us briefly.

⁵"We have found this man to be a troublemaker, stirring up riots among the Jews all over the world. He is a ringleader of the Nazarene sect ⁶and even tried to desecrate the temple; so we seized him. ⁸By ᵛ examining him yourself you will be able to learn the truth about all these charges we are bringing against him."

⁹The Jews joined in the accusation, asserting that these things were true.

¹⁰When the governor motioned for him to speak, Paul replied: "I know that for a number of years you have been a judge over this nation; so I gladly make my defense. ¹¹You can easily verify that no more than twelve days ago I went up to Jerusalem to worship. ¹²My accusers did not find me arguing with anyone at the temple, or stirring up a crowd in the synagogues or anywhere else in the city. ¹³And they cannot prove to you the charges they are now making against me. ¹⁴However, I admit that I worship the God of our fathers as a follower of the Way, which they call a sect. I believe everything that agrees with the Law and that is written in the Prophets, ¹⁵and I have the same hope in God as these men, that there will be a resurrection of both the righteous and the wicked. ¹⁶So I strive always to keep my conscience clear before God and man.

¹⁷"After an absence of several years, I came to Jerusalem to bring my people gifts for the poor and to present offerings. ¹⁸I was ceremonially clean when they found me in the temple courts doing this. There was no crowd with me, nor was I involved in any disturbance. ¹⁹But there are some Jews from the province of Asia, who ought to be here before you and bring charges if they have anything against me. ²⁰Or these who are here should state what crime they found in me when I stood before the Sanhedrin— ²¹unless it was this one thing I shouted as I stood in their presence: 'It is concerning the resurrection of the dead that I am on trial before you today.' "

²²Then Felix, who was well acquainted with the Way, adjourned the proceedings. "When Lysias the commander comes," he said, "I will decide your case." ²³He ordered the centurion to keep Paul under guard but to give him some freedom and permit his friends to take care of his needs.

²⁴Several days later Felix came with his wife Drusilla, who was a Jewess. He sent for Paul and listened to him as he spoke about faith in Christ Jesus. ²⁵As Paul discoursed on righteousness, self-control and the judgment to come, Felix was afraid and said, "That's enough for now! You may leave. When I find it convenient, I will send for you." ²⁶At the same time he was

---

ᵛ 6-8 Some manuscripts *him and wanted to judge him according to our law.* ⁷*But the commander, Lysias, came and with the use of much force snatched him from our hands* ⁸*and ordered his accusers to come before you.* By

para que le soltase; por lo cual muchas veces lo hacía venir y hablaba con él.

27 Pero al cabo de dos años recibió Félix por sucesor a Porcio Festo; y queriendo Félix congraciarse con los judíos, dejó preso a Pablo.

Pablo apela a César

25 1 Llegado, pues, Festo a la provincia, subió de Cesarea a Jerusalén tres días después.

2 Y los principales sacerdotes y los más influyentes de los judíos se presentaron ante él contra Pablo, y le rogaron,

3 pidiendo contra él, como gracia, que le hiciese traer a Jerusalén; preparando ellos una celada para matarle en el camino.

4 Pero Festo respondió que Pablo estaba custodiado en Cesarea, adonde él mismo partiría en breve.

5 Los que de vosotros puedan, dijo, desciendan conmigo, y si hay algún crimen en este hombre, acúsenle.

6 Y deteniéndose entre ellos no más de ocho o diez días, venido a Cesarea, al siguiente día se sentó en el tribunal, y mandó que fuese traído Pablo.

7 Cuando éste llegó, lo rodearon los judíos que habían venido de Jerusalén, presentando contra él muchas y graves acusaciones, las cuales no podían probar;

8 alegando Pablo en su defensa: Ni contra la ley de los judíos, ni contra el templo, ni contra César he pecado en nada.

9 Pero Festo, queriendo congraciarse con los judíos, respondiendo a Pablo dijo: ¿Quieres subir a Jerusalén, y allá ser juzgado de estas cosas delante de mí?

10 Pablo dijo: Ante el tribunal de César estoy, donde debo ser juzgado. A los judíos no les he hecho ningún agravio, como tú sabes muy bien.

11 Porque si algún agravio, o cosa alguna digna de muerte he hecho, no rehúso morir; pero si nada hay de las cosas de que éstos me acusan, nadie puede entregarme a ellos. A César apelo.

12 Entonces Festo, habiendo hablado con el consejo, respondió: A César has apelado; a César irás.

Pablo ante Agripa y Berenice

13 Pasados algunos días, el rey Agripa y Berenice vinieron a Cesarea para saludar a Festo.

14 Y como estuvieron allí muchos días, Festo expuso al rey la causa de Pablo, diciendo: Un hombre ha sido dejado preso por Félix,

15 respecto al cual, cuando fui a Jerusalén, se me presentaron los principales sacerdotes y los ancianos de los judíos, pidiendo condenación contra él.

16 A éstos respondí que no es costumbre de los romanos entregar alguno a la muerte antes que el acusado tenga delante a sus acusadores, y pueda defenderse de la acusación.

17 Así que, habiendo venido ellos juntos acá, sin ninguna dilación, al día siguiente, sentado en el tribunal, mandé traer al hombre.

18 Y estando presentes los acusadores, ningún cargo presentaron de los que yo sospechaba,

19 sino que tenían contra él ciertas cuestiones acerca de su religión, y de un cierto Jesús, ya muerto, el que Pablo afirmaba estar vivo.

20 Yo, dudando en cuestión semejante, le pregunté si quería ir a Jerusalén y allá ser juzgado de estas cosas.

21 Mas como Pablo apeló para que se le reservase para el conocimiento de Augusto, mandé que le custodiasen hasta que le enviara yo a César.

---

hoping that Paul would offer him a bribe, so he sent for him frequently and talked with him.

27 When two years had passed, Felix was succeeded by Porcius Festus, but because Felix wanted to grant a favor to the Jews, he left Paul in prison.

The Trial Before Festus

25 Three days after arriving in the province, Festus went up from Caesarea to Jerusalem, 2 where the chief priests and Jewish leaders appeared before him and presented the charges against Paul. 3 They urgently requested Festus, as a favor to them, to have Paul transferred to Jerusalem, for they were preparing an ambush to kill him along the way. 4 Festus answered, "Paul is being held at Caesarea, and I myself am going there soon. 5 Let some of your leaders come with me and press charges against the man there, if he has done anything wrong."

6 After spending eight or ten days with them, he went down to Caesarea, and the next day he convened the court and ordered that Paul be brought before him. 7 When Paul appeared, the Jews who had come down from Jerusalem stood around him, bringing many serious charges against him, which they could not prove.

8 Then Paul made his defense: "I have done nothing wrong against the law of the Jews or against the temple or against Caesar."

9 Festus, wishing to do the Jews a favor, said to Paul, "Are you willing to go up to Jerusalem and stand trial before me there on these charges?"

10 Paul answered: "I am now standing before Caesar's court, where I ought to be tried. I have not done any wrong to the Jews, as you yourself know very well. 11 If, however, I am guilty of doing anything deserving death, I do not refuse to die. But if the charges brought against me by these Jews are not true, no one has the right to hand me over to them. I appeal to Caesar!"

12 After Festus had conferred with his council, he declared: "You have appealed to Caesar. To Caesar you will go!"

Festus Consults King Agrippa

13 A few days later King Agrippa and Bernice arrived at Caesarea to pay their respects to Festus. 14 Since they were spending many days there, Festus discussed Paul's case with the king. He said: "There is a man here whom Felix left as a prisoner. 15 When I went to Jerusalem, the chief priests and elders of the Jews brought charges against him and asked that he be condemned.

16 "I told them that it is not the Roman custom to hand over any man before he has faced his accusers and has had an opportunity to defend himself against their charges. 17 When they came here with me, I did not delay the case, but convened the court the next day and ordered the man to be brought in. 18 When his accusers got up to speak, they did not charge him with any of the crimes I had expected. 19 Instead, they had some points of dispute with him about their own religion and about a dead man named Jesus who Paul claimed was alive. 20 I was at a loss how to investigate such matters; so I asked if he would be willing to go to Jerusalem and stand trial there on these charges. 21 When Paul made his appeal to be held over for the Emperor's decision, I ordered him held until I could send him to Caesar."

22 Entonces Agripa dijo a Festo: Yo también quisiera oir a ese hombre. Y él le dijo: Mañana le oirás.

23 Al otro día, viniendo Agripa y Berenice con mucha pompa, y entrando en la audiencia con los tribunos y principales hombres de la ciudad, por mandato de Festo fue traído Pablo.

24 Entonces Festo dijo: Rey Agripa, y todos los varones que estáis aquí juntos con nosotros, aquí tenéis a este hombre, respecto del cual toda la multitud de los judíos me ha demandado en Jerusalén y aquí, dando voces que no debe vivir más.

25 Pero yo, hallando que ninguna cosa digna de muerte ha hecho, y como él mismo apeló a Augusto, he determinado enviarle a él.

26 Como no tengo cosa cierta que escribir a mi señor, le he traído ante vosotros, y mayormente ante ti, oh rey Agripa, para que después de examinarle, tenga yo qué escribir.

27 Porque me parece fuera de razón enviar un preso, y no informar de los cargos que haya en su contra.

Defensa de Pablo ante Agripa

26 1 Entonces Agripa dijo a Pablo: Se te permite hablar por ti mismo. Pablo entonces, extendiendo la mano, comenzó así su defensa:

2 Me tengo por dichoso, oh rey Agripa, de que haya de defenderme hoy delante de ti de todas las cosas de que soy acusado por los judíos.

3 Mayormente porque tú conoces todas las costumbres y cuestiones que hay entre los judíos; por lo cual te ruego que me oigas con paciencia.

Vida anterior de Pablo

4 Mi vida, pues, desde mi juventud, la cual desde el principio pasé en mi nación, en Jerusalén, la conocen todos los judíos;

5 los cuales también saben que yo desde el principio, si quieren testificarlo, conforme a la más rigurosa secta de nuestra religión, viví fariseo.

6 Y ahora, por la esperanza de la promesa que hizo Dios a nuestros padres soy llamado a juicio;

7 promesa cuyo cumplimiento esperan que han de alcanzar nuestras doce tribus, sirviendo constantemente a Dios de día y de noche. Por esta esperanza, oh rey Agripa, soy acusado por los judíos.

8 ¡Qué! ¿Se juzga entre vosotros cosa increíble que Dios resucite a los muertos?

Pablo el perseguidor

9 Yo ciertamente había creído mi deber hacer muchas cosas contra el nombre de Jesús de Nazaret;

10 lo cual también hice en Jerusalén. Yo encerré en cárceles a muchos de los santos, habiendo recibido poderes de los principales sacerdotes; y cuando los mataron, yo di mi voto.

11 Y muchas veces, castigándolos en todas las sinagogas, los forcé a blasfemar; y enfurecido sobremanera contra ellos, los perseguí hasta en las ciudades extranjeras.

Pablo relata su conversión

12 Ocupado en esto, iba yo a Damasco con poderes y en comisión de los principales sacerdotes,

13 cuando a mediodía, oh rey, yendo por el camino, vi una luz del cielo que sobrepasaba el resplandor del sol, la cual me rodeó a mí y a los que iban conmigo.

14 Y habiendo caído todos nosotros en tierra, oí una voz

---

22 Then Agrippa said to Festus, "I would like to hear this man myself."

He replied, "Tomorrow you will hear him."

Paul Before Agrippa

23 The next day Agrippa and Bernice came with great pomp and entered the audience room with the high ranking officers and the leading men of the city. At the command of Festus, Paul was brought in. 24 Festus said: "King Agrippa, and all who are present with us, you see this man! The whole Jewish community has petitioned me about him in Jerusalem and here in Caesarea, shouting that he ought not to live any longer. 25 I found he had done nothing deserving of death, but because he made his appeal to the Emperor I decided to send him to Rome. 26 But I have nothing definite to write to His Majesty about him. Therefore I have brought him before all of you, and especially before you, King Agrippa, so that as a result of this investigation I may have something to write. 27 For I think it is unreasonable to send on a prisoner without specifying the charges against him."

26 Then Agrippa said to Paul, "You have permission to speak for yourself."

So Paul motioned with his hand and began his defense: 2 "King Agrippa, I consider myself fortunate to stand before you today as I make my defense against all the accusations of the Jews, 3 and especially so because you are well acquainted with all the Jewish customs and controversies. Therefore, I beg you to listen to me patiently.

4 "The Jews all know the way I have lived ever since I was a child, from the beginning of my life in my own country, and also in Jerusalem. 5 They have known me for a long time and can testify, if they are willing, that according to the strictest sect of our religion, I lived as a Pharisee. 6 And now it is because of my hope in what God has promised our fathers that I am on trial today. 7 This is the promise our twelve tribes are hoping to see fulfilled as they earnestly serve God day and night. O king, it is because of this hope that the Jews are accusing me. 8 Why should any of you consider it incredible that God raises the dead?

9 "I too was convinced that I ought to do all that was possible to oppose the name of Jesus of Nazareth. 10 And that is just what I did in Jerusalem. On the authority of the chief priests I put many of the saints in prison, and when they were put to death, I cast my vote against them. 11 Many a time I went from one synagogue to another to have them punished, and I tried to force them to blaspheme. In my obsession against them, I even went to foreign cities to persecute them.

12 "On one of these journeys I was going to Damascus with the authority and commission of the chief priests. 13 About noon, O king, as I was on the road, I saw a light from heaven, brighter than the sun, blazing around me and my companions. 14 We all fell to the

que me hablaba, y decía en lengua hebrea: Saulo, Saulo, ¿por qué me persigues? Dura cosa te es dar coces contra el aguijón.

15 Yo entonces dije: ¿Quién eres, Señor? Y el Señor dijo: Yo soy Jesús, a quien tú persigues.

16 Pero levántate, y ponte sobre tus pies; porque para esto he aparecido a ti, para ponerte por ministro y testigo de las cosas que has visto, y de aquellas en que me apareceré a ti,

17 librándote de tu pueblo, y de los gentiles, a quienes ahora te envío,

18 para que abras sus ojos, para que se conviertan de las tinieblas a la luz, y de la potestad de Satanás a Dios; para que reciban, por la fe que es en mí, perdón de pecados y herencia entre los santificados.

Pablo obedece a la visión

19 Por lo cual, oh rey Agripa, no fui rebelde a la visión celestial,

20 sino que anuncié primeramente a los que están en Damasco, y Jerusalén, y por toda la tierra de Judea, y a los gentiles, que se arrepintiesen y se convirtiesen a Dios, haciendo obras dignas de arrepentimiento.

21 Por causa de esto los judíos, prendiéndome en el templo, intentaron matarme.

22 Pero habiendo obtenido auxilio de Dios, persevero hasta el día de hoy, dando testimonio a pequeños y a grandes, no diciendo nada fuera de las cosas que los profetas y Moisés dijeron que habían de suceder:

23 Que el Cristo había de padecer, y ser el primero de la resurrección de los muertos, para anunciar luz al pueblo y a los gentiles.

Pablo insta a Agripa a que crea

24 Diciendo él estas cosas en su defensa, Festo a gran voz dijo: Estás loco, Pablo; las muchas letras te vuelven loco.

25 Mas él dijo: No estoy loco, excelentísimo Festo, sino que hablo palabras de verdad y de cordura.

26 Pues el rey sabe estas cosas, delante de quien también hablo con toda confianza. Porque no pienso que ignora nada de esto; pues no se ha hecho esto en algún rincón.

27 ¿Crees, oh rey Agripa, a los profetas? Yo sé que crees.

28 Entonces Agripa dijo a Pablo: Por poco me persuades a ser cristiano.

29 Y Pablo dijo: ¡Quisiera Dios que por poco o por mucho, no solamente tú, sino también todos los que hoy me oyen, fueseis hechos tales cual yo soy, excepto estas cadenas!

30 Cuando había dicho estas cosas, se levantó el rey, y el gobernador, y Berenice, y los que se habían sentado con ellos;

31 y cuando se retiraron aparte, hablaban entre sí, diciendo: Ninguna cosa digna ni de muerte ni de prisión ha hecho este hombre.

32 Y Agripa dijo a Festo: Podía este hombre ser puesto en libertad, si no hubiera apelado a César.

Pablo es enviado a Roma

27 1 Cuando se decidió que habíamos de navegar para Italia, entregaron a Pablo y a algunos otros presos a un centurión llamado Julio, de la compañía Augusta.

2 Y embarcándonos en una nave adramitena que iba a tocar los puertos de Asia, zarpamos, estando con nosotros Aristarco, macedonio de Tesalónica.

ground, and I heard a voice saying to me in Aramaic, w 'Saul, Saul, why do you persecute me? It is hard for you to kick against the goads.'

15 "Then I asked, 'Who are you, Lord?'

" 'I am Jesus, whom you are persecuting,' the Lord replied. 16 'Now get up and stand on your feet. I have appeared to you to appoint you as a servant and as a witness of what you have seen of me and what I will show you. 17 I will rescue you from your own people and from the Gentiles. I am sending you to them 18 to open their eyes and turn them from darkness to light, and from the power of Satan to God, so that they may receive forgiveness of sins and a place among those who are sanctified by faith in me.'

19 "So then, King Agrippa, I was not disobedient to the vision from heaven. 20 First to those in Damascus, then to those in Jerusalem and in all Judea, and to the Gentiles also, I preached that they should repent and turn to God and prove their repentance by their deeds. 21 That is why the Jews seized me in the temple courts and tried to kill me. 22 But I have had God's help to this very day, and so I stand here and testify to small and great alike. I am saying nothing beyond what the prophets and Moses said would happen— 23 that the Christ x would suffer and, as the first to rise from the dead, would proclaim light to his own people and to the Gentiles."

24 At this point Festus interrupted Paul's defense. "You are out of your mind, Paul!" he shouted. "Your great learning is driving you insane."

25 "I am not insane, most excellent Festus," Paul replied. "What I am saying is true and reasonable. 26 The king is familiar with these things, and I can speak freely to him. I am convinced that none of this has escaped his notice, because it was not done in a corner. 27 King Agrippa, do you believe the prophets? I know you do."

28 Then Agrippa said to Paul, "Do you think that in such a short time you can persuade me to be a Christian?"

29 Paul replied, "Short time or long—I pray God that not only you but all who are listening to me today may become what I am, except for these chains."

30 The king rose, and with him the governor and Bernice and those sitting with them. 31 They left the room, and while talking with one another, they said, "This man is not doing anything that deserves death or imprisonment."

32 Agrippa said to Festus, "This man could have been set free if he had not appealed to Caesar."

Paul Sails for Rome

27 When it was decided that we would sail for Italy, Paul and some other prisoners were handed over to a centurion named Julius, who belonged to the Imperial Regiment. 2 We boarded a ship from Adramyttium about to sail for ports along the coast of the province of Asia, and we put out to sea. Aristarchus, a Macedonian from Thessalonica, was with us.

w14 Or Hebrew   x23 Or Messiah

3 Al otro día llegamos a Sidón; y Julio, tratando humanamente a Pablo, le permitió que fuese a los amigos, para ser atendido por ellos.

4 Y haciéndonos a la vela desde allí, navegamos a sotavento de Chipre, porque los vientos eran contrarios.

5 Habiendo atravesado el mar frente a Cilicia y Panfilia, arribamos a Mira, ciudad de Licia.

6 Y hallando allí el centurión una nave alejandrina que zarpaba para Italia, nos embarcó en ella.

7 Navegando muchos días despacio, y llegando a duras penas frente a Gnido, porque nos impedía el viento, navegamos a sotavento de Creta, frente a Salmón.

8 Y costeándola con dificultad, llegamos a un lugar que llaman Buenos Puertos, cerca del cual estaba la ciudad de Lasea.

9 Y habiendo pasado mucho tiempo, y siendo ya peligrosa la navegación, por haber pasado ya el ayuno, Pablo les amonestaba,

10 diciéndoles: Varones, veo que la navegación va a ser con perjuicio y mucha pérdida, no sólo del cargamento y de la nave, sino también de nuestras personas.

11 Pero el centurión daba más crédito al piloto y al patrón de la nave, que a lo que Pablo decía.

12 Y siendo incómodo el puerto para invernar, la mayoría acordó zarpar también de allí, por si pudiesen arribar a Fenice, puerto de Creta que mira al nordeste y sudeste, e invernar allí.

La tempestad en el mar

13 Y soplando una brisa del sur, pareciéndoles que ya tenían lo que deseaban, levaron anclas e iban costeando Creta.

14 Pero no mucho después dio contra la nave un viento huracanado llamado Euroclidón.

15 Y siendo arrebatada la nave, y no pudiendo poner proa al viento, nos abandonamos a él y nos dejamos llevar.

16 Y habiendo corrido a sotavento de una pequeña isla llamada Clauda, con dificultad pudimos recoger el esquife.

17 Y una vez subido a bordo, usaron de refuerzos para ceñir la nave; y teniendo temor de dar en la Sirte, arriaron las velas y quedaron a la deriva.

18 Pero siendo combatidos por una furiosa tempestad, al siguiente día empezaron a alijar,

19 y al tercer día con nuestras propias manos arrojamos los aparejos de la nave.

20 Y no apareciendo ni sol ni estrellas por muchos días, y acosados por una tempestad no pequeña, ya habíamos perdido toda esperanza de salvarnos.

21 Entonces Pablo, como hacía ya mucho que no comíamos, puesto en pie en medio de ellos, dijo: Habría sido por cierto conveniente, oh varones, haberme oído, y no zarpar de Creta tan sólo para recibir este perjuicio y pérdida.

22 Pero ahora os exhorto a tener buen ánimo, pues no habrá ninguna pérdida de vida entre vosotros, sino solamente de la nave.

23 Porque esta noche ha estado conmigo el ángel del Dios de quien soy y a quien sirvo,

24 diciendo: Pablo, no temas; es necesario que comparezcas ante César; y he aquí, Dios te ha concedido todos los que navegan contigo.

25 Por tanto, oh varones, tened buen ánimo; porque yo confío en Dios que será así como se me ha dicho.

26 Con todo, es necesario que demos en alguna isla.

27 Venida la decimacuarta noche, y siendo llevados a través del mar Adriático, a la medianoche los marineros sospecharon que estaban cerca de tierra;

3 The next day we landed at Sidon; and Julius, in kindness to Paul, allowed him to go to his friends so they might provide for his needs. 4 From there we put out to sea again and passed to the lee of Cyprus because the winds were against us. 5 When we had sailed across the open sea off the coast of Cilicia and Pamphylia, we landed at Myra in Lycia. 6 There the centurion found an Alexandrian ship sailing for Italy and put us on board. 7 We made slow headway for many days and had difficulty arriving off Cnidus. When the wind did not allow us to hold our course, we sailed to the lee of Crete, opposite Salmone. 8 We moved along the coast with difficulty and came to a place called Fair Havens, near the town of Lasea.

9 Much time had been lost, and sailing had already become dangerous because by now it was after the Fast.[y] So Paul warned them, 10 "Men, I can see that our voyage is going to be disastrous and bring great loss to ship and cargo, and to our own lives also." 11 But the centurion, instead of listening to what Paul said, followed the advice of the pilot and of the owner of the ship. 12 Since the harbor was unsuitable to winter in, the majority decided that we should sail on, hoping to reach Phoenix and winter there. This was a harbor in Crete, facing both southwest and northwest.

The Storm

13 When a gentle south wind began to blow, they thought they had obtained what they wanted; so they weighed anchor and sailed along the shore of Crete. 14 Before very long, a wind of hurricane force, called the "northeaster," swept down from the island. 15 The ship was caught by the storm and could not head into the wind; so we gave way to it and were driven along. 16 As we passed to the lee of a small island called Cauda, we were hardly able to make the lifeboat secure. 17 When the men had hoisted it aboard, they passed ropes under the ship itself to hold it together. Fearing that they would run aground on the sandbars of Syrtis, they lowered the sea anchor and let the ship be driven along. 18 We took such a violent battering from the storm that the next day they began to throw the cargo overboard. 19 On the third day, they threw the ship's tackle overboard with their own hands. 20 When neither sun nor stars appeared for many days and the storm continued raging, we finally gave up all hope of being saved.

21 After the men had gone a long time without food, Paul stood up before them and said: "Men, you should have taken my advice not to sail from Crete; then you would have spared yourselves this damage and loss. 22 But now I urge you to keep up your courage, because not one of you will be lost; only the ship will be destroyed. 23 Last night an angel of the God whose I am and whom I serve stood beside me 24 and said, 'Do not be afraid, Paul. You must stand trial before Caesar; and God has graciously given you the lives of all who sail with you.' 25 So keep up your courage, men, for I have faith in God that it will happen just as he told me. 26 Nevertheless, we must run aground on some island."

The Shipwreck

27 On the fourteenth night we were still being driven across the Adriatic[z] Sea, when about midnight the

---

28 y echando la sonda, hallaron veinte brazas; y pasando un poco más adelante, volviendo a echar la sonda, hallaron quince brazas.
29 Y temiendo dar en escollos, echaron cuatro anclas por la popa, y ansiaban que se hiciese de día.
30 Entonces los marineros procuraron huir de la nave, y echando el esquife al mar, aparentaban como que querían largar las anclas de proa.
31 Pero Pablo dijo al centurión y a los soldados: Si éstos no permanecen en la nave, vosotros no podéis salvaros.
32 Entonces los soldados cortaron las amarras del esquife y lo dejaron perderse.
33 Cuando comenzó a amanecer, Pablo exhortaba a todos que comiesen, diciendo: Este es el decimocuarto día que veláis y permanecéis en ayunas, sin comer nada.
34 Por tanto, os ruego que comáis por vuestra salud; pues ni aun un cabello de la cabeza de ninguno de vosotros perecerá.
35 Y habiendo dicho esto, tomó el pan y dio gracias a Dios en presencia de todos, y partiéndolo, comenzó a comer.
36 Entonces todos, teniendo ya mejor ánimo, comieron también.
37 Y éramos todas las personas en la nave doscientas setenta y seis.
38 Y ya satisfechos, aligeraron la nave, echando el trigo al mar.

El naufragio

39 Cuando se hizo de día, no reconocían la tierra, pero veían una ensenada que tenía playa, en la cual acordaron varar, si pudiesen, la nave.
40 Cortando, pues, las anclas, las dejaron en el mar, largando también las amarras del timón; e izada al viento la vela de proa, enfilaron hacia la playa.
41 Pero dando en un lugar de dos aguas, hicieron encallar la nave; y la proa, hincada, quedó inmóvil, y la popa se abría con la violencia del mar.
42 Entonces los soldados acordaron matar a los presos, para que ninguno se fugase nadando.
43 Pero el centurión, queriendo salvar a Pablo, les impidió este intento, y mandó que los que pudiesen nadar se echasen los primeros, y saliesen a tierra;
44 y los demás, parte en tablas, parte en cosas de la nave. Y así aconteció que todos se salvaron saliendo a tierra.

Pablo en la isla de Malta

28 1 Estando ya a salvo, supimos que la isla se llamaba Malta.
2 Y los naturales nos trataron con no poca humanidad; porque encendiendo un fuego, nos recibieron a todos, a causa de la lluvia que caía, y del frío.
3 Entonces, habiendo recogido Pablo algunas ramas secas, las echó al fuego; y una víbora, huyendo del calor, se le prendió en la mano.
4 Cuando los naturales vieron la víbora colgando de su mano, se decían unos a otros: Ciertamente este hombre es homicida, a quien, escapado del mar, la justicia no deja vivir.
5 Pero él, sacudiendo la víbora en el fuego, ningún daño padeció.
6 Ellos estaban esperando que él se hinchase, o cayese muerto de repente; mas habiendo esperado mucho, y viendo que ningún mal le venía, cambiaron de parecer y dijeron que era un dios.
7 En aquellos lugares había propiedades del hombre principal de la isla, llamado Publio, quien nos recibió y hospedó solícitamente tres días.

sailors sensed they were approaching land. 28 They took soundings and found that the water was a hundred and twenty feet[a] deep. A short time later they took soundings again and found it was ninety feet[b] deep. 29 Fearing that we would be dashed against the rocks, they dropped four anchors from the stern and prayed for daylight. 30 In an attempt to escape from the ship, the sailors let the lifeboat down into the sea, pretending they were going to lower some anchors from the bow. 31 Then Paul said to the centurion and the soldiers, "Unless these men stay with the ship, you cannot be saved." 32 So the soldiers cut the ropes that held the lifeboat and let it fall away.

33 Just before dawn Paul urged them all to eat. "For the last fourteen days," he said, "you have been in constant suspense and have gone without food—you haven't eaten anything. 34 Now I urge you to take some food. You need it to survive. Not one of you will lose a single hair from his head." 35 After he said this, he took some bread and gave thanks to God in front of them all. Then he broke it and began to eat. 36 They were all encouraged and ate some food themselves. 37 Altogether there were 276 of us on board. 38 When they had eaten as much as they wanted, they lightened the ship by throwing the grain into the sea.

39 When daylight came, they did not recognize the land, but they saw a bay with a sandy beach, where they decided to run the ship aground if they could. 40 Cutting loose the anchors, they left them in the sea and at the same time untied the ropes that held the rudders. Then they hoisted the foresail to the wind and made for the beach. 41 But the ship struck a sandbar and ran aground. The bow stuck fast and would not move, and the stern was broken to pieces by the pounding of the surf.

42 The soldiers planned to kill the prisoners to prevent any of them from swimming away and escaping. 43 But the centurion wanted to spare Paul's life and kept them from carrying out their plan. He ordered those who could swim to jump overboard first and get to land. 44 The rest were to get there on planks or on pieces of the ship. In this way everyone reached land in safety.

Ashore on Malta

28 Once safely on shore, we found out that the island was called Malta. 2 The islanders showed us unusual kindness. They built a fire and welcomed us all because it was raining and cold. 3 Paul gathered a pile of brushwood and, as he put it on the fire, a viper, driven out by the heat, fastened itself on his hand. 4 When the islanders saw the snake hanging from his hand, they said to each other, "This man must be a murderer; for though he escaped from the sea, Justice has not allowed him to live." 5 But Paul shook the snake off into the fire and suffered no ill effects. 6 The people expected him to swell up or suddenly fall dead, but after waiting a long time and seeing nothing unusual happen to him, they changed their minds and said he was a god.

7 There was an estate nearby that belonged to Publius, the chief official of the island. He welcomed us to his home and for three days entertained us hospitably.

---

[a] 28 Greek *twenty orguias* (about 37 meters)   [b] 28 Greek *fifteen orguias* (about 27 meters)

8Y aconteció que el padre de Publio estaba en cama, enfermo de fiebre y de disentería; y entró Pablo a verle, y después de haber orado, le impuso las manos, y le sanó. 9Hecho esto, también los otros que en la isla tenían enfermedades, venían, y eran sanados; 10los cuales también nos honraron con muchas atenciones; y cuando zarpamos, nos cargaron de las cosas necesarias.

Pablo llega a Roma

11Pasados tres meses, nos hicimos a la vela en una nave alejandrina que había invernado en la isla, la cual tenía por enseña a Cástor y Pólux. 12Y llegados a Siracusa, estuvimos allí tres días. 13De allí, costeando alrededor, llegamos a Regio; y otro día después, soplando el viento sur, llegamos al segundo día a Puteoli, 14donde habiendo hallado hermanos, nos rogaron que nos quedásemos con ellos siete días; y luego fuimos a Roma, 15de donde, oyendo de nosotros los hermanos, salieron a recibirnos hasta el Foro de Apio y las Tres Tabernas; y al verlos, Pablo dio gracias a Dios y cobró aliento. 16Cuando llegamos a Roma, el centurión entregó los presos al prefecto militar, pero a Pablo se le permitió vivir aparte, con un soldado que le custodiase.

Pablo predica en Roma

17Aconteció que tres días después, Pablo convocó a los principales de los judíos, a los cuales, luego que estuvieron reunidos, les dijo: Yo, varones hermanos, no habiendo hecho nada contra mi pueblo, ni contra las costumbres de nuestros padres, he sido entregado preso desde Jerusalén en manos de los romanos; 18los cuales, habiéndome examinado, me querían soltar, por no haber en mí ninguna causa de muerte. 19Pero oponiéndose los judíos, me vi obligado a apelar a César; no porque tenga de qué acusar a mi nación. 20Así que por esta causa os he llamado para veros y hablaros; porque por la esperanza de Israel estoy sujeto con esta cadena. 21Entonces ellos le dijeron: Nosotros ni hemos recibido de Judea cartas acerca de ti, ni ha venido alguno de los hermanos que haya denunciado o hablado algún mal de ti. 22Pero querríamos oir de ti lo que piensas; porque de esta secta nos es notorio que en todas partes se habla contra ella.

23Y habiéndole señalado un día, vinieron a él muchos a la posada, a los cuales les declaraba y les testificaba el reino de Dios desde la mañana hasta la tarde, persuadiéndoles acerca de Jesús, tanto por la ley de Moisés como por los profetas. 24Y algunos asentían a lo que se decía, pero otros no creían. 25Y como no estuviesen de acuerdo entre sí, al retirarse, les dijo Pablo esta palabra: Bien habló el Espíritu Santo por medio del profeta Isaías a nuestros padres, diciendo:
26Vé a este pueblo, y diles:
De oído oiréis, y no entenderéis;
Y viendo veréis, y no percibiréis;
27Porque el corazón de este pueblo se ha engrosado,
Y con los oídos oyeron pesadamente,
Y sus ojos han cerrado,
Para que no vean con los ojos,
Y oigan con los oídos,
Y entiendan de corazón,
Y se conviertan,
Y yo los sane.

8His father was sick in bed, suffering from fever and dysentery. Paul went in to see him and, after prayer, placed his hands on him and healed him. 9When this had happened, the rest of the sick on the island came and were cured. 10They honored us in many ways and when we were ready to sail, they furnished us with the supplies we needed.

Arrival at Rome

11After three months we put out to sea in a ship that had wintered in the island. It was an Alexandrian ship with the figurehead of the twin gods Castor and Pollux. 12We put in at Syracuse and stayed there three days. 13From there we set sail and arrived at Rhegium. The next day the south wind came up, and on the following day we reached Puteoli. 14There we found some brothers who invited us to spend a week with them. And so we came to Rome. 15The brothers there had heard that we were coming, and they traveled as far as the Forum of Appius and the Three Taverns to meet us. At the sight of these men Paul thanked God and was encouraged. 16When we got to Rome, Paul was allowed to live by himself, with a soldier to guard him.

Paul Preaches at Rome Under Guard

17Three days later he called together the leaders of the Jews. When they had assembled, Paul said to them: "My brothers, although I have done nothing against our people or against the customs of our ancestors, I was arrested in Jerusalem and handed over to the Romans. 18They examined me and wanted to release me, because I was not guilty of any crime deserving death. 19But when the Jews objected, I was compelled to appeal to Caesar—not that I had any charge to bring against my own people. 20For this reason I have asked to see you and talk with you. It is because of the hope of Israel that I am bound with this chain." 21They replied, "We have not received any letters from Judea concerning you, and none of the brothers who have come from there has reported or said anything bad about you. 22But we want to hear what your views are, for we know that people everywhere are talking against this sect."

23They arranged to meet Paul on a certain day, and came in even larger numbers to the place where he was staying. From morning till evening he explained and declared to them the kingdom of God and tried to convince them about Jesus from the Law of Moses and from the Prophets. 24Some were convinced by what he said, but others would not believe. 25They disagreed among themselves and began to leave after Paul had made this final statement: "The Holy Spirit spoke the truth to your forefathers when he said through Isaiah the prophet:

26" 'Go to this people and say,
"You will be ever hearing but never
understanding;
you will be ever seeing but never perceiving."
27For this people's heart has become calloused;
they hardly hear with their ears,
and they have closed their eyes.
Otherwise they might see with their eyes,
hear with their ears,
understand with their hearts
and turn, and I would heal them.' c

c27 Isaiah 6:9,10

28 Sabed, pues, que a los gentiles es enviada esta salvación de Dios; y ellos oirán.

29 Y cuando hubo dicho esto, los judíos se fueron, teniendo gran discusión entre sí.

30 Y Pablo permaneció dos años enteros en una casa alquilada, y recibía a todos los que a él venían,

31 predicando el reino de Dios y enseñando acerca del Señor Jesucristo, abiertamente y sin impedimento.

28 "Therefore I want you to know that God's salvation has been sent to the Gentiles, and they will listen!" d

30 For two whole years Paul stayed there in his own rented house and welcomed all who came to see him.

31 Boldly and without hindrance he preached the kingdom of God and taught about the Lord Jesus Christ.

d28 Some manuscripts listen!" 29After he said this, the Jews left, arguing vigorously among themselves.

LA EPÍSTOLA DEL APÓSTOL SAN PABLO A LOS
ROMANOS

Salutación

1 ¹Pablo, siervo de Jesucristo, llamado a ser apóstol, apartado para el evangelio de Dios,
²que él había prometido antes por sus profetas en las santas Escrituras,
³acerca de su Hijo, nuestro Señor Jesucristo, que era del linaje de David según la carne,
⁴que fue declarado Hijo de Dios con poder, según el Espíritu de santidad, por la resurrección de entre los muertos,
⁵y por quien recibimos la gracia y el apostolado, para la obediencia a la fe en todas las naciones por amor de su nombre;
⁶entre las cuales estáis también vosotros, llamados a ser de Jesucristo;
⁷a todos los que estáis en Roma, amados de Dios, llamados a ser santos: Gracia y paz a vosotros, de Dios nuestro Padre y del Señor Jesucristo.

Deseo de Pablo de visitar Roma

⁸Primeramente doy gracias a mi Dios mediante Jesucristo con respecto a todos vosotros, de que vuestra fe se divulga por todo el mundo.
⁹Porque testigo me es Dios, a quien sirvo en mi espíritu en el evangelio de su Hijo, de que sin cesar hago mención de vosotros siempre en mis oraciones,
¹⁰rogando que de alguna manera tenga al fin, por la voluntad de Dios, un próspero viaje para ir a vosotros.
¹¹Porque deseo veros, para comunicaros algún don espiritual, a fin de que seáis confirmados;
¹²esto es, para ser mutuamente confortados por la fe que nos es común a vosotros y a mí.
¹³Pero no quiero, hermanos, que ignoréis que muchas veces me he propuesto ir a vosotros (pero hasta ahora he sido estorbado), para tener también entre vosotros algún fruto, como entre los demás gentiles.
¹⁴A griegos y a no griegos, a sabios y a no sabios soy deudor.
¹⁵Así que, en cuanto a mí, pronto estoy a anunciaros el evangelio también a vosotros que estáis en Roma.

El poder del evangelio

¹⁶Porque no me avergüenzo del evangelio, porque es poder de Dios para salvación a todo aquel que cree; al judío primeramente, y también al griego.
¹⁷Porque en el evangelio la justicia de Dios se revela por fe y para fe, como está escrito: Mas el justo por la fe vivirá.

La culpabilidad del hombre

¹⁸Porque la ira de Dios se revela desde el cielo contra toda impiedad e injusticia de los hombres que detienen con injusticia la verdad;
¹⁹porque lo que de Dios se conoce les es manifiesto, pues Dios se lo manifestó.
²⁰Porque las cosas invisibles de él, su eterno poder y deidad, se hacen claramente visibles desde la creación del mundo, siendo entendidas por medio de las cosas hechas, de modo que no tienen excusa.

ROMANS

1 ¹Paul, a servant of Christ Jesus, called to be an apostle and set apart for the gospel of God — ²the gospel he promised beforehand through his prophets in the Holy Scriptures ³regarding his Son, who as to his human nature was a descendant of David, ⁴and who through the Spirit[a] of holiness was declared with power to be the Son of God[b] by his resurrection from the dead: Jesus Christ our Lord. ⁵Through him and for his name's sake, we received grace and apostleship to call people from among all the Gentiles to the obedience that comes from faith. ⁶And you also are among those who are called to belong to Jesus Christ.

⁷To all in Rome who are loved by God and called to be saints:

Grace and peace to you from God our Father and from the Lord Jesus Christ.

Paul's Longing to Visit Rome

⁸First, I thank my God through Jesus Christ for all of you, because your faith is being reported all over the world. ⁹God, whom I serve with my whole heart in preaching the gospel of his Son, is my witness how constantly I remember you ¹⁰in my prayers at all times; and I pray that now at last by God's will the way may be opened for me to come to you.

¹¹I long to see you so that I may impart to you some spiritual gift to make you strong — ¹²that is, that you and I may be mutually encouraged by each other's faith. ¹³I do not want you to be unaware, brothers, that I planned many times to come to you (but have been prevented from doing so until now) in order that I might have a harvest among you, just as I have had among the other Gentiles.

¹⁴I am obligated both to Greeks and non-Greeks, both to the wise and the foolish. ¹⁵That is why I am so eager to preach the gospel also to you who are at Rome.

¹⁶I am not ashamed of the gospel, because it is the power of God for the salvation of everyone who believes: first for the Jew, then for the Gentile. ¹⁷For in the gospel a righteousness from God is revealed, a righteousness that is by faith from first to last,[c] just as it is written: "The righteous will live by faith."[d]

God's Wrath Against Mankind

¹⁸The wrath of God is being revealed from heaven against all the godlessness and wickedness of men who suppress the truth by their wickedness, ¹⁹since what may be known about God is plain to them, because God has made it plain to them. ²⁰For since the creation of the world God's invisible qualities — his eternal power and divine nature — have been clearly seen, being understood from what has been made, so that men are without excuse.

---

[a]4 Or *who as to his spirit*   [b]4 Or *was appointed to be the Son of God with power*   [c]17 Or *is from faith to faith*   [d]17 Hab. 2:4

21 Pues habiendo conocido a Dios, no le glorificaron como a Dios, ni le dieron gracias, sino que se envanecieron en sus razonamientos, y su necio corazón fue entenebrecido. 22 Profesando ser sabios, se hicieron necios, 23 y cambiaron la gloria del Dios incorruptible en semejanza de imagen de hombre corruptible, de aves, de cuadrúpedos y de reptiles.

24 Por lo cual también Dios los entregó a la inmundicia, en las concupiscencias de sus corazones, de modo que deshonraron entre sí sus propios cuerpos, 25 ya que cambiaron la verdad de Dios por la mentira, honrando y dando culto a las criaturas antes que al Creador, el cual es bendito por los siglos. Amén.

26 Por esto Dios los entregó a pasiones vergonzosas; pues aun sus mujeres cambiaron el uso natural por el que es contra naturaleza, 27 y de igual modo también los hombres, dejando el uso natural de la mujer, se encendieron en su lascivia unos con otros, cometiendo hechos vergonzosos hombres con hombres, y recibiendo en sí mismos la retribución debida a su extravío.

28 Y como ellos no aprobaron tener en cuenta a Dios, Dios los entregó a una mente reprobada, para hacer cosas que no convienen; 29 estando atestados de toda injusticia, fornicación, perversidad, avaricia, maldad; llenos de envidia, homicidios, contiendas, engaños y malignidades; 30 murmuradores, detractores, aborrecedores de Dios, injuriosos, soberbios, altivos, inventores de males, desobedientes a los padres, 31 necios, desleales, sin afecto natural, implacables, sin misericordia; 32 quienes habiendo entendido el juicio de Dios, que los que practican tales cosas son dignos de muerte, no sólo las hacen, sino que también se complacen con los que las practican.

El justo juicio de Dios

2 1 Por lo cual eres inexcusable, oh hombre, quienquiera que seas tú que juzgas; pues en lo que juzgas a otro, te condenas a ti mismo; porque tú que juzgas haces lo mismo. 2 Mas sabemos que el juicio de Dios contra los que practican tales cosas es según verdad. 3 ¿Y piensas esto, oh hombre, tú que juzgas a los que tal hacen, y haces lo mismo, que tú escaparás del juicio de Dios? 4 ¿O menosprecias las riquezas de su benignidad, paciencia y longanimidad, ignorando que su benignidad te guía al arrepentimiento? 5 Pero por tu dureza y por tu corazón no arrepentido, atesoras para ti mismo ira para el día de la ira y de la revelación del justo juicio de Dios, 6 el cual pagará a cada uno conforme a sus obras: 7 vida eterna a los que, perseverando en bien hacer, buscan gloria y honra e inmortalidad, 8 pero ira y enojo a los que son contenciosos y no obedecen a la verdad, sino que obedecen a la injusticia; 9 tribulación y angustia sobre todo ser humano que hace lo malo, el judío primeramente y también el griego, 10 pero gloria y honra y paz a todo el que hace lo bueno, al judío primeramente y también al griego; 11 porque no hay acepción de personas para con Dios.

12 Porque todos los que sin ley han pecado, sin ley también perecerán; y todos los que bajo la ley han pecado, por la ley serán juzgados;

21 For although they knew God, they neither glorified him as God nor gave thanks to him, but their thinking became futile and their foolish hearts were darkened. 22 Although they claimed to be wise, they became fools 23 and exchanged the glory of the immortal God for images made to look like mortal man and birds and animals and reptiles.

24 Therefore God gave them over in the sinful desires of their hearts to sexual impurity for the degrading of their bodies with one another. 25 They exchanged the truth of God for a lie, and worshiped and served created things rather than the Creator—who is forever praised. Amen.

26 Because of this, God gave them over to shameful lusts. Even their women exchanged natural relations for unnatural ones. 27 In the same way the men also abandoned natural relations with women and were inflamed with lust for one another. Men committed indecent acts with other men, and received in themselves the due penalty for their perversion.

28 Furthermore, since they did not think it worthwhile to retain the knowledge of God, he gave them over to a depraved mind, to do what ought not to be done. 29 They have become filled with every kind of wickedness, evil, greed and depravity. They are full of envy, murder, strife, deceit and malice. They are gossips, 30 slanderers, God-haters, insolent, arrogant and boastful; they invent ways of doing evil; they disobey their parents; 31 they are senseless, faithless, heartless, ruthless. 32 Although they know God's righteous decree that those who do such things deserve death, they not only continue to do these very things but also approve of those who practice them.

God's Righteous Judgment

2 You, therefore, have no excuse, you who pass judgment on someone else, for at whatever point you judge the other, you are condemning yourself, because you who pass judgment do the same things. 2 Now we know that God's judgment against those who do such things is based on truth. 3 So when you, a mere man, pass judgment on them and yet do the same things, do you think you will escape God's judgment? 4 Or do you show contempt for the riches of his kindness, tolerance and patience, not realizing that God's kindness leads you toward repentance?

5 But because of your stubbornness and your unrepentant heart, you are storing up wrath against yourself for the day of God's wrath, when his righteous judgment will be revealed. 6 God "will give to each person according to what he has done." e 7 To those who by persistence in doing good seek glory, honor and immortality, he will give eternal life. 8 But for those who are self-seeking and who reject the truth and follow evil, there will be wrath and anger. 9 There will be trouble and distress for every human being who does evil: first for the Jew, then for the Gentile; 10 but glory, honor and peace for everyone who does good: first for the Jew, then for the Gentile. 11 For God does not show favoritism.

12 All who sin apart from the law will also perish apart from the law, and all who sin under the law will be judged by the law. 13 For it is not those who hear

---

e 6 Psalm 62:12; Prov. 24:12

13 porque no son los oidores de la ley los justos ante Dios, sino los hacedores de la ley serán justificados.
14 Porque cuando los gentiles que no tienen ley, hacen por naturaleza lo que es de la ley, éstos, aunque no tengan ley, son ley para sí mismos,
15 mostrando la obra de la ley escrita en sus corazones, dando testimonio su conciencia, y acusándoles o defendiéndoles sus razonamientos,
16 en el día en que Dios juzgará por Jesucristo los secretos de los hombres, conforme a mi evangelio.

Los judíos y la ley

17 He aquí, tú tienes el sobrenombre de judío, y te apoyas en la ley, y te glorías en Dios,
18 y conoces su voluntad, e instruido por la ley apruebas lo mejor,
19 y confías en que eres guía de los ciegos, luz de los que están en tinieblas,
20 instructor de los indoctos, maestro de niños, que tienes en la ley la forma de la ciencia y de la verdad.
21 Tú, pues, que enseñas a otro, ¿no te enseñas a ti mismo? Tú que predicas que no se ha de hurtar, ¿hurtas?
22 Tú que dices que no se ha de adulterar, ¿adulteras? Tú que abominas de los ídolos, ¿cometes sacrilegio?
23 Tú que te jactas de la ley, ¿con infracción de la ley deshonras a Dios?
24 Porque como está escrito, el nombre de Dios es blasfemado entre los gentiles por causa de vosotros.
25 Pues en verdad la circuncisión aprovecha, si guardas la ley; pero si eres transgresor de la ley, tu circuncisión viene a ser incircuncisión.
26 Si, pues, el incircunciso guardare las ordenanzas de la ley, ¿no será tenida su incircuncisión como circuncisión?
27 Y el que físicamente es incircunciso, pero guarda perfectamente la ley, te condenará a ti, que con la letra de la ley y con la circuncisión eres transgresor de la ley.
28 Pues no es judío el que lo es exteriormente, ni es la circuncisión la que se hace exteriormente en la carne;
29 sino que es judío el que lo es en lo interior, y la circuncisión es la del corazón, en espíritu, no en letra; la alabanza del cual no viene de los hombres, sino de Dios.

3 ¹ ¿Qué ventaja tiene, pues, el judío? ¿o de qué aprovecha la circuncisión?
2 Mucho, en todas maneras. Primero, ciertamente, que les ha sido confiada la palabra de Dios.
3 ¿Pues qué, si algunos de ellos han sido incrédulos? ¿Su incredulidad habrá hecho nula la fidelidad de Dios?
4 De ninguna manera; antes bien sea Dios veraz, y todo hombre mentiroso; como está escrito:
     Para que seas justificado en tus palabras,
     Y venzas cuando fueres juzgado.
5 Y si nuestra injusticia hace resaltar la justicia de Dios, ¿qué diremos? ¿Será injusto Dios que da castigo? (Hablo como hombre.)
6 En ninguna manera; de otro modo, ¿cómo juzgaría Dios al mundo?
7 Pero si por mi mentira la verdad de Dios abundó para su gloria, ¿por qué aún soy juzgado como pecador?
8 ¿Y por qué no decir (como se nos calumnia, y como

the law who are righteous in God's sight, but it is those who obey the law who will be declared righteous.
14 (Indeed, when Gentiles, who do not have the law, do by nature things required by the law, they are a law for themselves, even though they do not have the law,
15 since they show that the requirements of the law are written on their hearts, their consciences also bearing witness, and their thoughts now accusing, now even defending them.) 16 This will take place on the day when God will judge men's secrets through Jesus Christ, as my gospel declares.

The Jews and the Law

17 Now you, if you call yourself a Jew; if you rely on the law and brag about your relationship to God; 18 if you know his will and approve of what is superior because you are instructed by the law; 19 if you are convinced that you are a guide for the blind, a light for those who are in the dark, 20 an instructor of the foolish, a teacher of infants, because you have in the law the embodiment of knowledge and truth— 21 you, then, who teach others, do you not teach yourself? You who preach against stealing, do you steal? 22 You who say that people should not commit adultery, do you commit adultery? You who abhor idols, do you rob temples? 23 You who brag about the law, do you dishonor God by breaking the law? 24 As it is written: "God's name is blasphemed among the Gentiles because of you." *f*
25 Circumcision has value if you observe the law, but if you break the law, you have become as though you had not been circumcised. 26 If those who are not circumcised keep the law's requirements, will they not be regarded as though they were circumcised? 27 The one who is not circumcised physically and yet obeys the law will condemn you who, even though you have the *g* written code and circumcision, are a lawbreaker.
28 A man is not a Jew if he is only one outwardly, nor is circumcision merely outward and physical. 29 No, a man is a Jew if he is one inwardly; and circumcision is circumcision of the heart, by the Spirit, not by the written code. Such a man's praise is not from men, but from God.

God's Faithfulness

3 What advantage, then, is there in being a Jew, or what value is there in circumcision? 2 Much in every way! First of all, they have been entrusted with the very words of God.
3 What if some did not have faith? Will their lack of faith nullify God's faithfulness? 4 Not at all! Let God be true, and every man a liar. As it is written:
     "So that you may be proved right when you speak
     and prevail when you judge." *h*

5 But if our unrighteousness brings out God's righteousness more clearly, what shall we say? That God is unjust in bringing his wrath on us? (I am using a human argument.) 6 Certainly not! If that were so, how could God judge the world? 7 Someone might argue, "If my falsehood enhances God's truthfulness and so increases his glory, why am I still condemned as a sinner?" 8 Why not say—as we are being slanderously

f24 Isaiah 52:5; Ezek. 36:22   *g27* Or *who, by means of a*
h4 Psalm 51:4

algunos, cuya condenación es justa, afirman que nosotros decimos): Hagamos males para que vengan bienes?

No hay justo

9 ¿Qué, pues? ¿Somos nosotros mejores que ellos? En ninguna manera; pues ya hemos acusado a judíos y a gentiles, que todos están bajo pecado. 10 Como está escrito:
No hay justo, ni aun uno;
11 No hay quien entienda.
No hay quien busque a Dios.
12 Todos se desviaron, a una se hicieron inútiles;
No hay quien haga lo bueno, no hay ni
siquiera uno.
13 Sepulcro abierto es su garganta;
Con su lengua engañan.
Veneno de áspides hay debajo de sus labios;
14 Su boca está llena de maldición y de amargura.
15 Sus pies se apresuran para derramar sangre;
16 Quebranto y desventura hay en sus caminos;
17 Y no conocieron camino de paz.
18 No hay temor de Dios delante de sus ojos.

19 Pero sabemos que todo lo que la ley dice, lo dice a los que están bajo la ley, para que toda boca se cierre y todo el mundo quede bajo el juicio de Dios; 20 ya que por las obras de la ley ningún ser humano será justificado delante de él; porque por medio de la ley es el conocimiento del pecado.

La justicia es por medio de la fe

21 Pero ahora, aparte de la ley, se ha manifestado la justicia de Dios, testificada por la ley y por los profetas; 22 la justicia de Dios por medio de la fe en Jesucristo, para todos los que creen en él. Porque no hay diferencia, 23 por cuanto todos pecaron, y están destituidos de la gloria de Dios, 24 siendo justificados gratuitamente por su gracia, mediante la redención que es en Cristo Jesús, 25 a quien Dios puso como propiciación por medio de la fe en su sangre, para manifestar su justicia, a causa de haber pasado por alto, en su paciencia, los pecados pasados, 26 con la mira de manifestar en este tiempo su justicia, a fin de que él sea el justo, y el que justifica al que es de la fe de Jesús.

27 ¿Dónde, pues, está la jactancia? Queda excluida. ¿Por cuál ley? ¿Por la de las obras? No, sino por la ley de la fe. 28 Concluimos, pues, que el hombre es justificado por fe sin las obras de la ley. 29 ¿Es Dios solamente Dios de los judíos? ¿No es también Dios de los gentiles? Ciertamente, también de los gentiles. 30 Porque Dios es uno, y él justificará por la fe a los de la circuncisión, y por medio de la fe a los de la incircuncisión. 31 ¿Luego por la fe invalidamos la ley? En ninguna manera, sino que confirmamos la ley.

El ejemplo de Abraham

4 1 ¿Qué, pues, diremos que halló Abraham, nuestro padre según la carne? 2 Porque si Abraham fue justificado por las obras, tiene de qué gloriarse, pero no para con Dios.

reported as saying and as some claim that we say—"Let us do evil that good may result"? Their condemnation is deserved.

No One Is Righteous

9 What shall we conclude then? Are we any better[i]? Not at all! We have already made the charge that Jews and Gentiles alike are all under sin. 10 As it is written:

"There is no one righteous, not even one;
11 there is no one who understands,
no one who seeks God.
12 All have turned away,
they have together become worthless;
there is no one who does good,
not even one."[j]
13 "Their throats are open graves;
their tongues practice deceit."[k]
"The poison of vipers is on their lips."[l]
14 "Their mouths are full of cursing and
bitterness."[m]
15 "Their feet are swift to shed blood;
16 ruin and misery mark their ways,
17 and the way of peace they do not know."[n]
18 "There is no fear of God before their eyes."[o]

19 Now we know that whatever the law says, it says to those who are under the law, so that every mouth may be silenced and the whole world held accountable to God. 20 Therefore no one will be declared righteous in his sight by observing the law; rather, through the law we become conscious of sin.

Righteousness Through Faith

21 But now a righteousness from God, apart from law, has been made known, to which the Law and the Prophets testify. 22 This righteousness from God comes through faith in Jesus Christ to all who believe. There is no difference, 23 for all have sinned and fall short of the glory of God, 24 and are justified freely by his grace through the redemption that came by Christ Jesus. 25 God presented him as a sacrifice of atonement,[p] through faith in his blood. He did this to demonstrate his justice, because in his forbearance he had left the sins committed beforehand unpunished—26 he did it to demonstrate his justice at the present time, so as to be just and the one who justifies those who have faith in Jesus.

27 Where, then, is boasting? It is excluded. On what principle? On that of observing the law? No, but on that of faith. 28 For we maintain that a man is justified by faith apart from observing the law. 29 Is God the God of Jews only? Is he not the God of Gentiles too? Yes, of Gentiles too, 30 since there is only one God, who will justify the circumcised by faith and the uncircumcised through that same faith. 31 Do we, then, nullify the law by this faith? Not at all! Rather, we uphold the law.

Abraham Justified by Faith

4 What then shall we say that Abraham, our forefather, discovered in this matter? 2 If, in fact, Abraham was justified by works, he had something to boast about—but not before God. 3 What does the Scripture

i9 Or worse   j12 Psalms 14:1-3; 53:1-3; Eccles. 7:20
k13 Psalm 5:9   l13 Psalm 140:3   m14 Psalm 10:7
n17 Isaiah 59:7,8   o18 Psalm 36:1   p25 Or as the one who would turn aside his wrath, taking away sin

3 Porque ¿qué dice la Escritura? Creyó Abraham a Dios, y le fue contado por justicia.

4 Pero al que obra, no se le cuenta el salario como gracia, sino como deuda;

5 mas al que no obra, sino cree en aquel que justifica al impío, su fe le es contada por justicia.

6 Como también David habla de la bienaventuranza del hombre a quien Dios atribuye justicia sin obras,

7 diciendo:
Bienaventurados aquellos cuyas iniquidades son perdonadas,
Y cuyos pecados son cubiertos.
8 Bienaventurado el varón a quien el Señor no inculpa de pecado.

9 ¿Es, pues, esta bienaventuranza solamente para los de la circuncisión, o también para los de la incircuncisión? Porque decimos que a Abraham le fue contada la fe por justicia.

10 ¿Cómo, pues, le fue contada? ¿Estando en la circuncisión, o en la incircuncisión? No en la circuncisión, sino en la incircuncisión.

11 Y recibió la circuncisión como señal, como sello de la justicia de la fe que tuvo estando aún incircunciso; para que fuese padre de todos los creyentes no circuncidados, a fin de que también a ellos la fe les sea contada por justicia;

12 y padre de la circuncisión, para los que no solamente son de la circuncisión, sino que también siguen las pisadas de la fe que tuvo nuestro padre Abraham antes de ser circuncidado.

La promesa realizada mediante la fe

13 Porque no por la ley fue dada a Abraham o a su descendencia la promesa de que sería heredero del mundo, sino por la justicia de la fe.

14 Porque si los que son de la ley son los herederos, vana resulta la fe, y anulada la promesa.

15 Pues la ley produce ira; pero donde no hay ley, tampoco hay transgresión.

16 Por tanto, es por fe, para que sea por gracia, a fin de que la promesa sea firme para toda su descendencia; no solamente para la que es de la ley, sino también para la que es de la fe de Abraham, el cual es padre de todos nosotros

17 (como está escrito: Te he puesto por padre de muchas gentes) delante de Dios, a quien creyó, el cual da vida a los muertos, y llama las cosas que no son, como si fuesen.

18 El creyó en esperanza contra esperanza, para llegar a ser padre de muchas gentes, conforme a lo que se le había dicho: Así será tu descendencia.

19 Y no se debilitó en la fe al considerar su cuerpo, que estaba ya como muerto (siendo de casi cien años), o la esterilidad de la matriz de Sara.

20 Tampoco dudó, por incredulidad, de la promesa de Dios, sino que se fortaleció en fe, dando gloria a Dios,

21 plenamente convencido de que era también poderoso para hacer todo lo que había prometido;

22 por lo cual también su fe le fue contada por justicia.

23 Y no solamente con respecto a él se escribió que le fue contada,

24 sino también con respecto a nosotros a quienes ha de ser contada, esto es, a los que creemos en el que levantó de los muertos a Jesús, Señor nuestro,

25 el cual fue entregado por nuestras transgresiones, y resucitado para nuestra justificación.

---

say? "Abraham believed God, and it was credited to him as righteousness." q

4 Now when a man works, his wages are not credited to him as a gift, but as an obligation. 5 However, to the man who does not work but trusts God who justifies the wicked, his faith is credited as righteousness. 6 David says the same thing when he speaks of the blessedness of the man to whom God credits righteousness apart from works:

7 "Blessed are they
whose transgressions are forgiven,
whose sins are covered.
8 Blessed is the man
whose sin the Lord will never count against him." r

9 Is this blessedness only for the circumcised, or also for the uncircumcised? We have been saying that Abraham's faith was credited to him as righteousness. 10 Under what circumstances was it credited? Was it after he was circumcised, or before? It was not after, but before! 11 And he received the sign of circumcision, a seal of the righteousness that he had by faith while he was still uncircumcised. So then, he is the father of all who believe but have not been circumcised, in order that righteousness might be credited to them. 12 And he is also the father of the circumcised who not only are circumcised but who also walk in the footsteps of the faith that our father Abraham had before he was circumcised.

13 It was not through law that Abraham and his offspring received the promise that he would be heir of the world, but through the righteousness that comes by faith. 14 For if those who live by law are heirs, faith has no value and the promise is worthless, 15 because law brings wrath. And where there is no law there is no transgression.

16 Therefore, the promise comes by faith, so that it may be by grace and may be guaranteed to all Abraham's offspring—not only to those who are of the law but also to those who are of the faith of Abraham. He is the father of us all. 17 As it is written: "I have made you a father of many nations." s He is our father in the sight of God, in whom he believed—the God who gives life to the dead and calls things that are not as though they were.

18 Against all hope, Abraham in hope believed and so became the father of many nations, just as it had been said to him, "So shall your offspring be." t 19 Without weakening in his faith, he faced the fact that his body was as good as dead—since he was about a hundred years old—and that Sarah's womb was also dead. 20 Yet he did not waver through unbelief regarding the promise of God, but was strengthened in his faith and gave glory to God, 21 being fully persuaded that God had power to do what he had promised. 22 This is why "it was credited to him as righteousness." 23 The words "it was credited to him" were written not for him alone, 24 but also for us, to whom God will credit righteousness—for us who believe in him who raised Jesus our Lord from the dead. 25 He was delivered over to death for our sins and was raised to life for our justification.

---

q3 Gen. 15:6; also in verse 22   r8 Psalm 32:1,2   s17 Gen. 17:5   t18 Gen. 15:5

Resultados de la justificación

5 ¹Justificados, pues, por la fe, tenemos paz para con Dios por medio de nuestro Señor Jesucristo;
²por quien también tenemos entrada por la fe a esta gracia en la cual estamos firmes, y nos gloriamos en la esperanza de la gloria de Dios.
³Y no sólo esto, sino que también nos gloriamos en las tribulaciones, sabiendo que la tribulación produce paciencia;
⁴y la paciencia, prueba; y la prueba, esperanza;
⁵y la esperanza no avergüenza; porque el amor de Dios ha sido derramado en nuestros corazones por el Espíritu Santo que nos fue dado.
⁶Porque Cristo, cuando aún éramos débiles, a su tiempo murió por los impíos.
⁷Ciertamente, apenas morirá alguno por un justo; con todo, pudiera ser que alguno osara morir por el bueno.
⁸Mas Dios muestra su amor para con nosotros, en que siendo aún pecadores, Cristo murió por nosotros.
⁹Pues mucho más, estando ya justificados en su sangre, por él seremos salvos de la ira.
¹⁰Porque si siendo enemigos, fuimos reconciliados con Dios por la muerte de su Hijo, mucho más, estando reconciliados, seremos salvos por su vida.
¹¹Y no sólo esto, sino que también nos gloriamos en Dios por el Señor nuestro Jesucristo, por quien hemos recibido ahora la reconciliación.

Adán y Cristo

¹²Por tanto, como el pecado entró en el mundo por un hombre, y por el pecado la muerte, así la muerte pasó a todos los hombres, por cuanto todos pecaron.
¹³Pues antes de la ley, había pecado en el mundo; pero donde no hay ley, no se inculpa de pecado.
¹⁴No obstante, reinó la muerte desde Adán hasta Moisés, aun en los que no pecaron a la manera de la transgresión de Adán, el cual es figura del que había de venir.
¹⁵Pero el don no fue como la transgresión; porque si por la transgresión de aquel uno murieron los muchos, abundaron mucho más para los muchos la gracia y el don de Dios por la gracia de un hombre, Jesucristo.
¹⁶Y con el don no sucede como en el caso de aquel uno que pecó; porque ciertamente el juicio vino a causa de un solo pecado para condenación, pero el don vino a causa de muchas transgresiones para justificación.
¹⁷Pues si por la transgresión de uno solo reinó la muerte, mucho más reinarán en vida por uno solo, Jesucristo, los que reciben la abundancia de la gracia y del don de la justicia.
¹⁸Así que, como por la transgresión de uno vino la condenación a todos los hombres, de la misma manera por la justicia de uno vino a todos los hombres la justificación de vida.
¹⁹Porque así como por la desobediencia de un hombre los muchos fueron constituidos pecadores, así también por la obediencia de uno, los muchos serán constituidos justos.
²⁰Pero la ley se introdujo para que el pecado abundase; mas cuando el pecado abundó, sobreabundó la gracia;
²¹para que así como el pecado reinó para muerte, así también la gracia reine por la justicia para vida eterna mediante Jesucristo, Señor nuestro.

Muertos al pecado

6 ¹¿Qué, pues, diremos? ¿Perseveraremos en el pecado para que la gracia abunde?

Peace and Joy

5 ¹Therefore, since we have been justified through faith, we[u] have peace with God through our Lord Jesus Christ, ²through whom we have gained access by faith into this grace in which we now stand. And we[u] rejoice in the hope of the glory of God. ³Not only so, but we[u] also rejoice in our sufferings, because we know that suffering produces perseverance; ⁴perseverance, character; and character, hope. ⁵And hope does not disappoint us, because God has poured out his love into our hearts by the Holy Spirit, whom he has given us.

⁶You see, at just the right time, when we were still powerless, Christ died for the ungodly. ⁷Very rarely will anyone die for a righteous man, though for a good man someone might possibly dare to die. ⁸But God demonstrates his own love for us in this: While we were still sinners, Christ died for us.

⁹Since we have now been justified by his blood, how much more shall we be saved from God's wrath through him! ¹⁰For if, when we were God's enemies, we were reconciled to him through the death of his Son, how much more, having been reconciled, shall we be saved through his life! ¹¹Not only is this so, but we also rejoice in God through our Lord Jesus Christ, through whom we have now received reconciliation.

Death Through Adam, Life Through Christ

¹²Therefore, just as sin entered the world through one man, and death through sin, and in this way death came to all men, because all sinned— ¹³for before the law was given, sin was in the world. But sin is not taken into account when there is no law. ¹⁴Nevertheless, death reigned from the time of Adam to the time of Moses, even over those who did not sin by breaking a command, as did Adam, who was a pattern of the one to come.

¹⁵But the gift is not like the trespass. For if the many died by the trespass of the one man, how much more did God's grace and the gift that came by the grace of the one man, Jesus Christ, overflow to the many! ¹⁶Again, the gift of God is not like the result of the one man's sin: The judgment followed one sin and brought condemnation, but the gift followed many trespasses and brought justification. ¹⁷For if, by the trespass of the one man, death reigned through that one man, how much more will those who receive God's abundant provision of grace and of the gift of righteousness reign in life through the one man, Jesus Christ.

¹⁸Consequently, just as the result of one trespass was condemnation for all men, so also the result of one act of righteousness was justification that brings life for all men. ¹⁹For just as through the disobedience of the one man the many were made sinners, so also through the obedience of the one man the many will be made righteous.

²⁰The law was added so that the trespass might increase. But where sin increased, grace increased all the more, ²¹so that, just as sin reigned in death, so also grace might reign through righteousness to bring eternal life through Jesus Christ our Lord.

Dead to Sin, Alive in Christ

6 What shall we say, then? Shall we go on sinning so that grace may increase? ²By no means! We

2 En ninguna manera. Porque los que hemos muerto al pecado, ¿cómo viviremos aún en él?

3 ¿O no sabéis que todos los que hemos sido bautizados en Cristo Jesús, hemos sido bautizados en su muerte?

4 Porque somos sepultados juntamente con él para muerte por el bautismo, a fin de que como Cristo resucitó de los muertos por la gloria del Padre, así también nosotros andemos en vida nueva.

5 Porque si fuimos plantados juntamente con él en la semejanza de su muerte, así también lo seremos en la de su resurrección;

6 sabiendo esto, que nuestro viejo hombre fue crucificado juntamente con él, para que el cuerpo del pecado sea destruido, a fin de que no sirvamos más al pecado.

7 Porque el que ha muerto, ha sido justificado del pecado.

8 Y si morimos con Cristo, creemos que también viviremos con él;

9 sabiendo que Cristo, habiendo resucitado de los muertos, ya no muere; la muerte no se enseñorea más de él.

10 Porque en cuanto murió, al pecado murió una vez por todas; mas en cuanto vive, para Dios vive.

11 Así también vosotros consideraos muertos al pecado, pero vivos para Dios en Cristo Jesús, Señor nuestro.

12 No reine, pues, el pecado en vuestro cuerpo mortal, de modo que lo obedezcáis en sus concupiscencias;

13 ni tampoco presentéis vuestros miembros al pecado como instrumentos de iniquidad, sino presentaos vosotros mismos a Dios como vivos de entre los muertos, y vuestros miembros a Dios como instrumentos de justicia.

14 Porque el pecado no se enseñoreará de vosotros; pues no estáis bajo la ley, sino bajo la gracia.

Siervos de la justicia

15 ¿Qué, pues? ¿Pecaremos, porque no estamos bajo la ley, sino bajo la gracia? En ninguna manera.

16 ¿No sabéis que si os sometéis a alguien como esclavos para obedecerle, sois esclavos de aquel a quien obedecéis, sea del pecado para muerte, o sea de la obediencia para justicia?

17 Pero gracias a Dios, que aunque erais esclavos del pecado, habéis obedecido de corazón a aquella forma de doctrina a la cual fuisteis entregados;

18 y libertados del pecado, vinisteis a ser siervos de la justicia.

19 Hablo como humano, por vuestra humana debilidad; que así como para iniquidad presentasteis vuestros miembros para servir a la inmundicia y a la iniquidad, así ahora para santificación presentad vuestros miembros para servir a la justicia.

20 Porque cuando erais esclavos del pecado, erais libres acerca de la justicia.

21 ¿Pero qué fruto teníais de aquellas cosas de las cuales ahora os avergonzáis? Porque el fin de ellas es muerte.

22 Mas ahora que habéis sido libertados del pecado y hechos siervos de Dios, tenéis por vuestro fruto la santificación, y como fin, la vida eterna.

23 Porque la paga del pecado es muerte, mas la dádiva de Dios es vida eterna en Cristo Jesús Señor nuestro.

Analogía tomada del matrimonio

7 1 ¿Acaso ignoráis, hermanos (pues hablo con los que conocen la ley), que la ley se enseñorea del hombre entre tanto que éste vive?

2 Porque la mujer casada está sujeta por la ley al marido mientras éste vive: pero si el marido muere, ella queda libre de la ley del marido.

died to sin; how can we live in it any longer? 3Or don't you know that all of us who were baptized into Christ Jesus were baptized into his death? 4We were therefore buried with him through baptism into death in order that, just as Christ was raised from the dead through the glory of the Father, we too may live a new life.

5If we have been united with him like this in his death, we will certainly also be united with him in his resurrection. 6For we know that our old self was crucified with him so that the body of sin might be done away with, v that we should no longer be slaves to sin— 7because anyone who has died has been freed from sin.

8Now if we died with Christ, we believe that we will also live with him. 9For we know that since Christ was raised from the dead, he cannot die again; death no longer has mastery over him. 10The death he died, he died to sin once for all; but the life he lives, he lives to God.

11In the same way, count yourselves dead to sin but alive to God in Christ Jesus. 12Therefore do not let sin reign in your mortal body so that you obey its evil desires. 13Do not offer the parts of your body to sin, as instruments of wickedness, but rather offer yourselves to God, as those who have been brought from death to life; and offer the parts of your body to him as instruments of righteousness. 14For sin shall not be your master, because you are not under law, but under grace.

Slaves to Righteousness

15What then? Shall we sin because we are not under law but under grace? By no means! 16Don't you know that when you offer yourselves to someone to obey him as slaves, you are slaves to the one whom you obey— whether you are slaves to sin, which leads to death, or to obedience, which leads to righteousness? 17But thanks be to God that, though you used to be slaves to sin, you wholeheartedly obeyed the form of teaching to which you were entrusted. 18You have been set free from sin and have become slaves to righteousness.

19I put this in human terms because you are weak in your natural selves. Just as you used to offer the parts of your body in slavery to impurity and to ever-increasing wickedness, so now offer them in slavery to righteousness leading to holiness. 20When you were slaves to sin, you were free from the control of righteousness. 21What benefit did you reap at that time from the things you are now ashamed of? Those things result in death! 22But now that you have been set free from sin and have become slaves to God, the benefit you reap leads to holiness, and the result is eternal life. 23For the wages of sin is death, but the gift of God is eternal life in w Christ Jesus our Lord.

An Illustration From Marriage

7 Do you not know, brothers—for I am speaking to men who know the law—that the law has authority over a man only as long as he lives? 2For example, by law a married woman is bound to her husband as long as he is alive, but if her husband dies, she is

v6 Or *be rendered powerless*   w23 Or *through*

3 Así que, si en vida del marido se uniere a otro varón, será llamada adúltera; pero si su marido muriere, es libre de esa ley, de tal manera que si se uniere a otro marido, no será adúltera.

4 Así también vosotros, hermanos míos, habéis muerto a la ley mediante el cuerpo de Cristo, para que seáis de otro, del que resucitó de los muertos, a fin de que llevemos fruto para Dios.

5 Porque mientras estábamos en la carne, las pasiones pecaminosas que eran por la ley obraban en nuestros miembros llevando fruto para muerte.

6 Pero ahora estamos libres de la ley, por haber muerto para aquella en que estábamos sujetos, de modo que sirvamos bajo el régimen nuevo del Espíritu y no bajo el régimen viejo de la letra.

El pecado que mora en mí

7 ¿Qué diremos, pues? ¿La ley es pecado? En ninguna manera. Pero yo no conocí el pecado sino por la ley; porque tampoco conociera la codicia, si la ley no dijera: No codiciarás.

8 Mas el pecado, tomando ocasión por el mandamiento, produjo en mí toda codicia; porque sin la ley el pecado está muerto.

9 Y yo sin la ley vivía en un tiempo; pero venido el mandamiento, el pecado revivió y yo morí.

10 Y hallé que el mismo mandamiento que era para vida, a mí me resultó para muerte;

11 porque el pecado, tomando ocasión por el mandamiento, me engañó, y por él me mató.

12 De manera que la ley a la verdad es santa, y el mandamiento santo, justo y bueno.

13 ¿Luego lo que es bueno, vino a ser muerte para mí? En ninguna manera; sino que el pecado, para mostrarse pecado, produjo en mí la muerte por medio de lo que es bueno, a fin de que por el mandamiento el pecado llegase a ser sobremanera pecaminoso.

14 Porque sabemos que la ley es espiritual; mas yo soy carnal, vendido al pecado.

15 Porque lo que hago, no lo entiendo; pues no hago lo que quiero, sino lo que aborrezco, eso hago.

16 Y si lo que no quiero, esto hago, apruebo que la ley es buena.

17 De manera que ya no soy yo quien hace aquello, sino el pecado que mora en mí.

18 Y yo sé que en mí, esto es, en mi carne, no mora el bien; porque el querer el bien está en mí, pero no el hacerlo.

19 Porque no hago el bien que quiero, sino el mal que no quiero, eso hago.

20 Y si hago lo que no quiero, ya no lo hago yo, sino el pecado que mora en mí.

21 Así que, queriendo yo hacer el bien, hallo esta ley: que el mal está en mí.

22 Porque según el hombre interior, me deleito en la ley de Dios;

23 pero veo otra ley en mis miembros, que se rebela contra la ley de mi mente, y que me lleva cautivo a la ley del pecado que está en mis miembros.

24 ¡Miserable de mí! ¿quién me librará de este cuerpo de muerte?

25 Gracias doy a Dios, por Jesucristo Señor nuestro. Así que, yo mismo con la mente sirvo a la ley de Dios, mas con la carne a la ley del pecado.

released from the law of marriage. 3So then, if she marries another man while her husband is still alive, she is called an adulteress. But if her husband dies, she is released from that law and is not an adulteress, even though she marries another man.

4So, my brothers, you also died to the law through the body of Christ, that you might belong to another, to him who was raised from the dead, in order that we might bear fruit to God. 5For when we were controlled by the sinful nature,^{x} the sinful passions aroused by the law were at work in our bodies, so that we bore fruit for death. 6But now, by dying to what once bound us, we have been released from the law so that we serve in the new way of the Spirit, and not in the old way of the written code.

Struggling With Sin

7What shall we say, then? Is the law sin? Certainly not! Indeed I would not have known what sin was except through the law. For I would not have known what coveting really was if the law had not said, "Do not covet."^{y} 8But sin, seizing the opportunity afforded by the commandment, produced in me every kind of covetous desire. For apart from law, sin is dead. 9Once I was alive apart from law; but when the commandment came, sin sprang to life and I died. 10I found that the very commandment that was intended to bring life actually brought death. 11For sin, seizing the opportunity afforded by the commandment, deceived me, and through the commandment put me to death. 12So then, the law is holy, and the commandment is holy, righteous and good.

13Did that which is good, then, become death to me? By no means! But in order that sin might be recognized as sin, it produced death in me through what was good, so that through the commandment sin might become utterly sinful.

14We know that the law is spiritual; but I am unspiritual, sold as a slave to sin. 15I do not understand what I do. For what I want to do I do not do, but what I hate I do. 16And if I do what I do not want to do, I agree that the law is good. 17As it is, it is no longer I myself who do it, but it is sin living in me. 18I know that nothing good lives in me, that is, in my sinful nature.^{z} For I have the desire to do what is good, but I cannot carry it out. 19For what I do is not the good I want to do; no, the evil I do not want to do—this I keep on doing. 20Now if I do what I do not want to do, it is no longer I who do it, but it is sin living in me that does it.

21So I find this law at work: When I want to do good, evil is right there with me. 22For in my inner being I delight in God's law; 23but I see another law at work in the members of my body, waging war against the law of my mind and making me a prisoner of the law of sin at work within my members. 24What a wretched man I am! Who will rescue me from this body of death? 25Thanks be to God—through Jesus Christ our Lord!

So then, I myself in my mind am a slave to God's law, but in the sinful nature a slave to the law of sin.

---

^{x}5 Or the flesh; also in verse 25　　^{y}7 Exodus 20:17; Deut. 5:21
^{z}18 Or my flesh

Viviendo en el Espíritu

8 ¹ Ahora, pues, ninguna condenación hay para los que están en Cristo Jesús, los que no andan conforme a la carne, sino conforme al Espíritu.

² Porque la ley del Espíritu de vida en Cristo Jesús me ha librado de la ley del pecado y de la muerte.

³ Porque lo que era imposible para la ley, por cuanto era débil por la carne, Dios, enviando a su Hijo en semejanza de carne de pecado y a causa del pecado, condenó al pecado en la carne;

⁴ para que la justicia de la ley se cumpliese en nosotros, que no andamos conforme a la carne, sino conforme al Espíritu.

⁵ Porque los que son de la carne piensan en las cosas de la carne; pero los que son del Espíritu, en las cosas del Espíritu.

⁶ Porque el ocuparse de la carne es muerte, pero el ocuparse del Espíritu es vida y paz.

⁷ Por cuanto los designios de la carne son enemistad contra Dios; porque no se sujetan a la ley de Dios, ni tampoco pueden;

⁸ y los que viven según la carne no pueden agradar a Dios.

⁹ Mas vosotros no vivís según la carne, sino según el Espíritu, si es que el Espíritu de Dios mora en vosotros. Y si alguno no tiene el Espíritu de Cristo, no es de él.

¹⁰ Pero si Cristo está en vosotros, el cuerpo en verdad está muerto a causa del pecado, mas el espíritu vive a causa de la justicia.

¹¹ Y si el Espíritu de aquel que levantó de los muertos a Jesús mora en vosotros, el que levantó de los muertos a Cristo Jesús vivificará también vuestros cuerpos mortales por su Espíritu que mora en vosotros.

¹² Así que, hermanos, deudores somos, no a la carne, para que vivamos conforme a la carne;

¹³ porque si vivís conforme a la carne, moriréis; mas si por el Espíritu hacéis morir las obras de la carne, viviréis.

¹⁴ Porque todos los que son guiados por el Espíritu de Dios, éstos son hijos de Dios.

¹⁵ Pues no habéis recibido el espíritu de esclavitud para estar otra vez en temor, sino que habéis recibido el espíritu de adopción, por el cual clamamos: ¡Abba, Padre!

¹⁶ El Espíritu mismo da testimonio a nuestro espíritu, de que somos hijos de Dios.

¹⁷ Y si hijos, también herederos; herederos de Dios y coherederos con Cristo, si es que padecemos juntamente con él, para que juntamente con él seamos glorificados.

¹⁸ Pues tengo por cierto que las aflicciones del tiempo presente no son comparables con la gloria venidera que en nosotros ha de manifestarse.

¹⁹ Porque el anhelo ardiente de la creación es el aguardar la manifestación de los hijos de Dios.

²⁰ Porque la creación fue sujetada a vanidad, no por su propia voluntad, sino por causa del que la sujetó en esperanza;

²¹ porque también la creación misma será libertada de la esclavitud de corrupción, a la libertad gloriosa de los hijos de Dios.

²² Porque sabemos que toda la creación gime a una, y a una está con dolores de parto hasta ahora;

²³ y no sólo ella, sino que también nosotros mismos, que tenemos las primicias del Espíritu, nosotros también gemimos dentro de nosotros mismos, esperando la adopción, la redención de nuestro cuerpo.

²⁴ Porque en esperanza fuimos salvos; pero la esperanza que se ve, no es esperanza; porque lo que alguno ve, ¿a qué esperarlo?

²⁵ Pero si esperamos lo que no vemos, con paciencia lo aguardamos.

Life Through the Spirit

8 Therefore, there is now no condemnation for those who are in Christ Jesus,*a* ²because through Christ Jesus the law of the Spirit of life set me free from the law of sin and death. ³For what the law was powerless to do in that it was weakened by the sinful nature,*b* God did by sending his own Son in the likeness of sinful man to be a sin offering.*c* And so he condemned sin in sinful man,*d* ⁴in order that the righteous requirements of the law might be fully met in us, who do not live according to the sinful nature but according to the Spirit.

⁵Those who live according to the sinful nature have their minds set on what that nature desires; but those who live in accordance with the Spirit have their minds set on what the Spirit desires. ⁶The mind of sinful man*e* is death, but the mind controlled by the Spirit is life and peace; ⁷the sinful mind*f* is hostile to God. It does not submit to God's law, nor can it do so. ⁸Those controlled by the sinful nature cannot please God.

⁹You, however, are controlled not by the sinful nature but by the Spirit, if the Spirit of God lives in you. And if anyone does not have the Spirit of Christ, he does not belong to Christ. ¹⁰But if Christ is in you, your body is dead because of sin, yet your spirit is alive because of righteousness. ¹¹And if the Spirit of him who raised Jesus from the dead is living in you, he who raised Christ from the dead will also give life to your mortal bodies through his Spirit, who lives in you.

¹²Therefore, brothers, we have an obligation—but it is not to the sinful nature, to live according to it. ¹³For if you live according to the sinful nature, you will die; but if by the Spirit you put to death the misdeeds of the body, you will live, ¹⁴because those who are led by the Spirit of God are sons of God. ¹⁵For you did not receive a spirit that makes you a slave again to fear, but you received the Spirit of sonship.*g* And by him we cry, "Abba,*h* Father." ¹⁶The Spirit himself testifies with our spirit that we are God's children. ¹⁷Now if we are children, then we are heirs—heirs of God and co-heirs with Christ, if indeed we share in his sufferings in order that we may also share in his glory.

Future Glory

¹⁸I consider that our present sufferings are not worth comparing with the glory that will be revealed in us. ¹⁹The creation waits in eager expectation for the sons of God to be revealed. ²⁰For the creation was subjected to frustration, not by its own choice, but by the will of the one who subjected it, in hope ²¹that*i* the creation itself will be liberated from its bondage to decay and brought into the glorious freedom of the children of God.

²²We know that the whole creation has been groaning as in the pains of childbirth right up to the present time. ²³Not only so, but we ourselves, who have the firstfruits of the Spirit, groan inwardly as we wait eagerly for our adoption as sons, the redemption of our bodies. ²⁴For in this hope we were saved. But hope that is seen is no hope at all. Who hopes for what he already has? ²⁵But if we hope for what we do not yet have, we wait for it patiently.

a1 Some later manuscripts *Jesus, who do not live according to the sinful nature but according to the Spirit,*   *b3 Or the flesh;* also in verses 4, 5, 8, 9, 12 and 13   *c3 Or man, for sin*   *d3 Or in the flesh*   *e6 Or mind set on the flesh*   *f7 Or The mind set on the flesh*   *g15 Or adoption*   *h15 Aramaic for Father*   *i20,21 Or subjected it in hope. 21For*

26 Y de igual manera el Espíritu nos ayuda en nuestra debilidad; pues qué hemos de pedir como conviene, no lo sabemos, pero el Espíritu mismo intercede por nosotros con gemidos indecibles.
27 Mas el que escudriña los corazones sabe cuál es la intención del Espíritu, porque conforme a la voluntad de Dios intercede por los santos.

Más que vencedores

28 Y sabemos que a los que aman a Dios, todas las cosas les ayudan a bien, esto es, a los que conforme a su propósito son llamados.
29 Porque a los que antes conoció, también los predestinó para que fuesen hechos conformes a la imagen de su Hijo, para que él sea el primogénito entre muchos hermanos.
30 Y a los que predestinó, a éstos también llamó; y a los que llamó, a éstos también justificó; y a los que justificó, a éstos también glorificó.
31 ¿Qué, pues, diremos a esto? Si Dios es por nosotros, ¿quién contra nosotros?
32 El que no escatimó ni a su propio Hijo, sino que lo entregó por todos nosotros, ¿cómo no nos dará también con él todas las cosas?
33 ¿Quién acusará a los escogidos de Dios? Dios es el que justifica.
34 ¿Quién es el que condenará? Cristo es el que murió; más aun, el que también resucitó, el que además está a la diestra de Dios, el que también intercede por nosotros.
35 ¿Quién nos separará del amor de Cristo? ¿Tribulación, o angustia, o persecución, o hambre, o desnudez, o peligro, o espada?
36 Como está escrito:
Por causa de ti somos muertos todo el tiempo;
Somos contados como ovejas de matadero.
37 Antes, en todas estas cosas somos más que vencedores por medio de aquel que nos amó.
38 Por lo cual estoy seguro de que ni la muerte, ni la vida, ni ángeles, ni principados, ni potestades, ni lo presente, ni lo por venir,
39 ni lo alto, ni lo profundo, ni ninguna otra cosa creada nos podrá separar del amor de Dios, que es en Cristo Jesús Señor nuestro.

La elección de Israel

9 1 Verdad digo en Cristo, no miento, y mi conciencia me da testimonio en el Espíritu Santo,
2 que tengo gran tristeza y continuo dolor en mi corazón.
3 Porque deseara yo mismo ser anatema, separado de Cristo, por amor a mis hermanos, los que son mis parientes según la carne;
4 que son israelitas, de los cuales son la adopción, la gloria, el pacto, la promulgación de la ley, el culto y las promesas;
5 de quienes son los patriarcas, y de los cuales, según la carne, vino Cristo, el cual es Dios sobre todas las cosas, bendito por los siglos. Amén.
6 No que la palabra de Dios haya fallado; porque no todos los que descienden de Israel son israelitas,
7 ni por ser descendientes de Abraham, son todos hijos; sino: En Isaac te será llamada descendencia.
8 Esto es: no los que son hijos según la carne son los hijos de Dios, sino que los que son hijos según la promesa son contados como descendientes.

26 In the same way, the Spirit helps us in our weakness. We do not know what we ought to pray for, but the Spirit himself intercedes for us with groans that words cannot express. 27 And he who searches our hearts knows the mind of the Spirit, because the Spirit intercedes for the saints in accordance with God's will.

More Than Conquerors

28 And we know that in all things God works for the good of those who love him,[i] who[k] have been called according to his purpose. 29 For those God foreknew he also predestined to be conformed to the likeness of his Son, that he might be the firstborn among many brothers. 30 And those he predestined, he also called; those he called, he also justified; those he justified, he also glorified.
31 What, then, shall we say in response to this? If God is for us, who can be against us? 32 He who did not spare his own Son, but gave him up for us all—how will he not also, along with him, graciously give us all things? 33 Who will bring any charge against those whom God has chosen? It is God who justifies. 34 Who is he that condemns? Christ Jesus, who died—more than that, who was raised to life—is at the right hand of God and is also interceding for us. 35 Who shall separate us from the love of Christ? Shall trouble or hardship or persecution or famine or nakedness or danger or sword? 36 As it is written:

"For your sake we face death all day long;
    we are considered as sheep to be
        slaughtered."[l]

37 No, in all these things we are more than conquerors through him who loved us. 38 For I am convinced that neither death nor life, neither angels nor demons,[m] neither the present nor the future, nor any powers, 39 neither height nor depth, nor anything else in all creation, will be able to separate us from the love of God that is in Christ Jesus our Lord.

God's Sovereign Choice

9 I speak the truth in Christ—I am not lying, my conscience confirms it in the Holy Spirit— 2 I have great sorrow and unceasing anguish in my heart. 3 For I could wish that I myself were cursed and cut off from Christ for the sake of my brothers, those of my own race, 4 the people of Israel. Theirs is the adoption as sons; theirs the divine glory, the covenants, the receiving of the law, the temple worship and the promises. 5 Theirs are the patriarchs, and from them is traced the human ancestry of Christ, who is God over all, forever praised![n] Amen.
6 It is not as though God's word had failed. For not all who are descended from Israel are Israel. 7 Nor because they are his descendants are they all Abraham's children. On the contrary, "It is through Isaac that your offspring will be reckoned."[o] 8 In other words, it is not the natural children who are God's children, but it is the children of the promise who are regarded as Abraham's offspring. 9 For this was how the

---

9 Porque la palabra de la promesa es esta: Por este tiempo vendré, y Sara tendrá un hijo.

10 Y no sólo esto, sino también cuando Rebeca concibió de uno, de Isaac nuestro padre

11 (pues no habían aún nacido, ni habían hecho aún ni bien ni mal, para que el propósito de Dios conforme a la elección permaneciese, no por las obras sino por el que llama),

12 se le dijo: El mayor servirá al menor.

13 Como está escrito: A Jacob amé, mas a Esaú aborrecí.

14 ¿Qué, pues, diremos? ¿Que hay injusticia en Dios? En ninguna manera.

15 Pues a Moisés dice: Tendré misericordia del que yo tenga misericordia, y me compadeceré del que yo me compadezca.

16 Así que no depende del que quiere, ni del que corre, sino de Dios que tiene misericordia.

17 Porque la Escritura dice a Faraón: Para esto mismo te he levantado, para mostrar en ti mi poder, y para que mi nombre sea anunciado por toda la tierra.

18 De manera que de quien quiere, tiene misericordia, y al que quiere endurecer, endurece.

19 Pero me dirás: ¿Por qué, pues, inculpa? porque ¿quién ha resistido a su voluntad?

20 Mas antes, oh hombre, ¿quién eres tú, para que alterques con Dios? ¿Dirá el vaso de barro al que lo formó: ¿Por qué me has hecho así?

21 ¿O no tiene potestad el alfarero sobre el barro, para hacer de la misma masa un vaso para honra y otro para deshonra?

22 ¿Y qué, si Dios, queriendo mostrar su ira y hacer notorio su poder, soportó con mucha paciencia los vasos de ira preparados para destrucción,

23 y para hacer notorias las riquezas de su gloria, las mostró para con los vasos de misericordia que él preparó de antemano para gloria,

24 a los cuales también ha llamado, esto es, a nosotros, no sólo de los judíos, sino también de los gentiles?

25 Como también en Oseas dice:
Llamaré pueblo mío al que no era mi pueblo,
Y a la no amada, amada.

26 Y en el lugar donde se les dijo: Vosotros no sois pueblo mío,
Allí serán llamados hijos del Dios viviente.

27 También Isaías clama tocante a Israel: Si fuere el número de los hijos de Israel como la arena del mar, tan sólo el remanente será salvo;

28 porque el Señor ejecutará su sentencia sobre la tierra en justicia y con prontitud.

29 Y como antes dijo Isaías:
Si el Señor de los ejércitos no nos hubiera dejado descendencia,
Como Sodoma habríamos venido a ser, y a Gomorra seríamos semejantes.

promise was stated: "At the appointed time I will return, and Sarah will have a son." p

10 Not only that, but Rebekah's children had one and the same father, our father Isaac. 11 Yet, before the twins were born or had done anything good or bad—in order that God's purpose in election might stand: 12 not by works but by him who calls—she was told, "The older will serve the younger." q 13 Just as it is written: "Jacob I loved, but Esau I hated." r

14 What then shall we say? Is God unjust? Not at all! 15 For he says to Moses,

"I will have mercy on whom I have mercy,
    and I will have compassion on whom I have
        compassion." s

16 It does not, therefore, depend on man's desire or effort, but on God's mercy. 17 For the Scripture says to Pharaoh: "I raised you up for this very purpose, that I might display my power in you and that my name might be proclaimed in all the earth." t 18 Therefore God has mercy on whom he wants to have mercy, and he hardens whom he wants to harden.

19 One of you will say to me: "Then why does God still blame us? For who resists his will?" 20 But who are you, O man, to talk back to God? "Shall what is formed say to him who formed it, 'Why did you make me like this?' " u 21 Does not the potter have the right to make out of the same lump of clay some pottery for noble purposes and some for common use?

22 What if God, choosing to show his wrath and make his power known, bore with great patience the objects of his wrath—prepared for destruction? 23 What if he did this to make the riches of his glory known to the objects of his mercy, whom he prepared in advance for glory—24 even us, whom he also called, not only from the Jews but also from the Gentiles? 25 As he says in Hosea:

"I will call them 'my people' who are not my
        people;
    and I will call her 'my loved one' who is not
        my loved one," v

26 and,

"It will happen that in the very place where it
        was said to them,
    'You are not my people,'
they will be called 'sons of the living God.' " w

27 Isaiah cries out concerning Israel:

"Though the number of the Israelites be like the
        sand by the sea,
    only the remnant will be saved.
28 For the Lord will carry out
    his sentence on earth with speed and
        finality." x

29 It is just as Isaiah said previously:

"Unless the Lord Almighty
    had left us descendants,
we would have become like Sodom,
    we would have been like Gomorrah." y

p 9 Gen. 18:10,14   q 12 Gen. 25:23   r 13 Mal. 1:2,3
s 15 Exodus 33:19   t 17 Exodus 9:16   u 20 Isaiah 29:16; 45:9
v 25 Hosea 2:23   w 26 Hosea 1:10   x 28 Isaiah 10:22,23
y 29 Isaiah 1:9

La justicia que es por fe

30 ¿Qué, pues, diremos? Que los gentiles, que no iban tras la justicia, han alcanzado la justicia, es decir, la justicia que es por fe;
31 mas Israel, que iba tras una ley de justicia, no la alcanzó.
32 ¿Por qué? Porque iban tras ella no por fe, sino como por obras de la ley, pues tropezaron en la piedra de tropiezo,
33 como está escrito:

He aquí pongo en Sion piedra de tropiezo y roca de caída;
Y el que creyere en él, no será avergonzado.

10 1 Hermanos, ciertamente el anhelo de mi corazón, y mi oración a Dios por Israel, es para salvación.
2 Porque yo les doy testimonio de que tienen celo de Dios, pero no conforme a ciencia.
3 Porque ignorando la justicia de Dios, y procurando establecer la suya propia, no se han sujetado a la justicia de Dios;
4 porque el fin de la ley es Cristo, para justicia a todo aquel que cree.
5 Porque de la justicia que es por la ley Moisés escribe así: El hombre que haga estas cosas, vivirá por ellas.
6 Pero la justicia que es por la fe dice así: No digas en tu corazón: ¿Quién subirá al cielo? (esto es, para traer abajo a Cristo);
7 o, ¿quién descenderá al abismo? (esto es, para hacer subir a Cristo de entre los muertos).
8 Mas ¿qué dice? Cerca de ti está la palabra, en tu boca y en tu corazón. Esta es la palabra de fe que predicamos:
9 que si confesares con tu boca que Jesús es el Señor, y creyeres en tu corazón que Dios le levantó de los muertos, serás salvo.
10 Porque con el corazón se cree para justicia, pero con la boca se confiesa para salvación.
11 Pues la Escritura dice: Todo aquel que en él creyere, no será avergonzado.
12 Porque no hay diferencia entre judío y griego, pues el mismo que es Señor de todos, es rico para con todos los que le invocan;
13 porque todo aquel que invocare el nombre del Señor, será salvo.
14 ¿Cómo, pues, invocarán a aquel en el cual no han creído? ¿Y cómo creerán en aquel de quien no han oído? ¿Y cómo oirán sin haber quién les predique?
15 ¿Y cómo predicarán si no fueren enviados? Como está escrito: ¡Cuán hermosos son los pies de los que anuncian la paz, de los que anuncian buenas nuevas!
16 Mas no todos obedecieron al evangelio; pues Isaías dice: Señor, ¿quién ha creído a nuestro anuncio?
17 Así que la fe es por el oír, y el oír, por la palabra de Dios.
18 Pero digo: ¿No han oído? Antes bien,
Por toda la tierra ha salido la voz de ellos,
Y hasta los fines de la tierra sus palabras.

Israel's Unbelief

30 What then shall we say? That the Gentiles, who did not pursue righteousness, have obtained it, a righteousness that is by faith; 31 but Israel, who pursued a law of righteousness, has not attained it. 32 Why not? Because they pursued it not by faith but as if it were by works. They stumbled over the "stumbling stone." 33 As it is written:

"See, I lay in Zion a stone that causes men to stumble
and a rock that makes them fall,
and the one who trusts in him will never be put to shame." z

10 Brothers, my heart's desire and prayer to God for the Israelites is that they may be saved. 2 For I can testify about them that they are zealous for God, but their zeal is not based on knowledge. 3 Since they did not know the righteousness that comes from God and sought to establish their own, they did not submit to God's righteousness. 4 Christ is the end of the law so that there may be righteousness for everyone who believes.

5 Moses describes in this way the righteousness that is by the law: "The man who does these things will live by them." a 6 But the righteousness that is by faith says: "Do not say in your heart, 'Who will ascend into heaven?' b" (that is, to bring Christ down) 7 "or 'Who will descend into the deep?' c" (that is, to bring Christ up from the dead). 8 But what does it say? "The word is near you; it is in your mouth and in your heart," d that is, the word of faith we are proclaiming: 9 That if you confess with your mouth, "Jesus is Lord," and believe in your heart that God raised him from the dead, you will be saved. 10 For it is with your heart that you believe and are justified, and it is with your mouth that you confess and are saved. 11 As the Scripture says, "Anyone who trusts in him will never be put to shame." e 12 For there is no difference between Jew and Gentile — the same Lord is Lord of all and richly blesses all who call on him, 13 for, "Everyone who calls on the name of the Lord will be saved." f

14 How, then, can they call on the one they have not believed in? And how can they believe in the one of whom they have not heard? And how can they hear without someone preaching to them? 15 And how can they preach unless they are sent? As it is written, "How beautiful are the feet of those who bring good news!" g

16 But not all the Israelites accepted the good news. For Isaiah says, "Lord, who has believed our message?" h 17 Consequently, faith comes from hearing the message, and the message is heard through the word of Christ. 18 But I ask: Did they not hear? Of course they did:

"Their voice has gone out into all the earth,
their words to the ends of the world." i

z 33 Isaiah 8:14; 28:16   a 5 Lev. 18:5   b 6 Deut. 30:12
c 7 Deut. 30:13   d 8 Deut. 30:14   e 11 Isaiah 28:16
f 13 Joel 2:32   g 15 Isaiah 52:7   h 16 Isaiah 53:1
i 18 Psalm 19:4

19 También digo: ¿No ha conocido esto Israel? Primeramente Moisés dice:

Yo os provocaré a celos con un pueblo que no es pueblo;
Con pueblo insensato os provocaré a ira.

20 E Isaías dice resueltamente:

Fui hallado de los que no me buscaban;
Me manifesté a los que no preguntaban por mí.

21 Pero acerca de Israel dice: Todo el día extendí mis manos a un pueblo rebelde y contradictor.

El remanente de Israel

11 1 Digo, pues: ¿Ha desechado Dios a su pueblo? En ninguna manera. Porque también yo soy israelita, de la descendencia de Abraham, de la tribu de Benjamín. 2 No ha desechado Dios a su pueblo, al cual desde antes conoció. ¿O no sabéis qué dice de Elías la Escritura, cómo invoca a Dios contra Israel, diciendo: 3 Señor, a tus profetas han dado muerte, y tus altares han derribado; y sólo yo he quedado, y procuran matarme? 4 Pero ¿qué le dice la divina respuesta? Me he reservado siete mil hombres, que no han doblado la rodilla delante de Baal. 5 Así también aun en este tiempo ha quedado un remanente escogido por gracia. 6 Y si por gracia, ya no es por obras; de otra manera la gracia ya no es gracia. Y si por obras, ya no es gracia; de otra manera la obra ya no es obra.

7 ¿Qué pues? Lo que buscaba Israel, no lo ha alcanzado; pero los escogidos sí lo han alcanzado, y los demás fueron endurecidos; 8 como está escrito: Dios les dio espíritu de estupor, ojos con que no vean y oídos con que no oigan, hasta el día de hoy. 9 Y David dice:

Sea vuelto su convite en trampa y en red,
En tropezadero y en retribución;
10 Sean oscurecidos sus ojos para que no vean,
Y agóbiales la espalda para siempre.

La salvación de los gentiles

11 Digo, pues: ¿Han tropezado los de Israel para que cayesen? En ninguna manera; pero por su transgresión vino la salvación a los gentiles, para provocarles a celos. 12 Y si su transgresión es la riqueza del mundo, y su defección la riqueza de los gentiles, ¿cuánto más su plena restauración?

13 Porque a vosotros hablo, gentiles. Por cuanto yo soy apóstol a los gentiles, honro mi ministerio, 14 por si en alguna manera pueda provocar a celos a los de mi sangre, y hacer salvos a algunos de ellos. 15 Porque si su exclusión es la reconciliación del mundo ¿qué será su admisión, sino vida de entre los muertos? 16 Si las primicias son santas, también lo es la masa restante; y si la raíz es santa, también lo son las ramas.

19 Again I ask: Did Israel not understand? First, Moses says,

"I will make you envious by those who are not a nation;
I will make you angry by a nation that has no understanding." j

20 And Isaiah boldly says,

"I was found by those who did not seek me;
I revealed myself to those who did not ask for me." k

21 But concerning Israel he says,

"All day long I have held out my hands to a disobedient and obstinate people." l

The Remnant of Israel

11 I ask then: Did God reject his people? By no means! I am an Israelite myself, a descendant of Abraham, from the tribe of Benjamin. 2 God did not reject his people, whom he foreknew. Don't you know what the Scripture says in the passage about Elijah—how he appealed to God against Israel: 3 "Lord, they have killed your prophets and torn down your altars; I am the only one left, and they are trying to kill me" m? 4 And what was God's answer to him? "I have reserved for myself seven thousand who have not bowed the knee to Baal." n 5 So too, at the present time there is a remnant chosen by grace. 6 And if by grace, then it is no longer by works; if it were, grace would no longer be grace. o

7 What then? What Israel sought so earnestly it did not obtain, but the elect did. The others were hardened, 8 as it is written:

"God gave them a spirit of stupor,
eyes so that they could not see
and ears so that they could not hear,
to this very day." p

9 And David says:

"May their table become a snare and a trap,
a stumbling block and a retribution for them.
10 May their eyes be darkened so they cannot see,
and their backs be bent forever." q

Ingrafted Branches

11 Again I ask: Did they stumble so as to fall beyond recovery? Not at all! Rather, because of their transgression, salvation has come to the Gentiles to make Israel envious. 12 But if their transgression means riches for the world, and their loss means riches for the Gentiles, how much greater riches will their fullness bring!

13 I am talking to you Gentiles. Inasmuch as I am the apostle to the Gentiles, I make much of my ministry 14 in the hope that I may somehow arouse my own people to envy and save some of them. 15 For if their rejection is the reconciliation of the world, what will their acceptance be but life from the dead? 16 If the part of the dough offered as firstfruits is holy, then the whole batch is holy; if the root is holy, so are the branches.

j 19 Deut. 32:21   k 20 Isaiah 65:1   l 21 Isaiah 65:2
m 3 1 Kings 19:10,14   n 4 1 Kings 19:18   o 6 Some manuscripts by grace. But if by works, then it is no longer grace; if it were, work would no longer be work.   p 8 Deut. 29:4; Isaiah 29:10
q 10 Psalm 69:22,23

17Pues si algunas de las ramas fueron desgajadas, y tú, siendo olivo silvestre, has sido injertado en lugar de ellas, y has sido hecho participante de la raíz y de la rica savia del olivo,

18no te jactes contra las ramas; y si te jactas, sabe que no sustentas tú a la raíz, sino la raíz a ti.

19Pues las ramas, dirás, fueron desgajadas para que yo fuese injertado.

20Bien; por su incredulidad fueron desgajadas, pero tú por la fe estás en pie. No te ensoberbezcas, sino teme.

21Porque si Dios no perdonó a las ramas naturales, a ti tampoco te perdonará.

22Mira, pues, la bondad y la severidad de Dios; la severidad ciertamente para con los que cayeron, pero la bondad para contigo, si permaneces en esa bondad; pues de otra manera tú también serás cortado.

23Y aun ellos, si no permanecieren en incredulidad, serán injertados, pues poderoso es Dios para volverlos a injertar.

24Porque si tú fuiste cortado del que por naturaleza es olivo silvestre, y contra naturaleza fuiste injertado en el buen olivo, ¿cuánto más éstos, que son las ramas naturales, serán injertados en su propio olivo?

La restauración de Israel

25Porque no quiero, hermanos, que ignoréis este misterio, para que no seáis arrogantes en cuanto a vosotros mismos: que ha acontecido a Israel endurecimiento en parte, hasta que haya entrado la plenitud de los gentiles; 26y luego todo Israel será salvo, como está escrito:

Vendrá de Sion el Libertador,
Que apartará de Jacob la impiedad.

27Y este será mi pacto con ellos,
Cuando yo quite sus pecados.

28Así que en cuanto al evangelio, son enemigos por causa de vosotros; pero en cuanto a la elección, son amados por causa de los padres.

29Porque irrevocables son los dones y el llamamiento de Dios.

30Pues como vosotros también en otro tiempo erais desobedientes a Dios, pero ahora habéis alcanzado misericordia por la desobediencia de ellos,

31así también éstos ahora han sido desobedientes, para que por la misericordia concedida a vosotros, ellos también alcancen misericordia.

32Porque Dios sujetó a todos en desobediencia, para tener misericordia de todos.

33¡Oh profundidad de las riquezas de la sabiduría y de la ciencia de Dios! ¡Cuán insondables son sus juicios, e inescrutables sus caminos!

34Porque ¿quién entendió la mente del Señor? ¿O quién fue su consejero?

35¿O quién le dio a él primero, para que le fuese recompensado?

36Porque de él, y por él, y para él, son todas las cosas. A él sea la gloria por los siglos. Amén.

Deberes cristianos

12 1 Así que, hermanos, os ruego por las misericordias de Dios, que presentéis vuestros cuerpos en sacrificio vivo, santo, agradable a Dios, que es vuestro culto racional.

17If some of the branches have been broken off, and you, though a wild olive shoot, have been grafted in among the others and now share in the nourishing sap from the olive root, 18do not boast over those branches. If you do, consider this: You do not support the root, but the root supports you. 19You will say then, "Branches were broken off so that I could be grafted in." 20Granted. But they were broken off because of unbelief, and you stand by faith. Do not be arrogant, but be afraid. 21For if God did not spare the natural branches, he will not spare you either.

22Consider therefore the kindness and sternness of God: sternness to those who fell, but kindness to you, provided that you continue in his kindness. Otherwise, you also will be cut off. 23And if they do not persist in unbelief, they will be grafted in, for God is able to graft them in again. 24After all, if you were cut out of an olive tree that is wild by nature, and contrary to nature were grafted into a cultivated olive tree, how much more readily will these, the natural branches, be grafted into their own olive tree!

All Israel Will Be Saved

25I do not want you to be ignorant of this mystery, brothers, so that you may not be conceited: Israel has experienced a hardening in part until the full number of the Gentiles has come in. 26And so all Israel will be saved, as it is written:

"The deliverer will come from Zion;
　he will turn godlessness away from Jacob.
27And this is r my covenant with them
　when I take away their sins." s

28As far as the gospel is concerned, they are enemies on your account; but as far as election is concerned, they are loved on account of the patriarchs, 29for God's gifts and his call are irrevocable. 30Just as you who were at one time disobedient to God have now received mercy as a result of their disobedience, 31so they too have now become disobedient in order that they too may now t receive mercy as a result of God's mercy to you. 32For God has bound all men over to disobedience so that he may have mercy on them all.

Doxology

33Oh, the depth of the riches of the wisdom and u
　knowledge of God!
How unsearchable his judgments,
　and his paths beyond tracing out!
34"Who has known the mind of the Lord?
　Or who has been his counselor?" v
35"Who has ever given to God,
　that God should repay him?" w
36For from him and through him and to him are all
　things.
To him be the glory forever! Amen.

Living Sacrifices

12 Therefore, I urge you, brothers, in view of God's mercy, to offer your bodies as living sacrifices, holy and pleasing to God—this is your spiritual x act of worship. 2Do not conform any longer to

---

r27 Or will be　s27 Isaiah 59:20,21; 27:9; Jer. 31:33,34
t31 Some manuscripts do not have now.　u33 Or riches and the
wisdom and the　v34 Isaiah 40:13　w35 Job 41:11　x1 Or
reasonable

2 No os conforméis a este siglo, sino transformaos por medio de la renovación de vuestro entendimiento, para que comprobéis cuál sea la buena voluntad de Dios, agradable y perfecta.

3 Digo, pues, por la gracia que me es dada, a cada cual que está entre vosotros, que no tenga más alto concepto de sí que el que debe tener, sino que piense de sí con cordura, conforme a la medida de fe que Dios repartió a cada uno.

4 Porque de la manera que en un cuerpo tenemos muchos miembros, pero no todos los miembros tienen la misma función,

5 así nosotros, siendo muchos, somos un cuerpo en Cristo, y todos miembros los unos de los otros.

6 De manera que, teniendo diferentes dones, según la gracia que nos es dada, si el de profecía, úsese conforme a la medida de la fe;

7 o si de servicio, en servir; o el que enseña, en la enseñanza;

8 el que exhorta, en la exhortación; el que reparte, con liberalidad; el que preside, con solicitud; el que hace misericordia, con alegría.

9 El amor sea sin fingimiento. Aborreced lo malo, seguid lo bueno.

10 Amaos los unos a los otros con amor fraternal; en cuanto a honra, prefiriéndoos los unos a los otros.

11 En lo que requiere diligencia, no perezosos; fervientes en espíritu, sirviendo al Señor;

12 gozosos en la esperanza; sufridos en la tribulación; constantes en la oración;

13 compartiendo para las necesidades de los santos; practicando la hospitalidad.

14 Bendecid a los que os persiguen; bendecid, y no maldigáis.

15 Gozaos con los que se gozan; llorad con los que lloran.

16 Unánimes entre vosotros; no altivos, sino asociándoos con los humildes. No seáis sabios en vuestra propia opinión.

17 No paguéis a nadie mal por mal; procurad lo bueno delante de todos los hombres.

18 Si es posible, en cuanto dependa de vosotros, estad en paz con todos los hombres.

19 No os venguéis vosotros mismos, amados míos, sino dejad lugar a la ira de Dios; porque escrito está: Mía es la venganza, yo pagaré, dice el Señor.

20 Así que, si tu enemigo tuviere hambre, dale de comer; si tuviere sed, dale de beber; pues haciendo esto, ascuas de fuego amontonarás sobre su cabeza.

21 No seas vencido de lo malo, sino vence con el bien el mal.

13 1 Sométase toda persona a las autoridades superiores; porque no hay autoridades sino de parte de Dios, y las que hay, por Dios han sido establecidas.

2 De modo que quien se opone a la autoridad, a lo establecido por Dios resiste; y los que resisten, acarrean condenación para sí mismos.

3 Porque los magistrados no están para infundir temor al que hace el bien, sino al malo. ¿Quieres, pues, no temer la autoridad? Haz lo bueno, y tendrás alabanza de ella;

4 porque es servidor de Dios para tu bien. Pero si haces lo malo, teme; porque no en vano lleva la espada, pues es servidor de Dios, vengador para castigar al que hace lo malo.

5 Por lo cual es necesario estarle sujetos, no solamente por

the pattern of this world, but be transformed by the renewing of your mind. Then you will be able to test and approve what God's will is—his good, pleasing and perfect will.

3 For by the grace given me I say to every one of you: Do not think of yourself more highly than you ought, but rather think of yourself with sober judgment, in accordance with the measure of faith God has given you. 4 Just as each of us has one body with many members, and these members do not all have the same function, 5 so in Christ we who are many form one body, and each member belongs to all the others. 6 We have different gifts, according to the grace given us. If a man's gift is prophesying, let him use it in proportion to his *y* faith. 7 If it is serving, let him serve; if it is teaching, let him teach; 8 if it is encouraging, let him encourage; if it is contributing to the needs of others, let him give generously; if it is leadership, let him govern diligently; if it is showing mercy, let him do it cheerfully.

Love

9 Love must be sincere. Hate what is evil; cling to what is good. 10 Be devoted to one another in brotherly love. Honor one another above yourselves. 11 Never be lacking in zeal, but keep your spiritual fervor, serving the Lord. 12 Be joyful in hope, patient in affliction, faithful in prayer. 13 Share with God's people who are in need. Practice hospitality.

14 Bless those who persecute you; bless and do not curse. 15 Rejoice with those who rejoice; mourn with those who mourn. 16 Live in harmony with one another. Do not be proud, but be willing to associate with people of low position.*z* Do not be conceited.

17 Do not repay anyone evil for evil. Be careful to do what is right in the eyes of everybody. 18 If it is possible, as far as it depends on you, live at peace with everyone. 19 Do not take revenge, my friends, but leave room for God's wrath, for it is written: "It is mine to avenge; I will repay,"*a* says the Lord. 20 On the contrary:

"If your enemy is hungry, feed him;
     if he is thirsty, give him something to drink.
In doing this, you will heap burning coals on his
       head."*b*

21 Do not be overcome by evil, but overcome evil with good.

Submission to the Authorities

13 Everyone must submit himself to the governing authorities, for there is no authority except that which God has established. The authorities that exist have been established by God. 2 Consequently, he who rebels against the authority is rebelling against what God has instituted, and those who do so will bring judgment on themselves. 3 For rulers hold no terror for those who do right, but for those who do wrong. Do you want to be free from fear of the one in authority? Then do what is right and he will commend you. 4 For he is God's servant to do you good. But if you do wrong, be afraid, for he does not bear the sword for nothing. He is God's servant, an agent of wrath to bring punishment on the wrongdoer. 5 Therefore, it is neces-

---

*y*6 Or *in agreement with the*   *z*16 Or *willing to do menial work*
*a*19 Deut. 32:35   *b*20 Prov. 25:21,22

razón del castigo, sino también por causa de la conciencia. 6 Pues por esto pagáis también los tributos, porque son servidores de Dios que atienden continuamente a esto mismo.

7 Pagad a todos lo que debéis: al que tributo, tributo; al que impuesto, impuesto; al que respeto, respeto; al que honra, honra.

8 No debáis a nadie nada, sino el amaros unos a otros; porque el que ama al prójimo, ha cumplido la ley. 9 Porque: No adulterarás, no matarás, no hurtarás, no dirás falso testimonio, no codiciarás, y cualquier otro mandamiento, en esta sentencia se resume: Amarás a tu prójimo como a ti mismo. 10 El amor no hace mal al prójimo; así que el cumplimiento de la ley es el amor.

11 Y esto, conociendo el tiempo, que es ya hora de levantarnos del sueño; porque ahora está más cerca de nosotros nuestra salvación que cuando creímos. 12 La noche está avanzada, y se acerca el día. Desechemos, pues, las obras de las tinieblas, y vistámonos las armas de la luz. 13 Andemos como de día, honestamente; no en glotonerías y borracheras, no en lujurias y lascivias, no en contiendas y envidia, 14 sino vestíos del Señor Jesucristo, y no proveáis para los deseos de la carne.

Los débiles en la fe

14 1 Recibid al débil en la fe, pero no para contender sobre opiniones. 2 Porque uno cree que se ha de comer de todo; otro, que es débil, come legumbres. 3 El que come, no menosprecie al que no come, y el que no come, no juzgue al que come; porque Dios le ha recibido. 4 ¿Tú quién eres, que juzgas al criado ajeno? Para su propio señor está en pie, o cae; pero estará firme, porque poderoso es el Señor para hacerle estar firme. 5 Uno hace diferencia entre día y día; otro juzga iguales todos los días. Cada uno esté plenamente convencido en su propia mente. 6 El que hace caso del día, lo hace para el Señor; y el que no hace caso del día, para el Señor no lo hace. El que come, para el Señor come, porque da gracias a Dios; y el que no come, para el Señor no come, y da gracias a Dios. 7 Porque ninguno de nosotros vive para sí, y ninguno muere para sí. 8 Pues si vivimos, para el Señor vivimos; y si morimos, para el Señor morimos. Así pues, sea que vivamos, o que muramos, del Señor somos. 9 Porque Cristo para esto murió y resucitó, y volvió a vivir, para ser Señor así de los muertos como de los que viven. 10 Pero tú, ¿por qué juzgas a tu hermano? O tú también, ¿por qué menosprecias a tu hermano? Porque todos compareceremos ante el tribunal de Cristo. 11 Porque escrito está:

Vivo yo, dice el Señor, que ante mí se doblará toda rodilla,
Y toda lengua confesará a Dios.

12 De manera que cada uno de nosotros dará a Dios cuenta de sí. 13 Así que, ya no nos juzguemos más los unos a los otros, sino más bien decidid no poner tropiezo u ocasión de caer al hermano.

---

sary to submit to the authorities, not only because of possible punishment but also because of conscience. 6 This is also why you pay taxes, for the authorities are God's servants, who give their full time to governing. 7 Give everyone what you owe him: If you owe taxes, pay taxes; if revenue, then revenue; if respect, then respect; if honor, then honor.

Love, for the Day Is Near

8 Let no debt remain outstanding, except the continuing debt to love one another, for he who loves his fellowman has fulfilled the law. 9 The commandments, "Do not commit adultery," "Do not murder," "Do not steal," "Do not covet," c and whatever other commandment there may be, are summed up in this one rule: "Love your neighbor as yourself." d 10 Love does no harm to its neighbor. Therefore love is the fulfillment of the law.

11 And do this, understanding the present time. The hour has come for you to wake up from your slumber, because our salvation is nearer now than when we first believed. 12 The night is nearly over; the day is almost here. So let us put aside the deeds of darkness and put on the armor of light. 13 Let us behave decently, as in the daytime, not in orgies and drunkenness, not in sexual immorality and debauchery, not in dissension and jealousy. 14 Rather, clothe yourselves with the Lord Jesus Christ, and do not think about how to gratify the desires of the sinful nature. e

The Weak and the Strong

14 Accept him whose faith is weak, without passing judgment on disputable matters. 2 One man's faith allows him to eat everything, but another man, whose faith is weak, eats only vegetables. 3 The man who eats everything must not look down on him who does not, and the man who does not eat everything must not condemn the man who does, for God has accepted him. 4 Who are you to judge someone else's servant? To his own master he stands or falls. And he will stand, for the Lord is able to make him stand.

5 One man considers one day more sacred than another; another man considers every day alike. Each one should be fully convinced in his own mind. 6 He who regards one day as special, does so to the Lord. He who eats meat, eats to the Lord, for he gives thanks to God; and he who abstains, does so to the Lord and gives thanks to God. 7 For none of us lives to himself alone and none of us dies to himself alone. 8 If we live, we live to the Lord; and if we die, we die to the Lord. So, whether we live or die, we belong to the Lord.

9 For this very reason, Christ died and returned to life so that he might be the Lord of both the dead and the living. 10 You, then, why do you judge your brother? Or why do you look down on your brother? For we will all stand before God's judgment seat. 11 It is written:

" 'As surely as I live,' says the Lord,
'every knee will bow before me;
every tongue will confess to God.' " f

12 So then, each of us will give an account of himself to God.

13 Therefore let us stop passing judgment on one another. Instead, make up your mind not to put any stumbling block or obstacle in your brother's way. 14 As

c 9 Exodus 20:13-15,17; Deut. 5:17-19,21   d 9 Lev. 19:18
e 14 Or the flesh   f 11 Isaiah 45:23

14 Yo sé, y confío en el Señor Jesús, que nada es inmundo en sí mismo; mas para el que piensa que algo es inmundo, para él lo es.

15 Pero si por causa de la comida tu hermano es contristado, ya no andas conforme al amor. No hagas que por la comida tuya se pierda aquel por quien Cristo murió.

16 No sea, pues, vituperado vuestro bien;

17 porque el reino de Dios no es comida ni bebida, sino justicia, paz y gozo en el Espíritu Santo.

18 Porque el que en esto sirve a Cristo, agrada a Dios, y es aprobado por los hombres.

19 Así que, sigamos lo que contribuye a la paz y a la mutua edificación.

20 No destruyas la obra de Dios por causa de la comida. Todas las cosas a la verdad son limpias; pero es malo que el hombre haga tropezar a otros con lo que come.

21 Bueno es no comer carne, ni beber vino, ni nada en que tu hermano tropiece, o se ofenda, o se debilite.

22 ¿Tienes tú fe? Tenla para contigo delante de Dios. Bienaventurado el que no se condena a sí mismo en lo que aprueba.

23 Pero el que duda sobre lo que come, es condenado, porque no lo hace con fe; y todo lo que no proviene de fe, es pecado.

15 1 Así que, los que somos fuertes debemos soportar las flaquezas de los débiles, y no agradarnos a nosotros mismos.

2 Cada uno de nosotros agrade a su prójimo en lo que es bueno, para edificación.

3 Porque ni aun Cristo se agradó a sí mismo; antes bien, como está escrito: Los vituperios de los que te vituperaban, cayeron sobre mí.

4 Porque las cosas que se escribieron antes, para nuestra enseñanza se escribieron, a fin de que por la paciencia y la consolación de las Escrituras, tengamos esperanza.

5 Pero el Dios de la paciencia y de la consolación os dé entre vosotros un mismo sentir según Cristo Jesús,

6 para que unánimes, a una voz, glorifiquéis al Dios y Padre de nuestro Señor Jesucristo.

El evangelio a los gentiles

7 Por tanto, recibíos los unos a los otros, como también Cristo nos recibió, para gloria de Dios.

8 Pues os digo, que Cristo Jesús vino a ser siervo de la circuncisión para mostrar la verdad de Dios, para confirmar las promesas hechas a los padres,

9 y para que los gentiles glorifiquen a Dios por su misericordia, como está escrito:
Por tanto, yo te confesaré entre los gentiles,
Y cantaré a tu nombre.

10 Y otra vez dice:
Alegraos, gentiles, con su pueblo.

11 Y otra vez:
Alabad al Señor todos los gentiles,
Y magnificadle todos los pueblos.

12 Y otra vez dice Isaías:
Estará la raíz de Isaí,
Y el que se levantará a regir los gentiles;
Los gentiles esperarán en él.

13 Y el Dios de esperanza os llene de todo gozo y paz en el creer, para que abundéis en esperanza por el poder del Espíritu Santo.

one who is in the Lord Jesus, I am fully convinced that no food*g* is unclean in itself. But if anyone regards something as unclean, then for him it is unclean. 15 If your brother is distressed because of what you eat, you are no longer acting in love. Do not by your eating destroy your brother for whom Christ died. 16 Do not allow what you consider good to be spoken of as evil. 17 For the kingdom of God is not a matter of eating and drinking, but of righteousness, peace and joy in the Holy Spirit, 18 because anyone who serves Christ in this way is pleasing to God and approved by men.

19 Let us therefore make every effort to do what leads to peace and to mutual edification. 20 Do not destroy the work of God for the sake of food. All food is clean, but it is wrong for a man to eat anything that causes someone else to stumble. 21 It is better not to eat meat or drink wine or to do anything else that will cause your brother to fall.

22 So whatever you believe about these things keep between yourself and God. Blessed is the man who does not condemn himself by what he approves. 23 But the man who has doubts is condemned if he eats, because his eating is not from faith; and everything that does not come from faith is sin.

15 We who are strong ought to bear with the failings of the weak and not to please ourselves. 2 Each of us should please his neighbor for his good, to build him up. 3 For even Christ did not please himself but, as it is written: "The insults of those who insult you have fallen on me."*h* 4 For everything that was written in the past was written to teach us, so that through endurance and the encouragement of the Scriptures we might have hope.

5 May the God who gives endurance and encouragement give you a spirit of unity among yourselves as you follow Christ Jesus, 6 so that with one heart and mouth you may glorify the God and Father of our Lord Jesus Christ.

7 Accept one another, then, just as Christ accepted you, in order to bring praise to God. 8 For I tell you that Christ has become a servant of the Jews*i* on behalf of God's truth, to confirm the promises made to the patriarchs 9 so that the Gentiles may glorify God for his mercy, as it is written:

"Therefore I will praise you among the Gentiles;
I will sing hymns to your name."*j*

10 Again, it says,

"Rejoice, O Gentiles, with his people."*k*

11 And again,

"Praise the Lord, all you Gentiles,
and sing praises to him, all you peoples."*l*

12 And again, Isaiah says,

"The Root of Jesse will spring up,
one who will arise to rule over the nations;
the Gentiles will hope in him."*m*

13 May the God of hope fill you with all joy and peace as you trust in him, so that you may overflow with hope by the power of the Holy Spirit.

g14 Or *that nothing*   *h3* Psalm 69:9   *i8* Greek *circumcision*
j9 2 Samuel 22:50; Psalm 18:49   *k10* Deut. 32:43
l11 Psalm 117:1   *m12* Isaiah 11:10

14 Pero estoy seguro de vosotros, hermanos míos, de que vosotros mismos estáis llenos de bondad, llenos de todo conocimiento, de tal manera que podéis amonestaros los unos a los otros.

15 Mas os he escrito, hermanos, en parte con atrevimiento, como para haceros recordar, por la gracia que de Dios me es dada

16 para ser ministro de Jesucristo a los gentiles, ministrando el evangelio de Dios, para que los gentiles le sean ofrenda agradable, santificada por el Espíritu Santo.

17 Tengo, pues, de qué gloriarme en Cristo Jesús en lo que a Dios se refiere.

18 Porque no osaría hablar sino de lo que Cristo ha hecho por medio de mí para la obediencia de los gentiles, con la palabra y con las obras,

19 con potencia de señales y prodigios, en el poder del Espíritu de Dios; de manera que desde Jerusalén, y por los alrededores hasta Ilírico, todo lo he llenado del evangelio de Cristo.

20 Y de esta manera me esforcé a predicar el evangelio, no donde Cristo ya hubiese sido nombrado, para no edificar sobre fundamento ajeno,

21 sino, como está escrito:
Aquellos a quienes nunca les fue anunciado acerca
    de él, verán;
Y los que nunca han oído de él, entenderán.

Pablo se propone ir a Roma

22 Por esta causa me he visto impedido muchas veces de ir a vosotros.

23 Pero ahora, no teniendo más campo en estas regiones, y deseando desde hace muchos años ir a vosotros,

24 cuando vaya a España, iré a vosotros; porque espero veros al pasar, y ser encaminado allá por vosotros, una vez que haya gozado con vosotros.

25 Mas ahora voy a Jerusalén para ministrar a los santos.

26 Porque Macedonia y Acaya tuvieron a bien hacer una ofrenda para los pobres que hay entre los santos que están en Jerusalén.

27 Pues les pareció bueno, y son deudores a ellos; porque si los gentiles han sido hechos participantes de sus bienes espirituales, deben también ellos ministrarles de los materiales.

28 Así que, cuando haya concluido esto, y les haya entregado este fruto, pasaré entre vosotros rumbo a España.

29 Y sé que cuando vaya a vosotros, llegaré con abundancia de la bendición del evangelio de Cristo.

30 Pero os ruego, hermanos, por nuestro Señor Jesucristo y por el amor del Espíritu, que me ayudéis orando por mí a Dios,

31 para que sea librado de los rebeldes que están en Judea, y que la ofrenda de mi servicio a los santos en Jerusalén sea acepta;

32 para que con gozo llegue a vosotros por la voluntad de Dios, y que sea recreado juntamente con vosotros.

33 Y el Dios de paz sea con todos vosotros. Amén.

Saludos personales

16 1 Os recomiendo además nuestra hermana Febe, la cual es diaconisa de la iglesia en Cencrea;

2 que la recibáis en el Señor, como es digno de los santos, y que la ayudéis en cualquier cosa en que necesite de vosotros; porque ella ha ayudado a muchos, y a mí mismo.

Paul the Minister to the Gentiles

14 I myself am convinced, my brothers, that you yourselves are full of goodness, complete in knowledge and competent to instruct one another. 15 I have written you quite boldly on some points, as if to remind you of them again, because of the grace God gave me 16 to be a minister of Christ Jesus to the Gentiles with the priestly duty of proclaiming the gospel of God, so that the Gentiles might become an offering acceptable to God, sanctified by the Holy Spirit.

17 Therefore I glory in Christ Jesus in my service to God. 18 I will not venture to speak of anything except what Christ has accomplished through me in leading the Gentiles to obey God by what I have said and done — 19 by the power of signs and miracles, through the power of the Spirit. So from Jerusalem all the way around to Illyricum, I have fully proclaimed the gospel of Christ. 20 It has always been my ambition to preach the gospel where Christ was not known, so that I would not be building on someone else's foundation. 21 Rather, as it is written:

"Those who were not told about him will see,
    and those who have not heard will
      understand." [n]

22 This is why I have often been hindered from coming to you.

Paul's Plan to Visit Rome

23 But now that there is no more place for me to work in these regions, and since I have been longing for many years to see you, 24 I plan to do so when I go to Spain. I hope to visit you while passing through and to have you assist me on my journey there, after I have enjoyed your company for a while. 25 Now, however, I am on my way to Jerusalem in the service of the saints there. 26 For Macedonia and Achaia were pleased to make a contribution for the poor among the saints in Jerusalem. 27 They were pleased to do it, and indeed they owe it to them. For if the Gentiles have shared in the Jews' spiritual blessings, they owe it to the Jews to share with them their material blessings. 28 So after I have completed this task and have made sure that they have received this fruit, I will go to Spain and visit you on the way. 29 I know that when I come to you, I will come in the full measure of the blessing of Christ.

30 I urge you, brothers, by our Lord Jesus Christ and by the love of the Spirit, to join me in my struggle by praying to God for me. 31 Pray that I may be rescued from the unbelievers in Judea and that my service in Jerusalem may be acceptable to the saints there, 32 so that by God's will I may come to you with joy and together with you be refreshed. 33 The God of peace be with you all. Amen.

Personal Greetings

16 I commend to you our sister Phoebe, a servant [o] of the church in Cenchrea. 2 I ask you to receive her in the Lord in a way worthy of the saints and to give her any help she may need from you, for she has been a great help to many people, including me.

3 Saludad a Priscila y a Aquila, mis colaboradores en Cristo Jesús,

4 que expusieron su vida por mí; a los cuales no sólo yo doy gracias, sino también todas las iglesias de los gentiles.

5 Saludad también a la iglesia de su casa. Saludad a Epeneto amado mío, que es el primer fruto de Acaya para Cristo.

6 Saludad a María, la cual ha trabajado mucho entre vosotros.

7 Saludad a Andrónico y a Junias, mis parientes y mis compañeros de prisiones, los cuales son muy estimados entre los apóstoles, y que también fueron antes de mí en Cristo.

8 Saludad a Amplias, amado mío en el Señor.

9 Saludad a Urbano, nuestro colaborador en Cristo Jesús, y a Estaquis, amado mío.

10 Saludad a Apeles, aprobado en Cristo. Saludad a los de la casa de Aristóbulo.

11 Saludad a Herodión, mi pariente. Saludad a los de la casa de Narciso, los cuales están en el Señor.

12 Saludad a Trifena y a Trifosa, las cuales trabajan en el Señor. Saludad a la amada Pérsida, la cual ha trabajado mucho en el Señor.

13 Saludad a Rufo, escogido en el Señor, y a su madre y mía.

14 Saludad a Asíncrito, a Flegonte, a Hermas, a Patrobas, a Hermes y a los hermanos que están con ellos.

15 Saludad a Filólogo, a Julia, a Nereo y a su hermana, a Olimpas y a todos los santos que están con ellos.

16 Saludaos los unos a los otros con ósculo santo. Os saludan todas las iglesias de Cristo.

17 Mas os ruego, hermanos, que os fijéis en los que causan divisiones y tropiezos en contra de la doctrina que vosotros habéis aprendido, y que os apartéis de ellos.

18 Porque tales personas no sirven a nuestro Señor Jesucristo, sino a sus propios vientres, y con suaves palabras y lisonjas engañan los corazones de los ingenuos.

19 Porque vuestra obediencia ha venido a ser notoria a todos, así que me gozo de vosotros; pero quiero que seáis sabios para el bien, e ingenuos para el mal.

20 Y el Dios de paz aplastará en breve a Satanás bajo vuestros pies. La gracia de nuestro Señor Jesucristo sea con vosotros.

21 Os saludan Timoteo mi colaborador, y Lucio, Jasón y Sosípater, mis parientes.

22 Yo Tercio, que escribí la epístola, os saludo en el Señor.

23 Os saluda Gayo, hospedador mío y de toda la iglesia. Os saluda Erasto, tesorero de la ciudad, y el hermano Cuarto.

24 La gracia de nuestro Señor Jesucristo sea con todos vosotros. Amén.

Doxología final

25 Y al que puede confirmaros según mi evangelio y la predicación de Jesucristo, según la revelación del misterio que se ha mantenido oculto desde tiempos eternos,

26 pero que ha sido manifestado ahora, y que por las Escrituras de los profetas, según el mandamiento del Dios eterno, se ha dado a conocer a todas las gentes para que obedezcan a la fe,

27 al único y sabio Dios, sea gloria mediante Jesucristo para siempre. Amén.

3 Greet Priscilla*p* and Aquila, my fellow workers in Christ Jesus. 4 They risked their lives for me. Not only I but all the churches of the Gentiles are grateful to them.

5 Greet also the church that meets at their house.
Greet my dear friend Epenetus, who was the first convert to Christ in the province of Asia.

6 Greet Mary, who worked very hard for you.

7 Greet Andronicus and Junias, my relatives who have been in prison with me. They are outstanding among the apostles, and they were in Christ before I was.

8 Greet Ampliatus, whom I love in the Lord.

9 Greet Urbanus, our fellow worker in Christ, and my dear friend Stachys.

10 Greet Apelles, tested and approved in Christ.
Greet those who belong to the household of Aristobulus.

11 Greet Herodion, my relative.
Greet those in the household of Narcissus who are in the Lord.

12 Greet Tryphena and Tryphosa, those women who work hard in the Lord.
Greet my dear friend Persis, another woman who has worked very hard in the Lord.

13 Greet Rufus, chosen in the Lord, and his mother, who has been a mother to me, too.

14 Greet Asyncritus, Phlegon, Hermes, Patrobas, Hermas and the brothers with them.

15 Greet Philologus, Julia, Nereus and his sister, and Olympas and all the saints with them.

16 Greet one another with a holy kiss.
All the churches of Christ send greetings.

17 I urge you, brothers, to watch out for those who cause divisions and put obstacles in your way that are contrary to the teaching you have learned. Keep away from them. 18 For such people are not serving our Lord Christ, but their own appetites. By smooth talk and flattery they deceive the minds of naive people. 19 Everyone has heard about your obedience, so I am full of joy over you; but I want you to be wise about what is good, and innocent about what is evil.

20 The God of peace will soon crush Satan under your feet.
The grace of our Lord Jesus be with you.

21 Timothy, my fellow worker, sends his greetings to you, as do Lucius, Jason and Sosipater, my relatives.

22 I, Tertius, who wrote down this letter, greet you in the Lord.

23 Gaius, whose hospitality I and the whole church here enjoy, sends you his greetings.
Erastus, who is the city's director of public works, and our brother Quartus send you their greetings.*q*

25 Now to him who is able to establish you by my gospel and the proclamation of Jesus Christ, according to the revelation of the mystery hidden for long ages past, 26 but now revealed and made known through the prophetic writings by the command of the eternal God, so that all nations might believe and obey him — 27 to the only wise God be glory forever through Jesus Christ! Amen.

p3 Greek *Prisca*, a variant of *Priscilla*   *q23* Some manuscripts *their greetings.* *24May the grace of our Lord Jesus Christ be with all of you. Amen.*

PRIMERA EPÍSTOLA DEL APÓSTOL SAN PABLO A LOS
CORINTIOS

1 CORINTHIANS

Salutación

1 ¹Pablo, llamado a ser apóstol de Jesucristo por la voluntad de Dios, y el hermano Sóstenes,

²a la iglesia de Dios que está en Corinto, a los santificados en Cristo Jesús, llamados a ser santos con todos los que en cualquier lugar invocan el nombre de nuestro Señor Jesucristo, Señor de ellos y nuestro:

³Gracia y paz a vosotros, de Dios nuestro Padre y del Señor Jesucristo.

Acción de gracias por dones espirituales

⁴Gracias doy a mi Dios siempre por vosotros, por la gracia de Dios que os fue dada en Cristo Jesús;

⁵porque en todas las cosas fuisteis enriquecidos en él, en toda palabra y en toda ciencia;

⁶así como el testimonio acerca de Cristo ha sido confirmado en vosotros,

⁷de tal manera que nada os falta en ningún don, esperando la manifestación de nuestro Señor Jesucristo;

⁸el cual también os confirmará hasta el fin, para que seáis irreprensibles en el día de nuestro Señor Jesucristo.

⁹Fiel es Dios, por el cual fuisteis llamados a la comunión con su Hijo Jesucristo nuestro Señor.

¿Está dividido Cristo?

¹⁰Os ruego, pues, hermanos, por el nombre de nuestro Señor Jesucristo, que habléis todos una misma cosa, y que no haya entre vosotros divisiones, sino que estéis perfectamente unidos en una misma mente y en un mismo parecer.

¹¹Porque he sido informado acerca de vosotros, hermanos míos, por los de Cloé, que hay entre vosotros contiendas.

¹²Quiero decir, que cada uno de vosotros dice: Yo soy de Pablo; y yo de Apolos; y yo de Cefas; y yo de Cristo.

¹³¿Acaso está dividido Cristo? ¿Fue crucificado Pablo por vosotros? ¿O fuisteis bautizados en el nombre de Pablo?

¹⁴Doy gracias a Dios de que a ninguno de vosotros he bautizado, sino a Crispo y a Gayo,

¹⁵para que ninguno diga que fuisteis bautizados en mi nombre.

¹⁶También bauticé a la familia de Estéfanas; de los demás, no sé si he bautizado a algún otro.

¹⁷Pues no me envió Cristo a bautizar, sino a predicar el evangelio; no con sabiduría de palabras, para que no se haga vana la cruz de Cristo.

Cristo, poder y sabiduría de Dios

¹⁸Porque la palabra de la cruz es locura a los que se pierden; pero a los que se salvan, esto es, a nosotros, es poder de Dios.

¹⁹Pues está escrito:

Destruiré la sabiduría de los sabios,
Y desecharé el entendimiento de los entendidos.

²⁰¿Dónde está el sabio? ¿Dónde está el escriba? ¿Dónde está el disputador de este siglo? ¿No ha enloquecido Dios la sabiduría del mundo?

²¹Pues ya que en la sabiduría de Dios, el mundo no conoció a Dios mediante la sabiduría, agradó a Dios salvar a los creyentes por la locura de la predicación.

1 ¹Paul, called to be an apostle of Christ Jesus by the will of God, and our brother Sosthenes,

²To the church of God in Corinth, to those sanctified in Christ Jesus and called to be holy, together with all those everywhere who call on the name of our Lord Jesus Christ—their Lord and ours:

³Grace and peace to you from God our Father and the Lord Jesus Christ.

Thanksgiving

⁴I always thank God for you because of his grace given you in Christ Jesus. ⁵For in him you have been enriched in every way—in all your speaking and in all your knowledge— ⁶because our testimony about Christ was confirmed in you. ⁷Therefore you do not lack any spiritual gift as you eagerly wait for our Lord Jesus Christ to be revealed. ⁸He will keep you strong to the end, so that you will be blameless on the day of our Lord Jesus Christ. ⁹God, who has called you into fellowship with his Son Jesus Christ our Lord, is faithful.

Divisions in the Church

¹⁰I appeal to you, brothers, in the name of our Lord Jesus Christ, that all of you agree with one another so that there may be no divisions among you and that you may be perfectly united in mind and thought. ¹¹My brothers, some from Chloe's household have informed me that there are quarrels among you. ¹²What I mean is this: One of you says, "I follow Paul"; another, "I follow Apollos"; another, "I follow Cephas[a]"; still another, "I follow Christ."

¹³Is Christ divided? Was Paul crucified for you? Were you baptized into[b] the name of Paul? ¹⁴I am thankful that I did not baptize any of you except Crispus and Gaius, ¹⁵so no one can say that you were baptized into my name. ¹⁶(Yes, I also baptized the household of Stephanas; beyond that, I don't remember if I baptized anyone else.) ¹⁷For Christ did not send me to baptize, but to preach the gospel—not with words of human wisdom, lest the cross of Christ be emptied of its power.

Christ the Wisdom and Power of God

¹⁸For the message of the cross is foolishness to those who are perishing, but to us who are being saved it is the power of God. ¹⁹For it is written:

"I will destroy the wisdom of the wise;
  the intelligence of the intelligent I will
    frustrate."[c]

²⁰Where is the wise man? Where is the scholar? Where is the philosopher of this age? Has not God made foolish the wisdom of the world? ²¹For since in the wisdom of God the world through its wisdom did not know him, God was pleased through the foolishness of what was preached to save those who believe.

---

[a]*12* That is, Peter   [b]*13* Or *in*; also in verse 15
[c]*19* Isaiah 29:14

22Porque los judíos piden señales, y los griegos buscan sabiduría;

23pero nosotros predicamos a Cristo crucificado, para los judíos ciertamente tropezadero, y para los gentiles locura; 24mas para los llamados, así judíos como griegos, Cristo poder de Dios, y sabiduría de Dios.

25Porque lo insensato de Dios es más sabio que los hombres, y lo débil de Dios es más fuerte que los hombres.

26Pues mirad, hermanos, vuestra vocación, que no sois muchos sabios según la carne, ni muchos poderosos, ni muchos nobles;

27sino que lo necio del mundo escogió Dios, para avergonzar a los sabios; y lo débil del mundo escogió Dios, para avergonzar a lo fuerte;

28y lo vil del mundo y lo menospreciado escogió Dios, y lo que no es, para deshacer lo que es,

29a fin de que nadie se jacte en su presencia.

30Mas por él estáis vosotros en Cristo Jesús, el cual nos ha sido hecho por Dios sabiduría, justificación, santificación y redención;

31para que, como está escrito: El que se gloría, gloríese en el Señor.

Proclamando a Cristo crucificado

2 1Así que, hermanos, cuando fui a vosotros para anunciaros el testimonio de Dios, no fui con excelencia de palabras o de sabiduría.

2Pues me propuse no saber entre vosotros cosa alguna sino a Jesucristo, y a éste crucificado.

3Y estuve entre vosotros con debilidad, y mucho temor y temblor;

4y ni mi palabra ni mi predicación fue con palabras persuasivas de humana sabiduría, sino con demostración del Espíritu y de poder,

5para que vuestra fe no esté fundada en la sabiduría de los hombres, sino en el poder de Dios.

La revelación por el Espíritu de Dios

6Sin embargo, hablamos sabiduría entre los que han alcanzado madurez; y sabiduría, no de este siglo, ni de los príncipes de este siglo, que perecen.

7Mas hablamos sabiduría de Dios en misterio, la sabiduría oculta, la cual Dios predestinó antes de los siglos para nuestra gloria,

8la que ninguno de los príncipes de este siglo conoció; porque si la hubieran conocido, nunca habrían crucificado al Señor de gloria.

9Antes bien, como está escrito:
Cosas que ojo no vio, ni oído oyó,
Ni han subido en corazón de hombre,
Son las que Dios ha preparado para los que le aman.

10Pero Dios nos las reveló a nosotros por el Espíritu; porque el Espíritu todo lo escudriña, aun lo profundo de Dios.

11Porque ¿quién de los hombres sabe las cosas del hombre, sino el espíritu del hombre que está en él? Así tampoco nadie conoció las cosas de Dios, sino el Espíritu de Dios.

12Y nosotros no hemos recibido el espíritu del mundo, sino el Espíritu que proviene de Dios, para que sepamos lo que Dios nos ha concedido,

13lo cual también hablamos, no con palabras enseñadas por sabiduría humana, sino con las que enseña el Espíritu, acomodando lo espiritual a lo espiritual.

14Pero el hombre natural no percibe las cosas que son del Espíritu de Dios, porque para él son locura, y no las puede entender, porque se han de discernir espiritualmente.

22Jews demand miraculous signs and Greeks look for wisdom, 23but we preach Christ crucified: a stumbling block to Jews and foolishness to Gentiles, 24but to those whom God has called, both Jews and Greeks, Christ the power of God and the wisdom of God. 25For the foolishness of God is wiser than man's wisdom, and the weakness of God is stronger than man's strength.

26Brothers, think of what you were when you were called. Not many of you were wise by human standards; not many were influential; not many were of noble birth. 27But God chose the foolish things of the world to shame the wise; God chose the weak things of the world to shame the strong. 28He chose the lowly things of this world and the despised things—and the things that are not—to nullify the things that are, 29so that no one may boast before him. 30It is because of him that you are in Christ Jesus, who has become for us wisdom from God—that is, our righteousness, holiness and redemption. 31Therefore, as it is written: "Let him who boasts boast in the Lord." d

2 When I came to you, brothers, I did not come with eloquence or superior wisdom as I proclaimed to you the testimony about God.e 2For I resolved to know nothing while I was with you except Jesus Christ and him crucified. 3I came to you in weakness and fear, and with much trembling. 4My message and my preaching were not with wise and persuasive words, but with a demonstration of the Spirit's power, 5so that your faith might not rest on men's wisdom, but on God's power.

Wisdom From the Spirit

6We do, however, speak a message of wisdom among the mature, but not the wisdom of this age or of the rulers of this age, who are coming to nothing. 7No, we speak of God's secret wisdom, a wisdom that has been hidden and that God destined for our glory before time began. 8None of the rulers of this age understood it, for if they had, they would not have crucified the Lord of glory. 9However, as it is written:

"No eye has seen,
  no ear has heard,
no mind has conceived
  what God has prepared for those who love
    him"f—

10but God has revealed it to us by his Spirit.

The Spirit searches all things, even the deep things of God. 11For who among men knows the thoughts of a man except the man's spirit within him? In the same way no one knows the thoughts of God except the Spirit of God. 12We have not received the spirit of the world but the Spirit who is from God, that we may understand what God has freely given us. 13This is what we speak, not in words taught us by human wisdom but in words taught by the Spirit, expressing spiritual truths in spiritual words.g 14The man without the Spirit does not accept the things that come from the Spirit of God, for they are foolishness to him, and he cannot understand them, because they are

d31 Jer. 9:24   e1 Some manuscripts as I proclaimed to you God's mystery   f9 Isaiah 64:4   g13 Or Spirit, interpreting spiritual truths to spiritual men

15 En cambio el espiritual juzga todas las cosas; pero él no es juzgado de nadie.
16 Porque ¿quién conoció la mente del Señor? ¿Quién le instruirá? Mas nosotros tenemos la mente de Cristo.

Colaboradores de Dios

3 1 De manera que yo, hermanos, no pude hablaros como a espirituales, sino como a carnales, como a niños en Cristo.
2 Os di a beber leche, y no vianda; porque aún no erais capaces, ni sois capaces todavía,
3 porque aún sois carnales; pues habiendo entre vosotros celos, contiendas y disensiones, ¿no sois carnales, y andáis como hombres?
4 Porque diciendo el uno: Yo ciertamente soy de Pablo; y el otro: Yo soy de Apolos, ¿no sois carnales?
5 ¿Qué, pues, es Pablo, y qué es Apolos? Servidores por medio de los cuales habéis creído; y eso según lo que a cada uno concedió el Señor.
6 Yo planté, Apolos regó; pero el crecimiento lo ha dado Dios.
7 Así que ni el que planta es algo, ni el que riega, sino Dios, que da el crecimiento.
8 Y el que planta y el que riega son una misma cosa; aunque cada uno recibirá su recompensa conforme a su labor.
9 Porque nosotros somos colaboradores de Dios, y vosotros sois labranza de Dios, edificio de Dios.
10 Conforme a la gracia de Dios que me ha sido dada, yo como perito arquitecto puse el fundamento, y otro edifica encima; pero cada uno mire cómo sobreedifica.
11 Porque nadie puede poner otro fundamento que el que está puesto, el cual es Jesucristo.
12 Y si sobre este fundamento alguno edificare oro, plata, piedras preciosas, madera, heno, hojarasca,
13 la obra de cada uno se hará manifiesta; porque el día la declarará, pues por el fuego será revelada; y la obra de cada uno cuál sea, el fuego la probará.
14 Si permaneciere la obra de alguno que sobreedificó, recibirá recompensa.
15 Si la obra de alguno se quemare, él sufrirá pérdida, si bien él mismo será salvo, aunque así como por fuego.
16 ¿No sabéis que sois templo de Dios, y que el Espíritu de Dios mora en vosotros?
17 Si alguno destruyere el templo de Dios, Dios le destruirá a él; porque el templo de Dios, el cual sois vosotros, santo es.
18 Nadie se engañe a sí mismo; si alguno entre vosotros se cree sabio en este siglo, hágase ignorante, para que llegue a ser sabio.
19 Porque la sabiduría de este mundo es insensatez para con Dios; pues escrito está: El prende a los sabios en la astucia de ellos.
20 Y otra vez: El Señor conoce los pensamientos de los sabios, que son vanos.
21 Así que, ninguno se gloríe en los hombres; porque todo es vuestro:
22 sea Pablo, sea Apolos, sea Cefas, sea el mundo, sea la vida, sea la muerte, sea lo presente, sea lo por venir, todo es vuestro,
23 y vosotros de Cristo, y Cristo de Dios.

spiritually discerned. 15 The spiritual man makes judgments about all things, but he himself is not subject to any man's judgment:

16 "For who has known the mind of the Lord
    that he may instruct him?"[h]

But we have the mind of Christ.

On Divisions in the Church

3 Brothers, I could not address you as spiritual but as worldly—mere infants in Christ. 2 I gave you milk, not solid food, for you were not yet ready for it. Indeed, you are still not ready. 3 You are still worldly. For since there is jealousy and quarreling among you, are you not worldly? Are you not acting like mere men? 4 For when one says, "I follow Paul," and another, "I follow Apollos," are you not mere men?

5 What, after all, is Apollos? And what is Paul? Only servants, through whom you came to believe—as the Lord has assigned to each his task. 6 I planted the seed, Apollos watered it, but God made it grow. 7 So neither he who plants nor he who waters is anything, but only God, who makes things grow. 8 The man who plants and the man who waters have one purpose, and each will be rewarded according to his own labor. 9 For we are God's fellow workers; you are God's field, God's building.

10 By the grace God has given me, I laid a foundation as an expert builder, and someone else is building on it. But each one should be careful how he builds. 11 For no one can lay any foundation other than the one already laid, which is Jesus Christ. 12 If any man builds on this foundation using gold, silver, costly stones, wood, hay or straw, 13 his work will be shown for what it is, because the Day will bring it to light. It will be revealed with fire, and the fire will test the quality of each man's work. 14 If what he has built survives, he will receive his reward. 15 If it is burned up, he will suffer loss; he himself will be saved, but only as one escaping through the flames.

16 Don't you know that you yourselves are God's temple and that God's Spirit lives in you? 17 If anyone destroys God's temple, God will destroy him; for God's temple is sacred, and you are that temple.

18 Do not deceive yourselves. If any one of you thinks he is wise by the standards of this age, he should become a "fool" so that he may become wise. 19 For the wisdom of this world is foolishness in God's sight. As it is written: "He catches the wise in their craftiness"[i]; 20 and again, "The Lord knows that the thoughts of the wise are futile."[j] 21 So then, no more boasting about men! All things are yours, 22 whether Paul or Apollos or Cephas[k] or the world or life or death or the present or the future—all are yours, 23 and you are of Christ, and Christ is of God.

h 16 Isaiah 40:13   i 19 Job 5:13   j 20 Psalm 94:11   k 22 That is, Peter

El ministerio de los apóstoles

4 ¹Así, pues, téngannos los hombres por servidores de Cristo, y administradores de los misterios de Dios. ²Ahora bien, se requiere de los administradores, que cada uno sea hallado fiel.

³Yo en muy poco tengo el ser juzgado por vosotros, o por tribunal humano; y ni aun yo me juzgo a mí mismo. ⁴Porque aunque de nada tengo mala conciencia, no por eso soy justificado; pero el que me juzga es el Señor. ⁵Así que, no juzguéis nada antes de tiempo, hasta que venga el Señor, el cual aclarará también lo oculto de las tinieblas, y manifestará las intenciones de los corazones; y entonces cada uno recibirá su alabanza de Dios.

⁶Pero esto, hermanos, lo he presentado como ejemplo en mí y en Apolos por amor de vosotros, para que en nosotros aprendáis a no pensar más de lo que está escrito, no sea que por causa de uno, os envanezcáis unos contra otros. ⁷Porque ¿quién te distingue? ¿o qué tienes que no hayas recibido? Y si lo recibiste, ¿por qué te glorías como si no lo hubieras recibido?

⁸Ya estáis saciados, ya estáis ricos, sin nosotros reináis. ¡Y ojalá reinaseis, para que nosotros reinásemos también juntamente con vosotros! ⁹Porque según pienso, Dios nos ha exhibido a nosotros los apóstoles como postreros, como a sentenciados a muerte; pues hemos llegado a ser espectáculo al mundo, a los ángeles y a los hombres. ¹⁰Nosotros somos insensatos por amor de Cristo, mas vosotros prudentes en Cristo; nosotros débiles, mas vosotros fuertes; vosotros honorables, mas nosotros despreciados. ¹¹Hasta esta hora padecemos hambre, tenemos sed, estamos desnudos, somos abofeteados, y no tenemos morada fija. ¹²Nos fatigamos trabajando con nuestras propias manos; nos maldicen, y bendecimos; padecemos persecución, y la soportamos. ¹³Nos difaman, y rogamos; hemos venido a ser hasta ahora como la escoria del mundo, el desecho de todos.

¹⁴No escribo esto para avergonzaros, sino para amonestaros como a hijos míos amados. ¹⁵Porque aunque tengáis diez mil ayos en Cristo, no tendréis muchos padres; pues en Cristo Jesús yo os engendré por medio del evangelio. ¹⁶Por tanto, os ruego que me imitéis.

¹⁷Por esto mismo os he enviado a Timoteo, que es mi hijo amado y fiel en el Señor, el cual os recordará mi proceder en Cristo, de la manera que enseño en todas partes y en todas las iglesias. ¹⁸Mas algunos están envanecidos, como si yo nunca hubiese de ir a vosotros. ¹⁹Pero iré pronto a vosotros, si el Señor quiere, y conoceré, no las palabras, sino el poder de los que andan envanecidos. ²⁰Porque el reino de Dios no consiste en palabras, sino en poder. ²¹¿Qué queréis? ¿Iré a vosotros con vara, o con amor y espíritu de mansedumbre?

Un caso de inmoralidad juzgado

5 ¹De cierto se oye que hay entre vosotros fornicación, y tal fornicación cual ni aun se nombra entre los gentiles; tanto que alguno tiene la mujer de su padre. ²Y vosotros estáis envanecidos. ¿No debierais más bien haberos lamentado, para que fuese quitado de en medio de vosotros el que cometió tal acción?

Apostles of Christ

4 ¹So then, men ought to regard us as servants of Christ and as those entrusted with the secret things of God. ²Now it is required that those who have been given a trust must prove faithful. ³I care very little if I am judged by you or by any human court; indeed, I do not even judge myself. ⁴My conscience is clear, but that does not make me innocent. It is the Lord who judges me. ⁵Therefore judge nothing before the appointed time; wait till the Lord comes. He will bring to light what is hidden in darkness and will expose the motives of men's hearts. At that time each will receive his praise from God.

⁶Now, brothers, I have applied these things to myself and Apollos for your benefit, so that you may learn from us the meaning of the saying, "Do not go beyond what is written." Then you will not take pride in one man over against another. ⁷For who makes you different from anyone else? What do you have that you did not receive? And if you did receive it, why do you boast as though you did not?

⁸Already you have all you want! Already you have become rich! You have become kings—and that without us! How I wish that you really had become kings so that we might be kings with you! ⁹For it seems to me that God has put us apostles on display at the end of the procession, like men condemned to die in the arena. We have been made a spectacle to the whole universe, to angels as well as to men. ¹⁰We are fools for Christ, but you are so wise in Christ! We are weak, but you are strong! You are honored, we are dishonored! ¹¹To this very hour we go hungry and thirsty, we are in rags, we are brutally treated, we are homeless. ¹²We work hard with our own hands. When we are cursed, we bless; when we are persecuted, we endure it; ¹³when we are slandered, we answer kindly. Up to this moment we have become the scum of the earth, the refuse of the world.

¹⁴I am not writing this to shame you, but to warn you, as my dear children. ¹⁵Even though you have ten thousand guardians in Christ, you do not have many fathers, for in Christ Jesus I became your father through the gospel. ¹⁶Therefore I urge you to imitate me. ¹⁷For this reason I am sending to you Timothy, my son whom I love, who is faithful in the Lord. He will remind you of my way of life in Christ Jesus, which agrees with what I teach everywhere in every church.

¹⁸Some of you have become arrogant, as if I were not coming to you. ¹⁹But I will come to you very soon, if the Lord is willing, and then I will find out not only how these arrogant people are talking, but what power they have. ²⁰For the kingdom of God is not a matter of talk but of power. ²¹What do you prefer? Shall I come to you with a whip, or in love and with a gentle spirit?

Expel the Immoral Brother!

5 ¹It is actually reported that there is sexual immorality among you, and of a kind that does not occur even among pagans: A man has his father's wife. ²And you are proud! Shouldn't you rather have been filled with grief and have put out of your fellowship the man

3 Ciertamente yo, como ausente en cuerpo, pero presente en espíritu, ya como presente he juzgado al que tal cosa ha hecho.

4 En el nombre de nuestro Señor Jesucristo, reunidos vosotros y mi espíritu, con el poder de nuestro Señor Jesucristo, 5 el tal sea entregado a Satanás para destrucción de la carne, a fin de que el espíritu sea salvo en el día del Señor Jesús.

6 No es buena vuestra jactancia. ¿No sabéis que un poco de levadura leuda toda la masa?

7 Limpiaos, pues, de la vieja levadura, para que seáis nueva masa, sin levadura como sois; porque nuestra pascua, que es Cristo, ya fue sacrificada por nosotros.

8 Así que celebremos la fiesta, no con la vieja levadura, ni con la levadura de malicia y de maldad, sino con panes sin levadura, de sinceridad y de verdad.

9 Os he escrito por carta, que no os juntéis con los fornicarios;

10 no absolutamente con los fornicarios de este mundo, o con los avaros, o con los ladrones, o con los idólatras; pues en tal caso os sería necesario salir del mundo.

11 Más bien os escribí que no os juntéis con ninguno que, llamándose hermano, fuere fornicario, o avaro, o idólatra, o maldiciente, o borracho, o ladrón; con el tal ni aun comáis.

12 Porque ¿qué razón tendría yo para juzgar a los que están fuera? ¿No juzgáis vosotros a los que están dentro?

13 Porque a los que están fuera, Dios juzgará. Quitad, pues, a ese perverso de entre vosotros.

Litigios delante de los incrédulos

6 1 ¿Osa alguno de vosotros, cuando tiene algo contra otro, ir a juicio delante de los injustos, y no delante de los santos?

2 ¿O no sabéis que los santos han de juzgar al mundo? Y si el mundo ha de ser juzgado por vosotros, ¿sois indignos de juzgar cosas muy pequeñas?

3 ¿O no sabéis que hemos de juzgar a los ángeles? ¿Cuánto más las cosas de esta vida?

4 Si, pues, tenéis juicios sobre cosas de esta vida, ¿ponéis para juzgar a los que son de menor estima en la iglesia?

5 Para avergonzaros lo digo. ¿Pues qué, no hay entre vosotros sabio, ni aun uno, que pueda juzgar entre sus hermanos,

6 sino que el hermano con el hermano pleitea en juicio, y esto ante los incrédulos?

7 Así que, por cierto es ya una falta en vosotros que tengáis pleitos entre vosotros mismos. ¿Por qué no sufrís más bien el agravio? ¿Por qué no sufrís más bien el ser defraudados?

8 Pero vosotros cometéis el agravio, y defraudáis, y esto a los hermanos.

9 ¿No sabéis que los injustos no heredarán el reino de Dios? No erréis; ni los fornicarios, ni los idólatras, ni los adúlteros, ni los afeminados, ni los que se echan con varones,

10 ni los ladrones, ni los avaros, ni los borrachos, ni los maldicientes, ni los estafadores, heredarán el reino de Dios.

11 Y esto erais algunos; mas ya habéis sido lavados, ya habéis sido santificados, ya habéis sido justificados en el nombre del Señor Jesús, y por el Espíritu de nuestro Dios.

Glorificad a Dios en vuestro cuerpo

12 Todas las cosas me son lícitas, mas no todas convienen; todas las cosas me son lícitas, mas yo no me dejaré dominar de ninguna.

who did this? 3Even though I am not physically present, I am with you in spirit. And I have already passed judgment on the one who did this, just as if I were present. 4When you are assembled in the name of our Lord Jesus and I am with you in spirit, and the power of our Lord Jesus is present, 5hand this man over to Satan, so that the sinful nature[l] may be destroyed and his spirit saved on the day of the Lord.

6Your boasting is not good. Don't you know that a little yeast works through the whole batch of dough? 7Get rid of the old yeast that you may be a new batch without yeast—as you really are. For Christ, our Passover lamb, has been sacrificed. 8Therefore let us keep the Festival, not with the old yeast, the yeast of malice and wickedness, but with bread without yeast, the bread of sincerity and truth.

9I have written you in my letter not to associate with sexually immoral people— 10not at all meaning the people of this world who are immoral, or the greedy and swindlers, or idolaters. In that case you would have to leave this world. 11But now I am writing you that you must not associate with anyone who calls himself a brother but is sexually immoral or greedy, an idolater or a slanderer, a drunkard or a swindler. With such a man do not even eat.

12What business is it of mine to judge those outside the church? Are you not to judge those inside? 13God will judge those outside. "Expel the wicked man from among you."[m]

Lawsuits Among Believers

6 If any of you has a dispute with another, dare he take it before the ungodly for judgment instead of before the saints? 2Do you not know that the saints will judge the world? And if you are to judge the world, are you not competent to judge trivial cases? 3Do you not know that we will judge angels? How much more the things of this life! 4Therefore, if you have disputes about such matters, appoint as judges even men of little account in the church![n] 5I say this to shame you. Is it possible that there is nobody among you wise enough to judge a dispute between believers? 6But instead, one brother goes to law against another—and this in front of unbelievers!

7The very fact that you have lawsuits among you means you have been completely defeated already. Why not rather be wronged? Why not rather be cheated? 8Instead, you yourselves cheat and do wrong, and you do this to your brothers.

9Do you not know that the wicked will not inherit the kingdom of God? Do not be deceived: Neither the sexually immoral nor idolaters nor adulterers nor male prostitutes nor homosexual offenders 10nor thieves nor the greedy nor drunkards nor slanderers nor swindlers will inherit the kingdom of God. 11And that is what some of you were. But you were washed, you were sanctified, you were justified in the name of the Lord Jesus Christ and by the Spirit of our God.

Sexual Immorality

12"Everything is permissible for me"—but not everything is beneficial. "Everything is permissible for me"—but I will not be mastered by anything. 13"Food

l 5 Or that his body; or that the flesh   m 13 Deut. 17:7; 19:19; 21:21; 22:21,24; 24:7   n 4 Or matters, do you appoint as judges men of little account in the church?

13 Las viandas para el vientre, y el vientre para las viandas; pero tanto al uno como a las otras destruirá Dios. Pero el cuerpo no es para la fornicación, sino para el Señor, y el Señor para el cuerpo.

14 Y Dios, que levantó al Señor, también a nosotros nos levantará con su poder.

15 ¿No sabéis que vuestros cuerpos son miembros de Cristo? ¿Quitaré, pues, los miembros de Cristo y los haré miembros de una ramera? De ningún modo.

16 ¿O no sabéis que el que se une con una ramera, es un cuerpo con ella? Porque dice: Los dos serán una sola carne.

17 Pero el que se une al Señor, un espíritu es con él.

18 Huid de la fornicación. Cualquier otro pecado que el hombre cometa, está fuera del cuerpo; mas el que fornica, contra su propio cuerpo peca.

19 ¿O ignoráis que vuestro cuerpo es templo del Espíritu Santo, el cual está en vosotros, el cual tenéis de Dios, y que no sois vuestros?

20 Porque habéis sido comprados por precio; glorificad, pues, a Dios en vuestro cuerpo y en vuestro espíritu, los cuales son de Dios.

Problemas del matrimonio

7 1 En cuanto a las cosas de que me escribisteis, bueno le sería al hombre no tocar mujer;

2 pero a causa de las fornicaciones, cada uno tenga su propia mujer, y cada una tenga su propio marido.

3 El marido cumpla con la mujer el deber conyugal, y asimismo la mujer con el marido.

4 La mujer no tiene potestad sobre su propio cuerpo, sino el marido; ni tampoco tiene el marido potestad sobre su propio cuerpo, sino la mujer.

5 No os neguéis el uno al otro, a no ser por algún tiempo de mutuo consentimiento, para ocuparos sosegadamente en la oración; y volved a juntaros en uno, para que no os tiente Satanás a causa de vuestra incontinencia.

6 Mas esto digo por vía de concesión, no por mandamiento.

7 Quisiera más bien que todos los hombres fuesen como yo; pero cada uno tiene su propio don de Dios, uno a la verdad de un modo, y otro de otro.

8 Digo, pues, a los solteros y a las viudas, que bueno les fuera quedarse como yo;

9 pero si no tienen don de continencia, cásense, pues mejor es casarse que estarse quemando.

10 Pero a los que están unidos en matrimonio, mando, no yo, sino el Señor: Que la mujer no se separe del marido;

11 y si se separa, quédese sin casar, o reconcíliese con su marido; y que el marido no abandone a su mujer.

12 Y a los demás yo digo, no el Señor: Si algún hermano tiene mujer que no sea creyente, y ella consiente en vivir con él, no la abandone.

13 Y si una mujer tiene marido que no sea creyente, y él consiente en vivir con ella, no lo abandone.

14 Porque el marido incrédulo es santificado en la mujer, y la mujer incrédula en el marido; pues de otra manera vuestros hijos serían inmundos, mientras que ahora son santos.

15 Pero si el incrédulo se separa, sepárese; pues no está el hermano o la hermana sujeto a servidumbre en semejante caso, sino que a paz nos llamó Dios.

16 Porque ¿qué sabes tú, oh mujer, si quizá harás salvo a tu marido? ¿O qué sabes tú, oh marido, si quizá harás salva a tu mujer?

for the stomach and the stomach for food" —but God will destroy them both. The body is not meant for sexual immorality, but for the Lord, and the Lord for the body. 14 By his power God raised the Lord from the dead, and he will raise us also. 15 Do you not know that your bodies are members of Christ himself? Shall I then take the members of Christ and unite them with a prostitute? Never! 16 Do you not know that he who unites himself with a prostitute is one with her in body? For it is said, "The two will become one flesh."*o* 17 But he who unites himself with the Lord is one with him in spirit.

18 Flee from sexual immorality. All other sins a man commits are outside his body, but he who sins sexually sins against his own body. 19 Do you not know that your body is a temple of the Holy Spirit, who is in you, whom you have received from God? You are not your own; 20 you were bought at a price. Therefore honor God with your body.

Marriage

7 Now for the matters you wrote about: It is good for a man not to marry.*p* 2 But since there is so much immorality, each man should have his own wife, and each woman her own husband. 3 The husband should fulfill his marital duty to his wife, and likewise the wife to her husband. 4 The wife's body does not belong to her alone but also to her husband. In the same way, the husband's body does not belong to him alone but also to his wife. 5 Do not deprive each other except by mutual consent and for a time, so that you may devote yourselves to prayer. Then come together again so that Satan will not tempt you because of your lack of self-control. 6 I say this as a concession, not as a command. 7 I wish that all men were as I am. But each man has his own gift from God; one has this gift, another has that.

8 Now to the unmarried and the widows I say: It is good for them to stay unmarried, as I am. 9 But if they cannot control themselves, they should marry, for it is better to marry than to burn with passion.

10 To the married I give this command (not I, but the Lord): A wife must not separate from her husband. 11 But if she does, she must remain unmarried or else be reconciled to her husband. And a husband must not divorce his wife.

12 To the rest I say this (I, not the Lord): If any brother has a wife who is not a believer and she is willing to live with him, he must not divorce her. 13 And if a woman has a husband who is not a believer and he is willing to live with her, she must not divorce him. 14 For the unbelieving husband has been sanctified through his wife, and the unbelieving wife has been sanctified through her believing husband. Otherwise your children would be unclean, but as it is, they are holy.

15 But if the unbeliever leaves, let him do so. A believing man or woman is not bound in such circumstances; God has called us to live in peace. 16 How do you know, wife, whether you will save your husband? Or, how do you know, husband, whether you will save your wife?

---

o 16 Gen. 2:24   *p* 1 Or *"It is good for a man not to have sexual relations with a woman."*

17 Pero cada uno como el Señor le repartió, y como Dios llamó a cada uno, así haga; esto ordeno en todas las iglesias.
18 ¿Fue llamado alguno siendo circunciso? Quédese circunciso. ¿Fue llamado alguno siendo incircunciso? No se circuncide.
19 La circuncisión nada es, y la incircuncisión nada es, sino el guardar los mandamientos de Dios.
20 Cada uno en el estado en que fue llamado, en él se quede.
21 ¿Fuiste llamado siendo esclavo? No te dé cuidado; pero también, si puedes hacerte libre, procúralo más.
22 Porque el que en el Señor fue llamado siendo esclavo, liberto es del Señor; asimismo el que fue llamado siendo libre, esclavo es de Cristo.
23 Por precio fuisteis comprados; no os hagáis esclavos de los hombres.
24 Cada uno, hermanos, en el estado en que fue llamado, así permanezca para con Dios.
25 En cuanto a las vírgenes no tengo mandamiento del Señor; mas doy mi parecer, como quien ha alcanzado misericordia del Señor para ser fiel.
26 Tengo, pues, esto por bueno a causa de la necesidad que apremia; que hará bien el hombre en quedarse como está.
27 ¿Estás ligado a mujer? No procures soltarte. ¿Estás libre de mujer? No procures casarte.
28 Mas también si te casas, no pecas; y si la doncella se casa, no peca; pero los tales tendrán aflicción de la carne, y yo os la quisiera evitar.
29 Pero esto digo, hermanos: que el tiempo es corto; resta, pues, que los que tienen esposa sean como si no la tuviesen;
30 y los que lloran, como si no llorasen; y los que se alegran, como si no se alegrasen; y los que compran, como si no poseyesen;
31 y los que disfrutan de este mundo, como si no lo disfrutasen; porque la apariencia de este mundo se pasa.
32 Quisiera, pues, que estuvieseis sin congoja. El soltero tiene cuidado de las cosas del Señor, de cómo agradar al Señor;
33 pero el casado tiene cuidado de las cosas del mundo, de cómo agradar a su mujer.
34 Hay asimismo diferencia entre la casada y la doncella. La doncella tiene cuidado de las cosas del Señor, para ser santa así en cuerpo como en espíritu; pero la casada tiene cuidado de las cosas del mundo, de cómo agradar a su marido.
35 Esto lo digo para vuestro provecho; no para tenderos lazo, sino para lo honesto y decente, y para que sin impedimento os acerquéis al Señor.
36 Pero si alguno piensa que es impropio para su hija virgen que pase ya de edad, y es necesario que así sea, haga lo que quiera, no peca; que se case.
37 Pero el que está firme en su corazón, sin tener necesidad, sino que es dueño de su propia voluntad, y ha resuelto en su corazón guardar a su hija virgen, bien hace.
38 De manera que el que la da en casamiento hace bien, y el que no la da en casamiento hace mejor.
39 La mujer casada está ligada por la ley mientras su marido vive; pero si su marido muriere, libre es para casarse con quien quiera, con tal que sea en el Señor.

17 Nevertheless, each one should retain the place in life that the Lord assigned to him and to which God has called him. This is the rule I lay down in all the churches. 18 Was a man already circumcised when he was called? He should not become uncircumcised. Was a man uncircumcised when he was called? He should not be circumcised. 19 Circumcision is nothing and uncircumcision is nothing. Keeping God's commands is what counts. 20 Each one should remain in the situation which he was in when God called him. 21 Were you a slave when you were called? Don't let it trouble you — although if you can gain your freedom, do so. 22 For he who was a slave when he was called by the Lord is the Lord's freedman; similarly, he who was a free man when he was called is Christ's slave. 23 You were bought at a price; do not become slaves of men. 24 Brothers, each man, as responsible to God, should remain in the situation God called him to.

25 Now about virgins: I have no command from the Lord, but I give a judgment as one who by the Lord's mercy is trustworthy. 26 Because of the present crisis, I think that it is good for you to remain as you are. 27 Are you married? Do not seek a divorce. Are you unmarried? Do not look for a wife. 28 But if you do marry, you have not sinned; and if a virgin marries, she has not sinned. But those who marry will face many troubles in this life, and I want to spare you this.

29 What I mean, brothers, is that the time is short. From now on those who have wives should live as if they had none; 30 those who mourn, as if they did not; those who are happy, as if they were not; those who buy something, as if it were not theirs to keep; 31 those who use the things of the world, as if not engrossed in them. For this world in its present form is passing away.

32 I would like you to be free from concern. An unmarried man is concerned about the Lord's affairs — how he can please the Lord. 33 But a married man is concerned about the affairs of this world — how he can please his wife — 34 and his interests are divided. An unmarried woman or virgin is concerned about the Lord's affairs: Her aim is to be devoted to the Lord in both body and spirit. But a married woman is concerned about the affairs of this world — how she can please her husband. 35 I am saying this for your own good, not to restrict you, but that you may live in a right way in undivided devotion to the Lord.

36 If anyone thinks he is acting improperly toward the virgin he is engaged to, and if she is getting along in years and he feels he ought to marry, he should do as he wants. He is not sinning. They should get married. 37 But the man who has settled the matter in his own mind, who is under no compulsion but has control over his own will, and who has made up his mind not to marry the virgin — this man also does the right thing. 38 So then, he who marries the virgin does right, but he who does not marry her does even better.q

39 A woman is bound to her husband as long as he lives. But if her husband dies, she is free to marry anyone she wishes, but he must belong to the Lord.

---

q 36-38 Or 36If anyone thinks he is not treating his daughter properly, and if she is getting along in years, and he feels she ought to marry, he should do as he wants. He is not sinning. He should let her get married. 37But the man who has settled the matter in his own mind, who is under no compulsion but has control over his own will, and who has made up his mind to keep the virgin unmarried — this man also does the right thing. 38So then, he who gives his virgin in marriage does right, but he who does not give her in marriage does even better.

40 Pero a mi juicio, más dichosa será si se quedare así; y pienso que también yo tengo el Espíritu de Dios.

Lo sacrificado a los ídolos

8 ¹ En cuanto a lo sacrificado a los ídolos, sabemos que todos tenemos conocimiento. El conocimiento envanece, pero el amor edifica.

² Y si alguno se imagina que sabe algo, aún no sabe nada como debe saberlo.

³ Pero si alguno ama a Dios, es conocido por él.

⁴ Acerca, pues, de las viandas que se sacrifican a los ídolos, sabemos que un ídolo nada es en el mundo, y que no hay más que un Dios.

⁵ Pues aunque haya algunos que se llamen dioses, sea en el cielo, o en la tierra (como hay muchos dioses y muchos señores),

⁶ para nosotros, sin embargo, sólo hay un Dios, el Padre, del cual proceden todas las cosas, y nosotros somos para él; y un Señor, Jesucristo, por medio del cual son todas las cosas, y nosotros por medio de él.

⁷ Pero no en todos hay este conocimiento; porque algunos, habituados hasta aquí a los ídolos, comen como sacrificado a ídolos, y su conciencia, siendo débil, se contamina.

⁸ Si bien la vianda no nos hace más aceptos ante Dios; pues ni porque comamos seremos más, ni porque no comamos, seremos menos.

⁹ Pero mirad que esta libertad vuestra no venga a ser tropezadero para los débiles.

¹⁰ Porque si alguno te ve a ti, que tienes conocimiento, sentado a la mesa en un lugar de ídolos, la conciencia de aquel que es débil, ¿no será estimulada a comer de lo sacrificado a los ídolos?

¹¹ Y por el conocimiento tuyo, se perderá el hermano débil por quien Cristo murió.

¹² De esta manera, pues, pecando contra los hermanos e hiriendo su débil conciencia, contra Cristo pecáis.

¹³ Por lo cual, si la comida le es a mi hermano ocasión de caer, no comeré carne jamás, para no poner tropiezo a mi hermano.

Los derechos de un apóstol

9 ¹ ¿No soy apóstol? ¿No soy libre? ¿No he visto a Jesús el Señor nuestro? ¿No sois vosotros mi obra en el Señor?

² Si para otros no soy apóstol, para vosotros ciertamente lo soy; porque el sello de mi apostolado sois vosotros en el Señor.

³ Contra los que me acusan, esta es mi defensa:

⁴ ¿Acaso no tenemos derecho de comer y beber?

⁵ ¿No tenemos derecho de traer con nosotros una hermana por mujer como también los otros apóstoles, y los hermanos del Señor, y Cefas?

⁶ ¿O sólo yo y Bernabé no tenemos derecho de no trabajar?

⁷ ¿Quién fue jamás soldado a sus propias expensas? ¿Quién planta viña y no come de su fruto? ¿O quién apacienta el rebaño y no toma de la leche del rebaño?

⁸ ¿Digo esto sólo como hombre? ¿No dice esto también la ley?

⁹ Porque en la ley de Moisés está escrito: No pondrás bozal al buey que trilla. ¿Tiene Dios cuidado de los bueyes,

¹⁰ o lo dice enteramente por nosotros? Pues por nosotros se escribió; porque con esperanza debe arar el que ara, y el que trilla, con esperanza de recibir del fruto.

¹¹ Si nosotros sembramos entre vosotros lo espiritual, ¿es gran cosa si segáremos de vosotros lo material?

---

40 In my judgment, she is happier if she stays as she is—and I think that I too have the Spirit of God.

Food Sacrificed to Idols

8 Now about food sacrificed to idols: We know that we all possess knowledge.ʳ Knowledge puffs up, but love builds up. ²The man who thinks he knows something does not yet know as he ought to know. ³But the man who loves God is known by God.

⁴So then, about eating food sacrificed to idols: We know that an idol is nothing at all in the world and that there is no God but one. ⁵For even if there are so-called gods, whether in heaven or on earth (as indeed there are many "gods" and many "lords"), ⁶yet for us there is but one God, the Father, from whom all things came and for whom we live; and there is but one Lord, Jesus Christ, through whom all things came and through whom we live.

⁷But not everyone knows this. Some people are still so accustomed to idols that when they eat such food they think of it as having been sacrificed to an idol, and since their conscience is weak, it is defiled. ⁸But food does not bring us near to God; we are no worse if we do not eat, and no better if we do.

⁹Be careful, however, that the exercise of your freedom does not become a stumbling block to the weak. ¹⁰For if anyone with a weak conscience sees you who have this knowledge eating in an idol's temple, won't he be emboldened to eat what has been sacrificed to idols? ¹¹So this weak brother, for whom Christ died, is destroyed by your knowledge. ¹²When you sin against your brothers in this way and wound their weak conscience, you sin against Christ. ¹³Therefore, if what I eat causes my brother to fall into sin, I will never eat meat again, so that I will not cause him to fall.

The Rights of an Apostle

9 Am I not free? Am I not an apostle? Have I not seen Jesus our Lord? Are you not the result of my work in the Lord? ²Even though I may not be an apostle to others, surely I am to you! For you are the seal of my apostleship in the Lord.

³This is my defense to those who sit in judgment on me. ⁴Don't we have the right to food and drink? ⁵Don't we have the right to take a believing wife along with us, as do the other apostles and the Lord's brothers and Cephasˢ? ⁶Or is it only I and Barnabas who must work for a living?

⁷Who serves as a soldier at his own expense? Who plants a vineyard and does not eat of its grapes? Who tends a flock and does not drink of the milk? ⁸Do I say this merely from a human point of view? Doesn't the Law say the same thing? ⁹For it is written in the Law of Moses: "Do not muzzle an ox while it is treading out the grain."ᵗ Is it about oxen that God is concerned? ¹⁰Surely he says this for us, doesn't he? Yes, this was written for us, because when the plowman plows and the thresher threshes, they ought to do so in the hope of sharing in the harvest. ¹¹If we have sown spiritual seed among you, is it too much if we reap a

---

ʳ1 Or *"We all possess knowledge," as you say*   ˢ5 That is, Peter
ᵗ9 Deut. 25:4

12 Si otros participan de este derecho sobre vosotros, ¿cuánto más nosotros? Pero no hemos usado de este derecho, sino que lo soportamos todo, por no poner ningún obstáculo al evangelio de Cristo.

13 ¿No sabéis que los que trabajan en las cosas sagradas, comen del templo, y que los que sirven al altar, del altar participan?

14 Así también ordenó el Señor a los que anuncian el evangelio, que vivan del evangelio.

15 Pero yo de nada de esto me he aprovechado, ni tampoco he escrito esto para que se haga así conmigo; porque prefiero morir, antes que nadie desvanezca esta mi gloria.

16 Pues si anuncio el evangelio, no tengo por qué gloriarme; porque me es impuesta necesidad; y ¡ay de mí si no anunciare el evangelio!

17 Por lo cual, si lo hago de buena voluntad, recompensa tendré; pero si de mala voluntad, la comisión me ha sido encomendada.

18 ¿Cuál, pues, es mi galardón? Que predicando el evangelio, presente gratuitamente el evangelio de Cristo, para no abusar de mi derecho en el evangelio.

19 Por lo cual, siendo libre de todos, me he hecho siervo de todos para ganar a mayor número.

20 Me he hecho a los judíos como judío, para ganar a los judíos; a los que están sujetos a la ley (aunque yo no esté sujeto a la ley) como sujeto a la ley, para ganar a los que están sujetos a la ley;

21 a los que están sin ley, como si yo estuviera sin ley (no estando yo sin ley de Dios, sino bajo la ley de Cristo), para ganar a los que están sin ley.

22 Me he hecho débil a los débiles, para ganar a los débiles; a todos me he hecho de todo, para que de todos modos salve a algunos.

23 Y esto hago por causa del evangelio, para hacerme copartícipe de él.

24 ¿No sabéis que los que corren en el estadio, todos a la verdad corren, pero uno solo se lleva el premio? Corred de tal manera que lo obtengáis.

25 Todo aquel que lucha, de todo se abstiene; ellos, a la verdad, para recibir una corona corruptible, pero nosotros, una incorruptible.

26 Así que, yo de esta manera corro, no como a la ventura; de esta manera peleo, no como quien golpea el aire,

27 sino que golpeo mi cuerpo, y lo pongo en servidumbre, no sea que habiendo sido heraldo para otros, yo mismo venga a ser eliminado.

Amonestaciones contra la idolatría

10 1 Porque no quiero, hermanos, que ignoréis que nuestros padres todos estuvieron bajo la nube, y todos pasaron el mar;

2 y todos en Moisés fueron bautizados en la nube y en el mar,

3 y todos comieron el mismo alimento espiritual,

4 y todos bebieron la misma bebida espiritual; porque bebían de la roca espiritual que los seguía, y la roca era Cristo.

5 Pero de los más de ellos no se agradó Dios; por lo cual quedaron postrados en el desierto.

6 Mas estas cosas sucedieron como ejemplos para nosotros, para que no codiciemos cosas malas, como ellos codiciaron.

7 Ni seáis idólatras, como algunos de ellos, según está escrito: Se sentó el pueblo a comer y a beber, y se levantó a jugar.

8 Ni forniquemos, como algunos de ellos fornicaron, y cayeron en un día veintitrés mil.

material harvest from you? 12 If others have this right of support from you, shouldn't we have it all the more?

But we did not use this right. On the contrary, we put up with anything rather than hinder the gospel of Christ. 13 Don't you know that those who work in the temple get their food from the temple, and those who serve at the altar share in what is offered on the altar? 14 In the same way, the Lord has commanded that those who preach the gospel should receive their living from the gospel.

15 But I have not used any of these rights. And I am not writing this in the hope that you will do such things for me. I would rather die than have anyone deprive me of this boast. 16 Yet when I preach the gospel, I cannot boast, for I am compelled to preach. Woe to me if I do not preach the gospel! 17 If I preach voluntarily, I have a reward; if not voluntarily, I am simply discharging the trust committed to me. 18 What then is my reward? Just this: that in preaching the gospel I may offer it free of charge, and so not make use of my rights in preaching it.

19 Though I am free and belong to no man, I make myself a slave to everyone, to win as many as possible. 20 To the Jews I became like a Jew, to win the Jews. To those under the law I became like one under the law (though I myself am not under the law), so as to win those under the law. 21 To those not having the law I became like one not having the law (though I am not free from God's law but am under Christ's law), so as to win those not having the law. 22 To the weak I became weak, to win the weak. I have become all things to all men so that by all possible means I might save some. 23 I do all this for the sake of the gospel, that I may share in its blessings.

24 Do you not know that in a race all the runners run, but only one gets the prize? Run in such a way as to get the prize. 25 Everyone who competes in the games goes into strict training. They do it to get a crown that will not last; but we do it to get a crown that will last forever. 26 Therefore I do not run like a man running aimlessly; I do not fight like a man beating the air. 27 No, I beat my body and make it my slave so that after I have preached to others, I myself will not be disqualified for the prize.

Warnings From Israel's History

10 For I do not want you to be ignorant of the fact, brothers, that our forefathers were all under the cloud and that they all passed through the sea. 2 They were all baptized into Moses in the cloud and in the sea. 3 They all ate the same spiritual food 4 and drank the same spiritual drink; for they drank from the spiritual rock that accompanied them, and that rock was Christ. 5 Nevertheless, God was not pleased with most of them; their bodies were scattered over the desert.

6 Now these things occurred as examples u to keep us from setting our hearts on evil things as they did. 7 Do not be idolaters, as some of them were; as it is written: "The people sat down to eat and drink and got up to indulge in pagan revelry." v 8 We should not commit sexual immorality, as some of them did — and in one day twenty-three thousand of them died. 9 We

u 6 Or types; also in verse 11   v 7 Exodus 32:6

9 Ni tentemos al Señor, como también algunos de ellos le tentaron, y perecieron por las serpientes.

10 Ni murmuréis, como algunos de ellos murmuraron, y perecieron por el destructor.

11 Y estas cosas les acontecieron como ejemplo, y están escritas para amonestarnos a nosotros, a quienes han alcanzado los fines de los siglos.

12 Así que, el que piensa estar firme, mire que no caiga.

13 No os ha sobrevenido ninguna tentación que no sea humana; pero fiel es Dios, que no os dejará ser tentados más de lo que podéis resistir, sino que dará también juntamente con la tentación la salida, para que podáis soportar.

14 Por tanto, amados míos, huid de la idolatría.

15 Como a sensatos os hablo; juzgad vosotros lo que digo.

16 La copa de bendición que bendecimos, ¿no es la comunión de la sangre de Cristo? El pan que partimos, ¿no es la comunión del cuerpo de Cristo?

17 Siendo uno solo el pan, nosotros, con ser muchos, somos un cuerpo; pues todos participamos de aquel mismo pan.

18 Mirad a Israel según la carne; los que comen de los sacrificios, ¿no son partícipes del altar?

19 ¿Qué digo, pues? ¿Que el ídolo es algo, o que sea algo lo que se sacrifica a los ídolos?

20 Antes digo que lo que los gentiles sacrifican, a los demonios lo sacrifican, y no a Dios; y no quiero que vosotros os hagáis partícipes con los demonios.

21 No podéis beber la copa del Señor, y la copa de los demonios; no podéis participar de la mesa del Señor, y de la mesa de los demonios.

22 ¿O provocaremos a celos al Señor? ¿Somos más fuertes que él?

Haced todo para la gloria de Dios

23 Todo me es lícito, pero no todo conviene; todo me es lícito, pero no todo edifica.

24 Ninguno busque su propio bien, sino el del otro.

25 De todo lo que se vende en la carnicería, comed, sin preguntar nada por motivos de conciencia;

26 porque del Señor es la tierra y su plenitud.

27 Si algún incrédulo os invita, y queréis ir, de todo lo que se os ponga delante comed, sin preguntar nada por motivos de conciencia.

28 Mas si alguien os dijere: Esto fue sacrificado a los ídolos; no lo comáis, por causa de aquel que lo declaró, y por motivos de conciencia; porque del Señor es la tierra y su plenitud.

29 La conciencia, digo, no la tuya, sino la del otro. Pues ¿por qué se ha de juzgar mi libertad por la conciencia de otro?

30 Y si yo con agradecimiento participo, ¿por qué he de ser censurado por aquello de que doy gracias?

31 Si, pues, coméis o bebéis, o hacéis otra cosa, hacedlo todo para la gloria de Dios.

32 No seáis tropiezo ni a judíos, ni a gentiles, ni a la iglesia de Dios;

33 como también yo en todas las cosas agrado a todos, no procurando mi propio beneficio, sino el de muchos, para que sean salvos.

11 1 Sed imitadores de mí, así como yo de Cristo.

should not test the Lord, as some of them did—and were killed by snakes. 10 And do not grumble, as some of them did—and were killed by the destroying angel.

11 These things happened to them as examples and were written down as warnings for us, on whom the fulfillment of the ages has come. 12 So, if you think you are standing firm, be careful that you don't fall! 13 No temptation has seized you except what is common to man. And God is faithful; he will not let you be tempted beyond what you can bear. But when you are tempted, he will also provide a way out so that you can stand up under it.

Idol Feasts and the Lord's Supper

14 Therefore, my dear friends, flee from idolatry. 15 I speak to sensible people; judge for yourselves what I say. 16 Is not the cup of thanksgiving for which we give thanks a participation in the blood of Christ? And is not the bread that we break a participation in the body of Christ? 17 Because there is one loaf, we, who are many, are one body, for we all partake of the one loaf.

18 Consider the people of Israel: Do not those who eat the sacrifices participate in the altar? 19 Do I mean then that a sacrifice offered to an idol is anything, or that an idol is anything? 20 No, but the sacrifices of pagans are offered to demons, not to God, and I do not want you to be participants with demons. 21 You cannot drink the cup of the Lord and the cup of demons too; you cannot have a part in both the Lord's table and the table of demons. 22 Are we trying to arouse the Lord's jealousy? Are we stronger than he?

The Believer's Freedom

23 "Everything is permissible"—but not everything is beneficial. "Everything is permissible"—but not everything is constructive. 24 Nobody should seek his own good, but the good of others.

25 Eat anything sold in the meat market without raising questions of conscience, 26 for, "The earth is the Lord's, and everything in it." *w*

27 If some unbeliever invites you to a meal and you want to go, eat whatever is put before you without raising questions of conscience. 28 But if anyone says to you, "This has been offered in sacrifice," then do not eat it, both for the sake of the man who told you and for conscience' sake *x*— 29 the other man's conscience, I mean, not yours. For why should my freedom be judged by another's conscience? 30 If I take part in the meal with thankfulness, why am I denounced because of something I thank God for?

31 So whether you eat or drink or whatever you do, do it all for the glory of God. 32 Do not cause anyone to stumble, whether Jews, Greeks or the church of God— 33 even as I try to please everybody in every way. For I am not seeking my own good but the good of many, so that they may be saved.

11 1 Follow my example, as I follow the example of Christ.

w 26 Psalm 24:1   *x 28* Some manuscripts *conscience' sake, for "the earth is the Lord's and everything in it"*

Atavío de las mujeres

2 Os alabo, hermanos, porque en todo os acordáis de mí, y retenéis las instrucciones tal como os las entregué.
3 Pero quiero que sepáis que Cristo es la cabeza de todo varón, y el varón es la cabeza de la mujer, y Dios la cabeza de Cristo.
4 Todo varón que ora o profetiza con la cabeza cubierta, afrenta su cabeza.
5 Pero toda mujer que ora o profetiza con la cabeza descubierta, afrenta su cabeza; porque lo mismo es que si se hubiese rapado.
6 Porque si la mujer no se cubre, que se corte también el cabello; y si le es vergonzoso a la mujer cortarse el cabello o raparse, que se cubra.
7 Porque el varón no debe cubrirse la cabeza, pues él es imagen y gloria de Dios; pero la mujer es gloria del varón.
8 Porque el varón no procede de la mujer, sino la mujer del varón,
9 y tampoco el varón fue creado por causa de la mujer, sino la mujer por causa del varón.
10 Por lo cual la mujer debe tener señal de autoridad sobre su cabeza, por causa de los ángeles.
11 Pero en el Señor, ni el varón es sin la mujer, ni la mujer sin el varón;
12 porque así como la mujer procede del varón, también el varón nace de la mujer; pero todo procede de Dios.
13 Juzgad vosotros mismos: ¿Es propio que la mujer ore a Dios sin cubrirse la cabeza?
14 La naturaleza misma ¿no os enseña que al varón le es deshonroso dejarse crecer el cabello?
15 Por el contrario, a la mujer dejarse crecer el cabello le es honroso; porque en lugar de velo le es dado el cabello.
16 Con todo eso, si alguno quiere ser contencioso, nosotros no tenemos tal costumbre, ni las iglesias de Dios.

Abusos en la Cena del Señor

17 Pero al anunciaros esto que sigue, no os alabo; porque no os congregáis para lo mejor, sino para lo peor.
18 Pues en primer lugar, cuando os reunís como iglesia, oigo que hay entre vosotros divisiones; y en parte lo creo.
19 Porque es preciso que entre vosotros haya disensiones, para que se hagan manifiestos entre vosotros los que son aprobados.
20 Cuando, pues, os reunís vosotros, esto no es comer la cena del Señor.
21 Porque al comer, cada uno se adelanta a tomar su propia cena; y uno tiene hambre, y otro se embriaga.
22 Pues qué, ¿no tenéis casas en que comáis y bebáis? ¿O menospreciáis la iglesia de Dios, y avergonzáis a los que no tienen nada? ¿Qué os diré? ¿Os alabaré? En esto no os alabo.

Institución de la Cena del Señor

23 Porque yo recibí del Señor lo que también os he enseñado: Que el Señor Jesús, la noche que fue entregado, tomó pan;
24 y habiendo dado gracias, lo partió, y dijo: Tomad, comed; esto es mi cuerpo que por vosotros es partido; haced esto en memoria de mí.
25 Asimismo tomó también la copa, después de haber cenado, diciendo: Esta copa es el nuevo pacto en mi sangre; haced esto todas las veces que la bebiereis, en memoria de mí.
26 Así, pues, todas las veces que comiereis este pan, y bebiereis esta copa, la muerte del Señor anunciáis hasta que él venga.

Propriety in Worship

2 I praise you for remembering me in everything and for holding to the teachings, y just as I passed them on to you.
3 Now I want you to realize that the head of every man is Christ, and the head of the woman is man, and the head of Christ is God. 4 Every man who prays or prophesies with his head covered dishonors his head. 5 And every woman who prays or prophesies with her head uncovered dishonors her head — it is just as though her head were shaved. 6 If a woman does not cover her head, she should have her hair cut off; and if it is a disgrace for a woman to have her hair cut or shaved off, she should cover her head. 7 A man ought not to cover his head, z since he is the image and glory of God; but the woman is the glory of man. 8 For man did not come from woman, but woman from man; 9 neither was man created for woman, but woman for man. 10 For this reason, and because of the angels, the woman ought to have a sign of authority on her head.
11 In the Lord, however, woman is not independent of man, nor is man independent of woman. 12 For as woman came from man, so also man is born of woman. But everything comes from God. 13 Judge for yourselves: Is it proper for a woman to pray to God with her head uncovered? 14 Does not the very nature of things teach you that if a man has long hair, it is a disgrace to him, 15 but that if a woman has long hair, it is her glory? For long hair is given to her as a covering. 16 If anyone wants to be contentious about this, we have no other practice — nor do the churches of God.

The Lord's Supper

17 In the following directives I have no praise for you, for your meetings do more harm than good. 18 In the first place, I hear that when you come together as a church, there are divisions among you, and to some extent I believe it. 19 No doubt there have to be differences among you to show which of you have God's approval. 20 When you come together, it is not the Lord's Supper you eat, 21 for as you eat, each of you goes ahead without waiting for anybody else. One remains hungry, another gets drunk. 22 Don't you have homes to eat and drink in? Or do you despise the church of God and humiliate those who have nothing? What shall I say to you? Shall I praise you for this? Certainly not!
23 For I received from the Lord what I also passed on to you: The Lord Jesus, on the night he was betrayed, took bread, 24 and when he had given thanks, he broke it and said, "This is my body, which is for you; do this in remembrance of me." 25 In the same way, after supper he took the cup, saying, "This cup is the new covenant in my blood; do this, whenever you drink it, in remembrance of me." 26 For whenever you eat this bread and drink this cup, you proclaim the Lord's death until he comes.

y2 Or traditions   z4-7 Or 4Every man who prays or prophesies with long hair dishonors his head. 5And every woman who prays or prophesies with no covering of hair, on her head dishonors her head — she is just like one of the "shorn women." 6If a woman has no covering, let her be for now with short hair, but since it is a disgrace for a woman to have her hair shorn or shaved, she should grow it again. 7A man ought not to have long hair

Tomando la Cena indignamente

27 De manera que cualquiera que comiere este pan o bebiere esta copa del Señor indignamente, será culpado del cuerpo y de la sangre del Señor.

28 Por tanto, pruébese cada uno a sí mismo, y coma así del pan, y beba de la copa.

29 Porque el que come y bebe indignamente, sin discernir el cuerpo del Señor, juicio come y bebe para sí.

30 Por lo cual hay muchos enfermos y debilitados entre vosotros, y muchos duermen.

31 Si, pues, nos examinásemos a nosotros mismos, no seríamos juzgados;

32 mas siendo juzgados, somos castigados por el Señor, para que no seamos condenados con el mundo.

33 Así que, hermanos míos, cuando os reunís a comer, esperaos unos a otros.

34 Si alguno tuviere hambre, coma en su casa, para que no os reunáis para juicio. Las demás cosas las pondré en orden cuando yo fuere.

Dones espirituales

12 1 No quiero, hermanos, que ignoréis acerca de los dones espirituales.

2 Sabéis que cuando erais gentiles, se os extraviaba llevándoos, como se os llevaba, a los ídolos mudos.

3 Por tanto, os hago saber que nadie que hable por el Espíritu de Dios llama anatema a Jesús; y nadie puede llamar a Jesús Señor, sino por el Espíritu Santo.

4 Ahora bien, hay diversidad de dones, pero el Espíritu es el mismo.

5 Y hay diversidad de ministerios, pero el Señor es el mismo.

6 Y hay diversidad de operaciones, pero Dios, que hace todas las cosas en todos, es el mismo.

7 Pero a cada uno le es dada la manifestación del Espíritu para provecho.

8 Porque a éste es dada por el Espíritu palabra de sabiduría; a otro, palabra de ciencia según el mismo Espíritu;

9 a otro, fe por el mismo Espíritu; y a otro, dones de sanidades por el mismo Espíritu.

10 A otro, el hacer milagros; a otro profecía; a otro, discernimiento de espíritus; a otro, diversos géneros de lenguas; y a otro, interpretación de lenguas.

11 Pero todas estas cosas las hace uno y el mismo Espíritu, repartiendo a cada uno en particular como él quiere.

12 Porque así como el cuerpo es uno, y tiene muchos miembros, pero todos los miembros del cuerpo, siendo muchos, son un solo cuerpo, así también Cristo.

13 Porque por un solo Espíritu fuimos todos bautizados en un cuerpo, sean judíos o griegos, sean esclavos o libres; y a todos se nos dio a beber de un mismo Espíritu.

14 Además, el cuerpo no es un solo miembro, sino muchos.

15 Si dijere el pie: Porque no soy mano, no soy del cuerpo, ¿por eso no será del cuerpo?

16 Y si dijere la oreja: Porque no soy ojo, no soy del cuerpo, ¿por eso no será del cuerpo?

17 Si todo el cuerpo fuese ojo, ¿dónde estaría el oído? Si todo fuese oído, ¿dónde estaría el olfato?

18 Mas ahora Dios ha colocado los miembros cada uno de ellos en el cuerpo, como él quiso.

19 Porque si todos fueran un solo miembro, ¿dónde estaría el cuerpo?

20 Pero ahora son muchos los miembros, pero el cuerpo es uno solo.

27 Therefore, whoever eats the bread or drinks the cup of the Lord in an unworthy manner will be guilty of sinning against the body and blood of the Lord. 28 A man ought to examine himself before he eats of the bread and drinks of the cup. 29 For anyone who eats and drinks without recognizing the body of the Lord eats and drinks judgment on himself. 30 That is why many among you are weak and sick, and a number of you have fallen asleep. 31 But if we judged ourselves, we would not come under judgment. 32 When we are judged by the Lord, we are being disciplined so that we will not be condemned with the world.

33 So then, my brothers, when you come together to eat, wait for each other. 34 If anyone is hungry, he should eat at home, so that when you meet together it may not result in judgment.

And when I come I will give further directions.

Spiritual Gifts

12 Now about spiritual gifts, brothers, I do not want you to be ignorant. 2 You know that when you were pagans, somehow or other you were influenced and led astray to mute idols. 3 Therefore I tell you that no one who is speaking by the Spirit of God says, "Jesus be cursed," and no one can say, "Jesus is Lord," except by the Holy Spirit.

4 There are different kinds of gifts, but the same Spirit. 5 There are different kinds of service, but the same Lord. 6 There are different kinds of working, but the same God works all of them in all men.

7 Now to each one the manifestation of the Spirit is given for the common good. 8 To one there is given through the Spirit the message of wisdom, to another the message of knowledge by means of the same Spirit, 9 to another faith by the same Spirit, to another gifts of healing by that one Spirit, 10 to another miraculous powers, to another prophecy, to another distinguishing between spirits, to another speaking in different kinds of tongues,ᵃ and to still another the interpretation of tongues.ᵃ 11 All these are the work of one and the same Spirit, and he gives them to each one, just as he determines.

One Body, Many Parts

12 The body is a unit, though it is made up of many parts; and though all its parts are many, they form one body. So it is with Christ. 13 For we were all baptized byᵇ one Spirit into one body—whether Jews or Greeks, slave or free—and we were all given the one Spirit to drink.

14 Now the body is not made up of one part but of many. 15 If the foot should say, "Because I am not a hand, I do not belong to the body," it would not for that reason cease to be part of the body. 16 And if the ear should say, "Because I am not an eye, I do not belong to the body," it would not for that reason cease to be part of the body. 17 If the whole body were an eye, where would the sense of hearing be? If the whole body were an ear, where would the sense of smell be? 18 But in fact God has arranged the parts in the body, every one of them, just as he wanted them to be. 19 If they were all one part, where would the body be? 20 As it is, there are many parts, but one body.

ᵃ 10 Or languages; also in verse 28   ᵇ 13 Or with; or in

21 Ni el ojo puede decir a la mano: No te necesito, ni tampoco la cabeza a los pies: No tengo necesidad de vosotros.

22 Antes bien los miembros del cuerpo que parecen más débiles, son los más necesarios;

23 y a aquellos del cuerpo que nos parecen menos dignos, a éstos vestimos más dignamente; y los que en nosotros son menos decorosos, se tratan con más decoro.

24 Porque los que en nosotros son más decorosos, no tienen necesidad; pero Dios ordenó el cuerpo, dando más abundante honor al que le faltaba,

25 para que no haya desavenencia en el cuerpo, sino que los miembros todos se preocupen los unos por los otros.

26 De manera que si un miembro padece, todos los miembros se duelen con él, y si un miembro recibe honra, todos los miembros con él se gozan.

27 Vosotros, pues, sois el cuerpo de Cristo, y miembros cada uno en particular.

28 Y a unos puso Dios en la iglesia, primeramente apóstoles, luego profetas, lo tercero maestros, luego los que hacen milagros, después los que sanan, los que ayudan, los que administran, los que tienen don de lenguas.

29 ¿Son todos apóstoles? ¿son todos profetas? ¿todos maestros? ¿hacen todos milagros?

30 ¿Tienen todos dones de sanidad? ¿hablan todos lenguas? ¿interpretan todos?

31 Procurad, pues, los dones mejores. Mas yo os muestro un camino aun más excelente.

La preeminencia del amor

13 1 Si yo hablase lenguas humanas y angélicas, y no tengo amor, vengo a ser como metal que resuena, o címbalo que retiñe.

2 Y si tuviese profecía, y entendiese todos los misterios y toda ciencia, y si tuviese toda la fe, de tal manera que trasladase los montes, y no tengo amor, nada soy.

3 Y si repartiese todos mis bienes para dar de comer a los pobres, y si entregase mi cuerpo para ser quemado, y no tengo amor, de nada me sirve.

4 El amor es sufrido, es benigno; el amor no tiene envidia, el amor no es jactancioso, no se envanece;

5 no hace nada indebido, no busca lo suyo, no se irrita, no guarda rencor;

6 no se goza de la injusticia, mas se goza de la verdad.

7 Todo lo sufre, todo lo cree, todo lo espera, todo lo soporta.

8 El amor nunca deja de ser; pero las profecías se acabarán, y cesarán las lenguas, y la ciencia acabará.

9 Porque en parte conocemos, y en parte profetizamos;

10 mas cuando venga lo perfecto, entonces lo que es en parte se acabará.

11 Cuando yo era niño, hablaba como niño, pensaba como niño, juzgaba como niño; mas cuando ya fui hombre, dejé lo que era de niño.

12 Ahora vemos por espejo, oscuramente; mas entonces veremos cara a cara. Ahora conozco en parte; pero entonces conoceré como fui conocido.

13 Y ahora permanecen la fe, la esperanza y el amor, estos tres; pero el mayor de ellos es el amor.

El hablar en lenguas

14 1 Seguid el amor; y procurad los dones espirituales, pero sobre todo que profeticéis.

21 The eye cannot say to the hand, "I don't need you!" And the head cannot say to the feet, "I don't need you!" 22 On the contrary, those parts of the body that seem to be weaker are indispensable, 23 and the parts that we think are less honorable we treat with special honor. And the parts that are unpresentable are treated with special modesty, 24 while our presentable parts need no special treatment. But God has combined the members of the body and has given greater honor to the parts that lacked it, 25 so that there should be no division in the body, but that its parts should have equal concern for each other. 26 If one part suffers, every part suffers with it; if one part is honored, every part rejoices with it.

27 Now you are the body of Christ, and each one of you is a part of it. 28 And in the church God has appointed first of all apostles, second prophets, third teachers, then workers of miracles, also those having gifts of healing, those able to help others, those with gifts of administration, and those speaking in different kinds of tongues. 29 Are all apostles? Are all prophets? Are all teachers? Do all work miracles? 30 Do all have gifts of healing? Do all speak in tongues *c*? Do all interpret? 31 But eagerly desire *d* the greater gifts.

Love

And now I will show you the most excellent way.

13 If I speak in the tongues *e* of men and of angels, but have not love, I am only a resounding gong or a clanging cymbal. 2 If I have the gift of prophecy and can fathom all mysteries and all knowledge, and if I have a faith that can move mountains, but have not love, I am nothing. 3 If I give all I possess to the poor and surrender my body to the flames, *f* but have not love, I gain nothing.

4 Love is patient, love is kind. It does not envy, it does not boast, it is not proud. 5 It is not rude, it is not self-seeking, it is not easily angered, it keeps no record of wrongs. 6 Love does not delight in evil but rejoices with the truth. 7 It always protects, always trusts, always hopes, always perseveres.

8 Love never fails. But where there are prophecies, they will cease; where there are tongues, they will be stilled; where there is knowledge, it will pass away. 9 For we know in part and we prophesy in part, 10 but when perfection comes, the imperfect disappears. 11 When I was a child, I talked like a child, I thought like a child, I reasoned like a child. When I became a man, I put childish ways behind me. 12 Now we see but a poor reflection as in a mirror; then we shall see face to face. Now I know in part; then I shall know fully, even as I am fully known.

13 And now these three remain: faith, hope and love. But the greatest of these is love.

Gifts of Prophecy and Tongues

14 Follow the way of love and eagerly desire spiritual gifts, especially the gift of prophecy. 2 For

---

c30 Or *other languages*   d31 Or *But you are eagerly desiring*
e1 Or *languages*   f3 Some early manuscripts *body that I may boast*

2 Porque el que habla en lenguas no habla a los hombres, sino a Dios; pues nadie le entiende, aunque por el Espíritu habla misterios.

3 Pero el que profetiza habla a los hombres para edificación, exhortación y consolación.

4 El que habla en lengua extraña, a sí mismo se edifica; pero el que profetiza, edifica a la iglesia.

5 Así que, quisiera que todos vosotros hablaseis en lenguas, pero más que profetizaseis; porque mayor es el que profetiza que el que habla en lenguas, a no ser que las interprete para que la iglesia reciba edificación.

6 Ahora pues, hermanos, si yo voy a vosotros hablando en lenguas, ¿qué os aprovechará, si no os hablare con revelación, o con ciencia, o con profecía, o con doctrina?

7 Ciertamente las cosas inanimadas que producen sonidos, como la flauta o la cítara, si no dieren distinción de voces, ¿cómo se sabrá lo que se toca con la flauta o con la cítara?

8 Y si la trompeta diere sonido incierto, ¿quién se preparará para la batalla?

9 Así también vosotros, si por la lengua no diereis palabra bien comprensible, ¿cómo se entenderá lo que decís? Porque hablaréis al aire.

10 Tantas clases de idiomas hay, seguramente, en el mundo, y ninguno de ellos carece de significado.

11 Pero si yo ignoro el valor de las palabras, seré como extranjero para el que habla, y el que habla será como extranjero para mí.

12 Así también vosotros; pues que anheláis dones espirituales, procurad abundar en ellos para edificación de la iglesia.

13 Por lo cual, el que habla en lengua extraña, pida en oración poder interpretarla.

14 Porque si yo oro en lengua desconocida, mi espíritu ora, pero mi entendimiento queda sin fruto.

15 ¿Qué, pues? Oraré con el espíritu, pero oraré también con el entendimiento; cantaré con el espíritu, pero cantaré también con el entendimiento.

16 Porque si bendices sólo con el espíritu, el que ocupa lugar de simple oyente, ¿cómo dirá el Amén a tu acción de gracias? pues no sabe lo que has dicho.

17 Porque tú, a la verdad, bien das gracias; pero el otro no es edificado.

18 Doy gracias a Dios que hablo en lenguas más que todos vosotros;

19 pero en la iglesia prefiero hablar cinco palabras con mi entendimiento, para enseñar también a otros, que diez mil palabras en lengua desconocida.

20 Hermanos, no seáis niños en el modo de pensar, sino sed niños en la malicia, pero maduros en el modo de pensar.

21 En la ley está escrito: En otras lenguas y con otros labios hablaré a este pueblo; y ni aun así me oirán, dice el Señor.

22 Así que, las lenguas son por señal, no a los creyentes, sino a los incrédulos; pero la profecía, no a los incrédulos, sino a los creyentes.

23 Si, pues, toda la iglesia se reúne en un solo lugar, y todos hablan en lenguas, y entran indoctos o incrédulos, ¿no dirán que estáis locos?

24 Pero si todos profetizan, y entra algún incrédulo o indocto, por todos es convencido, por todos es juzgado;

25 lo oculto de su corazón se hace manifiesto; y así, postrándose sobre el rostro, adorará a Dios, declarando que verdaderamente Dios está entre vosotros.

anyone who speaks in a tongue*g* does not speak to men but to God. Indeed, no one understands him; he utters mysteries with his spirit.*h* 3 But everyone who prophesies speaks to men for their strengthening, encouragement and comfort. 4 He who speaks in a tongue edifies himself, but he who prophesies edifies the church. 5 I would like every one of you to speak in tongues,*i* but I would rather have you prophesy. He who prophesies is greater than one who speaks in tongues,*i* unless he interprets, so that the church may be edified.

6 Now, brothers, if I come to you and speak in tongues, what good will I be to you, unless I bring you some revelation or knowledge or prophecy or word of instruction? 7 Even in the case of lifeless things that make sounds, such as the flute or harp, how will anyone know what tune is being played unless there is a distinction in the notes? 8 Again, if the trumpet does not sound a clear call, who will get ready for battle? 9 So it is with you. Unless you speak intelligible words with your tongue, how will anyone know what you are saying? You will just be speaking into the air. 10 Undoubtedly there are all sorts of languages in the world, yet none of them is without meaning. 11 If then I do not grasp the meaning of what someone is saying, I am a foreigner to the speaker, and he is a foreigner to me. 12 So it is with you. Since you are eager to have spiritual gifts, try to excel in gifts that build up the church.

13 For this reason anyone who speaks in a tongue should pray that he may interpret what he says. 14 For if I pray in a tongue, my spirit prays, but my mind is unfruitful. 15 So what shall I do? I will pray with my spirit, but I will also pray with my mind; I will sing with my spirit, but I will also sing with my mind. 16 If you are praising God with your spirit, how can one who finds himself among those who do not understand*j* say "Amen" to your thanksgiving, since he does not know what you are saying? 17 You may be giving thanks well enough, but the other man is not edified.

18 I thank God that I speak in tongues more than all of you. 19 But in the church I would rather speak five intelligible words to instruct others than ten thousand words in a tongue.

20 Brothers, stop thinking like children. In regard to evil be infants, but in your thinking be adults. 21 In the Law it is written:

"Through men of strange tongues
    and through the lips of foreigners
I will speak to this people,
    but even then they will not listen to me,"*k*
says the Lord.

22 Tongues, then, are a sign, not for believers but for unbelievers; prophecy, however, is for believers, not for unbelievers. 23 So if the whole church comes together and everyone speaks in tongues, and some who do not understand*l* or some unbelievers come in, will they not say that you are out of your mind? 24 But if an unbeliever or someone who does not understand*m* comes in while everybody is prophesying, he will be convinced by all that he is a sinner and will be judged by all, 25 and the secrets of his heart will be laid bare. So he will fall down and worship God, exclaiming, "God is really among you!"

---

*g2 Or another language; also in verses 4, 13, 14, 19, 26 and 27   *h2 Or by the Spirit   *i5 Or other languages; also in verses 6, 18, 22, 23 and 39   *j16 Or among the inquirers   *k21 Isaiah 28:11,12   *l23 Or some inquirers   *m24 Or or some inquirer

26 ¿Qué hay, pues, hermanos? Cuando os reunís, cada uno de vosotros tiene salmo, tiene doctrina, tiene lengua, tiene revelación, tiene interpretación. Hágase todo para edificación.
27 Si habla alguno en lengua extraña, sea esto por dos, o a lo más tres, y por turno; y uno interprete.
28 Y si no hay intérprete, calle en la iglesia, y hable para sí mismo y para Dios.
29 Asimismo, los profetas hablen dos o tres, y los demás juzguen.
30 Y si algo le fuere revelado a otro que estuviere sentado, calle el primero.
31 Porque podéis profetizar todos uno por uno, para que todos aprendan, y todos sean exhortados.
32 Y los espíritus de los profetas están sujetos a los profetas;
33 pues Dios no es Dios de confusión, sino de paz. Como en todas las iglesias de los santos,
34 vuestras mujeres callen en las congregaciones; porque no les es permitido hablar, sino que estén sujetas, como también la ley lo dice.
35 Y si quieren aprender algo, pregunten en casa a sus maridos; porque es indecoroso que una mujer hable en la congregación.
36 ¿Acaso ha salido de vosotros la palabra de Dios, o sólo a vosotros ha llegado?
37 Si alguno se cree profeta, o espiritual, reconozca que lo que os escribo son mandamientos del Señor.
38 Mas el que ignora, ignore.
39 Así que, hermanos, procurad profetizar, y no impidáis el hablar lenguas;
40 pero hágase todo decentemente y con orden.

La resurrección de los muertos

15 1 Además os declaro, hermanos, el evangelio que os he predicado, el cual también recibisteis, en el cual también perseveráis;
2 por el cual asimismo, si retenéis la palabra que os he predicado, sois salvos, si no creísteis en vano.
3 Porque primeramente os enseñé lo que asimismo recibí: Que Cristo murió por nuestros pecados, conforme a las Escrituras;
4 y que fue sepultado, y que resucitó al tercer día, conforme a las Escrituras;
5 y que apareció a Cefas, y después a los doce.
6 Después apareció a más de quinientos hermanos a la vez, de los cuales muchos viven aún, y otros ya duermen.
7 Después apareció a Jacobo; después a todos los apóstoles;
8 y al último de todos, como a un abortivo, me apareció a mí.
9 Porque yo soy el más pequeño de los apóstoles, que no soy digno de ser llamado apóstol, porque perseguí a la iglesia de Dios.
10 Pero por la gracia de Dios soy lo que soy; y su gracia no ha sido en vano para conmigo, antes he trabajado más que todos ellos; pero no yo, sino la gracia de Dios conmigo.
11 Porque o sea yo o sean ellos, así predicamos, y así habéis creído.
12 Pero si se predica de Cristo que resucitó de los muertos, ¿cómo dicen algunos entre vosotros que no hay resurrección de muertos?
13 Porque si no hay resurrección de muertos, tampoco Cristo resucitó.

Orderly Worship

26 What then shall we say, brothers? When you come together, everyone has a hymn, or a word of instruction, a revelation, a tongue or an interpretation. All of these must be done for the strengthening of the church. 27 If anyone speaks in a tongue, two — or at the most three — should speak, one at a time, and someone must interpret. 28 If there is no interpreter, the speaker should keep quiet in the church and speak to himself and God.

29 Two or three prophets should speak, and the others should weigh carefully what is said. 30 And if a revelation comes to someone who is sitting down, the first speaker should stop. 31 For you can all prophesy in turn so that everyone may be instructed and encouraged. 32 The spirits of prophets are subject to the control of prophets. 33 For God is not a God of disorder but of peace.

As in all the congregations of the saints, 34 women should remain silent in the churches. They are not allowed to speak, but must be in submission, as the Law says. 35 If they want to inquire about something, they should ask their own husbands at home; for it is disgraceful for a woman to speak in the church.

36 Did the word of God originate with you? Or are you the only people it has reached? 37 If anybody thinks he is a prophet or spiritually gifted, let him acknowledge that what I am writing to you is the Lord's command. 38 If he ignores this, he himself will be ignored. [n]

39 Therefore, my brothers, be eager to prophesy, and do not forbid speaking in tongues. 40 But everything should be done in a fitting and orderly way.

The Resurrection of Christ

15 Now, brothers, I want to remind you of the gospel I preached to you, which you received and on which you have taken your stand. 2 By this gospel you are saved, if you hold firmly to the word I preached to you. Otherwise, you have believed in vain.

3 For what I received I passed on to you as of first importance [o]: that Christ died for our sins according to the Scriptures, 4 that he was buried, that he was raised on the third day according to the Scriptures, 5 and that he appeared to Peter, [p] and then to the Twelve. 6 After that, he appeared to more than five hundred of the brothers at the same time, most of whom are still living, though some have fallen asleep. 7 Then he appeared to James, then to all the apostles, 8 and last of all he appeared to me also, as to one abnormally born.

9 For I am the least of the apostles and do not even deserve to be called an apostle, because I persecuted the church of God. 10 But by the grace of God I am what I am, and his grace to me was not without effect. No, I worked harder than all of them — yet not I, but the grace of God that was with me. 11 Whether, then, it was I or they, this is what we preach, and this is what you believed.

The Resurrection of the Dead

12 But if it is preached that Christ has been raised from the dead, how can some of you say that there is no resurrection of the dead? 13 If there is no resurrection of the dead, then not even Christ has been raised.

---

n38 Some manuscripts If he is ignorant of this, let him be ignorant o3 Or you at the first p5 Greek Cephas

14 Y si Cristo no resucitó, vana es entonces nuestra predicación, vana es también vuestra fe.

15 Y somos hallados falsos testigos de Dios; porque hemos testificado de Dios que él resucitó a Cristo, al cual no resucitó, si en verdad los muertos no resucitan.

16 Porque si los muertos no resucitan, tampoco Cristo resucitó;

17 y si Cristo no resucitó, vuestra fe es vana; aún estáis en vuestros pecados.

18 Entonces también los que durmieron en Cristo perecieron.

19 Si en esta vida solamente esperamos en Cristo, somos los más dignos de conmiseración de todos los hombres.

20 Mas ahora Cristo ha resucitado de los muertos; primicias de los que durmieron es hecho.

21 Porque por cuanto la muerte entró por un hombre, también por un hombre la resurrección de los muertos.

22 Porque así como en Adán todos mueren, también en Cristo todos serán vivificados.

23 Pero cada uno en su debido orden: Cristo, las primicias; luego los que son de Cristo, en su venida.

24 Luego el fin, cuando entregue el reino al Dios y Padre, cuando haya suprimido todo dominio, toda autoridad y potencia.

25 Porque preciso es que él reine hasta que haya puesto a todos sus enemigos debajo de sus pies.

26 Y el postrer enemigo que será destruido es la muerte.

27 Porque todas las cosas las sujetó debajo de sus pies. Y cuando dice que todas las cosas han sido sujetadas a él, claramente se exceptúa aquel que sujetó a él todas las cosas.

28 Pero luego que todas las cosas le estén sujetas, entonces también el Hijo mismo se sujetará al que le sujetó a él todas las cosas, para que Dios sea todo en todos.

29 De otro modo, ¿qué harán los que se bautizan por los muertos, si en ninguna manera los muertos resucitan? ¿Por qué, pues, se bautizan por los muertos?

30 ¿Y por qué nosotros peligramos a toda hora?

31 Os aseguro, hermanos, por la gloria que de vosotros tengo en nuestro Señor Jesucristo, que cada día muero.

32 Si como hombre batallé en Efeso contra fieras, ¿qué me aprovecha? Si los muertos no resucitan, comamos y bebamos, porque mañana moriremos.

33 No erréis; las malas conversaciones corrompen las buenas costumbres.

34 Velad debidamente, y no pequéis; porque algunos no conocen a Dios; para vergüenza vuestra lo digo.

35 Pero dirá alguno: ¿Cómo resucitarán los muertos? ¿Con qué cuerpo vendrán?

36 Necio, lo que tú siembras no se vivifica, si no muere antes.

37 Y lo que siembras no es el cuerpo que ha de salir, sino el grano desnudo, ya sea de trigo o de otro grano;

38 pero Dios le da el cuerpo como él quiso, y a cada semilla su propio cuerpo.

39 No toda carne es la misma carne, sino que una carne es la de los hombres, otra carne la de las bestias, otra la de los peces, y otra la de las aves.

40 Y hay cuerpos celestiales, y cuerpos terrenales; pero una es la gloria de los celestiales, y otra la de los terrenales.

41 Una es la gloria del sol, otra la gloria de la luna, y otra la gloria de las estrellas, pues una estrella es diferente de otra en gloria.

42 Así también es la resurrección de los muertos. Se siembra en corrupción, resucitará en incorrupción.

43 Se siembra en deshonra, resucitará en gloria; se siembra en debilidad, resucitará en poder.

14 And if Christ has not been raised, our preaching is useless and so is your faith. 15 More than that, we are then found to be false witnesses about God, for we have testified about God that he raised Christ from the dead. But he did not raise him if in fact the dead are not raised. 16 For if the dead are not raised, then Christ has not been raised either. 17 And if Christ has not been raised, your faith is futile; you are still in your sins. 18 Then those also who have fallen asleep in Christ are lost. 19 If only for this life we have hope in Christ, we are to be pitied more than all men.

20 But Christ has indeed been raised from the dead, the firstfruits of those who have fallen asleep. 21 For since death came through a man, the resurrection of the dead comes also through a man. 22 For as in Adam all die, so in Christ all will be made alive. 23 But each in his own turn: Christ, the firstfruits; then, when he comes, those who belong to him. 24 Then the end will come, when he hands over the kingdom to God the Father after he has destroyed all dominion, authority and power. 25 For he must reign until he has put all his enemies under his feet. 26 The last enemy to be destroyed is death. 27 For he "has put everything under his feet." *q* Now when it says that "everything" has been put under him, it is clear that this does not include God himself, who put everything under Christ. 28 When he has done this, then the Son himself will be made subject to him who put everything under him, so that God may be all in all.

29 Now if there is no resurrection, what will those do who are baptized for the dead? If the dead are not raised at all, why are people baptized for them? 30 And as for us, why do we endanger ourselves every hour? 31 I die every day—I mean that, brothers—just as surely as I glory over you in Christ Jesus our Lord. 32 If I fought wild beasts in Ephesus for merely human reasons, what have I gained? If the dead are not raised,

"Let us eat and drink,
    for tomorrow we die." *r*

33 Do not be misled: "Bad company corrupts good character." 34 Come back to your senses as you ought, and stop sinning; for there are some who are ignorant of God—I say this to your shame.

The Resurrection Body

35 But someone may ask, "How are the dead raised? With what kind of body will they come?" 36 How foolish! What you sow does not come to life unless it dies. 37 When you sow, you do not plant the body that will be, but just a seed, perhaps of wheat or of something else. 38 But God gives it a body as he has determined, and to each kind of seed he gives its own body. 39 All flesh is not the same: Men have one kind of flesh, animals have another, birds another and fish another. 40 There are also heavenly bodies and there are earthly bodies; but the splendor of the heavenly bodies is one kind, and the splendor of the earthly bodies is another. 41 The sun has one kind of splendor, the moon another and the stars another; and star differs from star in splendor.

42 So will it be with the resurrection of the dead. The body that is sown is perishable, it is raised imperishable; 43 it is sown in dishonor, it is raised in glory; it

---

q27 Psalm 8:6   *r32* Isaiah 22:13

44 Se siembra cuerpo animal, resucitará cuerpo espiritual. Hay cuerpo animal, y hay cuerpo espiritual.

45 Así también está escrito: Fue hecho el primer hombre Adán alma viviente; el postrer Adán, espíritu vivificante.

46 Mas lo espiritual no es primero, sino lo animal; luego lo espiritual.

47 El primer hombre es de la tierra, terrenal; el segundo hombre, que es el Señor, es del cielo.

48 Cual el terrenal, tales también los terrenales; y cual el celestial, tales también los celestiales.

49 Y así como hemos traído la imagen del terrenal, traeremos también la imagen del celestial.

50 Pero esto digo, hermanos: que la carne y la sangre no pueden heredar el reino de Dios, ni la corrupción hereda la incorrupción.

51 He aquí, os digo un misterio: No todos dormiremos; pero todos seremos transformados,

52 en un momento, en un abrir y cerrar de ojos, a la final trompeta; porque se tocará la trompeta, y los muertos serán resucitados incorruptibles, y nosotros seremos transformados.

53 Porque es necesario que esto corruptible se vista de incorrupción, y esto mortal se vista de inmortalidad.

54 Y cuando esto corruptible se haya vestido de incorrupción, y esto mortal se haya vestido de inmortalidad, entonces se cumplirá la palabra que está escrita: Sorbida es la muerte en victoria.

55 ¿Dónde está, oh muerte, tu aguijón? ¿Dónde, oh sepulcro, tu victoria?

56 Ya que el aguijón de la muerte es el pecado, y el poder del pecado, la ley.

57 Mas gracias sean dadas a Dios, que nos da la victoria por medio de nuestro Señor Jesucristo.

58 Así que, hermanos míos amados, estad firmes y constantes, creciendo en la obra del Señor siempre, sabiendo que vuestro trabajo en el Señor no es en vano.

La ofrenda para los santos

16 1 En cuanto a la ofrenda para los santos, haced vosotros también de la manera que ordené en las iglesias de Galacia.

2 Cada primer día de la semana cada uno de vosotros ponga aparte algo, según haya prosperado, guardándolo, para que cuando yo llegue no se recojan entonces ofrendas.

3 Y cuando haya llegado, a quienes hubiereis designado por carta, a éstos enviaré para que lleven vuestro donativo a Jerusalén.

4 Y si fuere propio que yo también vaya, irán conmigo.

Planes de Pablo

5 Iré a vosotros, cuando haya pasado por Macedonia, pues por Macedonia tengo que pasar.

6 Y podrá ser que me quede con vosotros, o aun pase el invierno, para que vosotros me encaminéis a donde haya de ir.

7 Porque no quiero veros ahora de paso, pues espero estar con vosotros algún tiempo, si el Señor lo permite.

8 Pero estaré en Efeso hasta Pentecostés;

9 porque se me ha abierto puerta grande y eficaz, y muchos son los adversarios.

10 Y si llega Timoteo, mirad que esté con vosotros con tranquilidad, porque él hace la obra del Señor así como yo.

11 Por tanto, nadie le tenga en poco, sino encaminadle en paz, para que venga a mí, porque le espero con los hermanos.

---

is sown in weakness, it is raised in power; 44 it is sown a natural body, it is raised a spiritual body.

If there is a natural body, there is also a spiritual body. 45 So it is written: "The first man Adam became a living being" *s*; the last Adam, a life-giving spirit. 46 The spiritual did not come first, but the natural, and after that the spiritual. 47 The first man was of the dust of the earth, the second man from heaven. 48 As was the earthly man, so are those who are of the earth; and as is the man from heaven, so also are those who are of heaven. 49 And just as we have borne the likeness of the earthly man, so shall we *t* bear the likeness of the man from heaven.

50 I declare to you, brothers, that flesh and blood cannot inherit the kingdom of God, nor does the perishable inherit the imperishable. 51 Listen, I tell you a mystery: We will not all sleep, but we will all be changed— 52 in a flash, in the twinkling of an eye, at the last trumpet. For the trumpet will sound, the dead will be raised imperishable, and we will be changed. 53 For the perishable must clothe itself with the imperishable, and the mortal with immortality. 54 When the perishable has been clothed with the imperishable, and the mortal with immortality, then the saying that is written will come true: "Death has been swallowed up in victory." *u*

55 "Where, O death, is your victory?
     Where, O death, is your sting?" *v*

56 The sting of death is sin, and the power of sin is the law. 57 But thanks be to God! He gives us the victory through our Lord Jesus Christ.

58 Therefore, my dear brothers, stand firm. Let nothing move you. Always give yourselves fully to the work of the Lord, because you know that your labor in the Lord is not in vain.

The Collection for God's People

16 Now about the collection for God's people: Do what I told the Galatian churches to do. 2 On the first day of every week, each one of you should set aside a sum of money in keeping with his income, saving it up, so that when I come no collections will have to be made. 3 Then, when I arrive, I will give letters of introduction to the men you approve and send them with your gift to Jerusalem. 4 If it seems advisable for me to go also, they will accompany me.

Personal Requests

5 After I go through Macedonia, I will come to you— for I will be going through Macedonia. 6 Perhaps I will stay with you awhile, or even spend the winter, so that you can help me on my journey, wherever I go. 7 I do not want to see you now and make only a passing visit; I hope to spend some time with you, if the Lord permits. 8 But I will stay on at Ephesus until Pentecost, 9 because a great door for effective work has opened to me, and there are many who oppose me.

10 If Timothy comes, see to it that he has nothing to fear while he is with you, for he is carrying on the work of the Lord, just as I am. 11 No one, then, should refuse to accept him. Send him on his way in peace so that he may return to me. I am expecting him along with the brothers.

---

s 45 Gen. 2:7   *t 49* Some early manuscripts *so let us*
u 54 Isaiah 25:8   *v 55* Hosea 13:14

12 Acerca del hermano Apolos, mucho le rogué que fuese a vosotros con los hermanos, mas de ninguna manera tuvo voluntad de ir por ahora; pero irá cuando tenga oportunidad.

Salutaciones finales

13 Velad, estad firmes en la fe; portaos varonilmente, y esforzaos.

14 Todas vuestras cosas sean hechas con amor.

15 Hermanos, ya sabéis que la familia de Estéfanas es las primicias de Acaya, y que ellos se han dedicado al servicio de los santos.

16 Os ruego que os sujetéis a personas como ellos, y a todos los que ayudan y trabajan.

17 Me regocijo con la venida de Estéfanas, de Fortunato y de Acaico, pues ellos han suplido vuestra ausencia.

18 Porque confortaron mi espíritu y el vuestro; reconoced, pues, a tales personas.

19 Las iglesias de Asia os saludan. Aquila y Priscila, con la iglesia que está en su casa, os saludan mucho en el Señor.

20 Os saludan todos los hermanos. Saludaos los unos a los otros con ósculo santo.

21 Yo, Pablo, os escribo esta salutación de mi propia mano.

22 El que no amare al Señor Jesucristo, sea anatema. El Señor viene.ª

23 La gracia del Señor Jesucristo esté con vosotros.

24 Mi amor en Cristo Jesús esté con todos vosotros. Amén.

ªGr. del arameo, *Maran-ata.*

---

12 Now about our brother Apollos: I strongly urged him to go to you with the brothers. He was quite unwilling to go now, but he will go when he has the opportunity.

13 Be on your guard; stand firm in the faith; be men of courage; be strong. 14 Do everything in love.

15 You know that the household of Stephanas were the first converts in Achaia, and they have devoted themselves to the service of the saints. I urge you, brothers, 16 to submit to such as these and to everyone who joins in the work, and labors at it. 17 I was glad when Stephanas, Fortunatus and Achaicus arrived, because they have supplied what was lacking from you. 18 For they refreshed my spirit and yours also. Such men deserve recognition.

Final Greetings

19 The churches in the province of Asia send you greetings. Aquila and Priscilla w greet you warmly in the Lord, and so does the church that meets at their house. 20 All the brothers here send you greetings. Greet one another with a holy kiss.

21 I, Paul, write this greeting in my own hand.

22 If anyone does not love the Lord—a curse be on him. Come, O Lord x!

23 The grace of the Lord Jesus be with you.

24 My love to all of you in Christ Jesus. Amen. y

w 19 Greek *Prisca,* a variant of *Priscilla*   x 22 In Aramaic the expression *Come, O Lord* is *Marana tha.*   y 24 Some manuscripts do not have *Amen.*

SEGUNDA EPÍSTOLA DEL APÓSTOL SAN PABLO A LOS
CORINTIOS

2 CORINTHIANS

Salutación

1 ¹ Pablo, apóstol de Jesucristo por la voluntad de Dios, y el hermano Timoteo, a la iglesia de Dios que está en Corinto, con todos los santos que están en toda Acaya: ² Gracia y paz a vosotros, de Dios nuestro Padre y del Señor Jesucristo.

Aflicciones de Pablo

³ Bendito sea el Dios y Padre de nuestro Señor Jesucristo, Padre de misericordias y Dios de toda consolación, ⁴ el cual nos consuela en todas nuestras tribulaciones, para que podamos también nosotros consolar a los que están en cualquier tribulación, por medio de la consolación con que nosotros somos consolados por Dios.
⁵ Porque de la manera que abundan en nosotros las aflicciones de Cristo, así abunda también por el mismo Cristo nuestra consolación.
⁶ Pero si somos atribulados, es para vuestra consolación y salvación; o si somos consolados, es para vuestra consolación y salvación, la cual se opera en el sufrir las mismas aflicciones que nosotros también padecemos.
⁷ Y nuestra esperanza respecto de vosotros es firme, pues sabemos que así como sois compañeros en las aflicciones, también lo sois en la consolación.
⁸ Porque hermanos, no queremos que ignoréis acerca de nuestra tribulación que nos sobrevino en Asia; pues fuimos abrumados sobremanera más allá de nuestras fuerzas, de tal modo que aun perdimos la esperanza de conservar la vida.
⁹ Pero tuvimos en nosotros mismos sentencia de muerte, para que no confiásemos en nosotros mismos, sino en Dios que resucita a los muertos;
¹⁰ el cual nos libró, y nos libra, y en quien esperamos que aún nos librará, de tan gran muerte;
¹¹ cooperando también vosotros a favor nuestro con la oración, para que por muchas personas sean dadas gracias a favor nuestro por el don concedido a nosotros por medio de muchos.

Por qué Pablo pospuso su visita a Corinto

¹² Porque nuestra gloria es esta: el testimonio de nuestra conciencia, que con sencillez y sinceridad de Dios, no con sabiduría humana, sino con la gracia de Dios, nos hemos conducido en el mundo, y mucho más con vosotros.
¹³ Porque no os escribimos otras cosas de las que leéis, o también entendéis; y espero que hasta el fin las entenderéis;
¹⁴ como también en parte habéis entendido que somos vuestra gloria, así como también vosotros la nuestra, para el día del Señor Jesús.
¹⁵ Con esta confianza quise ir primero a vosotros, para que tuvieseis una segunda gracia,
¹⁶ y por vosotros pasar a Macedonia, y desde Macedonia venir otra vez a vosotros, y ser encaminado por vosotros a Judea.
¹⁷ Así que, al proponerme esto, ¿usé quizá de ligereza? ¿O lo que pienso hacer, lo pienso según la carne, para que haya en mí Sí y No?
¹⁸ Mas, como Dios es fiel, nuestra palabra a vosotros no es Sí y No.

1 Paul, an apostle of Christ Jesus by the will of God, and Timothy our brother,

To the church of God in Corinth, together with all the saints throughout Achaia:

²Grace and peace to you from God our Father and the Lord Jesus Christ.

The God of All Comfort

³Praise be to the God and Father of our Lord Jesus Christ, the Father of compassion and the God of all comfort, ⁴who comforts us in all our troubles, so that we can comfort those in any trouble with the comfort we ourselves have received from God. ⁵For just as the sufferings of Christ flow over into our lives, so also through Christ our comfort overflows. ⁶If we are distressed, it is for your comfort and salvation; if we are comforted, it is for your comfort, which produces in you patient endurance of the same sufferings we suffer. ⁷And our hope for you is firm, because we know that just as you share in our sufferings, so also you share in our comfort.

⁸We do not want you to be uninformed, brothers, about the hardships we suffered in the province of Asia. We were under great pressure, far beyond our ability to endure, so that we despaired even of life. ⁹Indeed, in our hearts we felt the sentence of death. But this happened that we might not rely on ourselves but on God, who raises the dead. ¹⁰He has delivered us from such a deadly peril, and he will deliver us. On him we have set our hope that he will continue to deliver us, ¹¹as you help us by your prayers. Then many will give thanks on our[a] behalf for the gracious favor granted us in answer to the prayers of many.

Paul's Change of Plans

¹²Now this is our boast: Our conscience testifies that we have conducted ourselves in the world, and especially in our relations with you, in the holiness and sincerity that are from God. We have done so not according to worldly wisdom but according to God's grace. ¹³For we do not write you anything you cannot read or understand. And I hope that, ¹⁴as you have understood us in part, you will come to understand fully that you can boast of us just as we will boast of you in the day of the Lord Jesus.

¹⁵Because I was confident of this, I planned to visit you first so that you might benefit twice. ¹⁶I planned to visit you on my way to Macedonia and to come back to you from Macedonia, and then to have you send me on my way to Judea. ¹⁷When I planned this, did I do it lightly? Or do I make my plans in a worldly manner so that in the same breath I say, "Yes, yes" and "No, no"?

¹⁸But as surely as God is faithful, our message to you is not "Yes" and "No." ¹⁹For the Son of God, Jesus

19 Porque el Hijo de Dios, Jesucristo, que entre vosotros ha sido predicado por nosotros, por mí, Silvano y Timoteo, no ha sido Sí y No; mas ha sido Sí en él;
20 porque todas las promesas de Dios son en él Sí, y en él Amén, por medio de nosotros, para la gloria de Dios.
21 Y el que nos confirma con vosotros en Cristo, y el que nos ungió, es Dios,
22 el cual también nos ha sellado, y nos ha dado las arras del Espíritu en nuestros corazones.

23 Mas yo invoco a Dios por testigo sobre mi alma, que por ser indulgente con vosotros no he pasado todavía a Corinto.
24 No que nos enseñoreemos de vuestra fe, sino que colaboramos para vuestro gozo; porque por la fe estáis firmes.

2 1 Esto, pues, determiné para conmigo, no ir otra vez a vosotros con tristeza.
2 Porque si yo os contristo, ¿quién será luego el que me alegre, sino aquel a quien yo contristé?
3 Y esto mismo os escribí, para que cuando llegue no tenga tristeza de parte de aquellos de quienes me debiera gozar; confiando en vosotros todos que mi gozo es el de todos vosotros.
4 Porque por la mucha tribulación y angustia del corazón os escribí con muchas lágrimas, no para que fueseis contristados, sino para que supieseis cuán grande es el amor que os tengo.

Pablo perdona al ofensor

5 Pero si alguno me ha causado tristeza, no me la ha causado a mí solo, sino en cierto modo (por no exagerar) a todos vosotros.
6 Le basta a tal persona esta reprensión hecha por muchos;
7 así que, al contrario, vosotros más bien debéis perdonarle y consolarle, para que no sea consumido de demasiada tristeza.
8 Por lo cual os ruego que confirméis el amor para con él.
9 Porque también para este fin os escribí, para tener la prueba de si vosotros sois obedientes en todo.
10 Y al que vosotros perdonáis, yo también; porque también yo lo que he perdonado, si algo he perdonado, por vosotros lo he hecho en presencia de Cristo,
11 para que Satanás no gane ventaja alguna sobre nosotros; pues no ignoramos sus maquinaciones.

Ansiedad de Pablo en Troas

12 Cuando llegué a Troas para predicar el evangelio de Cristo, aunque se me abrió puerta en el Señor,
13 no tuve reposo en mi espíritu, por no haber hallado a mi hermano Tito; así, despidiéndome de ellos, partí para Macedonia.

Triunfantes en Cristo

14 Mas a Dios gracias, el cual nos lleva siempre en triunfo en Cristo Jesús, y por medio de nosotros manifiesta en todo lugar el olor de su conocimiento.
15 Porque para Dios somos grato olor de Cristo en los que se salvan, y en los que se pierden;
16 a éstos ciertamente olor de muerte para muerte, y a aquéllos olor de vida para vida. Y para estas cosas, ¿quién es suficiente?
17 Pues no somos como muchos, que medran falsificando la palabra de Dios, sino que con sinceridad, como de parte de Dios, y delante de Dios, hablamos en Cristo.

Christ, who was preached among you by me and Silas[b] and Timothy, was not "Yes" and "No," but in him it has always been "Yes." 20 For no matter how many promises God has made, they are "Yes" in Christ. And so through him the "Amen" is spoken by us to the glory of God. 21 Now it is God who makes both us and you stand firm in Christ. He anointed us, 22 set his seal of ownership on us, and put his Spirit in our hearts as a deposit, guaranteeing what is to come.

23 I call God as my witness that it was in order to spare you that I did not return to Corinth. 24 Not that we lord it over your faith, but we work with you for your joy, because it is by faith you stand firm.

2 1 So I made up my mind that I would not make another painful visit to you. 2 For if I grieve you, who is left to make me glad but you whom I have grieved? 3 I wrote as I did so that when I came I should not be distressed by those who ought to make me rejoice. I had confidence in all of you, that you would all share my joy. 4 For I wrote you out of great distress and anguish of heart and with many tears, not to grieve you but to let you know the depth of my love for you.

Forgiveness for the Sinner

5 If anyone has caused grief, he has not so much grieved me as he has grieved all of you, to some extent—not to put it too severely. 6 The punishment inflicted on him by the majority is sufficient for him. 7 Now instead, you ought to forgive and comfort him, so that he will not be overwhelmed by excessive sorrow. 8 I urge you, therefore, to reaffirm your love for him. 9 The reason I wrote you was to see if you would stand the test and be obedient in everything. 10 If you forgive anyone, I also forgive him. And what I have forgiven—if there was anything to forgive—I have forgiven in the sight of Christ for your sake, 11 in order that Satan might not outwit us. For we are not unaware of his schemes.

Ministers of the New Covenant

12 Now when I went to Troas to preach the gospel of Christ and found that the Lord had opened a door for me, 13 I still had no peace of mind, because I did not find my brother Titus there. So I said good-by to them and went on to Macedonia.

14 But thanks be to God, who always leads us in triumphal procession in Christ and through us spreads everywhere the fragrance of the knowledge of him. 15 For we are to God the aroma of Christ among those who are being saved and those who are perishing. 16 To the one we are the smell of death; to the other, the fragrance of life. And who is equal to such a task? 17 Unlike so many, we do not peddle the word of God for profit. On the contrary, in Christ we speak before God with sincerity, like men sent from God.

---

b 19 Greek *Silvanus*, a variant of *Silas*

Ministros del nuevo pacto

3 ¹¿Comenzamos otra vez a recomendarnos a nosotros mismos? ¿O tenemos necesidad, como algunos, de cartas de recomendación para vosotros, o de recomendación de vosotros?

² Nuestras cartas sois vosotros, escritas en nuestros corazones, conocidas y leídas por todos los hombres;

³ siendo manifiesto que sois carta de Cristo expedida por nosotros, escrita no con tinta, sino con el Espíritu del Dios vivo; no en tablas de piedra, sino en tablas de carne del corazón.

⁴ Y tal confianza tenemos mediante Cristo para con Dios;

⁵ no que seamos competentes por nosotros mismos para pensar algo como de nosotros mismos, sino que nuestra competencia proviene de Dios,

⁶ el cual asimismo nos hizo ministros competentes de un nuevo pacto, no de la letra, sino del espíritu; porque la letra mata, mas el espíritu vivifica.

⁷ Y si el ministerio de muerte grabado con letras en piedras fue con gloria, tanto que los hijos de Israel no pudieron fijar la vista en el rostro de Moisés a causa de la gloria de su rostro, la cual había de perecer,

⁸ ¿cómo no será más bien con gloria el ministerio del espíritu?

⁹ Porque si el ministerio de condenación fue con gloria, mucho más abundará en gloria el ministerio de justificación.

¹⁰ Porque aun lo que fue glorioso, no es glorioso en este respecto, en comparación con la gloria más eminente.

¹¹ Porque si lo que perece tuvo gloria, mucho más glorioso será lo que permanece.

¹² Así que, teniendo tal esperanza, usamos de mucha franqueza;

¹³ y no como Moisés, que ponía un velo sobre su rostro, para que los hijos de Israel no fijaran la vista en el fin de aquello que había de ser abolido.

¹⁴ Pero el entendimiento de ellos se embotó; porque hasta el día de hoy, cuando leen el antiguo pacto, les queda el mismo velo no descubierto, el cual por Cristo es quitado.

¹⁵ Y aun hasta el día de hoy, cuando se lee a Moisés, el velo está puesto sobre el corazón de ellos.

¹⁶ Pero cuando se conviertan al Señor, el velo se quitará.

¹⁷ Porque el Señor es el Espíritu; y donde está el Espíritu del Señor, allí hay libertad.

¹⁸ Por tanto, nosotros todos, mirando a cara descubierta como en un espejo la gloria del Señor, somos transformados de gloria en gloria en la misma imagen, como por el Espíritu del Señor.

4 ¹ Por lo cual, teniendo nosotros este ministerio según la misericordia que hemos recibido, no desmayamos.

² Antes bien renunciamos a lo oculto y vergonzoso, no andando con astucia, ni adulterando la palabra de Dios, sino por la manifestación de la verdad recomendándonos a toda conciencia humana delante de Dios.

³ Pero si nuestro evangelio está aún encubierto, entre los que se pierden está encubierto;

⁴ en los cuales el dios de este siglo cegó el entendimiento de los incrédulos, para que no les resplandezca la luz del evangelio de la gloria de Cristo, el cual es la imagen de Dios.

⁵ Porque no nos predicamos a nosotros mismos, sino a Jesucristo como Señor, y a nosotros como vuestros siervos por amor de Jesús.

---

3 Are we beginning to commend ourselves again? Or do we need, like some people, letters of recommendation to you or from you? ²You yourselves are our letter, written on our hearts, known and read by everybody. ³You show that you are a letter from Christ, the result of our ministry, written not with ink but with the Spirit of the living God, not on tablets of stone but on tablets of human hearts.

⁴Such confidence as this is ours through Christ before God. ⁵Not that we are competent in ourselves to claim anything for ourselves, but our competence comes from God. ⁶He has made us competent as ministers of a new covenant—not of the letter but of the Spirit; for the letter kills, but the Spirit gives life.

The Glory of the New Covenant

⁷Now if the ministry that brought death, which was engraved in letters on stone, came with glory, so that the Israelites could not look steadily at the face of Moses because of its glory, fading though it was, ⁸will not the ministry of the Spirit be even more glorious? ⁹If the ministry that condemns men is glorious, how much more glorious is the ministry that brings righteousness! ¹⁰For what was glorious has no glory now in comparison with the surpassing glory. ¹¹And if what was fading away came with glory, how much greater is the glory of that which lasts!

¹²Therefore, since we have such a hope, we are very bold. ¹³We are not like Moses, who would put a veil over his face to keep the Israelites from gazing at it while the radiance was fading away. ¹⁴But their minds were made dull, for to this day the same veil remains when the old covenant is read. It has not been removed, because only in Christ is it taken away. ¹⁵Even to this day when Moses is read, a veil covers their hearts. ¹⁶But whenever anyone turns to the Lord, the veil is taken away. ¹⁷Now the Lord is the Spirit, and where the Spirit of the Lord is, there is freedom. ¹⁸And we, who with unveiled faces all reflect[c] the Lord's glory, are being transformed into his likeness with ever-increasing glory, which comes from the Lord, who is the Spirit.

Treasures in Jars of Clay

4 Therefore, since through God's mercy we have this ministry, we do not lose heart. ²Rather, we have renounced secret and shameful ways; we do not use deception, nor do we distort the word of God. On the contrary, by setting forth the truth plainly we commend ourselves to every man's conscience in the sight of God. ³And even if our gospel is veiled, it is veiled to those who are perishing. ⁴The god of this age has blinded the minds of unbelievers, so that they cannot see the light of the gospel of the glory of Christ, who is the image of God. ⁵For we do not preach ourselves, but Jesus Christ as Lord, and ourselves as your servants for Jesus' sake. ⁶For God, who said, "Let

---

c18 Or contemplate

6 Porque Dios, que mandó que de las tinieblas resplandeciese la luz, es el que resplandeció en nuestros corazones, para iluminación del conocimiento de la gloria de Dios en la faz de Jesucristo.

Viviendo por la fe

7 Pero tenemos este tesoro en vasos de barro, para que la excelencia del poder sea de Dios, y no de nosotros, 8 que estamos atribulados en todo, mas no angustiados; en apuros, mas no desesperados; 9 perseguidos, mas no desamparados; derribados, pero no destruidos; 10 llevando en el cuerpo siempre por todas partes la muerte de Jesús, para que también la vida de Jesús se manifieste en nuestros cuerpos. 11 Porque nosotros que vivimos, siempre estamos entregados a muerte por causa de Jesús, para que también la vida de Jesús se manifieste en nuestra carne mortal. 12 De manera que la muerte actúa en nosotros, y en vosotros la vida.

13 Pero teniendo el mismo espíritu de fe, conforme a lo que está escrito: Creí, por lo cual hablé, nosotros también creemos, por lo cual también hablamos, 14 sabiendo que el que resucitó al Señor Jesús, a nosotros también nos resucitará con Jesús, y nos presentará juntamente con vosotros. 15 Porque todas estas cosas padecemos por amor a vosotros, para que abundando la gracia por medio de muchos, la acción de gracias sobreabunde para gloria de Dios.

16 Por tanto, no desmayamos; antes aunque este nuestro hombre exterior se va desgastando, el interior no obstante se renueva de día en día. 17 Porque esta leve tribulación momentánea produce en nosotros un cada vez más excelente y eterno peso de gloria; 18 no mirando nosotros las cosas que se ven, sino las que no se ven; pues las cosas que se ven son temporales, pero las que no se ven son eternas.

5 1 Porque sabemos que si nuestra morada terrestre, este tabernáculo, se deshiciere, tenemos de Dios un edificio, una casa no hecha de manos, eterna, en los cielos. 2 Y por esto también gemimos, deseando ser revestidos de aquella nuestra habitación celestial; 3 pues así seremos hallados vestidos, y no desnudos. 4 Porque asimismo los que estamos en este tabernáculo gemimos con angustia; porque no quisiéramos ser desnudados, sino revestidos, para que lo mortal sea absorbido por la vida. 5 Mas el que nos hizo para esto mismo es Dios, quien nos ha dado las arras del Espíritu.

6 Así que vivimos confiados siempre, y sabiendo que entre tanto que estamos en el cuerpo, estamos ausentes del Señor 7 (porque por fe andamos, no por vista); 8 pero confiamos, y más quisiéramos estar ausentes del cuerpo, y presentes al Señor. 9 Por tanto procuramos también, o ausentes o presentes, serle agradables. 10 Porque es necesario que todos nosotros comparezcamos ante el tribunal de Cristo, para que cada uno reciba según lo que haya hecho mientras estaba en el cuerpo, sea bueno o sea malo.

light shine out of darkness," *d* made his light shine in our hearts to give us the light of the knowledge of the glory of God in the face of Christ. 7 But we have this treasure in jars of clay to show that this all-surpassing power is from God and not from us. 8 We are hard pressed on every side, but not crushed; perplexed, but not in despair; 9 persecuted, but not abandoned; struck down, but not destroyed. 10 We always carry around in our body the death of Jesus, so that the life of Jesus may also be revealed in our body. 11 For we who are alive are always being given over to death for Jesus' sake, so that his life may be revealed in our mortal body. 12 So then, death is at work in us, but life is at work in you.

13 It is written: "I believed; therefore I have spoken." *e* With that same spirit of faith we also believe and therefore speak, 14 because we know that the one who raised the Lord Jesus from the dead will also raise us with Jesus and present us with you in his presence. 15 All this is for your benefit, so that the grace that is reaching more and more people may cause thanksgiving to overflow to the glory of God.

16 Therefore we do not lose heart. Though outwardly we are wasting away, yet inwardly we are being renewed day by day. 17 For our light and momentary troubles are achieving for us an eternal glory that far outweighs them all. 18 So we fix our eyes not on what is seen, but on what is unseen. For what is seen is temporary, but what is unseen is eternal.

Our Heavenly Dwelling

5 Now we know that if the earthly tent we live in is destroyed, we have a building from God, an eternal house in heaven, not built by human hands. 2 Meanwhile we groan, longing to be clothed with our heavenly dwelling, 3 because when we are clothed, we will not be found naked. 4 For while we are in this tent, we groan and are burdened, because we do not wish to be unclothed but to be clothed with our heavenly dwelling, so that what is mortal may be swallowed up by life. 5 Now it is God who has made us for this very purpose and has given us the Spirit as a deposit, guaranteeing what is to come.

6 Therefore we are always confident and know that as long as we are at home in the body we are away from the Lord. 7 We live by faith, not by sight. 8 We are confident, I say, and would prefer to be away from the body and at home with the Lord. 9 So we make it our goal to please him, whether we are at home in the body or away from it. 10 For we must all appear before the judgment seat of Christ, that each one may receive what is due him for the things done while in the body, whether good or bad.

d6 Gen. 1:3   *e13* Psalm 116:10

El ministerio de la reconciliación

11 Conociendo, pues, el temor del Señor, persuadimos a los hombres; pero a Dios le es manifiesto lo que somos; y espero que también lo sea a vuestras conciencias.

12 No nos recomendamos, pues, otra vez a vosotros, sino os damos ocasión de gloriaros por nosotros, para que tengáis con qué responder a los que se glorían en las apariencias y no en el corazón.

13 Porque si estamos locos, es para Dios; y si somos cuerdos, es para vosotros.

14 Porque el amor de Cristo nos constriñe, pensando esto: que si uno murió por todos, luego todos murieron;

15 y por todos murió, para que los que viven, ya no vivan para sí, sino para aquel que murió y resucitó por ellos.

16 De manera que nosotros de aquí en adelante a nadie conocemos según la carne; y aun si a Cristo conocimos según la carne, ya no lo conocemos así.

17 De modo que si alguno está en Cristo, nueva criatura es; las cosas viejas pasaron; he aquí todas son hechas nuevas.

18 Y todo esto proviene de Dios, quien nos reconcilió consigo mismo por Cristo, y nos dio el ministerio de la reconciliación;

19 que Dios estaba en Cristo reconciliando consigo al mundo, no tomándoles en cuenta a los hombres sus pecados, y nos encargó a nosotros la palabra de la reconciliación.

20 Así que, somos embajadores en nombre de Cristo, como si Dios rogase por medio de nosotros; os rogamos en nombre de Cristo: Reconciliaos con Dios.

21 Al que no conoció pecado, por nosotros lo hizo pecado, para que nosotros fuésemos hechos justicia de Dios en él.

6 1 Así, pues, nosotros, como colaboradores suyos, os exhortamos también a que no recibáis en vano la gracia de Dios.

2 Porque dice:
En tiempo aceptable te he oído,
Y en día de salvación te he socorrido.
He aquí ahora el tiempo aceptable; he aquí ahora el día de salvación.

3 No damos a nadie ninguna ocasión de tropiezo, para que nuestro ministerio no sea vituperado;

4 antes bien, nos recomendamos en todo como ministros de Dios, en mucha paciencia, en tribulaciones, en necesidades, en angustias;

5 en azotes, en cárceles, en tumultos, en trabajos, en desvelos, en ayunos;

6 en pureza, en ciencia, en longanimidad, en bondad, en el Espíritu Santo, en amor sincero,

7 en palabra de verdad, en poder de Dios, con armas de justicia a diestra y a siniestra;

8 por honra y por deshonra, por mala fama y por buena fama; como engañadores, pero veraces;

9 como desconocidos, pero bien conocidos; como moribundos, mas he aquí vivimos; como castigados, mas no muertos;

10 como entristecidos, mas siempre gozosos; como pobres, mas enriqueciendo a muchos; como no teniendo nada, mas poseyéndolo todo.

11 Nuestra boca se ha abierto a vosotros, oh corintios; nuestro corazón se ha ensanchado.

12 No estáis estrechos en nosotros, pero sí sois estrechos en vuestro propio corazón.

13 Pues, para corresponder del mismo modo (como a hijos hablo), ensanchaos también vosotros.

The Ministry of Reconciliation

11 Since, then, we know what it is to fear the Lord, we try to persuade men. What we are is plain to God, and I hope it is also plain to your conscience. 12 We are not trying to commend ourselves to you again, but are giving you an opportunity to take pride in us, so that you can answer those who take pride in what is seen rather than in what is in the heart. 13 If we are out of our mind, it is for the sake of God; if we are in our right mind, it is for you. 14 For Christ's love compels us, because we are convinced that one died for all, and therefore all died. 15 And he died for all, that those who live should no longer live for themselves but for him who died for them and was raised again.

16 So from now on we regard no one from a worldly point of view. Though we once regarded Christ in this way, we do so no longer. 17 Therefore, if anyone is in Christ, he is a new creation; the old has gone, the new has come! 18 All this is from God, who reconciled us to himself through Christ and gave us the ministry of reconciliation: 19 that God was reconciling the world to himself in Christ, not counting men's sins against them. And he has committed to us the message of reconciliation. 20 We are therefore Christ's ambassadors, as though God were making his appeal through us. We implore you on Christ's behalf: Be reconciled to God. 21 God made him who had no sin to be sin*f* for us, so that in him we might become the righteousness of God.

6 As God's fellow workers we urge you not to receive God's grace in vain. 2 For he says,

"In the time of my favor I heard you,
and in the day of salvation I helped you."*g*

I tell you, now is the time of God's favor, now is the day of salvation.

Paul's Hardships

3 We put no stumbling block in anyone's path, so that our ministry will not be discredited. 4 Rather, as servants of God we commend ourselves in every way: in great endurance; in troubles, hardships and distresses; 5 in beatings, imprisonments and riots; in hard work, sleepless nights and hunger; 6 in purity, understanding, patience and kindness; in the Holy Spirit and in sincere love; 7 in truthful speech and in the power of God; with weapons of righteousness in the right hand and in the left; 8 through glory and dishonor, bad report and good report; genuine, yet regarded as impostors; 9 known, yet regarded as unknown; dying, and yet we live on; beaten, and yet not killed; 10 sorrowful, yet always rejoicing; poor, yet making many rich; having nothing, and yet possessing everything.

11 We have spoken freely to you, Corinthians, and opened wide our hearts to you. 12 We are not withholding our affection from you, but you are withholding yours from us. 13 As a fair exchange—I speak as to my children—open wide your hearts also.

f21 Or be a sin offering g2 Isaiah 49:8

Somos templo del Dios viviente

¹⁴No os unáis en yugo desigual con los incrédulos; porque ¿qué compañerismo tiene la justicia con la injusticia? ¿Y qué comunión la luz con las tinieblas? ¹⁵¿Y qué concordia Cristo con Belial? ¿O qué parte el creyente con el incrédulo? ¹⁶¿Y qué acuerdo hay entre el templo de Dios y los ídolos? Porque vosotros sois el templo del Dios viviente, como Dios dijo:

Habitaré y andaré entre ellos,
Y seré su Dios,
Y ellos serán mi pueblo.

¹⁷Por lo cual,
Salid de en medio de ellos, y apartaos, dice el Señor,
Y no toquéis lo inmundo;
Y yo os recibiré,
¹⁸Y seré para vosotros por Padre,
Y vosotros me seréis hijos e hijas, dice el Señor Todopoderoso.

7 ¹Así que, amados, puesto que tenemos tales promesas, limpiémonos de toda contaminación de carne y de espíritu, perfeccionando la santidad en el temor de Dios.

Regocijo de Pablo al arrepentirse los corintios

²Admitidnos: a nadie hemos agraviado, a nadie hemos corrompido, a nadie hemos engañado. ³No lo digo para condenaros; pues ya he dicho antes que estáis en nuestro corazón, para morir y para vivir juntamente. ⁴Mucha franqueza tengo con vosotros; mucho me glorío con respecto de vosotros; lleno estoy de consolación; sobreabundo de gozo en todas nuestras tribulaciones. ⁵Porque de cierto, cuando vinimos a Macedonia, ningún reposo tuvo nuestro cuerpo, sino que en todo fuimos atribulados; de fuera, conflictos; de dentro, temores. ⁶Pero Dios, que consuela a los humildes, nos consoló con la venida de Tito; ⁷y no sólo con su venida, sino también con la consolación con que él había sido consolado en cuanto a vosotros, haciéndonos saber vuestro gran afecto, vuestro llanto, vuestra solicitud por mí, de manera que me regocijé aun más. ⁸Porque aunque os contristé con la carta, no me pesa, aunque entonces lo lamenté; porque veo que aquella carta, aunque por algún tiempo, os contristó. ⁹Ahora me gozo, no porque hayáis sido contristados, sino porque fuisteis contristados para arrepentimiento; porque habéis sido contristados según Dios, para que ninguna pérdida padecieseis por nuestra parte. ¹⁰Porque la tristeza que es según Dios produce arrepentimiento para salvación, de que no hay que arrepentirse; pero la tristeza del mundo produce muerte. ¹¹Porque he aquí, esto mismo de que hayáis sido contristados según Dios, ¡qué solicitud produjo en vosotros, qué defensa, qué indignación, qué temor, qué ardiente afecto, qué celo, y qué vindicación! En todo os habéis mostrado limpios en el asunto. ¹²Así que, aunque os escribí, no fue por causa del que cometió el agravio, ni por causa del que lo padeció, sino para que se os hiciese manifiesta nuestra solicitud que tenemos por vosotros delante de Dios. ¹³Por esto hemos sido consolados en vuestra consolación; pero mucho más nos gozamos por el gozo de Tito, que haya sido confortado su espíritu por todos vosotros.

Do Not Be Yoked With Unbelievers

¹⁴Do not be yoked together with unbelievers. For what do righteousness and wickedness have in common? Or what fellowship can light have with darkness? ¹⁵What harmony is there between Christ and Belial[h]? What does a believer have in common with an unbeliever? ¹⁶What agreement is there between the temple of God and idols? For we are the temple of the living God. As God has said: "I will live with them and walk among them, and I will be their God, and they will be my people."[i]

¹⁷"Therefore come out from them
and be separate,
says the Lord.
Touch no unclean thing,
and I will receive you."[j]
¹⁸"I will be a Father to you,
and you will be my sons and daughters,
says the Lord Almighty."[k]

7 Since we have these promises, dear friends, let us purify ourselves from everything that contaminates body and spirit, perfecting holiness out of reverence for God.

Paul's Joy

²Make room for us in your hearts. We have wronged no one, we have corrupted no one, we have exploited no one. ³I do not say this to condemn you; I have said before that you have such a place in our hearts that we would live or die with you. ⁴I have great confidence in you; I take great pride in you. I am greatly encouraged; in all our troubles my joy knows no bounds.

⁵For when we came into Macedonia, this body of ours had no rest, but we were harassed at every turn — conflicts on the outside, fears within. ⁶But God, who comforts the downcast, comforted us by the coming of Titus, ⁷and not only by his coming but also by the comfort you had given him. He told us about your longing for me, your deep sorrow, your ardent concern for me, so that my joy was greater than ever.

⁸Even if I caused you sorrow by my letter, I do not regret it. Though I did regret it — I see that my letter hurt you, but only for a little while — ⁹yet now I am happy, not because you were made sorry, but because your sorrow led you to repentance. For you became sorrowful as God intended and so were not harmed in any way by us. ¹⁰Godly sorrow brings repentance that leads to salvation and leaves no regret, but worldly sorrow brings death. ¹¹See what this godly sorrow has produced in you: what earnestness, what eagerness to clear yourselves, what indignation, what alarm, what longing, what concern, what readiness to see justice done. At every point you have proved yourselves to be innocent in this matter. ¹²So even though I wrote to you, it was not on account of the one who did the wrong or of the injured party, but rather that before God you could see for yourselves how devoted to us you are. ¹³By all this we are encouraged.

In addition to our own encouragement, we were especially delighted to see how happy Titus was, be-

---

h15 Greek *Beliar*, a variant of *Belial* *i*16 Lev. 26:12; Jer. 32:38; Ezek. 37:27 *j*17 Isaiah 52:11; Ezek. 20:34,41 *k*18 2 Samuel 7:14; 7:8

14 Pues si de algo me he gloriado con él respecto de vosotros, no he sido avergonzado, sino que así como en todo os hemos hablado con verdad, también nuestro gloriarnos con Tito resultó verdad.

15 Y su cariño para con vosotros es aun más abundante, cuando se acuerda de la obediencia de todos vosotros, de cómo lo recibisteis con temor y temblor.

16 Me gozo de que en todo tengo confianza en vosotros.

La ofrenda para los santos

8 1 Asimismo, hermanos, os hacemos saber la gracia de Dios que se ha dado a las iglesias de Macedonia; 2 que en grande prueba de tribulación, la abundancia de su gozo y su profunda pobreza abundaron en riquezas de su generosidad.

3 Pues doy testimonio de que con agrado han dado conforme a sus fuerzas, y aun más allá de sus fuerzas,

4 pidiéndonos con muchos ruegos que les concediésemos el privilegio de participar en este servicio para los santos.

5 Y no como lo esperábamos, sino que a sí mismos se dieron primeramente al Señor, y luego a nosotros por la voluntad de Dios;

6 de manera que exhortamos a Tito para que tal como comenzó antes, asimismo acabe también entre vosotros esta obra de gracia.

7 Por tanto, como en todo abundáis, en fe, en palabra, en ciencia, en toda solicitud, y en vuestro amor para con nosotros, abundad también en esta gracia.

8 No hablo como quien manda, sino para poner a prueba, por medio de la diligencia de otros, también la sinceridad del amor vuestro.

9 Porque ya conocéis la gracia de nuestro Señor Jesucristo, que por amor a vosotros se hizo pobre, siendo rico, para que vosotros con su pobreza fueseis enriquecidos.

10 Y en esto doy mi consejo; porque esto os conviene a vosotros, que comenzasteis antes, no sólo a hacerlo, sino también a quererlo, desde el año pasado.

11 Ahora, pues, llevad también a cabo el hacerlo, para que como estuvisteis prontos a querer, así también lo estéis en cumplir conforme a lo que tengáis.

12 Porque si primero hay la voluntad dispuesta, será acepta según lo que uno tiene, no según lo que no tiene.

13 Porque no digo esto para que haya para otros holgura, y para vosotros estrechez,

14 sino para que en este tiempo, con igualdad, la abundancia vuestra supla la escasez de ellos, para que también la abundancia de ellos supla la necesidad vuestra, para que haya igualdad,

15 como está escrito: El que recogió mucho, no tuvo más, y el que poco, no tuvo menos.

16 Pero gracias a Dios que puso en el corazón de Tito la misma solicitud por vosotros.

17 Pues a la verdad recibió la exhortación; pero estando también muy solícito, por su propia voluntad partió para ir a vosotros.

18 Y enviamos juntamente con él al hermano cuya alabanza en el evangelio se oye por todas las iglesias;

19 y no sólo esto, sino que también fue designado por las iglesias como compañero de nuestra peregrinación para llevar este donativo, que es administrado por nosotros para gloria del Señor mismo, y para demostrar vuestra buena voluntad;

20 evitando que nadie nos censure en cuanto a esta ofrenda abundante que administramos,

21 procurando hacer las cosas honradamente, no sólo delante del Señor sino también delante de los hombres.

cause his spirit has been refreshed by all of you. 14 I had boasted to him about you, and you have not embarrassed me. But just as everything we said to you was true, so our boasting about you to Titus has proved to be true as well. 15 And his affection for you is all the greater when he remembers that you were all obedient, receiving him with fear and trembling. 16 I am glad I can have complete confidence in you.

Generosity Encouraged

8 And now, brothers, we want you to know about the grace that God has given the Macedonian churches. 2 Out of the most severe trial, their overflowing joy and their extreme poverty welled up in rich generosity. 3 For I testify that they gave as much as they were able, and even beyond their ability. Entirely on their own, 4 they urgently pleaded with us for the privilege of sharing in this service to the saints. 5 And they did not do as we expected, but they gave themselves first to the Lord and then to us in keeping with God's will. 6 So we urged Titus, since he had earlier made a beginning, to bring also to completion this act of grace on your part. 7 But just as you excel in everything—in faith, in speech, in knowledge, in complete earnestness and in your love for us[1]—see that you also excel in this grace of giving.

8 I am not commanding you, but I want to test the sincerity of your love by comparing it with the earnestness of others. 9 For you know the grace of our Lord Jesus Christ, that though he was rich, yet for your sakes he became poor, so that you through his poverty might become rich.

10 And here is my advice about what is best for you in this matter: Last year you were the first not only to give but also to have the desire to do so. 11 Now finish the work, so that your eager willingness to do it may be matched by your completion of it, according to your means. 12 For if the willingness is there, the gift is acceptable according to what one has, not according to what he does not have.

13 Our desire is not that others might be relieved while you are hard pressed, but that there might be equality. 14 At the present time your plenty will supply what they need, so that in turn their plenty will supply what you need. Then there will be equality, 15 as it is written: "He who gathered much did not have too much, and he who gathered little did not have too little."[m]

Titus Sent to Corinth

16 I thank God, who put into the heart of Titus the same concern I have for you. 17 For Titus not only welcomed our appeal, but he is coming to you with much enthusiasm and on his own initiative. 18 And we are sending along with him the brother who is praised by all the churches for his service to the gospel. 19 What is more, he was chosen by the churches to accompany us as we carry the offering, which we administer in order to honor the Lord himself and to show our eagerness to help. 20 We want to avoid any criticism of the way we administer this liberal gift. 21 For we are taking pains to do what is right, not only in the eyes of the Lord but also in the eyes of men.

---

l 7 Some manuscripts *in our love for you*   *m* 15 Exodus 16:18

22 Enviamos también con ellos a nuestro hermano, cuya diligencia hemos comprobado repetidas veces en muchas cosas, y ahora mucho más diligente por la mucha confianza que tiene en vosotros.

23 En cuanto a Tito, es mi compañero y colaborador para con vosotros; y en cuanto a nuestros hermanos, son mensajeros de las iglesias, y gloria de Cristo.

24 Mostrad, pues, para con ellos ante las iglesias la prueba de vuestro amor, y de nuestro gloriarnos respecto de vosotros.

9 1 Cuanto a la ministración para los santos, es por demás que yo os escriba;

2 pues conozco vuestra buena voluntad, de la cual yo me glorío entre los de Macedonia, que Acaya está preparada desde el año pasado; y vuestro celo ha estimulado a la mayoría.

3 Pero he enviado a los hermanos, para que nuestro gloriarnos de vosotros no sea vano en esta parte; para que como lo he dicho, estéis preparados;

4 no sea que si vinieren conmigo algunos macedonios, y os hallaren desprevenidos, nos avergoncemos nosotros, por no decir vosotros, de esta nuestra confianza.

5 Por tanto, tuve por necesario exhortar a los hermanos que fuesen primero a vosotros y preparasen primero vuestra generosidad antes prometida, para que esté lista como de generosidad, y no como de exigencia nuestra.

6 Pero esto digo: El que siembra escasamente, también segará escasamente; y el que siembra generosamente, generosamente también segará.

7 Cada uno dé como propuso en su corazón: no con tristeza, ni por necesidad, porque Dios ama al dador alegre.

8 Y poderoso es Dios para hacer que abunde en vosotros toda gracia, a fin de que, teniendo siempre en todas las cosas todo lo suficiente, abundéis para toda buena obra;

9 como está escrito:

Repartió, dio a los pobres;
Su justicia permanece para siempre.

10 Y el que da semilla al que siembra, y pan al que come, proveerá y multiplicará vuestra sementera, y aumentará los frutos de vuestra justicia,

11 para que estéis enriquecidos en todo para toda liberalidad, la cual produce por medio de nosotros acción de gracias a Dios.

12 Porque la ministración de este servicio no solamente suple lo que a los santos falta, sino que también abunda en muchas acciones de gracias a Dios;

13 pues por la experiencia de esta ministración glorifican a Dios por la obediencia que profesáis al evangelio de Cristo, y por la liberalidad de vuestra contribución para ellos y para todos;

14 asimismo en la oración de ellos por vosotros, a quienes aman a causa de la superabundante gracia de Dios en vosotros.

15 ¡Gracias a Dios por su don inefable!

Pablo defiende su ministerio

10 1 Yo Pablo os ruego por la mansedumbre y ternura de Cristo, yo que estando presente ciertamente soy humilde entre vosotros, mas ausente soy osado para con vosotros;

2 ruego, pues, que cuando esté presente, no tenga que usar de aquella osadía con que estoy dispuesto a proceder resueltamente contra algunos que nos tienen como si anduviésemos según la carne.

22 In addition, we are sending with them our brother who has often proved to us in many ways that he is zealous, and now even more so because of his great confidence in you. 23 As for Titus, he is my partner and fellow worker among you; as for our brothers, they are representatives of the churches and an honor to Christ. 24 Therefore show these men the proof of your love and the reason for our pride in you, so that the churches can see it.

9 There is no need for me to write to you about this service to the saints. 2 For I know your eagerness to help, and I have been boasting about it to the Macedonians, telling them that since last year you in Achaia were ready to give; and your enthusiasm has stirred most of them to action. 3 But I am sending the brothers in order that our boasting about you in this matter should not prove hollow, but that you may be ready, as I said you would be. 4 For if any Macedonians come with me and find you unprepared, we — not to say anything about you — would be ashamed of having been so confident. 5 So I thought it necessary to urge the brothers to visit you in advance and finish the arrangements for the generous gift you had promised. Then it will be ready as a generous gift, not as one grudgingly given.

Sowing Generously

6 Remember this: Whoever sows sparingly will also reap sparingly, and whoever sows generously will also reap generously. 7 Each man should give what he has decided in his heart to give, not reluctantly or under compulsion, for God loves a cheerful giver. 8 And God is able to make all grace abound to you, so that in all things at all times, having all that you need, you will abound in every good work. 9 As it is written:

"He has scattered abroad his gifts to the poor;
his righteousness endures forever." [n]

10 Now he who supplies seed to the sower and bread for food will also supply and increase your store of seed and will enlarge the harvest of your righteousness. 11 You will be made rich in every way so that you can be generous on every occasion, and through us your generosity will result in thanksgiving to God.

12 This service that you perform is not only supplying the needs of God's people but is also overflowing in many expressions of thanks to God. 13 Because of the service by which you have proved yourselves, men will praise God for the obedience that accompanies your confession of the gospel of Christ, and for your generosity in sharing with them and with everyone else. 14 And in their prayers for you their hearts will go out to you, because of the surpassing grace God has given you. 15 Thanks be to God for his indescribable gift!

Paul's Defense of His Ministry

10 By the meekness and gentleness of Christ, I appeal to you — I, Paul, who am "timid" when face to face with you, but "bold" when away! 2 I beg you that when I come I may not have to be as bold as I expect to be toward some people who think that we

n9 Psalm 112:9

3 Pues aunque andamos en la carne, no militamos según la carne;

4 porque las armas de nuestra milicia no son carnales, sino poderosas en Dios para la destrucción de fortalezas,

5 derribando argumentos y toda altivez que se levanta contra el conocimiento de Dios, y llevando cautivo todo pensamiento a la obediencia a Cristo,

6 y estando prontos para castigar toda desobediencia, cuando vuestra obediencia sea perfecta.

7 Miráis las cosas según la apariencia. Si alguno está persuadido en sí mismo que es de Cristo, esto también piense por sí mismo, que como él es de Cristo, así también nosotros somos de Cristo.

8 Porque aunque me gloríe algo más todavía de nuestra autoridad, la cual el Señor nos dio para edificación y no para vuestra destrucción, no me avergonzaré;

9 para que no parezca como que os quiero amedrentar por cartas.

10 Porque a la verdad, dicen, las cartas son duras y fuertes; mas la presencia corporal débil, y la palabra menospreciable.

11 Esto tenga en cuenta tal persona, que así como somos en la palabra por cartas, estando ausentes, lo seremos también en hechos, estando presentes.

12 Porque no nos atrevemos a contarnos ni a compararnos con algunos que se alaban a sí mismos; pero ellos, midiéndose a sí mismos por sí mismos, y comparándose consigo mismos, no son juiciosos.

13 Pero nosotros no nos gloriaremos desmedidamente, sino conforme a la regla que Dios nos ha dado por medida, para llegar también hasta vosotros.

14 Porque no nos hemos extralimitado, como si no llegásemos hasta vosotros, pues fuimos los primeros en llegar hasta vosotros con el evangelio de Cristo.

15 No nos gloriamos desmedidamente en trabajos ajenos, sino que esperamos que conforme crezca vuestra fe seremos muy engrandecidos entre vosotros, conforme a nuestra regla;

16 y que anunciaremos el evangelio en los lugares más allá de vosotros, sin entrar en la obra de otro para gloriarnos en lo que ya estaba preparado.

17 Mas el que se gloría, gloríese en el Señor;

18 porque no es aprobado el que se alaba a sí mismo, sino aquel a quien Dios alaba.

11 1 ¡Ojalá me toleraseis un poco de locura! Sí, toleradme.

2 Porque os celo con celo de Dios; pues os he desposado con un solo esposo, para presentaros como una virgen pura a Cristo.

3 Pero temo que como la serpiente con su astucia engañó a Eva, vuestros sentidos sean de alguna manera extraviados de la sincera fidelidad a Cristo.

4 Porque si viene alguno predicando a otro Jesús que el que os hemos predicado, o si recibís otro espíritu que el que habéis recibido, u otro evangelio que el que habéis aceptado, bien lo toleráis;

5 y pienso que en nada he sido inferior a aquellos grandes apóstoles.

6 Pues aunque sea tosco en la palabra, no lo soy en el conocimiento; en todo y por todo os lo hemos demostrado.

live by the standards of this world. 3 For though we live in the world, we do not wage war as the world does. 4 The weapons we fight with are not the weapons of the world. On the contrary, they have divine power to demolish strongholds. 5 We demolish arguments and every pretension that sets itself up against the knowledge of God, and we take captive every thought to make it obedient to Christ. 6 And we will be ready to punish every act of disobedience, once your obedience is complete.

7 You are looking only on the surface of things. o If anyone is confident that he belongs to Christ, he should consider again that we belong to Christ just as much as he. 8 For even if I boast somewhat freely about the authority the Lord gave us for building you up rather than pulling you down, I will not be ashamed of it. 9 I do not want to seem to be trying to frighten you with my letters. 10 For some say, "His letters are weighty and forceful, but in person he is unimpressive and his speaking amounts to nothing." 11 Such people should realize that what we are in our letters when we are absent, we will be in our actions when we are present.

12 We do not dare to classify or compare ourselves with some who commend themselves. When they measure themselves by themselves and compare themselves with themselves, they are not wise. 13 We, however, will not boast beyond proper limits, but will confine our boasting to the field God has assigned to us, a field that reaches even to you. 14 We are not going too far in our boasting, as would be the case if we had not come to you, for we did get as far as you with the gospel of Christ. 15 Neither do we go beyond our limits by boasting of work done by others. p Our hope is that, as your faith continues to grow, our area of activity among you will greatly expand, 16 so that we can preach the gospel in the regions beyond you. For we do not want to boast about work already done in another man's territory. 17 But, "Let him who boasts boast in the Lord." q 18 For it is not the one who commends himself who is approved, but the one whom the Lord commends.

Paul and the False Apostles

11 I hope you will put up with a little of my foolishness; but you are already doing that. 2 I am jealous for you with a godly jealousy. I promised you to one husband, to Christ, so that I might present you as a pure virgin to him. 3 But I am afraid that just as Eve was deceived by the serpent's cunning, your minds may somehow be led astray from your sincere and pure devotion to Christ. 4 For if someone comes to you and preaches a Jesus other than the Jesus we preached, or if you receive a different spirit from the one you received, or a different gospel from the one you accepted, you put up with it easily enough. 5 But I do not think I am in the least inferior to those "super-apostles." 6 I may not be a trained speaker, but I do have knowledge. We have made this perfectly clear to you in every way.

---

o7 Or *Look at the obvious facts*   p13-15 Or 13 *We, however, will not boast about things that cannot be measured, but we will boast according to the standard of measurement that the God of measure has assigned us—a measurement that relates even to you.* 14 .... 15 *Neither do we boast about things that cannot be measured in regard to the work done by others.*   q17 Jer. 9:24

7 ¿Pequé yo humillándome a mí mismo, para que vosotros fueseis enaltecidos, por cuanto os he predicado el evangelio de Dios de balde?

8 He despojado a otras iglesias, recibiendo salario para serviros a vosotros.

9 Y cuando estaba entre vosotros y tuve necesidad, a ninguno fui carga, pues lo que me faltaba, lo suplieron los hermanos que vinieron de Macedonia, y en todo me guardé y me guardaré de seros gravoso.

10 Por la verdad de Cristo que está en mí, que no se me impedirá esta mi gloria en las regiones de Acaya.

11 ¿Por qué? ¿Porque no os amo? Dios lo sabe.

12 Mas lo que hago, lo haré aún, para quitar la ocasión a aquellos que la desean, a fin de que en aquello en que se glorían, sean hallados semejantes a nosotros.

13 Porque éstos son falsos apóstoles, obreros fraudulentos, que se disfrazan como apóstoles de Cristo.

14 Y no es maravilla, porque el mismo Satanás se disfraza como ángel de luz.

15 Así que, no es extraño si también sus ministros se disfrazan como ministros de justicia; cuyo fin será conforme a sus obras.

Sufrimientos de Pablo como apóstol

16 Otra vez digo: Que nadie me tenga por loco; o de otra manera, recibidme como a loco, para que yo también me gloríe un poquito.

17 Lo que hablo, no lo hablo según el Señor, sino como en locura, con esta confianza de gloriarme.

18 Puesto que muchos se glorían según la carne, también yo me gloriaré;

19 porque de buena gana toleráis a los necios, siendo vosotros cuerdos.

20 Pues toleráis si alguno os esclaviza, si alguno os devora, si alguno toma lo vuestro, si alguno se enaltece, si alguno os da de bofetadas.

21 Para vergüenza mía lo digo, para eso fuimos demasiado débiles. Pero en lo que otro tenga osadía (hablo con locura), también yo tengo osadía.

22 ¿Son hebreos? Yo también. ¿Son israelitas? Yo también. ¿Son descendientes de Abraham? También yo.

23 ¿Son ministros de Cristo? (Como si estuviera loco hablo.) Yo más; en trabajos más abundante; en azotes sin número; en cárceles más; en peligros de muerte muchas veces.

24 De los judíos cinco veces he recibido cuarenta azotes menos uno.

25 Tres veces he sido azotado con varas; una vez apedreado; tres veces he padecido naufragio; una noche y un día he estado como náufrago en alta mar;

26 en caminos muchas veces; en peligros de ríos, peligros de ladrones, peligros de los de mi nación, peligros de los gentiles, peligros en la ciudad, peligros en el desierto, peligros en el mar, peligros entre falsos hermanos;

27 en trabajo y fatiga, en muchos desvelos, en hambre y sed, en muchos ayunos, en frío y en desnudez;

28 y además de otras cosas, lo que sobre mí se agolpa cada día, la preocupación por todas las iglesias.

29 ¿Quién enferma, y yo no enfermo? ¿A quién se le hace tropezar, y yo no me indigno?

30 Si es necesario gloriarse, me gloriaré en lo que es de mi debilidad.

31 El Dios y Padre de nuestro Señor Jesucristo, quien es bendito por los siglos, sabe que no miento.

32 En Damasco, el gobernador de la provincia del rey Aretas guardaba la ciudad de los damascenos para prenderme;

33 y fui descolgado del muro en un canasto por una ventana, y escapé de sus manos.

---

7 Was it a sin for me to lower myself in order to elevate you by preaching the gospel of God to you free of charge? 8 I robbed other churches by receiving support from them so as to serve you. 9 And when I was with you and needed something, I was not a burden to anyone, for the brothers who came from Macedonia supplied what I needed. I have kept myself from being a burden to you in any way, and will continue to do so. 10 As surely as the truth of Christ is in me, nobody in the regions of Achaia will stop this boasting of mine. 11 Why? Because I do not love you? God knows I do! 12 And I will keep on doing what I am doing in order to cut the ground from under those who want an opportunity to be considered equal with us in the things they boast about.

13 For such men are false apostles, deceitful workmen, masquerading as apostles of Christ. 14 And no wonder, for Satan himself masquerades as an angel of light. 15 It is not surprising, then, if his servants masquerade as servants of righteousness. Their end will be what their actions deserve.

Paul Boasts About His Sufferings

16 I repeat: Let no one take me for a fool. But if you do, then receive me just as you would a fool, so that I may do a little boasting. 17 In this self-confident boasting I am not talking as the Lord would, but as a fool. 18 Since many are boasting in the way the world does, I too will boast. 19 You gladly put up with fools since you are so wise! 20 In fact, you even put up with anyone who enslaves you or exploits you or takes advantage of you or pushes himself forward or slaps you in the face. 21 To my shame I admit that we were too weak for that!

What anyone else dares to boast about—I am speaking as a fool—I also dare to boast about. 22 Are they Hebrews? So am I. Are they Israelites? So am I. Are they Abraham's descendants? So am I. 23 Are they servants of Christ? (I am out of my mind to talk like this.) I am more. I have worked much harder, been in prison more frequently, been flogged more severely, and been exposed to death again and again. 24 Five times I received from the Jews the forty lashes minus one. 25 Three times I was beaten with rods, once I was stoned, three times I was shipwrecked, I spent a night and a day in the open sea, 26 I have been constantly on the move. I have been in danger from rivers, in danger from bandits, in danger from my own countrymen, in danger from Gentiles; in danger in the city, in danger in the country, in danger at sea; and in danger from false brothers. 27 I have labored and toiled and have often gone without sleep; I have known hunger and thirst and have often gone without food; I have been cold and naked. 28 Besides everything else, I face daily the pressure of my concern for all the churches. 29 Who is weak, and I do not feel weak? Who is led into sin, and I do not inwardly burn?

30 If I must boast, I will boast of the things that show my weakness. 31 The God and Father of the Lord Jesus, who is to be praised forever, knows that I am not lying. 32 In Damascus the governor under King Aretas had the city of the Damascenes guarded in order to arrest me. 33 But I was lowered in a basket from a window in the wall and slipped through his hands.

El aguijón en la carne

12 ¹Ciertamente no me conviene gloriarme; pero vendré a las visiones y a las revelaciones del Señor.

²Conozco a un hombre en Cristo, que hace catorce años (si en el cuerpo, no lo sé; si fuera del cuerpo, no lo sé; Dios lo sabe) fue arrebatado hasta el tercer cielo.

³Y conozco al tal hombre (si en el cuerpo, o fuera del cuerpo, no lo sé; Dios lo sabe),

⁴que fue arrebatado al paraíso, donde oyó palabras inefables que no le es dado al hombre expresar.

⁵De tal hombre me gloriaré; pero de mí mismo en nada me gloriaré, sino en mis debilidades.

⁶Sin embargo, si quisiera gloriarme, no sería insensato, porque diría la verdad; pero lo dejo, para que nadie piense de mí más de lo que en mí ve, u oye de mí.

⁷Y para que la grandeza de las revelaciones no me exaltase desmedidamente, me fue dado un aguijón en mi carne, un mensajero de Satanás que me abofetee, para que no me enaltezca sobremanera;

⁸respecto a lo cual tres veces he rogado al Señor, que lo quite de mí.

⁹Y me ha dicho: Bástate mi gracia; porque mi poder se perfecciona en la debilidad. Por tanto, de buena gana me gloriaré más bien en mis debilidades, para que repose sobre mí el poder de Cristo.

¹⁰Por lo cual, por amor a Cristo me gozo en las debilidades, en afrentas, en necesidades, en persecuciones, en angustias; porque cuando soy débil, entonces soy fuerte.

¹¹Me he hecho un necio al gloriarme; vosotros me obligasteis a ello, pues yo debía ser alabado por vosotros; porque en nada he sido menos que aquellos grandes apóstoles, aunque nada soy.

¹²Con todo, las señales de apóstol han sido hechas entre vosotros en toda paciencia, por señales, prodigios y milagros.

¹³Porque ¿en qué habéis sido menos que las otras iglesias, sino en que yo mismo no os he sido carga? ¡Perdonadme este agravio!

Pablo anuncia su tercera visita

¹⁴He aquí, por tercera vez estoy preparado para ir a vosotros; y no os seré gravoso, porque no busco lo vuestro, sino a vosotros, pues no deben atesorar los hijos para los padres, sino los padres para los hijos.

¹⁵Y yo con el mayor placer gastaré lo mío, y aun yo mismo me gastaré del todo por amor de vuestras almas, aunque amándoos más, sea amado menos.

¹⁶Pero admitiendo esto, que yo no os he sido carga, sino que como soy astuto, os prendí por engaño,

¹⁷¿acaso os he engañado por alguno de los que he enviado a vosotros?

¹⁸Rogué a Tito, y envié con él al hermano. ¿Os engañó acaso Tito? ¿No hemos procedido con el mismo espíritu y en las mismas pisadas?

¹⁹¿Pensáis aún que nos disculpamos con vosotros? Delante de Dios en Cristo hablamos; y todo, muy amados, para vuestra edificación.

²⁰Pues me temo que cuando llegue, no os halle tales como quiero, y yo sea hallado de vosotros cual no queréis; que haya entre vosotros contiendas, envidias, iras, divisiones, maledicencias, murmuraciones, soberbias, desórdenes;

²¹que cuando vuelva, me humille Dios entre vosotros, y quizá tenga que llorar por muchos de los que antes han pecado, y no se han arrepentido de la inmundicia y fornicación y lascivia que han cometido.

Paul's Vision and His Thorn

12 I must go on boasting. Although there is nothing to be gained, I will go on to visions and revelations from the Lord. ²I know a man in Christ who fourteen years ago was caught up to the third heaven. Whether it was in the body or out of the body I do not know—God knows. ³And I know that this man—whether in the body or apart from the body I do not know, but God knows— ⁴was caught up to paradise. He heard inexpressible things, things that man is not permitted to tell. ⁵I will boast about a man like that, but I will not boast about myself, except about my weaknesses. ⁶Even if I should choose to boast, I would not be a fool, because I would be speaking the truth. But I refrain, so no one will think more of me than is warranted by what I do or say.

⁷To keep me from becoming conceited because of these surpassingly great revelations, there was given me a thorn in my flesh, a messenger of Satan, to torment me. ⁸Three times I pleaded with the Lord to take it away from me. ⁹But he said to me, "My grace is sufficient for you, for my power is made perfect in weakness." Therefore I will boast all the more gladly about my weaknesses, so that Christ's power may rest on me. ¹⁰That is why, for Christ's sake, I delight in weaknesses, in insults, in hardships, in persecutions, in difficulties. For when I am weak, then I am strong.

Paul's Concern for the Corinthians

¹¹I have made a fool of myself, but you drove me to it. I ought to have been commended by you, for I am not in the least inferior to the "super-apostles," even though I am nothing. ¹²The things that mark an apostle—signs, wonders and miracles—were done among you with great perseverance. ¹³How were you inferior to the other churches, except that I was never a burden to you? Forgive me this wrong!

¹⁴Now I am ready to visit you for the third time, and I will not be a burden to you, because what I want is not your possessions but you. After all, children should not have to save up for their parents, but parents for their children. ¹⁵So I will very gladly spend for you everything I have and expend myself as well. If I love you more, will you love me less? ¹⁶Be that as it may, I have not been a burden to you. Yet, crafty fellow that I am, I caught you by trickery! ¹⁷Did I exploit you through any of the men I sent you? ¹⁸I urged Titus to go to you and I sent our brother with him. Titus did not exploit you, did he? Did we not act in the same spirit and follow the same course?

¹⁹Have you been thinking all along that we have been defending ourselves to you? We have been speaking in the sight of God as those in Christ; and everything we do, dear friends, is for your strengthening. ²⁰For I am afraid that when I come I may not find you as I want you to be, and you may not find me as you want me to be. I fear that there may be quarreling, jealousy, outbursts of anger, factions, slander, gossip, arrogance and disorder. ²¹I am afraid that when I come again my God will humble me before you, and I will be grieved over many who have sinned earlier and have not repented of the impurity, sexual sin and debauchery in which they have indulged.

13

¹ Esta es la tercera vez que voy a vosotros. Por boca de dos o de tres testigos se decidirá todo asunto. ²He dicho antes, y ahora digo otra vez como si estuviera presente, y ahora ausente lo escribo a los que antes pecaron, y a todos los demás, que si voy otra vez, no seré indulgente;

³pues buscáis una prueba de que habla Cristo en mí, el cual no es débil para con vosotros, sino que es poderoso en vosotros.

⁴Porque aunque fue crucificado en debilidad, vive por el poder de Dios. Pues también nosotros somos débiles en él, pero viviremos con él por el poder de Dios para con vosotros.

⁵Examinaos a vosotros mismos si estáis en la fe; probaos a vosotros mismos. ¿O no os conocéis a vosotros mismos, que Jesucristo está en vosotros, a menos que estéis reprobados?

⁶Mas espero que conoceréis que nosotros no estamos reprobados.

⁷Y oramos a Dios que ninguna cosa mala hagáis; no para que nosotros aparezcamos aprobados, sino para que vosotros hagáis lo bueno, aunque nosotros seamos como reprobados.

⁸Porque nada podemos contra la verdad, sino por la verdad.

⁹Por lo cual nos gozamos de que seamos nosotros débiles, y que vosotros estéis fuertes; y aun oramos por vuestra perfección.

¹⁰Por esto os escribo estando ausente, para no usar de severidad cuando esté presente, conforme a la autoridad que el Señor me ha dado para edificación, y no para destrucción.

Saludos y doxología final

¹¹Por lo demás, hermanos, tened gozo, perfeccionaos, consolaos, sed de un mismo sentir, y vivid en paz; y el Dios de paz y de amor estará con vosotros.

¹²Saludaos unos a otros con ósculo santo.

¹³Todos los santos os saludan.

¹⁴La gracia del Señor Jesucristo, el amor de Dios, y la comunión del Espíritu Santo sean con todos vosotros. Amén.

Final Warnings

13

This will be my third visit to you. "Every matter must be established by the testimony of two or three witnesses." ʳ ²I already gave you a warning when I was with you the second time. I now repeat it while absent: On my return I will not spare those who sinned earlier or any of the others, ³since you are demanding proof that Christ is speaking through me. He is not weak in dealing with you, but is powerful among you. ⁴For to be sure, he was crucified in weakness, yet he lives by God's power. Likewise, we are weak in him, yet by God's power we will live with him to serve you.

⁵Examine yourselves to see whether you are in the faith; test yourselves. Do you not realize that Christ Jesus is in you—unless, of course, you fail the test? ⁶And I trust that you will discover that we have not failed the test. ⁷Now we pray to God that you will not do anything wrong. Not that people will see that we have stood the test but that you will do what is right even though we may seem to have failed. ⁸For we cannot do anything against the truth, but only for the truth. ⁹We are glad whenever we are weak but you are strong; and our prayer is for your perfection. ¹⁰This is why I write these things when I am absent, that when I come I may not have to be harsh in my use of authority—the authority the Lord gave me for building you up, not for tearing you down.

Final Greetings

¹¹Finally, brothers, good-by. Aim for perfection, listen to my appeal, be of one mind, live in peace. And the God of love and peace will be with you.

¹²Greet one another with a holy kiss. ¹³All the saints send their greetings.

¹⁴May the grace of the Lord Jesus Christ, and the love of God, and the fellowship of the Holy Spirit be with you all.

ʳ*l* Deut. 19:15

LA EPÍSTOLA DEL APÓSTOL SAN PABLO
A LOS
GÁLATAS

GALATIANS

Salutación

1 ¹ Pablo, apóstol (no de hombres ni por hombre, sino por Jesucristo y por Dios el Padre que lo resucitó de los muertos),
² y todos los hermanos que están conmigo, a las iglesias de Galacia:
³ Gracia y paz sean a vosotros, de Dios el Padre y de nuestro Señor Jesucristo,
⁴ el cual se dio a sí mismo por nuestros pecados para librarnos del presente siglo malo, conforme a la voluntad de nuestro Dios y Padre,
⁵ a quien sea la gloria por los siglos de los siglos. Amén.

No hay otro evangelio

⁶ Estoy maravillado de que tan pronto os hayáis alejado del que os llamó por la gracia de Cristo, para seguir un evangelio diferente.
⁷ No que haya otro, sino que hay algunos que os perturban y quieren pervertir el evangelio de Cristo.
⁸ Mas si aun nosotros, o un ángel del cielo, os anunciare otro evangelio diferente del que os hemos anunciado, sea anatema.
⁹ Como antes hemos dicho, también ahora lo repito: Si alguno os predica diferente evangelio del que habéis recibido, sea anatema.
¹⁰ Pues, ¿busco ahora el favor de los hombres, o el de Dios? ¿O trato de agradar a los hombres? Pues si todavía agradara a los hombres, no sería siervo de Cristo.

El ministerio de Pablo

¹¹ Mas os hago saber, hermanos, que el evangelio anunciado por mí, no es según hombre;
¹² pues yo ni lo recibí ni lo aprendí de hombre alguno, sino por revelación de Jesucristo.
¹³ Porque ya habéis oído acerca de mi conducta en otro tiempo en el judaísmo, que perseguía sobremanera a la iglesia de Dios, y la asolaba;
¹⁴ y en el judaísmo aventajaba a muchos de mis contemporáneos en mi nación, siendo mucho más celoso de las tradiciones de mis padres.
¹⁵ Pero cuando agradó a Dios, que me apartó desde el vientre de mi madre, y me llamó por su gracia,
¹⁶ revelar a su Hijo en mí, para que yo le predicase entre los gentiles, no consulté en seguida con carne y sangre,
¹⁷ ni subí a Jerusalén a los que eran apóstoles antes que yo; sino que fui a Arabia, y volví de nuevo a Damasco.
¹⁸ Después, pasados tres años, subí a Jerusalén para ver a Pedro, y permanecí con él quince días;
¹⁹ pero no vi a ningún otro de los apóstoles, sino a Jacobo el hermano del Señor.
²⁰ En esto que os escribo, he aquí delante de Dios que no miento.
²¹ Después fui a las regiones de Siria y de Cilicia,
²² y no era conocido de vista a las iglesias de Judea, que eran en Cristo;
²³ solamente oían decir: Aquel que en otro tiempo nos perseguía, ahora predica la fe que en otro tiempo asolaba.
²⁴ Y glorificaban a Dios en mí.

1 Paul, an apostle — sent not from men nor by man, but by Jesus Christ and God the Father, who raised him from the dead — ²and all the brothers with me,

To the churches in Galatia:

³Grace and peace to you from God our Father and the Lord Jesus Christ, ⁴who gave himself for our sins to rescue us from the present evil age, according to the will of our God and Father, ⁵to whom be glory for ever and ever. Amen.

No Other Gospel

⁶I am astonished that you are so quickly deserting the one who called you by the grace of Christ and are turning to a different gospel — ⁷which is really no gospel at all. Evidently some people are throwing you into confusion and are trying to pervert the gospel of Christ. ⁸But even if we or an angel from heaven should preach a gospel other than the one we preached to you, let him be eternally condemned! ⁹As we have already said, so now I say again: If anybody is preaching to you a gospel other than what you accepted, let him be eternally condemned!

¹⁰Am I now trying to win the approval of men, or of God? Or am I trying to please men? If I were still trying to please men, I would not be a servant of Christ.

Paul Called by God

¹¹I want you to know, brothers, that the gospel I preached is not something that man made up. ¹²I did not receive it from any man, nor was I taught it; rather, I received it by revelation from Jesus Christ.

¹³For you have heard of my previous way of life in Judaism, how intensely I persecuted the church of God and tried to destroy it. ¹⁴I was advancing in Judaism beyond many Jews of my own age and was extremely zealous for the traditions of my fathers. ¹⁵But when God, who set me apart from birth[a] and called me by his grace, was pleased ¹⁶to reveal his Son in me so that I might preach him among the Gentiles, I did not consult any man, ¹⁷nor did I go up to Jerusalem to see those who were apostles before I was, but I went immediately into Arabia and later returned to Damascus.

¹⁸Then after three years, I went up to Jerusalem to get acquainted with Peter[b] and stayed with him fifteen days. ¹⁹I saw none of the other apostles — only James, the Lord's brother. ²⁰I assure you before God that what I am writing you is no lie. ²¹Later I went to Syria and Cilicia. ²²I was personally unknown to the churches of Judea that are in Christ. ²³They only heard the report: "The man who formerly persecuted us is now preaching the faith he once tried to destroy." ²⁴And they praised God because of me.

a 15 Or *from my mother's womb*   b 18 Greek *Cephas*

2 ¹Después, pasados catorce años, subí otra vez a Jerusalén con Bernabé, llevando también conmigo a Tito. ²Pero subí según una revelación, y para no correr o haber corrido en vano, expuse en privado a los que tenían cierta reputación el evangelio que predico entre los gentiles. ³Mas ni aun Tito, que estaba conmigo, con todo y ser griego, fue obligado a circuncidarse; ⁴y esto a pesar de los falsos hermanos introducidos a escondidas, que entraban para espiar nuestra libertad que tenemos en Cristo Jesús, para reducirnos a esclavitud, ⁵a los cuales ni por un momento accedimos a someternos, para que la verdad del evangelio permaneciese con vosotros. ⁶Pero de los que tenían reputación de ser algo (lo que hayan sido en otro tiempo nada me importa; Dios no hace acepción de personas), a mí, pues, los de reputación nada nuevo me comunicaron. ⁷Antes por el contrario, como vieron que me había sido encomendado el evangelio de la incircuncisión, como a Pedro el de la circuncisión ⁸(pues el que actuó en Pedro para el apostolado de la circuncisión, actuó también en mí para con los gentiles), ⁹y reconociendo la gracia que me había sido dada, Jacobo, Cefas y Juan, que eran considerados como columnas, nos dieron a mí y a Bernabé la diestra en señal de compañerismo, para que nosotros fuésemos a los gentiles, y ellos a la circuncisión. ¹⁰Solamente nos pidieron que nos acordásemos de los pobres; lo cual también procuré con diligencia hacer.

Pablo reprende a Pedro en Antioquía

¹¹Pero cuando Pedro vino a Antioquía, le resistí cara a cara, porque era de condenar. ¹²Pues antes que viniesen algunos de parte de Jacobo, comía con los gentiles; pero después que vinieron, se retraía y se apartaba, porque tenía miedo de los de la circuncisión. ¹³Y en su simulación participaban también los otros judíos, de tal manera que aun Bernabé fue también arrastrado por la hipocresía de ellos. ¹⁴Pero cuando vi que no andaban rectamente conforme a la verdad del evangelio, dije a Pedro delante de todos: Si tú, siendo judío, vives como los gentiles y no como judío, ¿por qué obligas a los gentiles a judaizar? ¹⁵Nosotros, judíos de nacimiento, y no pecadores de entre los gentiles, ¹⁶sabiendo que el hombre no es justificado por las obras de la ley, sino por la fe de Jesucristo, nosotros también hemos creído en Jesucristo, para ser justificados por la fe de Cristo y no por las obras de la ley, por cuanto por las obras de la ley nadie será justificado. ¹⁷Y si buscando ser justificados en Cristo, también nosotros somos hallados pecadores, ¿es por eso Cristo ministro de pecado? En ninguna manera. ¹⁸Porque si las cosas que destruí, las mismas vuelvo a edificar, transgresor me hago. ¹⁹Porque yo por la ley soy muerto para la ley, a fin de vivir para Dios. ²⁰Con Cristo estoy juntamente crucificado, y ya no vivo yo, mas vive Cristo en mí; y lo que ahora vivo en la carne, lo vivo en la fe del Hijo de Dios, el cual me amó y se entregó a sí mismo por mí. ²¹No desecho la gracia de Dios; pues si por la ley fuese la justicia, entonces por demás murió Cristo.

Paul Accepted by the Apostles

2 Fourteen years later I went up again to Jerusalem, this time with Barnabas. I took Titus along also. ²I went in response to a revelation and set before them the gospel that I preach among the Gentiles. But I did this privately to those who seemed to be leaders, for fear that I was running or had run my race in vain. ³Yet not even Titus, who was with me, was compelled to be circumcised, even though he was a Greek. ⁴This matter arose, because some false brothers had infiltrated our ranks to spy on the freedom we have in Christ Jesus and to make us slaves. ⁵We did not give in to them for a moment, so that the truth of the gospel might remain with you.

⁶As for those who seemed to be important—whatever they were makes no difference to me; God does not judge by external appearance—those men added nothing to my message. ⁷On the contrary, they saw that I had been entrusted with the task of preaching the gospel to the Gentiles,ᶜ just as Peter had been to the Jews.ᵈ ⁸For God, who was at work in the ministry of Peter as an apostle to the Jews, was also at work in my ministry as an apostle to the Gentiles. ⁹James, Peterᵉ and John, those reputed to be pillars, gave me and Barnabas the right hand of fellowship when they recognized the grace given to me. They agreed that we should go to the Gentiles, and they to the Jews. ¹⁰All they asked was that we should continue to remember the poor, the very thing I was eager to do.

Paul Opposes Peter

¹¹When Peter came to Antioch, I opposed him to his face, because he was clearly in the wrong. ¹²Before certain men came from James, he used to eat with the Gentiles. But when they arrived, he began to draw back and separate himself from the Gentiles because he was afraid of those who belonged to the circumcision group. ¹³The other Jews joined him in his hypocrisy, so that by their hypocrisy even Barnabas was led astray.

¹⁴When I saw that they were not acting in line with the truth of the gospel, I said to Peter in front of them all, "You are a Jew, yet you live like a Gentile and not like a Jew. How is it, then, that you force Gentiles to follow Jewish customs?

¹⁵"We who are Jews by birth and not 'Gentile sinners' ¹⁶know that a man is not justified by observing the law, but by faith in Jesus Christ. So we, too, have put our faith in Christ Jesus that we may be justified by faith in Christ and not by observing the law, because by observing the law no one will be justified.

¹⁷"If, while we seek to be justified in Christ, it becomes evident that we ourselves are sinners, does that mean that Christ promotes sin? Absolutely not! ¹⁸If I rebuild what I destroyed, I prove that I am a lawbreaker. ¹⁹For through the law I died to the law so that I might live for God. ²⁰I have been crucified with Christ and I no longer live, but Christ lives in me. The life I live in the body, I live by faith in the Son of God, who loved me and gave himself for me. ²¹I do not set aside the grace of God, for if righteousness could be gained through the law, Christ died for nothing!"ᶠ

ᶜ7 Greek *uncircumcised*   ᵈ7 Greek *circumcised*; also in verses 8 and 9   ᵉ9 Greek *Cephas*; also in verses 11 and 14
ᶠ21 Some interpreters end the quotation after verse 14.

El Espíritu se recibe por la fe

3 ¹¡Oh gálatas insensatos! ¿quién os fascinó para no obedecer a la verdad, a vosotros ante cuyos ojos Jesucristo fue ya presentado claramente entre vosotros como crucificado?

²Esto solo quiero saber de vosotros: ¿Recibisteis el Espíritu por las obras de la ley, o por el oir con fe?

³¿Tan necios sois? ¿Habiendo comenzado por el Espíritu, ahora vais a acabar por la carne?

⁴¿Tantas cosas habéis padecido en vano? si es que realmente fue en vano.

⁵Aquel, pues, que os suministra el Espíritu, y hace maravillas entre vosotros, ¿lo hace por las obras de la ley, o por el oir con fe?

El pacto de Dios con Abraham

⁶Así Abraham creyó a Dios, y le fue contado por justicia.

⁷Sabed, por tanto, que los que son de fe, éstos son hijos de Abraham.

⁸Y la Escritura, previendo que Dios había de justificar por la fe a los gentiles, dio de antemano la buena nueva a Abraham, diciendo: En ti serán benditas todas las naciones.

⁹De modo que los de la fe son bendecidos con el creyente Abraham.

¹⁰Porque todos los que dependen de las obras de la ley están bajo maldición, pues escrito está: Maldito todo aquel que no permaneciere en todas las cosas escritas en el libro de la ley, para hacerlas.

¹¹Y que por la ley ninguno se justifica para con Dios, es evidente, porque: El justo por la fe vivirá;

¹²y la ley no es de fe, sino que dice: El que hiciere estas cosas vivirá por ellas.

¹³Cristo nos redimió de la maldición de la ley, hecho por nosotros maldición (porque está escrito: Maldito todo el que es colgado en un madero),

¹⁴para que en Cristo Jesús la bendición de Abraham alcanzase a los gentiles, a fin de que por la fe recibiésemos la promesa del Espíritu.

¹⁵Hermanos, hablo en términos humanos: Un pacto, aunque sea de hombre, una vez ratificado, nadie lo invalida, ni le añade.

¹⁶Ahora bien, a Abraham fueron hechas las promesas, y a su simiente. No dice: Y a las simientes, como si hablase de muchos, sino como de uno: Y a tu simiente, la cual es Cristo.

¹⁷Esto, pues, digo: El pacto previamente ratificado por Dios para con Cristo, la ley que vino cuatrocientos treinta años después, no lo abroga, para invalidar la promesa.

¹⁸Porque si la herencia es por la ley, ya no es por la promesa; pero Dios la concedió a Abraham mediante la promesa.

El propósito de la ley

¹⁹Entonces, ¿para qué sirve la ley? Fue añadida a causa de las transgresiones, hasta que viniese la simiente a quien fue hecha la promesa; y fue ordenada por medio de ángeles en mano de un mediador.

²⁰Y el mediador no lo es de uno solo; pero Dios es uno.

²¹¿Luego la ley es contraria a las promesas de Dios? En ninguna manera; porque si la ley dada pudiera vivificar, la justicia fuera verdaderamente por la ley.

²²Mas la Escritura lo encerró todo bajo pecado, para que la promesa que es por la fe en Jesucristo fuese dada a los creyentes.

²³Pero antes que viniese la fe, estábamos confinados bajo la ley, encerrados para aquella fe que iba a ser revelada.

Faith or Observance of the Law

3 You foolish Galatians! Who has bewitched you? Before your very eyes Jesus Christ was clearly portrayed as crucified. ²I would like to learn just one thing from you: Did you receive the Spirit by observing the law, or by believing what you heard? ³Are you so foolish? After beginning with the Spirit, are you now trying to attain your goal by human effort? ⁴Have you suffered so much for nothing—if it really was for nothing? ⁵Does God give you his Spirit and work miracles among you because you observe the law, or because you believe what you heard?

⁶Consider Abraham: "He believed God, and it was credited to him as righteousness." *g* ⁷Understand, then, that those who believe are children of Abraham. ⁸The Scripture foresaw that God would justify the Gentiles by faith, and announced the gospel in advance to Abraham: "All nations will be blessed through you." *h* ⁹So those who have faith are blessed along with Abraham, the man of faith.

¹⁰All who rely on observing the law are under a curse, for it is written: "Cursed is everyone who does not continue to do everything written in the Book of the Law." *i* ¹¹Clearly no one is justified before God by the law, because, "The righteous will live by faith." *j* ¹²The law is not based on faith; on the contrary, "The man who does these things will live by them." *k* ¹³Christ redeemed us from the curse of the law by becoming a curse for us, for it is written: "Cursed is everyone who is hung on a tree." *l* ¹⁴He redeemed us in order that the blessing given to Abraham might come to the Gentiles through Christ Jesus, so that by faith we might receive the promise of the Spirit.

The Law and the Promise

¹⁵Brothers, let me take an example from everyday life. Just as no one can set aside or add to a human covenant that has been duly established, so it is in this case. ¹⁶The promises were spoken to Abraham and to his seed. The Scripture does not say "and to seeds," meaning many people, but "and to your seed," *m* meaning one person, who is Christ. ¹⁷What I mean is this: The law, introduced 430 years later, does not set aside the covenant previously established by God and thus do away with the promise. ¹⁸For if the inheritance depends on the law, then it no longer depends on a promise; but God in his grace gave it to Abraham through a promise.

¹⁹What, then, was the purpose of the law? It was added because of transgressions until the Seed to whom the promise referred had come. The law was put into effect through angels by a mediator. ²⁰A mediator, however, does not represent just one party; but God is one.

²¹Is the law, therefore, opposed to the promises of God? Absolutely not! For if a law had been given that could impart life, then righteousness would certainly have come by the law. ²²But the Scripture declares that the whole world is a prisoner of sin, so that what was promised, being given through faith in Jesus Christ, might be given to those who believe.

²³Before this faith came, we were held prisoners by the law, locked up until faith should be revealed. ²⁴So

*g*6 Gen. 15:6   *h*8 Gen. 12:3; 18:18; 22:18   *i*10 Deut. 27:26   *j*11 Hab. 2:4   *k*12 Lev. 18:5   *l*13 Deut. 21:23   *m*16 Gen. 12:7; 13:15; 24:7

24 De manera que la ley ha sido nuestro ayo, para llevarnos a Cristo, a fin de que fuésemos justificados por la fe. 25 Pero venida la fe, ya no estamos bajo ayo, 26 pues todos sois hijos de Dios por la fe en Cristo Jesús; 27 porque todos los que habéis sido bautizados en Cristo, de Cristo estáis revestidos. 28 Ya no hay judío ni griego; no hay esclavo ni libre; no hay varón ni mujer; porque todos vosotros sois uno en Cristo Jesús. 29 Y si vosotros sois de Cristo, ciertamente linaje de Abraham sois, y herederos según la promesa.

4 1 Pero también digo: Entre tanto que el heredero es niño, en nada difiere del esclavo, aunque es señor de todo; 2 sino que está bajo tutores y curadores hasta el tiempo señalado por el padre. 3 Así también nosotros, cuando éramos niños, estábamos en esclavitud bajo los rudimentos del mundo. 4 Pero cuando vino el cumplimiento del tiempo, Dios envió a su Hijo, nacido de mujer y nacido bajo la ley, 5 para que redimiese a los que estaban bajo la ley, a fin de que recibiésemos la adopción de hijos. 6 Y por cuanto sois hijos, Dios envió a vuestros corazones el Espíritu de su Hijo, el cual clama: ¡Abba, Padre! 7 Así que ya no eres esclavo, sino hijo; y si hijo, también heredero de Dios por medio de Cristo.

Exhortación contra el volver a la esclavitud

8 Ciertamente, en otro tiempo, no conociendo a Dios, servíais a los que por naturaleza no son dioses; 9 mas ahora, conociendo a Dios, o más bien, siendo conocidos por Dios, ¿cómo es que os volvéis de nuevo a los débiles y pobres rudimentos, a los cuales os queréis volver a esclavizar? 10 Guardáis los días, los meses, los tiempos y los años. 11 Me temo de vosotros, que haya trabajado en vano con vosotros.

12 Os ruego, hermanos, que os hagáis como yo, porque yo también me hice como vosotros. Ningún agravio me habéis hecho. 13 Pues vosotros sabéis que a causa de una enfermedad del cuerpo os anuncié el evangelio al principio; 14 y no me despreciasteis ni desechasteis por la prueba que tenía en mi cuerpo, antes bien me recibisteis como a un ángel de Dios, como a Cristo Jesús. 15 ¿Dónde, pues, está esa satisfacción que experimentabais? Porque os doy testimonio de que si hubieseis podido, os hubierais sacado vuestros propios ojos para dármelos. 16 ¿Me he hecho, pues, vuestro enemigo, por deciros la verdad? 17 Tienen celo por vosotros, pero no para bien, sino que quieren apartaros de nosotros para que vosotros tengáis celo por ellos. 18 Bueno es mostrar celo en lo bueno siempre, y no solamente cuando estoy presente con vosotros. 19 Hijitos míos, por quienes vuelvo a sufrir dolores de parto, hasta que Cristo sea formado en vosotros, 20 quisiera estar con vosotros ahora mismo y cambiar de tono, pues estoy perplejo en cuanto a vosotros.

Alegoría de Sara y Agar

21 Decidme, los que queréis estar bajo la ley: ¿no habéis oído la ley? 22 Porque está escrito que Abraham tuvo dos hijos; uno de

the law was put in charge to lead us to Christ[n] that we might be justified by faith. 25 Now that faith has come, we are no longer under the supervision of the law.

Sons of God

26 You are all sons of God through faith in Christ Jesus, 27 for all of you who were baptized into Christ have clothed yourselves with Christ. 28 There is neither Jew nor Greek, slave nor free, male nor female, for you are all one in Christ Jesus. 29 If you belong to Christ, then you are Abraham's seed, and heirs according to the promise.

4 What I am saying is that as long as the heir is a child, he is no different from a slave, although he owns the whole estate. 2 He is subject to guardians and trustees until the time set by his father. 3 So also, when we were children, we were in slavery under the basic principles of the world. 4 But when the time had fully come, God sent his Son, born of a woman, born under law, 5 to redeem those under law, that we might receive the full rights of sons. 6 Because you are sons, God sent the Spirit of his Son into our hearts, the Spirit who calls out, "Abba,[o] Father." 7 So you are no longer a slave, but a son; and since you are a son, God has made you also an heir.

Paul's Concern for the Galatians

8 Formerly, when you did not know God, you were slaves to those who by nature are not gods. 9 But now that you know God—or rather are known by God—how is it that you are turning back to those weak and miserable principles? Do you wish to be enslaved by them all over again? 10 You are observing special days and months and seasons and years! 11 I fear for you, that somehow I have wasted my efforts on you.

12 I plead with you, brothers, become like me, for I became like you. You have done me no wrong. 13 As you know, it was because of an illness that I first preached the gospel to you. 14 Even though my illness was a trial to you, you did not treat me with contempt or scorn. Instead, you welcomed me as if I were an angel of God, as if I were Christ Jesus himself. 15 What has happened to all your joy? I can testify that, if you could have done so, you would have torn out your eyes and given them to me. 16 Have I now become your enemy by telling you the truth? 17 Those people are zealous to win you over, but for no good. What they want is to alienate you from us, so that you may be zealous for them. 18 It is fine to be zealous, provided the purpose is good, and to be so always and not just when I am with you. 19 My dear children, for whom I am again in the pains of childbirth until Christ is formed in you, 20 how I wish I could be with you now and change my tone, because I am perplexed about you!

Hagar and Sarah

21 Tell me, you who want to be under the law, are you not aware of what the law says? 22 For it is written

---

[n]24 Or *charge until Christ came*   [o]6 Aramaic for *Father*

la esclava, el otro de la libre.
23 Pero el de la esclava nació según la carne; mas el de la libre, por la promesa.
24 Lo cual es una alegoría, pues estas mujeres son los dos pactos; el uno proviene del monte Sinaí, el cual da hijos para esclavitud; éste es Agar.
25 Porque Agar es el monte Sinaí en Arabia, y corresponde a la Jerusalén actual, pues ésta, junto con sus hijos, está en esclavitud.
26 Mas la Jerusalén de arriba, la cual es madre de todos nosotros, es libre.
27 Porque está escrito:

Regocíjate, oh estéril, tú que no das a luz;
Prorrumpe en júbilo y clama, tú que no tienes
    dolores de parto;
Porque más son los hijos de la desolada, que de la
    que tiene marido.

28 Así que, hermanos, nosotros, como Isaac, somos hijos de la promesa.
29 Pero como entonces el que había nacido según la carne perseguía al que había nacido según el Espíritu, así también ahora.
30 Mas ¿qué dice la Escritura? Echa fuera a la esclava y a su hijo, porque no heredará el hijo de la esclava con el hijo de la libre.
31 De manera, hermanos, que no somos hijos de la esclava, sino de la libre.

Estad firmes en la libertad

5 1 Estad, pues, firmes en la libertad con que Cristo nos hizo libres, y no estéis otra vez sujetos al yugo de esclavitud.
2 He aquí, yo Pablo os digo que si os circuncidáis, de nada os aprovechará Cristo.
3 Y otra vez testifico a todo hombre que se circuncida, que está obligado a guardar toda la ley.
4 De Cristo os desligasteis, los que por la ley os justificáis; de la gracia habéis caído.
5 Pues nosotros por el Espíritu aguardamos por fe la esperanza de la justicia;
6 porque en Cristo Jesús ni la circuncisión vale algo, ni la incircuncisión, sino la fe que obra por el amor.
7 Vosotros corríais bien; ¿quién os estorbó para no obedecer a la verdad?
8 Esta persuasión no procede de aquel que os llama.
9 Un poco de levadura leuda toda la masa.
10 Yo confío respecto de vosotros en el Señor, que no pensaréis de otro modo; mas el que os perturba llevará la sentencia, quienquiera que sea.
11 Y yo, hermanos, si aún predico la circuncisión, ¿por qué padezco persecución todavía? En tal caso se ha quitado el tropiezo de la cruz.
12 ¡Ojalá se mutilasen los que os perturban!
13 Porque vosotros, hermanos, a libertad fuisteis llamados; solamente que no uséis la libertad como ocasión para la carne, sino servíos por amor los unos a los otros.
14 Porque toda la ley en esta sola palabra se cumple: Amarás a tu prójimo como a ti mismo.
15 Pero si os mordéis y os coméis unos a otros, mirad que también no os consumáis unos a otros.

that Abraham had two sons, one by the slave woman and the other by the free woman. 23His son by the slave woman was born in the ordinary way; but his son by the free woman was born as the result of a promise.
24These things may be taken figuratively, for the women represent two covenants. One covenant is from Mount Sinai and bears children who are to be slaves: This is Hagar. 25Now Hagar stands for Mount Sinai in Arabia and corresponds to the present city of Jerusalem, because she is in slavery with her children. 26But the Jerusalem that is above is free, and she is our mother. 27For it is written:

"Be glad, O barren woman,
    who bears no children;
break forth and cry aloud,
    you who have no labor pains;
because more are the children of the desolate
      woman
    than of her who has a husband." p

28Now you, brothers, like Isaac, are children of promise. 29At that time the son born in the ordinary way persecuted the son born by the power of the Spirit. It is the same now. 30But what does the Scripture say? "Get rid of the slave woman and her son, for the slave woman's son will never share in the inheritance with the free woman's son." q 31Therefore, brothers, we are not children of the slave woman, but of the free woman.

Freedom in Christ

5 It is for freedom that Christ has set us free. Stand firm, then, and do not let yourselves be burdened again by a yoke of slavery.
2Mark my words! I, Paul, tell you that if you let yourselves be circumcised, Christ will be of no value to you at all. 3Again I declare to every man who lets himself be circumcised that he is obligated to obey the whole law. 4You who are trying to be justified by law have been alienated from Christ; you have fallen away from grace. 5But by faith we eagerly await through the Spirit the righteousness for which we hope. 6For in Christ Jesus neither circumcision nor uncircumcision has any value. The only thing that counts is faith expressing itself through love.
7You were running a good race. Who cut in on you and kept you from obeying the truth? 8That kind of persuasion does not come from the one who calls you. 9"A little yeast works through the whole batch of dough." 10I am confident in the Lord that you will take no other view. The one who is throwing you into confusion will pay the penalty, whoever he may be. 11Brothers, if I am still preaching circumcision, why am I still being persecuted? In that case the offense of the cross has been abolished. 12As for those agitators, I wish they would go the whole way and emasculate themselves!
13You, my brothers, were called to be free. But do not use your freedom to indulge the sinful nature r; rather, serve one another in love. 14The entire law is summed up in a single command: "Love your neighbor as yourself." s 15If you keep on biting and devouring each other, watch out or you will be destroyed by each other.

---

p27 Isaiah 54:1   q30 Gen. 21:10   r13 Or the flesh; also in verses 16, 17, 19 and 24   s14 Lev. 19:18

Las obras de la carne y el fruto del Espíritu

16 Digo, pues: Andad en el Espíritu, y no satisfagáis los deseos de la carne.

17 Porque el deseo de la carne es contra el Espíritu, y el del Espíritu es contra la carne; y éstos se oponen entre sí, para que no hagáis lo que quisiereis.

18 Pero si sois guiados por el Espíritu, no estáis bajo la ley.

19 Y manifiestas son las obras de la carne, que son: adulterio, fornicación, inmundicia, lascivia,

20 idolatría, hechicerías, enemistades, pleitos, celos, iras, contiendas, disensiones, herejías,

21 envidias, homicidios, borracheras, orgías, y cosas semejantes a estas; acerca de las cuales os amonesto, como ya os lo he dicho antes, que los que practican tales cosas no heredarán el reino de Dios.

22 Mas el fruto del Espíritu es amor, gozo, paz, paciencia, benignidad, bondad, fe,

23 mansedumbre, templanza; contra tales cosas no hay ley.

24 Pero los que son de Cristo han crucificado la carne con sus pasiones y deseos.

25 Si vivimos por el Espíritu, andemos también por el Espíritu.

26 No nos hagamos vanagloriosos, irritándonos unos a otros, envidiándonos unos a otros.

6 ¹ Hermanos, si alguno fuere sorprendido en alguna falta, vosotros que sois espirituales, restauradle con espíritu de mansedumbre, considerándote a ti mismo, no sea que tú también seas tentado.

2 Sobrellevad los unos las cargas de los otros, y cumplid así la ley de Cristo.

3 Porque el que se cree ser algo, no siendo nada, a sí mismo se engaña.

4 Así que, cada uno someta a prueba su propia obra, y entonces tendrá motivo de gloriarse sólo respecto de sí mismo, y no en otro;

5 porque cada uno llevará su propia carga.

6 El que es enseñado en la palabra, haga partícipe de toda cosa buena al que lo instruye.

7 No os engañéis; Dios no puede ser burlado: pues todo lo que el hombre sembrare, eso también segará.

8 Porque el que siembra para su carne, de la carne segará corrupción; mas el que siembra para el Espíritu, del Espíritu segará vida eterna.

9 No nos cansemos, pues, de hacer bien; porque a su tiempo segaremos, si no desmayamos.

10 Así que, según tengamos oportunidad, hagamos bien a todos, y mayormente a los de la familia de la fe.

Pablo se gloría en la cruz de Cristo

11 Mirad con cuán grandes letras os escribo de mi propia mano.

12 Todos los que quieren agradar en la carne, éstos os obligan a que os circuncidéis, solamente para no padecer persecución a causa de la cruz de Cristo.

13 Porque ni aun los mismos que se circuncidan guardan la ley; pero quieren que vosotros os circuncidéis, para gloriarse en vuestra carne.

14 Pero lejos esté de mí gloriarme, sino en la cruz de nuestro Señor Jesucristo, por quien el mundo me es crucificado a mí, y yo al mundo.

15 Porque en Cristo Jesús ni la circuncisión vale nada, ni la incircuncisión, sino una nueva creación.

16 Y a todos los que anden conforme a esta regla, paz y misericordia sea a ellos y al Israel de Dios.

Life by the Spirit

16 So I say, live by the Spirit, and you will not gratify the desires of the sinful nature. 17 For the sinful nature desires what is contrary to the Spirit, and the Spirit what is contrary to the sinful nature. They are in conflict with each other, so that you do not do what you want. 18 But if you are led by the Spirit, you are not under law.

19 The acts of the sinful nature are obvious: sexual immorality, impurity and debauchery; 20 idolatry and witchcraft; hatred, discord, jealousy, fits of rage, selfish ambition, dissensions, factions 21 and envy; drunkenness, orgies, and the like. I warn you, as I did before, that those who live like this will not inherit the kingdom of God.

22 But the fruit of the Spirit is love, joy, peace, patience, kindness, goodness, faithfulness, 23 gentleness and self-control. Against such things there is no law. 24 Those who belong to Christ Jesus have crucified the sinful nature with its passions and desires. 25 Since we live by the Spirit, let us keep in step with the Spirit. 26 Let us not become conceited, provoking and envying each other.

Doing Good to All

6 Brothers, if someone is caught in a sin, you who are spiritual should restore him gently. But watch yourself, or you also may be tempted. 2 Carry each other's burdens, and in this way you will fulfill the law of Christ. 3 If anyone thinks he is something when he is nothing, he deceives himself. 4 Each one should test his own actions. Then he can take pride in himself, without comparing himself to somebody else, 5 for each one should carry his own load.

6 Anyone who receives instruction in the word must share all good things with his instructor.

7 Do not be deceived: God cannot be mocked. A man reaps what he sows. 8 The one who sows to please his sinful nature, from that nature ᵗ will reap destruction; the one who sows to please the Spirit, from the Spirit will reap eternal life. 9 Let us not become weary in doing good, for at the proper time we will reap a harvest if we do not give up. 10 Therefore, as we have opportunity, let us do good to all people, especially to those who belong to the family of believers.

Not Circumcision but a New Creation

11 See what large letters I use as I write to you with my own hand!

12 Those who want to make a good impression outwardly are trying to compel you to be circumcised. The only reason they do this is to avoid being persecuted for the cross of Christ. 13 Not even those who are circumcised obey the law, yet they want you to be circumcised that they may boast about your flesh. 14 May I never boast except in the cross of our Lord Jesus Christ, through which ᵘ the world has been crucified to me, and I to the world. 15 Neither circumcision nor uncircumcision means anything; what counts is a new creation. 16 Peace and mercy to all who follow this rule, even to the Israel of God.

ᵗ8 Or his flesh, from the flesh   ᵘ14 Or whom

17 De aquí en adelante nadie me cause molestias; porque yo traigo en mi cuerpo las marcas del Señor Jesús.

Bendición final

18 Hermanos, la gracia de nuestro Señor Jesucristo sea con vuestro espíritu. Amén.

17Finally, let no one cause me trouble, for I bear on my body the marks of Jesus.

18The grace of our Lord Jesus Christ be with your spirit, brothers. Amen.

LA EPÍSTOLA DEL APÓSTOL SAN PABLO A LOS
EFESIOS

EPHESIANS

Salutación

1 ¹ Pablo, apóstol de Jesucristo por la voluntad de Dios, a los santos y fieles en Cristo Jesús que están en Efeso: ² Gracia y paz a vosotros, de Dios nuestro Padre y del Señor Jesucristo.

Bendiciones espirituales en Cristo

³ Bendito sea el Dios y Padre de nuestro Señor Jesucristo, que nos bendijo con toda bendición espiritual en los lugares celestiales en Cristo,
⁴ según nos escogió en él antes de la fundación del mundo, para que fuésemos santos y sin mancha delante de él,
⁵ en amor habiéndonos predestinado para ser adoptados hijos suyos por medio de Jesucristo, según el puro afecto de su voluntad,
⁶ para alabanza de la gloria de su gracia, con la cual nos hizo aceptos en el Amado,
⁷ en quien tenemos redención por su sangre, el perdón de pecados según las riquezas de su gracia,
⁸ que hizo sobreabundar para con nosotros en toda sabiduría e inteligencia,
⁹ dándonos a conocer el misterio de su voluntad, según su beneplácito, el cual se había propuesto en sí mismo,
¹⁰ de reunir todas las cosas en Cristo, en la dispensación del cumplimiento de los tiempos, así las que están en los cielos, como las que están en la tierra.
¹¹ En él asimismo tuvimos herencia, habiendo sido predestinados conforme al propósito del que hace todas las cosas según el designio de su voluntad,
¹² a fin de que seamos para alabanza de su gloria, nosotros los que primeramente esperábamos en Cristo.
¹³ En él también vosotros, habiendo oído la palabra de verdad, el evangelio de vuestra salvación, y habiendo creído en él, fuisteis sellados con el Espíritu Santo de la promesa,
¹⁴ que es las arras de nuestra herencia hasta la redención de la posesión adquirida, para alabanza de su gloria.

El espíritu de sabiduría y de revelación

¹⁵ Por esta causa también yo, habiendo oído de vuestra fe en el Señor Jesús, y de vuestro amor para con todos los santos,
¹⁶ no ceso de dar gracias por vosotros, haciendo memoria de vosotros en mis oraciones,
¹⁷ para que el Dios de nuestro Señor Jesucristo, el Padre de gloria, os dé espíritu de sabiduría y de revelación en el conocimiento de él,
¹⁸ alumbrando los ojos de vuestro entendimiento, para que sepáis cuál es la esperanza a que él os ha llamado, y cuáles las riquezas de la gloria de su herencia en los santos,
¹⁹ y cuál la supereminente grandeza de su poder para con nosotros los que creemos, según la operación del poder de su fuerza,
²⁰ la cual operó en Cristo, resucitándole de los muertos y sentándole a su diestra en los lugares celestiales,
²¹ sobre todo principado y autoridad y poder y señorío, y sobre todo nombre que se nombra, no sólo en este siglo, sino también en el venidero,
²² y sometió todas las cosas bajo sus pies, y lo dio por cabeza sobre todas las cosas a la iglesia,

1 Paul, an apostle of Christ Jesus by the will of God,

To the saints in Ephesus,[a] the faithful[b] in Christ Jesus:

²Grace and peace to you from God our Father and the Lord Jesus Christ.

Spiritual Blessings in Christ

³Praise be to the God and Father of our Lord Jesus Christ, who has blessed us in the heavenly realms with every spiritual blessing in Christ. ⁴For he chose us in him before the creation of the world to be holy and blameless in his sight. In love ⁵he[c] predestined us to be adopted as his sons through Jesus Christ, in accordance with his pleasure and will — ⁶to the praise of his glorious grace, which he has freely given us in the One he loves. ⁷In him we have redemption through his blood, the forgiveness of sins, in accordance with the riches of God's grace ⁸that he lavished on us with all wisdom and understanding. ⁹And he[d] made known to us the mystery of his will according to his good pleasure, which he purposed in Christ, ¹⁰to be put into effect when the times will have reached their fulfillment — to bring all things in heaven and on earth together under one head, even Christ.

¹¹In him we were also chosen,[e] having been predestined according to the plan of him who works out everything in conformity with the purpose of his will, ¹²in order that we, who were the first to hope in Christ, might be for the praise of his glory. ¹³And you also were included in Christ when you heard the word of truth, the gospel of your salvation. Having believed, you were marked in him with a seal, the promised Holy Spirit, ¹⁴who is a deposit guaranteeing our inheritance until the redemption of those who are God's possession — to the praise of his glory.

Thanksgiving and Prayer

¹⁵For this reason, ever since I heard about your faith in the Lord Jesus and your love for all the saints, ¹⁶I have not stopped giving thanks for you, remembering you in my prayers. ¹⁷I keep asking that the God of our Lord Jesus Christ, the glorious Father, may give you the Spirit[f] of wisdom and revelation, so that you may know him better. ¹⁸I pray also that the eyes of your heart may be enlightened in order that you may know the hope to which he has called you, the riches of his glorious inheritance in the saints, ¹⁹and his incomparably great power for us who believe. That power is like the working of his mighty strength, ²⁰which he exerted in Christ when he raised him from the dead and seated him at his right hand in the heavenly realms, ²¹far above all rule and authority, power and dominion, and every title that can be given, not only in the present age but also in the one to come. ²²And God placed all things under his feet and appointed him to

---

a 1 Some early manuscripts do not have in Ephesus. b 1 Or believers who are c 4,5 Or sight in love. 5He d 8,9 Or us. With all wisdom and understanding, 9he e 11 Or were made heirs f 17 Or a spirit

23 la cual es su cuerpo, la plenitud de Aquel que todo lo llena en todo.

Salvos por gracia

2 ¹Y él os dio vida a vosotros, cuando estabais muertos en vuestros delitos y pecados,

² en los cuales anduvisteis en otro tiempo, siguiendo la corriente de este mundo, conforme al príncipe de la potestad del aire, el espíritu que ahora opera en los hijos de desobediencia,

³ entre los cuales también todos nosotros vivimos en otro tiempo en los deseos de nuestra carne, haciendo la voluntad de la carne y de los pensamientos, y éramos por naturaleza hijos de ira, lo mismo que los demás.

⁴ Pero Dios, que es rico en misericordia, por su gran amor con que nos amó,

⁵ aun estando nosotros muertos en pecados, nos dió vida juntamente con Cristo (por gracia sois salvos),

⁶ y juntamente con él nos resucitó, y asimismo nos hizo sentar en los lugares celestiales con Cristo Jesús,

⁷ para mostrar en los siglos venideros las abundantes riquezas de su gracia en su bondad para con nosotros en Cristo Jesús.

⁸ Porque por gracia sois salvos por medio de la fe; y esto no de vosotros, pues es don de Dios;

⁹ no por obras, para que nadie se gloríe.

¹⁰ Porque somos hechura suya, creados en Cristo Jesús para buenas obras, las cuales Dios preparó de antemano para que anduviésemos en ellas.

Reconciliación por medio de la cruz

¹¹ Por tanto, acordaos de que en otro tiempo vosotros, los gentiles en cuanto a la carne, erais llamados incircuncisión por la llamada circuncisión hecha con mano en la carne.

¹² En aquel tiempo estabais sin Cristo, alejados de la ciudadanía de Israel y ajenos a los pactos de la promesa, sin esperanza y sin Dios en el mundo.

¹³ Pero ahora en Cristo Jesús, vosotros que en otro tiempo estabais lejos, habéis sido hechos cercanos por la sangre de Cristo.

¹⁴ Porque él es nuestra paz, que de ambos pueblos hizo uno, derribando la pared intermedia de separación,

¹⁵ aboliendo en su carne las enemistades, la ley de los mandamientos expresados en ordenanzas, para crear en sí mismo de los dos un solo y nuevo hombre, haciendo la paz,

¹⁶ y mediante la cruz reconciliar con Dios a ambos en un solo cuerpo, matando en ella las enemistades.

¹⁷ Y vino y anunció las buenas nuevas de paz a vosotros que estabais lejos, y a los que estaban cerca;

¹⁸ porque por medio de él los unos y los otros tenemos entrada por un mismo Espíritu al Padre.

¹⁹ Así que ya no sois extranjeros ni advenedizos, sino conciudadanos de los santos, y miembros de la familia de Dios,

²⁰ edificados sobre el fundamento de los apóstoles y profetas, siendo la principal piedra del ángulo Jesucristo mismo,

²¹ en quien todo el edificio, bien coordinado, va creciendo para ser un templo santo en el Señor;

²² en quien vosotros también sois juntamente edificados para morada de Dios en el Espíritu.

Ministerio de Pablo a los gentiles

3 ¹Por esta causa yo Pablo, prisionero de Cristo Jesús por vosotros los gentiles;

be head over everything for the church, ²³which is his body, the fullness of him who fills everything in every way.

Made Alive in Christ

2 As for you, you were dead in your transgressions and sins, ²in which you used to live when you followed the ways of this world and of the ruler of the kingdom of the air, the spirit who is now at work in those who are disobedient. ³All of us also lived among them at one time, gratifying the cravings of our sinful nature[g] and following its desires and thoughts. Like the rest, we were by nature objects of wrath. ⁴But because of his great love for us, God, who is rich in mercy, ⁵made us alive with Christ even when we were dead in transgressions—it is by grace you have been saved. ⁶And God raised us up with Christ and seated us with him in the heavenly realms in Christ Jesus, ⁷in order that in the coming ages he might show the incomparable riches of his grace, expressed in his kindness to us in Christ Jesus. ⁸For it is by grace you have been saved, through faith—and this not from yourselves, it is the gift of God— ⁹not by works, so that no one can boast. ¹⁰For we are God's workmanship, created in Christ Jesus to do good works, which God prepared in advance for us to do.

One in Christ

¹¹Therefore, remember that formerly you who are Gentiles by birth and called "uncircumcised" by those who call themselves "the circumcision" (that done in the body by the hands of men)— ¹²remember that at that time you were separate from Christ, excluded from citizenship in Israel and foreigners to the covenants of the promise, without hope and without God in the world. ¹³But now in Christ Jesus you who once were far away have been brought near through the blood of Christ.

¹⁴For he himself is our peace, who has made the two one and has destroyed the barrier, the dividing wall of hostility, ¹⁵by abolishing in his flesh the law with its commandments and regulations. His purpose was to create in himself one new man out of the two, thus making peace, ¹⁶and in this one body to reconcile both of them to God through the cross, by which he put to death their hostility. ¹⁷He came and preached peace to you who were far away and peace to those who were near. ¹⁸For through him we both have access to the Father by one Spirit.

¹⁹Consequently, you are no longer foreigners and aliens, but fellow citizens with God's people and members of God's household, ²⁰built on the foundation of the apostles and prophets, with Christ Jesus himself as the chief cornerstone. ²¹In him the whole building is joined together and rises to become a holy temple in the Lord. ²²And in him you too are being built together to become a dwelling in which God lives by his Spirit.

Paul the Preacher to the Gentiles

3 For this reason I, Paul, the prisoner of Christ Jesus for the sake of you Gentiles—

2 si es que habéis oído de la administración de la gracia de Dios que me fue dada para con vosotros;

3 que por revelación me fue declarado el misterio, como antes lo he escrito brevemente,

4 leyendo lo cual podéis entender cuál sea mi conocimiento en el misterio de Cristo,

5 misterio que en otras generaciones no se dio a conocer a los hijos de los hombres, como ahora es revelado a sus santos apóstoles y profetas por el Espíritu;

6 que los gentiles son coherederos y miembros del mismo cuerpo, y copartícipes de la promesa en Cristo Jesús por medio del evangelio,

7 del cual yo fui hecho ministro por el don de la gracia de Dios que me ha sido dado según la operación de su poder.

8 A mí, que soy menos que el más pequeño de todos los santos, me fue dada esta gracia de anunciar entre los gentiles el evangelio de las inescrutables riquezas de Cristo,

9 y de aclarar a todos cuál sea la dispensación del misterio escondido desde los siglos en Dios, que creó todas las cosas;

10 para que la multiforme sabiduría de Dios sea ahora dada a conocer por medio de la iglesia a los principados y potestades en los lugares celestiales,

11 conforme al propósito eterno que hizo en Cristo Jesús nuestro Señor,

12 en quien tenemos seguridad y acceso con confianza por medio de la fe en él;

13 por lo cual pido que no desmayéis a causa de mis tribulaciones por vosotros, las cuales son vuestra gloria.

El amor que excede a todo conocimiento

14 Por esta causa doblo mis rodillas ante el Padre de nuestro Señor Jesucristo,

15 de quien toma nombre toda familia en los cielos y en la tierra,

16 para que os dé, conforme a las riquezas de su gloria, el ser fortalecidos con poder en el hombre interior por su Espíritu;

17 para que habite Cristo por la fe en vuestros corazones, a fin de que, arraigados y cimentados en amor,

18 seáis plenamente capaces de comprender con todos los santos cuál sea la anchura, la longitud, la profundidad y la altura,

19 y de conocer el amor de Cristo, que excede a todo conocimiento, para que seáis llenos de toda la plenitud de Dios.

20 Y a Aquel que es poderoso para hacer todas las cosas mucho más abundantemente de lo que pedimos o entendemos, según el poder que actúa en nosotros,

21 a él sea gloria en la iglesia en Cristo Jesús por todas las edades, por los siglos de los siglos. Amén.

La unidad del Espíritu

4 ¹ Yo pues, preso en el Señor, os ruego que andéis como es digno de la vocación con que fuisteis llamados,

2 con toda humildad y mansedumbre, soportándoos con paciencia los unos a los otros en amor,

3 solícitos en guardar la unidad del Espíritu en el vínculo de la paz;

4 un cuerpo, y un Espíritu, como fuisteis también llamados en una misma esperanza de vuestra vocación;

5 un Señor, una fe, un bautismo,

6 un Dios y Padre de todos, el cual es sobre todos, y por todos, y en todos.

7 Pero a cada uno de nosotros fue dada la gracia conforme a la medida del don de Cristo.

2 Surely you have heard about the administration of God's grace that was given to me for you, 3 that is, the mystery made known to me by revelation, as I have already written briefly. 4 In reading this, then, you will be able to understand my insight into the mystery of Christ, 5 which was not made known to men in other generations as it has now been revealed by the Spirit to God's holy apostles and prophets. 6 This mystery is that through the gospel the Gentiles are heirs together with Israel, members together of one body, and sharers together in the promise in Christ Jesus.

7 I became a servant of this gospel by the gift of God's grace given me through the working of his power. 8 Although I am less than the least of all God's people, this grace was given me: to preach to the Gentiles the unsearchable riches of Christ, 9 and to make plain to everyone the administration of this mystery, which for ages past was kept hidden in God, who created all things. 10 His intent was that now, through the church, the manifold wisdom of God should be made known to the rulers and authorities in the heavenly realms, 11 according to his eternal purpose which he accomplished in Christ Jesus our Lord. 12 In him and through faith in him we may approach God with freedom and confidence. 13 I ask you, therefore, not to be discouraged because of my sufferings for you, which are your glory.

A Prayer for the Ephesians

14 For this reason I kneel before the Father, 15 from whom his whole family *h* in heaven and on earth derives its name. 16 I pray that out of his glorious riches he may strengthen you with power through his Spirit in your inner being, 17 so that Christ may dwell in your hearts through faith. And I pray that you, being rooted and established in love, 18 may have power, together with all the saints, to grasp how wide and long and high and deep is the love of Christ, 19 and to know this love that surpasses knowledge—that you may be filled to the measure of all the fullness of God.

20 Now to him who is able to do immeasurably more than all we ask or imagine, according to his power that is at work within us, 21 to him be glory in the church and in Christ Jesus throughout all generations, for ever and ever! Amen.

Unity in the Body of Christ

4 As a prisoner for the Lord, then, I urge you to live a life worthy of the calling you have received. 2 Be completely humble and gentle; be patient, bearing with one another in love. 3 Make every effort to keep the unity of the Spirit through the bond of peace. 4 There is one body and one Spirit—just as you were called to one hope when you were called— 5 one Lord, one faith, one baptism; 6 one God and Father of all, who is over all and through all and in all.

7 But to each one of us grace has been given as Christ

---

h 15 Or whom all fatherhood   i 8 Or God

8 Por lo cual dice:
  Subiendo a lo alto, llevó cautiva la cautividad,
  Y dio dones a los hombres.
9 Y eso de que subió, ¿qué es, sino que también había descendido primero a las partes más bajas de la tierra?
10 El que descendió, es el mismo que también subió por encima de todos los cielos para llenarlo todo.
11 Y él mismo constituyó a unos, apóstoles; a otros, profetas; a otros, evangelistas; a otros, pastores y maestros,
12 a fin de perfeccionar a los santos para la obra del ministerio, para la edificación del cuerpo de Cristo,
13 hasta que todos lleguemos a la unidad de la fe y del conocimiento del Hijo de Dios, a un varón perfecto, a la medida de la estatura de la plenitud de Cristo;
14 para que ya no seamos niños fluctuantes, llevados por doquiera de todo viento de doctrina, por estratagema de hombres que para engañar emplean con astucia las artimañas del error,
15 sino que siguiendo la verdad en amor, crezcamos en todo en aquel que es la cabeza, esto es, Cristo,
16 de quien todo el cuerpo, bien concertado y unido entre sí por todas las coyunturas que se ayudan mutuamente, según la actividad propia de cada miembro, recibe su crecimiento para ir edificándose en amor.

La nueva vida en Cristo

17 Esto, pues, digo y requiero en el Señor: que ya no andéis como los otros gentiles, que andan en la vanidad de su mente,
18 teniendo el entendimiento entenebrecido, ajenos de la vida de Dios por la ignorancia que en ellos hay, por la dureza de su corazón;
19 los cuales, después que perdieron toda sensibilidad, se entregaron a la lascivia para cometer con avidez toda clase de impureza.
20 Mas vosotros no habéis aprendido así a Cristo,
21 si en verdad le habéis oído, y habéis sido por él enseñados, conforme a la verdad que está en Jesús.
22 En cuanto a la pasada manera de vivir, despojaos del viejo hombre, que está viciado conforme a los deseos engañosos,
23 y renovaos en el espíritu de vuestra mente,
24 y vestíos del nuevo hombre, creado según Dios en la justicia y santidad de la verdad.
25 Por lo cual, desechando la mentira, hablad verdad cada uno con su prójimo; porque somos miembros los unos de los otros.
26 Airaos, pero no pequéis; no se ponga el sol sobre vuestro enojo,
27 ni deis lugar al diablo.
28 El que hurtaba, no hurte más, sino trabaje, haciendo con sus manos lo que es bueno, para que tenga qué compartir con el que padece necesidad.
29 Ninguna palabra corrompida salga de vuestra boca, sino la que sea buena para la necesaria edificación, a fin de dar gracia a los oyentes.
30 Y no contristéis al Espíritu Santo de Dios, con el cual fuisteis sellados para el día de la redención.
31 Quítense de vosotros toda amargura, enojo, ira, gritería y maledicencia, y toda malicia.
32 Antes sed benignos unos con otros, misericordiosos, perdonándoos unos a otros, como Dios también os perdonó a vosotros en Cristo.

apportioned it. 8 This is why it i says:

"When he ascended on high,
  he led captives in his train
  and gave gifts to men." i

9 (What does "he ascended" mean except that he also descended to the lower, earthly regions k? 10 He who descended is the very one who ascended higher than all the heavens, in order to fill the whole universe.) 11 It was he who gave some to be apostles, some to be prophets, some to be evangelists, and some to be pastors and teachers, 12 to prepare God's people for works of service, so that the body of Christ may be built up 13 until we all reach unity in the faith and in the knowledge of the Son of God and become mature, attaining to the whole measure of the fullness of Christ.

14 Then we will no longer be infants, tossed back and forth by the waves, and blown here and there by every wind of teaching and by the cunning and craftiness of men in their deceitful scheming. 15 Instead, speaking the truth in love, we will in all things grow up into him who is the Head, that is, Christ. 16 From him the whole body, joined and held together by every supporting ligament, grows and builds itself up in love, as each part does its work.

Living as Children of Light

17 So I tell you this, and insist on it in the Lord, that you must no longer live as the Gentiles do, in the futility of their thinking. 18 They are darkened in their understanding and separated from the life of God because of the ignorance that is in them due to the hardening of their hearts. 19 Having lost all sensitivity, they have given themselves over to sensuality so as to indulge in every kind of impurity, with a continual lust for more.

20 You, however, did not come to know Christ that way. 21 Surely you heard of him and were taught in him in accordance with the truth that is in Jesus. 22 You were taught, with regard to your former way of life, to put off your old self, which is being corrupted by its deceitful desires; 23 to be made new in the attitude of your minds; 24 and to put on the new self, created to be like God in true righteousness and holiness.

25 Therefore each of you must put off falsehood and speak truthfully to his neighbor, for we are all members of one body. 26 "In your anger do not sin" l: Do not let the sun go down while you are still angry, 27 and do not give the devil a foothold. 28 He who has been stealing must steal no longer, but must work, doing something useful with his own hands, that he may have something to share with those in need.

29 Do not let any unwholesome talk come out of your mouths, but only what is helpful for building others up according to their needs, that it may benefit those who listen. 30 And do not grieve the Holy Spirit of God, with whom you were sealed for the day of redemption. 31 Get rid of all bitterness, rage and anger, brawling and slander, along with every form of malice. 32 Be kind and compassionate to one another, forgiving each other, just as in Christ God forgave you.

---

i8 Psalm 68:18   k9 Or the depths of the earth   l26 Psalm 4:4

Andad como hijos de luz

5 ¹ Sed, pues, imitadores de Dios como hijos amados. ² Y andad en amor, como también Cristo nos amó, y se entregó a sí mismo por nosotros, ofrenda y sacrificio a Dios en olor fragante.

³ Pero fornicación y toda inmundicia, o avaricia, ni aun se nombre entre vosotros, como conviene a santos; ⁴ ni palabras deshonestas, ni necedades, ni truhanerías, que no convienen, sino antes bien acciones de gracias. ⁵ Porque sabéis esto, que ningún fornicario, o inmundo, o avaro, que es idólatra, tiene herencia en el reino de Cristo y de Dios.

⁶ Nadie os engañe con palabras vanas, porque por estas cosas viene la ira de Dios sobre los hijos de desobediencia. ⁷ No seáis, pues, partícipes con ellos.

⁸ Porque en otro tiempo erais tinieblas, mas ahora sois luz en el Señor; andad como hijos de luz ⁹ (porque el fruto del Espíritu es en toda bondad, justicia y verdad), ¹⁰ comprobando lo que es agradable al Señor. ¹¹ Y no participéis en las obras infructuosas de las tinieblas, sino más bien reprendedlas; ¹² porque vergonzoso es aun hablar de lo que ellos hacen en secreto. ¹³ Mas todas las cosas, cuando son puestas en evidencia por la luz, son hechas manifiestas; porque la luz es lo que manifiesta todo. ¹⁴ Por lo cual dice:

Despiértate, tú que duermes,
Y levántate de los muertos,
Y te alumbrará Cristo.

¹⁵ Mirad, pues, con diligencia cómo andéis, no como necios sino como sabios, ¹⁶ aprovechando bien el tiempo, porque los días son malos. ¹⁷ Por tanto, no seáis insensatos, sino entendidos de cuál sea la voluntad del Señor. ¹⁸ No os embriaguéis con vino, en lo cual hay disolución; antes bien sed llenos del Espíritu, ¹⁹ hablando entre vosotros con salmos, con himnos y cánticos espirituales, cantando y alabando al Señor en vuestros corazones; ²⁰ dando siempre gracias por todo al Dios y Padre, en el nombre de nuestro Señor Jesucristo.

Someteos los unos a los otros

²¹ Someteos unos a otros en el temor de Dios. ²² Las casadas estén sujetas a sus propios maridos, como al Señor; ²³ porque el marido es cabeza de la mujer, así como Cristo es cabeza de la iglesia, la cual es su cuerpo, y él es su Salvador. ²⁴ Así que, como la iglesia está sujeta a Cristo, así también las casadas lo estén a sus maridos en todo. ²⁵ Maridos, amad a vuestras mujeres, así como Cristo amó a la iglesia, y se entregó a sí mismo por ella, ²⁶ para santificarla, habiéndola purificado en el lavamiento del agua por la palabra, ²⁷ a fin de presentársela a sí mismo, una iglesia gloriosa, que no tuviese mancha ni arruga ni cosa semejante, sino que fuese santa y sin mancha. ²⁸ Así también los maridos deben amar a sus mujeres como a sus mismos cuerpos. El que ama a su mujer, a sí mismo se ama. ²⁹ Porque nadie aborreció jamás a su propia carne, sino que la sustenta y la cuida, como también Cristo a la iglesia, ³⁰ porque somos miembros de su cuerpo, de su carne y de sus huesos.

5 Be imitators of God, therefore, as dearly loved children ²and live a life of love, just as Christ loved us and gave himself up for us as a fragrant offering and sacrifice to God.

³ But among you there must not be even a hint of sexual immorality, or of any kind of impurity, or of greed, because these are improper for God's holy people. ⁴ Nor should there be obscenity, foolish talk or coarse joking, which are out of place, but rather thanksgiving. ⁵ For of this you can be sure: No immoral, impure or greedy person — such a man is an idolater — has any inheritance in the kingdom of Christ and of God. *m* ⁶ Let no one deceive you with empty words, for because of such things God's wrath comes on those who are disobedient. ⁷ Therefore do not be partners with them.

⁸ For you were once darkness, but now you are light in the Lord. Live as children of light ⁹ (for the fruit of the light consists in all goodness, righteousness and truth) ¹⁰ and find out what pleases the Lord. ¹¹ Have nothing to do with the fruitless deeds of darkness, but rather expose them. ¹² For it is shameful even to mention what the disobedient do in secret. ¹³ But everything exposed by the light becomes visible, ¹⁴ for it is light that makes everything visible. This is why it is said:

"Wake up, O sleeper,
rise from the dead,
and Christ will shine on you."

¹⁵ Be very careful, then, how you live — not as unwise but as wise, ¹⁶ making the most of every opportunity, because the days are evil. ¹⁷ Therefore do not be foolish, but understand what the Lord's will is. ¹⁸ Do not get drunk on wine, which leads to debauchery. Instead, be filled with the Spirit. ¹⁹ Speak to one another with psalms, hymns and spiritual songs. Sing and make music in your heart to the Lord, ²⁰ always giving thanks to God the Father for everything, in the name of our Lord Jesus Christ.

²¹ Submit to one another out of reverence for Christ.

Wives and Husbands

²² Wives, submit to your husbands as to the Lord. ²³ For the husband is the head of the wife as Christ is the head of the church, his body, of which he is the Savior. ²⁴ Now as the church submits to Christ, so also wives should submit to their husbands in everything.

²⁵ Husbands, love your wives, just as Christ loved the church and gave himself up for her ²⁶ to make her holy, cleansing *n* her by the washing with water through the word, ²⁷ and to present her to himself as a radiant church, without stain or wrinkle or any other blemish, but holy and blameless. ²⁸ In this same way, husbands ought to love their wives as their own bodies. He who loves his wife loves himself. ²⁹ After all, no one ever hated his own body, but he feeds and cares for it, just as Christ does the church — ³⁰ for we are

---

m 5 Or *kingdom of the Christ and God*   *n 26* Or *having cleansed*

31 Por esto dejará el hombre a su padre y a su madre, y se unirá a su mujer, y los dos serán una sola carne.
32 Grande es este misterio; mas yo digo esto respecto de Cristo y de la iglesia.
33 Por lo demás, cada uno de vosotros ame también a su mujer como a sí mismo; y la mujer respete a su marido.

members of his body. 31"For this reason a man will leave his father and mother and be united to his wife, and the two will become one flesh." *o* 32This is a profound mystery—but I am talking about Christ and the church. 33However, each one of you also must love his wife as he loves himself, and the wife must respect her husband.

6 1 Hijos, obedeced en el Señor a vuestros padres, porque esto es justo.
2 Honra a tu padre y a tu madre, que es el primer mandamiento con promesa;
3 para que te vaya bien, y seas de larga vida sobre la tierra.
4 Y vosotros, padres, no provoquéis a ira a vuestros hijos, sino criadlos en disciplina y amonestación del Señor.
5 Siervos, obedeced a vuestros amos terrenales con temor y temblor, con sencillez de vuestro corazón, como a Cristo;
6 no sirviendo al ojo, como los que quieren agradar a los hombres, sino como siervos de Cristo, de corazón haciendo la voluntad de Dios;
7 sirviendo de buena voluntad, como al Señor y no a los hombres,
8 sabiendo que el bien que cada uno hiciere, ése recibirá del Señor, sea siervo o sea libre.
9 Y vosotros, amos, haced con ellos lo mismo, dejando las amenazas, sabiendo que el Señor de ellos y vuestro está en los cielos, y que para él no hay acepción de personas.

Children and Parents

6 Children, obey your parents in the Lord, for this is right. 2"Honor your father and mother"—which is the first commandment with a promise—3"that it may go well with you and that you may enjoy long life on the earth." *p*
4Fathers, do not exasperate your children; instead, bring them up in the training and instruction of the Lord.

Slaves and Masters

5Slaves, obey your earthly masters with respect and fear, and with sincerity of heart, just as you would obey Christ. 6Obey them not only to win their favor when their eye is on you, but like slaves of Christ, doing the will of God from your heart. 7Serve wholeheartedly, as if you were serving the Lord, not men, 8because you know that the Lord will reward everyone for whatever good he does, whether he is slave or free.
9And masters, treat your slaves in the same way. Do not threaten them, since you know that he who is both their Master and yours is in heaven, and there is no favoritism with him.

La armadura de Dios

10 Por lo demás, hermanos míos, fortaleceos en el Señor, y en el poder de su fuerza.
11 Vestíos de toda la armadura de Dios, para que podáis estar firmes contra las asechanzas del diablo.
12 Porque no tenemos lucha contra sangre y carne, sino contra principados, contra potestades, contra los gobernadores de las tinieblas de este siglo, contra huestes espirituales de maldad en las regiones celestes.
13 Por tanto, tomad toda la armadura de Dios, para que podáis resistir en el día malo, y habiendo acabado todo, estar firmes.
14 Estad, pues, firmes, ceñidos vuestros lomos con la verdad, y vestidos con la coraza de justicia,
15 y calzados los pies con el apresto del evangelio de la paz.
16 Sobre todo, tomad el escudo de la fe, con que podáis apagar todos los dardos de fuego del maligno.
17 Y tomad el yelmo de la salvación, y la espada del Espíritu, que es la palabra de Dios;
18 orando en todo tiempo con toda oración y súplica en el Espíritu, y velando en ello con toda perseverancia y súplica por todos los santos;
19 y por mí, a fin de que al abrir mi boca me sea dada palabra para dar a conocer con denuedo el misterio del evangelio,
20 por el cual soy embajador en cadenas; que con denuedo hable de él, como debo hablar.

The Armor of God

10Finally, be strong in the Lord and in his mighty power. 11Put on the full armor of God so that you can take your stand against the devil's schemes. 12For our struggle is not against flesh and blood, but against the rulers, against the authorities, against the powers of this dark world and against the spiritual forces of evil in the heavenly realms. 13Therefore put on the full armor of God, so that when the day of evil comes, you may be able to stand your ground, and after you have done everything, to stand. 14Stand firm then, with the belt of truth buckled around your waist, with the breastplate of righteousness in place, 15and with your feet fitted with the readiness that comes from the gospel of peace. 16In addition to all this, take up the shield of faith, with which you can extinguish all the flaming arrows of the evil one. 17Take the helmet of salvation and the sword of the Spirit, which is the word of God. 18And pray in the Spirit on all occasions with all kinds of prayers and requests. With this in mind, be alert and always keep on praying for all the saints.
19Pray also for me, that whenever I open my mouth, words may be given me so that I will fearlessly make known the mystery of the gospel, 20for which I am an ambassador in chains. Pray that I may declare it fearlessly, as I should.

Salutaciones finales

21 Para que también vosotros sepáis mis asuntos, y lo que hago, todo os lo hará saber Tíquico, hermano amado y fiel ministro en el Señor,

Final Greetings

21Tychicus, the dear brother and faithful servant in the Lord, will tell you everything, so that you also may

22 el cual envié a vosotros para esto mismo, para que sepáis lo tocante a nosotros, y que consuele vuestros corazones.

23 Paz sea a los hermanos, y amor con fe, de Dios Padre y del Señor Jesucristo.

24 La gracia sea con todos los que aman a nuestro Señor Jesucristo con amor inalterable. Amén.

know how I am and what I am doing. 22 I am sending him to you for this very purpose, that you may know how we are, and that he may encourage you.

23 Peace to the brothers, and love with faith from God the Father and the Lord Jesus Christ. 24 Grace to all who love our Lord Jesus Christ with an undying love.

FILIPENSES

Salutación

1 [1] Pablo y Timoteo, siervos de Jesucristo, a todos los santos en Cristo Jesús que están en Filipos, con los obispos y diáconos:

[2] Gracia y paz a vosotros, de Dios nuestro Padre y del Señor Jesucristo.

Oración de Pablo por los creyentes

[3] Doy gracias a mi Dios siempre que me acuerdo de vosotros,

[4] siempre en todas mis oraciones rogando con gozo por todos vosotros,

[5] por vuestra comunión en el evangelio, desde el primer día hasta ahora;

[6] estando persuadido de esto, que el que comenzó en vosotros la buena obra, la perfeccionará hasta el día de Jesucristo;

[7] como me es justo sentir esto de todos vosotros, por cuanto os tengo en el corazón; y en mis prisiones, y en la defensa y confirmación del evangelio, todos vosotros sois participantes conmigo de la gracia.

[8] Porque Dios me es testigo de cómo os amo a todos vosotros con el entrañable amor de Jesucristo.

[9] Y esto pido en oración, que vuestro amor abunde aun más y más en ciencia y en todo conocimiento,

[10] para que aprobéis lo mejor, a fin de que seáis sinceros e irreprensibles para el día de Cristo,

[11] llenos de frutos de justicia que son por medio de Jesucristo, para gloria y alabanza de Dios.

Para mí el vivir es Cristo

[12] Quiero que sepáis, hermanos, que las cosas que me han sucedido, han redundado más bien para el progreso del evangelio,

[13] de tal manera que mis prisiones se han hecho patentes en Cristo en todo el pretorio, y a todos los demás.

[14] Y la mayoría de los hermanos, cobrando ánimo en el Señor con mis prisiones, se atreven mucho más a hablar la palabra sin temor.

[15] Algunos, a la verdad, predican a Cristo por envidia y contienda; pero otros de buena voluntad.

[16] Los unos anuncian a Cristo por contención, no sinceramente, pensando añadir aflicción a mis prisiones;

[17] pero los otros por amor, sabiendo que estoy puesto para la defensa del evangelio.

[18] ¿Qué, pues? Que no obstante, de todas maneras, o por pretexto o por verdad, Cristo es anunciado; y en esto me gozo, y me gozaré aún.

[19] Porque sé que por vuestra oración y la suministración del Espíritu de Jesucristo, esto resultará en mi liberación,

[20] conforme a mi anhelo y esperanza de que en nada seré avergonzado; antes bien con toda confianza, como siempre, ahora también será magnificado Cristo en mi cuerpo, o por vida o por muerte.

[21] Porque para mí el vivir es Cristo, y el morir es ganancia.

[22] Mas si el vivir en la carne resulta para mí en beneficio de la obra, no sé entonces qué escoger.

[23] Porque de ambas cosas estoy puesto en estrecho, teniendo deseo de partir y estar con Cristo, lo cual es muchísimo mejor;

[24] pero quedar en la carne es más necesario por causa de vosotros.

PHILIPPIANS

1 [1] Paul and Timothy, servants of Christ Jesus,

To all the saints in Christ Jesus at Philippi, together with the overseers[a] and deacons:

[2] Grace and peace to you from God our Father and the Lord Jesus Christ.

Thanksgiving and Prayer

[3] I thank my God every time I remember you. [4] In all my prayers for all of you, I always pray with joy [5] because of your partnership in the gospel from the first day until now, [6] being confident of this, that he who began a good work in you will carry it on to completion until the day of Christ Jesus.

[7] It is right for me to feel this way about all of you, since I have you in my heart; for whether I am in chains or defending and confirming the gospel, all of you share in God's grace with me. [8] God can testify how I long for all of you with the affection of Christ Jesus.

[9] And this is my prayer: that your love may abound more and more in knowledge and depth of insight, [10] so that you may be able to discern what is best and may be pure and blameless until the day of Christ, [11] filled with the fruit of righteousness that comes through Jesus Christ — to the glory and praise of God.

Paul's Chains Advance the Gospel

[12] Now I want you to know, brothers, that what has happened to me has really served to advance the gospel. [13] As a result, it has become clear throughout the whole palace guard[b] and to everyone else that I am in chains for Christ. [14] Because of my chains, most of the brothers in the Lord have been encouraged to speak the word of God more courageously and fearlessly.

[15] It is true that some preach Christ out of envy and rivalry, but others out of goodwill. [16] The latter do so in love, knowing that I am put here for the defense of the gospel. [17] The former preach Christ out of selfish ambition, not sincerely, supposing that they can stir up trouble for me while I am in chains.[c] [18] But what does it matter? The important thing is that in every way, whether from false motives or true, Christ is preached. And because of this I rejoice.

Yes, and I will continue to rejoice, [19] for I know that through your prayers and the help given by the Spirit of Jesus Christ, what has happened to me will turn out for my deliverance.[d] [20] I eagerly expect and hope that I will in no way be ashamed, but will have sufficient courage so that now as always Christ will be exalted in my body, whether by life or by death. [21] For to me, to live is Christ and to die is gain. [22] If I am to go on living in the body, this will mean fruitful labor for me. Yet what shall I choose? I do not know! [23] I am torn between the two: I desire to depart and be with Christ, which is better by far; [24] but it is more necessary for you that I remain in the body. [25] Convinced of this, I

---

[a] 1 Traditionally *bishops* [b] 13 Or *whole palace* [c] 16,17 Some late manuscripts have verses 16 and 17 in reverse order.
[d] 19 Or *salvation*

25 Y confiado en esto, sé que quedaré, que aún permaneceré con todos vosotros, para vuestro provecho y gozo de la fe,

26 para que abunde vuestra gloria de mí en Cristo Jesús por mi presencia otra vez entre vosotros.

27 Solamente que os comportéis como es digno del evangelio de Cristo, para que o sea que vaya a veros, o que esté ausente, oiga de vosotros que estáis firmes en un mismo espíritu, combatiendo unánimes por la fe del evangelio,

28 y en nada intimidados por los que se oponen, que para ellos ciertamente es indicio de perdición, mas para vosotros de salvación; y esto de Dios.

29 Porque a vosotros os es concedido a causa de Cristo, no sólo que creáis en él, sino también que padezcáis por él,

30 teniendo el mismo conflicto que habéis visto en mí, y ahora oís que hay en mí.

Humillación y exaltación de Cristo

2 ¹ Por tanto, si hay alguna consolación en Cristo, si algún consuelo de amor, si alguna comunión del Espíritu, si algún afecto entrañable, si alguna misericordia,

2 completad mi gozo, sintiendo lo mismo, teniendo el mismo amor, unánimes, sintiendo una misma cosa.

3 Nada hagáis por contienda o por vanagloria; antes bien con humildad, estimando cada uno a los demás como superiores a él mismo;

4 no mirando cada uno por lo suyo propio, sino cada cual también por lo de los otros.

5 Haya, pues, en vosotros este sentir que hubo también en Cristo Jesús,

6 el cual, siendo en forma de Dios, no estimó el ser igual a Dios como cosa a que aferrarse,

7 sino que se despojó a sí mismo, tomando forma de siervo, hecho semejante a los hombres;

8 y estando en la condición de hombre, se humilló a sí mismo, haciéndose obediente hasta la muerte, y muerte de cruz.

9 Por lo cual Dios también le exaltó hasta lo sumo, y le dio un nombre que es sobre todo nombre,

10 para que en el nombre de Jesús se doble toda rodilla de los que están en los cielos, y en la tierra, y debajo de la tierra;

11 y toda lengua confiese que Jesucristo es el Señor, para gloria de Dios Padre.

Luminares en el mundo

12 Por tanto, amados míos, como siempre habéis obedecido, no como en mi presencia solamente, sino mucho más ahora en mi ausencia, ocupaos en vuestra salvación con temor y temblor,

13 porque Dios es el que en vosotros produce así el querer como el hacer, por su buena voluntad.

14 Haced todo sin murmuraciones y contiendas,

15 para que seáis irreprensibles y sencillos, hijos de Dios sin mancha en medio de una generación maligna y perversa, en medio de la cual resplandecéis como luminares en el mundo;

16 asidos de la palabra de vida, para que en el día de Cristo yo pueda gloriarme de que no he corrido en vano, ni en vano he trabajado.

17 Y aunque sea derramado en libación sobre el sacrificio y servicio de vuestra fe, me gozo y regocijo con todos vosotros.

18 Y asimismo gozaos y regocijaos también vosotros conmigo.

know that I will remain, and I will continue with all of you for your progress and joy in the faith, 26so that through my being with you again your joy in Christ Jesus will overflow on account of me.

27Whatever happens, conduct yourselves in a manner worthy of the gospel of Christ. Then, whether I come and see you or only hear about you in my absence, I will know that you stand firm in one spirit, contending as one man for the faith of the gospel 28without being frightened in any way by those who oppose you. This is a sign to them that they will be destroyed, but that you will be saved—and that by God. 29For it has been granted to you on behalf of Christ not only to believe on him, but also to suffer for him, 30since you are going through the same struggle you saw I had, and now hear that I still have.

Imitating Christ's Humility

2 If you have any encouragement from being united with Christ, if any comfort from his love, if any fellowship with the Spirit, if any tenderness and compassion, 2then make my joy complete by being like-minded, having the same love, being one in spirit and purpose. 3Do nothing out of selfish ambition or vain conceit, but in humility consider others better than yourselves. 4Each of you should look not only to your own interests, but also to the interests of others.

5Your attitude should be the same as that of Christ Jesus:

6Who, being in very nature[e] God,
  did not consider equality with God something
    to be grasped,
7but made himself nothing,
  taking the very nature[f] of a servant,
  being made in human likeness.
8And being found in appearance as a man,
  he humbled himself
  and became obedient to death—
    even death on a cross!
9Therefore God exalted him to the highest place
  and gave him the name that is above every
    name,
10that at the name of Jesus every knee should bow,
  in heaven and on earth and under the earth,
11and every tongue confess that Jesus Christ is
    Lord,
  to the glory of God the Father.

Shining as Stars

12Therefore, my dear friends, as you have always obeyed—not only in my presence, but now much more in my absence—continue to work out your salvation with fear and trembling, 13for it is God who works in you to will and to act according to his good purpose.

14Do everything without complaining or arguing, 15so that you may become blameless and pure, children of God without fault in a crooked and depraved generation, in which you shine like stars in the universe 16as you hold out[g] the word of life—in order that I may boast on the day of Christ that I did not run or labor for nothing. 17But even if I am being poured out like a drink offering on the sacrifice and service coming from your faith, I am glad and rejoice with all of you. 18So you too should be glad and rejoice with me.

e6 Or in the form of   f7 Or the form   g16 Or hold on to

Timoteo y Epafrodito

19 Espero en el Señor Jesús enviaros pronto a Timoteo, para que yo también esté de buen ánimo al saber de vuestro estado;
20 pues a ninguno tengo del mismo ánimo, y que tan sinceramente se interese por vosotros.
21 Porque todos buscan lo suyo propio, no lo que es de Cristo Jesús.
22 Pero ya conocéis los méritos de él, que como hijo a padre ha servido conmigo en el evangelio.
23 Así que a éste espero enviaros, luego que yo vea cómo van mis asuntos;
24 y confío en el Señor que yo también iré pronto a vosotros.
25 Mas tuve por necesario enviaros a Epafrodito, mi hermano y colaborador y compañero de milicia, vuestro mensajero, y ministrador de mis necesidades;
26 porque él tenía gran deseo de veros a todos vosotros, y gravemente se angustió porque habíais oído que había enfermado.
27 Pues en verdad estuvo enfermo, a punto de morir; pero Dios tuvo misericordia de él, y no solamente de él, sino también de mí, para que yo no tuviese tristeza sobre tristeza.
28 Así que le envío con mayor solicitud, para que al verle de nuevo, os gocéis, y yo esté con menos tristeza.
29 Recibidle, pues, en el Señor, con todo gozo, y tened en estima a los que son como él;
30 porque por la obra de Cristo estuvo próximo a la muerte, exponiendo su vida para suplir lo que faltaba en vuestro servicio por mí.

Prosigo al blanco

3 1 Por lo demás, hermanos, gozaos en el Señor. A mí no me es molesto el escribiros las mismas cosas, y para vosotros es seguro.
2 Guardaos de los perros, guardaos de los malos obreros, guardaos de los mutiladores del cuerpo.
3 Porque nosotros somos la circuncisión, los que en espíritu servimos a Dios y nos gloriamos en Cristo Jesús, no teniendo confianza en la carne.
4 Aunque yo tengo también de qué confiar en la carne. Si alguno piensa que tiene de qué confiar en la carne, yo más:
5 circuncidado al octavo día, del linaje de Israel, de la tribu de Benjamín, hebreo de hebreos; en cuanto a la ley, fariseo;
6 en cuanto a celo, perseguidor de la iglesia; en cuanto a la justicia que es en la ley, irreprensible.
7 Pero cuantas cosas eran para mí ganancia, las he estimado como pérdida por amor de Cristo.
8 Y ciertamente, aun estimo todas las cosas como pérdida por la excelencia del conocimiento de Cristo Jesús, mi Señor, por amor del cual lo he perdido todo, y lo tengo por basura, para ganar a Cristo,
9 y ser hallado en él, no teniendo mi propia justicia, que es por la ley, sino la que es por la fe de Cristo, la justicia que es de Dios por la fe;
10 a fin de conocerle, y el poder de su resurrección, y la participación de sus padecimientos, llegando a ser semejante a él en su muerte,
11 si en alguna manera llegase a la resurrección de entre los muertos.
12 No que lo haya alcanzado ya, ni que ya sea perfecto; sino que prosigo, por ver si logro asir aquello para lo cual fui también asido por Cristo Jesús.

Timothy and Epaphroditus

19 I hope in the Lord Jesus to send Timothy to you soon, that I also may be cheered when I receive news about you. 20 I have no one else like him, who takes a genuine interest in your welfare. 21 For everyone looks out for his own interests, not those of Jesus Christ. 22 But you know that Timothy has proved himself, because as a son with his father he has served with me in the work of the gospel. 23 I hope, therefore, to send him as soon as I see how things go with me. 24 And I am confident in the Lord that I myself will come soon.

25 But I think it is necessary to send back to you Epaphroditus, my brother, fellow worker and fellow soldier, who is also your messenger, whom you sent to take care of my needs. 26 For he longs for all of you and is distressed because you heard he was ill. 27 Indeed he was ill, and almost died. But God had mercy on him, and not on him only but also on me, to spare me sorrow upon sorrow. 28 Therefore I am all the more eager to send him, so that when you see him again you may be glad and I may have less anxiety. 29 Welcome him in the Lord with great joy, and honor men like him, 30 because he almost died for the work of Christ, risking his life to make up for the help you could not give me.

No Confidence in the Flesh

3 Finally, my brothers, rejoice in the Lord! It is no trouble for me to write the same things to you again, and it is a safeguard for you.
2 Watch out for those dogs, those men who do evil, those mutilators of the flesh. 3 For it is we who are the circumcision, we who worship by the Spirit of God, who glory in Christ Jesus, and who put no confidence in the flesh— 4 though I myself have reasons for such confidence.

If anyone else thinks he has reasons to put confidence in the flesh, I have more: 5 circumcised on the eighth day, of the people of Israel, of the tribe of Benjamin, a Hebrew of Hebrews; in regard to the law, a Pharisee; 6 as for zeal, persecuting the church; as for legalistic righteousness, faultless.

7 But whatever was to my profit I now consider loss for the sake of Christ. 8 What is more, I consider everything a loss compared to the surpassing greatness of knowing Christ Jesus my Lord, for whose sake I have lost all things. I consider them rubbish, that I may gain Christ 9 and be found in him, not having a righteousness of my own that comes from the law, but that which is through faith in Christ—the righteousness that comes from God and is by faith. 10 I want to know Christ and the power of his resurrection and the fellowship of sharing in his sufferings, becoming like him in his death, 11 and so, somehow, to attain to the resurrection from the dead.

Pressing on Toward the Goal

12 Not that I have already obtained all this, or have already been made perfect, but I press on to take hold of that for which Christ Jesus took hold of me. 13 Broth-

13 Hermanos, yo mismo no pretendo haberlo ya alcanzado; pero una cosa hago: olvidando ciertamente lo que queda atrás, y extendiéndome a lo que está delante,
14 prosigo a la meta, al premio del supremo llamamiento de Dios en Cristo Jesús.
15 Así que, todos los que somos perfectos, esto mismo sintamos; y si otra cosa sentís, esto también os lo revelará Dios.
16 Pero en aquello a que hemos llegado, sigamos una misma regla, sintamos una misma cosa.
17 Hermanos, sed imitadores de mí, y mirad a los que así se conducen según el ejemplo que tenéis en nosotros.
18 Porque por ahí andan muchos, de los cuales os dije muchas veces, y aun ahora lo digo llorando, que son enemigos de la cruz de Cristo;
19 el fin de los cuales será perdición, cuyo dios es el vientre, y cuya gloria es su vergüenza; que sólo piensan en lo terrenal.
20 Mas nuestra ciudadanía está en los cielos, de donde también esperamos al Salvador, al Señor Jesucristo;
21 el cual transformará el cuerpo de la humillación nuestra, para que sea semejante al cuerpo de la gloria suya, por el poder con el cual puede también sujetar a sí mismo todas las cosas.

Regocijaos en el Señor siempre

4 1 Así que, hermanos míos amados y deseados, gozo y corona mía, estad así firmes en el Señor, amados.
2 Ruego a Evodia y a Síntique, que sean de un mismo sentir en el Señor.
3 Asimismo te ruego también a ti, compañero fiel, que ayudes a éstas que combatieron juntamente conmigo en el evangelio, con Clemente también y los demás colaboradores míos, cuyos nombres están en el libro de la vida.
4 Regocijaos en el Señor siempre. Otra vez digo: ¡Regocijaos!
5 Vuestra gentileza sea conocida de todos los hombres. El Señor está cerca.
6 Por nada estéis afanosos, sino sean conocidas vuestras peticiones delante de Dios en toda oración y ruego, con acción de gracias.
7 Y la paz de Dios, que sobrepasa todo entendimiento, guardará vuestros corazones y vuestros pensamientos en Cristo Jesús.

En esto pensad

8 Por lo demás, hermanos, todo lo que es verdadero, todo lo honesto, todo lo justo, todo lo puro, todo lo amable, todo lo que es de buen nombre; si hay virtud alguna, si algo digno de alabanza, en esto pensad.
9 Lo que aprendisteis y recibisteis y oísteis y visteis en mí, esto haced; y el Dios de paz estará con vosotros.

Dádivas de los filipenses

10 En gran manera me gocé en el Señor de que ya al fin habéis revivido vuestro cuidado de mí; de lo cual también estabais solícitos, pero os faltaba la oportunidad.
11 No lo digo porque tenga escasez, pues he aprendido a contentarme, cualquiera que sea mi situación.
12 Sé vivir humildemente, y sé tener abundancia; en todo y por todo estoy enseñado, así para estar saciado como para tener hambre, así para tener abundancia como para padecer necesidad.
13 Todo lo puedo en Cristo que me fortalece.
14 Sin embargo, bien hicisteis en participar conmigo en mi tribulación.

ers, I do not consider myself yet to have taken hold of it. But one thing I do: Forgetting what is behind and straining toward what is ahead, 14 I press on toward the goal to win the prize for which God has called me heavenward in Christ Jesus.
15 All of us who are mature should take such a view of things. And if on some point you think differently, that too God will make clear to you. 16 Only let us live up to what we have already attained.
17 Join with others in following my example, brothers, and take note of those who live according to the pattern we gave you. 18 For, as I have often told you before and now say again even with tears, many live as enemies of the cross of Christ. 19 Their destiny is destruction, their god is their stomach, and their glory is in their shame. Their mind is on earthly things. 20 But our citizenship is in heaven. And we eagerly await a Savior from there, the Lord Jesus Christ, 21 who, by the power that enables him to bring everything under his control, will transform our lowly bodies so that they will be like his glorious body.

4 Therefore, my brothers, you whom I love and long for, my joy and crown, that is how you should stand firm in the Lord, dear friends!

Exhortations

2 I plead with Euodia and I plead with Syntyche to agree with each other in the Lord. 3 Yes, and I ask you, loyal yokefellow,*h* help these women who have contended at my side in the cause of the gospel, along with Clement and the rest of my fellow workers, whose names are in the book of life.
4 Rejoice in the Lord always. I will say it again: Rejoice! 5 Let your gentleness be evident to all. The Lord is near. 6 Do not be anxious about anything, but in everything, by prayer and petition, with thanksgiving, present your requests to God. 7 And the peace of God, which transcends all understanding, will guard your hearts and your minds in Christ Jesus.
8 Finally, brothers, whatever is true, whatever is noble, whatever is right, whatever is pure, whatever is lovely, whatever is admirable — if anything is excellent or praiseworthy — think about such things. 9 Whatever you have learned or received or heard from me, or seen in me — put it into practice. And the God of peace will be with you.

Thanks for Their Gifts

10 I rejoice greatly in the Lord that at last you have renewed your concern for me. Indeed, you have been concerned, but you had no opportunity to show it. 11 I am not saying this because I am in need, for I have learned to be content whatever the circumstances. 12 I know what it is to be in need, and I know what it is to have plenty. I have learned the secret of being content in any and every situation, whether well fed or hungry, whether living in plenty or in want. 13 I can do everything through him who gives me strength.
14 Yet it was good of you to share in my troubles.

h 3 Or loyal Syzygus

15 Y sabéis también vosotros, oh filipenses, que al principio de la predicación del evangelio, cuando partí de Macedonia, ninguna iglesia participó conmigo en razón de dar y recibir, sino vosotros solos;
16 pues aun a Tesalónica me enviasteis una y otra vez para mis necesidades.
17 No es que busque dádivas, sino que busco fruto que abunde en vuestra cuenta.
18 Pero todo lo he recibido, y tengo abundancia; estoy lleno, habiendo recibido de Epafrodito lo que enviasteis; olor fragante, sacrificio acepto, agradable a Dios.
19 Mi Dios, pues, suplirá todo lo que os falta conforme a sus riquezas en gloria en Cristo Jesús.
20 Al Dios y Padre nuestro sea gloria por los siglos de los siglos. Amén.

Salutaciones finales

21 Saludad a todos los santos en Cristo Jesús. Los hermanos que están conmigo os saludan.
22 Todos los santos os saludan, y especialmente los de la casa de César.
23 La gracia de nuestro Señor Jesucristo sea con todos vosotros. Amén.

15Moreover, as you Philippians know, in the early days of your acquaintance with the gospel, when I set out from Macedonia, not one church shared with me in the matter of giving and receiving, except you only; 16for even when I was in Thessalonica, you sent me aid again and again when I was in need. 17Not that I am looking for a gift, but I am looking for what may be credited to your account. 18I have received full payment and even more; I am amply supplied, now that I have received from Epaphroditus the gifts you sent. They are a fragrant offering, an acceptable sacrifice, pleasing to God. 19And my God will meet all your needs according to his glorious riches in Christ Jesus.

20To our God and Father be glory for ever and ever. Amen.

Final Greetings

21Greet all the saints in Christ Jesus. The brothers who are with me send greetings. 22All the saints send you greetings, especially those who belong to Caesar's household.

23The grace of the Lord Jesus Christ be with your spirit. Amen. *i*

i 23 Some manuscripts do not have Amen.

LA EPÍSTOLA DEL APÓSTOL SAN PABLO A LOS
COLOSENSES

COLOSSIANS

Salutación

1 ¹Pablo, apóstol de Jesucristo por la voluntad de Dios, y el hermano Timoteo,
²a los santos y fieles hermanos en Cristo que están en Colosas: Gracia y paz sean a vosotros, de Dios nuestro Padre y del Señor Jesucristo.

Pablo pide que Dios les conceda sabiduría espiritual

³Siempre orando por vosotros, damos gracias a Dios, Padre de nuestro Señor Jesucristo,
⁴habiendo oído de vuestra fe en Cristo Jesús, y del amor que tenéis a todos los santos,
⁵a causa de la esperanza que os está guardada en los cielos, de la cual ya habéis oído por la palabra verdadera del evangelio,
⁶que ha llegado hasta vosotros, así como a todo el mundo, y lleva fruto y crece también en vosotros, desde el día que oísteis y conocisteis la gracia de Dios en verdad,
⁷como lo habéis aprendido de Epafras, nuestro consiervo amado, que es un fiel ministro de Cristo para vosotros,
⁸quien también nos ha declarado vuestro amor en el Espíritu.
⁹Por lo cual también nosotros, desde el día que lo oímos, no cesamos de orar por vosotros, y de pedir que seáis llenos del conocimiento de su voluntad en toda sabiduría e inteligencia espiritual,
¹⁰para que andéis como es digno del Señor, agradándole en todo, llevando fruto en toda buena obra, y creciendo en el conocimiento de Dios;
¹¹fortalecidos con todo poder, conforme a la potencia de su gloria, para toda paciencia y longanimidad;
¹²con gozo dando gracias al Padre que nos hizo aptos para participar de la herencia de los santos en luz;
¹³el cual nos ha librado de la potestad de las tinieblas, y trasladado al reino de su amado Hijo,
¹⁴en quien tenemos redención por su sangre, el perdón de pecados.

Reconciliación por medio de la muerte de Cristo

¹⁵El es la imagen del Dios invisible, el primogénito de toda creación.
¹⁶Porque en él fueron creadas todas las cosas, las que hay en los cielos y las que hay en la tierra, visibles e invisibles; sean tronos, sean dominios, sean principados, sean potestades; todo fue creado por medio de él y para él.
¹⁷Y él es antes de todas las cosas, y todas las cosas en él subsisten;
¹⁸y él es la cabeza del cuerpo que es la iglesia, él que es el principio, el primogénito de entre los muertos, para que en todo tenga la preeminencia;
¹⁹por cuanto agradó al Padre que en él habitase toda plenitud,
²⁰y por medio de él reconciliar consigo todas las cosas, así las que están en la tierra como las que están en los cielos, haciendo la paz mediante la sangre de su cruz.
²¹Y a vosotros también, que erais en otro tiempo extraños y enemigos en vuestra mente, haciendo malas obras, ahora os ha reconciliado

1 Paul, an apostle of Christ Jesus by the will of God, and Timothy our brother,
²To the holy and faithful[a] brothers in Christ at Colosse:

Grace and peace to you from God our Father.[b]

Thanksgiving and Prayer

³We always thank God, the Father of our Lord Jesus Christ, when we pray for you, ⁴because we have heard of your faith in Christ Jesus and of the love you have for all the saints — ⁵the faith and love that spring from the hope that is stored up for you in heaven and that you have already heard about in the word of truth, the gospel ⁶that has come to you. All over the world this gospel is bearing fruit and growing, just as it has been doing among you since the day you heard it and understood God's grace in all its truth. ⁷You learned it from Epaphras, our dear fellow servant, who is a faithful minister of Christ on our[c] behalf, ⁸and who also told us of your love in the Spirit.

⁹For this reason, since the day we heard about you, we have not stopped praying for you and asking God to fill you with the knowledge of his will through all spiritual wisdom and understanding. ¹⁰And we pray this in order that you may live a life worthy of the Lord and may please him in every way: bearing fruit in every good work, growing in the knowledge of God, ¹¹being strengthened with all power according to his glorious might so that you may have great endurance and patience, and joyfully ¹²giving thanks to the Father, who has qualified you[d] to share in the inheritance of the saints in the kingdom of light. ¹³For he has rescued us from the dominion of darkness and brought us into the kingdom of the Son he loves, ¹⁴in whom we have redemption,[e] the forgiveness of sins.

The Supremacy of Christ

¹⁵He is the image of the invisible God, the firstborn over all creation. ¹⁶For by him all things were created: things in heaven and on earth, visible and invisible, whether thrones or powers or rulers or authorities; all things were created by him and for him. ¹⁷He is before all things, and in him all things hold together. ¹⁸And he is the head of the body, the church; he is the beginning and the firstborn from among the dead, so that in everything he might have the supremacy. ¹⁹For God was pleased to have all his fullness dwell in him, ²⁰and through him to reconcile to himself all things, whether things on earth or things in heaven, by making peace through his blood, shed on the cross. ²¹Once you were alienated from God and were enemies in your minds because of[f] your evil behav-

22 en su cuerpo de carne, por medio de la muerte, para presentaros santos y sin mancha e irreprensibles delante de él;

23 si en verdad permanecéis fundados y firmes en la fe, y sin moveros de la esperanza del evangelio que habéis oído, el cual se predica en toda la creación que está debajo del cielo; del cual yo Pablo fui hecho ministro.

Ministerio de Pablo a los gentiles

24 Ahora me gozo en lo que padezco por vosotros, y cumplo en mi carne lo que falta de las aflicciones de Cristo por su cuerpo, que es la iglesia;

25 de la cual fui hecho ministro, según la administración de Dios que me fue dada para con vosotros, para que anuncie cumplidamente la palabra de Dios,

26 el misterio que había estado oculto desde los siglos y edades, pero que ahora ha sido manifestado a sus santos,

27 a quienes Dios quiso dar a conocer las riquezas de la gloria de este misterio entre los gentiles; que es Cristo en vosotros, la esperanza de gloria,

28 a quien anunciamos, amonestando a todo hombre, y enseñando a todo hombre en toda sabiduría, a fin de presentar perfecto en Cristo Jesús a todo hombre;

29 para lo cual también trabajo, luchando según la potencia de él, la cual actúa poderosamente en mí.

2 ¹ Porque quiero que sepáis cuán gran lucha sostengo por vosotros, y por los que están en Laodicea, y por todos los que nunca han visto mi rostro;

2 para que sean consolados sus corazones, unidos en amor, hasta alcanzar todas las riquezas de pleno entendimiento, a fin de conocer el misterio de Dios el Padre, y de Cristo,

3 en quien están escondidos todos los tesoros de la sabiduría y del conocimiento.

4 Y esto lo digo para que nadie os engañe con palabras persuasivas.

5 Porque aunque estoy ausente en cuerpo, no obstante en espíritu estoy con vosotros, gozándome y mirando vuestro buen orden y la firmeza de vuestra fe en Cristo.

6 Por tanto, de la manera que habéis recibido al Señor Jesucristo, andad en él;

7 arraigados y sobreedificados en él, y confirmados en la fe, así como habéis sido enseñados, abundando en acciones de gracias.

Plenitud de vida en Cristo

8 Mirad que nadie os engañe por medio de filosofías y huecas sutilezas, según las tradiciones de los hombres, conforme a los rudimentos del mundo, y no según Cristo.

9 Porque en él habita corporalmente toda la plenitud de la Deidad,

10 y vosotros estáis completos en él, que es la cabeza de todo principado y potestad.

11 En él también fuisteis circuncidados con circuncisión no hecha a mano, al echar de vosotros el cuerpo pecaminoso carnal, en la circuncisión de Cristo;

12 sepultados con él en el bautismo, en el cual fuisteis también resucitados con él, mediante la fe en el poder de Dios que le levantó de los muertos.

13 Y a vosotros, estando muertos en pecados y en la incircuncisión de vuestra carne, os dio vida juntamente con él, perdonándoos todos los pecados,

14 anulando el acta de los decretos que había contra nosotros, que nos era contraria, quitándola de en medio y clavándola en la cruz,

ior. 22 But now he has reconciled you by Christ's physical body through death to present you holy in his sight, without blemish and free from accusation— 23 if you continue in your faith, established and firm, not moved from the hope held out in the gospel. This is the gospel that you heard and that has been proclaimed to every creature under heaven, and of which I, Paul, have become a servant.

Paul's Labor for the Church

24 Now I rejoice in what was suffered for you, and I fill up in my flesh what is still lacking in regard to Christ's afflictions, for the sake of his body, which is the church. 25 I have become its servant by the commission God gave me to present to you the word of God in its fullness— 26 the mystery that has been kept hidden for ages and generations, but is now disclosed to the saints. 27 To them God has chosen to make known among the Gentiles the glorious riches of this mystery, which is Christ in you, the hope of glory.

28 We proclaim him, admonishing and teaching everyone with all wisdom, so that we may present everyone perfect in Christ. 29 To this end I labor, struggling with all his energy, which so powerfully works in me.

2 I want you to know how much I am struggling for you and for those at Laodicea, and for all who have not met me personally. 2 My purpose is that they may be encouraged in heart and united in love, so that they may have the full riches of complete understanding, in order that they may know the mystery of God, namely, Christ, 3 in whom are hidden all the treasures of wisdom and knowledge. 4 I tell you this so that no one may deceive you by fine-sounding arguments. 5 For though I am absent from you in body, I am present with you in spirit and delight to see how orderly you are and how firm your faith in Christ is.

Freedom From Human Regulations Through Life With Christ

6 So then, just as you received Christ Jesus as Lord, continue to live in him, 7 rooted and built up in him, strengthened in the faith as you were taught, and overflowing with thankfulness.

8 See to it that no one takes you captive through hollow and deceptive philosophy, which depends on human tradition and the basic principles of this world rather than on Christ.

9 For in Christ all the fullness of the Deity lives in bodily form, 10 and you have been given fullness in Christ, who is the head over every power and authority. 11 In him you were also circumcised, in the putting off of the sinful nature, g not with a circumcision done by the hands of men but with the circumcision done by Christ, 12 having been buried with him in baptism and raised with him through your faith in the power of God, who raised him from the dead.

13 When you were dead in your sins and in the uncircumcision of your sinful nature, h God made you i alive with Christ. He forgave us all our sins, 14 having canceled the written code, with its regulations, that was against us and that stood opposed to us; he took it away, nailing it to the cross. 15 And having

---

g 11 Or *the flesh*   h 13 Or *your flesh*   i 13 Some manuscripts us

15 y despojando a los principados y a las potestades, los exhibió públicamente, triunfando sobre ellos en la cruz.

16 Por tanto, nadie os juzgue en comida o en bebida, o en cuanto a días de fiesta, luna nueva o días de reposo, * 17 todo lo cual es sombra de lo que ha de venir; pero el cuerpo es de Cristo.

18 Nadie os prive de vuestro premio, afectando humildad y culto a los ángeles, entremetiéndose en lo que no ha visto, vanamente hinchado por su propia mente carnal, 19 y no asiéndose de la Cabeza, en virtud de quien todo el cuerpo, nutriéndose y uniéndose por las coyunturas y ligamentos, crece con el crecimiento que da Dios.

20 Pues si habéis muerto con Cristo en cuanto a los rudimentos del mundo, ¿por qué, como si vivieseis en el mundo, os sometéis a preceptos 21 tales como: No manejes, ni gustes, ni aun toques 22 (en conformidad a mandamientos y doctrinas de hombres), cosas que todas se destruyen con el uso? 23 Tales cosas tienen a la verdad cierta reputación de sabiduría en culto voluntario, en humildad y en duro trato del cuerpo; pero no tienen valor alguno contra los apetitos de la carne.

3 ¹ Si, pues, habéis resucitado con Cristo, buscad las cosas de arriba, donde está Cristo sentado a la diestra de Dios. 2 Poned la mira en las cosas de arriba, no en las de la tierra. 3 Porque habéis muerto, y vuestra vida está escondida con Cristo en Dios. 4 Cuando Cristo, vuestra vida, se manifieste, entonces vosotros también seréis manifestados con él en gloria.

La vida antigua y la nueva

5 Haced morir, pues, lo terrenal en vosotros: fornicación, impureza, pasiones desordenadas, malos deseos y avaricia que es idolatría; 6 cosas por las cuales la ira de Dios viene sobre los hijos de desobediencia, 7 en las cuales vosotros también anduvisteis en otro tiempo cuando vivíais en ellas. 8 Pero ahora dejad también vosotros todas estas cosas: ira, enojo, malicia, blasfemia, palabras deshonestas de vuestra boca. 9 No mintáis los unos a los otros, habiéndoos despojado del viejo hombre con sus hechos, 10 y revestido del nuevo, el cual conforme a la imagen del que lo creó se va renovando hasta el conocimiento pleno, 11 donde no hay griego ni judío, circuncisión ni incircuncisión, bárbaro ni escita, siervo ni libre, sino que Cristo es el todo, y en todos.

12 Vestíos, pues, como escogidos de Dios, santos y amados, de entrañable misericordia, de benignidad, de humildad, de mansedumbre, de paciencia; 13 soportándoos unos a otros, y perdonándoos unos a otros si alguno tuviere queja contra otro. De la manera que Cristo os perdonó, así también hacedlo vosotros. 14 Y sobre todas estas cosas vestíos de amor, que es el vínculo perfecto. 15 Y la paz de Dios gobierne en vuestros corazones, a la que asimismo fuisteis llamados en un solo cuerpo; y sed agradecidos. 16 La palabra de Cristo more en abundancia en vosotros,

disarmed the powers and authorities, he made a public spectacle of them, triumphing over them by the cross.*i*

16 Therefore do not let anyone judge you by what you eat or drink, or with regard to a religious festival, a New Moon celebration or a Sabbath day. 17 These are a shadow of the things that were to come; the reality, however, is found in Christ. 18 Do not let anyone who delights in false humility and the worship of angels disqualify you for the prize. Such a person goes into great detail about what he has seen, and his unspiritual mind puffs him up with idle notions. 19 He has lost connection with the Head, from whom the whole body, supported and held together by its ligaments and sinews, grows as God causes it to grow.

20 Since you died with Christ to the basic principles of this world, why, as though you still belonged to it, do you submit to its rules: 21 "Do not handle! Do not taste! Do not touch!"? 22 These are all destined to perish with use, because they are based on human commands and teachings. 23 Such regulations indeed have an appearance of wisdom, with their self-imposed worship, their false humility and their harsh treatment of the body, but they lack any value in restraining sensual indulgence.

Rules for Holy Living

3 Since, then, you have been raised with Christ, set your hearts on things above, where Christ is seated at the right hand of God. 2 Set your minds on things above, not on earthly things. 3 For you died, and your life is now hidden with Christ in God. 4 When Christ, who is your *k* life, appears, then you also will appear with him in glory.

5 Put to death, therefore, whatever belongs to your earthly nature: sexual immorality, impurity, lust, evil desires and greed, which is idolatry. 6 Because of these, the wrath of God is coming.*l* 7 You used to walk in these ways, in the life you once lived. 8 But now you must rid yourselves of all such things as these: anger, rage, malice, slander, and filthy language from your lips. 9 Do not lie to each other, since you have taken off your old self with its practices 10 and have put on the new self, which is being renewed in knowledge in the image of its Creator. 11 Here there is no Greek or Jew, circumcised or uncircumcised, barbarian, Scythian, slave or free, but Christ is all, and is in all.

12 Therefore, as God's chosen people, holy and dearly loved, clothe yourselves with compassion, kindness, humility, gentleness and patience. 13 Bear with each other and forgive whatever grievances you may have against one another. Forgive as the Lord forgave you. 14 And over all these virtues put on love, which binds them all together in perfect unity.

15 Let the peace of Christ rule in your hearts, since as members of one body you were called to peace. And be thankful. 16 Let the word of Christ dwell in you

---

*Aquí equivale a *sábado*

*l*15 Or *them in him*   *k*4 Some manuscripts *our*   *l*6 Some early manuscripts *coming on those who are disobedient*

enseñándoos y exhortándoos unos a otros en toda sabiduría, cantando con gracia en vuestros corazones al Señor con salmos e himnos y cánticos espirituales.

17 Y todo lo que hacéis, sea de palabra o de hecho, hacedlo todo en el nombre del Señor Jesús, dando gracias a Dios Padre por medio de él.

Deberes sociales de la nueva vida

18 Casadas, estad sujetas a vuestros maridos, como conviene en el Señor.

19 Maridos, amad a vuestras mujeres, y no seáis ásperos con ellas.

20 Hijos, obedeced a vuestros padres en todo, porque esto agrada al Señor.

21 Padres, no exasperéis a vuestros hijos, para que no se desalienten.

22 Siervos, obedeced en todo a vuestros amos terrenales, no sirviendo al ojo, como los que quieren agradar a los hombres, sino con corazón sincero, temiendo a Dios.

23 Y todo lo que hagáis, hacedlo de corazón, como para el Señor y no para los hombres;

24 sabiendo que del Señor recibiréis la recompensa de la herencia, porque a Cristo el Señor servís.

25 Mas el que hace injusticia, recibirá la injusticia que hiciere, porque no hay acepción de personas.

4 1 Amos, haced lo que es justo y recto con vuestros siervos, sabiendo que también vosotros tenéis un Amo en los cielos.

2 Perseverad en la oración, velando en ella con acción de gracias;

3 orando también al mismo tiempo por nosotros, para que el Señor nos abra puerta para la palabra, a fin de dar a conocer el misterio de Cristo, por el cual también estoy preso,

4 para que lo manifieste como debo hablar.

5 Andad sabiamente para con los de afuera, redimiendo el tiempo.

6 Sea vuestra palabra siempre con gracia, sazonada con sal, para que sepáis cómo debéis responder a cada uno.

Salutaciones finales

7 Todo lo que a mí se refiere, os lo hará saber Tíquico, amado hermano y fiel ministro y consiervo en el Señor,

8 el cual he enviado a vosotros para esto mismo, para que conozca lo que a vosotros se refiere, y conforte vuestros corazones,

9 con Onésimo, amado y fiel hermano, que es uno de vosotros. Todo lo que acá pasa, os lo harán saber.

10 Aristarco, mi compañero de prisiones, os saluda, y Marcos el sobrino de Bernabé, acerca del cual habéis recibido mandamientos; si fuere a vosotros, recibidle;

11 y Jesús, llamado Justo; que son los únicos de la circuncisión que me ayudan en el reino de Dios, y han sido para mí un consuelo.

12 Os saluda Epafras, el cual es uno de vosotros, siervo de Cristo, siempre rogando encarecidamente por vosotros en sus oraciones, para que estéis firmes, perfectos y completos en todo lo que Dios quiere.

13 Porque de él doy testimonio de que tiene gran solicitud por vosotros, y por los que están en Laodicea, y los que están en Hierápolis.

14 Os saluda Lucas el médico amado, y Demas.

15 Saludad a los hermanos que están en Laodicea, y a Ninfas y a la iglesia que está en su casa.

richly as you teach and admonish one another with all wisdom, and as you sing psalms, hymns and spiritual songs with gratitude in your hearts to God. 17 And whatever you do, whether in word or deed, do it all in the name of the Lord Jesus, giving thanks to God the Father through him.

Rules for Christian Households

18 Wives, submit to your husbands, as is fitting in the Lord.

19 Husbands, love your wives and do not be harsh with them.

20 Children, obey your parents in everything, for this pleases the Lord.

21 Fathers, do not embitter your children, or they will become discouraged.

22 Slaves, obey your earthly masters in everything; and do it, not only when their eye is on you and to win their favor, but with sincerity of heart and reverence for the Lord. 23 Whatever you do, work at it with all your heart, as working for the Lord, not for men, 24 since you know that you will receive an inheritance from the Lord as a reward. It is the Lord Christ you are serving. 25 Anyone who does wrong will be repaid for his wrong, and there is no favoritism.

4 Masters, provide your slaves with what is right and fair, because you know that you also have a Master in heaven.

Further Instructions

2 Devote yourselves to prayer, being watchful and thankful. 3 And pray for us, too, that God may open a door for our message, so that we may proclaim the mystery of Christ, for which I am in chains. 4 Pray that I may proclaim it clearly, as I should. 5 Be wise in the way you act toward outsiders; make the most of every opportunity. 6 Let your conversation be always full of grace, seasoned with salt, so that you may know how to answer everyone.

Final Greetings

7 Tychicus will tell you all the news about me. He is a dear brother, a faithful minister and fellow servant in the Lord. 8 I am sending him to you for the express purpose that you may know about our*m* circumstances and that he may encourage your hearts. 9 He is coming with Onesimus, our faithful and dear brother, who is one of you. They will tell you everything that is happening here.

10 My fellow prisoner Aristarchus sends you his greetings, as does Mark, the cousin of Barnabas. (You have received instructions about him; if he comes to you, welcome him.) 11 Jesus, who is called Justus, also sends greetings. These are the only Jews among my fellow workers for the kingdom of God, and they have proved a comfort to me. 12 Epaphras, who is one of you and a servant of Christ Jesus, sends greetings. He is always wrestling in prayer for you, that you may stand firm in all the will of God, mature and fully assured. 13 I vouch for him that he is working hard for you and for those at Laodicea and Hierapolis. 14 Our dear friend Luke, the doctor, and Demas send greetings. 15 Give my greetings to the brothers at Laodicea, and to Nympha and the church in her house.

m 8 Some manuscripts that he may know about your

16 Cuando esta carta haya sido leída entre vosotros, haced que también se lea en la iglesia de los laodicenses, y que la de Laodicea la leáis también vosotros.

17 Decid a Arquipo: Mira que cumplas el ministerio que recibiste en el Señor.

18 La salutación de mi propia mano, de Pablo. Acordaos de mis prisiones. La gracia sea con vosotros. Amén.

16 After this letter has been read to you, see that it is also read in the church of the Laodiceans and that you in turn read the letter from Laodicea.

17 Tell Archippus: "See to it that you complete the work you have received in the Lord."

18 I, Paul, write this greeting in my own hand. Remember my chains. Grace be with you.

PRIMERA EPÍSTOLA DEL APÓSTOL SAN PABLO A LOS
TESALONICENSES

Salutación

1 1 Pablo, Silvano y Timoteo, a la iglesia de los tesalonicenses en Dios Padre y en el Señor Jesucristo: Gracia y paz sean a vosotros, de Dios nuestro Padre y del Señor Jesucristo.

Ejemplo de los tesalonicenses

2 Damos siempre gracias a Dios por todos vosotros, haciendo memoria de vosotros en nuestras oraciones,
3 acordándonos sin cesar delante del Dios y Padre nuestro de la obra de vuestra fe, del trabajo de vuestro amor y de vuestra constancia en la esperanza en nuestro Señor Jesucristo.
4 Porque conocemos, hermanos amados de Dios, vuestra elección;
5 pues nuestro evangelio no llegó a vosotros en palabras solamente, sino también en poder, en el Espíritu Santo y en plena certidumbre, como bien sabéis cuáles fuimos entre vosotros por amor de vosotros.
6 Y vosotros vinisteis a ser imitadores de nosotros y del Señor, recibiendo la palabra en medio de gran tribulación, con gozo del Espíritu Santo,
7 de tal manera que habéis sido ejemplo a todos los de Macedonia y de Acaya que han creído.
8 Porque partiendo de vosotros ha sido divulgada la palabra del Señor, no sólo en Macedonia y Acaya, sino que también en todo lugar vuestra fe en Dios se ha extendido, de modo que nosotros no tenemos necesidad de hablar nada;
9 porque ellos mismos cuentan de nosotros la manera en que nos recibisteis, y cómo os convertisteis de los ídolos a Dios, para servir al Dios vivo y verdadero,
10 y esperar de los cielos a su Hijo, al cual resucitó de los muertos, a Jesús, quien nos libra de la ira venidera.

Ministerio de Pablo en Tesalónica

2 1 Porque vosotros mismos sabéis, hermanos, que nuestra visita a vosotros no resultó vana;
2 pues habiendo antes padecido y sido ultrajados en Filipos, como sabéis, tuvimos denuedo en nuestro Dios para anunciaros el evangelio de Dios en medio de gran oposición.
3 Porque nuestra exhortación no procedió de error ni de impureza, ni fue por engaño,
4 sino que según fuimos aprobados por Dios para que se nos confiase el evangelio, así hablamos; no como para agradar a los hombres, sino a Dios, que prueba nuestros corazones.
5 Porque nunca usamos de palabras lisonjeras, como sabéis, ni encubrimos avaricia; Dios es testigo;
6 ni buscamos gloria de los hombres; ni de vosotros, ni de otros, aunque podíamos seros carga como apóstoles de Cristo.
7 Antes fuimos tiernos entre vosotros, como la nodriza que cuida con ternura a sus propios hijos.
8 Tan grande es nuestro afecto por vosotros, que hubiéramos querido entregaros no sólo el evangelio de Dios, sino también nuestras propias vidas; porque habéis llegado a sernos muy queridos.
9 Porque os acordáis, hermanos, de nuestro trabajo y fatiga; cómo trabajando de noche y de día, para no ser gravosos a ninguno de vosotros, os predicamos el evangelio de Dios.

1 THESSALONIANS

1 Paul, Silas[a] and Timothy,

To the church of the Thessalonians in God the Father and the Lord Jesus Christ:

Grace and peace to you.[b]

Thanksgiving for the Thessalonians' Faith

2 We always thank God for all of you, mentioning you in our prayers. 3 We continually remember before our God and Father your work produced by faith, your labor prompted by love, and your endurance inspired by hope in our Lord Jesus Christ.
4 For we know, brothers loved by God, that he has chosen you, 5 because our gospel came to you not simply with words, but also with power, with the Holy Spirit and with deep conviction. You know how we lived among you for your sake. 6 You became imitators of us and of the Lord; in spite of severe suffering, you welcomed the message with the joy given by the Holy Spirit. 7 And so you became a model to all the believers in Macedonia and Achaia. 8 The Lord's message rang out from you not only in Macedonia and Achaia—your faith in God has become known everywhere. Therefore we do not need to say anything about it, 9 for they themselves report what kind of reception you gave us. They tell how you turned to God from idols to serve the living and true God, 10 and to wait for his Son from heaven, whom he raised from the dead—Jesus, who rescues us from the coming wrath.

Paul's Ministry in Thessalonica

2 You know, brothers, that our visit to you was not a failure. 2 We had previously suffered and been insulted in Philippi, as you know, but with the help of our God we dared to tell you his gospel in spite of strong opposition. 3 For the appeal we make does not spring from error or impure motives, nor are we trying to trick you. 4 On the contrary, we speak as men approved by God to be entrusted with the gospel. We are not trying to please men but God, who tests our hearts. 5 You know we never used flattery, nor did we put on a mask to cover up greed—God is our witness. 6 We were not looking for praise from men, not from you or anyone else.

As apostles of Christ we could have been a burden to you, 7 but we were gentle among you, like a mother caring for her little children. 8 We loved you so much that we were delighted to share with you not only the gospel of God but our lives as well, because you had become so dear to us. 9 Surely you remember, brothers, our toil and hardship; we worked night and day in order not to be a burden to anyone while we preached the gospel of God to you.

---

a 1 Greek *Silvanus*, a variant of *Silas*   *b 1* Some early manuscripts *you from God our Father and the Lord Jesus Christ*

10Vosotros sois testigos, y Dios también, de cuán santa, justa e irreprensiblemente nos comportamos con vosotros los creyentes;

11así como también sabéis de qué modo, como el padre a sus hijos, exhortábamos y consolábamos a cada uno de vosotros,

12y os encargábamos que anduvieseis como es digno de Dios, que os llamó a su reino y gloria.

13Por lo cual también nosotros sin cesar damos gracias a Dios, de que cuando recibisteis la palabra de Dios que oísteis de nosotros, la recibisteis no como palabra de hombres, sino según es en verdad, la palabra de Dios, la cual actúa en vosotros los creyentes.

14Porque vosotros, hermanos, vinisteis a ser imitadores de las iglesias de Dios en Cristo Jesús que están en Judea; pues habéis padecido de los de vuestra propia nación las mismas cosas que ellas padecieron de los judíos,

15los cuales mataron al Señor Jesús y a sus propios profetas, y a nosotros nos expulsaron; y no agradan a Dios, y se oponen a todos los hombres,

16impidiéndonos hablar a los gentiles para que éstos se salven; así colman ellos siempre la medida de sus pecados, pues vino sobre ellos la ira hasta el extremo.

Ausencia de Pablo de la iglesia

17Pero nosotros, hermanos, separados de vosotros por un poco de tiempo, de vista pero no de corazón, tanto más procuramos con mucho deseo ver vuestro rostro;

18por lo cual quisimos ir a vosotros, yo Pablo ciertamente una y otra vez; pero Satanás nos estorbó.

19Porque ¿cuál es nuestra esperanza, o gozo, o corona de que me gloríe? ¿No lo sois vosotros, delante de nuestro Señor Jesucristo, en su venida?

20Vosotros sois nuestra gloria y gozo.

3 1Por lo cual, no pudiendo soportarlo más, acordamos quedarnos solos en Atenas,

2y enviamos a Timoteo nuestro hermano, servidor de Dios y colaborador nuestro en el evangelio de Cristo, para confirmaros y exhortaros respecto a vuestra fe,

3a fin de que nadie se inquiete por estas tribulaciones; porque vosotros mismos sabéis que para esto estamos puestos.

4Porque también estando con vosotros, os predecíamos que íbamos a pasar tribulaciones, como ha acontecido y sabéis.

5Por lo cual también yo, no pudiendo soportar más, envié para informarme de vuestra fe, no sea que os hubiese tentado el tentador, y que nuestro trabajo resultase en vano.

6Pero cuando Timoteo volvió de vosotros a nosotros, y nos dio buenas noticias de vuestra fe y amor, y que siempre nos recordáis con cariño, deseando vernos, como también nosotros a vosotros,

7por ello, hermanos, en medio de toda nuestra necesidad y aflicción fuimos consolados de vosotros por medio de vuestra fe;

8porque ahora vivimos, si vosotros estáis firmes en el Señor.

9Por lo cual, ¿qué acción de gracias podremos dar a Dios por vosotros, por todo el gozo con que nos gozamos a causa de vosotros delante de nuestro Dios,

10orando de noche y de día con gran insistencia, para que veamos vuestro rostro, y completemos lo que falte a vuestra fe?

11Mas el mismo Dios y Padre nuestro, y nuestro Señor Jesucristo, dirija nuestro camino a vosotros.

10You are witnesses, and so is God, of how holy, righteous and blameless we were among you who believed. 11For you know that we dealt with each of you as a father deals with his own children, 12encouraging, comforting and urging you to live lives worthy of God, who calls you into his kingdom and glory.

13And we also thank God continually because, when you received the word of God, which you heard from us, you accepted it not as the word of men, but as it actually is, the word of God, which is at work in you who believe. 14For you, brothers, became imitators of God's churches in Judea, which are in Christ Jesus: You suffered from your own countrymen the same things those churches suffered from the Jews, 15who killed the Lord Jesus and the prophets and also drove us out. They displease God and are hostile to all men 16in their effort to keep us from speaking to the Gentiles so that they may be saved. In this way they always heap up their sins to the limit. The wrath of God has come upon them at last.c

Paul's Longing to See the Thessalonians

17But, brothers, when we were torn away from you for a short time (in person, not in thought), out of our intense longing we made every effort to see you. 18For we wanted to come to you—certainly I, Paul, did, again and again—but Satan stopped us. 19For what is our hope, our joy, or the crown in which we will glory in the presence of our Lord Jesus when he comes? Is it not you? 20Indeed, you are our glory and joy.

3 So when we could stand it no longer, we thought it best to be left by ourselves in Athens. 2We sent Timothy, who is our brother and God's fellow workerd in spreading the gospel of Christ, to strengthen and encourage you in your faith, 3so that no one would be unsettled by these trials. You know quite well that we were destined for them. 4In fact, when we were with you, we kept telling you that we would be persecuted. And it turned out that way, as you well know. 5For this reason, when I could stand it no longer, I sent to find out about your faith. I was afraid that in some way the tempter might have tempted you and our efforts might have been useless.

Timothy's Encouraging Report

6But Timothy has just now come to us from you and has brought good news about your faith and love. He has told us that you always have pleasant memories of us and that you long to see us, just as we also long to see you. 7Therefore, brothers, in all our distress and persecution we were encouraged about you because of your faith. 8For now we really live, since you are standing firm in the Lord. 9How can we thank God enough for you in return for all the joy we have in the presence of our God because of you? 10Night and day we pray most earnestly that we may see you again and supply what is lacking in your faith.

11Now may our God and Father himself and our

c16 Or them fully   d2 Some manuscripts brother and fellow worker; other manuscripts brother and God's servant

12 Y el Señor os haga crecer y abundar en amor unos para con otros y para con todos, como también lo hacemos nosotros para con vosotros,
13 para que sean afirmados vuestros corazones, irreprensibles en santidad delante de Dios nuestro Padre, en la venida de nuestro Señor Jesucristo con todos sus santos.

La vida que agrada a Dios

4 1 Por lo demás, hermanos, os rogamos y exhortamos en el Señor Jesús, que de la manera que aprendisteis de nosotros cómo os conviene conduciros y agradar a Dios, así abundéis más y más.
2 Porque ya sabéis qué instrucciones os dimos por el Señor Jesús;
3 pues la voluntad de Dios es vuestra santificación; que os apartéis de fornicación;
4 que cada uno de vosotros sepa tener su propia esposa en santidad y honor;
5 no en pasión de concupiscencia, como los gentiles que no conocen a Dios;
6 que ninguno agravie ni engañe en nada a su hermano; porque el Señor es vengador de todo esto, como ya os hemos dicho y testificado.
7 Pues no nos ha llamado Dios a inmundicia, sino a santificación.
8 Así que, el que desecha esto, no desecha a hombre, sino a Dios, que también nos dio su Espíritu Santo.
9 Pero acerca del amor fraternal no tenéis necesidad de que os escriba, porque vosotros mismos habéis aprendido de Dios que os améis unos a otros;
10 y también lo hacéis así con todos los hermanos que están por toda Macedonia. Pero os rogamos, hermanos, que abundéis en ello más y más;
11 y que procuréis tener tranquilidad, y ocuparos en vuestros negocios, y trabajar con vuestras manos de la manera que os hemos mandado,
12 a fin de que os conduzcáis honradamente para con los de afuera, y no tengáis necesidad de nada.

La venida del Señor

13 Tampoco queremos, hermanos, que ignoréis acerca de los que duermen, para que no os entristezcáis como los otros que no tienen esperanza.
14 Porque si creemos que Jesús murió y resucitó, así también traerá Dios con Jesús a los que durmieron en él.
15 Por lo cual os decimos esto en palabra del Señor: que nosotros que vivimos, que habremos quedado hasta la venida del Señor, no precederemos a los que durmieron.
16 Porque el Señor mismo con voz de mando, con voz de arcángel, y con trompeta de Dios, descenderá del cielo; y los muertos en Cristo resucitarán primero.
17 Luego nosotros los que vivimos, los que hayamos quedado, seremos arrebatados juntamente con ellos en las nubes para recibir al Señor en el aire, y así estaremos siempre con el Señor.
18 Por tanto, alentaos los unos a los otros con estas palabras.

5 1 Pero acerca de los tiempos y de las ocasiones, no tenéis necesidad, hermanos, de que yo os escriba.
2 Porque vosotros sabéis perfectamente que el día del Señor vendrá así como ladrón en la noche;
3 que cuando digan: Paz y seguridad, entonces vendrá sobre ellos destrucción repentina, como los dolores a la mujer encinta, y no escaparán.

Lord Jesus clear the way for us to come to you. 12 May the Lord make your love increase and overflow for each other and for everyone else, just as ours does for you. 13 May he strengthen your hearts so that you will be blameless and holy in the presence of our God and Father when our Lord Jesus comes with all his holy ones.

Living to Please God

4 Finally, brothers, we instructed you how to live in order to please God, as in fact you are living. Now we ask you and urge you in the Lord Jesus to do this more and more. 2 For you know what instructions we gave you by the authority of the Lord Jesus.
3 It is God's will that you should be sanctified: that you should avoid sexual immorality; 4 that each of you should learn to control his own body e in a way that is holy and honorable, 5 not in passionate lust like the heathen, who do not know God; 6 and that in this matter no one should wrong his brother or take advantage of him. The Lord will punish men for all such sins, as we have already told you and warned you. 7 For God did not call us to be impure, but to live a holy life. 8 Therefore, he who rejects this instruction does not reject man but God, who gives you his Holy Spirit.
9 Now about brotherly love we do not need to write to you, for you yourselves have been taught by God to love each other. 10 And in fact, you do love all the brothers throughout Macedonia. Yet we urge you, brothers, to do so more and more.
11 Make it your ambition to lead a quiet life, to mind your own business and to work with your hands, just as we told you, 12 so that your daily life may win the respect of outsiders and so that you will not be dependent on anybody.

The Coming of the Lord

13 Brothers, we do not want you to be ignorant about those who fall asleep, or to grieve like the rest of men, who have no hope. 14 We believe that Jesus died and rose again and so we believe that God will bring with Jesus those who have fallen asleep in him. 15 According to the Lord's own word, we tell you that we who are still alive, who are left till the coming of the Lord, will certainly not precede those who have fallen asleep. 16 For the Lord himself will come down from heaven, with a loud command, with the voice of the archangel and with the trumpet call of God, and the dead in Christ will rise first. 17 After that, we who are still alive and are left will be caught up together with them in the clouds to meet the Lord in the air. And so we will be with the Lord forever. 18 Therefore encourage each other with these words.

5 Now, brothers, about times and dates we do not need to write to you, 2 for you know very well that the day of the Lord will come like a thief in the night. 3 While people are saying, "Peace and safety," destruction will come on them suddenly, as labor pains on a pregnant woman, and they will not escape.

e4 Or *learn to live with his own wife*; or *learn to acquire a wife*

4 Mas vosotros, hermanos, no estáis en tinieblas, para que aquel día os sorprenda como ladrón.

5 Porque todos vosotros sois hijos de luz e hijos del día; no somos de la noche ni de las tinieblas.

6 Por tanto, no durmamos como los demás, sino velemos y seamos sobrios.

7 Pues los que duermen, de noche duermen, y los que se embriagan, de noche se embriagan.

8 Pero nosotros, que somos del día, seamos sobrios, habiéndonos vestido con la coraza de fe y de amor, y con la esperanza de salvación como yelmo.

9 Porque no nos ha puesto Dios para ira, sino para alcanzar salvación por medio de nuestro Señor Jesucristo,

10 quien murió por nosotros para que ya sea que velemos, o que durmamos, vivamos juntamente con él.

11 Por lo cual, animaos unos a otros, y edificaos unos a otros, así como lo hacéis.

Pablo exhorta a los hermanos

12 Os rogamos, hermanos, que reconozcáis a los que trabajan entre vosotros, y os presiden en el Señor, y os amonestan;

13 y que los tengáis en mucha estima y amor por causa de su obra. Tened paz entre vosotros.

14 También os rogamos, hermanos, que amonestéis a los ociosos, que alentéis a los de poco ánimo, que sostengáis a los débiles, que seáis pacientes para con todos.

15 Mirad que ninguno pague a otro mal por mal; antes seguid siempre lo bueno unos para con otros, y para con todos.

16 Estad siempre gozosos.

17 Orad sin cesar.

18 Dad gracias en todo, porque esta es la voluntad de Dios para con vosotros en Cristo Jesús.

19 No apaguéis al Espíritu.

20 No menospreciéis las profecías.

21 Examinadlo todo; retened lo bueno.

22 Absteneos de toda especie de mal.

23 Y el mismo Dios de paz os santifique por completo; y todo vuestro ser, espíritu, alma y cuerpo, sea guardado irreprensible para la venida de nuestro Señor Jesucristo.

24 Fiel es el que os llama, el cual también lo hará.

Salutaciones y bendición final

25 Hermanos, orad por nosotros.

26 Saludad a todos los hermanos con ósculo santo.

27 Os conjuro por el Señor, que esta carta se lea a todos los santos hermanos.

28 La gracia de nuestro Señor Jesucristo sea con vosotros. Amén.

4 But you, brothers, are not in darkness so that this day should surprise you like a thief. 5 You are all sons of the light and sons of the day. We do not belong to the night or to the darkness. 6 So then, let us not be like others, who are asleep, but let us be alert and self-controlled. 7 For those who sleep, sleep at night, and those who get drunk, get drunk at night. 8 But since we belong to the day, let us be self-controlled, putting on faith and love as a breastplate, and the hope of salvation as a helmet. 9 For God did not appoint us to suffer wrath but to receive salvation through our Lord Jesus Christ. 10 He died for us so that, whether we are awake or asleep, we may live together with him. 11 Therefore encourage one another and build each other up, just as in fact you are doing.

Final Instructions

12 Now we ask you, brothers, to respect those who work hard among you, who are over you in the Lord and who admonish you. 13 Hold them in the highest regard in love because of their work. Live in peace with each other. 14 And we urge you, brothers, warn those who are idle, encourage the timid, help the weak, be patient with everyone. 15 Make sure that nobody pays back wrong for wrong, but always try to be kind to each other and to everyone else.

16 Be joyful always; 17 pray continually; 18 give thanks in all circumstances, for this is God's will for you in Christ Jesus.

19 Do not put out the Spirit's fire; 20 do not treat prophecies with contempt. 21 Test everything. Hold on to the good. 22 Avoid every kind of evil.

23 May God himself, the God of peace, sanctify you through and through. May your whole spirit, soul and body be kept blameless at the coming of our Lord Jesus Christ. 24 The one who calls you is faithful and he will do it.

25 Brothers, pray for us. 26 Greet all the brothers with a holy kiss. 27 I charge you before the Lord to have this letter read to all the brothers.

28 The grace of our Lord Jesus Christ be with you.

SEGUNDA EPÍSTOLA DEL APÓSTOL SAN PABLO A LOS
TESALONICENSES

Salutación

1 ¹ Pablo, Silvano y Timoteo, a la iglesia de los tesalonicenses en Dios nuestro Padre y en el Señor Jesucristo:
² Gracia y paz a vosotros, de Dios nuestro Padre y del Señor Jesucristo.

Dios juzgará a los pecadores en la venida de Cristo

³ Debemos siempre dar gracias a Dios por vosotros, hermanos, como es digno, por cuanto vuestra fe va creciendo, y el amor de todos y cada uno de vosotros abunda para con los demás;
⁴ tanto, que nosotros mismos nos gloriamos de vosotros en las iglesias de Dios, por vuestra paciencia y fe en todas vuestras persecuciones y tribulaciones que soportáis.
⁵ Esto es demostración del justo juicio de Dios, para que seáis tenidos por dignos del reino de Dios, por el cual asimismo padecéis.
⁶ Porque es justo delante de Dios pagar con tribulación a los que os atribulan,
⁷ y a vosotros que sois atribulados, daros reposo con nosotros, cuando se manifieste el Señor Jesús desde el cielo con los ángeles de su poder,
⁸ en llama de fuego, para dar retribución a los que no conocieron a Dios, ni obedecen al evangelio de nuestro Señor Jesucristo;
⁹ los cuales sufrirán pena de eterna perdición, excluidos de la presencia del Señor y de la gloria de su poder,
¹⁰ cuando venga en aquel día para ser glorificado en sus santos y ser admirado en todos los que creyeron (por cuanto nuestro testimonio ha sido creído entre vosotros).
¹¹ Por lo cual asimismo oramos siempre por vosotros, para que nuestro Dios os tenga por dignos de su llamamiento, y cumpla todo propósito de bondad y toda obra de fe con su poder,
¹² para que el nombre de nuestro Señor Jesucristo sea glorificado en vosotros, y vosotros en él, por la gracia de nuestro Dios y del Señor Jesucristo.

Manifestación del hombre de pecado

2 ¹ Pero con respecto a la venida de nuestro Señor Jesucristo, y nuestra reunión con él, os rogamos, hermanos,
² que no os dejéis mover fácilmente de vuestro modo de pensar, ni os conturbéis, ni por espíritu, ni por palabra, ni por carta como si fuera nuestra, en el sentido de que el día del Señor está cerca.
³ Nadie os engañe en ninguna manera; porque no vendrá sin que antes venga la apostasía, y se manifieste el hombre de pecado, el hijo de perdición,
⁴ el cual se opone y se levanta contra todo lo que se llama Dios o es objeto de culto; tanto que se sienta en el templo de Dios como Dios, haciéndose pasar por Dios.
⁵ ¿No os acordáis que cuando yo estaba todavía con vosotros, os decía esto?
⁶ Y ahora vosotros sabéis lo que lo detiene, a fin de que a su debido tiempo se manifieste.
⁷ Porque ya está en acción el misterio de la iniquidad; sólo que hay quien al presente lo detiene, hasta que él a su vez sea quitado de en medio.

2 THESSALONIANS

1 Paul, Silas[a] and Timothy,
To the church of the Thessalonians in God our Father and the Lord Jesus Christ:

²Grace and peace to you from God the Father and the Lord Jesus Christ.

Thanksgiving and Prayer

³We ought always to thank God for you, brothers, and rightly so, because your faith is growing more and more, and the love every one of you has for each other is increasing. ⁴Therefore, among God's churches we boast about your perseverance and faith in all the persecutions and trials you are enduring.

⁵All this is evidence that God's judgment is right, and as a result you will be counted worthy of the kingdom of God, for which you are suffering. ⁶God is just: He will pay back trouble to those who trouble you ⁷and give relief to you who are troubled, and to us as well. This will happen when the Lord Jesus is revealed from heaven in blazing fire with his powerful angels. ⁸He will punish those who do not know God and do not obey the gospel of our Lord Jesus. ⁹They will be punished with everlasting destruction and shut out from the presence of the Lord and from the majesty of his power ¹⁰on the day he comes to be glorified in his holy people and to be marveled at among all those who have believed. This includes you, because you believed our testimony to you.

¹¹With this in mind, we constantly pray for you, that our God may count you worthy of his calling, and that by his power he may fulfill every good purpose of yours and every act prompted by your faith. ¹²We pray this so that the name of our Lord Jesus may be glorified in you, and you in him, according to the grace of our God and the Lord Jesus Christ.[b]

The Man of Lawlessness

2 Concerning the coming of our Lord Jesus Christ and our being gathered to him, we ask you, brothers, ²not to become easily unsettled or alarmed by some prophecy, report or letter supposed to have come from us, saying that the day of the Lord has already come. ³Don't let anyone deceive you in any way, for that day will not come, until the rebellion occurs and the man of lawlessness[c] is revealed, the man doomed to destruction. ⁴He will oppose and will exalt himself over everything that is called God or is worshiped, so that he sets himself up in God's temple, proclaiming himself to be God.

⁵Don't you remember that when I was with you I used to tell you these things? ⁶And now you know what is holding him back, so that he may be revealed at the proper time. ⁷For the secret power of lawlessness is already at work; but the one who now holds it back will continue to do so till he is taken out of the way.

---

a1 Greek *Silvanus*, a variant of *Silas*   *b12* Or *God and Lord, Jesus Christ*   *c3* Some manuscripts *sin*

⁸Y entonces se manifestará aquel inicuo, a quien el Señor matará con el espíritu de su boca, y destruirá con el resplandor de su venida;
⁹inicuo cuyo advenimiento es por obra de Satanás, con gran poder y señales y prodigios mentirosos,
¹⁰y con todo engaño de iniquidad para los que se pierden, por cuanto no recibieron el amor de la verdad para ser salvos.
¹¹Por esto Dios les envía un poder engañoso, para que crean la mentira,
¹²a fin de que sean condenados todos los que no creyeron a la verdad, sino que se complacieron en la injusticia.

Escogidos para salvación

¹³Pero nosotros debemos dar siempre gracias a Dios respecto a vosotros, hermanos amados por el Señor, de que Dios os haya escogido desde el principio para salvación, mediante la santificación por el Espíritu y la fe en la verdad,
¹⁴a lo cual os llamó mediante nuestro evangelio, para alcanzar la gloria de nuestro Señor Jesucristo.
¹⁵Así que, hermanos, estad firmes, y retened la doctrina que habéis aprendido, sea por palabra, o por carta nuestra.
¹⁶Y el mismo Jesucristo Señor nuestro, y Dios nuestro Padre, el cual nos amó y nos dio consolación eterna y buena esperanza por gracia,
¹⁷conforte vuestros corazones, y os confirme en toda buena palabra y obra.

Que la palabra de Dios sea glorificada

3 ¹Por lo demás, hermanos, orad por nosotros, para que la palabra del Señor corra y sea glorificada, así como lo fue entre vosotros,
²y para que seamos librados de hombres perversos y malos; porque no es de todos la fe.
³Pero fiel es el Señor, que os afirmará y guardará del mal.
⁴Y tenemos confianza respecto a vosotros en el Señor, en que hacéis y haréis lo que os hemos mandado.
⁵Y el Señor encamine vuestros corazones al amor de Dios, y a la paciencia de Cristo.

El deber de trabajar

⁶Pero os ordenamos, hermanos, en el nombre de nuestro Señor Jesucristo, que os apartéis de todo hermano que ande desordenadamente, y no según la enseñanza que recibisteis de nosotros.
⁷Porque vosotros mismos sabéis de qué manera debéis imitarnos; pues nosotros no anduvimos desordenadamente entre vosotros,
⁸ni comimos de balde el pan de nadie, sino que trabajamos con afán y fatiga día y noche, para no ser gravosos a ninguno de vosotros;
⁹no porque no tuviésemos derecho, sino por daros nosotros mismos un ejemplo para que nos imitaseis.
¹⁰Porque también cuando estábamos con vosotros, os ordenábamos esto: Si alguno no quiere trabajar, tampoco coma.
¹¹Porque oímos que algunos de entre vosotros andan desordenadamente, no trabajando en nada, sino entremetiéndose en lo ajeno.
¹²A los tales mandamos y exhortamos por nuestro Señor Jesucristo, que trabajando sosegadamente, coman su propio pan.
¹³Y vosotros, hermanos, no os canséis de hacer bien.
¹⁴Si alguno no obedece a lo que decimos por medio de esta carta, a ése señaladlo, y no os juntéis con él, para que se avergüence.
¹⁵Mas no lo tengáis por enemigo, sino amonestadle como a hermano.

⁸And then the lawless one will be revealed, whom the Lord Jesus will overthrow with the breath of his mouth and destroy by the splendor of his coming. ⁹The coming of the lawless one will be in accordance with the work of Satan displayed in all kinds of counterfeit miracles, signs and wonders, ¹⁰and in every sort of evil that deceives those who are perishing. They perish because they refused to love the truth and so be saved. ¹¹For this reason God sends them a powerful delusion so that they will believe the lie ¹²and so that all will be condemned who have not believed the truth but have delighted in wickedness.

Stand Firm

¹³But we ought always to thank God for you, brothers loved by the Lord, because from the beginning God chose you^d to be saved through the sanctifying work of the Spirit and through belief in the truth. ¹⁴He called you to this through our gospel, that you might share in the glory of our Lord Jesus Christ. ¹⁵So then, brothers, stand firm and hold to the teachings^e we passed on to you, whether by word of mouth or by letter.

¹⁶May our Lord Jesus Christ himself and God our Father, who loved us and by his grace gave us eternal encouragement and good hope, ¹⁷encourage your hearts and strengthen you in every good deed and word.

Request for Prayer

3 Finally, brothers, pray for us that the message of the Lord may spread rapidly and be honored, just as it was with you. ²And pray that we may be delivered from wicked and evil men, for not everyone has faith. ³But the Lord is faithful, and he will strengthen and protect you from the evil one. ⁴We have confidence in the Lord that you are doing and will continue to do the things we command. ⁵May the Lord direct your hearts into God's love and Christ's perseverance.

Warning Against Idleness

⁶In the name of the Lord Jesus Christ, we command you, brothers, to keep away from every brother who is idle and does not live according to the teaching^f you received from us. ⁷For you yourselves know how you ought to follow our example. We were not idle when we were with you, ⁸nor did we eat anyone's food without paying for it. On the contrary, we worked night and day, laboring and toiling so that we would not be a burden to any of you. ⁹We did this, not because we do not have the right to such help, but in order to make ourselves a model for you to follow. ¹⁰For even when we were with you, we gave you this rule: "If a man will not work, he shall not eat."

¹¹We hear that some among you are idle. They are not busy; they are busybodies. ¹²Such people we command and urge in the Lord Jesus Christ to settle down and earn the bread they eat. ¹³And as for you, brothers, never tire of doing what is right.

¹⁴If anyone does not obey our instruction in this letter, take special note of him. Do not associate with him, in order that he may feel ashamed. ¹⁵Yet do not regard him as an enemy, but warn him as a brother.

^d13 Some manuscripts *because God chose you as his firstfruits*
^e15 Or *traditions*   ^f6 Or *tradition*

Bendición final

16 Y el mismo Señor de paz os dé siempre paz en toda manera. El Señor sea con todos vosotros.

17 La salutación es de mi propia mano, de Pablo, que es el signo en toda carta mía; así escribo.

18 La gracia de nuestro Señor Jesucristo sea con todos vosotros. Amén.

Final Greetings

16 Now may the Lord of peace himself give you peace at all times and in every way. The Lord be with all of you.

17 I, Paul, write this greeting in my own hand, which is the distinguishing mark in all my letters. This is how I write.

18 The grace of our Lord Jesus Christ be with you all.

PRIMERA EPÍSTOLA DEL APÓSTOL SAN PABLO A
TIMOTEO

Salutación

1 ¹Pablo, apóstol de Jesucristo por mandato de Dios nuestro Salvador, y del Señor Jesucristo nuestra esperanza,
²a Timoteo, verdadero hijo en la fe: Gracia, misericordia y paz, de Dios nuestro Padre y de Cristo Jesús nuestro Señor.

Advertencia contra falsas doctrinas

³Como te rogué que te quedases en Efeso, cuando fui a Macedonia, para que mandases a algunos que no enseñen diferente doctrina,
⁴ni presten atención a fábulas y genealogías interminables, que acarrean disputas más bien que edificación de Dios que es por fe, así te encargo ahora.
⁵Pues el propósito de este mandamiento es el amor nacido de corazón limpio, y de buena conciencia, y de fe no fingida,
⁶de las cuales cosas desviándose algunos, se apartaron a vana palabrería,
⁷queriendo ser doctores de la ley, sin entender ni lo que hablan ni lo que afirman.
⁸Pero sabemos que la ley es buena, si uno la usa legítimamente;
⁹conociendo esto, que la ley no fue dada para el justo, sino para los transgresores y desobedientes, para los impíos y pecadores, para los irreverentes y profanos, para los parricidas y matricidas, para los homicidas,
¹⁰para los fornicarios, para los sodomitas, para los secuestradores, para los mentirosos y perjuros, y para cuanto se oponga a la sana doctrina,
¹¹según el glorioso evangelio del Dios bendito, que a mí me ha sido encomendado.

El ministerio de Pablo

¹²Doy gracias al que me fortaleció, a Cristo Jesús nuestro Señor, porque me tuvo por fiel, poniéndome en el ministerio,
¹³habiendo yo sido antes blasfemo, perseguidor e injuriador; mas fui recibido a misericordia porque lo hice por ignorancia, en incredulidad.
¹⁴Pero la gracia de nuestro Señor fue más abundante con la fe y el amor que es en Cristo Jesús.
¹⁵Palabra fiel y digna de ser recibida por todos: que Cristo Jesús vino al mundo para salvar a los pecadores, de los cuales yo soy el primero.
¹⁶Pero por esto fui recibido a misericordia, para que Jesucristo mostrase en mí el primero toda su clemencia, para ejemplo de los que habrían de creer en él para vida eterna.
¹⁷Por tanto, al Rey de los siglos, inmortal, invisible, al único y sabio Dios, sea honor y gloria por los siglos de los siglos. Amén.
¹⁸Este mandamiento, hijo Timoteo, te encargo, para que conforme a las profecías que se hicieron antes en cuanto a ti, milites por ellas la buena milicia,
¹⁹manteniendo la fe y buena conciencia, desechando la cual naufragaron en cuanto a la fe algunos,
²⁰de los cuales son Himeneo y Alejandro, a quienes entregué a Satanás para que aprendan a no blasfemar.

1 TIMOTHY

1 Paul, an apostle of Christ Jesus by the command of God our Savior and of Christ Jesus our hope,
²To Timothy my true son in the faith:
Grace, mercy and peace from God the Father and Christ Jesus our Lord.

Warning Against False Teachers of the Law

³As I urged you when I went into Macedonia, stay there in Ephesus so that you may command certain men not to teach false doctrines any longer ⁴nor to devote themselves to myths and endless genealogies. These promote controversies rather than God's work — which is by faith. ⁵The goal of this command is love, which comes from a pure heart and a good conscience and a sincere faith. ⁶Some have wandered away from these and turned to meaningless talk. ⁷They want to be teachers of the law, but they do not know what they are talking about or what they so confidently affirm.

⁸We know that the law is good if one uses it properly. ⁹We also know that law _a_ is made not for the righteous but for lawbreakers and rebels, the ungodly and sinful, the unholy and irreligious; for those who kill their fathers or mothers, for murderers, ¹⁰for adulterers and perverts, for slave traders and liars and perjurers — and for whatever else is contrary to the sound doctrine ¹¹that conforms to the glorious gospel of the blessed God, which he entrusted to me.

The Lord's Grace to Paul

¹²I thank Christ Jesus our Lord, who has given me strength, that he considered me faithful, appointing me to his service. ¹³Even though I was once a blasphemer and a persecutor and a violent man, I was shown mercy because I acted in ignorance and unbelief. ¹⁴The grace of our Lord was poured out on me abundantly, along with the faith and love that are in Christ Jesus.

¹⁵Here is a trustworthy saying that deserves full acceptance: Christ Jesus came into the world to save sinners — of whom I am the worst. ¹⁶But for that very reason I was shown mercy so that in me, the worst of sinners, Christ Jesus might display his unlimited patience as an example for those who would believe on him and receive eternal life. ¹⁷Now to the King eternal, immortal, invisible, the only God, be honor and glory for ever and ever. Amen.

¹⁸Timothy, my son, I give you this instruction in keeping with the prophecies once made about you, so that by following them you may fight the good fight, ¹⁹holding on to faith and a good conscience. Some have rejected these and so have shipwrecked their faith. ²⁰Among them are Hymenaeus and Alexander, whom I have handed over to Satan to be taught not to blaspheme.

---

a 9 Or that the law

Instrucciones sobre la oración

2 [1] Exhorto ante todo, a que se hagan rogativas, oraciones, peticiones y acciones de gracias, por todos los hombres;

[2] por los reyes y por todos los que están en eminencia, para que vivamos quieta y reposadamente en toda piedad y honestidad.

[3] Porque esto es bueno y agradable delante de Dios nuestro Salvador,

[4] el cual quiere que todos los hombres sean salvos y vengan al conocimiento de la verdad.

[5] Porque hay un solo Dios, y un solo mediador entre Dios y los hombres, Jesucristo hombre,

[6] el cual se dio a sí mismo en rescate por todos, de lo cual se dio testimonio a su debido tiempo.

[7] Para esto yo fui constituido predicador y apóstol (digo verdad en Cristo, no miento), y maestro de los gentiles en fe y verdad.

[8] Quiero, pues, que los hombres oren en todo lugar, levantando manos santas, sin ira ni contienda.

[9] Asimismo que las mujeres se atavíen de ropa decorosa, con pudor y modestia; no con peinado ostentoso, ni oro, ni perlas, ni vestidos costosos,

[10] sino con buenas obras, como corresponde a mujeres que profesan piedad.

[11] La mujer aprenda en silencio, con toda sujeción.

[12] Porque no permito a la mujer enseñar, ni ejercer dominio sobre el hombre, sino estar en silencio.

[13] Porque Adán fue formado primero, después Eva;

[14] y Adán no fue engañado, sino que la mujer, siendo engañada, incurrió en transgresión.

[15] Pero se salvará engendrando hijos, si permaneciere en fe, amor y santificación, con modestia.

Requisitos de los obispos

3 [1] Palabra fiel: Si alguno anhela obispado, buena obra desea.

[2] Pero es necesario que el obispo sea irreprensible, marido de una sola mujer, sobrio, prudente, decoroso, hospedador, apto para enseñar;

[3] no dado al vino, no pendenciero, no codicioso de ganancias deshonestas, sino amable, apacible, no avaro;

[4] que gobierne bien su casa, que tenga a sus hijos en sujeción con toda honestidad

[5] (pues el que no sabe gobernar su propia casa, ¿cómo cuidará de la iglesia de Dios?);

[6] no un neófito, no sea que envaneciéndose caiga en la condenación del diablo.

[7] También es necesario que tenga buen testimonio de los de afuera, para que no caiga en descrédito y en lazo del diablo.

Requisitos de los diáconos

[8] Los diáconos asimismo deben ser honestos, sin doblez, no dados a mucho vino, no codiciosos de ganancias deshonestas;

[9] que guarden el misterio de la fe con limpia conciencia.

[10] Y éstos también sean sometidos a prueba primero, y entonces ejerzan el diaconado, si son irreprensibles.

[11] Las mujeres asimismo sean honestas, no calumniadoras, sino sobrias, fieles en todo.

[12] Los diáconos sean maridos de una sola mujer, y que gobiernen bien sus hijos y sus casas.

[13] Porque los que ejerzan bien el diaconado, ganan para sí un grado honroso, y mucha confianza en la fe que es en Cristo Jesús.

Instructions on Worship

2 [1] I urge, then, first of all, that requests, prayers, intercession and thanksgiving be made for everyone— [2] for kings and all those in authority, that we may live peaceful and quiet lives in all godliness and holiness. [3] This is good, and pleases God our Savior, [4] who wants all men to be saved and to come to a knowledge of the truth. [5] For there is one God and one mediator between God and men, the man Christ Jesus, [6] who gave himself as a ransom for all men—the testimony given in its proper time. [7] And for this purpose I was appointed a herald and an apostle—I am telling the truth, I am not lying—and a teacher of the true faith to the Gentiles.

[8] I want men everywhere to lift up holy hands in prayer, without anger or disputing.

[9] I also want women to dress modestly, with decency and propriety, not with braided hair or gold or pearls or expensive clothes, [10] but with good deeds, appropriate for women who profess to worship God.

[11] A woman should learn in quietness and full submission. [12] I do not permit a woman to teach or to have authority over a man; she must be silent. [13] For Adam was formed first, then Eve. [14] And Adam was not the one deceived; it was the woman who was deceived and became a sinner. [15] But women [b] will be saved [c] through childbearing—if they continue in faith, love and holiness with propriety.

Overseers and Deacons

3 [1] Here is a trustworthy saying: If anyone sets his heart on being an overseer, [d] he desires a noble task. [2] Now the overseer must be above reproach, the husband of but one wife, temperate, self-controlled, respectable, hospitable, able to teach, [3] not given to drunkenness, not violent but gentle, not quarrelsome, not a lover of money. [4] He must manage his own family well and see that his children obey him with proper respect. [5] (If anyone does not know how to manage his own family, how can he take care of God's church?) [6] He must not be a recent convert, or he may become conceited and fall under the same judgment as the devil. [7] He must also have a good reputation with outsiders, so that he will not fall into disgrace and into the devil's trap.

[8] Deacons, likewise, are to be men worthy of respect, sincere, not indulging in much wine, and not pursuing dishonest gain. [9] They must keep hold of the deep truths of the faith with a clear conscience. [10] They must first be tested; and then if there is nothing against them, let them serve as deacons.

[11] In the same way, their wives [e] are to be women worthy of respect, not malicious talkers but temperate and trustworthy in everything.

[12] A deacon must be the husband of but one wife and must manage his children and his household well. [13] Those who have served well gain an excellent standing and great assurance in their faith in Christ Jesus.

[b] 15 Greek she [c] 15 Or restored [d] 1 Traditionally bishop; also in verse 2 [e] 11 Or way, deaconesses

El misterio de la piedad

14 Esto te escribo, aunque tengo la esperanza de ir pronto a verte,
15 para que si tardo, sepas cómo debes conducirte en la casa de Dios, que es la iglesia del Dios viviente, columna y baluarte de la verdad.
16 E indiscutiblemente, grande es el misterio de la piedad:
Dios fue manifestado en carne,
Justificado en el Espíritu,
Visto de los ángeles,
Predicado a los gentiles,
Creído en el mundo,
Recibido arriba en gloria.

Predicción de la apostasía

4 1 Pero el Espíritu dice claramente que en los postreros tiempos algunos apostatarán de la fe, escuchando a espíritus engañadores y a doctrinas de demonios;
2 por la hipocresía de mentirosos que, teniendo cauterizada la conciencia,
3 prohibirán casarse, y mandarán abstenerse de alimentos que Dios creó para que con acción de gracias participasen de ellos los creyentes y los que han conocido la verdad.
4 Porque todo lo que Dios creó es bueno, y nada es de desecharse, si se toma con acción de gracias;
5 porque por la palabra de Dios y por la oración es santificado.

Un buen ministro de Jesucristo

6 Si esto enseñas a los hermanos, serás buen ministro de Jesucristo, nutrido con las palabras de la fe y de la buena doctrina que has seguido.
7 Desecha las fábulas profanas y de viejas. Ejercítate para la piedad;
8 porque el ejercicio corporal para poco es provechoso, pero la piedad para todo aprovecha, pues tiene promesa de esta vida presente, y de la venidera.
9 Palabra fiel es esta, y digna de ser recibida por todos.
10 Que por esto mismo trabajamos y sufrimos oprobios, porque esperamos en el Dios viviente, que es el Salvador de todos los hombres, mayormente de los que creen.
11 Esto manda y enseña.
12 Ninguno tenga en poco tu juventud, sino sé ejemplo de los creyentes en palabra, conducta, amor, espíritu, fe y pureza.
13 Entre tanto que voy, ocúpate en la lectura, la exhortación y la enseñanza.
14 No descuides el don que hay en ti, que te fue dado mediante profecía con la imposición de las manos del presbiterio.
15 Ocúpate en estas cosas; permanece en ellas, para que tu aprovechamiento sea manifiesto a todos.
16 Ten cuidado de ti mismo y de la doctrina; persiste en ello, pues haciendo esto, te salvarás a ti mismo y a los que te oyeren.

Deberes hacia los demás

5 1 No reprendas al anciano, sino exhórtale como a padre; a los más jóvenes, como a hermanos;
2 a las ancianas, como a madres; a las jovencitas, como a hermanas, con toda pureza.
3 Honra a las viudas que en verdad lo son.
4 Pero si alguna viuda tiene hijos, o nietos, aprendan éstos

14 Although I hope to come to you soon, I am writing you these instructions so that, 15 if I am delayed, you will know how people ought to conduct themselves in God's household, which is the church of the living God, the pillar and foundation of the truth. 16 Beyond all question, the mystery of godliness is great:

He*f* appeared in a body,*g*
    was vindicated by the Spirit,
was seen by angels,
    was preached among the nations,
was believed on in the world,
    was taken up in glory.

Instructions to Timothy

4 The Spirit clearly says that in later times some will abandon the faith and follow deceiving spirits and things taught by demons. 2 Such teachings come through hypocritical liars, whose consciences have been seared as with a hot iron. 3 They forbid people to marry and order them to abstain from certain foods, which God created to be received with thanksgiving by those who believe and who know the truth. 4 For everything God created is good, and nothing is to be rejected if it is received with thanksgiving, 5 because it is consecrated by the word of God and prayer.

6 If you point these things out to the brothers, you will be a good minister of Christ Jesus, brought up in the truths of the faith and of the good teaching that you have followed. 7 Have nothing to do with godless myths and old wives' tales; rather, train yourself to be godly. 8 For physical training is of some value, but godliness has value for all things, holding promise for both the present life and the life to come.
9 This is a trustworthy saying that deserves full acceptance 10 (and for this we labor and strive), that we have put our hope in the living God, who is the Savior of all men, and especially of those who believe.
11 Command and teach these things. 12 Don't let anyone look down on you because you are young, but set an example for the believers in speech, in life, in love, in faith and in purity. 13 Until I come, devote yourself to the public reading of Scripture, to preaching and to teaching. 14 Do not neglect your gift, which was given you through a prophetic message when the body of elders laid their hands on you.
15 Be diligent in these matters; give yourself wholly to them, so that everyone may see your progress. 16 Watch your life and doctrine closely. Persevere in them, because if you do, you will save both yourself and your hearers.

Advice About Widows, Elders and Slaves

5 Do not rebuke an older man harshly, but exhort him as if he were your father. Treat younger men as brothers, 2 older women as mothers, and younger women as sisters, with absolute purity.
3 Give proper recognition to those widows who are really in need. 4 But if a widow has children or grand-

---

f16 Some manuscripts *God*   *g16* Or *in the flesh*

primero a ser piadosos para con su propia familia, y a recompensar a sus padres; porque esto es lo bueno y agradable delante de Dios.
5 Mas la que en verdad es viuda y ha quedado sola, espera en Dios, y es diligente en súplicas y oraciones noche y día. 6 Pero la que se entrega a los placeres, viviendo está muerta.
7 Manda también estas cosas, para que sean irreprensibles; 8 porque si alguno no provee para los suyos, y mayormente para los de su casa, ha negado la fe, y es peor que un incrédulo.
9 Sea puesta en la lista sólo la viuda no menor de sesenta años, que haya sido esposa de un solo marido,
10 que tenga testimonio de buenas obras; si ha criado hijos; si ha practicado la hospitalidad; si ha lavado los pies de los santos; si ha socorrido a los afligidos; si ha practicado toda buena obra.
11 Pero viudas más jóvenes no admitas; porque cuando, impulsadas por sus deseos, se rebelan contra Cristo, quieren casarse,
12 incurriendo así en condenación, por haber quebrantado su primera fe.
13 Y también aprenden a ser ociosas, andando de casa en casa; y no solamente ociosas, sino también chismosas y entremetidas, hablando lo que no debieran.
14 Quiero, pues, que las viudas jóvenes se casen, críen hijos, gobiernen su casa; que no den al adversario ninguna ocasión de maledicencia.
15 Porque ya algunas se han apartado en pos de Satanás.
16 Si algún creyente o alguna creyente tiene viudas, que las mantenga, y no sea gravada la iglesia, a fin de que haya lo suficiente para las que en verdad son viudas.
17 Los ancianos que gobiernan bien, sean tenidos por dignos de doble honor, mayormente los que trabajan en predicar y enseñar.
18 Pues la Escritura dice: No pondrás bozal al buey que trilla; y: Digno es el obrero de su salario.
19 Contra un anciano no admitas acusación sino con dos o tres testigos.
20 A los que persisten en pecar, repréndelos delante de todos, para que los demás también teman.
21 Te encarezco delante de Dios y del Señor Jesucristo, y de sus ángeles escogidos, que guardes estas cosas sin prejuicios, no haciendo nada con parcialidad.
22 No impongas con ligereza las manos a ninguno, ni participes en pecados ajenos. Consérvate puro.
23 Ya no bebas agua, sino usa de un poco de vino por causa de tu estómago y de tus frecuentes enfermedades.
24 Los pecados de algunos hombres se hacen patentes antes que ellos vengan a juicio, mas a otros se les descubren después.
25 Asimismo se hacen manifiestas las buenas obras; y las que son de otra manera, no pueden permanecer ocultas.

6 1 Todos los que están bajo el yugo de esclavitud, tengan a sus amos por dignos de todo honor, para que no sea blasfemado el nombre de Dios y la doctrina.
2 Y los que tienen amos creyentes, no los tengan en menos por ser hermanos, sino sírvanles mejor, por cuanto son creyentes y amados los que se benefician de su buen servicio. Esto enseña y exhorta.

children, these should learn first of all to put their religion into practice by caring for their own family and so repaying their parents and grandparents, for this is pleasing to God. 5 The widow who is really in need and left all alone puts her hope in God and continues night and day to pray and to ask God for help. 6 But the widow who lives for pleasure is dead even while she lives. 7 Give the people these instructions, too, so that no one may be open to blame. 8 If anyone does not provide for his relatives, and especially for his immediate family, he has denied the faith and is worse than an unbeliever.
9 No widow may be put on the list of widows unless she is over sixty, has been faithful to her husband, h 10 and is well known for her good deeds, such as bringing up children, showing hospitality, washing the feet of the saints, helping those in trouble and devoting herself to all kinds of good deeds.
11 As for younger widows, do not put them on such a list. For when their sensual desires overcome their dedication to Christ, they want to marry. 12 Thus they bring judgment on themselves, because they have broken their first pledge. 13 Besides, they get into the habit of being idle and going about from house to house. And not only do they become idlers, but also gossips and busybodies, saying things they ought not to. 14 So I counsel younger widows to marry, to have children, to manage their homes and to give the enemy no opportunity for slander. 15 Some have in fact already turned away to follow Satan.
16 If any woman who is a believer has widows in her family, she should help them and not let the church be burdened with them, so that the church can help those widows who are really in need.
17 The elders who direct the affairs of the church well are worthy of double honor, especially those whose work is preaching and teaching. 18 For the Scripture says, "Do not muzzle the ox while it is treading out the grain," i and "The worker deserves his wages." j 19 Do not entertain an accusation against an elder unless it is brought by two or three witnesses. 20 Those who sin are to be rebuked publicly, so that the others may take warning.
21 I charge you, in the sight of God and Christ Jesus and the elect angels, to keep these instructions without partiality, and to do nothing out of favoritism.
22 Do not be hasty in the laying on of hands, and do not share in the sins of others. Keep yourself pure.
23 Stop drinking only water, and use a little wine because of your stomach and your frequent illnesses.
24 The sins of some men are obvious, reaching the place of judgment ahead of them; the sins of others trail behind them. 25 In the same way, good deeds are obvious, and even those that are not cannot be hidden.

6 All who are under the yoke of slavery should consider their masters worthy of full respect, so that God's name and our teaching may not be slandered. 2 Those who have believing masters are not to show less respect for them because they are brothers. Instead, they are to serve them even better, because those who benefit from their service are believers, and dear to them. These are the things you are to teach and urge on them.

Piedad y contentamiento

3 Si alguno enseña otra cosa, y no se conforma a las sanas palabras de nuestro Señor Jesucristo, y a la doctrina que es conforme a la piedad,
4 está envanecido, nada sabe, y delira acerca de cuestiones y contiendas de palabras, de las cuales nacen envidias, pleitos, blasfemias, malas sospechas,
5 disputas necias de hombres corruptos de entendimiento y privados de la verdad, que toman la piedad como fuente de ganancia; apártate de los tales.
6 Pero gran ganancia es la piedad acompañada de contentamiento;
7 porque nada hemos traído a este mundo, y sin duda nada podremos sacar.
8 Así que, teniendo sustento y abrigo, estemos contentos con esto.
9 Porque los que quieren enriquecerse caen en tentación y lazo, y en muchas codicias necias y dañosas, que hunden a los hombres en destrucción y perdición;
10 porque raíz de todos los males es el amor al dinero, el cual codiciando algunos, se extraviaron de la fe, y fueron traspasados de muchos dolores.

La buena batalla de la fe

11 Mas tú, oh hombre de Dios, huye de estas cosas, y sigue la justicia, la piedad, la fe, el amor, la paciencia, la mansedumbre.
12 Pelea la buena batalla de la fe, echa mano de la vida eterna, a la cual asimismo fuiste llamado, habiendo hecho la buena profesión delante de muchos testigos.
13 Te mando delante de Dios, que da vida a todas las cosas, y de Jesucristo, que dio testimonio de la buena profesión delante de Poncio Pilato,
14 que guardes el mandamiento sin mácula ni reprensión, hasta la aparición de nuestro Señor Jesucristo,
15 la cual a su tiempo mostrará el bienaventurado y solo Soberano, Rey de reyes, y Señor de señores,
16 el único que tiene inmortalidad, que habita en luz inaccesible; a quien ninguno de los hombres ha visto ni puede ver, al cual sea la honra y el imperio sempiterno. Amén.

17 A los ricos de este siglo manda que no sean altivos, ni pongan la esperanza en las riquezas, las cuales son inciertas, sino en el Dios vivo, que nos da todas las cosas en abundancia para que las disfrutemos.
18 Que hagan bien, que sean ricos en buenas obras, dadivosos, generosos;
19 atesorando para sí buen fundamento para lo por venir, que echen mano de la vida eterna.

Encargo final de Pablo a Timoteo

20 Oh Timoteo, guarda lo que se te ha encomendado, evitando las profanas pláticas sobre cosas vanas, y los argumentos de la falsamente llamada ciencia,
21 la cual profesando algunos, se desviaron de la fe. La gracia sea contigo. Amén.

Love of Money

3 If anyone teaches false doctrines and does not agree to the sound instruction of our Lord Jesus Christ and to godly teaching, 4 he is conceited and understands nothing. He has an unhealthy interest in controversies and quarrels about words that result in envy, strife, malicious talk, evil suspicions 5 and constant friction between men of corrupt mind, who have been robbed of the truth and who think that godliness is a means to financial gain.

6 But godliness with contentment is great gain. 7 For we brought nothing into the world, and we can take nothing out of it. 8 But if we have food and clothing, we will be content with that. 9 People who want to get rich fall into temptation and a trap and into many foolish and harmful desires that plunge men into ruin and destruction. 10 For the love of money is a root of all kinds of evil. Some people, eager for money, have wandered from the faith and pierced themselves with many griefs.

Paul's Charge to Timothy

11 But you, man of God, flee from all this, and pursue righteousness, godliness, faith, love, endurance and gentleness. 12 Fight the good fight of the faith. Take hold of the eternal life to which you were called when you made your good confession in the presence of many witnesses. 13 In the sight of God, who gives life to everything, and of Christ Jesus, who while testifying before Pontius Pilate made the good confession, I charge you 14 to keep this command without spot or blame until the appearing of our Lord Jesus Christ, 15 which God will bring about in his own time—God, the blessed and only Ruler, the King of kings and Lord of lords, 16 who alone is immortal and who lives in unapproachable light, whom no one has seen or can see. To him be honor and might forever. Amen.

17 Command those who are rich in this present world not to be arrogant nor to put their hope in wealth, which is so uncertain, but to put their hope in God, who richly provides us with everything for our enjoyment. 18 Command them to do good, to be rich in good deeds, and to be generous and willing to share. 19 In this way they will lay up treasure for themselves as a firm foundation for the coming age, so that they may take hold of the life that is truly life.

20 Timothy, guard what has been entrusted to your care. Turn away from godless chatter and the opposing ideas of what is falsely called knowledge, 21 which some have professed and in so doing have wandered from the faith.
Grace be with you.

SEGUNDA EPÍSTOLA DEL APÓSTOL SAN PABLO A
TIMOTEO

Salutación

1 ¹ Pablo, apóstol de Jesucristo por la voluntad de Dios, según la promesa de la vida que es en Cristo Jesús, ² a Timoteo, amado hijo: Gracia, misericordia y paz, de Dios Padre y de Jesucristo nuestro Señor.

Testificando de Cristo

³ Doy gracias a Dios, al cual sirvo desde mis mayores con limpia conciencia, de que sin cesar me acuerdo de ti en mis oraciones noche y día;

⁴ deseando verte, al acordarme de tus lágrimas, para llenarme de gozo;

⁵ trayendo a la memoria la fe no fingida que hay en ti, la cual habitó primero en tu abuela Loida, y en tu madre Eunice, y estoy seguro que en ti también.

⁶ Por lo cual te aconsejo que avives el fuego del don de Dios que está en ti por la imposición de mis manos.

⁷ Porque no nos ha dado Dios espíritu de cobardía, sino de poder, de amor y de dominio propio.

⁸ Por tanto, no te avergüences de dar testimonio de nuestro Señor, ni de mí, preso suyo, sino participa de las aflicciones por el evangelio según el poder de Dios,

⁹ quien nos salvó y llamó con llamamiento santo, no conforme a nuestras obras, sino según el propósito suyo y la gracia que nos fue dada en Cristo Jesús antes de los tiempos de los siglos,

¹⁰ pero que ahora ha sido manifestada por la aparición de nuestro Salvador Jesucristo, el cual quitó la muerte y sacó a luz la vida y la inmortalidad por el evangelio,

¹¹ del cual yo fui constituido predicador, apóstol y maestro de los gentiles.

¹² Por lo cual asimismo padezco esto; pero no me avergüenzo, porque yo sé a quién he creído, y estoy seguro que es poderoso para guardar mi depósito para aquel día.

¹³ Retén la forma de las sanas palabras que de mí oíste, en la fe y amor que es en Cristo Jesús.

¹⁴ Guarda el buen depósito por el Espíritu Santo que mora en nosotros.

¹⁵ Ya sabes esto, que me abandonaron todos los que están en Asia, de los cuales son Figelo y Hermógenes.

¹⁶ Tenga el Señor misericordia de la casa de Onesíforo, porque muchas veces me confortó, y no se avergonzó de mis cadenas,

¹⁷ sino que cuando estuvo en Roma, me buscó solícitamente y me halló.

¹⁸ Concédale el Señor que halle misericordia cerca del Señor en aquel día. Y cuánto nos ayudó en Efeso, tú lo sabes mejor.

Un buen soldado de Jesucristo

2 ¹ Tú, pues, hijo mío, esfuérzate en la gracia que es en Cristo Jesús.

² Lo que has oído de mí ante muchos testigos, esto encarga a hombres fieles que sean idóneos para enseñar también a otros.

³ Tú, pues, sufre penalidades como buen soldado de Jesucristo.

⁴ Ninguno que milita se enreda en los negocios de la vida, a fin de agradar a aquel que lo tomó por soldado.

2 TIMOTHY

1 Paul, an apostle of Christ Jesus by the will of God, according to the promise of life that is in Christ Jesus,

²To Timothy, my dear son:

Grace, mercy and peace from God the Father and Christ Jesus our Lord.

Encouragement to Be Faithful

³I thank God, whom I serve, as my forefathers did, with a clear conscience, as night and day I constantly remember you in my prayers. ⁴Recalling your tears, I long to see you, so that I may be filled with joy. ⁵I have been reminded of your sincere faith, which first lived in your grandmother Lois and in your mother Eunice and, I am persuaded, now lives in you also. ⁶For this reason I remind you to fan into flame the gift of God, which is in you through the laying on of my hands. ⁷For God did not give us a spirit of timidity, but a spirit of power, of love and of self-discipline.

⁸So do not be ashamed to testify about our Lord, or ashamed of me his prisoner. But join with me in suffering for the gospel, by the power of God, ⁹who has saved us and called us to a holy life—not because of anything we have done but because of his own purpose and grace. This grace was given us in Christ Jesus before the beginning of time, ¹⁰but it has now been revealed through the appearing of our Savior, Christ Jesus, who has destroyed death and has brought life and immortality to light through the gospel. ¹¹And of this gospel I was appointed a herald and an apostle and a teacher. ¹²That is why I am suffering as I am. Yet I am not ashamed, because I know whom I have believed, and am convinced that he is able to guard what I have entrusted to him for that day.

¹³What you heard from me, keep as the pattern of sound teaching, with faith and love in Christ Jesus. ¹⁴Guard the good deposit that was entrusted to you— guard it with the help of the Holy Spirit who lives in us.

¹⁵You know that everyone in the province of Asia has deserted me, including Phygelus and Hermogenes. ¹⁶May the Lord show mercy to the household of Onesiphorus, because he often refreshed me and was not ashamed of my chains. ¹⁷On the contrary, when he was in Rome, he searched hard for me until he found me. ¹⁸May the Lord grant that he will find mercy from the Lord on that day! You know very well in how many ways he helped me in Ephesus.

2 You then, my son, be strong in the grace that is in Christ Jesus. ²And the things you have heard me say in the presence of many witnesses entrust to reliable men who will also be qualified to teach others. ³Endure hardship with us like a good soldier of Christ Jesus. ⁴No one serving as a soldier gets involved in civilian affairs—he wants to please his commanding officer. ⁵Similarly, if anyone competes as an athlete, he

5 Y también el que lucha como atleta, no es coronado si no lucha legítimamente.

6 El labrador, para participar de los frutos, debe trabajar primero.

7 Considera lo que digo, y el Señor te dé entendimiento en todo.

8 Acuérdate de Jesucristo, del linaje de David, resucitado de los muertos conforme a mi evangelio,

9 en el cual sufro penalidades, hasta prisiones a modo de malhechor; mas la palabra de Dios no está presa.

10 Por tanto, todo lo soporto por amor de los escogidos, para que ellos también obtengan la salvación que es en Cristo Jesús con gloria eterna.

11 Palabra fiel es esta:

Si somos muertos con él, también viviremos con él;

12 Si sufrimos, también reinaremos con él;
Si le negáremos, él también nos negará.

13 Si fuéremos infieles, él permanece fiel;
El no puede negarse a sí mismo.

Un obrero aprobado

14 Recuérdales esto, exhortándoles delante del Señor a que no contiendan sobre palabras, lo cual para nada aprovecha, sino que es para perdición de los oyentes.

15 Procura con diligencia presentarte a Dios aprobado, como obrero que no tiene de qué avergonzarse, que usa bien la palabra de verdad.

16 Mas evita profanas y vanas palabrerías, porque conducirán más y más a la impiedad.

17 Y su palabra carcomerá como gangrena; de los cuales son Himeneo y Fileto,

18 que se desviaron de la verdad, diciendo que la resurrección ya se efectuó, y trastornan la fe de algunos.

19 Pero el fundamento de Dios está firme, teniendo este sello: Conoce el Señor a los que son suyos; y: Apártese de iniquidad todo aquel que invoca el nombre de Cristo.

20 Pero en una casa grande, no solamente hay utensilios de oro y de plata, sino también de madera y de barro; y unos son para usos honrosos, y otros para usos viles.

21 Así que, si alguno se limpia de estas cosas, será instrumento para honra, santificado, útil al Señor, y dispuesto para toda buena obra.

22 Huye también de las pasiones juveniles, y sigue la justicia, la fe, el amor y la paz, con los que de corazón limpio invocan al Señor.

23 Pero desecha las cuestiones necias e insensatas, sabiendo que engendran contiendas.

24 Porque el siervo del Señor no debe ser contencioso, sino amable para con todos, apto para enseñar, sufrido;

25 que con mansedumbre corrija a los que se oponen, por si quizá Dios les conceda que se arrepientan para conocer la verdad,

26 y escapen del lazo del diablo, en que están cautivos a voluntad de él.

Carácter de los hombres en los postreros días

3 1 También debes saber esto: que en los postreros días vendrán tiempos peligrosos.

2 Porque habrá hombres amadores de sí mismos, avaros, vanagloriosos, soberbios, blasfemos, desobedientes a los padres, ingratos, impíos,

does not receive the victor's crown unless he competes according to the rules. 6 The hardworking farmer should be the first to receive a share of the crops. 7 Reflect on what I am saying, for the Lord will give you insight into all this.

8 Remember Jesus Christ, raised from the dead, descended from David. This is my gospel, 9 for which I am suffering even to the point of being chained like a criminal. But God's word is not chained. 10 Therefore I endure everything for the sake of the elect, that they too may obtain the salvation that is in Christ Jesus, with eternal glory.

11 Here is a trustworthy saying:

If we died with him,
     we will also live with him;
12 if we endure,
     we will also reign with him.
If we disown him,
     he will also disown us;
13 if we are faithless,
     he will remain faithful,
     for he cannot disown himself.

A Workman Approved by God

14 Keep reminding them of these things. Warn them before God against quarreling about words; it is of no value, and only ruins those who listen. 15 Do your best to present yourself to God as one approved, a workman who does not need to be ashamed and who correctly handles the word of truth. 16 Avoid godless chatter, because those who indulge in it will become more and more ungodly. 17 Their teaching will spread like gangrene. Among them are Hymenaeus and Philetus, 18 who have wandered away from the truth. They say that the resurrection has already taken place, and they destroy the faith of some. 19 Nevertheless, God's solid foundation stands firm, sealed with this inscription: "The Lord knows those who are his,"[a] and, "Everyone who confesses the name of the Lord must turn away from wickedness."

20 In a large house there are articles not only of gold and silver, but also of wood and clay; some are for noble purposes and some for ignoble. 21 If a man cleanses himself from the latter, he will be an instrument for noble purposes, made holy, useful to the Master and prepared to do any good work.

22 Flee the evil desires of youth, and pursue righteousness, faith, love and peace, along with those who call on the Lord out of a pure heart. 23 Don't have anything to do with foolish and stupid arguments, because you know they produce quarrels. 24 And the Lord's servant must not quarrel; instead, he must be kind to everyone, able to teach, not resentful. 25 Those who oppose him he must gently instruct, in the hope that God will grant them repentance leading them to a knowledge of the truth, 26 and that they will come to their senses and escape from the trap of the devil, who has taken them captive to do his will.

Godlessness in the Last Days

3 But mark this: There will be terrible times in the last days. 2 People will be lovers of themselves, lovers of money, boastful, proud, abusive, disobedient

---

a 19 Num. 16:5 (see Septuagint)

3 sin afecto natural, implacables, calumniadores, intemperantes, crueles, aborrecedores de lo bueno,

4 traidores, impetuosos, infatuados, amadores de los deleites más que de Dios,

5 que tendrán apariencia de piedad, pero negarán la eficacia de ella; a éstos evita.

6 Porque de éstos son los que se meten en las casas y llevan cautivas a las mujercillas cargadas de pecados, arrastradas por diversas concupiscencias.

7 Estas siempre están aprendiendo, y nunca pueden llegar al conocimiento de la verdad.

8 Y de la manera que Janes y Jambres resistieron a Moisés, así también éstos resisten a la verdad; hombres corruptos de entendimiento, réprobos en cuanto a la fe.

9 Mas no irán más adelante; porque su insensatez será manifiesta a todos, como también lo fue la de aquéllos.

10 Pero tú has seguido mi doctrina, conducta, propósito, fe, longanimidad, amor, paciencia,

11 persecuciones, padecimientos, como los que me sobrevinieron en Antioquía, en Iconio, en Listra; persecuciones que he sufrido, y de todas me ha librado el Señor.

12 Y también todos los que quieren vivir piadosamente en Cristo Jesús padecerán persecución;

13 mas los malos hombres y los engañadores irán de mal en peor, engañando y siendo engañados.

14 Pero persiste tú en lo que has aprendido y te persuadiste, sabiendo de quién lo has aprendido;

15 y que desde la niñez has sabido las Sagradas Escrituras, las cuales te pueden hacer sabio para la salvación por la fe que es en Cristo Jesús.

16 Toda la Escritura es inspirada por Dios, y útil para enseñar, para redargüir, para corregir, para instruir en justicia,

17 a fin de que el hombre de Dios sea perfecto, enteramente preparado para toda buena obra.

Predica la palabra

4 1 Te encarezco delante de Dios y del Señor Jesucristo, que juzgará a los vivos y a los muertos en su manifestación y en su reino,

2 que prediques la palabra; que instes a tiempo y fuera de tiempo; redarguye, reprende, exhorta con toda paciencia y doctrina.

3 Porque vendrá tiempo cuando no sufrirán la sana doctrina, sino que teniendo comezón de oir, se amontonarán maestros conforme a sus propias concupiscencias,

4 y apartarán de la verdad el oído y se volverán a las fábulas.

5 Pero tú sé sobrio en todo, soporta las aflicciones, haz obra de evangelista, cumple tu ministerio.

6 Porque yo ya estoy para ser sacrificado, y el tiempo de mi partida está cercano.

7 He peleado la buena batalla, he acabado la carrera, he guardado la fe.

8 Por lo demás, me está guardada la corona de justicia, la cual me dará el Señor, juez justo, en aquel día; y no sólo a mí, sino también a todos los que aman su venida.

Instrucciones personales

9 Procura venir pronto a verme,

10 porque Demas me ha desamparado, amando este mundo, y se ha ido a Tesalónica. Crescente fue a Galacia, y Tito a Dalmacia.

11 Sólo Lucas está conmigo. Toma a Marcos y tráele contigo, porque me es útil para el ministerio.

12 A Tíquico lo envié a Efeso.

---

to their parents, ungrateful, unholy, 3 without love, unforgiving, slanderous, without self-control, brutal, not lovers of the good, 4 treacherous, rash, conceited, lovers of pleasure rather than lovers of God — 5 having a form of godliness but denying its power. Have nothing to do with them.

6 They are the kind who worm their way into homes and gain control over weak-willed women, who are loaded down with sins and are swayed by all kinds of evil desires, 7 always learning but never able to acknowledge the truth. 8 Just as Jannes and Jambres opposed Moses, so also these men oppose the truth — men of depraved minds, who, as far as the faith is concerned, are rejected. 9 But they will not get very far because, as in the case of those men, their folly will be clear to everyone.

Paul's Charge to Timothy

10 You, however, know all about my teaching, my way of life, my purpose, faith, patience, love, endurance, 11 persecutions, sufferings — what kinds of things happened to me in Antioch, Iconium and Lystra, the persecutions I endured. Yet the Lord rescued me from all of them. 12 In fact, everyone who wants to live a godly life in Christ Jesus will be persecuted, 13 while evil men and impostors will go from bad to worse, deceiving and being deceived. 14 But as for you, continue in what you have learned and have become convinced of, because you know those from whom you learned it, 15 and how from infancy you have known the holy Scriptures, which are able to make you wise for salvation through faith in Christ Jesus. 16 All Scripture is God-breathed and is useful for teaching, rebuking, correcting and training in righteousness, 17 so that the man of God may be thoroughly equipped for every good work.

4 In the presence of God and of Christ Jesus, who will judge the living and the dead, and in view of his appearing and his kingdom, I give you this charge: 2 Preach the Word; be prepared in season and out of season; correct, rebuke and encourage — with great patience and careful instruction. 3 For the time will come when men will not put up with sound doctrine. Instead, to suit their own desires, they will gather around them a great number of teachers to say what their itching ears want to hear. 4 They will turn their ears away from the truth and turn aside to myths. 5 But you, keep your head in all situations, endure hardship, do the work of an evangelist, discharge all the duties of your ministry.

6 For I am already being poured out like a drink offering, and the time has come for my departure. 7 I have fought the good fight, I have finished the race, I have kept the faith. 8 Now there is in store for me the crown of righteousness, which the Lord, the righteous Judge, will award to me on that day — and not only to me, but also to all who have longed for his appearing.

Personal Remarks

9 Do your best to come to me quickly, 10 for Demas, because he loved this world, has deserted me and has gone to Thessalonica. Crescens has gone to Galatia, and Titus to Dalmatia. 11 Only Luke is with me. Get Mark and bring him with you, because he is helpful to me in my ministry. 12 I sent Tychicus to Ephesus.

13 Trae, cuando vengas, el capote que dejé en Troas en casa de Carpo, y los libros, mayormente los pergaminos.
14 Alejandro el calderero me ha causado muchos males; el Señor le pague conforme a sus hechos.
15 Guárdate tú también de él, pues en gran manera se ha opuesto a nuestras palabras.
16 En mi primera defensa ninguno estuvo a mi lado, sino que todos me desampararon; no les sea tomado en cuenta.
17 Pero el Señor estuvo a mi lado, y me dio fuerzas, para que por mí fuese cumplida la predicación, y que todos los gentiles oyesen. Así fui librado de la boca del león.
18 Y el Señor me librará de toda obra mala, y me preservará para su reino celestial. A él sea gloria por los siglos de los siglos. Amén.

Saludos y bendición final

19 Saluda a Prisca y a Aquila, y a la casa de Onesíforo.
20 Erasto se quedó en Corinto, y a Trófimo dejé en Mileto enfermo.
21 Procura venir antes del invierno. Eubulo te saluda, y Pudente, Lino, Claudia y todos los hermanos.
22 El Señor Jesucristo esté con tu espíritu. La gracia sea con vosotros. Amén.

13 When you come, bring the cloak that I left with Carpus at Troas, and my scrolls, especially the parchments.
14 Alexander the metalworker did me a great deal of harm. The Lord will repay him for what he has done.
15 You too should be on your guard against him, because he strongly opposed our message.
16 At my first defense, no one came to my support, but everyone deserted me. May it not be held against them. 17 But the Lord stood at my side and gave me strength, so that through me the message might be fully proclaimed and all the Gentiles might hear it. And I was delivered from the lion's mouth. 18 The Lord will rescue me from every evil attack and will bring me safely to his heavenly kingdom. To him be glory for ever and ever. Amen.

Final Greetings

19 Greet Priscilla *b* and Aquila and the household of Onesiphorus. 20 Erastus stayed in Corinth, and I left Trophimus sick in Miletus. 21 Do your best to get here before winter. Eubulus greets you, and so do Pudens, Linus, Claudia and all the brothers.
22 The Lord be with your spirit. Grace be with you.

---

b 19 Greek *Prisca*, a variant of *Priscilla*

LA EPÍSTOLA DEL APÓSTOL SAN PABLO A

TITO

TITUS

Salutación

1 1 Pablo, siervo de Dios y apóstol de Jesucristo, conforme a la fe de los escogidos de Dios y el conocimiento de la verdad que es según la piedad,
2 en la esperanza de la vida eterna, la cual Dios, que no miente, prometió desde antes del principio de los siglos,
3 y a su debido tiempo manifestó su palabra por medio de la predicación que me fue encomendada por mandato de Dios nuestro Salvador,
4 a Tito, verdadero hijo en la común fe: Gracia, misericordia y paz, de Dios Padre y del Señor Jesucristo nuestro Salvador.

Requisitos de ancianos y obispos

5 Por esta causa te dejé en Creta, para que corrigieses lo deficiente, y establecieses ancianos en cada ciudad, así como yo te mandé;
6 el que fuere irreprensible, marido de una sola mujer, y tenga hijos creyentes que no estén acusados de disolución ni de rebeldía.
7 Porque es necesario que el obispo sea irreprensible, como administrador de Dios; no soberbio, no iracundo, no dado al vino, no pendenciero, no codicioso de ganancias deshonestas,
8 sino hospedador, amante de lo bueno, sobrio, justo, santo, dueño de sí mismo,
9 retenedor de la palabra fiel tal como ha sido enseñada, para que también pueda exhortar con sana enseñanza y convencer a los que contradicen.
10 Porque hay aún muchos contumaces, habladores de vanidades y engañadores, mayormente los de la circuncisión,
11 a los cuales es preciso tapar la boca; que trastornan casas enteras, enseñando por ganancia deshonesta lo que no conviene.
12 Uno de ellos, su propio profeta, dijo: Los cretenses, siempre mentirosos, malas bestias, glotones ociosos.
13 Este testimonio es verdadero; por tanto, repréndelos duramente, para que sean sanos en la fe,
14 no atendiendo a fábulas judaicas, ni a mandamientos de hombres que se apartan de la verdad.
15 Todas las cosas son puras para los puros, mas para los corrompidos e incrédulos nada les es puro; pues hasta su mente y su conciencia están corrompidas.
16 Profesan conocer a Dios, pero con los hechos lo niegan, siendo abominables y rebeldes, reprobados en cuanto a toda buena obra.

Enseñanza de la sana doctrina

2 1 Pero tú habla lo que está de acuerdo con la sana doctrina.
2 Que los ancianos sean sobrios, serios, prudentes, sanos en la fe, en el amor, en la paciencia.
3 Las ancianas asimismo sean reverentes en su porte; no calumniadoras, no esclavas del vino, maestras del bien;
4 que enseñen a las mujeres jóvenes a amar a sus maridos y a sus hijos,
5 a ser prudentes, castas, cuidadosas de su casa, buenas, sujetas a sus maridos, para que la palabra de Dios no sea blasfemada.

Salutation

1 1 Paul, a servant of God and an apostle of Jesus Christ for the faith of God's elect and the knowledge of the truth that leads to godliness — 2 a faith and knowledge resting on the hope of eternal life, which God, who does not lie, promised before the beginning of time, 3 and at his appointed season he brought his word to light through the preaching entrusted to me by the command of God our Savior,

4 To Titus, my true son in our common faith:

Grace and peace from God the Father and Christ Jesus our Savior.

Titus' Task on Crete

5 The reason I left you in Crete was that you might straighten out what was left unfinished and appoint[a] elders in every town, as I directed you. 6 An elder must be blameless, the husband of but one wife, a man whose children believe and are not open to the charge of being wild and disobedient. 7 Since an overseer[b] is entrusted with God's work, he must be blameless — not overbearing, not quick-tempered, not given to drunkenness, not violent, not pursuing dishonest gain. 8 Rather he must be hospitable, one who loves what is good, who is self-controlled, upright, holy and disciplined. 9 He must hold firmly to the trustworthy message as it has been taught, so that he can encourage others by sound doctrine and refute those who oppose it.

10 For there are many rebellious people, mere talkers and deceivers, especially those of the circumcision group. 11 They must be silenced, because they are ruining whole households by teaching things they ought not to teach — and that for the sake of dishonest gain. 12 Even one of their own prophets has said, "Cretans are always liars, evil brutes, lazy gluttons." 13 This testimony is true. Therefore, rebuke them sharply, so that they will be sound in the faith 14 and will pay no attention to Jewish myths or to the commands of those who reject the truth. 15 To the pure, all things are pure, but to those who are corrupted and do not believe, nothing is pure. In fact, both their minds and consciences are corrupted. 16 They claim to know God, but by their actions they deny him. They are detestable, disobedient and unfit for doing anything good.

What Must Be Taught to Various Groups

2 You must teach what is in accord with sound doctrine. 2 Teach the older men to be temperate, worthy of respect, self-controlled, and sound in faith, in love and in endurance.

3 Likewise, teach the older women to be reverent in the way they live, not to be slanderers or addicted to much wine, but to teach what is good. 4 Then they can train the younger women to love their husbands and children, 5 to be self-controlled and pure, to be busy at home, to be kind, and to be subject to their husbands, so that no one will malign the word of God.

a5 Or *ordain*   b7 Traditionally *bishop*

6 Exhorta asimismo a los jóvenes a que sean prudentes;
7 presentándote tú en todo como ejemplo de buenas obras; en la enseñanza mostrando integridad, seriedad,
8 palabra sana e irreprochable, de modo que el adversario se avergüence, y no tenga nada malo que decir de vosotros.
9 Exhorta a los siervos a que se sujeten a sus amos, que agraden en todo, que no sean respondones;
10 no defraudando, sino mostrándose fieles en todo, para que en todo adornen la doctrina de Dios nuestro Salvador.
11 Porque la gracia de Dios se ha manifestado para salvación a todos los hombres,
12 enseñándonos que, renunciando a la impiedad y a los deseos mundanos, vivamos en este siglo sobria, justa y piadosamente,
13 aguardando la esperanza bienaventurada y la manifestación gloriosa de nuestro gran Dios y Salvador Jesucristo,
14 quien se dio a sí mismo por nosotros para redimirnos de toda iniquidad y purificar para sí un pueblo propio, celoso de buenas obras.
15 Esto habla, y exhorta y reprende con toda autoridad. Nadie te menosprecie.

6 Similarly, encourage the young men to be self-controlled. 7 In everything set them an example by doing what is good. In your teaching show integrity, seriousness 8 and soundness of speech that cannot be condemned, so that those who oppose you may be ashamed because they have nothing bad to say about us.

9 Teach slaves to be subject to their masters in everything, to try to please them, not to talk back to them, 10 and not to steal from them, but to show that they can be fully trusted, so that in every way they will make the teaching about God our Savior attractive.

11 For the grace of God that brings salvation has appeared to all men. 12 It teaches us to say "No" to ungodliness and worldly passions, and to live self-controlled, upright and godly lives in this present age, 13 while we wait for the blessed hope—the glorious appearing of our great God and Savior, Jesus Christ, 14 who gave himself for us to redeem us from all wickedness and to purify for himself a people that are his very own, eager to do what is good.

15 These, then, are the things you should teach. Encourage and rebuke with all authority. Do not let anyone despise you.

Justificados por gracia

3 ¹ Recuérdales que se sujeten a los gobernantes y autoridades, que obedezcan, que estén dispuestos a toda buena obra.
2 Que a nadie difamen, que no sean pendencieros, sino amables, mostrando toda mansedumbre para con todos los hombres.
3 Porque nosotros también éramos en otro tiempo insensatos, rebeldes, extraviados, esclavos de concupiscencias y deleites diversos, viviendo en malicia y envidia, aborrecibles, y aborreciéndonos unos a otros.
4 Pero cuando se manifestó la bondad de Dios nuestro Salvador, y su amor para con los hombres,
5 nos salvó, no por obras de justicia que nosotros hubiéramos hecho, sino por su misericordia, por el lavamiento de la regeneración y por la renovación en el Espíritu Santo,
6 el cual derramó en nosotros abundantemente por Jesucristo nuestro Salvador,
7 para que justificados por su gracia, viniésemos a ser herederos conforme a la esperanza de la vida eterna.
8 Palabra fiel es esta, y en estas cosas quiero que insistas con firmeza, para que los que creen en Dios procuren ocuparse en buenas obras. Estas cosas son buenas y útiles a los hombres.
9 Pero evita las cuestiones necias, y genealogías, y contenciones, y discusiones acerca de la ley; porque son vanas y sin provecho.
10 Al hombre que cause divisiones, después de una y otra amonestación deséchalo,
11 sabiendo que el tal se ha pervertido, y peca y está condenado por su propio juicio.

Doing What Is Good

3 Remind the people to be subject to rulers and authorities, to be obedient, to be ready to do whatever is good, 2 to slander no one, to be peaceable and considerate, and to show true humility toward all men.

3 At one time we too were foolish, disobedient, deceived and enslaved by all kinds of passions and pleasures. We lived in malice and envy, being hated and hating one another. 4 But when the kindness and love of God our Savior appeared, 5 he saved us, not because of righteous things we had done, but because of his mercy. He saved us through the washing of rebirth and renewal by the Holy Spirit, 6 whom he poured out on us generously through Jesus Christ our Savior, 7 so that, having been justified by his grace, we might become heirs having the hope of eternal life. 8 This is a trustworthy saying. And I want you to stress these things, so that those who have trusted in God may be careful to devote themselves to doing what is good. These things are excellent and profitable for everyone.

9 But avoid foolish controversies and genealogies and arguments and quarrels about the law, because these are unprofitable and useless. 10 Warn a divisive person once, and then warn him a second time. After that, have nothing to do with him. 11 You may be sure that such a man is warped and sinful; he is self-condemned.

Instrucciones personales

12 Cuando envíe a ti a Artemas o a Tíquico, apresúrate a venir a mí en Nicópolis, porque allí he determinado pasar el invierno.
13 A Zenas intérprete de la ley, y a Apolos, encamínales con solicitud, de modo que nada les falte.
14 Y aprendan también los nuestros a ocuparse en buenas obras para los casos de necesidad, para que no sean sin fruto.

Final Remarks

12 As soon as I send Artemas or Tychicus to you, do your best to come to me at Nicopolis, because I have decided to winter there. 13 Do everything you can to help Zenas the lawyer and Apollos on their way and see that they have everything they need. 14 Our people must learn to devote themselves to doing what is good, in order that they may provide for daily necessities and not live unproductive lives.

Salutaciones y bendición final

15 Todos los que están conmigo te saludan. Saluda a los que nos aman en la fe. La gracia sea con todos vosotros. Amén.

15Everyone with me sends you greetings. Greet those who love us in the faith. Grace be with you all.

LA EPÍSTOLA DEL APÓSTOL SAN PABLO A
FILEMÓN

Salutación

¹ Pablo, prisionero de Jesucristo, y el hermano Timoteo, al amado Filemón, colaborador nuestro,

² y a la amada hermana Apia, y a Arquipo nuestro compañero de milicia, y a la iglesia que está en tu casa:
³ Gracia y paz a vosotros, de Dios nuestro Padre y del Señor Jesucristo.

El amor y la fe de Filemón

⁴ Doy gracias a mi Dios, haciendo siempre memoria de ti en mis oraciones,
⁵ porque oigo del amor y de la fe que tienes hacia el Señor Jesús, y para con todos los santos;
⁶ para que la participación de tu fe sea eficaz en el conocimiento de todo el bien que está en vosotros por Cristo Jesus.
⁷ Pues tenemos gran gozo y consolación en tu amor, porque por ti, oh hermano, han sido confortados los corazones de los santos.

Pablo intercede por Onésimo

⁸ Por lo cual, aunque tengo mucha libertad en Cristo para mandarte lo que conviene,
⁹ más bien te ruego por amor, siendo como soy, Pablo ya anciano, y ahora, además, prisionero de Jesucristo;
¹⁰ te ruego por mi hijo Onésimo,ᵃ a quien engendré en mis prisiones,
¹¹ el cual en otro tiempo te fue inútil, pero ahora a ti y a mí nos es útil,
¹² el cual vuelvo a enviarte; tú, pues, recíbele como a mí mismo.
¹³ Yo quisiera retenerle conmigo, para que en lugar tuyo me sirviese en mis prisiones por el evangelio;
¹⁴ pero nada quise hacer sin tu consentimiento, para que tu favor no fuese como de necesidad, sino voluntario.
¹⁵ Porque quizás para esto se apartó de ti por algún tiempo, para que le recibieses para siempre;
¹⁶ no ya como esclavo, sino como más que esclavo, como hermano amado, mayormente para mí, pero cuánto más para ti, tanto en la carne como en el Señor.
¹⁷ Así que, si me tienes por compañero, recíbele como a mí mismo.
¹⁸ Y si en algo te dañó, o te debe, ponlo a mi cuenta.
¹⁹ Yo Pablo lo escribo de mi mano, yo lo pagaré; por no decirte que aun tú mismo te me debes también.
²⁰ Sí, hermano, tenga yo algún provecho de ti en el Señor; conforta mi corazón en el Señor.
²¹ Te he escrito confiando en tu obediencia, sabiendo que harás aun más de lo que te digo.
²² Prepárame también alojamiento; porque espero que por vuestras oraciones os seré concedido.

Salutaciones y bendición final

²³ Te saludan Epafras, mi compañero de prisiones por Cristo Jesús,
²⁴ Marcos, Aristarco, Demas y Lucas, mis colaboradores.
²⁵ La gracia de nuestro Señor Jesucristo sea con vuestro espíritu. Amén.

ᵃEsto es, útil (v. 11) o provechoso (v. 20).

PHILEMON

¹Paul, a prisoner of Christ Jesus, and Timothy our brother,

To Philemon our dear friend and fellow worker, ²to Apphia our sister, to Archippus our fellow soldier and to the church that meets in your home:

³Grace to you and peace from God our Father and the Lord Jesus Christ.

Thanksgiving and Prayer

⁴I always thank my God as I remember you in my prayers, ⁵because I hear about your faith in the Lord Jesus and your love for all the saints. ⁶I pray that you may be active in sharing your faith, so that you will have a full understanding of every good thing we have in Christ. ⁷Your love has given me great joy and encouragement, because you, brother, have refreshed the hearts of the saints.

Paul's Plea for Onesimus

⁸Therefore, although in Christ I could be bold and order you to do what you ought to do, ⁹yet I appeal to you on the basis of love. I then, as Paul—an old man and now also a prisoner of Christ Jesus— ¹⁰I appeal to you for my son Onesimus,ᵃ who became my son while I was in chains. ¹¹Formerly he was useless to you, but now he has become useful both to you and to me.

¹²I am sending him—who is my very heart—back to you. ¹³I would have liked to keep him with me so that he could take your place in helping me while I am in chains for the gospel. ¹⁴But I did not want to do anything without your consent, so that any favor you do will be spontaneous and not forced. ¹⁵Perhaps the reason he was separated from you for a little while was that you might have him back for good— ¹⁶no longer as a slave, but better than a slave, as a dear brother. He is very dear to me but even dearer to you, both as a man and as a brother in the Lord.

¹⁷So if you consider me a partner, welcome him as you would welcome me. ¹⁸If he has done you any wrong or owes you anything, charge it to me. ¹⁹I, Paul, am writing this with my own hand. I will pay it back—not to mention that you owe me your very self. ²⁰I do wish, brother, that I may have some benefit from you in the Lord; refresh my heart in Christ. ²¹Confident of your obedience, I write to you, knowing that you will do even more than I ask.

²²And one thing more: Prepare a guest room for me, because I hope to be restored to you in answer to your prayers.

²³Epaphras, my fellow prisoner in Christ Jesus, sends you greetings. ²⁴And so do Mark, Aristarchus, Demas and Luke, my fellow workers.

²⁵The grace of the Lord Jesus Christ be with your spirit.

ᵃ10 Onesimus means useful.

Dios ha hablado por su Hijo

1 ¹ Dios, habiendo hablado muchas veces y de muchas maneras en otro tiempo a los padres por los profetas, ² en estos postreros días nos ha hablado por el Hijo, a quien constituyó heredero de todo, y por quien asimismo hizo el universo; ³ el cual, siendo el resplandor de su gloria, y la imagen misma de su sustancia, y quien sustenta todas las cosas con la palabra de su poder, habiendo efectuado la purificación de nuestros pecados por medio de sí mismo, se sentó a la diestra de la Majestad en las alturas, ⁴ hecho tanto superior a los ángeles, cuanto heredó más excelente nombre que ellos.

El Hijo, superior a los ángeles

⁵ Porque ¿a cuál de los ángeles dijo Dios jamás:
Mi Hijo eres tú,
Yo te he engendrado hoy,
y otra vez:
Yo seré a él Padre,
Y él me será a mí hijo?
⁶ Y otra vez, cuando introduce al Primogénito en el mundo, dice:
Adórenle todos los ángeles de Dios.
⁷ Ciertamente de los ángeles dice:
El que hace a sus ángeles espíritus,
Y a sus ministros llama de fuego.
⁸ Mas del Hijo dice:
Tu trono, oh Dios, por el siglo del siglo;
Cetro de equidad es el cetro de tu reino.
⁹ Has amado la justicia, y aborrecido la maldad,
Por lo cual te ungió Dios, el Dios tuyo,
Con óleo de alegría más que a tus compañeros.
¹⁰ Y:
Tú, oh Señor, en el principio fundaste la tierra,
Y los cielos son obra de tus manos.
¹¹ Ellos perecerán, mas tú permaneces;
Y todos ellos se envejecerán como una vestidura,
¹² Y como un vestido los envolverás, y serán mudados;
Pero tú eres el mismo,
Y tus años no acabarán.
¹³ Pues, ¿a cuál de los ángeles dijo Dios jamás:
Siéntate a mi diestra,
Hasta que ponga a tus enemigos por estrado de tus pies?
¹⁴ ¿No son todos espíritus ministradores, enviados para servicio a favor de los que serán herederos de la salvación?

The Son Superior to Angels

1 In the past God spoke to our forefathers through the prophets at many times and in various ways, ²but in these last days he has spoken to us by his Son, whom he appointed heir of all things, and through whom he made the universe. ³The Son is the radiance of God's glory and the exact representation of his being, sustaining all things by his powerful word. After he had provided purification for sins, he sat down at the right hand of the Majesty in heaven. ⁴So he became as much superior to the angels as the name he has inherited is superior to theirs.

⁵For to which of the angels did God ever say,

"You are my Son;
today I have become your Father*a*" *b*?

Or again,

"I will be his Father,
and he will be my Son" *c*?

⁶And again, when God brings his firstborn into the world, he says,

"Let all God's angels worship him." *d*

⁷In speaking of the angels he says,

"He makes his angels winds,
his servants flames of fire." *e*

⁸But about the Son he says,

"Your throne, O God, will last for ever and ever,
and righteousness will be the scepter of your
kingdom.
⁹You have loved righteousness and hated
wickedness;
therefore God, your God, has set you above
your companions
by anointing you with the oil of joy." *f*

¹⁰He also says,

"In the beginning, O Lord, you laid the
foundations of the earth,
and the heavens are the work of your hands.
¹¹They will perish, but you remain;
they will all wear out like a garment.
¹²You will roll them up like a robe;
like a garment they will be changed.
But you remain the same,
and your years will never end." *g*

¹³To which of the angels did God ever say,

"Sit at my right hand
until I make your enemies
a footstool for your feet" *h*?

¹⁴Are not all angels ministering spirits sent to serve those who will inherit salvation?

---

*a*5 Or *have begotten you*   *b*5 Psalm 2:7   *c*5 2 Samuel 7:14; 1 Chron. 17:13   *d*6 Deut. 32:43 (see Dead Sea Scrolls and Septuagint)   *e*7 Psalm 104:4   *f*9 Psalm 45:6,7
*g*12 Psalm 102:25-27   *h*13 Psalm 110:1

Una salvación tan grande

2 ¹Por tanto, es necesario que con más diligencia atendamos a las cosas que hemos oído, no sea que nos deslicemos.
²Porque si la palabra dicha por medio de los ángeles fue firme, y toda transgresión y desobediencia recibió justa retribución,
³¿cómo escaparemos nosotros, si descuidamos una salvación tan grande? La cual, habiendo sido anunciada primeramente por el Señor, nos fue confirmada por los que oyeron,
⁴testificando Dios juntamente con ellos, con señales y prodigios y diversos milagros y repartimientos del Espíritu Santo según su voluntad.

El autor de la salvación

⁵Porque no sujetó a los ángeles el mundo venidero, acerca del cual estamos hablando;
⁶pero alguien testificó en cierto lugar, diciendo:
¿Qué es el hombre, para que te acuerdes de él,
O el hijo del hombre, para que le visites?
⁷Le hiciste un poco menor que los ángeles,
Le coronaste de gloria y de honra,
Y le pusiste sobre las obras de tus manos;
⁸Todo lo sujetaste bajo sus pies. Porque en cuanto le sujetó todas las cosas, nada dejó que no sea sujeto a él; pero todavía no vemos que todas las cosas le sean sujetas.
⁹Pero vemos a aquel que fue hecho un poco menor que los ángeles, a Jesús, coronado de gloria y de honra, a causa del padecimiento de la muerte, para que por la gracia de Dios gustase la muerte por todos.
¹⁰Porque convenía a aquel por cuya causa son todas las cosas, y por quien todas las cosas subsisten, que habiendo de llevar muchos hijos a la gloria, perfeccionase por aflicciones al autor de la salvación de ellos.
¹¹Porque el que santifica y los que son santificados, de uno son todos; por lo cual no se avergüenza de llamarlos hermanos,
¹²diciendo,
Anunciaré a mis hermanos tu nombre,
En medio de la congregación te alabaré.
¹³Y otra vez:
Yo confiaré en él.
Y de nuevo:
He aquí, yo y los hijos que Dios me dio.
¹⁴Así que, por cuanto los hijos participaron de carne y sangre, él también participó de lo mismo, para destruir por medio de la muerte al que tenía el imperio de la muerte, esto es, al diablo,
¹⁵y librar a todos los que por el temor de la muerte estaban durante toda la vida sujetos a servidumbre.
¹⁶Porque ciertamente no socorrió a los ángeles, sino que socorrió a la descendencia de Abraham.
¹⁷Por lo cual debía ser en todo semejante a sus hermanos, para venir a ser misericordioso y fiel sumo sacerdote en lo que a Dios se refiere, para expiar los pecados del pueblo.
¹⁸Pues en cuanto él mismo padeció siendo tentado, es poderoso para socorrer a los que son tentados.

Jesús es superior a Moisés

3 ¹Por tanto, hermanos santos, participantes del llamamiento celestial, considerad al apóstol y sumo sacerdote de nuestra profesión, Cristo Jesús;

Warning to Pay Attention

2 We must pay more careful attention, therefore, to what we have heard, so that we do not drift away.
²For if the message spoken by angels was binding, and every violation and disobedience received its just punishment, ³how shall we escape if we ignore such a great salvation? This salvation, which was first announced by the Lord, was confirmed to us by those who heard him. ⁴God also testified to it by signs, wonders and various miracles, and gifts of the Holy Spirit distributed according to his will.

Jesus Made Like His Brothers

⁵It is not to angels that he has subjected the world to come, about which we are speaking. ⁶But there is a place where someone has testified:

"What is man that you are mindful of him,
    the son of man that you care for him?
⁷You made him a little *i* lower than the angels;
    you crowned him with glory and honor
⁸   and put everything under his feet."*j*

In putting everything under him, God left nothing that is not subject to him. Yet at present we do not see everything subject to him. ⁹But we see Jesus, who was made a little lower than the angels, now crowned with glory and honor because he suffered death, so that by the grace of God he might taste death for everyone.

¹⁰In bringing many sons to glory, it was fitting that God, for whom and through whom everything exists, should make the author of their salvation perfect through suffering. ¹¹Both the one who makes men holy and those who are made holy are of the same family. So Jesus is not ashamed to call them brothers. ¹²He says,

"I will declare your name to my brothers;
    in the presence of the congregation I will sing
        your praises." *k*

¹³And again,

"I will put my trust in him." *l*

And again he says,

"Here am I, and the children God has given me." *m*

¹⁴Since the children have flesh and blood, he too shared in their humanity so that by his death he might destroy him who holds the power of death—that is, the devil— ¹⁵and free those who all their lives were held in slavery by their fear of death. ¹⁶For surely it is not angels he helps, but Abraham's descendants. ¹⁷For this reason he had to be made like his brothers in every way, in order that he might become a merciful and faithful high priest in service to God, and that he might make atonement for *n* the sins of the people. ¹⁸Because he himself suffered when he was tempted, he is able to help those who are being tempted.

Jesus Greater Than Moses

3 Therefore, holy brothers, who share in the heavenly calling, fix your thoughts on Jesus, the apostle

---

i 7 Or *him for a little while*; also in verse 9   *j* 8 Psalm 8:4-6
k 12 Psalm 22:22   *l* 13 Isaiah 8:17   *m* 13 Isaiah 8:18   *n* 17 Or
and that he might turn aside God's wrath, taking away

2el cual es fiel al que le constituyó, como también lo fue Moisés en toda la casa de Dios.
3Porque de tanto mayor gloria que Moisés es estimado digno éste, cuanto tiene mayor honra que la casa el que la hizo.
4Porque toda casa es hecha por alguno; pero el que hizo todas las cosas es Dios.
5Y Moisés a la verdad fue fiel en toda la casa de Dios, como siervo, para testimonio de lo que se iba a decir;
6pero Cristo como hijo sobre su casa, la cual casa somos nosotros, si retenemos firme hasta el fin la confianza y el gloriarnos en la esperanza.

El reposo del pueblo de Dios

7Por lo cual, como dice el Espíritu Santo:
Si oyereis hoy su voz,
8No endurezcáis vuestros corazones,
Como en la provocación, en el día de la tentación en el desierto,
9Donde me tentaron vuestros padres; me probaron,
Y vieron mis obras cuarenta años.
10A causa de lo cual me disgusté contra esa generación,
Y dije: Siempre andan vagando en su corazón,
Y no han conocido mis caminos.
11Por tanto, juré en mi ira:
No entrarán en mi reposo.
12Mirad, hermanos, que no haya en ninguno de vosotros corazón malo de incredulidad para apartarse del Dios vivo;
13antes exhortaos los unos a los otros cada día, entre tanto que se dice: Hoy; para que ninguno de vosotros se endurezca por el engaño del pecado.
14Porque somos hechos participantes de Cristo, con tal que retengamos firme hasta el fin nuestra confianza del principio,
15entre tanto que se dice:
Si oyereis hoy su voz,
No endurezcáis vuestros corazones, como en la provocación.
16¿Quiénes fueron los que, habiendo oído, le provocaron? ¿No fueron todos los que salieron de Egipto por mano de Moisés?
17¿Y con quiénes estuvo él disgustado cuarenta años? ¿No fue con los que pecaron, cuyos cuerpos cayeron en el desierto?
18¿Y a quiénes juró que no entrarían en su reposo, sino a aquellos que desobedecieron?
19Y vemos que no pudieron entrar a causa de incredulidad.

4 1Temamos, pues, no sea que permaneciendo aún la promesa de entrar en su reposo, alguno de vosotros parezca no haberlo alcanzado.
2Porque también a nosotros se nos ha anunciado la buena nueva como a ellos; pero no les aprovechó el oir la palabra, por no ir acompañada de fe en los que la oyeron.
3Pero los que hemos creído entramos en el reposo, de la manera que dijo:
Por tanto, juré en mi ira,
No entrarán en mi reposo;
aunque las obras suyas estaban acabadas desde la fundación del mundo.

and high priest whom we confess. 2He was faithful to the one who appointed him, just as Moses was faithful in all God's house. 3Jesus has been found worthy of greater honor than Moses, just as the builder of a house has greater honor than the house itself. 4For every house is built by someone, but God is the builder of everything. 5Moses was faithful as a servant in all God's house, testifying to what would be said in the future. 6But Christ is faithful as a son over God's house. And we are his house, if we hold on to our courage and the hope of which we boast.

Warning Against Unbelief

7So, as the Holy Spirit says:
"Today, if you hear his voice,
8   do not harden your hearts
as you did in the rebellion,
   during the time of testing in the desert,
9where your fathers tested and tried me
   and for forty years saw what I did.
10That is why I was angry with that generation,
   and I said, 'Their hearts are always going astray,
   and they have not known my ways.'
11So I declared on oath in my anger,
   'They shall never enter my rest.' " o

12See to it, brothers, that none of you has a sinful, unbelieving heart that turns away from the living God. 13But encourage one another daily, as long as it is called Today, so that none of you may be hardened by sin's deceitfulness. 14We have come to share in Christ if we hold firmly till the end the confidence we had at first. 15As has just been said:

"Today, if you hear his voice,
   do not harden your hearts
as you did in the rebellion." p

16Who were they who heard and rebelled? Were they not all those Moses led out of Egypt? 17And with whom was he angry for forty years? Was it not with those who sinned, whose bodies fell in the desert? 18And to whom did God swear that they would never enter his rest if not to those who disobeyed q? 19So we see that they were not able to enter, because of their unbelief.

A Sabbath-Rest for the People of God

4 Therefore, since the promise of entering his rest still stands, let us be careful that none of you be found to have fallen short of it. 2For we also have had the gospel preached to us, just as they did; but the message they heard was of no value to them, because those who heard did not combine it with faith. r 3Now we who have believed enter that rest, just as God has said,

"So I declared on oath in my anger,
   'They shall never enter my rest.' " s

And yet his work has been finished since the creation of the world. 4For somewhere he has spoken about the

o11 Psalm 95:7-11   p15 Psalm 95:7,8   q18 Or disbelieved
r2 Many manuscripts because they did not share in the faith of those who obeyed   s3 Psalm 95:11; also in verse 5

4 Porque en cierto lugar dijo así del séptimo día: Y reposó Dios de todas sus obras en el séptimo día.

5 Y otra vez aquí: No entrarán en mi reposo.

6 Por lo tanto, puesto que falta que algunos entren en él, y aquellos a quienes primero se les anunció la buena nueva no entraron por causa de desobediencia,

7 otra vez determina un día: Hoy, diciendo después de tanto tiempo, por medio de David, como se dijo:

Si oyereis hoy su voz,

No endurezcáis vuestros corazones.

8 Porque si Josué les hubiera dado el reposo, no hablaría después de otro día.

9 Por tanto, queda un reposo para el pueblo de Dios.

10 Porque el que ha entrado en su reposo, también ha reposado de sus obras, como Dios de las suyas.

11 Procuremos, pues, entrar en aquel reposo, para que ninguno caiga en semejante ejemplo de desobediencia.

12 Porque la palabra de Dios es viva y eficaz, y más cortante que toda espada de dos filos; y penetra hasta partir el alma y el espíritu, las coyunturas y los tuétanos, y discierne los pensamientos y las intenciones del corazón.

13 Y no hay cosa creada que no sea manifiesta en su presencia; antes bien todas las cosas están desnudas y abiertas a los ojos de aquel a quien tenemos que dar cuenta.

Jesús el gran sumo sacerdote

14 Por tanto, teniendo un gran sumo sacerdote que traspasó los cielos, Jesús el Hijo de Dios, retengamos nuestra profesión.

15 Porque no tenemos un sumo sacerdote que no pueda compadecerse de nuestras debilidades, sino uno que fue tentado en todo según nuestra semejanza, pero sin pecado.

16 Acerquémonos, pues, confiadamente al trono de la gracia, para alcanzar misericordia y hallar gracia para el oportuno socorro.

5 1 Porque todo sumo sacerdote tomado de entre los hombres es constituido a favor de los hombres en lo que a Dios se refiere, para que presente ofrendas y sacrificios por los pecados;

2 para que se muestre paciente con los ignorantes y extraviados, puesto que él también está rodeado de debilidad;

3 y por causa de ella debe ofrecer por los pecados, tanto por sí mismo como también por el pueblo.

4 Y nadie toma para sí esta honra, sino el que es llamado por Dios, como lo fue Aarón.

5 Así tampoco Cristo se glorificó a sí mismo haciéndose sumo sacerdote, sino el que le dijo:

Tú eres mi Hijo,

Yo te he engendrado hoy.

6 Como también dice en otro lugar:

Tú eres sacerdote para siempre,

Según el orden de Melquisedec.

7 Y Cristo, en los días de su carne, ofreciendo ruegos y súplicas con gran clamor y lágrimas al que le podía librar de la muerte, fue oído a causa de su temor reverente.

8 Y aunque era Hijo, por lo que padeció aprendió la obediencia;

9 y habiendo sido perfeccionado, vino a ser autor de eterna salvación para todos los que le obedecen;

---

seventh day in these words: "And on the seventh day God rested from all his work." *t* 5And again in the passage above he says, "They shall never enter my rest."

6It still remains that some will enter that rest, and those who formerly had the gospel preached to them did not go in, because of their disobedience. 7Therefore God again set a certain day, calling it Today, when a long time later he spoke through David, as was said before:

"Today, if you hear his voice,

do not harden your hearts." *u*

8For if Joshua had given them rest, God would not have spoken later about another day. 9There remains, then, a Sabbath-rest for the people of God; 10for anyone who enters God's rest also rests from his own work, just as God did from his. 11Let us, therefore, make every effort to enter that rest, so that no one will fall by following their example of disobedience.

12For the word of God is living and active. Sharper than any double-edged sword, it penetrates even to dividing soul and spirit, joints and marrow; it judges the thoughts and attitudes of the heart. 13Nothing in all creation is hidden from God's sight. Everything is uncovered and laid bare before the eyes of him to whom we must give account.

Jesus the Great High Priest

14Therefore, since we have a great high priest who has gone through the heavens, *v* Jesus the Son of God, let us hold firmly to the faith we profess. 15For we do not have a high priest who is unable to sympathize with our weaknesses, but we have one who has been tempted in every way, just as we are — yet was without sin. 16Let us then approach the throne of grace with confidence, so that we may receive mercy and find grace to help us in our time of need.

5 Every high priest is selected from among men and is appointed to represent them in matters related to God, to offer gifts and sacrifices for sins. 2He is able to deal gently with those who are ignorant and are going astray, since he himself is subject to weakness. 3This is why he has to offer sacrifices for his own sins, as well as for the sins of the people.

4No one takes this honor upon himself; he must be called by God, just as Aaron was. 5So Christ also did not take upon himself the glory of becoming a high priest. But God said to him,

"You are my Son;

today I have become your Father." *w* *x*

6And he says in another place,

"You are a priest forever,

in the order of Melchizedek." *y*

7During the days of Jesus' life on earth, he offered up prayers and petitions with loud cries and tears to the one who could save him from death, and he was heard because of his reverent submission. 8Although he was a son, he learned obedience from what he suffered 9and, once made perfect, he became the

---

t 4 Gen. 2:2   *u 7* Psalm 95:7,8   *v 14* Or *gone into heaven*
w 5 Or *have begotten you*   *x 5* Psalm 2:7   *y 6* Psalm 110:4

10 y fue declarado por Dios sumo sacerdote según el orden de Melquisedec.

Advertencia contra la apostasía

11 Acerca de esto tenemos mucho que decir, y difícil de explicar, por cuanto os habéis hecho tardos para oir. 12 Porque debiendo ser ya maestros, después de tanto tiempo, tenéis necesidad de que se os vuelva a enseñar cuáles son los primeros rudimentos de las palabras de Dios; y habéis llegado a ser tales que tenéis necesidad de leche, y no de alimento sólido. 13 Y todo aquel que participa de la leche es inexperto en la palabra de justicia, porque es niño; 14 pero el alimento sólido es para los que han alcanzado madurez, para los que por el uso tienen los sentidos ejercitados en el discernimiento del bien y del mal.

6 1 Por tanto, dejando ya los rudimentos de la doctrina de Cristo, vamos adelante a la perfección; no echando otra vez el fundamento del arrepentimiento de obras muertas, de la fe en Dios, 2 de la doctrina de bautismos, de la imposición de manos, de la resurrección de los muertos y del juicio eterno. 3 Y esto haremos, si Dios en verdad lo permite. 4 Porque es imposible que los que una vez fueron iluminados y gustaron del don celestial, y fueron hechos partícipes del Espíritu Santo, 5 y asimismo gustaron de la buena palabra de Dios y los poderes del siglo venidero, 6 y recayeron, sean otra vez renovados para arrepentimiento, crucificando de nuevo para sí mismos al Hijo de Dios y exponiéndole a vituperio. 7 Porque la tierra que bebe la lluvia que muchas veces cae sobre ella, y produce hierba provechosa a aquellos por los cuales es labrada, recibe bendición de Dios; 8 pero la que produce espinos y abrojos es reprobada, está próxima a ser maldecida, y su fin es el ser quemada.

9 Pero en cuanto a vosotros, oh amados, estamos persuadidos de cosas mejores, y que pertenecen a la salvación, aunque hablamos así. 10 Porque Dios no es injusto para olvidar vuestra obra y el trabajo de amor que habéis mostrado hacia su nombre, habiendo servido a los santos y sirviéndoles aún. 11 Pero deseamos que cada uno de vosotros muestre la misma solicitud hasta el fin, para plena certeza de la esperanza, 12 a fin de que no os hagáis perezosos, sino imitadores de aquellos que por la fe y la paciencia heredan las promesas.

13 Porque cuando Dios hizo la promesa a Abraham, no pudiendo jurar por otro mayor, juró por sí mismo, 14 diciendo: De cierto te bendeciré con abundancia y te multiplicaré grandemente. 15 Y habiendo esperado con paciencia, alcanzó la promesa. 16 Porque los hombres ciertamente juran por uno mayor que ellos, y para ellos el fin de toda controversia es el juramento para confirmación. 17 Por lo cual, queriendo Dios mostrar más abundantemente a los herederos de la promesa la inmutabilidad de su consejo, interpuso juramento; 18 para que por dos cosas inmutables, en las cuales es imposible que Dios mienta, tengamos un fortísimo consuelo los que hemos acudido para asirnos de la esperanza puesta delante de nosotros. 19 La cual tenemos como segura y firme ancla del alma, y que penetra hasta dentro del velo,

source of eternal salvation for all who obey him 10 and was designated by God to be high priest in the order of Melchizedek.

Warning Against Falling Away

11 We have much to say about this, but it is hard to explain because you are slow to learn. 12 In fact, though by this time you ought to be teachers, you need someone to teach you the elementary truths of God's word all over again. You need milk, not solid food! 13 Anyone who lives on milk, being still an infant, is not acquainted with the teaching about righteousness. 14 But solid food is for the mature, who by constant use have trained themselves to distinguish good from evil.

6 Therefore let us leave the elementary teachings about Christ and go on to maturity, not laying again the foundation of repentance from acts that lead to death,[z] and of faith in God, 2 instruction about baptisms, the laying on of hands, the resurrection of the dead, and eternal judgment. 3 And God permitting, we will do so.

4 It is impossible for those who have once been enlightened, who have tasted the heavenly gift, who have shared in the Holy Spirit, 5 who have tasted the goodness of the word of God and the powers of the coming age, 6 if they fall away, to be brought back to repentance, because[a] to their loss they are crucifying the Son of God all over again and subjecting him to public disgrace.

7 Land that drinks in the rain often falling on it and that produces a crop useful to those for whom it is farmed receives the blessing of God. 8 But land that produces thorns and thistles is worthless and is in danger of being cursed. In the end it will be burned.

9 Even though we speak like this, dear friends, we are confident of better things in your case — things that accompany salvation. 10 God is not unjust; he will not forget your work and the love you have shown him as you have helped his people and continue to help them. 11 We want each of you to show this same diligence to the very end, in order to make your hope sure. 12 We do not want you to become lazy, but to imitate those who through faith and patience inherit what has been promised.

The Certainty of God's Promise

13 When God made his promise to Abraham, since there was no one greater for him to swear by, he swore by himself, 14 saying, "I will surely bless you and give you many descendants."[b] 15 And so after waiting patiently, Abraham received what was promised.

16 Men swear by someone greater than themselves, and the oath confirms what is said and puts an end to all argument. 17 Because God wanted to make the unchanging nature of his purpose very clear to the heirs of what was promised, he confirmed it with an oath. 18 God did this so that, by two unchangeable things in which it is impossible for God to lie, we who have fled to take hold of the hope offered to us may be greatly encouraged. 19 We have this hope as an anchor for the soul, firm and secure. It enters the inner sanctuary behind the curtain, 20 where Jesus, who went before

z 1 Or from useless rituals   a 6 Or repentance while
b 14 Gen. 22:17

20 donde Jesús entró por nosotros como precursor, hecho sumo sacerdote para siempre según el orden de Melquisedec.

El sacerdocio de Melquisedec

7 1 Porque este Melquisedec, rey de Salem, sacerdote del Dios Altísimo, que salió a recibir a Abraham que volvía de la derrota de los reyes, y le bendijo,

2 a quien asimismo dio Abraham los diezmos de todo; cuyo nombre significa primeramente Rey de justicia, y también Rey de Salem, esto es, Rey de paz;

3 sin padre, sin madre, sin genealogía; que ni tiene principio de días, ni fin de vida, sino hecho semejante al Hijo de Dios, permanece sacerdote para siempre.

4 Considerad, pues, cuán grande era éste, a quien aun Abraham el patriarca dio diezmos del botín.

5 Ciertamente los que de entre los hijos de Leví reciben el sacerdocio, tienen mandamiento de tomar del pueblo los diezmos según la ley, es decir, de sus hermanos, aunque éstos también hayan salido de los lomos de Abraham.

6 Pero aquel cuya genealogía no es contada de entre ellos, tomó de Abraham los diezmos, y bendijo al que tenía las promesas.

7 Y sin discusión alguna, el menor es bendecido por el mayor.

8 Y aquí ciertamente reciben los diezmos hombres mortales; pero allí, uno de quien se da testimonio de que vive.

9 Y por decirlo así, en Abraham pagó el diezmo también Leví, que recibe los diezmos;

10 porque aún estaba en los lomos de su padre cuando Melquisedec le salió al encuentro.

11 Si, pues, la perfección fuera por el sacerdocio levítico (porque bajo él recibió el pueblo la ley), ¿qué necesidad habría aún de que se levantase otro sacerdote, según el orden de Melquisedec, y que no fuese llamado según el orden de Aarón?

12 Porque cambiado el sacerdocio, necesario es que haya también cambio de ley;

13 y aquel de quien se dice esto, es de otra tribu, de la cual nadie sirvió al altar.

14 Porque manifiesto es que nuestro Señor vino de la tribu de Judá, de la cual nada habló Moisés tocante al sacerdocio.

15 Y esto es aun más manifiesto, si a semejanza de Melquisedec se levanta un sacerdote distinto,

16 no constituido conforme a la ley del mandamiento acerca de la descendencia, sino según el poder de una vida indestructible.

17 Pues se da testimonio de él:
Tú eres sacerdote para siempre,
Según el orden de Melquisedec.

18 Queda, pues, abrogado el mandamiento anterior a causa de su debilidad e ineficacia

19 (pues nada perfeccionó la ley), y de la introducción de una mejor esperanza, por la cual nos acercamos a Dios.

20 Y esto no fue hecho sin juramento;

21 porque los otros ciertamente sin juramento fueron hechos sacerdotes; pero éste, con el juramento del que le dijo:
Juró el Señor, y no se arrepentirá:
Tú eres sacerdote para siempre,
Según el orden de Melquisedec.

22 Por tanto, Jesús es hecho fiador de un mejor pacto.

23 Y los otros sacerdotes llegaron a ser muchos, debido a que por la muerte no podían continuar;

24 mas éste, por cuanto permanece para siempre, tiene un sacerdocio inmutable;

25 por lo cual puede también salvar perpetuamente a los

us, has entered on our behalf. He has become a high priest forever, in the order of Melchizedek.

Melchizedek the Priest

7 This Melchizedek was king of Salem and priest of God Most High. He met Abraham returning from the defeat of the kings and blessed him, 2 and Abraham gave him a tenth of everything. First, his name means "king of righteousness"; then also, "king of Salem" means "king of peace." 3 Without father or mother, without genealogy, without beginning of days or end of life, like the Son of God he remains a priest forever.

4 Just think how great he was: Even the patriarch Abraham gave him a tenth of the plunder! 5 Now the law requires the descendants of Levi who become priests to collect a tenth from the people — that is, their brothers — even though their brothers are descended from Abraham. 6 This man, however, did not trace his descent from Levi, yet he collected a tenth from Abraham and blessed him who had the promises. 7 And without doubt the lesser person is blessed by the greater. 8 In the one case, the tenth is collected by men who die; but in the other case, by him who is declared to be living. 9 One might even say that Levi, who collects the tenth, paid the tenth through Abraham, 10 because when Melchizedek met Abraham, Levi was still in the body of his ancestor.

Jesus Like Melchizedek

11 If perfection could have been attained through the Levitical priesthood (for on the basis of it the law was given to the people), why was there still need for another priest to come — one in the order of Melchizedek, not in the order of Aaron? 12 For when there is a change of the priesthood, there must also be a change of the law. 13 He of whom these things are said belonged to a different tribe, and no one from that tribe has ever served at the altar. 14 For it is clear that our Lord descended from Judah, and in regard to that tribe Moses said nothing about priests. 15 And what we have said is even more clear if another priest like Melchizedek appears, 16 one who has become a priest not on the basis of a regulation as to his ancestry but on the basis of the power of an indestructible life. 17 For it is declared:

"You are a priest forever,
in the order of Melchizedek." c

18 The former regulation is set aside because it was weak and useless 19 (for the law made nothing perfect), and a better hope is introduced, by which we draw near to God.

20 And it was not without an oath! Others became priests without any oath, 21 but he became a priest with an oath when God said to him:

"The Lord has sworn
and will not change his mind:
'You are a priest forever.' " c

22 Because of this oath, Jesus has become the guarantee of a better covenant.

23 Now there have been many of those priests, since death prevented them from continuing in office; 24 but because Jesus lives forever, he has a permanent priesthood. 25 Therefore he is able to save completely d

c 17,21 Psalm 110:4   d 25 Or forever

que por él se acercan a Dios, viviendo siempre para interceder por ellos.

26 Porque tal sumo sacerdote nos convenía: santo, inocente, sin mancha, apartado de los pecadores, y hecho más sublime que los cielos;

27 que no tiene necesidad cada día, como aquellos sumos sacerdotes, de ofrecer primero sacrificios por sus propios pecados, y luego por los del pueblo; porque esto lo hizo una vez para siempre, ofreciéndose a sí mismo.

28 Porque la ley constituye sumos sacerdotes a débiles hombres; pero la palabra del juramento, posterior a la ley, al Hijo, hecho perfecto para siempre.

El mediador de un nuevo pacto

8 ¹Ahora bien, el punto principal de lo que venimos diciendo es que tenemos tal sumo sacerdote, el cual se sentó a la diestra del trono de la Majestad en los cielos, ²ministro del santuario, y de aquel verdadero tabernáculo que levantó el Señor, y no el hombre.

³Porque todo sumo sacerdote está constituido para presentar ofrendas y sacrificios; por lo cual es necesario que también éste tenga algo que ofrecer.

⁴Así que, si estuviese sobre la tierra, ni siquiera sería sacerdote, habiendo aún sacerdotes que presentan las ofrendas según la ley;

⁵los cuales sirven a lo que es figura y sombra de las cosas celestiales, como se le advirtió a Moisés cuando iba a erigir el tabernáculo, diciéndole: Mira, haz todas las cosas conforme al modelo que se te ha mostrado en el monte.

⁶Pero ahora tanto mejor ministerio es el suyo, cuanto es mediador de un mejor pacto, establecido sobre mejores promesas.

⁷Porque si aquel primero hubiera sido sin defecto, ciertamente no se hubiera procurado lugar para el segundo.

⁸Porque reprendiéndolos dice:
He aquí vienen días, dice el Señor,
En que estableceré con la casa de Israel y la casa de Judá un nuevo pacto;
⁹No como el pacto que hice con sus padres
El día que los tomé de la mano para sacarlos de la tierra de Egipto;
Porque ellos no permanecieron en mi pacto,
Y yo me desentendí de ellos, dice el Señor.
¹⁰Por lo cual, este es el pacto que haré con la casa de Israel
Después de aquellos días, dice el Señor:
Pondré mis leyes en la mente de ellos,
Y sobre su corazón las escribiré;
Y seré a ellos por Dios,
Y ellos me serán a mí por pueblo;
¹¹Y ninguno enseñará a su prójimo,
Ni ninguno a su hermano, diciendo: Conoce al Señor;
Porque todos me conocerán,
Desde el menor hasta el mayor de ellos.
¹²Porque seré propicio a sus injusticias,
Y nunca más me acordaré de sus pecados y de sus iniquidades.

¹³Al decir: Nuevo pacto, ha dado por viejo al primero; y lo que se da por viejo y se envejece, está próximo a desaparecer.

those who come to God through him, because he always lives to intercede for them.

26 Such a high priest meets our need—one who is holy, blameless, pure, set apart from sinners, exalted above the heavens. 27 Unlike the other high priests, he does not need to offer sacrifices day after day, first for his own sins, and then for the sins of the people. He sacrificed for their sins once for all when he offered himself. 28 For the law appoints as high priests men who are weak; but the oath, which came after the law, appointed the Son, who has been made perfect forever.

The High Priest of a New Covenant

8 The point of what we are saying is this: We do have such a high priest, who sat down at the right hand of the throne of the Majesty in heaven, ²and who serves in the sanctuary, the true tabernacle set up by the Lord, not by man.

³Every high priest is appointed to offer both gifts and sacrifices, and so it was necessary for this one also to have something to offer. ⁴If he were on earth, he would not be a priest, for there are already men who offer the gifts prescribed by the law. ⁵They serve at a sanctuary that is a copy and shadow of what is in heaven. This is why Moses was warned when he was about to build the tabernacle: "See to it that you make everything according to the pattern shown you on the mountain."ᵉ ⁶But the ministry Jesus has received is as superior to theirs as the covenant of which he is mediator is superior to the old one, and it is founded on better promises.

⁷For if there had been nothing wrong with that first covenant, no place would have been sought for another. ⁸But God found fault with the people and said:ᶠ

"The time is coming, declares the Lord,
  when I will make a new covenant
with the house of Israel
  and with the house of Judah.
⁹It will not be like the covenant
  I made with their forefathers
when I took them by the hand
  to lead them out of Egypt,
because they did not remain faithful to my covenant,
  and I turned away from them,
        declares the Lord.
¹⁰This is the covenant I will make with the house of Israel
  after that time, declares the Lord.
I will put my laws in their minds
  and write them on their hearts.
I will be their God,
  and they will be my people.
¹¹No longer will a man teach his neighbor,
  or a man his brother, saying, 'Know the Lord,'
because they will all know me,
  from the least of them to the greatest.
¹²For I will forgive their wickedness
  and will remember their sins no more."ᵍ

¹³By calling this covenant "new," he has made the first one obsolete; and what is obsolete and aging will soon disappear.

ᵉ5 Exodus 25:40   ᶠ8 Some manuscripts may be translated *fault and said to the people.*   ᵍ12 Jer. 31:31-34

9 ¹ Ahora bien, aun el primer pacto tenía ordenanzas de culto y un santuario terrenal.

² Porque el tabernáculo estaba dispuesto así: en la primera parte, llamada el Lugar Santo, estaban el candelabro, la mesa y los panes de la proposición.

³ Tras el segundo velo estaba la parte del tabernáculo llamada el Lugar Santísimo,

⁴ el cual tenía un incensario de oro y el arca del pacto cubierta de oro por todas partes, en la que estaba una urna de oro que contenía el maná, la vara de Aarón que reverdeció, y las tablas del pacto;

⁵ y sobre ella los querubines de gloria que cubrían el propiciatorio; de las cuales cosas no se puede ahora hablar en detalle.

⁶ Y así dispuestas estas cosas, en la primera parte del tabernáculo entran los sacerdotes continuamente para cumplir los oficios del culto;

⁷ pero en la segunda parte, sólo el sumo sacerdote una vez al año, no sin sangre, la cual ofrece por sí mismo y por los pecados de ignorancia del pueblo;

⁸ dando el Espíritu Santo a entender con esto que aún no se había manifestado el camino al Lugar Santísimo, entre tanto que la primera parte del tabernáculo estuviese en pie.

⁹ Lo cual es símbolo para el tiempo presente, según el cual se presentan ofrendas y sacrificios que no pueden hacer perfecto, en cuanto a la conciencia, al que practica ese culto,

¹⁰ ya que consiste sólo de comidas y bebidas, de diversas abluciones, y ordenanzas acerca de la carne, impuestas hasta el tiempo de reformar las cosas.

¹¹ Pero estando ya presente Cristo, sumo sacerdote de los bienes venideros, por el más amplio y más perfecto tabernáculo, no hecho de manos, es decir, no de esta creación,

¹² y no por sangre de machos cabríos ni de becerros, sino por su propia sangre, entró una vez para siempre en el Lugar Santísimo, habiendo obtenido eterna redención.

¹³ Porque si la sangre de los toros y de los machos cabríos, y las cenizas de la becerra rociadas a los inmundos, santifican para la purificación de la carne,

¹⁴ ¿cuánto más la sangre de Cristo, el cual mediante el Espíritu eterno se ofreció a sí mismo sin mancha a Dios, limpiará vuestras conciencias de obras muertas para que sirváis al Dios vivo?

¹⁵ Así que, por eso es mediador de un nuevo pacto, *a* para que interviniendo muerte para la remisión de las transgresiones que había bajo el primer pacto, los llamados reciban la promesa de la herencia eterna.

¹⁶ Porque donde hay testamento, *a* es necesario que intervenga muerte del testador.

¹⁷ Porque el testamento con la muerte se confirma; pues no es válido entre tanto que el testador vive.

¹⁸ De donde ni aun el primer pacto fue instituido sin sangre.

¹⁹ Porque habiendo anunciado Moisés todos los mandamientos de la ley a todo el pueblo, tomó la sangre de los becerros y de los machos cabríos, con agua, lana escarlata e hisopo, y roció el mismo libro y también a todo el pueblo,

²⁰ diciendo: Esta es la sangre del pacto que Dios os ha mandado.

²¹ Y además de esto, roció también con la sangre el tabernáculo y todos los vasos del ministerio.

²² Y casi todo es purificado, según la ley, con sangre; y sin derramamiento de sangre no se hace remisión.

Worship in the Earthly Tabernacle

9 Now the first covenant had regulations for worship and also an earthly sanctuary. ²A tabernacle was set up. In its first room were the lampstand, the table and the consecrated bread; this was called the Holy Place. ³Behind the second curtain was a room called the Most Holy Place, ⁴which had the golden altar of incense and the gold-covered ark of the covenant. This ark contained the gold jar of manna, Aaron's staff that had budded, and the stone tablets of the covenant. ⁵Above the ark were the cherubim of the Glory, overshadowing the atonement cover. *h* But we cannot discuss these things in detail now.

⁶When everything had been arranged like this, the priests entered regularly into the outer room to carry on their ministry. ⁷But only the high priest entered the inner room, and that only once a year, and never without blood, which he offered for himself and for the sins the people had committed in ignorance. ⁸The Holy Spirit was showing by this that the way into the Most Holy Place had not yet been disclosed as long as the first tabernacle was still standing. ⁹This is an illustration for the present time, indicating that the gifts and sacrifices being offered were not able to clear the conscience of the worshiper. ¹⁰They are only a matter of food and drink and various ceremonial washings—external regulations applying until the time of the new order.

The Blood of Christ

¹¹When Christ came as high priest of the good things that are already here, *i* he went through the greater and more perfect tabernacle that is not man-made, that is to say, not a part of this creation. ¹²He did not enter by means of the blood of goats and calves; but he entered the Most Holy Place once for all by his own blood, having obtained eternal redemption. ¹³The blood of goats and bulls and the ashes of a heifer sprinkled on those who are ceremonially unclean sanctify them so that they are outwardly clean. ¹⁴How much more, then, will the blood of Christ, who through the eternal Spirit offered himself unblemished to God, cleanse our consciences from acts that lead to death, *j* so that we may serve the living God!

¹⁵For this reason Christ is the mediator of a new covenant, that those who are called may receive the promised eternal inheritance—now that he has died as a ransom to set them free from the sins committed under the first covenant.

¹⁶In the case of a will, *k* it is necessary to prove the death of the one who made it, ¹⁷because a will is in force only when somebody has died; it never takes effect while the one who made it is living. ¹⁸This is why even the first covenant was not put into effect without blood. ¹⁹When Moses had proclaimed every commandment of the law to all the people, he took the blood of calves, together with water, scarlet wool and branches of hyssop, and sprinkled the scroll and all the people. ²⁰He said, "This is the blood of the covenant, which God has commanded you to keep." *l* ²¹In the same way, he sprinkled with the blood both the tabernacle and everything used in its ceremonies. ²²In fact, the law requires that nearly everything be cleansed with blood, and without the shedding of blood there is no forgiveness.

h 5 Traditionally *the mercy seat* *i 11* Some early manuscripts *are to come* *j 14* Or *from useless rituals* *k 16* Same Greek word as *covenant*; also in verse 17 *l 20* Exodus 24:8

a La misma palabra griega significa tanto *pacto* como *testamento*.

El sacrificio de Cristo quita el pecado

23 Fue, pues, necesario que las figuras de las cosas celestiales fuesen purificadas así; pero las cosas celestiales mismas, con mejores sacrificios que estos.
24 Porque no entró Cristo en el santuario hecho de mano, figura del verdadero, sino en el cielo mismo para presentarse ahora por nosotros ante Dios;
25 y no para ofrecerse muchas veces, como entra el sumo sacerdote en el Lugar Santísimo cada año con sangre ajena.
26 De otra manera le hubiera sido necesario padecer muchas veces desde el principio del mundo; pero ahora, en la consumación de los siglos, se presentó una vez para siempre por el sacrificio de sí mismo para quitar de en medio el pecado.
27 Y de la manera que está establecido para los hombres que mueran una sola vez, y después de esto el juicio,
28 así también Cristo fue ofrecido una sola vez para llevar los pecados de muchos; y aparecerá por segunda vez, sin relación con el pecado, para salvar a los que le esperan.

10 1 Porque la ley, teniendo la sombra de los bienes venideros, no la imagen misma de las cosas, nunca puede, por los mismos sacrificios que se ofrecen continuamente cada año, hacer perfectos a los que se acercan.
2 De otra manera cesarían de ofrecerse, pues los que tributan este culto, limpios una vez, no tendrían ya más conciencia de pecado.
3 Pero en estos sacrificios cada año se hace memoria de los pecados;
4 porque la sangre de los toros y de los machos cabríos no puede quitar los pecados.
5 Por lo cual, entrando en el mundo dice:
Sacrificio y ofrenda no quisiste;
Mas me preparaste cuerpo.
6 Holocaustos y expiaciones por el pecado no te
    agradaron.
7 Entonces dije: He aquí que vengo, oh Dios, para
    hacer tu voluntad,
Como en el rollo del libro está escrito de mí.
8 Diciendo primero: Sacrificio y ofrenda y holocaustos y expiaciones por el pecado no quisiste, ni te agradaron (las cuales cosas se ofrecen según la ley),
9 y diciendo luego: He aquí que vengo, oh Dios, para hacer tu voluntad; quita lo primero, para establecer esto último.
10 En esa voluntad somos santificados mediante la ofrenda del cuerpo de Jesucristo hecha una vez para siempre.
11 Y ciertamente todo sacerdote está día tras día ministrando y ofreciendo muchas veces los mismos sacrificios, que nunca pueden quitar los pecados;
12 pero Cristo, habiendo ofrecido una vez para siempre un solo sacrificio por los pecados, se ha sentado a la diestra de Dios,
13 de ahí en adelante esperando hasta que sus enemigos sean puestos por estrado de sus pies;
14 porque con una sola ofrenda hizo perfectos para siempre a los santificados.
15 Y nos atestigua lo mismo el Espíritu Santo; porque después de haber dicho:
16 Este es el pacto que haré con ellos
Después de aquellos días, dice el Señor:
Pondré mis leyes en sus corazones,
Y en sus mentes las escribiré,

23 It was necessary, then, for the copies of the heavenly things to be purified with these sacrifices, but the heavenly things themselves with better sacrifices than these. 24 For Christ did not enter a man-made sanctuary that was only a copy of the true one; he entered heaven itself, now to appear for us in God's presence. 25 Nor did he enter heaven to offer himself again and again, the way the high priest enters the Most Holy Place every year with blood that is not his own. 26 Then Christ would have had to suffer many times since the creation of the world. But now he has appeared once for all at the end of the ages to do away with sin by the sacrifice of himself. 27 Just as man is destined to die once, and after that to face judgment, 28 so Christ was sacrificed once to take away the sins of many people; and he will appear a second time, not to bear sin, but to bring salvation to those who are waiting for him.

Christ's Sacrifice Once for All

10 The law is only a shadow of the good things that are coming — not the realities themselves. For this reason it can never, by the same sacrifices repeated endlessly year after year, make perfect those who draw near to worship. 2 If it could, would they not have stopped being offered? For the worshipers would have been cleansed once for all, and would no longer have felt guilty for their sins. 3 But those sacrifices are an annual reminder of sins, 4 because it is impossible for the blood of bulls and goats to take away sins.

5 Therefore, when Christ came into the world, he said:

"Sacrifice and offering you did not desire,
    but a body you prepared for me;
6 with burnt offerings and sin offerings
    you were not pleased.
7 Then I said, 'Here I am — it is written about me
    in the scroll —
I have come to do your will, O God.' " *m*

8 First he said, "Sacrifices and offerings, burnt offerings and sin offerings you did not desire, nor were you pleased with them" (although the law required them to be made). 9 Then he said, "Here I am, I have come to do your will." He sets aside the first to establish the second. 10 And by that will, we have been made holy through the sacrifice of the body of Jesus Christ once for all.

11 Day after day every priest stands and performs his religious duties; again and again he offers the same sacrifices, which can never take away sins. 12 But when this priest had offered for all time one sacrifice for sins, he sat down at the right hand of God. 13 Since that time he waits for his enemies to be made his footstool, 14 because by one sacrifice he has made perfect forever those who are being made holy.

15 The Holy Spirit also testifies to us about this. First he says:

16 "This is the covenant I will make with them
    after that time, says the Lord.
I will put my laws in their hearts,
    and I will write them on their minds." *n*

---

m 7 Psalm 40:6-8 (see Septuagint)   *n 16* Jer. 31:33

17 añade:

Y nunca más me acordaré de sus pecados y
    transgresiones.
18 Pues donde hay remisión de éstos, no hay más ofrenda
por el pecado.

19 Así que, hermanos, teniendo libertad para entrar en
el Lugar Santísimo por la sangre de Jesucristo,
20 por el camino nuevo y vivo que él nos abrió a través del
velo, esto es, de su carne,
21 y teniendo un gran sacerdote sobre la casa de Dios,
22 acerquémonos con corazón sincero, en plena certidumbre de fe, purificados los corazones de mala conciencia, y
lavados los cuerpos con agua pura.
23 Mantengamos firme, sin fluctuar, la profesión de nuestra
esperanza, porque fiel es el que prometió.
24 Y considerémonos unos a otros para estimularnos al
amor y a las buenas obras;
25 no dejando de congregarnos, como algunos tienen por
costumbre, sino exhortándonos; y tanto más, cuanto veis
que aquel día se acerca.

Advertencia al que peca deliberadamente

26 Porque si pecáremos voluntariamente después de haber recibido el conocimiento de la verdad, ya no queda
más sacrificio por los pecados,
27 sino una horrenda expectación de juicio, y de hervor de
fuego que ha de devorar a los adversarios.
28 El que viola la ley de Moisés, por el testimonio de dos
o de tres testigos muere irremisiblemente.
29 ¿Cuánto mayor castigo pensáis que merecerá el que
pisoteare al Hijo de Dios, y tuviere por inmunda la sangre
del pacto en la cual fue santificado, e hiciere afrenta al
Espíritu de gracia?
30 Pues conocemos al que dijo: Mía es la venganza, yo daré
el pago, dice el Señor. Y otra vez: El Señor juzgará a su
pueblo.
31 ¡Horrenda cosa es caer en manos del Dios vivo!
32 Pero traed a la memoria los días pasados, en los
cuales, después de haber sido iluminados, sostuvisteis gran
combate de padecimientos;
33 por una parte, ciertamente, con vituperios y tribulaciones fuisteis hechos espectáculo; y por otra, llegasteis a ser
compañeros de los que estaban en una situación semejante.
34 Porque de los presos también os compadecisteis, y el
despojo de vuestros bienes sufristeis con gozo, sabiendo
que tenéis en vosotros una mejor y perdurable herencia en
los cielos.
35 No perdáis, pues, vuestra confianza, que tiene grande
galardón;
36 porque os es necesaria la paciencia, para que habiendo
hecho la voluntad de Dios, obtengáis la promesa.
37 Porque aún un poquito,

Y el que ha de venir vendrá, y no tardará.
38 Mas el justo vivirá por fe;

Y si retrocediere, no agradará a mi alma.
39 Pero nosotros no somos de los que retroceden para
perdición, sino de los que tienen fe para preservación del
alma.

La fe

11 ¹ Es, pues, la fe la certeza de lo que se espera, la
convicción de lo que no se ve.
2 Porque por ella alcanzaron buen testimonio los antiguos.

17 Then he adds:

"Their sins and lawless acts
    I will remember no more." o
18 And where these have been forgiven, there is no
longer any sacrifice for sin.

A Call to Persevere

19 Therefore, brothers, since we have confidence to
enter the Most Holy Place by the blood of Jesus, 20 by
a new and living way opened for us through the curtain, that is, his body, 21 and since we have a great
priest over the house of God, 22 let us draw near to God
with a sincere heart in full assurance of faith, having
our hearts sprinkled to cleanse us from a guilty conscience and having our bodies washed with pure water. 23 Let us hold unswervingly to the hope we profess,
for he who promised is faithful. 24 And let us consider
how we may spur one another on toward love and
good deeds. 25 Let us not give up meeting together, as
some are in the habit of doing, but let us encourage one
another—and all the more as you see the Day approaching.

26 If we deliberately keep on sinning after we have
received the knowledge of the truth, no sacrifice for
sins is left, 27 but only a fearful expectation of judgment
and of raging fire that will consume the enemies of
God. 28 Anyone who rejected the law of Moses died
without mercy on the testimony of two or three witnesses. 29 How much more severely do you think a man
deserves to be punished who has trampled the Son of
God under foot, who has treated as an unholy thing the
blood of the covenant that sanctified him, and who has
insulted the Spirit of grace? 30 For we know him who
said, "It is mine to avenge; I will repay," p and again,
"The Lord will judge his people." q 31 It is a dreadful
thing to fall into the hands of the living God.

32 Remember those earlier days after you had received the light, when you stood your ground in a great
contest in the face of suffering. 33 Sometimes you were
publicly exposed to insult and persecution; at other
times you stood side by side with those who were so
treated. 34 You sympathized with those in prison and
joyfully accepted the confiscation of your property,
because you knew that you yourselves had better and
lasting possessions.

35 So do not throw away your confidence; it will be
richly rewarded. 36 You need to persevere so that when
you have done the will of God, you will receive what
he has promised. 37 For in just a very little while,

"He who is coming will come and will not delay.
38   But my righteous one r will live by faith.
And if he shrinks back,
    I will not be pleased with him." s

39 But we are not of those who shrink back and are
destroyed, but of those who believe and are saved.

By Faith

11 Now faith is being sure of what we hope for
and certain of what we do not see. 2 This is
what the ancients were commended for.

o 17 Jer. 31:34   p 30 Deut. 32:35   q 30 Deut. 32:36; Psalm
135:14   r 38 One early manuscript But the righteous
s 38 Hab. 2:3,4

3 Por la fe entendemos haber sido constituido el universo por la palabra de Dios, de modo que lo que se ve fue hecho de lo que no se veía.

4 Por la fe Abel ofreció a Dios más excelente sacrificio que Caín, por lo cual alcanzó testimonio de que era justo, dando Dios testimonio de sus ofrendas; y muerto, aún habla por ella.

5 Por la fe Enoc fue traspuesto para no ver muerte, y no fue hallado, porque lo traspuso Dios; y antes que fuese traspuesto, tuvo testimonio de haber agradado a Dios.

6 Pero sin fe es imposible agradar a Dios; porque es necesario que el que se acerca a Dios crea que le hay, y que es galardonador de los que le buscan.

7 Por la fe Noé, cuando fue advertido por Dios acerca de cosas que aún no se veían, con temor preparó el arca en que su casa se salvase; y por esa fe condenó al mundo, y fue hecho heredero de la justicia que viene por la fe.

8 Por la fe Abraham, siendo llamado, obedeció para salir al lugar que había de recibir como herencia; y salió sin saber a dónde iba.

9 Por la fe habitó como extranjero en la tierra prometida como en tierra ajena, morando en tiendas con Isaac y Jacob, coherederos de la misma promesa;

10 porque esperaba la ciudad que tiene fundamentos, cuyo arquitecto y constructor es Dios.

11 Por la fe también la misma Sara, siendo estéril, recibió fuerza para concebir; y dio a luz aun fuera del tiempo de la edad, porque creyó que era fiel quien lo había prometido.

12 Por lo cual también, de uno, y ése ya casi muerto, salieron como las estrellas del cielo en multitud, y como la arena innumerable que está a la orilla del mar.

13 Conforme a la fe murieron todos éstos sin haber recibido lo prometido, sino mirándolo de lejos, y creyéndolo, y saludándolo, y confesando que eran extranjeros y peregrinos sobre la tierra.

14 Porque los que esto dicen, claramente dan a entender que buscan una patria;

15 pues si hubiesen estado pensando en aquella de donde salieron, ciertamente tenían tiempo de volver.

16 Pero anhelaban una mejor, esto es, celestial; por lo cual Dios no se avergüenza de llamarse Dios de ellos; porque les ha preparado una ciudad.

17 Por la fe Abraham, cuando fue probado, ofreció a Isaac; y el que había recibido las promesas ofrecía su unigénito,

18 habiéndosele dicho: En Isaac te será llamada descendencia;

19 pensando que Dios es poderoso para levantar aun de entre los muertos, de donde, en sentido figurado, también le volvió a recibir.

20 Por la fe bendijo Isaac a Jacob y a Esaú respecto a cosas venideras.

21 Por la fe Jacob, al morir, bendijo a cada uno de los hijos de José, y adoró apoyado sobre el extremo de su bordón.

22 Por la fe José, al morir, mencionó la salida de los hijos de Israel, y dio mandamiento acerca de sus huesos.

23 Por la fe Moisés, cuando nació, fue escondido por sus padres por tres meses, porque le vieron niño hermoso, y no temieron el decreto del rey.

24 Por la fe Moisés, hecho ya grande, rehusó llamarse hijo de la hija de Faraón,

3 By faith we understand that the universe was formed at God's command, so that what is seen was not made out of what was visible.

4 By faith Abel offered God a better sacrifice than Cain did. By faith he was commended as a righteous man, when God spoke well of his offerings. And by faith he still speaks, even though he is dead.

5 By faith Enoch was taken from this life, so that he did not experience death; he could not be found, because God had taken him away. For before he was taken, he was commended as one who pleased God.

6 And without faith it is impossible to please God, because anyone who comes to him must believe that he exists and that he rewards those who earnestly seek him.

7 By faith Noah, when warned about things not yet seen, in holy fear built an ark to save his family. By his faith he condemned the world and became heir of the righteousness that comes by faith.

8 By faith Abraham, when called to go to a place he would later receive as his inheritance, obeyed and went, even though he did not know where he was going. 9 By faith he made his home in the promised land like a stranger in a foreign country; he lived in tents, as did Isaac and Jacob, who were heirs with him of the same promise. 10 For he was looking forward to the city with foundations, whose architect and builder is God.

11 By faith Abraham, even though he was past age—and Sarah herself was barren—was enabled to become a father because he _t_ considered him faithful who had made the promise. 12 And so from this one man, and he as good as dead, came descendants as numerous as the stars in the sky and as countless as the sand on the seashore.

13 All these people were still living by faith when they died. They did not receive the things promised; they only saw them and welcomed them from a distance. And they admitted that they were aliens and strangers on earth. 14 People who say such things show that they are looking for a country of their own. 15 If they had been thinking of the country they had left, they would have had opportunity to return. 16 Instead, they were longing for a better country—a heavenly one. Therefore God is not ashamed to be called their God, for he has prepared a city for them.

17 By faith Abraham, when God tested him, offered Isaac as a sacrifice. He who had received the promises was about to sacrifice his one and only son, 18 even though God had said to him, "It is through Isaac that your offspring _u_ will be reckoned." _v_ 19 Abraham reasoned that God could raise the dead, and figuratively speaking, he did receive Isaac back from death.

20 By faith Isaac blessed Jacob and Esau in regard to their future.

21 By faith Jacob, when he was dying, blessed each of Joseph's sons, and worshiped as he leaned on the top of his staff.

22 By faith Joseph, when his end was near, spoke about the exodus of the Israelites from Egypt and gave instructions about his bones.

23 By faith Moses' parents hid him for three months after he was born, because they saw he was no ordinary child, and they were not afraid of the king's edict.

24 By faith Moses, when he had grown up, refused to be known as the son of Pharaoh's daughter. 25 He

---

_t 11_ Or _By faith even Sarah, who was past age, was enabled to bear children because she_   _u 18_ Greek _seed_   _v 18_ Gen. 21:12

25escogiendo antes ser maltratado con el pueblo de Dios, que gozar de los deleites temporales del pecado,

26teniendo por mayores riquezas el vituperio de Cristo que los tesoros de los egipcios; porque tenía puesta la mirada en el galardón.

27Por la fe dejó a Egipto, no temiendo la ira del rey; porque se sostuvo como viendo al Invisible.

28Por la fe celebró la pascua y la aspersión de la sangre, para que el que destruía a los primogénitos no los tocase a ellos.

29Por la fe pasaron el Mar Rojo como por tierra seca; e intentando los egipcios hacer lo mismo, fueron ahogados.

30Por la fe cayeron los muros de Jericó después de rodear-los siete días.

31Por la fe Rahab la ramera no pereció juntamente con los desobedientes, habiendo recibido a los espías en paz.

32¿Y qué más digo? Porque el tiempo me faltaría contan-do de Gedeón, de Barac, de Sansón, de Jefté, de David, así como de Samuel y de los profetas;

33que por fe conquistaron reinos, hicieron justicia, alcan-zaron promesas, taparon bocas de leones,

34apagaron fuegos impetuosos, evitaron filo de espada, sacaron fuerzas de debilidad, se hicieron fuertes en bata-llas, pusieron en fuga ejércitos extranjeros.

35Las mujeres recibieron sus muertos mediante resurrec-ción; mas otros fueron atormentados, no aceptando el rescate, a fin de obtener mejor resurrección.

36Otros experimentaron vituperios y azotes, y a más de esto prisiones y cárceles.

37Fueron apedreados, aserrados, puestos a prueba, muer-tos a filo de espada; anduvieron de acá para allá cubiertos de pieles de ovejas y de cabras, pobres, angustiados, mal-tratados;

38de los cuales el mundo no era digno; errando por los desiertos, por los montes, por las cuevas y por las cavernas de la tierra.

39Y todos éstos, aunque alcanzaron buen testimonio mediante la fe, no recibieron lo prometido;

40proveyendo Dios alguna cosa mejor para nosotros, para que no fuesen ellos perfeccionados aparte de nosotros.

Puestos los ojos en Jesús

12 1Por tanto, nosotros también, teniendo en derre-dor nuestro tan grande nube de testigos, despojé-monos de todo peso y del pecado que nos asedia, y corra-mos con paciencia la carrera que tenemos por delante, 2puestos los ojos en Jesús, el autor y consumador de la fe, el cual por el gozo puesto delante de él sufrió la cruz, menospreciando el oprobio, y se sentó a la diestra del trono de Dios.

3Considerad a aquel que sufrió tal contradicción de pecadores contra sí mismo, para que vuestro ánimo no se canse hasta desmayar.

4Porque aún no habéis resistido hasta la sangre, comba-tiendo contra el pecado;

5y habéis ya olvidado la exhortación que como a hijos se os dirige, diciendo:

Hijo mío, no menosprecies la disciplina del Señor,
Ni desmayes cuando eres reprendido por él;
6Porque el Señor al que ama, disciplina,
Y azota a todo el que recibe por hijo.

chose to be mistreated along with the people of God rather than to enjoy the pleasures of sin for a short time. 26He regarded disgrace for the sake of Christ as of greater value than the treasures of Egypt, because he was looking ahead to his reward. 27By faith he left Egypt, not fearing the king's anger; he persevered because he saw him who is invisible. 28By faith he kept the Passover and the sprinkling of blood, so that the destroyer of the firstborn would not touch the firstborn of Israel.

29By faith the people passed through the Red Sea w as on dry land; but when the Egyptians tried to do so, they were drowned.

30By faith the walls of Jericho fell, after the people had marched around them for seven days.

31By faith the prostitute Rahab, because she wel-comed the spies, was not killed with those who were disobedient. x

32And what more shall I say? I do not have time to tell about Gideon, Barak, Samson, Jephthah, David, Samuel and the prophets, 33who through faith con-quered kingdoms, administered justice, and gained what was promised; who shut the mouths of lions, 34quenched the fury of the flames, and escaped the edge of the sword; whose weakness was turned to strength; and who became powerful in battle and rout-ed foreign armies. 35Women received back their dead, raised to life again. Others were tortured and refused to be released, so that they might gain a better resurrec-tion. 36Some faced jeers and flogging, while still others were chained and put in prison. 37They were stoned y; they were sawed in two; they were put to death by the sword. They went about in sheepskins and goatskins, destitute, persecuted and mistreated— 38the world was not worthy of them. They wandered in deserts and mountains, and in caves and holes in the ground.

39These were all commended for their faith, yet none of them received what had been promised. 40God had planned something better for us so that only to-gether with us would they be made perfect.

God Disciplines His Sons

12 Therefore, since we are surrounded by such a great cloud of witnesses, let us throw off every-thing that hinders and the sin that so easily entangles, and let us run with perseverance the race marked out for us. 2Let us fix our eyes on Jesus, the author and perfecter of our faith, who for the joy set before him endured the cross, scorning its shame, and sat down at the right hand of the throne of God. 3Consider him who endured such opposition from sinful men, so that you will not grow weary and lose heart.

4In your struggle against sin, you have not yet resist-ed to the point of shedding your blood. 5And you have forgotten that word of encouragement that addresses you as sons:

"My son, do not make light of the Lord's
    discipline,
    and do not lose heart when he rebukes you,
6because the Lord disciplines those he loves,
    and he punishes everyone he accepts as a
        son." z

---

w29 That is, Sea of Reeds   x31 Or unbelieving   y37 Some early manuscripts stoned; they were put to the test; z6 Prov. 3:11,12

7Si soportáis la disciplina, Dios os trata como a hijos; porque ¿qué hijo es aquel a quien el padre no disciplina? 8Pero si se os deja sin disciplina, de la cual todos han sido participantes, entonces sois bastardos, y no hijos. 9Por otra parte, tuvimos a nuestros padres terrenales que nos disciplinaban, y los venerábamos. ¿Por qué no obedeceremos mucho mejor al Padre de los espíritus, y viviremos? 10Y aquéllos, ciertamente por pocos días nos disciplinaban como a ellos les parecía, pero éste para lo que nos es provechoso, para que participemos de su santidad. 11Es verdad que ninguna disciplina al presente parece ser causa de gozo, sino de tristeza; pero después da fruto apacible de justicia a los que en ella han sido ejercitados.

Los que rechazan la gracia de Dios

12Por lo cual, levantad las manos caídas y las rodillas paralizadas; 13y haced sendas derechas para vuestros pies, para que lo cojo no se salga del camino, sino que sea sanado. 14Seguid la paz con todos, y la santidad, sin la cual nadie verá al Señor. 15Mirad bien, no sea que alguno deje de alcanzar la gracia de Dios; que brotando alguna raíz de amargura, os estorbe, y por ella muchos sean contaminados; 16no sea que haya algún fornicario, o profano, como Esaú, que por una sola comida vendió su primogenitura. 17Porque ya sabéis que aun después, deseando heredar la bendición, fue desechado, y no hubo oportunidad para el arrepentimiento, aunque la procuró con lágrimas. 18Porque no os habéis acercado al monte que se podía palpar, y que ardía en fuego, a la oscuridad, a las tinieblas y a la tempestad, 19al sonido de la trompeta, y a la voz que hablaba, la cual los que la oyeron rogaron que no se les hablase más, 20porque no podían soportar lo que se ordenaba: Si aun una bestia tocare el monte, será apedreada, o pasada con dardo; 21y tan terrible era lo que se veía, que Moisés dijo: Estoy espantado y temblando; 22sino que os habéis acercado al monte de Sion, a la ciudad del Dios vivo, Jerusalén la celestial, a la compañía de muchos millares de ángeles, 23a la congregación de los primogénitos que están inscritos en los cielos, a Dios el Juez de todos, a los espíritus de los justos hechos perfectos, 24a Jesús el Mediador del nuevo pacto, y a la sangre rociada que habla mejor que la de Abel. 25Mirad que no desechéis al que habla. Porque si no escaparon aquellos que desecharon al que los amonestaba en la tierra, mucho menos nosotros, si desecháremos al que amonesta desde los cielos. 26La voz del cual conmovió entonces la tierra, pero ahora ha prometido, diciendo: Aún una vez, y conmoveré no solamente la tierra, sino también el cielo. 27Y esta frase: Aún una vez, indica la remoción de las cosas movibles, como cosas hechas, para que queden las inconmovibles. 28Así que, recibiendo nosotros un reino inconmovible, tengamos gratitud, y mediante ella sirvamos a Dios agradándole con temor y reverencia; 29porque nuestro Dios es fuego consumidor.

Deberes cristianos

13 1Permanezca el amor fraternal. 2No os olvidéis de la hospitalidad, porque por ella

7Endure hardship as discipline; God is treating you as sons. For what son is not disciplined by his father? 8If you are not disciplined (and everyone undergoes discipline), then you are illegitimate children and not true sons. 9Moreover, we have all had human fathers who disciplined us and we respected them for it. How much more should we submit to the Father of our spirits and live! 10Our fathers disciplined us for a little while as they thought best; but God disciplines us for our good, that we may share in his holiness. 11No discipline seems pleasant at the time, but painful. Later on, however, it produces a harvest of righteousness and peace for those who have been trained by it.

12Therefore, strengthen your feeble arms and weak knees. 13"Make level paths for your feet,"[a] so that the lame may not be disabled, but rather healed.

Warning Against Refusing God

14Make every effort to live in peace with all men and to be holy; without holiness no one will see the Lord. 15See to it that no one misses the grace of God and that no bitter root grows up to cause trouble and defile many. 16See that no one is sexually immoral, or is godless like Esau, who for a single meal sold his inheritance rights as the oldest son. 17Afterward, as you know, when he wanted to inherit this blessing, he was rejected. He could bring about no change of mind, though he sought the blessing with tears.

18You have not come to a mountain that can be touched and that is burning with fire; to darkness, gloom and storm; 19to a trumpet blast or to such a voice speaking words that those who heard it begged that no further word be spoken to them, 20because they could not bear what was commanded: "If even an animal touches the mountain, it must be stoned."[b] 21The sight was so terrifying that Moses said, "I am trembling with fear."[c]

22But you have come to Mount Zion, to the heavenly Jerusalem, the city of the living God. You have come to thousands upon thousands of angels in joyful assembly, 23to the church of the firstborn, whose names are written in heaven. You have come to God, the judge of all men, to the spirits of righteous men made perfect, 24to Jesus the mediator of a new covenant, and to the sprinkled blood that speaks a better word than the blood of Abel.

25See to it that you do not refuse him who speaks. If they did not escape when they refused him who warned them on earth, how much less will we, if we turn away from him who warns us from heaven? 26At that time his voice shook the earth, but now he has promised, "Once more I will shake not only the earth but also the heavens."[d] 27The words "once more" indicate the removing of what can be shaken—that is, created things—so that what cannot be shaken may remain.

28Therefore, since we are receiving a kingdom that cannot be shaken, let us be thankful, and so worship God acceptably with reverence and awe, 29for our "God is a consuming fire."[e]

Concluding Exhortations

13 Keep on loving each other as brothers. 2Do not forget to entertain strangers, for by so doing

---

a13 Prov. 4:26   b20 Exodus 19:12,13   c21 Deut. 9:19
d26 Haggai 2:6   e29 Deut. 4:24

algunos, sin saberlo, hospedaron ángeles.

3 Acordaos de los presos, como si estuvierais presos juntamente con ellos; y de los maltratados, como que también vosotros mismos estáis en el cuerpo.

4 Honroso sea en todos el matrimonio, y el lecho sin mancilla; pero a los fornicarios y a los adúlteros los juzgará Dios.

5 Sean vuestras costumbres sin avaricia, contentos con lo que tenéis ahora; porque él dijo: No te desampararé, ni te dejaré;

6 de manera que podemos decir confiadamente:

El Señor es mi ayudador; no temeré
Lo que me pueda hacer el hombre.

7 Acordaos de vuestros pastores, que os hablaron la palabra de Dios; considerad cuál haya sido el resultado de su conducta, e imitad su fe.

8 Jesucristo es el mismo ayer, y hoy, y por los siglos.

9 No os dejéis llevar de doctrinas diversas y extrañas; porque buena cosa es afirmar el corazón con la gracia, no con viandas, que nunca aprovecharon a los que se han ocupado de ellas.

10 Tenemos un altar, del cual no tienen derecho de comer los que sirven al tabernáculo.

11 Porque los cuerpos de aquellos animales cuya sangre a causa del pecado es introducida en el santuario por el sumo sacerdote, son quemados fuera del campamento.

12 Por lo cual también Jesús, para santificar al pueblo mediante su propia sangre, padeció fuera de la puerta.

13 Salgamos, pues, a él, fuera del campamento, llevando su vituperio;

14 porque no tenemos aquí ciudad permanente, sino que buscamos la por venir.

15 Así que, ofrezcamos siempre a Dios, por medio de él, sacrificio de alabanza, es decir, fruto de labios que confiesan su nombre.

16 Y de hacer bien y de la ayuda mutua no os olvidéis; porque de tales sacrificios se agrada Dios.

17 Obedeced a vuestros pastores, y sujetaos a ellos; porque ellos velan por vuestras almas, como quienes han de dar cuenta; para que lo hagan con alegría, y no quejándose, porque esto no os es provechoso.

18 Orad por nosotros; pues confiamos en que tenemos buena conciencia, deseando conducirnos bien en todo.

19 Y más os ruego que lo hagáis así, para que yo os sea restituido más pronto.

Bendición y salutaciones finales

20 Y el Dios de paz que resucitó de los muertos a nuestro Señor Jesucristo, el gran pastor de las ovejas, por la sangre del pacto eterno,

21 os haga aptos en toda obra buena para que hagáis su voluntad, haciendo él en vosotros lo que es agradable delante de él por Jesucristo; al cual sea la gloria por los siglos de los siglos. Amén.

22 Os ruego, hermanos, que soportéis la palabra de exhortación, pues os he escrito brevemente.

23 Sabed que está en libertad nuestro hermano Timoteo, con el cual, si viniere pronto, iré a veros.

24 Saludad a todos vuestros pastores, y a todos los santos. Los de Italia os saludan.

25 La gracia sea con todos vosotros. Amén.

some people have entertained angels without knowing it. 3 Remember those in prison as if you were their fellow prisoners, and those who are mistreated as if you yourselves were suffering.

4 Marriage should be honored by all, and the marriage bed kept pure, for God will judge the adulterer and all the sexually immoral. 5 Keep your lives free from the love of money and be content with what you have, because God has said,

"Never will I leave you;
never will I forsake you."f

6 So we say with confidence,

"The Lord is my helper; I will not be afraid.
What can man do to me?"g

7 Remember your leaders, who spoke the word of God to you. Consider the outcome of their way of life and imitate their faith. 8 Jesus Christ is the same yesterday and today and forever.

9 Do not be carried away by all kinds of strange teachings. It is good for our hearts to be strengthened by grace, not by ceremonial foods, which are of no value to those who eat them. 10 We have an altar from which those who minister at the tabernacle have no right to eat.

11 The high priest carries the blood of animals into the Most Holy Place as a sin offering, but the bodies are burned outside the camp. 12 And so Jesus also suffered outside the city gate to make the people holy through his own blood. 13 Let us, then, go to him outside the camp, bearing the disgrace he bore. 14 For here we do not have an enduring city, but we are looking for the city that is to come.

15 Through Jesus, therefore, let us continually offer to God a sacrifice of praise—the fruit of lips that confess his name. 16 And do not forget to do good and to share with others, for with such sacrifices God is pleased.

17 Obey your leaders and submit to their authority. They keep watch over you as men who must give an account. Obey them so that their work will be a joy, not a burden, for that would be of no advantage to you.

18 Pray for us. We are sure that we have a clear conscience and desire to live honorably in every way. 19 I particularly urge you to pray so that I may be restored to you soon.

20 May the God of peace, who through the blood of the eternal covenant brought back from the dead our Lord Jesus, that great Shepherd of the sheep, 21 equip you with everything good for doing his will, and may he work in us what is pleasing to him, through Jesus Christ, to whom be glory for ever and ever. Amen.

22 Brothers, I urge you to bear with my word of exhortation, for I have written you only a short letter.

23 I want you to know that our brother Timothy has been released. If he arrives soon, I will come with him to see you.

24 Greet all your leaders and all God's people. Those from Italy send you their greetings.

25 Grace be with you all.

f5 Deut. 31:6　　g6 Psalm 118:6,7

LA EPÍSTOLA UNIVERSAL DE
SANTIAGO

JAMES

Salutación

1 ¹ Santiago, siervo de Dios y del Señor Jesucristo, a las doce tribus que están en la dispersión: Salud.

La sabiduría que viene de Dios

² Hermanos míos, tened por sumo gozo cuando os halléis en diversas pruebas,
³ sabiendo que la prueba de vuestra fe produce paciencia.
⁴ Mas tenga la paciencia su obra completa, para que seáis perfectos y cabales, sin que os falte cosa alguna.
⁵ Y si alguno de vosotros tiene falta de sabiduría, pídala a Dios, el cual da a todos abundantemente y sin reproche, y le será dada.
⁶ Pero pida con fe, no dudando nada; porque el que duda es semejante a la onda del mar, que es arrastrada por el viento y echada de una parte a otra.
⁷ No piense, pues, quien tal haga, que recibirá cosa alguna del Señor.
⁸ El hombre de doble ánimo es inconstante en todos sus caminos.
⁹ El hermano que es de humilde condición, gloríese en su exaltación;
¹⁰ pero el que es rico, en su humillación; porque él pasará como la flor de la hierba.
¹¹ Porque cuando sale el sol con calor abrasador, la hierba se seca, su flor se cae, y perece su hermosa apariencia; así también se marchitará el rico en todas sus empresas.

Soportando las pruebas

¹² Bienaventurado el varón que soporta la tentación; porque cuando haya resistido la prueba, recibirá la corona de vida, que Dios ha prometido a los que le aman.
¹³ Cuando alguno es tentado, no diga que es tentado de parte de Dios; porque Dios no puede ser tentado por el mal, ni él tienta a nadie;
¹⁴ sino que cada uno es tentado, cuando de su propia concupiscencia es atraído y seducido.
¹⁵ Entonces la concupiscencia, después que ha concebido, da a luz el pecado; y el pecado, siendo consumado, da a luz la muerte.
¹⁶ Amados hermanos míos, no erréis.
¹⁷ Toda buena dádiva y todo don perfecto desciende de lo alto, del Padre de las luces, en el cual no hay mudanza, ni sombra de variación.
¹⁸ El, de su voluntad, nos hizo nacer por la palabra de verdad, para que seamos primicias de sus criaturas.

Hacedores de la palabra

¹⁹ Por esto, mis amados hermanos, todo hombre sea pronto para oír, tardo para hablar, tardo para airarse;
²⁰ porque la ira del hombre no obra la justicia de Dios.
²¹ Por lo cual, desechando toda inmundicia y abundancia de malicia, recibid con mansedumbre la palabra implantada, la cual puede salvar vuestras almas.
²² Pero sed hacedores de la palabra, y no tan solamente oidores, engañándoos a vosotros mismos.
²³ Porque si alguno es oidor de la palabra pero no hacedor de ella, éste es semejante al hombre que considera en un espejo su rostro natural.
²⁴ Porque él se considera a sí mismo, y se va, y luego olvida cómo era.

1 ¹ James, a servant of God and of the Lord Jesus Christ,

To the twelve tribes scattered among the nations:

Greetings.

Trials and Temptations

²Consider it pure joy, my brothers, whenever you face trials of many kinds, ³because you know that the testing of your faith develops perseverance. ⁴Perseverance must finish its work so that you may be mature and complete, not lacking anything. ⁵If any of you lacks wisdom, he should ask God, who gives generously to all without finding fault, and it will be given to him. ⁶But when he asks, he must believe and not doubt, because he who doubts is like a wave of the sea, blown and tossed by the wind. ⁷That man should not think he will receive anything from the Lord; ⁸he is a double-minded man, unstable in all he does.

⁹The brother in humble circumstances ought to take pride in his high position. ¹⁰But the one who is rich should take pride in his low position, because he will pass away like a wild flower. ¹¹For the sun rises with scorching heat and withers the plant; its blossom falls and its beauty is destroyed. In the same way, the rich man will fade away even while he goes about his business.

¹²Blessed is the man who perseveres under trial, because when he has stood the test, he will receive the crown of life that God has promised to those who love him.

¹³When tempted, no one should say, "God is tempting me." For God cannot be tempted by evil, nor does he tempt anyone; ¹⁴but each one is tempted when, by his own evil desire, he is dragged away and enticed. ¹⁵Then, after desire has conceived, it gives birth to sin; and sin, when it is full-grown, gives birth to death.

¹⁶Don't be deceived, my dear brothers. ¹⁷Every good and perfect gift is from above, coming down from the Father of the heavenly lights, who does not change like shifting shadows. ¹⁸He chose to give us birth through the word of truth, that we might be a kind of firstfruits of all he created.

Listening and Doing

¹⁹My dear brothers, take note of this: Everyone should be quick to listen, slow to speak and slow to become angry, ²⁰for man's anger does not bring about the righteous life that God desires. ²¹Therefore, get rid of all moral filth and the evil that is so prevalent and humbly accept the word planted in you, which can save you.

²²Do not merely listen to the word, and so deceive yourselves. Do what it says. ²³Anyone who listens to the word but does not do what it says is like a man who looks at his face in a mirror ²⁴and, after looking at himself, goes away and immediately forgets what he looks like. ²⁵But the man who looks intently into the

25 Mas el que mira atentamente en la perfecta ley, la de la libertad, y persevera en ella, no siendo oidor olvidadizo, sino hacedor de la obra, éste será bienaventurado en lo que hace.

26 Si alguno se cree religioso entre vosotros, y no refrena su lengua, sino que engaña su corazón, la religión del tal es vana.

27 La religión pura y sin mácula delante de Dios el Padre es esta: Visitar a los huérfanos y a las viudas en sus tribulaciones, y guardarse sin mancha del mundo.

Amonestación contra la parcialidad

2 ¹ Hermanos míos, que vuestra fe en nuestro glorioso Señor Jesucristo sea sin acepción de personas.

² Porque si en vuestra congregación entra un hombre con anillo de oro y con ropa espléndida, y también entra un pobre con vestido andrajoso,

³ y miráis con agrado al que trae la ropa espléndida y le decís: Siéntate tú aquí en buen lugar; y decís al pobre: Estate tú allí en pie, o siéntate aquí bajo mi estrado;

⁴ ¿no hacéis distinciones entre vosotros mismos, y venís a ser jueces con malos pensamientos?

⁵ Hermanos míos amados, oíd: ¿No ha elegido Dios a los pobres de este mundo, para que sean ricos en fe y herederos del reino que ha prometido a los que le aman?

⁶ Pero vosotros habéis afrentado al pobre. ¿No os oprimen los ricos, y no son ellos los mismos que os arrastran a los tribunales?

⁷ ¿No blasfeman ellos el buen nombre que fue invocado sobre vosotros?

⁸ Si en verdad cumplís la ley real, conforme a la Escritura: Amarás a tu prójimo como a ti mismo, bien hacéis;

⁹ pero si hacéis acepción de personas, cometéis pecado, y quedáis convictos por la ley como transgresores.

10 Porque cualquiera que guardare toda la ley, pero ofendiere en un punto, se hace culpable de todos.

11 Porque el que dijo: No cometerás adulterio, también ha dicho: No matarás. Ahora bien, si no cometes adulterio, pero matas, ya te has hecho transgresor de la ley.

12 Así hablad, y así haced, como los que habéis de ser juzgados por la ley de la libertad.

13 Porque juicio sin misericordia se hará con aquel que no hiciere misericordia; y la misericordia triunfa sobre el juicio.

La fe sin obras es muerta

14 Hermanos míos, ¿de qué aprovechará si alguno dice que tiene fe, y no tiene obras? ¿Podrá la fe salvarle?

15 Y si un hermano o una hermana están desnudos, y tienen necesidad del mantenimiento de cada día,

16 y alguno de vosotros les dice: Id en paz, calentaos y saciaos, pero no les dais las cosas que son necesarias para el cuerpo, ¿de qué aprovecha?

17 Así también la fe, si no tiene obras, es muerta en sí misma.

18 Pero alguno dirá: Tú tienes fe, y yo tengo obras. Muéstrame tu fe sin tus obras, y yo te mostraré mi fe por mis obras.

19 Tú crees que Dios es uno; bien haces. También los demonios creen, y tiemblan.

20 ¿Mas quieres saber, hombre vano, que la fe sin obras es muerta?

21 ¿No fue justificado por las obras Abraham nuestro padre, cuando ofreció a su hijo Isaac sobre el altar?

22 ¿No ves que la fe actuó juntamente con sus obras, y que la fe se perfeccionó por las obras?

perfect law that gives freedom, and continues to do this, not forgetting what he has heard, but doing it — he will be blessed in what he does.

26 If anyone considers himself religious and yet does not keep a tight rein on his tongue, he deceives himself and his religion is worthless. 27 Religion that God our Father accepts as pure and faultless is this: to look after orphans and widows in their distress and to keep oneself from being polluted by the world.

Favoritism Forbidden

2 My brothers, as believers in our glorious Lord Jesus Christ, don't show favoritism. 2 Suppose a man comes into your meeting wearing a gold ring and fine clothes, and a poor man in shabby clothes also comes in. 3 If you show special attention to the man wearing fine clothes and say, "Here's a good seat for you," but say to the poor man, "You stand there" or "Sit on the floor by my feet," 4 have you not discriminated among yourselves and become judges with evil thoughts?

5 Listen, my dear brothers: Has not God chosen those who are poor in the eyes of the world to be rich in faith and to inherit the kingdom he promised those who love him? 6 But you have insulted the poor. Is it not the rich who are exploiting you? Are they not the ones who are dragging you into court? 7 Are they not the ones who are slandering the noble name of him to whom you belong?

8 If you really keep the royal law found in Scripture, "Love your neighbor as yourself,"[a] you are doing right. 9 But if you show favoritism, you sin and are convicted by the law as lawbreakers. 10 For whoever keeps the whole law and yet stumbles at just one point is guilty of breaking all of it. 11 For he who said, "Do not commit adultery,"[b] also said, "Do not murder."[c] If you do not commit adultery but do commit murder, you have become a lawbreaker.

12 Speak and act as those who are going to be judged by the law that gives freedom, 13 because judgment without mercy will be shown to anyone who has not been merciful. Mercy triumphs over judgment!

Faith and Deeds

14 What good is it, my brothers, if a man claims to have faith but has no deeds? Can such faith save him? 15 Suppose a brother or sister is without clothes and daily food. 16 If one of you says to him, "Go, I wish you well; keep warm and well fed," but does nothing about his physical needs, what good is it? 17 In the same way, faith by itself, if it is not accompanied by action, is dead.

18 But someone will say, "You have faith; I have deeds."

Show me your faith without deeds, and I will show you my faith by what I do. 19 You believe that there is one God. Good! Even the demons believe that — and shudder.

20 You foolish man, do you want evidence that faith without deeds is useless[d]? 21 Was not our ancestor Abraham considered righteous for what he did when he offered his son Isaac on the altar? 22 You see that his faith and his actions were working together, and his

a 8 Lev. 19:18   *b* 11 Exodus 20:14; Deut. 5:18   *c* 11 Exodus 20:13; Deut. 5:17   *d* 20 Some early manuscripts *dead*

23 Y se cumplió la Escritura que dice: Abraham creyó a Dios, y le fue contado por justicia, y fue llamado amigo de Dios.

24 Vosotros veis, pues, que el hombre es justificado por las obras, y no solamente por la fe.

25 Asimismo también Rahab la ramera, ¿no fue justificada por obras, cuando recibió a los mensajeros y los envió por otro camino?

26 Porque como el cuerpo sin espíritu está muerto, así también la fe sin obras está muerta.

La lengua

3 1 Hermanos míos, no os hagáis maestros muchos de vosotros, sabiendo que recibiremos mayor condenación.

2 Porque todos ofendemos muchas veces. Si alguno no ofende en palabra, éste es varón perfecto, capaz también de refrenar todo el cuerpo.

3 He aquí nosotros ponemos freno en la boca de los caballos para que nos obedezcan, y dirigimos así todo su cuerpo.

4 Mirad también las naves; aunque tan grandes, y llevadas de impetuosos vientos, son gobernadas con un muy pequeño timón por donde el que las gobierna quiere.

5 Así también la lengua es un miembro pequeño, pero se jacta de grandes cosas. He aquí, ¡cuán grande bosque enciende un pequeño fuego!

6 Y la lengua es un fuego, un mundo de maldad. La lengua está puesta entre nuestros miembros, y contamina todo el cuerpo, e inflama la rueda de la creación, y ella misma es inflamada por el infierno.

7 Porque toda naturaleza de bestias, y de aves, y de serpientes, y de seres del mar, se doma y ha sido domada por la naturaleza humana;

8 pero ningún hombre puede domar la lengua, que es un mal que no puede ser refrenado, llena de veneno mortal.

9 Con ella bendecimos al Dios y Padre, y con ella maldecimos a los hombres, que están hechos a la semejanza de Dios.

10 De una misma boca proceden bendición y maldición. Hermanos míos, esto no debe ser así.

11 ¿Acaso alguna fuente echa por una misma abertura agua dulce y amarga?

12 Hermanos míos, ¿puede acaso la higuera producir aceitunas, o la vid higos? Así también ninguna fuente puede dar agua salada y dulce.

La sabiduría de lo alto

13 ¿Quién es sabio y entendido entre vosotros? Muestre por la buena conducta sus obras en sabia mansedumbre.

14 Pero si tenéis celos amargos y contención en vuestro corazón, no os jactéis, ni mintáis contra la verdad;

15 porque esta sabiduría no es la que desciende de lo alto, sino terrenal, animal, diabólica.

16 Porque donde hay celos y contención, allí hay perturbación y toda obra perversa.

17 Pero la sabiduría que es de lo alto es primeramente pura, después pacífica, amable, benigna, llena de misericordia y de buenos frutos, sin incertidumbre ni hipocresía.

18 Y el fruto de justicia se siembra en paz para aquellos que hacen la paz.

La amistad con el mundo

4 1 ¿De dónde vienen las guerras y los pleitos entre vosotros? ¿No es de vuestras pasiones, las cuales combaten en vuestros miembros?

faith was made complete by what he did. 23And the scripture was fulfilled that says, "Abraham believed God, and it was credited to him as righteousness," e and he was called God's friend. 24You see that a person is justified by what he does and not by faith alone.

25In the same way, was not even Rahab the prostitute considered righteous for what she did when she gave lodging to the spies and sent them off in a different direction? 26As the body without the spirit is dead, so faith without deeds is dead.

Taming the Tongue

3 Not many of you should presume to be teachers, my brothers, because you know that we who teach will be judged more strictly. 2We all stumble in many ways. If anyone is never at fault in what he says, he is a perfect man, able to keep his whole body in check.

3When we put bits into the mouths of horses to make them obey us, we can turn the whole animal. 4Or take ships as an example. Although they are so large and are driven by strong winds, they are steered by a very small rudder wherever the pilot wants to go. 5Likewise the tongue is a small part of the body, but it makes great boasts. Consider what a great forest is set on fire by a small spark. 6The tongue also is a fire, a world of evil among the parts of the body. It corrupts the whole person, sets the whole course of his life on fire, and is itself set on fire by hell.

7All kinds of animals, birds, reptiles and creatures of the sea are being tamed and have been tamed by man, 8but no man can tame the tongue. It is a restless evil, full of deadly poison.

9With the tongue we praise our Lord and Father, and with it we curse men, who have been made in God's likeness. 10Out of the same mouth come praise and cursing. My brothers, this should not be. 11Can both fresh water and salt f water flow from the same spring? 12My brothers, can a fig tree bear olives, or a grapevine bear figs? Neither can a salt spring produce fresh water.

Two Kinds of Wisdom

13Who is wise and understanding among you? Let him show it by his good life, by deeds done in the humility that comes from wisdom. 14But if you harbor bitter envy and selfish ambition in your hearts, do not boast about it or deny the truth. 15Such "wisdom" does not come down from heaven but is earthly, unspiritual, of the devil. 16For where you have envy and selfish ambition, there you find disorder and every evil practice.

17But the wisdom that comes from heaven is first of all pure; then peace-loving, considerate, submissive, full of mercy and good fruit, impartial and sincere. 18Peacemakers who sow in peace raise a harvest of righteousness.

Submit Yourselves to God

4 What causes fights and quarrels among you? Don't they come from your desires that battle within you? 2You want something but don't get it. You kill

2 Codiciáis, y no tenéis; matáis y ardéis de envidia, y no podéis alcanzar; combatís y lucháis, pero no tenéis lo que deseáis, porque no pedís.
3 Pedís, y no recibís, porque pedís mal, para gastar en vuestros deleites.
4 ¡Oh almas adúlteras! ¿No sabéis que la amistad del mundo es enemistad contra Dios? Cualquiera, pues, que quiera ser amigo del mundo, se constituye enemigo de Dios.
5 ¿O pensáis que la Escritura dice en vano: El Espíritu que él ha hecho morar en nosotros nos anhela celosamente?
6 Pero él da mayor gracia. Por esto dice: Dios resiste a los soberbios, y da gracia a los humildes.
7 Someteos, pues, a Dios; resistid al diablo, y huirá de vosotros.
8 Acercaos a Dios, y él se acercará a vosotros. Pecadores, limpiad las manos; y vosotros los de doble ánimo, purificad vuestros corazones.
9 Afligíos, y lamentad, y llorad. Vuestra risa se convierta en lloro, y vuestro gozo en tristeza.
10 Humillaos delante del Señor, y él os exaltará.

Juzgando al hermano

11 Hermanos, no murmuréis los unos de los otros. El que murmura del hermano y juzga a su hermano, murmura de la ley y juzga a la ley; pero si tú juzgas a la ley, no eres hacedor de la ley, sino juez.
12 Uno solo es el dador de la ley, que puede salvar y perder; pero tú, ¿quién eres para que juzgues a otro?

No os gloriéis del día de mañana

13 ¡Vamos ahora! los que decís: Hoy y mañana iremos a tal ciudad, y estaremos allá un año, y traficaremos, y ganaremos;
14 cuando no sabéis lo que será mañana. Porque ¿qué es vuestra vida? Ciertamente es neblina que se aparece por un poco de tiempo, y luego se desvanece.
15 En lugar de lo cual deberíais decir: Si el Señor quiere, viviremos y haremos esto o aquello.
16 Pero ahora os jactáis en vuestras soberbias. Toda jactancia semejante es mala;
17 y al que sabe hacer lo bueno, y no lo hace, le es pecado.

Contra los ricos opresores

5 1 ¡Vamos ahora, ricos! Llorad y aullad por las miserias que os vendrán.
2 Vuestras riquezas están podridas, y vuestras ropas están comidas de polilla.
3 Vuestro oro y plata están enmohecidos; y su moho testificará contra vosotros, y devorará del todo vuestras carnes como fuego. Habéis acumulado tesoros para los días postreros.
4 He aquí, clama el jornal de los obreros que han cosechado vuestras tierras, el cual por engaño no les ha sido pagado por vosotros; y los clamores de los que habían segado han entrado en los oídos del Señor de los ejércitos.
5 Habéis vivido en deleites sobre la tierra, y sido disolutos; habéis engordado vuestros corazones como en día de matanza.
6 Habéis condenado y dado muerte al justo, y él no os hace resistencia.

Sed pacientes y orad

7 Por tanto, hermanos, tened paciencia hasta la venida del Señor. Mirad cómo el labrador espera el precioso fruto de la tierra, aguardando con paciencia hasta que reciba la lluvia temprana y la tardía.
8 Tened también vosotros paciencia, y afirmad vuestros corazones; porque la venida del Señor se acerca.

and covet, but you cannot have what you want. You quarrel and fight. You do not have, because you do not ask God. 3 When you ask, you do not receive, because you ask with wrong motives, that you may spend what you get on your pleasures.
4 You adulterous people, don't you know that friendship with the world is hatred toward God? Anyone who chooses to be a friend of the world becomes an enemy of God. 5 Or do you think Scripture says without reason that the spirit he caused to live in us envies intensely? [g] 6 But he gives us more grace. That is why Scripture says:

> "God opposes the proud
> but gives grace to the humble." [h]

7 Submit yourselves, then, to God. Resist the devil, and he will flee from you. 8 Come near to God and he will come near to you. Wash your hands, you sinners, and purify your hearts, you double-minded. 9 Grieve, mourn and wail. Change your laughter to mourning and your joy to gloom. 10 Humble yourselves before the Lord, and he will lift you up.
11 Brothers, do not slander one another. Anyone who speaks against his brother or judges him speaks against the law and judges it. When you judge the law, you are not keeping it, but sitting in judgment on it. 12 There is only one Lawgiver and Judge, the one who is able to save and destroy. But you—who are you to judge your neighbor?

Boasting About Tomorrow

13 Now listen, you who say, "Today or tomorrow we will go to this or that city, spend a year there, carry on business and make money." 14 Why, you do not even know what will happen tomorrow. What is your life? You are a mist that appears for a little while and then vanishes. 15 Instead, you ought to say, "If it is the Lord's will, we will live and do this or that." 16 As it is, you boast and brag. All such boasting is evil. 17 Anyone, then, who knows the good he ought to do and doesn't do it, sins.

Warning to Rich Oppressors

5 Now listen, you rich people, weep and wail because of the misery that is coming upon you. 2 Your wealth has rotted, and moths have eaten your clothes. 3 Your gold and silver are corroded. Their corrosion will testify against you and eat your flesh like fire. You have hoarded wealth in the last days. 4 Look! The wages you failed to pay the workmen who mowed your fields are crying out against you. The cries of the harvesters have reached the ears of the Lord Almighty. 5 You have lived on earth in luxury and self-indulgence. You have fattened yourselves in the day of slaughter. [i] 6 You have condemned and murdered innocent men, who were not opposing you.

Patience in Suffering

7 Be patient, then, brothers, until the Lord's coming. See how the farmer waits for the land to yield its valuable crop and how patient he is for the autumn and spring rains. 8 You too, be patient and stand firm, be-

g5 Or that God jealously longs for the spirit that he made to live in us; or that the Spirit he caused to live in us longs jealously *h6 Prov. 3:34* *i5 Or yourselves as in a day of feasting*

9 Hermanos, no os quejéis unos contra otros, para que no seáis condenados; he aquí, el juez está delante de la puerta.
10 Hermanos míos, tomad como ejemplo de aflicción y de paciencia a los profetas que hablaron en nombre del Señor.
11 He aquí, tenemos por bienaventurados a los que sufren. Habéis oído de la paciencia de Job, y habéis visto el fin del Señor, que el Señor es muy misericordioso y compasivo.
12 Pero sobre todo, hermanos míos, no juréis, ni por el cielo, ni por la tierra, ni por ningún otro juramento; sino que vuestro sí sea sí, y vuestro no sea no, para que no caigáis en condenación.
13 ¿Está alguno entre vosotros afligido? Haga oración. ¿Está alguno alegre? Cante alabanzas.
14 ¿Está alguno enfermo entre vosotros? Llame a los ancianos de la iglesia, y oren por él, ungiéndole con aceite en el nombre del Señor.
15 Y la oración de fe salvará al enfermo, y el Señor lo levantará; y si hubiere cometido pecados, le serán perdonados.
16 Confesaos vuestras ofensas unos a otros, y orad unos por otros, para que seáis sanados. La oración eficaz del justo puede mucho.
17 Elías era hombre sujeto a pasiones semejantes a las nuestras, y oró fervientemente para que no lloviese, y no llovió sobre la tierra por tres años y seis meses.
18 Y otra vez oró, y el cielo dio lluvia, y la tierra produjo su fruto.
19 Hermanos, si alguno de entre vosotros se ha extraviado de la verdad, y alguno le hace volver,
20 sepa que el que haga volver al pecador del error de su camino, salvará de muerte un alma, y cubrirá multitud de pecados.

cause the Lord's coming is near. 9 Don't grumble against each other, brothers, or you will be judged. The Judge is standing at the door!
10 Brothers, as an example of patience in the face of suffering, take the prophets who spoke in the name of the Lord. 11 As you know, we consider blessed those who have persevered. You have heard of Job's perseverance and have seen what the Lord finally brought about. The Lord is full of compassion and mercy.
12 Above all, my brothers, do not swear — not by heaven or by earth or by anything else. Let your "Yes" be yes, and your "No," no, or you will be condemned.

The Prayer of Faith

13 Is any one of you in trouble? He should pray. Is anyone happy? Let him sing songs of praise. 14 Is any one of you sick? He should call the elders of the church to pray over him and anoint him with oil in the name of the Lord. 15 And the prayer offered in faith will make the sick person well; the Lord will raise him up. If he has sinned, he will be forgiven. 16 Therefore confess your sins to each other and pray for each other so that you may be healed. The prayer of a righteous man is powerful and effective.
17 Elijah was a man just like us. He prayed earnestly that it would not rain, and it did not rain on the land for three and a half years. 18 Again he prayed, and the heavens gave rain, and the earth produced its crops.
19 My brothers, if one of you should wander from the truth and someone should bring him back, 20 remember this: Whoever turns a sinner from the error of his way will save him from death and cover over a multitude of sins.

SAN PEDRO APÓSTOL

1 PETER

Salutación

1 ¹ Pedro, apóstol de Jesucristo, a los expatriados de la dispersión en el Ponto, Galacia, Capadocia, Asia y Bitinia,

² elegidos según la presciencia de Dios Padre en santificación del Espíritu, para obedecer y ser rociados con la sangre de Jesucristo: Gracia y paz os sean multiplicadas.

Una esperanza viva

³ Bendito el Dios y Padre de nuestro Señor Jesucristo, que según su grande misericordia nos hizo renacer para una esperanza viva, por la resurrección de Jesucristo de los muertos,

⁴ para una herencia incorruptible, incontaminada e inmarcesible, reservada en los cielos para vosotros,

⁵ que sois guardados por el poder de Dios mediante la fe, para alcanzar la salvación que está preparada para ser manifestada en el tiempo postrero.

⁶ En lo cual vosotros os alegráis, aunque ahora por un poco de tiempo, si es necesario, tengáis que ser afligidos en diversas pruebas,

⁷ para que sometida a prueba vuestra fe, mucho más preciosa que el oro, el cual aunque perecedero se prueba con fuego, sea hallada en alabanza, gloria y honra cuando sea manifestado Jesucristo,

⁸ a quien amáis sin haberle visto, en quien creyendo, aunque ahora no lo veáis, os alegráis con gozo inefable y glorioso;

⁹ obteniendo el fin de vuestra fe, que es la salvación de vuestras almas.

¹⁰ Los profetas que profetizaron de la gracia destinada a vosotros, inquirieron y diligentemente indagaron acerca de esta salvación,

¹¹ escudriñando qué persona y qué tiempo indicaba el Espíritu de Cristo que estaba en ellos, el cual anunciaba de antemano los sufrimientos de Cristo, y las glorias que vendrían tras ellos.

¹² A éstos se les reveló que no para sí mismos, sino para nosotros, administraban las cosas que ahora os son anunciadas por los que os han predicado el evangelio por el Espíritu Santo enviado del cielo; cosas en las cuales anhelan mirar los ángeles.

Llamamiento a una vida santa

¹³ Por tanto, ceñid los lomos de vuestro entendimiento, sed sobrios, y esperad por completo en la gracia que se os traerá cuando Jesucristo sea manifestado;

¹⁴ como hijos obedientes, no os conforméis a los deseos que antes teníais estando en vuestra ignorancia;

¹⁵ sino, como aquel que os llamó es santo, sed también vosotros santos en toda vuestra manera de vivir;

¹⁶ porque escrito está: Sed santos, porque yo soy santo.

¹⁷ Y si invocáis por Padre a aquel que sin acepción de personas juzga según la obra de cada uno, conducíos en temor todo el tiempo de vuestra peregrinación;

¹⁸ sabiendo que fuisteis rescatados de vuestra vana manera de vivir, la cual recibisteis de vuestros padres, no con cosas corruptibles, como oro o plata,

¹⁹ sino con la sangre preciosa de Cristo, como de un cordero sin mancha y sin contaminación,

1 Peter, an apostle of Jesus Christ,

To God's elect, strangers in the world, scattered throughout Pontus, Galatia, Cappadocia, Asia and Bithynia, ²who have been chosen according to the foreknowledge of God the Father, through the sanctifying work of the Spirit, for obedience to Jesus Christ and sprinkling by his blood:

Grace and peace be yours in abundance.

Praise to God for a Living Hope

³Praise be to the God and Father of our Lord Jesus Christ! In his great mercy he has given us new birth into a living hope through the resurrection of Jesus Christ from the dead, ⁴and into an inheritance that can never perish, spoil or fade — kept in heaven for you, ⁵who through faith are shielded by God's power until the coming of the salvation that is ready to be revealed in the last time. ⁶In this you greatly rejoice, though now for a little while you may have had to suffer grief in all kinds of trials. ⁷These have come so that your faith — of greater worth than gold, which perishes even though refined by fire — may be proved genuine and may result in praise, glory and honor when Jesus Christ is revealed. ⁸Though you have not seen him, you love him; and even though you do not see him now, you believe in him and are filled with an inexpressible and glorious joy, ⁹for you are receiving the goal of your faith, the salvation of your souls.

¹⁰Concerning this salvation, the prophets, who spoke of the grace that was to come to you, searched intently and with the greatest care, ¹¹trying to find out the time and circumstances to which the Spirit of Christ in them was pointing when he predicted the sufferings of Christ and the glories that would follow. ¹²It was revealed to them that they were not serving themselves but you, when they spoke of the things that have now been told you by those who have preached the gospel to you by the Holy Spirit sent from heaven. Even angels long to look into these things.

Be Holy

¹³Therefore, prepare your minds for action; be self-controlled; set your hope fully on the grace to be given you when Jesus Christ is revealed. ¹⁴As obedient children, do not conform to the evil desires you had when you lived in ignorance. ¹⁵But just as he who called you is holy, so be holy in all you do; ¹⁶for it is written: "Be holy, because I am holy."[a]

¹⁷Since you call on a Father who judges each man's work impartially, live your lives as strangers here in reverent fear. ¹⁸For you know that it was not with perishable things such as silver or gold that you were redeemed from the empty way of life handed down to you from your forefathers, ¹⁹but with the precious

---

a 16 Lev. 11:44,45; 19:2; 20:7

Spanish column:

20 ya destinado desde antes de la fundación del mundo, pero manifestado en los postreros tiempos por amor de vosotros,

21 y mediante el cual creéis en Dios, quien le resucitó de los muertos y le ha dado gloria, para que vuestra fe y esperanza sean en Dios.

22 Habiendo purificado vuestras almas por la obediencia a la verdad, mediante el Espíritu, para el amor fraternal no fingido, amaos unos a otros entrañablemente, de corazón puro;

23 siendo renacidos, no de simiente corruptible, sino de incorruptible, por la palabra de Dios que vive y permanece para siempre.

24 Porque:

Toda carne es como hierba,
Y toda la gloria del hombre como flor de la hierba.
La hierba se seca, y la flor se cae;

25 Mas la palabra del Señor permanece para siempre. Y esta es la palabra que por el evangelio os ha sido anunciada.

2 1 Desechando, pues, toda malicia, todo engaño, hipocresía, envidias, y todas las detracciones,

2 desead, como niños recién nacidos, la leche espiritual no adulterada, para que por ella crezcáis para salvación,

3 si es que habéis gustado la benignidad del Señor.

La piedra viva

4 Acercándoos a él, piedra viva, desechada ciertamente por los hombres, mas para Dios escogida y preciosa,

5 vosotros también, como piedras vivas, sed edificados como casa espiritual y sacerdocio santo, para ofrecer sacrificios espirituales aceptables a Dios por medio de Jesucristo.

6 Por lo cual también contiene la Escritura:

He aquí, pongo en Sion la principal piedra del ángulo, escogida, preciosa;
Y el que creyere en él, no será avergonzado.

7 Para vosotros, pues, los que creéis, él es precioso; pero para los que no creen,

La piedra que los edificadores desecharon,
Ha venido a ser la cabeza del ángulo;

8 y,

Piedra de tropiezo, y roca que hace caer,

porque tropiezan en la palabra, siendo desobedientes; a lo cual fueron también destinados.

El pueblo de Dios

9 Mas vosotros sois linaje escogido, real sacerdocio, nación santa, pueblo adquirido por Dios, para que anunciéis las virtudes de aquel que os llamó de las tinieblas a su luz admirable;

10 vosotros que en otro tiempo no erais pueblo, pero que ahora sois pueblo de Dios; que en otro tiempo no habíais alcanzado misericordia, pero ahora habéis alcanzado misericordia.

Vivid como siervos de Dios

11 Amados, yo os ruego como a extranjeros y peregrinos, que os abstengáis de los deseos carnales que batallan contra el alma,

12 manteniendo buena vuestra manera de vivir entre los gentiles; para que en lo que murmuran de vosotros como de malhechores, glorifiquen a Dios en el día de la visitación, al considerar vuestras buenas obras.

English column:

blood of Christ, a lamb without blemish or defect. 20 He was chosen before the creation of the world, but was revealed in these last times for your sake. 21 Through him you believe in God, who raised him from the dead and glorified him, and so your faith and hope are in God.

22 Now that you have purified yourselves by obeying the truth so that you have sincere love for your brothers, love one another deeply, from the heart. [b] 23 For you have been born again, not of perishable seed, but of imperishable, through the living and enduring word of God. 24 For,

"All men are like grass,
　and all their glory is like the flowers of the field;
the grass withers and the flowers fall,
25　but the word of the Lord stands forever." [c]

And this is the word that was preached to you.

2 Therefore, rid yourselves of all malice and all deceit, hypocrisy, envy, and slander of every kind. 2 Like newborn babies, crave pure spiritual milk, so that by it you may grow up in your salvation, 3 now that you have tasted that the Lord is good.

The Living Stone and a Chosen People

4 As you come to him, the living Stone—rejected by men but chosen by God and precious to him— 5 you also, like living stones, are being built into a spiritual house to be a holy priesthood, offering spiritual sacrifices acceptable to God through Jesus Christ. 6 For in Scripture it says:

"See, I lay a stone in Zion,
　a chosen and precious cornerstone,
and the one who trusts in him
　will never be put to shame." [d]

7 Now to you who believe, this stone is precious. But to those who do not believe,

"The stone the builders rejected
　has become the capstone, [e]" [f]

8 and,

"A stone that causes men to stumble
　and a rock that makes them fall." [g]

They stumble because they disobey the message—which is also what they were destined for.

9 But you are a chosen people, a royal priesthood, a holy nation, a people belonging to God, that you may declare the praises of him who called you out of darkness into his wonderful light. 10 Once you were not a people, but now you are the people of God; once you had not received mercy, but now you have received mercy.

11 Dear friends, I urge you, as aliens and strangers in the world, to abstain from sinful desires, which war against your soul. 12 Live such good lives among the pagans that, though they accuse you of doing wrong, they may see your good deeds and glorify God on the day he visits us.

---

b22 Some early manuscripts *from a pure heart*　c25 Isaiah 40:6-8　d6 Isaiah 28:16　e7 Or *cornerstone*　f7 Psalm 118:22　g8 Isaiah 8:14

13 Por causa del Señor someteos a toda institución humana, ya sea al rey, como a superior,

14 ya a los gobernadores, como por él enviados para castigo de los malhechores y alabanza de los que hacen bien.

15 Porque esta es la voluntad de Dios: que haciendo bien, hagáis callar la ignorancia de los hombres insensatos;

16 como libres, pero no como los que tienen la libertad como pretexto para hacer lo malo, sino como siervos de Dios.

17 Honrad a todos. Amad a los hermanos. Temed a Dios. Honrad al rey.

18 Criados, estad sujetos con todo respeto a vuestros amos; no solamente a los buenos y afables, sino también a los difíciles de soportar.

19 Porque esto merece aprobación, si alguno a causa de la conciencia delante de Dios, sufre molestias padeciendo injustamente.

20 Pues ¿qué gloria es, si pecando sois abofeteados, y lo soportáis? Mas si haciendo lo bueno sufrís, y lo soportáis, esto ciertamente es aprobado delante de Dios.

21 Pues para esto fuisteis llamados; porque también Cristo padeció por nosotros, dejándonos ejemplo, para que sigáis sus pisadas;

22 el cual no hizo pecado, ni se halló engaño en su boca;

23 quien cuando le maldecían, no respondía con maldición; cuando padecía, no amenazaba, sino encomendaba la causa al que juzga justamente;

24 quien llevó él mismo nuestros pecados en su cuerpo sobre el madero, para que nosotros, estando muertos a los pecados, vivamos a la justicia; y por cuya herida fuisteis sanados.

25 Porque vosotros erais como ovejas descarriadas, pero ahora habéis vuelto al Pastor y Obispo de vuestras almas.

Deberes conyugales

3 1 Asimismo vosotras, mujeres, estad sujetas a vuestros maridos; para que también los que no creen a la palabra, sean ganados sin palabra por la conducta de sus esposas,

2 considerando vuestra conducta casta y respetuosa.

3 Vuestro atavío no sea el externo de peinados ostentosos, de adornos de oro o de vestidos lujosos,

4 sino el interno, el del corazón, en el incorruptible ornato de un espíritu afable y apacible, que es de grande estima delante de Dios.

5 Porque así también se ataviaban en otro tiempo aquellas santas mujeres que esperaban en Dios, estando sujetas a sus maridos;

6 como Sara obedecía a Abraham, llamándole señor; de la cual vosotras habéis venido a ser hijas, si hacéis el bien, sin temer ninguna amenaza.

7 Vosotros, maridos, igualmente, vivid con ellas sabiamente, dando honor a la mujer como a vaso más frágil, y como a coherederas de la gracia de la vida, para que vuestras oraciones no tengan estorbo.

Una buena conciencia

8 Finalmente, sed todos de un mismo sentir, compasivos, amándoos fraternalmente, misericordiosos, amigables;

9 no devolviendo mal por mal, ni maldición por maldición, sino por el contrario, bendiciendo, sabiendo que fuisteis llamados para que heredaseis bendición.

Submission to Rulers and Masters

13 Submit yourselves for the Lord's sake to every authority instituted among men: whether to the king, as the supreme authority, 14 or to governors, who are sent by him to punish those who do wrong and to commend those who do right. 15 For it is God's will that by doing good you should silence the ignorant talk of foolish men. 16 Live as free men, but do not use your freedom as a cover-up for evil; live as servants of God. 17 Show proper respect to everyone: Love the brotherhood of believers, fear God, honor the king.

18 Slaves, submit yourselves to your masters with all respect, not only to those who are good and considerate, but also to those who are harsh. 19 For it is commendable if a man bears up under the pain of unjust suffering because he is conscious of God. 20 But how is it to your credit if you receive a beating for doing wrong and endure it? But if you suffer for doing good and you endure it, this is commendable before God. 21 To this you were called, because Christ suffered for you, leaving you an example, that you should follow in his steps.

22 "He committed no sin,
    and no deceit was found in his mouth." [h]

23 When they hurled their insults at him, he did not retaliate; when he suffered, he made no threats. Instead, he entrusted himself to him who judges justly. 24 He himself bore our sins in his body on the tree, so that we might die to sins and live for righteousness; by his wounds you have been healed. 25 For you were like sheep going astray, but now you have returned to the Shepherd and Overseer of your souls.

Wives and Husbands

3 Wives, in the same way be submissive to your husbands so that, if any of them do not believe the word, they may be won over without words by the behavior of their wives, 2 when they see the purity and reverence of your lives. 3 Your beauty should not come from outward adornment, such as braided hair and the wearing of gold jewelry and fine clothes. 4 Instead, it should be that of your inner self, the unfading beauty of a gentle and quiet spirit, which is of great worth in God's sight. 5 For this is the way the holy women of the past who put their hope in God used to make themselves beautiful. They were submissive to their own husbands, 6 like Sarah, who obeyed Abraham and called him her master. You are her daughters if you do what is right and do not give way to fear.

7 Husbands, in the same way be considerate as you live with your wives, and treat them with respect as the weaker partner and as heirs with you of the gracious gift of life, so that nothing will hinder your prayers.

Suffering for Doing Good

8 Finally, all of you, live in harmony with one another; be sympathetic, love as brothers, be compassionate and humble. 9 Do not repay evil with evil or insult with insult, but with blessing, because to this you were

10 Porque:

El que quiere amar la vida
Y ver días buenos,
Refrene su lengua de mal,
Y sus labios no hablen engaño;

11 Apártese del mal, y haga el bien;
Busque la paz, y sígala.

12 Porque los ojos del Señor están sobre los justos,
Y sus oídos atentos a sus oraciones;
Pero el rostro del Señor está contra aquellos que
hacen el mal.

13 ¿Y quién es aquel que os podrá hacer daño, si vosotros seguís el bien?

14 Mas también si alguna cosa padecéis por causa de la justicia, bienaventurados sois. Por tanto, no os amedrentéis por temor de ellos, ni os conturbéis,

15 sino santificad a Dios el Señor en vuestros corazones, y estad siempre preparados para presentar defensa con mansedumbre y reverencia ante todo el que os demande razón de la esperanza que hay en vosotros;

16 teniendo buena conciencia, para que en lo que murmuran de vosotros como de malhechores, sean avergonzados los que calumnian vuestra buena conducta en Cristo.

17 Porque mejor es que padezcáis haciendo el bien, si la voluntad de Dios así lo quiere, que haciendo el mal.

18 Porque también Cristo padeció una sola vez por los pecados, el justo por los injustos, para llevarnos a Dios, siendo a la verdad muerto en la carne, pero vivificado en espíritu;

19 en el cual también fue y predicó a los espíritus encarcelados,

20 los que en otro tiempo desobedecieron, cuando una vez esperaba la paciencia de Dios en los días de Noé, mientras se preparaba el arca, en la cual pocas personas, es decir, ocho, fueron salvadas por agua.

21 El bautismo que corresponde a esto ahora nos salva (no quitando las inmundicias de la carne, sino como la aspiración de una buena conciencia hacia Dios) por la resurrección de Jesucristo,

22 quien habiendo subido al cielo está a la diestra de Dios; y a él están sujetos ángeles, autoridades y potestades.

Buenos administradores de la gracia de Dios

4 1 Puesto que Cristo ha padecido por nosotros en la carne, vosotros también armaos del mismo pensamiento; pues quien ha padecido en la carne, terminó con el pecado,

2 para no vivir el tiempo que resta en la carne, conforme a las concupiscencias de los hombres, sino conforme a la voluntad de Dios.

3 Baste ya el tiempo pasado para haber hecho lo que agrada a los gentiles, andando en lascivias, concupiscencias, embriagueces, orgías, disipación y abominables idolatrías.

4 A éstos les parece cosa extraña que vosotros no corráis con ellos en el mismo desenfreno de disolución, y os ultrajan;

5 pero ellos darán cuenta al que está preparado para juzgar a los vivos y a los muertos.

6 Porque por esto también ha sido predicado el evangelio a los muertos, para que sean juzgados en carne según los hombres, pero vivan en espíritu según Dios.

7 Mas el fin de todas las cosas se acerca; sed, pues, sobrios, y velad en oración.

8 Y ante todo, tened entre vosotros ferviente amor; porque el amor cubrirá multitud de pecados.

9 Hospedaos los unos a los otros sin murmuraciones.

---

called so that you may inherit a blessing. 10 For,

"Whoever would love life
and see good days
must keep his tongue from evil
and his lips from deceitful speech.

11 He must turn from evil and do good;
he must seek peace and pursue it.

12 For the eyes of the Lord are on the righteous
and his ears are attentive to their prayer,
but the face of the Lord is against those who do
evil." i

13 Who is going to harm you if you are eager to do good? 14 But even if you should suffer for what is right, you are blessed. "Do not fear what they fear j; do not be frightened." k 15 But in your hearts set apart Christ as Lord. Always be prepared to give an answer to everyone who asks you to give the reason for the hope that you have. But do this with gentleness and respect, 16 keeping a clear conscience, so that those who speak maliciously against your good behavior in Christ may be ashamed of their slander. 17 It is better, if it is God's will, to suffer for doing good than for doing evil. 18 For Christ died for sins once for all, the righteous for the unrighteous, to bring you to God. He was put to death in the body but made alive by the Spirit, 19 through whom l also he went and preached to the spirits in prison 20 who disobeyed long ago when God waited patiently in the days of Noah while the ark was being built. In it only a few people, eight in all, were saved through water, 21 and this water symbolizes baptism that now saves you also—not the removal of dirt from the body but the pledge m of a good conscience toward God. It saves you by the resurrection of Jesus Christ, 22 who has gone into heaven and is at God's right hand—with angels, authorities and powers in submission to him.

Living for God

4 Therefore, since Christ suffered in his body, arm yourselves also with the same attitude, because he who has suffered in his body is done with sin. 2 As a result, he does not live the rest of his earthly life for evil human desires, but rather for the will of God. 3 For you have spent enough time in the past doing what pagans choose to do—living in debauchery, lust, drunkenness, orgies, carousing and detestable idolatry. 4 They think it strange that you do not plunge with them into the same flood of dissipation, and they heap abuse on you. 5 But they will have to give account to him who is ready to judge the living and the dead. 6 For this is the reason the gospel was preached even to those who are now dead, so that they might be judged according to men in regard to the body, but live according to God in regard to the spirit.

7 The end of all things is near. Therefore be clear minded and self-controlled so that you can pray. 8 Above all, love each other deeply, because love covers over a multitude of sins. 9 Offer hospitality to one another without grumbling. 10 Each one should use what-

---

i 12 Psalm 34:12-16   j 14 Or *not fear their threats*   k 14 Isaiah 8:12   l 18,19 Or *alive in the spirit,* 19 *through which*   m 21 Or *response*

10 Cada uno según el don que ha recibido, minístrelo a los otros, como buenos administradores de la multiforme gracia de Dios.

11 Si alguno habla, hable conforme a las palabras de Dios; si alguno ministra, ministre conforme al poder que Dios da, para que en todo sea Dios glorificado por Jesucristo, a quien pertenecen la gloria y el imperio por los siglos de los siglos. Amén.

Padeciendo como cristianos

12 Amados, no os sorprendáis del fuego de prueba que os ha sobrevenido, como si alguna cosa extraña os aconteciese,

13 sino gozaos por cuanto sois participantes de los padecimientos de Cristo, para que también en la revelación de su gloria os gocéis con gran alegría.

14 Si sois vituperados por el nombre de Cristo, sois bienaventurados, porque el glorioso Espíritu de Dios reposa sobre vosotros. Ciertamente, de parte de ellos, él es blasfemado, pero por vosotros es glorificado.

15 Así que, ninguno de vosotros padezca como homicida, o ladrón, o malhechor, o por entremeterse en lo ajeno; 16 pero si alguno padece como cristiano, no se avergüence, sino glorifique a Dios por ello.

17 Porque es tiempo de que el juicio comience por la casa de Dios; y si primero comienza por nosotros, ¿cuál será el fin de aquellos que no obedecen al evangelio de Dios? 18 Y:

Si el justo con dificultad se salva,
¿En dónde aparecerá el impío y el pecador?

19 De modo que los que padecen según la voluntad de Dios, encomienden sus almas al fiel Creador, y hagan el bien.

Apacentad la grey de Dios

5 1 Ruego a los ancianos que están entre vosotros, yo anciano también con ellos, y testigo de los padecimientos de Cristo, que soy también participante de la gloria que será revelada:

2 Apacentad la grey de Dios que está entre vosotros, cuidando de ella, no por fuerza, sino voluntariamente; no por ganancia deshonesta, sino con ánimo pronto;

3 no como teniendo señorío sobre los que están a vuestro cuidado, sino siendo ejemplos de la grey.

4 Y cuando aparezca el Príncipe de los pastores, vosotros recibiréis la corona incorruptible de gloria.

5 Igualmente, jóvenes, estad sujetos a los ancianos; y todos, sumisos unos a otros, revestíos de humildad; porque:

Dios resiste a los soberbios,
Y da gracia a los humildes.

6 Humillaos, pues, bajo la poderosa mano de Dios, para que él os exalte cuando fuere tiempo;

7 echando toda vuestra ansiedad sobre él, porque él tiene cuidado de vosotros.

8 Sed sobrios, y velad; porque vuestro adversario el diablo, como león rugiente, anda alrededor buscando a quien devorar;

9 al cual resistid firmes en la fe, sabiendo que los mismos padecimientos se van cumpliendo en vuestros hermanos en todo el mundo.

10 Mas el Dios de toda gracia, que nos llamó a su gloria eterna en Jesucristo, después que hayáis padecido un poco de tiempo, él mismo os perfeccione, afirme, fortalezca y establezca.

11 A él sea la gloria y el imperio por los siglos de los siglos. Amén.

ever gift he has received to serve others, faithfully administering God's grace in its various forms. 11 If anyone speaks, he should do it as one speaking the very words of God. If anyone serves, he should do it with the strength God provides, so that in all things God may be praised through Jesus Christ. To him be the glory and the power for ever and ever. Amen.

Suffering for Being a Christian

12 Dear friends, do not be surprised at the painful trial you are suffering, as though something strange were happening to you. 13 But rejoice that you participate in the sufferings of Christ, so that you may be overjoyed when his glory is revealed. 14 If you are insulted because of the name of Christ, you are blessed, for the Spirit of glory and of God rests on you. 15 If you suffer, it should not be as a murderer or thief or any other kind of criminal, or even as a meddler. 16 However, if you suffer as a Christian, do not be ashamed, but praise God that you bear that name. 17 For it is time for judgment to begin with the family of God; and if it begins with us, what will the outcome be for those who do not obey the gospel of God? 18 And,

"If it is hard for the righteous to be saved,
    what will become of the ungodly and the
        sinner?" n

19 So then, those who suffer according to God's will should commit themselves to their faithful Creator and continue to do good.

To Elders and Young Men

5 To the elders among you, I appeal as a fellow elder, a witness of Christ's sufferings and one who also will share in the glory to be revealed: 2 Be shepherds of God's flock that is under your care, serving as overseers—not because you must, but because you are willing, as God wants you to be; not greedy for money, but eager to serve; 3 not lording it over those entrusted to you, but being examples to the flock. 4 And when the Chief Shepherd appears, you will receive the crown of glory that will never fade away.

5 Young men, in the same way be submissive to those who are older. All of you, clothe yourselves with humility toward one another, because,

"God opposes the proud
    but gives grace to the humble." o

6 Humble yourselves, therefore, under God's mighty hand, that he may lift you up in due time. 7 Cast all your anxiety on him because he cares for you.

8 Be self-controlled and alert. Your enemy the devil prowls around like a roaring lion looking for someone to devour. 9 Resist him, standing firm in the faith, because you know that your brothers throughout the world are undergoing the same kind of sufferings.

10 And the God of all grace, who called you to his eternal glory in Christ, after you have suffered a little while, will himself restore you and make you strong, firm and steadfast. 11 To him be the power for ever and ever. Amen.

---

n 18 Prov. 11:31   o 5 Prov. 3:34

Salutaciones finales

12 Por conducto de Silvano, a quien tengo por hermano fiel, os he escrito brevemente, amonestándoos, y testificando que ésta es la verdadera gracia de Dios, en la cual estáis. 13 La iglesia que está en Babilonia, elegida juntamente con vosotros, y Marcos mi hijo, os saludan. 14 Saludaos unos a otros con ósculo de amor. Paz sea con todos vosotros los que estáis en Jesucristo. Amén.

Final Greetings

12 With the help of Silas, *p* whom I regard as a faithful brother, I have written to you briefly, encouraging you and testifying that this is the true grace of God. Stand fast in it.

13 She who is in Babylon, chosen together with you, sends you her greetings, and so does my son Mark. 14 Greet one another with a kiss of love.

Peace to all of you who are in Christ.

p 12 Greek *Silvanus*, a variant of *Silas*

SEGUNDA EPÍSTOLA UNIVERSAL DE
SAN PEDRO APÓSTOL

2 PETER

Salutación

1 ¹ Simón Pedro, siervo y apóstol de Jesucristo, a los que habéis alcanzado, por la justicia de nuestro Dios y Salvador Jesucristo, una fe igualmente preciosa que la nuestra:

² Gracia y paz os sean multiplicadas, en el conocimiento de Dios y de nuestro Señor Jesús.

Partícipes de la naturaleza divina

³ Como todas las cosas que pertenecen a la vida y a la piedad nos han sido dadas por su divino poder, mediante el conocimiento de aquel que nos llamó por su gloria y excelencia,

⁴ por medio de las cuales nos ha dado preciosas y grandísimas promesas, para que por ellas llegaseis a ser participantes de la naturaleza divina, habiendo huido de la corrupción que hay en el mundo a causa de la concupiscencia;

⁵ vosotros también, poniendo toda diligencia por esto mismo, añadid a vuestra fe virtud; a la virtud, conocimiento;

⁶ al conocimiento, dominio propio; al dominio propio, paciencia; a la paciencia, piedad;

⁷ a la piedad, afecto fraternal; y al afecto fraternal, amor.

⁸ Porque si estas cosas están en vosotros, y abundan, no os dejarán estar ociosos ni sin fruto en cuanto al conocimiento de nuestro Señor Jesucristo.

⁹ Pero el que no tiene estas cosas tiene la vista muy corta; es ciego, habiendo olvidado la purificación de sus antiguos pecados.

¹⁰ Por lo cual, hermanos, tanto más procurad hacer firme vuestra vocación y elección; porque haciendo estas cosas, no caeréis jamás.

¹¹ Porque de esta manera os será otorgada amplia y generosa entrada en el reino eterno de nuestro Señor y Salvador Jesucristo.

¹² Por esto, yo no dejaré de recordaros siempre estas cosas, aunque vosotros las sepáis, y estéis confirmados en la verdad presente.

¹³ Pues tengo por justo, en tanto que estoy en este cuerpo, el despertaros con amonestación;

¹⁴ sabiendo que en breve debo abandonar el cuerpo, como nuestro Señor Jesucristo me ha declarado.

¹⁵ También yo procuraré con diligencia que después de mi partida vosotros podáis en todo momento tener memoria de estas cosas.

Testigos presenciales de la gloria de Cristo

¹⁶ Porque no os hemos dado a conocer el poder y la venida de nuestro Señor Jesucristo siguiendo fábulas artificiosas, sino como habiendo visto con nuestros propios ojos su majestad.

¹⁷ Pues cuando él recibió de Dios Padre honra y gloria, le fue enviada desde la magnífica gloria una voz que decía: Este es mi Hijo amado, en el cual tengo complacencia.

¹⁸ Y nosotros oímos esta voz enviada del cielo, cuando estábamos con él en el monte santo.

¹⁹ Tenemos también la palabra profética más segura, a la cual hacéis bien en estar atentos como a una antorcha que alumbra en lugar oscuro, hasta que el día esclarezca y el lucero de la mañana salga en vuestros corazones;

²⁰ entendiendo primero esto, que ninguna profecía de la Escritura es de interpretación privada,

1 Simon Peter, a servant and apostle of Jesus Christ,

To those who through the righteousness of our God and Savior Jesus Christ have received a faith as precious as ours:

² Grace and peace be yours in abundance through the knowledge of God and of Jesus our Lord.

Making One's Calling and Election Sure

³ His divine power has given us everything we need for life and godliness through our knowledge of him who called us by his own glory and goodness. ⁴ Through these he has given us his very great and precious promises, so that through them you may participate in the divine nature and escape the corruption in the world caused by evil desires.

⁵ For this very reason, make every effort to add to your faith goodness; and to goodness, knowledge; ⁶ and to knowledge, self-control; and to self-control, perseverance; and to perseverance, godliness; ⁷ and to godliness, brotherly kindness; and to brotherly kindness, love. ⁸ For if you possess these qualities in increasing measure, they will keep you from being ineffective and unproductive in your knowledge of our Lord Jesus Christ. ⁹ But if anyone does not have them, he is nearsighted and blind, and has forgotten that he has been cleansed from his past sins.

¹⁰ Therefore, my brothers, be all the more eager to make your calling and election sure. For if you do these things, you will never fall, ¹¹ and you will receive a rich welcome into the eternal kingdom of our Lord and Savior Jesus Christ.

Prophecy of Scripture

¹² So I will always remind you of these things, even though you know them and are firmly established in the truth you now have. ¹³ I think it is right to refresh your memory as long as I live in the tent of this body, ¹⁴ because I know that I will soon put it aside, as our Lord Jesus Christ has made clear to me. ¹⁵ And I will make every effort to see that after my departure you will always be able to remember these things.

¹⁶ We did not follow cleverly invented stories when we told you about the power and coming of our Lord Jesus Christ, but we were eyewitnesses of his majesty. ¹⁷ For he received honor and glory from God the Father when the voice came to him from the Majestic Glory, saying, "This is my Son, whom I love; with him I am well pleased." [a] ¹⁸ We ourselves heard this voice that came from heaven when we were with him on the sacred mountain.

¹⁹ And we have the word of the prophets made more certain, and you will do well to pay attention to it, as to a light shining in a dark place, until the day dawns and the morning star rises in your hearts. ²⁰ Above all, you must understand that no prophecy of Scripture

[a]17 Matt. 17:5; Mark 9:7; Luke 9:35

21 porque nunca la profecía fue traída por voluntad humana, sino que los santos hombres de Dios hablaron siendo inspirados por el Espíritu Santo.

Falsos profetas y falsos maestros

2 1 Pero hubo también falsos profetas entre el pueblo, como habrá entre vosotros falsos maestros, que introducirán encubiertamente herejías destructoras, y aun negarán al Señor que los rescató, atrayendo sobre sí mismos destrucción repentina.
2 Y muchos seguirán sus disoluciones, por causa de los cuales el camino de la verdad será blasfemado,
3 y por avaricia harán mercadería de vosotros con palabras fingidas. Sobre los tales ya de largo tiempo la condenación no se tarda, y su perdición no se duerme.
4 Porque si Dios no perdonó a los ángeles que pecaron, sino que arrojándolos al infierno los entregó a prisiones de oscuridad, para ser reservados al juicio;
5 y si no perdonó al mundo antiguo, sino que guardó a Noé, pregonero de justicia, con otras siete personas, trayendo el diluvio sobre el mundo de los impíos;
6 y si condenó por destrucción a las ciudades de Sodoma y de Gomorra, reduciéndolas a ceniza y poniéndolas de ejemplo a los que habían de vivir impíamente,
7 y libró al justo Lot, abrumado por la nefanda conducta de los malvados
8 (porque este justo, que moraba entre ellos, afligía cada día su alma justa, viendo y oyendo los hechos inicuos de ellos),
9 sabe el Señor librar de tentación a los piadosos, y reservar a los injustos para ser castigados en el día del juicio;
10 y mayormente a aquellos que, siguiendo la carne, andan en concupiscencia e inmundicia, y desprecian el señorío. Atrevidos y contumaces, no temen decir mal de las potestades superiores,
11 mientras que los ángeles, que son mayores en fuerza y en potencia, no pronuncian juicio de maldición contra ellas delante del Señor.
12 Pero éstos, hablando mal de cosas que no entienden, como animales irracionales, nacidos para presa y destrucción, perecerán en su propia perdición,
13 recibiendo el galardón de su injusticia, ya que tienen por delicia el gozar de deleites cada día. Estos son inmundicias y manchas, quienes aun mientras comen con vosotros, se recrean en sus errores.
14 Tienen los ojos llenos de adulterio, no se sacian de pecar, seducen a las almas inconstantes, tienen el corazón habituado a la codicia, y son hijos de maldición.
15 Han dejado el camino recto, y se han extraviado siguiendo el camino de Balaam hijo de Beor, el cual amó el premio de la maldad,
16 y fue reprendido por su iniquidad; pues una muda bestia de carga, hablando con voz de hombre, refrenó la locura del profeta.
17 Estos son fuentes sin agua, y nubes empujadas por la tormenta; para los cuales la más densa oscuridad está reservada para siempre.
18 Pues hablando palabras infladas y vanas, seducen con concupiscencias de la carne y disoluciones a los que verdaderamente habían huido de los que viven en error.
19 Les prometen libertad, y son ellos mismos esclavos de corrupción. Porque el que es vencido por alguno es hecho esclavo del que lo venció.

---

came about by the prophet's own interpretation. 21For prophecy never had its origin in the will of man, but men spoke from God as they were carried along by the Holy Spirit.

False Teachers and Their Destruction

2 But there were also false prophets among the people, just as there will be false teachers among you. They will secretly introduce destructive heresies, even denying the sovereign Lord who bought them—bringing swift destruction on themselves. 2Many will follow their shameful ways and will bring the way of truth into disrepute. 3In their greed these teachers will exploit you with stories they have made up. Their condemnation has long been hanging over them, and their destruction has not been sleeping.
4For if God did not spare angels when they sinned, but sent them to hell,b putting them into gloomy dungeonsc to be held for judgment; 5if he did not spare the ancient world when he brought the flood on its ungodly people, but protected Noah, a preacher of righteousness, and seven others; 6if he condemned the cities of Sodom and Gomorrah by burning them to ashes, and made them an example of what is going to happen to the ungodly; 7and if he rescued Lot, a righteous man, who was distressed by the filthy lives of lawless men 8(for that righteous man, living among them day after day, was tormented in his righteous soul by the lawless deeds he saw and heard)— 9if this is so, then the Lord knows how to rescue godly men from trials and to hold the unrighteous for the day of judgment, while continuing their punishment.d 10This is especially true of those who follow the corrupt desire of the sinful naturee and despise authority.
Bold and arrogant, these men are not afraid to slander celestial beings; 11yet even angels, although they are stronger and more powerful, do not bring slanderous accusations against such beings in the presence of the Lord. 12But these men blaspheme in matters they do not understand. They are like brute beasts, creatures of instinct, born only to be caught and destroyed, and like beasts they too will perish.
13They will be paid back with harm for the harm they have done. Their idea of pleasure is to carouse in broad daylight. They are blots and blemishes, reveling in their pleasures while they feast with you.f 14With eyes full of adultery, they never stop sinning; they seduce the unstable; they are experts in greed—an accursed brood! 15They have left the straight way and wandered off to follow the way of Balaam son of Beor, who loved the wages of wickedness. 16But he was rebuked for his wrongdoing by a donkey—a beast without speech—who spoke with a man's voice and restrained the prophet's madness.
17These men are springs without water and mists driven by a storm. Blackest darkness is reserved for them. 18For they mouth empty, boastful words and, by appealing to the lustful desires of sinful human nature, they entice people who are just escaping from those who live in error. 19They promise them freedom, while they themselves are slaves of depravity—for a man is a slave to whatever has mastered him. 20If they have

---

b4 Greek *Tartarus*　　c4 Some manuscripts *into chains of darkness*　　d9 Or *unrighteous for punishment until the day of judgment*　　e10 Or *the flesh*　　f13 Some manuscripts *in their love feasts*

20 Ciertamente, si habiéndose ellos escapado de las contaminaciones del mundo, por el conocimiento del Señor y Salvador Jesucristo, enredándose otra vez en ellas son vencidos, su postrer estado viene a ser peor que el primero. 21 Porque mejor les hubiera sido no haber conocido el camino de la justicia, que después de haberlo conocido, volverse atrás del santo mandamiento que les fue dado. 22 Pero les ha acontecido lo del verdadero proverbio: El perro vuelve a su vómito, y la puerca lavada a revolcarse en el cieno.

El día del Señor vendrá

3 1 Amados, esta es la segunda carta que os escribo, y en ambas despierto con exhortación vuestro limpio entendimiento,
2 para que tengáis memoria de las palabras que antes han sido dichas por los santos profetas, y del mandamiento del Señor y Salvador dado por vuestros apóstoles;
3 sabiendo primero esto, que en los postreros días vendrán burladores, andando según sus propias concupiscencias,
4 y diciendo: ¿Dónde está la promesa de su advenimiento? Porque desde el día en que los padres durmieron, todas las cosas permanecen así como desde el principio de la creación.
5 Estos ignoran voluntariamente, que en el tiempo antiguo fueron hechos por la palabra de Dios los cielos, y también la tierra, que proviene del agua y por el agua subsiste,
6 por lo cual el mundo de entonces pereció anegado en agua;
7 pero los cielos y la tierra que existen ahora, están reservados por la misma palabra, guardados para el fuego en el día del juicio y de la perdición de los hombres impíos.
8 Mas, oh amados, no ignoréis esto: que para con el Señor un día es como mil años, y mil años como un día.
9 El Señor no retarda su promesa, según algunos la tienen por tardanza, sino que es paciente para con nosotros, no queriendo que ninguno perezca, sino que todos procedan al arrepentimiento.
10 Pero el día del Señor vendrá como ladrón en la noche; en el cual los cielos pasarán con grande estruendo, y los elementos ardiendo serán deshechos, y la tierra y las obras que en ella hay serán quemadas.
11 Puesto que todas estas cosas han de ser deshechas, ¡cómo no debéis vosotros andar en santa y piadosa manera de vivir,
12 esperando y apresurándoos para la venida del día de Dios, en el cual los cielos, encendiéndose, serán deshechos, y los elementos, siendo quemados, se fundirán!
13 Pero nosotros esperamos, según sus promesas, cielos nuevos y tierra nueva, en los cuales mora la justicia.
14 Por lo cual, oh amados, estando en espera de estas cosas, procurad con diligencia ser hallados por él sin mancha e irreprensibles, en paz.
15 Y tened entendido que la paciencia de nuestro Señor es para salvación; como también nuestro amado hermano Pablo, según la sabiduría que le ha sido dada, os ha escrito,
16 casi en todas sus epístolas, hablando en ellas de estas cosas; entre las cuales hay algunas difíciles de entender, las cuales los indoctos e inconstantes tuercen, como también las otras Escrituras, para su propia perdición.
17 Así que vosotros, oh amados, sabiéndolo de antemano, guardaos, no sea que arrastrados por el error de los inicuos, caigáis de vuestra firmeza.
18 Antes bien, creced en la gracia y el conocimiento de nuestro Señor y Salvador Jesucristo. A él sea gloria ahora y hasta el día de la eternidad. Amén.

escaped the corruption of the world by knowing our Lord and Savior Jesus Christ and are again entangled in it and overcome, they are worse off at the end than they were at the beginning. 21 It would have been better for them not to have known the way of righteousness, than to have known it and then to turn their backs on the sacred command that was passed on to them. 22 Of them the proverbs are true: "A dog returns to its vomit," g and, "A sow that is washed goes back to her wallowing in the mud."

The Day of the Lord

3 Dear friends, this is now my second letter to you. I have written both of them as reminders to stimulate you to wholesome thinking. 2 I want you to recall the words spoken in the past by the holy prophets and the command given by our Lord and Savior through your apostles.
3 First of all, you must understand that in the last days scoffers will come, scoffing and following their own evil desires. 4 They will say, "Where is this 'coming' he promised? Ever since our fathers died, everything goes on as it has since the beginning of creation." 5 But they deliberately forget that long ago by God's word the heavens existed and the earth was formed out of water and by water. 6 By these waters also the world of that time was deluged and destroyed. 7 By the same word the present heavens and earth are reserved for fire, being kept for the day of judgment and destruction of ungodly men.
8 But do not forget this one thing, dear friends: With the Lord a day is like a thousand years, and a thousand years are like a day. 9 The Lord is not slow in keeping his promise, as some understand slowness. He is patient with you, not wanting anyone to perish, but everyone to come to repentance.
10 But the day of the Lord will come like a thief. The heavens will disappear with a roar; the elements will be destroyed by fire, and the earth and everything in it will be laid bare. h
11 Since everything will be destroyed in this way, what kind of people ought you to be? You ought to live holy and godly lives 12 as you look forward to the day of God and speed its coming. i That day will bring about the destruction of the heavens by fire, and the elements will melt in the heat. 13 But in keeping with his promise we are looking forward to a new heaven and a new earth, the home of righteousness.
14 So then, dear friends, since you are looking forward to this, make every effort to be found spotless, blameless and at peace with him. 15 Bear in mind that our Lord's patience means salvation, just as our dear brother Paul also wrote you with the wisdom that God gave him. 16 He writes the same way in all his letters, speaking in them of these matters. His letters contain some things that are hard to understand, which ignorant and unstable people distort, as they do the other Scriptures, to their own destruction.
17 Therefore, dear friends, since you already know this, be on your guard so that you may not be carried away by the error of lawless men and fall from your secure position. 18 But grow in the grace and knowledge of our Lord and Savior Jesus Christ. To him be glory both now and forever! Amen.

---

g 22 Prov. 26:11   h 10 Some manuscripts be burned up
i 12 Or as you wait eagerly for the day of God to come

PRIMERA EPÍSTOLA UNIVERSAL DE
SAN JUAN APÓSTOL

1 JOHN

La palabra de vida

1 ¹ Lo que era desde el principio, lo que hemos oído, lo que hemos visto con nuestros ojos, lo que hemos contemplado, y palparon nuestras manos tocante al Verbo de vida ² (porque la vida fue manifestada, y la hemos visto, y testificamos, y os anunciamos la vida eterna, la cual estaba con el Padre, y se nos manifestó); ³ lo que hemos visto y oído, eso os anunciamos, para que también vosotros tengáis comunión con nosotros; y nuestra comunión verdaderamente es con el Padre, y con su Hijo Jesucristo. ⁴ Estas cosas os escribimos, para que vuestro gozo sea cumplido.

Dios es luz

⁵ Este es el mensaje que hemos oído de él, y os anunciamos: Dios es luz, y no hay ningunas tinieblas en él. ⁶ Si decimos que tenemos comunión con él, y andamos en tinieblas, mentimos, y no practicamos la verdad; ⁷ pero si andamos en luz, como él está en luz, tenemos comunión unos con otros, y la sangre de Jesucristo su Hijo nos limpia de todo pecado. ⁸ Si decimos que no tenemos pecado, nos engañamos a nosotros mismos, y la verdad no está en nosotros. ⁹ Si confesamos nuestros pecados, él es fiel y justo para perdonar nuestros pecados, y limpiarnos de toda maldad. ¹⁰ Si decimos que no hemos pecado, le hacemos a él mentiroso, y su palabra no está en nosotros.

Cristo, nuestro abogado

2 ¹ Hijitos míos, estas cosas os escribo para que no pequéis; y si alguno hubiere pecado, abogado tenemos para con el Padre, a Jesucristo el justo. ² Y él es la propiciación por nuestros pecados; y no solamente por los nuestros, sino también por los de todo el mundo. ³ Y en esto sabemos que nosotros le conocemos, si guardamos sus mandamientos. ⁴ El que dice: Yo le conozco, y no guarda sus mandamientos, el tal es mentiroso, y la verdad no está en él; ⁵ pero el que guarda su palabra, en éste verdaderamente el amor de Dios se ha perfeccionado; por esto sabemos que estamos en él. ⁶ El que dice que permanece en él, debe andar como él anduvo.

El nuevo mandamiento

⁷ Hermanos, no os escribo mandamiento nuevo, sino el mandamiento antiguo que habéis tenido desde el principio; este mandamiento antiguo es la palabra que habéis oído desde el principio. ⁸ Sin embargo, os escribo un mandamiento nuevo, que es verdadero en él y en vosotros, porque las tinieblas van pasando, y la luz verdadera ya alumbra. ⁹ El que dice que está en la luz, y aborrece a su hermano, está todavía en tinieblas. ¹⁰ El que ama a su hermano, permanece en la luz, y en él no hay tropiezo.

The Word of Life

1 That which was from the beginning, which we have heard, which we have seen with our eyes, which we have looked at and our hands have touched—this we proclaim concerning the Word of life. ²The life appeared; we have seen it and testify to it, and we proclaim to you the eternal life, which was with the Father and has appeared to us. ³We proclaim to you what we have seen and heard, so that you also may have fellowship with us. And our fellowship is with the Father and with his Son, Jesus Christ. ⁴We write this to make our[a] joy complete.

Walking in the Light

⁵This is the message we have heard from him and declare to you: God is light; in him there is no darkness at all. ⁶If we claim to have fellowship with him yet walk in the darkness, we lie and do not live by the truth. ⁷But if we walk in the light, as he is in the light, we have fellowship with one another, and the blood of Jesus, his Son, purifies us from all[b] sin.

⁸If we claim to be without sin, we deceive ourselves and the truth is not in us. ⁹If we confess our sins, he is faithful and just and will forgive us our sins and purify us from all unrighteousness. ¹⁰If we claim we have not sinned, we make him out to be a liar and his word has no place in our lives.

2 My dear children, I write this to you so that you will not sin. But if anybody does sin, we have one who speaks to the Father in our defense—Jesus Christ, the Righteous One. ²He is the atoning sacrifice for our sins, and not only for ours but also for[c] the sins of the whole world.

³We know that we have come to know him if we obey his commands. ⁴The man who says, "I know him," but does not do what he commands is a liar, and the truth is not in him. ⁵But if anyone obeys his word, God's love[d] is truly made complete in him. This is how we know we are in him: ⁶Whoever claims to live in him must walk as Jesus did.

⁷Dear friends, I am not writing you a new command but an old one, which you have had since the beginning. This old command is the message you have heard. ⁸Yet I am writing you a new command; its truth is seen in him and you, because the darkness is passing and the true light is already shining.

⁹Anyone who claims to be in the light but hates his brother is still in the darkness. ¹⁰Whoever loves his brother lives in the light, and there is nothing in him[e] to make him stumble. ¹¹But whoever hates his brother

---

[a]4 Some manuscripts *your*   [b]7 Or *every*   [c]2 Or *He is the one who turns aside God's wrath, taking away our sins, and not only ours but also*   [d]5 Or *word, love for God*   [e]10 Or *it*

11 Pero el que aborrece a su hermano está en tinieblas, y anda en tinieblas, y no sabe a dónde va, porque las tinieblas le han cegado los ojos.

12 Os escribo a vosotros, hijitos, porque vuestros pecados os han sido perdonados por su nombre.

13 Os escribo a vosotros, padres, porque conocéis al que es desde el principio. Os escribo a vosotros, jóvenes, porque habéis vencido al maligno. Os escribo a vosotros, hijitos, porque habéis conocido al Padre.

14 Os he escrito a vosotros, padres, porque habéis conocido al que es desde el principio. Os he escrito a vosotros, jóvenes, porque sois fuertes, y la palabra de Dios permanece en vosotros, y habéis vencido al maligno.

15 No améis al mundo, ni las cosas que están en el mundo. Si alguno ama al mundo, el amor del Padre no está en él.

16 Porque todo lo que hay en el mundo, los deseos de la carne, los deseos de los ojos, y la vanagloria de la vida, no proviene del Padre, sino del mundo.

17 Y el mundo pasa, y sus deseos; pero el que hace la voluntad de Dios permanece para siempre.

El anticristo

18 Hijitos, ya es el último tiempo; y según vosotros oísteis que el anticristo viene, así ahora han surgido muchos anticristos; por esto conocemos que es el último tiempo.

19 Salieron de nosotros, pero no eran de nosotros; porque si hubiesen sido de nosotros, habrían permanecido con nosotros; pero salieron para que se manifestase que no todos son de nosotros.

20 Pero vosotros tenéis la unción del Santo, y conocéis todas las cosas.

21 No os he escrito como si ignoraseis la verdad, sino porque la conocéis, y porque ninguna mentira procede de la verdad.

22 ¿Quién es el mentiroso, sino el que niega que Jesús es el Cristo? Este es anticristo, el que niega al Padre y al Hijo.

23 Todo aquel que niega al Hijo, tampoco tiene al Padre. El que confiesa al Hijo, tiene también al Padre.

24 Lo que habéis oído desde el principio, permanezca en vosotros. Si lo que habéis oído desde el principio permanece en vosotros, también vosotros permaneceréis en el Hijo y en el Padre.

25 Y esta es la promesa que él nos hizo, la vida eterna.

26 Os he escrito esto sobre los que os engañan.

27 Pero la unción que vosotros recibisteis de él permanece en vosotros, y no tenéis necesidad de que nadie os enseñe; así como la unción misma os enseña todas las cosas, y es verdadera, y no es mentira, según ella os ha enseñado, permaneced en él.

28 Y ahora, hijitos, permaneced en él, para que cuando se manifieste, tengamos confianza, para que en su venida no nos alejemos de él avergonzados.

29 Si sabéis que él es justo, sabed también que todo el que hace justicia es nacido de él.

is in the darkness and walks around in the darkness; he does not know where he is going, because the darkness has blinded him.

12 I write to you, dear children,
because your sins have been forgiven on account of his name.

13 I write to you, fathers,
because you have known him who is from the beginning.
I write to you, young men,
because you have overcome the evil one.
I write to you, dear children,
because you have known the Father.

14 I write to you, fathers,
because you have known him who is from the beginning.
I write to you, young men,
because you are strong,
and the word of God lives in you,
and you have overcome the evil one.

Do Not Love the World

15 Do not love the world or anything in the world. If anyone loves the world, the love of the Father is not in him. 16 For everything in the world—the cravings of sinful man, the lust of his eyes and the boasting of what he has and does—comes not from the Father but from the world. 17 The world and its desires pass away, but the man who does the will of God lives forever.

Warning Against Antichrists

18 Dear children, this is the last hour; and as you have heard that the antichrist is coming, even now many antichrists have come. This is how we know it is the last hour. 19 They went out from us, but they did not really belong to us. For if they had belonged to us, they would have remained with us; but their going showed that none of them belonged to us. 20 But you have an anointing from the Holy One, and all of you know the truth.ᶠ 21 I do not write to you because you do not know the truth, but because you do know it and because no lie comes from the truth. 22 Who is the liar? It is the man who denies that Jesus is the Christ. Such a man is the antichrist—he denies the Father and the Son. 23 No one who denies the Son has the Father; whoever acknowledges the Son has the Father also.

24 See that what you have heard from the beginning remains in you. If it does, you also will remain in the Son and in the Father. 25 And this is what he promised us—even eternal life.

26 I am writing these things to you about those who are trying to lead you astray. 27 As for you, the anointing you received from him remains in you, and you do not need anyone to teach you. But as his anointing teaches you about all things and as that anointing is real, not counterfeit—just as it has taught you, remain in him.

Children of God

28 And now, dear children, continue in him, so that when he appears we may be confident and unashamed before him at his coming.

29 If you know that he is righteous, you know that everyone who does what is right has been born of him.

Hijos de Dios

3 ¹Mirad cuál amor nos ha dado el Padre, para que seamos llamados hijos de Dios; por esto el mundo no nos conoce, porque no le conoció a él.

²Amados, ahora somos hijos de Dios, y aún no se ha manifestado lo que hemos de ser; pero sabemos que cuando él se manifieste, seremos semejantes a él, porque le veremos tal como él es.

³Y todo aquel que tiene esta esperanza en él, se purifica a sí mismo, así como él es puro.

⁴Todo aquel que comete pecado, infringe también la ley; pues el pecado es infracción de la ley.

⁵Y sabéis que él apareció para quitar nuestros pecados, y no hay pecado en él.

⁶Todo aquel que permanece en él, no peca; todo aquel que peca, no le ha visto, ni le ha conocido.

⁷Hijitos, nadie os engañe; el que hace justicia es justo, como él es justo.

⁸El que practica el pecado es del diablo; porque el diablo peca desde el principio. Para esto apareció el Hijo de Dios, para deshacer las obras del diablo.

⁹Todo aquel que es nacido de Dios, no practica el pecado, porque la simiente de Dios permanece en él; y no puede pecar, porque es nacido de Dios.

¹⁰En esto se manifiestan los hijos de Dios, y los hijos del diablo: todo aquel que no hace justicia, y que no ama a su hermano, no es de Dios.

¹¹Porque este es el mensaje que habéis oído desde el principio: Que nos amemos unos a otros.

¹²No como Caín, que era del maligno y mató a su hermano. ¿Y por qué causa le mató? Porque sus obras eran malas, y las de su hermano justas.

¹³Hermanos míos, no os extrañéis si el mundo os aborrece.

¹⁴Nosotros sabemos que hemos pasado de muerte a vida, en que amamos a los hermanos. El que no ama a su hermano, permanece en muerte.

¹⁵Todo aquel que aborrece a su hermano es homicida; y sabéis que ningún homicida tiene vida eterna permanente en él.

¹⁶En esto hemos conocido el amor, en que él puso su vida por nosotros; también nosotros debemos poner nuestras vidas por los hermanos.

¹⁷Pero el que tiene bienes de este mundo y ve a su hermano tener necesidad, y cierra contra él su corazón, ¿cómo mora el amor de Dios en él?

¹⁸Hijitos míos, no amemos de palabra ni de lengua, sino de hecho y en verdad.

¹⁹Y en esto conocemos que somos de la verdad, y aseguraremos nuestros corazones delante de él;

²⁰pues si nuestro corazón nos reprende, mayor que nuestro corazón es Dios, y él sabe todas las cosas.

²¹Amados, si nuestro corazón no nos reprende, confianza tenemos en Dios;

²²y cualquiera cosa que pidiéremos la recibiremos de él, porque guardamos sus mandamientos, y hacemos las cosas que son agradables delante de él.

²³Y este es su mandamiento: Que creamos en el nombre de su Hijo Jesucristo, y nos amemos unos a otros como nos lo ha mandado.

²⁴Y el que guarda sus mandamientos, permanece en Dios, y Dios en él. Y en esto sabemos que él permanece en nosotros, por el Espíritu que nos ha dado.

3 How great is the love the Father has lavished on us, that we should be called children of God! And that is what we are! The reason the world does not know us is that it did not know him. ²Dear friends, now we are children of God, and what we will be has not yet been made known. But we know that when he appears,ᵍ we shall be like him, for we shall see him as he is. ³Everyone who has this hope in him purifies himself, just as he is pure.

⁴Everyone who sins breaks the law; in fact, sin is lawlessness. ⁵But you know that he appeared so that he might take away our sins. And in him is no sin. ⁶No one who lives in him keeps on sinning. No one who continues to sin has either seen him or known him.

⁷Dear children, do not let anyone lead you astray. He who does what is right is righteous, just as he is righteous. ⁸He who does what is sinful is of the devil, because the devil has been sinning from the beginning. The reason the Son of God appeared was to destroy the devil's work. ⁹No one who is born of God will continue to sin, because God's seed remains in him; he cannot go on sinning, because he has been born of God. ¹⁰This is how we know who the children of God are and who the children of the devil are: Anyone who does not do what is right is not a child of God; nor is anyone who does not love his brother.

Love One Another

¹¹This is the message you heard from the beginning: We should love one another. ¹²Do not be like Cain, who belonged to the evil one and murdered his brother. And why did he murder him? Because his own actions were evil and his brother's were righteous. ¹³Do not be surprised, my brothers, if the world hates you. ¹⁴We know that we have passed from death to life, because we love our brothers. Anyone who does not love remains in death. ¹⁵Anyone who hates his brother is a murderer, and you know that no murderer has eternal life in him.

¹⁶This is how we know what love is: Jesus Christ laid down his life for us. And we ought to lay down our lives for our brothers. ¹⁷If anyone has material possessions and sees his brother in need but has no pity on him, how can the love of God be in him? ¹⁸Dear children, let us not love with words or tongue but with actions and in truth. ¹⁹This then is how we know that we belong to the truth, and how we set our hearts at rest in his presence ²⁰whenever our hearts condemn us. For God is greater than our hearts, and he knows everything.

²¹Dear friends, if our hearts do not condemn us, we have confidence before God ²²and receive from him anything we ask, because we obey his commands and do what pleases him. ²³And this is his command: to believe in the name of his Son, Jesus Christ, and to love one another as he commanded us. ²⁴Those who obey his commands live in him, and he in them. And this is how we know that he lives in us: We know it by the Spirit he gave us.

ᵍ2 Or *when it is made known*

El Espíritu de Dios y el espíritu del anticristo

4 [1] Amados, no creáis a todo espíritu, sino probad los espíritus si son de Dios; porque muchos falsos profetas han salido por el mundo.

[2] En esto conoced el Espíritu de Dios: Todo espíritu que confiesa que Jesucristo ha venido en carne, es de Dios; [3] y todo espíritu que no confiesa que Jesucristo ha venido en carne, no es de Dios; y este es el espíritu del anticristo, el cual vosotros habéis oído que viene, y que ahora ya está en el mundo.

[4] Hijitos, vosotros sois de Dios, y los habéis vencido; porque mayor es el que está en vosotros, que el que está en el mundo.

[5] Ellos son del mundo; por eso hablan del mundo, y el mundo los oye.

[6] Nosotros somos de Dios; el que conoce a Dios, nos oye; el que no es de Dios, no nos oye. En esto conocemos el espíritu de verdad y el espíritu de error.

Dios es amor

[7] Amados, amémonos unos a otros; porque el amor es de Dios. Todo aquel que ama, es nacido de Dios, y conoce a Dios.

[8] El que no ama, no ha conocido a Dios; porque Dios es amor.

[9] En esto se mostró el amor de Dios para con nosotros, en que Dios envió a su Hijo unigénito al mundo, para que vivamos por él.

[10] En esto consiste el amor: no en que nosotros hayamos amado a Dios, sino en que él nos amó a nosotros, y envió a su Hijo en propiciación por nuestros pecados.

[11] Amados, si Dios nos ha amado así, debemos también nosotros amarnos unos a otros.

[12] Nadie ha visto jamás a Dios. Si nos amamos unos a otros, Dios permanece en nosotros, y su amor se ha perfeccionado en nosotros.

[13] En esto conocemos que permanecemos en él, y él en nosotros, en que nos ha dado de su Espíritu.

[14] Y nosotros hemos visto y testificamos que el Padre ha enviado al Hijo, el Salvador del mundo.

[15] Todo aquel que confiese que Jesús es el Hijo de Dios, Dios permanece en él, y él en Dios.

[16] Y nosotros hemos conocido y creído el amor que Dios tiene para con nosotros. Dios es amor; y el que permanece en amor, permanece en Dios, y Dios en él.

[17] En esto se ha perfeccionado el amor en nosotros, para que tengamos confianza en el día del juicio; pues como él es, así somos nosotros en este mundo.

[18] En el amor no hay temor, sino que el perfecto amor echa fuera el temor; porque el temor lleva en sí castigo. De donde el que teme, no ha sido perfeccionado en el amor.

[19] Nosotros le amamos a él, porque él nos amó primero.

[20] Si alguno dice: Yo amo a Dios, y aborrece a su hermano, es mentiroso. Pues el que no ama a su hermano a quien ha visto, ¿cómo puede amar a Dios a quien no ha visto?

[21] Y nosotros tenemos este mandamiento de él: El que ama a Dios, ame también a su hermano.

La fe que vence al mundo

5 [1] Todo aquel que cree que Jesús es el Cristo, es nacido de Dios; y todo aquel que ama al que engendró, ama también al que ha sido engendrado por él.

[2] En esto conocemos que amamos a los hijos de Dios, cuando amamos a Dios, y guardamos sus mandamientos.

[3] Pues este es el amor a Dios, que guardemos sus mandamientos; y sus mandamientos no son gravosos.

Test the Spirits

4 Dear friends, do not believe every spirit, but test the spirits to see whether they are from God, because many false prophets have gone out into the world. [2] This is how you can recognize the Spirit of God: Every spirit that acknowledges that Jesus Christ has come in the flesh is from God, [3] but every spirit that does not acknowledge Jesus is not from God. This is the spirit of the antichrist, which you have heard is coming and even now is already in the world.

[4] You, dear children, are from God and have overcome them, because the one who is in you is greater than the one who is in the world. [5] They are from the world and therefore speak from the viewpoint of the world, and the world listens to them. [6] We are from God, and whoever knows God listens to us; but whoever is not from God does not listen to us. This is how we recognize the Spirit[h] of truth and the spirit of falsehood.

God's Love and Ours

[7] Dear friends, let us love one another, for love comes from God. Everyone who loves has been born of God and knows God. [8] Whoever does not love does not know God, because God is love. [9] This is how God showed his love among us: He sent his one and only Son[i] into the world that we might live through him. [10] This is love: not that we loved God, but that he loved us and sent his Son as an atoning sacrifice for[j] our sins. [11] Dear friends, since God so loved us, we also ought to love one another. [12] No one has ever seen God; but if we love one another, God lives in us and his love is made complete in us.

[13] We know that we live in him and he in us, because he has given us of his Spirit. [14] And we have seen and testify that the Father has sent his Son to be the Savior of the world. [15] If anyone acknowledges that Jesus is the Son of God, God lives in him and he in God. [16] And so we know and rely on the love God has for us.

God is love. Whoever lives in love lives in God, and God in him. [17] In this way, love is made complete among us so that we will have confidence on the day of judgment, because in this world we are like him. [18] There is no fear in love. But perfect love drives out fear, because fear has to do with punishment. The one who fears is not made perfect in love.

[19] We love because he first loved us. [20] If anyone says, "I love God," yet hates his brother, he is a liar. For anyone who does not love his brother, whom he has seen, cannot love God, whom he has not seen. [21] And he has given us this command: Whoever loves God must also love his brother.

Faith in the Son of God

5 Everyone who believes that Jesus is the Christ is born of God, and everyone who loves the father loves his child as well. [2] This is how we know that we love the children of God: by loving God and carrying out his commands. [3] This is love for God: to obey his commands. And his commands are not burdensome,

[h]6 Or *spirit*   [i]9 Or *his only begotten Son*   [j]10 Or *as the one who would turn aside his wrath, taking away*

4 Porque todo lo que es nacido de Dios vence al mundo; y esta es la victoria que ha vencido al mundo, nuestra fe. 5 ¿Quién es el que vence al mundo, sino el que cree que Jesús es el Hijo de Dios?

El testimonio del Espíritu

6 Este es Jesucristo, que vino mediante agua y sangre; no mediante agua solamente, sino mediante agua y sangre. Y el Espíritu es el que da testimonio; porque el Espíritu es la verdad. 7 Porque tres son los que dan testimonio en el cielo: el Padre, el Verbo y el Espíritu Santo; y estos tres son uno. 8 Y tres son los que dan testimonio en la tierra: el Espíritu, el agua y la sangre; y estos tres concuerdan. 9 Si recibimos el testimonio de los hombres, mayor es el testimonio de Dios; porque este es el testimonio con que Dios ha testificado acerca de su Hijo. 10 El que cree en el Hijo de Dios, tiene el testimonio en sí mismo; el que no cree a Dios, le ha hecho mentiroso, porque no ha creído en el testimonio que Dios ha dado acerca de su Hijo. 11 Y este es el testimonio: que Dios nos ha dado vida eterna; y esta vida está en su Hijo. 12 El que tiene al Hijo, tiene la vida; el que no tiene al Hijo de Dios no tiene la vida.

El conocimiento de la vida eterna

13 Estas cosas os he escrito a vosotros que creéis en el nombre del Hijo de Dios, para que sepáis que tenéis vida eterna, y para que creáis en el nombre del Hijo de Dios. 14 Y esta es la confianza que tenemos en él, que si pedimos alguna cosa conforme a su voluntad, él nos oye. 15 Y si sabemos que él nos oye en cualquiera cosa que pidamos, sabemos que tenemos las peticiones que le hayamos hecho. 16 Si alguno viere a su hermano cometer pecado que no sea de muerte, pedirá, y Dios le dará vida; esto es para los que cometen pecado que no sea de muerte. Hay pecado de muerte, por el cual yo no digo que se pida. 17 Toda injusticia es pecado; pero hay pecado no de muerte. 18 Sabemos que todo aquel que ha nacido de Dios, no practica el pecado, pues Aquel que fue engendrado por Dios le guarda, y el maligno no le toca. 19 Sabemos que somos de Dios, y el mundo entero está bajo el maligno. 20 Pero sabemos que el Hijo de Dios ha venido, y nos ha dado entendimiento para conocer al que es verdadero; y estamos en el verdadero, en su Hijo Jesucristo. Este es el verdadero Dios, y la vida eterna. 21 Hijitos, guardaos de los ídolos. Amén.

4 for everyone born of God overcomes the world. This is the victory that has overcome the world, even our faith. 5 Who is it that overcomes the world? Only he who believes that Jesus is the Son of God.

6 This is the one who came by water and blood — Jesus Christ. He did not come by water only, but by water and blood. And it is the Spirit who testifies, because the Spirit is the truth. 7 For there are three that testify: 8 the k Spirit, the water and the blood; and the three are in agreement. 9 We accept man's testimony, but God's testimony is greater because it is the testimony of God, which he has given about his Son. 10 Anyone who believes in the Son of God has this testimony in his heart. Anyone who does not believe God has made him out to be a liar, because he has not believed the testimony God has given about his Son. 11 And this is the testimony: God has given us eternal life, and this life is in his Son. 12 He who has the Son has life; he who does not have the Son of God does not have life.

Concluding Remarks

13 I write these things to you who believe in the name of the Son of God so that you may know that you have eternal life. 14 This is the confidence we have in approaching God: that if we ask anything according to his will, he hears us. 15 And if we know that he hears us — whatever we ask — we know that we have what we asked of him.

16 If anyone sees his brother commit a sin that does not lead to death, he should pray and God will give him life. I refer to those whose sin does not lead to death. There is a sin that leads to death. I am not saying that he should pray about that. 17 All wrongdoing is sin, and there is sin that does not lead to death.

18 We know that anyone born of God does not continue to sin; the one who was born of God keeps him safe, and the evil one cannot harm him. 19 We know that we are children of God, and that the whole world is under the control of the evil one. 20 We know also that the Son of God has come and has given us understanding, so that we may know him who is true. And we are in him who is true — even in his Son Jesus Christ. He is the true God and eternal life.

21 Dear children, keep yourselves from idols.

k 7,8 Late manuscripts of the Vulgate testify in heaven: the Father, the Word and the Holy Spirit, and these three are one. 8 And there are three that testify on earth: the (not found in any Greek manuscript before the sixteenth century)

SAN JUAN APÓSTOL

Salutación

1 El anciano a la señora elegida y a sus hijos, a quienes yo amo en la verdad; y no sólo yo, sino también todos los que han conocido la verdad,

2 a causa de la verdad que permanece en nosotros, y estará para siempre con nosotros:

3 Sea con vosotros gracia, misericordia y paz, de Dios Padre y del Señor Jesucristo, Hijo del Padre, en verdad y en amor.

Permaneced en la doctrina de Cristo

4 Mucho me regocijé porque he hallado a algunos de tus hijos andando en la verdad, conforme al mandamiento que recibimos del Padre.

5 Y ahora te ruego, señora, no como escribiéndote un nuevo mandamiento, sino el que hemos tenido desde el principio, que nos amemos unos a otros.

6 Y este es el amor, que andemos según sus mandamientos. Este es el mandamiento: que andéis en amor, como vosotros habéis oído desde el principio.

7 Porque muchos engañadores han salido por el mundo, que no confiesan que Jesucristo ha venido en carne. Quien esto hace es el engañador y el anticristo.

8 Mirad por vosotros mismos, para que no perdáis el fruto de vuestro trabajo, sino que recibáis galardón completo.

9 Cualquiera que se extravía, y no persevera en la doctrina de Cristo, no tiene a Dios; el que persevera en la doctrina de Cristo, ése sí tiene al Padre y al Hijo.

10 Si alguno viene a vosotros, y no trae esta doctrina, no lo recibáis en casa, ni le digáis ¡Bienvenido!

11 Porque el que le dice: ¡Bienvenido! participa en sus malas obras.

Espero ir a vosotros

12 Tengo muchas cosas que escribiros, pero no he querido hacerlo por medio de papel y tinta, pues espero ir a vosotros y hablar cara a cara, para que nuestro gozo sea cumplido.

13 Los hijos de tu hermana, la elegida, te saludan. Amén.

1 The elder,

To the chosen lady and her children, whom I love in the truth — and not I only, but also all who know the truth — 2 because of the truth, which lives in us and will be with us forever:

3 Grace, mercy and peace from God the Father and from Jesus Christ, the Father's Son, will be with us in truth and love.

4 It has given me great joy to find some of your children walking in the truth, just as the Father commanded us. 5 And now, dear lady, I am not writing you a new command but one we have had from the beginning. I ask that we love one another. 6 And this is love: that we walk in obedience to his commands. As you have heard from the beginning, his command is that you walk in love.

7 Many deceivers, who do not acknowledge Jesus Christ as coming in the flesh, have gone out into the world. Any such person is the deceiver and the antichrist. 8 Watch out that you do not lose what you have worked for, but that you may be rewarded fully. 9 Anyone who runs ahead and does not continue in the teaching of Christ does not have God; whoever continues in the teaching has both the Father and the Son. 10 If anyone comes to you and does not bring this teaching, do not take him into your house or welcome him. 11 Anyone who welcomes him shares in his wicked work.

12 I have much to write to you, but I do not want to use paper and ink. Instead, I hope to visit you and talk with you face to face, so that our joy may be complete.

13 The children of your chosen sister send their greetings.

SAN JUAN APÓSTOL

3 JOHN

Salutación

1 El anciano a Gayo, el amado, a quien amo en la verdad.
2 Amado, yo deseo que tú seas prosperado en todas las cosas, y que tengas salud, así como prospera tu alma.
3 Pues mucho me regocijé cuando vinieron los hermanos y dieron testimonio de tu verdad, de cómo andas en la verdad.
4 No tengo yo mayor gozo que este, el oir que mis hijos andan en la verdad.

Elogio de la hospitalidad de Gayo

5 Amado, fielmente te conduces cuando prestas algún servicio a los hermanos, especialmente a los desconocidos,
6 los cuales han dado ante la iglesia testimonio de tu amor; y harás bien en encaminarlos como es digno de su servicio a Dios, para que continúen su viaje.
7 Porque ellos salieron por amor del nombre de El, sin aceptar nada de los gentiles.
8 Nosotros, pues, debemos acoger a tales personas, para que cooperemos con la verdad.

La oposición de Diótrefes

9 Yo he escrito a la iglesia; pero Diótrefes, al cual le gusta tener el primer lugar entre ellos, no nos recibe.
10 Por esta causa, si yo fuere, recordaré las obras que hace parloteando con palabras malignas contra nosotros; y no contento con estas cosas, no recibe a los hermanos, y a los que quieren recibirlos se lo prohibe, y los expulsa de la iglesia.

Buen testimonio acerca de Demetrio

11 Amado, no imites lo malo, sino lo bueno. El que hace lo bueno es de Dios; pero el que hace lo malo, no ha visto a Dios.
12 Todos dan testimonio de Demetrio, y aun la verdad misma; y también nosotros damos testimonio, y vosotros sabéis que nuestro testimonio es verdadero.

Salutaciones finales

13 Yo tenía muchas cosas que escribirte, pero no quiero escribírtelas con tinta y pluma,
14 porque espero verte en breve, y hablaremos cara a cara.
15 La paz sea contigo. Los amigos te saludan. Saluda tú a los amigos, a cada uno en particular.

1 The elder,

To my dear friend Gaius, whom I love in the truth.

2 Dear friend, I pray that you may enjoy good health and that all may go well with you, even as your soul is getting along well. 3 It gave me great joy to have some brothers come and tell about your faithfulness to the truth and how you continue to walk in the truth. 4 I have no greater joy than to hear that my children are walking in the truth.
5 Dear friend, you are faithful in what you are doing for the brothers, even though they are strangers to you. 6 They have told the church about your love. You will do well to send them on their way in a manner worthy of God. 7 It was for the sake of the Name that they went out, receiving no help from the pagans. 8 We ought therefore to show hospitality to such men so that we may work together for the truth.
9 I wrote to the church, but Diotrephes, who loves to be first, will have nothing to do with us. 10 So if I come, I will call attention to what he is doing, gossiping maliciously about us. Not satisfied with that, he refuses to welcome the brothers. He also stops those who want to do so and puts them out of the church.
11 Dear friend, do not imitate what is evil but what is good. Anyone who does what is good is from God. Anyone who does what is evil has not seen God. 12 Demetrius is well spoken of by everyone — and even by the truth itself. We also speak well of him, and you know that our testimony is true.
13 I have much to write you, but I do not want to do so with pen and ink. 14 I hope to see you soon, and we will talk face to face.

Peace to you. The friends here send their greetings. Greet the friends there by name.

LA EPÍSTOLA UNIVERSAL DE
SAN JUDAS APÓSTOL

JUDE

Salutación

1 Judas, siervo de Jesucristo, y hermano de Jacobo, a los llamados, santificados en Dios Padre, y guardados en Jesucristo:

2 Misericordia y paz y amor os sean multiplicados.

Falsas doctrinas y falsos maestros

3 Amados, por la gran solicitud que tenía de escribiros acerca de nuestra común salvación, me ha sido necesario escribiros exhortándoos que contendáis ardientemente por la fe que ha sido una vez dada a los santos.
4 Porque algunos hombres han entrado encubiertamente, los que desde antes habían sido destinados para esta condenación, hombres impíos, que convierten en libertinaje la gracia de nuestro Dios, y niegan a Dios el único soberano, y a nuestro Señor Jesucristo.
5 Mas quiero recordaros, ya que una vez lo habéis sabido, que el Señor, habiendo salvado al pueblo sacándolo de Egipto, después destruyó a los que no creyeron.
6 Y a los ángeles que no guardaron su dignidad, sino que abandonaron su propia morada, los ha guardado bajo oscuridad, en prisiones eternas, para el juicio del gran día;
7 como Sodoma y Gomorra y las ciudades vecinas, las cuales de la misma manera que aquéllos, habiendo fornicado e ido en pos de vicios contra naturaleza, fueron puestas por ejemplo, sufriendo el castigo del fuego eterno.
8 No obstante, de la misma manera también estos soñadores mancillan la carne, rechazan la autoridad y blasfeman de las potestades superiores.
9 Pero cuando el arcángel Miguel contendía con el diablo, disputando con él por el cuerpo de Moisés, no se atrevió a proferir juicio de maldición contra él, sino que dijo: El Señor te reprenda.
10 Pero éstos blasfeman de cuantas cosas no conocen; y en las que por naturaleza conocen, se corrompen como animales irracionales.
11 ¡Ay de ellos! porque han seguido el camino de Caín, y se lanzaron por lucro en el error de Balaam, y perecieron en la contradicción de Coré.
12 Estos son manchas en vuestros ágapes, que comiendo impúdicamente con vosotros se apacientan a sí mismos; nubes sin agua, llevadas de acá para allá por los vientos; árboles otoñales, sin fruto, dos veces muertos y desarraigados;
13 fieras ondas del mar, que espuman su propia vergüenza; estrellas errantes, para las cuales está reservada eternamente la oscuridad de las tinieblas.
14 De éstos también profetizó Enoc, séptimo desde Adán, diciendo: He aquí, vino el Señor con sus santas decenas de millares,
15 para hacer juicio contra todos, y dejar convictos a todos los impíos de todas sus obras impías que han hecho impíamente, y de todas las cosas duras que los pecadores impíos han hablado contra él.

1 Jude, a servant of Jesus Christ and a brother of James,

To those who have been called, who are loved by God the Father and kept by[a] Jesus Christ:

2 Mercy, peace and love be yours in abundance.

The Sin and Doom of Godless Men

3 Dear friends, although I was very eager to write to you about the salvation we share, I felt I had to write and urge you to contend for the faith that was once for all entrusted to the saints. 4 For certain men whose condemnation was written about[b] long ago have secretly slipped in among you. They are godless men, who change the grace of our God into a license for immorality and deny Jesus Christ our only Sovereign and Lord.

5 Though you already know all this, I want to remind you that the Lord[c] delivered his people out of Egypt, but later destroyed those who did not believe. 6 And the angels who did not keep their positions of authority but abandoned their own home—these he has kept in darkness, bound with everlasting chains for judgment on the great Day. 7 In a similar way, Sodom and Gomorrah and the surrounding towns gave themselves up to sexual immorality and perversion. They serve as an example of those who suffer the punishment of eternal fire.

8 In the very same way, these dreamers pollute their own bodies, reject authority and slander celestial beings. 9 But even the archangel Michael, when he was disputing with the devil about the body of Moses, did not dare to bring a slanderous accusation against him, but said, "The Lord rebuke you!" 10 Yet these men speak abusively against whatever they do not understand; and what things they do understand by instinct, like unreasoning animals—these are the very things that destroy them.

11 Woe to them! They have taken the way of Cain; they have rushed for profit into Balaam's error; they have been destroyed in Korah's rebellion.

12 These men are blemishes at your love feasts, eating with you without the slightest qualm—shepherds who feed only themselves. They are clouds without rain, blown along by the wind; autumn trees, without fruit and uprooted—twice dead. 13 They are wild waves of the sea, foaming up their shame; wandering stars, for whom blackest darkness has been reserved forever.

14 Enoch, the seventh from Adam, prophesied about these men: "See, the Lord is coming with thousands upon thousands of his holy ones 15 to judge everyone, and to convict all the ungodly of all the ungodly acts they have done in the ungodly way, and of all the harsh words ungodly sinners have spoken against him."

16 Estos son murmuradores, querellosos, que andan según sus propios deseos, cuya boca habla cosas infladas, adulando a las personas para sacar provecho.

Amonestaciones y exhortaciones

17 Pero vosotros, amados, tened memoria de las palabras que antes fueron dichas por los apóstoles de nuestro Señor Jesucristo;
18 los que os decían: En el postrer tiempo habrá burladores, que andarán según sus malvados deseos.
19 Estos son los que causan divisiones; los sensuales, que no tienen al Espíritu.
20 Pero vosotros, amados, edificándoos sobre vuestra santísima fe, orando en el Espíritu Santo,
21 conservaos en el amor de Dios, esperando la misericordia de nuestro Señor Jesucristo para vida eterna.
22 A algunos que dudan, convencedlos.
23 A otros salvad, arrebatándolos del fuego; y de otros tened misericordia con temor, aborreciendo aun la ropa contaminada por su carne.

Doxología

24 Y a aquel que es poderoso para guardaros sin caída, y presentaros sin mancha delante de su gloria con gran alegría,
25 al único y sabio Dios, nuestro Salvador, sea gloria y majestad, imperio y potencia, ahora y por todos los siglos. Amén.

16 These men are grumblers and faultfinders; they follow their own evil desires; they boast about themselves and flatter others for their own advantage.

A Call to Persevere

17 But, dear friends, remember what the apostles of our Lord Jesus Christ foretold. 18 They said to you, "In the last times there will be scoffers who will follow their own ungodly desires." 19 These are the men who divide you, who follow mere natural instincts and do not have the Spirit.
20 But you, dear friends, build yourselves up in your most holy faith and pray in the Holy Spirit. 21 Keep yourselves in God's love as you wait for the mercy of our Lord Jesus Christ to bring you to eternal life.
22 Be merciful to those who doubt; 23 snatch others from the fire and save them; to others show mercy, mixed with fear—hating even the clothing stained by corrupted flesh.

Doxology

24 To him who is able to keep you from falling and to present you before his glorious presence without fault and with great joy— 25 to the only God our Savior be glory, majesty, power and authority, through Jesus Christ our Lord, before all ages, now and forevermore! Amen.

EL APOCALIPSIS
DE SAN JUAN

La revelación de Jesucristo

1 ¹ La revelación de Jesucristo, que Dios le dio, para manifestar a sus siervos las cosas que deben suceder pronto; y la declaró enviándola por medio de su ángel a su siervo Juan,
² que ha dado testimonio de la palabra de Dios, y del testimonio de Jesucristo, y de todas las cosas que ha visto.
³ Bienaventurado el que lee, y los que oyen las palabras de esta profecía, y guardan las cosas en ella escritas; porque el tiempo está cerca.

Salutaciones a las siete iglesias

⁴ Juan, a las siete iglesias que están en Asia: Gracia y paz a vosotros, del que es y que era y que ha de venir, y de los siete espíritus que están delante de su trono;
⁵ y de Jesucristo el testigo fiel, el primogénito de los muertos, y el soberano de los reyes de la tierra. Al que nos amó, y nos lavó de nuestros pecados con su sangre,
⁶ y nos hizo reyes y sacerdotes para Dios, su Padre; a él sea gloria e imperio por los siglos de los siglos. Amén.
⁷ He aquí que viene con las nubes, y todo ojo le verá, y los que le traspasaron; y todos los linajes de la tierra harán lamentación por él. Sí, amén.
⁸ Yo soy el Alfa y la Omega, principio y fin, dice el Señor, el que es y que era y que ha de venir, el Todopoderoso.

Una visión del Hijo del Hombre

⁹ Yo Juan, vuestro hermano, y copartícipe vuestro en la tribulación, en el reino y en la paciencia de Jesucristo, estaba en la isla llamada Patmos, por causa de la palabra de Dios y el testimonio de Jesucristo.
¹⁰ Yo estaba en el Espíritu en el día del Señor, y oí detrás de mí una gran voz como de trompeta,
¹¹ que decía: Yo soy el Alfa y la Omega, el primero y el último. Escribe en un libro lo que ves, y envíalo a las siete iglesias que están en Asia: a Efeso, Esmirna, Pérgamo, Tiatira, Sardis, Filadelfia y Laodicea.
¹² Y me volví para ver la voz que hablaba conmigo; y vuelto, vi siete candeleros de oro,
¹³ y en medio de los siete candeleros, a uno semejante al Hijo del Hombre, vestido de una ropa que llegaba hasta los pies, y ceñido por el pecho con un cinto de oro.
¹⁴ Su cabeza y sus cabellos eran blancos como blanca lana, como nieve; sus ojos como llama de fuego;
¹⁵ y sus pies semejantes al bronce bruñido, refulgente como en un horno; y su voz como estruendo de muchas aguas.
¹⁶ Tenía en su diestra siete estrellas; de su boca salía una espada aguda de dos filos; y su rostro era como el sol cuando resplandece en su fuerza.
¹⁷ Cuando le vi, caí como muerto a sus pies. Y él puso su diestra sobre mí, diciéndome: No temas; yo soy el primero y el último;
¹⁸ y el que vivo, y estuve muerto; mas he aquí que vivo

REVELATION

Prologue

1 The revelation of Jesus Christ, which God gave him to show his servants what must soon take place. He made it known by sending his angel to his servant John, ² who testifies to everything he saw— that is, the word of God and the testimony of Jesus Christ. ³ Blessed is the one who reads the words of this prophecy, and blessed are those who hear it and take to heart what is written in it, because the time is near.

Greetings and Doxology

⁴ John,

To the seven churches in the province of Asia:

Grace and peace to you from him who is, and who was, and who is to come, and from the seven spirits *a* before his throne, ⁵ and from Jesus Christ, who is the faithful witness, the firstborn from the dead, and the ruler of the kings of the earth.

To him who loves us and has freed us from our sins by his blood, ⁶ and has made us to be a kingdom and priests to serve his God and Father—to him be glory and power for ever and ever! Amen.

⁷ Look, he is coming with the clouds,
   and every eye will see him,
even those who pierced him;
   and all the peoples of the earth will mourn
    because of him.
         So shall it be! Amen.

⁸ "I am the Alpha and the Omega," says the Lord God, "who is, and who was, and who is to come, the Almighty."

One Like a Son of Man

⁹ I, John, your brother and companion in the suffering and kingdom and patient endurance that are ours in Jesus, was on the island of Patmos because of the word of God and the testimony of Jesus. ¹⁰ On the Lord's Day I was in the Spirit, and I heard behind me a loud voice like a trumpet, ¹¹ which said: "Write on a scroll what you see and send it to the seven churches: to Ephesus, Smyrna, Pergamum, Thyatira, Sardis, Philadelphia and Laodicea."

¹² I turned around to see the voice that was speaking to me. And when I turned I saw seven golden lampstands, ¹³ and among the lampstands was someone "like a son of man," *b* dressed in a robe reaching down to his feet and with a golden sash around his chest. ¹⁴ His head and hair were white like wool, as white as snow, and his eyes were like blazing fire. ¹⁵ His feet were like bronze glowing in a furnace, and his voice was like the sound of rushing waters. ¹⁶ In his right hand he held seven stars, and out of his mouth came a sharp double-edged sword. His face was like the sun shining in all its brilliance.

¹⁷ When I saw him, I fell at his feet as though dead. Then he placed his right hand on me and said: "Do not be afraid. I am the First and the Last. ¹⁸ I am the Living

a 4 Or *the sevenfold Spirit*   *b 13* Daniel 7:13

por los siglos de los siglos, amén. Y tengo las llaves de la muerte y del Hades.

19 Escribe las cosas que has visto, y las que son, y las que han de ser después de estas.

20 El misterio de las siete estrellas que has visto en mi diestra, y de los siete candeleros de oro: las siete estrellas son los ángeles de las siete iglesias, y los siete candeleros que has visto, son las siete iglesias.

Mensajes a las siete iglesias:
El mensaje a Efeso

2 1 Escribe al ángel de la iglesia en Efeso: El que tiene las siete estrellas en su diestra, el que anda en medio de los siete candeleros de oro, dice esto:

2 Yo conozco tus obras, y tu arduo trabajo y paciencia; y que no puedes soportar a los malos, y has probado a los que se dicen ser apóstoles, y no lo son, y los has hallado mentirosos;

3 y has sufrido, y has tenido paciencia, y has trabajado arduamente por amor de mi nombre, y no has desmayado.

4 Pero tengo contra ti, que has dejado tu primer amor.

5 Recuerda, por tanto, de dónde has caído, y arrepiéntete, y haz las primeras obras; pues si no, vendré pronto a ti, y quitaré tu candelero de su lugar, si no te hubieres arrepentido.

6 Pero tienes esto, que aborreces las obras de los nicolaítas, las cuales yo también aborrezco.

7 El que tiene oído, oiga lo que el Espíritu dice a las iglesias. Al que venciere, le daré a comer del árbol de la vida, el cual está en medio del paraíso de Dios.

El mensaje a Esmirna

8 Y escribe al ángel de la iglesia en Esmirna: El primero y el postrero, el que estuvo muerto y vivió, dice esto:

9 Yo conozco tus obras, y tu tribulación, y tu pobreza (pero tú eres rico), y la blasfemia de los que se dicen ser judíos, y no lo son, sino sinagoga de Satanás.

10 No temas en nada lo que vas a padecer. He aquí, el diablo echará a algunos de vosotros en la cárcel, para que seáis probados, y tendréis tribulación por diez días. Sé fiel hasta la muerte, y yo te daré la corona de la vida.

11 El que tiene oído, oiga lo que el Espíritu dice a las iglesias. El que venciere, no sufrirá daño de la segunda muerte.

El mensaje a Pérgamo

12 Y escribe al ángel de la iglesia en Pérgamo: El que tiene la espada aguda de dos filos dice esto:

13 Yo conozco tus obras, y dónde moras, donde está el trono de Satanás; pero retienes mi nombre, y no has negado mi fe, ni aun en los días en que Antipas mi testigo fiel fue muerto entre vosotros, donde mora Satanás.

14 Pero tengo unas pocas cosas contra ti: que tienes ahí a los que retienen la doctrina de Balaam, que enseñaba a Balac a poner tropiezo ante los hijos de Israel, a comer de cosas sacrificadas a los ídolos, y a cometer fornicación.

One; I was dead, and behold I am alive for ever and ever! And I hold the keys of death and Hades.

19 "Write, therefore, what you have seen, what is now and what will take place later. 20 The mystery of the seven stars that you saw in my right hand and of the seven golden lampstands is this: The seven stars are the angels c of the seven churches, and the seven lampstands are the seven churches.

To the Church in Ephesus

2 "To the angel d of the church in Ephesus write:

These are the words of him who holds the seven stars in his right hand and walks among the seven golden lampstands: 2 I know your deeds, your hard work and your perseverance. I know that you cannot tolerate wicked men, that you have tested those who claim to be apostles but are not, and have found them false. 3 You have persevered and have endured hardships for my name, and have not grown weary.

4 Yet I hold this against you: You have forsaken your first love. 5 Remember the height from which you have fallen! Repent and do the things you did at first. If you do not repent, I will come to you and remove your lampstand from its place. 6 But you have this in your favor: You hate the practices of the Nicolaitans, which I also hate.

7 He who has an ear, let him hear what the Spirit says to the churches. To him who overcomes, I will give the right to eat from the tree of life, which is in the paradise of God.

To the Church in Smyrna

8 "To the angel of the church in Smyrna write:

These are the words of him who is the First and the Last, who died and came to life again. 9 I know your afflictions and your poverty — yet you are rich! I know the slander of those who say they are Jews and are not, but are a synagogue of Satan. 10 Do not be afraid of what you are about to suffer. I tell you, the devil will put some of you in prison to test you, and you will suffer persecution for ten days. Be faithful, even to the point of death, and I will give you the crown of life.

11 He who has an ear, let him hear what the Spirit says to the churches. He who overcomes will not be hurt at all by the second death.

To the Church in Pergamum

12 "To the angel of the church in Pergamum write:

These are the words of him who has the sharp, double-edged sword. 13 I know where you live — where Satan has his throne. Yet you remain true to my name. You did not renounce your faith in me, even in the days of Antipas, my faithful witness, who was put to death in your city — where Satan lives.

14 Nevertheless, I have a few things against you: You have people there who hold to the teaching of Balaam, who taught Balak to entice the Israelites to sin by eating food sacrificed to idols and by committing sexual immorality.

c 20 Or messengers   d 1 Or messenger; also in verses 8, 12 and 18

15 Y también tienes a los que retienen la doctrina de los nicolaítas, la que yo aborrezco.

16 Por tanto, arrepiéntete; pues si no, vendré a ti pronto, y pelearé contra ellos con la espada de mi boca.

17 El que tiene oído, oiga lo que el Espíritu dice a las iglesias. Al que venciere, daré a comer del maná escondido, y le daré una piedrecita blanca, y en la piedrecita escrito un nombre nuevo, el cual ninguno conoce sino aquel que lo recibe.

El mensaje a Tiatira

18 Y escribe al ángel de la iglesia en Tiatira: El Hijo de Dios, el que tiene ojos como llama de fuego, y pies semejantes al bronce bruñido, dice esto:

19 Yo conozco tus obras, y amor, y fe, y servicio, y tu paciencia, y que tus obras postreras son más que las primeras.

20 Pero tengo unas pocas cosas contra ti: que toleras que esa mujer Jezabel, que se dice profetisa, enseñe y seduzca a mis siervos a fornicar y a comer cosas sacrificadas a los ídolos.

21 Y le he dado tiempo para que se arrepienta, pero no quiere arrepentirse de su fornicación.

22 He aquí, yo la arrojo en cama, y en gran tribulación a los que con ella adulteran, si no se arrepienten de las obras de ella.

23 Y a sus hijos heriré de muerte, y todas las iglesias sabrán que yo soy el que escudriña la mente y el corazón; y os daré a cada uno según vuestras obras.

24 Pero a vosotros y a los demás que están en Tiatira, a cuantos no tienen esa doctrina, y no han conocido lo que ellos llaman las profundidades de Satanás, yo os digo: No os impondré otra carga;

25 pero lo que tenéis, retenedlo hasta que yo venga.

26 Al que venciere y guardare mis obras hasta el fin, yo le daré autoridad sobre las naciones,

27 y las regirá con vara de hierro, y serán quebradas como vaso de alfarero; como yo también la he recibido de mi Padre;

28 y le daré la estrella de la mañana.

29 El que tiene oído, oiga lo que el Espíritu dice a las iglesias.

El mensaje a Sardis

3 1 Escribe al ángel de la iglesia en Sardis: El que tiene los siete espíritus de Dios, y las siete estrellas, dice esto: Yo conozco tus obras, que tienes nombre de que vives, y estás muerto.

2 Sé vigilante, y afirma las otras cosas que están para morir; porque no he hallado tus obras perfectas delante de Dios.

3 Acuérdate, pues, de lo que has recibido y oído; y guárdalo, y arrepiéntete. Pues si no velas, vendré sobre ti como ladrón, y no sabrás a qué hora vendré sobre ti.

4 Pero tienes unas pocas personas en Sardis que no han manchado sus vestiduras; y andarán conmigo en vestiduras blancas, porque son dignas.

5 El que venciere será vestido de vestiduras blancas; y no

15 Likewise you also have those who hold to the teaching of the Nicolaitans. 16 Repent therefore! Otherwise, I will soon come to you and will fight against them with the sword of my mouth.

17 He who has an ear, let him hear what the Spirit says to the churches. To him who overcomes, I will give some of the hidden manna. I will also give him a white stone with a new name written on it, known only to him who receives it.

To the Church in Thyatira

18 "To the angel of the church in Thyatira write:

These are the words of the Son of God, whose eyes are like blazing fire and whose feet are like burnished bronze. 19 I know your deeds, your love and faith, your service and perseverance, and that you are now doing more than you did at first.

20 Nevertheless, I have this against you: You tolerate that woman Jezebel, who calls herself a prophetess. By her teaching she misleads my servants into sexual immorality and the eating of food sacrificed to idols. 21 I have given her time to repent of her immorality, but she is unwilling. 22 So I will cast her on a bed of suffering, and I will make those who commit adultery with her suffer intensely, unless they repent of her ways. 23 I will strike her children dead. Then all the churches will know that I am he who searches hearts and minds, and I will repay each of you according to your deeds. 24 Now I say to the rest of you in Thyatira, to you who do not hold to her teaching and have not learned Satan's so-called deep secrets (I will not impose any other burden on you): 25 Only hold on to what you have until I come.

26 To him who overcomes and does my will to the end, I will give authority over the nations—

27 'He will rule them with an iron scepter;
　　he will dash them to pieces like
　　　　pottery' e—

just as I have received authority from my Father. 28 I will also give him the morning star. 29 He who has an ear, let him hear what the Spirit says to the churches.

To the Church in Sardis

3 "To the angel f of the church in Sardis write:

These are the words of him who holds the seven spirits g of God and the seven stars. I know your deeds; you have a reputation of being alive, but you are dead. 2 Wake up! Strengthen what remains and is about to die, for I have not found your deeds complete in the sight of my God. 3 Remember, therefore, what you have received and heard; obey it, and repent. But if you do not wake up, I will come like a thief, and you will not know at what time I will come to you.

4 Yet you have a few people in Sardis who have not soiled their clothes. They will walk with me, dressed in white, for they are worthy. 5 He who

e 27 Psalm 2:9　　f 1 Or messenger; also in verses 7 and 14
g 1 Or the sevenfold Spirit

borraré su nombre del libro de la vida, y confesaré su nombre delante de mi Padre, y delante de sus ángeles.
6 El que tiene oído, oiga lo que el Espíritu dice a las iglesias.

El mensaje a Filadelfia

7 Escribe al ángel de la iglesia en Filadelfia: Esto dice el Santo, el Verdadero, el que tiene la llave de David, el que abre y ninguno cierra, y cierra y ninguno abre:

8 Yo conozco tus obras; he aquí, he puesto delante de ti una puerta abierta, la cual nadie puede cerrar; porque aunque tienes poca fuerza, has guardado mi palabra, y no has negado mi nombre.

9 He aquí, yo entrego de la sinagoga de Satanás a los que se dicen ser judíos y no lo son, sino que mienten; he aquí, yo haré que vengan y se postren a tus pies, y reconozcan que yo te he amado.

10 Por cuanto has guardado la palabra de mi paciencia, yo también te guardaré de la hora de la prueba que ha de venir sobre el mundo entero, para probar a los que moran sobre la tierra.

11 He aquí, yo vengo pronto; retén lo que tienes, para que ninguno tome tu corona.

12 Al que venciere, yo lo haré columna en el templo de mi Dios, y nunca más saldrá de allí; y escribiré sobre él el nombre de mi Dios, y el nombre de la ciudad de mi Dios, la nueva Jerusalén, la cual desciende del cielo, de mi Dios, y mi nombre nuevo.

13 El que tiene oído, oiga lo que el Espíritu dice a las iglesias.

El mensaje a Laodicea

14 Y escribe al ángel de la iglesia en Laodicea: He aquí el Amén, el testigo fiel y verdadero, el principio de la creación de Dios, dice esto:

15 Yo conozco tus obras, que ni eres frío ni caliente. ¡Ojalá fueses frío o caliente!

16 Pero por cuanto eres tibio, y no frío ni caliente, te vomitaré de mi boca.

17 Porque tú dices: Yo soy rico, y me he enriquecido, y de ninguna cosa tengo necesidad; y no sabes que tú eres un desventurado, miserable, pobre, ciego y desnudo.

18 Por tanto, yo te aconsejo que de mí compres oro refinado en fuego, para que seas rico, y vestiduras blancas para vestirte, y que no se descubra la vergüenza de tu desnudez; y unge tus ojos con colirio, para que veas.

19 Yo reprendo y castigo a todos los que amo; sé, pues, celoso, y arrepiéntete.

20 He aquí, yo estoy a la puerta y llamo; si alguno oye mi voz y abre la puerta, entraré a él, y cenaré con él, y él conmigo.

21 Al que venciere, le daré que se siente conmigo en mi trono, así como yo he vencido, y me he sentado con mi Padre en su trono.

22 El que tiene oído, oiga lo que el Espíritu dice a las iglesias.

La adoración celestial

4 1 Después de esto miré, y he aquí una puerta abierta en el cielo; y la primera voz que oí, como de trompeta, hablando conmigo, dijo: Sube acá, y yo te mostraré las cosas que sucederán después de estas.

overcomes will, like them, be dressed in white. I will never blot out his name from the book of life, but will acknowledge his name before my Father and his angels. 6He who has an ear, let him hear what the Spirit says to the churches.

To the Church in Philadelphia

7"To the angel of the church in Philadelphia write:

These are the words of him who is holy and true, who holds the key of David. What he opens no one can shut, and what he shuts no one can open. 8I know your deeds. See, I have placed before you an open door that no one can shut. I know that you have little strength, yet you have kept my word and have not denied my name. 9I will make those who are of the synagogue of Satan, who claim to be Jews though they are not, but are liars — I will make them come and fall down at your feet and acknowledge that I have loved you. 10Since you have kept my command to endure patiently, I will also keep you from the hour of trial that is going to come upon the whole world to test those who live on the earth.

11I am coming soon. Hold on to what you have, so that no one will take your crown. 12Him who overcomes I will make a pillar in the temple of my God. Never again will he leave it. I will write on him the name of my God and the name of the city of my God, the new Jerusalem, which is coming down out of heaven from my God; and I will also write on him my new name. 13He who has an ear, let him hear what the Spirit says to the churches.

To the Church in Laodicea

14"To the angel of the church in Laodicea write:

These are the words of the Amen, the faithful and true witness, the ruler of God's creation. 15I know your deeds, that you are neither cold nor hot. I wish you were either one or the other! 16So, because you are lukewarm — neither hot nor cold — I am about to spit you out of my mouth. 17You say, 'I am rich; I have acquired wealth and do not need a thing.' But you do not realize that you are wretched, pitiful, poor, blind and naked. 18I counsel you to buy from me gold refined in the fire, so you can become rich; and white clothes to wear, so you can cover your shameful nakedness; and salve to put on your eyes, so you can see.

19Those whom I love I rebuke and discipline. So be earnest, and repent. 20Here I am! I stand at the door and knock. If anyone hears my voice and opens the door, I will come in and eat with him, and he with me.

21To him who overcomes, I will give the right to sit with me on my throne, just as I overcame and sat down with my Father on his throne. 22He who has an ear, let him hear what the Spirit says to the churches."

The Throne in Heaven

4 After this I looked, and there before me was a door standing open in heaven. And the voice I had first heard speaking to me like a trumpet said, "Come up here, and I will show you what must take place after this." 2At once I was in the Spirit, and there before me

2 Y al instante yo estaba en el Espíritu; y he aquí, un trono establecido en el cielo, y en el trono, uno sentado.

3 Y el aspecto del que estaba sentado era semejante a piedra de jaspe y de cornalina; y había alrededor del trono un arco iris, semejante en aspecto a la esmeralda.

4 Y alrededor del trono había veinticuatro tronos; y vi sentados en los tronos a veinticuatro ancianos, vestidos de ropas blancas, con coronas de oro en sus cabezas.

5 Y del trono salían relámpagos y truenos y voces; y delante del trono ardían siete lámparas de fuego, las cuales son los siete espíritus de Dios.

6 Y delante del trono había como un mar de vidrio semejante al cristal; y junto al trono, y alrededor del trono, cuatro seres vivientes llenos de ojos delante y detrás.

7 El primer ser viviente era semejante a un león; el segundo era semejante a un becerro; el tercero tenía rostro como de hombre; y el cuarto era semejante a un águila volando.

8 Y los cuatro seres vivientes tenían cada uno seis alas, y alrededor y por dentro estaban llenos de ojos; y no cesaban día y noche de decir: Santo, santo, santo es el Señor Dios Todopoderoso, el que era, el que es, y el que ha de venir.

9 Y siempre que aquellos seres vivientes dan gloria y honra y acción de gracias al que está sentado en el trono, al que vive por los siglos de los siglos,

10 los veinticuatro ancianos se postran delante del que está sentado en el trono, y adoran al que vive por los siglos de los siglos, y echan sus coronas delante del trono, diciendo:

11 Señor, digno eres de recibir la gloria y la honra y el poder; porque tú creaste todas las cosas, y por tu voluntad existen y fueron creadas.

El rollo y el Cordero

5 1 Y vi en la mano derecha del que estaba sentado en el trono un libro escrito por dentro y por fuera, sellado con siete sellos.

2 Y vi a un ángel fuerte que pregonaba a gran voz: ¿Quién es digno de abrir el libro y desatar sus sellos?

3 Y ninguno, ni en el cielo ni en la tierra ni debajo de la tierra, podía abrir el libro, ni aun mirarlo.

4 Y lloraba yo mucho, porque no se había hallado a ninguno digno de abrir el libro, ni de leerlo, ni de mirarlo.

5 Y uno de los ancianos me dijo: No llores. He aquí que el León de la tribu de Judá, la raíz de David, ha vencido para abrir el libro y desatar sus siete sellos.

6 Y miré, y vi que en medio del trono y de los cuatro seres vivientes, y en medio de los ancianos, estaba en pie un Cordero como inmolado, que tenía siete cuernos, y siete ojos, los cuales son los siete espíritus de Dios enviados por toda la tierra.

7 Y vino, y tomó el libro de la mano derecha del que estaba sentado en el trono.

8 Y cuando hubo tomado el libro, los cuatro seres vivientes y los veinticuatro ancianos se postraron delante del Cordero; todos tenían arpas, y copas de oro llenas de incienso, que son las oraciones de los santos;

9 y cantaban un nuevo cántico, diciendo: Digno eres de

was a throne in heaven with someone sitting on it. 3And the one who sat there had the appearance of jasper and carnelian. A rainbow, resembling an emerald, encircled the throne. 4Surrounding the throne were twenty-four other thrones, and seated on them were twenty-four elders. They were dressed in white and had crowns of gold on their heads. 5From the throne came flashes of lightning, rumblings and peals of thunder. Before the throne, seven lamps were blazing. These are the seven spirits *h* of God. 6Also before the throne there was what looked like a sea of glass, clear as crystal.

In the center, around the throne, were four living creatures, and they were covered with eyes, in front and in back. 7The first living creature was like a lion, the second was like an ox, the third had a face like a man, the fourth was like a flying eagle. 8Each of the four living creatures had six wings and was covered with eyes all around, even under his wings. Day and night they never stop saying:

> "Holy, holy, holy
> is the Lord God Almighty,
> who was, and is, and is to come."

9Whenever the living creatures give glory, honor and thanks to him who sits on the throne and who lives for ever and ever, 10the twenty-four elders fall down before him who sits on the throne, and worship him who lives for ever and ever. They lay their crowns before the throne and say:

11"You are worthy, our Lord and God,
> to receive glory and honor and power,
> for you created all things,
> and by your will they were created
> and have their being."

The Scroll and the Lamb

5 Then I saw in the right hand of him who sat on the throne a scroll with writing on both sides and sealed with seven seals. 2And I saw a mighty angel proclaiming in a loud voice, "Who is worthy to break the seals and open the scroll?" 3But no one in heaven or on earth or under the earth could open the scroll or even look inside it. 4I wept and wept because no one was found who was worthy to open the scroll or look inside. 5Then one of the elders said to me, "Do not weep! See, the Lion of the tribe of Judah, the Root of David, has triumphed. He is able to open the scroll and its seven seals."

6Then I saw a Lamb, looking as if it had been slain, standing in the center of the throne, encircled by the four living creatures and the elders. He had seven horns and seven eyes, which are the seven spirits *h* of God sent out into all the earth. 7He came and took the scroll from the right hand of him who sat on the throne. 8And when he had taken it, the four living creatures and the twenty-four elders fell down before the Lamb. Each one had a harp and they were holding golden bowls full of incense, which are the prayers of the saints. 9And they sang a new song:

h 5,6 Or the sevenfold Spirit

tomar el libro y de abrir sus sellos; porque tú fuiste inmolado, y con tu sangre nos has redimido para Dios, de todo linaje y lengua y pueblo y nación;

10 y nos has hecho para nuestro Dios reyes y sacerdotes, y reinaremos sobre la tierra.

11 Y miré, y oí la voz de muchos ángeles alrededor del trono, y de los seres vivientes, y de los ancianos; y su número era millones de millones,

12 que decían a gran voz: El Cordero que fue inmolado es digno de tomar el poder, las riquezas, la sabiduría, la fortaleza, la honra, la gloria y la alabanza.

13 Y a todo lo creado que está en el cielo, y sobre la tierra, y debajo de la tierra, y en el mar, y a todas las cosas que en ellos hay, oí decir: Al que está sentado en el trono, y al Cordero, sea la alabanza, la honra, la gloria y el poder, por los siglos de los siglos.

14 Los cuatro seres vivientes decían: Amén; y los veinticuatro ancianos se postraron sobre sus rostros y adoraron al que vive por los siglos de los siglos.

"You are worthy to take the scroll
and to open its seals,
because you were slain,
and with your blood you purchased men for
God
from every tribe and language and people and
nation.
10 You have made them to be a kingdom and priests
to serve our God,
and they will reign on the earth."

11 Then I looked and heard the voice of many angels, numbering thousands upon thousands, and ten thousand times ten thousand. They encircled the throne and the living creatures and the elders. 12 In a loud voice they sang:

"Worthy is the Lamb, who was slain,
to receive power and wealth and wisdom and
strength
and honor and glory and praise!"

13 Then I heard every creature in heaven and on earth and under the earth and on the sea, and all that is in them, singing:

"To him who sits on the throne and to the Lamb
be praise and honor and glory and power,
for ever and ever!"

14 The four living creatures said, "Amen," and the elders fell down and worshiped.

Los sellos

6 1 Vi cuando el Cordero abrió uno de los sellos, y oí a uno de los cuatro seres vivientes decir como con voz de trueno: Ven y mira.

2 Y miré, y he aquí un caballo blanco; y el que lo montaba tenía un arco; y le fue dada una corona, y salió venciendo, y para vencer.

3 Cuando abrió el segundo sello, oí al segundo ser viviente, que decía: Ven y mira.

4 Y salió otro caballo, bermejo; y al que lo montaba le fue dado poder de quitar de la tierra la paz, y que se matasen unos a otros; y se le dio una gran espada.

5 Cuando abrió el tercer sello, oí al tercer ser viviente, que decía: Ven y mira. Y miré, y he aquí un caballo negro; y el que lo montaba tenía una balanza en la mano.

6 Y oí una voz de en medio de los cuatro seres vivientes, que decía: Dos libras de trigo por un denario, y seis libras de cebada por un denario; pero no dañes el aceite ni el vino.

7 Cuando abrió el cuarto sello, oí la voz del cuarto ser viviente, que decía: Ven y mira.

8 Miré, y he aquí un caballo amarillo, y el que lo montaba tenía por nombre Muerte, y el Hades le seguía; y le fue dada potestad sobre la cuarta parte de la tierra, para matar con espada, con hambre, con mortandad, y con las fieras de la tierra.

9 Cuando abrió el quinto sello, vi bajo el altar las almas de los que habían sido muertos por causa de la palabra de Dios y por el testimonio que tenían.

10 Y clamaban a gran voz, diciendo: ¿Hasta cuándo, Señor, santo y verdadero, no juzgas y vengas nuestra sangre en los que moran en la tierra?

The Seals

6 I watched as the Lamb opened the first of the seven seals. Then I heard one of the four living creatures say in a voice like thunder, "Come!" 2 I looked, and there before me was a white horse! Its rider held a bow, and he was given a crown, and he rode out as a conqueror bent on conquest.

3 When the Lamb opened the second seal, I heard the second living creature say, "Come!" 4 Then another horse came out, a fiery red one. Its rider was given power to take peace from the earth and to make men slay each other. To him was given a large sword.

5 When the Lamb opened the third seal, I heard the third living creature say, "Come!" I looked, and there before me was a black horse! Its rider was holding a pair of scales in his hand. 6 Then I heard what sounded like a voice among the four living creatures, saying, "A quart*i* of wheat for a day's wages,*i* and three quarts of barley for a day's wages,*i* and do not damage the oil and the wine!"

7 When the Lamb opened the fourth seal, I heard the voice of the fourth living creature say, "Come!" 8 I looked, and there before me was a pale horse! Its rider was named Death, and Hades was following close behind him. They were given power over a fourth of the earth to kill by sword, famine and plague, and by the wild beasts of the earth.

9 When he opened the fifth seal, I saw under the altar the souls of those who had been slain because of the word of God and the testimony they had maintained. 10 They called out in a loud voice, "How long, Sovereign Lord, holy and true, until you judge the inhabitants of the earth and avenge our blood?" 11 Then each

---

i 6 Greek a choinix (probably about a liter)   *i 6 Greek a denarius*

11 Y se les dieron vestiduras blancas, y se les dijo que descansasen todavía un poco de tiempo, hasta que se completara el número de sus consiervos y sus hermanos, que también habían de ser muertos como ellos.

12 Miré cuando abrió el sexto sello, y he aquí hubo un gran terremoto; y el sol se puso negro como tela de cilicio, y la luna se volvió toda como sangre;

13 y las estrellas del cielo cayeron sobre la tierra, como la higuera deja caer sus higos cuando es sacudida por un fuerte viento.

14 Y el cielo se desvaneció como un pergamino que se enrolla; y todo monte y toda isla se removió de su lugar.

15 Y los reyes de la tierra, y los grandes, los ricos, los capitanes, los poderosos, y todo siervo y todo libre, se escondieron en las cuevas y entre las peñas de los montes;

16 y decían a los montes y a las peñas: Caed sobre nosotros, y escondednos del rostro de aquel que está sentado sobre el trono, y de la ira del Cordero;

17 porque el gran día de su ira ha llegado; ¿y quién podrá sostenerse en pie?

Los 144,000 sellados

7 1 Después de esto vi a cuatro ángeles en pie sobre los cuatro ángulos de la tierra, que detenían los cuatro vientos de la tierra, para que no soplase viento alguno sobre la tierra, ni sobre el mar, ni sobre ningún árbol.

2 Vi también a otro ángel que subía de donde sale el sol, y tenía el sello del Dios vivo; y clamó a gran voz a los cuatro ángeles, a quienes se les había dado el poder de hacer daño a la tierra y al mar,

3 diciendo: No hagáis daño a la tierra, ni al mar, ni a los árboles, hasta que hayamos sellado en sus frentes a los siervos de nuestro Dios.

4 Y oí el número de los sellados: ciento cuarenta y cuatro mil sellados de todas las tribus de los hijos de Israel.

5 De la tribu de Judá, doce mil sellados. De la tribu de Rubén, doce mil sellados. De la tribu de Gad, doce mil sellados.

6 De la tribu de Aser, doce mil sellados. De la tribu de Neftalí, doce mil sellados. De la tribu de Manasés, doce mil sellados.

7 De la tribu de Simeón, doce mil sellados. De la tribu de Leví, doce mil sellados. De la tribu de Isacar, doce mil sellados.

8 De la tribu de Zabulón, doce mil sellados. De la tribu de José, doce mil sellados. De la tribu de Benjamín, doce mil sellados.

La multitud vestida de ropas blancas

9 Después de esto miré, y he aquí una gran multitud, la cual nadie podía contar, de todas naciones y tribus y pueblos y lenguas, que estaban delante del trono y en la presencia del Cordero, vestidos de ropas blancas, y con palmas en las manos;

10 y clamaban a gran voz, diciendo: La salvación pertenece a nuestro Dios que está sentado en el trono, y al Cordero.

11 Y todos los ángeles estaban en pie alrededor del trono, y de los ancianos y de los cuatro seres vivientes; y se postraron sobre sus rostros delante del trono, y adoraron a Dios,

12 diciendo: Amén. La bendición y la gloria y la sabiduría y la acción de gracias y la honra y el poder y la fortaleza, sean a nuestro Dios por los siglos de los siglos. Amén.

of them was given a white robe, and they were told to wait a little longer, until the number of their fellow servants and brothers who were to be killed as they had been was completed.

12 I watched as he opened the sixth seal. There was a great earthquake. The sun turned black like sackcloth made of goat hair, the whole moon turned blood red, 13 and the stars in the sky fell to earth, as late figs drop from a fig tree when shaken by a strong wind. 14 The sky receded like a scroll, rolling up, and every mountain and island was removed from its place.

15 Then the kings of the earth, the princes, the generals, the rich, the mighty, and every slave and every free man hid in caves and among the rocks of the mountains. 16 They called to the mountains and the rocks, "Fall on us and hide us from the face of him who sits on the throne and from the wrath of the Lamb! 17 For the great day of their wrath has come, and who can stand?"

144,000 Sealed

7 After this I saw four angels standing at the four corners of the earth, holding back the four winds of the earth to prevent any wind from blowing on the land or on the sea or on any tree. 2 Then I saw another angel coming up from the east, having the seal of the living God. He called out in a loud voice to the four angels who had been given power to harm the land and the sea: 3 "Do not harm the land or the sea or the trees until we put a seal on the foreheads of the servants of our God." 4 Then I heard the number of those who were sealed: 144,000 from all the tribes of Israel.

5 From the tribe of Judah 12,000 were sealed,
from the tribe of Reuben 12,000,
from the tribe of Gad 12,000,
6 from the tribe of Asher 12,000,
from the tribe of Naphtali 12,000,
from the tribe of Manasseh 12,000,
7 from the tribe of Simeon 12,000,
from the tribe of Levi 12,000,
from the tribe of Issachar 12,000,
8 from the tribe of Zebulun 12,000,
from the tribe of Joseph 12,000,
from the tribe of Benjamin 12,000.

The Great Multitude in White Robes

9 After this I looked and there before me was a great multitude that no one could count, from every nation, tribe, people and language, standing before the throne and in front of the Lamb. They were wearing white robes and were holding palm branches in their hands. 10 And they cried out in a loud voice:

"Salvation belongs to our God,
who sits on the throne,
and to the Lamb."

11 All the angels were standing around the throne and around the elders and the four living creatures. They fell down on their faces before the throne and worshiped God, 12 saying:

"Amen!
Praise and glory
and wisdom and thanks and honor
and power and strength
be to our God for ever and ever.
Amen!"

13 Entonces uno de los ancianos habló, diciéndome: Estos que están vestidos de ropas blancas, ¿quiénes son, y de dónde han venido?

14 Yo le dije: Señor, tú lo sabes. Y él me dijo: Estos son los que han salido de la gran tribulación, y han lavado sus ropas, y las han emblanquecido en la sangre del Cordero.

15 Por esto están delante del trono de Dios, y le sirven día y noche en su templo; y el que está sentado sobre el trono extenderá su tabernáculo sobre ellos.

16 Ya no tendrán hambre ni sed, y el sol no caerá más sobre ellos, ni calor alguno;

17 porque el Cordero que está en medio del trono los pastoreará, y los guiará a fuentes de aguas de vida; y Dios enjugará toda lágrima de los ojos de ellos.

El séptimo sello

8 1 Cuando abrió el séptimo sello, se hizo silencio en el cielo como por media hora.

2 Y vi a los siete ángeles que estaban en pie ante Dios; y se les dieron siete trompetas.

3 Otro ángel vino entonces y se paró ante el altar, con un incensario de oro; y se le dio mucho incienso para añadirlo a las oraciones de todos los santos, sobre el altar de oro que estaba delante del trono.

4 Y de la mano del ángel subió a la presencia de Dios el humo del incienso con las oraciones de los santos.

5 Y el ángel tomó el incensario, y lo llenó del fuego del altar, y lo arrojó a la tierra; y hubo truenos, y voces, y relámpagos, y un terremoto.

Las trompetas

6 Y los siete ángeles que tenían las siete trompetas se dispusieron a tocarlas.

7 El primer ángel tocó la trompeta, y hubo granizo y fuego mezclados con sangre, que fueron lanzados sobre la tierra; y la tercera parte de los árboles se quemó, y se quemó toda la hierba verde.

8 El segundo ángel tocó la trompeta, y como una gran montaña ardiendo en fuego fue precipitada en el mar; y la tercera parte del mar se convirtió en sangre.

9 Y murió la tercera parte de los seres vivientes que estaban en el mar, y la tercera parte de las naves fue destruida.

10 El tercer ángel tocó la trompeta, y cayó del cielo una gran estrella, ardiendo como una antorcha, y cayó sobre la tercera parte de los ríos, y sobre las fuentes de las aguas.

11 Y el nombre de la estrella es Ajenjo. Y la tercera parte de las aguas se convirtió en ajenjo; y muchos hombres murieron a causa de esas aguas, porque se hicieron amargas.

12 El cuarto ángel tocó la trompeta, y fue herida la tercera parte del sol, y la tercera parte de la luna, y la tercera parte de las estrellas, para que se oscureciese la tercera parte de ellos, y no hubiese luz en la tercera parte del día, y asimismo de la noche.

13 Y miré, y oí a un ángel volar por en medio del cielo, diciendo a gran voz: ¡Ay, ay, ay, de los que moran en la tierra, a causa de los otros toques de trompeta que están para sonar los tres ángeles!

---

13 Then one of the elders asked me, "These in white robes—who are they, and where did they come from?"

14 I answered, "Sir, you know."

And he said, "These are they who have come out of the great tribulation; they have washed their robes and made them white in the blood of the Lamb. 15 Therefore,

"they are before the throne of God
    and serve him day and night in his temple;
and he who sits on the throne will spread his
       tent over them.
16 Never again will they hunger;
    never again will they thirst.
The sun will not beat upon them,
    nor any scorching heat.
17 For the Lamb at the center of the throne will be
    their shepherd;
he will lead them to springs of living water.
And God will wipe away every tear from their
    eyes."

The Seventh Seal and the Golden Censer

8 When he opened the seventh seal, there was silence in heaven for about half an hour.

2 And I saw the seven angels who stand before God, and to them were given seven trumpets.

3 Another angel, who had a golden censer, came and stood at the altar. He was given much incense to offer, with the prayers of all the saints, on the golden altar before the throne. 4 The smoke of the incense, together with the prayers of the saints, went up before God from the angel's hand. 5 Then the angel took the censer, filled it with fire from the altar, and hurled it on the earth; and there came peals of thunder, rumblings, flashes of lightning and an earthquake.

The Trumpets

6 Then the seven angels who had the seven trumpets prepared to sound them.

7 The first angel sounded his trumpet, and there came hail and fire mixed with blood, and it was hurled down upon the earth. A third of the earth was burned up, a third of the trees were burned up, and all the green grass was burned up.

8 The second angel sounded his trumpet, and something like a huge mountain, all ablaze, was thrown into the sea. A third of the sea turned into blood, 9 a third of the living creatures in the sea died, and a third of the ships were destroyed.

10 The third angel sounded his trumpet, and a great star, blazing like a torch, fell from the sky on a third of the rivers and on the springs of water— 11 the name of the star is Wormwood.[k] A third of the waters turned bitter, and many people died from the waters that had become bitter.

12 The fourth angel sounded his trumpet, and a third of the sun was struck, a third of the moon, and a third of the stars, so that a third of them turned dark. A third of the day was without light, and also a third of the night.

13 As I watched, I heard an eagle that was flying in midair call out in a loud voice: "Woe! Woe! Woe to the inhabitants of the earth, because of the trumpet blasts about to be sounded by the other three angels!"

---

k 11 That is, Bitterness

9 ¹ El quinto ángel tocó la trompeta, y vi una estrella que cayó del cielo a la tierra; y se le dio la llave del pozo del abismo.

² Y abrió el pozo del abismo, y subió humo del pozo como humo de un gran horno; y se oscureció el sol y el aire por el humo del pozo.

³ Y del humo salieron langostas sobre la tierra; y se les dio poder, como tienen poder los escorpiones de la tierra.

⁴ Y se les mandó que no dañasen a la hierba de la tierra, ni a cosa verde alguna, ni a ningún árbol, sino solamente a los hombres que no tuviesen el sello de Dios en sus frentes.

⁵ Y les fue dado, no que los matasen, sino que los atormentasen cinco meses; y su tormento era como tormento de escorpión cuando hiere al hombre.

⁶ Y en aquellos días los hombres buscarán la muerte, pero no la hallarán; y ansiarán morir, pero la muerte huirá de ellos.

⁷ El aspecto de las langostas era semejante a caballos preparados para la guerra; en las cabezas tenían como coronas de oro; sus caras eran como caras humanas;

⁸ tenían cabello como cabello de mujer; sus dientes eran como de leones;

⁹ tenían corazas como corazas de hierro; el ruido de sus alas era como el estruendo de muchos carros de caballos corriendo a la batalla;

¹⁰ tenían colas como de escorpiones, y también aguijones; y en sus colas tenían poder para dañar a los hombres durante cinco meses.

¹¹ Y tienen por rey sobre ellos al ángel del abismo, cuyo nombre en hebreo es Abadón, y en griego, Apolión.ᵃ

¹² El primer ay pasó; he aquí, vienen aún dos ayes después de esto.

¹³ El sexto ángel tocó la trompeta, y oí una voz de entre los cuatro cuernos del altar de oro que estaba delante de Dios,

¹⁴ diciendo al sexto ángel que tenía la trompeta: Desata a los cuatro ángeles que están atados junto al gran río Eufrates.

¹⁵ Y fueron desatados los cuatro ángeles que estaban preparados para la hora, día, mes y año, a fin de matar a la tercera parte de los hombres.

¹⁶ Y el número de los ejércitos de los jinetes era doscientos millones. Yo oí su número.

¹⁷ Así vi en visión los caballos y a sus jinetes, los cuales tenían corazas de fuego, de zafiro y de azufre. Y las cabezas de los caballos eran como cabezas de leones; y de su boca salían fuego, humo y azufre.

¹⁸ Por estas tres plagas fue muerta la tercera parte de los hombres; por el fuego, el humo y el azufre que salían de su boca.

¹⁹ Pues el poder de los caballos estaba en su boca y en sus colas; porque sus colas, semejantes a serpientes, tenían cabezas, y con ellas dañaban.

²⁰ Y los otros hombres que no fueron muertos con estas plagas, ni aun así se arrepintieron de las obras de sus manos, ni dejaron de adorar a los demonios, y a las imágenes de oro, de plata, de bronce, de piedra y de madera, las cuales no pueden ver, ni oir, ni andar;

²¹ y no se arrepintieron de sus homicidios, ni de sus hechicerías, ni de su fornicación, ni de sus hurtos.

9 The fifth angel sounded his trumpet, and I saw a star that had fallen from the sky to the earth. The star was given the key to the shaft of the Abyss. ²When he opened the Abyss, smoke rose from it like the smoke from a gigantic furnace. The sun and sky were darkened by the smoke from the Abyss. ³And out of the smoke locusts came down upon the earth and were given power like that of scorpions of the earth. ⁴They were told not to harm the grass of the earth or any plant or tree, but only those people who did not have the seal of God on their foreheads. ⁵They were not given power to kill them, but only to torture them for five months. And the agony they suffered was like that of the sting of a scorpion when it strikes a man. ⁶During those days men will seek death, but will not find it; they will long to die, but death will elude them.

⁷The locusts looked like horses prepared for battle. On their heads they wore something like crowns of gold, and their faces resembled human faces. ⁸Their hair was like women's hair, and their teeth were like lions' teeth. ⁹They had breastplates like breastplates of iron, and the sound of their wings was like the thundering of many horses and chariots rushing into battle. ¹⁰They had tails and stings like scorpions, and in their tails they had power to torment people for five months. ¹¹They had as king over them the angel of the Abyss, whose name in Hebrew is Abaddon, and in Greek, Apollyon.ˡ

¹²The first woe is past; two other woes are yet to come.

¹³The sixth angel sounded his trumpet, and I heard a voice coming from the hornsᵐ of the golden altar that is before God. ¹⁴It said to the sixth angel who had the trumpet, "Release the four angels who are bound at the great river Euphrates." ¹⁵And the four angels who had been kept ready for this very hour and day and month and year were released to kill a third of mankind. ¹⁶The number of the mounted troops was two hundred million. I heard their number.

¹⁷The horses and riders I saw in my vision looked like this: Their breastplates were fiery red, dark blue, and yellow as sulfur. The heads of the horses resembled the heads of lions, and out of their mouths came fire, smoke and sulfur. ¹⁸A third of mankind was killed by the three plagues of fire, smoke and sulfur that came out of their mouths. ¹⁹The power of the horses was in their mouths and in their tails; for their tails were like snakes, having heads with which they inflict injury.

²⁰The rest of mankind that were not killed by these plagues still did not repent of the work of their hands; they did not stop worshiping demons, and idols of gold, silver, bronze, stone and wood—idols that cannot see or hear or walk. ²¹Nor did they repent of their murders, their magic arts, their sexual immorality or their thefts.

ᵃO, destructor.

ˡ11 Abaddon and Apollyon mean Destroyer.   ᵐ13 That is, projections

El ángel con el librito

10 ¹ Vi descender del cielo a otro ángel fuerte, envuelto en una nube, con el arco iris sobre su cabeza; y su rostro era como el sol, y sus pies como columnas de fuego.
² Tenía en su mano un librito abierto; y puso su pie derecho sobre el mar, y el izquierdo sobre la tierra;
³ y clamó a gran voz, como ruge un león; y cuando hubo clamado, siete truenos emitieron sus voces.
⁴ Cuando los siete truenos hubieron emitido sus voces, yo iba a escribir; pero oí una voz del cielo que me decía: Sella las cosas que los siete truenos han dicho, y no las escribas.
⁵ Y el ángel que vi en pie sobre el mar y sobre la tierra, levantó su mano al cielo,
⁶ y juró por el que vive por los siglos de los siglos, que creó el cielo y las cosas que están en él, y la tierra y las cosas que están en ella, y el mar y las cosas que están en él, que el tiempo no sería más,
⁷ sino que en los días de la voz del séptimo ángel, cuando él comience a tocar la trompeta, el misterio de Dios se consumará, como él lo anunció a sus siervos los profetas.
⁸ La voz que oí del cielo habló otra vez conmigo, y dijo: Vé y toma el librito que está abierto en la mano del ángel que está en pie sobre el mar y sobre la tierra.
⁹ Y fui al ángel, diciéndole que me diese el librito. Y él me dijo: Toma, y cómelo; y te amargará el vientre, pero en tu boca será dulce como la miel.
¹⁰ Entonces tomé el librito de la mano del ángel, y lo comí; y era dulce en mi boca como la miel, pero cuando lo hube comido, amargó mi vientre.
¹¹ Y él me dijo: Es necesario que profetices otra vez sobre muchos pueblos, naciones, lenguas y reyes.

Los dos testigos

11 ¹ Entonces me fue dada una caña semejante a una vara de medir, y se me dijo: Levántate, y mide el templo de Dios, y el altar, y a los que adoran en él.
² Pero el patio que está fuera del templo déjalo aparte, y no lo midas, porque ha sido entregado a los gentiles; y ellos hollarán la ciudad santa cuarenta y dos meses.
³ Y daré a mis dos testigos que profeticen por mil doscientos sesenta días, vestidos de cilicio.
⁴ Estos testigos son los dos olivos, y los dos candeleros que están en pie delante del Dios de la tierra.
⁵ Si alguno quiere dañarlos, sale fuego de la boca de ellos, y devora a sus enemigos; y si alguno quiere hacerles daño, debe morir él de la misma manera.
⁶ Estos tienen poder para cerrar el cielo, a fin de que no llueva en los días de su profecía; y tienen poder sobre las aguas para convertirlas en sangre, y para herir la tierra con toda plaga, cuantas veces quieran.
⁷ Cuando hayan acabado su testimonio, la bestia que sube del abismo hará guerra contra ellos, y los vencerá y los matará.
⁸ Y sus cadáveres estarán en la plaza de la grande ciudad que en sentido espiritual se llama Sodoma y Egipto, donde también nuestro Señor fue crucificado.
⁹ Y los de los pueblos, tribus, lenguas y naciones verán sus cadáveres por tres días y medio, y no permitirán que sean sepultados.
¹⁰ Y los moradores de la tierra se regocijarán sobre ellos y se alegrarán, y se enviarán regalos unos a otros; porque estos dos profetas habían atormentado a los moradores de la tierra.

The Angel and the Little Scroll

10 Then I saw another mighty angel coming down from heaven. He was robed in a cloud, with a rainbow above his head; his face was like the sun, and his legs were like fiery pillars. ²He was holding a little scroll, which lay open in his hand. He planted his right foot on the sea and his left foot on the land, ³and he gave a loud shout like the roar of a lion. When he shouted, the voices of the seven thunders spoke. ⁴And when the seven thunders spoke, I was about to write; but I heard a voice from heaven say, "Seal up what the seven thunders have said and do not write it down."

⁵Then the angel I had seen standing on the sea and on the land raised his right hand to heaven. ⁶And he swore by him who lives for ever and ever, who created the heavens and all that is in them, the earth and all that is in it, and the sea and all that is in it, and said, "There will be no more delay! ⁷But in the days when the seventh angel is about to sound his trumpet, the mystery of God will be accomplished, just as he announced to his servants the prophets."

⁸Then the voice that I had heard from heaven spoke to me once more: "Go, take the scroll that lies open in the hand of the angel who is standing on the sea and on the land."

⁹So I went to the angel and asked him to give me the little scroll. He said to me, "Take it and eat it. It will turn your stomach sour, but in your mouth it will be as sweet as honey." ¹⁰I took the little scroll from the angel's hand and ate it. It tasted as sweet as honey in my mouth, but when I had eaten it, my stomach turned sour. ¹¹Then I was told, "You must prophesy again about many peoples, nations, languages and kings."

The Two Witnesses

11 I was given a reed like a measuring rod and was told, "Go and measure the temple of God and the altar, and count the worshipers there. ²But exclude the outer court; do not measure it, because it has been given to the Gentiles. They will trample on the holy city for 42 months. ³And I will give power to my two witnesses, and they will prophesy for 1,260 days, clothed in sackcloth." ⁴These are the two olive trees and the two lampstands that stand before the Lord of the earth. ⁵If anyone tries to harm them, fire comes from their mouths and devours their enemies. This is how anyone who wants to harm them must die. ⁶These men have power to shut up the sky so that it will not rain during the time they are prophesying; and they have power to turn the waters into blood and to strike the earth with every kind of plague as often as they want.

⁷Now when they have finished their testimony, the beast that comes up from the Abyss will attack them, and overpower and kill them. ⁸Their bodies will lie in the street of the great city, which is figuratively called Sodom and Egypt, where also their Lord was crucified. ⁹For three and a half days men from every people, tribe, language and nation will gaze on their bodies and refuse them burial. ¹⁰The inhabitants of the earth will gloat over them and will celebrate by sending each other gifts, because these two prophets had tormented those who live on the earth.

11 Pero después de tres días y medio entró en ellos el espíritu de vida enviado por Dios, y se levantaron sobre sus pies, y cayó gran temor sobre los que los vieron.

12 Y oyeron una gran voz del cielo, que les decía: Subid acá. Y subieron al cielo en una nube; y sus enemigos los vieron.

13 En aquella hora hubo un gran terremoto, y la décima parte de la ciudad se derrumbó, y por el terremoto murieron en número de siete mil hombres; y los demás se aterrorizaron, y dieron gloria al Dios del cielo.

14 El segundo ay pasó; he aquí, el tercer ay viene pronto.

La séptima trompeta

15 El séptimo ángel tocó la trompeta, y hubo grandes voces en el cielo, que decían: Los reinos del mundo han venido a ser de nuestro Señor y de su Cristo; y él reinará por los siglos de los siglos.

16 Y los veinticuatro ancianos que estaban sentados delante de Dios en sus tronos, se postraron sobre sus rostros, y adoraron a Dios,

17 diciendo: Te damos gracias, Señor Dios Todopoderoso, el que eres y que eras y que has de venir, porque has tomado tu gran poder, y has reinado.

18 Y se airaron las naciones, y tu ira ha venido, y el tiempo de juzgar a los muertos, y de dar el galardón a tus siervos los profetas, a los santos, y a los que temen tu nombre, a los pequeños y a los grandes, y de destruir a los que destruyen la tierra.

19 Y el templo de Dios fue abierto en el cielo, y el arca de su pacto se veía en el templo. Y hubo relámpagos, voces, truenos, un terremoto y grande granizo.

La mujer y el dragón

12 1 Apareció en el cielo una gran señal: una mujer vestida del sol, con la luna debajo de sus pies, y sobre su cabeza una corona de doce estrellas.

2 Y estando encinta, clamaba con dolores de parto, en la angustia del alumbramiento.

3 También apareció otra señal en el cielo: he aquí un gran dragón escarlata, que tenía siete cabezas y diez cuernos, y en sus cabezas siete diademas;

4 y su cola arrastraba la tercera parte de las estrellas del cielo, y las arrojó sobre la tierra. Y el dragón se paró frente a la mujer que estaba para dar a luz, a fin de devorar a su hijo tan pronto como naciese.

5 Y ella dio a luz un hijo varón, que regirá con vara de hierro a todas las naciones; y su hijo fue arrebatado para Dios y para su trono.

6 Y la mujer huyó al desierto, donde tiene lugar preparado por Dios, para que allí la sustenten por mil doscientos sesenta días.

7 Después hubo una gran batalla en el cielo: Miguel y sus ángeles luchaban contra el dragón; y luchaban el dragón y sus ángeles;

8 pero no prevalecieron, ni se halló ya lugar para ellos en el cielo.

9 Y fue lanzado fuera el gran dragón, la serpiente antigua, que se llama diablo y Satanás, el cual engaña al mundo entero; fue arrojado a la tierra, y sus ángeles fueron arrojados con él.

---

11 But after the three and a half days a breath of life from God entered them, and they stood on their feet, and terror struck those who saw them. 12 Then they heard a loud voice from heaven saying to them, "Come up here." And they went up to heaven in a cloud, while their enemies looked on.

13 At that very hour there was a severe earthquake and a tenth of the city collapsed. Seven thousand people were killed in the earthquake, and the survivors were terrified and gave glory to the God of heaven.

14 The second woe has passed; the third woe is coming soon.

The Seventh Trumpet

15 The seventh angel sounded his trumpet, and there were loud voices in heaven, which said:

"The kingdom of the world has become the
    kingdom of our Lord and of his Christ,
and he will reign for ever and ever."

16 And the twenty-four elders, who were seated on their thrones before God, fell on their faces and worshiped God, 17 saying:

"We give thanks to you, Lord God Almighty,
    the One who is and who was,
because you have taken your great power
    and have begun to reign.
18 The nations were angry;
    and your wrath has come.
The time has come for judging the dead,
    and for rewarding your servants the prophets
and your saints and those who reverence your
      name,
    both small and great—
and for destroying those who destroy the earth."

19 Then God's temple in heaven was opened, and within his temple was seen the ark of his covenant. And there came flashes of lightning, rumblings, peals of thunder, an earthquake and a great hailstorm.

The Woman and the Dragon

12 A great and wondrous sign appeared in heaven: a woman clothed with the sun, with the moon under her feet and a crown of twelve stars on her head. 2 She was pregnant and cried out in pain as she was about to give birth. 3 Then another sign appeared in heaven: an enormous red dragon with seven heads and ten horns and seven crowns on his heads. 4 His tail swept a third of the stars out of the sky and flung them to the earth. The dragon stood in front of the woman who was about to give birth, so that he might devour her child the moment it was born. 5 She gave birth to a son, a male child, who will rule all the nations with an iron scepter. And her child was snatched up to God and to his throne. 6 The woman fled into the desert to a place prepared for her by God, where she might be taken care of for 1,260 days.

7 And there was war in heaven. Michael and his angels fought against the dragon, and the dragon and his angels fought back. 8 But he was not strong enough, and they lost their place in heaven. 9 The great dragon was hurled down—that ancient serpent called the devil, or Satan, who leads the whole world astray. He was hurled to the earth, and his angels with him.

10 Entonces oí una gran voz en el cielo, que decía: Ahora ha venido la salvación, el poder, y el reino de nuestro Dios, y la autoridad de su Cristo; porque ha sido lanzado fuera el acusador de nuestros hermanos, el que los acusaba delante de nuestro Dios día y noche.

11 Y ellos le han vencido por medio de la sangre del Cordero y de la palabra del testimonio de ellos, y menospreciaron sus vidas hasta la muerte.

12 Por lo cual alegraos, cielos, y los que moráis en ellos. ¡Ay de los moradores de la tierra y del mar! porque el diablo ha descendido a vosotros con gran ira, sabiendo que tiene poco tiempo.

13 Y cuando vio el dragón que había sido arrojado a la tierra, persiguió a la mujer que había dado a luz al hijo varón.

14 Y se le dieron a la mujer las dos alas de la gran águila, para que volase de delante de la serpiente al desierto, a su lugar, donde es sustentada por un tiempo, y tiempos, y la mitad de un tiempo.

15 Y la serpiente arrojó de su boca, tras la mujer, agua como un río, para que fuese arrastrada por el río.

16 Pero la tierra ayudó a la mujer, pues la tierra abrió su boca y tragó el río que el dragón había echado de su boca.

17 Entonces el dragón se llenó de ira contra la mujer; y se fue a hacer guerra contra el resto de la descendencia de ella, los que guardan los mandamientos de Dios y tienen el testimonio de Jesucristo.

Las dos bestias

13 1 Me paré sobre la arena del mar, y vi subir del mar una bestia que tenía siete cabezas y diez cuernos; y en sus cuernos diez diademas; y sobre sus cabezas, un nombre blasfemo.

2 Y la bestia que vi era semejante a un leopardo, y sus pies como de oso, y su boca como boca de león. Y el dragón le dio su poder y su trono, y grande autoridad.

3 Vi una de sus cabezas como herida de muerte, pero su herida mortal fue sanada; y se maravilló toda la tierra en pos de la bestia,

4 y adoraron al dragón que había dado autoridad a la bestia, y adoraron a la bestia, diciendo: ¿Quién como la bestia, y quién podrá luchar contra ella?

5 También se le dio boca que hablaba grandes cosas y blasfemias; y se le dio autoridad para actuar cuarenta y dos meses.

6 Y abrió su boca en blasfemias contra Dios, para blasfemar de su nombre, de su tabernáculo, y de los que moran en el cielo.

7 Y se le permitió hacer guerra contra los santos, y vencerlos. También se le dio autoridad sobre toda tribu, pueblo, lengua y nación.

8 Y la adoraron todos los moradores de la tierra cuyos nombres no estaban escritos en el libro de la vida del Cordero que fue inmolado desde el principio del mundo.

10 Then I heard a loud voice in heaven say:

"Now have come the salvation and the power
   and the kingdom of our God,
   and the authority of his Christ.
For the accuser of our brothers,
   who accuses them before our God day and
      night,
   has been hurled down.
11 They overcame him
   by the blood of the Lamb
   and by the word of their testimony;
they did not love their lives so much
   as to shrink from death.
12 Therefore rejoice, you heavens
   and you who dwell in them!
But woe to the earth and the sea,
   because the devil has gone down to you!
He is filled with fury,
   because he knows that his time is short."

13 When the dragon saw that he had been hurled to the earth, he pursued the woman who had given birth to the male child. 14 The woman was given the two wings of a great eagle, so that she might fly to the place prepared for her in the desert, where she would be taken care of for a time, times and half a time, out of the serpent's reach. 15 Then from his mouth the serpent spewed water like a river, to overtake the woman and sweep her away with the torrent. 16 But the earth helped the woman by opening its mouth and swallowing the river that the dragon had spewed out of his mouth. 17 Then the dragon was enraged at the woman and went off to make war against the rest of her offspring — those who obey God's commandments and hold to the testimony of Jesus.

13 1 And the dragon[n] stood on the shore of the sea.

The Beast out of the Sea

And I saw a beast coming out of the sea. He had ten horns and seven heads, with ten crowns on his horns, and on each head a blasphemous name. 2 The beast I saw resembled a leopard, but had feet like those of a bear and a mouth like that of a lion. The dragon gave the beast his power and his throne and great authority. 3 One of the heads of the beast seemed to have had a fatal wound, but the fatal wound had been healed. The whole world was astonished and followed the beast. 4 Men worshiped the dragon because he had given authority to the beast, and they also worshiped the beast and asked, "Who is like the beast? Who can make war against him?"

5 The beast was given a mouth to utter proud words and blasphemies and to exercise his authority for forty-two months. 6 He opened his mouth to blaspheme God, and to slander his name and his dwelling place and those who live in heaven. 7 He was given power to make war against the saints and to conquer them. And he was given authority over every tribe, people, language and nation. 8 All inhabitants of the earth will worship the beast — all whose names have not been written in the book of life belonging to the Lamb that was slain from the creation of the world.[o]

_____

n 1 Some late manuscripts And I

9 Si alguno tiene oído, oiga.

10 Si alguno lleva en cautividad, va en cautividad; si alguno mata a espada, a espada debe ser muerto. Aquí está la paciencia y la fe de los santos.

11 Después vi otra bestia que subía de la tierra; y tenía dos cuernos semejantes a los de un cordero, pero hablaba como dragón.

12 Y ejerce toda la autoridad de la primera bestia en presencia de ella, y hace que la tierra y los moradores de ella adoren a la primera bestia, cuya herida mortal fue sanada.

13 También hace grandes señales, de tal manera que aun hace descender fuego del cielo a la tierra delante de los hombres.

14 Y engaña a los moradores de la tierra con las señales que se le ha permitido hacer en presencia de la bestia, mandando a los moradores de la tierra que le hagan imagen a la bestia que tiene la herida de espada, y vivió.

15 Y se le permitió infundir aliento a la imagen de la bestia, para que la imagen hablase e hiciese matar a todo el que no la adorase.

16 Y hacía que a todos, pequeños y grandes, ricos y pobres, libres y esclavos, se les pusiese una marca en la mano derecha, o en la frente;

17 y que ninguno pudiese comprar ni vender, sino el que tuviese la marca o el nombre de la bestia, o el número de su nombre.

18 Aquí hay sabiduría. El que tiene entendimiento, cuente el número de la bestia, pues es número de hombre. Y su número es seiscientos sesenta y seis.

El cántico de los 144,000

14 1 Después miré, y he aquí el Cordero estaba en pie sobre el monte de Sion, y con él ciento cuarenta y cuatro mil, que tenían el nombre de él y el de su Padre escrito en la frente.

2 Y oí una voz del cielo como estruendo de muchas aguas, y como sonido de un gran trueno; y la voz que oí era como de arpistas que tocaban sus arpas.

3 Y cantaban un cántico nuevo delante del trono, y delante de los cuatro seres vivientes, y de los ancianos; y nadie podía aprender el cántico sino aquellos ciento cuarenta y cuatro mil que fueron redimidos de entre los de la tierra.

4 Estos son los que no se contaminaron con mujeres, pues son vírgenes. Estos son los que siguen al Cordero por dondequiera que va. Estos fueron redimidos de entre los hombres como primicias para Dios y para el Cordero;

5 y en sus bocas no fue hallada mentira, pues son sin mancha delante del trono de Dios.

El mensaje de los tres ángeles

6 Vi volar por en medio del cielo a otro ángel, que tenía el evangelio eterno para predicarlo a los moradores de la tierra, a toda nación, tribu, lengua y pueblo,

7 diciendo a gran voz: Temed a Dios, y dadle gloria, porque la hora de su juicio ha llegado; y adorad a aquel que hizo el cielo y la tierra, el mar y las fuentes de las aguas.

9 He who has an ear, let him hear.

10 If anyone is to go into captivity,
    into captivity he will go.
If anyone is to be killed *p* with the sword,
    with the sword he will be killed.

This calls for patient endurance and faithfulness on the part of the saints.

The Beast out of the Earth

11 Then I saw another beast, coming out of the earth. He had two horns like a lamb, but he spoke like a dragon. 12 He exercised all the authority of the first beast on his behalf, and made the earth and its inhabitants worship the first beast, whose fatal wound had been healed. 13 And he performed great and miraculous signs, even causing fire to come down from heaven to earth in full view of men. 14 Because of the signs he was given power to do on behalf of the first beast, he deceived the inhabitants of the earth. He ordered them to set up an image in honor of the beast who was wounded by the sword and yet lived. 15 He was given power to give breath to the image of the first beast, so that it could speak and cause all who refused to worship the image to be killed. 16 He also forced everyone, small and great, rich and poor, free and slave, to receive a mark on his right hand or on his forehead, 17 so that no one could buy or sell unless he had the mark, which is the name of the beast or the number of his name.

18 This calls for wisdom. If anyone has insight, let him calculate the number of the beast, for it is man's number. His number is 666.

The Lamb and the 144,000

14 Then I looked, and there before me was the Lamb, standing on Mount Zion, and with him 144,000 who had his name and his Father's name written on their foreheads. 2 And I heard a sound from heaven like the roar of rushing waters and like a loud peal of thunder. The sound I heard was like that of harpists playing their harps. 3 And they sang a new song before the throne and before the four living creatures and the elders. No one could learn the song except the 144,000 who had been redeemed from the earth. 4 These are those who did not defile themselves with women, for they kept themselves pure. They follow the Lamb wherever he goes. They were purchased from among men and offered as firstfruits to God and the Lamb. 5 No lie was found in their mouths; they are blameless.

The Three Angels

6 Then I saw another angel flying in midair, and he had the eternal gospel to proclaim to those who live on the earth — to every nation, tribe, language and people. 7 He said in a loud voice, "Fear God and give him glory, because the hour of his judgment has come. Worship him who made the heavens, the earth, the sea and the springs of water."

o8 Or written from the creation of the world in the book of life belonging to the Lamb that was slain   p10 Some manuscripts anyone kills

8 Otro ángel le siguió, diciendo: Ha caído, ha caído Babilonia, la gran ciudad, porque ha hecho beber a todas las naciones del vino del furor de su fornicación.

9 Y el tercer ángel los siguió, diciendo a gran voz: Si alguno adora a la bestia y a su imagen, y recibe la marca en su frente o en su mano,

10 él también beberá del vino de la ira de Dios, que ha sido vaciado puro en el cáliz de su ira; y será atormentado con fuego y azufre delante de los santos ángeles y del Cordero;

11 y el humo de su tormento sube por los siglos de los siglos. Y no tienen reposo de día ni de noche los que adoran a la bestia y a su imagen, ni nadie que reciba la marca de su nombre.

12 Aquí está la paciencia de los santos, los que guardan los mandamientos de Dios y la fe de Jesús.

13 Oí una voz que desde el cielo me decía: Escribe: Bienaventurados de aquí en adelante los muertos que mueren en el Señor. Sí, dice el Espíritu, descansarán de sus trabajos, porque sus obras con ellos siguen.

La tierra es segada

14 Miré, y he aquí una nube blanca; y sobre la nube uno sentado semejante al Hijo del Hombre, que tenía en la cabeza una corona de oro, y en la mano una hoz aguda.

15 Y del templo salió otro ángel, clamando a gran voz al que estaba sentado sobre la nube: Mete tu hoz, y siega; porque la hora de segar ha llegado, pues la mies de la tierra está madura.

16 Y el que estaba sentado sobre la nube metió su hoz en la tierra, y la tierra fue segada.

17 Salió otro ángel del templo que está en el cielo, teniendo también una hoz aguda.

18 Y salió del altar otro ángel, que tenía poder sobre el fuego, y llamó a gran voz al que tenía la hoz aguda, diciendo: Mete tu hoz aguda, y vendimia los racimos de la tierra, porque sus uvas están maduras.

19 Y el ángel arrojó su hoz en la tierra, y vendimió la viña de la tierra, y echó las uvas en el gran lagar de la ira de Dios.

20 Y fue pisado el lagar fuera de la ciudad, y del lagar salió sangre hasta los frenos de los caballos, por mil seiscientos estadios.

Los ángeles con las siete postreras plagas

15 1 Vi en el cielo otra señal, grande y admirable: siete ángeles que tenían las siete plagas postreras; porque en ellas se consumaba la ira de Dios.

2 Vi también como un mar de vidrio mezclado con fuego; y a los que habían alcanzado la victoria sobre la bestia y su imagen, y su marca y el número de su nombre, en pie sobre el mar de vidrio, con las arpas de Dios.

3 Y cantan el cántico de Moisés siervo de Dios, y el cántico del Cordero, diciendo: Grandes y maravillosas son tus obras, Señor Dios Todopoderoso; justos y verdaderos son tus caminos, Rey de los santos.

4 ¿Quien no te temerá, oh Señor, y glorificará tu nombre? pues sólo tú eres santo; por lo cual todas las naciones vendrán y te adorarán, porque tus juicios se han manifestado.

8 A second angel followed and said, "Fallen! Fallen is Babylon the Great, which made all the nations drink the maddening wine of her adulteries."

9 A third angel followed them and said in a loud voice: "If anyone worships the beast and his image and receives his mark on the forehead or on the hand, 10 he, too, will drink of the wine of God's fury, which has been poured full strength into the cup of his wrath. He will be tormented with burning sulfur in the presence of the holy angels and of the Lamb. 11 And the smoke of their torment rises for ever and ever. There is no rest day or night for those who worship the beast and his image, or for anyone who receives the mark of his name." 12 This calls for patient endurance on the part of the saints who obey God's commandments and remain faithful to Jesus.

13 Then I heard a voice from heaven say, "Write: Blessed are the dead who die in the Lord from now on."

"Yes," says the Spirit, "they will rest from their labor, for their deeds will follow them."

The Harvest of the Earth

14 I looked, and there before me was a white cloud, and seated on the cloud was one "like a son of man" *q* with a crown of gold on his head and a sharp sickle in his hand. 15 Then another angel came out of the temple and called in a loud voice to him who was sitting on the cloud, "Take your sickle and reap, because the time to reap has come, for the harvest of the earth is ripe." 16 So he who was seated on the cloud swung his sickle over the earth, and the earth was harvested.

17 Another angel came out of the temple in heaven, and he too had a sharp sickle. 18 Still another angel, who had charge of the fire, came from the altar and called in a loud voice to him who had the sharp sickle, "Take your sharp sickle and gather the clusters of grapes from the earth's vine, because its grapes are ripe." 19 The angel swung his sickle on the earth, gathered its grapes and threw them into the great winepress of God's wrath. 20 They were trampled in the winepress outside the city, and blood flowed out of the press, rising as high as the horses' bridles for a distance of 1,600 stadia. *r*

Seven Angels With Seven Plagues

15 I saw in heaven another great and marvelous sign: seven angels with the seven last plagues—last, because with them God's wrath is completed. 2 And I saw what looked like a sea of glass mixed with fire and, standing beside the sea, those who had been victorious over the beast and his image and over the number of his name. They held harps given them by God 3 and sang the song of Moses the servant of God and the song of the Lamb:

"Great and marvelous are your deeds,
    Lord God Almighty.
Just and true are your ways,
    King of the ages.
4 Who will not fear you, O Lord,
    and bring glory to your name?
For you alone are holy.
All nations will come
    and worship before you,
for your righteous acts have been revealed."

q 14 Daniel 7:13   *r 20* That is, about 180 miles (about 300 kilometers)

5 Después de estas cosas miré, y he aquí fue abierto en el cielo el templo del tabernáculo del testimonio;
6 y del templo salieron los siete ángeles que tenían las siete plagas, vestidos de lino limpio y resplandeciente, y ceñidos alrededor del pecho con cintos de oro.
7 Y uno de los cuatro seres vivientes dio a los siete ángeles siete copas de oro, llenas de la ira de Dios, que vive por los siglos de los siglos.
8 Y el templo se llenó de humo por la gloria de Dios, y por su poder; y nadie podía entrar en el templo hasta que se hubiesen cumplido las siete plagas de los siete ángeles.

Las copas de ira

16 1 Oí una gran voz que decía desde el templo a los siete ángeles: Id y derramad sobre la tierra las siete copas de la ira de Dios.
2 Fue el primero, y derramó su copa sobre la tierra, y vino una úlcera maligna y pestilente sobre los hombres que tenían la marca de la bestia, y que adoraban su imagen.
3 El segundo ángel derramó su copa sobre el mar, y éste se convirtió en sangre como de muerto; y murió todo ser vivo que había en el mar.
4 El tercer ángel derramó su copa sobre los ríos, y sobre las fuentes de las aguas, y se convirtieron en sangre.
5 Y oí al ángel de las aguas, que decía: Justo eres tú, oh Señor, el que eres y que eras, el Santo, porque has juzgado estas cosas.
6 Por cuanto derramaron la sangre de los santos y de los profetas, también tú les has dado a beber sangre; pues lo merecen.
7 También oí a otro, que desde el altar decía: Ciertamente, Señor Dios Todopoderoso, tus juicios son verdaderos y justos.
8 El cuarto ángel derramó su copa sobre el sol, al cual fue dado quemar a los hombres con fuego.
9 Y los hombres se quemaron con el gran calor, y blasfemaron el nombre de Dios, que tiene poder sobre estas plagas, y no se arrepintieron para darle gloria.
10 El quinto ángel derramó su copa sobre el trono de la bestia; y su reino se cubrió de tinieblas, y mordían de dolor sus lenguas,
11 y blasfemaron contra el Dios del cielo por sus dolores y por sus úlceras, y no se arrepintieron de sus obras.
12 El sexto ángel derramó su copa sobre el gran río Eufrates; y el agua de éste se secó, para que estuviese preparado el camino a los reyes del oriente.
13 Y vi salir de la boca del dragón, y de la boca de la bestia, y de la boca del falso profeta, tres espíritus inmundos a manera de ranas;
14 pues son espíritus de demonios, que hacen señales, y van a los reyes de la tierra en todo el mundo, para reunirlos a la batalla de aquel gran día del Dios Todopoderoso.
15 He aquí, yo vengo como ladrón. Bienaventurado el que vela, y guarda sus ropas, para que no ande desnudo, y vean su vergüenza.
16 Y los reunió en el lugar que en hebreo se llama Armagedón.
17 El séptimo ángel derramó su copa por el aire; y salió una gran voz del templo del cielo, del trono, diciendo: Hecho está.
18 Entonces hubo relámpagos y voces y truenos, y un gran

5 After this I looked and in heaven the temple, that is, the tabernacle of the Testimony, was opened. 6 Out of the temple came the seven angels with the seven plagues. They were dressed in clean, shining linen and wore golden sashes around their chests. 7 Then one of the four living creatures gave to the seven angels seven golden bowls filled with the wrath of God, who lives for ever and ever. 8 And the temple was filled with smoke from the glory of God and from his power, and no one could enter the temple until the seven plagues of the seven angels were completed.

The Seven Bowls of God's Wrath

16 Then I heard a loud voice from the temple saying to the seven angels, "Go, pour out the seven bowls of God's wrath on the earth."
2 The first angel went and poured out his bowl on the land, and ugly and painful sores broke out on the people who had the mark of the beast and worshiped his image.
3 The second angel poured out his bowl on the sea, and it turned into blood like that of a dead man, and every living thing in the sea died.
4 The third angel poured out his bowl on the rivers and springs of water, and they became blood. 5 Then I heard the angel in charge of the waters say:

"You are just in these judgments,
    you who are and who were, the Holy One,
    because you have so judged;
6 for they have shed the blood of your saints and
      prophets,
    and you have given them blood to drink as
      they deserve."

7 And I heard the altar respond:

"Yes, Lord God Almighty,
    true and just are your judgments."

8 The fourth angel poured out his bowl on the sun, and the sun was given power to scorch people with fire. 9 They were seared by the intense heat and they cursed the name of God, who had control over these plagues, but they refused to repent and glorify him.
10 The fifth angel poured out his bowl on the throne of the beast, and his kingdom was plunged into darkness. Men gnawed their tongues in agony 11 and cursed the God of heaven because of their pains and their sores, but they refused to repent of what they had done.
12 The sixth angel poured out his bowl on the great river Euphrates, and its water was dried up to prepare the way for the kings from the East. 13 Then I saw three evil ^{s} spirits that looked like frogs; they came out of the mouth of the dragon, out of the mouth of the beast and out of the mouth of the false prophet. 14 They are spirits of demons performing miraculous signs, and they go out to the kings of the whole world, to gather them for the battle on the great day of God Almighty.
15 "Behold, I come like a thief! Blessed is he who stays awake and keeps his clothes with him, so that he may not go naked and be shamefully exposed."
16 Then they gathered the kings together to the place that in Hebrew is called Armageddon.
17 The seventh angel poured out his bowl into the air, and out of the temple came a loud voice from the throne, saying, "It is done!" 18 Then there came flashes

s 13 Greek unclean

temblor de tierra, un terremoto tan grande, cual no lo hubo jamás desde que los hombres han estado sobre la tierra.

19 Y la gran ciudad fue dividida en tres partes, y las ciudades de las naciones cayeron; y la gran Babilonia vino en memoria delante de Dios, para darle el cáliz del vino del ardor de su ira.

20 Y toda isla huyó, y los montes no fueron hallados.

21 Y cayó del cielo sobre los hombres un enorme granizo como del peso de un talento; y los hombres blasfemaron contra Dios por la plaga del granizo; porque su plaga fue sobremanera grande.

Condenación de la gran ramera

17 1 Vino entonces uno de los siete ángeles que tenían las siete copas, y habló conmigo diciéndome: Ven acá, y te mostraré la sentencia contra la gran ramera, la que está sentada sobre muchas aguas;

2 con la cual han fornicado los reyes de la tierra, y los moradores de la tierra se han embriagado con el vino de su fornicación.

3 Y me llevó en el Espíritu al desierto; y vi a una mujer sentada sobre una bestia escarlata llena de nombres de blasfemia, que tenía siete cabezas y diez cuernos.

4 Y la mujer estaba vestida de púrpura y escarlata, y adornada de oro, de piedras preciosas y de perlas, y tenía en la mano un cáliz de oro lleno de abominaciones y de la inmundicia de su fornicación;

5 y en su frente un nombre escrito, un misterio: BABILONIA LA GRANDE, LA MADRE DE LAS RAMERAS Y DE LAS ABOMINACIONES DE LA TIERRA.

6 Vi a la mujer ebria de la sangre de los santos, y de la sangre de los mártires de Jesús; y cuando la vi, quedé asombrado con gran asombro.

7 Y el ángel me dijo: ¿Por qué te asombras? Yo te diré el misterio de la mujer, y de la bestia que la trae, la cual tiene las siete cabezas y los diez cuernos.

8 La bestia que has visto, era, y no es; y está para subir del abismo e ir a perdición; y los moradores de la tierra, aquellos cuyos nombres no están escritos desde la fundación del mundo en el libro de la vida, se asombrarán viendo la bestia que era y no es, y será.

9 Esto, para la mente que tenga sabiduría: Las siete cabezas son siete montes, sobre los cuales se sienta la mujer,

10 y son siete reyes. Cinco de ellos han caído; uno es, y el otro aún no ha venido; y cuando venga, es necesario que dure breve tiempo.

11 La bestia que era, y no es, es también el octavo; y es de entre los siete, y va a la perdición.

12 Y los diez cuernos que has visto, son diez reyes, que aún no han recibido reino; pero por una hora recibirán autoridad como reyes juntamente con la bestia.

13 Estos tienen un mismo propósito, y entregarán su poder y su autoridad a la bestia.

14 Pelearán contra el Cordero, y el Cordero los vencerá, porque él es Señor de señores y Rey de reyes; y los que están con él son llamados y elegidos y fieles.

15 Me dijo también: Las aguas que has visto donde la ramera se sienta, son pueblos, muchedumbres, naciones y lenguas.

of lightning, rumblings, peals of thunder and a severe earthquake. No earthquake like it has ever occurred since man has been on earth, so tremendous was the quake. 19 The great city split into three parts, and the cities of the nations collapsed. God remembered Babylon the Great and gave her the cup filled with the wine of the fury of his wrath. 20 Every island fled away and the mountains could not be found. 21 From the sky huge hailstones of about a hundred pounds each fell upon men. And they cursed God on account of the plague of hail, because the plague was so terrible.

The Woman on the Beast

17 One of the seven angels who had the seven bowls came and said to me, "Come, I will show you the punishment of the great prostitute, who sits on many waters. 2 With her the kings of the earth committed adultery and the inhabitants of the earth were intoxicated with the wine of her adulteries."

3 Then the angel carried me away in the Spirit into a desert. There I saw a woman sitting on a scarlet beast that was covered with blasphemous names and had seven heads and ten horns. 4 The woman was dressed in purple and scarlet, and was glittering with gold, precious stones and pearls. She held a golden cup in her hand, filled with abominable things and the filth of her adulteries. 5 This title was written on her forehead:

MYSTERY
BABYLON THE GREAT
THE MOTHER OF PROSTITUTES
AND OF THE ABOMINATIONS OF THE EARTH.

6 I saw that the woman was drunk with the blood of the saints, the blood of those who bore testimony to Jesus.

When I saw her, I was greatly astonished. 7 Then the angel said to me: "Why are you astonished? I will explain to you the mystery of the woman and of the beast she rides, which has the seven heads and ten horns. 8 The beast, which you saw, once was, now is not, and will come up out of the Abyss and go to his destruction. The inhabitants of the earth whose names have not been written in the book of life from the creation of the world will be astonished when they see the beast, because he once was, now is not, and yet will come.

9 "This calls for a mind with wisdom. The seven heads are seven hills on which the woman sits. 10 They are also seven kings. Five have fallen, one is, the other has not yet come; but when he does come, he must remain for a little while. 11 The beast who once was, and now is not, is an eighth king. He belongs to the seven and is going to his destruction.

12 "The ten horns you saw are ten kings who have not yet received a kingdom, but who for one hour will receive authority as kings along with the beast. 13 They have one purpose and will give their power and authority to the beast. 14 They will make war against the Lamb, but the Lamb will overcome them because he is Lord of lords and King of kings—and with him will be his called, chosen and faithful followers."

15 Then the angel said to me, "The waters you saw, where the prostitute sits, are peoples, multitudes, nations and languages. 16 The beast and the ten horns you

16Y los diez cuernos que viste en la bestia, éstos aborrecerán a la ramera, y la dejarán desolada y desnuda; y devorarán sus carnes, y la quemarán con fuego;

17porque Dios ha puesto en sus corazones el ejecutar lo que él quiso: ponerse de acuerdo, y dar su reino a la bestia, hasta que se cumplan las palabras de Dios.

18Y la mujer que has visto es la gran ciudad que reina sobre los reyes de la tierra.

La caída de Babilonia

18 1Después de esto vi a otro ángel descender del cielo con gran poder; y la tierra fue alumbrada con su gloria.

2Y clamó con voz potente, diciendo: Ha caído, ha caído la gran Babilonia, y se ha hecho habitación de demonios y guarida de todo espíritu inmundo, y albergue de toda ave inmunda y aborrecible.

3Porque todas las naciones han bebido del vino del furor de su fornicación; y los reyes de la tierra han fornicado con ella, y los mercaderes de la tierra se han enriquecido de la potencia de sus deleites.

4Y oí otra voz del cielo, que decía: Salid de ella, pueblo mío, para que no seáis partícipes de sus pecados, ni recibáis parte de sus plagas;

5porque sus pecados han llegado hasta el cielo, y Dios se ha acordado de sus maldades.

6Dadle a ella como ella os ha dado, y pagadle doble según sus obras; en el cáliz en que ella preparó bebida, preparadle a ella el doble.

7Cuanto ella se ha glorificado y ha vivido en deleites, tanto dadle de tormento y llanto; porque dice en su corazón: Yo estoy sentada como reina, y no soy viuda, y no veré llanto;

8por lo cual en un solo día vendrán sus plagas; muerte, llanto y hambre, y será quemada con fuego; porque poderoso es Dios el Señor, que la juzga.

9Y los reyes de la tierra que han fornicado con ella, y con ella han vivido en deleites, llorarán y harán lamentación sobre ella, cuando vean el humo de su incendio,

10parándose lejos por el temor de su tormento, diciendo: ¡Ay, ay, de la gran ciudad de Babilonia, la ciudad fuerte; porque en una hora vino tu juicio!

11Y los mercaderes de la tierra lloran y hacen lamentación sobre ella, porque ninguno compra más sus mercaderías;

12mercadería de oro, de plata, de piedras preciosas, de perlas, de lino fino, de púrpura, de seda, de escarlata, de toda madera olorosa, de todo objeto de marfil, de todo objeto de madera preciosa, de cobre, de hierro y de mármol;

13y canela, especias aromáticas, incienso, mirra, olíbano, vino, aceite, flor de harina, trigo, bestias, ovejas, caballos y carros, y esclavos, almas de hombres.

---

saw will hate the prostitute. They will bring her to ruin and leave her naked; they will eat her flesh and burn her with fire. 17For God has put it into their hearts to accomplish his purpose by agreeing to give the beast their power to rule, until God's words are fulfilled. 18The woman you saw is the great city that rules over the kings of the earth."

The Fall of Babylon

18 After this I saw another angel coming down from heaven. He had great authority, and the earth was illuminated by his splendor. 2With a mighty voice he shouted:

"Fallen! Fallen is Babylon the Great!
    She has become a home for demons
and a haunt for every evil* spirit,
    a haunt for every unclean and detestable bird.
3For all the nations have drunk
    the maddening wine of her adulteries.
The kings of the earth committed adultery with
        her,
    and the merchants of the earth grew rich from
        her excessive luxuries."

4Then I heard another voice from heaven say:

"Come out of her, my people,
    so that you will not share in her sins,
    so that you will not receive any of her
        plagues;
5for her sins are piled up to heaven,
    and God has remembered her crimes.
6Give back to her as she has given;
    pay her back double for what she has done.
    Mix her a double portion from her own cup.
7Give her as much torture and grief
    as the glory and luxury she gave herself.
In her heart she boasts,
    'I sit as queen; I am not a widow,
    and I will never mourn.'
8Therefore in one day her plagues will overtake
        her:
    death, mourning and famine.
She will be consumed by fire,
    for mighty is the Lord God who judges her.

9"When the kings of the earth who committed adultery with her and shared her luxury see the smoke of her burning, they will weep and mourn over her. 10Terrified at her torment, they will stand far off and cry:

" 'Woe! Woe, O great city,
    O Babylon, city of power!
In one hour your doom has come!'

11"The merchants of the earth will weep and mourn over her because no one buys their cargoes any more— 12cargoes of gold, silver, precious stones and pearls; fine linen, purple, silk and scarlet cloth; every sort of citron wood, and articles of every kind made of ivory, costly wood, bronze, iron and marble; 13cargoes of cinnamon and spice, of incense, myrrh and frankincense, of wine and olive oil, of fine flour and wheat; cattle and sheep; horses and carriages; and bodies and souls of men.

*2 Greek *unclean*

14 Los frutos codiciados por tu alma se apartaron de ti, y todas las cosas exquisitas y espléndidas te han faltado, y nunca más las hallarás.

15 Los mercaderes de estas cosas, que se han enriquecido a costa de ella, se pararán lejos por el temor de su tormento, llorando y lamentando,

16 y diciendo: ¡Ay, ay, de la gran ciudad, que estaba vestida de lino fino, de púrpura y de escarlata, y estaba adornada de oro, de piedras preciosas y de perlas!

17 Porque en una hora han sido consumidas tantas riquezas. Y todo piloto, y todos los que viajan en naves, y marineros, y todos los que trabajan en el mar, se pararon lejos;

18 y viendo el humo de su incendio, dieron voces, diciendo: ¿Qué ciudad era semejante a esta gran ciudad?

19 Y echaron polvo sobre sus cabezas, y dieron voces, llorando y lamentando, diciendo: ¡Ay, ay de la gran ciudad, en la cual todos los que tenían naves en el mar se habían enriquecido de sus riquezas; pues en una hora ha sido desolada!

20 Alégrate sobre ella, cielo, y vosotros, santos, apóstoles y profetas; porque Dios os ha hecho justicia en ella.

21 Y un ángel poderoso tomó una piedra, como una gran piedra de molino, y la arrojó en el mar, diciendo: Con el mismo ímpetu será derribada Babilonia, la gran ciudad, y nunca más será hallada.

22 Y voz de arpistas, de músicos, de flautistas y de trompeteros no se oirá más en ti; y ningún artífice de oficio alguno se hallará más en ti, ni ruido de molino se oirá más en ti.

23 Luz de lámpara no alumbrará más en ti, ni voz de esposo y de esposa se oirá más en ti; porque tus mercaderes eran los grandes de la tierra; pues por tus hechicerías fueron engañadas todas las naciones.

24 Y en ella se halló la sangre de los profetas y de los santos, y de todos los que han sido muertos en la tierra.

Alabanzas en el cielo

19 1 Después de esto oí una gran voz de gran multitud en el cielo, que decía: ¡Aleluya! Salvación y honra y gloria y poder son del Señor Dios nuestro;

2 porque sus juicios son verdaderos y justos; pues ha juzgado a la gran ramera que ha corrompido a la tierra con su fornicación, y ha vengado la sangre de sus siervos de la mano de ella.

3 Otra vez dijeron: ¡Aleluya! Y el humo de ella sube por los siglos de los siglos.

---

14 "They will say, 'The fruit you longed for is gone from you. All your riches and splendor have vanished, never to be recovered.' 15 The merchants who sold these things and gained their wealth from her will stand far off, terrified at her torment. They will weep and mourn 16 and cry out:

" 'Woe! Woe, O great city,
     dressed in fine linen, purple and scarlet,
     and glittering with gold, precious stones and
         pearls!
17 In one hour such great wealth has been brought
     to ruin!'

"Every sea captain, and all who travel by ship, the sailors, and all who earn their living from the sea, will stand far off. 18 When they see the smoke of her burning, they will exclaim, 'Was there ever a city like this great city?' 19 They will throw dust on their heads, and with weeping and mourning cry out:

" 'Woe! Woe, O great city,
     where all who had ships on the sea
     became rich through her wealth!
In one hour she has been brought to ruin!
20 Rejoice over her, O heaven!
     Rejoice, saints and apostles and prophets!
God has judged her for the way she treated
     you.' "

21 Then a mighty angel picked up a boulder the size of a large millstone and threw it into the sea, and said:

"With such violence
     the great city of Babylon will be thrown down,
     never to be found again.
22 The music of harpists and musicians, flute players
     and trumpeters,
     will never be heard in you again.
No workman of any trade
     will ever be found in you again.
The sound of a millstone
     will never be heard in you again.
23 The light of a lamp
     will never shine in you again.
The voice of bridegroom and bride
     will never be heard in you again.
Your merchants were the world's great men.
     By your magic spell all the nations were led
     astray.
24 In her was found the blood of prophets and of
     the saints,
     and of all who have been killed on the earth."

Hallelujah!

19 After this I heard what sounded like the roar of a great multitude in heaven shouting:

"Hallelujah!
Salvation and glory and power belong to our
     God,
2   for true and just are his judgments.
He has condemned the great prostitute
     who corrupted the earth by her adulteries.
He has avenged on her the blood of his
     servants."

3 And again they shouted:

"Hallelujah!
The smoke from her goes up for ever and ever."

4 Y los veinticuatro ancianos y los cuatro seres vivientes se postraron en tierra y adoraron a Dios, que estaba sentado en el trono, y decían: ¡Amén! ¡Aleluya!

5 Y salió del trono una voz que decía: Alabad a nuestro Dios todos sus siervos, y los que le teméis, así pequeños como grandes.

6 Y oí como la voz de una gran multitud, como el estruendo de muchas aguas, y como la voz de grandes truenos, que decía: ¡Aleluya, porque el Señor nuestro Dios Todopoderoso reina!

7 Gocémonos y alegrémonos y démosle gloria; porque han llegado las bodas del Cordero, y su esposa se ha preparado.

8 Y a ella se le ha concedido que se vista de lino fino, limpio y resplandeciente; porque el lino fino es las acciones justas de los santos.

La cena de las bodas del Cordero

9 Y el ángel me dijo: Escribe: Bienaventurados los que son llamados a la cena de las bodas del Cordero. Y me dijo: Estas son palabras verdaderas de Dios.

10 Yo me postré a sus pies para adorarle. Y él me dijo: Mira, no lo hagas; yo soy consiervo tuyo, y de tus hermanos que retienen el testimonio de Jesús. Adora a Dios; porque el testimonio de Jesús es el espíritu de la profecía.

El jinete del caballo blanco

11 Entonces vi el cielo abierto; y he aquí un caballo blanco, y el que lo montaba se llamaba Fiel y Verdadero, y con justicia juzga y pelea.

12 Sus ojos eran como llama de fuego, y había en su cabeza muchas diademas; y tenía un nombre escrito que ninguno conocía sino él mismo.

13 Estaba vestido de una ropa teñida en sangre; y su nombre es: EL VERBO DE DIOS.

14 Y los ejércitos celestiales, vestidos de lino finísimo, blanco y limpio, le seguían en caballos blancos.

15 De su boca sale una espada aguda, para herir con ella a las naciones, y él las regirá con vara de hierro; y él pisa el lagar del vino del furor y de la ira del Dios Todopoderoso.

16 Y en su vestidura y en su muslo tiene escrito este nombre: REY DE REYES Y SEÑOR DE SEÑORES.

17 Y vi a un ángel que estaba en pie en el sol, y clamó a gran voz, diciendo a todas las aves que vuelan en medio del cielo: Venid, y congregaos a la gran cena de Dios, 18 para que comáis carnes de reyes y de capitanes, y carnes de fuertes, carnes de caballos y de sus jinetes, y carnes de todos, libres y esclavos, pequeños y grandes.

19 Y vi a la bestia, a los reyes de la tierra y a sus ejércitos, reunidos para guerrear contra el que montaba el caballo, y contra su ejército.

20 Y la bestia fue apresada, y con ella el falso profeta que había hecho delante de ella las señales con las cuales había engañado a los que recibieron la marca de la bestia, y habían adorado su imagen. Estos dos fueron lanzados vivos dentro de un lago de fuego que arde con azufre.

21 Y los demás fueron muertos con la espada que salía de

4 The twenty-four elders and the four living creatures fell down and worshiped God, who was seated on the throne. And they cried:

"Amen, Hallelujah!"

5 Then a voice came from the throne, saying:

"Praise our God,
  all you his servants,
you who fear him,
  both small and great!"

6 Then I heard what sounded like a great multitude, like the roar of rushing waters and like loud peals of thunder, shouting:

"Hallelujah!
  For our Lord God Almighty reigns.
7 Let us rejoice and be glad
  and give him glory!
For the wedding of the Lamb has come,
  and his bride has made herself ready.
8 Fine linen, bright and clean,
  was given her to wear."
(Fine linen stands for the righteous acts of the saints.)

9 Then the angel said to me, "Write: 'Blessed are those who are invited to the wedding supper of the Lamb!' " And he added, "These are the true words of God."

10 At this I fell at his feet to worship him. But he said to me, "Do not do it! I am a fellow servant with you and with your brothers who hold to the testimony of Jesus. Worship God! For the testimony of Jesus is the spirit of prophecy."

The Rider on the White Horse

11 I saw heaven standing open and there before me was a white horse, whose rider is called Faithful and True. With justice he judges and makes war. 12 His eyes are like blazing fire, and on his head are many crowns. He has a name written on him that no one knows but he himself. 13 He is dressed in a robe dipped in blood, and his name is the Word of God. 14 The armies of heaven were following him, riding on white horses and dressed in fine linen, white and clean. 15 Out of his mouth comes a sharp sword with which to strike down the nations. "He will rule them with an iron scepter." [u] He treads the winepress of the fury of the wrath of God Almighty. 16 On his robe and on his thigh he has this name written:

KING OF KINGS AND LORD OF LORDS.

17 And I saw an angel standing in the sun, who cried in a loud voice to all the birds flying in midair, "Come, gather together for the great supper of God, 18 so that you may eat the flesh of kings, generals, and mighty men, of horses and their riders, and the flesh of all people, free and slave, small and great."

19 Then I saw the beast and the kings of the earth and their armies gathered together to make war against the rider on the horse and his army. 20 But the beast was captured, and with him the false prophet who had performed the miraculous signs on its behalf. With these signs he had deluded those who had received the mark of the beast and worshiped his image. The two of them were thrown alive into the fiery lake of burning sulfur. 21 The rest of them were killed with the

u 15 Psalm 2:9

la boca del que montaba el caballo, y todas las aves se saciaron de las carnes de ellos.

Los mil años

20 ¹Vi a un ángel que descendía del cielo, con la llave del abismo, y una gran cadena en la mano. ²Y prendió al dragón, la serpiente antigua, que es el diablo y Satanás, y lo ató por mil años; ³y lo arrojó al abismo, y lo encerró, y puso su sello sobre él, para que no engañase más a las naciones, hasta que fuesen cumplidos mil años; y después de esto debe ser desatado por un poco de tiempo.

⁴Y vi tronos, y se sentaron sobre ellos los que recibieron facultad de juzgar; y vi las almas de los decapitados por causa del testimonio de Jesús y por la palabra de Dios, los que no habían adorado a la bestia ni a su imagen, y que no recibieron la marca en sus frentes ni en sus manos; y vivieron y reinaron con Cristo mil años. ⁵Pero los otros muertos no volvieron a vivir hasta que se cumplieron mil años. Esta es la primera resurrección. ⁶Bienaventurado y santo el que tiene parte en la primera resurrección; la segunda muerte no tiene potestad sobre éstos, sino que serán sacerdotes de Dios y de Cristo, y reinarán con él mil años.

⁷Cuando los mil años se cumplan, Satanás será suelto de su prisión, ⁸y saldrá a engañar a las naciones que están en los cuatro ángulos de la tierra, a Gog y a Magog, a fin de reunirlos para la batalla; el número de los cuales es como la arena del mar. ⁹Y subieron sobre la anchura de la tierra, y rodearon el campamento de los santos y la ciudad amada; y de Dios descendió fuego del cielo, y los consumió. ¹⁰Y el diablo que los engañaba fue lanzado en el lago de fuego y azufre, donde estaban la bestia y el falso profeta; y serán atormentados día y noche por los siglos de los siglos.

El juicio ante el gran trono blanco

¹¹Y vi un gran trono blanco y al que estaba sentado en él, de delante del cual huyeron la tierra y el cielo, y ningún lugar se encontró para ellos. ¹²Y vi a los muertos, grandes y pequeños, de pie ante Dios; y los libros fueron abiertos, y otro libro fue abierto, el cual es el libro de la vida; y fueron juzgados los muertos por las cosas que estaban escritas en los libros, según sus obras. ¹³Y el mar entregó los muertos que había en él; y la muerte y el Hades entregaron los muertos que había en ellos; y fueron juzgados cada uno según sus obras. ¹⁴Y la muerte y el Hades fueron lanzados al lago de fuego. Esta es la muerte segunda. ¹⁵Y el que no se halló inscrito en el libro de la vida fue lanzado al lago de fuego.

Cielo nuevo y tierra nueva

21 ¹Vi un cielo nuevo y una tierra nueva; porque el primer cielo y la primera tierra pasaron, y el mar ya no existía más. ²Y yo Juan vi la santa ciudad, la nueva Jerusalén, descender del cielo, de Dios, dispuesta como una esposa ataviada para su marido.

---

sword that came out of the mouth of the rider on the horse, and all the birds gorged themselves on their flesh.

The Thousand Years

20 And I saw an angel coming down out of heaven, having the key to the Abyss and holding in his hand a great chain. ²He seized the dragon, that ancient serpent, who is the devil, or Satan, and bound him for a thousand years. ³He threw him into the Abyss, and locked and sealed it over him, to keep him from deceiving the nations anymore until the thousand years were ended. After that, he must be set free for a short time.

⁴I saw thrones on which were seated those who had been given authority to judge. And I saw the souls of those who had been beheaded because of their testimony for Jesus and because of the word of God. They had not worshiped the beast or his image and had not received his mark on their foreheads or their hands. They came to life and reigned with Christ a thousand years. ⁵(The rest of the dead did not come to life until the thousand years were ended.) This is the first resurrection. ⁶Blessed and holy are those who have part in the first resurrection. The second death has no power over them, but they will be priests of God and of Christ and will reign with him for a thousand years.

Satan's Doom

⁷When the thousand years are over, Satan will be released from his prison ⁸and will go out to deceive the nations in the four corners of the earth—Gog and Magog—to gather them for battle. In number they are like the sand on the seashore. ⁹They marched across the breadth of the earth and surrounded the camp of God's people, the city he loves. But fire came down from heaven and devoured them. ¹⁰And the devil, who deceived them, was thrown into the lake of burning sulfur, where the beast and the false prophet had been thrown. They will be tormented day and night for ever and ever.

The Dead Are Judged

¹¹Then I saw a great white throne and him who was seated on it. Earth and sky fled from his presence, and there was no place for them. ¹²And I saw the dead, great and small, standing before the throne, and books were opened. Another book was opened, which is the book of life. The dead were judged according to what they had done as recorded in the books. ¹³The sea gave up the dead that were in it, and death and Hades gave up the dead that were in them, and each person was judged according to what he had done. ¹⁴Then death and Hades were thrown into the lake of fire. The lake of fire is the second death. ¹⁵If anyone's name was not found written in the book of life, he was thrown into the lake of fire.

The New Jerusalem

21 Then I saw a new heaven and a new earth, for the first heaven and the first earth had passed away, and there was no longer any sea. ²I saw the Holy City, the new Jerusalem, coming down out of heaven from God, prepared as a bride beautifully dressed for her husband. ³And I heard a loud voice from the

3 Y oí una gran voz del cielo que decía: He aquí el tabernáculo de Dios con los hombres, y él morará con ellos; y ellos serán su pueblo, y Dios mismo estará con ellos como su Dios.

4 Enjugará Dios toda lágrima de los ojos de ellos; y ya no habrá muerte, ni habrá más llanto, ni clamor, ni dolor; porque las primeras cosas pasaron.

5 Y el que estaba sentado en el trono dijo: He aquí, yo hago nuevas todas las cosas. Y me dijo: Escribe; porque estas palabras son fieles y verdaderas.

6 Y me dijo: Hecho está. Yo soy el Alfa y la Omega, el principio y el fin. Al que tuviere sed, yo le daré gratuitamente de la fuente del agua de la vida.

7 El que venciere heredará todas las cosas, y yo seré su Dios, y él será mi hijo.

8 Pero los cobardes e incrédulos, los abominables y homicidas, los fornicarios y hechiceros, los idólatras y todos los mentirosos tendrán su parte en el lago que arde con fuego y azufre, que es la muerte segunda.

La nueva Jerusalén

9 Vino entonces a mí uno de los siete ángeles que tenían las siete copas llenas de las siete plagas postreras, y habló conmigo, diciendo: Ven acá, yo te mostraré la desposada, la esposa del Cordero.

10 Y me llevó en el Espíritu a un monte grande y alto, y me mostró la gran ciudad santa de Jerusalén, que descendía del cielo, de Dios,

11 teniendo la gloria de Dios. Y su fulgor era semejante al de una piedra preciosísima, como piedra de jaspe, diáfana como el cristal.

12 Tenía un muro grande y alto con doce puertas; y en las puertas, doce ángeles, y nombres inscritos, que son los de las doce tribus de los hijos de Israel.

13 al oriente tres puertas; al norte tres puertas; al sur tres puertas; al occidente tres puertas.

14 Y el muro de la ciudad tenía doce cimientos, y sobre ellos los doce nombres de los doce apóstoles del Cordero.

15 El que hablaba conmigo tenía una caña de medir, de oro, para medir la ciudad, sus puertas y su muro.

16 La ciudad se halla establecida en cuadro, y su longitud es igual a su anchura; y él midió la ciudad con la caña, doce mil estadios; la longitud, la altura y la anchura de ella son iguales.

17 Y midió su muro, ciento cuarenta y cuatro codos, de medida de hombre, la cual es de ángel.

18 El material de su muro era de jaspe; pero la ciudad era de oro puro, semejante al vidrio limpio;

19 y los cimientos del muro de la ciudad estaban adornados con toda piedra preciosa. El primer cimiento era jaspe; el segundo, zafiro; el tercero, ágata; el cuarto, esmeralda;

20 el quinto, ónice; el sexto, cornalina; el séptimo, crisólito; el octavo, berilo; el noveno, topacio; el décimo, crisopraso; el undécimo, jacinto; el duodécimo, amatista.

21 Las doce puertas eran doce perlas; cada una de las puertas era una perla. Y la calle de la ciudad era de oro puro, transparente como vidrio.

22 Y no vi en ella templo; porque el Señor Dios Todopoderoso es el templo de ella, y el Cordero.

23 La ciudad no tiene necesidad de sol ni de luna que brillen en ella; porque la gloria de Dios la ilumina, y el Cordero es su lumbrera.

24 Y las naciones que hubieren sido salvas andarán a la luz de ella; y los reyes de la tierra traerán su gloria y honor a ella.

25 Sus puertas nunca serán cerradas de día, pues allí no habrá noche.

26 Y llevarán la gloria y la honra de las naciones a ella.

throne saying, "Now the dwelling of God is with men, and he will live with them. They will be his people, and God himself will be with them and be their God. 4He will wipe every tear from their eyes. There will be no more death or mourning or crying or pain, for the old order of things has passed away."

5He who was seated on the throne said, "I am making everything new!" Then he said, "Write this down, for these words are trustworthy and true."

6He said to me: "It is done. I am the Alpha and the Omega, the Beginning and the End. To him who is thirsty I will give to drink without cost from the spring of the water of life. 7He who overcomes will inherit all this, and I will be his God and he will be my son. 8But the cowardly, the unbelieving, the vile, the murderers, the sexually immoral, those who practice magic arts, the idolaters and all liars—their place will be in the fiery lake of burning sulfur. This is the second death."

9One of the seven angels who had the seven bowls full of the seven last plagues came and said to me, "Come, I will show you the bride, the wife of the Lamb." 10And he carried me away in the Spirit to a mountain great and high, and showed me the Holy City, Jerusalem, coming down out of heaven from God. 11It shone with the glory of God, and its brilliance was like that of a very precious jewel, like a jasper, clear as crystal. 12It had a great, high wall with twelve gates, and with twelve angels at the gates. On the gates were written the names of the twelve tribes of Israel. 13There were three gates on the east, three on the north, three on the south and three on the west. 14The wall of the city had twelve foundations, and on them were the names of the twelve apostles of the Lamb.

15The angel who talked with me had a measuring rod of gold to measure the city, its gates and its walls. 16The city was laid out like a square, as long as it was wide. He measured the city with the rod and found it to be 12,000 stadia^v in length, and as wide and high as it is long. 17He measured its wall and it was 144 cubits^w thick,^{x} by man's measurement, which the angel was using. 18The wall was made of jasper, and the city of pure gold, as pure as glass. 19The foundations of the city walls were decorated with every kind of precious stone. The first foundation was jasper, the second sapphire, the third chalcedony, the fourth emerald, 20the fifth sardonyx, the sixth carnelian, the seventh chrysolite, the eighth beryl, the ninth topaz, the tenth chrysoprase, the eleventh jacinth, and the twelfth amethyst.^{y} 21The twelve gates were twelve pearls, each gate made of a single pearl. The great street of the city was of pure gold, like transparent glass.

22I did not see a temple in the city, because the Lord God Almighty and the Lamb are its temple. 23The city does not need the sun or the moon to shine on it, for the glory of God gives it light, and the Lamb is its lamp. 24The nations will walk by its light, and the kings of the earth will bring their splendor into it. 25On no day will its gates ever be shut, for there will be no night there. 26The glory and honor of the nations will be

---

^{v}16 That is, about 1,400 miles (about 2,200 kilometers)
^{w}17 That is, about 200 feet (about 65 meters) ^{x}17 Or high
^{y}20 The precise identification of some of these precious stones is uncertain.

27 No entrará en ella ninguna cosa inmunda, o que hace abominación y mentira, sino solamente los que están inscritos en el libro de la vida del Cordero.

22 1 Después me mostró un río limpio de agua de vida, resplandeciente como cristal, que salía del trono de Dios y del Cordero.
2 En medio de la calle de la ciudad, y a uno y otro lado del río, estaba el árbol de la vida, que produce doce frutos, dando cada mes su fruto; y las hojas del árbol eran para la sanidad de las naciones.
3 Y no habrá más maldición; y el trono de Dios y del Cordero estará en ella, y sus siervos le servirán,
4 y verán su rostro, y su nombre estará en sus frentes.
5 No habrá allí más noche; y no tienen necesidad de luz de lámpara, ni de luz del sol, porque Dios el Señor los iluminará; y reinarán por los siglos de los siglos.

La venida de Cristo está cerca

6 Y me dijo: Estas palabras son fieles y verdaderas. Y el Señor, el Dios de los espíritus de los profetas, ha enviado su ángel, para mostrar a sus siervos las cosas que deben suceder pronto.
7 ¡He aquí, vengo pronto! Bienaventurado el que guarda las palabras de la profecía de este libro.
8 Yo Juan soy el que oyó y vio estas cosas. Y después que las hube oído y visto, me postré para adorar a los pies del ángel que me mostraba estas cosas.
9 Pero él me dijo: Mira, no lo hagas; porque yo soy consiervo tuyo, de tus hermanos los profetas, y de los que guardan las palabras de este libro. Adora a Dios.
10 Y me dijo: No selles las palabras de la profecía de este libro, porque el tiempo está cerca.
11 El que es injusto, sea injusto todavía; y el que es inmundo, sea inmundo todavía; y el que es justo, practique la justicia todavía; y el que es santo, santifíquese todavía.
12 He aquí yo vengo pronto, y mi galardón conmigo, para recompensar a cada uno según sea su obra.
13 Yo soy el Alfa y la Omega, el principio y el fin, el primero y el último.
14 Bienaventurados los que lavan sus ropas, para tener derecho al árbol de la vida, y para entrar por las puertas en la ciudad.
15 Mas los perros estarán fuera, y los hechiceros, los fornicarios, los homicidas, los idólatras, y todo aquel que ama y hace mentira.
16 Yo Jesús he enviado mi ángel para daros testimonio de estas cosas en las iglesias. Yo soy la raíz y el linaje de David, la estrella resplandeciente de la mañana.
17 Y el Espíritu y la Esposa dicen: Ven. Y el que oye, diga: Ven. Y el que tiene sed, venga; y el que quiera, tome del agua de la vida gratuitamente.
18 Yo testifico a todo aquel que oye las palabras de la profecía de este libro: Si alguno añadiere a estas cosas, Dios traerá sobre él las plagas que están escritas en este libro.

brought into it. 27 Nothing impure will ever enter it, nor will anyone who does what is shameful or deceitful, but only those whose names are written in the Lamb's book of life.

The River of Life

22 Then the angel showed me the river of the water of life, as clear as crystal, flowing from the throne of God and of the Lamb 2 down the middle of the great street of the city. On each side of the river stood the tree of life, bearing twelve crops of fruit, yielding its fruit every month. And the leaves of the tree are for the healing of the nations. 3 No longer will there be any curse. The throne of God and of the Lamb will be in the city, and his servants will serve him. 4 They will see his face, and his name will be on their foreheads. 5 There will be no more night. They will not need the light of a lamp or the light of the sun, for the Lord God will give them light. And they will reign for ever and ever.
6 The angel said to me, "These words are trustworthy and true. The Lord, the God of the spirits of the prophets, sent his angel to show his servants the things that must soon take place."

Jesus Is Coming

7 "Behold, I am coming soon! Blessed is he who keeps the words of the prophecy in this book."

8 I, John, am the one who heard and saw these things. And when I had heard and seen them, I fell down to worship at the feet of the angel who had been showing them to me. 9 But he said to me, "Do not do it! I am a fellow servant with you and with your brothers the prophets and of all who keep the words of this book. Worship God!"
10 Then he told me, "Do not seal up the words of the prophecy of this book, because the time is near. 11 Let him who does wrong continue to do wrong; let him who is vile continue to be vile; let him who does right continue to do right; and let him who is holy continue to be holy."

12 "Behold, I am coming soon! My reward is with me, and I will give to everyone according to what he has done. 13 I am the Alpha and the Omega, the First and the Last, the Beginning and the End.
14 "Blessed are those who wash their robes, that they may have the right to the tree of life and may go through the gates into the city. 15 Outside are the dogs, those who practice magic arts, the sexually immoral, the murderers, the idolaters and everyone who loves and practices falsehood.
16 "I, Jesus, have sent my angel to give you z this testimony for the churches. I am the Root and the Offspring of David, and the bright Morning Star."

17 The Spirit and the bride say, "Come!" And let him who hears say, "Come!" Whoever is thirsty, let him come; and whoever wishes, let him take the free gift of the water of life.

18 I warn everyone who hears the words of the prophecy of this book: If anyone adds anything to them, God will add to him the plagues described in this book. 19 And if anyone takes words away from this

z16 The Greek is plural.

[19]Y si alguno quitare de las palabras del libro de esta profecía, Dios quitará su parte del libro de la vida, y de la santa ciudad y de las cosas que están escritas en este libro.

[20]El que da testimonio de estas cosas dice: Ciertamente vengo en breve. Amén; sí, ven, Señor Jesús.

[21]La gracia de nuestro Señor Jesucristo sea con todos vosotros. Amén.

book of prophecy, God will take away from him his share in the tree of life and in the holy city, which are described in this book.

[20]He who testifies to these things says, "Yes, I am coming soon."

Amen. Come, Lord Jesus.

[21]The grace of the Lord Jesus be with God's people. Amen.

TABLA DE PESAS Y MEDIDAS

UNIDAD BIBLICA		EQUIVALENTE APROXIMADO E.U.A.	EQUIVALENTE APROXIMADO METRICO
PESAS			
talento	*(60 minas)*	75 libras	34 kilogramos
mina	*(50 siclos)*	1 1/4 libras	0.6 kilogramos
siclo	*(2 bekahs)*	2/5 onza	11.5 gramos
pim	*(2/3 siclo)*	1/3 onza	7.6 gramos
bekah	*(10 geras)*	1/50 onza	0.6 gramos

MEDIDAS DE LONGITUD

codo		18 pulgadas	0.5 metro
palmo		9 pulgadas	23 centímetros
palmo menor		3 pulgadas	8 centímetros

MEDIDAS DE CAPACIDAD

Para áridos

coro [homer]	*(10 efas)*	4 fanegas	220 litros
lethek	*(5 efas)*	2 fanegas	110 litros
efa	*(10 homers)*	3/5 fanega	22 litros
seah	*(1/3 efa)*	7 cuartos	7.3 litros
homer	*(1/10 efa)*	2 cuartos	2 litros
cabo	*(1/18 efa)*	1 cuarto	1 litro

Para líquidos

bato	*(1 efa)*	6 galones	22 litros
hin	*(1/16 bato)*	3 cuartos	4 litros
log	*(1/72 bato)*	1/3 cuarto	0.3 litro

Los equivalentes en esta tabla se calcularon basados en un siclo equivalente 11.5 gramos, un codo equivalente a 18 pulgadas y una efa equivalente a 22 litros. El cuarto de medida árida mencionado aquí (es un poco más que el litro) en medida líquida (es poco menos que el litro) según sea aplicable. La tonelada mencionada en las notas de pie es el peso de los E.U.A. equivalente a 2,000 libras.

Esta tabla está basada de acuerdo a la información disponible. Matemáticamente no está exacta. Así como los equivalentes de las medidas en las notas de pie se han dado en cantidades y distancias aproximadas. Las pesas y medidas difieren de acuerdo a los tiempos y lugares de el mundo antiguo. Existe duda en cuanto a la efa y el bato, posteriores descubrimientos darán más luz en cuanto a estas unidades de capacidad.

TABLE OF WEIGHTS AND MEASURES

BIBLICAL UNIT		APPROXIMATE AMERICAN EQUIVALENT		APPROXIMATE METRIC EQUIVALENT	
WEIGHTS					
talent	(60 minas)	75	pounds	34	kilograms
mina	(50 shekels)	1 1/4	pounds	0.6	kilogram
shekel	(2 bekas)	2/5	ounce	11.5	grams
pim	(2/3 shekel)	1/3	ounce	7.6	grams
beka	(10 gerahs)	1/5	ounce	5.5	gram
gerah		1/50	ounce	.06	gram
LENGTH					
cubit		18	inches	0.5	meter
span		9	inches	23	centimeters
handbreadth		3	inches	8	centimeters
CAPACITY					
Dry Measure					
cor [homer]	(10 ephahs)	6	bushels	220	liters
lethek	(5 ephahs)	3	bushels	110	liters
ephah	(10 omers)	3/5	bushel	22	liters
seah	(1/3 ephah)	7	quarts	7.3	liters
omer	(1/10 ephah)	2	quarts	2	liters
cab	(1/18 ephah)	1	quart	1	liter
Liquid Measure					
bath	(1 ephah)	6	gallons	22	liters
hin	(1/6 bath)	4	quarts	4	liters
log	(1/72 bath)	1/3	quart	0.3	liter

The figures of the table are calculated on the basis of a shekel equaling 11.5 grams, a cubit equaling 18 inches and an ephah equaling 22 liters. The quart referred to is either a dry quart (slightly larger than a liter) or a liquid quart (slightly smaller than a liter), whichever is applicable. The ton referred to in the footnotes is the American ton of 2,000 pounds.

This table is based upon the best available information, but it is not intended to be mathematically precise; like the measurement equivalents in the footnotes, it merely gives approximate amounts and distances. Weights and measures differed somewhat at various times and places in the ancient world. There is uncertainty particularly about the ephah and the bath; further discoveries may give more light on these units of capacity.

AYUDAS PARA LEER LA BIBLIA

BIBLE READING HELPS

AYUDAS PARA LA LECTURA DE LA BIBLIA

La Biblia es una biblioteca de libros. Para leer los libros de una biblioteca, uno no empieza con el primer estante y toma el primer libro, lo lee y continúa leyendo hasta finalizar con el último. Para leer toda la Biblia se necesita tener un plan de lecturas diarias que tenga en cuenta los acontecimientos y las profecías del Antiguo Testamento en una perspectiva adecuada con el centro de la revelación divina que se encuentra en Jesucristo.

¿Por Qué Leer Toda la Biblia?

La lectura de toda la Biblia es una empresa de mucho valor porque "toda la Escritura es inspirada por Dios, y (es) útil para enseñar, para redargüir, para corregir, para instruir en justicia" (2 Ti. 3:16). Debido a que toda la Escritura es la Palabra de Dios para nosotros, cada libro, y cada capítulo tiene un mensaje que vale la pena leer y entender. Aunque nunca podremos entender todos los misterios de la Palabra de Dios, debemos procurar encontrar el mensaje y la verdad de todas las Escrituras, "a fin de que el hombre de Dios sea perfecto, enteramente preparado para toda buena obra" (2 Ti. 3:17).

La Biblia nos revela la naturaleza de Dios en sus múltiples formas. Necesitamos obtener una vista panorámica del poder, la ira, el amor, la misericordia, la inteligencia, la piedad y la grandeza de Dios a fin de entender que El es el mismo "Yo soy" del Exodo que cuando le oímos decir, "Este es mi Hijo amado, en quien tengo complacencia" (Mt. 3:17). El leer toda la Biblia nos trae como resultado el descubrir la maravilla de Dios quien nos habla y quien ama a la humanidad a la cual ha creado. Siendo Cristo la encarnación de Dios, el Nuevo Testamento debe ocupar un lugar prominente en nuestro plan de lectura de la Biblia. Al estudiar la profundidad de la naturaleza de Dios como aparece en el Antiguo y en el Nuevo Testamento, comenzamos a tener un concepto más claro de lo que El desea en nuestras relaciones con otras personas y con El mismo.

La lectura de toda la Biblia nos brinda un gozo puro. Los distintos géneros literarios que encontramos en ella, como la poesía, la historia, los cantos, los proverbios, las profecías, las cartas y la literatura apocalíptica ofrecen al lector grandes maravillas y deleite. La lectura de toda la Biblia no debe ser una rutina aburrida. Por el contrario, ¡es emocionante, cautivadora, inspiradora y llena de humor! Y cuando permitimos que el Espíritu Santo nos hable a través de la Palabra de Dios, nuestra lectura pasa de un mero deleite a transformar nuestra vida.

Sugerencias para Leer
Toda la Biblia

La Biblia no es solamente buena literatura; es la Palabra inspirada de Dios. Así como el Espíritu Santo estaba presente cuando se escribieron las Escrituras, así El debe estar presente cuando leemos la Biblia. Podemos leer la Biblia sin la guía del Espíritu Santo y aprender ciertos datos. Pero nunca encontraremos la clave de la verdad y la aplicación de la Palabra de Dios hasta que no pidamos al Espíritu Santo que abra nuestra mentes y nos revele Su verdad. Cada día, cuando comenzamos nuestra lectura debemos orar para que el Espíritu Santo de Dios nos ayude a entender lo que leemos y a aplicarlo a nuestra propia vida.

Separe un tiempo definido cada día para leer la Biblia. Es mejor al comenzar el día. Piense de ese momento como si fuera una cita con Dios la cual debe guardar con fidelidad. No importa cómo se sienta, lea la Biblia todos los días. Ella siempre tiene un mensaje para sus lectores.

Lea la Escritura dándole toda su atención, sin dejar que las limitaciones del tiempo le hagan distraer. Sumérjase profundamente en la Palabra de Dios y deje que las personas, los acontecimientos, y las enseñanzas de la Biblia se conviertan en algo viviente para su vida.

Use ayudas como comentarios, concordancias, diccionarios de la Biblia y mapas. Esos recursos enriquecerán su estudio pero no deje que ellos ocupen el lugar de la Biblia misma.

No se preocupe si no entiende algunos pasajes. A veces el leerlos de nuevo o consultando algún material de ayuda, nos aclara el problema. Aun hoy día, los teólogos y otros eruditos de la Biblia discuten el significado de ciertas declaraciones y eventos de la Biblia. Dependa en el Espíritu Santo para que le guíe hacia un entendimiento mejor y más profundo de Dios y de Su Palabra.

Prepare un cuaderno de notas o un diario de sus lecturas. Registre allí lo que ha leído y todas las observaciones e ideas nuevas que ha sacado de su lectura. Al escribir en sus propias palabras lo que ha leído le ayudará a recordar y a aplicar la Palabra de Dios a su vida diaria.

Cómo Leer Toda la Biblia

Como ya se ha dicho, el leer la Biblia comenzando desde Génesis y terminando en el Apocalipsis no es la mejor manera de leer esta biblioteca única. Le tomará mucho tiempo para llegar a la vida y el ministerio de Jesucristo como se lo revela en los Evangelios. Una lectura balanceada requiere leer el Antiguo y el Nuevo Testamentos simultáneamente. Aquí le damos cinco maneras de leer toda la Biblia.

1. Ponga un marcador en la Biblia en tres lugares: Génesis, Job, y Mateo. Leyendo un capítulo por día de cada una de esas secciones, usted leerá una vez todo el Antiguo Testamento y dos veces todo el Nuevo Testamento en un período de diez y ocho meses.

2. Lea un capítulo de la Biblia por día y habrá leído toda la Biblia en tres años y tres meses.

HOW TO READ THE BIBLE THROUGH

The Bible is a library of books—To read a library, one does not start at the first rack with the first book and read through to the last. Reading through the Bible requires developing a plan of daily reading that holds events and prophecies of the Old Testament in perspective with the heart of divine revelation as embodied in Jesus Christ.

Why Read the Bible Through?

Reading all of the Bible is a worthwhile endeavor because "all Scripture is given by inspiration of God" and all Scripture is "profitable for doctrine, for reproof, for correction, for instruction in righteousness" (2 Tim. 3:16). Because all of God's Word *is* God's word to us, every book, every chapter has a message worth reading and understanding. Although we may never understand all of the mysteries of God's Word, we must seek out the message, the truth of all Scripture "that the man of God may be perfect, throughly furnished unto all good works" (2 Tim. 3:17).

The Bible reveals God's nature in its multifaceted forms. We need to gain the panoramic view of God's power, wrath, love, mercy, intelligence, pity, and greatness to begin to understand that He is the same "I am" of Exodus that we hear say, "This is My beloved son, in whom I am well pleased" (Matt. 3:17). Reading through the Bible brings out the awesome wonder of God as He speaks to and loves the humanity He created. Because Christ is the incarnation of God, the New Testament should be prominent in any Bible reading plan. As we study the profound complexity of the nature of God as seen in both Old and New Testaments, we develop a clearer understanding of what He desires in our relationships to others and to Him.

Reading the Bible is sheer pleasure. The poetry, history, song, proverb, prophecy, letters, and apocalyptic literature of the Bible provide the reader great wonder and enjoyment. Reading the Bible should not be a drudgery or lifeless routine. It is exciting, captivating, inspiring, and humorous! And when we allow the Holy Spirit to speak to us through God's Word, our reading crosses from mere enjoyment to life transformation.

Suggestions for Reading the Bible Through

The Bible is not just great literature; it is the inspired Word of God. Just as the Holy Spirit was present in the writing of Scripture, so must He be present in our reading of the Word. We can read the Bible without the leadership of the Holy Spirit and still learn Bible facts. But we will never gain insights into the truth and application of God's Word until we ask the Holy Spirit to open our minds and reveal his truth to us. Each day as you start to read, pray that God's Holy Spirit will help you to understand what you read and apply the truth to your own life.

Set aside a definite time every day to read the Bible. The beginning of the day is best. Consider that time as a daily appointment with God and keep the appointment faithfully. No matter how you may feel, read from the Bible every day. It always has a message for readers.

Read the Scripture deliberately, without letting the pressures of predetermined time limits cause you to hurry. Drink deeply of God's Word and make the people, events, and teachings come alive for your life.

Use Bible reading/study helps such as commentaries, concordances, Bible dictionaries, and Bible atlases. These resources should enrich your study but should never take the place of reading the Bible itself.

Do not be disturbed if you do not understand some passages. Sometimes further reading or consulting a study help may clarify the problem. Even today, theologians and other scholars debate the ultimate meaning of certain statements and events in the Bible. Rely on the Holy Spirit to guide you into a growing, deepening understanding of God and His World.

Keep a notebook or a journal as you read the Bible through. Record what you read and any observations or insights you gain. Writing down or paraphrasing what you read will help you remember and apply God's Word in life situations.

How to Read the Bible Through

As already stated, reading the Bible through from Genesis 1 to Revelation 22 is not the best way to read this unique library. You would be a long time getting to the life and ministry of Jesus Christ as revealed in the Gospels. A balanced reading of the Bible calls for reading the Old and New Testaments simultaneously. Here are five approaches for reading through the Bible.

1. Place a bookmark in the Bible at three places: Genesis, Job, and Matthew. By reading one chapter from each of these sections every day, you will read the Old Testament once and the New Testament twice in about eighteen months.

2. Read one Bible chapter a day and you will read the entire Bible in three years and three months.

3. Lea tres capítulos de la Biblia por día y cinco los domingos, y habrá leído toda la Biblia en menos de un año.

4. En enero y febrero, lea de Génesis a Deuteronomio. En marzo y abril, lea todo el Nuevo Testamento. En mayo y junio, lea de Josué hasta Ester. En julio y agosto, lea desde Job hasta el Cantar de los Cantares. En septiembre y octubre, lea de nuevo todo el Nuevo Testamento. En noviembre y diciembre, lea desde Isaías hasta Malaquías.

5. El plan de Lecturas Bíblicas Semanales, que está al final de esta sección, le dirá cómo leer todo el Antiguo Testamento una vez y el Nuevo Testamento dos veces en un año.

Lea la Biblia Durante Toda Su Vida

La lectura y el estudio de la Palabra de Dios es una tarea para toda la vida que nunca se acaba. Una vez que usted ha leído toda la Biblia, vuelva a leerla de nuevo, quizás en una versión diferente. Elija un plan diferente de lectura. Siempre use un cuaderno de notas o un Diario para poder comparar sus notas u observaciones al leer de nuevo cierto libro de la Biblia. Cada vez que usted lee de nuevo la Palabra de Dios, surgen a luz nuevas e importantes verdades.

Esta Biblia que usted tiene en sus manos tiene la respuesta al pasado, al presente y al futuro de la humanidad. Es una fuente de sabiduría e instrucción divina que nunca se acaba. Beba diariamente de esa fuente y encontrará la dirección y el propósito para su vida.

Plan de Lectura Bíblica de 52 Semanas

1—Génesis 1-26
2—Génesis 27-50
3—Mateo
4—Marcos
5—Exodo 1-21
6—Exodo 22-40
7—Lucas
8—Juan
9—Levítico
10—Hechos
11—Números 1-18
12—Números 19-36
13—Romanos;Gálatas
14—1 & 2 Corintios
15—Deuteronomio 1-17
16—Deuteronomio 18-34
17—Efesios;
   Filipenses;
   Colosenses; 1 &
   2 Tesalonicenses;

1 & 2 Timoteo; Tito;
   Filemón
18—Hebreos; Santiago;
   1 & 2 Pedro
19—Josué
20—1,2, & 3 Juan;
   Judas; Apocalipsis
21—Jueces; Rut
22—Job 1-31
23—Job 32-42;
   Eclesiastés; Cantares
24—1 Samuel
25—2 Samuel
26—Salmos 1-50
27—1 Reyes
28—2 Reyes
29—Salmos 51-100
30—1 Crónicas
31—2 Crónicas
32—Salmos 101-150
33—Esdras; Nehemías;
   Ester
34—Proverbios
35—Mateo
36—Isaías 1-35
37—Isaías 36-66
38—Marcos
39—Lucas
40—Jeremías 1-29
41—Jeremías 30-52;
   Lamentaciones
42—Juan
43—Hechos
44—Ezequiel 1-24
45—Ezequiel 25-48
46—Romanos; Gálatas
47—1 & 2 Corintios
48—Daniel; Oseas; Joel;
   Amós
49—Efesios;
   Filipenses;
   Colosenses; 1 &
   2 Tesalonicenses; 1 &
   2 Timoteo; Tito;
   Filemón
50—Abdías; Jonás;
   Miqueas; Nahúm;
   Habacuc;
   Sofonías; Hageo;
   Zacarías; Malaquías
51—Hebreos; Santiago;
   1 & 2 Pedro
52—1,2 & 3 Juan;
   Judas, Apocalipsis

Algunas de las sugerencias de "Cómo Leer Toda la Biblia" han sido adaptadas de *I Recommend the Bible* por Howard Colson (Nashville: Broadman Press, 1976). Usado con permiso.

3. Read three Bible chapters every weekday and five chapters on Sundays, and you will read the entire Bible in less than a year.

4. In January and February, read Genesis through Deuteronomy. In March and April, read all of the New Testament. In May and June, read Joshua through Esther. In July and August, read Job through Song of Solomon. In September and October, reread all of the New Testament. In November and December, read Isaiah through Malachi.

5. The weekly Bible reading plan at the end of this section will guide you in reading through the Old Testament once and the New Testament twice in one year.

Read the Bible Throughout Your Life

The reading and study of God's Word is a lifelong endeavor that never grows old. Once you have read the Bible through, do it again—in a different translation or Bible version. Choose different reading plans and schedules. Always keep a Bible reading notebook or journal so you can compare your notes and observations each time you read particular Bible books. Every time you read through God's Word, new and meaningful truths are brought to light.

The Bible you hold in your hand holds the answer to humanity's past, present, and future. It is a wellspring of wisdom and divine instruction that never runs dry. Draw from this spring daily and find direction and purpose for you life.

52-Week Bible Reading Plan

1—Genesis 1-26
2—Genesis 27-50
3—Matthew
4—Mark
5—Exodus 1-21
6—Exodus 22-40
7—Luke
8—John
9—Leviticus
10—Acts
11—Numbers 1-18
12—Numbers 19-36
13—Romans; Galatians
14—1 & 2 Corinthians
15—Deuteronomy 1-17
16—Deuteronomy 18-34
17—Ephesians;
   Philippians;
   Colossians; 1 &
   2 Thessalonians;
1 & 2 Timothy; Titus;
   Philemon
18—Hebrews; James;
   1 & 2 Peter
19—Joshua
20—1, 2, & 3 John;
   Jude; Revelation
21—Judges; Ruth
22—Job 1-31
23—Job 32-42;
   Ecclesiastes; Song
   of Solomon
24—1 Samuel
25—2 Samuel
26—Psalms 1-50
27—1 Kings
28—2 Kings
29—Psalms 51-100
30—1 Chronicles
31—2 Chronicles
32—Psalms 101-150
33—Ezra; Nehemiah;
   Esther
34—Proverbs
35—Matthew
36—Isaiah 1-35
37—Isaiah 36-66
38—Mark
39—Luke
40—Jeremiah 1-29
41—Jeremiah 30-52;
   Lamentations
42—John
43—Acts
44—Ezekiel 1-24
45—Ezekiel 25-48
46—Romans; Galations
47—1 & 2 Corinthians
48—Daniel; Hosea; Joel;
   Amos
49—Ephesians;
   Philippians;
   Colossians; 1 &
   2 Thessalonians; 1 &
   2 Timothy; Titus;
   Philemon
50—Obadiah; Jonah;
   Micah; Nahum;
   Habakkuk
   Zephaniah; Haggai;
   Zechariah; Malachi
51—Hebrews; James;
   1 & 2 Peter
52—1, 2, & 3 John;
   Jude; Revelation

Some of the suggestions in "How to Read the Bible Through" are adapted from *I Recommend the Bible* by Howard Colson (Nashville: Broadman Press, 1976). Used by permission.

LECTURAS FAVORITAS
DE LA BIBLIA

FAVORITE READINGS
FROM THE BIBLE

UNA ARMONIA
DE LA VIDA DE CRISTO

EVENTO	Mateo	Marcos	Lucas	Juan
La Predicción del Nacimiento de Juan el Bautista			1:5	
La Predicción del Nacimiento de Jesús	1:18		1:26	
El Nacimiento de Juan			1:57	
El Nacimiento de Jesús			2:1	1:14
Antepasados de Jesús	1:1		3:23	
Circuncisión y Nombre Dado			2:21	
La Presentación en el Templo			2:22	
La Llegada de los Magos	2:1			
La Huida a Egipto	2:13			
El Niño Jesús en el Templo			2:41	
El Ministerio de Juan el Bautista	3:1	1:1	3:1	1:6
El Bautismo de Jesús	3:13	1:9	3:21	
Las Tentaciones	4:1	1:12	4:1	
El Comienzo de Su Ministerio	4:12	1:14	4:14	
Juan Da Testimonio de Jesús				1:15
El Llamamiento de los Primeros Discípulos	4:18	1:16	5:1	1:35
El Sermón del Monte	5:7		6:17	
El Primer Milagro				2:1
La Visita a Jerusalén				2:13
La Entrevista con Nicodemo				3:1
El Llamamiento de los Doce	10:2	3:13	6:13	
El Envío de los Doce	10:2	3:13	9:1	
El Regreso de los Doce		6:30	9:10	
La Muerte de Juan el Bautista	14:1	6:14	9:7	
Pedro Reconoce a Jesús como el Mesías	16:13	8:27	9:18	
Jesús Predice Su Muerte	16:21	8:31	9:22	
La Transfiguración	17:1	9:2	9:28	
El Envío de los Setenta			10:1	
La Resurrección de Lázaro				11:1
El Viaje a Jerusalén	20:17	10:32	18:31	
El Complot para Dar Muerte a Jesús	26:3			11:47
La Llegada a Betania				12:1
La Entrada en Jerusalén	21:1	11:1	19:29	12:12
El Limpiamiento del Templo	21:12	11:15	19:45	
El Complot de Judas	26:14	14:10	22:3	
La Preparación para la Pascua	26:17	14:12	22:7	
La Ultima Cena	26:20	14:7	22:14	
Jesús Lava los Pies de los Discípulos				13:1
Jesús Anuncia la Traición				13:10
La Oración por Sus Discípulos				cap. 17

A HARMONY
OF THE LIFE OF CHRIST

EVENT	Matthew	Mark	Luke	John
Birth of John the Baptist Foretold ..	————	————	1:5	————
Birth of Jesus Foretold	1:18	————	1:26	————
Birth of John..................	————	————	1:57	————
Birth of Jesus	————	————	2:1	1:14
Ancestors of Jesus	1:1	————	3:23	————
Circumcision and Naming.........	————	————	2:21	————
Presentation in the Temple	————	————	2:22	————
Arrival of the Wise Men	2:1	————	————	————
Flight into Egypt	2:19	————	————	————
In the Temple as a Boy	————	————	2:41	————
Ministry of John the Baptist.......	3:1	1:1	3:1	1:6
Baptism of Jesus................	3:13	1:9	3:21	————
Temptations....................	4:1	1:12	4:1	————
Beginning of His Ministry.........	4:12	1:14	4:14	————
John Points to Jesus	————	————	————	1:15
Call of First Disciples	4:18	1:16	5:1	1:35
Sermon on the Mount	5-7	————	6:17	————
First Miracle...................	————	————	————	2:1
Visit to Jerusalem...............	————	————	————	2:13
Visit from Nicodemus	————	————	————	3:1
Calling of the Twelve	10:2	3:13	6:13	————
The Twelve Sent Out	10:1	3:13	9:1	————
The Twelve Return..............	————	6:30	9:10	————
Death of John the Baptist	14:1	6:14	9:7	————
Peter's Recognition of Jesus as the Messiah	16:13	8:27	9:18	————
Jesus Predicts His Death	16:21	8:31	9:22	————
The Transfiguration.............	17:1	9:2	9:28	————
The Seventy Sent Out	————	————	10:1	————
Raising of Lazarus..............	————	————	————	11:1
Journey to Jerusalem............	20:17	10:32	18:31	————
The Council Plots His Death	26:3	————	————	11:47
Arrival at Bethany	————	————	————	12:1
Entry into Jerusalem	21:1	11:1	19:29	12:12
Cleansing of the Temple	21:12	11:15	19:45	————
Teaching in the Temple	21:23	11:27	20:1	————
The Plot of Judas	26:14	14:10	22:3	————
Preparation for the Passover.......	26:17	14:12	22:7	————
The Last Supper	26:20	14:7	22:14	————
Washing His Disciples' Feet	————	————	————	13:1
The Betrayer Revealed...........	————	————	————	13:10
Prayer for His Disciples..........	————	————	————	ch. 17

EVENTO	Mateo	Marcos	Lucas	Juan
El Significado de la Cena del Señor	26:26	cap. 22	2:19	_____
La Predicción de la Negación de Pedro	26:34	14:30	22:34	13:38
La Agonía en el Getsemaní	26:36	14:32	22:39	18:1
Entrega y Arresto	26:47	14:43	22:47	18:2
Ante Anás	_____	_____	_____	18:13
Ante Caifás, el Sumo Sacerdote	26:57	14:53	22:54	18:19
Las Negaciones de Pedro	26:69	14:66	22:54	18:15
Ante los Líderes Judíos	27:1	15:1	22:66	_____
Ante Pilato	27:2	15:1	23:1	18:28
Ante Herodes	_____	_____	23:7	_____
Rechazado por los Judíos	27:21	15:6	23:18	19:15
Condenado por Pilato	27:26	15:15	23:24	19:16
Escarnecido por los Soldados	27:27	15:16	_____	19:2
Llevado para Ser Crucificado	27:31	15:20	23:33	19:18
La Crucifixión	27:35	15:24	23:33	19:18
Jesús en la Cruz	27:36	15:25	23:34	19:19
Su Muerte	27:50	15:37	23:46	19:30
Su Sepultura	27:57	15:42	23:50	19:38
Su Resurrección	28:1	16:1	24:1	20:1

APARICIONES DESPUES DE LA RESURRECCION

EVENTO	Mateo	Marcos	Lucas	Juan
A María Magdalena	28:1	16:9	24:10	20:18
Los Ángeles a las Mujeres	28:5	16:8	23:55	_____
A los Once	28:16	16:14	24:33	20:19
A los Caminantes de Emaús	_____	16:12	24:13	_____
A los Once (una semana después)	_____	_____	_____	20:26
A los Apóstoles en Galilea	_____	16:14	_____	21:1
A Peter	_____	_____	24:34	_____
Encargo Final a sus Discípulos	28:19	16:15	24:44	_____
La Ascensión a Su Padre	_____	16:9	24:50	_____

EVENT	Matthew	Mark	Luke	John
Meaning of the Lord's Supper	26:26	ch. 22	22:19	
Prediction of Peter's Denial	26:34	14:30	22:34	13:38
Agony in Gethsemane	26:36	14:32	22:39	18:1
Betrayal and Arrest	26:47	14:43	22:47	18:2
Before Annas				18:13
Before Caiaphas, the High Priest...	26:57	14:53	22:54	18:19
Denials of Peter	26:69	14:66	22:54	18:15
Before the Jewish Council	27:1	15:1	22:66	
Before Pilate	27:2	15:1	23:1	18:28
Before Herod...................			23:7	
Rejection by the Jews............	27:21	15:6	23:18	19:15
Condemned by Pilate.............	27:26	15:15	23:24	19:16
Mocked by the Soldiers	27:27	15:16		19:2
Led Away to be Executed	27:31	15:20	23:33	19:18
The Crucifixion	27:35	15:24	23:33	19:18
Jesus on the Cross	27:36	15:25	23:34	19:19
His Death	27:50	15:37	23:46	19:30
His Burial	27:57	15:42	23:50	19:38
His Resurrection................	28:1	16:1	24:1	20:1

APPEARANCES AFTER THE RESURRECTION

EVENT	Matthew	Mark	Luke	John
To Mary Magdalene..............	28:1	16:9	24:10	20:18
Angel to the Women.............	28:5	16:8	23:55	
To the Eleven..................	28:16	16:14	24:33	20:19
To the Emmaus Travelers		16:12	24:13	
To the Eleven (a week later)				20:26
To the Apostles in Galilee		16:14		21:1
To Peter			24:34	
Final Charge to His Disciples......	28:19	16:15	24:44	
Ascension to His Father...........		16:9	24:50	

EL PLAN DE SALVACION

¿HA DECIDIDO USTED RECIBIR EL DON GRATUITO DE DIOS?

Si está decidido, debe orar al Señor. Puede hacerlo en sus propias palabras, o si necesita ayuda puede hacer suya esta "oración del pecador."

Señor Jesús:
Sé que soy pecador y que necesito perdón. Sé que moriste en la cruz por mí. Me arrepiento de mis pecados y te pido perdón. Te invito a que entres en mi corazón y en mi vida. En este momento te confieso como mi Salvador y prometo seguirte como mi Señor. Gracias por haberme salvado. Amén.

¿Le ha pedido a Cristo que perdone sus pecados?
¿Le ha pedido que le salve?
¿Le ha dado el control completo de su vida a Jesus?
Si asi lo ha hecho, bienvenido a la familia de Dios.
¿Por que no se detiene un momento para darle gracias a Dios por su salvación?

¿QUE QUIERE JESUS QUE HAGA USTED AHORA?

Primero, El quiere que usted esté seguro de su salvación. Usted puede tener la certeza de una vida eterna:

1. Porque ha nacido de nuevo y el nacimiento es experimentado una sola vez (vea 2 Corintios 5:19).
2. Por su dedicación entera al Señor, usted ha hecho lo que dice la Biblia (vea Romanos 10:13).
3. Porque Dios así lo ha dicho (vea 1 Juan 5:11-13).
4. Porque Dios así lo ha prometido (vea Juan 5:24).

Segundo, Como evidencia de haber dado a Jesús el control de su vida, él quiere que usted le confiese públicamente y le siga en obediencia mediante el bautismo por inmersión y haciéndose miembro de una iglesia local. La Biblia dice: "Los que recibieron su palabra fueron bautizados. Y . . . el Señor añadía todos los días . . . a los que habian de ser salvos. . . ." (Hechos 2:41,47).

Tercero, Jesús desea que usted crezca y se convierta en un discípulo fuerte y fiel. La Biblia dice: "Desead, como niños recien nacidos, la leche espiritual no adulterada, para que por ella crezcaís para salvación, si es que habeis gustado la benignidad del Señor" (1 Pedro 2:2,3).

Hay cuatro cosas indispensables para su crecimiento:

1. *Alimento.* La Palabra de Dios, la Biblia, es el alimento espiritual. Léala, escúchela cuando es enseñada y predicada, estúdiela, trate de memorizarla, practíquela.
2. *Aliento.* La oración es el aliento espiritual. Pase un tiempo todos los días hablando con Dios. Hable con él de lo que usted hace, de sus problemas, de sus necesidades; háblele acerca de su familia, sus amistades. Dígale cuánto usted le ama y exprésele su agradecimiento.
3. *Ejercicio.* Destreza espiritual es ayudar a otros, es testificar de Cristo, es usar de su tiempo y energía en la obra del Señor, es ser un ejemplo al mundo en que vive.
4. *Descanso.* Descanso espiritual quiere decir adoración: adoración con la iglesia en el templo y adoración en su vida privada. Es esperar en Dios, con serenidad. Es renovación física y espiritual.

Cuarto, Jesús quiere que usted sea victorioso en su vida diaria. La Biblia dice: "Porque todo lo que es nacido de Dios vence al mundo; y esta es la victoria que ha vencido al mundo, nuestra fe" (1 Juan 5:4).

1. La vida Cristiana es una batalla, pero estamos seguros de la victoria ". . . porque mayor es el que está en vosotros, que el que está en el mundo" (1 Juan 4:4).
2. Aun con la certeza de que somos victoriosos, habrá momentos de desobediencia y fracaso, porque somos humanos. Dios ha provisto los medios por los cuales podemos ser limpios de nuestros pecados diarios. Su palabra dice: "Si confesamos nuestros pecados, él es fiel y justo para perdonar nuestros pecados, y limpiarnos de toda maldad" (1 Juan 1:9).
3. Así que, cuando usted peque, no lo niegue ni trate de disculparse. Dígalo a Dios y acójase a su promesa.

THE PLAN OF SALVATION

ARE YOU READY TO RECEIVE GOD'S FREE GIFT?

If you are, you need to call on Him in prayer. You may pray your own prayer. Or, if you need help in praying, you may use the following sinner's prayer if you truly make it your own confession.

Lord Jesus,
I know I am a sinner and need your forgiveness. I know you died on the cross for me. I now turn from my sins and ask you to forgive me. I now invite you into my heart and life. I now trust you as Savior and follow you as Lord. Thank you for saving me.   Amen.

Did you ask Jesus to forgive you of your sins?
Did you ask Him to save you?
Did you give Jesus complete control of your life?
If so, welcome to God's family!
Why not pause for a moment and thank Him for saving you.

WHAT DOES JESUS WANT YOU TO DO NOW?

First, He wants you to have assurance of your salvation. You can be certain you have eternal life:

1. Because you have been born again and birth is a one-time experience (see 2 Corinthians 5:17).
2. Because of your commitment. You did what the Bible told you to do (see Romans 10:13).
3. Because of God's witness (see 1 John 5:11-13).
4. Because of God's promise (see John 5:24).

Second, as evidence of giving Jesus control of your life, He wants you to publicly confess Him and follow Him in baptism and church membership. The Bible says, "Those who had received his word were baptized; and . . . the Lord was adding to their number day by day those who were being saved" (Acts 2:41-47).

Third, Jesus wants you to grow into a strong, faithful disciple. The Bible says, "Like newborn babes, long for the pure milk of the word, that by it you may grow in respect to salvation (1 Peter 2:2-3).

There are four absolutes in growth:

1. *Food.* Spiritual food is God's Word (the Bible). You should read it, study it, memorize it, practice it, and hear it taught and preached.
2. *Breathing.* Spiritual breathing is prayer. Spend time every day talking to God about everything you do; about your needs and problems; about family and friends; and tell Him how much you love Him and how grateful you are.
3. *Exercise.* Spiritual exercise means helping others, witnessing, giving time and energy to God's work, and being a living testimony to the world you live in.
4. *Rest.* Spiritual rest means worship: both public and private worship. Rest means being still and waiting on God. It means physical and spiritual renewal.

Fourth. Jesus wants you to experience victory over sin in your daily life. The Bible says, "For whatever is born of God overcomes the world and this is the victory that has overcome the world—our faith" (1 John 5:4).

1. The Christian life is difficult, but victory is assured because "Greater is He who is in you than he who is in the world" (1 John 4:4).
2. Even with victory assured, there will be acts of disobedience and failures because of your human nature. However, God has provided a means by which you can be cleansed of daily sins. His word says, "If we confess our sins, He is faithful and righteous to forgive us our sins and to cleanse us from all unrighteousness" (1 John 1:9).
3. So, when you sin, don't try to deny it or excuse it. Rather, name your sin to God, and claim His promise of forgiveness.